〔宋〕范　曄　撰
〔唐〕李　賢等注

後漢書

中華書局

二十四史

後漢書

宋 范曄 撰
唐 李賢等 注

第一册
卷一至卷五（紀一）

中華書局

校點說明

一

後漢書本紀十卷，列傳八十卷，范曄撰。

范曄字蔚宗，南朝宋順陽人，生於晉安帝隆安二年（公元三九八）。他是晉豫章太守范甯的孫子，宋侍中范泰的庶子，因爲出繼給堂伯范弘之，襲封武興縣侯。任彭城王劉義康的參軍，幾次升遷，官至尙書吏部郎。宋文帝元嘉元年（公元四二四），因事觸怒劉義康，左遷爲宣城太守。後漢書是這時候開始寫的。後來又幾次升遷，官至左衞將軍、太子詹事。元嘉二十二年（公元四四五），有人告發他跟孔熙先等密謀擁立劉義康，於是以謀反的罪名被處死刑。

二

在范曄以前，已經有不少人用紀傳體編撰後漢一朝的歷史。除屬於官史性質的東觀漢記外，私人編撰而著錄於隋書經籍志的，有三國吳謝承的後漢書，晉薛瑩的後漢記，晉司馬彪的續漢書，晉華嶠的後漢書，晉謝沈的後漢書，晉張瑩的後漢南記，晉袁山松的後漢書。范曄以東觀漢記爲主要依據，參考各家的著作，自定體例，訂譌考異，删繁補略，寫成後漢

書。他能够擷取衆家之長，所以各家關於後漢的史書後來逐漸淘汰，而他的後漢書却作爲「正史」，跟史記、漢書、三國志合稱「四史」。

范曄編撰後漢書，原定十紀、十志、八十列傳，合爲百卷，跟漢書相應，但是十志還沒有寫成，他就被殺害了。現在後漢書裏的律曆、禮儀、祭祀、天文、五行、郡國、百官、輿服等八志，是後人從司馬彪續漢書〔一〕裏取出來補進去的。

范曄來不及像史記有太史公自序和漢書有敍傳那樣，給後漢書寫一篇自序。他在獄中寫過一封信給甥姪們，詳細敍述自己的治學態度，並對未完成的後漢書表示自己的看法。這封信含有自序的性質，殿本後漢書就用自序作標題，附刊在全書之末，現在我們改用獄中與諸甥姪書的標題，把它附在後面。

三

最先注范書的是劉昭。〔二〕因爲范書沒有志，他就把司馬彪續漢書的八篇志（簡稱續志）分爲三十卷，併了進去，並且也作了注。他的注絕大部分已經散失，現在只剩下八篇志的注了（天文志的下卷和五行志的第四卷都全卷沒有注，也一定是散失了）。梁書劉昭傳說他「集後漢同異，以注范書」，可見他注范書略同於裴松之注三國志，偏重於事實的補充而略於文字的訓詁。八篇志的注，就是這樣的。

中華書局

繼續給范書作注的是唐朝的章懷太子李賢。〔三〕他注范書着重訓詁，跟劉昭不同。王先謙說他注後漢書不比顏師古注漢書差，可惜非一手所成，不免有踳駮漏略之處。實際上他立爲皇太子以後，才跟張大安等共注後漢書，到他被廢爲庶人，注書工作結束，前後只有六年，沒有充裕的時間詳細校訂，踳駮漏略自所難免。何况他們的注書工作似沒有全部完成，如南匈奴傳的注，複沓紕繆，至於不可究詰，體例和文字也跟前後各卷不同，可能不是出於他們之手，而是後人補撰。

四

宋太宗淳化五年（公元九九四）初刻本和眞宗景德二年（公元一〇〇五）校定本都沒有把續志併進去。到了眞宗乾興元年（公元一〇二二），孫奭建議把劉昭注補的續志三十卷（按孫奭誤以爲續志三十卷是劉昭補作的）合刻補闕，他的建議被採納，以後的刻本就都把續志附於范書紀傳之後。毛氏汲古閣本還是這個樣子。而明監本索性把續志合刻在范書紀之後傳之前，並且抹去司馬彪的名，又改劉昭的「注補」爲「補并注」，清武英殿本又照明監本翻刻。這樣一來，就容易叫人誤認爲八篇志是劉昭所補並且加注的了。

北宋本流傳到現在的只有些殘本，清朝人何焯、惠棟、錢泰吉等都曾經用來跟別本校過。商務印書館影印的紹興本是現存比較完整的南宋本（原闕五卷，影印時借用別本殘册補配）。我們曾經拿紹興本跟傳世的幾個本子比較過，發現各本都誤而紹興本獨不誤的地方很多，就採用它作爲底本。

我們校點的時候，只拿汲古閣本和武英殿本跟紹興本對校。既然拿紹興本作底本，凡是紹興本不誤而汲本、殿本有誤的，都不出校記。異文在兩可之間，不能斷定孰是孰非的，才出校記，說明某本作某。除了比較各本異文，我們也參考前人的研究成果。宋朝人劉攽著有東漢書刊誤四卷，對於范書的譌誤多所刊正。凡是劉說可從的，我們都採入校勘記（劉攽的東漢書刊誤，殿本散附在注文之後，但是採錄不全，并且有錯誤。我們依據的是中華書局史籍叢刊據宸翰樓叢書本重印的本子）。王先謙的集解和黃山的校補已經匯集了前人的校釋，我們也採取其中屬於校訂方面的意見，標明「集解引某某說」，「校補引某某說」。爲了審愼起見，凡是前人說「通鑑作某」或「御覽作某」之處，我們儘可能查對原書。疑有錯誤而前人沒有說到的，我們也儘可能查對，找到旁證，寫入校勘記。前人的研究成果，集解遺漏未採或不及採入的，也擇要寫入校勘記，標明是某人的意見。近人張森楷一生校勘十七史甚勤，有校勘記若干卷，頗多發明，原稿藏在南京圖書館，我們採取其中後漢書部分的若干條寫入校勘記，標明「張森楷校勘記」。

紹興本雖然不失爲一個善本，但是錯字也不少，原本闕失而採取別本補入的部分，問題尤其多。此外還有一些顯著的版刻錯字，我們都依據別本改正，不出校記。我們對於改正錯字，增删字句，採取審愼的態度。凡是應删的字用小一號字排印，並加上圓括弧，改正的字或增補的字加上方括弧，同時在校勘記裏說明改正或增删的依據。可改可不改的，儘量不改，僅在校勘記裏說明問題何在。

後漢書的目錄各本不一致，且多錯誤。爲便於檢查，我們參考各本，重編新目，凡加上星號（*）的，都是各本所無，此次新加的。

我們標點的時候，曾經參考過一部何焯斷句的過錄本。限於水平，校點工作不免有錯誤的地方。尤其是禮儀志、祭祀志、輿服志中關於典制名物的部分，標點起來特別感到困難，錯誤的地方一定更多。希望讀者隨時指出，以便再版時改正。

本書在校點過程中，先後承金兆梓、馬宗霍、孫毓棠諸同志審閱，孫毓棠同志還從頭到尾校讀了兩徧，改正了不少錯誤。律曆志和天文志的標點，曾經請曾次亮同志審閱，禮儀志、祭祀志、輿服志的標點，曾經請孫人和同志審閱，都有所指正。特此一併致謝。

宋雲彬 一九六四年九月一日

〔一〕司馬彪字紹統，晉宗室，高陽王司馬睦的長子，卒於晉惠帝末年（公元三〇六）。他著的續漢書八十三卷，隋書經

籍志和舊唐書經籍志、新唐書藝文志都著錄，宋史藝文志只載劉昭補注後漢志三十卷，不載司馬彪續漢書，可見續漢書到了宋朝只剩八篇志，其餘都散失了。

〔二〕劉昭字宣卿，梁高唐人。曾任臨川王蕭宏的記室和通直郎，最後任剡令。

〔三〕李賢字明允，唐高宗的兒子，武后所生。上元二年（公元六七五）立爲皇太子。他跟張大安、劉納言等共同注釋范曄的後漢書。永隆元年（公元六八〇），被廢爲庶人，跟他共注後漢書的張大安等或被降職，或被流放。光宅元年（公元六八四），武后執政，逼他自殺。唐睿宗即位（公元七一〇），追謚他爲章懷太子。

後漢書目錄

卷一上　光武帝紀第一上……一—四六
卷一下　光武帝紀第一下……四七—九四
卷二　顯宗孝明帝紀第二……九五—一二八
卷三　肅宗孝章帝紀第三……一二九—一六四
卷四　孝和孝殤帝紀第四……一六五—二〇三
和帝……一六五
殤帝……一九五
卷五　孝安帝紀第五……二〇三—二四八
卷六　孝順孝沖孝質帝紀第六……二四九—二八六
順帝……二四九
沖帝……二七五
質帝……二七六

卷七　孝桓帝紀第七……二八七—三一五
卷八　孝靈帝紀第八……三一七—三五六
卷九　孝獻帝紀第九……三五七—三九五
卷十上　皇后紀第十上……三九七—四三四
光武郭皇后……四〇二
光烈陰皇后……四〇五
明德馬皇后……四〇七
*賈貴人……四一四
章德竇皇后……四一五
和帝陰皇后……四一七
和熹鄧皇后……四一八
卷十下　皇后紀第十下……四三五—四六六
安思閻皇后……四三五
順烈梁皇后……四三八
*虞美人……四四〇

*陳夫人……四四一
孝崇匽皇后……四四一
桓帝懿獻梁皇后……四四三
桓帝鄧皇后……四四四
桓思竇皇后……四四五
孝仁董皇后……四四六
靈帝宋皇后……四四八
靈思何皇后……四四九
獻帝伏皇后……四五三
獻穆曹皇后……四五五
*附皇女……四五八
卷十一　劉玄劉盆子列傳第一……四六七—四八九
劉玄……四六七
劉盆子……四七七
卷十二　王劉張李彭盧列傳第二……四九一—五一二

王昌……四九一
劉永……四九四
*龐萌……四九六
張步……四九八
*王閎……五〇〇
李憲……五〇〇
彭寵……五〇一
盧芳……五〇五
卷十三　隗囂公孫述列傳第三……五一三—五四八
隗囂……五一三
公孫述……五三三
卷十四　宗室四王三侯列傳第四……五四九—五七二
齊武王縯……五四九
子北海靖王興……五五五
趙孝王良……五五八

城陽恭王祉……五六〇
泗水王歙……五六三
安成孝侯賜……五六四
成武孝侯順……五六六
順陽懷侯嘉……五六七
卷十五　李王鄧來列傳第五……五七三—五九七
李通……五七三
王常……五七八
鄧晨……五八二
來歙……五八五
曾孫歷……五九〇
卷十六　鄧寇列傳第六……五九九—六三八
鄧禹……五九九
子訓……六〇七
孫騭……六一二

寇恂……六二〇
曾孫榮……六二七
卷十七　馮岑賈列傳第七……六三九—六七四
馮異……六三九
岑彭……六五三
賈復……六六四
卷十八　吳蓋陳臧列傳第八……六七五—七〇二
吳漢……六七五
蓋延……六八六
陳俊……六八九
臧宮……六九二
卷十九　耿弇列傳第九……七〇三—七三〇
耿弇……七〇三
弟國……七一五
國子秉……七一六
秉弟夔……七一八
國弟子恭……七二〇
卷二十　銚期王霸祭遵列傳第十……七三一—七四九
銚期……七三一
王霸……七三四
祭遵……七三八
從弟彤……七四四
卷二十一　任李萬邳劉耿列傳第十一……七五一—七六八
任光……七五一
子隗……七五三
李忠……七五四
萬脩……七五七
邳彤……七五七
劉植……七六〇
耿純……七六一

卷二十二　朱景王杜馬劉傅堅馬列傳第十二……七六九—七九四
朱祜……七六九
景丹……七七二
王梁……七七四
杜茂……七七六
馬成……七七八
劉隆……七八〇
傅俊……七八二
堅鐔……七八三
馬武……七八四
卷二十三　竇融列傳第十三……七九五—八三六
竇融……七九五
弟子固……八〇九
曾孫憲……八一二
玄孫章……八二二

卷二十四　馬援列傳第十四……八二七—八六七
馬援……八二七
子廖……八五四
子防……八五五
兄子嚴……八五八
族孫稜……八六二
卷二十五　卓魯魏劉列傳第十五……八六九—八九一
卓茂……八六九
魯恭……八七三
弟丕……八八三
魏霸……八八六
劉寬……八八六
卷二十六　伏侯宋蔡馮趙牟韋列傳第十六……八九三—九二六
伏湛……八九三
子隆……八九八

侯霸……九〇一
宋弘……九〇三
*族孫漢……九〇五
蔡茂……九〇七
郭賀……九〇八
馮勤……九〇九
趙憙……九一二
牟融……九一五
韋彪……九一七
族子義……九二〇
卷二十七　宣張二王杜郭吳承鄭趙列傳第十七……九二七—九四四
宣秉……九二七
張湛……九二八
王丹……九三〇
王良……九三二
杜林……九三四
郭丹……九四〇
吳良……九四二
承宮……九四四
鄭均……九四五
趙典……九四七
卷二十八上　桓譚馮衍列傳第十八上……九五五—九八一
桓譚……九五五
馮衍……九六二
卷二十八下　馮衍傳第十八下……九八三—一〇〇九
馮衍……九八三
子豹……一〇〇四
卷二十九　申屠剛鮑永郅惲列傳第十九……一〇一一—一〇三九
申屠剛……一〇一一
鮑永……一〇一七

子昱……一〇二二
郅惲……一〇二三
子壽……一〇三三
卷三十上　蘇竟楊厚列傳第二十上……一〇四一—一〇五一
蘇竟……一〇四一
楊厚……一〇四七
卷三十下　郎顗襄楷列傳第二十下……一〇五三—一〇八九
郎顗……一〇五三
襄楷……一〇七五
卷三十一　郭杜孔張廉王蘇羊賈陸列傳第二十一……一〇九一—一一一八
郭伋……一〇九一
杜詩……一〇九四
孔奮……一〇九八
張堪……一一〇〇
廉范……一一〇一

王堂……一一〇五
蘇章……一一〇六
族孫不韋……一一〇七
羊續……一一〇九
賈琮……一一一一
陸康……一一一三
卷三十二　樊宏陰識列傳第二十二……一一一九—一一三五
樊宏……一一一九
子儵……一一二三
族曾孫準……一一二五
陰識……一一二九
弟興……一一三〇
卷三十三　朱馮虞鄭周列傳第二十三……一一三七—一一六三
朱浮……一一三七
馮魴……一一四七

虞延……一一五〇
鄭弘……一一五四
周章……一一五七
卷三十四　梁統列傳第二十四……一一六五—一一九一
梁統……一一六五
*子松……一一七〇
子竦……一一七〇
曾孫商……一一七五
玄孫冀……一一七八
卷三十五　張曹鄭列傳第二十五……一一九三—一二一六
張純……一一九三
子奮……一一九八
曹褒……一二〇一
鄭玄……一二〇七
卷三十六　鄭范陳賈張列傳第二十六……一二一七—一二四七
鄭興……一二一七
子衆……一二二四
范升……一二二六
陳元……一二二九
賈逵……一二三四
張霸……一二四一
子楷……一二四二
楷子陵……一二四三
陵弟玄……一二四四
卷三十七　桓榮丁鴻列傳第二十七……一二四九—一二七三
桓榮……一二四九
子郁……一二五四
郁子焉……一二五七
焉孫典……一二五八
郁孫鸞……一二五九

*鸞子曄……一二五九
郁曾孫彬……一二六〇
丁鴻……一二六三
卷三十八　張法滕馮度楊列傳第二十八……一二七五—一二九一
張宗……一二七五
法雄……一二七六
滕撫……一二七九
馮緄……一二八〇
度尚……一二八四
楊琁……一二八七
卷三十九　劉趙淳于江劉周趙列傳第二十九……一二九三—一三一三
劉平……一二九五
*王望……一二九七
*王扶……一二九八
趙孝……一二九八

淳于恭……一三〇一
江革……一三〇二
劉般……一三〇三
子愷……一三〇六
周磐……一三一〇
趙咨……一三一三
卷四十上　班彪列傳第三十上自東都主人以下分爲下卷……一三二三—一三七八
班彪……一三二三
子固……一三三〇
卷四十下　班彪列傳第三十下……一三五九—一三九四
子固……一三五九
卷四十一　第五鍾離宋寒列傳第三十一……一三九五—一四一三
第五倫……一三九五
曾孫種……一四〇三
鍾離意……一四〇六

宋均……一四一一
族子意……一四一四
寒朗……一四一七
卷四十二　光武十王列傳第三十二……一四二三—一四五六
東海恭王彊……一四二三
沛獻王輔……一四二七
楚王英……一四二八
濟南安王康……一四三一
東平憲王蒼……一四三三
子任城孝王尚……一四四三
阜陵質王延……一四四四
廣陵思王荊……一四四六
臨淮懷公衡……一四四九
中山簡王焉……一四四九
琅邪孝王京……一四五一

卷四十三　朱樂何列傳第三十三……一四五七—一四九三
朱暉……一四五七
孫穆……一四六一
樂恢……一四七七
何敞……一四八〇
卷四十四　鄧張徐張胡列傳第三十四……一四九五—一五一五
鄧彪……一四九五
張禹……一四九六
徐防……一五〇〇
張敏……一五〇三
胡廣……一五〇四
卷四十五　袁張韓周列傳第三十五……一五一七—一五四二
袁安……一五一七
*子京……一五二三
子敞……一五二四

玄孫閎……一五二五
張酺……一五二八
韓棱……一五三四
周榮……一五三六
孫景……一五三八
卷四十六　郭陳列傳第三十六……一五四三—一五六九
郭躬……一五四三
弟子鎮……一五四五
陳寵……一五四七
子忠……一五五五
卷四十七　班梁列傳第三十七……一五七一—一五九六
班超……一五七一
子勇……一五八七
梁慬……一五九一
*何熙……一五九三

卷四十八　楊李翟應霍爰徐列傳第三十八……一五九七—一六二七
楊終……一五九七
李法……一六〇一
翟酺……一六〇二
應奉……一六〇六
子劭……一六〇九
霍諝……一六一五
爰延……一六一八
徐璆……一六二〇
卷四十九　王充王符仲長統列傳第三十九……一六二九—一六六六
王充……一六二九
王符……一六三〇
仲長統……一六四三
卷五十　孝明八王列傳第四十……一六六七—一六八二
千乘哀王建……一六六七

陳敬王羨……一六六七
彭城靖王恭……一六七〇
樂成靖王黨……一六七二
下邳惠王衍……一六七四
梁節王暢……一六七五
淮陽頃王昞……一六七八
濟陰悼王長……一六七九
卷五十一　李陳龐陳橋列傳第四十一……一六八三—一七〇一
李恂……一六八三
陳禪……一六八四
龐參……一六八六
陳龜……一六九二
橋玄……一六九五
卷五十二　崔駰列傳第四十二……一七〇三—一七二七
崔駰……一七〇三
子瑗……一七二二
孫寔……一七二五
卷五十三　周黃徐姜申屠列傳第四十三……一七二九—一七五七
周燮……一七四一
黃憲……一七四四
徐穉……一七四六
姜肱……一七四九
申屠蟠……一七五〇
卷五十四　楊震列傳第四十四……一七五九—一七九五
楊震……一七五九
子秉……一七六九
孫賜……一七七五
曾孫彪……一七八六
玄孫脩……一七八九
卷五十五　章帝八王傳第四十五……一七九七—一八一四

千乘貞王伉……一七九七
平春悼王全……一七九九
清河孝王慶……一七九九
濟北惠王壽……一八〇六
河閒孝王開……一八〇八
城陽懷王淑……一八一〇
廣宗殤王萬歲……一八一〇
平原懷王勝和帝子……一八一〇
卷五十六　張王种陳列傳第四十六……一八一五—一八三八
張晧……一八一五
子綱……一八一六
王龔……一八一九
子暢……一八二三
种暠……一八二六
子岱……一八二九

子拂……一八二九
拂子劭……一八三〇
陳球……一八三一
卷五十七　杜欒劉李劉謝列傳第四十七……一八三九—一八六四
杜根……一八三九
欒巴……一八四一
劉陶……一八四二
李雲……一八五一
劉瑜……一八五四
謝弼……一八五八
卷五十八　虞傅蓋臧列傳第四十八……一八六五—一八九六
虞詡……一八六五
傅燮……一八七三
蓋勳……一八七九
臧洪……一八八四

卷五十九　張衡列傳第四十九……一八九七—一九五一
卷六十上　馬融列傳第五十上……一九五三—一九七八
卷六十下　蔡邕列傳第五十下……一九七九—二〇一三
卷六十一　左周黃列傳第五十一……二〇一五—二〇四八
左雄……二〇一五
周舉……二〇二三
子勰……二〇三一
黃瓊……二〇三三
孫琬……二〇三九
卷六十二　荀韓鍾陳列傳第五十二……二〇四九—二〇七二
荀淑……二〇四九
子爽……二〇五〇
孫悅……二〇五八
韓韶……二〇六三
鍾皓……二〇六四

陳寔……二〇六五
子紀……二〇六七
卷六十三　李杜列傳第五十三……二〇七三—二〇九八
李固……二〇七三
子燮……二〇八九
杜喬……二〇九一
卷六十四　吳延史盧趙列傳第五十四……二〇九九—二一二八
吳祐……二〇九九
延篤……二一〇三
史弼……二一〇八
盧植……二一一三
趙岐……二一二一
卷六十五　皇甫張段列傳第五十五……二一二九—二一五八
皇甫規……二一二九
張奐……二一三八

段熲……二一四五
卷六十六　陳王列傳第五十六……二一五九—二一八二
陳蕃……二一五九
王允……二一七二
卷六十七　黨錮列傳第五十七……二一八三—二二一四
劉淑……二一九〇
李膺……二一九一
杜密……二一九七
劉祐……二一九九
魏朗……二二〇〇
夏馥……二二〇一
宗慈……二二〇二
巴肅……二二〇三
范滂……二二〇三
尹勳……二二〇八

蔡衍……二二〇八
羊陟……二二〇九
張儉……二二一〇
岑晊……二二一二
陳翔……二二一三
孔昱……二二一三
苑康……二二一四
檀敷……二二一五
劉儒……二二一五
賈彪……二二一六
何顒……二二一七
卷六十八　郭符許列傳第五十八……二二二五—二二三七
郭太……二二二五
符融……二二三三
許劭……二二三四

卷六十九　竇何列傳第五十九……二二三九—二二五六
竇武……二二三九
何進……二二四六
卷七十　鄭孔荀列傳第六十……二二五七—二二九七
鄭太……二二五七
孔融……二二六一
荀彧……二二八〇
卷七十一　皇甫嵩朱儁列傳第六十一……二二九九—二三一八
皇甫嵩……二二九九
朱儁……二三〇八
卷七十二　董卓列傳第六十二……二三一九—二三五一
卷七十三　劉虞公孫瓚陶謙列傳第六十三……二三五三—二三七一
劉虞……二三五三
公孫瓚……二三五七
陶謙……二三六六

卷七十四上　袁紹劉表列傳第六十四上……二三七三—二四〇八
袁紹……二三七三
卷七十四下　袁紹劉表列傳第六十四下……二四〇九—二四二九
紹子譚……二四〇九
劉表……二四一九
卷七十五　劉焉袁術呂布列傳第六十五……二四三一—二四五六
劉焉……二四三一
袁術……二四三八
呂布……二四四四
卷七十六　循吏列傳第六十六……二四五七—二四八六
衛颯……二四五八
任延……二四六〇
王景……二四六四
秦彭……二四六七
王渙……二四六八

許荊……二四七一
孟嘗……二四七三
第五訪……二四七五
劉矩……二四七六
劉寵……二四七七
仇覽……二四七九
童恢……二四八一
卷七十七　酷吏列傳第六十七……二四八七—二五〇五
董宣……二四八九
樊曄……二四九一
李章……二四九二
周紆……二四九三
黃昌……二四九六
陽球……二四九八
王吉……二五〇一

卷七十八　宦者列傳第六十八……二五〇七—二五四三
鄭衆……二五一二
蔡倫……二五一三
孫程……二五一四
曹騰……二五一九
單超……二五二〇
侯覽……二五二三
曹節……二五二四
呂强……二五二八
張讓……二五三四
卷七十九上　儒林列傳第六十九上……二五四五—二五六八
劉昆……二五四九
洼丹……二五五一
任安……二五五一
楊政……二五五一

張興……二五五二
戴憑……二五五三
孫期……二五五四
歐陽歙……二五五五
牟長……二五五七
宋登……二五五七
張馴……二五五八
尹敏……二五五八
周防……二五五九
孔僖……二五六〇
楊倫……二五六四
卷七十九下　儒林列傳第六十九下……二五六九—二五九三
高詡……二五六九
包咸……二五七〇
魏應……二五七一

伏恭……二五七一
任末……二五七二
景鸞……二五七二
薛漢……二五七三
杜撫……二五七三
召馴……二五七三
楊仁……二五七四
趙曄……二五七五
衞宏……二五七五
董鈞……二五七六
丁恭……二五七八
周澤……二五七八
鍾興……二五七九
甄宇……二五八〇
樓望……二五八〇

程曾……二五八一
張玄……二五八一
李育……二五八二
何休……二五八二
服虔……二五八三
潁容……二五八四
謝該……二五八四
許慎……二五八八
蔡玄……二五八八
卷八十上　文苑列傳第七十上……二五九五—二六一六
杜篤……二五九五
王隆……二六〇九
夏恭……二六一〇
傅毅……二六一〇
黃香……二六一三

劉毅……二六一六
李尤……二六一六
蘇順……二六一七
劉珍……二六一七
葛龔……二六一七
王逸……二六一八
崔琦……二六一九
邊韶……二六二三

卷八十下　文苑列傳第七十下……二六二七—二六六三
張升……二六二七
趙壹……二六二八
劉梁……二六三五
邊讓……二六四〇
酈炎……二六四七
侯瑾……二六四九

高彪……二六四九
張超……二六五二
禰衡……二六五二

卷八十一　獨行列傳第七十一……二六六五—二七〇三
譙玄……二六六六
李業……二六六八
劉茂……二六七一
溫序……二六七二
彭脩……二六七三
索盧放……二六七四
周嘉……二六七五
范式……二六七六
李善……二六七九
王忳……二六八〇
張武……二六八一

陸續……二六八二
戴封……二六八三
李充……二六八四
繆肜……二六八五
陳重……二六八六
雷義……二六八七
范冉……二六八八
戴就……二六九一
趙苞……二六九二
向栩……二六九三
諒輔……二六九四
劉翊……二六九五
王烈……二六九六

卷八十二上　方術列傳第七十二上……二七〇三—二七二七
任文公……二七〇七

郭憲……二七〇八
許楊……二七一〇
高獲……二七一一
王喬……二七一二
謝夷吾……二七一三
楊由……二七一六
李南……二七一六
李郃……二七一七
段翳……二七一九
廖扶……二七一九
折像……二七二〇
樊英……二七二一

卷八十二下　方術列傳第七十二下……二七二九—二七五四
唐檀……二七二九
公沙穆……二七三〇

二十四史

許曼……二七三二
趙彥……二七三二
樊志張……二七三二
單颺……二七三三
韓說……二七三三
董扶……二七三四
郭玉……二七三五
華陀……二七三六
徐登……二七四一
費長房……二七四三
薊子訓……二七四五
劉根……二七四六
左慈……二七四七
計子勳……二七四八
上成公……二七四八

解奴辜……二七四九
甘始……二七五〇
王真……二七五〇
王和平……二七五一
卷八十三 逸民列傳第七十三……二七五五—二七七〇
野王二老……二七五六
向長……二七五六
逢萌……二七五九
周黨……二七六一
王霸……二七六二
嚴光……二七六三
井丹……二七六四
梁鴻……二七六五
高鳳……二七六八
臺佟……二七七〇

韓康……二七七〇
矯慎……二七七一
戴良……二七七二
法真……二七七四
漢陰老父……二七七五
陳留老父……二七七五
龐公……二七七六
卷八十四 列女傳第七十四……二七八一—二八〇六
鮑宣妻……二七八一
王霸妻……二七八二
姜詩妻……二七八三
周郁妻……二七八四
曹世叔妻……二七八四
樂羊子妻……二七九二
程文矩妻……二七九三

孝女曹娥……二七九四
許升妻……二七九五
袁隗妻……二七九六
龐淯母……二七九六
劉長卿妻……二七九七
皇甫規妻……二七九八
陰瑜妻……二七九八
盛道妻……二七九九
孝女叔先雄……二七九九
董祀妻……二八〇〇
卷八十五 東夷列傳第七十五……二八〇七—二八二七
*夫餘……二八一〇
*挹婁……二八一二
*高句驪……二八一三
*東沃沮……二八一六

中華書局

*濊……二八一七
*三韓……二八一八
*倭……二八二〇
卷八十六　南蠻西南夷列傳第七十六……二八二九—二八六八
南蠻……二八二九
*巴郡南郡蠻……二八四〇
*板楯蠻夷……二八四二
西南夷……二八四四
*西南夷……二八四四
*夜郎……二八四四
*滇……二八四六
*哀牢……二八四八
*邛都……二八五三
*筰都……二八五四
*冉駹……二八五七

*白馬氏……二八五九
卷八十七　西羌傳第七十七……二八六九—二九〇八
*羌無弋爰劒……二八七五
*滇良……二八七八
*東號子麻奴……二八八六
*湟中月氏胡……二八九九
卷八十八　西域傳第七十八……二九〇九—二九三八
*拘彌……二九一五
*于窴……二九一五
*西夜……二九一七
*子合……二九一七
*德若……二九一七
*條支……二九一八
*安息……二九一八
*大秦……二九一九
*大月氏……二九二〇
*高附……二九二一
*天竺……二九二一
*東離……二九二二
*栗弋……二九二二
*嚴……二九二二
*奄蔡……二九二三
*莎車……二九二三
*疏勒……二九二六
*焉耆……二九二七
*蒲類……二九二八
*移支……二九二八
*東且彌……二九二九
*車師……二九二九
卷八十九　南匈奴列傳第七十九……二九三九—二九七八

前書直言匈奴傳不言南北今稱南者明其爲北生義也以南單于向化尤深故舉其順者以冠之東觀記稱匈奴南單于列傳范曄因去其單于二字

卷九十　烏桓鮮卑列傳第八十……二九七九—二九九八
烏桓……二九七九
鮮卑……二九八五

光武起後漢乙酉歲改建武元年傳及十二帝至獻帝建安二十五年庚子凡一百九十五年

志第一　律曆上……二九九九—三〇三四
律準……三〇〇一
候氣……三〇一六
志第二　律曆中……三〇二五—三〇五四
賈逵論曆……三〇二七
永元論曆……三〇三三
延光論曆……三〇三四

漢安論曆……三〇三五
熹平論曆……三〇三七
論月食……三〇四〇
志第三　律曆下……三〇五五—三一〇〇
曆法……三〇五五
志第四　禮儀上……三一〇一—三一一六
合朔……三一〇一
立春……三一〇二
五供……三一〇二
上陵……三一〇三
冠……三一〇五
夕牲……三一〇五
耕……三一〇六
高禖……三一〇七
養老……三一〇八

先蠶……三一一〇
祓禊……三一一〇
志第五　禮儀中……三一一七—三一三四
立夏……三一一七
請雨……三一一七
拜皇太子……三一二〇
拜王公……三一二〇
桃印……三一二二
黃郊……三一二三
立秋……三一二三
貙劉……三一二三
案戶……三一二四
祠星……三一二四
立冬……三一二五
冬至……三一二五

臘……三一二七
大儺……三一二七
土牛……三一二九
遣衞士……三一三〇
朝會……三一三〇
志第六　禮儀下……三一四一—三一五六
大喪……三一四一
*諸侯王列侯始封貴人公主薨……三一五二
志第七　祭祀上……三一五七—三一七五
光武即位告天……三一五七
郊……三一五九
封禪……三一六一
志第八　祭祀中……三一七七—三一九二
北郊……三一八一
明堂……三一八一

辟雍……三一八一
靈臺……三一八一
迎氣……三一八一
增祀……三一八三
六宗……三一八四
老子……三一八八
志第九　祭祀下……三一九三—三二一一
宗廟……三一九三
社稷……三二〇〇
靈星……三二〇四
先農……三二〇四
迎春……三二〇四
志第十　天文上……三二一三—三二二八
王莽三……三二一八
光武十二……三二二〇

志第十一 天文中……三二二九—三二五四
明十二……三二二九
章五……三二三一
和三十三……三二三二
殤一……三二三八
安四十六……三二三八
順二十三……三二四三
質三……三二四七
志第十二 天文下……三二五五—三二六四
桓三十八……三二五五
靈二十……三二五八
獻九……三二六〇
隕石……三二六二
志第十三 五行一……三二六五—三二九〇
貌不恭……三二六五

淫雨……三二六九
服妖……三二七〇
雞禍……三二七三
青眚……三二七四
屋自壞……三二七四
訛言……三二七七
旱……三二七七
謠……三二八〇
狼食人……三二八五
志第十四 五行二……三二九一—三三〇四
災火……三二九二
草妖……三二九八
羽蟲孽……三三〇〇
羊禍……三三〇二
志第十五 五行三……三三〇五—三三二五
大水……三三〇八
水變色……三三一〇
大寒……三三一三
雹……三三一三
多雷……三三一五
山鳴……三三一七
魚孽……三三一七
蝗……三三一七
志第十六 五行四……三三二七—三三四〇
地震……三三二七
山崩……三三三二
地陷……三三三四
大風拔樹……三三三五
螟……三三三六
牛疫……三三三六

志第十七 五行五……三三四一—三三五六
射妖……三三四三
龍蛇孽……三三四四
馬禍……三三四五
人痾……三三四六
人化……三三四八
死復生……三三四八
疫……三三五〇
投蜺……三三五一
志第十八 五行六……三三五七—三三八三
日蝕……三三五七
日抱……三三七二
日赤無光……三三七三
日黃珥……三三七三
日中黑……三三七三

虹貫日……三三七三
月蝕非其月……三三七四
志第十九　郡國一……三三八五—三四二〇
河南……三三八九
河內……三三九五
河東……三三九七
弘農……三四〇一
京兆……三四〇三
馮翊……三四〇五
扶風……三四〇六
右司隸
志第二十　郡國二……三四二一—三四四五
潁川……三四二一
汝南……三四二四
梁國……三四二六

沛國……三四二七
陳國……三四二九
魯國……三四二九
右豫州
魏郡……三四三一
鉅鹿……三四三三
常山……三四三三
中山……三四三四
安平……三四三五
河閒……三四三六
清河……三四三六
趙國……三四三七
勃海……三四三七
右冀州
志第二十一　郡國三……三四四七—三四七〇
陳留……三四四七
東郡……三四五〇
東平……三四五一
任城……三四五二
泰山……三四五三
濟北……三四五四
山陽……三四五五
濟陰……三四五六
右兗州
東海……三四五八
琅邪……三四五九
彭城……三四六〇
廣陵……三四六一
下邳……三四六二
右徐州

志第二十二　郡國四……三四七一—三五〇四
濟南……三四七一
平原……三四七二
樂安……三四七二
北海……三四七三
東萊……三四七四
齊國……三四七五
右青州
南陽……三四七六
南郡……三四七九
江夏……三四八一
零陵……三四八二
桂陽……三四八三
武陵……三四八四
長沙……三四八五

右荆州

九江……三四八五

丹陽……三四八六

廬江……三四八七

會稽……三四八八

吳郡……三四八九

豫章……三四九一

右揚州

志第二十三　郡國五……三五〇五—三五五四

漢中……三五〇六

巴郡……三五〇七

廣漢……三五〇八

蜀郡……三五〇八

犍爲……三五〇九

牂牁……三五一〇

越巂……三五一一

益州……三五一二

永昌……三五一三

廣漢屬國……三五一四

蜀郡屬國……三五一五

犍爲屬國……三五一五

右益州

隴西……三五一六

漢陽……三五一七

武都……三五一八

金城……三五一八

安定……三五一九

北地……三五一九

武威……三五二〇

張掖……三五二〇

酒泉……三五二一

敦煌……三五二一

張掖屬國……三五二一

張掖居延屬國……三五二一

右涼州

上黨……三五二三

太原……三五二三

上郡……三五二四

西河……三五二四

五原……三五二四

雲中……三五二五

定襄……三五二五

鴈門……三五二五

朔方……三五二六

右幷州

涿郡……三五二六

廣陽……三五二七

代郡……三五二七

上谷……三五二八

漁陽……三五二八

右北平……三五二八

遼西……三五二八

遼東……三五二九

玄菟……三五二九

樂浪……三五二九

遼東屬國……三五三〇

右幽州

南海……三五三〇

蒼梧……三五三〇

鬱林……三五三一

合浦……三五三二
交阯……三五三二
九眞……三五三三
日南……三五三三
右交州
志第二十四　百官一……三五五五—三五六九
太傅……三五五六
太尉……三五五七
司徒……三五六〇
司空……三五六一
將軍……三五六三
志第二十五　百官二……三五七一—三五八七
太常……三五七一
光祿勳……三五七四
衞尉……三五七九

太僕……三五八一
廷尉……三五八二
大鴻臚……三五八三
志第二十六　百官三……三五八九—三六〇四
宗正……三五八九
大司農……三五九〇
少府……三五九二
志第二十七　百官四……三六〇五—三六一六
執金吾……三六〇五
太子太傅……三六〇六
大長秋……三六〇六
太子少傅……三六〇八
將作大匠……三六一〇
城門校尉……三六一〇
北軍中候……三六一二

司隸校尉……三六一三
志第二十八　百官五……三六一七—三六三八
州郡……三六一七
縣鄉……三六二三
亭里……三六二四
匈奴中郎將……三六二六
烏桓校尉……三六二六
護羌校尉……三六二六
王國……三六二七
宋衞國……三六二九
列侯……三六三〇
關內侯……三六三一
四夷國……三六三二
百官奉……三六三二
志第二十九　輿服上……三六三九—三六五九

玉輅……三六四三
乘輿……三六四四
金根……三六四四
安車……三六四四
立車……三六四四
耕車……三六四六
戎車……三六四六
獵車……三六四六
軿車……三六四七
青蓋車……三六四七
綠車……三六四七
皁蓋車……三六四七
夫人安車……三六四八
大駕……三六四八
法駕……三六四九

小駕……三六五〇
輕車……三六五〇
大使車……三六五〇
小使車……三六五一
載車……三六五一
導從卒……三六五二
車馬飾……三六五二
志第三十　輿服下……三六六一—三六八四
冕冠……三六六三
長冠……三六六四
委貌冠……三六六五
皮弁冠……三六六五
爵弁冠……三六六五
通天冠……三六六五
遠遊冠……三六六六

高山冠……三六六六
進賢冠……三六六六
法冠……三六六七
武冠……三六六八
建華冠……三六六八
方山冠……三六六八
巧士冠……三六六九
却非冠……三六六九
却敵冠……三六六九
樊噲冠……三六六九
術氏冠……三六六九
鶡冠……三六七〇
幘……三六七〇
佩……三六七一
刀……三六七二

印……三六七三
黃赤綬……三六七三
赤綬……三六七四
綠綬……三六七四
紫綬……三六七四
青綬……三六七四
黑綬……三六七五
黃綬……三六七五
青紺綸……三六七五
后夫人服……三六七六
獄中與諸甥姪書范曄
後漢書注補志序劉昭

後漢書卷一上

光武帝紀第一上

世祖光武皇帝諱秀，字文叔，〔一〕南陽蔡陽人，〔二〕高祖九世之孫也，出自景帝生長沙定王發。〔三〕發生舂陵節侯買，〔四〕買生鬱林太守外，〔五〕外生鉅鹿都尉回，〔六〕回生南頓令欽，〔七〕欽生光武。光武年九歲而孤，養於叔父良。身長七尺三寸，美須眉，大口，隆準，日角。〔八〕性勤於稼穡，〔九〕而兄伯升好俠養士，常非笑光武事田業，比之高祖兄仲。〔一〇〕王莽天鳳中，〔一一〕乃之長安，受尚書，略通大義。〔一二〕

〔一〕禮「祖有功而宗有德」，光武中興，故廟稱世祖。謚法：「能紹前業曰光，克定禍亂曰武。」伏侯古今注曰：「秀之字曰茂。伯、仲、叔、季，兄弟之次。長兄伯升，次仲，故字文叔焉。」

〔二〕南陽，郡，今鄧州縣也。蔡陽，縣，故城在今隨州棗陽縣西南。

〔三〕長沙，郡，今潭州縣也。

〔四〕舂陵，鄉名，本屬零陵(冷)〔泠〕道縣，在今永州唐興縣北，元帝時徙南陽，仍號舂陵，故城(今)在〔今〕隨州棗陽縣東。事具宗室四王傳。

〔五〕鬱林，郡，今(郴)〔貴〕州縣。前書曰：「郡守，秦官。秩二千石。景帝更名太守。」

〔六〕鉅鹿，郡，今邢州縣也。前書曰：「都尉，本郡尉，秦官也。掌佐守，典武職，秩比二千石。景帝更名都尉。」

〔七〕南頓，縣，屬汝南郡，故城在今陳州項城縣西。前書曰：「令、長，皆秦官也。萬戶以上爲令，秩千石至六百石；不滿萬戶爲長，秩五百石至三百石。」

〔八〕隆，高也。許負云：「鼻頭爲準。」鄭玄尚書中候注云：「日角謂庭中骨起，狀如日。」

〔九〕種曰稼，斂曰穡。

〔一〇〕仲，郃陽侯喜也，能爲產業。見前書。

〔一一〕王莽(始)建國六年改爲天鳳。

〔一二〕東觀記曰：「受尚書於中大夫廬江許子威。資用乏，與同舍生韓子合錢買驢，令從者僦，以給諸公費。」

莽末，天下連歲災蝗，寇盜鋒起。〔一〕地皇三年，〔二〕南陽荒饑，〔三〕諸家賓客多爲小盜。光武避吏新野，〔四〕因賣穀於宛。〔五〕宛人李通等以圖讖說光武云：「劉氏復起，李氏爲輔。」〔六〕光武初不敢當，然獨念兄伯升素結輕客，必舉大事，且王莽敗亡已兆，天下方亂，遂與定謀，於是乃市兵弩。十月，與李通從弟軼等起於宛，時年二十八。

〔一〕言賊鋒銳競起。字或作「蜂」，喻多也。

〔二〕天鳳六年改爲地皇。

〔三〕韓詩外傳曰：「一穀不升曰歉，二穀不升曰饑，三穀不升曰饉，四穀不升曰荒，五穀不升曰大侵。」

〔四〕新野，屬南陽郡，今鄧州縣。續漢書曰：「伯升賓客劫人，上避吏於新野鄧晨家。」

〔五〕東觀記曰：「時南陽旱饑，而上田獨收。」宛，縣，屬南陽郡，故城今鄧州南陽縣也。

〔六〕圖，河圖也。讖，符命之書。讖，驗也。言爲王者受命之徵驗也。易坤靈圖曰：「漢之臣李陽也。」

十一月，有星孛于張。〔一〕光武遂將賓客還舂陵。時伯升已會衆起兵。初，諸家子弟恐懼，皆亡逃自匿，曰「伯升殺我」。及見光武絳衣大冠，〔二〕皆驚曰「謹厚者亦復爲之」，乃稍自安。伯升於是招新市、平林兵，〔三〕與其帥王鳳、陳牧西擊長聚。〔四〕光武初騎牛，殺新野尉乃得馬。〔五〕進屠唐子鄉，〔六〕又殺湖陽尉。〔七〕軍中分財物不均，衆恚恨，欲反攻諸劉。光武斂宗人所得物，悉以與之，衆乃悅。進拔棘陽，〔八〕與王莽前隊大夫甄阜、〔九〕屬正梁丘賜〔一〇〕戰於小長安，〔一一〕漢軍大敗，還保棘陽。

〔一〕前書音義曰：「孛星光芒短，蓬然。張，南方宿也。」續漢志曰：「張爲周地。星孛于張，東南行即翼、軫之分。翼、軫，楚地，是楚地將有兵亂。後一年正月，光武起兵舂陵，攻南陽，斬阜、賜等，殺其士衆數萬人。光武都雒陽，居周地，除穢布新之象。」

〔二〕董巴輿服志曰：「大冠者，謂〔武冠〕，武官冠之。」東觀記曰：「上時絳衣大冠，將軍服也。」

〔三〕新市，縣，屬江夏郡，故城在今郢州富水縣東北。平林，地名，在今隨州隨縣東北。

〔四〕廣雅曰：「聚，居也，音慈論反。」前書音義曰：「小於鄉曰聚。」

〔五〕前書曰，尉，秦官，秩四百石至二百石也。

〔六〕例曰：「多所誅殺曰屠。」唐子鄉有唐子山，在今唐州湖陽縣西南。

〔七〕湖陽屬南陽郡，今唐州縣也。東觀記曰：「劉終詐稱江夏吏，誘殺之。」

〔八〕縣名，屬南陽郡，在棘水之陽，古謝國也，故城在今唐州湖陽縣西北。棘音己力反。

〔九〕王莽置六隊，郡置大夫一人，職如太守。南陽爲前隊，河內爲後隊，潁川爲左隊，弘農爲右隊，河東爲兆隊，滎陽爲祈隊。隊音遂。

〔一〇〕王莽每隊置屬正一人，職如都尉。

〔一一〕續漢書曰淯陽縣有小長安聚，故城在今鄧州南陽縣南。

更始元年正月甲子朔，漢軍復與甄阜、梁丘賜戰於沘水西，大破之，斬阜、賜。〔一〕伯升又破王莽納言將軍嚴尤、秩宗將軍陳茂於淯陽，〔二〕進圍宛城。

〔一〕沘水在今唐州沘陽縣南。廬江灊縣亦有沘水，與此別也。沘音比。

〔二〕前書曰，納言，虞官也，掌出納王命，所謂喉舌之官也，歷秦、漢不置，王莽改大司農爲之。桓譚新論云莊尤字伯石，此言「嚴」，避明帝諱也。秩宗，虞官也，掌郊廟之事，周謂之宗伯，秦、漢不置，王莽改太常爲秩宗，後又與兵，故納言、秩宗皆有將軍號也。淯陽，縣，屬南(陽)郡，故城在今鄧州南陽縣南(在)淯水之陽。淯音育。

二月辛巳，立劉聖公爲天子，以伯升爲大司徒，光武爲太常偏將軍。〔一〕

〔一〕前書曰：「奉常，秦官。景帝更名太常。」應劭漢官儀曰：「欲令國家盛大，社稷常存，故稱太常。」老子曰：「偏將軍處左，上將軍處右。」東觀記曰：「時無印，得定武侯家丞印，佩之入朝。」

三月，光武別與諸將徇昆陽、定陵、郾，皆下之。〔一〕多得牛馬財物，穀數十萬斛，轉以饋宛下。莽聞阜、賜死，漢帝立，大懼，遣大司徒王尋、大司空王邑〔二〕將兵百萬，其甲士四十二萬人，五月，到潁川，復與嚴尤、陳茂合。〔三〕初，光武爲舂陵侯家訟逋租於尤，尤見而奇之。〔四〕及是時，城中出降尤者言光武不取財物，但會兵計策。尤笑曰：「是美須眉者邪？何爲乃如是！」

〔一〕徇，略也。昆陽、定陵、郾，皆縣名，並屬潁川郡。昆陽故城在今許州葉縣北。郾，今豫州郾城縣也。定陵故城在今郾城西北。〔郾〕音於建反。

〔二〕王莽時哀章所獻金匱圖有王尋姓名。王邑，王商子，於莽爲從父兄弟也。

〔三〕潁川，郡，今洛州陽翟縣也。

〔四〕逋，違也。舂陵侯敞即光武季父也。東觀記曰：「爲季父故舂陵侯詣大司馬府，訟地皇元年十二月壬寅前租二萬六千斛，芻稾錢若干萬。時宛人朱福亦爲舅訟租於尤，尤止車獨與上語，不視福。上歸，戲福曰：『嚴公寧視卿邪？』」

初，王莽徵天下能爲兵法者六十三家數百人，並以爲軍吏；選練武衞，招募猛士，〔一〕旌旗輜重，千里不絕。〔二〕時有長人巨無霸，〔三〕長一丈，大十圍，以爲壘尉；〔四〕又驅諸猛獸〔五〕虎豹犀象之屬，以助威武。自秦、漢出師之盛，未嘗有也。光武將數千兵，徼之於

陽關。〔六〕諸將見尋、邑兵盛，反走，馳入昆陽，皆惶怖，憂念妻孥，〔七〕欲散歸諸城。光武議曰：「今兵穀既少，而外寇彊大，并力禦之，功庶可立；如欲分散，埶無俱全。且宛城未拔，〔八〕不能相救，昆陽即破，一日之閒，諸部亦滅矣。今不同心膽共舉功名，反欲守妻子財物邪？」諸將怒曰：「劉將軍何敢如是！」光武笑而起。會候騎還，言大兵且至城北，軍陳數百里，不見其後。諸將遽相謂曰：「更請劉將軍計之。」光武復爲圖畫成敗。諸將憂迫，皆曰「諾」。時城中唯有八九千人，光武乃使成國上公王鳳、廷尉大將軍王常留守，夜自與驃騎大將軍宗佻、〔九〕五威將軍李軼等十三騎，〔一〇〕出城南門，於外收兵。時莽軍到城下者且十萬，光武幾不得出。〔一一〕既至郾、定陵，悉發諸營兵，而諸將貪惜財貨，欲分留守之。光武曰：「今若破敵，珍寶萬倍，〔一二〕大功可成；如爲所敗，首領無餘，何財物之有！」衆乃從。

〔一〕說文曰：「募，廣求之也。」

〔二〕周禮曰：「析羽爲旌，熊虎爲旗。」輜，車名。釋名曰：「輜，廁也。謂軍糧什物雜廁載之。以其累重，故稱輜重。」重音直用反。

〔三〕王莽連率韓博上言：「有奇士，長一丈，大十圍，自謂巨無霸，出於蓬萊東南，五城西北，〔昭〕〔昭〕如海濱，軺車不能載，三馬不能勝，臥則枕鼓，以鐵箸食。」見前書。

〔四〕鄭玄注周禮云：「軍壁曰壘。」崔瑗中壘校尉箴曰：「堂堂黃帝，設爲壘壁。」尉者主壘壁之事。

〔五〕「猛」或作「獷」。獷，猛皃也，音古猛反。

〔六〕聚名也。酈元水經注曰：「潁水東南經陽關聚，聚夾潁水相對。」在今洛州陽翟縣西北。

〔七〕孥，子也。

〔八〕謂伯升圍之未拔也。

〔九〕驃騎大將軍，武帝置，自霍去病始。佻音太堯反。

〔一〇〕王莽置五威將軍，其衣服依五方之色，以威天下。李軼初起，猶假以爲號。

〔一一〕幾音祈。

〔一二〕珍，古「寶」字。

嚴尤說王邑曰：「昆陽城小而堅，今假號者在宛，亟進大兵，〔一〕彼必奔走；宛敗，昆陽自服。」邑曰：「吾昔以虎牙將軍圍翟義，坐不生得，以見責讓。〔二〕今將百萬之衆，遇城而不能下，何謂邪？」〔三〕遂圍之數十重，列營百數，雲車十餘丈，〔四〕瞰臨城中，〔五〕旗幟蔽野，〔六〕埃塵連天，鉦鼓之聲聞數百里。〔七〕或爲地道，衝輣橦城。〔八〕積弩亂發，矢下如雨，城中負戶而汲。王鳳等乞降，不許。尋、邑自以爲功在漏刻，意氣甚逸。夜有流星墜營中，晝有雲如壞山，當營而隕，不及地尺而散，吏士皆厭伏。〔九〕

〔一〕亟，急也，音紀力反。

〔二〕翟義字文仲，方進少子，爲東郡太守。王莽居攝，義心惡之，乃立東平王雲子信爲天子，義自號柱天大將軍，以誅莽。莽乃使孫建、王邑等將兵擊義，破之。義亡，自殺，故坐不生得。坐音才臥反。見前書。

〔三〕「過」或爲「過」。

〔四〕雲車即樓車，稱雲，言其高也，升之以望敵，猶墨子云「公輸般爲雲梯之械」。

〔五〕俯視曰瞰，音苦暫反。

〔六〕廣雅曰：「幟，幡也，音熾。」

〔七〕說文曰：「鉦，鐃也，似鈴。」

〔八〕衝，橦車也。詩曰：「臨衝閑閑。」許慎曰：「輣，樓車也。」輣音步耕反。

〔九〕續漢志曰：「雲如壞山，謂營頭之星也。占曰：『營頭之所墜，其下覆軍殺將，血流千里。』」厭音一葉反。

六月己卯，光武遂與營部俱進，自將步騎千餘，前去大軍四五里而陳。尋、邑亦遣兵數千合戰。光武奔之，斬首數十級。〔一〕諸部喜曰：「劉將軍平生見小敵怯，今見大敵勇，甚可怪也，且復居前。請助將軍！」光武復進，尋、邑兵却，諸部共乘之，斬首數百千級。連勝，遂前。時伯升拔宛已三日，而光武尚未知，乃僞使持書報城中，云「宛下兵到」，而陽墯其書。尋、邑得之，不憙。〔二〕諸將既經累捷，膽氣益壯，無不一當百。光武乃與敢死者三千人，從城西水上衝其中堅，〔三〕尋、邑陳亂，乘銳崩之，遂殺王尋。城中亦鼓譟而出，中外合埶，震呼動天地，莽兵大潰，走者相騰踐，奔殪百餘里閒。〔四〕會大雷風，屋瓦皆飛，雨下如注，滍川盛溢，〔五〕虎豹皆股戰，士卒爭赴，溺死者以萬數，水爲不流。〔六〕王邑、嚴尤、陳茂

輕騎乘死人度水逃去。盡獲其軍實輜重，車甲珍寶，不可勝筭，舉之連月不盡，或燔燒其餘。

〔一〕秦法，斬首一，賜爵一級，故因謂斬首爲級。
〔二〕憙音許記反。
〔三〕敢死謂果敢而死者。凡軍事，中軍將最尊，居中以堅銳自輔，故曰中堅也。
〔四〕殪，仆也，音於計反。或作「壹」。
〔五〕水經曰：「滍水出南陽魯陽縣西堯山，東南經昆陽城北，東入汝。」滍音直理反。
〔六〕數過於萬，故以萬爲數。

光武因復徇下潁陽。〔一〕會伯升爲更始所害，光武自父城馳詣宛謝。〔二〕司徒官屬迎弔光武，光武難交私語，深引過而已。未嘗自伐昆陽之功，又不敢爲伯升服喪，飲食言笑如平常。更始以是慙，拜光武爲破虜大將軍，封武信侯。

〔一〕縣名，屬潁川郡，故城在今許州。
〔二〕父城，縣，古應國也，屬潁川郡，故城在今許州葉縣東北。以伯升見害，心不自安，故謝。

九月庚戌，三輔豪桀共誅王莽，傳首詣宛。〔一〕

〔一〕三輔謂京兆、左馮翊、右扶風，共在長安中，分領諸縣。淮南子曰：「智過百人謂之豪。」白虎通云：「賢萬人曰傑。」時城中少年子弟張魚等攻莽於漸臺，商人杜吳殺莽，校尉公賓就斬莽首，將軍申屠建等傳莽首詣宛。

更始將北都洛陽，以光武行司隸校尉，使前整修宮府。〔一〕於是置僚屬，作文移，〔二〕從

事司察，一如舊章。〔三〕時三輔吏士東迎更始，見諸將過，皆冠幘，〔四〕而服婦人衣，諸于繡𦅾，〔五〕莫不笑之，或有畏而走者。〔六〕及見司隸僚屬，皆歡喜不自勝。老吏或垂涕曰：「不圖今日復見漢官威儀！」由是識者皆屬心焉。

〔一〕前書曰，司隸校尉本周官，武帝初置，持節，從中都官徒千二百人，督大姦猾。後罷其兵，察三輔、三河、弘農。秩(比)二千石。晉義云：「以掌徒隸而巡察，故曰司隸。」
〔二〕東觀記曰「文書移與屬縣」也。
〔三〕續漢書曰：「司隸置從事史十二人，秩皆百石，主督促文書，察舉非法。」
〔四〕漢官儀曰：「幘者，古之卑賤不冠者之所服也。」方言曰：「覆髻謂之幘，或謂之承露。」
〔五〕前書音義曰：「諸于，大掖衣也，如婦人之袿衣。」字書無「𦅾」字，續漢書作「䘿」，(並)音其物反。楊雄方言曰：「襜褕，其短者，自關之西謂之𧘝䘿。」郭璞注云：「俗名䘿掖。」據此，即是諸于上加繡䘿，如今之半臂也。或「繡」下有「擁」字。
〔六〕續漢志曰：「時知者見之，以爲服之不中，身之災也，乃奔入邊郡避之。是服妖也。其後更始遂爲赤眉所殺。」

及更始至洛陽，乃遣光武以破虜將軍行大司馬事。十月，持節北度河，〔一〕鎮慰州郡。所到部縣，輒見二千石、長吏、三老、官屬，下至佐史，〔二〕考察黜陟，如州牧行部事。〔三〕輒平遣囚徒，除王莽苛政，〔四〕復漢官名。吏人喜悅，爭持牛酒迎勞。

〔一〕漢官儀曰：「太尉，秦官也，武帝更名大司馬。」節，所以爲信也，以竹爲之，柄長八尺，以旄牛尾爲其眊三重。馮

衍與田邑書曰：「今以一節之任，建三軍之威，豈特寵其八尺之竹，氂牛之尾哉！」續漢志曰：「更始時，南方有童謠云：『諧不諧，在赤眉；得不得，在河北。』後更始爲赤眉所殺，是不諧也；光武由河北而興，是得之也。」
〔二〕二千石謂郡守也。長吏謂縣令長及丞尉也。三老者，鄉官也，高祖置。前書曰：「舉人年五十已上，有修行能帥衆者，置以爲三老，每鄉一人；擇鄉三老爲縣三老，與令長丞尉以事相教，復其傜戍。」續漢志曰「每刺史皆有從事史，假佐，每縣各置諸(事)曹〔掾〕史」也。
〔三〕漢初遣丞相史分刺州，武帝改置刺史，察州，秩六百石。成帝更名牧，秩二千石。漢官典儀曰「刺史行郡國，省察政教，黜陟能不，斷理冤獄」也。
〔四〕說文曰：「苛，小草也。」言政令繁細。禮記曰：「苛政猛於虎。」

進至邯鄲，〔一〕故趙繆王子林〔二〕說光武曰：「赤眉今在河東，但決水灌之，百萬之衆可使爲魚。」〔三〕光武不荅，去之眞定。〔四〕林於是乃詐以卜者王郎爲成帝子子輿，〔五〕十二月，立郎爲天子，都邯鄲，遂遣使者降下郡國。

〔一〕縣名，屬趙國，今洺州縣也。前書音義：「邯，山名；鄲，盡也。邯山至此而盡。城郭字皆從邑，因以名焉。」
〔二〕繆王，景帝七代孫，名元。前書曰，元坐殺人，爲大鴻臚所奏。謚曰繆，音謬。東觀記(曰)「林」作「臨」字。
〔三〕赤眉賊帥樊崇等恐其衆與王莽兵亂，皆朱其眉以相別，故曰赤眉。續漢書曰：「是時上平河北，過邯鄲，林進見，言赤眉可破。上問其故，對曰：『河水從列人北流；如決河水灌之，皆可令爲魚。』上不然之。」列人，縣，故城在今洺州肥鄉縣東北。

〔四〕縣名，屬眞定國，今恆州縣也。
〔五〕前書曰，立國將軍孫建奏云「不知何一男子遮臣車前，自稱漢氏劉子輿，成帝下妻子也，劉氏當復」。故郎因而稱之。

二年正月，光武以王郎新盛，乃北徇薊。〔一〕王郎移檄購光武十萬戶，〔二〕而故廣陽王子劉接〔三〕起兵薊中以應郎，城內擾亂，轉相驚恐，言邯鄲使者方到，二千石以下皆出迎。於是光武趣駕南轅，〔四〕晨夜不敢入城邑，舍食道傍。至饒陽，〔五〕官屬皆乏食。光武乃自稱邯鄲使者，入傳舍。〔六〕傳吏方進食，從者飢，爭奪之。傳吏疑其僞，乃椎鼓數十通，〔七〕紿言邯鄲將軍至，〔八〕官屬皆失色。光武升車欲馳，既而懼不免，徐還坐，曰：「請邯鄲將軍入。」久乃駕去。傳中人遙語門者閉之。門長曰：「天下詎可知，而閉長者乎？」遂得南出。晨夜兼行，蒙犯霜雪，〔九〕天時寒，面皆破裂。至呼沱河，〔一〇〕無船，適遇冰合，得過，〔一一〕未畢數車而陷。進至下博城西，〔一二〕遑惑不知所之。有白衣老父在道旁，〔一三〕指曰：「努力！信都郡爲長安守，去此八十里。」〔一四〕光武即馳赴之，信都太守任光開門出迎。世祖因發旁縣，得四千人，先擊堂陽、貰縣，皆降之。〔一五〕王莽和(戎)〔成〕卒正邳彤亦舉郡降。〔一六〕又昌城人劉植，宋子人耿純，〔一七〕各率宗親子弟，據其縣邑，以奉光武。於是北降下曲陽，〔一八〕衆稍合，樂附者

至有數萬人。

〔一〕縣名,屬涿郡,今幽州縣也。本字從「契」從「邑」,見說文。

〔二〕說文曰:「檄,以木簡爲書,長尺二寸。謂之檄,以徵召也。」又曰:「以財有所求曰購。」魏武奏事曰:「若有急,即插以雞羽,謂之羽檄。」

〔三〕廣陽王名嘉,武帝五代孫。

〔四〕趣,急也,讀曰促。

〔五〕縣名,屬安平國,在滹河之陽,故城在今瀛州饒陽縣東北。

〔六〕客館也。傳音知戀反,下同。

〔七〕椎音直追反。

〔八〕紿,言欺詐也,音殆。

〔九〕豪,冒也。

〔一〇〕山海經云:「太戲之山,滹沱之水出焉。」在今代州繁畤縣東,流經定州深澤縣東南,即光武所度處,今俗猶謂之危度口。臣賢案:呼沱河舊在饒陽南,至魏太祖曹操因饒河故瀆決,令北注新溝水,所以今在饒陽縣北。

〔一一〕續漢書曰:「時冰滑馬僵,乃各以囊盛沙,布冰上度焉。」

〔一二〕下博,縣,屬信都國。在博水之下,故曰下博。故城在今冀州下博縣南。

〔一三〕老父蓋神人也,今下博縣西猶有祠堂。

〔一四〕信都郡,今冀州也。

〔一五〕堂陽及貰並屬鉅鹿郡。堂陽在堂水之陽,今冀州縣,故城在今冀州鹿城縣西南。貰音時夜反。

〔一六〕東觀記曰:「王莽分鉅鹿爲和(戎)〔成〕郡。」卒正,職如太守。

〔一七〕昌城,縣,屬信都國,故城在今冀州西北。宋子,縣,屬鉅鹿郡,故城在今趙州平棘縣北。

〔一八〕縣名,屬鉅鹿郡。常山郡有上曲陽,故此言下。

復北擊中山,〔一〕拔盧奴。〔二〕所過發奔命兵,〔三〕移檄邊部,共擊邯鄲,郡縣還復響應。南擊新市、眞定、元氏、防子,皆下之,〔四〕因入趙界。

〔一〕中山,國,一名中人亭,故城在今定州唐縣東北。張曜中山記曰:「城中有山,故曰中山。」

〔二〕縣名,屬中山國,故城在今定州安喜縣。水經注曰:「縣有黑水故池,水黑曰盧,不流曰奴,因以爲名。」

〔三〕前書音義曰:「舊時郡國皆有材官、騎士,若有急難,權取驍勇者聞命奔赴,故謂之『奔命』。」

〔四〕新市,縣,屬鉅鹿郡,故城在今恆州東北。元氏、房子,屬常山郡,並今趙州縣也。防與房古字通用。

時王郎大將李育屯柏人,〔一〕漢兵不知而進,前部偏將朱浮、鄧禹爲育所破,亡失輜重。光武在後聞之,收浮、禹散卒,與育戰於郭門,大破之,盡得其所獲。育還保城,攻之不下,於是引兵拔廣阿。〔二〕會上谷太守耿況、漁陽太守彭寵〔三〕各遣其將吳漢、寇恂等將突騎來助擊王郎,〔四〕更始亦遣尚書僕射謝躬討郎,〔五〕光武因大饗士卒,遂東圍鉅鹿。王郎守將王饒堅守,月餘不下。郎遣將倪宏、劉奉〔六〕率數萬人救鉅鹿,光武逆戰於南䜌,〔七〕斬首數千級。四月,進圍邯鄲,連戰破之。五月甲辰,拔其城,誅王郎。收文書,得吏人與郎交關謗毀者數千章。光武不省,會諸將軍燒之,曰:「令反側子自安。」〔八〕

〔一〕縣名,屬趙國,今邢州縣,故城在縣之西北。

〔二〕縣名,屬鉅鹿郡,故城在今趙州象城縣西北。

〔三〕上谷,郡,故城在今嬀州懷戎縣。漁陽,郡,在漁水之陽,今幽州縣。

〔四〕突騎,言能衝突軍陣。

〔五〕漢官儀曰:「尚書四員,武帝置,成帝加一爲五。有(常)侍曹尚書,主丞相御史事;二千石尚書,主刺史、二千石事;戶曹尚書,主人庶上書事;主客尚書,主外國四夷事;成帝加三公尚書,主斷獄事。僕射,秦官也。僕,主也。古者重武事,每官必有主射以督課之。」謝躬爲尚書僕射。

〔六〕倪音五兮反。

〔七〕縣名,屬鉅鹿郡,故城在今邢州柏人縣東北。左傳齊國夏伐晉取欒,即其地也。其後南徙,故加「南」。今俗謂之欒城,欒之轉也。䜌音力全反。

〔八〕反側,不安也。詩國風曰:「展轉反側。」

更始遣侍御史持節立光武爲蕭王,〔一〕悉令罷兵詣行在所。〔二〕光武辭以河北未平,不就徵。自是始貳於更始。〔三〕

〔一〕蕭,縣,屬沛郡,今徐州縣也。續漢書曰:「更始使侍御史黃黨封上爲蕭王。」

〔二〕蔡邕獨斷曰:「天子以四海爲家,故謂所居爲行在所。」

〔三〕貳,離異也。

是時長安政亂,四方背叛。梁王劉永擅命睢陽,〔一〕公孫述稱王巴蜀,〔二〕李憲自立爲淮南王,〔三〕秦豐自號楚黎王,〔四〕張步起琅邪,〔五〕董憲起東海,〔六〕延岑起漢中,〔七〕田戎起夷陵,〔八〕並置將帥,侵略郡縣。又別號諸賊銅馬、大彤、高湖、重連、鐵脛、大搶、尤來、上江、青犢、五校、檀鄉、五幡、五樓、富平、獲索等,〔九〕各領部曲,〔一〇〕衆合數百萬人,所在寇掠。

〔一〕縣名,屬梁郡,今宋州也。擅,專也。

〔二〕蜀有巴郡,故總言之。

〔三〕淮南,郡,今壽州也。

〔四〕習鑿齒襄陽記曰:「秦豐,黎丘鄉人。黎丘楚地,故稱楚黎王。」黎丘故城在今襄州率道縣北。

〔五〕郡(名)。有琅邪山,故城(在)今海州朐山縣東北。

〔六〕郡名,今海州縣。

〔七〕郡名,故城在今梁州南鄭縣東北。

〔八〕縣名,屬南郡。有夷山,故曰夷陵,今硤州縣也,故城在今縣西北。

〔九〕諸賊或以山川土地爲名,或以軍容彊盛爲號。銅馬賊帥東山荒禿、上淮況等,大彤渠帥樊重,尤來渠帥樊崇,五校賊帥高扈,檀鄉賊帥董次仲,五樓賊帥張文,富平賊帥徐少,獲索賊帥古師郎等,並見東觀記。

〔10〕續漢志曰：「大將軍營有五部，部三校尉。部下有曲，曲有軍候一人。」

光武將擊之，先遣吳漢北發十郡兵。幽州牧苗曾不從，漢遂斬曾而發其衆。秋，光武擊銅馬於鄡，〔一〕吳漢將突騎來會淸陽。〔二〕賊數挑戰，〔三〕光武堅營自守；有出鹵掠者，輒擊取之，〔四〕絕其粮道。積月餘日，賊食盡，夜遁去，追至館陶，大破之。〔五〕受降未盡，而高湖、重連從東南來，與銅馬餘衆合，光武復與大戰於蒲陽，悉破降之，封其渠帥爲列侯。〔六〕降者猶不自安，光武知其意，敕令各歸營勒兵，乃自乘輕騎按行部陳。降者更相語曰：「蕭王推赤心置人腹中，安得不投死乎！」〔七〕由是皆服。悉將降人分配諸將，衆遂數十萬，故關西號光武爲「銅馬帝」。赤眉別帥與大肜、青犢十餘萬衆在射犬，〔八〕光武進擊，大破之，衆皆散走。使吳漢、岑彭襲殺謝躬於鄴。

〔一〕縣名，屬鉅鹿郡，故城在今冀州鹿城縣東。鄡音苦堯反。竹書紀年曰：「衞鞅封于鄡。」臣賢案：下文云「吳漢將突騎來會淸陽」，又「追至館陶」，並與鄡相近。俗本多誤作「鄔」，而蕭該音一古反，云屬太原郡，臧（矜）〔兢〕音作鄡，一建反，云屬襄陽郡，並誤也。

〔二〕縣名，屬淸河郡，今貝州縣，故城在州西北。

〔三〕挺身獨戰也，古謂之致師，見左傳。挑音徒了反。

〔四〕鹵與虜同。郭璞注爾雅曰：「掠，奪取也。」

〔五〕館陶，縣，屬魏郡，今魏州縣。

〔六〕前書音義曰「蒲陽山，蒲水所出」，在今定州北平縣西北。本或作「滿陽」。渠，大也。尚書：「殲厥渠魁。」列侯卽徹侯也。稱列者，言見序列也。

〔七〕投死猶言致死。

〔八〕續漢志曰野王縣有射犬聚，故城在今懷州武德縣北也。

青犢、赤眉賊入函谷關，攻更始。〔一〕光武乃遣鄧禹率六裨將引兵而西，以乘更始、赤眉之亂。時更始使大司馬朱鮪、舞陰王李軼等屯洛陽，〔二〕光武亦令馮異守孟津以拒之。〔三〕

〔一〕函谷，谷名，因谷以名關。舊在弘農湖城縣西，前書楊僕爲樓船將軍，有功，恥居關外，武帝乃爲徙於新安。故關在今洛州新安縣之東。

〔二〕舞陰，縣，屬南陽郡，故城在今唐州泚陽縣西北。

〔三〕孔安國注尚書云：「孟，地名，在洛北，都道所湊，古今以爲津。」論衡曰：「武王伐紂，八百諸侯同於此盟，故曰盟津。」俗名治戍津，今河陽縣津也。

建武元年春正月，平陵人方望〔一〕立前孺子劉嬰爲天子，〔二〕更始遣丞相李松擊斬之。

〔一〕平陵，昭帝陵也，因以爲縣，故城在今咸陽縣西北。

〔二〕平帝崩，王莽立楚孝王孫廣戚侯顯子嬰爲孺子。莽篡位，廢爲定安公。

光武北擊尤來、大搶、五幡於元氏，追至右北平，連破之。〔一〕又戰於順水北，〔二〕乘勝輕進，反爲所敗。賊追急，短兵接，〔三〕光武自投高岸，遇突騎王豐，下馬授光武，光武撫其肩而上，顧笑謂耿弇曰：「幾爲虜嗤。」弇頻射却賊，得免。士卒死者數千人，散兵歸保范陽。〔四〕軍中不見光武，或云已歿，〔五〕諸將不知所爲。吳漢曰：「卿曹努力！〔六〕王兄子在南陽，何憂無主？」〔七〕衆恐懼，數日乃定。賊雖戰勝，而素懾大威，〔八〕客主不相知，夜遂引去。大軍復進至安次，〔九〕與戰，破之，斬首三千餘級。賊入漁陽，乃遣吳漢率耿弇、陳俊、馬武等十二將軍追戰于潞東，〔10〕及平谷，大破滅之。〔11〕

〔一〕北平，縣，屬中山國，今易州永樂縣也。臣賢案：東觀記、續漢書並無「右」字，此加「右」，誤也。營州西南別有右北平郡故城，非此地。

〔二〕酈元水經注云：「徐水經北平縣故城北，光武追銅馬、五幡，破之於順水，卽徐水之別名也。」在今易州。本或作「愼」者，誤也。

〔三〕短兵謂刀劍也。楚辭曰：「車錯轂兮短兵接。」

〔四〕縣名，在范水之陽，屬涿郡，故城在今易州易縣東南。

〔五〕東觀記曰：「上已乘王豐小馬先到矣，營門不覺。」

〔六〕曹，輩也。

〔七〕兄子謂伯升子章及興也。

〔八〕懾，懼也，音之涉反。

〔九〕縣名，屬勃海郡，今幽州縣也，故城在縣東。

〔10〕潞，縣名，屬漁陽郡，今幽州縣也。有潞水，因以爲名。蕭該音義云：「潞屬上黨。」臣賢案：潞與漁陽相接，言上黨潞者非也。

〔11〕平谷，縣，屬漁陽郡，故城在今潞縣北。

朱鮪遣討難將軍蘇茂攻溫，〔一〕馮異、寇恂與戰，大破之，斬其將賈彊。

〔一〕今洛州縣。

於是諸將議上尊號。馬武先進曰：「天下無主。如有聖人承敝而起，雖仲尼爲相，孫子爲將，猶恐無能有益。反水不收，後悔無及。〔一〕大王雖執謙退，柰宗廟社稷何！宜且還薊卽尊位，乃議征伐。今此誰賊而馳騖擊之乎？」〔二〕光武驚曰：「何將軍出是言？可斬也！」武曰：「諸將盡然。」光武使出曉之，〔三〕乃引軍還至薊。

〔一〕言早當卽尊位以定衆心，今執謙退，失於事機也。孫子名武，吳王闔閭將，善用兵，有兵法十三篇。反音翻。

〔二〕誰謂未有主也。前書音義曰：「直騁曰馳，亂馳曰騖。」

〔三〕使曉諭諸將。

夏四月，公孫述自稱天子。

光武從薊還，過范陽，命收葬吏士。至中山，諸將復上奏曰：「漢遭王莽，宗廟廢絕，豪傑憤怒，兆人塗炭。〔一〕王與伯升首舉義兵，更始因其資以據帝位，而不能奉承大統，敗亂綱紀，盜賊日多，羣生危蹙。〔三〕大王初征昆陽，王莽自潰；後拔邯鄲，北州弭定；參分天下而有其二，跨州據土，帶甲百萬。言武力則莫之敢抗，論文德則無所與辭。臣聞帝王不可以久曠，天命不可以謙拒，惟大王以社稷爲計，萬姓爲心。」光武又不聽。

〔一〕尚書曰：「人墜塗炭。」孔安國注云：「若陷泥墜火，無救之者。」

〔二〕蹙，迫也，音子六反。

行到南平棘，〔一〕諸將復固請之。光武曰：「寇賊未平，四面受敵，何遽欲正號位乎？諸將且出。」耿純進曰：「天下士大夫捐親戚，弃土壤，從大王於矢石之閒者，其計固望其攀龍鱗，附鳳翼，以成其所志耳。〔二〕今功業卽定，天人亦應，而大王留時逆衆，不正號位，純恐士大夫望絕計窮，則有去歸之思，無爲久自苦也。大衆一散，難可復合。時不可留，衆不可逆。」純言甚誠切，光武深感，曰：「吾將思之。」

〔一〕縣名，屬常山郡，今趙州縣，故城在縣南。

〔二〕揚雄法言曰：「攀龍鱗，附鳳翼，巽以揚之。」

行至鄗，〔一〕光武先在長安時同舍生彊華〔二〕自關中奉赤伏符，曰「劉秀發兵捕不道，四夷雲集龍鬬野，四七之際火爲主」。〔三〕羣臣因復奏曰：「受命之符，人應爲大，〔四〕萬里合信，不議同情，周之白魚，曷足比焉？〔五〕今上無天子，海內淆亂，符瑞之應，昭然著聞，宜荅

天神，以塞羣望。」光武於是命有司設壇場於鄗南千秋亭五成陌。〔六〕

〔一〕縣名，今趙州高邑縣也。鄗音火各反。

〔二〕續漢書曰：「彊華，潁川人也。」彊音其兩反。

〔三〕四七，二十八也。自高祖至光武初起，合二百二十八年，卽四七之際也。漢火德，故火爲主也。

〔四〕謂彊華奉赤伏符也。

〔五〕尚書中候曰「武王伐紂，度孟津，中流白魚躍入王舟，長三尺，赤文有字，告以伐紂之意」也。

〔六〕壇謂築土，場謂除地。秦法，十里一亭。南北爲阡，東西爲陌。其地在今趙州柏鄉縣。水經注曰，亭有石壇，壇有圭頭碑，其陰云常山相隴西狄道馮龍所造。壇（廟）之東，枕道有兩石翁仲，南北相對焉。

六月己未，卽皇帝位。燔燎告天，〔一〕禋于六宗，〔二〕望於羣神。〔三〕其祝文曰：「皇天上帝，后土神祇，眷顧降命，屬秀黎元，爲人父母，〔四〕秀不敢當。羣下百辟，不謀同辭，〔五〕咸曰：『王莽篡位，秀發憤興兵，破王尋、王邑於昆陽，誅王郎、銅馬於河北，平定天下，海內蒙恩。上當天地之心，下爲元元所歸。』〔六〕讖記曰：『劉秀發兵捕不道，卯金修德爲天子。』〔七〕秀猶固辭，至于再，至于三。羣下僉曰：『皇天大命，不可稽留。』敢不敬承。」於是建元爲建武，大赦天下，改鄗爲高邑。

〔一〕天高不可達，故燔柴以祭之，庶高煙上通也。爾雅云：「祭天曰燔柴。」燔音煩。燎音力弔反。

〔二〕精意以享謂之禋。續漢志：「平帝元始中，謂六宗爲易卦六子之氣，水、火、雷、風、山、澤也。光武中興，遵而不改。至安帝卽位，初改六宗爲天地四方之宗，祠於洛陽之北，戌亥之地。」

〔三〕山林川谷能興致雲雨者皆曰神。不可徧至，故望而祭之。尚書曰：「望于山川，徧于羣神。」

〔四〕屬音燭。

〔五〕詩大雅曰：「百辟卿士。」鄭玄注云：「百辟，畿內諸侯也。」

〔六〕元元謂黎庶也。元元由言喁喁，可矜怜之辭也。

〔七〕卯金，劉字也。春秋演孔圖曰：「卯金刀，名爲（劉），赤帝後，次代周。」

是月，赤眉立劉盆子爲天子。

甲子，前將軍鄧禹擊更始定國公王匡於安邑，大破之，〔一〕斬其將劉均。

〔一〕安邑，縣，屬河東郡，今蒲州縣也。

秋七月辛未，拜前將軍鄧禹爲大司徒。丁丑，以野王令王梁爲大司空。〔一〕壬午，以大將軍吳漢爲大司馬，偏將軍景丹爲驃騎大將軍，大將軍耿弇爲建威大將軍，偏將軍蓋延爲虎牙大將軍，偏將軍朱祐爲建義大將軍，中堅將軍杜茂爲大將軍。

〔一〕野王，縣，屬河內郡，故城在今懷州。時據赤伏符文，故從縣宰而超拜之，事具梁傳。

時宗室劉茂自號「厭新將軍」，〔一〕率衆降，封爲中山王。

〔一〕王莽號新室，言欲厭勝之。

己亥，幸懷。〔一〕遣耿弇率彊弩將軍陳俊軍五社津，〔二〕備滎陽以東。使吳漢率朱祐及

廷尉岑彭、〔三〕執金吾賈復、〔四〕揚化將軍堅鐔等十一將軍〔五〕圍朱鮪於洛陽。

〔一〕縣名，屬河內郡，故城在今懷州武陟縣西。天子所行必有恩幸，故稱幸。

〔二〕水經注曰：「鞏縣北有五社津，一名土社津。有山臨河，其下有穴，潛通淮浦。有渚，謂之鮪渚。」呂覽云「武王伐紂至鮪水」，卽此地。

〔三〕前書「廷尉，秦官」也。聽獄必質於朝廷，與衆共之。尉，平也，故稱廷尉。

〔四〕前書曰：「中尉，秦官，武帝改爲執金吾。」吾，禦也，掌執兵革以禦非常。

〔五〕鐔音徒南反。

八月壬子，祭社稷。癸丑，祠高祖、太宗、世宗於懷宮。進幸河陽。更始廩丘王田立降。〔一〕

〔一〕廩丘，縣，屬東郡，（故）城在今濮州雷澤縣北也。

九月，赤眉入長安，更始奔高陵。辛未，詔曰：〔一〕「更始破敗，棄城逃走，妻子裸袒，流宂道路。〔二〕朕甚愍之。今封更始爲淮陽王。〔三〕吏人敢有賊害者，罪同大逆。」

〔一〕漢制度曰：「帝之下書有四：一曰策書，二曰制書，三曰詔書，四曰誡敕。策書者，編簡也，其制長二尺，短者半之，篆書，起年月日，稱皇帝，以命諸侯王。三公以罪免亦賜策，而以隸書，用尺一木，兩行，唯此爲異也。制書者，帝者制度之命，其文曰制詔三公，皆璽封，尚書令印重封，露布州郡也。詔書者，詔，告也，其文曰告某官云（云），如故事。誡敕者，謂敕刺史、太守，其文曰有詔敕某官。它皆倣此。」

〔二〕宂音人勇反。宂，散也。

〔三〕淮陽，郡，故城在今陳州宛丘縣西南。

甲申，以前（高）密令卓茂爲太傅。〔一〕

〔一〕高密，縣，屬高密國，今密州縣，故城在今縣之西南。卓以平帝時爲密令，故曰「前」。

辛卯，朱鮪舉城降。

冬十月癸丑，車駕入洛陽，幸南宮却非殿，遂定都焉。〔一〕

〔一〕蔡質漢典職儀曰：「南宮至北宮，中央作大屋，複道，三道行，天子從中道，從官夾左右，十步一衞。兩宮相去七里。」又洛陽宮閣名有却非殿。臣賢案：俗本或作「御北殿」者，誤。

遣岑彭擊荆州羣賊。

十一月甲午，幸懷。

劉永自稱天子。

十二月丙戌，至自懷。

赤眉殺更始，而隗囂據隴右，盧芳起安定。〔一〕破虜大將軍叔壽擊五校賊於曲梁，戰殁。〔二〕

〔一〕郡名，今涇州縣。

〔二〕曲梁屬廣平國，今洺州縣也。

二年春正月甲子朔，日有食之。〔一〕大司馬吳漢率九將軍擊檀鄉賊於鄴東，大破降之。庚辰，封功臣皆爲列侯，大國四縣，餘各有差。下詔曰：「人情得足，苦於放縱，快須臾之欲，忘慎罰之義。〔二〕惟諸將業遠功大，誠欲傳於無窮，宜如臨深淵，如履薄冰，戰戰慄慄，日慎一日。〔三〕其顯效未詶，名籍未立者，大鴻臚趣上，〔四〕朕將差而錄之。」博士丁恭議曰：「古帝王封諸侯不過百里，〔五〕故利以建侯，取法於雷，〔六〕強榦弱枝，所以爲治也。今封諸侯四縣，不合法制。」帝曰：「古之亡國，皆以無道，未嘗聞功臣地多而滅亡者。」乃遣謁者即授印綬，〔七〕策曰：「在上不驕，高而不危；制節謹度，滿而不溢。敬之戒之。傳爾子孫，長爲漢藩。」〔八〕

〔一〕續漢志曰：「在危八度。虛、危，齊地。賊張步擁兵據齊，至五年乃破。」

〔二〕尚書曰：「罔不明德慎罰，亦克用勸。」孔安國注云「慎刑罰，亦能用勸善」也。

〔三〕太公金匱曰：「黃帝居人上，惴惴若臨深淵；舜居人上，矜矜如履薄冰；禹居人上，慄慄如不滿日。敬勝怠則吉，義勝欲則昌，日慎一日，壽終無殃。」

〔四〕續漢志曰：「大鴻臚，卿一人，中二千石，掌諸王入朝及拜諸侯封者。」趣音促。

〔五〕史記太史公曰：「武王、成、康所封數百，而同姓五十，地不過百里。」

〔六〕易屯卦震下坎上，震爲雷，初九曰「利建侯」，又曰「震驚百里」，故封諸侯地方百里，以法雷也。

〔七〕前書曰：「謁者，秦官，掌賓讚受事，員七十人，秩比六百石。」中興但三十人。蔡質（漢）典職儀曰：「皆選儀容端正，任奉使者。」前書曰：「諸侯王，金璽盭綬。列侯，金印紫綬。」盭音戾，草名也。似艾，可染綠，因以名綬也。

〔八〕藩，屏也。言建諸侯所以爲國之藩蔽也。詩大雅曰：「四國于藩。」

壬午，更始復漢將軍鄧曄、輔漢將軍于匡降，皆復爵位。

壬子，起高廟，建社稷於洛陽，立郊兆于城南，始正火德，色尚赤。〔一〕

〔一〕漢禮制度曰：「人君之居，前有朝，後有寢。終則制廟以象朝，後制寢以象寢。光武都洛陽，乃合高祖以下至平帝爲一廟，藏十一帝主於其中。元帝次當第八，光武第九，故立元帝爲祖廟，後遂而不改。」續漢志曰：「立社稷於洛陽，在宗廟之右，皆方壇，四面及中各依方色，無屋，有牆門而已。」白虎通曰：「天子之壇方五丈，諸侯之壇半天子之壇。社者，土也，人非土不立，非穀不食，故封土立社，示有土也。稷者，五穀之長，得陰陽中和之氣，故祭之也。」續漢書曰：「制郊兆於洛陽城南七里，爲壇，八陛，中又爲重壇，天地位皆在壇上。其外壇上爲五帝位，青帝位在甲寅，赤帝位在丙巳，黃帝位在丁未，白帝位在庚申，黑帝位在壬亥。其外爲壝，重營皆紫，以象紫宮。營有通道以爲門，日月在營內南道，日在東，月在西。北斗在北道之西。外營、中營凡千五百一十四神，高皇帝配食焉。北郊在洛陽城北四里，方壇，四陛。地祇位南面，西上；高皇后配，西面，皆在壇上；地理羣后從食，皆在壇下；中岳在未；四岳各依其方，淮、海俱在東，河在西，濟在北，江在南，餘山川各如其方。」漢初土德，色尚黃，至此始明火德，徽幟尚赤，服色於是乃正。

是月，赤眉焚西京宮室，發掘園陵，〔一〕寇掠關中。大司徒鄧禹入長安，遣府掾奉十一帝神主，納於高廟。〔二〕

〔一〕園謂塋域，陵謂山墳。

〔二〕漢宮儀曰：「司徒府掾屬三十一人，秩千石。」十一帝謂高祖至平帝。神主，以木爲之，方尺二寸，穿中央，達四方。天子主長尺二寸，諸侯主長一尺。虞主用桑。練主用栗。衞宏舊漢儀曰：「已葬，收主，爲木函，藏廟太室中西壁坎中，去地六尺一寸，祭則立主於坎下。」

眞定王楊、臨邑侯讓謀反，〔一〕遣前將軍耿純誅之。

〔一〕楊，景帝七代孫。讓即楊弟。

二月己酉，幸修武。〔一〕

〔一〕縣名，屬河內郡，本殷之甯邑。韓詩外傳曰：「武王伐紂，勒兵於甯，改曰修武。」今懷州縣也。

大司空王梁免。壬子，以太中大夫宋弘爲大司空。

遣驃騎大將軍景丹率征虜將軍祭遵等二將軍擊弘農賊，破之，因遣祭遵圍蠻中賊張滿。〔一〕

〔一〕蠻中，聚名，故戎蠻子國，在今汝州西南，俗謂之麻城。

漁陽太守彭寵反，攻幽州牧朱浮於薊。

延岑自稱武安王於漢中。

辛卯，至自修武。

三月乙未，大赦天下，詔曰：「頃獄多冤人，用刑深刻，朕甚愍之。孔子云：『刑罰不中，則民無所措手足。』〔一〕其與中二千石、諸大夫、博士、議郎議省刑法。」

〔一〕論語之文。

遣執金吾賈復率二將軍擊更始郾王尹遵，破降之。〔一〕

〔一〕「遵」或作「尊」。

驍騎將軍劉植擊密賊，戰歿。〔一〕

〔一〕密，縣，屬河南郡，今洛州縣。

遣虎牙大將軍蓋延率四將軍伐劉永。夏四月，圍永於睢陽。更始將蘇茂殺淮陽太守潘蹇而附劉永。

甲午，封叔父良爲廣陽王，兄子章爲太原王，章弟興爲魯王，舂陵侯嫡子祉爲城陽王。〔一〕

〔一〕城陽，國，故城在今沂州臨沂縣南。

五月庚辰，封更始元氏王歙爲泗水王，〔一〕故眞定王楊子得爲眞定王，周後姬常爲周承休公。〔二〕

〔一〕泗水，國，今兗州縣也。

〔二〕武帝封周後姬嘉爲周子南君，成帝封姬延爲周承休公，常卽延之後。承休所封，故城在今汝州東北。

癸未，詔曰：「民有嫁妻賣子欲歸父母者，恣聽之。敢拘執，論如律。」

六月戊戌，立貴人郭氏爲皇后，子彊爲皇太子，大赦天下。增郎、謁者、從官秩各一等。〔一〕丙午，封宗子劉終爲淄川王。〔二〕

〔一〕前書曰：「郎官掌守門戶，出充車騎。有議郎、中郎、侍郎、郎中，秩六百石已下。」

〔二〕淄川，國，今淄州縣。

秋八月，帝自將征五校。丙辰，幸內黃，〔一〕大破五校於羛陽，降之。〔二〕

〔一〕縣名，屬魏郡，今相州縣。

〔二〕羛陽，聚名，屬魏郡，故城在今相州堯城縣東。諸本有作「荊」者，誤也。左傳云：「晉荀盈如齊逆女，還，卒於戲陽。」杜預注云：「內黃縣北有戲陽城。」戲與羛同，音許宜反。

遣游擊將軍鄧隆救朱浮，與彭寵戰於潞，隆軍敗績。

蓋延拔睢陽，劉永奔譙。〔一〕

〔一〕今亳州縣。

破虜將軍鄧奉據淯陽反。

九月壬戌，至自內黃。

驃騎大將軍景丹薨。

延岑大破赤眉於杜陵。〔一〕

〔一〕縣名，屬京兆，周之杜伯國，在今萬年縣東南。

關中饑，民相食。

冬十一月，以廷尉岑彭爲征南大將軍，率八將軍討鄧奉於堵鄉。〔一〕

〔一〕水經注曰：「堵水南經小堵鄉。」在今唐州方城縣。堵音者。

銅馬、青犢、尤來餘賊共立孫登爲天子於上郡。〔一〕登將樂玄殺登，以其衆五萬餘人降。

〔一〕春秋保乾圖曰：「賊臣起，名孫登，巧用法，多技方。」蓋立以應之。上郡故城在今涇州上縣東南。

遣偏將軍馮異代鄧禹伐赤眉。

使太中大夫伏隆持節安輯青徐二州，招張步降之。〔一〕

〔一〕爾雅曰：「輯，和也。」音集。

十二月戊午，詔曰：「惟宗室列侯爲王莽所廢，先靈無所依歸，朕甚愍之。其並復故國。若侯身已歿，屬所上其子孫見名尙書，封拜。」〔一〕

〔一〕屬所謂侯子孫所屬之郡縣也。錄其見名上於尙書，封拜之。

是歲，蓋延等大破劉永於沛西。〔一〕初，王莽末，天下旱蝗，黃金一斤易粟一斛；至是野穀旅生，〔二〕麻尗尤盛，野蠶成繭，被於山阜，人收其利焉。

〔一〕沛，今徐州縣也。

〔二〕旅，寄也。不因播種而生，故曰旅。今字書作「穭」，音呂，古字通。

三年春正月甲子，以偏將軍馮異爲征西大將軍，杜茂爲驃騎大將軍。大司徒鄧禹及馮異與赤眉戰於回溪，〔一〕禹、異敗績。

〔一〕溪名也，俗名回坑，在今洛州永寧縣東。

征虜將軍祭遵破蠻中，斬張滿。

辛巳，立皇考南頓君已上四廟。

壬午，大赦天下。

閏月乙巳，大司徒鄧禹免。

馮異與赤眉戰於崤底，大破之，〔一〕餘衆南向宜陽，〔二〕帝自將征之。己亥，幸宜陽。甲辰，親勒六軍，大陳戎馬，大司馬吳漢精卒當前，中軍次之，驍騎、武衞分陳左右。赤眉望見震怖，遣使乞降。丙午，赤眉君臣面縛，〔三〕奉高皇帝璽綬，〔四〕詔以屬城門校尉。〔五〕戊申，至自宜陽。己酉，詔曰：「羣盜縱横，賊害元元，盆子竊尊號，亂惑天下。朕奮兵討擊，應時崩解，十餘萬衆束手降服，先帝璽綬歸之王府。斯皆祖宗之靈，士人之力，朕曷足以享斯哉！〔六〕其擇吉日祠高廟，賜天下長子當爲父後者爵，人一級。」

〔一〕嶠，山名；底，阪也。一名嶔岑山，在今洛州永寧縣西北。

〔二〕縣名，屬弘農郡，韓國都也，故城在今洛州福昌縣東韓城是也。

〔三〕面，偝也。謂反偝而縛之。

〔四〕蔡邕獨斷曰：「皇帝六璽，皆玉螭虎紐，文曰『皇帝行璽』、『皇帝之璽』、『皇帝信璽』、『天子行璽』、『天子之璽』、『天子信璽』，皆以武都紫泥封之。」玉璽譜曰：「傳國璽是秦始皇初定天下所刻，其玉出藍田山，丞相李斯所書，其文曰『受命于天，既壽永昌』。高祖至霸上，秦王子嬰獻之。至王莽篡位，就元后求璽，不與，以威逼之，乃出璽投地，璽上螭一角缺。及莽敗，李松持璽詣宛上更始；更始敗，璽入赤眉；劉盆子既敗，以奉光武。」

〔五〕前書曰「城門校尉，掌京師城門屯兵，秩比二千石」也。

〔六〕享，當也。

二月己未，祠高廟，受傳國璽。

劉永立董憲爲海西王，〔一〕張步爲齊王。步殺光祿大夫伏隆而反。

〔一〕海西，縣，屬琅邪郡。

幸懷。遣吳漢率二將軍擊青犢於軹西，大破降之。〔一〕

〔一〕軹，縣，屬河内郡，故城在今洛州濟源縣東南。

三月壬寅，以大司徒司直伏湛爲大司徒。〔一〕

〔一〕續漢志曰：「光武即位，依武帝故事置司徒司直，建武十一年省。」

彭寵陷薊城，寵自立爲燕王。

帝自將征鄧奉，幸堵陽。夏四月，大破鄧奉於小長安，斬之。

馮異與延岑戰於上林，破之。〔一〕

〔一〕關中上林苑也。

吳漢率七將軍與劉永將蘇茂戰於廣樂，大破之。〔一〕虎牙大將軍蓋延圍劉永於睢陽。

〔一〕廣樂地闕，今宋州虞城縣有長樂故城，蓋避隋煬帝諱。

五月己酉，車駕還宮。

乙卯晦，日有食之。〔一〕

〔一〕續漢志曰：「日在柳十四度。柳，河南也。時樊崇謀作亂，其七月伏誅。」

六月壬戌，大赦天下。

耿弇與延岑戰於穰，大破之。〔一〕

〔一〕穰，縣，屬南陽郡，今鄧州縣。

秋七月，征南大將軍岑彭率三將軍伐秦豐，戰於黎丘，大破之，獲其將蔡宏。

庚辰，詔曰：「吏不滿六百石，下至墨綬長、相，有罪先請。〔一〕男子八十以上，十歲以下，及婦人從坐者，自非不道、詔所名捕，皆不得繫。〔二〕當驗問者即就驗。女徒雇山歸家。」〔三〕

〔一〕續漢志曰：「縣大者置令一人，千石；其次置長，四百石；小者三百石。侯國之相亦如之。皆掌理人，並秦制。」

〔二〕詔書有名而特捕者。

〔三〕前書音義曰：「令甲：女子犯徒遣歸家，每月出錢雇人於山伐木，名曰雇山。」

蓋延拔睢陽，獲劉永，而蘇茂、周建立永子紆爲梁王。

冬十月壬申，幸舂陵，祠園廟，因置酒舊宅，大會故人父老。〔一〕十一月乙未，至自舂陵。

〔一〕光武舊宅在今隨州棗陽縣東南。宅南二里有白水焉，即張衡所謂「龍飛白水」也。

涿郡太守張豐反。〔一〕

〔一〕涿郡故城在今幽州范陽縣。

是歲，李憲自稱天子。西州大將軍隗囂奉奏。〔一〕建義大將軍朱祐率祭遵與延岑戰於東陽，斬其將張成。〔二〕

〔一〕時鄧禹承制命囂爲西州大將軍，專制涼州、朔方事。

〔二〕東陽，聚名也，故城在今鄧州南。臨淮郡復有東陽縣，非此地也。

四年春正月甲申，大赦天下。

二月壬子，幸懷。壬申，至自懷。

遣右將軍鄧禹率二將軍與延岑戰於武當，破之。〔一〕

〔一〕武當，縣，屬南陽郡，有武當山，今均州縣也。

夏四月丁巳，幸鄴。己巳，進幸臨平。〔一〕

〔一〕縣名，屬鉅鹿郡，故城在今定州鼓城縣東南。

遣大司馬吳漢擊五校賊於箕山，大破之。〔一〕

〔一〕吳漢傳曰東郡箕山。

五月，進幸元氏。辛巳，進幸盧奴。

遣征虜將軍祭遵率四將軍討張豐於涿郡，斬豐。

六月辛亥，車駕還宮。

七月丁亥，幸譙。遣捕虜將軍馬武、偏將軍王霸圍劉紆於垂惠。〔一〕

〔一〕垂惠，聚名，在今亳州山桑縣西北，一名禮城。

董憲將賁休以蘭陵城降，憲圍之。〔一〕虎牙大將軍蓋延率平狄將軍龐萌救賁休，不克，蘭陵爲憲所陷。

〔一〕前書曰賁赫。賁音肥，今姓作〔賁〕〔奔〕音〔奔〕。蘭陵，縣，屬東海郡，故城在今沂州丞縣東。

秋八月戊午，進幸壽春。〔一〕

〔一〕今壽州縣。

太中大夫徐惲擅殺臨淮太守劉度，惲坐誅。

遣揚武將軍馬成率三將軍伐李憲。九月，圍憲於舒。〔一〕

〔一〕縣名，故城在今廬州廬江縣西。

冬十月甲寅，車駕還宮。

太傅卓茂薨。

十一月丙申，幸宛。遣建義大將軍朱祐率二將軍圍秦豐於黎丘。十二月丙寅，進幸黎丘。

是歲，征西大將軍馮異與公孫述將程焉戰於陳倉，破之。

五年春正月癸巳，車駕還宮。

二月丙午，大赦天下。

捕虜將軍馬武、偏將軍王霸拔垂惠。

乙丑，幸魏郡。〔一〕

〔一〕今相州也。

壬申，封殷後孔安爲殷紹嘉公。〔一〕

〔一〕成帝封孔吉爲殷紹嘉公，安即吉之裔也。

彭寵爲其蒼頭所殺，漁陽平。〔一〕

〔一〕秦呼人爲黔首。謂奴爲蒼頭者，以別於良人也。

大司馬吳漢率建威大將軍耿弇擊富平、獲索賊於平原，大破降之。〔一〕復遣耿弇率二將軍討張步。

〔一〕平原，郡，今德州縣也。

三月癸未，徙廣陽王良爲趙王，始就國。

平狄將軍龐萌反，殺楚郡太守孫萌而東附董憲。

遣征南大將軍岑彭率二將軍伐田戎於津鄉，大破之。〔一〕

〔一〕南郡有津鄉，故城在今荆州江陵縣東。

夏四月，旱，蝗。

河西大將軍竇融始遣使貢獻。

五月丙子，詔曰：「久旱傷麥，秋種未下，朕甚憂之。將殘吏未勝，獄多冤結，元元愁恨，感動天氣乎？其令中都官、三輔、郡、國出繫囚，〔一〕罪非犯殊死一切勿案，〔二〕見徒免爲庶人。務進柔良，退貪酷，各正厥事焉。」〔三〕

〔一〕前書音義曰：「中都官謂京師諸官府也。國謂諸侯王國也。」

〔二〕殊死謂斬刑。殊，絕也。左傳曰：「斬其木而弗殊。」一切謂權時，非久制也。並見前書音義。

〔三〕臣賢案：范曄序例云「帝紀略依春秋，唯孛彗、日食、地震書，餘悉備於志」。流俗本於此下多有「甲申，白虹見，南北竟天」者，誤。它皆放此。

六月，建義大將軍朱祐拔黎丘，獲秦豐；而龐萌、蘇茂圍桃城。〔一〕帝時幸蒙，〔二〕因自將征之。先理兵任城，乃進救桃城，大破萌等。

〔一〕任城國有桃聚，故城在今兗州任城縣北。

〔二〕縣名，屬梁國，故城在今宋州北。

秋七月丁丑，幸沛，祠高原廟。〔一〕詔修復西京園陵。進幸湖陵，征董憲。〔二〕又幸蕃，〔三〕遂攻董憲於昌慮，大破之。〔四〕

〔一〕前書音義曰：「原，再也。」謂已立廟，更立者爲原。

〔二〕湖陵，縣，屬山陽郡，故城在今兗州方與縣東，一名湖陸。

〔三〕縣名，屬魯國，故城在今徐州滕縣。蕃音皮。

〔四〕昌慮，縣，屬東海郡，故城在今徐州滕縣東南。古邾國之濫邑也。左傳曰「邾庶其以濫來奔」，即此地。

八月己酉，進幸郯，〔一〕留吳漢攻劉紆、董憲等，車駕轉徇彭城、下邳。吳漢拔郯，獲劉紆；漢進圍董憲、龐萌於朐。〔二〕

〔一〕縣名，屬東海郡，故城在今泗州下邳縣東北。郯音談。

〔二〕縣名，屬東海郡，故城在今海州朐山縣西。音其于反。

冬十月，還，幸魯，使大司空祠孔子。

耿弇等與張步戰於臨淄，大破之。〔一〕帝幸臨淄，進幸劇。〔二〕張步斬蘇茂以降，齊地平。

〔一〕臨淄，今青州縣。

〔二〕縣名，故城在今青州壽光縣南，故紀國城也。

初起太學。〔一〕車駕還宮，幸太學，賜博士弟子各有差。

〔一〕陸機洛陽記曰：「太學在洛陽城故開陽門外，去宮八里，講堂長十丈，廣三丈。」

十一月壬寅，大司徒伏湛免，尚書令侯霸爲大司徒。

十二月，盧芳自稱天子於九原。〔一〕

〔一〕縣名，屬五原郡，故城在今勝州銀成縣。

西州大將軍隗囂遣子恂入侍。

交阯牧鄧讓率七郡太守遣使奉貢。〔一〕

〔一〕交阯，郡，今交州縣也。南濱大海。輿地志云：「其夷足大指開析，兩足並立，指則相交。」阯與趾同，古字通。應劭漢官儀曰：「始開北方，遂交於南，爲子孫基阯也。」七郡謂南海、蒼梧、鬱林、合浦、交阯、九眞、日南，並屬交州，見續漢書。

詔復濟陽二年傜役。〔一〕

〔一〕濟陽，縣，故城在今曹州冤句縣西南。皇考南頓君初爲濟陽令，以哀帝建平元年帝生於濟陽宮，故復之。前書音義曰：「復謂除其賦役也。復音福。」

是歲，野穀漸少，田畝益廣焉。

校勘記

一頁三行 出自景帝生長沙定王發　劉攽東漢書刊誤謂「生」當作「子」。按：集解引惠棟說，謂東觀記世祖紀云「世祖光武皇帝，高祖九世孫，承文、景之統，出自長沙定王發，定王生舂陵節侯」，本書自明，范氏易其文而義反晦耳。

一頁一二行 本屬零陵（冷）〔泠〕道縣　據汲本改。

一頁一三行 故城（今）在〔今〕隨州棗陽縣東　據張熷讀史舉正改。

二頁一行 今（郴）〔貴〕州縣　王先謙謂鬱林今潯州府貴縣，貴縣唐爲貴州縣，作「郴」誤。今據改。

二頁五行 庭中骨起　按：殿本、集解本「庭中」作「中庭」。

二頁八行 王莽〔始〕建國六年　據刊誤補。

二頁一五行 天鳳六年改爲地皇　按：張熷謂據前書「六」當作「七」。

三頁一〇行 孛星光芒短蓬然　按：姚範援鶉堂筆記謂前書文紀文穎注「孛星光芒短，其光四出蓬蓬孛孛也」，則此注「蓬然」當重一「蓬」字。

三頁一三行 謂〔武冠〕武官冠之　據刊誤補。

四頁八行 更始元年正月甲子朔　張熷讀史舉正及黃山後漢書校補並謂據下文「二月辛巳」，則正月甲子非朔。今按：是年正月壬子朔，此或衍「朔」字，或「甲子」爲「壬子」之譌。

四頁一一行 前書曰　按：張熷謂引前書非本文，「書」下當有「音義」二字。

四頁一三行 屬南〔陽〕郡　按：張熷謂「南」下當有「陽」字。今據補。

四頁一三行 故城在今鄧州南陽縣南（在）淯水之陽　據殿本刪。

五頁一行 得定武侯家丞印　按：沈家本後漢書瑣言謂前書無「定武」，未知是班奪，抑東觀記誤也。

五頁八行 〔鄖〕音於建反　據汲本、殿本補。

六頁八行 欲分留守之　按：通鑑「留」作「兵」。

六頁一三行 （詔）〔昭〕如海濱　據殿本改，與前書莽傳合。

七頁四行 驃騎大將軍武帝置自霍去病始　按：錢大昕廿二史考異謂去病爲驃騎將軍，無「大」字。

七頁一一行 鉦鼓之聲聞數百里　按：袁宏後漢紀「數百里」作「數十里」。御覽二八三引同。

七頁一二行 城中負戶而汲　按：御覽二八三引「戶」作「楯」。

八頁七行 謂營頭之星也　按：御覽三二八引「謂」上有「所」字。

八頁八行 光武遂與營部俱進　按：張文虎舒藝室隨筆謂「營部」不辭，通典一五八引「營部」上有「諸」字，通鑑同。「諸」字不可少。

九頁一四行 賢萬人曰傑　殿本、集解本「賢」下有「過」字。按：白虎通聖人篇作「萬人曰傑」。

九頁一五行 少年子弟　按：前書莽傳「子」作「朱」。殿本同，考證謂監本作「于」，宋本作「宋」。

一〇頁四行 秩（比）二千石　據前書百官公卿表刪。按：前書云「自司隸至虎賁、校尉秩皆二千石」，此「比」字疑即「皆」字之脫其下半。

一〇頁九行 （並）音其物反　據刊誤刪。

一〇頁一〇行 梳裲　按：「梳」原譌「杬」，逕據汲本、殿本改正。

一一頁五行 諸（事）曹〔掾〕史　刊誤謂案文多一「事」字。按：百官志作「諸曹掾史」，今據改。

一一頁一三行 東觀記（日）林作臨字　按：於文明衍「日」字，今刪。

一三頁一三行 王莽和（戎）〔成〕卒正邳彤亦舉郡降　按：邳彤傳「和戎」作「和成」，張熷謂當從彤傳。又

沈家本謂按邳彤傳「戎」作「成」，注引東觀記亦作「成」，只此傳誤。水經濁漳水注引作「和城」，城成書多通用也。今據改。又按：汲本「彤」作「肜」。

一三頁二行 縣名屬涿郡　按：張熷謂案前志，蓟屬廣陽國，續志屬廣陽郡，皆無「屬涿郡」之文。

一五頁六行 有〔常〕侍曹尚書　據刊誤補。

一六頁一一行 郡〔名〕有琅邪山故城〔在〕今海州朐山縣東北　刊誤謂「郡」下少一「名」字，「城」下少一「在」字。今據補。

一六頁一五行 大肜渠帥樊重　按：耿弇傳「故大肜渠帥重異」，李注「重姓，異名」，此作「樊重」，似譌。

一七頁一一行 臧（矜）〔兢〕音作鄢　按：集解引惠棟說，謂「矜」當作「兢」，隋書經籍志范漢音訓三卷，陳宗道先生臧兢撰。今據改。

一九頁五行 乃遣吳漢率耿弇陳俊馬武等十二將軍　按：「十二」當作「十四」。集解引惠棟說，謂耿弇傳光武遣弇與吳漢、景丹、蓋延、朱祐、邳肜、耿純、劉植、岑彭、祭遵、堅鐔、王霸、陳俊、馬武十三將軍，幷弇爲十四也。

二一頁三行 臣聞帝王不可以久曠　按：李慈銘後漢書札記謂「王」當作「位」。

二二頁八行 壇（廟）之東　據刊誤刪。

二三頁六行 名爲〔劉〕　據刊誤補。

二三頁八行 騶吏始定國公王匡於安邑 按：「公」下原衍「主」字，逕據汲本、殿本删。

二三頁二三行 偏將軍朱祜爲建義大將軍 按：王先謙謂「祜」當作「祐」，詳下朱祐傳校勘記。

二四頁五行 尉平也 按：前書顔師古注作「廷，平也」。

二四頁一〇行 〔故〕城在今濮州雷澤縣北也 按：張森楷校勘記謂「城」上當有「故」字，今據補。

二四頁一五行 其文曰告某官云〔云〕 據刊誤補。

二五頁三行 以前（高）密令卓茂爲太傅 據殿本考證引何焯說及集解引錢大昕説删。按：錢氏謂茂作令在河南之密，非高密，紀衍「高」字。

二五頁四行 卓以平帝時爲密令 按：集解引何焯說，謂「卓」應改「茂」。

二七頁二行 蔡（賓）〔漢〕典職儀曰 據刊誤補。

二七頁三行 草名也 按：「草」原作「華」，逕據汲本、殿本改。

二七頁九行 故立元帝爲祖廟 按：刊誤謂以世數言之，元帝乃是光武考，非祖也，作「祖」字誤。

二七頁一五行 地理羣后從食 按：「后」當作「神」，續志可證。

二八頁七行 眞定王楊臨邑侯讓 按：錢大昕謂劉植、耿純傳「楊」皆作「揚」，耿純傳「臨」作「林」。

二八頁九行——二九頁二行 二月己酉幸修武 辛卯至自修武 三月乙未大赦天下 校補引洪亮吉說，謂己酉、辛卯不同月，下「三月」二字當在「辛卯」上，范史誤倒。黄山謂本年正月甲子

朔，則二月己酉已屆望後矣，不惟二月無辛卯，即三月亦不當有乙未。袁紀書「三月乙酉，大赦天下」，不作「乙未」也。范書日月踳駁之處不可枚舉，書闕有間，無從悉正。

二九頁一四行 故眞定王楊子得爲眞定王 汲本、殿本「得」作「德」。按：得德古通作。

三〇頁二行 成帝封姬延爲周承休公常即延之後 按：沈家本謂按前書恩澤侯表「延」作「延年」，疑此注奪「年」字。常者，延年四世孫也。惟表云更爲周承休侯，與此異。

三七頁一行 今姓作（賁）〔奔〕音（奔） 據刊誤改。

三九頁一六行 蕃音皮 殿本「皮」作「反」。按：張森楷校勘記謂前書地理志注引應劭音皮，又引臣瓚說，陳蕃子爲魯相，改讀爲皮云云以實之。而胡三省據通典，謂「皮」乃「反」之誤，非是眞有皮音。近人酷信應說，乃謂蕃通作番，番皮雙聲云云，非也。

四〇頁一五行 故城在今勝州銀成縣 汲本、殿本「成」作「城」。按：成城古多通作。

後漢書卷一下

光武帝紀第一下

六年春正月丙辰，改春陵鄉爲章陵縣。世世復傜役，比豐、沛，無有所豫。〔一〕

〔一〕高祖（豐）沛〔豐〕邑人，故代代復，今比之也。復音福。

辛酉，詔曰：「往歲水旱蝗蟲爲災，穀價騰躍，〔二〕人用困乏。朕惟百姓無以自贍，惻然愍之。其命郡國有穀者，給稟〔三〕高年、鰥、寡、孤、獨及篤癃、無家屬貧不能自存者，如律。〔三〕二千石勉加循撫，無令失職。」〔四〕

〔一〕言踴貴也。

〔二〕説文：「稟，賜穀也。」音筆錦反。

〔三〕大戴禮曰：「六十無妻曰鰥，五十無夫曰寡。」禮記曰：「幼而無父曰孤，老而無子曰獨。」爾雅曰：「篤，困也。」蒼頡篇曰：「癃，病也。」漢律今亡。

〔四〕職猶常也。

揚武將軍馬成等拔舒，獲李憲。

二月，大司馬吳漢拔朐，獲董憲、龐萌，山東悉平。諸將還京師，置酒賞賜。

三月，公孫述遣將任滿寇南郡。〔一〕

〔一〕今荆州也。

夏四月丙子，幸長安，始謁高廟，遂有事十一陵。〔一〕

〔一〕有事謂祭也。左傳曰：「有事於太廟。」高祖長陵，惠帝安陵，文帝霸陵，景帝陽陵，武帝茂陵，昭帝平陵，宣帝杜陵，元帝渭陵，成帝延陵，哀帝義陵，平帝康陵。

遣虎牙大將軍蓋延等七將軍從隴道伐公孫述。

五月己未，至自長安。

隗囂反，蓋延等因與囂戰於隴坻，諸將敗績。

辛丑，詔曰：「惟天水、隴西、安定、北地〔一〕吏人爲隗囂所詿誤者，〔二〕又三輔遭難赤眉，有犯法不道者，〔三〕自殊死以下，皆赦除之。」

〔一〕並郡名。天水今秦州，安定今涇州，北地今寧州，隴西今渭州。

〔二〕説文曰：「詿亦誤也。」音古賣反。

〔三〕前書音義曰：「律：殺不辜一家三人爲不道。」

六月辛卯，詔曰：「夫張官置吏，所以爲人也。〔一〕今百姓遭難，戶口耗少，而縣官吏職所置尙繁，其令司隸、州牧〔二〕各實所部，省減吏員。縣國不足置長吏可并合者，〔三〕上大司徒、大司空二府。」於是條奏并省四百餘縣，吏職減損，十置其一。

〔一〕管子曰：「張官置吏，所以奉主之法。」

〔二〕漢官儀曰：「司隸校尉部河南、河內、右扶風、左馮翊、京兆、河東、弘農七郡於河南洛陽，故謂東京爲『司隸』。」

〔三〕幷晉必政反。

代郡太守劉興擊盧芳將賈覽於高柳，戰歿。〔一〕

〔一〕高柳，縣，屬代郡，故城在今雲州定襄縣。

初，樂浪人王調據郡不服。〔一〕秋，遣樂浪太守王遵擊之，郡吏殺調降。

〔一〕樂浪，郡，故朝鮮國也，在遼東。

遣前將軍李通率二將軍，與公孫述將戰於西城，破之。〔一〕

〔一〕西城，縣，屬漢中，今金州縣也。

夏，蝗。

秋九月庚子，赦樂浪謀反大逆殊死已下。

丙寅晦，日有食之。

冬十月丁丑，詔曰：「吾德薄不明，寇賊爲害，彊弱相陵，元元失所。詩云：『日月告凶，不用其行。』〔一〕永念厥咎，內疚於心。〔二〕其勑公卿舉賢良、方正各一人；〔三〕百僚並上封事，無有隱諱；〔四〕有司修職，務遵法度。」

〔一〕詩小雅鄭玄注云：「告凶，告天下凶亡之徵也。行，道度也。不用之者，謂相干犯。」

〔二〕疚，病也。詩曰：「憂心孔疚。」

〔三〕武帝建元元年，始詔舉賢良方正、直言極諫之士也。

〔四〕宣帝始令羣臣得奏封事，以知下情。

十一月丁卯，詔王莽時吏人沒入爲奴婢不應舊法者，皆免爲庶人。

十二月壬辰，大司空宋弘免。

癸巳，詔曰：「頃者師旅未解，用度不足，故行什一之稅。〔一〕今軍士屯田，糧儲差積。〔二〕其令郡國收見田租三十稅一，如舊制。」〔三〕

〔一〕謂十分而稅其一也。孟子曰：「夏五十而貢，殷七十而助，周百畝而徹，其實皆什一也。」

〔二〕武帝初通西域，始置校尉屯田。

〔三〕景帝二年，令人田租三十而稅一，今依景帝，故云「舊制」。

隗囂遣將行巡寇扶風，〔一〕征西大將軍馮異拒破之。

〔一〕行，姓；巡，名。漢有行祐，爲趙相，見風俗通。

是歲，初罷郡國都尉官。始遣列侯就國。匈奴遣使來獻，使中郎將報命。〔一〕

〔一〕漢官儀曰：「使匈奴中郎將，擁節，秩比二千石。」匈奴傳云：「令中郎將韓統報命，賂遺金幣。」

七年春正月丙申，詔中都官、三輔、郡、國出繫囚，非犯殊死，皆一切勿案其罪。見徒免爲庶（民）〔人〕。耐罪亡命，吏以文除之。〔一〕

〔一〕耐，輕刑之名。前書音義曰：「一歲刑爲罰作，二歲刑已上爲耐。」耐音乃代反。亡命謂犯耐罪而背名逃者。令吏爲文簿，記其姓名而除其罪，恐遂逃不歸，因失名籍。

又詔曰：「世以厚葬爲德，薄終爲鄙，至于富者奢僭，貧者單財，〔一〕法令不能禁，禮義不能止，倉卒乃知其咎。〔二〕其布告天下，令知忠臣、孝子、慈兄、悌弟薄葬送終之義。」

〔一〕單，盡也。

〔二〕倉卒謂喪亂也。諸厚葬者皆被發掘，故乃知其咎。咎，惡也。

二月辛巳，罷護漕都尉官。

三月丁酉，詔曰：「今國有衆軍，並多精勇，宜且罷輕車、騎士、材官、樓船士及軍假吏，〔一〕令還復民伍。」

〔一〕漢官儀曰：「高祖命天下郡國選能引關蹶張，材力武猛者，以爲輕車、騎士、材官、樓船，常以立秋後講肄課試，各

有員數。平地用車騎，山阻用材官，水泉用樓船。」軍假吏謂軍中權置吏也。今悉罷之。

公孫述立隗囂爲朔寧王。

癸亥晦，日有食之，避正殿，寢兵，不聽事五日。詔曰：「吾德薄致災，謫見日月，〔一〕戰慄恐懼，夫何言哉！今方念愆，庶消厥咎。其令有司各修職任，奉遵法度，惠茲元元。百僚各上封事，無有所諱。其上書者，不得言聖。」

〔一〕謫，責也。音直革反。左傳曰：「人君爲政不用善，自取謫於日月之災也。」

夏四月壬午，詔曰：「比陰陽錯謬，日月薄食。百姓有過，在予一人，大赦天下。公、卿、司隸、州牧舉賢良、方正各一人，遣詣公車，朕將覽試焉。」〔一〕

〔一〕公車，門名。公車所在，因以名焉。漢官儀曰：「公車（司馬）掌殿司馬門，天下上事及徵召皆總領之。」

五月戊戌，前將軍李通爲大司空。

甲寅，詔吏人遭饑亂及爲青、徐賊所略爲奴婢下妻，欲去留者，恣聽之。〔一〕敢拘制不還，以賣人法從事。〔二〕

〔一〕杜預（注）左傳云：「不以道取爲略。」

〔二〕言從賣人之事以結其罪。

是夏，連雨水。

漢忠將軍王常爲橫野大將軍。

八月丁亥，封前河閒王邵爲河閒王。

隗囂寇安定，征西大將軍馮異、征虜將軍祭遵擊却之。

冬，盧芳所置朔方太守田颯、〔一〕雲中太守喬扈各舉郡降。

〔一〕音立。

是歲，省長水、射聲二校尉官。〔一〕

〔一〕前書音義曰：「長水，地名，胡騎所屯。射聲謂工射者也，夜中聞聲則射之，因以爲名。」二校尉皆武帝置，今省之。

八年春正月，中郎將來歙襲略陽，〔一〕殺隗囂守將而據其城。

〔一〕縣名，屬天水郡，故城在今秦州隴城縣西北。

夏四月，司隸校尉傅抗下獄死。

隗囂攻來歙，不能下。閏月，帝自征囂，河西（太守）〔大將軍〕竇融率五郡太守與車駕會高平。〔一〕隴右潰，隗囂奔西城，遣大司馬吳漢、征南大將軍岑彭圍之；進幸上邽，不降，〔二〕命虎牙大將軍蓋延、建威大將軍耿弇攻之。

〔一〕五郡謂隴西、金城、天水、酒泉、張掖。高平，縣名，屬安定，後改爲（高）平（高），今原州縣。

〔二〕上邽，縣名，屬隴西郡，故邽戎邑，今秦州縣。

潁川盜賊寇沒屬縣，河東守守兵亦叛，京師騷動。

秋，大水。

八月，帝自上邽晨夜東馳。九月乙卯，車駕還宮。

庚申，帝自征潁川盜賊，皆降。

安丘侯張步叛歸琅邪，〔一〕琅邪太守陳俊討獲之。

〔一〕安丘，縣，屬北海郡，今密州縣，有渠丘亭。

戊寅，至自潁川。

冬十月丙午，幸懷。十一月乙丑，至自懷。

公孫述遣兵救隗囂，吳漢、蓋延等還軍長安。天水、隴西復反歸囂。

十二月，高句麗王遣使奉貢。

是歲大水。〔一〕

〔一〕左傳曰：「平原出水爲大水。」

九年春正月，隗囂病死，其將王元、周宗復立囂子純爲王。

徙鴈門吏人於太原。

三月辛亥，初置青巾左校尉官。

公孫述遣將田戎、任滿據荆門。〔一〕

〔一〕水經注曰：「江水東歷荆門、虎牙之閒。荆門山在南，上合下開，其狀似門，虎牙山在北，石壁色紅，閒有白文類牙，故以名也。此二山，楚之西塞也。」在今硤州夷陵縣東南。

夏六月丙戌，幸緱氏，登轘轅。〔一〕

〔一〕緱氏縣有緱氏山，轘轅山有轘轅坂，並在洛陽之東南。

遣大司馬吳漢率四將軍擊盧芳將賈覽於高柳，戰不利。

秋八月，遣中郎將來歙監征西大將軍馮異等五將軍討隗純於天水。

驃騎大將軍杜茂與賈覽戰於繁畤，〔一〕茂軍敗績。

〔一〕縣名，屬鴈門郡，今代州縣。

是歲，省關都尉，〔一〕復置護羌校尉官。〔二〕

〔一〕前書曰察官也，武帝置。

〔二〕漢官儀曰：「武帝置，秩比二千石，持節，以護西羌。王莽亂，遂罷。」時班彪議，宜復其官，以理冤結。帝從之，以

牛邯爲護羌校尉，都於隴西令居縣。

十年春正月，大司馬吳漢率捕虜將軍王霸等五將軍擊賈覽於高柳，匈奴遣騎救覽，諸將與戰，郤之。

修理長安高廟。

夏，征西大將軍馮異破公孫述將趙匡於天水，斬之。征西大將軍馮異薨。

秋八月己亥，幸長安，祠高廟，遂有事十一陵。

戊戌，進幸汧。〔一〕隗囂將高峻降。

〔一〕縣名，屬右扶風，故城在今隴州汧源縣。

冬十月，中郎將來歙等大破隗純於落門，〔一〕其將王元奔蜀，純與周宗降，隴右平。

〔一〕前書曰天水冀縣有落門聚，在今渭州隴西縣東南；有落門山，落門水出焉。

先零羌寇金城、隴西，〔一〕來歙率諸將擊羌於五谿，大破之。〔二〕

〔一〕金城，郡，故城在今蘭州廣武縣之西南。

〔二〕續漢志曰隴西襄武縣有五谿聚。

庚寅，車駕還宮。

是歲，省定襄郡，〔一〕徙其民於西河。〔二〕泗水王歙薨。淄川王終薨。

〔一〕定襄故城在今勝州界。
〔二〕郡名，今石州離石縣。

十一年春二月己卯，詔曰：「天地之性人爲貴。其殺奴婢，不得減罪。」

〔三月〕己酉，幸南陽；還，幸章陵，祠園陵。

城陽王祉薨。

庚午，車駕還宮。

閏月，征南大將軍岑彭率三將軍與公孫述將田戎、任滿戰於荆門，大破之，獲任滿。威虜將軍馮駿圍田戎於江州，〔一〕岑彭遂率舟師伐公孫述，平巴郡。

〔一〕縣名，屬巴郡，今渝州巴縣。

夏四月丁卯，省大司徒司直官。〔一〕

〔一〕漢官儀曰：「武帝置丞相司直，元壽二年改丞相爲大司徒，司直仍舊。」今省。

先零羌寇臨洮。〔一〕

〔一〕縣名，屬隴西郡，故城在今岷州。

六月，中郎將來歙率揚武將軍馬成破公孫述將王元、環安於下辯。〔一〕安遣閒人刺殺中郎將來歙。〔二〕帝自將征公孫述。秋七月，次長安。〔三〕八月，岑彭破公孫述將侯丹於黄石。〔四〕輔威將軍臧宮與公孫述將延岑戰於沈水，大破之。〔五〕王元降。至自長安。

〔一〕縣名，屬武都郡，今成州同谷縣，舊名武衜城。
〔二〕閒，諜也，謂伺候閒隙也。
〔三〕左傳例曰：「凡師出一宿爲舍，再宿爲信，過信爲次。」
〔四〕即黄石灘也。水經注曰：「江水自涪陵東出百里而屆于黄石。」在今涪州涪陵縣。
〔五〕水經注曰：「沈水出廣漢縣，下入涪水。」本或作「沉水」及「沅水」者，並非。

癸亥，詔曰：「敢炙灼奴婢，論如律，免所炙灼者爲庶（民）〔人〕。」

冬十月壬午，詔除奴婢射傷人棄市律。

公孫述遣閒人刺殺征南大將軍岑彭。

馬成平武都，因隴西太守馬援擊破先零羌，徙致天水、隴西、扶風。

十二月，大司馬吴漢率舟師伐公孫述。

是歲，省朔方牧，并并州。〔一〕初斷州牧自還奏事。〔二〕

〔一〕朔方，郡，在今夏州朔方縣北。上并音必政反。
〔二〕前書音義曰「刺史每歲盡則入奏事京師」，今斷之。哀帝改刺史曰州牧。

十二年春正月，大司馬吴漢與公孫述將史興戰於武陽，斬之。〔一〕

〔一〕武陽，縣，屬犍爲郡，故城在今眉州隆山縣東也。

三月癸酉，詔隴、蜀民被略爲奴婢自訟者，及獄官未報，一切免爲庶（民）〔人〕。

夏，甘露降南行唐。〔一〕六月，黄龍見東阿。〔二〕

〔一〕縣名，屬常山郡，今恆州縣。
〔二〕今濟州縣。

秋七月，威虜將軍馮駿拔江州，獲田戎。九月，吴漢大破公孫述將謝豐于廣都，斬之。〔一〕輔威將軍臧宮拔涪城，斬公孫恢。〔二〕

〔一〕廣都，今益州。
〔二〕涪城，今綿州縣也。恢，述之弟。

大司空李通罷。

冬十一月戊寅，吴漢、臧宮與公孫述戰於成都，大破之。述被創，夜死。辛巳，吴漢屠成都，夷述宗族及延岑等。〔一〕

〔一〕廣雅曰：「夷，猶滅也。」

十二月辛卯，揚武將軍馬成行大司空事。

是歲，九眞徼外蠻夷張遊率種人內屬，〔一〕封爲歸漢里君。省金城郡屬隴西。參狼羌寇武都，〔二〕隴西太守馬援討降之。詔邊吏力不足戰則守，追虜料敵不拘以逗留法。〔三〕横野大將軍王常薨。遣驃騎大將軍杜茂將衆郡施刑屯北邊，〔四〕築亭候，〔五〕修烽燧。〔六〕

〔一〕九眞，今愛州縣。
〔二〕武都，今武州也。參音所今反。
〔三〕說文曰：「逗，留止也。」前書音義曰：「逗是曲行避敵也。」漢法，軍行逗留畏愞者斬。追虜或近或遠，量敵進退，不拘以軍法，直取勝敵爲務也。逗，古住字。
〔四〕施，讀曰弛。弛，解也。前書音義曰：「謂有赦令去其鉗釱赭衣，謂之弛刑。」
〔五〕亭候，伺候望敵之所。前書曰，秦法十里一亭，亭有長，漢因之不改。
〔六〕前書音義曰：「邊方備警急，作高土臺，臺上作桔皐，桔皐頭有兜零，以薪草置其中，常低之，有寇即燃火舉之，以相告，曰烽。又多積薪，寇至即燔之，望其烟，曰燧。晝則燔燧，夜乃舉烽。」廣雅曰：「兜零，籠也。」

十三年春正月庚申，大司徒侯霸薨。

戊子，詔曰：「往年已勑郡國，異味不得有所獻御，今猶未止，非徒有豫養導擇之勞，〔一〕至乃煩擾道上，疲費過所。其令太官勿復受。〔二〕明勑下以遠方口實所以薦宗廟，自如舊

制。」〔三〕

〔一〕豫養謂未至獻時豫前養之。導亦擇也。

〔二〕續漢志曰：「太官令一人，秩六百石，掌御膳飲食。」

〔三〕漢官儀曰：「口實，膳羞之事也。」

二月，遣捕虜將軍馬武屯虖沱河以備匈奴。盧芳自五原亡入匈奴。

丙辰，詔曰：「長沙王興、眞定王得、河閒王邵、中山王茂，皆襲爵爲王，不應經義。〔一〕其以興爲臨湘侯，〔二〕得爲眞定侯，邵爲樂成侯，〔三〕茂爲單父侯。」〔四〕其宗室及絕國封侯者凡一百三十七人。丁巳，降趙王良爲趙公，太原王章爲齊公，魯王興爲魯公。庚午，以殷紹嘉公孔安爲宋公，周承休公姬(常)〔武〕爲衞公。省幷西京十三國：廣平屬鉅鹿，眞定屬常山，河閒屬信都，城陽屬琅邪，泗水屬廣陵，淄川屬高密，膠東屬北海，六安屬廬江，廣陽屬上谷。〔五〕

〔一〕以其服屬既疏，不當襲爵爲王。

〔二〕臨湘，縣，今潭州長沙縣。

〔三〕樂成，縣，故城在今瀛州樂(府)〔壽〕縣西北。

〔四〕今宋州縣。音善甫。

〔五〕據此惟有九國，云「十三」，誤也。

三月辛未，沛郡太守韓歆爲大司徒。丙子，行大司空馬成罷。

夏四月，大司馬吳漢自蜀還京師，於是大饗將士，班勞策勳。〔一〕功臣增邑更封，凡三百六十五人。其外戚恩澤封者四十五人。罷左右將軍官。〔二〕建威大將軍耿弇罷。

〔一〕班，布也。謂偏布勞來之。其有功者，以策書紀其勳也。勞音力到反。

〔二〕前書曰左右將軍，周官也，秦、漢因之。至此罷。

益州傳送公孫述瞽師、郊廟樂器、葆車、輿輦，於是法物始備。〔一〕時兵革既息，天下少事，文書調役，務從簡寡，〔二〕至乃十存一焉。

〔一〕瞽，無目之人也。爲樂師，取其無所見，於音聲審也。郊廟之器，罇彝之屬也。樂器，鍾磬之屬。葆車謂上建羽葆也。合聚五采羽名爲葆。輿者，車之總名也。輦者，駕人以行。法物謂大駕鹵簿儀式也。時草創未暇，今得之始備。

〔二〕調謂發也。

甲寅，冀州牧竇融爲大司空。

五月，匈奴寇河東。

秋七月，廣漢徼外白馬羌豪率種人內屬。〔一〕

〔一〕廣漢，今益州雒縣也。徼猶塞也，音吉弔反。羌有百五十四種，在廣漢西北者爲白馬羌。

九月，日南徼外蠻夷獻白雉、白兔。〔一〕

〔一〕日南，郡，屬交州。

冬十二月甲寅，詔益州民自八年以來被略爲奴婢者，〔一〕皆一切免爲庶(民)〔人〕；或依託爲人下妻，欲去者，恣聽之；敢拘留者，比靑、徐二州以略人法從事。

〔一〕謂公孫述時也。

復置金城郡。〔一〕

〔一〕前年省幷隴西。

十四年春正月，起南宮前殿。

匈奴遣使奉獻，使中郎將報命。〔一〕

〔一〕中郎將劉襄也。

夏四月辛巳，封孔子後志爲褒成侯。〔一〕

〔一〕平帝封孔均爲褒成侯。志，均子也。古今志曰志時爲密令。

越嶲人任貴自稱太守，遣使奉計。〔一〕

〔一〕越嶲，郡，武帝置，本邛都也。嶲，水名，因越嶲水而置郡，故以名焉。計謂人庶名籍，若今計帳。

秋九月，平城人賈丹殺盧芳將尹由來降。〔一〕

〔一〕平城屬鴈門郡，今雲州定襄縣也。

是歲，會稽大疫。〔一〕莎車國、鄯善國遣使奉獻。〔二〕

〔一〕會稽，今越州縣。

〔二〕莎車、鄯善，並西域國名。鄯音市戰反。

十二月癸卯，詔益、涼二州奴婢，自八年以來自訟在所官，一切免爲庶(民)〔人〕，賣者無還直。

十五年春正月辛丑，大司徒韓歆免，自殺。〔一〕

〔一〕事見侯霸傳。

丁未，有星孛於昴。

汝南太守歐陽歙爲大司徒。建義大將軍朱祜罷。

丁未，有星孛於營室。

二月，徙鴈門、代郡、上谷三郡民，置常(山)關、居庸關以東。〔一〕

〔一〕前書曰代郡有常山關，上谷郡居庸縣有關。時胡寇數犯邊，故徙之。

初，巴蜀既平，大司馬吳漢上書請封皇子，不許，重奏連歲。三月，乃詔羣臣議。大司空融、固始侯通、膠東侯復、高密侯禹、太常登等奏議曰：「古者封建諸侯，以藩屏京師。〔一〕周封八百，〔二〕同姓諸姬並爲建國，〔三〕夾輔王室，尊事天子，享國永長，爲後世法。故詩云：『大啓爾宇，爲周室輔。』〔四〕高祖聖德，光有天下，亦務親親，封立兄弟諸子，不違舊章。陛下德横天地，興復宗統，褒德賞勳，親睦九族，〔五〕功臣宗室，咸蒙封爵，多受廣地，或連屬縣。今皇子賴天，能勝衣趨拜，陛下恭謙克讓，抑而未議，羣臣百姓，莫不失望。宜因盛夏吉時，定號位，以廣藩輔，〔六〕明親親，尊宗廟，重社稷，應古合舊，厭塞衆心。臣請大司空上輿地圖，〔七〕太常擇吉日，具禮儀。」制曰：「可。」

〔一〕藩，籬也。屏，蔽也。詩大雅曰：「介人維藩，大邦維屏。」毛萇注曰：「當用公卿諸侯爲藩屏也。」公羊傳曰：「京者何？大也。師者何？衆也。天子之居，必（有）〔以〕衆大之辭言之。」

〔二〕史記曰「唐、虞協和萬國，逮于夏、商，或數千，蓋周封八百」也。

〔三〕左傳曰：「虞、虢、焦、滑、霍、楊、韓、魏，皆姬姓也。」

〔四〕詩魯頌也。宇，居也。周成王封周公子伯禽於魯。言大開爾居，以爲我周家之輔。

〔五〕孔安國注尚書云：「九族謂上至高祖，下至玄孫。」

〔六〕禮記月令：「天子孟夏迎夏於南郊，還，乃封諸侯，行爵出祿。」

〔七〕廣雅曰：「輿，載也。」言載在地者，皆圖畫之。司空掌土地，故命上之。

夏四月戊申，以太牢告祠宗廟。丁巳，使大司空融告廟，封皇子輔爲右翊公，英爲楚公，陽爲東海公，康爲濟南公，蒼爲東平公，延爲淮陽公，荆爲山陽公，衡爲臨淮公，焉爲左翊公，京爲琅邪公。癸丑，追謚兄伯升爲齊武公，兄仲爲魯哀公。

六月庚午，復置屯騎、長水、射聲三校尉官；〔一〕改青巾左校尉爲越騎校尉。

〔一〕七年罷。

詔下州郡檢覈墾田頃畝〔一〕及戶口年紀，又考實二千石長吏阿枉不平者。

〔一〕覈，實也。

冬十一月甲戌，大司徒歐陽歙下獄死。十二月庚午，關內侯戴涉爲大司徒。盧芳自匈奴入居高柳。

是歲，驃騎大將軍杜茂免。虎牙大將軍蓋延薨。

十六年春二月，交阯女子徵側反，略有城邑。

三月辛丑晦，日有蝕之。

秋九月，河南尹張伋及諸郡守十餘人，坐度田不實，皆下獄死。〔一〕

〔一〕東觀記曰：「刺史太守多爲詐巧，不務實覈，苟以度田爲名，聚人田中，並度廬屋里落，聚人遮道啼呼。」

郡國大姓及兵長、羣盜處處並起，攻劫在所，害殺長吏。郡縣追討，到則解散，去復屯結。青、徐、幽、冀四州尤甚。冬十月，遣使者下郡國，聽羣盜自相糾擿，〔一〕五人共斬一人者，除其罪。吏雖逗留回避故縱者，皆勿問，聽以禽討爲效。其牧守令長坐界內盜賊而不收捕者，又以畏愞捐城委守者，皆不以爲負，〔二〕但取獲賊多少爲殿最，〔三〕唯蔽匿者乃罪之。於是更相追捕，賊並解散。徙其魁帥於它郡，賦田受稟，使安生業。自是牛馬放牧，邑門不閉。

〔一〕擿猶發也。音它狄反。

〔二〕委守謂弃其所守也。

〔三〕殿，後也。謂課居後也。最，凡要之首也。言課居先也。

盧芳遣使乞降。十二月甲辰，封芳爲代王。

初，王莽亂後，貨幣雜用布、帛、金、粟。是歲，始行五銖錢。〔一〕

〔一〕武帝始爲五銖錢，王莽時廢，今始行之。

十七年春正月，趙公良薨。

二月乙（亥）〔未〕晦，日有食之。〔一〕

〔一〕東觀記曰：「上以日食避正殿，讀圖讖多，御坐廡下淺露，中風發疾，苦眩甚。左右有白大司馬史，病苦如此，不能動搖。自強從公，出乘，以車行數里，病差。四月二日，車駕宿偃師。病差數日，入南陽界，到葉。以車騎省，留數日行，黎陽兵馬千餘匹，遂到章陵，起居平愈。」

夏四月乙卯，南巡狩，皇太子及右翊公輔、楚公英、東海公陽、濟南公康、東平公蒼從，幸潁川，進幸葉、章陵。〔一〕五月乙卯，車駕還宮。

〔一〕葉，縣，故楚葉公邑，屬南（陽）郡，今許州縣也。葉音式涉反。

六月癸巳，臨淮公衡薨。

秋七月，妖巫李廣等羣起據皖城，〔一〕遣虎賁中郎將馬援、驃騎將軍段志討之。九月，破皖城，斬李廣等。

〔一〕縣名，屬廬江郡，故城在今舒州，有皖水。音下板反。

冬十月辛巳，廢皇后郭氏爲中山太后，立貴人陰氏爲皇后。進右翊公輔爲中山王，食常山郡。〔一〕其餘九國公，皆卽舊封進爵爲王。

〔一〕本恒山郡，避文帝諱改爲常山，故城在今趙州元氏縣西。

甲申，幸章陵。脩園廟，祠舊宅，觀田廬，置酒作樂，賞賜。時宗室諸母因酣悅，相與語曰：「文叔少時謹信，與人不款曲，唯直柔耳。今乃能如此！」帝聞之，大笑曰：「吾理天下，亦欲以柔道行之。」乃悉爲舂陵宗室起祠堂。有五鳳皇見於潁川之郟縣。〔一〕十二月，至自章陵。

〔一〕郟，今汝州郟城縣也。東觀記曰：「鳳高八尺，五彩，羣鳥並從，行列蓋地數頃，停一十七日。」

是歲，莎車國遣使貢獻。

十八年春二月，蜀郡守將史歆叛，遣大司馬吳漢率二將軍討之，圍成都。甲寅，西巡狩，幸長安。三月壬午，祠高廟，遂有事十一陵。歷馮翊界，進幸蒲坂，祠后土。〔一〕夏四月(甲戌)〔癸酉〕，車駕還宮。

〔一〕漢官儀曰：「祭地於河東汾陰后土宮。宮曲入河，古之祭地，澤中方丘也。以夏至日祭，其禮儀如祭天。」蒲坂，縣，屬河東郡。后土祠在今蒲州汾陰縣西北。

(癸酉)〔甲戌〕，詔曰：「今邊郡盜穀五十斛，罪至於死，開殘吏妄殺之路，其蠲除此法，同之內郡。」

遣伏波將軍馬援率樓船將軍段志等擊交阯賊徵側等。

(戊)〔甲〕申，幸河內。戊子，至自河內。

五月，旱。

盧芳復亡入匈奴。

秋七月，吳漢拔成都，斬史歆等。壬戌，赦益州所部殊死已下。

冬十月庚辰，幸宜城。〔一〕還，祠章陵。十二月乙丑，車駕還宮。

〔一〕縣，屬南郡，楚之鄢邑也，故城在今襄州率道縣南。

是歲，罷州牧，置刺史。〔一〕

〔一〕武帝元封五年初置部刺史，掌奉詔條察州，秩六百石，員十三人。成帝綏和元年更名牧，秩二千石。哀帝建平二年復爲刺史，元壽二年復爲牧。經王莽變革，至建武元年復置牧，今改置刺史。

十九年春正月庚子，追尊孝宣皇帝曰中宗。始祠昭帝、元帝於太廟，〔一〕成帝、哀帝、平帝於長安，舂陵節侯以下四世於章陵。

〔一〕漢官儀曰：「光武第雖十二，於父子之次，於成帝爲兄弟，於哀帝爲諸父，於平帝爲祖父，皆不可爲之後。上至元帝，於光武爲父，故上繼元帝而爲九代。故河圖云『赤九會昌』，謂光武也。」然則宣帝爲(曾)祖，故追尊及祠之。

妖巫單臣、傅鎮等反，據原武，遣太中大夫臧宮圍之。夏四月，拔原武，斬臣、鎮等。

伏波將軍馬援破交阯，斬徵側等。因擊破九眞賊都陽等，降之。

閏月戊申，進趙、齊、魯三國公爵爲王。

六月戊申，詔曰：「春秋之義，立子以貴。〔一〕東海王陽，皇后之子，宜承大統。皇太子彊，崇執謙退，願備藩國。父子之情，重久違之。其以彊爲東海王，立陽爲皇太子，改名莊。」

〔一〕公羊傳曰：「立嫡以長不以賢，立子以貴不以長。桓公何以貴？母貴也。母貴則子(何以)貴？子以母貴，母以子貴。」

秋九月，南巡狩。壬申，幸南陽，進幸汝南南頓縣舍，置酒會，賜吏人，復南頓田租歲。父老前叩頭言：「皇考居此日久，陛下識知寺舍，〔一〕每來輒加厚恩，願賜復十年。」帝曰：「天下重器，常恐不任，日復一日，安敢遠期十歲乎？」吏人又言：「陛下實惜之，何言謙也？」帝大笑，復增一歲。進幸淮陽、梁、沛。

〔一〕蔡邕獨斷曰：「陛，階陛也。與天子言不敢指斥，故云陛下。」風俗通曰：「寺，司也。諸官府所止皆曰寺。」光武嘗從皇考至南頓，故識知官府舍宇。

西南夷寇益州郡，〔一〕遣武威將軍劉尚討之。越巂太守任貴謀叛，十二月，劉尚襲貴，誅之。

〔一〕常璩華陽國志云：「武帝元封二年叟夷反，將軍郭昌討平之，因開爲益州郡。」故城在今昆州晉寧縣是也。

是歲，復置函谷關都尉。〔一〕修西京宮室。

〔一〕九年省，今復置。

二十年春二月戊子，車駕還宮。

夏四月庚辰，大司徒戴涉下獄死。〔一〕大司空竇融免。

〔一〕古今注曰：「坐入故太倉令奚涉罪。」

五月辛亥，大司馬吳漢薨。

匈奴寇上黨、天水，遂至扶風。

六月庚寅，廣漢太守蔡茂爲大司徒，太僕朱浮爲大司空。壬辰，左中郎將劉隆爲驃騎將軍，行大司馬事。〔一〕

〔一〕武帝省太尉，置大司馬將軍；成帝賜金印紫綬，置官屬，祿比丞相；哀帝去將軍，位在司徒上。見前書。

乙未，徙中山王輔爲沛王。

秋，東夷韓國人率衆詣樂浪內附。〔一〕

〔一〕東夷有辰韓、卞韓、馬韓，謂之三韓國也。

冬十月，東巡狩。甲午，幸魯，進幸東海、楚、沛國。

十二月，匈奴寇天水。

壬寅，車駕還宮。

是歲，省五原郡，徙其吏人置河東。復濟陽縣傜役六歲。

二十一年春正月，武威將軍劉尚破益州夷，平之。

夏四月，安定屬國胡叛，屯聚青山，〔一〕遣將兵長史陳訢討平之。〔二〕

〔一〕青山在今慶州馬嶺縣西北。

〔二〕訢音欣。

秋，鮮卑寇遼東，遼東太守祭肜大破之。

冬十月，遣伏波將軍馬援出塞擊烏桓，不克。

匈奴寇上谷、中山。

其冬，鄯善王、車師王等十六國皆遣子入侍奉獻，願請都護。〔一〕帝以中國初定，未遑外事，乃還其侍子，厚加賞賜。

〔一〕都護，宣帝置，始以鄭吉爲之，秩比二千石。都，總也。言總護南北道。居烏壘城，察西域諸國動靜以聞。事見前書。

二十二年春閏月丙戌，幸長安，祠高廟，遂有事十一陵。二月己巳，至自長安。

夏五月乙未晦，日有食之。

秋七月，司隸校尉蘇鄴下獄死。

九月戊辰，地震裂。制詔曰：「日者地震，南陽尤甚。夫地者，任物至重，靜而不動者也。而今震裂，咎在君上。鬼神不順無德，災殃將及吏人，朕甚懼焉。其令南陽勿輸今年田租芻稾。遣謁者案行，其死罪繫囚在戊辰以前，減死罪一等；徒皆弛解鉗，衣絲絮。〔一〕賜郡中居人壓死者棺錢，人三千。其口賦逋稅而廬宅尤破壞者，勿收責。〔二〕吏人死亡，或在壞垣毀屋之下，而家羸弱不能收拾者，其以見錢穀取傭，爲尋求之。」

〔一〕弛，解脫也。倉頡篇曰：「鉗，釱也。」音奇炎反。前書音義曰：「釱，足鉗也。」音徒計反，又大蓋反。舊法，在徒役者不得衣絲絮，今赦許之。

〔二〕漢儀注曰：「人年十五至五十六出賦錢，人百二十，爲一筭。又七歲至十四出口錢，人二十，以供天子；至武帝時又口加三錢，以補車騎馬。」逋稅謂欠田租也。

冬十月壬子，大司空朱浮免。癸丑，光祿勳杜林爲大司空。

是歲，齊王章薨。青州蝗。匈奴薁鞬日逐王比〔一〕遣使詣漁陽請和親，使中郎將李茂報命。烏桓擊破匈奴，匈奴北徙，幕南地空。〔二〕詔罷諸邊郡亭候吏卒。

〔一〕薁音於六反。鞬音紀言反。比，其名也。

〔二〕前書音義曰：「沙土曰幕，即今磧也。」

二十三年春正月，南郡蠻叛，遣武威將軍劉尚討破之，徙其種人於江夏。〔一〕

〔一〕郡名，故城在今安州雲夢縣東南。

夏五月丁卯，大司徒蔡茂薨。

秋八月丙戌，大司空杜林薨。

九月辛未，陳留太守玉況爲大司徒。〔一〕

〔一〕況字文伯，京兆人。玉音肅。

冬十月丙申，太僕張純爲大司空。

高句麗率種人詣樂浪內屬。

十二月，武陵蠻叛，寇掠郡縣，遣劉尚討之，戰於沅水，〔一〕尚軍敗歿。

〔一〕武陵，郡，今朗州也。沅，水名，出牂柯，東北過臨沅縣，至長沙入洞庭湖。

是歲，匈奴薁鞬日逐王比率部曲遣使詣西河內附。

二十四年春正月乙亥，大赦天下。

匈奴薁鞬日逐王比遣使款五原塞，求扞禦北虜。

秋七月，武陵蠻寇臨沅，〔一〕遣謁者李嵩、中山太守馬成討蠻，不克，於是伏波將軍馬援率四將軍討之。

〔一〕縣名，屬武陵郡，故城在今朗州武陵縣。

詔有司申明舊制阿附蕃王法。〔一〕

〔一〕武帝時有淮南、衡山之謀，作左官之律，設附益之法。前書音義曰：「人道尚右，言捨天子，仕諸侯爲左官。左，僻也。」阿曲附益王侯者，將有重法。是爲舊制，今更申明之。

冬十月，匈奴薁鞬日逐王比自立爲南單于，於是分爲南、北匈奴。

二十五年春正月，遼東徼外貊人〔一〕寇右北平、漁陽、上谷、太原，遼東太守祭肜招降之。烏桓大人來朝。〔二〕

〔一〕貊人，穢貊國人也。貊音陌。

〔二〕大人謂渠帥也。

中華書局

南單于遣使詣闕貢獻，奉蕃稱臣；又遣其左賢王擊破北匈奴，卻地千餘里。三月，南單于遣子入侍。

戊申晦，日有食之。

伏波將軍馬援等破武陵蠻於臨沅。冬十月，叛蠻悉降。

夫餘王遣使奉獻。〔一〕

〔一〕夫餘國在海東，去玄菟千里餘。

是歲，烏桓大人率衆內屬，詣闕朝貢。

二十六年〔春〕正月，詔有司增百官奉。〔一〕其千石已上，減於西京舊制；六百石已下，增於舊秩。

〔一〕續漢志曰：「大將軍、三公奉月三百五十斛，秩中二千石奉月百八十斛，二千石月百二十斛，比二千石月百斛，千石月九十斛，比千石月八十斛，六百石月七十斛，比六百石月五十五斛，四百石月五十斛，比四百石月四十五斛，三百石月四十斛，比三百石月三十七斛，二百石月三十斛，比二百石月二十七斛，百石月十六斛，斗食月十一斛，佐史月八斛。凡諸受奉，錢穀各半。」奉音扶用反。

初作壽陵。〔一〕將作大匠竇融上言園陵廣袤，無慮所用。〔二〕帝曰：「古者帝王之葬，皆

陶人瓦器，木車茅馬，〔三〕使後世之人不知其處。太宗識終始之義，景帝能述遵孝道，遭天下反覆，而霸陵獨完受其福，豈不美哉！〔四〕今所制地不過二三頃，無爲山陵，陂池裁令流水而已。」〔五〕

〔一〕初作陵未有名，故號壽陵，蓋取久長之義也。漢自文帝以後皆預作陵，今循舊制也。

〔二〕前書曰：「將作少府，秦官，掌宮室，景帝改爲大匠，秩二千石。」說文曰：「南北曰袤，東西曰廣。」廣雅曰：「無慮，都凡也。」謂請園陵都凡制度也。袤音茂。

〔三〕禮曰：「塗車芻靈，自古有之。」鄭玄注云：「芻靈，束茅爲人馬也。」

〔四〕謂赤眉入長安，惟霸陵不掘。

〔五〕言不起山陵，裁令封土，陂池不停水而已。陂音普何反。池音徒何反。

遣中郎將段郴授南單于璽綬，令入居雲中，〔一〕始置使匈奴中郎將，將兵衞護之。〔二〕南單于遣子入侍，奉奏詣闕。於是雲中、五原、朔方、北地、定襄、鴈門、上谷、代八郡民歸於本土。遣謁者分將施刑補理城郭。〔三〕發遣邊民在中國者，布還諸縣，皆賜以裝錢，轉輸給食。〔四〕

〔一〕郡名，在今勝州北。郴音丑林反。

〔二〕中郎將即段郴也。漢官儀曰「使匈奴中郎將屯西河美稷縣」也。

〔三〕施與弛同，解見上。

〔四〕東觀記曰：「時城郭丘墟，掃地更爲，上悔前徙之。」

二十七年夏四月戊午，大司徒玉況薨。

五月丁丑，詔曰：「昔契作司徒，禹作司空，皆無『大』名，其令二府去『大』。」〔一〕又改大司馬爲太尉。驃騎大將軍行大司馬劉隆即日罷，以太僕趙憙爲太尉，大司農馮勤爲司徒。

〔一〕朱祜奏宜令三公並去「大」名，以法經典，帝從其議。

益州郡徼外蠻夷率種人內屬。

北匈奴遣使詣武威乞和親。〔一〕

〔一〕武威，郡，故城在今涼州姑臧縣西北，故涼城是也。

冬，魯王興、齊王石始就國。

二十八年春正月己巳，徙魯王興爲北海王，以魯國益東海。賜東海王彊虎賁、旄頭、鍾虡之樂。〔一〕

〔一〕漢官儀曰：「虎賁千五百人，戴鶡尾，屬虎賁中郎將。」又云：「舊選羽林爲旄頭，被髮先驅。」魏文帝列異傳曰：「秦文公時梓樹化爲牛，以騎擊之，騎不勝，或墮地髻解被髮，牛畏之，入水，故秦因是置旄頭騎，使先驅。」爾雅

曰：「木謂之虡。」所以懸鍾磬也。說文曰：「虡飾爲猛獸。」

夏六月丁卯，沛太后郭氏薨，因詔郡縣捕王侯賓客，坐死者數千人。〔一〕

〔一〕時更始子鯉因沛獻王輔殺劉盆子兄恭，故王侯賓客多坐死。

秋八月戊寅，東海王彊、沛王輔、楚王英、濟南王康、淮陽王延始就國。

冬十月癸酉，詔死罪繫囚皆一切募下蠶室，〔一〕其女子宮。〔二〕

〔一〕蠶室，宮刑獄名。宮刑者畏風，須暖，作窨室蓄火如蠶室，因以名焉。窨音一禁反。見前書音義。

〔二〕謂幽閉也。

北匈奴遣使貢獻，乞和親。

二十九年春二月丁巳朔，日有食之。遣使者舉冤獄，出繫囚。

庚申，賜天下男子爵，人二級；鰥、寡、孤、獨、篤癃、貧不能自存者粟，人五斛。

夏四月乙丑，詔令天下繫囚自殊死已下及徒各減本罪一等，其餘贖罪輸作各有差。

三十年春正月，鮮卑大人內屬，朝賀。

二月，東巡狩。甲子，幸魯，進幸濟南。閏月癸丑，車駕還宮。

有星孛于紫宫。

夏四月戊子，徙左翊王焉爲中山王。

五月，大水。

賜天下男子爵，人二級；鰥、寡、孤、獨、篤癃、貧不能自存者粟，人五斛。

秋七月丁酉，幸魯國。復濟陽縣是年傜役。冬十一月丁酉，至自魯。

三十一年夏五月，大水。

戊辰，賜天下男子爵，人二級；鰥、寡、孤、獨、篤癃、貧不能自存者粟，人六斛。

癸酉晦，日有食之。

是夏，蝗。

秋九月甲辰，詔令死罪繫囚皆一切募下蠶室，其女子宮。

是歲，陳留雨穀，形如稗實。〔一〕北匈奴遣使奉獻。

〔一〕杜預注左傳云：「稗，草之似穀者。」音蒲懈反。

中元元年春正月，東海王彊、沛王輔、楚王英、濟南王康、淮陽王延、趙王盱皆來朝。〔一〕

〔一〕盱音況于反。

丁卯，東巡狩。二月己卯，幸魯，進幸太山。北海王興、齊王石朝于東嶽。辛卯，柴望岱宗，登封太山；甲午，禪于梁父。〔一〕

〔一〕岱宗，太山也。梁父，太山下小山也。封謂聚土爲壇，墠謂除地而祭。改「墠」爲「禪」，神之也。續漢志曰：「時上御輦升山，即位於壇南，北面，尚書令奉玉牒檢，皇帝以寸二分璽親封之。藏玉牒已，復石覆訖，尚書令以五寸印封石檢畢，皇帝再拜。禪祭地于梁陰，以高后配，山川羣神從祀焉。其玉牒文祕，刻石文辭多，不載。」

三月戊辰，司空張純薨。

夏四月癸酉，車駕還宮。己卯，大赦天下。復嬴、博、梁父、奉高，〔一〕勿出今年田租芻稾。改年爲中元。

〔一〕四縣屬太山郡，故城在今兗州博城縣界。

行幸長安。戊子，祀長陵。五月乙丑，至自長安。

六月辛卯，太僕馮魴爲司空。

乙未，司徒馮勤薨。

是夏，京師醴泉涌出，〔一〕飲之者固疾皆愈，惟眇、蹇者不瘳。又有赤草生於水崖。〔二〕郡國頻上甘露。羣臣奏言：「地祇靈應而朱草萌生。〔三〕孝宣帝每有嘉瑞，輒以改元，神爵、五鳳、甘露、黃龍，列爲年紀，蓋以感致神祇，表彰德信。是以化致升平，稱爲中興。今天下清寧，靈物仍降。陛下情存損挹，推而不居，豈可使祥符顯慶，沒而無聞？宜令太史撰集，〔四〕以傳來世。」帝不納。常自謙無德，每郡國所上，輒抑而不當，故史官罕得記焉。

〔一〕尚書中候曰「俊乂在官，則醴泉出」也。

〔二〕赤草，朱草也。大戴禮曰：「朱草日生一葉，至十五日已後日落一葉，周而復始。」

〔三〕孝經援神契曰：「德至草木，即朱草生。」

〔四〕太史，史官之長也。前書音義曰：「太史公，武帝置，位在丞相之上。」

秋，郡國三蝗。

冬十月辛未，司隸校尉東萊李訢爲司徒。

甲申，使司空告祠高廟曰：「高皇帝與羣臣約，非劉氏不王。呂太后賊害三趙，〔一〕專王呂氏，賴社稷之靈，祿、產伏誅，〔二〕天命幾墜，危朝更安。呂太后不宜配食高廟，同祧至尊。薄太后母德慈仁，〔三〕孝文皇帝賢明臨國，子孫賴福，延祚至今。其上薄太后尊號曰高皇后，配食地祇。遷呂太后廟主于園，四時上祭。」〔四〕

〔一〕謂高帝子趙幽王友、趙恭王恢、趙隱王如意。

〔二〕呂產、呂祿，並呂后兄弟子。呂后崩，各擁南北軍，欲爲亂，周勃、陳平等誅之。

〔三〕薄太后，高帝姬，孝文帝之母。

〔四〕園謂塋域也，於中置寢。

十一月甲子晦，日有食之。

是歲，初起明堂、靈臺、辟雍，及北郊兆域。〔一〕宣布圖讖於天下。復濟陽、南頓是年傜役。參狼羌寇武都，敗郡兵，隴西太守劉盱遣軍救之，及武都郡兵討叛羌，皆破之。

〔一〕大戴禮云：「明堂者凡九室，一室有四戶八牖，三十六戶，七十二牖。以茅蓋上，上員下方。赤綴戶也，白綴牖也。」禮圖又曰：「建武三十一年，作明堂，上員下方。十二堂法日辰。九室法九州。室八窻，八九七十二，法一時之王。室有十二戶，法陰陽之數。」胡伯始云：「古清廟蓋以茅，今蓋以瓦，下藉茅，存古制也。」漢官儀曰：「明堂四面起土作塹，上作橋，塹中無水。明堂去平城門二里所，天子出，從平城門，先歷明堂，乃至郊祀。」又曰：「辟雍去明堂三百步。車駕臨辟雍，從北門入。三月、九月，皆於中行鄉射禮。辟雍以水周其外，以節觀者。諸侯曰泮宮。東西南有水，北無，下天子也。」漢宮閣疏曰：「靈臺高三丈，十二門。天子曰靈臺，諸侯曰觀臺。」漢官儀：「北郊壇在城西北角，去城一里所。（謂）〔爲〕方壇四陛，但有壇祠舍而已。其鼓吹樂及舞人御帳，皆從南郊之具。地祇位南面西上，高皇后配，西面，皆在壇上。地理羣神從食壇下。南郊焚犢，北郊埋犢。」

二年春正月辛未，初立北郊，祀后土。

東夷倭奴國王遣使奉獻。〔一〕

〔一〕倭在帶方東南大海中，依山島爲國。

二月戊戌，帝崩於南宮前殿，年六十二。〔一〕遺詔曰：「朕無益百姓，皆如孝文皇帝制度，務從約省。〔二〕刺史、二千石長吏皆無離城郭，無遣吏及因郵奏。」〔三〕

〔一〕伏侯古今注曰：「是歲在丁巳。」

〔二〕文帝葬皆以瓦器，不以金銀銅錫爲飾，因其山，不起墳。

〔三〕說文曰：「郵，境上行書舍也。」

初，帝在兵閒久，厭武事，且知天下疲耗，思樂息肩。〔一〕自隴、蜀平後，非儆急，未嘗復言軍旅。皇太子嘗問攻戰之事，帝曰：「昔衞靈公問陳，孔子不對，此非爾所及。」〔二〕每旦視朝，日仄乃罷。數引公卿、郎、將講論經理，夜分乃寐。〔三〕皇太子見帝勤勞不怠，承閒諫曰：「陛下有禹湯之明，而失黃老養性之福，〔四〕願頤愛精神，優游自寧。」帝曰：「我自樂此，不爲疲也。」雖身濟大業，兢兢如不及，故能明慎政體，總攬權綱，量時度力，舉無過事。退功臣而進文吏，戢弓矢而散馬牛，雖道未方古，斯亦止戈之武焉。〔五〕

〔一〕左傳曰：「息肩于晉。」

〔二〕論語：「衞靈公問陳於孔子。曰：『俎豆之事，則嘗聞之矣；軍旅之事，未之學也。』」

〔三〕分猶半也。

〔四〕黃帝、老子。

〔五〕左傳曰：「於文，止戈爲武也。」

論曰：皇考南頓君初爲濟陽令，以建平元年十二月甲子夜生光武於縣舍，〔一〕有赤光照室中。〔二〕欽異焉，使卜者王長占之。長辟左右〔三〕曰：「此兆吉不可言。」是歲縣界有嘉禾生，一莖九穗，因名光武曰秀。明年，方士有夏賀良者，上言哀帝，云漢家歷運中衰，當再受命。於是改號爲太初元年，稱「陳聖劉太平皇帝」，以厭勝之。及王莽篡位，忌惡劉氏，以錢文有金刀，故改爲貨泉。或以貨泉字文爲「白水眞人」。後望氣者蘇伯阿爲王莽使至南陽，遙望見春陵郭，唶曰：〔四〕「氣佳哉！鬱鬱葱葱然。」及始起兵還舂陵，遠望舍南，火光赫然屬天，有頃不見。初，道士西門君惠、李守等亦云劉秀當爲天子。其王者受命，信有符乎？不然，何以能乘時龍而御天哉！〔五〕

〔一〕蔡邕光武碑文云：「光武將生，皇考以令舍不顯，開宮後殿居之而生。」

〔二〕東觀記曰：「光照堂中，盡明如晝。」

〔三〕辟音頻亦反。

〔四〕唶，歎也，音子夜反。

〔五〕易曰：「時乘六龍以御天。」

贊曰：炎正中微，大盜移國。〔一〕九縣飆回，三精霧塞。〔二〕人厭淫詐，神思反德。光武誕命，靈貺自甄。〔三〕沈幾先物，深略緯文。〔四〕尋、邑百萬，貔虎爲羣。〔五〕長轂雷野，高鋒彗雲。〔六〕英威既振，新都自焚。〔七〕虔劉庸、代，紛紜梁、趙。〔八〕三河未澄，四關重擾。〔九〕神旌乃顧，遞行天討。〔一〇〕金湯失險，車書共道。〔一一〕靈慶既啓，人謀咸贊。〔一二〕明明廟謨，赳赳雄斷。〔一三〕於赫有命，系隆我漢。〔一四〕

〔一〕漢以火德王，故曰炎正。大盜謂王莽篡位也。莊子曰：「田成子一日殺齊君而盜其國，向所謂智者，不反爲大盜積者乎？」

〔二〕九縣，九州也。飆回謂亂也。三精，日月星也。霧塞言昏昧也。精，或爲「象」。

〔三〕誕，大也。書曰：「誕膺天命。」甄，明也。靈貺謂佳氣神光之類也。

〔四〕幾者，動之微也。物，事也。沈深之幾，先見於事也。謚法：「經緯天地曰文。」

〔五〕貔，執夷，虎屬也。書曰：「如虎如貔。」言甚猛勇也。

〔六〕長轂，兵車。雷野，言其聲盛。淮南子曰：「雷以爲車輿。」彗，埽也，音祥銳反。

〔七〕王莽初封爲新都侯。史記曰，周武王伐紂，紂衣其寶玉自焚而死。莽雖被殺，滅亡與紂同，故假以言之。

〔八〕虔、劉，皆殺也。左傳曰：「虔劉我邊垂。」謂公孫述稱帝於庸、蜀，盧芳據代郡也。紛紜，亂也。梁謂劉永，趙謂王郎也。

〔九〕三河，河南、河北、河東也。未澄謂朱鮪等據洛（州）〔陽〕，未歸光武也。四關謂長安四塞之國。重擾謂更始已

定關中，劉盆子入關殺更始，發掘諸陵也。

〔一〇〕周禮曰：「析羽爲旌。」稱神者，猶言神兵神算也。詩云「乃眷西顧」，書云「天討有罪」也。

〔一一〕前書曰：「金城湯池，不可攻矣。」金以諭堅，湯取其熱。光武所擊，皆失其險固也。禮記曰：「天下車同軌，書同文。」

〔一二〕靈慶謂符讖也。左傳曰：「天啓之也。」人謀謂羣下勸即尊號也。易曰：「人謀鬼謀，百姓與能。」贊，助也。

〔一三〕詩曰「明明天子」。淮南子曰：「運籌於廟堂之上，決勝千里之外。」赳赳，武皃也。

〔一四〕於赫，歎美之詞，音烏。詩云：「有命既集。」系猶繫也。

校勘記

四七頁四行　高祖（豐）沛（豐）邑人　據殿本考證改。

四七頁六行　其命郡國有穀者給稟　按：「給稟」二字連下讀，注於「給稟」絕句，非。

五〇頁一〇行　故行什一之稅　按：「什」原作「十」，逕據汲本、殿本改。

五一頁一行　初罷郡國都尉官　按：刊誤謂郡有都尉，國有中尉，此但罷郡都尉，不當有「國」字。

五一頁二行　擁節　按：「擁」原作「雍」，逕據汲本、殿本改。

五一頁三行　見徒免爲庶（民）〔人〕　集解引錢大昕說，謂章懷注范史，避太宗諱，「民」字皆改爲「人」。今本仍有作「民」者，則宋以後校書者回改。然亦有不當改而妄改者。此「庶民」本當作

「庶人」，校書者不知庶民與庶人有別，而一例改之。凡律言「庶人」者，對奴婢及有罪者而言，與它處泛稱「庶民」者不同。今據錢說回改。下十一年、十二年、十三年、十四年同。

五二頁九行 公車〔司馬〕掌殿司馬門 據前書百官公卿表顏注引漢官儀補。

五二頁一三行 杜預〔注〕左傳云 按文當有「注」字，今補。

五三頁一三行 河西(太守)〔大將軍〕竇融 集解引錢大昕說，謂河西非郡名，不當有太守，當依前五年作「河西大將軍」。今據改。

五四頁一行 後改爲(高)平〔高〕 據殿本考證改。

五四頁三行 河東守守兵亦叛 按：刊誤謂案文多一「守」字。若云太守之兵，不合去「太」字。

五六頁一三行 故城在今蘭州 按：「蘭」原譌「闌」，逕改正。

五七頁五行 〔三月〕己酉幸南陽 據袁紀及通鑑補。按：通鑑考異謂上有「二月己卯」，袁紀「三月己酉，幸南陽」，以長曆考之，二月壬申朔，己酉在三月，蓋上脫「三月」二字。

五八頁八行 本或作沉水及沅水者並非 按：「沅」殿本、集解本作「沇」。

五八頁一四行 幷幷州 按：王先謙謂「幷州」下疑脫「涼州」二字，說詳集解。

五九頁四行 黃龍見東阿 按：袁紀「東阿」作「河東」。

五九頁一三行 冬十一月戊寅至辛巳吳漢屠成都 續天文志云十一月丁丑，漢護軍將軍高午刺述洞其

胸，其夜死。明日，漢入屠蜀城。而此云戊寅，述被創，夜死，辛巳，吳漢屠成都。按：戊寅至辛巳四日，丁丑次日卽戊寅，志明云明日漢入屠蜀城，公孫述傳亦云其夜死，明旦岑降，吳漢傳亦云旦日城降，則「戊寅」當從續志作「丁丑」，「辛巳」又爲「戊寅」之譌。

六〇頁九行 鉗釱 按：「釱」原譌「鈦」，逕據汲本、殿本改正。

六一頁八行 庚午以殷紹嘉公孔安爲宋公 按：建武十三年二月庚寅朔，無庚午，疑「庚午」爲「庚子」或「庚戌」之譌。又查是年三月庚申朔，有庚午，或下文「三月」二字當移於此。

六一頁九行 周承休公姬(常)〔武〕爲衞公 集解引惠棟說，謂前書恩澤侯表姬常於建武二年爲周承休侯，五年，侯武嗣，十三年，更爲衞公，然則「姬常」當作「姬武」也。今據改。

六一頁九行 省幷西京十三國 按：錢大昕謂「三」字衍，說詳下。

六一頁一〇行 淄川屬高密 按：集解引錢大昕說，謂續志北海國下云建武十三年省淄川、高密、膠東三國，以其縣屬。蓋其時以高密四縣封鄧禹，膠東六縣封賈復，故不立王國而並屬之北海，高密與淄川同在省幷之內，非以淄川屬高密也。志又稱世祖省幷郡國十，今幷高密計之，正合十國之數，乃知紀云十三國者，誤衍「三」字，而「淄川」下又衍「屬」字耳。

六一頁一四行 故城在今瀛州樂(府)〔壽〕縣西北 據刊誤及殿本考證改。

六二頁八行 鐏彝之屬也 按：「鐏」原譌「鐏」，逕改正。

六四頁九行—一二行 丁未有星孛於昴 丁未有星孛於營室 按：集解引錢大昕說，謂「丁未」重出，當有一誤，以天文志證之，似下「丁未」誤也。

六四頁一三行 置常〔山〕關 據刊誤補。

六五頁九行 必(有)〔以〕衆大之辭言之 據刊誤改，與今公羊傳合。

六五頁一三行 上至高祖 按：僞孔傳「至」作「自」。

六七頁一四行 二月乙(亥)〔未〕晦 據集解引錢大昕、惠棟說改。按：是年三月丙申朔，作「乙未」是。

六八頁四行 夏四月乙卯 按：是年四月丙寅朔，無乙卯，此誤。下云「五月乙卯，車駕還宮」。是年五月乙未朔，有乙卯，不誤。

六八頁六行 屬南〔陽〕郡 據殿本考證補。

六九頁七行 夏四月(甲戌)〔癸酉〕車駕還宮 據殿本考證改。

六九頁一〇行 (癸酉)〔甲戌〕詔曰 據殿本考證改。按：萬松齡謂「癸酉」移前，「甲戌」移後，寫者誤倒耳。

六九頁一三行 (戊)〔甲〕申幸河內 據殿本考證改。按：是年夏四月庚申朔，下文云「戊子至自河內」，明此「戊申」乃「甲申」之誤。

七〇頁八行 始祠昭帝元帝於太廟 按：集解引錢大昕說，謂祭祀志是年雒陽高廟四時加祭孝宣、孝

元，凡五帝，此云「昭帝」，誤。

七〇頁一〇行 光武第雖十二 「第」原作「弟」，弟第古字通用，今改歸一律，後如此不悉出校記。

七〇頁一〇行 於哀帝爲諸父於平帝爲祖父 按：李慈銘謂哀帝、平帝皆元帝庶孫，兄弟行也，光武於成帝爲兄弟，則於平帝亦爲諸父，非祖父。注引漢官儀皆謬。

七〇頁一一行 然則宣帝爲(曾)祖 按：刊誤謂案世數宣帝於光武猶是祖，此多一「曾」字。今據刪。

七一頁五行 毋貴則子〔何以〕貴 據刊誤補，與公羊傳合。

七三頁一一行 鄯善王車師王等十六國 按：西域傳「十六國」作「十八國」，袁紀作「鄯善王安、莎車王賢等十六國」。

七四頁四行 制詔曰 按：刊誤謂多一「制」字。

七四頁六行 徒皆弛解鉗 按：李慈銘謂以注文詳之，此當衍一「解」字，脫一「釱」字。

七六頁一〇行 寇右北平漁陽上谷太原 按：集解引陳景雲說，謂「太原」二字非衍卽誤。貊人入寇東邊諸郡，不能西至太原內地也。

七六頁一三行 大人謂渠帥也 殿本「大人」作「烏桓」。按：校補謂當作「大人，烏桓謂渠帥也」，互脫二字。

七七頁八行 二十六年〔春〕正月 據汲本、殿本補。

七九頁四行　驃騎大將軍行大司馬劉隆即日罷　刊誤謂兩漢稱「行」者皆云行某官事，明此少一「事」字。今按：范書稱行某官事往往省一「事」字，非必脫文，後如此不悉出。

八一頁五行　幸魯國　按：刊誤謂它處皆不言國，明此多一「國」字。

八一頁五行　冬十一月丁酉至自魯　汲本、集解本「丁酉」作「乙酉」。按：是年十一月丁未朔，無丁酉、乙酉，疑「己酉」之誤。

八一頁一三行　中元元年　按：中元非年號，刊誤及補注並謂應冠「建武」二字。

八四頁一三行　(謂)〔爲〕方壇四陛　據刊誤改。按：爲謂古通作。

八四頁一三行　皆徙南郊之具　按：汲本、殿本「徙」作「從」。

八四頁一五行　東夷倭奴國王遣使奉獻　按：「王」原作「主」，逕據汲本、殿本改。

八五頁二行　年六十二　按：惠棟補注引蔣杲說，謂光武以二十八歲起兵，中更始二年，建武三十一年，中元二年，則崩時乃六十三歲。祭祀志封禪刻石文已云「在位三十二年，年六十二」，則崩年六十三無疑矣。此「二」字疑傳寫誤也。

八五頁三行　無遣吏及因郵奏　按：刊誤謂多一「無」字，蓋凡弔喪及赴葬，皆遣吏及因郵也。

八六頁六行　於是改號爲太初元年　按：沈家本謂「太初」下當有「元將」二字，事詳前書。

八七頁一行　炎正中微　按：校補謂文選「正」作「政」。

八七頁一行　光武誕命　按：校補謂文選「光武」作「世祖」。

八七頁二行　高鋒彗雲　文選「鋒」作「旗」。按：校補謂觀李注引東都主人曰「戈鋋彗雲」，則「旗」仍「鋒」之譌。

八七頁四行　明明廟謨　按：校補謂文選「謨」作「謀」。

八七頁五行　系隆我漢　按：校補謂文選作「系我皇漢」。又按：集解引錢大昕說，謂蔚宗宋人，不應有「我漢」之稱，此必沿東觀舊文。

八七頁一二行　言甚猛勇也　按：汲本「甚」作「其」。

八七頁一六行　謂朱鮪等據洛(州)〔陽〕　按：張森楷校勘記謂時無洛州，「州」當是「陽」之誤。今據改。

後漢書卷二

顯宗孝明帝紀第二

顯宗孝明皇帝諱莊，〔一〕光武第四子也。母陰皇后。帝生而豐下，〔二〕十歲能通春秋，光武奇之。建武十五年封東海公，十七年進爵爲王，十九年立爲皇太子。師事博士桓榮，學通尚書。

〔一〕諡法曰：「照臨四方曰明。」伏侯古今注曰：「莊之字曰嚴。」

〔二〕杜預注左傳云：「豐下，蓋面方也。」東觀記云：「帝豐下兌上，項赤色，有似於堯。」

中元二年二月戊戌，即皇帝位，年三十。尊皇后曰皇太后。

三月丁卯，葬光武皇帝於原陵。〔一〕有司奏上尊廟曰世祖。

〔一〕帝王紀曰：「原陵方三百二十步，高六丈，在臨平亭東南，去洛陽十五里。」

夏四月丙辰，詔曰：「予末小子，奉承聖業，夙夜震畏，不敢荒寧。先帝受命中興，德侔帝王，協和萬邦，假於上下，〔一〕懷柔百神，惠於鰥寡。〔二〕朕承大運，繼體守文，〔三〕不知稼

穡之艱難，懼有廢失。聖恩遺戒，顧重天下，以元元爲首。公卿百僚，將何以輔朕不逮？其賜天下男子爵，人二級；〔四〕三老、孝悌、力田人三級；〔五〕爵過公乘，得移與子若同產、同產子；〔六〕及流人無名數欲自占者人一級；〔七〕鰥、寡、孤、獨、篤癃粟，人十斛。其弛刑及郡國徒，在中元元年四月己卯赦前所犯而後捕繫者，悉免其刑。又邊人遭亂爲內郡人妻，在己卯赦前，一切遣還邊，恣其所樂。中二千石下至黃綬，〔八〕貶秩贖論者，悉皆復秩還贖。方今上無天子，下無方伯，〔九〕若涉淵水而無舟楫。夫萬乘至重而壯者慮輕，〔一〇〕實賴有德左右小子。〔一一〕高密侯禹元功之首，東平王蒼寬博有謀，並可以受六尺之託，臨大節而不撓。〔一二〕其以禹爲太傅，蒼爲驃騎將軍。太尉憙告謚南郊，〔一三〕司徒訢奉安梓宮，〔一四〕司空魴將校復土。〔一五〕其封憙爲節鄉侯，訢爲安鄉侯，魴爲楊邑侯。」

〔一〕假，至也。音格。

〔二〕懷，安也。柔，和也。禮曰「凡山林能興雲致雨者皆曰神，有天下者祭百神」，懷柔百神也。書曰：「惠于鰥寡。」

〔三〕創基之主，則尚武功以定禍亂；其次繼體而立者，則守文德。穀梁傳曰：「承明繼體，則守文之君也。」

〔四〕前書音義曰：「男子者，謂戶內之長也。」商鞅爲秦制爵二十級：一，公士；二，上造；三，簪裊；四，不更；五，大夫；六，官大夫；七，公大夫；八，公乘；九，五大夫；十，左庶長；十一，右庶長；十二，左更；十三，中更；十四，右更；十五，少上造；十六，大上造；十七，駟車庶長；十八，大庶長；十九，關內侯；二十，徹侯。人賜爵者，有罪得贖，貧者得賣與人。

〔五〕三老、孝悌、力田，三者皆鄉官之名。三老，高帝置，孝悌、力田，高后置，所以勸導鄉里，助成風化也。文帝詔曰：「孝悌，天下之大順也。力田，爲生之本也。三老，衆人之師也。其以戶口率置員。」事見前書。
〔六〕漢制，賜爵自公士已上不得過公乘，故過者得移授也。同產，同母兄弟也。
〔七〕無名數謂無文簿也。占謂自歸首也。
〔八〕漢制，二百石以上銅印黃綬也。
〔九〕公羊傳曰：「上無天子，下無方伯。」此制引以爲謙也。
〔一〇〕帝謙言年尚少壯，思慮輕淺，故須賢人輔弼。
〔一一〕賴，恃也。左右，助也。
〔一二〕六尺謂年十五已下。大節謂大事。撓，屈也。音女孝反。
〔一三〕趙憙也。應劭風俗通曰：「禮，臣子無爵謚君父之義也，故羣臣累其功美，葬日，遣太尉於南郊告天而謚之。」
〔一四〕李訢也。梓宮，以梓木爲棺。風俗通曰：「宮者，存時所居，緣生事死，因以爲名。」
〔一五〕馮魴也。將校謂將領五校兵以穿壙也。前書音義曰：「復土，主穿壙塡塞事也。言下棺訖，復以土爲墳，故言復土。」

秋九月，燒當羌寇隴西，敗郡兵於允街。〔一〕赦隴西囚徒，減罪一等，勿收今年租調。又所發天水三千人，亦復是歲更賦。〔二〕遣謁者張鴻討叛羌於允吾，〔三〕鴻軍大敗，戰歿。冬十一月，遣中郎將竇固監捕虜將軍馬武等二將軍討燒當羌。

〔一〕允街，縣名也，允音鉛，街音佳，屬金城郡，故城在今涼州昌松縣東南。城臨麗水，一名麗水城。
〔二〕更謂戍卒更相代也。賦謂雇更之錢也。前書音義曰：「更有三品：有卒更，有踐更，有過更。古正卒無常，人皆當迭爲之。（有）一月一更，是爲卒更。貧者欲得雇更錢，次直者出錢雇之，月二千，是爲踐更。古者天下人皆當戍邊三日，亦名爲更。不可人人自行三日戍，當行者不可往即還，因住一歲，次直者出錢三百雇之，謂之過更。」
〔三〕允吾，縣名，屬金城郡，故城在今蘭州廣武縣西南。允音沿。吾音牙。

十二月甲寅，詔曰：「方春戒節，人以耕桑。其勑有司務順時氣，使無煩擾。〔一〕天下亡命殊死以下，聽得贖論：死罪入縑二十匹，右趾至髡鉗城旦舂十匹，〔二〕完城旦舂至司寇作三匹。〔三〕其未發覺，詔書到先自告者，半入贖。今選舉不實，邪佞未去，權門請託，殘吏放手，〔四〕百姓愁怨，情無告訴。有司明奏罪名，并正舉者。〔五〕又郡縣每因徵發，輕爲姦利，詭責羸弱，先急下貧。其務在均平，無令枉刻。」

〔一〕禮記：「孟春之月，布德和令，行慶施惠。仲春，無作大事，以妨農事。」
〔二〕前書音義曰：「右趾謂刖其右足，次刖左足，次劓，次黥，次髡鉗爲城旦舂。城旦者，晝日伺寇虜，夜暮築長城。舂者，婦人犯罪，不任軍役之事，但令舂以食徒者。」
〔三〕完者，謂不加髡鉗而築城也。次鬼薪、白粲，次隸臣妾，次（作）司寇（作）。
〔四〕放手謂貪縱爲非也。
〔五〕舉非其人，並正舉主之罪。

永平元年春正月，帝率公卿已下朝於原陵，如元會儀。〔一〕

〔一〕漢官儀曰：「古不墓祭。秦始皇起寢於墓側，漢因而不改。諸陵寢皆以晦、望、二十四氣、三伏、社、臘及四時上飯。其親陵所宮人，隨鼓漏理被枕，具盥水，陳莊具。天子以正月上原陵，公卿百官及諸侯王、郡國計吏皆當軒下，占其郡國穀價，四方改易，欲先帝魂魄聞之也。」元會儀見下。

夏五月，太傅鄧禹薨。

戊寅，東海王彊薨，遣司空馮魴持節視喪事，賜升龍旄頭、鑾輅、龍旂。〔一〕

〔一〕旄頭，見光武紀。鑾，鈴也，在鑣。交龍爲旂，唯天子用之，今特賜以葬。

六月乙卯，葬東海恭王。

秋七月，捕虜將軍馬武等與燒當羌戰，大破之。募士卒戍隴右，賜錢人三萬。

八月戊子，徙山陽王荆爲廣陵王，遣就國。

是歲，遼東太守祭肜使鮮卑擊赤山烏桓，大破之，斬其渠帥。〔一〕越巂姑復夷叛，〔二〕州郡討平之。

〔一〕赤山在遼東西北數千里。
〔二〕姑復，縣名。

二年春正月辛未，宗祀光武皇帝於明堂，帝及公卿列侯始服冠冕、衣裳、玉佩、絇屨以行事。〔一〕禮畢，登靈臺。使尚書令持節詔驃騎將軍、三公曰：「今令月吉日，宗祀光武皇帝於明堂，以配五帝。〔二〕禮備法物，樂和八音，詠祉福，舞功德，〔三〕（其）班時令，勑羣后。〔四〕事畢，升靈臺，望元氣，吹時律，觀物變。〔五〕羣僚藩輔，宗室子孫，衆郡奉計，百蠻貢職，〔六〕烏桓、濊貊咸來助祭，單于侍子、骨都侯亦皆陪位。斯固聖祖功德之所致也。朕以闇陋，奉承大業，親執珪璧，恭祀天地。〔七〕仰惟先帝受命中興，撥亂反正，以寧天下，〔八〕封泰山，建明堂，立辟雍，起靈臺，恢弘大道，被之八極；〔九〕而胤子無成康之質，羣臣無呂旦之謀，〔一〇〕盥洗進爵，踧踖惟慙。〔一一〕素性頑鄙，臨事益懼，故『君子坦蕩蕩，小人長戚戚』。〔一二〕其令天下自殊死已下，謀反大逆，皆赦除之。百僚師尹，其勉修厥職，順行時令，敬若昊天，以綏兆人。」〔一三〕

〔一〕漢官儀曰：「天子冠通天，諸侯王冠遠遊，三公、諸侯冠進賢三梁，卿、大夫、尚書、二千石、博士冠兩梁，〔二〕千石已下至小吏冠一梁。天子、公、卿、特進、諸侯祀天地明堂，皆冠平冕，天子十二旒，三公、九卿、諸侯七，其纓各如其綬色，玄衣纁裳。」周禮曰：「王祀昊天上帝則服大裘而冕，祀五帝亦如之。」三禮圖曰：「冕以三十升布漆而爲之，廣八寸，長尺六寸，前圓後方，前下後高，有俛伏之形，故謂之冕。欲人之位彌高而志彌下，故以名焉。」董巴輿服志曰：「顯宗初服冕衣裳以祀天地。衣裳以玄上纁下，乘輿備文日月星辰十二章，三公、諸侯用山龍九章，卿已下用華蟲七章，皆五色采。乘輿刺繡，公卿已下皆織成。陳留襄邑獻之。」徐廣車服注曰：「漢明帝案古禮備其服章，天子郊廟衣皁上絳下，前三幅，後四幅，衣畫而裳繡。」禮記曰：「古之君子必佩玉，君子於玉比德焉。天子佩白玉，公侯佩山玄玉，大夫佩水蒼玉，世子佩瑜玉。」周禮屨人「掌王赤舄青絇」。鄭玄注云：「赤舄，爲上冕服之舄也。絇屨，鼻頭以靑絲飾之。」絇音劬。三禮圖曰：「屨複下曰舄，其色各隨裳色。」

〔二〕五經通義曰：「蒼帝靈威仰，赤帝赤熛怒，黃帝含樞紐，白帝白招矩，黑帝(汁)〔叶〕光紀。牲幣及玉，各依方色。」

〔三〕祉亦福也。詠謂詩云「降福穰穰」之類。景帝詔曰：「歌者所以發德，舞者所以明功。」

〔四〕班，布也。時令謂月令也。四時各有令，若有乖舛，必致妖災，故告之。

〔五〕元氣，天氣也。王者承天心，理禮樂，通上下四時之氣也，故望之焉。時律者，即月令「孟春律中太蔟，仲春律中夾鍾」之類。大戴禮曰：「聖人截十二管，察八音之清濁，謂之律呂。律呂不正則諧氣不和。」周禮保章氏「以五雲之色，辨吉凶、水旱、豐荒之祲象」。鄭司農注云：「以二至二分觀雲色，青爲蟲，白爲喪，赤爲兵荒，黑爲水，黃爲豐。故春秋傳曰『凡分至啓閉必書雲物，爲備故也』。」杜預注云：「物謂氣色災變也。」

〔六〕奉計謂計吏也。詩曰：「因時百穀。」百言衆多也。猶言蠻，通四夷。

〔七〕周禮曰：「四圭尺有二寸，以祀天。」又曰：「以蒼璧禮天，以黃琮禮地，以青圭禮東方，以赤璋禮南方，以白琥禮西方，以玄璜禮北方。」

〔八〕撥，理也。公羊傳曰：「撥亂世反之正，莫近於春秋。」

〔九〕淮南子曰：「九州之外有八寅，八寅之外有八紘，八紘之外有八極。」

〔10〕明帝自謂無〔成康之質〕。成康之時，刑措不用四十餘年。

〔11〕鄭玄注論語云：「踧踖，敬恭貌。」踧音蹙。

〔12〕坦蕩，明達之貌。戚戚，常憂懼也。

〔13〕若，順也。

三月，臨辟雍，初行大射禮。〔一〕

〔一〕儀禮(曰)大射之禮，王將祭射宮，擇士以助祭也。張虎侯、熊侯、豹侯，其制若今之射的矣。謂之爲侯者，天子射中之，可以服諸侯也。天子侯中一丈八尺，畫以雲氣焉。王以六耦射三侯，樂以騶虞九節；諸侯以四耦射二侯，樂以貍首七節；孤卿、大夫以三耦射一侯，樂以采蘋五節；士以二耦射豻侯，樂以采蘩三節。

秋九月，沛王輔、楚王英、濟南王康、淮陽王延、東海王政來朝。

冬十月壬子，幸辟雍，初行養老禮。詔曰：「光武皇帝建三朝之禮，而未及臨饗。〔一〕眇眇小子，屬當聖業。〔二〕閒暮春吉辰，初行大射；令月元日，〔三〕復踐辟雍。尊事三老，兄事五更，安車輭輪，供綏執授。侯王設醬，公卿饌珍，朕親袒割，執爵而酳。〔四〕祝哽在前，祝噎在後。〔五〕升歌鹿鳴，下管新宮，〔六〕八佾具脩，萬舞於庭。〔七〕朕固薄德，何以克當？易陳負乘，詩刺彼己，〔八〕永念慙疚，無忘厥心。三老李躬，年耆學明。五更桓榮，授朕尚書。詩曰：『無德不報，無言不酬。』〔九〕其賜榮爵關內侯，食邑五千戶。三老、五更皆以二千石祿養終厥身。其賜天下三老酒人一石，肉四十斤。有司其存耆耋，〔10〕恤幼孤，惠鰥寡，稱朕意焉。」

〔一〕三朝之禮謂中元元年初起明堂、辟雍、靈臺也。

〔二〕尚書康王曰：「眇眇予末小子。」孔安國注云：「眇眇猶微微也。」

〔三〕東觀記曰：「十月元日。」

〔四〕孝經援神契曰：「尊事三老，父象也。」宋均注曰：「老人知天地之事者。」安車，坐乘之車；輭輪，以蒲裹輪。輭音而兗反。三老就車，天子親執綏授之。說文：「綏，車中把也。」五更，老人知五行更代事者。漢官儀曰：「三老、五更，皆取有首妻男女全具者。」續漢志曰：「養三老、五更，先吉日，司徒上太傅若講師故三公人名，用其德行年耆高者，三公一人爲三老，次卿一人爲五更，皆服絺紵大袍單衣，皁緣領袖中衣，冠進賢，扶(王)〔玉〕杖。五更亦如之，不杖。皆齊于太學講堂。其日乘輿先到辟雍禮殿，坐于東廂，遣使者安車迎三老、五更。天子迎于門屏，交拜，導自阼階。三老自賓階升，東面。三公設几杖。九卿正履。天子親袒割牲，執醬而饋，執爵而酳。五更南面，三公進供，禮亦如之。明日皆詣闕謝，以其於已禮太隆也。」醬，醢也。珍謂肴羞之屬，即周禮「八珍」之類。鄭玄注儀禮云：「酳，漱也，所以潔口。」音胤。

〔五〕老人食多哽噎，故置人於前後祝之，令其不哽噎也。

〔六〕鹿鳴，詩小雅篇名也。新宮，小雅逸篇也。升，登也。登堂而歌，所以重人聲也。儀禮曰：「升歌鹿鳴，下管新宮。」

〔七〕佾，列也。謂舞者行列也。左氏傳曰：「天子八佾，諸侯六，大夫四，士二。夫舞，所以節八音而行八風，故自八以下。」萬亦舞也。詩云：「公庭萬舞。」

〔八〕易曰：「負且乘，致寇至。」負也者，小人之事也。乘也者，君子之器也。小人而乘君子之器，盜思奪之矣。詩曰「彼己之子，不稱其服」也。

〔九〕詩大雅也。

〔10〕禮記曰，六十曰耆，七十曰耋。釋名曰：「耆，指也，不從力役，指事使人也。耋，鐵也，皮膚變黑色如鐵也。」

中山王焉始就國。

甲子，西巡狩，幸長安，祠高廟，遂有事於十一陵。歷覽館邑，會郡縣吏，勞賜作樂。十一月甲申，遣使者以中牢祠蕭何、霍光。帝謁陵園，過式其墓。〔一〕進幸河東，所過賜二千石、令長已下至於掾史，各有差。〔二〕癸卯，車駕還宮。

〔一〕東觀漢記曰：「蕭何墓在長陵東司馬門道北百步。」又云：「霍光墓在茂陵東司馬門道南四里。」式，敬也。禮記曰：「行過墓必式。」

〔二〕續漢志曰：「郡國及縣，諸曹皆置掾史。」

十二月，護羌校尉竇林下獄死。

是歲，始迎氣於五郊。〔一〕少府陰就子豐殺其妻酈邑公主，就坐自殺。〔二〕

〔一〕續漢書曰：「迎氣五郊之兆。四方之兆各依其位。中央之兆在未，壇皆(二)〔三〕尺。立春之日，迎春於東郊，祭青帝句芒，車服皆青，歌青陽，八佾舞雲翹之舞。立夏之日，迎夏於南郊，祭赤帝祝融，車服皆赤，歌朱明，八佾舞雲翹之舞。先立秋十八日，迎黃靈於中兆，祭黃帝后土，車服皆黃，歌朱明，八佾舞雲翹、育命之舞。立秋之日，迎秋於西郊，祭白帝蓐收，車服皆白，歌白藏，八佾舞育命之舞。立冬之日，迎冬於北郊，祭黑帝玄冥，車服皆黑，歌玄冥，八佾舞育命之舞。」

〔三〕酇，縣，屬南陽郡。酇音橼。

三年春正月癸巳，詔曰：「朕奉郊祀，登靈臺，見史官，正儀度。〔一〕夫春者，歲之始也。始得其正，則三時有成。〔二〕比者水旱不節，邊人食寡，政失於上，人受其咎。有司其勉順時氣，勸督農桑，去其螟蜮，以及蝥賊；〔三〕詳刑愼罰，明察單辭，〔四〕夙夜匪懈，以稱朕意。」

〔一〕儀謂渾儀，以銅爲之，置於靈臺，王者正天文之器也。度謂日月星辰之行度也。史官卽太史，掌天文之官也。

〔二〕正謂日月五星不失其次也。三時謂春、夏、秋。左傳曰：「務其三時。」

〔三〕爾雅曰：「食苗心曰螟，食節曰賊，食根曰蝥。」蜮一名短弧，今之水弩，含沙射人爲災。言此者，欲令臣下順時行政，勿侵擾也。

〔四〕單辭猶偏辭也。

二月甲寅，太尉趙憙、司徒李訢免。丙辰，左馮翊郭丹爲司徒。己未，南陽太守虞延爲太尉。

甲子，立貴人馬氏爲皇后，皇子炟〔一〕爲皇太子。賜天下男子爵，人二級；三老、孝悌、力田人三級；流人無名數欲占者人一級；鰥、寡、孤、獨、篤癃、貧不能自存者粟，人五斛。

〔一〕音丁達反。

夏四月辛酉，封皇子建爲千乘王，〔一〕羨爲廣平王。

〔一〕千乘，國名，今靑州縣，故城在今淄州高苑北。

六月丁卯，有星孛于天船北。〔一〕

〔一〕天船，星名。續漢志曰：「天船爲水，彗出之爲大水。是歲，伊、洛水溢到津城門。」伏侯古今注曰：「彗長三尺所，見三十五日乃去。」

秋八月戊辰，改大樂爲大予樂。〔一〕

〔一〕尙書琁機鈐曰「有帝漢出，德洽作樂名予」，故據琁機鈐改之。漢官儀曰：「大予樂令一人，秩六百石。」

壬申晦，日有蝕之。詔曰：「朕奉承祖業，無有善政。日月薄蝕，彗孛見天，水旱不節，稼穡不成，人無宿儲，下生愁墊。〔一〕雖夙夜勤思，而智能不逮。昔楚莊無災，以致戒懼；〔二〕魯哀禍大，天不降譴。〔三〕今之動變，儻尙可救。有司勉思厥職，以匡無德。古者卿士獻詩，百工箴諫。〔四〕其言事者，靡有所諱。」

〔一〕儲，積也。墊，溺也，音丁念反。

〔二〕說苑曰：「楚莊王見天不見妖而地不出孽，則禱于山川曰：『天其忘予歟？』此能求過于天，必不逆諫矣。」

〔三〕春秋感精符曰：「魯哀公時，政彌亂絕，不日食。政亂之類，當致日食之變，而不應者，譴之何益，告之不悟，故哀公之篇絕無日食之異。」

〔四〕國語曰：「天子聽政，公卿至于庶士獻詩，師箴，百工諫，庶人傳語，近臣盡規，而後王斟酌事焉。」

冬十月，蒸祭光武廟，〔一〕初奏文始、五行、武德之舞。〔二〕

〔一〕禮記曰：「冬祭曰蒸。」蒸，衆也。冬物畢成，可祭者衆。

〔二〕前書曰，文始舞者，本舜韶舞也，高祖六年更名曰文始，其舞人執羽籥。五行者，本周舞也，秦始皇二十六年更名曰五行，其舞人冠冕衣服法五行色。武德者，高祖四年作，言行武以除亂也，其舞人執干戚。光武草創，禮樂未備，今始奏之，故云初也。

甲子，車駕從皇太后幸章陵，觀舊廬。十二月戊辰，至自章陵。

是歲，起北宮及諸官府。京師及郡國七大水。

四年春二月辛亥，詔曰：「朕親耕藉田，以祈農事。〔一〕京師冬無宿雪，春不燠沐，〔二〕煩勞羣司，積精禱求。〔三〕而比再得時雨，宿麥潤澤。其賜公卿半奉。有司勉遵時政，務平刑罰。」

〔一〕禮記曰：「天子親耕于東郊，爲藉田千畝，冕而朱紘，躬秉耒耜。」五經要義曰：「天子藉田，以供上帝之粢盛，所以

先百姓而致孝敬也。藉，蹈也。言親自蹈履于田而耕之。」續漢志云：「正月始耕，既事，告祠先農。」漢舊儀曰：「先農卽神農炎帝也。祠以太牢，百官皆從。皇帝親執耒耜而耕。天子三推，三公五，孤卿七，大夫十二，士庶人終畝。乃致藉田倉，置令丞，以給祭天地宗廟，以爲粢盛。」

〔二〕燠，暖也，音於六反。沐，潤澤也。言無暄潤之氣也。

〔三〕積精猶儲積也。說文云：「告事求福曰禱。」

秋九月戊寅，千乘王建薨。

冬十月乙卯，司徒郭丹、司空馮魴免。丙辰，河南尹范遷爲司徒，太僕伏恭爲司空。

十二月，陵鄉侯梁松下獄死。〔一〕

〔一〕坐縣飛書誹謗。

五年春二月庚戌，驃騎將軍東平王蒼罷歸藩；琅邪王京就國。

冬十月，行幸鄴。與趙王栩會鄴。常山三老言於帝曰：「上生於元氏，願蒙優復。」詔曰：「豐、沛、濟陽，受命所由，加恩報德，適其宜也。今永平之政，百姓怨結，而吏人求復，令人愧笑。重逆此縣之拳拳，〔一〕其復元氏縣田租更賦六歲，勞賜縣掾史，及門闌走卒。」〔二〕至自鄴。

〔一〕亶，難也。斖斖猶勤勤也。禮記曰：「得一善則斖斖服膺而不息。」
〔二〕續漢志曰：「五伯、鈴下、侍閤、門闌部署、街里走卒，皆有程品，多少隨所典領。」

十一月，北匈奴寇五原；十二月，寇雲中，南單于擊却之。

是歲，發遣邊人在內郡者，賜裝錢人二萬。

六年春正月，沛王輔、楚王英、東平王蒼、淮陽王延、琅邪王京、東海王政、趙王盱、北海王興、齊王石來朝。

二月，王雒山出寶鼎，〔一〕廬江太守獻之。夏四月甲子，詔曰：「昔禹收九牧之金，鑄鼎以象物，使人知神姦，不逢惡氣。〔二〕遭德則興，遷于商、周；周德既衰，鼎乃淪亡。〔三〕祥瑞之降，以應有德。方今政化多僻，何以致茲？易曰鼎象三公，〔四〕豈公卿奉職得其理邪？太常其以礿祭之日，〔五〕陳鼎於廟，以備器用。賜三公帛五十匹，九卿、二千石半之。先帝詔書，禁人上事言聖，而閒者章奏頗多浮詞，自今若有過稱虛譽，尚書皆宜抑而不省，示不為諂子蚩也。」

〔一〕「雒」或作「雄」。
〔二〕夏禹之時，令遠方圖畫山川奇異之物，使九州之牧貢金鑄鼎以象之，令人知鬼神百物之形狀而備之，故人入山林

川澤，魑魅罔兩莫能逢之。惡氣謂罔兩之類。事見左傳。
〔三〕史記曰，周鼎亡入泗水中，秦始皇過彭城，齋戒，欲出周鼎於泗水，使千人沒水求之，不得。
〔四〕易曰：「鼎折足，覆公餗。」
〔五〕禮記曰「夏祭曰礿」，音藥。礿，薄也。夏物未成，祭尚薄。

冬十月，行幸魯，祠東海恭王陵；會沛王輔、楚王英、濟南王康、東平王蒼、淮陽王延、琅邪王京、東海王政。十二月，還，幸陽城，遣使者祠中岳。壬午，車駕還宮。東平王蒼、琅邪王京從駕來朝皇太后。

七年春正月癸卯，皇太后陰氏崩。二月庚申，葬光烈皇后。

秋八月戊辰，北海王興薨。

是歲，北匈奴遣使乞和親。

八年春正月己卯，司徒范遷薨。〔一〕三月辛卯，太尉虞延為司徒，衞尉趙憙行太尉事。

〔一〕漢官儀曰，遷字子閭，沛人也。

遣越騎司馬鄭衆報使北匈奴。初置度遼將軍，屯五原曼柏。〔一〕

〔一〕（武）〔昭〕帝拜范明友為度遼將軍，至此復置焉。以中郎將吳常行度遼將軍。曼柏，縣，在今勝州銀城縣。

秋，郡國十四雨水。

冬十月，北宮成。

丙子，臨辟雍，養三老、五更。禮畢，詔三公募郡國中都官死罪繫囚，減罪一等，勿笞，詣度遼將軍營，屯朔方、五原之邊縣；〔一〕妻子自隨，便占著邊縣；父母同產欲相代者，恣聽之。其大逆無道殊死者，一切募下蠶室。亡命者令贖罪各有差。凡徙者，賜弓弩衣糧。

〔一〕占著謂附名籍。

壬寅晦，日有食之，既。〔一〕詔曰：「朕以無德，奉承大業，而下貽人怨，上動三光。日食之變，其災尤大，春秋圖讖所為至譴。〔二〕永思厥咎，在予一人。羣司勉修職事，極言無諱。」於是在位者皆上封事，各言得失。〔三〕帝覽章，深自引咎，乃以所上班示百官。詔曰：「羣僚所言，皆朕之過。人冤不能理，吏黠不能禁；而輕用人力，繕修宮宇，出入無節，喜怒過差。昔應門失守，關雎刺世；〔四〕飛蓬隨風，微子所歎。〔五〕永覽前戒，竦然兢懼。徒恐薄德，久而致怠耳。」

〔一〕既，盡也。
〔二〕春秋感精符曰：「人主含天光，據機衡，齊七政，操八極。」故君明聖，天道得正，則日月光明，五星有度。日明則

道正，不明則政亂，故常戒以自勑厲。日食皆象君之進退為盈縮。當春秋撥亂，日食三十六，故曰至譴也。
〔三〕宣帝始令羣臣得奏封事，以知下情。封有正有副，領尚書者先發副封，所言不善，屏而不奏；後魏相奏去副封，以防擁蔽。
〔四〕春秋說題辭曰：「人主不正，應門失守，故歌關雎以感之。」宋均注曰：「應門，聽政之處也。言不以政事為務，則有宣淫之心。關雎樂而不淫，思得賢人與之共化，修應門之政者也。」薛君韓詩章句曰：「詩人言雎鳩貞絜慎匹，以聲相求，隱蔽于無人之處。故人君退朝，入于私宮，后妃御見有度，應門擊柝，鼓人上堂，退反宴處，體安志明。今時大人內傾于色，賢人見其萌，故詠關雎，說淑女，正容儀，以刺時。」
〔五〕管子曰：「無儀法程式，飛搖而無所定，謂之飛蓬。飛蓬之問，明王不聽。」此言「微子」，未詳。

北匈奴寇西河諸郡。

九年春三月辛丑，詔郡國死罪囚減罪，與妻子詣五原、朔方占著，所在死者皆賜妻父若男同產一人復終身；其妻無父兄獨有母者，賜其母錢六萬，又復其口筭。〔一〕

〔一〕口筭，已見光武紀。

夏四月甲辰，詔郡國以公田賜貧人各有差。令司隸校尉、部刺史歲上墨綬長吏視事三歲已上理狀尤異者各一人，與計偕上。〔一〕及尤不政理者，亦以聞。

〔一〕偕，俱也。所徵之人，令與計吏俱上。

是歲，大有年。〔一〕爲四姓小侯開立學校，置五經師。〔二〕

〔一〕穀梁傳曰：「五穀皆熟，書大有年。」

〔二〕袁宏漢紀曰，永平中崇尚儒學，自皇太子、諸王侯及功臣子弟，莫不受經。又爲外戚樊氏、郭氏、陰氏、馬氏諸子弟立學，號四姓小侯，置五經師。以非列侯，故曰小侯。禮記曰「庶方小侯」，亦其義也。

十年春二月，廣陵王荆有罪，自殺，國除。

夏四月戊子，詔曰：「昔歲五穀登衍，〔一〕今茲蠶麥善收，其大赦天下。方盛夏長養之時，蕩滌宿惡，以報農功。百姓勉務桑稼，以備災害。吏敬厥職，無令愆墮。」

〔一〕鄭玄注周禮云：「五穀，黍、稷、麥、麻、尗也。」登，成也。衍，饒也，音以戰反。

閏月甲午，南巡狩，幸南陽，祠章陵。日北至，又祠舊宅。〔一〕禮畢，召校官弟子作雅樂，奏鹿鳴，〔二〕帝自御塤篪和之，以娛嘉賓。〔三〕還，幸南頓，勞饗三老、官屬。

〔一〕北至，夏至也。

〔二〕校，學也。鹿鳴，詩小雅篇名，宴羣臣嘉賓之詩。

〔三〕鄭玄注周禮云：「塤，燒土爲之，大如鴈子。」鄭衆曰：「有六孔。」世本曰：「暴辛公作篪，以竹爲之，長尺四寸，有八孔。」

冬十一月，徵淮陽王延會平輿，〔一〕徵沛王輔會睢陽。

〔一〕縣名，屬汝南郡，故城在今豫州汝陽縣東北。輿音預。

十二月甲午，車駕還宮。

十一年春正月，沛王輔、楚王英、濟南王康、東平王蒼、淮陽王延、中山王焉、琅邪王京、東海王政來朝。

秋七月，司隸校尉郭霸下獄死。

是歲，漅湖出黄金，廬江太守以獻。〔一〕時麒麟、白雉、醴泉、嘉禾所在出焉。

〔一〕漅湖，湖名，音子小反，在今廬州合肥縣東南。

十二年春正月，益州徼外夷哀牢王相率內屬，於是置永昌郡，罷益州西部都尉。〔一〕

〔一〕西南夷傳曰：「罷益州西部所領六縣，合爲永昌郡，置哀牢、博南二縣。」去洛陽七千里，在今匡州匡川縣西。

夏四月，遣將作謁者王吳修汴渠，自滎陽至于千乘海口。〔一〕

〔一〕汴渠即莨蕩渠也。汴自滎陽首受河，所謂石門，在滎陽山北一里。過汴以東，積石爲隄，亦號金隄，成帝陽嘉中所作也。

五月丙辰，賜天下男子爵，人二級，三老、孝悌、力田人三級，流民無名數欲占者人一級；鰥、寡、孤、獨、篤癃、貧無家屬不能自存者粟，人三斛。詔曰：「昔曾、閔奉親，竭歡致養；〔一〕仲尼葬子，有棺無椁。〔二〕喪貴致哀，禮存寧儉。今百姓送終之制，競爲奢靡。生者無擔石之儲，而財力盡於墳土。〔三〕伏臘無糟糠，而牲牢兼於一奠。〔四〕糜破積世之業，以供終朝之費，子孫飢寒，絕命於此，豈祖考之意哉！又車服制度，恣極耳目。田荒不耕，游食者衆。〔五〕有司其申明科禁，宜於今者，宣下郡國。」

〔一〕曾參字子輿，閔損字子騫，並孔子弟子，皆有孝行也。

〔二〕論語曰：「鯉也死，有棺而無椁。」

〔三〕前書音義曰：「擔音丁濫反。言一石之儲。」方言作「甔」，云「罃也，齊東北海岱之閒謂之甔」。郭璞注曰：「所謂『家無甔石之儲』者也。」埤蒼曰：「大罌也。」字或作「儋」，音丁甘反。

〔四〕史記曰，秦德公始爲伏祠。曆忌曰：「伏者何也？金氣伏藏之日也。四氣代謝，皆以相生。至于立秋，以金代火；金畏于火，故庚日必伏。」月令：「孟冬之月，臘先祖。」說文云：「臘，冬至後祭百神。」始皇更臘曰嘉平。奠，喪祭也。

〔五〕游食謂浮食者。

秋七月乙亥，司空伏恭罷。乙未，大司農牟融爲司空。

冬十月，司隸校尉王康下獄死。

是歲，天下安平，人無徭役，歲比登稔，百姓殷富，粟斛三十，牛羊被野。

十三年春二月，帝耕於藉田。禮畢，賜觀者食。

三月，河南尹薛昭下獄死。

夏四月，汴渠成。辛巳，行幸滎陽，巡行河渠。乙酉，詔曰：「自汴渠決敗，六十餘歲，〔一〕加頃年以來，雨水不時，汴流東侵，日月益甚，水門故處，皆在河中，漭瀁廣溢，莫測圻岸，〔二〕蕩蕩極望，不知綱紀。今兗、豫之人，多被水患，乃云縣官不先人急，好興它役。又或以爲河流入汴，幽、冀蒙利，故曰左隄彊則右隄傷，左右俱彊則下方傷，宜任水埶所之，使人隨高而處，公家息壅塞之費，百姓無陷溺之患。議者不同，南北異論，朕不知所從，久而不決。今既築隄理渠，絕水立門，河、汴分流，復其舊迹，陶丘之北，漸就壤墳，〔三〕故薦嘉玉絜牲，以禮河神。〔四〕東過洛汭，歎禹之績。〔五〕今五土之宜，反其正色，〔六〕濱渠下田，賦與貧人，無令豪右得固其利，〔七〕庶繼世宗瓠子之作。」〔八〕因遂度河，登太行，進幸上黨。壬寅，車駕還宮。

〔一〕王景傳曰，平帝時汴河決壞。

〔二〕圻，堮也。

〔三〕爾雅曰：「丘再成曰陶丘。」孫炎曰：「形如累兩盂也。」郭璞曰：「今濟陰定陶城中有陶丘也。」尚書曰：「厥土惟黑墳，下土墳壚。」孔安國曰：「無塊曰壤。墳，起也。」

〔四〕禮記曰：「凡祭玉曰嘉玉。」儀禮曰：「絜牲剛鬣。」

〔五〕水北曰汭。洛汭，洛水入河處也。績，功也。河、洛皆禹所加功，故歎之。

〔六〕周禮曰「山林、川澤、丘陵、墳衍、原隰，謂之五土」也。色謂其黃、白、青、黑之類。孔安國曰「水所去，土復其性」也。

〔七〕濱，近也。豪右，大家也。

〔八〕瓠子，隄名也。武帝元封二年，發卒數萬人塞瓠子決河，沈白馬、玉璧，令羣臣皆負薪塡河。在今濮州濮陽縣西也。

冬十月壬辰晦，日有食之。三公免冠自劾。制曰：「冠履勿劾。災異屢見，咎在朕躬，憂懼遑遑，未知其方。將有司陳事，多所隱諱，使君上壅蔽，下有不暢乎？昔衞有忠臣，靈公得守其位。〔一〕今何以和穆陰陽，消伏災譴？刺史、太守詳刑理冤，存恤鰥孤，勉思職焉。」

〔一〕論語：「孔子曰：『衞靈公無道。』季康子曰：『夫如是，奚其不喪？』孔子曰：『仲叔圉主賓客，祝佗主宗廟，王孫賈主軍旅。夫如是，奚其喪？』」

十一月，楚王英謀反，廢，國除，遷於涇縣，〔一〕所連及死徙者數千人。

〔一〕涇縣屬丹陽郡，今宣州縣，故城在縣東。有涇水，出蕪湖，因水立名。

是歲，齊王石薨。

十四年春三月甲戌，司徒虞延免，自殺。夏四月丁巳，鉅鹿太守南陽邢穆爲司徒。〔一〕

〔一〕穆字叔公，宛人。

前楚王英自殺。

夏五月，封故廣陵王荆子元壽爲廣陵侯。

初作壽陵。

十五年春二月庚子，東巡狩。辛丑，幸偃師。詔亡命自殊死以下贖：死罪縑四十匹，右趾至髡鉗城旦舂十匹，完城旦至司寇五匹；犯罪未發覺，詔書到日自告者，半入贖。徵沛王輔會睢陽。進幸彭城。癸亥，帝耕于下邳。

三月，徵琅邪王京會良成，〔一〕徵東平王蒼會陽都，〔二〕又徵廣陵侯及其三弟會魯。祠東海恭王陵。還，幸孔子宅，祠仲尼及七十二弟子。親御講堂，〔三〕命皇太子、諸王說經。又幸東平。〔四〕辛卯，進幸大梁，〔五〕至定陶，祠定陶恭王陵。〔六〕夏四月庚子，車駕還宮。

〔一〕良成，縣名，屬東海郡，故城在今泗州下邳縣北。

〔二〕陽都，縣名，屬琅邪郡，故城在今沂州沂水縣南。

〔三〕孔子宅在今兗州曲阜縣故魯城中歸德門內闕里之中，背洙面泗，矍相圃之東北也。七十二弟子，顏、閔之徒。漢春秋曰：「帝時升廟立，羣臣中庭北面，皆再拜，帝進爵而後坐。」

〔四〕東平，國名，故城在今鄆州東。

〔五〕大梁城，魏惠王所築，故城在今汴州。

〔六〕恭王，元帝子康。

改信都爲樂成國，臨淮爲下邳國。封皇子恭爲鉅鹿王，黨爲樂成王，衍爲下邳王，暢爲汝南王，昞爲常山王，長爲濟陰王。〔一〕賜天下男子爵，人三級；郎、從官〔視事〕二十歲已上帛百匹，十歲已上二十匹，十歲已下十匹，官府吏五匹，書佐、小史三匹。令天下大酺五日。〔二〕乙巳，大赦天下，其謀反大逆及諸不應宥者，皆赦除之。

〔一〕濟陰，郡，今曹州。

〔二〕前書音義曰：「漢律，三人已上無故羣飲，罰金四兩。」今恩詔橫賜，得令聚會飲食五日。酺，布也。言天子布恩於天下。史記：「趙惠文王三年，大赦，置酒大酺五日。」

冬，車騎校獵上林苑。〔一〕

〔一〕周禮校人掌王田獵之馬，故曰校獵。謂以木相貫穿爲欄校，以遮禽獸。

十二月，遣奉車都尉竇固、駙馬都尉耿秉屯涼州。〔一〕

〔一〕前書曰，奉車都尉，掌乘輿；駙馬都尉，掌天子之副馬。駙，副也。並武帝置，秩二千石。

十六年春二月，遣太僕祭肜出高闕，〔一〕奉車都尉竇固出酒泉，駙馬都尉耿秉出居延，〔二〕騎都尉來苗出平城，伐北匈奴。竇固破呼衍王於天山，〔三〕留兵屯伊吾盧城。〔四〕耿秉、來苗、祭肜並無功而還。

〔一〕高闕，山名，因以名塞，在朔方北。

〔二〕本匈奴地名也，武帝因以名縣，屬張掖郡，在今甘州張掖縣東北。

〔三〕呼衍，匈奴王號。天山即祁連山，一名雪山，今名折羅漫山，在伊州北。祁音時。

〔四〕本匈奴中地名，既破呼衍，取其地置宜禾都尉，以爲屯田，今伊州(細)〔納〕職縣伊吾故城是也。

夏五月，淮陽王延謀反，發覺。癸丑，司徒邢穆、駙馬都尉韓光坐事下獄死，所連及誅死者甚衆。〔一〕

〔一〕坐與延同謀。

戊午晦，日有食之。

六月丙寅，大司農西河王敏爲司徒。〔一〕

〔一〕漢官儀曰，敏字叔公，幷州離城人也。

秋七月，淮陽王延徙封阜陵王。〔一〕

〔一〕阜陵，縣名，屬九江郡，故城在今滁州全椒縣南。

九月丁卯，詔令郡國中都官死罪繫囚減死罪一等，勿笞，詣軍營，屯朔方、敦煌；妻子自隨，父母同產欲求從者，恣聽之；女子嫁爲人妻，勿與俱。謀反大逆無道不用此書。

是歲，北匈奴寇雲中，雲中太守廉范擊破之。

十七年春正月，甘露降於甘陵。北海王睦薨。

二月乙巳，司徒王敏薨。三月癸丑，汝南太守鮑昱爲司徒。

是歲，甘露仍降，樹枝內附，〔一〕芝草生殿前，神雀五色翔集京師。西南夷哀牢、儋耳、僬僥、槃木、白狼、動黏諸種，前後慕義貢獻；〔二〕西域諸國遣子入侍。夏五月戊子，公卿百官以帝威德懷遠，祥物顯應，乃並集朝堂，奉觴上壽。〔三〕制曰：「天生神物，以應王者；遠人慕化，實由有德。朕以虛薄，何以享斯？唯高祖、光武聖德所被，不敢有辭。其敬舉觴，太常擇吉日策告宗廟。其賜天下男子爵，人二級，三老、孝悌、力田人三級，流人無名數欲占者人一級；鰥、寡、孤、獨、篤癃、貧不能自存者粟，人三斛；郎、從官視事十歲以上者，帛十匹。中二千石、二千石下至黃綬，貶秩奉贖，在去年以來皆還贖。」

〔一〕仍，頻也。內附謂木連理也。前書終軍曰：「衆枝內附，是無外也。」

〔二〕山海經曰：「周僥國在三首國東，爲人短小，冠帶，一名僬僥。」國語曰：「僬僥氏三尺，短之至也。」楊浮異物志曰：「儋耳，南方夷，生則鏤其頰，皮連耳匡，分爲數支，狀如雞腸，纍纍下垂至肩。」

〔三〕壽者人之所欲，故卑下奉觴進酒，皆言上壽。

秋八月丙寅，令武威、張掖、酒泉、敦煌〔一〕及張掖屬國，繫囚右趾已下任兵者，〔二〕皆一切勿治其罪，詣軍營。

〔一〕張掖，郡，故匈奴昆邪王地也。漢官儀曰：「張國臂掖，故曰張掖。」故城在今甘州張掖縣西北。

〔二〕任，堪也。

冬十一月，遣奉車都尉竇固、駙馬都尉耿秉、騎都尉劉張出敦煌昆侖塞，〔一〕擊破白山虜於蒲類海上，遂入車師。〔二〕初置西域都護、戊己校尉。〔三〕

〔一〕昆侖，山名，因以爲塞，在今肅州酒泉縣西南。山有昆侖之體，故名之。周穆王見西王母于此山，有石室、王母臺。

〔二〕西河舊事曰：「白山冬夏有雪，故曰白山，匈奴謂之天山，過之皆下馬拜焉。去蒲類海百里之內。」

〔三〕宣帝初置，鄭吉爲都護，護三十六國，秩比二千石。元帝置戊己校尉，有丞、司馬各一人，秩比六百石。戊己，中央也，鎮覆四方，見漢官儀。亦處西域，鎮撫諸國。

是歲，改天水爲漢陽郡。

十八年春三月丁亥，詔曰：「其令天下亡命，自殊死已下贖：死罪縑三十匹，右趾至髡鉗城旦舂十匹，完城旦至司寇五匹；吏人犯罪未發覺，詔書到自告者，半入贖。」

夏四月己未，詔曰：「自春已來，時雨不降，宿麥傷旱，秋種未下，政失厥中，憂懼而已。其賜天下男子爵，人二級，及流民無名數欲占著者人一級；鰥、寡、孤、獨、篤癃、貧不能自存者粟，人三斛。理冤獄，錄輕繫。二千石分禱五岳四瀆。郡界有名山大川能興雲（致）雨者，〔一〕長吏各絜齋禱請，冀蒙嘉澍。」〔二〕

〔一〕周禮：「職方氏掌天下之地。楊州，其山曰會稽，其川曰三江。荆州，其山曰衡山，其川曰江、漢。豫州，其山曰華，其川曰滎、洛。青州，其山曰沂山，其川曰淮、泗。兗州，其山曰岱，其川曰河、泲。雍州，其山曰嶽，其川曰涇、汭。幽州，其山曰醫無閭，其川曰河、泲。冀州，其山曰霍，其川曰漳。并州，其山曰恒，其川曰滹沱。」此謂九州名山大川也。

〔二〕說文曰：「時雨所以澍生萬物。」淮南子曰：「春雨之灌，萬物無地不澍，無物不生。」澍音之戍反。

六月己未，有星孛於太微。

焉耆、龜茲攻西域都護陳睦，悉沒其衆。北匈奴及車師後王圍戊己校尉耿恭。

秋八月壬子，帝崩於東宮前殿。年四十八。遺詔無起寢廟，藏主於光烈皇后更衣別室。〔一〕帝初作壽陵，制令流水而已，石椁廣一丈二尺，長二丈五尺，無得起墳。〔二〕萬年之

後，埽地而祭，杅水脯糒而已。〔三〕過百日，唯四時設奠，置吏卒數人供給灑埽，勿開修道。敢有所興作者，以擅議宗廟法從事。〔四〕

〔一〕禮「藏主於廟」，既不起寢廟，故藏於后之易衣別室。更，易也。

〔二〕東觀記曰：「陵東北作廡，長三丈，五步出外爲小廚，財足祠祀。」

〔三〕說文曰：「杅，飲器。」音于。方言曰：「盌謂之盂。」說文曰：「糒，乾飯也。」

〔四〕前書曰：「擅議宗廟者弃市。」

帝遵奉建武制度，無敢違者。後宮之家，不得封侯與政。〔一〕館陶公主〔二〕爲子求郎，不許，而賜錢千萬。謂羣臣曰：「郎官上應列宿，出宰百里，〔三〕有非其人，則民受其殃，是以難之。」故吏稱其官，民安其業，遠近肅服，戶口滋殖焉。

〔一〕東觀記曰：「光武閔傷前代權臣太盛，外戚與政，上濁明主，下危臣子，后族陰、郭之家不過九卿，親屬榮位不能及許、史、王氏之半耳。」

〔二〕光武女。

〔三〕史記曰，太微宮後二十五星，郎位也。

論曰：明帝善刑理，法令分明。日晏坐朝，幽枉必達。內外無倖曲之私，在上無矜大之色。斷獄得情，號居前代十二。〔一〕故後之言事者，莫不先建武、永平之政。而鍾離意、宋

昀之徒，常以察慧爲言，〔二〕夫豈弘人之度未優乎？

〔一〕十斷其二，言少刑也。
〔二〕並見本傳。

贊曰：顯宗丕承，業業兢兢。危心恭德，政察姦勝。〔一〕備章朝物，省薄墳陵。〔二〕永懷廢典，下身遵道。〔三〕登臺觀雲，臨雍拜老。懋惟帝績，增光文考。〔四〕

〔一〕危心言常危懼。姦勝猶勝姦佞。
〔二〕朝物謂朝儀文物也。
〔三〕廢典謂明堂、辟雍之禮，歷漢不行。下身謂進爵授綬之類。
〔四〕懋，勉也。書曰：「惟我文考，光于四海。」

校勘記

九六頁三行　及流人無名數　按：刊誤謂案他處詔書皆上有「脫無名數」，則云「及流人」云云，此無，故不當有「及」字，三年詔亦無，可互證。

九七頁三行　主穿壙塡塞事也　汲本、殿本「塞」作「墓」。按：疑當依前書如淳注作「瘞」。

九八頁三行　(有)一月一更　據刊誤删。

九八頁五行　蘭州　按：「蘭」原誤「闌」，逕依集解本改正。

九八頁一四行　大(作)司寇〔作〕　據殿本、集解本改。

一〇〇頁三行　(其)班時令　據刊誤删。

一〇〇頁四行　望元氣　按：洪頤煊讀書叢錄謂「元氣」當是「雲氣」之譌，祭祀志云「升靈臺以望雲物」，雲物卽雲氣也。李慈銘謂洪說是。「雲」古文作「云」，與「元」字易亂。下贊云「登臺觀雲」，可知范書此紀正作「雲」字。

一〇〇頁七行　立辟雍　按：「辟」原譌「壁」，逕改正。

一〇〇頁一一行　(二)千石已下至小吏冠一梁　據刊誤删。

一〇〇頁一三行　冕以三十升布漆而爲之　按：殿本、集解本「漆」作「染」。

一〇一頁三行　前三幅　按：殿本、集解本「三」作「二」。

一〇一頁五行　以青綵飾之　按：殿本、集解本「綵」作「絲」。

一〇一頁六行　黑帝(汁)〔叶〕光紀　據汲本、殿本改。

一〇三頁一行　明帝自謂無〔戌康之質〕　據刊誤補。

一〇三頁六行　儀禮(日)大射之禮　據刊誤删。

一〇三頁六行　老人知天地之事者　按：刊誤謂知天地人三才，故謂之三老，此「之」字應作「人」。

一〇三頁九行　扶(玉)〔王〕杖　據集解引惠棟說改。

一〇四頁一六行　壇皆(二)〔三〕尺　據殿本改，與續志合。

一〇六頁一〇行　尙書琁機鈐　按：汲本、殿本「機」作「璣」，下同。

一〇七頁二行　春秋感精符曰　按：下所引乃宋均注語，合有一「注」字。

一一一頁一行　(武)〔昭〕帝拜范明友爲度遼將軍　據殿本考證引何焯說改。按：通鑑注引亦作「昭帝」。

一一一頁九行　春秋圖讖所爲至譴　刊誤謂案文「爲」當作「謂」。今按：謂爲古字通作，汲本作「謂」。

一一二頁三行　微子所歎　按：集解引沈濤說，謂「微子」當作「微管」，六朝人每以管仲爲微管。

一一二頁一五行　天道得正　按：殿本「天」作「人」。

一一二頁一五行　日明則道正　按：殿本「道正」作「政理」。

一一三頁八行　明王不聽　按：殿本「王」作「主」，與今本管子合。

一一三頁八行　五穀黍稷麥麻尗也　按：校補謂殿本「尗」作「豆」，與周禮原注合。

一一四頁一一行　成帝陽嘉中所作也　按：成帝年號有「陽朔」，有「鴻嘉」，無「陽嘉」，注必有誤。

一一六頁一四行　厥土惟黑壤　按：殿本作「厥土惟壤」，無「黑」字，與書禹貢合。

一一七頁九行　冬十月壬辰晦日有食之　按：是年十月甲辰朔，不得有「壬辰」。續五行志作「甲辰晦」，亦非。今査是年九、十、十一等月皆無日食，參閱續五行志六校記。

一一八頁八行　完城旦至司寇五匹　按：張森楷校勘記謂監本「寇」下有「作」字，下十八年同。

一一九頁八行　郞從官〔視事〕二十歲已上　據刊誤補。

一二〇頁八行　取其地置宜禾都尉　按：汲本、殿本「取」作「卽」。

一二〇頁八行　今伊州(細)〔納〕職縣　姚範謂「細」爲「納」字之譌。按：姚說是，各本皆未正，今據改。

一二一頁五行　甘露降於甘陵　按：惠棟補注引通鑑考異，謂「甘陵」當作「原陵」。

一二一頁一三行　中二千石二千石下至黃綬　按：刊誤謂案文旣云中二千石下至黃綬，不須更比二千石，明多「二千石」三字。

一二三頁一行　楊浮異物志　按：集解引惠棟說，謂「浮」當作「孚」。漢議郞楊孚，字孝先，撰異物志一卷，見廣志及經籍志。

一二三頁四行　及流民無名數　按：刊誤謂多一「及」字。

一二三頁五行　能興雲〔致〕雨者　據殿本補。按：章帝紀建初五年詔書亦作「能興雲致雨者」。

一二四頁四行　長三丈五步出外爲小廚　刊誤謂「三丈五步」不成文理，當作「五尺」。按：東觀記亦作「五步」，「五步」二字應屬下爲句，劉說非。又按：各本無「出」字。

一二四頁八行　有非其人　殿本、集解本「有」作「苟」。張森楷校勘記謂羣書治要亦作「有」，是唐本不作「苟」也。今按：有猶如也。有非其人猶言如非其人耳。

一二四頁一四行　在上無矜大之色　汲本、殿本「矜」作「矜」。今按：段注說文「矜」作「矝」，云从矛令聲。

後漢書卷三

肅宗孝章帝紀第三

肅宗孝章皇帝諱炟，顯宗第五子也。〔一〕母賈貴人。永平三年，立爲皇太子。少寬容，好儒術，顯宗器重之。

〔一〕謚法曰：「溫克令儀曰章。」伏侯古今注曰：「炟之字曰著，音丁達反。」

十八年八月壬子，即皇帝位，年十九。尊皇后曰皇太后。

壬戌，葬孝明皇帝于顯節陵。〔一〕

〔一〕帝王紀曰：「顯節陵方三百步，高八丈。其地故富壽亭也，西北去洛陽三十七里。」

冬十月丁未，大赦天下。賜民爵，人二級，爲父後及孝悌、力田人三級，脫無名數及流人欲占者人一級，爵過公乘得移與子若同產子；鰥、寡、孤、獨、篤癃、貧不能自存者粟，人三斛。詔曰：「朕以眇身，託于王侯之上，統理萬機，懼失厥中，兢兢業業，未知所濟。深惟守文之主，必建師傅之官。詩不云乎：『不愆不忘，率由舊章。』〔一〕行太尉事節鄉侯憙三

世在位，爲國元老；〔二〕司空融〔三〕典職六年，勤勞不怠。其以憙爲太傅，融爲太尉，並錄尚書事。〔四〕『三事大夫，莫肯夙夜』，小雅之所傷也。〔五〕『予違汝弼，汝無面從』，〔六〕股肱之正義也。羣后百僚勉思厥職，各貢忠誠，以輔不逮。申勑四方，稱朕意焉。」

〔一〕詩大雅也。鄭玄云：「愆，過也。率，循也。由，用也。言成王之令德，不過誤，不遺失，皆循用舊典文章，謂周公之禮法。」

〔二〕趙憙，光武時爲太尉，明帝時行太尉事，故曰三代在位。元，長也。詩曰：「方叔元老。」

〔三〕融，牟融。

〔四〕武帝初以張子孺領尚書事。錄尚書事由此始。

〔五〕詩雨無正之文也。三事，三公也。鄭玄注云：「幽王在外，三公及諸侯隨而行者，皆無復君臣之禮，不肯晨夜省王。」

〔六〕尚書益稷之文也。孔安國注云：「我違道，汝當以義輔正我，無面從我。」

十一月戊戌，蜀郡太守第五倫爲司空。

詔征西將軍耿秉屯酒泉。〔一〕遣酒泉太守段彭救戊己校尉耿恭。

〔一〕酒泉，今肅州縣也。前書音義曰：「城下有泉，其味若酒，因名酒泉焉。」

甲辰晦，日有食之。於是避正殿，寢兵，不聽事五日。詔有司各上封事。

十二月癸巳，有司奏言：「孝明皇帝聖德淳茂，劬勞日昃，身御浣衣，〔一〕食無兼珍。澤臻四表，〔二〕遠人慕化，僬僥、儋耳，款塞自至。〔三〕克伐鬼方，開道西域，〔四〕威靈廣被，無思不服。以烝庶爲憂，不以天下爲樂。備三雍之教，躬養老之禮。作登歌，正予樂，博貫六蓺，〔五〕不舍晝夜。聰明淵塞，著在圖讖。〔六〕至德所感，通於神明。功烈光於四海，仁風行於千載。而深執謙謙，自稱不德，無起寢廟，埽地而祭，除日祀之法，〔七〕省送終之禮，遂藏主於光烈皇后更衣別室。天下聞之，莫不悽愴。陛下至孝烝烝，奉順聖德。臣愚以爲更衣在中門之外，處所殊別，宜尊廟曰顯宗，其四時禘祫，於光武之堂，閒祀悉還更衣，〔八〕共進武德之舞，如孝文皇帝祫祭高廟故事。」〔九〕制曰：「可。」

〔一〕日昃，日昳。尚書曰：「文王自朝至于日中昃，不遑暇食。」

〔二〕尚書曰：「光被四表。」

〔三〕款，扣。僬僥、儋耳解見明紀。

〔四〕鬼方，遠方。易曰：「高宗伐鬼方，三年克之。」

〔五〕周禮保氏教之六蓺：一曰禮，二曰樂，三曰射，四曰馭，五曰書，六曰數。前書藝文志〔曰〕以禮、樂、春秋、易、詩、書爲六蓺。博貫謂究極深幽耳。

〔六〕河圖曰：「圖出代，九天開明，受用嗣興，十代以光。」又括地象曰：「十代禮樂，文雅並出。」謂明帝也。

〔七〕春秋外傳曰：「日祭，月祀，時享。祖禰則日祭，高曾則月祀，三祧則時享。」今此除日祀之法，從時月之祭。

〔八〕續漢書曰：「五年再殷祭，三年一祫，五年一禘。父爲昭，南向；子爲穆，北向。禘以夏四月，祫以冬十月。禘之

爲言諦，諦審昭穆尊卑之義。祫者，合也。冬十月五穀成，故骨肉合飲食於祖廟，謂之殷祭。四時正祭外，有五月嘗麥，三伏立秋嘗粢盛酎，十月嘗稻等，謂之閒祀，即各于更衣之殿。更衣者，非正處也。園中有寢，有便殿。寢者，陵上正殿。便殿，寢側之別殿，即更衣也。」

〔九〕前書高廟奏武德、文始、五行之舞。

是歲，牛疫。京師及三州大旱，詔勿收兗、豫、徐州田租、芻稾，其以見穀賑給貧人。

建初元年春正月，詔三州郡國：「方春東作，恐人稍受稟，往來煩劇，或妨耕農。〔一〕其各實覈尤貧者，計所貸并與之。〔二〕流人欲歸本者，郡縣其實稟，令足還到，聽過止官亭，無雇舍宿。長吏親躬，無使貧弱遺脫，小吏豪右得容姦妄。〔三〕詔書既下，勿得稽留，刺史明加督察尤無狀者。」〔四〕

〔一〕稟，給也。稍（爲）〔謂〕少少給之，不頓與。

〔二〕并音必政反。

〔三〕前書曰，百石已下有斗食佐史之秩，言小吏也。

〔四〕無狀謂其罪惡尤大，其狀無可寄言，故云無狀。它皆類此。

丙寅，詔曰：「比年牛多疾疫，墾田減少，穀價頗貴，人以流亡。方春東作，宜及時務。二千石勉勸農桑，弘致勞來。羣公庶尹，各推精誠，專急人事。罪非殊死，須立秋案驗。有司

明慎選舉，進柔良，退貪猾，順時令，理冤獄。『五教在寬』，帝典所美；〔一〕『愷悌君子』，大雅所歎。〔二〕布告天下，使明知朕意。」

〔一〕五教謂父義、母慈、兄友、弟恭、子孝也。尚書舜典曰：「汝作司徒，敬敷五教在寬。」

〔二〕愷，樂；悌，易也。詩大雅泂酌篇曰：「愷悌君子，人之父母。」

酒泉太守段彭討擊車師，大破之。罷戊己校尉官。

二月，武陵澧中蠻叛。〔一〕

〔一〕武陵，郡，今澧州。水經曰「澧水出武陵充縣西歷山之北」也。

三月甲寅，山陽、東平地震。己巳，詔曰：「朕以無德，奉承大業，夙夜慄慄，不敢荒寧。〔一〕而災異仍見，與政相應。朕既不明，涉道日寡；又選舉乖實，俗吏傷人，官職耗亂，刑罰不中，可不憂與！昔仲弓季氏之家臣，子游武城之小宰，孔子猶誨以賢才，問以得人。〔二〕明政無大小，以得人爲本。夫鄉舉里選，必累功勞。今刺史、守相不明眞僞，茂才、孝廉歲以百數，既非能顯，而當授之政事，甚無謂也。每尋前世舉人貢士，或起甽畝，不繫閥閱。〔三〕敷奏以言，則文章可採；明試以功，則政有異迹。〔四〕文質彬彬，朕甚嘉之。〔五〕其令太傅、三公、中二千石、二千石、郡國守相舉賢良方正能直言極諫之士各一人。」

〔一〕孔安國注尚書曰：「不敢荒怠自安寧。」

〔二〕論語，仲弓爲季氏宰，問政，子曰：「赦小過，舉賢才。」子游爲武城宰，孔子謂之曰：「汝得人焉耳乎？」

〔三〕說文曰：「甽，田中之溝。」音工犬反。史記曰：「明其等曰閥，積其功曰閱。」言前代舉人務取賢才，不拘門地。

〔四〕敷，陳；奏，進也。令各陳進其言，則知其能否也。尚書曰「敷奏以言，明試以功」，則政之類。

〔五〕彬彬，雜半之貌。

夏五月辛酉，初舉孝廉、郎中寬博有謀，任典城者，以補長、相。〔一〕

〔一〕任，堪使也。典，主也。長謂縣長，相謂侯相。

秋七月辛亥，詔以上林池籞田賦與貧人。〔一〕

〔一〕籞，禁苑也，音語。前書音義曰：「折竹以繩懸連之，使人不得往來，謂之籞。」

八月庚寅，有星孛于天市。〔一〕

〔一〕史記曰：「房爲天駟，東北曲十二星曰旗，旗中四星曰天市。」

九月，永昌哀牢夷叛。

冬十月，武陵郡兵討叛蠻，破降之。

十一月，阜陵王延謀反，貶爲阜陵侯。

二年春三月辛丑，詔曰：「比年陰陽不調，飢饉屢臻。深惟先帝憂人之本，〔一〕詔書曰『不傷財，不害人』，誠欲元元去末歸本。而今貴戚近親，奢縱無度，嫁娶送終，尤爲僭侈。有司廢典，莫肯舉察。春秋之義，以貴理賤。今自三公，並宜明糾非法，宣振威風。朕在弱冠，未知稼穡之艱難，區區管窺，豈能照一隅哉！〔二〕其科條制度所宜施行，在事者備爲之禁，先京師而後諸夏。」〔三〕

〔一〕本謂稼穡。

〔二〕史記扁鵲曰：「以管窺天，以隙視文。」

〔三〕公羊傳曰：「春秋內中國而外諸夏，內諸(侯)〔夏〕而外夷狄。王者欲一乎天下，曷以內外之辭言？自近者始也。」

甲辰，罷伊吾盧屯兵。〔一〕

〔一〕永平十六年置。

永昌、越巂、益州三郡民、夷討哀牢，破平之。

夏四月戊子，詔還坐楚、淮陽事徙者四百餘家，令歸本郡。

癸巳，詔齊相省冰紈、方空縠、吹綸絮。〔一〕

〔一〕紈，素也。冰言色鮮潔如冰。釋名曰：「縠，紗也。」方空者，紗薄如空也。或曰空，孔也，即今之方目紗也。綸，似絮而細。吹者，言吹噓可成，亦紗也。前書齊有三服官，故詔齊相罷之。

六月，燒當羌叛，金城太守郝崇討之，敗績，羌遂寇漢陽。秋八月，遣行車騎將軍馬防討平之。

十二月戊寅，有星孛于紫宮。

三年春正月己酉，宗祀明堂。禮畢，登靈臺，望雲物。大赦天下。

三月癸巳，立貴人竇氏爲皇后。賜爵，人二級，三老、孝悌、力田人三級，民無名數及流民欲占者人一級；鰥、寡、孤、獨、篤癃、貧不能自存者粟，人五斛。

夏四月己巳，罷常山呼沱石臼河漕。〔一〕

〔一〕石臼，河名也，在今定州唐縣東北。時鄧訓上言此漕難成，遂罷之。漕，水運也，音才到反。

行車騎將軍馬防破燒當羌於臨洮。〔一〕

〔一〕臨洮，縣名，屬隴西郡，即今岷(山之)州。

閏月，西域假司馬班超擊姑墨，大破之。〔一〕

〔一〕姑墨，西域國名，去長安八千一百五十里。

冬十二月丁酉，以馬防爲車騎將軍。

武陵漊中蠻叛。〔一〕

〔一〕漊，水名，音婁，源出今澧州崇義縣西北山。

是歲，零陵獻芝草。

四年春二月庚寅，太尉牟融薨。

夏四月戊子，立皇子慶爲皇太子。賜爵，人二級，三老、孝悌、力田人三級，民無名數及流人欲自占者人一級；鰥、寡、孤、獨、篤癃、貧不能自存者粟，人五斛。己丑，徙鉅鹿王恭爲江陵王，汝南王暢爲梁王，常山王昞爲淮陽王。辛卯，封皇子伉〔一〕爲千乘王，全爲平春王。〔二〕

〔一〕音抗。

〔二〕平春，縣，屬江夏郡。

五月丙辰，車騎將軍馬防罷。

甲戌，司徒鮑昱爲太尉，南陽太守桓虞爲司徒。〔一〕

〔一〕虞字仲春，馮翊人。

六月癸丑，皇太后馬氏崩。秋七月壬戌，葬明德皇（太）后。

冬，牛大疫。

十一月壬戌，詔曰：「蓋三代導人，教學爲本。〔一〕漢承暴秦，褒顯儒術，建立五經，爲置博士。其後學者精進，雖曰承師，亦別名家。〔二〕孝宣皇帝以爲去聖久遠，學不厭博，故遂

立大、小夏侯尚書，後又立京氏易。〔三〕至建武中，復置顏氏、嚴氏春秋，大、小戴禮博士。〔四〕此皆所以扶進微學，尊廣道蓺也。中元元年詔書，五經章句煩多，議欲減省。至永平元年，長水校尉儵〔五〕奏言，先帝大業，當以時施行。欲使諸儒共正經義，頗令學者得以自助。孔子曰：『學之不講，是吾憂也。』又曰：『博學而篤志，切問而近思，仁在其中矣。』〔六〕於戲，其勉之哉！」於是下太常，將、大夫、博士、議郎、郎官〔七〕及諸生、諸儒會白虎觀，講議五經同異，使五官中郎將魏應承制問，〔八〕侍中淳于恭奏，帝親稱制臨決，如孝宣甘露石渠故事，〔九〕作白虎議奏。〔一〇〕

〔一〕前書曰，三代之道，鄉里有敎，夏曰校，殷曰庠，周曰序。

〔二〕言雖承一師之業，其後觸類而長，更爲章句，則別爲一家之學。

〔三〕大、小夏侯謂夏侯勝、勝從兄子建也。京氏，京房也。

〔四〕嚴氏謂嚴彭祖。顏氏謂顏安樂。大、小戴，戴德、戴聖也。

〔五〕樊儵。

〔六〕論語文也。講猶習也。篤，厚也。志，記也。言人能博涉學而後識之，切問於己所未悟之事，近思己所能及之事。好學亦仁之一分，故仁在其中矣。

〔七〕博士屬太常，故云下。

〔八〕續漢志曰：「五官中郎將，比二千石。」

〔九〕前書：「甘露三年，詔諸儒講五經異同，蕭望之等平奏其議，上親制臨決焉。」又曰：「施讎，甘露中論五經於石渠閣。」三輔故事曰：「石渠閣在未央殿北，藏秘書之所。」

〔一〇〕今白虎通。

是歲，甘露降泉陵、洮陽二縣。〔一〕

〔一〕二縣屬零陵郡。泉陵城在今永州零陵縣北。洮陽故城在今湘源縣西北。

五年春二月庚辰朔，日有食之。詔曰：「朕新離供養，〔一〕愆咎衆著，上天降異，大變隨之。詩不云乎：『亦孔之醜。』〔二〕又久旱傷麥，憂心慘切。公卿已下，其舉直言極諫能指朕過失者各一人，遣詣公車，將親覽問焉。其以巖穴爲先，勿取浮華。」〔三〕

〔一〕去年馬太后崩。

〔二〕詩小雅曰：「朔月辛卯，日有食之，亦孔之醜。」孔，甚也。醜，惡也。

〔三〕前書鄒陽曰：「顯巖穴之士。」

甲申，詔曰：「春秋書『無麥苗』，重之也。〔一〕去秋雨澤不適，今時復旱，如炎如焚。〔二〕兇年無時，而爲備未至。朕之不德，上累三光，震慄忉忉，痛心疾首。〔三〕前代聖君，博思咨諏，〔四〕雖降災咎，輒有開匱反風之應。〔五〕令予小子，徒慘慘而已。其令二千石理冤獄，錄輕繫；禱五嶽四瀆，及名山能興雲致雨者，冀蒙不崇朝徧雨天下之報。〔六〕務加肅敬焉。」

〔一〕春秋莊公七年：「秋，大水，無麥苗。」公羊傳曰：「一災不書，待無麥然後書無苗。」何休注曰：「不書穀（名），至麥苗獨書，人食最重也。」

〔二〕炎、焚言熱氣甚。韓詩：「旱魃爲虐，如炎如焚。」

〔三〕忉音刀。詩曰：「憂心忉忉。」又曰：「疢如疾首。」

〔四〕咨諏，謀也，諏子余反。

〔五〕武王有疾，周公作請命之書，藏於金匱。後管、蔡流言，成王疑周公，天乃大風，禾木盡偃。成王啓金匱，得書，乃郊天謝過，天乃反風起禾。事見尚書。

〔六〕尚書大傳曰：「五嶽皆觸石出雲，膚寸而合，不崇朝而雨天下。」

三月甲寅，詔曰：「孔子曰：『刑罰不中，則人無所措手足。』今吏多不良，擅行喜怒，或案不以罪，迫脅無辜，致令自殺者，一歲且多於斷獄，甚非爲人父母之意也。〔一〕有司其議糾舉之。」

〔一〕書曰：「元后作人父母。」

荆、豫諸郡兵討破武陵漊中叛蠻。

夏五月辛亥，詔曰：「朕思遲直士，側席異聞。〔一〕其先至者，各以發憤吐懣，略聞子大夫之志矣，皆欲置於左右，顧問省納。建武詔書又曰，堯試臣以職，不直以言語筆札。〔二〕今外官多曠，並可以補任。」

〔一〕遲猶希望也，音持二反。側席謂不正坐，所以待賢良也。
〔二〕書舜典曰：「朕其試哉。」又曰：「歷試諸難。」札，簡也。

戊辰，太傅趙憙薨。

冬，始行月令迎氣樂。〔一〕

〔一〕東觀記曰：「馬防上言，『聖人作樂，所以宣氣致和，順陰陽也。臣愚以爲可因歲首發太蔟之律，奏雅頌之音，以迎和氣。』時以作樂器費多，遂獨行十月迎氣樂也。」

是歲，零陵獻芝草。有八黃龍見於泉陵。〔一〕西域假司馬班超擊疏勒，破之。

〔一〕伏侯古今注曰：「見零陵泉陵湘水中，相與戲。其二大如馬，有角；六枚大如駒，無角。」

六年春二月辛卯，琅邪王京薨。

夏五月辛酉，趙王盱薨。

六月丙辰，太尉鮑昱薨。

辛未晦，日有食之。

秋七月癸巳，以大司農鄧彪爲太尉。

七年春正月，沛王輔、濟南王康、東平王蒼、中山王焉、東海王政、琅邪王宇來朝。

夏六月甲寅，廢皇太子慶爲清河王，立皇子肇爲皇太子。

己未，徙廣平王羨爲西平王。

秋八月，飲酎高廟，禘祭光武皇帝、孝明皇帝。〔一〕甲辰，詔〔曰〕：「書云『祖考來假』，明哲之祀。〔二〕予末小子，質又菲薄，仰惟先帝烝烝之情，前修禘祭，以盡孝敬。朕得識昭穆之序，寄遠祖之思。今年大禮復舉，加以先帝之坐，〔三〕悲傷感懷。樂以迎來，哀以送往，雖祭亡如在，而空虛不知所裁，庶或饗之。豈亡克慎肅雍之臣，辟公之相，〔四〕皆助朕之依依。〔五〕今賜公錢四十萬，卿半之，及百官執事各有差。」

〔一〕前書高廟飲酎，奏武德、五行之舞。晉義云：「正月旦作酒，八月成，名曰酎者，言醇也。」武帝時因八月嘗酎，令諸侯出金助祭，所謂酎金也。丁孚漢儀式曰：「九眞、交阯、日南者用犀角二，長九寸，若瑇瑁甲一；鬱林用象牙一，長三尺已上，若翠羽各二十，準以當金。」
〔二〕假音格。格，至也。尚書夔曰：「於！予擊石拊石，搏拊琴瑟以詠，祖考來格。」言明哲祭祀，則能致祖考之神來至。
〔三〕言顯宗神坐，今新加之。
〔四〕肅，敬；雍，和；相，助也。詩大雅曰：「有來雍雍，至止肅肅，相維辟公，天子穆穆。」言百辟諸侯來助祭，皆有肅雍之德，無懈慢也。
〔五〕依依，思慕之意。

九月甲戌，幸偃師，東涉卷津，〔一〕至河內。下詔曰：「車駕行秋稼，觀收穫，因涉郡界。皆精騎輕行，無它輜重。不得輒修道橋，遠離城郭，遣吏逢迎，刺探起居，〔二〕出入前後，以爲煩擾。動務省約，但患不能脫粟瓢飲耳。〔三〕所過欲令貧弱有利，無違詔書。」遂覽淇園。〔四〕己酉，進幸鄴，勞饗魏郡守令已下，至于三老、門闌、走卒，賜錢各有差。勞賜常山、趙國吏人，復元氏租賦三歲。辛卯，車駕還宮。詔天下繫囚減死一等，勿笞，詣邊戍；妻子自隨，占著所在；父母同產欲相從者，恣聽之；有不到者，皆以乏軍興論。〔五〕及犯殊死，一切募下蠶室；其女子宮。繫囚鬼薪、白粲已上，〔六〕皆減本罪各一等，輸司寇作。亡命贖：死罪入縑二十匹，右趾至髡鉗城旦舂十匹，完城旦至司寇三匹，吏人有罪未發覺，詔書到自告者，半入贖。

〔一〕卷，縣名，屬河南郡也。卷音丘權反。
〔二〕刺探謂候伺也。探音湯勘反。
〔三〕晏子相齊，食脫粟之飯。孔子曰，顏回一瓢飲。
〔四〕前書音義曰：「淇園，衞之苑也。」
〔五〕軍興而致闕乏，當死刑也。

〔六〕前書曰：「鬼薪、白粲已上，皆三歲刑也。男子爲鬼薪，取薪以給宗廟。女子爲白粲，使擇米白粲粲然。」

冬十月癸丑，西巡狩，幸長安。丙辰，祠高廟，遂有事十一陵。遣使者祠太上皇於萬年，〔一〕以中牢祠蕭何、霍光。進幸槐里。岐山得銅器，形似酒罇，獻之。又獲白鹿。帝曰：「上無明天子，下無賢方伯。〔二〕『人之無良，相怨一方。』〔三〕斯器亦曷爲來哉？」〔四〕又幸長平，御池陽宮，〔五〕東至高陵，造舟於涇而還。〔六〕每所到幸，輒會郡縣吏人，勞賜作樂。十一月，詔勞賜河東守、令、掾以下。十二月丁亥，車駕還宮。

〔一〕太上皇，高祖父也，名煓，音它官反，一名執嘉。三輔黃圖曰，高祖初都櫟陽，太上皇崩，葬櫟陽北原陵，號萬年，仍分置萬年縣，在今櫟陽東北，故就祭祀焉。
〔二〕已見明帝紀。
〔三〕詩小雅也。良，善也。言王者所爲無有善者，各相與於一方而怨之。義見韓詩。
〔四〕公羊傳曰：「孔子抱麟而泣曰：『孰爲來哉？孰爲來哉？』」
〔五〕前書音義曰：「長平坂在池陽南，有長平觀，去長安五十餘里。」
〔六〕造，至也。謂次比舟，令相至爲橋而度也。爾雅曰：「天子造舟，諸侯維舟，大夫方舟，士特舟。」

是歲，京師及郡國螟。

八年春正月壬辰，東平王蒼薨。三月辛卯，葬東平憲王，賜鑾輅、龍旂。

夏六月，北匈奴大人率衆款塞降。

冬十二月甲午，東巡狩，幸陳留、梁國、淮陽、潁陽。戊申，車駕還宮。

詔曰：「五經剖判，去聖彌遠，章句遺辭，乖疑難正，恐先師微言將遂廢絕，非所以重稽古，求道眞也。其令羣儒選高才生，受學左氏、穀梁春秋、古文尚書、毛詩，以扶微學，廣異義焉。」

是歲，京師及郡國螟。

元和元年春正月，中山王焉來朝。日南徼外蠻夷獻生犀、白雉。〔一〕

〔一〕劉欣明交州記曰：「犀，其毛如豕，蹏有三甲，頭如馬，有三角，鼻上角短，額上、頭上角長。」異物志曰：「角中特有光耀，白理如線，自本達末則爲通天犀。」

閏月辛丑，濟陰王長薨。

二月甲戌，詔曰：「王者八政，以食爲本，〔一〕故古者急耕稼之業，致耒耜之勤，〔二〕節用儲蓄，以備凶災，是以歲雖不登而人無飢色。自牛疫已來，穀食連少，良由吏教未至，刺史、二千石不以爲負。〔三〕其令郡國募人無田欲徙它界就肥饒者，恣聽之。到在所，賜給公田，爲雇耕傭，賃種餉，〔四〕貰與田器，勿收租五歲，除筭三年。其後欲還本鄉者，勿禁。」

〔一〕尚書洪範八政，一曰食，是爲政本。

〔二〕耒耜，農器也。耒，其柄；耜，其刃。

〔三〕負猶憂也。

〔四〕餉，糧也，古餉字，音式上反。

夏四月己卯，分東平國，封憲王蒼子尚爲任城王。

六月辛酉，沛王輔薨。

秋七月丁未，詔曰：「律云『掠者唯得榜、笞、立』。〔一〕又令丙，箠長短有數。〔二〕自往者大獄已來，掠考多酷，鉆鑽之屬，〔三〕慘苦無極。念其痛毒，怵然動心。書曰『鞭作官刑』，豈云若此？〔四〕宜及秋冬理獄，明爲其禁。」

〔一〕蒼頡篇曰：「掠，問也。」廣雅曰：「榜，擊也，音彭。」說文曰：「笞，擊也。」立謂立而考訊之。

〔二〕令丙爲篇之次也。前書音義曰：「令有先後，有令甲、令乙、令丙。」又景帝（京師）定箠令，箠長五尺，本大一寸，其竹也末薄半寸，其平去節，故曰長短有數也。

〔三〕大獄謂楚王英等事也。鉆音其廉反。說文曰：「鉆，鋷也。」國語曰：「中刑用鑽鑿。」皆謂慘酷其肌膚也。

〔四〕孔安國注尚書曰：「以鞭爲理官事之刑。」

八月甲子，太尉鄧彪罷，大司農鄭弘爲太尉。

癸酉，詔曰：「朕道化不德，吏政失和，元元未諭，抵罪於下。寇賊爭心不息，邊野邑屋不修。〔一〕永惟庶事，思稽厥衷，與凡百君子，共弘斯道。中心悠悠，將何以寄？其改建初九年爲元和元年。郡國中都官繫囚減死一等，勿笞，詣邊縣；妻子自隨，占著在所。其犯殊死，一切募下蠶室；其女子宮。繫囚鬼薪、白粲以上，皆減本罪一等，輸司寇作。亡命者贖，各有差。」

〔一〕「修」或作「充」。

丁酉，南巡狩，詔所經道上，郡縣無得設儲跱。〔一〕命司空自將徒支柱橋梁。〔二〕有遣使奉迎，探知起居，二千石當坐。其賜鰥、寡、孤、獨、不能自存者粟，人五斛。

〔一〕儲，積也。跱，具也。言不預有蓄備。

〔二〕柱音竹主反。

九月乙未，東平王忠薨。

辛丑，幸章陵，祠舊宅園廟，見宗室故人，賞賜各有差。冬十月己未，進幸江陵，詔廬江太守祠南嶽，又詔長沙、零陵太守祠長沙定王、舂陵節侯、鬱林府君。還，幸宛。十一月己丑，車駕還宮，賜從者各有差。

十二月壬子，詔曰：「書云：『父不慈，子不祗，兄不友，弟不恭，不相及也。』〔一〕往者妖言大獄，所及廣遠，一人犯罪，禁至三屬，〔二〕莫得垂纓仕宦王朝。如有賢才而沒齒無用，朕甚憐之，非所謂與之更始也。諸以前妖惡禁錮者，一皆蠲除之，〔三〕以明弃咎之路，但不得在宿衞而已。」

〔一〕祗，敬也。左傳胥臣云：「康誥曰：『父不慈，子不祗，兄不友，弟不恭，不相及也。』」今康誥之言，事同而文異。

〔二〕即三族也。謂父族、母族及妻族。

〔三〕左傳曰：「以重幣錮之。」杜預注曰：「禁錮勿令仕也。」

二年春正月乙酉，詔曰：「令云『人有產子者復，勿筭三歲』。今諸懷妊者，〔一〕賜胎養穀人三斛，復其夫，勿筭一歲，著以爲令。」又詔三公曰：「方春生養，萬物莩甲，〔二〕宜助萌陽，以育時物。其令有司，罪非殊死且勿案驗，及吏人條書相告不得聽受，〔三〕冀以息事寧人，敬奉天氣。立秋如故。夫俗吏矯飾外貌，似是而非，揆之人事則悅耳，論之陰陽則傷化，朕甚饜之，甚苦之。安靜之吏，悃愊無華，〔四〕日計不足，月計有餘。〔五〕如襄城令劉方，〔六〕吏人同聲謂之不煩，雖未有它異，斯亦殆近之矣。閒敕二千石各尚寬明，而今富姦行賂於下，貪吏枉法於上，使有罪不論而無過被刑，甚大逆也。夫以苛爲察，以刻爲明，以輕爲德，以重爲威，四者或興，則下有怨心。吾詔書數下，冠蓋接道，而吏不加理，人或失職，其咎安在？勉思舊令，稱朕意焉。」

〔一〕說文曰：「娄，孕也。」

〔二〕前書音義曰：「孳，葉裒白皮也。」易曰「百果甲坼」也。

〔三〕倏，事倏也。

〔四〕說文云：「悃愊，至誠也。」悃音苦本反。愊音孚逼反。

〔五〕莊子曰：「有庚桑子者，偏得老聃之道，以居畏壘之山。畏壘之人相與云：『庚桑子之始來，吾洒然異之；今吾日計之不足，歲計之有餘，庶幾其聖人乎？』」

〔六〕方字伯況，平原人。

二月甲寅，始用四分歷。〔一〕

〔一〕續漢書曰：「時待詔張盛、京房、鮑業等以四分歷請與待詔楊岑等共課歲餘，盛等所中多，四分之歷始頗施行。」

詔曰：「今山川鬼神應典禮者，尚未咸秩。〔一〕其議增修羣祀，以祈豐年。」

〔一〕咸，皆也。秩，序也。言山川之神尚未次序而祭之。書曰：「咸秩無文。」

丙辰，東巡狩。己未，鳳皇集肥城。〔一〕乙丑，帝耕於定陶。詔曰：「三老，尊年也。孝悌，淑行也。力田，勤勞也。國家甚休之。其賜帛人一匹，勉率農功。」使使者祠唐堯於成陽靈臺。〔二〕辛未，幸太山，柴告岱宗。有黃鵠三十從西南來，經祠壇上，東北過于宮屋，翺翔升降。進幸奉高。壬申，宗祀五帝于汶上明堂。〔三〕癸酉，告祠二祖、四宗，〔四〕大會外內羣臣。丙子，詔曰：「朕巡狩岱宗，柴望山川，告祀明堂，以章先勳。其二王之後，〔五〕先聖之

胤，〔六〕東后蕃衞，〔七〕伯父伯兄，仲叔季弟，幼子童孫，〔八〕百僚從臣，宗室衆子，要荒四裔，〔九〕沙漠之北，葱領之西，〔一〇〕冒耏之類，〔一一〕跋涉懸度，〔一二〕陵踐阻絕，駿奔郊畤，〔一三〕咸來助祭。祖宗功德，延及朕躬。予一人空虛多疚，〔一四〕纂承尊明，盥洗享薦，慙愧祗慄。詩不云乎：『君子如祉，亂庶遄已。』〔一五〕歷數既從，靈燿著明，〔一六〕亦欲與士大夫同心自新。其大赦天下。諸犯罪不當得赦者，皆除之。復博、奉高、嬴，無出今年田租、芻稾。」戊寅，進幸濟南。〔一七〕三月己丑，進幸魯，祠東海恭王陵。庚寅，祠孔子於闕里，及七十二弟子，賜襃成侯及諸孔男女帛。壬辰，進幸東平，祠憲王陵。〔一八〕甲午，遣使者祠定陶太后、恭王陵。〔一九〕乙未，幸東阿，北登太行山，至天井關。〔二〇〕夏四月乙巳，客星入紫宮。乙卯，車駕還宮。庚申，假于祖禰，〔二一〕告祠高廟。

〔一〕肥城，縣名，屬太山郡，故城在今濟州平陰縣東南。

〔二〕成陽，縣，屬濟陰郡。郭緣生述征記曰：「成陽縣東南有堯母慶都墓，上有祠廟。堯母陵俗亦名靈臺大母。」

〔三〕前書曰：「濟南人公玉帶上黃帝時明堂圖，中有一殿，四面無壁，以茅蓋，通水，水圜宮垣爲複道；上有樓，從西南入，名曰崑崙，以拜祀上帝。於是上作明堂於汶上，如帶圖焉。」汶水出太山朱虛縣萊蕪山。

〔四〕二祖謂高祖、世祖。四宗謂文帝爲太宗，武帝爲世宗，宣帝爲中宗，明帝爲顯宗。

〔五〕禮記曰：「存二王之後，尊賢不過二代。」公羊傳〔注〕曰：「存二王之後，所以通三正也。」漢之二王，殷、周之後也。

〔六〕東觀記曰：「孔子後褒成侯等咸來助祭。」

〔七〕東后謂東方國君也。諸侯爲天子藩屏，故曰藩衞。

〔八〕尚書呂刑文。皆天子同姓諸侯，有父叔兄弟子孫列者，故總而言之。

〔九〕要、荒，二服名。要服去王城二千里，荒服去王城二千五百里。要者，言可要束以文教。荒者，言其荒忽無常也。裔，遠也。謂荒服之外也。

〔一〇〕西河舊事曰：「葱領，山名，在敦煌西。其山高大多葱，故以爲名焉。」

〔一一〕字書曰：「耏，多須貌，音而。」言須鬢多，蒙冒其面。或曰，西域人多著冒而〔須〕長，故舉以爲言也。

〔一二〕草行曰跋，水行曰涉。左傳子太叔曰：「跋涉山川。」西域傳曰：「懸度者，石山也。溪谷不通，以繩索相引而度，去陽關五千八百五十里。」

〔一三〕駿，疾也，音俊。尚書「駿奔走（在廟）」。郊畤，祭天處也。前書音義曰：「畤，神靈之居止者。」

〔一四〕疚，病也。纂，繼也。

〔一五〕詩小雅。遄，速也。已，止也。祉，福也。鄭玄注云：「福者，福賢者，謂爵祿之也。如此，則亂亦庶幾可疾止也。」

〔一六〕歷數既從，謂行四分歷也。靈燿著明，謂日月貞明。

〔一七〕濟南，縣名，故城在今淄州長山縣西北。

〔一八〕陵在今鄆州須昌縣東。

〔一九〕太后即元帝傅昭儀也。定陶恭王康，其陵在今曹州濟陰縣北。

〔二〇〕在今澤州晉城縣南，今太行山上，關南有天井泉三所也。

〔二一〕假，至也，音格。禰，父廟。易曰：「王假有廟。」

五月戊申，詔曰：「乃者鳳皇、黃龍、鸞鳥比集七郡，〔一〕或一郡再見，及白烏、神雀、甘露屢臻。祖宗舊事，或班恩施。〔二〕其賜天下吏爵，人三級；高年、鰥、寡、孤、獨帛，人一匹。經曰：『無侮鰥寡，惠此煢獨。』加賜河南女子百戶牛酒，〔三〕令天下大酺五日。賜公卿已下錢帛各有差；及洛陽人當酺者布，戶一匹，城外三戶共一匹。賜博士員弟子見在太學者布，人三匹。令郡國上明經者，口十萬以上五人，不滿十萬三人。」

〔一〕孫柔之瑞〔應〕圖曰：「鸞鳥者，赤神之精，鳳皇之佐。雞身赤（毛）〔尾〕，色亦被五彩，鳴中五音。人君進退有度，親疏有序，則至也。」比，頻也。

〔二〕武帝時芝草生于甘泉宮，宣帝時嘉穀玄稷降于郡國，神雀仍集，皆大赦天下。

〔三〕前書音義：「蘇林曰，男賜爵，女子賜牛酒。」姚察云：「女子謂賜爵者之妻。」史記封禪書：「百戶牛一頭，酒十石。」臣賢案：此女子百戶，若是戶頭之妻，不得更稱爲戶；此謂女戶頭，即今之女戶也。天下稱慶，恩當普洽，所以男戶賜爵，女子賜牛酒。

改廬江爲六安國，江陵復爲南郡。〔一〕徙江陵王恭爲六安王。

〔一〕建初四年改爲江陵國，今又復之。

秋七月庚子，詔曰：「春秋於春每月書『王』者，重三正，慎三微也。〔一〕律十二月立春，不以報囚。〔二〕月令冬至之後，有順陽助生之文，〔三〕而無鞫獄斷刑之政。朕咨訪儒雅，稽

之典籍，以爲王者生殺，宜順時氣。其定律，無以十一月、十二月報囚。」

〔一〕三正謂天、地、人之正。所以有三者，由有三微之月，王者所當奉而成之。禮（記）〔緯〕曰：「正朔三而改，文質再而復。三微者，三正之始，萬物皆微，物色不同，故王者取法焉。十一月，時陽氣始施於黄泉之下，色皆赤。赤者陽氣，故周爲天正，色尚赤。十二月，萬物始牙而色白。白者陰氣，故殷爲地正，色尚白。十三月，萬物莩甲而出，其色皆黑，人得加功展業，故夏爲人正，色尚黑。」尚書大傳曰：「夏十三月爲正，平旦爲朔。殷以十二月爲正，雞鳴爲朔。周以十一月爲正，夜半爲朔。」必以三微之月爲正者，當爾之時，物皆尚微，王者受命，當扶微理弱，奉成之義也。

〔二〕報猶論也。立春陽氣至，可以施生，故不論囚。

〔三〕月令仲冬：「是月也，日短至，陰陽爭，諸生蕩，君子身欲寧，事欲靜，以待陰陽之所定也。」

九月壬辰，詔：「鳳皇、黄龍所見亭部無出二年租賦。〔一〕加賜男子爵，人二級；先見者帛二十匹，近者三匹，太守三十匹，令、長十五匹，丞、尉半之。詩云：『雖無德與汝，式歌且舞。』〔二〕它如賜爵故事。」

〔一〕東觀記曰：「鳳皇見肥城句窳亭槐樹上。」古今注云：「黄龍見洛陽元延亭部。」窳音庾。

〔二〕詩小雅也。取雖無大德，要有喜悅之心，欲歌舞也。式，用也。

丙申，徵濟南王康、中山王焉會烝祭。

冬十一月壬辰，日南至，初閉關梁。〔一〕

〔一〕易曰：「先王以至日閉關，商旅不行。」王弼注曰：「冬至陰之復，夏至陽之復，故爲復即至於寂然大靜，先王則天地而行者也。」

三年春正月乙酉，詔曰：「蓋君人者，視民如父母，有憯怛之憂，有忠和之教，匍匐之救。〔一〕其嬰兒無父母親屬，及有子不能養食者，稟給如律。」

〔一〕周禮：「（鄉）〔大〕司徒以鄉三物教萬民，一曰六德，謂智、仁、聖、義、忠、和。」詩邶風曰：「凡民有喪，匍匐救之。」

丙申，北巡狩，濟南王康、中山王焉、西平王羨、六安王恭、樂成王黨、淮陽王昞、任城王尚、沛王定皆從。辛丑，帝耕于懷。

二月壬寅，告常山、魏郡、清河、鉅鹿、平原、東平郡太守、相曰：「朕惟巡狩之制，以宣聲教，考同遐邇，解釋怨結也。今『四國無政，不用其良』，〔一〕駕言出游，欲親知其劇易。前祠園陵，遂望祀華、霍，〔二〕東柴岱宗，爲人祈福。今將禮常山，遂徂北土，歷魏郡，經平原，升踐隄防，詢訪耆老，咸曰『往者汴門未作，深者成淵，淺則泥塗』。追惟先帝勤人之德，〔三〕底績遠圖，復禹弘業，〔四〕聖跡滂流，至于海表。不克堂（桓）〔構〕，朕甚慙焉。〔五〕月令，孟春善相丘陵土地所宜。〔六〕今肥田尚多，未有墾闢。其悉以賦貧民，給與糧種，務盡地力，勿令游手。所過縣邑，聽半入今年田租，以勸農夫之勞。」

〔一〕詩小雅曰：「日月告凶，不用其行。四國無政，不用其良。」言四方之國無政者，由天子不用善人也。

〔二〕華、霍，山名也。〔霍〕在（今）廬江灊縣西南，亦名天柱山。爾雅曰華山爲西嶽，霍山爲南嶽。

〔三〕謂永平十二年修汴渠。

〔四〕尚書曰：「覃懷底績。」孔安國注云：「底，致；績，功也。」遠圖猶長算也。言能復禹爲理水之大功。

〔五〕尚書曰：「若考作室，既底法，厥子乃不肯堂，矧肯（桓）〔構〕。」

〔六〕月令：「孟春之月，善相丘陵、阪險、原隰土地所宜，五穀所殖，以敎導人，必躬親之，田事既飭。」

乙丑，勑侍御史、司空曰：「方春，所過無得有所伐殺。車可以引避，引避之；騑馬可輟解，輟解之。〔一〕詩云：『敦彼行葦，牛羊勿踐履。』〔二〕禮，人君伐一草木不時，謂之不孝。〔三〕俗知順人，莫知順天。其明稱朕意。」

〔一〕夾轅者爲服馬，服馬外爲騑馬。

〔二〕詩大雅云。鄭玄注云：「敦敦然道旁之葦，牧牛羊者無使踐履折傷之，況於人乎！」

〔三〕禮記孔子曰：「伐一樹，殺一獸，不以其時，非孝也。」

戊辰，進幸中山，遣使者祠北嶽。出長城。〔一〕癸酉，還幸元氏，祠光武、顯宗於縣舍正堂；明日又祠顯宗于始生堂，皆奏樂。〔二〕三月丙子，詔高邑令祠光武於即位壇。復元氏七年傜役。己卯，進幸趙。庚辰，祠房山於靈壽。〔三〕辛卯，車駕還宮。賜從行者各有差。

〔一〕史記，蒙恬爲秦築長城，西自臨洮，東至海。

〔二〕明帝生于常山元氏傳舍也。

〔三〕靈壽，縣名，屬常山郡，今恆州縣也。房山在今恆州房山縣（縣）西北，俗名王母山，上有王母祠。

夏四月丙寅，太尉鄭弘免，大司農宋由爲太尉。〔一〕

〔一〕由字叔路，長安人。

五月丙子，司空第五倫罷，太僕袁安爲司空。

秋八月乙丑，幸安邑，觀鹽池。〔一〕九月，至自安邑。

〔一〕許慎云：「河東鹽池，袤五十一里，廣七里，周百一十六里。」今蒲州虞鄉縣西。

冬十月，北海王基薨。

燒當羌叛，寇隴西。

是歲，西域長史班超擊斬疏勒王。

章和元年春三月，護羌校尉傅育追擊叛羌，戰歿。

夏四月丙子，令郡國中都官繫囚減死一等，詣金城戍。

六月戊辰，司徒桓虞免。癸卯，司空袁安爲司徒，光祿勳任隗爲司空。〔一〕

〔一〕桓虞字仲春，馮翊萬年人。隗字仲和，南陽宛人。

秋七月癸卯，齊王晃有罪，貶爲蕪湖侯。〔一〕　壬子，淮陽王昞薨。

〔一〕蕪湖，縣名，屬丹陽，故城在今宣州當塗縣東南。

鮮卑擊破北單于，斬之。

燒當羌寇金城，護羌校尉劉盱討之，斬其渠帥。

壬戌，詔曰：「朕聞明君之德，啓迪鴻化，緝熙康乂，光照六幽，〔一〕訖惟人面，靡不率俾，仁風翔于海表，威霆行乎鬼區。〔二〕　然後敬恭明祀，膺五福之慶，獲來儀之貺。〔三〕　朕以不德，受祖宗弘烈。乃者鳳皇仍集，麒麟並臻，甘露宵降，嘉穀滋生，芝草之類，歲月不絕。朕夙夜祗畏上天，無以彰于先功。今改元和四年爲章和元年。」

〔一〕緝熙，光明也。　六幽謂六合幽隱之處也。

〔二〕鬼區即鬼方。

〔三〕尚書五福：一曰壽，二曰富，三曰康寧，四曰攸好德，五曰考終命。　來儀謂鳳也。書曰：「鳳皇來儀。」

秋，令是月養衰老，授几杖，行糜粥飲食。〔一〕其賜高年二人共布帛各一匹，以爲醴酪。死罪囚犯法在丙子赦前而後捕繫者，皆減死，勿笞，詣金城戍。

〔一〕月令仲秋之令。

八月癸酉，南巡狩。　壬午，遣使者祠昭靈后於小黃園。〔一〕　甲申，徵任城王尚會睢陽。

戊子，幸梁。　己丑，遣使祠沛高原廟，豐枌榆社。〔二〕　乙未，幸沛，祠獻王陵，徵會東海王政。乙未晦，日有食之。　九月庚子，幸彭城，東海王政、沛王定、任城王尚皆從。　辛亥，幸壽春。壬子，詔郡國中都官繫囚減死罪一等，詣金城戍；犯殊死者，一切募下蠶室；其女子宮；繫囚鬼薪、白粲已上，減罪一等，輸司寇作。　亡命者贖：死罪縑二十匹，右趾至髡鉗城旦舂七匹，完城旦至司寇三匹；吏民犯罪未發覺，詔書到自告者，半入贖。　復封阜陵侯延爲阜陵王。　己未，幸汝陰。〔三〕　冬十月丙子，車駕還宮。

〔一〕小黃，縣，屬陳留郡，故城在今汴州陳留縣東北。　漢舊儀曰：「昭靈后，高祖母，起兵時死小黃北，後爲作園廟于小黃。」　陳留風俗傳曰：「沛公起兵野戰，喪皇妣于黃鄉。　天下平定，（仍）〔乃〕使使者以梓宮招魂幽野，於是丹蛇在水，自洒濯之，入于梓宮，其浴處有遺髮，故謚曰昭靈夫人。」

〔二〕前書音義曰：「枌，白榆。　高祖里社在豐縣東北十五里。」　原廟，解見光武紀。

〔三〕縣名，屬汝南郡，今潁（川）〔州〕縣。

北匈奴屋蘭儲等率衆降。

是歲，西域長史班超擊莎車，大破之。　月氏國遣使獻扶拔、師子。〔一〕

〔一〕扶拔，似麟無角。　拔音步末反。

二年春正月，濟南王康、阜陵王延、中山王焉來朝。

〔二月〕壬辰，帝崩於章德前殿，年三十三。　遺詔無起寢廟，一如先帝法制。

論曰：魏文帝稱「明帝察察，章帝長者」。〔一〕　章帝素知人厭明帝苛切，事從寬厚。　感陳寵之義，除慘獄之科。〔二〕　深元元之愛，著胎養之令。〔三〕　奉承明德太后，盡心孝道。　割裂名都，以崇建周親。〔四〕平傜簡賦，而人賴其慶。　又體之以忠恕，文之以禮樂。　故乃蕃輔克諧，羣后德讓。　謂之長者，不亦宜乎！　在位十三年，郡國所上符瑞，合於圖書者數百千所。烏呼懋哉！〔五〕

〔一〕以上華嶠之辭。

〔二〕寵時爲尚書，以吏政嚴切，乃上書除慘酷之科五十餘條，具本傳也。

〔三〕元和二年令，諸懷妊者賜穀，人三斛。

〔四〕周，至也。

〔五〕懋，美也。

贊曰：肅宗濟濟，天性愷悌。　於穆后德，諒惟淵體。〔一〕　左右蓺文，斟酌律禮。〔二〕　思服帝道，弘此長懋。　儒館獻歌，戎亭虛候。〔三〕　氣調時豫，憲平人富。

〔一〕於穆，歎美也。　尚書曰「齊聖廣淵」也。

〔二〕蓺文謂諸儒講五經同異，帝親稱制論決也。　律謂詔云「立春不以報囚」也。　禮謂修禘祫，登靈臺之屬。

〔三〕獻歌謂崔駰游太學時上四巡等頌。

校勘記

三〇頁三行　第五倫　「第」原作「弟」，第弟古通作，今改歸一律。

三〇頁一六行　劬勞日昃　汲本、集解本「昃」作「晏」，局本作「昦」。　按：校補謂「昦」本作「厢」，亦作「昃」，昃乃俗字，晏又昃之譌變。

三一頁三行　前書蓺文志（曰）　據刊誤刪。

三一頁一五行　三祧則時享　按：刊誤謂自古但有二祧，無三祧，明「三」字誤。

三二頁二行　立秋嘗粢盛酎　按：刊誤謂漢制立秋嘗粢，八月飲酎，此文誤出一「盛」字，少「八月飲」三字。

三二頁五行　其以見穀賑給貧人　按：刊誤謂詔無他語，不當有「其」字。

三二頁一〇行　稍（爲）〔謂〕少　據刊誤改。　按：爲謂古通作，後如此不悉改。

三四頁一四行　飢饉屢臻　按：饑饉之「饑」與飢餓之「飢」原有別，此當作「饑」，然各本饑飢多通作，故不改。

一三五頁六行 內中國而外諸夏內諸(侯)〔夏〕而外夷狄　據今公羊傳改。

一三五頁六行 曷以內外之辭言自近者始也　刊誤謂案公羊本文「曷爲以內外之辭言之，言自近者始也」，少「之言」二字。今按：前人引書，每多刪節，無「之言」二字，義亦自明，故不依劉說補。

一三六頁八行 卽今岷(山之)州　據集解王先謙說刪。

一三六頁九行 西域假司馬班超擊姑墨　按：校補引侯康說，謂據本傳當作「軍司馬」，此與下五年均誤。

一三七頁六行 按：此注原在「千乘王」下，今據汲本、殿本移正。

一三七頁一二行 葬明德皇(太)后　集解引錢大昕說，謂按光烈、章德、和熹、安思、順烈、桓思、靈思諸后之葬皆書皇后，此獨書太后，「太」字疑衍。今據刪。

一四〇頁一行 不書穀〔名〕　據校補補。

一四二頁四行 甲辰詔〔曰〕　據刊誤補。

一四二頁一〇行 日南者用犀角二　按：殿本考證謂「者」似當作「皆」。

一四三頁五行—六行 己酉進幸鄴　辛卯車駕還宮　按：己酉不當在辛卯前，疑有誤。

一四四頁一行 前書曰　按：「前書」下當有「音義」二字，此脫。

一四四頁七行 高祖初都櫟陽　按：漢書注引三輔黃圖作「高祖初居櫟陽」。又按：汲本、殿本、集解本「櫟陽」誤作「洛陽」。

一四四頁一五行 三月辛卯　按：校補引錢大昭說，謂「辛卯」傳作「己卯」。

一四六頁一二行 又景帝(京師)定箠令　據刊誤刪。

一四九頁九行 時待詔張盛京房鮑業等　按：集解引錢大昕說，謂「京房」當作「景防」。

一五〇頁一二行 有堯母慶都墓　按：殿本「墓」作「臺」。

一五〇頁一五行 公羊傳〔注〕曰　據校補補。

一五〇頁一五行 所以通三正也　按：公羊隱二年注「正」作「統」。殿本「正」作「王」，誤。

一五一頁七行 西域人多著冒而〔須〕長　據刊誤補。

一五一頁八行 去陽關五千八百五十里　按：前書作「五千八百八十八里」。

一五一頁一〇行 駿奔走(在廟)　按：集解引惠棟說，謂案梅氏武成，衍「在廟」二字，周頌有之，涉此而訛。今據刪。

一五一頁一七行 在今澤州晉城縣南　按：「晉」原譌「普」，逕改正。

一五二頁七行 孫柔之瑞〔應〕圖曰　按：御覽九百十六及廣韻二十六桓鸞字注引並作「瑞應圖」，今據補。

一五二頁七行 雞身赤(毛)〔尾〕　據殿本、集解本改。

一五三頁二行 禮(記)〔緯〕曰　據集解引惠棟說改。

一五三頁六行 王者受命　按：「受」原譌「授」，逕改正。

一五三頁一三行 鳳皇見肥城句窳亭槐樹上　按：校補謂殿本「鳳皇」作「黃龍」，與聚珍本東觀記合。惟「句窳亭」東觀記作「窳亭」。

一五四頁五行 周禮(鄉)〔大〕司徒　據殿本改。

一五四頁一三行 不克堂(桓)〔構〕　據殿本、集解本改。注同。按：姚範謂正文及注「構」俱誤「桓」，蓋宋世避高宗之諱，刊本者不知，誤以爲欽宗之諱也，故「桓」字猶缺下畫。

一五五頁二行 (霍)在(今)廬江灊縣西南　據張森楷校勘記改，與郡國志合。

一五六頁二行 房山在今恆州房山縣(縣)西北　據殿本考證刪。按：「在今」原誤「今在」，逕乙正。

一五六頁三行 大司農宋由爲太尉　按：集解引惠棟說，謂袁紀「宋由」作「宗由」。

一五七頁四行 護羌校尉劉盱討之　按：集解引錢大昕說，謂以西羌傳校之，其時校尉乃張紆，非劉盱也。

一五八頁八行 (仍)〔乃〕使使者　據刊誤改。

一五八頁一一行 今潁(川)〔州〕縣　張森楷校勘記謂監本「川」作「州」，是。今據改。

一五九頁二行 〔二月〕壬辰　集解引惠棟說，謂袁紀作「二月壬辰」。今據補。按：是年正月甲午朔，無壬辰。二月癸亥朔，壬辰，二月三十日也。又按：凡新君卽位，皆在先帝崩日，和帝紀「章和二年二月壬辰卽皇帝位」，益足證此「壬辰」之上實脫「二月」二字也。

一五九頁二行 年三十三　按：惠棟補注引蔣杲說，謂章帝卽位年十九，在位十三年，年三十二。

一五九頁三行 章帝素知人厭明帝苛切　按：羣書治要「人」作「民」。

一五九頁三行 感陳寵之義　按：張森楷校勘記謂羣書治要「義」作「議」，是。

後漢書卷四

孝和孝殤帝紀第四

孝和皇帝諱肇，〔一〕肅宗第四子也。母梁貴人，爲竇皇后所譖，憂卒，竇后養帝以爲己子。建初七年，立爲皇太子。

〔一〕謚法曰：「不剛不柔曰和。」伏侯古今注曰：「肇之字曰始。肈音兆。」臣賢案：許慎說文「肇音大可反，上諱也」。但伏侯、許慎並漢時人，而帝諱不同，蓋應別有所據。

章和二年二月壬辰，卽皇帝位，年十歲。尊皇后曰皇太后，太后臨朝。

三月丁酉，改淮陽爲陳國，〔一〕楚郡爲彭城國，〔二〕西平并汝南郡，〔三〕六安復爲廬江郡。〔四〕遺詔徙西平王羨爲陳王，六安王恭爲彭城王。

〔一〕今陳州。

〔二〕今徐州。

〔三〕西平，縣，故柏子國也。在今豫州吳房縣西北。

〔四〕卽今廬州廬江縣西故舒城是。

癸卯，葬孝章皇帝于敬陵。〔一〕

〔一〕在洛陽城東南三十九里。古今注曰：「陵周三百步，高六丈二尺。」

庚戌，皇太后詔曰：「先帝以明聖，奉承祖宗至德要道，天下清靜，庶事咸寧。今皇帝以幼年，煢煢在疚，〔一〕朕且佐助聽政。外有大國賢王並爲蕃屏，內有公卿大夫統理本朝，恭己受成，夫何憂哉！〔二〕然守文之際，必有內輔以參聽斷。侍中憲，朕之元兄，行能兼備，忠孝尤篤，先帝所器，親受遺詔，當以舊典輔斯職焉。憲固執謙讓，節不可奪。今供養兩宮，〔三〕宿衞左右，厥事已重，亦不可復勞以政事。故太尉鄧彪，元功之族，三讓彌高，〔四〕海內歸仁，爲羣賢首，先帝褒表，欲以崇化。今彪聰明康彊，可謂老成黃耇矣。〔五〕其以彪爲太傅，賜爵關內侯，錄尚書事，百官總己以聽，〔六〕朕庶幾得專心內位。於戲！羣公其勉率百僚，各修厥職，愛養元元，綏以中和，稱朕意焉。」

〔一〕疚，病也。煢煢然在憂病之中也。「煢」或作「嬛」。詩周頌云：「嬛嬛在疚。」

〔二〕孔子曰：「舜何爲哉？恭己正南面而已。」尚書曰：「予小子垂拱仰成。」

〔三〕兩宮謂帝宮、太后宮。

〔四〕元功謂高密侯禹也。彪父邯，中興初有功，封鄳侯。父卒，彪讓國異母弟鳳。論語孔子曰：「太伯三以天下讓，民無得而稱焉。」鄭玄注云：「太伯，周太王之長子，欲讓其弟季歷。太王有疾，太伯因適吳、越採藥，太王薨而不返，季歷爲喪主，一讓也。季歷赴之，不來奔喪，二讓也。終喪之後，遂斷髮文身，三讓也。」彪讓封弟，故以比之。鄳音莫杏反。

〔五〕老成言老而有成德也。詩大雅曰：「雖無老成人。」黃謂髮落更生黃者。耇亦老也。詩序曰：「外尊事黃耇。」

〔六〕古者君在諒闇，百官總己之職事以聽於冢宰。錄尚書事則冢宰之任也。

辛酉，有司上奏：「孝章皇帝崇弘鴻業，德化普洽，垂意黎民，留念稼穡。文加殊俗，武暢方表，界惟人面，無思不服。巍巍蕩蕩，莫與比隆。〔一〕周頌曰：『於穆清廟，肅雝顯相。』〔二〕請上尊廟曰肅宗，共進武德之舞。」制曰：「可。」

〔一〕「巍巍乎其有成功，蕩蕩乎人無能名焉。」孔子美帝堯之詞，見論語。

〔二〕清廟，文王廟也。於穆，歎美之詞，言助祭者禮儀敬且和也。

癸亥，陳王羨、彭城王恭、樂成王黨、下邳王衍、梁王暢始就國。〔一〕

〔一〕建初三年，章帝不忍與諸王乖離，皆留京師，今遣之國。

夏四月丙子，謁高廟。丁丑，謁世祖廟。

戊寅，詔曰：「昔孝武皇帝致誅胡、越，故權收鹽鐵之利，〔一〕以奉師旅之費。自中興以來，匈奴未賓，永平末年，復修征伐。先帝卽位，務休力役，然猶深思遠慮，安不忘危，探觀舊典，復收鹽鐵，欲以防備不虞，寧安邊境。而吏多不良，動失其使，以違上意。先帝恨之，故遺戒郡國罷鹽鐵之禁，縱民煮鑄，入稅縣官如故事。〔二〕其申勑刺史、二千石，奉順聖旨，勉弘德化，布告天下，使明知朕意。」

〔一〕武帝使孔僅、東郭咸陽乘傳舉行天下鹽鐵，作官府收利，私家更不得鑄鐵煮鹽。

〔二〕前書音義曰：「縣官謂天子。」

五月，京師旱。詔長樂少府桓郁侍講禁中。〔一〕

〔一〕長樂宮之少府也。郁，桓榮子也。

冬十月乙亥，以侍中竇憲爲車騎將軍，伐北匈奴。安息國遣使獻師子、扶拔。〔一〕

〔一〕扶拔，解見章紀。

永元元年春三月甲辰，初令郎官詔除者得占丞、尉，以比秩爲眞。〔一〕

〔一〕漢官儀曰：「羽林郎出補三百石丞、尉自占。丞、尉小縣（丞尉）三百石，其次四百石，比秩爲眞，皆所以優之。」

夏六月，車騎將軍竇憲出雞鹿塞，〔一〕度遼將軍鄧鴻出（榾）〔稒〕陽塞，〔二〕南單于出滿夷谷，〔三〕與北匈奴戰於稽落山，大破之，追至（和）〔私〕渠（北）〔比〕鞮海。竇憲遂登燕然山，刻石勒功而還。北單于遣弟右溫禺鞮王〔四〕奉奏貢獻。

〔一〕今在朔方窳渾縣北。闞駰十三州志云：「窳渾縣有大道，西北出雞鹿塞。」窳音羊主反。

〔二〕（榾）〔稒〕陽，縣，屬（九）〔五〕原郡，故城在今勝州銀城縣界。（榾）〔稒〕音固。

〔三〕滿夷谷，闕。

〔四〕鞮音丁兮反。

秋七月乙未，會稽山崩。

閏月丙子，詔曰：「匈奴背叛，爲害久遠。賴祖宗之靈，師克有捷，醜虜破碎，遂掃厥庭，〔一〕役不再籍，〔二〕萬里清蕩，非朕小子眇身所能克堪。有司其案舊典，告類薦功，以章休烈。」〔三〕

〔一〕詩曰：「仍執醜虜。」庭謂單于所常居也。

〔二〕猶言不籍再舉。

〔三〕類，祭天也。書曰：「類于上帝。」薦，進也，以功進告於天。

九月庚申，以車騎將軍竇憲爲大將軍，以中郎將劉尚爲車騎將軍。

冬十月，令郡國弛刑輸作軍營。其徙出塞者，刑雖未竟，皆免歸田里。

庚子，阜陵王延薨。

是歲，郡國九大水。

二年春正月丁丑，大赦天下。

二月壬午，日有食之。〔一〕

〔一〕東觀記曰：「史官不覺，涿郡言之。」

己亥，復置西河、上郡屬國都尉官。〔一〕

〔一〕前書西河郡美稷縣、上郡龜茲縣並有屬國都尉，其秩比二千石。十三州志曰：「典屬國，武帝置，掌納匈奴降者也，哀帝省并大鴻臚。」故今復置之。

夏五月庚戌，分太山爲濟北國，分樂成、涿郡、勃海爲河閒國。丙辰，封皇弟壽爲濟北王，開爲河閒王，淑爲城陽王，紹封故淮陽王昞子側爲常山王。賜公卿以下至佐史錢布各有差。

己未，遣副校尉閻磐討北匈奴，取伊吾盧地。

丁卯，紹封故齊王晃子無忌爲齊王，北海王睦子威爲北海王。

車師前後王並遣子入侍。〔一〕

〔一〕車師有後王、前王，前王卽後王之子，其庭相去五百里。

月氏國遣兵攻西域長史班超，超擊降之。

六月辛卯，中山王焉薨。

秋七月乙卯，大將軍竇憲出屯涼州。九月，北匈奴遣使稱臣。冬十月，遣行中郎將班固報命南單于。遣左谷蠡王師子〔一〕出雞鹿塞，擊北匈奴於河雲北，大破之。

〔一〕左谷蠡，匈奴王號，師子其名也。谷音鹿。蠡音離。

三年春正月甲子，皇帝加元服，〔一〕賜諸侯王、公、將軍、特進、〔二〕中二千石、列侯、宗室子孫在京師奉朝請者黃金，〔三〕將、大夫、郎吏、從官帛。〔四〕賜民爵及粟帛各有差，大酺五日。郡國中都官繫囚死罪贖縑，至司寇及亡命，各有差。庚辰，賜京師民酺，布兩戶共一匹。

〔一〕元，首也。謂加冠於首。儀禮：「冠者先筮日，後筮賓。」東觀記曰：「時太后詔袁安爲賓，賜束帛、乘馬。」

〔二〕漢官儀曰：「諸侯功德優盛，朝廷所敬異者，賜位特進，在三公下。」

〔三〕奉朝請，無員，三公、外戚、宗室、諸侯多奉朝請。漢律：「春曰朝，秋曰請。」

〔四〕將謂五官及左右郎將也。大夫謂光祿、太中、中散、諫議大夫也。十三州志曰：「大夫皆掌顧問、應對、言議。夫之言扶也，言能扶持君父也。」

二月，大將軍竇憲遣左校尉耿夔出居延塞，〔一〕圍北單于於金微山，大破之，獲其母閼氏。〔二〕

〔一〕居延，縣，屬張掖郡，居延澤在東北。武帝使伏波將軍路博德築遮虜障於居延城。

〔二〕閼氏，匈奴后之號也，音焉支。

夏六月辛卯，尊皇太后母比陽公主〔一〕爲長公主。

〔一〕東海恭王彊女。

辛丑，阜陵王种薨。〔一〕

〔一〕阜陵王延之子。

冬十月癸未，行幸長安。詔曰：「北狄破滅，名王仍降，〔一〕西域諸國，納質內附，豈非祖宗迪哲重光之鴻烈歟？〔二〕寤寐歎息，想望舊京。其賜行所過二千石長吏已下及三老、官屬錢帛，各有差；鰥、寡、孤、獨、篤癃、貧不能自存者粟，人三斛。」

〔一〕仍，頻也。

〔二〕迪，蹈也。言由祖宗蹈履明智，有重光累聖之德，成此大業也。書曰「茲四人迪哲」，又曰「宣重光」也。

十一月癸卯，祠高廟，遂有事十一陵。詔曰：「高祖功臣，蕭、曹爲首，有傳世不絕之義。曹相國後容城侯無嗣。朕望長陵東門，見二臣之壠，〔一〕循其遠節，每有感焉。忠義獲寵，古今所同。可遣使者以中牢祠，大鴻臚求近親宜爲嗣者，須景風紹封，以章厥功。」〔二〕

〔一〕東觀記曰：「蕭何墓在長陵東司馬門道北百步。」廟記云：「曹參冢在長陵旁道北，近蕭何冢。」

〔三〕續漢志曰：「大鴻臚掌封拜諸侯及其嗣。」春秋考異郵曰：「夏至四十五日，景風至，則封有功也。」

十二月，復置西域都護、騎都尉、戊己校尉官。

庚辰，至自長安，減弛刑徒從駕者刑五月。

四年春正月，北匈奴右谷蠡王於除鞬自立爲單于，款塞乞降。〔一〕遣大將軍左校尉耿夔授璽綬。〔二〕

〔一〕於除鞬，其名也。鞬音九言反。

〔二〕東觀記曰：「賜玉具劍，羽蓋車一駟，中郎將持節衞護焉。」

三月癸丑，司徒袁安薨。閏月丁丑，太常丁鴻爲司徒。

夏四月丙辰，大將軍竇憲還至京師。

六月戊戌朔，日有食之。丙辰，郡國十三地震。

竇憲潛圖弒逆。庚申，幸北宮。詔收捕憲黨射聲校尉郭璜，〔一〕璜子侍中舉，衞尉鄧疊，疊弟步兵校尉磊，皆下獄死。使謁者僕射〔二〕收憲大將軍印綬，遣憲及弟篤、景就國，到皆自殺。

〔一〕郭況子也。東觀記（日）「璜」作「瑝」，音同。

〔二〕續漢書曰「謁者僕射一人，秩千石，爲謁者臺率，主謁者。天子出，奉引」也。

是夏，旱，蝗。

秋七月己丑，太尉宋由坐黨憲自殺。

八月辛亥，司空任隗薨。〔一〕

〔一〕任光子也。

癸丑，大司農尹睦爲太尉，錄尚書事。〔一〕

〔一〕錄謂總領之也。錄尚書自牟融始也。

丁巳，賜公卿以下至佐史錢穀各有差。

冬十月己亥，宗正劉方爲司空。

十二月壬辰，詔：「今年郡國秋稼爲旱蝗所傷，其什四以上勿收田租、芻稾；有不滿者，以實除之。」〔一〕

〔一〕所損十不滿四者，以見損除也。

武陵零陵澧中蠻叛。燒當羌寇金城。

五年春正月乙亥，宗祀五帝於明堂，遂登靈臺，望雲物。大赦天下。

戊子，千乘王伉薨。

辛卯，封皇弟萬歲爲廣宗王。〔一〕

〔一〕廣宗，縣名，今貝州宗城縣。隋煬帝諱廣，故改爲宗城。

二月戊戌，詔有司省減內外廄及涼州諸苑馬。〔一〕自京師離宮果園上林廣成囿悉以假貧民，恣得采捕，不收其稅。

〔一〕說文曰：「廄，馬舍也。」漢官儀曰：「未央大廄，長樂、承華等廄令，皆秩六百石。」又云：「牧師諸菀三十六所，分置西北邊，分養馬三十萬頭。」

丁未，詔曰：「去年秋麥入少，恐民食不足。其上尤貧不能自給者戶口人數。往者郡國上貧民，以衣履釜鬵爲貲，而豪右得其饒利。〔一〕詔書實覈，〔二〕欲有以益之，而長吏不能躬親，反更徵召會聚，令失農作，愁擾百姓。若復有犯者，二千石先坐。」

〔一〕鬵音尋。方言曰：「甑，自關而東謂之鬵。」貧人既計釜甑以爲資財，憚於役重，多即賣之，以避科稅。豪富之家乘賤買，故得其饒利。

〔二〕說文云：「覈，考實事也。」

甲寅，太傅鄧彪薨。

戊午，隴西地震。

三月戊子，詔曰：「選舉良才，爲政之本。科別行能，必由鄉曲。〔一〕而郡國舉吏，不加簡擇，故先帝明勑在所，令試之以職，乃得充選。〔二〕又德行尤異，不須經職者，別署狀上。而宣布以來，出入九年，二千石曾不承奉，恣心從好，司隸、刺史訖無糾察。〔三〕今新蒙赦令，且復申勑，後有犯者，顯明其罰。在位不以選舉爲憂，督察不以發覺爲負，〔四〕非獨州郡也。是以庶官多非其人。下民被姦邪之傷，由法不行故也。」

〔一〕周禮：「鄉大夫掌其鄉之政敎，考其德行，察其道藝，三年而舉賢能者於王。」

〔二〕漢官儀曰：「建初八年十二月己未，詔書辟士四科：一曰德行高妙，志節清白；二曰經明行脩，能任博士；三曰明曉法律，足以決疑，能案章覆問，文任御史；四曰剛毅多略，遭事不惑，明足照姦，勇足決斷，才任三輔令。皆存孝悌清公之行。自今已後，審四科辟召，及刺史、二千石察舉茂才尤異孝廉吏，務實校試以職。有非其人，不習曹事，正舉者故不以實法。」

〔三〕訖，竟也。

〔四〕負亦憂也。

庚寅，遣使者分行貧民，舉實流宂，〔一〕開倉賑稟三十餘郡。

〔一〕宂，散也。流散者舉案其實而給之。

夏四月壬子，封阜陵王种兄鲂爲阜陵王。〔一〕

〔一〕种無嗣，故以魴襲也。

中華書局

六月丁酉，郡國三雨雹。〔一〕

〔一〕東觀記曰：「大如鴈子。」

秋九月辛酉，廣宗王萬歲薨，無子，國除。

匈奴單于於除鞬叛，遣中郎將任尚討滅之。

壬午，令郡縣勸民蓄蔬食以助五穀。〔一〕其官有陂池，令得采取，勿收假稅二歲。〔二〕

〔一〕蓄，積也。

〔二〕假猶租賃。

冬十月辛未，太尉尹睦薨。〔一〕十一月乙丑，太僕張酺爲太尉。

〔一〕漢官儀曰：「睦字伯師，鞏人。」

是歲，武陵郡兵破叛蠻，降之。護羌校尉貫友討燒當羌，羌乃遁去。南單于安國叛，骨都侯喜斬之。

六年春正月，永昌徼外夷遣使譯獻犀牛、大象。

己卯，司徒丁鴻薨。

二月乙未，遣謁者分行稟貸三河、兗、冀、青州貧民。

許〔陽〕侯馬光自殺。〔一〕

〔一〕東觀記曰：「光前坐黨附竇憲，歸國，爲憲客奴所誣告，乃自殺。」

丁未，司空劉方爲司徒，太常張奮爲司空。

三月庚寅，詔流民所過郡國皆實稟之，其有販賣者勿出租稅，〔一〕又欲就賤還歸者，復一歲田租、更賦。〔二〕

〔一〕漢循周法，商賈有稅，流人販賣，故矜免之。

〔二〕復音福。

丙寅，詔曰：「朕以眇末，承奉鴻烈。陰陽不和，水旱違度，濟河之域，凶饉流亡，〔一〕而未獲忠言至謀，所以匡救之策。寤寐永歎，用思孔疚。〔二〕惟官人不得於上，黎民不安于下，有司不念寬和，而競爲苛刻，覆案不急，以妨民事，〔三〕甚非所以上當天心，下濟元元也。思得忠良之士，以輔朕之不逮。其令三公、中二千石、二千石、內郡守相舉賢良方正、能直言極諫之士各一人。昭巖穴，披幽隱，遣詣公車，〔四〕朕將悉聽焉。」帝乃親臨策問，選補郎吏。

〔一〕尚書曰「濟河惟兗州」，言東南據濟，西北距河。

〔二〕孔，甚也。疚，病也。詩云：「憂心孔疚。」

〔三〕不急謂非要。

〔四〕前書音義曰：「公車，署名也，公車所在，故以名焉。」漢官儀曰：「公車令一人，秩六百石，掌殿門。諸上書詣闕下者，皆集奏之；凡所徵召，亦總領之。」

夏四月，蜀郡徼外羌率種人遣使內附。

五月，城陽王淑薨，無子，國除。〔一〕

〔一〕章帝子也。

六月己酉，初令伏閉盡日。〔一〕

〔一〕漢官舊儀曰：「伏日萬鬼行，故盡日閉，不干它事。」

秋七月，京師旱。詔中都官徒各除半刑，謫其未竟，五月已下皆免遣。丁巳，幸洛陽寺，〔一〕錄囚徒，舉冤獄。收洛陽令下獄抵罪，司隸校尉、河南尹皆左降。未及還宮而澍雨。

〔一〕寺，官舍也。風俗通云：「寺，嗣也。理事之吏，嗣續於其中。」

西域都護班超大破焉耆、尉犂，斬其王。自是西域降服，納質者五十餘國。

南單于安國從弟子逢侯率叛胡亡出塞。九月癸丑，以光祿勳鄧鴻行車騎將軍事，與越騎校尉馮柱、行度遼將軍朱徽、使匈奴中郎將杜崇討之。冬十一月，護烏桓校尉任尚率烏桓、鮮卑，大破逢侯，〔一〕馮柱遣兵追擊，復〔破〕之。

〔一〕闞駰十三州志曰：「護烏丸，擁節，秩比二千石，武帝置，以護內附烏丸，既而并於匈奴中郎將。中興初，班彪上言

宜復此官，以招附東胡，乃復更置焉。」

詔以勃海郡屬冀州。

武陵漊中蠻叛，郡兵討平之。

七年春正月，行車騎將軍鄧鴻、度遼將軍朱徽、中郎將杜崇皆下獄死。〔一〕

〔一〕時南單于安國與崇不相平，乃上書告崇。崇令斷其章，緣此驚叛，安國卒見殺。帝後知之，皆徵下獄。

夏四月辛亥朔，日有食之。帝引見公卿問得失，令將、大夫、御史、謁者、博士、議郎、郎官會廷中，各言封事。〔一〕詔曰：「元首不明，化流無良，政失於民，譴見于天。〔二〕深惟庶事，五教在寬，是以舊典因孝廉之舉，以求其人。〔三〕有司詳選郎官寬博有謀才任典城者三十人。」〔四〕既而悉以所選郎出補長、相。〔五〕

〔一〕十三州志曰：「侍御史，周官，即柱下史。秩六百石，掌注記言行，糾諸不法，員十五人。出有所案，則稱使者焉。謁者，秦官也。員七十人，皆選孝廉年未五十，曉解儐贊者。歲盡拜縣令、長（史）及都官府丞、長史。博士，秦官。博通古今，秩皆六百石。孝武初置五經博士，後稍增至十四員。取聰明威重者一人爲祭酒，主領焉。議郎、郎官，皆秦官也。冗無所掌，秩六百石或四百石。」

〔二〕譴，譴責也。禮曰：「陽事不得，譴見于天，日爲之食。」

〔三〕武帝元光元年，董仲舒初開其議，詔郡國舉孝廉各一人。

〔四〕任，堪也，音仁林反。

〔五〕長，縣長；相，侯相也。十三州志云：「縣爲侯邑，則令、長爲相，秩隨令、長本秩。」

五月辛卯，改千乘國爲樂安國。〔一〕

〔一〕千乘故城在今淄州高苑縣北。樂安故城在今青州博昌縣南。

六月丙寅，沛王定薨。

秋七月乙巳，易陽地裂。〔一〕九月癸卯，京師地震。

〔一〕易陽，縣，在易水之陽，今易州也。

八年春二月己丑，立貴人陰氏爲皇后。賜天下男子爵，人二級，三老、孝悌、力田三級，民無名數及流民欲占者一級；鰥、寡、孤、獨、篤癃、貧不能自存者粟，人五斛。

夏四月癸亥，樂成王黨薨。

甲子，詔賑貸并州四郡貧民。

五月，河內、陳留蝗。

南匈奴右溫禺犢王叛，爲寇。秋七月，行度遼將軍龐奮、越騎校尉馮柱追討之，斬右溫禺犢王。

車師後王叛，擊其前王。

八月辛酉，飲酎。詔郡國中都官繫囚減死一等，詣敦煌戍。其犯大逆，募下蠶室；其女子宮。自死罪已下，至司寇及亡命者入贖，各有差。

九月，京師蝗。吏民言事者，多歸責有司。詔曰：「蝗蟲之異，殆不虛生，〔一〕萬方有罪，在予一人，而言事者專咎自下，非助我者也。朕寤寐恫矜，思弭憂釁。〔二〕昔楚嚴無灾而懼，〔三〕成王出郊而反風。〔四〕將何以匡朕不逮，以塞灾變？百僚師尹勉修厥職，刺史、二千石詳刑辟，理冤虐，恤鰥寡，矜孤弱，思惟致灾興蝗之咎。」

〔一〕禮記月令曰：「孟夏行春令，則蝗蟲爲灾。」洪範五行傳曰：「貪利傷人，則蝗蟲損稼。」

〔二〕尚書曰：「恫矜乃身。」孔安國注曰：「恫，痛也。矜，病也。言如痛病在身，欲除之也。」矜音古頑反。

〔三〕解見明紀。

〔四〕成王疑周公，天乃大風，禾則盡偃；王乃出郊祭，天乃反風起禾。事見尚書。

庚子，復置廣陽郡。〔一〕

〔一〕高帝時燕國也，昭帝元鳳元年爲廣陽郡，宣帝本始元年更爲國也。

冬十月乙丑，北海王威有罪自殺。〔一〕

〔一〕北海，郡，今青州縣。

十二月辛亥，陳王羨薨。

丁巳，南宮宣室殿火。

九年春正月，永昌徼外蠻夷及撣國重譯奉貢。〔一〕

〔一〕撣音擅。東觀記作「撣」，俗本以「禪」字相類或作「禪」者，誤也。說文曰：「譯，傳四夷之語也。」

三月庚辰，隴西地震。

癸巳，濟南王康薨。

西域長史王林擊車師後王，斬之。

夏四月丁卯，封樂成王黨子巡爲樂成王。

六月，蝗、旱。戊辰，詔：「今年秋稼爲蝗蟲所傷，皆勿收租、更、芻稾；若有所損失，以實除之，餘當收租者亦半入。其山林饒利，陂池漁採，以贍元元，勿收假稅。」秋七月，蝗蟲飛過京師。

八月，鮮卑寇肥如，〔一〕遼東太守祭參下獄死。〔二〕

〔一〕肥如，縣，屬遼西郡。前書音義曰：「肥子奔燕，封於此。」今平州也。

〔二〕東觀記曰：「鮮卑千餘騎攻肥如城，殺略吏人，祭參坐沮敗，下獄誅。」

閏月辛巳，皇太后竇氏崩。丙申，葬章德皇后。

燒當羌寇隴西，殺長吏，遣行征西將軍劉尚、越騎校尉趙世等討破之。

九月庚申，司徒劉方策免，自殺。

甲子，追尊皇妣梁貴人爲皇太后。冬十月乙酉，改葬恭懷梁皇后于西陵。〔一〕

〔一〕謚法曰：「正德美容曰恭，執義揚善曰懷。」東觀記曰：「改殯承光宮，儀比敬園。初，后葬有闕，竇后崩後，乃議改葬。」

十一月癸卯，光祿勳河南呂蓋爲司徒。〔一〕十二月丙寅，司空張奮罷。壬申，太僕韓稜爲司空。

〔一〕蓋字君上，宛陵人也。

己丑，復置若盧獄官。〔一〕

〔一〕前書曰，若盧獄屬少府。漢舊儀曰「主鞫將相大臣」也。

十年春三月壬戌，詔曰：「隄防溝渠，所以順助地理，通利壅塞。〔一〕今廢慢懈弛，不以爲負。刺史、二千石其隨宜疏導。勿因緣妄發，以爲煩擾，將顯行其罰。」

〔一〕禮記月令曰：「季春之月，修利隄防，導達溝瀆，開通道路，無有障塞。」

夏五月，京師大水。〔一〕

〔一〕東觀記曰：「京師大雨，南山水流出至東郊，壞人廬舍。」

秋七月己巳，司空韓稜薨。八月丙子，太常太山巢堪爲司空。〔一〕

〔一〕堪字次朗，太山南城人。

九月庚戌，復置廩犧官。〔一〕

〔一〕漢官儀曰「廩犧令一人，秩六百石」也。

冬十月，五州雨水。

十二月，燒當羌豪迷唐等率種人詣闕貢獻。

戊寅，梁王暢薨。

十一年春二月，遣使循行郡國，稟貸被災害不能自存者，令得漁采山林池澤，不收假稅。

丙午，詔郡國中都官徒及篤癃老小女徒各除半刑，其未竟三月者，皆免歸田里。

夏四月丙寅，大赦天下。

己巳，復置右校尉官。〔一〕

〔一〕東觀記曰：「置在西河鵠澤縣。」

秋七月辛卯，詔曰：「吏民踰僭，厚死傷生，是以舊令節之制度。頃者貴戚近親，百僚師尹，莫肯率從，有司不舉，怠放日甚。又商賈小民，或忘法禁，奇巧靡貨，流積公行。其在位犯者，當先舉正。市道小民，但且申明憲綱，勿因科令，加虐羸弱。」

十二年春二月，旄牛徼外白狼、貗薄夷率種人內屬。〔一〕

〔一〕闞駰十三州志曰：「旄牛縣屬蜀郡。」前書曰，旄牛所出，歲貢其尾，以爲節旄。

詔貸被災諸郡民種糧。賜下貧、鰥、寡、孤、獨、不能自存者，及郡國流民，聽入陂池漁采，以助蔬食。

三月丙申，詔曰：「比年不登，百姓虛匱。〔一〕京師去冬無宿雪，〔二〕今春無澍雨，黎民流離，困於道路。朕痛心疾首，靡知所濟。『瞻仰昊天，何辜今人？』〔三〕三公朕之腹心，而未獲承天安民之策。數詔有司，務擇良吏。今猶不改，競爲苛暴，侵愁小民，以求虛名，委任下吏，假埶行邪。是以令下而姦生，禁至而詐起。〔四〕巧法析律，飾文增辭，〔五〕貨行於言，罪成乎手，朕甚病焉。公卿不思助明好惡，將何以救其咎罰？咎罰既至，復令災及小民。若上下同心，庶或有瘳。其賜天下男子爵，人二級，三老、孝悌、力田三級，民無名數及流民欲占者人一級；鰥、寡、孤、獨、篤癃、貧不能自存者粟，人三斛。」

〔一〕匱，乏也。

〔二〕以其經冬，故言宿也。

〔三〕詩大雅周宣王遇旱之詩。言今人何罪，而天令饑饉乎？

〔四〕董仲舒曰：「法出而姦生，令下而詐起。」

〔五〕禮記王制曰「析言破律」也。

壬子，賜博士員弟子在太學者布，人三匹。〔一〕

〔一〕武帝時置博士弟子，太常擇人年十八以上，儀狀端正者補焉。昭帝增員滿百人，宣帝倍之，元帝更設員千人，成帝更增員三千人。

夏四月，日南象林蠻夷反，〔一〕郡兵討破之。

〔一〕象林，縣，屬日南郡，今驩林州。

閏月，賑貸敦煌、張掖、五原民下貧者穀。

戊辰，秭歸山崩。〔一〕

〔一〕秭歸，縣，屬南郡，古之夔國，今歸州也。袁山松曰：「屈原此縣人，既被流放，忽然蹔歸，其姊亦來，因名其地爲秭歸。」秭亦姊也。東觀記曰：「秭歸山高四百餘丈，崩填谿水，厭殺百餘人。」

六月，舞陽大水，賜被水災尤貧者穀，人三斛。

秋七月辛亥朔，日有食之。

九月戊午，太尉張酺免。丙寅，大司農張禹爲太尉。

冬十一月，西域蒙奇、兜勒二國遣使內附，賜其王金印紫綬。

是歲，燒當羌復叛。

十三年春正月丁丑，帝幸東觀，覽書林，閱篇籍，博選術藝之士以充其官。

二月，任城王尚薨。

丙午，賑貸張掖、居延、朔方、日南貧民及孤、寡、羸弱不能自存者。

秋八月，詔象林民失農桑業者，賑貸種糧，稟賜下貧穀食。

己亥，北宮盛饌門閣火。

護羌校尉周鮪擊燒當羌，破之。

荆州雨水。九月壬子，詔曰：「荆州比歲不節，今茲淫水爲害，〔一〕餘雖頗登，而多不均浹，〔二〕深惟四民農食之本，慘然懷矜。其令天下半入今年田租、芻稾；有宜以實除者，如故事。貧民假種食，皆勿收責。」

〔一〕淮南子曰：「女媧積蘆灰以止淫水。」高誘注云：「平地出水爲淫水。」

〔三〕浹，洽。

冬十一月，安息國遣使獻師子及條枝大爵。〔一〕

〔一〕西域傳曰：「安息國居和櫝城，去洛陽二萬五千里。條支國臨西海，出師子、大雀。」郭義恭廣志曰：「大爵，頸及身膺蹄都似橐駝，舉頭高八九尺，張翅丈餘，食大麥，其卵如甕，即今之駝鳥也。」

丙辰，詔曰：「幽、幷、涼州戶口率少，邊役衆劇，束脩良吏，進仕路狹。撫接夷狄，以人爲本。其令緣邊郡口十萬以上歲舉孝廉一人，不滿十萬二歲舉一人，五萬以下三歲舉一人。」鮮卑寇右北平，遂入漁陽，漁陽太守擊破之。戊辰，司徒呂蓋罷。十二月丁丑，光祿勳魯恭爲司徒。

辛卯，巫蠻叛，寇南郡。〔一〕

〔一〕巫，縣，屬南郡，故城在今夔州巫山縣也。

十四年春二月乙卯，東海王政薨。繕修故西海郡，〔一〕徙金城西部都尉以戍之。

〔一〕平帝時金城塞外羌獻地，以爲西海郡也。光武建武中省金城入隴西郡，至是復繕修之。金城即今蘭州縣也。

三月戊辰，臨辟雍，饗射，大赦天下。

夏四月，遣使者督荆州兵討巫蠻，破降之。

庚辰，賑貸張掖、居延、敦煌、五原、漢陽、會稽流民下貧穀，各有差。

五月丁未，初置象林將兵長史官。〔一〕

〔一〕闞駰十三州志曰：「將兵長史居在日南郡，又有將兵司馬，去雒陽九千六百三十里。」

六月辛卯，廢皇后陰氏，后父特進綱自殺。

秋七月甲寅，詔復象林縣更賦、田租、芻稾二歲。

壬子，常山王側薨。

是秋，三州雨水。冬十月甲申，詔：「兗、豫、荆州今年水雨淫過，多傷農功。其令被害什四以上皆半入田租、芻稾；其不滿者，以實除之。」

辛卯，立貴人鄧氏爲皇后。

丁酉，司空巢堪罷。十一月癸卯，大司農徐防爲司空。

是歲，初復郡國上計補郎官。〔一〕

〔一〕上計，今計吏也。前書音義曰：「舊制，使郡丞奉歲計，武帝元朔中令郡國舉孝廉各一人與計偕，拜爲郎中。」中廢，今復之。

十五年春閏月乙未，詔流民欲還歸本而無糧食者，過所實稟之，疾病加致醫藥；其不欲還歸者，勿強。

二月，詔稟貸潁川、汝南、陳留、江夏、梁國、敦煌貧民。〔一〕

〔一〕前書音義曰：「陳留本鄭邑也，後爲陳所幷，故曰陳留。」今汴州縣也。江夏郡，高帝置。沔水自江別至南郡華容爲夏水，過郡入江，故曰江夏。

夏四月甲子晦，日有食之。五月戊寅，南陽大風。

六月，詔令百姓鰥寡漁采陂池，勿收假稅二歲。

秋七月丙寅，濟南王錯薨。〔一〕

〔一〕錯音七故反。

復置涿郡故安鐵官〔一〕。

〔一〕續漢書曰：「其郡縣有鹽官、鐵官者，隨事廣狹，置令、長及丞，秩次皆如縣也。」

九月壬午，南巡狩，清河王慶、濟北王壽、河閒王開並從。賜所過二千石長吏以下、三老、官屬及民百年者錢布，各有差。是秋，四州雨水。冬十月戊申，幸章陵，祠舊宅。癸丑，祠園廟，會宗室於舊廬，勞賜作樂。戊午，進幸雲夢，臨漢水而還。〔一〕十一月甲申，車駕還宮，賜從臣及留者公卿以下錢布，各有差。

〔一〕雲夢，今安州縣也，即在雲夢澤中。

十二月庚子，琅邪王宇薨。

有司奏，以爲夏至則微陰起，靡草死，可以決小事。〔一〕

〔一〕禮記月令曰：「孟夏之月，靡草死，麥秋至，斷薄刑，決小罪。」鄭玄注云：「靡草，薺、亭歷之屬。」臣賢案：五月一陰爻生，可以言微陰，今月令云「孟夏」，乃是純陽之月；此言「夏至」者，與月令不同。

是歲，初令郡國以日北至案薄刑。

十六年春正月己卯，詔貧民有田業而以匱乏不能自農者，貸種糧。二月己未，詔兗、豫、徐、冀四州比年雨多傷稼，禁沽酒。夏四月，遣三府掾分行四州，貧民無以耕者，爲雇犂牛直。

五月壬午，趙王商薨。

秋七月，旱。戊午，詔曰：「今秋稼方穗而旱，雲雨不霑，疑吏行慘刻，不宜恩澤，妄拘無罪，幽閉良善所致。其一切囚徒於法疑者勿決，以奉秋令。〔一〕方察煩苛之吏，顯明其罰。」

〔一〕禮記月令曰：「孟秋之月，命有司修法制，繕囹圄，具桎梏，斷薄刑，決小罪。」

辛酉，司徒魯恭免。庚午，光祿勳張酺爲司徒。

辛巳，詔令天下皆半入今年田租、芻稾；其被災害者，以實除之。貧民受貸種糧及田租、芻稾，皆勿收責。

八月己酉，司徒張酺薨。冬十月辛卯，司空徐防爲司徒，大鴻臚陳寵爲司空。

十一月己丑，行幸緱氏，登百岯山，〔一〕賜百官從臣布，各有差。

〔一〕即柏岯山也，在洛州緱氏縣南。爾雅云「山一成曰岯」，東觀記作「坯」，並音平眉反，流俗本或作「杯」者，誤也。

北匈奴遣使稱臣貢獻。

十二月，復置遼東西部都尉官。〔一〕

〔一〕西部都尉，安帝時以爲屬國都尉，在遼東郡昌黎城也。

元興元年春正月戊午，引三署郎召見禁中，〔一〕選除七十五人，補謁者、長、相。

〔一〕漢官儀：「三署謂五官署也，左、右署也，各置中郎將以司之。郡國舉孝廉以補三署郎，年五十以上屬五官，其次分在左、右署，凡有中郎、議郎、侍郎、郎中四等，無員。」禁中者，門戶有禁，非侍御者不得入，故謂禁中。

高句驪寇郡界。

夏四月庚午，大赦天下，改元元興。宗室以罪絕者，悉復屬籍。

五月癸酉，雍地裂。〔一〕

〔一〕東觀記曰「右扶風雍地裂」，流俗本「雍」下有「州」者，誤也。

秋九月，遼東太守耿夔擊貊人，破之。

冬十二月辛未，帝崩于章德前殿，年二十七。立皇子隆爲皇太子。賜天下男子爵，人二級，三老、孝悌、力田人三級，民無名數及流民欲占者人一級；鰥、寡、孤、獨、篤癃、貧不能自存者粟，人三斛。

自竇憲誅後，帝躬親萬機。每有災異，輒延問公卿，極言得失。前後符瑞八十一所，自稱德薄，皆抑而不宣。舊南海獻龍眼、荔支，十里一置，五里一候，〔一〕奔騰阻險，死者繼路。時臨武長汝南唐羌，縣接南海，〔二〕乃上書陳狀。帝下詔曰：「遠國珍羞，本以薦奉宗廟。苟有傷害，豈愛民之本。其敕太官勿復受獻。」由是遂省焉。〔三〕

〔一〕南海，郡，秦置，今廣州縣也。廣雅曰：「益智，龍眼也。」交州記曰：「龍眼樹高五六丈，似荔支而小。」廣州記曰：「子似荔支而員，七月熟。荔支樹高五六丈，大如桂樹，實如雞子，甘而多汁，似安石榴。有甜酢者，至日禺中，翕然俱赤，卽可食。」置謂驛也。

〔二〕臨武，縣，屬桂陽郡，今郴州縣也。

〔三〕謝承書曰：「唐羌字伯游，辟公府，補臨武長。縣接交州，舊獻龍眼、荔支及生鮮，獻之，驛馬晝夜傳送之，至有遭虎狼毒害，頓仆死亡不絕。道經臨武，羌乃上書諫曰：『臣聞上不以滋味爲德，下不以貢膳爲功，故天子食太牢爲尊，不以果實爲珍。伏見交阯七郡獻生龍眼等，鳥驚風發。南州土地，惡蟲猛獸不絕於路，至於觸犯死亡之害。死者不可復生，來者猶可救也。此二物升殿，未必延年益壽。』帝從之。章報，羌卽弃官還家，不應徵召，著唐子三十餘篇。」

論曰：自中興以後，逮于永元，雖頗有弛張，而俱存不擾，是以齊民歲增，闢土世廣。〔一〕偏師出塞，則漢北地空；都護西指，則通譯四萬。〔二〕豈其道遠三代，術長前世？將服叛去來，自有數也？

〔一〕齊，平也。

〔二〕西域傳曰：「班超定西域五十餘國，皆降服，西至海瀕，四萬里，皆重譯貢獻。」

孝殤皇帝諱隆，〔一〕和帝少子也。元興元年十二月辛未夜，卽皇帝位，時誕育百餘日。〔二〕尊皇后曰皇太后，太后臨朝。〔三〕

〔一〕謚法曰：「短折不成曰殤。」古今注曰：「隆之字曰盛。」

〔二〕誕，大也。詩大雅：「誕彌厥月，先生如達。」鄭玄注云：「大矣后稷之在其母懷也，終人道十月而生。」詩又云：「載

生載育。」育，長也，達音乞末反。

〔三〕儀見皇后紀。

北匈奴遣使稱臣，詣敦煌奉獻。

延平元年春正月辛卯，太尉張禹爲太傅。司徒徐防爲太尉，參錄尚書事，百官總己以聽。封皇兄勝爲平原王。癸卯，光祿勳梁鮪爲司徒。〔一〕

〔一〕漢官儀曰：「鮪字伯元，河東平陽人也。」

三月甲申，葬孝和皇帝于慎陵，〔一〕尊廟曰穆宗。

〔一〕在洛陽東南三十里。俗本作「順」者，誤。

丙戌，清河王慶、濟北王壽、河閒王開、常山王章始就國。

夏四月庚申，詔罷祀官不在祀典者。〔一〕

〔一〕東觀記曰：「鄧太后雅性不好淫祀。」

鮮卑寇漁陽，漁陽太守張顯追擊，戰沒。

丙寅，以虎賁中郎將鄧騭爲車騎將軍。

司空陳寵薨。

五月辛卯，皇太后詔曰：「皇帝幼沖，承統鴻業，朕且權佐助聽政，兢兢寅畏，〔一〕不知所濟。深惟至治之本，道化在前，刑罰在後。將稽中和，廣施慶惠，與吏民更始。其大赦天下。自建武以來諸犯禁錮，詔書雖解，有司持重，多不奉行，其皆復爲平民。」

〔一〕寅，敬也。

壬辰，河東垣山崩。〔一〕

〔一〕垣，縣，今絳州縣也。古今注曰：「山崩長七丈，廣四丈。」

六月丁未，太常尹勤爲司空。

郡國三十七雨水。己未，詔曰：「自夏以來，陰雨過節，煗氣不效，〔一〕將有厥咎。寤寐憂惶，未知所由。昔夏后惡衣服，菲飲食，孔子曰『吾無閒然』。〔二〕今新遭大憂，且歲節未和，徹膳損服，庶有補焉。其減太官、導官、尚方、內署諸服御珍膳靡麗難成之物。」〔三〕

〔一〕效猶驗也。

〔二〕菲，薄也。閒，非也。

〔三〕太官令，周官也，秩千石，典天子廚膳。導官，掌擇御米。導，擇也。尚方，掌作御刀劍諸器物；內署，掌內府衣物。秩皆六百石。並見續漢書。

丁卯，詔司徒、大司農、長樂少府曰：「朕以無德，佐助統政，夙夜經營，懼失厥衷。思惟

治道，由近及遠，先內後外。自建武之初以至于今，八十餘年，宮人歲增，房御彌廣。又宗室坐事沒入者，猶託名公族，甚可愍焉。今悉免遣，及掖庭宮人，皆爲庶民，以抒幽隔鬱滯之情。〔一〕諸官府、郡國、王侯家奴婢姓劉及疲癃羸老，皆上其名，務令實悉。」

〔一〕抒，舒也，食汝反。

秋七月庚寅，勑司隸校尉、部刺史〔一〕曰：「夫天降災戾，應政而至。閒者郡國或有水災，妨害秋稼。朝廷惟咎，憂惶悼懼。而郡國欲獲豐穰虛飾之譽，遂覆蔽災害，多張墾田，不揣流亡，〔二〕競增戶口，掩匿盜賊，令姦惡無懲，署用非次，選舉乖宜，貪苛慘毒，延及平民。〔三〕刺史垂頭塞耳，阿私下比，『不畏于天，不愧于人』。〔四〕假貸之恩，不可數恃，自今以後，將糾其罰。二千石長吏其各實覈所傷害，爲除田租、芻稾。」

〔一〕秦有監御史，監諸郡，漢興省之，但遣丞相史分刺諸州，無有常官。孝武帝初置刺史十三人，秩六百石，成帝更爲牧，秩二千石。建武十八年復爲刺史，十二人，各主一州，其一州屬司隸校尉。諸州常以八月巡行所部郡國，錄囚徒，考殿最。初歲盡詣京都奏事，中興但因計吏。見續漢書。

〔二〕揣音初委反。

〔三〕平民謂善人也。書曰：「延〔及〕于平人。」

〔四〕詩小雅也。

八月辛亥，帝崩。癸丑，殯于崇德前殿。年二歲。

贊曰：孝和沈烈，率由前則。王赫自中，賜命彊慝。〔一〕抑沒祥符，登顯時德。〔二〕殤世何早，平原弗克。〔三〕

〔一〕慝，惡也。謂誅竇憲等。

〔二〕謂用鄧彪等委政也。

〔三〕平原王勝以固疾不得立也。左傳曰：「弗克負荷。」

校勘記

一六五頁五行　肇音大可反　按：集解引錢大昕說，謂說文無反切，乃後人所增益。今本說文用孫愐唐韻切音，讀肇爲直小切，與兆音同，疑「大可」即「直小」兩字之譌。

一六七頁六行　界惟人面　按：殿本「界」作「戒」。校補謂案章紀作「訖惟人面」，訖、界、戒皆有止義，猶云窮極也。界戒本又通作，唐書天文志一行以爲天下山河之象存乎兩戒是也。

一六八頁一〇行　小縣（丞尉）三百石　據刊誤刪。

一六八頁一一行　度遼將軍鄧鴻出（稒）〔稒〕陽塞　據前書地理志改。注同。

一六八頁一三行　追至（和）〔私〕渠（北）〔比〕鞮海　按：殿本考證引何焯說，謂竇憲傳及通鑑皆作「私渠比

鞮海」。補注謂當從憲傳。今據改。

一六八頁一五行　屬（九）〔五〕原郡　按：前書地理志「五原郡，秦九原郡，武帝元朔二年更名」。今據改。

一六九頁一一行　其徙出塞者　刊誤謂遷徙者不可投之塞外，明此「徙」字是「從」字。按：陳景雲兩漢訂誤謂「徙」當作「從」，出塞謂是夏北征之役。更以三年減從駕弛刑徒證之，此「徙」字之誤益明。

一七二頁六行　阜陵王种薨　按：集解引錢大昕說，謂光武十王傳「种」字作「沖」，說文無种字，种卽沖也。

一七三頁一一行　射聲校尉郭璜璜子侍中舉　按：集解引錢大昕說，謂天文志郭舉爲侍中射聲校尉，舉父璜長樂少府，皇后紀、竇憲傳亦同，紀似誤。

一七三頁一四行　東觀記（曰）　按：「曰」字當衍，今刪。

一七四頁一三行　武陵零陵澧中蠻叛　按：校補謂「零陵」當作「零陽」，卽武陵郡屬縣。後漢武陵郡治當今常德府武陵縣，西與澧州接壤，零陽縣治卽今澧州慈利縣東境，澧中蠻卽澧水之蠻，並屬武陵，故紀並舉之。若零陵郡之蠻，相距甚遠，不當與澧中蠻錯舉。

一七六頁九行　有非其人不習曹事正舉者故不以實法　按：御覽六百二十八引作「有非其人，不習官事，正舉者故舉不實，爲法罪之」。又按：續漢百官志一注引漢官儀，世祖詔云云，與此

注所引略同，則光武有此詔，而章帝復申明之也。

一七八頁一行　許〔陽〕侯馬光自殺　校補引洪亮吉說，謂傳作「許陽侯」，此脫「陽」字。今據補。

一七九頁一四行　復〔破〕之　據刊誤補。

一八〇頁一一行　歲盡拜縣令長〔史〕及都官府丞長史　據刊誤刪。

一八四頁二行　越騎校尉趙世等討破之　按：集解引錢大昕說，謂趙憙傳、西羌傳「趙世」並作「趙代」，蓋章懷避唐諱改之，此作「世」，又唐以後人回改。

一八四頁九行　宛陵人也　按：「宛」原譌「苑」，逕改正。

一八六頁四行　但且申明憲綱　按：「綱」原譌「網」，逕改正。

一八八頁一一行　而多不均浹　按：「而」原譌「二」，逕改正。

一八九頁三行　頸及身膺蹄都似橐駝　按：御覽九二二引，「橐駝」下有「色蒼」二字。

一九一頁一〇行　復置涿郡故安鐵官　按：各本「安」作「鹽」，集解引何焯、錢大昭、惠棟諸家說，並謂「鹽」當作「安」。

一九三頁一三行　高句驪寇郡界　按：校補謂案通鑑作「高句驪王宮入遼東塞，寇略六縣」，此「郡」上應補「遼東」二字。

一九七頁一行　朕且權佐助聽政　按：殿本從監本，「權」下有「禮」字，考證謂「禮」字疑有誤，宋本無「禮」字，亦不成句。校補引孟子「男女授受不親，禮也，嫂溺援之以手者，權也」，謂此「權禮」二字所本。朕且權禮，卽指佐助聽政爲權禮耳，似非字誤。

一九八頁一四行　延〔及〕于平人　按：書呂刑作「延及于平民」，此作「延于平民」，脫一「及」字，殿本、集解本作「延及平民」，則又脫一「于」字。

後漢書卷五

孝安帝紀第五

恭宗孝安皇帝諱祜，〔一〕肅宗孫也。父清河孝王慶，母左姬。帝自在邸第，〔二〕數有神光照室，又有赤蛇盤於牀第之閒。〔三〕年十歲，好學史書，〔四〕和帝稱之，數見禁中。

〔一〕諡法曰：「寬容和平曰安。」伏侯古今注曰：「祜之字曰福。」

〔二〕倉頡篇曰：「邸，舍也。」說文云：「屬國之舍也。」前書音義曰：「第謂有甲乙之次第。」

〔三〕第，牀簀也。

〔四〕史書者，周宣王太史籀所作之書也。凡五十五篇，可以敎童幼。

延平元年，慶始就國，鄧太后特詔留帝清河邸。八月，殤帝崩，太后與兄車騎將軍鄧騭定策禁中。其夜，使騭持節，以王青蓋車迎帝，齋于殿中。〔一〕皇太后御崇德殿，百官皆吉服，〔二〕羣臣陪位，引拜帝爲長安侯。〔三〕皇太后詔曰：「先帝聖德淑茂，早弃天下。朕奉皇帝，夙夜瞻仰日月，冀望成就。豈意卒然顚沛，天年不遂，悲痛斷心。朕惟平原王素被痼疾，念宗廟之重，思繼嗣之統，唯長安侯祜質性忠孝，小心翼翼，〔四〕能通詩、論，篤學樂古，仁惠愛下。年已十三，有成人之志。親德係後，莫宜於祜。〔五〕禮『昆弟之子猶己子』；〔六〕春秋之義，爲人後者爲之子，不以父命辭王父命。〔七〕其以祜爲孝和皇帝嗣，奉承祖宗，案禮儀奏。」又作策命曰：「惟延平元年秋八月癸丑，皇太后曰：咨長安侯祜：孝和皇帝懿德巍巍，光于四海；大行皇帝不永天年。〔八〕朕惟侯孝章帝世嫡皇孫，謙恭慈順，在孺而勤，〔九〕宜奉郊廟，承統大業。今以侯嗣孝和皇帝後。其審君漢國，允執其中。『一人有慶，萬民賴之。』皇帝其勉之哉！」讀策畢，太尉奉上璽綬，卽皇帝位，年十三。太后猶臨朝。〔一〇〕

〔一〕續漢志曰：「皇太子、皇子皆安車，朱班輪，青蓋金華蚤。皇子爲王，錫以乘之，故曰王青蓋車。皇孫則綠車。」

〔二〕洛陽南宮有崇德殿。不可以凶事臨朝，故吉服也。

〔三〕不卽立爲天子而封侯者，不欲從微卽登皇位。

〔四〕翼翼，敬愼也。詩曰：「惟此文王，小心翼翼。」

〔五〕係卽繼也。

〔六〕禮記檀弓之文。

〔七〕爲人後者謂出繼於人也。王父謂祖也。穀梁傳曰，衞靈公廢太子蒯聵，立孫，輒不受父之命，而受王父命。

〔八〕前書音義曰：「禮有大行人、小行人，主謚號官也。」韋昭云：「大行者，不反之辭也。天子崩，未有謚，故稱大行也。」穀梁傳曰：「大行受大名。」風俗通曰：「天子新崩，未有謚，故且稱大行皇帝。」義兩通。

〔九〕孺，幼也。或作「在孺不勤」。

〔一〇〕公羊傳曰：「猶者，可止之辭也。」

九月庚子，謁高廟。辛丑，謁光武廟。

六州大水。己未，遣謁者分行虛實，舉災害，賑乏絕。

丙寅，葬孝殤皇帝于康陵。〔一〕

〔一〕陵在慎陵塋中庚地，高五丈五尺，周二百八步。

乙亥，隕石于陳留。

西域諸國叛，攻都護任尙，遣副校尉梁慬救尙，擊破之。〔一〕

〔一〕慬音勤。

冬十月，四州大水，雨雹。詔以宿麥不下，〔一〕賑賜貧人。

〔一〕宿，舊也。麥必經年而熟，故稱宿。

十二月甲子，清河王薨，使司空持節弔祭，車騎將軍鄧騭護喪事。

乙酉，罷魚龍曼延百戲。〔一〕

〔一〕漢官典職曰：「作九賓樂。舍利之獸從西方來，戲于庭，入前殿，激水化成比目魚，嗽水作霧，化成黃龍，長八丈，出

水遨戲於庭，炫燿日光。」曼延者，獸名也。張衡西京賦所云「巨獸百尋，是爲曼延」。晉以戰反。

永初元年春正月癸酉朔，大赦天下。

蜀郡徼外羌內屬。〔一〕

〔一〕東觀記曰：「徼外羌龍橋等六種慕義降附。」

戊寅，分犍爲南部爲屬國都尉。

稾司隸、兗、豫、徐、冀、幷州貧民。〔一〕

〔一〕司隸，領河南、河內、河東、弘農，都於洛陽。魏末因爲司州。

二月丙午，以廣成游獵地〔一〕及被災郡國公田假與貧民。

〔一〕廣城，苑名，在汝州西。

丁卯，分清河國封帝弟常保爲廣川王。〔一〕

〔一〕廣川，縣，屬信都國，故城在今冀州棗彊縣東北。

庚午，司徒梁鮪薨。

三月癸酉，日有食之。詔公卿內外衆官、郡國守相，舉賢良方正，有道術之士、明政術、達古今、能直言極諫者，各一人。

己卯，永昌徼外僬僥種夷貢獻內屬。

甲申，葬清河孝王，贈龍旗、虎賁。

夏五月甲戌，長樂衞尉魯恭爲司徒。〔一〕

〔一〕前書曰「衞尉，秦官，掌宮門衞屯兵」也。長樂、建章、甘泉宮，皆隨所掌以爲官名，秩中二千石也。

丁丑，詔封北海王睦孫壽光侯普爲北海王。

九眞徼外夜郎蠻夷舉土內屬。〔一〕

〔一〕九眞，郡名，今愛州縣。

六月戊申，爵皇太后母陰氏爲新野君。

丁巳，河東地陷。

壬戌，罷西域都護。

先零種羌叛，斷隴道，大爲寇掠，遣車騎將軍鄧騭、征西校尉任尙討之。丁卯，赦除諸羌相連結謀叛逆者罪。

秋九月庚午，詔三公明申舊令，禁奢侈，無作浮巧之物，殫財厚葬。

是日，太尉徐防免。〔一〕辛未，司空尹勤免。〔二〕

〔一〕以災異屢見也。

〔二〕以水雨漂流也。

癸酉，調揚州五郡租米，〔一〕贍給東郡、濟陰、陳留、梁國、下邳、山陽。

〔一〕五郡謂九江、丹陽、廬江、吳郡、豫章也。揚州領六郡，會稽最遠，蓋不調也。

丁丑，詔曰：「自今長吏被考竟未報，〔一〕自非父母喪無故輒去職者，劇縣十歲、平縣五歲以上，乃得次用。」

〔一〕考謂考問其狀也。報謂斷決也。

壬午，詔太僕、少府減黃門鼓吹，以補羽林士；〔一〕廄馬非乘輿常所御者，皆減半食；〔二〕諸所造作，非供宗廟園陵之用，皆且止。

〔一〕漢官儀曰：「黃門鼓吹百四十五人。羽林左監主羽林八百人，右監主九百人。」

〔二〕乘輿，天子所乘車輿也。不敢斥言尊者，故稱乘輿。見蔡邕獨斷。

丙戌，詔死罪以下及亡命贖，各有差。

庚寅，太傅張禹爲太尉，太常周章爲司空。〔一〕

〔一〕漢官儀曰：「章字次叔，荊州隨縣人也。」

冬十月，倭國遣使奉獻。〔一〕

〔一〕倭國去樂浪萬二千里，男子黥面文身，以其文左右大小別尊卑之差。見本傳。

辛酉，新城山泉水大出。〔一〕

〔一〕東觀記曰：「突壞人田，水深三丈。」

十一月丁亥，司空周章密謀廢立，策免，自殺。

戊子，勑司隸校尉、冀并二州刺史：「民訛言相驚，弃捐舊居，老弱相攜，窮困道路。其各勑所部長吏，躬親曉喻。若欲歸本郡，在所爲封長檄；不欲，勿強。」〔一〕

〔一〕封謂印封之也。長檄猶今長牒也。欲歸者，皆給以長牒爲驗。強音其兩反。

十二月乙卯，潁川太守張敏爲司空。

是歲，郡國十八地震；四十一雨水，或山水暴至；二十八大風，雨雹。

二年春正月，稟河南、下邳、東萊、河內貧民。〔一〕

〔一〕古今注曰：「時州郡大飢，米石二千，人相食，老弱相弃道路。」

車騎(大)將軍鄧騭爲種羌所敗於冀西。〔一〕

〔一〕續漢書曰：「種羌九千餘戶，在隴西臨洮谷。」冀，縣，屬天水郡也。

二月乙丑，遣光祿大夫樊準、呂倉分行冀兗二州，稟貸流民。

夏四月甲寅，漢陽城中火，燒殺三千五百七十人。

五月，旱。丙寅，皇太后幸洛陽寺及若盧獄，錄囚徒，賜河南尹、廷尉、卿及官屬以下各有差，卽日降雨。

六月，京師及郡國四十大水，大風，雨雹。〔一〕

〔一〕東觀記曰：「雹大如芋魁、雞子，風拔樹發屋。」

秋七月戊辰，詔曰：「昔在帝王，承天理民，莫不據琁機玉衡，以齊七政。〔一〕朕以不德，遵奉大業，而陰陽差越，變異並見，萬民飢流，羌貊叛戾。夙夜克己，憂心京京。〔二〕閒令公卿郡國舉賢良方正，遠求博選，開不諱之路，冀得至謀，以鑒不逮，而所對皆循尙浮言，無卓爾異聞。〔三〕其百僚及郡國吏人，有道術明習災異陰陽之度琁機之數者，各使指變以聞。二千石長吏明以詔書，博衍幽隱，〔四〕朕將親覽，待以不次，冀獲嘉謀，以承天誡。」

〔一〕孔安國尙書注曰，琁，美玉也。以琁爲機，以玉爲衡，(玉)〔王〕者正天文之器也。七政，日月五星，各異其政制。卽今之渾儀。

〔二〕詩小雅曰：「憂心京京。」爾雅曰：「京京，憂也。」

〔三〕卓爾，高遠之皃也。論語曰：「如有所立卓爾。」

〔四〕衍猶引也。

閏月辛丑，廣川王常保薨，無子，國除。

癸未，蜀郡徼外羌舉土內屬。〔一〕

〔一〕東觀記曰：「徼外羌薄申等八種舉衆降。」

九月庚子，詔王(主)〔國〕官屬墨綬下至郎、謁者，〔一〕其經明任博士，居鄉里有廉清孝順之稱，才任理人者，國相歲移名，與計偕上尙書，公府通調，令得外補。〔二〕

〔一〕續漢書曰：「王國有中大夫，秩比六百石。謁者，比四百石。郎中，二百石。」

〔二〕移，書也。調，選也。

冬十月庚寅，稟濟陰、山陽、玄菟貧民。

征西校尉任尙與先零羌戰于平襄，尙軍敗績。〔一〕

〔一〕平襄，縣，屬天水郡，故襄戎邑也。

十一月辛酉，拜鄧騭爲大將軍，徵還京師，留任尙屯隴右。先零羌滇零稱天子於北地，〔一〕遂寇三輔，東犯趙、魏，南入益州，殺漢中太守董炳。

〔一〕滇零，羌名，音丁田反。

十二月辛卯，稟東郡、鉅鹿、廣陽、安定、定襄、沛國貧民。

廣漢塞外參狼羌降，分廣漢北部爲屬國都尉。

是歲，郡國十二地震。

三年春正月庚子，皇帝加元服。〔一〕大赦天下。賜王、主、貴人、公、卿以下金帛各有差；男子爲父後，及三老、孝悌、力田爵，人二級，流民欲占者人一級。

〔一〕元服謂加冠也。士冠禮曰：「令月吉辰，加爾元服。」鄭玄云：「元，首也。」

遣騎都尉任仁討先零羌，不利，羌遂破沒臨洮。〔一〕

〔一〕縣名，屬隴西郡。

高句驪遣使貢獻。

三月，京師大飢，民相食。壬辰，公卿詣闕謝。詔曰：「朕以幼沖，奉承鴻業，不能宣流風化，而感逆陰陽，至令百姓飢荒，更相噉食。永懷悼歎，若墜淵水。咎在朕躬，非羣司之責，而過自貶引，重朝廷之不德。〔一〕其務思變復，以助不逮。」癸巳，詔以鴻池假與貧民。〔二〕

〔一〕貶引謂貶損引過也。重音直用反。

〔二〕續漢書曰：「鴻池在洛陽東二十里。」假，借也。令得漁采其中。

壬寅，司徒魯恭免。夏四月丙寅，大鴻臚九江夏勤爲司徒。〔一〕

〔一〕勤字伯宗，壽春人也。

三公以國用不足，奏令吏人入錢穀，得爲關內侯、虎賁羽林郎、五大夫、官府吏、緹騎、營士各有差。〔一〕

〔一〕續漢志曰：「執金吾，緹騎二百人。」緹，赤黃色。營士謂五校營士也。漢官儀曰「屯騎、越騎、步兵、射聲各領士七百人。長水領士千三百六十七人」也。

己巳，詔上林、廣成苑可墾闢者，賦與貧民。

甲申，清河王虎威薨。五月丙申，封樂安王寵子延平爲清河王。

丁酉，沛王正薨。

癸丑，京師大風。

六月，烏桓寇代郡、上谷、涿郡。

秋七月，海賊張伯路等寇略緣海九郡，遣侍御史龐雄督州郡兵討破之。

庚子，詔長吏案行在所，皆令種宿麥蔬食，務盡地力，其貧者給種餉。

九月，鴈門烏桓及鮮卑叛，敗五原郡兵於高渠谷。〔一〕

〔一〕東觀記曰：「戰九原高梁谷。」渠梁相類，必有誤也。

冬十月，南單于叛，圍中郎將耿种於美稷。十一月，遣行車騎將軍何熙討之。

十二月辛酉，郡國九地震。乙亥，有星孛于天苑。〔一〕

〔一〕天苑，星名。

是歲，京師及郡國四十一雨水雹。〔一〕并涼二州大飢，人相食。

〔一〕續漢書曰「雹大如鴈子」也。

四年春正月元日，會，徹樂，不陳充庭車。〔一〕

〔一〕每大朝會，必陳乘輿法物車輦於庭，故曰充庭車也。以年飢，故不陳。

辛卯，詔以三輔比遭寇亂，人庶流冗，除三年逋租、過更、口筭、芻稾；〔一〕稟上郡貧民各有差。

〔一〕前書音義曰：「天下人皆戍邊三日。不可人人自行，行者自戍三日，不可往便還，因便住一歲。諸不行者，出錢三百入官，官以給戍者。言過其本更之日，故曰過更。」又曰：「人年十五至五十六，出賦錢，人百二十爲一筭。」

海賊張伯路復與勃海、平原劇賊劉文河、周文光等攻厭次，殺縣令，遣御史中丞王宗督青州刺史法雄討破之。

度遼將軍梁慬、遼東太守耿夔討破南單于於屬國故城。

丙午，詔減百官及州郡縣奉各有差。

二月丁巳，稟九江貧民。

南匈奴寇常山。

乙丑，初置長安、雍二營都尉官。〔一〕

〔一〕漢官儀曰：「京兆虎牙、扶風都尉以涼州近羌，數犯三輔，將兵衞護園陵。扶風都尉居雍縣，故俗人稱雍營焉。」西羌傳云：「虎牙都尉居長安。」

乙亥，詔自建初以來，諸祅言它過坐徙邊者，各歸本郡；其沒入官爲奴婢者，免爲庶人。

詔謁者劉珍及五經博士，校定東觀五經、諸子、傳記、百家蓺術，整齊脫誤，是正文字。〔一〕

〔一〕洛陽宮殿名曰：「南宮有東觀。」前書曰「凡諸子百八十九家」，言百家，舉全數也。

三月，南單于降。

先零羌寇褒中，〔一〕漢中太守鄭勤戰歿。徙金城郡都襄武。〔二〕

〔一〕縣名，屬漢中郡，今梁州褒城縣。

〔二〕襄武，縣名，屬隴西郡，今渭州縣。

戊子，杜陵園火。癸巳，郡國九地震。夏四月，六州蝗。〔一〕丁丑，大赦天下。秋七月乙酉，三郡大水。

〔一〕東觀記曰：「司隸、豫、兗、徐、青、冀六州。」

己卯，騎都尉任仁下獄死。

九月甲申，益州郡地震。

冬十月甲戌，新野君陰氏薨，〔一〕使司空持節護喪事。

〔一〕東觀記曰：「新野君薨，贈以玄玉赤紱，賻錢三千萬，布三萬匹。」

大將軍鄧騭罷。

五年春正月庚辰朔，日有食之。丙戌，郡國十地震。

己丑，太尉張禹免。甲申，光祿勳李脩爲太尉。〔一〕

〔一〕漢官儀曰：「脩字伯游，豫州襄城人也。」

二月丁卯，詔省減郡國貢獻太官口食。

先零羌寇河東，遂至河內。

三月，詔隴西徙襄武，安定徙美陽，〔一〕北地徙池陽，〔二〕上郡徙衙。〔三〕

〔一〕安定，郡，今涇州也。美陽，縣，故城在今武功縣北。

〔二〕北地，郡，今寧州也。池陽，縣，故城在今涇陽縣北也。

〔三〕上郡，今綏州也。衙，縣，故城在同州白水縣東北。左傳曰「秦晉戰于彭衙」，即此也。

夫餘夷犯塞，殺傷吏人。

閏月丁酉，赦涼州河西四郡。

戊戌，詔曰：「朕以不德，奉郊廟，承大業，不能興和降善，爲人祈福。灾異蜂起，寇賊縱橫，夷狄猾夏，〔一〕戎事不息，百姓匱乏，疲於徵發。重以蝗蟲滋生，害及成麥，秋稼方收，甚可悼也。朕以不明，統理失中，亦未獲忠良以毗闕政。傳曰：『顛而不扶，危而不持，則將焉用彼相矣。』公卿大夫將何以匡救，濟斯艱戹，承天誡哉？蓋爲政之本，莫若得人，褒賢顯善，聖制所先。『濟濟多士，文王以寧。』〔二〕思得忠良正直之臣，以輔不逮。其令三公、特進、侯、中二千石、二千石、郡守、諸侯相舉賢良方正，有道術、達於政化、能直言極諫之士，各一人，及至孝與衆卓異者，并遣詣公車，朕將親覽焉。」

〔一〕猾，亂也。夏，華夏也。

〔二〕詩大雅之詞也。

六月甲辰，樂成王巡薨。

秋七月己巳，詔三公、特進、九卿、校尉，〔一〕舉列將子孫明曉戰陳任將帥者。

〔一〕九卿，奉常、光禄、衞尉、太僕、鴻臚、廷尉、少府、宗正、司農。校尉謂城門、屯騎、越騎、步兵、長水、（胡騎）〔射聲〕等。

九月，漢陽人杜琦、王信叛，〔一〕與先零諸種羌攻陷上邽城。十二月，漢陽太守趙博遣客刺殺杜琦。〔二〕

〔一〕東觀記曰：「琦自稱安漢將軍。」

〔二〕東觀記曰：「漢陽故吏杜習手刺殺之。」

是歲，九州蝗，郡國八雨水。

六年春正月庚申，詔越嶲置長利、高望、始昌三苑，又令益州郡置萬歲苑，犍爲置漢平苑。〔一〕

〔一〕犍爲，郡名。前書音義曰：「故夜郎國也。」故城在今眉州隆山縣西北也。

三月，十州蝗。

夏四月乙丑，司空張敏罷。

己卯，太常劉（凱）〔愷〕爲司空。

五月，旱。

丙寅，詔令中二千石下至黄綬，一切復秩還贖，賜爵各有差。

戊辰，皇太后幸雒陽寺，録囚徒，理冤獄。

六月壬辰，豫章、員谿、原山崩。〔一〕

〔一〕員谿闕。

辛巳，大赦天下。

遣侍御史唐喜討漢陽賊王信，破斬之。〔一〕

〔一〕續漢志曰：「傳信首詣洛陽，梟穀城門外。」

冬十一月辛丑，護烏桓校尉吴祉下獄死。

是歲，先零羌滇零死，子零昌復襲僞號。

七年春正月庚戌，皇太后率大臣命婦謁宗廟。〔一〕

〔一〕喪服傳曰：「命夫者，其男子之爲大夫也。命婦者，其大夫之妻也。」臣賢案：東觀、續漢、袁山松、謝沈書、古今注皆云「六年正月甲寅，謁宗廟」，此云「七年庚戌」，疑紀誤也。

二月丙午，郡國十八地震。

夏四月乙未，平原王勝薨。

丙申晦，日有食之。五月庚子，京師大雩。〔一〕

〔一〕左傳曰：「龍見而雩。」杜預注云：「謂建巳之月，龍星角、亢見東方。雩，遠也，遠爲百穀求膏雨。」周禮司巫職曰：

「若國大旱，則帥巫而舞雩。」鄭玄注云：「雩，吁也，嗟而求雨。」

秋，護羌校尉侯霸、騎都尉馬賢破先零羌。

八月丙寅，京師大風，蝗蟲飛過洛陽。詔賜民爵。郡國被蝗傷稼十五以上，勿收今年田租；不滿者，以實除之。

九月，調零陵、桂陽、丹陽、豫章、會稽租米，〔一〕賑給南陽、廣陵、下邳、彭城、山陽、廬江、九江飢民；又調濱水縣穀輸敖倉。〔二〕

〔一〕零陵，郡名，今永州縣也。丹陽，郡名，今潤州江寧縣也。餘並見上。

〔二〕詩曰「薄狩於敖」，即此地。秦於此築太倉，亦曰敖庾，在今鄭州滎陽縣西北。東觀記曰：「濱水縣彭城、廣陽、廬江、九江穀九十萬斛，送敖倉。」

元初元年春正月甲子，改元元初。賜民爵，人二級，孝悌、力田人三級，爵過公乘，得移與子若同產、同產子，民脱無名數及流民欲占者人一級；鰥、寡、孤、獨、篤癃、（貧）不能自存者穀，人三斛，貞婦帛，人一匹。

二月己卯，日南地坼。〔一〕三月癸酉，日有食之。

〔一〕東觀記曰：「坼長百八十二里，廣五十六里。」

夏四月丁酉，大赦天下。

京師及郡國五旱、蝗。

詔三公、特進、列侯、中二千石、二千石、郡守舉敦厚質直者，各一人。

五月，先零羌寇雍城。

六月丁巳，河東地陷。

秋七月，蜀郡夷寇蠶陵，殺縣令。〔一〕

〔一〕蠶陵，縣，屬蜀郡，故城在今翼州翼水縣西。有蠶陵山，因以爲名焉。

九月乙丑，太尉李脩罷。

先零羌寇武都、漢中，絕隴道。

辛未，大司農山陽司馬苞爲太尉。〔一〕

〔一〕謝承書曰：「苞字仲成，東緡人也。」

冬十月戊子朔，日有食之。

先零羌敗涼州刺史皮陽於狄道。

乙卯，詔除三輔三歲田租、更賦、口筭。〔一〕

〔一〕解見光武紀也。

十一月。是歲，郡國十五地震。

二年春正月，詔稟三輔及并、涼六郡流冗貧人。

蜀郡青衣道夷奉獻內屬。〔一〕

〔一〕青衣道，縣名，在大江、青衣二水之會，今嘉州龍遊縣也。東觀記曰：「青衣蠻夷堂律等歸義。」

修理西門豹所分漳水爲支渠，以溉民田。〔一〕

〔一〕史記曰：「西門豹爲鄴令，發人鑿十二渠，引水灌田。」所鑿之渠，在今相州鄴縣西也。

二月戊戌，遣中謁者收葬京師客死無家屬及棺椁朽敗者，皆爲設祭；其有家屬，尤貧無以葬者，賜錢人五千。

辛酉，詔三輔、河內、河東、上黨、趙國、太原各修理舊渠，通利水道，以溉公私田疇。〔一〕

〔一〕前書音義曰：「美田曰疇。」

三月癸亥，京師大風。

先零羌寇益州，遣中郎將尹就討之。

夏四月丙午，立貴人閻氏爲皇后。

五月，京師旱，河南及郡國十九蝗。甲戌，詔曰：「朝廷不明，庶事失中，災異不息，憂心悼懼。被蝗以來，七年于茲，而州郡隱匿，裁言頃畝。〔一〕今羣飛蔽天，爲害廣遠，所言所見，寧相副邪？三司之職，內外是監，既不奏聞，又無舉正。天災至重，欺罔罪大。今方盛夏，且復假貸，以觀厥後。〔二〕其務消救災眚，安輯黎元。」

〔一〕「裁」與「纔」同，古字通。

〔二〕假貸猶寬容也。盛夏不可即加刑罰，故且寬容。

六月丙戌，太尉司馬苞薨。〔一〕

〔一〕謝承書曰：「苞爲太尉，常食麤飯，著布衣，妻子不歷官舍。會司徒楊震爲樊豐等所譖，連及苞，苞乞骸骨，未見聽，以疾薨也。」

洛陽新城地裂。

秋七月辛巳，太僕太山馬英爲太尉。〔一〕

〔一〕英字文思，兗州蓋縣人也。

八月，遼東鮮卑圍無慮縣。〔二〕九月，又攻夫犂營，殺縣令。〔三〕

〔二〕屬遼東郡。慮音閭。有醫無閭山，因以爲名焉。

〔三〕夫犂，縣名，屬遼東屬國。

壬午晦，日有食之。

冬十月，遣中郎將任尚屯三輔。

詔郡國中都官繫囚減死一等，勿笞，詣馮翊、扶風屯，妻子自隨，占著所在；女子勿輸。〔一〕亡命死辠以下贖，各有差。其吏人聚爲盜賊，有悔過者，除其罪。

〔一〕不輸作也。

乙未，右扶風仲光、安定太守杜恢、京兆虎牙都尉耿溥與先零羌戰於丁奚城，〔二〕光等大敗，並沒。左馮翊司馬鈞下獄，自殺。〔三〕

〔二〕東觀記曰「至北地靈州丁奚城」也。

〔三〕東觀記曰「安定太守杜恢與鈞等并威擊羌，恢乘勝深入，爲虜所害，鈞擁兵不救，收鈞下獄」也。

十一月庚申，郡國十地震。

十二月，武陵澧中蠻叛，州郡擊破之。〔一〕

〔一〕東觀記曰：「蠻田山、高少等攻城，殺長吏。州郡募五里蠻夷、六亭兵追擊，山等皆降。賜五里、六亭渠率金帛各有差。」

己酉，司徒夏勤罷。庚戌，司空劉愷爲司徒，光祿勳袁敞爲司空。

三年春正月甲戌，修理太原舊溝渠，溉灌官私田。〔一〕

〔一〕酈元水經注曰：「昔智伯遏晉水以灌晉陽，後人踵其遺跡，蓄以爲沼，分爲二派，北瀆即智氏故渠也。其瀆乘高，東北注入晉陽城，以溉灌，東南出城注於汾水。」今所修溝渠即謂此。

東平陸上言木連理。〔一〕

〔一〕東平陸，縣名，古厥國也，屬東平國，今兗州平陸縣也。序例曰：「凡瑞應，自和帝以上，政事多美，近於有實，故書見於某處。自安帝以下，王道衰缺，容或虛飾，故書某處上言也。」

蒼梧、鬱林、合浦蠻夷反叛，〔一〕二月，遣侍御史任逴督州郡兵討之。〔二〕

〔一〕蒼梧，郡，今梧州縣也。合浦，郡，今廉州縣也。

〔二〕逴音丁角反。

郡國十地震。三月辛亥，日有食之。

丙辰，赦蒼梧、鬱林、合浦、南海吏人爲賊所迫者。

夏四月，京師旱。

五月，武陵蠻復叛，州郡討破之。

癸酉，度遼將軍鄧遵率南匈奴擊先零羌於靈州，破之。〔一〕

〔一〕靈州，縣名，屬北地郡，故城在今慶州馬領縣西北。

越巂徼外夷舉種內屬。

六月，中郎將任尚遣兵擊破先零羌於丁奚城。

秋七月，武陵蠻復叛，州郡討平之。

緱氏地坼。

九月辛巳，趙王宏薨。

冬十一月，蒼梧、鬱林、合浦蠻夷降。

丙戌，初聽大臣、二千石、刺史行三年喪。〔一〕

〔一〕文帝遺詔以日易月，於後大臣遂以爲常，至此復遵古制也。

癸卯，郡國九地震。

十二月丁巳，任尚遣兵擊破先零羌於北地。

四年春二月乙巳朔，日有食之。乙卯，大赦天下。壬戌，武庫災。

夏四月戊申，司空袁敞薨。

己巳，鮮卑寇遼西，遼西郡兵與烏桓擊破之。〔一〕

〔一〕遼西，郡，故城在今平州東陽樂城是。

五月丁丑，太常李郃爲司空。

六月戊辰，三郡雨雹。

秋七月辛丑，陳王鈞薨。

京師及郡國十雨水。詔曰：「今年秋稼茂好，垂可收穫，而連雨未霽，〔一〕懼必淹傷。夕惕惟憂，思念厥咎。夫霖雨者，人怨之所致。〔二〕其武吏以威暴下，文吏妄行苛刻，鄉吏因公生姦，爲百姓所患苦者，有司顯明其罰。又月令『仲秋養衰老，授几杖，行糜粥』。〔三〕方今案比之時，〔四〕郡縣多不奉行。雖有糜粥，糠秕相半，長吏怠事，莫有躬親，甚違詔書養老之意。其務崇仁恕，賑護寡獨，稱朕意焉。」

〔一〕霽，雨止也。

〔二〕左傳曰：「凡雨三日以上爲霖。」京房別對災異曰：「人勞怨苦，雨水絕道。」

〔三〕鄭玄注云：「助老氣也。行猶賜也。」

〔四〕東觀記曰：「方今八月案比之時。」謂案驗戶口，次比之也。

九月，護羌校尉任尚使客刺殺叛羌零昌。

冬十一月己卯，彭城王恭薨。

十二月，越巂夷寇遂久，殺縣令。〔一〕

〔一〕遂久，縣，屬越巂郡。

甲子，任尚及騎都尉馬賢與先零羌戰于富平上河，大破之。〔一〕虔人羌率衆降，〔二〕隴右平。

〔一〕富平，縣，屬北地郡，故城在今靈州回樂縣西南。酈元水經注曰：「河水於此有上河之名也。」

〔二〕虔人，羌號也。東觀記曰：「虔人種羌大豪恬狼等詣度遼將軍降。」

是歲，郡國十三地震。

五年春正月，越巂夷叛。

二月壬戌，中山王憲薨。

三月，京師及郡國五旱，詔稟遭旱貧人。

夏六月，高句驪與穢貊寇玄菟。〔一〕

〔一〕郡名，在遼東〔東〕。

秋七月，越巂蠻夷及旄牛豪叛，殺長吏。〔一〕

〔一〕旄牛，縣，屬蜀郡。華陽國志曰在邛崍山表也。

丙子，詔曰：「舊令制度，各有科品，〔一〕欲令百姓務崇節約。遭永初之際，人離荒厄，朝廷躬自菲薄，去絕奢飾，食不兼味，衣無二綵。比年雖獲豐穰，尚乏儲積，而小人無慮，不圖久長，嫁娶送終，紛華靡麗，至有走卒奴婢被綺縠，著珠璣。〔二〕京師尚若斯，何以示四遠？設張法禁，懇惻分明，而有司惰任，訖不奉行。秋節既立，鷙鳥將用，〔三〕且復重申，以觀後效。」

〔一〕漢令今亡。
〔二〕綺，文繒；縠，紗也。璣，珠不圜者也。
〔三〕鷙鳥謂鷹鸇之類也。廣雅曰：「鷙，執也。以其能服執衆鳥。」月令：「孟秋，鷹乃祭鳥，始用行戮。」言有司怠惰，不遵法令，將欲糾其罪，順秋行誅，同鷹鸇之鷙擊也。

八月丙申朔，日有食之。

鮮卑寇代郡，殺長吏。冬十月，鮮卑寇上谷。

十二月丁巳，中郎將任尚有辠，弃市。

是歲，郡國十四地震。

六年春二月乙巳，京師及郡國四十二地震，或坼裂，水泉涌出。

壬子，詔三府選掾屬高第，能惠利牧養者各五人，光祿勳與中郎將選孝廉郎寬博有謀，清白行高者五十人，出補令、長、丞、尉。

乙卯，詔曰：「夫政，先京師，後諸夏。月令仲春『養幼小，存諸孤』，季春『賜貧窮，賑乏絕，省婦使，表貞女』，所以順陽氣，崇生長也。〔一〕其賜人尤貧困、孤弱、單獨穀，人三斛；貞

婦有節義十斛，甄表門閭，旌顯厥行。」〔二〕

〔一〕鄭玄云：「婦使謂組紃之事。」
〔二〕節謂志操。義謂推讓。甄，明也。旌，章也。里門謂之閭。旌表者，若今樹闕而顯之。

三月庚辰，始立六宗，祀於洛城西北。〔一〕

〔一〕續漢志曰：「元初六年，以尚書歐陽家說，謂六宗者，在天地四方之中，爲上下四方之宗。以元始中故事，謂六宗易六子之氣，日、月、雷公、風伯、山、澤者，非也，乃更六宗，祠於戌亥之地，禮比大社也。」

夏四月，會稽大疫，遣光祿大夫將太醫循行疾病，賜棺木，〔一〕除田租、口賦。

〔一〕漢官儀：「太醫令一人，秩六百石。」

沛國、勃海大風，雨雹。五月，京師旱。

六月丁丑，樂成王賓薨。丙戌，平原王得薨。

秋七月，鮮卑寇馬城，〔一〕度遼將軍鄧遵率南單于擊破之。

〔一〕搜神記曰：「昔秦人築城於武周塞以備胡，將成而崩者數矣。有馬馳走，周旋反覆，父老異之，因依以築城，城乃不崩，遂以名焉。」其故城，今朔州也。

九月癸巳，陳王竦薨。

十二月戊午朔，日有食之，既。郡國八地震。

是歲，永昌、益州蜀郡夷叛，與越巂夷殺長吏，燔城邑，益州刺史張喬討破降之。

永寧元年春正月甲辰，任城王安薨。三月丁酉，濟北王壽薨。

車師後王叛，殺部司馬。

沈氐羌寇張掖。〔一〕

〔一〕沈氐，羌號也。續漢志曰「羌在上郡西河者，號沈氐」也。

夏四月丙寅，立皇子保爲皇太子，改元永寧，大赦天下。賜王、主、三公、列侯下至郎吏、從官金帛；又賜民爵及布粟各有差。

己巳，紹封陳王羨子崇爲陳王，濟北王子萇爲樂成王，河閒王子翼爲平原王。

壬午，琅邪王壽薨。

六月，沈氐種羌叛，寇張掖，護羌校尉馬賢討沈氐羌，破之。

秋七月乙酉朔，日有食之。

冬十月己巳，司空李郃免。癸酉，衞尉廬江陳襃爲司空。〔一〕

〔一〕襃字伯仁，舒縣人也。

自三月至是月，京師及郡國三十三大風，雨水。

十二月，永昌徼外撣國遣使貢獻。〔一〕

〔一〕撣音擅。

戊辰，司徒劉愷罷。

遼西鮮卑降。

癸酉，太常楊震爲司徒。

是歲，郡國二十三地震。夫餘王遣子詣闕貢獻。燒當羌叛。

建光元年春正月，幽州刺史馮焕率二郡太守討高句驪、穢貊，不克。

二月癸亥，大赦天下。賜諸園貴人、〔一〕王、主、公、卿以下錢布各有差。以公、卿、校尉、尚書子弟一人爲郎、舍人。

〔一〕謂宮人無子守園陵者也。

三月癸巳，皇太后鄧氏崩。丙午，葬和熹皇后。

丁未，樂安王寵薨。

戊申，追尊皇考清河孝王曰孝德皇，皇妣左氏曰孝德皇后，祖妣宋貴人曰敬隱皇后。

夏四月，穢貊復與鮮卑寇遼東，遼東太守蔡諷追擊，戰歿。

丙辰，以廣川并清河國。

丁巳，尊孝德皇元妃耿氏爲甘陵大貴人。〔一〕

〔一〕甘陵，孝德皇后之陵也，因以爲縣，今貝州清河縣東也。

甲子，樂成王萇有罪，廢爲臨湖侯。〔一〕

〔一〕續漢書曰「坐輕慢不孝」，故貶。臨湖，縣名，屬廬江郡也。

己巳，令公、卿、特進、侯、中二千石、二千石、郡國守相，舉有道之士各一人。賜鰥、寡、孤、獨、貧不能自存者穀，人三斛。

甲戌，遼東屬國都尉龐奮，承僞璽書殺玄菟太守姚光。

五月庚辰，特進鄧騭及度遼將軍鄧遵，並以譖自殺。〔一〕

〔一〕乳母王聖與中黃門李閏等譖告尚書鄧訪等謀廢立，宗族皆免官，騭與遵皆自殺。

丙申，貶平原王翼爲都鄉侯。

秋七月己卯，改元建光，大赦天下。

壬寅，太尉馬英薨。

八月，護羌校尉馬賢討燒當羌於金城，不利。

甲子，前司徒劉愷爲太尉。

鮮卑寇居庸關。九月，雲中太守成嚴擊之，戰歿。鮮卑圍烏桓校尉於馬城，度遼將軍耿

夔救之。

戊子，幸衞尉馮石府。〔一〕

〔一〕續漢書曰：「賜賞寶劒、玉玦、雜繒帛等。」

是秋，京師及郡國二十九雨水。

冬十一月己丑，郡國三十五地震，或坼裂。詔三公以下，各上封事陳得失。遣光祿大夫案行，賜死者錢，人二千。除今年田租。其被灾甚者，勿收口賦。

鮮卑寇玄菟。

庚子，復斷大臣二千石以上服三年喪。

癸卯，詔三公、特進、侯、卿、校尉，舉武猛堪將帥者各五人。

丙午，詔京師及郡國被水雨傷稼者，隨頃畝減田租。

甲子，初置漁陽營兵。〔一〕

〔一〕伏侯古今注曰「置營兵千人」也。

冬十二月，高句驪、馬韓、穢貊圍玄菟城，夫餘王遣子與州郡幷力討破之。

延光元年春二月，夫餘王遣子將兵救玄菟，〔一〕擊高句驪、馬韓、穢貊，破之，遂遣使貢獻。

〔一〕夫餘王子，尉仇台也。

三月丙午，改元延光。大赦天下。還徙者，復戶邑屬籍。賜民爵及三老、孝悌、力田，人二級；加賜鰥、寡、孤、獨、篤癃、貧不能自存者粟，人三斛；貞婦帛，人一匹。

夏四月癸未，京師郡國二十一雨雹。

癸巳，司空陳襃免。

五月庚戌，宗正彭城劉授爲司空。〔一〕

〔一〕漢官儀曰：「宗正卿，秩中二千石。」授字孟春，徐州武原人也。

己巳，改樂成國爲安平，封河閒王開子得爲安平王。

六月，郡國蝗。秋七月癸卯，京師及郡國十三地震。

高句驪降。

虔人羌叛，攻穀羅城，〔一〕度遼將軍耿夔討破之。

〔一〕穀羅屬西河郡。

八月戊子，陽陵園寢火。〔一〕辛卯，九眞言黃龍見無功。〔二〕

〔一〕景帝陵也。

〔二〕無功，縣，屬九眞郡。

己亥，詔三公、中二千石，舉刺史、二千石、令、長、相，視事一歲以上至十歲，清白愛利，能敕身率下，防姦理煩，有益於人者，無拘官簿。〔一〕刺史舉所部，郡國太守相舉墨綬，隱親悉心，勿取浮華。〔二〕

〔一〕清白謂貞正也。愛利謂愛人而利之也。無拘官簿謂受超遷之，不拘常牒也。

〔二〕墨綬謂令、長之屬也。隱親猶親自隱也。悉，盡也。言令三公以下各舉所知，皆隱審盡心，勿取浮華不實者。

九月甲戌，郡國二十七地震。

冬十月，鮮卑寇鴈門、定襄。十一月，鮮卑寇太原。

燒當羌豪降。

十二月，九眞徼外蠻夷貢獻內屬。

是歲，京師及郡國二十七雨水，大風，殺人。詔賜壓溺死者年七歲以上錢，人二千；其壞敗廬舍、失亡穀食，粟，人三斛；又田被淹傷者，一切勿收田租；若一家皆被灾害而弱小存者，郡縣爲收斂之。虔人羌（反）攻穀羅城，度遼將軍耿夔討破之。

二年春正月，旄牛夷叛，寇靈關，殺縣令。〔一〕益州刺史蜀郡西部都尉討之。

〔一〕靈關，道，屬越巂郡。

詔選三署郎〔一〕及吏人能通古文尚書、毛詩、穀梁春秋各一人。

〔一〕三署，解見和帝紀。

丙辰，河東、潁川大風。夏六月壬午，郡國十一大風。九眞言嘉禾生。〔一〕

〔一〕東觀記曰：「禾百五十六本，七百六十八穗。」

丙申，北海王普薨。

秋七月，丹陽山崩。

八月庚午，初令三署郎通達經術任牧民者，視事三歲以上，皆得察舉。

九月，郡國五雨水。

冬十月辛未，太尉劉愷罷。甲戌，司徒楊震爲太尉，光祿勳東萊劉熹爲司徒。〔一〕

〔一〕熹字季明，青州長廣人也。

十一月甲辰，校獵上林苑。

鮮卑敗南匈奴於曼柏。

是歲，分蜀郡西部爲屬國都尉。京師及郡國三地震。

三年春二月丙子，東巡狩。丁丑，告陳留太守，祠南頓君、光武皇帝于濟陽，復濟陽今年田租、芻稾。庚寅，遣使者祠唐堯於成陽。〔一〕

〔一〕古成伯國也，故城在今濮州雷澤縣北。述征記云：「成陽東南有堯冢。」

戊子，濟南上言，鳳皇集臺縣丞霍收舍樹上。〔一〕賜臺長帛五十匹，丞二十匹，尉半之，吏卒人三匹。鳳皇所過亭部，無出今年田租。賜男子爵，人二級。辛卯，幸太山，柴告岱宗。〔二〕齊王無忌、北海王（普）〔翼〕、樂安王延來朝。壬辰，宗祀五帝于汶上明堂。癸巳，告祀二祖、六宗，〔三〕勞賜郡縣，作樂。

〔一〕臺縣屬濟南郡，故城在今齊州平陵縣北。

〔二〕太山，王者告代之處，爲五岳之宗，故曰岱宗。燔柴以告天。

〔三〕二祖，高祖、光武也。六宗謂孝文曰太宗，孝武曰代宗，孝宣曰中宗，孝元曰高宗，孝明曰顯宗，孝章曰肅宗。

三月甲午，陳王崇薨。戊戌，祀孔子及七十二弟子於闕里，自魯相、令、丞、尉及孔氏親屬、婦女、諸生悉會，賜褒成侯以下帛各有差。還，幸東平，至東郡，歷魏郡、河內。壬戌，車駕還京師，幸太學。是日，太尉楊震免。

夏四月乙丑，車駕入宮，假于祖禰。〔一〕壬戌，沛國言甘露降豐縣。戊辰，光祿勳馮石爲太尉。

〔一〕假音格。格，至也。

五月，南匈奴左日逐王叛，使匈奴中郎將馬翼討破之。

日南徼外蠻夷內屬。

六月，鮮卑寇玄菟。

庚午，閬中山崩。〔一〕辛未，扶風言白鹿見雍。

〔一〕閬中，縣，屬巴郡，臨閬中水，因以爲名，今隆州縣也。

辛巳，遣侍御史分行青冀二州災害，督錄盜賊。

秋七月丁酉，初復右校（令）、左校〔令〕丞官。〔一〕

〔一〕續漢志曰：「將作大匠屬官有左右校，皆有令、丞。」中興未置，今始復。

日南徼外蠻豪帥詣闕貢獻。

馮翊言甘露降頻陽、衙。〔一〕潁川上言木連理。白鹿、麒麟見陽翟。

〔一〕頻陽，縣，故城在今雍州美原縣西南。衙見上。

鮮卑寇高柳。

梁王堅薨。〔一〕

〔一〕明帝孫，節王暢之子也。

八月辛巳，大鴻臚耿寶爲大將軍。

戊子，潁川上言麒麟一、白虎二見陽翟。

九月丁酉，廢皇太子保爲濟陰王。〔一〕

〔一〕常侍江京等譖之也。

乙巳，詔郡國中都官死皐繫囚減罪一等，（詔）〔詣〕敦煌、隴西及度遼營；〔一〕其右趾以下及亡命者贖，各有差。

〔一〕漢官儀曰「度遼將軍屯五原曼柏縣」也。

辛亥，濟南上言黃龍見歷城。〔一〕庚申晦，日有食之。

〔一〕歷城，縣，屬濟南國，今齊州縣也。

冬十月，行幸長安。壬午，新豐上言鳳皇集西界亭。〔一〕丁亥，會三輔守、令、掾史於長安，作樂。閏月乙未，祠高廟，遂有事十一陵，歷觀上林、昆明池。遣使者祠太上皇于萬年，以中牢祠蕭何、曹參、霍光。十一月乙丑，至自長安。

〔一〕今新豐縣西南有鳳皇原，俗傳云即此時鳳皇所集之處也。

十二月乙未，琅邪言黃龍見諸縣。〔一〕

〔一〕諸，縣名，故城在今密州諸城縣西南。

是歲，京師及(諸)郡國二十三地震；三十六雨水，疾風，雨雹。

四年春正月壬午，東郡言黃龍二、麒麟一見濮陽。〔一〕

〔一〕縣名，屬東郡，卽古昆吾國，帝顓頊之墟，今濮州縣。

二月乙亥，下邳王衍薨。

甲辰，南巡狩。

三月戊午朔，日有食之。

庚申，幸宛，帝不豫。辛酉，令大將軍耿寶行太尉事。祠章陵園廟，告長沙、零陵太守，祠定王、節侯、鬱林府君。乙丑，自宛還。丁卯，幸葉，帝崩于乘輿，年三十二。祕不敢宣，所在上食問起居如故。庚午，還宮。辛未夕，乃發喪。尊皇后爲皇太后。太后臨朝，以后兄大鴻臚閻顯爲車騎將軍，定策禁中，立章帝孫濟北惠王壽子北鄉侯懿。〔一〕

〔一〕東觀記及續漢書並曰「北鄉侯犢」，今作「懿」，蓋二名。

甲戌，濟南王香薨。〔一〕

〔一〕光武曾孫簡王錯之子也。

乙酉，北鄉侯卽皇帝位。

夏四月丁酉，太尉馮石爲太傅，〔一〕司徒劉熹爲太尉，參錄尙書事；前司空李郃爲司徒。

〔一〕石字次初，荆州湖陽人也，馮魴之孫。

辛卯，大將軍耿寶、中常侍樊豐、侍中謝惲、周廣、乳母野王君王聖，坐相阿黨，豐、惲、廣下獄死，寶自殺，聖徙鴈門。

己酉，葬孝安皇帝于恭陵。〔一〕廟曰恭宗。

〔一〕在今洛陽東北二十七里。伏侯古今注曰「陵山周二百六十丈，高十五丈」也。

六月乙巳，大赦天下。詔先帝巡狩所幸，皆半入今年田租。

秋七月，西域長史班勇〔一〕擊車師後王，斬之。

〔一〕西域都護之長史也。

丙午，東海王肅薨。

冬十月丙午，越巂山崩。

辛亥，少帝薨。

是冬，京師大疫。

論曰：孝安雖稱尊享御，而權歸鄧氏，至乃損徹膳服，克念政道。然令自房帷，威不逮遠，始失根統，歸成陵敝。遂復計金授官，〔一〕移民逃寇，〔二〕推咎台衡，以荅天眚。〔三〕既云哲婦，亦「惟家之索」矣。〔四〕

〔一〕永初元年，令吏人入錢穀得至關內侯也。

〔二〕羌旣轉盛，詔隴西徙襄武，安定徙美陽，北地徙池陽。

〔三〕台謂三台，三公象也。衡，平也，言天下所取平。伊尹爲阿衡，卽其義也。

〔四〕哲，智也。索，盡也。謂鄧后專制國柄也。詩曰：「哲夫成城，哲婦傾城。」書曰：「牝雞之晨，惟家之索。」

贊曰：安德不升，秕我王度。〔一〕降奪儲嫡，開萌邪蠹。〔二〕馮石承歡，楊公逢怒。〔三〕彼日而微，遂祲天路。〔四〕

〔一〕秕，穀不成也。論政敎之穢。左傳祈招之詩曰：「思我王度。」

〔二〕儲嫡謂太子也。邪蠹謂江京等也。

〔三〕續漢(志)〔書〕曰「上賜衞尉馮石寶劒、玉玦、雜繒布等」，故曰承歡也。楊公，楊震。逢怒謂樊豐等譖震，云有恚恨心，帝免之。

〔四〕日，君道也。微，不明也。祲，陰陽相侵之氣也。詩曰：「彼月而微，此日而微。」言君道闇亂，政化陵遲，漢祚衰微，自此而始，故言遂祲天路也。

校勘記

二〇三頁三行　恭宗孝安皇帝諱祜　按：集解引錢大昕說，謂獻帝初平元年有司奏，和、安、順、桓四帝無功德，不宜稱宗，故和帝、順帝、桓帝紀俱不稱某宗，獨此紀書「恭宗」，蓋刪之不盡也。

二〇三頁四行　又有赤蛇盤於牀笫之閒　按：集解引惠棟說，謂東觀記及宋書符瑞志「於」皆作「紆」，易林曰「盤紆九曲」，似當作「紆」。

二〇三頁八行　凡五十五篇　按：王鳴盛十七史商榷謂藝文志史籒十五篇，此上「五」字衍。

二〇三頁一〇行　八月殤帝崩　按：據殤帝紀，「八月」下應有「辛亥」二字，否則下文「其夜」二字無着，疑傳寫者誤脫也。

二〇五頁一行　天子崩未有諡　按：「諡」原譌「論」，逕改正。

二〇五頁二行　穀梁傳曰　按：校補引侯康說，謂見穀梁桓十八年傳注。

二〇五頁一六行　漢官典職曰　汲本「職」作「儀」。按：校補引孫星衍說，謂隋志漢官典職儀式二卷，漢衞尉蔡質撰，唐志蔡質漢官典儀一卷，諸書所引，又有作「漢官典職」、「漢官典職儀」者，皆後人省文也。

二〇六頁一〇行　分淸河國封帝弟常保爲廣川王　按：集解引錢大昕說，謂安帝弟名常保，子亦名保，必有一誤。

二〇八頁二行　贍給東郡濟陰陳留梁國下邳山陽　按：殿本「梁國」下有「陳國」二字。

二〇九頁一一行　車騎（大）將軍鄧騭　據刊誤刪。

二〇九頁一四行　漢陽城中火　按：袁紀作「濮陽阿城中失火」。

二一〇頁一〇行　（玉）〔王〕者正天文之器也　按：汲本、殿本「玉」作「二」，誤。此作「玉」，與今本書舜典僞孔傳合，阮元校勘記謂「玉」當作「王」，今據改。

二一〇頁一三行　爾雅曰　按：此「爾」字及下「卓爾」之「爾」，原皆作「尔」，逕依汲本、殿本改。

二一一頁三行　詔王（主）〔國〕官屬　據刊誤改。

二一五頁三行　京兆虎牙扶風都尉　按：姚範謂案續志，「京兆虎牙」下當有「都尉」二字。

二一七頁一四行　校尉謂城門屯騎越騎步兵長水（胡騎）〔射聲〕等　據刊誤改。

二一八頁一一行　太常劉（凱）〔愷〕爲司空　據校補引錢大昭說改。

二一九頁九行　東觀續漢　殿本考證萬承蒼謂「東觀」下脫一「記」字，「續漢」下脫一「書」字。今按：章懷注引書常用簡稱，非必脫譌也。

二二〇頁一一行　〔貧〕不能自存者　據汲本、殿本補。

二二〇頁一三行　二月己卯日南地坼三月癸酉日有食之　「二月己卯」汲本作「三月己卯」。通鑑考異謂本志及袁紀皆云「三月己卯，日南地坼」。案長曆，是年二月壬辰朔，無己卯，三月壬戌

朔，癸酉十二日，不應日食。二月當是乙卯，三月當是癸亥。按：校補引洪亮吉說，謂日南地坼五行志作「三月己卯」，逆推至此年正月甲子，則己卯定在三月，當以五行志爲是。惟己卯後同月不得有癸酉日，且一歲不容有兩日食。細校五行志，乃知此係永初元年三月事，范史複載耳。

二二一頁一三行　先零羌敗涼州刺史皮陽於狄道　按：集解引惠棟說，謂「皮陽」西羌傳作「皮楊」。

二二三頁一行　十一月是歲郡國十五地震　按：校補引洪亮吉說，謂「十一月」下有闕文。

二二三頁一三行　又攻夫犂營　按：集解引惠棟說，謂鮮卑傳「夫犂」作「扶黎」，章懷注「縣名，屬遼東郡」，通鑑胡注以爲兩漢無此縣。棟案遼東屬國有昌黎縣，都尉所治，昌黎卽前漢之交黎也，夫交相似而誤耳。

二二六頁一四行　三郡雨雹　按：御覽八七八引作「郡國三雨雹」。續五行志同。

二二七頁五行　雖有糜粥　按：「糜」原譌「麋」，逕改正。

二二八頁九行　在遼東〔東〕　據校補說補。

二三一頁九行　沈氏種羌叛寇張掖　按：校補引錢大昭說，謂三月已書「沈氏羌寇張掖」矣，此重出。

二三一頁一〇行　秋七月乙酉朔日有食之　按：推是年七月合朔乙酉，無日食，參閱續五行志六校記。

二三三頁一三行　遼東太守蔡諷　按：集解引惠棟說，謂「諷」一作「風」。

二三三頁三行　廢爲臨湖侯　按：集解引惠棟說，謂通鑑作「蕪湖侯」。

二三三頁七行　甲戌遼東屬國都尉龐奮承僞璽書殺玄菟太守姚光　按：通鑑考異謂姚光實以延光元年被殺，紀誤以「延」爲「建」。考異又云，延光元年四月無甲戌。

二三四頁五行　冬十一月己丑郡國三十五地震或坼裂　按：沈家本謂續志書「九月己丑」，此紀後文有「冬十二月」，不得重言「冬」。上文書「九月」，又書「戊子」，戊子與己丑相接。然則「冬十一月」四字乃衍文也。

二三四頁一一行　甲子初置漁陽營兵　按：沈家本謂甲子距上文己丑三十六日，疑上奪某月二字。

二三六頁五行　謂受超遷之　刊誤謂「受」當作「將」。按：汲本無「受」字。

二三六頁七行　九月甲戌郡國二十七地震　沈家本謂「甲戌」志作「戊申」。今按：是年九月壬寅朔，無甲戌，當依續志作「戊申」。

二三六頁一三行　虔人羌（反）攻穀羅城　校補謂虔人羌叛，攻穀羅城，已見上文七月，耿夔至是始討破之耳。承上攻穀羅城爲文，不當更書「反」。今據刪。

二三七頁一四行　京師及郡國三地震　按：沈家本謂續志作「三十二地震」，疑此奪「十二」兩字。

二三八頁六行　北海王（普）〔翼〕　據殿本考證引何焯說改。

二三九頁二行　南匈奴左日逐王叛　按：沈家本謂按匈奴傳，叛者乃新降一部大人阿族等，非左日逐

王。

二三九頁八行　初復右校（令）左校〔令〕丞官　按：校補引侯康說，謂「右校令左校丞官」當作「右校左校令丞官」，以續志言左右校皆有令丞，劉注並言安帝復也。今據改。

二四〇頁一行　大鴻臚耿寶爲大將軍　按：袁紀「寶」作「珍」。

二四〇頁五行　（詔）〔詣〕敦煌隴西及度遼營　據刊誤改。按：汲本作「詣」。

二四一頁一行　京師及（諸）郡國二十三地震　據刊誤刪。

二四三頁三行　續漢（志）〔書〕曰　據刊誤改。

二四三頁一三行　逢怒譖樊豐等譖震　按：「譖」原譌「請」，逕改正。

二十四史

宋 范曄 撰
唐 李賢等注

後漢書

第 二 册
卷六至卷一四(紀二傳一)

中華書局

後漢書卷六

孝順孝沖孝質帝紀第六

孝順皇帝諱保，〔一〕安帝之子也。母李氏，爲閻皇后所害。永寧元年，立爲皇太子。延光三年，安帝乳母王聖、大長秋江京、〔二〕中常侍樊豐譖太子乳母王男、廚監邴吉，殺之，太子數爲歎息。王聖等懼有後禍，遂與豐、京共搆陷太子，太子坐廢爲濟陰王。明年三月，安帝崩，北鄉侯立，濟陰王以廢黜，不得上殿親臨梓宮，悲號不食，內外羣僚莫不哀之。及北鄉侯薨，車騎將軍閻顯及江京，與中常侍劉安、陳達等白太后，祕不發喪，而更徵立諸國王子，乃閉宮門，屯兵自守。

〔一〕謚法曰：「慈和徧服曰順。」伏侯古今注曰：「保之字曰守。」

〔二〕前書曰：「長秋，皇后官，本秦官將行也，景帝更名大長秋。或用中人，或用士人。秩二千石。」中興常用宦者。

十一月丁巳，京師及郡國十六地震。是夜，中黃門孫程等十九人〔一〕共斬江京、劉安、陳達等，迎濟陰王於德陽殿西鍾下，〔二〕即皇帝位，年十一。近臣尚書以下，從輦到南宮，

登雲臺，召百官。尚書令劉光等奏言：「孝安皇帝聖德明茂，早弃天下。陛下正統，當奉宗廟，而姦臣交搆，遂令陛下龍潛蕃國，〔三〕羣僚遠近莫不失望。天命有常，北鄉不永，漢德盛明，福祚孔章。〔四〕近臣建策，左右扶翼，內外同心，稽合神明。陛下踐祚，奉遵鴻緒，爲郊廟主，承續祖宗無窮之烈，上當天心，下猒民望。而即位倉卒，典章多缺，請條案禮儀，分別具奏。」制曰：「可。」乃召公卿百僚，使虎賁、羽林士屯南、北宮諸門。〔五〕閻顯兄弟聞帝立，率兵入北宮，尚書(郎)〔郭〕鎮與交鋒刃，遂斬顯弟衞尉景。戊午，遣使者入省，奪得璽綬，乃幸嘉德殿，遣侍御史持節收閻顯及其弟城門校尉耀、執金吾晏，並下獄誅。己未，開門，罷屯兵。壬戌，詔司隸校尉：「惟閻顯、江京近親當伏辜誅，其餘務崇寬貸。」壬申，謁高廟。癸酉，謁光武廟。

〔一〕十九人，見孫程傳。

〔二〕漢官儀曰「崇賢門內德陽殿」也。

〔三〕從太子廢爲王，故曰龍潛蕃國。

〔四〕孔，甚也。章，明也。

〔五〕漢官儀曰：「書稱『虎賁三百人』，言其猛怒如虎之奔赴也。孝武建元三年初置期門，平帝元始元年更名虎賁郎。」又：「武帝太初元年初置建章營騎，後更名羽林。以天有羽林之星，故取名焉。又取從軍死事之子孫養羽林官，教以五兵，號曰羽林孤兒。光武中興，以征伐之士勞苦者爲之，故曰羽林士。」

中華書局

乙亥，詔益州刺史罷子午道，通褒斜路。〔一〕

〔一〕子午道，平帝時王莽通之。三秦記曰，子午，長安正南。山名秦領谷，一名樊川。褒斜，漢中谷名。南谷名褒，北谷名斜，首尾七百里。

己卯，葬少帝以諸王禮。司空劉授免。〔二〕賜公卿以下錢穀各有差。十二月甲申，以少府河南陶敦爲司空。〔三〕

〔二〕東觀記曰：「以阿附惡逆，辟召非其人，策罷。」

〔三〕敦字文理，京縣人也。

（其）令郡國守相視事未滿歲者，一切得舉孝廉吏。〔一〕

〔一〕漢法，視事滿歲乃得舉。今帝新即位，施恩惠，雖未滿歲，得令舉人。

癸卯，尚書奏請下有司，收還延光三年九月丁酉以皇太子爲濟陰王詔書。奏可。

京師大疫。

辛亥，詔公卿、郡守、國相，舉賢良方正　能直言極諫之士各一人。尚書令以下從輦幸南宮者，皆增秩賜布各有差。

永建元年春正月甲寅，詔曰：「先帝聖德，享祚未永，早弃鴻烈。姦慝緣閒，人庶怨讟，

上干和氣，疫癘爲災。朕奉承大業，未能寧濟。蓋至理之本，稽弘德惠，蕩滌宿惡，與人更始。其大赦天下。賜男子爵，人二級，爲父後、三老、孝悌、力田（人）三級，流民欲自占者一級；鰥、寡、孤、獨、篤癃、貧不能自存者粟，人五斛；貞婦帛，人三匹。坐法當徙，勿徙；亡徒當傳，勿傳。〔一〕宗室以罪絕，皆復屬籍。其與閻顯、江京等交通者，悉勿考。勉修厥職，以康我民。」

〔一〕徒囚逃亡當傳捕者，放之勿捕。

辛未，皇太后閻氏崩。

辛巳，太傅馮石、太尉劉熹、司徒李郃免。〔一〕

〔一〕馮石字次初。東觀記曰：「馮、劉以阿黨權貴，李郃以人多疾疫免。」

二月甲申，葬安思皇后。

丙戌，太常桓焉爲太傅；大鴻臚朱寵爲太尉，參錄尚書事；長樂少府九江朱倀爲司徒。〔一〕賜百官隨輦宿衞及拜除者布各有差。

〔一〕朱寵字仲威，京兆杜陵人。朱倀字孫卿，壽春人也。倀音丑良反。

隴西鍾羌叛，護羌校尉馬賢討破之。

夏五月丁丑，詔幽、幷、涼州刺史，使各實二千石以下至黃綬，〔一〕年老劣弱不任軍事者，上名。嚴勑障塞，繕設屯備，立秋之後，簡習戎馬。

〔一〕實謂驗實之也。二千石，太守也。黃綬，丞、尉也。前書曰「比二百石以上，銅印黃綬」也。

六月己亥，封濟南王錯子顯爲濟南王。

秋七月庚午，衞尉來歷爲車騎將軍。

八月，鮮卑寇代郡，代郡太守李超戰歿。

九月辛亥，初令三公、尚書入奏事。

冬十月辛巳，詔減死罪以下徙邊；其亡命贖，各有差。

丁亥，司空陶敦免。

鮮卑犯邊。庚寅，遣黎陽營兵出屯中山北界。告幽州刺史，其令緣邊郡增置步兵，列屯塞下。調五營弩師，郡舉五人，令教習戰射。〔一〕

〔一〕調，選也。五營，五校也，謂長水、步兵、射聲、（胡）〔屯〕騎、（車）〔越〕騎等五校尉也。

壬寅，廷尉張皓爲司空。

甲辰，詔以疫癘水潦，令人半輸今年田租；傷害什四以上，勿收責；不滿者，以實除之。

十二月辛巳，賜王、主、貴人、公卿以下布各有差。

二年春正月戊申，樂安王鴻來朝。

丁卯，常山王章薨。

二月，鮮卑寇遼東、玄菟。

甲辰，詔稟貸荆、豫、兖、冀四州流冗貧人，所在安業之；疾病致醫藥。

護烏桓校尉耿曄率南單于擊鮮卑，破之。

三月，旱，遣使者錄囚徒。

疏勒國遣使奉獻。

夏六月乙酉，追尊謚皇妣李氏爲恭愍皇后，葬于恭北陵。

西域長史班勇、敦煌太守張朗討焉耆、尉犂、危須三國，破之；並遣子貢獻。

秋七月甲戌朔，日有食之。

壬午，太尉朱寵、司徒朱倀罷。庚子，太常劉光爲太尉，錄尚書事；光祿勳許敬爲司徒。〔一〕

〔一〕劉光字仲遼，即太尉劉矩之弟。許敬字鴻卿，平輿人。

辛丑，下邳王成薨。

三年春正月丙子，京師地震，漢陽地陷裂。甲午，詔實覈傷害者，賜年七歲以上錢，人二千；一家被害，郡縣爲收斂。乙未，詔勿收漢陽今年田租、口賦。

夏四月癸卯，遣光祿大夫案行漢陽及河內、魏郡、陳留、東郡，稟貸貧人。

六月，旱。遣使者錄囚徒，理輕繫。

甲寅，濟南王顯薨。

秋七月丁酉，茂陵園寢災，帝縞素避正殿。〔一〕辛亥，使太常王龔持節告祠茂陵。

〔一〕爾雅曰「縞，晧也」，繒之精白者曰縞。

九月，鮮卑寇漁陽。

冬十二月己亥，太傅桓焉免。〔一〕

〔一〕東觀記曰：「無清介辟召，策罷。」

是歲，車騎將軍來歷罷。

四年春正月丙寅，詔曰：「朕託王公之上，涉道日寡，政失厥中，陰陽氣隔，寇盜肆暴，庶獄彌繁，憂悴永歎，疢如疾首。詩云：『君子如祉，亂庶遄已。』〔一〕三朝之會，朔旦立春，嘉

與海內洗心自新。其赦天下。從甲寅赦令已來復秩屬籍，三年正月已來還贖。其閻顯、江京等知識婚姻禁錮，一原除之。〔三〕務崇寬和，敬順時令，遵典去苛，以稱朕意。」

〔一〕解見章紀。

〔三〕妻父曰婚，壻父曰姻。一猶皆也。

丙子，帝加元服。〔一〕賜王、主、貴人、公卿以下金帛各有差。賜男子爵及流民欲占者人一級，爲父後、三老、孝悌、力田人二級；鰥、寡、孤、獨、篤癃、〔貧〕不能自存帛，〔人〕一匹。

〔一〕冠也。

二月戊戌，詔以民入山鑿石，發洩藏氣，敕有司檢察所當禁絕，如建武、永平故事。

夏五月壬辰，詔曰：「海內頗有災異，朝廷修政，太官減膳，珍玩不御。而桂陽太守文礱，〔一〕不惟竭忠，宣暢本朝，而遠獻大珠，以求幸媚，今封以還之。」

〔一〕音力公反。

五州雨水。秋八月庚子，遣使實覈死亡，收斂稟賜。

丁巳，太尉劉光、司空張晧免。〔一〕

〔一〕東觀記曰：「以陰陽不和，久託病，策罷。」

九月，復安定、北地、上郡歸舊土。〔一〕

〔一〕安帝永初五年徙，今復之。

癸酉，大鴻臚龐參爲太尉，錄尚書事。太常王龔爲司空。

冬十一月庚辰，司徒許敬免。〔一〕

〔一〕東觀記曰：「爲陵轢使(官)〔者〕策罷，以千石祿終身。」

鮮卑寇朔方。

十二月乙卯，宗正劉崎爲司徒。〔一〕

〔一〕崎字叔峻，華陰人也。

是歲，分會稽爲吳郡。拘彌國遣使貢獻。

五年春正月，疏勒王遣侍子，及大宛、莎車王皆奉使貢獻。

夏四月，京師旱。辛巳，詔郡國貧人被災者，勿收責今年過更。京師及郡國十二蝗。

冬十月丙辰，詔郡國中都官死罪繫囚皆減罪一等，詣北地、上郡、安定戍。

乙亥，定遠侯班始坐殺其妻陰城公主，腰斬，〔一〕同產皆弃市。

〔一〕始，班超孫也，尚順帝姑陰城公主。東觀記曰：「陰城公主名賢得。」

六年春二月庚午，河閒王開薨。

三月辛亥，復伊吾屯田，〔一〕復置伊吾司馬一人。

〔一〕章帝建初二年罷也。

秋九月辛巳，繕起太學。

護烏桓校尉耿曄遣兵擊鮮卑，破之。

丁酉，于闐王遣侍子貢獻。

冬十一月辛亥，詔曰：「連年災潦，冀部尤甚。比蠲除實傷，贍恤窮匱，而百姓猶有弃業，流亡不絕。疑郡縣用心怠惰，恩澤不宣。易美『損上益下』，書稱『安民則惠』。〔一〕其令冀部勿收今年田租、芻稾。」

〔一〕易益卦曰：「損上益下，人悅無疆。」惠，愛也。尚書曰：「安人則惠，黎人懷之。」

十二月，日南徼外葉調國、撣國遣使貢獻。〔一〕

〔一〕東觀記曰：「葉調國王遣使師會詣闕貢獻，以師會爲漢歸義葉調邑君，賜其君紫綬，及撣國王雍(田)〔由〕亦賜金印紫綬。」撣音擅。

壬申，客星出牽牛。

于闐王遣侍子詣闕貢獻。

陽嘉元年春正月乙巳，立皇后梁氏。賜爵，人二級，三老、孝悌、力田三級，爵過公乘，得移與子若同產、同產子，民無名數及流民欲占著者人一級；鰥、寡、孤、獨、篤癃、貧不能自存者粟，人五斛。

二月，海賊曾旌等寇會稽，殺句章、鄞、鄮三縣長，〔一〕攻會稽東部都尉。詔緣海縣各屯兵戍。

〔一〕三縣皆屬會稽郡。鄮縣今越州縣也。句章故城在今鄮縣西。鄞故城在鄮縣東南。鄞音銀。鄮音茂。

丁巳，皇后謁高廟、光武廟，詔稟甘陵貧人，大小口各有差。

京師旱。庚申，敕郡國二千石各禱名山岳瀆，遣大夫、謁者詣嵩高、首陽山，幷祠河、洛，請雨。〔一〕戊辰，雩。

〔一〕首陽山在洛陽東北也。

以冀部比年水潦，民食不贍，詔案行稟貸，勸農功，賑乏絕。

甲戌，詔曰：「政失厥和，陰陽隔幷，冬鮮宿雪，春無澍雨。分禱祈請，靡神不禜。〔一〕深恐在所慢違『如在』之義，〔二〕今遣侍中王輔等，持節分詣岱山、東海、滎陽、河、洛，盡心祈焉。」〔三〕

〔一〕說文曰：「禜，設緜蕝爲營，以祈水旱。」禜音詠。詩曰：「靡神不舉。」

〔二〕論語曰：「祭神如神在。」

〔三〕濟水，四瀆之一，至河南溢爲滎澤，故於滎陽祠焉。

三月，揚州六郡妖賊章河等寇四十九縣，殺傷長吏。

庚寅，帝臨辟雍饗射，大赦天下，改元陽嘉。詔宗室絕屬籍者，一切復籍；稟冀州尤貧民，勿收今年更、租、口賦。

夏五月戊寅，阜陵王恢薨。

秋七月，史官始作候風地動銅儀。〔一〕

〔一〕時張衡爲太史令，作之。

丙辰，以太學新成，試明經下第者補弟子，增甲、乙科員各十人。〔一〕除郡國耆儒九十人補郎、舍人。

〔一〕前書音義曰：「甲科謂作簡策難問，列置案上，(在)〔任〕試者意投射取而荅之，謂之射策。上者爲甲，次(著)爲乙。若錄政化得失，顯而問之，謂之對策也。」

九月，詔郡國中都官繫囚皆減死一等，亡命者贖，各有差。鮮卑寇遼東。

冬十一月甲申，望都、蒲陰狼殺女子九十七人，〔一〕詔賜狼所殺者錢，人三千。

〔一〕望都，縣名，屬中山國，今定州縣也。章帝改曲逆爲蒲陰，亦屬中山，與望都相近，故城在今定州北。東觀記亦作「蒲」，本多作「滿」(滿)字者，誤也。東觀又云：「爲不祠北岳所致。詔曰『政失厥中，狼災爲應，至乃殘食孤幼。博訪其故，山岳尊靈，國所望秩，而比不奉祠，淫刑放濫，害加孕婦』也。」

辛卯，初令郡國舉孝廉，限年四十以上，諸生通章句，文吏能牋奏，乃得應選；其有茂才異行，若顏淵、子奇，不拘年齒。〔一〕

〔一〕史記曰：「顏回，魯人，好學，年二十九髮盡白，早死。」新序曰：「子奇年十八，齊君使之化阿。至阿，鑄其庫兵以爲耕器，出倉廩以賑貧窮，阿縣大化。」

十二月丁未，東平王敞薨。

庚戌，復置玄菟郡屯田六(郡)〔部〕。

閏月丁亥，令諸以詔除爲郎，年四十以上課試如孝廉科者，得參廉選，歲舉一人。

戊子，客星出天苑。

辛卯，詔曰：「閒者以來，吏政不勤，故灾咎屢臻，盜賊多有。退省所由，皆以選舉不實，官非其人，是以天心未得，人情多怨。書歌股肱，詩刺三事。〔一〕今刺史、二千石之選，歸任三司。〔二〕其簡序先後，精覈高下，歲月之次，文武之宜，務存厥衷。」

〔一〕尚書益稷篇帝作歌曰：「元首明哉！股肱良哉！」詩小雅曰「三事大夫，莫肯夙夜。邦君諸侯，莫肯朝夕」也。

〔二〕三司，三公也，即太尉、司空、司徒也。歸猶委任也。

庚子，恭陵百丈廡災。〔一〕

〔一〕恭陵，安帝陵也。廡，廊屋也。說文曰「堂下周屋曰廡」也。

是歲，起西苑，修飾宮殿。

二年春二月甲申，詔以吳郡、會稽飢荒，貸人種糧。

三月，使匈奴中郎將王稠率左骨都侯等擊鮮卑，破之。

辛酉，除京師耆儒年六十以上四十八人補郎、舍人及諸王國郎。

夏四月，復置隴西南部都尉官。〔一〕

〔一〕武帝元朔四年，初置南部都尉於隴西臨洮縣，中興以來廢，至此復置之也。

己亥，京師地震。五月庚子，詔曰：「朕以不德，統奉鴻業，無以奉順乾坤，協序陰陽，灾眚屢見，咎徵仍臻。地動之異，發自京師，矜矜祗畏，不知所裁。羣公卿士將何以匡輔不逮，奉荅戒異？異不空設，必有所應，其各悉心直言厥咎，靡有所諱。」

戊午，司空王龔免。六月辛未，太常魯國孔扶爲司空。〔一〕

〔二〕扶字仲淵。

疏勒國獻師子、封牛。〔一〕

〔一〕東觀記曰：「疏勒王盤遣使文時詣闕。」師子似虎，正黃，有頿耏，尾端茸毛大如斗。封牛，其領上肉隆起若封然，因以名之，即今之峯牛。

丁丑，洛陽地陷。是月，旱。

秋七月己未，太尉龐參免。八月己巳，大鴻臚沛國施延為太尉。〔一〕

〔一〕延字君子，蘄縣人也。

鮮卑寇代郡。

冬十月庚午，行禮辟雍，奏應鍾，始復黃鍾，作樂器隨月律。〔一〕

〔一〕子為黃鍾，律長九寸，聲有輕重長短，度量皆出黃鍾。隨月律謂月令「正月律中太蔟，二月律中夾鍾，三月律中姑洗，四月律中仲呂，五月律中蕤賓，六月律中林鍾，七月律中夷則，八月律中南呂，九月律中無射，十月律中應鍾，十一月律中黃鍾，十二月律中大呂」。東觀記曰：「元和以來，音戾不調，修復如舊典。」蔟音湊。

三年春二月己丑，詔以久旱，京師諸獄無輕重皆且勿考竟，須得澍雨。

三月庚戌，益州盜賊劫質令長，殺列侯。

夏四月丙寅，車師後部司馬率後部王加特奴等掩擊匈奴，大破之，獲其季母。

五月戊戌，制詔曰：「昔我太宗，丕顯之德，假于上下，儉以恤民，政致康乂。朕秉事不明，政失厥道，天地譴怒，大變仍見。春夏連旱，寇賊彌繁，元元被害，朕甚愍之。嘉與海內洗心更始。其大赦天下，自殊死以下謀反大逆諸犯不當得赦者，皆赦除之。賜民年八十以上米，〔人〕一斛，肉二十斤，酒五斗；九十以上加賜帛，人二匹，絮三斤。」

秋七月庚戌，鍾羌寇隴西、漢陽。冬十月，護羌校尉馬續擊破之。

十一月壬寅，司徒劉崎、司空孔扶免。乙巳，大司農南郡黃尚為司徒，光祿勳河東王卓為司空。〔一〕

〔一〕黃尚字伯，河南郡邵人也。王卓字仲遼，河東解人也。邵音求紀反。

丙午，武都塞上屯羌及外羌攻破屯官，驅略人畜。

四年春二月丙子，初聽中官得以養子為後，世襲封爵。

自去冬旱，至于是月。

謁者馬賢擊鍾羌，大破之。

夏四月甲子，太尉施延免。〔一〕戊寅，執金吾梁商為大將軍，前太尉龐參為太尉。

〔一〕東觀記曰「以選舉貪汙策罷」也。

六月己未，梁王匡薨。秋七月己亥，濟北王登薨。

閏月丁亥朔，日有食之。

冬十月，烏桓寇雲中。十一月，度遼將軍耿曄追擊於蘭池，〔一〕發諸郡兵救之，烏桓退走。

〔一〕續漢志曰：「雲中郡沙南縣有蘭池城。」

十二月甲寅，京師地震。

永和元年春正月，夫餘王來朝。

乙卯，詔曰：「朕秉政不明，災眚屢臻。典籍所忌，震食為重。今日變方遠，地搖京師，〔一〕咎徵不虛，必有所應。羣公百僚其各上封事，指陳得失，靡有所諱。」

〔一〕東觀記曰：「陽嘉四年詔曰『朕以不德，謫見于天，雩陵言日食，京師不覺』。」故此言日變方遠。

己巳，宗祀明堂，登靈臺，改元永和，大赦天下。

秋七月，偃師蝗。

冬十月丁亥，承福殿火，帝避御雲臺。

十一月丙子，太尉龐參罷。

十二月，象林蠻夷叛。

乙巳，以前司空王龔為太尉。

二年春正月，武陵蠻叛，圍充縣，又寇夷道。〔一〕

〔一〕充縣屬武陵郡，故城在澧州崇義縣東北。充音衝。夷道屬南郡也。

二月，廣漢屬國都尉擊破白馬羌。

武陵太守李進擊叛蠻，破之。

三月辛亥，北海王翼薨。

乙卯，司空王卓薨。丁丑，光祿勳馮翊郭虔為司空。〔一〕

〔一〕虔字君賢，池陽人。

夏四月丙申，京師地震。

五月，日南叛蠻攻郡府。

秋七月，九眞、交阯二郡兵反。

八月庚子，熒惑犯南斗。〔一〕

〔一〕熒惑，火星也。南斗，北方之宿也。前書音義曰：「犯謂七寸內光芒相及。」

江夏盜賊殺邾長。〔一〕

〔一〕邾，縣，屬江夏郡，故城在今復州竟陵縣東。邾音朱。

冬十月甲申，行幸長安，所過鰥、寡、孤、獨、貧不能自存者賜粟，人五斛。庚子，幸未央宮，會三輔郡守、都尉及官屬，勞賜作樂。十一月丙午，祠高廟。丁未，遂有事十一陵。丁卯，京師地震。十二月乙亥，至自長安。

三年春二月乙亥，京師及金城、隴西地震，二郡山岸崩，地陷。戊子，太白犯熒惑。

夏四月，九江賊蔡伯流寇郡界，及廣陵，殺江都長。

戊戌，遣光祿大夫案行金城、隴西，賜壓死者年七歲以上錢，人二千；一家皆被害，爲收斂之。除今年田租，尤甚者勿收口賦。

閏月，蔡伯流等率衆詣徐州刺史應志降。〔一〕

〔一〕續漢書曰：「志字仲節，汝南南頓人也。曾祖父順。」

己酉，京師地震。

五月，吳郡丞羊珍反，攻郡府，太守王衡破斬之。

六月辛丑，琅邪王遵薨。

九眞太守祝良、交阯刺史張喬慰誘日南叛蠻，降之，嶺外平。〔一〕

〔一〕續漢書曰：「祝良字邵卿，長沙臨湘人。」

秋七月丙戌，濟北王多薨。

八月己未，司徒黃尙免。九月己酉，光祿勳長沙劉壽爲司徒。〔一〕

〔一〕壽字伯長，臨湘人也。

丙戌，令大將軍、三公各舉故刺史、二千石及見令、長、郎、謁者、四府掾屬剛毅武猛有謀謨任將帥者各二人，特進、卿、校尉各一人。

冬十月，燒當羌寇金城，護羌校尉馬賢擊破之，羌遂相招而叛。

十二月戊戌朔，日有食之。

四年春正月庚辰，中常侍張逵、蘧政、楊定等有罪誅，〔一〕連及弘農太守張鳳、安平相楊晧，下獄死。

〔一〕事見梁商傳也。

三月乙亥，京師地震。

夏四月癸卯，護羌校尉馬賢討燒當羌，大破之。

戊午，大赦天下。賜民爵及粟帛各有差。

五月戊辰，封故濟北惠王壽子安爲濟北王。

秋八月，太原郡旱，民庶流冗。癸丑，遣光祿大夫案行稟貸，除更賦。

冬十月戊午，校獵上林苑，歷函谷關而還。十一月丙寅，幸廣成苑。

五年春二月戊申，京師地震。

夏四月庚子，中山王弘薨。

南匈奴左部句龍大人吾斯、車紐等叛，圍美稷。〔一〕

〔一〕美稷，縣，屬西河郡也。

五月，度遼將軍馬續討吾斯、車紐，破之，使匈奴中郎將陳龜迫殺南單于。

己丑晦，日有食之。

且凍羌寇三輔，殺令長。〔一〕

〔一〕且音子余反。

丁丑，令死罪以下及亡命贖，各有差。

九月，令扶風、漢陽築隴道塢三百所，置屯兵。

辛未，太尉王龔罷。

且凍羌寇武都，燒隴關。〔一〕

〔一〕隴山之關也，今名大震關，在今隴州汧源縣西也。

壬午，太常桓焉爲太尉。

丁亥，徙西河郡居離石，〔一〕上郡居夏陽，朔方居五原。

〔一〕離石，縣名，在郡南五百九里。西河本都平定縣，至此徙於離石。

句龍吾斯等東引烏桓，西收羌胡，寇上郡，立車紐爲單于。冬十一月辛巳，遣使匈奴中郎將張耽擊破之，車紐降。

六年春正月丙子，征西將軍馬賢與且凍羌戰于射姑山，賢軍敗沒，安定太守郭璜下獄死。

詔貸王、侯國租一歲。

閏月，鞏唐羌寇隴西，遂及三輔。

二月丁巳，有星孛于營室。

三月，武（都）〔威〕太守趙沖討鞏唐羌，破之。

庚子，司空郭虔免。

(丁)〔乙〕巳，河閒王政薨。

丙午，太僕趙戒爲司空。〔一〕

〔一〕戒字志伯，蜀郡成都人也。

夏五月庚子，齊王無忌薨。

使匈奴中郎將張耽大破烏桓、羌胡於天山。〔一〕

〔一〕東觀記曰：「耽將吏兵，繩索相懸，上通天山。」

鞏唐羌寇北地。

秋七月甲午，詔假民有貲者戶錢一千。

八月丙辰，大將軍梁商薨。壬戌，河南尹梁冀爲大將軍。

九月，諸種羌寇武威。

辛亥晦，日有食之。

冬十月癸丑，徙安定居扶風，北地居馮翊。

十一月庚子，以執金吾張喬行車騎將軍事，將兵屯三輔。

漢安元年春正月癸巳，宗祀明堂，大赦天下，改元漢安。

二月丙辰，詔大將軍、公、卿舉賢良方正、能探賾索隱者各一人。〔一〕

〔一〕賾，幽深也。索，求也。

秋七月，始置承華廄。〔一〕

〔一〕東觀記曰：「時以遠近獻馬衆多，園廄充滿，始置承華廄令，秩六百石。」

八月，南匈奴左部大人句龍吾斯與薁鞬臺耆等反叛。〔一〕

〔一〕薁音於六反。鞬音居言反。

丁卯，遣侍中杜喬、光祿大夫周舉、守光祿大夫郭遵、馮羨、欒巴、張綱、周栩、劉班等八人分行州郡，班宣風化，舉實臧否。

九月庚寅，廣陵盜賊張嬰等寇郡縣。

冬十月辛未，太尉桓焉、司徒劉壽免。甲戌，行車騎將軍張喬罷。十一月壬午，司隸校尉趙峻爲太尉，大司農胡廣爲司徒。〔一〕

〔一〕峻字伯師，下邳徐人也。

癸卯，詔大將軍、三公選武猛試用有效驗任爲將校者各一人。

是歲，廣陵賊張嬰等詣太守張綱降。

二年春二月丙辰，鄯善國遣使貢獻。

夏四月庚戌，護羌校尉趙沖與漢陽太守張貢擊燒(當)〔何〕羌於參䜌，破之。〔一〕

〔一〕參䜌，縣，屬安定郡。䜌音力全反。

六月乙丑，熒惑犯鎭星。

丙寅，立南匈奴守義王兜樓儲爲南單于。

冬十月辛丑，令郡國中都官繫囚殊死以下出縑贖，各有差；其不能入贖者，遣詣臨羌縣居作二歲。

甲辰，減百官奉。丙午，禁沽酒，又貸王、侯國租一歲。

閏月，趙沖擊燒當羌於(河)〔阿〕陽，破之。〔一〕

〔一〕阿陽，縣，屬(天水)〔漢陽〕郡，故城在今秦州隴城縣西北。

十一月，使匈奴中郎將馬寔遣人刺殺句龍吾斯。

十二月，楊、徐盜賊攻燒城寺，殺略吏民。

是歲，涼州地百八十震。

建康元年春正月辛丑，詔曰：「隴西、漢陽、張掖、北地、武威、武都，自去年九月已來，地百八十震，山谷坼裂，壞敗城寺，殺害民庶。夷狄叛逆，賦役重數，內外怨曠，惟咎歎息。其遣光祿大夫案行，宣暢恩澤，惠此下民，勿爲煩擾。」

三月庚子，沛王廣薨。

領護羌校尉衞琚追討叛羌，破之。〔一〕

〔一〕琚音居。

南郡、江夏盜賊寇掠城邑，州郡討平之。

夏四月，使匈奴中郎將馬寔擊南匈奴左部，破之，於是胡羌、烏桓悉詣寔降。

辛巳，立皇子炳爲皇太子，改年建康，大赦天下。賜人爵各有差。

秋七月丙午，清河王延平薨。

八月，楊、徐盜賊范容、周生等寇掠城邑，遣御史中丞馮赦督州郡兵討之。

庚午，帝崩于玉堂前殿，時年三十。遺詔無起寢廟，斂以故服，珠玉玩好皆不得下。

論曰：古之人君，離幽放而反國祚者有矣，莫不矯鑒前違，審識情僞，無忘在外之憂，〔一〕故能中興其業。觀夫順朝之政，殆不然乎？何其傚僻之多與？〔二〕

〔二〕離，遭也。矯，正也。左傳曰：「晉侯在外十九年矣，險阻艱難備嘗之矣，人之情僞盡知之矣。」

〔三〕殆，近也。言順帝做前之僻，不能改正也。

孝沖皇帝諱炳，〔一〕順帝之子也。母曰虞貴人。

〔一〕諡法曰：「幼少在位曰沖。」司馬彪曰：「沖幼早夭，故謚曰沖。」伏侯古今注曰：「炳之字曰明。」

建康元年立爲皇太子，其年八月庚午，卽皇帝位，年二歲。尊皇后曰皇太后。太后臨朝。

丁丑，以太尉趙峻爲太傅；大司農李固爲太尉，參錄尙書事。

九月丙午，葬孝順皇帝于憲陵。〔一〕廟曰敬宗。

〔一〕在洛陽西十五里，陵高八丈四尺，周三百步。

是日，京師及太原、鴈門地震，三郡水涌土裂。

庚戌，詔三公、特進、侯、卿、校尉，舉賢良方正　幽逸修道之士各一人，百僚皆上封事。

己未，九江太守丘騰有罪，下獄死。〔一〕

〔一〕東觀記曰「騰知罪法深大，恢挾姦巧，稽留道路，下獄死」也。

楊州刺史尹耀、九江太守鄧顯討賊范容等於歷陽，軍敗，耀、顯爲賊所殁。

冬十月，日南蠻夷攻燒城邑，交阯刺史夏方招誘降之。

壬申，常山王儀薨。

己卯，零陵太守劉康坐殺無辜，下獄死。

十一月，九江盜賊徐鳳、馬勉等稱「無上將軍」，攻燒城邑。

己酉，令郡國中都官繫囚減死一等，徙邊；謀反大逆，不用此令。

十二月，九江賊黃虎等攻合肥。

是歲，羣盜發憲陵。護羌校尉趙沖追擊叛羌於鸇陰河，戰殁。〔一〕

〔一〕涼州姑臧縣東南有鸇陰縣故城，因水以爲名。

永(嘉)〔憙〕元年春正月戊戌，帝崩于玉堂前殿，年三歲。清河王蒜徵至京師。

孝質皇帝諱纘，〔一〕肅宗玄孫。曾祖父千乘貞王伉，祖父樂安夷王寵，父勃海孝王鴻，母陳夫人。沖帝不豫，大將軍梁冀徵帝到洛陽都亭。及沖帝崩，皇太后與冀定策禁中，丙辰，使冀持節，以王青蓋車迎帝入南宮。丁巳，封爲建平侯，其日卽皇帝位，年八歲。

〔一〕諡法：「忠正無邪曰質。」古今注曰：「纘之字曰繼。」

己未，葬孝沖皇帝于懷陵。〔一〕

〔一〕在洛陽西北十五里。伏侯古今注曰：「高四丈六尺，周百八十三步。」

廣陵賊張嬰等復反，攻殺堂邑、江都長。〔二〕九江賊徐鳳等攻殺曲陽、東城長。〔三〕

〔二〕堂邑，縣，屬廣陵郡，今揚州六合縣也。

〔三〕曲陽，縣，屬九江郡，在淮曲之陽，故城在今豪州定遠縣西北。東城，縣，故城在定遠縣東南也。

甲申，謁高廟。乙酉，謁光武廟。

二月，豫章太守虞續坐贓，下獄死。

乙酉，大赦天下。賜人爵及粟帛各有差。還王侯所削戶邑。

彭城王道薨。

叛羌詣左馮翊梁並降。

三月，九江賊馬勉稱「黃帝」。九江都尉滕撫討馬勉、范容、周生，大破斬之。〔一〕

〔一〕東觀記曰：「傳勉頭及所帶玉印、鹿皮冠、黃衣詣洛陽，詔懸夏城門外，章示百姓。」

夏四月壬申，雩。

庚辰，濟北王安薨。

丹陽賊陸宮等圍城，燒亭寺，丹陽太守江漢擊破之。

五月甲午，詔曰：「朕以不德，託母天下，布政不明，每失厥中。自春涉夏，大旱炎赫，憂心京京，〔一〕故得禱祈明祀，冀蒙潤澤。前雖得雨，而宿麥頗傷；比日陰雲，還復開霽。寤寐永歎，重懷慘結。〔二〕將二千石、令長不崇寬和，暴刻之爲乎？其令中都官繫囚罪非殊死考未竟者，一切任出，以須立秋。〔三〕郡國有名山大澤能興雲雨者，二千石長吏各絜齊請禱，謁誠盡禮。又兵役連年，死亡流離，或支骸不斂，或停棺莫收，朕甚愍焉。昔文王葬枯骨，人賴其德。〔四〕今遣使者案行，若無家屬及貧無資者，隨宜賜卹，以慰孤魂。」

〔一〕爾雅曰：「京京，憂也。」

〔二〕寤，覺也。寐，臥也。詩曰：「寤寐永歎，唯憂用老。」

〔三〕任，保也。

〔四〕呂氏春秋曰：「周文王使人掘地，得死人骸。文王曰：『更葬之。』吏曰：『此無主。』文王曰：『有天下者，天下之主，今我非其主邪？』遂令吏以衣棺葬之。天下聞之，曰：『文王賢矣。澤及枯骨，又況人乎！』」

是月，下邳人謝安應募擊徐鳳等，斬之。

丙辰，詔曰：「孝殤皇帝雖不永休祚，而卽位踰年，君臣禮成。孝安皇帝承襲統業，而前世遂令恭陵在康陵之上，先後相踰，失其次序，非所以奉宗廟之重，垂無窮之制。昔定公追正順祀，春秋善之。〔一〕其令恭陵次康陵，憲陵次恭陵，以序親秩，爲萬世法。」

〔一〕魯閔公立二年而薨，次僖公立，僖雖是閔庶兄，然嘗爲閔臣，位次當在閔下。後文公即位，乃進僖公神位居閔之上。左傳曰：「躋僖公，逆祀也。」定公八年經書「從祀先公」。從，順也。順祀謂退僖神位於閔下。穀梁曰：「從祀先公，貴正也。」

六月，鮮卑寇代郡。

秋七月庚寅，阜陵王代薨。

廬江盜賊攻尋陽，又攻盱台，〔一〕滕撫遣司馬王章擊破之。

〔一〕音吁夷，今楚州縣也。

九月庚戌，太傅趙峻薨。

冬十一月己丑，南陽太守韓昭坐臧下獄死。〔一〕

〔一〕東觀記曰：「強賦一億五千萬，檻車徵下獄。」

丙午，中郎將滕撫擊廣陵賊張嬰，破之。

丁未，中郎將趙序坐事弃市。〔一〕

〔一〕東觀記曰：「取錢縑三百七十五萬。」

歷陽賊華孟自稱「黑帝」，攻殺九江太守楊岑，滕撫率諸將擊孟等，大破斬之。

本初元年春正月丙申，詔曰：「昔堯命四子，以欽天道，〔一〕鴻範九疇，休咎有象。〔二〕夫瑞以和降，異因逆感，禁微應大，前聖所重。〔三〕頃者，州郡輕慢憲防，競逞殘暴，造設科條，陷入無罪。或以喜怒驅逐長吏，恩阿所私，罰枉仇隙，至令守闕訴訟，前後不絕。送故迎新，人離其害，怨氣傷和，以致災眚。書云：『明德慎罰。』〔四〕方春東作，育微敬始。其敕有司，罪非殊死，且勿案驗，以崇在寬。」〔五〕

〔一〕四子謂羲仲、羲叔、和仲、和叔也。尚書曰：「乃命羲、和，欽若昊天。」

〔二〕尚書曰：「天乃錫禹洪範九疇。」孔安國注云：「洪，大也。範，法也。疇，類也。言天與禹，洛出書，神龜負文而出，列於背，有數至于九，禹遂因而第之，以成九類。」其八曰庶徵，有休徵、咎徵之應。休，美也。咎，惡也。徵，驗也。人君行善政，則百穀用成，家用平康，是休徵也。政有乖失，則百穀用不成，家用不寧，是咎徵也。休之與咎，皆象人君之政，故言「休咎有象」也。「象」或作「家」。

〔三〕言君政純和則瑞氣降，若逆時令則災異感。所禁雖微，其應乃大。前聖所重，即謂唐堯欽若昊天，箕子休咎之應。

〔四〕眚，過也。「明德慎罰」，尚書康誥之言。

〔五〕言東作之時，須育養細微，敬事之始。禮記月令：「孟春之月，無殺〔孩〕蟲胎夭飛鳥，無麛無卵。慶賜遂行，無有不當。」書曰：「敬敷五教，五教在寬。」

壬子，廣陵太守王喜坐討賊逗留，下獄死。

二月庚辰，詔曰：「九江、廣陵二郡數離寇害，殘夷最甚。〔一〕生者失其資業，死者委尸原野。昔之爲政，一物不得其所，若已爲之，〔二〕況我元元，嬰此困毒。方春戒節，賑濟乏戹，掩骼埋胔之時。〔三〕其調比郡見穀，出稟窮弱，收葬枯骸，務加埋卹，以稱朕意。」

〔一〕謂比年張嬰寇廣陵，華孟寇九江也。

〔二〕尚書曰：「一夫弗獲，則曰時予之辜。」

〔三〕月令：「孟春之月，行慶施惠，下及兆人。」又曰：「掩骼埋胔。」鄭玄注曰：「爲死氣逆生氣也。」骨枯曰骼，肉腐曰胔。

夏四月庚辰，令郡國舉明經，年五十以上、七十以下詣太學。自大將軍至六百石，皆遣子受業，歲滿課試，以高第五人補郎中，次五人太子舍人。又千石、六百石、四府掾屬、三署郎、四姓小侯先能通經者，各令隨家法，〔一〕其高第者上名牒，當以次賞進。

〔一〕四府掾屬謂大將軍府掾屬二十九人，太尉府掾屬二十四人，司徒府三十一人，司空府二十九人。漢官：「左、右中郎將，皆秦官也，比二千石，三署郎皆屬焉。」三署謂五官署，左、右署也。儒生爲詩者謂之詩家，禮者謂之禮家，故言各隨家法也。四姓小侯，解見明紀也。

五月庚寅，徙樂安王爲勃海王。

海水溢。戊申，使謁者案行，收葬樂安、北海人爲水所漂沒死者，又稟給貧羸。

庚戌，太白犯熒惑。

六月丁巳，大赦天下，賜民爵及粟帛各有差。

閏月甲申，大將軍梁冀潛行鴆弒，帝崩于玉堂前殿，年九歲。

丁亥，太尉李固免。戊子，司徒胡廣爲太尉，司空趙戒爲司徒，與梁冀參錄尚書事。太僕袁湯爲司空。

贊曰：孝順初立，時髦允集。〔一〕匪砥匪革，終淪嬖習。〔二〕保阿傳土，后家世及。〔三〕沖夭未識，質弒以聰。陵折在運，天緒三終。〔四〕

〔一〕爾雅曰：「髦，俊也。」郭璞注曰：「士中之俊，猶毛中之髦。」時張晧、王龔、龐參、張衡、李郃、李固、黃瓊之儔也。

〔二〕砥，礪也。革，改也。淪，沒也。言順帝初升天位，又羣賢總集，不能因茲自礪，改革前非，而終溺於私嬖近習也。謂封孫程等十九人爲侯，又詔中官養子，聽襲封爵之類。

〔三〕保，安也。阿，倚也。言可依倚以取安，傅姆之類也。傳土謂阿母山陽君宋娥更相貨賂，求增邑土也。后家謂拜后父梁商爲大將軍，商薨，仍拜子冀爲大將軍，弟不疑爲河南尹。

〔四〕言陵遲夭折，在於時運，所以天之胤緒，頻致三終也。

校勘記

二五〇頁六行 尙書(郞)〔郭〕鎮與交鋒刃 據汲本、殿本改。

二五一頁八行 (其)令郡國守相視事未滿歲者 據刊誤刪。

二五二頁一行 蓋至理之本 按：李慈銘謂「至理」本當作「至治」。

二五二頁二行 三老孝悌力田〔人〕三級 據殿本補。按：校補引錢大昭說，謂閩本「田」下有「人」字。

二五二頁六行 徒囚逃亡當傳捕者 按：「徒」原譌「徙」，逕改正。

二五二頁一三行 賜百官隨輦宿衞及拜除者布各有差 按：刊誤謂衍一「及」字。

二五三頁一〇行 郡舉五人 按：刊誤謂「舉」當作「與」。

二五三頁一二行 (胡)〔屯〕騎(車)〔越〕騎 據刊誤改。

二五四頁一三行 劉光字仲遼卽太尉劉矩之弟 集解引錢大昕說，謂劉矩傳稱叔父劉光，此注誤。按：張森楷校勘記謂疑「弟」下脫「子」字。

二五六頁六行 〔貧〕不能自存帛〔人〕一匹 據汲本、殿本補。

二五六頁九行 桂陽太守文礱 按：集解引惠棟說，謂袁宏紀作「漢陽都尉」。

二五七頁四行 爲陵轢使(官)〔者〕策罷 據刊誤改。

二五七頁一三行 陰城公主名賢得 按：集解引惠棟說，謂續志作「堅得」。

二五八頁一三行 撣國王雍(田)〔由〕 據殿本改。按：校補引錢大昭說，謂西南夷傳作「雍由調」。

二六〇頁四行 妖賊章河 按：集解引錢大昕說，謂續志作「章何」。

二六〇頁一三行 (在)〔任〕試者意投射取而荅之 據殿本改。

二六〇頁一三行 次〔者〕爲乙 據汲本、殿本補。

二六一頁一行 狠殺女子九十七人 按：集解引惠棟說，謂「女子」續志作「兒童」。

二六一頁三行 本多作滿(滿)字者誤也 據刊誤刪。

二六一頁一〇行 復置玄菟郡屯田六(郭)〔部〕 據集解引陳景雲、錢大昭說改。按：東夷傳作「六部」。

二六四頁四行 賜民年八十以上米〔人〕一斛 據汲本、殿本補。

二六四頁七行 司徒劉崎 按：袁紀「崎」作「愷」。

二六五頁八行 今日變方遠 按：刊誤謂「方遠」當作「遠方」。注同。

二六五頁一三行 冬十月丁亥承福殿火 按：校補引洪亮吉說，謂續志作「丁未」，以下「十一月丙子」推之，志爲是。

二六九頁二行 封故濟北惠王壽子安爲濟北王 按：集解引惠棟說，謂傳作「安國」。

二六九頁七行 左部句龍大人吾斯 姚範謂「大人」當在「左部」之下。按：南匈奴傳作「句龍王吾斯」。

二七〇頁一四行 武(都)〔威〕太守趙沖 集解引惠棟說，謂應奉及西羌傳皆作「武威」。胡三省云，傳云詔沖督河西四郡兵，爲節度，則「武威太守」爲是。武都西北接漢陽，東北接扶風，南接漢中，無緣遠督河西四郡兵也。今據改。

二七一頁二行 (丁)〔乙〕巳河閒王政薨 據張森楷校勘記改。按：是年三月乙酉朔，以下云「丙午」推之，當作「乙巳」。

二七一頁八行 鞏唐羌寇北地 按：集解引惠棟說，謂考異云西羌傳作「罕種羌」。

二七三頁二行 擊燒(當)〔何〕羌 按：集解引通鑑胡注，謂「當」當作「何」，燒當、燒何，羌兩種也。今據改。

二七三頁九行 趙沖擊燒當羌於(河)〔阿〕陽 據汲本改。按：錢大昭謂前志天水郡、續志漢陽郡均止有阿陽，作「河陽」者誤。

二七三頁一〇行 阿陽縣屬(天水)〔漢陽〕郡 據集解本改。按：校補引錢大昭說，謂明帝永平十七年已改天水爲漢陽，不應注仍稱「天水」。又按：西羌傳作「阿陽」，注亦作「漢陽郡」。

二七四頁一〇行 秋七月丙午 按：「七」原譌「十」，逕改正。

二七四頁一二行 遣御史中丞馮赦督州郡兵討之 按：集解引惠棟說，謂據滕撫傳，「馮赦」當作「馮緄」。袁宏紀作「馮放」，亦誤。

二七六頁九行 永(嘉)〔憙〕元年 據集解引錢大昕說及惠棟說改。按：史繩祖學齋佔畢記邛州蒲江縣發地得石刻，有「永憙元年」字樣，故知「永嘉」爲「永憙」之誤。又左雄傳有「迄于永熹，察選清平」之文，錢大昭後漢書辨疑謂「熹」卽「憙」之譌。

二七七頁一二行 九江賊馬勉稱黃帝 按：袁紀「九江」作「揚州」。汲本、殿本「黃帝」作「皇帝」，袁紀同。

二七八頁三行 故得禱祈明祀 按：刊誤謂「得」當作「復」。

二八〇頁一三行 無殺(孩)蟲 據今本禮記月令補。

二八一頁三行 務加埋䘏 按：「埋」原譌「理」，逕據汲本、殿本改正。

後漢書卷七

孝桓帝紀第七

孝桓皇帝諱志，〔一〕肅宗曾孫也。祖父河閒孝王開，父蠡吾侯翼，〔二〕母匽氏。〔三〕翼卒，帝襲爵爲侯。

〔一〕謚法曰：「克敵服遠曰桓。」志之字曰意。

〔二〕順帝時，開上書，願分蠡吾縣以封翼，帝許之。蠡吾故城在今瀛州博野縣西。蠡音禮。

〔三〕諱明，本蠡吾侯之媵妾。史記曰，匽姓，咎繇之後也。匽音偃。

本初元年，梁太后徵帝到夏門亭，〔一〕將妻以女弟。〔二〕會質帝崩，太后遂與兄大將軍冀定策禁中，閏月庚寅，使冀持節，以王青蓋車〔三〕迎帝入南宮，其日卽皇帝位，時年十五。太后猶臨朝政。〔四〕

〔一〕洛陽城北面西頭門也，門外有萬壽亭。

〔二〕妻音七計反。

〔三〕續漢志曰：「皇太子、皇子皆安車，朱班輪，青蓋，金華蚤。」故曰王青蓋車也。

〔四〕東觀記曰：「太后御卻非殿。」

秋七月乙卯，葬孝質皇帝于靜陵。〔一〕

〔一〕在洛陽東南三十里，陵高五丈五尺，周百三十八步。

齊王喜薨。

辛巳，謁高廟、光武廟。

丙戌，詔曰：「孝廉、廉吏皆當典城牧民，禁姦舉善，興化之本，恆必由之。詔書連下，分明懇惻，而在所翫習，遂至怠慢，選舉乖錯，害及元元。頃雖頗繩正，猶未懲改。方今淮夷未殄，軍師屢出，〔一〕百姓疲悴，困於徵發。庶望羣吏，惠我勞民，蠲滌貪穢，以祈休祥。其令秩滿百石，十歲以上，有殊才異行，乃得參選。臧吏子孫，不得察舉。杜絕邪僞請託之原，令廉白守道者得信其操。〔二〕各明守所司，將觀厥後。」

〔一〕本初元年，廬江賊攻盱台，廣陵賊張嬰等殺江都長。盱台、江都並近淮，故言淮夷。時中郎將滕撫屢擊破之，其餘衆猶未殄也。

〔二〕信音申，古字通。

九月戊戌，追尊皇祖河閒孝王曰孝穆皇，夫人趙氏曰孝穆皇后，皇考蠡吾侯曰孝崇皇。

冬十月甲午，尊皇母匽氏爲孝崇博園貴人。〔一〕

〔一〕博本漢蠡吾縣之地也。帝既追尊父爲孝崇皇，其陵曰博陵，置園廟焉，故曰博園，在今瀛州博野縣西。貴人位次皇后，金印紫綬。

建和元年春正月辛亥朔，日有食之。詔三公、九卿、校尉各言得失。戊午，大赦天下。賜吏更勞一歲；男子爵，人二級，爲父後及三老、孝悌、力田人三級；鰥、寡、孤、獨、篤癃、貧不能自存者粟，人五斛；貞婦帛，人三匹。災害所傷什四以上，勿收田租；其不滿者，以實除之。

二月，荆揚二州人多餓死，遣四府掾分行賑給。

沛國言黃龍見譙。

夏四月庚寅，京師地震。詔大將軍、公、卿、校尉舉賢良方正能直言極諫者各一人。又命列侯、將、大夫、御史、謁者、千石、六百石、〔一〕博士、議郎、郎官各上封事，指陳得失。〔二〕又詔大將軍、公、卿、郡、國舉至孝篤行之士各一人。

〔一〕將謂五官、左、右、虎賁、羽林中郎將也。大夫謂光祿大夫、太中大夫、中散大夫、諫議大夫。

〔二〕博士掌通古今，比六百石。議郎比六百石。郎官謂三中郎將下之屬官也。有中郎、侍郎、郎中。

壬辰，詔州郡不得迫脅驅逐長吏。長吏臧滿三十萬而不糾舉者，刺史、二千石以縱避爲罪。若有擅相假印綬者，與殺人同弃市論。

丙午，詔郡國繫囚減死罪一等，勿笞。唯謀反大逆，不用此書。又詔曰：「比起陵塋，〔一〕彌歷時歲，力役既廣，徒隸尤勤。頃雨澤不沾，密雲復散，儻或在茲。〔二〕其令徒作陵者減刑各六月。」

〔一〕作靜陵也。

〔二〕易曰：「密雲不雨，自我西郊。」

是月，立阜陵王代兄勃遒亭侯便爲阜陵王。〔一〕

〔一〕便，光武玄孫也，阜陵王恢之子，以順帝陽嘉中封爲勃遒亭侯，今改封也。遒音子由反。本傳作「便親」，紀傳不同，蓋有誤。

郡國六地裂，水涌井溢。〔一〕芝草生中黃藏府。〔二〕

〔一〕續漢志曰：「水溢壞城寺室屋，殺人。時梁太后攝政，兄冀枉殺李固、杜喬。」

〔二〕漢官儀曰「中黃藏府掌中幣帛金銀諸貨物」也。

六月，太尉胡廣罷，大司農杜喬爲太尉。

秋七月，勃海王鴻薨，〔一〕立帝弟蠡吾侯悝爲勃海王。

〔一〕章帝曾孫也，樂安夷王寵之子，質帝之父也。梁太后改封勃海。

〔八月〕乙未，立皇后梁氏。

九月丁卯，京師地震。

太尉杜喬免。冬十月，司徒趙戒爲太尉，〔一〕司空袁湯爲司徒，前太尉胡廣爲司空。

〔一〕戒字志伯，蜀郡人也。

十一月，濟陰言有五色大鳥見于己氏。〔一〕

〔一〕續漢志曰：「時以爲鳳皇。政既衰缺，梁冀專權，皆羽孽也。」己氏，縣名，屬濟陰郡，故城在今宋州楚丘縣也，古戎州己氏之邑也。

戊午，減天下死罪一等，戍邊。

清河劉文反，殺國相射暠，欲立清河王蒜爲天子；事覺伏誅。蒜坐貶爲尉氏侯，徙桂陽，自殺。〔一〕

〔一〕尉氏，縣，屬陳留郡，今汴州縣也。

前太尉李固、杜喬皆下獄死。〔一〕

〔一〕續漢志曰：「順帝之末，京都童謡曰：『直如弦，死道邊；曲如鉤，反封侯。』曲如鉤謂梁冀、胡廣等。直如弦謂李固等。」

陳留盜賊李堅自稱皇帝，伏誅。〔一〕

〔一〕東觀記曰江舍及李堅等。

二年春正月甲子，皇帝加元服。庚午，大赦天下。賜河間、勃海二王黃金各百斤，〔一〕彭城諸國王各五十斤；〔二〕公主、大將軍、三公、特進、侯、中二千石、二千石、將、大夫、郎吏、從官、四姓及梁鄧小侯、諸夫人以下帛，各有差。年八十以上賜米、酒、肉，九十以上加帛二匹，綿三斤。

〔一〕河閒王建，勃海王悝。

〔二〕彭城王定。

三月戊辰，帝從皇太后幸大將軍梁冀府。

白馬羌寇廣漢屬國，殺長吏，益州刺史率板楯蠻討破之。〔一〕

〔一〕板楯，西南蠻之號。

夏四月丙子，封帝弟〈顧〉〔碩〕爲平原王，奉孝崇皇祀。尊孝崇皇夫人馬氏爲孝崇園貴人。

嘉禾生大司農帑藏。〔一〕五月癸丑，北宮掖廷中德陽殿及左掖門火，車駕移幸南宮。

〔一〕說文曰：「帑者，金布所藏之府也。」帑，佗朗反。

六月，改清河爲甘陵，立安平王得子經侯理爲甘陵王。〔一〕

〔一〕安平，今定州縣也。經，今貝州經城縣。

秋七月，京師大水。河東言木連理。

冬十月，長平陳景自號「黃帝子」，署置官屬，又南頓管伯亦稱「眞人」，並圖舉兵，悉伏誅。

三年春三月甲申，彭城王定薨。

夏四月丁卯晦，日有食之。〔一〕五月乙亥，詔曰：「蓋聞天生蒸民，不能相理，爲之立君，使司牧之。君道得於下，則休祥著乎上；庶事失其序，則咎徵見乎象。〔二〕閒者，日食毀缺，陽光晦暗，朕祗懼潛思，匪遑啓處。〔三〕傳不云乎：『日食修德，月食修刑。』〔四〕昔孝章帝愍前世禁徙，故建初之元，並蒙恩澤，流徙者使還故郡，沒入者免爲庶民。先皇德政，可不務乎！其自永建元年迄乎今歲，凡諸妖惡，支親從坐，及吏民減死徙邊者，悉歸本郡；唯沒入者不從此令。」

〔一〕續漢志曰：「在東井二十三度。東井主法，梁太后枉殺公卿，犯天法也。」

〔二〕已上略成帝詔詞。

〔三〕遑，暇也。啓，跪也。詩小雅曰：「王事靡盬，不遑啓處。」

〔四〕公羊傳之文也。

六月庚子，詔大將軍、三公、特進、侯，其與卿、校尉舉賢良方正能直言極諫之士各一人。

乙卯，震憲陵寢屋。秋七月庚申，廉縣雨肉。〔一〕八月乙丑，有星孛于天市。〔二〕京師大水。九月己卯，地震。庚寅，地又震。詔死罪以下及亡命者贖，各有差。郡國五山崩。

〔一〕續漢志曰：「肉似羊肺，或大如手。」五行傳云：「弃法律，逐功臣，時則有羊禍，時則有赤眚赤祥。」是時梁太后攝政，兄冀專權，枉誅李固、杜喬，天下冤之。廉縣屬北地郡也。

〔二〕前書曰：「旗星中四星，名曰天市。」

冬十月，太尉趙戒免。司徒袁湯爲太尉，大司農河內張歆爲司徒。〔一〕

〔一〕歆字敬讓。

十一月甲申，詔曰：「朕攝政失中，災眚連仍，三光不明，陰陽錯序。監寐寤歎，疢如疾首。〔一〕今京師廝舍，死者相枕，〔二〕郡縣阡陌，處處有之，甚違周文掩胔之義。其有家屬而貧無以葬者，給直，人三千，喪主布三匹；若無親屬，可於官壖地葬之，〔三〕表識姓名，爲設祠祭。又徙在作部，疾病致醫藥，死亡厚埋藏。民有不能自振及流移者，稟穀如科。州郡檢察，務崇恩施，以康我民。」

〔一〕監寐言雖寢而不寐也。寤，覺也。

〔二〕厮舍，賤役人之舍。

〔三〕壖，官之餘地也。前書音義曰：「壖，城郭旁地。」音奴喚、而戀二反。

和平元年春正月甲子，大赦天下，改元和平。

(己)〔乙〕丑，詔曰：「曩者遭家不造，先帝早世。〔一〕永惟大宗之重，深思嗣續之福，詢謀台輔，稽之兆占。既建明哲，克定統業，天人協和，萬國咸寧。元服已加，將即委付，而四方盜竊，頗有未靜，故假延臨政，以須安謐。幸賴股肱禦侮之助，殘醜消蕩，〔二〕民和年稔，普天率土，遐邇洽同。遠覽『復子明辟』之義，〔三〕近慕先姑歸授之法，〔四〕及今令辰，皇帝稱制。羣公卿士，虔恭爾位，勠力一意，勉同斷金。〔五〕『展也大成』，則所望矣。」〔六〕

〔一〕謂順帝崩也。詩周頌曰：「閔予小子，遭家不造。」鄭玄注云：「造，成也。言成王遭武王崩，家道未成。」

〔二〕謂建和二年長安陳景反，南頓管伯等謀反，並伏誅。

〔三〕尚書曰：「周公曰『朕復子明辟』。」復，還也。子謂成王也。辟，君也。謂周公攝政已久，故復還明君之政於成王；今太后亦還政於帝也。

〔四〕先姑謂安帝閻皇后也。爾雅曰「婦人謂夫之父曰舅，夫之母曰姑。在則曰君舅、君姑，殁則曰先舅、先姑」也。

〔五〕金者，剛之物也。言人能同心，則其利可以斷之也。易曰：「二人同心，其利斷金。」

〔六〕詩小雅曰：「允矣君子，展也大成。」鄭玄注云：「允，信也。展，誠也。大成謂致太平也。」言誠能致太平，是所望也。

二月，扶風妖賊裴優自稱皇帝，伏誅。〔一〕

〔一〕裴，姓；優，名也。風俗通曰：「裴，伯益之後。」

甲寅，皇太后梁氏崩。

三月，車駕徙幸北宮。

甲午，葬順烈皇后。

夏五月庚辰，尊博園匽貴人曰孝崇皇后。

秋七月，梓潼山崩。〔一〕

〔一〕梓潼，縣，屬廣漢郡，今始州縣也，有梓潼水。

冬十一月辛巳，減天下死罪一等，徙邊戍。

元嘉元年春正月，京師疾疫，使光祿大夫將醫藥案行。

癸酉，大赦天下，改元元嘉。

二月，九江、廬江大疫。

甲午，河閒王建薨。夏四月己丑，安平王得薨。〔一〕

〔一〕河閒孝王開之子，初爲樂成王，後改曰安平。

京師旱。任城、梁國飢，民相食。

司徒張歆罷，光祿勳吳雄爲司徒。

秋七月，武陵蠻叛。

冬十月，司空胡廣罷。

十一月辛巳，京師地震。

閏月庚午，任城王崇薨。太常黃瓊爲司空。

二年春正月，西域長史王敬爲于窴國所殺。〔一〕

〔一〕敬殺于窴王建，故國人殺之。

丙辰，京師地震。

夏四月甲寅，孝崇皇后匽氏崩。庚午，常山王豹薨。五月辛卯，葬孝崇皇后于博陵。

秋七月庚辰，日有食之。八月，濟陰言黃龍見句陽，〔一〕金城言黃龍見允街。〔二〕冬十月

乙亥，京師地震。

〔一〕縣名，屬濟陰郡，左傳曰「盟于句瀆之丘」是也，故城在今曹州乘氏縣北，一名穀丘。

〔二〕允街，縣名，屬金城郡，音緣皆。

十一月，司空黃瓊免。十二月，特進趙戒爲司空。

右北平太守和旻坐臧，下獄死。

永興元年春二月，張掖言白鹿見。

三月丁亥，幸鴻池。

夏五月丙申，大赦天下，改元永興。

丁酉，濟南王廣薨，無子，國除。

秋七月，郡國三十二蝗。河水溢。百姓飢窮，流冗道路，至有數十萬戶，冀州尤甚。詔在所賑給乏絕，安慰居業。

冬十月，太尉袁湯免，太常胡廣爲太尉。司徒吳雄罷，司空趙戒免；以太僕黃瓊爲司徒，光祿勳房植爲司空。

十一月丁丑，詔減天下死罪一等，徙邊戍。

是歲，武陵太守應奉招誘叛蠻，降之。

二年春正月甲午，大赦天下。

二月辛丑，初聽刺史、二千石行三年喪服。

癸卯，京師地震，詔公、卿、校尉舉賢良方正　能直言極諫者各一人。詔曰：「比者星辰謬越，坤靈震動，灾異之降，必不空發。勑己修政，庶望有補。其輿服制度有踰侈長飾者，皆宜損省。〔一〕郡縣務存儉約，申明舊令，如永平故事。」

〔一〕長音直亮反。

六月，彭城泗水增長逆流。〔一〕詔司隸校尉、部刺史曰：「蝗灾爲害，水變仍至，五穀不登，人無宿儲。其令所傷郡國種蕪菁以助人食。」

〔一〕張衡對策曰：「水者，五行之首。逆流者，人君之恩不能下及，而教逆也。」

京師蝗。東海朐山崩。〔一〕

〔一〕朐，山名也，在今海州朐山縣南。

九月丁卯朔，日有食之。詔曰：「朝政失中，雲漢作旱，〔一〕川靈涌水，蝗螽孳蔓，殘我百穀，太陽虧光，飢饉荐臻。其不被害郡縣，當爲飢餒者儲。天下一家，趣不糜爛，則爲國寶。

其禁郡國不得賣酒，祠祀裁足。」

〔一〕雲漢，詩大雅篇名也。周宣王時大旱，故作詩曰：「倬彼雲漢，昭回于天。」鄭玄注云：「雲漢，天河也。倬然轉運於天。時旱渴雨，故宣王夜視天河，望其候焉。」

太尉胡廣免，司徒黃瓊爲太尉。閏月，光祿勳尹頌爲司徒。〔一〕

〔一〕頌字公孫，鞏人。

減天下死罪一等，徙邊戍。

蜀郡李伯詐稱宗室，當立爲「太初皇帝」，伏誅。

冬十一月甲辰，校獵上林苑，遂至函谷關，賜所過道傍年九十以上錢，各有差。

太山、琅邪賊公孫舉等反叛，殺長吏。

永壽元年春正月戊申，大赦天下，改元永壽。

二月，司隸、冀州飢，人相食。〔一〕勑州郡賑給貧弱。若王侯吏民有積穀者，一切貣十分之三，〔二〕以助稟貸；其百姓吏民者，以見錢雇直。〔三〕王侯須新租乃償。〔四〕

〔一〕司隸，州，即洛陽。

〔二〕貣音吐得反，又音徒得反。

〔三〕雇猶酬也。

〔四〕須，待也。

夏四月，白鳥見齊國。

六月，洛水溢，壞鴻德苑。〔一〕南陽大水。

〔一〕續漢志曰：「水溢至津城門，漂流人物。時梁冀專政，疾害忠良，威權震主，後遂誅滅也。」

司空房植免，太常韓縯爲司空。〔一〕

〔一〕縯音翼善反。

詔太山、琅邪遇賊者，勿收租、賦，復更、筭三年。又詔被水死流失屍骸者，令郡縣鉤求收葬；及所唐突壓溺物故，七歲以上賜錢，人二千。壞敗廬舍，亡失穀食，尤貧者稟，人二斛。

巴郡、益州郡山崩。〔一〕

〔一〕益州，郡名也，武帝置。諸本無「郡」字者，誤也。

秋七月，初置太山、琅邪都尉官。〔一〕

〔一〕漢官儀曰：「秦郡有尉一人，典兵禁，捕盜賊，景帝更名都尉，建武〔七〕〔六〕年省，唯邊郡往往置都尉及屬國都尉。」今二郡寇賊不息，故置。

南匈奴左〔薁鞬〕臺〔耆〕、且渠伯德等叛，寇美稷，〔一〕安定屬國都尉張奐討除之。

〔一〕美稷，西河縣也。

二年春正月，初聽中官得行三年服。〔一〕

〔一〕中官，常侍以下。

二月甲申，東海王臻薨。

三月，蜀郡屬國夷叛。

秋七月，鮮卑寇雲中。太山賊公孫舉等寇青、兗、徐三州，遣中郎將段熲討，破斬之。

冬十一月，置太官右監丞官。〔一〕

〔一〕漢官儀太官右監丞，秩比六百石也。

十二月，京師地震。

三年春正月己未，大赦天下。

夏四月，九眞蠻夷叛，太守兒式討之，戰歿；遣九眞都尉魏朗擊破之。復屯據日南。

閏月庚辰晦，日有食之。

六月，初以小黃門爲守宮令，置冗從右僕射官。〔一〕

〔一〕漢官儀曰「守宮令一人，黃門冗從僕射一人，並秩六百石」也。

京師蝗。秋七月，河東地裂。

冬十一月，司徒尹頌薨。

長沙蠻叛，寇益陽。〔一〕

〔一〕縣名，屬長沙國，在益水之陽，今潭州縣也，故城在縣東。

司空韓縯爲司徒，太常北海孫朗爲司空。〔一〕

〔一〕朗字代平。

延熹元年春三月己酉，初置鴻德苑令。〔一〕

〔一〕漢官儀曰：「苑令一人，秩六百石。」

夏五月己酉，大會公卿以下，賞賜各有差。

甲戌晦，日有食之。京師蝗。

六月戊寅，大赦天下，改元延熹。

丙戌，分中山置博陵郡，以奉孝崇皇園陵。〔一〕大雩。

〔一〕博陵郡，故城在今瀛州博野縣也。後徙安平。

秋七月己巳，雲陽地裂。

甲子，太尉黃瓊免，太常胡廣爲太尉。

冬十月，校獵廣成，遂幸上林苑。

十二月，鮮卑寇邊，使匈奴中郎將張奐率南單于擊破之。

二年春二月，鮮卑寇鴈門。

己亥，阜陵王便薨。

蜀郡夷寇蠶陵，殺縣令。

三月，復斷刺史、二千石行三年喪。

夏，京師雨水。

六月，鮮卑寇遼東。

秋七月，初造顯陽苑，置丞。

丙午，皇后梁氏崩。乙丑，葬懿獻皇后于懿陵。

大將軍梁冀謀爲亂。八月丁丑，帝御前殿，詔司隸校尉張彪將兵圍冀第，收大將軍印綬，冀與妻皆自殺。衞尉梁淑、河南尹梁胤、屯騎校尉梁讓、越騎校尉梁忠、長水校尉梁戟等，及中外宗親數十人，皆伏誅。太尉胡廣坐免。司徒韓縯、司空孫朗下獄。〔一〕

〔一〕東觀記曰：「並坐不衞宮，止長壽亭，減死一等，以爵贖之。」

壬午，立皇后鄧氏，追廢懿陵爲貴人冢。詔曰：「梁冀姦暴，濁亂王室。孝質皇帝聰敏早茂，冀心懷忌畏，私行殺毒。永樂太后親尊莫二，〔一〕冀又遏絕，禁還京師，〔二〕使朕離母子之愛，隔顧復之恩。禍害深大，罪釁日滋。賴宗廟之靈，及中常侍單超、徐璜、具瑗、左悺、〔三〕唐衡、尚書令尹勳等激憤建策，內外協同，漏刻之閒，桀逆梟夷。〔四〕斯誠社稷之祐，臣下之力，宜班慶賞，以酬忠勳。其封超等五人爲縣侯，勳等七人爲亭侯。」〔五〕於是舊故恩私，多受封爵。

〔一〕和平元年有司奏，太后所居皆以永樂爲稱，置官屬太僕、少府焉。

〔二〕謂太后常居博園，不得在洛陽。

〔三〕說文曰：「悹，憂也。」音工奐反。今作心旁官，即「悺」字也，今相傳音綰。

〔四〕梟，縣首於木也。

〔五〕五縣侯謂單超新豐侯，徐璜武原侯，具瑗東武陽侯，左悺上蔡侯，唐衡汝陽侯。七亭侯謂尹勳宜陽都鄉，霍諝鄴都亭，張敬山陽西鄉，歐陽參脩武仁亭，李瑋宜陽金門，虞放冤句呂都亭，周永下邳高遷鄉。

大司農黃瓊爲太尉，光祿大夫中山祝恬爲司徒，〔一〕大鴻臚梁國盛允爲司空。〔二〕初置祕書監官。〔三〕

〔一〕恬字伯休，盧奴人。

〔二〕允字伯代。

〔三〕漢官儀：「祕書監一人，秩六百石。」

冬十月壬申，行幸長安。乙酉，幸未央宮。甲午，祠高廟。十一月庚子，遂有事十一陵。

壬寅，中常侍單超爲車騎將軍。

十二月己巳，至自長安，賜長安民粟人十斛，園陵人五斛，行所過縣三斛。

燒當等八種羌叛，寇隴右，護羌校尉段熲追擊於羅亭，破之。〔一〕

〔一〕東觀記曰追到積石山，即與羅亭相近，在今鄯州也。

天竺國來獻。

三年春正月丙申，大赦天下。

丙午，車騎將軍單超薨。

閏月，燒何羌叛，寇張掖，護羌校尉段熲追擊於積石，大破之。〔一〕

〔一〕積石山在今鄯州龍支縣南，即禹貢云「導河積石」是也。

白馬令李雲坐直諫，下獄死。

夏四月，上郡言甘露降。五月甲戌，漢中山崩。

六月辛丑，司徒祝恬薨。秋七月，司空盛允爲司徒，太常虞放爲司空。〔一〕

〔一〕放字子仲，陳留人也。

長沙蠻寇郡界。

九月，太山、琅邪賊勞丙等復叛，寇掠百姓，遣御史中丞趙某〔一〕持節督州郡討之。

〔一〕史闕名也。

丁亥，詔無事之官權絕奉，豐年如故。

冬十一月，日南蠻賊率衆詣郡降。

勒姐羌圍允街，〔一〕段熲擊破之。

〔一〕勒姐，羌號也。姐音子野反。

太山賊叔孫無忌攻殺都尉侯章。十二月，遣中郎將宗資討破之。

武陵蠻寇江陵，車騎將軍馮緄討，皆降散。荆州刺史度尚討長沙蠻，平之。

四年春正月辛酉，南宮嘉德殿火。戊子，丙署火。〔一〕大疫。二月壬辰，武庫火。

〔一〕丙署，署名也。續漢志曰：「丙署長七人，秩四百石，黃綬，宦者爲之，主中宮別處。」

司徒盛允免，大司農种暠爲司徒。三月，省尤從右僕射官。〔一〕太尉黃瓊免。夏四月，太常劉矩爲太尉。

〔一〕永壽三年置。

甲寅，封河閒王開子博爲任城王。

五月辛酉，有星孛于心。丁卯，原陵長壽門火。己卯，京師雨雹。〔一〕六月，京兆、扶風及涼州地震。庚子，岱山及博尤來山並穨裂。〔二〕

〔一〕東觀記曰大如雞子。續漢志曰「誅殺過差，寵小人」也。

〔二〕博，今博城縣也。太山有徂來山，一名尤來。

己酉，大赦天下。

司空虞放免，前太尉黃瓊爲司空。

犍爲屬國夷寇鈔百姓，益州刺史山昱擊破之。

零吾羌與先零諸種並叛，寇三輔。

秋七月，京師雩。

減公卿以下奉，貣王侯半租。占賣關內侯、虎賁、羽林、緹騎營士、五大夫錢各有差。

九月，司空黃瓊免，大鴻臚劉寵爲司空。

冬十月，天竺國來獻。

南陽黃武與襄城惠得、昆陽樂季訞言相署，皆伏誅。

先零沈氐羌與諸種羌寇幷涼二州，十一月，中郎將皇甫規擊破之。

十二月，夫餘王遣使來獻。

五年春正月，省太官右監丞。〔一〕

〔一〕永壽三年置。

壬午，南宮丙署火。

三月，沈氐羌寇張掖、酒泉。

壬午，濟北王次薨。

夏四月，長沙賊起，寇桂陽、蒼梧。〔一〕

〔一〕東觀記曰：「時攻沒蒼梧，取銅虎符，太守甘定、刺史侯輔各奔出城。」桂陽，郡，在桂水之陽，今連州縣。

驚馬逸象突入宮殿。乙丑，恭陵東闕火。〔一〕戊辰，虎賁掖門火。己巳，太學西門自壞。五月，康陵園寢火。〔二〕

〔一〕安帝陵也。

〔二〕殤帝陵也。

長沙、零陵賊起，攻桂陽、蒼梧、南海、交阯，遣御史中丞盛脩督州郡討之，不克。

乙亥，京師地震。詔公、卿各上封事。甲申，中藏府承祿署火。秋七月己未，南宮承善闥火。〔一〕

〔一〕爾雅曰：「宮中門謂之闈。」廣雅曰：「闥謂之闈。」

鳥吾羌寇漢陽、隴西、金城，諸郡兵討破之。

八月庚子，詔減虎賁、羽林住寺不任事者半奉，勿與冬衣；〔一〕其公卿以下給冬衣之半。

〔一〕東觀記曰：「以京師水旱疫病，帑藏空虛，虎賁、羽林不任事者住寺，減半奉。」據此，謂簡選疲弱不勝軍事者，留住寺也。

艾縣賊焚燒長沙郡縣，寇益陽，殺令。〔一〕又零陵蠻亦叛，寇長沙。

〔一〕東觀記曰：「時賊乘刺史車，屯據臨湘，居太守舍。賊萬人以上屯益陽，殺長吏。」艾，縣名，屬豫章郡，故城在今洪州建昌縣。

己卯，罷琅邪都尉官。〔一〕

〔一〕永壽元年置。

冬十月，武陵蠻叛，寇江陵，南郡太守李肅坐奔北弃市；辛丑，以太常馮緄爲車騎將軍，討之。假公卿以下奉。又換王侯租以助軍糧，出濯龍中藏錢還之。十一月，馮緄大破叛蠻於武陵。

京兆虎牙都尉宗謙坐臧，下獄死。〔一〕

〔一〕京兆虎牙都尉屯長安，見西羌傳。

滇那羌寇武威、張掖、酒泉。

太尉劉矩免，太常楊秉爲太尉。

六年春二月戊午，司徒种暠薨。

三月戊戌，大赦天下。

衞尉潁川許栩爲司徒。〔一〕

〔一〕栩字季闕，鄢人。

夏四月辛亥，康陵東署火。

五月，鮮卑寇遼東屬國。

秋七月甲申，平陵園寢火。〔一〕

〔一〕平陵，昭帝陵也。

桂陽盜賊李研等寇郡界。

武陵蠻復叛，太守陳奉與戰，大破降之。

隴西太守孫羌討滇那羌，破之。

八月，車騎將軍馮緄免。

冬十月丙辰，校獵廣成，遂幸函谷關、上林苑。

十一月，司空劉寵免。

南海賊寇郡界。

十二月，衞尉周景爲司空。

七年春正月庚寅，沛王榮薨。

三月癸亥，隕石于鄠。

夏四月丙寅，梁王成薨。

五月己丑，京師雨雹。

秋七月辛卯，趙王乾薨。

野王山上有死龍。

荆州刺史度尙擊零陵、桂陽盜賊及蠻夷，大破平之。

冬十月壬寅，南巡狩。庚申，幸章陵，祠舊宅，遂有事于園廟，賜守令以下各有差。戊辰，幸雲夢，臨漢水；還，幸新野，祠湖陽、新野公主、魯哀王、壽張敬侯廟。〔一〕

〔一〕光武姊湖陽長公主、新野長公主，兄魯哀王，舅壽張敬侯樊重，並光武時立廟。

護羌校尉段熲擊當煎羌，破之。

十二月辛丑，車駕還宮。

八年春正月，遣中常侍左悺之苦縣，祠老子。〔一〕

〔一〕史記曰：「老子者，楚苦縣厲鄉曲仁里人也。名耳，字聃，姓李氏。爲周守藏（吏）〔史〕。」有神廟，故就祠之。苦縣屬陳國，故城在今亳州谷陽縣也。苦音戶，又如字。

勃海王悝謀反，降爲（癭）〔廮〕陶王。〔一〕

〔一〕（癭）〔廮〕陶，縣，屬鉅鹿郡，故城在今趙州（癭）〔廮〕陶縣西南。

丙申晦，日有食之。詔公、卿、校尉舉賢良方正。

〔二月〕己酉，南宮嘉德署黃龍見。千秋萬歲殿火。

太僕左稱有辠自殺。

癸亥，皇后鄧氏廢。河南尹鄧萬世、〔一〕虎賁中郎將鄧會下獄死。〔二〕

〔一〕鄧后之叔父。

〔二〕鄧后之兄子。

三月辛巳，大赦天下。

夏四月甲寅，安陵園寢火。〔一〕

〔一〕惠帝陵也。

護羌校尉段熲擊罕姐羌，破之。

丁巳，壞郡國諸房祀。〔一〕

〔一〕房謂祠堂也。王渙傳曰：「時唯密縣存故太傅卓茂廟，洛陽留令王渙祠。」

濟陰、東郡、濟北河水淸。

五月壬申，罷太山都尉官。〔一〕丙戌，太尉楊秉薨。

〔一〕永壽元年置。

〔六月〕丙辰，緱氏地裂。

桂陽胡蘭、朱蓋等復反，攻沒郡縣，轉寇零陵，零陵太守陳球拒之；遣中郎將度尚、長沙太守抗徐等擊蘭、蓋，大破斬之。〔一〕蒼梧太守張敍爲賊所執，又桂陽太守任胤背敵畏懦，皆弃市。

〔一〕謝承書曰：「抗徐字伯徐，丹陽人。少爲郡佐史，有膽智策略，三府表徐有將率之任，特遷長沙太守。」風俗通曰：「衞大夫三抗之後，漢有抗喜，爲漢中太守。」

閏月甲午，南宮長秋和歡殿後鉤楯、掖庭、朔平署火。〔一〕

〔一〕長秋，宮名。漢官曰：「朔平署司馬一人。」

六月，段熲擊當煎羌於湟中，大破之。〔一〕

〔一〕湟，水名，在今鄯州湟水縣。

秋七月，太中大夫陳蕃爲太尉。

八月戊辰，初令郡國有田者畝斂稅錢。〔一〕

〔一〕畝十錢也。

九月丁未，京師地震。

冬十月，司空周景免，太常劉茂爲司空。〔一〕

〔一〕茂字叔盛，彭城人也。

辛巳，立貴人竇氏爲皇后。

勃海妖賊蓋登等〔一〕稱「太上皇帝」，有玉印、珪、璧、鐵券，相署置，皆伏誅。〔二〕

〔一〕蓋音古盍反。

〔二〕續漢書曰：「時登等有玉印五，皆如白石，文曰『皇帝信璽』、『皇帝行璽』，其三無文字。璧二十二，珪五，鐵券十一。開王廟，帶王綬，衣絳衣，相署置也。」

十一月壬子，德陽殿西閤、黃門北寺火，延及廣義、神虎門，燒殺人。〔一〕

〔一〕廣義、神虎，洛陽宮西門也，在金商門外。袁山松書曰：「是時連月火災，諸宮寺或一日再三發。又夜有訛言，擊鼓相驚。陳蕃等上疏諫曰『唯善政可以已之』，書奏不省。」

使中常侍管霸之苦縣，祠老子。

九年春正月辛〔亥〕〔卯〕朔，日有食之。詔公、卿、校尉、郡國舉至孝。

沛國戴異得黃金印，無文字，遂與廣陵人龍尙等共祭井，作符書，稱「太上皇」，伏誅。〔一〕

〔一〕東觀記曰：「戴異鉏田得金印，到廣陵以與龍尙。」

己酉，詔曰：「比歲不登，民多飢窮，又有水旱疾疫之困。盜賊徵發，南州尤甚。〔一〕災異日食，譴告累至。政亂在予，仍獲咎徵。其令大司農絕今歲調度徵求，及前年所調未畢者，勿復收責。其災旱盜賊之郡，勿收租，餘郡悉半入。」

〔一〕謂長沙、桂陽、零陵等郡也，並屬荊州。

三月癸巳，京師有火光轉行，人相驚譟。

司隸、豫州飢死者什四五，至有滅戶者，遣三府掾賑稟之。

陳留太守韋毅坐臧自殺。

夏四月，濟陰、東郡、濟北、平原河水清。

司徒許栩免。五月，太常胡廣爲司徒。

六月，南匈奴及烏桓、鮮卑寇緣邊九郡。

秋七月，沈氐羌寇武威、張掖。詔舉武猛，三公各二人，卿、校尉各一人。

太尉陳蕃免。

庚午，祠黃、老於濯龍宮。

遣使匈奴中郎將張奐擊南匈奴、烏桓、鮮卑。

九月，光祿勳周景爲太尉。

南陽太守成瑨、太原太守劉質，並以譖弃市。〔一〕

〔一〕時小黃門趙津犯法，質考殺之，宦官怨恚，有司承旨奏質等。

司空劉茂免。

大秦國王遣使奉獻。〔一〕

〔一〕時國王安敦獻象牙、犀角、玳瑁等。

冬十二月，洛城傍竹柏枯傷。

光祿勳汝南宣酆爲司空。〔一〕

〔一〕酆字伯應，封東陽亭侯。

南匈奴、烏桓率衆詣張奐降。

司隸校尉李膺等二百餘人受誣爲黨人，並坐下獄，書名王府。〔一〕

〔一〕河內牢脩告之，事具劉淑傳。

永康元年春正月，先零羌寇三輔，中郎將張奐破平之。當煎羌寇武威，護羌校尉段熲追擊於鸞鳥，大破之。〔一〕西羌悉平。

〔一〕鸞鳥，縣名，屬武威郡。鸞音雚。

夫餘王寇玄菟，太守公孫域與戰，破之。

夏四月，先零羌寇三輔。

五月丙申，京師及上黨地裂。

廬江賊起，寇郡界。

壬子晦，日有食之。詔公、卿、校尉舉賢良方正。

六月庚申，大赦天下，悉除黨錮，改元永康。〔一〕

〔一〕時李膺等頗引宦者子弟，宦官多懼，請帝以天時當赦，帝許之，故除黨錮也。

丙寅，阜陵王統薨。

秋八月，魏郡言嘉禾生，甘露降。巴郡言黃龍見。〔一〕

〔一〕續漢志曰：「時人欲就池浴，見池水濁，因戲相恐：『此中有黃龍。』語遂行人〔閒〕，聞郡，欲以爲美，故上言之，時史以書帝紀。桓帝政化衰缺，而多言瑞應，皆此類也。先儒言瑞興非時，則爲妖孽，而人言生龍，皆龍孽也。」

六州大水，勃海海溢。詔州郡賜溺死者七歲以上錢，人二千；一家皆被害者，悉爲收斂；其亡失穀食，稟人三斛。

冬十月，先零羌寇三輔，使匈奴中郎將張奐擊破之。

十一月，西河言白菟見。

十二月壬申，復(瘿)〔廮〕陶王悝爲勃海王。

丁丑，帝崩于德陽前殿，年三十六。戊寅，尊皇后曰皇太后，太后臨朝。

是歲，復博陵、河閒二郡，比豐、沛。

論曰：前史稱桓帝好音樂，善琴笙。〔一〕飾芳林而考濯龍之宮，〔二〕設華蓋以祠浮圖、老子，〔三〕斯將所謂「聽於神」乎！〔四〕及誅梁冀，奮威怒，天下猶企其休息。而五邪嗣虐，流衍四方。〔五〕自非忠賢力爭，屢折姦鋒，〔六〕雖願依斟流彘，亦不可得已。〔七〕

〔一〕前史謂東觀記。

〔二〕薛綜注東京賦云：「濯龍，殿名。芳林謂兩旁樹木蘭也。」考，成也。既成而祭之。左傳曰「考仲子之宮」也。

〔三〕浮圖，今佛也。續漢志曰：「祠老子於濯龍宮，文罽爲壇，飾淳金(銀)〔釦〕器，設華蓋之坐，用郊天樂。」

〔四〕左傳曰：「史嚚曰：『國將興，聽於人；將亡，聽於神。』」

〔五〕五邪謂單超、徐璜、左悺、唐衡、具瑗也。

〔六〕忠賢謂李膺、陳蕃、竇武、黃瓊、朱穆、劉淑、劉陶等，各上書極諫，以折宦官等姦謀之鋒也。

〔七〕帝王紀曰：「夏帝相爲羿所逐，相乃都商丘，依同姓諸侯斟灌、斟尋氏。」史記曰：「周厲王好利暴虐，周人相與畔，而襲厲王，王出奔于彘。」言帝寵幸宦豎，令執威權，賴忠臣李膺等竭力諫爭，以免篡弒之禍。不然，則雖願如夏相依斟，周王流彘，不可得也。斟灌、斟尋，國，故城在今青州。彘，晉地也。

贊曰：桓自宗支，越躋天祿。〔一〕政移五倖，刑淫三獄。〔二〕傾宮雖積，皇身靡續。〔三〕

〔一〕越謂非次也。躋，升也。天祿，天位也。左傳子家羈曰：「天祿不再。」

〔二〕倖，佞也。淫，濫也。五倖即上「五邪」也。三獄謂李固、杜喬，李雲、杜衆，成瑨、劉質也。

〔三〕帝王紀曰：「紂多發美女以充傾宮之室，婦人衣綾紈者三百餘人。」據桓帝納三皇后，又博採宮女五六千人，並無子也。

校勘記

二八八頁六行　謁高廟光武廟　按：殿本考證引何焯說，謂「光武廟」上疑脫「壬午謁」三字。

二九〇頁八行　以順帝陽嘉中封爲敦遒亭侯　按：汲本、殿本「爲敦」二字誤倒。又按：敦即勃之俗字，汲本、殿本俱作「勃」。

二九〇頁一三行　大司農杜喬爲太尉　按：「大司農」當作「光祿勳」。杜喬傳「遷光祿勳，建和元年代胡廣爲太尉」。袁紀亦云光祿勳杜喬代胡廣爲太尉。

二九一頁一行　〔八月〕乙未立皇后梁氏　集解引惠棟說，謂考異云皇后紀、袁紀皆云八月，而無日。以長曆考之，七月戊申朔，無乙未，乙未八月十八日，此上脫「八月」二字。今據補。

二九一頁九行　殺國相射暠　按：清河王傳云文等劫相謝暠，章懷注云帝紀「謝」作「射」，蓋紀傳不同。

集解引惠棟說，謂三輔決錄云漢末大鴻臚射咸，本姓謝名服，天子以將軍出征，姓謝名服不祥，改之爲射氏名咸。案此謝氏至漢末時始改射，故吳時有射慈。暠在桓帝初，不應先姓射氏，當從傳爲正。又按：據清河王傳章懷注，則紀本作「射」，汲本、殿本作「謝」，殆後人據傳改也。

二九二頁一行　封帝弟(顧)〔碩〕爲平原王　按：河閒王開傳作「帝兄都鄉侯碩」，孝崇匽王后紀又作「帝弟平原王石」。校補引侯康說，謂作「碩」者是，顧則形近之誤，石則聲近之誤也。作「帝弟」者是，桓帝爲蠡吾侯長子，不得有兄也。今據改。

二九三頁一〇行　沒入者免爲庶民　按：「民」當作「人」，此後人回改之譌。

二九四頁二行　公羊傳之文也　按：集解引蘇輿說，謂公羊傳無此文，語見管子。

二九五頁五行　和平元年春正月甲子　按：李慈銘謂據通鑑目錄甲子是朔，「甲子」下當脫一「朔」字。

二九五頁六行　(己)〔乙〕丑詔曰　按：汲本、殿本作「己亥」，袁紀作「己丑」，通鑑作「乙丑」，校補謂當以通鑑爲正。今據改。

二九六頁八行　甲午葬順烈皇后　按：李慈銘謂按通鑑目錄，三月癸亥朔，不得有甲午，若是甲子，則距崩十一日，太促，疑「甲」當作「庚」。

二九六頁一三行　冬十一月辛巳　按：汲本、殿本、集解本無「辛巳」二字。

二九七頁一四行　秋七月庚辰日有食之　按：推是年七月合朔己卯，無日食，參閱續五行志六校記。

三〇一頁一四行　建武（七）〔六〕年　汲本作「十年」，校補謂據光武紀及續志，皆「六年」之誤。今據改。

三〇三頁一行　南匈奴左〔薁鞬〕臺〔耆〕且渠伯德等叛　沈家本謂按張奐傳及南匈奴傳「左」下奪「薁鞬」二字，「臺」下奪「耆」字。今據補。按：通鑑亦作「左薁鞬臺耆」，考異云從張奐傳。

三〇三頁一一行　春正月己未　按：「己未」當依袁宏紀作「癸未」，是年正月癸未朔，無己未。

三〇四頁二行　秋七月己巳　按：當依續志作「乙巳」，詳五行志四校記。

三〇六頁四行　允宇伯代　按：據司徒盛允碑，允字伯世，此作「代」，章懷避唐諱改也。

三〇七頁一四行　武陵蠻寇江陵車騎將軍馮緄討皆降散荆州刺史度尚討長沙蠻平之　集解引惠棟說，謂考異云事在五年，重出。按：校補謂案後五年十月，緄始由太常爲車騎將軍，十一月，大破蠻於武陵，此爲重出。度尚傳度自右校令擢爲荆州刺史，亦在延熹五年，其討蠻同屬五年事，今載入三年紀，而五年紀無之，是爲誤出。

三〇九頁一四行　乙丑恭陵東闕火　按：錢大昕謂五行志作「恭北陵」，恭北陵者，順帝母李氏陵也。

三一〇頁一一行　以京師水旱疫病　按：「京」原譌「軍」，逕據汲本、殿本改正。

三一一頁六行　京兆虎牙都尉宗謙　按：集解引惠棟說，謂續志作「宋謙」。

三一三頁一二一一三行　秋七月辛卯趙王乾薨野王山上有死龍　按：校補引錢大昭說，謂襄楷傳七年六月十三

日河內野王山上有龍死，長可數十丈，續志作六月壬子，此云「七月」，似誤。

三一三頁一一行　爲周守藏（吏）〔史〕　據汲本、殿本改。

三一三頁一三行　降爲（瘦）〔廮〕陶王　據殿本改。注同。按：廮字從广嬰聲，鉅鹿有廮陶縣，見說文。作「瘦」者誤。

三一四頁二行　〔二月〕己酉南宮嘉德署黃龍見千秋萬歲殿火　集解引錢大昕說，謂按此上承正月丙申晦日食，則「己酉」上當脫「二月」二字，五行志亦云二月。今據補。按：錢氏又謂依此文似龍見一事，火災又一事。志於「黃龍」下無「見」字，「萬歲殿」下多「皆」字，則「黃龍」亦是殿名，與嘉德署同日火也。

三一四頁七行　護羌校尉段熲擊罕姐羌　按：殿本「罕」作「勒」，與段熲傳合。張森楷校勘記謂案西羌傳有罕羌，無罕姐羌，則「罕」字譌也。又按：通鑑亦作「罕姐」，章珏校記據張敦仁通鑑刊本識誤云「罕」作「勒」。

三一五頁一行　〔六月〕丙辰緱氏地裂　校補謂案續志乃六月丙辰也，紀文脫「六月」二字。且五月既書壬申於前，不應有丙辰也。今據補。

三一五頁二行　桂陽胡蘭朱蓋等復反　按：「陽」原譌「楊」，逕改正。

三一五頁一三行　畝十錢也　按：集解引通鑑胡注，謂宦者傳張讓等說帝斂天下田，畝稅十錢，非此時事也。蓋漢法田租三十稅一，而計畝斂錢，則自此始。又校補引沈銘彝說，謂此所云畝斂稅錢，乃出於常賦三十取一之外，今所謂稅錢始此。

三一六頁六行　帶王綬　按：汲本、殿本「王」作「玉」。

三一六頁一一行　春正月辛（亥）〔卯〕朔　據集解引錢大昕說改。

三一八頁一行　南陽太守成瑨　按：集解引惠棟說，謂「瑨」車騎將軍馮緄碑作「晉」。

三一八頁一行　太原太守劉質　按：集解引惠棟說，謂「質」馮緄碑及天文志作「瓆」。又引錢大昕說，謂按陳蕃、王允、劉般、襄楷傳俱作「劉瓆」，攷說文無瓆字，當以質爲正也。

三一九頁一〇行　語遂行人（閑）〔聞〕郡　按：汲本有「閑」字，無「聞」字。今據續志補一「聞」字。

三二〇頁九行　飾淳金（鉛）〔釦〕器　據續志改。按：鉛與釦形近而誤。汲本、殿本作「銀」，誤。

後漢書卷八

孝靈帝紀第八

孝靈皇帝諱宏，〔一〕肅宗玄孫也。曾祖河閒孝王開，祖淑，父萇，世封解瀆亭侯，〔二〕帝襲侯爵。母董夫人。桓帝崩，無子，皇太后與父城門校尉竇武定策禁中，使守光祿大夫劉儵持節，將左右羽林至河閒奉迎。〔三〕

〔一〕謚法曰：「亂而不損曰靈。」(伏侯古今注曰)宏之字曰大。

〔二〕淑以河閒王子封爲解瀆亭侯，萇襲父封，故言世封也。解瀆亭在今定州義豐縣東北也。

〔三〕續漢志曰：「桓帝之初，京都童謠曰：『城上烏，尾畢逋，父爲吏，子爲徒。一徒死，百乘車。車班班，入河閒。河閒妊女工數錢，以錢爲室金爲堂，石上慊慊舂黃粱。(梁)〔梁〕下有懸鼓，我欲擊之丞卿怒。』『城上烏』者，處高獨食，不與下共，謂人主多聚斂也。『父爲吏，子爲徒』者，言蠻夷叛逆，父既爲軍吏，子弟又爲卒徒往擊之也。『一徒死，百乘車』者，言前一人討胡既死矣，後又遣百乘車往也。『車班班』者，言乘輿班班入河閒迎靈帝也。『妊女數錢』，言帝既立，其母永樂太后好聚金以爲堂室也。『石上慊慊』者，言太后雖積金錢，猶慊慊常若不足，使人舂黃粱而食之也。『我欲擊之』者，言太后教帝使賣官受錢，天下忠篤之士怨望，欲擊鼓求見(承)〔丞〕卿，(懸)〔主〕鼓者復怒而止我也。」

建寧元年春正月壬午，城門校尉竇武爲大將軍。己亥，帝到夏門亭，〔一〕使竇武持節，以王青蓋車迎入殿中。庚子，卽皇帝位，年十二。改元建寧。以前太尉陳蕃爲太傅，與竇武及司徒胡廣參錄尚書事。

〔一〕東觀記曰：「到夏門外萬壽亭，羣臣謁見。」

二月辛酉，葬孝桓皇帝于宣陵，〔一〕廟曰威宗。

〔一〕在洛陽東南三十里，高十二丈，周三百步。

使護羌校尉段熲討先零羌。

庚午，謁高廟。辛未，謁世祖廟。大赦天下。賜民爵及帛各有差。

段熲大破先零羌於逢義山。〔一〕

〔一〕山在今原州(高)平〔高〕縣。「逢」一作「逄」。

閏月甲午，追尊皇祖爲孝元皇，夫人夏氏爲孝元皇后，考爲孝仁皇，夫人董氏爲慎園貴人。〔一〕

〔一〕慎園在今瀛州樂壽縣東南，俗呼爲二皇陵。

夏四月戊辰，太尉周景薨。司空宣酆免，長樂衞尉王暢爲司空。

五月丁未朔，日有食之。詔公卿以下各上封事，及郡國守相舉有道之士各一人；又故刺史、二千石清高有遺惠，爲衆所歸者，皆詣公車。

太中大夫劉矩爲太尉。

六月，京師雨水。

秋七月，破羌將軍段熲復破先零羌於涇陽。〔一〕

〔一〕涇陽，縣名，屬安定，故城在今原州平涼縣南也。

八月，司空王暢免，宗正劉寵爲司空。

九月(丁)〔辛〕亥，中常侍曹節矯詔誅太傅陳蕃、大將軍竇武及尚書令尹勳、侍中劉瑜、屯騎校尉馮述，皆夷其族。皇太后遷于南宮。〔一〕司徒胡廣爲太傅，錄尚書事。司空劉寵爲司徒，大鴻臚許栩爲司空。

〔一〕太后與竇武密謀欲誅曹節，今武等既誅，故太后被遷。

冬十月甲辰晦，日有食之。令天下繫囚罪未決入縑贖，各有差。

十一月，太尉劉矩免，太僕沛國聞人襲爲太尉。〔一〕

〔一〕姓聞人，名襲，字定卿。風俗通曰：「少正卯，魯之聞人，其後氏焉。」

十二月，鮮卑及濊貊寇幽并二州。

二年春正月丁丑，大赦天下。

三月乙巳，尊慎園董貴人爲孝仁皇后。〔一〕

〔一〕續漢志曰：「置永樂宮，儀如桓帝尊匽貴人之禮。」

夏四月癸巳，大風，雨雹。詔公卿以下各上封事。

五月，太尉聞人襲罷，司空許栩免。六月，司徒劉寵爲太尉，太常許訓爲司徒，〔一〕太僕長沙劉囂爲司空。〔二〕

〔一〕訓字季師，平輿人。

〔二〕囂字重寧。

秋七月，破羌將軍段熲大破先零羌於射虎塞外谷，東羌悉平。

九月，江夏蠻叛，州郡討平之。

丹陽山越賊圍太守陳夤，夤擊破之。

冬十月丁亥，中常侍侯覽諷有司奏前司空虞放、太僕杜密、長樂少府李膺、司隸校尉朱(瑀)〔寓〕、潁川太守巴肅、沛相荀(翌)〔昱〕、河內太守魏朗、山陽太守翟超皆爲鉤黨，下獄，〔一〕死者百餘人，妻子徙邊，諸附從者錮及五屬。〔二〕制詔州郡大舉鉤黨，於是天下豪桀

及儒學行義者，一切結爲黨人。〔三〕

〔一〕鉤謂相牽引也。事具劉淑、李膺傳。

〔二〕五屬謂五服內親也。

〔三〕續漢志曰：「建寧中，京都長者皆以葦方笥爲裝具，時有識者竊言，葦笥郡國讞篋也。後黨人禁錮，會赦，有疑者皆讞廷尉，人名悉入方笥中。」

（庚子）〔戊戌〕晦，日有食之。

十一月，太尉劉寵免，太僕郭禧爲太尉。〔一〕

〔一〕字公房，扶溝人也。禧音僖。

鮮卑寇幷州。

是歲，長樂太僕曹節爲車騎將軍，百餘日罷。

三年春正月，河內人婦食夫，河南人夫食婦。

三月丙寅晦，日有食之。

夏四月，太尉郭禧罷，太中大夫聞人襲爲太尉。秋七月，司空劉囂罷。八月，大鴻臚橋玄爲司空。

九月，執金吾董寵下獄死。

冬，濟南賊起，攻東平陵。〔一〕

〔一〕東平陵，縣名，屬濟南國，故城在今（濟）〔齊〕州東。

鬱林烏滸民相率內屬。〔一〕

〔一〕烏滸，南方夷號也。廣州記曰：「其俗食人，以鼻飲水，口中進噉如故。」

四年春正月甲子，帝加元服，大赦天下。賜公卿以下各有差，唯黨人不赦。

二月癸卯，地震，海水溢，河水清。

三月辛酉朔，日有食之。

太尉聞人襲免，太僕李咸爲太尉。〔一〕

〔一〕字元卓，汝南西平人。

詔公卿至六百石各上封事。

大疫，使中謁者巡行致醫藥。

司徒許訓免，司空橋玄爲司徒。夏四月，太常來豔爲司空。〔一〕

〔一〕豔字季德，南陽新野人。

五月，河東地裂，雨雹，山水暴出。

秋七月，司空來豔免。

癸丑，立貴人宋氏爲皇后。〔一〕

〔一〕執金吾宋酆女，前年入掖庭爲貴人。

司徒橋玄免。太常宗俱爲司空，〔一〕前司空許栩爲司徒。

〔一〕俱字伯儷，南陽安衆人。

冬，鮮卑寇幷州。

熹平元年春三月壬戌，太傅胡廣薨。

夏五月己巳，大赦天下，改元熹平。

長樂太僕侯覽有罪，自殺。

六月，京師雨水。

癸巳，皇太后竇氏崩。秋七月甲寅，葬桓思皇后。

宦官諷司隸校尉段熲捕繫太學諸生千餘人。〔一〕冬十月，渤海王悝被誣謀反，丁亥，悝及妻子皆自殺。

〔一〕時有人書朱雀闕云「天下大亂，公卿皆尸祿」，故捕之。事見宦者傳。

十一月，會稽人許生自稱「越王」，寇郡縣，〔一〕遣楊州刺史臧旻、丹陽太守陳夤討破之。

〔一〕東觀記曰：「會稽許昭聚衆自稱大將軍，立父生爲越王，攻破郡縣。」

十二月，司徒許栩罷，大鴻臚袁隗爲司徒。

鮮卑寇幷州。

是歲，甘陵王恢薨。

二年春正月，大疫，使使者巡行致醫藥。

丁丑，司空宗俱薨。

二月壬午，大赦天下。

以光祿勳楊賜爲司空。

三月，太尉李咸免。夏五月，以司隸校尉段熲爲太尉。

沛相師遷坐誣罔國王，下獄死。〔一〕

〔一〕國王，陳愍王寵也。臣賢案：陳敬王傳云「國相師遷」。又東觀記曰「陳行相師遷奏，沛相魏愔，前爲陳相，與陳王寵交通」。明魏愔爲沛相，此言師遷爲沛相，蓋誤也。

六月，北海地震。東萊、北海海水溢。〔一〕

〔一〕續漢志曰：「時出大魚二枚，各長八九丈，高二丈餘。」

秋七月，司空楊賜免，太常潁川唐珍爲司空。

冬十二月，日南徼外國重譯貢獻。

太尉段熲罷。

鮮卑寇幽并二州。

癸酉晦，日有食之。

三年春正月，夫餘國遣使貢獻。

二月己巳，大赦天下。

太常陳耽爲太尉。〔一〕

〔一〕耽字漢公，東海人也。

三月，中山王暢薨，無子，國除。

夏六月，封河閒王利子康爲濟南王，奉孝仁皇祀。

秋，洛水溢。

冬十月癸丑，令天下繫囚罪未決，入縑贖。

十一月，楊州刺史臧旻率丹陽太守陳寅，大破許生於會稽，斬之。

任城王博薨。

十二月，鮮卑寇北地，北地太守夏育追擊破之。鮮卑又寇并州。

司空唐珍罷，永樂少府許訓爲司空。

四年春三月，詔諸儒正五經文字，刻石立于太學門外。

封河閒王建(孫)〔子〕佗爲任城王。〔一〕

〔一〕建，桓帝弟也。

夏四月，郡國七大水。

五月丁卯，大赦天下。

延陵園災〔一〕，遣使者持節告祠延陵。

〔一〕成帝陵也，在今咸陽縣西。

鮮卑寇幽州。

六月，弘農、三輔螟。

遣守宮令之鹽監，穿渠爲民興利。〔一〕

〔一〕前書地理志及續漢郡國志並無〔鹽〕監，今蒲州安邑縣西南有鹽池〔監也〕。

令郡國遇災者，減田租之半；其傷害十四以上，勿收責。

冬十月丁巳，令天下繫囚罪未決，入縑贖。

拜沖帝母虞美人爲憲園貴人，〔一〕質帝母陳夫人爲渤海孝王妃。〔二〕

〔一〕順帝虞美人也。憲園在洛陽東北。

〔二〕渤海孝王鴻之夫人也。

改平準爲中準，〔一〕使宦者爲令，列於內署。自是諸署悉以閹人爲丞、令。

〔一〕漢官儀曰：「平準令一人，秩六百石也。」

五年夏四月癸亥，大赦天下。

益州郡夷叛，太守李顒討平之。

復崇高山名爲嵩高山。〔一〕

〔一〕前書武帝祠中嶽，改嵩高爲崇高。東觀記曰：「使中郎將堂谿典請雨，因上言改之，名爲嵩高山。」

大雩。使侍御史行詔獄亭部，理冤枉，原輕繫，休囚徒。

五月，太尉陳耽罷，司空許訓爲太尉。

閏月，永昌太守曹鸞坐訟黨人，弃市。〔一〕詔黨人門生故吏父兄子弟在位者，皆免官禁錮。

〔一〕訟謂申理之也。其言切直，帝怒，檻車送槐里獄掠殺之也。

六月壬戌，太常南陽劉逸〔一〕爲司空。

〔一〕逸字大過，安衆人。

秋七月，太尉許訓罷，光祿勳劉寬爲太尉。

冬十月壬午，御殿後槐樹自拔倒豎。

司徒袁隗罷。十一月丙戌，光祿大夫楊賜爲司徒。

十二月，甘陵王定薨。

試太學生年六十以上百餘人，除郎中、太子舍人至王家郎、郡國文學吏。〔一〕

〔一〕漢官儀曰：「太子舍人、王家郎中並秩二百石，無員。」

是歲，鮮卑寇幽州。沛國言黃龍見譙。

六年春正月辛丑，大赦天下。

二月，南宮平城門及武庫東垣屋自壞。〔一〕

〔一〕平城門，洛陽城南門也。蔡邕曰：「平城門，正陽之門，與宮連，郊祀法駕所從出，門之最尊者。」武庫，禁兵所藏。東垣，庫之外障。易傳曰：「小人在位，厥妖城門自壞。」

夏四月，大旱，七州蝗。

鮮卑寇三邊。〔一〕

〔一〕謂東、西與北邊。

市賈民爲宣陵孝子者數十人，皆除太子舍人。

秋七月，司空劉逸免，衞尉陳球爲司空。

八月，遣破鮮卑中郎將田晏出雲中，使匈奴中郎將臧旻與南單于出鴈門，護烏桓校尉夏育出高柳，並伐鮮卑，晏等大敗。

冬十月癸丑朔，日有食之。

太尉劉寬免。

帝臨辟雍。

辛丑，京師地震。

辛亥，令天下繫囚罪未決，入縑贖。

十一月，司空陳球免。十二月甲寅，太常河南孟戫爲太尉。〔一〕庚辰，司徒楊賜免。太常陳耽爲司空。

〔一〕戫字叔達，音乙六反。

鮮卑寇遼西。

永安太僕王旻下獄死。〔一〕

〔一〕永安宮之太僕也。

光和元年春正月，合浦、交阯烏滸蠻叛，招引九眞、日南民攻沒郡縣。

太尉孟戫罷。

二月辛亥朔，日有食之。

癸丑，光祿勳陳國袁滂爲司徒。〔一〕

〔一〕滂字公熹。

己未，地震。

始置鴻都門學生。〔一〕

〔一〕鴻都，門名也，於內置學。時其中諸生，皆勑州、郡、三公舉召能爲尺牘辭賦及工書鳥篆者相課試，至千人焉。

三月辛丑，大赦天下，改元光和。

太常常山張顥爲太尉。〔一〕

〔一〕顥字智明。搜神記曰：「顥爲梁相，新雨後，有鵲飛翔近地，令人擿之，墮地化爲圓石，顥命椎破，得一金印，文曰『忠孝侯印』。」

夏四月丙辰，地震。

侍中寺雌雞化爲雄。

司空陳耽免，太常來豔爲司空。

五月壬午，有白衣人入德陽殿門，亡去不獲。〔一〕六月丁丑，有黑氣墯所御溫德殿庭中。〔二〕秋七月壬子，青虹見御坐玉堂後殿庭中。〔三〕八月，有星孛于天市。

〔一〕東觀記曰：「白衣人言『梁伯夏教我上殿』，與中黃門桓賢語，因忽不見。」

〔二〕東觀記曰：「墯所御溫明殿庭中，如車蓋隆起，奮迅，五色，有頭，體長十餘丈，形兒似龍。」

〔三〕洛陽宮殿名，南宮有玉堂前、後殿。據楊賜傳，云墯嘉德殿前。

九月，太尉張顥罷，太常陳球爲太尉。司空來豔薨。冬十月，屯騎校尉袁逢爲司空。

皇后宋氏廢，后父執金吾酆下獄死。

丙子晦，日有食之。

十一月，太尉陳球免。十二月丁巳，光祿大夫橋玄爲太尉。

是歲，鮮卑寇酒泉。京師馬生人。〔一〕初開西邸賣官，自關內侯、虎賁、羽林，入錢各有差。〔二〕私令左右賣公卿，公千萬，卿五百萬。

〔一〕京房易傳曰：「諸侯相伐，厥妖馬生人。」

〔二〕山陽公載記曰：「時賣官，二千石二千萬，四百石四百萬，其以德次應選者半之，或三分之一，於西園立庫以貯之。」

二年春，大疫，使常侍、中謁者巡行致醫藥。

三月，司徒袁滂免，大鴻臚劉郃爲司徒。〔一〕乙丑，太尉橋玄罷，太中大夫段熲爲太尉。

〔一〕郃字季承。

京兆地震。

司空袁逢罷，太常張濟爲司空。〔一〕

〔一〕濟字元江，細陽人。

中華書局

夏四月甲戌朔，日有食之。

辛巳，中常侍王甫及太尉段熲並下獄死。

丁酉，大赦天下，諸黨人禁錮小功以下皆除之。〔一〕

〔一〕時上祿長和海上言：「黨人錮及五族，有乖典訓。」帝從之。

東平王端薨。

五月，衞尉劉寬爲太尉。

秋七月，使匈奴中郎將張脩有罪，下獄死。〔一〕

〔一〕時張脩擅斬單于呼徵，更立羌渠爲單于，故坐死。

冬十月甲申，司徒劉郃、永樂少府陳球、衞尉陽球、步兵校尉劉納謀誅宦者，事泄，皆下獄死。

巴郡板楯蠻叛，遣御史中丞蕭瑗督益州刺史討之，不剋。

十二月，光祿勳楊賜爲司徒。

鮮卑寇幽并二州。

是歲，河閒王利薨。洛陽女子生兒，兩頭四臂。〔一〕

〔一〕京房易傳曰：「二首，下不一也，厥妖人生兩頭。」

三年春正月癸酉，大赦天下。

二月，公府駐駕廡自壞。〔一〕

〔一〕公府，三公府也。駐駕，停車處也。廡，廊屋也，音無禹反。續漢志云：「南北四十餘閒壞。」

三月，梁王元薨。

夏四月，江夏蠻叛。

六月，詔公卿舉能通〔古文〕尚書、毛詩、左氏、穀梁春秋各一人，悉除議郎。

秋，表是地震，涌水出。〔一〕

〔一〕表是，縣，屬酒泉郡，故城在今甘州張掖縣西北也。

八月，令繫囚罪未決，入縑贖，各有差。

冬閏月，有星孛于狼、弧。〔一〕

〔一〕二星名也。

鮮卑寇幽、并二州。

十二月己巳，立貴人何氏爲皇后。〔一〕

〔一〕南陽宛人也，車騎將軍何（貢）〔眞〕女也。

是歲，作罼圭、靈昆苑。〔一〕

〔一〕罼圭苑有二，東罼圭苑周一千五百步，中有魚梁臺，西罼圭苑周三千三百步，並在洛陽宣平門外也。

四年春正月，初置騄驥廄丞，領受郡國調馬。〔一〕豪右辜搉，馬一匹至二百萬。〔二〕

〔一〕騄驥，善馬也。調謂徵發也。

〔二〕前書音義曰：「辜，障也。搉，專也。謂障餘人賣買而自取其利。」

二月，郡國上芝英草。夏四月庚子，大赦天下。

交阯刺史朱儁討交阯、合浦烏滸蠻，破之。

六月庚辰，雨雹。〔一〕秋七月，河南言鳳皇見新城，羣鳥隨之；賜新城令及三老、力田帛，各有差。九月庚寅朔，日有食之。

〔一〕續漢書曰：「雹大如雞子。」

太尉劉寬免，衞尉許馘爲太尉。

閏月辛酉，北宮東掖庭永巷署災。〔一〕

〔一〕永巷，宮中署名也。漢官儀曰：「令一人，宦者爲之，秩六百石，掌宮婢侍使。」

司徒楊賜罷。冬十月，太常陳耽爲司徒。

鮮卑寇幽并二州。

是歲帝作列肆於後宮，使諸采女販賣，更相盜竊爭鬭。帝著商估服，飲宴爲樂。又於西園弄狗，著進賢冠，帶綬。〔一〕又駕四驢，帝躬自操轡，驅馳周旋，京師轉相放效。〔二〕

〔一〕三禮圖曰：「進賢冠，文官服之，前高七寸，後高三寸，長八寸。」續漢志曰：「靈帝寵用便嬖子弟，轉相汲引，賣關內侯直五百萬。令長強者貪如豺狼，弱者略不類物，實狗而冠也。」昌邑王見狗冠方山冠，龔遂曰：「王之左右皆狗而冠。」

〔二〕續漢志曰：「驢者乃服重致遠，上下山谷，野人之所用耳，何有帝王君子而驂駕之乎！天意若曰，國且大亂，賢愚倒植，凡執政者皆如驢也。」

五年春正月辛未，大赦天下。

二月，大疫。

三月，司徒陳耽免。

夏四月，旱。

太常袁隗爲司徒。

五月庚申，永樂宮署災。[一] 秋七月，有星孛于太微。

[一] 續漢志曰：「德陽前殿西北入門內永樂太后宮署災。」

巴郡板楯蠻詣太守曹謙降。

癸酉，令繫囚罪未決，入縑贖。

八月，起四百尺觀於阿亭道。

冬十月，太尉許馘罷，太常楊賜爲太尉。

校獵上林苑，歷函谷關，遂巡狩于廣成苑。十二月，還，幸太學。

六年春正月，日南徼外國重譯貢獻。

二月，復長陵縣，比豐、沛。三月辛未，大赦天下。

夏，大旱。

秋，金城河水溢。五原山岸崩。

始置圃囿署，以宦者爲令。

冬，東海、東萊、琅邪井中冰厚尺餘。

大有年。

中平元年春二月，鉅鹿人張角自稱「黃天」，其部(師)〔帥〕有三十六(萬)〔方〕，皆著黃巾，同日反叛。[一] 安平、甘陵人各執其王以應之。[二]

[一] 續漢書曰：「三十六萬餘人。」

[二] 安平王續，甘陵王忠。

三月戊申，以河南尹何進爲大將軍，將兵屯都亭。置八關都尉官。[一] 壬子，大赦天下黨人，還諸徙者，[二] 唯張角不赦。詔公卿出馬、弩，舉列將子孫及吏民有明戰陣之略者，詣公車。遣北中郎將盧植討張角，左中郎將皇甫嵩、右中郎將朱儁討潁川黃巾。庚子，南陽黃巾張曼成攻殺郡守褚貢。

[一] 都亭在洛陽。八關謂函谷、廣城、伊闕、大谷、轘轅、旋門、小平津、孟津也。

[二] 時中常侍呂彊言於帝曰：「黨錮久積，若與黃巾合謀，悔之無救。」帝懼，皆赦之。

夏四月，太尉楊賜免，太僕弘農鄧盛爲太尉。[一] 司空張濟罷，大司農張溫爲司空。

[一] 盛字伯能。

朱儁爲黃巾波才所敗。

侍中向栩、張鈞坐言宦者，下獄死。[一]

[一] 時鈞上書曰：「今斬常侍，懸其首於南郊以謝天下，即兵自消也。」帝以章示常侍，故下獄也。

汝南黃巾敗太守趙謙於邵陵。[一] 廣陽黃巾殺幽州刺史郭勳及太守劉衛。

[一] 邵陵，縣名，屬汝南郡，故城在今豫州郾城縣東。

五月，皇甫嵩、朱儁復與波才等戰於長社，大破之。[一]

[一] 長社，今許州縣也，故城在長葛縣西。

六月，南陽太守秦頡擊張曼成，斬之。

交阯屯兵執刺史及合浦太守來達，自稱「柱天將軍」，遣交阯刺史賈琮討平之。

皇甫嵩、朱儁大破汝南黃巾於西華。[一] 詔嵩討東郡，朱儁討南陽。盧植破黃巾，圍張角於廣宗。宦官誣奏植，抵罪。[二] 遣中郎將董卓攻張角，不剋。

[一] 西華，縣，屬汝南郡，故城在今陳州項城縣西。

[二] 植連破張角，垂當拔之，小黃門左豐言於帝曰：「盧中郎固壘息軍，以待天誅。」帝怒，遂檻車徵植，減死一等。

洛陽女子生兒，兩頭共身。[一]

[一] 續漢志曰：「上西門外女子生兒，兩頭，異肩共胸，以爲不祥，墮地弃之。其後政在私門，上下無別，二頭之象。」

秋七月，巴郡妖巫張脩反，寇郡縣。[一]

[一] 劉艾紀曰：「時巴郡巫人張脩療病，愈者雇以米五斗，號爲『五斗米師』。」

河南尹徐灌下獄死。

八月，皇甫嵩與黃巾戰於倉亭，獲其帥。[一]

[一] 其帥，卜巳也。倉亭在東郡。

乙巳，詔皇甫嵩北討張角。

九月，安平王續有罪誅，國除。

冬十月，皇甫嵩與黃巾賊戰於廣宗，獲張角弟梁。角先死，乃戮其屍。[一] 以皇甫嵩爲左車騎將軍。十一月，皇甫嵩又破黃巾于下曲陽，斬張角弟寶。

[一] 發棺斷頭，傳送馬市。

湟中義從胡北宮伯玉與先零羌叛，以金城人邊章、韓遂爲軍帥，攻殺護羌校尉伶徵、金城太守陳懿。[一]

[一] 伶，姓也，周有大夫伶州鳩。

癸巳，朱儁拔宛城，斬黃巾別帥孫夏。

詔減太官珍羞，御食一肉；廏馬非郊祭之用，悉出給軍。

十二月己巳，大赦天下，改元中平。

是歲，下邳王意薨，無子，國除。郡國生異草，備龍蛇鳥獸之形。[一]

〔一〕風俗通曰：「亦作人狀，操持兵弩，一一備具。」續漢志曰：「龍蛇鳥獸，其狀毛羽頭目足翅皆具。是歲黃巾賊起，漢遂微弱。」

二年春正月，大疫。

琅邪王據薨。

二月己酉，南宮大災，火半月乃滅。〔一〕（己）〔癸〕亥，廣陽門外屋自壞。〔二〕

〔一〕續漢志曰：「時燒靈臺殿、樂成殿，延及北闕度道，西燒嘉德、和驩殿。」

〔二〕洛陽城西面南頭門也。

稅天下田，畝十錢。〔一〕

〔一〕以修宮室。

黑山賊張牛角等十餘輩並起，所在寇鈔。

司徒袁隗免。三月，廷尉崔烈爲司徒。

北宮伯玉等寇三輔，遣左車騎將軍皇甫嵩討之，不尅。

夏四月庚戌，大風，雨雹。

五月，太尉鄧盛罷，太僕河（南）〔內〕張延爲太尉。〔一〕

〔一〕延字公威，歆之子。

秋七月，三輔螟。

左車騎將軍皇甫嵩免。八月，以司空張溫爲車騎將軍，討北宮伯玉。九月，特進楊賜爲司空。冬十月庚寅，司空楊賜薨，光祿大夫許相爲司空。〔一〕

〔一〕相字公弼，平輿人，許訓之子。

前司徒陳耽、諫議大夫劉陶坐直言，下獄死。

十一月，張溫破北宮伯玉於美陽，因遣盪寇將軍周慎追擊之，圍榆中；〔一〕又遣中郎將董卓討先零羌。慎、卓並不克。

〔一〕縣名，故城在今蘭州金城縣東也。

鮮卑寇幽、并二州。

是歲，造萬金堂於西園。洛陽民生兒，兩頭四臂。

三年春二月，江夏兵趙慈反，殺南陽太守秦頡。

庚戌，大赦天下。

太尉張延罷。車騎將軍張溫爲太尉，中常侍趙忠爲車騎將軍。

復修玉堂殿，鑄銅人四，黃鍾四，〔一〕及天祿、蝦蟆，又鑄四出文錢。〔二〕

〔一〕其音中黃鍾也。子爲黃鍾。

〔二〕天祿，獸也。時使掖廷令畢嵐鑄銅人，列於倉龍、玄武闕外，鍾縣於玉堂及雲臺殿前，天祿、蝦蟆吐水於平門外。事具宦者傳。案：今鄧州南陽縣北有宗資碑，旁有兩石獸，鐫其膊一曰天祿，一曰辟邪。據此，即天祿、辟邪並獸名也。漢有天祿閣，亦因獸以立名。

五月壬辰晦，日有食之。

六月，荆州刺史王敏討趙慈，斬之。

車騎將軍趙忠罷。

秋八月，懷陵上有雀萬數，悲鳴，因鬬相殺。〔一〕

〔一〕懷陵，沖帝陵也。續漢志曰：「天戒若曰：諸懷爵祿而尊厚者，還自相害也。」

冬十月，武陵蠻叛，寇郡界，郡兵討破之。

前太尉張延爲宦人所譖，下獄死。

十二月，鮮卑寇幽并二州。

四年春正月己卯，大赦天下。

二月，滎陽賊殺中牟令。〔一〕

〔一〕中牟，今鄭州縣。劉艾紀曰：「令落皓及主簿潘業，臨陳不顧，皆被害。」

己亥，南宮內殿罘罳自壞。〔一〕

〔一〕前書音義曰：「罘罳，連闕曲閣也，音浮思。」

三月，河南尹何苗討滎陽賊，破之，拜苗爲車騎將軍。

夏四月，涼州刺史耿鄙討金城賊韓遂，鄙兵大敗，遂寇漢陽，漢陽太守傅燮戰沒。扶風人馬騰、漢陽人王國並叛，寇三輔。

太尉張溫免，司徒崔烈爲太尉。五月，司空許相爲司徒，光祿勳沛國丁宮爲司空。〔一〕

〔一〕宮字元雄。

六月，洛陽民生男，兩頭共身。〔一〕

〔一〕劉艾紀曰「上西門外劉倉妻生」也。

漁陽人張純與同郡張舉舉兵叛，攻殺右北平太守劉政、遼東太守楊終、護烏桓校尉公綦稠等。舉（兵）自稱天子，寇幽、冀二州。

秋九月丁酉，令天下繫囚罪未決，入縑贖。

冬十月，零陵人觀鵠〔一〕自稱「平天將軍」，寇桂陽，長沙太守孫堅擊斬之。

〔一〕觀，姓，鵠，名。

十一月，太尉崔烈罷，大司農曹嵩爲太尉。

十二月，休屠各胡叛。

是歲，賣關內侯，假金印紫綬，傳世，入錢五百萬。

五年春正月，休屠各胡寇西河，殺郡守邢紀。

丁酉，大赦天下。

二月，有星孛于紫宮。

黃巾餘賊郭太等起於西河白波谷，寇太原、河東。

三月，休屠各胡攻殺幷州刺史張懿，遂與南匈奴左部胡合，殺其單于。

夏四月，汝南葛陂黃巾攻沒郡縣。〔一〕

〔一〕葛陂在今豫州新蔡縣西北。

太尉曹嵩罷。五月，永樂少府樊陵爲太尉。〔一〕

〔一〕陵字德雲，胡陽人也。

六月丙寅，大風。

太尉樊陵罷。

益州黃巾馬相攻殺刺史郗儉，自稱天子，又寇巴郡，殺郡守趙部，益州從事賈龍擊相，斬之。

郡國七大水。

秋七月，射聲校尉馬日磾爲太尉。

八月，初置西園八校尉。〔一〕

〔一〕樂資山陽公載記曰：「小黃門蹇碩爲上軍校尉，虎賁中郎將袁紹爲中軍校尉，屯騎校尉鮑鴻爲下軍校尉，議郎曹操爲典軍校尉，趙融爲助軍左校尉，馮芳爲助軍右校尉，諫議大夫夏牟爲左校尉，淳于瓊爲右校尉：凡八校〔尉〕，皆統於蹇碩。」

司徒許相罷，司空丁宮爲司徒。光祿勳南陽劉弘爲司空。〔一〕衞尉董重爲票騎將軍。

〔一〕字子高，安衆人。

九月，南單于叛，與白波賊寇河東。遣中郎將孟益率騎都尉公孫瓚討漁陽賊張純等。

冬十月，（壬午御殿後槐樹自拔倒豎）青、徐黃巾復起，寇郡縣。

甲子，帝自稱「無上將軍」，燿兵於平樂觀。〔一〕

〔一〕平樂觀在洛陽城西。

十一月，涼州賊王國圍陳倉，右將軍皇甫嵩救之。

遣下軍校尉鮑鴻討葛陂黃巾。

巴郡板楯蠻叛，遣上軍別部司馬趙瑾討平之。

公孫瓚與張純戰於石門，大破之。〔一〕

〔一〕時烏桓反叛，與賊張純等攻薊中，故瓚追擊之。石門，山名也，在今營州西南。

是歲，改刺史，新置牧。

六年春二月，左將軍皇甫嵩大破王國於陳倉。

三月，幽州牧劉虞購斬漁陽賊張純。

下軍校尉鮑鴻下獄死。

夏四月丙午朔，日有食之。

太尉馬日磾免，幽州牧劉虞爲太尉。

丙辰，帝崩于南宮嘉德殿，年三十四。戊午，皇子辯卽皇帝位，年十七。尊皇后曰皇太后，太后臨朝。大赦天下，改元爲光（喜）〔熹〕。封皇弟協爲渤海王。後將軍袁隗爲太傅，與大將軍何進參錄尙書事。上軍校尉蹇碩下獄死。〔一〕五月辛巳，票騎將軍董重下獄死。〔二〕六月辛亥，孝仁皇后董氏崩。

〔一〕時蹇碩謀欲立渤海王協，發覺。

〔二〕董重，〔孝仁〕皇后之（弟）〔兄〕子也。

辛酉，葬孝靈皇帝于文陵。〔一〕

〔一〕在洛陽西北二十里，陵高十二丈，周回三百步。

雨水。

秋七月，甘陵王忠薨。

庚寅，孝仁皇后歸葬河閒愼陵。

徙渤海王協爲陳留王。司徒丁宮罷。

八月戊辰，中常侍張讓、段珪等殺大將軍何進，於是虎賁中郎將袁術燒東西宮，攻諸宦者。庚午，張讓、段珪等劫少帝及陳留王幸北宮德陽殿。何進部曲將吳匡與車騎將軍何苗戰於朱雀闕下，苗敗斬之。辛未，司隸校尉袁紹勒兵收僞司隸校尉樊陵、河南尹許相及諸閹人，無少長皆斬之。讓、珪等復劫少帝、陳留王走小平津。〔一〕尙書盧植追讓、珪等，斬數人，其餘投河而死。〔二〕帝與陳留王協夜步逐熒光行數里，得民家露車，共乘之。

〔一〕小平津在今鞏縣西北。續漢志曰：「時京師童謠曰『侯非侯，王非王，千乘萬騎上北邙。』案獻帝未有爵號，爲段珪等所執，公卿百官皆隨其後，到河上乃得還。」

〔三〕獻帝春秋曰：「河南中部掾閔貢見天子出，率騎追之，(北)〔比曉〕到河上。天子飢渴，貢宰羊進之，厲聲責讓等曰：『君以閹宦之隸，刀鋸之殘，越從洿泥，扶侍日月，賣弄國恩，階賤爲貴，劫迫帝主，蕩覆王室，假息漏刻，遊魂河津。自亡新以來，姦臣賊子未有如君者。今不速死，吾射殺汝。』讓等惶怖，叉手再拜叩頭，向天子辭曰：『臣等死，陛下自愛。』遂投河而死。」

辛未，還宮。大赦天下，改光(喜)〔熹〕爲昭寧。

幷州牧董卓殺執金吾丁原。司空劉弘免，董卓自爲司空。

九月甲戌，董卓廢帝爲弘農王。

自六月雨，至于是月。

論曰：秦本紀說趙高譎二世，指鹿爲馬，〔一〕而趙忠、張讓亦紿靈帝不得登高臨觀，〔二〕故知亡敝者同其致矣。然則靈帝之爲靈也優哉！

〔一〕史記曰，趙高欲爲亂，恐羣臣不聽，乃先設驗。持鹿獻胡亥曰：「馬也。」胡亥曰：「丞相誤也。」以問羣臣，左右或言馬，或言鹿者高皆陰法中之，自此左右不敢言之也。

〔二〕時宦官並起第宅，擬則宮室。帝嘗登永安候臺，宦官恐望見之，乃使趙忠等諫曰：「人君不當登高，登高則百姓散離。」自是不敢復登臺榭。見宦者傳。

贊曰：靈帝負乘，委體宦孽。〔一〕徵亡備兆，小雅盡缺。〔二〕麋鹿霜露，遂棲宮衞。〔三〕

〔一〕易曰：「負且乘，致寇至。」言帝以小人而乘君子之器。

〔二〕詩小雅曰：「小雅廢，則四夷交侵，中國微矣。」缺亦廢也。

〔三〕史記曰，伍子胥諫吳王，吳王不聽，子胥曰：「臣今見麋鹿遊于姑蘇之臺，宮中生荆棘，露沾衣也。」言帝爲政貪亂，任寄不得其人，尋以獻帝遷播，洛陽丘墟，故麋鹿棲宮衞也。衞，協韻音于別反。

校勘記

三二七頁三行 父萇 按：集解引錢大昕說，謂河閒王開傳作「長」，古書長萇多通用。

三二七頁六行 (伏侯古今注曰) 宏之字曰大 據集解引沈宇說刪。按：沈氏謂據伏湛傳注，章懷親見伏侯古今注，其書終於質帝，不及桓帝，今桓獻二紀俱無此六字，此傳寫者妄增。

三二七頁九行 (粱)〔梁〕下有懸鼓 據殿本改。按：續志亦作「梁」。

三二七頁一三行 欲擊鼓求見(丞)卿(懸)〔主〕鼓者復怒而止我也 據續志補改。

三二八頁一一行 今原州(高)平(高)縣 據集解引惠棟說改。

三二八頁一五行 夏四月戊辰 按：校補引錢大昭說，謂是月戊寅朔，不得有戊辰。校補又謂袁紀亦書「夏四月戊辰以王暢爲司空」，則誤不自范書始。

三三九頁八行 九月(丁)〔辛〕亥 集解引惠棟說，謂是年九月乙巳朔，無丁亥，當從袁紀作「辛亥」。今據改。

三四〇頁三行 司隸校尉朱(瑀)〔寓〕 集解引錢大昕說，謂黨錮及竇武傳皆作「朱寓」，此作「瑀」，誤。今據改。

三四〇頁一三行 沛相荀(翌)〔昱〕 洪頤煊讀書叢錄謂「翌」當作「昱」，荀淑傳、黨錮傳序及竇武傳並作「昱」。今據改。

三四一頁六行 (庚子)〔戊戌〕晦日有食之 據集解引錢大昕說改，與五行志合。

三四一頁一三行 三月丙寅晦日有食之 按：推是年四月合朔丁卯晨夜，日食不能見。參閱續五行志六校記。

三四二頁三行 故城在今(濟)〔齊〕州東 錢大昕廿二史考異謂「濟州」當作「齊州」。今據改。按：唐無「濟州」。

三四二頁九行 太尉聞人襲免 集解引惠棟說，謂案蔡質漢官典職儀載建寧四年七月立宋皇后儀，稱太尉襲使持節奉璽綬。襲於三月罷，不應七月尚與立后之事。何焯云蔡氏所載是詔書，不應有誤，當是本紀所書拜罷未審也。按：校補謂袁紀建寧四年三月，太尉劉寵、司空喬玄以災異免，免太尉者不作聞人襲，其他拜罷亦多與范書異，則何說信也。

三四三頁三行 癸丑立貴人宋氏爲皇后 集解引何焯說，謂禮儀志載蔡質所記立后儀，下詔之日非癸丑，乃乙未。奉璽綬者乃聞人襲，非李咸，疑范氏誤。今按：此云七月癸丑，蔡質所記則云七月乙未。建寧四年七月己未朔，無癸丑，亦無乙未。疑此「癸丑」上脫「八月」二字，而蔡質所記之七月乙未，亦八月乙未之誤也。

三四四頁二行 會稽人許生自稱越王 按：集解引何焯說，謂「許生」吳志作「許昌」。又引惠棟說，謂天文志、臧洪傳皆作「許生」。

三四四頁二行 丹陽太守陳夤討破之 集解引惠棟說，謂「夤」天文志作「寅」。按：前建寧二年作「陳夤」，下熹平三年又作「陳寅」，紀前後亦不一律也。

三四四頁四行 會稽許昭聚衆自稱大將軍 按：集解引何焯說，謂「許昭」吳志作「許韶」。又引惠棟說，謂晉諱昭，故作「韶」。

三四四頁七行 甘陵王恢薨 按：集解引錢大昕說，謂清河王慶傳梁太后立安平孝王子經侯理爲甘陵王，是爲威王，理立二十五年薨，子貞王定嗣，定立四年薨，子獻王忠嗣，別無名恢者。考理以桓帝建和二年封，至熹平元年恰二十五年，則恢與理實一人也。

三四五頁八行 癸酉晦日有食之 按：熹平二年十二月乙巳朔，三年正月乙亥朔，則晦爲甲戌而非癸酉。今推熹平三年正月合朔甲戌，日食可見，紀書月日有誤。參閱續五行志六校記。

三三五頁一三行　三月中山王暢薨無子國除　按：集解引錢大昕說，謂按中山王焉傳，穆王暢立三十四年薨，子節王稚嗣，無子，國除。是暢本有子，而國亦未卽除也。

三三六頁八行　封河閒王建(孫)〔子〕佗爲任城王　集解引錢大昕說，謂光武十王傳佗爲建子，非建孫。今據改。

三三六頁一〇行　夏四月郡國七大水　按：校補謂續志但云「郡國三水」。

三三七頁三行　並無(鹽)監今蒲州安邑縣西南有鹽池〔監也〕　據刊誤並參照校補改。

三三八頁七行　逸字大過　按：殿本、集解本「過」作「迥」。

三三九頁二行　二月南宮平城門及武庫東垣屋自壞　按：集解引惠棟說，謂謝承書及續漢志皆云光和元年事，疑紀誤也。

三三九頁一五行　辛丑京師地震　按：是年十月癸丑朔，不得有辛丑。校補謂袁紀於癸丑朔日食下接書地震，不另出日，似兩事同日，「辛丑」或卽「癸丑」之誤。

三四〇頁一行　辛亥令天下繫囚罪未決入縑贖　按：是年十月癸丑朔，不得有辛亥，辛亥當在下月，疑有誤。

三四〇頁一〇行　二月辛亥朔日有食之　按：今推是年二月合朔辛亥，無日食。參閱續五行志六校記。

三四三頁二行　中常侍王甫及太尉段熲並下獄死　按：李慈銘謂「並」下當增「有罪」二字。

孝靈帝紀第八　三六三

後漢書卷八　三六四

三四四頁七行　詔公卿舉能通〔古文〕尙書　殿本考證引顧炎武說，謂「尙書」上脫「古文」二字。今據補。按：李慈銘謂以古文尙書及毛詩、左氏、穀梁春秋皆不立學官，故詔能通之者得拜議郎也，與安紀延光二年所書正同。

三四四頁一二行　冬閏月　按：光和三年無閏月，「閏月」二字衍。

三四五頁一行　車騎將軍何(眞)〔眞〕女也　據校補引洪亮吉說改。

三四五頁三行　衞尉許𩫓爲太尉　按：集解引惠棟說，謂「許𩫓」袁宏紀作「許郁」。

三四五頁一四行　掌宮婢侍使　按：刊誤謂「使」當作「史」，卽尙書郎侍史之類。

三四七頁一三行　冬東海東萊琅邪井中冰厚尺餘　按：校補引錢大昭說，謂續五行志「東海」作「北海」。

三四八頁二行　其部(師)〔帥〕有三十六(萬)〔方〕　據殿本考證及集解引惠棟說改。

三四八頁一五行　張鈞　按：集解引惠棟說，謂袁宏紀作「均」。

三四九頁一三行　續漢志曰　按：「志」原作「書」，逕據汲本、殿本改。

三五〇頁一五行　下邳王意薨無子國除　按：集解引錢大昕說，謂下邳王衍傳中平元年意薨，子哀王宜嗣，數月薨，無子，建安十一年國除。是意亦有子。

三五一頁五行　(已)〔癸〕亥廣陽門外屋自壞　集解引錢大昕說，謂五行志作「癸亥」，以四分術推之，是年二月庚子朔，不得有己亥日，紀誤。今據改。

三五二頁一四行　太僕河(南)〔內〕張延爲太尉　據集解引惠棟說改。

三五三頁四行　冬十月庚寅司空楊賜薨　集解引錢大昕說，謂以四分術推，是月丙申朔，無庚寅，庚寅乃九月二十四也，月日必有一誤。今按：楊賜傳云二年九月復代張溫爲司空，其月薨，則紀作「十月」，誤也。

三五四頁一二行　遼東太守楊終　按：集解引惠棟說，謂水經注作「楊紘」。

三五四頁一三行　畢(兵)自稱天子　據刊誤刪。

三五五頁八行　黃巾餘賊郭太　按：「太」原作「大」，逕據汲本、殿本改。集解引惠棟說，謂「太」本作「泰」，范氏以家諱改也。

三五五頁一三行　陵字德雲胡陽人也　按：陵，樊英之孫，英傳稱南陽魯陽人，此作「胡陽」，非。

三五六頁八行　凡八校〔尉〕　據汲本、殿本補。

三五六頁一三行　九月南單于叛與白波賊寇河東　按：集解引惠棟說，謂考異云匈奴傳六年帝崩之後，於扶羅乃與白波賊爲寇，紀誤。

三五六頁一三行　冬十月(壬午御殿後槐樹自拔倒豎)青徐黃巾復起　按：熹平五年已書「冬十月壬午御殿後槐樹自拔倒豎」，此重出，且是年十月己酉朔，無壬午，今刪。

三五七頁一三行　年三十四　按：當作「三十三」。張熷讀史舉正謂帝卽位年十二，是年改元建寧，至此凡二十二年，時帝年三十三。

孝靈帝紀第八　三六五

後漢書卷八　三六六

三五七頁一三行　改元爲光(喜)〔熹〕　據汲本、殿本改。下同。

三五八頁三行　董重(孝仁)皇后之(弟)〔兄〕子也　據集解引陳景雲說改。

三五九頁二行　(北)〔比曉〕到河上　集解謂御覽引獻帝春秋作「比曉到河上」，注脫「曉」字，復誤「比」爲「北」也。今據改。

三五九頁六行　辛未還宮　集解引陳景雲說，謂上文已書「辛未」，不應複書。

後漢書卷九

孝獻帝紀第九

孝獻皇帝諱協，靈帝中子也。〔一〕母王美人，爲何皇后所害。中平六年四月，少帝卽位，封帝爲勃海王，徙封陳留王。

〔一〕謚法曰：「聰明睿智曰獻。」協之字曰合。張璠記曰：「靈帝以帝似己，故名曰協。」帝王紀曰：「協字伯和。」

九月甲戌，卽皇帝位，年九歲。遷皇太后於永安宮。〔二〕大赦天下。改昭寧爲永漢。丙子，董卓殺皇太后何氏。

〔二〕董卓遷也。洛陽宮殿名曰：「永安宮周迴六百九十八丈，故基在洛陽故城中。」

初令侍中、給事黃門侍郎員各六人。〔一〕賜公卿以下至黃門侍郎家一人爲郎，以補宦官所領諸署，侍於殿上。〔二〕

〔一〕續漢志曰：「侍中，比二千石，無員。」漢官儀曰：「侍中，左蟬右貂，本秦丞相史，往來殿內，故謂之侍中。分掌乘輿服物，下至褻器虎子之屬。武帝時，孔安國爲侍中，以其儒者，特聽掌御唾壺，朝廷榮之。至東京時，屬少府，亦

無員。駕出，則一人負傳國璽，操斬蛇劍，〔參〕乘。（與）〔與〕中官俱止禁中。」又曰：「給事黃門侍郎，六百石，無員。掌侍從左右，給事中使，關通中外。」應劭曰：「黃門侍郎，每日暮向靑瑣門拜，謂之夕郎。」輿服志曰：「禁門曰黃闥，以中人主之，故號曰黃門令。」然則黃門郎給事黃闥之內，故曰黃門郎。本旣無員，於此各置六人也。

〔二〕靈帝（建元）〔熹平〕四年，改平準爲中準，使宦者爲令。自是諸內署令、丞悉以閹人爲之，故今並令士人代領之。獻帝起居注曰：「自誅黃門後，侍中、侍郎出入禁中，機事頗露，由是王允乃奏侍中、黃門不得出入。不通賓客，自此始也。」

乙酉，以太尉劉虞爲大司馬。董卓自爲太尉，加鈇鉞、虎賁。〔一〕丙戌，太中大夫楊彪爲司空。甲午，豫州牧黃琬爲司徒。

〔一〕禮記曰：「諸侯賜鈇鉞然後專殺。」說文曰：「鈇，莝刃也。」蒼頡篇曰：「鈇，斧也。」加鈇鉞者，得專殺也。

遣使弔祠故太傅陳蕃、大將軍竇武等。冬十月乙巳，葬靈思皇后。

白波賊寇河東，〔一〕董卓遣其將牛輔擊之。

〔一〕薛瑩書曰：「黃巾郭泰等起於西河白波谷，時謂之白波賊。」

十一月癸酉，董卓（自）爲相國。十二月戊戌，司徒黃琬爲太尉，司空楊彪爲司徒，光祿勳荀爽爲司空。

省扶風都尉，置漢安都護。〔一〕

〔一〕扶風都尉，比二千石，武帝元鼎四年置，中興不改，至此以羌擾三輔，故省之。置都護，令總統西方。

詔除光熹、昭寧、永漢三號，還復中平六年。

初平元年春正月，山東州郡起兵以討董卓。

辛亥，大赦天下。

癸酉，董卓殺弘農王。

白波賊寇東郡。

二月乙亥，太尉黃琬、司徒楊彪免。

庚辰，董卓殺城門校尉伍瓊、督軍校尉周珌。〔一〕以光祿勳趙謙爲太尉，〔二〕太僕王允爲司徒。

〔一〕珌音必。東觀記曰：「周珌，豫州刺史愼之子也。」續漢書、魏志並作「毖」，音秘。

〔二〕謝承書曰：「謙字彥信，太尉趙戒之孫，蜀郡成都人也。」

丁亥，遷都長安。董卓驅徙京師百姓悉西入關，自留屯畢圭苑。

壬辰，白虹貫日。

三月乙巳，車駕入長安，幸未央宮。〔一〕

〔一〕未央宮，蕭何所造也。張璠記曰：「將入宮日，大雨，晝晦，翟雉飛入長安宮。」

己酉，董卓焚洛陽宮廟及人家。

戊午，董卓殺太傅袁隗、太僕袁基，夷其族。〔一〕

〔一〕隗，紹之叔父。基，袁術之母兄。卓以山東兵起，依紹、術爲主，故誅其親屬。獻帝春秋曰：「尺口以上男女五十餘人，皆下獄死。」

夏五月，司空荀爽薨。六月辛丑，光祿大夫种拂爲司空。

大鴻臚韓融、少府陰脩、執金吾胡母班、〔一〕將作大匠吳脩、越騎校尉王瓌安集關東，後將軍袁術、河內太守王匡各執而殺之，〔二〕唯韓融獲免。

〔一〕風俗通云：「胡母，姓，本陳胡公之後也。公子完奔齊，遂有齊國，齊宣王母弟別封母鄉，遠本胡公，近取母邑，故曰胡母氏也。」

〔二〕英雄記曰：「匡字公節，太山人也。輕財好施，以任俠聞，爲袁紹河內太守。」

董卓壞五銖錢，更鑄小錢。〔一〕

〔一〕光武中興，除王莽貨泉，更用五銖錢。

冬十一月庚戌，鎭星、熒惑、太白合於尾。

是歲，有司奏，和、安、順、桓四帝無功德，不宜稱宗，又恭懷、敬隱、恭愍三皇后並非正嫡，不合稱后，皆請除尊號。制曰：「可。」〔一〕孫堅殺荊州刺史王叡，〔二〕又殺南陽太守張咨。

〔一〕和帝號穆宗，安帝號恭宗，順帝號敬宗，桓帝號威宗。和帝尊母梁貴人曰恭懷皇后，安帝尊祖母宋貴人曰敬隱皇后，順帝尊母李氏曰恭愍皇后。

〔二〕王氏譜曰：「叡字通耀，晉太保祥伯父也。」吳錄曰：「叡素遇堅無禮，堅此時欲殺叡。叡曰：『我何罪？』堅曰：『坐無所知。』叡窮迫，刮金飲之而死。」

二年春正月辛丑，大赦天下。

二月丁丑，董卓自爲太師。

袁術遣將孫堅與董卓將胡軫戰於陽人，〔一〕軫軍大敗。董卓遂發掘洛陽諸帝陵。夏四月，董卓入長安。

〔一〕陽人，聚名，屬河南郡，故城在今汝州梁縣西。史記秦滅東周，徙其君於陽人聚，即此地也。

六月丙戌，地震。

秋七月，司空种拂免，光祿大夫濟南淳于嘉爲司空。太尉趙謙罷，太常馬日磾爲太尉。

九月，蚩尤旗見于角、亢。〔一〕

〔一〕天官書曰：「蚩尤之旗，類彗而後曲，象旗。」熒惑之精也。呂氏春秋云：「其色黃上白下，見則王者征伐四方。」角、亢，蒼龍之星。

冬十月壬戌，董卓殺衞尉張溫。

十一月，青州黃巾寇太山，太山太守應劭擊破之。黃巾轉寇勃海，公孫瓚與戰於東光，復大破之。〔一〕

〔一〕東光，今滄州縣。

是歲，長沙有人死經月復活。

三年春正月丁丑，大赦天下。

袁術遣將孫堅攻劉表於襄陽，堅戰歿。

袁紹及公孫瓚戰于界橋，〔一〕瓚軍大敗。

〔一〕今貝州宗城縣東有古界城，近枯漳水，即界橋在此也。

夏四月辛巳，誅董卓，夷三族。司徒王允錄尚書事，總朝政，遣使者張种撫慰山東。青州黃巾擊殺兗州刺史劉岱於東平。東郡太守曹操大破黃巾於壽張，降之。

五月丁酉，大赦天下。

丁未，征西將軍皇甫嵩爲車騎將軍。

董卓部曲將李傕、郭汜、樊稠、張濟等反，攻京師。六月戊午，陷長安城，太常种拂、太僕魯旭、大鴻臚周奐、〔一〕城門校尉崔烈、越騎校尉王頎並戰歿，〔二〕吏民死者萬餘人。李傕等並自爲將軍。

〔一〕三輔決錄注曰：「奐字文明，茂陵人。」

〔二〕頎音祈。

己未，大赦天下。

李傕殺司隸校尉黃琬，甲子，殺司徒王允，皆滅其族。丙子，前將軍趙謙爲司徒。

秋七月庚子，太尉馬日磾爲太傅，錄尚書事。八月，遣日磾及太僕趙岐，持節慰撫天下。車騎將軍皇甫嵩爲太尉。司徒趙謙罷。

九月，李傕自爲車騎將軍，郭汜後將軍，樊稠右將軍，張濟鎮東將軍。濟出屯弘農。

甲申，司空淳于嘉爲司徒，光祿大夫楊彪爲司空，並錄尚書事。

冬十二月，太尉皇甫嵩免。光祿大夫周忠爲太尉，參錄尚書事。

四年春正月甲寅朔，日有食之。〔一〕

〔一〕袁宏紀曰：「時未晡八刻，太史令王立奏曰：『晷過度，無變也。』朝臣皆賀。帝令候焉，未晡一刻而食。賈詡奏曰：『立司候不明，疑誤上下，請付理官。』帝曰：『天道遠，事驗難明，欲歸咎史官，益重朕之不德也。』」

丁卯，大赦天下。

三月，袁術殺楊州刺史陳溫，據淮南。

長安宣平城門外屋自壞。〔一〕

〔一〕三輔黃圖曰：「長安城東面北頭門也。」

夏五月癸酉，無雲而雷。六月，扶風大風，雨雹。華山崩裂。

太尉周忠免，太僕朱儁爲太尉，錄尚書事。

下邳賊闕宣自稱天子。〔一〕

〔一〕風俗通曰：「闕，姓也，承闕黨童子之後也。縱橫家有闕子著書。」

雨水。遣侍御史裴茂訊詔獄，原輕繫。六月辛丑，天狗西北行。〔一〕

〔一〕前書音義曰：「有聲爲天狗，無聲爲枉矢。」

九月甲午，試儒生四十餘人，上第賜位郎中，次太子舍人，下第者罷之。詔曰：「孔子歎『學之不講』，〔一〕不講則所識日忘。今耆儒年踰六十，去離本土，營求糧資，不得專業。結童入學，白首空歸，長委農野，永絕榮望，朕甚愍焉。其依科罷者，聽爲太子舍人。」〔二〕

〔一〕講，習也。論語之文。

〔二〕劉艾獻帝紀曰：「時長安中爲之謠曰：『頭白皓然，食不充糧。裹衣褰裳，當還故鄉。聖主愍念，悉用補郎。舍是布衣，被服玄黃。』

冬十月，太學行禮，車駕幸永福城門，臨觀其儀，賜博士以下各有差。

辛丑，京師地震。有星孛于天市。〔一〕

〔一〕袁宏紀曰：「孛于天市，將從天子移都，其後上東遷之應也。」

司空楊彪免，太常趙溫為司空。

公孫瓚殺大司馬劉虞。

十二月辛丑，地震。

司空趙溫免，乙巳，衞尉張喜為司空。〔一〕

〔一〕獻帝春秋〔曰〕「喜」作「嘉」。

是歲，琅邪王容薨。

興平元年春正月辛酉，大赦天下，改元興平。甲子，帝加元服。二月壬午，追尊謚皇妣王氏為靈懷皇后，甲申，改葬于文昭陵。丁亥，帝耕于藉田。

三月，韓遂、馬騰與郭汜、樊稠戰於長平觀，遂、騰敗績，左中郎將劉範、前益州刺史种劭戰歿。〔一〕

〔一〕前書音義曰：「長平，阪名也，上有觀，在池陽宮南，去長安五十里，今涇水南原眭城是也。」袁宏紀曰：「是時馬騰以李傕等專亂，以益州刺史劉焉宗室大臣，遣使招引共誅傕。焉遣子範將兵就騰。故涼州刺史种劭，太常拂之子也。拂為傕所害，劭欲報仇，遂為此戰。」

夏六月丙子，分涼州河西四郡為廱州。〔一〕

〔一〕謂金城、酒泉、燉煌、張掖。

丁丑，地震；戊寅，又震。乙巳晦，日有食之，帝避正殿，寢兵，不聽事五日。大蝗。

秋七月壬子，太尉朱儁免。戊午，太常楊彪為太尉，錄尚書事。

三輔大旱，自四月至于是月。帝避正殿請雨，遣使者洗囚徒，原輕繫。〔一〕是時穀一斛五十萬，豆麥一斛二十萬，人相食啖，白骨委積。帝使侍御史侯汶出太倉米豆，為飢人作糜粥，經日而死者無降。帝疑賦卹有虛，乃親於御坐前量試作糜，乃知非實，〔二〕使侍中劉艾出讓有司。於是尚書令以下皆詣省閤謝，奏收侯汶考實。詔曰：「未忍致汶于理，可杖五十。」自是之後，多得全濟。

〔一〕洗謂蕩滌也。

〔二〕袁宏紀曰：「時敕侍中劉艾取米豆五升於御前作糜，得滿三盂，於是詔尚書曰：『米豆五升，得糜三盂，而人委頓，何也？』」

八月，馮翊羌叛，寇屬縣，郭汜、樊稠擊破之。

九月，桑復生椹，人得以食。

司徒淳于嘉罷。

冬十月，長安市門自壞。

以衞尉趙溫為司徒，錄尚書事。

十二月，分安定、扶風為新平郡。

是歲，楊州刺史劉繇與袁術將孫策戰于曲阿，〔一〕繇軍敗績，孫策遂據江東。〔二〕太傅馬日磾薨于壽春。〔三〕

〔一〕策字伯符，孫堅子。曲阿，今潤州縣。

〔二〕吳志曰：「孫策既破繇，遂度兵據會稽，策自領會稽太守。」

〔三〕壽春，縣名，屬九江郡，今壽春縣也。

二年春正月癸丑，大赦天下。

二月乙亥，李傕殺樊稠而與郭汜相攻。三月丙寅，李傕脅帝幸其營，焚宮室。

夏四月甲午，立貴人伏氏為皇后。

丁酉，郭汜攻李傕，矢及御前。〔一〕是日，李傕移帝幸北塢。〔二〕

〔一〕山陽公載記曰：「時弓弩並發，矢下如雨，及御所止高樓殿前帷簾也。」

〔二〕服虔通俗文曰「營居曰塢，一曰庳城」也。山陽公載記曰：「時帝在南塢，傕在北塢。時流矢中傕左耳，乃迎帝幸北塢。帝不肯從，強之乃行。」

大旱。

五月壬午，李傕自為大司馬。六月庚午，張濟自陝來和傕、汜。

秋七月甲子，車駕東歸。郭汜自為車騎將軍，楊定為後將軍，楊奉為興義將軍，董承為安集將軍，並侍送乘輿。張濟為票騎將軍，還屯陝。八月甲辰，幸新豐。冬十月戊戌，郭汜使其將伍習夜燒所幸學舍，逼脅乘輿。楊定、楊奉與郭汜戰，破之。壬寅，幸華陰，露次道南。是夜，有赤氣貫紫宮。〔一〕張濟復反，與李傕、郭汜合。十一月庚午，李傕、郭汜等追乘輿，戰於東澗，王師敗績，殺光祿勳鄧泉、衞尉士孫瑞、廷尉宣播、大長秋苗祀、〔二〕步兵校尉魏桀、侍中朱展、射聲校尉沮儁。〔三〕壬申，幸曹陽，露次田中。〔四〕楊奉、董承引白波帥胡才、李樂、韓暹及匈奴左賢王去卑，率師奉迎，與李傕等戰，破之。十二月庚辰，車駕乃進。李傕等復來追戰，王師大敗，殺略宮人，少府田芬、大司農張義等皆戰歿。進幸陝，夜度河。乙亥，幸安邑。

〔一〕獻帝春秋曰：「赤氣廣六七尺，東至寅，西至戌地。」
〔二〕獻帝春秋「播」作「璠」也。
〔三〕風俗通曰：「沮，姓也。黄帝時史官沮誦之後。」晉側余反。
〔四〕曹陽，澗名，在今陝州西南七里，俗謂之七里澗。崔浩云：「自南山北通於河。」

是歲，袁紹遣將麴義與公孫瓚戰於鮑丘，〔一〕瓚軍大敗。

〔一〕鮑丘，水名，出北塞中，南流經九莊嶺東，俗謂之大榆河。又東南經漁陽縣故城東，是瓚之戰處。見水經注。

建安元年春正月癸酉，郊祀上帝於安邑，大赦天下，改元建安。

二月，韓暹攻衞將軍董承。

夏六月乙未，幸聞喜。秋七月甲子，車駕至洛陽，幸故中常侍趙忠宅。丁丑，郊祀上帝，大赦天下。己卯，謁太廟。八月辛丑，幸南宮楊安殿。

癸卯，安國將軍張楊爲大司馬，韓暹爲大將軍，楊奉爲車騎將軍。

是時，宮室燒盡，百官披荊棘，依牆壁閒。州郡各擁彊兵，而委輸不至，羣僚飢乏，尚書郎以下自出採稆，〔一〕或飢死牆壁閒，或爲兵士所殺。

〔一〕稆音呂。埤蒼曰：「穭自生也。」稆與穭同。

辛亥，鎭東將軍曹操自領司隸校尉，錄尚書事。曹操殺侍中臺崇、尚書馮碩等。〔一〕封衞將軍董承爲輔國將軍伏完等十三人爲列侯，贈沮儁爲弘農太守。

〔一〕風俗通曰：「金天氏裔孫曰臺駘，其後氏焉。」山陽公載記（曰）「臺」字作「壺」。

庚申，遷都許。己巳，幸曹操營。

九月，太尉楊彪、司空張喜罷。冬十一月丙戌，曹操自爲司空，行車騎將軍事，百官總己以聽。

二年春，袁術自稱天子。三月，袁紹自爲大將軍。

夏五月，蝗。秋九月，漢水溢。

是歲飢，江淮閒民相食。袁術殺陳王寵。孫策遣使奉貢。

三年夏四月，遣謁者裴茂率中郎將段煨討李傕，夷三族。〔一〕

〔一〕獻帝起居注曰：「傕首到許，有詔高懸之」也。

呂布叛。

冬十一月，盜殺大司馬張楊。

十二月癸酉，曹操擊呂布於徐州，斬之。

四年春三月，袁紹攻公孫瓚于易京，獲之。〔一〕

〔一〕公孫瓚頻失利，乃臨易河築京以自固，故號易京。其城三重，周回六里。今內城中有土京，在幽州歸義縣南。爾雅曰：「絕高謂之京，非人力爲之丘。」

衞將軍董承爲車騎將軍。

夏六月，袁術死。

是歲，初置尚書左右僕射。武陵女子死十四日復活。〔一〕

〔一〕續漢志曰：「女子李娥，年六十餘死，瘞於城外。有行人聞冢中有聲，告家人出之。」

五年春正月，車騎將軍董承、偏將軍王服、越騎校尉种輯受密詔誅曹操，事洩。壬午，曹操殺董承等，夷三族。

秋七月，立皇子馮爲南陽王。壬午，南陽王馮薨。

九月庚午朔，日有食之。詔三公舉至孝二人，九卿、校尉、郡國守相各一人。皆上封事，靡有所諱。

曹操與袁紹戰於官度，〔一〕紹敗走。

〔一〕裴松之北征記曰：「中牟臺下臨汴水，是爲官度，袁紹、曹操壘尚存焉。」在今鄭州中牟縣北。

冬十月辛亥，有星孛于大梁。〔一〕

〔一〕大梁，酉之分。

東海王祗薨。

是歲，孫策死，〔一〕弟權襲其餘業。〔二〕

〔一〕爲許貢客所射傷。
〔二〕權字仲謀。

六年春（三）〔二〕月丁卯朔，日有食之。

七年夏五月庚戌，袁紹薨。

于窴國獻馴象。〔一〕

〔一〕馴象謂隨人意也。

是歲，越巂男子化爲女子。

八年冬十月己巳，公卿初迎冬於北郊，〔一〕總章始復備八佾舞。〔二〕

〔一〕斯禮久廢，故曰初。

〔二〕袁宏紀云：「迎氣北郊，始用八佾。」佾，列也。謂舞者之行列。往因亂廢，今始備之。總章，樂官名。古之安代樂。

初置司直官，督中都官。〔一〕

〔一〕司直，秩比二千石，武帝元狩五年置，掌佐丞相，舉不法也。建武十一年省，今復置之。

九年秋八月戊寅，曹操大破袁尚，平冀州，自領冀州牧。

冬十月，有星孛于東井。

十二月，賜三公已下金帛各有差。自是三年一賜，以爲常制。

十年春正月，曹操破袁譚於青州，斬之。〔一〕

〔一〕魏書曰：「操攻譚不剋，乃自執桴鼓，應時破之。」

夏四月，黑山賊張燕率衆降。〔一〕

〔一〕魏志曰：「燕，本姓褚，常山眞定人也。黃巾起，燕合聚少年爲羣盜，萬餘人，博陵人張牛角爲主。牛角死，燕代爲主，故改姓張。燕剽勇，軍中號曰張飛燕。衆至百萬，號曰黑山賊。」

秋九月，賜百官尤貧者金帛各有差。

十一年春正月，有星孛于北斗。

三月，曹操破高幹於幷州，獲之。〔一〕

〔一〕典論曰：「上洛都尉王琰敗之，追斬其首。」

秋七月，武威太守張猛殺雍州刺史邯鄲商。〔一〕

〔一〕袁宏漢紀(曰)「雍州」作「涼州」也。

是歲，立故琅邪王容子熙爲琅邪王。齊、北海、阜陵、下邳、常山、甘陵、濟(陰)〔北〕、平原八國皆除。

十二年秋八月，曹操大破烏桓於柳城，斬其蹋頓。〔一〕

〔一〕蹋頓，匈奴王號。柳城，縣名，屬遼西郡，今營州縣。

冬十月辛卯，有星孛于鶉尾。〔一〕

〔一〕鶉尾，巳之分也。

乙巳，黃巾賊殺濟南王贇。〔一〕

〔一〕河閒孝王五代孫。

十一月，遼東太守公孫康殺袁尚、袁熙。

十三年春正月，司徒趙溫免。

夏六月，罷三公官，置丞相、御史大夫。癸巳，曹操自爲丞相。

秋七月，曹操南征劉表。

八月丁未，光祿勳郗慮爲御史大夫。〔一〕

〔一〕續漢書曰：「慮字鴻豫，山陽高平人也。少受學於鄭玄。」

壬子，曹操殺太中大夫孔融，夷其族。

是月，劉表卒，少子琮立，琮以荆州降操。

冬十月癸未朔，日有食之。

曹操以舟師伐孫權，權將周瑜敗之於烏林、赤壁。

十四年冬十月，荆州地震。

十五年春二月乙巳朔，日有食之。

十六年秋九月庚戌，曹操與韓遂、馬超戰於渭南，遂等大敗，關西平。〔一〕

〔一〕曹瞞傳曰：「時婁子伯說操曰：『今天寒，可起沙爲城，以水灌之，可一夜而成。』公從之，比明城立。超、遂數挑戰不利，操縱虎騎夾擊，大破之，超、遂走涼州。」

是歲，趙王赦薨。

十七年夏五月癸未，誅衞尉馬騰，夷三族。

六月庚寅晦，日有食之。

秋七月，洧水、潁水溢。螟。

八月，馬超破涼州，殺刺史韋康。

九月庚戌，立皇子熙爲濟陰王，懿爲山陽王，邈爲濟北王，敦爲東海王。〔一〕

〔一〕山陽公載記曰：「時許靖在巴郡，聞立諸王，曰：『將欲歙之，必姑張之；將欲奪之，必姑與之。其孟德之謂乎！』」

冬十二月，星孛于五諸侯。〔一〕

〔一〕五諸侯，星名也。

十八年春正月庚寅，復禹貢九州。〔一〕

〔一〕獻帝春秋曰：「時省幽、并州，以其郡國并於冀州；省司隸校尉及涼州，以其郡國并爲雍州；省交州，并荆州、益州。於是有兗、豫、青、徐、荆、楊、冀、益、雍也。」九數雖同，而禹貢無益州有梁州，然梁、益亦一地也。

夏五月丙申，曹操自立爲魏公，加九錫。〔一〕

〔一〕案禮含文嘉曰：「九錫謂一曰車馬，二曰衣服，三曰樂器，四曰朱戶，五曰納陛，六曰虎賁士百人，七曰斧鉞，八曰弓矢，九曰秬鬯。」

大雨水。

徙趙王珪爲博陵王。

是歲，歲星、鎮星、熒惑俱入太微。〔一〕彭城王和薨。

〔一〕是年秋，三星逆行入太微，守帝坐五十日。

十九年，夏四月，旱。五月，雨水。

劉備破劉璋，據益州。

冬十月，曹操遣將夏侯淵討宋建于枹罕，獲之。〔一〕

〔一〕枹罕，縣，屬金城郡，今河州縣也。魏志曰：「淵字妙才，沛國譙人。」

十一月丁卯，曹操殺皇后伏氏，滅其族及二皇子。〔一〕

〔一〕山陽公載記曰：「劉備在蜀聞之，遂發喪。」

二十年春正月甲子，立貴人曹氏爲皇后。賜天下男子爵，人一級，孝悌、力田二級。賜諸王侯公卿以下穀各有差。

秋七月，曹操破漢中，張魯降。

二十一年夏四月甲午，曹操自進號魏王。

五月己亥朔，日有食之。

秋七月，匈奴南單于來朝。

是歲，曹操殺琅邪王熙，國除。〔一〕

〔一〕坐謀欲渡江，被誅。

二十二年夏六月，丞相軍師華歆爲御史大夫。

冬，有星孛于東北。

是歲大疫。

二十三年春正月甲子，少府耿紀、丞相司直韋晃起兵誅曹操，不克，夷三族。〔一〕

〔一〕三輔決錄〔注〕曰：「時有京兆金禕，字德偉，自以代爲漢臣，乃發憤，與耿紀、韋晃欲挾天子以攻魏，南援劉備。事敗，夷三族。」

三月，有星孛于東方。〔一〕

〔一〕杜預注左傳云「平旦，衆星皆沒，而孛星乃見」，故不言所在之次。

二十四年春二月壬子晦，日有食之。

夏五月，劉備取漢中。

秋七月庚子，劉備自稱漢中王。

八月，漢水溢。

冬十一月，孫權取荆州。

二十五年春正月庚子，魏王曹操薨。〔一〕子丕襲位。〔二〕

〔一〕魏志曰，操字孟德，薨時年六十六。

〔二〕魏志曰，丕字子桓，操之太子。

二月丁未朔，日有食之。

三月，改元延康。

冬十月乙卯，皇帝遜位，魏王丕稱天子。〔一〕奉帝爲山陽公，〔二〕邑一萬戶，位在諸侯王上，奏事不稱臣，受詔不拜，以天子車服郊祀天地，宗廟、祖、臘皆如漢制，都山陽之濁鹿城。〔三〕四皇子封王者，皆降爲列侯。

〔一〕遜，讓也。獻帝春秋曰：「帝時召羣臣卿士告祠高廟，詔太常張音持節，奉策璽綬，禪位于魏王。乃爲壇於繁陽故城，魏王登壇，受皇帝璽綬。」

〔二〕山陽，縣名，屬河內郡，故城在今懷州脩武縣西北。

〔三〕濁鹿一名濁城，亦名清陽城，在今懷州脩武縣東北。

明年，劉備稱帝于蜀，孫權亦自王於吳，於是天下遂三分矣。

魏青龍二年三月庚寅，山陽公薨。自遜位至薨，十有四年，年五十四，謚孝獻皇帝。八月壬申，以漢天子禮儀葬于禪陵，〔一〕置園邑令丞。

〔一〕續漢書曰：「天子葬，太僕駕四輪輈爲賓車，大練爲屋幭。中黄門、虎賁各二十人執紼。司空擇土造穿，太史卜日，將作作黄腸、題湊、便房，如禮。大駕，大僕御。方相氏黄金四目，蒙熊皮，玄衣朱裳，執戈揚楯，立乘四馬先驅。旂長三刃，十有二旒曳地，畫日、月、升龍。書旐曰『天子之柩』。謁者二人，立乘六馬爲次。太常跪〔曰〕哭，〔日〕十五舉音，止哭。晝漏上〔水〕，請發。司徒、河南尹先引車轉，太常曰請拜送。車著白絲三紼，紼長三十丈，圍七寸；六行，行五十人。公卿已下子弟凡三百人，皆素幘，委貌冠，衣素裳，挽。校尉三〔百〕人，皆赤幘，不冠，持幢幡，皆銜枚。羽林孤兒、巴俞櫂歌者六十人，爲六列。司馬八人，執鐸。至陵南羨門，司徒跪請就下房，都導東園武士奉入房，執事下明器，太祝進醴獻。司空將校復土。」櫂音徒了反。帝王紀曰：「禪陵在濁鹿城西北十里，在今懷州脩武縣北二十五里。陵高二丈，周回二百步。」劉澄之地記云：「以漢禪魏，故以名焉。」

太子早卒，孫康立五十一年，晉太康六年薨。子瑾立四年，太康十年薨。子秋立二十年，永嘉中爲胡賊所殺，國除。

論曰：傳稱鼎之爲器，雖小而重，故神之所寶，不可奪移。〔一〕至令負而趨者，此亦窮運之歸乎！〔二〕天厭漢德久矣，山陽其何誅焉！〔三〕

〔一〕左氏傳王孫滿曰：「桀有昏德，鼎遷於商；商紂暴虐，鼎遷於周。德之休明，雖小，重也；其姦回昏亂，雖大，輕也。」故言神之所寶，不可奪移。

〔二〕言神器至重，被人負而趨走者，斯亦窮盡之運歸於此時乎，言不可復振也。莊子曰：「藏舟於壑，藏山於澤，謂之固矣。然而有力者負之而趨，而昧者不知。」

〔三〕厭，惓；誅，責也。漢自和帝以後，政教陵遲，故言天厭漢德久矣。禍之來也，非獨山陽公之過，其何所誅責乎？左傳宋子魚曰：「天旣厭商德。」孔子曰：「於予（予）〔與〕何誅。」

贊曰：獻生不辰，身播國屯。〔一〕終我四百，永作虞賓。〔二〕

〔一〕辰，時也。播，遷也。言獻帝生不逢時，身旣播遷，國又屯難。詩曰：「我生不辰。」左傳曰：「震蕩播越。」

〔二〕春秋演孔圖曰：「劉四百歲之際，褒漢王輔，皇王以期，有名不就。」宋均注曰：「雖褒族人爲漢王以自輔，以當有應期，名見播錄者，故名不就也。」虞賓謂舜以堯子丹朱爲賓，（商）〔虞〕書曰「虞賓在位」是也。以喻山陽公爲魏之賓也。

校勘記

三六七頁三行 靈帝中子也 按：集解引惠棟說，謂續志作「靈帝少子」。

三六八頁一行 〔參〕乘（輿）〔與〕中官俱止禁中 依刊誤刪補。按御覽卷二一九引漢官儀，正作「參乘，與中官俱止禁中」。

三六八頁六行 靈帝（建元）〔熹平〕四年改平準爲中準 據殿本、集解本改，與靈紀合。按：兩「準」字原俱作「准」，逕據汲本、殿本改。

三六八頁一三行 董卓〔自〕爲相國 據殿本考證引何焯說補。

三七二頁七行 袁術遣將孫堅攻劉表於襄陽堅戰歿 按：校補謂案通鑑堅被黄祖部曲兵射殺，敍在二年冬十月後。

三七二頁一四行 董卓部曲將李傕郭汜 汲本「汜」作「氾」，殿本則前作「氾」，後又作「汜」，不一律。按：通鑑作「汜」，胡注汜音祀，又孚梵反。然則作「汜」或「氾」，初無一定，亦猶汜水之又作氾水矣。

三七三頁七行 太僕趙岐 按：「岐」原譌「歧」，逕據汲本、殿本改正。後如此，不悉出校記。

三七四頁五行 夏五月癸酉 按：「五」原譌「三」，逕改正。

三七四頁一一行 試儒生四十餘人 按袁紀作「三十餘人」。

三七五頁九行 獻帝春秋（曰）喜作嘉 按：「曰」字當衍，今刪。

三七六頁一〇行 帝疑賦卹有虚 按：御覽八三八引「賦」作「賑」。

三七八頁二行 帷簾 按：「簾」原誤「廉」，逕據汲本、殿本改正。

三七八頁一一行 殺光祿勳鄧泉 按：集解引錢大昕說，謂五行志作「鄧淵」，此章懷避諱改。

三七八頁一四行 少府田芬 按：集解引惠棟說，謂五行志作「田邠」。

三八〇頁一行 封衞將軍董承爲輔國將軍伏完等十三人爲列侯 按：惠棟、王鳴盛、錢大昕皆謂「董承」下衍「爲」字。李慈銘謂當云「以執金吾伏完爲輔國將軍，封衞將軍董承等十三人爲列侯」，紀文傳寫脫誤。

三八〇頁三行 山陽公載記（曰） 據刊誤刪。

三八二頁九行 六年春（三）〔二〕月丁卯朔日有食之 集解引錢大昕說，謂五行志作「十月癸未」。按：推是年二月丁卯朔，日食可見，「三月」乃「二月」之誤，今改，與通鑑目錄引本志合。

三八四頁八行 袁宏漢紀（曰） 按：「曰」字當衍，今刪。

三八四頁九行 濟（陰）〔北〕 據集解引錢大昕說及校補引錢大昭說改。

三八四頁一一行 斬其蹋頓 殿本考證引何焯說，謂「其」字應衍。校補謂案烏桓傳，蹋頓爲遼西烏桓王丘力居從子，代丘力居立爲王，是蹋頓乃烏桓王名，故何氏謂「其」字應衍，不解注何以釋爲匈奴王號。今按：如依烏桓傳，則「其」字當刪，「蹋頓」應加標號。

三八八頁二行 曹操遣將夏侯淵討宋建于枹罕 按：汲本、集解本「宋建」作「朱建」。集解引錢大昕說，謂天文志作「宋建」，董卓傳作「宗建」，三國志亦作「宋建」。

三八九頁五行 三輔決錄〔注〕曰 按：三輔決錄趙岐著。集解引陳景雲說，謂「決錄」下當有「注」字，趙岐卒於建安六年，不及見此事。今據補。

三八九頁五行　時有京兆全禕　按：汲本、殿本「全禕」作「金禕」。

三八九頁七行　有星孛于東方　按：袁紀「東方」作「東井」。

三九〇頁七行　冬十月乙卯皇帝遜位魏王丕稱天子　按：集解引惠棟說，謂魏受禪碑作「十月辛未」。據裴松之注魏志，漢實以十月乙卯策詔魏王，使張愔奉璽綬，而魏王辭讓，往返三四而後受也。又據侍中劉廙奏，問太史令許芝，今月十七日乙未，可治壇墠。又據尚書桓階等奏，云輒下太史令擇元辰，今月二十九日可登壇受命。蓋自十七日乙未至二十九日，正得辛未。以此據之，漢魏二紀皆謬，而獨此碑爲是也。

三九一頁五行　太常跪〔曰〕哭（日）十五舉音止哭　據刊誤改。

三九一頁六行　晝漏上〔水〕請發　據續志補。

三九一頁七行　校尉三（百）人　據續志刪。

三九二頁五行　於予（予）〔與〕何誅　據刊誤改。

三九二頁八行　春秋演孔圖　按：原作「春秋孔演圖」，誤，逕乙正。

三九二頁九行　（廧）〔廣〕讐曰　據殿本、集解本改。

後漢書卷十上

皇后紀第十上

夏、殷以上，后妃之制，其文略矣。周禮王者立后，〔一〕三夫人，九嬪，二十七世婦，八十一女御，以備內職焉。后正位宮闈，同體天王。夫人坐論婦禮，〔二〕九嬪掌教四德，〔三〕世婦主喪、祭、賓客，〔四〕女御序于王之燕寢。〔五〕頒官分務，各有典司。女史彤管，記功書過。〔六〕居有保阿之訓，動有環佩之響。〔七〕進賢才以輔佐君子，哀窈窕而不淫其色。〔八〕所以能述宣陰化，修成內則，〔九〕閨房肅雍，險謁不行也。〔一〇〕故康王晚朝，關雎作諷；〔一一〕宣后晏起，姜氏請愆。〔一二〕及周室東遷，禮序凋缺。〔一三〕諸侯僭縱，軌制無章。齊桓有如夫人者六人，〔一四〕晉獻升戎女爲元妃，〔一五〕終於五子作亂，〔一六〕冢嗣遘屯。〔一七〕爰逮戰國，風憲逾薄，適情任欲，顛倒衣裳，〔一八〕以至破國亡身，不可勝數。斯固輕禮弛防，先色後德者也。

〔一〕鄭玄注禮記曰：「后之言後，言在夫之後也。」

〔二〕鄭玄注周禮云「夫人之於后，猶三公之於王，坐而論婦禮」也。

〔三〕九嬪比九卿。周禮曰「九嬪，掌婦學之法，以教九御」也。四德謂婦德、婦言、婦容、婦功也。

〔四〕婦，服也，明其能服事於人也，比二十七大夫。周禮：「世婦，掌祭祀、賓客、喪紀之事。祭之日，涖陳女宮之具，凡內羞之物，掌弔臨于卿大夫之喪。」

〔五〕御謂進御于王也，比八十一元士。周禮曰「女御，〔掌〕敘于王之燕寢，以歲時獻功事」也。

〔六〕周禮云「女史，掌王后之禮，書內令，凡后之事以禮從」也。鄭玄注云「亦如大史之於王」也。彤管，赤管筆也。詩云：「詒我彤管。」注云「古者，后夫人必有女史彤管之法」也。

〔七〕列女傳曰：「齊孝公孟姬，華氏之女。從孝公遊，車奔，姬墮，車碎，孝公使駟馬立車載姬。姬泣曰：『妾聞妃下堂，必從傅母保阿，進退則鳴玉佩環；今立車無軿，非敢受命。』」

〔八〕詩序云：「關雎，樂得淑女以配君子，憂在進賢，不淫其色，哀窈窕，思賢才，而無傷善之心。」毛萇注云：「窈窕，幽閒也。」

〔九〕周禮內宰職曰：「以陰禮教六宮，以婦職之法教九御。」

〔一〇〕肅，敬也。雍，和也。謁，請也。言能輔佐君子，和順恭敬，不行私謁。詩序曰：「雖則王姬，猶執婦道，以成肅雍之德。」又曰：「而無險詖私謁之心。」

〔一一〕前書音義曰：「后夫人雞鳴佩玉去君所。周康王后不然，故詩人歎而傷之。」見魯詩。

〔一二〕列女傳曰：「周宣姜后，齊侯之女也。宣王嘗夜臥晏起，后夫人不出房。姜后既出，乃脫簪珥，待罪於永巷，使傅母通言於王曰：『妾不才，淫心見矣，至使君王失禮而晏起，以見君王樂色忘德。敢請罪，惟君王之命。』王曰：『寡人之過，夫人何辜。』遂勤政事，成中興之名焉。」

〔三〕幽王時，西夷、犬戎共攻殺幽王于驪山之下。太子宜臼立，是爲平王，東遷洛邑，以避犬戎，政遂微弱。

〔四〕左傳曰，桓公多內寵，有如夫人者六人：長衛姬，少衛姬，鄭姬，葛嬴，密姬，宋華子也。

〔五〕元妃，嫡夫人也。史記曰，晉獻公伐驪戎，得驪姬，愛幸，立以爲妃。

〔六〕桓公六夫人，生六子。桓公卒，立公子昭，於是公子無虧、公子元、公子潘、公子商人、公子雍等五公子皆求立，公子昭奔宋，是作亂也。

〔七〕冢，大也。蹇，遇也。屯，難也。晉獻公受驪姬之譖，殺太子申生，故曰遇屯。

〔八〕上曰衣，下曰裳。詩曰：「祿兮衣兮，祿衣黃裳。」鄭玄曰：「祿衣黑，今反以黃爲裏，非其禮制，諭妾上僭也。」

秦并天下，多自驕大，宮備七國，〔一〕爵列八品。〔二〕漢興，因循其號，而婦制莫釐。〔三〕高祖帷薄不修，〔四〕孝文衽席無辯。〔五〕然而選納尚簡，飾翫少華。自武、元之後，世增淫費，至乃掖庭三千，增級十四。〔六〕妖倖毀政之符，外姻亂邦之迹，前史載之詳矣。

〔一〕史記曰：「始皇破六國，寫放其宮室，作之咸陽北坂上，南臨渭水，殿屋複道，周閣相屬，所得諸侯美人，以充入之。」并秦爲七也。

〔二〕前書曰：「漢興因秦之稱號，正嫡稱皇后，妾皆稱夫人，又有美人、良人、八子、七子、長使、少使之號。」

〔三〕釐，理。

〔四〕大戴禮曰：「大臣坐汙穢男女無別者，不曰汙穢，曰帷薄不修。」謂周昌入奏事，高帝擁戚姬，是不修也。

〔五〕鄭玄注禮記曰：「衽，臥席也。」孝文幸愼夫人，每與皇后同坐，是無辯也。

皇后紀第十上　三九九

後漢書卷十上　四〇〇

〔六〕婕妤一，娙娥二，容華三，充衣四，已上武帝置；昭儀五，元帝置；美人六，良人七，七子八，八子九，長使十，少使十一，五官十二，順常十三，無涓、共和、娛靈、保林、良使、夜者十四，此六官品秩同爲一等也。

及光武中興，斵彫爲朴，〔一〕六宮稱號，唯皇后、貴人。〔二〕貴人金印紫綬，奉不過粟數十斛。又置美人、宮人、采女三等，並無爵秩，歲時賞賜充給而已。漢法常因八月筭人，〔三〕遣中大夫與掖庭丞及相工，於洛陽鄉中閱視良家童女，年十三以上，二十已下，姿色端麗，合法相者，載還後宮，擇視可否，乃用登御。所以明愼聘納，詳求淑哲。明帝聿遵先旨，宮教頗修，登建嬪后，必先令德，內無出閫之言，〔四〕權無私溺之授，可謂矯其敝矣。向使因設外戚之禁，編著甲令，〔五〕改正后妃之制，貽厥方來，豈不休哉！雖御己有度，而防（閑）〔閑〕未篤，故孝章以下，漸用色授，恩隆好合，遂忘淄蠹。〔六〕

〔一〕彫謂刻鏤也。史記曰：「漢興，破觚而爲圜，斵琱而爲樸。」

〔二〕鄭玄注周禮曰「皇后正寢一，燕寢五，是爲六宮」也。夫人已下分居焉。

〔三〕漢儀注曰：「八月初爲筭賦，故曰筭人。」

〔四〕閫，門限也。禮記曰「外言不入於閫，內言不出於閫」也。

〔五〕前書音義曰：「甲令者，前帝第一令也，有甲令、乙令、丙令。」

〔六〕淄，黑也。蠹，食木蟲。以諭傾敗也。

自古雖主幼時艱，王家多釁，必委成冢宰，簡求忠賢，未有專任婦人，斷割重器。唯秦芈太后始攝政事，〔一〕故穰侯權重於昭王，家富於嬴國。〔二〕漢仍其謬，知患莫改。東京皇統屢絕，權歸女主，外立者四帝，〔三〕臨朝者六后，〔四〕莫不定策帷帟，委事父兄，貪孩童以久其政，抑明賢以專其威。〔五〕任重道悠，利深禍速。身犯霧露於雲臺之上，〔六〕家嬰縲絏於圄犴之下。〔七〕湮滅連踵，傾輈繼路。〔八〕而赴蹈不息，燋爛爲期，終於陵夷大運，淪亡神寶。〔九〕詩書所歎，略同一揆。故考列行跡，以爲皇后本紀。雖成敗事異，而同居正號者，並列于篇。其以私恩追尊，非當時所奉者，則隨它事附出。〔一〇〕親屬別事，各依列傳。其餘無所見，則係之此紀，〔一一〕以纘西京外戚云爾。〔一二〕

〔一〕芈音亡爾反。

〔二〕太后，昭王母也，號宣太后。史記曰，昭王立，年少，宣太后自知事，以同母弟魏冉爲將軍，任政，封爲穰侯。太后攝政，始於此也。

〔三〕謂安、質、桓、靈。

〔四〕章帝竇太后、和熹鄧太后、安思閻太后、順烈梁太后、桓思竇太后、靈思何太后也。

〔五〕周禮：「幕人，掌幃帟幄幕之事。」鄭玄注曰：「帟，幄中坐上承塵也。」殤帝崩，鄧太后與兄騭等迎立安帝，年十三。沖帝崩，梁太后與兄冀迎立質帝，年八歲。質帝崩，太后與兄冀迎立桓帝，年十五。桓帝崩，竇太后與父武迎立靈帝，年十二。

〔六〕霧露謂疾病也。不可指言死，故假霧露以言之。靈帝時，中常侍曹節矯詔遷太后於雲臺。謝弼上封事曰：「伏惟皇

皇后紀第十上　四〇一

後漢書卷十上　四〇二

太后援立明聖，幽居空宮，如有霧露之疾，陛下當何面目以見天下！」

〔七〕縲，索也。絏，繫也。圄圄，周獄名也。鄉亭之獄曰犴，音五旦反。謂外戚等被誅也。

〔八〕踵，跡也。輈，車轅也。賈誼曰：「前車覆，後車誡。」

〔九〕陵夷猶頹替。神寶，帝位也。

〔一〇〕謂安帝母左姬及祖母宋貴人之類，並見清河孝王傳。

〔一一〕謂賈貴人、虞美人之類是。

〔一二〕纘，繼也。

光武郭皇后諱聖通，眞定槀人也。〔一〕爲郡著姓。父昌，讓田宅財產數百萬與異母弟，國人義之。仕郡功曹。娶眞定恭王女，號郭主，〔二〕生后及子況。昌早卒。郭主雖王家女，而好禮節儉，有母儀之德。更始二年春，光武擊王郎，至眞定，因納后，有寵。及即位，以爲貴人。

〔一〕槀，縣名，故城在今恆州槀城縣西。

〔二〕恭王名普，景帝七代孫。

建武元年，生皇子彊。帝善況小心謹愼，年始十六，拜黃門侍郎。二年，貴人立爲皇后，彊爲皇太子，封況緜蠻侯。以后弟貴重，賓客輻湊。況恭謙下士，頗得聲譽。十四年，

還城門校尉。其後，后以寵稍衰，數懷怨懟。十七年，遂廢爲中山王太后，進后中子右翊公輔爲中山王，以常山郡益中山國。徙封況大國，爲陽安侯。〔一〕后從兄竟，以騎都尉從征伐有功，封爲新郪侯，官至東海相。〔二〕竟弟匡爲發干侯，〔三〕官至太中大夫。后叔父梁，早終，無子。其壻南陽陳茂，以恩澤封南䜌侯。〔四〕

〔一〕陽安，縣，屬汝南郡，故城在今豫州朗山縣，故道國城是也。

〔二〕新郪，縣，屬汝南郡，故城在今潁州汝陰縣西北郪丘城是也。音七私反。

〔三〕發干，縣，屬東郡，故城在今博州堂邑縣西南。

〔四〕䜌音力全反。

二十年，中山王輔復徙封沛王，后爲沛太后。況遷大鴻臚。帝數幸其第，會公卿諸侯親家飲燕，賞賜金錢縑帛，豐盛莫比，京師號況家爲金穴。二十六年，后母郭主薨，帝親臨喪送葬，百官大會，遣使者迎昌喪柩，與主合葬，追贈昌陽安侯印綬，謚曰思侯。二十八年，后薨，葬于北芒。

帝憐郭氏，詔況子璜尚淯陽公主，除璜爲郎。顯宗即位，況與帝舅陰識、陰就並爲特進，數授賞賜，恩寵俱渥。禮待陰、郭，每事必均。永平二年，況卒，贈賜甚厚，帝親自臨喪，謚曰節侯，子璜嗣。

元和三年，肅宗北巡狩，過眞定，會諸郭，朝見上壽，引入倡飲甚歡。〔一〕以太牢具上郭主冢，賜粟萬斛，錢五十萬。永元初，璜爲長樂少府，〔二〕子舉爲侍中，兼射聲校尉。及大將軍竇憲被誅，舉以憲女壻謀逆，故父子俱下獄死，家屬徙合浦，〔三〕宗族爲郎吏者，悉免官。新郪侯竟初爲騎將，〔四〕從征伐有功，拜東海相。永平中卒，子嵩嗣；嵩卒，追坐染楚王英事，國廢。建初二年，章帝紹封嵩子勤爲伊亭侯，勤無子，國除。發干侯匡，官至太中大夫，建武三十年卒，子勳嗣；勳卒，子駿嗣，永平十三年，亦坐楚王英事，失國。建初三年，復封駿爲觀都侯，卒，無子，國除。郭氏侯者凡三人，皆絕國。

〔一〕說文曰：「倡，樂也。」聲類曰「俳」。

〔二〕長樂少府，掌皇太后宮，秩二千石。居長信宮曰長信少府，長樂宮曰長樂少府。

〔三〕郡名，今廉州縣。

〔四〕前書曰：「車、戶、騎將，屬光祿，秩比千石。」

論曰：物之興衰，情之起伏，理有固然矣。而崇替去來之甚者，必唯寵惑乎？當其接牀第，承恩色，雖險情贅行，莫不德焉。〔一〕及至移意愛，析嬿私，雖惠心妍狀，愈獻醜焉。愛升，則天下不足容其高；歡隙，故九服無所逃其命。斯誠志士之所沉溺，君人之所抑揚，未或違之者也。郭后以衰離見貶，恚怨成尤，而猶恩加別館，增寵黨戚。至乎東海逡巡，去就以禮，使後世不見隆薄進退之隙，不亦光於古乎！

〔一〕說文曰：「贅，肬也。」老子曰：「餘食贅行。」河上公注曰：「行之無當爲贅。」莊子曰：「附贅縣肬。」言醜惡也。

光烈陰皇后諱麗華，〔一〕南陽新野人。初，光武適新野，聞后美，心悅之。後至長安，見執金吾車騎甚盛，因歎曰：「仕宦當作執金吾，娶妻當得陰麗華。」更始元年六月，遂納后於宛當成里，時年十九。及光武爲司隸校尉，方西之洛陽，令后歸新野。及鄧奉起兵，后兄識爲之將，后隨家屬徙淯陽，止於奉舍。

〔一〕謚法曰：「執德遵業曰烈。」東觀記：「有陰子公者，生子方，方生幼公，公生君孟，名睦，即后之父也。」今世本「睦」作「陸」。

光武即位，令侍中傅俊迎后，與湖陽、寧平主諸宮人俱到洛陽，以后爲貴人。〔一〕帝以后雅性寬仁，欲崇以尊位，后固辭，以郭氏有子，終不肯當，故遂立郭皇后。建武四年，從征彭寵，生顯宗於元氏。九年，有盜劫殺后母鄧氏及弟訢，〔二〕帝甚傷之，乃詔大司空曰：「吾微賤之時，娶於陰氏，因將兵征伐，遂各別離。幸得安全，俱脫虎口。〔三〕以貴人有母儀之

美，宜立爲后，而固辭弗敢當，列於媵妾。〔四〕朕嘉其義讓，許封諸弟。未及爵土，而遭患逢禍，母子同命，愍傷于懷。小雅曰：『將恐將懼，惟予與汝。將安將樂，汝轉弃予。』〔五〕風人之戒，可不慎乎？其追爵謚貴人父陸爲宣恩哀侯，弟訢爲宣義恭侯，以弟就嗣哀侯後。及尸柩在堂，使太中大夫拜授印綬，如在國列侯禮。魂而有靈，嘉其寵榮！」

〔一〕寧平，縣，屬淮陽，故城在今亳州谷陽縣西南。

〔二〕音欣。

〔三〕莊子曰，孔子見盜跖，謂柳下惠曰：「幾不免於虎口。」

〔四〕爾雅曰：「媵，送也。」孫炎曰：「送女曰媵。」

〔五〕谷風之詩。

十七年，廢皇后郭氏而立貴人。制詔三公曰：「皇后懷執怨懟，數違教令，不能撫循它子，訓長異室。宮闈之內，若見鷹鸇。〔一〕既無關雎之德，而有呂、霍之風，豈可託以幼孤，恭承明祀。今遣大司徒涉、〔二〕宗正吉持節，其上皇后璽綬。陰貴人鄉里良家，歸自微賤。〔三〕『自我不見，于今三年。』〔四〕宜奉宗廟，爲天下母。主者詳案舊典，時上尊號。異常之事，非國休福，不得上壽稱慶。」后在位恭儉，少嗜玩，不喜笑謔。性仁孝，多矜慈。七歲失父，雖已數十年，言及未曾不流涕。帝見，常歎息。

〔一〕爾雅曰：「宮中小門謂之闈。」
〔二〕戴涉也。
〔三〕公羊傳曰：「婦人謂嫁曰歸。」
〔四〕詩豳風東山之詞也。

顯宗即位，尊后爲皇太后。永平三年冬，帝從太后幸章陵，置酒舊宅，會陰、鄧故人諸家子孫，並受賞賜。七年，崩，在位二十四年，年六十，合葬原陵。

明帝性孝愛，追慕無已。十七年正月，當謁原陵，夜夢先帝、太后如平生歡。既寤，悲不能寐，即案歷，明旦日吉，遂率百官及故客上陵。其日，降甘露於陵樹，帝令百官采取以薦。會畢，帝從席前伏御牀，視太后鏡奩中物，〔一〕感動悲涕，令易脂澤裝具。左右皆泣，莫能仰視焉。

〔一〕奩，鏡匣也，音廉。

明德馬皇后諱某，〔一〕伏波將軍援之小女也。少喪父母。兄客卿敏惠早夭，母藺夫人悲傷發疾慌惚。后時年十歲，幹理家事，勑制僮御，〔二〕內外諮稟，事同成人。初，諸家莫知

者，後聞之，咸歎異焉。后嘗久疾，太夫人令筮之，筮者曰：「此女雖有患狀而當大貴，兆不可言也。」後又呼相者使占諸女，見后，大驚曰：「我必爲此女稱臣。然貴而少子，若養它子者得力，乃當踰於所生。」

〔一〕謚法曰：「忠和純淑曰德。」諱某者，史失其名。下皆類此。
〔二〕幹，正也。廣雅曰「僮、御，皆使者」也。

初，援征五溪蠻，卒於師，虎賁中郎將梁松、黃門侍郎竇固等因譖之，由是家益失埶，又數爲權貴所侵侮。后從兄嚴不勝憂憤，白太夫人絕竇氏婚，求進女掖庭。乃上書曰：「臣叔父援孤恩不報，〔一〕而妻子特獲恩全，戴仰陛下，爲天爲父。人情既得不死，便欲求福。竊聞太子、諸王妃匹未備，援有三女，大者十五，次者十四，小者十三，儀狀髮膚，上中以上。〔二〕皆孝順小心，婉靜有禮。〔三〕願下相工，簡其可否。如有萬一，援不朽於黃泉矣。又援姑姊妹並爲成帝婕妤，葬於延陵。臣嚴幸得蒙恩更生，冀因緣先姑，當充後宮。」由是選后入太子宮。時年十三。奉承陰后，傍接同列，禮則脩備，上下安之。遂見寵異，常居後堂。

〔一〕孤，負也。
〔二〕東觀記曰：「明帝馬皇后美髮，爲四起大髻，但以髮成，尚有餘，繞髻三匝。眉不施黛，獨左眉角小缺，補之如粟。常稱疾而終身得意。」

〔三〕婉，順。

顯宗即位，以后爲貴人。時后前母姊女賈氏亦以選入，生肅宗。帝以后無子，命令養之。謂曰：「人未必當自生子，但患愛養不至耳。」后於是盡心撫育，勞悴過於所生。肅宗亦孝性淳篤，恩性天至，母子慈愛，始終無纖介之閒。〔一〕后常以皇嗣未廣，每懷憂歎，薦達左右，若恐不及。後宮有進見者，每加慰納。若數所寵引，輒增隆遇。永平三年春，有司奏立長秋宮，〔二〕帝未有所言。皇太后曰：「馬貴人德冠後宮，即其人也。」遂立爲皇后。

〔一〕纖介猶細微也。閒，隙也。
〔二〕皇后所居宮也。長者久也，秋者萬物成孰之初也，故以名焉。請立皇后，不敢指言，故以宮稱之。

先是數日，夢有小飛蟲無數赴著身，又入皮膚中而復飛出。既正位宮闈，愈自謙肅。身長七尺二寸，方口，美髮。能誦易，好讀春秋、楚辭，尤善周官、董仲舒書。〔一〕常衣大練，裙不加緣。〔二〕朔望諸姬主朝請，〔三〕望見后袍衣疎麤，反以爲綺穀，就視，乃笑。后辭曰：「此繒特宜染色，故用之耳。」六宮莫不歎息。帝嘗幸苑囿離宮，后輒以風邪露霧爲戒，辭意款備，多見詳擇。帝幸濯龍中，〔四〕並召諸才人，下邳王已下皆在側，請呼皇后。帝笑曰：「是家志不好樂，雖來無歡。」是以遊娛之事希嘗從焉。

〔一〕周官，周禮也。仲舒書，玉杯、蕃露、清明、竹林之屬也。蕃音繁。

〔二〕大練，大帛也。杜預注左傳曰：「大帛，厚繒也。」太后兄廖上書曰「今陛下躬服厚繒」是也。
〔三〕漢律春曰朝，秋曰請。
〔四〕續漢志曰，濯龍，園名也，近北宮。

十五年，帝案地圖，將封皇子，悉半諸國。后見而言曰：「諸子裁食數縣，於制不已儉乎？」帝曰：「我子豈宜與先帝子等乎？歲給二千萬足矣。」時楚獄連年不斷，囚相證引，坐繫者甚衆。后慮其多濫，乘閒言及，惻然。帝感悟之，夜起仿偟，爲思所納，〔一〕卒多有所降宥。時諸將奏事及公卿較議難平者，〔二〕帝數以試后。后輒分解趣理，各得其情。每於侍執之際，輒言及政事，多所毗補，而未嘗以家私干。(欲)〔故〕寵敬日隆，始終無衰。

〔一〕思后所納之言。
〔二〕廣雅曰：「較，明也。」

及帝崩，肅宗即位，尊后曰皇太后。諸貴人當徙居南宮，太后感析別之懷，各賜王赤綬，加安車駟馬，白越三千端，〔一〕雜帛二千匹，黃金十斤。自撰顯宗起居注，削去兄防參醫藥事。帝請曰：「黃門舅旦夕供養且一年，既無褒異，又不錄勤勞，無乃過乎！」太后曰：「吾不欲令後世聞先帝數親後宮之家，故不著也。」

〔一〕白越，越布。

建初元年，〔帝〕欲封爵諸舅，太后不聽。明年夏，大旱，言事者以爲不封外戚之故，有司因此上奏，宜依舊典。〔一〕太后詔曰：「凡言事者皆欲媚朕以要福耳。昔王氏五侯同日俱封，〔二〕其時黃霧四塞，不聞澍雨之應。又田蚡、竇嬰，寵貴橫恣，傾覆之禍，爲世所傳。〔三〕故先帝防愼舅氏，不令在樞機之位。〔四〕諸子之封，裁令半楚、淮陽諸國，常謂『我子不當與先帝子等』。今有司柰何欲以馬氏比陰氏乎！吾爲天下母，而身服大練，食不求甘，左右但著帛布，無香薰之飾者，欲身率下也。以爲外親見之，當傷心自敕，但笑言太后素好儉。前過濯龍門上，見外家問起居者，車如流水，馬如游龍，倉頭衣綠褠，領袖正白，〔五〕顧視御者，不及遠矣。故不加譴怒，但絕歲用而已，冀以默愧其心，而猶懈怠，無憂國忘家之慮。知臣莫若君，況親屬乎？吾豈可上負先帝之旨，下虧先人之德，重襲西京敗亡之禍哉！」固不許。〔六〕

〔一〕漢制，外戚以恩澤封侯，故曰舊典也。

〔二〕成帝封太后弟王譚、王商、王立、王根、王逢時等，同時爲關內侯。

〔三〕田蚡，景帝王皇后同母弟武安侯也。爲丞相，食驕，與淮南王覇上私語。後薨，武帝曰：「使武安侯在者，族矣！」竇嬰，文帝竇皇后從兄子魏其侯也，爲丞相，坐與灌夫朋黨弃市也。

〔四〕樞機，近要之官也。春秋運斗樞曰：「北斗，第一天樞，第二琁，第三機也。」

〔五〕褠，臂衣，今之臂鞲，以縛左右手，於事便也。

〔六〕西京外戚呂祿、呂產、竇嬰、上官桀安父子、霍禹等皆被誅。

帝省詔悲歎，復重請曰：「漢興，舅氏之封侯，猶皇子之爲王也。太后誠存謙虛，柰何令臣獨不加恩三舅乎？且衞尉年尊，兩校尉有大病，〔一〕如令不諱，使臣長抱刻骨之恨。宜及吉時，不可稽留。」

〔一〕衞尉，太后兄廖。兩校尉，兄防、兄光也。

太后報曰：「吾反覆念之，思令兩善。豈徒欲獲謙讓之名，而使帝受不外施之嫌哉！〔一〕昔竇太后欲封王皇后之兄，〔二〕丞相條侯言受高祖約，無軍功，非劉氏不侯。〔三〕今馬氏無功於國，豈得與陰、郭中興之后等邪？常觀富貴之家，祿位重疊，猶再實之木，其根必傷。〔四〕且人所以願封侯者，欲上奉祭祀，下求溫飽耳。今祭祀則受四方之珍，衣食則蒙御府餘資，斯豈不足，而必當得一縣乎？吾計之孰矣，勿有疑也。夫至孝之行，安親爲上。今數遭變異，穀價數倍，憂惶晝夜，不安坐臥，而欲先營外封，違慈母之拳拳乎！〔五〕吾素剛急，有匈中氣，不可不順也。若陰陽調和，邊境清靜，然後行子之志。吾但當含飴弄孫，〔六〕不能復關政矣。」

〔一〕以恩澤封爵外家爲外施也。

〔二〕竇太后，文帝后也。王皇后，景帝后也。兄卽王信，後封爲蓋侯。

〔三〕條侯，周亞夫也。前書曰：「高帝與功臣約，非劉氏不王，非有功不侯。不如約，天下共擊之。」

〔四〕文子曰「再實之木根必傷，掘藏之家後必殃」也。

〔五〕拳拳猶勤勤也，音權。

〔六〕方言曰：「飴，餳也。陳、楚、宋、衞之閒通語。」

時新平主家御者失火，延及北閣後殿。太后以爲己過，起居不歡。時當謁原陵，自引守備不愼，慙見陵園，遂不行。初，太夫人葬，起墳微高，太后以爲言，兄廖等卽時減削。其外親有謙素義行者，輒假借溫言，賞以財位。如有纖介，則先見嚴恪之色，然後加譴。其美車服不軌法度者，便絕屬籍，遣歸田里。廣平、鉅鹿、樂成王車騎朴素，無金銀之飾，帝以白太后，太后卽賜錢各五百萬。於是內外從化，被服如一，諸家惶恐，倍於永平時。乃置織室，蠶於濯龍中，〔一〕數往觀視，以爲娛樂。常與帝旦夕言道政事，及教授諸小王，論議經書，述敍平生，雍和終日。

〔一〕前書有東織、西織，屬少府，平帝改名織室。

四年，天下豐稔，方垂無事，帝遂封三舅廖、防、光爲列侯。並辭讓，願就關內侯。太后聞之，曰：「聖人設教，各有其方，知人情性莫能齊也。〔一〕吾少壯時，但慕竹帛，志不顧命。〔二〕

今雖已老，而復『戒之在得』，〔三〕故日夜惕厲，思自降損。〔四〕居不求安，食不念飽。冀乘此道，不負先帝。所以化導兄弟，共同斯志，欲令瞑目之日，無所復恨。何意老志復不從哉？萬年之日長恨矣！」廖等不得已，受封爵而退位歸第焉。

〔一〕禮記王制曰：「凡居人材，必因天地寒煖燥溼，廣谷大川異制，人居其閒異俗。修其敎不易其俗，齊其政不易其宜。中國戎夷五方之人，皆有性也，不可推移。」

〔二〕言少慕古人，書名竹帛，不顧命之長短。

〔三〕論語孔子曰：「少之時，戒之在色；及其老也，戒之在得。」得，貪嗇也。言彌復吝惜封爵，不欲濫封親戚也。

〔四〕惕，懼也。厲，危也。

太后其年寢疾，不信巫祝小醫，數敕絕禱祀。至六月，崩。在位二十三年，年四十餘。合葬顯節陵。

賈貴人，南陽人。建武末選入太子宮，中元二年生肅宗，而顯宗以爲貴人。帝既爲太后所養，專以馬氏爲外家，故貴人不登極位，賈氏親族無受寵榮者。及太后崩，乃策書加貴人王赤綬，〔一〕安車一駟，永巷宮人二百，〔二〕御府雜帛二萬匹，大司農黃金千斤，錢二千萬。諸史並闕後事，故不知所終。

〔二〕續漢書曰諸侯王赤紱也。

〔三〕永巷，宮中署名也，後改爲掖庭。永巷宮人，即官婢也。

章德竇皇后諱某，扶風平陵人，大司（徒）〔空〕融之曾孫也。祖穆，父勳，坐事死，事在竇融傳。勳尙東海恭王彊女沘陽公主，后其長女也。家既廢壞，數呼相工問息耗，〔一〕見后者皆言當大尊貴，非臣妾容貌。年六歲能書，親家皆奇之。建初二年，后與女弟俱以選例入見長樂宮，進止有序，風容甚盛。肅宗先聞后有才色，數以訊諸姬傅。〔二〕及見，雅以爲美，馬太后亦異焉，因入掖庭，見於北宮章德殿。后性敏給，傾心承接，稱譽日聞。明年，遂立爲皇后，妹爲貴人。七年，追爵謚后父勳爲安成思侯。〔三〕后寵幸殊特，專固後宮。

〔一〕薛氏韓詩章句曰：「耗，惡也。」息耗猶言善惡也。

〔二〕訊，問也。傅謂傅母。

〔三〕安成，縣，屬汝南郡，故城在今豫州吳房縣東南。

初，宋貴人生皇太子慶，梁貴人生和帝。后既無子，並疾忌之，數閒於帝，漸致疏嫌。因誣宋貴人挾邪媚道，遂自殺，廢慶爲清河王，語在慶傳。

梁貴人者，褒親愍侯梁竦之女也。少失母，爲伯母舞陰長公主所養。〔一〕年十六，亦以建初二年與中姊俱選入掖庭爲貴人。四年，生和帝。后養爲己子。欲專名外家而忌梁氏。八年，乃作飛書以陷竦，〔二〕竦坐誅，貴人姊妹以憂卒。自是宮房惵息，〔三〕后愛日隆。

〔一〕長公主，光武女，梁松尙焉。

〔二〕飛書，若今匿名書也。

〔三〕惵，懼也，音牒。周書曰「臨捕以威，而氣惵懼」也。

及帝崩，和帝即位，尊后爲皇太后。皇太后臨朝，尊母沘陽公主爲長公主，益湯沐邑三千戶。兄憲，弟篤、景，並顯貴，擅威權，後遂密謀不軌。永元四年，發覺被誅。

九年，太后崩，未及葬，而梁貴人姊（嫕）〔嫕〕〔一〕上書陳貴人枉歿之狀。太尉張酺、司徒劉方、司空張奮上奏，依光武黜呂太后故事，〔二〕貶太后尊號，不宜合葬先帝。百官亦多上言者。帝手詔曰：「竇氏雖不遵法度，而太后常自減損。朕奉事十年，深惟大義，禮，臣子無貶尊上之文。恩不忍離，義不忍虧。案前世上官太后亦無降黜，〔三〕其勿復議。」於是合葬敬陵。在位十八年。

〔一〕音一計反。

〔二〕中元元年，黜呂后不宜配食高廟。

〔三〕上官太后，昭帝后也。父安與燕王謀反誅。太后以年少，又霍光外孫，故不廢也。

帝以貴人酷歿，斂葬禮闕，乃改殯於承光宮，上尊謚曰恭懷皇后，〔一〕追服喪制，百官縞素，與姊大貴人俱葬西陵，儀比敬園。〔二〕

〔一〕謚法曰：「敬事尊上曰恭，慈仁哲行曰懷。」

〔二〕敬園，安帝祖母宋貴人之園也。

和帝陰皇后諱某，光烈皇后兄執金吾識之曾孫也。后少聰慧，善書藝。永元四年，選入掖庭，以先后近屬，故得爲貴人。有殊寵。八年，遂立爲皇后。

自和熹鄧后入宮，〔一〕愛寵稍衰，數有恚恨。后外祖母鄧朱出入宮掖。十四年夏，有言后與朱共挾巫蠱道，〔二〕事發覺，帝遂使中常侍張愼與尙書陳褒於掖庭獄雜考案之。朱及二子奉、毅與后弟軼、輔、敞辭語相連及，以爲祠祭祝詛，大逆無道。奉、毅、輔考死獄中。帝使司徒魯恭持節賜后策，上璽綬，遷于桐宮，以憂死。立七年，葬臨平亭部。〔三〕父特進綱自殺，軼、敞及朱家屬徙日南比景縣，宗親外內昆弟皆免官還田里。永初四年，鄧太后詔赦陰氏諸徙者悉歸故郡，還其資財五百餘萬。

〔一〕熹音許其反。

〔二〕巫師爲蠱，故曰巫蠱。左傳注曰：「蠱，惑也。」

〔三〕葬於亭部內之地也。

和熹鄧皇后諱綏，〔一〕太傅禹之孫也。父訓，護羌校尉；母陰氏，光烈皇后從弟女也。后年五歲，太傅夫人愛之，自爲翦髮。夫人年高目冥，誤傷后額，忍痛不言。左右見者怪而問之，后曰：「非不痛也，太夫人哀憐爲斷髮，難傷老人意，故忍之耳。」六歲能史書，〔二〕十二通詩、論語。諸兄每讀經傳，輒下意難問。〔三〕志在典籍，不問居家之事。母常非之，曰：「汝不習女工以供衣服，乃更務學，寧當舉博士邪？」后重違母言，晝修婦業，暮誦經典，家人號曰「諸生」。父訓異之，事無大小，輒與詳議。

〔一〕蔡邕曰：「謚法，有功安人曰熹。」

〔二〕史書，周宣王太史籀所作大篆十五篇也。前書曰「教學童之書」也。

〔三〕下意猶出意也。

永元四年，當以選入，會訓卒，后晝夜號泣，終三年不食鹽菜，憔悴毀容，親人不識之。后嘗夢捫天，〔一〕蕩蕩正青，若有鍾乳狀，乃仰嗽飲之。以訊諸占夢，言堯夢攀天而上，湯夢及天而咶之，〔二〕斯皆聖王之前占，吉不可言。又相者見后驚曰：「此成湯之法也。」〔三〕家人竊喜而不敢宣。后叔父陔言：「常聞活千人者，子孫有封。兄訓爲謁者，使修石臼河，歲活數千人。天道可信，家必蒙福。」初，太傅禹歎曰：「吾將百萬之衆，未嘗妄殺一人，其後世必有興者。」

〔一〕捫，摸也。

〔二〕咶音是。

〔三〕續漢書曰：「相者待詔相工蘇大曰：『此成湯之骨法。』」

七年，后復與諸家子俱選入宮。后長七尺二寸，姿顏姝麗，〔一〕絕異於衆，左右皆驚。八年冬，入掖庭爲貴人，時年十六。恭肅小心，動有法度。承事陰后，夙夜戰兢。接撫同列，常克己以下之，雖宮人隸役，皆加恩借。帝深嘉愛焉。及后有疾，特令后母兄弟入親醫藥，不限以日數。后言於帝曰：「宮禁至重，而使外舍久在內省，〔二〕上令陛下有幸私之譏，下使賤妾獲不知足之謗。上下交損，誠不願也。」帝曰：「人皆以數入爲榮，貴人反以爲憂，深自抑損，誠難及也。」每有讌會，諸姬貴人競自修整，簪珥光采，袿裳鮮明，〔三〕而后獨著素，裝服無飾。其衣有與陰后同色者，卽時解易。若並時進見，則不敢正坐離立，行則僂身自卑。〔四〕帝每有所問，常逡巡後對，不敢先陰后言。帝知后勞心曲體，歎曰：「修德之勞，乃如是乎！」後陰后漸疏，每當御見，輒辭以疾。時帝數失皇子，后憂繼嗣不廣，恆垂涕歎息，數選進才人，以博帝意。

〔一〕姝，美色也。詩曰：「彼姝者子。」

〔二〕外舍，外家。

〔三〕說文曰：「簪，笄也。珥，瑱也，以玉充耳。」釋名曰：「婦人上服曰袿。」

〔四〕離，並也。禮記曰：「離坐離立，無往參焉。」

陰后見后德稱日盛，不知所爲，遂造祝詛，欲以爲害。帝嘗寢病危甚，陰后密言：「我得意，不令鄧氏復有遺類！」后聞，乃對左右流涕言曰：「我竭誠盡心以事皇后，竟不爲所祐，而當獲罪於天。婦人雖無從死之義，然周公身請武王之命，〔一〕越姬心誓必死之分，〔二〕上以報帝之恩，中以解宗族之禍，下不令陰氏有人豕之譏。」〔三〕卽欲飲藥，宮人趙玉者固禁之，因詐言屬有使來，上疾已愈。后信以爲然，乃止。明日，帝果瘳。

〔一〕武王有疾，周公爲之請命於大王、王季、文王，曰「若爾三王有丕子之責于天，以旦代某之身」也。

〔二〕越姬，楚昭王之姬，越王句踐女也。昭王讌遊，越姬從，謂姬曰：「樂乎？」對曰：「樂則樂矣，而不可久也。」王曰：「願與子生死若此。」姬曰：「君王樂遊，要妾以死，不敢聞命。」後王病，有赤雲夾日如飛鳥。王問周太史，史曰：「是害王身，請移於將相。」王曰：「將相於孤，猶股肱也。」不聽。姬曰：「大哉君王之德。妾請從王死矣。昔日遊樂，是以不敢聽命，今君王復禮，國人爲君王死，何況妾乎？妾願先驅狐狸於地下。昔日口雖不言，心許之矣。妾聞信者不負其心。」遂自殺。故曰「心誓」。事見列女傳也。

〔三〕高帝寵幸戚夫人。帝崩，呂太后斷夫人手足，去眼熏耳，使居鞠室中，名曰「人彘」也。

十四年夏，陰后以巫蠱事廢，后請救不能得，帝便屬意焉。后愈稱疾篤，深自閉絕。會有司奏建長秋宮，帝曰：「皇后之尊，與朕同體，承宗廟，母天下，豈易哉！唯鄧貴人德冠後庭，乃可當之。」至冬，立爲皇后。辭讓者三，然後卽位。手書表謝，深陳德薄，不足以充小君之選。是時，方國貢獻，競求珍麗之物，自后卽位，悉令禁絕，歲時但供紙墨而已。帝每欲官爵鄧氏，后輒哀請謙讓，故兄騭終帝世不過虎賁中郎將。

元興元年，帝崩，長子平原王有疾，而諸皇子夭沒，前後十數，後生者輒隱祕養於人閒。殤帝生始百日，后乃迎立之。尊后爲皇太后，太后臨朝。和帝葬後，宮人並歸園，太后賜周、馮貴人策曰：「朕與貴人託配後庭，共歡等列，十有餘年。不獲福祐，先帝早弃天下，孤心煢煢，〔一〕靡所瞻仰，夙夜永懷，感愴發中。今當以舊典分歸外園，慘結增歎，燕燕之詩，曷能喻焉？〔二〕其賜貴人王青蓋車，采飾輅，驂馬各一駟，黃金三十斤，雜帛三千匹，白越四千端。」又賜馮貴人王赤綬，以未有頭上步搖、環珮，加賜各一具。〔三〕

〔一〕煢煢，孤特之貌也。詩曰：「煢煢在疚。」

〔二〕詩邶（鄘）序曰：「衞莊姜送歸妾也。」其詩曰：「燕燕于飛，差池其羽。之子于歸，遠送于野。瞻望不及，泣涕如雨。」

〔三〕周禮「王后首服爲副」，所以副首爲飾，若今步搖也。釋名曰：「皇后首副，其上有垂珠，步則搖也。」

是時新遭大憂，法禁未設。宮中亡大珠一篋，太后念，欲考問，必有不辜。乃親閱宮人，觀察顏色，卽時首服。又和帝幸人吉成，御者共枉吉成以巫蠱事，遂下掖庭考訊，辭證明白。太后以先帝左右，待之有恩，平日尚無惡言，今反若此，不合人情，更自呼見實覈，果御者所爲。莫不歎服，以爲聖明。常以鬼神難徵，淫祀無福，乃詔有司罷諸祠官不合典禮者。又詔赦除建武以來諸犯妖惡，及馬、竇家屬所被禁錮者，皆復之爲平人。減大官、導官、尚方、內者服御珍膳靡麗難成之物，〔一〕自非供陵廟，稻粱米不得導擇，朝夕一肉飯而已。舊太官湯官經用歲且二萬萬，〔二〕太后勑止，（日）〔日〕殺省珍費，自是裁數千萬。及郡國所貢，皆減其過半。悉斥賣上林鷹犬。其蜀、漢釦器九帶佩刀，並不復調。〔三〕止畫工三十九種。又御府、尚方、織室錦繡、冰紈、綺縠、金銀、珠玉、犀象、瑇瑁、彫鏤翫弄之物，皆絕不作。離宮別館儲峙米糒薪炭，悉令省之。〔四〕又詔諸園貴人，其宮人有宗室同族若羸老不任使者，令園監實覈上名，自御北宮增喜觀閱問之，恣其去留，卽日免遣者五六百人。

〔一〕漢官儀曰：「大官，主膳羞也。」前書音義曰：「導官，主導擇米以供祭祀。尚方，掌工作刀劍諸物及刻玉爲器。」漢官儀曰：「內者，主帷帳。」並署名也。

〔二〕經，常也。

〔三〕蜀，蜀郡也。漢，廣漢郡也。二郡主作供進之器，元帝時貢禹上書「蜀、廣漢主金銀器，各用五百萬」是也。釦音口，以金銀緣器也。

〔四〕儲峙猶蓄積也。糒，乾飯。

及殤帝崩，太后定策立安帝，猶臨朝政。以連遭大憂，百姓苦役，〔一〕殤帝康陵方中秘藏，〔二〕及諸工作，事事減約，十分居一。

〔一〕大憂謂和帝、殤帝崩。

〔二〕方中，陵中也。冢藏之中，故言祕也。

詔告司隸校尉、河南尹、南陽太守曰：「每覽前代外戚賓客，假借威權，輕薄謥詷，〔一〕至有濁亂奉公，爲人患苦。咎在執法怠懈，不輒行其罰故也。今車騎將軍騭等雖懷敬順之志，而宗門廣大，姻戚不少，賓客姦猾，多干禁憲。〔二〕其明加檢敕，勿相容護。」自是親屬犯罪，無所假貸。太后愍陰氏之罪廢，赦其徙者歸鄉，敕還資財五百餘萬。永初元年，爵號太夫人爲新野君，萬戶供湯沐邑。〔三〕

〔一〕言怱遽也。謥音七洞反。詷音洞。

〔二〕干，犯也。

〔三〕湯沐者，取其賦稅以供湯沐之具也。

二年夏，京師旱，親幸洛陽寺錄冤獄。有囚實不殺人而被考自誣，羸困輿見，畏吏不敢言，將去，舉頭若欲自訴。太后察視覺之，即呼還問狀，具得枉實，即時收洛陽令下獄抵罪。行未還宮，澍雨大降。

三年秋，太后體不安，左右憂惶，禱請祝辭，願得代命。太后聞之，即譴怒，切敕掖庭令以下，但使謝過祈福，不得妄生不祥之言。舊事，歲終當饗遣衛士，〔一〕大儺逐疫。〔二〕太后以陰陽不和，軍旅數興，詔饗會勿設戲作樂，減逐疫侲子之半，〔三〕悉罷象橐駝之屬。豐年復故。太后自入宮掖，從曹大家受經書，兼天文、筭數。晝省王政，夜則誦讀，而患其謬誤，懼乖典章，乃博選諸儒劉珍等及博士、議郎、四府掾史五十餘人，詣東觀讎校傳記。〔四〕事畢奏御，賜葛布各有差。又詔中官近臣於東觀受讀經傳，以教授宮人，左右習誦，朝夕濟濟。及新野君薨，太后自侍疾病，至乎終盡，憂哀毀損，事加於常。贈以長公主赤綬、東園祕器、玉衣繡衾，〔五〕又賜布三萬匹，錢三千萬。騭等遂固讓錢布不受。使司空持節護喪事，儀比東海恭王，謚曰敬君。太后諒闇既終，〔六〕久旱，太后比三日幸洛陽，錄囚徒，理出死罪三十六人，耐罪八十人，其餘減罪死右趾已下至司寇。

〔一〕舊事，衛士得代歸者，上親饗焉。前書蓋寬饒傳曰「歲盡交代，上臨饗罷衛卒」是也。

〔二〕禮記月令：「〔命〕有〔司〕大儺，旁磔，〔出〕土牛，以送寒氣。」鄭玄注云：「儺，陰氣也。此月之中，日歷虛、危，有墳墓四星之氣爲厲鬼，隨彊陰出以害人。」故儺却之也。

〔三〕侲子，逐疫之人也，音振。薛綜注西京賦云：「侲之言善也，善童幼子也。」續漢書曰：「大儺，選中黃門子弟，年十歲以上，十二以下，百二十人爲侲子。皆赤幘皂製，執大鞉。」

〔四〕讎，對也。

〔五〕東園，署名，屬少府。主作凶器，故言祕也。

〔六〕諒闇，居喪之廬也。或爲「諒陰」。諒，信也；陰，默也。言居憂信默不言。

七年正月，初入太廟，齋七日，賜公卿百僚各有差。庚戌，謁宗廟，率命婦羣妾相禮儀，〔一〕與皇帝交獻親薦，成禮而還。〔二〕因下詔曰：「凡供薦新味，多非其節，或鬱養強孰，或穿掘萌牙，味無所至而夭折生長，豈所以順時育物乎！傳曰：『非其時不食。』〔三〕自今當奉祠陵廟及給御者，皆須時乃上。」凡所省二十三種。

〔一〕相，助也。儀禮曰：「命夫者，男子之爲大夫也。命婦者，大夫之妻也。」

〔二〕周禮，宗廟祭之日，旦，王服衮冕而入，立於阼；后服副褘，從王而入。王以圭瓚酌鬱鬯以獻尸，次后以璋瓚酌鬱鬯以獻尸，此謂交獻也。卒事凡九獻焉。

〔三〕論語曰：「不時不食。」言非其時物則不食之。前書邵信臣曰：「不時之物，有傷於人，不宜以奉供養。」

自太后臨朝，水旱十載，四夷外侵，盜賊內起。每聞人飢，或達旦不寐，而躬自減徹，以救災戹，故天下復平，歲還豐穰。

元初五年，平望侯劉毅〔一〕以太后多德政，欲令早有注記，上書安帝曰：「臣聞易載羲農而皇德著，〔二〕書述唐虞而帝道崇，故雖聖明，必書功於竹帛，流音於管弦。〔三〕伏惟皇太后膺大聖之姿，體乾坤之德，〔四〕齊蹤虞妃，比跡任姒。〔五〕孝悌慈仁，允恭節約，杜絕奢盈之源，防抑逸欲之兆。正位內朝，流化四海。〔六〕及元興、延平之際，國無儲副，仰觀乾象，參之人譽，援立陛下爲天下主，永安漢室，綏靜四海。又遭水潦，東州飢荒。〔七〕垂恩元元，冠蓋交路，菲薄衣食，躬率羣下，損膳解驂，以贍黎苗。〔八〕惻隱之恩，猶視赤子。〔九〕克己引愆，顯揚仄陋。崇晏晏之政，〔一〇〕敷在寬之教。〔一一〕興滅國，繼絕世，錄功臣，復宗室。追還徙人，蠲除禁錮。政非惠和，不圖於心；制非舊典，不訪於朝。弘德洋溢，充塞宇宙；〔一二〕洪澤豐沛，漫衍八方。華夏樂化，戎狄混并。不功著於大漢，碩惠加於生人。巍巍之業，可聞而不可及；蕩蕩之勳，可誦而不可名。古之帝王，左右置史；〔一三〕漢之舊典，世有注記。夫道有夷崇，治有進退。若善政不述，細異輒書，是爲堯湯負洪水大旱之責，而無咸熙假天之美；〔一四〕高宗成王有雊雉迅風之變，而無中興康寧之功也。〔一五〕上考詩書，有虞二妃，周室三母，〔一六〕修行佐德，〔一七〕思不踰閾。〔一八〕未有內遭家難，外遇災害，覽總大麓，經營天物，〔一九〕功德巍巍若茲者也。宜令史官著長樂宮注、聖德頌，以敷宣景燿，勒勳金石，縣之日月，〔二〇〕攄之罔極，以崇陛下烝烝之孝。」帝從之。〔二一〕

〔一〕平望，縣，屬北海郡，今青州北海縣西北平望臺是也，一名望海臺也。
〔二〕易繫辭曰：「古者庖羲氏之王天下，仰觀（法）〔象〕於天，俯觀法於地，於是始畫八卦，以通神明之德，以類萬物之情。庖羲氏沒，神農氏作，斲木爲耜，揉木爲耒，耒耜之利，以教天下。」伏羲、神農爲三皇，故言皇德也。
〔三〕竹謂簡册，帛謂縑素。黃帝以下六代樂，皆所以章顯功德，是流音於管弦。
〔四〕易曰：「聖人與天地合其德。」
〔五〕虞妃，即舜妻娥皇、女英也。任，文王母；姒，武王母也。
〔六〕易家人卦曰：「女正位乎內，正家而天下定矣。」禮記曰，東夷、西戎、南蠻、北狄，謂之四海。
〔七〕延平元年，安帝初即位，六州大水，永初元年，稟司隸、兗、豫、徐、冀、幷六州貧人也。
〔八〕廣雅云：「苗，衆也。」
〔九〕隱，痛也。尚書曰「若保赤子，惟人其康乂」也。
〔一〇〕尚書考靈燿曰：「文（基）〔塞〕晏晏。」
〔一一〕敷，布也。尚書曰：「五教在寬。」
〔一二〕洋溢，言多。
〔一三〕禮記玉藻曰：「動則左史書之，言則右史書之。」
〔一四〕咸，皆也。熙，廣也。尚書曰：「庶績咸熙。」言堯之朝政，衆功皆廣。假音格，至也。尚書曰：「祐我烈祖，格于皇天。」言伊尹佐湯，功至於天也。堯洪水九載，湯大旱七年。
〔一五〕高宗，殷王也，小乙之子，名武丁。當祭成湯，有飛雉升鼎耳而雊，高宗修德，殷道中興。成王疑周公，乃有雷電

大風之變，成王改過，幾致刑措也。
〔一六〕尚書曰：「釐降二女于嬀汭，嬪于虞。」三母謂后稷母姜嫄，文王母大任，武王母大姒也。詩大雅曰：「厥初生人，時維姜嫄。」又曰：「大任有身，生此文王。」又曰「太姒嗣徽音，則百斯男」也。
〔一七〕詩云：「既有烈考，亦有文母。」是佐德。
〔一八〕閾，門限也。左傳曰：「婦人送迎不出門，見兄弟不踰閾。」
〔一九〕麓，錄也。言大錄萬機之政。書曰「納於大麓」，又曰「暴殄天物」也。
〔二〇〕易曰：「縣象著明，莫大於日月。」
〔二一〕廣雅曰：「攄，舒也。」孔安國注尚書曰：「烝烝猶進進也。」

六年，太后詔徵和帝弟濟北、河閒王子男女年五歲以上四十餘人，又鄧氏近親子孫三十餘人，並爲開邸第，〔一〕教學經書，躬自監試。尚幼者，使置師保，朝夕入宮，撫循詔導，恩愛甚渥。〔二〕乃詔從兄河南尹豹、越騎校尉康等曰：「吾所以引納羣子，置之學官者，實以方今承百王之敝，時俗淺薄，巧僞滋生，五經衰缺，不有化導，將遂陵遲，故欲褒崇聖道，以匡失俗。傳不云乎：『飽食終日，無所用心，難矣哉！』〔三〕今末世貴戚食祿之家，溫衣美飯，乘堅驅良，〔四〕而面牆術學，不識臧否，〔五〕斯故禍敗所從來也。永平中，四姓小侯皆令入學，〔六〕所以矯俗厲薄，反之忠孝。先公既以武功書之竹帛，兼以文德教化子孫，〔七〕故能束脩，不觸羅網。〔八〕誠令兒曹上述祖考休烈，下念詔書本意，則足矣。其勉之哉！」

〔一〕蒼頡篇曰：「邸，舍也。」
〔二〕詔，告也。
〔三〕論語孔子言也。言人終日飽食，不措心於道義。難矣哉，言終無遠大也。
〔四〕堅謂好車，良謂善馬也。墨子曰：「聖王爲衣服之法，堅車良馬，不知貴也。」
〔五〕尚書曰「弗學牆面」也。
〔六〕小侯，解見明紀。
〔七〕先公謂鄧禹。禹有子十三人，各使守一藝，故曰文德也。
〔八〕言能自約束修整也。

康以太后久臨朝政，心懷畏懼，託病不朝。太后使內人問之。時宮婢出入，多能有所毀譽，其耆宿者皆稱中大人，所使者乃康家先婢，亦自通中大人。康聞，詬之曰：「汝我家出，爾敢爾邪！」婢怒，還說康詐疾而言不遜。太后遂免康官，遣歸國，絕屬籍。

永寧二年二月，寢病漸篤，乃乘輦於前殿，見侍中、尚書，因北至太子新所繕宮。還，大赦天下，賜諸園貴人、王、主、羣僚錢布各有差。詔曰：「朕以無德，託母天下，而薄祐不天，早離大憂。延平之際，海內無主，元元戹運，危於累卵。〔一〕勤勤苦心，不敢以萬乘爲樂，上欲不欺天愧先帝，下不違人負宿心，誠在濟度百姓，以安劉氏。自謂感徹天地，當蒙福祚，而喪禍內外，傷痛不絕。〔二〕頃以廢病沈滯，久不得侍祠，自力上原陵，加欬逆唾血，遂至不

解。存亡大分，無可柰何。公卿百官，其勉盡忠恪，以輔朝廷。」三月崩。在位二十年，年四十一。合葬順陵。

〔一〕說苑曰：「晉靈公驕奢，造九層之臺，國困人貧，恥功不成。令曰：『左右諫者斬也。』荀息乃求見。公曰：『諫邪？』息曰：『不敢。臣能累十二博棊，加九雞子其上。』公曰：『危哉。』息曰：『復有危於此者。公爲九層之臺，男女不得耕織，社稷一滅，君何所望！』君曰：『寡人之過。』乃壞臺焉。」
〔二〕內外謂新野君薨及和、殤二帝崩也。

論曰：鄧后稱制終身，號令自出，術謝前政之良，身闕明辟之義，〔一〕至使嗣主側目，斂衽於虛器，〔二〕直生懷濾，懸書於象魏。〔三〕借之儀者，殆其惑哉！〔四〕然而建光之後，王柄有歸，〔五〕遂乃名賢戮辱，便孽黨進，〔六〕衰斁之來，茲焉有徵。〔七〕故知持權引謗，所幸者非己；焦心卹患，自強者唯國。〔八〕是以班母一說，闔門辭事；〔九〕愛姪微愆，髡剔謝罪。〔一〇〕將杜根逢誅，未值其誠乎！〔一一〕但蹊田之牛，奪之已甚。〔一二〕

〔一〕前政謂周公也。辟，君也。尚書曰「朕復子明辟」，言周公攝位，復還成王。今太后不還，故曰闕也。
〔二〕器謂神器，謂帝位也。
〔三〕象魏，闕也。直生，杜根等上書，請太后還政。
〔四〕借猶假也。殆，近也。言太后不還政於安帝，近可惑也。

〔五〕太后建光之中崩，歸政安帝。

〔六〕帝寵用乳母王聖及其女伯榮，出入宮掖，通傳姦賂，太尉楊震及鄧騭等皆被中官譖誅也。

〔七〕斁，敗也。安帝臨政，衰敗逾甚，故曰有徵也。

〔八〕言執持朝權以招衆謗者，所幸不爲己身，唯憂國也。

〔九〕太后兄大將軍騭，以母憂上書乞身，太后不許，以問班昭，乃許之。語見昭傳也。

〔一〇〕太后兄騭子鳳受遺事洩，騭遂髡妻及鳳以謝天下。語見騭傳。

〔一一〕誠，信也。言未爲太后所信。

〔一二〕左傳申叔時曰：「牽牛以蹊人之田而奪之牛，牽牛以蹊者信有罪矣，而奪之牛，罰已重矣。」此喻杜根。上書雖曰有罪，太后殺之爲過甚也。

校勘記

三九八頁四行 女御〔掌〕敍于王之燕寢　據今本周禮補。按：前後皆有「掌」字，明此脫。

三九九頁八行 宮備七國　按：文選「宮」作「官」，李善注謂當秦之時，凡有七國，秦幷其六國，故內職皆備置之，而爵列八品焉。據此，似李所見本作「官」，而章懷所據本則作「宮」也。

四〇〇頁八行 而防(閑)〔閑〕未篤　據汲本、殿本改。

四〇〇頁一六行 唯秦芈太后始攝政事　按：「芈」原譌「芊」，各本同，今改正。

四〇二頁八行 眞定槀人也　按：「槀」當作「稾」，其字从禾，各本皆未正。

四〇三頁一三行 帝善況小心謹愼　按：校補引錢大昭說，謂「善」閩本作「美」。

四〇三頁一三行 葬于北芒　按：集解引汪文臺說，謂御覽百三十七引續漢書作「葬北陵」。

四〇三頁一四行 數授賞賜　刊誤謂案文「授」當作「受」。

四〇六頁一四行 七歲失父　按：袁紀作「十歲喪父」。

四〇六頁一五行 言及未曾不流涕　按：汲本、殿本「曾」作「嘗」。

四一〇頁八行 (欲)〔故〕寵敬日隆　據殿本、集解本改。按：集解引惠棟說，謂「故」舊本作「欲」，李氏改作「故」。

四一〇頁一三行 白越三千端　按：御覽八一八引「白越」作「越帛」。

四一一頁一行 〔帝〕欲封爵諸舅　按：張森楷校勘記謂羣書治要「欲」上有「帝」字，當依添。今據補。

四一一頁一五行 樞機近要之官也　按：「官」原譌「宮」，逕改正。

四一三頁三行 文子曰　按：「文」原譌「太」，逕據汲本、殿本改正。

四一三頁八行 賞以財位　按：集解引何焯說，謂「位」字疑。校補謂「位」當作「物」，轉寫之譌。

四一五頁三行 大司(徒)〔空〕融之曾孫也　張森楷校勘記謂案光武紀及竇融傳，融止爲大司空，未嘗爲大司徒，「徒」當作「空」。按：張說是，今據改。

四一六頁九行 梁貴人姊(嫕)〔嫕〕　據梁竦傳改。按：集解引惠棟說謂袁紀作「憑」。

四一八頁五行 夫人年高目冥　按：御覽四一五引，「冥」作「眊」。

四一八頁一三行 下意猶出意也　汲本、殿本「出意」作「出氣」。按：校補謂下意猶出意者，謂別出己意，與諸兄論難。戰國策秦策「下兵三川」，高注「下兵，出兵也」，此下得訓出之證。

四一八頁一四行 后嘗夢捫天蕩蕩正青若有鍾乳狀　按：御覽卷一引作「后嘗夢捫天，天體蕩蕩正青，滑如磄碲，有若鍾乳狀」，較此爲勝。

四一九頁一行 又相者見后驚曰此成湯之法也　按：御覽七二九引「相者」下有「蘇大」二字。「法」上有「骨」字。

四一九頁二行 后叔父陔　按：袁紀「陔」作「郊」。

四一九頁三行 其後世必有興者　按：王先謙謂「其」字當衍。

四二一頁一五行 詩(鄘)序曰　據張森楷校勘記刪。按：張氏謂邶風詩不當有「鄘」字，蓋誤衍。

四二三頁八行 稻粱米不得導擇　王先謙謂「導」當作「䆃」，前書百官表少府屬有䆃官。今按：前書「䆃」亦譌「導」。說文段注云擇米曰䆃，漢人語如此，凡作「導」者，譌字也。

四二三頁九行 太后勑止(日)〔日〕殺省珍費　據集解引惠棟說改。

四二四頁一五行 〔命〕有〔司〕大儺旁磔〔出〕土牛　按：此注脫譌不可句讀，今據禮月令補。

四二六頁一行 平望侯劉毅　按：校補引錢大昭說，謂毅，北海敬王子，建初二年封，永元中坐事失侯，此當云「故平望侯」。

四二七頁二行 仰觀(法)〔象〕於天　據汲本、殿本改。

四二七頁一一行 文(基)〔塞〕晏晏　據汲本改。

四二八頁四行 既有烈考亦有文母　刊誤謂兩「有」字皆當作「右」。

四二九頁一一行 爾敢爾邪　按：上「爾」字應依鄧禹傳作「亦」。

四二九頁一三行 薄祐不天　按：周壽昌謂「祐」當作「祜」，史避安帝諱改。

後漢書卷十下

皇后紀第十下

安思閻皇后諱姬，〔一〕河南滎陽人也。祖父章，永平中爲尚書，以二妹爲貴人。章精力曉舊典，久次，當遷以重職，顯宗爲後宮親屬，竟不用，出爲步兵校尉。〔二〕章生暢，暢生后。

〔一〕謚法曰：「謀慮不愆曰思。」

〔二〕漢官儀曰「比二千石，掌宿衞兵，屬北軍中候」也。

后有才色。元初元年，以選入掖庭，甚見寵愛，爲貴人。二年，立爲皇后。后專房妒忌，帝幸宮人李氏，生皇子保，遂鴆殺李氏。〔一〕三年，以后父侍中暢爲長水校尉，封北宜春侯，〔二〕食邑五千戶。四年，暢卒，謚曰文侯，子顯嗣。

〔一〕鴆，毒鳥也。食蝮。以其羽畫酒中，飲之立死。

〔二〕北宜春，縣，屬汝南郡。以豫章有宜春，故此加北。故城在今豫州汝陽縣西南也。

建光元年，鄧太后崩，帝始親政事。顯及弟景、耀、晏並爲卿校，典禁兵。延光元年，更封顯長社(縣)侯，〔一〕食邑萬三千五百戶，追尊后母宗爲滎陽君。〔二〕顯、景諸子年皆童齔，〔三〕並爲黃門侍郎。后寵既盛，而兄弟頗與朝權，后遂與大長秋江京、中常侍樊豐等共譖皇太子保，廢爲濟陰王。

〔一〕長社，縣，屬潁川郡。前書音義曰：「其社中樹暴長，故名長社。」今許州縣。

〔二〕續漢志曰：「婦人封君，儀比公主，油軿軿車，帶綬以采組爲緄帶，各如其綬色，黃金辟邪加其首爲帶。」

〔三〕大戴禮曰：「男八歲而齔，女七歲而齔。」齔，毀齒也，音初刃反。

四年春，后從帝幸章陵，帝道疾，崩於葉縣。后、顯兄弟及江京、樊豐等謀曰：「今晏駕道次，〔一〕濟陰王在內，邂逅公卿立之，還爲大害。」乃僞云帝疾甚，徙御臥車。行四日，驅馳還宮。明日，詐遣司徒劉(喜)〔熹〕詣郊廟社稷，告天請命。其夕，乃發喪。尊后曰皇太后。皇太后臨朝，〔二〕以顯爲車騎將軍儀同三司。

〔一〕晏，晚也。臣下不敢斥言帝崩，猶言晚駕而出。

〔二〕蔡邕獨斷曰：「少帝卽位，太后卽代攝政，臨前殿，朝羣臣。太后東面，少帝西面。羣臣奏事上書，皆爲兩通，一詣后，一詣少帝。」

太后欲久專國政，貪立幼年，與顯等定策禁中，迎濟北惠王子北鄉侯懿，〔一〕立爲皇帝。顯忌大將軍耿寶，〔二〕位尊權重，威行前朝，乃風有司奏寶及其黨與中常侍樊豐、虎賁中郎將謝惲、惲弟侍中篤、篤弟大將軍長史宓，〔三〕侍中周廣、阿母野王君王聖、聖女永、永壻黃門侍郎樊嚴等，更相阿黨，互作威福，探刺禁省，更爲唱和，皆大不道。豐、惲、廣皆下獄死，家屬徙比景；〔四〕宓、嚴減死，髡鉗；貶寶爲則亭侯，遣就國，自殺；王聖母子徙鴈門。於是景爲衞尉，耀城門校尉，晏執金吾，兄弟權要，威福自由。

〔一〕惠王名壽，章帝子也。

〔二〕耿弇之弟舒之孫。

〔三〕善文曰：「惲字伯周，宓字仲周，篤字季周。」

〔四〕比景，縣名，屬日南郡。前書音義曰：「日中於頭上，景在己下，故名之。」

少帝立二百餘日而疾篤，顯兄弟及江京等皆在左右。京引顯屏語曰：「北鄉侯病不解，國嗣宜時有定。前不用濟陰王，今若立之，後必當怨，又何不早徵諸王子，簡所置乎？」顯以爲然。及少帝薨，京白太后，徵濟北、河閒王子。未至，而中黃門孫程合謀殺江京等，立濟陰王，是爲順帝。顯、景、晏及黨與皆伏誅，遷太后於離宮，家屬徙比景。明年，太后崩。在位十二年，合葬恭陵。

帝母李氏瘞在洛陽城北，帝初不知，莫敢以聞。及太后崩，左右白之，帝感悟發哀，親到瘞所，更以禮殯，上尊謚曰恭愍皇后，葬恭北陵，爲策書金匱，藏于世祖廟。〔一〕

〔一〕在恭陵之北，因以爲名。漢官儀曰：「園陵園令、食監各一人，秩皆六百石。」金匱，緘之以金。

順烈梁皇后諱妠，〔一〕大將軍商之女，恭懷皇后弟之孫也。后生，有光景之祥。少善女工，好史書，九歲能誦論語，治韓詩，〔二〕大義略舉。常以列女圖畫置於左右，以自監戒。〔三〕父商深異之，竊謂諸弟曰：「我先人全濟河西，所活者不可勝數。〔四〕雖大位不究，而積德必報。若慶流子孫者，儻興此女乎？」

〔一〕謚法曰：「執德尊業曰烈。」聲類曰：「妠，(妠)娶也，音納。」

〔二〕韓嬰所傳詩也。

〔三〕劉向撰列女傳八篇，圖畫其象。

〔四〕商曾祖統，更始二年補中郎將、酒泉太守，使安集涼州。時(西)河〔西〕擾亂，衆議以統素有威信，乃推統與竇融共完全五郡。

永建三年，與姑俱選入掖庭，時年十三。相工茅通見后，驚，再拜賀曰：「此所謂日角偃月，相之極貴，臣所未嘗見也。」太史卜兆得壽房，又筮得坤之比，〔一〕遂以爲貴人。常特被引御,從容辭於帝曰:「夫陽以博施爲德,陰以不專爲義,螽斯則百,福之所由興也。〔一〕願陛下思雲雨之均澤,識貫魚之次序,〔二〕使小妾得免罪謗之累。」由是帝加敬焉。

〔一〕易坤卦六五爻,變而之比,比九五,象曰:「顯比之吉,位正中也。」九五居得其位,下應於上,故吉。

〔二〕詩國風序曰:「言后妃若螽斯不妬忌,則子孫衆多也。」詩大雅曰「太姒嗣徽音,則百斯男」也。

〔三〕易曰:「雲行雨施,品物流形。」剝卦曰:「貫魚,以宮人寵,無不利。」剝,坤下艮上,五陰而一陽,衆陰在下,駢頭相次,似貫魚也。

陽嘉元年春,有司奏立長秋宮,以乘氏侯商先帝外戚,〔一〕春秋之義,娶先大國,〔二〕梁小貴人宜配天祚,正位坤極。〔三〕帝從之,乃於壽安殿立貴人爲皇后。〔四〕后既少聰惠,深覽前世得失,雖以德進,不敢有驕專之心,每日月見讁,〔五〕輒降服求愆。

〔一〕商祖姑,章帝貴人,生和帝也。

〔二〕公羊傳曰,天子娶於紀。紀本子爵也,先褒爲侯,言王者不娶於小國也。

〔三〕正其內位,居陰德之極也。易曰「女正位乎內」也。

〔四〕壽安是德陽宮內殿名。

〔五〕讁,責也。禮記云:「陽事不得,讁見於天,日爲之食。陰事不得,讁見於天,月爲之食。」

建康元年,帝崩。后無子,美人虞氏子炳立,是爲沖帝。尊后爲皇太后,太后臨朝。沖帝尋崩,復立質帝,猶秉朝政。

時揚、徐劇賊寇擾州郡,西羌、鮮卑及日南蠻夷攻城暴掠,賦斂煩數,官民困竭。太后夙夜勤勞,推心杖賢,委任太尉李固等,拔用忠良,務崇節儉。其貪叨罪慝,多見誅廢。〔一〕分兵討伐,羣寇消夷。故海內肅然,宗廟以寧。而兄大將軍冀鴆殺質帝,專權暴濫,忌害忠良,數以邪說疑誤太后,遂立桓帝而誅李固。太后又溺於宦官,多所封寵,以此天下失望。

〔一〕貪財曰叨。慝,惡也。

和平元年春,歸政於帝,太后寢疾遂篤,乃御輦幸宣德殿,見宮省官屬及諸梁兄弟。詔曰:「朕素有心下結氣,從閒以來,加以浮腫,逆害飲食,寖以沈困,〔一〕比使內外勞心請禱。私自忖度,日夜虛劣,不能復與羣公卿士共相終竟。援立聖嗣,恨不久育養,見其終始。今以皇帝、將軍兄弟委付股肱,其各自勉焉。」後二日而崩。在位十九年,年四十五。合葬憲陵。

〔一〕寖,漸也。

虞美人者,以良家子年十三選入掖庭,〔一〕又生女舞陽長公主。自漢興,母氏莫不尊寵。順帝既未加美人爵號,而沖帝早夭,大將軍梁冀秉政,忌惡佗族,故虞氏抑而不登,但稱「大家」而已。

〔一〕續漢志曰:「美人父詩爲郎中,詩父衞屯騎校尉。」

陳夫人者,家本魏郡,少以聲伎入孝王宮,得幸,生質帝。亦以梁氏故,榮寵不及焉。熹平四年,小黃門趙祐、〔一〕議郎卑整上言:〔二〕「春秋之義,母以子貴。〔三〕隆漢盛典,尊崇母氏,凡在外戚,莫不加寵。今沖帝母虞大家,質帝母陳夫人,皆誕生聖皇,而未有稱號。夫臣子雖賤,尚有追贈之典,況二母見在,不蒙崇顯之次,無以述遵先世,垂示後世也。」帝感其言,乃拜虞大家爲憲陵貴人,陳夫人爲渤海孝王妃,〔四〕使中常侍持節授印綬,遣太常以三牲告憲陵、懷陵、靜陵焉。〔五〕

〔一〕續漢志曰:「小黃門,六百石,宦者,無員,掌侍左右,受尚書事。上在內宮,關通中外,及中宮以下衆事,諸公主及王大妃等疾苦,則使問之。」

〔二〕風俗通曰:「卑氏,鄭大夫卑諶之後,漢有卑躬,爲北平太守。」

〔三〕公羊傳曰:「桓公幼而貴,隱公長而卑。桓何以貴?母貴也。母貴則子何以貴?子以母貴,母以子貴。」

〔四〕孝王名鴻,章帝子千乘貞王伉之孫。鴻生質帝,帝立,徙勃海焉。

〔五〕懷陵,沖帝陵。靜陵,質帝陵。

孝崇匽皇后諱明,〔一〕爲蠡吾侯翼媵妾,〔二〕生桓帝。桓帝即位,明年,追尊翼爲孝崇

皇,陵曰博陵,以后爲博園貴人。和平元年,梁太后崩,乃就博陵尊后爲孝崇皇后。遣司徒持節奉策授璽綬,齋乘輿器服,備法物。宮曰永樂。置太僕、少府以下,皆如長樂宮故事。〔三〕又置虎賁、羽林衞士,起宮室,分鉅鹿九縣爲后湯沐邑。在位三年,元嘉二年崩。以帝弟平原王石爲喪主,〔四〕斂以東園畫梓壽器、玉匣、飯含之具,禮儀制度比恭懷皇后。〔五〕使司徒持節,大長秋奉弔祠,賻錢四千萬,〔六〕布四萬匹,中謁者僕射典護喪事,侍御史護大駕鹵簿。〔七〕詔安平王豹、河閒王建、勃海王悝,〔八〕長社、益陽二長公主,〔九〕與諸國侯三百里內者,及中二千石、二千石、令、長、相,皆會葬。將作大匠復土,繕廟,合葬博陵。

〔一〕匽音偃。

〔二〕蠡吾侯翼,河閒王開子,和帝孫。

〔三〕漢官儀曰:「帝祖母稱長信宮,帝母稱長樂宮,故有長信少府、長樂少府及職吏,皆宦者爲之。」

〔四〕石,蠡吾侯翼子,桓帝兄。

〔五〕東園,署名,屬少府,掌爲棺器。梓木爲棺,以漆畫之。稱壽器者,欲其久長也,猶如壽堂、壽宮、壽陵之類也。漢舊儀曰:「梓棺長二丈,崇廣四尺。」玉匣者,腰已下爲匣,至足亦縫,以黃金爲縷。飯含者,以珠玉實口。

〔六〕公羊傳曰:「貨財曰賻。」

〔七〕漢官儀曰:「天子車駕次第謂之鹵簿。有大駕、法駕、小駕。大駕公卿奉引,大將軍參乘,太僕御,屬車八十一乘,

備千乘萬騎，侍御史在左駕馬，詢問不法者。」今儀比車駕，故以侍御史監護焉。

〔八〕恒普恢。

〔九〕長社公主，桓帝姊，耿弇弟霸玄孫援尙焉。益陽公主，桓帝妹，侍中寇榮從兄子尙焉。

桓帝懿獻梁皇后諱女瑩，〔一〕順烈皇后之女弟也。帝初爲蠡吾侯，梁太后徵，欲與后爲婚，未及嘉禮，〔二〕會質帝崩，因以立帝。明年，有司奏太后曰：「春秋迎王后于紀，在塗則稱后。〔三〕今大將軍冀女弟，膺紹聖善。〔四〕結婚之際，有命既集，〔五〕宜備禮章，時進徵幣。〔六〕請下三公、太常案禮儀。」奏可。於是悉依孝惠皇帝納后故事，聘黃金二萬斤，納采鴈璧乘馬束帛，一如舊典。〔七〕建和元年六月始入掖庭，八月立爲皇后。

〔一〕謚法曰：「溫和聖善曰懿，聰明叡知曰獻。」

〔二〕嘉禮，婚禮。

〔三〕公羊傳曰：「祭公來逆王后于紀。」傳曰：「祭公者何？天子之三公。其稱王后何？王者無外，其辭成矣。」

〔四〕膺，當也。紹，嗣也。聖善謂母也，言娶妻當嗣親也。詩云：「母氏聖善。」

〔五〕謂太后先有令許結親也。詩云「天監在下，有命既集」也。

〔六〕徵，成也。納幣以成婚。

〔七〕漢（書）舊儀：「娉皇后，黃金萬斤。」呂后爲惠帝娶魯元公主女，故特優其禮也。儀禮曰：「納采用鴈。」鄭玄注曰：「納其采擇之禮。用鴈，取順陰陽往來也。」周禮：「王者穀圭以聘女。」鄭玄注云：「士大夫已上，乃以玄纁束帛，天子加以穀圭，諸侯加以大璋。」然禮稱以圭，此云用璧，形制雖異，爲玉同也。乘馬，四匹馬也。雜記曰：「納幣一束，束五兩，兩五尋。」然則每端二丈也。

時太后秉政而梁冀專朝，故后獨得寵幸，自下莫得進見。后藉姊兄蔭埶，恣極奢靡，宮幄彫麗，服御珍華，巧飾制度，兼倍前世。及皇太后崩，恩愛稍衰。后既無子，潛懷怨忌，每宮人孕育，鮮得全者。帝雖迫畏梁冀，不敢譴怒，然見御轉稀。至延熹（三）〔二〕年，后以憂恚崩，在位十三年，葬懿陵。其歲，誅梁冀，廢懿陵爲貴人冢焉。

桓帝鄧皇后諱猛女，和熹皇后從兄子鄧香之女也。母宣，初適香，生后。改嫁梁紀，紀者，大將軍梁冀妻孫壽之舅也。后少孤，隨母爲居，因冒姓梁氏。冀妻見后貌美，永興中進入掖庭，爲采女，絕幸。〔一〕明年，封兄鄧演爲南頓侯，位特進。演卒，子康嗣。及懿獻后崩，梁冀誅，立后爲皇后。帝惡梁氏，改姓爲薄，封后母宣爲長安君。四年，有司奏后本郎中鄧香之女，不宜改易它姓，於是復爲鄧氏。追封贈香車騎將軍安陽侯印綬，更封宣、康大縣，宣爲昆陽君，康爲沘陽侯，賞賜巨萬計。〔二〕宣卒，賵贈葬禮，皆依后母舊儀。以康弟統襲封昆陽侯，位侍中；統從兄會襲安陽侯，爲虎賁中郎將；又封統弟秉爲淯陽侯。宗族皆列校、郎將。

〔一〕采，擇也，以因采擇而立名。

〔二〕巨，大也。大萬謂萬萬也。

帝多內幸，博採宮女至五六千人，及驅役從使，復兼倍於此。而后恃尊驕忌，與帝所幸郭貴人更相譖訴。八年，詔廢后，送暴室，以憂死。〔一〕立七年。葬於北邙。從父河南尹萬世及會皆下獄死。統等亦繫暴室，免官爵，歸本郡，財物沒入縣官。

〔一〕漢官儀曰：「暴室在掖庭內，丞一人，主宮中婦人疾病者。其皇后、貴人有罪，亦就此室也。」

桓思竇皇后諱妙，章德皇后從祖弟之孫女也。父（諱）武。延熹八年，鄧皇后廢，后以選入掖庭爲貴人，其冬，立爲皇后，而御見甚稀，帝所寵唯采女田聖等。永康元年冬，帝寢疾，遂以聖等九女皆爲貴人。及崩，無嗣，后爲皇太后。太后臨朝定策，立解犢亭侯宏，是爲靈帝。

太后素忌忍，積怒田聖等，桓帝梓宮尙在前殿，遂殺田聖。又欲盡誅諸貴人，中常侍管霸、蘇康苦諫，乃止。時太后父大將軍武謀誅宦官，而中常侍曹節等矯詔殺武，遷太后於南宮雲臺，家屬徙比景。

竇氏雖誅，帝猶以太后有援立之功，建寧四年十月朔，率羣臣朝于南宮，親饋上壽。黃門令董萌〔一〕因此數爲太后訴怨，帝深納之，供養資奉有加於前。中常侍曹節、王甫疾萌附助太后，誣以謗訕永樂宮，〔二〕萌坐下獄死。熹平元年，太后母卒於比景，（太）后感疾而崩。立七年。合葬宣陵。

〔一〕漢官儀曰：「黃門令秩六百石。」

〔二〕靈帝母所居也。訕，謗毀也。

孝仁董皇后諱某，河閒人。爲解犢亭侯萇夫人，〔一〕生靈帝。建寧元年，帝即位，追尊萇爲孝仁皇，陵曰愼陵，以后爲愼園貴人。及竇氏誅，明年，帝使中常侍迎貴人，并徵貴人兄寵到京師，上尊號曰孝仁皇后，居南宮嘉德殿，〔二〕宮稱永樂。拜寵執金吾。後坐矯稱永樂后屬請，下獄死。

〔一〕萇，河閒孝王開孫淑之子也。
〔二〕嘉德殿在九龍門內。

及竇太后崩，始與朝政，使帝賣官求貨，自納金錢，盈滿堂室。中平五年，以后兄子衞尉脩侯重〔一〕爲票騎將軍，領兵千餘人。初，后自養皇子協，數勸帝立爲太子，而何皇后恨之，議未及定而帝崩。何太后臨朝，重與太后兄大將軍進權埶相害，后每欲參干政事，太后輒相禁塞。后忿恚詈言曰：「汝今輈張，怙汝兄耶？〔二〕當勑票騎斷何進頭來。」何太后聞，以告進。進與三公及弟車騎將軍苗等奏：「孝仁皇后使故中常侍夏惲、永樂太僕封諝等交通州郡，〔三〕辜較在所珍寶貨賂，悉入西省。〔四〕蕃后故事不得留京師，〔五〕輿服有章，膳羞有品。請永樂后遷宮本國。」奏可。何進遂舉兵圍驃騎府，收重，〔重〕免官自殺。后憂怖，疾病暴崩，在位二十二年。民閒歸咎何氏。喪還河閒，合葬愼陵。

〔一〕脩，今德州縣也，故城在縣南。「脩」今作「蓨」，音條。
〔二〕輈張猶彊梁也。
〔三〕漢官儀曰：「永樂太僕，用中人爲之。」
〔四〕辜較，解見靈紀。西省，卽謂永樂宮之司。
〔五〕蕃后謂平帝母衞姬。時王莽擅政，恐其專權，后不得留在京師，故云故事也。

靈帝宋皇后諱某，扶風平陵人也，肅宗宋貴人之從曾孫也。建寧三年，選入掖庭爲貴人。明年，立爲皇后。父酆，執金吾，封不其鄉侯。〔一〕

〔一〕不其，縣，屬琅邪郡，故城在今萊州卽墨縣西南，蓋其縣之鄉也。其音基。決錄注：「酆字伯遇。」

后無寵而居正位，後宮幸姬衆，共譖毀。初，中常侍王甫枉誅勃海王悝及妃宋氏，〔一〕妃卽后之姑也。甫恐后怨之，乃與太中大夫程阿共構言皇后挾左道祝詛，〔二〕帝信之。光和元年，遂策收璽綬。后自致暴室，以憂死。在位八年。父及兄弟並被誅。諸常侍、小黃門在省闥者，皆憐宋氏無辜，共合錢物，收葬廢后及酆父子，歸宋氏舊塋皐門亭。〔三〕

〔一〕熹平元年，王甫譖悝與中常侍鄭颯交通，欲迎立悝，悝自殺，妃死獄中也。
〔二〕禮記曰：「執左道以亂衆，殺無赦。」鄭玄注云：「左道，若巫蠱也。」
〔三〕詩云：「迺立皐門。」注云：「王之郭門曰皐門。」漢官儀曰：「十二門皆有亭。」

帝後夢見桓帝怒曰：「宋皇后有何罪過，而聽用邪孽，使絕其命？勃海王悝既已自貶，又受誅斃。今宋氏及悝自訴於天，上帝震怒，〔一〕罪在難救。」夢殊明察。帝既覺而恐，以事問於羽林左監許永〔二〕曰：「此何祥？其可攘〔三〕乎？」永對曰：「宋皇后親與陛下共承宗廟，母臨萬國，歷年已久，海內蒙化，過惡無聞。而虛聽讒妬之說，以致無辜之罪，身嬰極誅，禍

及家族，天下臣妾，咸爲怨痛。勃海王悝，桓帝母弟也。處國奉藩，未嘗有過。陛下曾不證審，遂伏其辜。昔晉侯失刑，亦夢大厲被髮屬地。〔四〕天道明察，鬼神難誣。宜并改葬，以安冤魂。反宋后之徙家，復勃海之先封，以消厥咎。」帝弗能用，尋亦崩焉。

〔一〕上帝，天也。震，動也。書曰「帝乃震怒」也。
〔二〕續漢志曰：「羽林左監一人，秩六百石，主羽林左騎。右亦如之。」「永」或作「詠」。
〔三〕攘謂除也。
〔四〕左傳曰：「晉侯夢大厲，被髮及地，搏膺而踊曰：『殺余孫，不義，余得請于帝矣。』」杜預注曰：「厲鬼，趙氏之先祖也。晉侯先殺趙同、趙括，故怒也。」

靈思何皇后諱某，南陽宛人。家本屠者，以選入掖庭。〔一〕長七尺一寸。生皇子辯，養於史道人家，號曰史侯。〔二〕拜后爲貴人，甚有寵幸。性彊忌，後宮莫不震懾。

〔一〕風俗通曰，漢以八月筭人。后家以金帛賂遺主者以求入也。
〔二〕道人謂道術之人也。獻帝春秋曰：「靈帝數失子，不敢正名，養道人史子眇家，號曰史侯。」

光和三年，立爲皇后。明年，追號后父眞爲車騎將軍、舞陽宣德侯，因封后母興爲舞陽君。時王美人任娠，〔一〕畏后，乃服藥欲除之，而胎安不動，又數夢負日而行。四年，生皇子

協，后遂酖殺美人。帝大怒，欲廢后，諸宦官固請得止。董太后自養協，號曰董侯。

〔一〕左傳曰：「邑姜方娠。」杜預注曰：「懷胎爲娠。」音之刃反，一音身。

王美人，趙國人也。祖父苞，五官中郎將。美人豐姿色，聰敏有才明，能書會計，〔一〕以良家子應法相選入掖庭。帝愍協早失母，又思美人，作追德賦、令儀頌。

〔一〕會計謂總會其數而筭。

中平六年，帝崩，皇子辯卽位，尊后爲皇太后。太后臨朝。后兄大將軍進欲誅宦官，反爲所害；舞陽君亦爲亂兵所殺。并州牧董卓被徵，將兵入洛陽，陵虐朝庭，遂廢少帝爲弘農王而立協，是爲獻帝。扶弘農王下殿，北面稱臣。太后鯁涕，羣臣含悲，莫敢言。董卓又議太后踧迫永樂宮，至令憂死，逆婦姑之禮，乃遷於永安宮，因進酖，弒而崩。在位十年。董卓令帝出奉常亭舉哀，〔一〕公卿皆白衣會，不成喪也。〔二〕合葬文昭陵。

〔一〕華延儁洛陽記曰：「城內有奉常亭。」
〔二〕有凶事素服而朝，謂之白衣會。左傳曰：「不書葬，不成喪。」

初，太后新立，當謁二祖廟，欲齋，輒有變故，如此者數，竟不克。時有識之士心獨怪之，後遂因何氏傾沒漢祚焉。

明年，山東義兵大起，討董卓之亂。卓乃置弘農王於閣上，使郎中令李儒進酖，曰：「服

此藥，可以辟惡。」王曰：「我無疾，是欲殺我耳！」不肯飲。強飲之，不得已，乃與妻唐姬及宮人飲讌別。酒行，王悲歌曰：「天道易兮我何艱！棄萬乘兮退守蕃。逆臣見迫兮命不延，逝將去汝兮適幽玄！」因令唐姬起舞，姬抗袖而歌〔一〕曰：「皇天崩兮后土穨，〔二〕身爲帝兮命夭摧。死生路異兮從此乖，柰我煢獨兮心中哀！」因泣下嗚咽，坐者皆歔欷。王謂姬曰：「卿王者妃，埶不復爲吏民妻。自愛，從此長辭！」遂飲藥而死。時年十八。

〔一〕抗，舉也。

〔二〕史記，周烈王崩，周人謂齊威王曰「天崩地坼」也。

唐姬，潁川人也。王薨，歸鄉里。父會稽太守瑁欲嫁之，姬誓不許。及李傕破長安，遣兵鈔關東，略得姬。傕因欲妻之，固不聽，而終不自名。〔一〕尚書賈詡知之，〔二〕以狀白獻帝。帝聞感愴，乃下詔迎姬，置園中，使侍中持節拜爲弘農王妃。

〔一〕不自名少帝之姬也。袁宏紀曰：「爲傕所略，不敢自言。」

〔二〕魏志曰：「詡字文和，武威姑臧人。少時漢陽閻忠見而異之，曰：『詡有良、平之才。』」

初平元年二月，葬弘農王於故中常侍趙忠成壙中，〔一〕謚曰懷王。

〔一〕趙忠先有成壙，因而葬焉。

帝求母王美人兄斌，斌將妻子詣長安，賜第宅田業，拜奉車都尉。

興平元年，帝加元服。有司奏立長秋宮。詔曰：「朕稟受不弘，遭值禍亂，未能紹先，以光故典。皇母前薨，未卜宅兆，禮章有闕，中心如結。〔一〕三歲之慼，蓋不言吉，且須其後。」於是有司乃奏追尊王美人爲靈懷皇后，改葬文昭陵，儀比敬、恭二陵，〔二〕使光祿大夫持節行司空事奉璽綬，斌與河南尹駱業復土。

〔一〕詩云：「心如結兮。」

〔二〕敬，章帝陵。恭，安帝陵。

斌還，遷執金吾，封都亭侯，〔一〕食邑五百戶。病卒，贈前將軍印綬，謁者監護喪事。長子端襲爵。

〔一〕凡言都亭者，並城內亭也。漢法，大縣侯位視三公，小縣侯位視上卿，鄉侯、亭侯視中二千石也。

獻帝伏皇后諱壽，琅邪東武人，〔一〕大司徒湛之八世孫也。父完，沈深有大度，襲爵不其侯，尚桓帝女陽安公主，〔二〕爲侍中。

〔一〕東武，今密州諸城縣。

〔二〕陽安，縣，屬汝南郡，故城在今豫州朗山縣東北。

初平元年，從大駕西遷長安，后時入掖庭爲貴人。興平二年，立爲皇后，完遷執金吾。帝尋而東歸，李傕、郭汜等追敗乘輿於曹陽，帝乃潛夜度河走，〔一〕六宮皆步行出營。〔二〕后手持縑數匹，董承使符節令孫徽以刃脅奪之，殺傍侍者，血濺后衣。〔三〕既至安邑，御服穿敝，唯以棗栗爲糧。建安元年，拜完輔國將軍，儀比三司。完以政在曹操，自嫌尊戚，乃上印綬，拜中散大夫，尋遷屯騎校尉。十四年卒，子典嗣。

〔一〕度所在今陝州陝縣北。水經曰銅翁仲所沒處，是獻帝東遷潛度所。

〔二〕周禮曰：「王后率六宮之人。」鄭玄注曰：「六宮之人，夫人以下，分居后之六宮者。」

〔三〕濺音子見反。

自帝都許，守位而已，宿衞兵侍，莫非曹氏黨舊姻戚。議郎趙彥嘗爲帝陳言時策，曹操惡而殺之。其餘內外，多見誅戮。操後以事入見殿中，帝不任其憤，因曰：「君若能相輔，則厚；不爾，幸垂恩相捨。」操失色，俛仰求出。舊儀，三公領兵朝見，令虎賁執刃挾之。操出，顧左右，汗流浹背，〔一〕自後不敢復朝請。董承女爲貴人，操誅承而求貴人殺之。帝以貴人有妊，〔二〕累爲請，不能得。后自是懷懼，乃與父完書，言曹操殘逼之狀，令密圖之。完不敢發。至十九年，事乃露泄。操追大怒，遂逼帝廢后，假爲策曰：「皇后壽，得由卑賤，登顯尊極，自處椒房，〔三〕二紀于茲。既無任、姒徽音之美，〔四〕又乏謹身養己之福，〔五〕而陰懷妒

害，苞藏禍心，弗可以承天命，奉祖宗。今使御史大夫郗慮持節策詔，其上皇后璽綬，〔六〕退避中宮，遷于它館。嗚呼傷哉！自壽取之，未致于理，爲幸多焉。」又以尚書令華歆爲郗慮副，〔七〕勒兵入宮收后。閉戶藏壁中，歆就牽后出。時帝在外殿，引慮於坐。后被髮徒跣行泣過訣曰：「不能復相活邪？」帝曰：「我亦不知命在何時！」顧謂慮曰：「郗公，天下寧有是邪？」遂將后下暴室，以幽崩。所生二皇子，皆酖殺之。后在位二十年，兄弟及宗族死者百餘人，母盈等十九人徙涿郡。

〔一〕浹，徹也，音子協反。

〔二〕說文曰：「妊，孕也。」音仁蔭反。

〔三〕漢官儀曰：「皇后稱椒房，取其蕃實之義也。」詩云：「椒聊之實，蕃衍盈升。」

〔四〕大任，文王母。大姒，武王母。徽，美也。詩云：「大姒嗣徽音。」

〔五〕左傳曰：「人受天地之中而生，謂之命。能者養之以福，不能者敗以取禍。」

〔六〕蔡邕獨斷曰：「皇后赤綬玉璽。」續漢志曰：「乘輿黃赤綬，四綵黃赤縹紺，淳黃圭，綬長二丈九尺九寸，五百首。太皇太后、皇太后，其綬皆與乘輿同。」

〔七〕魏志曰：「華歆字子魚，平原高唐人。代荀彧爲尚書令。慮字鴻豫，山陽高平人。」

獻穆曹皇后諱節，〔一〕魏公曹操之中女也。建安十八年，操進三女憲、節、華爲夫人，聘以束帛玄纁五萬匹，小者待年於國。〔二〕十九年，並拜爲貴人。及伏皇后被弑，明年，立節爲皇后。魏受禪，遣使求璽綬，后怒不與。如此數輩，后乃呼使者入，親數讓之，以璽抵軒下，〔三〕因涕泣橫流曰：「天不祚爾！」左右皆莫能仰視。后在位七年。魏氏既立，以后爲山陽公夫人。自後四十一年，魏景（初）〔元〕元年薨，合葬禪陵，車服禮儀皆依漢制。

〔一〕謚法曰：「布德執義曰穆。」

〔二〕留住於國，以待年長。

〔三〕抵，擲也。軒，闌板也。

論曰：漢世皇后無謚，皆因帝謚以爲稱。雖呂氏專政，上官臨制，亦無殊號。〔一〕中興，明帝始建光烈之稱，其後並以德爲配，至於賢愚優劣，混同一貫，故馬、竇二后俱稱德焉。其餘唯帝之庶母及蕃王承統，以追尊之重，特爲其號，如恭懷、孝崇之比是也。初平中，蔡邕始追正和熹之謚，〔二〕其安思、順烈以下，皆依而加焉。

〔一〕上官，昭帝后也。

〔二〕蔡邕集謚議曰：「漢世母氏無謚，至于明帝始建光烈之稱，是後轉因帝號加之以德，上下優劣，混而爲一，違禮

『大行受大名，小行受小名』之制。謚法『有功安人曰熹』。帝后一體，禮亦宜同。大行皇太后謚宜爲和熹。」

贊曰：坤惟厚載，陰正乎內。〔一〕詩美好逑，〔二〕易稱歸妹。〔三〕祁祁皇孋，言觀貞淑。〔四〕媚茲良哲，承我天祿。班政蘭闈，宣禮椒屋。〔五〕既云德升，亦曰幸進。〔六〕身當隆極，族漸河潤。〔七〕視景爭暉，方山並峻。乘剛多阻，行地必順。〔八〕咎集驕滿，福協貞信。慶延自己，禍成誰釁。

〔一〕易曰：「坤厚載物。」又曰：「女正位乎內，男正位乎外。」

〔二〕逑，匹也。詩云：「窈窕淑女，君子好逑。」言后妃有關雎之德，爲君子好匹。

〔三〕兌下震上，歸妹卦也。婦人謂嫁曰歸，妹爲少女之稱。兌爲少陰，震爲長陽，少陰而承長陽，悅以動之，歸妹之象也。以六五與九二相應，五爲王侯，故易言「帝乙歸妹」。

〔四〕祁祁，衆多也。孋亦儷也。觀，示也。言諸后皆示其貞淑，配皇爲儷。案字書無「孋」字，相傳音麗，蕭該音離。

〔五〕班固西都賦曰：「後宮則掖庭椒房，后妃之室。蘭林蕙草，披香發越。」蘭林，殿名，故言蘭闈。椒屋即椒房也。

〔六〕德升謂馬、鄧等也。幸進謂閻、何之類也。

〔七〕公羊傳曰「河海潤千里」也。

〔八〕易屯卦象曰：「六二之難，乘剛也。」又坤卦曰：「牝馬地類，行地無疆。」王弼注云：「地之所以得無疆者，以卑順行之故也。」

漢制，皇女皆封縣公主，儀服同列侯。〔一〕其尊崇者，加號長公主，儀服同蕃王。〔二〕諸王女皆封鄉、亭公主，儀服同鄉、亭侯。〔三〕肅宗唯特封東平憲王蒼、琅邪孝王京女爲縣公主。〔四〕其後安帝、桓帝妹亦封長公主，同之皇女。〔五〕其皇女封公主者，所生之子襲母封爲列侯，〔六〕皆傳國於後。鄉、亭之封，則不傳襲。其職僚品秩，事在百官志。〔七〕不足別載，故附于后紀末。

〔一〕漢法，大縣侯視三公。

〔二〕蔡邕曰：「帝女曰公主，姊妹曰長公主。」建武十五年，封（武）〔舞〕陽公主爲長公主，即是帝女尊崇亦爲長，非惟姊妹也。輿服志曰「長公主赤罽軿車，與諸侯同綬」也。

〔三〕鄉、亭侯視中二千石。

〔四〕東平王傳曰：「封蒼女五人爲縣公主。」孝王女，傳不見其數。

〔五〕案：鄧禹玄孫少府褒尚舞陰長公主，耿弇曾孫侍中良尚（漢）〔濮〕陽長公主，岑彭玄孫魏郡守熙尚涅陽長公主，來歙玄孫虎賁中郎將定尚平氏長公主，並安帝妹也。長社、益陽公主，桓帝妹也。解見上。

〔六〕馮定，獲嘉公主子，襲封獲嘉侯；馮奮，平陽公主子，襲封平陽侯。此其類也。

〔七〕沈約謝儼傳曰：「范曄所撰十志，一皆託儼。搜撰垂畢，遇曄敗，悉蠟以覆車。宋文帝令丹陽尹徐湛之就儼尋求，

已不復得，一代以爲恨。其志今闕。」續漢志曰：「諸公主家令一人，六百石；丞一人，三百石；其餘屬吏，增減無常。」漢官儀曰「長公主傅一人，私府長一人，食官一人，永巷長一人，家令一人，秩皆六百石，各有員吏。而鄉公主傅一人，秩六百石，僕一人，六百石，家丞一人，三百石」也。

皇女義王，建武十五年封舞陽長公主，適（延）陵鄉侯太僕梁松。〔一〕松坐誹謗誅。

〔一〕舞陽，縣，屬潁川郡。松，梁統之子。其傳云：「尚光武女舞陰公主。」又鄧訓傳：「舞陰公主子梁扈，有罪，訓與交通。」此云舞陽，誤也。

皇女中禮，十五年封涅陽公主，適顯親侯大鴻臚竇固，〔一〕肅宗尊爲長公主。

〔一〕涅陽，屬南陽郡。顯親，縣，屬漢陽郡。固，竇融子。

皇女紅夫，十五年封館陶公主，適駙馬都尉韓光。光坐與淮陽王延謀反誅。

皇女禮劉，十七年封淯陽公主，適陽安侯長樂少府郭璜。〔一〕璜坐與竇憲謀反誅。

〔一〕璜，郭況子也。

皇女綬，〔一〕二十一年封酈邑公主，適新陽侯世子陰豐。豐害主，誅死。〔二〕

〔一〕「綬」一作「綏」。

〔二〕酈，縣，屬南陽郡，音擲亦反。新陽，縣，屬汝南郡。豐，陰就子。

世祖五女。

皇女姬，永平二年封獲嘉長公主，適楊邑侯將作大匠馮柱。〔一〕

〔一〕獲嘉，縣，屬河內郡。楊邑，縣，屬太原郡。柱，(馬)〔馮〕魴子。

皇女奴，三年封平陽公主，〔一〕適大鴻臚馮順。〔二〕

〔一〕平陽，縣，屬河東郡。

〔二〕馮勤子也。

皇女迎，〔一〕三年封隆慮公主，〔二〕適牟平侯耿襲。〔三〕

〔一〕「迎」或作「延」。

〔二〕隆慮，縣，屬河內郡。

〔三〕牟平，縣，屬東萊郡。襲，耿弇弟舒之子。

皇女次，三年封平氏公主。〔一〕

〔一〕平氏，縣，屬南陽郡。既不言所適，不顯始終，蓋史闕之也。它皆倣此。

皇女致，三年封沁水公主，〔一〕適高密侯鄧乾。〔二〕

〔一〕沁水，縣，屬河內郡。

〔二〕乾，鄧震之子，禹之孫。

皇女小姬，十二年封平皐公主，〔一〕適昌安侯侍中鄧蕃。〔二〕

〔一〕平皐，縣，屬河內郡。

〔二〕昌安，縣，屬高密國。蕃，鄧襲子，禹之孫也。

皇女仲，十七年封浚儀公主，適軼侯〔一〕黃門侍郎王度。〔二〕

〔一〕「軼」，志作「軑」，音伏。師古曰：又音徒系反。

〔二〕軼，縣，屬江夏郡。度，王符子，霸之孫。

皇女惠，十七年封武安公主，適征羌侯世子黃門侍郎來棱，〔一〕安帝尊爲長公主。

〔一〕征羌，縣，屬汝南郡。棱，褒之子，歙之孫。

皇女臣，建初元年封魯陽公主。〔一〕

〔一〕魯陽，縣，屬南陽郡。

皇女小迎，元年封樂平公主。〔一〕

〔一〕樂平，太清縣，屬東郡，章帝更名。

皇女小民，元年封成安公主。〔一〕

〔一〕成安，縣，屬潁川郡。

顯宗十一女。

皇女男，建初四年封武德長公主。

皇女王，四年封平邑公主，〔一〕適黃門侍郎馮由。

〔一〕平邑，縣，屬代郡，今魏郡昌樂東北又有平邑城。

皇女吉，永元五年封陰安公主。〔一〕

〔一〕陰安，縣，屬魏郡。

肅宗三女。

皇女保，延平元年封脩武長公主。〔一〕

〔一〕脩武，縣，屬河內郡。

皇女成，元年封共邑公主。〔一〕

〔一〕共，縣，屬河內郡。

皇女利，元年封臨潁公主。〔一〕適卽墨侯侍中賈建。〔二〕

〔一〕縣，屬潁川郡。

〔二〕卽墨，縣，屬膠東國。建，賈參子，復之曾孫。

皇女興，元年封聞喜公主。〔一〕

〔一〕聞喜，縣，屬河東郡。

和帝四女。

皇女生，永和三年封舞陽長公主。

皇女成男，三年封冠軍長公主。〔一〕

〔一〕冠軍，縣，屬南陽郡。

皇女廣，永和六年封汝陽長公主。〔一〕

〔一〕汝陽，縣，屬汝南郡。

順帝三女。

皇女華，延熹元年封陽安長公主，適不其侯輔國將軍伏完。〔一〕

〔一〕完，伏湛(五)〔七〕世孫。

皇女堅，七年封潁陰長公主。〔一〕

〔一〕潁陰，縣，屬潁川郡。

皇女脩，九年封陽翟長公主。

桓帝三女。

皇女某，光和三年封萬年公主。

靈帝一女。

校勘記

四三六頁二行　更封顯長社(縣)侯　按：王先謙謂「縣」字衍，今據刪。

四三六頁六行　油軿軿車　按：校補謂今續志作「油畫軿車」。

四三六頁一〇行　司徒劉(喜)〔熹〕　據錢大昭說改。按：校補謂本書安紀、順紀皆作「熹」，通鑑亦作「熹」，惟袁宏後漢紀兩見皆作「喜」。

四三七頁一一行　又何不早徵諸王子　按：「又」原譌「人」，逕改正。

四三八頁七行　妠(妠)娶也　陳景雲謂下「妠」字衍，今據刪。

四三八頁一〇行　時(西)河〔西〕擾亂　陳景雲謂「西河」當作「河西」，今據改。

四四二頁六行　詔安平王豹　按：校補引錢大昭說，謂「豹」疑當作「續」。

四四二頁一三行　石鱻吾侯翼子桓帝兄　按：正文云「帝弟平原王石」，此云「桓帝兄」，必有一誤。

四四二頁一四行　礬已下爲匣　按：「下」原譌「而」，逕改正。

四四四頁一行　漢(書)舊儀　按：當依衞宏傳作「漢舊儀」，「書」字衍，今刪。

四四四頁七行　至延熹(三)〔二〕年　據汲本、殿本改。

四四四頁九行　桓帝鄧皇后諱猛女　按：東觀記云「字猛」，無「女」字。續天文志同。

四四四頁一三行　改姓爲薄　按：袁紀「薄」作「亳」。

四四五頁二行　又封統弟秉爲淯陽侯　按：袁紀「秉」作「庾」，「淯」作「育」。

四四五頁一〇行　父(諱)武　殿本無此三字，考證謂監本此三字是注文，依宋本刪。今按：各舊本此三字皆作正文，與北監本不同。考證所云之「宋本」，不知宋刊何本也。又按：校補引顧炎武

皇后紀第十下　四六三

後漢書卷十下　四六四

說，謂「諱」字衍，今據刪。

四四五頁一三行　立解犢亭侯宏　按：王先謙謂「犢」當作「瀆」。

四四六頁六行　太后母卒於比景(太)后感疾而崩　據王鳴盛說及通鑑補。

四四七頁九行　〔重〕免官自殺　據汲本、殿本補。按：王先謙謂疑當作「免重官，重自殺」，而傳寫倒脫也。

四四八頁一行　肅宗宋貴人之從曾孫也　按：刊誤謂宋貴人安得有從曾孫姓宋者，當是漏一「父」字。

四五〇頁三行　聰敏有才明能書會計　按：「明能」二字疑譌倒，御覽一四五引，正作「聰敏有才能，明書會計」。

四五〇頁四行　選入掖庭　按：御覽一四五引，下有「爲何后所酖」五字。

四五三頁三行　符節令孫徽　按：御覽八一八引華嶠後漢書，「徽」作「徵」，袁紀作「儀」。

四五三頁一四行　操追大怒　按：校補引錢大昭說，謂閩本無「追」字。

四五四頁三行　閉戶藏壁中　按：刊誤謂案文「閉戶」上少一「后」字。

四五五頁五行　自後四十一年魏景(初)〔元〕元年薨　校補引周壽昌說，謂自後四十一年，案魏志爲魏主奐景元元年。志載其年六月己未，故漢獻帝夫人節薨。此作「景初」，誤。景初乃魏明帝紀元也。今據改。

四五六頁八行　歸妹之象也　按：「歸」原譌「嫁」，逕據汲本、殿本改正。

四五七頁七行　封(武)〔舞〕陽公主爲長公主　據校補改。按：校補謂下文皇女義王注文及注釋均作「舞陽」，則此注作「武陽」誤。

四五七頁一一行　尚(漢)〔潩〕陽長公主　集解引錢大昭說，謂「漢陽」當從耿弇傳作「潩陽」。今據改。

四五七頁一二行　長社益陽公主桓帝妹也　按：集解引惠棟說，謂長社公主桓帝姊，注誤爲桓帝妹。

四五七頁一三行　馮定獲嘉公主子襲封獲嘉侯　按：張森楷校勘記謂案馮魴傳，襲封獲嘉侯者乃定弟石，非定也。

四五八頁四行　適(延)陵鄉侯太僕梁松　洪亮吉謂案明帝紀及梁統傳，皆云封陵鄉侯。水經注，淸水又東北逕陵鄉西，太僕梁松國也。此「延」字衍文。今據刪。

四五八頁五行　其傳云尚光武女舞陰公主　按：校補謂今梁統傳作「尚舞陰長公主」，此省「長」字。

四五八頁八行　固竇融子　按：校補謂固乃融弟友之子，自有傳，注誤。

四五九頁三行　皇女奴三年封平陽公主　按：校補引洪亮吉說，謂馮勤傳稱「平陽長公主」，蓋肅宗時所加。下平皐公主小姬、浚儀公主仲，鄧禹、王霸傳皆稱「長公主」，與此同。

四五九頁一〇行　皇女次三年封平氏公主　按：「三」原譌「二」，逕改正。

四五九頁一一行　平氏縣屬南陽郡　按：「郡」原譌「縣」，逕據汲本、殿本改正。

皇后紀第十下　四六五

後漢書卷十下　四六六

四五九頁一三行　皇女致三年封沁水公主　按：集解引錢大昭說，謂五行志作「長公主」。

四六〇頁三行　鈇志作軑音佅師古曰又音徒系反　「軑」字原本模糊，各本多作「軑」，集解本依殿本，从大作「軑」。佅字別本皆作「伏」。今按：「伏」乃「佅」之譌，佅音大，今人習見「伏」字，故譌「佅」爲「伏」耳。

四六〇頁一五行　皇女王四年封平邑公主適黃門侍郎馮由　按：校補謂由卽馮順之子，勤之孫也。「平邑」勤傳作「平安」，傳注引東觀記，又作「安平」。

四六一頁八行　皇女利元年封臨潁公主適卽墨侯侍中賈建　按：校補謂據賈復傳，建尚主在安帝元初元年，主於安帝爲姊妹，故傳稱「長公主」。

四六二頁五行　伏湛(五)〔七〕世孫　據殿本考證引何焯說改。

後漢書卷十一

劉玄劉盆子列傳第一

劉玄字聖公，光武族兄也。〔一〕弟爲人所殺，聖公結客欲報之。客犯法，〔二〕聖公避吏於平林。吏繫聖公父子張。聖公詐死，使人持喪歸舂陵，吏乃出子張，聖公因自逃匿。

〔一〕爾雅曰：「族父之子相謂爲族昆弟。」帝王紀曰：「舂陵戴侯熊渠生蒼梧太守利，利生子張，納平林何氏女，生更始。」

〔二〕續漢書曰：「時聖公聚客，家有酒，請游徼飲，賓客醉歌，言『朝亨兩都尉，游徼後來，用調羹味』。游徼大怒，縛捶數百。」

王莽末，南方飢饉，人庶羣入野澤，掘鳧茈而食之，更相侵奪。〔一〕新市人王匡、王鳳爲平理諍訟，遂推爲渠帥，衆數百人。於是諸亡命馬武、王常、成丹等往從之；共攻離鄉聚，臧於綠林中，〔二〕數月閒至七八千人。地皇二年，〔三〕荊州牧某〔四〕發奔命二萬人攻之，匡等相率迎擊於雲杜，〔五〕大破牧軍，殺數千人，盡獲輜重，〔六〕遂攻拔竟陵。〔七〕轉擊雲杜、安

陸，〔八〕多略婦女，還入綠林中，至有五萬餘口，州郡不能制。

〔一〕爾雅曰：「芍，鳧茈。」郭璞曰：「生下田中，苗似龍鬚而細，根如指頭，黑色，可食。」芍音胡了反。鳧茈，續漢書作「符訾」。

〔二〕離鄉聚謂諸鄉聚離散，去城郭遠者。大曰鄉，小曰聚。前書曰「收合離鄉置大城中」，即其義也。綠林，山，在今荆州當陽縣東北也。

〔三〕王莽年也。

〔四〕史闕名也。

〔五〕雲杜，縣名，屬江夏郡，故城在今復州沔陽縣西北。

〔六〕續漢書曰：「牧欲北歸隨，武等復遮擊之，鉤牧車屏泥，刺殺其驂乘，然不敢殺牧也。」

〔七〕縣名，屬江夏郡，故城在今郢州長壽縣南。

〔八〕安陸，縣，屬江夏郡，今安州縣也。

三年，大疾疫，死者且半，乃各分散引去。王常、成丹西入南郡，號下江兵；王匡、王鳳、馬武及其支黨朱鮪、張卬等〔一〕北入南陽，號新市兵：皆自稱將軍。七月，匡等進攻隨，未能下。〔二〕平林人陳牧、廖湛〔三〕復聚衆千餘人，號平林兵，以應之。聖公因往從牧等，爲其軍安集掾。〔四〕

〔一〕續漢書「卬」作「印」。

〔二〕隨，縣，屬南陽郡，今隨州縣。

〔三〕廖音力弔反。

〔四〕欲其安集軍衆，故權以爲官名。

是時光武及兄伯升亦起舂陵，與諸部合兵而進。四年正月，破王莽前隊大夫甄阜、屬正梁丘賜，斬之，號聖公爲更始將軍。衆雖多而無所統一，諸將遂共議立更始爲天子。二月辛巳，設壇場於淯水上沙中，陳兵大會。更始即帝位，南面立，朝羣臣。素懦弱，羞愧流汗，舉手不能言。於是大赦天下，建元曰更始元年。悉拜置諸將，以族父良爲國三老，王匡爲定國上公，王鳳成國上公，朱鮪大司馬，伯升大司徒，陳牧大司空，餘皆九卿、將軍。五月，伯升拔宛。六月，更始入都宛城，盡封宗室及諸將，爲列侯者百餘人。

更始忌伯升威名，遂誅之，以光祿勳劉賜爲大司徒。前鍾武侯劉望起兵，略有汝南。時王莽納言將軍嚴尤、秩宗將軍陳茂既敗於昆陽，往歸之。八月，望遂自立爲天子，以尤爲大司馬，茂爲丞相。王莽使太師王匡、國將哀章守洛陽。〔一〕更始遣定國上公王匡攻洛陽，西屏大將軍申屠建、丞相司直李松攻武關，三輔震動。是時海內豪桀翕然響應，皆殺其牧守，自稱將軍，用漢年號，以待詔命，旬月之閒，偏於天下。

〔一〕風俗通曰：「哀姓，魯哀公之後，因謚以爲姓。」

長安中起兵攻未央宮。九月，東海人公賓就斬王莽於漸臺，〔一〕收璽綬，傳首詣宛。更始時在便坐黃堂，取視之，喜曰：「莽不如是，當與霍光等。」寵姬韓夫人笑曰：「若不如是，帝焉得之乎？」更始悅，乃懸莽首於宛城市。是月，拔洛陽，生縛王匡、哀章，至，皆斬之。十月，使奮威大將軍劉信擊殺劉望於汝南，并誅嚴尤、陳茂。更始遂北都洛陽，以劉賜爲丞相。申屠建、李松自長安傳送乘輿服御，又遣中黃門從官奉迎遷都。二年二月，更始自洛陽而西。初發，李松奉引，馬驚奔，觸北宮鐵柱〔門〕，三馬皆死。〔二〕

〔一〕風俗通曰：「公賓，姓也。魯大夫公賓庚之後。」漸臺，太液池中臺也。爲水所漸潤，故以爲名。

〔二〕續漢書曰：「馬禍也。時更始失道，將亡之徵。」

初，王莽敗，唯未央宮被焚而已，其餘宮館一無所毀。宮女數千，備列後庭，自鍾鼓、帷帳、輿輦、器服、太倉、武庫、官府、市里，不改於舊。更始既至，居長樂宮，升前殿，郎吏以次列庭中。更始羞怍，俛首刮席不敢視。〔一〕諸將後至者，更始問虜掠得幾何，左右侍官皆宮省久吏，各驚相視。

〔一〕怍，顏色變也。俛，俯也。

李松與棘陽人趙萌說更始，宜悉王諸功臣。朱鮪爭之，以爲高祖約，非劉氏不王。更始乃先封宗室太常將軍劉祉爲定陶王，劉賜爲宛王，劉慶爲燕王，劉歙爲元氏王，大將軍劉

嘉爲漢中王，劉信爲汝陰王；後遂立王匡爲比陽王，王鳳爲宜城王，朱鮪爲膠東王，衞尉大將軍張卬爲淮陽王，廷尉大將軍王常爲鄧王，執金吾大將軍廖湛爲穰王，申屠建爲平氏王，尚書胡殷爲隨王，柱天大將軍李通爲西平王，〔一〕五威中郎將李軼爲舞陰王，水衡大將軍成丹爲襄邑王，大司空陳牧爲陰平王，〔二〕驃騎大將軍宋佻爲潁陰王，尹尊爲郾王。唯朱鮪辭曰：「臣非劉宗，不敢干典。」遂讓不受。乃徙鮪爲左大司馬，劉賜爲前大司馬，使與李軼、李通、王常等鎮撫關東。以李松爲丞相，趙萌爲右大司馬，共秉內任。

〔一〕西平，縣，屬汝南郡，故城在今豫州郾城縣南也。

〔二〕陰平，縣，屬廣漢國。

更始納趙萌女爲夫人，有寵，遂委政於萌，日夜與婦人飲讌後庭。羣臣欲言事，輒醉不能見，時不得已，乃令侍中坐帷內與語。諸將識非更始聲，出皆怨曰：「成敗未可知，遽自縱放若此！」韓夫人尤嗜酒，每侍飲，見常侍奏事，輒怒曰：「帝方對我飲，正用此時持事來乎！」起，抵破書案。〔一〕趙萌專權，威福自己。郎吏有說萌放縱者，更始怒，拔劍擊之。自是無復敢言。萌私忿侍中，引下斬之，更始救請，不從。時李軼、朱鮪擅命山東，王匡、張卬橫暴三輔。其所授官爵者，皆羣小賈豎，或有膳夫庖人，多著繡面衣、錦袴、襜褕、諸于，罵詈道中。〔二〕長安爲之語曰：「竈下養，中郎將。爛羊胃，騎都尉。爛羊頭，關內侯。」〔三〕

〔一〕抵，擊也。

〔二〕襜褕、諸于見光武紀。續漢志曰「時智者見之，以爲服之不中，身之災也，乃奔入邊郡避之。是服妖也。其後爲赤眉所殺」也。

〔三〕公羊傳曰：「炊亨爲養。」

軍帥將軍豫章李淑上書諫曰：「方今賊寇始誅，王化未行，百官有司宜慎其任。夫三公上應台宿，九卿下括河海，〔一〕故天工人其代之。陛下定業，雖因下江、平林之埶，斯蓋臨時濟用，不可施之既安。宜釐改制度，更延英俊，因才授爵，以匡王國。今公卿大位莫非戎陳，尚書顯官皆出庸伍，資亭長、賊捕之用，〔二〕而當輔佐綱維之任。唯名與器，聖人所重。今以所重加非其人，望其毗益萬分，興化致理，譬猶緣木求魚，升山採珠。〔三〕海內望此，有以闚度漢祚。臣非有憎疾以求進也，但爲陛下惜此舉厝。敗材傷錦，所宜至慮。〔四〕惟割既往謬妄之失，思隆周文濟濟之美。」〔五〕更始怒，繫淑詔獄。自是關中離心，四方怨叛。諸將出征，各自專置牧守，州郡交錯，不知所從。

〔一〕春秋漢含孳曰：「三公在天爲三台，九卿爲北斗，故三公象五岳，九卿法河海，二十七大夫法山陵，八十一元士法谷阜，合爲帝佐，以匡綱紀。」

〔二〕漢法，十里一亭，亭置一長。捕賊掾，專捕盜賊也。

〔三〕求之非所，不可得也。孟子對（梁惠）〔齊宣〕王曰：「以若所爲，求若所欲，猶緣木求魚。」

〔四〕孟子謂齊宣王曰：「爲巨室，則必使工師求大木。工師得大木，則王喜，以爲能勝其任也。匠人斲而小之，則王怒，以爲不勝其任矣。」左傳子產謂子皮曰「子有美錦，不使人學製焉。大官大邑，身之所庇，而使學者製焉。其爲美錦，不亦重乎？未嘗操刀而使之割，其傷實多」也。

〔五〕割，絕也。詩大雅曰：「濟濟多士，文王以寧。」

十二月，赤眉西入關。

三年正月，平陵人方望立前孺子劉嬰爲天子。初，望見更始政亂，度其必敗，謂安陵人弓林等曰：「前定安公嬰，平帝之嗣，雖王莽簒奪，而嘗爲漢主。今皆云劉氏眞人，當更受命，欲共定大功，何如？」林等然之，乃於長安求得嬰，將至臨涇立之。〔一〕聚黨數千人，望爲丞相，林爲大司馬。更始遣李松與討難將軍蘇茂等擊破，皆斬之。又使蘇茂拒赤眉於弘農，茂軍敗，死者千餘人。

〔一〕今涇州縣也。

三月，遣李松會朱鮪與赤眉戰於蓩鄉，〔一〕松等大敗，弃軍走，死者三萬餘人。

〔一〕蓩音莫老反。字林云：「毒草也。」因以爲地名。續漢志弘農有蓩鄉。東觀記曰：「徐宣、樊崇等入至弘農枯樅山下，與更始將軍蘇茂戰。崇北至蓩鄉，轉至湖。」湖卽湖城縣也。以此而言，其（蓩）〔地〕蓋在今虢州湖城縣之閒。

時王匡、張卬守河東，爲鄧禹所破，還奔長安。卬與諸將議曰：「赤眉近在鄭、華陰閒，

旦暮且至。今獨有長安，見滅不久，不如勒兵掠城中以自富，轉攻所在，東歸南陽，收宛王等兵。事若不集，復入湖池中爲盜耳。」申屠建、廖湛等皆以爲然，共入說更始。更始怒不應，莫敢復言。及赤眉立劉盆子，更始使王匡、陳牧、成丹、趙萌屯新豐，李松軍掫，以拒之。〔一〕

〔一〕掫音子侯反。續漢志曰：「新豐有鴻門亭。」掫城卽此也。

張卬、廖湛、胡殷、申屠建等與御史大夫隗囂合謀，欲以立秋日貙膢時共劫更始，〔一〕俱成前計。侍中劉能卿知其謀，以告之。更始託病不出，召張卬等。卬等皆入，將悉誅之，唯隗囂不至。更始狐疑，使卬等四人且待於外廬。卬與湛、殷疑有變，遂突出，獨申屠建在，更始斬之。卬與湛、殷遂勒兵掠東西市。昏時，燒門入，戰於宮中，更始大敗。明旦，將妻子車騎百餘，東奔趙萌於新豐。

〔一〕前書音義曰：「貙，獸。以立秋日祭獸。王者亦此日出獵，用祭宗廟。」冀州北郡以八月朝作飲食爲膢，其俗語曰「膢臘社伏」。貙音丑于反。膢音婁。

更始復疑王匡、陳牧、成丹與張卬等同謀，乃並召入。牧、丹先至，卽斬之。王匡懼，將兵入長安，與張卬等合。李松還從更始，與趙萌共攻匡、卬於城內。連戰月餘，匡等敗走，更始徙居長信宮。〔一〕赤眉至高陵，匡等迎降之，遂共連兵而進。更始守城，使李松出戰，

敗，死者二千餘人，赤眉生得松。時松弟汎爲城門校尉，赤眉使使謂之曰：「開城門，活汝兄。」汎卽開門。九月，赤眉入城。更始單騎走，從廚城門出。〔二〕諸婦女從後連呼曰：「陛下，當下謝城！」更始卽下拜，復上馬去。

〔一〕三輔黃圖曰，從洛門至周廟門，有長信宮在其中。
〔二〕三輔黃圖曰，洛城門，王莽改曰建子門，其內有長安廚官，俗名之爲廚城門，今長安故城北面之中門是也。

初，侍中劉恭以赤眉立其弟盆子，自繫詔獄；聞更始敗，乃出，步從至高陵，止傳舍。右輔都尉嚴本〔一〕恐失更始爲赤眉所誅，將兵在外，號爲屯衞而實囚之。赤眉下書曰：「聖公降者，封長沙王。過二十日，勿受。」更始遣劉恭請降，赤眉使其將謝祿往受之。十月，更始遂隨祿肉袒詣長樂宮，上璽綬於盆子。赤眉坐更始，置庭中，將殺之。劉恭、謝祿爲請，不能得，遂引更始出。劉恭追呼曰：「臣誠力極，請得先死。」拔劍欲自刎，赤眉帥樊崇等遽共救止之，乃赦更始，封爲畏威侯。劉恭復爲固請，竟得封長沙王。更始常依謝祿居，劉恭亦擁護之。

〔一〕「本」，或作「平」，或作「丕」。

三輔苦赤眉暴虐，皆憐更始，而張卬等以爲慮，謂祿曰：「今諸營長多欲篡聖公者。一旦失之，合兵攻公，自滅之道也。」於是祿使從兵與更始共牧馬於郊下，因令縊殺之。劉恭

夜往收臧其屍。光武聞而傷焉，詔大司徒鄧禹葬之於霸陵。

有三子：求，歆，鯉。明年夏，求兄弟與母東詣洛陽，帝封求爲襄邑侯，奉更始祀；歆爲穀孰侯，鯉爲壽光侯。求後徙封成陽侯。求卒，子巡嗣，復徙封(灈)〔濩〕澤侯。〔一〕巡卒，子姚嗣。

〔一〕襄邑卽春秋襄牛地也，今爲縣，在宋州西。穀孰，縣，屬梁國，在宋州東南。壽光，縣，屬北海郡，今青州縣也。(灈)〔濩〕澤，縣，今澤州縣，故曰徙封。

論曰：周武王觀兵孟津，退而還師，以爲紂未可伐，斯時有未至者也。〔一〕漢起，驅輕黠烏合之衆，〔二〕不當天下萬分之一，而旌旆之所撝及，〔三〕書文之所通被，莫不折戈頓顙，爭受職命。非唯漢人餘思，固亦幾運之會也。夫爲權首，鮮或不及。〔四〕陳、項且猶未興，況庸者乎！

〔一〕史記曰，武王卽位，太公望爲師，周公旦爲輔，召公、畢公之徒左右王師，東觀兵孟津。時諸侯不期而會者八百，皆曰：「紂可伐矣。」武王曰：「未可。」乃還師。
〔二〕輕黠謂輕銳桀黠也。烏合如烏鳥之羣合也。
〔三〕撝與麾同。
〔四〕左傳曰：「無始禍。」前書曰：「無爲權首，將受其咎。」

劉盆子者，太山式人，〔一〕城陽景王章之後也。〔二〕祖父憲，元帝時封爲式侯，父萌嗣。王莽篡位，國除，因爲式人焉。

〔一〕式，縣名，中興廢。
〔二〕章，高帝孫朱虛侯也。

天鳳元年，琅邪海曲有呂母者，子爲縣吏，犯小罪，宰論殺之。〔一〕呂母怨宰，密聚客，規以報仇。母家素豐，貲產數百萬，乃益釀醇酒，買刀劍衣服。少年來酤者，皆賒與之，視其乏者，輒假衣裳，不問多少。數年，財用稍盡，少年欲相與償之。呂母垂泣曰：「所以厚諸君者，非欲求利，徒以縣宰不道，枉殺吾子，欲爲報怨耳。諸君寧肯哀之乎！」少年壯其意，又素受恩，皆許諾。其中勇士自號猛虎，遂相聚得數十百人，〔二〕因與呂母入海中，招合亡命，衆至數千。呂母自稱將軍，引兵還攻破海曲，執縣宰。諸吏叩頭爲宰請。母曰：「吾子犯小罪，不當死，而爲宰所殺。殺人當死，又何請乎？」遂斬之，以其首祭子冢，復還海中。

〔一〕海曲，縣名，故城在密州莒縣東。續漢書曰「呂母子名育，爲游徼，犯罪」也。
〔二〕東觀記曰：「賓客徐次子等自號『搤虎』。」搤音於革反，力可搤虎，言其勇也。今爲「猛」字，「搤」與「猛」相類也。

後數歲，琅邪人樊崇起兵於莒，〔一〕衆百餘人，轉入太山，自號三老。時青、徐大飢，寇賊蜂起，衆盜以崇勇猛，皆附之，一歲閒至萬餘人。崇同郡人逄安，東海人徐宣、謝祿、楊音，〔二〕各起兵，合數萬人，復引從崇。共還攻莒，不能下，轉掠至姑幕，〔三〕因擊王莽探湯侯田況，大破之，〔四〕殺萬餘人，遂北入青州，所過虜掠。還至太山，留屯南城。〔五〕初，崇等以困窮爲寇，無攻城徇地之計。衆既寖盛，乃相與爲約：殺人者死，傷人者償創。以言辭爲約束，無文書、旌旗、部曲、號令。其中最尊者號三老，次從事，次卒(吏)〔史〕，汎相稱曰(臣)〔巨〕人。王莽遣平均公廉丹、太師王匡擊之。崇等欲戰，恐其衆與莽兵亂，乃皆朱其眉以相識別，由是號曰赤眉。赤眉遂大破丹、匡軍，殺萬餘人，追至無鹽，〔六〕廉丹戰死，王匡走。崇又引其兵十餘萬，復還圍莒，數月。或說崇曰：「莒，父母之國，柰何攻之？」乃解去。時呂母病死，其衆分入赤眉、青犢、銅馬中。赤眉遂寇東海，與王莽沂平大尹〔七〕戰，敗，死者數千人，乃引去，掠楚、沛、汝南、潁川，還入陳留，攻拔魯城，轉至濮陽。

〔一〕東觀記曰：「樊崇字細君。」
〔二〕東觀記曰「逄」，音龐。安字少子，東莞人也。徐宣字驕穉，謝祿字子奇，皆東海臨沂人也。
〔三〕姑幕，縣名，故城在今密州莒縣東北，古薄姑氏之國。
〔四〕王莽改北海益縣曰探湯。

〔五〕南城，縣，屬東海郡，有南城山，因以爲名也。
〔六〕無鹽，縣名，故城在今鄆州須昌縣東。
〔七〕王莽改東海郡曰沂平，以郡守爲大尹。

會更始都洛陽，遣使降崇。崇等聞漢室復興，卽留其兵，自將渠帥二十餘人，隨使者至洛陽降更始，皆封爲列侯。崇等既未有國邑，而留衆稍有離叛，乃遂亡歸其營，將兵入潁川，分其衆爲二部，崇與逄安爲一部，徐宣、謝祿、楊音爲一部。崇、安攻拔長社，南擊宛，斬縣令；而宣、祿等亦拔陽翟，引之梁，〔一〕擊殺河南太守。赤眉衆雖數戰勝，而疲敝厭兵，〔二〕皆日夜愁泣，思欲東歸。崇等計議，慮衆東向必散，不如西攻長安。更始二年冬，崇、安自武關，宣等從陸渾關，〔三〕兩道俱入。三年正月，俱至弘農，與更始諸將連戰剋勝，衆遂大集。乃分萬人爲一營，凡三十營，營置三老、從事各一人。進至華陰。

〔一〕今汝州梁縣也。
〔二〕厭，倦。
〔三〕武關在今商州上洛縣東。河圖括地象曰：「武關山爲地門，上爲天齊星。」前書曰陸渾縣有關，在今洛州伊闕縣西南。

軍中常有齊巫鼓舞祠城陽景王，以求福助。〔一〕巫狂言景王大怒，曰：「當爲縣官，何故爲賊？」〔二〕有笑巫者輒病，軍中驚動。時方望弟陽怨更始殺其兄，乃逆說崇等曰：「更始荒亂，政令不行，故使將軍得至於此。今將軍擁百萬之衆，西向帝城，而無稱號，名爲羣賊，不可以久。不如立宗室，挾義誅伐。以此號令，誰敢不服？」崇等以爲然，而巫言益甚。前及鄭，〔三〕乃相與議曰：「今迫近長安，而鬼神如此，當求劉氏共尊立之。」六月，遂立盆子爲帝，自號建世元年。

〔一〕以其定諸呂，安社稷，故郡國多爲立祠焉。盆子承其後，故軍中祠之。
〔二〕縣官謂天子也。
〔三〕今華州縣。

初，赤眉過式，掠盆子及二兄恭、茂，皆在軍中。恭少習尚書，略通大義。及隨崇等降更始，卽封爲式侯。以明經數言事，拜侍中，從更始在長安。盆子與茂留軍中，屬右校卒（吏）〔史〕劉俠卿，主芻牧牛，號曰牛吏。及崇等欲立帝，求軍中景王後者，得七十餘人，唯盆子與茂及前西安侯劉孝最爲近屬。崇等議曰：「聞古天子將兵稱上將軍」，又以兩空札置笥中，〔一〕遂於鄭北設壇場，祠城陽景王。諸三老、從事皆大會陛下，列盆子等三人居中立，以年次探札。盆子最幼，後探得符，諸將乃皆稱臣拜。盆子時年十五，被髮徒跣，敝衣赭汗，見衆拜，恐畏欲啼。茂謂曰：「善藏符。」盆子卽齧折棄之，復還依俠卿。俠卿爲制絳單衣、半頭赤幘、〔二〕直綦履，〔三〕乘軒車大馬，赤屛泥，〔四〕絳襜絡，〔五〕而猶從牧兒遨。

〔一〕札，簡也。笥，篋也。
〔二〕幘巾，所謂覆髻也。續漢書曰：「童子幘無屋，示未成人也。」半頭幘卽空頂幘也，其上無屋，故以爲名。董仲舒繁露曰：「以赤統者，幘尚赤。」盆子承漢統，故用赤也。東宮故事曰：「太子有空頂幘一枚。」卽半頭幘之製也。
〔三〕綦，履文也。蓋直刺其文以爲飾也。
〔四〕赤屛泥謂以緹油屛泥於軾前。
〔五〕襜，帷也。車上施帷以屛蔽者，交絡之以爲飾。續漢志曰「王公列侯安車，加交絡帷裳」也。

崇雖起勇力而爲衆所宗，然不知書數。徐宣故縣獄吏，能通易經。遂共推宣爲丞相，崇御史大夫，逄安左大司馬，謝祿右大司馬，自楊音以下皆爲列卿。

軍及高陵，與更始叛將張卬等連和，遂攻東都門，〔一〕入長安城，更始來降。

〔一〕三輔黃圖曰：「宣平門，長安城東面北頭第一門也，其外郭門名東都門。」

盆子居長樂宮，諸將日會論功，爭言讙呼，〔一〕拔劍擊柱，不能相一。三輔郡縣營長遣使貢獻，兵士輒剽奪之。〔二〕又數虜暴吏民，百姓保壁，由是皆復固守。至臘日，崇等乃設樂大會，盆子坐正殿，中黃門持兵在後，公卿皆列坐殿上。酒未行，其中一人出刀筆書謁欲

賀，〔三〕其餘不知書者起請之，〔四〕各各屯聚，更相背向。大司農楊音按劍罵曰：「諸卿皆老傭也！今日設君臣之禮，反更殽亂，〔五〕兒戲尚不如此，皆可格殺！」〔六〕更相辯鬬，而兵衆遂各踰宮斬關，入掠酒肉，互相殺傷。衞尉諸葛穉聞之，勒兵入，格殺百餘人，乃定。盆子惶恐，日夜啼泣，獨與中黃門共臥起，唯得上觀閣而不聞外事。

〔一〕讙，譁也。讙音火完反。
〔二〕剽，劫也。
〔三〕古者記事書於簡冊，謬誤者以刀削而除之，故曰刀筆。
〔四〕請其書己名也。
〔五〕殽亦亂也。
〔六〕相拒而殺之曰格。

時掖庭中宮女猶有數百千人，自更始敗後，幽閉殿內，掘庭中蘆菔根，〔一〕捕池魚而食之，死者因相埋於宮中。有故祠甘泉樂人，尚共擊鼓歌舞，衣服鮮明，〔二〕見盆子叩頭言飢。盆子使中黃門稟之米，人數斗。後盆子去，皆餓死不出。

〔一〕爾雅曰：「葖，蘆菔。」菔音步北反。「菔」字或作「蔔」。
〔二〕甘泉宮有祭祠之所。樂人謂掌祭天之樂者也。

劉恭見赤眉衆亂，知其必敗，自恐兄弟俱禍，密教盆子歸璽綬，習爲辭讓之言。建武二

年正月朔，崇等大會，劉恭先曰：「諸君共立恭弟爲帝，德誠深厚。立且一年，肴亂日甚，誠不足以相成。恐死而無所益，願得退爲庶人，更求賢知，唯諸君省察。」崇等謝曰：「此皆崇等罪也。」恭復固請。或曰：「此寧式侯事邪！」〔一〕恭惶恐起去。盆子乃下牀解璽綬，叩頭曰：「今設置縣官而爲賊如故。吏人貢獻，輒見剽劫，流聞四方，莫不怨恨，不復信向。此皆立非其人所致，願乞骸骨，避賢聖。必欲殺盆子以塞責者，無所離死。〔二〕誠冀諸君肯哀憐之耳！」因涕泣噓唏。〔三〕崇等及會者數百人，莫不哀憐之，乃皆避席頓首曰：「臣無狀，負陛下。請自今已後，不敢復放縱。」因共抱持盆子，帶以璽綬。盆子號呼不得已。既罷出，各閉營自守，三輔翕然，稱天子聰明。百姓爭還長安，市里且滿。

〔一〕劉恭爲式侯。言衆立天子，非恭所預。

〔二〕離，避也。

〔三〕唏與欷同。

（得）〔後〕二十餘日，赤眉貪財物，復出大掠。城中粮食盡，遂收載珍寶，因大縱火燒宮室，引兵而西。過祠南郊，車甲兵馬最爲猛盛，衆號百萬。盆子乘王車，駕三馬，〔一〕從數百騎。乃自南山轉掠城邑，與更始將軍嚴春戰於郿，破春，殺之，遂入安定、北地。至陽城、番須中，逢大雪，坑谷皆滿，士多凍死，乃復還，發掘諸陵，取其寶貨，遂汙辱呂后屍。凡賊所發，

有玉匣殮者率皆如生，〔二〕故赤眉得多行婬穢。大司徒鄧禹時在長安，遣兵擊之於郁夷，〔三〕反爲所敗，禹乃出之雲陽。九月，赤眉復入長安，止桂宮。〔四〕

〔一〕續漢志曰：「王車，朱班輪，青蓋，左右騑，駕三馬。」

〔二〕漢儀注曰：「自腰以下，以玉爲札，長尺，廣二寸半，爲匣，下至足，綴以黃金縷，謂之爲『玉匣』也。」

〔三〕郁夷，縣，屬右扶風也。

〔四〕長安記曰：「桂宮在未央宮北，亦曰北宮。」

時漢中賊延岑出散關，屯杜陵，逢安將十餘萬人擊之。鄧禹以逢安精兵在外，唯盆子與羸弱居城中，乃自往攻之。會謝祿救至，夜戰槀街中，〔一〕禹兵敗走。延岑及更始將軍李寶合兵數萬人，與逢安戰於杜陵。岑等大敗，死者萬餘人，寶遂降安，而延岑收散卒走。寶乃密使人謂岑曰：「子努力還戰，吾當於內反之，表裏合勢，可大破也。」岑卽還挑戰，安等空營擊之，寶從後悉拔赤眉旌幟，更立己幡旗。安等戰疲還營，見旗幟皆白，大驚亂走，自投川谷，死者十餘萬，逢安與數千人脫歸長安。時三輔大飢，人相食，城郭皆空，白骨蔽野，遺人往往聚爲營保，各堅守不下。赤眉虜掠無所得，十二月，乃引而東歸，衆尚二十餘萬，隨道復散。

〔一〕三輔舊事曰：「長安城中有槀街。」

光武乃遣破姦將軍侯進等屯新安，建威大將軍耿弇等屯宜陽，分爲二道，以要其還路。勅諸將曰：「賊若東走，可引宜陽兵會新安；賊若南走，可引新安兵會宜陽。」明年正月，鄧禹自河北度，擊赤眉於湖，〔一〕禹復敗走，赤眉遂出關南向。征西大將軍馮異破之於崤底。〔二〕帝聞，乃自將幸宜陽，盛兵以邀其走路。

〔一〕湖，縣，故城在今虢州湖城縣西南。

〔二〕即崤坂也，在今洛州永寧縣西北。

赤眉忽遇大軍，驚震不知所爲，乃遣劉恭乞降，曰：「盆子將百萬衆降，陛下何以待之？」帝曰：「待汝以不死耳。」樊崇乃將盆子及丞相徐宣以下三十餘人肉袒降。上所得傳國璽綬，更始七尺寶劍及玉璧各一。積兵甲宜陽城西，與熊耳山齊。〔一〕帝令縣廚賜食，衆積困餒，十餘萬人皆得飽飫。明旦，大陳兵馬臨洛水，令盆子君臣列而觀之。謂盆子曰：「自知當死不？」對曰：「罪當應死，猶幸上憐赦之耳。」帝笑曰：「兒大黠，宗室無蚩者。」〔二〕又謂崇等曰：「得無悔降乎？朕今遣卿歸營勒兵，鳴鼓相攻，決其勝負，不欲強相服也。」徐宣等叩頭曰：「臣等出長安東都門，君臣計議，歸命聖德。百姓可與樂成，難與圖始，故不告衆耳。今日得降，猶去虎口歸慈母，誠歡誠喜，無所恨也。」帝曰：「卿所謂鐵中錚錚，傭中佼佼者也。」〔三〕又曰：「諸卿大爲無道，所過皆夷滅老弱，溺社稷，汙井竈。〔四〕然猶有三善：攻破

城邑，周徧天下，本故妻婦無所改易，是一善也；立君能用宗室，是二善也；餘賊立君，迫急皆持其首降，自以爲功，諸卿獨完全以付朕，是三善也。」乃令各與妻子居洛陽，賜宅人一區，田二頃。

〔一〕宜陽，縣，故城韓國城也，在今洛州福昌縣東。酈元水經注曰：「洛水之北有熊耳山，雙巒競舉，狀同熊耳。」在宜陽西也。

〔二〕釋名曰：「蚩，癡也。」

〔三〕說文曰：「錚錚，金也。」鐵之錚錚，言微有剛利也。錚音初耕反。佼音古巧反。佼，好貌也。詩曰：「佼人僚兮。」今相傳云音胡巧反。言佼佼者，凡傭之人稍爲勝也。

〔四〕溺音奴弔反。

其夏，樊崇、逢安謀反，誅死。楊音在長安時，遇趙王良有恩，賜爵關內侯，與徐宣俱歸鄉里，卒於家。劉恭爲更始報殺謝祿，自繫獄，赦不誅。

帝憐盆子，賞賜甚厚，以爲趙王郎中。後病失明，賜滎陽均輸官地，以爲列肆，〔一〕使食其稅終身。

〔一〕均輸，官名，屬司農。肆，市列也。桓寬鹽鐵論云：「郡國諸侯各以其方物貢輸往來，物多苦惡，不償其費，故郡國置輸官以相紹運，故曰均輸。」

贊曰：聖公靡聞，假我風雲。〔一〕始順歸歷，終然崩分。赤眉阻亂，〔二〕盆子探符。雖盜皇器，〔三〕乃食均輸。

〔一〕易曰：「雲從龍，風從虎，聖人作而萬物覩。」假，借也。言聖公初起無所聞知，借我中興風雲之便。

〔二〕阻，恃也。

〔三〕皇器猶神器，謂天位也。

校勘記

四六七頁一〇行　共攻離鄉聚　按：殿本考證萬承蒼謂離鄉聚地名，章懷注非。今據加標號。

四六八頁一三行　及其支黨朱鮪張卬等北入南陽號新市兵　按：校補引張熷說，謂王常傳卬與王常、成丹皆爲下江兵，與紀異。

四六九頁一〇行　前鍾武侯劉望起兵　按：集解引通鑑考異，謂前書王莽傳「劉望」作「劉聖」。

四七〇頁六行　觸北宮鐵柱〔門〕　據汲本、殿本補。按：續志有「門」字。

四七〇頁一一行　俛首刮席不敢視　按：惠棟補注本「視」上有「仰」字。

四七一頁四行　驃騎大將軍宋佻爲潁陰王　按：集解引惠棟說，謂光武紀及通鑑「宋」皆作「宗」。

四七一頁八行　陰平縣屬廣漢國　按：校補謂前漢陰平國屬東海郡，後漢改縣，屬同。又前漢陰平道屬

廣漢郡，後漢分屬廣漢屬國，注據陰平道言，雖亦可言「縣」，但屬前漢言，不當言「國」，屬後漢言，當云「屬國」，亦不當僅言「國」。

四七二頁五行　軍帥將軍　按：刊誤謂「帥」當作「師」，是時多置軍師，鄧禹傳亦作「軍師將軍」。

四七二頁一五行　捕賊掾　按：刊誤謂案前書合作「賊捕掾」。

四七二頁一六行　孟子對（梁惠）〔齊宣〕王曰　據殿本改。

四七三頁一三行　戰於蕣鄉　按：續志「蕣」作「務」。

四七三頁一四行　其（蕣）〔地〕蓋在今虢州湖城縣之閒　集解引王補說，謂「其蕣」通鑑注作「其地」，是。今據改。

四七六頁三行　復徙封（灌）〔濩〕澤侯　據集解引錢大昕說改，注同。

四七八頁六行　次卒（吏）〔史〕　刊誤謂「吏」當作「史」。今據改。

四七八頁六行　汎相稱曰（臣）〔巨〕人　刊誤謂前書言盜賊擅稱巨人，今此爲臣人，亦誤也，當作「巨」。今據改。

四八〇頁一〇行　屬右校卒（吏）〔史〕劉俠卿　據刊誤改。

四八〇頁一一行　唯盆子與茂及前西安侯劉孝最爲近屬　按：沈家本謂按前書王子侯表，西安侯漢東平思王孫，而城陽近屬無封西安者，亦無名孝者。

四八二頁三行　衞尉諸葛穉聞之　按：「穉」原譌「釋」，逕據汲本、殿本改正。

四八二頁九行　肴亦亂也　按：殿本「肴」作「殽」。校補謂殿本注作「殽」，取與正文相應。然觀下文「肴亂日甚」，正文本作「肴」，知此處正文作「殽」，乃繙刻之誤，注蓋本不誤也。

四八二頁一一行　幽閉殿內掘庭中蘆菔根　按：汲本「內」作「門」。御覽九八〇引「掘」作「拔」。又按：「閉」原譌「閑」，逕改正。

四八三頁一二行　（得）〔後〕二十餘日　集解引王補說，謂袁紀、通鑑並作「後二十餘日」，是。今據改。

四八四頁四行　廣一寸半　按：殿本「一寸」作「二寸」。

四八五頁一五行　攻破城邑　按：刊誤謂案文當云「攻城破邑」。

四八六頁七行　說文曰錚錚金也　按：說文「錚，金聲也」，此疑誤。

後漢書卷十二

王劉張李彭盧列傳第二

王昌一名郎，趙國邯鄲人也。素爲卜相工，明星歷，常以爲河北有天子氣。時趙繆王子林〔一〕好奇數，〔二〕任俠於趙、魏閒，多通豪猾，而郎與之親善。初，王莽篡位，長安中或自稱成帝子子輿者，莽殺之。〔三〕郎緣是詐稱眞子輿，云「母故成帝謳者，嘗下殿卒僵，須臾有黃氣從上下，半日乃解，遂妊身就館。趙后欲害之，〔四〕僞易他人子，以故得全。〔五〕〔子〕輿年十二，識命者郎中李曼卿，〔六〕與俱至蜀；十七，到丹陽；〔七〕二十，還長安；展轉中山，來往燕、趙，以須天時」。〔八〕林等愈動疑惑，乃與趙國大豪李育、張參等通謀，規共立郎。會人閒傳赤眉將度河，林等因此宣言赤眉當〔至〕，立劉子輿以觀衆心，百姓多信之。

〔一〕景帝七代孫也。

〔二〕術數。

〔三〕王莽傳曰，時男子武仲自稱劉子輿。

〔四〕趙飛燕也。

〔五〕東觀記曰「宮婢生子，正與同時，郎易之」也。

〔六〕識命謂知天命也。

〔七〕丹陽，楚所封地，在今歸州秭歸縣東也。

〔八〕須，待也。

更始元年十二月，林等遂率車騎數百，晨入邯鄲城，止於王宮，〔一〕立郎爲天子。林爲丞相，李育爲大司馬，張參爲大將軍。分遣將帥，徇下幽、冀。移檄州郡曰：「制詔部刺史、郡太守(曰)：朕，孝成皇帝子子輿者也。昔遭趙氏之禍，因以王莽篡殺，賴知命者將護朕躬，〔二〕解形河濱，削迹趙、魏。〔三〕王莽竊位，獲罪於天，天命佑漢，故使東郡太守翟義、嚴鄉侯劉信，擁兵征討，出入胡、漢。普天率土，知朕隱在人閒。南嶽諸劉，爲其先驅。〔四〕朕仰觀天文，乃興于斯，以今月壬辰卽位趙宮。休氣熏蒸，應時獲雨。蓋聞爲國，子之襲父，古今不易。劉聖公未知朕，故且持帝號。諸興義兵，咸以助朕，皆當裂土享祚子孫。已詔聖公及翟太守，亟與功臣詣行在所。〔五〕疑刺史、二千石皆聖公所置，未覩朕之沈滯，或不識去就，強者負力，〔六〕弱者惶惑。今元元創痍，已過半矣，〔七〕朕甚悼焉，故遣使者班下詔書。」郎以百姓思漢，既多言翟義不死，故詐稱之，以從人望。於是趙國以北，遼東以西，皆從風而靡。

〔一〕故趙王之宮也。

〔二〕東觀記曰，知命者謂侍郎韓公等。

〔三〕解形猶脫身也。

〔四〕聖公、光武本自舂陵北徙。故舂陵近衡山，故曰「南嶽諸劉」也。

〔五〕天子所在曰行在所。

〔六〕負，恃也。

〔七〕痍，傷也。

明年，光武自薊得郎檄，南走信都，〔一〕發兵徇旁縣，遂攻柏人，不下。議者以爲守柏人不如定鉅鹿，光武乃引兵東北圍鉅鹿。郎太守王饒據城，數十日連攻不剋。耿純說曰：「久守王饒，士衆疲敝，不如及大兵精銳，進攻邯鄲。若王郎已誅，王饒不戰自服矣。」光武善其計，乃留將軍鄧滿〔二〕守鉅鹿，而進軍邯鄲，屯其郭北門。

〔一〕走，趣也，音子豆反。

〔二〕續漢書「滿」作「蒲」。

郎數出戰不利，乃使其諫議大夫杜威持節請降。威雅稱郎實成帝遺體。光武曰：「設使成帝復生，天下不可得，況詐子輿者乎！」威請求萬戶侯。光武曰：「顧得全身可矣。」〔一〕威曰：「邯鄲雖鄙，并力固守，尙曠日月，終不君臣相率但全身而已。」遂辭而去。〔因〕急攻之，二十餘日，郎少傅李立爲反閒，開門內漢兵，遂拔邯鄲。郎夜亡走，道死，追斬之。

〔一〕顧猶念也。

劉永者，梁郡睢陽人，梁孝王八世孫也。傳國至父立。元始中，立與平帝外家衞氏交通，〔一〕爲王莽所誅。

〔一〕衞氏，平帝母家也，中山衞子豪之女。

更始卽位，永先詣洛陽，紹封爲梁王，都睢陽。永聞更始政亂，遂據國起兵，以弟防爲輔國大將軍，防弟少公御史大夫，封魯王。遂招諸豪傑沛人周建等，並署爲將帥，攻下濟陰、山陽、沛、楚、淮陽、汝南，凡得二十八城。又遣使拜西防賊帥山陽佼彊爲橫行將軍。〔一〕是時東海人董憲起兵據其郡，而張步亦定齊地。永遣使拜憲翼漢大將軍，步輔漢大將軍，與共連兵，遂專據東方。及更始敗，永自稱天子。

〔一〕西防，縣名，故城在今宋州單父縣北。佼音絞。

建武二年夏，光武遣虎牙大將軍蓋延等伐永。初，陳留人蘇茂爲更始討難將軍，與朱鮪等守洛陽。鮪既降漢，茂亦歸命，光武因使茂與蓋延俱攻永。軍中不相能，茂遂反，殺淮陽太守，掠得數縣，據廣樂而臣於永。永以茂爲大司馬、淮陽王。蓋延遂圍睢陽，數月，拔之，永將家屬走虞。〔一〕虞人反，殺其母及妻子，永與麾下數十人奔譙。蘇茂、佼彊、周建合軍救永，爲蓋延所敗，茂奔還廣樂，彊、建從永走保湖陵。三年春，永遣使立張步爲齊王，董憲爲海西王。於是遣大司馬吳漢等圍蘇茂於廣樂，周建率衆救茂，茂、建戰敗，弃城復還湖陵，而睢陽人反城迎永。〔二〕吳漢與蓋延等合軍圍之，城中食盡，永與茂、建走酇。〔三〕諸將追急，永將慶吾斬永首降，封吾爲列侯。蘇茂、周建奔垂惠，共立永子紆爲梁王。佼彊還保西防。

〔一〕虞，縣名，屬梁國，故城在今宋州虞城縣。

〔二〕反音幡。

〔三〕今亳州縣也。酇音在何反。

四年秋，遣捕虜將軍馬武、騎都尉王霸圍紆、建於垂惠，蘇茂將五校兵救之，紆、建亦出兵與武等戰，不剋，而建兄子誦反，閉城門拒之。建、茂、紆等皆走，建於道死，茂奔下邳與董憲合，紆奔佼彊。五年，遣驃騎大將軍杜茂攻佼彊於西防，彊與劉紆奔董憲。

時平狄將軍龐萌反叛，遂襲破蓋延，引兵與董憲連和，自號東平王，屯桃鄉之北。〔一〕

〔一〕桃鄉故城在今兗州龔丘縣西北也。

龐萌，山陽人。初亡命在下江兵中。更始立，以爲冀州牧，將兵屬尚書令謝躬，共破王郎。及躬敗，萌乃歸降。光武卽位，以爲侍中。萌爲人遜順，甚見信愛。帝常稱曰：「可以託六尺之孤，寄百里之命者，〔一〕龐萌是也。」拜爲平狄將軍，與蓋延共擊董憲。

〔一〕解見明紀。

時詔書獨下延而不及萌，萌以爲延譖己，自疑，遂反。帝聞之，大怒，乃自將討萌。與諸將書曰：「吾常以龐萌社稷之臣，將軍得無笑其言乎？老賊當族。其各厲兵馬，會睢陽！」憲聞帝自討龐萌，乃與劉紆、蘇茂、佼彊去下邳，還蘭陵，使茂、彊助萌，合兵三萬，急圍桃城。

帝時幸蒙，聞之，乃留輜重，自將輕騎三千，步卒數萬，晨夜馳赴，〔師〕次任城，去桃鄉六十里。旦日，諸將請進，賊亦勒兵挑戰，帝不聽，乃休士養銳，以挫其鋒。城中聞車駕至，衆心益固。時吳漢等在東郡，馳使召之。萌等乃悉兵攻城，二十餘日，衆疲困而不能下。及吳漢與諸將到，乃率衆軍進桃城，而帝親自搏戰，大破之。萌、茂、彊夜棄輜重逃奔，董憲乃與劉紆悉其兵數萬人屯昌慮，自將銳卒拒新陽。〔一〕帝先遣吳漢擊破之，憲走還昌慮。漢進守之，憲恐，乃招誘五校餘賊步騎數千人屯建陽，去昌慮三十里。〔二〕

〔一〕新陽，縣，屬東海郡。

〔二〕建陽，縣，屬東海郡，故城在今沂州氶縣北。氶音時證反。

帝至蕃，〔一〕去憲所百餘里。諸將請進，帝不聽，知五校乏食當退，勑各堅壁以待其敝。頃之，五校糧盡，果引去。帝乃親臨，四面攻憲，三日，復大破之，衆皆奔散。遣吳漢追擊之，佼彊將其衆降，蘇茂奔張步，憲及龐萌走入繒山。〔二〕數日，吏士聞憲尚在，復往往相聚，得數百騎，迎憲入郯城。吳漢等復攻拔郯，憲與龐萌走保朐。〔三〕劉紆不知所歸，軍士高扈斬其首降，梁地悉平。

〔一〕蕃音皮，又音婆。

〔二〕繒，縣名，故城在今沂州承縣東北。繒山，卽其縣之山也。

〔三〕縣名，屬東海郡，今海州朐山縣西有故朐城，秦始皇立石以爲東闕門，卽此地也。

吳漢進圍朐。明年，城中穀盡，憲、萌潛出，襲取贛榆，〔一〕琅邪太守陳俊攻之，憲、萌走澤中。會吳漢下朐城，進盡獲其妻子。憲乃流涕謝其將士曰：「妻子皆已得矣。〔二〕嗟乎！久苦諸卿。」乃將數十騎夜去，欲從閒道歸降，而吳漢校尉韓湛追斬憲於方與，〔三〕方與人黔陵亦斬萌，皆傳首洛陽。封韓湛爲列侯，黔陵關內侯。

〔一〕贛榆，縣名，今海州東海縣也。贛音貢。

〔二〕爲吳漢所得也。

〔三〕方與音防預。

張步字文公，琅邪不其人也。漢兵之起，步亦聚衆數千，轉攻傍縣，下數城，自爲五威將軍，遂據本郡。

更始遣魏郡王閎爲琅邪太守，步拒之，不得進。閎爲檄，曉喻吏人降，得贛榆等六縣，收兵數千人，與步戰，不勝。時梁王劉永自以更始所立，貪步兵彊，承制拜步輔漢大將軍、忠節侯，督青徐二州，使征不從命者。步貪其爵號，遂受之。乃理兵於劇，〔一〕以弟弘爲衞將軍，弘弟藍玄武大將軍，藍弟壽高密太守。遣將徇太山、東萊、城陽、膠東、北海、濟南、齊諸郡，皆下之。

〔一〕劇，縣名，在今青州壽光縣南也。

步拓地寖廣，〔一〕兵甲日盛。王閎懼其衆散，乃詣步相見，欲誘以義方。步大陳兵引閎，怒曰：「步有何過，君前見攻之甚乎！」閎按劒曰：「太守奉朝命，而文公擁兵相距，閎攻賊

耳，何謂甚邪！」步嘿然，良久，離席跪謝，乃陳樂獻酒，待以上賓之禮，令閎關掌郡事。〔三〕

〔一〕寖，漸也。

〔二〕關，通也。

建武三年，光武遣光祿大夫伏隆持節使齊，拜步爲東萊太守。劉永聞隆至劇，乃馳遣立步爲齊王，步即殺隆而受永命。

是時帝方北憂漁陽，南事梁、楚，故步得專集齊地，據郡十二。及劉永死，步等欲立永子紆爲天子，自爲定漢公，置百官。王閎諫曰：「梁王以奉本朝之故，是以山東頗能歸之。今尊立其子，將疑衆心。且齊人多詐，〔一〕宜且詳之。」步乃止。五年，步聞帝將攻之，以其將費邑爲濟南王，屯歷下。冬，建威大將軍耿弇破斬費邑，進拔臨淄。步以弇兵少遠客，可一舉而取，乃悉將其衆攻弇於臨淄。步兵大敗，還奔劇。帝自幸劇。步退保平壽，〔二〕蘇茂將萬餘人來救之。茂讓步曰：「以南陽兵精，延岑善戰，而耿弇走之。大王柰何就攻其營？既呼茂，不能待邪？」步曰：「負負，無可言者。」〔三〕帝乃遣使告步、茂，能相斬降者，封爲列侯。步遂斬茂，使使奉其首降。步三弟各自繫所在獄，皆赦之。封步爲安丘侯，後與家屬居洛陽。王閎亦詣劇降。

〔一〕汲黯目公孫弘之詞。

王劉張李彭盧列傳第二　　四九九

後漢書卷十二　　五〇〇

〔二〕今青州北海縣也。

〔三〕負，愧也。再言之者，愧之甚。

八年夏，步將妻子逃奔臨淮，與弟弘、藍欲招其故衆，乘船入海，琅邪太守陳俊追擊斬之。

王閎者，王莽叔父平阿侯譚之子也，哀帝時爲中常侍。時倖臣董賢爲大司馬，寵愛貴盛，閎屢諫，忤旨。哀帝臨崩，以璽綬付賢曰：「無妄以與人。」時國無嗣主，內外恇懼，閎白元后，請奪之；即帶劒至宣德後闥，〔一〕舉手叱賢曰：「宮車晏駕，國嗣未立，公受恩深重，當俯伏號泣，何事久持璽綬以待禍至邪！」賢知閎必死，不敢拒之，乃跪授璽綬。閎持上太后，朝廷壯之。及王莽篡位，僭忌閎，乃出爲東郡太守。閎懼誅，常繫藥手內。莽敗，漢兵起，閎獨完全東郡三十餘萬戶，歸降更始。

〔一〕三輔黃圖曰，未央宮有宣德殿。闥，宮中門也。

李憲者，潁川許昌人也。王莽時爲廬江屬令。〔一〕莽末，江賊王州公等起衆十餘萬，攻掠郡縣，莽以憲爲偏將軍、廬江連率，擊破州公。莽敗，憲據郡自守。更始元年，自稱淮南王。建武三年，遂自立爲天子，置公卿百官，擁九城，衆十餘萬。

〔一〕王莽每郡置屬令，職如都尉。

四年秋，光武幸壽春，遣揚武將軍馬成等擊憲，圍舒。〔一〕至六年正月，拔之。憲亡走，其軍士帛意〔二〕追斬憲而降，憲妻子皆伏誅。封帛意漁浦侯。

〔一〕廬江舒縣。

〔二〕帛，姓也，宋帛產之後，（見）韓非子也。

後憲餘黨淳于臨等猶聚衆數千人，屯灊山，攻殺安風令。〔一〕楊州牧歐陽歙遣兵不能剋，帝議欲討之。廬江人陳衆爲從事，白歙請得喻降臨；〔二〕於是乘單車，駕白馬，往說而降之。灊山人共生爲立祠，號「白馬陳從事」云。

〔一〕灊山、安豐，皆縣名，屬廬江郡。灊縣故城，今壽州也。

〔二〕曉喻其意而降之也。

彭寵字伯通，南陽宛人也。父宏，哀帝時爲漁陽太守，偉容貌，能飲飯，〔一〕有威於邊。

王劉張李彭盧列傳第二　　五〇一

後漢書卷十二　　五〇二

王莽居攝，誅不附己者，宏與何武、鮑宣並遇害。

〔一〕飯音扶遠反。

寵少爲郡吏，地皇中，爲大司空士，〔一〕從王邑東拒漢軍。到洛陽，聞同產弟在漢兵中，懼誅，即與鄉人吳漢亡至漁陽，抵父時吏。〔二〕更始立，使謁者韓鴻持節徇北州，〔三〕承制得專拜二千石已下。鴻至薊，以寵、漢並鄉閭故人，相見歡甚，即拜寵偏將軍，行漁陽太守事，漢安樂令。〔四〕

〔一〕王莽時九卿分屬三公，每一卿置元士三人。

〔二〕抵，歸也。

〔三〕謂幽、幷也。

〔四〕安樂，縣名，屬漁陽郡，故城在今幽州潞縣西北也。

及光武鎮慰河北，至薊，以書招寵。寵具牛酒，將上謁。會王郎詐立，傳檄燕、趙，遣將徇漁陽、上谷，急發其兵，北州衆多疑惑，欲從之。吳漢說寵從光武，語在漢傳。會上谷太守耿況亦使功曹寇恂詣寵，結謀共歸光武。寵乃發步騎三千人，以吳漢行長史，及都尉嚴宣、護軍蓋延、狐奴令王梁，〔一〕與上谷軍合而南，及光武於廣阿。光武承制封寵建忠侯，賜號大將軍。遂圍邯鄲，寵轉糧食，前後不絕。

〔一〕狐奴，縣名，屬漁陽郡。

及王郎死，光武追銅馬，北至薊。寵上謁，自負其功，意望甚高，〔一〕光武接之不能滿，以此懷不平。〔二〕光武知之，以問幽州牧朱浮。浮對曰：「前吳漢北發兵時，大王遺寵以所服劍，又倚以爲北道主人。寵謂至當迎閤握手，交歡並坐。今既不然，所以失望。」浮因曰：「王莽爲宰衡時，甄豐旦夕入謀議，時人語曰：『夜半客，甄長伯。』〔三〕及莽篡位後，豐意不平，卒以誅死。」光武大笑，以爲不至於此。及即位，吳漢、王梁，寵之所遣，並爲三公，而寵獨無所加，愈怏怏不得志。歎曰：「我功當爲王；但爾者，陛下忘我邪？」

〔一〕負，恃也。

〔二〕不能滿其意，故心不平也。

〔三〕長伯，豐字也。豐，平帝時爲少府，王莽篡位時爲更始將軍。

是時北州破散，而漁陽差完，有舊鹽鐵官，寵轉以貿穀，〔一〕積珍寶，益富彊。朱浮與寵不相能，浮數譖搆之。建武二年春，詔徵寵，寵意浮賣己，上疏願與浮俱徵。又與吳漢、蓋延等書，盛言浮枉狀，〔二〕固求同徵。帝不許，益以自疑。而其妻素剛，不堪抑屈，固勸無受召。寵又與常所親信吏計議，皆懷怨於浮，莫有勸行者。帝遣寵從弟子后蘭卿喻之，寵因留子后蘭卿，遂發兵反，拜署將帥，自將二萬餘人攻朱浮於薊，分兵徇廣陽、上谷、右北平。

又自以與耿況俱有重功，而恩賞並薄，數遣使要誘況。況不受，輒斬其使。

〔一〕貿，易也。

〔二〕枉，謬己之狀也。

秋，帝使游擊將軍鄧隆救薊。隆軍潞南，浮軍雍奴，遣吏奏狀。帝讀檄，怒謂使吏曰：「營相去百里，其勢豈可得相及？比若還，〔一〕北軍必敗矣。」寵果盛兵臨河以拒隆，又別發輕騎三千襲其後，大破隆軍。浮遠，遂不能救，引而去。明年春，寵遂拔右北平、上谷數縣。又遣使以美女繒綵賂遺匈奴，要結和親。單于使左南將軍七八千騎，往來爲游兵以助寵。又南結張步及富平獲索諸豪傑，皆與交質連衡。〔二〕遂攻拔薊城，自立爲燕王。

〔一〕若，汝也。

〔二〕交質謂交相爲質也。左傳曰：「交質往來，道路無壅。」前書音義曰：「以利合曰從，以威力相脅曰衡。」

其妻數惡夢，又多見怪變，〔一〕卜筮及望氣者皆言兵當從中起。寵疑子后蘭卿質漢歸，故不信之，使將兵居外，無親於中。五年春，寵齋，獨在便室。〔二〕蒼頭子密等三人因寵臥寐，共縛著牀，告外吏云：「大王齋禁，皆使吏休。」僞稱寵命教，收縛奴婢，各置一處。又以寵命呼其妻。妻入，大驚。〔三〕寵急呼曰：「趣爲諸將軍辦裝。」〔四〕於是兩奴將妻入取寶物，留一奴守寵。寵謂守奴曰：「若小兒，我素愛也，今爲子密所迫劫耳。解我縛，當以女珠妻汝，家中財物皆與若。」小奴意欲解之，視戶外，見子密聽其語，遂不敢解。於是收金玉衣物，至寵所裝之，被馬六疋，使妻縫兩縑囊。昏夜後，解寵手，令作記告城門將軍云：「今遣子密等至子后蘭卿所，速開門出，勿稽留之。」〔五〕書成，即斬寵及妻頭，置囊中，使持記馳出城，因以詣闕。封爲不義侯。明旦，閤門不開，官屬踰牆而入，見寵屍，驚怖。其尚書韓立等共立寵子午爲王，以子后蘭卿爲將軍。國師韓利斬午首，詣征虜將軍祭遵降。夷其宗族。

〔一〕東觀記曰：「夢蠃袒冠幘，踰城，髡徒推之。」又「寵堂上聞蝦蟇聲在火鑪下，鑿地求之，不得」也。

〔二〕使坐之室，非正室也。

〔三〕東觀記曰：「妻入，驚曰：『奴反！』奴乃捽其妻頭，擊其頰。」

〔四〕呼奴爲將軍，欲其赦己也。

〔五〕稽，停也。

盧芳字君期，安定三水人也，居左谷中。〔一〕王莽時，天下咸思漢德，芳由是詐自稱武帝曾孫劉文伯。曾祖母匈奴谷蠡渾邪王之姊爲武帝皇后，生三子。遭江充之亂，太子誅，皇后坐死，中子次卿亡之長陵，小子回卿逃於左谷。霍將軍立次卿，迎回卿。回卿不出，因居左

谷，生子孫卿，孫卿生文伯。常以是言誑惑安定閒。王莽末，乃與三水屬國羌胡起兵。更始至長安，徵芳爲騎都尉，使鎮撫安定以西。

〔一〕續漢志曰三水縣有左（右）谷，故城在今涇州安定縣南。

更始敗，三水豪傑共計議，以芳劉氏子孫，宜承宗廟，乃共立芳爲上將軍、西平王，〔一〕使使與西羌、匈奴結和親。單于曰：「匈奴本與漢約爲兄弟。〔二〕後匈奴中衰，呼韓邪單于歸漢，漢爲發兵擁護，世世稱臣。〔三〕今漢亦中絕，劉氏來歸我，亦當立之，令尊事我。」乃使句林王將數千騎迎芳，〔四〕芳與兄禽、弟程俱入匈奴。單于遂立芳爲漢帝。以程爲中郎將，將胡騎還入安定。初，五原人李興、隨昱，朔方人田颯，代郡人石鮪、閔堪，各起兵自稱將軍。建武四年，單于遣無樓且渠王入五原塞，〔五〕與李興等和親，告興欲令芳還漢地爲帝。五年，李興、閔堪引兵至單于庭迎芳，與俱入塞，都九原縣。〔六〕掠有五原、朔方、雲中、定襄、鴈門五郡，並置守令，與胡通兵，侵苦北邊。

〔一〕欲平定西方，故以爲號。

〔二〕高祖時，與冒頓單于約爲兄弟。

〔三〕呼韓邪單于降漢，入朝，宣帝擁護，國內遂定。

〔四〕句音古侯反。

〔五〕塞屬五原郡，因以爲名。

〔六〕九原，縣名，故城在勝州銀山縣也。

六年，芳將軍賈覽將胡騎擊殺代郡太守劉興。芳後以事誅其五原太守李興兄弟，而其朔方太守田颯、雲中太守橋扈恐懼，叛芳，舉郡降，光武令領職如故。後大司馬吳漢、驃騎大將軍杜茂數擊芳，並不剋。十二年，芳與賈覽共攻雲中，久不下，其將隨昱留守九原，欲脅芳降。芳知羽翼外附，心膂內離，遂棄輜重，與十餘騎亡入匈奴，其衆盡歸隨昱。昱乃隨使者程恂詣闕。拜昱爲五原太守，封鐫胡侯，〔一〕昱弟憲武進侯。

〔一〕鐫謂琢鑿之，故以爲名。下有鐫羌侯，卽其類。

十六年，芳復入居高柳，〔一〕與閔堪兄林使使請降。乃立芳爲代王，堪爲代相，林爲代太傅，賜繒二萬匹，因使和集匈奴。芳上疏謝曰：「臣芳過託先帝遺體，棄在邊陲。社稷遭王莽廢絕，以是子孫之憂，所宜共誅，故遂西連羌戎，北懷匈奴。單于不忘舊德，權立救助。是時兵革並起，往往而在。臣非敢有所貪覬，〔二〕期於奉承宗廟，興立社稷，是以久僭號位，十有餘年，罪宜萬死。陛下聖德高明，躬率衆賢，海內賓服，惠及殊俗。以胏附之故，〔三〕赦臣芳罪，加以仁恩，封爲代王，使備北藩。無以報塞重責，冀必欲和輯匈奴，〔四〕不敢遺餘力，負恩貸。〔五〕謹奉天子玉璽，思望闕庭。」詔報芳朝明年正月。其冬，芳入朝，南及昌

平，〔六〕有詔止，令更朝明歲。芳自道還，憂恐，乃復背叛，遂反，與閔堪、閔林相攻連月。匈奴遣數百騎迎芳及妻子出塞。芳留匈奴中十餘年，病死。

〔一〕高柳，縣名，故城在今雲州定襄縣。

〔二〕覬，望也。

〔三〕胏附，若肝胏相附著，猶言親戚也。

〔四〕輯音才入反。郭景純云古「集」字。

〔五〕負猶背也。

〔六〕昌平，縣名，故城在今幽州昌平縣東南。

初，安定屬國胡與芳爲寇，及芳敗，胡人還鄉里，積苦縣官徭役。其中有駮馬少伯者，素剛壯；二十一年，遂率種人反叛，與匈奴連和，屯聚青山。〔一〕乃遣將兵長史陳訢，〔二〕率三千騎擊之，少伯乃降。徙於冀縣。〔三〕

〔一〕青山，在今慶州，有青山水。

〔二〕呂忱云：「訢，古『欣』字。」

〔三〕冀縣屬天水郡，今秦州伏羌縣。

論曰：傳稱「盛德必百世祀」，〔一〕孔子曰「寬則得衆」。夫能得衆心，則百世不忘矣。觀更始之際，劉氏之遺恩餘烈，英雄豈能抗之哉！然則知高祖、孝文之寬仁，結於人心深矣。周人之思邵公，愛其甘棠，〔二〕又況其子孫哉！劉氏之再受命，蓋以此乎！若數子者，豈有國之遠圖哉！因時擾攘，苟恣縱而已耳，然猶以附假宗室，能掘強歲月之閒。〔三〕觀其智略，固無足以憚漢祖，發其英靈者也。〔四〕

〔一〕左傳晉侯問於史趙曰：「陳其遂亡乎？」對曰：「未也。臣聞盛德必百代祀，虞之代數未也。」

〔二〕詩序曰：「甘棠，美邵伯也。邵伯聽訟於甘棠之下，周人思之，不伐其樹。」

〔三〕掘強謂強梁也。前書伍被謂淮南王安曰：「掘強江淮之閒，苟延歲月之命。」

〔四〕言此數子非漢祖之敵，不足奮發英靈而憚畏之也。

贊曰：天地閉革，〔一〕野戰羣龍。〔二〕昌、芳僭詐，梁、齊連鋒。〔三〕寵負強地，〔四〕憲縈深江。〔五〕實惟非律，代委神邦。〔六〕

〔一〕革，改也。易曰：「天地閉，賢人隱。」又曰：「天地革而四時成，湯、武革命，順乎天而應乎人。」

〔二〕喻英雄並起也。易曰：「龍戰于野，其血玄黃。」又曰「羣龍無首，吉」也。

〔三〕梁王劉永，齊王張步。

〔四〕據漁陽也。

〔五〕起廬江也。

〔六〕易曰：「師出以律。」律，法也。言反叛非用師之法，故更代破滅，委棄其神皋之國，伏於光武也。

校勘記

四九一頁六行　〔子〕興年十二　據刊誤補。

四九一頁九行　林等因此宣言赤眉當〔至〕立劉子輿以觀衆心　校補謂袁紀「當」下有「至」字。今據補。按：脫「至」字則文意不屬。

四九一頁一〇行　景帝七代孫也　按：校補謂平干繆王元乃景帝曾孫，「七」字誤。

四九二頁六行　林等遂率車騎數百　「率」原譌「卒」，據汲本、殿本改正。按：影印紹興本此卷原闕，係取它本補配者，故譌字特多，以下遇有極明顯之譌字，皆據汲本、殿本改正，不作校記。

四九二頁七行　制詔部刺史郡太守(曰)　據刊誤刪。

四九二頁一〇行　南嶽諸劉爲其先驅　按：錢大昭謂王莽分四方爲四嶽，故有南嶽之稱，猶云南方耳，注言舂陵近衡山，故曰南嶽諸劉，誤。又按：袁紀「其」作「朕」。

四九三頁一〇行　光武乃引兵東北圍鉅鹿　按：張熷謂「東北」當作「東南」。

四九三頁一六行　願得全身可矣　按：「願」原作「顧」，「矣」原作「乎」，逕據汲本、殿本改。

四九四頁一行　〔因〕急攻之　據汲本、殿本補。

四九四頁四行　立與平帝外家衞氏交通　按：李慈銘謂「立」字疑「坐」字之誤。

四九五頁一二行　騎都尉王霸　按：集解引洪頤煊說，謂「騎都尉」當依光武紀、王梁傳及王霸傳作「偏將軍」。

四九五頁一五行　時平狄將軍龐萌反叛　按：校補引錢大昭說，謂「平狄」蓋延傳作「平敵」。

四九六頁三行　帝常稱曰　汲本、殿本「常」作「嘗」。按：常嘗古通作，後如此不悉出。

四九六頁一〇行　〔師〕次任城　據汲本、殿本補。

四九七頁一〇行　故城在今沂州承縣東北　殿本「承」作「丞」。按：前文注亦作「丞」。此縣以氶水所經而得名，「氶古作「承」，故兩漢志並作「承」，舊唐志作「丞」，新唐志作「氶」。

四九七頁一三行　進盡獲其妻子　按：刊誤謂案文多一「進」字。

四九八頁一二行　步大陳兵引閎　按：李慈銘謂「引閎」下當有「入」字。

五〇〇頁八行　閎持上太后　按：汲本、殿本「持」作「馳」。

五〇〇頁一二行　潁川許昌人也　按：集解引洪亮吉說，謂許縣獻帝徙都後始改許昌，前漢安得有此名，此史誤。

五〇一頁七行　〔見〕韓非子也　據汲本、殿本補。

五〇一頁八行　攻殺安風令　按：注「安風」作「安豐」。刊誤謂注當從傳作「安風」，殿本考證則謂安風爲侯國，而安風則縣也，傳言殺令，則似當從注作「安豐」。沈家本謂據竇融傳，以安豐、

陽泉、蓼安、安風四縣封融爲安豐侯，則融未封之前，安風、安豐並爲縣，注作「安豐」，而正文作「安風」，難定其孰是。

五〇一頁一三行　父宏　按：東觀記「宏」作「容」。

五〇二頁七行　每一卿置元士三人　按：刊誤謂當作「每一卿置大夫三人，一大夫置元士三人」。

五〇三頁一一行　而漁陽差完有舊鹽鐵官　按：前書地理志漁陽有鐵官，無鹽官，此「鹽」字當衍。通鑑無。

五〇四頁一三行　僞稱寵命敎收縛奴婢　按：刊誤謂多一「命」字，敎卽勅下之書，下文自有「命」字。

五〇六頁三行　三水縣有左(右)谷　據續志刪。按：校補引張熷說，謂今續志「三水」下但有劉注云「有左谷，盧芳所居」，無「右」字。

五〇七頁四行　雲中太守橋扈　按：光武紀「橋」作「喬」。

五〇八頁二行　匈奴遺數百騎迎芳及妻子出塞　按「百」下原衍「萬」字，逕據汲本、殿本刪。

後漢書卷十三

隗囂公孫述列傳第三

隗囂〔一〕字季孟，天水成紀人也。〔二〕少仕州郡。王莽國師劉歆引囂爲士。〔三〕歆死，囂歸鄉里。季父崔，素豪俠，能得衆。聞更始立而莽兵連敗，於是乃與兄義及上邽人楊廣、冀人周宗謀起兵應漢。囂止之曰：「夫兵，凶事也。〔四〕宗族何辜！」崔不聽，遂聚衆數千人，攻平襄，殺莽鎭戎大尹。〔五〕崔、廣等以爲舉事宜立主以一衆心，咸謂囂素有名，好經書，遂共推爲上將軍。囂辭讓不得已，曰：「諸父衆賢不量小子。必能用囂言者，乃敢從命。」衆皆曰「諾」。

〔一〕囂音五高反。

〔二〕成紀，縣名，故城在今秦州隴城縣西北。

〔三〕王莽置國師，位上公，士其屬官也。莽置九卿，分屬三公，每一卿置大夫三人，一大夫置元士三人。

〔四〕史記范蠡曰：「兵者凶器，戰者逆德。」

〔五〕平襄，縣名，屬天水郡，故城在今秦州伏羌縣西北。王莽改天水郡曰鎭戎郡，守曰大尹。

囂既立，遣使聘請平陵人方望，以爲軍師。〔一〕望至，說囂曰：「足下欲承天順民，輔漢而起，今立者乃在南陽，王莽尙據長安，雖欲以漢爲名，其實無所受命，將何以見信於衆乎？宜急立高廟，稱臣奉祠，所謂『神道設敎』，求助人神者也。〔二〕且禮有損益，質文無常。削地開兆，〔三〕茅茨土階，以致其肅敬。雖未備物，神明其舍諸。」囂從其言，遂立廟邑東，祀高祖、太宗、世宗。囂等皆稱臣執事，史奉璧而告。〔四〕祝畢，有司穿坎于庭，〔五〕牽馬操刀，奉盤錯鍉，遂割牲而盟。〔六〕曰：「凡我同盟三十一將，十有六姓，允承天道，興輔劉宗。如懷姦慮，明神殛之。〔七〕高祖、文皇、武皇，俾墜厥命，厥宗受兵，族類滅亡。」有司奉血鍉進，護軍舉手揖諸將軍曰：「鍉不濡血，歃不入口，是欺神明也，厥罰如盟。」既而薶血加書，一如古禮。

〔一〕平陵，縣名，屬右扶風也。

〔二〕易觀卦曰：「聖人神道設敎而天下服矣。」

〔三〕除地以開兆域。

〔四〕史，祝史也。璧者，所以祀神也。

〔五〕周禮司盟掌盟載之法也。鄭玄注曰：「載，盟辭也。書其辭於策，殺牲取血，坎其牲，加書於上而薶之。」

〔六〕臣賢按：蕭該音引字詁「鍉卽題，音徒啓反」。方言曰「宋楚之閒，謂盎爲題」。據下文云「鍉不濡血」，明非盆盎之

類。前書匈奴傳云「漢遣韓昌等與單于及大臣俱登諾水東山，刑白馬，單于以徑路刀、金留犂撓酒」。應劭云「留犂，飯匕也。撓，攪也。以匕攪血而歃之」。今亦奉盤措匕而歃也。以此而言，（錍）〔題〕即匕字。錯，置也，音七故反。

〔七〕殛，誅也。

事畢，移檄告郡國曰：

「漢復元年七月己酉朔。己巳，上將軍隗囂、白虎將軍隗崔、左將軍隗義、右將軍楊廣、明威將軍王遵、雲旗將軍周宗等，告州牧、部監、郡卒正、連率、大尹、尹、尉隊大夫、屬正、屬令：〔一〕故新都侯王莽，慢侮天地，悖道逆理。鴆殺孝平皇帝，篡奪其位。矯託天命，僞作符書，〔二〕欺惑衆庶，震怒上帝。反戾飾文，以爲祥瑞。〔三〕戲弄神祇，歌頌禍殃。〔四〕楚、越之竹，不足以書其惡。〔五〕天下昭然，所共聞見。今略舉大端，以喻吏民。

〔一〕莽以周官王制之文，置卒正、連率、大尹。大尹職如太守。屬令、屬長職如都尉。置州牧、部監二十五人，見禮如三公。監位上大夫，各主五郡。公氏作牧，侯氏卒正，伯氏連率，子氏屬令，男氏屬長，皆代其官。其無爵者爲尹。又置〔六尉〕、六隊（部）〔郡〕，置大夫，職如太守。

〔二〕莽遣五威將軍王奇等班符命四十二篇於天下，言當代漢之意。

〔三〕大風毀莽王路堂，又拔其昭寧堂池東榆樹，大十圍。莽乃曰：「念紫閣仙圖，天意立太子，正其名。」乃立其子臨爲太子，以爲祥應也。

〔四〕戲弄神祇謂仙人掌旁有白頭公青衣，莽曰「皇祖叔父子僑欲來迎我」也。歌頌禍殃謂莽作告天策，自陳功勞千餘言，能誦策文者，除以爲郎，至五十餘人。

〔五〕前書朱光世曰：「南山之竹，不足以盡我詞。」囂以楚、越多竹，故引以爲言也。

蓋天爲父，地爲母，〔一〕禍福之應，各以事降。莽明知之，而冥昧觸冒，不顧大忌，詭亂天術，援引史傳。〔二〕昔秦始皇毀壞謚法，以一二數欲至萬世，〔三〕而莽下三萬六千歲之歷，言身當盡此度。〔四〕循亡秦之軌，推無窮之數。是其逆天之大罪也。

〔一〕尚書曰：「惟天地，萬物父母。」

〔二〕王莽每有災禍，皆引史傳以文飾之。前書說符侯崔發言於莽曰：「周禮及春秋左氏，國有大災，則哭以厭之，故周易稱先號咷而後笑。宜（乎）〔呼〕嗟（呼）告天以求救。」莽乃率羣臣至南郊，陳其符命，因搏心大哭。

〔三〕史記曰，秦始皇初并天下，制曰：「太古有號無謚，中古有號，死而以行爲謚。如此，則子議父，臣議君。自今以來，除謚法。朕爲始皇帝，後世以計數，至于萬世，傳之無窮。」

〔四〕莽令太史推三萬六千歲曆紀，六歲一改元，布告天下。

分裂郡國，斷截地絡。〔一〕田爲王田，賣買不得。〔二〕規錮山澤，奪民本業。〔三〕造起九廟，窮極土作。〔四〕發冢河東，攻劫丘壟。此其逆地之大罪也。

〔一〕絡猶經絡也。謂莽分坼郡縣，斷割疆界也。

〔二〕莽更名天下田曰王田，不得賣買。

〔三〕莽制，名山大澤不得採取。

〔四〕莽九廟：一曰黄帝太初祖廟，二曰虞帝始祖昭廟，三曰陳胡王統祖穆廟，四曰齊敬王代祖昭廟，五曰濟北愍王王祖穆廟，六曰濟南伯王尊禰昭廟，七曰元城孺（子）王尊禰穆廟，八曰陽平頃王昭廟，九曰新都顯王穆廟。殿皆重屋。太祖廟東西南北各四十丈，高十七丈，餘半之。爲銅薄櫨，飾以金銅琱文，窮極百工之巧，功費數百鉅萬，卒徒死者萬數也。

尊任殘賊，信用姦佞，誅戮忠正，覆按口語，赤車奔馳，〔一〕法冠晨夜，冤繫無辜，〔二〕妄族衆庶。行炮格之刑，除順時之法，〔三〕灌以醇醯，裂以五毒。〔四〕政令日變，官名月易，〔五〕貨幣歲改，〔六〕吏民昏亂，不知所從，商旅窮窘，號泣市道。設爲六管，〔七〕增重賦斂，刻剝百姓，厚自奉養，苞苴流行，財入公輔，〔八〕上下貪賄，莫相檢考。民坐挾銅炭，沒入鍾官，〔九〕徒隸殷積，數十萬人，工匠飢死，長安皆臭。既亂諸夏，狂心益悖，北攻強胡，南擾勁越，〔一〇〕西侵羌戎，東摘濊貊。〔一一〕使四境之外，並入爲害，緣邊之郡，江海之瀕，滌地無類。〔一二〕故攻戰之所敗，苛法之所陷，飢饉之所夭，疾疫之所及，以萬萬計。其死者則露屍不掩，生者則奔亡流散，幼孤婦女，流離係虜。此其逆人之大罪也。

〔一〕續漢志曰：「小使車，赤轂白蓋赤帷，從騶騎四十人。」

〔二〕續漢志曰：「法冠一曰柱後，高五寸，侍御史服之。」

〔三〕莽作焚如之刑，燒殺陳良、終帶等二十七人。莽又作不順時之令，春夏斬人，此爲不順時之法。

〔四〕莽以董忠反，收忠宗族，以醇醯、毒藥、白刃、叢棘，并一坎而薶之。

〔五〕莽州郡官名改無常制，乃至歲復變更，一郡至五易名而還復其故，吏人不能紀也。

〔六〕時百姓便安漢五銖錢，以莽錢大小兩行難知，皆私以五銖錢市買。莽患之，下書諸挾五銖錢者，比非井田制，投四裔。

〔七〕管，主也。莽設六管之令，謂酤酒、賣鹽、鐵器、鑄錢、名山、大澤，此（謂）〔爲〕六也。皆令縣官主稅收其利。

〔八〕禮記曰：「苞苴簞笥問人者。」莽令七公六卿兼號將軍，分鎮大郡，皆使爲姦於外，貨賄爲市，侵漁百姓。

〔九〕莽時關東大飢蝗，人犯鑄錢，伍人相坐，沒入爲官奴婢。其男子檻車，兒女子步，以鐵鎖其頸，傳詣鍾官，（八）〔以〕十萬數。到者易其夫婦，愁苦死者什六七。鍾官，主鑄錢之官也。

〔一〇〕莽令十二部將同時十道並出，大擊匈奴。莽改句町王爲侯，其王邯怨怒不附，莽諷牂牁大尹周歆詐殺邯，邯弟承起兵攻殺歆。

〔一一〕摘，擾也。西羌龐恬、傅幡等怨莽奪其地爲西海郡，遂反，攻西海太守陳永。莽又發高句麗兵伐胡，不欲行，郡強迫之，皆亡出塞爲寇。

〔一二〕瀕，涯也。滌，蕩也，蕩地無遺類也。

是故上帝哀矜，降罰于莽，妻子顛殞，還自誅刈。〔一〕大臣反據，亡形已成。大司馬董忠，國師劉歆，衞將軍王涉〔二〕，皆結謀內潰；司命孔仁，納言嚴尤，秩宗陳茂，舉衆外降。〔三〕今山東之兵二百餘萬，已平齊、楚，下蜀、漢，定宛、洛，據敖倉，守函谷，威命四布，宣風中岳。〔四〕興滅繼絕，封定萬國，遵高祖之舊制，修孝文之遺德。有不從命，武軍平之。馳使四夷，復其爵號。〔五〕然後還師振旅，櫜弓臥鼓。〔六〕申命百姓，各安其所，庶無負子之責。」〔七〕

〔一〕顛，踣也。殞，絕也。莽殺其子宇、臨等。妻王氏以莽數殺其子，涕泣失明，病卒。

〔二〕涉，曲陽侯根之子也。

〔三〕莽置五威司命。孔仁敗，降更始。餘並見光武紀。

〔四〕中岳，嵩高也。謂更始至洛陽。

〔五〕莽貶句町王爲侯，西域盡改其王爲侯，單于曰服于，高句驪曰下句驪，今皆復其爵號。

〔六〕周禮曰：「出曰理兵，入曰振旅。」詩周頌曰：「載戢干戈，載櫜弓矢。」櫜，韜也。臥猶息也。

〔七〕百姓襁負流亡，責在君上。旣安其業，則無責也。

囂乃勒兵十萬，擊殺雍州牧陳慶。將攻安定。安定大尹王向，莽從弟平阿侯譚之子也，威風獨能行其邦內，屬縣皆無叛者。囂乃移書於向，喻以天命，反覆誨示，終不從。於是進兵虜之，以徇百姓，然後行戮，安定悉降。而長安中亦起兵誅王莽。囂遂分遣諸將徇隴

西、武都、金城、武威、張掖、酒泉、敦煌，皆下之。

更始二年，遣使徵囂及崔、義等。囂將行，方望以爲更始未可知，固止之，囂不聽。望以書辭謝而去，曰：「足下將建伊、呂之業，弘不世之功，〔一〕而大事草創，〔二〕英雄未集。以望異域之人，疵瑕未露，〔三〕欲先崇郭隗，想望樂毅，〔四〕故欽承大旨，順風不讓。將軍以至德尊賢，廣其謀慮，動有功，發中權，基業已定，大勳方緝。今俊乂並會，羽翮並肩，〔五〕望無耆耇之德，而猥託賓客之上，〔六〕誠自愧也。雖懷介然之節，欲絜去就之分，誠終不背其本，貳其志也。何則？范蠡收責句踐，〔乘〕偏舟於五湖；〔七〕舅犯謝罪文公，亦逡巡於河上。〔八〕夫以二子之賢，勒銘兩國，猶削跡歸愆，請命乞身，望之無勞，蓋其宜也。望聞烏氏有龍池之山，〔九〕微徑南通，與漢相屬，其傍時有奇人，聊及閑暇，廣求其眞。願將軍勉之。」囂等遂至長安，更始以爲右將軍，崔、義皆卽舊號。其冬，崔、義謀欲叛歸，囂懼幷禍，卽以事告之，崔、義誅死。更始感囂忠，以爲御史大夫。

〔一〕不世者，言非代之所常有也。

〔二〕草創謂初始也。

〔三〕望，平陵人，以與囂別郡，故言異域。

〔四〕新序云：「郭隗謂燕昭王曰：『王誠欲致士，請從隗始。隗且見事，況賢於隗者乎？』於是昭王爲隗築宮而師之。樂毅自魏往，騶衍自齊往，劇辛自趙往，士爭赴燕。」

〔五〕管子曰：「桓公謂管仲曰：『寡人之有仲父，猶飛鴻之有羽翼耳。』」

〔六〕猥猶濫也。

〔七〕偏舟，特舟也。收責謂收其罪責也。史記曰，范蠡與句踐滅吳，爲書辭句踐曰：「臣聞主憂臣勞，主辱臣死。昔者，君王辱於會稽，所以不死，爲此事也。今旣雪恥，臣請從會稽之誅。」乃裝其輕寶珠玉，自與其私徒屬乘舟浮海以行。計然云，范蠡乘偏舟於江湖。

〔八〕逡巡，不進也。左傳曰，晉公子重耳反國，及河，子犯以璧授公子，曰：「臣負羈紲從君巡於天下，臣之罪多矣。臣猶知之，而況君乎？請由此亡。」公子曰：「所不與舅氏同心者，有如白水。」

〔九〕烏氏，縣名，屬安定郡，故城在今涇州安定縣東也。

明年夏，赤眉入關，三輔擾亂。流聞光武卽位河北，囂卽說更始歸政於光武叔父國三老良，更始不聽。諸將欲劫更始東歸，囂亦與通謀。事發覺，更始使使者召囂，囂稱疾不入，因會客王遵、周宗等勒兵自守。更始使執金吾鄧曄〔一〕將兵圍囂，囂閉門拒守；至昏時，遂潰圍，與數十騎夜斬平城門關，〔二〕亡歸天水。復招聚其衆，據故地，自稱西州上將軍。及更始敗，三輔耆老士大夫皆奔歸囂。

〔一〕謝承書曰：「曄，南陽南鄉人。〔以〕勁悍廉直爲名。」

〔二〕三輔黃圖曰，長安城南面西頭門。

囂素謙恭愛士，傾身引接爲布衣交。以前王莽平河大尹長安谷恭〔一〕爲掌野大夫，平陵范逡爲師友，趙秉、蘇衡、鄭興爲祭酒，〔二〕申屠剛、杜林爲持書，〔三〕楊廣、王遵、周宗及平襄人行巡、阿陽人王捷、長陵人王元爲大將軍，〔四〕杜陵、金丹之屬爲賓客。由此名震西州，聞於山東。

〔一〕莽改清河爲平河。

〔二〕前書音義曰：「禮，飲酒必祭，示有先也，故稱祭酒。祭祀時，唯長者以酒沃酹。」

〔三〕持書卽持書侍御史，秩六百石。

〔四〕東觀記曰：「元，杜陵人。」阿陽，縣名，屬天水郡。本爲「河陽」者，誤也。

建武二年，大司徒鄧禹西擊赤眉，屯雲陽。禹裨將馮愔引兵叛禹，西向天水，囂逆擊，破之於高平，〔一〕盡獲輜重。於是禹承制遣使持節命囂爲西州大將軍，得專制涼州、朔方事。及赤眉去長安，欲西上隴，囂遣將軍楊廣迎擊，破之，又追敗之於烏氏、涇陽閒。〔二〕

〔一〕縣名，今原州（高）平〔高〕縣。

〔二〕涇陽，縣名，屬安定郡，今原州平（陽）〔高〕縣南涇陽故城是也。

囂旣有功於漢，又受鄧禹爵，署其腹心，議者多勸通使京師。三年，囂乃上書詣闕。光武素聞其風聲，報以殊禮，言稱字，用敵國之儀，所以慰藉之良厚。〔一〕時陳倉人呂鮪擁衆

數萬，與公孫述通，寇三輔。囂復遣兵佐征西大將軍馮異擊之，走鮪，遣使上狀。帝報以手書曰：「慕樂德義，思相結納。昔文王三分，猶服事殷。〔二〕但駑馬鉛刀，不可強扶。〔三〕數蒙伯樂一顧之價，〔四〕而蒼蠅之飛，不過數步，即託驥尾，得以絕羣。〔五〕隔於盜賊，聲問不數。將軍操執款款，扶傾救危，南距公孫之兵，北禦羌胡之亂，是以馮異西征，得以數千百人躑躅三輔。〔六〕微將軍之助，則咸陽已爲他人禽矣。今關東寇賊，往往屯聚，志務廣遠，多所不暇，未能觀兵成都，與子陽角力。〔七〕如令子陽到漢中、三輔，願因將軍兵馬，鼓旗相當。儻肯如言，蒙天之福，即智士計功割地之秋也。〔八〕管仲曰：『生我者父母，成我者鮑子。』〔九〕自今以後，手書相聞，勿用傍人解構之言。」〔10〕自是恩禮愈篤。

〔一〕慰，安也。藉，薦也。言安慰而薦藉之良甚也。

〔二〕孔子曰：「周之德其可謂至德，三分天下有其二，以服事殷。」

〔三〕周禮：「校人掌六馬。」駑馬，最下者也。說文：「鉛，青金也。」似錫而色青。賈誼云：「鉛刀爲銛。」言駑馬鉛刀，不可強扶持而用也。

〔四〕戰國策曰，蘇代爲燕說齊，未見齊王，先說淳于髡曰：「人有賣駿馬者，比三旦立市，市人莫之知，往見伯樂曰：『臣有駿馬，欲賣之，比三旦立於市，市人莫與言。願子還而視之，去而顧之，臣請獻一朝之價。』伯樂如其言，一旦而價十倍也。」

〔五〕張敞書曰：「蒼蠅之飛，不過十步；自託騏驥之尾，乃騰千里之路。然無損於騏驥，得使蒼蠅絕羣也。」見敞傳。

〔六〕躑躅猶踟躕也。

〔七〕角力猶爭力也。

〔八〕秋，一歲中成功之時，故舉以爲言。

〔九〕事見史記。

〔10〕解構猶間構也。

其後公孫述數出兵漢中，遣使以大司空扶安王印綬授囂。囂自以與述敵國，恥爲所臣，乃斬其使，出兵擊之，連破述軍，以故蜀兵不復北出。

時關中將帥數上書，言蜀可擊之狀，帝以示囂，因使討蜀，以效其信。囂乃遣長史上書，盛言三輔單弱，劉文伯在邊，〔一〕未宜謀蜀。帝知囂欲持兩端，不願天下統一，於是稍黜其禮，正君臣之儀。

〔一〕文伯，盧芳字也。

初，囂與來歙、馬援相善，故帝數使歙、援奉使往來，勸令入朝，許以重爵。囂不欲東，連遣使深持謙辭，言無功德，須四方平定，退伏閭里。五年，復遣來歙說囂遣子入侍，囂聞劉永、彭寵皆已破滅，乃遣長子恂隨歙詣闕。以爲胡騎校尉，封鐫羌侯。〔一〕而囂將王元、王捷常以爲天下成敗未可知，不願專心內事。元遂說囂曰：「昔更始西都，四方響應，天下喁喁，謂之太平。〔二〕一旦敗壞，大王幾無所厝。今南有子陽，北有文伯，江湖海岱，王公十數，〔三〕而欲牽儒生之說，棄千乘之基，〔四〕羇旅危國，以求萬全，此循覆車之軌，計之不可者也。今天水完富，士馬最強，北收西河、上郡，東收三輔之地，案秦舊迹，表裏河山。〔五〕元請以一丸泥爲大王東封函谷關，此萬世一時也。若計不及此，且畜養士馬，據隘自守，曠日持久，以待四方之變，圖王不成，其弊猶足以霸。〔六〕要之，魚不可脫於淵，〔七〕神龍失埶，即還與蚯蚓同。」〔八〕囂心然元計，雖遣子入質，猶負其險阸，欲專方面，於是游士長者，稍稍去之。〔九〕

〔一〕胡騎校尉，武帝置，秩二千石也。鐫謂鐫鑿也。

〔二〕喁喁，衆口向上也。

〔三〕謂張步據齊，董憲起東海，李憲守舒，劉紆居垂惠，佼彊、周建、秦豐等各據州郡。

〔四〕儒生謂馬援說囂歸光武。

〔五〕秦外山而內河。左傳曰：「表裏山河。」

〔六〕前書徐樂曰「圖王不成，其弊足以霸」也。

〔七〕老子曰：「魚不可脫於泉。」脫，失也；失泉則涸矣。

〔八〕愼子曰：「騰蛇游霧，飛龍乘雲。雲罷霧除，與蚯蚓同，失其所乘故也。」

〔九〕東觀記曰：「杜林先去，餘稍稍相隨，東詣京師。」

六年，關東悉平。帝積苦兵閒，以囂子內侍，公孫述遠據邊陲，乃謂諸將曰：「且當置此兩子於度外耳。」因數騰書隴、蜀，〔一〕告示禍福。囂賓客、掾史多文學生，每所上事，當世士大夫皆諷誦之，故帝有所辭荅，尤加意焉。囂復遣使周游詣闕，先到馮異營，游爲仇家所殺。帝遣衞尉銚期持珍寶繒帛賜囂，期至鄭被盜，〔二〕亡失財物。帝常稱囂長者，務欲招之，聞而歎曰：「吾與隗囂事欲不諧，使來見殺，得賜道亡。」

〔一〕說文曰：「騰，傳也。」

〔二〕鄭，今華州縣是也。

會公孫述遣兵寇南郡，〔一〕乃詔囂當從天水伐蜀，因此欲以潰其心腹。囂復上言：「白水險阻，棧閣絕敗。」〔二〕又多設支閡。〔三〕帝知其終不爲用，叵欲討之。〔四〕遂西幸長安，遣建威大將軍耿弇等七將軍從隴道伐蜀，先使來歙奉璽書喻旨。囂疑懼，即勒兵，使王元據隴坻，〔五〕伐木塞道，謀欲殺歙。歙得亡歸。

〔一〕南郡，今荆州也。

〔二〕白水，縣，有關，屬廣漢郡。棧閣者，山路懸險，棧木爲閣道。

〔三〕支柱障閡。

〔四〕叵猶遂也。

〔五〕坻，坂也。郭仲產秦州記曰：「隴山東西百八十里，在隴州汧源縣西。」

諸將與囂戰，大敗，各引退。囂因使王元、〔行〕巡侵三輔，征西大將軍馮異、征虜將軍祭遵等擊破之。囂乃上疏謝曰：「吏人聞大兵卒至，驚恐自救，臣囂不能禁止。兵有大利，不敢廢臣子之節，親自追還。昔虞舜事父，大杖則走，小杖則受。〔一〕臣雖不敏，敢忘斯義。今臣之事，在於本朝，賜死則死，加刑則刑。如遂蒙恩，更得洗心，死骨不朽。」有司以囂言慢，請誅其子恂，帝不忍，復使來歙至汧，〔二〕賜囂書曰：「昔柴將軍與韓信書〔三〕云：『陛下寬仁，諸侯雖有亡叛而後歸，輒復位號，不誅也。』以囂文吏，曉義理，故復賜書。深言則似不遜，略言則事不決。今若束手，復遣恂弟歸闕庭者，則爵祿獲全，有浩大之福矣。〔四〕吾年垂四十，在兵中十歲，厭浮語虛辭。卽不欲，勿報。」囂知帝審其詐，遂遣使稱臣於公孫述。

〔一〕家語孔子謂曾子之詞也。
〔二〕汧，水名，因以爲縣，屬右扶風，故城在今隴州汧源縣南。
〔三〕柴將軍，柴武也。韓信，韓王信也。信反，入匈奴，與漢戰，故武與之書也。
〔四〕浩亦大也。

明年，述以囂爲朔寧王，〔一〕遣兵往來，爲之援埶。秋，囂將步騎三萬侵安定，至陰槃，〔二〕馮異率諸將拒之。囂又令別將下隴，攻祭遵於汧，兵並無利，乃引還。

〔一〕欲其寧靜北邊也。
〔二〕陰槃，縣名，屬安定郡，今涇州縣。

帝因令來歙以書招王遵，遵乃與家屬東詣京師，拜爲太中大夫，封向義侯。〔一〕遵字子春，霸陵人也。父爲上郡太守。遵少豪俠，有才辯，雖與囂舉兵，而常有歸漢意。曾於天水私於來歙曰：「吾所以戮力不避矢石者，豈要爵位哉！徒以人思舊主，先君蒙漢厚恩，思効萬分耳。」又數勸囂遣子入侍，前後辭諫切甚，囂不從，故去焉。

〔一〕續漢書云：「遵降，封上雒侯。」

八年春，來歙從山道襲得略陽城。囂出不意，懼更有大兵，乃使王元拒隴坻，行巡守番須口，〔一〕王孟塞雞頭道，〔二〕牛邯軍瓦亭，〔三〕囂自悉其大衆圍來歙。公孫述亦遣其將李育、田弇助囂攻略陽，連月不下。帝乃率諸將西征之，數道上隴，使王遵持節監大司馬吳漢留屯於長安。

〔一〕番須口與回中相近，並在汧。
〔二〕雞頭，山道也，「雞」或作「笄」，一名崆峒山，在今原州西。
〔三〕安定烏支縣有瓦亭故關，有瓦亭川水，在今原州南。

遵知囂必敗滅，而與牛邯舊故，知其有歸義意，以書喩之曰：「遵與隗王歃盟爲漢，自經歷虎口，踐履死地，已十數矣。于時周洛以西〔一〕無所統壹，故爲王策，欲東收關中，北取上郡，進以奉天人之用，退以懲外夷之亂。數年之閒，冀聖漢復存，當挈河隴奉舊都以歸本朝。生民以來，臣人之埶，未有便於此時者也。而王之將吏，羣居穴處之徒，〔二〕人人抵掌，〔三〕欲爲不善之計。遵與孺卿日夜所爭，害幾及身者，豈一事哉！前計抑絕，後策不從，所以吟嘯扼腕，垂涕登車。〔四〕幸蒙封拜，得延論議，〔五〕每及西州之事，未嘗敢忘孺卿之言。今車駕大衆，已在道路，吳、耿驍將，雲集四境，而孺卿以奔離之卒，拒要阨，當軍衝，視其形埶何如哉？夫智者覩危思變，賢者泥而不滓，〔六〕是以功名終申，策畫復得。故夷吾束縛而相齊，〔七〕黥布杖劒以歸漢，〔八〕去愚就義，功名並著。今孺卿當成敗之際，遇嚴兵之鋒，可爲怖慄。宜斷之心胷，參之有識。」邯得書，沈吟十餘日，乃謝士衆，歸命洛陽，拜爲太中大夫。於是囂大將十三人，屬縣十六，衆十餘萬，皆降。

〔一〕周洛謂東都也。
〔二〕穴處言所識不遠也。
〔三〕說文：「抵，側擊也。」戰國策曰「蘇秦與李兌抵掌而談」也。
〔四〕扼，持也。史記云：「天下之士，莫不扼腕以言之。」
〔五〕遵爲太中大夫，在論議之職。

〔六〕在泥滓之中而不滓汙也。
〔七〕新序曰，桓公與管仲、鮑叔、甯戚飲，桓公謂鮑叔曰：「姑爲寡人祝乎？」鮑叔奉酒而起，祝曰：「吾君無忘出莒也，使管子無忘束縛從魯也，使甯戚無忘其飯牛於車下也。」
〔八〕黥布爲楚淮南王，高祖使隨何說布，乃杖劒歸漢士也。

王元入蜀求救，囂將妻子奔西城，從楊廣，〔一〕而田弇、李育保上邽。詔告囂曰：「若束手自詣，父子相見，保無佗也。高皇帝云：『橫來，大者王，小者侯。』〔二〕若遂欲爲黥布者，亦自任也。」〔三〕囂終不降。於是誅其子恂，使吳漢與征南大將軍岑彭圍西城，耿弇與虎牙大將軍蓋延圍上邽。車駕東歸。〔四〕月餘，楊廣死，囂窮困。其大將王捷別在戎丘，登城呼漢軍曰：「〔爲〕隗王城守者，皆必死無二心！願諸軍亟罷，〔五〕請自殺以明之。」遂自刎頸死。〔六〕數月，王元、行巡、周宗將蜀救兵五千餘人，乘高卒至，鼓譟大呼曰：「百萬之衆方至！」漢軍大驚，未及成陳，元等決圍，殊死戰，遂得入城，迎囂歸冀。會吳漢等食盡退去，於是安定、北地、天水、隴西復反爲囂。

〔一〕西，（城）縣名，屬漢陽郡，一名始昌，城在今秦州上邽縣西南。
〔二〕田橫爲齊王，天下既定，橫與賓客五百人居海島，高祖使召之曰：「橫來，大者王，小者侯。」事見前書。

〔三〕必不歸降，遂如黥布，云欲爲帝，亦任之也。
〔四〕潁川賊起，故東歸。
〔五〕亟音紀力反。
〔六〕何休〔注〕公羊傳云：「刎，割也。」

九年春，囂病且餓，出城餐糗糒，〔一〕恚憤而死。〔二〕王元、周宗立囂少子純爲王。明年，來歙、耿弇、蓋延等攻破落門，〔三〕周宗、行巡、苟宇、趙恢等將純降。宗、恢及諸隗分徙京師以東，純與巡、宇徙弘農。唯王元留爲蜀將。及輔威將軍臧宮破延岑，元舉衆詣宮降。

〔一〕鄭康成注周禮曰：「糗，熬大豆與米也。」說文曰：「糒，乾飯也。」
〔二〕續漢志曰：「王莽末，天水童謠曰：『出吳門，望緹羣，見一蹇人，言欲上天。令天可上，地上安得人？』時囂初起兵於天水，後意稍廣，欲爲天子，遂破滅。囂少病蹇。吳門，冀郡門名也。有緹羣山。」
〔三〕落門，聚名也，有落門谷水，在今秦州伏羌縣西。

元字惠孟，初拜上蔡令，遷東平相，坐墾田不實，下獄死。〔一〕

〔一〕決錄曰「平陵之王，惠孟鏘鏘，激昂囂、述，困於東平」也。

牛邯字孺卿，狄道人。有勇力才氣，雄於邊垂。及降，大司（空）〔徒〕司直杜林、太中大夫馬援並薦之，以爲護羌校尉，與來歙平隴右。

十八年，純與賓客數十騎亡入胡，至武威，捕得，誅之。

論曰：隗囂援旗糺族，〔一〕假制明神，〔二〕迹夫創圖首事，有以識其風矣。終於孤立一隅，介于大國，〔三〕隴坻雖隘，非有百二之埶，〔四〕區區兩郡，〔五〕以禦堂堂之鋒，〔六〕至使窮廟策，竭征徭，身歿衆解，然後定之。則知其道有足懷者，所以棲有四方之桀，〔七〕士至投死絕亢而不悔者矣。〔八〕夫功全則譽顯，業謝則釁生，回成喪而爲其議者，或未聞焉。〔九〕若囂命會符運，敵非天力，雖坐論西伯，豈多嗤乎？〔一〇〕

〔一〕援，引也。糺，收也。
〔二〕謂立高祖、孝文等廟而祭之也。
〔三〕東逼於漢，南拒於蜀。左傳曰：「介于二大國之閒。」
〔四〕百二者，以秦地險固，二萬人當諸侯百萬人。前書曰，田肯賀高祖：「秦得百二焉。」
〔五〕隴西、天水也。
〔六〕言光武親征之也。魏武兵書云：「無擊堂堂之陣。」
〔七〕四方雄桀者，皆棲集而有之。
〔八〕亢，喉嚨也。謂王捷自刎也。
〔九〕成喪猶成敗也。言事之成敗在於天命，不由人力。能回爲此議者寡，故未之聞也。
〔一〇〕天力謂光武天所授也。言不遇光武爲敵，則不謝西伯也。嗤，笑也。

公孫述字子陽，扶風茂陵人也。〔一〕哀帝時，以父任爲郎。〔二〕後父仁爲河南都尉，〔三〕而述補清水長。〔四〕仁以述年少，遣門下掾隨之官。〔五〕月餘，掾辭歸，白仁曰：「述非待教者也。」後太守以其能，使兼攝五縣，政事修理，姦盜不發，郡中謂有鬼神。〔六〕王莽天鳳中，爲導江卒正，居臨邛，〔七〕復有能名。

〔一〕東觀記曰：「其先武帝時，以吏二千石自無鹽徙焉。」
〔二〕任，保任也。東觀記曰：「成帝末，述父仁爲侍御史，任爲太子舍人，稍增秩爲郎焉。」
〔三〕秦置郡尉，典兵禁，捕盜賊，景帝更名都尉，秩比二千石也。
〔四〕清水，縣名，屬天水郡，今秦州縣。
〔五〕州郡有掾，皆自辟除之，常居門下，故以爲號。
〔六〕言明察也。
〔七〕王莽改蜀郡曰導江，太守曰卒正。臨邛，今邛州縣也。

及更始立，豪傑各起其縣以應漢，南陽人宗成自稱「虎牙將軍」，入略漢中；又商人王岑亦起兵於雒縣，〔一〕自稱「定漢將軍」，殺王莽庸部牧以應成，〔二〕衆合數萬人。述聞之，遣

使迎成等。成等至成都，虜掠暴橫。述意惡之，召縣中豪桀謂曰：「天下同苦新室，思劉氏久矣，故聞漢將軍到，馳迎道路。今百姓無辜而婦子係獲，室屋燒燔，此寇賊，非義兵也。吾欲保郡自守，以待眞主。諸卿欲并力者卽留，不欲者便去。」豪桀皆叩頭曰：「願效死。」述於是使人詐稱漢使者自東方來，假述輔漢將軍、蜀郡太守兼益州牧印綬。乃選精兵千餘人，西擊成等。比至成都，衆數千人，遂攻成，大破之。成將垣副殺成，以其衆降。〔三〕二年秋，更始遣柱功侯李寶、益州刺史張忠，將兵萬餘人徇蜀、漢。述恃其地險衆附，有自立志，乃使其弟恢〔四〕於綿竹擊寶、忠，大破走之。〔五〕由是威震益部。

〔一〕商，今商州商雒縣也。雒縣屬廣漢郡，今益州縣也。
〔二〕王莽改益州爲庸部，其牧宋遵也。
〔三〕風俗通曰：「垣，秦邑也，因以爲姓。秦始皇有將垣齮。」東觀記曰：「初，副以漢中亭長聚衆降成，自稱輔漢將軍。」
〔四〕「恢」本或作「惔」。
〔五〕綿竹，縣名，屬廣漢郡，今益州縣也，故城在今縣東。

功曹李熊說述曰：「方今四海波蕩，匹夫橫議。將軍割據千里，地什湯武，〔一〕若奮威德以投天隙，〔二〕霸王之業成矣。宜改名號，以鎭百姓。」述曰：「吾亦慮之，公言起我意。」於是自立爲蜀王，都成都。

〔一〕枚乘諫吳王曰：「湯武之土，不過百里。」

〔二〕天時之閒隙也。

蜀地肥饒，兵力精強，遠方士庶多往歸之，邛、笮君長〔一〕皆來貢獻。李熊復說述曰：「今山東飢饉，人庶相食；兵所屠滅，城邑丘墟。蜀地沃野千里，土壤膏腴，〔二〕果實所生，無穀而飽。〔三〕女工之業，覆衣天下。〔四〕名材竹幹，器械之饒，不可勝用。〔五〕又有魚鹽銅銀之利，〔六〕浮水轉漕之便。北據漢中，杜褒、斜之險；東守巴郡，拒扞關之口；〔七〕地方數千里，戰士不下百萬。見利則出兵而略地，無利則堅守而力農。東下漢水以窺秦地，南順江流以震荊、揚。所謂用天因地，成功之資。今君王之聲，聞於天下，而名號未定，志士狐疑，宜即大位，使遠人有所依歸。」述曰：「帝王有命，吾何足以當之？」熊曰：「天命無常，百姓與能。〔八〕能者當之，王何疑焉！」述夢有人語之曰：「八厶子系，十二爲期。」〔九〕覺，謂其妻曰：「雖貴而祚短，若何？」妻對曰：「朝聞道，夕死尚可，況十二乎！」會有龍出其府殿中，夜有光耀，述以爲符瑞，因刻其掌，文曰「公孫帝」。建武元年四月，遂自立爲天子，號成家。〔一〇〕色尚白。建元曰龍興元年。以李熊爲大司徒，以其弟光爲大司馬，恢爲大司空。改益州爲司隸校尉，蜀郡爲成都尹。〔一一〕

〔一〕邛、笮皆西南夷國名。笮音昨。見西南夷傳。

〔二〕無塊曰壤。

〔三〕左思蜀都賦曰：「戶有橘柚之園。」又曰：「瓜疇芋區。」前書卓王孫曰：「吾聞𡸣山之下沃野，下有蹲鴟，至死不飢。」

〔四〕左思蜀都賦曰：「百室離房，機杼相和。」衣音於旣反。

〔五〕竹幹，竹箭也。內盛曰器，外盛曰械。

〔六〕丙穴出嘉魚，在漢中。蜀有鹽井，又有銅陵山，其朱提界出銀。朱音上朱反。提音上移反。

〔七〕史記曰楚肅王爲扞關以拒蜀，故基在今硤州巴山縣。

〔八〕詩云「天命靡常」，易曰「百姓與能」也。

〔九〕說文云厶音私。系音係，胡計反。

〔一〇〕以起成都，故號成家。

〔一一〕漢以京師爲司隸校尉部，置京兆尹；中興以洛陽爲司隸校尉部，置河南尹。故述斅焉。

越巂任貴亦殺王莽大尹而據郡降。述遂使將軍侯丹開白水關，〔一〕北守南鄭；〔二〕將軍任滿從閬中下江州，〔三〕東據扞關。於是盡有益州之地。

〔一〕在漢陽西縣。梁州記曰「關城西南有白水關」也。

〔二〕今梁州縣也，故城在今縣東北也。

〔三〕閬中、江州皆縣名，並屬巴郡。閬中，今隆州縣也。江州故城在渝州巴縣西。

自更始敗後，光武方事山東，未遑西伐。關中豪桀呂鮪等往往擁衆以萬數，莫知所屬，多往歸述，〔一〕皆拜爲將軍。遂大作營壘，陳車騎，肄習戰射，會聚兵甲數十萬人，積糧漢中，築宮南鄭。又造十層赤樓帛蘭船。〔二〕多刻天下牧守印章，備置公卿百官。使將軍李育、程烏將數萬衆出陳倉，與呂鮪徇三輔。三年，征西將軍馮異擊鮪、育於陳倉，大敗之，鮪、育奔漢中。五年，延岑、田戎爲漢兵所敗，皆亡入蜀。

〔一〕時延岑據藍田，王歆據下邽，各稱將軍，擁兵。事見馮異傳。

〔二〕蓋以帛飾其蘭檻也。

岑字叔牙，南陽人。〔一〕始起據漢中，又擁兵關西，(關西)所在破散，走至南陽，略有數縣。戎，汝南人。初起兵夷陵，轉寇郡縣，衆數萬人。岑、戎並與秦豐合，豐俱以女妻之。及豐敗，故二人皆降於述。述以岑爲大司馬，封汝寧王，戎翼江王。六年，述遣戎與將軍任滿出江關，下臨沮、夷陵閒，〔二〕招其故衆，因欲取荊州諸郡，竟不能剋。

〔一〕東觀記曰筑陽縣人。

〔二〕華陽國志曰：「巴楚相攻，故置江關。」(舊)在赤甲城，後移在江州南岸，對白帝城，故基在今夔州〔人〕復縣南。臨沮，縣名，侯國，屬南郡，故城在今荊州當陽縣西北。夷陵，縣名，屬南郡，今硤州縣也，故城在今縣西北。

是時，述廢銅錢，置鐵官錢，〔一〕百姓貨幣不行。蜀中童謠言曰：「黃牛白腹，五銖當復。」

好事者竊言王莽稱「黃」，述自號「白」，五銖錢，漢貨也，言天下當并還劉氏。述亦好爲符命鬼神瑞應之事，妄引讖記。以爲孔子作春秋，爲赤制而斷十二公，〔二〕明漢至平帝十二代，歷數盡也，〔三〕一姓不得再受命。又引錄運法曰：「廢昌帝，立公孫。」括地象曰：「帝軒轅受命，公孫氏握。」〔四〕援神契曰：「西太守，乙卯金。」謂西方太守而乙絕卯金也。〔五〕五德之運，黃承赤而白繼黃，金據西方爲白德，而代王氏，得其正序。又自言手文有奇，及得龍興之瑞。數移書中國，冀以感動衆心。帝患之，乃與述書曰：「圖讖言『公孫』，卽宣帝也。代漢者當塗高，君豈高之身邪？〔六〕乃復以掌文爲瑞，王莽何足效乎！〔七〕君非吾賊臣亂子，倉卒時人皆欲爲君事耳，何足數也。〔八〕君日月已逝，妻子弱小，當早爲定計，可以無憂。天下神器，不可力爭，〔九〕宜留三思。」署曰「公孫皇帝」。述不荅。

〔一〕置鐵官以鑄錢。

〔二〕尚書考靈耀曰：「孔子爲赤制，故作春秋。」赤者，漢行也。言孔子作春秋斷十二公，象漢十二帝。

〔三〕據漢十一帝，言十二代者，幷數呂后。

〔四〕錄運法、括地象並河圖名也。

〔五〕乙，軋也。述言西方太守能軋絕卯金也。

〔六〕東觀記曰：「光武與述書曰：『承赤者，黃也；姓當塗，其名高也。』」

〔七〕王莽詐以鐵契、石龜、文圭、玄印等爲符瑞，言不足倣傚也。
〔八〕數，責也。
〔九〕老子云：「天下神器，不可爲也。」

明年，隗囂稱臣於述。述騎都尉平陵人荆邯見東方將平，兵且西向，說述曰：「兵者，帝王之大器，古今所不能廢也。〔一〕昔秦失其守，豪桀並起，漢祖無前人之迹，立錐之地，〔二〕起於行陣之中，躬自奮擊，兵破身困者數矣。然軍敗復合，創愈復戰。〔三〕何則？前死而成功，踰於却就於滅亡也。隗囂遭遇運會，割有雍州，兵強士附，威加山東。〔四〕遇更始政亂，復失天下，衆庶引領，四方瓦解。〔五〕囂不及此時推危乘勝，以爭天命，而退欲爲西伯之事，尊師章句，賓友處士，〔六〕偃武息戈，卑辭事漢，喟然自以文王復出也。令漢帝釋關隴之憂，〔七〕專精東伐，四分天下而有其三；使西州豪傑咸居心於山東，發閒使，招攜貳，〔八〕則五分而有其四；若舉兵天水，必至沮潰，天水既定，則九分而有其八。陛下以梁州之地，內奉萬乘，外給三軍，百姓愁困，不堪上命，將有王氏自潰之變。〔九〕臣之愚計，以爲宜及天下之望未絕，豪傑尚可招誘，急以此時發國內精兵，令田戎據江陵，臨江南之會，倚巫山之固，〔一〇〕築壘堅守，傳檄吳、楚，長沙以南必隨風而靡。令延岑出漢中，定三輔，天水、隴西拱手自服。如此，海內震搖，冀有大利。」述以問羣臣。博士吳柱曰：「昔武王伐殷，先觀兵孟津，八百諸侯不期同辭，然猶還師以待天命。未聞無左右之助，而欲出師千里之外，以廣封疆者也。」邯曰：「今東帝無尺土之柄，驅烏合之衆，〔一一〕跨馬陷敵，所向輒平。不亟乘時與之分功，〔一二〕而坐談武王之說，是效隗囂欲爲西伯也。」述然邯言，欲悉發北軍屯士及山東客兵，使延岑、田戎分出兩道，與漢中諸將合兵幷埶。蜀人及其弟光以爲不宜空國千里之外，決成敗於一舉，固爭之，述乃止。延岑、田戎亦數請兵立功，終疑不聽。

〔一〕左傳宋子罕曰：「天生五材，廢一不可，誰能去兵？聖人以興，亂人以廢，廢興存亡之術，皆兵之由也。」
〔二〕言漢祖起自布衣，無公劉、太王之業也。枚乘諫吳王書曰：「舜無立錐之地以有天下。」
〔三〕軍敗謂戰於睢水上，爲楚所破，後得韓信軍，復大振也。創愈謂在於成皋閒，項羽射傷漢王胷，後復戰。
〔四〕隴西、天水皆雍州之地，故言割有也。囂傳云「名震西州，流聞山東」，是威加也。
〔五〕淮南子曰：「武王伐紂，左操黃鉞，右秉白旄而麾之，則瓦解而走。」
〔六〕章句謂鄭興等也。處士謂方望等也。
〔七〕以囂居西，無東之意，故置之度外而不爲憂。
〔八〕閒使謂來歙、馬援等也。攜貳謂王遵、鄭興、杜林、牛邯等相次而歸光武。
〔九〕王氏即王莽也。
〔一〇〕巫山在今夔州巫山縣東也。
〔一一〕鄒陽云：「周用烏集而王。」

〔一二〕亟，急也。

述性苛細，察於小事。敢誅殺而不見大體，好改易郡縣官名。然少爲郎，習漢家制度，出入法駕，〔一〕鑾旗旄騎，〔二〕陳置陛戟，然後輦出房闥。又立其兩子爲王，食犍爲、廣漢各數縣。羣臣多諫，以爲成敗未可知，戎士暴露，而遽王皇子，示無大志，傷戰士心。述不聽。唯公孫氏得任事，由此大臣皆怨。

〔一〕法駕，屬車三十六乘，公卿不在鹵簿中，侍中驂乘，奉車都尉御。前驅九斿雲罕，鳳皇闟戟，皮軒。
〔二〕旄頭之騎也。

八年，帝使諸將攻隗囂，述遣李育將萬餘人救囂。囂敗，幷沒其軍，蜀地聞之恐動。述懼，欲安衆心。成都郭外有秦時舊倉，述改名白帝倉，〔一〕自王莽以來常空。述即詐使人言白帝倉出穀如山陵，百姓空市里往觀之。述乃大會羣臣，問曰：「白帝倉竟出穀乎？」皆對言「無」。述曰：「訛言不可信，道隗王破者復如此矣。」俄而囂將王元降，述以爲將軍。明年，使元與領軍環安拒河池，〔二〕又遣田戎及大司徒任滿、南郡太守程汎將兵下江關，破〔威〕虜將軍馮駿等，拔巫及夷陵、夷道，〔三〕因據荆門。〔四〕

〔一〕述以色尚白，故改之。
〔二〕河池，今鳳州縣也。
〔三〕夷道，縣名，屬南郡，故城在今硤州宜都縣西。
〔四〕荆門，山名也，在今硤州宜都縣西北，今猶有故城基趾在山上。

十一年，征南大將軍岑彭攻之，滿等大敗，述將王政斬滿首降于彭。田戎走保江州。〔一〕城邑皆開門降，彭遂長驅至武陽。〔二〕帝乃與述書，陳言禍福，以明丹青之信。〔三〕述省書歎息，以示所親太常常少、光祿勳張隆。隆、少皆勸降。述曰：「廢興命也。豈有降天子哉！」左右莫敢復言。

〔一〕江州，縣名，屬巴郡，故城今渝州巴縣。
〔二〕武陽，縣名，故城在今眉州。
〔三〕楊雄法言曰：「王者之言，炳若丹青。」

中郎將來歙急攻王元、環安，安使刺客殺歙；述復令刺殺岑彭。十二年，述弟恢及子壻史興並爲大司馬吳漢、輔威將軍臧宮所破，戰死。自是將帥恐懼，日夜離叛，述雖誅滅其家，猶不能禁。帝必欲降之，乃下詔喻述曰：「往年詔書比下，〔一〕開示恩信，勿以來歙、岑彭受害自疑。今以時自詣，則家族完全；若迷惑不喻，委肉虎口，痛哉柰何！將帥疲倦，吏士思歸，不樂久相屯守，詔書手記，不可數得，朕不食言。」述終無降意。

〔一〕比，頻也。

九月，吳漢又破斬其大司徒謝豐、執金吾袁吉，漢兵遂守成都。述謂延岑曰：「事當柰何？」岑曰：「男兒當死中求生，可坐窮乎！財物易聚耳，不宜有愛。」述乃悉散金帛，募敢死士五千餘人，以配岑於市橋，〔一〕僞建旗幟，〔二〕鳴鼓挑戰，而潛遣奇兵出吳漢軍後，襲擊破漢。漢墮水，緣馬尾得出。

〔一〕市橋即七星之一橋也。李膺益州記曰：「沖星橋，舊市橋也，在今成都縣西南四里。」

〔二〕幟，幡也。幟音昌忌反，又式志反。

十一月，臧宮軍至咸門。〔一〕述視占書，云「虜死城下」，大喜，謂漢等當之。乃自將數萬人攻漢，使延岑拒宮。大戰，岑三合三勝。自旦及日中，軍士不得食，並疲，漢因令壯士突之，述兵大亂，被刺洞胷，墮馬。〔二〕左右輿入城。述以兵屬延岑，其夜死。明旦，岑降吳漢。乃夷述妻子，盡滅公孫氏，并族延岑。遂放兵大掠，焚述宮室。帝聞之怒，以譴漢。又讓漢副將劉尚曰：「城降三日，吏人從服，孩兒老母，口以萬數，一旦放兵縱火，聞之可爲酸鼻！尚宗室子孫，嘗更吏職，何忍行此？仰視天，俯視地，觀放麑啜羹，二者孰仁？〔三〕良失斬將弔人之義也！」〔四〕

〔一〕成都北面有二門，其西者名咸門。

〔二〕吳漢傳云：「護軍高午奔陣刺述，殺之。」

〔三〕韓子曰：「孟孫獵得麑，使秦西巴持之。其母隨而呼，秦西巴不忍而與其母。」戰國策曰：「樂羊爲魏將而攻中山。其子在中山，中山君烹其子而遺之羹，樂羊啜之，盡一杯，而攻拔中山。」

〔四〕良猶甚也。

初，常少、張隆勸述降，不從，並以憂死。帝下詔追贈少爲太常，隆爲光祿勳，以禮改葬之。其忠節志義之士，並蒙旌顯。〔一〕程烏、李育以有才幹，皆擢用之。於是西土咸悅，莫不歸心焉。

〔一〕謂李業、譙玄等，見獨行傳。

論曰：昔趙佗自王番禺，〔一〕公孫亦竊帝蜀漢，推其無他功能，而至於後亡者，將以地邊處遠，非王化之所先乎？述雖爲漢吏，無所馮資，徒以文俗自憙，遂能集其志計。道未足而意有餘，不能因隙立功，以會時變，方乃坐飾邊幅，〔二〕以高深自安，昔吳起所以慙魏侯也。〔三〕及其謝臣屬，審廢興之命，與夫泥首銜玉者異日談也。〔四〕

〔一〕趙佗，眞定人，因漢初天下未定，自立爲南越王。番禺，縣，屬南海郡，故城在今廣州西南。越志曰：「有番山、禺山，因以爲名。」

〔二〕邊幅猶有邊緣，以自矜持。

〔三〕史記曰：「魏武侯浮西河而下，中流而顧曰：『美哉乎，河山之固，此魏之寶也。』吳起對曰：『在德不在險。』」

〔四〕干寶晉紀曰：「吳王孫皓將其子瑾等，泥首面縛降王濬。」左傳曰：「許男面縛銜璧以見楚子。」璧，玉也。

贊曰：公孫習吏，隗王得士。漢命已還，二隅方跱。天數有違，江山難恃。〔一〕

〔一〕違猶去也。

校勘記

五一三頁三行　隗囂字季孟　「孟」原譌「夏」，據汲本、殿本改。按：此卷影印紹興本仍有闕佚，據它本補配，故多譌字。以下凡遇極明顯之譌字，皆逕予改正，不作校記。

五一三頁九行　囂音五高反　按：此注原在正文前小標題下，今移此。

五一三頁一一行　莽置九卿分屬三公　按：「置」原作「制」，逕據汲本、殿本改。

五一五頁二行　(鋋)〔題〕卽匙字　據汲本改。按：校補謂作「題」是。

五一五頁一三行　又置〔六尉〕六隊(部)〔郡〕置大夫　據刊誤改，與前書莽傳合。

五一六頁二行　至五十餘人　按：刊誤謂案本傳作「五千人」。

五一六頁五行　前書朱光世曰　按：張森楷校勘記謂前書「光」作「安」，疑此誤。

五一六頁九行　宜(乎)〔呼〕嗟(呼)告天以求救　據汲本改，與前書莽傳合。

五一七頁三行　元城孺(子)王尊彌穆廟　據刊誤刪。按：刊誤謂本王翁孺，故稱「孺王」，不當有「子」字。

五一八頁七行　此(謂)〔爲〕六也　據汲本改。

五一八頁九行　傳詣鍾官(八)〔以〕十萬數　校補引張熷說，謂據莽傳，「八」乃「以」之誤。今據改。

五一九頁一三行　安定大尹王向　按：集解引惠棟說，謂前書云「安定卒正王旬」。

五二〇頁五行　羽翮並肩　按：汲本、殿本「並」作「比」。

五二〇頁七行　〔乘〕偏舟於五湖　據汲本、殿本補。

五二一頁一四行　〔以〕勁悍廉直爲名　據汲本補。

五二三頁二行　申屠剛杜林爲持書　按：集解引惠棟說，謂「持書」袁紀作「治書」。王先謙謂本「治書」，避唐高宗諱改「持」。

五二三頁一三行　今原州(高)平〔高〕縣　據集解引陳景雲說改。

五二三頁一三行　今原州平(陽)〔高〕縣南　按：涇陽故城在平高縣南。「高」原譌「陽」，各本譌「原」，今正。

五二四頁一一行　文伯盧芳字也　按：殿本考證謂盧芳詐稱武帝曾孫劉文伯，故當時之人但知爲劉文伯，不知爲盧芳，文伯非盧芳字也。芳字君期，見本傳。

五二五頁三行　北收西河上郡　按：御覽二九九引「收」作「取」，東觀記作「北取西河」。

五二六頁九行　又多設支閡　按：集解引王補說，謂來歙傳作「多設疑故」。

五二七頁一行　囂因使王元(行)巡僥三輔　據汲本、殿本補。

五三〇頁九行 〔爲〕隗王城守者 據汲本、殿本補。

五三〇頁一三行 西〔城〕縣名 集解引惠棟說，謂西城者，隴西西縣城也，注以爲西城縣，非也。又引陳景雲說，謂注中「城」字衍。今據刪。

五三一頁四行 何休〔注〕公羊傳云 明脫「注」字，今補。

五三一頁六行 攻破落門 按：集解引惠棟說，謂續志「落門」作「雒門」。

五三一頁一二行 有緹羣山 按：續志作「緹羣，山名也」。

五三一頁一五行 大司〔空〕〔徒〕司直杜林 據刊誤改。

五三三頁四行 郡中謂有鬼神 按：集解引汪文臺說，謂類聚五十、御覽二百六十七引續漢書作「郡中謂之神明」。

五三三頁一三行 南陽人宗成自稱虎牙將軍 按：惠棟謂「宗成」華陽國志作「宗成垣」。

五三四頁五行 西擊成等 按：通鑑胡注，謂臨邛在成都西南，述兵自臨邛迎擊宗成等，非西向也，傳誤。

五三四頁九行 其牧宋遵也 按：集解引惠棟說，謂宋遵華陽國志作「朱遵」。

五三四頁一〇行 秦始皇有將垣齮 按：沈家本謂今史記「垣」作「桓」。

五三五頁五行 覆衣天下 按：李慈銘謂「覆衣」當作「覆被」。

五三五頁一三行 號成家 按：華陽國志作「號大成」。

五三五頁一三行 以其弟光爲大司馬 按：續天文志「光」作「晃」。

五三七頁四行 程烏 按：集解引惠棟說，謂光武紀及馮異傳俱作「程焉」，案華陽志當從「烏」。

五三七頁四行 征西將軍馮異擊鮪育於陳倉 按：通鑑考異謂「三年」當依本紀及馮異傳作「四年」。

五三七頁八行 又擁兵關西〔關西〕所在破散 刊誤謂案文多兩「關西」字。今據刪。

五三七頁一三行 〔舊〕在赤甲城 據汲本、殿本補。

五三七頁一三行 故基在今夔州〔人〕復縣南 刊誤謂「復」上少一「魚」字。沈家本謂魚復縣西魏改人復，隋唐因之，此奪「人」字，非奪「魚」字，張堪傳可證。今依沈說補「人」字。按：岑彭傳注作「魚復」，張堪傳注作「人復」。唐貞觀二十三年改人復爲奉節，作「人復」是。

五三九頁七行 踰於却就於滅亡也 按：刊誤謂下「於」字當作「而」。

五三九頁九行 喟然自以文王復出也 按：汲本作「喟然自以爲武王復出也」。王先謙謂上文言西伯，作「文王」是。又袁紀及通鑑均作「文王」。

五三九頁一〇行 使西州豪傑咸居心於山東 殿本「居」作「歸」，王先謙謂作「歸」是。

五四一頁一三行 破〔威〕虜將軍馮駿等 據集解引惠棟說補。

五四二頁五行 光祿勳張隆 按：華陽國志作「李隆」。

五四三頁一一行 漢副將劉尙 按：集解引惠棟說，謂東觀記「劉尙」作「劉禹」。

後漢書卷十四

宗室四王三侯列傳第四

齊武王縯字伯升，〔一〕光武之長兄也。性剛毅，慷慨有大節。自王莽篡漢，常憤憤，懷復社稷之慮，不事家人居業，傾身破產，交結天下雄俊。

〔一〕縯，引也，音衍。

莽末，盜賊羣起，南方尤甚。伯升召諸豪傑計議曰：「王莽暴虐，百姓分崩。今枯旱連年，兵革並起。〔一〕此亦天亡之時，復高祖之業，定萬世之秋也。」衆皆然之。於是分遣親客，使鄧晨起新野，光武與李通、李軼起於宛。伯升自發舂陵子弟，合七八千人，部署賓客，自稱柱天都部。〔二〕使宗室劉嘉往誘新市、平林兵王匡、陳牧等，合軍而進，屠長聚及唐子鄉，殺湖陽尉，進拔棘陽，因欲攻宛。至小長安，與王莽前隊大夫甄阜、屬正梁丘賜戰。時天密霧，漢軍大敗，姊元弟仲皆遇害，宗從死者數十人。伯升復收會兵衆，還保棘陽。

〔一〕東觀記曰：「王莽末年，天下大旱，蝗蟲蔽天，盜賊羣起，四方潰畔。」

〔二〕柱天者，若天之柱也。都部者，都統其衆也。

阜、賜乘勝，留輜重於藍鄉，〔一〕引精兵十萬南渡黃淳水，〔二〕臨〔泚〕〔沘〕水，阻兩川閒爲營，絕後橋，示無還心。新市、平林見漢兵數敗，阜、賜軍大至，各欲解去，伯升甚患之。會下江兵五千餘人至宜秋，〔三〕乃往爲說合從之埶，下江從之。語在王常傳。伯升於是大饗軍士，設盟約。休卒三日，分爲六部，潛師夜起，襲取藍鄉，盡獲其輜重。明旦，漢軍自西南攻甄阜，下江兵自東南攻梁丘賜。至食時，賜陳潰，阜軍望見散走，漢兵急追之，却迫黃淳水，斬首溺死者二萬餘人，遂斬阜、賜。

〔一〕比陽縣有藍鄉。

〔二〕酈元注水經曰：「〔諸〕〔豬〕水二湖流注，合爲黃水，又南經棘陽縣之黃淳聚，又謂之黃淳水。」在今唐州湖陽縣。蕭該音「淳」作「諄」者誤。

〔三〕宜秋，聚名，在泚陽縣。

王莽納言將軍嚴尤、秩宗將軍陳茂聞阜、賜軍敗，引欲據宛。伯升乃陳兵誓衆，焚積聚，破釜甑，鼓行而前，〔一〕與尤、茂遇育陽下，戰，大破之，斬首三千餘級。尤、茂棄軍走，伯升遂進圍宛，自號柱天大將軍。王莽素聞其名，大震懼，購伯升邑五萬戶，黃金十萬斤，位上公。使長安中官署及天下鄉亭皆畫伯升像於塾，旦起射之。〔二〕

〔一〕破釜甑，示必死也。鼓行而前，言無所畏也。史記曰：「項羽北救趙，渡河，沈船破釜甑。」
〔二〕蕭該音義亦作「埶」，引字林「埶，門側堂也」。東觀記、續漢書並作「埻」。說文云「射臬也」。廣雅「埻，的也」。埻音之允反。

自阜、賜死後，百姓日有降者，衆至十餘萬。諸將會議立劉氏以從人望，豪傑咸歸於伯升。而新市、平林將帥樂放縱，憚伯升威明而貪聖公懦弱，先共定策立之，然後使騎召伯升，示其議。伯升曰：「諸將軍幸欲尊立宗室，其德甚厚，然愚鄙之見，竊有未同。今赤眉起青、徐，衆數十萬，聞南陽立宗室，恐赤眉復有所立，如此，必將內爭。今王莽未滅，而宗室相攻，是疑天下而自損權，非所以破莽也。且首兵唱號，鮮有能遂，陳勝、項籍，即其事也。舂陵去宛三百里耳，未足爲功。遽自尊立，爲天下準的，使後人得承吾敝，〔一〕非計之善者也。今且稱王以號令。若赤眉所立者賢，相率而往從之；若無所立，破莽降赤眉，然後舉尊號，亦未晚也。願各詳思之。」諸將多曰「善」。將軍張卬拔劍擊地曰：「疑事無功。〔二〕今日之議，不得有二。」衆皆從之。

〔一〕前書宋義曰：「戰勝則兵疲，我承其敝。」
〔二〕史記曰，趙武靈王欲被胡服，肥義曰：「疑事無功，疑行無名。」

聖公既即位，拜伯升爲大司徒，封漢信侯。由是豪傑失望，多不服。平林後部攻新野，

不能下。新野宰登城言曰：〔一〕「得司徒劉公一信，願先下。」及伯升軍至，即開城門降。五月，伯升拔宛。六月，光武破王尋、王邑。自是兄弟威名益甚。

〔一〕王莽改令長爲宰。東觀記曰，其宰潘臨也。

更始君臣不自安，遂共謀誅伯升，乃大會諸將，以成其計。更始取伯升寶劍視之，繡衣御史申屠建隨獻玉玦，〔一〕更始竟不能發。及罷會，伯升舅樊宏謂伯升曰：「昔鴻門之會，范增舉玦以示項羽。〔二〕今建此意，得無不善乎？」伯升笑而不應。初，李軼諂事更始貴將，〔三〕光武深疑之，常以戒伯升曰：「此人不可復信。」又不受。

〔一〕繡衣御史，武帝置，衣繡者，尊寵之也。玦，決也。令早決斷。
〔二〕史記曰：「項王留沛公飲，項伯東向坐，范增南向坐，沛公北向坐。范增數目項王，舉所佩玉玦者三，項王默然不應。」鴻門，地名，在新豐東七十里。
〔三〕貴將，朱鮪等也。

伯升部將宗人劉稷，數陷陳潰圍，勇冠三軍。時將兵擊魯陽，〔一〕聞更始立，怒曰：「本起兵圖大事者，伯升兄弟也，今更始何爲者邪？」更始君臣聞而心忌之，以稷爲抗威將軍，稷不肯拜。更始乃與諸將陳兵數千人，先收稷，將誅之，伯升固爭。李軼、朱鮪因勸更始并執伯升，即日害之。

〔一〕魯陽，縣，屬南（郡）〔陽〕，今汝州魯山縣也。

有二子。建武二年，立長子章爲太原王，興爲魯王。十一年，徙章爲齊王。十五年，追謚伯升爲齊武王。

章少孤，光武感伯升功業不就，撫育恩愛甚篤，以其少貴，欲令親吏事，故使試守平陰令，〔一〕遷梁郡太守。〔二〕立二十一年薨，謚曰哀王。子煬王石嗣。建武二十七年，石始就國。三十年，封石弟張爲下博侯。永平十四年，封石二子爲鄉侯。石立二十四年薨，子晃嗣。

〔一〕試守者，稱職滿歲爲眞。平陰，縣，屬河南郡。應劭云在平津南，故曰平陰。魏文帝改爲河陰。故城在今洛陽縣東北。濟州平陰縣東北五里亦有平陰故城。
〔二〕今宋州也。

下博侯張以善論議，十六年，與奉車都尉竇固等〔一〕並出擊匈奴，後進者多害其能，數被譖訴。建初中卒，肅宗下詔褒揚之，復封張子它人奉其祀。

〔一〕續漢志：「奉車都尉，比二千石，無員，掌御乘輿車。」

晃及弟利侯剛與母太姬宗更相誣告。章和元年，有司奏請免晃、剛爵爲庶人，徙丹陽。〔一〕帝不忍，下詔曰：「朕聞人君正屛，有所不聽。〔二〕宗尊爲小君，〔三〕宮衞周備，出有輜軿之飾，〔四〕入有牖戶之固，殆不至如譖者之言。〔五〕晃、剛愆乎至行，濁乎大倫，〔六〕甫刑

三千，莫大不孝。朕不忍置之于理，其貶晃爵爲蕪湖侯，〔七〕削剛戶三千。於戲！小子不昜大道，控于法理，以隳宗緒。〔八〕其遣謁者收晃及太姬璽綬。」晃立十七年而降爵。晃卒，子無忌嗣。

〔一〕丹陽，（故）郡，（故）城在今潤州江寧縣東南。
〔二〕白虎通曰：「所以設屛何？以自障也，示不極臣下之敬也。天子德大，故外屛；諸侯德小，故內屛。」
〔三〕諸侯之妻稱曰小君。
〔四〕輜軿，有擁蔽之車也。列女傳曰：「齊孝公華孟姬謂公曰：『妾聞妃后踰閾必乘安車輜軿，下堂必從傅母保阿，進退則鳴玉珮，內飾則結綢繆，所以正心一意，自斂制也。』」
〔五〕何休注公羊傳曰：「如其事曰訴，加誣焉曰譖。」
〔六〕濁猶汙也。倫，理也。孔子曰：「欲潔其身而亂大倫。」
〔七〕蕪湖，解見章紀。
〔八〕控，引也。隳，毀也。

帝以伯升首創大業，而後嗣罪廢，心常愍之。時北海亦絕無後。及崩，遺詔令復二國。永元二年，乃復封無忌爲齊王，是爲惠王。立五十二年薨，子頃王喜嗣。立五年薨，子承嗣。建安十一年，國除。

論曰：大丈夫之鼓動拔起，其志致蓋遠矣。若夫齊武王之破家厚士，豈游俠下客之爲哉！〔一〕其慮將存乎配天之絕業，而痛明堂之不祀也。〔二〕及其發舉大謀，在倉卒擾攘之中，使信先成於敵人，〔三〕赦岑彭以顯義，〔四〕若此足以見其度矣。志高慮遠，禍發所忽。〔五〕嗚呼！古人以蜂蠆爲戒，〔六〕蓋畏此也。詩云：「敬之敬之，命不易哉！」〔七〕

〔一〕下客謂毛邃、馮煖之徒也。

〔二〕王者以遠祖配天，以父配上帝於明堂，將以存其絕業，復其祭祀。

〔三〕新野宰潘臨云，請劉公一信而降。

〔四〕初，彭守宛，食盡降漢，諸將欲誅之。伯升曰：「今舉大事，當表義士，不如封之以勸其後。」更始封彭爲歸德侯。

〔五〕謂不用樊宏、光武之言。忽，輕也。司馬相如曰「禍故多臧於隱微，而發於人之所忽」也。

〔六〕蠆，蝎也。左傳臧文仲謂魯君曰：「君其無謂邾小。蜂蠆有毒，而況國乎！」

〔七〕詩周頌也。

北海靖王興，建武二年封爲魯王，嗣光武兄仲。

初，南頓君娶同郡樊重女，字嫺都。〔一〕嫺都性婉順，自爲童女，不正容服不出於房，宗族敬焉。生三男三女：長男伯升，次仲，次光武；長女黃，次元，次伯姬。皇妣以初起兵時

病卒，宗人樊巨公收斂焉。建武二年，封黃爲湖陽長公主，伯姬爲寧平長公主。元與仲俱歿於小長安，追爵元爲新野長公主，十五年，追謚仲爲魯哀王。

〔一〕嫺，胡閒反。說文：「嫺，雅也。」

興其歲試守緱氏令。爲人有明略，善聽訟，甚得名稱。遷弘農太守，亦有善政。〔一〕視事四年，上疏乞骸骨，徵還京師，奉朝請。二十七年，始就國。明年，以魯國益東海，〔二〕故徙興爲北海王。三十年，封興子復爲臨邑侯。〔三〕中元二年，又封興二子爲縣侯。顯宗器重興，每有異政，輒乘驛問焉。立三十九年薨，子敬王睦嗣。

〔一〕續漢書曰：「弘農縣吏張申有伏罪，興收申案論，郡中震慄。時年旱，分遣文學循行屬縣，理冤獄，宥小過，應時甘雨降澍。」

〔二〕續漢書曰：「二郡二十九縣，租入倍諸王也。」

〔三〕臨邑，縣，屬東（海）〔郡〕，故城在今（濟）〔齊〕州東，亦名馬坊城也。

睦少好學，博通書傳，光武愛之，數被延納。顯宗之在東宮，尤見幸待，入侍諷誦，出則執轡。〔一〕中興初，禁網尚闊，而睦性謙恭好士，千里交結，自名儒宿德，莫不造門，由是聲價益廣。永平中，法憲頗峻，睦乃謝絕賓客，放心音樂。然性好讀書，常爲愛翫。歲終，遣中大夫奉璧朝賀，〔二〕召而謂之曰：「朝廷設問寡人，〔三〕大夫將何辭以對？」使者曰：「大王忠孝慈仁，敬賢樂士。臣雖螻蟻，敢不以實？」睦曰：「吁，子危我哉！〔四〕此乃孤幼時進趣之行也。〔五〕大夫其對以孤襲爵以來，志意衰惰，聲色是娛，犬馬是好。」使者受命而行。其能屈申若此。

〔一〕乘輿，尊者居中，執轡在左。

〔二〕中大夫，王國官也。續漢志曰：「中大夫，比六百石，無員，掌奉王使京都奉璧賀正月，及使諸國。本皆持節，後去節。」爾雅曰：「肉倍好謂之璧。」好，孔也。

〔三〕朝廷謂天子也。

〔四〕吁音虛。孔安國注尚書曰：「吁者，疑怪之聲也。」

〔五〕東觀記、續漢書並云「是吾幼時狂惷之行也」。

初，靖王薨，悉推財產與諸弟，雖王車服珍寶非列侯制，皆以爲分，然後隨以金帛贖之。睦能屬文，作春秋旨義終始論及賦頌數十篇。又善史書，當世以爲楷則。及寢病，帝驛馬令作草書尺牘十首。〔一〕立十年薨，子哀王基嗣。

〔一〕說文云：「牘，書版也。」蓋長一尺，因取名焉。

永平十八年，封基二弟爲縣侯，一弟爲鄉侯。建初二年，又封基弟毅爲平望侯。基立十四年薨，無子，肅宗憐之，不除其國。

永元二年，和帝封睦庶子斟鄉侯威爲北海王，奉睦後。立七年，威以非睦子，又坐誹謗，檻車徵詣廷尉，道自殺。

永初元年，鄧太后復封睦孫壽光侯普爲北海王，是爲頃王。延光二年，復封睦少子爲亭侯。普立〔十〕七年薨，子恭王翼嗣；立十四年薨，子康王嗣，無後，建安十一年，國除。

初，臨邑侯復好學，能文章。永平中，每有講學事，輒令復典掌焉。與班固、賈逵共述漢史，傅毅等皆宗事之。復子騊駼及從兄平望侯毅，並有才學。永寧中，鄧太后召毅及騊駼入東觀，與謁者僕射劉珍〔一〕著中興以下名臣列士傳。騊駼又自造賦、頌、書、論凡四篇。

〔一〕與平望侯毅並在文苑傳。

趙孝王良字次伯，光武之叔父也。平帝時舉孝廉，爲蕭令。光武兄弟少孤，良撫循甚篤。及光武起兵，以事告，良大怒，〔一〕曰：「汝與伯升志操不同，今家欲危亡，而反共謀如是！」既而不得已，從軍至小長安，漢兵大敗，良妻及二子皆被害。〔二〕更始立，以良爲國三老，從入關。更始敗，良聞光武卽位，乃亡奔洛陽。建武二年，封良爲廣陽王。五年，徙爲趙王，始就國。十三年，降爲趙公。頻歲來朝。十七年，薨于京師。凡立十六年。子節王栩

嗣。〔三〕建武三十年，封栩二子爲鄉侯。建初二年，復封栩十子爲亭侯。

〔一〕東觀記曰：「光武初起兵，良搏手大呼曰：『我欲詣納言嚴將軍。』叱上起去。出閤，令人視之。還白方坐啗脯，良復讙呼。上言『不可讙露』。明且欲去，前白良曰：『欲竟何時詣嚴將軍所？』良意下，曰：『我爲詐汝耳，當復何苦乎？』」

〔二〕續漢書曰：「阜、賜移書於良曰：『老子不率宗族，單綺騎牛，哭且行，何足賴哉！』」

〔三〕栩音況羽反。

栩立四十年薨，子頃王商嗣。永元三年，封商三弟爲亭侯。元年，封商四子爲亭侯。商立二十三年薨，子靖王宏〔嗣〕。立十二年薨，子惠王乾嗣。元初五年，封乾二弟爲亭侯。是歲，趙相奏乾居父喪私娉小妻，〔一〕又白衣出司馬門，坐削中丘縣。〔二〕時郎中南陽程堅素有志行，拜爲乾傅。堅輔以禮義，乾改悔前過，堅列上，復所削縣。本初元年，封乾一子爲亭侯。乾立四十八年薨，子懷王豫嗣。豫薨，子獻王赦嗣。赦薨，子珪嗣，建安十八年徙封博陵王。立九年，魏初以爲崇德侯。

〔一〕小妻，妾也。

〔二〕王宮門有兵衞，亦爲司馬門。東觀記曰：「乾私出國，到魏郡鄴、易陽，止宿亭，令奴金盜取亭席，金與亭佐孟常爭言，以刃傷常，部吏追逐，乾藏逃，金絞殺之，懸其屍道邊樹。國相舉奏，詔書削〔中丘〕。」中丘，縣，屬趙國，故城在今邢州內丘縣西。隨室諱「忠」，故改爲「內」焉。

城陽恭王祉字巨伯，〔一〕光武族兄舂陵康侯敞之子也。

〔一〕東觀記：「初名終，後改爲祉。」

敞曾祖父節侯買，以長沙定王子封於零道之舂陵鄉，爲舂陵侯。買卒，子戴侯熊渠嗣。熊渠卒，子考侯仁嗣。仁以舂陵地埶下溼，山林毒氣，上書求減邑內徙。〔一〕元帝初元四年，徙封南陽之白水鄉，猶以舂陵爲國名，遂與從弟鉅鹿都尉回及宗族往家焉。仁卒，子敞嗣。敞謙儉好義，盡推父時金寶財產與昆弟，荊州刺史上其義行，拜廬江都尉。〔二〕歲餘，會族兄安衆侯劉崇起兵，〔三〕王莽畏惡劉氏，徵敞至長安，免歸國。〔四〕

〔一〕東觀記曰：「考侯仁於時見戶四百七十六，上書願減戶徙南陽，留子男昌守墳墓，元帝許之。」

〔二〕南陽郡是荊州所管，故刺史上其行義也。續漢書曰「侯等助祭明堂，以例益戶二百，敞以有行義，拜爲廬江都尉」也。

〔三〕安衆康侯丹，長沙定王子，崇即丹之玄孫之子。

〔四〕東觀記曰：「敞臨廬江歲餘，遭旱，行縣，人持枯稻，自言稻皆枯。吏強責租。敞應曰：『太守事也。』載枯稻至太守所。酒數行，以語太守，太守曰：『無有。』敞以枯稻示之，太守曰：『都尉事邪？』敞怒叱太守曰：『鼠〔子〕何敢爾！』刺史舉奏，莽徵到長安，免就國。」

先是平帝時，敞與崇俱朝京師，助祭明堂。〔一〕崇見莽將危漢室，私謂敞曰：「安漢公擅國權，羣臣莫不回從，〔二〕社稷傾覆至矣。太后春秋高，天子幼弱，〔三〕高皇帝所以分封子弟，蓋爲此也。」敞心然之。及崇事敗，敞懼，欲結援樹黨，乃爲祉娶高陵侯翟宣女爲妻。〔四〕會宣弟義起兵欲攻莽，南陽捕殺宣女，祉坐繫獄。敞因上書謝罪，願率子弟宗族爲士卒先。莽新居攝，欲慰安宗室，故不被刑誅。及莽篡立，劉氏爲侯者皆降稱子，食孤卿祿，〔五〕後皆奪爵。及敞卒，祉遂特見廢，又不得官爲吏。

〔一〕平帝時王莽輔政，祫祭明堂，諸侯王二十八人，列侯百二十人，宗室子九百餘人，徵助祭也。

〔二〕回，曲。

〔三〕謂元后、平帝也。

〔四〕宣，丞相方進之子也，襲父侯爵。東觀記曰「敞爲嫡子終娶宣子女習爲妻，宣使嫡子姬送女入門，二十餘日，義起兵」也。

〔五〕孤者，特也。卑於公，尊於卿，特置之，故曰孤。禮記「上農夫食九人，諸侯下士視上農夫，中士倍下士，上士倍中士，下大夫倍上士，卿四大夫祿」也。

祉以故侯嫡子，行淳厚，宗室皆敬之。及光武起兵，祉兄弟相率從軍，前隊大夫甄阜盡收其家屬繫宛獄。及漢兵敗小長安，祉挺身還保棘陽，甄阜盡殺其母弟妻子。更始立，以

祉爲太常將軍，紹封舂陵侯。從西入關，封爲定陶王。別將擊破劉嬰於臨涇。及更始降於赤眉，祉乃閒行亡奔洛陽。是時宗室唯祉先至，光武見之歡甚。〔一〕建武二年，封爲城陽王，賜乘輿、御物、車馬、衣服。追謚敞爲康侯。十一年，祉疾病，上城陽王璽綬，願以列侯奉先人祭祀。帝自臨其疾。祉薨，年四十三，謚曰恭王，竟不之國，葬於洛陽北芒。

〔一〕東觀記曰：「祉以建武二年三月見於懷宮。」

十三年，封祉嫡子平爲蔡陽侯，以奉祉祀；平弟堅爲高鄉侯。初，建武二年，以皇祖、皇考墓爲昌陵，置陵令守視；後改爲章陵，因以舂陵爲章陵縣。十八年，立考侯、康侯廟，比園陵，置嗇夫。〔一〕詔零陵郡奉祠節侯、戴侯廟，以四時及臘歲五祠焉。〔二〕置嗇夫、佐吏各一人。

〔一〕嗇夫本鄉官，主知賦役多少，平其差品。園陵置之，知祭祀、徵求諸事。

〔二〕臘，歲終祭神之名也。

平後坐與諸王交通，國除。永平五年，顯宗更封平爲竟陵侯。平卒，子眞嗣。眞卒，子禹嗣。禹卒，子嘉嗣。

泗水王歙字經孫，〔一〕光武族父也。歙子終，與光武少相親愛。漢兵起，始及唐子，終誘殺湖陽尉。更始立，歙從入關，封爲元氏王，終爲侍中。更始敗，歙、終東奔洛陽。建武二年，立歙爲泗水王，終爲淄川王。〔二〕十年，歙薨，封小子煇爲堂谿侯，〔三〕奉歙後。終居喪思慕，哭泣二十餘日，亦薨。封長子柱爲邔侯，〔四〕以奉終祀，又封終子鳳曲陽侯。〔五〕

〔一〕歙音許及反。

〔二〕今淄州縣也。

〔三〕煇，字林云「灼也，音充瞽反」。續漢志：「汝南吳房縣有堂谿亭。」「煇」或作「煇」。

〔四〕邔，縣，屬南郡，故城在今襄州。邔音其紀反。

〔五〕曲陽，縣，屬東海郡，故城在今海州朐山縣西南。

歙從父弟茂，年十八，漢兵之起，茂自號劉失職，〔一〕亦聚衆京、密閒，〔二〕稱厭新將軍。攻下潁川、汝南，衆十餘萬人。光武既至河內，茂率衆降，封爲中山王。十三年，宗室爲王者皆降爲侯，更封茂爲穰侯。

〔一〕續漢志曰：「茂自號爲劉先職。」

〔二〕京，縣，屬河南郡，鄭之京邑，故城在今鄭州滎陽縣東南。密，縣，屬河南郡，故城在今密縣東南。

茂弟匡，亦與漢兵俱起。建武二年，封宜春侯。爲人謙遜，永平中爲宗正。子浮嗣，封朝陽侯。〔一〕

〔一〕朝陽，縣，屬南（郡）〔陽〕，故城在今鄧州穰縣南，今謂之朝城。

浮弟尙，永元中爲征西將軍。浮傳國至孫護，無子，封絕。延光中，護從兄瓌與安帝乳母王聖女伯榮私通，遂取伯榮爲妻，得紹護封爲朝陽侯，位侍中。及王聖敗，貶爵爲亭侯。

安成孝侯賜字子琴，光武族兄也。祖父利，蒼梧太守。〔一〕賜少孤。兄顯報怨殺人，吏捕顯殺之。賜與顯子信賣田宅，同抛〔二〕財產，結客報吏，〔三〕皆亡命逃伏，遭赦歸。會伯升起兵，乃隨從攻擊諸縣。

〔一〕蒼梧，郡，今梧州縣也。

〔二〕音交反。

〔三〕續漢書曰：「王莽時諸劉抑廢，爲郡縣所侵。蔡陽國釜亭（侯）〔候〕長辭（訽）〔詢〕更始父子張，子張怒，刺殺亭長。後十餘歲，亭長子報殺更始弟騫。賜兄（顯）欲爲報怨，賓客轉劫人，發覺，州郡殺顯獄中。賜與顯子信結客陳政等九人，燔燒殺亭長妻子四人。」

更始既立，以賜爲光祿勳，封廣漢侯。及伯升被害，代爲大司徒，將兵討汝南。未及平，更始又以信爲奮威大將軍，代賜擊汝南，賜與更始俱到洛陽。更始欲令親近大將徇河北，未知所使。賜言諸家子獨有文叔可用，大司馬朱鮪等以爲不可，更始狐疑，賜深勸之，乃拜光武行大司馬，持節過河。是日以賜爲丞相，令先入關，修宗廟宮室。還迎更始都長安，封賜爲宛王，拜前大司馬，使持節鎭撫關東。二年春，賜就國於宛，典將六部兵。〔一〕後赤眉破更始，賜所領六部亦稍散畔，乃去宛保育陽。

〔一〕伯升初起，置六部之兵。

聞光武卽位，乃西之武關，迎更始妻子將詣洛陽。帝嘉賜忠，建武二年，封爲愼侯。〔一〕十三年，更增戶邑，定封爲安成侯，奉朝請。以賜有恩信，故親厚之，數蒙讌私，時幸其第，恩賜特異。賜輒賑與故舊，無有遺積。帝爲營冢堂，起祠廟，置吏卒，如舂陵孝侯。二十八年卒，子閔嗣。

〔一〕愼，縣，屬汝南郡，故城在今潁州潁上縣西北。

三十年，帝復封閔弟嵩爲白牛侯。〔一〕坐楚事，〔二〕辭語相連，國除。閔卒，子商嗣，徙封爲白牛侯。商卒，子昌嗣。

〔一〕白牛，蓋鄉亭之號也，今在鄧州東也。

〔二〕謂楚王英謀反。

初，信爲更始討平汝南，因封爲汝陰王。〔一〕信遂將兵平定江南，據豫章。光武卽位，桂陽太守張隆擊破之，信乃詣洛陽降，以爲汝陰侯。永平十三年，亦坐楚事國除。

〔一〕汝陰屬汝（州）南郡，故城卽今潁（川）〔州〕（郡）汝陰縣也。

成武孝侯順字平仲，光武族兄也。父慶，〔一〕舂陵侯敞同產弟。順與光武同里閈，〔二〕少相厚。

〔一〕續漢（志）〔書〕：「慶字翁敖。」

〔二〕閈，里門也。

更始卽位，以慶爲燕王，順爲虎牙將軍。會更始降赤眉，慶爲亂兵所（叔）〔殺〕，順乃閒行詣光武，拜爲南陽太守。建武二年，封成武侯，〔一〕邑戶最大，租入倍宗室諸家。八年，使擊破六安賊，〔二〕因拜爲六安太守。數年，帝欲徵之，吏人上書請留。十一年卒，帝使使者迎喪，親自臨弔。子遵嗣，坐與諸王交通，降爲端氏侯。〔三〕遵卒，子弁嗣。弁卒，無嗣，國除。永平十年，顯宗幸章陵，追念舊恩，封順弟子三人爲鄉侯。

〔一〕成武，縣，屬山陽郡，今曹州縣也。
〔二〕六安卽廬州也。
〔三〕端氏，縣，屬河東郡，故城在今澤州端氏縣西北。

初，順叔父弘〔一〕娶於樊氏，皇妣之從妹也。生二子：敏，國。與母隨更始在長安。建武二年，詣洛陽，光武封敏爲甘里侯，〔二〕國爲弋陽侯。〔三〕敏通經有行，永平初，官至越騎校尉。

〔一〕東觀記曰：「弘字孺孫，先起義兵，卒。」
〔二〕潁州潁上縣西北有甘城。
〔三〕弋陽，縣，屬汝南郡，侯國也，故城在今光州定城縣西也。

弘弟梁，以俠氣聞，〔一〕更始元年，起兵豫章，欲徇江東，自號「就漢大將軍」，暴病卒。〔二〕

〔一〕東觀記曰：「梁字季少。」
〔二〕東觀記曰：「病筋攣卒。」

順陽懷侯嘉字孝孫，光武族兄也。父憲，〔一〕舂陵侯敞同產弟。嘉少孤，性仁厚，南頓君養視如子，後與伯升俱學長安，習尚書、春秋。

〔一〕續漢（志）〔書〕曰：「憲字翁君。」

及義兵起，嘉隨更始征伐。漢軍之敗小長安也，嘉妻子遇害。更始卽位，以爲偏將軍。及攻破宛，封興德侯，遷大將軍。擊延岑於冠軍，降之。更始既都長安，以嘉爲漢中王、扶威大將軍，持節就國，都於南鄭，衆數十萬。建武二年，延岑復反，攻漢中，圍南鄭，嘉兵敗走。岑遂定漢中，進兵武都，爲更始柱功侯李寶所破。岑走天水，公孫述遣將侯丹取南鄭。嘉收散卒，得數萬人，以寶爲相，從武都南擊侯丹，不利，還軍河池、下辨。〔一〕復與延岑連戰，岑引北入散關，〔二〕至陳倉，嘉追擊破之。更始鄧王廖湛將赤眉十八萬攻嘉，嘉與戰於谷口，〔三〕大破之。嘉手殺湛，遂到雲陽就穀。

〔一〕河池，縣，屬武都郡，一名仇池，今鳳州縣也。下辨，縣名，今成州同谷縣也。
〔二〕散關，故城在今陳倉縣南十里，有散谷水，因取名焉。
〔三〕谷口，縣，故城今醴泉縣東北四十里。酈元水經注曰：「涇水東經九嵕山東中山西，謂之谷口。」

李寶等聞鄧禹西征，擁兵自守，勸嘉且觀成敗。光武聞之，告禹曰：「孝孫素謹善，少且親愛，當是長安輕薄兒誤之耳。」禹卽宣帝旨，嘉乃因來歙詣禹於雲陽。三年，到洛陽，從征伐，拜爲千乘太守。六年，病，上書乞骸骨，徵詣京師。十三年，封爲順陽侯。秋，復封嘉子廧爲黃李侯。十五年，嘉卒。子參嗣，有罪，削爲南鄉侯。永平中，參爲城門校尉。參卒，子循嗣。循卒，子章嗣。

贊曰：齊武沈雄，義戈乘風。〔一〕倉卒匪圖，亡我天工。城陽早協，趙孝晚同。泗水三侯，或恩或功。

〔一〕以義舉兵，乘風雲之會也。

校勘記

五六〇頁二行　臨（泚）〔沘〕水　集解引惠棟說，謂續志作「比水」，水經注作「沘水」。按：光武紀亦作「沘水」，今據改。

五六〇頁九行　（諸）〔豬〕水二湖流注　據汲本改。按：豬水亦作「堵水」，「諸」乃「堵」之形誤。

五六〇頁一〇行　蕭該音　「蕭」原譌「肅」，逕改正。按：影印紹興本此卷仍有闕佚，取它本補配，故多譌脫，以下凡遇極明顯字之譌字及脫文，皆逕予改補，不作校記。

五六〇頁一一行　宜秋聚名在沘陽縣　按：「沘」原譌「泚」，各本皆未正。又按：續志宜秋聚在平氏縣。

五六〇頁一三行　引欲據宛　按：張熷謂案下文「引」下少「兵」字。

五六〇頁一四行　自號柱天大將軍　按：校補謂袁紀云自號柱天將軍，無「大」字。

五六一頁一一行　將軍張卬　「卬」原譌「印」，據殿本改正。按：通鑑亦作「卬」，考異謂司馬彪續漢書「卬」

作「印」，袁宏後漢紀作「斤」，皆誤，今從范曄後漢書。

五六三頁一行　魯陽縣屬南（郡）〔陽〕　據集解王先謙說改。

五六四頁四行　丹陽（故）郡〔故〕城在今潤州江寧縣東南　按：「郡故」二字各本皆譌倒，今正。

五六五頁四行　蓋畏此也　按：汲本「畏」作「謂」。

五六五頁一四行　南頓君娶同郡樊重女字嫺都　按：集解引沈欽韓說，謂袁紀「嫺都」作「歸都」。

五六六頁二行　臨邑縣屬東（海）〔郡〕故城在今（濟）〔齊〕州東　集解引沈欽韓說，謂臨邑漢志屬東郡，此誤。舊唐志臨邑縣屬齊州，注云濟州，亦誤。今據改。

五六八頁三行　復封睦少子爲亭侯　按：李慈銘謂「睦」當作「普」。

五六八頁四行　普立〔十〕七年薨　據殿本考證補。按：考證謂普以安帝永初元年封，至延光元年爲十七年。

五六八頁一三行　子節王栩嗣　按：殿本考證謂「栩」字章帝紀作「盱」。

五六九頁七行　元年封商四子爲亭侯　按：汲本「元年」上有「元興」二字。殿本考證謂應補「元興」二字，而疑封在商既薨之後，不應載於商未薨之前。校補則謂商薨宏嗣，果封在元興元年，則當稱宏弟，不當仍稱商子；既云商子，則其封自在商未薨之前。「元年」或是「六年」形近之誤。「元興」二字不當補。

五五九頁八行　子靖王宏〔嗣〕　據集解王先謙說補。
五五九頁一五行　詔書削〔中丘〕　據刊誤補。
五六〇頁一行　光武族兄春陵康侯敞　按：姚範謂節侯買乃光武之高祖，敞之曾祖，則敞乃光武之族父，非兄也。光武紀章懷注亦云春陵侯敞，光武季父，則此傳「兄」字誤也。
五六〇頁三行　封於零道之舂陵鄉　按：集解引錢大昕說，謂前志、續志俱作「泠道」。
五六〇頁四行　子考侯仁嗣　集解引惠棟說，東觀記宗室傳作「孝侯」。又引洪頤煊說，謂前書王子侯表作「孝侯仁」。按：後安城孝侯賜傳亦稱「舂陵孝侯」。
五六〇頁七行　會族兄安衆侯劉崇起兵　按：集解引沈欽韓說，謂崇於敞爲族子，非族兄。校補謂今案前書年表，舂陵侯買三傳至敞，安衆侯丹五傳始至崇，則崇且爲敞族孫，非僅族子也。
五六〇頁一三行　都尉事邪　按：殿本「邪」作「也」，與今東觀記合，校補謂作「邪」義較長。
五六〇頁一三行　敞怒叱太守曰鼠〔子〕何敢爾　集解引周壽昌說，謂「鼠」下應有「子」字。王先謙謂周說是，東觀記正作「鼠子何敢爾」。今據補。
五六二頁一〇行　置嗇夫佐吏各一人　按：刊誤謂「吏」當作「史」。
五六三頁一行　泗水王歙字經孫　按：集解引惠棟說，謂袁宏紀「經孫」作「經世」。
五六三頁一行　始及唐子　按：集解王先謙謂「子」下脫「鄉」字。

五六三頁七行　燀或作煇　按：殿本「燀」作「憚」。
五六三頁一三行　更封茂爲穰侯　集解引錢大昕說，謂光武紀茂封單父侯。按：沈欽韓謂熊方補後漢書年表云以單父侯更封穰侯，當是。
五六四頁三行　屬南（郡）〔陽〕　據集解引惠棟說改。
五六四頁六行　安成孝侯賜　按：汲本、殿本「成」作「城」。
五六四頁一一行　蔡陽國釜亭（侯）〔候〕長醉（詢）〔詢〕更始父子張　「候」字據汲本改。「詢」字據集解引陳景雲說改。
五六四頁一三行　賜兄（顯）欲爲報怨　據汲本補。
五六五頁九行　定封爲安成侯　按：殿本「成」作「城」。
五六六頁四行　汝陰屬汝（州）南郡故城卽今潁（川）〔州〕（郡）汝陰縣也　據汲本改。
五六六頁七行　續漢（志）〔書〕慶字翁敖　陳景雲謂「志」當作「書」，續志中亦無此語。今據改。
五六七頁二行　六安卽廬州也　按：集解引沈欽韓說，謂桓譚傳注云「六安在壽州安豐縣南」，是，此誤。
五六七頁一四行　續漢（志）〔書〕曰憲字翁君　據陳景雲說改。

後漢書

宋　范　曄　撰
唐　李　賢等注

第　三　册

卷一五至卷二四（傳二）

中　華　書　局

中華書局

後漢書卷十五

李王鄧來列傳第五

李通字次元，南陽宛人也。世以貨殖著姓。父守，身長九尺，容貌絶異，爲人嚴毅，居家如官廷。〔一〕初事劉歆，好星厤讖記，爲王莽宗卿師。〔二〕通亦爲五威將軍從事，出補巫丞，有能名。〔三〕莽末，百姓愁怨，通素聞守說讖云「劉氏復興，李氏爲輔」，私常懷之。且居家富逸，爲閭里雄，以此不樂爲吏，乃自免歸。

〔一〕續漢書曰：「守居家，與子孫尤謹，閨門之內如官廷也。」

〔二〕平帝五年，王莽攝政，郡國置宗師以主宗室，蓋特尊之，故曰宗卿師也。

〔三〕王莽置五威將軍。從事謂驅使小官也。前書，秦御史監郡，蕭何從事辨之。巫，縣，屬南郡，故城在今夔州巫山縣北也。

及下江、新市兵起，南陽騷動，〔一〕通從弟軼，亦素好事，乃共計議曰：「今四方擾亂，新室且亡，漢當更興。南陽宗室，獨劉伯升兄弟汎愛容衆，可與謀大事。」通笑曰：「吾意也。」

會光武避(事)〔吏〕在宛，通聞之，卽遣軼往迎光武。〔二〕光武初以通士君子相慕也，故往荅之。及相見，共語移日，握手極歡。通因具言讖文事，光武初殊不意，未敢當之。時守在長安，光武乃微觀通曰：「卽如此，當如宗卿師何？」通曰：「已自有度矣。」〔三〕因復備言其計。光武既深知通意，乃遂相約結，定謀議，期以材官都試騎士日，〔四〕欲劫前隊大夫及屬正，〔五〕因以號令大衆。乃使光武與軼歸舂陵，舉兵以相應。遣從兄子季之長安，以事報守。

〔一〕騷亦動也。

〔二〕續漢書曰：「先是李通同母弟申徒臣能爲醫，難使，伯升殺之。上恐其怨，不欲與軼相見。軼數請，上乃強見之。軼深達通意，上乃許往，意不安，買牛畱佩刀懷之。至通舍，通甚悅，握上手，得牛畱刀，謂上曰：『一何武也！』上曰：『蒼卒時以備不虞耳。』」

〔三〕度，計度也，音大各反。

〔四〕漢法以立秋日都試騎士，謂課殿最也。翟義誅王莽，以九月都試日勒車騎材官士是也。

〔五〕前隊大夫謂南陽太守甄阜也。屬正謂梁丘賜也。

季於道病死，守密知之，欲亡歸。素與邑人黃顯相善，時顯爲中郎將，聞之，謂守曰：「今關門禁嚴，君狀貌非凡，將以此安之？不如詣闕自歸。事既未然，脫可免禍。」守從其計，卽上書歸死，章未及報，留闕下。會事發覺，通得亡走，莽聞之，乃繫守於獄。而黃顯爲請曰：「守聞子無狀，〔一〕不敢逃亡，守義自信，歸命宮闕。臣顯願質守俱東，曉說其子。如遂悖逆，令守北向刎首，以謝大恩。」〔二〕莽然其言。會前隊復上通起兵之狀，莽怒，欲殺守，顯爭之，遂幷被誅，及守家在長安者盡殺之。南陽亦誅通兄弟、門宗六十四人，皆焚屍宛市。

〔一〕無狀謂禍大不可名言其狀也。

〔二〕刎，割也。

時漢兵亦已大合。通與光武、李軼相遇棘陽，遂共破前隊，殺甄阜、梁丘賜。

更始立，以通爲柱國大將軍、輔漢侯。從至長安，更拜爲大將軍，封西平王；軼爲舞陰王；通從弟松爲丞相。更始使通持節還鎭荊州，通因娶光武女弟伯姬，是爲寧平公主。〔一〕光武卽位，徵通爲衞尉。建武二年，封固始侯，拜大司農。帝每征討四方，常令通居守京師，鎭撫百姓，修宮室，起學官。五年春，代王梁爲前將軍。六年夏，領破姦將軍侯進、捕虜將軍王霸等十營擊漢中賊。〔二〕公孫述遣兵赴救，通等與戰於西城，破之，〔三〕還屯田順陽。〔四〕

〔一〕寧平，縣，屬淮陽國也。

〔二〕賊謂延岑也。

〔三〕西城，縣，屬漢中郡也。

〔四〕順陽，縣名，屬南(郡)〔陽〕，哀帝改爲博山，故城在今鄧州穰縣西。

時天下略定，通思欲避榮寵，以病上書乞身。詔下公卿羣臣議。大司徒侯霸等曰：「王莽篡漢，傾亂天下。通懷伊、呂、蕭、曹之謀，建造大策，扶助神靈，輔成聖德。破家爲國，忘身奉主，有扶危存亡之義。功德最高，海內所聞。通以天下平定，謙讓辭位。夫安不忘危，宜令通居職療疾。欲就諸侯，不可聽。」於是詔通勉致醫藥，以時視事。其夏，引拜爲大司空。

通布衣唱義，助成大業，重以寧平公主故，特見親重。然性謙恭，常欲避權埶。素有消疾，〔一〕自爲宰相，謝病不視事，連年乞骸骨，帝每優寵之。令以公位歸第養疾，通復固辭。積二歲，乃聽上大司空印綬，以特進奉朝請。有司奏請封諸皇子，帝感通首創大謀，卽日封通少子雄爲召陵侯。每幸南陽，常遣使者以太牢祠通父冢。十八年卒，謚曰恭侯。帝及皇后親臨弔，送葬。

〔一〕消，消中之疾也。周禮天官職曰：「春有痟首疾。」鄭玄注云：「痟，酸削也。」

子音嗣。音卒，子定嗣。定卒，子黃嗣。黃卒，子壽嗣。〔一〕

〔一〕東觀記「黃」字作「寘」也。

李軼後爲朱鮪所殺。更始之敗，李松戰死，唯通能以功名終。永平中，顯宗幸宛，詔諸李隨安衆宗室會見，〔一〕並受賞賜，恩寵篤焉。

〔一〕安衆，縣，屬南陽郡，故城在鄧州東。謝承書曰：「安衆侯劉（崇）〔寵〕，長沙定王五代孫，南陽宗室也。與宗人討莽有功，隨光武河北破王郎。朝廷高其忠壯，策文嗟歎，以厲宗室。安衆諸劉皆其後。」

論曰：子曰「富與貴是人之所欲，不以其道得之，不處也」。〔一〕李通豈知夫所欲而未識以道者乎！夫天道性命，聖人難言之，況乃億測微隱，猖狂無妄之福，〔二〕汙滅親宗，以觖一切之功哉！〔三〕昔蒙穀負書，不徇楚難；〔四〕卽墨用齊，義雪燕恥。〔五〕彼之趣舍所立，其殆與通異乎？

〔一〕論語之文。

〔二〕微隱謂讖文也。莊子曰：「猖狂妄行。」易無妄卦曰：「無妄之往，何之矣。」鄭玄注云：「妄之言望，人所望宜正。行必有所望，行而無所望，是失其正，何可往也。」卽史記朱英曰「代有無望之福，又有無（妄）〔望〕之禍」是也。

〔三〕停水曰汙，言族滅而汙池之也。觖，望也，音丘瑞反。一切，謂權時也。

〔四〕戰國策曰：「吳、楚戰於柏舉，吳師入郢。蒙穀奔入宮，負離次之典，浮江逃於雲夢之中。後昭王反郢，五官失法，百姓昏亂；蒙穀獻典，五官得法，百姓大化。校蒙穀之功，與存國相若，封之執圭。蒙穀怒曰：『穀非人臣也，社稷之臣也。苟社稷血食，余豈患無君乎！』遂弃於磨山也。

〔五〕史記曰，燕昭王伐齊，湣王敗，出亡。燕人入臨菑，盡取齊寶，燒其宮室宗廟，下齊七十餘城，其不下者，唯獨莒、卽墨。後齊田單以卽墨擊破燕軍，悉復所亡城。故曰雪也。

王常字顏卿，潁川舞陽人也。〔一〕王莽末，爲弟報仇，亡命江夏。〔二〕久之，與王鳳、王匡等起兵雲杜綠林中，聚衆數萬人，以常爲偏裨，攻傍縣。後與成丹、張卬別入南郡藍口，號下江兵。〔三〕王莽遣嚴尤、陳茂擊破之。常與丹、卬收散卒入蔞谿，〔四〕劫略鍾、龍閒，〔五〕衆復振。引軍與荆州牧戰於上唐，大破之，〔六〕遂北至宜秋。〔七〕

〔一〕東觀記曰：「其先鄠人，常父博，成、哀閒轉客潁川舞陽，因家焉。」

〔二〕命者，名也。背其名籍而逃亡也。

〔三〕續漢志曰南郡編縣有藍口聚。

〔四〕蔞音力于反。

〔五〕盛弘之荆州記曰永陽縣北有石龍山，在今安州應山縣東北。又隨州隨縣東北有三鍾山也。

〔六〕上唐，鄉名，故城在今隨州棗陽縣東北也。

〔七〕續漢志曰南（郡）〔陽〕有宜秋聚也。

是時，漢兵與新市、平林衆俱敗於小長安，各欲解去。伯升聞下江軍在宜秋，卽與光武及李通俱造常壁，曰：「願見下江一賢將，議大事。」成丹、張卬共推遣常。伯升見常，說以合從之利。〔一〕常大悟，曰：「王莽篡弑，殘虐天下，百姓思漢，故豪傑並起。今劉氏復興，卽眞主也。誠思出身爲用，輔成大功。」伯升曰：「如事成，豈敢獨饗之哉！」遂與常深相結而去。常還，具爲丹、卬言之。丹、卬負其衆，皆曰：「大丈夫既起，當各自爲主，何故受人制乎？」常心獨歸漢，乃稍曉說其將帥曰：「往者成、哀衰微無嗣，故王莽得承閒篡位。既有天下，而政令苛酷，積失百姓之心。民之謳吟思漢，非一日也，故使吾屬因此得起。夫民所怨者，天所去也；民所思者，天所與也。舉大事必當下順民心，上合天意，功乃可成。若負強恃勇，觸情恣欲，雖得天下，必復失之。以秦、項之埶，尚至夷覆，況今布衣相聚草澤？以此行之，滅亡之道也。今南陽諸劉舉宗起兵，觀其來議事者，皆有深計大慮，王公之才，與之并合，必成大功，此（天）所以祐吾屬也。」下江諸將雖屈強少識，然素敬常，乃皆謝曰：「無王將軍，吾屬幾陷於不義。願敬受教。」卽引兵與漢軍及新市、平林合。於是諸部齊心同力，銳氣益壯，遂俱進，破殺甄阜、梁丘賜。

〔一〕以利合曰從也。

及諸將議立宗室，唯常與南陽士大夫同意欲立伯升，而朱鮪、張卬等不聽。及更始立，以常爲廷尉、大將軍，封知命侯。別徇汝南、沛郡，還入昆陽，與光武共擊破王尋、王邑。更

始西都長安，以常行南陽太守事，令專命誅賞，〔一〕封爲鄧王，食八縣，賜姓劉氏。常性恭儉，遵法度，南方稱之。

〔一〕東觀記曰：「誅不從命，封拜有功。」

更始敗，建武二年夏，常將妻子詣洛陽，肉袒自歸。光武見常甚歡，勞之曰：「王廷尉良苦。〔一〕每念往時，共更艱戹，何日忘之。〔二〕莫往莫來，豈違平生之言乎？」〔三〕常頓首謝曰：「臣蒙大命，得以鞭策託身陛下。〔四〕始遇宜秋，後會昆陽，幸賴靈武，輒成斷金。〔五〕更始不量愚臣，任以南州。〔六〕赤眉之難，喪心失望，〔七〕以爲天下復失綱紀。聞陛下卽位河北，心開目明，今得見闕庭，死無遺恨。」帝笑曰：「吾與廷尉戲耳。吾見廷尉，不憂南方矣。」〔八〕乃召公卿將軍以下大會，具爲羣臣言：「常以匹夫興義兵，明于知天命，故更始封爲知命侯。與吾相遇兵中，尤相厚善。」特加賞賜，拜爲左曹，〔九〕封山桑侯。〔一〇〕

〔一〕良，甚也，言苦軍事也。

〔二〕更，經也。艱戹謂帝敗小長安，造常壁，與常共破甄阜及王尋等也。

〔三〕平生言謂常云「劉氏眞主也，誠思出身爲用，輔成大功」。常乃久事更始，不早歸朝，帝微以責之，故下文云「吾與廷尉戲耳」。詩衞風曰：「莫往莫來，悠悠我思。」

〔四〕策，馬檛也。言執策以從之。

〔五〕伯升與常深相結，故曰斷金。易繫辭曰：「二人同心，其利斷金。」

〔六〕謂以廷尉行南陽太守。
〔七〕謂赤眉入長安，破更始。
〔八〕謂南陽也。
〔九〕前書曰，左、右曹，平尚書事。
〔10〕山桑，縣，屬沛郡，今亳州縣。

後帝於大會中指常謂羣臣曰：「此家率下江諸將輔翼漢室，心如金石，眞忠臣也。」是日遷常爲漢忠將軍，遣南擊鄧奉、董訢，令諸將皆屬焉。又詔常北擊河閒、漁陽，平諸屯聚。五年秋，攻拔湖陵，又與帝會任城，因從破蘇茂、龐萌。進攻下邳，常部當城門戰，一日數合，賊反走入城，常追迫之，城上射矢雨下，帝從百餘騎自城南高處望，常戰力甚，馳遣中黃門詔使引還，賊遂降。又別率騎都尉王霸共平沛郡賊。〔一〕六年春，徵還洛陽，令夫人迎常於舞陽，歸家上冢。西屯長安，拒隗囂。七年，使使者持璽書卽拜常爲橫野大將軍，位次與諸將絕席。〔二〕常別擊破隗囂將高峻於朝那。〔三〕囂遣將過烏氏，常要擊破之。轉降保塞羌諸營壁，皆平之。九年，擊內黃賊，破降之。後北屯故安，拒盧芳。〔四〕十二年，薨于屯所，謚曰節侯。

〔一〕東觀記曰，沛郡賊，苗虛也。

〔二〕絕席謂尊顯之也。漢官儀曰：「御史大夫、尚書令、司隸校尉，皆專席，號三獨坐。」
〔三〕朝那，縣，屬安定郡也。
〔四〕故安，縣，屬涿郡，故城在今易州易縣南也。

子廣嗣。三十年，徙封石城侯。〔一〕永平十四年，坐與楚事相連，國除。

〔一〕石城故城在今復州沔陽縣東南也。

鄧晨字偉卿，南陽新野人也。世吏二千石。〔一〕父宏，豫章都尉。晨初娶光武姊元。王莽末，光武嘗與兄伯升及晨俱之宛，與穰人蔡少公等讌語。少公頗學圖讖，言劉秀當爲天子。或曰：「是國師公劉秀乎？」光武戲曰：「何用知非僕邪？」坐者皆大笑，晨心獨喜。〔二〕及光武與家屬避吏新野，舍晨廬，甚相親愛。晨因謂光武曰：「王莽悖暴，盛夏斬人，此天亡之時也。〔三〕往時會宛，獨當應邪？」光武笑不荅。

〔一〕東觀記曰：「晨曾祖父隆，揚州刺史；祖父勳，交阯刺史。」
〔二〕東觀記曰：「晨與上共載出，逢使者不下車，使者怒，頗加恥辱。上稱江夏卒史，晨更名侯家丞。使者以其詐，將至亭，欲罪之，新野宰潘叔爲請，得免。」
〔三〕王莽地皇元年，下書曰：「方出軍行師，有趍讙犯〔法〕者，斬無須時。」於是春夏斬人都市，百姓震懼也。

及漢兵起，晨將賓客會棘陽。漢兵敗小長安，諸將多亡家屬，光武單馬遁走，遇女弟伯姬，與共騎而奔。前行復見元，趣令上馬。元以手撝曰：「行矣，不能相救，無爲兩沒也。」會追兵至，元及三女皆遇害。漢兵退保棘陽，而新野宰乃汙晨宅，焚其冢墓。宗族皆恚怒，曰：「家自富足，何故隨婦家人入湯鑊中？」晨終無恨色。

更始立，以晨爲偏將軍。與光武略地潁川，俱夜出昆陽城，擊破王尋、王邑。又別徇陽翟以東，至京、密，皆下之。〔一〕更始北都洛陽，以晨爲常山太守。會王郎反，光武自薊走信都，晨亦閒行會於鉅鹿下，自請從擊邯鄲。光武曰：「偉卿以一身從我，不如以一郡爲我北道主人。」乃遣晨歸郡。光武追銅馬、高胡羣賊於冀州，晨發積射士千人，〔二〕又遣委輸給軍不絕。光武卽位，封晨房子侯。〔三〕帝又感悼姊沒於亂兵，追封謚元爲新野節義長公主，立廟于縣西。封晨長子汎爲吳房侯，〔四〕以奉公主之祀。

〔一〕京、密，二縣名，屬河南郡。京故城在今鄭州滎陽東，鄭之京邑也。密故城在滎陽東南也。
〔二〕積與迹同，古字通用，謂尋迹而射之。
〔三〕房子，今趙州縣也。
〔四〕吳房，今豫州縣也。

建武三年，徵晨還京師，數讌見，說故舊平生爲歡。晨從容謂帝曰：「僕竟（辯）〔辦〕之。」〔一〕帝大笑。從幸章陵，拜光祿大夫，使持節監執金吾賈復等擊平邵陵、新息賊。〔二〕四年，從幸壽春，留鎮九江。

〔一〕光武前語晨云：「何用知非僕乎？」故晨有此言也。
〔二〕新息，今豫州縣也。

晨好樂郡職，由是復拜爲中山太守，吏民稱之，常爲冀州高第。〔一〕十三年，更封南䜌侯。〔二〕入奉朝請，復爲汝南太守。十八年，行幸章陵，徵晨行廷尉事。從至新野，置酒酣讌，賞賜數百（十）〔千〕萬，復遣歸郡。晨興鴻郤陂數千頃田，〔三〕汝土以殷，魚稻之饒，流衍它郡。〔四〕明年，定封西華侯，復徵奉朝請。二十五年卒，詔遣中謁者備公主官屬禮儀，〔五〕招迎新野主魂，與晨合葬於北芒。乘輿與中宮親臨喪送葬。謚曰惠侯。

〔一〕中山屬冀州，於冀州所部郡課常爲弟一也。
〔二〕䜌音力全反。
〔三〕鴻郤，陂名，在今豫州汝陽縣東。成帝時，關東水陂溢爲害，翟方進爲丞相，奏罷之。
〔四〕衍，饒也。
〔五〕漢官儀曰「長公主官屬，傅一人，員吏五人，騶僕射五人，私府長、食官長、永巷令、家令各一人」也。

小子棠嗣，後徙封武當。棠卒，子固嗣。固卒，子國嗣。國卒，子福嗣，永建元年卒，無子，國除。

來歙字君叔，[一]南陽新野人也。六世祖漢，有才力，武帝世，以光祿大夫副樓船將軍楊僕，擊破南越、朝鮮。父仲，[二]哀帝時爲諫大夫，娶光武祖姑，生歙。光武甚親敬之，數共往來長安。

[一]歙音許及反。

[二]東觀記「仲」作「沖」。

漢兵起，王莽以歙劉氏外屬，乃收繫之，賓客共篡奪，得免。更始即位，以歙爲吏，從入關。數言事不用，以病去。歙女弟爲漢中王劉嘉妻，嘉遣人迎歙，因南之漢中。更始敗，歙勸嘉歸光武，遂與嘉俱東詣洛陽。

帝見歙，大歡，即解衣以衣之，[一]拜爲太中大夫。是時方以隴、蜀爲憂，獨謂歙曰：「今西州未附，[二]子陽稱帝，道里阻遠，諸將方務關東，思西州方略，未知所任，其謀若何？」歙因自請曰：「臣嘗與隗囂相遇長安。其人始起，以漢爲名。今陛下聖德隆興，臣願得奉威命，開以丹青之信，[三]囂必束手自歸，則述自亡之埶，不足圖也。」帝然之。建武三年，歙始

使隗囂。五年，復持節送馬援，因奉璽書於囂。既還，復往說囂，囂遂遣子恂隨歙入質，拜歙爲中郎將。時山東略定，帝謀西收囂兵，與俱伐蜀，復使歙喻旨。囂將王元說囂，多設疑故，久冘豫不決。[四]歙素剛毅，遂發憤質責囂曰：[五]「國家以君知臧否，曉廢興，故以手書暢意。足下推忠誠，遣伯春委質，[六]是臣主之交信也。今反欲用佞惑之言，爲族滅之計，叛主負子，違背忠信乎？吉凶之決，在於今日。」欲前刺囂，囂起入，部勒兵，將殺歙，歙徐杖節就車而去。囂愈怒，王元勸囂殺歙，使牛邯將兵圍守之。囂將王遵諫曰：「愚聞爲國者慎器與名，爲家者畏怨重禍。[七]俱慎名器，則下服其命；輕用怨禍，則家受其殃。今將軍遣子質漢，內懷它志，名器逆矣；外人有議欲謀漢使，輕怨禍矣。古者列國兵交，使在其閒，[八]所以重兵貴和而不任戰也，何況承王命籍重質而犯之哉？君叔雖單車遠使，而陛下之外兄也。[九]害之無損於漢，而隨以族滅。昔宋執楚使，遂有析骸易子之禍。[一〇]小國猶不可辱，況於萬乘之主，重以伯春之命哉！」歙爲人有信義，言行不違，及往來游說，皆可案覆，西州士大夫皆信重之，多爲其言，故得免而東歸。

[一]東觀記曰「解所被襜襦以衣歙」也。

[二]西州謂隗囂也。

[三]楊子法言曰「聖人之言，明若丹青」也。

[四]冘豫，不定之意也。說文曰「冘冘，行皃」也。音淫。東觀記曰「狐疑不決」也。

[五]質，正也。

[六]囂子恂，字伯春。

[七]器，車服也。名，爵號也。言名與器不可妄授也。

[八]左傳曰：「晉欒書伐鄭，鄭人使伯蠲行成，晉人殺之，非禮也。兵交使在其閒，可也。」

[九]光武之姑子，故曰外兄也。

[一〇]左傳曰，楚使申舟聘齊，不假道於宋。華元曰：「楚不假道，鄙我也。」乃殺之。楚子聞之，遂圍宋。宋人懼，使華元夜入楚師，告子反曰「寡君使元以病告，弊邑易子而食，析骸以爨」也。

八年春，歙與征虜將軍祭遵襲略陽，遵道病還，分遣精兵隨歙，合二千餘人，伐山開道，從番須、回中[一]徑至略陽，[二]斬囂守將金梁，因保其城。囂大驚曰：「何其神也！」[三]乃悉兵數萬人圍略陽，斬山築堤，激水灌城。歙與將士固死堅守，矢盡，乃發屋斷木以爲兵。囂盡銳攻之，自春至秋，其士卒疲弊。帝乃大發關東兵，自將上隴，囂衆潰走，圍解。於是置酒高會，勞賜歙，班坐絕席，在諸將之右，賜歙妻縑千匹。詔使留屯長安，悉監護諸將。

[一]番須、回中，並地名也。番音盤。武帝元封四年幸雍，通回中道。前書音義曰回中在汧。汧今隴州汧源縣也。

[二]徑，直也。

[三]東觀記曰：「上聞得略陽，甚悅。左右怪上數破大敵，今得小城，何足以喜？然上以略陽囂所依阻，心腹已壞，則

制其支體(易)也。」

歙因上書曰：「公孫述以隴西、天水爲藩蔽，故得延命假息。今二郡平蕩，則述智計窮矣。宜益選兵馬，儲積資糧。昔趙之將帥多賈人，高帝懸之以重賞。[一]今西州新破，兵人疲饉，若招以財穀，則其衆可集。臣知國家所給非一，用度不足，然有不得已也。」帝然之。於是大轉糧運，[二]詔歙率征西大將軍馮異、建威大將軍耿弇、虎牙大將軍蓋延、揚武將軍馬成、武威將軍劉尚入天水，擊破公孫述將田弇、趙匡。明年，攻拔落門，[三]隗囂支黨周宗、趙恢及天水屬縣皆降。

[一]高帝十年，陳豨反於趙、代，其將多賈人，帝多以金購，豨將皆降。

[二]東觀記曰：「詔於汧積穀六萬斛，驢四百頭負馱。」

[三]聚名也。解見光武紀。

初王莽世，羌虜多背叛，而隗囂招懷其酋豪，遂得爲用。及囂亡後，五谿、先零諸種數爲寇掠，皆營塹自守，州郡不能討。歙乃大修攻具，率蓋延、劉尚及太中大夫馬援等進擊羌於金城，大破之，斬首虜數千人，獲牛羊萬餘頭，穀數十萬斛。又擊破襄武賊傅栗卿等。[一]隴西雖平，而人飢，流者相望。[二]歙乃傾倉廩，轉運諸縣，以賑贍之，於是隴右遂安，而涼州流通焉。

〔一〕襃武，縣，屬隴西郡也。
〔二〕流謂流離以就食也。

十一年，歙與蓋延、馬成進攻公孫述將王元、環安於河池、下（辯）〔辨〕，陷之，乘勝遂進。蜀人大懼，使刺客刺歙，未殊，馳召蓋延。延見歙，因伏悲哀，不能仰視。歙叱延曰：「虎牙何敢然！今使者中刺客，無以報國，故呼巨卿，欲相屬以軍事，而反效兒女子涕泣乎！刃雖在身，不能勒兵斬公邪！」延收淚強起，受所誡。歙自書表曰：「臣夜人定後，爲何人所賊傷，中臣要害。〔一〕臣不敢自惜，誠恨奉職不稱，以爲朝廷羞。夫理國以得賢爲本，太中大夫段襄，骨鯁可任，〔二〕願陛下裁察。又臣兄弟不肖，〔三〕終恐被罪，陛下哀憐，數賜教督。」投筆抽刃而絕。

〔一〕何人謂不知何人也。
〔二〕骨鯁，喻正直也。說文曰：「鯁，魚骨也。」食骨留咽中爲鯁。
〔三〕肖，似也。不似猶不賢也。

帝聞大驚，省書（覽）〔攬〕涕，乃賜策曰：「中郎將來歙，攻戰連年，平定羌、隴，憂國忘家，忠孝彰著。遭命遇害，嗚呼哀哉！」使太中大夫贈歙中郎將、征羌侯印綬，謚曰節侯，謁者護喪事。喪還洛陽，乘輿縞素臨弔送葬。以歙有平羌、隴之功，故改汝南之當鄉縣爲征

羌國焉。〔一〕

〔一〕征羌故城在今豫州郾城縣東南也。

子襃嗣。十三年，帝嘉歙忠節，復封歙弟由爲宜西侯。〔一〕襃子稜，尚顯宗女武安公主。稜早歿，襃卒，以稜子歷爲嗣。

〔一〕東觀記曰「宜西鄉侯」。

論曰：世稱來君叔天下信士。夫專使乎二國之閒，豈厭詐謀哉？而能獨以信稱者，良其誠心在乎使兩義俱安，而已不私其功也。

歷字伯珍，少襲爵，以公主子，永元中，爲侍中，監羽林右騎。〔一〕永初三年，遷射聲校尉。永寧元年，代馮石爲執金吾。延光元年，尊歷母爲長公主。二年，遷歷太僕。

〔一〕羽林騎，武帝置。宣帝令中郎將騎都尉監羽林，見前書。

明年，中常侍樊豐與大將軍耿寶、侍中周廣、謝惲等共譖陷太尉楊震，震遂自殺。歷謂侍御史虞詡曰：「耿寶託元舅之親，〔一〕榮寵過厚，不念報國恩，而傾側姦臣，誣奏楊公，傷害忠良，其天禍亦將至矣。」遂絕周廣、謝惲，不與交通。時皇太子驚病不安，避幸安帝乳母野王君王聖舍。太子乳母王男、廚監邴吉等以爲聖舍新繕修，犯土禁，不可久御。聖及其女永與大長秋江京及中常侍樊豐、王男、邴吉等互相是非，聖、永遂誣譖男、吉，皆幽囚死，家屬徙比景。太子思男等，數爲歎息。京、豐懼有後害，妄造虛無，構讒太子及東宮官屬。帝怒，召公卿以下會議廢立。耿寶等承旨，皆以爲太子當廢。歷與太常桓焉、廷尉張皓議曰：「經說，年未滿十五，過惡不在其身。且男、吉之謀，皇太子容有不知，宜選忠良保傅，輔以禮義。廢置事重，此誠聖恩所宜宿留。」〔二〕帝不從，〔三〕是日遂廢太子爲濟陰王。時監太子家小黃門籍建、中傅高梵等〔三〕皆以無罪徙朔方。歷乃要結光祿勳祋諷，〔四〕宗正劉瑋，將作大匠薛皓，侍中閭丘弘、陳光、趙代、施延，太中大夫朱倀、〔五〕第五頡，〔六〕中散大夫曹成，諫議大夫李尤，符節令張敬，〔七〕持書侍御史龔調，〔八〕羽林右監孔顯，〔九〕城門司馬徐崇，衞尉守丞樂闡，〔一〇〕長樂、未央廐令鄭安世等十餘人，〔一一〕俱詣鴻都門證太子無過。帝與左右患之，乃使中常侍奉詔脅羣臣曰：「父子一體，天性自然。以義割恩，爲天下也。歷、諷等不識大典，而與羣小共爲讙譁，外見忠直而內希後福，飾邪違義，豈事君之禮？朝廷廣開言事之路，故且一切假貸；若懷迷不反，當顯明刑書。」諫者莫不失色。薛皓先頓首曰：「固宜如明詔。」歷怫然，〔一二〕廷詰皓曰：「屬通諫何言，而今復背之？〔一三〕大臣乘朝車，處國事，固得輾轉若此乎！」〔一四〕乃各稍自引起，歷

獨守闕，連日不肯去。帝大怒，乃免歷兄弟官，削國租，黜公主不得會見。歷遂杜門不與親戚通，時人爲之震慄。

〔一〕寶女弟爲清河王慶姬，卽安帝嫡母也，故寶於帝爲元舅焉。
〔二〕宿留猶停留也。宿留音秀溜。
〔三〕梵音扶汎反。
〔四〕祋音丁外反。
〔五〕倀音丑羊反。
〔六〕頡音下結反。
〔七〕續漢（書）〔志〕曰：「符節令，秩（六）百石。」
〔八〕續漢志曰「持書侍御史，秩六百石」也。
〔九〕漢官儀「羽林左、右監，屬光祿」也。
〔一〇〕守丞，兼守之丞也。
〔一一〕續漢志曰「未央廐令一人，長樂廐令一人，主乘輿馬」也。
〔一二〕字林曰：「怫，鬱也。」怫音扶勿反。
〔一三〕屬，近也。通猶共也。近言共諫，何乃相背也。
〔一四〕周禮曰：「卿乘夏縵，大夫乘墨車。」輾轉，不定也。詩曰：「展轉反側。」

及帝崩，閻太后起歷爲將作大匠。順帝卽位，朝廷咸稱社稷臣，於是遷爲衞尉。祋諷、劉瑋、閭丘弘等先卒，皆拜其子爲郎；朱倀、〔一〕施延、陳光、趙代等並爲公卿，任職；徵王男、邴吉家屬還京師，厚加賞賜；籍建、高梵等悉蒙顯擢。永建元年，拜歷車騎將軍，弟祉爲步兵校尉，超爲黃門侍郎。三年，母長公主薨，歷稱病歸第；服闋，復爲大鴻臚。陽嘉二年，卒官。

〔一〕倀音丑良反。

子定嗣。定尙安帝妹平氏長公主，順帝時，爲虎賁中郎將。定卒，子虎嗣，桓帝時，爲屯騎校尉。弟豔，字季德，少好學下士，開館養徒，少歷顯位，靈帝時，再遷司空。

贊曰：李、鄧豪贍，舍家從讖。〔一〕少公雖孚，宗卿未驗。〔二〕王常知命，功惟帝念。〔三〕款款君叔，斯言無玷。〔四〕方獻三捷，永墜一劒。〔五〕

〔一〕鄧晨代以吏二千石爲豪，李通家富爲贍也。

〔二〕孚，信也。言蔡少公論讖，其事雖信，而李守被誅，是未驗也。

〔三〕王常，更始中爲知命侯，後歸朝，上錄其功，封爲列侯，故曰帝念。

〔四〕玷，缺也。

〔五〕小雅采薇詩曰：「豈敢定居，一月三捷。」

校勘記

五七三頁三行 李通字次元 集解引汪文臺說，謂初學記十一、北堂書鈔五十二引華嶠書「次元」作「文元」。今按：安國桂坡館刊本初學記及孔廣陶校注本北堂書鈔並作「次元」。

五七四頁一行 會光武避（事）〔吏〕在宛 集解引陳景雲說，謂它處皆作「避吏」，此「事」疑因相似而誤。今據改。按：「事」字古文作「叓」，與「吏」形相近也。

五七四頁七行 同母弟申徒臣 集解引惠棟說，謂「申徒臣」東觀記作「公孫臣」，袁宏紀作「申屠臣」。今按：聚珍本東觀記光武紀作「公孫臣」，李通傳作「申屠臣」。

五七四頁九行 蒼卒時以備不虞耳 汲本、殿本「蒼」作「倉」。按：蒼倉通用。又按：影印紹興本此卷仍有闕佚，取它本補配，故多譌字。以下遇極明顯之譌字，皆逕予改正，不作校記。

五七五頁一〇行 徵通爲衞尉 按：袁紀「衞尉」作「光祿勳」。書鈔五十三引續漢書同。

五七六頁二行 屬南（郡）〔陽〕 據集解引洪亮吉說改。

五七六頁三行 以病上書乞身 按：集解引洪亮吉說，謂此蒙上「六年夏」之文，下云「其夏，引拜爲大司空」，考通爲司空在建武七年五月，則此應云「明年夏，引拜爲大司空」，否則「以病上書乞身」上亦應加「明年」二字。省此二字，增一「其」字，遂覺敍事不清。

五七七頁三行 安衆侯劉（祟）〔寵〕 集解引顧炎武說，謂「祟」當從漢表作「寵」。又引陳景雲說，謂祟死於莽未簒漢之先，建武二年，從父弟寵紹封，此傳寫誤也。今據改。按：集解又引惠棟說，謂安衆侯紹封者有劉宣子高，見卓茂傳。校補謂「宣」與「寵」自係一人名，因形近而誤。

五七七頁六行 猖狂無妄之福 按：汲本「福」作「禍」。

五七七頁一一行 又有無（妄）〔望〕之禍 據汲本、殿本改，與史記平原君傳合。

五七八頁一三行 南（郡）〔陽〕有宜秋聚也 集解引惠棟說，謂續志平氏縣有宜秋聚，屬南陽，非南郡也。今據改。

五七九頁一〇行 此〔天〕所以祐吾屬也 校補引錢大昭說，謂「此」字下通鑑有「天」字。按：上屢言「天」，此處合有「天」字，今據補。

五八一頁六行 此家率下江諸將 集解謂袁宏紀「此家」作「此人」。按：通鑑胡注「此家猶言此人也」。

五八一頁一三行 嚚遣將過烏氏 按：集解引惠棟說，謂氏音支，續志作「枝」或作「支」。

五八二頁二行 按：此注原繫「烏氏」下，據汲本、殿本移正。

五八二頁一〇行 往時會宛獨當應邪 按：張熷謂「會宛」下當有「語」字，袁紀作「宛下言儻能應也」。

五八二頁一四行 有趑譴犯（法）者斬無須時 據刊誤補，與前書莽傳合。按：殿本「趑」作「趨」，與前書莽傳同。

五八三頁一五行 僕覔（辯）〔辨〕之 按：集解引沈欽韓說，謂此「僕」字卽光武自稱之「僕」，「辯」當作「辨」。今據改。

五八四頁七行 賞賜數百（十）〔千〕萬 據汲本、殿本改。

五八五頁三行 娶光武祖姑生歙 按：殿本考證萬承蒼謂下文王遵曰「君叔陛下之外兄也」，此「祖姑」字必有誤。又沈家本謂按後文「而陛下之外兄也」，注「光武之姑子，故曰外兄」，然則仲娶者非光武祖姑，恐「祖」字譌也。

五八六頁九行 而陛下之外兄也 按：御覽四五二引「陛下」作「漢帝」。

五八六頁一〇行 害之無損於漢而隨以族滅 按：御覽四五二引作「害之無損於彼，滅之有害於吾」。

五八七頁一四行 前書音義曰回中在汧 按：集解引惠棟說，謂番須、回中皆在安定郡，注引前書音義謂「回中在汧」，非。

五八七頁一六行 則制其支體（易）也 據校補引錢大昭說補。

五八九頁三行 下（辯）〔辨〕 據集解引惠棟說改。按：通鑑作「辨」。

五八九頁一二行 按：此注原在「被罪」下，依汲本移正。

五八九頁一三行　省書(覽)〔擥〕涕　校補謂「覽」當作「擥」，屈子懷沙「思美人兮擥涕而竚眙」。今據改。按：通鑑引作「攬」，攬卽擥字。

五八九頁一五行　故改汝南之當鄉縣爲征羌國焉　按：前志汝南無當鄉縣。集解引錢大昕說，謂「縣」字疑衍。又引洪頤煊說，謂地理、郡國兩志於征羌不言「故當鄉」。范滂傳「汝南征羌人」，李注「謝承書云汝南細陽人」。疑當鄉縣東京初年割細陽所置，故承以滂爲細陽人。

五九一頁八行　侍中閭丘弘　按：集解引惠棟說，謂袁紀作「中郎將閭丘宏」。

五九一頁一五行　固得轞轉若此乎　按：汲本、殿本「得」作「復」。

五九二頁九行　續漢(書)〔志〕曰符節令秩〔六〕百石　「書」當作「志」。又集解引沈欽韓說，謂「百石」上應有「六」字，今據補，與續志合。

後漢書卷十六

鄧寇列傳第六　鄧禹子訓　孫騭　寇恂曾孫榮

鄧禹字仲華，南陽新野人也。年十三，能誦詩，受業長安。時光武亦游學京師，禹年雖幼，而見光武知非常人，遂相親附。數年歸家。

及漢兵起，更始立，豪桀多薦舉禹，禹不肯從。及聞光武安集河北，卽杖策北渡，追及於鄴。光武見之甚歡，謂曰：「我得專封拜，生遠來，寧欲仕乎？」禹曰：「不願也。」光武曰：「卽如是，何欲爲？」禹曰：「但願明公威德加於四海，禹得効其尺寸，垂功名於竹帛耳。」光武笑，因留宿閒語。〔一〕禹進說曰：「更始雖都關西，今山東未安，赤眉、青犢之屬，動以萬數，三輔假號，往往羣聚。更始既未有所挫，而不自聽斷，諸將皆庸人屈起，〔二〕志在財幣，爭用威力，朝夕自快而已，非有忠良明智，深慮遠圖，欲尊主安民者也。四方分崩離析，〔三〕形埶可見。明公雖建藩輔之功，猶恐無所成立。於今之計，莫如延攬英雄，務悅民心，立高祖之業，救萬民之命。以公而慮天下，不足定也。」光武大悅，因令左右號禹曰鄧將軍。常宿止於中，與定計議。

〔一〕閒，私也。

〔二〕屈音求勿反。

〔三〕論語曰：「邦分崩離析。」

及王郎起兵，光武自薊至信都，使禹發奔命，得數千人，令自將之，別攻拔樂陽。〔一〕從至廣阿，〔二〕光武舍城樓上，披輿地圖，指示禹曰：「天下郡國如是，今始乃得其一。子前言以吾慮天下不足定，何也？」禹曰：「方今海內殽亂，人思明君，猶赤子之慕慈母。古之興者，在德薄厚，不以大小。」〔三〕光武悅。時任使諸將，多訪於禹，禹每有所舉者，皆當其才，光武以爲知人。使別將騎，與蓋延等擊銅馬於淸陽。延等先至，戰不利，還保城，爲賊所圍。禹遂進與戰，破之，生獲其大將。從光武追賊至(滿)〔蒲〕陽，連大克獲，北州略定。

〔一〕樂陽，縣名，屬常山郡。

〔二〕東觀記曰：「上率禹等擊王郎橫野將軍劉奉，大破之。上過禹營，禹進炙魚，上餐啗，勞勉吏士，威嚴甚厲。衆皆竊言『劉公眞天人也』。」

〔三〕史記蘇秦說趙王曰：「堯無三夫之分，舜無咫尺之地，禹無百人之聚，湯、武之士不過三千，立爲天子，誠得其道也。」

及赤眉西入關，更始使定國上公王匡、襄邑王成丹、抗威將軍劉均及諸將，分據河東、弘農以拒之。赤眉衆大集，王匡等莫能當。光武籌赤眉必破長安，欲乘舋并關中，而方自事山東，未知所寄，以禹沈深有大度，故授以西討之略。乃拜爲前將軍持節，中分麾下精兵二萬人，遣西入關，令自選偏裨以下可與俱者。於是以韓歆爲軍師，李文、李春、程慮爲祭酒，〔一〕馮愔爲積弩將軍，樊崇爲驍騎將軍，宗歆爲車騎將軍，鄧尋爲建威將軍，耿訢爲赤眉將軍，左于爲軍師將軍，引而西。

〔一〕「慮」字或爲「憲」字。

建武元年正月，禹自箕關將入河東，〔一〕河東都尉守關不開，禹攻十日，破之，獲輜重千餘乘。進圍安邑，數月未能下。更始大將軍樊參將數萬人，度大陽欲攻禹，〔二〕禹遣諸將逆擊於解南，大破之，斬參首。〔三〕於是王匡、成丹、劉均等合軍十餘萬，復共擊禹，禹軍不利，樊崇戰死。會日暮，戰罷，軍師韓歆及諸將見兵埶已摧，皆勸禹夜去，禹不聽。明日癸亥，匡等以六甲窮日不出，禹因得更理兵勒衆。明旦，匡悉軍出攻禹，禹令軍中無得妄動；既至營下，因傳發諸將鼓而並進，大破之。匡等皆棄軍亡走，禹率輕騎急追，獲劉均及河東太守楊寶、持節中郎將弭彊，皆斬之，收得節六，印綬五百，兵器不可勝數，遂定河東。承制拜李文爲河東太守，悉更置屬縣令長以鎭撫之。是月，光武卽位於鄗，使使者持節拜禹爲大司徒。策曰：「制詔前將軍禹：深執忠孝，與朕謀謨帷幄，決勝千里。〔四〕孔子曰：『自吾有

回，門人日親。』〔五〕斬將破軍，平定山西，功効尤著。百姓不親，五品不訓，汝作司徒，敬敷五教，五教在寬。〔六〕今遣奉車都尉授印綬，封爲酇侯，食邑萬戶。敬之哉！」〔七〕禹時年二十四。

〔一〕箕關在今王屋縣東。

〔二〕大陽，縣，屬河東郡。前書音義曰：「大河之陽。」春秋：「秦伯伐晉，自茅津濟。」杜預云：「河東大陽縣也。」

〔三〕解，縣，屬河東郡，故城在今蒲州桑泉縣東南也。

〔四〕高祖曰：「運策帷幄之中，決勝千里之外，吾不如子房。」

〔五〕史記曰，顏回年二十九，髮白，早死，孔子哭之慟，曰「自吾有回，門人益親」也。

〔六〕五品，五常也：父義，母慈，兄友，弟恭，子孝。言五常之教務在寬也。

〔七〕酇，縣，(今)屬南陽郡，故城在〔今〕襄州穀城縣東北。

遂渡汾陰河，入夏陽。更始中郎將左輔都尉公乘歙，〔一〕引其衆十萬，與左馮翊兵共拒禹於衙，〔二〕禹復破走之，而赤眉遂入長安。是時三輔連覆敗，赤眉所過殘賊，百姓不知所歸。聞禹乘勝獨剋而師行有紀，〔三〕皆望風相攜負以迎軍，降者日以千數，衆號百萬。禹所止輒停車住節，〔四〕以勞來之，父老童穉，垂髮戴白，〔五〕滿其車下，莫不感悅，於是名震關西。帝嘉之，數賜書褒美。

〔一〕左輔即左馮翊也。三輔皆有都尉。

〔二〕衙，縣名，屬左馮翊，解見安紀。

〔三〕紀，綱紀也。言有條貫而不殘暴。

〔四〕住或作柱。

〔五〕垂髮，童幼也。戴白，父老也。

諸將豪傑皆勸禹徑攻長安。禹曰：「不然。今吾衆雖多，能戰者少，前無可仰之積，〔一〕後無轉饋之資。赤眉新拔長安，財富充實，鋒銳未可當也。夫盜賊羣居，無終日之計，財穀雖多，變故萬端，寧能堅守者也？上郡、北地、安定三郡，土廣人稀，饒穀多畜，吾且休兵北道，就糧養士，以觀其弊，乃可圖也。」於是引軍北至栒邑。〔二〕禹所到，擊破赤眉別將諸營保，郡邑皆開門歸附。西河太守宗育遣子奉檄降，禹遣詣京師。〔三〕

〔一〕仰猶恃也，音魚向反。

〔二〕栒邑，縣，屬右扶風，故城在今豳州三水縣東北。栒音荀。

〔三〕京師謂洛陽也。公羊傳曰：「天子所居曰京師。」

帝以關中未定，而禹久不進兵，下勑曰：「司徒，堯也；亡賊，桀也。長安吏人，遑遑無所依歸。宜以時進討，鎭慰西京，繫百姓之心。」禹猶執前意，乃分遣將軍別攻上郡諸縣，更徵兵引穀，歸至大要。〔一〕遣馮愔、宗歆守栒邑。二人爭權相攻，愔遂殺歆，因反擊禹，禹遣使

以聞(帝)。帝問使人：「愔所親愛爲誰」，對曰：「護軍黃防。」帝度愔、防不能久和，埶必相忤，因報禹曰：「縛馮愔者，必黃防也。」乃遣尚書宗廣持節降之。後月餘，防果執愔，將其衆歸罪。更始諸將王匡、胡殷(成丹)等皆詣廣降，與共東歸。至安邑，道欲亡，廣悉斬之。愔至洛陽，赦不誅。

〔一〕大要，縣名，屬北地郡。

二年春，遣使者更封禹爲梁侯，食四縣。時赤眉西走扶風，禹乃南至長安，軍昆明池，大饗士卒。率諸將齋戒，擇吉日，修禮謁祠高廟，收十一帝神主，遣使奉詣洛陽，因循行園陵，爲置吏士奉守焉。

禹引兵與延岑戰於藍田，不克，復就穀雲陽。漢中王劉嘉詣禹降。嘉相李寶倨慢無禮，禹斬之。寶弟收寶部曲擊禹，殺將軍耿訢。自馮愔反後，禹威稍損，又乏食，歸附者離散。而赤眉復還入長安，禹與戰，敗走，至高陵，軍士飢餓(者)，皆食棗菜。帝乃徵禹還，勑曰：「赤眉無穀，自當來東，吾折捶笞之，非諸將憂也。無得復妄進兵。」禹慙於受任而功不遂，數以飢卒徼戰，輒不利。三年春，與車騎將軍鄧弘擊赤眉，遂爲所敗，衆皆死散。事在馮異傳。獨與二十四騎還詣宜陽，上大司徒、梁侯印綬。有詔歸侯印綬。數月，拜右將軍。

延岑自敗於東陽，遂與秦豐合。四年春，復寇順陽閒。遣禹護復漢將軍鄧曄、輔漢將軍

于匡，擊破岑於鄧；追至武當，復破之。岑奔漢中，餘黨悉降。

十三年，天下平定，諸功臣皆增戶邑，定封禹爲高密侯，食高密、昌安、夷安、淳于四縣。〔一〕帝以禹功高，封弟寬爲明親侯。其後左右將軍官罷，〔二〕以特進奉朝請。禹內文明，篤行淳備，事母至孝。天下既定，常欲遠名埶。有子十三人，各使守一藝。修整閨門，教養子孫，皆可以爲後世法。資用國邑，不修產利。帝益重之。中元元年，復行司徒事。從東巡狩，封岱宗。

〔一〕高密，國名，今密州縣也。昌安、夷安並屬高密國。昌安故城在今密州安丘縣外城也。夷安故城在今密州高密縣外城也。淳于，縣名，屬北海郡，故城在今密州安丘縣東北也。

〔二〕續漢志曰「前後左右將軍皆主征伐，事訖皆罷」也。

顯宗即位，以禹先帝元功，拜爲太傅，進見東向，甚見尊寵。〔一〕居歲餘，寢疾。帝數自臨問，以子男二人爲郎。永平元年，年五十七薨，謚曰元侯。

〔一〕臣當北面，尊如賓，故令東向。

帝分禹封爲三國：長子震爲高密侯，襲爲昌安侯，珍爲夷安侯。

禹少子鴻，好籌策。永平中，以爲小侯。引入與議邊事，帝以爲能，拜將兵長史，率五營士屯鴈門。肅宗時，爲度遼將軍。永元中，與大將軍竇憲俱出擊匈奴，有功，徵行車騎將軍。出塞追畔胡逢侯，坐逗留，下獄死。

高密侯震卒，子乾嗣。乾尚顯宗女沁水公主。永元十四年，陰皇后巫蠱事發，乾從兄奉以后舅被誅，乾從坐，國除。元興元年，和帝復封乾本國，拜侍中。乾卒，子成嗣。成卒，子褒嗣。褒尚安帝妹舞陰長公主，桓帝時爲少府。褒卒，長子某嗣。少子昌襲母爵爲舞陰侯，拜黃門侍郎。

昌安侯襲嗣子藩，亦尚顯宗女平皋長公主，〔一〕和帝時爲侍中。

〔一〕平皋，縣名，屬河內郡，故城在今懷州武德縣西。

夷安侯珍子康，少有操行。兄良襲封，無後，永初六年，紹封康爲夷安侯。時諸紹封者皆食故國半租，康以皇太后戚屬，獨三分食二，以侍祠侯〔一〕爲越騎校尉。康以太后久臨朝政，宗門盛滿，數上書長樂宮諫爭，宜崇公室，自損私權，言甚切至。太后不從。康心懷畏懼，永寧元年，遂謝病不朝。太后使內侍者問之。時宮人出入，多能有所毀譽，其中耆宿皆稱中大人。所使者乃康家先婢，亦自通中大人。康聞，詬之〔二〕曰：「汝我家出，亦敢爾邪！」婢怨恚，還說康詐疾而言不遜。太后大怒，遂免康官，遣歸國，絕屬籍。及從兄騭誅，〔三〕安帝徵康爲侍中。順帝立，爲太僕，有方正稱，名重朝廷。陽嘉三年卒，謚曰義侯。

〔一〕漢官儀曰：「諸侯功德優盛，朝廷所敬者，位特進，在三公下；其次朝侯，在九卿下；其次侍祠侯；其次下士小國侯，以肺腑親公主子孫，奉墳墓於京師，亦隨時朝見，是爲隈諸侯也。」康，太后從兄，以親侍祀得紹封也。

〔二〕詬，駡也，音許遘反。

〔三〕騭音質。

論曰：夫變通之世，君臣相擇，〔一〕斯最作事謀始之幾也。〔二〕鄧公嬴糧徒步，觸紛亂而赴光武，〔三〕可謂識所從會矣。於是中分麾下之軍，以臨山西之隙，至使關河響動，懷赴如歸。功雖不遂，而道亦弘矣！及其威損栒邑，兵散宜陽，褫龍章於終朝，就侯服以卒歲，〔四〕榮悴交而下無二色，進退用而上無猜情，使君臣之美，後世莫闕其閒，不亦君子之致爲乎！

〔一〕家語孔子曰：「君擇臣而任之，臣亦擇君而事之。」

〔二〕幾者，事之微也。易訟卦曰「君子以作事謀始」也。

〔三〕方言曰：「嬴，檐。」

〔四〕褫音直紙反，又敕紙反。龍章，袞龍之服也。謂禹爲赤眉所敗，上司徒印綬也。易訟卦曰：「或錫之鞶帶，終朝三褫之。」

訓字平叔，禹第六子也。少有大志，不好文學，禹常非之。顯宗即位，初以爲郎中。訓樂施下士，士大夫多歸之。〔一〕

〔一〕東觀記曰：「訓謙恕下士，無貴賤見之如舊，朋友子往來門內，視之如子，有過加鞭扑之敎。太醫皮巡從獵上林還，暮宿殿門下，寒疝病發。時訓直事，聞巡聲，起往問之，巡曰：『冀得火以熨背。』訓身至太官門爲求火，不得，乃以口噓其背，復呼同廬郎共更噓，至朝遂愈也。」

永平中，理虖沱、石臼河，從都慮至羊腸倉，〔一〕欲令通漕。〔二〕太原吏人苦役，連年無成，轉運所經三百八十九隘，〔三〕前後沒溺死者不可勝筭。建初三年，拜訓謁者，使監領其事。訓考量隱括，〔四〕知大功難立，具以上言。肅宗從之，遂罷其役，更用驢輦，歲省費億萬計，全活徒士數千人。

〔一〕酈元水經注云，汾陽故城，積粟所在，謂之羊腸倉，在晉陽西北，石隥縈委，若羊腸焉，故以爲名。今嵐州界羊腸阪是也。石臼河解見（明）〔章〕紀。

〔二〕水運曰漕。

〔三〕隘音乙賣反。

〔四〕隱審量括之也。孫卿子曰：「拘木必待隱括蒸揉然後直」也。拘音鉤，謂曲者也。

會上谷太守任興欲誅赤沙烏桓，〔烏桓〕怨恨謀反，詔訓將黎陽營兵屯狐奴，以防其變。〔一〕訓撫接邊民，爲幽部所歸。六年，遷護烏桓校尉，黎陽故人多攜將老幼，樂隨訓徙邊。〔二〕鮮卑聞其威恩，皆不敢南近塞下。〔三〕八年，舞陰公主子梁扈有罪，訓坐私與扈通

書，徵免歸閭里。〔四〕

〔一〕漢官儀曰：「中興以幽、冀、并州兵克定天下，故於黎陽立營，以謁者監之。」狐奴，縣，屬漁陽郡也。
〔二〕東觀記曰：「訓故吏最貧羸者舉國，念訓常所服藥北州少乏，又知訓好青泥封書，從黎陽步推鹿車於洛陽市藥，還過趙國易陽，並載青泥一(樸)〔襆〕，至上谷遺訓。其得人心如是。」
〔三〕東觀記曰：「吏士常大病瘧，轉易至數十人，訓身爲煮湯藥，咸得平愈。其無妻者，爲適配偶。」
〔四〕東觀記曰：「燕人思慕，爲之作歌也。」

元和三年，盧水胡反畔，以訓爲謁者，乘傳到武威，拜張掖太守。

章和二年，護羌校尉張紆誘誅燒當種羌迷吾等，由是諸羌大怒，謀欲報怨，朝廷憂之。公卿舉訓代紆爲校尉。諸羌激忿，遂相與解仇結婚，交質盟詛，〔一〕衆四萬餘人，期冰合度河攻訓。先是小月氏胡分居塞內，勝兵者二三千騎，皆勇健富彊，每與羌戰，常以少制多。雖首施兩端，〔二〕漢亦時收其用。時迷吾子迷唐，別與武威種羌合兵萬騎，來至塞下，未敢攻訓，先欲脅月氏胡。訓擁衞稽故，令不得戰。〔三〕議者咸以羌胡相攻，縣官之利，以夷伐夷，不宜禁護。訓曰：「不然。今張紆失信，衆羌大動，經常屯兵，不下二萬，轉運之費，空竭府帑，〔四〕涼州吏人，命縣絲髮。原諸胡所以難得意者，皆恩信不厚耳。今因其迫急，以德懷之，庶能有用。」遂令開城及所居園門，悉驅羣胡妻子內之，嚴兵守衞。羌掠無所得，〔五〕又

不敢逼諸胡，因即解去。由是湟中諸胡〔六〕皆言「漢家常欲鬬我曹，今鄧使君待我以恩信，開門內我妻子，乃得父母」。咸歡喜叩頭曰：「唯使君所命。」訓遂撫養其中少年勇者數百人，以爲義從。

〔一〕鄭玄注周禮云：「大事曰盟，小事曰詛。」
〔二〕首施猶首鼠也。
〔三〕稽故謂稽留事故也。東觀記「稽故」字作「諸故」也。
〔四〕說文曰：「帑，金帛所藏。」音乇莽反。
〔五〕掠，劫奪也。
〔六〕湟中，月氏胡所居，今鄯州湟水縣也。

羌胡俗恥病死，每病臨困，輒以刃自刺。訓聞有困疾者，輒拘持縛束，不與兵刃，使醫藥療之，愈者非一，小大莫不感悅。於是賞賂諸羌種，使相招誘。迷唐伯父號吾乃將其母及種人八百戶，自塞外來降。訓因發湟中秦、胡、羌兵四千人，出塞掩擊迷唐於寫谷，〔一〕斬首虜六百餘人，得馬牛羊萬餘頭。迷唐乃去大、小榆，〔二〕居頗巖谷，衆悉破散。其春，復欲歸故地就田業，訓乃發湟中六千人，令長史任尙將之，縫革爲船，置於箄上以度河，〔三〕掩擊迷唐廬落大豪，多所斬獲。復追逐奔北，會尙等夜爲羌所攻，於是義從羌胡并力破之，斬首前後一千八百餘級，獲生口二千人，馬牛羊三萬餘頭，一種殆盡。〔四〕迷唐遂收其餘部，遠徙廬落，西行千餘里，諸附落小種皆背畔之。燒當豪帥東號稽顙歸死，〔五〕餘皆款塞納質。於是綏接歸附，威信大行。遂罷屯兵，各令歸郡。唯置弛刑徒二千餘人，分以屯田，爲貧人耕種，修理城郭塢壁而已。

〔一〕東觀記(曰)「寫」作「鴈」。
〔二〕兩谷名也，見西羌傳。
〔三〕箄，木筏也，音步佳反。
〔四〕一種謂迷唐也。
〔五〕東號，羌名。

永元二年，大將軍竇憲將兵鎮武威，憲以訓曉羌胡方略，上求俱行。訓初厚於馬氏，不爲諸竇所親，及憲誅，故不離其禍。〔一〕

〔一〕離，遭也。

訓雖寬中容衆，而於閨門甚嚴，兄弟莫不敬憚，諸子進見，未嘗賜席接以溫色。四年冬，病卒官，時年五十三。吏人羌胡愛惜，旦夕臨者日數千人。戎俗父母死，恥悲泣，皆騎馬歌呼。至聞訓卒，莫不吼號，或以刀自割，又刺殺其犬馬牛羊，曰：「鄧使君已死，我曹

亦俱死耳」。前烏桓吏士皆奔走道路，〔二〕至空城郭。吏執不聽，以狀白校尉徐傿。傿歎息曰：「此義也。」〔三〕乃釋之。遂家家爲訓立祠，每有疾病，輒此請禱求福。

〔二〕訓前任烏桓校尉時吏士也。
〔三〕傿音於建反。

元興元年，和帝以訓皇后之父，使謁者持節至訓墓，賜策追封，謚曰平壽敬侯。〔一〕中宮自臨，百官大會。

〔一〕平壽，縣，屬北海郡，故城在今青州北海縣。

訓五子：騭，京，悝，弘，閶。〔一〕

〔一〕悝音口回反。

騭字昭伯，〔一〕少辟大將軍竇憲府。及女弟爲貴人，騭兄弟皆除郎中。及貴人立，是爲和熹皇后。騭三遷虎賁中郎將，京、悝、弘、閶皆黃門侍郎。京卒於官。延平元年，拜騭車騎將軍、儀同三司。〔儀同三司〕始自騭也。悝虎賁中郎將，弘、閶皆侍中。

〔一〕東觀記「騭」作「陟」。

殤帝崩，太后與騭等定策立安帝，悝遷城門校尉，弘虎賁中郎將。自和帝崩後，騭兄弟

常居禁中。騭謙遜不欲久在內，連求還第，歲餘，太后乃許之。

永初元年，封騭上蔡侯，悝葉侯，弘西平侯，〔一〕閶西華侯，〔二〕食邑各萬戶。騭以定策功，增邑三千戶。騭等辭讓不獲，遂逃避使者，閒關詣闕，〔三〕上疏自陳曰：「臣兄弟汙濊，無分可採，〔四〕過以外戚，遭值明時，〔五〕託日月之末光，被雲雨之渥澤，〔六〕並統列位，光昭當世。不能宣贊風美，補助清化，誠慙誠懼，無以處心。陛下躬天然之姿，體仁聖之德，遭國不造，仍離大憂，〔七〕開日月之明，運獨斷之慮，援立皇統，奉承大宗。聖策定於神心，休烈垂於不朽，本非臣等所能萬一，而猥推嘉美，並享大封，〔八〕伏聞詔書，驚惶慙怖。追觀前世傾覆之誡，〔九〕退自惟念，不寒而慄。〔一〇〕臣等雖無逮及遠見之慮，猶有庶幾戒懼之情。常母子兄弟，內相勑厲，冀以端愨畏慎，一心奉藏，上全天恩，下完性命。刻骨定分，有死無二。終不敢橫受爵土，以增罪累。惶窘征營，昧死陳乞。」太后不聽。騭頻上疏，至於五六，乃許之。

〔一〕西平，縣，屬汝南郡，故城在今豫州郾城縣南。

〔二〕西華，縣，屬汝南郡也。

〔三〕閒關猶崎嶇也。

〔四〕言無分寸可收採也。

〔五〕過，誤也。

〔六〕易曰：「夫聖人者，與天地合其德，日月齊其明。」又云「雲行雨施，天下平」也。

〔七〕造，成也。仍，頻也。大憂，和帝、殤帝崩。

〔八〕猥，曲也。

〔九〕前代外戚上官安、霍禹之屬，皆被誅戮也。

〔一〇〕惟，思也。不寒而慄，言恐懼也。前書曰「義縱爲定襄太守，郡中不寒而慄」也。

其夏，涼部畔羌搖蕩西州，朝廷憂之。於是詔騭將左右羽林、北軍五校士及諸部兵擊之，車駕幸平樂觀餞送。騭西屯漢陽，使征西校尉任尚、從事中郎司馬鈞與羌戰，大敗。時以轉輸疲弊，百姓苦役。冬，徵騭班師。〔一〕朝廷以太后故，遣五官中郎將迎拜騭爲大將軍。軍到河南，使大鴻臚親迎，中常侍齎牛酒郊勞，王、主以下候望於道。既至，大會羣臣，賜束帛乘馬，〔二〕寵靈顯赫，光震都鄙。

〔一〕班，還也。

〔二〕駟馬曰乘。

時遭元二之災，〔一〕人士荒飢，死者相望，盜賊羣起，四夷侵畔。騭等崇節儉，罷力役，推進天下賢士何熙、祋諷、〔二〕羊浸、李郃、陶敦等列於朝廷，辟楊震、朱寵、陳禪置之幕府，故天下復安。

〔一〕臣賢案：元二即元元也，古書字當再讀者，卽於上字之下爲小「二」字，言此字當兩度言之。後人不曉，遂讀爲元二，或同之陽九，或附之百六，良由不悟，致斯乖舛。今岐州石鼓銘，凡重言者皆爲「二」字，明驗也。

〔二〕祋，姓也，音丁外反，又音丁活反。

四年，母新野君寢病，騭兄弟並上書求還侍養。太后以閶最少，孝行尤著，特聽之，賜安車駟馬。及新野君薨，騭等復乞身行服，章連上，太后許之。騭等既還里第，並居冢次。閶至孝骨立，有聞當時。及服闋，詔喻騭還輔朝政，更授前封。騭等叩頭固讓，乃止。於是並奉朝請，位次在三公下，特進、侯上。〔一〕其有大議，乃詣朝堂，與公卿參謀。

〔一〕在特進及列侯之上。

元初二年，弘卒。太后服齊衰，帝絲麻，並宿幸其第。弘少治歐陽尚書，授帝禁中，〔一〕諸儒多歸附之。初疾病，遺言悉以常服，不得用錦衣玉匣。有司奏贈弘驃騎將軍，位特進，封西平侯。太后追思弘意，不加贈位衣服，但賜錢千萬，布萬匹，騭等復辭不受。詔大鴻臚持節，卽弘殯封子廣德爲西平侯。將葬，有司復奏發五營輕車騎士，禮儀如霍光故事，〔二〕太后皆不聽，但白蓋雙騎，門生輓送。〔三〕後以帝師之重，分西平之都鄉封廣德弟甫德爲都鄉侯。四年，又封京子黃門侍郎珍爲陽安侯，邑三千五百戶。

〔一〕歐陽生字和伯，千乘人，事伏生，武帝時人。

〔二〕霍光薨，宣帝遣太中大夫、侍御史持節護喪事，中二千石修莫府冢，上賜玉衣、梓宮、便房、黃腸題湊、轀輬車、黃

屋左纛，輕車材官五校士以送葬也。

〔三〕白蓋車也。

五年，悝、閶相繼並卒，皆遺言薄葬，不受爵贈，太后並從之。乃封悝子廣宗爲葉侯，閶子忠爲西華侯。

自祖父禹教訓子孫，皆遵法度，深戒竇氏，〔一〕檢勑宗族，闔門靜居。〔二〕騭子侍中鳳，嘗與尚書郎張龕書，屬郎中馬融宜在臺閣。又中郎將任尚嘗遺鳳馬，後尚坐斷盜軍粮，檻車徵詣廷尉，〔三〕鳳懼事泄，先自首於騭。騭畏太后，遂髡妻及鳳以謝，天下稱之。

〔一〕章帝竇皇后，竇勳女，祖穆及叔父俱尚主。穆交通輕薄，屬託郡縣，干亂政化，後並坐怨望謀不軌被誅，故鄧氏深引爲誡也。

〔二〕闔，閉也。

〔三〕檻車謂以板四周爲檻，無所見。

建光元年，太后崩，未及大斂，帝復申前命，封騭爲上蔡侯，位特進。帝少號聰敏，及長多不德，而乳母王聖見太后久不歸政，慮有廢置，常與中黃門李閏候伺左右。及太后崩，宮人先有受罰者，懷怨恚，因誣告悝、弘、閶先從尚書鄧訪取廢帝故事，謀立平原王得。〔一〕帝聞，追怒，令有司奏悝等大逆無道，遂廢西平侯廣德、葉侯廣宗、西華侯忠、陽安侯珍、都鄉

侯甫德皆爲庶人。騭以不與謀，但免特進，遣就國。宗族皆免官歸故郡，沒入騭等貲財田宅，徙鄧訪及家屬於遠郡。郡縣逼迫，廣宗及忠皆自殺。又徙封騭爲羅侯，〔二〕騭與子鳳並不食而死。騭從弟河南尹豹、度遼將軍舞陽侯遵、將作大匠暢皆自殺，唯廣德兄弟以母閻后戚屬得留京師。

〔一〕和帝長子平原王勝無嗣，鄧太后立樂安王寵子得爲平原王。

〔二〕羅，縣，屬長沙（國）〔郡〕。

大司農朱寵痛騭無罪遇禍，乃肉袒輿櫬，〔一〕上疏追訟騭曰：「伏惟和熹皇后聖善之德，爲漢文母。〔二〕兄弟忠孝，同心憂國，宗廟有主，王室是賴。〔三〕功成身退，讓國遜位，歷世外戚，無與爲比。當享積善履謙之祐，〔四〕而横爲宮人單辭所陷。利口傾險，反亂國家，罪無申證，〔五〕獄不訊鞠，〔六〕遂令騭等罹此酷濫。一門七人，並不以命，〔七〕屍骸流離，怨魂不反，逆天感人，率土喪氣。宜收還冢次，寵樹遺孤，奉承血祀，以謝亡靈。」〔八〕寵知其言切，自致廷尉，詔免官歸田里。衆庶多爲騭稱枉，帝意頗悟，乃譴讓州郡，〔九〕還葬洛陽北芒舊塋，公卿皆會喪，莫不悲傷之。詔遣使者祠以中牢，諸從昆弟皆歸京師。及順帝即位，追感太后恩訓，愍騭無辜，乃詔宗正復故大將軍鄧騭宗親內外，朝見皆如故事。除騭兄弟子及門從十二人悉爲郎中，擢朱寵爲太尉，錄尙書事。

〔一〕櫬，親身棺也。

〔二〕詩凱風曰：「母氏聖善。」文母，文王之母大任也。言太后有聖智之善，比於文母也。

〔三〕殤帝崩，太后與騭定立安帝，故曰是賴。

〔四〕易曰：「積善之家，必有餘慶。」又曰：「鬼神害盈而福謙。」

〔五〕申，明白也。

〔六〕訊，問也。鞠，窮也。

〔七〕七人謂騭從弟豹，遵、暢，騭子鳳，鳳從弟廣宗、忠也。

〔八〕血祀謂祭廟殺牲取血以告神也。

〔九〕以逼迫廣宗等故也。

寵字仲威，京兆人，初辟騭府，稍遷潁川太守，治理有聲。及拜太尉，封安鄉侯，甚加優禮。

廣德早卒。甫德更召徵爲開封令。學傳父業。喪母，遂不仕。閻妻耿氏有節操，痛鄧氏誅廢，子忠早卒，乃養河南尹豹子嗣爲閻後。耿氏教之書學，遂以通博稱。永壽中，與伏無忌、延篤著書東觀，官至屯騎校尉。

禹曾孫香（子）〔之〕女爲桓帝后，帝又紹封度遼將軍遵子萬世爲南鄉侯，拜河南尹。及后廢，萬世下獄死，其餘宗親皆復歸故郡。

鄧氏自中興後，累世寵貴，凡侯者二十九人，公二人，大將軍以下十三人，中二千石十四人，列校二十二人，州牧、郡守四十八人，其餘侍中、將、大夫、郎、謁者不可勝數，東京莫與爲比。

論曰：漢世外戚，自東、西京十有餘族，〔一〕非徒豪横盈極，自取災故，必於貽釁後主，以至顛敗者，其數有可言焉。〔二〕何則？恩非己結，而權已先之；〔三〕情疏禮重，而枉性圖之；〔四〕來寵方授，地既害之；〔五〕隙開勢謝，讒亦勝之。〔六〕悲哉！騭、悝兄弟，委遠時柄，忠勞王室，而終莫之免，斯樂生所以泣而辭燕也！〔七〕

〔一〕高帝呂后、昭帝上官后、宣帝霍后、成帝趙后、平帝王后、章帝竇后、和帝鄧后、安帝閻后、桓帝竇后、順帝梁后、靈帝何后等家，或以貴盛驕奢，或以擅位權重，皆以盈極被誅也。

〔二〕後主謂嗣君也。言外戚握權者，當先帝時或容免禍，必貽罪釁於嗣君，以至傾覆。數猶理也，其致敗之理可得言焉。

〔三〕言外戚之家，承隆寵於先帝，不結恩於後主，故權勢先在其身也。

〔四〕圖，謀也。其人既居權要，禮數不可不重，故後主枉其本性與之圖謀政事，非心所好也。

〔五〕後來寵者，方欲授之要職，而先代權臣見居其地，必須除舊方得授新，是地既害之也。

〔六〕君臣有隙，上下離心，則權寵之人形勢漸謝，於是讒人構會，尋亦勝也。

〔七〕樂毅忠於燕昭王，其子惠王立而疑樂毅，樂毅懼而奔趙。趙王謂樂毅曰：「燕力竭於齊，其主信讒，國人不附，其可圖乎？」毅伏而垂涕曰：「臣事昭王，猶事大王也。臣若獲戾於它國，沒身不忍謀趙徒隸，況其後嗣乎！」事見古史考。

寇恂字子翼，上谷昌平人也，世爲著姓。恂初爲郡功曹，太守耿況甚重之。

王莽敗，更始立，使使者徇郡國，曰「先降者復爵位」。恂從耿況迎使者於界上，況上印綬，使者納之，一宿無還意。恂勒兵入見使者，就請之。使者不與，曰：「天王使者，功曹欲脅之邪？」恂曰：「非敢脅使君，〔一〕竊傷計之不詳也。今天下初定，國信未宣，使君建節銜命，以臨四方，郡國莫不延頸傾耳，望風歸命。今始至上谷而先墮大信，〔二〕沮向化之心，生離畔之隙，將復何以號令它郡乎？且耿府君在上谷，久爲吏人所親，今易之，得賢則造次未安，不賢則秖更生亂。爲使君計，莫若復之以安百姓。」使者不應，恂叱左右以使者命召況。況至，恂進取印綬帶況。使者不得已，乃承制詔之，況受而歸。

〔一〕君者，尊之稱也。

〔二〕墮，毀也。

及王郎起，遣將徇上谷，急況發兵。恂與門下掾閔業共說況曰：「邯鄲拔起，難可信向。〔一〕昔王莽時，所難獨有劉伯升耳。今聞大司馬劉公，伯升母弟，尊賢下士，士多歸之，可攀附也。」況曰：「邯鄲方盛，力不能獨拒，如何？」恂對曰：「今上谷完實，控弦萬騎，舉大郡之資，可以詳擇去就。恂請東約漁陽，齊心合衆，邯鄲不足圖也。」況然之，乃遣恂到漁陽，結謀彭寵。恂還，至昌平，襲擊邯鄲使者，殺之，奪其軍，遂與況子弇等俱南及光武於廣阿。拜恂爲偏將軍，號承義侯，從破羣賊。數與鄧禹謀議，禹奇之，因奉牛酒共交歡。

〔一〕拔，卒也。

光武南定河內，而更始大司馬朱鮪等盛兵據洛陽。又并州未安，光武難其守，〔一〕問於鄧禹曰：「諸將誰可使守河內者？」禹曰：「昔高祖任蕭何於關中，無復西顧之憂，所以得專精山東，終成大業。今河內帶河爲固，戶口殷實，北通上黨，南迫洛陽。寇恂文武備足，有牧人御衆之才，非此子莫可使也。」乃拜恂河內太守，行大將軍事。光武謂恂曰：「河內完富，吾將因是而起。昔高祖留蕭何鎮關中，吾今委公以河內，堅守轉運，給足軍糧，率厲士馬，防遏它兵，勿令北度而已。」光武於是復北征燕、代。恂移書屬縣，講兵肄射，〔二〕伐淇園之竹，爲矢百餘萬，〔三〕養馬二千匹，收租四百萬斛，轉以給軍。

〔一〕非其人不可，故難之。

〔二〕肄，習也。

〔三〕前書音義曰「淇園，衞之苑，多竹篠」也。

朱鮪聞光武北而河內孤，使討難將軍蘇茂、副將賈彊將兵三萬餘人，度鞏河攻溫。〔一〕檄書至，恂即勒軍馳出，並移告屬縣，發兵會於溫下。軍吏皆諫曰：「今洛陽兵度河，前後不絕，宜待衆軍畢集，乃可出也。」恂曰：「溫，郡之藩蔽，失溫則郡不可守。」遂馳赴之。旦日合戰，而偏將軍馮異遣救及諸縣兵適至，士馬四集，幡旗蔽野。恂乃令士卒乘城鼓譟，大呼言曰：「劉公兵到！」蘇茂軍聞之，陳動，恂因奔擊，大破之，追至洛陽，遂斬賈彊。茂兵自投河死者數千，生獲萬餘人。恂與馮異過河而還。自是洛陽震恐，城門晝閉。時光武傳聞朱鮪破河內，有頃恂檄至，大喜曰：「吾知寇子翼可任也！」諸將軍賀，因上尊號，於是即位。

〔一〕鞏、溫並今洛州縣也。臨黃河，故曰鞏河也。

時軍食急乏，恂以輦車驪駕轉輸，前後不絕，〔一〕尚書升斗以稟百官。帝數策書勞問恂，同門生茂陵董崇說恂曰：「上新即位，四方未定，而君侯以此時據大郡，內得人心，外破蘇茂，威震鄰敵，功名發聞，此讒人側目怨禍之時也。昔蕭何守關中，悟鮑生之言而高祖悅。〔二〕今君所將，皆宗族昆弟也，無乃當以前人爲鏡戒。」恂然其言，稱疾不視事。帝將攻洛陽，先至河內，恂求從軍。帝曰：「河內未可離也。」數固請，不聽，乃遣兄子寇張、姊子谷崇將突騎願爲軍鋒。帝善之，皆以爲偏將軍。

〔一〕前書音義曰：「驪駕，併駕也。輦車，人挽行也。」

〔二〕漢王與項羽相距京、索，蕭何留守關中，上數使使勞苦何。鮑生謂何曰：「今君王暴衣露蓋，數勞苦君者，有疑君心。爲君計者，遣君子孫昆弟能勝兵者悉詣軍。」何從其計，高祖大悅。

建武二年，恂坐繫考上書者免。是時潁川人嚴終、趙敦聚衆萬餘，與密人賈期連兵爲寇。恂免數月，復拜潁川太守，與破姦將軍侯進俱擊之。數月，斬期首，郡中悉平定。封恂雍奴侯，邑萬戶。

執金吾賈復在汝南，部將殺人於潁川，〔一〕恂捕得繫獄。時尚草創，軍營犯法，率多相容，恂乃戮之於市。復以爲恥，歎。還過潁川，謂左右曰：「吾與寇恂並列將帥，而今爲其所陷，大丈夫豈有懷侵怨而不決之者乎？今見恂，必手劒之！」恂知其謀，不欲與相見。谷崇曰：「崇，將也，得帶劒侍側。卒有變，足以相當。」恂曰：「不然。昔藺相如不畏秦王而屈於廉頗者，爲國也。〔二〕區區之趙，尚有此義，吾安可以忘之乎？」乃勑屬縣盛供具，儲酒醪，〔三〕執金吾軍入界，一人皆兼二人之饌。〔四〕恂乃出迎於道，稱疾而還。賈復勒兵欲追之，而吏士皆醉，遂過去。恂遣谷崇以狀聞，帝乃徵恂。恂至引見，時復先在坐，欲起相避。帝曰：「天下未定，兩虎安得私鬭？今日朕分之。」〔五〕於是並坐極歡，遂共車同出，結友而去。

〔一〕部將謂軍部之下小將也。

〔二〕史記曰，秦王與趙王飲於澠池，秦王請趙王鼓瑟，秦御史書曰「某年某月趙王爲秦王鼓瑟」。藺相如前請秦王擊缶，秦王怒，不許。相如曰：「五步之內，相如請得以頸血濺大王矣！」秦王不懌，爲擊缶。相如顧趙御史書曰「某年某月秦王爲趙王擊缶」。秦羣臣曰：「請以趙十五城爲秦王壽。」相如曰：「請以秦咸陽爲趙王壽。」竟酒不能相加。既罷歸國，趙拜相如爲上卿，位在廉頗之上。頗曰：「我有攻城野戰之功，相如徒以口舌爲勞，而位居我上，我見必辱之。」相如出，望見廉頗，輒引車避之。舍人諫。相如曰：「夫以秦王，相如能廷叱之，何畏廉將軍哉！吾念彊秦不敢加兵於趙者，蓋以吾兩人也。今兩虎鬭，必不俱全，吾所以先公家之急而後私讎也。」

〔三〕說文曰：「醪，兼汁滓酒。」

〔四〕饌，具〔食〕也。

〔五〕分猶解也。

恂歸潁川。〔一〕三年，遣使者即拜爲汝南太守，〔二〕又使驃騎將軍杜茂將兵助恂討盜賊。盜賊清靜，郡中無事。恂素好學，乃修鄉校，教生徒，聘能爲左氏春秋者，親受學焉。七年，代朱浮爲執金吾。明年，從車駕擊隗囂，而潁川盜賊羣起，帝乃引軍還，謂恂曰：「潁川迫近京師，當以時定。惟念獨卿能平之耳，從九卿復出，以憂國可〔知〕也。」恂對曰：「潁川剽輕，聞陛下遠踰阻險，有事隴、蜀，故狂狡乘閒相詿誤耳。〔三〕如聞乘輿南向，賊必惶怖歸死。臣願執銳前驅。」即日車駕南征，恂從至潁川，盜賊悉降，而竟不拜郡。百姓遮道曰：「願從陛下復借寇君一年。」〔四〕乃留恂長社，鎮撫吏人，受納餘降。

〔一〕東觀記曰：「郡中政理，盜賊不入。」

〔二〕卽，就也。

〔三〕狡，猾也。說文曰：「詿亦誤也。」音挂。

〔四〕恂前爲潁川太守，故曰復借也。

初，隗囂將安定高峻，擁兵萬人，據高平第一，〔一〕帝使待詔馬援招降峻，由是河西道開。中郎將來歙承制拜峻通路將軍，封關內侯，後屬大司馬吳漢，共圍囂於冀。及漢軍退，峻亡歸故營，復助囂拒隴阺。及囂死，峻據高平，畏誅堅守。建威大將軍耿弇率太中大夫竇士、武威太守梁統等圍之，一歲不拔。十年，帝入關，將自征之，恂時從駕，諫曰：「長安道里居中，應接近便，〔二〕安定、隴西必懷震懼，此從容一處可以制四方也。今士馬疲倦，方履險阻，非萬乘之固，前年潁川，可爲至戒。」帝不從。進軍及汧，〔三〕峻猶不下，帝議遣使降之，乃謂恂曰：「卿前止吾此舉，今爲吾行也。若峻不卽降，引耿弇等五營擊之。」恂奉璽書至第一，峻遣軍師皇甫文出謁，辭禮不屈。恂怒，將誅文。諸將諫曰：「高峻精兵萬人，率多彊弩，西遮隴道，連年不下。今欲降之而反戮其使，無乃不可乎？」恂不應，遂斬之。遣其副

歸告峻曰：「軍師無禮，已戮之矣。欲降，急降；不欲，固守。」峻惶恐，卽日開城門降。諸將皆賀，因曰：「敢問殺其使而降其城，何也？」恂曰：「皇甫文，峻之腹心，其所取計者也。今來，辭意不屈，必無降心。全之則文得其計，殺之則峻亡其膽，是以降耳。」諸將皆曰：「非所及也。」遂傳峻還洛陽。

〔一〕高平，縣，屬安定郡。續漢志曰高平有第一城也。

〔二〕從洛陽至高平，長安爲中。

〔三〕汧，縣，屬扶風，故城在今隴州汧源縣南也。

恂經明行修，名重朝廷，所得秩奉，厚施朋友、故人及從吏士。常曰：「吾因士大夫以致此，其可獨享之乎！」時人歸其長者，以爲有宰相器。

十二年卒，謚曰威侯。子損嗣。恂同產弟及兄子、姊子以軍功封列侯者凡八人，終其身，不傳於後。

初所與謀閔業者，恂數爲帝言其忠，賜爵關內侯，官至遼西太守。

十三年，復封損庶兄壽爲洨侯。〔一〕後徙封損扶柳侯。〔二〕損卒，子釐嗣，徙封商鄉侯。釐卒，子襲嗣。

〔一〕洨，縣，屬沛郡。洨音故交反。

〔二〕扶柳，縣，屬信都郡，故城在今冀州信都縣西也。

恂女孫爲大將軍鄧騭夫人，由是寇氏得志於永初閒。〔一〕

〔一〕安帝永初元年，鄧太后臨朝，故得志也。

恂曾孫榮。

論曰：傳稱「喜怒以類者鮮矣」。〔一〕夫喜而不比，怒而思難者，其唯君子乎！子曰：「伯夷、叔齊，不念舊惡，怨是用希。」於寇公而見之矣。〔二〕

〔一〕左傳曰，晉范武子會將老，召其子文子曰：「吾聞之，喜怒以類者鮮矣，而易者實多也。」

〔二〕論語孔子之言。

榮少知名，桓帝時爲侍中。性矜絜自貴，於人少所與，〔一〕以此見害於權寵。而從兄子尙帝妹益陽長公主，帝又聘其從孫女於後宮，左右益惡之。延熹中，遂陷以罪辟，與宗族免歸故郡。吏承望風旨，持之浸急，榮恐不免，奔闕自訟。未至，刺史張敬追劾榮以擅去邊，有詔捕之。榮逃竄數年，會赦令，不得除，積窮困，乃自亡命中上書曰：〔二〕

〔一〕與，黨與也。

〔二〕自，從也。

臣聞天地之於萬物也好生，帝王之於萬人也慈愛。陛下統天理物，爲萬國覆，作人父母，先慈愛，後威武，先寬容，後刑辟，自生齒以上，咸蒙德澤。〔一〕而臣兄弟獨以無辜爲專權之臣所見批抵，〔二〕青蠅之人所共搆會。〔三〕以臣婚姻王室，謂臣將撫其背，奪其位，退其身，受其埶。於是遂作飛章以被於臣，欲使墜萬仞之阬，踐必死之地，令陛下忽慈母之仁，發投杼之怒。〔四〕尙書背繩墨，案空劾，〔五〕不復質确其過，寘於嚴棘之下，〔六〕便奏正臣罪。司隸校尉馮羨佞邪承旨，廢於王命，驅逐臣等，不得旋踵。臣奔走還郡，沒齒無怨。臣誠恐卒爲豺狼橫見噬食，故冒死欲詣闕，披肝膽，布腹心。

〔一〕大戴禮曰「男子八月生齒，女子七月生齒」也。

〔二〕說文曰：「抵，側擊也。」批音片兮反。抵音之氏反。

〔三〕青蠅，詩小雅曰：「營營青蠅，止于樊，愷悌君子，無信讒言。」青蠅能汚白使黑，汚黑使白，喻佞人變亂善惡。

〔四〕史記曰，昔曾參之處費，魯人（又）有與曾參同姓名，殺人。人告其母曰「曾參殺人」，其母織自若也。又一人告之曰「曾參殺人」，其母織自若也。又一人告之〔曰「曾參殺人」〕，其母乃投杼下機，踰牆而走。夫以曾參之賢，其母猶生疑於三告。

〔五〕繩墨謂法律也。

〔六〕質，正也。确，實也。說文云，确音胡角反，此苦角反。嚴棘謂獄也，易坎上六曰「繫用徽纆，寘于叢棘」也。

刺史張敬好爲詔欺，張設機網，復令陛下興靁電之怒。司隸校尉應奉、河南尹何豹、洛陽令袁騰並驅爭先，若赴仇敵，罰及死沒，髡剔墳墓，但未掘壙出尸，剖棺露胔耳。〔一〕昔文王葬枯骨，〔二〕公劉敦行葦，世稱其仁。〔三〕今殘酷容媚之吏，無折中處平之心，不顧無辜之害，而興虛誣之誹，欲使嚴朝必加濫罰。是以不敢觸突天威，而自竄山林，以俟陛下發神聖之聽，啓獨覩之明，拒讒慝之謗，絕邪巧之言，救可濟之人，援沒溺之命。不意滯怒不爲春夏息，〔四〕淹恚不爲順時怠，遂馳使郵驛，布告遠近，嚴文剋剝，痛於霜雪，張羅海內，設罝萬里，逐臣者窮人迹，追臣者極車軌，雖楚購伍員，〔五〕漢求季布，無以過也。〔六〕

〔一〕胔謂骨之尙有肉者也。月令曰：「掩骼埋胔。」胔才賜反，又在(侈)〔移〕反。

〔二〕解見順紀也。

〔三〕大雅行葦之詩曰：「敦彼行葦，牛羊勿踐履。」言公劉之時，仁及草木，敦然道傍之葦，牧牛羊者無使踐履折傷之，況於人乎？故榮以自喻焉。

〔四〕春夏長養萬物，故不宜怒矣。

〔五〕史記曰，楚人伍奢爲平王太子建太傅，費無忌譖殺奢。奢子員字子胥，奔吳，楚購之，得伍員者賜粟五萬石，爵執圭。

〔六〕季布爲項羽將，數窘漢王。項羽滅，高祖購求布千金，敢舍匿，罪三族。

臣遇罰以來，三赦再贖，無驗之罪，足以蠲除。〔一〕而陛下疾臣愈深，有司咎臣甫力，〔二〕止則見埽滅，行則爲亡虜，苟生則爲窮人，極死則爲冤鬼，天廣而無以自覆，地厚而無以自載，蹈陸土而有沈淪之憂，遠巖牆而有鎭壓之患。精誠足以感於陛下，而哲王未肯悟。如臣犯元惡大憝，〔三〕足以陳於原野，備刀鋸，〔四〕陛下當班布臣之所坐，以解衆論之疑。臣思入國門，坐於肺石之上，使三槐九棘平臣之罪。〔五〕而閶闔九重，〔六〕陷穽步設，〔七〕舉趾觸罘罝，〔八〕動行絓羅網，無緣至萬乘之前，永無見信之期矣。

〔一〕無驗謂無罪狀可案驗也。

〔二〕甫，始也。力，甚也。

〔三〕憝，惡也。主言元惡之人，大爲人之所惡也。

〔四〕鋸，刖刑也。國語曰，刑有五，大者陳諸原野矣。

〔五〕周禮秋官云：「左九棘，孤卿大夫位焉；右九棘，公侯伯子男位焉；面三槐，三公位焉。左嘉石，平罷人；右肺石，達窮人。」

〔六〕閶闔，天門也。

〔七〕穽，阬穽也。

〔八〕說文曰：「罘，兔網也。」罝亦兔網也，音浮嗟。

國君不可讎匹夫，讎之則一國盡懼。〔一〕臣奔走以來，三離寒暑，〔二〕陰陽易位，當煖反寒，春常淒風，〔三〕夏降霜雹，〔四〕又連年大風，折拔樹木。風爲號令，〔五〕春夏布德，〔六〕議獄緩死之時。〔七〕願陛下思帝堯五教在寬之德，企成湯避遠讒夫之誡，〔八〕以寧風旱，以弭災兵。臣聞勇者不逃死，智者不重困，〔九〕固不爲明朝惜垂盡之命，願赴湘、沅之波，從屈原之悲，〔一〇〕沈江湖之流，弔子胥之哀。〔一一〕臣功臣苗緒，生長王國，懼獨含恨以葬江魚之腹，無以自別於世，〔一二〕不勝狐死首丘之情，營魂識路之懷。〔一三〕犯冒王怒，觸突帝禁，伏於兩觀，陳訴毒痛，〔一四〕然後登金鑊，入沸湯，糜爛於熾爨之下，九死而未悔。〔一五〕

〔一〕左傳曰，晉侯之豎頭須曰「國君而讎匹夫，懼者甚衆」也。

〔二〕離，歷。

〔三〕淒風，寒風也。左傳曰：「春無淒風。」

〔四〕月令：「仲夏行冬令，則雹凍傷穀。」

〔五〕前書翼奉曰：「凡風者，天之號令，所以譴告人也。」

〔六〕月令，春，天子布德行惠，發倉廩，振窮乏；夏，行封，慶賜，無不欣悅也。

〔七〕易中孚象曰「君子以議獄緩死」也。

〔八〕劉向說苑曰：「湯大旱七年，使人持鼎祀山川，祝曰：『政不節邪？包苴行邪？讒夫昌邪？宮室營邪？女謁盛邪？

使人疾邪？何不雨之極也！』」

〔九〕重猶惜也。

〔一〇〕史記曰，屈原事楚懷王，王受讒，流屈原於江南。屈原憂愁悲思，遂投湘、沅而死。

〔一一〕史記曰，伍子胥爲吳行人，被宰嚭所譖，吳王賜屬鏤之劍以死。王取其尸，盛以鴟夷，浮之於江中矣。

〔一二〕屈原曰「寧赴湘流，葬江魚之腹」也。

〔一三〕禮檀弓曰：「古人有言，狐死正首丘，仁也。」楚詞曰：「願徑逝而未得，魂識路之煢煢。」老子曰「載營魄」，猶營魂也。

〔一四〕兩觀，闕也。孔子攝司寇，誅少正卯於兩觀之下。

〔一五〕楚詞曰「雖九死猶未悔」也。

悲夫，久生亦復何聊！蓋忠臣殺身以解君怒，孝子殞命以寧親怨，故大舜不避塗廩浚井之難，〔一〕申生不辭姬氏讒邪之謗。〔二〕臣敢忘斯議，不自斃以解明朝之忿哉！乞以身塞重責。願陛下匄兄弟死命，〔三〕使臣一門頗有遺類，以崇陛下寬饒之惠。先死陳情，臨章涕泣，泣血(連)〔漣〕如。〔四〕

〔一〕廩，倉也。浚，深也。史記曰，舜父瞽叟常欲殺舜，使舜塗廩，從下焚廩，舜乃以兩笠自扞而下。後又使穿井，舜爲匿空旁出。舜既入深，父乃與象共下土實之，舜從旁空出去。

〔二〕申生，晉獻公太子。獻公用驪姬之讒而殺申生，事見左氏傳也。

〔三〕句，乞也，冒蓋。

〔四〕易曰：「乘馬班如，泣（涕漣）〔血漣〕如。」言居不獲安，行無所適，窮困闉尼，無所委仰者。

帝省章愈怒，遂誅榮。寇氏由是衰廢。

贊曰：元侯淵謨，乃作司徒。明啓帝略，肇定秦都。勳成智隱，靜其如愚。〔一〕子翼守溫，蕭公是埒。〔二〕係兵轉食，以集鴻烈。誅文屈賈，有剛有折。〔三〕

〔一〕論語孔子曰「吾與回言終日，不違如愚」也。

〔二〕埒，等也。

〔三〕誅皇甫文，屈於賈復。

校勘記

六〇〇頁一〇行　從光武追賊至（滿）〔蒲〕陽　據集解引沈欽韓說改。按：蒲陽，山名。

六〇二頁四行　鄧尋爲建威將軍　按：袁紀作「建武將軍」。

六〇二頁一〇行　酇縣（今）屬南陽郡故城在〔今〕襄州穀城縣東北　據校補改。

六〇三頁六行　財富充實　通鑑「富」作「穀」。按：下云「財穀雖多」，作「穀」是。

六〇三頁一五行　禹遣使以聞（帝）　據刊誤刪。

六〇四頁二行　乃遣尚書宗廣　按：集解引惠棟說，謂袁宏紀作「宋廣」。

六〇四頁三行　更始諸將王匡胡殷（成丹）等皆詣廣降　按：沈家本後漢書瑣言謂按聖公傳，更始復疑王匡、陳牧、成丹與張卬等同謀，乃並召入，牧、丹先至，卽斬之。是爾時已無成丹，「成丹」二字衍。今據刪。

六〇四頁七行　收十一帝神主　按：集解引汪文臺說，謂御覽五百三十一引謝承書，云「因收十二帝神主」。

六〇四頁一一行　軍士飢餓（者）皆食棗菜　據刊誤刪。

六〇六頁六行　昌安侯襲嗣子藩　按：后紀「藩」作「蕃」。

六〇七頁二行　是爲隈諸侯也　按：刊誤謂「隈」當依獨斷作「偎」。集解引周壽昌說，謂百官志注引胡廣漢制度作「猥」。隈、偎、猥通用古今字，作「猥」以較合。廣雅「猥，衆也」。

六〇八頁五行　從都慮至羊腸倉　按：集解引惠棟說，謂水經注「慮」作「盧」。

六〇八頁一〇行　石臼河解見（明）〔章〕紀　據校補引張熷說改。

六〇八頁一四行　會上谷太守任興欲誅赤沙烏桓〔烏桓〕怨恨謀反　按：集解引沈欽韓說，謂烏桓傳言烏桓死者神靈歸赤山，祭肜傳作「赤山烏桓」，此「赤沙」疑「赤山」之誤。王先謙謂如沈說，「烏桓」下似當重「烏桓」二字。沈家本亦謂當重「烏桓」二字。今據補。

六〇九頁四行　並載青泥一（襆）〔樸〕　據集解引惠棟說改。按：聚珍版東觀記作「樸」，亦誤。

六〇九頁五行　轉易至數十人　按：東觀記作「數千人」。

六〇九頁八行　章和二年護羌校尉張紆誘誅燒當種羌迷吾等　按：「二年」疑「元年」之誤。沈家本謂按西羌傳，事在章和元年，章帝紀亦在元年書護羌校尉劉盱，劉盱蓋卽張紆之譌。

六一〇頁一一行　迷唐伯父號吾　按西羌傳，迷唐爲迷吾之子，號吾爲迷吾之弟，則號吾乃迷唐之叔父也。

六一二頁五行　東觀記（曰）　按：「曰」字衍，今刪。

六一三頁二行　輒此請禱求福　按：王先謙謂「此」字疑衍，或「此」上奪「於」字。今按：御覽一七八引無「此」字。

六一三頁八行　訓五子騭京悝弘閶　按：袁紀「閶」作「閶」。

六一三頁一一行　拜騭車騎將軍儀同三司〔儀同三司〕始自騭也　王先謙謂東觀記複出「儀同三司」四字爲是。今據補。

六一四頁八行　冬徵騭班師　按：「冬」上當脫「二年」二字。集解引惠棟說，謂洪适云帝紀班師在二年十一月，傳有脫字。又引沈欽韓說，謂黃伯思東觀餘論云近歲關右人發地得古甕，中有東漢時竹簡永初二年討羌符，與范書紀二年班師合，明「冬」上脫文。

六一四頁一三行　人士荒飢　按：集解引惠棟說，謂「士」當作「民」。

六一四頁一六行　元二卽元元也　按：集解引杭世駿說及惠棟補注，皆謂「元二」謂建初元年二年，注非。

六一五頁八行　帝絲麻　按：馬敍倫讀兩漢書記謂「絲」字疑當作「總」。

六一五頁一三行　又封京子黃門侍郎珍爲陽安侯　按：集解引沈欽韓說，謂京子於夷安侯珍爲從祖，不應同名。袁宏紀云封京子寶爲陽安侯。

六一六頁一四行　尙書鄧訪　按：集解引惠棟說，謂袁宏紀「訪」作「防」。

六一六頁一四行　謀立平原王得　殿本考證萬承蒼云「得」當作「翼」，安帝紀及章八王傳可據。得又無子，以翼爲嗣，安帝緣此貶翼爲都鄉侯，注失考正。今按：據章八王傳，得薨在元初六年，而鄧弘先卒於元初二年，悝、閶卒於元初五年，今誣告弘等，必弘未卒前事，時爲平原王者得也。安帝貶翼，追怨其父而遷怒其子耳，安得以此爲據，萬說未允。

六一六頁一五行　遂廢西平侯廣德葉侯廣宗　原作「西平侯廣宗葉侯廣德」，誤，逕據汲本、殿本改正。按：影印紹興本此卷仍有闕佚，取它本補配，故多譌脫，舉此一例，餘皆不作校記。

六一七頁六行　屬長沙（國）〔郡〕　據校補引張熷說改。

六一八頁一五行　禹曾孫香（子）〔之〕女爲桓帝后　據校補引張熷說改。

六二〇頁二行　事見古史考　汲本無此五字，殿本作「事見史記」。按：校補謂閩本亦有此五字，殿本依監本轉刊，作「事見史記」，兩說互歧，殆皆非原注所有。

六三頁九行　諸將軍賀　集解引何焯說，謂「軍」疑當作「畢」。今按：史記淮陰侯列傳「諸將效首虜畢賀」，漢書作「皆賀」，諸將畢賀者，諸將皆賀也，何說是。

六三頁一三行　此讒人側目怨禍之時也　按：集解王先謙謂東觀記「時」作「府」，當是。

六四頁一〇行　饌具（食）也　據說文補。

六四頁一五行　從九卿復出以憂國可（知）也　校補謂「知」字衍。通鑑引傳文無「知」字，袁紀作「從九卿復爲二千石以憂國可也」，亦無「知」字。今據刪。

六五頁八行　後屬大司馬吳漢共圍囂於冀　按：沈家本謂是時圍隗囂於西城，非冀也。「冀」字誤。

六六頁九行　時人歸其長者　按：「歸」疑「稱」字之譌。

六六頁一〇行　子損嗣　按：集解引惠棟說，謂水經注「損」作「楫」。

六八頁四行　所見批抵　按：汲本、殿本「抵」作「抵」。注同。

六八頁七行　廢於王命　集解引沈欽韓說，謂「於」當爲「干」。王先謙謂沈說是，蓋「干」訛爲「于」，因改爲「於」也。

六八頁一三行　魯人（又）有與曾參同姓名　據殿本刪。

六八頁一三行　又一人告之（曰曾參殺人）其母乃投杼下機　據汲本、殿本補。

六九頁九行　又在（侈）〔移〕反　據汲本改。

六二〇頁二行　極死則爲寃鬼　按：集解引惠棟說，謂袁紀「極死」作「殛死」。

六二一頁一一行　臣敢忘斯議　刊誤謂「議」當作「義」。按：議義通，非必誤字。

六二二頁一三行　泣血（連）〔漣〕如　據汲本、殿本改。

六二三頁二行　泣（涕連）〔血漣〕如　據易屯卦改。

後漢書卷十七

馮岑賈列傳第七

馮異字公孫，潁川父城人也。〔一〕好讀書，通左氏春秋、孫子兵法。〔二〕

〔一〕父城，縣名，故城在今許州葉縣東北。汝州郟城縣亦有父城。

〔二〕孫子名武，善用兵，吳王闔廬之將也，作兵法十三篇。見史記。

漢兵起，異以郡掾監五縣，與父城長苗萌共城守，爲王莽拒漢。光武略地潁川，攻父城不下，屯兵巾車鄉。〔一〕異閒出行屬縣，〔二〕爲漢兵所執。時異從兄孝及同郡丁綝、呂晏，〔三〕並從光武，因共薦異，得召見。異曰：「異一夫之用，不足爲彊弱。有老母在城中，願歸據五城，以效功報德。」光武曰「善」。異歸，謂苗萌曰：「今諸將皆壯士屈起，多暴橫，獨有劉將軍所到不虜掠。觀其言語舉止，非庸人也，可以歸身。」苗萌曰：「死生同命，敬從子計。」光武南還宛，更始諸將攻父城者前後十餘輩，異堅守不下；及光武爲司隸校尉，道經父城，異等卽開門奉牛酒迎。光武署異爲主簿，苗萌爲從事。異因薦邑子銚期、〔四〕叔壽、段建、

左隆等，〔五〕光武皆以爲掾史，從至洛陽。

〔一〕巾車，鄉名也，在父城界。

〔二〕閒出猶微行。行音下孟反。

〔三〕東觀記曰：「綝字幼春，定陵人也。伉健有武略。」綝音丑心反。

〔四〕音姚。

〔五〕東觀記及續漢書，「段」並作「殷」字。

更始數欲遣光武徇河北，諸將皆以爲不可。是時左丞相曹竟子詡爲尚書，〔一〕父子用事，異勸光武厚結納之。及度河北，詡有力焉。

〔一〕竟字子期，山陽人也，後死於赤眉之難。見前書。詡音虛羽反。

自伯升之敗，光武不敢顯其悲戚，每獨居，輒不御酒肉，枕席有涕泣處。異獨叩頭寬譬哀情。光武止之曰：「卿勿妄言。」異復因閒進說曰：「天下同苦王氏，思漢久矣。今更始諸將從橫暴虐，〔一〕所至虜掠，百姓失望，無所依戴。今公專命方面，施行恩德。夫有桀紂之亂，乃見湯武之功；人久飢渴，易爲充飽。〔二〕宜急分遣官屬，徇行郡縣，理寃結，布惠澤。」光武納之。至邯鄲，遣異與銚期乘傳撫循屬縣，錄囚徒，存鰥寡，亡命自詣者除其罪，陰條二千石長吏同心及不附者上之。

〔一〕從音子用反。横音胡孟反。

〔二〕猶言凋殘之後，易流德澤。

及王郎起，光武自薊東南馳，晨夜草舍，〔一〕至饒陽無蔞亭。〔二〕時天寒烈，衆皆飢疲，異上豆粥。明旦，光武謂諸將曰：「昨得公孫豆粥，飢寒俱解。」及至南宮，〔三〕遇大風雨，光武引車入道傍空舍，異抱薪，鄧禹爇火，〔四〕光武對竈燎衣。〔五〕異復進麥飯菟肩。因復度虖沱河至信都，〔六〕使異別收河閒兵。還，拜偏將軍。從破王郎，封應侯。〔七〕

〔一〕舍，止息也。

〔二〕無蔞，亭名，在今饒陽縣東北。蔞音力于反。

〔三〕南宮，縣名，屬信都國，今冀州縣也。

〔四〕爇音而悅反。

〔五〕燎，炙也。

〔六〕光武紀云，度虖沱河，至下博城西，見白衣老父，曰「信都去此八十里耳」，是自北而南。此傳先言至南宮，後言度虖沱河，南宮在虖沱河南百有餘里，又似自南而北。紀傳兩文全相乖背，迹其地理，紀是傳非。諸家之書並然，亦未詳其故。

〔七〕應，國名，周武王子所封也。杜預注春秋曰：「應國在襄城城父縣西南。」

異爲人謙退不伐，行與諸將相逢，輒引車避道。〔一〕進止皆有表識，〔二〕軍中號爲整齊。

每所止舍，諸將並坐論功，異常獨屏樹下，軍中號曰「大樹將軍」。及破邯鄲，乃更部分諸將，各有配隸。〔三〕軍士皆言願屬大樹將軍，光武以此多之。〔四〕別擊破鐵脛於北平，〔五〕又降匈奴于林闟頓王，〔六〕因從平河北。

〔一〕東觀記、續漢書云「異敕吏士，非交戰受敵，常行諸營之後，相逢引車避之，由是無爭道變鬭者」也。

〔二〕言其進退有常處也。

〔三〕隸，屬也。袁山松書曰：「先時諸將同營，吏卒多犯法。」

〔四〕多，重也。

〔五〕北平，縣名，屬中山國，故城在今易州永樂縣也。

〔六〕匈奴王號。山陽公載記〔曰〕「頓」字作「碓」。前書音義闟音蹋，頓音碓。

時更始遣舞陰王李軼、廩丘王田立、大司馬朱鮪、白虎公陳僑〔一〕將兵號三十萬，與河南太守武勃共守洛陽。光武將北徇燕、趙，以魏郡、河內獨不逢兵，而城邑完，倉廩實，乃拜寇恂爲河內太守，異爲孟津將軍，〔二〕統二郡軍河上，與恂合埶，以拒朱鮪等。

〔一〕東觀記「僑」字作「矯」。

〔二〕孟，地名，古今以爲津。

異乃遺李軼書曰：「愚聞明鏡所以照形，往事所以知今。〔一〕昔微子去殷而入周，項伯畔楚而歸漢，〔二〕周勃迎代王而黜少帝，霍光尊孝宣而廢昌邑。〔三〕彼皆畏天知命，覩存亡之符，見廢興之事，故能成功於一時，垂業於萬世也。苟令長安尚可扶助，延期歲月，疏不閒親，遠不踰近，季文豈能居一隅哉？〔四〕今長安壞亂，赤眉臨郊，王侯構難，大臣乖離，綱紀已絕，〔五〕四方分崩，異姓並起，是故蕭王跋涉霜雪，經營河北。方今英俊雲集，百姓風靡，雖邠岐慕周，不足以喻。〔六〕季文誠能覺悟成敗，亟定大計，論功古人，〔七〕轉禍爲福，在此時矣。如猛將長驅，嚴兵圍城，雖有悔恨，亦無及已。」初，軼與光武首結謀約，加相親愛，及更始立，反共陷伯升。雖知長安已危，欲降又不自安。乃報異書曰：「軼本與蕭王首謀造漢，結死生之約，同榮枯之計。今軼守洛陽，將軍鎮孟津，俱據機軸，〔八〕千載一會，思成斷金。〔九〕唯深達蕭王，願進愚策，以佐國安人。」軼自通書之後，不復與異爭鋒，故異因此得北攻天井關，拔上黨兩城，〔一〇〕又南下河南成皋已東十三縣，及諸屯聚，皆平之，降者十餘萬。武勃將萬餘人攻諸畔者，異引軍度河，與勃戰於士鄉下，〔一一〕大破斬勃，獲首五千餘級，軼又閉門不救。異見其信效，具以奏聞。光武故宣露軼書，〔一二〕令朱鮪知之。鮪怒，遂使人刺殺軼。由是城中乖離，多有降者。鮪乃遣討難將軍蘇茂將數萬人攻溫，鮪自將數萬人攻平陰以綴異。〔一三〕異遣校尉護軍〔將軍〕將兵，與寇恂合擊茂，破之。異因度河擊鮪，鮪走；異追至洛陽，環城一帀而歸。

〔一〕孔子家語曰，孔子觀周明堂四門之墉，有堯、舜、桀、紂之象，謂從者曰：「明鏡所以察形，古事所以知今。」

〔二〕史記曰，微子名啓，紂之庶兄。周武王伐紂，微子乃持祭器，肉袒面縛，造于軍門。武王乃釋其縛，復其位。項伯名纏，項籍之季父，素善張良，高祖因良與伯結婚。項籍謀害漢王，伯以身翊蔽之。籍誅，乃歸漢。

〔三〕少帝，孝惠後宮之子，名弘。惠帝崩，周勃以弘非惠帝之子，乃黜之，迎立代王。昭帝崩，無嗣，霍光乃迎立武帝孫昌邑王賀。賀無道，光廢之而立宣帝。

〔四〕長安謂更始。季文，李軼字。言軼與更始疏遠，獨居一隅，理難支久，欲其早圖去就。

〔五〕時更始大臣張卬、申屠建、隗囂等以赤眉入關，謀劫更始歸南陽，是大臣乖離也。

〔六〕史記曰，古公亶父脩后稷之業，積德行義，國人皆戴之。戎狄攻之，不忍戰其人，乃與其私屬去邠，止於岐下。邠人舉國扶老攜弱，盡復歸古公於岐山之下。

〔七〕亟，急也。古人即謂微子、項伯等。

〔八〕機，弩牙也；軸，車軸也；皆在物之要，故取喻焉。

〔九〕易曰：「二人同心，其〔義〕〔利〕斷金。」

〔一〇〕天井關在太行山〔下〕〔上〕，解見章紀。

〔一一〕續漢書曰，士鄉，亭名，屬河南郡。

〔一二〕東觀記曰：「上報異曰：『軼多詐不信，人不能得其要領，今移其書。』」

〔一三〕平陰，縣名，屬河南郡。綴謂連綴也。

移檄上狀，諸將皆入賀，并勸光武即帝位。光武乃召異詣鄗，問四方動靜。異曰：「三王反畔，更始敗亡，〔一〕天下無主，宗廟之憂，在於大王。宜從衆議，上爲社稷，下爲百姓。」光武曰：「我昨夜夢乘赤龍上天，覺悟，心中動悸。」異因下席再拜賀曰：「此天命發於精神。〔二〕心中動悸，大王重慎之性也。」異遂與諸將定議上尊號。

〔一〕三王謂張卬爲淮陽王，廖湛爲穰王，胡殷爲隨王。更始欲殺卬等，遂勒兵掠東西市，入戰於宮中，更始大敗。

〔二〕周易乾卦九五曰：「飛龍在天，大人造也。」莊子曰：「其夢也神交。」故言天命發於精神。

建武二年春，定封異陽夏侯。〔一〕引擊陽翟賊嚴終、趙根，破之。詔異歸家上冢，使太中大夫齎牛酒，〔二〕令二百里內太守、都尉已下及宗族會焉。

〔一〕夏音賈。

〔二〕續漢志曰：「太中大夫秩千石，掌顧問論議，屬光祿。」

時赤眉、延岑暴亂三輔，郡縣大姓各擁兵衆，大司徒鄧禹不能定，乃遣異代禹討之。車駕送至河南，賜以乘輿七尺具劒。〔一〕敕異曰：「三輔遭王莽、更始之亂，重以赤眉、延岑之酷，元元塗炭，無所依訴。今之征伐，非必略地屠城，要在平定安集之耳。諸將非不健鬭，然好虜掠。卿本能御吏士，念自修敕，無爲郡縣所苦。」異頓首受命，引而西，所至皆布威信。弘農羣盜稱將軍者十餘輩，皆率衆降異。〔二〕

〔一〕具謂以寶玉裝飾之。東觀記作「玉具劒」。

〔二〕東觀記曰：「黽池霍郎、陝王長、湖濁惠、華陰陽沈等稱將軍者皆降。」

異與赤眉遇於華陰，相拒六十餘日，戰數十合，降其將劉始、王宣等〔一〕五千餘人。三年春，遣使者卽拜異爲征西大將軍。會鄧禹率車騎將軍鄧弘等引歸，與異相遇，禹、弘要異共攻赤眉。異曰：「異與賊相拒且數十日，雖屢獲雄將，餘衆尚多，可稍以恩信傾誘，難卒用兵破也。上今使諸將屯黽池要其東，而異擊其西，一舉取之，此萬成計也。」禹、弘不從。弘遂大戰移日，赤眉陽敗，棄輜重走。車皆載土，以豆覆其上，兵士飢，爭取之。赤眉引還擊弘，弘軍潰亂。異與禹合兵救之，赤眉小卻。異以士卒飢倦，可且休，禹不聽，復戰，大爲所敗，死傷者三千餘人。禹得脫歸宜陽。異棄馬步走上回谿阪，〔二〕與麾下數人歸營。復堅壁，收其散卒，招集諸營保數萬人，與賊約期會戰。使壯士變服與赤眉同，伏於道側。旦日，赤眉使萬人攻異前部，異裁出兵以救之。〔三〕賊見埶弱，遂悉衆攻異，異乃縱兵大戰。日昃，賊氣衰，伏兵卒起，衣服相亂，赤眉不復識別，衆遂驚潰。追擊，大破於崤底，降男女八萬人。餘衆尚十餘萬，東走宜陽降。璽書勞異曰：「赤眉破平，士吏勞苦，始雖垂翅回谿，終能奮翼黽池，〔四〕可謂失之東隅，收之桑榆。〔五〕方論功賞，以荅大勳。」

〔一〕東觀記「宣」作「重」。

〔二〕回谿，今俗所謂回阬，在今洛州永寧縣東北。其谿長四里，闊二丈，深二丈五尺也。

〔三〕裁小出兵，所以示弱也。

〔四〕以鳥爲喻。

〔五〕淮南子曰：「至於衡陽，是謂隅中。」又前書谷子雲曰：「太白出西方六十日，法當參天；今已過期，尚在桑榆閒。」桑榆謂晚也。

時赤眉雖降，衆寇猶盛：延岑據藍田，王歆據下邽，〔一〕芳丹據新豐，〔二〕蔣震據霸陵，〔三〕張邯據長安，公孫守據長陵，楊周據谷口，〔四〕呂鮪據陳倉，角閎據汧，駱（蓋）延據盩厔，任良據鄠，汝章據槐里，各稱將軍，擁兵多者萬餘，少者數千人，轉相攻擊。異且戰且行，屯軍上林苑中。延岑既破赤眉，自稱武安王，拜置牧守，欲據關中，引張邯、任良共攻異。異擊破之，斬首千餘級，諸營保守附岑者皆來降歸異。岑走攻析，〔五〕異遣復漢將軍鄧曄、輔漢將軍于匡要擊岑，大破之，降其將蘇臣等八千餘人。岑遂自武關走南陽。時百姓飢餓，人相食，黃金一斤易豆五升。道路斷隔，委輸不至，軍士悉以果實爲糧。詔拜南陽趙匡爲右扶風，將兵助異，并送縑穀，軍中皆稱萬歲。異兵食漸盛，乃稍誅擊豪傑不從令者，褒賞降附有功勞者，悉遣其渠帥詣京師，散其衆歸本業。威行關中。唯呂鮪、張邯、蔣震遣使降蜀，其餘悉平。

〔一〕秦武公伐邽戎致之也。隴西有上邽，故此有下也。

〔二〕續漢書「芳」作「茅」。

〔三〕霸陵，文帝陵，因以爲縣名，故秦（芒）〔芷〕陽縣。

〔四〕谷口，縣名，屬左馮翊，故城在今醴泉縣東北。

〔五〕析，縣名，楚之白羽邑也，卽今鄧州內鄉縣。

明年，公孫述遣將程焉，將數萬人就呂鮪出屯陳倉。異與趙匡迎擊，大破之，焉退走漢川。異追戰於箕谷，復破之，還擊破呂鮪，營保降者甚衆。其後蜀復數遣將閒出，異輒摧挫之。〔一〕懷來百姓，申理枉結，出入三歲，上林成都。〔二〕

〔一〕賈逵注國語曰：「折其鋒曰挫。」

〔二〕成都，言歸附之多也。史記曰：「一年成邑，三年成都。」

異自以久在外，不自安，上書思慕闕廷，願親帷幄，帝不許。後人有章言異專制關中，斬長安令，威權至重，百姓歸心，號爲「咸陽王」。帝使以章示異。〔一〕異惶懼，上書謝曰：「臣本諸生，遭遇受命之會，充備行伍，過蒙恩私，位大將，爵通侯，〔二〕受任方面，以立微功，〔三〕皆自國家謀慮，愚臣無所能及。臣伏自思惟：以詔敕戰攻，每輒如意；時以私心斷決，未嘗不有悔。國家獨見之明，久而益遠，乃知『性與天道，不可得而聞也』。〔四〕當兵革始起，擾攘之時，豪傑競逐，〔五〕迷惑千數。臣以遭遇，託身聖明，在傾危溷殽之中，尚不敢過差，而況天下平定，上尊下卑，而臣爵位所蒙，巍巍不測乎？誠冀以謹敕，遂自終始。見所示臣章，戰慄怖懼。伏念明主知臣愚性，固敢因緣自陳。」詔報曰：「將軍之於國家，義爲君臣，恩猶父子。何嫌何疑，而有懼意？」

〔一〕東觀記曰：「使者宋嵩西上，因以章示異。」

〔二〕通侯即徹侯，避武帝諱改焉。

〔三〕謂西方一面專以委之。

〔四〕論語子貢曰：「夫子之文章，可得而聞也。夫子之言性與天道，不可得而聞。」

〔五〕逐，爭也。

六年春，異朝京師。引見，帝謂公卿曰：「是我起兵時主簿也。爲吾披荊棘，定關中。」〔一〕既罷，使中黄門賜以珍寶、衣服、錢帛。詔曰：「倉卒無蔞亭豆粥，虖沱河麥飯，厚意久不報。」異稽首謝曰：「臣聞管仲謂桓公曰：『願君無忘射鉤，臣無忘檻車。』齊國賴之。〔二〕臣今亦願國家無忘河北之難，小臣不敢忘巾車之恩。」〔三〕後數引讌見，定議圖蜀，留十餘日，令異妻子隨異還西。

〔一〕荊棘，榛梗之謂，以喻紛亂。

〔二〕史記曰，管仲將兵遮莒道，射桓公中鉤。後魯桎梏管仲而送於齊，齊以爲相。說苑曰：「管仲桎梏檻車中，非無媿

也，自裁也。」新序曰，齊桓公與管仲飲，酒酣，管仲上壽曰：「願君無忘出奔於莒也，臣亦無忘束縛於魯也。」此云射鉤、檻車，義亦通。

〔三〕謂光武獲異於巾車而赦之。

夏，遣諸將上隴，爲隗囂所敗，乃詔異軍栒邑。未及至，隗囂乘勝使其將王元、行巡將二萬餘人下隴，因分遣巡取栒邑。異卽馳兵，欲先據之。諸將皆曰：「虜兵盛而新乘勝，不可與爭。宜止軍便地，徐思方略。」異曰：「虜兵臨境，忸(忕)〔忕〕小利，〔一〕遂欲深入。若得栒邑，三輔動搖，是吾憂也。夫『攻者不足，守者有餘』。〔二〕今先據城，以逸待勞，非所以爭也。」潛往閉城，偃旗鼓。行巡不知，馳赴之。異乘其不意，卒擊鼓建旗而出。巡軍驚亂奔走，追擊數十里，大破之。祭遵亦破王元於汧。於是北地諸豪長耿定等，悉畔隗囂降。異上書言狀，不敢自伐。〔三〕諸將或欲分其功，帝患之。乃下璽書曰：「制詔大司馬，虎牙、建威、漢(中)〔忠〕、捕虜、武威將軍：虜兵猥下，三輔驚恐。〔四〕栒邑危亡，在於旦夕。北地營保，按兵觀望。今偏城獲全，虜兵挫折，使耿定之屬，復念君臣之義。征西功若丘山，猶自以爲不足。孟之反奔而殿，亦何異哉？〔五〕今遣太中大夫賜征西吏士死傷者醫藥、棺斂，大司馬已下親弔死問疾，以崇謙讓。」於是使異進軍義渠，并領北地太守事。〔六〕

〔一〕忸忕猶慣習也，謂慣習前事而復爲之。爾雅曰：「忸，復也。」郭景純曰：「謂慣忕復爲之也。」忸音尼丑反。忕音逝。

〔二〕孫子兵法之文。

〔三〕孔安國注尚書曰：「自矜曰伐。」

〔四〕大司馬，吳漢也。虎牙，蓋延也。建威，耿弇也。漢忠，王常也。捕虜，馬武也。武威，劉尙也。廣雅曰：「猥，衆也。」

〔五〕孟之反，魯大夫。魯與齊戰，魯師敗，之反殿，是其功也。將入魯門，乃策其馬曰：「吾非敢後，馬不進。」是讓而不自伐也。

〔六〕義渠，縣名，屬北地郡。

青山胡率萬餘人降異。〔一〕異又擊盧芳將賈覽、匈奴薁鞬日逐王，破之。〔二〕上郡、安定皆降，異復領安定太守事。九年春，祭遵卒，詔異守征虜將軍，并將其營。及隗囂死，其將王元、周宗等復立囂子純，猶總兵據冀，公孫述遣將趙匡等救之，帝復令異行天水太守事。攻匡等且一年，皆斬之。〔三〕諸將共攻冀，不能拔，欲且還休兵，異固持不動，常爲衆軍鋒。

〔一〕青山在北地參(巒)〔䜌〕界，青山中水所出也。續漢書曰：「安定屬國人，本屬國降胡也。居參(巒)〔䜌〕青山中，其豪帥號肥頭小卿。」

〔二〕薁音於六反。

〔三〕東觀記曰：「時賜馮異璽書曰：『聞吏士精銳，水火不避，購賞之賜，必不令將軍負丹青，失斷金。』」

明年夏，與諸將攻落門，未拔，〔一〕病發，薨于軍，謚曰節侯。

〔一〕落門，聚名，在冀縣，有落門山。

長子彰嗣。明年，帝思異功，復封彰弟訢爲析鄉侯。十三年，更封彰東緡侯，食三縣。〔一〕永平中，徙封平鄉侯。〔二〕彰卒，子普嗣，有罪，國除。〔三〕

〔一〕東觀記曰，東緡，縣名，屬山陽郡。左傳曰「齊侯伐宋，圍緡」，卽此地也。在今兗州金鄉縣。

〔二〕東觀記曰：「永平五年，封平鄉侯，食鬱林潭中。」

〔三〕東觀記曰：「坐鬬殺游徼，會赦，國除。」

永初六年，安帝下詔曰：「夫仁不遺親，義不忘勞，興滅繼絕，善善及子孫，古之典也。〔一〕昔我光武受命中興，恢弘聖緒，橫被四表，昭假上下，〔二〕光耀萬世，祉祚流衍，垂於罔極。予末小子，夙夜永思，追惟勳烈，披圖案籍，建武元功二十八將，佐命虎臣，讖記有徵。蓋蕭、曹紹封，傳繼於今；〔三〕況此未遠，而或至乏祀，朕甚愍之。其條二十八將無嗣絕世，若犯罪奪國，其子孫應當統後者，分別署狀上。將及景風，章敍舊德，顯茲遺功焉。」〔四〕於是紹封普子晨爲平鄉侯。明年，二十八將絕國者，皆紹封焉。

〔一〕論語曰：「興滅國，繼絕世。」公羊傳曰：「善善及子孫，惡惡止其身。」

〔二〕昭，明也。假，至也。上下，天地。假音格。

〔三〕和帝永元三年，詔紹封薗、曹之後，以彰厥功也。
〔四〕春秋考異郵曰：「夏至四十五日景風至。」宋均注曰「景風至則封有功」也。

岑彭字君然，南陽棘陽人也。〔一〕王莽時，守本縣長。漢兵起，攻拔棘陽，彭將家屬奔前隊大夫甄阜。阜怒彭不能固守，拘彭母妻，令效功自補。彭將賓客戰鬭甚力。及甄阜死，彭被創，亡歸宛，與前隊貳嚴說共城守。〔二〕漢兵攻之數月，城中糧盡，人相食，彭乃與說舉城降。

〔一〕棘音紀力反。
〔二〕前隊大夫貳，甄阜之副也。姓嚴，名說。東觀記云：「與貳師嚴尤共城守。」許嚴尤爲大司馬，又非貳師，與此不同。

諸將欲誅之，大司徒伯升曰：「彭，郡之大吏，執心堅守，是其節也。今舉大事，當表義士，不如封之，以勸其後。」更始乃封彭爲歸德侯，〔一〕令屬伯升。及伯升遇害，彭復爲大司馬朱鮪校尉，從鮪擊王莽楊州牧李聖，殺之，定淮陽城。鮪薦彭爲淮陽都尉。更始遣立威王張卬與將軍徭偉鎮淮陽。〔二〕偉反，擊走卬。彭引兵攻偉，破之。遷潁川太守。

〔一〕歸德，縣名，屬北地郡。
〔二〕風俗通曰：「東越王徭，句踐之後，其後以徭爲姓。」東觀記（曰）「徭」作「淫」。

會春陵劉茂起兵，略下潁川，彭不得之官，乃與麾下數百人從河內太守邑人韓歆。會光武徇河內，歆議欲城守，彭止不聽。既而光武至懷，歆迫急迎降。光武知其謀，大怒，收歆置鼓下，將斬之。〔一〕召見彭，彭因進說曰：「今赤眉入關，更始危殆，權臣放縱，矯稱詔制，道路阻塞，四方蜂起，羣雄競逐，百姓無所歸命。竊聞大王平河北，開王業，此誠皇天祐漢，士人之福也。彭幸蒙司徒公所見全濟，未有報德，旋被禍難，永恨於心。今復遭遇，願出身自效。」光武深接納之。彭因言韓歆南陽大人，〔二〕可以爲用。乃貰歆，〔三〕以爲鄧禹軍師。

〔一〕中（軍）將（軍）最尊，自執旗鼓。若置營，則立旗以爲軍門，並設鼓，戮人必於其下。
〔二〕大人謂大家豪右。
〔三〕貰，寬也。

更始大將軍呂植將兵屯淇園，彭說降之，於是拜彭爲刺姦大將軍，使督察衆營，〔一〕授以常所持節，從平河北。光武卽位，拜彭廷尉，歸德侯如故，行大將軍事。〔二〕與大司馬吳漢，大司空王梁，建義大將軍朱祐，右將軍萬脩，執金吾賈復，驍騎將軍劉植，揚化將軍堅鐔，積射將軍侯進，偏將軍馮異、祭遵、王霸等，圍洛陽數月。朱鮪等堅守不肯下。帝以彭嘗爲鮪校尉，令往說之。鮪在城上，彭在城下，相勞苦歡語如平生。彭因曰：「彭往者得執鞭侍從，蒙薦舉拔擢，常思有以報恩。今赤眉已得長安，更始爲三王所反，〔三〕皇帝受命，平定燕、趙，盡有幽、冀之地，百姓歸心，賢俊雲集，親率大兵，來攻洛陽。天下之事，逝其去矣。公雖嬰城固守，將何待乎？」〔四〕鮪曰：「大司徒被害時，鮪與其謀，〔五〕又諫更始無遣蕭王北伐，誠自知罪深。」彭還，具言於帝。帝曰：「夫建大事者，不忌小怨。鮪今若降，官爵可保，況誅罰乎？河水在此，吾不食言。」〔六〕彭復往告鮪，鮪從城上下索曰：「必信，可乘此上。」彭趣索欲上。〔七〕鮪見其誠，卽許降。後五日，鮪將輕騎詣彭。顧敕諸部將曰：「堅守待我。我若不還，諸君徑將大兵上轘轅，歸郾王。」〔八〕乃面縛，與彭俱詣河陽。〔九〕帝卽解其縛，召見之，復令彭夜送鮪歸城。明旦，悉其衆出降，拜鮪爲平狄將軍，封扶溝侯。鮪，淮陽人，後爲少府，〔一〇〕傳封累代。

〔一〕續漢書曰：「時更始尚書令謝躬將六將軍屯鄴，兵橫暴，爲百姓所苦。上先遣吳漢往收之，故拜彭爲刺姦將軍。」
〔二〕續漢書曰：「彭鎮河內。馮異先攻洛陽，朱鮪大出軍，欲擊彭。時天霧，鮪以爲彭已去，令其兵皆棲黍，彭乃進擊，大破之。」
〔三〕解見上文。

〔四〕嬰，繞也。謂以城自嬰繞而守之。
〔五〕與音預。
〔六〕指河以爲信，言其明白也。
〔七〕趣，向也。
〔八〕更始傳尹尊爲郾王。
〔九〕東觀記曰：「詣行在所河津亭。」
〔一〇〕前書曰：「少府，秦官，秩二千石。」續漢書曰：「少府，掌中服御諸物，衣服寶貨珍膳之屬。」

建武二年，使彭擊荆州，下犨、葉等十餘城。〔一〕是時南方尤亂。南郡人秦豐據黎丘，自稱楚黎王，略（十）有（十）二縣；〔二〕董訢起堵鄉；許邯起杏；〔三〕又更始諸將各擁兵據南陽諸城。帝遣吳漢伐之，漢軍所過多侵暴。時破虜將軍鄧奉謁歸新野，怒吳漢掠其鄉里，遂（返）〔反〕，擊破漢軍，獲其輜重，屯據淯陽，與諸賊合從。秋，彭破杏，降許邯，遷征南大將軍。復遣朱祐、賈復及建威大將軍耿弇，漢（中）〔忠〕將軍王常，武威將軍郭守，越騎將軍劉宏，偏將軍劉嘉、耿植等，與彭幷力討鄧奉。先擊堵鄉，而奉將萬餘人救董訢。訢、奉皆南陽精兵，彭等攻之，連月不剋。三年夏，帝自將南征，至葉，董訢別將將數千人遮道，車騎不可得前。彭奔擊，大破之。帝至堵陽，鄧奉夜逃歸淯陽，〔四〕董訢降。彭復與耿弇、賈復及積弩將軍傅俊、騎都尉臧宮等從追鄧奉於小長安。〔五〕帝率諸將親戰，大破之。奉迫急，乃降。帝憐奉舊功臣，且釁起吳漢，欲全宥之。彭與耿弇諫曰：「鄧奉背恩反逆，暴師經年，致賈復傷痍，朱祐見獲。陛下既至，不知悔善，而親在行陳，兵敗乃降。若不誅奉，無以懲惡。」於是斬之。奉者，西華侯鄧晨之兄子也。

〔一〕犨，縣名，屬南陽郡，故城在今汝州魯山縣東南。葉，今許州葉縣也。續漢書曰：「彭南擊荊州，至（城）〔成〕安、昆陽、犨、葉、舞陽、堵陽、平氏、棘陽、胡陽，處處皆破其屯聚。」

〔二〕東觀記曰：「豐，邔縣人，少學長安，受律令，歸爲縣吏。更始元年起兵，攻得邔、宜城、（若）〔鄀〕、編、臨沮、中廬、襄陽、鄧、新野、穰、湖陽、蔡陽，兵合萬人。」邔音求紀反。

〔三〕南陽復陽縣有杏聚。

〔四〕續漢書曰：「奉令候伏道旁，見車騎一日不絕，歸語奉，奉遂夜遁。」

〔五〕小長安解見光武紀。

車駕引還，令彭率傅俊、臧宮、劉宏等三萬餘人南擊秦豐，拔黃郵，〔一〕豐與其大將蔡宏拒彭等於鄧，數月不得進。帝怪以讓彭，彭懼，於是夜勒兵馬，申令軍中，使明旦西擊山都。〔二〕乃緩所獲虜，令得逃亡，歸以告豐，豐即悉其軍西邀彭。彭乃潛兵度沔水，擊其將張楊於阿頭山，大破之。〔三〕從川谷閒伐木開道，直襲黎丘，擊破諸屯兵。豐聞大驚，馳歸救之。彭與諸將依東山爲營，豐與蔡宏夜攻彭，彭豫爲之備，出兵逆擊之，豐敗走，追斬蔡宏。更封彭爲舞陰侯。

〔一〕黃郵，聚名也，在南陽新（都）〔野〕縣。

〔二〕山都，縣名，屬南陽郡，舊南陽之赤鄉，秦以爲縣，故城在今襄州義清縣東北。

〔三〕沔水源出武都東狼谷中，即漢水之上源也。阿頭山在襄陽也。

秦豐相趙京舉宜城降，拜爲成漢將軍，與彭共圍豐於黎丘。時田戎擁衆夷陵，〔一〕聞秦豐被圍，懼大兵方至，欲降。而妻兄辛臣諫戎曰：「今四方豪傑各據郡國，洛陽地如掌耳，〔二〕不如按甲以觀其變。」戎曰：「以秦王之彊，猶爲征南所圍，豈況吾邪？降計決矣。」四年春，戎乃留辛臣守夷陵，自將兵沿江泝沔止黎丘，刻期日當降，而辛臣於後盜戎珍寶，從閒道先降於彭，而以書招戎。戎疑必賣己，遂不敢降，〔三〕而反與秦豐合。彭出兵攻戎，數月，大破之，其大將伍公詣彭降，戎亡歸夷陵。帝幸黎丘勞軍，封彭吏士有功者百餘人。彭攻秦豐三歲，斬首九萬餘級，豐餘兵裁千人，又城中食且盡。帝以豐轉弱，令朱祐代彭守之，使彭與傅俊南擊田戎，大破之，遂拔夷陵，追至秭歸。〔四〕戎與數十騎亡入蜀，盡獲其妻子士衆數萬人。

〔一〕東觀記曰：「田戎，西平人，與同郡人陳義客夷陵，爲羣盜。更始元年，義、戎將兵陷夷陵，陳義自稱黎丘大將軍，戎自稱埽地大將軍。」襄陽耆舊記曰：「戎號周成王，義稱臨江王。」

〔二〕續漢書曰：「辛臣爲戎作地圖，圖彭寵、張步、董憲、公孫述等所得郡國，云洛陽所得如掌耳。」

〔三〕東觀記曰：「戎至期日，灼龜卜降，兆中拆，遂止不降。」

〔四〕秭歸，縣名，今歸州，解見和紀。

彭以將伐蜀漢，而夾川穀少，水險難漕運，留威虜將軍馮駿軍江州，〔一〕都尉田鴻軍夷陵，領軍李玄軍夷道，自引兵還屯津鄉，當荊州要會，〔二〕喻告諸蠻夷，降者奏封其君長。初，彭與交阯牧鄧讓厚善，與讓書陳國家威德，〔三〕又遣偏將軍屈充移檄江南，班行詔命。於是讓與江夏太守侯登、武陵太守王堂、長沙相韓福、桂陽太守張隆、零陵太守田翕、蒼梧太守杜穆、交阯太守錫光等，相率遣使貢獻，悉封爲列侯。或遣子將兵助彭征伐。〔四〕於是江南之珍始流通焉。

〔一〕江州，縣名，今渝州巴縣也。東觀記曰：「長沙中尉馮駿將兵詣彭，璽書拜駿爲威虜將軍。」

〔二〕津鄉，縣名，所謂江津也。東觀記曰：「津鄉當荊、楊之咽喉。」

〔三〕東觀記曰：「讓夫人，光烈皇后姊也。」

〔四〕續漢書曰：「張隆遣子曅將兵詣彭助征伐，上以曅爲率義侯。」不總遣子，故言或。

六年冬，徵彭詣京師，數召讌見，厚加賞賜。復南還津鄉，有詔過家上冢，大長秋以朔望問太夫人起居。〔一〕

〔一〕大長秋，皇后屬官。漢法，列侯之母，方稱太夫人也。

八年，彭引兵從車駕破天水，與吳漢圍隗囂於西城。時公孫述將李育將兵救囂，守上邽，帝留蓋延、耿弇圍之，而車駕東歸。勑彭書曰：「兩城若下，便可將兵南擊蜀虜。人苦不知足，既平隴，復望蜀。每一發兵，頭鬢爲白。」彭遂壅谷水灌西城，城未沒丈餘，〔一〕囂將行巡、周宗將蜀救兵到，囂得出還冀。漢軍食盡，燒輜重，引兵下隴，延、弇亦相隨而退。囂出兵尾擊諸營，彭殿爲後拒，〔二〕故諸將能全師東歸。彭還津鄉。

〔一〕東觀記曰：「時以縑囊盛土爲堤，灌西城，谷水從地中數丈涌出，故城不拔。」續漢書云「以縑盛土爲堤」。

〔二〕尾謂尋其後而擊之。凡軍在前曰啓，在後曰殿。東觀記曰「彭東入弘農界，百姓持酒肉迎軍，曰『蒙將軍爲後拒，全子弟得生還』」也。

九年，公孫述遣其將任滿、田戎、程汎，將數萬人乘枋箄下江關，〔一〕擊破馮駿及田鴻、李玄等。遂拔夷道、夷陵，據荊門、虎牙。〔二〕橫江水起浮橋、鬭樓，立欑柱絕水道，結營山上，以拒漢兵。彭數攻之，不利，於是裝直進樓船、冒突露橈數千艘。〔三〕

〔一〕枋箄，以木竹爲之，浮於水上。爾雅曰：「舫，泭也。」郭景純曰：「水中簰筏也。」華陽國志曰，巴、楚相攻，故置江關，舊在赤甲城，後移在江南岸，對白帝城，故基在今夔州（魚）〔人〕復縣南。「枋」即「舫」字，古通用耳。箄音步佳反。泭音西倶反。

〔二〕解在光武紀。

〔三〕並船名。樓船，船上施樓。橈，小楫也。爾雅〔方言〕曰：「楫謂之橈。」露橈謂露楫在外，人在船中。冒突，取其觸冒而唐突也。橈音饒。

十一年春，彭與吳漢及誅虜將軍劉隆、輔威將軍臧宮、驍騎將軍劉歆，發南陽、武陵、南郡兵，又發桂陽、零陵、長沙委輸棹卒，凡六萬餘人，〔一〕騎五千匹，皆會荆門。吳漢以三郡棹卒多費糧穀，欲罷之。彭以蜀兵盛，不可遣，上書言狀。帝報彭曰：「大司馬習用步騎，不曉水戰，荆門之事，一由征南公爲重而已。」彭乃令軍中募攻浮橋，先登者上賞。於是偏將軍魯奇應募而前。時天風狂急，（彭）奇船逆流而上，直衝浮橋，而欑柱鉤不得去，〔二〕奇等乘埶殊死戰，因飛炬焚之，風怒火盛，橋樓崩燒。彭復悉軍順風並進，所向無前。蜀兵大亂，溺死者數千人。斬任滿，生獲程汎，而田戎亡保江州。彭上劉隆爲南郡太守，自率臧宮、劉歆長驅入江關，令軍中無得虜掠。所過，百姓皆奉牛酒迎勞。彭見諸耆老，爲言大漢哀愍巴蜀久見虜役，故興師遠伐，以討有罪，爲人除害。讓不受其牛酒。百姓皆大喜悅，爭開門降。詔彭守益州牧，所下郡，輒行太守事。〔三〕

〔一〕棹卒，持棹行船也。東觀記作「濯」。前書鄧通以濯船爲黃頭郎。濯音直教反。
〔二〕續漢書曰：「時天東風，其欑柱有反把，鉤奇船不得去。」
〔三〕東觀記曰：「彭若出界，卽以太守號付後將軍，選官屬守州中長（史）〔吏〕。」

彭到江州，以田戎食多，難卒拔，留馮駿守之，自引兵乘利直指墊江，攻破平曲，〔一〕收其米數十萬石。公孫述使其將延岑、呂鮪、王元及其弟恢悉兵拒廣漢及資中，〔二〕又遣將侯丹率二萬餘人拒黃石。彭乃多張疑兵，使護軍楊翕與臧宮拒延岑等，自分兵浮江下還江州，泝都江而上，〔三〕襲擊侯丹，大破之。因晨夜倍道兼行二千餘里，徑拔武陽。〔四〕使精騎馳廣都，〔五〕去成都數十里，埶若風雨，所至皆奔散。初，述聞漢兵在平曲，故遣大兵逆之。及彭至武陽，繞出延岑軍後，蜀地震駭。述大驚，以杖擊地曰：「是何神也！」

〔一〕墊江，縣名，屬巴郡，今忠州縣也。墊音徒協反。平曲，地闕。
〔二〕資中，縣名，屬犍爲郡，其地在今資州資陽縣。
〔三〕都江，成都江也。
〔四〕武陽，解見光武紀。
〔五〕廣都，縣名，屬蜀郡，故城在今益州成都縣東南。

彭所營地名彭亡，聞而惡之，欲徙，會日暮，蜀刺客詐爲亡奴降，夜刺殺彭。

彭首破荆門，長驅武陽，持軍整齊，秋豪無犯。〔一〕邛穀王任貴聞彭威信，數千里遣使迎降。〔二〕會彭已薨，帝盡以任貴所獻賜彭妻子，謚曰壯侯。蜀人憐之，爲立廟武陽，歲時祠焉。

〔一〕豪，毛也。秋毛喻細也。高祖曰：「吾入關，秋豪無所取。」
〔二〕前書音義曰：「任貴，越巂夷，殺太守枚根，自立爲邛穀王。」

子遵嗣，徙封細陽侯。〔一〕十三年，帝思彭功，復封遵弟淮爲穀陽侯。〔二〕遵永平中爲屯騎校尉。遵卒，子伉嗣。〔三〕伉卒，子杞嗣，〔四〕元初三年，坐事失國。建光元年，安帝復封杞細陽侯，順帝時爲光祿勳。

〔一〕細陽，縣名，屬汝南郡，故城在今潁川汝陰縣西。
〔二〕穀陽，縣名，屬沛郡。
〔三〕伉音口葬反。
〔四〕東觀記（曰）「杞」作「起」。元初中，坐事免。

杞卒，子熙嗣，尚安帝妹涅陽長公主。少爲侍中、虎賁中郎將，朝廷多稱其能。遷魏郡太守，〔一〕招聘隱逸，與參政事，無爲而化。視事二年，輿人歌之曰：「我有枳棘，岑君伐之。〔二〕我有蟊賊，岑君遏之。〔三〕狗吠不驚，足下生氂。〔四〕含哺鼓腹，焉知凶災？〔五〕我喜我生，獨丁斯時。〔六〕美矣岑君，於戲休茲！」〔七〕

〔一〕魏郡，秦時置，故城在今相州安陽縣東北。
〔二〕枳棘多榛梗，以喻寇盜充斥也。
〔三〕蟊賊，食禾稼蟲名，以喻姦吏侵漁也。

〔四〕氂，長毛也。犬無追吠，故足下生氂。
〔五〕哺，食也。鼓，擊也。
〔六〕丁猶當也。
〔七〕於戲，歎美之詞。見爾雅。於音烏。戲音許宜反。

熙卒，子福嗣，爲黃門侍郎。

賈復字君文，南陽冠軍人也。少好學，習尚書。事舞陰李生，李生奇之，謂門人曰：「賈君之容貌志氣如此，而勤於學，將相之器也。」王莽末，爲縣掾，迎鹽河東，會遇盜賊，等比十餘人皆放散其鹽，復獨完以還縣，縣中稱其信。

時下江、新市兵起，復亦聚衆數百人於羽山，自號將軍。更始立，乃將其衆歸漢中王劉嘉，以爲校尉。復見更始政亂，諸將放縱，乃說嘉曰：「臣聞圖堯舜之事而不能至者，湯武是也；〔一〕圖湯武之事而不能至者，桓文是也；〔二〕圖桓文（之）事而不能至者，六國是也；〔三〕定六國之規，欲安守之而不能至者，亡六國是也。今漢室中興，大王以親戚爲藩輔，天下未定而安守所保，所保得無不可保乎？」嘉曰：「卿言大，非吾任也。大司馬劉公在河北，必能相施，第持我書往。」〔四〕復遂辭嘉，受書北度河，及光武於柏人，因鄧禹得召見。

光武奇之，禹亦稱有將帥節，於是署復破虜將軍督盜賊。復馬羸，〔五〕光武解左驂以賜之。〔六〕官屬以復後來而好陵折等輩，調補鄗尉，光武曰：「賈督有折衝千里之威，方任以職，勿得擅除。」〔七〕

〔一〕堯禪舜，舜禪禹，湯乃放桀，武王誅紂，故言不能至者。
〔二〕齊桓公小白，晉文公重耳，春秋之時，周衰，二君霸有海內。
〔三〕六國謂韓、趙、魏、燕、齊、楚，分列中夏，各自跨據，又不逮桓文。
〔四〕施，用也。第，但也。
〔五〕羸，力佳反。
〔六〕驂者，服外之馬也。東觀記、續漢書「左」並作「右」。
〔七〕東觀記曰「時上置兩府官屬，復與段孝共坐。孝謂復曰：『卿將軍督，我大司馬督，不得共坐。』復曰：『俱劉公吏，有何尊卑？』官屬以復不遜，上調官屬補長吏，共白欲以復爲鄗尉，上署報不許」也。

光武至信都，以復爲偏將軍。及拔邯鄲，遷都護將軍。從擊青犢於射犬，大戰至日中，賊陳堅不卻。光武傳召復曰：「吏士皆飢，可且朝飯。」復曰：「先破之，然後食耳。」於是被羽先登，〔一〕所向皆靡，賊乃敗走。諸將咸服其勇。又北與五校戰於眞定，大破之。復傷創甚。光武大驚曰：「我所以不令賈復別將者，爲其輕敵也。果然，失吾名將。聞其婦有孕，生女邪，我子娶之，生男邪，我女嫁之，不令其憂妻子也。」復病尋愈，追及光武於薊，相見甚

懽，大饗士卒，令復居前，擊鄴賊，破之。

〔一〕被猶負也，析羽爲旌旗，將軍所執。先登，先赴敵也。

光武卽位，拜爲執金吾，封冠軍侯。先度河攻朱鮪於洛陽，與白虎公陳僑戰，連破降之。建武二年，益封穰、朝陽二縣。更始郾王尹尊及諸大將在南方未降者尙多，帝召諸將議兵事，未有言，沈吟久之，乃以檄叩地曰：「郾最彊，宛爲次，誰當擊之？」復率然對曰：「臣請擊郾。」帝笑曰：「執金吾擊郾，吾復何憂！大司馬當擊宛。」遂遣復與騎都尉陰識、驍騎將軍劉植南度五社津擊郾，連破之。月餘，尹尊降，盡定其地。引東擊更始淮陽太守暴汜，汜降，屬縣悉定。其秋，南擊召陵、新息，平定之。〔一〕明年春，遷左將軍，別擊赤眉於新城、澠池閒，連破之。〔二〕與帝會宜陽，降赤眉。

〔一〕新息，縣名，屬汝南郡，故城在今豫州新息縣西南也。
〔二〕新城，今伊闕縣。

復從征伐，未嘗喪敗，數與諸將潰圍解急，身被十二創。帝以復敢深入，希令遠征，而壯其勇節，常自從之，故復少方面之勳。〔一〕諸將每論功自伐，復未嘗有言。帝輒曰「賈君之功，我自知之。」

〔一〕東觀記曰：「吳漢擊蜀未破，上書請復自助，上不遣。」

十三年，定封膠東侯，食郁秩、壯武、下密、卽墨、梃〔胡〕、觀陽，凡六縣。〔一〕復知帝欲偃干戈，修文德，不欲功臣擁衆京師，乃與高密侯鄧禹並剽甲兵，敦儒學。〔二〕帝深然之，遂罷左右將軍。復以列侯就第，加位特進。〔三〕復爲人剛毅方直，多大節。既還私第，闔門養威重。朱祐等薦復宜爲宰相，帝方以吏事責三公，故功臣並不用。是時列侯唯高密、固始、膠東三侯與公卿參議國家大事，恩遇甚厚。〔四〕三十一年卒，謚曰剛侯。

〔一〕六縣皆屬膠東國。壯武故城在今萊州卽墨縣西，下密在今青州北海縣東北，卽墨在今萊州膠水縣東，梃〔胡〕故城在今萊州昌陽縣西北，觀陽在昌陽縣東。梃一音廷。
〔二〕廣雅曰「剽，削也。」謂削除甲兵。東觀記曰：「復闔門養威重，受易經，起大義。」
〔三〕東觀記曰：「上以天下旣定，思念欲完功臣爵土，不令以吏職爲過，故皆以列侯就第也。」
〔四〕高密侯鄧禹，固始侯李通。

子忠嗣。忠卒，子敏嗣。建初元年，坐誣告母殺人，國除。肅宗更封復小子邯爲膠東侯，邯弟宗爲卽墨侯，各一縣。邯卒，子育嗣。育卒，子長嗣。

宗字武孺，少有操行，多智略。初拜郎中，稍遷，建初中爲朔方太守。舊內郡徙人在邊者，率多貧弱，爲居人所僕役，不得爲吏。宗擢用其任職者，與邊吏參選，轉相監司，以擿發其姦，或以功次補長吏，故各願盡死。匈奴畏之，不敢入塞。〔一〕徵爲長水校尉。宗兼通儒

術，每讌見，常使與少府丁鴻等論議於前。章和二年卒，朝廷愍惜焉。

〔一〕東觀記曰：「匈奴嘗犯塞，得生口，問：『太守爲誰？』曰：『賈武孺。』曰：『寧賈將軍子邪？』曰：『是。』皆放遣還，是後更不入塞。」

子參嗣。參卒，子建嗣。元初元年，尙和帝女臨潁長公主。主兼食潁陰、許，合三縣，數萬戶。時鄧太后臨朝，光寵最盛，以建爲侍中，順帝時爲光祿勳。

論曰：中興將帥立功名者衆矣，唯岑彭、馮異建方面之號，自函谷以西，方城以南，〔一〕兩將之功，實爲大焉。若馮、賈之不伐，岑公之義信，〔二〕乃足以感三軍而懷敵人，故能剋成遠業，終全其慶也。昔高祖忌柏人之名，違之以全福；征南惡彭亡之地，留之以生災。〔三〕豈幾慮自有明惑，將期數使之然乎？

〔一〕方城，山名，一名黃城山，在今唐州方城縣東北也。
〔二〕信謂朱鮪知其誠而降。義謂剄人奉牛酒，讓不受。
〔三〕柏人，縣名也。高祖嘗欲宿於柏人。曰：「柏人者，迫於人也。」不宿而去。後竟有貫高之事。

贊曰：陽夏師克，實在和德。膠東鹽吏，征南宛賊。奇鋒震敵，遠圖謀國。

校勘記

六三九頁四行　汝州郟城縣亦有父城　按：集解引沈欽韓說，謂汝州郟城縣之父城，乃前志沛郡之城父，非父城也。注誤。

六三九頁一三行　段建　按：原本「段」皆譌「叚」，逕改正，後不悉出。

六四〇頁九行　覓字子期山陽人也後死於赤眉之難見前書　按：沈家本謂按前書無曹覓事，聖公傳亦無左丞相，「前書」二字必有誤。

六四〇頁一三行　徇行郡縣　按：汲本、殿本「徇」作「循」。

六四一頁三行　至饒陽無蔞亭　按：聚珍版東觀記「無」作「蕪」。

六四一頁一五行　杜預注春秋曰應國在襄城成父縣西南　按：校補謂案今杜注作「在襄陽城父縣西南」，見左僖二十四年傳下。考晉志，襄城無成父縣，襄陽亦無城父縣，當作「襄城父城縣西南」。

六四二頁二行　又降匈奴于林闟頓王　按：集解引錢大昕說，謂說文無「闟」字，當是「蹋」字之譌，三國魏志作「蹋頓」。

六四二頁九行　山陽公載記(日)　據集解引惠棟說刪。

六四三頁一〇行　大破斬勃　按：李慈銘謂「大破」下脫一「之」字。

六四三頁一三行　異遣校尉護軍(將軍)將兵　據刊誤刪。

六四四頁一一行　其(義)〔利〕斷金　據汲本、殿本改。

六四四頁一三行　天井關在太行山(下)〔上〕　校補謂當依章帝紀注作「山上」，今據改。

六四五頁四行　謂張卬爲淮陽王　按：「卬」原譌「叩」，逕改正。

六四五頁七行　引擊陽翟賊　刊誤謂「引」下少一「軍」字。按：張森楷校勘記謂下文「引而西」，賈復傳「引東擊更始淮陽太守」，並無「軍」字，劉說泥。

六四六頁二行　華陰陽沈　「陽」原作「楊」，逕據汲本、殿本改。按：聚珍版東觀記亦作「陽」。

六四六頁一三行　餘衆尙十餘萬東走宜陽降璽書勞異曰　集解引王補說，謂「降」下宜有「帝」字。按：下云「時赤眉雖降」，是「降」字當屬上爲句，王說非。又按：通鑑刪「餘衆尙十餘萬東走宜陽」十字，下接「帝降璽書曰」云云，是亦誤以「降」字屬下讀，並補一「帝」字矣。說詳黃山校補。

六四七頁七行　駱(蓋)延據盩屋　按：集解引惠棟說，謂通鑑無「蓋」字。張森楷校勘記謂蓋延是漢臣，未嘗據盩屋，據盩屋者駱延也。今據刪。又按：「盩」原作「盭」，逕依汲本改正。

六四七頁八行　任良據鄠　按：「鄠」原譌「鄂」，逕改正。

六四七頁八行　汝章據槐里　按：「里」原譌「廻」，逕改正。

六四八頁三行　故秦(乇)〔芒〕陽縣　據王先謙說改。

六四八頁六行　公孫述遣將程焉將數萬人就呂鮪　按：集解引惠棟說，謂依公孫述傳及華陽國志，「焉」當作「烏」。

六四八頁一一行　上書思慕闕廷　按：李慈銘謂「上書」下當脫一「言」字。

六五〇頁六行　忸(伏)〔忕〕小利　據集解本改。按：注作「忕」，從大，不誤。

六五〇頁一〇行　漢(中)〔忠〕　刊誤謂案王常傳，「中」當作「忠」。今據改。注「中」亦逕改爲「忠」。

六五一頁一三行　青山在北地參(巒)〔繇〕界　據刊誤改，下同。

六五一頁一三行　其豪帥號肥頭小卿　按：汲本、殿本「小」作「少」。

六五二頁三行　長子彰嗣　按：集解引沈欽韓說，謂水經注「彰」作「璋」。

六五二頁三行　復封彰弟訢爲析鄉侯　按：「析」原譌「祈」，逕據汲本、殿本改正。

六五三頁八行　與貳師嚴尤共城守　按：汲本、殿本脫「與」字。

六五三頁八行　又非貳師　按：「貳」原譌「二」，逕改正。

六五三頁一三行　更始遣立威王張卬　按：沈家本謂按聖公傳卬封淮陽王，而此曰「立威」者，殆先封立威王，更封淮陽歟？

六五四頁二行　東觀記(日)　「日」字當衍，今刪。

六五四頁一〇行　中〔軍〕將(軍)最尊　據刊誤改。

六五四頁一三行　於是拜彭爲刺姦大將軍　集解引沈欽韓說，謂案文當爲「大將軍刺姦」，時光武爲大將軍，彭爲其刺姦耳。今按：沈說是。亦如光武以破虜將軍行大司馬事，而署賈復爲破虜將軍督盜賊掾也。

六五六頁八行　建武二年使彭擊荆州　按：校補引錢大昭說，謂光武紀遣彭擊荆州羣賊在建武元年十月。

六五六頁九行　略(十)有〔十〕二縣　校補謂「十有」二字當乙轉。今據改。

六五六頁一〇行　遂(返)〔反〕擊破漢軍　據校補改。

六五六頁一三行　漢(中)〔忠〕將軍王常　刊誤謂「中」當作「忠」。今據改。

六五七頁五行　至(城)〔成〕安　據校補改。

六五七頁七行　(著)〔都〕　據郡國志改，各本皆未正。

六五八頁三行　在南陽新(都)〔野〕縣　據集解引惠棟說改。

六五八頁九行　沿江泝沔止黎丘　按：校補引錢大昭說，謂「止」當作「上」。

六五九頁二行　所得郡國　按：汲本「得」作「分」。

六五九頁五行　留威虜將軍馮駿軍江州　按：集解引沈欽韓說，謂疑駿此時未能越巴峽軍江州，「江州」

或「江關」之誤，卽捍關也。王先謙謂下文方言田戎亡保江州，此「江州」是誤文。

六五九頁七行　偏將軍屈充　按：集解引惠棟說，謂袁宏紀「屈充」作「房充」。

六五九頁八行　武陵太守王堂　按：「堂」原譌「常」，逕據汲本、殿本改正。

六五九頁八行　蒼梧太守杜穆　按：集解引惠棟說，謂袁宏紀「杜穆」作「杜稷」。

六五九頁一三行　津鄉縣名　按：集解引惠棟說，謂續志南郡江陵縣有津鄉。津鄉，鄉名，非縣名也。

六六〇頁二行　橫江水起浮橋鬬樓　按：校補引錢大昭說，謂「鬬樓」通鑑作「闘樓」。胡注，猶今城上敵樓也。

六六〇頁一四行　在今夔州(魚)〔人〕復縣南　按：「魚」當作「人」，詳公孫述傳校勘記。

六六一頁一行　(爾雅)〔方言〕曰檝謂之橈　集解引沈欽韓說，謂注「爾雅」誤，文見方言。今據改。

六六一頁七行　時天風狂急　集解引錢大昕說，謂「天」當爲「大」字之譌。今按：通鑑作「時東風狂急」。

六六一頁七行　(彭)奇船逆流而上　集解引陳景雲說，謂時奇應募，以偏師獨進，彭見敵勢已摧，乃悉軍並進耳。彭不與奇同行，此文不合有「彭」字。今據刪。按：通鑑「彭」作「魯」。又惠棟云，蜀鑑無「彭」字。

六六一頁一五行　選官屬守州中長(史)〔吏〕　據刊誤改。

六六三頁九行　東觀記(日)杞作起　「日」字當衍，今刪。

六六三頁一〇行　遷魏郡太守　按：集解引沈欽韓說，謂藝文類聚引東觀記，北堂書鈔引華嶠書，俱作「東郡」。

六六三頁一三行　於戲休茲　按：王先謙謂類聚十九、御覽四百六十五引「休」作「在」。

六六四頁二行　圖桓文(才)〔之〕事而不能至者　據汲本、殿本補。

六六四頁一四行　必能相施　按：汲本「必」作「不」。

六六五頁一行　於是署復破虜將軍督盜賊　按：集解引沈欽韓說，謂光武以破虜將軍行大司馬事，故署復爲督盜賊，亦如太守府有門下督盜賊。通鑑直云「以復爲破虜將軍」，誤矣。又按：李慈銘謂此爲光武破虜將軍之督盜賊掾也，「賊」字下疑脫一「掾」字。

六六五頁二行　調補鄗尉　按：集解引王補說，謂「調」上疑奪「請」字。

六六五頁六行　分列中夏　按：汲本、殿本「列」作「裂」。

六六七頁一行　食郁秩壯武下密卽墨梃(胡)觀陽凡六縣　據集解引惠棟說刪，注同。

六六七頁一五行　三十一年卒　按：集解引惠棟說，謂袁宏紀云「三十年」。

後漢書卷十八

吳蓋陳臧列傳第八

吳漢字子顏，南陽宛人也。家貧，給事縣爲亭長。王莽末，以賓客犯法，乃亡命至漁陽。〔一〕資用乏，以販馬自業，往來燕、薊閒，所至皆交結豪傑。更始立，使使者韓鴻徇河北。〔二〕或謂鴻曰：「吳子顏，奇士也，可與計事。」鴻召見漢，甚悅之，遂承制拜爲安樂令。〔三〕

〔一〕命，名也。謂脫其名籍而逃亡。

〔二〕續漢書曰：「(雒縣)〔南陽〕人韓鴻爲謁者，使持節降河北，拜除二千石。」

〔三〕安樂，縣名，屬漁陽郡，故城在今幽州潞縣西北。

會王郎起，北州擾惑。漢素聞光武長者，獨欲歸心。乃說太守彭寵曰：「漁陽、上谷突騎，天下所聞也。君何不合二郡精銳，附劉公擊邯鄲，此一時之功也。」〔一〕寵以爲然，而官屬皆欲附王郎，寵不能奪。漢乃辭出，止外亭，念所以譎衆，未知所出。〔二〕望見道中有一人似

儒生者，漢使人召之，爲具食，〔三〕問以所聞。生因言劉公所過，爲郡縣所歸；邯鄲舉尊號者，實非劉氏。漢大喜，卽詐爲光武書，移檄漁陽，使生齎以詣寵，令具以所聞說之，漢復隨後入。寵甚然之。於是遣漢將兵與上谷諸將幷軍而南，所至擊斬王郎將帥。〔四〕及光武於廣阿，拜漢爲偏將軍。既拔邯鄲，〔五〕賜號建策侯。

〔一〕一時，言不可再過也。

〔二〕譎，詐也。未知欲出何計以詐之。

〔三〕續漢書曰：「時道路多飢人，來求食者似(諸)〔儒〕生，漢召〔之〕，故先爲具食。」

〔四〕續漢書曰：「攻薊，誅王郎大將趙閎等。」

〔五〕續漢書曰：「時上使漢等將突騎，揚兵戲馬，立騎馳環邯鄲城，乃圍之。」

漢爲人質厚少文，造次不能以辭自達。鄧禹及諸將多知之，數相薦舉，及得召見，遂見親信，常居門下。

光武將發幽州兵，夜召鄧禹，問可使行者。禹曰：「閒數與吳漢言，其人勇鷙有智謀，〔一〕諸將鮮能及者。」卽拜漢大將軍，持節北發十郡突騎。更始幽州牧苗曾聞之，陰勒兵，勑諸郡不肯應調。〔二〕漢乃將二十騎先馳至無終。〔三〕曾以漢無備，出迎於路，漢卽撝兵騎，收曾斬之，而奪其軍。北州震駭，城邑莫不望風弭從。〔四〕遂悉發其兵，引而南，與光武會淸陽。

諸將望見漢還，士馬甚盛，皆曰：「是寧肯分兵與人邪？」及漢至莫府，上兵簿，〔五〕諸將人人多請之。光武曰：「屬者恐不與人，〔六〕今所請又何多也？」諸將皆慙。

〔一〕廣雅曰：「鷙，執也。」凡鳥之勇銳，獸之猛悍者，皆名鷙也。

〔二〕調，發也。

〔三〕無終，本山戎國也。無終山名，因爲國號。漢爲縣名，屬右北平，故城在今幽州漁陽縣也。

〔四〕弭猶服也。

〔五〕莫，大也。兵簿，軍士之名帳。

〔六〕屬猶近也。

初，更始遣尚書令謝躬率六將軍攻王郎，不能下。會光武至，共定邯鄲，而躬裨將虜掠不相承稟，光武深忌之。雖俱在邯鄲，遂分城而處，然每有以慰安之。躬勤於職事，光武常稱曰「謝尚書眞吏也」，故不自疑。躬既而率其兵數萬，還屯於鄴。時光武南擊青犢，謂躬曰：「我追賊於射犬，必破之。尤來在山陽者，埶必當驚走。若以君威力，擊此散虜，必成禽也。」躬曰：「善。」及青犢破，而尤來果北走隆慮山，躬乃留大將軍劉慶、魏郡太守陳康守鄴，自率諸將軍擊之。窮寇死戰，其鋒不可當，躬遂大敗，死者數千人。光武因躬在外，乃使漢與岑彭襲其城。漢先令辯士說陳康曰：「蓋聞上智不處危以儌倖，〔一〕中智能因危以爲

功，下愚安於危以自亡。危亡之至，在人所由，不可不察。今京師敗亂，四方雲擾，公所聞也。蕭王兵彊士附，河北歸命，公所見也。謝躬內背蕭王，外失衆心，公所知也。公今據孤危之城，待滅亡之禍，義無所立，節無所成。不若開門內軍，轉禍爲福，免下愚之敗，收中智之功，此計之至者也。」康然之。於是康收劉慶及躬妻子，開門內漢等。及躬從隆慮歸鄴，不知康已反之，乃與數百騎輕入城。漢伏兵收之，手擊殺躬，其衆悉降。〔二〕躬字子張，南陽人。初，其妻知光武不平之，常戒躬曰：「君與劉公積不相能，而信其虛談，不爲之備，終受制矣。」躬不納，故及於難。

〔一〕儌猶求也。

〔二〕續漢書曰：「時岑彭已在城中，將躬詣傳舍，馳白漢。漢至，躬在彭前伏，漢曰：『何故與鬼語！』遂殺之。」

光武北擊羣賊，〔一〕漢常將突騎五千爲軍鋒，數先登陷陳。及河北平，漢與諸將奉圖書，上尊號。光武即位，拜爲大司馬，更封舞陽侯。

〔一〕續漢書曰：「從擊銅馬、重連、高胡，皆破之。」

建武二年春，漢率大司空王梁，建義大將軍朱祐，大將軍杜茂，執金吾賈復，揚化將軍堅鐔，偏將軍王霸，騎都尉劉隆、馬武、陰識，共擊檀鄉賊於鄴東漳水上，大破之，〔一〕降者十餘萬人。帝使使者璽書定封漢爲廣平侯，食廣平、斥漳、曲周、廣年，凡四縣。〔二〕復率諸將

擊鄴西山賊黎伯卿等，及河內脩武，悉破諸屯聚。車駕親幸撫勞。復遣漢進兵南陽，擊宛、涅陽、酈、穰、新野諸城，皆下之。引兵南，與秦豐戰黃郵水上，破之。〔三〕又與偏將軍馮異擊昌城五樓賊張文等，又攻銅馬、五幡於新安，皆破之。

〔一〕水經曰，漳水源出上黨長子縣西發鳩山，東北至昌亭，與虖沱河合。

〔二〕四縣皆屬廣平郡。廣平故城在今洛州永年縣西北，廣年在今永年縣東北，斥漳在今洛州洛水縣，曲周故城在今洛州曲周縣西南。廣年，避隋煬帝諱，改爲永年縣。

〔三〕南陽新野縣有黃郵水、黃郵聚也。

明年春，率建威大將軍耿弇、虎牙大將軍蓋延，擊青犢於軹西，大破降之。又率驃騎大將軍杜茂、彊弩將軍陳俊等，圍蘇茂於廣樂。劉永將周建別招聚收集得十餘萬人，救廣樂。漢將輕騎迎與之戰，不利，墯馬傷膝，還營，建等遂連兵入城。諸將謂漢曰：「大敵在前而公傷臥，衆心懼矣。」漢乃勃然裹創而起，椎牛饗士，令軍中曰：「賊衆雖多，皆劫掠羣盜，『勝不相讓，敗不相救』，〔一〕非有仗節死義者也。今日封侯之秋，諸君勉之！」於是軍士激怒，人倍其氣。旦日，建、茂出兵圍漢。漢選四部精兵黃頭吳河等，〔二〕及烏桓突騎三千餘人，齊鼓而進。〔三〕建軍大潰，反還奔城。漢長驅追擊，爭門並入，大破之，茂、建突走。漢留杜茂、陳俊等守廣樂，自將兵助蓋延圍劉永於睢陽。永既死，二城皆降。

〔一〕此上兩句在左傳，鄭(大夫)公子突之詞也。

〔二〕前書鄧通爲黃頭郎。晉義曰：「土勝水，故刺船郎著黃帽，號黃頭也。」

〔三〕續漢書曰：「漢躬被甲拔戟，令諸部將曰：『聞雷鼓聲，皆大呼俱(大)進，後至者斬。』遂鼓而進之。」

明年，又率陳俊及前將軍王梁，擊破五校賊於臨平，追至東郡箕山，大破之。北擊清河長直及平原五里賊，皆平之。〔一〕時鬲縣五姓共逐守長，據城而反。〔二〕諸將爭欲攻之，漢不聽，曰：「使鬲反者，皆守長罪也。敢輕冒進兵者斬。」乃移檄告郡，使收守長，而使人謝城中。五姓大喜，即相率歸降。諸將乃服，曰：「不戰而下城，非衆所及也。」

〔一〕東觀記及續漢書「長直」並作「長垣」。案：長垣，縣名，在河南，不得言北擊，而范書作長直，當是賊號，或因地以爲名。

〔二〕鬲，縣，屬平原郡，故城在今德州西北。五姓，蓋當土彊宗豪右也。鬲音革。

冬，漢率建威大將軍耿弇、漢(中)〔忠〕將軍王常等，擊富平、獲索二賊於平原。明年春，賊率五萬餘人夜攻漢營，軍中驚亂，漢堅臥不動，有頃乃定。即夜發精兵出營突擊，大破其衆。因追討餘黨，遂至無鹽，〔一〕進擊勃海，皆平之。又從征董憲，圍朐城。明年春，拔朐，〔二〕斬憲。事(以)〔已〕見劉永傳。東方悉定，振旅還京師。

〔一〕無鹽，縣名，屬東平國，故城在今鄆州東。

〔二〕朐，縣名，解見光武紀。

會隗囂畔，夏，復遣漢西屯長安。八年，從車駕上隴，遂圍隗囂於西城。帝勑漢曰：「諸郡甲卒但坐費糧食，若有逃亡，則沮敗衆心，宜悉罷之。」漢等貪幷力攻囂，遂不能遣，糧食日少，吏士疲役，逃亡者多，及公孫述救至，漢遂退敗。

十一年春，率征南大將軍岑彭等伐公孫述。及彭破荆門，長驅入江關，漢留夷陵，裝露橈船，〔一〕將南陽兵及弛刑募士三萬人泝江而上。會岑彭爲刺客所殺，漢幷將其軍。十二年春，與公孫述將魏黨、公孫永戰於魚涪津，大破之，〔二〕遂圍武陽。述遣子壻史興將五千人救之。漢迎擊興，盡殄其衆，因入犍爲界。諸縣皆城守。漢乃進軍攻廣都，拔之。遣輕騎燒成都市橋，〔三〕武陽以東諸小城皆降。

〔一〕橈，短檝也，音人遙反。

〔二〕續漢書曰：「犍爲郡南安縣有漁涪津，在縣北，臨大江。」南中志曰：「漁涪津廣數百步。」

〔三〕橋名也，解見公孫述傳。

帝戒漢曰：「成都十餘萬衆，不可輕也。但堅據廣都，待其來攻，勿與爭鋒。若不敢來，公轉營迫之，須其力疲，乃可擊也。」漢乘利，遂自將步騎二萬餘人進逼成都，去城十餘里，阻江北爲營，作浮橋，使副將武威將軍劉尚〔一〕將萬餘人屯於江南，相去二十餘里。帝聞大驚，讓漢曰：「比勑公千條萬端，何意臨事勃亂！既輕敵深入，又與尚別營，事有緩急，不復

相及。賊若出兵綴公，以大衆攻尚，尚破，公卽敗矣。幸無它者，急引兵還廣都。」詔書未到，述果使其將謝豐、袁吉將衆十許萬，分爲二十餘營，幷出攻漢。使別將〔將〕萬餘人劫劉尚，令不得相救。漢與大戰一日，兵敗，走入壁，豐因圍之。漢乃召諸將厲之曰：「吾共諸君踰越險阻，轉戰千里，所在斬獲，遂深入敵地，至其城下。而今與劉尚二處受圍，埶既不接，其禍難量。欲潛師就尚於江南，幷兵禦之。若能同心一力，人自爲戰，大功可立；如其不然，敗必無餘。成敗之機，在此一舉。」諸將皆曰「諾」。於是饗士秣馬，閉營三日不出，乃多樹幡旗，使煙火不絕，夜銜枚引兵與劉尚合軍。豐等不覺，明日，乃分兵拒江北，自將攻江南。漢悉兵迎戰，自旦至晡，遂大破之，斬謝豐、袁吉，獲甲首五千餘級。於是引還廣都，留劉尚拒述，具以狀上，而深自譴責。帝報曰：「公還廣都，甚得其宜，述必不敢略尚而擊公也。〔二〕若先攻尚，公從廣都五十里悉步騎赴之，適當值其危困，破之必矣。」自是漢與述戰於廣都、成都之閒，八戰八克，遂軍于其郭中。述自將數萬人出城大戰，漢使護軍高午、唐邯將數萬銳卒擊之。述兵敗走，高午奔陳刺述，殺之。事已見述傳。旦日城降，斬述首傳送洛陽。明年正月，漢振旅浮江而下。至宛，詔令過家上冢，賜穀二萬斛。

〔一〕東觀記、續漢書「尙」字並作「禹」。

〔二〕略猶過也。

十五年，復率揚武將軍馬成、捕虜將軍馬武北擊匈奴，徙鴈門、代郡、上谷吏人六萬餘口，置居庸、常〔山〕關以東。

十八年，蜀郡守將史歆反於成都，自稱大司馬，攻太守張穆，穆踰城走廣都，歆遂移檄郡縣，而宕渠楊偉、朐䏰徐容等，〔一〕起兵各數千人以應之。帝以歆昔爲岑彭護軍，曉習兵事，故遣漢率劉尚及太中大夫臧宮將萬餘人討之。漢入武都，乃發廣漢、巴、蜀三郡兵圍成都，百餘日城破，誅歆等。漢乃乘桴沿江下巴郡，楊偉、徐容等惶恐解散，漢誅其渠帥二百餘人，徙其黨與數百家於南郡、長沙而還。

〔一〕宕渠、朐䏰，二縣名，皆屬巴郡。朐音劬，䏰音忍。宕渠山名，因以名縣，故城在今渠州流江縣東北，俗名車騎城是也。十三州志朐音春，䏰音閏。其地下溼，多朐䏰蟲，因以名縣。故城在今夔州雲安縣西萬戶故城是也。

漢性彊力，每從征伐，帝未安，恆側足而立。諸將見戰陳不利，或多惶懼，失其常度。漢意氣自若，方整厲器械，激揚士吏。帝時遣人觀大司馬何爲，還言方脩戰攻之具，乃歎曰：「吳公差彊人意，隱若一敵國矣！」〔一〕每當出師，朝受詔，夕卽引道，初無辦嚴之日。〔二〕故能常任職，以功名終。及在朝廷，斤斤謹質，形於體貌。〔三〕漢嘗出征，妻子在後買田業。漢還，讓之曰：「軍師在外，吏士不足，何多買田宅乎！」遂盡以分與昆弟外家。〔四〕

〔一〕隱，威重之貌。言其威重若敵國。前書周亞夫謂劇孟曰：「大將得之，若一敵國矣。」

〔二〕嚴卽裝也，避明帝諱，故改之。

〔三〕爾雅曰：「明明、斤斤，察也。」李巡曰：「斤斤，精詳之察也。」孫炎曰：「重愼之察也。」斤音靳。

〔四〕東觀記曰「漢但修里宅，不起第。夫人先死，薄葬小墳，不作祠堂」也。

二十年，漢病篤。車駕親臨，問所欲言。對曰：「臣愚無所知識，唯願陛下愼無赦而已。」及薨，有詔悼愍，賜謚曰忠侯。〔一〕發北軍五校、輕車、介士送葬，如大將軍霍光故事。〔二〕

〔一〕東觀記曰：「有司奏議以武爲謚，詔特賜謚曰忠侯。」

〔二〕漢官南北軍五校，解見順帝紀。輕車，兵車也。介士，甲士也。霍光傳云以北軍五校尉、輕車、介士載光尸以轀輬車，黃屋左纛，軍陳至茂陵。不以南軍者，重之也。

子哀侯成嗣，爲奴所殺。二十八年，分漢封爲三國：成子旦爲灈陽侯，〔一〕以奉漢嗣；旦弟盱〔二〕爲筑陽侯；成弟國爲新蔡侯。〔三〕旦卒，無子，國除。建初八年，徙封盱爲平春侯，〔四〕以奉漢後。盱卒，子勝嗣。初，漢兄尉爲將軍，從征戰死，封尉子彤爲安陽侯。〔五〕帝以漢功大，復封弟翕爲褒親侯。吳氏侯者凡五國。

〔一〕灈陽，縣名，屬汝南郡，在灈水之陽，因以爲名，其地今豫州吳房縣也。

〔二〕盱音火俱反。

〔三〕筑陽，縣名，屬南陽郡，古穀國也，在筑水之陽，故城在今襄州穀城縣西。新蔡，縣名，屬汝南郡，蔡平侯自蔡徙此，故加「新」字，今豫州縣也。筑音逐。

〔四〕平春，縣名，屬江夏郡。

〔五〕安陽，縣名，屬汝南郡，古江國也，故城在今豫州新息縣西南。

初，漁陽都尉嚴宣，與漢俱會光武於廣阿，光武以爲偏將軍，封建信侯。〔一〕

〔一〕建信，縣名，屬千乘國。

論曰：吳漢自建武世，常居上公之位，終始倚愛之親，〔一〕諒由質簡而彊力也。子曰「剛毅木訥近仁」，〔二〕斯豈漢之方乎！〔三〕昔陳平智有餘以見疑，周勃資朴忠而見信。〔四〕夫仁義不足以相懷，則智者以有餘爲疑，而朴者以不足取信矣。〔五〕

〔一〕「差彊人意」，是倚之也；遂見親信，是愛之也。

〔二〕論語文。剛毅謂彊而能斷。木，樸愨貌。訥，忍於言也。四者皆仁之質，若加文，則成仁矣，故言近仁。

〔三〕方，比也。

〔四〕高祖謂呂后曰：「陳平智有餘，然難獨任。」是見疑也。又曰：「周勃重厚少文，安劉氏者必勃。」是見信也。

〔五〕懷，依也。言若仁義之心足相依信，則情無疑阻。若彼此之誠未協，仁義不足相依，則智者翻以有餘見疑，朴者以愚直取信。

蓋延字巨卿，漁陽要陽人也。〔一〕身長八尺，彎弓三百斤。邊俗尚勇力，而延以氣聞。歷郡列掾、州從事，所在職辦。〔二〕彭寵爲太守，召延署營尉，行護軍。

〔一〕要陽，縣名，光武時省。

〔二〕古者三公下至郡縣皆有掾屬。續漢志曰：「建武十八年，立刺史十二人，人主一州，皆有從事史、假佐，每郡皆置諸曹掾。」郡中列掾非一，延並爲之，故言歷也。漁陽屬幽州。東觀記云延爲幽州從事。

及王郎起，延與吳漢同謀歸光武。〔一〕延至廣阿，拜偏將軍，號建功侯，從平河北。光武即位，以延爲虎牙將軍。

〔一〕續漢書曰：「并與狐奴令王梁同勸寵。」

建武二年，更封安平侯。遣南擊敖倉，轉攻酸棗、封丘，皆拔。〔一〕其夏，督駙馬都尉馬武、騎都尉劉隆、護軍都尉馬成、偏將軍王霸等南伐劉永，先攻拔襄邑，〔二〕進取麻鄉，〔三〕遂圍永於睢陽。數月，盡收野麥，夜梯其城入。永驚懼，引兵走出東門，〔四〕延追擊，大破之。永棄軍走譙，延進攻，拔薛，斬其魯郡太守，〔五〕而彭城、扶陽、杼秋、蕭皆降。〔六〕又破永沛郡太守，斬之。〔七〕永將蘇茂、佼彊、周建等三萬餘人〔八〕救永，共攻延，延與戰於沛西，大破之。永軍亂，遁沒溺死者太半。永棄城走湖陵，蘇茂奔廣樂。延遂定沛、楚、臨淮，修高祖廟，置嗇夫、祝宰、樂人。〔九〕

〔一〕酸棗、封丘，二縣名，屬陳留郡。酸棗故城在今滑州縣也。封丘故城在今汴州縣也。

〔二〕續漢書曰：「時劉永別將許德據襄邑，延攻而拔之。」

〔三〕麻鄉，縣名，故城在今宋州碭山縣東北。

〔四〕東觀記云「走出魚門」，然則東門名魚門也。

〔五〕薛，縣名，屬魯國，故城在今徐州滕縣東南。東觀記曰「魯郡太守梁丘壽」也。

〔六〕扶陽，縣名，屬沛郡。杼秋，縣名，屬梁國，故城在今徐州蕭縣西北。杼音食汝反。

〔七〕東觀記曰：「沛郡太守陳脩。」

〔八〕佼彊，姓名也，周大夫原伯佼之後也。

〔九〕楚即今彭城縣也。臨淮，郡名，今泗州下邳縣。高祖廟在今徐州沛縣東故泗水亭中，即高祖爲亭長之所也。嗇夫，主知廟事。東觀記曰：「時蓋延因齋戒祠高祖廟。」

三年，睢陽復反城迎劉永，〔一〕延復率諸將圍之百日，收其野穀。永乏食，突走，延追擊，盡得輜重。永爲其將所殺，永弟防舉城降。

〔一〕反音翻。

四年春，延又擊蘇茂、周建於蘄，〔一〕進與董憲戰留下，皆破之。〔二〕因率平（敵）〔狄〕將軍龐萌攻西防，拔之。〔三〕復追敗周建、蘇茂於彭城，茂、建亡奔董憲，〔董憲〕將賁休舉蘭陵城降。〔四〕憲聞之，自郯圍休。時延及龐萌在楚，請往救之。帝勑曰：「可直往擣郯，則蘭陵

必自解。」〔五〕延等以賁休城危，遂先赴之。憲逆戰而陽敗，延等（遂）逐退，因拔圍入城。明日，憲大出兵合圍，延等懼，遽出突走，因往攻郯。帝讓之曰：「間欲先赴郯者，以其不意故耳。今既奔走，賊計已立，圍豈可解乎！」延等至郯，果不能克，而董憲遂拔蘭陵，殺賁休。延等往來要擊憲別將於彭城、郯、邳之閒，戰或日數合，頗有克獲。帝以延輕敵深入，數以書誡之。〔六〕及龐萌反，攻殺楚郡太守，引軍襲敗延，延走，北度泗水，破舟檝，壞津梁，僅而得免。〔七〕帝自將而東，徵延與大司馬吳漢、漢忠將軍王常、前將軍王梁、捕虜將軍馬武、討虜將軍王霸等會任城，討龐萌於桃鄉，又並從征董憲於昌慮，皆破平之。六年春，遣屯長安。

〔一〕蘄，縣名，屬沛郡，有大澤鄉。蘄音機。

〔二〕留，縣名，屬楚國，故城在今徐州沛縣東南。

〔三〕西防，縣名，春秋時宋之西防城，故城在今宋州單父縣北。

〔四〕前書有賁赫，音肥。今有此姓，（賁）音奔。

〔五〕擣，擊也。東觀記作「擊」字。

〔六〕東觀記載延上疏辭曰：「臣幸得受干戈，誅逆虜，奉職未稱，久留天誅，常恐汙辱名號，不及等倫。天下平定已後，曾無尺寸可數，不得預竹帛之編。明詔深閔，儆戒備具，每事奉循詔命，必不敢爲國之憂也。」

〔七〕東觀記、續漢書皆云萌攻延，延與戰，破之。詔書勞延曰：「龐萌一夜反畔，相去不遠，營壁不堅，殆令人齒欲相擊，而將軍有不可動之節，吾甚美之。」此傳言「僅而得免」，與彼不同。

九年，隗囂死，延西擊街泉、略陽、清水諸屯聚，皆定。〔一〕

〔一〕街泉、略陽、清水三縣，皆屬天水郡。

十一年，與中郎將來歙攻河池，未剋，以病引還，拜爲左馮翊，將軍如故。〔二〕十三年，增封定食萬戶。十五年，薨於位。

〔二〕續漢書曰：「視事四年，人敬其威信。」

子扶嗣。扶卒，子側嗣。永平十三年，坐與舅王平謀反，伏誅，國除。永初七年，鄧太后紹封延曾孫恢爲蘆亭侯。〔一〕恢卒，子遂嗣。

〔一〕東觀記作「盧亭」。

陳俊字子昭，南陽西鄂人也。〔一〕少爲郡吏。更始立，以宗室劉嘉爲太常將軍，俊爲長史。光武徇河北，嘉遣書薦俊，光武以爲安集掾。〔二〕

〔一〕江夏郡有鄂，故此加「西」也，故城在今鄧州向城縣南也。

〔二〕東觀記曰：「俊初調補曲陽長，上曰：『欲與君爲左右，小縣何足貪乎？』俊即拜，解印綬，上以爲安集掾。」

從擊銅馬於清陽，進至（滿）〔蒲〕陽，拜彊弩將軍。〔一〕與五校戰於安次，俊下馬，手接短

兵，所向必破，追奔二十餘里，斬其渠帥而還。光武望而歎曰：「戰將盡如是，豈有憂哉！」五校引退入漁陽，所過虜掠。俊言於光武曰：「宜令輕騎出賊前，使百姓各自堅壁，以絕其食，可不戰而殄也。」光武然之，遣俊將輕騎馳出賊前。視人保壁堅完者，敕令固守；放散在野者，因掠取之。賊至無所得，遂散敗。及軍還，光武謂俊曰：「困此虜者，將軍策也。」及即位，封俊爲列侯。

〔一〕華嶠書曰：「拜爲彊弩偏將軍，賜絳衣九百領，以衣中堅同心士。」

建武二年春，攻匡賊，下四縣，〔一〕更封新處侯。〔二〕引擊頓丘，降三城。〔三〕其秋，大司馬吳漢承制拜俊爲彊弩大將軍，別擊金門、白馬賊於河內，皆破之。〔四〕四年，轉徇汝陽及項，又拔南武陽。〔五〕是時太山豪傑多擁衆與張步連兵，吳漢言於帝曰：「非陳俊莫能定此郡。」於是拜俊太山太守，行大將軍事。張步聞之，遣其將擊俊，戰於嬴下，〔六〕俊大破之，追至濟南，收得印綬九十餘，〔七〕稍攻下諸縣，遂定太山。五年，與建威大將軍耿弇共破張步。事在弇傳。

〔一〕匡賊即匡城縣賊也。東觀記作「匡城賊」。匡城，古匡邑也，故城在今滑州匡城縣南。

〔二〕新處，縣名，屬中山國。

〔三〕頓丘，縣名，屬東郡，故城在今魏州頓丘縣北陰安城是也。

〔四〕金門、白馬並山名，在今洛州福昌縣西南，有金門白馬水。蓋賊起於二山，因以〔爲〕名。

〔五〕南武陽，縣名，屬太山郡，故城在今沂州費縣西。

〔六〕（續漢書曰）嬴，縣名，屬太山郡。嬴音盈。

〔七〕步時擅私封爵人之印綬。

時琅邪未平，乃徙俊爲琅邪太守，領將軍如故。齊地素聞俊名，入界，盜賊皆解散。俊將兵擊董憲於贛榆，〔一〕進破朐賊孫陽，平之。八年，張步畔，還琅邪，俊追討，斬之。帝美其功，詔俊得專征青、徐。〔二〕俊撫貧弱，表有義，檢制軍吏，不得與郡縣相干，百姓歌之。數上書自請，願奮擊隴、蜀。詔報曰：「東州新平，大將軍之功也。負海猾夏，盜賊之處，國家以爲重憂，且勉鎮撫之。」

〔一〕贛榆，縣名，屬東海郡。贛音貢。

〔二〕華嶠書曰：「賜俊璽書曰：『將軍元勳大著，威震青、徐，兩州有警，得專征之。』」

十三年，增邑，定封祝阿侯。〔一〕明年，徵奉朝請。二十三年卒。

〔一〕祝阿，縣名，屬平原郡。

子浮嗣，徙封蘄春侯。〔一〕浮卒，子專諸嗣。專諸卒，子篤嗣。

〔一〕蘄春，今蘄州縣也。東觀記曰：「詔書以祝阿益濟南國，故徙浮封蘄春侯。」蘄音祈。

臧宮字君翁，潁川郟人也。〔一〕少爲縣亭長、游徼，〔二〕後率賓客入下江兵中爲校尉，因從光武征戰，諸將多稱其勇。光武察宮勤力少言，甚親納之。及至河北，以爲偏將軍，從破羣賊，數陷陳卻敵。

〔一〕郟，縣名，今汝州郟城縣也。

〔二〕續漢書曰「每十里一亭，亭有長，以禁盜賊。每鄉有游徼，掌循禁姦盜」也。

光武即位，以爲侍中、騎都尉。建武二年，封成安侯。〔一〕明年，將突騎與征虜將軍祭遵擊更始將左防、韋顏〔二〕於（沮）〔涅〕陽、酈，悉降之。〔三〕五年，將兵徇江夏，擊代鄉、鍾武、竹里，皆下之。〔四〕帝使太中大夫〔五〕持節拜宮爲輔威將軍。七年，更封期思侯。〔六〕擊梁郡、濟陰，皆平之。

〔一〕成安，縣名，屬潁川郡。

〔二〕華嶠書「韋」字作「韓」。

〔三〕鍾武，縣名，屬江夏郡，故城在今申州鍾山縣西南。

〔四〕華嶠書曰「使張明」也。

〔五〕期思，縣名，屬汝南郡，故城在今光州固始縣西北。

十一年，將兵至中廬，屯駱越。〔一〕是時公孫述將田戎、任滿與征南大將軍岑彭相拒於荆門，彭等戰數不利，越人謀畔從蜀。宮兵少，力不能制。會屬縣送委輸車數百乘至，宮夜使鋸斷城門限，令車聲回轉出入至旦。越人候伺者聞車聲不絕，而門限斷，相告以漢兵大至。其渠帥乃奉牛酒以勞軍營。宮陳兵大會，擊牛醲酒，饗賜慰納之，〔二〕越人由是遂安。

〔一〕中廬，縣名，屬南郡，故城在今襄州襄陽縣南。蓋駱越人徙於此，因以爲名。

〔二〕醲音所宜反。說文曰：「下酒也。」濟注曰「以篚曰醲」也。

宮與岑彭等破荆門，別至垂鵲山，通道出秭歸，至江州。岑彭下巴郡，使宮將降卒五萬，從涪水上平曲。公孫述將延岑盛兵於（沅）〔沈〕水，〔一〕時宮衆多食少，轉輸不至，而降者皆欲散畔，郡邑復更保聚，觀望成敗。宮欲引還，恐爲所反。〔二〕會帝遣謁者將兵詣岑彭，有馬七百匹，宮矯制取以自益，晨夜進兵，多張旗幟，登山鼓譟，右步左騎，挾船而引，呼聲動山谷。岑不意漢軍卒至，登山望之，大震恐。宮因從擊，大破之。斬首溺死者萬餘人，水爲之濁流。延岑奔成都，其衆悉降，盡獲其兵馬珍寶。〔三〕自是乘勝追北，降者以十萬數。〔四〕

〔一〕（沅）〔沈〕水出廣漢，解見光武紀。

〔二〕反音翻。

〔三〕華嶠書曰：「上題書勞宮，賜吏士縑綵六千匹。」

〔四〕人好陽而惡陰，北方幽陰之地，故軍敗者皆謂之北。史記樂書曰：「北者，敗也。」而近代皆北爲背，失其指矣。

軍至平陽鄉，蜀將王元舉衆降。進拔緜竹，破涪城，斬公孫述弟恢，復攻拔繁、郫。〔一〕前後收得節五，印綬千八百。是時大司馬吳漢亦乘勝進營逼成都。宮連屠大城，兵馬旌旗甚盛，乃乘兵入小雒郭門，歷成都城下，〔二〕至吳漢營，飲酒高會。漢見之甚歡，謂宮曰：「將軍向者經虜城下，震揚威靈，風行電照。然窮寇難量，還營願從它道矣。」宮不從，復路而歸，賊亦不敢近之。進軍咸門，〔三〕與吳漢並滅公孫述。

〔一〕繁，縣名，屬蜀郡。繁，江名，因以爲縣名，故城在今益州新繁縣北。郫，縣名，屬蜀郡，故城在今益州郫縣北。郫音皮。

〔二〕張載注蜀都賦云：「漢武帝元鼎三年，立成都郭十八門。」小雒郭門蓋其數焉。

〔三〕成都北面東頭門。

帝以蜀地新定，拜宮爲廣漢太守。十三年，增邑，更封酇侯。十五年，徵還京師，以列侯奉朝請，定封朗陵侯。〔一〕十八年，拜太中大夫。

〔一〕朗陵，縣名，屬汝南郡，故城在今豫州朗山縣西南。

十九年，妖巫維汜弟子單臣、傅鎭等，復妖言相聚，入原武城，〔一〕劫吏人，自稱將軍。於是遣宮將北軍及黎陽營數千人圍之。賊穀食多，數攻不下，士卒死傷。帝召公卿諸侯王問方略，皆曰「宜重其購賞」。時顯宗爲東海王，獨對曰：「妖巫相劫，埶無久立，其中必有悔欲亡者。但外圍急，不得走耳。宜小挻緩，〔二〕令得逃亡，逃亡則一亭長足以禽矣。」帝然之，卽勑宮徹圍緩賊，賊衆分散，遂斬臣、鎭等。宮還，遷城門校尉，復轉左中郎將。擊武谿賊，至江陵，降之。〔三〕

〔一〕「維」或作「綠」。

〔二〕挻，解也。

〔三〕武谿，水名，在今辰州盧谿縣。

宮以謹信質樸，故常見任用。後匈奴飢疫，自相分爭，帝以問宮，宮曰：「願得五千騎以立功。」帝笑曰：「常勝之家，難與慮敵，吾方自思之。」二十七年，宮乃與楊虛侯馬武上書曰：「匈奴貪利，無有禮信，窮則稽首，安則侵盜，緣邊被其毒痛，中國憂其抵突。〔一〕虜今人畜疫死，旱蝗赤地，〔二〕疫困之力，不當中國一郡。萬里死命，縣在陛下。福不再來，時或易失，〔三〕豈宜固守文德而墮武事乎？今命將臨塞，厚縣購賞，喩告高句驪、烏桓、鮮卑攻其左，發河西四郡、〔四〕天水、隴西羌胡擊其右。如此，北虜之滅，不過數年。臣恐陛下仁恩不忍，謀臣狐疑，令萬世刻石之功不立於聖世。」詔報曰：「黃石公記曰，『柔能制剛，弱能制彊』。〔五〕柔者德也，剛者賊也，弱者仁之助也，彊者怨之歸也。故曰有德之君，以所樂樂人；

無德之君，以所樂樂身。樂人者其樂長，樂身者不久而亡。舍近謀遠者，勞而無功；舍遠謀近者，逸而有終。逸政多忠臣，勞政多亂人。故曰務廣地者荒，務廣德者彊。有其有者安，貪人有者殘。殘滅之政，雖成必敗。今國無善政，災變不息，〔六〕百姓驚惶，人不自保，而復欲遠事邊外乎？孔子曰：『吾恐季孫之憂，不在顓臾。』〔七〕且北狄尚彊，而屯田警備傳聞之事，恆多失實。〔八〕誠能舉天下之半以滅大寇，豈非至願；苟非其時，不如息人。」自是諸將莫敢復言兵事者。

〔一〕抵，觸也。

〔二〕赤地，言在地之物皆盡。說苑曰：「晉平公時，赤地千里。」

〔三〕左傳曰：「大福不再。」蒯通曰：「時者難遇而易失也。」

〔四〕謂張掖、酒泉、武威、金城也。

〔五〕卽張良於下邳圯所見老父出一編書者。

〔六〕左傳曰：「國無善政，則自取讁於日月之災。」

〔七〕顓臾，魯附庸之國。魯卿季氏貪其土地，欲伐而兼之。時孔子弟子冉有仕於季氏，孔子責之。冉有曰：「今夫顓臾固而近季氏之邑，今不取，恐爲子孫之憂。」孔子曰：「吾恐季孫之憂，不在顓臾，而在蕭牆之內也。」

〔八〕公羊傳曰：「見者異辭，聞者異辭，傳聞者異辭。」

宮永平元年卒，謚曰愍侯。子信嗣。信卒，子震嗣。震卒，子松嗣。元初四年，與母別居，國除。

永寧元年，鄧太后紹封松弟由爲朗陵侯。

論曰：中興之業，誠艱難也。然敵無秦、項之彊，人資附漢之思，雖懷璽紆紱，跨陵州縣，〔一〕殊名詭號，千隊爲羣，尚未足以爲比功上烈也。至於山西既定，威臨天下，〔二〕戎羯喪其精膽，羣帥賈其餘壯，〔三〕斯誠雄心尚武之幾，先志翫兵之日。〔四〕臧宮、馬武之徒，撫鳴劒而抵掌，志馳於伊吾之北矣。〔五〕光武審黃石，存包桑，〔六〕閉玉門以謝西域之質，卑詞幣以禮匈奴之使，〔七〕其意防蓋已弘深。豈其顚沛平城之圍，忍傷黥王之陳乎？〔八〕

〔一〕璽，解見光武紀。白虎通曰：「天子朱紱，諸侯赤紱，上廣一尺，下廣二尺，法天一地二也，長三尺，法天地人也。」董巴輿服志曰：「古者上下皆有紱，所以殊貴賤也。自五霸遞興，以紱非兵服，於是去紱也。」

〔二〕謂誅隗囂、公孫述。

〔三〕羯本匈奴別部，分散居於上黨、武鄉、羯室，因號羯胡。此總謂戎夷耳，不指於羯也。左傳曰：「欲勇者，賈余餘勇。」

〔四〕幾，會也。翫，習也。先志者，乘勝之志也。

〔五〕屈原曰：「撫長劒兮玉珥。」曹植結交篇曰：「利劒鳴手中。」說文曰：「抵，側擊也。」

〔六〕周易否卦九五曰：「其亡其亡，繫于包桑。」言聖人居天位，不可以安，常自危懼，乃是繫於包桑也。包，本也，繫於桑本，言其固也。

〔七〕西域傳曰，建武二十一年，西域十八國俱遣子弟入侍，天子以中國初定，皆還其侍子。匈奴傳曰，建武二十八年，匈奴遣使詣闕貢馬及裘，乞和親。帝報曰：「單于國內虛耗，貢物裁以通禮，何必馬裘？今贈繒五百匹，斬馬劒一。」是卑辭幣禮也。

〔八〕平城，縣名，今雲州定襄縣。高祖七年，擊韓王信，至平城，被匈奴圍，七日乃解。十二年，高祖親擊淮南王黥布，在陳爲流矢所中。顚沛，狼狽也。顚音丁千反。

贊曰：吳公鷙彊，實爲龍驤。〔一〕電埽羣孽，風行巴、梁。虎牙猛力，功立睢陽。宮、俊休休，是亦鷹揚。〔二〕

〔一〕戰國策曰：「廉頗爲人，勇鷙而愛士。」白起視瞻不轉者，執志彊也。」驤，舉也。若龍之舉，言其威盛。郗陽曰：「神龍驤首奮翼，則浮雲出流。」

〔二〕詩曰：「良士休休。」又曰：「惟師尙父，時惟鷹揚。」

校勘記

六七五頁八行　（雒縣）〔南陽〕人韓鴻　據集解引洪頤煊說改。按：汲本、殿本「雒縣」作「雒陽」。

六七六頁七行　來求食者似（諸）〔儒〕生　據汲本、殿本改。

六七六頁七行　漢召〔之〕　據刊誤補。

六七六頁九行　立騎馳環邯鄲城　按：汲本、殿本「立」作「士」。

六七六頁一〇行　及得召見　按：汲本、殿本「及」作「乃」。

六七八頁九行　馳白漢　按：汲本、殿本「馳」作「出」。

六七九頁三行　斥漳在今洺州洺水縣　按：集解王先謙謂「洺水」當作「滏水」。校補謂洺水，隋縣名，屬冀州武安郡，唐併入曲周，疑章懷作注時，此縣尙未併省也。

六七九頁六行　廣年避隋煬帝諱改爲永年縣　按：「廣年」原譌「廣平」，逕據汲本、殿本改正。

六七九頁一三行　非有仗節死義者也　按：「仗」原譌「伏」，逕改正。

六八〇頁一行　鄭（大夫）公子突　據集解引周壽昌說刪，與左傳合。

六八〇頁三行　皆大呼俱（大）進　據刊誤刪。按：集解引惠棟說，謂東觀記所載與此同，無「大」字，刊誤是。

六八〇頁一一行　漢（中）〔忠〕將軍王常　刊誤謂「中」當作「忠」，今據改。

六八〇頁一二行　擊富平獲索二賊於平原　按：校補引錢大昭說，謂本紀列五年二月，蓋據破降二賊時言之。

六八〇頁一四行　斬憲事（以）〔已〕見劉永傳　據殿本改。按：以已通。

六八一頁一一行　諸郡甲卒但坐費糧食　按：汲本、殿本「但」作「俱」。

六八一頁一四行　帝聞大驚讓漢曰　按：御覽三〇九引，「驚」下有「使」字。

六八二頁二行　使別將（將）萬餘人劫劉尙　王先謙謂「將」字下少一「將」字，則句不圓通。通鑑「別將」下重「將」字。今據補。

六八二頁七行　乃分兵拒江北　按：「江」原譌「水」，逕改正。

六八二頁九行　公還廣都　按：「還」原譌「遠」，逕改正。

六八二頁一一行　漢使護軍高午唐邯　按：校補引錢大昭說，謂「護軍高午」續天文志作「護軍將軍」。

六八三頁二行　常（山）闕以東　據刊誤補。

六八五頁五行　終始倚愛之親　按：李慈銘謂終始倚愛之親不成語，當以「之」字斷句，「親」字蓋涉注文「遂見親信」句而衍。

六八五頁六行　周勃資朴忠而見信　按：汲本、殿本「資」作「質」。

六八七頁三行　麻鄉縣名　按：集解引惠棟說，謂兩漢無「麻鄉縣」，或是鄉名。又引沈欽韓說，謂今徐州府碭山縣西北有麻城集。

六八七頁四行　然則東門名魚門也　按：集解引惠棟說，謂續志梁國睢陽有魚門。

六八七頁五行　梁丘壽　按：「丘」原譌「國」，逕改正。

六八七頁六行　屬沛郡　按：「沛」原譌「大」，逕改正。

六八七頁八行　周大夫原伯佼之後也　按：沈家本謂此注疑本風俗通姓氏篇，今左傳作「原伯絞」。

六八七頁一四行 平（敵）〔狄〕將軍龐萌 據集解本改。按：校補謂「狄」各本皆作「敵」，據萌傳正。

六八七頁一五行 茂建亡弃董憲〔董憲〕將賁休舉蘭陵城降 李慈銘謂「董憲」下當曡「董憲」二字。今據補。

六八八頁一行 延等（遂）逐退 刊誤謂案文多一「遂」字，緣下有「逐」字誤之。今據删。

六八八頁一二行 今有此姓（賁）音奔 據刊誤删。

六八九頁八行 東觀記作廬亭 按：汲本、殿本「廬」作「盧」，聚珍版東觀記亦作「盧」。

六八九頁一三行 進至（滿）〔蒲〕陽 集解引惠棟說，謂光武紀作「蒲陽」，案前志中山曲逆縣有蒲陽山。今據改。參閲鄧禹傳校勘記。

六九〇頁二行 使百姓各自堅壁 按：汲本、殿本「堅」下有「守」字。

六九〇頁六行 賜絳衣九百領 按：王先謙謂今本東觀記作「三百領」。

六九一頁一行 蓋賊起於二山因以（爲）名 據汲本、殿本補。按：汲本「山」作「水」。

六九一頁三行 （續漢書曰）嬴縣名 「續漢書曰」四字當衍，汲本無，今據删。

六九二頁七行 （沮）〔涅〕陽 集解引沈欽韓說，謂「沮陽」當爲「涅陽」，與酈皆屬南陽郡。今據改。

六九二頁七行 五年將兵徇江夏 按：汲本、殿本「五年」譌「三年」。

六九二頁七行 鐔武 汲本、殿本「鐔」作「鐔」，注同。按：鐔鐔古通作。

六九三頁八行 公孫述將延岑盛兵於（沅）〔沈〕水 集解引錢大昕說，謂光武紀建武十一年，臧宫與公孫述將延岑戰于沈水，注引水經注「沈水出廣漢縣，下入涪水」，本或作「沅水」及「沆水」者，並非。則此「沅」字乃「沈」字之譌。今據改。注同。

六九四頁四行 乃乘兵入小雒郭門 按：王先謙謂「乘兵」無義，詳文意當是「陳兵」，音近而訛也。

六九五頁九行 楊虚侯馬武 按：「楊」原譌「揚」，逕改正。

六九五頁一二行 疫困之力 按：校補引錢大昭說，謂「之」當作「乏」。

六九六頁一六行 元初四年與母别居國除 按：李慈銘謂「與母别居」上當脫一「坐」字。

六九七頁四行 撫鳴劒而抵掌 按：「抵」原譌「抵」，各本同，逕改正。

六九七頁一三行 說文曰抵側擊也 「抵」原譌「抵」，逕改正。按：抵从手氏聲，與抵字音義皆殊。

後漢書卷十九

耿弇列傳第九 弟國 國子秉 秉弟夔 國弟子恭

耿弇字伯昭，扶風茂陵人也。其先武帝時，以吏二千石自鉅鹿徙焉。〔一〕父況，字俠游，以明經爲郎，與王莽從弟伋共學老子於安丘先生，〔二〕後爲朔調連率。〔三〕弇少好學，習父業。〔四〕常見郡尉試騎士，建旗鼓，肄馳射，由是好將帥之事。〔五〕

〔一〕武帝時，徙吏二千石高貲富人及豪傑幷兼之家於諸陵也。

〔二〕嵇康聖賢高士傳曰「安丘望之字仲都，京兆長陵人。少持老子經，恬淨不求進宦，號曰安丘丈人。成帝聞，欲見之，望之辭不肯見，爲巫醫於人閒」也。

〔三〕王莽改上谷郡曰朔調，守曰連率。

〔四〕袁山松書曰：「弇少學詩、禮，明銳有權謀。」

〔五〕漢官儀曰：「歲終郡試之時，講武勒兵，因以校獵，簡其材力也。」

及王莽敗，更始立，諸將略地者，前後多擅威權，輒改易守、令。況自以莽之所置，懷不

自安。時弇年二十一，乃辭況奉奏詣更始，因齎貢獻，以求自固之宜。及至宋子，會王郎詐稱成帝子子輿，起兵邯鄲，弇從吏孫倉、衞包於道共謀曰：「劉子輿成帝正統，捨此不歸，遠行安之？」弇按劒曰：「子輿弊賊，卒爲降虜耳。我至長安，與國家陳漁陽、上谷兵馬之用，還出太原、代郡，反覆數十日，歸發突騎以轔烏合之衆，〔一〕如摧枯折腐耳。觀公等不識去就，族滅不久也。」倉、包不從，遂亡降王郎。

〔一〕轔，轢也，音力刃反。

弇道聞光武在盧奴，乃馳北上謁，光武留署門下吏。弇因說護軍朱祜，求歸發兵，以定邯鄲。光武笑曰：「小兒曹乃有大意哉！」因數召見加恩慰。〔二〕弇因從光武北至薊。聞邯鄲兵方到，光武將欲南歸，召官屬計議。弇曰：「今兵從南來，不可南行。漁陽太守彭寵，公之邑人；〔三〕上谷太守，卽弇父也。發此兩郡，控弦萬騎，邯鄲不足慮也。」光武官屬腹心皆不肯，曰：「死尚南首，柰何北行入囊中？」〔三〕光武指弇曰：「是我北道主人也。」會薊中亂，〔四〕光武遂南馳，官屬各分散。弇走昌平就況，〔五〕因說況使寇恂東約彭寵，各發突騎二千匹，步兵千人。弇與景丹、寇恂及漁陽兵合軍而南，所過擊斬王郎大將、九卿、校尉以下四百餘級，得印綬百二十五，節二，斬首三萬級，定涿郡、中山、鉅鹿、清河、河閒凡二十二縣，遂及光武於廣阿。是時光武方攻王郎，傳言二郡兵爲邯鄲來，衆皆恐。既而悉詣營上謁。光武

見弇等，說，曰：「當與漁陽、上谷士大夫共此大功。」乃皆以爲偏將軍，使還領其兵。加況大將軍、興義侯，得自置偏裨。弇等遂從拔邯鄲。

〔一〕續漢書曰「弇還檄與況，陳上功德，自嫌年少，恐不見信，宜自來。況得檄立發，至昌平見上」也。
〔二〕寵，南陽宛人也。
〔三〕漁陽、上谷北接塞垣，至彼路窮，如入囊也。
〔四〕續漢書曰「弇歸，主人食未已，薊中擾亂，上馳出南城門，頗遮絕輜重，城中相掠。弇既與上相失，以馬與城門亭長，乃得出」也。
〔五〕昌平，縣名，屬上谷郡，今幽州縣，故城在縣東也。

時更始徵代郡太守趙永，而況勸永不應召，令詣于光武。光武遣永復郡。永北還，而代令張曄據城反畔，乃招迎匈奴、烏桓以爲援助。光武以弇弟舒爲復胡將軍，使擊曄，破之。永乃得復郡。時五校賊二十餘萬北寇上谷，況與舒連擊破之，賊皆退走。

更始見光武威聲日盛，君臣疑慮，乃遣使立光武爲蕭王，令罷兵與諸將有功者還長安；遣苗曾爲幽州牧，韋順爲上谷太守，蔡充爲漁陽太守，並北之部。時光武居邯鄲宮，晝臥溫明殿。〔一〕弇入造牀下請閒，因說曰：「今更始失政，君臣淫亂，諸將擅命於畿內，貴戚縱橫於都內。〔二〕天子之命，不出城門，所在牧守，輒自遷易，百姓不知所從，士人莫敢自安。

虜掠財物，劫掠婦女，懷金玉者，至不生歸。元元叩心，更思莽朝。又銅馬、赤眉之屬數十輩，輩數十百萬，聖公不能辦也。〔三〕其敗不久。公首事南陽，破百萬之軍；今定河北，(北)據天府之地。〔四〕以義征伐，發號響應，天下可傳檄而定。天下至重，不可令它姓得之。聞使者從西方來，欲罷兵，不可從也。今吏士死亡者多，弇願歸幽州，益發精兵，以集(其)大計。」光武大說，〔五〕乃拜弇爲大將軍，與吳漢北發幽州十郡兵。弇到上谷，收韋順、蔡充斬之；漢亦誅苗曾。於是悉發幽州兵，引而南，從光武擊破銅馬、高湖、赤眉、青犢，又追尤來、大槍、五幡於元氏，弇常將精騎爲軍鋒，輒破走之。光武乘勝戰(愼)〔順〕水上，虜危急，殊死戰。時軍士疲弊，遂大敗奔還，壁范陽，數日乃振，〔六〕賊亦退去，從追至容城、小廣陽、安次，連戰破之。〔七〕光武還薊，復遣弇與吳漢、景丹、蓋延、朱祐、邳彤、耿純、劉植、岑彭、祭遵、堅鐔、王霸、陳俊、馬武十三將軍，追賊至潞東，及平谷，〔八〕再戰，斬首萬三千餘級，遂窮追於右北平無終、土垠之閒，〔九〕至(浚)〔俊〕靡而還。〔一〇〕賊散入遼西、遼東，或爲烏桓、貊人所鈔擊，略盡。

〔一〕漢趙王如意之殿也，故基在今洛州邯鄲縣內。
〔二〕更始傳曰：「李軼、朱鮪擅命山東，王匡、張卬橫暴三輔。」
〔三〕辦猶成也，音蒲莧反。
〔四〕前書曰：「關中所謂金城天府。」弇以河北富饒，故以喻焉。
〔五〕續漢書曰：「光武初見弇言，起坐曰：『卿失言，我斬卿！』弇曰：『大王哀厚弇如父子，故披赤心爲大王陳事。』上曰：『我戲卿耳。』」
〔六〕壁謂築壘壁也。
〔七〕容城，縣名，屬涿郡，故城在今易州(道)〔遒〕縣也。廣陽國有廣陽縣，故曰小廣陽，及安次，縣名，並在今幽州也。
〔八〕平谷，解見光武紀。
〔九〕無終、土垠並縣名，屬右北平郡。無終故城在今漁陽縣。土垠故城在今平州西南。垠音銀。
〔一〇〕(浚)〔俊〕靡，縣名，屬右北平，故城在今漁陽縣北。靡音麻。

光武即位，拜弇爲建威大將軍。與驃騎大將軍景丹、彊弩將軍陳俊攻厭新賊於敖倉，皆破降之。建武二年，更封好畤侯，食好畤、美陽二縣。三年，延岑自武關出攻南陽，下數城。穰人杜弘率其衆以從岑。弇與岑等戰於穰，大破之，斬首三千餘級，生獲其將士五千餘人，得印綬三百。杜弘降，岑與數騎遁走東陽。

弇從幸舂陵，因見自請北收上谷兵未發者，定彭寵於漁陽，取張豐於涿郡，還收富平、獲索，東攻張步，以平齊地。帝壯其意，乃許之。四年，詔弇進攻漁陽。弇以父據上谷，本與彭寵同功，又兄弟無在京師者，自疑，不敢獨進，上書求詣洛陽。詔報曰：「將軍出身舉宗爲國，所向陷敵，功効尤著，何嫌何疑，而欲求徵？且與王常共屯涿郡，勉思方略。」況聞弇

求徵，亦不自安，遣舒弟國入侍。帝善之，進封況爲隃麋侯。〔一〕乃命弇與建義大將軍朱祐、漢忠將軍王常等擊望都、故安西山賊十餘營，皆破之。〔二〕時征虜將軍祭遵屯良鄉，〔三〕驍騎將軍劉喜屯陽鄉，〔四〕以拒彭寵。寵遣弟純將匈奴二千餘騎，寵自引兵數萬，分爲兩道以擊遵、喜。胡騎經軍都，〔五〕舒襲破其衆，斬匈奴兩王，寵乃退走。況復與舒攻寵，取軍都。五年，寵死，天子嘉況功，使光祿大夫持節迎況，〔六〕賜甲第，奉朝請。封〔舒爲〕牟平侯。遣弇與吳漢擊富平、獲索賊於平原，大破之，降者四萬餘人。

〔一〕隃麋，縣名，屬右扶風，故城在今隴州汧陽縣東南。隃音踰。
〔二〕望都，縣名，屬中山國。堯母慶都山在南，故以名焉。故城在今定州唐縣東北。故安，縣名，故城在今易州易縣東南。
〔三〕良鄉，縣名，屬涿郡。
〔四〕陽鄉，縣名，屬涿郡，故城在今幽州故安縣西北。
〔五〕軍都，縣，屬廣陽郡，有軍都山，在西北，今幽州昌平縣。
〔六〕袁山松書曰：「使光祿大夫樊宏詔況曰：『惟況功大，不宜監察從事。邊郡寒苦，不足久居。其詣行在所。』」

因詔弇進討張步。弇悉收集降卒，結部曲，置將吏，率騎都尉劉歆、太山太守陳俊引兵而東，從朝陽橋濟河以度。〔一〕張步聞之，乃使其大將軍費邑軍歷下，〔二〕又分兵屯祝阿，〔三〕

別於太山鍾城列營數十以待弇。弇度河先擊祝阿，自旦攻城，〔日〕未中而拔之，故開圍一角，令其衆得奔歸鍾城。鍾城人聞祝阿已潰，大恐懼，遂空壁亡去。費邑分遣弟敢守巨里。〔四〕弇進兵先脅巨里，使多伐樹木，揚言以塡塞阬塹。數日，有降者言邑聞弇欲攻巨里，謀來救之。弇乃嚴令軍中趣修攻具，宣勑諸部，後三日當悉力攻巨里城。陰緩生口，令得亡歸。歸者以弇期告邑，邑至日果自將精兵三萬餘人來救之。弇喜，謂諸將曰：「吾所以修攻具者，欲誘致邑耳。今來，適其所求也。」即分三千人守巨里，自行精兵上岡阪，〔五〕乘高合戰，大破之，臨陳斬邑。既而收首級以示巨里城中，城中兇懼，〔六〕費敢悉衆亡歸張步。弇復收其積聚，縱兵擊諸未下者，平四十餘營，遂定濟南。

〔一〕朝陽，縣名，屬濟南郡，在朝水之陽。今朝城在濟水北，有漯河，在今齊州臨濟縣東。
〔二〕歷下城在今齊州歷城縣也。
〔三〕祝阿，今齊州縣也，故城在今山茌縣東北。
〔四〕巨里，聚名也，一名巨合城，在今齊州全節縣東南也。
〔五〕爾雅曰：「山脊曰岡，坡者曰阪。」
〔六〕兇，恐懼聲，音呼勇反。

時張步都劇，使其弟藍將精兵二萬守西安，〔一〕諸郡太守合萬餘人守臨淄，相去四十

里。弇進軍畫中，〔二〕居二城之閒。弇視西安城小而堅，且藍兵又精，臨淄名雖大而實易攻，乃勑諸校會，〔三〕後五日攻西安。藍聞之，晨夜儆守。至期夜半，弇勑諸將皆蓐食，〔四〕會明至臨淄城。護軍荀梁等爭之，以爲宜速攻西安。弇曰：「不然。西安聞吾欲攻之，日夜爲備；臨淄出不意而至，必驚擾，吾攻之一日必拔。拔臨淄卽西安孤，張藍與步隔絕，必復亡去，所謂擊一而得二者也。若先攻西安，不卒下，頓兵堅城，死傷必多。縱能拔之，藍引軍還奔臨淄，并兵合執，觀人虛實，吾深入敵地，後無轉輸，旬（月）〔日〕之閒，不戰而困。諸君之言，未見其宜。」遂攻臨淄，半日拔之，入據其城。張藍聞〔之大〕懼，遂將其衆亡歸劇。

〔一〕西安，縣名，屬齊郡，故城在今靑州臨淄縣西北。
〔二〕畫中，邑名也。畫音胡麥反。故城在今西安城東南。有澅水，因名焉。
〔三〕會猶集也。
〔四〕前書音義曰：「未起而牀蓐中食也。」

弇乃令軍中無得妄掠劇下，須張步至乃取之，以激怒步。步聞大笑曰：「以尤來、大彤十餘萬衆，吾皆卽其營而破之。今大耿兵少於彼，〔一〕又皆疲勞，何足懼乎！」乃與三弟藍、弘、壽及故大彤渠帥重異等兵〔二〕號二十萬，至臨淄大城東，將攻弇。〔三〕弇先出淄水上，與重異遇，突騎欲縱，弇恐挫其鋒，令步不敢進，故示弱以盛其氣，乃引歸小城，陳兵於內。〔四〕步氣盛，直攻弇營，與劉歆等合戰，弇升王宮壞臺望之，〔五〕視歆等鋒交，乃自引精兵以橫突步陳於東城下，大破之。飛矢中弇股，以佩刀截之，左右無知者。至暮罷。弇明旦復勒兵出。是時帝在魯，聞弇爲步所攻，自往救之，未至。陳俊謂弇曰：「劇虜兵盛，可且閉營休士，以須上來。」弇曰：「乘輿且到，臣子當擊牛釃酒以待百官，反欲以賊虜遺君父邪？」乃出兵大戰，自旦及昏，復大破之，殺傷無數，城中溝塹皆滿。弇知步困將退，豫置左右翼爲伏以待之。〔六〕人定時，步果引去，伏兵起縱擊，追至鉅昧水上，〔七〕八九十里僵尸相屬，收得輜重二千餘兩。步還劇，兄弟各分兵散去。

〔一〕弇，況之長子，故呼爲大耿。
〔二〕重，姓；異，名。
〔三〕袁山松書曰：「弇上書曰：『臣據臨淄，深塹高壘，張步從劇縣來攻，疲勞飢渴。欲進，誘而攻之；欲去，隨而擊之。臣依營而戰，精銳百倍，以逸待勞，以實擊虛，旬日之閒，步首可獲。』上是其計」也。
〔四〕伏琛齊地記曰：「小城內有漢景王祠。」
〔五〕臨淄本齊國所都，卽齊王宮，中有壞臺也。東觀記作「環臺」。
〔六〕兩旁伏兵，如鳥之翼。
〔七〕鉅昧，水名，一名巨洋水，在今靑州壽光縣西。

後數日，車駕至臨淄自勞軍，羣臣大會。帝謂弇曰：「昔韓信破歷下以開基，〔一〕今將軍

攻祝阿以發迹，此皆齊之西界，功足相方。而韓信襲擊已降，〔二〕將軍獨拔勍敵，其功乃難於信也。又田橫亨酈生，及田橫降，高帝詔衞尉不聽爲仇。〔三〕張步前亦殺伏隆，若步來歸命，吾當詔大司徒釋其怨，〔四〕又事尤相類也。將軍前在南陽建此大策，〔五〕常以爲落落難合，〔六〕有志者事竟成也！」弇因復追步，步奔平壽，〔七〕乃肉袒負斧鑕於軍門。〔八〕弇傳步詣行在所，而勒兵入據其城。樹十二郡旗鼓，〔九〕令步兵各以郡人詣旗下，衆尚十餘萬，輜重七千餘兩，皆罷遣歸鄉里。弇復引兵至城陽，降五校餘黨，〔一〇〕齊地悉平。振旅還京師。

〔一〕前書曰，齊屯兵於歷下以備漢，信襲破之。
〔二〕前書曰，酈食其說齊王田廣，廣降之，乃與食其縱酒，罷守備。韓信聞齊已降，欲止，蒯通說信令擊之。食其音異基也。
〔三〕前書曰，齊既破，橫走居海島，高帝召之。橫曰：「臣亨陛下之使酈食其，今聞其弟商爲衞尉，臣恐懼，不敢奉詔。」高帝詔酈商曰：「橫卽至，敢動者族之。」
〔四〕大司徒伏湛，卽隆之父。
〔五〕謂弇從帝幸舂陵時，請收上谷兵定彭寵，取張豐，平張步等。
〔六〕落落猶疏闊也。
〔七〕平壽，縣名，屬北海郡，故城在今靑州北海縣。

〔八〕鑕，鍖也。示必死。鑕音竹林反。
〔九〕東觀記曰：「弇凡平城陽、琅邪、高密、膠東、東萊、北海、齊、千乘、濟南、平原、泰山、臨淄等〔郡〕。」
〔一〇〕祝阿餘黨也。

六年，西拒隗囂，屯兵於漆。〔一〕八年，從上隴。明年，與中郎將來歙分部徇安定、北地諸營保，皆下之。

〔一〕漆，縣名，屬右扶風，故城在今（幽）〔豳〕州新平縣也，漆水在西。

弇凡所平郡四十六，屠城三百，未（常）〔嘗〕挫折。

十二年，況疾病，乘輿數自臨幸。復以國弟廣、舉並爲中郎將。弇兄弟六人皆垂青紫，省侍醫藥，當代以爲榮。及況卒，謚烈侯，少子霸襲況爵。

十三年，增弇戶邑，上大將軍印綬，〔一〕罷，以列侯奉朝請。每有四方異議，輒召入問籌策。年五十六，永平元年卒，謚曰愍侯。

〔一〕上音時掌反。

子忠嗣。忠以騎都尉擊匈奴於天山，有功。忠卒，子馮嗣。馮卒，子良嗣，一名無禁。延光中，尚安帝妹濮陽長公主，位至侍中。良卒，子協嗣。

隃麋侯霸卒，子文金嗣。文金卒，子喜嗣。喜卒，子顯嗣，爲羽林左監。顯卒，子援嗣。

尚桓帝妹長社公主，爲河（陽）〔東〕太守。後曹操誅耿氏，唯援孫弘存焉。〔一〕

〔一〕決錄注云「援字伯緒，官至河東太守」也。

牟平侯舒卒，子襲嗣。尚顯宗女隆慮公主。襲卒，子寶嗣。

寶女弟爲清河孝王妃。及安帝立，尊孝王，母爲孝德皇后，以妃爲甘園大貴人。帝以寶元舅之重，使監羽林左（車）騎，位至大將軍。而附事內寵，與中常侍樊豐、帝乳母王聖等譖廢皇太子爲濟陰王，及排陷太尉楊震，議者怨之。寶弟子承襲公主爵爲林慮侯，〔一〕位至侍中。安帝崩，閻太后以寶等阿附嬖倖，共爲不道，策免寶及承，皆貶爵爲亭侯，遣就國。寶於道自殺，國除。〔二〕大貴人數爲耿氏請，陽嘉三年，順帝遂（詔）〔紹〕封寶子箕牟平侯，爲侍中。以恆爲陽亭侯，承爲羽林中郎將。其後貴人薨，大將軍梁冀從承求貴人珍玩，不能得，冀怒，風有司奏奪其封。承惶恐，遂亡匿於穰。數年，冀推迹得之，乃并族其家十餘人。

〔一〕林慮即上隆慮也，至此避殤帝諱改焉。
〔二〕決錄注曰：「寶字君達。」

論曰：淮陰廷論項王，審料成執，則知高祖之廟勝矣。〔一〕〔耿〕弇決策河北，定計南陽，亦見光武之業成矣。然弇自剋拔全齊，而無〔復〕尺寸功。夫豈不懷？〔二〕將時之度數，不足以相容乎？三世爲將，道家所忌，〔三〕而耿氏累葉以功名自終。將其用兵欲以殺止殺乎？何其獨能隆也！

〔一〕淮陰侯韓信也。史記韓信說高祖曰：「項王特匹夫之勇，婦人之仁也。名雖霸，實失天下心。今大王入關，秋豪無所取，秦人無不欲得大王王秦者。今大王舉而東，三秦可傳檄而定。」於是漢王舉兵定三秦。廟勝謂謀兵於廟而勝敵。
〔二〕懷，思也。言豈不思重立大功乎。
〔三〕史記曰，秦使王翦之孫王離擊趙。或曰：「王離秦之名將，舉之必矣。」客曰：「不然。夫將三代必敗，以其殺伐多也，其後受其不祥。」

國字叔慮，〔一〕建武四年初入侍，光武拜爲黃門侍郎，應對左右，帝以爲能，遷射聲校尉。七年，射聲官罷，拜駙馬都尉。父況卒，國於次當嗣，上疏以先侯愛少子霸，固自陳讓，有詔許焉。後歷頓丘、陽翟、上蔡令，所在吏人稱之。徵爲五官中郎將。

〔一〕東觀記「慮」作「憲」。

是時烏桓、鮮卑屢寇外境，國素有籌策，數言邊事，帝器之。及匈奴薁鞬日逐王比自立爲呼韓邪單于，款塞稱藩，願扞禦北虜。事下公卿。議者皆以爲天下初定，中國空虛，夷狄情

僞難知，不可許。國獨曰：「臣以爲宜如孝宣故事受之，〔一〕令東扞鮮卑，北拒匈奴，率厲四夷，完復邊郡，使塞下無晏開之警，〔二〕萬世（有）安寧之策也。」帝從其議，遂立比爲南單于。由是烏桓、鮮卑保塞自守，北虜遠遁，中國少事。二十七年，代馮勤爲大司（馬）〔農〕。又上言宜置度遼將軍，左右校尉，屯五原以防逃亡。永平元年卒官。顯宗追思國言，後遂置度遼將軍，左右校尉，如其議焉。

〔一〕宣帝甘露二年，呼韓邪單于款塞請朝。帝發所過郡二千騎迎之，寵以殊禮，位在諸侯王上，贊謁稱臣而不名。
〔二〕晏，晚也。有警急則開門晚也。

國二子：秉、夔。

秉字伯初，有偉體，腰帶八圍。博通書記，能說司馬兵法，尤好將帥之略。以父任爲郎，數上言兵事。常以中國虛費，邊陲不寧，其患專在匈奴。以戰去戰，盛王之道。顯宗既有志北伐，陰然其言。永平中，召詣省闥，問前後所上便宜方略，拜謁者僕射，遂見親幸。每公卿會議，常引秉上殿，訪以邊事，多簡帝心。

十五年，拜駙馬都尉。十六年，以騎都尉秦彭爲副，與奉車都尉竇固等俱伐北匈奴。虜皆奔走，不戰而還。

十七年夏，詔秉與固合兵萬四千騎，復出白山擊車師。車師有後王、前王，前王卽後王之子，其廷相去五百餘里。固以後王道遠，山谷深，士卒寒苦，欲攻前王。秉議先赴後王，以爲幷力根本，則前王自服。固計未決。秉奮身而起曰：「請行前。」乃上馬，引兵北入，衆軍不得已，遂進。並縱兵抄掠，斬首數千級，收馬牛十餘萬頭。後王安得震怖，從數百騎出迎秉。而固司馬蘇安欲全功歸固，卽馳謂安得曰：「漢貴將獨有奉車都尉，天子姊壻，〔一〕爵爲通侯，當先降之。」安得乃還，更令其諸將迎秉。秉大怒，被甲上馬，麾其精騎徑造固壁。言曰：「車師王降，訖今不至，請往梟其首。」固大驚曰：「且止，將敗事！」秉厲聲曰：「受降如受敵。」遂馳赴之。安得惶恐，走出門，脫帽抱馬足降。〔二〕秉將以詣固。其前王亦歸命，遂定車師而還。

〔一〕固尙光武女涅陽公主，明帝姊也。

〔二〕東觀記曰「脫帽趨抱馬蹏」也。

明年秋，肅宗卽位，拜秉征西將軍。遣案行涼州邊境，勞賜保塞羌胡，進屯酒泉，救戊己校尉。

建初元年，拜度遼將軍。視事七年，匈奴懷其恩信。徵爲執金吾，甚見親重。帝每巡郡國及幸宮觀，秉常領禁兵宿衞左右。除三子爲郎。章和二年，復拜征西將軍，副車騎將

軍竇憲擊北匈奴，大破之。事幷見憲傳。封秉美陽侯，食邑三千戶。

秉性勇壯而簡易於事，軍行常自被甲在前，休止不結營部，然遠斥候，明要誓，有警，軍陳立成，士卒皆樂爲死。永元二年，代桓虞爲光祿勳。明年夏卒，時年五十餘。賜以朱棺、玉衣，將作大匠穿冢，假鼓吹，五營騎士三百餘人送葬。謚曰桓侯。匈奴聞秉卒，舉國號哭，或至棃面流血。〔一〕

〔一〕棃卽「剺」字，古通用也，剺，劃也，音力私反。

長子沖嗣。及竇憲敗，以秉竇氏黨，國除。沖官至漢陽太守。

曾孫紀，少有美名，辟公府，曹操甚敬異之，稍遷少府。紀以操將篡漢，建安二十三年，與大醫令吉丕、〔一〕丞相司直韋(況)晃(曄)謀起兵誅操，不克，夷三族。于時衣冠盛門坐紀罹禍滅者衆矣。

〔一〕「丕」或作「平」。

夔字定公。少有氣決。永元初，爲車騎將軍竇憲假司馬，北擊匈奴，轉(車)騎都尉。三年，憲復出河西，以夔爲大將軍左校尉。將精騎八百，出居延塞，直奔北單于廷，於金微山斬閼氏、名王已下五千餘級，單于與數騎脫亡，盡獲其匈奴珍寶財畜，去塞五千餘里而還，

自漢出師所未嘗至也。乃封夔粟邑侯。〔一〕會北單于弟左鹿蠡王於除鞬自立爲單于，衆八部二萬餘人，來居蒲類海上，遣使款塞。以夔爲中郎將，持節衞護之。及竇憲敗，夔亦免官奪爵土。

〔一〕粟邑，縣名，屬左馮翊，故城在今同州白水縣西北。

後復爲長水校尉，拜五原太守，遷遼東太守。元興元年，貊人寇郡界，夔追擊，斬其渠帥。永初三年，南單于檀反畔，使夔率鮮卑及諸郡兵屯鴈門，與車騎將軍何熙共擊之。熙推夔爲先鋒，而遣其司馬耿溥、劉祉將二千人與夔俱進。到屬國故城，單于遣薁鞬日逐王三千餘人遮漢兵。夔自擊其左，令鮮卑攻其右，虜遂敗走，追斬千餘級，殺其名王六人，獲穹廬車重千餘兩，馬畜生口甚衆。鮮卑馬多羸病，遂畔出塞。夔不能獨進，以不窮追，左轉雲中太守，後還行度遼將軍事。

夔勇而有氣，數侵陵(使)匈奴中郎將鄭戩。〔一〕元初元年，坐徵下獄，以減死論，笞二百。建光中，復拜度遼將軍。時鮮卑攻殺雲中太守成嚴，圍烏桓校尉徐常於馬城。〔二〕夔與幽州刺史龐參救之，追虜出塞而還。後坐法免，卒於家。

〔一〕音翦。

〔二〕馬城，縣名，屬代郡，故城在今雲州定襄縣。秦始皇初築城，輒崩壞，其後有馬周章馳走，因隨馬迹起城，故以名焉。

恭字伯宗，國弟廣之子也。少孤。慷慨多大略，有將帥才。永平十七年冬，騎都尉劉張出擊車師，請恭爲司馬，與奉車都尉竇固及從弟駙馬都尉秉破降之。始置西域都護、戊己校尉，乃以恭爲戊己校尉，屯後王部金蒲城，〔一〕謁者關寵爲戊己校尉，屯前王柳中城，〔二〕屯各置數百人。恭至部，移檄烏孫，示漢威德，大昆彌已下皆歡喜，遣使獻名馬，及奉宣帝時所賜公主博具，〔三〕願遣子入侍。恭乃發使齎金帛迎其侍子。

〔一〕金蒲城，車師後王庭也，今庭州蒲昌縣城是也。

〔二〕柳中，今西州縣。

〔三〕武帝元封中，遣江都王建女細君爲公主，嫁與烏孫昆莫，賜乘輿服御，官屬侍御數百人，贈送甚盛，蓋後宣帝賜以博具也。

明年三月，北單于遣左鹿蠡王二萬騎擊車師。恭遣司馬將兵三百人救之，道逢匈奴騎多，皆爲所歿。匈奴遂破殺後王安得，而攻金蒲城。恭乘城搏戰，以毒藥傅矢。傳語匈奴曰：「漢家箭神，其中瘡者必有異。」因發彊弩射之。虜中矢者，視創皆沸，遂大驚。會天暴風雨，隨雨擊之，殺傷甚衆。匈奴震怖，相謂曰：「漢兵神，眞可畏也！」遂解去。恭以疏勒城傍有

澗水可固，五月，乃引兵據之。七月，匈奴復來攻恭，恭募先登數千人直馳之，胡騎散走，匈奴遂於城下擁絕澗水。恭於城中穿井十五丈不得水，吏士渴乏，笮馬糞汁而飲之。〔一〕恭仰歎曰：「聞昔貳師將軍拔佩刀刺山，飛泉涌出；〔二〕今漢德神明，豈有窮哉。」乃整衣服向井再拜，爲吏士禱。有頃，水泉奔出，衆皆稱萬歲。乃令吏士揚水以示虜。〔三〕虜出不意，以爲神明，遂引去。

〔一〕笮謂壓笮也。

〔二〕貳師，大宛中城名，昔武帝時使李廣利伐大宛，期至貳師城，因以爲號也。

〔三〕東觀記曰：「恭親自挽籠，於是令士且勿飲，先和泥塗城，并揚示之。」

時焉耆、龜茲攻歿都護陳睦，北虜亦圍關寵於柳中。會顯宗崩，救兵不至，車師復畔，與匈奴共攻恭。恭厲士衆擊走之。後王夫人先世漢人，常私以虜情告恭，又給以糧餉。數月，食盡窮困，乃煮鎧弩，食其筋革。恭與士推誠同死生，故皆無二心，而稍稍死亡，餘數十人。單于知恭已困，欲必降之。復遣使招恭曰：「若降者，當封爲白屋王，妻以女子。」恭乃誘其使上城，手擊殺之，炙諸城上。虜官屬望見，號哭而去。單于大怒，更益兵圍恭，不能下。

初，關寵上書求救，時肅宗新即位，乃詔公卿會議。司空第五倫以爲不宜救。司徒鮑昱

議曰：「今使人於危難之地，急而棄之，外則縱蠻夷之暴，內則傷死難之臣。誠令權時後無邊事可也，匈奴如復犯塞爲寇，陛下將何以使將？又二部兵人裁各數十，〔一〕匈奴圍之，歷旬不下，是其寡弱盡力之効也。可令敦煌、酒泉太守各將精騎二千，多其幡幟，倍道兼行，以赴其急。匈奴疲極之兵，必不敢當，四十日閒，足還入塞。」帝然之。乃遣征西將軍耿秉屯酒泉，行太守事；遣秦彭與謁者王蒙、皇甫援發張掖、酒泉、敦煌三郡及鄯善兵，合七千餘人，建初元年正月，會柳中擊車師，攻交河城，〔二〕斬首三千八百級，獲生口三千餘人，駝驢馬牛羊三萬七千頭。北虜驚走，車師復降。〔三〕

〔一〕二部謂關寵及恭也。

〔二〕前書曰：「車師前王居交河城，河水分流繞城下，故號交河，去長安八千一百五十里。」故城在今西州交河縣也。

〔三〕東觀記曰，車師太子比持訾降。

會關寵已歿，蒙等聞之，便欲引兵還。先是恭遣軍吏范羌至敦煌迎兵士寒服，羌因隨王蒙軍俱出塞。羌固請迎恭，諸將不敢前，乃分兵二千人與羌，從山北迎恭，遇大雪丈餘，軍僅能至。城中夜聞兵馬聲，以爲虜來，大驚。羌乃遙呼曰：「我范羌也。漢遣軍迎校尉耳。」城中皆稱萬歲。開門，共相持涕泣。明日，遂相隨俱歸。虜兵追之，且戰且行。吏士素飢困，發疏勒時尚有二十六人，隨路死歿，三月至玉門，〔一〕唯餘十三人。衣屨穿決，形容枯槁。中

郎將鄭衆爲恭已下洗沐易衣冠。上疏曰：「耿恭以單兵固守孤城，當匈奴之衝，對數萬之衆，連月踰年，心力困盡。鑿山爲井，煮弩爲糧，出於萬死無一生之望。前後殺傷醜虜數千百計，卒全忠勇，不爲大漢恥。恭之節義，古今未有。宜蒙顯爵，以厲將帥。」及恭至雒陽，鮑昱奏恭節過蘇武，宜蒙爵賞。於是拜爲騎都尉，以恭司馬石修爲雒陽市丞，張封爲雍營司馬，軍吏范羌爲共丞，〔二〕餘九人皆補羽林。恭母先卒，及還，追行喪制，有詔使五官中郎將〔三〕齎牛酒釋服。〔四〕

〔一〕玉門，關名，屬敦煌郡，在今沙州。臣賢案：酒泉郡又有玉門縣，據東觀記曰「至敦煌」，明即玉門關也。

〔二〕共，今衞州共城縣。

〔三〕據東觀記，馬嚴。

〔四〕奪情不令追服。

明年，遷長水校尉。其秋，金城、隴西羌反。恭上疏言方略，詔召入問狀。乃遣恭將五校士三千人，副車騎將軍馬防討西羌。恭屯枹罕，數與羌接戰。明年秋，燒當羌降，防還京師，恭留擊諸未服者，首虜千餘人，獲牛羊四萬餘頭，勒姐、〔一〕燒何羌等十三種數萬人，皆詣恭降。初，恭出隴西，上言「故安豐侯竇融昔在西州，甚得羌胡腹心。今大鴻臚固，即其子孫。前擊白山，功冠三軍。宜奉大使，鎮撫涼部。令車騎將軍防屯軍漢陽，以爲威重」。

由是大忤於防。〔二〕及防還，監營謁者李譚承旨奏恭不憂軍事，被詔怨望。坐徵下獄，免官歸本郡，卒於家。

〔一〕姐音紫，又子也反。

〔二〕忿恭薦竇固奪其權。

子溥，爲京兆虎牙都尉。〔一〕元初二年，擊畔羌於丁奚城，軍敗，遂歿。詔拜溥子宏、曄並爲郎。

〔一〕溥音普。漢官儀曰：「京兆虎牙都尉、扶風（郡）〔都尉〕比二千石。以涼州近羌，數犯三輔，將兵護園陵。」

曄字季遇。順帝初，爲烏桓校尉。〔一〕時鮮卑寇緣邊，殺代郡太守。曄率烏桓及諸郡卒出塞討擊，大破之。鮮卑震怖，數萬人詣遼東降。自後頻出輒克獲，威振北方。遷度遼將軍。

〔一〕「遇」或爲「過」。

耿氏自中興已後迄建安之末，大將軍二人，將軍九人，卿十三人，尚公主三人，列侯十九人，中郎將、護羌校尉及刺史、二千石數十百人，遂與漢興衰云。

論曰：余初讀蘇武傳，感其茹毛窮海，不爲大漢羞。〔一〕後覽耿恭疏勒之事，喟然不覺涕之無從。嗟哉，義重於生，以至是乎！〔二〕昔曹子抗質於柯盟，〔三〕相如申威於河表，〔四〕

蓋以決一旦之負，異乎百死之地也。以爲二漢當疏高爵，宥十世。〔五〕而蘇君恩不及嗣，恭亦終塡牢戶。追誦龍蛇之章，以爲歎息。〔六〕

〔一〕蘇武，武帝時使匈奴，匈奴乃幽囚武於大窖中，絕不飲食。天雨雪，武臥齧雪，與氊毛并咽之，數日不死，匈奴以爲神。乃徙武北海上無人處，二十年乃還也。

〔二〕孟子曰：「生者我所欲，義者亦我所欲，二者不可俱，捨生而取義也。」

〔三〕曹子，魯大夫曹劌也。一曰曹沫。史記曰，齊桓公與魯莊公會於柯而盟，曹沫執匕首劫齊桓公曰：「齊彊魯弱，而大國侵魯亦已甚矣。今城壞壓境，君其圖之。」桓公乃盡還魯之侵地，而與之盟。

〔四〕相如，解見寇恂傳也。

〔五〕左傳曰，晉范宣子之殺叔向之弟羊舌虎而囚叔向。於是祁奚聞之，見宣子曰「謀而鮮過，惠訓不倦者，叔向有焉。猶將十世宥之，以勸能者」也。

〔六〕史記曰，晉文公返國，賞從亡者。介之推不言祿，祿亦不及。縣書宮門曰「龍欲上天，五蛇爲輔。龍已升天，四蛇各入其宇。一蛇獨怨，終不見處」也。

贊曰：好時經武，能畫能兵。往收燕卒，來集漢營。請閒趙殿，釃酒齊城。況、舒率從，亦既有成。國圖久策，分此凶狄。〔一〕秉洽胡情，夔單虜迹。慊慊伯宗，枯泉飛液。

〔一〕謂耿國議立日逐王爲南單于，由是鮮卑保塞自守，北虜遠遁也。

校勘記

七〇三頁三行　字伯昭　按：集解引惠棟說，謂水經注作「昭伯」。

七〇三頁七行　恬淨不求進宦　按：「宦」原譌「官」，逕據汲本、殿本改正。

七〇四頁二行　弇從吏孫倉衛包於道共謀曰　按：集解引惠棟說，謂袁宏紀「衛包」作「衛苞」。又按：「道」原譌「富」，逕改正。

七〇四頁七行　門下吏　按：刊誤謂「吏」當作「史」。

七〇五頁九行　令詣于光武　按：殿本考證謂「于」字似衍文。

七〇六頁二行　(北)據天府之地　據刊誤刪。

七〇六頁四行　以集(其)大計　據刊誤刪。

七〇六頁七行　戰(愼)〔順〕水上　集解引惠棟說，謂「愼」光武紀作「順」。今據改。

七〇六頁一〇行　十三將軍　光武紀作「十二將軍」。按：此十三將軍列舉姓名，當以傳爲是。

七〇六頁一一行　至(浚)〔俊〕靡而還　據集解引錢大昕說改，注同。按：前志、續志並作「俊靡」。

七〇七頁五行　今易州(道)〔遒〕縣　前志、續志並作「遒縣」，「遒」亦作「遒」，此形近而譌，今改。

七〇八頁五行　封〔舒爲〕牟平侯　集解引王鳴盛說，謂「牟平」上脫「舒爲」二字，通鑑因其誤。又錢大昕謂此封況子舒爲牟平侯，況之封隃麋侯如故也，史有脫文耳。今據補。

七〇八頁一五行　從朝陽橋濟河以度　按：當時濟水行經朝陽，此謂耿弇從朝陽架橋渡濟河也。說詳集解。

七〇九頁一行　〔日〕未中而拔之　集解引惠棟說，謂通鑑云「日未中」。今據補。

七一〇頁六行　旬(月)〔日〕之閒　王先謙謂東觀記作「旬日之閒」，是也。今據改。

七一〇頁七行　張藍聞〔之大〕懼　據汲本、殿本補。

七一〇頁一三行　何足懼乎　按：汲本作「足可摧乎」，殿本作「何足摧乎」。

七一〇頁一四行　故大彤渠帥重異　按：沈家本謂按光武紀注引東觀記作「樊重」。

七一二頁五行　衆尙十餘萬　按：「尙」原譌「向」，逕改正。

七一三頁二行　臨淄等〔郡〕　王先謙謂注「等」下脫「郡」字，東觀記有。今據補。按：沈欽韓謂臨淄非郡，是時當川未幷入北海，應爲「菑川」。

七一三頁六行　故城在今(幽)〔淄〕州新平縣也　據殿本改。

七一三頁七行　未(常)〔嘗〕挫折　據汲本、殿本改。

七一四頁一行　爲河(陽)〔東〕太守　據校補引錢大昭說改。按：張森楷校勘記亦謂兩漢無「河陽郡」，不得有太守，當從注作「河東」。

七一四頁四行　尊孝王母爲孝德皇后　按：集解引錢大昕說，謂安帝紀建光元年，追尊皇考淸河孝王曰

孝德皇，皇妣左氏曰孝德皇后，此傳以孝德皇后爲孝王之母，誤矣。校補謂應讀「尊孝王」爲句，「母爲孝德皇后」別爲句。李慈銘謂案傳文，當是「尊孝王爲孝德皇」，傳寫者誤衍「母」字及「后」字耳。

七一四頁五行　使監羽林左(車)騎　刊誤謂「車」字衍。今據刪。

七一四頁八行　(昭)〔紹〕封寶子　據刊誤改。

七一四頁一三行　〔耿〕弇決策河北　刊誤謂「弇」上明少一「耿」字。今據補。按：校補引錢大昭說，謂閩本「弇」上有「耿」字。

七一四頁一四行　而無(復)尺寸功　據汲本、殿本補。

七一六頁二行　萬世(有)安寧之策也　刊誤謂按文多「有」字，緣上言「無」，遂妄生此對文，非也。今據刪。

七一六頁三行　代馮勤爲大司(馬)〔農〕　集解引惠棟說，謂袁宏紀國官至大司農。又引何焯說，謂帝紀馮勤以十七年自大司農爲司徒。王先謙謂東觀記亦作「大司農」。今據改。

七一七頁三行　秉奮身而起曰請行前　按：李慈銘謂此當讀「請行」爲句，「前」爲句，言秉旣曰「請行」，遂走而前上馬也。或曰「前」亦秉之詞，言促其往前行也。

七一七頁四行　收馬牛十餘萬頭　按：御覽二八四引，「牛」下有「羊」字。

七一七頁一二行　脫幘趨抱馬蹏　按：「抱」原譌「鳴」，逕改正。

七一八頁一行　封乘美陽侯　按：集解引洪亮吉說，謂乘定封在和帝永元二年，與竇憲冠軍侯同封。此蒙上「章和二年」之文，未另著年月。

七一八頁九行　丞相司直苹（況）皃（曄）　集解引沈欽韓說，謂獻帝紀及魏志止云「苹皃」，「況」「曄」二字衍。今據刪。

七一八頁一二行　轉（車）騎都尉　刊誤謂按官無車騎都尉，明衍「車」字。殿本考證萬承蒼則謂是時竇憲爲車騎將軍，故夔之官轉爲車騎都尉，「車」字非衍。按：沈家本謂將軍官屬無都尉，恐當以劉說爲是。又按：袁宏紀亦止云「騎都尉」。今刪「車」字。

七一八頁一三行　以夔爲大將軍左校尉　按：校補引錢大昭說，謂南匈奴傳作「右校尉」。

七一八頁一四行　盡獲其匈奴珍寶財畜　按：殿本考證謂推尋文義，「其」字當是衍文。

七一九頁一一行　數侵陵（使）匈奴中郎將鄭戩　李慈銘謂「匈奴」上脫一「使」字。今據補。

七二〇頁四行　屯後王部金蒲城　按：洪亮吉謂「金蒲」當作「金滿」，新唐書地理志等皆譌作「金蒲」，近古城內掘得舊碑，正作「金滿」。又按：李慈銘謂「後王」下衍一「部」字。

七二〇頁一三行　漢家箭神　按：集解引惠棟說，謂東觀記「箭神」作「神箭」。

七二一頁九行　都護陳睦　按：集解引惠棟說，謂袁宏紀「陳睦」作「陳穆」。

七二四頁七行　扶風（郡）〔都尉〕比二千石　據刊誤改。

七二五頁一行　恭亦終塡牢戶　按：沈家本謂恭卒於家，似不得曰「塡牢戶」。

後漢書卷二十

銚期王霸祭遵列傳第十 祭遵從弟肜

銚期字次況，潁川郟人也。長八尺二寸，容貌絕異，矜嚴有威。父猛，爲桂陽太守，卒，期服喪三年，鄉里稱之。光武略地潁川，聞期志義，召署賊曹掾，〔一〕從徇薊。時王郎檄書到薊，薊中起兵應郎。光武趨駕出，百姓聚觀，諠呼滿道，遮路不得行，期騎馬奮戟，瞋目大呼左右曰「趩」，〔二〕衆皆披靡。〔三〕及至城門，門已閉，攻之得出。行至信都，以期爲裨將，與傅寬、呂晏俱屬鄧禹。徇傍縣，又發房子兵。禹以期爲能，獨拜偏將軍，授兵二千人，寬、晏各數百人。還言其狀，光武甚善之。使期別徇眞定宋子，攻拔樂陽、稾、肥纍。〔四〕

〔一〕漢官儀曰：「東西曹掾比四百石，餘掾比三百石。賊曹，主盜賊之事。」

〔二〕周禮：「隸僕掌趩宮中之事。」鄭衆曰：「止行淸道也，若今警蹕。」說文「趩」與「蹕」同。

〔三〕披，普彼反。

〔四〕樂陽，縣名，屬常山郡。〔稾〕，今恆州稾城縣也，故城在縣西。肥纍，故肥子國也，漢以爲縣，故城在今稾城縣西南，並屬眞定國。纍音力追反。

從擊王郎將兒宏、劉奉於鉅鹿下，〔一〕期先登陷陳，手殺五十餘人，被創中額，攝（幘）〔幘〕復戰，〔二〕遂大破之。王郎滅，拜期虎牙大將軍。乃因閒說光武曰：「河北之地，界接邊塞，人習兵戰，號爲精勇。今更始失政，大統危殆，海內無所歸往。明公據河山之固，擁精銳之衆，以順萬人思漢之心，則天下誰敢不從？」光武笑曰：「卿欲遂前趩邪？」〔三〕時銅馬數十萬衆入淸陽、博平，〔四〕期與諸將迎擊之，連戰不利，期乃更背水而戰，所殺傷甚多。會光武救至，遂大破之，追至館陶，皆降之。從擊靑犢、赤眉於射犬，賊襲期輜重，期還擊之，手殺傷數十人，身被三創，而戰方力，〔五〕遂破走之。

〔一〕兒音五奚反。

〔二〕攝猶正也。

〔三〕唯天子得稱警趩。

〔四〕博平，縣名，屬東郡，在今博州縣也。

〔五〕力，苦戰也。

光武卽位，封安成侯，〔一〕食邑五千戶。時檀鄉、五樓賊入繁陽、內黃，〔二〕又魏郡大姓數反覆，而更始將卓京〔三〕謀欲相率反鄴城。帝以期爲魏郡太守，行大將軍事。期發郡兵擊卓京，破之，斬首六百餘級。京亡入山，追斬其將校數十人，獲京妻子。進擊繁陽、內黃，復斬數百級，郡界清平。督盜賊李熊，鄴中之豪，而熊弟陸謀欲反城迎檀鄉。〔四〕或以告期，期不應，告者三四，期乃召問熊。熊叩頭首服，願與老母俱就死。期曰：「爲吏儻不若爲賊樂者，可歸與老母往就陸也。」〔五〕使吏送出城。熊行求得陸，將詣鄴城西門。陸不勝愧感，自殺以謝期。期嗟歎，以禮葬之，而還熊故職。於是郡中服其威信。

〔一〕安成，縣名，屬汝南郡，故城在今豫州汝陽縣東南也。

〔二〕繁陽，縣名，故城在今相州內黃縣東北；內黃故城在西北。

〔三〕「京」或作「原」。

〔四〕反音翻。

〔五〕必以在城中爲吏不如爲賊之樂，即任將母往就弟。

建武五年，行幸魏郡，以期爲太中大夫。從還洛陽，又拜衞尉。

期重於信義，自爲將，有所降下，未嘗虜掠。及在朝廷，憂國愛主，其有不得於心，必犯顏諫諍。帝嘗輕與期門近出，〔一〕期頓首車前曰：「臣聞古今之戒，變生不意，誠不願陛下微行數出。」帝爲之回輿而還。十年卒，〔二〕帝親臨襚斂，贈以衞尉、安成侯印綬，謚曰忠侯。

〔一〕前書，武帝將出，必與北地良家子期於殿門，故曰「期門」。

〔二〕東觀記曰：「期疾病，使使者存問，加賜醫藥甚厚。其母問期當封何子？期言『受國家恩深，常慙負，如死，不知當

何以報國，何宜封子也』！上甚憐之。」

子丹嗣。復封丹弟統爲建平侯。〔一〕後徙封丹葛陵侯。〔二〕丹卒，子舒嗣。舒卒，子羽嗣。羽卒，子蔡嗣。

〔一〕建平，縣名，屬沛郡，故城在今亳州酇縣西北，一名馬頭城。

〔二〕葛陵，縣名，故城在汝南，故鮦陽縣也。

王霸字元伯，潁川潁陽人也。世好文法，〔一〕父爲郡決曹掾，〔二〕霸亦少爲獄吏。常慷慨不樂吏職，其父奇之，遣西學長安。漢兵起，光武過潁陽，霸率賓客上謁，曰：「將軍興義兵，竊不自知量，貪慕威德，願充行伍。」光武曰：「夢想賢士，共成功業，豈有二哉！」遂從擊破王尋、王邑於昆陽，還休鄉里。

〔一〕東觀記曰：「祖父爲詔獄丞。」

〔二〕漢舊儀：「決曹，主罪法事。」

及光武爲司隸校尉，道過潁陽，霸請其父，願從。父曰：「吾老矣，不任軍旅，汝往，勉之！」霸從至洛陽。及光武爲大司馬，以霸爲功曹令史，從度河北。賓客從霸者數十人，稍稍引去。光武謂霸曰：「潁川從我者皆逝，而子獨留。努力！疾風知勁草。」

及王郎起，光武在薊，郎移檄購光武。光武令霸至市中募人，將以擊郎。市人皆大笑，舉手邪揄之，〔一〕霸慙懅而還。〔二〕光武即南馳至下曲陽。傳聞王郎兵在後，從者皆恐。及至虖沱河，候吏還白河水流澌，〔三〕無船，不可濟。官屬大懼。光武令霸往視之。霸恐驚衆，欲且前，阻水，還即詭曰：「冰堅可度。」官屬皆喜。光武笑曰：「候吏果妄語也。」遂前。比至河，河冰亦合，乃令霸護度，〔四〕未畢數騎而冰解。光武謂霸曰：「安吾衆得濟免者，卿之力也。」霸謝曰：「此明公至德，神靈之祐，雖武王白魚之應，無以加此。」〔五〕光武謂官屬曰：「王霸權以濟事，殆天瑞也。」以爲軍正，爵關內侯。既至信都，發兵攻拔邯鄲。霸追斬王郎，得其璽綬。封王鄉侯。

〔一〕說文曰：「歋瘉，手相笑也。」歋音弋支反。瘉音踰，或音由。此云「邪揄」，語輕重不同。

〔二〕懅亦慙也，音遽。

〔三〕澌音斯。

〔四〕監護度也。

〔五〕今文尚書曰：「武王度盟津，白魚躍入王舟。」

從平河北，常與臧宮、傅俊共營，霸獨善撫士卒，死者脫衣以斂之，傷者躬親以養之。

光武即位，以霸曉兵愛士，可獨任，拜爲偏將軍，并將臧宮、傅俊兵，而以宮、俊爲騎都尉。建武二年，更封富波侯。〔一〕

〔一〕富波，縣名，屬汝南郡，在今豫州。

四年秋，帝幸譙，使霸與捕虜將軍馬武東討周建於垂惠。蘇茂將五校兵四千餘人救建，而先遣精騎遮擊馬武軍糧，武往救之。建從城中出兵夾擊武，武恃霸之援，戰不甚力，爲茂、建所敗。武軍奔過霸營，大呼求救。霸曰：「賊兵盛，出必兩敗，努力而已。」乃閉營堅壁。軍吏皆爭之。霸曰：「茂兵精銳，其衆又多，吾吏士心恐，而捕虜與吾相恃，兩軍不一，此敗道也。今閉營固守，示不相援，賊必乘勝輕進；捕虜無救，其戰自倍。如此，茂衆疲勞，吾承其弊，乃可剋也。」茂、建果悉出攻武。合戰良久，霸軍中壯士路潤等數十人斷髮請戰。霸知士心銳，乃開營後，出精騎襲其背。茂、建前後受敵，驚亂敗走，霸、武各歸營。賊復聚衆挑戰，霸堅臥不出，方饗士作倡樂。茂雨射營中，中霸前酒樽，霸安坐不動。軍吏皆曰：「茂前日已破，今易擊也。」霸曰：「不然。蘇茂客兵遠來，糧食不足，故數挑戰，以徼一切之勝。〔一〕今閉營休士，所謂不戰而屈人之兵，善之善者也。」茂、建既不得戰，乃引還營。其夜，建兄子誦反，閉城拒之，茂、建遁去，誦以城降。

〔一〕徼，要也。一切猶權時也。

五年春，帝使太中大夫持節拜霸爲討虜將軍。六年，屯田新安。八年，屯〔田〕函谷關。擊滎陽、中牟盜賊，皆平之。

九年，霸與吳漢及橫野大將軍王常、建義大將軍朱祐、破姦將軍侯進等五萬餘人，擊盧芳將賈覽、閔堪於高柳。匈奴遣騎助芳，漢軍遇雨，戰不利。吳漢還洛陽，令朱祐屯常山，王常屯涿郡，侯進屯漁陽。璽書拜霸上谷太守，領屯兵如故，捕擊胡虜，無拘郡界。〔一〕明年，霸復與吳漢等四將軍六萬人出高柳擊賈覽，詔霸與漁陽太守陳訢將兵爲諸軍鋒。匈奴左南將軍將數千騎救覽，霸等連戰於平城下，破之，追出塞，斬首數百級。霸及諸將還入鴈門，與驃騎大將軍杜茂會攻盧芳將尹由於崞、繁畤，不剋。〔二〕

〔一〕拘猶限也。

〔二〕崞及繁畤皆縣名，屬鴈門郡，並今代州縣也，有崞山焉。崞音郭。

十三年，增邑戶，更封向侯。〔一〕是時，盧芳與匈奴、烏桓連兵，寇盜尤數，緣邊愁苦。詔霸將弛刑徒六千餘人，與杜茂治飛狐道，〔二〕堆石布土，築起亭障，自代至平城三百餘里。凡與匈奴、烏桓大小數十百戰，頗識邊事，數上書言宜與匈奴結和親，又陳委輸可從溫水漕，〔三〕以省陸轉輸之勞，事皆施行。後南單于、烏桓降服，北邊無事。霸在上谷二十餘歲。三十年，定封淮陵侯。〔四〕永平二年，以病免，後數月卒。

〔一〕向，縣名，屬沛郡。左傳曰：「莒人入向。」案：今密州莒縣南又有向城。

〔二〕飛狐道在今蔚州飛狐縣，北通嬀州懷戎縣，即古之飛狐口也。

〔三〕水經注曰，溫餘水出上谷居庸關東，又東過軍都縣南，又東過薊縣北。蓋通以運漕也。

〔四〕淮陵，縣，屬臨淮郡。

子符嗣，徙封軑侯。〔一〕符卒，子度嗣。度尚顯宗女浚儀長公主，爲黃門郎。度卒，子歆嗣。

〔一〕軑，縣，屬江夏郡。軑音大。

祭遵字弟孫，〔一〕潁川潁陽人也。少好經書。家富給，而遵恭儉，惡衣服。喪母，負土起墳。嘗爲部吏所侵，結客殺之。初，縣中以其柔也，既而皆憚焉。

〔一〕祭音側界反。

及光武破王尋等，還過潁陽，遵以縣吏數進見，光武愛其容儀，署爲門下史。從征河北，爲軍市令。舍中兒犯法，遵格殺之。光武怒，命收遵。時主簿陳副諫曰：「明公常欲衆軍整齊，今遵奉法不避，是教令所行也。」光武乃貰之，〔一〕以爲刺姦將軍。謂諸將曰：「當備祭遵！吾舍中兒犯法尚殺之，必不私諸卿也。」尋拜爲偏將軍，從平河北，以功封列侯。

〔一〕貰猶赦也。

建武二年春，拜征虜將軍，定封潁陽侯。與驃騎大將軍景丹、建義大將軍朱祐、漢忠將軍王常、騎都尉王梁、臧宮等入箕關，〔一〕南擊弘農、厭新、柏華蠻中賊。〔二〕弩中遵口，洞出流血，衆見遵傷，稍引退，遵呼叱止之，士卒戰皆自倍，遂大破之。時新城蠻中山賊張滿，〔三〕屯結險隘爲人害，詔遵攻之。遵絕其糧道，滿數挑戰，遵堅壁不出。而厭新、柏華餘賊復與滿合，遂攻得霍陽聚，〔四〕遵乃分兵擊破降之。明年春，張滿飢困，城拔，生獲之。初，滿祭祀天地，自云當王，既執，歎曰：「讖文誤我！」乃斬之，夷其妻子。遵引兵南擊鄧奉弟終於杜衍，破之。〔五〕

〔一〕箕關，解在鄧禹傳。

〔二〕東觀記曰柏華聚也。

〔三〕新城，縣名，屬河南郡，今伊闕縣也。

〔四〕有霍陽山，故名焉，俗謂之張侯城，在今汝州西南。

〔五〕杜衍，縣名，屬南陽郡，故城在今鄧州南陽縣西南。

時涿郡太守張豐執使者舉兵反，自稱無上大將軍，與彭寵連兵。四年，遵與朱祐及建威大將軍耿弇、驍騎將軍劉喜俱擊之。遵兵先至，急攻豐，豐功曹孟厷執豐降。〔一〕初，豐好方術，有道士言豐當爲天子，以五綵囊裹石繫豐肘，云石中有玉璽。豐信之，遂反。既執當斬，猶曰：「肘石有玉璽。」遵爲椎破之，豐乃知被詐，仰天歎曰：「當死無所恨！」諸將皆引還，遵受詔留屯良鄉拒彭寵。因遣護軍傅玄襲擊寵將李豪於潞，大破之，斬首千餘級。相拒歲餘，數挫其鋒，黨與多降者。及寵死，遵進定其地。

〔一〕說文曰：「厷，臂上也。」厷音公弘反。

六年春，詔遵與建威大將軍耿弇、虎牙大將軍蓋延、漢忠將軍王常、捕虜將軍馬武、驍騎將軍劉歆、武威將軍劉尙等從天水伐公孫述。〔一〕師次長安，時車駕亦至，而隗囂不欲漢兵上隴，辭說解故。〔二〕帝召諸將議。皆曰：「可且延囂日月之期，益封其將帥，以消散之。」遵曰：「囂挾姦久矣。今若按甲引時，則使其詐謀益深，而蜀警增備，固不如遂進。」帝從之，乃遣遵爲前行。隗囂使其將王元拒隴坻，遵進擊，破之，追至新關。及諸將到，與囂戰，並敗，引退下隴。乃詔遵軍汧，耿弇軍漆，征西大將軍馮異軍栒邑，大司馬吳漢等還屯長安。自是後遵數挫隗囂。事已見馮異傳。

〔一〕續漢書曰：「上幸廣陽城門，設祖道，閱過諸將，以遵新破漁陽，令最在前。」

〔二〕解故謂解脫事故，以爲辭說。

八年秋，復從車駕上隴。及囂破，帝東歸過汧，幸遵營，勞饗士卒，作黃門武樂，良夜乃罷。〔一〕時遵有疾，詔賜重茵，覆以御蓋。復令進屯隴下。及公孫述遣兵救囂，吳漢、耿弇等悉奔還，遵獨留不卻。〔二〕九年春，卒於軍。

〔一〕黃門，署名。前書曰：「是時名倡皆集黃門。」武樂，執干戚以舞也。良猶深也，本或作「久」。

〔二〕東觀記曰：「時遵屯汧。詔書曰：『將軍連年距難，衆兵即卻，復獨按部，功勞爛然。兵退無宿戒，糧食不豫具，今乃調度，恐力不堪。國家知將軍不易，亦不遺力。今送縑千匹，以賜吏士。』」

遵爲人廉約小心，克己奉公，賞賜輒盡與士卒，家無私財，身衣韋絝，布被，夫人裳不加緣，〔一〕帝以是重焉。及卒，愍悼之尤甚。遵喪至河南縣，詔遣百官先會喪所，車駕素服臨之，望哭哀慟。還幸城門，過其車騎，涕泣不能已。〔二〕喪禮成，復親祠以太牢，如宣帝臨霍光故事。〔三〕詔大長秋、謁者、河南尹護喪事，大司農給費。博士范升上疏，追稱遵曰：「臣聞先王崇政，尊美屏惡。〔四〕昔高祖大聖，深見遠慮，班爵割地，與下分功，著錄勳臣，頌其德美。生則寵以殊禮，奏事不名，入門不趨。〔五〕死則疇其爵邑，世無絕嗣，〔六〕丹書鐵券，傳於無窮。〔七〕斯誠大漢厚下安人長久之德，所以累世十餘，歷載數百，〔八〕廢而復興，絕而復續者也。陛下以至德受命，先明漢道，褒序輔佐，封賞功臣，同符祖宗。征虜將軍潁陽侯遵，不幸早薨。陛下仁恩，爲之感傷，遠迎河南，惻怛之慟，形於聖躬，喪事用度，仰給縣官，

重賜妻子，不可勝數。送死有以加生，厚亡有以過存，矯俗厲化，卓如日月。〔九〕古者臣疾君視，臣卒君弔，〔一〇〕德之厚者也。陵遲已來久矣。及至陛下，復興斯禮，羣下感動，莫不自勵。臣竊見遵修行積善，竭忠於國，北平漁陽，西拒隴、蜀，先登坻上，〔一一〕深取略陽。衆兵既退，獨守衝難。〔一二〕制御士心，不越法度。所在吏人，不知有軍。〔一三〕清名聞於海內，廉白著於當世。所得賞賜，輒盡與吏士，身無奇衣，家無私財。同產兄午以遵無子，娶妾送之，遵乃使人逆而不受，自以身任於國，不敢圖生慮繼嗣之計。臨死遺誡牛車載喪，薄葬洛陽。問以家事，終無所言。任重道遠，死而後已。〔一四〕遵爲將軍，取士皆用儒術，對酒設樂，必雅歌投壺。〔一五〕又建爲孔子立後，奏置五經大夫。雖在軍旅，不忘俎豆，可（爲）〔謂〕好禮悅樂，守死善道者也。禮，生有爵，死有謚，爵以殊尊卑，謚以明善惡。臣愚以爲宜因遵薨，論敍衆功，詳案謚法，以禮成之。〔一六〕顯章國家篤古之制，爲後嗣法。」帝乃下升章以示公卿。至葬，車駕復臨，贈以將軍、侯印綬，朱輪容車，介士軍陳送葬，〔一七〕謚曰成侯。既葬，車駕復臨其墳，存見夫人室家。其後會朝，帝每歎曰：「安得憂國奉公之臣如祭征虜者乎！」遵之見思若此。〔一八〕

〔一〕「緣」或作「綵」。

〔二〕東觀記曰：「上遵幸城門，閱過喪車，瞻望涕泣。」

〔三〕霍光薨，宣帝及上官太后親臨光喪，使太中大夫任宣、侍御史五人持節護喪事。東觀記曰：「時下宣帝臨霍將軍儀，令公卿讀視，以爲故事。」

〔四〕孔子曰：「尊五美，屏四惡。」

〔五〕前書曰：「蕭何奏事不名，入門不趨。」

〔六〕疇，等也。言功臣死後，子孫襲封，世世與先人等。

〔七〕前書，高祖與功臣剖符作誓，丹書鐵契，金匱石室，藏之宗廟。

〔八〕漢興至此二百餘年，言「數百」者，謂以百數之。

〔九〕卓，高也。

〔一〇〕前書賈山上書曰：「古之賢君於其臣也，尊其爵祿而親之，疾則臨視之無數，死則往弔哭之，臨其小斂大斂，可謂盡禮也，故臣下竭力盡死以報其上。」

〔一一〕即隴坻上。

〔一二〕衝，兵衝也。謂吳漢、耿弇等悉奔還，唯遵獨留不卻。

〔一三〕言不侵擾。

〔一四〕論語孔子曰：「仁以爲己任，不亦重乎。死而後已，不亦遠乎。」

〔一五〕雅歌謂歌雅詩也。禮記投壺經曰：「壺頸脩七寸，腹脩五寸，口徑二寸半，容斗五升。壺中實小豆焉，爲其矢之躍而出也。矢以柘若棘，長二尺八寸，無去其皮，取其堅而重。投之勝者飲不勝者，以爲優劣也。」

〔一六〕謚法，周書之篇，周公制焉。

〔一七〕容車，容飾之車，象生時也。介士，甲士也。東觀記曰：「遣校尉發騎士四百人，被玄甲、兜鍪，兵車軍陳送葬。」

〔一八〕東觀記曰「上數嗟歎，衛尉銚期見上感慟，對曰『陛下至仁，哀念祭遵不已，羣臣各懷慚懼』」也。

無子，國除。兄午，官至酒泉太守。從弟肜。

肜字次孫，早孤，以至孝見稱。遇天下亂，野無煙火，而獨在冢側。每賊過，見其尚幼而有志節，皆奇而哀之。

光武初以遵故，拜肜爲黃門侍郎，常在左右。及遵卒無子，帝追傷之，以肜爲偃師長，令近遵墳墓，四時奉祠之。肜有權略，視事五歲，縣無盜賊，課爲第一，遷襄賁令。〔一〕時天下郡國尚未悉平，襄賁盜賊白日公行。肜至，誅破姦猾，殄其支黨，數年，襄賁政清。璽書勉勵，增秩一等，賜縑百匹。

〔一〕襄賁，縣名，屬東海郡，故城在今沂州臨沂縣南。賁音肥。

當是時，匈奴、鮮卑及赤山烏桓連和彊盛，數入塞殺略吏人。朝廷以爲憂，益增緣邊兵，郡有數千人，又遣諸將分屯障塞。帝以肜爲能，建武十七年，拜遼東太守。至則勵兵馬，廣斥候。肜有勇力，能貫三百斤弓。虜每犯塞，常爲士卒（前）鋒，數破走之。二十一年秋，鮮卑萬餘騎寇遼東，肜率數千人迎擊之，自被甲陷陳，虜大奔，投水死者過半，遂窮追出

塞，虜急，皆棄兵裸身散走，斬首三千餘級，獲馬數千匹。自是後鮮卑震怖，畏彤不敢復闚塞。彤以三虜連和，卒爲邊害，〔一〕二十五年，乃使招呼鮮卑，示以財利。其大都護偏何〔二〕遣使奉獻，願得歸化，彤慰納賞賜，稍復親附。其異種滿離、高句驪之屬，遂駱驛款塞，上貂裘好馬，帝輒倍其賞賜。其後偏何邑落諸豪並歸義，願自効。彤曰：「審欲立功，當歸擊匈奴，斬送頭首乃信耳。」偏何等皆仰天指心曰：「必自効！」卽擊匈奴左伊（秩）〔秩〕訾部，斬首二千餘級，持頭詣郡。其後歲歲相攻，輒送首級受賞賜。自是匈奴衰弱，邊無寇警，鮮卑、烏桓並入朝貢。

〔一〕卒，終也。三虜謂匈奴、鮮卑及赤山烏桓。

〔二〕鮮卑名也。

彤爲人質厚重毅，體貌絕衆。撫夷狄以恩信，皆畏而愛之，故得其死力。初，赤山烏桓數犯上谷，爲邊害，詔書設購賞，（功）〔切〕責州郡，不能禁。彤乃率勵偏何，遣往討之。永平元年，偏何擊破赤山，斬其魁帥，持首詣彤，塞外震讋。〔一〕彤之威聲，暢於北方，西自武威，東盡玄菟及樂浪，胡夷皆來內附，野無風塵。乃悉罷緣邊屯兵。

〔一〕讋之涉反。

十二年，徵爲太僕。彤在遼東幾三十年，衣無兼副。顯宗既嘉其功，又美彤清約，拜日，賜錢百萬，馬三匹，衣被刀劍下至居室什物，大小無不悉備。帝每見彤，常歎息以爲可屬以重任。後從東巡狩，過魯，坐孔子講堂，顧指子路室謂左右曰：「此太僕之室。太僕，吾之禦侮也。」〔一〕

〔一〕尚書大傳曰：「孔子曰：『吾有四友焉。自吾得回也，門人加親，是非胥附邪？自吾得賜也，遠方之士日至，是非奔走邪？自吾得師也，前有光，後有輝，是非先後邪？自吾得由也，惡言不至門，是非禦侮邪？』」

十六年，使彤以太僕將萬餘騎與南單于左賢王信伐北匈奴，期至涿邪山。信初有嫌於彤，行出高闕塞九百餘里，得小山，乃妄言以爲涿邪山。彤到不見虜而還，坐逗留畏懦下獄免。彤性沈毅內重，自恨見詐無功，出獄數日，歐血死。臨終謂其子曰：「吾蒙國厚恩，奉使不稱，微績不立，身死誠慚恨。義不可以無功受賞，死後，若悉簿上所得賜物，〔一〕身自詣兵屯，效死前行，以副吾心。」既卒，其子逢上疏具陳遺言。帝雅重彤，方更任用，聞之大驚，召問逢疾狀，嗟歎者良久焉。烏桓、鮮卑追思彤無已，每朝賀京師，常過冢拜謁，仰天號泣乃去。遼東吏人爲立祠，四時奉祭焉。

〔一〕若，汝也。皆爲文簿而上之。

彤既葬，子參遂詣奉車都尉竇固，從軍擊車師有功，稍遷遼東太守。永元中，鮮卑入郡界，參坐沮敗，下獄死。彤子孫多爲邊吏者，皆有名稱。

論曰：祭彤武節剛方，動用安重，雖條侯、穰苴之倫，不能過也。〔一〕且臨守偏海，政移獷俗，〔二〕徼人請符以立信，胡貊數級於郊下，〔三〕至乃臥鼓邊亭，滅烽幽障者將三十年。古所謂「必世而後仁」，豈不然哉！〔四〕而一眚之故，以致感憤，〔五〕惜哉，畏法之敝也！〔六〕

〔一〕條侯，周亞夫也。爲將軍，軍於細柳，文帝幸其營，亞夫持兵揖曰：「介胄之士不拜，請以軍禮見。」文帝曰：「此真將軍也！」穰苴，齊人田穰苴也。齊景公使爲將軍，使莊賈往，穰苴與約曰：「且日日中會於軍門。」穰苴先至，賈後至，於是遂斬莊賈以徇三軍，士皆振慄。

〔二〕獷音古猛反，又音久永反。

〔三〕徼人謂徼外人偏何等也。符，驗也。爲偏何請還自効，以驗內屬之信。數級謂偏何斬匈奴，送首級受賞賜。

〔四〕三十年爲一世，言承化久也。論語孔子曰：「如有王者，必世而後仁。」

〔五〕眚，過也。左傳曰：「不以一眚掩大德。」眚音所景反。

〔六〕畏法猶嚴法也。

贊曰：期啓燕門，霸冰虖河。祭遵好禮，臨戎雅歌。彤抗遼左，邊廷懷和。

校勘記

七三二頁四行　從徇薊　按：集解引惠棟說，謂東觀記「從平河北」。

七三二頁一一行　披普彼反　按：「普」原譌「芳」，逕改正。

七三二頁一三行　〔稾〕今恆州稾城縣也　據集解引錢大昕說補。按：「稾」當作「槀」，字从禾，然各本正文注文皆作「稾」，今仍之。

七三三頁二行　攝（幘）〔幘〕復戰　刊誤謂幘是馬扇汗，期被創中額，則是「幘」字。王先謙謂東觀記正作「幘」。今據改。按：「幘」原譌「憒」，逕改正。

七三四頁二行　復封丹弟統爲建平侯　按：集解引惠棟說，謂水經注作「平輿」，屬汝南也。

七三五頁九行　封王鄉侯　按：殿本考證謂地理、郡國志無「王鄉」地名，「王」字疑誤。

七三五頁一〇行　說文曰歐歍手相笑也　按：集解引孫星衍說，謂說文作「歍瘉」，並無「歍」字。云「人相笑相歍瘉」，不云「手相笑」。注誤。

七三五頁一五行　死者脫衣以斂之傷者躬親以養之　刊誤謂按文脫衣可言「以斂之」，躬親不宜復有「以」字。按：「以斂之」與「以養之」相對成文，劉說泥。

七三六頁八行　茂衆疲勞　按：御覽二八四引，「茂」下有「建」字。

七三七頁一行　屯（田）函谷關　據汲本、殿本補。

七三八頁三行　溫餘水出上谷居庸關東　按：「溫餘水」當作「濕餘水」，說詳楊守敬水經注疏。

七三九頁四行　臧宮等入箕關　按：集解引惠棟說，謂東觀記「箕關」作「天中關」。

七三九頁四行　南擊弘農厭新柏華蠻中賊　按：集解引沈欽韓說，謂紀要柏谷在陝州靈寶縣西南朱陽鎮，有柏谷亭。「柏華」蓋「柏谷」之誤。

七三九頁五行　時新城蠻中山賊張滿　按：集解引惠棟說，謂續志新城有鄤聚，今名蠻中。說文作「𧖴中」。

七三九頁八行　鄧奉弟終　按：集解引惠棟說，謂「終」一作「衆」，古通。

七四一頁一四行　先明漢道　按：刊誤謂「先」當作「光」。

七四二頁八行　不忘俎豆　按：王先謙謂東觀記作「不忘王室」。

七四二頁八行　可(爲)〔謂〕好禮悅樂　據汲本、殿本改。

七四三頁一一行　謚曰成侯　按：集解引沈欽韓說，謂袁紀作「威侯」。

七四四頁三行　從弟彤　按：汲本、殿本「彤」作「肜」，通鑑或作「彤」，或作「肜」。

七四四頁一三行　常爲士卒〔前〕鋒　御覽三〇二引作「常爲士卒前鋒」，東觀記作「常爲士卒先鋒」，今據御覽補「前」字。

七四五頁五行　卽擊匈奴左伊(袟)〔秩〕訾部　據集解本改，與前書匈奴傳合。

七四五頁一一行　(功)〔切〕責州郡　據刊誤改。

七四六頁六行　期至涿邪山　按：集解引惠棟說，謂袁宏紀作「涿邪王山」。

後漢書卷二十一

任李萬邳劉耿列傳第十一　任光子隗

任光字伯卿，南陽宛人也。少忠厚，爲鄉里所愛。初爲鄉嗇夫，郡縣吏。〔一〕漢兵至宛，軍人見光冠服鮮明，令解衣，將殺而奪之。會光祿勳劉賜適至，視光容貌長者，乃救全之。光因率黨與從賜，爲安集掾，拜偏將軍，與世祖破王尋、王邑。

〔一〕續漢志曰：「三老、游徼，郡所署也，秩百石，掌一鄉人。其鄉小者，縣署嗇夫一人，主知人善惡，爲役先後，知人貧富，爲賦多少。」

更始至洛陽，以光爲信都太守。及王郎起，郡國皆降之，光獨不肯，遂與都尉李忠、令萬脩、〔一〕功曹阮況、五官掾郭唐等〔二〕同心固守。廷掾持王郎檄〔三〕詣府白光，光斬之於市，以徇百姓，發精兵四千人城守。更始二年春，世祖自薊還，狼狽不知所向，傳聞信都獨爲漢拒邯鄲，卽馳赴之。光等孤城獨守，恐不能全，〔四〕聞世祖至，大喜，吏民皆稱萬歲。卽時開門，與李忠、萬脩率官屬迎謁。世祖入傳舍，謂光曰：「伯卿，今埶力虛弱，欲俱入城頭

子路、力子都兵中，何如邪？」光曰：「不可。」世祖曰：「卿兵少，如何？」光曰：「可募發奔命，出攻傍縣，若不降者，恣聽掠之。人貪財物，則兵可招而致也。」世祖從之。拜光爲左大將軍，封武成侯，留南陽宗廣領信都太守事，使光將兵從。光乃多作檄文曰：「大司馬劉公將城頭子路、力子都兵百萬衆從東方來，擊諸反虜。」遣騎馳至鉅鹿界中。吏民得檄，傳相告語。世祖遂與光等投暮入堂陽界，〔五〕使騎各持炬火，彌滿澤中，光炎燭天地，舉城莫不震驚惶怖，其夜卽降。旬日之閒，兵衆大盛，因攻城邑，遂屠邯鄲，迺遣光歸郡。

〔一〕信都令也。

〔二〕續漢志曰：「五官掾，掌署諸曹事。」

〔三〕東觀記扶柳縣廷掾。

〔四〕獨守無援，故恐之。

〔五〕投，至也。堂陽，今冀州縣也。

城頭子路者，東平人，姓爰，名曾，字子路，與肥城劉詡起兵盧城頭，〔一〕故號其兵爲「城頭子路」。曾自稱「都從事」，詡稱「校三老」，寇掠河、濟閒，衆至二十餘萬。更始立，曾遣使降，拜曾東萊郡太守，〔二〕詡濟南太守，皆行大將軍事。是歲，曾爲其將所殺，衆推詡爲主，更始封詡助國侯，令罷兵歸本郡。

〔一〕盧，縣名，屬太山郡，今濟州縣。
〔二〕今萊州。

力子都者，東海人也。起兵鄉里，鈔擊徐、兗界，衆有六七萬。更始立，遣使降，拜子都徐州牧。爲其部曲所殺，餘黨復相聚，與諸賊會於檀鄉，〔一〕因號爲檀鄉。檀鄉渠帥董次仲始起茌平，〔二〕遂渡河入魏郡清河，與五校合，衆十餘萬。建武元年，世祖入洛陽，遣大司馬吳漢等擊檀鄉，明年春，大破降之。

〔一〕今兗州瑕丘縣東北有檀鄉。
〔二〕茌平，縣名，屬東郡，故城在今博州聊城縣東。茌音仕疑反。

是歲，更封光阿陵侯，〔一〕食邑萬户。五年，徵詣京師，奉朝請。其冬卒。子隗嗣。

〔一〕阿陵，縣名，屬涿郡也。

後阮況爲南陽太守，郭唐至河南尹，皆有能名。

隗字仲和，少好黄老，清静寡欲，所得奉秩，常以賑卹宗族，收養孤寡。顯宗聞之，擢奉朝請，遷羽林左監，〔一〕虎賁中郎將，又遷長水校尉。肅宗即位，雅相敬愛，數稱其行，以爲將作大匠。〔二〕將作大匠自建武以來常謁者兼之，至隗迺置真焉。建初五年，遷太僕，八年，

代竇固爲光禄勳，所歷皆有稱。章和元年，拜司空。

〔一〕續漢志曰：「羽林有左、右監一人，各六百石，主左、右羽林騎。」
〔二〕前書曰，將作少府，秦官也，景帝更名將作大匠，秩二千石。

隗義行内修，不求名譽，而以沈正見重於世。和帝即位，大將軍竇憲秉權，專作威福，内外朝臣莫不震懾。時憲擊匈奴，國用勞費，隗奏議徵憲還，前後十上。獨與司徒袁安同心畢力，持重處正，鯁言直議，無所回隱，〔一〕語在袁安傳。

〔一〕持重謂守正也。〔鯁言謂〕執議不移。回，邪也。隱，避也。

永元四年薨，子屯嗣。帝追思隗忠，擢屯爲步兵校尉，徙封西陽侯。〔一〕

〔一〕西陽，縣名，屬山陽郡也。

屯卒，子勝嗣。〔一〕勝卒，子世嗣，徙封北鄉侯。〔二〕

〔一〕東觀漢記(曰)「勝」字作「騰」。
〔二〕北鄉，縣名，屬齊郡。

李忠字仲都，東萊黄人也。〔一〕父爲高密都尉。〔二〕忠元始中以父任爲郎，署中數十人，而忠獨以好禮修整稱。王莽時爲新博屬長，〔三〕郡中咸敬信之。

〔一〕黄，今萊州縣也，故城在縣東南。
〔二〕臣賢案：東觀記、續漢書並云「中尉」。又郡國志高密，侯〔國〕。百官志皇子封，每國傅、相各一人，中尉一人，比二千石，職如郡都尉，主盜賊。高密非郡，爲「都」字者誤。
〔三〕王莽改信都國曰新博，都尉曰屬長也。

更始立，使使者行郡國，即拜忠都尉官。忠遂與任光同奉世祖，以爲右大將軍，封武固侯。時世祖自解所佩綬以帶忠，〔一〕因從攻下屬縣。至苦陘，〔二〕世祖會諸將，問所得財物，唯忠獨無所掠。世祖曰：「我欲特賜李忠，諸卿得無望乎？」即以所乘大驪馬及繡被衣物賜之。〔三〕

〔一〕東觀記曰：「上初至不脫衣帶，衣服垢薄，使忠解澣長襦，忠更作新袍袴（解）〔鮮〕支小單衣襪而上之。」
〔二〕苦陘，縣名，屬中山國，章帝改曰漢昌，自此已後，隨代改之，今定州唐昌縣是也。
〔三〕馬色黑而青曰驪。

進圍鉅鹿，未下，王郎遣將攻信都，信都大姓馬寵等開城內之，收太守宗廣及忠母妻，而令親屬招呼忠。時寵弟從忠爲校尉，忠即時召見，責數以背恩反城，因格殺之。諸將皆驚曰：「家屬在人手中，殺其弟，何猛也！」忠曰：「若縱賊不誅，則二心也。」世祖聞而美之，謂忠曰：「今吾兵已成矣，將軍可歸救老母妻子，宜自募吏民能得家屬者，賜錢千萬，來從我

取。」忠曰：「蒙明公大恩，思得効命，誠不敢內顧宗親。」世祖迺使任光將兵救信都，光兵於道散降王郎，無功而還。會更始遣將攻破信都，忠家屬得全。世祖因使忠還，行太守事，收郡中大姓附邯鄲者，誅殺數百人。及任光歸郡，忠迺還復爲都尉。建武二年，更封中水侯，〔一〕食邑三千戶。其年，徵拜五官中郎將，從平龐萌、董憲等。

〔一〕中水，縣，屬涿郡。前書音義曰：「此縣在兩河之間，故曰中水。」故城在今瀛州樂壽縣西北。

六年，遷丹陽太守。是時海內新定，南方海濱江淮，多擁兵據土。忠到郡，招懷降附，其不服者悉誅之，旬月皆平。忠以丹陽越俗不好學，嫁娶禮儀，衰於中國，乃爲起學校，習禮容，春秋鄉飲，〔一〕選用明經，郡中向慕之。墾田增多，三歲閒流民占著者五萬餘口。〔二〕十四年，三公奏課爲天下第一，遷豫章太守。病去官，〔三〕徵詣京師。十九年，卒。

〔一〕校亦學也。禮記曰：「鄉飲酒之義，主人拜迎賓於庠門之外，三揖而後至階，三讓而後升，所以致尊讓也。六十者坐，五十者立侍，以聽政役，所以明尊長也。合諸鄉射，教之鄉飲酒之禮，而孝悌之行立。」鄭玄注曰：「春秋以禮會民於州序也。」
〔二〕著音直略反。
〔三〕東觀記曰：「病溼痺，免。」

子威嗣。威卒，子純嗣，永平九年，坐母殺純叔父，國除。〔一〕永初七年，鄧太后復封純

琴亭侯。純卒，子廣嗣。

〔一〕東觀記曰：「永平二年，坐純母禮殺威弟季。」

萬脩字君游，扶風茂陵人也。更始時，爲信都令，與太守任光、都尉李忠共城守，迎世祖，拜爲偏將軍，封造義侯。及破邯鄲，拜右將軍，從平河北。建武二年，更封槐里侯。與揚化將軍堅鐔俱擊南陽，未剋而病，卒于軍。

子普嗣，徙封泫氏侯。〔一〕普卒，子親嗣，徙封扶柳侯。〔二〕親卒，無子，國除。永初七年，鄧太后紹封脩曾孫豐爲曲平亭侯。豐卒，子熾嗣。永建元年，熾卒，無子，國除。延熹二年，桓帝紹封脩玄孫恭爲門德亭侯。

〔一〕泫氏，縣名，屬上黨郡。西有泫谷水，故以爲名。今澤州高平縣也。泫音（工玄）〔胡涓〕反。

〔二〕扶柳，縣名，故城在今冀州信都縣西。

邳彤字偉君，信都人也。父吉，爲遼西太守。彤初爲王莽和成卒正。〔一〕世祖徇河北，

至下曲陽，彤舉城降，復以爲太守，留止數日。世祖北至薊，會王郎兵起，使其將徇地，所到縣莫不奉迎，唯和成、信都堅守不下。彤聞世祖從薊還，失軍，欲至信都，乃先使五官掾張萬、督郵尹綏，選精騎二千餘匹，緣路迎世祖軍。彤尋與世祖會信都。世祖雖得二郡之助，而兵衆未合，議者多言可因信都兵自送，西還長安。彤廷對曰：「議者之言皆非也。吏民歌吟思漢久矣，故更始舉尊號而天下響應，三輔清宮除道以迎之。一夫荷戟大呼，則千里之將無不捐城遁逃，虜伏請降。自上古以來，亦未有感物動民其如此者也。又卜者王郎，假名因埶，驅集烏合之衆，遂震燕、趙之地；況明公奮二郡之兵，揚響應之威，以攻則何城不克，以戰則何軍不服！今釋此而歸，豈徒空失河北，必更驚動三輔，墮損威重，非計之得者也。若明公無復征伐之意，則雖信都之兵猶難會也。何者？明公既西，則邯鄲城民不肯捐父母，背城主，而千里送公，其離散亡逃可必也。」世祖善其言而止。即日拜彤爲後大將軍，和成太守如故，使將兵居前。比至堂陽，堂陽已反屬王郎，彤使張萬、尹綏先曉譬吏民，世祖夜至，即開門出迎。引兵擊破白奢賊於中山。自此常從戰攻。

〔一〕東觀記曰：「王莽分鉅鹿爲和成郡，居下曲陽，以彤爲卒正也。」

信都復反爲王郎，郎所置信都王捕繫彤父弟及妻子，使爲手書呼彤曰：「降者封爵，不降族滅。」彤涕泣報曰：「事君者不得顧家。彤親屬所以至今得安於信都者，劉公之恩也。公方爭國事，彤不得復念私也。」會更始所遣將攻拔信都，郎兵敗走，彤家屬得免。

及拔邯鄲，封武義侯。建武元年，更封靈壽侯，〔一〕行大司空事。帝入洛陽，拜彤太常，月餘日轉少府，是年免。復爲左曹侍中，〔二〕常從征伐。六年，就國。

〔一〕靈壽，縣名，故城在今恆州靈壽縣西北。

〔二〕前書曰，侍中有左、右曹。入侍天子，故曰侍中。

彤卒，子湯嗣，九年，徙封樂陵侯。〔一〕十九年，湯卒，子某嗣；〔二〕無子，國除。元初元年，鄧太后紹封彤孫音爲平亭侯。音卒，子柴嗣。

〔一〕樂陵，縣名，屬平原郡，故城在今滄州樂陵縣東也。

〔二〕史闕名也。

初，張萬、尹綏與彤俱迎世祖，皆拜偏將軍，亦從征伐。萬封重平侯，綏封平臺侯。〔一〕

〔一〕重平，縣名，屬勃海郡，故城在今安德縣西北。臣賢案：「平臺」縣，屬常山郡，諸本多云「平臺」者，誤也。

論曰：凡言成事者，以功著易顯；謀幾初者，以理隱難昭。〔一〕斯固原情比迹，所宜推察者也。若乃議者欲因二郡之衆，建入關之策，委成業，臨不測，而世主未悟，謀夫景同，邳彤之廷對，其爲幾乎！語曰「一言可以興邦」，〔二〕斯近之矣。

〔一〕幾者，事之先見者也。

〔二〕論語（曰）魯定公謂孔子之言。

劉植字伯先，鉅鹿昌城人也。王郎起，植與弟喜、從兄歆〔一〕率宗族賓客，聚兵數千人據昌城。聞世祖從薊還，乃開門迎世祖，以植爲驍騎將軍，喜、歆偏將軍，皆爲列侯。時眞定王劉揚起兵以附王郎，衆十餘萬，世祖遣植說揚，揚乃降。世祖因留眞定，納郭后，后即揚之甥也，故以此結之。乃與揚及諸將置酒郭氏漆里舍，〔二〕揚擊筑爲歡，因得進兵拔邯鄲，從平河北。

〔一〕東觀記（曰）「喜」作「嘉」，字共仲；「歆」字細君也。

〔二〕漆（園）〔里〕即郭氏所居之里名也。

建武二年，更封植爲昌城侯。討密縣賊，戰歿。子向嗣。帝使喜代將植營，復爲驍騎將軍，封觀津侯。〔一〕喜卒，復以歆爲驍騎將軍，封浮陽侯。〔二〕喜、歆從征伐，皆傳國于後。向徙封東武陽侯，〔三〕卒，子述嗣，永平十五年，坐與楚王英謀反，國除。

〔一〕觀津，縣名，故城在今德州蓨縣西北。

〔二〕浮陽，縣名，屬勃海郡，在浮水之陽，今滄州淸池縣也。
〔三〕東武陽，縣，屬東郡，在武水之陽，故城在今魏州(華陽)〔莘縣〕南。

耿純字伯山，鉅鹿宋子人也。父艾，爲王莽濟平尹。〔一〕純學於長安，因除爲納言士。〔二〕

〔一〕莽改定陶國曰濟平也。
〔二〕王莽法古置納言之官，卽尙書也。每官皆置士，故曰納言士也。

王莽敗，更始立，使舞陰王李軼降諸郡國，純父艾降，還爲濟南太守。時李軼兄弟用事，專制方面，賓客游說者甚衆。純連求謁不得通，久之迺得見，因說軼曰：「大王以龍虎之姿，遭風雲之時，〔一〕奮迅拔起，期月之閒兄弟稱王，〔二〕而德信不聞於士民，功勞未施於百姓，寵祿暴興，此智者之所忌也。〔三〕兢兢自危，猶懼不終，而況沛然自足，可以成功者乎？」〔四〕軼奇之，且以其鉅鹿大姓，迺承制拜爲騎都尉，授以節，令安集趙、魏。

〔一〕遭，遇也。易曰：「雲從龍，風從虎。」
〔二〕拔猶卒也。拔音步末反。期音朞。
〔三〕前書陳嬰母謂嬰曰「暴得富貴者不祥也」，故云智者之所忌也。

〔四〕公羊傳曰：「力沛然若有餘。」何休注曰：「沛，有餘(優饒)貌。」

會世祖度河至邯鄲，純卽謁見，世祖深接之。純退，見官屬將兵法度不與它將同，遂求自結納，獻馬及縑帛數百匹。世祖北至中山，留純邯鄲。會王郎反，〔一〕世祖自薊東南馳，純與從昆弟訢、宿、植共率宗族賓客二千餘人，〔二〕老病者皆載木自隨，奉迎於育。〔三〕拜純爲前將軍，封耿鄉侯，〔四〕訢、宿、植皆偏將軍，使與純居前，降宋子，從攻下曲陽及中山。

〔一〕東觀記曰：「王郎舉尊號，欲收純，純持節與從吏夜逃出城，(柱)〔駐〕節道中，詔取行者車馬，得數十，馳歸宋子，與從兄訢、宿、植俱詣上所在盧奴，言王郎(所)反(之)狀。」
〔二〕續漢書曰「皆衣縑襜褕絳衣」也。
〔三〕左傳曰：「又如是而嫁，將就木焉。」木謂棺也，老病者恐死，故載以從軍。育，縣名，故城在冀州。
〔四〕酈元注水經曰，〔成〕郞水北有耿鄉，光武封耿純爲侯國，俗謂之宜安城。其故城在今恒州稾城縣西南也。

是時郡國多降邯鄲者，純恐宗家懷異心，迺使訢、宿歸燒其廬舍。世祖問純故，對曰：「竊見明公單車臨河北，非有府臧之蓄，重賞甘餌，可以聚人者也，〔一〕徒以恩德懷之，是故士衆樂附。今邯鄲自立，北州疑惑，純雖舉族歸命，老弱在行，猶恐宗人賓客半有不同心者，故燔燒屋室，絕其反顧之望。」世祖歎息。及至鄗，世祖止傳舍，鄗大姓蘇公反城開門內王郎將李惲。純先覺知，將兵逆與惲戰，大破斬之。從平邯鄲，又破銅馬。

〔一〕黃石公記曰：「芳餌之下必有懸魚，重賞之下必有死夫。」易曰：「何以聚人，曰財。」故純引之。

時赤眉、青犢、上江、大彤、鐵脛、五幡十餘萬衆並在射犬，世祖引兵將擊之。純軍在前，去衆營數里，賊忽夜攻純，雨射營中，〔一〕士多死傷。純勒部曲，堅守不動。選敢死二千人，俱持彊弩，各傅三矢，使銜枚閒行，〔二〕繞出賊後，齊聲呼譟，彊弩並發，賊衆驚走，追擊，遂破之。馳騎白世祖。世祖明旦與諸將俱至營，勞純曰：「昨夜困乎？」純曰：「賴明公威德，幸而獲全。」世祖曰：「大兵不可夜動，故不相救耳。軍營進退無常，卿宗族不可悉居軍中。」迺以純族人耿伋爲蒲吾長，〔三〕悉令將親屬居焉。

〔一〕矢下如雨也。
〔二〕傅，著也。
〔三〕蒲吾，縣名，屬常山郡，故城在今恒州靈壽縣南。

世祖卽位，封純高陽侯。擊劉永於濟陰，下定陶。初，純從攻王郎，墯馬折肩，時疾發，迺還詣懷宮。〔一〕帝問「卿兄弟誰可使者」，純舉從弟植，於是使植將純營，純猶以前將軍從。

〔一〕懷，河內縣名，有離宮焉。

時眞定王劉揚復造作讖記云：「赤九之後，癭揚爲主。」〔一〕揚病癭，欲以惑衆，與綿曼賊交通。〔二〕建武二年春，遣騎都尉陳副、游擊將軍鄧隆徵揚，揚閉城門，不內副等。乃復遣

純持節，行赦令於幽、冀，所過並使勞慰王侯。密勑純曰：「劉揚若見，因而收之。」純從吏士百餘騎與副、隆會元氏，俱至眞定，止傳舍。揚稱病不謁，以純眞定宗室之出，〔三〕遣使與純書，欲相見。純報曰：「奉使見王侯牧守，不得先詣，如欲面會，宜出傳舍。」時揚弟(林)〔臨〕邑侯讓及從兄細〔四〕各擁兵萬餘人，揚自恃衆強而純意安靜，卽從官屬詣之，兄弟並將輕兵在門外。揚入見純，純接以禮敬，因延請其兄弟，皆入，迺閉閤悉誅之，因勒兵而出。眞定震怖，無敢動者。帝憐揚、讓謀未發，並封其子，復故國。

〔一〕漢以火德，故云赤也。光武於高祖九代孫，故云九。
〔二〕綿曼，縣名，屬眞定國，故城在今恒州石邑縣西北，俗音訛，謂之「人文」故城也。
〔三〕男子謂姊妹之子爲出也。
〔四〕東觀記、續漢書「細」並作「紺」。

純還京師，因自請曰：「臣本吏家子孫，幸遭大漢復興，聖帝受命，備位列將，爵爲通侯。天下略定，臣無所用志，願試治一郡，盡力自效。」帝笑曰：「卿既治武，復欲修文邪？」迺拜純爲東郡太守。時東郡未平，純視事數月，盜賊淸寧。四年，詔純將兵擊更始東平太守范荆，荆降。進擊太山濟南及平原賊，皆平之。居東郡四歲，時發干長有罪，純案奏，圍守之，奏未下，長自殺。純坐免，以列侯奉朝請。從擊董憲，道過東郡，百姓老小數千隨車駕涕

泣，云「願復得耿君」。帝謂公卿曰：「純年少被甲冑爲軍吏耳，治郡迺能見思若是乎？」

六年，定封爲東光侯。〔一〕純辭就國，帝曰：「文帝謂周勃『丞相吾所重，君爲我率諸侯就國』，今亦然也。」純受詔而去。至鄴，賜穀萬斛。到國，弔死問病，民愛敬之。八年，東郡、濟陰盜賊羣起，遣大司空李通、橫野大將軍王常擊之。帝以純威信著於衞地，〔二〕遣使拜太中大夫，使與大兵會東郡。東郡聞純入界，盜賊九千餘人皆詣純降，大兵不戰而還。璽書復以爲東郡太守，吏民悅服。十三年，卒官，謚曰成侯。子阜嗣。

〔一〕東光，今滄州縣也。續漢書曰：「六年，上令諸侯就國，純上書自陳，前在東郡案誅涿郡太守朱英親屬，今國屬涿，誠不自安。制書報曰：『侯前奉公行法，朱英久吏，曉知義理，何時當以公事相是非！然受堯舜之罰者不能愛己也，已更擇國土，令侯無介然之憂。』乃更封純爲東光侯也。」

〔二〕東郡舊衞地也。

植後爲輔威將軍，封武邑侯。〔一〕宿至代郡太守，封遂鄉侯。訢爲赤眉將軍，封著武侯，從鄧禹西征，戰死雲陽。凡宗族封列侯者四人，關內侯者三人，爲二千石者九人。

〔一〕武邑，縣名，屬信都，今冀州縣也。

阜徙封莒鄉侯，永平十四年，坐同族耿歙與楚人顏忠辭語相連，國除。建初二年，肅宗追思純功，紹封阜子盱爲高亭侯。盱卒，無嗣，帝復封盱弟騰。〔一〕卒，子忠嗣。忠卒，孫緒嗣。

〔一〕續漢書云「封騰高亭侯」也。

贊曰：任、邳識幾，嚴城解扉。〔一〕委佗還旅，二守焉依。〔二〕純、植義發，奉兵佐威。

〔一〕解猶開也。

〔二〕委音於危反。佗音移，行貌也。旅，衆也。還旅謂自薊而還也。二守謂任光爲信都太守，邳彤爲和成太守也。左傳曰：「平王東遷，晉、鄭焉依。」言光武失軍而南還，依任、邳以成功。

校勘記

七五三頁一行　力子都　汲本「力」作「刁」。校補謂應作「刁」，刁字本卽刀字，故易與力混。今按：前書莽傳作「力」。

七五三頁二行　拜光爲左大將軍　按：集解引惠棟說，謂水經注云左將軍，無「大」字。

七五三頁一四行　拜會東萊郡太守　刊誤謂他處復字郡名皆不言「郡太守」，明此衍「郡」字。今按：何焯校本滅「萊」字，謂上云寇掠河濟閒，則「萊」字當衍，注亦誤。

七五四頁七行　〔鯁言謂〕執議不移　據校補補。

七五四頁一二行　東觀漢記(日)　按：「日」字明衍，今刪。

七五四頁一三行　李忠字仲都　按：集解引惠棟說，謂袁紀「都」作「卿」。

七五五頁二行　高密侯〔國〕　按：刊誤謂「侯」當作「國」。校補謂高密前漢爲王國，後漢爲侯國，注所引乃續志，作「侯」明不誤，特奪「國」字耳。今據補。

七五五頁五行　以爲右大將軍　按：集解引惠棟說，謂東觀記無「大」字。

七五五頁六行　時世祖自解所佩綬以帶忠　按：沈欽韓謂北堂書鈔引東觀記曰「時無綬，上自解所佩綬以賜仲都」，疑此脫「無綬」二字。

七五五頁九行　解辮長襦　按：「辮」原譌「瀚」，逕改正。

七五五頁九行　(解)〔鮮〕支　集解引沈欽韓說，謂當作「鮮支」，廣雅「鮮支，絹也」。今據改。

七五七頁九行　泫音(工玄)〔胡涓〕反　據汲本、殿本改。按：原作「工玄反」，疑是「五玄反」之誤。

七五七頁一二行　邳彤　按：校補謂蜀志譙周傳作「邳彤」。

七五七頁一二行　彤初爲王莽和成卒正　按：集解引惠棟說，謂本紀作「和戎」，胡三省、王應麟本皆作「戎」，惟水經注作「和城」。

七五八頁一行　所到縣莫不奉迎　按：李慈銘謂「所到」下脫一「郡」字。

七五八頁六行　亦未有感物動民其如此者也　按：王先謙謂「其」字當衍。

七六〇頁二行　論語(日)魯定公謂孔子之言　據汲本、殿本刪。

七六〇頁八行　東觀記(日)　按：「日」字衍，今刪。

七六〇頁九行　漆(圜)〔里〕卽郭氏所居之里名也　據刊誤改。

七六一頁二行　故城在今魏州(莘陽)〔莘縣〕南　集解引沈欽韓說，謂注「華陽」誤，隋志莘縣後周置武陽郡，「莘」與「華」相似，又衍「陽」字。今據改。

七六二頁一行　沛有餘(優饒)貌　據今本公羊傳何注刪。

七六二頁四行　奉迎於育　通鑑胡注謂賢曰「育，縣名」，余考兩漢志無育縣，蓋「貰」字之誤。今按：前志鉅鹿郡有貰縣。

七六二頁六行　(柱)〔駐〕節道中　據汲本、殿本改，與聚珍本東觀記合。

七六二頁七行　言王郎(所)反(之)狀　據王先謙說刪。

七六三頁一〇行　〔成〕郎水北有耿鄉　據集解引沈欽韓說補。

七六三頁一四行　鄗大姓蘇公反城開門內王郎將李惲　按：李慈銘謂城開二字疑誤倒，當作「開城門」。

七六四頁三行　宜出傳舍　按：袁宏紀作「宜自強來」。

七六四頁三行　(林)〔臨〕邑侯讓　王先謙謂「林」當從帝紀作「臨」。今據改。

七六四頁八行　謂之人文故城也　集解引錢大昕說，謂古音文如岷，與曼聲相近。今按：「人」本作「民」，章懷避唐諱改之。古音文如岷，「民文」與「綿曼」聲相近也。

後漢書卷二十二

朱景王杜馬劉傳堅馬列傳第十二

朱祐字仲先，南陽宛人也。[一]少孤，歸外家復陽劉氏，[二]往來舂陵，世祖與伯升皆親愛之。伯升拜大司徒，以祐爲護軍。[三]及世祖爲大司馬，討河北，復以祐爲護軍，常見親幸，舍止於中。祐侍讌，從容曰：「長安政亂，公有日角之相，此天命也。」[四]世祖曰：「召刺姦收護軍！」[五]祐乃不敢復言。從征河北，常力戰陷陣，[六]以爲偏將軍，封安陽侯。世祖卽位，拜爲建義大將軍。建武二年，更封堵陽侯。[七]冬，與諸將擊鄧奉於淯陽，祐軍敗，爲奉所獲。明年，奉破，乃肉袒因祐降。帝復祐位而厚加慰賜。遣擊新野、隨，皆平之。[八]

[一]東觀記(曰)「祐」作「福」，避安帝諱。

[二]復陽，縣名，屬南陽郡。

[三]前書曰，護軍都尉，秦官，平帝元始元年更名護軍也。

[四]日角，解在光武紀也。

[五]王莽置左右刺姦，使督姦猾。

[六]續漢書曰：「祐至南蠻，爲賊所傷，上親候視之。」

[七]堵陽，縣名，屬南陽郡，故城今唐州方城縣。堵音者。

[八]隨，縣名，屬南陽郡也，故城今隨州隨縣。

延岑自敗於穰，遂與秦豐將張成合，祐率征虜將軍祭遵與戰於東陽，大破之，[一]臨陣斬成，延岑敗走歸豐。祐收得印綬九十七。[二]進擊黃郵，降之，賜祐黃金三十斤。四年，率破姦將軍侯進、輔威將軍耿植代征南大將軍岑彭圍秦豐於黎丘，破其將張康於蔡陽，斬之。帝自至黎丘，使御史中丞李由持璽書招豐，豐出惡言，不肯降。車駕引還，勑祐方略，祐盡力攻之。明年夏，城中窮困，豐乃將其母妻子九人肉袒降。祐轞車傳豐送洛陽，斬之。大司馬吳漢劾奏祐廢詔受降，違將帥之任，帝不加罪。祐還，與騎都尉臧宮會擊延岑餘黨陰、酇、筑陽三縣賊，悉平之。

[一]東陽，聚名，在南陽。

[二]東觀記曰：「收得所盜茂陵武帝廟衣、印、綬。」

祐爲人質直，尙儒學。將兵率衆，多受降，以克定城邑爲本，不存首級之功。又禁制士卒不得虜掠百姓，軍人樂放縱，多以此怨之。九年，屯南行唐拒匈奴。[一]十三年，增邑，定封鬲侯，[二]食邑七千三百戶。[三]

[一]行唐，今恒州縣也。

[二]鬲，縣名，屬平原郡。

[三]東觀記曰：「祐自陳功薄而國大，願受南陽五百戶足矣。上不許。」

十五年，朝京師，上大將軍印綬，因留奉朝請。祐奏古者人臣受封，不加王爵，可改諸王爲公。帝卽施行。又奏宜令三公並去「大」名，以法經典。後遂從其議。

祐初學長安，帝往候之，祐不時相勞苦，而先升講舍。後車駕幸其第，帝因笑曰：「主人得無捨我講乎？」以有舊恩，數蒙賞賚。[一]二十四年，卒。

[一]東觀記曰：「上在長安時，嘗與祐共買蜜合藥。上追念之，賜祐白蜜一石，問：『何如在長安時共買蜜乎？』其親厚如此。」

子商嗣。商卒，子演嗣，永元十四年，坐從兄伯爲外孫陰皇后巫蠱事，免爲庶人。[一]永初七年，鄧太后紹封演子沖爲鬲侯。

[一]和帝陰后，吳房侯陰綱女也，爲巫蠱事廢。

景丹字孫卿，馮翊櫟陽人也。少學長安。王莽時舉四科，[一]丹以言語爲固德侯相，有幹事稱，遷朔調連率副貳。[二]

[一]東觀記曰：「王莽時舉有德行、能言語、通政事、明文學之士。」

[二]朔調，上谷也。副貳，屬令也。

更始立，遣使者徇上谷，丹與連率耿況降，復爲上谷長史。王郎起，丹與況共謀拒之。況使丹與子弇及寇恂等將兵南歸世祖，世祖引見丹等，笑曰：「邯鄲將帥數言我發漁陽、上谷兵，吾聊應言然，[一]何意二郡良爲吾來！[二]方與士大夫共此功名耳。」拜丹爲偏將軍，號奉義侯。從擊王郎將兒宏等於南䜌，[三]郎兵迎戰，漢軍退卻，[四]丹等縱突騎擊，大破之，追奔十餘里，死傷者從橫。丹還，世祖謂曰：「吾聞突騎天下精兵，今乃見其戰，樂可言邪？」遂從征河北。

[一]王郎將帥數云欲發二郡兵以拒光武，時光武聊應然之，猶今兩軍遙相戲弄也。

[二]東觀記曰：「上在廣阿，聞外有大兵(自)來，(上自)登城，勒兵在西門樓。上問：『何等兵？』丹等對言：『上谷、漁陽兵。』上曰：『爲誰來乎？』對曰：『爲劉公。』即請丹入，人人勞勉，恩意甚備。」

[三]兒音五兮反。

[四]續漢書曰「南䜌賊迎擊上營，得上鼓車輜重數乘」也。

世祖卽位，以讖文用平狄將軍孫咸行大司馬，衆咸不悅。詔舉可爲大司馬者，〔一〕羣臣所推唯吳漢及丹。帝曰：「景將軍北州大將，是其人也。然吳將軍有建大策之勳，〔二〕又誅苗幽州、謝尚書，其功大。〔三〕舊制驃騎將軍官與大司馬相兼也。」〔四〕乃以吳漢爲大司馬，而拜丹爲驃騎大將軍。

〔一〕東觀記（日）載讖文曰「孫咸征狄」也。
〔二〕謂發漁陽兵也。
〔三〕苗曾，謝躬。
〔四〕前書武帝置大司馬，號大將軍、驃騎將軍也。

建武二年，定封丹櫟陽侯。帝謂丹曰：「今關東故王國，雖數縣，不過櫟陽萬戶邑。夫『富貴不歸故鄉，如衣繡夜行』，故以封卿耳。」〔一〕丹頓首識。秋，與吳漢、建威大將軍耿弇、建義大將軍朱祐、執金吾賈復、偏將軍馮異、强弩將軍陳俊、左曹王常、騎都尉臧宮等從擊破五校於羛陽，〔二〕降其衆五萬人。會陝賊蘇況攻破弘農，生獲郡守。丹時病，〔三〕帝以其舊將，欲令强起領郡事，乃夜召入，謂曰：「賊迫近京師，但得將軍威重，臥以鎭之足矣。」丹不敢辭，乃力疾拜命，將營到郡，〔四〕十餘日薨。

〔一〕前書武帝謂朱買臣之詞。

〔二〕聚名也，解見光武紀。
〔三〕東觀記曰：「丹從上至懷，病瘧，見上在前，瘧發寒慄。上笑曰：『聞壯士不病瘧，今漢大將軍反病瘧邪？』使小黃門扶起，賜醫藥。還歸洛陽，病遂加。」
〔四〕續漢書曰「將營兵西到弘農」也。

子尙嗣，徙封余吾侯。〔一〕尙卒，子苞嗣。苞卒，子臨嗣，無子，國絕。永初七年，鄧太后紹封苞弟遽爲監亭侯。

〔一〕余吾，縣名，屬上黨，故城在今潞州屯留縣西北。

王梁字君嚴，漁陽（安）〔要〕陽人也。爲郡吏，太守彭寵以梁守狐奴令，與蓋延、吳漢俱將兵南及世祖於廣阿，拜偏將軍。旣拔邯鄲，賜爵關內侯。從平河北，拜野王令，與河內太守寇恂南拒洛陽，北守天井關，朱鮪等不敢出兵，世祖以爲梁功。及卽位，議選大司空，而赤伏符曰「王梁主衞作玄武」，〔一〕帝以野王衞之所徙，〔二〕玄武水神之名，司空水土之官也，於是擢拜梁爲大司空，封武强侯。

〔一〕玄武，北方之神，龜蛇合體。
〔二〕史記曰，衞元君自濮陽徙於野王。

建武二年，與大司馬吳漢等俱擊檀鄉，有詔軍事一屬大司馬，而梁輒發野王兵，帝以其不奉詔勑，令止在所縣，而梁復以便宜進軍。帝以梁前後違命，大怒，遣尙書宗廣持節軍中斬梁。廣不忍，乃檻車送京師。旣至，赦之。月餘，以爲中郎將，行執金吾事。北守箕關，擊赤眉別校，降之。三年春，轉擊五校，追至信都、趙國，破之，悉平諸屯聚。冬，遣使者持節拜梁前將軍。四年春，擊肥城、文陽，拔之。〔一〕進與驃騎大將軍杜茂擊佼彊、蘇茂於楚、沛閒，拔大梁、齧桑，〔二〕而捕虜將軍馬武、偏將軍王霸亦分道並進，歲餘悉平之。五年，從救桃城，破龐萌等，梁戰尤力，拜山陽太守，鎭撫新附，將兵如故。

〔一〕肥城，縣名，屬太山郡，故城在今濟州平陰縣東南。文晉汶，故城在今兗州泗水縣西。
〔二〕前書音義曰齧桑，縣名。或曰城名。史記張儀與齊、楚會戰齧桑。

數月徵入，代歐陽歙爲河南尹。梁穿渠引穀水注洛陽城下，東寫鞏川，及渠成而水不流。七年，有司劾奏之，梁慙懼，上書乞骸骨。乃下詔曰：「梁前將兵征伐，衆人稱賢，故擢典京師。建議開渠，爲人興利，旅力旣愆，迄無成功，〔一〕百姓怨讟，談者讙譁。〔二〕雖蒙寬宥，猶執謙退，『君子成人之美』，〔三〕其以梁爲濟南太守。」十三年，增邑，定封（封）阜成侯。〔四〕十四年，卒官。

〔一〕旅，衆也。愆，過也。言衆力已過，而功不成。

〔二〕讟，謗。
〔三〕論語載孔子之言也。
〔四〕阜成屬渤海，今冀州縣。

子禹嗣。禹卒，子堅石嗣。堅石追坐父禹及弟平與楚王英謀反，弃市，國除。

杜茂字諸公，南陽冠軍人也。初歸光武於河北，爲中堅將軍，常從征伐。世祖卽位，拜大將軍，封樂鄉侯。〔一〕北擊五校於眞定，進降廣平。建武二年，更封苦陘侯。與中郎將王梁擊五校賊於魏郡、淸河、東郡，悉平諸營保，降其持節大將三十餘人，〔二〕三郡淸靜，道路流通。明年，遣使持節拜茂爲驃騎大將軍，擊沛郡，拔芒。〔三〕時西防復反，迎佼彊。五年春，茂率捕虜將軍馬武進攻西防，數月拔之，彊奔董憲。

〔一〕樂鄉屬信都國。
〔二〕續漢書曰：「降其渠帥大將軍杜猛、持節光祿大夫董敎等。」
〔三〕芒，縣名也。郡國志曰後名臨睢，屬沛國。

東方旣平，七年，詔茂引兵北屯田晉陽、廣武，以備胡寇。〔一〕九年，與鴈門太守郭涼擊盧芳將尹由於繁畤，〔二〕芳將賈覽率胡騎萬餘救之，茂戰，軍敗，引入樓煩城。〔三〕時盧芳據高柳，與匈奴連兵，數寇邊民，帝患之。十二年，遣謁者段忠將衆郡弛刑配茂，鎭守北邊，因發邊卒築亭候，修烽火，又發委輸金帛繒絮供給軍士，并賜邊民，冠蓋相望。茂亦建屯田，驢車轉運。先是，鴈門人賈丹、霍匡、解勝等爲尹由所略，由以爲將帥，與共守平城。丹等聞芳敗，遂共殺由詣郭涼；涼上狀，皆封爲列侯，詔送委輸金帛賜茂、涼軍吏及平城降民。自是盧芳城邑稍稍來降，涼誅其豪右郇氏之屬，鎭撫羸弱，旬月閒鴈門且平，芳遂亡入匈奴。帝擢涼子爲中郎，宿衞左右。

〔一〕廣武，縣名，屬太原郡。
〔二〕繁畤，縣名，今代州縣也。
〔三〕樓煩，縣名，屬鴈門郡，故城在今代州崞縣東北。崞音郭。

涼字公文，右北平人也。身長八尺，氣力壯猛，雖武將，然通經書，多智略，尤曉邊事，有名北方。初，幽州牧朱浮辟爲兵曹掾，擊彭寵有功，封廣武侯。

十三年，增茂邑，更封脩侯。〔一〕十五年，坐斷兵馬稟縑，〔二〕使軍吏殺人，免官，削戶邑，定封參蘧鄉侯。十九年，卒。

〔一〕脩，縣名，屬信都國也。

〔二〕斷猶割截也。

子元嗣，永平十四年，坐與東平王等謀反，減死一等，國除。永初七年，鄧太后紹封茂孫奉爲安樂亭侯。

馬成字君遷，南陽棘陽人也。少爲縣吏。世祖徇潁川，以成爲安集掾，調守郟令。〔一〕及世祖討河北，成卽弃官步負，追及於(滿)〔蒲〕陽，以成爲期門，從征伐。世祖卽位，再遷護軍都尉。

〔一〕郟，縣名，今汝州縣也。

建武四年，拜揚武將軍，督誅虜將軍劉隆、振威將軍宋登、射聲校尉王賞，發會稽、丹陽、九江、六安四郡兵擊李憲，時帝幸壽春，設壇場，祖禮遣之。〔一〕進圍憲於舒，令諸軍各深溝高壘。憲數挑戰，成堅壁不出，守之歲餘，至六年春，城中食盡，乃攻之，遂屠舒，斬李憲，追擊其黨與，盡平江淮地。

〔一〕應劭風俗通曰：「謹案禮傳，共工氏之子曰修，好遠游，舟車所至，足跡所達，靡不窮覽，故祀以爲祖神。祖，徂也。」

七年夏，封平舒侯。〔一〕八年，從征破隗囂，以成爲天水太守，將軍如故。冬，徵還京師。九年，代來歙守中郎將，率武威將軍劉尙等破河池，遂平武都。〔二〕明年，大司空李通罷，以成行大司空事，居府如眞，數月復拜揚武將軍。

〔一〕平舒屬代郡。
〔二〕河池，縣，一名仇池，屬武都郡，今鳳州縣也。

十四年，屯常山、中山以備北邊，并領建義大將軍朱祐營。又代驃騎大將軍杜茂繕治障塞，自西河至渭橋，〔一〕河上至安邑，〔二〕太原至井陘，〔三〕中山至鄴，皆築保壁，起烽燧，十里一候。在事五六年，帝以成勤勞，徵還京師。邊人多上書求請者，復遣成還屯。及南單于保塞，北方無事，拜爲中山太守，上將軍印綬，領屯兵如故。二十四年，南擊武谿蠻賊，無功，〔四〕上太守印綬。

〔一〕西河，今勝州富昌縣也。渭橋本名橫橋，在今咸陽縣東南。
〔二〕前書曰，河上，地名，故秦內史，高帝二年改爲河上郡，武帝分爲左馮翊。
〔三〕太原，今并州也。井陘，(今)屬常山郡，(常山)今恒州縣也。
〔四〕武溪水在今辰州瀘溪縣西。

二十七年，定封全椒侯，〔一〕就國。三十二年卒。

〔一〕全椒，縣名，今滁州縣也。

子衞嗣。衞卒，子香嗣，徙封棘陵侯。香卒，子豐嗣。豐卒，子玄嗣。玄卒，子邑嗣。邑卒，子醜嗣，桓帝時以罪失國。延熹二年，帝復封成玄孫昌爲益陽亭侯。

劉隆字元伯，南陽安衆侯宗室也。王莽居攝中，隆父禮與安衆侯崇起兵誅莽，事泄，隆以年未七歲，故得免。及壯，學於長安，更始拜爲騎都尉。謁歸，〔一〕迎妻子置洛陽。聞世祖在河內，卽追及於射犬，以爲騎都尉，與馮異共拒朱鮪、李軼等，軼遂殺隆妻子。建武二年，封亢父侯。〔二〕四年，拜誅虜將軍，討李憲。憲平，遣隆屯田武當。〔三〕

〔一〕謁，請也，謂請假歸也。
〔二〕亢父，縣名，屬東平國，故城在今兗州任城縣南。
〔三〕武當，今均州縣也。

十一年，守南郡太守，歲餘，上將軍印綬。十三年，增邑，更封竟陵侯。是時，天下墾田多不以實，又戶口年紀互有增減。十五年，詔下州郡檢覈其事，而刺史太守多不平均，或優饒豪右，侵刻羸弱，百姓嗟怨，遮道號呼。時諸郡各遣使奏事，帝見陳留吏牘上有書，視之，云

「潁川、弘農可問，河南、南陽不可問」。帝詰吏由趣，吏不肯服，抵言於長壽街上得之。〔一〕帝怒。時顯宗爲東海公，年十二，在幄後言曰：「吏受郡勑，當欲以墾田相方耳。」帝曰：「卽如此，何故言河南、南陽不可問？」對曰：「河南帝城，多近臣，南陽帝鄉，多近親，田宅踰制，不可爲準。」帝令虎賁將詰問吏，吏乃實首服，如顯宗對。於是遣謁者考實，具知姦狀。明年，隆坐徵下獄，其疇輩十餘人皆死。帝以隆功臣，特免爲庶人。

〔一〕抵，拒也。

明年，復封爲扶樂鄉侯，以中郎將副伏波將軍馬援擊交阯蠻夷徵側等，隆別於禁谿口破之，〔一〕獲其帥徵貳，〔二〕斬首千餘級，降者二萬餘人。還，更封大國，爲長平侯。〔三〕及大司馬吳漢薨，隆爲驃騎將軍，行大司馬事。

〔一〕交阯郡麊泠縣有金溪穴，相傳音訛，謂之「禁溪」，則徵側等所敗處也。其地今峯州新昌縣也。麊音麋，泠音零。

〔二〕徵側之妹。

〔三〕長平，縣，屬汝南郡。

隆奉法自守，視事八歲，上將軍印綬，罷，賜養牛，上樽酒十斛，〔一〕以列侯奉朝請。三十年，定封愼侯。〔二〕中元二年，卒，謚曰靖侯。子安嗣。

〔一〕前書音義曰：「稻米一斗得酒一斗爲上樽，稷米一斗爲中樽，粟米一斗爲下樽也。」

〔二〕愼，縣名，屬汝南郡也。

傅俊字子衞，潁川襄城人也。世祖徇襄城，俊以縣亭長迎軍，拜爲校尉，襄城收其母弟宗族，皆滅之。從破王尋等，〔一〕以爲偏將軍。別擊京、密，破之，遣歸潁川，收葬家屬。

〔一〕東觀記曰：「傅俊從上迎擊王尋等於陽關，漢兵反走，還汝水上，上以手飲水，澡盥鬚眉塵垢，謂俊曰：『今日罷倦甚，諸卿寧憊邪？』」

及世祖討河北，俊與賓客十餘人北追，及於邯鄲，上謁，世祖使將潁川兵，常從征伐。世祖卽位，以俊爲侍中。建武二年，封昆陽侯。三年，拜俊積弩將軍，與征南大將軍岑彭擊破秦豐，因將兵徇江東，揚州悉定。七年，卒，謚曰威侯。

子昌嗣，徙封蕪湖侯。〔一〕建初中，遭母憂，因上書，以國貧不願之封，乞錢五十萬，爲關內侯。肅宗怒，貶爲關內侯，竟不賜錢。永初七年，鄧太后復封昌子鐵爲高置亭侯。

〔一〕蕪湖，縣名，屬丹陽郡。

堅鐔字子伋，〔一〕潁川襄城人也。爲郡縣吏。世祖討河北，或薦鐔者，因得召見。以其吏能，署主簿。又拜偏將軍，從平河北，別擊破大槍於盧奴。世祖卽位，拜鐔揚化將軍，封㶏強侯。〔二〕

〔一〕東觀記「伋」作「皮」。

〔二〕㶏強，縣名，屬汝南郡。㶏音於靳反。

與諸將攻洛陽，而朱鮪別將守東城者爲反閒，私約鐔晨開上東門。〔一〕鐔與建義大將軍朱祐乘朝而入，與鮪大戰武庫下，〔二〕殺傷甚衆，至旦食乃罷，朱鮪由是遂降。又別擊內黃，平之。建武二年，與右將軍萬脩徇南陽諸縣，而堵鄉人董訢反宛城，獲南陽太守劉驎。鐔乃引軍赴宛，選敢死士夜自登城，斬關而入，訢遂棄城走還堵鄉。鄧奉復反新野，攻破吳漢。時萬脩病卒，鐔獨孤絕，南拒鄧奉，北當董訢，一年閒道路隔塞，糧饋不至，鐔食蔬菜，與士卒共勞苦。每急，輒先當矢石，〔三〕身被三創，以此能全其衆。及帝征南陽，擊破訢、奉，以鐔爲左曹，常從征伐。六年，定封合肥侯。二十六年，卒。

〔一〕上東門，洛陽故城東面北頭第一門也。

〔二〕洛陽記曰：「建始殿東有太倉，倉東有武庫，藏兵之所。」

〔三〕石謂發石以投人也。墨子曰：「備城者積石百枚，重十鈞已上者。」

子鴻嗣。鴻卒，子浮嗣。浮卒，子雅嗣。

馬武字子張，南陽湖陽人也。少時避讎，客居江夏。王莽末，竟陵、西陽三老起兵於郡界，武往從之，後入綠林中，遂與漢軍合。更始立，以武爲侍郎，與世祖破王尋等，拜爲振威將軍，與尚書令謝躬共攻王郎。

及世祖拔邯鄲，請躬及武等置酒高會，因欲以圖躬，不剋。既罷，獨與武登叢臺，〔一〕從容謂武曰：「吾得漁陽、上谷突騎，欲令將軍將之，何如？」武曰：「駑怯無方略。」世祖曰：「將軍久將，習兵，豈與我掾史同哉！」武由是歸心。

〔一〕故趙王臺也，在今（路）〔洺〕州邯鄲城中。

及謝躬誅死，武馳至射犬降，世祖見之甚悅，引置左右，每勞饗諸將，武輒起斟酌於前，世祖以爲歡。復使將其部曲至鄴，武叩頭辭以不願，世祖愈美其意，因從擊羣賊。世祖擊尤來、五幡等，敗於愼水，武獨殿，還陷陣，故賊不得迫及。〔一〕進至安（定）次、小廣陽，〔二〕武常爲軍鋒，力戰無前，諸將皆引而隨之，故遂破賊，窮追至平谷、浚靡而還。〔三〕

〔一〕殿，鎭後也，音丁殿反。軍兵敗而鎭其後也。

〔二〕即廣平亭也，在今幽州范陽縣西南，以有廣陽國，故謂此亭爲小廣陽也。
〔三〕平谷，縣名，屬漁陽郡。浚靡，縣名，屬右北平郡。靡音糜。

世祖即位，以武爲侍中、騎都尉，封山都侯。建武四年，與虎牙將軍蓋延等討劉永，武別擊濟陰，下成武、楚丘，拜捕虜將軍。明年，龐萌反，攻桃城，武先與戰，破之；會車駕至，萌遂敗走。六年夏，與建威大將軍耿弇西擊隗囂，漢軍不利，引下隴。囂追急，武選精騎還爲後拒，身被甲持戟奔擊，殺數千人，囂兵乃退，諸軍得還長安。

十三年，增邑，更封鄃侯。〔一〕將兵北屯下曲陽，備匈奴。坐殺軍吏，受詔將妻子就國。武徑詣洛陽，上將軍印綬，削戶五百，定封爲楊虛侯，因留奉朝請。

〔一〕鄃，縣名，屬平原郡，故城在今德州平原縣西南。鄃音俞。

帝後與功臣諸侯讌語，從容言曰：「諸卿不遭際會，自度爵祿何所至乎？」高密侯鄧禹先對曰：「臣少嘗學問，可郡文學博士。」帝曰：「何言之謙乎？卿鄧氏子，志行脩整，何爲不掾功曹？」餘各以次對，至武，曰：「臣以武勇，可守尉督盜賊。」帝笑曰：「且勿爲盜賊，自致亭長，斯可矣。」武爲人嗜酒，闊達敢言，〔一〕時醉在御前面折同列，言其短長，無所避忌。帝雖制御功臣，而每能回容，宥其小失。〔二〕遠方貢珍甘，必先徧賜列侯，而太官無餘。有功，輒增邑賞，不任以吏職，故皆保其福祿，終無誅譴者。

〔一〕闊達，大度也。敢言謂果敢於言，無所隱也。
〔二〕回，曲也，曲法以容也。

二十五年，武以中郎將將兵擊武陵蠻夷，還，上印綬。顯宗初，西羌寇隴右，覆軍殺將，朝廷患之，復拜武捕虜將軍，以中郎將王豐副，與監軍使者竇固、右輔都尉陳訢，將烏桓、黎陽營、三輔募士、〔一〕涼州諸郡羌胡兵及弛刑，合四萬人擊之。到金城浩亹，與羌戰；〔二〕斬首六百級。又戰於洛都谷，爲羌所敗，〔三〕死者千餘人。羌乃率衆引出塞，武復追擊到東、西邯，大破之，〔四〕斬首四千六百級，獲生口千六百人，餘皆降散。武振旅還京師，增邑七百戶，并前千八百戶。永平四年，卒。

〔一〕光武置黎陽營，見鄧訓傳。
〔二〕浩亹，縣名，屬金城郡，故城在今蘭州廣武縣西南。浩音閤，亹音門。
〔三〕湟水一名洛都水，西自吐谷渾界入，在今鄯州湟水縣。
〔四〕酈元水經注曰邯川城左右有水，自北出，南經邯亭注于河。蓋以此水分流，謂之東、西邯也，在今廓州化（陰）〔隆〕縣東。

子檀嗣，坐兄伯濟與楚王英黨顏忠謀反，國除。永初七年，鄧太后紹封武孫震爲瀏亭侯。〔一〕震卒，子側嗣。

〔一〕瀏音胡巧反，又力彫反。

論曰：中興二十八將，前世以爲上應二十八宿，未之詳也。然咸能感會風雲，奮其智勇，〔一〕稱爲佐命，亦各志能之士也。〔二〕議者多非光武不以功臣任職，至使英姿茂績，委而勿用。然原夫深圖遠筭，固將有以焉爾。若乃王道既衰，降及霸德，〔三〕猶能授受惟庸，勳賢皆序，如管、隰之迭升桓世，先、趙之同列文朝，可謂兼通矣。〔四〕降自秦、漢，世資戰力，至於翼扶王運，皆武人屈起。〔五〕亦有鬻繒屠狗輕猾之徒，〔六〕或崇以連城之賞，或任以阿衡之地，〔七〕故埶疑則隙生，力侔則亂起。〔八〕蕭、樊且猶縲紲，信、越終見葅戮，不其然乎！〔九〕自茲以降，迄于孝武，宰輔五世，莫非公侯。〔10〕遂使縉紳道塞，賢能蔽壅，〔11〕朝有世及之私，下多抱關之怨。〔12〕其懷道無聞，委身草莽者，亦何可勝言。故光武鑒前事之違，存矯枉之志，〔13〕雖寇、鄧之高勳，耿、賈之鴻烈，分土不過大縣數四，所加特進、朝請而已。〔14〕觀其治平臨政，課職責咎，將所謂「導之以政，齊之以刑」者乎！〔15〕若格之功臣，其傷已甚。〔16〕何者？直繩則虧喪恩舊，橈情則違廢禁典，選德則功不必厚，舉勞則人或未賢，參任則羣心難塞，並列則其敝未遠。〔17〕不得不校其勝否，即以事相權。〔18〕故高秩厚禮，允荅元功，峻文深憲，責成吏職。建武之世，侯者百餘，若夫數公者，則與參國議，分均休咎，〔19〕其餘並優以寬科，完其封祿，莫不終以功名延慶于後。昔留侯以爲高祖悉用蕭、曹故人，〔20〕

而郭伋亦譏南陽多顯，〔21〕鄭興又戒功臣專任。〔22〕夫崇恩偏授，易啓私溺之失，至公均被，必廣招賢之路，意者不其然乎！

〔一〕風雲，已具聖公傳。
〔二〕易通卦驗曰：「黃佐命。」鄭玄注云：「黃者，火之子。佐命，張良是也。」已上皆華嶠之辭。
〔三〕王謂周也，霸謂齊桓、晉文公。
〔四〕史記曰，管仲、隰朋修齊國之政，齊人皆悅事之。管子曰：「管仲寢疾，桓公問之：『若不可諱，政將安移之？』對曰：『隰朋可。』」國語云，文公使趙衰爲卿，辭曰：「先軫有謀，臣不若也。」乃使先軫佐下軍。公曰：「趙衰〔三讓〕，其所讓皆社稷之衞也。」
〔五〕屈起猶勃起也。音其勿反。
〔六〕灌嬰，睢陽販繒者，樊噲，沛人，以屠狗爲事，皆從高祖。
〔七〕樊噲封爲舞陽侯；灌嬰爲丞相，封爲潁陰侯。阿，倚也。衡，平也。言天下依倚而取平也。
〔八〕埶位過，則君臣相疑。侔，等也。
〔九〕蕭何爲丞相，爲人請上林中空地，上大怒，乃下廷尉械繫之。燕王盧綰反，樊噲以相國擊燕，人有惡噲黨於呂氏，帝大怒，使陳平即軍中斬噲，平畏呂氏，執噲詣長安。韓信封爲淮陰侯，人上書告信反，呂后使武士縛信，斬之。彭越爲梁王，呂后令其舍人告越謀反，遂夷宗族。刑法志曰：「夷三族者梟其首，葅其骨肉。」彭越、韓信皆受此誅。
〔10〕自高祖至于孝武凡五代也，其中宰輔皆以公侯勳貴爲之。

〔一〕緹，赤色也。紳，帶也。或作「搢」，搢，插也，謂插笏於帶也。

〔二〕世及謂父子相繼也。禮記曰：「大人世及以為禮。」抱關謂守門者。前書曰，蕭望之署小苑東門候，王仲翁謂望之曰：「不肯碌碌，反抱關為？」

〔三〕矯，正也。違，失也。枉，曲也。孟子曰：「矯枉者過其正。」

〔四〕鄧禹為大司徒，封高密侯，食邑四縣。耿弇好畤侯，食邑二縣，奉朝請。賈復封膠東侯，凡食六縣，以列侯加特進。

〔五〕論語曰：「導之以政，齊之以刑，人免而無恥。」

〔六〕格，正也。若以上法繩正功臣，則於其〔人〕有害也。

〔七〕參任，謂兼勸賢而任之，則羣臣之心各有覬望，故難塞也。若遵高祖並用功臣，則其敝未遠。

〔八〕勝否猶可否。即，就也。權謂平其輕重。

〔九〕賈復傳曰「帝方以吏事責三公，故功臣遂不用。是時列侯唯高密、固始、膠東三侯與公卿參議國家大事，恩遇甚厚」也。

〔一〇〕前書曰，上望見諸將往往偶語，張良曰：「此謀反耳。陛下起布衣為天子，而所封皆蕭、曹故人耳，（故）相聚謀反也。」見高紀。

〔一一〕郭伋傳曰：「光武以伋為并州牧，帝引見，伋因言：『選補衆職，當簡天下賢俊，不宜專用南陽人也。』帝深納其言。」

〔一二〕鄭興傳曰：「興徵為太中大夫，上疏曰：『道路咸曰朝廷欲用功臣，功臣用則人位謬矣。』」

永平中，顯宗追感前世功臣，乃圖畫二十八將於南宮雲臺，其外又有王常、李通、竇融、卓茂，合三十二人。故依其本第係之篇末，以志功臣之次云爾。

太傅高密侯鄧禹　中山太守全椒侯馬成

大司馬廣平侯吳漢　河南尹阜成侯王梁

左將軍膠東侯賈復　琅邪太守祝阿侯陳俊

建威大將軍好畤侯耿弇　驃騎大將軍參蘧侯杜茂

執金吾雍奴侯寇恂　積弩將軍昆陽侯傅俊

征南大將軍舞陽侯岑彭　左曹合肥侯堅鐔

征西大將軍陽夏侯馮異　上谷太守淮（陽）〔陵〕侯王霸

建義大將軍鬲侯朱祐　信都太守阿陵侯任光

征虜將軍潁陽侯祭遵　豫章太守中水侯李忠

驃騎大將軍櫟陽侯景丹　右將軍槐里侯萬脩

虎牙大將軍安平侯蓋延　太常靈壽侯邳彤

衞尉安成侯銚期　驍騎將軍昌成侯劉植

東郡太守東光侯耿純　橫野大將軍山桑侯王常

城門校尉朗陵侯臧宮　大司空固始侯李通

捕虜將軍楊虛侯馬武　大司空安豐侯竇融

驃騎將軍慎侯劉隆　太傅宣德侯卓茂

贊曰：帝績思乂，庸功是存。〔一〕有來羣后，捷我戎軒。〔二〕婉孌龍姿，儷景同翻。〔三〕

〔一〕庸，勳也。言將興帝績，則念勳功之臣也。

〔二〕捷，勝也，謂寇、鄧之徒翼佐王烈，戎車所至，皆克捷也。

〔三〕婉孌猶親愛也。龍姿謂光武也。儷，齊也，偶也。言諸將齊景翻飛而舉大功也。

校勘記

七六九頁三行　朱祐　按：刊誤謂案注引東觀漢記安帝諱，則此人當名祜。集解引通鑑考異，謂當作「示」旁「古」之「祜」，不當作「示」旁「右」之「祐」。校補謂范書凡「祜」字皆實「祐」字，當由范氏別有所避耳，否則以宋人述漢事，不應並安帝名亦改之也。

七六九頁九行　東觀記（曰）祐作福　按：「曰」字衍，今刪。

七七一頁一行　坐從兄伯為外孫陰皇后巫蠱事免為庶人　按：李慈銘謂和帝陰皇后紀言后外祖母鄧朱及二子奉、毅，俱坐巫蠱事下獄考治，奉、毅皆死獄中，朱徙日南。鄧禹傳亦言禹之孫高密侯乾以陰皇后巫蠱事發，乾從兄奉以后舅被誅，乾從坐國除。是鄧朱者，朱氏女而嫁鄧氏者也，此「伯」字誤。

七七二頁一三行　聞外有大兵（自）來〔上自〕登城　據王先謙說改。

七七三頁五行　東觀記（曰）載識文曰孫咸征狄也　「曰」字據刊誤刪。按：集解引惠棟說，謂袁宏紀「孫咸」作「孫臧」。

七七四頁八行　漁陽（安）〔要〕陽人也　按：安陽屬五原，不屬漁陽，洪頤煊、沈欽韓皆謂是「要陽」之譌，今據改。

七七五頁二行　遣尚書宗廣持節軍中斬梁　按：李慈銘謂「節」下當脫一字。

七七五頁五行　文陽　按：郡國志「文」作「汶」。

七七五頁一二行　為人興利　按：王先謙謂「人」當作「民」，此避唐諱未回改者。

七七五頁一三行　定封（封）阜成侯　據汲本、殿本刪。

七七六頁七行　道路流通　按：通鑑「道」作「邊」，胡注云自洛陽至漁陽、上谷，路出三郡，三郡既平，則邊路流通矣。

七七六頁一三行　鴈門太守郭涼　按：校補謂「涼」應作「凉」，下同。

七七七頁一三行　更封脩侯　王先謙謂「脩」一作「條」，見皇后紀。按：校補謂脩條古通作。

七七八頁二行　坐與東平王等謀反　按：刊誤謂王平、顏忠是楚王同時謀反者，多連士大夫，故杜元坐之，傳寫之誤，遂作「東平王」，東平何嘗反也！又按：沈家本謂劉說是。事在永平十三年，「四」字亦誤。

七七八頁五行　追及於（滿）〔蒲〕陽　惠棟云「滿」當作「蒲」。今據改。按：光武紀作「蒲陽」，陳俊傳、鄧禹傳並譌「滿陽」。

七七九頁三行　以成行大司空事　按：集解引錢大昕說，謂光武紀馬成平武都，在建武十一年，其行大司空事，在十二年，與傳異。

七七九頁一三行　井陘（今）屬常山郡（常山）今恆州縣也　據校補改。

七八一頁一〇行　交阯郡麊冷縣有金溪穴　按：「金溪穴」當依水經葉楡水注作「金溪究」，詳後馬援傳校勘記。

七八一頁一〇行　其地今岑州新昌縣也　按：通鑑胡注謂按唐志，新昌縣屬豐州，「岑」字誤。

七八四頁四行　與尙書令謝躬共攻王郎　按：張熷謂光武紀作「尙書僕射」。

七八四頁八行　在今（洺）〔洺〕州邯鄲城中　據殿本考證改。

七八四頁一一行　敗於愼水　按：集解引錢大昕說，謂光武紀作「順水」，注云本或作「愼水」者誤。

七八四頁一二行　進至安（定）次小廣陽　據集解引陳景雲、錢大昕說刪。

七八五頁六行　殺數千人　按：刊誤謂「千」當作「十」。

七八六頁一三行　在今鄜州化（陰）〔隆〕縣東　據集解引沈欽韓說改。

七八八頁七行　趙衰〔三讓〕　沈欽韓謂按晉語，「趙衰」下合有「三讓」二字。今據補。

七八九頁一行　緹赤色也　按：蔡邕傳注作「赤白色也」。

七八九頁八行　則於其〔人〕有害也　據刊誤補。

七八九頁一三行　而所封皆蕭曹故人耳（故）相聚謀反也　據殿本補。按：殿本脫「耳」字，各本脫「故」字。

七九〇頁—七九一頁　按：雲臺二十八將排列次序，原作一行，故首鄧禹，次卽馬成，次吳漢，次王梁。汲本則作兩行排列，王先謙謂二十八將當以汲本次第爲正，今從之。又按：通鑑胡注：「雲臺功臣之次，以鄧禹、吳漢、賈復、耿弇、寇恂、岑彭、馮異、朱祜、祭遵、景丹、蓋延、銚期、耿純、臧宮、馬武、劉隆爲一列，馬成、王梁、陳俊、杜茂、傅俊、堅鐔、王霸、任光、李忠、萬脩、邳彤、劉植、王常、李通、竇融、卓茂爲一列。」後人誤認橫列爲縱次，將上下兩列，先奇後偶，硬相排比，列爲一行，遂失范書之舊，惟汲本不誤。

七九〇頁八行　征西大將軍陽夏侯馮異　按：「陽夏」原譌「夏陽」，逕據汲本、殿本乙正。

七九〇頁八行　上谷太守淮（陽）〔陵〕侯王霸　王先謙謂「淮陽」誤，本傳作「淮陵」。今據改。

後漢書卷二十三

竇融列傳第十三　弟子固　曾孫憲　玄孫章

竇融字周公，扶風平陵人也。七世祖廣國，孝文皇后之弟，封章武侯。〔一〕融高祖父，宣帝時以吏二千石自常山徙焉。融早孤。王莽居攝中，爲強弩將軍司馬，〔二〕東擊翟義，還攻槐里，〔三〕以軍功封建武男。〔四〕女弟爲大司空王邑小妻。家長安中，出入貴戚，連結閭里豪傑，以任俠爲名；然事母兄，養弱弟，內修行義。王莽末，青、徐賊起，太師王匡〔五〕請融爲助軍，與共東征。

〔一〕章武，縣，屬勃海郡，故城在今滄州魯（城）縣也。

〔二〕強弩將軍卽莽明義侯王俊。

〔三〕槐里趙明、霍鴻等起兵以應翟義，王邑等破義還，合軍擊明，鴻等滅之，融時隨其軍也。見前書。

〔四〕東觀記、續漢書並云「寧武男」。

〔五〕匡，王舜之子。

及漢兵起，融復從王邑敗於昆陽下，歸〔長安。漢兵〕長驅入關，王邑薦融，拜爲波水將軍，〔一〕賜黃金千斤，引兵至新豐。莽敗，融以軍降更始大司馬趙萌，萌以爲校尉，甚重之，薦融爲鉅鹿太守。

〔一〕前書音義曰：「波水在長安南。」

融見更始新立，東方尙擾，不欲出關，而高祖父嘗爲張掖太守，從祖父爲護羌校尉，從弟亦爲武威太守，累世在河西，知其土俗，獨謂兄弟曰：「天下安危未可知，河西殷富，帶河爲固，張掖屬國精兵萬騎，〔一〕一旦緩急，杜絕河津，足以自守，此遺種處也。」〔二〕兄弟皆然之。融於是日往守萌，〔三〕辭讓鉅鹿，圖出河西。〔四〕萌爲言更始，乃得爲張掖屬國都尉。融大喜，卽將家屬而西。既到，撫結雄傑，懷輯羌虜，〔五〕甚得其歡心，河西翕然歸之。

〔一〕漢邊郡皆置屬國。

〔二〕遺，留也，可以保全不畏絕滅。

〔三〕守猶求也。

〔四〕圖，謀也。

〔五〕輯，和也。

是時酒泉太守梁統、金城太守厙鈞、〔一〕張掖都尉史苞、〔二〕酒泉都尉竺曾、敦煌都尉辛彤，並州郡英俊，融皆與爲厚善。及更始敗，融與梁統等計議曰：「今天下擾亂，未知所歸。河西斗絕在羌胡中，〔三〕不同心勠力〔四〕則不能自守；權鈞力齊，復無以相率。當推一人爲大將軍，共全五郡，觀時變動。」議既定，而各謙讓，咸以融世任河西爲吏，人所敬向，乃推融行河西五郡大將軍事。是時武威太守馬期、張掖太守任仲並孤立無黨，乃共移書告示之，二人卽解印綬去。於是以梁統爲武威太守，史苞爲張掖太守，竺曾爲酒泉太守，辛彤爲敦煌太守，厙鈞爲金城太守。融居屬國，領都尉職如故，置從事監察五郡。河西民俗質樸，而融等政亦寬和，上下相親，晏然富殖。修兵馬，習戰射，明烽燧之警，羌胡犯塞，融輒自將與諸郡相救，皆如符要，〔五〕每輒破之。其後匈奴懲乂，〔六〕稀復侵寇，而保塞羌胡皆震服親附，安定、北地、上郡流人避凶飢者，歸之不絕。

〔一〕前書音義曰，厙姓，卽倉庫吏後也。今羌中有姓厙，音舍，云承鈞之後也。
〔二〕三輔決錄注：「苞字叔文，茂陵人也。」
〔三〕斗，峻絕也，前書曰：「成山斗入海。」
〔四〕勠，并也。
〔五〕赴敵不失期契也。
〔六〕懲，創也。說文云乂亦懲也。

融等遙聞光武卽位，而心欲東向，以河西隔遠，未能自通。時隗囂先稱建武年號，融等從受正朔，囂皆假其將軍印綬。囂外順人望，內懷異心，使辯士張玄游說河西曰：「更始事業已成，尋復亡滅，此一姓不再興之效。今卽有所主，便相係屬，一旦拘制，自令失柄，後有危殆，雖悔無及。今豪傑競逐，雌雄未決，〔一〕當各據其土宇，與隴、蜀合從，〔二〕高可爲六國，下不失尉佗。」〔三〕融等於是召豪傑及諸太守計議，其中智者皆曰：「漢承堯運，〔四〕歷數延長。今皇帝姓號見於圖書，〔五〕自前世博物道術之士谷子雲、夏賀良等，建明漢有再受命之符，言之久矣，〔六〕故劉子駿改易名字，冀應其占。〔七〕及莽末，道士西門君惠言劉秀當爲天子，遂謀立子駿。事覺被殺，出謂百姓觀者曰：『劉秀眞汝主也。』皆近事暴著，〔八〕智者所共見也。除言天命，且以人事論之：今稱帝者數人，而洛陽土地最廣，甲兵最彊，號令最明。觀符命而察人事，它姓殆未能當也。」諸郡太守各有賓客，或同或異。融小心精詳，遂決策東向。五年夏，遣長史劉鈞奉書獻馬。

〔一〕項羽謂高祖曰：「願與沛公決雌雄。」
〔二〕前書音義曰：「以利合爲從，以威執相脅曰橫。」
〔三〕佗姓趙，眞定人也。陳勝起，佗行南海尉，遂王有南越，故曰尉佗也。
〔四〕左傳曰，陶唐氏既衰，其後有劉累，學擾龍，事孔甲爲御龍氏，春秋時晉卿士會卽其後也。士會奔秦，後歸晉，共處者爲劉氏。戰國時，劉氏自秦獲於魏，魏遷大梁都於豐，號豐公，卽太上皇父也，故曰「漢承堯運」。
〔五〕謂河圖赤伏符曰「劉秀發兵捕不道」。
〔六〕前書成帝時谷永上書曰：「陛下當陽數之標季，涉三七之節紀。」哀帝時夏賀良言：「赤精子讖，漢家曆運中衰，當再受命矣。」
〔七〕劉歆以哀帝建平元年改名秀，字（穎）〔潁〕叔，冀應符命。
〔八〕暴，露也。著，見也。

先是，帝聞河西完富，地接隴、蜀，常欲招之以逼囂、述，亦發使遺融書，遇鈞於道，卽與俱還。帝見鈞歡甚，禮饗畢，乃遣令還，賜融璽書曰：「制詔行河西五郡大將軍事、屬國都尉：勞鎭守邊五郡，兵馬精彊，倉庫有蓄，民庶殷富，外則折挫羌胡，內則百姓蒙福。威德流聞，虛心相望，道路隔塞，邑邑何已！長史所奉書獻馬悉至，深知厚意。今益州有公孫子陽，天水有隗將軍，方蜀漢相攻，權在將軍，舉足左右，便有輕重。〔一〕以此言之，欲相厚豈有量哉！諸事具長史所見，將軍所知。王者迭興，千載一會。〔二〕欲遂立桓、文，輔微國，當勉卒功業；〔三〕欲三分鼎足，連衡合從，亦宜以時定。〔四〕天下未幷，吾與爾絕域，非相吞之國。今之議者，必有任囂效尉佗制七郡之計。〔五〕王者有分土，無分民，自適己事而已。今以黃金二百斤賜將軍，便宜輒言。」因授融爲涼州牧。

〔一〕猶蒯通曰「與楚卽楚勝，與漢卽漢捷」。
〔二〕言時難得而易失也。
〔三〕周室微弱，齊桓、晉文輔之以霸天下。
〔四〕蒯通說韓信曰：「三分天下，鼎足而立。」
〔五〕秦胡亥時，南海尉任囂病且死，召龍川令趙佗語曰：「番禺負山險阻，南北東西數千里，頗有中國人相輔，此亦一州之主，可爲國，故召公卽令行南（國）〔海〕尉事。」地理志曰蒼梧、鬱林、合浦、交阯、九眞、南海、日南，皆越之分也，此爲七郡也。效，致也，流俗本作「数」者誤也。

璽書既至，河西咸驚，以爲天子明見萬里之外，網羅張立〔一〕之情。融卽復遣鈞上書曰：「臣融竊伏自惟，幸得託先后末屬，蒙恩爲外戚，累世二千石。至臣之身，復備列位，假歷將帥，〔二〕守持一隅。以委質則易爲辭，以納忠則易爲力。書不足以深達至誠，故遣劉鈞口陳肝膽。自以底裏上露，長無纖介。〔三〕而璽書盛稱蜀、漢二主，三分鼎足之權，任囂、尉佗之謀，竊自痛傷。臣融雖無識，猶知利害之際，順逆之分。豈可背眞舊之主，事姦僞之人；廢忠貞之節，爲傾覆之事；弃已成之基，求無冀之利。此三者雖問狂夫，猶知去就，而臣獨何以用心！謹遣同產弟友詣闕，口陳區區。」友至高平，〔四〕會囂反叛，道絕，馳還，遣司馬席封閒行通書。〔五〕帝復遣席封賜融、友書，所以慰藉之甚備。〔六〕

〔一〕一作「玄」。

〔二〕假猶濫也。

〔三〕底裏皆露，言無臧隱。

〔四〕高平，今（涼）〔原〕州〔平高〕縣也。

〔五〕東觀記及續漢書「席」皆作「（虎）〔虒〕」字。

〔六〕尉藉，解見隗囂傳。

融既深知帝意，乃與隗囂書責讓之曰：「伏惟將軍國富政修，士兵懷附。親遇厄會之際，國家不利之時，〔一〕守節不回，〔二〕承事本朝，後遣伯春〔三〕委身於國，無疑之誠，於斯有效。融等所以欣服高義，願從役於將軍者，良爲此也。而忿悁之閒，〔四〕改節易圖，君臣分爭，上下接兵。〔五〕委成功，造難就，〔六〕去從義，爲橫謀，〔七〕百年累之，一朝毀之，豈不惜乎！殆執事者貪功建謀，以至於此，〔八〕融竊痛之！當今西州地埶局迫，人兵離散，易以輔人，難以自建。計若失路不反，聞道猶迷，〔九〕不南合子陽，則北入文伯耳。〔一〇〕夫負虛交而易強禦，恃遠救而輕近敵，〔一一〕未見其利也。融聞智者不危衆以舉事，仁者不違義以要功。今以小敵大，於衆何如？〔一二〕弃子徼功，於義何如？〔一三〕且初事本朝，稽首北面，忠臣節也。〔一四〕及遣伯春，垂涕相送，慈父恩也。俄而背之，謂吏士何？忍而弃之，謂留子何？〔一五〕自兵起以來，轉相攻擊，城郭皆爲丘墟，生人轉於溝壑。今其存者，非鋒刃之餘，則流亡之

孤。迄今傷痍之體未愈，哭泣之聲尚聞。幸賴天運少還，而（大）將軍復重於難，是使積痾不得遂瘳，幼孤將復流離，其爲悲痛，尤足愍傷，言之可爲酸鼻！〔一六〕庸人且猶不忍，況仁者乎？融聞爲忠甚易，得宜實難。〔一七〕憂人大過，以德取怨，〔一八〕知且以言獲罪也。區區所獻，唯將軍省焉。」囂不納。融乃與五郡太守共砥厲兵馬，上疏請師期。

〔一〕謂漢遭王莽篡奪也。

〔二〕回，邪也。

〔三〕囂子恂之字也。

〔四〕悁，恚也。

〔五〕言違背光武也。

〔六〕委，弃也。

〔七〕去從，背山東也。爲橫，通西蜀也。

〔八〕言隗囂執政事者，貪有其功而立此逆謀也。

〔九〕淮南子曰：「通於道者如車軸，不運於己，而與轂致數千里。不通於道者若迷惑，告以東西南北，然猶復迷惑矣。」

〔一〇〕文伯，盧芳也。

〔一一〕負亦恃也。易，輕也。恃公孫述而輕光武也。易音以豉反。

〔一二〕言危衆也。

〔一三〕言違義也。

〔一四〕稽首，拜天子禮也。禮，君南嚮，荅陽之義；臣北面，荅君也。

〔一五〕留子謂見在之子，對伯春，故曰留也。

〔一六〕宋玉曰：「孤子寡婦，寒心酸鼻。」

〔一七〕左傳曰：「忠爲令德，非其人猶不可，況不令乎？」

〔一八〕詩曰：「不以我爲德，反以我爲讎。」

帝深嘉美之，乃賜融以外屬圖及太史公五宗、外戚世家、〔一〕魏其侯列傳。〔二〕詔報曰：「每追念外屬，孝景皇帝出自竇氏，〔三〕定王，景帝之子，朕之所祖。昔魏其一言，繼統以正，〔四〕長君、少君尊奉師傅，〔五〕修成淑德，施及子孫，〔六〕此皇太后神靈，上天祐漢也。從天水來者寫將軍所讓隗囂書，痛入骨髓。畔臣見之，當股慄慙愧，忠臣則酸鼻流涕，義士則曠若發矇，〔七〕非忠孝慤誠，孰能如此？〔八〕豈其德薄者所能克堪！囂自知失河西之助，族禍將及，欲設閒離之說，亂惑眞心，轉相解搆，〔九〕以成其姦。又京師百僚，不曉國家及將軍本意，多能採取虛僞，誇誕妄談，令忠孝失望，傳言乖實。毀譽之來，皆不徒然，不可不思。今關東盜賊已定，大兵今當悉西，將軍其抗厲威武，以應期會。」融被詔，卽與諸郡守將兵入金城。

〔一〕景帝子十三人爲王，而母五人，同母者爲一宗，故曰五宗。言景帝以竇氏所生，而致子孫衆多也。

〔二〕竇嬰，太后從兄子也，封魏其侯。魏其，縣，屬琅邪郡。

〔三〕出，生也。爾雅曰：「男子謂姊妹之子曰出。」

〔四〕梁孝王，景帝弟也，亦竇太后所生。梁王朝，因昆弟燕飲，是時景帝未立太子，酒酣，帝從容曰：「千秋之後傳梁王。」太后驩，竇嬰引巵酒進上曰：「天下者，高祖天下，父子相傳，漢之約也，帝何以得傳梁王！」帝遂止矣。

〔五〕長君，竇太后兄也。少君，太后弟廣國之字也。絳、灌等以兩人所出微，爲擇師傅、長者有節行者與居，長君、少君由此爲退讓君子，不以富貴驕人。見前書。

〔六〕施，延也，音羊豉反。

〔七〕說文曰：「曠，明也。」有眸子而無見曰矇。前書楊雄曰：「乃今日發矇，廓然光照矣。」

〔八〕說文曰：「慤，謹也。」「慤」或作「懿」也。

〔九〕相解說而結搆。

初，更始時，先零羌封何諸種殺金城太守，居其郡，隗囂使使賂遺封何，與共結盟，欲發其衆。融等因軍出，進擊封何，大破之，斬首千餘級，得牛馬羊萬頭，穀數萬斛，因並河揚威武，〔一〕伺候車駕。時大兵未進，融乃引還。

〔一〕並音蒲浪反。

帝以融信効著明，益嘉之。詔右扶風修理融父墳塋，祠以太牢。數馳輕使，致遺四方珍

羞。梁統乃使人刺殺張玄，遂與囂絕，皆解所假將軍印綬。七年夏，酒泉太守竺曾以弟報怨殺人而去郡，〔一〕融承制拜曾爲武鋒將軍，更以辛肜代之。

〔一〕東觀記曰：「曾弟嬰報怨，殺屬國候王胤等，曾慙而去郡。」

秋，隗囂發兵寇安定，帝將自西征之，先戒融期。會遇雨，道斷，且囂兵已退，乃止。融至姑臧，〔一〕被詔罷歸。融恐大兵遂久不出，乃上書曰：「隗囂聞車駕當西，臣融東下，士衆騷動，計且不戰。囂將高峻之屬皆欲逢迎大軍，後聞兵罷，峻等復疑。囂揚言東方有變，西州豪桀遂復附從。囂又引公孫述將，令守突門。〔二〕臣融孤弱，介在其閒，〔三〕雖承威靈，宜速救助。國家當其前，臣融促其後，緩急迭用，首尾相資，囂埶排迮，〔四〕不得進退，此必破也。若兵不早進，久生持疑，則外長寇讎，內示困弱，復令讒邪得有因緣，臣竊憂之。惟陛下哀憐！」帝深美之。

〔一〕姑臧，縣名，屬武威郡，今涼州縣也。西河舊事曰：「涼州城昔匈奴故蓋臧城。」後人音訛，名「姑臧」也。

〔二〕突門，守城之門，墨子曰「城百步爲一突門」也。

〔三〕杜預注左傳云「介猶閒也」。

〔四〕排迮謂蹙迫也。

八年夏，車駕西征隗囂，融率五郡太守及羌虜小月氏等〔一〕步騎數萬，輜重五千餘兩，

與大軍會高平第一。〔二〕融先遣從事問會見儀適，〔三〕是時軍旅代興，諸將與三公交錯道中，或背使者交私語。帝聞融先問禮儀，甚善之，以宣告百僚。乃置酒高會，引見融等，待以殊禮。拜弟友爲奉車都尉，從弟士太中大夫。遂共進軍，囂衆大潰，城邑皆降。帝高融功，下詔以安豐、陽泉、蓼、（安）安風四縣〔四〕封融爲安豐侯，弟友爲顯親侯。〔五〕遂以次封諸將帥：武鋒將軍竺曾爲助義侯，武威太守梁統爲成義侯，張掖太守史苞爲褒義侯，金城太守厙鈞爲輔義侯，酒泉太守辛肜爲扶義侯。封爵既畢，乘輿東歸，悉遣融等西還所鎮。

〔一〕小月氏，西域胡國名。

〔二〕高平，今原州縣，郡國志云高平有第一城。

〔三〕猶言儀注。

〔四〕四縣並屬廬江郡。安豐，今壽州縣也，故城在今霍山縣西北。安風本漢六安國，及陽泉故城並在今安豐縣南。杜預注左傳曰：「蓼在安豐。」蓼音了。

〔五〕顯親，縣，故城在今秦州成紀縣東南也。

融以兄弟並受爵位，久專方面，懼不自安，數上書求代。詔報曰：「吾與將軍如左右手耳，〔一〕數執謙退，何不曉人意？勉循士民，無擅離部曲。」

〔一〕韓信亡，蕭何自追之，人曰「丞相何亡」，高祖聞之，如失左右手耳。見前書。

及隴、蜀平，詔融與五郡太守奏事京師，官屬賓客相隨，駕乘千餘兩，馬牛羊被野。融到，詣洛陽城門，上涼州牧、張掖屬國都尉、安豐侯印綬，詔遣使者還侯印綬。引見，就諸侯位，賞賜恩寵，傾動京師。數月，拜爲冀州牧，十餘日，又遷大司空。融自以非舊臣，一旦入朝，在功臣之右，每召會進見，容貌辭氣卑恭已甚，帝以此愈親厚之。融小心，久不自安，數辭讓爵位，因侍中金遷口達至誠。〔一〕又上疏曰：「臣融年五十三。有子年十五，質性頑鈍。臣融朝夕教導以經蓺，不得令觀天文，見讖記。誠欲令恭肅畏事，恂恂循道，不願其有才能，何況乃當傳以連城廣土，享故諸侯王國哉？」因復請閒求見，帝不許。後朝罷，逡巡席後，帝知欲有讓，遂使左右傳出。它日會見，迎詔融曰：「日者知公欲讓職還土，〔二〕故命公暑熱且自便。今相見，宜論它事，勿得復言。」融不敢重陳請。

〔一〕金遷，安上之曾孫。安上，日磾弟倫之子。遷哀帝時爲尚書令，見前書。

〔二〕日者猶往日也。

二十年，大司徒戴涉坐所舉人盜金下獄，帝以三公參職，不得已乃策免融。明年，加位特進。二十三年，代陰興行衞尉事，特進如故，又兼領將作大匠。弟友爲城門校尉，兄弟並典禁兵。融復乞骸骨，〔一〕輒賜錢帛，太官致珍奇。及友卒，帝愍融年衰，遣中常侍、中謁者即其臥內強進酒食。

〔一〕說苑曰，晏子任東阿，乞骸骨以避賢者之路。

融長子穆，尚內黃公主，代友爲城門校尉。穆子勳，尚東海恭王彊女沘陽公主，友子固，亦尚光武女涅陽公主。顯宗即位，以融從兄子林爲護羌校尉。竇氏一公，兩侯，三公主，四二千石，〔一〕相與並時。自祖及孫，官府邸第相望京邑，奴婢以千數，於親戚、功臣中莫與爲比。

〔一〕一公，大司空也；兩侯，安豐、顯親也；四二千石，衞尉、城門校尉、護羌校尉、中郎將。

永平二年，林以罪誅，事在西羌傳。帝由是數下詔切責融，戒以竇嬰、田蚡禍敗之事。〔一〕融惶恐乞骸骨，詔令歸第養病。歲餘，聽上衞尉印綬，賜養牛，上樽酒。融在宿衞十餘年，年老，子孫縱誕，多不法。穆等遂交通輕薄，屬託郡縣，干亂政事。以封在安豐，欲令姻戚悉據故六安國，遂矯稱陰太后詔，令六安侯劉盱去婦，因以女妻之。五年，盱婦家上書言狀，帝大怒，乃盡免穆等官，諸竇爲郎吏者皆將家屬歸故郡，獨留融京師。穆等西至函谷關，有詔悉復追還。會融卒，時年七十八，謚曰戴侯，賻送甚厚。

〔一〕田蚡，武帝王皇后異父弟也，爲丞相，搆會竇嬰之罪，使至誅戮。事見前書。

帝以穆不能修尚，〔一〕而擁富貴，居大第，常令謁者一人監護其家。居數年，謁者奏穆父子自失埶，數出怨望語，帝令將家屬歸本郡，唯勳以沘陽主壻留京師。穆坐賂遺小吏，郡

捕繫，與子宣俱死平陵獄，勳亦死洛陽獄。久之，詔還融夫人與小孫一人居洛陽家舍。

〔一〕不能修整自高尙也。

十四年，封勳弟嘉爲安豐侯，食邑二千戶，奉融後。和帝初，爲少府。及勳子大將軍憲被誅，免就國。嘉卒，子萬全嗣。萬全卒，子會宗嗣。萬全弟子武，別有傳。

論曰：竇融始以豪俠爲名，拔起風塵之中，〔一〕以投天隙。〔二〕遂蟬蛻王侯之尊，〔三〕終膺卿相之位，此則徼功趣埶之士也。及其爵位崇滿，至乃放遠權寵，恂恂似若不能已者，又何智也！〔四〕嘗獨詳味此子之風度，雖經國之術無足多談，而進退之禮良可言矣。

〔一〕拔音步末反。拔，卒也。亦音彭八反，義兩通。

〔二〕投會天之閒隙。

〔三〕說文曰，蟬蛻所解皮也，言去微至貴也。蛻音稅。

〔四〕言融之心實欲去權貴，以帝不納，故常恂恂恭順，似若不得已然者也。

固字孟孫，少以尙公主爲黃門侍郎。〔一〕好覽書傳，喜兵法，貴顯用事。中元元年，襲父友封顯親侯。顯宗卽位，遷中郎將，監羽林士。〔二〕後坐從兄穆有罪，廢于家十餘年。時

天下乂安，帝欲遵武帝故事，擊匈奴，通西域，以固明習邊事，〔三〕十五年冬，拜爲奉車都尉，〔四〕以騎都尉耿忠爲副，〔五〕謁者僕射耿秉爲駙馬都尉，秦彭爲副，皆置從事、司馬，並出屯涼州。明年，固與忠率酒泉、敦煌、張掖甲卒及盧水羌胡〔六〕萬二千騎出酒泉塞，耿秉、秦彭率武威、隴西、天水募士及羌胡萬騎出居延塞，〔七〕又太僕祭肜、度遼將軍吳棠將河東北地、西河羌胡及南單于兵萬一千騎出高闕塞，〔八〕騎都尉來苗、護烏桓校尉文穆將太原、鴈門、代郡、上谷、漁陽、右北平、定襄郡兵及烏桓、鮮卑萬一千騎出平城塞。固、忠至天山，〔九〕擊呼衍王，斬首千餘級。呼衍王走，追至蒲類海。〔一〇〕留吏士屯伊吾盧城。〔一一〕耿秉、秦彭絕漠六百餘里，至三木樓山，〔一二〕來苗、文穆至匈奴河水上，虜皆奔走，無所獲。祭肜、吳棠坐不至涿邪山，免爲庶人。時諸將唯固有功，加位特進。明年，復出玉門擊西域，詔耿秉及騎都尉劉張皆去符傳以屬固。〔一三〕固遂破白山，降車師，事已具耿秉傳。固在邊數年，羌胡服其恩信。〔一四〕

〔一〕續漢書曰：「給事黃門侍郎，六百石。」

〔二〕續漢志曰，宣帝命中郎將、騎都尉監羽林，秩比二千石。

〔三〕固舊隨融在河西，曉知邊事也。

〔四〕續漢志曰，比二千石，掌御乘輿。

〔五〕忠，弇子也。

〔六〕案：湟水東經臨羌縣故城北，又東盧溪水注之，水出西南盧川，卽其地也。

〔七〕居延塞在今甘州張掖縣東北。

〔八〕高闕，山名，在朔方北。

〔九〕卽祁連山也，今在西州交河縣東北，今名祁縣羅漫山。

〔一〇〕蒲類海今名婆悉海，在今庭州蒲昌縣東南也。

〔一一〕伊吾，今伊州縣也，本匈奴地，明帝置宜禾都尉以爲屯田，故地今伊州納職縣伊吾故小城地是。

〔一二〕匈奴中山名。

〔一三〕專將兵者並有符傳，擬合之取信。今去符，皆受固之節度。

〔一四〕東觀記曰：「羌胡見客，炙肉未熟，人人長跪前割之，血流指閒，進之於固，固輒爲啗，不穢賤之，是以愛之如父母也。」

肅宗卽位，以公主修敕慈愛，累世崇重，加號長公主，增邑三千戶；徵固代魏應爲大鴻臚。帝以其曉習邊事，每被訪及。建初三年，追錄前功，增邑一千三百戶。七年，代馬防爲光祿勳。明年，復代馬防爲衞尉。

固久歷大位，甚見尊貴，賞賜租祿，貲累巨億，而性謙儉，愛人好施，士以此稱之。章和二年卒，謚曰文侯。子彪，至射聲校尉，先固卒，無子，國除。

憲字伯度。父勳被誅，憲少孤。建初二年，女弟立爲皇后，拜憲爲郎，稍遷侍中、虎賁中郎將；弟篤，爲黃門侍郎。兄弟親幸，並侍宮省，賞賜累積，寵貴日盛，自王、主及陰、馬諸家，莫不畏憚。憲恃宮掖聲埶，遂以賤直請奪沁水公主園田，〔一〕主逼畏，不敢計。後肅宗駕出過園，指以問憲，憲陰喝不得對。〔二〕後發覺，帝大怒，召憲切責曰：「深思前過，奪主田園時，何用愈趙高指鹿爲馬？〔三〕久念使人驚怖。昔永平中，常令陰黨、陰博、鄧疊三人更相糾察，〔四〕故諸豪戚莫敢犯法者，而詔書切切，〔五〕猶以舅氏田宅爲言。今貴主尙見枉奪，何況小人哉！國家弃憲如孤雛腐鼠耳。」〔六〕憲大震懼，皇后爲毀服深謝，良久乃得解，使以田還主。雖不繩其罪，然亦不授以重任。

〔一〕沁水公主，明帝女。

〔二〕陰喝猶噎塞也。陰音於禁反，喝音一介反。或作「鳴」，音烏故反。

〔三〕愈猶差也。趙高解見靈帝紀。

〔四〕以陰、鄧皆外戚，恐其踰侈，故使更相糾察也。博，陰興之子。

〔五〕切切猶懃懃也。

〔六〕鳥子生而啄者曰雛。

和帝卽位，太后臨朝，憲以侍中，內幹機密，〔一〕出宣誥命。肅宗遺詔以篤爲虎賁中郎將，篤弟景、瓌並中常侍，於是兄弟皆在親要之地。憲以前太尉鄧彪有義讓，先帝所敬，而仁厚委隨，〔二〕故尊崇之，以爲太傅，令百官總己以聽。其所施爲，輒外令彪奏，內白太后，事無不從。又屯騎校尉桓郁，累世帝師，而性和退自守，故上書薦之，令授經禁中。所以內外協附，莫生疑異。

〔一〕幹，主也，或曰古「管」字也。

〔二〕委隨猶順從也。

憲性果急，睚眦之怨莫不報復。〔一〕初，永平時，謁者韓紆嘗考劾父勳獄，憲遂令客斬紆子，以首祭勳冢。齊殤王子都鄉侯暢〔二〕來弔國憂，〔三〕暢素行邪僻，與步兵校尉鄧疊親屬數往來京師，因疊母元自通長樂宮，得幸太后，被詔召詣上東門。憲懼見幸，分宮省之權，遣客刺殺暢於屯衞之中，〔四〕而歸罪於暢弟利侯剛，乃使侍御史與青州刺史雜考剛等。後事發覺，太后怒，閉憲於內宮。

〔一〕睚音語解反，眦音仕懈反。廣雅：「睚，裂也。」或謂裂眦瞋目貌。史記曰范睢「睚眦之怨必報」。

〔二〕齊殤王名石，伯升孫章之子。

〔三〕章帝崩也。

〔四〕屯兵宿衞之所。

憲懼誅，自求擊匈奴以贖死。會南單于請兵北伐，乃拜憲車騎將軍，金印紫綬，官屬依司空，〔一〕以執金吾耿秉爲副，發北軍五校、〔二〕黎陽、雍營、緣邊十二郡騎士，〔三〕及羌胡兵出塞。明年，憲與秉各將四千騎及南匈奴左谷蠡王師子〔四〕萬騎出朔方雞鹿塞，南單于屯屠河，〔五〕將萬餘騎出滿夷谷，度遼將軍鄧鴻〔六〕及緣邊義從羌胡八千騎，與左賢王安國萬騎出（栢）〔稒〕陽塞，〔七〕皆會涿邪山。憲分遣副校尉閻盤、司馬耿夔、耿譚將左谷蠡王師子、右呼衍王須訾等，〔八〕精騎萬餘，與北單于戰於稽落山，大破之，虜衆崩潰，單于遁走，追擊諸部，遂臨私渠比鞮海。〔九〕斬名王已下萬三千級，獲生口馬牛羊橐駝百餘萬頭。〔一〇〕於是溫犢須、日逐、溫吾、夫渠王柳鞮等八十一部率衆降者，前後二十餘萬人。憲、秉遂登燕然山，去塞三千餘里，刻石勒功，紀漢威德，令班固作銘曰：

〔一〕依，準也。長史一人，千石；掾屬二十九人，令史及御屬三十二人，見續漢志也。

〔二〕漢有南北軍，〔北軍〕中候一人，六百石，掌臨五營，見續漢志。

〔三〕漢官儀曰：「光武中興，以幽、冀、并州兵騎克定天下，故於黎陽立營，以謁者監之。」又曰：「扶風都尉部在雍縣，以涼州近羌，數犯三輔，將兵衞護園陵，故俗稱雍營。」

〔四〕師子其名也。

〔五〕屯屠河，單于名也。

〔六〕鄧禹少子。

〔七〕（栢）〔稒〕陽在五原郡。（栢）〔稒〕音固。

〔八〕呼衍其號，因以爲姓，匈奴貴種也，今呼延姓是其後。須訾，名也。

〔九〕匈奴中海名也。

〔一〇〕橐音託。

惟永元元年秋七月，有漢元舅曰車騎將軍竇憲，寅亮聖明，登翼王室，〔一〕納于大麓，惟清緝熙。〔二〕乃與執金吾耿秉，述職巡御，理兵於朔方。〔三〕鷹揚之校，螭虎之士，爰該六師，〔四〕暨南單于、東烏桓、西戎氐羌侯王君長之羣，驍騎三萬。元戎輕武，長轂四分，〔五〕雲輜蔽路，萬有三千餘乘。〔六〕勒以八陣，莅以威神，〔七〕玄甲耀日，朱旗絳天。〔八〕遂陵高闕，下雞鹿，經磧鹵，絕大漠，〔九〕斬溫禺以釁鼓，血尸逐以染鍔。〔一〇〕然後四校横徂，星流彗埽，蕭條萬里，野無遺寇。於是域滅區單，反旆而旋，考傳驗圖，窮覽其山川。遂踰涿邪，跨安侯，乘燕然，躡冒頓之區落，焚老上之龍庭。〔一一〕上以攄高、文之宿憤，光祖宗之玄靈；下以安固後嗣，恢拓境宇，振大漢之天聲。〔一二〕茲所謂一勞而久逸，暫費而永寧者也。〔一三〕乃遂封山刊石，昭銘上德。〔一四〕其辭曰：

〔一〕寅，敬；亮，信也。尚書曰：「二公弘化，寅亮天地。」登，升也。翼，輔也。

〔二〕孔安國注尚書曰：「麓，錄也，納之使大錄萬機也。」周頌曰：「惟清緝熙。」鄭玄注云：「光明也。」

〔三〕左傳曰：「小有述職，大有巡功。」又曰：「出曰理兵。」

〔四〕鷹揚，如鷹之飛揚也。詩云：「惟師尚父，時惟鷹揚。」螭，山神，獸形也。史記曰：「如熊如羆，如豺如離。」徐廣曰：「離與螭同。」該，備也。詩云：「整我六師，以脩我戎。」

〔五〕暨，及也。元戎，兵車也。詩云：「元戎十乘，以先啓行。」輕武，言疾也。長轂，兵車。

〔六〕輜，車也。稱雲，言多也。

〔七〕兵法有八陣圖。

〔八〕玄甲，鐵甲也。前書曰「發屬國之玄甲」也。

〔九〕沙土曰漠。直度曰絕。

〔一〇〕溫禺、尸逐，皆匈奴王號也。周禮，殺人以血塗鼓謂之釁。鍔，刃也。

〔一一〕四校，四面之校。横徂，横行也。星流彗埽，言疾也。安侯，水名。冒頓，單于頭曼子也。區落謂東滅東胡，西走月氏，南取樓煩，悉收秦所奪匈奴地。冒頓子稽粥號老上單于。匈奴五月大會龍庭，祭其先、天地、鬼神，今皆焚蕩之。

〔一二〕高帝被冒頓單于圍於平城七日。孝文帝時匈奴寇邊，殺太守，帝欲自征，太后不許。拓，開也。天聲，雷霆之聲。甘泉賦曰：「天聲起兮勇士厲。」恢，大也。

〔一三〕揚雄曰「以爲不一勞者不久逸，不暫費者不永寧」也。

〔四〕上猶至也。老子曰：「上德不德，是以有德。」

鑠王師兮征荒裔，〔一〕勦凶虐兮截海外，〔二〕夐其邈兮亙地界，〔三〕封神丘兮建隆嵑，〔四〕熙帝載兮振萬世。〔五〕

〔一〕鑠，美也。詩曰：「於鑠王師，遵養時晦。」
〔二〕勦，絕；截，整齊也。詩云：「相土烈烈，海外有截。」
〔三〕夐、邈皆遠也。亙，竟也。
〔四〕神丘即燕然山也。方者謂之碑，員者謂之碣。嵑亦碣也，協韻音其例反。
〔五〕熙，廣也。載，事也。書曰：「奮庸熙帝之載。」

憲乃班師而還。遣軍司馬吳汜、梁諷，奉金帛遺北單于，宣明國威，而兵隨其後。時虜中乖亂，汜、諷所到，輒招降之，前後萬餘人。遂及單于於西海上，宣國威信，致以詔賜，單于稽首拜受。諷因說宜修呼韓邪故事，保國安人之福。〔一〕單于喜悅，卽將其衆與諷俱還，到私渠海，聞漢軍已入塞，乃遣弟右溫禺鞮王奉貢入侍，隨諷詣闕。憲以單于不自身到，奏還其侍弟。南單于於漠北遺憲古鼎，容五斗，其傍銘曰「仲山甫鼎，其萬年子子孫孫永保用」，憲乃上之。詔使中郎將持節卽五原拜憲大將軍，封武陽侯，食邑二萬戶。憲固辭封，賜策許焉。

〔一〕言依附漢家，自保護其國也。宣帝時呼韓邪單于款塞，朝于甘泉宮，請留居光祿塞下，有急，保漢受降城也。

舊大將軍位在三公下，置官屬依太尉。〔一〕憲威權震朝庭，公卿希旨，奏憲位次太傅下，三公上；長史、司馬秩中二千石，從事中郎二人六百石，自下各有增。振旅還京師。於是大開倉府，勞賜士吏，其所將諸郡二千石子弟從征者，悉除太子舍人。〔二〕

〔一〕續漢志，太尉長史千石，掾屬二十四人，令史及御屬二十二人也。
〔二〕續漢志曰，太子舍人秩二百石，無員，更直宿衞也。

是時篤爲衞尉，景、瓌皆侍中、奉車、駙馬都尉，四家競修第宅，窮極工匠。明年，詔曰：「大將軍憲，前歲出征，克滅北狄，朝加封賞，固讓不受。舅氏舊典，並蒙爵土。〔一〕其封憲冠軍侯，邑二萬戶；篤郾侯，景汝陽侯，瓌夏陽侯，各六千戶。」憲獨不受封，遂將兵出鎭涼州，以侍中鄧疊行征西將軍事爲副。

〔一〕西漢故事，帝舅皆封侯。

北單于以漢還侍弟，復遣車諧儲王等款居延塞，欲入朝見，願請大使。憲上遣大將軍中護軍班固行中郎將，與司馬梁諷迎之。會北單于爲南匈奴所破，被創遁走，固至私渠海而還。憲以北虜微弱，遂欲滅之。明年，復遣右校尉耿夔、司馬任尙、趙博等將兵擊北虜於金微山，大破之，克獲甚衆。北單于逃走，不知所在。

憲既平匈奴，威名大盛，以耿夔、任尙等爲爪牙，鄧疊、郭璜爲心腹。班固、傅毅之徒，皆置幕府，以典文章。刺史、守令多出其門。尙書僕射郅壽、樂恢並以忤意，相繼自殺。〔一〕由是朝臣震懾，望風承旨。而篤進位特進，得舉吏，〔二〕見禮依三公。景爲執金吾，瓌光祿勳，權貴顯赫，傾動京都。雖俱驕縱，而景爲尤甚，奴客緹騎依倚形執，侵陵小人，〔三〕強奪財貨，篡取罪人，妻略婦女。商賈閉塞，如避寇讎。有司畏懦，莫敢舉奏。太后聞之，使謁者策免景官，以特進就朝位。瓌少好經書，節約自修，出爲魏郡，遷潁川太守。竇氏父子兄弟並居列位，充滿朝廷。叔父霸爲城門校尉，霸弟褒將作大匠，褒弟嘉少府，其爲侍中、將、大夫、郎吏十餘人。

〔一〕壽，郅惲子。
〔二〕漢法三公得舉吏。
〔三〕漢官儀曰：「執金吾緹騎二百人。」說文曰：「緹，帛丹黃色也。」言奴客及緹騎並爲縱橫也。

憲既負重勞，陵肆滋甚。四年，封鄧疊爲穰侯。疊與其弟步兵校尉磊及母元，又憲女壻射聲校尉郭舉，舉父長樂少府璜，〔一〕皆相交結。元、舉並出入禁中，舉得幸太后，遂共圖爲殺害。帝陰知其謀，乃與近幸中常侍鄭衆定議誅之。以憲在外，慮其懼禍爲亂，忍而未發。會憲及鄧疊班師還京師，詔使大鴻臚持節郊迎，賜軍吏各有差。憲等既至，帝乃幸北

宮，詔執金吾、五校尉勒兵屯衞南、北宮，閉城門，收捕疊、磊、璜、舉，皆下獄誅，家屬徙合浦。遣謁者僕射收憲大將軍印綬，更封爲冠軍侯。憲及篤、景、瓌皆遣就國。帝以太后故，不欲名誅憲，爲選嚴能相督察之。憲、篤、景到國，皆迫令自殺，宗族、賓客以憲爲官者皆免歸本郡。瓌以素自修，不被逼迫，明年坐稟假貧人，〔二〕徙封羅侯，不得臣吏人。〔三〕初，竇后之譖梁氏，憲等豫有謀焉，永元十年，梁棠兄弟〔四〕徙九眞還，路由長沙，逼瓌令自殺。後和熹鄧后臨朝，永初三年，詔諸竇前歸本郡者與安豐侯萬全俱還京師。萬全少子章。

〔一〕太后居長樂宮，故有少府，秩二千石。
〔二〕稟，給也。假貸貧人，非侯家之法，故坐焉。
〔三〕羅，縣，屬長沙郡，在今岳州湘陰縣東北。
〔四〕棠及兄雍，雍弟翟，並梁竦子也。

論曰：衞青、霍去病資強漢之衆，連年以事匈奴，國秏太半矣，而猾虜未之勝，後世猶傳其良將，豈非以身名自終邪！竇憲率羌胡邊雜之師，一舉而空朔庭，至乃追奔稽落之表，飲馬比鞮之曲，銘石負鼎，薦告清廟。列其功庸，兼茂於前多矣，而後世莫稱者，章末釁以降

其實也。〔一〕是以下流，君子所甚惡焉。〔二〕夫二三子得之不過房幄之閒，非復搜揚仄陋，選舉而登也。〔三〕當青病奴僕之時，〔四〕竇將軍念咎之日，〔五〕乃庸力之不暇，思鳴之無晨，〔六〕何意裂膏腴，享崇號乎？東方朔稱「用之則爲虎，不用則爲鼠」，信矣。以此言之，士有懷琬琰以就煨塵者，亦何可支哉！〔七〕

〔一〕降，損也。

〔二〕論語曰：「紂之不善不如是之甚也，是以君子惡居下流，天下之惡皆歸焉。」

〔三〕二三子謂衞、霍及憲也，皆緣椒房幃幄之恩耳。

〔四〕衞青本平陽公主家童所生，相者見之，曰：「貴人，官至封侯。」青笑曰：「人奴之生，無笞罵足矣，安得封侯哉！」

〔五〕謂太后閉之南宮，欲誅之日也。

〔六〕吳志諸葛瑾曰「失旦之鷄，復思一鳴」也。

〔七〕琬琰，美玉也。楚詞曰：「懷琬琰以爲心。」支，計也。亦何可計，言其多也。

章字伯向。少好學，有文章，與馬融、崔瑗同好，更相推薦。〔一〕永初中，三輔遭羌寇，章避難東國，家於外黃。〔二〕居貧，蓬戶蔬食，〔三〕躬勤孝養，然講讀不輟。太僕鄧康〔三〕聞其名，請欲與交，章不肯往，康以此益重焉。是時學者稱東觀爲老

氏臧室，道家蓬萊山，〔四〕康遂薦章入東觀爲校書郎。

〔一〕融集與竇伯向書曰：「孟陵奴來，賜書，見手跡，歡喜何量，見於面也。書雖兩紙，紙八行，行七字。」

〔一〕外黃，縣，屬陳留郡，〔故〕城在今汴州雍丘縣東。

〔二〕莊子「原憲編蓬爲戶」，論語「顏回飯蔬食」也。

〔三〕鄧珍之子，禹之孫。

〔四〕老子爲守臧史，復爲柱下史，四方所記文書皆歸柱下，事見史記。言東觀經籍多也。蓬萊，海中神山，爲仙府，幽經祕錄並皆在焉。

順帝初，章女年十二，能屬文，以才貌選入掖庭，有寵，與梁皇后並爲貴人。擢章爲羽林郎將，〔一〕遷屯騎校尉。章謙虛下士，收進時輩，甚得名譽。是時梁、竇並貴，各有賓客，多交搆其閒，章推心待之，故得免於患。

〔一〕續漢志曰，羽林郎秩二百石，無員，常宿衞侍從也。

貴人早卒，帝追思之無已，詔史官樹碑頌德，章自爲之辭。貴人歿後，帝禮待之無衰。永和五年，遷少府。漢安二年，轉大鴻臚。建康元年，梁后稱制，章自免，卒于家。中子唐，有俊才，官至虎賁中郎將。

贊曰：悃悃安豐，亦稱才雄。〔一〕提挈河右，奉圖歸忠。〔二〕孟孫明邊，伐北開西。〔三〕憲實空漠，遠兵金山。聽笳龍庭，鏤石燕然。〔四〕雖則折鼎，王靈以宣。〔五〕

〔一〕楚詞曰「悃悃款款」也。王逸注曰「志純一也」。亦猶實也。

〔二〕奉圖者，謂旣奉外戚圖，乃歸於漢也。

〔三〕叶韻音先。

〔四〕笳，胡樂也，老子作之。

〔五〕鼎三足，三公象。折足者，言其不勝任也。易曰「鼎折足，覆公餗」也。

校勘記

七九五頁八行　今滄州魯〔城〕縣也　據殿本補。

七九五頁九行　強弩將軍即莽明義侯王俊　按：集解引惠棟說，謂案翟義傳，「俊」當作「駿」。又按：惠云此強弩將軍乃趙恢，非王駿，注誤。

七九六頁一行　歸〔長安漢兵〕長驅入關　據汲本、殿本補。

七九六頁一五行　金城太守厙鈞　按：「厙」汲本、殿本並作「庫」。集解引錢大昕、王鳴盛說，謂古讀庫有舍音，猶車音尺遮反，佘音食遮反。說文广部無「厙」字。廣韻禡部有「厙」字，云姓也。此流俗妄造，正如「角里」別造「甪」字代之。

七九九頁五行　字(穎)〔潁〕叔　據集解本改。

八〇〇頁六行　行南(國)〔海〕尉事　據刊誤改。

八〇〇頁八行　網羅張立之情　按：集解引周壽昌說，謂時隗囂遣辯士張玄游說，光武察玄所說，而以璽書詔融，「立」字當正作「玄」。

八〇一頁三行　今(涼)〔原〕州〔平高〕縣也　據集解引陳景雲說改。按：漢高平縣，北周改曰平高，唐以後廢。

八〇一頁四行　席皆作(虎)〔虞〕字　據汲本、殿本改，與聚珍本東觀記合。

八〇一頁九行　去從義爲橫謀　汲本、殿本「義」作「議」。按：義議通。

八〇一頁一〇行　人兵離散　按：王先謙謂「人」當作「民」，此亦避唐諱未回改者，下「生人」同。

八〇二頁一行　而(大)將軍復重於難　王先謙謂通鑑無「大」字，前後稱將軍，此不得忽加「大」字，明傳寫誤衍。今據刪。

八〇二頁一三行　而輿轂致數千里　按：汲本、殿本「輿」作「與」。

八〇六頁一行　是時軍旅代興　按：原脫「興」字，逕據汲本、殿本補。

八〇六頁四行　安豐陽泉蓼(安)安風四縣　據刊誤刪。

八〇九頁三行　封勳弟嘉爲安豐侯　按：沈家本謂續志廬江郡安風侯國，安豐自爲縣，則嘉所封實安

風，亦融所食四縣之一，而其名則不同矣。此「豐」字蓋因上文而誤。

八一〇頁四行　度遼將軍吳棠　按：集解引惠棟說，謂「吳棠」袁宏紀作「吳常」。

八一〇頁八行　至三木樓山　按：集解引惠棟說，謂「三木樓山」袁宏紀作「沐樓山」。

八一〇頁八行　匈奴河水　刊誤謂匈河，水名，多一「奴」字。按：校補謂前書匈奴傳云趙破奴萬餘騎出令居數千里，至匈奴河水，臣瓚云水名也，與武紀注同，未嘗言名有誤。刊誤則據破奴本傳但云「匈河」，爲衍「奴」字，不知匈奴河可省稱匈河也。

八一三頁四行　慸陰噎不得對　按：御覽一五二引，「陰噎」作「喑嗚」。

八一三頁一三行　切切猶勤勤也　按：此注原在「爲言」下，據汲本、殿本移正。

八一三頁二行　篤弟景瓌並中常侍　按：集解引錢大昕說，謂中常侍宦者之職，非外戚所宜居，恐有誤。

八一三頁八行　嘗考劾父勳獄　按：「嘗」原譌「當」，逕改正。

八一三頁九行　齊殤王　按：刊誤謂「殤」當作「煬」，彼既有子，不得謚「殤」明矣。

八一四頁四行　南單于屯居河　按：校補謂南單于傳「河」作「何」，同。

八一四頁六行　出(掴)〔稒〕陽塞　王先謙謂前志作「稒陽」，此誤。今據改。注同。

八一四頁一三行　漢有南北軍〔北軍〕中候一人　刊誤謂漢有北軍中候耳，衍「南」字。校補謂「南北軍」下

誤脫「北軍」二字耳，傳言北軍，注應先釋所起，無突舉北軍之理。按：校補說是。今據補。

八一四頁一三行　掌臨五營　刊誤謂「臨」當作「監」。今按：臨亦監也，劉說泥。

八一五頁九行　暨南單于東烏桓西戎氐羌侯王君長之羣驍騎三萬　按：文選「東」下有「胡」字，「三萬」作「十萬」。

八一七頁二行　夐其邈兮亙地界　按：「邈」原作「懇」，逕據汲本、殿本改。注同。

八一九頁六行　出爲魏郡　按：刊誤謂下少「太守」二字。

八二〇頁六行　安豐侯萬全　按：沈家本謂「豐」當作「風」。

八二一頁一三行　見於而也　藝文類聚三十一引「見」作「夾」。按：夾於面謂僅夾於見面也，義較長。

八二三頁二行　〔故〕城在今汴州雍丘縣東　按「城」上明脫一「故」字，今補。

八二三頁三行　顏回飯蔬食　按：今論語作「飯疏食」，而不云「顏回」。校補謂蔬疏古通作，惟注以爲「顏回」則誤。

八二三頁七行　擢章爲羽林郎將　按：黃山校補及沈家本後漢書瑣言皆謂「郎」上疑奪「中」字。

後漢書卷二十四

馬援列傳第十四　子廖　子防　兄子嚴　族孫棱

馬援字文淵，扶風茂陵人也。其先趙奢爲趙將，號曰馬服君，子孫因爲氏。〔一〕武帝時，以吏二千石自邯鄲徙焉。〔二〕曾祖父通，以功封重合侯，坐兄何羅反，被誅，〔三〕故援再世不顯。〔四〕援三兄況、余、員，〔五〕並有才能，王莽時皆爲二千石。〔六〕

〔一〕馬服者，言能服馭馬也。史記曰，趙惠文王以奢有功，賜爵號爲馬服君。

〔二〕東觀記曰：「徙茂陵成懽里。」

〔三〕重合，縣，屬勃海郡，故城在今滄州樂陵縣東。馬何羅與江充相善，充既誅，遂懼罪及己，謀反，伏誅。事見前書。

〔四〕祖及父不得爲顯任也。

〔五〕東觀記曰：「況字長平，余字聖卿，員字季主。」

〔六〕況，河南太守。余，中壘校尉。員，增山連率。

援年十二而孤，少有大志，諸兄奇之。嘗受齊詩，意不能守章句，〔一〕乃辭況，欲就邊郡

田牧。〔二〕況曰：「汝大才，當晚成。良工不示人以朴，且從所好。」〔三〕會況卒，援行服朞年，不離墓所；敬事寡嫂，不冠不入廬。〔四〕後爲郡督郵，送囚至司命府，〔五〕囚有重罪，援哀而縱之，遂亡命北地。遇赦，因留牧畜，賓客多歸附者，遂役屬數百家。〔六〕轉游隴漢閒，常謂賓客曰：「丈夫爲志，窮當益堅，老當益壯。」因處田牧，至有牛馬羊數千頭，穀數萬斛。既而歎曰：「凡殖貨財產，貴其能施賑也，否則守錢虜耳。」乃盡散以班昆弟故舊，身衣羊裘皮絝。

〔一〕東觀記曰：「受齊詩，師事潁川滿昌。」

〔二〕東觀記曰「援以況出爲河南太守，次兩兄爲吏京師，見家用不足，乃辭況欲就邊郡畜牧」也。

〔三〕從其所請也。

〔四〕廬，舍也。

〔五〕王莽置司命官，上公已下皆糾察。

〔六〕續漢書：「援過北地任氏畜牧。自援祖賓，本客天水，父仲又嘗爲牧(帥)〔師〕令。是時員爲護苑使者，故人賓客皆依援。」

王莽末，四方兵起，莽從弟衞將軍林廣招雄俊，乃辟援及同縣原涉爲掾，〔一〕薦之於莽。莽以涉爲鎮戎大尹，〔二〕援爲新成大尹。〔三〕及莽敗，援兄員時爲增山連率，〔四〕與援俱去郡，

復避地涼州。世祖卽位，員先詣洛陽，帝遣員復郡，卒於官。援因留西州，隗囂甚敬重之，以援爲綏德將軍，與決籌策。

〔一〕涉字巨先，見前書。

〔二〕王莽改天水爲鎮戎，改太守爲大尹。

〔三〕莽改漢中爲新成也。

〔四〕莽改上郡爲增山，連率亦太守也。莽法，典郡者公爲牧，侯稱卒正，伯稱連率，其無封爵者爲尹也。

是時公孫述稱帝於蜀，囂使援往觀之。援素與述同里閈，〔一〕相善，以爲既至當握手歡如平生，而述盛陳陛衞，以延援入，交拜禮畢，使出就館，更爲援制都布單衣、〔二〕交讓冠，會百官於宗廟中，立舊交之位。述鸞旗旄騎，〔三〕警蹕就車，磬折而入，〔四〕禮饗官屬甚盛，欲授援以封侯大將軍位。賓客皆樂留，援曉之曰：「天下雄雌未定，公孫不吐哺走迎國士，〔五〕與圖成敗，反修飾邊幅，〔六〕如偶人形。〔七〕此子何足久稽天下士乎？」〔八〕因辭歸，謂囂曰：「子陽井底蛙耳，〔九〕而妄自尊大，不如專意東方。」

〔一〕說文曰：「閈，閭也。」杜預注左傳：「閈，閭門也。」

〔二〕東觀記(日)〔曰〕「都」作「荅」。史記曰：「荅布千匹。」前書音義曰：「荅布，白疊布也。」何承天纂文曰：「都致、錯履、無極，皆布名。」方言曰：「襌衣，江、淮、南楚之閒謂之褋，關之東西謂之襌衣。」

〔三〕解在公孫述傳。

〔四〕磬折者，屈身如磬之曲折，敬也。

〔五〕哺，食也。史記，周公誡伯禽曰：「吾一沐三握髮，一食三吐哺，猶恐失天下士心也。」

〔六〕言若布帛脩整其邊幅也。左傳曰：「如布帛之有幅焉，爲之度，使無遷。」

〔七〕禮記曰：「謂爲俑者不仁。」鄭玄云：「俑，偶人也。有面目機發，有似於生人也。」俑音勇。

〔八〕稽，留也。

〔九〕言述志識褊狹，如坎井之蛙。事見莊子。

建武四年冬，囂使援奉書洛陽。援至，引見於宣德殿。世祖迎笑謂援曰：「卿遨遊二帝閒，今見卿，使人大慙。」援頓首辭謝，因曰：「當今之世，非獨君擇臣也，臣亦擇君矣。〔一〕臣與公孫述同縣，少相善。臣前至蜀，述陛戟而後進臣。臣今遠來，陛下何知非刺客姦人，而簡易若是？」〔二〕帝復笑曰：「卿非刺客，顧說客耳。」援曰：「天下反覆，盜名字者不可勝數。〔三〕今見陛下，恢廓大度，同符高祖，乃知帝王自有眞也。」帝甚壯之。援從南幸黎丘，轉至東海。及還，以爲待詔，使太中大夫來歙持節送援西歸隴右。

〔一〕家語曰：「君擇臣而任之，臣亦擇君而事之。」

〔二〕東觀記曰「援初到，勑令中黃門引入，時上在宣德殿南廡下，但幘坐」，故云「簡易」也。

〔三〕盜猶竊也。

隗囂與援共臥起，問以東方流言及京師得失。〔一〕援說囂曰：「前到朝廷，上引見數十，〔二〕每接讌語，自夕至旦，才明勇略，非人敵也。且開心見誠，無所隱伏，闊達多大節，略與高帝同。經學博覽，政事文辯，前世無比。」囂曰：「卿謂何如高帝？」援曰：「不如也。高帝無可無不可；〔三〕今上好吏事，動如節度，又不喜飲酒。」囂意不懌，曰：「如卿言，反復勝邪？」然雅信援，故遂遣長子恂入質。援因將家屬隨恂歸洛陽。居數月而無它職任。援以三輔地曠土沃，而所將賓客猥多，乃上書求屯田上林苑中，帝許之。

〔一〕流猶傳也。

〔二〕東觀記曰凡十四見。

〔三〕此論語孔子自言己之所行也。

會隗囂用王元計，意更狐疑，〔一〕援數以書記責譬於囂。囂怨援背己，得書增怒，其後遂發兵拒漢。援乃上疏曰：「臣援自念歸身聖朝，奉事陛下，本無公輔一言之薦，左右爲容之助。〔二〕臣不自陳，陛下何因聞之。夫居前不能令人輊，居後不能令人軒，〔三〕與人怨不能爲人患，臣所恥也。故敢觸冒罪忌，昧死陳誠。臣與隗囂，本實交友。初，囂遣臣東，謂臣曰：『本欲爲漢，願足下往觀之。於汝意可，卽專心矣。』及臣還反，報以赤心，實欲導之於善，非敢譎以非義。而囂自挾姦心，盜憎主人，〔四〕怨毒之情遂歸於臣。臣欲不言，則無以上聞。願聽詣行在所，極陳滅囂之術，得空匈腹，申愚策，退就隴畝，死無所恨。」帝乃召援計

事，援具言謀畫。因使援將突騎五千，往來游說囂將高峻、任禹之屬，下及羌豪，爲陳禍福，以離囂(友)〔支〕黨。

〔一〕狐性多疑，故曰狐疑。

〔二〕鄒陽書曰：「蟠木成萬乘之器者，左右爲之容。」

〔三〕言爲人無所輕重也。詩云：「如輊如軒。」輊音丁利反。

〔四〕左傳晉伯宗妻曰：「盜憎主人，民惡其上。」

援又爲書與囂將楊廣，使曉勸於囂，曰：「春卿無恙。〔一〕前別冀南，〔二〕寂無音驛。援閒還長安，因留上林。竊見四海已定，兆民同情，而季孟閉拒背畔，爲天下表的。〔三〕常懼海內切齒，思相屠裂，故遺書戀戀，以致惻隱之計。乃聞季孟歸罪於援，而納王游翁諂邪之說，〔四〕自謂函谷以西，舉足可定，以今而觀，竟何如邪？援閒至河內，過存伯春，〔五〕見其奴吉從西方還，說伯春小弟仲舒望見吉，欲問伯春無它否，竟不能言，曉夕號泣，婉轉塵中。又說其家悲愁之狀，不可言也。夫怨讎可刺不可毀，援聞之，不自知泣下也。援素知季孟孝愛，曾、閔不過。夫孝於其親，豈不慈於其子？可有子抱三木，而跳梁妄作，自同分羹之事乎？〔六〕季孟平生自言所以擁兵衆者，欲以保全父母之國而完墳墓也，又言苟厚士大夫而已。而今所欲全者將破亡之，所欲完者將毀傷之，所欲厚者將反薄之。季孟嘗折愧子陽而

不受其爵，〔七〕今更共陸陸，〔八〕欲往附之，將難爲顏乎？若復責以重質，當安從得子主給是哉！往時子陽獨欲以王相待，〔九〕而春卿拒之；今者歸老，更欲低頭與小兒曹共槽櫪而食，併肩側身於怨家之朝乎？〔一〇〕男兒溺死何傷而拘游哉！〔一一〕今國家待春卿意深，宜使牛孺卿與諸耆老大人〔一二〕共說季孟，若計畫不從，眞可引領去矣。前披輿地圖，見天下郡國百有六所，柰何欲以區區二邦以當諸夏百有四乎？春卿事季孟，外有君臣之義，內有朋友之道。言君臣邪，固當諫爭；語朋友邪，應有切磋。〔一三〕豈有知其無成，而但萎腇咋舌，叉手從族乎？〔一四〕及今成計，殊尙善也；過是，欲少味矣。〔一五〕且來君叔天下信士，朝廷重之，其意依依，常獨爲西州言。援商朝廷，尤欲立信於此，〔一六〕必不負約。援不得久留，願急賜報。」廣竟不荅。

〔一〕春卿，楊廣字。

〔二〕天水冀縣也。

〔三〕表猶標也，言爲標準(謂)〔爲〕射的也。言背畔之罪，爲天下所指射也。

〔四〕游翁，王元字也。

〔五〕存猶問也。

〔六〕三木者，謂桎、梏及械也，司馬遷曰：「衣赭關三木。」分虆讀樂羊也，解見公孫述傳。

〔七〕媿猶辱也。

〔八〕陸陸猶碌碌也。

〔九〕謂欲封爲朔寧王也。

〔一〇〕字林：「併音卑正反。」

〔一一〕游，浮也。

〔一二〕大人謂豪傑也。

〔一三〕骨曰切，象曰磋，言朋友之道如切磋以成器也。詩云：「如切如磋，如琢如磨。」

〔一四〕萎腇，耎弱也。萎音於罪反。腇音乃罪反。

〔一五〕以食爲諭。

〔一六〕商，度也。

八年，帝自西征囂，至漆，〔一〕諸將多以王師之重，不宜遠入險阻，計冘豫未決〔二〕。會召援，夜至，帝大喜，引入，具以羣議質之。〔三〕援因說隗囂將帥有土崩之埶，兵進有必破之狀。又於帝前聚米爲山谷，指畫形埶，開示衆軍所從道徑往來，分析曲折，昭然可曉。帝曰：「虜在吾目中矣。」明旦，遂進軍至第一，囂衆大潰。〔四〕

〔一〕漆，縣，屬右扶風。

〔二〕冘，行貌也，義見說文。豫亦未定也。冘音以林反。

〔三〕廣雅曰：「質，定也。」

〔四〕第一，解見竇融傳。

九年，拜援爲太中大夫，副來歙監諸將平涼州。自王莽末，西羌寇邊，遂入居塞內，金城屬縣多爲虜有。來歙奏言隴西侵殘，非馬援莫能定。十一年夏，璽書拜援隴西太守。援迺發步騎三千人，擊破先零羌於臨洮，斬首數百級，獲馬牛羊萬餘頭。守塞諸羌八千餘人詣援降。諸種有數萬，屯聚寇鈔，拒浩亹隘。〔一〕援與揚武將軍馬成擊之。羌因將其妻子輜重移阻於允吾谷，〔二〕援乃潛行閒道，掩赴其營。羌大驚壞，復遠徙唐翼谷中，援復追討之。羌引精兵聚北山上，援陳軍向山，而分遣數百騎繞襲其後，乘夜放火，擊鼓叫譟，虜遂大潰，凡斬首千餘級。援以兵少，不得窮追，收其穀糧畜產而還。援中矢貫脛，帝以璽書勞之，賜牛羊數千頭，援盡班諸賓客。

〔一〕浩亹音告門，縣名，屬金城郡。浩，水名也。亹者，水流峽山閒，兩岸深若門也。詩曰「鳧鷖在亹」，亦其義也。今俗呼此水爲閤門河，蓋疾言之耳。

〔二〕允吾音鈆牙。

是時，朝臣以金城破羌之西，〔一〕塗遠多寇，議欲棄之。援上言，破羌以西城多完牢，易可依固；其田土肥壤，〔二〕灌溉流通。如令羌在湟中，〔三〕則爲害不休，不可弃也。帝然之，於是詔武威太守，〔四〕令悉還金城客民。〔五〕歸者三千餘口，使各反舊邑。援奏爲置長吏，繕城郭，起塢候，〔六〕開導水田，勸以耕牧，郡中樂業。又遣羌豪楊封譬說塞外羌，皆來和親。又武都氐人背公孫述來降者，援皆上復其侯王君長，賜印綬，帝悉從之。乃罷馬成軍。

〔一〕破羌，縣名，屬金城郡，故城在今鄯州湟水縣西。

〔二〕無塊曰壤。

〔三〕湟，水名。據前書，出金城臨羌縣，東至允吾入河，今鄯州湟水縣取其名也。一名樂都水。

〔四〕東觀記曰梁統也。

〔五〕金城客人在武威者。

〔六〕字林曰：「塢，小障也，一曰小城。」字或作「隖」，音一古反。

十三年，武都參狼羌與塞外諸種爲寇，殺長吏。援將四千餘人擊之，至氐道縣，〔一〕羌在山上，援軍據便地，奪其水草，不與戰，羌遂窮困，豪帥數十萬戶亡出塞，諸種萬餘人悉降，於是隴右清靜。

〔一〕氐道縣屬隴西郡。縣管蠻夷曰道。

援務開(寬)〔恩〕信，(恩)〔寬〕以待下，任吏以職，但總大體而已。賓客故人，日滿其門。諸曹時白外事，援輒曰：「此丞、掾之任，何足相煩。〔一〕頗哀老子，使得遨游。若大姓侵小民，黠羌欲旅距，此乃太守事耳。」〔二〕傍縣嘗有報仇者，吏民驚言羌反，百姓奔入城郭。狄道長詣門，〔三〕請閉城發兵。援時與賓客飲，大笑曰：「燒虜何敢復犯我。〔四〕曉狄道長歸守寺舍，〔五〕良怖急者，可牀下伏。」〔六〕後稍定，郡中服之。視事六年，徵入爲虎賁中郎將。

〔一〕續漢志曰：「郡當邊戍，丞爲長史。」又：「置諸曹掾史。」

〔二〕旅距，不從之貌。

〔三〕狄道，縣，屬隴西郡，今蘭州縣也。

〔四〕燒虜即燒羌也。

〔五〕曉，喻也。寺舍，官舍也。

〔六〕良，甚也。

初，援在隴西上書，言宜如舊鑄五銖錢。事下三府，三府奏以爲未可許，事遂寢。及援還，從公府求得前奏，難十餘條，乃隨牒解釋，〔一〕更具表言。帝從之，天下賴其便。援自還京師，數被進見。爲人明須髮，眉目如畫。〔二〕閑於進對，尤善述前世行事。每言及三輔長者，下至閭里少年，皆可觀聽。自皇太子、諸王侍聞者，莫不屬耳忘倦。又善兵策，帝常言「伏波論兵，與我意合」，每有所謀，未嘗不用。

〔一〕東觀記曰「凡十三難，援一一解之，條奏其狀」也。

〔二〕東觀記曰：「援長七尺五寸，色理髮膚眉目容貌如畫。」

初，卷人維汜，〔一〕訞言稱神，有弟子數百人，坐伏誅。後其弟子李廣等宣言汜神化不死，以誑惑百姓。十七年，遂共聚會徒黨，攻沒晥城，〔二〕殺晥侯劉閔，自稱「南岳大師」。遣謁者張宗將兵數千人討之，復爲廣所敗。於是使援發諸郡兵，合萬餘人，擊破廣等，斬之。

〔一〕卷，縣名，屬河南郡，故城在今鄭州原武縣西北也。

〔二〕晥，縣名，屬廬江郡，今舒州懷寧縣。晥音下板反，又下管反。

又交阯女子徵側及女弟徵貳反，〔一〕攻沒其郡，九眞、日南、合浦蠻夷皆應之，寇略嶺外六十餘城，側自立爲王。於是璽書拜援伏波將軍，〔二〕以扶樂侯劉隆爲副，〔三〕督樓船將軍段志等南擊交阯。軍至合浦而志病卒，詔援幷將其兵。遂緣海而進，隨山刊道千餘里。〔四〕十八年春，軍至浪泊上，與賊戰，破之，斬首數千級，降者萬餘人。援追徵側等至禁谿，數敗之，賊遂散走。明年正月，斬徵側、徵貳，傳首洛陽。〔五〕封援爲新息侯，食邑三千戶。援乃擊牛釃酒，勞饗軍士。〔六〕從容謂官屬曰：「吾從弟少游常哀吾慷慨多大志，曰：『士生一世，但取衣食裁足，乘下澤車，〔七〕御款段馬，〔八〕爲郡掾史，守墳墓，鄉里稱善人，斯可矣。致求盈餘，但自苦耳。』當吾在浪泊、西里閒，虜未滅之時，下潦上霧，毒氣重蒸，仰視飛鳶跕跕墯水中，〔九〕臥念少游平生時語，何可得也！今賴士大夫之力，被蒙大恩，猥先諸君紆佩金紫，且喜且慙。」吏士皆伏稱萬歲。

〔一〕徵側者，麊泠縣雒將之女也，嫁爲朱鳶人詩索妻，甚雄勇。交阯太守蘇定以法繩之，側忿怒，故反。

〔二〕東觀記曰：「援上書：『臣所假伏波將軍印，書「伏」字，「犬」外嚮。城皋令印，「皋」字爲「白」下「羊」；丞印「四」下「羊」；尉印「白」下「人」，「人」下「羊」。即一縣長吏，印文不同，恐天下不正者多。符印所以爲信也，所宜齊同。』薦曉古文字者，事下大司空正郡國印章。奏可。」

〔三〕扶樂，縣名，屬九眞郡。

〔四〕刊，除也。

〔五〕越志云：「徵側兵起，都麊泠縣。及馬援討之，奔入金溪(穴)〔究〕中，二年乃得之。」

〔六〕釃猶濾也。詩曰：「釃酒有藇。」毛萇注云：「以筐曰釃。」釃音所宜反。

〔七〕周禮曰「車人爲車，行澤者欲短轂，行山者欲長轂，短轂則利，長轂則安」也。

〔八〕款猶緩也，言形段遲緩也。

〔九〕鳶，鴟也。跕跕，墯貌也。跕音都牒、泰牒二反。

援將樓船大小二千餘艘，戰士二萬餘人，進擊九眞賊徵側餘黨都羊等，自無功至居風，〔一〕斬獲五千餘人，嶠南悉平。〔二〕援奏言西于縣戶有三萬二千，〔三〕遠界去庭千餘里，〔四〕請分爲封溪、望海二縣，許之。〔五〕援所過輒爲郡縣治城郭，穿渠灌溉，以利其民。條奏越律與漢律駮者十餘事，〔六〕與越人申明舊制以約束之，自後駱越奉行馬將軍故事。〔七〕

〔一〕無功、居風，二縣名，並屬九眞郡。居風，今愛州。

〔二〕嶠，嶺嶠也。爾雅曰：「山銳而高曰嶠。」嶠音渠廟反。廣州記曰：「援到交阯，立銅柱，爲漢之極界也。」

〔三〕西于縣屬交阯郡，故城在今交州龍編縣東也。

〔四〕庭，縣庭也。

〔五〕封溪、望海，縣，並屬交阯郡。

〔六〕駮，乖舛也。

〔七〕駱者，越別名。

二十年秋，振旅還京師，軍吏經瘴疫死者十四五。賜援兵車一乘，朝見位次九卿。

援好騎，善別名馬，於交阯得駱越銅鼓，乃鑄爲馬式，〔一〕還上之。因表曰：「夫行天莫如龍，行地莫如馬。〔二〕馬者甲兵之本，國之大用。安寧則以別尊卑之序，有變則以濟遠近之難。昔有騏驥，一日千里，伯樂見之，昭然不惑。〔三〕近世有西河子輿，亦明相法。子輿傳西河儀長孺，長孺傳茂陵丁君都，君都傳成紀楊子阿，臣援嘗師事子阿，受相馬骨法。考之於〔行〕事，輒有驗效。臣愚以爲傳聞不如親見，視景不如察形。今欲形之於生馬，則骨法難備具，又不可傳之於後。孝武皇帝時，善相馬者東門京〔四〕鑄作銅馬法獻之，有詔立馬於魯班門外，則更名魯班門曰金馬門。臣謹依儀氏䩭，中帛氏口齒，謝氏脣鬐，丁氏身中，備此數家骨相以爲法。」〔五〕馬高三尺五寸，圍四尺五寸。有詔置於宣德殿下，以爲名馬式焉。

〔一〕式，法也。裴氏廣州記曰：「俚獠鑄銅爲鼓，鼓唯高大爲貴，面闊丈餘。初成，懸於庭，剋晨置酒，招致同類，來者盈門。豪富子女以金銀爲大釵，執以叩鼓，叩竟，留遺主人也。」

〔二〕史記平準書曰：「以爲在天莫如龍，在地莫如馬。」

〔三〕伯樂，秦穆公時善相馬者也。桓寬鹽鐵論曰：「騏驥負鹽車，垂頭於太行之坂，見伯樂則噴而長鳴。」

〔四〕東門，姓也；京，名也。

〔五〕援銅馬相法曰：「水火欲分明。水火在鼻兩孔閒也。上脣欲急而方，口中欲紅而有光，此馬千里。頷下欲深，下脣欲緩。牙欲前向。牙（欲）去齒一寸，則四百里；牙劍鋒，則千里。目欲滿而澤。腹欲充，膁欲小，季肋欲長，懸薄欲厚而緩。懸薄，股也。腹下欲平滿，汗溝欲深（而）長，（而）膝本欲起，肘腋欲開，膝欲方，蹄欲厚三寸，堅如石。」䯏音居奇反。

初，援軍還，將至，故人多迎勞之，平陵人孟冀，名有計謀，於坐賀援。援謂之曰：「吾望子有善言，反同衆人邪？昔伏波將軍路博德開置七郡，裁封數百戶；〔一〕今我微勞，猥饗大縣，功薄賞厚，何以能長久乎？先生奚用相濟？」冀曰：「愚不及。」援曰：「方今匈奴、烏桓尚擾北邊，欲自請擊之。男兒要當死於邊野，以馬革裹屍還葬耳，何能卧牀上在兒女子手中邪？」冀曰：「諒爲烈士，當如此矣。」

〔一〕漢書曰，平南越以爲南海、蒼梧、鬱林、合浦、交阯、九眞、日南、朱崖、儋耳九郡。今此言「七郡」，則與前書不同

也。

還月餘，會匈奴、烏桓寇扶風，援以三輔侵擾，園陵危逼，因請行，許之。自九月至京師，十二月復出屯襄國。〔一〕詔百官祖道。援謂黃門郎梁松、竇固曰：「凡人爲貴，當使可賤，如卿等欲不可復賤，居高堅自持，勉思鄙言。」松後果以貴滿致災，固亦幾不免。

〔一〕襄國，縣名，屬趙國，今邢州龍岡縣也。

明年秋，援乃將三千騎出高柳，行鴈門、代郡、上谷障塞。烏桓候者見漢軍至，虜遂散去，援無所得而還。

援嘗有疾，梁松來候之，獨拜牀下，援不答。松去後，諸子問曰：「梁伯孫帝壻，〔一〕貴重朝廷，公卿已下莫不憚之，大人柰何獨不爲禮？」援曰：「我乃松父友也。〔二〕雖貴，何得失其序乎？」〔三〕松由是恨之。

〔一〕松尚舞陰公主。爾雅曰：「女子之夫爲壻。」

〔二〕松父統也。

〔三〕禮記曰：「見父之執友，不謂之進不敢進，不謂之退不敢退，不問不敢對。」鄭玄曰：「敬父同志如事父也。」

二十四年，武威將軍劉尚擊武陵五溪蠻夷，〔一〕深入，軍沒，援因復請行。時年六十二，帝愍其老，未許之。援自請曰：「臣尚能被甲上馬。」帝令試之。援據鞍顧眄，以示可用。帝笑曰：「矍鑠哉是翁也！」〔二〕遂遣援率中郎將馬武、耿舒、劉匡、孫永等，將十二郡募士及弛刑四萬餘人征五溪。援夜與送者訣，謂友人謁者杜愔曰：「吾受厚恩，年迫餘日索，〔三〕常恐不得死國事。今獲所願，甘心瞑目，但畏長者家兒或在左右，或與從事，殊難得調，介介獨惡是耳。」〔四〕明年春，軍至臨鄉，〔五〕遇賊攻縣，援迎擊，破之，斬獲二千餘人，皆散走入竹林中。

〔一〕酈元注水經云「武陵有五溪，謂雄溪、樠溪、酉溪、潕溪、辰溪，悉是蠻夷所居，故謂五溪蠻」。皆槃瓠之子孫也。土俗「雄」作「熊」，「樠」作「朗」，「潕」作「武」，在今辰州界。

〔二〕矍鑠，勇貌也。東觀記作「嚄哉是翁」。嚄音許縛反。

〔三〕索，盡也。

〔四〕長者家兒謂權要子弟等。介介猶耿耿也。

〔五〕東觀記曰「二月到武陵臨鄉」也。

初，軍次下雋，〔一〕有兩道可入，從壺頭則路近而水嶮，〔二〕從充則塗夷而運遠，〔三〕帝初以爲疑。及軍至，耿舒欲從充道，援以爲弃日費糧，不如進壺頭，搤其喉咽，〔四〕充賊自破。以事上之，帝從援策。三月，進營壺頭。賊乘高守隘，水疾，船不得上。會暑甚，士卒多疫死，援亦中病，遂困，乃穿岸爲室，以避炎氣。〔五〕賊每升險鼓譟，援輒曳足以觀之，左右哀其壯

意，莫不爲之流涕。耿舒與兄好畤侯弇書曰：「前舒上書當先擊充，糧雖難運而兵馬得用，軍人數萬爭欲先奮。今壺頭竟不得進，大衆怫鬱行死，誠可痛惜。前到臨鄉，賊無故自致，若夜擊之，即可殄滅。伏波類西域賈胡，到一處輒止，〔六〕以是失利。今果疾疫，皆如舒言。」弇得書，奏之。帝乃使虎賁中郎將梁松乘驛責問援，因代監軍。會援病卒，松宿懷不平，〔七〕遂因事陷之。帝大怒，追收援新息侯印綬。

〔一〕下雋，縣名，屬長沙國，故城今辰州沅陵縣。雋音字兗反。

〔二〕壺頭，山名也，在今辰州沅陵東。武陵記曰「此山頭與東海方壺山相似，神仙多所游集，因名壺頭山」也。

〔三〕充，縣名，屬武陵郡。充音昌容反。

〔四〕搤，持也。

〔五〕武陵記曰「壺頭山邊有石窟，即援所穿室也。室內有蛇如百斛船大，云是援之餘靈」也。

〔六〕言似商胡，所至之處輒停留。賈音古。

〔七〕以援往受其拜。

初，兄子嚴、敦並喜譏議，〔一〕而通輕俠客。援前在交阯，還書誡之曰：「吾欲汝曹聞人過失，如聞父母之名，耳可得聞，口不可得言也。好論議人長短，妄是非正法，〔二〕此吾所大惡也，寧死不願聞子孫有此行也。汝曹知吾惡之甚矣，所以復言者，施衿結褵，申父母之戒，〔三〕欲使汝曹不忘之耳。龍伯高敦厚周慎，口無擇言，謙約節儉，廉公有威，吾愛之重

之，願汝曹効之。杜季良豪俠好義，憂人之憂，樂人之樂，清濁無所失，〔四〕父喪致客，數郡畢至，吾愛之重之，不願汝曹効也。効伯高不得，猶爲謹勑之士，所謂刻鵠不成尚類鶩者也。〔五〕効季良不得，陷爲天下輕薄子，所謂畫虎不成反類狗者也。訖今季良尚未可知，郡將下車輒切齒，州郡以爲言，吾常爲寒心，是以不願子孫効也。」季良名保，京兆人，時爲越騎司馬。〔六〕保仇人上書，訟保「爲行浮薄，亂羣惑衆，伏波將軍萬里還書以誡兄子，而梁松、竇固以之交結，將扇其輕僞，敗亂諸夏」。書奏，帝召責松、固，以訟書及援誡書示之，松、固叩頭流血，而得不罪。詔免保官。伯高名述，亦京兆人，爲山都長，〔七〕由此擢拜零陵太守。〔八〕

〔一〕並余之子也。嚴音許吏反。

〔二〕謂譏刺時政也。

〔三〕說文曰：「衿，交衽也。」詩云：「親結其縭。」毛萇注云：「縭，婦人之褘也，女施衿結帨。」爾雅曰：「縭，緌也。」郭璞注曰：「即今之香纓也。」儀禮，父戒女曰「戒之敬之，夙夜無違命」；母戒之曰「戒之敬之，夙夜無違宮事」也。

〔四〕輕重合宜。

〔五〕鶩，鴨也。

〔六〕續漢書曰：「越騎司馬秩千石。」

〔七〕山都，縣，屬南陽郡，故城在今襄州義清縣東北，今名固城也。

〔八〕今永州也。

初，援在交阯，常餌薏苡實，用能輕身省慾，以勝瘴氣。〔一〕南方薏苡實大，援欲以爲種，軍還，載之一車。時人以爲南土珍怪，權貴皆望之。援時方有寵，故莫以聞。及卒後，有上書譖之者，以爲前所載還，皆明珠文犀。〔二〕馬武與於陵侯侯昱等〔三〕皆以章言其狀，帝益怒。援妻孥惶懼，不敢以喪還舊塋，裁買城西數畝地槀葬而已。〔四〕賓客故人莫敢弔會。嚴與援妻子草索相連，詣闕請罪。帝乃出松書以示之，方知所坐，上書訴冤，前後六上，辭甚哀切，然後得葬。

〔一〕神農本草經曰：「薏苡味甘，微寒，主風溼痺下氣，除筋骨邪氣，久服輕身益氣。」

〔二〕犀之有文彩也。

〔三〕昱，司徒侯霸之子也。

〔四〕裁，僅也，與纔同。槀，草也。以不歸舊塋，時權葬，故稱槀。

又前雲陽令同郡朱勃詣闕上書曰：

臣聞王德聖政，不忘人之功，〔一〕採其一美，不求備於衆。〔二〕故高祖赦蒯通而以王禮葬田横，〔三〕大臣曠然，咸不自疑。夫大將在外，讒言在內，微過輒記，大功不計，誠爲國之所慎也。故章邯畏口而奔楚，〔四〕燕將據聊而不下。〔五〕豈其甘心末規哉，悼巧

言之傷類也。〔六〕

〔一〕周書曰：「記人之功，忘人之過，宜爲君也。」

〔二〕論語周公謂魯公曰：「不使大臣怨乎不以，無求備於一人。」

〔三〕蒯通說韓信背漢，高祖徵通至，釋不誅。田横初自稱齊王，漢定天下，横猶以五百人保於海島，高祖追横，横自殺，以王禮葬之。並見前書也。

〔四〕章邯爲秦將，使人請事，至咸陽，趙高不見，有不信之心，使還報，邯畏趙高讒之，遂降項羽。

〔五〕史記曰，燕將攻下聊城，人或讒之於燕，燕將懼誅，因保守聊城不敢歸。聊即今博州聊城縣也。

〔六〕末規猶下計也。詩云：「巧言如簧。」類，善也。

竊見故伏波將軍新息侯馬援，拔自西州，欽慕聖義，閒關險難，〔一〕觸冒萬死，孤立羣貴之閒，傍無一言之佐，馳深淵，入虎口，豈顧計哉！〔二〕寧自知當要七郡之使，徼封侯之福邪？八年，車駕西討隗囂，國計狐疑，衆營未集，援建宜進之策，卒破西州。及吳漢下隴，冀路斷隔，唯獨狄道爲國堅守，士民飢困，寄命漏刻。援奉詔西使，鎮慰邊衆，乃招集豪傑，曉誘羌戎，謀如涌泉，埶如轉規，〔三〕遂救倒縣之急，〔四〕存幾亡之城，〔五〕兵全師進，因糧敵人，隴、冀略平，而獨守空郡，〔六〕兵動有功，師進輒克。銖鋤先零，緣入山谷，猛怒力戰，飛矢貫脛。又出征交阯，土多瘴氣，援與妻子生訣，無悔吝之心，〔七〕遂斬滅徵側，克平一州。〔八〕閒復南討，立陷臨鄉，師已有業，未竟而死，吏士

雖疫，援不獨存。夫戰或以久而立功，或以速而致敗，深入未必爲得，不進未必爲非。人情豈樂久屯絕地，不生歸哉！惟援得事朝廷二十二年，北出塞漠，南度江海，觸冒害氣，僵死軍事，〔九〕名滅爵絕，國土不傳。海內不知其過，衆庶未聞其毁，卒遇三夫之言，横被誣罔之讒，〔一〇〕家屬杜門，葬不歸墓，怨隙並興，宗親怖慄。死者不能自列，生者莫爲之訟，臣竊傷之。

〔一〕閒關猶崎嶇也。

〔二〕戰國策曰：「魏安釐王畏秦，將入朝，周訢止之。王曰：『許綰爲我呪曰：「若入不出，請徇寡人以首。」』周訢對曰：『今有人謂臣，入不測之泉，而徇臣以鼠首，可乎？綰之首猶鼠首也。四王於不測之秦而徇王以首，竊爲王不取也。』」司馬遷書曰「垂餌虎口」，又曰「夫人臣出萬死不顧一生之計，赴公家之難」。謂援使隗囂也。

〔三〕規，員也。孫子曰：「戰如轉員石於萬仞之山者，埶也。」

〔四〕孟子曰：「當今之時，行仁政，人悅之，猶解於倒縣也。」

〔五〕幾音祈。幾，近也。

〔六〕守音式授反。

〔七〕吝猶恨也。

〔八〕南海、蒼梧、鬱林、合浦、交阯、日南、九眞皆屬交州。

〔九〕僵，仆也。

〔一〇〕韓子曰：「龐共與魏太子質於邯鄲，共謂魏王曰：『今一人言市有虎，王信乎？』王曰：『否。』『二人言，王信乎？』王曰：『否。』『三人言，王信乎？』曰：『寡人信。』龐共曰：『夫市無虎明矣，然三人言，誠市有虎。今邯鄲去魏遠於市，謗臣者過三人，願王熟察之。』」

夫明主醲於用賞，約於用刑。高祖嘗與陳平金四萬斤以閒楚軍，不問出入所爲，豈復疑以錢穀閒哉？夫操孔父之忠而不能自免於讒，此鄒陽之所悲也。〔一〕詩云：「取彼讒人，投畀豺虎。豺虎不食，投畀有北。有北不受，投畀有昊。」〔二〕此言欲令上天而平其惡。惟陛下留思豎儒之言，〔三〕無使功臣懷恨黃泉。臣聞春秋之義，罪以功除；〔四〕聖王之祀，臣有五義。〔五〕若援，所謂以死勤事者也。願下公卿平援功罪，宜絕宜續，以厭海內之望。

〔一〕史記鄒陽書曰：「昔者，魯聽季孫之說而逐孔子，宋信子罕之計而囚墨翟。夫以孔、墨之辯，不能自免於讒諛。」

〔二〕詩小雅巷伯篇也。畀，與也。昊，昊天也。投與昊天，制其罰也。

〔三〕言如僮豎無知也。高祖曰：「豎儒幾敗吾事。」

〔四〕公羊傳曰：「夏滅項。孰滅之？齊滅之。曷爲不言齊滅？爲桓公諱也，以桓公嘗有繼絕存亡之功，故君子爲之諱也。」

〔五〕禮記曰：「夫聖王之制祀也，法施於人則祀之，以死勤事則祀之，以勞定國則祀之，能禦大災則祀之，能捍大患則祀之。」

臣年已六十，常伏田里，竊感欒布哭彭越之義，〔一〕冒陳悲憤，戰慄闕庭。

〔一〕前書曰，彭越爲梁王，欒布爲梁大夫使於齊。越以謀反，梟首洛陽，詔有收視者捕之。布使還，奏事越頭下，祠而哭之。

書奏，報，歸田里。

勃字叔陽，年十二能誦詩、書。常候援兄況。勃衣方領，能矩步，〔一〕辭言嫺雅，〔二〕援裁知書，見之自失。況知其意，乃自酌酒慰援曰：「朱勃小器速成，智盡此耳，卒當從汝稟學，勿畏也。」〔三〕朱勃未二十，右扶風請試守渭城宰，〔四〕及援爲將軍，封侯，而勃位不過縣令。援後雖貴，常待以舊恩而卑侮之，勃愈身自親，及援遇讒，唯勃能終焉。肅宗即位，追賜勃子穀二千斛。〔五〕

〔一〕續漢書曰：「勃能說韓詩。」前書音義曰：「頸下施衿領正方，學者之服也。」矩步者，回旋皆中規矩。

〔二〕嫺音閑。嫺雅猶沈靜也，司馬相如曰「雍容嫺雅」。

〔三〕稟，受也。

〔四〕渭城，縣名，故城在今咸陽縣東北。前書音義曰：「試守者，試守一歲，乃爲眞，食其全俸。」

〔五〕東觀記曰：「章帝下詔曰：『告平陵令、丞：縣人故雲陽令朱勃，建武中以伏波將軍爵土不傳，上書陳狀，不顧罪戾，懷旌善之志，有烈士之風。詩云：「無言不讎，無德不報。」其以縣見穀二千斛賜勃子若孫，勿令遠詣闕謝。』」

初，援兄子壻王磐子石，〔一〕王莽從兄平阿侯仁之子也。莽敗，磐擁富貲居故國，爲人尚氣節而愛士好施，有名江淮閒。後游京師，與衞尉陰興、大司空朱浮、齊王章共相友善。援謂姊子曹訓曰：「王氏，廢姓也。子石當屏居自守，而反游京師長者，〔二〕用氣自行，多所陵折，其敗必也。」後歲餘，磐果與司隸校尉蘇鄴、丁鴻事相連，坐死洛陽獄。而磐子肅復出入北宮及王侯邸第。援謂司馬呂种曰：〔三〕「建武之元，名爲天下重開。自今以往，海內日當安耳。但憂國家諸子並壯，而舊防未立，〔四〕若多通賓客，則大獄起矣。卿曹戒慎之！」及郭后薨，有上書者，以爲肅等受誅之家，客因事生亂，慮致貫高、任章之變。〔五〕帝怒，乃下郡縣收捕諸王賓客，更相牽引，死者以千數。呂种亦豫其禍，臨命歎曰：「馬將軍誠神人也！」

〔一〕子石，磐字也。

〔二〕長者謂豪俠者也。

〔三〕是援行軍之司馬也。

〔四〕舊防，諸侯王子不許交通賓客。

〔五〕張敖爲趙王，其相貫高。高祖不禮趙王，高恥之，置人壁中，欲害高祖。又任章父宣，霍氏女壻，坐謀反誅。宣帝祠昭帝廟，章乃玄服夜入廟，待帝至，欲爲逆。發覺，伏誅。並見前書。

永平初，援女立爲皇后。顯宗圖畫建武中名臣、列將於雲臺，〔一〕以椒房故，獨不及援。

東平王蒼觀圖，言於帝曰：「何故不畫伏波將軍像？」帝笑而不言。至十七年，援夫人卒，乃更脩封樹，起祠堂。

〔一〕雲臺在南宮也。

建初三年，肅宗使五官中郎將持節追策，謚援曰忠成侯。

四子：廖，防，光，客卿。

客卿幼而歧嶷，年六歲，能應接諸公，專對賓客。嘗有死罪亡命者來過，客卿逃匿不令人知。外若訥而內沈敏。援甚奇之，以爲將相器，故以客卿字焉。〔一〕援卒後，客卿亦夭沒。

〔一〕張儀、虞卿並爲客卿，故取名焉。事見史記。

論曰：馬援騰聲三輔，遨游二帝，及定節立謀，以干時主，將懷負鼎之願，蓋爲千載之遇焉。〔一〕然其戒人之禍，智矣，〔二〕而不能自免於讒隙。豈功名之際，理固然乎？〔三〕夫利不在身，以之謀事則智；慮不私己，以之斷義必厲。誠能回觀物之智而爲反身之察，若施之於人則能恕，自鑒其情亦明矣。〔四〕

〔一〕伊尹負鼎以干湯。光武與竇融書曰「千載之遇」也。

〔二〕謂誡竇固、梁松、王磐、呂种等，皆如所言也。

〔三〕居功名之地，讒構易興，而能免之者少矣。

〔四〕見人之謂智，自見之謂明。以自見之明爲見人之用，其於物理豈不通乎。

廖字敬平，少以父任爲郎。〔一〕明德皇后既立，拜廖爲羽林左監、虎賁中郎將。顯宗崩，受遺詔典掌門禁，遂代趙憙爲衞尉，肅宗甚尊重之。

〔一〕東觀記曰：「廖少習易經，清約沈靜。援擊武谿無功，卒于師，廖不得嗣爵。」

時皇太后躬履節儉，事從簡約，廖慮美業難終，上疏長樂宮以勸成德政，曰：「臣案前世詔令，以百姓不足，起於世尚奢靡，故元帝罷服官，〔一〕成帝御浣衣，哀帝去樂府。〔二〕然而侈費不息，至於衰亂者，百姓從行不從言也。〔三〕夫改政移風，必有其本。傳曰：『吳王好劍客，百姓多創瘢；楚王好細腰，宮中多餓死。』〔四〕長安語曰：〔五〕『城中好高髻，四方高一尺；城中好廣眉，四方且半額；城中好大袖，四方全匹帛。』斯言如戲，有切事實。前下制度未幾，後稍不行。雖或吏不奉法，良由慢起京師。今陛下躬服厚繒，斥去華飾，素簡所安，發自聖性。〔六〕此誠上合天心，下順民望，浩大之福，莫尚於此。陛下既已得之自然，猶宜加以勉勗，法太宗之隆德，戒成、哀之不終。〔七〕易曰：『不恒其德，或承之羞。』〔八〕誠令斯事一竟，〔九〕則四海誦德，聲薰天地，〔10〕神明可通，金石可勒，而況於行仁心乎，況於行

令乎！願置章坐側，以當瞽人夜誦之音。」〔二〕太后深納之。朝廷大議，輒以詢訪。

〔一〕前書音義曰：「齊國舊有三服之官，春獻冠幘縰爲首服，紈素爲冬服，輕綃爲夏服。元帝約省，故罷之。」

〔二〕哀帝即位，詔罷鄭衞之音，減郊祭及武樂等人數也。

〔三〕書曰：「違上所命，從厥攸好。」

〔四〕墨子曰「楚靈王好細腰，而國多餓人」也。

〔五〕當時諺言。

〔六〕言儉素約簡，后之所安。

〔七〕太宗，孝文也。玄默爲化，身衣弋綈。成帝下詔，務崇儉約，禁斷綺縠、女樂，嫁娶葬埋過制，唯青綠人所常服不禁。哀帝初即位，易帷帳，去錦繡，乘輿席緣綈緖而已。成帝以趙飛燕，哀帝以董賢，爲儉並不終。

〔八〕恒卦九三爻詞也。巽下震上，鄭玄注云：「巽爲進退，不恒其德之象。又(玄)〔五〕體兌，兌爲毀折，後將有羞辱也。」

〔九〕竟猶終也。

〔10〕薰猶蒸也，言芳聲薰天地也。

〔11〕瞽人，無目者也。古者瞽師教國子誦六詩。前書禮樂志云「乃采詩夜誦」。夜誦者，其辭或祕，不可宣露，故於夜中歌誦也。

廖性質誠畏慎，不愛權埶聲名，盡心納忠，不屑毀譽。〔一〕有司連據舊典，奏封廖等，累讓不得已，建初四年，遂受封爲順陽侯，以特進就第。每有賞賜，輒辭讓不敢當，京師以是稱之。

〔一〕王逸注楚詞云：「屑，顧也。」

子豫，爲步兵校尉。太后崩後，馬氏失埶，廖性寬緩，不能教勒子孫，豫遂投書怨誹。又防、光奢侈，好樹黨與。八年，有司奏免豫，遣廖、防、光就封。豫隨廖歸國，考擊物故。〔一〕後詔還廖京師。永元四年，卒。和帝以廖先帝之舅，厚加賵賻，使者弔祭，王主會喪，謚曰安侯。

〔一〕物，無也；故，事也：謂死也。

子遵嗣，徙封程鄉侯。遵卒，無子，國除。元初三年，鄧太后(詔)〔紹〕封廖孫度爲潁陽侯。

防字江平，永平十二年，與弟光俱爲黃門侍郎。肅宗即位，拜防中郎將，稍遷城門校尉。建初二年，金城、隴西保塞羌皆反，〔一〕拜防行車騎將軍事，以長水校尉耿恭副，將北軍五校兵及諸郡積射士三萬人擊之。軍到冀，而羌豪布橋等圍南部都尉於臨洮。防欲救之，臨洮道險，車騎不得方駕，防乃別使兩司馬將數百騎，分爲前後軍，去臨洮十餘里爲大營，多樹幡幟，揚言大兵且當進。羌候見之，馳還言漢兵盛不可當。明旦遂鼓譟而前，羌虜驚

走，因追擊破之，斬首虜四千餘人，遂解臨洮圍。防開以恩信，燒當種皆降，唯布橋等二萬餘人在臨洮西南望曲谷。〔二〕十二月，羌又敗耿恭司馬及隴西長史於和羅谷，死者數百人。明年春，防遣司馬夏駿將五千人從大道向其前，潛遣司馬馬彭將五千人從閒道衝其心腹，又令將兵長史李調等將四千人繞其西，三道俱擊，復破之，斬獲千餘人，得牛羊十餘萬頭。羌退走，夏駿追之，反爲所敗。防乃引兵與戰於索西，又破之。〔三〕布橋迫急，將種人萬餘降。詔徵防還，拜車騎將軍，城門校尉如故。

〔一〕羌，東吾燒當之後也，以其父滇吾降漢，乃入居塞內，故稱保塞。

〔二〕酈元注水經云望曲在臨洮西南，去龍桑城二百里。

〔三〕索西，縣名，故城在今岷州和政縣東，亦名臨洮東城，亦謂之赤城。沙州記云：「從東洮至西洮一百二十里。」東洮即謂此城。

防貴寵最盛，與九卿絕席。光自越騎校尉遷執金吾。四年，封防潁陽侯，光爲許侯，兄弟二人各六千戶。防以顯宗寢疾，入參醫藥，又平定西羌，增邑千三百五十戶。屢上表讓位，俱以特進就第。皇太后崩，明年，拜防光祿勳，光爲衞尉。防數言政事，多見採用。是冬始施行十二月迎氣樂，防所上也。〔一〕子鉅，爲常從小侯。〔二〕六年正月，以鉅當冠，〔三〕特拜爲黃門侍郎。肅宗親御章臺下殿，陳鼎俎，自臨冠之。明年，防復以病乞骸骨，詔賜故中

山王田廬，〔四〕以特進就第。

〔一〕解見章帝紀。
〔二〕以小侯故得常從也。
〔三〕禮記曰二十弱冠。儀禮曰，士冠，筮於廟門，主人玄冠朝服，有司如主人服。卒筮旅占告吉，若不吉卽筮遠日如初。前期三日，筮賓如求日之儀。陳服于房中西墉下，東領北上。始加緇布冠，次加皮弁，次加爵弁。嫡子冠於阼，以著代也。三加而彌尊，冠而字之，敬其名也。祝曰：「令月吉辰，加爾元服，弃爾幼志，順爾成德。」
〔四〕中山王焉以郭太后少子故，獨留京師。建武三十年徙封中山，永平二年就國，故以其田廬賜防也。

防兄弟貴盛，奴婢各千人已上，資產巨億，皆買京師膏腴美田，又大起第觀，連閣臨道，彌亙街路，多聚聲樂，曲度比諸郊廟。〔一〕賓客奔湊，四方畢至，京兆杜篤之徒數百人，常爲食客，居門下。刺史、守、令多出其家。歲時賑給鄉閭，故人莫不周洽。防又多牧馬畜，賦斂羌胡。帝不喜之，數加譴敕，所以禁遏甚備，由是權埶稍損，賓客亦衰。八年，因兄子豫怨謗事，有司奏防、光兄弟奢侈踰僭，濁亂聖化，悉免就國。臨上路，詔曰：「舅氏一門，俱就國封，四時陵廟無助祭先后者，朕甚傷之。其令許侯思愆田廬，有司勿復請，〔二〕以慰朕渭陽之情。」〔三〕

〔一〕曲度謂曲之節度也。
〔二〕留之於京，守田廬而思僁過也。

〔三〕渭陽，詩秦風也。秦康公送舅晉文公于渭之陽，念母之不見也。其詩曰：「我見舅氏，如母存焉。」

光爲人小心周密，喪母過哀，〔一〕帝以是特親愛之，乃復位特進。子康，黃門侍郎。永元二年，光爲太僕，康爲侍中。及竇憲誅，光坐與厚善，復免就封。後憲奴誣光與憲逆，自殺，〔二〕家屬歸本郡。本郡復殺康，而防及廖子遵皆坐徙封丹陽。防爲翟鄉侯，租歲限三百萬，不得臣吏民。防後以江南下溼，上書乞歸本郡，和帝聽之。十三年，卒。

〔一〕東觀記曰：「光遭母喪，哀慟感傷，形骸骨立。」
〔二〕東觀記曰：「奴名玉當。初，竇氏有罪，玉當亡，私從光乞，不與。恨去，懷挾欲中光。官捕得玉當，因告言光與憲有惡謀，光以被誣不能自明，乃自殺。光死後，憲他奴郭屈自出證明光、憲無惡言，光子朗上書迎光喪葬舊塋，詔許之。」

子鉅嗣，後爲長水校尉。永初七年，鄧太后詔諸馬子孫還京師，隨四時見會如故事，復紹封光子朗爲合鄉侯。

嚴字威卿。父余，王莽時爲楊州牧。嚴少孤，〔一〕而好擊劒，習騎射。〔二〕後乃白援，從平原楊太伯講學，專心墳典，能通春秋左氏，〔三〕因覽百家羣言，遂交結英賢，京師大人咸器異之。〔四〕仕郡督郵，援常與計議，委以家事。弟敦，字孺卿，亦知名。援卒後，嚴乃與敦俱歸安陵，居鉅下，〔五〕三輔稱其義行，號曰「鉅下二卿」。

〔一〕東觀記：「余卒時，嚴七歲，依姊壻父九江連率平阿侯王述。明年，母復終，會述失郡，居沛郡。建武三年，余外孫右扶風曹貢爲梧安侯相，迎嚴歸，養視之。至四年，叔父援從車駕東征，過梧安，乃將嚴兄弟西。嚴年十三至雒陽，留寄郎朱仲孫舍，大奴步護視之也。」
〔二〕東觀記曰：「嚴從其故門生肆都學擊劒，習騎射。」
〔三〕東觀記曰，從司徒祭酒陳元受之。
〔四〕大人，長者之稱也。
〔五〕決錄注曰：「鉅下，地名也。」

明德皇后既立，嚴乃閉門自守，猶復慮致譏嫌，遂更徙北地，斷絕賓客。永平十五年，皇后敕使移居洛陽。顯宗召見，嚴進對閑雅，意甚異之，有詔留仁壽闥，與校書郎杜撫、班固等雜定建武注記。常與宗室近親臨邑侯劉復等論議政事，甚見寵幸。後拜將軍長史，將北軍五校士、羽林禁兵三千人，屯西河美稷，〔一〕衞護南單于，聽置司馬、從事。牧守謁敬，同之將軍。敕嚴過武庫，祭蚩尤，〔二〕帝親御阿閣，〔三〕觀其士衆，時人榮之。

〔一〕美稷，縣名。
〔二〕武庫，掌兵器，令一人，秩六百石。前書音義曰：「蚩尤，古天子，好五兵，故今祭之。」見高祖紀也。
〔三〕阿，曲也。

肅宗卽位，徵拜侍御史中丞，除子鱄爲郎，〔一〕令勸學省中。〔二〕其冬，有日食之災，嚴上封事曰：「臣聞日者衆陽之長，食者陰侵之徵。書曰：『無曠庶官，天工人其代之。』〔三〕言王者代天官人也。故考績黜陟，以明褒貶。〔四〕無功不黜，則陰盛陵陽。臣伏見方今刺史太守專州典郡，不務奉事盡心爲國，而司察偏阿，取與自己，同則舉爲尤異，異則中以刑法，〔五〕不卽垂頭塞耳，採求財賂。今益州刺史朱酺、楊州刺史倪說、〔六〕涼州刺史尹業等，每行考事，輒有物故，〔七〕又選舉不實，曾無貶坐，是使臣下得作威福也。故事，州郡所舉上奏，司直察能否以懲虛實。〔八〕今宜加防檢，式遵前制。舊丞相、御史親治職事，唯丙吉以年老優游，不案吏罪，〔九〕於是宰府習爲常俗，更共罔養，以崇虛名，〔一〇〕或未曉其職，便復遷徙，誠非建官賦祿之意。宜敕正百司，各責以事，州郡所舉，必得其人。若不如言，裁以法令。傳曰：『上德以寬服民，其次莫如猛。故火烈則人望而畏之，水懦則人狎而翫之。爲政者寬以濟猛，猛以濟寬。』〔一一〕如此，綏御有體，災眚消矣。」〔一二〕書奏，帝納其言而免酺等官。

〔一〕鱄音時兗反。
〔二〕勸，勉也。前書王鳳薦班伯於成帝，宜勸學，召見宴昵殿是也。
〔三〕尚書咎繇之詞。
〔四〕尚書曰：「三載考績，三考黜陟幽明。」

〔五〕中音丁仲反。

〔六〕倪音五兮反。說音悅。

〔七〕考，按也。

〔八〕前書武帝元狩五年，初置司直，比二千石，掌佐丞相舉不法。續漢書曰：「光武以武帝故事置司直，居丞相府，助督錄諸州。建武十八年省之。」

〔九〕丙吉字少卿，魯人也。宣帝時，爲丞相。掾史有罪，終無所驗。公府不按吏，自吉始也。見前書。

〔一〇〕罔養猶依違也。

〔一一〕左傳鄭子產誡子太叔爲政之詞也。

〔一二〕眚亦災也。

建初元年，遷五官中郎將，除三子爲郎。嚴數薦達賢能，申解冤結，多見納用。復以五官中郎將行長樂衞尉事。二年，拜陳留太守。嚴當之職，乃言於帝曰：「昔顯親侯竇固誤先帝出兵西域，置伊吾盧屯，煩費無益。又竇勳受誅，其家不宜親近京師。」是時勳女爲皇后，竇氏方寵，時有側聽嚴言者，以告竇憲兄弟，由是失權貴心。嚴下車，明賞罰，發姦慝，郡界清靜。時京師訛言賊從東方來，百姓奔走，轉相驚動，諸郡遑急，各以狀聞。嚴察其虛妄，獨不爲備。詔書勑問，使驛係道，嚴固執無賊，後卒如言。典郡四年，坐與宗正劉軼、少府丁鴻等更相屬託，徵拜太中大夫；十餘日，遷將作大匠。七年，復坐事免。後既爲竇氏

所忌，遂不復在位。及帝崩，竇太后臨朝，嚴乃退居自守，訓教子孫。永元十年，卒於家，時年八十二。

弟敦，官至虎賁中郎將。嚴七子，〔一〕唯續、融知名。續字季則，七歲能通論語，十三明尚書，十六治詩，博觀羣籍，善九章筭術。〔二〕順帝時，爲護羌校尉，遷度遼將軍，所在有威恩稱。融自有傳。

〔一〕謂固，伉，歆，鱄，融，留，續。

〔二〕劉徽九章筭術曰方田第一，粟米第二，（衰外）〔差分〕第三，少廣第四，商功第五，均輸第六，盈不足第七，方程第八，句股第九。

棱字伯威，援之族孫也。少孤，依從兄毅共居業，恩猶同產。毅卒無子，棱心喪三年。〔一〕

〔一〕東觀記曰：「毅，張掖屬國都尉。」

建初中，仕郡功曹，舉孝廉。及馬氏廢，肅宗以棱行義，徵拜謁者。章和元年，遷廣陵太守。時穀貴民飢，奏罷鹽官，以利百姓，賑貧羸，薄賦稅，興復陂湖，溉田二萬餘頃，吏民刻石頌之。〔二〕永元二年，轉漢陽太守，有威嚴稱。大將軍竇憲西屯武威，棱多奉軍費，侵賦

百姓，憲誅，坐抵罪。後數年，江湖多劇賊，以棱爲丹陽太守。棱發兵掩擊，皆禽滅之。轉會稽太守，治亦有聲。轉河內太守。永初中，坐事抵罪，卒于家。

〔一〕東觀記曰：「棱在廣陵，蝗（虫）〔蟲〕入江海，化爲魚蝦，興復陂湖，增歲租十餘萬斛。」

贊曰：伏波好功，爰自冀、隴。南靜駱越，西屠燒種。徂年已流，壯情方勇。明德旣升，家祚以興。廖乏三趣，防遂驕陵。〔一〕

〔一〕左氏傳曰，宋正考甫三命滋益恭，「一命而僂，再命而傴，三命而俯，循牆而走，亦莫余敢侮」。

校勘記

八二七頁八行　馬何羅　集解引惠士奇說，謂「馬」前書作「莽」，莽馬音同，古文通。

八二七頁一〇行　況字長平　汲本、殿本「長」作「君」。按：聚珍本東觀記亦作「君」。

八二八頁五行　否則守錢虜耳　按：集解引惠棟說，謂「虜」袁宏紀作「奴」。

八二八頁七行　師事潁川滿昌　按：汲本「滿」作「蒲」，東觀記同。

八二八頁一三行　又嘗爲牧（帥）〔師〕令　集解引陳景雲說，謂注「帥」當作「師」，前漢有牧師令。今據改。

八二九頁二行　如偶人形　按：汲本「偶」作「俑」。袁紀同。

八二九頁一四行　東觀記（曰）　「曰」字當衍，今刪。

八三〇頁一四行　但幘坐　殿本「但」作「袒」，聚珍本東觀記同。按：校補引說文「但，裼也」，「裼，但也」，謂古「袒」作「但」，故通鑑亦作「但幘坐」。

八三二頁二行　以離嶲（友）〔支〕黨　據汲本改。按：刊誤謂「友」當作「支」。

八三三頁三行　言爲標準（謂）〔爲〕射的也　據殿本改。

八三五頁一五行　其田土肥壤　按：集解引沈欽韓說，謂方言「臁，肥也」，廣雅「臁，盛也」，「壤」當爲「臁」。

八三六頁一三行　縣管蠻夷曰道　刊誤謂「管」當依漢書本文作「有」。今按：漢志作「有蠻夷曰道」，續志作「縣主蠻夷曰道」。

八三六頁一四行　務開（寬）〔恩〕信（恩）〔寬〕以待下　據刊誤改。按：聚珍本東觀記正作「務開恩信，寬以待下」。

八三八頁七行　督樓船將軍段志等　按：「段志」袁宏紀作「殷志」。

八三八頁九行　援追徵側等至禁谿　按：通鑑胡注謂「禁谿」水經注及越志皆作「金谿」。

八三八頁一三行　當吾在浪泊西里閒　按：王先謙謂東觀記「里」下有「塢」字。

八三八頁一三行　毒氣重蒸　刊誤謂「重」當作「熏」。今按：集解引周壽昌說，謂重蒸言下潦上霧，兩重相蒸也，不必改「熏」。王先謙謂東觀記作「熏」，案「重」字亦通。

八三九頁一行　雒將之女也　按：沈欽韓謂「雒」當爲「駱」，賈捐之所謂「駱越之民」，前書閩越傳「甌駱將左黃同」。

八三九頁七行　奔入金溪(穴)〔究〕中　集解引沈欽韓說，謂「穴」當爲「究」。水經鬱水注引竺枝扶南記曰，山溪瀨中謂之究。又葉榆水注，援將兵討側，側走金溪究中。今據改。

八三九頁一三行　徵側餘黨都羊等　光武紀「都羊」作「都陽」。按：陽羊古通作。

八四〇頁一三行　考之於〔行〕事　據汲本、殿本補。

八四一頁八行　牙(欲)去齒一寸　據刊誤刪。

八四一頁九行　腹下欲平滿　按：集解引惠棟說，謂唐、宋舊本皆云「脅堂欲平滿」。

八四一頁九行　汗溝欲深〔而〕長(而)膝本欲起　據刊誤改。

八四二頁一三行　見父之執友　按：殿本、集解本無「友」字，與禮記合。

八四二頁一四行　武威將軍劉尚　按：王先謙謂東觀記「劉尚」作「劉禹」。

八四三頁二行　謁者杜愔　按：集解引惠棟說，謂袁宏紀「杜愔」作「杜憘」。

八四三頁二行　年迫餘日索　按：集解引王補說，謂通鑑作「年迫日索」，無「餘」字。

八四四頁一四行　妄是非正法　按：通鑑「正」作「政」。集解引惠棟說，謂案注當作「政」。

八四五頁六行　竇固以之交結　按：王先謙謂「以」字無義，疑當作「與」，音近而訛。

八四六頁九行　犀之有文彩也　按：校補謂「之」當作「角」。

八四六頁一二行　時權葬　按：校補謂「時權」二字當乙。

八四九頁一行　寵共與魏太子質於邯鄲　按：校補謂「寵共」魏策作「寵葱」。

八五〇頁一行　常伏田里　按：校補謂覼下文「報歸田里」，則朱勃上書之時必尚未歸田里，安得云「常伏田里」，「常」蓋「當」之誤。

八五〇頁四行　書奏報歸田里　按：王補謂袁紀「書奏不報，歸田里」，此「報」上奪「不」字，通鑑作「帝意稍解」。校補則謂袁紀「不」字必係誤衍。當時帝方盛怒，勃固無不待報而擅歸田里之理。勃書本自陳年已六十，當伏田里，故帝報許之，不以其訟伏波爲罪，卽意稍解也。

八五一頁六行　客因事生亂　按：刊誤謂「客」是「容」之誤。

八五三頁一行　讒構易興　按：「構」原作「搆」，逕改正。

八五三頁一〇行　前下制度未幾後稍不行　刊誤謂案文有「未幾」，則不當更有「後」字，蓋本是「復」字也。今按：應讀「前下制度未幾」爲句，「後」字連下讀，劉說未諦。

八五三頁一四行　而況於行仁心乎　按：「行」字疑涉下「行令」而譌衍，羣書治要引此無「行」字，通鑑則刪此一句。

八五四頁一〇行　又(玄)〔五〕體兒　據殿本改。

八五五頁七行　諡曰安侯　按：汲本、殿本「安」作「哀」。

八五五頁九行　(詔)〔紹〕封廖孫度爲潁陽侯　殿本考證謂「詔」當作「紹」。今據改。

八五六頁一四行　十二月迎氣樂　按：東觀記「十二月」作「十月」。

八五七頁四行　二十弱冠　按：張森楷校勘記謂「弱」上當有「曰」字。

八五七頁四行　筵於廟門　按：刊誤謂「筵」下當有「曰」字。

八五九頁五行　嚴從其故門生肆都學擊劒　刊誤謂門生無故者，「故」當作「叔」。按：集解引周壽昌說，謂「其」字指馬援，謂援之故門生，注截引東觀記原文，故字句徵闕。

八六〇頁一行　徵拜侍御史中丞　集解引惠棟說，謂徵拜侍御史，復遷中丞也。按：沈家本謂疑此「侍」字衍。

八六二頁七行　(羨外)〔差分〕第三　據汲本、殿本改。

八六三頁三行　蝗(虫)〔蟲〕入江海化爲魚蝦　據汲本改。

宋 范曄 撰
唐 李賢等注

後漢書

第四册

卷二五至卷三三(傳三)

中華書局

後漢書卷二十五

卓魯魏劉列傳第十五 魯恭弟丕

卓茂字子康，南陽宛人也。父祖皆至郡守。茂，元帝時學於長安，事博士江生，〔一〕習詩、禮及歷筭，究極師法，稱爲通儒。性寬仁恭愛。鄉黨故舊，雖行能與茂不同，而皆愛慕欣欣焉。〔二〕

〔一〕江生，魯人江翁也。昭帝時爲博士，號魯詩宗。見前書。

〔二〕東觀記曰：「茂爲人恬蕩樂道，推實不爲華貌，行己在於清濁之閒，自束髮至白首，與人未嘗有爭競。」

初辟丞相府史，事孔光，光稱爲長者。時嘗出行，有人認其馬。茂問曰：「子亡馬幾何時？」對曰：「月餘日矣。」茂有馬數年，心知其謬，嘿解與之，挽車而去，顧曰：「若非公馬，幸至丞相府歸我。」他日，馬主別得亡者，乃詣府送馬，叩頭謝之。茂性不好爭如此。

後以儒術舉爲侍郎，給事黃門，遷密令。〔一〕勞心諄諄，視人如子，〔二〕舉善而教，口無惡言，吏人親愛而不忍欺之。〔三〕人嘗有言部亭長受其米肉遺者，〔四〕茂辟左右問之曰：「亭長

爲從汝求乎？爲汝有事囑之而受乎？將平居自以恩意遺之乎？」人曰：「往遺之耳。」茂曰：「遺之而受，何故言邪？」人曰：「竊聞賢明之君，使人不畏吏，吏不取人。今我畏吏，是以遺之，吏既卒受，故來言耳。」茂曰：「汝爲敝人矣。凡人所以貴於禽獸者，以有仁愛，知相敬事也。今鄰里長老尚致饋遺，此乃人道所以相親，況吏與民乎？吏顧不當乘威力強請求耳。凡人之生，羣居雜處，故有經紀禮義以相交接。汝獨不欲修之，寧能高飛遠走，不在人閒邪？亭長素善吏，歲時遺之，禮也。」人曰：「苟如此，律何故禁之？」茂笑曰：「律設大法，禮順人情。今我以禮教汝，汝必無怨惡；以律治汝，何所措其手足乎？一門之內，小者可論，大者可殺也。且歸念之！」於是人納其訓，吏懷其恩。初，茂到縣，有所廢置，吏人笑之，鄰城聞者皆蚩其不能。河南郡爲置守令，茂不爲嫌，理事自若。〔五〕數年，教化大行，道不拾遺。平帝時，天下大蝗，河南二十餘縣皆被其災，獨不入密縣界。督郵言之，〔六〕太守不信，自出案行，見乃服焉。

〔一〕密，今洛州密縣也。

〔二〕諄諄，忠謹之貌也。詩曰：「誨爾諄諄。」音之順反。

〔三〕家語曰：「密子賤爲單父宰，人不忍欺。」

〔四〕部謂所部也。

〔五〕東觀記曰：「守令與茂並居，久之，吏人不歸往守令。」

〔六〕續漢志曰：「郡監縣有五部，部有督郵掾，以察諸縣也。」

是時王莽秉政，置大司農六部丞，勸課農桑，〔一〕遷茂爲京部丞，密人老少皆涕泣隨送。及莽居攝，以病免歸郡，常爲門下掾祭酒，不肯作職吏。

〔一〕王莽攝政，置大司農部丞十三人，人部一州，勸課農桑。今書及東觀記並言六部。

更始立，以茂爲侍中祭酒，〔二〕從至長安，知更始政亂，以年老乞骸骨歸。

〔二〕續漢志曰：「侍中，無員，掌侍左右，顧問應對，本有僕射一人，中興轉爲祭酒。」

時光武初即位，先訪求茂，茂詣河陽謁見。〔一〕乃下詔曰：「前密令卓茂，束身自修，執節淳固，誠能爲人所不能爲。夫名冠天下，當受天下重賞，故武王誅紂，封比干之墓，表商容之閭。〔二〕今以茂爲太傅，封褒德侯，食邑二千戶，〔三〕賜几杖車馬，衣一襲，絮五百斤」。〔四〕復以茂長子戎爲太中大夫，次子崇爲中郎，給事黃門。建武四年，薨，賜棺槨冢地，車駕素服親臨送葬。

〔一〕東觀記曰，茂時年七十餘矣。

〔二〕王子比干，紂殺之。商容，殷賢臣。武王入殷，命閎夭封比干之墓，命畢公表商容之閭。表，旌顯也。閭，里門也。事見史記。

〔三〕東觀記、續漢書皆作「宣德侯」。

〔四〕單複具謂之襲。

子崇嗣，徙封汎鄉侯，官至大司農。〔一〕崇卒，子棽嗣。〔二〕棽卒，子訢嗣。訢卒，子隆嗣。永元十五年，隆卒，無子，國除。

〔一〕汎鄉在琅邪郡不其縣。

〔二〕棽音丑金反，又所金反。

初，茂與同縣孔休、陳留蔡勳、安衆劉宣、楚國龔勝、上黨鮑宣六人同志，不仕王莽時，並名重當時。休字子泉，哀帝初，守新都令。〔一〕後王莽秉權，休去官歸家。及莽篡位，遣使齎玄纁、束帛，請爲國師，遂歐血託病，杜門自絕。光武即位，求休、勳子孫，賜穀以旌顯之。劉宣字子高，安衆侯崇之從弟，知王莽當篡，乃變名姓，抱經書隱避林藪。建武初乃出，光武以宣襲封安衆侯。擢龔勝子賜爲上谷太守。勝、鮑宣事在前書。勳事在玄孫邕傳。

〔一〕新都，縣也，屬南陽郡。

論曰：建武之初，雄豪方擾，虓呼者連響，嬰城者相望，〔一〕斯固倥傯不暇給之日。〔二〕卓茂斷斷小宰，無它庸能，〔三〕時已七十餘矣，而首加聘命，優辭重禮，其與周、燕之君表閭立館何異哉？〔四〕於是蘊憤歸道之賓，〔五〕越關阻，捐宗族，以排金門者衆矣。夫厚性寬中近於仁，犯而不校鄰於恕，〔六〕率斯道也，怨悔曷其至乎！〔七〕

〔一〕虓，虎怒也。詩曰：「闞如虓虎。」嬰城，言以城自嬰繞。

〔二〕字書曰：「倥傯，窮困也。給，足也。」日促事多，不暇給足也。

〔三〕斷斷猶專一也。書曰：「斷斷猗無它伎。」

〔四〕史記燕昭王即位，欲雪齊恥，以招賢者，得郭隗，爲築宮而師事之。

〔五〕蘊，積也。

〔六〕校，報也。鄰，近也。曾子曰：「犯而不校。」

〔七〕怨謂爲人所怨也。悔，恨也。

魯恭字仲康，扶風平陵人也。其先出於魯(傾)〔頃〕公，爲楚所滅，遷於下邑，因氏焉。世吏二千石。哀平閒，自魯而徙。祖父匡，王莽時，爲義和，有權數，號曰「智囊」。〔一〕父某，建武初，爲武陵太守，卒官。時恭年十二，弟丕七歲，晝夜號踴不絕聲，郡中賻贈無所受，〔二〕乃歸服喪，禮過成人，鄉里奇之。十五，與母及丕俱居太學，習魯詩，〔三〕閉戶講誦，絕人閒事，兄弟俱爲諸儒所稱，學士爭歸之。

〔一〕匡設六筦之法以窮工商，故曰權數。

〔二〕公羊傳曰：「貨財曰賻。」

〔三〕高祖時魯申公詩也。

太尉趙憙慕其志，每歲時遺子問以酒糧，皆辭不受。〔一〕恭憐丕小，欲先就其名，託疾不仕。郡數以禮請，謝不肯應，母強遣之，恭不得已而西，因留新豐教授。建初初，丕舉方正，恭始爲郡吏。太傅趙憙聞而辟之。肅宗集諸儒於白虎觀，恭特以經明得召，與其議。〔二〕

〔一〕問，遺也。

〔二〕與音豫也。

憙復舉恭直言，待詔公車，拜中牟令。恭專以德化爲理，不任刑罰。訟人許伯等爭田，累守令不能決，恭爲平理曲直，皆退而自責，輟耕相讓。亭長從人借牛而不肯還之，牛主訟於恭。恭召亭長，勑令歸牛者再三，猶不從。恭歎曰：「是教化不行也。」欲解印綬去。掾史泣涕共留之，〔一〕亭長乃慙悔，還牛，詣獄受罪，恭貰不問。〔二〕於是吏人信服。建初七年，郡國螟傷稼，犬牙緣界，不入中牟。河南尹袁安聞之，疑其不實，使仁恕掾肥親往廉之。〔三〕恭隨行阡陌，俱坐桑下，有雉過，止其傍。傍有童兒，親曰：「兒何不捕之？」兒言「雉方將雛」。親瞿然而起，〔四〕與恭訣曰：「所以來者，欲察君之政迹耳。今蟲不犯境，此一異也；化及鳥獸，此二異也；豎子有仁心，此三異也。久留，徒擾賢者耳。」還府，具以狀白安。是歲，嘉禾生恭便坐廷中，〔五〕安因上書言狀，帝異之。會詔百官舉賢良方正，恭薦中牟名士王方，帝卽徵方詣公車，禮之與公卿所舉同，方致位侍中。恭在事三年，州舉尤異，會遭母喪去官，吏人思之。

〔一〕續漢志曰：「縣置掾史如郡。」

〔二〕貰，寬貸也，音時夜反。

〔三〕仁恕掾，主獄，屬河南尹，見漢官儀。廉，察也。

〔四〕瞿音久住反。

〔五〕便坐，於便側之處，非正室也。續漢書云：「恭謙不矜功，封以言府，府卽奏上。尹以檄勞曰：『君以名德，久屈中牟，物產之化流行，天降休瑞，應行而生，尹甚嘉之。』」

後拜侍御史。和帝初立，議遣車騎將軍竇憲與征西將軍耿秉擊匈奴，恭上疏諫曰：

陛下親勞聖思，日昃不食，憂在軍役，誠欲以安定北垂，爲人除患，定萬世之計也。臣伏獨思之，未見其便。社稷之計，萬人之命，在於一舉。數年以來，秋稼不熟，人食不足，倉庫空虛，國無畜積。會新遭大憂，人懷恐懼。〔一〕陛下躬大聖之德，履至孝之行，盡諒陰三年，聽於冢宰。百姓闕然，三時不聞警蹕之音，〔二〕莫不懷思皇皇，若有求而不得。〔三〕今乃以盛春之月，興發軍役，擾動天下，以事戎夷，誠非所以垂恩中國，

改元正時，由內及外也。

〔一〕章帝崩也。

〔二〕三時，秋、夏、冬也。天子出警入蹕。和帝章和二年二月卽位，明年春，議擊匈奴。帝在諒陰不出，故百姓三時不聞警蹕。

〔三〕禮記檀弓曰：「魯人顏丁善居喪，始死，皇皇焉如有求而不得。」言百姓思帝，故恭引之。

萬民者，天之所生。天愛其所生，猶父母愛其子。一物有不得其所者，則天氣爲之舛錯，況於人乎？故愛人者必有天報。昔太王重人命而去邠，故獲上天之祐。〔一〕夫戎狄者，四方之異氣也。蹲夷踞肆，與鳥獸無別。〔二〕若雜居中國，則錯亂天氣，汙辱善人，是以聖王之制，羈縻不絕而已。〔三〕

〔一〕史記，古公修后稷、公劉之業，國人皆戴之。戎翟攻之，人人皆怒欲戰，古公曰：「人以我故戰，殺人父子，予不忍爲。」乃與私屬盡去邠，止于岐下。邠人舉國扶老攜弱，盡復歸於岐下。旁國聞之，亦多歸附。古公乃營築城郭室屋而邑之，人皆歌頌其德。武王卽位，追尊古公爲大王。

〔二〕夷，平也。肆，放也。言平坐踞傲，肆放無禮也。

〔三〕字書曰：「羈，馬絡頭也。」蒼頡篇曰：「縻，牛繮也。」

今邊境無事，宜當脩仁行義，尙於無爲，令家給人足，安業樂產。夫人道乂於下，則陰陽和於上，祥風時雨，覆被遠方，夷狄重譯而至矣。易曰：『有孚盈缶，終來有它吉。』〔一〕言甘雨滿我之缶，誠來有我而吉已。〔二〕夫以德勝人者昌，以力勝人者亡。今匈奴爲鮮卑所殺，遠臧於史侯河西，去塞數千里，而欲乘其虛耗，利其微弱，是非義之所出也。前太僕祭肜遠出塞外，卒不見一胡而兵已困矣。〔三〕白山之難，不絕如綖，〔四〕都護陷沒，士卒死者如積，〔五〕迄今被其辜毒。孤寡哀思之心未弭，仁者念之，以爲累息，柰何復欲襲其迹，不顧患難乎？今始徵發，而大司農調度不足，〔六〕使者在道，分部督趣，〔七〕上下相迫，民閒之急亦已甚矣。三輔、幷、涼少雨，麥根枯焦，牛死日甚，此其不合天心之效也。羣僚百姓，咸曰不可，陛下獨柰何以一人之計，弃萬人之命，不卹其言乎？上觀天心，下察人志，足以知事之得失。臣恐中國不爲中國，豈徒匈奴而已哉！惟陛下留聖恩，休罷士卒，以順天心。

〔一〕易比卦辭也。孚，誠信也。缶，土器也。王弼注云：「親乎天下，著信盈缶，應者豈一道而來，故必有它吉也。」

〔二〕比卦坤下坎上。坤爲土，缶之象也。坎爲水，雨之象也。坎在坤上，故曰甘雨滿我之缶。有誠信，則它人來附而吉也。

〔三〕永平十六年，竇固、祭肜、耿秉、來苗等四道出擊匈奴。固至天山，擊走呼衍王，肜坐不至涿邪山，無所見而還，下獄免爲庶人也。

〔四〕白山卽天山也。言肜、固俱擊匈奴，固至天山，肜還下獄，同歷艱危，故曰如綖。公羊傳曰「中國不絕若綖」也。

〔五〕永平末年，焉耆、龜茲共攻沒都護陳睦，殺吏士二千餘人。

〔六〕度音大各反。

〔七〕趣音促。

書奏，不從。每政事有益於人，恭輒言其便，無所隱諱。

其後拜爲魯詩博士，由是家法學者日盛。遷侍中，數召讌見，問以得失，賞賜恩禮寵異焉。遷樂安相。〔一〕是時東州多盜賊，羣輩攻劫，諸郡患之。恭到，重購賞，開恩信，〔二〕其渠帥張漢等率支黨降，恭上以漢補博昌尉，〔三〕其餘遂自相捕擊，盡破平之，州郡以安。

〔一〕章帝孫千乘王寵相也。和帝改千乘國爲樂安國，故城在今淄州高苑縣北。

〔二〕說文曰：「以財相賕曰購。」

〔三〕博昌，縣，屬千乘國，今青州縣也。

永元九年，徵拜議郎。八月，飲酎，齋會章臺，詔使小黃門特引恭前。其夜拜侍中，勑使陪乘，勞問甚渥。冬，遷光祿勳，選舉清平，京師貴戚莫能枉其正。十(二)〔三〕年，代呂蓋爲司徒。〔一〕十五年，從巡狩南陽，除子撫爲郎中，賜騑馬從駕。〔二〕時弟丕亦爲侍中。兄弟父子並列朝廷。後坐事策免。〔三〕殤帝卽位，以恭爲長樂衞尉。永初元年，復代梁鮪爲司徒。〔四〕

〔一〕漢官儀曰：「呂蓋字君(上)〔玉〕，宛陵人。」

〔二〕駙，副也。非正所乘，皆爲副。說文曰：「駙馬，副馬也。」
〔三〕續漢書曰「坐族弟弘農都尉炳事免官」也。
〔四〕漢官儀曰「鮪字伯元，河東平陽人」也。

初，和帝末，下令麥秋得案驗薄刑，而州郡好以苛察爲政，因此遂盛夏斷獄。恭上疏諫曰：

臣伏見詔書，敬若天時，〔一〕憂念萬民，爲崇和氣，罪非殊死，且勿案驗。進柔良，退貪殘，奉時令。〔二〕所以助仁德，順昊天，致和氣，利黎民者也。

〔一〕若，順也。尚書堯典曰：「乃命羲和，欽若昊天，敬授人時。」
〔二〕言順月令以行事也。

舊制至立秋乃行薄刑，自永元十五年以來，改用孟夏，而刺史、太守不深惟憂民息事之原，進良退殘之化，〔一〕因以盛夏徵召農人，拘對考驗，連滯無已。司隸典司京師，四方是則，〔二〕而近於春月分行諸部，託言勞來貧人，而無隱惻之實，煩擾郡縣，廉考非急，逮捕一人，罪延十數，〔三〕上逆時氣，下傷農業。案易五月姤用事。〔四〕經曰：「后以施命誥四方。」〔五〕言君以夏至之日，施命令止四方行者，所以助微陰也。〔六〕行者尚止之，況於逮召考掠，奪其時哉！

〔一〕月令曰：「孟夏，命太尉贊桀俊，遂賢良，舉長大，行爵出祿，必當其位。」
〔二〕漢官儀曰：「司隸校尉董領京師及三輔、三河、弘農。」
〔三〕逮，及也。辭所連及，即追捕之。
〔四〕東觀記曰：「五月姤卦用事。」姤卦巽下乾上，初六，一陰爻生，五月之卦也。本多作「后」，古字通。
〔五〕誥，理也。易姤卦象曰：「天下有風，姤，后以施令誥四方。」乾爲天，君之象也；巽爲風，號令之象也；后，君也；故以喻人君施令也。
〔六〕易復卦曰：「先王以至日閉關，商旅不行。」故夏至宜止行也。五月陰氣始生，故曰微陰。

比年水旱傷稼，人飢流冗。〔一〕今始夏，百穀權輿，陽氣胎養之時。〔二〕自三月以來，陰寒不暖，物當化變而不被和氣。月令：「孟夏斷薄刑，出輕繫。行秋令則苦雨數來，五穀不熟。」〔三〕又曰：「仲夏挺重囚，益其食。〔四〕行秋令則草木零落，〔五〕人傷於疫。」〔六〕夫斷薄刑者，謂其輕罪已正，不欲令久繫，故時斷之也。臣愚以爲今孟夏之制，可從此令，其決獄案考，皆以立秋爲斷，以順時節，育成萬物，則天地以和，刑罰以清矣。

〔一〕冗，散也。
〔二〕爾雅曰：「權輿，始也。」萬物皆含胎長養之時。
〔三〕鄭玄注禮記云：「申之氣乘之也。苦雨，白露之類也，時物得而傷也。」
〔四〕挺猶寬也。
〔五〕酉之氣乘之也。八月宿直昴，爲獄主殺。
〔六〕大陵之氣爲害也。大陵，星名。春秋合誠圖曰「大陵主死喪」也。

初，肅宗時，斷獄皆以冬至之前，自後論者互多駮異。鄧太后詔公卿以下會議，恭議奏曰：

夫陰陽之氣，相扶而行，發動用事，各有時節。若不當其時，則物隨而傷。王者雖質文不同，而茲道無變，四時之政，行之若一。月令，周世所造，而所據皆夏之時也，〔一〕其變者唯正朔、服色、犧牲、徽號、器械而已。〔二〕故曰：「殷因於夏禮，周因於殷禮，所損益可知也。」易曰：「潛龍勿用。」〔三〕言十一月、十二月陽氣潛藏，未得用事。雖煦嘘萬物，養其根荄，〔四〕而猶盛陰在上，地凍水冰，陽氣否隔，閉而成冬。故曰：「履霜堅冰，陰始凝也。馴致其道，至堅冰也。」〔五〕言五月微陰始起，至十一月堅冰至也。

〔一〕謂氣候及星辰昏旦，皆夏時也。
〔二〕夏以建寅爲正，服色、犧牲、徽號、器械皆尚黑；殷以建丑爲正，尚白；周以建子爲正，尚赤。周以夜半爲朔，殷以鷄鳴爲朔，夏以平旦爲朔。祭天地宗廟曰犧，卜得吉曰牲。徽號，旌旗之名也。器械，禮樂之器及甲兵也。
〔三〕龍以喻陽氣，易乾卦初九爻辭。
〔四〕荄，草根也。荄音該，又音皆。
〔五〕易坤卦象辭也。馴，順也。言陰以卑順爲道，漸至顯著，猶自履霜而至堅冰。

夫王者之作，因時爲法。孝章皇帝深惟古人之道，助三正之微，定律著令，〔一〕冀承天心，順物性命，以致時雍。然從變改以來，年歲不熟，穀價常貴，人不寧安。小吏不與國同心者，率入十一月得死罪賊，不問曲直，便即格殺，雖有疑罪，不復讞正。一夫吁嗟，王道爲虧，況於衆乎？易十一月「君子以議獄緩死」。〔二〕可令疑罪使詳其法，大辟之科，盡冬月乃斷。其立春在十二月中者，勿以報囚如故事。〔三〕

〔一〕三正，三微也。前書音義曰：「言陽氣始施，萬物微而未著，故曰微。」一曰天統，謂周十一月建子爲正，天始施之端也。二曰地統，謂殷十二月建丑爲正，地始化之端也。三曰人統，謂夏十三月建寅爲正，人始成之端也。
〔二〕易中孚象詞也。稽覽圖中孚十一月卦也。
〔三〕報囚，謂奏請報決也。

後卒施行。

恭再在公位，選辟高第，至列卿郡守者數十人。而其耆舊大姓，或不蒙薦舉，至有怨望者。恭聞之，曰：「學之不講，是吾憂也。〔一〕諸生不有鄉舉者乎？」終無所言。〔二〕恭性謙退，奏議依經，潛有補益，然終不自顯，故不以剛直爲稱。三年，以老病策罷。六年，年八十一，卒於家。

〔一〕講，習也。論語孔子之言也。

〔三〕言人患學之不習耳，若能究習，自有鄉里之舉，豈要待三公之辟乎？

以丙子爲郎。長子謙，爲隴西太守，有名績。謙子旭，官至太僕，從獻帝西入關，與司徒王允同謀共誅董卓。及李傕入長安，旭與允俱遇害。

丕字叔陵，性沈深好學，孳孳不倦，〔一〕遂杜絕交游，不荅候問之禮。士友常以此短之，而丕欣然自得。遂兼通五經，以魯詩、尚書教授，爲當世名儒。後歸郡，爲督郵、功曹，所事之將，無不師友待之。

〔一〕孳孳，不怠之意。

建初元年，肅宗詔舉賢良方正，大司農劉寬舉丕。時對策者百有餘人，唯丕在高第，除爲議郎，遷新野令。視事朞年，州課第一，擢拜青州刺史。務在表賢明，慎刑罰。七年，坐事下獄司寇論。〔一〕

〔一〕司寇，刑名也。決罪曰論，言奏而論決之。前書曰「司寇，二歲刑」也。

元和元年徵，再遷，拜趙相。門生就學者常百餘人，關東號之曰「五經復興魯叔陵」。趙王商嘗欲避疾，〔一〕便時移住學官，丕止不聽。〔二〕王乃上疏自言，詔書下丕。丕奏曰：「臣聞禮，諸侯薨於路寢，大夫卒於嫡室，〔三〕死生有命，未有逃避之典也。學官傳五帝之道，修

先王禮樂教化之處，王欲廢塞以廣游讌，事不可聽。」詔從丕言，王以此憚之。其後帝巡狩之趙，特被引見，難問經傳，厚加賞賜。在職六年，嘉瑞屢降，吏人重之。

〔一〕商，趙王良之孫。

〔二〕學官謂學舍也。

〔三〕路寢、嫡室皆正寢。禮喪大記之文。

永元二年，遷東郡太守。丕在二郡，爲人修通溉灌，百姓殷富。數薦達幽隱名士。〔一〕明年，拜陳留太守。視事三朞，後坐稟貧人不實，徵司寇論。

〔一〕續漢書曰：「薦王䶵等，皆備帷幄近臣。」

十一年復徵，再遷中散大夫。〔一〕時侍中賈逵薦丕道蓺深明，宜見任用。和帝因朝會，召見諸儒，丕與侍中賈逵、尚書令黃香等相難數事，帝善丕說，罷朝，特賜冠幘履韈衣一襲。丕因上疏曰：「臣以愚頑，顯備大位，犬馬氣衰，猥得進見，論難於前，無所甄明，〔二〕衣服之賜，誠爲優過。臣聞說經者，傳先師之言，非從己出，不得相讓；相讓則道不明，若規矩權衡之不可枉也。〔三〕難者必明其據，說者務立其義，浮華無用之言不陳於前，故精思不勞而道術愈章。法異者，各令自說師法，博觀其義。覽詩人之旨意，察雅頌之終始，明舜、禹、皋陶之相戒，〔四〕顯周公、箕子之所陳，〔五〕觀乎人文，化成天下。〔六〕陛下既廣納謇謇以開四聰，無令芻蕘以言得罪；〔七〕既顯巖穴以求仁賢，無使幽遠獨有遺失。」

〔一〕續漢志曰：「秩六百石，無員。」

〔二〕甄，別也。

〔三〕規，圓也。矩，方也。權，秤錘。衡，秤衡。

〔四〕尚書帝舜謂禹曰：「臣作朕股肱耳目。」禹戒舜曰：「安汝止，慎乃在位。」咎繇戒禹曰：「慎厥身修，思永，惇敘九族，在知人。」禹曰：「吁咸若時，惟帝其難之。」是相誡也。

〔五〕周公作無逸、立政二篇以戒成王，箕子爲武王陳洪範九疇之義，並見尚書。

〔六〕易賁卦曰：「觀乎天文，以察時變；觀乎人文，以化成天下。」注云：「解天之文，則時變可知；解人之文，則化成可爲也。」

〔七〕芻蕘，採薪者也。大雅板詩曰「詢于芻蕘」也。

十三年，遷爲侍中，免。永初二年，詔公卿舉儒術篤學者，大將軍鄧騭舉丕，再遷，復爲侍中、左中郎將，再爲三老。〔一〕五年，年七十五，卒於官。

〔一〕三老，解見明帝紀也。

魏霸字喬卿，濟陰句陽人也。〔一〕世有禮義。霸少喪親，兄弟同居，州里慕其雍和。

〔一〕句音鉤。

建初中，舉孝廉，八遷，和帝時爲鉅鹿太守。以簡朴寬恕爲政。掾史有過，（要）〔霸〕先誨其失，不改者乃罷之。吏或相毀訴，霸輒稱它吏之長，終不及人短，言者懷慙，譖訟遂息。

永元十六年，徵拜將作大匠。明年，和帝崩，典作順陵。時盛冬地凍，中使督促，數罰縣吏以厲霸。霸撫循而已，初不切責，而反勞之曰：「令諸卿被辱，大匠過也。」吏皆懷恩，力作倍功。

延平元年，代尹勤爲太常。明年，以病致仕，爲光祿大夫。永初五年，拜長樂衞尉，以病乞身，復爲光祿大夫，卒於官。

劉寬字文饒，弘農華陰人也。〔一〕父崎，順帝時爲司徒。〔二〕寬嘗行，有人失牛者，乃就寬車中認之。寬無所言，下駕步歸。有頃，認者得牛而送還，叩頭謝曰：「慙負長者，隨所刑罪。」寬曰：「物有相類，事容脫誤，幸勞見歸，何爲謝之？」州里服其不校。〔三〕

〔一〕謝承書曰「寬少學歐陽尚書、京氏易，尤明韓詩外傳。星官、風角、筭歷，皆究極師法，稱爲通儒。未嘗與人爭埶利

中華書局

之事」也。（隅）角，〔隅〕也。觀四隅之風占之也。

〔二〕崎音丘宜反。

〔三〕校，報也。論語曰：「曾子曰『犯而不校』」。

桓帝時，大將軍辟，五遷司徒長史。〔一〕時京師地震，特見詢問。再遷，出爲東海相。〔二〕延熹八年，徵拜尚書令，遷南陽太守。典歷三郡，溫仁多恕，雖在倉卒，未嘗疾言遽色。常以爲「齊之以刑，民免而無恥」。吏人有過，但用蒲鞭罰之，示辱而已，終不加苦。事有功善，推之自下。災異或見，引躬克責。每行縣止息亭傳，輒引學官祭酒及處士諸生執經對講。〔三〕見父老慰以農里之言，少年勉以孝悌之訓。人感德興行，日有所化。

〔一〕大將軍，梁冀也。

〔二〕東海王彊曾孫臻之相也。

〔三〕續漢書曰：「博士祭酒，秩六百石。祭酒本僕射也，中興改爲祭酒。」處士，有道蓺而在家者。

靈帝初，徵拜太中大夫，侍講華光殿。〔一〕遷侍中，賜衣一襲。轉屯騎校尉，遷宗正，轉光祿勳。熹平五年，代許訓爲太尉。〔二〕靈帝頗好學蓺，每引見寬，常令講經。寬嘗於坐被酒睡伏。〔三〕帝問：「太尉醉邪？」寬仰對曰：「臣不敢醉，但任重責大，憂心如醉。」帝重其言。

〔一〕洛陽宮殿簿云：「華光殿在華林園內。」

〔二〕漢官儀曰：「許訓字季師，平輿人。」

〔三〕被，加也，爲酒所加也。被音平寄反。

寬簡略嗜酒，不好盥浴，〔一〕京師以爲諺。嘗坐客，遣蒼頭市酒，迂久，大醉而還。〔二〕客不堪之，罵曰：「畜產。」寬須臾遣人視奴，疑必自殺。顧左右曰：「此人也，罵言畜產，辱孰甚焉！故吾懼其死也。」夫人欲試寬令恚，伺當朝會，裝嚴已訖，使侍婢奉肉羹，翻汙朝衣。婢遽收之，寬神色不異，乃徐言曰：「羹爛汝手？」其性度如此。海內稱爲長者。

〔一〕說文曰：「澡手曰盥。」音管。

〔二〕迂久猶良久也。

後以日食策免。拜衞尉。光和二年，復代段熲爲太尉。在職三年，以日變免。又拜永樂少府，遷光祿勳。以先策黃巾逆謀，〔一〕以事上聞，封逯鄉侯六百戶。〔二〕中平二年卒，時年六十六。贈車騎將軍印綬，位特進，謚曰昭烈侯。子松嗣，官至宗正。

〔一〕先策謂預知也。

〔二〕逯音錄。

贊曰：卓、魯款款，情慤德滿。〔一〕仁感昆蟲，愛及胎卵。〔二〕寬、霸臨政，亦稱優緩。

〔一〕款款，忠誠也。

〔二〕童見不捕雉也。

校勘記

八六九頁三行　卓茂字子康　按：王先謙謂李善文選注作「字子容」。

八六九頁七行　推實不爲華貌　按：殿本「推」作「雅」。校補謂作「雅實」與通鑑合。作「推實」亦與東觀記合，推實即推誠，非字有誤。

八七〇頁五行　故有經紀禮義以相交接　按：王先謙謂東觀記「義」作「儀」。

八七〇頁一四行　密子賤　按：汲本、殿本「密」作「宓」。

八七一頁一〇行　絮五百斤　集解引惠棟說，謂東觀記云「金五百斤」。

八七一頁一六行　東觀記續漢書皆作宣德侯　按：書鈔五十二、類聚四十六引漢官儀，並作「宣德侯」。

八七二頁六行　不仕王莽時　按：刊誤謂「時」字衍。李慈銘謂「時」字本當作「世」，章懷避諱改。

八七三頁九行　其先出於魯(傾)〔頃〕公　按：校補謂「傾」乃「頃」之誤，史記魯世家可證。今據改。

八七三頁一三行　與母及丕俱居太學習魯詩　按：校補謂此文當有脫誤，婦人不能同居太學習經也。

八七四頁八行　訟人許伯等爭田累守令不能決　按：張森楷校勘記謂治要「累」下有「年」字。

八七四頁一四行　親瞿然而起　按：王先謙謂東觀記作「親默然有頃」。

八七七頁一行　誠來有我而吉已　按：刊誤謂「我」當作「它」，注文甚明。

八七七頁二行　遠滅於史侯河西　按：校補引錢大昭說，謂「史侯」南匈奴傳作「安侯」。

八七七頁九行　惟陛下留聖恩　刊誤謂「恩」當作「思」。按：惠棟云袁紀作「恩」。

八七八頁三行　十(二)〔三〕年代呂蓋爲司徒　集解引錢大昕說，謂「十二年」當依和帝紀作「十三年」。今據改。

八七八頁一六行　呂蓋字君(上)〔玉〕　據王先謙說改。

八八〇頁五行　后以施令誥四方　按：集解引錢大昕、惠棟說，謂「誥」本作「詰」，詰，止也，後人據王弼本改之耳。

八八二頁四行　易十一月　汲本、殿本「一」作「二」。按：集解引王補說，謂袁紀作「十一月中孚曰」。

八八二頁八行　十一月卦也　按：汲本、殿本「一」作「二」。

八八三頁二行　諫子旭官至太僕　李慈銘謂「旭」三國志注作「馗」。今按：注見魏志董卓傳，引張璠漢紀。

八八三頁一三行　便時移住學官　按：「學官」汲本作「學宮」。

八八四頁一四行　法異者各令自說師法博觀其義　按：李慈銘謂「法異者」之「法」字上當有「家」字。

八八六頁一行　魏霸字喬卿　按：御覽五一二引謝承後漢書作「字嶠卿」。王先謙謂東觀記與傳同，一本作「字延年」。

八八六頁三行　掾史有過（要）〔霸〕先誨其失　李慈銘謂「要」蓋「霸」字之誤，俗書霸作西頭，故轉誤作「要」。今據改。

八八六頁五行　典作順陵　按：校補引錢大昭說，謂殤帝紀作「愼陵」，注云俗本作「順陵」者誤。

八八七頁一行　（隈）角〔隅〕也　據殿本改。

後漢書卷二十六

伏侯宋蔡馮趙牟韋列傳第十六　伏湛子隆

伏湛字惠公，琅邪東武人也。九世祖勝，字子賤，所謂濟南伏生者也。湛高祖父孺，武帝時，客授東武，因家焉。父理，爲當世名儒，以詩授成帝，爲高密太傅，別自名學。〔一〕

〔一〕爲高密王寬傅也。寬，武帝玄孫廣陵王胥後也。前書儒林傳曰，伏理字君游，受詩於匡衡，由是齊詩有匡伏之學。故言「別自名學」也。

湛性孝友，少傳父業，教授數百人。成帝時，以父任爲博士弟子。五遷，至王莽時爲繡衣執法，〔一〕使督大姦，遷後隊屬正。〔二〕

〔一〕武帝置繡衣御史，王莽改御史曰執法，故曰「繡衣執法」也。

〔二〕王莽改河內爲後隊。

更始立，以爲平原太守。時倉卒兵起，天下驚擾，而湛獨晏然，教授不廢。謂妻子曰：「夫一穀不登，國君徹膳；〔一〕今民皆飢，柰何獨飽？」乃共食麤糲，〔二〕悉分奉祿以賑鄉里，

來客者百餘家。時門下督素有氣力，謀欲爲湛起兵，湛惡其惑衆，卽收斬之，徇首城郭，以示百姓，於是吏人信向，郡內以安。平原一境，湛所全也。

〔一〕禮記曰：「年穀不登，君膳不祭肺。」

〔二〕糲，麤米也。九章筭術曰：「粟五十，糲率三十。一斛粟得六斗米爲糲也。」

光武卽位，知湛名儒舊臣，欲令幹任內職，〔一〕徵拜尙書，使典定舊制。時大司徒鄧禹西征關中，帝以湛才任宰相，拜爲司直，行大司徒事。車駕每出征伐，常留鎭守，總攝羣司。建武三年，遂代鄧禹爲大司徒，封陽都侯。〔二〕

〔一〕幹，主也。

〔二〕陽都，縣名，屬城陽國，故城在今沂州沂水縣東。

時彭寵反於漁陽，帝欲自征之，湛上疏諫曰：「臣聞文王受命而征伐五國，〔一〕必先詢之同姓，然後謀於羣臣，加占蓍龜，以定行事，〔二〕故謀則成，卜則吉，戰則勝。其詩曰：『帝謂文王，詢爾仇方，同爾弟兄，以爾鉤援，與爾臨衝，以伐崇庸。』〔三〕崇國城守，先退後伐，〔四〕所以重人命，俟時而動，故參分天下而有其二。陛下承大亂之極，受命而帝，興明祖宗，出入四年，而滅檀鄉，制五校，降銅馬，破赤眉，誅鄧奉之屬，不爲無功。今京師空匱，資用不足，未能服近而先事邊外；且漁陽之地，逼接北狄，黠虜困迫，必求其助。又今所過縣邑，尤

爲困乏。種麥之家，多在城郭，聞官兵將至，當已收之矣。大軍遠涉二千餘里，士馬罷勞，轉糧艱阻。今兗、豫、靑、冀，中國之都，而寇賊從橫，未及從化。漁陽以東，本備邊塞，地接外虜，貢稅微薄。安平之時，尙資內郡，況今荒耗，豈足先圖？而陛下捨近務遠，棄易求難，四方疑怪，百姓恐懼，誠臣之所惑也。復願遠覽文王重兵博謀，近思征伐前後之宜，顧問有司，使極愚誠，采其所長，擇之聖慮，以中土爲憂念。」帝覽其奏，竟不親征。

〔一〕五國謂西伯受命伐犬夷，伐密須，伐耆，伐邗，伐崇。見史記。

〔二〕書曰：「謀及卿士，謀及卜筮。」又曰：「文王唯卜用，克綏受茲命。」詩大雅曰：「爰始爰謀，爰契我龜。」

〔三〕詩大雅也。仇，匹也。鉤援，梯所引上城也。臨，臨車也。衝，衝車也。庸，城也。崇侯倡紂爲無道，故伐焉。

〔四〕左氏傳曰：「文王聞崇德亂而伐之，軍三旬而不降，退修政而復伐之，因壘而降。」

時賊徐異卿等〔一〕萬餘人據富平，連攻之不下，〔二〕唯云「願降司徒伏公」。帝知湛爲靑、徐所信向，遣到平原，異卿等卽日歸降，護送洛陽。

〔一〕異卿卽獲索賊帥徐少也。

〔二〕富平，縣名，屬平原郡，故城今棣州厭次縣也。

湛雖在倉卒，造次必於文德，以爲禮樂政化之首，顚沛猶不可違。〔一〕是歲奏行鄉飲酒禮，遂施行之。

〔一〕顚沛猶僵仆也。

其冬，車駕征張步，留湛居守。時蒸祭高廟，〔一〕而河南尹、司隸校尉於廟中爭論，湛不舉奏，坐策免。六年，徙封不其侯，邑三千六百戶，遣就國。〔二〕後南陽太守杜詩上疏薦湛曰：「臣聞唐、虞以股肱康，文王以多士寧，是故詩稱『濟濟』，書曰『良哉』。〔三〕臣詩竊見故大司徒陽都侯伏湛，自行束脩，訖無毀玷，〔四〕篤信好學，守死善道，經爲人師，行爲儀表。前在河內朝歌及居平原，〔五〕吏人畏愛，則而象之。遭時反覆，不離兵凶，秉節持重，有不可奪之志。陛下深知其能，顯以宰相之重，衆賢百姓，仰望德義。微過斥退，久不復用，有識所惜，儒士痛心，臣竊傷之。湛容貌堂堂，國之光暉；〔六〕智略謀慮，朝之淵藪。髫髮厲志，白首不衰。〔七〕實足以先後王室，名足以光示遠人。〔八〕古者選擢諸侯以爲公卿，是故四方回首，仰望京師。〔九〕柱石之臣，宜居輔弼，〔一〇〕出入禁門，補缺拾遺。臣詩愚戇，不足以知宰相之才，竊懷區區，敢不自竭。臣前爲侍御史，上封事，言湛公廉愛下，好惡分明，累世儒學，素持名信，經明行修，通達國政，尤宜近侍，納言左右，舊制九州五尙書，令一郡二人，〔一一〕可以湛代。頗爲執事所非。但臣詩蒙恩深渥，所言誠有益於國，雖死無恨，故復越職觸冒以聞。」

〔一〕冬祭曰蒸也。

〔二〕不其，縣名，屬琅邪郡。其音基。

〔三〕大雅詩曰：「濟濟多士。」尙書曰：「股肱良哉。」

〔四〕訖，竟也。玷，缺也。自行束脩謂年十五以上。

〔五〕朝歌，河內縣名也，故城在今衞州衞縣西。王莽改河內爲後隊，謂湛爲〔後〕隊屬正也。

〔六〕堂堂，盛威儀也。

〔七〕埤蒼曰：「髫，髮也。」髫髮謂童子垂髮。

〔八〕先後，相導也。詩大雅曰：「予〔則〕〔曰〕有先後。」先音先見反。後音胡豆反。

〔九〕左傳曰：「鄭武公、莊公爲平王卿士。」東觀記曰：「詩上書：『武公、莊公所以砥礪蕃屛，勸進忠信，令四方諸侯咸樂回首，仰望京師。』」

〔一〇〕柱石，承棟梁也。前書田延年曰：「將軍爲國柱石。」尙書大傳曰：「古者天子必有四鄰，前曰疑，後曰承，左曰輔，右曰弼。天子有問無以對，責之疑；可志而不志，責之承；可正而不正，責之輔；可揚而不揚，責之弼。」

〔一一〕蓋舊制九州共選五人以任尙書，令則一郡乃有二人，故欲以湛代一人之處。

十三年夏，徵，敕尙書擇拜吏日，未及就位，因讌見中暑，病卒。賜祕器，帝親弔祠，遣使者送喪脩冢。

二子：隆，翕。

翕嗣爵，卒，子光嗣。光卒，子晨嗣。〔一〕晨謙敬博愛，好學尤篤，以女孫爲順帝貴人，奉

朝請，位特進。卒，子無忌嗣，亦傳家學，博物多識，順帝時，爲侍中屯騎校尉。永和元年，詔無忌與議郎黃景校定中書五經、諸子百家、蓺術。〔二〕元嘉中，桓帝復詔無忌與黃景、崔寔等共撰漢記。又自采集古今，刪著事要，號曰伏侯注。〔三〕無忌卒，子質嗣，官至大司農。質卒，子完嗣，尙桓帝女陽安長公主。女爲孝獻皇后。曹操殺后，誅伏氏，國除。

〔一〕東觀記曰：「晨尙高平公主。」

〔二〕中書，內中之書也。蓺文志曰「諸子凡一百八十九家」，言百家，舉其成數也。蓺謂書、數、射、御，術謂醫、方、卜、筮。

〔三〕其書上自黃帝，下盡漢質帝，爲八卷，見行於今。

初，自伏生已後，世傳經學，清靜無競，故東州號爲「伏不鬭」云。

隆字伯文，少以節操立名，〔一〕仕郡督郵。建武二年，詣懷宮，光武甚親接之。時張步兄弟各擁彊兵，據有齊地，拜隆爲太中大夫，持節使靑徐二州，招降郡國。隆移檄告曰：「乃者，猾臣王莽，殺帝盜位。宗室興兵，除亂誅莽，故羣下推立聖公，以主宗廟。而任用賊臣，殺戮賢良，三王作亂，盜賊從橫，忤逆天心，〔二〕卒爲赤眉所害。皇天祐漢，聖哲

〔一〕東觀記「隆」作「盛」，字伯明。

應期，陛下神武奮發，以少制衆。故尋、邑以百萬之軍，潰散於昆陽，王郎以全趙之師，土崩於邯鄲，〔二〕大彤、高胡望旗消靡，鐵脛、五校莫不摧破。梁王劉永，幸以宗室屬籍，爵爲侯王，不知厭足，自求禍棄，遂封爵牧守，造爲詐逆。今虎牙大將軍屯營十萬，已拔睢陽，劉永奔迸，家已族矣。此諸君所聞也。不先自圖，後悔何及？」青、徐羣盜得此惶怖，獲索賊右師郎等六校卽時皆降。〔三〕張步遣使隨隆，〔四〕詣闕上書，獻鰒魚。〔五〕

〔一〕三王見聖公傳。
〔二〕全趙謂舉趙之地。
〔三〕「右」或爲「古」。
〔四〕東觀記步遣其掾孫昱隨之。
〔五〕郭璞注三蒼云：「鰒似蛤，偏著石。」廣志曰：「鰒無鱗有殼，一面附石，細孔雜雜，或七或九。」本草云：「石決明，一名鰒魚。」音步角反。

其冬，拜隆光祿大夫，復使於步，幷與新除青州牧守及都尉俱東，詔隆輒拜令長以下。隆招懷綏緝，多來降附。帝嘉其功，比之酈生。〔一〕卽拜步爲東萊太守，而劉永亦復遣使立步爲齊王。步貪受王爵，尤豫未決。〔二〕隆曉譬曰：「高祖與天下約，非劉氏不王，今可得爲十萬戶侯耳。」步欲留隆與共守二州，隆不聽，〔三〕求得反命，步遂執隆而受永封。隆遣閒

使上書曰：「臣隆奉使無狀，〔四〕受執凶逆，雖在困戹，授命不顧。又吏人知步反畔，心不附之，願以時進兵，無以臣隆爲念。臣隆得生到闕廷，受誅有司，此其大願；若令沒身寇手，以父母昆弟長累陛下。〔五〕陛下與皇后、太子永享萬國，與天無極。」帝得隆奏，召父湛流涕以示之曰：「隆可謂有蘇武之節。〔六〕恨不且許而遽求還也！」其後步遂殺之，時人莫不憐哀焉。

〔一〕酈生，酈食其也。說齊王廣，下齊七十餘城。食其音異基。
〔二〕尤音以今反。
〔三〕二州，青州、徐州也。
〔四〕言罪大也。
〔五〕累，託也，音力僞反。
〔六〕武帝時，蘇武使匈奴，會衞律所將降者，陰相與謀，劫單于母閼氏歸漢，事發，單于使衞律考其事，召武受辭。武不屈節，引佩刀自刺。單于欲降武，武不降，杖節牧羊海上，臥起操持節，節髦盡落。在匈奴中十九年，乃得歸漢。見前書也。

五年，張步平，車駕幸北海，詔隆中弟咸收隆喪，賜給棺斂，太中大夫護送喪事，詔告琅邪作冢，以子瑗爲郎中。

侯霸字君房，河南密人也。族父淵，以宦者有才辯，任職元帝時，佐石顯等領中書，號曰大常侍。成帝時，任霸爲太子舍人。〔一〕霸矜嚴有威容，家累千金，不事產業。篤志好學，師事九江太守房元，治穀梁春秋，爲元都講。〔二〕王莽初，五威司命陳崇舉霸德行，遷隨宰。〔三〕縣界曠遠，濱帶江湖，而亡命者多爲寇盜。霸到，卽案誅豪猾，分捕山賊，縣中清靜。再遷爲執法刺姦，〔四〕糾案執位者，無所疑憚。後爲淮平大尹，政理有能名。〔五〕及王莽之敗，霸保固自守，卒全一郡。

〔一〕漢官儀曰：「太子舍人，選良家子孫，秩二百石。」
〔二〕東觀記曰「從鍾寧君受律」也。
〔三〕王莽置五威司命將軍，又改縣令長曰宰。隨，縣名，屬南陽郡，今隨州縣也。
〔四〕王莽傳曰：「置執法左右刺姦，選能吏侯霸等分督六尉、六隊，如漢刺史。」
〔五〕王莽改臨淮郡爲淮平。

更始元年，遣使徵霸，〔一〕百姓老弱相攜號哭，遮使者車，或當道而臥。皆曰：「願乞侯君復留朞年。」民至乃戒乳婦勿得舉子，侯君當去，必不能全。使者慮霸就徵，臨淮必亂，不敢授璽書，具以狀聞。會更始敗，道路不通。

〔一〕東觀記曰：「遣謁者侯盛、荆州刺史費遂，齎璽書徵霸。」

建武四年，光武徵霸與車駕會壽春，拜尚書令。時無故典，朝廷又少舊臣，霸明習故事，收錄遺文，條奏前世善政法度有益於時者，皆施行之。每春下寬大之詔，奉四時之令，皆霸所建也。〔一〕明年，代伏湛爲大司徒，封關內侯。在位明察守正，奉公不回。

〔一〕月令春布德行慶，施惠下人，故曰寬大。奉四時謂依月令也。

十三年，霸薨，帝深傷惜之，親自臨弔。下詔曰：「惟霸積善清絜，視事九年。漢家舊制，丞相拜日，封爲列侯。〔一〕朕以軍師暴露，功臣未封，緣忠臣之義，不欲相踰，未及爵命，奄然而終。嗚呼哀哉！」於是追封謚霸則鄉哀侯，食邑二千六百戶。子昱嗣。臨淮吏人共爲立祠，四時祭焉。以沛郡太守韓歆代霸爲大司徒。

〔一〕漢自高祖以列侯爲丞相，武帝以元勳佐命皆盡，拜公孫弘爲丞相，封平津侯，因以爲故事。

歆字翁君，南陽人，以從攻伐有功，封扶陽侯。好直言，無隱諱，帝每不能容。嘗因朝會，聞帝讀隗囂、公孫述相與書，歆曰：「亡國之君皆有才，桀紂亦有才。」帝大怒，以爲激發。歆又證歲將飢凶，指天畫地，言甚剛切，坐免歸田里。帝猶不釋，復遣使宣詔責之。司隸校尉鮑永固請不能得，歆及子嬰竟自殺。歆素有重名，死非其罪，衆多不厭，〔二〕帝乃追賜錢穀，以成禮葬之。〔三〕

〔一〕厭音一葉反。

〔二〕成禮，具禮也。言不以非命而降其葬禮。

後千乘歐陽歙、清河戴涉相代爲大司徒，坐事下獄死，自是大臣難居相任。其後河（南）〔內〕蔡茂，京兆玉況，〔一〕魏郡馮勤，皆得薨位。況字文伯，性聰敏，爲陳留太守，以德行化人，遷司徒，四年薨。

〔一〕玉音肅。

昱後徙封於陵侯，〔一〕永平中兼太僕。昱卒，子建嗣。建卒，子昌嗣。

〔一〕於陵，縣名，屬濟南郡，故城在今淄州長山縣南。

宋弘字仲子，京兆長安人也。父尚，成帝時至少府；哀帝立，以不附董賢，違忤抵罪。弘少而溫順，哀平閒作侍中，王莽時爲共工。〔一〕赤眉入長安，遣使徵弘，逼迫不得已，行至渭橋，自投於水，家人救得出，因佯死獲免。

〔一〕王莽改少府曰共工。

光武卽位，徵拜太中大夫。建武二年，代王梁爲大司空，封栒邑侯。〔一〕所得租奉分贍

九族，家無資產，以清行致稱。徙封宣平侯。

〔一〕栒音恂。

帝嘗問弘通博之士，弘乃薦沛國桓譚才學洽聞，幾能及楊雄、劉向父子。〔一〕於是召譚拜議郎、給事中。帝每讌，輒令鼓琴，好其繁聲。弘聞之不悅，悔於薦舉，伺譚內出，正朝服坐府上，遣吏召之。譚至，不與席而讓之曰：「吾所以薦子者，欲令輔國家以道德也，而今數進鄭聲以亂雅頌，非忠正者也。〔二〕能自改邪？將令相舉以法乎？」譚頓首辭謝，良久乃遣之。後大會羣臣，帝使譚鼓琴，譚見弘，失其常度。帝怪而問之。弘乃離席免冠謝曰：「臣所以薦桓譚者，望能以忠正導主，而令朝廷耽悅鄭聲，臣之罪也。」帝改容謝，使反服，其後遂不復令譚給事中。弘推進賢士馮翊、桓梁三十餘人，或相及爲公卿者。〔三〕

〔一〕幾音祈。洽，浹洽也。幾，近也。前書班固曰，谷永經書，汎爲疏達，不能浹洽如劉向父子及楊雄也。故弘引焉。

〔二〕論語孔子曰：「惡鄭聲之亂雅樂也。」史記曰「鄭音好濫淫志」也。

〔三〕及猶繼也。

弘當讌見，御坐新屏風，圖畫列女，帝數顧視之。弘正容言曰：「未見好德如好色者。」帝卽爲徹之。笑謂弘曰：「聞義則服，可乎？」對曰：「陛下進德，臣不勝其喜。」時帝姊湖陽公主新寡，帝與共論朝臣，微觀其意。主曰：「宋公威容德器，羣臣莫及。」帝曰：「方且圖之。」後弘被引見，帝令主坐屏風後，因謂弘曰：「諺言貴易交，富易妻，人情乎？」弘曰：「臣聞貧賤之知不可忘，糟糠之妻不下堂。」帝顧謂主曰：「事不諧矣。」

弘在位五年，坐考上黨太守無所據，免歸第。〔一〕數年卒，無子，國除。

〔一〕言無罪狀可據。

弘弟嵩，以剛彊孝烈著名，官至河南尹。嵩子由，（章）〔元〕和閒爲太尉，坐阿黨竇憲，策免歸本郡，自殺。由二子：漢，登。登在儒林傳。

漢字仲和，以經行著名，舉茂才，四遷西河太守。永建元年，爲東平相、度遼將軍，〔一〕立名節，以威恩著稱。遷太僕，上病自乞，拜太中大夫，卒。策曰：「太中大夫宋漢，清修雪白，正直無邪。前在方外，仍統軍實，〔二〕懷柔異類，莫匪嘉績，戎車載戢，邊人用寧。予錄乃勳，引登九列。因病退讓，守約彌堅，將授三事，未尅而終。朝廷愍悼，怛其愴然。詩不云乎：『肇敏戎功，用錫爾祉。』〔三〕其令將相大夫會葬，加賜錢十萬，及其在殯，以全素絲羔羊之絜焉。」〔四〕

〔一〕爲東平王蒼會孫端相也。

〔二〕仍，頻也。統，領也。軍實謂軍之所資也，左傳曰「隳軍實」。

〔三〕大雅江漢之詩也。吉甫美宣王能興衰撥亂，命召公平淮夷。毛萇注云：「肇，謀也。敏，疾也。戎，大也。功，事也。祉謂福慶。」

〔四〕詩國風曰：「羔羊之皮，素絲五紽，退食自公，委（蛇）委（蛇）蛇。」退食，減膳也。言卿大夫已下，皆衣羔羊之裘，縫以素絲，自減膳食，從於公事，行步委蛇自得。

子則，字元矩，爲鄢陵令，亦有名迹。拔同郡韋著、扶風法眞，稱爲知人。則子年十歲，與蒼頭共弩射，蒼頭弦斷矢激，誤中之，卽死。奴叩頭就誅，則察而恕之。潁川荀爽深以爲美，時人亦服焉。

論曰：中興以後，居台相總權衡多矣，其能以任職取名者，豈非先遠業後小數哉？〔一〕故惠公造次，急於鄉射之禮；君房入朝，先奏寬大之令。夫器博者無近用，道長者其功遠，蓋志士仁人所爲根心者也。〔二〕君子以之得，固貴矣；以之失，亦得矣。〔三〕宋弘止繁聲，戒淫色，其有關雎之風乎！〔四〕

〔一〕遠業謂德禮，小數謂名法也。

〔二〕根猶本也。

〔三〕以之得，謂行道義而得，固可貴矣。以之失，謂行道義而失，亦爲得也。

〔四〕詩序曰：「關雎樂得淑女以配君子，憂在進賢，不淫其色也。」

蔡茂字子禮，河內懷人也。哀平閒以儒學顯，徵試博士，對策陳災異，以高等擢拜議郎，遷侍中。遇王莽居攝，以病自免，不仕莽朝。

會天下擾亂，茂素與竇融善，因避難歸之。融欲以爲張掖太守，固辭不就；每所餉給，計口取足而已。後與融俱徵，復拜議郎，再遷廣漢太守，有政績稱。時陰氏賓客在郡界多犯吏禁，茂輒糾案，無所回避。會洛陽令董宣舉糾湖陽公主，帝始怒收宣，既而赦之。茂喜宣剛正，欲令朝廷禁制貴戚，乃上書曰：「臣聞興化致教，必由進善；康國寧人，莫大理惡。陛下聖德係興，再隆大命，即位以來，四海晏然。誠宜夙興夜寐，雖休勿休。然頃者貴戚椒房之家，數因恩埶，干犯吏禁，殺人不死，傷人不論。臣恐繩墨棄而不用，〔一〕斧斤廢而不舉。〔二〕近湖陽公主奴殺人西市，而與主共輿，出入宮省，逋罪積日，冤魂不報。洛陽令董宣，直道不顧，干主討姦。陛下不先澄審，召欲加箠。當宣受怒之初，京師側耳；及其蒙宥，天下拭目。今者，外戚憍逸，賓客放濫，宜敕有司案理姦罪，使執平之吏永申其用，以厭遠近不緝之情。」光武納之。〔三〕

〔一〕繩墨諭章程也。

〔二〕斧斤謂刑戮也。賈誼曰「釋斤斧之用」也。

〔三〕緝，叶也。

建武二十年，代戴涉爲司徒，在職清儉匪懈。二十三年薨于位，時年七十二。賜東園梓棺，賻贈甚厚。〔一〕

〔一〕東園，署名，主作棺也。

茂初在廣漢，夢坐大殿，極上有三穗禾，茂跳取之，得其中穗，輒復失之。〔一〕以問主簿郭賀，賀離席慶曰：「大殿者，宮府之形象也。極而有禾，人臣之上祿也。取中穗，是中台之位也。於字禾失爲秩，雖曰失之，乃所以得祿秩也。袞職有闕，君其補之。」〔二〕旬月而茂徵焉，乃辟賀爲掾。

〔一〕屋之大者，古通呼爲殿也。極，殿梁也。前書音義曰：「三輔閒謂屋梁爲極。」

〔二〕三公服袞，畫爲龍。龍首袞袞然，故言袞龍。詩曰：「袞職有闕，仲山甫補之。」

賀字喬卿，雒（陽）人。祖父堅伯，父游君，並修清節，不仕王莽。賀能明法，累官，建武中爲尚書令，在職六年，曉習故事，多所匡益。拜荊州刺史，引見賞賜，恩寵隆異。及到官，有殊政。百姓便之，歌曰：「厥德仁明郭喬卿，忠正朝廷上下平。」顯宗巡狩到南陽，特見嗟歎，賜以三公之服，黼黻冕旒。〔一〕敕行部去襜帷，使百姓見其容服，以章有德。每所經過，吏人指以相示，莫不榮之。永平四年，徵拜河南尹，以清靜稱。在官三年卒，詔書愍惜，賜車一乘，錢四十萬。

〔一〕三公服袞冕。黼若斧形，黻若兩「己」相背。冕以木爲之，衣以帛，玄上纁下，廣八寸，長尺六寸。旒謂冕前後所垂玉也，天子十二旒，上公九旒。

馮勤字偉伯，魏郡繁陽人也。曾祖父揚，宣帝時爲弘農太守。有八子，皆爲二千石，趙魏閒榮之，號曰「萬石君」焉。兄弟形皆偉壯，唯勤祖父偃，長不滿七尺，常自恥短陋，恐子孫之似也，〔一〕乃爲子伉娶長妻。伉生勤，長八尺三寸。八歲善計。〔二〕

〔一〕東觀記偃爲黎陽令。

〔二〕計，筭術也。

初爲太守銚期功曹，有高能稱。期常從光武征伐，政事一以委勤。勤同縣馮巡等舉兵應光武，謀未成而爲豪右焦廉等所反，〔一〕勤乃率將老母兄弟及宗親歸期，期悉以爲腹心，薦於光武。初未被用，後乃除爲郎中，給事尚書。〔二〕以圖議軍糧，在事精勤，遂見親識。

每引進，帝輒顧謂左右曰：「佳乎吏也！」由是使典諸侯封事。勤差量功次輕重，國土遠近，地埶豐薄，不相踰越，莫不厭服焉。自是封爵之制，非勤不定。帝益以爲能，尚書衆事，皆令總錄之。

〔一〕反音幡。

〔二〕東觀記魏郡太守范橫上疏薦勤，然始除之。

司徒侯霸薦前梁令閻楊。楊素有譏議，帝常嫌之，既見霸奏，疑其有姦，大怒，賜霸璽書曰：「崇山、幽都何可偶，〔一〕黃鉞一下無處所。〔二〕欲以身試法邪？將殺身以成仁邪？」使勤奉策至司徒府。勤還，陳霸本意，申釋事理，帝意稍解，拜勤尚書僕射。職事十五年，以勤勞賜爵關內侯。遷尚書令，拜大司農，三歲遷司徒。

〔一〕崇山，南裔也。幽都，北裔也。偶，對也。言將殺之，不可得流徙也。尚書舜流共工於幽州，放驩兜於崇山。

〔二〕鉞，斧也，以黃金飾之，所以戮人。

先是三公多見罪退，帝賢勤，欲令以善自終，乃因讌見從容戒之曰：「朱浮上不忠於君，下陵轢同列，竟以中傷至今，〔一〕死生吉凶未可知，豈不惜哉！人臣放逐受誅，雖復追加賞賜賻祭，不足以償不訾之身。〔二〕忠臣孝子，覽照前世，以爲鏡誡。能盡忠於國，事君無二，則爵賞光乎當世，功名列於不朽，可不勉哉！」勤愈恭約盡忠，號稱任職。

〔一〕朱浮爲大司空，坐賣弄國恩免，又爲陵轢同列，帝銜之，惜其功，不忍加罪。
〔二〕訾，量也。言無量可比之，貴重之極也。訾與資同。

勤母年八十，每會見，詔勑勿拜，令御者扶上殿，顧謂諸王主曰：「使勤貴寵者，此母也。」其見親重如此。

中元元年，薨，〔一〕帝悼惜之，使者弔祠，賜東園祕器，賵贈有加。

〔一〕東觀記曰：「中元元年，車駕西幸長安，祠園陵還，勤燕見前殿盡日，歸府，因病喘逆，上使太醫療視，賞賜錢帛，遂薨。」

勤七子。長子宗嗣，至張掖屬國都尉。中子順，尚平陽長公主，終於大鴻臚。〔一〕建初八年，以順中子奮襲主爵爲平陽侯，奉公主之祀。奮弟由，黃門侍郎，尚平安公主。〔二〕勤薨，子卯嗣。卯延光中爲侍中，薨，子留嗣。

〔一〕平陽主，明帝女。
〔二〕章帝女也。臣賢案：東觀記亦云安平，皇后紀云由尚平邑公主，紀傳不同，未知孰是。

趙憙字伯陽，南陽宛人也。少有節操。從兄爲人所殺，無子，憙年十五，常思報之。乃挾兵結客，後遂往復仇。而仇家皆疾病，無相距者。憙以因疾報殺，非仁者心，且釋之而去。顧謂仇曰：「爾曹若健，遠相避也。」仇皆臥自搏。〔一〕後病愈，悉自縛詣憙，憙不與相見，後竟殺之。

〔一〕自搏猶叩頭也。

更始即位，舞陰大姓李氏擁城不下，更始遣柱天將軍李寶降之，不肯，云「聞宛之趙氏有孤孫憙，信義著名，願得降之」。更始乃徵憙。憙年未二十，既引見，更始笑曰：「繭栗犢，豈能負重致遠乎？」〔一〕即除爲郎中，行偏將軍事，使詣舞陰，而李氏遂降。憙因進入潁川，擊諸不下者，歷汝南界，還宛。更始大悅，謂憙曰：「卿名家駒，努力勉之。」〔二〕會王莽遣王尋、王邑將兵出關，更始乃拜憙爲五威偏將軍，使助諸將拒尋、邑於昆陽。光武破尋、邑，憙被創，有戰勞，還拜中郎將，封勇功侯。

〔一〕犢角如繭栗，言小也。禮緯曰：「天地之牲角繭栗。」
〔二〕武帝謂劉德爲千里之駒，故以憙比之。

更始敗，憙爲赤眉兵所圍，迫急，乃踰屋亡走，與所友善韓仲伯等數十人，攜小弱，越山阻，徑出武關。仲伯以婦色美，慮有彊暴者，而已受其害，欲棄之於道。憙責怒不聽，因以泥塗仲伯婦面，載以鹿車，身自推之。〔一〕每道逢賊，或欲逼略，憙輒言其病狀，以此得免。既入丹水，〔二〕遇更始親屬，皆裸跣塗炭，飢困不能前。〔三〕憙見之悲感，所裝縑帛資糧，悉以與之，將護歸鄉里。

〔一〕風俗通曰：「俗說鹿車窄小，裁容一鹿。」
〔二〕丹水，縣名，屬南陽郡，故城在今鄧州內鄉縣西南，臨丹水。
〔三〕塗炭者，若陷泥墜火，喻窮困之極也。

時鄧奉反於南陽，憙素與奉善，數遺書切責之，而讒者因言憙與奉合謀，帝以爲疑。及奉敗，帝得憙書，乃驚曰：「趙憙眞長者也。」即徵憙，引見，賜鞌馬，待詔公車。時江南未賓，道路不通，以憙守簡陽侯相。憙不肯受兵，〔一〕單車馳之簡陽。吏民不欲內憙，憙乃告譬，呼城中大人，示以國家威信，其帥即開門面縛自歸，由是諸營壁悉降。荊州牧奏憙才任理劇，詔以爲平林侯相。攻擊羣賊，安集已降者，縣邑平定。

〔一〕東觀記曰：「勑憙從騎都尉儲融受兵二百人，通利道路。憙白上，不願受融兵，單車馳往，度其形況。上許之。」

後拜懷令。大姓李子春先爲琅邪相，豪猾并兼，爲人所患。憙下車，聞其二孫殺人事未發覺，即窮詰其姦，收考子春，二孫自殺。京師爲請者數十，終不聽。時趙王良疾病將終，車駕親臨王，問所欲言。王曰：「素與李子春厚，今犯罪，懷令趙憙欲殺之，願乞其命。」

帝曰：「吏奉法，律不可枉也，更道它所欲。」王無復言。既薨，帝追感趙王，乃貰出子春。

其年，遷憙平原太守。時平原多盜賊，憙與諸郡討捕，斬其渠帥，餘黨當坐者數千人。憙上言「惡惡止其身，〔一〕可一切徙京師近郡」。帝從之，乃悉移置潁川、陳留。於是擢舉義行，誅鋤姦惡。後青州大蝗，侵入平原界輒死，歲屢有年，百姓歌之。

〔一〕公羊傳曰：「善善及子孫，惡惡止其身。」

二十六年，帝延集內戚讌會，歡甚，諸夫人各各前言「趙憙篤義多恩，往遭赤眉出長安，皆爲憙所濟活」。帝甚嘉之。後徵憙入爲太僕，引見謂曰：「卿非但爲英雄所保也，婦人亦懷卿之恩。」厚加賞賜。

二十七年，拜太尉，賜爵關內侯。時南單于稱臣，烏桓、鮮卑並來入朝，帝令憙典邊事，思爲久長規。〔一〕憙上復緣邊諸郡，幽并二州由是而定。〔二〕

〔一〕規，謀也。
〔二〕復音伏。謂建武六年徙雲中、五原人於常山、居庸關，至二十六年復令還雲中、五原。東觀記曰：「草創苟合，未有還人，蓋憙至此，請徙之令盡也。」

三十年，憙上言宜封禪，正三雍之禮。中元元年，從封泰山。及帝崩，憙受遺詔，典喪禮。是時藩王皆在京師，自王莽篡亂，舊典不存，皇太子與東海王等雜止同席，憲章無序。

憙乃正色，橫劒殿階，扶下諸王，以明尊卑。時藩國官屬出入宮省，與百僚無別，憙乃表奏謁者將護，分止它縣，諸王並令就邸，唯朝晡入臨。整禮儀，嚴門衞，內外肅然。

永平元年，封節鄉侯。三年春，坐考中山相薛脩事不實免。〔一〕其冬，代竇融爲衞尉。八年，代虞延行太尉事，居府如眞。後遭母憂，上疏乞身行喪禮，顯宗不許，遣使者爲釋服，賞賜恩寵甚渥。憙內典宿衞，外幹宰職，正身立朝，未嘗懈惰。及帝崩，復典喪事，再奉大行，禮事脩舉。肅宗卽位，進爲太傅，錄尚書事。擢諸子爲郎吏者七人。長子代，給事黃門。

〔一〕脩，光武子中山王焉相也。

建初五年，憙疾病，帝親幸視。及薨，車駕往臨弔。時年八十四。謚曰正侯。子代嗣，官至越騎校尉。永元中，副行征西將軍劉尚征羌，坐事下獄，疾病物故。和帝憐之，賜祕器錢布，贈越騎校尉、節鄉侯印綬。子直嗣，官至步兵校尉。直卒，子淑嗣，無子，國除。

牟融字子優，北海安丘人也。少博學，以大夏侯尚書教授，〔一〕門徒數百人，名稱州里。以司徒茂才爲豐令，〔二〕視事三年，縣無獄訟，爲州郡最。

〔一〕大夏侯名勝，宣帝時人也。

〔二〕司徒舉爲茂才也。豐，今徐州縣也。

司徒范遷薦融忠正公方，經行純備，宜在本朝，并上其理狀。〔一〕永平五年，入代鮑昱爲司隸校尉，多所舉正，百僚敬憚之。八年，代包咸爲大鴻臚。十一年，代鮭陽鴻爲大司農。〔二〕

〔一〕漢官儀曰：「范遷字子廬，沛人也。」

〔二〕鮭陽，姓也，音胡佳反。

是時顯宗方勤萬機，公卿數朝會，每輒延謀政事，判折獄訟。融經明才高，善論議，朝廷皆服其能；帝數嗟歎，以爲才堪宰相。明年，代伏恭爲司空，〔一〕舉動方重，甚得大臣節。肅宗卽位，以融先朝名臣，代趙憙爲太尉，與憙參錄尚書事。

〔一〕恭字叔齊，伏湛同產兄子也。見東觀記。

建初四年薨，車駕親臨其喪。時融長子麟歸鄉里，帝以其餘子幼弱，勑太尉掾史教其威儀進止，贈賵恩寵篤密焉。又賜冢塋地於顯節陵下，除麟爲郎。

韋彪字孟達，扶風平陵人也。高祖賢，宣帝時爲丞相。祖賞，哀帝時爲大司馬。彪孝行純至，父母卒，哀毀三年，不出廬寢。服竟，羸瘠骨立異形，醫療數年乃起。好學洽聞，雅稱儒宗。建武末，舉孝廉，除郎中，以病免，復歸教授。安貧樂道，恬於進趣，三輔諸儒莫不慕仰之。

顯宗聞彪名，永平六年，召拜謁者，賜以車馬衣服，三遷魏郡太守。肅宗卽位，以病免。徵爲左中郎將、長樂衞尉，數陳政術，每歸寬厚。比上疏乞骸骨，拜爲奉車都尉，秩中二千石，賞賜恩寵，侔於親戚。

建初七年，車駕西巡狩，以彪行太常從，數召入，問以三輔舊事，禮儀風俗。彪因建言：「今西巡舊都，宜追錄高祖、中宗功臣，〔一〕褒顯先勳，紀其子孫。」帝納之。行至長安，乃制詔京兆尹、右扶風求蕭何、霍光後。時光無苗裔，唯封何末孫熊爲酇侯。建初二年已封曹參後曹湛爲平陽侯，故不復及焉。乃厚賜彪錢珍羞食物，使歸平陵上冢。還，拜大鴻臚。

〔一〕中宗，宣帝。

是時陳事者，多言郡國貢舉率非功次，故守職益懈而吏事寖疏，咎在州郡。有詔下公卿朝臣議。彪上議曰：「伏惟明詔，憂勞百姓，垂恩選舉，務得其人。夫國以簡賢爲務，賢以

孝行爲首。孔子曰：『事親孝故忠可移於君，是以求忠臣必於孝子之門。』〔一〕夫人才行少能相兼，是以孟公綽優於趙、魏老，不可以爲滕、薛大夫。〔二〕忠孝之人，持心近厚；鍛鍊之吏，持心近薄。〔三〕三代之所以直道而行者，在其所以磨之故也。〔四〕士宜以才行爲先，不可純以閥閱。〔五〕然其要歸，在於選二千石。二千石賢，則貢舉皆得其人矣。」帝深納之。

〔一〕孝經緯之文也。

〔二〕論語孔子之言也。公綽，魯大夫。趙、魏皆晉卿之邑也。家臣稱老。公綽性寡欲，趙、魏老優閑無事；滕、薛小國，大夫職煩，故不可爲也。

〔三〕蒼頡篇曰：「鍛，椎也。」鍛鍊猶成孰也。言深文之吏，入人之罪，猶工冶陶鑄鍛鍊，使之成孰也。前漢路溫舒上疏曰「鍛鍊而周內之」。

〔四〕論語孔子曰：「吾之於人，誰毀誰譽，如有所譽者，其有所試矣，斯三代之所以直道而行（之）〔也〕。」彪引之者，言古之用賢皆磨礪選練，然後用之。

〔五〕史記曰：「明其等曰閥，積功曰閱。」

彪以世承二帝吏化之後，多以苛刻爲能，〔一〕又置官選職，不必以才，因盛夏多寒，上疏諫曰：「臣聞政化之本，必順陰陽。伏見立夏以來，當暑而寒，殆以刑罰刻急，郡國不奉時令之所致也。農人急於務而苛吏奪其時，賦發充常調而貪吏割其財，此其巨患也。夫欲急人所務，當先除其所患。天下樞要，在於尚書，〔二〕尚書之選，豈可不重？而閒者多從郎官超

升此位，雖曉習文法，長於應對，然察察小慧，類無大能。宜簡嘗歷州宰素有名者，雖進退舒遲，時有不逮，然端心向公，奉職周密。宜鑒嗇夫捷急之對，〔三〕深思絳侯木訥之功也。〔四〕往時楚獄大起，故置令史以助郎職，而類多小人，好爲姦利。今者務簡，可皆停省。又諫議之職，應用公直之士，通才謇正，有補益於朝者。今或從徵試輩爲大夫。〔五〕又御史外遷，動據州郡。並宜清選其任，責以言績。其二千石視事雖久，而爲吏民所便安者，宜增秩重賞，勿妄遷徙。惟留聖心。」書奏，帝納之。

〔一〕二帝，光武、明帝也。

〔二〕百官志曰「尚書，主知公卿二千石吏人上書、外國夷狄事」，故曰樞要。

〔三〕嗇夫，官名也。文帝出上林，登虎圈，因問上林尉禽獸簿，不能對。虎圈嗇夫從傍代對，響應無窮。文帝拜嗇夫爲上林令，張釋之曰：「夫絳侯、東陽侯言事曾不能出口，豈效此嗇夫喋喋利口捷急哉？」文帝曰「善」，遂不拜嗇夫爲上林令。

〔四〕木，質也。訥，遲鈍也。前書曰「周勃木彊少文」，又曰「安劉氏者必勃」。

〔五〕輩，類也。

元和二年春，東巡狩，以彪行司徒事從行。還，以病乞身，帝遣小黃門、太醫問病，賜以食物。彪遂稱困篤。章和二年夏，使謁者策詔曰：「彪以將相之裔，勤身飭行，出自州里，在

位歷載。中被篤疾，連上求退。君年在耆艾，〔一〕不可復以加增，恐職事煩碎，重有損焉。其上大鴻臚印綬。其遣太子舍人詣中臧府，受賜錢二十萬。」〔二〕永元元年，卒，詔尚書：「故大鴻臚韋彪，在位無愆，方欲錄用，奄忽而卒。其賜錢二十萬，布百匹，穀三千斛。」

〔一〕禮記曰：「七十曰耆，五十曰艾。」

〔二〕續漢志曰「中臧府，令一人，秩六百石，掌中幣帛金錢貨物」也。

彪清儉好施，祿賜分與宗族，家無餘財。著書十二篇，號曰韋卿子。

族子義。義字季節。高祖父玄成，元帝時爲丞相。初，彪獨徙扶風，故義猶爲京兆杜陵人焉。

兄順，字叔文，平輿令。有高名。〔一〕次兄豹，字季明。數辟公府，輒以事去。司徒劉愷復辟之，謂曰：「卿以輕好去就，爵位不躋。〔二〕今歲垂盡，當選御史，意在相薦，子其宿留乎？」〔三〕豹曰：「犬馬齒衰，旅力已劣，〔四〕仰慕崇恩，故未能自割。且眩瞀滯疾，不堪久待，〔五〕選薦之私，非所敢當。」遂跣而起。愷追之，徑去不顧。安帝西巡，徵拜議郎。

〔一〕平輿，縣名，屬汝南郡，故城在今豫州汝陽縣東北。

〔二〕躋，升也。

〔三〕宿留，待也。宿音秀。留音力救反。

〔四〕旅，衆也。尚書曰：「番番良士，旅力既愆。」

〔五〕眩，風疾也。瞀，亂也。謂視不明之貌也。眩音縣。瞀音亡溝反。

義少與二兄齊名，初仕州郡。太傅桓焉辟舉理劇，爲廣都長，〔一〕甘陵、陳二縣令，〔二〕政甚有績，官曹無事，牢獄空虛。數上書順帝，陳宜依古典，考功黜陟，徵集名儒，大定其制。又譏切左右，貶刺竇氏。言既無感，而久抑不遷，以兄順喪去官。比辟公府，不就。廣都爲生立廟。及卒，三縣吏民爲義舉哀，若喪考妣。

〔一〕廣都，縣名，屬蜀郡，故城在今益州成都縣東南。

〔二〕甘陵故城在今貝州清河縣西北。陳屬梁國，今陳州。

豹子著，字休明。少以經行知名，不應州郡之命。大將軍梁冀辟，不就。延熹二年，桓帝公車備禮徵，至霸陵，稱病歸，乃入雲陽山，采藥不反。有司舉奏加罪，帝特原之。復詔京兆尹重以禮敦勸，著遂不就徵。〔一〕靈帝即位，中常侍曹節以陳蕃、竇氏既誅，海內多怨，欲借寵時賢以爲名，〔二〕白帝就家拜著東海相。〔三〕詔書逼切，不得已，解巾之郡。〔四〕政任威刑，爲受罰者所奏，坐論輸左校。〔五〕又後妻憍恣亂政，以之失名，竟歸，爲姦人所害，隱者恥之。

〔一〕敦猶逼也。

〔二〕假借時賢寵榮以求美名，用解怨謗。

〔三〕東海王懿相也。即東海王彊四代孫。

〔四〕巾，幅巾也。既服冠冕，故解幅巾。

〔五〕左校，署名，屬將作也。

贊曰：湛、霸奮庸，維寧兩邦。〔一〕淮人孺慕，徐寇要降。〔二〕弘實體遠，仁不忘本。〔三〕憲政多迹，彪明理損。牟公簡帝，身終上衰。

〔一〕尚書曰：「有能奮庸熙帝之載。」孔安國注曰：「奮，起也。庸，功也。」兩邦謂湛爲平原太守，霸爲淮平大尹。

〔二〕徐寇謂徐異卿也。願要降司徒伏公。

〔三〕謂不忘糟糠妻也。

校勘記

八九三頁五行　伏理字君游　按：集解引惠棟說，謂「君游」前書作「斿君」。

八九五頁一〇行　時賊徐異卿等萬餘人據富平　按：李慈銘謂案光武紀，帝之征張步及湛之免官，皆在建武五年，此傳失書「五年」二字。又據紀言吳漢等擊富平、獲索賊于平原，大破降之。不言湛者，蓋時賊已請降，特令湛往受之耳，然其事亦在五年二月。則此傳「時賊徐異卿

等」句「時」字當易「五年」二字，敍事方覈。

八九五頁三行　獲索賊帥徐少　按：集解引惠棟說，謂「獲索」應作「富平」。

八九六頁八行　髻髮厲志　按：王先謙謂「髻髮」東觀記作「齠齔」。

八九六頁一二行　舊制九州五尙書令一郡二人　按：刊誤謂「令」合作「今」。尙書令不可有五人，若言令一郡二人，又無義，改作「今」，乃與注合。

八九七頁四行　謂湛爲〔後〕隊屬正也　據集解本補。

八九七頁七行　予（則）〔曰〕有先後　據汲本、殿本改，與詩合。

八九七頁一二行　令則一郡乃有二人　按：殿本「令」作「今」。「二人」原譌「一人」，逕改正。

八九七頁一三行　未及就位　按：「未」字原脫，逕據汲本、殿本補。

八九八頁九行　故東州號爲伏不鬭云　按：「云」字原脫，逕據汲本、殿本補。

九〇〇頁一五行　以子瑗爲郎中　按：殿本、集解本「瑗」作「援」。

九〇三頁三行　河（南）〔內〕蔡茂　據殿本改。按：校補謂茂河內懷人，具本傳，作「河南」乃形近而譌。

九〇三頁四行　京兆玉況　殿本「玉」作「王」，注同。按：玉字本有肅音，後人不曉，另造一「王」字，以別於金玉之「玉」，亦猶「角里」之「角」，別造一「甪」字矣。

九〇四頁九行　弘推進賢士馮翊桓梁三十餘人　按：校補謂「三」疑「等」之誤，蓋三十餘人似太多，且文

伏侯宋蔡馮趙牟韋列傳第十六　九二三

後漢書卷二十六　九二四

法固宜有一「等」字也。又按：汲本「推進」作「雅進」。

九〇四頁一三行　御坐新屏風　按：集解引惠棟說，謂東觀記云「新施屏風」，疑脫「施」字。

九〇五頁二行　貧賤之知不可忘　按：汲本「知」作「交」。張森楷校勘記謂監本、惠校本及治要作「知」，東觀記作「交」。

九〇五頁六行　嵩子由（章）〔元〕和閒爲太尉　校補引錢大昭說，謂「章和」當作「元和」。按：宋由於章帝元和三年爲太尉，和帝永元四年策免，錢說是，今據改。

九〇五頁一二行　朝廷愍悼　按：殿本「愍」作「愍」。

九〇六頁四行　委（蛇）委（蛇）蛇　據汲本、殿本改。

九〇七頁六行　舉糾湖陽公主　按：「公」字原脫，逕據汲本、殿本補。

九〇八頁四行　建武二十年代戴涉爲司徒　按：集解引周壽昌說，謂建武二十七年始稱司徒，去大字，此「司徒」上當有一「大」字。

九〇八頁一二行　故言衰龍　按：汲本、殿本「衰龍」作「龍衰」。

九〇八頁一三行　賀字喬卿雒（陽）人　按：集解引惠棟說，謂華陽國志云郭賀廣漢雒人，此衍「陽」字。今據刪。又按：校補謂東觀記亦云賀雒陽人，則誤不自范始。

九〇八頁一三行　累官建武中爲尙書令　按：校補謂「累官」下當有脫文。

九〇九頁二行　詔書愍惜　按：殿本「愍」作「愍」。

九一〇頁六行　前梁令閻楊　按：集解引惠棟說，謂王霸傳「楊」作「陽」。

九一二頁一行　趙憙　集解引惠棟說，謂東觀記作「喜」，喜與憙古字通。王先謙謂續漢書作「熹」。

九一二頁一二行　禮緯曰天地之牲角繭栗　汲本、殿本「禮緯」作「禮記」。按：禮王制云「祭天地之牛角繭栗」。

九一四頁一三行　徙雲中五原人於常山居庸閒　按：校補謂「閒」當作「關」，謂常山關、居庸關也。常山關在代郡，居庸關在上谷，中隔長城，亙千餘里，不能謂徙於其閒明矣。

九一四頁一五行　雜止同席　按：集解引惠棟說，謂續漢書「雜止」作「雜坐」。

九一五頁四行　八年代虞延行太尉事　按：集解引惠棟說，謂案紀當在七年。

九一五頁六行　長子代　集解引惠棟說，謂漢官儀及和帝紀皆作「世」。按：此作「代」，避唐諱改。

九一六頁四行　代鮭陽鴻爲大司農　按：姚範謂本書儒林傳云中山鮭陽鴻，字孟孫。注「鮭音胡瓦反，其字從角，或作鮭從魚者　音胡佳反」。據此，則字當從儒林傳作「鮭」也。

九一六頁六行　范遷字子廬　按：明帝紀注引漢官儀作「子閭」。

九一六頁八行　判折獄訟　按：「折」原譌「析」，逕據汲本、殿本改正。

九一七頁一〇行　已封曹參後曹湛爲平陽侯　校補引錢大昭說，謂和帝紀永元三年，詔以曹相國後容城侯無嗣，求近親紹封，則參後之紹封非平陽，乃容城也。按：校補謂錢說是，此或竟出淺人妄改。

伏侯宋蔡馮趙牟韋列傳第十六　九二五

後漢書卷二十六　九二六

九一八頁二行　持心近厚　按：袁宏紀「持」作「治」。下「持心近薄」同。

九一八頁一〇行　斯三代之所以直道而行（之）〔也〕　據汲本、殿本改。按：今論語作「也」。「斯」下有「民也」二字。

九一八頁一三行　以世承二帝吏化之後　殿本「吏」作「更」，王先謙謂作「更」是。張森楷校勘記謂羣書治要作「吏治之後」。今按：「吏治」作「吏化」，乃避唐高宗諱改之。下文云「多以苛刻爲能」，卽指吏治而言，「吏」作「更」，乃形近而誤，王先謙之說非也。

九二〇頁二行　其遣太子舍人詣中臧府　按：「遣」下原衍「子」字，逕據汲本、殿本刪。

九二〇頁四行　七十曰耆　殿本「七」作「六」。按：說文「耆，老也」。段注：「曲禮六十曰耆，許不言者，許以爲七十以上之通稱也。」殿本殆據曲禮改。

九二〇頁一一行　不堪久待　按：集解引惠棟說，謂依三輔決錄「待」當作「侍」。

九二一頁一一行　以陳蕃竇氏旣誅　按：汲本「氏」作「武」，校補謂作「武」是。

後漢書卷二十七

宣張二王杜郭吳承鄭趙列傳第十七

宣秉字巨公，馮翊雲陽人也。少修高節，顯名三輔。哀、平際，見王氏據權專政，侵削宗室，有逆亂萌，遂隱遁深山，州郡連召，常稱疾不仕。王莽爲宰衡，辟命不應。〔一〕及莽篡位，又遣使者徵之，秉固稱疾病。更始即位，徵爲侍中。建武元年，拜御史中丞。〔二〕光武特詔御史中丞與司隸校尉、尚書令〔三〕會同並專席而坐，故京師號曰「三獨坐」。明年，遷司隸校尉。務舉大綱，簡略苛細，百僚敬之。〔四〕

〔一〕周公爲太宰，伊尹爲阿衡，莽欲兼之，故以爲號。

〔二〕前書曰，御史中丞，秦官，秩千石，在殿中蘭臺，掌圖籍秘書，外督部刺史，內領侍御史，糾察百寮。

〔三〕續漢志曰「尚書令一人，千石，秦官。武帝用宦者，成帝用士人」也。

〔四〕說文曰：「苛，細草也。」以喻（類）〔煩〕雜也。

秉性節約，常服布被，蔬食瓦器。帝嘗幸其府舍，見而歎曰：「楚國二龔，不如雲陽宣巨

公。」〔一〕即賜布帛帳帷什物。〔二〕四年，拜大司徒司直。〔三〕所得祿奉，輒以收養親族。其孤弱者，分與田地，自無擔石之儲。〔四〕六年，卒於官，帝敏惜之，除子彪爲郎。〔五〕

〔一〕二龔謂龔勝字君賓，龔舍字君倩，二人皆以清苦立節著名，事見前書。

〔二〕周禮：「幕人，掌帷帟幄幕。」鄭玄曰：「在旁曰帷。」爾雅曰：「幬謂之帳。」軍法，五人爲伍，二伍爲什，則共其器物，故通謂生生之具爲什物。

〔三〕司直，武帝元狩五年置，比二千石，掌佐丞相舉不法。哀帝元壽二年，改丞相爲大司徒，中興因而不改，猶置司直。至建武十一年省司直，置長史一人，署諸曹事。至二十七年，司徒又去「大」字。見前書及續漢書。

〔四〕前書音義曰：「齊人名小甖爲擔，今江淮人謂一石爲一擔。」擔音丁濫反。

〔五〕東觀記曰，彪官至玄菟太守。

張湛字子孝，扶風平陵人也。矜嚴好禮，動止有則，居處幽室，必自修整，雖遇妻子，若嚴君焉。〔一〕及在鄉黨，詳言正色，〔二〕三輔以爲儀表。〔三〕人或謂湛僞詐，湛聞而笑曰：「我誠詐也。人皆詐惡，我獨詐善，不亦可乎？」

〔一〕周易家人卦曰：「家人有嚴君（焉），父母之謂也。」

〔二〕詳，審也。

〔三〕儀，法也。表，正也。書曰：「儀表萬邦。」

成哀閒，爲二千石。王莽時，歷太守、都尉。建武初，爲左馮翊。在郡修典禮，設條教，政化大行。後告歸平陵，望寺門而步。〔一〕主簿進曰：「明府位尊德重，不宜自輕。」〔二〕湛曰：「禮，下公門，軾輅馬。〔三〕孔子於鄉黨，恂恂如也。〔四〕父母之國，所宜盡禮，何謂輕哉？」〔五〕

〔一〕告，請也。告歸謂請假歸。寺門即平陵縣門也。風俗通曰：「寺者，嗣也。理事之吏，嗣續於其中也。」

〔二〕郡守所居曰府。明府者，尊高之稱。前書韓延壽爲東郡太守，門卒謂之明府，亦其義也。

〔三〕輅，大也。君所居曰路寢，車曰輅車，馬曰輅馬。軾，車前橫木也。乘車必正立，有所敬則撫軾，謂小俛也。禮記曰：「大夫士下公門，式輅馬。」鄭玄云：「所以廣敬。」

〔四〕論語之文也。鄭玄云「恂恂，恭順貌」也。

〔五〕史記孔子謂門弟子曰：「魯，墳墓所處，父母之國也。」詩曰「惟桑與梓，必恭敬止」也。

五年，拜光祿勳。〔一〕光武臨朝，或有惰容，湛輒陳諫其失。常乘白馬，帝每見湛，輒言「白馬生且復諫矣」。

〔一〕前書光祿勳本名郎中令，秦官，武帝改焉，秩中二千石，掌大夫、郎中從官。

七年，以病乞身，拜光祿大夫，代王丹爲太子太傅。及郭后廢，〔一〕因稱疾不朝，拜太中

大夫，居中東門候舍，〔二〕故時人號曰中東門君。帝數存問賞賜。後大司徒戴涉被誅，〔三〕帝彊起湛以代之。湛至朝堂，遺失溲便，〔四〕因自陳疾篤，不能復任朝事，遂罷之。後數年，卒於家。

〔一〕建武十七年廢。

〔二〕漢官儀曰：「洛陽十二門，東面三門，最北門名上東門，次南曰中東門。每門校尉一人，秩二千石；司馬一人，秩千石；候一人，秩六百石。」候舍，蓋候之所居。

〔三〕涉字叔平，冀州清河人也，坐所舉人盜金下獄。

〔四〕溲，小便也。溲音所流反。

王丹字仲回，京兆下邽人也。哀、平時，仕州郡。王莽時，連徵不至。家累千金，隱居養志，好施周急。〔一〕每歲農時，輒載酒肴於田閒，候勤者而勞之。〔二〕其墯孏者，恥不致丹，皆兼功自厲。〔三〕邑聚相率，以致殷富。其輕黠游蕩廢業爲患者，輒曉其父兄，使黜責之。沒者則賻給，親自將護。其有遭喪憂者，輒待丹爲辦，鄉鄰以爲常。行之十餘年，其化大洽，風俗以篤。

〔一〕周急謂周濟困急也。孔子曰：「君子周急不繼富。」
〔二〕東觀記曰：「載酒肴，便於田頭大樹下飲食勸勉之，因留其餘酒肴而去。」
〔三〕𢢽與赧同，音力亶反。

丹資性方絜，疾惡彊豪。時河南太守同郡陳遵，關西之大俠也。〔一〕其友人喪親，遵爲護喪事，賻助甚豐。丹乃懷縑一匹，陳之於主人前，曰：「如丹此縑，出自機杼。」遵聞而有慙色。自以知名，欲結交於丹，丹拒而不許。〔二〕

〔一〕遵字孟公，杜陵人也。見前書。
〔二〕東觀記曰：「更始時，遵爲大司馬〔護軍〕，出使匈奴，過辭於丹。丹曰：『俱遭反覆，唯我二人爲天所遺。今子當之絕域，無以相贈，贈子以不拜。』遂揖而別，遵甚悅之。」

會前將軍鄧禹西征關中，軍糧乏，丹率宗族上麥〔一〕〔二〕千斛。禹表丹領左馮翊，稱疾不視事，免歸。後徵爲太子少傅。

時大司徒侯霸欲與交友，及丹被徵，遣子昱候於道。昱迎拜車下，丹下荅之。昱曰：「家公欲與君結交，何爲見拜？」丹曰：「君房有是言，丹未之許也。」

丹子有同門生喪親，家在中山，白丹欲往奔慰。結侶將行，丹怒而撻之，〔一〕令寄縑以祠焉。〔二〕或問其故。丹曰：「交道之難，未易言也。世稱管、鮑，次則王、貢。〔三〕張、陳凶

其終，蕭、朱隙其末，〔四〕故知全之者鮮矣。」時人服其言。

〔一〕東觀記曰：「丹怒撻之五十。」
〔二〕東觀記曰：「寄帛二匹以祠焉。」
〔三〕史記曰：「管夷吾，潁上人。嘗與鮑叔牙游，叔牙知其賢。管仲貧困，嘗欺鮑叔牙，鮑叔牙終善遇之。管仲曰：『生我者父母，知我者鮑叔。』」前書，王吉字子陽，貢禹字少翁，並琅邪人也。二人相善，時人爲之語：「王陽在位，貢禹彈冠。」言其趣舍同也。
〔四〕張耳、陳餘初爲刎頸交，後構隙。耳後爲漢將兵，殺陳餘於泜水之上。蕭育字次君，朱博字子元，二人爲友，著聞當代，後有隙不終，故時以交爲難。並見前書。

客初有薦士於丹者，因選舉之，而後所舉者陷罪，丹坐以免。客慙懼自絕，而丹終無所言。尋復徵爲太子太傅，乃呼客謂曰：「子之自絕，何量丹之薄也？」不爲設食以罰之，相待如舊。其後遜位，卒于家。

王良字仲子，東海蘭陵人也。少好學，習小夏侯尚書。〔一〕王莽時，寢病不仕，教授諸生千餘人。

〔一〕夏侯建，大夏侯勝之從兄子也。建受尚書於勝，號小夏侯。見前書。

建武二年，大司馬吳漢辟，不應。三年，徵拜諫議大夫，數有忠言，以禮進止，朝廷敬之。遷沛郡太守。至蘄縣，稱病不之府，官屬皆隨就之，良遂上疾篤，乞骸骨，徵拜太中大夫。

六年，代宣秉爲大司徒司直。在位恭儉，妻子不入官舍，布被瓦器。時司徒史鮑恢以事到東海，過候其家，而良妻布裙曳柴，從田中歸。〔一〕恢告曰：「我司徒史也，故來受書，欲見夫人。」妻曰：「妾是也。苦掾，無書。」〔二〕恢乃下拜，歎息而還，聞者莫不嘉之。

〔一〕東觀記曰：「徒跣曳柴。」
〔二〕掾，即謂鮑恢，司徒之掾史也。言勞苦相過，更無書信。

後以病歸。一歲復徵，至滎陽，疾篤不任進道，乃過其友人。友人不肯見，曰：「不有忠言奇謀而取大位，何其往來屑屑不憚煩也？」〔一〕遂拒之。良慙，自後連徵，輒稱病。詔以玄纁聘之，遂不應。後光武幸蘭陵，遣使者問良所苦疾，不能言對。詔復其子孫邑中傜役，卒於家。

〔一〕楊雄方言曰：「屑屑，不安也。秦、晉曰屑屑。」郭景純曰：「往來貌。」

論曰：夫利仁者或借仁以從利，體義者不期體以合義。〔一〕季文子妾不衣帛，魯人以爲

美談。〔二〕公孫弘身服布被，汲黯譏其多詐。〔三〕事實未殊而譽毀別議。何也？將體之與利之異乎？宣秉、王良處位優重，而秉甘疏薄，良妻荷薪，可謂行過乎儉。然當世咨其清，人君高其節，豈非臨之以誠哉！語曰：『同言而信，則信在言前；同令而行，則誠在令外。』不其然乎！〔四〕張湛不屑矜僞之誚，斯不僞矣。〔五〕王丹難於交執之道，斯知交矣。

〔一〕此言履行仁義，其事雖同，原其本心，眞僞各異。利仁者謂心非好仁，但以行仁則於己有利，故假借仁道以求利耳。若天性自然，體合仁義者，舉措云爲，不期於體，而冥然自合。禮記曰：「仁者安仁，智者利仁，畏罪者彊仁。」與人同功，其仁未可知；與人同過，其仁則可知。
〔二〕文子，魯卿季孫行父之謚也。無衣帛之妾，無食粟之馬，君子是以知季文子忠於公室。相三君矣而無私積，可不謂忠乎？事見左傳。
〔三〕公孫弘，淄川人也。武帝時爲丞相。汲黯曰：「弘以三公而身服布被，詐也。」事見前書。
〔四〕眞僞之迹既殊，人之信否亦異。同言而信，謂體仁與利仁，二人同出言，而人信服其眞者，不信其僞者，則知信不由言，故言信在言前也。同令而行，意亦同也。此皆子思子累德篇之言，故稱「語曰」。
〔五〕屑猶介也。

杜林字伯山，扶風茂陵人也。〔一〕父鄴，成哀閒爲涼州刺史。林少好學沈深，家既多

書，又外氏張竦父子喜文采，〔三〕林從竦受學，博洽多聞，時稱通儒。〔三〕

〔一〕案杜鄴傳，鄴本魏郡繁陽人也，武帝時徙茂陵。

〔二〕鄴字子夏，祖父皆至郡守。鄴少孤。其母，張敞女也。鄴從敞子吉學，得其家書。竦即吉之子也，博學文雅過於敞。見前書。

〔三〕風俗通曰：「儒者，區也。言其區別古今，居則翫聖哲之詞，動則行典籍之道，稽先王之制，立當時之事，此通儒也。若能納而不能出，能言而不能行，講誦而已，無能往來，此俗儒也。」

初爲郡吏。王莽敗，盜賊起，林與弟成及同郡范逡、孟冀等，〔一〕將細弱俱客河西。道逢賊數千人，遂掠取財裝，褫奪衣服，〔二〕拔刃向林等將欲殺之。冀仰曰：「願一言而死。將軍知天神乎？〔三〕赤眉兵衆百萬，所向無前，而殘賊不道，卒至破敗。今將軍以數千之衆，欲規霸王之事，不行仁恩而反遵覆車，不畏天乎？」〔四〕賊遂釋之，俱免於難。

〔一〕逡音七倫反。

〔二〕褫，解也，音直紙反。

〔三〕言知天道有神乎。

〔四〕賈誼曰：「前車覆，後車誡。」詩曰：「不畏乎天，不媿乎人。」

隗囂素聞林志節，深相敬待，以爲持書平。後因疾告去，辭還祿食。囂復欲令彊起，遂稱篤。囂意雖相望，且欲優容之，〔一〕乃出令曰：「杜伯山天子所不能臣，諸侯所不能友，〔二〕

蓋伯夷、叔齊恥食周粟。〔三〕今且從師友之位，須道開通，使順所志。」林雖拘於囂，而終不屈節。建武六年，弟成物故，囂乃聽林持喪東歸。既遣而悔，追令刺客楊賢於隴坻遮殺之。賢見林身推鹿車，載致弟喪，乃歎曰：「當今之世，誰能行義？我雖小人，何忍殺義士！」因亡去。

〔一〕望猶恨也。東觀記曰：「林寄囂地，終不降志辱身，至簪蒿席草，不食其粟也。」

〔二〕禮記曰：「儒有上不臣天子，下不事諸侯，愼靜尙寬，砥礪廉隅，其規爲有如此者。」

〔三〕史記曰，伯夷、叔齊，孤竹君之子也。兄弟讓位，歸文王。後武王東伐紂，伯夷、叔齊扣馬諫曰：「父死不葬，爰及干戈，可謂孝乎？以臣伐君，可謂仁乎？」武王平殷亂，而二人恥之，義不食周粟，餓死於首陽山。

光武聞林已還三輔，乃徵拜侍御史，引見，問以經書故舊及西州事，甚悅之，賜車馬衣被。羣寮知林以名德用，甚尊憚之。京師士大夫，咸推其博洽。〔一〕

〔一〕東觀記曰：「林與馬援同鄉里，素相親厚。援從南方還，時林馬適死，援令子持馬一匹遺林，曰：『朋友有車馬之饋，可且以備乏。』林受之。居數月，林遣子奉書曰：『將軍內施九族，外有賓客，望恩者多。林父子兩人食列卿祿，常有盈，今送錢五萬。』援受之，謂子曰：『人當以此爲法，是杜伯山所以勝我也。』」博，廣也。洽，徧也。言其所聞見廣大也。

河南鄭興、東海衞宏等，皆長於古學。〔一〕興嘗師事劉歆，林既遇之，欣然言曰：「林得興等固諧矣，使宏得林，且有以益之。」及宏見林，闇然而服。濟南徐巡，始師事宏，後皆更受林學。林前於西州得漆書古文尙書一卷，常寶愛之，雖遭難困，握持不離身。出以示宏等曰：「林流離兵亂，常恐斯經將絕。何意東海衞子、濟南徐生復能傳之，是道竟不墜於地也。古文雖不合時務，然願諸生無悔所學。」宏、巡益重之，於是古文遂行。

〔一〕宏字敬仲，在儒林傳。

明年，大議郊祀制，多以爲周郊后稷，漢當祀堯。詔復下公卿議，議者僉同，帝亦然之。林獨以爲周室之興，祚由后稷，漢業特起，功不緣堯。祖宗故事，所宜因循。定從林議。〔一〕

〔一〕東觀記載林議曰：「當今政卑易行，禮簡易從，人無愚智，思仰漢德。基業特起，不因緣堯。堯遠於漢，人不曉信，言提其耳，終不說諭。后稷近周，人戶知之，又據以興，基由其祚。詩曰：『不愆不忘，率由舊章。』宜如舊制，以解天下之惑。」

後代王良爲大司徒司直。林薦同郡范逡、趙秉、申屠剛及隴西牛邯等，皆被擢用，士多歸之。十一年，司直官罷，以林代郭憲爲光祿勳。內奉宿衞，外總三署，〔一〕周密敬愼，選舉稱平。郎有好學者，輒見誘進，朝夕滿堂。

〔一〕三署，左右中郎將及五官中郎將，皆管郎官也。見續漢書。

十四年，羣臣上言：「古者肉刑嚴重，則人畏法令；今憲律輕薄，故姦軌不勝。〔一〕宜增科禁，以防其源。」詔下公卿。林奏曰：「夫人情挫辱，則義節之風損；法防繁多，則苟免之

行興。孔子曰：『導之以政，齊之以刑，民免而無恥。導之以德，齊之以禮，有恥且格。』〔二〕古之明王，深識遠慮，動居其厚，不務多辟，周之五刑，不過三千。〔三〕大漢初興，詳覽失得，故破矩爲圓，斲彫爲樸，蠲除苛政，更立疏網，〔四〕海內歡欣，人懷寬德。及至其後，漸以滋章，吹毛索疵，詆欺無限。〔五〕果桃菜茹之饋，集以成臧，小事無妨於義，以爲大戮，故國無廉士，家無完行。至於法不能禁，令不能止，上下相遁，爲敝彌深。〔六〕臣愚以爲宜如舊制，不合翻移。」帝從之。

〔一〕左傳曰：「凡亂在外爲姦，在內爲軌。」

〔二〕皆論語之言也。政謂禁令，刑謂刑罰。格，來也。言爲政之法，初訓導之以禁令，若有違則整齊之以刑罰，則人但免罪而已，而無恥愧之心。若教導之以道德，整齊之以禮義，則人皆有恥愧之心，且皆來服。

〔三〕五刑謂墨、劓、剕、宮、大辟也。尙書呂刑篇曰：「五刑之屬三千。」

〔四〕史記曰：「漢興，破觚而爲圜，斲彫而爲樸，號爲網漏吞舟之魚。」觚亦方也。老子曰：「天網恢恢，疏而不漏。」

〔五〕老子曰：「法令滋章，盜賊多有。」前書曰：「有司吹毛求疵。」索，求也。詆欺謂飾非成疊，非其本罪。

〔六〕遁猶回避也。前書曰：「上下相匿，以文避法焉。」

後皇太子彊求乞自退，封東海王，故重選官屬，以林爲王傅。從駕南巡狩。時諸王傅數被引命，或多交游，不得應詔；唯林守愼，有召必至。餘人雖不見譴，而林特受賞賜，又

辭不敢受，帝益重之。〔一〕

〔一〕東觀記曰：「王又以師數加饋遺，林不敢受，常辭以道上稟假有餘，（著）〔苦〕以車重，無所置之。」

明年，代丁恭爲少府。〔二〕二十二年，復爲光祿勳。頃之，代朱浮爲大司空。博雅多通，稱爲任職相。明年薨，帝親自臨喪送葬，除子喬爲郎。詔曰：「公侯子孫，必復其始，〔三〕賢者之後，宜宰城邑。其以喬爲丹水長。」〔四〕

〔二〕恭字子然，山陽人，在儒林傳。

〔三〕左氏傳晉大夫辛廖之言。

〔四〕丹水，縣，屬南陽。

論曰：夫威彊以自禦，力損則身危；飾詐以圖己，詐窮則道屈；而忠信篤敬，蠻貊行焉者，誠以德之感物厚矣。〔一〕故趙孟懷忠，匹夫成其仁；〔二〕杜林行義，烈士假其命。易曰「人之所助者（順）〔信〕」，有不誣矣。〔三〕

〔一〕論語曰：「子張問行，子曰：『言忠信，行篤敬，雖蠻貊之邦行矣。』」

〔二〕趙孟，晉大夫趙盾也。左傳曰：「晉靈公不君，趙盾驟諫之，靈公患焉，使鉏麑賊之。晨往，寢門闢矣，盛服將朝，尚早，坐而假寐。麑退而言曰：『不忘恭敬，民之主也。賊民之主不忠，棄君之命不信，有一於此，不如死也。』觸槐而死。」趙盾遂得全。論語曰：「有殺身以成仁，無求生以害仁。」

〔三〕易繫辭曰：「天之所助者（信）〔順〕，人之所助者（順）〔信〕。」不誣，言必蒙天人之助也。

郭丹字少卿，南陽穰人也。父稚，成帝時爲廬江太守，有淸名。丹七歲而孤，小心孝順，後母哀憐之，爲鬻衣裝，買產業。〔一〕後從師長安，買符入函谷關，〔二〕乃慨然歎曰：「丹不乘使者車，終不出關。」〔三〕既至京師，常爲都講，諸儒咸敬重之。大司馬嚴尤請丹，辭病不就。王莽又徵之，遂與諸生逃於北地。更始二年，三公舉丹賢能，徵爲諫議大夫，持節使歸南陽，安集受降。丹自去家十有二年，果乘高車出關，如其志焉。

〔一〕鬻，賣也。

〔二〕符即繻也。前書音義曰：「舊出入關皆用傳。傳煩，因裂繻帛分持，後復出，合之以爲符信。」買符，非眞符也。東觀記曰「丹從宛人陳洮買入關符，既入關，封符乞人」也。

〔三〕續漢志曰：「諸使車，皆朱班輪，四輻，赤衡軛。」

更始敗，諸將悉歸光武，並獲封爵；丹獨保平氏不下，爲更始發喪，衰絰盡哀。〔一〕建武二年，遂潛逃去，敝衣間行，涉歷險阻，求謁更始妻子，奉還節傳，因歸鄉里。太守杜詩請爲功曹，丹薦鄉人長者自代而去。詩乃歎曰：「昔明王興化，卿士讓位，〔二〕今功曹推賢，可謂至德。敕以丹事編署黃堂，以爲後法。」〔三〕

〔一〕喪服斬衰裳，上曰衰，下曰裳。麻在首要皆曰絰。首絰象緇布冠，要絰象大帶。絰之言實，衰之言摧，明中實摧痛也。平氏，縣名，屬南陽郡。

〔二〕毛萇詩傳曰：「虞、芮之君爭田，相謂曰：『西伯，仁人也，盍往質焉？』乃相與朝周。至其朝，士讓爲大夫，大夫讓爲卿。二國君乃慙而退。」

〔三〕黃堂，太守之廳事。

十三年，大司馬吳漢辟舉高第，再遷幷州牧，有淸平稱。轉使匈奴中郎將，遷左馮翊。永平三年，代李訢爲司徒。在朝廉直公正，與侯霸、杜林、張湛、郭伋齊名相善。明年，坐考隴西太守鄧融事無所據，策免。五年，卒於家，時年八十七。以河南尹范遷有淸行，代爲司徒。

遷字子廬，沛國人，初爲漁陽太守，以智略安邊，匈奴不敢入界。及在公輔，有宅數畝，田不過一頃，復推與兄子。其妻嘗謂曰：「君有四子而無立錐之地，〔一〕可餘奉祿，以爲後世業。」遷曰：「吾備位大臣而蓄財求利，何以示後世！」在位四年薨，家無擔石焉。

〔一〕史記楚優孟曰：「孫叔敖子無立錐之地。」

後顯宗因朝會問羣臣郭丹家今何如，宗正劉匡對曰：「昔孫叔敖相楚，馬不秣粟，妻不衣帛，子孫竟蒙寢丘之封。〔一〕丹出典州郡，入爲三公，而家無遺產，子孫困匱。」帝乃下南陽訪求其嗣。長子宇，官至常山太守。少子濟，趙相。

〔一〕孫叔敖，楚莊王之相也，期思縣人。史記曰，楚之處士虞丘相進之，相楚，上下和合，吏無姦邪，遂霸諸侯。呂覽曰：「叔敖將死，戒其子曰：『王數封我矣，吾不受也。我死，王則封汝，必無受利地。楚越之閒有寢丘者，此其地不利而名甚惡，可長有者唯此也。』孫叔敖死，王以美地封其子，其子辭，請寢丘，至今不失。」寢丘，縣名，後漢改爲固始，今光州固始縣也，有孫叔敖祠焉。

吳良字大儀，齊國臨淄人也。初爲郡吏，〔一〕歲旦與掾史入賀，門下掾王望舉觴上壽，諂稱太守功德。〔二〕良於下坐勃然進曰：「望佞邪之人，欺諂無狀，願勿受其觴。」〔三〕太守斂容而止。讌罷，轉良爲功曹；恥以言受進，終不肯謁。

〔一〕東觀記曰良爲郡議曹掾。

〔二〕東觀記曰：「王望言曰：『齊郡敗亂，遭離盜賊，不聞雞鳴犬吠之音。明府視事五年，土地開闢，盜賊滅息，五穀豐熟，家給人足。今日歲首，請上雅壽。』掾史皆稱萬歲。」

〔三〕東觀記曰「良時跪曰：『門下掾佞諂，明府勿受其觴。盜賊未盡，人庶困乏。今良曹掾，尙無絝。』望曰：『議曹惰窳，自無絝，寧足爲不家給人足邪？』太守曰：『此生言是。』賜良鰒魚百枚」也。

時驃騎將軍東平王蒼聞而辟之，署爲西曹。蒼甚相敬愛，上疏薦良曰：「臣聞爲國所重，必在得人；報恩之義，莫大薦士。竊見臣府西曹掾齊國吳良，資質敦固，公方廉恪，躬儉安貧，白首一節；〔一〕又治尙書，學通師法，〔二〕經任博士，行中表儀。宜備宿衞，以輔聖政。臣蒼榮寵絕矣，憂責深大，〔三〕私慕公叔同升之義，懼於臧文竊位之罪，〔四〕敢秉愚瞽，犯冒嚴禁。」顯宗以示公卿曰：「前以事見良，鬚髮皓然，衣冠甚偉。夫薦賢助國，宰相之職，蕭何舉韓信，設壇而拜，不復考試。〔五〕今以良爲議郎。」

〔一〕言雖耆耄，志節不衰。
〔二〕東觀記曰：「良習大夏侯尙書。」
〔三〕絕猶極也。
〔四〕公叔文子，衞大夫公孫拔之謚也。文子家臣名僎，操行與文子同，文子乃升進之於公，與之同爲大夫。臧文仲，魯大夫臧孫辰也。時柳下惠爲士師，文仲知其賢而不進達之，孔子譏之曰：「臧文仲其竊位者歟！知柳下之賢而不與立。」事並見論語也。
〔五〕蕭何薦韓信於高祖曰：「陛下必欲爭天下，非信無可與計者。」漢王於是設壇場，拜信爲大將軍。見前書。

永平中，車駕近出，而信陽侯陰就干突禁衞，車府令徐匡鉤就車，收御者送獄。〔一〕詔書譴匡，匡乃自繫。良上言曰：「信陽侯就倚恃外戚，干犯乘輿，無人臣禮，爲大不敬。匡執法

守正，反下于理，臣恐聖化由是而弛。」〔二〕帝雖赦匡，猶左轉良爲即丘長。〔三〕後遷司徒長史。〔四〕每處大議，輒據經典，不希旨偶俗，以徼時譽。〔五〕後坐事免。復拜議郎，卒於官。

〔一〕鉤，留也。
〔二〕弛，廢也。
〔三〕即丘，縣名，屬東海郡，即左氏傳之祝丘也，故城在今沂州臨沂縣東南。
〔四〕哀帝改丞相爲大司徒，司直仍舊，中興因之不改。建武十一年省司直，置長史。
〔五〕希猶瞻望也。

承宮字少子，〔一〕琅邪姑幕人也。少孤，年八歲爲人牧豕。鄉里徐子盛者，以春秋經授諸生數百人，宮過息廬下，樂其業，因就聽經，遂請留門下，〔二〕爲諸生拾薪。執苦數年，勤學不倦。〔三〕經典既明，乃歸家教授。遭天下喪亂，遂將諸生避地漢中，後與妻子之蒙陰山，〔四〕肆力耕種。禾黍將孰，人有認之者，宮不與計，推之而去，由是顯名。三府更辟，皆不應。〔五〕

〔一〕世本承姓，衞大夫成叔承之後也。
〔二〕續漢書曰：「宮過徐子盛，好之，因棄其豬而留聽經。豬主怪其不還，求索得宮，欲笞之。門下生共禁止，因留之。」
〔三〕續漢書曰：「宮嘗出行，得虎所殺鹿，持歸，肉分門下，取皮上師，師不受，宮因棄之。人問其故，宮曰：『既已與人，義不可復取。』」
〔四〕蒙陰，縣名，屬太山郡，有蒙山，在今沂州新泰縣東南。
〔五〕三府謂太尉、司徒、司空府。

永平中，徵詣公車。車駕臨辟雍，召宮拜博士，遷左中郎將。數納忠言，陳政，論議切慤，朝臣憚其節，名播匈奴。時北單于遣使求得見宮，顯宗勑自整飾，宮對曰：「夷狄眩名，非識實者也。臣狀醜，不可以示遠，宜選有威容者。」〔一〕帝乃以大鴻臚魏應代之。十七年，拜侍中祭酒。建初元年，卒，肅宗褒歎，賜以冢地。妻上書乞歸葬鄉里，復賜錢三十萬。〔二〕

〔一〕續漢書曰：「夷狄聞臣虛稱，故欲見臣。臣醜陋形寢，不如選長大有威容者示之也。」
〔二〕續漢書曰：「宮子疉，官至濟陰太守。」

鄭均字仲虞，東平任城人也。少好黃老書。兄爲縣吏，〔一〕頗受禮遺，均數諫止，不聽。

即脫身爲傭，歲餘，得錢帛，歸以與兄。曰：「物盡可復得，爲吏坐臧，終身捐棄。」兄感其言，遂爲廉絜。均好義篤實，養寡嫂孤兒，恩禮敦至。〔二〕常稱病家廷，不應州郡辟召。郡將欲必致之，使縣令譎將詣門，〔三〕既至，卒不能屈。均於是客於濮陽。〔四〕

〔一〕東觀記曰：「兄仲，爲縣游徼。」
〔二〕東觀記曰：「均失兄，養孤兄子甚篤，已冠娶，出令別居，並門，盡推財與之，使得一尊其母，然後隨護視振給之。」
〔三〕譎，詐也。
〔四〕濮陽，今濮州縣。

建初三年，司徒鮑昱辟之，後舉直言，並不詣。六年，公車特徵，再遷尙書，數納忠言，肅宗敬重之。後以病乞骸骨，拜議郎，告歸，因稱病篤，帝賜以衣冠。〔一〕

〔一〕東觀記曰：「均遣子英奉章詣闕，詔召見英，問均所苦，賜以冠幘錢布。」

元和元年，詔告廬江太守、東平相曰：〔一〕「議郎鄭均，束脩安貧，恭儉節整，前在機密，以病致仕，守善貞固，黃髮不怠。又前安邑令毛義，躬履遜讓，比徵辭病，淳絜之風，東州稱仁。書不云乎：『章厥有常，吉哉！』〔二〕其賜均、義穀各千斛，常以八月長吏存問，賜羊酒，顯茲異行。」〔三〕明年，帝東巡過任城，乃幸均舍，勑賜尙書祿以終其身，〔四〕故時人號爲「白衣尙書」。永元中，卒於家。

〔一〕以毛義廬江人，鄭均東平人，故告二郡守相也。

〔二〕章，明也。吉，善也。言爲天子當明顯其有常德者，優其稟餼，則政之善也。尚書咎繇謨之言。

〔三〕東觀記曰：「賜羊一頭，酒二斗，終其身。」問遺賢良，必以八月，諸物老成，故順其時氣助養育之也。故月令「仲秋之月養衰老，授几杖，行糜粥飲食」，鄭玄注云「助老氣也」。

〔四〕續漢志曰：「尚書秩六百石，祿每月七十石。」

趙典字仲經，蜀郡成都人也。父戒，爲太尉，〔一〕桓帝立，以定策封廚亭侯。典少篤行隱約，〔二〕博學經書，弟子自遠方至。〔三〕建和初，四府表薦，〔四〕徵拜議郎，侍講禁內，再遷爲侍中。時帝欲廣開鴻池，典諫曰：「鴻池汎溉，已且百頃，猶復增而深之，非所以崇唐虞之約己，遵孝文之愛人也。」帝納其言而止。〔五〕

〔一〕謝承書曰：「典，太尉戒之叔子也。」

〔二〕隱猶靜也。約，儉也。

〔三〕謝承書曰：「典學孔子七經、河圖、洛書，內外藝術，靡不貫綜，受業者百有餘人。」

〔四〕四府，太尉、司徒、司空、大將軍府也。謝承書曰：「典性明達，志節清亮。益州舉茂才，以病辭，太尉黃瓊、胡廣舉有道、方正，皆不應。桓帝公車徵，對策爲諸儒之表。」

〔五〕墨子曰：「堯舜堂高三尺，土階三等，茅茨不翦，采椽不斲，飯土簋，歠土鉶，糲粱之飯，藜藿之羹，夏日葛衣，冬日鹿裘。」是約己也。文帝嘗欲作露臺，召匠計之，曰直百金。帝曰：「百金，中人十家之產，何以臺爲！」宮室苑囿無所增益，有不便，輒弛以利人，是愛人也。

父卒，襲封。出爲弘農太守，轉右扶風。公事去官，徵拜城門校尉，轉將作大匠，遷少府，又轉大鴻臚。時恩澤諸侯以無勞受封，羣臣不悅而莫敢諫，典獨奏曰：「夫無功而賞，勞者不勸，上忝下辱，亂象干度。〔一〕且高祖之誓，非功臣不封。〔二〕宜一切削免爵土，以存舊典。」帝不從。頃之，轉太僕，遷太常。朝廷每有災異疑議，輒諮問之。〔三〕典據經正對，無所曲折。每得賞賜，輒分與諸生之貧者。後以諫爭違旨，免官就國。

〔一〕左傳曰：「國無政，不用善，則自取謫於日月之災，故政不可不慎。務三而已，一曰擇人，二曰因人，三曰從時。」前書曰，成帝時，同日封王氏五侯，其日，天氣赤，黃霧四塞。哀帝封丁、傅日亦然。是不用善人，則亂象干度。

〔二〕史記功臣侯表曰：「高祖與功臣約曰：『非劉氏不王，非有功不侯。不如是，天下共擊之。』」

〔三〕謝承書曰「天子宗典道懿，尊爲國師，位特進。七爲列卿，寢布被，食用瓦器」也。

會帝崩，時禁藩國諸侯不得奔弔，典慨然曰：「身從衣褐之中，致位上列。〔一〕且鳥烏反哺報德，況於士邪！」〔二〕遂解印綬符策付縣，而馳到京師。州郡及大鴻臚並執處其罪，而公卿百寮嘉典之義，表請以租自贖，詔書許之。再遷長樂少府、衞尉。公卿復表典篤學博聞，宜備國師。會病卒，〔三〕使者弔祠。竇太后復遣使兼贈印綬，謚曰獻侯。

〔一〕褐，織毛布之衣，貧者所服。

〔二〕小爾雅曰：「純黑而反哺者謂之烏。」春秋元命包曰：「烏，孝鳥也。」

〔三〕謝承書曰：「靈帝即位，典與竇武、王暢、陳蕃等謀共誅中常侍曹節、侯覽、趙忠等，皆下獄自殺。」不言病卒。

典兄子謙，謙弟溫，相繼爲三公。

謙字彥信，初平元年，代黃琬爲太尉。獻帝遷都長安，以謙行車騎將軍，爲前置。明年病罷。復爲司隸校尉。車師王侍子爲董卓所愛，數犯法，謙收殺之。卓大怒，殺都官從事，而素敬憚謙，故不加罪。轉爲前將軍，遣擊白波賊，有功，封郫侯。〔一〕李傕殺司徒王允，復代允爲司徒，數月病免，拜尚書令。是年卒，謚曰忠侯。

〔一〕郫音盤眉反。

溫字子柔，初爲京兆（郡）丞，〔一〕歎曰：「大丈夫當雄飛，安能雌伏！」遂棄官去。遭歲大飢，散家糧以振窮餓，所活萬餘人。獻帝西遷都，爲侍中，同輿輦至長安，封江南亭侯，代楊彪爲司空，免，頃之，復爲司徒，錄尚書事。

〔一〕前書，三輔丞，武帝元鼎四年置，秩六百石。

時李傕與郭汜相攻，傕遂虜掠禁省，劫帝幸北塢，外內隔絕。傕素疑溫不與己同，乃內

溫於塢中，又欲移乘輿於黃白城。溫與傕書曰：「公前託爲董公報讎，然實屠陷王城，殺戮大臣，天下不可家見而戶說也。今與郭汜爭睚眥之隙，以成千鈞之讎，〔一〕人在塗炭，各不聊生。曾不改悟，遂成禍亂。朝廷仍下明詔，欲令和解。上命不行，威澤日損。而復欲移轉乘輿，更幸非所，此誠老夫所不達也。於易，一爲過，再爲涉，三而弗改，滅其頂，凶。〔二〕不如早共和解，引軍還屯，上安萬乘，下全人民，豈不幸甚。」傕大怒，欲遣人殺溫。（董卓）〔李傕〕從弟應，溫故掾也，諫之數日，乃獲免。

〔一〕睚眥，解見竇融傳。三十斤爲鈞，言其重。

〔二〕滅，沒也。周易大過上六曰，「過涉滅頂，凶。」王弼曰：「處大過之極，過之甚者也。涉難過甚，故至于滅頂，凶也。」

溫從車駕都許。建安十三年，以辟司空曹操子丕爲掾，操怒，奏溫辟（忠）臣子弟，選舉不實，免官。是歲卒，年七十二。

贊曰：宣、鄭、二王，奉身淸方。杜林據古，張湛矜莊。典以義黜，〔一〕宮由德揚。大儀鵠髮，見表憲王。〔二〕少卿志仕，終乘高箱。

〔一〕謂棄郡奔喪，以租贖罪也。

〔三〕鶴髮，白髮。

校勘記

九二七頁四行 常稱疾不仕 按：汲本「稱疾」作「寢疾」。

九二七頁一二行 以喻〔類〕〔煩〕雜也 據汲本、殿本改。

九二八頁一行 即賜布帛帳帷什物 按：刊誤謂「帳帷」當作「帷帳」，注文先解帷，後解帳，是其次矣。

九二八頁二行 帝敏惜之 刊誤謂「敏」當作「愍」。今按：校補引錢大昭說，謂敏與閔古字通。又謂前書人表「宋愍公」，徐幹中論作「敏公」，是敏亦與愍通，皆不須改字。

九二八頁一三行 家人有嚴君〔焉〕 據汲本、殿本補。

九三二頁八行 更始時遵爲大司馬〔護軍〕 據聚珍本東觀記補，與前書陳遵傳合。

九三二頁一〇行 上麥〔一〕〔二〕千斛 據汲本、殿本改。

九三二頁一三行 王莽時寢病不仕 按：殿本「寢」作「稱」。

九三三頁一一行 遣使者問良所苦疾 按：汲本、殿本「苦疾」作「疾苦」。

九三五頁一四行 不畏乎天不媿乎人 按：汲本、殿本兩「乎」字並作「于」。

九三五頁一五行 以爲持書平 按：刊誤謂案文多一「平」字。蓋舊作「治書」，讀者以平音治字，章懷已改

作「持」，後人又妄留「平」字也。

九三七頁一行 雖遭難困 按：汲本、殿本「難」作「艱」。

九三七頁八行 后稷近周人戶知之又據以興基由其祚 汲本、殿本「戶」作「所」。按：校補謂原文作「后稷近周，民戶知之。世據以興，基由其祚」，東觀記及續志注所引並同。「戶」作「所」，乃字之譌。「民」改「人」，「世」改「又」，則避太宗諱也。

九三九頁二行 〔若〕〔苦〕以車重 據校補改，與東觀記合。

九三九頁一二行 人之所助者〔順〕〔信〕 據易繫辭改。

九四〇頁一行 天之所助者〔信〕〔順〕人之所助者〔順〕〔信〕 據易繫辭改。

九四〇頁九行 陳洮 按：集解引惠棟說，謂御覽、六帖引東觀記「洮」皆作「兆」。

九四二頁一二行 遷字子廬 集解引何焯說，謂漢官儀作「子閭」。今按：明帝紀注引漢官儀作「子閭」。

九四三頁四行 懼於臧文竊位之罪 按：王先謙謂懼於文義未安，疑「於」當作「于」，或「干」誤寫爲「于」，後人改作「於」耳。「竊慕」與「懼干」正相對爲文。

九四三頁一四行 信陽侯陰就 錢大昭謂陰興傳作「新陽侯」，新信古字通。按：校補謂馮衍傳仍作「新陽侯」，又后紀亦作「新陽侯世子陰豐」，注同，今安徽太和縣西北有信陽城，則新陽固即信陽矣。

九四四頁一二行 後與妻子之蒙陰山 按：集解引惠棟說，謂東觀記作「華陰山」，或宮從漢中之華陰也。

九四五頁八行 數納忠言陳政論議切慤 集解引何焯說，謂「政」下當有脫文。今按：「陳政」二字疑衍。東觀記作「數納忠諫，論議切直」，無「陳政」二字，可證也。

九四六頁五行 養孤兒子 按：汲本、殿本並作「養孤兒兄子」，聚珍本東觀記同。校補謂鮑永傳「悉財產與孤弟子」，此直當作「孤兄子」，「兒」字乃涉下「兄」字誤衍也。

九四八頁一三行 且烏烏反哺報德 按：汲本、殿本「烏烏」作「烏鳥」，誤。

九四九頁一行 竇太后復遣使叅贈印綬 按：李慈銘謂「叅」蓋是「策」字之誤。

九四九頁六行 以謙行車騎將軍 刊誤謂案文少一「事」字。今按：范書凡書行某某事往往省一「事」字，非必脫文也。

九四九頁九行 謚曰忠侯 按：李慈銘謂華陽國志作「惠侯」。

九四九頁一二行 初爲京兆〔郡〕丞 校補引錢大昭說，謂京兆兩漢皆不稱郡，此「郡」字衍。今據刪。

九五〇頁五行 〔董卓〕〔李傕〕從弟應 集解引惠棟說，謂袁宏紀云李傕從弟。王先謙謂「董卓」二字實傳寫之誤。今據改。

九五〇頁一〇行 奏溫辟〔忠〕臣子弟 集解引何焯說，謂「忠」字衍。張森楷校勘記謂魏志文帝紀注引獻帝起居注無「忠」字，何說有本。今據刪。

九五〇頁一四行 謂棄郡奔喪 按：校補謂「郡」當作「國」。

後漢書卷二十八上

桓譚馮衍列傳第十八上

桓譚字君山，沛國相人也。〔一〕父成帝時爲太樂令。譚以父任爲郎，因好音律，〔二〕善鼓琴。博學多通，徧習五經，皆詁訓大義，不爲章句。〔三〕能文章，尤好古學，數從劉歆、楊雄辯析疑異。性嗜倡樂，〔四〕簡易不修威儀，而憙非毀俗儒，由是多見排抵。〔五〕

〔一〕相，縣名，故城在今徐州符離縣西北。

〔二〕宮、商、角、徵、羽謂之五聲，聲成文謂之音。律謂六律，黄鐘、太族、姑洗、蕤賓、無射、夷則。

〔三〕說文曰：「詁，訓古言也。」章句謂離章辨句，委曲枝派也。

〔四〕倡，俳優也。

〔五〕抵，擊也，音紙。

哀平閒，位不過郎。傅皇后父孔鄉侯晏深善於譚。〔一〕是時高安侯董賢寵幸，女弟爲昭儀，皇后日已疏，晏嘿嘿不得意。譚進說曰：「昔武帝欲立衞子夫，陰求陳皇后之過，〔二〕

而陳后終廢，子夫竟立。今董賢至愛而女弟尤幸，殆將有子夫之變，可不憂哉！」晏驚動，曰：「然，爲之柰何？」譚曰：「刑罰不能加無罪，邪枉不能勝正人。夫士以才智要君，女以媚道求主。皇后年少，希更艱難，或驅使醫巫，外求方技，此不可不備。又君侯以后父尊重而多通賓客，必借以重埶，貽致譏議。不如謝遣門徒，務執謙慤，此脩己正家避禍之道也。」晏曰「善」。遂罷遣常客，〔三〕入白皇后，如譚所戒。後賢果風太醫令眞欽，使求傅氏罪過，遂逮后弟侍中喜，詔獄無所得，乃解，故傅氏終全於哀帝之時。及董賢爲大司馬，聞譚名，欲與之交。譚先奏書於賢，說以輔國保身之術，賢不能用，遂不與通。當王莽居攝篡弒之際，天下之士，莫不競褒稱德美，作符命以求容媚，譚獨自守，默然無言。莽時爲掌樂大夫，更始立，召拜太中大夫。

〔一〕傅皇后，哀帝后。

〔二〕子夫，衞皇后也。本平陽主家謳者，得幸於武帝，生男據，遂立爲皇后。陳皇后，武帝姑長公主嫖女也。擅寵十餘年，無子，聞子夫得幸，幾死者數焉，上怒，遂挾婦人媚道，事覺，廢居長門宮。嫖音匹妙反。見前書。

〔三〕「常」或作「賓」。

世祖卽位，徵待詔，上書言事失旨，不用。後大司空宋弘薦譚，拜議郎給事中，因上疏陳時政所宜，曰：

臣聞國之廢興，在於政事；政事得失，由乎輔佐。輔佐賢明，則俊士充朝，而理合世務；輔佐不明，則論失時宜，而舉多過事。夫有國之君，俱欲興化建善，然而政道未理者，其所謂賢者異也。昔楚莊王問孫叔敖曰：「寡人未得所以爲國是也。」〔一〕叔敖曰：「國之有是，衆所惡也，恐王不能定也。」王曰：「不定獨在君，亦在臣乎？」對曰：「君驕士，曰士非我無從富貴；士驕君，曰君非士無從安存。人君或至失國而不悟，士或至飢寒而不進。君臣不合，則國是無從定矣。」莊王曰：「善。願相國與諸大夫共定國是也。」〔二〕蓋善政者，視俗而施教，察失而立防，威德更興，文武迭用，然後政調於時，而躁人可定。〔三〕昔董仲舒言「理國譬若琴瑟，其不調者則解而更張」。〔四〕夫更張難行，而拂衆者亡，〔五〕是故賈誼以才逐，而朝錯以智死。〔六〕世雖有殊能而終莫敢談者，懼於前事也。

〔一〕莊王名旅，穆王商臣之子也。孫叔敖，楚賢相也。言欲爲國於是，未知何以得之。

〔二〕事見新序。

〔三〕躁猶動也，謂躁撓不定之人也。

〔四〕事見前書。

〔五〕拂，違也，音扶弗反。

〔六〕賈誼，洛陽人也。事文帝爲博士，每詔令下，諸老先生未能言，誼盡爲之對，人人各如其志所出。絳、灌之屬害之，文帝亦疏之，乃以誼爲長沙太傅。朝錯，潁川人也。事文帝爲太子家令，號曰「智囊」。景帝卽位，爲御史大夫，請削諸侯（之）〔支〕郡。後七國反，以誅錯爲名，遂誅斬錯。見前書。

且設法禁者，非能盡塞天下之姦，皆合衆人之所欲也，大抵取便國利事多者，則可矣。夫張官置吏，以理萬人，縣賞設罰，以別善惡，惡人誅傷，則善人蒙福矣。今人相殺傷，雖已伏法，而私結怨讎，子孫相報，後忿深前，至於滅戶殄業，而俗稱豪健，故雖有怯弱，猶勉而行之，此爲聽人自理而無復法禁者也。今宜申明舊令，若已伏官誅而私相傷殺者，雖一身逃亡，皆徙家屬於邊，其相傷者，加常二等，不得雇山贖罪。〔一〕如此，則仇怨自解，盜賊息矣。

〔一〕雇山，解見光武紀。

夫理國之道，舉本業而抑末利，是以先帝禁人二業，錮商賈不得宦爲吏，〔一〕此所以抑并兼長廉恥也。今富商大賈，多放錢貨，中家子弟，爲之保役，〔二〕趨走與臣僕等勤，收稅與封君比入，〔三〕是以衆人慕效，不耕而食，至乃多通侈靡，以淫耳目。今可令諸商賈自相糾告，若非身力所得，皆以臧畀告者。〔四〕如此，則專役一己，不敢以貨與人，事寡力弱，必歸功田畝。田畝修，則穀入多而地力盡矣。

〔一〕高祖時，令賈人不得衣絲乘車，市井子孫不得宦爲吏。

〔二〕中家猶中等也。保役，可保信也。

〔三〕收稅謂舉錢輸息利也。東觀記曰「中家子爲之保役，受計上疏，趨走俯伏，譬若臣僕，坐而分利」也。

〔四〕畀，與也。東觀記載譚言曰：「賈人多通侈靡之物，羅紈綺繡，雜綵玩好，以淫人耳目，而竭盡其財。是爲下樹奢媒而置貧本也。求人之儉約富足，何可得乎？夫俗難卒變，而人不可暴化。宜抑其路，使之稍自衰焉。」畀音必二反。

又見法令決事，輕重不齊，或一事殊法，同罪異論，姦吏得因緣爲市，所欲活則出生議，所欲陷則與死比，是爲刑開二門也。今可令通義理明習法律者，校定科比，〔一〕一其法度，班下郡國，蠲除故條。如此，天下知方，而獄無怨濫矣。〔二〕

〔一〕科謂事條，比謂類例。

〔二〕方猶法也。

書奏，不省。

是時帝方信讖，多以決定嫌疑。又醻賞少薄，天下不時安定。譚復上疏曰：

臣前獻瞽言，未蒙詔報，不勝憤懣，冒死復陳。愚夫策謀，有益於政道者，以合人心而得事理也。凡人情忽於見事而貴於異聞，觀先王之所記述，咸以仁義正道爲本，非有奇怪虛誕之事。蓋天道性命，聖人所難言也。自子貢以下，不得而聞，況後世淺

儒，能通之乎！〔一〕今諸巧慧小才伎數之人，增益圖書，矯稱讖記，〔二〕以欺惑貪邪，詿誤人主，焉可不抑遠之哉！〔三〕臣譚伏聞陛下窮折方士黃白之術，甚爲明矣；〔四〕而乃欲聽納讖記，又何誤也！其事雖有時合，譬猶卜數隻偶之類。〔五〕陛下宜垂明聽，發聖意，屏羣小之曲說，述五經之正義，略雷同之俗語，詳通人之雅謀。〔六〕

〔一〕論語子貢曰：「夫子之文章，可得而聞也。夫子之言性與天道，不可得而聞也。」鄭玄注云：「性謂人受血氣以生，有賢愚吉凶。天道，七政變動之占也。」

〔二〕伎謂方伎，醫方之家也。數謂數術，明堂、羲和、史、卜之官也。圖書即讖緯符命之類也。

〔三〕東觀記載譚書云「矯稱孔丘，爲讖記以誤人主」也。

〔四〕黃白謂以藥化成金銀也。方士，有方術之士也。

〔五〕言偶中也。

〔六〕雷之發聲，衆物同應。俗人無是非之心，出言同者謂之雷同。禮記曰：「無雷同。」

又臣聞安平則尊道術之士，有難則貴介胄之臣。〔一〕今聖朝興復祖統，爲人臣主，而四方盜賊未盡歸伏者，此權謀未得也。臣譚伏觀陛下用兵，諸所降下，既無重賞以相恩誘，或至虜掠奪其財物，是以兵長渠率，各生狐疑，黨輩連結，歲月不解。古人有言曰：「天下皆知取之爲取，而莫知與之爲取。」〔二〕陛下誠能輕爵重賞，與士共之，則何招而不至，何說而不釋，何向而不開，何征而不剋！如此，則能以狹爲廣，以遲爲速，亡者復存，失者復得矣。

〔一〕介，甲也。胄，兜鍪也。

〔二〕言先饒與之，後乃可取之。老子曰：「將欲廢之，必固興之；將欲奪之，必固與之。」

帝省奏，愈不悅。

其後有詔會議靈臺所處，〔一〕帝謂譚曰：「吾欲〔以〕讖決之，何如？」譚默然良久，曰：「臣不讀讖。」帝問其故，譚復極言讖之非經。帝大怒曰：「桓譚非聖無法，將下斬之。」譚叩頭流血，良久乃得解。出爲六安郡丞，〔二〕意忽忽不樂，道病卒，時年七十餘。

〔一〕陽嘉之洛陽記曰「平昌門直南大道，東是明堂大道，西是靈臺」也。

〔二〕六安郡故城在今壽州安豐縣南。

初，譚著書言當世行事二十九篇，號曰新論，上書獻之，世祖善焉。〔一〕琴道一篇未成，肅宗使班固續成之。〔二〕所著賦、誄、書、奏，凡二十六篇。

〔一〕新論一曰本造，二王霸，三求輔，四言體，五見徵，六譴非，七啓寤，八祛蔽，九正經，十識通，十一離事，十二道賦，十三辨惑，十四述策，十五閔友，十六琴道。本造、述策、閔友、琴道各一篇，餘並有上下。東觀記曰：「光武讀之，敕言卷大，令皆別爲上下，凡二十九篇。」

〔二〕東觀記曰：「琴道未畢，但有發首一章。」

元和中，肅宗行東巡狩，至沛，使使者祠譚冢，鄉里以爲榮。

馮衍字敬通，京兆杜陵人也。〔一〕祖野王，元帝時爲大鴻臚。〔二〕衍幼有奇才，年九歲，能誦詩，至二十而博通羣書。王莽時，諸公多薦舉之者，衍辭不肯仕。

〔一〕東觀記曰：「其先上黨潞人，曾祖父奉世徙杜陵。」

〔二〕野王字君卿，奉世之長子也。東觀記曰：「野王生座，襲父爵爲關內侯，座生衍。」華嶠書曰：「衍祖父立，生滿，年十七喪父，早卒，滿生衍。」

時天下兵起，莽遣更始將軍廉丹討伐山東。丹辟衍爲掾，與俱至定陶。莽追詔丹曰：「倉廩盡矣，府庫空矣，可以怒矣，可以戰矣。將軍受國重任，不捐身於中野，無以報恩塞責。」丹惶恐，夜召衍，以書示之。衍因說丹曰：「衍聞順而成者，道之所大也；逆而功者，權之所貴也。〔一〕是故期於有成，不問所由；論於大體，不守小節。昔逢丑父伏軾而使其君取飲，稱於諸侯；〔二〕鄭祭仲立突而出忽，終得復位，美於春秋。蓋以死易生，以存易亡，君子之道也。〔三〕詭於衆意，寧國存身，賢智之慮也。〔四〕故易曰『窮則變，變則通，通則

久，是以自天祐之，吉，無不利』。〔五〕若夫知其不可而必行之，破軍殘衆，無補於主，身死之日，負義於時，〔六〕智者不爲，勇者不行。且衍聞之，得時無怠。〔七〕張良以五世相韓，椎秦始皇博浪之中，〔八〕勇冠乎賁、育，名高乎太山。〔九〕將軍之先，爲漢信臣。〔一〇〕新室之興，英俊不附。今海內潰亂，人懷漢德，甚於詩人思召公也，愛其甘棠，而況子孫乎？人所歌舞，天必從之。〔一一〕方今爲將軍計，莫若屯據大郡，鎮撫吏士，砥厲其節，百里之內，牛酒日賜，納雄桀之士，詢忠智之謀，要將來之心，待從横之變，興社稷之利，除萬人之害，則福祿流於無窮，功烈著於不滅。何與軍覆於中原，身膏於草野，〔一二〕功敗名喪，恥及先祖哉？聖人轉禍而爲福，智士因敗而爲功，願明公深計而無與俗同。」丹不能從。進及睢陽，復說丹曰：「蓋聞明者見於無形，智者慮於未萌，況其昭晢者乎？〔一三〕凡患生於所忽，禍發於細微，〔一四〕敗不可悔，時不可失。公孫鞅曰：『有高人之行，負非於世；有獨見之慮，見贅於人。』〔一五〕故信庸庸之論，破金石之策，〔一六〕襲當世之操，失高明之德。夫決者智之君也，疑者事之役也。〔一七〕時不重至，公勿再計。」丹不聽，遂進及無鹽，與赤眉戰死。〔一八〕衍乃亡命河東。〔一九〕

〔一〕於正道雖違逆而事有成功者，謂之權，所謂反經合義者也。

〔二〕左氏傳，齊晉戰于鞌，晉卿韓厥逐及齊侯，齊臣逢丑父乃與齊侯易位，使齊侯御車。韓厥將及齊侯，丑父令齊侯如華泉取飲，韓厥乃獻丑父於郤克。郤克將戮之，呼曰：「自今無有代其君任患者，有一於此，將爲戮矣！」郤子

曰：「人不難以死免其君，我戮之不祥，赦之以勸事君者。」

〔三〕祭仲，鄭大夫，突及忽皆鄭莊公子也。莊公薨，太子忽當立。公子突，宋之出也，故宋人執鄭祭仲。公羊傳曰：「祭仲何以不名？賢也。何賢乎？以爲知權。其知權柰何？宋人執之，謂曰：『爲我出忽而立突』。祭仲不從其言，則君必死，國必亡；從其言，則君可以生易死，國可以存易亡。古人有權者，祭仲是也。權者反乎經，後有善者也。行權有道。殺人以自生，亡人以自存，君子不爲也。」

〔四〕詭，違也。

〔五〕皆周易下繫之詞。

〔六〕負猶失也。

〔七〕怠，懈也，言當急趨時。

〔八〕張良大父開地相韓昭侯、宣惠王、襄哀王，父平相釐王、悼惠王。五代相韓，謂良父及祖相韓之五王也。後秦滅韓，良家僮三百人，乃悉以家財求客刺秦王。得力士，爲鐵椎重百二十斤，擊始皇於博浪沙中。博浪，地名，在鄭州陽武縣南。椎音直追反，謂擊之也。

〔九〕孟賁、夏育，並古之勇士也。前書音義曰：「孟賁生拔牛角。夏育，衞人，力舉千鈞。」

〔一〇〕廉褒，襄武人，宣帝時爲後將軍，即丹之先。

〔一一〕詩小雅曰：「雖無德與汝，式歌且舞。」言漢氏之德，人歌舞之也。尚書曰：「人之所欲，天必從之。」

〔一二〕與猶如也。

〔一三〕晢，明也。商鞅謂秦孝公曰：「愚者闇於成事，智者見於未萌。」

〔一四〕司馬相如曰「禍故多臧於隱微，而發於人之所忽」也。

〔一五〕語見史記商君傳。贅猶惡也。史記「贅」作「疑」。

〔一六〕庸，常也。金石以諭堅也。

〔一七〕役猶賤也。

〔一八〕無鹽，縣名，屬東平郡，故城在今鄆州須昌縣東。

〔一九〕華嶠書曰：「丹死，衍西歸，吏以亡軍，下司命乘傳逐捕，故亡命。」

更始二年，遣尚書僕射鮑永行大將軍事，安集北方。〔一〕衍因以計說永曰：

〔一〕永字君長，司隸校尉宣之子。

衍聞明君不惡切慤之言，以測幽冥之論；忠臣不顧爭引之患，以達萬機之變。〔一〕是故君臣兩興，功名兼立，銘勒金石，令問不忘。今衍幸逢寬明之日，將值危言之時，〔二〕豈敢拱默避罪，而不竭其誠哉！

〔一〕慤，實也。幽冥論深遠也。爭引謂引事與君爭也。事非一塗，故曰萬機之變也。書曰：「一日二日萬機。」東觀記：「衍更始時爲偏將軍，與鮑永相善。更始既敗，固守不以時下。建武初，爲揚化大將軍掾，辟鄧禹府，數奏記於禹，陳政言事。」自「明君」以下，皆是諫鄧禹之詞，非勸鮑永之說，不知何據，有此乖違。

〔二〕危猶高也。論語曰：「天下有道，危言危行。」

伏念天下離王莽之害久矣。始自東郡之師，〔一〕繼以西海之役，〔二〕巴、蜀沒於南

夷，〔三〕緣邊破於北狄，〔四〕遠征萬里，暴兵累年，〔五〕禍拏未解，兵連不息，〔六〕刑法彌深，〔七〕賦斂愈重。衆彊之黨，横擊於外，百僚之臣，貪殘於內，元元無聊，飢寒並臻，父子流亡，夫婦離散，廬落丘墟，田疇蕪穢，疾疫大興，災異蜂起。於是江湖之上，海岱之濱，風騰波涌，更相駘藉，〔八〕四垂之人，肝腦塗地，死亡之數，不啻太半，殃咎之毒，痛入骨髓，匹夫僮婦，咸懷怨怒。〔九〕皇帝以聖德靈威，龍興鳳舉，率宛、葉之衆，將散亂之兵，喢血昆陽，長驅武關，破百萬之陳，摧九虎之軍，〔一〇〕雷震四海，席卷天下，〔一一〕攘除禍亂，誅滅無道，一朞之閒，海內大定。繼高祖之休烈，修文武之絕業，社稷復存，炎精更輝，德冠往初，功無與二。〔一二〕天下自以去亡新，就聖漢，當蒙其福而賴其願。樹恩布德，易以周洽，其猶順驚風而飛鴻毛也。〔一三〕然而諸將虜掠，逆倫絕理，〔一四〕殺人父子，妻人婦女，燔其室屋，略其財產，飢者毛食，寒者裸跣，〔一五〕冤結失望，無所歸命。今大將軍以明淑之德，秉大使之權，統三軍之政，存撫并州之人，惠愛之誠，加乎百姓，高世之聲，聞乎羣士，故其延頸企踵而望者，非特一人也。且大將軍之事，豈得珪璧其行，束修其心而已哉？〔一六〕將定國家之大業，成天地之元功也。昔周宣中興之主，齊桓霸彊之君耳，猶有申伯、召虎、夷吾、吉甫〔一七〕攘其蝥賊，〔一八〕安其疆宇。況乎萬里之漢，明帝復興，而大將軍爲之梁棟，此誠不可以忽也。〔一九〕

〔一〕離，遭也。莽居攝元年，翟義起兵於東郡，莽發八將軍以擊之。東郡，今滑州也。
〔二〕莽居攝元年，西羌龐恬、傅幡等怨莽奪其地爲西海郡，攻西海太守程永，莽遣護羌校尉竇況擊之。
〔三〕莽篡位，貶西南夷昫町王爲侯，王邯怨恨，攻益州，殺大尹程隆。莽發巴、蜀吏士擊之，出入三年，死者十七八。
〔四〕莽〔始〕建國三年，烏珠單于遣左賢王入雲中，大殺吏人，大輩萬餘，中輩數千，殺鴈門、朔方太守，略吏人畜產不可勝數，緣邊虛耗也。
〔五〕暴，露也。
〔六〕挐謂相連引也。
〔七〕莽以地皇元年以後爲不須時令，自是春夏斬人於市。
〔八〕莽時江湖海澤麋沸，青、徐、荆、楚之地搔擾。前書音義曰：「跆，蹋也。」今此爲「駘」，古字通。
〔九〕僵猶賤也。
〔一〇〕莽末，下江兵鄧曄、（王）〔于〕匡攻武關，莽乃拜將軍九人，皆以虎爲號，以捍匡等。（匡等）擊破六虎，敗走三虎，乃保京師倉，鄧曄等乃開武關迎更始。
〔一一〕席卷言無餘也。
〔一二〕此上二句，司馬相如封禪書之詞。
〔一三〕言其易也。王褒聖主得賢臣頌曰「翼乎如鴻毛遇順風」也。
〔一四〕倫亦理也。
〔一五〕毛，草也。臣賢案：衍集「毛」字作「無」，今俗語猶然者，或古亦通乎？

〔一六〕言當恢廓規摹，不可空自清絜，徒約束修身而已。
〔一七〕申伯，周宣王之元舅也；召虎，召穆公也；吉甫謂尹吉甫也：皆周宣王臣，並見毛詩。夷吾，管仲之字也。
〔一八〕蝥賊，食禾稼蟲名，諭姦盜侵漁也。蝥音牟。
〔一九〕左傳子產謂子皮曰：「子於鄭國，棟也。棟折榱崩，僑將壓焉。」

且衍聞之，兵久則力屈，人愁則變生。今邯鄲之賊未滅，眞定之際復擾，〔一〕而大將軍所部不過百里，守城不休，戰軍不息，兵革雲翔，百姓震駭，柰何自怠，不爲深憂？夫幷州之地，東帶名關，北逼彊胡，〔二〕年穀獨孰，人庶多資，斯四戰之地，攻守之場也。如其不虞，何以待之？故曰「德不素積，人不爲用。備不豫具，難以應卒」。〔三〕今生人之命，縣於將軍，將軍所杖，必須良才，宜改易非任，更選賢能。夫十室之邑，必有忠信。〔四〕審得其人，以承大將軍之明，雖則山澤之人，無不感德，思樂爲用矣。然後簡精銳之卒，發屯守之士，三軍既整，甲兵已具，相其土地之饒，觀其水泉之利，制屯田之術，習戰射之教，則威風遠暢，人安其業矣。若鎭太原，撫上黨，收百姓之歡心，樹名賢之良佐，天下無變，則足以顯聲譽，一朝有事，則可以建大功。惟大將軍開日月之明，發深淵之慮，監六經之論，觀孫吳之策，〔五〕省羣議之是非，詳衆士之白黑，〔六〕以超周南之迹，垂甘棠之風，令夫功烈施於千載，富貴傳于無窮。伊、望之策，何以加茲！〔七〕

〔一〕邯鄲謂王郎也。眞定謂劉楊也。
〔二〕井陘關也。要害之塞，故曰名關。東觀記作「石陘關」。
〔三〕史記子貢說晉君曰：「慮不先定，不可以應卒。」卒音倉忽反。
〔四〕東觀記曰：「無謂無賢，路有聖人。」
〔五〕孫武，吳王闔廬將；吳起，魏文侯將：並著兵書也。
〔六〕白黑猶賢愚也。
〔七〕伊尹、呂望。

永既素重衍，爲且受使得自置偏裨，乃以衍爲立漢將軍，〔一〕領狼孟長，屯太原，〔二〕與上黨太守田邑等繕甲養士，扞衞幷土。

〔一〕東觀記曰「時永得置偏裨將五人」也。
〔二〕狼孟，縣名，屬太原郡，故城在今幷州陽曲縣東北。

及世祖即位，遣宗正劉延攻天井關，與田邑連戰十餘合，延不得進。邑迎母弟妻子，爲延所獲。〔一〕後邑聞更始敗，乃遣使詣洛陽獻璧馬，即拜爲上黨太守。〔二〕因遣使者招永、衍，永、衍等疑不肯降，而忿邑背前約，〔三〕衍乃遺邑書曰：

〔一〕東觀記曰：「鄧禹使積弩將軍馮愔將兵擊邑，愔悉得邑母弟妻子。」
〔二〕東觀記曰，遣騎都尉弓里游、諫大夫何叔武，即拜邑爲上黨太守。

〔三〕東觀記，衍與邑素誓刎頸，俱受重任。

蓋聞晉文出奔而子犯宣其忠，〔一〕趙武逢難而程嬰明其賢，〔二〕二子之義當矣。今三王背畔，赤眉危國，〔三〕天下蟺動，社稷顚隕，〔四〕是忠臣立功之日，志士馳馬之秋也。伯玉擢選剖符，專宰大郡。〔五〕夫上黨之地，有四塞之固，東帶三關，西爲國蔽，〔六〕柰何舉之以資彊敵，開天下之匈，假仇讎之刃？豈不哀哉！〔七〕

〔一〕晉文公重耳避驪姬之難出奔，狐偃勸令返國，遂爲霸主。子犯即狐偃字也。
〔二〕趙盾，晉卿，生趙朔，朔娶晉成公姊爲夫人。晉景公三年，大夫屠岸賈誅趙氏，殺趙朔，滅其族。朔妻有遺腹，走公宮。趙朔客程嬰、公孫杵臼。杵臼謂程嬰曰：「胡不死？」程嬰曰：「朔之婦有遺腹，若幸而生男，吾奉之；即女也，吾徐死耳。」居無何，朔妻生男，屠岸賈聞之，乃索於宮中。夫人置兒於綺中，祝曰：「趙宗滅乎，若（號）〔嘷〕；即不滅，若無聲。」及索兒，竟無聲。程嬰曰：「今一索不得，後必復索之。」杵臼乃取它嬰兒負之匿山中。諸將共攻殺杵臼幷孤兒，然趙氏眞孤乃在程嬰所，即趙武也。居十五年，晉景公乃立趙武爲卿，而復其田邑。事見史記。
〔三〕三王見更始傳。
〔四〕蟺動諭衆。
〔五〕文帝初，與郡守始爲銅虎符、竹使符，分持其一，以爲瑞信。剖即分也。
〔六〕三關謂上黨關、壺口關、石陘關也。陘音形。

〔七〕張儀說楚王曰：「秦下甲攻衞陽晉，大開天下胷。」李斯曰：「所謂借寇兵而齎盜糧也。」

衍聞之，委質爲臣，無有二心；〔一〕挈瓶之智，守不假器。〔二〕是以晏嬰臨盟，擬以曲戟，不易其辭；〔三〕謝息守郕，脅以晉、魯，不喪其邑。〔四〕由是言之，內無鉤頸之禍，外無桃萊之利，〔五〕而被畔人之聲，蒙降城之恥，竊爲左右羞之。且邾庶其竊邑畔君，以要大利，曰賤而必書；莒牟夷以土地求食，而名不滅。是以大丈夫動則思禮，行則思義，未有背此而身名能全者也。〔六〕爲伯玉深計，莫若與鮑尙書同情勠力，顯忠貞之節，立超世之功。如以尊親係累之故，能捐位投命，歸之尙書，大義既全，敵人紓怨，〔七〕上不損剖符之責，下足救老幼之命，申眉高談，無愧天下。若乃貪上黨之權，惜全邦之實，衍恐伯玉必懷周趙之憂，上黨復有前年之禍。〔八〕昔晏平仲納延陵之誨，終免欒高之難；〔九〕孫林父違穆子之戒，故陷終身之惡。〔一〇〕以爲伯玉聞此至言，必若刺心，自非嬰城而堅守，則策馬而不顧也。〔一一〕聖人轉禍而爲福，智士因敗以成勝，願自彊於時，無與俗同。

〔一〕委質猶屈膝也。左傳曰：「策名委質，貳乃辟也。臣無二心，古之制也。」

〔二〕解見左傳。

〔三〕晏子春秋曰：「齊大夫崔杼弒齊莊公，乃劫諸大夫盟。有敢不盟者，戟鉤其頸，劍承其心，曰：『不與崔氏而與公室

者，盟神視之，言不疾，指不至血者死。』所殺者七人，而後及晏子。晏子奉血仰天曰：『崔氏無道而殺其君，若有能復崔氏而嬰不與，盟〔神〕視之。』遂仰而飲血。崔氏曰：『晏子與我，則齊國吾與共之；不與我，則戟在心，子圖之。』晏子曰：『劫吾以刃而失其意，非勇也。留吾以利而背其君，非義也。詩云：「愷悌君子，求福不回。」嬰可回而求福乎？劍刃鉤之，直兵推之，嬰不革矣。』崔子遂釋之。」

〔四〕左傳，孟孫之家臣謝息。孟孫從魯昭公如楚，謝息爲孟孫守郕邑。晉人來理杞田，季孫將以郕邑與之。謝息不可，曰：「夫子從君而守臣喪邑，雖吾子亦有猜焉。」季孫曰：「君之在楚，於晉罪也。又不聽晉，魯罪重矣。晉師必至，吾無以待之。」謝息曰：「古人有言『挈瓶之智，守不假器』。」季孫曰：「吾與子桃。」辭以無山，與之萊、柞，乃遷於桃。杜預注曰：「挈瓶，汲器，喻小智也。魯國（下）〔卞〕縣東南有桃虛。」萊，柞，二山名。

〔五〕臣賢案：謝息得桃邑萊山，故言「無桃萊之利」也。但爲「萊」字似「棗」，文又連「桃」，後學者以「桃棗」易明，「桃萊」難悟，不究始終，輒改「萊」爲「棗」。衍集又作「菜」，或改作「乘」，展轉乖僻爲謬矣。

〔六〕庶其，邾大夫，以邾邑漆、閭丘奔魯，故言竊邑畔君以要利也。牟夷，莒大夫，竊牟婁及防茲來奔；昭公三十一年，邾黑肱以濫來奔。左傳曰：「以地畔，求食而已，不求其名。賤而必書，以名其人，終爲不義，不可滅已。是故君子動則思禮，行則思義。或求名而不得，或欲蓋而名彰。此所謂三畔人名者也。

〔七〕紓，緩。音舒。

〔八〕史記曰，趙孝成王時，韓上黨（太）守馮亭使人至趙曰：「韓不守上黨，入之於秦，其吏人皆安爲趙，不欲爲秦。有城市邑十七，願再拜入之趙。」趙王大喜，召平陽君豹告曰：「馮亭入城市邑十七，受之何如？」豹曰：「聖人甚惡無故之利。夫秦蠶食韓氏，地中絕不令相通，韓氏所以不入於秦者，欲嫁其禍於趙，必勿受也。」趙王不聽，遂發兵取上黨，於是秦人圍趙，阬其卒四十萬。秦又圍邯鄲。又攻西周，拔之。故言懷周趙之憂。前年猶往時。

〔九〕延陵，邑名，吳公子季札所封，故以號焉。左傳魯襄二十九年，季札聘齊，見晏平仲。曰：「子速納邑與政。無邑無政，乃免於難。」晏子因陳桓子以納邑與政，是以免於欒高之難。欒謂子雅，高謂子尾，皆齊大夫。左氏魯昭公八年，欒高作難，晏子無罪。

〔一〇〕孫林父，衞大夫孫文子也。穆子，魯大夫叔孫豹也。左傳，衞侯使孫林父聘魯，且尋盟。公登亦登，叔孫穆子相儀，趨進曰：「諸侯之會，寡君未嘗後衞君。今吾子不後寡君，未知所過。」孫子無詞，亦無悛容。穆子曰：「孫子必亡。爲臣而君，過而不悛，亡之本也。」至襄十四年，孫林父逐出衞獻公。獻公復入國，林父遂以戚邑畔。是陷於終身之惡。

〔一一〕言不過爲二塗而已。

邑報書曰：

僕雖駑怯，亦欲爲人者也，豈苟貪生而畏死哉！曲戟在頸，不易其心，誠僕志也。閒者，老母諸弟見執於軍，而邑安然不顧者，豈非重其節乎？若使人居天地，壽如金石，要長生而避死地可也。今百齡之期，未有能至，老壯之閒，相去幾何。誠使故朝尙在，忠義可立，雖老親受戮，妻兒橫分，邑之願也。閒者，上黨點賊，大衆圍城，義兵兩輩，入據井陘。邑親潰敵圍，拒擊宗正，〔一〕自試智勇，非不能當。誠知故朝爲兵所害，新帝司徒已定三輔，〔二〕隴西、北地從風響應。

其事昭昭，日月經天，河海帶地，不足以比。〔三〕死生有命，富貴在天。〔四〕天下存亡，誠云命也。邑雖沒身，能如命何？

〔一〕即劉延。

〔二〕謂鄧禹也。

〔三〕言明白也。

〔四〕論語子夏之詞。

夫人道之本，有恩有義，義有所宜，恩有所施。君臣大義，母子至恩。今故主已亡，義（無）〔其〕誰爲；老母拘執，恩所當留。而厲以貪權，誘以策馬，抑其利心，必其不顧，何其愚乎！

邑年三十，歷位卿士，性少嗜慾，情厭事爲。況今位尊身危，財多命殆，鄙人知之，何疑君子？

君長、敬通〔一〕揭節垂組，自相署立。〔二〕蓋仲由使門人爲臣，孔子譏其欺天。〔三〕君長據位兩州，加以一郡，〔四〕而河東畔國，兵不入彘，〔五〕上黨見圍，不窺大谷，〔六〕宗正臨境，莫之能援。兵威屈辱，國權日損，三王背畔，赤眉害主，未見兼行倍道之赴，若墨翟累繭救宋，申包胥重胝存楚，衞女馳歸唁兄之志。〔七〕主亡一歲，莫知定所，

虛冀妄言，苟肆鄙塞。未能事生，安能事死？未知爲臣，焉知爲主？豈厭爲臣子，思爲君父乎！欲搖太山而蕩北海，〔八〕事敗身危，要思邑言。

〔一〕君長，鮑永字也。

〔二〕揭音其謁反，謂負也。

〔三〕孔子有疾，仲由欲使門人爲臣，以大夫之禮葬孔子。孔子謂曰：「由之行詐也！吾誰欺，欺天乎？」事具論語。

〔四〕衍集，鮑永行將軍事，安集幷州，擁兵屯太原，與太原李仲房同心幷力。

〔五〕聞更始敗，故諸國畔也。不入𪌆，言不征之也。𪌆，縣名，屬河東郡，順帝改曰永安。

〔六〕即上所謂盜賊所圍城者也。大谷自太原趣上黨之道。不窺言不來救也。今幷州大谷縣西有大谷是也。

〔七〕衞女，衞宣公庶子頑之女，爲許穆公夫人，其兄即戴公。弔失國曰唁。衞懿公爲狄所滅，戴公乃立廬于曹邑。許穆夫人閔衞亡，思歸唁之，不得，乃賦載馳之詩。事見左傳。

〔八〕嘗不可也。孟子曰「挾太山而超北海」也。

衍不從。或訛言更始隨赤眉在北，〔一〕永、衍信之，故屯兵界休，〔二〕方移書上黨，云皇帝在雍，以惑百姓。永遣弟升及子壻張舒誘降涅城，〔三〕舒家在上黨，邑悉繫之。又書勸永降，永不荅，〔四〕自是與邑有隙。邑字伯玉，馮翊人也，後爲漁陽太守。〔五〕永、衍審知更始已歿，乃共罷兵，幅巾降於河內。〔六〕

〔一〕訛，僞也。

〔二〕界休，縣，屬太原郡，今汾州縣。

〔三〕東觀記曰：「升及舒等謀使營尉李匡先反涅城，開門內兵，殺其縣長馮晏，立故謁者祝回爲涅長。」涅，縣名，屬上黨郡，故城在今潞州鄉縣西。涅音奴結反。

〔四〕東觀記載邑書曰：「愚聞丈夫不釋故而改圖，哲士不徼幸而出危。今君長故主敗不能死，新帝立不肯降，擁衆而據壁，欲襲六國之從。與邑同事一朝，內爲刎頸之盟，興兵背畔，攻取涅城。破君長之國，壞父母之鄉，首難結怨，輕弄凶器。人心難知，何意君長當爲此計。昔者韓信將兵，無敵天下，功不世出，略不再見，威執項羽，名出高帝，不知天時，就亨於漢。知伯分國，既有三晉，欲大無已，身死地分，頭爲飲器。君長銜命出征，擁帶徒士，上黨阸不能救，河東畔不能取，朝有顚沛之變，國有分崩之禍，上無仇牧之節，下無不占之志。天之所壞，人不能支。君長將兵不與韓信同日而論，威行得衆不及智伯萬分之半，不見天時，不知厭足。欲明人臣之義，當先知故主之未然；欲貪天下之利，宜及新主之未爲。今故主已敗，新主既成，四海爲羅網，天下爲敵人，舉足遇害，動搖觸患，履深泉之薄冰不爲唬，涉千鈞之發機不知懼，何如其知也？絕鮑氏之姓，廢子都之業，誦堯之言，服桀之行，悲夫命也。張舒內行邪孽，不遵孝友，疏其父族，外附妻黨，已收三族，將行其法。能逃不自詣者舒也，能夷舒宗者予也。」永邑遂結怨焉。

〔五〕東觀記曰：「邑，馮翊蓮芍人也。其先齊諸田，父豐，爲王莽著威將軍。邑有大節，涉學藝，能善屬文。爲漁陽太守，未到官，道病，徵還爲諫議大夫，病卒。」

〔六〕不加冠幘，但以一幅巾飾首而已。

帝怨衍等不時至，永以立功得贖罪，遂任用之，〔一〕而衍獨見黜。永謂衍曰：「昔高祖賞季布之罪，誅丁固之功。〔二〕今遭明主，亦何憂哉！」衍曰：「記有之，人有挑其鄰人之妻者，挑其長者，長者詈之，挑其少者，少者報之，後其夫死而取其長者。或謂之曰：『夫非罵爾者邪？』曰：『在人欲其報我，在我欲其罵人也。』〔三〕夫天命難知，人道易守，守道之臣，何患死亡？」頃之，帝以衍爲曲陽令，〔四〕誅斬劇賊郭勝等，降五千餘人，論功當封，以讒毀，故賞不行。

〔一〕立功謂說下懷。

〔二〕季布，項羽將。數窘漢王。漢王即位，赦布以爲郎中。丁固，季布母弟。爲項羽將，亦窘高祖，高祖急，顧謂丁固曰：「兩賢豈相戹哉！」丁公引還。高祖即位，丁固謁見。高祖曰：「使項王失天下者丁公也。」遂斬之。

〔三〕此並陳軫對秦王之詞也。見戰國策。引之者，言已爲故主守節，亦冀新帝重之也。挑音徒了反。

〔四〕曲陽，縣名，屬常山郡，故城在今定州（彭）〔鼓〕城縣西也。

建武六年日食，〔一〕衍上書陳八事：其一曰顯文德，二曰褒武烈，三曰修舊功，四曰招俊傑，五曰明好惡，六曰簡法令，七曰差秩祿，八曰撫邊境。書奏，帝將召見。初，衍爲狼孟長，以罪摧陷大姓令狐略，是時略爲司空長史，讒之於尙書令王護、尙書周生豐曰：「衍所以求見者，欲毀君也。」〔二〕護等懼之，即共排閒，衍遂不得入。

〔一〕續漢志曰：「建武六年九月丙寅晦，日有食之，史官不見，郡以聞。」

〔二〕風俗通曰：「周生，姓也。」豫章舊志曰：「豐字偉防，太山南武陽人也。建武七年爲豫章太守，清約儉惠。」

後衞尉陰興、新陽侯陰就以外戚貴顯，深敬重衍，衍遂與之交結，由是爲諸王所聘請，〔一〕尋爲司隸從事。帝懲西京外戚賓客，故皆以法繩之，大者抵死徙，其餘至貶黜。衍由此得罪，嘗自詣獄，有詔赦不問。〔二〕西歸故郡，閉門自保，不敢復與親故通。

〔一〕興及就並光烈皇后母弟也。衍集與陰就書曰：「衍聞神龍驤首，幽雲景蒸，明聖修德，志士思名。是以意同情合，聲比（則）〔相〕應也。伏見君侯忠孝之性，慈仁殷勤，論議周密，思慮深遠。願以微賤，數蒙聖恩，被侯大惠。衍年老被病，恐一旦無祿，命先犬馬，懷抱不報，齎恨入冥，思剖肝膽，有以塞責。方今天下安定，四海咸服，蒙恩更生之臣，無所効其死力。側聞東平、山陽王壯當之國，擇除官屬，衍不自量，願侯白以衍備門衞。鄙語曰：『水不激不能破舟，矢不激不能飮羽。』不念舊惡，名賢所高。負責之臣，欲言不敢，惟侯哀憐，深留聖心，則闔棺之日，魂復何恨。」

〔二〕時衍又與就書曰：「奏曹掾馮衍叩頭死罪：衍材素愚駑，行義汙穢，外無鄉里之譽，內無汗馬之勞，猥蒙明府天覆之德，華寵重疊。聞者，掾史疑衍之罪，衆煦飄山，富爲灰土。賴蒙明察，揆其素行，復保首領。倍知厚德篤於慈父，盪滌肌膚，滲漉骨髓，德重山岳，澤深河海。前送妻子還淄縣，遭雨逢暑，以七月還。至陽武，聞詔捕諸王賓客，惶怖詣闕，冀先事自歸。十一日到，十二日書報歸田里。即日束手詣洛陽詔獄，十五日夜詔書勿問。得出，遭雨，又疾，大困。冀高世之德，施以田子老馬之惠，賜以秦穆駿馬之恩，使長有依歸，以効忠心。」

校勘記

九五三頁五行　性嗜倡樂　按：「嗜」原譌「著」，逕據汲本、殿本改正。

九五五頁五行　由是多見排抵　「抵」汲本、殿本作「扺」，注同。按：注云音紙，則字當作「扺」。

九五六頁一行　殆將有子夫之變　按：「變」原譌「父」，逕據汲本、殿本改正。

九五六頁五行　遂逮后弟侍中喜　刊誤謂傅喜非后弟，「喜」當作「嘉」。按：何焯謂董賢求傅氏罪事與前書參差不合。高武侯傳喜，孔鄉侯晏之從兄弟，安得復有后弟名喜爲侍中者也？大抵范史事未核。沈家本謂按前書傅喜傳、董賢傳、外戚傳並無此事，又別無傅嘉其人，劉氏亦肊揣之詞，何說得之。

九五八頁三行　請削諸侯(之)〔支〕郡　張森楷校勘記謂「之」當作「支」，前書可證。今按：張說是。前書顏注「支郡，在國之四邊者也」。之與支聲近而譌。今據改。

九五八頁一三行　多放錢貨　汲本「錢」作「田」。按：今聚珍本東觀記作「多收田貨」。

九六一頁三行　冑兜鍪也　按：「鍪」原作「鏊」，譌字，逕據汲本、殿本改正。

九六二頁六行　吾欲〔以〕識決之　按：校補引錢大昭說，謂閩本「欲」下有「以」字；又謂今案東觀記、袁紀、通鑑均有「以」字。又張森楷校勘記謂治要「欲」下有「以」字。今據補。

九六二頁七行　譚叩頭流血　按：「譚」字原脫，逕據汲本、殿本補。

桓譚馮衍列傳第十八上　九七九

後漢書卷二十八上　九八〇

九六二頁八行　出爲六安郡丞　按：袁紀作「大安太守丞」。

九六二頁九行　陽衒之洛陽記曰　按：汲本、殿本作「楊衒之」。

九六三頁五行　莫若屯據大郡　按：集解引惠棟說，謂「屯據」袁宏紀作「先據」。

九六三頁一〇行　見贅於人　按：集解引惠棟說，謂袁宏紀「贅」作「疑」。

九六三頁一五行　將爲戮矣　按：殿本、集解本「矣」作「乎」，疑後人依左傳改。

九六六頁六行　唽血昆陽　刊誤謂唽血是盟時唽血，此當作「喋」。按：唽喋古通用，劉說泥。

九六六頁一〇行　寒者裸跣　按：「跣」原譌「洗」，逕據汲本、殿本改正。

九六六頁一四行　猶有申伯召虎夷吾吉甫　按：惠棟補注引吳仁傑補遺，謂「吉甫」當作「成父」，謂王子成父也。若尹吉甫，不應序於夷吾之下。

九六七頁四行　莽〔始〕建國三年　按：「建」上當脫「始」字，今補。

九六七頁一一行　(王)〔于〕匡攻武關　按：張森楷校勘記謂「王匡」當依前書莽傳作「于匡」，各本並誤。今據改。

九六七頁一一行　以捍匡等〔匡等〕擊破六虎　按：張森楷校勘記謂「匡等」下當更有「匡等」二字，文義乃明。今據補。

九六八頁一〇行　雖則山澤之人　按：刊誤謂「雖則」當作「則雖」。

九七〇頁九行　趙宗減乎若(䗖)〔虒〕　據汲本改。按：殿本「虒」作「啼」，乃虒之俗字；原本作「唬」，則譌字矣。

九七一頁九行　必懷周趙之憂　集解引何焯說，謂「周」疑「禍」字之誤，注非。校補引錢大昭說，謂「周」當是「害」字之誤。按：校補謂害周形近易誤，錢說爲勝。

九七二頁二行　盟〔神〕祇之　據汲本、殿本補。今按：「盟」疑「明」之譌。

九七二頁七行　吾無以待之　按：「待」原譌「侍」，逕改正。

九七二頁八行　魯國(下)〔卞〕縣東南有桃虛　按：下卞形近而譌，各本同，今據左昭七年杜注改正。

九七三頁一五行　韓上黨(太)守馮亭　據史記趙世家刪。按：漢以前無太守也。

九七四頁八行　義(無)〔其〕誰爲　據汲本、殿本改。

九七五頁一三行　永遺弟升　按：「升」原譌「叔」，逕據汲本、殿本改正。注同。

九七六頁一一行　履深泉之薄冰　汲本、殿本「泉」作「淵」。按：章懷避唐諱，於引文亦皆改易，後人又多回改，此其一例也。

九七七頁一〇行　今定州(彭)〔鼓〕城縣西也　據刊誤改。

九七八頁六行　聲比(則)〔相〕應也　據汲本、殿本改。

桓譚馮衍列傳第十八上　九八一

後漢書卷二十八下

馮衍傳第十八下

建武末，上疏自陳曰：

臣伏念高祖之略而陳平之謀，毁之則疏，譽之則親。〔一〕以文帝之明而魏尙之忠，繩之以法則爲罪，施之以德則爲功。〔二〕逮至晚世，董仲舒言道德，見妒於公孫弘，〔三〕李廣奮節於匈奴，見排於衞青，〔四〕此忠臣之常所爲流涕也。臣衍自惟微賤之臣，上無無知之薦，下無馮唐之說，乏董生之才，寡李廣之埶，而欲免讒口，濟怨嫌，豈不難哉！

〔一〕史記曰，魏無知薦陳平於高祖，高祖以平爲將。絳、灌等咸讒平曰：「雖美丈夫，如冠玉耳，居家盜嫂。今大王令護軍，諸將金多者得善處，金少者得惡處。」高祖讓魏無知。無知曰：「臣所言者能也，陛下所問者行也。楚漢相拒，臣進奇謀之士。盜嫂受金，又何足疑。」高祖乃令平盡護諸將也。

〔二〕魏尙，槐里人，文帝時爲雲中守，匈奴不近雲中。後坐上首虜差六級，下之吏，罰作之。馮唐諫文帝曰：「臣愚以

爲陛下法太明，罰太重，賞太輕。」帝悅。是日令唐持節赦尙，復以爲雲中守也。

〔三〕史記曰，董仲舒爲人廉直，公孫弘習春秋不如董生。弘希時用事，位至公卿，仲舒以弘爲從諛，弘嫉之。時膠西王帝兄，驕縱，弘乃言於上曰：「獨仲舒可使相膠西。」膠西王素聞仲舒〔有行〕，亦善待之。

〔四〕史記曰，李廣，隴西成紀人也。爲前將軍，從衞青討匈奴。青不使當匈奴，廣乃失道後期，青令對簿，廣乃引刀自刎。知與不知，莫不流涕。

臣衍之先祖，以忠貞之故，成私門之禍。〔一〕而臣衍復遭擾攘之時，値兵革之際，不敢回行求時之利，〔二〕事君無傾邪之謀，將帥無虜掠之心。衞尉陰興，敬愼周密，內自修敕，外遠嫌疑，故敢與交通。興知臣之貧，數欲本業之。〔三〕臣自惟無三益之才，不敢處三損之地，固讓而不受之。〔四〕昔在更始，太原執貨財之柄，居蒼卒之閒，據位食祿二十餘年，而財產歲狹，居處日貧，家無布帛之積，出無輿馬之飾。於今遭淸明之時，飭躬力行之秋，〔五〕而怨讎叢興，譏議橫世。蓋富貴易爲善，貧賤難爲工也。疏遠壠畝之臣，無望高闕之下，惶恐自陳，以救罪尤。

〔一〕衍之祖馮參忠正，不屈節於王氏五侯。參姊爲中山王太后，後爲哀帝祖母，傅太后陷以大逆，參自殺，親族死者十七人。見前書。

〔二〕回，邪也。

〔三〕欲遺其財，爲立基本生業也。

〔四〕論語載孔子言曰「益者三友，損者三友」，故衍引以爲言也。

〔五〕力行謂盡力行善道也。禮記曰「好問近於智，力行近乎仁」也。

書奏，猶以前過不用。

衍不得志，退而作賦，又自論曰：

馮子以爲夫人之德，不碌碌如玉，落落如石。〔一〕風興雲蒸，一龍一蛇，與道翺翔，與時變化，夫豈守一節哉？〔二〕用之則行，舍之則臧，進退無主，屈申無常。故曰：「有法無法，因時爲業，有度無度，與物趣舍。」〔三〕常務道德之實，而不求當世之名，闊略杪小之禮，蕩佚人閒之事。〔四〕正身直行，恬然肆志。顧嘗好俶儻之策，時莫能聽用其謀，〔五〕喟然長歎，自傷不遭。〔六〕久棲遲於小官，不得舒其所懷。〔七〕抑心折節，意悽情悲。夫伐冰之家，不利雞豚之息；〔八〕委積之臣，不操市井之利。〔九〕況歷位食祿二十餘年，而財產益狹，居處益貧。惟夫君子之仕，行其道也。慮時務者不能興其德，爲身求者不能成其功。〔一〇〕去而歸家，復羇旅於州郡，身愈據職，家彌窮困，卒離飢寒之災，有喪元子之禍。

〔一〕老子〔道〕德經之詞也。言可貴可賤，皆非道眞。玉貌碌碌，爲人所貴，石形落落，爲人所賤，賤旣失矣，貴亦未得。言當處才不才之閒。

〔二〕風興雲蒸，言相須也。東方朔誡子書曰：「聖人之道，一龍一蛇，形見神臧，與物變化，隨時之宜，無有常處。」化音協韻音花。

〔三〕史記司馬談之詞也。言法度是非，皆隨時俗。物所趨則向之，所舍則違之，所謂隨時之義也。

〔四〕放蕩縱逸，不拘恆俗也。

〔五〕顧猶及也。俶儻，卓異貌也。

〔六〕遭，遇也。

〔七〕棲遲猶偃息也。

〔八〕言食厚祿不當求小利也。禮記曰：「畜馬（千）乘，不察於雞豚。伐冰之家不畜牛羊。」伐冰謂卿大夫以上，以其喪祭得賜冰，故言伐冰也。韓詩外傳曰「天子不言多少，諸侯不言利害，大夫不言委積，四馬之家不恃雞豚之息，伐冰之家不恃牛羊之入」也。

〔九〕韓詩外傳曰「千乘之君不通貨財，委積之臣不操市井之利，是以貧窮有所勸，而孤寡有所措」也。

〔一〇〕言不可兼也。

先將軍葬渭陵，哀帝之崩也，營之以爲園。〔一〕於是以新豐之東，鴻門之上，壽安之中，〔二〕地埶高敞，四通廣大，南望酈山，北屬涇渭，東瞰河華，龍門之陽，三晉之路，〔三〕西顧酆鄗，周秦之丘，宮觀之墟，〔四〕通視千里，覽見舊都，遂定塋焉。〔五〕退而幽居。蓋忠臣過故墟而歔欷，孝子入舊室而哀歎。〔六〕每念祖考，著盛德於前，垂鴻烈於

後，遭時之禍，墳墓蕪穢，春秋烝嘗，昭穆無列。〔七〕年衰歲暮，悼無成功，將西田牧肥饒之野，殖生產，修孝道，營宗廟，廣祭祀。然後闔門講習道德，觀覽乎孔老之論，庶幾乎松喬之福。〔八〕上隴阪，陟高岡，游精宇宙，流目八紘。〔九〕歷觀九州山川之體，追覽上古得失之風，愍道陵遲，傷德分崩。夫覩其終必原其始，故存其人而詠其道。疆理九野，經營五山，眇然有思陵雲之意。〔一〇〕乃作賦自厲，命其篇曰顯志。顯志者，言光明風化之情，昭章玄妙之思也。其辭曰：

〔一〕奉世爲右將軍，即衍之曾祖，故言「先將軍」。渭陵，元帝陵，在長安北五十里。哀帝義陵在長安北四十六里。奉世墓入義陵塋中，所以衍不得入葬而別求也。

〔二〕太上皇思東歸，乃遷豐邑人於此立縣，故曰新豐。鴻門，阪名。前書音義曰：「在新豐東十七里，舊大道北下阪口。」

〔三〕龍門，河所經，今絳州縣也。三晉謂韓、趙、魏也。

〔四〕酆、鄗，二水名，周文王都酆，武王都鄗。秦本封在隴西秦縣，周平王東遷以後，秦始有岐周之地，故總言周秦之丘。丘亦墟也。

〔五〕衍墓在今新豐縣南四里。

〔六〕史記曰，箕子朝周過殷墟，感生禾黍，箕子傷之，欲哭則不可，欲泣爲其近婦人，乃作麥秀之詩。殷人聞之，皆爲流涕。禮記檀弓曰「反哭升堂，反諸其所作也。入室，反諸其所養也。反而亡焉，失之，哀於是爲甚」也。

〔七〕司馬相如賦曰：「墳墓蕪穢而不修。」父爲昭，子爲穆，昭南面，穆北面也。

〔八〕列仙傳，赤松子，神農時雨師也。服水玉，能入火不燒。常止西王母石室中，能隨風上下。王子喬，周靈王太子晉也。好吹笙，作鳳鳴，游伊洛之閒，道人浮丘公接以上嵩高山，遂仙去也。

〔九〕尸子曰：「四方上下曰宇。」蒼頡篇曰：「舟輿所屆曰宙。」淮南子曰「九州之外乃有八夤，八夤之外乃有八紘」也。

〔一〇〕疆，界也。理，正也。詩曰：「我疆我理。」九野謂九州之野。經營猶往來。五山即五岳也。

開歲發春兮，百卉含英。〔一〕甲子之朝兮，汨吾西征。〔二〕發軔新豐兮，裴回鎬京。〔三〕陵飛廉而太息兮，登平陽而懷傷。〔四〕悲時俗之險阨兮，哀好惡之無常。〔五〕棄衡石而意量兮，隨風波而飛揚。〔六〕紛綸流於權利兮，親靁同而妒異；獨耿介而慕古兮，豈時人之所憙？〔七〕沮先聖之成論兮，隳名賢之高風；忽道德之珍麗兮，務富貴之樂耽。〔八〕遵大路而裴回兮，履孔德之窈冥；固衆夫之所眩兮，孰能觀於無形？〔九〕行勁直以離尤兮，羌前人之所有；內自省而不慙兮，遂定志而弗改。〔一〇〕欣吾黨之唐虞兮，愍吾生之愁勤；聊發憤而揚情兮，將以蕩夫憂心。〔一一〕往者不可攀援兮，來者不可與期；病沒世之不稱兮，願横逝而無由。〔一二〕

〔一〕開，發，皆始也。爾雅曰：「春爲發生。」卉，草也。楚詞曰：「獻歲發春兮。」

〔二〕君子舉事尚早，故以朝言之。汨，行貌。楚詞曰：「汨吾南征。」汨音于筆反。

〔三〕軔，止車木也。將行，故發之。

〔四〕飛廉，觀名。武帝元封二年立於長安，上有銅飛廉，因以名焉。前書音義曰：「飛廉，神禽，能致風氣，有角而蛇尾文如豹文。」平陽，縣名，故城在今岐州岐山縣西南。

〔五〕時既險薄，所以好惡不同。楚詞曰「悲時俗之迫阨」也。

〔六〕衡，秤衡也。三十斤爲鈞，四鈞爲石。言時人棄衡石以意測量，論背法度也。隨風波而飛揚，言無志操也。

〔七〕言時俗溺於權利也。同己則親之，異己則妒之，今己不與之同，所以見惡也。

〔八〕沮，敗也。隳，墮也。耽亦樂也。言時人之行如此。

〔九〕遵，循也。大路，大道也。老子曰：「大道泛兮。」又曰：「孔德之容，窈兮冥兮，其中有精。」又曰：「大象無形。」孔之爲言空也。窈冥謂幽玄也。道以空爲主，故無物而不容。時俗眩於名利，孰能觀大象無形(矣)〔哉〕？

〔一〇〕離，遭也。尤，過也。羌，語發聲也。言古人有爲勤直行而遭尤過者，有之矣，即屈原、賈誼之流也。衍內自省察，不慙於古人，遂守志不改也。

〔一一〕傷己不逢堯舜也。蕩，散也。

〔一二〕言唐虞往，不可攀援而及，將來賢哲，又不可豫期。所病終身之後，名譽不稱；又願縱横遠逝，而其路無由也。論語孔子曰：「君子疾沒世而名不稱焉。」

陟雍畤而消搖兮，超略陽而不反。念人生之不再兮，悲六親之日遠。〔一〕陟九嵕而臨嵳嶭兮，聽涇渭之波聲。〔二〕顧鴻門而歔欷兮，哀吾孤之早零。何天命之不純兮，信吾罪之所生；傷誠善之無辜兮，齎此恨而入冥。〔三〕嗟我思之不遠兮，豈敗事之可悔？雖九死而不眠兮，恐余殃之有再。淚汍瀾而雨集兮，氣滂浡而雲披；心怫鬱而紆

結兮，意沈抑而內悲。〔四〕

〔一〕雍，縣名，屬右扶風，故城在今岐州雍縣南。畤者止也，神靈之所止也。史記曰，秦并天下，祠雍四畤，漢加黑帝，謂之五畤。消搖猶觀望也。超，過也。略陽，縣名，屬天水郡，今隴州隴城縣也。六親，夫婦、父子、兄弟也。

〔二〕嵳嶭，山，一名嵳峩，在今三原縣北。嵳音才結反，嶭音五結反。

〔三〕零，落也。吾孤早零，即上所謂「喪元子」者也。子既早殀，未有邪僻，故云誠善。辜，罪也。冥謂地也。齎恨入冥，言死有餘恨也。

〔四〕言已往者託於貴戚之權，幾陷誅戮之罪，此由我思慮不深遠。已敗之事，悔之無及，雖復九死而目不瞑，言怨恨之深也。楚詞曰：「雖九死其猶未悔。」眠即瞑也。今縱飭躬自勗，又恐殃禍至再，所以淚落意沈，氣憤心結也。

瞰太行之嵯峩兮，觀壺口之崢嶸；悼丘墓之蕪穢兮，恨昭穆之不榮。〔一〕歲忽忽而日邁兮，壽冉冉其不與；恥功業之無成兮，赴原野而窮處。〔二〕昔伊尹之干湯兮，七十說而乃信；皐陶釣於靁澤兮，賴虞舜而後親。無二士之遭遇兮，抱忠貞而莫達；率妻子而耕耘兮，委厥美而不伐。〔三〕韓盧抑而不縱兮，騏驥絆而不試；獨慷慨而遠覽兮，非庸庸之所識。〔四〕卑衞賜之阜貨兮，高顏回之所慕；重祖考之洪烈兮，故收功於此路。〔五〕循四時之代謝兮，分五土之刑德；相林麓之所產兮，嘗水泉之所殖。修神農之本業兮，採軒轅之奇策；追周棄之遺教兮，軼范蠡之絕迹。〔六〕陟隴山以踰望

兮，眇然覽於八荒；風波飄其並興兮，情惆悵而增傷。〔七〕覽河華之泱漭兮，望秦晉之故國。憤馮亭之不遂兮，慍去疾之遭惑。〔八〕

〔一〕太行山在上黨南，壺口山在上黨東。衍之遠祖馮亭爲韓上黨守，以上黨降趙，趙封亭三萬戶，號華陽君。死因葬上黨，其墓在今潞州上黨縣西。衍在關中，遙相望之，即序所謂「通覩千里，覽見舊都」者也。嵬峩，高大貌。崢嶸，深邃貌。

〔二〕與猶待也。楚詞曰：「日忽忽其將暮。」又曰：「老冉冉其將至。」功業無成，情多憂憤，故赴原野而窮居。

〔三〕伊尹名摯，負鼎俎以干湯。七十說而乃信，謂年七十說湯乃得信也。皇甫謐帝王紀曰：「伊摯豐下兌上，色黑而短，僂身而下聲，年七十而不遇。湯聞其賢，設朝禮而見之，摯乃說湯致於王道。」信音申。呂氏春秋曰：「舜陶於河濱，漁於雷澤。」今言皋陶，未詳。雷澤在今濮州雷澤縣東也。

〔四〕戰國策曰，齊欲伐魏，淳于髡謂齊王曰：「韓盧，天下之壯犬也。」淮南子曰：「絆騏驥而求千里。」衍喻已有高才而不申，所以獨慷慨遠覽，非庸庸之徒所能識也。識，叶韻音志。

〔五〕卑，賤也。阜，積也。衍賤子貢貨殖，慕顏回樂道，所以不從流俗，專心貞固者，以其祖考功業隆大，若苟求富貴，恐致點辱，故於此路收功也。

〔六〕周禮五土，一曰山林，二曰川瀆，三曰丘陵，四曰墳衍，五曰原隰。家語曰：「地東西爲緯，南北爲經。山爲積德，川爲積刑。」穀梁傳曰：「林屬於山曰麓。」周禮曰：「山林動物宜毛，植物宜皁。」淮南子曰：「汾水濁宜麻，濟水和宜麥，河水調宜菽，洛水輕利宜禾，渭水多力宜黍，江水肥宜稻。」管子曰：「四七二十八尺而至於泉，其水白而

甘，宜黍秫。三七二十一尺而至於泉，其水黃而有臭，宜大菽與麥。二七一十四尺至於泉，其味鹹，宜稻與麥。」此皆水泉之所殖也。周易曰：「神農氏斲木爲耜，揉木爲耒，耒耜之利以教天下，蓋取諸益。」周書曰：「神農之時，天雨粟，神農耕而種之。」軒轅，黃帝也。大戴禮曰：「黃帝時播百穀草木，節用水火財物，人得其利。」周棄，帝嚳之子。爲兒之時，其游戲好種樹麻菽，及成人，遂好耕農，相地之宜，人皆法則之。帝堯聞之，舉棄爲農師，天下得其利，故言遺教。軼，過也。范蠡，南陽人，事越王句踐，苦身勠力，竟滅吳報恥。既而以爲大名之下，難以久居，乃與其私屬乘舟浮海以行，變姓名，適齊爲鴟夷子皮，之陶爲朱公，終身不返。是絕迹也。

〔七〕踰猶遙也，古字通。八荒，八方荒遠之地。

〔八〕馮亭以上黨降趙，秦破趙於長平而亭死，故言不遂。慍，怨也。馮去疾爲秦丞相，胡亥元年，用趙高計，始皇大臣咸見誅戮，無遺脫者，是遭惑也。亭及去疾皆衍之先，故遠懷憤怨也。泱音烏朗反。漭音莽。

流山岳而周覽兮，徇碣石與洞庭；浮江河而入海兮，泝淮濟而上征。〔一〕瞻燕齊之舊居兮，歷宋楚之名都；哀羣后之不祀兮，痛列國之爲墟。〔二〕馳中夏而升降兮，路紆軫而多艱；講聖哲之通論兮，心愊憶而紛紜。〔三〕惟天路之同軌兮，或帝王之異政；堯舜煥其蕩蕩兮，禹承平而革命。〔四〕并日夜而幽思兮，終悇憛而洞疑；高陽邈其超遠兮，世孰可與論茲？〔五〕訊夏啓於甘澤兮，傷帝典之始傾；頌成康之載德兮，詠南風之歌聲。〔六〕思唐虞之晏晏兮，揖稷契與爲朋；苗裔紛其條暢兮，至湯武而勃興。〔七〕昔三后之純粹兮，每季世而窮禍；弔夏桀於南巢兮，哭殷紂於牧野。〔八〕詔伊尹於亳郊兮，享呂望於酆洲；功與日月齊光兮，名與三王爭流。〔九〕

〔一〕碣石，海畔山也，在今平州東。洞庭，湖名也，中有洞庭山，在今岳州西南。衍既不同流俗，情多憤怨，故假言涉歷江山，周流河海。屈原云「吾將遠逝以自適，路脩遠以周流」之類也。

〔二〕燕都〔薊〕，今薊縣也。齊都營丘，今臨淄縣也。宋都睢陽，今宋州也。楚初都丹陽，在歸州；後都郢，在今荆州；至考烈王爲秦所逼，又徙都壽春，今壽州也。不祀言皆絕也，臧文仲曰「咎陶、庭堅不祀」也。

〔三〕紆軫猶盤曲也。愊憶猶鬱結也。紛紜猶晉亂也。愊音普逼反。

〔四〕惟，思也。言思上天之路，軌躅則同，而帝王政教參差有異。班固曰：「仰天路而同軌。」白虎通曰：「德合天者稱帝，仁義合者稱王。」故言異政也。煥，文章貌。蕩蕩，政化平暢貌。論語孔子曰：「唯天爲大，唯堯則之，煥乎其有文章，蕩蕩乎人無能名焉。」堯舜同道，故兼言之。舜禪位於禹，禹承堯舜之後而改制度，禪子，故曰承平革命也。

〔五〕孔子曰：「吾嘗終日不食，終夜不寢，以思。」楚詞云：「心悇憛而懷惑。」廣蒼云：「悇憛，禍福未定也。」悇音它乎反，憛音它紺反。本或作「恎憏」，恎音丑加反，憏音丑制反，未定也。高陽，帝顓頊之號也。洞亦不定也。史記曰：「（盡）〔虛〕惕洞疑。」又曰：「高陽氏沈深而有謀，疏通而知事。」以有其謀而疏通，故欲與之論事。

〔六〕訊，問也。啓，禹子也。尚書曰：「啓與有扈戰于甘之野。」孔安國注云：「有扈與夏同姓，恃親而不恭，故啓征之於甘野。」甘野在今鄠縣。啓既德薄，同姓相攻，故傷帝典之傾也。易曰：「德積載。」史記曰：「成康之際，天下安寧，刑錯三十餘年而不用。」周南、召南，謂國風之首篇。歌文王之德，故詠之也，非舜南風之歌。

〔七〕尚書考靈耀曰：「放勛欽明文塞晏晏。」鄭玄注曰：「寬容覆載謂之晏。」稷名棄，爲堯后稷。契爲堯司徒。契十

四葉孫號湯，滅夏桀而王有天下。后稷十六葉孫周武王，滅殷紂而王天下。勃，盛貌也。左傳曰：「其興也勃焉。」

〔八〕三后，夏、殷、周也。惜其不能始終純茂，每至末代，必窮其災禍。湯放桀於南巢，武王滅紂於牧野，周之季葉，幽王爲西戎所殺也。離騷曰：「昔三后之純粹，何桀紂之昌披！」南巢，地名，廬州巢縣也。孔安國曰「牧野，紂近郊三十里地名」也，在今衞州也。

〔九〕詔，召也。亳，湯都。呂望，周太師，翼周滅殷者也。酆，文王所都，在京兆杜陵亭。水中可居曰洲也。

楊朱號乎衢路兮，墨子泣乎白絲；知漸染之易性兮，怨造作之弗思。〔一〕美關雎之識微兮，愍王道之將崩；拔周唐之盛德兮，捃桓文之譎功。〔二〕忿戰國之遘禍兮，憎權臣之擅彊；黜楚子於南郢兮，執趙武於湨梁。〔三〕善忠信之救時兮，惡詐謀之妄作；聘申叔於陳蔡兮，禽荀息於虞虢。〔四〕誅犂鉏之介聖兮，討臧倉之愬知；譔子反於彭城兮，爵管仲於夷儀。〔五〕疾兵革之寖滋兮，苦攻伐之萌生；沈孫武於五湖兮，斬白起於長平。〔六〕惡叢巧之亂世兮，毒從橫之敗俗；流蘇秦於洹水兮，幽張儀於鬼谷。〔七〕澄德化之陵遲兮，烈刑罰之峭峻；燔商鞅之法術兮，燒韓非之說論。〔八〕誚始皇之跋扈兮，投李斯於四裔；滅先王之法則兮，禍寖淫而弘大。〔九〕援前聖以制中兮，矯二主之驕奢；饁女齊於絳臺兮，饗椒舉於章華。〔一〇〕摛道德之光耀兮，匡衰世之眇風；褒宋襄於泓谷兮，表季札於延陵。〔一一〕摭仁智之英華兮，激亂國之末流；觀鄭僑於溱洧

兮，訪晏嬰於營丘。〔一二〕日曀曀其將暮兮，獨於邑而煩惑；夫何九州之博大兮，迷不知路之南北。〔一三〕駟素虯而馳騁兮，乘翠雲而相佯；就伯夷而折中兮，得務光而愈明。〔一四〕欵子高於中野兮，遇伯成而定慮；欽眞人之德美兮，淹躊躇而弗去。〔一五〕意斟愖而不澹兮，俟回風而容與；求善卷之所存兮，遇許由於負黍。軔吾車於箕陽兮，秣吾馬於潁滸；聞至言而曉領兮，還吾反乎故宇。〔一六〕

〔一〕淮南子曰：「楊子見逵路而哭之，爲其可以南，可以北，傷其本同而末異也。」墨子曰「墨子見染絲，歎曰，染於蒼則蒼，染於黃則黃，五入之則爲五色，故染不可不愼。非獨絲也，國亦有染，湯染伊尹，紂染惡來」也。先王正道，規摹有常，苟生穿鑿，則岐路競起，故墨子知漸染之易性，楊朱悲造作之弗思。

〔二〕薛夫子韓詩章句曰：「詩人言雎鳩貞絜，以聲相求，必於河之洲，蔽隱無人之處。故人君動靜，退朝入于私宮，妃后御見，去留有度。今人君內傾於色，大人見其萌，故詠關雎，說淑女，正容儀也。」方言曰：「捃，取也。譎，詐也。」齊桓公、晉文公俱有霸功。孔子曰：「晉文公譎而不正，齊桓公正而不譎。」時周衰政亂，桓文能統率諸侯，翼戴天子，故取其一切之功也。

〔三〕周室衰微，七國交爭，是爲戰國。時吳楚僭號皆稱王，孔子修春秋，以蠻夷大者不過子，故皆黜曰子。又春秋稱「公會晉、宋、衞、鄭、曹、莒、邾、薛、杞于溴梁，戊寅，大夫盟」。公羊傳曰：「諸侯皆在，言大夫盟何？信在大夫。何言乎信在大夫？徧刺天下之大夫也。曷爲徧刺天下之大夫？君若綴旒然。」趙武，晉卿趙文子也。時晉爲盟主，文子，晉之正卿，而爲不臣之行，故欲執之也。溴，水名，在河內軹縣東南，至溫入河。爾雅曰：「梁莫大於溴

梁。」溴音古覓反。

〔四〕申叔，楚莊王時賢臣申叔時者也。左傳，陳夏徵舒弒靈公，楚莊王伐陳，殺夏徵舒，因滅陳爲縣。申叔時諫莊王曰：「夏徵舒弒其君，其罪大矣，討而戮之，君之義也。諸侯之從，曰討有罪也。今縣陳，貪其富也。以討召諸侯而以貪終之，無乃不可乎？」王曰：「善哉，吾未之聞也。」乃復封陳。聘謂問之也。時惟在陳，而兼言蔡者，蓋以陳蔡相近，因連言之也。荀息，晉大夫。左傳曰，晉荀息請以屈產之乘，垂棘之璧，假道於虞以伐虢。公曰：「是吾寶也。」對曰：「若得道於虞，猶外府也。」乃假道於虞以滅虢，師還遂襲虞，滅之。

〔五〕犂鉏，齊大夫。介猶閒也。韓子曰：「仲尼爲政於魯，道不拾遺，齊景公患之。犂鉏曰：『去仲尼猶吹毛耳。君何不遺魯公以女樂，以驕其意。魯君樂之，必怠於政，仲尼必諫，諫而不聽，必輕絕魯。』景公曰：『善。』乃令犂鉏以女樂遺魯，哀公樂之，果怠於政，仲尼諫不聽，遂去之。」孟子曰：「魯平公將出，嬖人臧倉請曰：『它日君出，必命有司所之。今已駕矣，敢請。』公曰：『吾將見孟子。』倉曰：『君（何）〔所〕爲輕身以先於匹夫者。以爲賢乎？禮義由賢者出，孟子後喪踰前喪，君無見焉。』公曰：『諾。』樂正子見孟子曰：『君將來見，嬖人有臧倉者沮君，是以不來。』孟子曰：『吾之不遇魯侯，天也。臧氏之子焉能使予不遇（哉）！』」愬猶譖也。知謂明於事也。子反，楚大夫也，名側。案「𠋫」字呂忱音什眷反，勉也。東觀記作「譏」字。此雖作「𠋫」，蓋亦譏刺之意也。春秋經書「宋人及楚人平」。公羊傳曰：「外平不書，此何以書？貶。曷爲貶？平者在下。」何休注云：「譏子反、華元專盟不受君命，故貶之。」然則子反違命盟，蓋以平宋城下而言。彭城者，彭城宋之邑，故舉以言之。左傳，宋大夫魚石等出奔楚。楚伐宋，取彭城以封魚石。宋人圍彭城，楚子重救彭城伐宋。此言子反，蓋衍誤也。如曰不然，或別有所據。管仲，齊桓公之相，名夷吾。夷儀，邢邑也。翟人滅邢，管仲輔齊桓公築夷儀以封邢，邢遷如歸，於是天下諸侯知桓公之不爲己勤也，是故天下歸之。唯能用管夷吾而霸功立。事見國語。以其能輔主成業，故就夷儀而爵賞也。

〔六〕寖，漸也。孫武，吳王闔廬將也。善用兵。越絕書曰：「太湖周三萬六千頃。」虞翻云：「太湖有五道，故謂之五湖。」（隔）〔滆〕湖、洮湖、射湖、貴湖及太湖爲五湖，並太湖之小支，俱連太湖，故太湖兼得五湖之名，在今湖州東也。史記曰，白起，郿人也。事秦昭王，以上將軍擊趙於長平，前後阬斬首虜四十五萬。長平，地名，在今澤州也。

〔七〕蘘，細也。毒，恨也。關東爲從，關西爲橫。蘇秦，洛陽人也。師事鬼谷先生。爲從說，說關東六國爲從親以畔秦，會於洹水之上，刳白馬而盟。張儀，魏人也。與蘇秦同師。爲關西橫說，說關（西）〔東〕六國令事秦。皆尙譎詐，不遵道德。洹水出汲郡林慮縣。鬼谷，谷名，卽鬼谷先生所居地，在今洛州洛陽城北。「蘘」或作「聚」，義亦通。

〔八〕陵遲言頹替也。澄猶淸也。烈，慘也。商鞅姓公孫氏。好刑名之學。事秦孝公，變法令，使人什伍相司，犯禁相連坐，不告姦者要斬，告姦者與斬敵同賞，匿姦者與降敵同罰，人有二男以上不分異者倍其罰。行之四年，秦人富彊。韓非，韓之諸公子也，亦好刑名法術之學。口吃不能言，著書作孤憤、五蠹、內外儲、說難，十餘萬言，皆尙法術，少仁恩。並見史記。

〔九〕誚，責也。跋扈猶彊梁也。李斯，上蔡人。爲秦丞相，上書曰：「今諸生不師今而學古，惑亂黔首，臣請非秦記皆燒之，天下敢有臧詩、書、百家語者皆燒之。令下三十日不燒，黥爲城旦。」制曰：「可。」是滅先王之法則。

〔一〇〕援，引也。矯，正也。饁，餉也。女齊，晉大夫司馬侯也。絳，晉國所都。國語曰：「晉平公爲九層之臺。」又曰，「叔向見司馬侯之子，撫而泣曰：『自其父之死，吾蔑與事君矣。昔者其父始之我終之，我始之夫子終之，無不可

者。』」是女齊事君必有規諫，必諫作臺，但書典散亡，無以言耳。椒舉，楚大夫伍舉也。褻，宴也。章華，臺名，在南郡華容縣。楚語曰：「靈王爲章華之臺，與椒舉升。王曰：『臺美乎？』對曰：『臣聞國君服寵以爲美，安人以爲樂，不聞其以土木之崇高爲美。先君莊王爲匏居之臺，高不過望國（氣）〔氛〕，大不過容宴豆，用不煩官府，人不廢時務。今君爲此臺，國人疲焉，財用盡焉，臣不知其美。』」二主謂晉楚之君。「二」或作「亡」。

〔一一〕摛，布也。眇，微也。公羊傳曰：「宋公及楚戰于泓之陽，楚人濟泓而來。有司曰：『迨其未畢濟而擊之。』宋公曰：『不可。吾聞之也，君子不戹人於險。吾雖亡國之餘，寡人不忍行也。』既濟未畢陳，有司復曰：『請擊之。』宋公曰：『不可。吾聞君子不鼓不成列。』已陳，然後擊之，宋師大敗。故君子大其不鼓不成列，臨大事而不忘大禮，以爲文王之戰亦不過此。」季札，吳王壽夢之少子也，封於延陵。昆弟四人，札最少而賢。壽夢卒，諸兄欲立之，札棄其室而耕，乃捨之。泓音烏萌反。

〔一二〕撫，拾也。鄭僑，鄭大夫公孫僑也。溱、洧，鄭二水名。鄭詩曰：「溱與洧瀏其淸矣。」晏嬰，齊大夫晏平仲也。爾雅曰：「水出其左曰營丘。」齊有營丘。周衰政亂，子產、晏嬰皆有賢行輔其君也。事見左傳、國語。

〔一三〕曀曀，陰晦貌也。詩曰：「曀曀其陰。」楚詞曰：「回朕車以復路，及行迷之未遠。」

〔一四〕四馬曰駟。虯，龍之無角者也。楚詞曰：「駟玉虯以乘翳兮。」爾雅曰：「馬高八尺爲龍。」司馬相如曰：「駟蒼螭兮六素虯。」相佯猶逍遙也。伯夷，孤竹君之子，周武王時義士，不食周粟，隱於首陽山。楊雄反騷曰：「將折中乎重華。」列仙傳曰：「務光者，夏時人也。殷湯伐桀，因光而謀，光曰：『非吾事也。』至殷武丁時，武丁欲以爲相，光不從，遂投於梁山。」衍退不仕，與務光辭相伴，事相得，故曰愈明。愈猶益也。

〔一五〕莊子曰：「伯成子高，唐虞時爲諸侯，至禹爲天子，乃去而耕。禹往見之，曰：『堯理天下，吾子立爲諸侯。堯授舜，

舜授予，子去而耕，其故何也？』子高曰：『昔堯理天下，至公無私，不賞而人勸，不罰而人畏。今子賞而不勸，罰而不威，德自此衰，刑自此作。夫子盍行，無留吾事。』耕而不顧。」欵，誠也。眞人即謂子高。躊躇猶踟躕也。東觀記(曰)「高」字作「喬」，謂仙人王子喬也，義亦通。

〔六〕斟愖猶遲疑也。濬，定也。俟，待也。容與猶從容也。莊子曰：「舜以天下讓善卷，善卷曰：『吾日出而作，日入而息，逍遙天地之閒，吾何以天下為哉？』遂入深山，莫知所終。」許由字武仲。堯時高士，隱居箕山。堯以天下讓由，由不受，惡聞其言，遂洗耳於潁水。負黍，亭名，在洛州陽城縣西南，許由墓在其南。秣謂食馬以粟。字林曰：「濟，水涯也。」愖音市林反，或作「堪」字。

覽天地之幽奧兮，統萬物之維綱；究陰陽之變化兮，昭五德之精光。〔一〕躍青龍於滄海兮，豢白虎於金山；鑿巖石而為室兮，託高陽以養仙。神雀翔於鴻崖兮，玄武潛於嬰冥；伏朱樓而四望兮，采三秀之華英。〔二〕纂前修之夸節兮，曜往昔之光勳；披綺季之麗服兮，揚屈原之靈芬。〔三〕高吾冠之岌岌兮，長吾佩之洋洋；飲六醴之清液兮，食五芝之茂英。〔四〕

〔一〕自此以下，既反故宇，乃欲尋覽天地，究極陰陽。幽奧謂深邃也。維綱猶宗指也。五德，五行之德也。施之於物，則為金、木、水、火、土；施之於人，則為仁、義、禮、智、信也。

〔二〕天有二十八宿，成龍虎龜鳳之形。在地為四靈，東方為青龍，西方為白虎，南方為朱雀，北方為龜蛇。豢，養也。金山，西方之精也。神雀謂鳳也。玄武謂龜蛇。位在北方，故曰玄；身有鱗甲，故曰武。嬰冥猶晦昧，所謂幽都

也。衍既反故宇，欲鑿巖石為室，託高明之處以養神仙，又假言龍虎之疇在於四面，為其威援也。前書曰：「仙人好樓居。」故云伏朱樓而四望也。楚詞曰：「采三秀於山閒。」王逸曰：「謂芝草也。」東觀記及衍集「秀」字作「奇」，「英」字作「靈」。(衣)〔按〕下云「食五芝之茂英」，此若是「芝」，不宜重說，但不知三奇是何草也。范改「奇」為「秀」，恐失之矣。

〔三〕纂，繼也。前修猶前賢也。夸，大也。楚詞曰：「謇吾法夫前修。」又曰：「紛獨有此夸節。」往昔光勳謂衍之先人有功勞於前代，去疾、子明之類也。己今繼往賢之高節，所以光曜也。綺季，四皓之一也。前書曰，四皓隨太子入侍，鬚眉皓白，衣冠甚偉。楚漢春秋曰「四人冠韋冠，佩銀環，衣服甚鮮」，故言麗服也。楚詞曰：「畦留夷與揭車，雜杜衡與芳芷。」屈原皆喻身有令德，故衍欲揚其靈芬也。

〔四〕岌岌，高貌。洋洋，美也。楚詞曰：「高余冠之岌岌，長余佩之陸離。」王逸注云：「傷己懷德不用，故高冠長佩，尊其威儀，整斯服飾，以異於眾也。」六醴，蓋六氣也。楚詞曰：「餐六氣而飲沆瀣。」茅君內傳曰：「句曲山上有神芝五種：一曰龍仙芝，似交龍之相負，服之為太極仙卿。第二名參成芝，赤色有光，其枝葉如金石之音，折而續之即復如故，服之為太極大夫。第三名燕胎芝，其色紫，形如葵，葉上有燕象，光明洞徹，服一株拜為太清龍虎仙君。第四名夜光芝，其色青，其實正白如李，夜視其實如月，光照洞一室，服一株為太清仙官。第五名曰玉芝，剖食拜三官正眞御史。」

揵六枳而為籬兮，築蕙若而為室；播蘭芷於中廷兮，列杜衡於外術。〔一〕攢射干雜蘼蕪兮，構木蘭與新夷；光扈扈而煬燿兮，紛郁郁而暢美；華芳曄其發越兮，時恍忽而莫貴；非惜身之埳軻兮，憐眾美之憔悴。〔二〕游精神於大宅兮，抗玄妙之常操；處清靜以養志兮，實吾心之所樂。〔三〕山峨峨而造天兮，林冥冥而暢茂；鸞回翔索其羣兮，鹿哀鳴而求其友。〔四〕誦古今以散思兮，覽聖賢以自鎮；嘉孔丘之知命兮，大老聃之貴玄；德與道其孰寶兮？名與身其孰親？陂山谷而閒處兮，守寂寞而存神。〔五〕夫莊周之釣魚兮，辭卿相之顯位；於陵子之灌園兮，似至人之髣髴。蓋隱約而得道兮，羌窮悟而入術；離塵垢之窈冥兮，配喬、松之妙節。〔六〕惟吾志之所庶兮，固與俗其不同；既俶儻而高引兮，願觀其從容。〔七〕

〔一〕自此以下，說籬宇廷除，皆樹芬芳卉木，喻己立身行道，依仁履義，猶屈原「扈江離與辟芷，紉秋蘭以為佩」之類也。揵，立也。枳，芬木也。晏子曰：「江南為橘，江北為枳。」枳之為木，芳而多刺，可以為籬。此云「六枳」，東觀記作「八枳」。案：周書小開篇曰「嗚呼！汝何敬非時？何擇非德？德枳維大人，大人枳維公，公枳維卿，卿枳維大夫，大夫枳維士，登登皇皇，(維在)〔君枳維國〕，國枳維都，都枳維邑，邑枳維家，家枳維欲無疆」。言上下相維，遞為藩蔽也。其數有八，與東觀記同，此為六。蕙，香草也。杜，杜若也。蘭即澤蘭也。芷，白芷也，一名苻離，一名葯。杜衡，其狀若葵，其臭如蘼蕪。術，路也。

〔二〕攢，聚也。射干，烏翼也。蘼蕪似蛇牀而香，其根即芎藭也。木蘭，樹也。香味俱似桂而皮薄。新夷亦樹也，其花甚香。扈扈，光彩盛也。暢，通也。郁郁，香氣也。曄，盛也。發越，氣傍射也。司馬相如曰：「煌煌扈扈，照曜鉅野。」又曰：「郁郁菲菲，眾香發越。」恍忽猶輕忽也。楚詞曰：「然埳軻而留滯。」王逸曰：「埳軻，不遇也。」衍被擯

斥沈淪，猶草木之遍鬱芬芳，遇風霜而零落也。夷音協韻異。美音協韻媚。

〔三〕大宅謂天地。抗，舉也。老子曰：「玄之又玄，眾妙之門。」樂音五孝反。

〔四〕此言所居之處，山林飛走之狀也。索，求也。詩曰「求其友聲」也。

〔五〕鎮，重也。古之聖賢，多固窮以守道，故覽之以自鎮也。孔子曰：「五十而知天命。」又曰：「不知命無以為君子。」玄者，幽寂之謂也。老子曰：「萬物莫不尊道而貴德。」又曰：「道者萬物之奧也，善人之所寶。」又曰：「名與身孰親？」陂謂傍其邊側也。陂音兵義反。史記曰「陂山通道」是也。道以寂寞為主，神不外營，故常存也。鎮，協韻竹人反。閒音閑。

〔六〕莊子曰：「莊子釣於濮水，楚王使大夫二人往見焉。曰：『願以境內累也。』莊子持竿不顧。曰：『吾聞楚有神龜，死已三千歲矣，王以巾笥而藏之廟堂之上。為此龜者，寧死留骨而貴乎？寧其生而曳尾塗中乎？』使者曰：『寧生曳尾塗中。』莊子曰：『往矣，吾將曳尾於塗中。』」列女傳曰：「於陵子終賢，楚王欲以為相，使使者往迎之。子終出謝使者，遂與妻俱逃而為人灌園。」孟子曰，客居於陵，故曰於陵子也。至人守眞養志，言髣髴似之也。二子雖病一時，而聲流萬古。蓋隱居困約，而反得道之精。窮棲悟理，入賢人之術，離塵垢之窈冥也。超然高邁，配松、喬之妙節也。

〔七〕庶幾守道，與俗不同。俶儻猶卓異也。凡言觀者，非在己之言。從容猶在後也。衍雖擯斥當年，身窮志沮，而令問期於不朽，聲芳縣諸日月，故曰願觀其從容。

顯宗即位，又多短衍以文過其實，遂廢於家。衍娶北地(女)任氏〔女〕為妻，悍忌，不得畜媵妾，〔一〕兒女常自操井臼，老竟逐之，遂埳

壞於時。〔二〕然有大志，不戚戚於賤貧。居常慷慨歎曰：「衍少事名賢，經歷顯位，懷金垂紫，揭節奉使，〔三〕不求苟得，常有陵雲之志。三公之貴，千金之富，不得其願，不槩於懷。〔四〕貧而不衰，賤而不恨，年雖疲曳，猶庶幾名賢之風。〔五〕修道德於幽冥之路，以終身名，爲後世法。」居貧年老，卒于家。所著賦、誄、銘、說、問交、德誥、慎情、〔六〕書記說、自序、官錄說、策五十篇，〔七〕肅宗甚重其文。子豹。

〔一〕悍，急也。

〔二〕衍集載衍與婦弟任武達書曰：「天地之性，人有喜怒，夫婦之道，義有離合。先聖之禮，士有妻妾，雖宗之眇微，尚欲踰制。年衰歲暮，恨入黃泉，遭遇嫉妒，家道崩壞，五子之母，足尚在門。五年已來，日甚歲劇，以白爲黑，以非爲是，造作端末，妄生首尾，無罪無辜，讒口嗷嗷。亂匪降天，生自婦人。青蠅之心，不重破國，嫉妒之情，不憚喪身。牝雞之晨，唯家之索，古之大患，今始於衍。醉飽過差，輒爲桀紂，房中調戲，布散海外，張目抵掌，以有爲無。痛徹蒼天，毒流五臧，愁令人不賴生，忿令人不顧禍。入門著牀，繼嗣不育，紡績織紝，了無女工，家貧無僮，賤爲匹夫，故舊見之，莫不悽愴，曾無憫惜之恩。唯一婢，武達所見，頭無釵澤，面無脂粉，形骸不蔽，手足抱土。不原其窮，不揆其情，跳梁大叫，呼若入冥，販糖之妾，不忍其態。計婦當去久矣，念兒曹小，家無它使，哀憐姜、豹，當爲奴婢。惻惻焦心，事事腐腸，詾詾籍籍，不可聽聞。暴虐此婢，不死如髮，半年之閒，膿血橫流。婢病之後，姜竟舂炊，豹又觸冒泥塗，心爲愴然。纖縠放散，冬衣不補，端坐化亂，一縷不貫。既無婦道，又無母儀，忿見侵犯，恨見狼藉，依倚鄭令，如居天上。持質相劫，詞語百車，劒戟在門，何暇有讒？百弩環舍，何可彊復？舉宗達人解說，詞如循環，口如布穀，縣幡竟天，擊鼓動地，心不爲惡，身不爲搖。宜詳居錯，且自爲計，無以上書告訴相

恐。狗吠不驚，自信其情。不去此婦，則家不寧；不去此婦，則家不清；不去此婦，則福不生；不去此婦，則事不成。自恨以華盛時不早自定，至於垂白家貧身賤之日，養癰長疽，自生禍殃。衍以室家紛然之故，捐棄衣冠，側身山野，絕交游之路，杜仕宦之門，闔門不出，心專耕耘，以求衣食，何敢有功名之路哉！」

〔三〕金謂印也，紫謂綬也。揭，持也，音求謁反。

〔四〕槩猶屑也。金或作乘。

〔五〕曳猶頓也。

〔六〕衍集有問交一篇，慎情一篇。

〔七〕衍集見有二十八篇。

豹字仲文，年十二，母爲父所出。後母惡之，嘗因豹夜寐，欲行毒害，豹逃走得免。敬事愈謹，而母疾之益深，時人稱其孝。〔一〕長好儒學，以詩、春秋教麗山下。〔二〕鄉里爲之語曰：「道德彬彬馮仲文。」〔三〕舉孝廉，拜尚書郎，忠勤不懈。每奏事未報，常俯伏省閤，或從昏至明。肅宗聞而嘉之，使黃門持被覆豹，敕令勿驚，由是數加賞賜。是時方平西域，以豹有才謀，拜爲河西副校尉。和帝初，數言邊事，奏置戊己校尉，城郭諸國復率舊職。遷武威太守，視事二年，河西稱之，復徵入爲尚書。永元十四年，卒於官。

〔一〕衍與宣孟書曰：「居室之義，人之大倫。思厚歡和之節，樂定金石之固。又自傷前遭不良，比有去兩婦之名。事誠不得不然，豈中心之所好哉！」觀其書意，似此妻又見出之。

〔二〕麗音力之反。

〔三〕論語曰：「文質彬彬，然後君子。」鄭玄注：「彬彬，雜半貌也。」

論曰：夫貴者負埶而驕人，才士負能而遺行，其大略然也。二子不其然乎！〔一〕馮衍之引挑妻之譬，得矣。夫納妻皆知取詈己者，而取士則不能。何也？豈非反妒情易，而恕義情難。光武雖得之於鮑永，猶失之於馮衍。〔二〕夫然，義直所以見屈於既往，守節故亦彌阻於來情。嗚呼！〔三〕

〔一〕史記曰：「魏太子擊逢文侯之師田子方，引車下道。子方不爲禮。太子擊曰：『富貴者驕人乎？貧賤者驕人乎？』子方曰：『貧賤者驕人耳。夫諸侯驕人則失其國，大夫驕人則失其家。貧賤者行不合，言不用，則去之楚、越，若脫躧然，柰何同之哉？』」士負能而遺行也。負，恃也。

〔二〕自此已上皆華嶠之詞。

〔三〕衍爲更始舉哀，既降，執義守直。既行之於己，光武屈而不用，故言義直所以見屈於既往也。則守節之人，見衍被黜，彌阻難於將來。

贊曰：譚非讖術，衍晚委質。道不相謀，詭時同失。〔一〕體兼上才，榮微下秩。

〔一〕詭，違也，言二人之道不相同，俱以違時咸被擯斥也。

校勘記

九六四頁三行 膠西王素聞仲舒（有行） 按：校補謂據史記儒林傳「仲舒」下脫「有行」二字。今據補。

九六四頁一〇行 出無輿馬之飾 按：「出」原譌「年」，逕據汲本、殿本改正。

九六五頁一〇行 不操市井之利 按：「操」原譌「探」，逕據汲本、殿本改正。

九六五頁一四行 老子（道）德經之詞也 據汲本、殿本補。

九六六頁八行 畜馬（千）乘 按：殿本依監本「千」作「十」。校補謂今案禮記文本作「畜馬乘」，乘固四馬也。「千」乃涉下「乘」字誤衍，「十」又改訂之誤。今據刪。

九六七頁一五行 反而亡焉失之哀於是爲甚 按：今禮記注疏本「哀」作「矣」，屬上「失之」爲句。

九六八頁一一行 將以蕩夫憂心 按：「蕩」原譌「薄」，逕據汲本、殿本改正。注同。

九六九頁一行 平陽縣名 按：集解引錢大昕說，謂兩漢三輔無「平陽縣」，史記秦本紀寧公徙居平陽，正義云岐山縣有平陽鄉，鄉內有平陽聚。又引洪頤煊說，謂前書郊祀志「雍大雨，壞平陽宮垣」，三輔黃圖秦有「平陽宮」，故與「飛廉觀」對言之，注誤。

九六九頁七行 孰能觀大象無形（矣）（哉） 據汲本、殿本改。

九六九頁一六行 恐余殃之有再 按：汲本、殿本「余」作「餘」。

九九二頁一五行　植物宜阜　汲本「阜」作「阜」。按：今本周禮亦作「早」，釋文云「早音阜，本或作『阜』」。阮元謂阜者草之俗字。說文「草者草斗，櫟實也」。自人用「草」爲艸木字，乃別製「阜」爲草斗字。唐石經、宋本、嘉靖本均作「阜」，今本作「早」者，後人依釋文改從正字也。

九九三頁一行　享呂望於鄷洲　按：集解本依汲本「洲」作「州」，校補謂說文州下云「水中可居曰州」，並引詩「在河之州」，別無从水之「洲」。今毛詩作「在河之洲」，爾雅釋水作「水中可居曰洲」，皆非正字。

九九三頁四行　燕都〔薊〕今薊縣也　按：張森楷校勘記謂以下文「齊都營丘」，「宋都睢陽」例之，「都」下當有「薊」字。今據補。

九九三頁一一行　心悇憛而懷慼　按：殿本「慼」作「感」。校補謂案楚辭七諫本作「心悇憛而煩冤」，王注「冤」一作「怨」。「懷慼」「懷感」皆「煩怨」之譌。

九九三頁一三行　(盡)〔虛〕愒洞疑　據汲本、殿本改。按：汲本、殿本「愒」譌「惕」。

九九三頁一七行　欽明文塞晏晏　按：各本「塞」並作「思」，疑後人依書堯典改之。

九九四頁五行　在京兆杜陵亭　按：此六字原在「湯都」下，今據殿本移正。

九九四頁七行　披周唐之盛德兮　按：集解引何焯說，謂「周唐」疑「周康」之訛。

九九四頁九行　嫫子反於彭城兮　按：集解引錢大昕說，謂「嫫」當爲「饌」，與下文「鎰女齊」，「饗椒舉」同義，言欲飲食之也。

九九六頁三行　夏徵舒弑其君　按：「弑」原譌「殺」，逕據汲本、殿本改正。

九九六頁一〇行　君(何)〔所〕爲輕身以先於匹夫者　據刊誤改，與孟子合。

九九六頁一二行　焉能使予不遇〔哉〕　據汲本、殿本補。

九九七頁三行　太湖有五道　按：各本「道」作「湖」，非。御覽地部三十一引亦作「道」。

九九七頁四行　(隔)〔滆〕湖　據汲本、殿本改。

九九七頁八行　說關(西)〔東〕六國令事秦　刊誤謂關西何緣有六國，明衍「關西」二字。今按：觀上下文語氣，「關西」明是「關東」之譌，劉說未諦，今改「西」作「東」。又按：汲本無「關西」二字。

九九八頁三行　高不過望國(氣)〔氛〕　據殿本改。

九九八頁一二行　及行迷之未遠　按：「及」原譌「反」，逕據殿本、集解本改正。

九九九頁三行　東觀記(日)高字作喬　據殿本刪。

一〇〇〇頁三行　(次)〔按〕下云　據校補說改。

一〇〇〇頁一三行　拜三官正眞御史　按：殿本「眞」作「員」。

一〇〇〇頁一六行　光扈扈而煬燿兮　按：汲本、殿本「煬」作「熻」。

一〇〇一頁八行　籬字廷除　按：刊誤謂應作「籬室庭術」。又按：殿本「宇」作「室」。

一〇〇一頁八行　扈江蘺與薜芷　按：「蘺」原譌「籬」，逕據汲本、殿本改正。

一〇〇一頁一一行　登登皇皇(維在)〔君枳維國〕國枳維都　按：校補謂「維在」殿本作「□維國」，今考朱右曾所校釋之逸周書，則作「登登皇皇，君枳維國，國枳維都」，並不闕字。今據改。

一〇〇一頁一三行　一名荇離　按：「荇」原譌「符」，逕據汲本、殿本改正。又按：汲本、殿本「離」作「蘺」。

一〇〇二頁一七行　衍娶北地(女)任氏〔女〕爲妻　王先謙謂東觀記作「北地任氏女」，是也，此誤倒。今據改。

一〇〇二頁一七行　兒女常自操井臼　按：「操」原譌「採」，逕改正。

一〇〇三頁一一行　了無女工　按：汲本、殿本「了」作「子」。

一〇〇五頁一行　似此妻又見出之　按：「之」疑當作「也」。

後漢書卷二十九

申屠剛鮑永郅惲列傳第十九

申屠剛字巨卿，扶風茂陵人也。七世祖嘉，文帝時爲丞相。剛質性方直，常慕史鰌、汲黯之爲人。〔一〕仕郡功曹。

〔一〕史記曰，史鰌字子魚，衞大夫也。論語孔子曰：「直哉史魚，邦有道如矢，邦無道如矢。」前書，汲黯字長孺。武帝時爲主爵都尉，好直諫，時人謂之「汲直」。

平帝時，王莽專政，朝多猜忌，遂隔絕帝外家馮、衞二族，不得交宦，剛常疾之。〔一〕及舉賢良方正，因對策曰：

〔一〕馮謂馮昭儀，平帝祖母也。衞謂衞姬，平帝母也，號中山太后。王莽專政，馮衞二族皆不得至京師交通仕宦。見前書。

臣聞王事失則神祇怨怒，姦邪亂正，故陰陽謬錯。此天所以譴告王者，欲令失道之君，曠然覺悟，懷邪之臣，懼然自刻者也。〔一〕今朝廷不考功校德，而虛納毀譽，數下

詔書，張設重法，抑斷誹謗，禁割論議，罪之重者，乃至腰斬。傷忠臣之情，挫直士之銳，殆乖建進善之旌，縣敢諫之鼓，〔二〕闢四門之路，明四目之義也。〔三〕

〔一〕懼，驚也，音紀住反。刻猶責也。

〔二〕旌，幡也。淮南子曰：「禹縣鐘鼓磬鐸，置鞀，以待四方之士。爲幡曰：『教道寡人以道者擊鼓，喻以義者擊鐘，告以事者振鐸，語以憂者擊磬，有獄訟者搖鞀。』」帝王紀曰：「堯置敢諫之鼓。」

〔三〕孔安國注尚書曰，開闢四方之門未開者，謂廣致衆賢也。明四目，謂廣視於四方，使下無壅塞也。

臣聞成王幼少，周公攝政，聽言下賢，均權布寵，無舊無新，唯仁是親，〔一〕動順天地，舉措不失。然近則召公不悅，遠則四國流言。〔二〕夫子母之性，天道至親。今聖主幼少，始免繈緥，〔三〕即位以來，至親分離，外戚杜隔，恩不得通。且漢家之制，雖任英賢，猶援姻戚。親疏相錯，杜塞閒隙，誠所以安宗廟，重社稷也。今馮、衞無罪，久廢不錄，或處窮僻，不若民庶，誠非慈愛忠孝承上之意。夫爲人後者，自有正義，至尊至卑，其埶不嫌，是以人無賢愚，莫不爲怨，姦臣賊子，以之爲便，不諱之變，誠難其慮。今之保傅，非古之周公。周公至聖，猶尚有累，何況事失其衷，不合天心者哉？昔周公先遣伯禽守封於魯，以義割恩，寵不加後，〔四〕故配天郊祀，三十餘世。〔五〕霍光秉政，輔翼少主，修善進士，名爲忠直，而尊〔崇〕其宗黨，摧抑外戚，〔六〕結貴據權，至堅至固，終沒之後，受禍滅門。〔七〕方今師傅皆以伊、周之位，據賢保之任，以此思化，則功何不至？不思其危，則禍何不到？損益之際，孔父攸歎，〔八〕持滿之戒，老氏所慎。〔九〕蓋功冠天下者不安，威震人主者不全。今承衰亂之後，繼重敝之世，公家屈竭，賦斂重數，苛吏奪其時，貪夫侵其財，百姓困乏，疾疫夭命。盜賊羣輩，且以萬數，軍行衆止，竊號自立，〔一〇〕攻犯京師，燔燒縣邑，〔一一〕至乃訛言積弩入宮，宿衞驚懼。自漢興以來，誠未有也。國家微弱，姦謀不禁，六極之效，危於累卵。〔一二〕王者承天順地，典爵主刑，不敢以天官私其宗，不敢以天罰輕其親。陛下宜遂聖明之德，昭然覺悟，遠述帝王之迹，近遵孝文之業，〔一三〕差五品之屬，納至親之序，〔一四〕亟遣使者徵中山太后，置之別宮，令時朝見。又召馮、衞二族，裁與冗職，〔一五〕使得執戟，親奉宿衞，以防未然之符，以抑患禍之端。上安社稷，下全保傅，內和親戚，外絕邪謀。

〔一〕尚書大傳曰：「武王入殷，周公曰：『各安其宅，各田其田，無故無新，唯仁之親。』」

〔二〕尚書曰：「〔召公爲保〕，周公爲師，相成王爲左右，召公不悅。」言周公既還政成王，宜其自退，今復爲相，故不悅也。四國謂管、蔡、商、奄也。成王幼小，周公攝政，四國流言曰：「公將不利於孺子。」

〔三〕免，離也。平帝即位時年九歲，故云始免繈緥。前書音義曰：「繈，落也。緥，被也。」「緥」或作「褓」也。

〔四〕伯禽，周公旦之子也。周公相成王，先封伯禽於魯，令就國守封。後謂伯禽也。周公身既尊寵，不令伯禽復加榮

貴，以自挹損也。東觀記曰：「昔周公豫防禍首，先遣伯禽守封於魯，離斷至親，以義割恩，使已尊寵，不加其後。」

〔五〕自伯禽至頃公，爲楚考烈王所滅，凡三十四公。魯以周公大聖之後，故郊祀配天，一如天子之禮。

〔六〕昭帝時霍光輔政，其子禹及兄孫雲、山等皆中郎將、奉車都尉，昆弟諸壻皆奉朝請，給事中，唯昭帝外家趙氏無一在位者。

〔七〕霍光薨後，其子禹，宣帝時爲大司馬，謀反發覺，禹腰斬，母顯及諸女昆弟皆棄市。

〔八〕說苑曰：「孔子讀易至損、益，則喟然而歎。子夏問曰：『夫子何爲歎？』孔子曰：『夫自損者益，自益者缺，吾是以歎之矣。』」

〔九〕老子曰：「持而盈之，不如其已。」已，止也，言執滿必傾，不如止也。

〔一〇〕興軍而行，擁衆而止，無畏憚於危亡也。

〔一一〕謂平帝元始三年，陽陵人任橫等自稱將軍，盜武庫兵，攻官寺，出囚徒也。

〔一二〕尚書大傳曰「貌之不恭厥極惡，言之不從厥極憂，視之不明厥極疾，聽之不聰厥極貧，心之不睿厥極凶短折，皇極不建厥極弱」也。

〔一三〕文帝即位，使將軍薄昭迎薄太后於代。剛欲使平帝迎中山太后至京師者也。

〔一四〕五品，五常之教也。尚書舜命契曰：「汝作司徒，敬敷五教。」左傳史克曰：「舜舉八元，使布五教于四方：父義，母慈，兄友，弟恭，子孝。」

〔一五〕冗，散也。

書奏，莽令元后下詔曰：「剛所言僻經妄說，〔一〕違背大義。其罷歸田里。」

〔一〕元后，元帝后，王莽之姑也。

後莽篡位，剛遂避地河西，轉入巴蜀，往來二十許年。及隗囂據隴右，欲背漢而附公孫述。剛說之曰：「愚聞人所歸者天所與，人所畔者天所去也。伏念本朝〔一〕躬聖德，舉義兵，龔行天罰，所當必摧，誠天之所福，非人力也。將軍本無尺土，孤立一隅，宜推誠奉順，與朝并力，上應天心，下酬人望，爲國立功，可以永年。〔二〕嫌疑之事，聖人所絕。以將軍之威重，遠在千里，動作舉措，可不慎與？今璽書數到，委國歸信，欲與將軍共同吉凶。布衣相與，尚有沒身不負然諾之信，況於萬乘者哉！〔三〕今何畏何利，久疑如是？卒有非常之變，上負忠孝，下愧當世。〔四〕夫未至豫言，固常爲虛，及其已至，又無所及，是以忠言至諫，希得爲用。誠願反覆愚老之言。」囂不納，遂畔從述。

〔一〕謂光武也。

〔二〕今文尚書曰「立功立事，可以永年」也。

〔三〕烈士傳曰：「羊角哀、左伯桃二人爲死友，欲仕於楚，道阻，遇雨雪不得行，飢寒，自度不俱生。伯桃謂角哀曰：『俱死之後，骸骨莫收，內手捫心，知不如子。生恐無益而棄子之能，我樂在樹中。』角哀聽之，伯桃入樹中而死。楚平王愛角哀之賢，以上卿禮葬伯桃。角哀夢伯桃曰：『蒙子之恩而獲厚葬，正苦荆將軍冢相近。今月十五日，當大戰以決勝負。』角哀至期日，陳兵馬詣其冢，作三桐人，自殺，下而從之。」此歿身不負然諾之信也。

〔四〕言從漢何畏，附蜀何利，而久疑不決。

建武七年，詔書徵剛。剛將歸，與囂書曰：「愚聞專己者孤，拒諫者塞，孤塞之政，亡國之風也。雖有明聖之姿，猶屈己從衆，故慮無遺策，舉無過事。夫聖人不以獨見爲明，而以萬物爲心。順人者昌，逆人者亡，此古今之所共也。將軍以布衣爲鄉里所推，廊廟之計，既不豫定，〔一〕動軍發衆，又不深料。今東方政教日睦，百姓平安，而西州發兵，人人懷憂，騷動惶懼，莫敢正言，羣衆疑惑，人懷顧望。非徒無精銳之心，其患無所不至。夫物窮則變生，事急則計易，其執然也。夫離道德，逆人情，而能有國有家者，古今未有也。將軍素以忠孝顯聞，是以士大夫不遠千里，慕樂德義。今苟欲決意徼幸，此何如哉？夫天所祐者順，人所助者信。〔二〕如未蒙祐助，令小人受塗地之禍，毀壞終身之德，敗亂君臣之節，汚傷父子之恩，〔三〕衆賢破膽，可不慎哉！」囂不納。剛到，拜侍御史，遷尚書令。

〔一〕廊，殿下屋也；廟，太廟也。國事必先謀於廊廟之所也。

〔二〕易繫詞之言也。

〔三〕不從光武，是亂君臣之節也。遣子恂入質而背之，是傷父子之恩也。

光武嘗欲出游，剛以隴蜀未平，不宜宴安逸豫。諫不見聽，遂以頭軔乘輿輪，帝遂爲止。〔一〕

〔一〕軔，謂以頭枝車輪也。王逸注楚詞曰：「軔，止輪木也。」

時內外羣官，多帝自選舉，加以法理嚴察，職事過苦，尚書近臣，至乃捶撲牽曳於前，羣臣莫敢正言。剛每輒極諫，又數言皇太子宜時就東宮，簡任賢保，以成其德，帝並不納。以數切諫失旨，數年，出爲平陰令。復徵拜太中大夫，以病去官，卒於家。

鮑永字君長，上黨屯留人也。〔一〕父宣，哀帝時任司隸校尉，爲王莽所殺。〔二〕永少有志操，習歐陽尚書。〔三〕事後母至孝，妻嘗於母前叱狗，而永卽去之。〔四〕

〔一〕屯留，今潞州縣也。

〔二〕莽輔政，誅不附己者，故殺宣。

〔三〕歐陽生字和伯，千乘人。受尚書於伏生。見前書。

〔四〕去音丘呂反。

初爲郡功曹。莽以宣不附己，欲滅其子孫。都尉路平承望風旨，規欲害永。太守苟諫擁護，召以爲吏，常置府中。永因數爲諫陳興復漢室，翦滅篡逆之策。諫每戒永曰：「君長幾事不密，禍倚人門。」永感其言。及諫卒，自送喪歸扶風。路平遂收永弟升。太守趙興到，聞乃歎曰：「我受漢茅土，〔一〕不能立節，而鮑宣死之，豈可害其子也！」勑縣出升，復署永功

曹。時有矯稱侍中止傳舍者，興欲謁之。永疑其詐，諫不聽而出，興遂駕往，永乃拔佩刀截馬當匈，乃止。〔二〕後數日，莽詔書果下捕矯稱者，永由是知名。舉秀才，不應。

〔一〕王者封五色土爲社，封諸侯則各割其方面土與之，籍以黃土，苴以白茅，使歸立社也。

〔二〕當匈，以韋爲之也。

更始二年徵，再遷尚書僕射，行大將軍事，持節將兵，安集河東、并州、朔部，得自置偏裨，輒行軍法。永至河東，因擊青犢，大破之，更始封爲中陽侯。〔一〕永雖爲將率，而車服敝素，爲道路所識。〔二〕

〔一〕中陽，縣，屬西河郡，今汾州孝義縣也。

〔二〕東觀記曰：「永好文德，雖行將軍，常衣皁襜褕，路稱鮑尚書兵馬。」俗本或有「爲」上加「不」者，誤也。

時赤眉害更始，三輔道絕。光武卽位，遣諫議大夫儲大伯〔一〕，持節徵永詣行在所。永疑不從，乃收繫大伯，〔二〕遣使馳至長安。既知更始已亡，乃發喪，出大伯等，封上將軍列侯印綬，悉罷兵，但幅巾與諸將及同心客百餘人詣河內。〔三〕帝見永，問曰：「卿衆所在？」永離席叩頭曰：「臣事更始，不能令全，誠慙以其衆幸富貴，故悉罷之。」〔四〕帝曰：「卿言大！」而意不悅。時攻懷未拔，帝謂永曰：「我攻懷三日而兵不下，關東畏服卿，可且將故人自往城下譬之。」卽拜永諫議大夫。至懷，乃說更始河內太守，於是開城而降。帝大喜，〔五〕賜

永洛陽商里宅，〔六〕固辭不受。

〔一〕風俗通曰：「儲姓，齊大夫儲子之後也。」

〔二〕東觀記曰「封大伯所持節於晉陽傳（舍）〔舍〕壁中，遣信人馳至長安」也。

〔三〕幅巾謂不著冠，但幅巾束首也。

〔四〕幸，希也。

〔五〕東觀記曰：「永說下懷，上大喜，與永對食。」

〔六〕東觀記曰：「賜洛陽上商里宅。」陸機洛陽記曰：「上商里在洛陽東北，本殷頑人所居，故曰上商里宅也。」

時董憲裨將屯兵於魯，侵害百姓，乃拜永爲魯郡太守。永到，擊討，大破之，降者數千人。唯別帥彭豐、虞休、皮常等各千餘人，稱「將軍」，不肯下。頃之，孔子闕里無故荊棘自除，〔一〕從講堂至于里門。永異之，謂府丞及魯令曰：「方今危急而闕里自開，斯豈夫子欲令太守行禮，助吾誅無道邪？」乃會人衆，修鄉射之禮，請豐等共會觀視，欲因此禽之。豐等亦欲圖永，乃持牛酒勞饗，而潛挾兵器。永覺之，手格殺豐等，禽破黨與。帝嘉其略，封爲關內侯，遷楊州牧。時南土尚多寇暴，永以吏人痍傷之後，乃緩其銜轡，〔二〕示誅彊橫而鎮撫其餘，百姓安之。會遭母憂，去官，悉以財產與孤弟子。

〔一〕闕里解見明紀。

〔二〕銜轡，喻法律以控御人也。說苑曰：「理國譬若張琴，大絃急則小絃絕矣，故急於其銜轡者，非千里之御也。」

建武十一年，徵爲司隸校尉。帝叔父趙王良尊戚貴重，永以事劾良大不敬，〔一〕由是朝廷肅然，莫不戒慎。乃辟扶風鮑恢爲都官從事，恢亦抗直不避彊禦。帝常曰：「貴戚且宜斂手，以避二鮑。」其見憚如此。

〔一〕東觀記曰「時良從送中郎將來歙喪還，入夏城門中，與五官將（軍）〔車〕相逢，道迫，良怒，召門候岑尊，叩頭馬前。永劾奏良曰『今月二十七日，車駕臨故中郎將來歙喪還，車駕過，須臾趙王良從後到，與右中郎將張邯相逢城門中，道迫狹，叱邯旋車，又召候岑尊詰責，使前走數十步。案良諸侯藩臣，蒙恩入侍，〔宜〕知尊帝城門候吏六百石，而肆意加怒，令叩頭都道，奔走馬頭前。無藩臣之禮，大不敬』」也。

永行縣到霸陵，路經更始墓，引車入陌，〔一〕從事諫止之。永曰：「親北面事人，寧有過墓不拜！雖以獲罪，司隸所不避也。」遂下拜，哭盡哀而去。西至扶風，椎牛上苟諫冢。帝聞之，意不平，問公卿曰：「奉使如此何如？」太中大夫張湛對曰：「仁者行之宗，忠者義之主也。仁不遺舊，忠不忘君，行之高者也。」帝意乃釋。

〔一〕墓在今萬年縣東北。南北爲阡，東西爲陌。

後大司徒韓歆坐事，〔一〕永固請之不得，以此忤帝意，出爲東海相。坐度田事不實，被徵，諸郡守多下獄。永至（城）〔成〕皐，詔書逆拜爲兗州牧，便道之官。〔二〕視事三年，病卒。子昱。

〔一〕建武十五年歆坐直言免也。

〔二〕東觀記詔書迎下永曰「君晨夜冒犯霜露，精神亦已勞矣。以君帷幄近臣，其以永爲兗州牧」也。

論曰：鮑永守義於故主，斯可以事新主矣。恥以其衆受寵，斯可以受大寵矣。若乃言之者雖誠，而聞之未譬，〔一〕豈苟進之悅，易以情納，持正之忤，難以理求乎？〔二〕誠能釋利以循道，居方以從義，〔三〕君子之槩也。

〔一〕譬猶曉也。

〔二〕言詔曲則易入，剛直則難進也。

〔三〕方，直也。

昱字文泉。少傳父學，客授於東平。建武初，太行山中有劇賊，太守戴涉聞昱鮑永子，有智略，乃就謁，請署守高都長。〔一〕昱應之，遂討擊羣賊，誅其渠帥，道路開通，由是知名。後爲沘陽長，政化仁愛，境內清淨。〔二〕

〔一〕高都，縣，屬上黨郡，故城在今澤州也。

〔二〕東觀記曰：「沘陽人趙堅殺人繫獄，其父母詣昱，自言年七十餘唯有一子，適新娶，今繫獄當死，長無種類，涕泣求哀。昱憐其言，令將妻入獄，解械止宿，遂任身有子。」

荊州刺史表上之，再遷，中元元年，拜司隸校尉。詔昱詣尚書，使封胡降檄。〔一〕光武遣小黃門問昱有所怪不？對曰：「臣聞故事通官文書不著姓，又當司徒露布，〔二〕怪使司隸下書而著姓也。」帝報曰：「吾故欲令天下知忠臣之子復爲司隸也。」昱在職，奉法守正，有父風。永平五年，坐救火遲，免。

〔一〕檄，軍書也，若今之露布也。

〔二〕漢官儀曰「羣臣上書，公卿校尉諸將不言姓。凡制書皆璽封，尚書令重封。唯赦贖令司徒印，露布州郡」也。

後拜汝南太守。郡多陂池，歲歲決壞，年費常三千餘萬。昱乃上作方梁石洫，〔一〕水常饒足，溉田倍多，人以殷富。

〔一〕洫，渠也。以石爲之，猶今之水門也。

十七年，代王敏爲司徒，賜錢帛什器帷帳，除子得爲郎。建初元年，大旱，穀貴。肅宗召昱問曰：「旱既太甚，將何以消復災眚？」對曰：「臣聞聖人理國，三年有成。〔一〕今陛下始踐天位，刑政未著，如有失得，何能致異？但臣前在汝南，典理楚事，〔二〕繫者千餘人，恐未能盡當其罪。先帝詔言，大獄一起，冤者過半。又諸徙者骨肉離分，孤魂不祀。一人呼嗟，王政爲虧。宜一切還諸徙家屬，蠲除禁錮，興滅繼絕，死生獲所。如此，和氣可致。」帝納其言。〔三〕

〔一〕論語孔子曰：「如有用我者，朞月而已可也，三年乃有成功。」
〔二〕永平十三年，楚王英謀反，連坐者在汝南，昱時主劾之也。
〔三〕東觀記曰：「時司徒辭訟久者至十數年，比例輕重，非其事類，錯雜難知。昱奏定辭訟七卷，決事都目八卷，以齊同法令，息遏人訟也。」

四年，代牟融爲太尉。六年，薨，年七十餘。

子德，修志節，有名稱，累官爲南陽太守。時歲多荒災，唯南陽豐穰，吏人愛悅，號爲神父。時郡學久廢，德乃修起橫舍，〔一〕備俎豆黻冕，行禮奏樂。又尊饗國老，宴會諸儒。百姓觀者，莫不勸服。在職九年，徵拜大司農，卒于官。

〔一〕橫，學也，字又作「黌」。

子昂，字叔雅，有孝義節行。初，德被病數年，昂俯伏左右，衣不緩帶；及處喪，毀瘠三年，抱負乃行；服闋，遂潛于墓次，不關時務。舉孝廉，辟公府，連徵不至，卒於家。

郅惲字君章，汝南西平人也。〔一〕年十二失母，居喪過禮。及長，理韓詩、嚴氏春秋，〔二〕明天文歷數。

〔一〕潛夫論曰：「周先姞氏封於燕，河東有郅都，汝南有郅君章。」音與古姞同，而其字異。然前書音義郅音之日反。
〔二〕韓，韓嬰也。作詩內外傳。嚴，嚴彭祖也。受公羊於眭孟，專門教授。見儒林傳。

王莽時，寇賊羣發，惲乃仰占玄象，歎謂友人曰：「方今鎮、歲、熒惑並在漢分翼、軫之域，〔一〕去而復來，漢必再受命，福歸有德。如有順天發策者，必成大功。」時左隊大夫逯並素好士，〔二〕惲說之曰：「當今上天垂象，智者以昌，愚者以亡。昔伊尹自鬻輔商，立功全人。〔三〕惲竊不遜，敢希伊尹之蹤，應天人之變。明府儻不疑逆，俾成天德。」並奇之，使署爲吏。惲不謁，曰：「昔文王拔呂尚於渭濱，高宗禮傳說於巖築，桓公取管仲於射鉤，故能立弘烈，就元勳。未聞師相仲父，而可爲吏位也。〔四〕非闚天者不可與圖遠。君不授驥以重任，驥亦俛首裹足而去耳。」〔五〕遂不受署。

〔一〕爾雅曰：「中央鎮星，東方歲星，南方熒惑。」翼、軫者，南方鶉尾之宿，楚之分野。（孔）演〔孔〕圖曰：「卯金刀，名爲劉，中國東南出荊州。」故爲漢分也。
〔二〕王莽以潁川爲左隊，郡守爲大夫。逯，姓；並，名也。風俗通曰：「逯，秦邑也，其大夫氏焉。」逯音錄。
〔三〕鬻，自衒賣也。史記曰，伊尹欲干湯而無因，乃爲有莘氏媵臣，負鼎俎以滋味說湯，乃任以國政也。
〔四〕師，呂望也。相，傅說也。仲父，管仲也。
〔五〕惲以驥自喻，因自稱驥。史記曰，吳兵入郢，申包胥走秦求救，晝夜馳騖，足腫蹠盭，裂裳裹足，鵠立秦庭。盭音戾。

西至長安，乃上書王莽曰：「臣聞天地重其人，惜其物，故運機衡，垂日月，〔一〕含元包一，甄陶品類，〔二〕顯表紀世，圖錄豫設。〔三〕漢歷久長，孔爲赤制，〔四〕不使愚惑，殘人亂時。智者順以成德，愚者逆以取害，神器有命，不可虛獲。上天垂戒，欲悟陛下，令就臣位，轉禍爲福。〔五〕劉氏享天永命，陛下順節盛衰，〔六〕取之以天，還之以天，可謂知命矣。若不早圖，是不免於竊位也。〔七〕且堯舜不以天顯自與，故禪天下，〔八〕陛下何貪非天顯以自累也？天爲陛下嚴父，臣爲陛下孝子。父教不可廢，子諫不可拒，惟陛下留神。」莽大怒，即收繫詔獄，劾以大逆。猶以惲據經讖，難即害之，使黃門近臣脅惲，令自告狂病恍忽，不覺所言。惲乃瞋目詈曰：「所陳皆天文聖意，非狂人所能造。」遂繫須冬，會赦得出，乃與同郡鄭敬南遁蒼梧。〔九〕

〔一〕機衡，北斗也。
〔二〕前書志曰：「太極元氣，合三爲一。」謂三才未分，包而爲一（也）。甄（也）者，陶人旋轉之輪也。言天地造化品物，如陶匠之成衆品者也。
〔三〕表，明也；紀，年也。言天豫設圖錄之書，顯明帝王之年代也。
〔四〕言孔丘作緯，著歷運之期，爲漢家之制。漢火德尚赤，故云爲赤制，即春秋感精符云「墨、孔生爲赤制」是也。
〔五〕上天垂戒，謂鎮、歲、熒惑並在漢分也。

〔六〕享，受也。永，長也。漢家受天長命，運祚未絕，勸莽當順其時之盛衰，衰則取之，盛則還之。
〔七〕竊，盜也，孔子曰：「臧文仲其竊位者歟？」
〔八〕堯舜盛德，天之所顯，猶不自與，以位禪人。言堯之禪舜，舜禪於禹也。
〔九〕遁，隱也。蒼梧，山名也。山海經曰，南方蒼梧之丘，蒼梧之川，其中有九疑山焉，舜之所葬也。在今永州唐興縣東南。

建武三年，又至廬江，因遇積弩將軍傅俊東徇揚州。俊素聞惲名，乃禮請之，上爲將兵長史，授以軍政。惲乃誓衆曰：「無掩人不備，窮人於厄，不得斷人支體，裸人形骸，放淫婦女。」俊軍士猶發冢陳尸，掠奪百姓。惲諫俊曰：「昔文王不忍露白骨，〔一〕武王不以天下易一人之命，〔二〕故能獲天地之應，剋商如林之旅。〔三〕將軍如何不師法文王，而犯逆天地之禁，多傷人害物，虐及枯尸，取罪神明？今不謝天改政，無以全命。願將軍親率士卒，收傷葬死，哭所殘暴，以明非將軍本意也。」從之，百姓悅服，所向皆下。

〔一〕解見順紀。
〔二〕呂氏春秋曰：「武王伐紂，至鮪水，紂使膠鬲候周，問武王曰：『何日至？』武王曰：『將以甲子日至。』膠鬲行，天大雨，日夜不休，武王疾行不輟。軍吏諫之。武王曰：『吾疾行以救膠鬲之死也。』」
〔三〕天地之應，謂夜雨止、畢陳、白魚入舟之類。剋，勝也。商，殷號也。旅，衆也。如林，言衆多。尚書曰：「武王伐〔紂〕，紂率其旅若林，會於牧野。」

七年，俊還京師，而上論之。〔一〕惲恥以軍功取位，遂辭歸鄉里。縣令卑身崇禮，請以爲門下掾。惲友人董子張者，父先爲鄉人所害。〔二〕及子張病，將終，惲往候之。子張垂歿，視惲，歔欷不能言。惲曰："吾知子不悲天命，而痛讎不復也。子在，吾憂而不手；子亡，吾手而不憂也。"〔三〕子張但目擊而已。〔四〕惲卽起，將客遮仇人，取其頭以示子張。子張見而氣絕。惲因而詣縣，以狀自首。令應之遲，〔五〕惲曰："爲友報讎，吏之私也。奉法不阿，君之義也。虧君以生，非臣節也。"趨出就獄。令跣而追惲，不及，遂自至獄，令拔刃自向以要惲曰："子不從我出，敢以死明心。"〔六〕惲得此乃出，因病去。

〔一〕上音時掌反。
〔二〕東觀記曰"子張父及叔父爲鄉里盛氏一時所害"也。
〔三〕言子在，吾憂子仇未能報，而不須手自揮鋒；子若亡，吾直爲子手刃仇人，更不須心懷憂也。
〔四〕目擊謂執視之也。莊子曰"目擊而道存"也。
〔五〕縣令不欲其自首詣獄，故應對之緩也。
〔六〕惲若不去，欲自刺以明心也。

久之，太守歐陽歙請爲功曹。汝南舊俗，十月饗會，百里內縣皆齎牛酒到府讌飲。時臨饗禮訖，歙敎曰："西部督郵繇延，〔一〕天資忠貞，稟性公方，摧破姦凶，不嚴而理。今與衆

儒共論延功，顯之于朝。太守敬嘉厥休，牛酒養德。"主簿讀(書)敎，戶曹引延受賜。惲於下坐愀然前曰："司正舉觥，〔二〕以君之罪，告謝于天。案延資性貪邪，外方內員，〔三〕朋黨搆姦，罔上害人，所在荒亂，怨慝並作。明府以惡爲善，股肱以直從曲，此旣無君，又復無臣，惲敢再拜奉觥。"歙色慙動，不知所言。門下掾鄭敬進曰："君明臣直，功曹言切，明府德也，可無受觥哉？"歙意少解，曰："實歙罪也，敬奉觥。"〔四〕惲乃免冠謝曰："昔虞舜輔堯，四罪咸服，〔五〕讒言弗庸，孔任不行，〔六〕故能作股肱，帝用有歌。〔七〕惲不忠，孔任是昭，〔八〕豺虎從政，〔九〕旣陷誹謗，又露所言，〔一〇〕罪莫重焉。請收惲、延，以明好惡。"歙曰："是重吾過也。"〔一一〕遂不讌而罷。惲歸府，稱病，延亦自退。

〔一〕繇姓，咎繇之後。繇音遙。
〔二〕愀，變色貌。司正，主禮儀者。觥，罰爵也，以角爲之。詩小雅曰："兕觥其觩，旨酒思柔。"觥音古橫反。
〔三〕言延外示方直而內實柔弱也。孔子曰："色厲而內荏。"
〔四〕遂受罰也。
〔五〕左傳曰："舜臣堯，乃流四凶族。"尚書曰"乃流共工于幽州，放驩兜于崇山，竄三苗于三危，殛鯀于羽山，四罪而天下咸服"也。
〔六〕庸，用也。孔，甚也。任，佞也。
〔七〕尚書曰："股肱喜哉！元首起哉！"
〔八〕昭，顯也。惲自責不忠，故使甚佞之人昭顯也。
〔九〕豺虎，貪獸，以比繇延也。
〔一〇〕露，顯也。又對衆顯言(於)繇延之罪也。
〔一一〕重，再也。

鄭敬素與惲厚，見其言忤歙，乃相招去，曰："子廷爭繇延，君猶不納。延今雖去，其埶必還。〔一〕直心無諱，誠三代之道。〔二〕然道不同者不相爲謀，吾不能忍見子有不容君之危，盍去之乎！"惲曰："孟軻以彊其君之所不能爲忠，量其君之所不能爲賊。〔三〕惲業已彊之矣。障君於朝，〔四〕旣有其直，而不死職，罪也。延退而惲又去，不可。"敬乃獨隱於弋陽山中。〔五〕居數月，歙果復召延，惲於是乃去，從敬止，漁釣自娛，留數十日。惲志在從政，旣乃喟然而歎，謂敬曰："天生俊士，以爲人也。鳥獸不可與同羣，〔六〕子從我爲伊呂乎？將爲巢許，而父老堯舜乎？"〔七〕敬曰："吾足矣。初從生步重華於南野，〔八〕謂來歸爲松子，〔九〕今幸得全軀樹類，〔一〇〕還奉墳墓，盡學問道，〔一一〕雖不從政，施之有政，是亦爲政也。〔一二〕吾年耄矣，安得從子？子勉正性命，勿勞神以害生。"惲於是告別而去。敬字次都，清志高世，光武連徵不到。〔一三〕

〔一〕言歙後必召延也。

〔二〕三代，夏、殷、周也。論語曰："三代之所以直道而行也。"
〔三〕孟子對齊宣王曰："力足以舉百鈞，而不足以舉一羽，明足以察秋毫之末，而不見輿薪，則王許之乎？"曰："不。""今恩足以及禽獸，而功不至於百姓者，獨何歟？然則一羽之不舉，爲不用力焉，輿薪之不見，爲不用明焉，百姓之不見保，爲不用恩焉。故王之不王，弗爲也，非不能也。"曰："不爲者與不能者之形何以異？"曰："挾太山以(趍)〔超〕北海，語人曰我不能，是誠不能也。爲(少)〔長〕者折枝，語人曰我不能，是(誠不能也爲長者折枝語人曰我)不爲也，非不能也。"此彊其君之所不能爲也。又曰："惻隱之心，仁之端也；(善)〔羞〕惡之心，義之端也；辭讓之心，禮之端也；是非之心，智之端也。人之有是四端也，猶其有四體也。有是四端自謂不能者，自賊者也；謂其君不能者，賊其君者也。"
〔四〕障，蔽也。君謂歙也。言歙將以牛酒賞繇延，而惲障蔽不聽之。
〔五〕弋陽，縣，屬汝南郡，前書云弋陽山在縣西北也。
〔六〕論語孔子之言。
〔七〕若爲巢父、許由，則以堯、舜爲父老之人也。
〔八〕步猶尋也。重華，舜字也。南野，謂蒼梧也。
〔九〕赤松子也。敬以歸鄉隱逸，自謂同之。劉向列仙傳曰"赤松子，神農時雨師，至崑崙山，常止西王母石室，隨風上下。炎帝少女追之，得仙俱去"也。
〔一〇〕樹類謂有胤嗣。
〔一一〕敬汝南人，今隱弋陽，不離墳墓。

〔三〕論語孔子之言也。言隱遁好道，在家孝悌，亦從政之義也。

〔四〕謝沈書曰：「敬閑居不脩人倫，新遷都尉逼爲功曹。廳事前樹時有淸汁，以爲甘露。敬曰：『明府政未能致甘露，此淸木汁耳。』辭病去，隱處精學蛾陂中。陰就、虞延並辟，不行。同郡鄧敬因折芰爲坐，以荷薦肉，瓠瓢盈酒，言談彌日，蓬廬蓽門，琴書自娛。光武公車徵，不行。」案：王莽改新蔡縣爲新遷也。

惲遂客居江夏教授，郡舉孝廉，爲上東城門候。〔一〕帝嘗出獵，車駕夜還，惲拒關不開。帝令從者見面於門閒。惲曰：「火明遼遠。」遂不受詔。帝乃迴從東中門入。〔二〕明日，惲上書諫曰：「昔文王不敢槃于游田，以萬人惟憂。〔三〕而陛下遠獵山林，夜以繼晝，其如社稷宗廟何？暴虎馮河，未至之戒，誠小臣所竊憂也。」書奏，賜布百匹，貶東中門候爲參封尉。〔四〕

〔一〕洛陽城東面北頭門也。

〔二〕東面中門也。

〔三〕槃，樂也。尚書無逸曰「文王不敢槃于游田，以萬人惟政之共」也。

〔四〕參封，縣，屬琅邪郡。

後令惲授皇太子韓詩，侍講殿中。及郭皇后廢，〔一〕惲乃言於帝曰：「臣聞夫婦之好，父不能得之於子，〔二〕況臣能得之於君乎？是臣所不敢言。雖然，願陛下念其可否之計，無令天下有議社稷而已。」帝曰：「惲善恕己量主，知我必不有所左右而輕天下也。」〔三〕后旣廢，而太子意不自安，惲乃說太子曰：「久處疑位，上違孝道，下近危殆。昔高宗明君，吉甫

賢臣，及有纖介，放逐孝子。〔四〕春秋之義，母以子貴。太子宜因左右及諸皇子引愆退身，奉養母氏，以明聖教，不背所生。」太子從之，帝竟聽許。

〔一〕建武十七年廢。

〔二〕得猶制御也。司馬遷曰：「妃匹之愛，君不能得之臣，父不能得之子，況卑下乎？」

〔三〕左右猶向背也。言其齊等。

〔四〕家語曰：「曾參妻爲梨蒸不熟，因出之，終身不娶。其子請焉。曾參曰：『高宗以後妻殺孝子，尹吉甫以後妻放伯奇，吾上不及高宗，中不比吉甫，知其得免於非乎！』遂不娶。」

惲再遷長沙太守。先是長沙有孝子古初，遭父喪未葬，鄰人失火，初匍匐柩上，以身扞火，火爲之滅。惲甄異之，以爲首舉。後坐事左轉芒長，〔一〕又免歸，避地教授，〔二〕著書八篇。以病卒。子壽。

〔一〕芒，縣，屬沛國，故城在今亳州永城縣北，一名臨睢城。東觀記曰「坐前長沙太守張禁多受遺送千萬，以惲不推劾，故左遷」也。

〔二〕避地謂隱遁也。東觀記曰：「芒守丞韓龔受大盜丁仲錢，阿擁之，加笞八百，不死，入見惲，稱仲健。惲怒，以所杖鐵杖捶龔。龔出怨懟，遂殺仲，惲故坐免。」

壽字伯考，善文章，以廉能稱，舉孝廉，稍遷冀州刺史。時冀部屬郡多封諸王，賓客放縱，類不檢節，〔一〕壽案察之，無所容貸。乃使部從事專住王國，又徙督郵舍王宮外，〔二〕動靜失得，即時騎驛言上奏王罪及劾傅相，於是藩國畏懼，並爲遵節。視事三年，冀土肅淸。三遷尚書令。朝廷每有疑議，常獨進見。肅宗奇其智策，擢爲京兆尹。郡多彊豪，姦暴不禁。三輔素聞壽在冀州，皆懷震竦，各相檢勑，莫敢干犯。壽雖威嚴，而推誠下吏，皆願効死，莫有欺者。以公事免。

〔一〕類猶皆也。

〔二〕近王宮置督郵舍，以察王得失。

復徵爲尚書僕射。是時大將軍竇憲以外戚之寵，威傾天下。憲嘗使門生齎書詣壽，有所請託，壽即送詔獄。前後上書陳憲驕恣，引王莽以誡國家。是時憲征匈奴，海內供其役費，而憲及其弟篤、景並起第宅，驕奢非法，百姓苦之。壽以府臧空虛，軍旅未休，遂因朝會譏刺憲等，厲音正色，辭旨甚切。憲怒，陷壽以買公田誹謗，下吏當誅。侍御史何敞上疏理之曰：「臣聞聖王闢四門，開四聰，延直言之路，下不諱之詔，立敢諫之旗，聽歌謠於路，〔一〕爭臣七人，以自鑒照，〔二〕考知政理，違失人心，輒改更之，故天人並應，傳福無窮。臣伏見尚書僕射郅壽坐於臺上，與諸尚書論擊匈奴，言議過差，及上書請買公田，遂繫獄考劾大不敬。臣愚以爲壽機密近臣，匡救爲職。若懷默不言，其罪當誅。今

壽違衆正議，以安宗廟，豈其私邪？又臺閣平事，分爭可否，雖唐虞之隆，三代之盛，猶謂諤諤以昌，不以誹謗爲罪。〔三〕請買公田，人情細過，可裁隱忍。壽若被誅，臣恐天下以爲國家橫罪忠直，賊傷和氣，忤逆陰陽。臣所以敢犯嚴威，不避夷滅，觸死瞽言，非爲壽也。〔四〕忠臣盡節，以死爲歸。臣雖不知壽，度其甘心安之。誠不欲聖朝行誹謗之誅，以傷晏晏之化，〔五〕杜塞忠直，垂譏無窮。臣敞謬豫機密，言所不宜，罪名明白，當塡牢獄，先壽僵仆，萬死有餘。」書奏，壽得減死，論徙合浦。〔六〕未行，自殺，家屬得歸鄉里。

〔一〕歌謠謂詩也。禹置敢諫之幡，解已見上。禮記王制曰：「命太師陳詩觀民風。」鄭玄注云：「陳詩謂采其詩而示之。」

〔二〕孔子曰，天子有爭臣七人。

〔三〕史記趙良謂商君曰：「千人之諾諾，不如一士之諤諤。武王諤諤以昌，殷紂嘿嘿以亡。」

〔四〕論語曰「侍於君子有三愆，未見顏色而言謂之瞽」也。

〔五〕鄭玄注尚書考靈燿云：「道德純備謂之塞，寬容覆載謂之晏。」

〔六〕今(廣)〔廉〕州縣。

贊曰：鮑永沈吟，晚乃歸正。志達義全，先號後慶。〔一〕申屠對策，郅惲上書。有道雖直，無道不愚。

〔一〕易曰「先號咷而後笑」，謂初凶後吉也。

校勘記

一〇二二頁七行　王莽專政朝多猜忌　按：「政」字原脫，逕據汲本、殿本補。

一〇二三頁六行　使下無壅塞也　按：「壅」原譌「擁」，逕據汲本、殿本改正。

一〇二三頁一五行　而尊（崇）其宗黨　殿本「尊」下有「崇」字。校補引錢大昭說，謂閩本「尊」下有「崇」字。今據補。

一〇二三頁一二行　（召公爲保）周公爲師　刊誤謂按文少「召公爲保」四字。按：下有「爲左右」之文，如無召公，則「左右」字無著矣。劉說是，今據補。

一〇二六頁一行　建武七年詔書徵剛　按：集解引通鑑考異，謂七年嚚已臣公孫述，必不用詔書，「七年」當作「六年」。

一〇二六頁一三行　遂以頭軔乘輿輪帝遂爲止　按：上「遂」字御覽四五二引作「乃」。

一〇二六頁一五行　軔謂以頭枝車輪也　汲本、殿本「枝」作「止」。按：集解引惠棟說，謂「止」本作「支」，或作「搘」。

一〇二七頁二行　簡任賢保　按：何焯謂「保」下當有「傅」字。

一〇二八頁九行　路𤢺鮑尙書兵馬　按：「馬」原譌「焉」，逕據汲本、殿本改正。

一〇二九頁三行　封大伯所持節於晉陽傳（合）〔舍〕壁中　刊誤謂「合」當作「舍」。今據改。

一〇三〇頁四行　入夏城門中　按：集解本依汲本「入」作「大」。校補謂錢大昭云「大」當作「入」，洛陽十二城門，夏門位在亥。今案錢說雖與東觀記合，然書鈔六十一引續漢書則與此注同，又陶弘景眞誥郎宗占知京師大火，燒大夏門，則似作「大」亦非誤。

一〇三〇頁四行　與五官將（軍）〔車〕相逢　刊誤謂五官無將軍之稱，蓋「軍」字本是「車」字。今據改。

一〇三〇頁六行　〔宜〕知尊帝城門候吏六百石　據東觀記補。

一〇三〇頁一四行　永至（城）〔成〕皐　據集解本改。

一〇三一頁九行　昱字文泉　按：東觀記「泉」作「淵」，王先謙謂此避唐高祖諱改。又按：王先謙謂書鈔六十一引續漢書，云「字守文」。

一〇三二頁三行　吾故欲令天下知忠臣之子復爲司隸也　按：汲本、殿本「故」作「固」。

一〇三二頁一〇行　除子得爲郎　刊誤謂「得」字後皆作「德」，義無兩子名得、德者，知此字誤。今按：得德古通作，非字誤，特前後不一致耳。

一〇三二頁一三行　先帝詔言大獄一起冤者過半　按：查明帝紀無此詔，通鑑作「夫大獄一起，冤者過半」。

一〇三二頁一四行　宜一切還諸徙家屬　按：「屬」字原脫，逕據汲本、殿本補。

一〇三三頁三行　時司徒辭訟久者至十數年　按：「徒」原譌「徙」，逕改正。「辭」汲本作「例」，東觀記同。「十數年」汲本作「數十年」，東觀記同。

一〇三三頁七行　備俎豆黻冕　按：「黻」汲本、殿本作「黼」。

一〇三三頁八行　莫不勸服　按：「勸」疑「歎」之譌。

一〇三四頁三行　並在漢分翼軫之域　按：「在」字原脫，逕據汲本、殿本補。

一〇三四頁四行　時左隊大夫逯並素好士　按：沈家本謂前書王莽傳作「逯竝」，恩澤侯表作「逯普」，晉本作晉，晉竝形近，未詳孰是。竝爲莽大司馬，封同風侯，後策免就侯位。此云左隊大夫，殆策免之後復居是官歟？

一〇三四頁一〇行　（孔）演〔孔〕圖曰　據汲本改。

一〇三五頁六行　父敎不可廢　按：殿本「可」作「敢」。

一〇三五頁一一行　合三爲一　按：殿本、集解本「合」作「含」。

一〇三五頁一二行　包而爲一（也）甄（也）者　據刊誤改。

一〇三六頁七行　竆人於戹　按：汲本、集解本「於」作「屈」。校補引錢大昭說，謂閩本作「於」。

一〇三六頁一五行　武王伐（紂）紂率其旅若林　刊誤謂案文「伐」下少一「殷」字。今按：御覽三二六引重「紂」字，今依御覽補。

一〇三七頁一三行　憚若不去　汲本、殿本「去」作「出」。今按：去謂離去，作「去」亦通。

一〇三八頁一行　主簿讀（書）敎　集解引惠棟說，謂袁紀及風俗通皆云主簿讀敎，衍「書」字。今據刪。

一〇三九頁五行　又對衆顯言（於）縣延之罪也　據殿本刪。按：汲本「於」作「夫」，疑皆衍文。

一〇三九頁一〇行　將爲巢許而父老堯舜乎　按：汲本、殿本作「將爲巢許乎，而父老堯舜也」。王先謙謂東觀記「父老」二字作「去」。

一〇四〇頁四行　挾太山以（趨）〔超〕北海　據汲本、殿本改，與今本孟子合。

一〇四〇頁五行　爲（少）〔長〕者折枝語人曰我不能是（誠不能也爲長者折枝語人曰我）不爲也　據汲本、殿本改刪。按：章懷引孟子，往往與今本孟子異，或其所見本不同也。然此節文字衍譌，幾不可句讀，張晧王龔傳論注亦引孟子答齊宣王語，雖多刪節，大致與今本孟子合，足證此爲傳寫之誤也。

一〇四〇頁六行　（善）〔羞〕惡之心　據汲本、殿本改，與今本孟子合。

一〇四一頁二行　此淸木汁耳　按：汲本、殿本「淸」作「靑」。

一〇四一頁六行　火明遼遠　按：王先謙謂東觀記「遼」作「燎」。

一〇四一頁六行　帝乃迴從東中門入　按：「東中門」續志作「中東門」。校補謂錢大昭云此與何湯事略同，湯事在謝承書，桓榮傳注引之。今案桓榮傳注引作「更從中東門入」，與續志合。

〔一〇三一頁七行〕以萬人惟憂　按：注引書無逸「以萬民惟政之共」，則「憂」似當作「政」，袁紀正作「萬民惟正」，正與政同也。又按：殿本「惟」作「爲」。

〔一〇三三頁一五行〕壽字伯考　汲本、殿本「伯考」作「伯孝」。按：古人名字相應，作「伯孝」者，譌也。

〔一〇三四頁四行〕以傷晏晏之化　按：集解本依汲本改「晏晏」爲「塞晏」，取與鄭注合。殿本考證謂第五倫、何敞、陳寵傳皆有「晏晏」二字，依鄭注改「塞晏」，非是。

〔一〇三四頁一〇行〕侍於君子有三愆　按：「子」字原脫，逕據汲本、殿本補。

〔一〇三四頁一三行〕今（廣）〔廉〕州縣　據刊誤改。

後漢書卷三十上

蘇竟楊厚列傳第二十上

蘇竟字伯況，扶風平陵人也。平帝世，竟以明易爲博士講書祭酒。〔一〕善圖緯，能通百家之言。王莽時，〔與〕劉歆等共典校書，拜代郡中尉。時匈奴擾亂，北邊多罹其禍，竟終完輯一郡。光武卽位，就拜代郡太守，使固塞以拒匈奴。建武五年冬，盧芳略得北邊諸郡，帝使偏將軍隨弟屯代郡。〔二〕竟病篤，以兵屬弟，詣京師謝罪。拜侍中，數月，以病免。

〔一〕王莽置六經祭酒，秩上卿，每經各一人，竟爲講尙書祭酒。

〔二〕隨姓，弟名也。弟音悌。

初，延岑護軍鄧仲況擁兵據南陽陰縣爲寇，〔一〕而劉歆兄子龔爲其謀主。〔二〕竟時在南陽，與龔書曉之曰：

〔一〕陰，縣名，屬南陽郡，故城在今襄州穀城縣界北。

〔二〕臣賢案：前書及三輔決錄並云向曾孫，今言歆兄子，則不同也。

君執事無恙。〔一〕走昔以摩研編削之才，〔二〕與國師公從事出入，校定祕書，〔三〕竊自依依，末由自遠。蓋聞君子愍同類而傷不遇。人無愚智，莫不先避害然後求利，先定志然後求名。昔智果見智伯窮兵必亡，故變名遠逝，〔四〕陳平知項王爲天所棄，故歸心高祖，皆智之至也。〔五〕聞君前權時屈節，北面延牙，〔六〕乃後覺悟，棲遲養德。〔七〕先世數子，又何以加。〔八〕君處陰中，土多賢士，若以須臾之閒，研考異同，揆之圖書，測之人事，則得失利害，可陳於目，何自負畔亂之困，不移守惡之名乎？與君子之道，何其反也？

〔一〕執事猶言左右也。敬前人，故呼其執事者。爾雅曰：「恙，憂也。」

〔二〕走謂馳走之人，謙稱也，猶司馬遷與任少卿書云「牛馬走」之類也。說文曰：「編，次也。」削謂簡也，一曰削書刀也。研音午見反。

〔三〕劉歆爲王莽國師公也。

〔四〕智果，智伯臣也。逝，去也。戰國策曰，智伯與韓、魏共圍趙，智伯之臣智果說智伯曰：「韓魏二主色動而意，必背君矣。不如殺之。」智伯曰：「晉陽旦暮將拔之，而饗其利，乃有它心，不可，子勿復言。」智果見言之不聽，出，更其姓爲輔氏，遂去不見。其後韓、魏乃反殺智伯，三分其地。「果」或作「過」。

〔五〕陳平初事項羽，後知羽必敗，乃仗劍度河歸漢，見前書也。

〔六〕延岑字牙。屈節謂臣事也。

（七）顧雅曰「棲遲，息偃也」，言後息偃養德，不復事延牙也。詩小雅曰：「或棲遲偃仰。」
（八）謂智果、陳平也。

世之俗儒末學，醒醉不分，而稽論當世，疑誤視聽。或謂天下迭興，未知誰是，稱兵據土，可圖非冀。或曰聖王未啓，宜觀時變，倚彊附大，顧望自守。二者之論，豈其然乎？夫孔丘祕經，爲漢赤制，〔一〕玄包幽室，文隱事明。〔二〕且火德承堯，雖昧必亮，〔三〕承積世之祚，握無窮之符，王氏雖乘間偸篡，而終嬰大戮，支分體解，宗氏屠滅，非其效歟？〔四〕皇天所以眷顧踟躕，憂漢子孫者也。〔五〕論者若不本之於天，參之於聖，猥以師曠雜事輕自眩惑，說士作書，亂夫大道，焉可信哉？〔六〕

〔一〕祕經，幽祕之經，卽緯書也。赤制，解見郅惲傳。
〔二〕包，藏也。言緯書玄祕，藏於幽室，文雖微隱，事甚明驗。
〔三〕昧，暗也。亮，明也。言漢承唐堯，劉累之後，以火德王，雖遭王莽篡奪，一時闇昧，今光武中興，必盛明也。
〔四〕王莽傳曰：「校尉公賓就斬莽首，軍人分裂莽身，支節肌肉臠分。」三輔舊事曰：「臠切千段。」
〔五〕踟躕猶裴回也。
〔六〕師曠雜事，雜占之書也。前書曰陰陽書十六家，有師曠八篇也。

諸儒或曰：今五星失晷，天時謬錯，〔一〕辰星久而不效，〔二〕太白出入過度，熒惑進

退見態，鎭星繞帶天街，歲星不舍氐、房。〔三〕以爲諸如此占，歸之國家。蓋災不徒設，皆應之分野，各有所主。夫房、心卽宋之分，東海是也。〔四〕尾爲燕分，漁陽是也。〔五〕東海董憲迷惑未降，漁陽彭寵逆亂擁兵，王赫斯怒，命將並征，故熒惑應此，憲、寵受殃。太白、辰星自亡新之末，失行筭度，以至于今，或守東井，或沒羽林，〔六〕或裴回藩屛，或躑躅帝宮，〔七〕或經天反明，或潛臧久沈，或衰微闇昧，或煌煌北南，或盈縮成鉤，或偃蹇不禁，〔八〕皆大運蕩除之祥，聖帝應符之兆也。賊臣亂子，往往錯互，指麾妄說，傳相壞誤。由此論之，天文安得遵度哉！

〔一〕五星謂東方歲星，南方熒惑星，西方太白星，北方辰星，中央鎭星。失晷，失於常度。
〔二〕不效謂出入失度也。
〔三〕前書曰：「昴、畢閒爲天街。」氐、房，東方之宿。歲星，歲舍一次，當次舍於氐、房，今不舍之，是變常也。
〔四〕前書天文志曰：「卯爲房、心，宋之分也。」
〔五〕前書天文志曰：「寅爲尾、箕，燕之分也。」
〔六〕東井，南方之宿。天官書曰：「北宮虛、危，南方有衆星曰羽林天軍。」「筭」或作「舛」。
〔七〕帝宮，北辰也。藩屛，兩傍之星也。裴回謂縈繞淹留。躑躅謂上下不去也。
〔八〕盈縮猶進退，曲如鉤形也。偃蹇，高而明大無禁制。

乃者，五月甲申，天有白虹，自子加午，廣可十丈，長可萬丈，正臨倚彌。倚彌卽黎丘，秦豐之都也。〔一〕是時月入于畢。畢爲天網，〔二〕主網羅無道之君，故武王將伐紂，上祭于畢，求助天也。〔三〕夫仲夏甲申爲八魁。〔四〕八魁，上帝開塞之將也，主退惡攘逆。流星狀似蚩尤旗，或曰營頭，或曰天槍，出奎而西北行，至延牙營上，散爲數百而滅。奎爲毒螫，主庫兵。〔五〕此二變，郡中及延牙士衆所共見也。是故延牙遂之武當，〔六〕託言發兵，實避其殃。今年比卦部歲，坤主立冬，坎主冬至，水性滅火，南方之兵受歲禍也。〔七〕德在中宮，刑在木，木勝土，刑制德，今年兵事畢已，中國安寧之効也。五七之家三十五姓，彭、秦、延氏不得豫焉。〔八〕如何怪惑，依而恃之？葛纍之詩，「求福不回」，其若是乎！〔九〕

〔一〕蓋秦豐黎丘一名倚彌。
〔二〕畢，西方宿也。
〔三〕史記曰，周武王卽位九年，上祭于畢，東觀兵于孟津也。
〔四〕曆法，春三月己巳、丁丑，夏三月甲申、壬辰，秋三月己亥、丁未，冬三月甲寅、壬戌，爲八魁。
〔五〕春秋合誠圖曰「奎主武庫之兵」也。
〔六〕今均州縣也。
〔七〕比卦，坤下坎上，坎爲水也。
〔八〕春秋運斗樞曰：「五七三十五，人皆共一德。」

〔九〕詩大雅曰：「莫莫葛藟，施于條枚，愷悌君子，求福不回。」注云：「葛延蔓於木之枝而茂盛，喻子孫依緣先人之功而起也。回，違也。言不違先祖之道。」

圖讖之占，衆變之驗，皆君所明。善惡之分，去就之決，不可不察。無忽鄙言！夫周公之善康叔，以不從管蔡之亂也；〔一〕景帝之悅濟北，以不從吳濞之畔也。〔二〕自更始以來，孤恩背逆，歸義向善，臧否粲然，可不察歟！良醫不能救無命，彊梁不能與天爭，〔三〕故天之所壞，人不得支。〔四〕宜密與太守劉君共謀降議。仲尼棲棲，墨子遑遑，憂人之甚也。〔五〕屠羊救楚，非要爵祿；〔六〕茅焦干秦，豈求報利？〔七〕盡忠博愛之誠，憤滿不能已耳。

又與仲況書諫之，文多不載，於是仲況與龔遂降。

〔一〕史記曰，周公以成王命伐殷，殺管叔，放蔡叔，以殷餘人封康叔爲衞君。
〔二〕濟北王志，高帝孫，齊王肥之子也。吳楚反時，堅守不從，景帝賢之，徙封爲菑川王也。
〔三〕扁鵲之見桓侯，項王之敵漢祖也。
〔四〕支，持也。左傳曰，晉汝叔寬曰：「天之所壞，不可支也；衆之所爲，不可干也。」
〔五〕班固曰「棲棲遑遑，孔席不煖，墨突不黔」也。
〔六〕莊子曰「楚昭王失國，屠羊說走而從於王。昭王反國，將賞從亡者，及屠羊說。屠羊說曰：『大王失國，說失屠羊；大王反國，說亦反屠羊。臣之爵祿已復矣，又何賞之有？』遂不受」也。

〔七〕秦始皇遷太后於咸陽宮，又撲殺兩弟。齊人茅焦解衣伏質入諫，始皇乃迎太后歸於咸陽，爵茅焦爲上卿，焦辭不受。事見說苑也。

龔字孟公，長安人，善論議，扶風馬援、班彪並器重之。〔一〕竟終不伐其功，潛樂道術，作記誨篇及文章傳於世。年七十，卒于家。

〔一〕三輔決錄注曰：「唯有孟公論可觀者。」班叔皮與京兆丞郭季通書曰：「劉孟公臧器於身，用心篤固，實瑚璉之器，宗廟之寶也。」

楊厚字仲桓，廣漢新都人也。祖父春卿，善圖讖學，爲公孫述將。漢兵平蜀，春卿自殺，臨命戒子統曰：「吾綈袠中〔一〕有先祖所傳祕記，爲漢家用，爾其修之。」統感父遺言，服闋，辭家從犍爲周循學習先法，又就同郡鄭伯山受河洛書及天文推步之術。〔二〕建初中爲彭城令，一州大旱，統推陰陽消伏，縣界蒙澤。太守宗湛使統爲郡求雨，亦卽降澍。〔三〕自是朝廷災異，多以訪之。統作家法章句及內讖二卷解說，位至光祿大夫，爲國三老。年九十卒。

〔一〕說文曰：「綈，厚繒也。」綈音提。

〔二〕益部耆舊傳曰：「統字仲通。曾祖父仲續舉河東方正，拜祁令，甚有德惠，人爲立祠。樂益部風俗，因留家新都，代修儒學，以夏侯尚書相傳。」

〔三〕袁山松書曰「統在縣，休徵時序，風雨得節，嘉禾生於寺舍，人庶稱神」也。

統生厚。厚母初與前妻子博不相安，厚年九歲，思令和親，乃託疾不言不食。母知其旨，懼然改意，〔一〕恩養加篤。博後至光祿大夫。

〔一〕懼音九具反。

厚少學統業，精力思述。初，安帝永初（二）〔三〕年，太白入（北）斗，洛陽大水。〔一〕時統爲侍中，厚隨在京師。朝廷以問統，統對年老耳目不明，子厚曉讀圖書，粗識其意。鄧太后使中常侍承制問之，厚對以爲「諸王子多在京師，容有非常，宜亟發遣各還本國」。〔二〕太后從之，星尋滅不見。又剋水退期日，皆如所言。除爲中郎。太后特引見，問以圖讖，厚對不合，免歸。〔三〕復習業犍爲，不應州郡、三公之命，方正、有道、公車特徵皆不就。

〔一〕續漢志曰，時正月己亥，太白入北斗中，以爲貴相凶也。又京師及郡國四十一雨水，鄧太后專政也。

〔二〕亟音紀力反。

〔三〕袁山松書曰：「鄧太后問厚曰：『大將軍鄧騭應輔臣（以）〔星〕不？』對曰：『不應。』以此不合其旨。」

永建二年，順帝特徵，詔告郡縣督促發遣。厚不得已，行到長安，以病自上，因陳漢三百五十年之戹，〔一〕宜蠲法改憲之道，〔二〕及消伏災異，凡五事。制書褒述，有詔太醫致藥，太官賜羊酒。及至，拜議郎，三遷爲侍中，特蒙引見，訪以時政。四年，厚上言「今夏必盛寒，當有疾疫蝗蟲之害」。是歲，果六州大蝗，疫氣流行。後又連上「西北二方有兵氣，宜備邊寇」。車駕臨當西巡，感厚言而止。至陽嘉三年，西羌寇隴右，明年，烏桓圍度遼將軍耿曄。永和元年，復上「京師應有水患，又當火災，三公有免者，蠻夷當反畔」。是夏，洛陽暴水，殺千餘人；至冬，承福殿災，太尉龐參免；荊、交二州蠻夷賊殺長吏，寇城郭。又言「陰臣、近戚、妃黨當受禍」。〔三〕明年，宋阿母與宦者褒信侯李元等遘姦廢退，〔四〕後二年，中常侍張逵等復坐誣罔大將軍梁商專恣，悉伏誅。每有災異，厚輒上消救之法，而閹宦專政，言不得信。

〔一〕春秋命歷序曰：「四百年之間，閉四門，聽外難，羣異並賊，官有孽臣，州有兵亂，五七弱，暴漸之効也。」宋均注云：「五七三百五十歲，當順帝漸微，四方多逆賊也。」

〔二〕蠲，明也。

〔三〕陰，私也。

〔四〕阿母，順帝乳母山陽君宋娥也。

時大將軍梁冀威權傾朝，遣弟侍中不疑以車馬、珍玩致遺於厚，欲與相見。厚不荅，固

稱病求退。帝許之，賜車馬錢帛歸家。修黃老，教授門生，上名錄者三千餘人。太尉李固數薦言之。（太）〔本〕初元年，梁太后詔備古禮以聘厚，〔一〕遂辭疾不就。建和三年，太后復詔徵之，經四年不至。年八十二，卒於家。策書弔祭。鄉人謚曰文父。門人爲立廟，郡文學掾史春秋饗射常祠之。

〔一〕古禮謂以束帛加璧，安車蒲輪等。

校勘記

一〇四一頁四行　〔與〕劉歆等共典校書　刊誤謂案文「劉歆」上少一「與」字。今據補。

一〇四一頁九行　劉歆兄子龔　集解引惠棟說，謂東觀記云劉歆子恭，「恭」與「龔」古文通。按：聚珍本東觀記作「劉歆兄子恭」。

一〇四三頁一行　摩研編削之才　按：東觀記「削」作「簡」。

一〇四三頁二行　末由自遠　按：「末」原譌「未」，逕據殿本、集解本改正。

一〇四三頁六行　不移守惡之名乎　按：集解引惠棟說，謂「守惡」當作「首惡」。校補謂「守惡」誠誤，但首惡之名見史記，惟爲人君父者當之，龔但爲仲況謀主，亦不應卽斥爲首惡，或爲「同惡」之譌。

一〇四四頁七行　傳相壞誤　按：刊誤謂「壞」當作「註」，聲相近而誤。

一〇四四頁八行　西方太白〔星〕　據汲本、殿本補。

一〇四五頁二行　求助天也　按：集解引王鳴盛說，謂「助天」當作「天助」。

一〇四七頁七行　楊厚　按：集解引惠棟說，謂華陽國志作「序」。

一〇四八頁一行　拜祁令　按：張森楷校勘記謂舊本「祁」作「郫」。祁縣屬太原郡，而此下云「樂益部風俗，因留家新都」，則當作「郫」爲是。又按：張氏所謂「舊本」，據張氏自云「似是坊刻，稱通行本，一稱舊本」，未確言何本。

一〇四八頁七行　安帝永初(二)〔三〕年太白入(北)斗　集解引錢大昕說，謂五星行道皆在黃道左右，無緣得入北斗，史言入斗者，皆南斗也。續志太白入斗中凡再見，俱無「北」字，知爲後人妄增。且太白入斗在永初三年，此云「二年」，亦誤。今按：續志書永初三年正月己亥，太白入斗中。查永初三年正月壬辰朔，有己亥，二年正月戊辰朔，無己亥。錢說是，今據改。

一〇四八頁一四行　大將軍鄧騭應輔臣(以)〔星〕不　據集解本改。按：校補謂「星」原譌「以」，據袁書改。

一〇四九頁八行　而閹宦專政　按：「宦」原作「官」，逕據汲本、殿本改。

一〇四九頁一〇行　官有孽臣　按：「孽」原譌「糵」，逕據汲本、殿本改正。

一〇五〇頁二行　(太)〔本〕初元年　集解引惠棟說，謂依華陽國志，當作「本初」。今據改。

後漢書卷三十下

郎顗襄楷列傳第二十下

郎顗字雅光，北海安丘人也。父宗，字仲綏，學京氏易，善風角、星筭、六日七分，〔一〕能望氣占候吉凶，常賣卜自奉。〔二〕安帝徵之，對策爲諸儒表，後拜吳令。〔三〕時卒有暴風，宗占知京師當有大火，記識時日，遣人參候，果如其言。諸公聞而表上，以博士徵之。宗恥以占驗見知，聞徵書到，夜縣印綬於縣廷而遁去，遂終身不仕。

〔一〕京氏，京房也，作易傳。風角謂候四方四隅之風，以占吉凶也。星筭謂善天文筭數也。易稽覽圖曰：「甲子卦氣起中孚，六日八十分日之七。」鄭玄注云：「六以候也。八十分爲一日之七者，一卦六日七分也。」

〔二〕奉音扶用反。

〔三〕吳，縣名，屬會稽郡，今蘇州縣也。

顗少傳父業，兼明經典，隱居海畔，延致學徒常數百人。晝研精義，夜占象度，勤心銳思，朝夕無倦。州郡辟召，舉有道、方正，不就。

順帝時，災異屢見，陽嘉二年正月，公車徵，顗乃詣闕拜章曰：

臣聞天垂妖象，地見災符，所以譴告人主，責躬脩德，使正機平衡，流化興政也。易內傳曰：「凡災異所生，各以其政。變之則除，消之亦除。」〔一〕伏惟陛下躬日昃之聽，温三省之勤，〔二〕思過念咎，務消祇悔。〔三〕

〔一〕易稽覽圖曰：「凡異所生，災所起，各以其政，變之則除，其不可變，則施之亦除。」鄭玄注云：「改其政者，謂失火令則行水令，失土令則行木令，失金令則行火令，則災除去也。不可變謂殺賢者也。施之者，死者不可復生，封祿其子孫，使得血食，則災除也。」

〔二〕論語曾子曰「吾日三省吾身」也。

〔三〕祇，大也。易復卦初九曰：「無祇悔元吉。」

方今時俗奢佚，淺恩薄義。夫救奢必於儉約，拯薄無若敦厚，安上理人，莫善於禮。修禮遵約，蓋惟上興，革文變薄，事不在下。故周南之德，關雎政本。〔一〕本立道生，風行草從，澄其源者流清，溷其本者末濁。天地之道，其猶鼓籥，以虛爲德，自近及遠者也。〔二〕伏見往年以來，園陵數災，〔三〕炎光熾猛，驚動神靈。易天人應曰：「君子不思遵利，茲謂無澤，厥災孽火燒其宮。」又曰：「君高臺府，犯陰侵陽，厥災火。」又曰：「上不儉，下不節，炎火並作燒君室。」自頃繕理西苑，修復太學，〔四〕宮殿官府，多所搆飾。昔盤庚遷殷，去奢卽儉，〔五〕夏后卑室，盡力致美。〔六〕又魯人爲長府，閔子騫曰：「仍舊貫，何必改作。」〔七〕臣愚以爲諸所繕修，事可省減，稟卹貧人，賑贍孤寡，此天之意也，人之慶也，仁之本也，儉之要也。焉有應天養人，爲仁爲儉，而不降福者哉？

〔一〕周南詩序曰：「關雎，風之始也，所以風化天下而正夫婦也。」故夫婦爲政本也。
〔二〕籥如笛，六孔。鼓籥，其形內虛而氣無窮。老子曰：「天地之閒其猶橐籥，虛而不屈，動而愈出。」
〔三〕陽嘉元年冬，恭陵百丈廡災。永建元年秋，茂陵園寢災。
〔四〕永建六年修太學也。
〔五〕帝王紀曰：「盤庚以耿在河北，迫近山川，自祖辛以來奢淫不絕，乃度河將徙都亳之殷地。人咨嗟相怨，不欲徙，盤庚乃作書三篇以告喻之。」今尚書盤庚三篇是也。亳在偃師。
〔六〕論語孔子曰：「禹惡衣服而致美乎黻冕，卑宮室而盡力乎溝洫。」
〔七〕長府，魯之府名也。仍，因也。貫，事也。言因舊事則可，何必更作。見論語。

土者地祇，陰性澄靜，宜以施化之時，敬而勿擾。竊見正月以來，陰闇連日。易內傳曰：「久陰不雨，亂氣也，蒙之比也。蒙者，君臣上下相冒亂也。」〔一〕又曰：「欲德不用，厥異常陰。」夫賢者化之本，雲者雨之具也。得賢而不用，猶久陰而不雨也。又頃前數日，寒過其節，冰既解釋，還復凝合。夫寒往則暑來，暑往則寒來，〔二〕此言日月相推，寒暑相避，以成物也。今立春之後，火卦用事，當溫而寒，違反時節，由功賞不至，

而刑罰必加也。宜須立秋，順氣行罰。

〔一〕易稽覽圖曰：「日食之比，陰（得）〔覆〕陽（也）。蒙之比也，陰冒陽也。」鄭玄注云：「蒙，氣也。比非一也。邪臣謀覆冒其君，先霧從夜昏起，或從夜半或平旦。君不覺悟，日中不解，遂成蒙；君復不覺悟，下爲霧也。」比音庇。
〔二〕易繫詞之文也。

臣伏案飛候，參察衆政，〔一〕以爲立夏之後，當有震裂涌水之害。又比熒惑失度，盈縮往來，涉歷輿鬼，環繞軒轅。〔二〕火精南方，夏之政也。政有失禮，不從夏令，則熒惑失行。〔三〕正月三日至乎九日，三公卦（也）。〔四〕三公上應台階，下同元首。〔五〕政失其道，則寒陰反節。「節彼南山」，詠自周詩；〔六〕「股肱良哉」，著於虞典。而今之在位，競託高虛，納累鍾之奉，忘天下之憂，〔七〕棲遲偃仰，寢疾自逸，被策文，得賜錢，卽復起矣。何疾之易而愈之速？以此消伏災眚，興致升平，其可得乎？今選舉牧守，委任三府。〔八〕長吏不良，既咎州郡，州郡有失，豈得不歸責舉者？而陛下崇之彌優，自下慢事愈甚，所謂大網疏，小網數。〔九〕三公非臣之仇，臣非狂夫之作，所以發憤忘食，懇懇不已者，誠念朝廷欲致興平，非不能面譽也。

〔一〕京房作易飛候。
〔二〕天官書曰，輿鬼，南方之宿。軒轅黃龍體，女主後宮之象也。
〔三〕熒惑，南方，主夏，爲禮爲視。禮虧視失，不行夏令，則熒惑逆行也。見天文志。
〔四〕凡卦法，一爲元士，二爲大夫，三爲三公，四爲諸侯，五爲王位，六爲宗廟。前書曰：「梁人焦延壽，字贛，長於災變，分六十四卦，更直日用事，以風、雨、寒、溫爲候。」音義云：「分卦直日之法，爻主一日，卽三日九日，並爲三公之（日）〔卦〕也。」
〔五〕春秋元命包曰：「魁下六星，兩兩而比，曰三台。」前書音義曰：「泰階，三台也。」又黃帝泰階六符經曰：「泰階者，天之三階也。上階爲天子，中階爲諸侯、公卿、大夫，下階爲士、庶人。三階平則陰陽和，風雨時。」尚書曰：「君爲元首，臣作股肱。」言三公上象天之台階，下與人君同體也。
〔六〕詩小雅曰：「節彼南山，維石巖巖，赫赫師尹，人具爾瞻。」注云：「節，高峻貌也。喻三公之位，人所高嚴也。赫赫，顯盛也。師尹，三公也。言三公之位，天下之人共瞻視之。」
〔七〕六斛四斗曰鍾，左傳曰四（斗）〔升〕爲豆，四豆爲區，四區爲釜，（四）〔十〕釜爲鍾也。
〔八〕三公也。
〔九〕謂綏於三公，切於州郡也。

臣生長草野，不曉禁忌，披露肝膽，書不擇言。伏鑕鼎鑊，死不敢恨。謹詣闕奉章，伏待重誅。

書奏，帝復使對尚書。〔一〕顗對曰：

〔一〕使就尚書更對也。

臣聞明王聖主好聞其過，忠臣孝子言無隱情。臣備生人倫視聽之類，而稟性愚慤，不識忌諱，故出死忘命，懇懇重言。〔一〕誠欲陛下修乾坤之德，開日月之明，披圖籍，案經典，覽帝王之務，識先後之政。如有闕遺，退而自改。本文武之業，擬堯舜之道，攘災延慶，號令天下。此誠臣顗區區之願，夙夜夢寤，盡心所計。謹條序前章，暢其旨趣，〔二〕條便宜七事，具如狀對：

〔一〕重，再也。
〔二〕謂前詣闕所上章也。

一事：陵園至重，聖神攸馮，而災火炎赫，迫近寢殿，魂而有靈，猶將驚動。尋宮殿官府，近始永平，歲時未積，便更修造。又西苑之設，禽畜是處，離房別觀，本不常居，而皆務精土木，營建無已，消功單賄，巨億爲計。易內傳曰：「人君奢侈，多飾宮室，其時旱，其災火。」是故魯僖遭旱，修政自勑，下鍾鼓之縣，休繕治之官，〔一〕雖則不寧，而時雨自降。〔二〕由此言之，天之應人，敏於景響。〔三〕今月十七日戊午，徵日也，〔四〕日加申，〔五〕風從寅來，丑時而止。丑、寅、申皆徵也，不有火災，必當爲旱。〔六〕願陛下校計繕修之費，永念百姓之勞，罷將作之官，減彫文之飾，損庖廚之饌，退宴私之樂。易中孚傳曰：「陽感天，不旋日。」〔七〕如是，則景雲降集，眚沴息矣。〔八〕

〔一〕春秋考異郵曰：「僖公三年春夏不雨，於是僖公憂閔，玄服避舍，釋更徭之逋，罷軍寇之誅，去苛刻峻文慘毒之教，所蠲浮令四十五事。曰：『方今天旱，野無生稼，寡人當死，百姓何（謗）〔罪〕？不敢煩人請命，願撫萬人害，以身塞無狀。』禱已，舍齋南郊，雨大澍也。」

〔二〕左傳僖公「六月雨」。

〔三〕斂，疾也。

〔四〕陽嘉二年正月。

〔五〕日在申時也。

〔六〕南方爲徵，故爲火及旱也。

〔七〕易中孚傳曰：「陽感天，不旋日，諸侯不旋時，大夫不過期。」鄭玄注云：「陽者天子，爲善一日，天立應以善；爲惡一日，天立應以惡。諸侯爲善一時，天立應以善；爲惡一時，天立應以惡。大夫爲善一歲，天亦立應以善；爲惡一歲，天亦立應以惡。」一說云「不旋日，立應之；不過時，三辰閒；不過期，從今旦至明日旦」也。陽即指天子也。

〔八〕景雲，五色雲也，一曰慶雲。孝經援神契曰：「德至山陵則景雲出。」顗以陵園火災，故引之也。眚沴謂災氣。

二事：去年已來，兌卦用事，類多不効。易傳曰：「有貌無實，佞人也；有實無貌，道人也。」寒溫爲實，清濁爲貌。〔一〕今三公皆令色足恭，外厲內荏，以虛事上，無佐國之實，故清濁效而寒溫不效也，是以陰寒侵犯消息。〔二〕占曰：「日乘則有妖風，日蒙則有地裂。」如是三年，則致日食，陰侵其陽，漸積所致。立春前後溫氣應節者，詔令寬

也。其後復寒者，無寬之實也。夫十室之邑，必有忠信，率土之人，豈無貞賢，未聞朝廷有所賞拔，非所以求善贊務，弘濟元元。宜採納良臣，以助聖化。

〔一〕易稽覽圖曰：「有實無貌，屈道人也；有貌無實，佞人也。」鄭玄注曰：「有寒溫，無貌濁清靜，此賢者屈道，仕于不肖君也。有貌濁清靜，無寒溫，此佞人以便巧仕於世也。」

〔二〕易稽覽圖曰：「侵消息者，或陰專政，或陰侵陽。」鄭玄注：「溫卦以溫侵，寒卦以寒侵。陽者君也，陰者臣也，專君政事亦陰侵陽也。」

三事：臣聞天道不遠，三五復反。〔一〕今年少陽之歲，法當乘起，恐後年已往，將遂驚動，涉歷天門，災成戊己。〔二〕今春當旱，夏必有水，臣以六日七分候之可知。夫災眚之來，緣類而應。行有玷缺，則氣逆于天，精感變出，以戒人君。王者之義，時有不登，則損滋徹膳。數年以來，穀收稍減，家貧戶饉，歲不如昔。百姓不足，君誰與足？水旱之災，雖尚未至，然君子遠覽，防微慮萌。老子曰：「人之飢也，以其上食稅之多也。」故孝文皇帝綈袍革舄，木器無文，〔三〕約身薄賦，時致升平。今陛下聖德中興，宜遵前典，惟節惟約，天下幸甚。易曰：「天道無親，常與善人。」是故高宗以享福，〔四〕宋景以延年。〔五〕

〔一〕春秋合誠圖曰：「至道不遠，三五而反。」宋均注云：「三，三正也。五，五行也。三正五行，王者改代之際會也。能於此際自新如初，則通無窮也。」

〔二〕戊亥之閒爲天門也。

〔三〕前書曰：「孝文帝身衣弋綈，足履革舄，兵木無刃，衣縕無文。」

〔四〕高宗，殷王武丁也。尚書大傳曰：「武丁祭成湯，有雉飛升鼎耳而呴，祖己曰：『雉者野鳥，升于鼎者，欲爲用也，無則遠方將有來朝者。』故武丁內反諸己，以思先王之道。三年，編髮重譯來朝者六國。孔子曰：『吾於高宗肜日見德之有報之疾也。』」帝王紀曰「高宗饗國五十有九年，年百歲」也。

〔五〕呂氏春秋曰「宋景公時，熒惑在心，召子韋問焉。子韋曰：『禍當君。雖然，可移宰相。』公曰：『宰相，寡人所與理國家也。』曰：『可移於人。』公曰：『人死，寡人將誰爲君？』曰：『可移於歲。』公曰：『歲飢人餓，誰以我爲君乎？』子韋曰：『君有至德之言三，天必三賞君，熒惑必退三舍。一舍行七星，星當一年，君延二十一年矣。』熒惑果退三舍」也。

四事：臣竊見皇子未立，儲宮無主，仰觀天文，太子不明。〔一〕熒惑以去年春分後十六日在婁五度，〔二〕推步三統，熒惑今當在翼九度，〔三〕今反在柳三度，〔四〕則不及五十餘度。〔五〕去年八月二十四日戊辰，熒惑歷輿鬼東入軒轅，出后星北，東去四度，北旋復還。軒轅者，後宮也。熒惑者，至陽之精也，天之使也，〔六〕而出入軒轅，繞還往來。易曰：「天垂象，見吉凶。」其意昭然可見矣。禮，天子一娶九女，嫡媵畢具。今宮人侍御，動以千計，或生而幽隔，人道不通，鬱積之氣，上感皇天，故遣熒惑入軒轅，理

人倫，垂象見異，以悟主上。昔武王下車，出傾宮之女，表商容之閭，〔七〕以理人倫，以表賢德，故天授以聖子，成王是也。今陛下多積宮人，以違天意，故皇胤多夭，嗣體莫寄。詩云：「敬天之怒，不敢戲豫。」〔八〕方今之福，莫若廣嗣，廣嗣之術，可不深思？宜簡出宮女，恣其姻嫁，則天自降福，子孫千億。惟陛下丁寧再三，留神於此。左右貴倖，亦宜惟臣之言，以悟陛下。蓋善言古者合於今，善言天者合於人。〔九〕願訪問百僚，有違臣言者，臣當受苟言之罪。〔一〇〕

〔一〕洪範五行傳曰：「心之大星天王也，其前星太子也，後星庶子也。」

〔二〕婁，西方宿也。

〔三〕翼，南方宿也。

〔四〕柳，東方宿也。

〔五〕言熒惑行遲也。

〔六〕熒惑南方火，盛陽之精也。天文要集曰：「天有五帝，五星爲之使。」

〔七〕尚書大傳曰：「武王入殷，表商容之閭，歸傾宮之女。」

〔八〕詩大雅板篇之文也。注云：「戲豫，逸豫也。」

〔九〕前書武帝詔曰：「善言天者必有徵於人，善言古者必有驗於今。」

〔一〇〕論語孔子曰：「君子於其言無所苟而已矣。」

五事：臣竊見去年閏（十）月十七日己丑夜，有白氣從西方天苑趨左足，入玉井，數日乃滅。〔一〕春秋曰：「有星孛于大辰。」大辰者何？大火也。〔二〕大火爲大辰，伐又爲大辰，〔三〕北極亦爲大辰。」〔四〕所以孛一宿而連三宿者，言北辰王者之宮也。凡中宮無節，政教亂逆，威武衰微，則此三星以應之也。罰者白虎，其宿主兵，其國趙、魏，〔五〕變見西方，亦應三輔。凡金氣爲變，發在秋節。〔六〕臣恐立秋以後，趙、魏、關西將有羌寇畔戾之患。宜豫宣告諸郡，使敬授人時，輕徭役，薄賦斂，勿妄繕起，堅倉獄，備守衞，回選賢能，以鎭撫之。〔七〕金精之變，責歸上司。〔八〕宜以五月丙午，遣太尉服干戚，建井旟，〔九〕書玉板之策，引白氣之異，〔一〇〕於西郊責躬求愆，謝咎皇天，消滅妖氣。蓋以火勝金，轉禍爲福也。〔一一〕

〔一〕續漢志曰：「時客星氣白，廣二尺，長五丈，起天苑西南。」天官書曰：「西有句曲九星，三處羅：一曰天旗，二曰天苑，三曰九游。」參星下四小星爲玉井，其外四星左右肩股也。

〔二〕春秋昭十七年：「有星孛于大辰。」爾雅曰：「大辰，房、心、尾也。」孫炎曰：「龍星明者可以爲時候，故曰大辰。」

〔三〕廣雅曰「罰謂之大辰」也。

〔四〕爾雅曰：「北極謂之北辰。」李巡曰：「北極，天心也，居北方，正四時，謂之北辰也。」

〔五〕天官書曰：「參爲白虎，下有三星曰罰，爲斬刈之事。」故主兵。昴、畢之閒，趙、魏之分也。

〔六〕西方白氣入玉井，是金氣之變也。

〔七〕回，易也。

〔八〕上司謂司馬也，建武二十七年改爲太尉。韓詩外傳曰：「司馬主天。陰陽不調，星辰失度，責之司馬。」故云責歸上司也。

〔九〕干，楯也。戚，斧也。西方主兵，故太尉執持楯斧，所以厭金氣也。井，南方火宿也。鳥隼曰旟也。以火勝金，故畫井星之文於旟而建之也。

〔一〇〕書祝辭於玉板也。

〔一一〕以五月丙午日，火勝金也。

六事：臣竊見今月十四日乙卯巳時，白虹貫日。凡日傍氣色白而純者名爲虹。貫日中者，侵太陽也；見於春者，政變常也。方今中官外司，各各考事，〔一〕其所考者，或非急務。又恭陵火災，主名未立，〔二〕多所收捕，備經考毒。尋火爲天戒，以悟人君，可順而不可違，可敬而不可慢。陛下宜恭己內省，以備後災。凡諸考案，并須立秋。又易傳曰：「公能其事，序賢進士，後必有喜。」反之，則白虹貫日。以甲乙見者，則譴在中台。〔三〕自司徒居位，陰陽多謬，〔四〕久無虛己進賢之策，天下興議，異人同咨。〔五〕且立春以來，金氣再見，〔六〕金能勝木，必有兵氣，宜黜司徒以應天意。陛下不早攘之，將負臣言，遺患百姓。

〔一〕考，効也。

〔二〕立猶定也。時考問延火者姓名未定也。

〔三〕譴，責也。韓詩外傳曰：「三公者何？司空、司徒、司馬也。司馬主天，司空主地，司徒主人。故陰陽不調，星辰失度，責之司馬；山陵崩絕，川谷不流，責之司空；五穀不殖，草木不茂，責之司徒。」甲乙東方主春，生殖五穀之時也。而白虹以甲乙日見，明責在司徒也。

〔四〕時劉崎爲司徒，至陽嘉三年策免。

〔五〕咨，嗟歎也。

〔六〕謂元年閏十二月己丑夜，有白氣入玉井，二年正月乙卯，白虹貫日，此金氣再見。

七事：臣伏惟漢興以來三百三十九歲。於詩三基，高祖起亥仲二年，今在戌仲十年。〔一〕詩氾歷樞曰：「卯酉爲革政，午亥爲革命，神在天門，出入候聽。」〔二〕言神在戌亥，司候帝王興衰得失，厥善則昌，厥惡則亡。於易雄雌祕歷，今值困乏。凡九二困者，衆小人欲共困害君子也。經曰：「困而不失其所，其唯君子乎！」〔三〕唯獨賢聖之君，遭困遇險，能致命遂志，不去其道。〔四〕陛下乃者潛龍養德，幽隱屈厄，〔五〕即位之元，紫宮驚動，歷運之會，時氣已應。然猶恐妖祥未盡，君子思患而豫防之。臣以爲戌仲已竟，來年入季，文帝改法，除肉刑之罪，〔六〕至今適三百載。〔七〕宜因斯際，大蠲法令，官名稱號，輿服器械，事有所更，變大爲小，去奢就儉，機衡之政，除煩爲簡。改元更始，

招求幽隱，舉方正，徵有道，博採異謀，開不諱之路。

〔一〕「基」當作「朞」，謂以三朞之法推之也。詩氾歷樞曰：「凡推其數皆從亥之仲起，此天地所定位，陰陽氣周而復始，萬物死而復蘇，大統之始，故王命一節爲之十歲也。」

〔二〕宋均注云：「神，陽氣，君象也。天門，戌亥之閒，乾所據者。」

〔三〕易困卦之辭也。

〔四〕易困卦曰：「澤無水，困，君子以致命遂志。」困卦坎下兌上。坎爲水，兌爲澤，水在澤下，是謂竭涸之象，故以喻困。致命遂志，謂君子委命固窮，不離於道也。

〔五〕謂順帝爲太子時，廢爲濟陰王。

〔六〕漢法肉刑三，謂黥也，劓也，左右趾也。文帝除之，當黥者髡鉗城旦舂，當劓者笞三百，當左右（指）〔趾〕者笞五百也。

〔七〕自文帝十三年除肉刑，至順帝陽嘉二年，合三百年也。

臣陳引際會，恐犯忌諱，書不盡言，未敢究暢。

臺詰顗曰：「對云『白虹貫日，政變常也』。朝廷率由舊章，何所變易而言變常？又言『當大蠲法令，革易官號』。或云變常以致災，或改舊以除異，何也？又陽嘉初建，復欲改元，據何經典？其以實對。」顗對曰：

方春東作，布德之元，陽氣開發，養導萬物。王者因天視聽，奉順時氣，宜務崇溫

柔，遲其行令。〔一〕而今立春之後，考事不息，秋冬之政，行乎春夏，故白虹春見，掩蔽日曜。凡邪氣乘陽，則虹蜺在日，斯皆臣下執事刻急所致，殆非朝廷優寬之本。此其變常之咎也。又今選舉皆歸三司，非有周召之才，而當則哲之重，〔二〕每有選用，輒參之掾屬，〔三〕公府門巷，賓客塡集，送去迎來，財貨無已。其當遷者，競相薦謁，各遣子弟，充塞道路，開長姦門，興致浮僞，非所謂率由舊章也。尙書職在機衡，宮禁嚴密，〔四〕私曲之意，羌不得通，偏黨之恩，或無所用。選舉之任，不如還在機密。〔五〕臣誠愚戇，不知折中，斯固遠近之論，當今之宜。又孔子曰：「漢三百載，(計)〔斗〕歷改憲。」〔六〕三百四歲爲一德，五德千五百二十歲，五行更用。〔七〕王者隨天，譬猶自春徂夏，改青服絳者也。〔八〕自文帝省刑，適三百年，而輕微之禁，漸已殷積。王者之法，譬猶江河，當使易避而難犯也。故易曰：「易則易知，簡則易從，易簡而天下之理得矣。」今去奢卽儉，以先天下，改易名號，隨事稱謂。易曰：「君子之道，或出或處，同歸殊塗，一致百慮。」是知變常而善，可以除災，變常而惡，必致於異。今年仲竟，來年入季，仲終季始，歷運變改，故可改元，所以順天道也。

〔一〕禮記月令，孟春，天子命相布德和令，行慶施惠，下及兆人。仲春，安萌牙，養幼少，存諸孤，省囹圄，去桎梏，止獄訟。是遲其行令也。

〔二〕尙書曰：「知人則哲。」

〔三〕參，豫也。

〔四〕北斗魁星第三爲機，第五爲衡，於天文爲喉舌。李固對策曰：「陛下之有尙書，猶天有北斗，主爲喉舌，斟酌元氣，運平四時，出納王命也。」

〔五〕欲使尙書專掌選也。

〔六〕春秋保乾圖曰：「陽起於一，天帝爲北辰，氣成於三，以立五神，三五展轉，機以動運。」故三百歲斗歷改憲也。

〔七〕易乾鑿度孔子曰：「立德之數，先立木、金、水、火、土德，各三百四歲。」五德備凡千五百二十歲，太終復初，故曰五行更用。更猶變改也。

〔八〕禮記月令，孟春天子衣青衣，服倉玉，孟夏則衣朱衣，服赤玉也。

臣顗愚蔽，不足以荅聖問。

顗又上書薦黃瓊、李固，并陳消災之術曰：

臣前對七事，要政急務，宜於今者，所當施用。誠知愚淺，不合聖聽，人賤言廢，當受誅罰，〔一〕征營惶怖，靡知厝身。

〔一〕論語孔子曰：「不以人廢言。」

臣聞刳舟剡楫，將欲濟江海也；〔二〕聘賢選佐，將以安天下也。昔唐堯在上，羣龍爲用，〔三〕文武創德，周召作輔，是以能建天地之功，增日月之耀者也。詩云：「赫赫王命，仲山甫將之。邦國若否，仲山甫明之。」〔四〕宣王是賴，以致雍熙。陛下踐祚以來，勤心庶政，而三九之位，未見其人，〔五〕是以災害屢臻，四國未寧。〔六〕臣考之國典，驗之聞見，莫不以得賢爲功，失士爲敗。且賢者出處，翔而後集，〔七〕爵以德進，則其情不苟，然後使君子恥貧賤而樂富貴矣。若有德不報，有言不醻，來無所樂，進無所趨，〔八〕則皆懷歸藪澤，修其故志矣。夫求賢者，上以承天，下以爲人。不用之，則逆天統，違人望。逆天統則災眚降，違人望則化不行。災眚降則下呼嗟，化不行則君道虧。四始之缺，五際之戹，其咎由此。〔九〕豈可不剛健篤實，矜矜慄慄，以守天功盛德大業乎？〔一〇〕

〔一〕易曰：「黃帝刳木爲舟，剡木爲楫。」

〔二〕羣龍喻賢臣也。鄭玄注易乾卦云：「爻皆體乾，羣龍之象。」舜既受禪，禹與稷、契、咎繇之屬並在朝。

〔三〕詩大雅也。將，行也。若，順也。順否猶臧否，謂善惡也。言國有善惡，仲山甫能明之。

〔四〕三公九卿也。

〔五〕四方之國。

〔六〕論語：「色斯舉矣，翔而後集。」

〔七〕無爵賞也。

〔八〕四始謂關雎爲國風之始，鹿鳴爲小雅之始，文王爲大雅之始，淸廟爲頌之始。缺猶廢也。翼奉傳曰：「易有陰陽五際。」孟康曰：「韓詩外傳云『五際，卯、酉、午、戌、亥也，陰陽終始際會之歲，於此則有變改之政。』」

〔九〕易繫詞曰：「日新之謂盛德，富有之謂大業。」

臣伏見光祿大夫江夏黃瓊，耽道樂術，淸亮自然，被褐懷寶，含味經籍，〔一〕又果於從政，明達變復。〔二〕朝廷前加優寵，賓于上位。瓊入朝日淺，謀謨未就，因以喪病，致命遂志。老子曰：「大音希聲，大器晚成。」〔三〕善人爲國，三年乃立。〔四〕天下莫不嘉朝廷有此良人，而復怪其不時還任。陛下宜加隆崇之恩，極養賢之禮，徵反京師，以慰天下。又處士漢中李固，年四十，通游夏之蓺，履顏閔之仁。絜白之節，情同皦日，忠貞之操，好是正直，卓冠古人，當世莫及。元精所生，王之佐臣，〔五〕天之生固，必爲聖漢，宜蒙特徵，以示四方。夫有出倫之才，不應限以官次。昔顏子十八，天下歸仁；〔六〕子奇稚齒，化阿有聲。〔七〕若還瓊徵固，任以時政，伊尹、傅說，不足爲比，則可垂景光，致休祥矣。臣顗明不知人，伏聽衆言，百姓所歸，臧否共歎。願汎問百僚，覈其名行，有一不合，則臣爲欺國。惟留聖神，不以人廢言。

〔一〕家語子路問於孔子曰：「有人於此，被褐而懷玉，何如？」子曰：「國無道，隱可也；國有道，則衮冕而執玉也。」

〔二〕言明於變異消復之術也。

〔三〕聲震宇內謂之大音，其動有時，故希聲也。無所不容謂之大器，其功既博，故晚成也。

〔四〕論語孔子曰：「苟有用我者，期月而已可也，三年乃成功。」又曰：「善人爲邦百年，可以勝殘去殺。」

〔五〕元爲天精，謂之精氣。春秋演孔圖曰「正氣爲帝，閒氣爲臣，宮商爲(佐)〔姓〕，秀氣爲人」也。

〔六〕論語曰：「顏淵問仁。孔子曰：『剋己復禮爲仁。一日剋己復禮，天下歸仁焉。』」
〔七〕子奇，齊人，年十八爲阿邑宰，出倉廩以振貧乏，邑內大化。見說苑。

謹復條便宜四事，附奏於左：

一事：孔子作春秋，書「正月」者，敬歲之始也。〔一〕王者則天之象，因時之序，宜開發德號，爵賢命士，流寬大之澤，垂仁厚之德，〔二〕順助元氣，含養庶類。如此，則天文昭爛，星辰顯列，五緯循軌，四時和睦。〔三〕不則太陽不光，天地溷濁，時氣錯逆，霾霧蔽日。〔四〕自立春以來，累經旬朔，未見仁德有所施布，但聞罪罰考掠之聲。夫天之應人，疾於景響，而自從入歲，常有蒙氣，月不舒光，日不宣曜。日者太陽，以象人君。政變於下，日應於天。清濁之占，隨政抑揚。天之見異，事無虛作。豈獨陛下倦於萬機，帷幄之政有所闕歟？〔五〕何天戒之數見也！臣願陛下發揚乾剛，援引賢能，勤求機衡之寄，以獲斷金之利。〔六〕臣之所陳，輒以太陽爲先者，明其不可久闇，急當改正。其異雖微，其事甚重。臣言雖約，其旨甚廣。惟陛下乃眷臣章，深留明思。

〔一〕公羊傳曰：「元年春正月。元年者何？君之始年也。春者何？歲之始也。」
〔二〕禮記，正月迎春於東郊，還，乃賞公卿諸侯大夫於朝，命相布德和令，行慶施惠，下及兆人，慶賞遂行，無有不當。
〔三〕五緯，五星。

〔四〕爾雅曰：「風而雨土爲霾。」
〔五〕帷幄謂謨謀之臣也。
〔六〕易曰：「二人同心，其利斷金。」

二事：孔子曰：「雷之始發大壯始，君弱臣彊從解起。」今月九日至十四日，大壯用事，消息之卦也。於此六日之中，雷當發聲，發聲則歲氣和，王道興也。〔一〕易曰：「雷出地奮，豫，〔二〕先王以作樂崇德，殷薦之上帝。」〔三〕雷者，所以開發萌牙，辟陰除害。萬物須雷而解，資雨而潤。〔四〕故經曰：「雷以動之，雨以潤之。」〔五〕王者崇寬大，順春令，則雷應節，不則發動於冬，當震反潛。故易傳曰：「當雷不雷，太陽弱也。」今蒙氣不除，日月變色，則其效也。天網恢恢，疏而不失，〔六〕隨時進退，應政得失。大人者，與天地合其德，與日月合其明，〔七〕琁璣動作，與天相應。雷者號令，其德生養。號令殆廢，當生而殺，則雷反作，其時無歲。〔八〕陛下若欲除災昭祉，順天致和，宜察臣下尤酷害者，亟加斥黜，以安黎元，則太皓悅和，雷聲乃發。〔九〕

〔一〕周書時訓曰「春分之日玄鳥至，又五日雷乃發聲。雷不發聲，諸侯失人」也。
〔二〕豫卦，坤下震上。坤爲地，震爲雷，雷在地上，故曰雷出地〔奮〕，豫。奮，動也。豫，喜也。
〔三〕殷，盛也。薦，進也。上帝，天帝也。雷動於地，萬物喜豫，作樂之象。
〔四〕易解卦曰「天地解而雷雨作，雷雨作而百果草木皆甲坼」也。
〔五〕易說卦文。
〔六〕老子之文也。
〔七〕易乾卦文言之詞也。大人，天子也。
〔八〕雷以冬鳴，則歲飢也。
〔九〕太皓，天也。

三事：去年十月二十日癸亥，太白與歲星合於房、心。太白在北，歲星在南，相離數寸，光芒交接。房、心者，天帝明堂布政之宮。〔一〕孝經鉤命決曰：「歲星守心年穀豐。」〔二〕尚書洪範記曰：「月行中道，移節應期，德厚受福，重華留之。」〔三〕重華者，謂歲星在心也。今太白從之，交合明堂，金木相賊，而反同合，〔四〕此以陰陵陽，臣下專權之異也。房、心東方，其國主宋。〔五〕石氏經曰：〔六〕「歲星出左有年，出右無年。」今金木俱東，歲星在南，是爲出右，恐年穀不成，宋人飢也。陛下宜審詳明堂布政之務，然後妖異可消，五緯順序矣。〔七〕

〔一〕春秋元命包曰：「房四星，心三星。」
〔二〕歲星守心爲重華，故年豐也。
〔三〕天官書曰「歲星一曰攝提，一曰重華」也。
〔四〕太白，金也。歲星，木也。金（刻）〔剋〕木，故相賊也。

〔五〕卯爲房、心，宋之分也。
〔六〕石氏，魏人石中夫也，見藝文志。
〔七〕五緯，五星也。

四事：易傳曰：「陽無德則旱，陰僭陽亦旱。」陽無德者，人君恩澤不施於人也。陰僭陽者，祿去公室，臣下專權也。自冬涉春，訖無嘉澤，數有西風，反逆時節。〔一〕朝廷勞心，廣爲禱祈，薦祭山川，暴龍移市。〔二〕臣聞皇天感物，不爲僞動，災變應人，要在責己。若令雨可請降，水可攘止，則歲無隔幷，太平可待。然而災害不息者，患不在此也。〔三〕立春以來，未見朝廷賞錄有功，表顯有德，存問孤寡，賑恤貧弱，而但見洛陽都官奔車東西，收縶纖介，牢獄充盈。臣聞恭陵火處，比有光曜，〔四〕明此天災，非人之咎。丁丑大風，掩蔽天地。風者號令，天之威怒，皆所以感悟人君忠厚之戒。又連月無雨，將害宿麥。若一穀不登，則飢者十三四矣。陛下誠宜廣被恩澤，貸贍元元。昔堯遭九年之水，人有十載之蓄者，簡稅防災，爲其方也。〔五〕願陛下早宣德澤，以應天功。若臣言不用，朝政不改者，立夏之後乃有澍雨，於今之際未可望也。若政變於朝而天不雨，則臣爲誣上，愚不知量，分當鼎鑊。

〔一〕春當東風也。

〔二〕董仲舒春秋繁露曰：「春旱，以甲乙日爲倉龍一，長八尺，居中央；爲小龍七，各長四尺，於東方。皆東向，其閒相去八尺。小童八人，皆齋三日，服青衣而舞之。夏，以丙丁日爲赤龍，服赤衣。季夏，以戊己日爲黃龍，服黃衣。秋，以庚辛日爲白龍，服白衣。冬，以壬癸日爲黑龍，服黑衣。牲各依其方色，皆燔雄雞，燒豭豬尾，於里北門及市中以祈焉。」禮記，歲旱，魯穆公問於縣子，縣子曰：「爲之徙市，不亦可乎？」見檀弓篇。

〔三〕不在祈禱。

〔四〕比，頻也。時恭陵百丈廡災，仍有光耀不絕。

〔五〕簡，少也。方，法也。

書奏，特詔拜郎中，辭病不就，即去歸家。至四月京師地震，遂陷。〔一〕其夏大旱。秋，鮮卑入馬邑城，破代郡兵。明年，西羌寇隴右。〔二〕皆略如顗言。後復公車徵，不行。

〔一〕陽嘉二年四月己亥地震，六月丁丑洛陽地陷，是月旱也。

〔二〕陽嘉三年七月，種羌寇隴西。

同縣孫禮者，積惡凶暴，好游俠，與其同里人常慕顗名德，欲與親善。顗不顧，以此結怨，遂爲禮所殺。

襄楷字公矩，平原隰陰人也。〔一〕好學博古，善天文陰陽之術。

〔一〕風俗通曰：「襄姓，楚大夫襄老之後。」隰陰，縣，在隰水之南，故城在今齊州臨邑縣西也。

桓帝時，宦官專朝，政刑暴濫，又比失皇子，災異尤數。延熹九年，楷自家詣闕上疏曰：

臣聞皇天不言，以文象設教。堯舜雖聖，必歷象日月星辰，察五緯所在，故能享百年之壽，爲萬世之法。〔一〕臣竊見去歲五月，熒惑入太微，犯帝坐，出端門，不軌常道。〔二〕其閏月庚辰，太白入房，犯心小星，震動中耀。中耀，天王也；傍小星者，天王子也。夫太微天廷，五帝之坐，而金火罰星揚光其中，〔三〕於占，天子凶；又俱入房、心，法無繼嗣。今年歲星久守太微，逆行西至掖門，還切執法。〔四〕歲爲木精，好生惡殺，而淹留不去者，咎在仁德不修，誅罰太酷。前七年十二月，熒惑與歲星俱入軒轅，逆行四十餘日，而鄧皇后誅。其冬大寒，殺鳥獸，害魚鼈，城傍竹柏之葉有傷枯者。〔五〕臣聞於師曰：「柏傷竹枯，不出三年，天子當之。」今洛陽城中人夜無故叫呼，云有火光，人聲正諠，〔六〕於占亦與竹柏枯同。自春夏以來，連有霜雹及大雨靁，而臣作威作福，刑罰急刻之所感也。

〔一〕堯年一百一十七歲，舜年一百一十二歲。言百年，舉全數。

〔二〕天官書曰：「太微南四星，中爲端門。」軌猶依也。

〔三〕太白金也，熒惑火也。天文志曰：「逆夏令，傷火氣，罰見熒惑。逆秋令，傷金氣，罰見太白。」故金火並爲罰星也。

〔四〕天官書曰：「端門左右星爲掖門。太微南四星爲執法。」切謂迫近也。

〔五〕續漢志曰：「延熹九年，雒陽城傍竹柏葉有傷者。」

〔六〕續漢志曰：「桓帝延熹九年三月，京師有火光轉行，人相驚譟。」

太原太守劉瓆、南陽太守成瑨，志除姦邪，其所誅翦，皆合人望，〔一〕而陛下受閹豎之譖，乃遠加考逮。三公上書乞哀瓆等，不見採察，〔二〕而嚴被譴讓。憂國之臣，將遂杜口矣。

〔一〕謝承書曰：「劉瓆字文理，平原人。遷太原太守。郡有豪彊，中官親戚，爲百姓所患。瓆深疾之，到官收其魁帥殺之，所臧匿主人悉坐伏誅。桓帝徵詣廷尉，以瓆宗室，不忍致之于刑，使自殺。」「成瑨字幼平，弘農人。遷南陽太守。時桓帝美人外親張子禁怙恃榮貴，不畏法網，瑨與功曹岑晊捕子禁付宛獄，笞殺之。桓帝徵瑨詣廷尉，下獄死。」瓆音質。瑨音晉。

〔二〕時太尉陳蕃、司徒劉矩、司空劉茂共上書訟瓆等，帝不納。

臣聞殺無罪，誅賢者，禍及三世。〔一〕自陛下即位以來，頻行誅伐，梁、寇、孫、鄧，並見族滅，〔二〕其從坐者，又非其數。李雲上書，明主所不當諱，杜衆乞死，諒以感悟聖朝，〔三〕曾無赦宥，而并被殘戮，天下之人，咸知其冤。漢興以來，未有拒諫誅賢，用刑太深如今者也。

〔一〕黃石公三略曰：「傷賢者殃及三世，蔽賢者身當其害，達賢者福流子孫，疾賢者名不全。」

〔二〕梁冀、寇榮、孫壽、鄧萬世等也。

〔三〕時弘農五官掾杜衆傷雲以忠諫獲罪，遂上書云，願與李雲同日死也。

永平舊典，諸當重論皆須冬獄，先請後刑，所以重人命也。頃數十歲以來，州郡翫習，又欲避請讞之煩，〔一〕輒託疾病，多死牢獄。長吏殺生自己，死者多非其罪，魂神冤結，無所歸訴，淫厲疾疫，自此而起。〔二〕昔文王一妻，誕致十子，〔三〕今宮女數千，未聞慶育。宜修德省刑，以廣螽斯之祚。〔四〕

〔一〕廣雅曰：「讞，疑也。」謂罪有疑者讞於廷尉也。

〔二〕淫，過也。左傳曰：「陰淫寒疾，陽淫熱疾。」

〔三〕史記曰，太姒，文王正妃也。其長子伯邑考，次武王發，次管叔鮮，次周公旦，次蔡叔度，次曹叔振鐸，次成叔武，次霍叔處，次康叔封、冄季載，同母兄弟十人也。

〔四〕詩國風序曰：「螽斯，后妃子孫衆多也，言若螽斯不妒忌則子孫衆多也。」注云：「螽斯，蚣蝑也。凡有情慾者無不妒忌，唯蚣蝑不爾，各得受氣而生子，故以喻焉。」祚，福也。

又七年六月十三日，河內野王山上有龍死，長可數十丈。〔一〕扶風有星隕爲石，聲聞三郡。夫龍形狀不一，小大無常，故周易況之大人，帝王以爲符瑞。〔二〕或聞河內龍死，諱以爲蛇。夫龍能變化，蛇亦有神，皆不當死。昔秦之將衰，華山神操璧以授鄭客，曰「今年祖龍死」，〔三〕始皇逃之，死於沙丘。〔四〕王莽天鳳二年，訛言黃山宮有死龍之異，〔五〕後漢誅莽，光武復興。虛言猶然，況於實邪？夫星辰麗天，猶萬國之附王者也。下將畔上，故星亦畔天。石者安類，墜者失埶。春秋五石隕宋，其後襄公爲楚所執。〔六〕秦之亡也，石隕東郡。〔七〕今隕扶風，與先帝園陵相近，〔八〕不有大喪，必有畔逆。

〔一〕延熹七年也。袁山松書曰「長可百餘尺」。

〔二〕大人，天子也。乾卦九五曰：「飛龍在天，大人造也。」九五處天子之位，故以飛龍喻焉。尚書中候曰：「舜沈璧於清河，黃龍負圖出水。」

〔三〕祖龍謂秦始皇也。樂資春秋後傳曰：「使者鄭客入函谷，至平舒，見素車白馬，曰：『吾華山君，願以一牘致滈池君。子之咸陽，過滈池見一大梓樹，有文石取以扣樹，當有應者，以書與之。』鄭客如其言，見宮闕如王者居，謁者出受書，入有頃，云『今年祖龍死』。」

〔四〕史記曰：「始皇崩於沙丘平臺。」沙丘在今邢州平鄉縣東北。

〔五〕王莽傳曰：「時訛言黃龍墮地，死黃山宮中，百姓奔走往觀者乃有萬數。莽惡之，捕繫詰語所從起，而竟不得。」

〔六〕左傳魯僖公十六年「隕石于宋五」，隕星也。至二十年，諸侯會宋公于盂，於是楚執宋公以伐宋。

〔七〕史記：「始皇三十六年，有墜星下東郡，至地爲石，人或刻其石曰『始皇死而地分』。始皇聞之，盡取石旁舍誅之，因燔其石。」

〔八〕桓帝延熹七年隕石于鄠。鄠屬扶風，與高帝諸陵相近也。

案春秋以來及古帝王，未有河清及學門自壞者也。〔一〕臣以爲河者，諸侯位也，〔二〕清者屬陽，濁者屬陰。河當濁而反清者，陰欲爲陽，諸侯欲爲帝也。太學，天子教化之宮，其門無故自壞者，言文德將喪，教化廢也。京房易傳曰：「河水清，天下平。」今天垂異，地吐妖，人厲疫，三者並時而有河清，猶春秋麟不當見而見，孔子書之以爲異也。〔三〕

〔一〕延熹五年，太學西門自壞。八年，濟陰、東郡、濟北河水清也。

〔二〕孝經援神契曰：「五岳視三公，四瀆視諸侯也。」

〔三〕公羊傳曰：「西狩獲麟何以書？記異也。何以異？麟非中國獸也。」

臣前上琅邪宮崇受干吉神書，不合明聽。〔一〕臣聞布穀鳴於孟夏，蟋蟀吟於始秋，物有微而志信，人有賤而言忠。〔二〕臣雖至賤，誠願賜清閒，極盡所言。

〔一〕干姓，吉名也。神書，即今道家太平經也。其經以甲、乙、丙、丁、戊、己、庚、辛、壬、癸爲部，每部一十七卷也。

〔二〕布穀，一名戴紝，一名戴勝。蟋蟀，促織也。春秋考異郵曰：「孟夏戴勝降，立秋促織鳴。」言雖微物不失信也。紝音女林反。

書奏不省。

十餘日，復上書曰：

臣伏見太白北入數日，復出東方，其占當有大兵，中國弱，四夷彊。臣又推步，熒惑今當出而潛，必有陰謀。皆由獄多冤結，忠臣被戮。德星所以久守執法，亦爲此也。〔一〕陛下宜承天意，理察冤獄，爲劉瓆、成瑨虧除罪辟，追錄李雲、杜衆等子孫。

〔一〕德星，歲星也。

夫天子事天不孝，則日食星鬬。比年日食於正朔，〔一〕三光不明，五緯錯戾。前者宮崇所獻神書，專以奉天地順五行爲本，亦有興國廣嗣之術。其文易曉，參同經典，而順帝不行，故國胤不興，〔二〕孝沖、孝質頻世短祚。

〔一〕延熹八年正月辛巳朔，日食。九年正月辛卯朔，日食。

〔二〕太平經興帝王篇曰：「眞人問神人曰：『吾欲使帝王立致太平，豈可聞邪？』神人言：『但順天地之道，不失銖分，則立致太平。元氣有三名，爲太陽、太陰、中和。形體有三名，爲天、地、人。天有三名，爲日、月、星，北極爲中也。地有三名，爲山、川與平土。人有三名，爲父、母、子。政有三名，爲君、臣、人。此三者，常相得腹心，不失銖分，使其同一憂，合成一家，立致太平，延年不疑也。』又問曰：『今何故其生子少也？』天師曰：『善哉子之言也，但施不得其意耳。如令施其人欲生也，開其玉戶，施種於中，比若春種於地也，十十相應和而生。其施不以其時，比若十月種物於地也，十十盡死，固無生者。眞人欲重知其審，今無子之女，雖日百施其中，猶無所生也。不得其所生之處，比若此矣。是故古者聖賢不妄施於不生之地也，名爲亡種，竭氣而無所生成。今太平氣到，或有不生子者，反斷絕天地之統，使國少人。理國之道，多人則國富，少人則國貧。今天上皇之氣已到，天皇氣生物，乃當

萬倍其初天地。』」

臣又聞之，得主所好，自非正道，神爲生虐。故周衰，諸侯以力征相尙，於是夏育、申休、宋萬、彭生、任鄙之徒生於其時。〔一〕殷紂好色，妲己是出。〔二〕葉公好龍，眞龍游廷。〔三〕今黃門常侍，天刑之人，陛下愛待，兼倍常寵，係嗣未兆，豈不爲此？天官宦者星不在紫宮而在天市，明當給使主市里也。〔四〕今乃反處常伯之位，實非天意。〔五〕

〔一〕並多力之人也。夏育，衞人，力舉千鈞。宋萬，宋人，殺滑公，遇大夫仇牧於門，批而殺之，齒著門闔。彭生，齊人，拉魯桓公幹而殺之。范睢曰：「以任鄙之力焉而死。」申休未詳何世也。

〔二〕妲己，蘇人之美女也，獻於紂，紂納以爲妻，常與沈湎於酒。事見列女傳。

〔三〕子張見魯哀公也，七日，哀公不禮。子張曰：「君之好士有似葉公子高之好龍也。葉公子高好畫龍，天龍聞之，降之，窺頭於牖。葉公子高見之，棄而反走，五色無主。是葉公子高好夫似龍而非好眞龍也。」事見新序。

〔四〕山陽公載記曰：「市垣二十二星而帝座居其中，宦者四星，唯供市買之事也。」

〔五〕常伯，侍中也。尙書曰：「常伯常任。」

又聞宮中立黃老、浮屠之祠。〔一〕此道清虛，貴尙無爲，好生惡殺，省慾去奢。今陛下嗜欲不去，殺罰過理，既乖其道，豈獲其祚哉！或言老子入夷狄爲浮屠。〔二〕浮屠不三宿桑下，不欲久生恩愛，精之至也。〔三〕天神遺以好女，浮屠曰：「此但革囊盛血。」遂不眄之。〔四〕其守一如此，乃能成道。今陛下婬女豔婦，極天下之麗，甘肥飲美，單

天下之味，柰何欲如黃老乎？

〔一〕浮屠卽佛陁，但聲轉耳，並謂佛也，解見楚王英傳也。

〔二〕或聞冒當時言也。老子西入夷狄，始爲浮屠之化。

〔三〕言浮屠之人寄桑下者，不經三宿便卽移去，示無愛戀之心也。

〔四〕四十二章經：「天神獻玉女於佛，佛曰：『此是革囊盛衆穢耳。』」

書上，卽召（詔）〔詣〕尚書問狀。楷曰：「臣聞古者本無宦臣，武帝末，春秋高，數游後宮，始置之耳。〔一〕後稍見任，至於順帝，遂益繁熾。今陛下爵之，十倍於前。至今無繼嗣者，豈獨好之而使之然乎？」尚書上其對，詔下有司處正。尚書承旨奏曰：「其宦者之官，非近世所置。漢初張澤爲大謁者，佐絳侯誅諸呂；〔二〕孝文使趙談參乘，而子孫昌盛。〔三〕楷不正辭理，指陳要務，而析言破律，違背經蓺，假借星宿，僞託神靈，〔四〕造合私意，誣上罔事。請下司隸，正楷罪法，收送洛陽獄。」帝以楷言雖激切，然皆天文恒象之數，故不誅，猶司寇論刑。〔五〕

〔一〕元帝時，任宦者石顯爲中書令，前將軍蕭望之等曰：「尚書百官之本，宜以公正處之。武帝游宴後廷，故用宦者，非古制也。宜罷中書宦官，應古不近刑人之法。」

〔二〕張澤，閹人也。絳侯周勃誅諸呂，乃迎立代王入宮，顧麾左右執戟皆罷兵。有數人不肯去，宦者令張澤喻告之，乃去。此其佐誅諸呂之功。見前書。

〔三〕文帝使宦者趙談參乘，爰盎伏車前曰：「陛下獨柰何與刀鋸餘人載！」於是上笑，推下趙談，談泣而下車。文帝生景帝，其後昌盛也。

〔四〕謂上干吉神書也。

〔五〕前書曰司寇，二歲刑。

初，順帝時，琅邪宮崇詣闕，上其師干吉於曲陽泉水上所得神書百七十卷，皆縹白素朱介靑首朱目，號太平淸領書。〔一〕其言以陰陽五行爲家，而多巫覡雜語。〔二〕有司奏崇所上妖妄不經，乃收臧之。後張角頗有其書焉。

〔一〕今瀾州有曲陽山，有神溪水；定州有曲陽山，有神溪水；海州有曲陽城，北有羽潭水；壽州有曲陽城，又有北溪水。而干吉、宮崇並琅邪人，蓋東海曲陽是也。縹，靑白也。素，縑也。以朱爲介道。首，幖也。目，題目也。太平經曰：「吾書中，善者悉使靑下而丹目，合乎吾之道，迺丹靑之信也。靑者，生仁而有心。赤者太陽，天之正色也。」江表傳：「時有道士琅邪干吉，先寓居東方，來吳會，立精舍，燒香讀道書，制作符水以療病，吳會人多事之。孫策嘗於郡城樓上請會賓客，吉乃盛服趨度門下。諸將賓客三分之二下樓拜之，掌客者禁訶不能止。策卽令收之。諸事之者，悉使婦女入見策母，請之。母謂策曰：『干先生亦助軍作福，醫護將士，不可殺之。』策曰：『昔南陽張津爲交州刺史，舍前聖典訓，廢漢家法律，常著絳帕頭，鼓琴焚香，讀邪俗道書，云以助化，卒爲蠻夷所殺。此甚無益，諸君但未悟耳。今此子已在鬼錄，勿復費紙筆也。』卽催斬之，縣首於市。」

〔二〕太平經曰：「天失陰陽則亂其道，地失陰陽則亂其財，人失陰陽則絕其後，君臣失陰陽則其道不理，五行四時失陰陽則爲災。今天垂象爲人法，故當承順之也。」又曰：「天上有常神聖要語，時下授人以言，用使神吏應氣而往來也。人衆得之謂神呪也。呪百中百，十中十，其呪有可使神爲除災疾，用之所向無不愈也。」

及靈帝卽位，以楷書爲然。太傅陳蕃舉方正，不就。鄉里宗之，每太守至，輒致禮請。中平中，與荀爽、鄭玄俱以博士徵，不至，卒于家。

論曰：古人有云：「善言天者，必有驗於人。」〔一〕而張衡亦云：「天文歷數，陰陽占候，今所宜急也。」郞顗、襄楷能仰瞻俯察，參諸人事，禍福吉凶既應，引之教義亦明。此蓋道術所以有補於時，後人所當取鑒者也。然而其敝好巫，故君子不以專心焉。〔二〕

〔一〕前書武帝策茂才之詞也。

〔二〕好巫謂好鬼神之事也。范甯穀梁序曰「左氏豔而富，其敝也巫」也。

贊曰：仲桓術深，蒲車屢尋。〔一〕蘇竟飛書，淸我舊陰。〔二〕襄、郞災戒，寔由政淫。

〔一〕頻徵不至。

〔二〕陰，縣，屬南陽。與光武同郡，故云我舊也。

校勘記

一〇五四頁一五行　炎火並作燒君室　按：汲本「炎」作「災」。殿本「君」作「居」。

一〇五五頁一行　閔子騫曰　按：「閔子」下原脫「騫」字，逕據汲本、殿本補。

一〇五六頁二行　陰（得）〔覆〕陽〔也〕　刊誤謂「得」當作「覆」，「陽」下合有「也」字。今據以改補。

一〇五六頁七行　三公卦〔也〕　據殿本補。

一〇五七頁三行　並爲三公之（日）〔卦〕也　張森楷校勘記謂錢大昕攷異引「日」作「卦」，是，此誤。今據改。

一〇五七頁一〇行　四（斗）〔升〕爲豆　據刊誤改。

一〇五七頁一〇行　（四）〔十〕釜爲鍾也　據刊誤改。

一〇五八頁四行　夙夜夢寤　汲本、殿本「寤」作「寐」。按：夢寤猶言寤寐，作「寤」義長。

一〇五八頁一〇行　而皆務精土木　按：「皆」下原衍「當」字，逕據汲本、殿本刪。

一〇五九頁二行　百姓何（辭）〔罪〕　據殿本改。

一〇五九頁一〇行　天立應以惡　按：「天」字原脫，逕據汲本、殿本補。

一〇五九頁一一行　從今旦至明日旦也　按：汲本「明日旦」作「明日」，殿本作「明旦」。

一〇六一頁五行　編髮重譯來朝者六國　按：「譯」原譌「驛」，逕據汲本、殿本改。
一〇六二頁一〇行　柳東方宿也　按：「東」原譌「南」，逕據汲本、殿本改。
一〇六三頁一行　去年閏(十)月十七日己丑　集解引錢大昕說，謂「閏十月」之「十」字蓋衍文，或當云「閏十二月」。蓋郎顗上便宜七事在陽嘉二年，順帝紀陽嘉元年閏月戊子，客星出天苑，卽其事也。紀書閏月於十二月之後，則是閏十二月也。是歲閏十二月癸酉朔，十七日恰得己丑。今據錢說刪「十」字。
一〇六三頁二行　伐又爲大辰　汲本、殿本「伐」作「罰」。按：此皆公羊傳文，公羊傳作「伐」。
一〇六三頁一三行　廣雅曰罰謂之大辰也　汲本、殿本「廣雅」作「爾雅」。今按：爾雅無此文。廣雅釋天「參伐謂之大辰」，作「廣雅」是。
一〇六五頁四行　山陵崩絕　按：校補引柳從辰說，謂今韓詩外傳「絕」作「竭」。
一〇六六頁九行　左右趾也　按：「趾」原譌「指」，逕據汲本、殿本改，下同。
一〇六七頁一行　遵其行令　按：御覽二〇引作「遵行月令」。
一〇六七頁六行　私曲之意羌不得通　汲本、殿本「羌」作「差」。按：羌，語辭也，作「差」疑非。
一〇六七頁七行　(計)〔斗〕歷改憲　據刊誤改。按：刊誤謂「計」當作「斗」，注文可見。蓋斗字似草書計字，後人因誤之。

一〇七〇頁六行　情同皦日　按：「皦」原作「皦」，從日，非，逕據汲本、殿本改。
一〇七〇頁一六行　宮商爲(佐)〔姓〕　集解引惠棟說，謂御覽引演孔圖云「宮商爲姓」，謂吹律定姓也，注緣傳「佐臣」而誤從「佐」也。今據改。按：御覽引見卷三百六十人事部。
一〇七二頁一四行　故曰靈出地〔奮〕豫　按：明脫一「奮」字，今補。
一〇七三頁五行　太皓天也　按：原脫「也」字，逕據汲本、殿本補。
一〇七三頁一六行　金(刻)〔剋〕木　據汲本改。
一〇七四頁二行　魏人石中夫也　按：刊誤謂案前書「中夫」當作「申夫」。
一〇七四頁一二行　將害宿麥　按：各本「宿」作「粟」，誤。
一〇七五頁一行　爲小龍七　按：汲本、殿本「七」作「五」。
一〇七五頁二行　以戊己日爲黃龍　按：「戊」原譌「戌」，逕改正。
一〇七五頁四行　見檀弓篇　按：校補謂注上文明言禮記，則下文不必更言檀弓，疑後人妄增。
一〇七五頁一四行　平原隰陰人也　按：集解引錢大昕說，謂「隰」當作「濕」。郡國志平原郡有濕陰縣，濕他合反，卽漯水也。班志作「漯陰」。案說文濟漯字本作「濕」，隸省作「濕」，燥濕字本作「溼」，後世借濕爲燥溼字，而以漯爲水名，不知漯爲濕之譌也。其正作「濕」者，多與「隰」相亂。左氏哀十年傳注「濟南有隰陰縣」，陸德明誤音習。

一〇七七頁三行　延熹九年雒陽城傍竹柏葉有傷者　汲本、殿本「九年」作「元年」，惠棟云當作「七年」。今按：續志云「延熹九年，雒陽城旁竹柏葉有傷者」，桓紀亦書於九年冬十二月，是「元年」乃「九年」之譌。然楷疏稱七年冬，故惠氏以爲當作「七年」也。
一〇七九頁一五行　盡取石旁舍誅之　按：刊誤謂史記作「石傍居人」，「舍」字誤。
一〇八〇頁九行　何以異　按：刊誤謂當云「何異爾」。
一〇八〇頁一〇行　受干吉神書　按：汲本、殿本「干吉」之「干」皆作「于」。注同。
一〇八一頁一〇行　天有三名　按：「三」原譌「二」，逕改正。
一〇八三頁三行　或聞言當時言也　殿本無「聞」字。今按：疑當作「或言，聞當時言也」，各本言聞顚倒，殿本又依正文刪「聞」字耳。
一〇八三頁六行　卽召(詔)〔詣〕尙書問狀　刊誤謂案文「詔」當作「詣」，今據改。
一〇八四頁一〇行　青者生仁而有心　按：殿本「生」作「主」。
一〇八四頁一六行　五行四時失陰陽則爲災　按：「五行」二字疑衍，汲本無。

後漢書卷三十一

郭杜孔張廉王蘇羊賈陸列傳第二十一

郭伋字細侯，扶風茂陵人也。高祖父解，〔一〕武帝時以任俠聞。父梵，爲蜀郡太守。伋少有志行，哀平閒辟大司空府，三遷爲漁陽都尉。王莽時爲上谷大尹，〔二〕遷并州牧。

〔一〕前書云，解字翁伯，河內軹人，徙茂陵也。
〔二〕王莽改太守爲大尹。

更始新立，三輔連被兵寇，百姓震駭，強宗右姓〔一〕各擁衆保營，莫肯先附。更始素聞伋名，徵拜左馮翊，使鎮撫百姓。世祖卽位，拜雍州牧，再轉爲尚書令，數納忠諫爭。

〔一〕右姓猶高姓也。

建武四年，出爲中山太守。明年，彭寵滅，轉爲漁陽太守。漁陽既離王莽之亂，重以彭寵之敗，〔一〕民多猾惡，寇賊充斥。〔二〕伋到，示以信賞，糾戮渠帥，盜賊銷散。時匈奴數抄郡界，邊境苦之。伋整勒士馬，設攻守之略，匈奴畏憚遠迹，不敢復入塞，民得安業。在職五

歲，戶口增倍。後潁川盜賊羣起，九年，徵拜潁川太守。召見辭謁，〔三〕帝勞之曰：「賢能太守，去帝城不遠，河潤九里，冀京師并蒙福也。〔四〕君雖精於追捕，而山道險阸，自鬬當一士耳，深宜慎之。」伋到郡，招懷山賊陽夏趙宏、〔五〕襄城召吳等數百人，皆束手詣伋降，悉遣歸附農。因自劾專命，〔六〕帝美其策，不以咎之。後宏、吳等黨與聞伋威信，遠自江南，或從幽、冀，不期俱降，駱驛不絕。〔七〕

〔一〕離猶遭也。
〔二〕杜預注左傳曰：「充，滿；斥，見也。」
〔三〕因辭而謁見也。
〔四〕莊子曰：「河潤九里，澤及三族。」
〔五〕陽夏，縣名，屬陳國。夏，公雅反。
〔六〕謂擅放降賊也。
〔七〕駱驛，連續。

十一年，省朔方刺史屬并州。帝以盧芳據北土，乃調伋爲并州牧。過京師謝恩，帝卽引見，并召皇太子諸王宴語終日，賞賜車馬衣服什物。伋因言選補衆職，當簡天下賢俊，不宜專用南陽人。帝納之。伋前在并州，素結恩德，及後入界，所到縣邑，老幼相攜，逢迎道路。所過問民疾苦，聘求耆德雄俊，設几杖之禮，朝夕與參政事。〔一〕

〔一〕禮記曰：「謀於長者，必操几杖以從之。」

始至行部，到西河美稷，有童兒數百，各騎竹馬，道次迎拜。伋問「兒曹何自遠來」。〔一〕對曰：「聞使君到，喜，故來奉迎。」伋辭謝之。及事訖，諸兒復送至郭外，問「使君何日當還」。伋謂別駕從事，計日（當）告之。行部既還，先期一日，伋爲違信於諸兒，遂止于野亭，須期乃入。

〔一〕曹，輩也。

是時朝廷多舉伋可爲大司空，帝以并部尚有盧芳之儆，〔一〕且匈奴未安，欲使久於其事，故不召。伋知盧芳夙賊，〔二〕難卒以力制，常嚴烽候，明購賞，以結寇心。芳將隋昱遂謀脅芳降伋，芳乃亡入匈奴。

〔一〕儆，急也。
〔二〕夙，舊也。

伋以老病上書乞骸骨。二十二年，徵爲太中大夫，賜宅一區，及帷帳錢穀，以充其家，伋輒散與宗親九族，無所遺餘。明年卒，時年八十六。帝親臨弔，賜冢塋地。

杜詩字（公）君〔公〕，河內汲人也。少有才能，仕郡功曹，有公平稱。更始時，辟大司馬府。建武元年，歲中三遷爲侍御史，安集洛陽。時將軍蕭廣放縱兵士，暴橫民閒，百姓惶擾，詩敕曉不改，遂格殺廣，還以狀聞。世祖召見，賜以棨戟，〔一〕復使之河東，誅降逆賊楊異等。詩到大陽，〔二〕聞賊規欲北度，乃與長史急焚其船，部勒郡兵，將突騎趁擊，斬異等，賊遂翦滅。拜成皐令，〔三〕視事三歲，舉政尤異。再遷爲沛郡都尉，轉汝南都尉，所在稱治。

〔一〕漢雜事曰：「漢制假棨戟以代斧鉞。」崔豹古今注曰：「棨戟，前驅之器也，以木爲之。後代刻僞，無復典刑，以赤油韜之，亦謂之油戟，亦曰棨戟，王公已下通用之以前驅也。」
〔二〕大陽，縣名，屬河東郡。
〔三〕成皐，縣，屬河南郡，今洛州汜水縣是。

七年，遷南陽太守。性節儉而政治清平，以誅暴立威，善於計略，省愛民役。造作水排，鑄爲農器，〔一〕用力少，見功多，百姓便之。又修治陂池，廣拓土田，郡內比室殷足。時人方於召信臣，〔二〕故南陽爲之語曰：「前有召父，後有杜母。」

〔一〕排音蒲拜反。冶鑄者爲排以吹炭，今激水以鼓之也。「排」當作「橐」，古字通用也。
〔二〕比室猶比屋也。前書曰：「召信臣字翁卿，九江壽春人也。遷南陽太守，爲人興利，務在富之，開通溝渠凡十數

處。」

詩自以無勞，不安久居大郡，求欲降避功臣，乃上疏曰：

陛下亮成天工，克濟大業，偃兵脩文，羣帥反旅，〔一〕海內合和，萬世蒙福，天下幸甚。唯匈奴未譬聖德，威侮二垂，〔二〕陵虐中國，邊民虛秏，不能自守，臣恐武猛之將雖勤，亦未得解甲櫜弓也。〔三〕夫勤而不息亦怨，勞而不休亦怨，怨恨之師，難復責功。臣伏覩將帥之情，功臣之望，冀一休足於內郡，〔四〕然後即戎出命，不敢有恨。臣愚以爲「師克在和不在衆」，〔五〕陛下雖垂念北邊，亦當頗泄用之。〔六〕昔湯武善御衆，故無忿鷙之師。〔七〕陛下起兵十有三年，將帥和睦，士卒鳧藻。〔八〕今若使公卿郡守出於軍壘，則將帥自厲；〔九〕士卒之復，比於宿衞，則戎士自百。〔一〇〕何者？天下已安，各重性命，大臣以下，咸懷樂土，不讎其功而厲其用，無以勸也。陛下誠宜虛缺數郡，以俟振旅之臣，重復厚賞，加於久役之士。如此，緣邊屯戍之師，競而忘死，乘城拒塞之吏，不辭其勞，則烽火精明，守戰堅固。聖王之政，必因人心。今猥用愚薄，塞功臣之望，誠非其宜。

〔一〕反旅謂班師也。

〔二〕譬猶曉也。威，虐也。侮，慢也。二垂謂西與北也。

〔三〕櫜，韜也，音高。詩曰「載櫜弓矢」也。

〔四〕休足，止行役也。

〔五〕春秋左氏傳文也。

〔六〕泄猶雜也。

〔七〕鷙，擊也。湯武順天應人，其所征討，皆弔伐而已，故無忿怒而擊也。

〔八〕言其和睦歡悅，如鳧之戲於水藻也。

〔九〕壘，軍壁。厲，勉也。

〔一〇〕復謂優寬也，音福。續漢志曰：「羽林郎，秩比三百石，掌侍從宿衞。」言士卒得比於郎，則人百其勇。

臣詩伏自惟忖，本以史吏一介之才，〔一〕遭陛下創制大業，賢俊在外，空乏之閒，超受大恩，（收）〔牧〕養不稱，奉職無効，久竊祿位，令功臣懷慍，誠惶誠恐。八年，上書乞避功德，陛下殊恩，未許放退。臣詩蒙恩尤深，義不敢苟冒虛請，誠不勝至願，願退大郡，受小職。及臣齒壯，力能經營劇事，如使臣詩必有補益，復受大位，雖析珪授爵，所不辭也。惟陛下哀矜！

〔一〕史吏謂初爲郡功曹也。書曰「如有一介臣」也。

帝惜其能，遂不許之。

詩雅好推賢，數進知名士清河劉統及魯陽長董崇等。

初，禁網尙簡，但以璽書發兵，未有虎符之信，詩上疏曰：「臣聞兵者國之凶器，聖人所愼。舊制發兵，皆以虎符，其餘徵調，竹使而已。符第合會，取爲大信，所以明著國命，斂持威重也。〔一〕閒者發兵，但用璽書，或以詔令，如有姦人詐僞，無由知覺。愚以爲軍旅尙興，賊虜未殄，徵兵郡國，宜有重愼，可立虎符，以絕姦端。昔魏之公子，威傾鄰國，猶假兵符，以解趙圍，若無如姬之仇，則其功不顯。〔二〕事有煩而不可省，費而不得已，蓋謂此也。」書奏，從之。

〔一〕說文曰：「符，信也。漢制以竹，長六寸，分而相合。」前書文帝二年，初與郡守爲銅虎符、竹使符。音義曰：「銅虎第一至第五，發兵遣使，符合乃聽之。竹使符以竹五寸，鐫刻篆書，亦第一至第五也。」

〔二〕秦昭王已破趙長平，又進圍邯鄲。魏昭王之子無忌號信陵君，其姊爲趙惠文王弟平原君夫人。平原君數遺公子書，請救於魏，魏王使將軍晉鄙將十萬衆救趙，實持兩端以觀望。平原君使者相屬，謂公子曰：「今邯鄲旦暮降秦，魏救不至，獨不憐公子姊耶？」公子患之，過侯嬴問之。嬴屛人語曰：「嬴聞晉鄙兵符常在王臥內，而如姬最幸，力能竊之。嬴聞如姬父爲人所殺，公子使客斬其仇頭敬進如姬，姬爲公子死無所辭。公子誠一開口以請如姬，姬必諾。」公子從其計，如姬果盜晉鄙兵符與公子，於是遂矯魏王令奪晉鄙兵，進擊，秦軍解去。事見史記也。

詩身雖在外，盡心朝廷，讜言善策，隨事獻納。視事七年，政化大行。十四年，坐遣客爲弟報仇，被徵，會病卒。司隸校尉鮑永上書言詩貧困無田宅，喪無所歸。詔使治喪郡邸，賻絹千匹。

孔奮字君魚，扶風茂陵人也。曾祖霸，元帝時爲侍中。奮少從劉歆受春秋左氏傳，歆稱之，謂門人曰：「吾已從君魚受道矣。」〔一〕

〔一〕言君魚之道已過於已也。

遭王莽亂，奮與老母幼弟避兵河西。建武五年，河西大將軍竇融請奮署議曹掾，守姑臧長。八年，賜爵關內侯。時天下擾亂，唯河西獨安，而姑臧稱爲富邑，通貨羌胡，市日四合，〔一〕每居縣者，不盈數月輒致豐積。奮在職四年，財產無所增。事母孝謹，雖爲儉約，奉養極求珍膳。躬率妻子，同甘菜茹。〔二〕時天下未定，士多不修節操，而奮力行清絜，爲衆人所笑，或以爲身處脂膏，不能以自潤，徒益苦辛耳。奮既立節，治貴仁平，太守梁統深相敬待，不以官屬禮之，常迎於大門，引入見母。

〔一〕古者爲市，一日三合。周禮曰：「大市日側而市，百族爲主。（朝市）朝時而市，商賈爲主。（夕市）夕時而市，販夫販婦爲主。」今既人貨殷繁，故一日四合也。

〔二〕廣雅曰：「茹，食也。」

隴蜀既平，河西守令咸被徵召，財貨連轂，弥竟川澤。唯奮無資，單車就路。姑臧吏民及羌胡更相謂曰：「孔君清廉仁賢，舉縣蒙恩，如何今去，不共報德！」遂相賦斂牛馬器物千萬以上，追送數百里。奮謝之而已，一無所受。旣至京師，除武都郡丞。

時隴西餘賊隗茂等夜攻府舍，殘殺郡守，賊畏奮追急，乃執其妻子，欲以爲質。奮年已五十，唯有一子，終不顧望，遂窮力討之。吏民感義，莫不倍用命焉。郡多氐人，便習山谷，其大豪齊鍾留者，爲羣氐所信向。奮乃率厲鍾留等令要遮鈔擊，共爲表裏。賊窘懼逼急，乃推奮妻子以置軍前，冀當退却，而擊之愈厲，遂禽滅茂等，奮妻子亦爲所殺。世祖下詔襃美，拜爲武都太守。

奮自爲府丞，已見敬重，及拜太守，舉郡莫不改操。爲政明斷，甄善疾非，〔一〕見有美德，愛之如親，其無行者，忿之若讎，郡中稱爲清平。

〔一〕甄，明也。

弟奇，游學洛陽。奮以奇經明當仕，上病去官，守約鄉閭，卒于家。奇博通經典，作春秋左氏刪。〔一〕奮晚有子嘉，官至城門校尉，作左氏說云。〔二〕

〔一〕刪定其義也。

〔二〕說，猶今之疏也。

張堪字君游，南陽宛人也，爲郡族姓。堪早孤，讓先父餘財數百萬與兄子。年十六，受業長安，志美行厲，諸儒號曰「聖童」。

世祖微時，見堪志操，常嘉焉。及即位，中郎將來歙薦堪，召拜郎中，三遷爲謁者。使送委輸縑帛，并領騎七千匹，詣大司馬吳漢伐公孫述，在道追拜蜀郡太守。時漢軍餘七日糧，陰具船欲遁去。堪聞之，馳往見漢，說述必敗，不宜退師之策。漢從之，乃示弱挑敵，述果自出，戰死城下。成都旣拔，堪先入據其城，撿閱庫藏，收其珍寶，悉條列上言，秋毫無私。〔一〕慰撫吏民，蜀人大悅。

〔一〕秋毫者，喻細也。

在郡二年，徵拜騎都尉，後領票騎將軍杜茂營，擊破匈奴於高柳，拜漁陽太守。捕擊姦猾，賞罰必信，吏民皆樂爲用。匈奴嘗以萬騎入漁陽，堪率數千騎奔擊，大破之，郡界以靜。乃於狐奴開稻田八千餘頃，勸民耕種，以致殷富。百姓歌曰：「桑無附枝，麥穗兩岐。張君爲政，樂不可支。」視事八年，匈奴不敢犯塞。

帝嘗召見諸郡計吏，問其風土及前後守令能否。蜀郡計掾樊顯進曰：「漁陽太守張堪昔在蜀，其仁以惠下，威能討姦。前公孫述破時，珍寶山積，捲握之物，足富十世，〔一〕而堪去職之日，乘折轅車，布被囊而已。」帝聞，良久歎息，〔二〕拜顯爲魚復長。〔三〕方徵堪，會病卒，帝深悼惜之，下詔襃揚，賜帛百匹。

〔一〕捲握猶掌握也，謂珠玉之類也。

〔二〕良猶甚也。

〔三〕魚復，縣，屬巴郡，故城在今夔州人復縣北赤甲城是。

廉范字叔度，京兆杜陵人，趙將廉頗之後也。漢興，以廉氏豪宗，自苦陘徙焉。〔一〕世爲邊郡守，或葬隴西襄武，故因仕焉。曾祖父襃，成哀閒爲右將軍，祖父丹，王莽時爲大司馬庸部牧，〔二〕皆有名前世。范父遭喪亂，客死於蜀漢，范遂流寓西州。〔三〕西州平，歸鄉里。年十五，辭母西迎父喪。蜀郡太守張穆，丹之故吏，乃重資送范，范無所受，與客步負喪歸葭萌。〔四〕載船觸石破沒，范抱持棺柩，遂俱沈溺。衆傷其義，鉤求得之，療救僅免於死。穆聞，復馳遣使持前資物追范，范又固辭。歸葬服竟，詣京師受業，事博士薛漢。〔五〕京兆、隴西二郡更請召，皆不應。永平初，隴西太守鄧融備禮謁范爲功曹，〔六〕會融爲州所舉案，〔七〕范知事譴難解，欲以權相濟，乃託病求去，融不達其意，大恨之。范於是東至洛

陽，變名姓，求代廷尉獄卒。居無幾，融果徵下獄，范遂得衞侍左右，盡心勤勞。融怪其貌類范而殊不意，乃謂曰：「卿何似我故功曹邪？」范訶之曰：「君困戹瞀亂邪！」〔八〕語遂絕。融繫出困病，范隨而養視，及死，竟不言，身自將車送喪致南陽，葬畢乃去。

〔一〕苦陘，縣，屬中山國，章帝更名漢昌。

〔二〕王莽改益州爲庸部。

〔三〕謂巴蜀也。

〔四〕葭萌，縣名，屬廣漢郡。今利州益昌縣，即漢葭萌地也。

〔五〕漢字公子，見儒林傳。

〔六〕謁，請也。

〔七〕舉其罪案驗之。

〔八〕鄭玄注禮記曰：「瞀，目不明之皃。」

後辟公府，會薛漢坐楚王事誅，〔一〕故人門生莫敢視，范獨往收斂之。吏以聞，顯宗大怒，召范入，詰責曰：「薛漢與楚王同謀，交亂天下，范公府掾，不與朝廷同心，而反收斂罪人，何也？」范叩頭曰：「臣無狀愚戇，以爲漢等皆已伏誅，不勝師資之情，罪當萬坐。」〔二〕帝怒稍解，問范曰：「卿廉頗後邪？與右將軍襃、大司馬丹有親屬乎？」范對曰：「襃，臣之曾祖；丹，臣之祖也。」帝曰：「怪卿志膽敢爾！」因貰之。〔三〕由是顯名。

〔一〕楚王英謀反也。
〔二〕老子曰「善人爲不善人之師，不善人爲善人之資」也。
〔三〕貣，赦也。

舉茂才，數月，再遷爲雲中太守。會匈奴大入塞，烽火日通。故事，虜〈入〉〔入〕過五千人，移書傍郡。吏欲傳檄求救，范不聽，自率士卒拒之。虜衆盛而范兵不敵。會日暮，令軍士各交縛兩炬，三頭爇火，營中星列。〔一〕虜遙望火多，謂漢兵救至，大驚。待旦將退，范乃令軍中蓐食，晨往赴之，〔二〕斬首數百級，虜自相轔藉，死者千餘人，〔三〕由此不敢復向雲中。

〔一〕用兩炬交縛如十字，爇其三頭，手持一端，使敵人望之，疑兵士之多。
〔二〕蓐食，早起食於寢蓐中也。
〔三〕轔，轢也。藉，相蹈藉也。

後頻歷武威、武都二郡太守，隨俗化導，各得治宜。建初中，遷蜀郡太守，其俗尚文辯，好相持短長，范每厲以淳厚，不受偷薄之說。成都民物豐盛，邑宇逼側，舊制禁民夜作，以防火災，而更相隱蔽，燒者日屬。范乃毀削先令，但嚴使儲水而已。百姓爲便，乃歌之曰：「廉叔度，來何暮？不禁火，民安作。平生無襦今五絝。」〔一〕在蜀數年，坐法免歸鄉里。范

世在邊，廣田地，積財粟，悉以賑宗族朋友。

〔一〕作，協韻音則護反。

肅宗崩，范奔赴敬陵。時廬江郡掾嚴麟奉章弔國，俱會於路。麟乘小車，塗深馬死，不能自進，范見而愍然，命從騎下馬與之，不告而去。麟事畢，不知馬所歸，乃緣蹤訪之。或謂麟曰：「故蜀郡太守廉叔度，好周人窮急，今奔國喪，獨當是耳。」麟亦素聞范名，以爲然，卽牽馬造門，謝而歸之。世伏其好義，然依倚大將軍竇憲，以此爲譏。卒於家。

初，范與洛陽慶鴻爲刎頸交，時人稱曰：「前有管鮑，後有慶廉。」鴻慷慨有義節，位至琅邪、會稽二郡太守，所在有異迹。

論曰：張堪、廉范皆以氣俠立名，觀其振危急，赴險阸，有足壯者。堪之臨財，范之忘施，亦足以信意而感物矣。〔一〕若夫高祖之召欒布，〔二〕明帝之引廉范，加怒以發其志，就戮更延其寵，聞義能徙，誠君道所尙，然情理之樞，亦有開塞之感焉。〔三〕

〔一〕信音申。
〔二〕欒布，梁人，爲人所略賣爲奴，梁王彭越贖爲梁大夫，使於齊。漢召彭越，以謀反夷三族，詔有收視者輒捕之。布還，奏事彭越頭下，祠而哭之。吏捕以聞，上召罵曰：「若與彭越反邪？」布曰：「今漢一徵兵於梁，彭王不行，而疑以爲反，則人人自危也。」上乃釋布，拜爲都尉也。
〔三〕戶之開闔，必由於樞；情之通塞，必在於感。言高祖、明帝初怒欒布、廉范，後感其義而赦之。

王堂字敬伯，廣漢郪人也。初舉光祿茂才，〔一〕遷穀城令，治有名迹。〔二〕永初中，西羌寇巴郡，爲民患，詔書遣中郎將尹就攻討，連年不剋。三府舉堂治劇，拜巴郡太守。堂馳兵赴賊，斬虜千餘級，巴、庸清靜，吏民生爲立祠。〔三〕刺史張喬表其治能，遷右扶風。

〔一〕光祿舉之爲茂才也。
〔二〕穀城，縣，屬東郡，故城在今濟州東阿縣東。
〔三〕庸卽上庸縣也，故城在今房州淸水縣西也。

安帝西巡，阿母王聖、中常侍江京等並請屬於堂，堂不爲用。掾〈吏〉〔史〕固諫之，堂曰：「吾蒙國恩，豈可爲權寵阿意，以死守之！」〔一〕卽日遣家屬歸，閉閤上病。果有誣奏堂者，會帝崩，京等悉誅，堂以守正見稱。永建二年，徵入爲將作大匠。四年，坐公事左轉議郎。〔二〕復拜魯相，政存簡一，至數年無辭訟。遷汝南太守，搜才禮士，不苟自專，乃教掾〈吏〉〔史〕曰：「古人勞於求賢，逸於任使，故能化淸於上，事緝於下。其憲章朝右，簡覈才職，委

功曹陳蕃。匡政理務，拾遺補闕，任主簿應嗣。庶循名責實，察言觀效焉。」自是委誠求當，不復妄有辭教，郡內稱治。時大將軍梁商及尙書令袁湯，以求屬不行，並恨之。後廬江賊迸入弋陽界，堂勒兵追討，卽便奔散，而商、湯猶因此風州奏堂在任無警，免歸家。

〔一〕阿，曲也。
〔二〕續漢志曰：「議郎，秩六百石，無員。」

年八十六卒。遺令薄斂，瓦棺以葬。子稺，淸行不仕。曾孫商，益州牧劉焉以爲蜀郡太守，有治聲。

蘇章字孺文，扶風平陵人也。八世祖建，武帝時爲右將軍。〔一〕祖父純，字桓公，有高名，性強切而持毀譽，〔二〕士友咸憚之，至乃相謂曰：「見蘇桓公，患其教責人，不見，又思之。」三輔號爲「大人」。〔三〕永平中，爲奉車都尉竇固軍，出擊北匈奴、車師有功，封中陵鄉侯，官至南陽太守。

〔一〕前書曰，建以校尉從大將軍靑擊匈奴，封平陵侯。中子武最知名也。
〔二〕持，執也。執毀譽之論，謂品藻其臧否。

〔三〕大人，長老之稱，言尊事之也。

章少博學，能屬文。安帝時，舉賢良方正，對策高第，爲議郎。數陳得失，其言甚直。出爲武原令，〔一〕時歲飢，輒開倉廩，活三千餘戶。順帝時，遷冀州刺史。故人爲清河太守，章行部案其姦臧。乃請太守，爲設酒肴，陳平生之好甚歡。太守喜曰：「人皆有一天，我獨有二天。」章曰：「今夕蘇孺文與故人飲者，私恩也；明日冀州刺史案事者，公法也。」遂舉正其罪。州境知章無私，望風畏肅。換爲并州刺史，以摧折權豪，忤旨，坐免。隱身鄉里，不交當世。後徵爲河南尹，不就。時天下日敝，民多悲苦，論者舉章有幹國才，朝廷不能復用，卒于家。兄曾孫不韋。

〔一〕武原，縣，屬楚國，故城在今泗州下邳縣北。

不韋字公先。父謙，初爲郡督郵。時魏郡李暠爲美陽令，與中常侍具瑗交通，貪暴爲民患，前後監司畏其埶援，莫敢糺問。及謙至，部案得其臧，論輸左校。謙累遷至金城太守，去郡歸鄉里。漢法，免罷守令，自非詔徵，不得妄到京師。而謙後私至洛陽，時暠爲司隸校尉，收謙詰掠，死獄中，暠又因刑其屍，以報昔怨。

不韋時年十八，徵詣公車，會謙見殺，不韋載喪歸鄉里，瘞而不葬，仰天歎曰：「伍子胥

獨何人也！」〔一〕乃藏母於武都山中，〔二〕遂變名姓，盡以家財募劒客，邀暠於諸陵閒，不剋。會暠遷大司農，時右校芻廥在寺北垣下，〔三〕不韋與親從兄弟潛入廥中，夜則鑿地，晝則逃伏。如此經月，遂得傍達暠之寢室，出其牀下。值暠在廁，因殺其妾并及小兒，留書而去。暠大驚懼，乃布棘於室，以板籍地，一夕九徙，雖家人莫知其處。每出，輒劒戟隨身，壯士自衞。不韋知暠有備，乃日夜飛馳，徑到魏郡，掘其父阜冢，斷取阜頭，以祭父墳，又標之於市曰「李君遷父頭」。暠匿不敢言，而自上退位，歸鄉里，私掩塞冢椁。捕求不韋，歷歲不能得，憤恚感傷，發病歐血死。

〔一〕子胥父伍奢爲楚王所殺，子胥復讎，鞭平王之尸。解具寇榮傳。

〔二〕武都，郡名，其地在今成州上祿縣界。有仇池山，東西懸絕，壁立百仞，故藏於其中也。

〔三〕說文云：「廥，芻藁藏。」音工外反。垣，牆也。

不韋後遇赦還家，乃始改葬，行喪。士大夫多譏其發掘冢墓，歸罪枯骨，不合古義，唯任城何休方之伍員。太原郭林宗聞而論之曰：「子胥雖云逃命，而見用強吳，憑闔廬之威，因輕悍之衆，雪怨舊郢，曾不終朝，而但鞭墓戮屍，以舒其憤，竟無手刃後主之報。豈如蘇子單特孑立，靡因靡資，強讎豪援，據位九卿，城闕天阻，宮府幽絕，埃塵所不能過，霧露所不能沾。不韋毀身燋慮，出於百死，冒觸嚴禁，陷族禍門，雖不獲逞，爲報已深。況復分骸斷首，以毒生者，〔一〕使暠懷忿結，不得其命，猶假手神靈以斃之也。力唯匹夫，功隆千乘，比之於員，不以優乎？」議者於是貴之。

〔一〕毒，苦也。

後太傅陳蕃辟，不應，爲郡五官掾。初，弘農張奐睦於蘇氏，而武威段熲與暠素善，後奐熲有隙。及熲爲司隸，以禮辟不韋，不韋懼之，稱病不詣。熲既積憤於奐，因發怒，乃追咎不韋前報暠事，以爲暠表治謙事，被報見誅，君命天也，而不韋仇之。又令長安男子告不韋多將賓客奪舅財物，遂使從事張賢等就家殺之。乃先以鴆與賢父曰：「若賢不得不韋，便可飲此。」賢到扶風，郡守使不韋奉謁迎賢，即時收執，并其一門六十餘人盡誅滅之，諸蘇以是衰破。及段熲爲陽球所誅，天下以爲蘇氏之報焉。

羊續字興祖，太山平陽人也。其先七世二千石卿校。祖父侵，安帝時司隸校尉。父儒，桓帝時爲太常。

續以忠臣子孫拜郎中，去官後，辟大將軍竇武府。及武敗，坐黨事，禁錮十餘年，幽居守靜。及黨禁解，復辟太尉府，四遷爲廬江太守。後揚州黃巾賊攻舒，焚燒城郭，續發縣中

男子二十以上，皆持兵勒陳，其小弱者，悉使負水灌火，會集數萬人，并埶力戰，大破之，郡界平。後安風賊戴風等作亂，〔一〕續復擊破之，斬首三千餘級，生獲渠帥，其餘黨輩原爲平民，〔二〕賦與佃器，使就農業。

〔一〕安風，縣，屬廬江郡。

〔二〕原，免也。

中平三年，江夏兵趙慈反叛，殺南陽太守秦頡，攻沒六縣，拜續爲南陽太守。當入郡界，乃贏服閒行，侍童子一人，觀歷縣邑，採問風謠，然後乃進。其令長貪絜，吏民良猾，悉逆知其狀，郡內驚竦，莫不震懾。乃發兵與荊州刺史王敏共擊慈，斬之，獲首五千餘級。屬縣餘賊並詣續降，續爲上言，宥其枝附。賊既清平，乃班宣政令，候民病利，〔一〕百姓歡服。時權豪之家多尚奢麗，續深疾之，常敝衣薄食，車馬羸敗。府丞嘗獻其生魚，續受而懸於庭；丞後又進之，續乃出前所懸者以杜其意。續妻後與子祕俱往郡舍，續閉門不內，妻自將祕行，其資藏唯有布衾、敝袛裯，鹽、麥數斛而已，〔二〕顧敕祕曰：「吾自奉若此，何以資爾母乎？」使與母俱歸。

〔一〕損於人曰病，益於人曰利。

〔二〕說文曰：「袛裯，短衣也。」廣雅云即襜褕也。袛音丁奚反，裯音丁勞反。

六年，靈帝欲以續爲太尉。時拜三公者，皆輸東園禮錢千萬，令中使督之，名爲「左騶」。〔一〕其所之往，輒迎致禮敬，厚加贈賂。續乃坐使人於單席，舉縕袍以示之，〔二〕曰：「臣之所資，唯斯而已。」左騶白之，帝不悅，以此故不登公位。而徵爲太常，未及行，會病卒，時年四十八。遺言薄斂，不受賵遺。舊典，二千石卒官賻百萬，府丞焦儉遵續先意，一無所受。詔書褒美，勑太山太守以府賻錢賜續家云。

〔一〕騶，騎士也。

〔二〕縕，故絮也。

賈琮字孟堅，東郡聊城人也。〔一〕舉孝廉，再遷爲京（兆）令，有政理迹。

〔一〕聊城，今博州縣。

舊交阯土多珍產，明璣、翠羽、犀、象、瑇瑁、異香、美木之屬，莫不自出。〔一〕前後刺史率多無清行，上承權貴，下積私賂，財計盈給，輒復求見遷代，故吏民怨叛。中平元年，交阯屯兵反，執刺史及合浦太守，自稱「柱天將軍」。靈帝特勑三府精選能吏，有司舉琮爲交阯刺史。琮到部，訊其反狀，咸言賦斂過重，百姓莫不空單，京師遙遠，告冤無所，民不聊生（自活），

故聚爲盜賊。琮卽移書告示，各使安其資業，招撫荒散，蠲復傜役，誅斬渠帥爲大害者，簡選良吏試守諸縣，歲閒蕩定，百姓以安。巷路爲之歌曰：「賈父來晚，使我先反；今見清平，吏不敢飯。」在事三年，爲十三州最，徵拜議郎。

〔一〕說文曰：「璣，珠之不圜者。」異物志曰：「翠鳥形似鷰，翡赤而翠青，其羽可以爲飾。」廣雅曰「瑇瑁形似鼅，出南海巨延州」也。

時黃巾新破，兵凶之後，郡縣重斂，因緣生姦。詔書沙汰刺史、二千石，更選清能吏，乃以琮爲冀州刺史。舊典，傳車驂駕，垂赤帷裳，迎於州界。及琮之部，升車言曰：「刺史當遠視廣聽，糾察美惡，何有反垂帷裳以自掩塞乎？」乃命御者褰之。百城聞風，自然竦震。其諸臧過者，望風解印綬去，唯瘿陶長濟陰董昭、觀津長梁國黃就當官待琮，於是州界翕然。

靈帝崩，大將軍何進表琮爲度遼將軍，卒於官。

陸康字季寧，吳郡吳人也。祖父續，在獨行傳。父褒，有志操，連徵不至。康少仕郡，以義烈稱，刺史臧旻舉爲茂才，除高成令。〔一〕縣在邊垂，舊制，令戶一人具弓弩以備不虞，不得行來。〔二〕長吏新到，輒發民繕修城郭。康至，皆罷遣，百姓大悅。以恩信爲治，寇盜亦息，州郡表上其狀。光和元年，遷武陵太守，轉守桂陽、樂安二郡，所在稱之。

〔一〕高成，縣，屬渤海郡也。

〔二〕行來猶往來也。

時靈帝欲鑄銅人，而國用不足，乃詔調民田，畝斂十錢。而比水旱傷稼，百姓貧苦。康上疏諫曰：「臣聞先王治世，貴在愛民。省傜輕賦，以寧天下，除煩就約，以崇簡易，〔一〕故萬姓從化，靈物應德。末世衰主，窮奢極侈，造作無端，興制非一，勞割自下，以從苟欲，〔二〕故黎民吁嗟，陰陽感動。陛下聖德承天，當隆盛化，而卒被詔書，畝斂田錢，鑄作銅人，伏讀惆悵，悼心失圖。夫十一而稅，周謂之徹。〔三〕徹者通也，言其法度可通萬世而行也。故魯宣稅畝，而蝝灾自生；〔四〕哀公增賦，而孔子非之。〔五〕豈有聚奪民物，以營無用之銅人；捐捨聖戒，自蹈亡王之法哉！〔六〕傳曰：『君舉必書，書而不法，後世何述焉？』陛下宜留神省察，改敝從善，以塞兆民怨恨之望。」書奏，內倖因此譖康援引亡國，以譬聖明，大不敬，檻車徵詣廷尉。侍御史劉岱典考其事，岱爲表陳解釋，免歸田里。復徵拜議郎。

〔一〕易曰：「乾以易知，坤以簡能，而天下之理得矣。」

〔二〕勞苦割剝於下人也。

〔三〕孟子曰：「夏后氏五十而貢，殷人七十而助，周人百畝而徹，其實皆十一也。」

〔四〕公羊傳曰：「初稅畝者何？履畝而稅也。」何休注云：「宣公無恩信於人，人不肯盡力於公田，起履踐案行，擇其畝穀好者稅取之。」蝝，螽子也。公羊傳：「冬蝝生。此言蝝生何？上變古易常也。」注云：「上謂宣公，變易公田舊制而稅畝。」

〔五〕左傳曰：「季孫欲以田賦，使冉有訪諸仲尼。仲尼私於冉有曰：『子季孫若欲行而法，則周公之典在；若欲苟而行之，又何訪焉！』」

〔六〕謂秦始皇鑄銅人十二，卒致滅亡也。

會廬江賊黃穰等與江夏蠻連結十餘萬人，攻沒四縣，拜康廬江太守。康申明賞罰，擊破穰等，餘黨悉降。帝嘉其功，拜康孫尙爲郎中。獻帝卽位，天下大亂，康蒙險遣孝廉計吏奉貢朝廷，詔書策勞，加忠義將軍，秩中二千石。時袁術屯兵壽春，部曲飢餓，遣使求委輸兵甲。康以其叛逆，閉門不通，內修戰備，將以禦之。術大怒，遣其將孫策攻康，圍城數重。康固守，吏士有先受休假者，皆遁伏還赴，暮夜緣城而入。受敵二年，城陷。月餘，發病卒，年七十。宗族百餘人，遭離飢戹，死者將半。朝廷愍其守節，拜子儁爲郎中。

少子績，仕吳爲鬱林太守，博學善政，見稱當時。幼年曾謁袁術，懷橘墯地者也，有名稱。〔一〕

〔一〕績字公紀，吳志有傳。

贊曰：伋牧朔藩，信立童昏。詩守南楚，民作謠言。奮馳單乘，堪駕毀轅。范得其朋，〔一〕堂任良肱。〔二〕二蘇勁烈，羊、賈廉能。季寧拒策，城隕衝輣。〔三〕

〔一〕易曰：「西南得朋。」廉范遷蜀郡太守，百姓便之，蜀在西南，故云得朋也。

〔二〕謂委任功曹陳蕃、主簿應嗣，郡中大化也。

〔三〕輣，兵車也，音彭，協韻音普（勝）〔滕〕反。

校勘記

一〇九一頁三行　扶風茂陵人也　按：王先謙謂東觀記云「河南人」，與此異。

一〇九一頁四行　王莽時爲上谷大尹　按：集解引洪頤煊說，謂莽改上谷曰朔調，耿弇傳父況爲朔調連率，此作「上谷」，誤。

一〇九二頁五行　計日（當）告之　據刊誤刪。按：王先謙謂類聚五十、文選沈約齊安陸昭王碑文注引續漢書，並無「當」字。

一〇九三頁九行　芳將隋昱　按：刊誤謂「隨」字至隋時方去「辵」，單作「隋」，今此宜作「隨」。

一〇九四頁一行　杜詩字（公）君〔公〕　據汲本改。按：東觀記亦作「君公」。

一〇九六頁九行　（收）〔牧〕養不稱　刊誤謂「收養」無義，合作「牧養」，兩漢通謂守令爲牧養也。今據改。

一〇九六頁一三行　如有一介臣　按：「有」原譌「其」，逕據汲本、殿本改正。

一〇九七頁一行　符第合會　汲本、殿本「第」作「策」。按：依注似以作「第」爲是。

一〇九七頁一三行　於是遂矯魏王令奪晉鄙兵　按：「是」原譌「道」，逕據汲本、殿本改正。

一〇九八頁一〇行　〔朝市〕朝時而市　據殿本補，與今周禮文合。

一〇九八頁一〇行　〔夕市〕夕時而市　據殿本補，與今周禮文合。

一一〇〇頁一一行　麥穗兩岐　校補引錢大昭說，謂通鑑「穗」作「秀」。

一一〇〇頁一四行　其仁以惠下　汲本、殿本「其」作「漢」，屬上句讀。按：集解引惠棟說，謂東觀記「漢」作「其」，屬下句讀。

一一〇一頁五行　故城在今夔州人復縣北赤甲城是　殿本「人復」作「魚復」。柳從辰謂唐書地理志貞觀二十三年改人復爲奉節，此不得仍稱「人復」。按：校補謂章懷作注，於釋地多承用隋代舊名，所見已多。蓋新更之名，尚無圖經可據，其相助爲理者仍爲隋時學者，沿襲用之，未及改正，不足爲異也。

一一〇三頁四行　虜（人）〔入〕過五千人　刊誤謂上「人」當作「入」。張森楷校勘記謂後漢紀正作「入」，劉說是。今據改。按：御覽三三五引作「虜入度五千人」，袁紀作「虜人入舍過五千人」，東觀記作「虜出度五千人」。

一一〇三頁一五行　不禁火民安作　集解引惠棟說，謂東觀記「作」作「厝」。今按：聚珍本東觀記作「措」。

一一〇五頁九行　掾（吏）〔史〕固諫之　據汲本、殿本改。下同。

一一〇五頁一三行　簡厥才職　按：殿本考證謂「職」字應照宋本作「識」。

一一〇六頁三行　卽便奔散　按：「便」原譌「使」，逕據汲本、殿本改正。

一一〇六頁一〇行　爲奉車都尉竇固軍　刊誤謂竇固自爲奉車都尉，蘇純但從之耳，「爲」當作「從」。今按：沈家本謂「軍」下有奪字，當是官名。

一一〇七頁二行　章少博學能屬文　按：集解引汪文臺說，謂書鈔一三五、御覽七一一引謝承書「蘇章字士成，北海人。負笈追師，不遠萬里」。

一一〇九頁七行　便可飲此　按：汲本、殿本「可」作「同」。

一一〇九頁一〇行　祖父侵　集解引惠棟說，謂「侵」一作「祲」。又校補引侯康說，謂「侵」一作「浸」。鄧騭傳「推進天下賢士何熙、祋諷、羊浸、李郃、陶敦等」，卽其人也。御覽二五二引李郃別傳，亦作「浸」。今按：殿本鄧騭傳仍作「祲」。

一一一〇頁二行　續妻後與子祕俱往郡舍　按：殿本「往」作「詣」。

一一一一頁八行　再遷爲京（兆）令　按：刊誤謂無「京兆縣」，又未可爲尹，明多「兆」字，是河南京縣令也。

今據刪。

一一一二頁一三行　民不聊生（自活）　刊誤謂案文「自活」非本傳文，是注以解聊生耳。按：御覽二五六引無「自活」二字，今據刪。

一一一四頁一四行　幼年曾謁袁術懷橘墮地者也有名稱　按：馬敍倫謂此十五字疑讀者所加，本注在下，誤入正文者也。不然，當明敍其事，今若事已見前，而特撮述之者。然績事具在吳志，使未讀吳志，竟不知懷橘墮地爲何等事，而特煩載筆，果出范氏，其謬甚矣。且上云「見稱當時」，下云「有名稱」，著語複疊，知不當出范氏。

一一一五頁五行　協韻音普（勝）〔滕〕反　據殿本、集解本改。

後漢書卷三十二

樊宏陰識列傳第二十二 宏子儵 族曾孫準 識弟興

樊宏字靡卿，南陽湖陽人也，世祖之舅。其先周仲山甫，封於樊，因而氏焉，〔一〕爲鄉里著姓。父重，字君雲，世善農稼，好貨殖。重性溫厚，有法度，三世共財，子孫朝夕禮敬，常若公家。其營理產業，物無所棄，課役童隸，各得其宜，故能上下勠力，財利歲倍，至乃開廣田土三百餘頃。其所起廬舍，皆有重堂高閣，陂渠灌注。〔二〕又池魚牧畜，有求必給。嘗欲作器物，先種梓漆，時人嗤之，然積以歲月，皆得其用，向之笑者咸求假焉。貲至巨萬，而賑贍宗族，恩加鄉閭。外孫何氏兄弟爭財，重恥之，以田二頃解其忿訟。縣中稱美，推爲三老。年八十餘終。其素所假貸人閒數百萬，遺令焚削文契。責家聞者皆慙，爭往償之，〔三〕諸子從勑，竟不肯受。

〔一〕樊，今襄州安養縣也。

〔二〕酈元水經注曰：「（湖）〔朝〕水支分，東北爲樊氏陂，東西十里，南北五里，亦謂之凡亭。陂東樊氏故宅，樊氏既滅，庾氏取其陂，故諺曰：『陂汪汪，下田良，樊氏失業庾氏昌。』」其陂至今猶名爲樊陂，在今鄧州新野縣之西南也。

〔三〕責音側界反。

宏少有志行。王莽末，義兵起，劉伯升與族兄賜俱將兵攻湖陽，城守不下。賜女弟爲宏妻，湖陽由是收繫宏妻子，令出譬伯升，宏因留不反。湖陽軍帥欲殺其妻子，長吏以下共相謂曰：「樊重子父，禮義恩德行於鄉里，雖有罪，且當在後。」會漢兵日盛，湖陽惶急，未敢殺之，遂得免脫。更始立，欲以宏爲將，宏叩頭辭曰：「書生不習兵事。」竟得免歸，與宗家親屬作營壍自守，老弱歸之者千餘家。時赤眉賊掠唐子鄉，多所殘殺，欲前攻宏營，宏遣人持牛酒米穀，勞遺赤眉。赤眉長老先聞宏仁厚，皆稱曰：「樊君素善，且今見待如此，何心攻之。」引兵而去，遂免寇難。

世祖卽位，拜光祿大夫，位特進，次三公。建武五年，封長羅侯。〔一〕十三年，封弟丹爲射陽侯，〔二〕兄子尋玄鄉侯，族兄忠更父侯。十五年，定封宏壽張侯。十八年，帝南祠章陵，過湖陽，祠重墓，追爵謚爲壽張敬侯，立廟於湖陽。車駕每南巡，常幸其墓，賞賜大會。

〔一〕長羅，縣名，屬陳留郡，故城在今滑州匡城縣東北。

〔二〕在射水之陽。水經注曰：「泚水西南流，射水注之，水出射城北。建武十三年，封樊重少子丹爲射陽侯，卽其國也。」案臨淮郡別有射陽縣，疑遠，非此地也。

宏爲人謙柔畏愼，不求苟進。常戒其子曰：「富貴盈溢，未有能終者。吾非不喜榮勢也，天道惡滿而好謙，前世貴戚皆明戒也。〔一〕保身全己，豈不樂哉！」每當朝會，輒迎期先到，俯伏待事，時至乃起。帝聞之，常勑騶騎臨朝乃告，勿令豫到。宏所上便宜及言得失，輒手自書寫，毀削草本。公朝訪逮，不敢衆對。宗族染其化，未嘗犯法。帝甚重之。及病困，車駕臨視，留宿，問其所欲言。宏頓首自陳：「無功享食大國，誠恐子孫不能保全厚恩，令臣魂神慙負黃泉，願還壽張，食小鄉亭。」帝悲傷其言，而竟不許。

〔一〕易曰「天道虧盈而益謙，人道惡盈而好謙」也。

二十七年，卒。遺勑薄葬，一無所用，以爲棺柩一臧，不宜復見，如有腐敗，傷孝子之心，使與夫人同墳異臧。帝善其令，以書示百官，因曰：「今不順壽張侯意，無以彰其德。且吾萬歲之後，欲以爲式。」賻錢千萬，布萬匹，謚爲恭侯，贈以印綬，車駕親送葬。子儵嗣。帝悼宏不已，復封少子茂爲平望侯。〔一〕樊氏侯者凡五國。明年，賜儵弟鮪及從昆弟七人合錢五千萬。

〔一〕平望，縣，屬北海郡，故城在今青州北海縣西北，俗名平望臺也。

論曰：昔楚頃襄王問陽陵君曰：「君子之富何如？」對曰：「假人不德不責，食人不使不役，親戚愛之，衆人善之。」〔一〕若乃樊重之折契止訟，其庶幾君子之富乎！分地以用天道，實廩以崇禮節，〔二〕取諸理化，則亦可以施於政也。與夫愛而畏者，何殊閒哉！〔三〕

〔一〕假貸人者不自以爲德，不責其報也。食善人者不使役之，故衆人稱善也。說苑曰楚王問莊辛之言也。

〔二〕管子曰：「倉廩實而知禮節。」

〔三〕左傳曰：「是以其人畏而愛之，何殊閒哉！」言不異也。閒音古莧反。

儵字長魚，謹約有父風。事後母至孝，及母卒，哀思過禮，毀病不自支，世祖常遣中黃門朝暮送饘粥。〔一〕服闋，就侍中丁恭受公羊嚴氏春秋。〔二〕建武中，禁網尙闊，諸王既長，各招引賓客，以儵外戚，爭遣致之，而儵清靜自保，無所交結。及沛王輔事發，貴戚子弟多見收捕，儵以不豫得免。帝崩，儵爲復土校尉。〔三〕

〔一〕饘，糜也。

〔二〕嚴彭祖也。

〔三〕復土校尉主葬事，復土於壙也。

永平元年，拜長水校尉，與公卿雜定郊祠禮儀，以讖記正五經異說。北海周澤、琅邪承宮並海內大儒，儵皆以爲師友而致之於朝。上言郡國舉孝廉，率取年少能報恩者，耆宿大賢多見廢棄，宜勑郡國簡用良俊。又議刑辟宜須秋月，以順時氣。顯宗並從之。二年，以壽張國益東平王，徙封鯈燕侯。〔一〕其後廣陵王荆有罪，帝以至親悼傷之，詔鯈與羽林監南陽任隗雜理其獄。事竟，奏請誅荆。引見宣明殿，帝怒曰：「諸卿以我弟故，欲誅之，即我子，卿等敢爾邪！」鯈仰而對曰：「天下高帝天下，非陛下之天下也。春秋之義，『君親無將，將而誅焉』。〔二〕是以周公誅弟，季友鴆兄，經傳大之。〔三〕臣等以荆屬託母弟，陛下留聖心，加惻隱，故敢請耳。如令陛下子，臣等專誅而已。」〔四〕帝歎息良久。鯈益以此知名。其後弟鮪爲子賞求楚王英女敬鄉公主，鯈聞而止之，曰：「建武時，吾家並受榮寵，一宗五侯。〔五〕時特進一言，女可以配王，男可以尚主，〔六〕但以貴寵過盛，即爲禍患，故不爲也。且爾一子，柰何棄之於楚乎？」鮪不從。

〔一〕燕，縣名，屬東郡。

〔二〕公羊傳之文也。將者，將爲弑逆之事也。

〔三〕周公之弟管、蔡二叔，流言於國，云周公攝政將不利於成王，故周公誅之。左傳曰：「周公殺管叔而蔡蔡叔，夫豈不愛，王室故也。」杜預注曰「蔡，放也。」又曰，魯莊公有疾，叔牙欲立慶父爲後，牙弟季友欲立公子般，友遂鴆叔牙殺之。公羊傳曰：「季子殺母兄，何善(其)〔爾〕？誅不得避兄，君臣之義也。」上蔡音蔡。

〔四〕專謂不請也。

〔五〕謂宏封長羅侯，弟丹射陽侯，兄子尋玄鄉侯，族兄忠更父侯，宏又封壽張侯也。

〔六〕宏爲特進。

十年，鯈卒，賵贈甚厚，謚曰哀侯。帝遣小黃門張音問所遺言。先是河南縣亡失官錢，典負者〔一〕坐死及罪徙者甚衆，遂委責於人，以償其耗。鄉部吏司因此爲姦，鯈常疾之。又野王歲獻甘醪、膏餳，〔二〕每輒擾人，吏以爲利。鯈並欲奏罷之，疾病未及得上。音歸，具以聞，帝覽之而悲歎，勑二郡並令從之。

〔一〕典謂主典，負謂欠負。

〔二〕醪，醇酒，汁滓相將也。

長子汜嗣，以次子郴、梵爲郎。其後楚事發覺，帝追念鯈謹恪，又聞其止鮪婚事，故其諸子得不坐焉。

梵字文高，爲郎二十餘年，三署服其重慎。〔一〕悉推財物二千餘萬與孤兄子，官至大鴻臚。

〔一〕三署解見和帝紀也。

汜卒，子時嗣。時卒，子建嗣。建卒，無子，國絕。永寧元年，鄧太后復封建弟盼。盼卒，子尚嗣。

初，鯈刪定公羊嚴氏春秋章句，世號「樊侯學」，教授門徒前後三千餘人。弟子潁川李脩、九江夏勤，皆爲三公。勤字伯宗，爲京、宛二縣令，零陵太守，所在有理能稱。安帝時，位至司徒。

準字幼陵，宏之族曾孫也。〔一〕父瑞，好黃老言，清靜少欲。準少勵志行，修儒術，以先父產業數百萬讓孤兄子。永元十五年，和帝幸南陽，準爲郡功曹，召見，帝器之，拜郎中，從車駕還宮，特補尚書郎。鄧太后臨朝，儒學陵替，準乃上疏曰：

〔一〕「準」或作「准」。

臣聞賈誼有言，「人君不可以不學」。故雖大舜聖德，孳孳爲善；〔一〕成王賢主，崇明師傅。〔二〕及光武皇帝受命中興，羣雄崩擾，旍旗亂野，東西誅戰，不遑啓處，然猶投戈講蓺，息馬論道。至孝明皇帝，兼天地之姿，用日月之明，庶政萬機，無不簡心，而垂情古典，游意經蓺，每饗射禮畢，正坐自講，諸儒並聽，四方欣欣。雖闕里之化，矍相之事，誠不足言。〔三〕又多徵名儒，以充禮官，如沛國趙孝、琅邪承宮等，或安車結駟，告歸鄉里；〔四〕或豐衣博帶，從見宗廟。其餘以經術見優者，布在廊廟。故朝多皤皤之良，華首之老。〔五〕每讌會，則論難衎衎，共求政化。〔六〕詳覽羣言，響如振玉。〔七〕朝者進而

思政，罷者退而備問。小大隨化，雍雍可嘉。期門羽林介胄之士，悉通孝經。博士議郎，一人開門，徒衆百數。〔八〕化自聖躬，流及蠻荒，匈奴遣伊秩訾王大車且渠來入就學。八方肅清，上下無事。是以議者每稱盛時，咸言永平。

〔一〕孟子曰：「雞鳴而起，孜孜爲善者，舜之徒。」

〔二〕尚書曰「召公爲保，周公爲師，相成王爲左右」也。

〔三〕孔子，闕里人也。禮記云，孔子射於矍相之圃，蓋觀者如堵牆也。

〔四〕安車，坐乘之車也。告歸謂休假歸也。

〔五〕皤皤，白首貌也，音步河反。書曰：「皤皤良士。」華首謂白首也。

〔六〕衎衎，和樂貌也。

〔七〕孟子曰「金聲而玉振」也。

〔八〕開門謂開一家之說。

今學者蓋少，遠方尤甚。博士倚席不講，儒者競論浮麗，忘謇謇之忠，習諓諓之辭。〔一〕文吏則去法律而學詆欺，〔二〕銳錐刀之鋒，斷刑辟之重，德陋俗薄，以致苛刻。〔三〕昔孝文竇后性好黃老，而清靜之化流景武之閒。臣愚以爲宜下明詔，博求幽隱，發揚巖穴，寵進儒雅，有如孝、宮者，徵詣公車，以俟聖上講習之期。公卿各舉明經及舊儒子孫，進其爵位，使纘其業。復召郡國書佐，使讀律令。如此，則延頸者日有所

見，傾耳者月有所聞。伏願陛下推述先帝進業之道。〔四〕

〔一〕譏議，謟言也，音讒。前書曰「昔秦穆公說譏議之言」也。

〔二〕詆亦欺也。

〔三〕左傳曰，鄭人鑄刑書，叔向使貽子產書曰：「今子相鄭，立謗政，鑄刑書，人知爭端矣。將棄禮而徵於書，錐刀之末，將盡爭之，鄭其敗乎！」杜預注云：「錐刀喻小事也。」

〔四〕周易曰：「君子進德修業。」

太后深納其言，是後屢舉方正、敦樸、仁賢之士。

準再遷御史中丞。永初之初，連年水旱災異，郡國多被飢困，準上疏曰：

臣聞傳曰：「飢而不損茲曰太，厥災水。」〔一〕春秋穀梁傳曰：「五穀不登，謂之大侵。大侵之禮，百官備而不製，〔二〕羣神禱而不祠。」〔三〕由是言之，調和陰陽，寔在儉節。朝廷雖勞心元元，事從省約，而在職之吏，尚未奉承。夫建化致理，由近及遠，故詩曰「京師翼翼，四方是則」。〔四〕今可先令太官、尚方、考功、上林池籞諸官，實減無事之物，〔五〕五府調省中都官吏京師作者。〔六〕如此，則化及四方，人勞省息。

〔一〕洪範五行傳之文也。言下人飢饉，君上不能損減，謂之爲太。太猶甚也。

〔二〕官職備列，不造作也。

〔三〕禱請而已，無祭祀也。

〔四〕韓詩之文也。翼翼然，盛也。

〔五〕前書百官表曰，少府掌山海池澤之稅，屬官有太官、考工、尚方、上林中十池監也。太官掌御膳飲食，考工主作器械，尚方主作刀劍器物。籞者，於池苑中以竹緜聯之爲禁籞也。實減謂實覆其數減之也。

〔六〕五府謂太傅、太尉、司徒、司空、大將軍也。調，徵發也。省，減也。中都官吏，在京師之官吏也。作謂營作者也。

伏見被災之郡，百姓凋殘，恐非賑給所能勝贍，雖有其名，終無其實。可依征和元年故事，〔一〕遣使持節慰安。尤困乏者，徙置荆、揚孰郡，既省轉運之費，且令百姓各安其所。今雖有西屯之役，宜先東州之急。〔二〕如遣使者與二千石隨事消息，悉留富人守其舊土，轉尤貧者過所衣食，誠父母之計也。〔三〕願以臣言下公卿平議。

〔一〕武帝征和元年詔曰：「當今務在禁苛暴，止擅賦，力本農桑，無乏武備而已。」

〔二〕時先零羌斷隴道，大爲寇害，遣車騎將軍鄧騭、征西校尉任尚討之，故曰「西屯役」也。東州謂冀、兗州，時又遣光祿大夫樊準、呂倉分冀兗二州廩貸流人也。

〔三〕衣音於旣反，食音飤。

太后從之，悉以公田賦與貧人。卽擢準與議郎呂倉並守光祿大夫，準使冀州，倉使兗州。準到部，開倉稟食，〔一〕慰安生業，流人咸得蘇息。還，拜鉅鹿太守。時飢荒之餘，人庶流迸，家戶且盡，準課督農桑，廣施方略，朞年閒，穀粟豐賤數十倍。而趙、魏之郊數爲羌所鈔暴，準外禦寇虜，內撫百姓，郡境以安。

〔一〕稟，給。

五年，轉河內太守。時羌復屢入郡界，準輒將兵討逐，修理塢壁，〔一〕威名大行。視事三年，以疾徵，三轉爲尚書令，明習故事，遂見任用。元初三年，代周暢爲光祿勳。五年，卒於官。

〔一〕說文曰：「塢，小障也。」

陰識字次伯，南陽新野人也，光烈皇后之前母兄也。其先出自管仲，管仲七世孫修，自齊適楚，爲陰大夫，因而氏焉。秦漢之際，始家新野。

及劉伯升起義兵，識時游學長安，聞之，委業而歸，率子弟、宗族、賓客千餘人往詣伯升。伯升乃以識爲校尉。更始元年，遷偏將軍，從攻宛，別降新野、淯陽、杜衍、冠軍、(胡)〔湖〕陽。〔一〕二年，更始封識陰德侯，行大將軍事。

〔一〕五縣並屬南陽郡也。

建武元年，光武遣使迎陰貴人於新野，并徵識。識隨貴人至，以爲騎都尉，更封陰鄉

侯。二年，以征伐軍功增封，識叩頭讓曰：「天下初定，將帥有功者衆，臣託屬掖廷，仍加爵邑，不可以示天下。」帝甚美之，以爲關都尉，鎭函谷。遷侍中，以母憂辭歸。十五年，定封原鹿侯。〔一〕及顯宗立爲皇太子，以識守執金吾，輔導東宮。帝每巡郡國，識常留鎭守京師，委以禁兵。入雖極言正議，及與賓客語，未嘗及國事。帝敬重之，常指識以勑戒貴戚，激厲左右焉。識所用掾史皆簡賢者，如虞(延)〔廷〕、傅寬、薛愔等，多至公卿校尉。

〔一〕原鹿，縣，屬汝南郡。俗本「鹿」作「慶」者誤。

顯宗卽位，拜爲執金吾，位特進。永平二年，卒，贈以本官印綬，謚曰貞侯。子躬嗣。躬卒，子璜嗣。永初七年，爲奴所殺，無子，國絕。永寧元年，鄧太后以璜弟淑紹封。淑卒，子鮪嗣。

躬弟子綱女爲和帝皇后，封綱吳房侯，位特進，三子軼、輔、敞，皆黃門侍郎。后坐巫蠱事廢，綱自殺，輔下獄死，軼、敞徙日南。識弟興。

興字君陵，光烈皇后母弟也，爲人有膂力。建武二年，爲黃門侍郎，守期門僕射，典將武騎，從征伐，平定郡國。興每從出入，常操持小蓋，障翳風雨，躬履塗泥，率先期門。光武所幸之處，輒先入清宮，甚見親信。雖好施接賓，然門無俠客。與同郡張宗、上谷鮮于裒不

相好，知其有用，猶稱所長而達之；友人張汜、杜禽與興厚善，以爲華而少實，但私之以財，終不爲言：是以世稱其忠平。第宅苟完，裁蔽風雨。

九年，遷侍中，賜爵關內侯。帝後召興，欲封之，置印綬於前，興固讓曰：「臣未有先登陷陣之功，而一家數人並蒙爵土，令天下觖望，誠爲盈溢。〔一〕臣蒙陛下、貴人恩澤至厚，富貴已極，不可復加，至誠不願。」帝嘉興之讓，不奪其志。貴人問其故，興曰：「貴人不讀書記邪？『亢龍有悔。』〔二〕夫外戚家苦不知謙退，嫁女欲配侯王，取婦眄睨公主，愚心實不安也。富貴有極，人當知足，夸奢益爲觀聽所譏。」貴人感其言，深自降挹，卒不爲宗親求位。十九年，拜衞尉，亦輔導皇太子。明年夏，帝風眩疾甚，後以興領侍中，受顧命於雲臺廣室。〔三〕會疾瘳，召見興，欲以代吳漢爲大司馬。興叩頭流涕，固讓曰：「臣不敢惜身，誠虧損聖德，不可苟冒。」至誠發中，感動左右，帝遂聽之。

〔一〕觖音羌志反。前書音義曰：「觖猶冀也。」一音決，猶望之也。

〔二〕易乾卦上九爻曰：「亢龍有悔，窮之災也。」亢，極也，龍以喻君。言居上體之極，則有悔吝之災也。

〔三〕尚書曰，成王將崩，命召公作顧命。孔安國注云：「臨終之命曰顧命。」洛陽南宮有雲臺廣德殿。

二十三年，卒，時年三十九。興素與從兄嵩不相能，然敬其威重。興疾病，帝親臨，問以政事及羣臣能不。興頓首曰：「臣愚不足以知之。然伏見議郎席廣、謁者陰嵩，並經行明

深，踰於公卿。」興沒後，帝思其言，遂擢廣爲光祿勳；嵩爲中郎將，監羽林十餘年，以謹敕見幸。顯宗卽位，拜長樂衞尉，遷執金吾。

永平元年詔曰：「故侍中衞尉關內侯興，典領禁兵，從平天下，當以軍功顯受封爵，又諸舅比例，應蒙恩澤，興皆固讓，安乎里巷。輔導朕躬，有周昌之直，〔一〕在家仁孝，有曾、閔之行，不幸早卒，朕甚傷之。賢者子孫，宜加優異。其以汝南之鮦陽封興子慶爲鮦陽侯，〔二〕慶弟博爲㶏強侯。」〔三〕博弟員、丹並爲郎，慶推田宅財物悉與員、丹。帝以慶義讓，擢爲黃門侍郎。慶卒，子琴嗣。建初五年，興夫人卒，肅宗使五官中郎將持節卽墓賜策，追謚興曰翼侯。琴卒，子萬全嗣。萬全卒，子桂嗣。

〔一〕前書曰，周昌，沛人也。爲御史大夫。爲人強力，敢直言極諫也。

〔二〕鮦陽故城在今豫州新蔡縣北，在鮦水之陽也，音紂。

〔三〕㶏強，縣，屬汝南郡，在㶏水之北。

興弟就，嗣父封宣恩侯，後改封爲新陽侯。〔一〕就善談論，朝臣莫及，然性剛傲，不得衆譽。顯宗卽位，以就爲少府，位特進。就子豐尚酈邑公主。〔二〕公主嬌妒，豐亦狷急。〔三〕永平二年，遂殺主，被誅，父母當坐，皆自殺，國除。帝以舅氏故，不極其刑。

〔一〕新陽，縣，屬汝南郡，故城在今豫州眞陽縣西南。

〔二〕光武女也。

〔三〕狷，疾也，音絹。

陰氏侯者凡四人。初，陰氏世奉管仲之祀，謂爲「相君」。宣帝時，陰子方者，至孝有仁恩，臘日晨炊而竈神形見，〔一〕子方再拜受慶。家有黃羊，因以祀之。自是已後，暴至巨富，田有七百餘頃，輿馬僕隸，比於邦君。子方常言「我子孫必將彊大」，至識三世而遂繁昌，故後常以臘日祀竈，而薦黃羊焉。

〔一〕雜五行書曰：「竈神名禪，字子郭，衣黃衣，夜被髮從竈中出，知其名呼之，可除凶惡。宜市豬肝泥竈，令婦孝。」

贊曰：權族好傾，后門多毀。樊氏世篤，陰亦戒侈。恂恂苗胤，傳龜襲紫。〔一〕

〔一〕恂恂，恭順貌也。公侯皆紫綬、金印、龜鈕，見應劭漢官儀。

校勘記

一一一九頁一三行　（湖）〔朝〕水支分　據水經淯水注改。

一一二一頁三行　食善人者不使役之　按：刊誤謂食人而已，何故輒擇善人，明此是「養」字，或云當云「善食人者」。

一一二三頁二行　詔鯈與羽林監南陽任隗雜理其獄　按：校補引錢大昭說，謂隗傳作「羽林左監」，此脫「左」字。

一一二三頁一二行　周公殺管叔而粲蔡叔　按：沈家本謂「粲」今左傳作「蔡」，依說文當作「㮲」，說詳釋文及孔疏。此作「粲」，亦「㮲」之譌，與今本不同，豈據陸、孔改耶？

一一二三頁一四行　季子殺母兄何善（其）〔爾〕　據刊誤改，與公羊傳合。

一一二四頁九行　長子汜嗣　按：「汜」汲本、殿本作「氾」。

一一二六頁一三行　今學者蓋少　刊誤謂「蓋」當作「盍」。按：作「蓋」亦自可通，劉說泥。

一一二七頁一三行　考功　按：刊誤謂「功」當作「工」，考工官名，見前書。

一一二八頁三行　實滅謂實覆其數減之也　按：陳景雲謂「覆」當作「覈」。

一一二九頁四行　五年卒於官　按：校補引錢大昭說，謂「五年」閩本作「其年」。

一一二九頁一〇行　（胡）〔湖〕陽　按：郡國志南陽郡有「湖陽」，無「胡陽」。王先謙謂「胡」當作「湖」，今據改。

一一三〇頁五行　如虞（延）〔廷〕傳寬薛愔等　據汲本改。按：校補謂虞延仕執金吾府在建武初，陰識守執金吾在建武十八年以後，時延外仕久矣。建武二十四年，延爲洛陽令，收考陰氏客馬成誅之，終爲陰氏所中傷，其非陰識掾吏甚明。虞廷自別是一人，混爲虞延，誤也。

一一三〇頁一〇行　封綱吳房侯　按：集解引惠棟說，謂袁紀作「防侯」。

一一三二頁一行　張汜　按：汲本、殿本「汜」作「氾」。

一一三二頁八行　後以興領侍中　按：集解引陳景雲說，謂「後」當作「復」，興前官侍中，故言復領。

後漢書卷三十三

朱馮虞鄭周列傳第二十三

朱浮字叔元，沛國蕭人也。初從光武爲大司馬主簿，遷偏將軍，從破邯鄲。光武遣吳漢誅更始幽州牧苗曾，乃拜浮爲大將軍幽州牧，守薊城，遂討定北邊。建武二年，封舞陽侯，食三縣。

浮年少有才能，頗欲厲風迹，〔一〕收士心，辟召州中名宿涿郡王岑之屬，以爲從事，〔二〕及王莽時故吏二千石，皆引置幕府，乃多發諸郡倉穀，稟贍其妻子。漁陽太守彭寵以爲天下未定，師旅方起，不宜多置官屬，以損軍實，〔三〕不從其令。浮性矜急自多，〔四〕頗有不平，因以峻文詆之；〔五〕寵亦佷強，兼負其功，嫌怨轉積。浮密奏寵遣吏迎妻而不迎其母，又受貨賂，殺害友人，多聚兵穀，意計難量。寵既積怨，聞〔之〕，遂大怒，而舉兵攻浮。浮以書質責之〔六〕曰：

〔一〕風化之迹也。

〔二〕岑後爲梁州牧。

〔三〕謂甲兵糧儲也。左傳曰「驕軍實」也。

〔四〕矜誇多自取也。

〔五〕峻，嚴切也。詆，譭也。

〔六〕質，正也。

蓋聞知者順時而謀，愚者逆理而動，常竊悲京城太叔以不知足而無賢輔，卒自棄於鄭也。〔一〕

伯通以名字典郡，〔二〕有佐命之功，〔三〕臨人親職，愛惜倉庫，而浮秉征伐之任，欲權時救急，二者皆爲國耳。即疑浮相譖，何不詣闕自陳，而爲族滅之計乎？朝廷之於伯通，恩亦厚矣，委以大郡，任以威武，〔三〕事有柱石之寄，情同子孫之親。〔四〕匹夫媵母尚能致命一餐，〔五〕豈有身帶三綬，職典大邦，〔六〕而不顧恩義，生心外畔者乎！伯通與吏人語，何以爲顏？行步拜起，何以爲容？坐臥念之，何以爲心？引鏡窺影，何施眉目？舉措建功，何以爲人？惜乎棄休令之嘉名，造梟鴟之逆謀，〔七〕捐傳世之慶祚，招

〔一〕左傳曰，鄭武公娶于申，曰武姜，生莊公及共叔段。及莊公即位，武姜爲之請京，使居，謂之京城太叔。既而太叔將襲鄭，公命子封伐京，京畔太叔段，段出奔共也。

破敗之重災，高論堯舜之道，不忍桀紂之性，生爲世笑，死爲愚鬼，不亦哀乎！

〔一〕伯通，彭寵字也，以名字顯著也。
〔二〕光武初鎭河北，寵遣吳漢等發步兵三千人先歸光武，及圍邯鄲，寵轉食前後不絕也。
〔三〕光武賜寵號大將軍，故云「任以威武」也。
〔四〕柱石，以屋爲喻也。
〔五〕左傳曰，趙盾田於首山，舍於翳桑，見靈輒餓，問，曰「三日不食矣」，食之。後晉靈公欲殺趙盾，輒爲公甲士，倒戟以禦公徒而免盾。滕母，未詳也。
〔六〕寵爲漁陽太守、建忠侯、大將軍，故帶三綬。
〔七〕梟鴟即鴟梟也，其子適大，還食其母。說文云不孝鳥也。

伯通與耿俠遊俱起佐命，同被國恩。〔一〕俠遊謙讓，屢有降挹之言；〔二〕而伯通自伐，以爲功高天下。往時遼東有豕，生子白頭，異而獻之，行至河東，見羣豕皆白，懷慙而還。若以子之功論於朝廷，則爲遼東豕也。今乃愚妄，自比六國。六國之時，其埶各盛，廓土數千里，勝兵將百萬，故能據國相持，多歷年世。今天下幾里，列郡幾城，柰何以區區漁陽而結怨天子？此猶河濱之人捧土以塞孟津，多見其不知量也！

〔一〕俠遊，耿況字也。況爲上谷太守，初與寵結謀共歸光武也。
〔二〕挹，損也。

方今天下適定，海內願安，士無賢不肖，皆樂立名於世。而伯通獨中風狂走，自捐盛時，內聽驕婦之失計，外信讒邪之諛言，〔一〕長爲羣后惡法，永爲功臣鑒戒，豈不誤哉！定海內者無私讎，勿以前事自誤，願留意顧老母幼弟。凡舉事無爲親厚者所痛，而爲見讎者所快。

〔一〕浮密奏寵，上徵之，寵妻勸寵無應徵。又與所親信計議，吏皆怨浮，勸寵止不應徵也。

寵得書愈怒，〔一〕攻浮轉急。明年，涿郡太守張豐亦舉兵反。

〔一〕愈猶益也。

時二郡畔戾，北州憂恐，浮以爲天子必自將兵討之，而但遣游擊將軍鄧隆陰助浮。浮懷懼，以爲帝怠於敵，不能救之，乃上疏曰：「昔楚宋列國，俱爲諸侯，莊王以宋執其使，遂有投袂之師。魏公子顧朋友之要，觸冒強秦之鋒。夫楚魏非有分職匡正之大義也，莊王但爲爭強而發忿，公子以一言而立信耳。〔一〕今彭寵反畔，張豐逆節，以爲陛下必棄捐它事，以時滅之。既歷時月，寂寞無音。從圍城而不救，放逆虜而不討，臣誠惑之。昔高祖聖武，天下既定，猶身自征伐，未嘗寧居。〔二〕陛下雖興大業，海內未集，而獨逸豫，不顧北垂，百姓遑遑，無所繫心，三河、冀州，曷足以傳後哉！今秋稼已孰，復爲漁陽所掠。張豐狂悖，姦黨日增，連年拒守，吏士疲勞，甲冑生蟣蝨，弓弩不得弛，〔三〕上下燋心，相望救護，仰希陛下生活之恩。」詔報曰：「往年赤眉跋扈長安，〔四〕吾策其無穀必東，果來歸降。今度此反虜，埶無久全，其中必有內相斬者。今軍資未充，故須後麥耳。」〔五〕浮城中糧盡，人相食。會上谷太守耿況遣騎來救浮，浮乃得遁走。南至良鄉，其兵長反遮之，〔六〕浮恐不得脫，乃下馬刺殺其妻，僅以身免，城降於寵。尚書令侯霸奏浮敗亂幽州，構成寵罪，徒勞軍師，不能死節，罪當伏誅。帝不忍，以浮代賈復爲執金吾，徙封父城侯。後豐、寵並自敗。

〔一〕左傳曰，楚莊王使申舟無畏聘于齊，曰：「無假道於宋。」宋人殺無畏，莊王聞之，投袂而起，遂發兵圍宋。史記，魏公子無忌，魏昭王之少子，封信陵君，仁而好士，食客三千人。公子姊爲趙平原君勝妻，秦圍邯鄲，求救於魏，魏以秦強不敢救，公子乃竊兵符，奪晉鄙軍以救趙，秦兵遂解也。
〔二〕高祖定天下之後，猶自征匈奴、陳豨、黥布等也。
〔三〕鄭玄注周禮曰：「弛，釋下也。」
〔四〕跋扈猶暴橫也。
〔五〕須，待也。
〔六〕兵長，兵之長帥也。

帝以二千石長吏多不勝任，時有纖微之過者，必見斥罷，交易紛擾，百姓不寧。六年，有日食之異，浮因上疏曰：「臣聞日者衆陽之所宗，君上之位也。凡居官治民，據郡典縣，皆爲陽爲上，爲尊爲長。若陽上不明，尊長不足，則干動三光，垂示王者。〔一〕五典紀國家之

政，〔二〕鴻範別災異之文，〔三〕皆宣明天道，以徵來事者也。〔四〕陛下哀愍海內新離禍毒，保宥生人，〔五〕使得蘇息。而今牧人之吏，多未稱職，小違理實，輒見斥罷，豈不粲然黑白分明哉！〔六〕然以堯舜之盛，猶加三考，〔七〕大漢之興，亦累功効，吏皆積久，養老於官，至名子孫，因爲氏姓。〔八〕當時吏職，何能悉理；論議之徒，豈不諠譁。蓋以爲天地之功不可倉卒，艱難之業當累日也。而閒者守宰數見換易，迎新相代，疲勞道路。尋其視事日淺，未足昭見其職，既加嚴切，人不自保，各相顧望，無自安之心。有司或因睚眦以騁私怨，苟求長短，求媚上意。二千石及長吏迫於舉劾，懼於刺譏，故爭飾詐僞，以希虛譽。斯皆羣陽騷動，日月失行之應。夫物暴長者必夭折，功卒成者必亟壞，如摧長久之業，而造速成之功，非陛下之福也。天下非一時之用也，海內非一旦之功也。願陛下遊意於經年之外，望化於一世之後。〔九〕天下幸甚。」帝下其議，羣臣多同於浮，自是牧守易代頗簡。

〔一〕干，犯也。三光，日、月、星也。
〔二〕禮記曰：「溫柔敦厚，詩教也。疏通知遠，書教也。絜靜精微，易教也。恭儉莊敬，禮教也。屬辭比事，春秋教也。」
〔三〕鴻範，尚書篇名，箕子爲武王陳政道陰陽之法。災異即咎徵之類也。
〔四〕徵，驗也。

〔五〕宥，寬也。
〔六〕淮南子曰「聖人見是非，若白黑之別於目，清濁之形於耳」也。
〔七〕考謂考其功最也。尚書舜典曰「三載考績，三考黜陟幽明」也。
〔八〕前書：「武帝時，漢有天下已七十餘年，爲吏者長子孫，居官者以爲姓號，人人自愛而重犯法。」音義曰：「時無事，吏不數轉，至於子孫而不轉職，今倉氏、庫氏因以爲姓，卽倉庫吏之後也。」
〔九〕孔子曰：「如有王者，必代而後仁。」見論語。

舊制，州牧奏二千石長吏不任位者，事皆先下三公，三公遣掾史案驗，然後黜退。帝時用明察，不復委任三府，而權歸刺舉之吏。〔一〕浮復上疏曰：「陛下清明履約，率禮無違，自宗室諸王、外家后親，皆奉遵繩墨，無黨埶之名。至或乘牛車，齊於編人。斯固法令整齊，下無作威者也。求之於事，宜以和平，而災異猶見者，而豈徒然？天道信誠，不可不察。竊見陛下疾往者上威不行，下專國命，卽位以來，不用舊典，信刺舉之官，黜鼎輔之任，至於有所劾奏，便加免退，覆案不關三府，罪譴不蒙澄察。陛下以使者爲腹心，而使者以從事爲耳目，是爲尚書之平，決於百石之吏，〔二〕故羣下苛刻，各自爲能。兼以私情容長，憎愛在職，皆競張空虛，以要時利，故有罪者心不厭服，無咎者坐被空文，不可經盛衰，貽後王也。〔三〕夫事積久則吏自重，〔四〕吏安則人自靜。傳曰：『五年再閏，天道乃備。』〔五〕夫以天地之靈，

猶五載以成其化，況人道哉！臣浮愚戇，不勝惓惓，願陛下留心千里之任，省察偏言之奏。」

〔一〕刺舉卽州牧也。
〔二〕使者，刺史也。續漢志曰，每州有從事，秩百石。耳目謂令采察也。平謂平決也。
〔三〕貽，遺也。
〔四〕重猶愛惜也。
〔五〕周天三百六十五度四分度之一，日行一度，一年十二月，除小月六日，卽一歲三百五十四日，是爲每歲日行天。餘一十一度四分度之一，不匝一年，餘十一日四分日之一，故三年卽餘三十三日四分日之三，閏月又小，是五年卽得再閏。

七年，轉太僕。浮又以國學旣興，宜廣博士之選，乃上書曰：「夫太學者，禮義之宮，教化所由興也。陛下尊敬先聖，垂意古典，宮室未飾，干戈未休，而先建太學，進立横舍，〔一〕比日車駕親臨觀饗，將以弘時雍之化，顯勉進之功也。〔二〕尋博士之官，爲天下宗師，使孔聖之言傳而不絕。舊事，策試博士，必廣求詳選，爰自畿夏，延及四方，是以博舉明經，唯賢是登，〔三〕學者精勵，遠近同慕。伏聞詔書更試五人，唯取見在洛陽城者。臣恐自今以往，將有所失。求之密邇，容或未盡，而四方之學，無所勸樂。凡策試之本，貴得其眞，非有期會，不及遠方也。又諸所徵試，皆私自發遣，非有傷費煩擾於事也。語曰：『中國失禮，求之於野。』〔四〕臣浮幸得與講圖讖，〔五〕故敢越職。」帝然之。

〔一〕横，學也。或作「黌」，義亦同。
〔二〕雍，和也。書曰「黎人於變時雍」，乃勉勸也。
〔三〕畿，王畿；夏，華夏也。漢官儀曰：「博士，秦官也。武帝初置五經博士，後增至十四人。太常差選有聰明威重一人爲祭酒，總領綱紀。其舉狀曰：『生事愛敬，喪沒如禮。通易、尚書、孝經、論語，兼綜載籍，窮微闡奧。隱居樂道，不求聞達。身無金痍痼疾，（世）〔卅〕六屬不與妖惡交通、王侯賞賜。行應四科，經任博士。』下言某官某甲保舉。」
〔四〕劉歆移書太常曰：「夫禮失求之於野，古文不猶愈於野乎？」
〔五〕與音預。

二十年，代竇融爲大司空。二十二年，坐賣弄國恩免。二十五年，徙封新息侯。帝以浮陵轢同列，每銜之，〔一〕惜其功能，不忍加罪。永平中，有人單辭告浮事者，〔二〕顯宗大怒，賜浮死。長水校尉樊（鯈）〔儵〕言於帝曰：「唐堯大聖，兆人獲所，〔三〕尚優遊四凶之獄，厭服海內之心，〔四〕使天下咸知，然後殛罰。〔五〕浮事雖昭明，而未達人聽，宜下廷尉，章著其事。」帝亦悔之。

〔一〕陵轢猶欺蔑也。
〔二〕單辭謂無證據也。書曰：「明清於單辭。」

〔三〕獲，得也。
〔四〕優遊謂優柔也。四凶者，鯀、共工、驩兜、三苗。左傳曰舜流四凶族，今云堯者，舜爲堯臣而流之也。尚書曰：「四罪而天下咸服。」
〔五〕殛，誅也，音紀力反。

論曰：吳起與田文論功，文不及者三，朱買臣難公孫弘十策，弘不得其一，終之田文相魏，公孫宰漢，誠知宰相自有體也。〔一〕故曾子曰：「君子所貴乎道者三，〔二〕籩豆之事則有司存。」〔三〕而光武、明帝躬好吏事，亦以課覈三公，〔四〕其人或失而其禮稍薄，至有誅斥詰辱之累。任職責過，一至於此，追感賈生之論，不亦篤乎！〔五〕朱浮譏諷苛察欲速之弊，然矣，〔六〕焉得長者之言哉！〔七〕

〔一〕史記：「魏置相田文，吳起不悅，謂田文曰：『請與子論功，可乎？』田文曰：『可。』起曰：『將三軍，使士卒樂死，敵國不敢謀，子孰與起？』田文曰：『不如子。』吳起曰：『理百官，親萬人，實府庫，子孰與起？』田文曰：『不如子。』吳起曰：『守西河，秦人不敢東向，韓、趙賓從，子孰與起？』田文曰：『不如子。』吳起曰：『此三者，子皆出吾下，而位加吾上，何也？』田文曰：『主少國疑，大臣未附，百姓不信，方是時，屬之於子乎，屬之於我乎？』吳起默然良久，曰：『屬之於子矣。』田文曰：『此乃吾所以居子上也。』吳起方乃自知不如。」武帝時，方築朔方，公孫弘諫，以爲罷弊中國。上使朱買臣難弘，發十策，弘不得一。

〔二〕三謂動容貌，正顏色，出辭氣。事見論語。

〔三〕籩豆，禮器也。小細之務，有司所主，非人君之事也。

〔四〕課其殿最，覈其得失。

〔五〕賈誼曰：「廉恥禮節以絅君子，故有賜死而無戮辱，是以黥劓之罪不及大夫，以其離主上不遠也。」是時人告周勃謀反，繫長安，卒無事，故誼以此譏上也。

〔六〕論語孔子曰：「無欲速，無見小利。欲速則不達，見小利則大事不成。」以光武帝明察煩刻，故引之。

〔七〕前書龔遂爲勃海郡太守，王生謂遂曰：「君卽見上，問君何以化勃海？宜曰聖主之（力）〔德〕，非小臣之力也。」既至前，上果問，遂對如王生言。天子悅，曰：「君安得長者之言而稱也！」

馮魴字孝孫，南陽湖陽人也。其先魏之支別，食菜馮城，因以氏焉。〔一〕秦滅魏，遷于湖陽，爲郡族姓。

〔一〕東觀記曰「其先魏之別封曰華侯，華侯孫長卿食菜馮城，因以氏焉。魴父名揚」也。

王莽末，四方潰畔，魴乃聚賓客，招豪桀，作營壍，以待所歸。〔一〕是時湖陽大姓虞都尉反城稱兵，先與同縣申屠季有仇，而殺其兄，謀滅季族。季亡歸魴，魴將季欲還其營，道逢都尉從弟長卿來，欲執季。魴叱長卿曰：「我與季雖無素故，士窮相歸，要當以死任之，卿爲何言？」遂與俱歸。季謝曰：「蒙恩得全，死無以爲報（恩），有牛馬財物，願悉獻之。」魴作色曰：「吾老親弱弟皆（在）賊城中，今日相與，尚無所顧，何云財物乎？」季慙不敢復言。魴自是爲縣邑所敬信，故能據營自固。

〔一〕待眞主也。

時天下未定，而四方之士擁兵矯稱者甚衆，唯魴自守，兼有方略。光武聞而嘉之，建武三年，徵詣行在所，見於雲臺，〔一〕拜虞令。〔二〕爲政敢殺伐，以威信稱。遷郟令。後車駕西征隗囂，潁川盜賊羣起，郟賊延襃等衆三千餘人，攻圍縣舍，魴率吏士七十許人，力戰連日，弩矢盡，城陷，魴乃遁去。帝聞郡國反，卽馳赴潁川，魴詣行在所。帝案行鬭處，知魴力戰，乃嘉之曰：「此健令也。所當討擊，勿拘州郡。」襃等聞帝至，皆自髡剔，〔三〕負鈇鑕，〔四〕將其衆請罪。帝且赦之，使魴轉降諸聚落，縣中平定，詔乃悉以襃等還魴誅之。魴責讓以行軍法，皆叩頭曰：「今日受誅，死無所恨。」魴曰：「汝知悔過伏罪，今一切相赦，聽各反農桑，爲令作耳目。」皆稱萬歲。是時每有盜賊，並爲襃等所發，無敢動者，縣界清靜。

〔一〕卽南宮雲臺也。

〔二〕虞，縣，屬梁國，本虞國，舜後所封之邑，今宋州虞城縣也。

〔三〕剔音他狄反。聲類曰亦「鬄」字，音他計反，謂剃去髮也。

〔四〕說文曰：「鈇，剉刃也。」鑕，椹也，音質。

十三年，遷魏郡太守。二十七年，以高第入代趙憙爲太僕。中元元年，從東封岱宗，行衞尉事。還，代張純爲司空，賜爵關內侯。二年，帝崩，使魴持節起原陵，更封楊邑鄉侯，食三百五十戶。永平四年，坐考隴西太守鄧融，聽任姦吏，策免，削爵土。六年，顯宗幸魯，復行衞尉事。七年，代陰嵩爲執金吾。

魴性矜嚴公正，在位數進忠言，多見納用。十四年，詔復爵土。明年，東巡郡國，留魴宿衞南宮。〔一〕建初三年，以老病乞身，肅宗許之。其冬爲五更，詔魴朝賀，就列侯位。元和二年，卒，時年八十六。

〔一〕東觀記曰：「敕魴車駕發後將緹騎宿玄武門複道上，領南宮吏士，保給牀席，子孫得到魴所。」

子柱嗣。尚顯宗女獲嘉長公主，少爲侍中，以恭肅謙約稱，位至將作大匠。柱卒，子定嗣，官至羽林中郎將。定卒，無子，國除。

定弟石，襲母公主封獲嘉侯，亦爲侍中，稍遷衞尉。能取悅當世，爲安帝所寵。帝嘗幸其府，留飲十許日，賜駮犀具劒、佩刀、〔一〕紫艾綬、〔二〕玉玦各一，〔三〕拜子世爲黃門侍郎，世弟二人皆郎中。自永初兵荒，王侯租秩多不充，於是特詔以它縣租稅足石，令如舊限，〔四〕歲入穀三萬斛，錢四萬。遷光祿勳，遂代楊震爲太尉。及北鄉侯立，〔五〕遷太傅，與太尉東萊

劉喜參錄尚書事。順帝既立，石與喜皆以阿黨閻顯、江京等策免，復爲衞尉。卒，子代嗣。代卒，弟承嗣，爲步兵校尉。

〔一〕以班犀飾劒也。

〔二〕艾卽盭，綠色也，其色似艾。

〔三〕半環曰玦，以飾帶也。

〔四〕足音卽諭反。

〔五〕章帝孫濟北惠王壽之子懿也。

石弟珖，〔一〕和帝時詔封楊邑侯，亦以石寵，官至城門校尉。卒，子肅嗣，爲黃門侍郎。

〔一〕珖音光。

虞延字子大，陳留東昏人也。〔一〕延初生，其上有物若一匹練，遂上升天，占者以爲吉。及長，長八尺六寸，要帶十圍，力能扛鼎。〔二〕少爲戶牖亭長。時王莽貴人魏氏〔三〕賓客放從，延率吏卒突入其家捕之，以此見怨，故位不升。性敦朴，不拘小節，又無鄉曲之譽。王莽末，天下大亂，延常嬰甲冑，擁衞親族，扞禦鈔盜，賴其全者甚衆。延從女弟年在孩乳，其

母不能活之，棄於溝中，延聞其號聲，哀而收之，養至成人。〔四〕建武初，仕執金吾府，除細陽令。〔五〕每至歲時伏臘，輒休遣徒繫，各使歸家，並感其恩德，應期而還。有囚於家被病，自載詣獄，既至而死，延率掾（吏）〔史〕，殯于門外，百姓感悅之。

〔一〕東昏，縣，故城在今汴州陳留縣東北。東緡屬山陽郡，俗本爲「緡」者，誤也。
〔二〕說文曰：「扛鼎，橫關對舉也。」〔扛〕音江。
〔三〕謝承書曰：「葬貴人魏氏以椒房之寵，威傾郡縣。」
〔四〕謝承書曰：「養育成人，以妻同縣人王氏。」
〔五〕細陽，縣，屬汝南郡，故城在今潁州汝陰縣西北。

後去官還鄉里，太守富宗聞延名，召署功曹。〔一〕宗性奢靡，車服器物，多不中節。延諫曰：「昔晏嬰輔齊，鹿裘不完，〔二〕季文子相魯，妾不衣帛，〔三〕以約失之者鮮矣。」宗不悅，延即辭退。居有頃，宗果以侈從被誅，臨當伏刑，擥涕而歎曰：「恨不用功曹虞延之諫！」光武聞而奇之。二十年東巡，路過小黃，高帝母昭靈后園陵在焉，〔四〕時延爲部督郵，詔呼引見，問園陵之事。延進止從容，占拜可觀，其陵樹株蘖，皆諳其數，〔五〕俎豆犧牲，頗曉其禮。帝善之，敕延從駕到魯。還經封丘城門，門下小，不容羽蓋，〔六〕帝怒，使撻侍御史，延因下見引咎，以爲罪在督郵。言辭激揚，有感帝意，乃制詔曰：「以陳留督郵虞延故，貰御史

罪。」〔七〕延從送車駕西盡郡界，賜錢及劍帶佩刀還郡，於是聲名遂振。

〔一〕富姓，宗名。
〔二〕晏子曰：「晏子布衣鹿裘以朝，公曰：『夫子之家若此其貧也，奚衣之惡也？』」
〔三〕左傳曰，季文子相魯，妾不衣帛，馬不食粟。
〔四〕小黃，縣，屬陳留郡，故城在今汴州陳留縣東北。漢官儀注曰：「高帝母起兵時死小黃北，後爲作陵廟於小黃。」陳留風俗傳云：「沛公起兵野戰，喪皇妣于黃鄉。天下平，乃使使者梓宮招魂幽野，有丹蛇在水，自洗濯，入于梓宮，其浴處仍有遺髮，故謚曰昭靈夫人。因作園陵、寢殿、司馬門、鐘簴、衞守。」小黃有祭器籩豆鼎俎之屬十四種，廟基尙存焉。
〔五〕株，根也。蘖，伐木更生也。
〔六〕封丘，今汴州縣也。
〔七〕貰，放也。

二十三年，司徒玉況辟焉。〔一〕時元正朝賀，帝望而識延，遣小黃門馳問之，即日召拜公車令。明年，遷洛陽令。是時陰氏有客馬成者，常爲姦盜，延收考之。陰氏屢請，獲一書輒加篣二百。〔二〕信陽侯陰就〔三〕乃訴帝，譖延多所冤枉。帝乃臨御道之館，親錄囚徒。延陳其獄狀可論者在東，無理者居西。成乃回欲趨東，延前執之，謂曰：「爾人之巨蠹，久依城社，不畏熏燒。〔四〕今考實未竟，宜當盡法！」成大呼稱枉，陛戟郎以戟刺延，叱使置

之。〔五〕帝知延不私，謂成曰：「汝犯王法，身自取之！」呵使速去。後數日伏誅。於是外戚斂手，莫敢干法。在縣三年，遷南陽太守。

〔一〕謝承書曰：「況字文伯，京兆杜陵人也。代爲三輔名族，該總五經，志節高亮，爲陳留太守。性聰敏，善行德教。永平十五年，蝗蟲起泰山，彌衍兗、豫，過陳留界，飛逝不集，五穀獨豐。章和元年，詔以況爲司徒。」玉，姓，音宿。
〔二〕篣，棰也，音彭。
〔三〕就，光烈皇后弟也。就本傳「信」作「新」。
〔四〕齊景公問晏子曰：「理國何患？」對曰：「患社鼠。」公曰：「何謂社鼠？」對曰：「社鼠不可熏。人君之左右，亦國之社鼠也。」
〔五〕續漢志曰：「凡郎官皆主執戟宿衞也。」

永平初，有新野功曹鄧衍，以外戚小侯每豫朝會，而容姿趨步，有出於衆，顯宗目之，顧左右曰：「朕之儀貌，豈若此人！」特賜輿馬衣服。延以衍雖有容儀而無實行，未嘗加禮。帝既異之，乃詔衍令自稱南陽功曹詣闕。〔一〕既到，拜郎中，遷玄武司馬。〔二〕衍在職不服父喪，帝聞之，乃歎曰：「『知人則哲，惟帝難之。』信哉斯言！」衍慙而退，由是以延爲明。

〔一〕謝承書曰：「帝賜輿馬衣服劍珮刀，錢二萬，南陽計吏歸，具以啓延。延知衍華不副實，行不配容，積三年不用，於是上乃自敕衍稱南陽功曹詣闕。」
〔二〕玄武，宮之北門也。每宮城門皆有司馬一人，秩千石，見續漢志。

三年，徵代趙憙爲太尉；八年，代范遷爲司徒。歷位二府，十餘年無異政績。會楚王英謀反，陰氏欲中傷之，使人私以楚謀告延，延以英藩戚至親，不然其言，又欲辟幽州從事公孫弘，〔一〕以弘交通楚王而止，並不奏聞。及英事發覺，詔書切讓，延遂自殺。家至清貧，子孫不免寒餒。〔二〕

〔一〕郡國有從事，主督促文書，察舉非法，皆州自辟除，故通爲百石，即功曹從事、理中從事之類是也。見續漢志也。
〔二〕餒，餓也。謝承書曰：「身沒之後，家貧空，子孫同衣而出，并日而食。」

延從曾孫放，字子仲。少爲太尉楊震門徒，及震被讒自殺，順帝初，放詣闕追訟震罪，由是知名。桓帝時爲尙書，以議誅大將軍梁冀功封都亭侯，後爲司空，坐水災免。性疾惡宦官，遂爲所陷，靈帝初，與長樂少府李膺等俱以黨事誅。

鄭弘字巨君，會稽山陰人也。〔一〕從祖吉，宣帝時爲西域都護。〔二〕弘少爲鄉嗇夫，〔三〕太守第五倫行春，〔四〕見而深奇之，召署督郵，舉孝廉。

〔一〕孔靈符會稽記曰：「射的山南有白鶴山，此鶴爲仙人取箭。漢太尉鄭弘嘗采薪，得一遺箭，頃有人覓，弘還之，問何所欲，弘識其神人也，曰：『常患若邪溪載薪爲難，願旦南風，暮北風。』後果然。故若邪溪風至今猶然，呼爲

『鄭公風』也。」

〔二〕謝承書曰：「其曾祖父本齊國臨淄人，官至蜀郡屬國都尉。武帝時徙強宗大姓，不得族居，將三子移居山陰，因遂家焉。長子吉，雲中都尉、西域都護；中子兗州刺史；少子舉孝廉，理劇東部候也。」

〔三〕謝承書曰：「爲鹽文鄉嗇夫，愛人如子。」續漢志曰：「其鄉小者縣署嗇夫一人，主知人善惡，爲役先後；知人貧富，爲賦多少，平其差品也。」

〔四〕太守常以春行所主縣，勸人農桑，振救乏絕，見續漢志也。

弘師同郡河東太守焦貺。楚王英謀反發覺，以疏引貺，〔一〕貺被收捕，疾病於道亡沒，妻子閉繫詔獄，掠考連年。諸生故人懼相連及，皆改變名姓，以逃其禍，弘獨髡頭負鈇鑕，詣闕上章，爲貺訟罪。顯宗覺悟，卽赦其家屬，弘躬送貺喪及妻子還鄉里，由是顯名。

〔一〕疏，書也。

拜爲騶令，〔一〕政有仁惠，民稱蘇息。遷淮〔陰〕〔陽〕太守。〔二〕四遷，建初〔初〕，爲尚書令。舊制，尚書郎限滿補縣長令史丞尉。弘奏以爲臺職雖尊，而酬賞甚薄，至於開選，多無樂者，〔三〕請使郎補千石〔令〕，令史爲長。帝從其議。弘前後所陳有補益王政者，皆著之南宮，以爲故事。

〔一〕騶，今兗州縣也。謝承書曰「弘勤行德化，部人王逢等得路遺寶物，縣於道衢，求主還之。魯國當春大旱，五穀不豐，騶獨致雨偏執。永平十五年，蝗起泰山，流被郡國，過騶界不集。郡因以狀聞，詔書以爲不然，遣使案行，如

言」也。

〔二〕謝承書曰：「弘消息繇賦，政不煩苛。行春天旱，隨車致雨。白鹿方道，俠轂而行。弘怪問主簿黃國曰：『鹿爲吉爲凶？』國拜賀曰：『聞三公車轓畫作鹿，明府必爲宰相。』」

〔三〕樂音五孝反。

出爲平原相，徵拜侍中。建初八年，代鄭衆爲大司農。舊交阯七郡貢獻轉運，皆從東冶〔一〕汎海而至，風波艱阻，沈溺相係。弘奏開零陵、桂陽嶠道，於是夷通，〔二〕至今遂爲常路。〔三〕在職二年，所息省三億萬計。時歲天下遭旱，邊方有警，人食不足，而帑藏殷積。〔四〕弘又奏宜省貢獻，減徭費，以利飢人。帝順其議。

〔一〕東冶，縣，屬會稽郡。太康地理志云漢武帝名爲東冶，後改爲東候官，今泉州閩縣是。

〔二〕嶠，嶺也。夷，平也。

〔三〕今謂范曄時也。

〔四〕說文曰：「帑，金布所藏之府。」

元和元年，代鄧彪爲太尉。時舉將第五倫爲司空，班次在下，每正朔朝見，弘曲躬而自卑。帝問知其故，遂聽置雲母屏風，分隔其閒，〔一〕由此以爲故事。在位四年，奏尚書張林阿附侍中竇憲，而素行臧穢，又上洛陽令楊光，憲之賓客，在官貪殘，並不宜處位。書奏，吏與光故舊，因以告之。光報憲，憲奏弘大臣漏泄密事。帝詰讓弘，收上印綬。弘自詣廷尉，詔勑出之，因乞骸骨歸，未許。病篤，上書陳謝，幷言竇憲之短。帝省章，遣醫占弘病，比至已卒。臨歿悉還賜物，勑妻子褐巾布衣素棺殯殮，以還鄉里。

〔一〕以雲母飾屏風也。

周章字次叔，南陽隨人也。〔一〕初仕郡爲功曹。時大將軍竇憲免，封冠軍侯就國。章從太守行春到冠軍，太守猶欲謁之。章進諫曰：「今日公行春，豈可越儀私交。且憲椒房之親，埶傾王室，而退就藩國，禍福難量。明府剖符大臣，千里重任，〔二〕舉止進退，其可輕乎？」太守不聽，遂便升車。章前拔佩刀絕馬鞅，於是乃止。及憲被誅，公卿以下多以交關得罪，太守幸免，以此重章。舉孝廉，六遷爲五官中郎將。延平元年，爲光祿勳。

〔一〕「叔」或作「升」。

〔二〕剖符解見杜詩傳。

永初元年，代魏霸爲太常。其冬，代尹勤爲司空。是時中常侍鄭衆、蔡倫等皆秉埶豫政，章數進直言。初，和帝崩，鄧太后以皇子勝有痼疾，〔一〕不可奉承宗廟，貪殤帝孩抱，養爲己子，故立之，以勝爲平原王。及殤帝崩，羣臣以勝疾非痼，意咸歸之，太后以前既不立，

恐後爲怨，乃立和帝兄淸河孝王子祜，是爲安帝。章以衆心不附，遂密謀閉宮門，誅車騎將軍鄧騭兄弟及鄭衆、蔡倫，劫尚書，廢太后於南宮，封帝爲遠國王，〔二〕而立平原王〔勝〕。事覺，（勝）策免，章自殺。家無餘財，諸子易衣而出，幷日而食。

〔一〕痼猶廢也。

〔二〕遙遠之國也。

論曰：孔子稱「可與立，未可與權」。〔一〕權也者，反常者也。〔二〕將從反常之事，必資非常之會，〔三〕使夫舉無違妄，志行名全。周章身非負圖之託，〔四〕德乏萬夫之望，〔五〕主無絕天之釁，地有既安之埶，〔六〕而創慮於難圖，希功於理絕，不已悖乎！〔七〕如令君器易以下議，卽斗筲必能叨天業，狂夫豎臣亦自奮矣。孟軻有言曰：「有伊尹之心則可，無伊尹之心則篡矣。」〔八〕於戲，方來之人戒之哉！

〔一〕論語載孔子之詞也。立謂立功立事也。

〔二〕公羊傳曰：「權者何？權者反乎經，然後有善也。」

〔三〕會，際也。

〔四〕武帝欲立昭帝爲太子，乃畫周公負成王圖賜霍光。

〔五〕詩云：「顒顒卬卬，萬夫之望。」

〔六〕書曰「紂自絕於天，結怨于人」也。

〔七〕悖，逆也。

〔八〕孟子曰：「公孫丑問曰：『伊尹放太甲於桐宮，人大悅。太甲賢，又反之，人大悅。賢者之爲人臣也，其君不賢，故可放歟？』」孟子荅以此言。

贊曰：朱定北州，激成寵尤。鮪用降帑，〔一〕延感歸囚。鄭、竇怨偶，代相爲仇。〔二〕周章反道，小智大謀。〔三〕

〔一〕帑，屬也。

〔二〕左傳曰：「怨偶曰仇。」

〔三〕易曰「智小而謀大，力少而任重，鮮不及矣」也。

校勘記

一二三七頁一〇行　聞〔之〕遂大怒　據汲本、殿本補。

一二三八頁一〇行　臨人親職　校補謂此與下「此猶河濱之人」，文選「人」本作「民」，宋本失未改回也。按：下「伯通與吏人語」，文選「人」亦作「民」。

一二三八頁一五行　捐傳世之慶祚　文選「世」作「葉」。按：校補謂此宋本改回之誤。

一二三九頁三行　若以子之功論於朝廷　文選「功」下有「高」字。按：校補謂有「高」字則與上文「以爲功高天下」應。

一二三九頁一三行　多歷年世　文選「世」作「所」。按：校補謂此亦宋本改回之誤。

一二四〇頁二行　內聽驕婦之失計　按：文選「驕」作「嬌」。

一二四〇頁三行　勿以前事自誤　集解引惠棟說，謂「誤」一作「疑」。按：文選作「疑」。

一二四一頁六行　投袂而起　按：「起」原譌「赴」，逕據汲本、殿本改正。

一二四一頁一三行　兵之長帥也　按：「帥」原譌「師」，逕據汲本、殿本改正。

一二四五頁七行　〔世〕〔卅〕六屬　集解引惠棟說，謂注「世」別本作「卅」，音先合反。今按：通典卷二十七引後漢督郵板狀作「三十六屬」，則此「世」字當作「卅」，因版刻「世」字往往作「丗」，與「卅」形近而誤。今據改。

一二四五頁一三行　長水校尉樊〔儵〕〔鯈〕　據樊宏傳改。

一二四七頁七行　聖主之〔力〕〔德〕　殿本「力」作「德」，與前書龔遂傳合，今據改。

一二四七頁九行　食菜馮城　刊誤謂「菜」當作「寀」，音乃爲菜耳。今按：菜寀通，劉說泥。

一二四八頁一行　死無以爲報〔恩〕　按：王先謙謂「恩」字當衍，今據刪。

一二四八頁二行　皆〔在〕賊城中　按：集解引何焯說，謂「皆」下當有「在」字，今據補。

一二四八頁九行　皆自髡剔　按：汲本、殿本「髡」作「鬀」。

一二四九頁九行　保給牀席　按：殿本作「保官給牀蓐」。考證王會汾謂案文義當云「官給牀蓐」，「保」字疑衍。又按：王先謙謂今本東觀記「領南宮吏士」下有「南宮複道多惡風寒老人居之且病痱若向南者多取帷帳東西完塞諸牕望令緻密」三十三字，無「保給牀蓐」四字。

一二四九頁一三行　拜子世爲黃門侍郎　按：下云「卒，子代嗣」。刊誤謂世本名代，前拜爲郎時作「世」，後嗣立時作「代」，蓋後人見其名，疑「代」以爲避太宗諱所改，遂還作「世」，而忘其後尚皆作「代」也。今前後不同，遂似兩人，當定從一。今按：劉氏以爲世卽代，甚是，然謂世本名代，則無實證，安知非代本名世邪？

一二四九頁一五行　與太尉東萊劉熹參錄尚書事　按：安帝紀「熹」作「憙」。

一二五〇頁一行　子代嗣　按：李慈銘謂此名代者，卽上拜黃門郎之世也。章懷避太宗諱，改「世」作「代」，後之校者又改「代」作「世」，而一傳之中有改有不改如此。

一二五〇頁八行　詔封楊邑侯　按：刊誤謂「詔」當作「紹」。

一二五一頁三行　延率掾〔吏〕〔史〕　據刊誤及殿本考證改。按：殿本作「延率吏掾史」，衍一「吏」字。

一二五二頁五行　〔扛〕音江　據汲本、殿本補。

一二五二頁九行　太守富宗聞延名　按：集解引惠棟說，謂袁宏紀作「傅宗」。

一二五三頁三行　司徒玉況　殿本改「玉」爲「王」，有王會汾之考證，謂按玉篇，金玉之「玉」魚錄反，點在中畫下，其音宿者點在中畫上，監本作「玉」，今改從「王」。今按：校補謂玉自有宿音，史記封禪書公玉帶，玉卽音肅，不必改字。且說文玉本無點，尤不容分玉王爲二字。又按：校補謂光武紀建武二十七年，大司徒玉況薨，詔始令二府去「大」，則在二十三年自應仍稱大司徒，傳脫「大」字。

一二五三頁四行　永平十五年蝗蟲起泰山　汲本「泰」作「太」。按：范曄避其父范泰諱，「泰」皆作「太」，此後人回改也。又按：玉況卒於建武年閒，謝承書所云永平十五年云云及下章和元年云云，皆誤。

一二五三頁一〇行　有新野功曹鄧衍　集解引惠棟說，謂東觀記作「鄧寅」。按：校補謂「寅」當卽「演」之誤，衍演通作。

一二五五頁二行　將三子移居山陰　按：「三」原譌「二」，逕改正。

一二五五頁七行　弘師同郡河東太守焦貺　按：袁紀云「事博士焦貺」。

一二五五頁一一行　遷淮〔陰〕〔陽〕太守　按：刊誤謂案漢郡無「淮陰」，當是淮陽，此時未爲陳國也。今據改。

一二五五頁二行　建初〔初〕爲尚書令　據王先謙說補。

一二五五頁三行　請使郎補千石〔令〕　據刊誤補。

一二五六頁五行　出爲平原相　按：集解引錢大昭說，謂平原爲國，在殤帝建平元年。考建初四年，封皇子全爲平春王，未幾，王薨國除，此「平原」或「平春」之誤。

一二五六頁三行　時舉將第五倫爲司空　「第」原作「弟」，「五」原作「伍」，逕改正。按：第與弟五與伍固可通，然一書中姓名宜前後一致也。

一二五六頁四行　在位四年　按：張熷謂本紀元和元年八月，弘爲太尉，三年四月免，不得云「四年」。

一二五七頁二行　其冬代尹勤爲司空　按：校補引錢大昭說，謂章爲司空，安紀在永初元年九月，「冬」當作「秋」。

一二五七頁三行　羣臣以勝疾非痼　「痼」原作「錮」，痼錮通，然上文作「痼」，今改歸一律。

一二五八頁一行　清河孝王子祜　刊誤謂案安帝名祜，此作「祜」，字之誤也。今按：范書「祜」皆作「祐」，或范氏別有所諱歟？

一二五八頁二行　而立平原王〔勝〕事覺（勝）策免　按：黃山謂「勝」字當在「事覺」上。安紀永初元年「司空周章密謀廢立，策免自殺」，平原懷王勝傳，延平元年封，八年薨，與紀合，則勝無策免事，諸王之廢亦不得爲策免，此策免自屬章也。今據改。

後漢書

宋　范曄　撰

唐　李賢等注

第五冊

卷三四至卷四二（傳四）

中華書局

後漢書卷三十四

梁統列傳第二十四 子松 竦 曾孫商 玄孫冀

梁統字仲寧，安定烏氏人，晉大夫梁益耳，即其先也。〔一〕統高祖父子都，自河東遷居北地，子都子橋，〔二〕以貲千萬徙茂陵，至哀、平之末，歸安定。

〔一〕東觀記曰：「其先與秦同祖，出於伯益，別封於梁。」梁益耳見左傳。氏音支。

〔二〕東觀記，橋子溥。溥子延，以明軍謀特除西域司馬。延生統。

統性剛毅而好法律。初仕州郡。更始二年，召補中郎將，使安集涼州，拜酒泉太守。會更始敗，赤眉入長安，統與竇融及諸郡守起兵保境，謀共立帥。初以位次，咸共推統，統固辭曰：「昔陳嬰不受王者，以有老母也。〔一〕今統內有尊親，又德薄能寡，誠不足以當之。」遂共推融爲河西大將軍，更以統爲武威太守。爲政嚴猛，威行鄰郡。

〔一〕前書曰，陳嬰故東陽令史，少年殺其令，相聚數千人，迺請立嬰爲王。嬰母謂曰：「吾自爲汝家婦，聞先故未嘗貴，今暴得大名，不祥，不如有所屬。」嬰乃不敢爲王。

建武五年，統等各遣使隨竇融長史劉鈞詣闕奉貢，願得詣行在所，詔加統宣德將軍。八年夏，光武自征隗囂，統與竇融等將兵會車駕。及囂敗，封統爲成義侯，同產兄巡、從弟騰並爲關內侯，拜騰酒泉典農都尉，悉遣還河西。十二年，統與融等俱詣京師，以列侯奉朝請，更封高山侯，拜太中大夫，除四子爲郎。

統在朝廷，數陳便宜。以爲法令既輕，下姦不勝，宜重刑罰，以遵舊典，乃上疏曰：

臣竊見元哀二帝輕殊死之刑以一百二十三事，手殺人者減死一等，〔一〕自是以後，著爲常準，故人輕犯法，吏易殺人。

〔一〕東觀記曰：「元帝初元五年，輕殊死刑三十四事，哀帝建平元年，輕殊死刑八十一事，其四十二事手殺人者減死一等。」

臣聞立君之道，仁義爲主，仁者愛人，義者政理，愛人以除殘爲務，政理以去亂爲心。刑罰在衷，無取於輕，是以五帝有流、殛、放、殺之誅，〔一〕三王有大辟、刻肌之法。〔二〕故孔子稱「仁者必有勇」，〔三〕又曰「理財正辭，禁民爲非曰義」。〔四〕高帝受命誅暴，平蕩天下，約令定律，誠得其宜。〔五〕文帝寬惠柔克，遭世康平，〔六〕唯除省肉刑、相坐之法，它皆率由，無革舊章。〔七〕武帝值中國隆盛，財力有餘，征伐遠方，軍役數興，豪桀犯禁，姦吏弄法，故重首匿之科，著知從之律，〔八〕以破朋黨，以懲隱匿。宣帝聰明正直，總御海內，臣下奉憲，無所失墜，因循先典，天下稱理。至哀、平繼體，而即位日淺，聽斷尚寡，丞相王嘉輕爲穿鑿，虧除先帝舊約成律，〔九〕數年之閒，百有餘事，或不便於理，或不厭民心。謹表其尤害於體者傅奏於左。〔一〇〕

〔一〕唐堯時流共工，放驩兜，(服)〔殺〕三苗，殛鯀。堯爲五帝之一，故舉言焉。

〔二〕大辟，罪之大者，謂死刑也。刻肌謂墨、劓、臏、刖。

〔三〕論語載孔子之言也。五帝、三王皆以仁義而化，而能用肉刑以正俗，是爲勇也。

〔四〕易繫詞曰：「何以守位？曰仁。何以聚人？曰財。理財正辭，禁人爲非曰義。」繫詞亦孔子作，故稱「又曰」。

〔五〕高祖定天下，使蕭何次律令。

〔六〕克，能也。言以和柔能理俗也。尚書曰「高明柔克」也。

〔七〕秦法，一人有罪，(并)〔坐〕其家室。文帝除肉刑并相坐律令，餘則仍舊不改。

〔八〕凡首匿者，爲謀首，藏匿罪人。至宣帝時，除子匿父母，妻匿夫，孫匿大父母罪，餘至殊死上請。知縱謂見知故縱，武帝時立見知故縱之罪，使張湯等著律，並見前書也。

〔九〕王嘉字公仲，平陵人。案嘉傳及刑法志並無其事，統與嘉時代相接，所引故不妄矣，但班固略而不載也。

〔一〇〕體，政體也。傅音附。

伏惟陛下包元履德，權時撥亂，〔一〕功踰文武，德侔高皇，誠不宜因循季末衰微之軌。回神明察，考量得失，宣詔有司，詳擇其善，定不易之典，施無窮之法，天下幸甚。

〔一〕撥，理也。公羊傳曰：「撥亂代反之正。」

事下三公、廷尉，議者以爲隆刑峻法，非明王急務，施行日久，豈一朝所釐。〔一〕統今所定，不宜開可。

〔一〕釐猶改也。

統復上言曰：「有司以臣今所言，不可施行。尋臣之所奏，非曰嚴刑。竊謂高帝以後，至乎孝宣，其所施行，多合經傳，宜比方今事，驗之往古，聿遵前典，事無難改，不勝至願。願得召見，若對尚書近臣，口陳其要。」帝令尚書問狀，統對曰：

聞聖帝明王，制立刑罰，故雖堯舜之盛，猶誅四凶。經曰：「天討有罪，五刑五庸哉。」〔一〕又曰：「爰制百姓于刑之衷。」〔二〕孔子曰：「刑罰不衷，則人無所厝手足。」〔三〕衷之爲言，不輕不重之謂也。春秋之誅，不避親戚，〔四〕所以防患救亂，全安衆庶，豈無仁愛之恩，貴絕殘賊之路也？

〔一〕尚書咎繇謨之詞也。庸，用也。言天以五刑討有罪，用五刑必當也。

〔二〕尚書呂刑云：「士制百姓于刑之中。」孔安國注云：「咎繇作士，制百官于刑之中。」此作「爰」，爰，於也，義亦通。衷音丁仲反，下同也。

〔三〕厝，置也。

〔四〕左傳曰：「大義滅親。」又曰：「周公殺管叔，夫豈不愛，王室故也。」

自高祖之興，至于孝宣，君明臣忠，謨謀深博，猶因循舊章，不輕改革，海內稱理，斷獄益少。至初元、建平，所減刑罰百有餘條，〔一〕而盜賊浸多，歲以萬數。間者三輔從橫，羣輩並起，〔二〕至燔燒茂陵，火見未央。其後隴西、北地、西河之賊，越州度郡，萬里交結，攻取庫兵，劫略吏人，詔書討捕，連年不獲。〔三〕是時以天下無難，百姓安平，而狂狡之埶，猶至於此，皆刑罰不衷，愚人易犯之所致也。

〔一〕初元，元帝年也。建平，哀帝年也。

〔二〕從音子用反，橫音戶孟反。

〔三〕東觀記統對尚書狀曰「元壽二年，三輔盜賊羣輩並起，至燔燒茂陵都邑，煙火見未央宮，前代（所）未嘗（所）有。其後隴西新興，北地任橫，任（崔）〔崖〕，西河（曹）〔漕〕況，越州度郡，萬里交結，或從遠方，四面會合，遂攻取庫兵，劫略吏人，國家開封侯之科，以軍法追捕，僅能破散」也。

由此觀之，則刑輕之作，反生大患；惠加姦軌，而害及良善也。故臣統願陛下采擇賢臣孔光、師丹等議。〔一〕

〔一〕孔光字子夏，師丹字公仲，並哀帝時丞相。光明習漢制及法令，丹初以論議深博，徵入爲光祿大夫，皆有議，見前書。

議上，遂寢不報。〔一〕

〔一〕上音時掌反。

後出爲九江太守，定封陵鄉侯。統在郡亦有治迹，吏人畏愛之。卒於官。子松嗣。

松字伯孫，少爲郎，尚光武女舞陰長公主，再遷虎賁中郎將。松博通經書，明習故事，與諸儒脩明堂、辟廱、郊祀、封禪禮儀，常與論議，寵幸莫比。光武崩，受遺詔輔政。永平元年，遷太僕。

松數爲私書請託郡縣，二年，發覺免官，遂懷怨望。四年冬，乃縣飛書誹謗，下獄死，國除。〔一〕

〔一〕飛書者，無根而至，若飛來也，即今匿名書也。

子扈，後以恭懷皇后從兄，永元中，擢爲黃門侍郎，歷位卿、校尉。溫恭謙讓，亦敦詩書。永初中，爲長樂少府。松弟竦。

竦字叔敬，少習孟氏易，〔一〕弱冠能教授。後坐兄松事，與弟恭俱徙九眞。既徂南土，歷江、湖，濟沅、湘，〔二〕感悼子胥、屈原以非辜沈身，乃作悼騷賦，繫玄石而沈之。〔三〕

〔一〕孟喜字長卿，東海人，見前書。

〔二〕湖謂洞庭湖，在今岳州。水經云沅（水）出牂柯且蘭縣，注云入洞庭，會于江。湘水出零陵始安縣陽海山，至巴丘入于江。

〔三〕東觀記載其文曰：「彼仲尼之佐魯兮，先嚴斷而後弘衍。雖離讒以嗚邑兮，卒暴誅於兩觀。殷伊尹之協德兮，暨太甲而俱寧。豈齊量其幾微兮，徒信己以榮名。雖吞刀以奉命兮，抉目眦於門閭。吳荒萌其已殖兮，可信顏於王廬？圖往鏡來兮，關北在篇。君名既泯沒兮，後辟亦然。屈平濯德兮，絜顯芬香。句踐罪種兮，越嗣不長。重耳忽推兮，六卿卒強。趙殞鳴犢兮，秦人入疆。樂毅奔趙兮，燕亦是喪。武安賜命兮，昭以不王。蒙宗不幸兮，長平顚荒。范父乞身兮，楚項不昌。何爾生不先後兮，推洪勳以遐邁。服荔裳如朱紱兮，騁鸞路於犇瀨。歷蒼梧之崇丘兮，宗虞氏之俊乂。臨衆瀆之神林兮，東敕職於蓬碣。祖聖道而垂典兮，褒忠孝以爲珍。既匡救而不得兮，必殞命而後仁。惟賈傅其違指兮，何楊生之欺眞。彼皇麟之高舉兮，熙太清之悠悠。臨岷川以愴恨兮，指丹海以爲期。」

顯宗後詔聽還本郡。竦閉門自養，以經籍爲娛，著書數篇，名曰七序。班固見而稱曰：「孔子著春秋而亂臣賊子懼，〔一〕梁竦作七序而竊位素餐者慙。」性好施，不事產業。長嫂舞陰公主贍給諸梁，親疏有序，特重敬竦，雖衣食器物，必有加異。竦悉分與親族，自無所服。〔二〕

〔一〕左傳：「書齊豹曰盜，三叛人名，以懲不義。善人勸焉，淫人懼焉。」孟子云：「仲尼成春秋，亂臣賊子懼。」

〔二〕服猶用也。

竦生長京師，不樂本土，自負其才，鬱鬱不得意。嘗登高遠望，歎息言曰：「大丈夫居世，生當封侯，死當廟食。〔一〕如其不然，閑居可以養志，詩書足以自娛，州郡之職，徒勞人耳。」後辟命交至，並無所就。有三男三女，肅宗納其二女，皆爲貴人。小貴人生和帝，竇皇后養以爲子，而竦家私相慶。後諸竇聞之，恐梁氏得志，終爲己害，建初八年，遂譖殺二貴人，而陷竦等以惡逆。詔使漢陽太守鄭據傳考竦罪，死獄中，家屬復徙九眞。辭語連及舞陰公主，坐徙新城，使者護守。〔二〕宮省事密，莫有知和帝梁氏生者。

〔一〕禮記曰：「諸侯五廟，卿大夫三廟，士一廟。」

〔二〕新城，今洛州伊闕縣也。

永元九年，竇太后崩，松子扈遣從兄禪〔一〕奏記三府，以爲漢家舊典，崇貴母氏，而梁貴人親育聖躬，不蒙尊號，求得申議。〔二〕太尉張酺引禪訊問事理，會後召見，因白禪奏記之狀。帝感慟良久，曰：「於君意若何？」酺對曰：「春秋之義，母以子貴。〔三〕漢興以來，母氏莫不隆顯，臣愚以爲宜上尊號，追慰聖靈，存錄諸舅，以明親親。」帝悲泣曰：「非君孰爲朕思之！」會貴人姊南陽樊調妻嫕〔四〕上書自訟曰：「妾同產女弟貴人，前充後宮，蒙先帝厚恩，得見寵幸。皇天授命，誕生聖明。而爲竇憲兄弟所見譖訴，使妾父竦冤死牢獄，骸骨不掩。老母孤弟，遠徙萬里。獨妾遺脫，逸伏草野，常恐沒命，無由自達。今遭值陛下神聖之運，親統萬機，羣物得所。憲兄弟姦惡，既伏辜誅，海內曠然，各獲其宜。妾得蘇息，拭目更視，乃敢昧死自陳所天。〔五〕妾聞太宗即位，薄氏蒙榮；〔六〕宣帝繼統，史族復興。〔七〕妾門雖有薄、史之親，獨無外戚餘恩，誠自悼傷。妾父既冤，不可復生，母氏年殊七十，〔八〕及弟棠等，遠在絕域，不知死生。願乞收竦朽骨，使母弟得歸本郡，則施過天地，存歿幸賴。」帝覽章感悟，乃下中常侍、掖庭令驗問之，嫕辭證明審，遂得引見，具陳其狀。乃留嫕止宮中，連月乃出，賞賜衣被錢帛第宅奴婢，旬月之閒，累資千萬。嫕素有行操，帝益愛之，加號梁夫人；擢樊調爲羽林左監。調，光祿大夫宏兄曾孫也。〔九〕

〔一〕禮，古「禪」字也。

〔二〕求申理而讓之也。

〔三〕解見光武紀。

〔四〕嫕音於計反。

〔五〕臣以君爲天，故云「所天」。

〔六〕文帝即位，尊薄太后爲皇太后，封弟昭爲軹侯。太后母前死櫟陽，迺追尊太后父爲靈文侯，會稽郡置園邑三百家，櫟陽亦置靈文夫人園，令如靈文侯園儀也。

〔七〕史良娣，宣帝祖母也。宣帝初生，母王夫人死，無所歸，史良娣母貞君養視焉。宣帝即位，以舊恩封史恭三子，高爲樂陵侯，曾爲將陵侯，玄爲平臺侯。

〔八〕殊猶過也。

〔九〕宏，光武舅也。

於是追尊恭懷皇后。其冬，制詔三公、大鴻臚曰：「夫孝莫大於尊尊親親，其義一也。〔一〕詩云：『父兮生我，母兮鞠我，撫我畜我，長我育我，顧我復我，出入腹我。欲報之德，昊天罔極。』〔二〕朕不敢興事，覽于前世，太宗、中宗，寔有舊典，〔三〕追命外祖，以篤親親。其追封謚皇太后父竦爲褒親愍侯，比靈文、順成、〔恩成〕侯。〔四〕魂而有靈，嘉斯寵榮，好爵顯服，以慰母心。」遣中謁者與嫕及扈，備禮西迎竦喪，〔五〕詣京師改殯，賜東園畫棺、玉匣、衣衾，〔六〕建塋於恭懷皇后陵傍。帝親臨送葬，百官畢會。

〔一〕禮記曰：「上正祖禰，尊尊也。下正子孫，親親也。」

〔二〕詩小雅也。毛萇注云：「鞠，養也。腹，厚也。」鄭玄注云：「畜，起也。育，覆育也。顧，旋視也。復，反覆也。腹，懷抱也。極，已也。欲報父母之德，昊天乎，我心無已也。」

〔三〕太宗，文帝也。中宗，宣帝也。

〔四〕昭帝母趙婕妤，帝即位，追封婕妤父爲順成侯，宣帝追封母王夫人父迺始爲恩成侯，各置園廟也。

〔五〕竦死漢陽獄，故西迎也。

〔六〕東園，署名，主知棺槨。漢儀注，王侯葬，腰已下玉爲札，長尺，廣二寸半；爲匣，下至足，綴以黃金鏤爲之。「匣」字或作「柙」也。

徵還竦妻子，封子棠爲樂平侯，棠弟雍乘氏侯，雍弟翟單父侯，邑各五千戶，位皆特進，賞賜第宅奴婢車馬兵弩什物以巨萬計，寵遇光於當世。諸梁內外以親疏並補郎、謁者。

棠官至大鴻臚，雍少府。棠卒，子安國嗣，延光中爲侍中，有罪免官，諸梁爲郎吏者皆坐免。

商字伯夏，雍之子也。少以外戚拜郎中，遷黃門侍郎。永建元年，襲父封乘氏侯。三年，順帝選商女及妹入掖庭，遷侍中、屯騎校尉。陽嘉元年，女立爲皇后，妹爲貴人，加商位特進，更增國土，賜安車駟馬，其歲拜執金吾。二年，封子冀爲襄邑侯，商讓不受。三年，以商爲大將軍，固稱疾不起。四年，使太常桓焉奉策就第即拜，商乃詣闕受命。明年，夫人陰氏薨，追號開封君，〔一〕贈印綬。

〔一〕開封，縣，故城在今汴州浚儀縣南。

商自以戚屬居大位，每存謙柔，虛己進賢，辟漢陽巨覽、上黨陳龜爲掾屬，李固、周舉爲從事中郎，於是京師翕然，稱爲良輔，帝委重焉。〔一〕每有飢饉，輒載租穀於城門，賑與貧餧，不宣己惠。檢御門族，未曾以權盛干法。而性慎弱無威斷，頗溺於內豎。以小黃門曹節等用事於中，遂遣子冀、不疑與爲交友，然宦者忌商寵任，反欲陷之。永和四年，中常侍張

逵、蘧政，內者令石光，〔二〕尚方令傅福，冗從僕射杜永連謀，共譖商及中常侍曹騰、孟賁，云欲徵諸王子，圖議廢立，請收商等案罪。帝曰：「大將軍父子我所親，騰、賁我所愛，必無是，但汝曹共妒之耳。」逵等知言不用，懼迫，遂出矯詔收縛騰、賁於省中。帝聞震怒，敕宦者李歙急呼騰、賁釋之，收逵等，悉伏誅。辭所連染及在位大臣，商懼多侵枉，乃上疏曰：「春秋之義，功在元帥，罪止首惡，〔三〕故賞不僭溢，刑不淫濫，五帝、三王所以同致康乂也。〔四〕竊聞考中常侍張逵等，辭語多所牽及。大獄一起，無辜者衆，死囚久繫，纖微成大，〔五〕非所以順迎和氣，平政成化也。〔六〕宜早訖竟，以止逮捕之煩。」〔七〕帝乃納之，罪止坐者。

〔一〕東觀漢記：「商少持韓詩，兼讀衆書傳記，天資聰敏，昭達萬情。舉措動作，直推雅性，務在誠實，不爲華飾。孝友著於閨閾，明信結於友朋。其在朝廷，儼恪矜嚴，威而不猛。退食私館，接賓待客，寬和肅敬。憂人之憂，樂人之樂，皆若在己。輕財貨，不爲蓄積，故衣裘裁足卒歲，奴婢車馬供用而已。朝廷由是敬憚委任焉。」

〔二〕內者，署名，令一人，秩六百石，屬少府，見漢官儀也。

〔三〕春秋經書「虞師、晉師滅下陽」。公羊傳曰：「虞，微國也，曷爲序于大國之上？使虞首惡也。曷爲〔序〕〔使〕虞首惡？虞受賂，假滅國者道，以取亡焉。」

〔四〕左傳曰：「善爲國者，賞不僭而刑不濫。賞僭則懼及淫人，刑濫則懼及善人。若不幸而過，寧僭無濫。」

〔五〕言久繫，則細微之事引牽而成大也。

〔六〕禮記月令「孟春之月，天子親帥三公、九卿、諸侯、大夫，以迎春於東郊，命相布德和令，行慶施惠，下及兆人」也。

〔七〕逮，及也，辭所連及即追捕之也。

六年秋，商病篤，敕子冀等曰：「吾以不德，享受多福。生無以輔益朝廷，死必耗費帑臧，衣衾飯唅玉匣珠貝之屬，何益朽骨。〔一〕百僚勞擾，紛華道路，秪增塵垢，雖云禮制，亦有權時。〔二〕方今邊境不寧，盜賊未息，豈宜重爲國損！氣絶之後，載至冢舍，即時殯斂。斂以時服，皆以故衣，無更裁制。殯已開冢，冢開即葬。祭食如存，無用三牲。孝子善述父志，不宜違我言也。」〔三〕及薨，帝親臨喪，諸子欲從其誨，朝廷不聽，賜以東園朱壽（之）器、銀鏤、黃腸、玉匣、什物二十八種，〔四〕錢二百萬，布三千匹。皇后錢五百萬，布萬匹。及葬，贈輕車介士，〔五〕賜謚忠侯。中宮親送，帝幸宣陽亭，〔六〕瞻望車騎。〔七〕

〔一〕唅，口實也。白虎通曰「大夫飯以玉，唅以貝；士飯以珠，唅以貝」也。

〔二〕權時謂不依禮也。

〔三〕禮記曰：「孝子善述父之志，善成人之事。」

〔四〕壽器，棺也，以朱飾之，以銀鏤之。前書音義曰「以栢木黃心爲椁，曰黃腸」也。

〔五〕輕車，兵車也。介士，甲士也。

〔六〕每城門皆有亭，即宣陽門之亭也。

〔七〕東觀記云：「初，帝作誄曰『孰云忠侯，不聞其音。背去國家，都茲玄陰。幽居冥冥，靡所且窮』也。」

子冀嗣。

冀字伯卓。爲人鳶肩豺目，〔一〕洞精矘眄，〔二〕口吟舌言，〔三〕裁能書計。少爲貴戚，逸游自恣。性嗜酒，能挽滿、彈棊、〔四〕格五、〔五〕六博、〔六〕蹴鞠、〔七〕意錢之戲，〔八〕又好臂鷹走狗，騁馬鬬雞。初爲黃門侍郎，轉侍中、虎賁中郎將，越騎、步兵校尉，執金吾。

〔一〕鳶，鴟也，鴟肩上竦也。豺目，目堅也。

〔二〕洞，通也。矘音它蕩反。說文：「目精直視。」

〔三〕謂語吃不能明了。

〔四〕挽滿猶引強也。藝經曰：「彈棊，兩人對局，白黑棊各六枚，先列棊相當，更先彈也。其局以石爲之。」

〔五〕前書吾丘壽王善格五。音義云：「簺也，音蘇代反。」說文曰：「簺，行棊相塞謂之簺。」鮑宏簺經曰：「簺有四采，塞、白、乘、五是也。至五即格，不得行，故謂之格五。」

〔六〕楚詞曰：「琨蔽象棊有六博。」王逸注云：「投六箸，行六棊，故云六博。」鮑宏博經曰：「用十二棊，六棊白，六棊黑。所擲頭謂之瓊。瓊有五采，刻爲一畫者謂之塞，刻爲兩畫者謂之白，刻爲三畫者謂之黑，一邊不刻者五塞之間，謂之五塞。」

〔七〕劉向別錄曰：「蹴鞠者，傳言黃帝所作，或曰起戰國之時。蹋鞠，兵埶也，所以講武知有材也。」

〔八〕何承天纂文曰：「詭億一曰射意，一曰射數，即攤錢也。」

永和元年，拜河南尹。冀居職暴恣，多非法，父商所親客洛陽令呂放，頗與商言及冀之短，商以讓冀，冀即遣人於道刺殺放。而恐商知之，乃推疑於放之怨仇，請以放弟禹爲洛陽令，〔一〕使捕之，盡滅其宗親、賓客百餘人。

〔一〕安慰放家，欲以滅口。

商薨未及葬，順帝乃拜冀爲大將軍，弟侍中不疑爲河南尹。

及帝崩，沖帝始在繈褓，太后臨朝，詔冀與太傅趙峻、太尉李固參錄尚書事。冀雖辭不肯當，而侈暴滋甚。

沖帝又崩，冀立質帝。帝少而聰慧，知冀驕橫，嘗朝羣臣，目冀曰：「此跋扈將軍也。」〔一〕冀聞，深惡之，遂令左右進鴆加煑餅，帝即日崩。

〔一〕跋扈猶強梁也。

復立桓帝，而枉害李固及前太尉杜喬，海內嗟懼，語在李固傳。建和元年，益封冀萬三千戶，增大將軍府舉高第茂才，官屬倍於三公。〔一〕又封不疑爲潁陽侯，不疑弟蒙西平侯，冀子胤襄邑侯，各萬戶。和平元年，重增封冀萬戶，并前所襲合三萬戶。

〔一〕漢官儀「三公府有長史一人，司徒府掾屬三十一人，令史及御屬三十六人也。

弘農人宰宣素性佞邪，欲取媚於冀，乃上言大將軍有周公之功，今既封諸子，則其妻宜爲邑君。詔遂封冀妻孫壽爲襄城君，兼食陽翟租，歲入五千萬，加賜赤紱，比長公主。〔一〕

壽色美而善爲妖態，作愁眉，嗁粧，墮馬髻，折要步，齲齒笑，〔二〕以爲媚惑。冀亦改易輿服之制，作平上軿車，〔三〕埤幘，狹冠，〔四〕折上巾，〔五〕擁身扇，〔六〕狐尾單衣。〔七〕壽性鉗忌，〔八〕能制御冀，冀甚寵憚之。

〔一〕長公主儀服同蕃王，解見皇后紀。

〔二〕風俗通曰：「愁眉者，細而曲折。嗁粧者，薄拭目下若嗁處。墮馬髻者，側在一邊。折要步者，足不任體。齲齒笑者，若齒痛不忻忻。始自冀家所爲，京師翕然皆放效之。」齲音丘禹反。

〔三〕鄭玄注周禮云：「軿猶屏也，所用自蔽隱也。」蒼頡篇云：「衣車也，形制上平。」異於常也。

〔四〕埤，下也，音頻爾反，一音皮彼反。

〔五〕蓋折其巾之上角也。

〔六〕大扇也。

〔七〕後裾曳地，若狐尾也。

〔八〕鉗，鈲也。言性忌害，如鉗之鈲物也。鈲音女輒反。

初，父商獻美人友通期於順帝，〔一〕通期有微過，帝以歸商，商不敢留而出嫁之，冀即遣客盜還通期。會商薨，冀行服，於城西私與之居。壽伺冀出，多從倉頭，篡取通期歸，截髮刮面，笞掠之，欲上書告其事。冀大恐，頓首請於壽母，壽亦不得已而止。冀猶復與私通，生子伯玉，匿不敢出。壽尋知之，使子胤誅滅友氏。冀慮壽害伯玉，常置複壁中。冀愛監奴秦宮，官至太倉令，得出入壽所。壽見宮，輒屏御者，託以言事，因與私焉。宮內外兼寵，威權大震，刺史、二千石皆謁辭之。

〔一〕友，姓也。東觀記「友」作「支」。

冀用壽言，多斥奪諸梁在位者，外以謙讓，而實崇孫氏宗親。冒名而爲侍中、卿、校尉、郡守、長吏者十餘人，皆貪叨凶淫，各遣私客籍屬縣富人，被以它罪，〔一〕閉獄掠拷，使出錢自贖，貲物少者至於死徙。扶風人士孫奮居富而性吝，冀因以馬乘遺之，〔二〕從貸錢五千萬，奮以三千萬與之，冀大怒，乃告郡縣，認奮母爲其守臧婢，云盜白珠十斛、紫金千斤以叛，遂收考奮兄弟，死於獄中，悉沒貲財億七千餘萬。

〔一〕籍謂疏錄之也。

〔二〕摯虞三輔決錄注曰「士孫奮字景卿，少爲郡五官掾起家，得錢貲至一億七千萬，富聞京師」也。

其四方調發，歲時貢獻，皆先輸上第於冀，〔一〕乘輿乃其次焉。吏人齎貨求官請罪者，道路相望。冀又遣客出塞，交通外國，廣求異物。因行道路，發取(妓)〔伎〕女御者，而使人復乘勢橫暴，妻略婦女，毆擊吏卒，所在怨毒。

〔一〕上第，第一也。

冀乃大起第舍，而壽亦對街爲宅，殫極土木，互相誇競。堂寢皆有陰陽奧室，〔一〕連房

洞戶。〔二〕柱壁雕鏤，加以銅漆；窗牖皆有綺疏青瑣，〔三〕圖以雲氣仙靈。臺閣周通，更相臨望；飛梁石蹬，陵跨水道。〔四〕金玉珠璣，異方珍怪，充積臧室。遠致汗血名馬。又廣開園囿，採土築山，十里九坂，以像二崤，〔五〕深林絕澗，有若自然，奇禽馴獸，飛走其閒。冀壽共乘輦車，張羽蓋，飾以金銀，游觀第內，多從倡伎，鳴鍾吹管，酣謳竟路。或連繼日夜，以騁娛恣。客到門不得通，皆請謝門者，門者累千金。又多拓林苑，禁同王家，西至弘農，東界滎陽，南極魯陽，北達河、淇，包含山藪，遠帶丘荒，周旋封域，殆將千里。又起菟苑於河南城西，經亙數十里，發屬縣卒徒，繕修樓觀，數年乃成。移檄所在，調發生菟，刻其毛以爲識，人有犯者，罪至刑死。嘗有西域賈胡，不知禁忌，誤殺一兔，轉相告言，坐死者十餘人。冀二弟嘗私遣人出獵上黨，冀聞而捕其賓客，一時殺三十餘人，無生還者。冀又起別第於城西，以納姦亡。或取良人，悉爲奴婢，至數千人，名曰「自賣人」。

〔一〕奧，深室也。

〔二〕洞，通也，謂相當也。

〔三〕牖，小窗也。綺疏謂鏤爲綺文。青瑣謂刻爲瑣文，而以青飾之也。

〔四〕架虛爲橋若飛也。

〔五〕二崤，山，在今洛州永寧縣西北。

元嘉元年，帝以冀有援立之功，欲崇殊典，乃大會公卿，共議其禮。於是有司奏冀入朝不趨，劒履上殿，謁讚不名，禮儀比蕭何；〔一〕悉以定陶、(陽)成〔陽〕餘戶增封爲四縣，比鄧禹；〔二〕賞賜金錢、奴婢、綵帛、車馬、衣服、甲第，比霍光：以殊元勳。每朝會，與三公絕席。〔三〕十日一入，平尚書事。〔四〕宣布天下，爲萬世法。冀猶以所奏禮薄，意不悅。專擅威柄，凶恣日積，機事大小，莫不諮決之。宮衞近侍，並所親樹，〔五〕禁省起居，纖微必知。百官遷召，皆先到冀門牋檄謝恩，然後敢詣尚書。下邳人吳樹爲宛令，之官辭冀，冀賓客布在縣界，以情託樹。樹對曰：「小人姦蠹，比屋可誅。明將軍以椒房之重，處上將之位，宜崇賢善，以補朝闕。宛爲大都，士之淵藪，自侍坐以來，未聞稱一長者，而多託非人，誠非敢聞！」冀嘿然不悅。樹到縣，遂誅殺冀客爲人害者數十人，由是深怨之。樹後爲荊州刺史，臨去辭冀，冀爲設酒，因鴆之，樹出，死車上。又遼東太守侯猛，初拜不謁，冀託以它事，乃腰斬之。

〔一〕事見王莽傳也。

〔二〕冀初封襄邑，襲封乘氏，更以定陶、(陽)成〔陽〕(是)〔足〕四縣。

〔三〕絕席，別也。

〔四〕謂平議也。

〔五〕樹，置也。

時郎中汝南袁著，年十九，見冀凶縱，不勝其憤，乃詣闕上書曰：「臣聞仲尼歎鳳鳥不至，河不出圖，自傷卑賤，不能致也。今陛下居得致之位，又有能致之資，〔一〕而和氣未應，賢愚失序者，埶分權臣，上下壅隔之故也。夫四時之運，功成則退，〔二〕高爵厚寵，鮮不致災。今大將軍位極功成，可爲至戒，宜遵懸車之禮，高枕頤神。〔三〕傳曰：『木實繁者，披枝害心。』若不抑損權盛，將無以全其身矣。左右聞臣言，將側目切齒，臣特以童蒙見拔，故敢忘忌諱。昔舜、禹相戒無若丹朱，〔四〕周公戒成王無如殷王紂，〔五〕願除誹謗之罪，以開天下之口。」書得奏御，冀聞而密遣掩捕著。著乃變易姓名，後託病偽死，結蒲爲人，市棺殯送。冀廉問知其詐，〔六〕陰求得，笞殺之，隱蔽其事。學生桂陽劉常，當世名儒，素善於著，冀召補令史以辱之。時太原郝絜、胡武，皆危言高論，〔七〕與著友善。先是絜等連名奏記三府，薦海內高士，而不詣冀，冀追怒之，又疑爲著黨，勑中都官移檄捕前奏記者並殺之，遂誅武家，死者六十餘人。絜初逃亡，知不得免，因輿櫬奏書冀門。書入，仰藥而死，家乃得全。及冀誅，有詔以禮祀著等。冀諸忍忌，皆此類也。

〔一〕此董仲舒對策之詞，著引而略之也。

〔二〕易繫辭曰：「寒往則暑來，暑往則寒來，寒暑相推，而歲(功)成焉。」老子曰：「功成名遂身退，天之道也。」

〔三〕薛廣德爲御史大夫，乞骸骨，賜安車四馬，縣其安車傳子孫。欲令冀遵致仕之禮也。
〔四〕尚書禹謂帝舜曰：「亡若丹朱傲，惟慢遊是好。」
〔五〕尚書周公戒成王曰：「無若殷王受之迷亂，酗于酒德哉！」
〔六〕廉，察也。
〔七〕危亦高，謂峻也。

不疑好經書，善待士，冀陰疾之，因中常侍白帝，轉爲光祿勳。又諷衆人共薦其子胤爲河南尹。胤一名胡狗，時年十六，容貌甚陋，不勝冠帶，道路見者，莫不蚩笑焉。不疑自恥兄弟有隙，遂讓位歸第，與弟蒙閉門自守。冀不欲令與賓客交通，陰使人變服至門，記往來者。南郡太守馬融、江夏太守田明，初除，過謁不疑，冀諷州郡以它事陷之，皆髡笞徙朔方。融自刺不殊，明遂死於路。

永興二年，封不疑子馬爲潁陰侯，胤子桃爲城父侯。冀一門前後七封侯，三皇后，六貴人，二大將軍，夫人、女食邑稱君者七人，尚公主者三人，其餘卿、將、尹、校五十七人。在位二十餘年，窮極滿盛，威行內外，百僚側目，莫敢違命，天子恭己而不得有所親豫。帝既不平之。延熹元年，太史令陳授因小黃門徐璜，陳災異日食之變，咎在大將軍，冀聞之，諷洛陽〔令〕收考授，死於獄。帝由此發怒。

初，掖庭人鄧香妻宣生女猛，〔一〕香卒，宣更適梁紀。梁紀者，冀妻壽之舅也。壽引進猛入掖庭，見幸，爲貴人，冀因欲認猛爲其女以自固，乃易猛姓爲梁。時猛姊壻邴尊爲議郎，冀恐尊沮敗宣意，〔二〕乃結刺客於偃城，刺殺尊，而又欲殺宣。宣家在延熹里，與中常侍袁赦相比。〔三〕冀使刺客登赦屋，欲入宣家。赦覺之，鳴鼓會衆以告宣。宣馳入以白帝，帝大怒，遂與中常侍單超、具瑗、唐衡、左悺、徐璜等五人成謀誅冀。語在宦者傳。

〔一〕香蓋掖庭署人之名也。
〔二〕沮，壞也。恐尊壞敗宣意，不從其改梁姓也。
〔三〕相鄰比也。

冀心疑超等，乃使中黃門張惲入省宿，以防其變。具瑗勑吏收惲，以輒從外入，欲圖不軌。帝因是御前殿，召諸尚書入，發其事，使尚書令尹勳持節勒丞郎以下皆操兵守省閣，斂諸符節送省中。使黃門令具瑗將左右廄騶、〔一〕虎賁、羽林、都候劍戟士，〔二〕合千餘人，與司隸校尉張彪共圍冀第。使光祿勳袁盱〔三〕持節收冀大將軍印綬，徙封比景都鄉侯。冀及妻壽即日皆自殺。悉收子河南尹胤、叔父屯騎校尉讓，及親從衞尉淑、越騎校尉忠、長水校尉戟等，諸梁及孫氏中外宗親送詔獄，無長少皆棄市。不疑、蒙先卒。其它所連及公卿列校刺史二千石死者數十人，故吏賓客免黜者三百餘人，朝廷爲空，唯尹勳、袁盱及廷尉邯鄲義在焉。是時事卒從中發，〔四〕使者交馳，公卿失其度，官府市里鼎沸，數日乃定，百姓莫不稱慶。

〔一〕騶，騎士也。
〔二〕續漢志曰「左右都候各一人，秩六百石，主劍戟士，徼循宮中及天子有所收考」也。
〔三〕音吁。
〔四〕卒音七訥反。

收冀財貨，縣官斥賣，合三十餘萬萬，以充王府，用減天下稅租之半。散其苑囿，以業窮民。錄誅冀功者，封尚書令尹勳以下數十人。

論曰：順帝之世，梁商稱爲賢輔，豈以其地居亢滿，而能以愿謹自終者乎？〔一〕夫宰相運動樞極，感會天人，〔二〕中於道則易以興政，乖於務則難乎御物。商協回天之埶，屬彫弱之期，而匡朝卹患，未聞上術，憔悴之音，載謠人口。雖輿粟盈門，何救阻飢之戹；〔三〕永言終制，未解尸官之尤。〔四〕況乃傾側孽臣，〔五〕傳寵凶嗣，以至破家傷國，而豈徒然哉！

〔一〕亢，上極之名也。愿，慤也。
〔二〕樞謂斗樞也，極，北極也。
〔三〕阻，難也。書曰「黎人阻飢」也。

〔四〕尸官猶尸祿。終制謂薄葬也。
〔五〕商遣冀、不疑與曹節等爲交友也。

贊曰：河西佐漢，統亦定筭。〔一〕褒親幽憤，升高累歎。商恨善柔，冀遂貪亂。〔二〕

〔一〕謂統初與竇融定計歸光武。
〔二〕善柔，失刑斷之道也。

校勘記

一一八五頁一一行　吾自爲汝家婦　按：刊誤謂「吾自爲」案前書云「自吾爲」。

一一八六頁二行　封統爲成義侯　按：張熷謂「成義」當爲「義成」。義成，世祖時屬沛，後屬九江郡，他郡無此名。

一一八六頁三行　拜騰酒泉典農都尉　按：校補引侯康說，謂兩漢但稱農都尉，曹操始加「典」字，此誤以後世官名稱之。

一一八七頁四行　(服)〔殺〕三苗　據汲本、殿本改。按：正文言「有流殛放殺之誅」，明「服」字譌，當作「殺」。

一一八七頁一〇行　(并)〔坐〕其家室　據殿本改。

一一八七頁一一行　凡首匿者爲謀首臧匿罪人　按：汲本作「凡首匿者爲謀自藏匿罪人」，殿本作「凡首匿者每爲謀自藏匿罪人」。

一一六八頁三行　不宜開可　按：張熷謂晉書刑法志作「不可開許」爲是。

一一六八頁九行　刑罰不衷則人無所厝手足　按：御覽六三五引「衷」作「中」，「厝」作「措」。

一一六九頁九行　前代〔所〕未嘗（所）有　據刊誤改，與東觀記合。

一一六九頁一〇行　隴西新興　按：張森楷校勘記謂「新興」當是人姓名，然自來無姓新者，「新」疑「辛」字之誤。前書辛慶忌傳言莽時司直陳崇舉奏辛夾兄之宗親隴西辛興等侵陵百姓，威行州郡，又鮑宣傳言名捕隴西辛興，統對或指此也。

一一六九頁一〇行　北地任横任（崔）〔崖〕　據汲本、殿本改，與東觀記合。

一一六九頁一〇行　西河（曹）〔漕〕況　汲本「曹況」作「漕況」。張森楷校勘記謂前書游俠傳有西河漕中叔，未知卽況否，然則漕亦姓，從水，作「曹」非也。按：東觀記亦作「漕」，今據改。

一一七〇頁二行　定封陵鄉侯　按：集解引洪頤煊說，謂皇后紀彝陰長公主適延陵鄉侯太僕梁松，此傳「陵」上脫「延」字。明帝紀亦作「陵鄉侯梁松」。

一一七一頁一行　沅〔水〕出牂柯且蘭縣　據汲本、殿本補。

一一七一頁四行　雖呑刀以奉命兮　按：集解引惠棟說，謂「雖」當作「胥」，謂伍員也。

一一七一頁五行　闕北在篇　按：此句疑有誤。殿本考證王會汾謂「北」當作「比」，言關逢、比干以直諫

死，其事著在篇籍也。足備一說。

一一七一頁七行　推洪勳以遐邁　按：汲本、殿本「推」作「惟」。

一一七一頁九行　何楊生之欺眞　按：汲本、殿本「欺」作「敗」。

一一七三頁三行　有三男三女　按：袁紀云竦生二男三女，長男棠及翟，長女嫕及二貴人。

一一七三頁九行　松子扈遣從兄禮奏記三府　按：校補引柳從辰說，謂袁紀「禮」作「擅」。

一一七三頁一六行　加號梁夫人　按：袁紀作「梁貴人」。

一一七四頁六行　比靈文順成〔恩成〕侯　據汲本、殿本補。

一一七五頁八行　昭達萬情　按：「情」原譌「惜」，逕據汲本、殿本改正。

一一七六頁三行　曷爲（序）〔使〕虞首惡　據汲本改，與公羊傳合。

一一七八頁一行　冀字伯卓　按：殿本「伯卓」作「伯車」。

一一八〇頁五行　足不任體　按：「任」原譌「在」，逕改正。

一一八二頁六行　從貸錢五千萬奮以三千萬與之　按：集解引汪文臺說，謂類聚八十四引續漢書作「奮以五百萬與之」，御覽八百三十五引「五千萬」作「二十萬」，「五百萬」作「十萬」。

一一八二頁一三行　發取（妓）〔伎〕女御者　刊誤謂古無「妓」字，當作「伎」。今據改。按：句疑有譌，册府元龜外戚部七作「發取奴女御豎」。

一一八二頁一四行　多從倡伎　「伎」原作「妓」，逕依殿本改。按：此處劉攽無刊誤，是劉所見本亦作「伎」也。

一一八三頁二行　悉以定陶（陽）成〔陽〕餘戶增封爲四縣　集解引通鑑胡注，謂「陽成」當作「成陽」，與定陶、乘氏皆屬濟陰郡。今據改，注同。

一一八三頁一三行　更以定陶（陽）成〔陽〕（是）〔足〕四縣　「足」字據殿本改。

一一八四頁一五行　而歲（功）成焉　據汲本、殿本删。按：此涉下文「功成名遂」而衍。

一一八五頁六行　又諷衆人共薦其子胤爲河南尹　按：集解引惠棟說，謂梁冀别傳「胤」作「嗣」。

一一八五頁一一行　永興二年封不疑子馬爲潁陰侯胤子桃爲城父侯　按：集解引惠棟說，謂袁宏紀「馬」作「焉」，「桃」作「祧」，建和元年封也。又按：通鑑封不疑子馬等在永壽二年。

一一八五頁一四行　太史令陳授　按：集解引惠棟說，謂别傳「授」作「捘」。

一一八五頁一五行　諷洛陽〔令〕收考授　據汲本、殿本補。

後漢書卷三十五

張曹鄭列傳第二十五

張純字伯仁，京兆杜陵人也。高祖父安世，宣帝時爲大司馬衞將軍，封富平侯。〔一〕父放，爲成帝侍中。純少襲爵土，哀平閒爲侍中，王莽時至列卿。遭值篡僞，多亡爵土，純以敦謹守約，保全前封。

〔一〕臣賢案：張安世昭帝元鳳六年以右將軍宿衞忠謹封富平侯，今此言宣帝封，誤也。宣帝卽位，但益封萬戶耳。

建武初，先來詣闕，故得復國。五年，拜太中大夫，使將潁川突騎安集荆、徐、楊部，督委輸，〔二〕監諸將營。後又將兵屯田南陽，遷五官中郎將。有司奏，列侯非宗室不宜復國。光武曰：「張純宿衞十有餘年，其勿廢，更封武始侯，食富平之半。」〔三〕

〔二〕督，促也。委輸，轉運也。

〔三〕武始，縣，屬魏郡。富平，縣，屬平原郡也。

純在朝歷世，明習故事。建武初，舊章多闕，每有疑議，輒以訪純，自郊廟婚冠喪紀禮

儀，多所正定。帝甚重之，以純兼虎賁中郎將，數被引見，一日或至數四。〔一〕純以宗廟未定，昭穆失序，十九年，乃與太僕朱浮共奏言：「陛下興於匹庶，蕩滌天下，誅鉏暴亂，興繼祖宗。竊以經義所紀，人事衆心，雖實同創革，而名爲中興，宜奉先帝，恭承祭祀者也。元帝以來，宗廟奉祠高皇帝爲受命祖，孝文皇帝爲太宗，孝武皇帝爲世宗，皆如舊制。又立親廟四世，推南頓君以上盡於舂陵節侯。〔二〕禮，爲人後者則爲之子，既事大宗，則降其私親。〔三〕今禘祫高廟，陳序昭穆，而舂陵四世，君臣並列，以卑廁尊，不合禮意。設不遭王莽，而國嗣無寄，推求宗室，以陛下繼統者，安得復顧私親，違禮制乎？昔高帝以自受命，不由太上，宣帝以孫後祖，不敢私親，故爲父立廟，獨羣臣侍祠。臣愚謂宜除今親廟，以則二帝舊典，願下有司博採其議。」詔下公卿，大司徒戴涉、大司空竇融議：「宜以宣、元、成、哀、平五帝四世代今親廟，宣、元皇帝尊爲祖、父，可親奉祠，成帝以下，有司行事，別爲南頓君立皇考廟。其祭上至舂陵節侯，羣臣奉祠，以明尊尊之敬，親親之恩。」帝從之。是時宗廟未備，自元帝以上，祭於洛陽高廟，成帝以下，祠於長安高廟，其南頓四世，隨所在而祭焉。

〔一〕過三以至於四也。

〔二〕南頓令欽卽光武之父。舂陵侯買，光武高祖也。

〔三〕大宗謂元帝也。據代相承，高祖至元帝八代，光武卽高帝九代孫，以代數相推，故繼體元帝，故曰「既事大宗」。下又云「宣、元皇帝尊爲祖、父」，又曰「自元帝以上祭於洛陽，成帝以下祭於長安」，其義明矣。降其私親，謂舂陵已下不別序昭穆。

明年，純代朱浮爲太僕。二十三年，代杜林爲大司空。在位慕曹參之迹，務於無爲，〔一〕選辟掾史，皆知名大儒。明年，上穿陽渠，引洛水爲漕，〔二〕百姓得其利。

〔一〕曹參，惠帝時代蕭何爲相國，遵蕭何法，無所變更。

〔二〕上音時丈反。陽渠在洛陽城南。

二十六年，詔純曰：「禘、祫之祭，不行已久矣。『三年不爲禮，禮必壞；三年不爲樂，樂必崩』。〔一〕宜據經典，詳爲其制。」純奏曰：「禮，三年一祫，五年一禘。春秋傳曰：『大祫者何？合祭也。』毀廟及未毀廟之主皆登，合食乎太祖，五年而再殷。〔二〕漢舊制三年一祫，毀廟主合食高廟，存廟主未嘗合祭。元始五年，諸王公列侯廟會，始爲禘祭。〔三〕又前十八年親幸長安，亦行此禮。〔四〕禮說三年一閏，天氣小備；五年再閏，天氣大備。故三年一祫，五年一禘。禘之爲言諦，諦定昭穆尊卑之義也。禘祭以夏四月，夏者陽氣在上，陰氣在下，〔五〕故正尊卑之義也。祫祭以冬十月，冬者五穀成孰，物備禮成，故合聚飲食也。斯典之廢，於茲八年，〔六〕謂可如禮施行，以時定議。」帝從之，自是禘、祫遂定。

〔一〕論語載宰我之言也。

〔二〕周禮三年一祫，五年一禘。又公羊傳曰：「大祫者何？合祭也。合祭奈何？毀廟主陳于太祖，未毀主皆升，合食于太祖，五年而再殷祭。」注云：「殷，盛也。謂三年祫，五年禘也。」

〔三〕臣賢案：平帝元始五年春，祫祭明堂，諸侯王列侯宗室助祭，賜爵金帛。今純及司馬彪書並云「禘祭」，蓋禘、祫俱是大祭，名可通也。

〔四〕續漢書曰：「十八年上幸長安，詔太常行禘禮於高廟，序昭穆。父爲昭，南向，子爲穆，北向。」

〔五〕四月乾卦用事，故言陽氣在上也。

〔六〕自十八年至此。

時南單于及烏桓來降，邊境無事，百姓新去兵革，歲仍有年，家給人足。〔一〕純以聖王之建辟雍，所以崇尊禮義，既富而教者也。〔二〕乃案七經讖、明堂圖、〔三〕河閒古辟雍記、孝武太山明堂制度，〔四〕及平帝時議，〔五〕欲具奏之。未及上，會博士桓榮上言宜立辟雍、明堂，章下三公、太常，而純議同榮，帝乃許之。

〔一〕仍，頻也。

〔二〕論語曰「子適衞，冉子僕。子曰：『庶矣哉！』冉子曰：『既庶矣，又何加焉？』曰：『富之。』『既富矣，又何加焉？』曰：『教之』」也。

〔三〕讖，驗也。解見光武紀。七經謂詩、書、禮、樂、易、春秋及論語也。

〔四〕武帝時，河閒獻王德獻雅樂，對三雍宮，有其書記也。又武帝封太山，濟南人公玉帶上黃帝時明堂圖，明堂中有

一殿，四面無壁，以茅蓋，水環宮垣，爲複道，上有樓也。

〔五〕平帝時起明堂，徵天下通一藝以上皆議於公車也。

三十年，純奏上宜封禪，曰：「自古受命而帝，治世之隆，必有封禪，以告成功焉。〔一〕樂動聲儀曰：『以雅治人，風成於頌。』〔二〕有周之盛，成康之閒，郊配封禪，皆可見也。書曰『歲二月，東巡狩，至于岱宗，〔柴〕』，則封禪之義也。臣伏見陛下受中興之命，平海內之亂，修復祖宗，撫存萬姓，天下曠然，咸蒙更生，恩德雲行，惠澤雨施，〔三〕黎元安寧，夷狄慕義。詩云：『受天之祜，四方來賀。』〔四〕今攝提之歲，倉龍甲寅，德在東宮。〔五〕宜及嘉時，遵唐帝之典，繼孝武之業，以二月東巡狩，封于岱宗，明中興，勒功勳，復祖統，報天神，禪梁父，祀地祇，傳祚子孫，萬世之基也。」中元元年，帝乃東巡岱宗，以純視御史大夫從，〔六〕并上元封舊儀及刻石文。〔七〕三月，薨，謚曰節侯。

〔一〕禮記曰：「因名山，升中于天。」鄭玄注曰：「謂巡守至於方嶽，燔柴祭天，告以諸侯之成功也。」

〔二〕動聲儀，樂緯篇名也。

〔三〕易曰：「雲行雨施，品物流形。」

〔四〕下武之詩也。鄭玄注云：「言武王受此萬年之壽，輔佐之臣亦宜蒙餘福也。」

〔五〕爾雅曰：「太歲在寅曰攝提格。」建武三十年太歲在甲寅，時歲德在東宮。前書音義曰：「蒼龍，太歲也。」

〔六〕視，比也。

張曹鄭列傳第二十五　一一九七

後漢書卷三十五　一一九八

〔七〕武帝元封元年封禪儀，令侍中皮弁搢紳，射牛行事。封廣丈二，高九尺，有玉牒書，書祕，其事皆禁。禪肅然，天子親拜，衣上黃。江淮閒一茅三脊爲神籍，五色土雜封。縱遠方奇獸飛禽之屬也。

子奮嗣。

奮字穉通。父純，臨終勑家丞曰：「司空無功於時，猥蒙爵土，身死之後，勿議傳國。」〔一〕奮兄根，少被病，光武詔奮嗣爵，奮稱純遺勑，固不肯受。帝以奮違詔，勑收下獄，奮惶怖，乃襲封。永平四年，隨例歸國。

〔一〕東觀記曰家丞名歙。

奮少好學，節儉行義，常分損租奉，〔一〕贍卹宗親，雖至傾匱，而施與不怠。十〔七〕年，儋耳降附，〔二〕奮來朝上壽，引見宣平殿，應對合旨，顯宗異其才，以爲侍祠侯。〔三〕建初元年，拜左中郎將，轉五官中郎將，遷長水校尉。七年，爲將作大匠，章和元年，免。永元元年，復拜城門校尉。四年，遷長樂衞尉。明年，代桓郁爲太常。六年，代劉方爲司空。

〔一〕奉音扶用反。

〔二〕儋耳，郡，武帝置，故城即今儋州義倫縣也。

〔三〕名臣子孫侍祠封侯，解見鄧禹傳。

時歲災旱，祈雨不應，乃上表曰：「比年不登，人用飢匱，今復久旱，秋稼未立，〔一〕陽氣垂盡，歲月迫促。夫國以民爲本，民以穀爲命，政之急務，憂之重者也。臣蒙恩尤深，受職過任，夙夜憂懼，章奏不能敘心，願對中常侍疏奏。」〔二〕即時引見，復口陳時政之宜。明日，和帝召太尉、司徒幸洛陽獄，錄囚徒，收洛陽令陳歆，即大雨三日。

〔一〕立，成也。

〔二〕疏猶條錄也。

奮在位清白，無它異績。九年，以病罷。在家上疏曰：「聖人所美，政道至要，本在禮樂。五經同歸，而禮樂之用尤急。孔子曰：『安上治民，莫善於禮；移風易俗，莫善於樂。』又曰：『揖讓而化天下者，禮樂之謂也。』〔一〕先王之道，禮樂可謂盛矣。孔子謂子夏曰：『禮以修外，樂以制內，丘已矣夫！』〔二〕又曰：『禮樂不興，則刑罰不中；刑罰不中，則民無所厝其手足。』臣以爲漢當制作禮樂，是以先帝聖德，數下詔書，愍傷崩缺，而衆儒不達，議多駮異。臣累世台輔，〔三〕而大典未定，私竊惟憂，不忘寢食。臣犬馬齒盡，誠冀先死見禮樂之定。」〔四〕十三年，更召拜太常。復上疏曰：「漢當改作禮樂，圖書著明。〔五〕王者化定制禮，功成作樂。〔六〕謹條禮樂異議三事，願下有司，以時考定。昔者孝武皇帝、光武皇帝封禪告成，而禮樂不定，事不相副。先帝已詔曹褒，〔七〕今陛下但奉而成之，猶周公斟酌文武之道，非

張曹鄭列傳第二十五　一一九九

後漢書卷三十五　一二〇〇

自爲制，誠無所疑。〔八〕久執謙謙，令大漢之業不以時成，非所以章顯祖宗功德，建太平之基，爲後世法。」帝雖善之，猶未施行。其冬，復以病罷。明年，卒於家。

〔一〕禮記樂記孔子之辭也。

〔二〕禮稽命徵之辭也。宋均注云：「修外，飾容貌也。修內，蕩滌心性也。已矣夫，恨不制作禮樂也。」

〔三〕奮七代祖湯，武帝時爲御史大夫，六代祖子孺，宣帝時爲衞將軍，領尚書；父純，光武時爲司空。

〔四〕先死謂未死之前也。

〔五〕見曹褒傳。

〔六〕禮樂記之文也。功成化定同耳，功謂王業，化謂敎人也。

〔七〕章帝勑曹褒於東觀次序禮事，依準舊典，凡百五十篇奏之也。

〔八〕周公制禮，皆斟酌文武之美德，爲之(節)〔等〕制，不自逃也。今先帝已詔曹褒，非陛下出意，何所疑而不爲也。詩頌曰：「於乎不顯，文王之德之純，假以溢我，我其收之，駿惠我文王。」又曰「執競武王，無競維烈」也。

子甫嗣，官至津城門候。〔一〕甫卒，子吉嗣。永初三年，吉卒，無子，國除。自昭帝封安世，至吉，傳國八世，〔二〕經歷篡亂，二百年閒〔三〕未嘗譴黜，封者莫與爲比。

〔一〕津城門，洛陽南面西門也，當洛水浮橋。漢官儀曰「候一人，秩六百石」也。

〔二〕張安世字子孺，昭帝時爲右將軍，始封富平侯。卒，子延壽嗣。卒，子勃嗣。卒，子臨嗣。卒，子放嗣。卒，子純嗣，建武初，改封武始侯。卒，子奮嗣。卒，子甫嗣。卒，子吉嗣，無子，國除。此言八代者，除安世始封也。

〔三〕纂亂謂王莽也。張子孺昭帝元鳳六年封，至永初三年合一百八十二年，故曰「間」也。

曹褒字叔通，魯國薛人也。父充，持慶氏禮，〔一〕建武中爲博士，從巡狩岱宗，定封禪禮，還，受詔議立七郊、三雍、大射、養老禮儀。〔二〕顯宗即位，充上言：「漢再受命，仍有封禪之事，而禮樂崩闕，不可爲後嗣法。五帝不相沿樂，三王不相襲禮，〔三〕大漢（當）自制禮，以示百世。」帝問：「制禮樂云何？」充對曰：「河圖括地象曰：『有漢世禮樂文雅出。』尚書琁機鈐曰：『有帝漢出，德洽作樂，名予。』」帝善之，下詔曰：「今且改太樂官曰太予樂，歌詩曲操，以俟君子。」〔四〕拜充侍中。作章句辯難，於是遂有慶氏學。

〔一〕前書，沛人慶普字孝公，爲東平太傅，受禮於后蒼，號慶氏禮也。
〔二〕五帝及天地爲七郊。三雍以下解見明帝紀。
〔三〕禮記正文也，言損益不同也。
〔四〕操猶曲也。劉向別錄曰：「君子因雅琴之適，故從容以致思焉。其道閉塞悲愁而作者名其曲曰操，言遇災害不失其操也。」

褒少篤志，有大度，結髮傳充業，博雅疎通，尤好禮事。常感朝廷制度未備，慕叔孫通

爲漢禮儀，晝夜研精，沈吟專思，寢則懷抱筆札，行則誦習文書，當其念至，忘所之適。初舉孝廉，再遷圉令，〔一〕以禮理人，以德化俗。時它郡盜徒五人來入圉界，吏捕得之，陳留太守馬嚴聞而疾惡，風縣殺之。褒敕吏曰：「夫絕人命者，天亦絕之。皋陶不爲盜制死刑，管仲遇盜而升諸公。〔二〕今承旨而殺之，是逆天心，順府意也，其罰重矣。如得全此人命而身坐之，吾所願也。」遂不爲殺。嚴奏褒耎弱，免官歸郡，爲功曹。

〔一〕圉，縣，屬陳留，故城在今汴州雍丘縣南也。
〔二〕禮雜記云孔子曰：「管仲遇盜，取二人焉，上以爲公臣。」注云：「此人但居惡人之中，使犯法耳。」

徵拜博士。會肅宗欲制定禮樂，元和二年下詔曰：「河圖稱『赤九會昌，十世以光，十一以興』。〔一〕尚書琁機鈐曰：『述堯理世，平制禮樂，放唐之文。』〔二〕予末小子，託于數終，曷以纘興，崇弘祖宗，仁濟元元？帝命驗曰：『順堯考德，題期立象。』〔三〕且三五步驟，優劣殊軌，〔四〕況予頑陋，無以克堪，雖欲從之，末由也已。〔五〕每見圖書，中心恧焉。」褒知帝旨欲有興作，乃上疏曰：「昔者聖人受命而王，莫不制禮作樂，以著功德。功成作樂，化定制禮，所以救世俗，致禎祥，爲萬姓獲福於皇天者也。今皇天降祉，嘉瑞並臻，制作之符，甚於言語。〔六〕宜定文制，著成漢禮，丕顯祖宗盛德之美。」章下太常，太常巢堪以爲一世大典，非褒所定，不可許。帝知羣僚拘攣，難與圖始，〔七〕朝廷禮憲，宜時刊立，明年復下詔曰：「朕以

不德，膺祖宗弘烈。乃者鸞鳳仍集，麟龍並臻，甘露宵降，嘉穀滋生，赤草之類，紀于史官。〔七〕朕夙夜祗畏，上無以彰于先功，下無以克稱靈物。漢遭秦餘，禮壞樂崩，且因循故事，未可觀省，有知其說者，各盡所能。」褒省詔，乃歎息謂諸生曰：「昔奚斯頌魯，〔八〕考甫詠殷。〔九〕夫人臣依義顯君，竭忠彰主，行之美也。當仁不讓，吾何辭哉！」遂復上疏，具陳禮樂之本，制改之意。拜褒侍中，從駕南巡，既還，以事下三公，未及奏，詔召玄武司馬班固，〔一〇〕問改定禮制之宜。固曰：「京師諸儒，多能說禮，宜廣招集，共議得失。」帝曰：「諺言『作舍道邊，三年不成』。會禮之家，名爲聚訟，〔一一〕互生疑異，筆不得下。昔堯作大章，一夔足矣。」〔一二〕章和元年正月，乃召褒詣嘉德門，令小黃門持班固所上叔孫通漢儀十二篇，敕褒曰：「此制散略，多不合經，〔一三〕今宜依禮條正，使可施行。於南宮、東觀盡心集作。」褒既受命，乃次序禮事，依準舊典，雜以五經讖記之文，撰次天子至於庶人冠婚吉凶終始制度，以爲百五十篇，寫以二尺四寸簡。其年十二月奏上。帝以衆論難一，故但納之，不復令有司平奏。會帝崩，和帝即位，褒乃爲作章句，帝遂以新禮二篇冠。擢褒監羽林左騎。〔一四〕永元四年，遷射聲校尉。後太尉張酺、尚書張敏等奏褒擅制漢禮，破亂聖術，宜加刑誅。帝雖寢其奏，而漢禮遂不行。

〔一〕九謂光武，十一謂章帝也。

〔二〕緯本文云：「使帝王受命，用吾道述堯理代，平制禮放唐之文，化洽作樂名斯在。」宋均注云：「述，脩也。」
〔三〕宋均注曰：「堯巡省於河、洛，得龜龍之圖書。舜受禪後習堯禮，得之演以爲考河命，題五德之期，立將起之象，凡三篇，在中候也。」
〔四〕孝經鉤命決曰：「三皇步，五帝驟，三王馳。」宋均注云：「步謂德隆道用，日月爲步。時事彌順，日月亦驟。勤思不已，日月乃馳，」是優劣也。
〔五〕言明白也。
〔六〕拘攣猶拘束也。前書鄒陽曰「能越拘攣之語」也。
〔七〕赤草即朱草也。大戴禮曰「朱草日生一葉，至十五日，十六日落一葉，周而復始」也。
〔八〕韓詩曰：「新廟奕奕，奚斯所作。」薛君傳云：「是詩公子奚斯所作也。」
〔九〕正考甫，孔子之先也，作商頌十二篇。
〔一〇〕玄武司馬主玄武門。續漢志云「宮掖門，每門司馬一人，秩比千石」也。
〔一一〕言相爭不定也。
〔一二〕夔，堯樂官也。呂氏春秋曰，魯哀公問於孔子曰，樂正夔一足矣。
〔一三〕散略猶疎略也。
〔一四〕漢官儀曰「羽林左騎秩六百石，領羽林，屬光祿勳」也。

褒在射聲，營舍有停棺不葬者百餘所，褒親自履行，問其意故。吏對曰：「此等多是建武以來絕無後者，不得埋掩。」褒乃愴然，爲買空地，悉葬其無主者，設祭以祀之。遷城門

校尉、將作大匠。時有疾疫，褒巡行病徒，爲致醫藥，經理饘粥，多蒙濟活。七年，出爲河內太守。時春夏大旱，糧穀踊貴。褒到，乃省吏幷職，退去姦殘，澍雨數降。其秋大孰，百姓給足，流宂皆還。後坐上災害不實免。有頃徵，再遷，復爲侍中。

褒博物識古，爲儒者宗。十四年，卒官。作通義十二篇，演經雜論百二十篇，又傳禮記四十九篇，教授諸生千餘人，慶氏學遂行於世。

論曰：漢初天下創定，朝制無文，叔孫通頗採經禮，參酌秦法，雖適物觀時，有救崩敝，然先王之容典蓋多闕矣，〔一〕是以賈誼、仲舒、王吉、劉向之徒，懷憤歎息所不能已也。〔二〕孝章永言前王，明發興作，〔五〕專命禮臣，撰定國憲，洋洋乎盛德之事焉。〔六〕而業絕天筭，議黜異端，斯道竟復墜矣。〔七〕夫三王不相襲禮，五帝不相沿樂，所以咸、莖異調，中都殊絕。〔八〕況物運遷回，情數萬化，制則不能隨其流變，品度未足定其滋章，〔九〕斯固世主所當損益者也。且樂非夔、襄，而新音代起，律謝皋、蘇，而制令亟易，〔一〇〕修補舊文，獨何猜焉？〔一一〕禮云禮云，曷其然哉！〔一二〕

資文、宜之遠圖明懿（美），而終莫或用，〔三〕故知自燕而觀，有不盡矣。〔四〕

〔一〕容，禮容也，典，法則也，謂行禮威儀俯仰之容貌也。文帝時，魯徐生以容爲禮官，孫襄亦善爲容。「容」或作

「宏」，義亦通也。

〔二〕賈誼等以叔孫通禮制疏略，並上書對策，請更改作，皆不從，所以歎息也。班固曰：「今大漢久曠大義，此賈誼、仲舒、王吉、劉向之徒所爲發憤而增歎也。」見前書。

〔三〕資，用也。言用文帝、宣帝美略遠謀，而終不能用賈誼等言。誼，文帝時人。王吉，宣帝時人。

〔四〕禮記曰：「孔子之喪，有自燕來觀者，舍於子夏氏。子夏曰：『聖人之葬人與人之葬聖人也，子何觀焉？』」有不盡矣言未備也。

〔五〕明發謂發夕至明也。詩曰：「明發不寐。」

〔六〕洋洋，美也。

〔七〕業絕天筭謂章帝晏駕也。議黜異端謂張酺等奏褒擅制禮，遂不行也。

〔八〕咸，咸池，黃帝樂也。莖，六莖，顓頊樂也。見前書。異調言古今不同處。中都，魯邑名也。家語曰：「孔子爲中都宰，制爲養生送死之節。」殊絕猶斷絕也。言古樂不同，舊禮亦絕也。

〔九〕言時代遷移，繁省不定也。

〔一〇〕夔，舜樂官。襄，魯樂官也。皋繇，虞士官。蘇忿生，周武王之司寇也。

〔一一〕言刑樂數改，而修禮則疑之。

〔一二〕歎其不能定也。

鄭玄字康成，北海高密人也。八世祖崇，哀帝時尚書僕射。玄少爲鄉嗇夫，〔一〕得休歸，常詣學官，不樂爲吏，父數怒之，不能禁。〔二〕遂造太學受業，師事京兆第五元先，始通京氏易、公羊春秋、三統歷、九章筭術。〔三〕又從東郡張恭祖受周官、禮記、左氏春秋、韓詩、古文尚書。以山東無足問者，乃西入關，因涿郡盧植，事扶風馬融。

〔一〕前書曰「鄉有嗇夫，掌聽訟收賦稅」也。

〔二〕鄭玄別傳曰「玄年十一二，隨母還家，正臘會同列十數人，皆美服盛飾，語言閑通，玄獨漠然如不及，母私督數之，乃曰『此非我志，不在所願』」也。

〔三〕三統曆，劉歆所撰也。九章筭術，周公作也，凡有九篇，方田一，粟米二，差分三，少廣四，均輸五，方程六，傍要七，盈不足八，鉤股九。

融門徒四百餘人，升堂進者五十餘生。融素驕貴，玄在門下，三年不得見，乃使高業弟子傳授於玄。玄日夜尋誦，未嘗怠倦。會融集諸生考論圖緯，聞玄善筭，乃召見於樓上，玄因從質諸疑義，問畢辭歸。融喟然謂門人曰：「鄭生今去，吾道東矣。」〔一〕

〔一〕前書曰：「田何授易於丁寬，學成，寬東歸，何謂門人曰：『易東矣。』」

玄自游學，十餘年乃歸鄉里。家貧，客耕東萊，學徒相隨已數百千人。及黨事起，乃與同郡孫嵩等四十餘人俱被禁錮，〔一〕遂隱修經業，杜門不出。時任城何休好公羊學，遂著公

羊墨守、〔二〕左氏膏肓、〔三〕穀梁廢疾；玄乃發墨守，鍼膏肓，起廢疾。休見而歎曰：「康成入吾室，操吾矛，以伐我乎！」初，中興之後，范升、陳元、李育、賈逵之徒爭論古今學，後馬融荅北地太守劉瓌及玄荅何休，義據通深，由是古學遂明。

〔一〕嵩字賓石，見趙岐傳。

〔二〕言公羊義理深遠，不可駮難，如墨翟之守城也。

〔三〕說文曰：「肓，隔也。」心下爲膏，喻左氏之疾不可爲也。

靈帝末，黨禁解，大將軍何進聞而辟之。州郡以進權戚，不敢違意，遂迫脅玄，不得已而詣之。進爲設几杖，禮待甚優。玄不受朝服，而以幅巾見。一宿逃去。時年六十，弟子河內趙商等自遠方至者數千。後將軍袁隗表爲侍中，以父喪不行。國相孔融深敬於玄，屣履造門。〔一〕告高密縣爲玄特立一鄉，曰：「昔齊置『士鄉』，〔二〕越有『君子軍』，皆異賢之意也。〔三〕鄭君好學，實懷明德。昔太史公、廷尉吳公、謁者僕射鄧公，皆漢之名臣。又南山四皓有園公、夏黃公，潛光隱耀，世嘉其高，皆悉稱公。〔四〕然則公者仁德之正號，不必三事大夫也。今鄭君鄉宜曰『鄭公鄉』。昔東海于公僅有一節，猶或戒鄉人侈其門閭，〔五〕矧乃鄭公之德，而無駟牡之路！可廣開門衢，令容高車，號爲『通德門』。」

〔一〕屣謂納履未正，曳之而行，言趨賢急也。

〔二〕管仲相桓公，制國爲二十一鄉，工商鄉六，士鄉十五，以居工商士也。事見國語也。

〔三〕吳越相攻，越王句踐乃中分其師爲左右軍，以其私卒君子六千人爲中軍。注云：「君子，王所親近有志行者。」見國語。

〔四〕吳公，文帝時爲河南守。鄧公，景帝時爲謁者僕射。太史公司馬談，武帝時。四皓，高帝時也，有園公、夏黃公、角里先生、綺里季也。須眉皓白，故言皓。秦末隱於商雒南山，以待天下之定，漢興，迎而致之也。

〔五〕一節謂決獄也。昭帝時，東海于公爲縣獄吏，決獄平，郡爲生立祠，號曰于公祠。先是于公閭門壞，父老方共修之。于公曰「少高大其門，令容駟馬車。我決獄多陰德，子孫必有興者」也。

董卓遷都長安，公卿舉玄爲趙相，道斷不至。〔一〕會黃巾寇青部，乃避地徐州，徐州牧陶謙接以師友之禮。建安元年，自徐州還高密，道遇黃巾賊數萬人，見玄皆拜，相約不敢入縣境。玄後嘗疾篤，自慮，以書戒子益恩曰：「吾家舊貧，〔不〕爲父母羣弟所容，去廝役之吏，〔二〕游學周、秦之都，往來幽、并、兗、豫之域，獲覲乎在位通人，處逸大儒，得意者咸從捧手，有所受焉。〔三〕遂博稽六藝，粗覽傳記，時覩祕書緯術之奧。年過四十，乃歸供養，假田播殖，以娛朝夕。遇閹尹擅埶，坐黨禁錮，十有四年，而蒙赦令，舉賢良方正有道，辟大將軍三司府。公車再召，比牒併名，早爲宰相。〔四〕惟彼數公，懿德大雅，克堪王臣，故宜式序。〔五〕吾自忖度，無任於此，但念述先聖之元意，思整百家之不齊，亦庶幾以竭吾才，故聞命罔從。

而黃巾爲害，萍浮南北，復歸邦鄉。入此歲來，已七十矣。宿素衰落，仍有失誤，案之禮典，便合傳家。〔六〕今我告爾以老，歸爾以事，將閑居以安性，覃思以終業。自非拜國君之命，問族親之憂，展敬墳墓，觀省野物，胡嘗扶杖出門乎！家事大小，汝一承之。咨爾煢煢一夫，曾無同生相依。其勗求君子之道，研鑽勿替，敬慎威儀，以近有德。〔七〕顯譽成於僚友，德行立於己志。若致聲稱，亦有榮於所生，可不深念邪！可不深念邪！吾雖無紱冕之緒，頗有讓爵之高。〔八〕自樂以論贊之功，庶不遺後人之羞。末所憤憤者，徒以亡親墳壟未成，所好羣書率皆腐敝，不得於禮堂寫定，傳與其人。〔九〕日西方暮，其可圖乎！家今差多於昔，勤力務時，無恤飢寒。菲飲食，薄衣服，節夫二者，尚令吾寡恨。若忽忘不識，亦已焉哉！」

〔一〕趙王乾之相也。

〔二〕廝，賤也。

〔三〕處逸謂處士隱逸之大儒。

〔四〕比牒猶連牒也，併名謂齊名也，言連牒齊名被召者並爲宰相也。併音步鼎反。

〔五〕式，用也。序，列也。

〔六〕傳家謂家事任子孫也。曲禮曰：「七十老而傳。」

〔七〕詩大雅人勞篇之言也。

〔八〕謂頻被辟不就也。

〔九〕其人謂好學者也。前書司馬遷曰「僕誠已著此書，傳之其人」也。

時大將軍袁紹總兵冀州，遣使要玄，大會賓客，玄最後至，乃延升上坐。身長八尺，飲酒一斛，秀眉明目，容儀溫偉。紹客多豪俊，並有才說，見玄儒者，未以通人許之，競設異端，百家互起。玄依方辯對，咸出問表，皆得所未聞，莫不嗟服。時汝南應劭亦歸於紹，因自贊曰：「故太山太守應中遠，北面稱弟子何如？」玄笑曰：「仲尼之門考以四科，〔一〕回、賜之徒不稱官閥。」劭有慙色。紹乃舉玄茂才，表爲左中郎將，皆不就。公車徵爲大司農，給安車一乘，所過長吏送迎。玄乃以病自乞還家。

〔一〕四科謂德行、言語、政事、文學，顏淵、閔子騫及子游、子夏，並見論語也。

五年春，夢孔子告之曰：「起，起，今年歲在辰，來年歲在巳。」〔一〕既寤，以讖合之，知命當終，有頃寢疾。時袁紹與曹操相拒於官度，〔二〕令其子譚遣使逼玄隨軍。不得已，載病到元城縣，疾篤不進，其年六月卒，年七十四。遺令薄葬。自郡守以下嘗受業者，縗絰赴會千餘人。

〔一〕北齊劉晝高才不遇傳論玄曰「辰爲龍，巳爲蛇，歲至龍蛇賢人嗟，玄以讖合之」，蓋謂此也。

〔二〕官度，津名也，在今鄭州中牟縣北。前書音義曰：「於滎陽下引河東南爲洪溝，以通宋、鄭、淮、泗，即今官度。」

門人相與撰玄荅諸弟子問五經，依論語作鄭志八篇。凡玄所注周易、尚書、毛詩、儀禮、禮記、論語、孝經、尚書大傳、中候、乾象歷，又著天文七政論、魯禮禘祫義、六藝論、毛詩譜、駮許慎五經異義、荅臨孝存周禮難，凡百餘萬言。〔一〕

〔一〕案：謝承書載玄所注與此略同，不言注孝經，唯此書獨有也。

玄質於辭訓，通人頗譏其繁。至於經傳洽孰，稱爲純儒，齊魯閒宗之。其門人山陽郗慮至御史大夫，東萊王基、清河崔琰著名於世。又樂安國淵、任嘏，〔一〕時並童幼，玄稱淵爲國器，嘏有道德，其餘亦多所鑒拔，皆如其言。玄唯有一子益恩，孔融在北海，舉爲孝廉；及融爲黃巾所圍，益恩赴難隕身。有遺腹子，玄以其手文似己，名之曰小同。〔二〕

〔一〕慮字鴻豫。基字伯輿，魏鎮南將軍安樂鄉侯。琰字季珪，魏東（西）曹掾，遷中尉。淵字子尼，魏司空掾，遷太僕。嘏字昭光，魏黃門侍郎也。

〔二〕魏氏春秋曰：「小同，高貴鄉公時爲侍中。嘗詣司馬文王，文王有密疏，未之屏也，如廁還，問之曰：『卿見吾疏乎？』荅曰：『不。』文王曰：『寧我負卿，無卿負我。』遂酖之。」

論曰：自秦焚六經，聖文埃滅。〔一〕漢興，諸儒頗修藝文；及東京，學者亦各名家。而守文之徒，滯固所稟，〔三〕異端紛紜，互相詭激，遂令經有數家，家有數說，章句多者或乃百餘萬言，學徒勞而少功，後生疑而莫正。鄭玄括囊大典，網羅衆家，〔三〕刪裁繁誣，刊改漏失，自是學者略知所歸。王父豫章君每考先儒經訓，而長於玄，〔四〕常以爲仲尼之門不能過也。及傳授生徒，並專以鄭氏家法云。〔五〕

〔一〕埃，塵也。

〔二〕稟，受；滯固猶固執也。言學者各守所見，不疏通也。

〔三〕括，結也。易坤卦曰「括囊無咎」也。

〔四〕王父，祖父也。爾雅曰「父之父爲王父」也。范曄祖父甯，字武子，晉〔孝〕武帝時爲豫章太守，經義每以玄爲長也。

〔五〕言甯教授專崇鄭學也。

贊曰：富平之緒，承家載世。〔一〕伯仁先歸，釐我國祭。〔二〕玄定義乖，褒修禮缺。孔書遂明，漢章中輟。〔三〕

〔一〕載，重也。易師卦曰「大君有命，開國承家」也。

〔二〕釐，理也。言純釐理禘祫之祭也。

〔三〕孔書謂六經也。輟，止也。中輟謂曹褒禮不行也。

校勘記

一一九四頁三行　元帝以來　按：「帝」原譌「年」，逕據汲本、殿本改正。

一一九四頁五行　既事大宗　「大」原作「太」，逕據汲本、殿本改。注同。按：集解王先謙云「大」或作「太」，非。

一一九五頁一二行　諦定昭穆尊卑之義也　按：集解引王補說，謂續漢志「諦定」作「諦諟」。

一一九五頁一三行　故合聚飲食也　按：集解引王補說，謂續漢志「合聚」上有「骨肉」二字。

一一九六頁七行　自十八年至此　按：集解引惠棟說，謂續志及本傳皆云十九年與朱浮共奏，至二十六年合八年之數，則「十八年」當作「十九年」，以十八年曾行禘禮故也。

一一九七頁五行　至于岱宗〔柴〕　據汲本、殿本補。按：汲本、殿本「柴」作「柴」，非，今改正。

一一九八頁八行　十〔七〕年儋耳降附　集解引錢大昭說，謂按本紀，儋耳諸國貢獻，公卿奉觴上壽，在永平十七年，此脫「七」字。今據補。

一二〇〇頁一〇行　爲之〔節〕〔等〕制　據汲本、殿本改。

一二〇一頁二行　父充持慶氏禮　按：集解引錢大昕說，謂「持」本是「治」字，章懷避諱改之。

一二〇一頁四行　大漢〔當〕自制禮　據汲本、殿本補。按：殿本考證謂監本脫去「當」字，從宋本增。

一二〇一頁六行　歌詩曲操　按：「歌」字原脫，逕據汲本、殿本補。

一二〇一頁一三行　尤好禮事　按：汲本、殿本「事」作「士」。集解引汪文臺說，謂御覽六百十一引謝承書，云「褒尤好禮事，常感朝廷制度未備」云云，明此「士」字當作「事」。

一二〇二頁一一行　況予頑陋　按：「予」原譌「于」，逕改正。

一二〇三頁一三行　擢褒監羽林左騎　按：刊誤謂案百官志「騎」當作「監」。

一二〇四頁四行　德隆道用　按：汲本「用」作「備」。

一二〇四頁四行　時事彌順　按：殿本考證謂「順」疑「煩」之誤，又「事」字舊本作「士」。

一二〇四頁八行　至十五日十六日落一葉　按：注文有脫譌，今本大戴禮作「至十五日生十五葉，十六日一葉落」。

一二〇五頁八行　資文宣之遠圖明懿（美）　刊誤謂衍一「明」字，何焯謂衍一「美」字。今依何焯說刪「美」字。

一二〇八頁四行　見趙岐傳　按：「岐」原作「歧」，逕依汲本、殿本改。

一二〇九頁一〇行　吾家舊貧〔不〕爲父母羣弟所容　集解引周壽昌說，謂「不爲父母羣弟所容」一語，不應出之康成。錢氏曝書雜記云陳仲魚元刻後漢書康成傳無「不」字，與唐史承節所撰鄭康成祠碑云「吾家舊貧，爲父母羣弟所容」之語相合。今本作「不爲父母羣弟所容」，乃刻之誤。校補則謂玄意本謂家貧而父母羣弟力薄，不能並容，爲吏又非所樂，乃發憤游學耳。去「不」字，於文義轉覺其窒。今從校補說，據汲本，殿本補一「不」字。

一二〇九頁一一行　得意者咸從捧手　按：「者」字原脫，逕據汲本、殿本補。

一二一〇頁一行　復歸邦鄉　按：李慈銘謂碑作「鄉邦」，是也，此誤倒。

一二一〇頁一〇行　趙王乾之相也　按：汲本、殿本「乾」作「虔」。

一二一一頁七行　故太山太守應中遠　集解引惠棟說，謂「遠」當作「瑗」，具本傳注。今按：本傳注云謝承書、應氏譜並云「字仲遠」，續漢書、文士傳作「仲援」，漢官儀又作「仲瑗」，未知孰是。

一二一二頁一〇行　基字伯興　汲本、殿本「興」作「輿」。按：魏志作「輿」。

一二一二頁一〇行　魏東（西）曹掾　據刊誤刪。

一二一三頁二行　刪裁繁誣　按：殿本「誣」作「蕪」。

一二一三頁八行　晉〔孝〕武帝時爲豫章太守　張森楷校勘記謂案晉書，范武子仕晉孝武，去武帝時百有餘年，明「武」上當有「孝」字。今據補。

後漢書卷三十六

鄭范陳賈張列傳第二十六

鄭興字少贛，河南開封人也。少學公羊春秋。晚善左氏傳，遂積精深思，通達其旨，同學者皆師之。〔一〕天鳳中，〔二〕將門人從劉歆講正大義，〔三〕歆美興才，使撰條例、章句、傳詁，及校三統歷。〔四〕

〔一〕東觀記曰：「興從博士金子嚴爲左氏春秋。」

〔二〕王莽年也。

〔三〕左氏義也。

〔四〕說文曰：「詁，訓古言也。」音古度反。三統歷，劉歆撰，謂夏、殷、周歷也。

更始立，以司直李松行丞相事，先入長安，松以興爲長史，令還奉迎遷都。更始諸將皆山東人，咸勸留洛陽。興說更始曰：「陛下起自荆楚，權政未施，〔一〕一朝建號，而山西雄桀爭誅王莽，開關郊迎者，何也？〔二〕此天下同苦王氏虐政，而思高祖之舊德也。今久不撫

之，臣恐百姓離心，盜賊復起矣。春秋書『齊小白入齊』，不稱侯，未朝廟故也。〔三〕今議者欲先定赤眉而後入關，是不識其本而爭其末，恐國家之守轉在函谷，〔四〕雖臥洛陽，庸得安枕乎？」〔五〕更始曰：「朕西決矣。」拜興爲諫議大夫，使安集關西及朔方、涼、益三州，還拜涼州刺史。會天水有反者，攻殺郡守，興坐免。

〔一〕更始起南陽，南陽屬荆州，故曰荆楚也。

〔二〕山西謂陝山已西也。

〔三〕小白，齊桓公也。春秋「齊小白入于齊」。公羊傳曰：「曷爲以國氏？當國也。其言入何？篡辭也。」

〔四〕言若不早都關中，有人先入，則國家鎭守轉在函谷也。

〔五〕庸，用也。

時赤眉入關，東道不通，興乃西歸隗囂，囂虛心禮請，而興恥爲之屈，稱疾不起。囂矜己自飾，常以爲西伯復作，〔一〕乃與諸將議自立爲王。興聞而說囂曰：「春秋傳云：『口不道忠信之言爲嚚，耳不聽五聲之和爲聾。』〔二〕閒者諸將集會，無乃不道忠信之言；大將軍之聽，無乃阿而不察乎？昔文王承積德之緒，加之以睿聖，三分天下，尙服事殷。〔三〕及武王即位，八百諸侯不謀同會，皆曰『紂可伐矣』，武王以未知天命，還兵待時。〔四〕高祖征伐累年，猶以沛公行師。今令德雖明，世無宗周之祚，威略雖振，未有高祖之功，而欲舉未可之

事，昭速禍患，無乃不可乎？惟將軍察之。」囂竟不稱王。後遂廣置職位，以自尊高。興復止囂曰：「夫中郎將、太中大夫、使持節官皆王者之器，非人臣所當制也。孔子曰：『唯器與名，不可以假人。』〔五〕不可以假人者，亦不可以假於人也。無益於實，有損於名，非尊上之意也。」囂病之而止。〔六〕

〔一〕西伯，文王也。作，起也。

〔二〕左傳富辰諫周襄王之辭。

〔三〕論語孔子曰：「三分天下有其二，以服事殷。」

〔四〕史記曰，武王觀兵孟津，諸侯不期而至者八百人，皆曰：「紂可伐矣。」王曰：「汝未知天命。」乃還師。後聞紂殺比干，囚箕子，乃告諸侯以伐之。故曰待時也。

〔五〕左傳杜預注曰：「器，車服；名，爵號也。」

〔六〕病猶難也。

及囂遣子恂入侍，將行，興因恂求歸葬父母，囂不聽而徙興舍，益其秩禮。興入見囂曰：「前遭赤眉之亂，以將軍僚舊，故敢歸身明德。〔一〕幸蒙覆載之恩，復得全其性命。興聞事親之道，生事之以禮，死葬之以禮，祭之以禮，奉以周旋，弗敢失墜。〔二〕今爲父母未葬，請乞骸骨，若以增秩徙舍，中更停留，是以親爲餌，〔三〕無禮甚矣。將軍焉用之！」囂曰：「囂

將不足留故邪？」興曰：「將軍據七郡之地，〔四〕擁羌胡之衆，以戴本朝，德莫厚焉，威莫重焉。居則爲專命之使，入必爲鼎足之臣。興，從俗者也，不敢深居屛處，因將軍求進，不患不達，因將軍求入，何患不親，此興之計不逆將軍者也。興業爲父母請，不可以已，願留妻子獨歸葬，將軍又何猜焉？」囂曰：「幸甚。」促爲辦裝，遂令與妻子俱東。時建武六年也。

〔一〕興嘗爲涼州刺史，囂爲西州將軍，故曰「僚舊」也。

〔二〕周旋猶遵奉也。左傳季文子曰「先大夫臧文仲教行父事君之禮，奉以周旋，弗敢失墜」也。

〔三〕猶釣餌也。

〔四〕七郡，天水、隴西、武威、張掖、酒泉、敦煌、金城也。

侍御史杜林先與興同寓隴右，乃薦之曰：「竊見河南鄭興，執義堅固，敦悅詩書，〔一〕好古博物，見疑不惑，有公孫僑、觀射父之德，〔二〕宜侍帷幄，典職機密。昔張仲在周，燕翼宣王，而詩人悅喜。〔三〕惟陛下留聽少察，以助萬分。」乃徵爲太中大夫。

〔一〕左傳趙衰曰「臣亟聞郤穀之言矣，郤穀悅禮樂而敦詩書」也。

〔二〕左傳，子產辨黃熊，晉侯聞之，曰：「博物君子也。」觀射父，楚大夫也，對楚昭王以重黎、羲和之事。見國語。

〔三〕張仲，周宣王時賢臣也。燕，樂也。翼，敬也。詩小雅曰：「侯誰在矣，張仲孝友。」

明年三月晦，日食。興因上疏曰：

春秋以天反時爲災，地反物爲妖，人反德爲亂，亂則妖災生。〔一〕往年以來，讁咎連見，意者執事頗有闕焉。案春秋『昭公十七年夏六月甲戌朔，日有食之』。〔二〕傳曰：『日過分而未至，〔三〕三辰有災，〔四〕於是百官降物，〔五〕君不舉，〔六〕避移時，〔七〕樂奏鼓，〔八〕祝用幣，〔九〕史用辭。』〔一〇〕今孟夏，純乾用事，陰氣未作，其災尤重。夫國無善政，則讁見日月，變咎之來，不可不慎，其要在因人之心，擇人處位也。〔一一〕堯知鯀不可用而用之者，是屈己之明，因人之心也。齊桓反政而相管仲，晉文歸國而任郤縠者，是不私其私，擇人處位也。〔一二〕今公卿大夫多舉漁陽太守郭伋可大司空者，而不以時定，道路流言，咸曰「朝廷欲用功臣」，功臣用則人位謬矣。願陛下上師唐、虞，下覽齊、晉，以成屈己從衆之德，以濟羣臣讓善之功。〔一三〕

〔一〕左傳晉伯宗之辭。天反時爲災謂寒暑易節也。地反物爲妖謂羣物失性也。

〔二〕杜預注曰：「於周爲六月，於夏爲四月，純陽用事，陰氣未動而侵陽也。」

〔三〕言過春分而未及夏至也。

〔四〕三辰，日、月、星也。

〔五〕降物，素服。

〔六〕不舉盛饌。

〔七〕避正寢過日食時也。

〔八〕伐鼓。

〔九〕用幣於社。

〔一〇〕用辭以自責也。此以上皆左傳載魯太史荅季平子之詞也。

〔一一〕左傳晉士文伯曰「國無政，不用善，則自取讁于日月之災，故政不可不慎也。務三而已，一曰擇人，二曰因人，三曰從時」也。

〔一二〕史記曰，「桓公與兄子糾爭位，糾使管仲將兵遮道，射桓公鉤帶，及桓公即位，任政於管仲也。」又晉文公自秦歸國，懷公故臣郤芮謀燒公宮，殺文公，宦者勃鞮告之，後文公以郤縠爲中軍帥。縠即郤芮之族，文公不以爲讎而任焉，言唯賢是用，不私其私也。

〔一三〕濟，成也。

夫日月交會，數應在朔，而頃年日食，每多在晦。先時而合，皆月行疾也。日君象而月臣象，君亢急則臣下促迫，故行疾也。今年正月繁霜，自爾以來，率多寒日，〔一〕此亦急咎之罰。〔二〕天於賢聖之君，猶慈父之於孝子也，丁寧申戒，欲其反政，故災變仍見，此乃國之福也。今陛下高明而羣臣惶促，宜留思柔尅之政，垂意洪範之法，〔三〕博采廣謀，納羣下之策。

〔一〕正月，夏之四月。

〔二〕書曰：「急恆寒若。」

〔三〕尅，能也。柔尅謂和柔而能立事也。尚書洪範曰：「高明柔尅。」

書奏，多有所納。

帝嘗問興郊祀事，曰：「吾欲以讖斷之，何如？」興對曰：「臣不爲讖。」帝怒曰：「卿之不爲讖，非之邪？」興惶恐曰：「臣於書有所未學，而無所非也。」帝意乃解。興數言政事，依經守義，文章溫雅，然以不善讖故不能任。

九年，使監征南、積弩營於津鄉，〔一〕會征南將軍岑彭爲刺客所殺，興領其營，遂與大司馬吳漢俱擊公孫述。述死，詔興留屯成都。頃之，侍御史舉奏興奉使私買奴婢，坐左轉蓮勺令。〔二〕是時喪亂之餘，郡縣殘荒，興方欲築城郭，修禮教以化之，會以事免。

〔一〕征南將軍岑彭、積弩將軍傅俊屯津鄉，以拒公孫述。津鄉在今荆州也。

〔二〕蓮勺，縣，屬左馮翊，故城在今同州下邽縣東北。蓮音輦，勺音酌。

興好古學，尤明左氏、周官，長於歷數，自杜林、桓譚、衞宏之屬，莫不斟酌焉。〔一〕世言左氏者多祖於興，而賈逵自傳其父業，故有鄭、賈之學。興去蓮勺，後遂不復仕，客授閿鄉，〔二〕三公連辟不肯應，卒于家。子衆。

〔一〕斟酌謂取其意指也。

〔二〕閿音聞，古字也，建安中改作「聞」。

衆字仲師。年十二，從父受左氏春秋，精力於學，明三統曆，作春秋難記條例，兼通易、詩，知名於世。建武中，皇太子及山陽王荆，因虎賁中郎將梁松以縑帛聘請衆，欲爲通義，引籍出入殿中。衆謂松曰：「太子儲君，無外交之義，漢有舊防，蕃王不宜私通賓客。」遂辭不受。松復風衆以「長者意，不可逆」。衆曰：「犯禁觸罪，不如守正而死。」太子及荆聞而奇之，亦不強也。及梁氏事敗，〔一〕賓客多坐之，唯衆不染於辭。

〔一〕梁松坐懸飛書誹謗下獄死，事見梁統傳也。

永平初，辟司空府，以明經給事中，再遷越騎司馬，〔一〕復留給事中。是時北匈奴遣使求和親。八年，顯宗遣衆持節使匈奴。衆至北庭，虜欲令拜，衆不爲屈。單于大怒，圍守閉之，不與水火，欲脅服衆。衆拔刀自誓，單于恐而止，乃更發使隨衆還京師。朝議復欲遣使報之，衆上疏諫曰：「臣伏聞北單于所以要致漢使者，欲以離南單于之衆，堅三十六國之心也。〔二〕又當揚漢和親，誇示鄰敵，令西域欲歸化者局促狐疑，懷土之人絕望中國耳。漢使既到，便偃蹇自信。〔三〕若復遣之，虜必自謂得謀，其羣臣駮議者不敢復言。〔四〕如是，南庭動搖，烏桓有離心矣。南單于久居漢地，具知形埶，萬分離析，旋爲邊害。今幸有度遼之衆揚威北垂，雖勿報荅，不敢爲患。」〔五〕帝不從，復遣衆。衆因上言：「臣前奉使不爲匈奴拜，單于恚恨，故遣兵圍臣。今復銜命，必見陵折。臣誠不忍持大漢節對氈裘獨拜。如令匈奴遂能服臣，將有損大漢之強。」帝不聽，衆不得已，既行，在路連上書固爭之。詔切責衆，追還繫廷尉，會赦歸家。

〔一〕漢官儀曰「越騎司馬一人，秩千石」也。

〔二〕武帝開通西域，本三十六國。

〔三〕信音申。

〔四〕駮議謂勸單于歸漢。

〔五〕明帝八年，初置度遼將軍，屯五原曼柏。

其後帝見匈奴來者，問衆與單于爭禮之狀，皆言匈奴中傳衆意氣壯勇，雖蘇武不過。乃復召衆爲軍司馬，使與虎賁中郎將馬廖擊車師。至敦煌，拜爲中郎將，使護西域。會匈奴脅車師，圍戊己校尉，衆發兵救之。遷武威太守，謹修邊備，虜不敢犯。遷左馮翊，政有名迹。

建初六年，代鄧彪爲大司農。是時肅宗議復鹽鐵官，衆諫以爲不可。〔一〕詔數切責，至

被奏劾，衆執之不移。帝不從。在位以清正稱。其後受詔作春秋刪十九篇。八年，卒官。

〔一〕武帝時國用不足，乃賣鹽鐵，置官以主之。昭帝罷之，今議欲復之。

子安世，亦傳家業，爲長樂、未央廄令。〔一〕延光中，安帝廢太子爲濟陰王，安世與太常桓焉、太僕來歷等共正議諫爭。及順帝立，安世已卒，追賜錢帛，除子亮爲郎。衆曾孫公業，自有傳。

〔一〕續漢志曰：「廄令一人，秩六百石。」

范升字辯卿，代郡人也。少孤，依外家居。九歲通論語、孝經，及長，習梁丘易、老子，教授後生。〔一〕

〔一〕宣帝時梁丘賀之易也。

王莽大司空王邑辟升爲議曹史。時莽頻發兵役，徵賦繁興，升乃奏記邑曰：「升聞子以人不閒於其父母爲孝，臣以下不非其君上爲忠。〔一〕今衆人咸稱朝聖，皆曰公明。蓋明者無不見，聖者無不聞。今天下之事，昭昭於日月，震震於雷霆，而朝云不見，公云不聞，則元元焉所呼天？公以爲是而不言，則過小矣；知而從令，則過大矣。二者於公無可以免，宜乎

天下歸怨於公矣。朝以遠者不服爲至念，升以近者不悅爲重憂。今動與時戾，事與道反，馳騖覆車之轍，探湯敗事之後，〔二〕後出益可怪，晚發愈可懼耳。方春歲首，而動發遠役，藜藿不充，田荒不耕，穀價騰躍，斛至數千，吏人陷於湯火之中，非國家之人也。如此，則胡、貊守關，青、徐之寇在於帷帳矣。〔三〕升有一言，可以解天下倒縣，免元元之急，不可書傳，願蒙引見，極陳所懷。」邑雖然其言，而竟不用。升稱病乞身，邑不聽，令乘傳使上黨。升遂與漢兵會，因留不還。

〔一〕論語孔子曰：「孝哉閔子騫，人不閒於其父母兄弟之言。」閒，非也。言子騫之孝，化其父母兄弟，言人無非之者。忠臣事君，有過即諫。在下無有非君者，是忠臣也。

〔二〕賈誼曰：「前車覆，後車誡。」論語曰：「見不善如探湯。」

〔三〕王莽時，青徐二部爲寇，號「青徐賊」。

建武二年，光武徵詣懷宮，拜議郎，遷博士，上疏讓曰：「臣與博士梁恭、山陽太守呂羌俱修梁丘易。二臣年並耆艾，經學深明，而臣不以時退，與恭並立，深知羌學，又不能達，〔一〕慙負二老，無顏於世。誦而不行，知而不言，不可開口以爲人師，願推博士以避恭、羌。」帝不許，然由是重之，數詔引見，每有大議，輒見訪問。

〔一〕達，進也。

時尚書令韓歆上疏，欲爲費氏易、左氏春秋立博士，〔一〕詔下其議。四年正月，朝公卿、大夫、博士，見於雲臺。帝曰：「范博士可前平說。」升起對曰：「左氏不祖孔子，而出於丘明，師徒相傳，又無其人，且非先帝所存，無因得立。」遂與韓歆及太中大夫許淑等互相辯難，日中乃罷。升退而奏曰：「臣聞主不稽古，無以承天；臣不述舊，無以奉君。陛下愍學微缺，勞心經蓺，情存博聞，故異端競進。近有司請置京氏易博士，羣下執事，莫能據正。京氏既立，費氏怨望，左氏春秋復以比類，亦希置立。京、費已行，次復高氏，〔二〕春秋之家，又有騶、夾。〔三〕如令左氏、費氏得置博士，高氏、騶、夾，五經奇異，並復求立，各有所執，乖戾分爭。從之則失道，不從則失人，將恐陛下必有猒倦之聽。孔子曰：『博學約之，弗叛矣夫。』〔四〕夫學而不約，必叛道也。顏淵曰：『博我以文，約我以禮。』孔子可謂知教，顏淵可謂善學矣。老子曰：『學道日損。』損猶約也。又曰：『絕學無憂。』絕末學也。今費、左二學，無有本師，而多反異，先帝前世，有疑於此，故京氏雖立，輒復見廢。疑道不可由，疑事不可行。詩書之作，其來已久。孔子尚周流遊觀，至于知命，自衞反魯，乃正雅、頌。〔五〕今陛下草創天下，紀綱未定，雖設學官，無有弟子，詩書不講，禮樂不修，奏立左、費，非政急務。孔子曰：『攻乎異端，斯害也已。』〔六〕傳曰：『聞疑傳疑，聞信傳信，而堯舜之道存。』〔七〕願陛下疑先帝之所疑，信先帝之所信，以示反本，明不專己。天下之事所以異者，以不一本也。易

曰：『天下之動，貞夫一也。』〔八〕又曰：『正其本，萬事理。』〔九〕五經之本自孔子始，謹奏左氏之失凡十四事。」時難者以太史公多引左氏，升又上太史公違戾五經，謬孔子言，及左氏春秋不可錄三十一事。詔以下博士。

〔一〕費直字長翁，善易，長於卦筮，見前書。
〔二〕沛人高相善易，與費直同時，見前書。
〔三〕前書曰，騶氏無師，夾氏未有其書也。
〔四〕論語孔子之言。弗叛言不違道也。
〔五〕孔子以魯哀公十一年自衞還魯。是時道衰樂廢，孔子來還，乃正之，故雅、頌各得其所。見史記。
〔六〕攻猶習也。異端謂奇技也。
〔七〕穀梁傳曰：「信以傳信，疑以傳疑。」公羊傳曰：「君子曷爲春秋？樂堯舜之道也。」
〔八〕易下繫之文也。
〔九〕今易無此文也。

後升爲出妻所告，坐繫，得出，還鄉里。永平中，爲聊城令，坐事免，卒於家。

陳元字長孫，蒼梧廣信人也。〔一〕父欽，習左氏春秋，事黎陽賈護，與劉歆同時而別自名家。〔二〕王莽從欽受左氏學，以欽爲猒難將軍。〔三〕元少傳父業，爲之訓詁，銳精覃思，至不與鄉里通。以父任爲郎。

〔一〕廣信故城在今梧州蒼梧縣。
〔二〕元父欽，字子佚。以左氏授王莽，自名陳氏春秋，故曰別也。賈護字季君。並見前書也。
〔三〕猒，一葉反。

建武初，元與桓譚、杜林、鄭興俱爲學者所宗。時議欲立左氏傳博士，范升奏以爲左氏淺末，不宜立。元聞之，乃詣闕上疏曰：

陛下撥亂反正，文武並用，〔一〕深愍經蓺謬雜，眞僞錯亂，每臨朝日，輒延羣臣講論聖道。知丘明至賢，親受孔子，而公羊、穀梁傳聞於後世，故詔立左氏，博詢可否，示不專己，盡之羣下也。今論者沈溺所習，翫守舊聞，固執虛言傳受之辭，以非親見實事之道。左氏孤學少與，〔二〕遂爲異家之所覆冒。夫至音不合衆聽，故伯牙絕弦；〔三〕至寶不同衆好，故卞和泣血。〔四〕仲尼聖德，而不容於世，〔五〕況於竹帛餘文，其爲雷同者所排，固其宜也。非陛下至明，孰能察之！

〔一〕撥，理也。語見公羊傳。
〔二〕與猶黨也。
〔三〕伯牙善鼓琴，鍾子期善聽，相與爲友。子期死，伯牙破琴絕弦，不復鼓琴，以時人莫之能聽也。見呂覽。
〔四〕卞和得寶玉，獻楚武王，王示玉人，曰「石也」，刖其右足。武王歿後，復獻之文王，復曰「石也」，刖其左足。至成王時，卞和抱其璞於郊，泣盡以血繼之，王乃使玉尹攻之，果得寶玉。事見韓子也。
〔五〕仲尼去魯，斥齊，逐乎宋、衞，困於陳、蔡之閒。見史記。

臣元竊見博士范升等所議奏左氏春秋不可立，及太史公違戾凡四十五事。案升等所言，前後相違，皆斷截小文，媟黷微辭，以年數小差，掇爲巨謬，〔一〕遺脫纖微，指爲大尤，抉瑕擿釁，〔二〕掩其弘美，所謂「小辯破言，小言破道」者也。〔三〕升等又曰：「先帝不以左氏爲經，故不置博士，後主所宜因襲。」臣愚以爲若先帝所行而後主必行者，則盤庚不當遷于殷，周公不當營洛邑，〔四〕陛下不當都山東也。往者，孝武皇帝好公羊，衞太子好穀梁，有詔詔太子受公羊，不得受穀梁。孝宣皇帝在人閒時，聞衞太子好穀梁，於是獨學之。及即位，爲石渠論而穀梁氏興，〔五〕至今與公羊並存。此先帝後帝各有所立，不必其相因也。孔子曰，純，儉，吾從衆；至於拜下，則違之。〔六〕夫明者獨見，不惑於朱紫，聽者獨聞，不謬於清濁，故離朱不爲巧眩移目，〔七〕師曠不爲新聲易耳。〔八〕方今干戈少弭，戎事略戢，留思聖蓺，眷顧儒雅，採孔子拜下之義，卒淵聖獨見之旨，分明白黑，建立左氏，解釋先聖之積結，洮汰學者之累惑，〔九〕使基業垂於萬世，後進無復狐疑，則天下幸甚。

〔一〕媟，狎也；黷，垢濁也。掇，拾也，音丁括反。
〔二〕抉音於決反。
〔三〕大戴記小辯篇孔子曰：「小辯破言，小言破義，小義破道。」
〔四〕盤庚都耿，自耿遷於殷。文王都酆，武王都鎬，周公輔成王營洛邑。
〔五〕石渠閣以藏祕書，在未央殿北。宣帝甘露三年，詔諸儒韋玄成、梁丘賀等講論五經於石渠也。
〔六〕論語孔子曰：「麻冕，禮也。今也純，儉，吾從衆。拜下，禮也。今拜乎上，泰也。雖違衆，吾從下。」何晏注云：「麻冕，緇布冠也，古績麻三十升以爲之。純，絲也。絲易成，故從儉。臣之與君行禮者，下拜然後升。時臣驕泰，故於上拜。今從下，禮之恭也。」
〔七〕離朱，黃帝時明目者也，一號離婁。愼子曰：「離朱之明，察毫末於百步之外。」
〔八〕桓譚新論曰：「晉師曠善知音，衞靈公將之晉，宿於濮水之上，夜聞新聲，召師涓告之曰：『爲我聽寫之。』曰：『臣得之矣。』遂之晉。晉平公饗之，酒酣，靈公曰：『有新聲，願奏之。』乃令師涓鼓琴。未終，師曠止之曰：『此亡國之聲也。』」
〔九〕洮汰猶洗濯也。

臣元愚鄙，嘗傳師言。如得以褐衣召見，俯伏庭下，〔一〕誦孔氏之正道，理丘明之宿冤；若辭不合經，事不稽古，退就重誅，雖死之日，生之年也。

〔一〕褐，織毛爲布，貧者之服也。

書奏，下其議，范升復與元相辯難，凡十餘上。帝卒立左氏學，太常選博士四人，元爲第一。帝以元新忿爭，乃用其次司隸從事李封，於是諸儒以左氏之立，論議讙譁，自公卿以下，數廷爭之。會封病卒，左氏復廢。

元以才高著名，辟司空李通府。時大司農江馮上言，宜令司隸校尉督察三公。事下三府。元上疏曰：「臣聞師臣者帝，賓臣者霸。〔一〕故武王以太公爲師，齊桓以夷吾爲仲父。孔子曰：『百官總己聽於冢宰。』〔二〕近則高帝優相國之禮，〔三〕太宗假宰輔之權。〔四〕及亡新王莽，遭漢中衰，專操國柄，以偷天下，〔五〕況己自喻，不信羣臣。奪公輔之任，損宰相之威，以刺舉爲明，徼訐爲直。至乃陪僕告其君長，子弟變其父兄，〔六〕罔密法峻，大臣無所措手足。然不能禁董忠之謀，身爲世戮。〔七〕故人君患在自驕，不患驕臣；失在自任，不在任人。是以文王有日昃之勞，周公執吐握之恭，〔八〕不聞其崇刺舉，務督察也。方今四方尚擾，天下未一，百姓觀聽，咸張耳目。陛下宜修文武之聖典，襲祖宗之遺德，勞心下士，屈節待賢，誠不宜使有司察公輔之名。」帝從之，宣下其議。〔九〕

〔一〕言以臣爲師，以臣爲賓也。

〔二〕論語文也。

〔三〕蕭何爲相國，高帝賜劍履上殿，入朝不趨。

〔四〕太宗，孝文也。申屠嘉爲丞相，坐府召太中大夫鄧通，欲誅之。孝文使持節召通，令人謝嘉，故曰「假權」也。

〔五〕偷，竊也。

〔六〕王莽時開吏告其將，奴婢告其主。

〔七〕董忠爲王莽大司馬，共劉歆等謀誅莽，事發覺死也。

〔八〕尚書曰：「文王自朝至于日中昃，不遑暇食。」史記曰，伯禽封魯，周公戒之曰：「我文王之子，武王之弟，成王之叔父，亦不賤矣。我一沐三握髮，一飯三吐哺，以待士，猶恐失天下之賢人，汝無以國驕人也。」

〔九〕司察猶督察也。

李通罷，元後復辟司徒歐陽歙府，數陳當世便事、郊廟之禮，帝不能用。以病去，年老，卒於家。子堅卿，有文章。

賈逵字景伯，扶風平陵人也。九世祖誼，文帝時爲梁王太傅。〔一〕曾祖父光，爲常山太守，宣帝時以吏二千石自洛陽徙焉。父徽，從劉歆受左氏春秋，兼習國語、周官，又受古文尚書於塗惲，〔二〕學毛詩於謝曼卿，作左氏條例二十一篇。

〔一〕爲文帝子梁王揖之傳也。

〔三〕風俗通曰：「塗姓，塗山氏之後。」惲字子眞，受尚書於胡常，見前書。

逵悉傳父業，弱冠能誦左氏傳及五經本文，以大夏侯尚書教授，雖爲古學，兼通五家穀梁之說。〔一〕自爲兒童，常在太學，不通人閒事。身長八尺二寸，諸儒爲之語曰：「問事不休賈長頭。」性愷悌，多智思，俶儻有大節。〔二〕尤明左氏傳、國語，爲之解詁五十一篇，〔三〕永平中，上疏獻之。顯宗重其書，寫藏祕館。

〔一〕五家謂尹更始、劉向、周慶、丁姓、王彥等，皆爲穀梁，見前書也。

〔二〕愷，樂也。悌，易也。言有和樂簡易之德也。俶儻，卓異也。

〔三〕左氏三十篇，國語二十一篇也。

時有神雀集宮殿官府，冠羽有五采色，帝異之，以問臨邑侯劉復，〔一〕復不能對，薦逵博物多識，帝乃召見逵，問之。對曰：「昔武王終父之業，鸑鷟在岐，〔二〕宣帝威懷戎狄，神雀仍集，此胡降之徵也。」〔三〕帝敕蘭臺給筆札，使作神雀頌，拜爲郎，與班固並校祕書，應對左右。

〔一〕臨邑，東郡縣也。復，齊武王伯升孫，北海王興子。

〔二〕鸑鷟，鳳之別名也。周大夫內史過對周惠王曰：「周之興也，鸑鷟鳴于岐山。」事見國語也。

〔三〕仍，頻也。宣帝時神雀再見，改爲年號，後匈奴降服，呼韓入朝也。

肅宗立，降意儒術，特好古文尚書、左氏傳。建初元年，詔逵入講北宮白虎觀、南宮雲臺。帝善逵說，使發出左氏傳大義長於二傳者。逵於是具條奏之曰：

臣謹擿出左氏三十事尤著明者，斯皆君臣之正義，父子之紀綱。其餘同公羊者什有七八，或文簡小異，無害大體。至如祭仲、紀季、伍子胥、叔術之屬，左氏義深於君父，公羊多任於權變，〔一〕其相殊絕，固以甚遠，而寃抑積久，莫肯分明。

〔一〕左傳，宋人執鄭祭仲，曰：「不立突，將死。」祭仲許之，遂出昭公而立厲公。杜預注云：「祭仲之如宋，非會非聘，見誘被拘。廢長立少，故書名罪之。」公羊傳曰：「祭仲者何？鄭之相也。何以不名？賢也。何賢乎祭仲？以爲知權也。其知權柰何？宋人執之，謂之曰：『爲我出忽而立突。』祭仲不從其言，則君必死，國必亡；從其言，則君可以生易死，國可以存易亡。」古之有權者，祭仲之權是也。左傳，紀季以酅入于齊，紀侯大去其國。賈逵以爲紀季不能兄弟同心以存國，乃背兄歸讎，書以譏之。公羊傳曰：「紀季者何？紀侯之弟也。何以不名？賢也。何賢乎？服罪也。其服罪柰何？請後五廟以存姑姊妹。」左傳，楚平王將殺伍奢，召伍奢子伍尚、伍員曰：「來，吾免而父。」尚謂員曰：「聞免父之命，不可以莫之奔，親戚爲戮，不可以莫之報。父不可弃，名不可廢。」子胥弃奔吳，遂以吳師入郢，卒復父讎。公羊傳曰：「父受誅，子復讎，推刃之道也。」公羊不許子胥復讎，是不深父也。左傳曰：「冬，邾黑肱以濫來奔。賤而書名，重地故也。君子曰：『名之不可不慎。』以地叛，雖賤必書。地以名其人，終爲不義，不可滅已。是以君子動則思禮，行則思義。」公羊傳曰：「冬，黑弓以濫來奔。文何以無邾婁？通濫也。曷（謂）〔爲〕通濫？賢者子孫宜有地。賢者孰謂？謂叔術也。何賢乎叔術？讓國也。」

臣以永平中上言左氏與圖讖合者，先帝不遺芻蕘，省納臣言，寫其傳詁，藏之祕書。建平中，〔一〕侍中劉歆欲立左氏，不先暴論大義，而輕移太常，恃其義長，詆挫諸儒，諸儒內懷不服，相與排之。〔二〕孝哀皇帝重逆衆心，故出歆爲河內太守。從是攻擊左氏，遂爲重讎。至光武皇帝，奮獨見之明，興立左氏、穀梁，會二家先師不曉圖讖，故令中道而廢。凡所以存先王之道者，要在安上理民也。今左氏崇君父，卑臣子，彊幹弱枝，勸善戒惡，至明至切，至直至順。〔三〕且三代異物，損益隨時，故先帝博觀異家，各有所採。易有施、孟，復立梁丘，〔四〕尚書歐陽，復有大小夏侯，〔五〕今三傳之異亦猶是也。又五經家皆無以證圖讖明劉氏爲堯後者，而左氏獨有明文。〔六〕五經家皆言顓頊代黃帝，而堯不得爲火德。〔七〕左氏以爲少昊代黃帝，卽圖讖所謂帝宣也。〔八〕如令堯不得爲火，則漢不得爲赤。其所發明，補益實多。

〔一〕建平，哀帝年也。

〔二〕排，擯卻也。劉歆欲建立左氏，哀帝令歆與諸儒講論其義，諸博士不肯置對，歆乃移書太常以責之，故被排擯。事見前書。

〔三〕左傳曰：「翼戴天子，加之以恭。」又曰：「君命，天也，天可讎乎？委質策名，貳乃辟也。父敎子貳，何以事君？」又曰：「弃父之命，惡用子矣，以有無父之國則可。」是崇君父，卑臣子也。左氏王人雖微，序在諸侯之上。又曰：

「五大不在邊，五細不在庭，末大必折，尾大不掉。」是彊幹弱枝也。又曰：「盡而不汙，懲惡而勸善，非聖人誰能修之？」史記曰，孔子曰：「我欲載之空言，不如見之行事深切著明也。」

〔四〕施讎、孟喜、梁丘賀也。

〔五〕歐陽和伯、大夏侯勝、小夏侯建也。並見前書。

〔六〕春秋晉大夫蔡墨曰：「陶唐氏既衰，其後有劉累，學擾龍，事孔甲，范氏其後也。」范會自秦還晉，其處者爲劉氏。明漢承堯後也。

〔七〕史記曰「黃帝崩，其孫昌意之子立，是爲帝顓頊」。當時五經家同爲此說。若以顓頊代黃帝以土德王，卽顓頊當爲金德，高辛爲水德，堯爲木德。漢承堯後，自然不得爲火德也。

〔八〕左氏傳曰：「黃帝氏以雲紀，少昊氏以鳥紀。」是以少昊代黃帝也。河圖曰：「大星如虹，下流華渚，女節意感，生白帝朱宣。」宋均注曰：「朱宣，少昊氏也。」

陛下通天然之明，建大聖之本，改元正歷，垂萬世則，〔一〕是以麟鳳百數，嘉瑞雜遝。〔二〕猶朝夕恪勤，遊情六蓺，研機綜微，靡不審覈。〔三〕若復留意廢學，以廣聖見，庶幾無所遺失矣。〔四〕

〔一〕改元謂改建初九年爲元和元年，正歷謂元和二年始用四分歷也。

〔二〕雜遝言多也。章帝時，鳳皇見百三十九，麒麟五十二，白虎二十九，黃龍三十四，神雀、白燕等史官不可勝紀。見東觀記。

〔三〕覈，實也。

〔四〕廢學謂左氏傳也。

書奏，帝嘉之，賜布五百匹，衣一襲，令逵自選公羊嚴、顏諸生高才者二十人，教以左氏，〔一〕與簡紙經傳各一通。〔二〕

〔一〕公羊高作春秋傳，號曰公羊春秋。嚴彭祖、顏安樂俱受公羊春秋，故公羊有嚴、顏之學。見前書也。

〔二〕竹簡及紙也。

逵母常有疾，帝欲加賜，以校書例多，特以錢二十萬，使潁陽侯馬防與之。謂防曰：「賈逵母病，此子無人事於外，〔一〕屢空則從孤竹之子於首陽山矣。」〔二〕

〔一〕無人事謂不廣交通也。

〔二〕屢，數也。空，乏也。史記曰，伯夷、叔齊，孤竹君之子也，隱於首陽山，卒餓死也。

逵數爲帝言古文尚書與經傳爾雅詁訓相應，詔令撰歐陽、大小夏侯尚書古文同異。逵集爲三卷，帝善之。復令撰齊、魯、韓詩與毛氏異同。幷作周官解故。〔一〕遷逵爲衞士令。〔二〕八年，乃詔諸儒各選高才生，受左氏、穀梁春秋、古文尚書、毛詩，由是四經遂行於世。皆拜逵所選弟子及門生爲千乘王國郎，〔三〕朝夕受業黃門署，學者皆欣欣羨慕焉。

〔一〕轅固，齊人也，爲齊詩；申公，魯人也，爲魯詩；韓嬰爲韓詩；毛萇爲毛詩。故謂事之指意也。

〔二〕北宮衞士令一人，掌南、北宮，秩比六百石，見續漢志也。

〔三〕千乘王伉，章帝子也。

和帝卽位，永元三年，以逵爲左中郎將。八年，復爲侍中，領騎都尉。內備帷幄，兼領祕書近署，甚見信用。

逵薦東萊司馬均、陳國汝郁，帝卽徵之，並蒙優禮。均字少賓，安貧好學，隱居教授，不應辟命。信誠行乎州里，鄉人有所計爭，輒令祝少賓，〔一〕不直者終無敢言。位至侍中，以老病乞身，帝賜以大夫祿，歸鄉里。郁字叔異，性仁孝，〔二〕及親歿，遂隱處山澤。後累遷爲魯相，以德教化，百姓稱之，流人歸者八九千戶。

〔一〕祝，詛也。東觀記曰：「爭曲直者，輒言『敢祝少賓乎』？心不直者，終不敢祝也。」

〔二〕東觀記曰：「郁年五歲，母病不能食，郁常抱持啼泣，亦不食。母憐之，強爲飯。宗親共異之，因字曰『異』也。」

逵所著經傳義詁及論難百餘萬言，又作詩、頌、誄、書、連珠、酒令凡九篇，學者宗之，後世稱爲通儒。〔一〕然不修小節，當世以此頗譏焉，故不至大官。永元十三年卒，時年七十二。朝廷愍惜，除兩子爲太子舍人。

〔一〕應劭風俗通義曰：「授先王之制，立當時之事，綱紀國體，原本要化，此通儒也。」

中華書局

論曰：鄭、賈之學，行乎數百年中，遂爲諸儒宗，亦徒有以焉爾。〔一〕桓譚以不善讖流亡，鄭興以遜辭僅免，賈逵能附會文致，最差貴顯。〔二〕世主以此論學，悲矣哉！〔三〕

〔一〕言賈、鄭雖爲儒宗，而不爲帝所重，故曰「亦徒有以焉爾」。

〔二〕賈逵附會文致，謂引左氏明漢爲堯後也。

〔三〕言時主不重經而重讖也。

張霸字伯饒，蜀郡成都人也。年數歲而知孝讓，雖出入飲食，自然合禮，鄉人號爲「張曾子」。七歲通春秋，復欲進餘經，父母曰「汝小未能也」，霸曰「我饒爲之」，故字曰「饒」焉。〔一〕

〔一〕饒猶益也。

後就長水校尉樊（儵）〔鯈〕受嚴氏公羊春秋，遂博覽五經。諸生孫林、劉固、段著等慕之，各市宅其傍，以就學焉。

舉孝廉光祿主事，稍遷，〔一〕永元中爲會稽太守，表用郡人處士顧奉、公孫松等。奉後爲潁川太守，松爲司隸校尉，並有名稱。其餘有業行者，皆見擢用。郡中爭厲志節，習經者以千數，道路但聞誦聲。

〔一〕光祿勳之主事也，見漢官。

初，霸以樊（儵）〔鯈〕刪嚴氏春秋猶多繁辭，乃減定爲二十萬言，更名張氏學。

霸始到越，賊未解，郡界不寧，乃移書開購，明用信賞，賊遂束手歸附，不煩士卒之力。童謠曰：「弃我戟，捐我矛，盜賊盡，吏皆休。」視事三年，謂掾史曰：「太守起自孤生，致位郡守。蓋日中則移，月滿則虧。〔一〕老氏有言：『知足不辱。』」遂上病。

〔一〕史記蔡澤之辭也。易豐卦曰「日中則昃，月盈則食」也。

後徵，四遷爲侍中。時皇后兄虎賁中郎將鄧騭，當朝貴盛，聞霸名行，欲與爲交，霸逡巡不荅，衆人笑其不識時務。後當爲五更，會疾卒，年七十。遺勑諸子曰：「昔延州使齊，子死嬴、博，因坎路側，遂以葬焉。〔一〕今蜀道阻遠，不宜歸塋，可止此葬，足藏髮齒而已。務遵速朽，副我本心。人生一世，但當畏敬於人，若不善加己，直爲受之。」諸子承命，葬於河南梁縣，因遂家焉。將作大匠翟酺等與諸儒門人追錄本行，謚曰憲文。中子楷。

〔一〕嬴、博，二縣名，屬泰山郡。禮記曰：「延陵季子適齊，其長子死於嬴、博之閒，因葬焉。」

楷字公超，通嚴氏春秋、古文尚書，門徒常百人。賓客慕之，自父黨夙儒，偕造門焉。車馬填街，徒從無所止，黃門及貴戚之家，皆起舍巷次，以候過客往來之利。楷疾其如此，輒徙避之。家貧無以爲業，常乘驢車至縣賣藥，足給食者，輒還鄉里。司隸舉茂才，除長陵令，不至官。隱居弘農山中，學者隨之，所居成市，後華陰山南遂有公超市。五府連辟，舉賢良方正，不就。〔一〕

〔一〕五府，太傅、太尉、司徒、司空、大將軍也。

漢安元年，順帝特下詔告河南尹曰：「故長陵令張楷行慕原憲，操擬夷、齊，〔一〕輕貴樂賤，竄跡幽藪，高志確然，獨拔羣俗。前比徵命，盤桓未至，將主者翫習於常，優賢不足，使其難進歟？郡時以禮發遣。」楷復告疾不到。

〔一〕原憲，魯人，字子思，孔子弟子。清約守節，貧而樂道。

性好道術，能作五里霧。時關西人裴優亦能爲三里霧，自以不如楷，從學之，楷避不肯見。桓帝即位，優遂行霧作賊，事覺被考，引楷言從學術，楷坐繫廷尉詔獄，積二年，恒諷誦經籍，作尚書注。後以事無驗，見原還家。建和三年，下詔安車備禮聘之，辭以篤疾不行。年七十，終於家。子陵。

陵字處沖，官至尚書。元嘉中，歲首朝賀，大將軍梁冀帶劒入省，陵呵叱令出，勑羽林、虎賁奪冀劒。冀跪謝，陵不應，即劾奏冀，請廷尉論罪，有詔以一歲俸贖，而百僚肅然。

初，冀弟不疑爲河南尹，舉陵孝廉。不疑疾陵之奏冀，因謂曰：「昔舉君，適所以自罰也。」陵對曰：「明府不以陵不肖，誤見擢序，今申公憲，以報私恩。」不疑有愧色。陵弟玄。

玄字處虛，沈深有才略，以時亂不仕。司空張溫數以禮辟，不能致。中平二年，溫以車騎將軍出征涼州賊邊章等，將行，玄自田廬被褐帶索，要說溫曰：「天下寇賊雲起，豈不以黃門常侍無道故乎？聞中貴人公卿已下當出祖道於平樂觀，明公總天下威重，握六師之要，若於中坐酒酣，鳴金鼓，整行陣，召軍正執有罪者誅之，引兵還屯都亭，以次翦除中官，解天下之倒縣，報海內之怨毒，然後顯用隱逸忠正之士，則邊章之徒宛轉股掌之上矣。」溫聞大震，不能對，良久謂玄曰：「處虛，非不悅子之言，顧吾不能行，如何！」玄乃歎曰：「事行則爲福，不行則爲賊。今與公長辭矣。」即仰藥欲飲之。溫前執其手曰：「子忠於我，我不能用，是吾罪也，子何爲當然！且出口入耳之言，誰今知之！」〔一〕玄遂去，隱居魯陽山中。〔二〕及董卓秉政，聞之，辟以爲掾，舉侍御史，不就。卓臨之以兵，不得已彊起，至輪氏，道病終。〔三〕

〔一〕左傳曰：「誓出於余口，入於爾耳。」

〔二〕山在今汝州南。

〔三〕輪氏，縣，屬潁川郡，故城在今洛州洛陽縣城西南。

贊曰：中世儒門，賈、鄭名學。衆馳一介，爭禮氈幄。〔一〕升、元守經，義偏情較，霸貴知止，辭交戚里。公超善術，所舍成市。

〔一〕一介，單使也。左傳曰：「君亦不使一介行李告於寡君。」氈幄謂匈奴也。

校勘記

一二二七頁四行　使撰條例章句傳詁　汲本、殿本「傳詁」作「訓詁」。今按：注專釋「詁」字，引說文「詁，訓古言也」，似正文不作「訓詁」。下賈逵傳云「寫其傳詁」，亦當作「傳詁」之一證也。

一二二八頁一〇行　（囂）虛心禮請　據刊誤及校補說補。

一二二八頁一〇行　囂矜己自飾　汲本、殿本「矜」作「矜」。按：段注說文依漢石經論語，改「矜」爲「矜」，云从矛令聲，則以作「矜」爲是。然紹興本「矜」「矜」互見，前後亦不一致也。

一二二九頁八行　諸侯不期而至者八百人　按：汲本、殿本「至」作「會」。

一二三〇頁四行　促爲辨裝　汲本、殿本「辨」作「辦」。按：「辨」本作「辦」，从刀辡聲。段玉裁謂俗作「辦」，爲辨別字，別作从力之「辦」，爲幹辦字，實則古辦別、幹辦無二義，亦無二音二形也。

一二三四頁二行　建安中改作「聞」　按：集解引沈欽韓說，謂閿字本作「閺」，建安中改作「閿」，非改作「聞」也。

一二三四頁三行　局促狐疑　「局促」原作「局足」，逕據汲本、殿本改。按：此疊韻謰語，通常皆作「局促」也。

一二三七頁三行　胡貊守關　按：刊誤謂「關」當作「闕」。方喻迫近，不當云關。

一二三九頁一行　萬事理　按：張森楷校勘記謂惠校本「事」作「物」，補注引劉向說苑亦作「物」。

一二三五頁六行　賓臣者霸　按：集解引沈欽韓說，謂袁宏紀作「賓臣者王」。

一二三六頁二行　使發出左氏傳大義長於二傳者　汲本、殿本無「發」字。按：殿本考證謂監本「出」字上有「發」字。

一二三六頁一五行　曷（謂）〔爲〕通濫　據汲本、殿本改，與今公羊傳合。

一二四〇頁七行　郁字叔異　集解引沈欽韓說，謂文選四十六注引東觀記作「字幼異」。按：今聚珍本東觀記亦作「字叔異」。

一二四一頁九行　長水校尉樊（儵）〔鯈〕　據樊宏傳改。下同。

一二四二頁四行　弁我載　按：王先謙謂類聚十五引續漢書作「棄子載」。

一二四三頁二行　中子楷　按：「楷」原作「揩」，據汲本、殿本改正。下同。

一二四四頁一〇行　且出口入耳之言誰今知之　王先謙謂「今」當爲「令」之誤文，言出於子口，入於我耳，我不言，誰令他人知之，語意自順。今按：今猶卽也，則也，言誰則知之，王說未歸。

一二四四頁一一行　至輪氏　按：「輪」續志同，前志作「綸」。

一二四五頁二行　義偏情較　按：殿本「較」作「駮」。

後漢書卷三十七

桓榮丁鴻列傳第二十七

桓榮字春卿，沛郡龍亢人也。〔一〕少學長安，習歐陽尚書，事博士九江朱普。〔二〕貧窶無資，〔三〕常客傭以自給，精力不倦，十五年不闚家園。至王莽篡位乃歸。會朱普卒，榮奔喪九江，負土成墳，因留教授，徒衆數百人。莽敗，天下亂。榮抱其經書與弟子逃匿山谷，雖常飢困而講論不輟，後復客授江淮閒。

〔一〕續漢書曰：「榮本齊人，遷于龍亢，至榮六葉。」東觀記曰：「榮本齊桓公後也。桓公作伯，支庶用其諡立族命氏焉。」

〔二〕朱普字公文，受業於平當，爲博士，徒衆尤盛。見前書。

〔三〕字林曰：「窶，空也。」

建武十九年，年六十餘，始辟大司徒府。時顯宗始立爲皇太子，選求明經，乃擢榮弟子豫章何湯爲虎賁中郎將，以尚書授太子。世祖從容問湯〔一〕本師爲誰，湯對曰：「事沛國桓

榮。」帝卽召榮，令說尚書，甚善之。〔二〕拜爲議郎，賜錢十萬，入使授太子。每朝會，輒令榮於公卿前敷奏經書。帝稱善，曰：「得生幾晚！」會歐陽博士缺，帝欲用榮。榮叩頭讓曰：「臣經術淺薄，不如同門生郎中彭閎、揚州從事皐弘。」帝曰：「俞，往，女諧。」〔三〕因拜榮爲博士，引閎、弘爲議郎。

〔一〕從音七容反。

〔二〕謝承書曰：「何湯字仲弓，豫章南昌人也。榮門徒常四百餘人，湯爲高第，以才明知名。榮年四十無子，湯乃去榮妻爲更娶，生三子，榮甚重之。後拜郎中，守開陽門候。上微行夜還，湯閉門不納，更從中東門入。明旦，召詣太官賜食，諸門候皆奪俸。建武十八年夏旱，公卿皆暴露請雨。洛陽令著車蓋出門，湯將衞士鉤令車收案，有詔免令官，拜湯虎賁中郎將。上嘗歎曰：『赳赳武夫，公侯干城，何湯之謂也。』湯以明經嘗授太子，推薦榮，榮拜五更，封關內侯。榮常言曰：『此皆何仲弓之力也。』」

〔三〕續漢書曰：「閎字作明。」俞，然也。然其所舉，勑令往，言汝能和諧此官。謝承書曰「皐弘字奉卿，吳郡人也。家代爲冠族。少有英才，與桓榮相善。子徽，至司徒長史」也。

車駕幸大學，會諸博士論難於前，榮被服儒衣，溫恭有蘊藉，〔一〕辯明經義，每以禮讓相猒，不以辭長勝人，儒者莫之及，〔二〕特加賞賜。又詔諸生雅吹擊磬，盡日乃罷。〔三〕後榮入會庭中，詔賜奇果，受者皆懷之，榮獨舉手捧之以拜。帝笑指之曰：「此眞儒生也。」以是愈見敬厚，常令止宿太子宮。積五年，榮薦門下生九江胡憲侍講，乃聽得出，旦一入而已。榮

嘗寢病，太子朝夕遣中傅問病，賜以珍羞、帷帳、奴婢，謂曰：「如有不諱，無憂家室也。」〔四〕後病愈，復入侍講。

〔一〕蘊籍猶言寬博有餘也。蘊音於問反。

〔二〕猒，服也。音一葉反。

〔三〕吹管奏雅頌也。

〔四〕不諱謂死也。死者人之常，故言不諱也。

二十八年，大會百官，詔問誰可傅太子者，羣臣承望上意，皆言太子舅執金吾原鹿侯陰識可。〔一〕博士張佚正色曰：「今陛下立太子，爲陰氏乎？爲天下乎？卽爲陰氏，則陰侯可；爲天下，則固宜用天下之賢才。」帝稱善，曰：「欲置傅者，以輔太子也。今博士不難正朕，況太子乎？」卽拜佚爲太子太傅，而以榮爲少傅，賜以輜車、乘馬。榮大會諸生，陳其車馬、印綬，曰：「今日所蒙，稽古之力也，可不勉哉！」榮以太子經學成畢，上疏謝曰：「臣幸得侍帷幄，執經連年，而智學淺短，無以補益萬分。今皇太子以聰叡之姿，通明經義，觀覽古今，儲君副主莫能專精博學若此者也。斯誠國家福祐，天下幸甚。臣師道已盡，皆在太子，謹使掾臣汜再拜歸道。」〔二〕太子報書曰：「莊以童蒙，學道九載，而典訓不明，無所曉識。夫五經廣大，聖言幽遠，非天下之至精，豈能與於此！〔三〕況以不才，敢承誨命。昔之先師

謝弟子者有矣，上則通達經旨，分明章句，〔四〕下則去家慕鄉，求謝師門。〔五〕今蒙下列，不敢有辭，願君愼疾加餐，重愛玉體。」〔六〕

〔一〕言可任也。

〔二〕續漢書曰：「三公東西曹掾四百石，餘掾比二百石。」歸猶謝也。

〔三〕此上二句，周易之繫辭。與音預。

〔四〕前書丁寬受學於田何，學成，何謝寬，寬東歸，何謂門人曰：「易東矣。」是先師謝弟子。

〔五〕韓詩外傳曰「孔子行，見臯魚哭。孔子曰：『子非有喪，何哭悲也？』臯魚曰：『吾少而好學，周流諸侯，以沒吾親。樹欲靜而風不止，子欲養而親不待。往而不可追者年也，去而不見者親也。』孔子曰：『弟子識之。』於是門人辭歸者十有三」也。

〔六〕史記曰：「伏聞太后玉體不安。」君子於玉比德，故以言也。

三十年，拜爲太常。榮初遭倉卒，與族人桓元卿同飢戹，而榮講誦不息。元卿嗤榮曰：「但自苦氣力，何時復施用乎？」榮笑不應。及爲太常，元卿歎曰：「我農家子，豈意學之爲利乃若是哉！」〔一〕

〔一〕東觀漢記曰：「榮爲太常，元卿來候榮，榮諸弟子謂曰：『平生笑盡氣力，今何如？』元卿曰：『我安能知此哉！』」

顯宗卽位，尊以師禮，甚見親重，拜二子爲郎。榮年踰八十，自以衰老，數上書乞身，輒加賞賜。乘輿嘗幸太常府，令榮坐東面，設几杖，會百官驃騎將軍東平王蒼以下及榮門生

數百人，天子親自執業，每言輒曰「大師在是」。〔一〕既罷，悉以太官供具賜太常家。其恩禮若此。

〔一〕東觀記曰「時執經生避位發難，上謙曰『大師在是』」也。

永平二年，三雍初成，拜榮爲五更。〔一〕每大射養老禮畢，帝輒引榮及弟子升堂，執經自爲下說。〔二〕乃封榮爲關內侯，食邑五千戶。〔三〕

〔一〕三雍，宮也，謂明堂、靈臺、辟雍。前書音義曰：「皆叶天人雍和之氣爲之，故謂三雍。」五更，解見明紀。

〔二〕下說謂下語而講說之也。

〔三〕東觀記曰：「榮以尚書授朕十有餘年。詩云：『日就月將，示我顯德行。』乃封之。」

榮每疾病，帝輒遣使者存問，太官、太醫相望於道。及篤，上疏謝恩，讓還爵土。帝幸其家問起居，入街下車，擁經而前，撫榮垂涕，賜以牀茵、帷帳、刀劍、衣被，良久乃去。自是諸侯將軍大夫問疾者，不敢復乘車到門，皆拜牀下。榮卒，帝親自變服，臨喪送葬，賜冢塋于首山之陽。〔一〕除兄子二人補四百石，都講生八人補二百石，其餘門徒多至公卿。〔二〕子郁嗣。〔三〕

〔一〕首陽山在今偃師縣西北也。

〔二〕華嶠書曰：「榮弟子丁鴻學最高。」

〔三〕華嶠書曰：「榮長子雍早卒，少子郁嗣。」

論曰：張佚訐切陰侯，以取高位，危言犯衆，義動明后，知其直有餘也。若夫一言納賞，志士爲之懷恥；〔一〕受爵不讓，風人所以興歌。〔二〕而佚廷議戚援，自居全德，〔三〕意者以廉不足乎？昔樂羊食子，有功見疑；西巴放麑，以罪作傅。〔四〕蓋推仁審僞，本乎其情。君人者能以此察，則眞邪幾於辨矣。〔五〕

〔一〕秦兵圍趙，時魯仲連在趙，因說令退兵。平原君趙勝乃以千金爲仲連壽，連笑曰：「所貴於天下之士者，能排患解紛而無取也。即有取者，是商賈之事也，而連不忍爲也。」遂去，終身不復見。見史記也。

〔二〕詩小雅角弓篇曰：「受爵不讓，至於已斯亡。」風人猶詩人也。

〔三〕佚諫云「當用天下之賢才」，而乃自當其任，故曰「自居全德」。全德言無玷缺也。莊子曰「是謂全德」也。

〔四〕並解見吳漢傳。

〔五〕幾，近也，音鉅依反。

郁字仲恩，少以父任爲郎。敦厚篤學，傳父業，以尚書教授，門徒常數百人。榮卒，郁當襲爵，上書讓於兄子汎，顯宗不許，不得已受封，悉以租入與之。帝以郁先師子，有禮讓，甚見親厚，常居中論經書，問以政事，稍遷侍中。〔一〕帝自制五家要說章句，令郁校定於宣明殿，〔二〕以侍中監虎賁中郎將。

〔一〕東觀記曰「永平十四年爲議郎，遷侍中」也。

〔二〕華嶠書曰「帝自制五行章句」，此言「五家」，即謂五行之家也。宣明殿在德陽殿後。東觀記曰：「上謂郁曰：『卿經及先師，致復文雅。』其冬，上親於辟雍，自講所制五行章句已，復令郁說一篇。上謂郁曰：『我爲孔子，卿爲子夏，起予者商也。』又問郁曰：『子幾人能傳學？』郁曰：『臣子皆未能傳學，孤兄子一人學方起。』上曰：『努力教之，有起者即白之。』」

永平十五年，入授皇太子經，遷越騎校尉，詔勑太子、諸王各奉賀致禮。郁數進忠言，多見納錄。〔一〕肅宗即位，郁以母憂乞身，詔聽以侍中行服。〔二〕建初二年，遷屯騎校尉。

〔一〕東觀記曰：「皇太子賜郁鞍馬、刀劍，郁乃上疏皇太子曰：『伏見太子體性自然，包含今古，謙謙允恭，天下共見，郁父子受恩，無以明益，夙夜慙懼，誠思自竭。愚以爲太子上當合聖心，下當卓絕於衆，宜思遠慮，以光朝廷。』」

〔二〕華嶠書曰「郁上書乞身，天子憂之，有詔公卿議。議者皆以郁身爲名儒，學者之宗，可許之，於是詔郁以侍中行服」也。

和帝即位，富於春秋，侍中竇憲自以外戚之重，欲令少主頗涉經學，上疏皇太后曰：「禮記云：『天下之命，懸於天子；天子之善，成乎所習。習與智長，則切而不勤；化與心成，則中道若性。昔成王幼小，越在襁保，周公在前，史佚在後，太公在左，召公在右。中立聽朝，四聖維之。是以慮無遺計，舉無過事。』〔一〕孝昭皇帝八歲即位，大臣輔政，亦選名儒韋賢、蔡義、夏侯勝等入授於前，平成聖德。〔二〕近建初元年，張酺、魏應、召訓亦講禁中。〔三〕臣伏惟皇帝陛下，躬天然之姿，宜漸教學，而獨對左右小臣，未聞典義。昔五更桓榮，親爲帝師，子郁，結髮敦尚，繼傳父業，故再以校尉入授先帝，父子給事禁省，更歷四世，今白首好禮，經行篤備。又宗正劉方，宗室之表，善爲詩經，先帝所褒。宜令郁、方並入教授，以崇本朝，光示大化。」由是遷長樂少府，復入侍講。頃之，轉爲侍中奉車都尉。永元四年，代丁鴻爲太常。明年，病卒。

〔一〕自禮記以下，至此以上，皆大戴禮之文也。切而不勤，謂習與智長，則常自切厲而不須勤勑，若性猶自然也。襁，絡也；保，小兒被也。「保」當作「褓」，古字通也。史佚，成王時史官，名佚，賢者也。維，持也。遺，失也。

〔二〕韋賢字長孺，魯國鄒人，治魯詩。蔡義，河內溫人也，爲韓詩，給事中也。夏侯勝，魯人也，字長公，治歐陽尚書。並見前書。

〔三〕酺等並自有傳。

郁經授二帝，恩寵甚篤，賞賜前後數百千萬，顯於當世。門人楊震、朱寵，皆至三公。〔一〕

〔一〕鄧騭傳曰：「朱寵字仲威，京兆人也。篤行好學，從桓榮受尚書，位至太尉。」

初，榮受朱普學章句四十萬言，浮辭繁長，多過其實。〔一〕及榮入授顯宗，減爲二十三萬言。郁復刪省定成十二萬言。由是有桓君大小太常章句。

〔一〕長音直亮反。

子普嗣，傳爵至曾孫。郁中子焉，能世傳其家學。〔一〕孫鸞、曾孫彬，並知名。

〔一〕華嶠書曰：「郁六子，普、延、焉、俊、酆、良。普嗣侯，傳國至曾孫，絕。酆、良子孫皆博學有才能。」

焉字叔元，少以父任爲郎。明經篤行，有名稱。永初元年，入授安帝，三遷爲侍中步兵校尉。永寧中，順帝立爲皇太子，以焉爲太子少傅，月餘，遷太傅，以母憂自乞，聽以大夫行喪。踰年，詔使者賜牛酒，奪服，即拜光祿大夫，遷太常。時廢皇太子爲濟陰王，焉與太僕來歷、廷尉張晧諫，不能得，事已具來歷傳。

順帝即位，拜太傅，與太尉朱寵並錄尚書事。焉復入授經禁中，因讌見，建言宜引三公、尚書入省事，〔一〕帝從之。以焉前廷議守正，封陽平侯，固讓不受。視事三年，坐辟召禁錮者爲吏免。復拜光祿大夫。陽嘉二年，代來歷爲大鴻臚，數日，遷爲太常。永和五年，代王龔爲太尉。漢安元年，以日食免。明年，卒於家。

〔一〕省猶視也。

弟子傳業者數百人，黃瓊、楊賜最爲顯貴。焉孫典。〔一〕

〔一〕華嶠書曰：「焉長子衡，早卒。中子順，順子典。」

典字公雅，復傳其家業，〔一〕以尚書教授潁川，門徒數百人。舉孝廉爲郎。居無幾，會國相王吉以罪被誅，〔二〕故人親戚莫敢至者。典獨弃官收斂歸葬，服喪三年，負土成墳，爲立祠堂，盡禮而去。

〔一〕華嶠書曰「典十二喪父母，事叔母如事親。立廉操，不取於人，門生故吏問遺，一無所受」也。

〔二〕沛相。

辟司徒袁隗府，舉高第，拜侍御史。是時宦官秉權，典執政無所回避。常乘驄馬，京師畏憚，爲之語曰：「行行且止，避驄馬御史。」及黃巾賊起滎陽，典奉使督軍。賊破，還，以牾宦官賞不行。在御史七年不調，〔一〕後出爲郎。

〔一〕華嶠書作「十年」。

靈帝崩，大將軍何進秉政，典與同謀議，三遷羽林中郎將。〔一〕獻帝即位，三公奏典前與何進謀誅閹官，功雖不遂，忠義炳著。詔拜家一人爲郎，賜錢二十萬。

〔一〕華嶠書曰「遷平津都尉、鉤盾令、羽林中郎將」也。

從西入關，拜御史中丞，賜爵關內侯。車駕都許，遷光祿勳。建安六年，卒官。

鸞字始春，焉弟子也。〔一〕少立操行，縕袍糟食，不求盈餘。〔二〕以世濁，州郡多非其人，恥不肯仕。

〔一〕東觀記曰「鸞父良，龍舒侯相」也。

〔二〕東觀記曰「鸞貞亮之性，著乎幼沖。學覽六經，莫不貫綜。推財孤寡，分賄友朋。泰於待賢，狹於養己。常著大布縕袍，糲食醋餐」也。

年四十餘，時太守向苗有名迹，乃舉鸞孝廉，遷爲膠東令。始到官而苗卒，鸞即去職奔喪，終三年然後歸，淮汝之閒高其義。後爲巳吾、汲二縣令，〔一〕甚有名迹。諸公並薦，復徵（辟）拜議郎。上陳五事：舉賢才，審授用，黜佞倖，省苑囿，息役賦。書奏御，牾內豎，故不省。以病免。中平元年，年七十七，卒于家。子曄。

〔一〕東觀記曰：「〔除〕陳留巳吾長，旬月閒遷河內汲令。」

曄字文林，一名嚴，〔一〕尤修志介。姑爲司空楊賜夫人。初鸞卒，姑歸寧赴哀，將至，止於傳舍，整飾從者而後入，曄心非之。及姑勞問，終無所言，號哭而已。賜遣吏奉祠，因縣發取祠具，曄拒不受。後每至京師，未嘗舍宿楊氏。其貞忮若此。〔二〕賓客從者，皆祗其志行，一餐不受於人。仕爲郡功曹。後舉孝廉、有道、方正、茂才，三公並辟，皆不應。

〔一〕東觀記「嚴」作「儼」。

〔二〕忮，堅也。

初平中，天下亂，避地會稽，遂浮海客交阯，〔一〕越人化其節，至閭里不爭訟。爲凶人所誣，遂死于合浦獄。

〔一〕東觀記曰「曄到吳郡，揚州刺史劉繇振給穀食衣服所乏者，悉不受。後東適會稽，住止山陰縣故魯相鍾離意舍，太守王朗餉給粮食、布帛、牛羊，一無所（當）〔留〕。臨去之際，屋中尺寸之物，悉疏付主人，纖微不漏。移居揚州從事屈豫室中，中庭橘樹一株，遇實熟，乃以竹藩樹四面，風吹落兩實，以繩繫著樹枝。每當危亡之急，其志彌固，賓客從者皆肅其行」也。

彬字彥林，焉之兄孫也。父麟，字元鳳，早有才惠。〔一〕桓帝初，爲議郎，入侍講禁中，以直道牾左右，出爲許令，〔二〕病免。會母終，麟不勝喪，未祥而卒，年四十一。所著碑、誄、讚、說、書凡二十一篇。〔三〕

〔一〕華嶠書曰「鄭生麟」也。

〔二〕許，縣名，今許州許昌縣也。

〔三〕案摯虞文章志，麟文見在者十八篇，有碑九首，誄七首，七說一首，沛相郭府君書一首。

彬少與蔡邕齊名。初舉孝廉，拜尙書郎。時中常侍曹節女壻馮方亦爲郎，彬厲志操，與左丞劉歆、右丞杜希同好交善，未嘗與方共酒食之會，方深怨之，遂章言彬等爲酒黨。事下尙書令劉猛，（猛）雅善彬等，不舉正其事，節大怒，劾奏猛，以爲阿黨，請收下詔獄，在朝者爲之寒心，猛意氣自若，旬日得出，免官禁錮。彬遂以廢。光和元年，卒於家，年四十六。諸儒莫不傷之。

所著七說及書凡三篇，蔡邕等共論序其志，僉以爲彬有過人者四：夙智早成，岐嶷也；〔一〕學優文麗，至通也；仕不苟祿，絕高也；辭隆從窊，絜操也。〔二〕乃共樹碑而頌焉。

〔一〕夙，早也。岐，行皃也。嶷然有所識也。詩曰「克岐克嶷」也。

〔二〕窊，下也，音烏瓜反。

劉猛，琅邪人。桓帝時爲宗正，直道不容，自免歸家。靈帝卽位，太傅陳蕃、大將軍竇武輔政，復徵用之。

論曰：伏氏自東西京相襲爲名儒，以取爵位。〔一〕中興而桓氏尤盛，自榮至典，世宗其道，父子兄弟代作帝師，受其業者皆至卿相，顯乎當世。〔孔〕子曰：「古之學者爲己，今之學者爲人。」〔二〕爲人者，憑譽以顯物；爲己者，因心以會道。桓榮之累世見宗，豈其爲

己乎！

〔一〕謂伏生已後至伏湛也。

〔二〕論語文也。

丁鴻字孝公，潁川定陵人也。

父綝，字幼春，王莽末守潁陽尉。世祖略地潁陽，潁陽城守不下，綝說其宰，遂與俱降，世祖大喜，厚加賞勞，以綝爲偏將軍，因從征伐。綝將兵先度河，移檄郡國，攻營略地，下河南、陳留、潁川二十一縣。建武元年，拜河南太守。及封功臣，帝令各言所樂，諸將皆占豐邑美縣，唯綝願封本鄉。或謂綝曰：「人皆欲縣，子獨求鄉，何也？」綝曰：「昔孫叔敖勑其子，受封必求墝埆之地，〔一〕今綝能薄功微，得鄉亭厚矣。」帝從之，封定陵新安鄉侯，食邑五千戶，後徙封陵陽侯。

〔一〕孫叔敖，楚相也。墝埆，瘠薄之地。叔敖將死，戒其子曰：「王封汝，必無居利地也，楚、越之閒，有寢丘者，甚惡，可長有以食也。」見呂氏春秋也。

鴻年十三，從桓榮受歐陽尙書，三年而明章句，善論難，爲都講，遂篤志精銳，布衣荷擔，不遠千里。

初，綝從世祖征伐，鴻獨與弟盛居，憐盛幼小而共寒苦。及綝卒，鴻當襲封，上書讓國於盛，不報。旣葬，乃挂縗絰於冢廬而逃去，留書與盛曰：「鴻貪經書，不顧恩義，弱而隨師，〔一〕生不供養，死不飯唅，皇天先祖，並不祐助，身被大病，不任茅土。〔二〕前上疾狀，願辭爵仲公，〔三〕章寢不報，迫且當襲封。謹自放弃，逐求良醫。如遂不瘳，永歸溝壑。」鴻初與九江人鮑駿同事桓榮，甚相友善，及鴻亡封，與駿遇於東海，陽狂不識駿。駿乃止而讓之曰：「昔伯夷、吳札亂世權行，故得申其志耳。〔四〕春秋之義，不以家事廢王事。〔五〕今子以兄弟私恩而絕父不滅之基，可謂智乎？」鴻感悟，垂涕歎息，乃還就國，開門教授。鮑駿亦上書言鴻經學至行，顯宗甚賢之。〔六〕

〔一〕弱，少也。

〔二〕任，堪也。

〔三〕仲公，盛之字也。

〔四〕伯夷，孤竹君之子，讓其弟叔齊，餓死於首陽之山。吳札，吳王壽夢之季子也，諸兄欲讓其國，季子乃舍其室而耕。皆是權時所行，非常之道也。伯夷當紂時，吳札當周之末，故言亂（也）〔世〕。

【五】春秋衞靈公卒，孫輒立，父蒯聵與輒爭國。公羊傳曰：「輒者曷爲？蒯聵之子。然則曷爲不立蒯聵而立輒？蒯聵無道，靈公逐之而立輒。然則輒之義可以立乎？曰可。不以父命辭於王命，不以家事辭於王事。」故駿引以爲言也。

【六】續漢書載駿書曰：「臣聞武王克殷，封比干之墓，表商容之閭，二人無功，下車先封之，表善顯仁，爲國之砥礪也。伏見丁鴻經明行修，志節清妙。」由是上賢之也。

永平十年詔徵，鴻至卽召見，說文侯之命篇，〔一〕賜御衣及綬，稟食公車，〔二〕與博士同禮。頃之，拜侍中。十三年，兼射聲校尉。建初四年，徙封魯陽鄉侯。〔三〕

〔一〕周平王東遷洛邑，晉文侯仇有輔佐之功，平王賜以車馬、弓矢而策命之，因以名篇，事見尙書也。

〔二〕稟，給也。公車，署名，公車所在，因以名。諸待詔者，皆居以待命，故令給食焉。

〔三〕東觀記曰：「魯陽鄉在尋陽（郡）〔縣〕」也。

肅宗詔鴻與廣平王羨及諸儒樓望、成封、桓郁、賈逵等，論定五經同異於北宮白虎觀，〔一〕使五官中郎將魏應主承制問難，侍中淳于恭奏上，帝親稱制臨決。鴻以才高，論難最明，諸儒稱之，帝數嗟美焉。時人嘆曰：「殿中無雙丁孝公。」〔二〕數受賞賜，擢徙校書，遂代成封爲少府。門下由是益盛，遠方至者數千人。彭城劉愷、北海巴茂、九江朱倀皆至公卿。元和三年，徙封馬亭鄉侯。〔三〕

〔一〕廣平王羨，明帝子也。東觀記曰「與太常樓望、少府成封、屯騎校尉桓郁、衞士令賈逵等集議」也。白虎，門名。

於門立觀，因之以名焉。

〔二〕東觀記曰：「上嘆嗟其才，號之曰『殿中無雙丁孝公』，賜錢二十萬。」續漢書亦同。而此書獨作「時人歎」也。

〔三〕東觀記曰：「元和二年，車駕東巡狩，鴻以少府從。上奏曰：『臣聞古之帝王，統治天下，五載巡狩，至于岱宗，柴祭於天，望秩山川，協時月正日，同斗斛權衡，使人不爭。陛下尊履蒸蒸，奉承弘業，祀五帝於明堂，配以光武，二祖四宗，咸有告祀。瞻望太山，嘉澤降澍，柴祭之日，白氣上升，與燎煙合，黃鵠羣翔，所謂神人以和，荅響之休符也。』上善焉。」又曰「以廬江郡爲六安國」，所以徙封爲馬亭侯。

和帝即位，遷太常。永元四年，代袁安爲司徒。是時竇太后臨政，憲兄弟各擅威權。鴻因日食，上封事曰：

臣聞日者陽精，守實不虧，君之象也；月者陰精，盈毀有常，臣之表也。故日食者，臣乘君，陰陵陽；月滿不虧，下驕盈也。昔周室衰季，皇甫之屬專權於外，黨類強盛，侵奪主執，則日月薄食，〔一〕故詩曰：「十月之交，朔月辛卯，日有食之，亦孔之醜。」〔二〕春秋日食三十六，弑君三十二。變不空生，各以類應。夫威柄不以放下，利器不可假人。〔三〕覽觀往古，近察漢興，傾危之禍，靡不由之。是以三桓專魯，田氏擅齊，六卿分晉；諸呂握權，統嗣幾移；哀、平之末，廟不血食。〔四〕故雖有周公之親，而無其德，不得行其執也。〔五〕

〔一〕周室衰謂幽王時也。皇甫即幽王后之黨也。詩小雅曰：「皇甫卿士，番惟司徒，家伯維宰，仲允膳夫。」其類非一，故言之屬也。

〔二〕十月之交，詩小雅篇名也。孔，甚也。醜，惡也。周之十月，夏之八月也。八月朔，日月交而日食，陰侵陽，臣侵君之象也。日辰之義，日爲君，辰爲臣。辛，金也。卯，木也。又以卯侵金，故甚惡也。

〔三〕劉向上書云：「弑君三十六。」今據春秋與劉向同，而東觀及續漢范氏諸本皆云「三十二」，蓋誤也。威柄謂周禮之八柄，爵、祿、生、置、予、奪、廢、誅也。利器謂國之權執。假，借也。左傳曰「唯器與名，不可以假人」也。

〔四〕三桓謂季孫氏、叔孫氏、仲孫氏。三家皆出自魯桓公，故言三桓。並專權魯國。至魯昭公，遂爲季氏所逐，平子乃攝行君事。田氏，陳敬仲之後，因自陳奔齊，改爲田氏，遂執齊政，至田和乃篡齊。六卿謂晉之智氏、中行氏、范氏、韓氏、趙氏、魏氏，並專晉政，韓、趙、魏卒三分晉國也。諸呂謂呂產、呂祿也。產領南軍，祿領北軍，謀危劉氏，故曰「統嗣幾移」。

〔五〕言親賢兼重，方可執政。孟子曰：「有伊尹之心則可，無伊尹之心則篡也。」

今大將軍雖欲勑身自約，不敢僭差，然而天下遠近皆惶怖承旨，刺史二千石初除謁辭，求通待報，雖奉符璽，受臺勑，不敢便去，久者至數十日。背王室，向私門，此乃上威損，下權盛也。人道悖於下，效驗見於天，雖有隱謀，神照其情，垂象見戒，以告人君。閒者月滿先節，過望不虧，〔一〕此臣驕溢背君，專功獨行也。陛下未深覺悟，故天重見戒，誠宜畏懼，以防其禍。詩云：「敬天之怒，不敢戲豫。」〔二〕若勑政責躬，杜漸防萌，則凶妖銷滅，害除福湊矣。

〔一〕易曰「天垂象，見吉凶」，故言見戒也。月滿先節謂未及望而滿也。東觀記亦（云）作「先節」，俗本作「失節」，字之誤也。

〔二〕詩大雅也。雷電震耀，天怒也。戲豫猶逸豫也。不敢自逸，所以敬天也。

夫壞崖破巖之水，源自涓涓；干雲蔽日之木，起於蔥青。禁微則易，救末者難，人莫不忽於微細，以致其大。恩不忍誨，義不忍割，去事之後，未然之明鏡也。臣愚以爲左官外附之臣，〔一〕依託權門，傾覆諂諛，以求容媚者，宜行一切之誅。閒者大將軍再出，威振州郡，莫不賦斂吏人，遣使貢獻。大將軍雖云不受，而物不還主，部署之吏無所畏憚，縱行非法，不伏罪辜，故海內貪猾，競爲姦吏，小民吁嗟，怨氣滿腹。臣聞天不可以不剛，不剛則三光不明；〔二〕王不可以不彊，不彊則宰牧從橫。宜因大變，改政匡失，以塞天意。

〔一〕前書：「左官附益阿黨之法設。」左官者，人道尚右，舍天子而事諸侯爲左官。外附謂背正法而附私家也。

〔二〕三光，日、月、星也。天道尚剛。周易曰：「乾，健也。」左傳曰：「天爲剛德。」

書奏十餘日，帝以鴻行太尉兼衞尉，屯南、北宮。於是收竇憲大將軍印綬，憲及諸弟皆自殺。

時大郡口五六十萬舉孝廉二人，小郡口二十萬并有蠻夷者亦舉二人，帝以爲不均，下公卿會議。鴻與司空劉方上言：「凡口率之科，宜有階品，蠻夷錯雜，不得爲數。自今郡國率二十萬口歲舉孝廉一人，四十萬二人，六十萬三人，八十萬四人，百萬五人，百二十萬六人。不滿二十萬二歲一人，不滿十萬三歲一人。」帝從之。

六年，鴻薨，賜贈有加常禮。子湛嗣。〔湛〕卒，子浮嗣。浮卒，子夏嗣。〔一〕

〔一〕東觀記及續漢書「夏」字作「夔」也。

論曰：孔子曰「太伯三以天下讓，民無得而稱焉」。〔一〕孟子曰「聞伯夷之風者，貪夫廉，懦夫有立志」。若乃太伯以天下而違周，伯夷率絜情以去國，並未始有其讓也。〔二〕故太伯稱至德，伯夷稱賢人。後世聞其讓而慕其風，徇其名而昧其致，所以激詭行生而取與妄矣。〔三〕至夫鄧彪、劉愷，讓其弟以取義，使弟受非服而己厚其名，於義不亦薄乎！〔四〕君子立言，非苟顯其理，將以啓天下之方悟者；立行，非獨善其身，將以訓天下之方動者。言行之所開塞，可無慎哉！原丁鴻之心，主於忠愛乎？何其終悟而從義也！異夫數子類乎徇名者焉。

〔一〕此上論語載孔子之言也。鄭玄注云：「太伯，周太王之長子，次子仲雍，次子季歷。太王見季歷賢，又生文王有聖人表，故欲立之，而未有命。太王疾，太伯因適吳、越採藥，太王歿而不返，季歷爲喪主，一讓也。季歷赴之，不來奔喪，二讓也。免喪之後，遂斷髮文身，三讓也。三讓之美皆蔽隱不著，故人無得而稱焉。」

〔二〕邁，去也。未始猶未嘗也。言太伯、伯夷率性清絜，超然去國，未嘗故有求讓之名。

〔三〕徇，營也。言二子非故立讓風以求聲譽，故至德稱於前古。後代之人直欲營慕其名，而昧其深致，所以激射詭譎之行生，而取與之閒多詐妄矣。

〔四〕彪讓國異母弟荆及鳳，愷以國讓弟憲，帝皆許焉。弟不當襲爵，故言非服，而彪、愷皆獨受美名，而陷弟於不義也。

贊曰：五更待問，應若鳴鍾。〔一〕庭列輜駕，堂修禮容。穆穆帝則，擁經以從。〔二〕丁鴻翼翼，讓而不飾。高論白虎，深言日食。〔三〕

〔一〕禮記曰：「夙夜強學以待問。又曰『善待問者如撞鍾，扣之以小者則小鳴，扣之以大者則大鳴，待其舂容而後盡其聲，不善荅問者反此』也。

〔二〕從，就也。

〔三〕春秋經書「日有食之」。杜注云：「日食者，月掩日。聖人不言月掩日，而以自食爲文，闕於所不見也。」

校勘記

一二四九頁三行　桓榮字春卿　按：集解引汪文臺說，謂書鈔云字子春。

桓榮丁鴻列傳第二十七　一二六九

後漢書卷三十七　一二七〇

一二四九頁三行　事博士九江朱普　按：王先謙謂今本東觀記作「朱文剛」。

一二五〇頁一行　入使授太子　刊誤謂案文「入使」當作「使入」。按：孔廣陶校注本北堂書鈔五十六引續漢書作「入授太子」，無「使」字。張森楷校勘記謂治要無「使」字。

一二五〇頁四行　引閎弘爲議郎　按：東觀記無「弘」字。

一二五〇頁八行　建武十八年夏旱　汲本、殿本「十八年」作「十六年」。按：光武紀建武十八年夏五月旱，是作「十六年」者誤也。

一二五〇頁一一行　皐弘字奉卿　按：「奉」原譌「秦」，逕據汲本、殿本改正。

一二五〇頁一二行　吳郡人也　按：張熷謂吳郡順帝時置，榮時乃會稽郡耳，「郡」當爲「縣」。

一二五三頁五行　食邑五千戶　按：東觀記作「五百戶」，云後以五更祿終厥身。

一二五四頁五行　則眞邪幾於辨矣　按：王先謙謂「眞」蓋「貞」之誤。

一二五四頁一〇行　並解見吳漢傳　按：集解引黃山說，謂注誤，乃見公孫述傳。

一二五五頁一行　以侍中監虎賁中郎將　按：刊誤謂漢無監虎賁官，蓋是「兼」字，與丁鴻同也。

一二五五頁一四行　則切而不勤　按：集解引沈欽韓說，謂大戴禮保傅篇作「切而不攘」，賈誼傳及新書作「切而不媿」。

一二五六頁一行　召訓　按：集解引惠棟說，謂本傳作「馴」，徐廣云馴古訓字。

一二五八頁六行　典執政無所回避　刊誤謂典爲御史，非執政者，「政」當作「正」。按：御覽四二七引作「正」。

一二五九頁五行　糲食醋餐　按：聚珍本東觀記「醋餐」作「粗餐」。

一二五九頁六行　時太守向苗　按：校補引錢大昭說，謂黨，沛國人，苗當爲國相，桓典之爲孝廉，國相王吉舉之，是其證。此云「太守」，誤。

一二五九頁七行　復徵(辟)拜議郎　刊誤謂徵則上徵之，辟則諸府辟之，議郎當云徵而已，明多「辟」字。今據刪。

一二五九頁一〇行　〔除〕陳留已吾長　據汲本、殿本補。

一二六〇頁六行　一無所(當)〔留〕　據殿本改，與聚珍本東觀記合。

一二六一頁三行　〔猛〕雅善彬等　據汲本、殿本補。按：御覽二一五引重「猛」字。

一二六一頁四行　彬遂以廢　按：御覽二一五引「以」作「見」。

一二六一頁六行　所著七說　按：校補引侯康及柳從辰說，並謂「七說」當作「七誤」。

一二六一頁六行　夙智早成岐嶷也　按：刊誤謂案蔡邕本以早成爲一德，傳寫之誤，反以「岐嶷」在下，當云「夙智岐嶷，早成也」。

一二六一頁一三行　〔孔〕子曰　據汲本、殿本補。

桓榮丁鴻列傳第二十七　一二七一

後漢書卷三十七　一二七二

一二六二頁四行　丁鴻字孝公　按：王先謙謂李善文選注作「字季公」。

一二六三頁七行　九江人鮑駿　按：集解引惠棟說，謂袁宏紀「駿」作「俊」。

一二六三頁一五行　故言亂(也)〔世〕　據殿本改。

一二六四頁一行　父剬職與輒爭國　按：汲本、殿本「職」作「瞶」。下同。

一二六四頁二行　不以父命辭於王命　按：陳景雲謂按公羊傳本文，當作「不以父命辭王父命」。

一二六四頁一〇行　魯陽鄉在尋陽(郡)〔縣〕也　集解引洪亮吉說，謂漢時止有尋陽縣，屬廬江郡，此「郡」字蓋「縣」字之誤。今據改。

一二六四頁一三行　數受賞賜擢徙校書　刊誤謂漢校書者郎官而已，鴻已爲二千石，不當以校書爲擢徙也，明衍「校書」二字。集解引惠棟說，謂如劉說，則「擢徙」二字無所附麗，或作「尙書」。校補謂案劉意，「擢徙」二字承上「數受賞賜」爲一句，不必有所附麗，尙書六百石，亦非二千石擢徙之官。此傳但云「校書」，未言「校書郎」，則「賞賜擢徙」與「校書」各爲一事，原不必校書定爲官名。今按：句當有脫譌，諸說皆未諦。

一二六五頁四行　同斗斛權衡　按：「同」原譌「角」，逕據汲本、殿本改正。

一二六五頁一三行　弒君三十二　按：「弒」原譌「殺」，逕據汲本、殿本改正。

一二六六頁二行　有伊尹之心則可無伊尹之心則簒也　按：殿本「心」皆改作「志」，取與今本孟子合。校補謂案周章傳論已引作「心」，官本同，周廣業據爲孟子異本是也。

一二六六頁一四行 雖有隱謀 按：集解引王補說，謂袁宏紀作「雖欲隱諱」。

一二六七頁二行 東觀記亦(云)作先節 據校補刪。

一二六七頁一三行 左傳曰天爲剛德 按：汲本、殿本注無此七字，而有「天道終日乾乾是其剛也」十字。

一二六八頁五行 〔湛〕卒子浮嗣。 據汲本、殿本補。

一二六八頁一〇行 而己厚其名 按：集解引惠棟說，謂華嶠書「厚」作「享」。

一二六九頁一三行 而以自食爲文 按：汲本、殿本「自食」譌「日食」。

後漢書卷三十八

張法滕馮度楊列傳第二十八

張宗字諸君，南陽魯陽人也。王莽時，爲縣陽泉鄉佐。〔一〕會莽敗，義兵起，宗乃率陽泉民三四百人起兵略地，西至長安，更始以宗爲偏將軍。宗見更始政亂，因將家屬客安邑。

〔一〕續漢書曰：「鄉佐，主佐鄉收稅賦。」

及大司徒鄧禹西征，定河東，宗詣禹自歸。禹聞宗素多權謀，乃表爲偏將軍。禹軍到栒邑，赤眉大衆且至，禹以栒邑不足守，欲引師進就堅城，而衆人多畏賊追，憚爲後拒。禹乃書諸將名於竹簡，署其前後，亂著笥中，令各探之。〔一〕宗獨不肯探，曰：「死生有命，張宗豈辭難就逸乎！」禹歎息謂曰：「將軍有親弱在營，柰何不顧？」宗曰：「愚聞一卒畢力，百人不當；萬夫致死，可以橫行。宗今擁兵數千，以承大威，何遽其必敗乎！」遂留爲後拒。諸營既引兵，宗方勒厲軍士，堅壘壁，以死當之。禹到前縣，議曰：「以張將軍之衆，當百萬之師，猶以小雪投沸湯，雖欲戮力，其埶不全也。」乃遣步騎二千人反還迎宗。宗引兵始

發，而赤眉卒至，宗與戰，卻之，乃得歸營，於是諸將服其勇。及還到長安，宗夜將銳士入城襲赤眉，中矛貫胛，〔二〕又轉攻諸營保，爲流矢所激，皆幾至於死。

〔一〕笥以竹爲之。鄭玄注禮記云：「圓曰簞，方曰笥。」

〔二〕胛，背上兩膊閒。

及鄧禹徵還，光武以宗爲京輔都尉，〔一〕將突騎與征西大將軍馮異共擊關中諸營保，破之，遷河南都尉。建武六年，都尉官省，拜太中大夫。八年，潁川桑中盜賊羣起，宗將兵擊定之。後青、冀盜賊屯聚山澤，宗以謁者督諸郡兵討平之。十六年，琅邪、北海盜賊復起，宗督二郡兵討之，乃設方略，明購賞，皆悉破散，於是沛、楚、東海、臨淮羣賊懼其威武，相捕斬者數千人，青、徐震慄。後遷琅邪相，其政好嚴猛，敢殺伐。永平二年，卒於官。

〔一〕秦每郡有尉一人，典兵禁，景帝更名都尉。武帝元鼎四年，置京輔都尉，各一人，二千石，見前書也。

法雄字文彊，扶風郿人也，齊襄王法章之後。秦滅齊，子孫不敢稱田姓，故以法爲氏。〔一〕宣帝時，徙三輔，世爲二千石。雄初仕郡功曹，〔二〕辟太傅張禹府，舉雄高第，除平氏長。〔三〕善政事，好發擿姦伏，盜賊稀發，吏人畏愛之。南陽太守鮑得上其理狀，遷宛陵令。

〔一〕法章，齊湣王子也。法章子建立，爲秦所滅。見史記也。
〔二〕續漢志曰「郡皆置諸曹掾史。功曹史，主選署功勞」也。
〔三〕平氏，縣，屬南陽郡，故城今唐州平氏縣也。

永初三年，海賊張伯路等三千餘人，冠赤幘，服絳衣，自稱「將軍」，寇濱海九郡，殺二千石令長。初，遣侍御史龐雄督州郡兵擊之，伯路等乞降，尋復屯聚。明年，伯路復與平原劉文河等三百餘人稱「使者」，攻厭次城，殺長吏，〔一〕轉入高唐，〔二〕燒官寺，出繫囚，渠帥皆稱「將軍」，共朝謁伯路。伯路冠五梁冠，佩印綬，〔三〕黨衆浸盛。乃遣御史中丞王宗持節發幽、冀諸郡兵，合數萬人，乃徵雄爲青州刺史，與王宗幷力討之。連戰破賊，斬首溺死者數百人，餘皆奔走，收器械財物甚衆。會赦詔到，賊猶以軍甲未解，不敢歸降。於是王宗召刺史太守共議，皆以爲當遂擊之。雄曰：「不然。兵，凶器；戰，危事。〔四〕勇不可恃，勝不可必。賊若乘船浮海，深入遠島，攻之未易也。及有赦令，可且罷兵，以慰誘其心，埶必解散，然後圖之，可不戰而定也。」宗善其言，卽罷兵。賊聞大喜，乃還所略人。而東萊郡兵獨未解甲，賊復驚恐，遁走遼東，止海島上。五年春，乏食，復抄東萊閒，雄率郡兵擊破之，賊逃還遼東，遼東人李久等共斬平之，於是州界清靜。

〔一〕厭次，今棣州縣是也。

〔二〕高唐今博州縣。
〔三〕漢官儀曰「諸侯冠進賢三梁，卿大夫、尚書、二千石冠兩梁，千石以下至小吏冠一梁」，無五梁制者也。
〔四〕史記范蠡之詞。

雄每行部，錄囚徒，察顏色，多得情僞，長吏不奉法者皆解印綬去。

在州四年，遷南郡太守，斷獄省少，户口益增。郡濱帶江沔，〔一〕又有雲夢藪澤，〔二〕永初中，多虎狼之暴，前太守賞募張捕，反爲所害者甚衆。雄乃移書屬縣曰：「凡虎狼之在山林，猶人〔民〕之居城市。古者至化之世，猛獸不擾，〔三〕皆由恩信寬澤，仁及飛走。太守雖不德，敢忘斯義。記到，其毀壞檻穽，不得妄捕山林。」〔四〕是後虎害稍息，人以獲安。在郡數歲，歲常豐稔。〔五〕元初中卒官。

〔一〕水經曰：「沔水出武都沮縣東狼谷中，至江夏沙羨縣北，南入于江。」羨音夷。
〔二〕雲夢澤今在安州。
〔三〕禮記曰：「大道之行，四靈以爲畜。龍以爲畜，故魚鮪不淰；鳳以爲畜，故鳥不獝；麟以爲畜，故獸不狘。」是不擾之也。
〔四〕檻謂捕獸之機也。穽謂穿地陷獸也。
〔五〕稔，熟也。

子眞，在逸人傳。

滕撫字叔輔，北海劇人也。初仕州郡，稍遷爲涿令，有文武才用。太守以其能，委任郡職，兼領六縣。〔一〕風政修明，流愛于人，在事七年，道不拾遺。

〔一〕續漢志涿郡領七縣，除涿以外，有迺、故安、范陽、良鄉、北新城、方城六縣，使撫兼領之。

順帝末，揚、徐盜賊羣起，磐牙連歲。〔二〕建康元年，九江范容、周生等相聚反亂，屯據歷陽，〔三〕爲江淮巨患，遣御史中丞馮緄將兵督揚州刺史尹燿、九江太守鄧顯討之。燿、顯軍敗，爲賊所殺。又陰陵人徐鳳、馬勉等復寇郡縣，殺略吏人。鳳衣絳衣，帶黑綬，稱「無上將軍」，勉皮冠黃衣，帶玉印，稱「黃帝」，築營於當塗山中。〔三〕乃建年號，置百官，遣別帥黃虎攻沒合肥。〔四〕明年，廣陵賊張嬰等復聚衆數千人反，據廣陵。朝廷博求將帥，三公舉撫有文武才，拜爲九江都尉，與中郎將趙序助馮緄合州郡兵數萬人共討之。又廣開賞募，錢、邑各有差。梁太后慮羣賊屯結，諸將不能制，又議遣太尉李固。未及行，會撫等進擊，大破之，斬馬勉、范容、周生等千五百級，徐鳳遂將餘衆攻燒東城縣。〔五〕下邳人謝安應募，率其宗親設伏擊鳳，斬之，封安爲平鄉侯，邑三千戶。拜撫中郎將，督揚徐二州事。撫復進擊張嬰，斬獲千餘人。趙序坐畏懦不進，詐增首級，徵還弃市。又歷陽賊華孟自稱「黑帝」，攻九

江，殺郡守。撫乘勝進擊，破之，斬孟等三千八百級，虜獲七百餘人，牛馬財物不可勝筭。於是東南悉平，振旅而還。以撫爲左馮翊，除一子爲郎。撫所得賞賜，盡分於麾下。

〔一〕磐牙謂相連結。
〔二〕歷陽今和州縣。
〔三〕當塗縣之山也，在今宣州。
〔四〕合肥故城在今廬州北也。
〔五〕東城縣故城在今豪州定遠縣東南。

性方直，不交權埶，宦官懷忿。及論功當封，太尉胡廣時錄尚書事，承旨奏黜撫，天下怨之。卒於家。

馮緄字鴻卿，巴郡宕渠人也，〔一〕少學春秋、司馬兵法。〔二〕父煥，安帝時爲幽州刺史，疾忌姦惡，數致其罪。時玄菟太守姚光亦失人和。建光元年，怨者乃詐作璽書譴責煥、光，賜以歐刀。又下遼東都尉龐奮使速行刑，奮卽斬光收煥。煥欲自殺，緄疑詔文有異，止煥曰：「大人在州，志欲去惡，實無它故，必是凶人妄詐，規肆姦毒。願以事自上，甘罪無晚。」煥從其言，上書自訟，果詐者所爲，徵奮抵罪。會煥病死獄中，帝愍之，賜煥、光錢各十萬，以

子爲郎中。緄由是知名。

〔一〕宕渠，縣，故城在今渠州東北。緄音古本反。

〔二〕謝承書曰，緄學公羊春秋。史記曰，司馬穰苴者，田完之苗裔也，當景公時，善用兵。至齊威王時，使大夫追論古者司馬兵法，而附穰苴其中，號曰司馬穰苴也。

家富好施，賑赴窮急，爲州里所歸愛。初舉孝廉，七遷爲廣漢屬國都尉，徵拜御史中丞。順帝末，以緄持節督揚州諸郡軍事，與中郎將滕撫擊破羣賊，遷隴西太守。後鮮卑寇邊，以緄爲遼東太守，曉喻降集，虜皆弭散。〔一〕徵拜京兆尹，轉司隸校尉，所在立威刑。遷廷尉、太常。

〔一〕弭，止也。

時長沙蠻寇益陽，屯聚積久，至延熹五年，衆轉盛，而零陵蠻賊復反應之，合二萬餘人，攻燒城郭，殺傷長吏。又武陵蠻夷悉反，寇掠江陵閒，荆州刺史劉度、南郡太守李肅並奔走，荆南皆沒。於是拜緄爲車騎將軍，將兵十餘萬討之，詔策緄曰：「蠻夷猾夏，久不討攝，〔一〕各焚都城，蹈籍官人。州郡將吏，死職之臣，相逐奔竄，曾不反顧，可愧言也。將軍素有威猛，是以擢授六師。〔二〕前代陳湯、馮、傅之徒，以寡擊衆，〔三〕郅支、夜郎、樓蘭之戎，頭懸都街，〔四〕衞、霍北征，功列金石，是皆將軍所究覽也。〔五〕今非將軍，誰與修復前迹？進赴之宜，權時之策，將軍一之，出郊之事，不復內御。〔六〕已命有司祖于國門。〔七〕詩不云乎：『進厥虎臣，闞如虓虎，敷敦淮濆，仍執醜虜。』將軍其勉之！」〔八〕

〔一〕猾，亂也。夏，華夏也。攝，持也。書曰：「蠻夷猾夏。」

〔二〕六師猶六軍也，詩云「整我六師，以修我戎」也。

〔三〕陳湯字子公，山陽瑕丘人也。元帝時，爲西域副校尉，矯發西域諸國兵四萬人，誅斬郅支單于，傳首長安，懸於槀街。馮奉世字子明，上黨潞人也。宣帝時，以衞尉持節送大宛諸國客到伊修城。時莎車王萬年殺漢使者，子明乃以節告諸國王，發兵五千人擊莎車，殺其王，傳首詣長安。傅介子，北地人。昭帝時，爲平樂監。時樓蘭國數反覆，霍光白遣介子與士卒，齎金幣以賜外國爲名，至樓蘭，樓蘭王與介子飲，乃令壯士二人刺殺之，持首詣闕。

〔四〕夜郎，西南夷之國也。成帝時，夜郎王興數不從命，牂柯太守陳立行縣至夜郎，召興，興從邑君數十人見立，立數責，因斷興頭。案：夜郎王首不傳京師，殺之者陳立，又非陳湯、馮、傅，此蓋泛論誅戮戎夷耳。

〔五〕衞青、霍去病俱出擊匈奴，靑至寘顏山，斬首九千級，去病斬首七萬餘級，孜（到）〔封〕狼居胥山迺還也。

〔六〕一猶專也，言出郊以外，不復由內制御也。淮南子曰「凡命將，主親授鉞曰：『從此上至天，將軍制之。』將荅曰：『國不可從外理，軍不可從中御』」也。

〔七〕祖，道祭也。鄭玄注禮記云：「天子九門：路門也，應門也，雉門也，庫門也，臯門也，國門也，近郊門也，遠郊門也，關門也。」

〔八〕詩大雅也。當周宣王時，徐方、淮夷反叛，宣王乃進其虎猛之臣，謂方叔、召虎之類也。虓虎，怒聲也。水涯曰濆。敷，布也。醜，衆也。仍，因也。言布兵數逼淮水之涯，因執得衆虜。引詩戒緄，令其勉也。

時天下飢饉，帑藏虛盡，每出征伐，常減公卿奉祿，假王侯租賦，前後所遣將帥，宦官輒陷以折耗軍資，往往抵罪。緄性烈直，不行賄賂，懼爲所中，乃上疏曰：「埶得容姦，伯夷可疑；苟曰無猜，盜跖可信。〔一〕故樂羊陳功，文侯示以謗書。〔二〕願請中常侍一人監軍財費。」尙書朱穆奏緄以財自嫌，失大臣之節。有詔勿劾。

〔一〕莊子曰，孔子與柳下季爲友，弟名曰盜跖，從卒九千人，横行，侵暴諸侯，驅人馬牛，取人婦女，貪虐無親，萬人苦之。

〔二〕樂羊，魏將軍也。史記曰，魏文侯令樂羊將而攻中山，三年而拔之。樂羊反而論功，文侯示之謗書一篋。樂羊再拜曰：「此非臣之功也。」

緄軍至長沙，賊聞，悉詣營道乞降。〔一〕進擊武陵蠻夷，斬首四千餘級，受降十餘萬人，荆州平定。詔書賜錢一億，固讓不受。振旅還京師，推功於從事中郎應奉，薦以爲司隸校尉，而上書乞骸骨，朝廷不許。監軍使者張敞承宦官旨，奏緄將傳婢二人戎服自隨，又輒於江陵刻石紀功，請下吏案理。尙書令黃儁奏議，以爲罪無正法，不合致糾。會長沙賊復起，攻桂陽、武陵，緄以軍還盜賊復發，策免。

〔一〕營道，今道州縣也。

頃之，拜將作大匠，轉河南尹。上言「舊典，中官子弟不得爲牧人職」，帝不納。復爲廷尉。時山陽太守單遷以罪繫獄，緄考致其死。遷，故車騎將軍單超之弟，中官相黨，遂共誹章誣緄，坐與司隸校尉李膺、大司農劉祐俱輸左校。應奉上疏理緄等，得免。後拜屯騎校尉，復爲廷尉，卒於官。

緄弟允，清白有孝行，能理尙書，善推步之術。〔一〕拜降虜校尉，終於家。〔二〕

〔一〕推步謂究日月五星之度，昬旦節氣之差。

〔二〕謝承書曰：「緄子鸞，舉孝廉，除郎中。」

度尙字博平，山陽湖陸人也。家貧，不修學行，不爲鄉里所推舉。〔一〕積困窮，乃爲宦者同郡侯覽視田，得爲郡上計吏，拜郎中，除上虞長。〔二〕爲政嚴峻，明於發擿姦非，吏人謂之神明。〔三〕遷文安令，〔四〕遇時疾疫，穀貴人飢，尙開倉稟給，營救疾者，百姓蒙其濟。時冀州刺史朱穆行部，見尙甚奇之。

〔一〕續漢書曰：「尙少喪父，事母至孝，通京氏易、古文尙書。爲吏清絜，有文武才略。」與此不同。

〔二〕上虞，縣，故城在今越州餘姚縣西。

〔三〕謝承書曰：「尙進善愛人，坐以待旦，擢門下書佐朱儁，恒歎述之，以爲有不凡之操。儁後官至車騎將軍，遠近奇尚有知人之鑒。」

〔三〕文安，縣，故城在今瀛州文安縣東北。

延熹五年，長沙、零陵賊合七八千人，自稱「將軍」，入桂陽、蒼梧、南海、交阯，交阯刺史及蒼梧太守望風逃奔，二郡皆沒。遣御史中丞盛修募兵討之，不能剋。豫章艾縣人六百餘人，應募而不得賞直，怨恚，遂反，焚燒長沙郡縣，寇益陽，〔一〕殺縣令，衆漸盛。又遣謁者馬睦，督荊州刺史劉度擊之，軍敗，睦、度奔走。桓帝詔公卿舉任代劉度者，尚書朱穆舉尚，自右校令擢爲荊州刺史。尚躬率部曲，與同勞逸，廣募雜種諸蠻夷，明設購賞，進擊，大破之，降者數萬人。桂陽宿賊渠帥卜陽、潘鴻等畏尚威烈，徙入山谷。尚窮追數百里，遂入南海，破其三屯，多獲珍寶。而陽、鴻等黨衆猶盛，尚欲擊之，而士卒驕富，莫有鬬志。尚計緩之則不戰，逼之必逃亡，乃宣言卜陽、潘鴻作賊十年，習於攻守，今兵寡少，未易可進，當須諸郡所發悉至，爾乃并力攻之。申令軍中，恣聽射獵。兵士喜悅，大小皆相與從禽。尚乃密使所親客潛焚其營，珍積皆盡。獵者來還，莫不泣涕。尚人人慰勞，深自咎責，因曰：「卜陽等財寶足富數世，諸卿但不并力耳。所亡少少，何足介意！」衆聞咸憤踊，尚勑令秣馬蓐食，明旦，徑赴賊屯。陽、鴻等自以深固，不復設備，吏士乘銳，遂大破平之。

〔一〕益陽，縣，在益水之陽，故城在今潭州益陽縣東。

尚出兵三年，羣寇悉定。七年，封右鄉侯，遷桂陽太守。明年，徵還京師。時荊州兵朱蓋等，征戍役久，財賞不贍，忿恚，復作亂，與桂陽賊胡蘭等三千餘人復攻桂陽，焚燒郡縣，太守任胤弃城走，賊衆遂至數萬。轉攻零陵，太守陳球固守拒之。於是以尚爲中郎將，將幽、冀、黎陽、烏桓步騎二萬六千人救球，又與長沙太守抗徐等發諸郡兵，并埶討擊，大破之，斬蘭等首三千五百級，餘賊走蒼梧。詔賜尚錢百萬，餘人各有差。

時抗徐與尚俱爲名將，數有功。徐字伯徐，丹陽人，鄉邦稱其膽智。初試守宣城長，悉移深林遠藪椎髻鳥語之人置於縣下，〔一〕由是境內無復盜賊。後爲中郎將宗資別部司馬，擊太山賊公孫舉等，破平之，斬首三千餘級，封烏程東鄉侯五百戶。〔二〕遷太山都尉，寇盜望風奔亡。及在長沙，宿賊皆平。卒於官。桓帝下詔追增封徐五百戶，并前千戶。

〔一〕宣城，縣，故城在今宣州南陵縣東。椎，獨髻也，音直追反。鳥語謂語聲似鳥也。書曰：「島夷卉服。」

〔二〕烏程，今湖州縣。

復以尚爲荊州刺史。尚見胡蘭餘黨南走蒼梧，懼爲己負，乃僞上言蒼梧賊入荊州界，於是徵交阯刺史張磐下廷尉。辭狀未正，會赦見原。磐不肯出獄，方更牢持械節，獄吏謂磐曰：「天恩曠然而君不出，（何）〔可〕乎？」磐因自列曰：「前長沙賊胡蘭作難荊州，餘黨散入交阯。磐身嬰甲冑，涉危履險，討擊凶患，斬殄渠帥，餘盡鳥竄冒遁，還奔荊州。刺史度尚懼磐先言，怖畏罪戾，〔一〕伏奏見誣。磐備位方伯，爲國爪牙，〔二〕而爲尚所枉，受罪牢獄。夫事有虛實，法有是非。磐實不辜，赦無所除。如忍以苟免，永受侵辱之恥，生爲惡吏，死爲敝鬼。乞傳尚詣廷尉，面對曲直，足明眞僞。尚不徵者，磐埋骨牢檻，終不虛出，望塵受枉。」廷尉以其狀上，詔書徵尚到廷尉，辭窮受罪，以先有功得原。磐字子石，丹陽人，以清白稱，終於廬江太守。

〔一〕戾亦罪也。

〔二〕爪牙，以猛獸爲喻，言爲國之扞衞也。詩曰「圻父，予王之爪牙」也。

尚後爲遼東太守，數月，鮮卑率兵攻尚，與戰，破之，戎狄懼畏。年五十，延熹九年，卒於官。

楊琁字機平，會稽烏傷人也。高祖父茂，本河東人，從光武征伐，爲威寇將軍，封烏傷新陽鄉侯。建武中就國，傳封三世，有罪國除，因而家焉。父扶，交阯刺史，有理能名。兄喬，爲尚書，容儀偉麗，數上言政事，桓帝愛其才皃，詔妻以公主，喬固辭不聽，遂閉口不食，七日而死。

琁初舉孝廉，稍遷，靈帝時爲零陵太守。是時蒼梧、桂陽猾賊相聚，攻郡縣，賊衆多而琁力弱，吏人憂恐。琁乃特制馬車數十乘，以排囊盛石灰於車上，〔一〕繫布索於馬尾，又爲兵車，專彀弓弩，剋（共）〔期〕會戰。乃令馬車居前，順風鼓灰，賊不得視，因以火燒布，〔布〕然馬驚，奔突賊陣，因使後車弓弩亂發，鉦鼓鳴震。羣盜波駭破散，追逐傷斬無數，梟其渠帥，郡境以清。〔二〕荊州刺史趙凱，誣奏琁實非身破賊，而妄有其功。琁與相章奏，凱有黨助，遂檻車徵琁。防禁嚴密，無由自訟，乃噬臂出血，書衣爲章，具陳破賊形埶，及言凱所誣狀，潛令親屬詣闕通之。詔書原琁，拜議郎，凱反受誣人之罪。

〔一〕排囊即今囊袋也。排音蒲拜反。

〔二〕梟，懸也。

琁三遷爲勃海太守，所在有異政，以事免。後尚書令張溫特表薦之，徵拜尚書僕射。以病乞骸骨，卒於家。

論曰：安順以後，風威稍薄，寇攘寖橫，緣隙而生，剽人盜邑者不閲時月，〔一〕假署皇王者蓋以十數。或託驗神道，或矯妄冕服。然其雄渠魁長，未有聞焉，猶至壘盈四郊，奔命首尾。〔二〕若夫數將者，並宜力勤慮，以勞定功，〔三〕而景風之賞未甄，膚受之言互及。〔四〕以

此而推，政道難乎以免。〔五〕

〔一〕閡，息也。

〔二〕壘，軍壁也。禮記曰：「四郊多壘，卿大夫之辱。」奔命謂有命卽奔赴之。左傳曰「余必使爾罷於奔命」也。

〔三〕宣，布也。尚書曰：「宣力四方。」禮記曰：「以勞定國則祀之。」

〔四〕景風至則行賞，解見和紀。甄，明也。膚受謂得皮膚之言而受之，不深知其情核者也。孔子曰：「膚受之愬不行焉，可謂明矣。」

〔五〕論語孔子曰：「不有祝鮀之佞，難乎免於今之世矣。」

贊曰：張宗袢禹，敢殿後拒。〔一〕江、淮、海、岱，虔劉寇阻。〔二〕其誰清之？雄、尙、緄、撫。琁能用譎，亦云振旅。

〔一〕殿音丁見反。

〔二〕虔、劉皆殺也。

校勘記

一二七五頁六行　禹軍到栒邑　按：「栒」原譌「拘」，逕據汲本、殿本改正。下同。

一二七五頁一〇行　何遽其必敗乎　按：王先謙謂「遽」下疑奪「知」字。

一二七五頁一三行　雖欲戮力　「戮」汲本作「勠」。按：戮勠通。

一二七六頁一〇行　武帝元鼎四年置京輔都尉各一人　按：漢書百官公卿表云「元鼎四年，更置三輔都尉，都尉丞各一人」。京輔都尉爲三輔都尉之一，注文有脫誤。刊誤謂脫「左右輔」三字。

一二七六頁一三行　遷宛陵令　按：宛陵屬丹陽郡，此指河南郡之苑陵，「宛」當作「苑」，說詳校補。

一二七八頁七行　猶人之居城市　按：御覽卷五七引作「猶人民之居城市」，「民」當爲唐避太宗諱刪，應依御覽補入。

一二七八頁八行　是後虎害稍息人以獲安　按：汲本、集解本「稍」作「消」。王先謙謂作「稍」蓋誤，稍息不得云人安也。

一二七八頁一六行　子真在逸人傳　按：集解引錢大昕說，謂逸人卽逸民，章懷避諱，改爲「人」字，後來追改，不及徧檢它傳，故或改或否耳。

一二七九頁四行　磐牙連歲　殿本考證謂「牙」字是「𤘊」字之誤。按：「𤘊」卽「互」之俗字。

一二八〇頁五行　當塗縣之山也在今宣州　集解引吳仁傑說，謂有兩當塗縣，一在九江郡，一在宣州。宣之當塗，晉成帝始置，東都固未之有。今按：「宣州」當依下邳惠王傳注作「濠州」。

一二八〇頁七行　在今豪州定遠縣東南　「豪州」集解本作「濠州」。按：元和郡縣志謂隋開皇三年改高齊之西楚州爲濠州，因水爲名，大業三年改爲鍾離郡，唐武德五年復改爲濠州。中閒誤去「水」旁作「豪」，元和三年又加「水」焉。

一二八二頁一一行　次(到)〔封〕狼居胥山迺還也　據汲本、殿本改。

一二八三頁一〇行　受降十餘萬人　按：汲本、殿本「十餘萬」作「十萬餘」。

一二八四頁五行　緄弟允　集解引惠棟說，謂華陽國志作「元」，字公信。今按：古人名字相應，元無信義，當從本傳爲是。

一二八五頁四行　豫章艾縣人六百餘人　王先謙謂案上下文衍一「人」字。今按：疑本作「豫章艾縣民六百餘人」，後避唐太宗諱，改「民」爲「人」耳。

一二八六頁一〇行　書曰鳥夷卉服　集解引錢大昕說，謂禹貢「鳥夷」漢書地理志作「鳥夷」，鄭康成、王肅本皆同，故章懷引以證鳥語之義。後人依今本改「鳥」字爲「島」，而此注遂成贅文矣。按：王先謙謂注引「島夷」當作「鳥夷」。

一二八六頁一三行　乃僞上言蒼梧賊入荆州界　按：「僞」原譌「爲」，逕據汲本、殿本改正。

一二八六頁一四行　天恩曠然而君不出(何)〔可〕乎　汲本、殿本「何乎」作「何也」，今據通鑑改。

一二八八頁二行　以排囊盛石灰於車上　按：「上」原譌「土」，逕改正。

一二八八頁三行　剋(共)〔期〕會戰　按：刊誤謂已言會戰，何用「共」字，蓋本是「期」字，誤作「其」，遂轉作「共」也。今據改。

一二八八頁三行　因以火燒布(布)然　據汲本、殿本補。

一二八八頁六行　及言凱所誣狀　按：汲本、殿本「及」作「又」。

一二八九頁七行　不有祝鮀之佞　按：殿本此下有「而有宋朝之美」六字。

後漢書卷三十九

劉趙淳于江劉周趙列傳第二十九

孔子曰：「夫孝莫大於嚴父，嚴父莫大於配天，則周公其人也。」〔一〕子路曰：「傷哉貧也！生無以養，死無以葬。」子曰：「啜菽飲水，孝也。」〔二〕夫鍾鼓非樂云之本，而器不可去；〔三〕三牲非致孝之主，而養不可廢。〔四〕存器而忘本，樂之遁也；〔五〕調器以和聲，樂之成也。崇養以傷行，孝之累也；〔六〕脩己以致祿，養之大也。故言能大養，則周公之祀，致四海之祭；言以義養，則仲由之菽，甘於東鄰之牲。〔七〕夫患水菽之薄，干祿以求養者，是以恥祿親也。〔八〕存誠以盡行，孝積而祿厚者，此能以義養也。

〔一〕配天謂宗祀文王於明堂，以配上帝。
〔二〕事見禮記。啜音昌悅反。廣雅曰：「啜，食也。」
〔三〕論語孔子曰：「樂云樂云，鍾鼓云乎哉？」言樂之所貴者，移風易俗也，非謂鍾鼓而已，然而不可去鍾鼓。去音丘呂反。

〔四〕孝經曰：「雖日用三牲，猶爲不孝。」言孝子者，以和顏悅色爲難也，非謂三牲而已，然不可闕甘旨。
〔五〕遁，失也。言盛飾鍾簴之器而忘移風之本，是失樂之意也。
〔六〕不義而崇養，更爲親憂，是孝之累也。
〔七〕易曰「東鄰殺牛，不如西鄰之禴祭」也。
〔八〕干，求也。謂不以道求祿，故可恥也。

中興，廬江毛義少節，家貧，以孝行稱。南陽人張奉慕其名，往候之。坐定而府檄適至，以義守令，〔一〕義奉檄而入，喜動顏色。奉者，志尚士也，心賤之，自恨來，固辭而去。及義母死，去官行服。數辟公府，爲縣令，進退必以禮。後舉賢良，公車徵，遂不至。張奉歎曰：「賢者固不可測。往日之喜，乃爲親屈也。斯蓋所謂『家貧親老，不擇官而仕』者也。」〔二〕建初中，章帝下詔褒寵義，賜穀千斛，常以八月長吏問起居，加賜羊酒。壽終于家。

〔一〕檄，召書也。東觀記曰「義爲安陽尉，府檄到，當守令」也。
〔二〕韓詩外傳曾子曰：「任重道遠，不擇地而息。家貧親老，不擇官而仕。」

安帝時，汝南薛包孟嘗，好學篤行，喪母，以至孝聞。及父娶後妻而憎包，分出之，包日夜號泣，不能去，至被毆杖。不得已，廬於舍外，旦入而洒掃，父怒，又逐之。乃廬於里門，昏晨不廢。積歲餘，父母慙而還之。後行六年服，喪過乎哀。既而弟子求分財異居，包不能止，乃中分其財。奴婢引其老者，曰：「與我共事久，若不能使也。」田廬取其荒頓者，〔一〕曰：「吾少時所理，意所戀也。」器物取朽敗者，曰：「我素所服食，身口所安也。」弟子數破其產，輒復賑給。建光中，公車特徵，至，拜侍中。包性恬虛，稱疾不起，以死自乞。有詔賜告歸，加禮如毛義。〔二〕年八十餘，以壽終。

〔一〕頓猶廢也。
〔二〕告，請假也。漢制，吏病滿三月當免，天子優賜其告，使得帶印綬，將官屬，歸家養病，謂之賜告也。

若二子者，推至誠以爲行，行信於心而感於人，以成名受祿致禮，斯可謂能以孝養也。若夫江革、劉般數公者之義行，猶斯志也。撰其行事著于篇。〔一〕

〔一〕自此已上，並略華嶠之詞也。

劉平字公子，楚郡彭城人也。本名曠，顯宗後改爲平。王莽時爲郡吏，守菑丘長，〔一〕政教大行。其後每屬縣有劇賊，輒令平守之，所至皆理，由是一郡稱其能。

〔一〕菑丘，縣，屬彭城國。

更始時，天下亂，平弟仲爲賊所殺。其後賊復忽然而至，平扶侍其母，奔走逃難。仲遺

腹女始一歲，平抱仲女而弃其子。母欲還取之，平不聽，曰：「力不能兩活，仲不可以絕類。」遂去不顧，與母俱匿野澤中。平朝出求食，逢餓賊，將亨〔之〕，平叩頭曰：「今旦爲老母求菜，老母待曠爲命，願得先歸，食母畢，還就死。」〔一〕因涕泣。賊見其至誠，哀而遣之。平還，既食母訖，因白曰：「屬與賊期，義不可欺。」遂還詣賊。衆皆大驚，相謂曰：「常聞烈士，乃今見之。子去矣，吾不忍食子。」於是得全。

〔一〕食音飼。下同。

建武初，平狄將軍龐萌反於彭城，攻敗郡守孫萌。平時復爲郡吏，冒白刃伏萌身上，被七創，困頓不知所爲，號泣請曰：「願以身代府君。」賊乃斂兵止，曰：「此義士也，勿殺。」遂解去。萌傷甚氣絕，有頃蘇，渴求飲。平傾其創血以飲之。後數日萌竟死，平乃裹創，扶送萌喪，至其本縣。

後舉孝廉，拜濟陰郡丞，太守劉育甚重之，任以郡職，上書薦平。會平遭父喪去官。服闋，拜全椒長。〔一〕政有恩惠，百姓懷感，人或增貲就賦，或減年從役。刺史、太守行部，獄無繫囚，人自以得所，不知所問，〔二〕唯班詔書而去。後以病免。

〔一〕全椒，縣，屬九江郡也。
〔二〕「所」或作「何」。

顯宗初，尚書僕射鍾離意上書薦平及琅邪王望、東萊王扶曰：「臣竊見琅邪王望、楚國劉曠、東萊王扶，皆年七十，執性恬淡，所居之處，邑里化之，脩身行義，應在朝次。臣誠不足知人，竊慕推士進賢之義。」書奏，有詔徵平等，特賜辦裝錢。至皆拜議郎，並數引見。平再遷侍中，永平三年，拜宗正，數薦達名士承宮、郇恁等。〔一〕在位八年，以老病上疏乞骸骨，卒於家。

〔一〕恁字君大，見黃憲傳。恁音人甚反。

王望字慈卿，客授會稽，自議郎遷青州刺史，甚有威名。是時州郡災旱，百姓窮荒，望行部，道見飢者，裸行草食，五百餘人，愍然哀之，因以便宜出所在布粟，給其（廩）〔稟〕糧，爲作褐衣。〔一〕事畢上言，帝以望不先表請，章示百官，詳議其罪。時公卿皆以爲望之專命，法有常條。鍾離意獨曰：「昔華元、子反，楚、宋之良臣，不稟君命，擅平二國，春秋之義，以爲美談。〔二〕今望懷義忘罪，當仁不讓，若繩之以法，忽其本情，將乖聖朝愛育之旨。」帝嘉意議，赦而不罪。

〔一〕許慎注淮南子曰：「楚人謂袍爲短褐。」
〔二〕春秋：「楚子圍宋，宋人及楚人平。」公羊傳曰：「外平不書，此何以書？大其平乎己也。何大其平乎己？莊王圍

宋，有七日之糧爾，盡此不勝，將去而歸爾，於是使司馬子反乘堙而闚宋城，宋華元亦乘堙而出見之。子反曰：『子之國何如？』華元曰：『憊矣。』曰：『何如？』曰：『易子而食之，析骸而炊之。』子反曰：『諾。吾軍有七日之糧爾。盡此不勝，將去而歸爾。』揖而去之，反於莊王。莊王怒曰：『吾使子往視之，子曷爲告之！』子反曰：『以區區之宋，猶有不欺人之臣，可以楚而無乎？是以告之。』王曰：『諾。』引師而去之。故君子大其平乎己也。」

王扶字子元，掖人也。〔一〕少脩節行，客居琅邪不其縣，所止聚落化其德。〔二〕國相張宗謁請，不應，欲強致之，遂杖策歸鄉里。連請，固病不起。太傅鄧禹辟，不至。後拜議郎，會見，恂恂似不能言。〔三〕然性沈正，不可干以非義，當世高之。永平中，臨邑侯劉復〔四〕著漢德頌，盛稱扶爲名臣云。

〔一〕掖，今萊州縣。
〔二〕小於鄉曰聚。廣雅曰：「落，居也。」
〔三〕恂恂，恭順之皃。
〔四〕復，光武兄伯升之孫，北海王興之子也。

趙孝字長平，沛國蘄人也。〔一〕父普，王莽時爲田禾將軍，〔二〕任孝爲郎。每告歸，常白衣步擔。嘗從長安還，欲止郵亭。亭長先時聞孝當過，以有長者客，掃洒待之。〔三〕孝既至，不自名，〔四〕長不肯內，因問曰：「聞田禾將軍子當從長安來，何時至乎？」孝曰：「尋到矣。」於是遂去。〔五〕及天下亂，人相食。孝弟禮爲餓賊所得，孝聞之，即自縛詣賊，曰：「禮久餓羸瘦，不如孝肥飽。」賊大驚，並放之，謂曰：「可且歸，更持米糒來。」孝求不能得，復往報賊，願就亨。衆異之，遂不害。鄉黨服其義。州郡辟召，進退必以禮。舉孝廉，不應。

〔一〕蘄音機。
〔二〕王莽時置田禾將軍，屯田北邊。
〔三〕素聞孝高名，故以爲長者客也。「洒」與「灑」通，音所買反。
〔四〕不稱名也。
〔五〕華嶠書曰：「孝報云三日至矣。」

永平中，辟太尉府，顯宗素聞其行，詔拜諫議大夫，遷侍中，又遷長樂衞尉。復徵弟禮爲御史中丞。禮亦恭謙行己，類於孝。帝嘉其兄弟篤行，欲寵異之，詔禮十日一就衞尉府，太官送供具，令共相對盡歡。數年，禮卒，帝令孝從官屬送喪歸葬。後歲餘，復以衞尉賜告歸，卒于家。孝無子，拜禮兩子爲郎。

時汝南有王琳巨尉者，年十餘歲喪父母。因遭大亂，百姓奔逃，唯琳兄弟獨守冢廬，號泣不絕。弟季，出遇赤眉，將爲所哺，〔一〕琳自縛，請先季死。賊矜而放遣，由是顯名鄉邑。後辟司徒府，薦士而退。

〔一〕哺，食之也。哺音補胡反。

琅邪魏譚少閒者，時亦爲飢寇所獲，等輩數十人皆束縛，以次當亨。賊見譚似謹厚，獨令主爨，暮輒執縛。賊有夷長公，〔一〕特哀念譚，密解其縛，語曰：「汝曹皆應就食，急從此去。」對曰：「譚爲諸君爨，恒得遺餘，餘人皆茹草萊，不如食我。」長公義之，相曉赦遣，並得俱免。譚永平中爲主家令。〔二〕

〔一〕夷，姓也。
〔二〕公主家令也。

又齊國兒萌子明、〔一〕梁郡車成子威二人，兄弟並見執於赤眉，將食之，萌、成叩頭，乞以身代，賊亦哀而兩釋焉。

〔一〕兒音五兮反。

淳于恭字孟孫，北海淳于人也。〔一〕善說老子，清靜不慕榮名。家有山田果樹，人或侵盜，輒助爲收採。又見偷刈禾者，恭念其愧，因伏草中，盜去乃起，里落化之。

〔一〕淳于，縣，故城〔今〕在〔今〕密州安丘縣東北，故淳于國也。

王莽末，歲飢兵起，恭兄崇將爲盜所亨，恭請代，得俱免。後崇卒，恭養孤幼，教誨學問，有不如法，輒反用杖自箠，以感悟之，兒慙而改過。初遭賊寇，百姓莫事農桑。恭常獨力田耕，鄉人止之曰：「時方淆亂，死生未分，何空自苦爲？」恭曰：「縱我不得，它人何傷。」墾耨不輟。後州郡連召，不應，遂幽居養志，潛於山澤。舉動周旋，必由禮度。建武中，郡舉孝廉，司空辟，皆不應，客隱琅邪黔陬山，遂數十年。〔一〕

〔一〕黔陬縣之山也。黔陬故城在今密州諸城縣東北也。

建初元年，肅宗下詔美恭素行，告郡賜帛二十匹，遣詣公車，除爲議郎。引見極日，訪以政事，遷侍中騎都尉，禮待甚優。其所薦名賢，無不徵用。進對陳政，皆本道德，帝與之言，未嘗不稱善。五年，病篤，使者數存問，卒於官。詔書褒歎，賜穀千斛，刻石表閭。除子孝爲太子舍人。

江革字次翁，齊國臨淄人也。少失父，獨與母居。遭天下亂，盜賊並起，革負母逃難，備經阻險，常採拾以爲養。數遇賊，或劫欲將去，革輒涕泣求哀，言有老母，辭氣愿款，有足感動人者。〔一〕賊以是不忍犯之，或乃指避兵之方，〔二〕遂得俱全於難。革轉客下邳，窮貧裸跣，行傭以供母，便身之物，莫不必給。

〔一〕愿，謹也。款，誠也。

〔二〕華嶠書曰「語以避兵道」也。

建武末年，與母歸鄉里。每至歲時，縣當案比，〔一〕革以母老，不欲搖動，自在轅中輓車，不用牛馬，由是鄉里稱之曰「江巨孝」。〔二〕太守嘗備禮召，革以母老不應。及母終，至性殆滅，嘗寢伏冢廬，服竟，不忍除。郡守遣丞掾釋服，因請以爲吏。

〔一〕案驗以比之，猶今貌閱也。

〔二〕巨，大也。華嶠書曰「臨淄令楊音高之，設特席，顯異巨孝於稠人廣衆中，親奉餞以助供養」也。

永平初，舉孝廉爲郎，補楚太僕。月餘，自劾去。楚王英馳遣官屬追之，遂不肯還。復使中傅贈送，辭不受。後數應三公命，輒去。

建初初，太尉牟融舉賢良方正，再遷司空長史。肅宗甚崇禮之，遷五官中郎將。每朝會，帝常使虎賁扶侍，及進拜，恆目禮焉。〔一〕時有疾不會，輒太官送醪膳，恩寵有殊。於是京師貴戚衞尉馬廖、侍中竇憲慕其行，各奉書致禮，革無所報受。〔二〕帝聞而益善之。後上書乞骸骨，轉拜諫議大夫，賜告歸，因謝病稱篤。

〔一〕獨視之也。

〔二〕華嶠書曰：「終不報書，一無所受。」

元和中，天子思革至行，制詔齊相曰：「諫議大夫江革，前以病歸，今起居何如？夫孝，百行之冠，衆善之始也。國家每惟志士，未嘗不及革。縣以見穀千斛賜『巨孝』，常以八月長吏存問，致羊酒，以終厥身。〔一〕如有不幸，祠以中牢。」由是「巨孝」之稱，行於天下。及卒，詔復賜穀千斛。

〔一〕華嶠書曰：「致羊一頭，酒二斛。」

劉般字伯興，宣帝之玄孫也。宣帝封子囂於楚，是爲孝王。孝王生思王衍，衍生王紆，紆生般。自囂至般，積累仁義，世有名節，而紆尤慈篤。早失母，同產弟原鄉侯平尚幼，紆親自鞠養，常與共臥起飲食。及成人，未嘗離左右。平病卒，紆哭泣歐血，數月亦歿。初，紆襲王封，因值王莽篡位，廢爲庶人，因家於彭城。

般數歲而孤，獨與母居。王莽敗，天下亂，太夫人聞更始即位，〔一〕乃將般俱奔長安。會更始敗，復與般轉側兵革中，西行上隴，遂流至武威。般雖尚少，而篤志脩行，講誦不怠。其母及諸舅，以爲身寄絕域，死生未必，〔二〕不宜苦精若此，數以曉般，般猶不改其業。

〔一〕太夫人，般之母也。前書音義曰：「列侯之妻稱夫人，母稱太夫人。」

〔二〕「必」或作「分」也。

建武八年，隗囂敗，河西始通，般卽將家屬東至洛陽，脩經學於師門。明年，光武下詔，封般爲菑丘侯，奉孝王祀，使就國。後以國屬楚王，徙封杼秋侯。〔一〕

〔一〕杼秋，縣，屬梁國。杼音是與反。

十九年，行幸沛，詔問郡中諸侯行能。太守薦言般束脩至行，爲諸侯師。〔一〕帝聞而嘉之，乃賜般綬，錢百萬，繒二百匹。二十年，復與車駕會沛，因從還洛陽，賜穀什物，留爲侍祠侯。

〔一〕束脩謂謹束脩絜也。

永平元年，以國屬沛，徙封居巢侯，〔一〕復隨諸侯就國。數年，楊州刺史觀恂薦般在國口無擇言，行無怨惡，宜蒙旌顯。顯宗嘉之。十年，徵般行執金吾事，從至南陽，還爲朝侯。明年，兼屯騎校尉。時五校官顯職閑，而府寺寬敞，輿服光麗，伎巧畢給，故多以宗室肺腑居之。〔三〕每行幸郡國，般常將長水胡騎從。

〔二〕居巢，縣，屬廬江郡也。

〔三〕肺腑，天子之親屬也。

帝曾欲置常平倉，〔一〕公卿議者多以爲便。般對以「常平倉外有利民之名，而內實侵刻百姓，豪右因緣爲姦，小民不能得其平，置之不便」。帝乃止。是時下令禁民二業，〔二〕又以郡國牛疫，通使區種增耕，〔三〕而吏下檢結，多失其實，百姓患之。般上言：「郡國以官禁二業，至有田者不得漁捕。今濱江湖郡率少蠶桑，民資漁採以助口實，且以冬春閑月，不妨農事。夫漁獵之利，爲田除害，有助穀食，無關二業也。又郡國以牛疫、水旱，墾田多減，故詔勑區種，增進頃畝，以爲民也。而吏舉度田，欲令多前，〔四〕至於不種之處，亦通爲租。可申勑刺史、二千石，務令實覈，其有增加，皆使與奪田同罪。」帝悉從之。〔五〕

〔一〕宣帝時，大司農耿壽昌請令邊郡皆築倉，以穀賤時增其價而糴之以利農，穀貴時減價而糶之，名曰常平倉。

〔二〕謂農者不得商賈也。

〔三〕氾勝之書曰：「上農區田（大）〔法〕，區方深各六寸，間相去七寸，一畝三千七百區，丁男女種十畝，至秋收區三升粟，畝得百斛。中農區田法，方七寸，深六寸，間相去二尺，一畝千二十七區，丁男女種十畝，秋收粟畝得五十一石。下農區田法，方九寸，深六寸，間相去三尺，秋收畝得二十八石。旱即以水沃之。」

〔四〕多於前歲。

〔五〕華嶠書（曰）「奪」作「脫」也。

肅宗即位，以爲長樂少府。建初二年，遷宗正。般妻卒，厚加賵贈，及賜冢塋地於顯節陵下。般在位數言政事。其收恤九族，行義尤著，時人稱之。年六十，建初三年卒。子憲嗣。憲卒，子重嗣。憲兄愷。

愷字伯豫，以當襲般爵，讓與弟憲，遁逃避封。久之，章和中，有司奏請絕愷國，肅宗美其義，特優假之，〔一〕愷猶不出。積十餘歲，至永元十年，有司復奏之，侍中賈逵因上書曰：「孔子稱『能以禮讓爲國，於從政乎何有』。〔二〕竊見居巢侯劉般嗣子愷，素行孝友，謙遜絜清，讓封弟憲，潛身遠迹。有司不原樂善之心，而繩以循常之法，〔三〕懼非長克讓之風，成含弘之化。前世扶陽侯韋玄成，〔四〕近有陵陽侯丁鴻、鄳侯鄧彪，〔五〕並以高行絜身辭爵，未聞貶削，而皆登三事。今愷景仰前脩，有伯夷之節，〔六〕宜蒙矜宥，全其先功，以增聖朝尚德之美。」和帝納之，下詔曰：「故居巢侯劉般嗣子愷，當襲般爵，而稱父遺意，致國弟憲，遁亡七年，所守彌篤。蓋王法崇善，成人之美。其聽憲嗣爵。遭事之宜，後不得以爲比。」乃徵愷，拜爲郎，稍遷侍中。

〔一〕假，借也。

〔二〕論語之文也。何有者，言（善無）〔何難之〕有也。

〔三〕原，本也。繩，政也。

〔四〕玄成字少翁，韋賢薨，讓封於兄弘。宣帝高其節，以爲河南太守。元帝時爲御史大夫，又爲丞相。見前書也。

〔五〕鴻讓國於弟盛，和帝時爲司徒。彪讓國於弟荆、鳳，明帝時爲太尉。鄳音盲。

〔六〕景猶慕也。詩云：「景行行止。」前修，前賢也。楚辭曰：「謇吾法夫前修。」

愷之入朝，在位者莫不仰其風行。遷步兵校尉。十三年，遷宗正，免。復拜侍中，遷長水校尉。永初元年，代周章爲太常。愷性篤古，貴處士，每有徵舉，必先巖穴。論議引正，辭氣高雅。（永初）六年，代張敏爲司空。元初二年，代夏勤爲司徒。

舊制，公卿、二千石、刺史不得行三年喪，由是內外衆職並廢喪禮。元初中，鄧太后詔長吏以下不爲親行服者，不得典城選舉。時有上言牧守宜同此制，詔下公卿，議者以爲不便。愷獨議曰：「詔書所以爲制服之科者，蓋崇化厲俗，以弘孝道也。今刺史一州之表，二千石千里之師，〔一〕職在辯章百姓，宣美風俗，〔二〕尤宜尊重典禮，以身先之。而議者不尋其端，至於牧守則云不宜，是猶濁其源而望流清，曲其形而欲景直，不可得也。」〔三〕太后從之。

〔一〕前書杜欽曰「即以二千石守千里之地，任兵馬之重，不宜去郡」也。

〔二〕尚書曰：「九族既睦，辯章百姓。」鄭玄注云：「辯，別也。章，明也。」

〔三〕前書（杜欽）曰：「今涇僻之化流，而欲黎庶敦樸，猶濁其源而求流清也。」

時征西校尉任尚以姦利被徵抵罪。尚曾副大將軍鄧騭，騭黨護之，而太尉馬英、司空李郃承望騭旨，不復先請，即獨解尚臧錮，愷不肯與議。後尚書案其事，二府並受譴咎，〔一〕朝廷以此稱之。

〔一〕二府即馬英、李郃。

視事五歲，永寧元年，稱病上書致仕，有詔優許焉，加賜錢三十萬，以千石祿歸養，河南尹常以歲八月致羊酒。時安帝始親政事，朝廷多稱愷之德，帝乃遣問起居，厚加賞賜。會馬英策罷，尚書陳忠上疏薦愷曰：「臣聞三公上則台階，下象山岳，〔一〕股肱元首，鼎足居職，〔二〕協和陰陽，調訓五品，〔三〕考功量才，以序庶僚，遭烈風不迷，遇迅雨不惑，位莫重焉。〔四〕而今上司缺職，未議其人。臣竊差次諸卿，考合衆議，咸稱太常朱倀、少府荀遷。臣父寵，前忝司空，倀、遷並爲掾屬，具知其能。倀能說經書而用心褊狹，遷嚴毅剛直而薄於藝文。伏見前司徒劉愷，沈重淵懿，道德博備，克讓爵土，致祚弱弟，躬浮雲之志，兼浩然之氣，〔五〕頻歷二司，舉動得禮。〔六〕以疾致仕，側身里巷，處約思純，進退有度，百僚景式，〔七〕海內歸懷。往者孔光、師丹，近世鄧彪、張酺，皆去宰相，復序上司。〔八〕誠宜簡練卓異，以猒衆望。」書奏，詔引愷拜太尉。安帝初，清河相叔孫光坐臧抵罪，遂增錮二世，釁及其子。〔九〕是時居延都尉范邠復犯臧罪，詔下三公、廷尉議。司徒楊震、司空陳褒、廷尉張晧議依光比。〔一〇〕愷獨以爲「春秋之義，『善善及子孫，惡惡止其身』，所以進人於善也。〔一一〕尚書曰：『上刑挾輕，下刑挾重。』〔一二〕如今使臧吏禁錮子孫，以輕從重，懼及善人，〔一三〕非先王詳刑之意也」。〔一四〕有詔：「太尉議是。」

〔一〕前書音義曰：「泰階者，天之三階也。上階爲天子，中階爲諸侯、公卿、大夫，下階爲士、庶人。」春秋漢含孳曰：「三公象五岳。」

〔二〕易曰：「鼎折足，覆公餗。」鼎足，三公之象。

〔三〕五品，五常之教也。三公燮理陰陽，敬敷五教也。

〔四〕尚書：「納舜於大麓，烈風雷雨不迷。」史記曰「堯使舜入山林川澤，暴風雨，舜行不迷，堯以爲聖」也。

〔五〕孔子曰：「不義而富〔且貴〕，於我如浮雲。」孟子曰「我善養浩然之氣，而無怨害，則塞乎天地之閒」也。言愷有仲尼、孟軻之德也。

〔六〕二司謂爲司徒、司空。

〔七〕景慕以爲法式。

〔八〕孔光，成帝時丞相，哀帝時免，後以日食徵詣公車，復爲丞相。師丹，哀帝時代王莽爲大司馬，後爲大司空。鄧彪，明帝時爲太尉，章帝元和元年賜策罷，和帝即位，以彪爲太傅，錄尚書事。張酺，和帝永元五年爲太尉，後策免，十六年復爲司徒。

〔九〕二代謂父子俱禁錮。

〔一〇〕比，類也。以邠類叔孫光，亦錮及子也。比音庇。

〔一一〕公羊傳曰：「曹公孫會自鄸出奔宋，畔也。曷爲不言畔？爲公子喜時之後諱也，春秋爲賢者諱也。何賢乎公子喜時？讓國也。君子之善善也長，惡惡也短。惡惡止其身，善善及子孫。賢者子孫，故君子爲其諱也。」

〔一二〕今尚書呂刑篇曰：「上刑適輕下服，下刑適重上服。」謂一罪俱發，原其本情，須有虧減，故言適輕適重。此言「挾輕挾重」，意亦不殊，但與今尚書不同耳。

〔一三〕左傳曰：「刑濫則懼及善人。」

〔一四〕尚書周穆王曰：「有邦有土，告汝詳刑。」鄭玄注云：「詳，審察之也。」

視事三年，以疾乞骸骨，久乃許之，下河南尹禮秩如前。歲餘，卒于家。詔使者護喪事，賜東園祕器，錢五十萬，布千匹。

少子茂，字叔盛，亦好禮讓，歷位出納，〔一〕桓帝時爲司空。會司隸校尉李膺等抵罪，而南陽太守成瑨、太原太守劉瓆下獄當死，茂與太尉陳蕃、司徒劉矩共上書訟之。帝不悅，有司承旨劾奏三公，茂遂坐免。建寧中，復爲太中大夫，卒於官。

〔一〕出納謂尚書，喉舌之官也。出謂受上言宣於下，納謂聽下言傳於上。

周磐字堅伯，汝南安成人，徵士燮之宗也。〔一〕祖父業，建武初爲天水太守。磐少游京師，學古文尚書、洪範五行、左氏傳，好禮有行，非典謨不言，諸儒宗之。居貧養母，儉薄不充。嘗誦詩至汝墳之卒章，慨然而歎，〔二〕乃解韋帶，就孝廉之舉。〔三〕和帝初，拜謁者，除任城長，遷陽夏、重合令，〔四〕頻歷三城，皆有惠政。後思母，棄官還鄉里。及母歿，哀至幾於毀滅，服終，遂廬于家側。教授門徒常千人。

〔一〕燮自有傳。

〔二〕韓詩曰：「汝墳，辭家也。」其卒章曰：「魴魚赬尾，王室如燬，雖則如燬，父母孔邇。」薛君章句：「赬，赤也。燬，烈火也。孔，甚也。邇，近也。言魴魚勞則尾赤，君子勞苦則顏色變。以王室政教如烈火矣，猶觸冒而仕者，以父母甚迫近飢寒之憂，爲此祿仕。」

〔三〕以韋皮爲帶，未仕之服也。求仕則服革帶，故解之。賈山上書曰「布衣韋帶之士」也。

〔四〕陽夏屬淮南郡。重合屬勃海郡。

公府三辟，皆以有道特徵，磐語友人曰：「昔方回、支父嗇神養和，不以榮利滑其生術。〔一〕吾親以沒矣，從物何爲？」遂不應。〔二〕建光元年，年七十三，歲朝會集諸生，講論終日，〔三〕因令其二子曰：「吾日者夢見先師東里先生，與我講於陰堂之奧。」〔四〕既而長歎：「豈吾齒之盡乎！若命終之日，桐棺足以周身，外椁足以周棺，斂形懸封，濯衣幅巾。〔五〕編二尺四寸簡，寫堯典一篇，并刀筆各一，以置棺前，示不忘聖道。」其月望日，無病忽終，學

者以爲知命焉。

〔一〕嗇，愛惜也。滑，亂也。列仙傳曰：「方回，堯時隱人也。堯聘之，鍊食雲母，隱於五柞山。至夏啓末，爲人所劫，閉之室中，從求道，回化而去。」高士傳曰：「堯舜各以天下讓支父，支父曰：『予適有勞憂之病，方且療之，未暇理天下也。』」莊子作「支伯」。

〔二〕物猶事也。

〔三〕歲朝，歲旦。

〔四〕東南隅謂之奧，陰堂幽暗之室。又入其奧，死之象也。

〔五〕斂形謂衣覆其形。懸封謂直下棺，不爲埏道也。濯衣，浣衣也，不更新制。幅巾，不加冠也。封音窆。

磐同郡蔡順，字君仲，亦以至孝稱。〔一〕順少孤，養母。嘗出求薪，有客卒至，〔二〕母望順不還，乃噬其指，〔三〕順即心動，弃薪馳歸，跪問其故。母曰：「有急客來，吾噬指以悟汝耳。」母年九十，以壽終。未及得葬，里中災，火將逼其舍，順抱伏棺柩，號哭叫天，火遂越燒它室，順獨得免。太守韓崇召爲東閤祭酒。母平生畏雷，自亡後，每有雷震，順輒圜冢泣，曰：「順在此。」崇聞之，每雷輒爲差車馬到墓所。後太守鮑衆舉孝廉，順不能遠離墳墓，遂不就。年八十，終于家。

〔一〕汝南先賢傳曰：「蔡順事母至孝。井桔槔朽，在母生年上，而順憂，不敢理之。俄而有扶老藤生，繞之，遂堅固焉。」

〔二〕卒音千訥反。

〔三〕噬,嚙也。

就。

趙咨字文楚,東郡燕人也。〔一〕父暢,爲博士。咨少孤,有孝行,州郡召舉孝廉,並不就。

〔一〕燕故城,今滑州胙城縣也,古南燕之國也。

延熹元年,大司農陳奇舉咨至孝有道,仍遷博士。靈帝初,太傅陳蕃、大將軍竇武爲宦者所誅,咨乃謝病去。太尉楊賜特辟,使飾巾出入,請與講議。〔一〕舉高第,累遷敦煌太守。以病免還,躬率子孫耕農爲養。

〔一〕以幅巾爲首飾,不加冠冕。

盜嘗夜往劫之,咨恐母驚懼,乃先至門迎盜,因請爲設食,謝曰:「老母八十,疾病須養,居貧,朝夕無儲,乞少置衣糧。」妻子物餘,一無所請。盜皆慙歎,跪而辭曰:「所犯無狀,干暴賢者。」言畢奔出,咨追以物與之,不及。由此益知名。徵拜議郎,辭疾不到,詔書切讓,州郡以禮發遣,前後再三,不得已應召。

復拜東海相。之官,道經滎陽,令敦煌曹暠,咨之故孝廉也,〔一〕迎路謁候,咨不爲留。暠送至亭次,望塵不及,謂主簿曰:「趙君名重,今過界不見,必爲天下笑!」即弃印綬,追至東海。謁咨畢,辭歸家。其爲時人所貴若此。

〔一〕咨爲敦煌太守時,薦暠爲孝廉。

咨在官清簡,計日受奉,豪黨畏其儉節。視事三年,以疾自乞,徵拜議郎。抗疾京師,將終,告其故吏朱祇、蕭建等,使薄斂素棺,籍以黃壤,〔一〕欲令速朽,早歸后土,不聽子孫改之。乃遺書勑子胤曰:「夫含氣之倫,有生必終,蓋天地之常期,自然之至數。是以通人達士,鑒茲性命,以存亡爲晦明,死生爲朝夕,故其生也不爲娛,亡也不知戚。夫亡者,元氣去體,貞魂游散,反素復始,歸於無端。〔二〕既已消仆,還合糞土。土爲弃物,豈有性情,而欲制其厚薄,調其燥溼邪?但以生者之情,不忍見形之毀,乃有掩骼埋窆之制。易曰:『古之葬者,衣以薪,藏之中野,後世聖人易之以棺椁。』〔三〕棺椁之造,自黃帝始。〔四〕爰自陶唐,逮于虞、夏,猶尚簡樸,或瓦或木,及至殷人而有加焉。〔五〕周室因之,制兼二代。復重以牆翣之飾,〔六〕表以旌銘之儀,〔七〕招復含斂之禮,〔八〕殯葬宅兆之期,〔九〕棺椁周重之制,〔一〇〕衣衾稱襲之數,〔一一〕其事煩而害實,品物碎而難備。然而秩爵異級,貴賤殊等。自成、康以下,其典稍乖。至於戰國,漸至穨陵,〔一二〕法度衰毀,上下僭雜。終使晉侯請隧,〔一三〕秦伯殉葬,〔一四〕陳大夫設參門之木,宋司馬造石椁之奢。〔一五〕爰暨暴秦,違道廢德,滅三代之制,興淫邪之法,國貲糜於三泉,人力單於酈墓,玩好窮於糞土,伎巧費於窀穸。〔一六〕自生民以來,厚終之敝,未有若此者。雖有仲尼重明周禮,〔一七〕墨子勉以古道,猶不能禦也。〔一八〕是以華夏之士,爭相陵尚,違禮之本,事禮之末,務禮之華,弃禮之實,單家竭財,以相營赴。廢事生而營終亡,替所養而爲厚葬,〔一九〕豈云聖人制禮之意乎?記曰:『喪雖有禮,哀爲主矣。』又曰:『喪與其易也寧戚。』今則不然,并棺合椁,以爲孝愷,豐貲重襚,以昭惻隱,〔二〇〕吾所不取也。昔舜葬蒼梧,二妃不從。〔二一〕豈有匹配之會,守常之所乎?聖主明王,其猶若斯,況於品庶,禮所不及。古人時同即會,〔二二〕時乖則別,〔二三〕動靜應禮,臨事合宜。王孫裸葬,〔二四〕墨夷露骸,〔二五〕皆達於性理,貴於速變。梁伯鸞父沒,卷席而葬,身亡不反其尸。〔二六〕彼數子豈薄至親之恩,亡忠孝之道邪?況我鄙闇,不德不敏,薄意內昭,志有所慕,〔二七〕上同古人,下不爲咎。果必行之,勿生疑異。恐爾等目眛所見,耳諱所議,必欲改殯,以乖吾志,故遠采古聖,近揆行事,以悟爾心。但欲制坎,令容棺椁,棺歸即葬,〔二八〕平地無墳。勿卜時日,葬無設奠,勿留墓側,無起封樹。於戲小子,其勉之哉,吾蔑復有言矣!」朱祇、蕭建送喪到家,〔二九〕子胤不忍父體與土并合,欲更改殯,祇、建譬以顧命,〔三〇〕於是奉行,時稱咨明達。

〔一〕棺中置土,以籍其屍也。

〔二〕元氣,天之氣也。貞,正也。復,旋也。端,際也。太素、太始,天地之初也。言人既死,正魂游散,反於太素,旋於太始,無復端際者也。

〔三〕易繫辭之文也。

〔四〕劉向曰:「棺椁之作,自黃帝始。」案:禮記曰「殷人棺椁」,蓋至殷而加飾。

〔五〕禮記:「有虞氏之瓦棺,夏后氏之堲周,殷人棺椁。」古史考曰:「禹作土堲以周棺。」堲音即七反。

〔六〕禮記曰:「周人牆置翣。」盧植曰:「牆,載棺車箱也。」三禮圖曰「翣,以竹爲之,高二尺四寸,廣三尺,衣以白布,柄長五尺,葬時令人執之於柩車傍」也。

〔七〕禮記曰:「銘,明旌也。以死者爲不可別,故以其旗識之。」

〔八〕招復謂招魂復魄也。含,以玉珠實口也。斂,以衣服斂屍也。禮記曰:「凡復,男子稱名,婦人稱字。」穀梁傳曰:「貝玉曰含。」禮記曰「小斂於戶內,大斂於阼」也。

〔九〕期謂諸侯五日而殯,五月而葬;大夫三日而殯,三月而葬;士（三）〔二〕日而殯,踰月而葬。宅兆,葬之塋域也。

〔一〇〕禮記曰:「天子之棺四重。」鄭玄注云:「諸公三重,諸侯再重,大夫一重,士不重。」又曰:「君松椁,大夫柏椁,士雜木椁。」注云「天子（七）〔五〕重,諸公四重,諸侯三重,大夫再重,士一重」也。

〔一一〕凡小斂,諸侯、大夫、士皆用複衾,君錦衾,大夫縞衾,士緇衾。又曰,天子襲十二稱,諸公九稱,諸侯七稱,大夫五稱,士三稱。小斂,尊卑同,十九稱。大斂,天子百稱,上公九十稱,侯伯七十稱,大夫五十稱,士三十稱。衣單複具曰稱。

〔一二〕戰國,當春秋時也。穨陵謂穨廢陵遲。

〔一三〕隧謂掘地爲埏道，王之葬禮也。諸侯則懸柩，故請之也。左傳，晉文公朝于襄王，請隧，不許。

〔一四〕左傳：「秦伯任好卒。」任好，秦穆公名也。以子車氏奄息、仲行、鍼虎殉葬，國人哀之，爲賦黃鳥之詩也。

〔一五〕宋司馬，桓魋也。自爲石椁，三年不成。孔子曰：「若是其靡也，死不如速朽之愈也。」見禮記。

〔一六〕窀，厚也。穸，夜也。厚夜猶長夜也。秦始皇初即位，營葬驪山，役徒七十餘萬人，下錮三泉，宮觀、百官、奇器、珍怪莫不畢備。令匠作弩矢，有所穿近，矢輒射之。以水銀爲百川江河大海，上具天文。以人魚爲膏燭。事見史記。

〔一七〕謂周公制禮之後，仲尼自衞返魯，又定之也。

〔一八〕槩，止也，言猶不能止其奢侈。墨子曰：「古者聖人制爲葬埋之法，棺三寸足以朽體，衣衾三領足以覆惡。堯葬邛之山，滿坎無窔，舜葬紀市，禹葬會稽，皆下不及泉，上無遺臭。三王者，豈財用不足哉！」

〔一九〕替，廢也。

〔二〇〕穀梁傳曰：「衣衾曰襚。」音遂。

〔二一〕二妃，娥皇、女英也。禮記曰：「舜葬於蒼梧，蓋二妃未之從也。」

〔二二〕謂呂望爲太師，死葬於周，其子封於齊，比五代皆反葬於周，此時同則會也。

〔二三〕謂舜葬於蒼梧，二妃不從。

〔二四〕王孫者，楊王孫也。臨終令其子曰：「吾死，可爲布囊盛尸，入地七尺。既下，從足脫其囊，以身親土。」遂裸葬。見前書。

〔二五〕墨夷謂爲墨子之學者名夷之。欲見孟子。孟子曰：「吾聞墨之治喪，以薄爲其道也。蓋上世嘗有不葬其親者，其

親死，則舉而委之於壑。」見孟子。

〔二六〕梁伯鸞父讓寓於北地而卒，卷席而葬。鴻後出關適吳，及卒，葬於吳要離冢傍。

〔二七〕薄，微也。

〔二八〕歸到東郡也。

〔二九〕謝承書曰：「沓在京師病困，故吏蕭建經營之。沓豫自買小素棺，使人取乾黃土細擣篩之，聚二十石。臨卒，謂建曰：『亡後自著所有故巾單衣，先置土於棺，內尸其中以擁其上。』」

〔三〇〕瞢，曉也。

贊曰：公子、長平，臨寇讓生。淳于仁悌，「巨孝」以名。居巢好讀，遂承家祿。伯豫逡巡，方迹孤竹。文楚薄終，喪朽惟速。周能感親，畜神養福。〔一〕

〔一〕感，思也。謂誦詩至汝墳，思養親而求仕也。畜神養福謂不應辟召，以壽終也。左傳曰：「能者養之以福。」

校勘記

一三九三頁五行　樂之遁也　按：集解引惠棟說，謂「遁」一作「過」。

一三九四頁一三行　汝南薛包孟嘗　按：汲本「嘗」作「常」。王先謙謂東觀記「包」作「苞」。

一三九四頁一四行　至被歐杖　按：汲本「歐」作「敺」。校補謂古書「歐」亦通「敺」，敺即「驅」字，謂驅之出，不去，又杖之，故不得已而廬於舍外也。

一三九六頁二行　將亨〔之〕　刊誤謂案文「亨」下少一「之」字。今據補。

一三九六頁七行　平狄將軍龐萌反於彭城攻敗郡守孫萌　按：校補引錢大昭說，謂是時彭城非郡，不得有守，本紀作「楚郡太守」。

一三九七頁七行　被七創　汲本、殿本「七」作「十」。按：校補引錢大昭說，謂閩本作「七」。

一三九七頁四行　數薦達名士承宮郇恁等　殿本考證謂「郇」一本作「荀」。今按：周黃徐姜申屠傳序作「荀」。

一三九七頁八行　給其（廩）〔稟〕糧　據刊誤改。

一三九七頁一〇行　春秋之義　按：刊誤謂案文當作「義之」。「春秋之義」它處可用，此據上下文則不安也。

一三九八頁六行　固病不起　按：刊誤謂案文當作「固以病不起」。

一三九九頁八行　音所買反　按：「買」原譌「賈」，逕據汲本、殿本改正。

一四〇〇頁二行　賊矝而放遣　「矝」汲本、殿本並作「矜」。按：馬敍倫謂段本說文「矜」字作「矝」，從矛令聲，華嚴音義卷二十引同，此矝憐可通之證。

一四〇〇頁七行　餘人皆茹草萊　按：「萊」原譌「菜」，逕據汲本、殿本改正。

一四〇〇頁七行　並得俱免　按：校補謂「並」當爲「遂」字之譌。

一四〇一頁三行　故城（今）在〔今〕密州安丘縣東北　據汲本、殿本改。

一四〇二頁一行　江革字次翁　按：校補引柳從辰說，謂袁紀「次翁」作「次伯」。

一四〇二頁四行　莫不必給　殿本考證謂「必」當作「畢」。今按：必畢同音，例得通叚。書康王之誥「畢協賞罰」，白虎通諫諍篇引作「必力賞罰」，是其證也。

一四〇二頁六行　語以避兵道也　按：「也」原譌「地」，逕據汲本、殿本改正。

一四〇四頁四行　列侯之妻稱夫人　按：汲本、殿本注此下有「列侯死子復爲列侯」八字。

一四〇五頁三行　氾勝之　按：「氾」各本皆譌「汜」，逕改正。

一四〇五頁一三行　上農區田（大）〔法〕區方深各六寸　據汲本、殿本改。

一四〇六頁一行　華嶠書（曰）奪作脫也　據殿本考證刪。

一四〇六頁一一行　遁亡七年　按：集解引蘇輿說，謂自章帝建初三年至和帝永元十年，已二十年矣，故上文言「積十餘歲」。此「七」字有誤，疑是「積」字聲近而訛。

一四〇七頁一行　言（善無）〔何難之〕有也　據汲本改。按：殿本無此注。

一四〇七頁八行　（永初）六年代張敏爲司空　按：集解引蘇輿說，謂上已出「永初」，明衍二字。今據刪。

一四〇七頁一六行　前書〔杜欽〕曰　據汲本補。

一三〇八頁一一行　彙浩然之氣　按：「浩」原譌「皓」，逕據汲本、殿本改正。注同。

一三〇九頁二行　如今使臧吏禁錮子孫　汲本、殿本「今」作「令」。按：刊誤謂案文多一「如」字。

一三〇九頁九行　不義而富〔且貴〕　據殿本補。

一三〇九頁一三行　景慕以爲法式　按：此注原在「歸懷」下，據殿本移正。

一三一〇頁一一行　太守劉瓆　按：校補引柳從辰說，謂桓紀「瓆」作「質」。

一三一〇頁一一行　司徒劉矩　按：集解引錢大昕說，謂據本紀，是時爲司徒者乃胡廣，非劉矩也。陳蕃傳亦同此誤。

一三一一頁二行　汝墳之卒章　按：「墳」原譌「濆」，逕據汲本、殿本改正。

一三一三頁六行　大司農陳奇　按：汲本「奇」作「猗」，殿本作「豨」。

一三一三頁一一行　妻子物餘　集解引惠棟說，謂蔣杲云「物餘」當作「餘物」。今按：東觀記作「餘物」，御覽四一二引東觀記同。然御覽八四七引范書亦作「物餘」。

一三一三頁一一行　于暴賢者　按：校補引錢大昭說，謂閩本「暴」作「冒」。

一三一四頁五行　抗疾京師　按：刊誤謂「抗」無義，當是「被」字。

一三一四頁六行　告其故吏朱祇　按：「祇」疑當作「祗」。朱名本傳凡三見，汲本前一左從禾，後二左從衣，殿本前一後一左均從示，中一從禾，其右從氐則同。

一三一六頁八行　故以其旗識之　按：汲本「旗」作「旌」。

一三一六頁一一行　士(三)〔二〕日而殯　據汲本、殿本改。

一三一六頁一三行　天子(七)〔五〕重　據集解引沈欽韓說改，與禮喪服大記鄭注合。

一三一七頁五行　以人魚爲膏燭　按：刊誤謂案文「膏」當在「爲」字上。

一三一七頁八行　堯葬邛之山　按：「邛」原譌「卭」，逕改正。

一三一八頁九行　文楚薄終喪朽惟速周能感親畜神養福　按：王先謙謂「周能」二句當在「文楚」二句上，前諸傳贊皆順敍，末四句亦別無用意之處，不應倒置也。

後漢書卷四十上

班彪列傳第三十上　自東都主人以下分爲下卷

班彪字叔皮，扶風安陵人也。祖況，成帝時爲越騎校尉。父稺，哀帝時爲廣平太守。〔一〕

〔一〕廣平，郡，今洺州永(平)〔年〕縣也，隋室諱廣改焉。

彪性沈重好古。年二十餘，更始敗，三輔大亂。時隗囂擁衆天水，彪乃避難從之。囂問彪曰：「往者周亡，戰國並爭，天下分裂，數世然後定。意者從橫之事復起於今乎？將承運迭興，在於一人也？願生試論之。」對曰：「周之廢興，與漢殊異。昔周爵五等，諸侯從政，本根既微，枝葉彊大，故其末流有從橫之事，埶數然也。漢承秦制，改立郡縣，主有專己之威，臣無百年之柄。至於成帝，假借外家，〔一〕哀、平短祚，國嗣三絕，〔二〕故王氏擅朝，因竊號位。危自上起，傷不及下，〔三〕是以即眞之後，天下莫不引領而歎。十餘年閒，中外搔擾，遠近俱發，假號雲合，咸稱劉氏，不謀同辭。〔四〕方今雄桀帶州域者，皆無七國世業之資，而百姓謳吟，思仰漢德，已可知矣。」囂曰：「生言周、漢之埶可也；至於但見愚人習識劉氏

姓號之故，而謂漢家復興，疏矣。昔秦失其鹿，劉季逐而羈之，時人復知漢乎？」〔五〕

〔一〕外家謂王鳳、王商等，並輔政領尙書事也。

〔二〕哀帝在位六年，平帝在位五年，故曰短祚。成、哀、平俱無子，是三絕也。

〔三〕成帝威權借於外家，是危自上起也。漢德無害於百姓，是傷不及下也。

〔四〕謂王郎、盧芳等並詐稱劉氏也。

〔五〕太公六韜曰：「取天下如逐鹿，鹿得，天下共分其肉也。」

彪既疾囂言，又傷時方艱，乃著王命論，以爲漢德承堯，有靈命之符，王者興祚，非詐力所致，欲以感之，而囂終不寤，遂避地河西。河西大將軍竇融以爲從事，深敬待之，接以師友之道。彪乃爲融畫策事漢，總西河以拒隗囂。

及融徵還京師，光武問曰：「所上章奏，誰與參之？」融對曰：「皆從事班彪所爲。」帝雅聞彪才，因召入見，舉司隸茂才，拜徐令，以病免。〔一〕後數應三公之命，輒去。

〔一〕司隸舉爲茂才也。徐，縣，屬臨淮郡。

彪既才高而好述作，遂專心史籍之閒。武帝時，司馬遷著史記，自太初以後，闕而不錄，〔一〕後好事者頗或綴集時事，然多鄙俗，不足以踵繼其書。〔二〕彪乃繼採前史遺事，傍貫異聞，作後傳數十篇，因斟酌前史而譏正得失。其略論曰：

〔一〕太初，武帝年號。

〔二〕好事者謂楊雄、劉歆、陽城衡、褚少孫、史孝山之徒也。

唐虞三代，詩書所及，世有史官，以司典籍，〔一〕暨於諸侯，國自有史，〔二〕故孟子曰「楚之檮杌，晉之乘，魯之春秋，其事一也」。〔三〕定哀之閒，〔四〕魯君子左丘明論集其文，作左氏傳三十篇，又撰異同，號曰國語，二十一篇，由是乘、檮杌之事遂闇，〔五〕而左氏、國語獨章。又有記錄黃帝以來至春秋時帝王公侯卿大夫，號曰世本，一十五篇。春秋之後，七國並爭，秦幷諸侯，則有戰國策三十三篇。漢興定天下，太中大夫陸賈記錄時功，作楚漢春秋九篇。孝武之世，太史令司馬遷採左氏、國語，删世本、戰國策，據楚、漢列國時事，上自黃帝，下訖獲麟，〔六〕作本紀、世家、列傳、書、表凡百三十篇，而十篇缺焉。〔七〕遷之所記，從漢元至武以絕，則其功也。至於採經摭傳，分散百家之事，甚多疏略，不如其本，務欲以多聞廣載爲功，論議淺而不篤。其論術學，則崇黃老而薄五經；〔八〕序貨殖，則輕仁義而羞貧窮；〔九〕道游俠，則賤守節而貴俗功：〔一〇〕此其大敝傷道，所以遇極刑之咎也。〔一一〕然善述序事理，辯而不華，質而不野，文質相稱，蓋良史之才也。誠令遷依五經之法言，同聖人之是非，意亦庶幾矣。〔一二〕

〔一〕禮記曰：「動則左史書之，言則右史書之。」見於史籍者，夏太史終古、殷太史向摯、周太史儋也。見呂氏春秋。

〔二〕左傳，魯季孫召外史掌惡臣。衞史華龍滑「曰我太史」也。楚有左史倚相。

〔三〕乘者，興於田賦乘馬之事。檮杌者，嚚凶之類，興於記惡之誡。春秋以二始舉四時，以記萬事，遂各因以爲名，其記事一也。見趙岐孟子注。

〔四〕魯定公、哀公也。

〔五〕不行於時爲闇也。其書今亡。

〔六〕武帝太始二年，登隴首，獲白麟，遷作史記，絕筆於此年也。

〔七〕十篇謂遷歿之後，亡景紀、武紀、禮書、樂書、兵書、將相年表、日者傳、三王世家、龜策傳、傅靳列傳。

〔八〕黃帝、老子，道家也。五經，儒家也。遷序傳曰：「道家使人精神專一，動合無形，贍足萬物。」此謂崇黃老也。又曰：「儒者博而寡要，勞而少功。」此爲薄五經也。

〔九〕史記貨殖傳序曰：「家貧親老，妻子輭弱，歲時無以祭祀，飲食被服不足以自適，如此不慙恥，則無所比矣。無巖處奇士之行，而長貧賤，語仁義，亦足羞也。」

〔一〇〕史記游俠傳序曰：「季次、原憲行君子之德，義不苟合當世，當世亦笑之。終身空室蓬戶，褐衣疏食不厭。今游俠，其行雖不軌於正義，然其言必信，於行必果，已諾必誠，不愛其軀，赴士之戹，蓋有足多者。今拘學或抱咫尺之義，久孤於世，豈若卑論儕俗，與世沈浮而取榮名哉！」

〔一一〕極刑謂遷被腐刑也。遷與任安書曰：「最下腐刑，極矣！」

〔一二〕易曰：「顏氏之子，其殆庶幾乎！」

夫百家之書，猶可法也。若左氏、國語、世本、戰國策、楚漢春秋、太史公書，今之所以知古，後之所由觀前，聖人之耳目也。司馬遷序帝王則曰本紀，公侯傳國則曰世家，卿士特起則曰列傳。又進項羽、陳涉而黜淮南、衡山，〔一〕細意委曲，條例不經。若遷之著作，採獲古今，貫穿經傳，至廣博也。一人之精，文重思煩，故其書刊落不盡，尚有盈辭，多不齊一。〔二〕若序司馬相如，舉郡縣，著其字，至蕭、曹、陳平之屬，及董仲舒並時之人，不記其字，或縣而不郡者，蓋不暇也。〔三〕今此後篇，慎覈其事，整齊其文，不爲世家，唯紀、傳而已。傳曰：「殺史見極，平易正直，春秋之義也。」

〔一〕謂遷著項羽本紀。又陳涉起於壟畝，數月被殺，無子孫相繼，著爲世家，淮南、衡山，漢室之王胤，當世家而編之列傳，言進退之失也。

〔二〕刊，削也。謂削落繁蕪，仍有不盡。

〔三〕史記「衞靑者，平陽人也」，「張釋之，堵陽人」，並不顯郡之類也。

彪復辟司徒玉況府。〔一〕時東宮初建，諸王國並開，〔二〕而官屬未備，師保多闕。彪上言曰：

孔子稱「性相近，習相遠也」。〔一〕賈誼以爲「習與善人居，不能無爲善，猶生長於齊，不能無齊言也。習與惡人居，不能無〔爲〕惡，猶生長於楚，不能無楚言也」。〔二〕是以聖人審所與居，而戒慎所習。昔成王之爲孺子，出則周公、邵公、太〔公〕史佚，入則大顚、閎天、南宮括、散宜生，左右前後，禮無違者，〔三〕故成王一日卽位，天下曠然太平。是以春秋「愛子教以義方，不納於邪。驕奢淫佚，所自邪也」。〔四〕詩云：「詒厥孫謀，以宴翼子。」言武王之謀遺子孫也。〔五〕

〔一〕玉音肅。

〔二〕建武二十三年玉況爲司徒，十九年建明帝爲太子，十七年封諸王。

〔一〕見論語。

〔二〕賈誼上疏之辭。

〔三〕左傳曰：「自郊勞至於贈賄，禮無違者。」

〔四〕左傳衞大夫石碏諫衞莊公之辭也。

〔五〕詩大雅也。詒，遺也。宴，安也。翼，敬也。言文王遺其孫以善謀，武王以安敬之道遺其子。子謂成王也。

漢興，太宗使鼂錯導太子以法術，〔一〕賈誼教梁王以詩書。〔二〕及至中宗，亦令劉向、王褒、蕭望之、周堪之徒，以文章儒學保訓東宮以下，〔三〕莫不崇簡其人，就成德器。今皇太子諸王，雖結髮學問，脩習禮樂，而傅相未值賢才，官屬多闕舊典。宜博選名儒有威重明通政事者，以爲太子太傅，東宮及諸王國，備置官屬。又舊制，太子食湯沐十縣，設周衞交戟，五日一朝，因坐東箱，省視膳食，其非朝日，使僕、中允旦旦請問而

已，明不媟黷，廣其敬也。〔四〕

〔一〕文帝時鼂錯爲博士，上言曰：「人主所以顯功揚名者，以知術數也。今皇太子所讀書多矣，而未知術數。願陛下擇聖人之術以賜太子。」上善之，拜錯爲太子家令。

〔二〕賈誼爲梁王太傅。梁王，文帝之少子，名揖，愛而好書，故令誼傅之。

〔三〕中宗，宣帝也。時元帝爲太子，宣帝使王襃、劉向、張子僑等之太子宮，娛侍太子朝夕讀誦，蕭望之爲太傅，周堪爲少傅。並見前書。

〔四〕漢官儀曰：「皇太子五日一至臺，因坐東箱，省視膳食，以法制敕太官尚食宰吏，其非朝日，使僕、中允旦旦請問，明不媟黷，所以廣敬也。太子僕一人，秩千石；中允一人，四百石，主門衞徼巡。」

書奏，帝納之。

後察司徒廉爲望都長，吏民愛之。〔一〕建武三十年，年五十二，卒官。所著賦、論、書、記、奏事合九篇。

〔一〕察，舉也。司徒薦爲廉。

二子：固，超。超別有傳。

論曰：班彪以通儒上才，傾側危亂之閒，行不踰方，〔一〕言不失正，仕不急進，貞不違人，敷文華以緯國典，守賤薄而無悶容。彼將以世運未弘，非所謂賤焉恥乎？何其守道恬淡之篤也！〔二〕

〔一〕論語孔子曰：「可謂仁之方。」鄭玄注云：「方猶道也。」

〔二〕孔子曰：「邦有道，貧且賤焉恥也。」言彪當中興之初，時運未泰，故不以貧賤爲恥，何守道淸靜之固也！恬淡猶淸靜也。篤，固也。

固字孟堅。年九歲，能屬文誦詩賦，及長，遂博貫載籍，九流百家之言，無不窮究。〔一〕所學無常師，不爲章句，舉大義而已。性寬和容衆，不以才能高人，諸儒以此慕之。〔二〕

〔一〕九流謂道、儒、墨、名、法、陰陽、農、雜、縱橫。

〔二〕謝承書曰：「固年十三，王充見之，拊其背謂彪曰：『此兒必記漢事。』」

永平初，東平王蒼以至戚爲驃騎將軍輔政，開東閤，延英雄。時固始弱冠，奏記說蒼曰：〔一〕

〔一〕奏，進也。記，書也。前書待詔鄭朋奏記於蕭望之，奏記自朋始也。

將軍以周、邵之德，立乎本朝，承休明之策，建威靈之號，〔一〕昔在周公，今也將軍，詩書所載，未有三此者也。〔二〕傳曰：「必有非常之人，然後有非常之事；有非常之事，然後有非常之功。」〔三〕固幸得生於淸明之世，豫在視聽之末，私以螻螘，竊觀國政，〔四〕誠美將軍擁千載之任，躡先聖之蹤，〔五〕體弘懿之姿，據高明之埶，博貫庶事，服膺六蓺，白黑簡心，求善無猒，〔六〕採擇狂夫之言，不逆負薪之議。〔七〕竊見幕府新開，廣延羣俊，四方之士，顚倒衣裳。〔八〕將軍宜詳唐、殷之舉，察伊、皐之薦，〔九〕令遠近無偏，幽隱必達，期於總覽賢才，收集明智，爲國得人，以寧本朝。則將軍養志和神，優游廟堂，光名宣於當世，遺烈著於無窮。

〔一〕號驃騎將軍也。

〔二〕唯蒼與周公二人而已。

〔三〕司馬相如喻蜀之辭。

〔四〕螻螘謂細微也。

〔五〕千載謂自周公至明帝時千餘載也。先聖謂周公也。

〔六〕淮南子曰：「聖人見是非，若白黑之別於目。」左傳曰「求善不猒」也。

〔七〕負薪，賤人也。三略曰「負薪之諸，廊廟之言」也。

〔八〕詩曰：「東方未明，顚倒衣裳。」言士爭歸之怱遽也。

〔九〕堯舉皐陶，湯舉伊尹。

竊見故司空掾桓梁，宿儒盛名，冠德州里，七十從心，行不踰矩，〔一〕蓋淸廟之光暉，當世之俊彥也。〔二〕京兆祭酒晉馮，結髮修身，白首無違，好古樂道，玄默自守，古

人之美行，時俗所莫及。扶風掾李育，〔三〕經明行著，教授百人，客居杜陵，茅室土階。京兆、扶風二郡更請，徒以家貧，數辭病去。溫故知新，論議通明，廉淸修絜，行能純備，雖前世名儒，國家所器，韋、平、孔、翟，無以加焉。〔四〕宜令考績，以參萬事。京兆督郵郭基，孝行著於州里，經學稱於師門，政務之績，有絕異之效。如得及明時，秉事下僚，進有羽翮奮翔之用，退有杞梁一介之死。〔五〕涼州從事王雍，躬卞嚴之節，文之以術蓺，〔六〕涼州冠蓋，未有宜先雍者也。古者周公一舉則三方怨，曰「奚爲而後己」。〔七〕宜及府開，以慰遠方。弘農功曹史殷肅，〔八〕達學洽聞，才能絕倫，誦詩三百，奉使專對。此六子者，皆有殊行絕才，德隆當世，如蒙徵納，以輔高明，此山梁之秋，夫子所爲歎也。〔九〕昔卞和獻寶，以離斷趾，〔一〇〕靈均納忠，終於沈身，〔一一〕而和氏之璧，千載垂光，屈子之篇，萬世歸善。願將軍隆照微之明，信日昊之聽，〔一二〕少屈威神，咨嗟下問，令塵埃之中，永無荊山、汨羅之恨。

〔一〕論語孔子曰：「七十而縱心所欲，不踰矩。」言恣心之所爲，皆闇合於法則。

〔二〕詩周頌曰：「於穆淸廟，肅雍顯相，濟濟多士，秉文之德。」鄭玄注曰：「顯，光也。」言桓梁可參多士，助祭於淸廟爲光暉也。爾雅曰：「髦，俊也。」美士爲彥。

〔三〕育字元春，見儒林傳。

〔四〕章賢、平當、孔光、翟方進也。流俗本「平」字作「玄」，誤。
〔五〕說苑曰：「趙簡子遊於西河而歎曰：『安得賢士而與處焉？』舟人吉桑對曰：『鴻鵠高飛，所恃者六翮也。背上之毛，腹下之毳，加之滿把，飛不能爲之益高。不知門下左右客千人，亦有六翮之用乎？將盡毛毳也？』」又曰「齊莊公攻莒，杞梁與華周進鬬，壞軍陷陣，三軍不敢當。至莒城下，殺二十七人而死」也。
〔六〕卞嚴，卞莊子也。新序曰：「卞莊子好勇，養母，戰而三北，交遊非之，國君辱之。莊子受命，顏色不變。及母死三年，齊與魯戰，莊子請從。至，見於將軍曰：『初獨與母處，是以戰而三北。今母沒矣，請塞責。』遂赴敵而鬬，獲甲首而獻，曰：『夫三北，以養母也。吾聞之，節士不以辱生。』遂殺十人而死。」論語孔子曰：「卞莊子之勇，冉求之藝，文之以禮樂。」
〔七〕孫卿子曰：「周公東征，西國怨，曰：『何獨不來也！』南征而北國怨，曰：『何獨後我也！』」
〔八〕固集「殷」作「段」。
〔九〕秋猶時也。論語孔子曰：「山梁雌雉，時哉！」
〔一〇〕離，被也。斷趾，刖足也。事見韓子。
〔一一〕屈原字靈均，納忠於楚，終不見信，自沈於汨羅之水而死。
〔一二〕信音申。

蒼納之。

父彪卒，歸鄉里。固以彪所續前史未詳，乃潛精研思，欲就其業。既而有人上書顯宗，

告固私改作國史者，有詔下郡，收固繫京兆獄，盡取其家書。先是扶風人蘇朗僞言圖讖事，下獄死。固弟超恐固爲郡所覈考，不能自明，乃馳詣闕上書，得召見，具言固所著述意，而郡亦上其書。顯宗甚奇之，召詣校書部，〔一〕除蘭臺令史，〔二〕與前睢陽令陳宗、長陵令尹敏、司隸從事孟異共成世祖本紀。遷爲郎，典校祕書。固又撰功臣、平林、新市、公孫述事，作列傳、載記二十八篇，奏之。帝乃復使終成前所著書。

〔一〕前書固敍傳曰：「永平中爲郎，典校祕書。」
〔二〕漢官儀曰：「蘭臺令史六人，秩百石，掌書劾奏。」

固以爲漢紹堯運，以建帝業，至於六世，史臣乃追述功德，〔一〕私作本紀，編於百王之末，廁於秦、項之列，〔二〕太初以後，闕而不錄，故探撰前記，綴集所聞，以爲漢書。起元高祖，終于孝平王莽之誅，十有二世，二百三十年，〔三〕綜其行事，傍貫五經，上下洽通，爲春秋考紀、表、志、傳凡百篇。〔四〕固自永平中始受詔，潛精積思二十餘年，至建初中乃成。當世甚重其書，學者莫不諷誦焉。

〔一〕六代謂武帝，史臣謂司馬遷也。
〔二〕史記起自黃帝，漢最居其末也。
〔三〕高、惠、呂后、文、景、武、昭、宣、元、成、哀、平十二代也。并王莽合二百三十年。
〔四〕紀十二，表八，志十，列傳七十，合百篇。前書音義曰：「春秋考紀謂帝紀也。言考覈時事，具四時以立言，如春秋之經。」

自爲郎後，遂見親近。時京師脩起宮室，濬繕城隍，而關中耆老猶望朝廷西顧。固感前世相如、壽王、東方之徒，造構文辭，終以諷勸，〔一〕乃上兩都賦，盛稱洛邑制度之美，以折西賓淫侈之論。其辭曰：

〔一〕相如作上林、子虛賦，吾丘壽王作士大夫論及驃騎將軍頌，東方朔作客難及非有先生論，其辭並以諷喻爲主也。

有西都賓問於東都主人曰：〔一〕「蓋聞皇漢之初經營也，嘗有意乎都河洛矣。輟而弗康，寔用西遷，作我上都。主人聞其故而覩其制乎？」〔二〕主人曰：「未也。願賓攄懷舊之蓄念，發思古之幽情，〔三〕博我以皇道，弘我以漢京。」賓曰：「唯唯。」

〔一〕中興都洛陽，故以東都爲主，而謂西都爲賓也。
〔二〕皇，大也。尚書曰：「厥既得吉卜則經營。」高祖五年，劉敬說上都關中，上疑之。左右大臣皆山東人，多勸都洛陽，此爲有意都河洛矣。張良曰：「洛陽其中小不過數百里，四面受敵，非用武之國。關中金城千里，天府之國也。」於是上即日西都關中，此爲輟而弗康也。輟，止也。康，安也。
〔三〕廣雅曰攄，舒也。

漢之西都，在于雍州，寔曰長安。〔一〕左據函谷、二崤之阻，表以（泰）〔太〕華、終南之山。〔二〕右界褒斜、隴首之險，帶以洪河、涇、渭之川。〔三〕華實之毛，則九州之上腴

焉；防禦之阻，則天下之奧區焉。〔四〕是故橫被六合，三成帝畿，〔五〕周以龍興，秦以虎視。及至大漢受命而都之也，〔六〕仰寤東井之精，俯協河圖之靈，〔七〕奉春建策，留侯演成，〔八〕天人合應，以發皇明，乃眷西顧，寔惟作京。〔九〕於是睎秦領，睋北阜，挾酆灞，據龍首。〔一〇〕圖皇基於億載，度宏規而大起，肇自高而終平，世增飾以崇麗，歷十二之延祚，故窮奢而極侈。〔一一〕建金城其萬雉，呀周池而成淵，披三條之廣路，立十二之通門。〔一二〕內則街衢洞達，閭閻且千，九市開場，貨別隧分，人不得顧，車不得旋，闐城溢郭，傍流百廛，紅塵四合，煙雲相連。〔一三〕於是既庶且富，娛樂無疆，都人士女，殊異乎五方，游士擬於公侯，列肆侈於姬、姜。〔一四〕鄉曲豪俊游俠之雄，節慕原、嘗，名亞春、陵，連交合衆，騁騖乎其中。〔一五〕

〔一〕前書音義曰：「長安本秦之鄉名，高祖都焉。」
〔二〕函谷，關名也。左傳曰「崤有二陵，其南陵夏后皋之墓，其北陵文王之所避風雨」，故曰二崤。太華，山也，山海經曰，華首之西六十里曰太華。終南，長安南山也。詩曰：「終南何有。」注云：「終南，周之名山中南也。」
〔三〕褒斜，谷名，南口曰褒，北口曰斜，在今梁州。隴首，山名，在今秦州。洪，大也。
〔四〕華實之毛謂草木也。左傳曰：「食土之毛。」前書曰：「秦地九州膏腴。」尚書雍州「厥田上上」。防禦謂關禁也。楊雄衛尉箴曰：「設置山險，盡爲防禦。」奧，深也。言秦地險固，爲天下深奧之區域。

〔五〕前書音義曰：「關西爲橫。」被猶及也。呂氏春秋曰：「神明通于六合。」高誘注云：「四方上下爲六合。」周禮曰：「方千里曰王畿。」三成謂周、秦、漢並都之也。
〔六〕龍興虎視，喻盛彊也。孔安國尚書序曰：「漢室龍興。」易曰：「虎視眈眈。」
〔七〕寤猶曉也。協，合也。高祖至霸上，五星聚於東井。又河圖曰：「帝劉季，日角戴勝，斗匈龍股，長七尺八寸。昌光出軫，五星聚井，期之興，天授圖，地出道，予張兵鈐劉季起。」東井，秦之分野，明漢當代秦都關中。
〔八〕奉春君，婁敬也。春者，四時之始。婁敬亦始建遷都之策，故以號焉。留侯，張良也。蒼頡篇曰：「演者引也。」
〔九〕天謂五星聚東井也。人謂婁敬等進說也。皇明謂高祖也。西顧謂入關也。詩云：「乃眷西顧。」
〔一〇〕睎，望也，音希。睋，視也，音蛾。秦領在今藍田東南。北阜即今三原縣北有高阜，東西橫亘者是也。豐水出鄠縣南山豐谷。霸水出藍田谷。三秦記曰：「龍首山六十里，頭入渭水，尾達樊川。」在傍曰挾，在上曰據也。
〔一一〕肇，始也。始自高祖，終於平帝，爲十二代也。
〔一二〕金城言堅固也。張良曰：「金城千里。」杜預注左傳云：「方丈爲堵，三堵爲雉。」字林曰：「呀，大空也。」音火加反。周禮：「國方九里，旁三門。」每門有大路，故曰三條。鄭玄注周禮云「天子城十二門，通十二子」也。
〔一三〕字林曰：「闠，里門也。閭，里中門也。」且千，言多也。漢宮閣疏曰：「長安九市，其六在道西，三在道東。」隧，列肆道也。鄭玄注禮記曰：「廛，市物邸舍也。」
〔一四〕論語：「子適衞，冉有僕。子曰：『庶矣哉！』冉有曰：『既庶矣，又何加焉？』曰：『富之。』」詩周頌云：「惠我無疆。」疆，境也。詩小雅曰：「彼都人士。」毛萇注云：「城郭之域曰都。」五方謂四方及中央也。前書曰：「秦地五方雜錯。」鄭玄注周禮曰：「肆，市中陳物處也。」杜元凱注左傳云「姬、姜大國之女」也。

〔一五〕豪俊游俠謂朱家、郭解、原涉之類也。原、嘗（謂）平原君趙勝、孟嘗君田文也，春、陵謂春申君黃歇、信陵君無忌也，並招致賓客，名高天下也。

若乃觀其四郊，浮遊近縣，則南望杜、霸，北眺五陵，名都對郭，邑居相承，英俊之域，紱冕所興，冠蓋如雲，七相五公。〔一〕與乎州郡之豪桀，五都之貨殖，三選七遷，充奉陵邑，蓋以彊幹弱枝，隆上都而觀萬國。〔二〕封畿之內，厥土千里，逴躒諸夏，兼其所有。〔三〕其陽則崇山隱天，幽林穹谷，陸海珍藏，藍田美玉，商、洛緣其隈，鄠、杜濱其足，〔四〕源泉灌注，陂池交屬，竹林果園，芳草甘木，郊野之富，號曰近蜀。〔五〕其陰則冠以九嵕，陪以甘泉，乃有靈宮起乎其中。秦、漢之所極觀，淵、雲之所頌歎，於是乎存焉。〔六〕下有鄭、白之沃，衣食之源，隄封五萬，疆埸綺分，溝塍刻鏤，原隰龍鱗，決渠降雨，荷臿成雲，五穀垂穎，桑麻敷棻。〔七〕東郊則有通溝大漕，潰渭洞河，泛舟山東，控引淮、湖，與海通波。〔八〕西郊則有上囿禁苑，林麓藪澤，陂池連乎蜀、漢，繚以周牆，四百餘里，離宮別館，三十六所，神池靈沼，往往而在。〔九〕其中乃有九真之麟，大宛之馬，黃支之犀，條枝之鳥，踰崐崘，越巨海，殊方異類，至三萬里。〔一〇〕

〔一〕浮遊謂周流也。杜、霸謂杜陵、霸陵，在城南，故南望也。五陵謂長陵、安陵、陽陵、茂陵、平陵，在渭北，故北眺也。並徙人以置縣邑，故云名都對郭。蒼頡篇曰：「紱，綬也。冕，冠也。」其所徙者皆豪右、富貲、吏二千石，故多英俊冠蓋之人。如雲，言多也。詩曰：「出其東門，有女如雲。」七相謂丞相車千秋，長陵人，黃霸、王商，並杜陵人也，韋賢、平當、魏相、王嘉，並平陵人也。五公謂田蚡爲太尉，長陵人，張安世爲大司馬，朱博爲司空，並杜陵人，平晏爲司徒，韋賞爲大司馬，並平陵人也。
〔二〕前書音義曰：「五都謂洛陽、邯鄲、臨淄、宛、成都也。」三選，選三等之人，謂徙吏二千石及高貲富人及豪桀并兼之家於諸陵，蓋以彊幹弱枝，非獨爲奉山園也。見前書。自元帝已後不遷，故唯七焉。爾雅曰：「觀，指示也。」「選」或爲「徙」，義亦通。
〔三〕前書曰：「秦地沃野千里，人以富饒。」逴躒猶超絕也。逴音卓。躒音呂角反。諸夏謂中國也。
〔四〕穹谷，深谷。東方朔曰：「漢興，去三河之地，止灞、滻之西，都涇、渭之南，此謂天下陸海之地也。」范子計然曰：「玉出藍田。」商及上洛皆縣名。隈，山曲也。濱猶近也。鄠、杜，二縣名，近南山之足。爾雅云：「麓，山足也。」
〔五〕孔安國注尚書曰：「澤障曰陂，停水曰池。」前書曰：「巴、蜀土地肥美，有山林竹樹蔬食果實之饒。」今南山亦有之，與巴、蜀相類，故曰近蜀。爾雅曰：「邑外曰郊，郊外曰野。」
〔六〕陰謂北也。九嵕山尤高峻，故稱冠云。甘泉山在雲陽北，秦始皇於上置林光宮，漢又起甘泉宮、益壽、延壽館，通天臺，故云「秦、漢之所極觀」。王褒字子泉，作甘泉頌，楊子雲作甘泉賦，故云「泉、雲頌歎」。
〔七〕史記曰：「韓使水工鄭國說秦，令引涇水爲渠，傍北山，東注洛，溉田四萬餘頃，名曰鄭國渠。」武帝時，趙中大夫白公奏穿渠引涇水，首起谷口，尾入櫟陽，溉田四千餘頃，因名白渠。時人歌之曰：「田於何所？池陽谷口。鄭國在前，白渠起後。舉臿爲雲，決渠爲雨。涇水一石，其泥數斗。且溉且糞，長我禾黍。衣食京師，億萬之口。」前書曰：「天子畿方千里，隄封百萬井。」音義曰：「隄謂積土爲封限也，音丁奚反。」廣雅曰：「埸，界也。」音亦。周禮

曰：「夫間有遂，十夫有溝。」說文曰：「塍，田畦也。」塍音繩。刻鏤謂交錯如鏤也。爾雅曰：「高平曰原，下溼曰隰。」言如龍鱗之五色也。五穀，黍、稷、菽、麥、稻也。〔小〕爾雅曰：「禾穗謂之穎。」〔小〕爾雅曰：「敷，布也。」棻，茂盛也，音芬。
〔八〕漕，水運也。蒼頡篇曰：「潰，傍決也。」前書武帝穿漕渠通渭。史記曰：「滎陽下引河東南爲鴻溝，以與淮、泗會。」
〔九〕上囿謂林苑也。穀梁傳曰：「林屬於山爲麓。」鄭玄注周禮曰：「澤無水曰藪。」繚猶繞也，音了。三輔黃圖曰：「上林有建章、承光等一十一宮，平樂、繭觀等二十五，凡三十六所。」三秦記曰：「昆明池中有神池，通白鹿原。」詩曰：「王在靈沼。」
〔一〇〕宣帝詔曰：「九真郡獻奇獸。」晉灼漢書注云：「駒形，麟色，牛角。」武帝時，李廣利斬大宛王首，獲汗血馬來。又黃支國自三萬里貢生犀。條支國臨西海，有大鳥，卵如甕。條支與安息接，武帝時，安息國發使來獻之。又曰：「崐崘山高二千五百里。」並見前書。

其宮室也，體象乎天地，經緯乎陰陽，據坤靈之正位，放（泰）〔太〕、紫之圓方。〔一〕樹中天之華闕，豐冠山之朱堂，因瓌材而究奇，抗應龍之虹梁，列棼橑以布翼，荷棟桴而高驤。〔二〕雕玉瑱以居楹，裁金璧以飾璫，發五色之渥采，光爓朗以景彰。〔三〕於是左（墄）〔城〕右平，重軒三階，閨房周通，門闥洞開，列鍾虡於中庭，立金人於端闈，仍增崖而衡閾，臨峻路而啓扉。〔四〕徇以離殿別寢，承以崇臺閒館，煥若列星，紫宮是環。〔五〕清涼

宣溫，神仙長年，金華玉堂，白虎麒麟，區宇若茲，不可殫論。〔六〕增盤業峨，登降炤爛，殊形詭制，每各異觀，乘茵步輦，唯所息宴。〔七〕後宮則有掖庭椒房，后妃之室，合歡增成，安處常寧，茝若椒風，披香發越，蘭林蕙草，鴛鸞飛翔之列。〔八〕昭陽特盛，隆乎孝成，屋不呈材，牆不露形，裛以藻繡，絡以綸連，隨侯明月，錯落其閒，金釭銜璧，是爲列錢，翡翠火齊，流燿含英，懸黎垂棘，夜光在焉。〔九〕於是玄墀釦切，玉階彤庭，碝磩采緻，琳珉青熒，珊瑚碧樹，周阿而生。〔一〇〕紅羅颯纚，綺組繽紛，精曜華燭，俯仰如神。〔一一〕後宮之號，十有四位，窈窕繁華，更盛迭貴，處乎斯列者，蓋以百數。〔一二〕左右廷中，朝堂百僚之位，蕭曹魏邴，謀謨乎其上。〔一三〕佐命則垂統，輔翼則成化，流大漢之愷悌，蕩亡秦之毒螫。〔一四〕故令斯人揚樂和之聲，作畫一之歌，功德著於祖宗，膏澤洽于黎庶。〔一五〕又有天祿石渠，典籍之府，命夫諄誨故老，名儒師傅，講論乎六藝，稽合乎同異。〔一六〕又有承明金馬，著作之庭，大雅宏達，於茲爲羣，元元本本，周見洽聞，啓發篇章，校理祕文。〔一七〕周以鉤陳之位，衞以嚴更之署，總禮官之甲科，羣百郡之廉孝。〔一八〕虎賁贅衣，閹尹閽寺，陛戟百重，各有攸司。〔一九〕周廬千列，徼道綺錯。〔二〇〕輦路經營，脩涂飛閣。〔二一〕自未央而連桂宮，北彌明光而亙長樂，陵隥道而超西墉，混建章而外屬，設璧門之鳳闕，上柧棱而棲金雀。〔二二〕內則別風之嶕嶢，眇麗巧而竦擢，張千門而

立萬戶，順陰陽以開闔。〔二三〕爾乃正殿崔嵬，層構厥高，臨乎未央，經駘盪而出馺娑，洞枍詣與天梁，上反宇以蓋戴，激日景而納光。〔二四〕神明鬱其特起，遂偃蹇而上躋，軼雲雨於太半，虹霓回帶於棼楣，雖輕迅與僄狡，猶愕眙而不敢階。〔二五〕攀井幹而未半，目眴轉而意迷，舍櫺檻而卻倚，若顚墜而復稽，魂怳怳以失度，巡回涂而下低。〔二六〕既懲懼於登望，降周流以彷徨，步甬道以縈紆，又杳窱而不見陽。〔二七〕排飛闥而上出，若游目於天表，似無依(之)〔而〕洋洋。〔二八〕前唐中而後太液，攬滄海之湯湯，揚波濤於碣石，激神嶽之嶈嶈，濫瀛洲與方壺，蓬萊起乎中央。〔二九〕於是靈草冬榮，神木叢生，巖峻崔崒，金石崢嶸。〔三〇〕抗仙掌(與)〔以〕承露，擢雙立之金莖，軼埃壒之混濁，鮮顥氣之淸英。〔三一〕騁文成之丕誕，馳五利之所刑，庶松喬之羣類，時游從乎斯庭，實列仙之攸館，匪吾人之所寧。〔三二〕

〔一〕圜象天，方象地。南北爲經，東西爲緯。楊雄司空箴曰：「普彼坤靈，侔天作合。」放，象也。太、紫謂太微、紫宮也。劉向七略曰：「明堂之制，內有太室，象紫宮；南出明堂，象太微。」春秋合誠圖曰：「太微，其星十二，四方。」史記天官書曰：「環之匡衞十二星，藩臣，皆曰紫宮。」是太微方而紫宮圓也。

〔二〕列子曰：「周穆王作中天之臺。」說文曰：「闕，門觀也。」前書蕭何作東闕、北闕。豐，大也。冠山謂在山之上也。埤蒼曰：「瑰瑋，珍奇也。」廣雅曰：「有翼曰應龍。」梁作應龍之形，而又曲如虹也。說文曰：「棼，複屋之棟。」

榱，椽也。翼，屋之四阿也。荷，負也。驤，舉也。爾雅曰：「棟謂之桴。」音浮。

〔三〕廣雅曰：「磌，礩也。」音田。「瑱」與「磌」通。楹，柱也。雕玉爲礩以承柱也。上林賦曰：「華榱璧璫。」韋昭注曰：「璫，榱頭也。」渥，光潤也。爓音豔。

〔四〕摯虞決疑要注曰：「墄者爲階級，平者以文塼相亞次也。」「墄」亦作「城」。言階級勒墄然，音七則反。王逸楚辭注曰：「軒，樓板也。」周禮夏后氏「世室九階」，鄭玄注云「南面三階，三面各二」也。爾雅曰：「宮中之門謂之闈，小者謂之閨。」鐻以懸鍾也。史記：「秦始皇收天下兵器，聚之咸陽，銷以爲金人十二，置宮中。」端闈，宮正門也。三輔黃圖曰：「秦宮殿端門四達，以則紫宮。」仍，因也。衡，橫也。閾，門限。

〔五〕徇猶繞也。崇，高也。閒音閑。煥，明也。言周回宮館，明若列星之環繞紫宮也。環，協韻音宦。

〔六〕三輔黃圖曰：「未央宮有淸涼殿、宣室殿、中溫室殿、金華殿、大玉堂殿、中白虎殿、麒麟殿，長樂宮有神仙殿。」殫，盡也。

〔七〕增，重也。槃，屈也。業峨，高也。業音五臘反。峨音我。詭，異也。茵，褥也。駕人曰輦。

〔八〕漢官儀曰：「婕妤以下皆居掖庭。」三輔黃圖曰：「長樂宮有椒房殿。」前書曰：「班婕妤居增成舍。」桓譚新論曰：「董賢女弟爲昭儀，居舍號曰椒風。」漢宮閣名長安有披香殿、鴛鸞殿、飛翔殿。餘未詳。

〔九〕昭陽殿，成帝趙昭儀所居也。說文曰：「裛，纏也。」音於業反。綸，糾，青絲綬也。「綸」或作「編」。淮南子曰：「隨侯之珠，和氏之璧。」高誘注云：「隨侯行見大蛇傷，以藥傅之。後蛇銜珠以報之，因曰隨侯珠。」說文曰：「釭，轂鐵也。」音江，又音工。謂以黃金爲釭，其中銜璧，納之於(璧)〔壁〕帶，爲行列歷歷如錢也。前書曰：「昭陽殿壁帶，往往爲黃金釭，函藍田玉璧，明珠翠羽飾之。」異物志曰：「翠鳥形如燕，赤而雄曰翡，青而雌曰翠，其

羽可以飾幃帳。」韻集曰：「火齊，珠也。」戰國策曰：「應侯謂秦王曰『梁有縣黎』。」左傳曰：「晉荀息請以垂棘之璧假道於虞。」言縣黎、垂棘之玉，並夜有光輝也。

〔一〇〕前書曰：「昭陽殿中庭彤朱，而殿上髤漆。」髤音休。漆黑故曰玄。墀，殿上地也。又曰：「切皆銅沓，黃金塗，白玉階。」釦音口。碝、磩，琳、珉，並石次玉者。碝音而兗反，磩音戚。綵緻，其文理密也。青熒，其光色也。漢武故事曰：「武帝起神堂，植玉樹，葺珊瑚爲枝，以碧玉爲葉。」淮南子曰：「崐崘山有碧樹在其北。」高誘注云：「碧，青石也。」謂以珠玉假爲樹而植之於殿曲。阿，曲也。

〔一一〕薛綜注西京賦曰：「颯纚，長袖貌。颯音素合反，纚音山綺反。」綺，文繒也。組，綬也。繽紛，盛皃。燭，照也。言精彩華飾照燿也。戰國策張儀謂秦王曰：「彼周、鄭之女，粉白黛黑立於衢，非知而見之者以爲神也。」

〔一二〕前書曰：「漢興，因秦之稱號，正嫡稱皇后，妾皆稱夫人。凡十四等，有昭儀、婕妤、娙娥、傛華、美人、八子、充衣、七子、良人、長使、少使、五官、順常，是爲十三等；又有無涓、共和、娛靈、保林、良使、夜者，秩祿同，共爲一等，合十四位也。」窈窕，幽閑也。繁華，美麗也。百數謂以百而數之也。

〔一三〕蕭何、曹參並沛人，魏相字弱翁，濟陰人，邴吉字少卿，魯國人，並爲丞相。

〔一四〕李陵書曰：「其餘佐命立功之士。」司馬相如曰：「垂統理順易繼也。」統，業也。禮記曰：「保者愼其身以輔翼之。」愷，樂也。悌，易也。楊雄長楊賦曰：「今朝廷出愷悌，行簡易。」王褒四子講德論曰：「秦之處位任政者，並施毒螫。」前書曰：「孝惠、高后之時，海內得離戰國之苦，君臣俱欲無爲，而天下晏然，衣食滋殖。」又曰：「近觀漢相，高祖開基，蕭、曹爲冠。孝宣中興，丙、魏有聲。」是時黜陟有序，衆職修理，公卿多稱其位，海內興於禮讓也。

〔一五〕孔叢子曰：「古之帝王，功成作樂，其功善者其樂和。」前書曰，蕭何薨，曹參代之，百姓歌之曰：「蕭何爲法，較若

晝一，曹參代之，守而勿失。」祖宗謂高祖、中宗也。

〔一六〕三輔故事曰：「天祿、石渠並閣名，在未央宮北，以閣祕書。」諄誨謂殷勤教告也。詩大雅曰：「誨爾諄諄。」鄭玄注云：「我數告王，口語諄諄然。」諄音之純反。六藝謂詩、書、禮、樂、易、春秋也。稽，考也。前書，甘露中詔諸儒講五經同異，令蕭望之平奏其議。

〔一七〕承明，殿前之廬也。金馬，署名也。門有銅馬，故名金馬門，待詔者皆居之。宏亦大也。冗其元，本其本。祕文，祕書也。孝經鉤命決曰「丘援祕文」也。

〔一八〕周，環也。前書音義曰：「鉤陳，紫宮外星也，宮衛之位亦象之。」嚴更之署，行夜之司也。禮官，奉常也，有博士掌試策，考其優劣，爲甲乙之科，即前書曰「太常以公孫弘爲下第」是也。言百郡，舉全數。前書又曰：「與廉舉孝。」

〔一九〕虎賁，宿衛之臣。贅衣，主衣之官。贅，綴也，音之銳反。尚書曰：「綴衣虎賁。」閽尹、閽寺並宦官，周禮有閽人、寺人。陛戟，執戟於陛也。百重，言多也。攸，所也。司，主也，協韻音伺。

〔二〇〕廬謂宿衛之廬，周於宮也。千列，言多也。史記：「衞令曰周廬，設卒甚謹。」徼道，徼巡之道。綺錯，交錯也。前書曰「中尉掌徼巡京師」也。

〔二一〕前書音義曰：「輦道，閣道也。」「涂」亦「塗」也，古字通用。

〔二二〕未央宮在西，長樂宮在東，桂宮、明光宮在北，言飛閣相連也。墱，陛級也，音丁鄧反。墉，城也。混，同也。建章宮在城西。屬，連也。前書曰：「建章宮，其東則鳳闕，(門)高二十餘丈，其南有璧門之屬。」說文曰：「柧棱，殿堂上最高之處也。」柧音孤，棱音力登反。其上棲金雀焉。三輔故事曰「建章宮闕上有銅鳳皇」，即金雀也。

〔二三〕三輔故事曰：「建章宮東有折風闕。」關中記曰：「折風一名別風。」嶕嶢，高也。嶕音焦，嶢音堯。前書曰，建章宮度爲千門萬戶。合謂之陰，開謂之陽。易曰：「闔戶謂之坤，闢戶謂之乾。」

〔二四〕正殿即前殿也。層，重也。臨乎未央，言高之極也。關中記建章宮有駘盪、馺娑、枍詣殿。天梁亦宮名也。駘音殆，盪音蕩。馺音素合反，娑音素可反。枍音烏計反。小雅曰：「蓋戴，覆也。」反宇謂飛檐上反也。激日謂日影激入於殿內也。

〔二五〕神明，臺名也。躋，升也。偃蹇，高貌也。軼，過也。前書音義曰：「凡數三分有二爲太半。」說文曰：「棼，棟也。」爾雅曰：「楣謂之梁。」郭璞云：「門戶上橫梁也。」方言曰：「僄，輕也。」音匹妙反。鄭玄注禮記曰：「狡，疾也。」字書曰：「愕，驚也。」音五各反。字林曰：「眙，驚貌也。」音丑吏反。

〔二六〕井幹，樓名也。前書曰：「武帝作井幹樓，高五十丈，輦道相屬焉。」蒼頡篇曰：「眴，視不明也。」音眩。櫺檻，樓上欄楯也。櫺音零。稽，留也。

〔二七〕淮南子曰：「甬道相連。」高誘注云：「甬道，飛閣複道也。」廣雅曰：「窈窱，深也。」「杳」與「窈」通。窱音它鳥反。陽，明也。既創前之登望，乃下巡於複道，宮宇深邃，又不見明者。

〔二八〕飛闥，閣上門也。王逸注楚辭曰：「洋洋，無所歸兒。」

〔二九〕前書曰：「建章宮，其西唐中數十里。」音義曰：「唐，庭也。」其北太液池中有蓬萊、方丈、瀛洲、壺梁，象海中神山。湯湯，流貌也。蒼頡篇曰：「濤，大波也。」碣石，海畔山也。說文曰：「濫，泛也。」列子曰：「海中有神山，一曰岱輿，二曰員嶠，三曰方壺，四曰瀛洲，五曰蓬萊。」

〔三〇〕靈草、神木謂不死藥也。史記曰：「海中神山，仙人不死藥在焉。」崢嶸，高峻也。崔音徂回反，崒音才律反。崢音仕耕反，嶸音宏。

〔三一〕前書曰，武帝時作銅柱承露僊人掌之屬。三輔故事云：「建章宮承露槃，高二十丈，大七圍，以銅爲之。上有仙人掌承露，和玉屑飲之。」金莖即銅柱也。軼，過也。埃壒，塵也。鮮，絜也。說文曰：「顥，白皃。」音皓。

〔三二〕丕，大也。誕，欺也。前書曰：「齊人李少翁以方士見上，上拜爲文成將軍，言於上曰：『即欲與神通，宮室被服非象神，神物不至。』乃作甘泉宮，中爲臺，畫天、地、泰一諸鬼神，而置祭具以致天神。」又曰：「膠東人欒大多方略而敢爲大言，言曰：『臣常往東海中，見安期、羨門之屬。』乃拜爲五利將軍。」刑，法也。列仙傳曰：「赤松子者，神農時雨師也，服水玉以教神農。」又曰：「王子喬者，周靈王太子晉，道士浮丘公接以上嵩山。」

爾乃盛娛游之壯觀，奮大武乎上囿，因茲以威戎夸狄，燿威而講事。〔一〕命荊州使起鳥，詔梁野而驅獸，毛羣內闐，飛羽上覆，接翼側足，集禁林而屯聚。〔二〕水衡虞人，理其營表，種別羣分，部曲有署。〔三〕罘罔連紘，籠山絡野，列卒周匝，星羅雲布。〔四〕於是乘(鑾)輿備法駕，帥羣臣，披飛廉，入苑門。〔五〕遂繞酆鎬，歷上蘭，六師發胄，百獸駭殫，震震爚爚，雷奔電激，草木塗地，山淵反覆，蹂躪其十二三，乃拗怒而少息。〔六〕爾乃期門佽飛，列刃鑽鍭，要趹追蹤，鳥驚觸絲，獸駭值鋒，機不虛掎，弦不再控，矢無單殺，中必疊雙，颮颮紛紛，矰繳相纏，風毛雨血，灑野蔽天。〔七〕平原赤，勇士厲，猨狖失木，豺狼懾竄。〔八〕爾乃移師趨險，並蹈潛穢，窮虎奔突，狂兕觸蹷。〔九〕許少施巧，

秦成力折，掎僄狡，扼猛噬，脫角挫脰，徒搏獨殺。〔一〇〕挾師豹，拖熊螭，頓犀犛，曳豪羆，超迴壑，越峻崖，蹷嶄巖，鉅石隤，松柏仆，叢林摧，草木無餘，禽獸殄夷。〔一一〕於是天子乃登屬玉之館，歷長楊之榭，覽山川之體勢，觀三軍之殺獲，原野蕭條，目極四裔，禽相鎮厭，獸相枕藉。〔一二〕然後收禽會衆，論功賜胙，陳輕騎以行炰，騰酒車而斟酌，割鮮野食，舉燧命釂。〔一三〕饗賜畢，勞逸齊，大輅鳴鑾，容與裴回，集乎豫章之宇，臨乎昆明之池。〔一四〕左牽牛而右織女，似雲漢之無崖，茂樹蔭蔚，芳草被堤，蘭茝發色，曄曄猗猗，若摛錦布繡，燭燿乎其陂。〔一五〕玄鶴白鷺，黃鵠鵁鶄，鶬鴰鴇鶂，鳧鷖鴻鴈，朝發河海，夕宿江漢，沈浮往來，雲集霧散。〔一六〕於是後宮乘輚路，登龍舟，張鳳蓋，建華旗，袪黼帷，鏡清流，靡微風，澹淡浮。〔一七〕櫂女謳，鼓吹震，聲激越，謍厲天，鳥羣翔，魚闚淵。〔一八〕招白閒，下雙鵠，揄文竿，出比目。〔一九〕撫鴻罿，御矰繳，方舟並騖，俛仰極樂。〔二〇〕遂風舉雲搖，浮遊普覽，前乘秦領，後越九嵕，〔二一〕東薄河華，西涉岐雍，宮館所歷，百有餘區，行所朝夕，儲不改供。〔二二〕禮上下而接山川，究休祐之所用，採遊童之歡謠，第從臣之嘉頌。〔二三〕于斯之時，都都相望，邑邑相屬，國藉十世之基，家承百年之業，士食舊德之名氏，農服先疇之畎畝，商修族世之所鬻，工用高曾之規矩，粲乎隱隱，各得其所。〔二四〕

〔一〕大武謂大陳武事也。月令「孟冬之月，天子乃命將帥講武，習射御」也。

〔二〕荆州，江、湘之地，其俗習於捕鳥，故使起之。梁野，巴、漢之人，其俗習於逐獸，故使其人驅之。闐音田。琜音才諭反。

〔三〕前書曰：「上林苑屬水衡都尉。虞人，掌山澤之官。」周禮曰：「虞人萊所田之野爲表。」鄭司農曰：「表，所以識正行列也。」續漢書「將軍領軍皆有部，大將軍營五部，部校尉一人，部下有曲，曲有軍候一人」也。

〔四〕鄭玄注禮記曰：「獸罟曰罘。」音浮。紘，罘之綱。

〔五〕蔡邕獨斷曰：「天子至尊，不敢渫瀆言之，故託於乘輿。天子車駕有大駕、法駕、小駕。大駕則公卿奉引，備千乘萬騎。法駕，公〔卿〕不在鹵簿中，唯執金吾奉引，侍中驂乘。」飛廉，館名也，武帝所作。前書音義曰：「飛廉，神禽，能致風氣，身似鹿，頭如雀，有角而蛇尾，文如豹文。於館上作之，因以名焉。」

〔六〕酆，文王所都，在鄠縣東。鎬，武王所都，在上林苑中。三輔黃圖云，上林苑有上蘭觀。尚書曰：「司馬掌邦政，統六師。」又曰：「百獸率舞。」駮殫，言驚懼也。震震爚爚，奔走之貌。爚音躍。塗，污也。反覆猶傾動也。車騎既多，視之眩亂，有似傾動。蹂，踐也，音汝九反。蹸，轢也，音力刃反。拗猶抑也，音於六反。音且抑六師之怒而少停也。

〔七〕前書曰，武帝與北地良家子期於殿門，故號「期門」。又曰：「募佽飛射士」。音義：「佽飛，本秦左弋官也，武帝改爲佽飛官，有一令九丞，在上林中。紡缴，弋鳧鴈，歲萬頭，以供宗廟。」蒼頡篇曰：「攢，聚也。」「鑽」與「攢」通。爾雅曰：「金鏃翦羽謂之鍭。」音侯。廣雅曰：「跌，奔也。」音決。機，弩牙也。說文曰：「掎，偏引也。」音居綺反。颮颮紛紛，衆多也。說文曰：「颮，古飈字。」鄭玄注周禮曰：「結缴於矢謂之矰。」矰，高也。

〔八〕郭璞注山海經曰：「猨似猴而大，臂長，便捷，色黑。」蒼頡書曰：「狖似狸。」音以救反。淮南子曰：「猨狖顛蹷而失木枝。」犞，懼也，音之棄反。竄，走也，協韻音七外反。

〔九〕潛，深也。榛謂榛蕪之林，虎兕之所居也。爾雅曰：「兕似牛。」郭璞曰：「一角，青色，重千斤。」廣雅曰：「蹷，跳也。」音居衞反。

〔一〇〕許少、秦成，並未詳。僄狡，獸之輕捷者。說文曰：「搤，捉也。」音戹。「搤」與「扼」通。噬，嚙也。挫，折也。脰，頸也。徒，空也。謂空手搏殺之也。爾雅曰：「暴虎，徒搏也。」殺音所界反。

〔一一〕師，師子也。說文曰：「拖，曳也。」音徒可反。杜預注左傳云：「螭，山神，獸形。」郭璞注山海經曰：「犀似牛而猪頭，黑色，有三角，一在頂上，一在額上，一在鼻上。犛牛黑色，出西南徼外。」犛音力之反。爾雅曰：「羆似熊而黃。」巉巖，山石高峻之貌也。殄，盡也。夷猶殺也。

〔一二〕前書，宣帝幸萯陽宮屬玉觀。音義曰：「屬玉，水鳥也，似鵁鶄，於觀上作之，因以名焉。」三輔黃圖曰：「上林有長揚宮。」鄭玄注禮記曰：「土高曰臺，有木曰榭。」獲，協韻音胡卦反。楚詞曰：「山蕭條而無獸。」

〔一三〕胙，餘肉也。左傳曰：「歸胙于公。」詩小雅曰：「炰之燔之。」毛萇注曰：「以毛曰炰。」音步交反。子虛賦曰：「割鮮染輪。」孔安國注尚書曰：「鳥獸新殺曰鮮。」

〔一四〕大輅，玉輅也。周禮曰：「凡馭輅儀以鑾和爲節。」鄭玄注曰：「鑾在衡，和在軾，皆金鈴也。」三輔黃圖曰：「上林苑有豫章觀。」

〔一五〕漢宮閣疏曰：「昆明池有二石人，牽牛、織女之象也。」雲漢，天河也。郭璞注爾雅云：「茝，香草。」音昌改反。暐曄猗猗，美茂之貌。說文曰：「擒，舒也。」

〔一六〕郭璞注爾雅云：「鳷似鳧，脚近尾，略不能地行，江東謂之魚鳷。」音火交反。說文曰：「鸛，鸛雀也。」爾雅曰：「鶬，麋鴰。」音括。郭璞注曰：「即鶬鴰也，今關西呼爲鴰鹿。」鴇似鴈而大，無指。音保。鶂，水鳥也。莊子曰：「白鶂之相視，眸子不運而風化。」周處風土記曰：「鶩，鶩鵨也，以名自呼，大如鷄，生卵於荷葉上。」李巡注爾雅曰：「在野曰鳧，在家曰鶩。」並鴨也。鄭玄注詩云：「鷖，鳧屬也。」音一兮反。周處風土記曰：「鶩，鶩鵨也，以名自呼，大如鷄，生卵於荷葉上。」毛萇注詩云：「大曰鴻，小曰鴈。」

〔一七〕埤蒼曰：「輚，臥車也。」音仕板反。淮南子曰：「龍舟鷁首，浮吹以虞。」桓譚新論曰：「乘車，玉爪、華芝及鳳皇三蓋。」上林賦曰：「乘法駕，建華旗。」高誘注淮南子曰：「袪，舉也。」澹，隨風之貌也。澹音徒濫反。淡音徒敢反。

〔一八〕櫂，楫也。謳，歌也。震，協韻音眞。礱，擊也，音火宏反。

〔一九〕招猶舉也。弩有黃閒之名，此言白閒，蓋弓弩之屬。本或作「白鷴」，謂鳥也。西京雜記曰：「越王獻高帝白鷴、黑鷴各一雙。」說文曰：「揄，引也。」音投。文竿，以翠羽爲文飾也。〔劂〕〔闕〕子曰：「魯人有好釣者，以桂爲餌，鍛黃金之鉤，錯以銀碧，垂翡翠之綸。」爾雅曰：「東方有比目魚，不比不行。」

〔二〇〕廣雅曰：「艟謂之艡。」艟音直江反，即舟中之艟盞也。本或作「罿」。罿，鳥網也，音衝。矰，弋矢也。缴，以繫箭也。方舟，並兩舟也。

〔二一〕協韻音綜。

〔二二〕薄，迫也。岐，山；雍，縣。在扶風。儲，積也。供，協韻音九用反。

〔二三〕上下謂天地也。接亦祭也。究，盡也。用謂犧牷玉帛之物也。列子曰：「堯理天下五十年，不知天下理歟？亂歟？堯乃微服遊於康衢，聞兒童謡曰：『立我蒸人，莫匪爾極，不識不知，順帝之則。』」言今同於堯也。前書曰：「宣帝頗好神仙，王褒、張子僑等並待詔，所幸宮館，輒爲歌頌，第其高下，以差賜帛焉。」

〔二四〕十代、百年，並舉全數也。易曰：「食舊德，貞厲終吉。」穀梁傳曰：「古者有士人、商人、農人、工人。」淮南子曰「古者至德之時，賈便其肆，農安其業，大夫安其職，而處士修其道」也。

若臣者，徒觀迹乎舊墟，聞之乎故老，什分而未得其一端，故不能徧舉也。

校勘記

一三三三頁四行　今洛州永〔平〕〔年〕縣也　集解引沈欽韓說，謂「永平縣」當作「永年縣」，今據改。按：「洺」原作「洛」，形近而譌，逕據殿本改正。

一三三三頁八行　漢承秦制改立郡縣　按：張森楷校勘記謂「改」當依前書作「並」，既承秦制，則非漢所改也。

一三三四頁一行　劉季逐而羈之　按：集解引王補說，謂「羈」前書敍傳作「掎」，通鑑亦作「掎」，用左傳「晉人角之，諸戎掎之。」

一三三六頁三行　見趙岐孟子注　「岐」原譌「歧」，逕改正。按：紹興本趙岐之「岐」皆譌「歧」，後如此，不悉出校記。

一三三六頁一四行　豈若卑論儕俗　按：「儕」當依史記作「儕」。

一三三七頁二行　彪復辟司徒玉況府　汲本、殿本「玉」作「王」。按：玉字本有肅音，不必改爲「王」，參閱前漢延傳校記。又按：集解引沈欽韓說，謂是時「司徒」上有「大」字。

一三二八頁一行　不能無〔爲〕惡　據集解本補。按：此所引賈誼上疏之辭與前書不同，前書作「習與正人居之，不能毋正，猶生長於齊，不能不齊言也。習與不正人居之，不能毋不正，猶生長於楚之地，不能不楚言也」。

一三二八頁二行　出則周公邵公太（公）史佚　據汲本刪。按：史記云「召公爲師，周公爲保」，無太公輔成王事，「公」字衍。太史佚卽史佚也。

一三二八頁一五行　使僕中允　按：沈家本謂「允」續志作「盾」。

一三二九頁四行　故令誼傅之　按：「令」原譌「今」，逕改正。

一三三〇頁五行　誦詩賦　按：汲本「賦」作「書」。

一三三一頁一二行　負薪之諸　按：汲本、殿本「諸」作「語」。

一三三二頁一三行　執文之德　按：集解引周壽昌說，謂周頌作「秉文之德」，此「秉」字作「執」，乃唐諱昞，秉與昞同音，嫌名也，故避「秉」爲「執」，義同字異。

一三三三頁二行　舟人吉桑對曰　按：「吉桑」新序作「固桑」，說苑尊賢篇作「古乘」，人表作「固來」，循吏傳注作「古桑」。沈欽韓謂「乘」、「來」皆「桑」之誤，「吉」又爲「古」之誤。

一三三四頁三行　召詣校書部　按：「校書部」疑當作「校書郎」。御覽五一五引正作「校書郎」，又班超傳

云「兄固，被召詣校書郎」。

一三三四頁四行　司隸從事孟異　按：集解引惠棟說，謂「異」當作「冀」，見馬援、杜林等傳。又引沈欽韓說，謂史通正史篇作「孟冀」。

一三三四頁一三行　六代謂武帝史臣謂司馬遷也　按：此注原誤置於「史臣」之下，今移正。蓋正文「六世」句絕，「史臣」屬下爲句，若注於「史臣」之下，則「史臣」二字當連「六世」爲句矣。

一三三五頁二行　劉敬說上都關中　殿本「劉」作「婁」。按：婁敬說高祖都關中，封奉春君，賜姓劉氏，故亦作「劉敬」，然下文「奉春建策」注又作「婁敬」，前後亦不一致也。

一三三五頁一五行　表以（泰）〔太〕華終南之山　張森楷校勘記謂「太華」字本不作「泰」，後人誤以爲范曄避其父諱，改「泰」爲「太」，遂並非諱改者而亦回改爲「泰」。今據改。

一三三五頁一六行　帶以洪河涇渭之川　按：校補謂文選此下有「衆流之隈，汧涌其西」語。

一三三六頁四行　度宏規而大起　惠棟謂李善曰「度」或爲「慶」，慶與羌古字通，小爾雅云羌，發聲也。按：王念孫謂李善本度字本作「慶」，今本作「度」者，後人據五臣本及班固傳改之耳。善注原文當云「小雅曰羌，發聲也，『慶』與『羌』古字通，『慶』或爲『庋』。」又謂作「慶」是。慶，語詞。「宏規」與「大起」相對爲文，言肇建都邑，先宏規之而後大起之也。

一三三六頁五行　故窮奢而極侈　按：王先謙謂固集及文選「奢」並作「泰」，此亦范氏避其父諱而改。

一三三六頁八行　鄉曲豪俊游俠之雄　按：文選「俊」作「舉」，李注引史記魏公子無忌曰「平原之遊，徒豪舉耳」。蓋以「鄉曲豪舉」爲句。此以「鄉曲豪俊」與「游俠之雄」連讀爲句，故注云「豪俊游俠謂朱家、郭解、原涉之類也」。

一三三七頁二行　天子城十二門通十二子　按：此周禮「匠人營國方九里旁三門」鄭玄注文，章懷引之以釋「立十二之通門」也。文選注同。各本誤引周禮地官「司門」鄭注，作「司門若今城門校尉，主王城十二門」。

一三三七頁一三行　漢宮閣疏曰　汲本、殿本「閣」作「闕」。按：後文「披香」注引「漢宮閣名」，殿本「閣」作「闕」，文選注亦作「闕」。又後文「左牽牛而右織女」注引「漢宮閣疏」，殿本亦作「閣」，而文選注則作「闕」。又按：「漢宮閣疏」或「漢宮闕疏」與「漢宮閣名」或「漢宮闕名」，隋志俱不著錄，唐志有漢宮闕簿，史記高祖紀索隱、初學記居處部、御覽居處部十二引「漢宮殿疏」，北堂書鈔舟部上引「漢宮室疏」，殆卽一書也。

一三三八頁一行　原嘗〔謂〕平原君趙勝孟嘗君田文也　據汲本、殿本補。

一三三八頁五行　逴犖諸夏　按：李慈銘謂「犖」文選作「躒」。

一三三九頁一三行　王褒字子泉　汲本、殿本「泉」作「淵」，下「泉雲頌歎」之「泉」亦作「淵」。按：「淵」作「泉」，當是章懷避唐諱改。

一三四〇頁二行　〔小〕爾雅曰禾穗謂之穎　按：校補謂此見小爾雅廣物篇，文選李善注引作「小雅曰」，文選注於小爾雅皆省稱「小雅」，此則脫去「小」字也。今據補。

一三四〇頁二行　〔小〕爾雅曰敷布也　按：爾雅無「敷布也」之訓，此見小爾雅廣詁篇。今據補。

一三四〇頁三行　放（泰）〔太〕紫之圓方　按：「泰」當作「太」，今改，參閱上「表以（泰）〔太〕華終南之山」條。

一三四〇頁一四行　於是左（墄）〔城〕右平　據殿本改。按：集解引柳從辰說，謂字書玉部無墄字，應從土。

一三四〇頁一六行　徇以離殿別寢　按：校補謂文選「殿」作「宮」。

一三四一頁一行　增槃業峨　按：文選作「增盤崔嵬」。

一三四一頁五行　玄墀釦切　按：文選「切」作「砌」。

一三四一頁一二行　周見洽聞　按：校補謂文選「周」作「殫」。

一三四一頁一四行　脩涂飛閣　按：校補謂文選「涂」作「除」，注「除，樓陛也」。

一三四一頁一四行　混建章而外屬　按：校補謂文選「而」下有「連」字。

一三四二頁六行　似無依（之）〔而〕洋洋　文選「之」作「而」，王先謙謂作「而」是。今據改。

一三四二頁八行　抗仙掌（與）〔以〕承露　據汲本、殿本改。

一三四三頁四行　城亦作墄　按：刊誤謂案文當作「城亦作墄」，言「城」字有作「墄」者也。

一三四三頁一六行　納之於（璧）〔壁〕帶　按：校補云前書音義「壁帶謂壁中之帶也」，此「壁」字當從土，各本

皆從玉，涉上「銜璧」而誤。今據改。

一三四四頁四行　其光色也　按：張森楷校勘記謂「色」下當有脫文一字，據上文「其文理密也」知之。

一三四四頁一〇行　順常　按：「順」原譌「須」，逕據汲本、殿本改正。

一三四五頁一六行　(門)高二十餘丈　據刊誤刪。

一三四六頁四行　小雅曰　按：小雅即小爾雅之省稱，下所引乃小爾雅廣詁文。

一三四七頁八行　燿威而講事　按：王先謙謂文選作「燿威靈而講武事」。

一三四七頁一二行　於是乘(鑾)輿備法駕　刊誤謂案注所解乘輿之義，則此多「鑾」字。今據刪。按：上林賦「於是乘輿弭節徘徊」，甘泉賦「於是乘輿乃登夫鳳皇兮」，句例相似，班賦之所出也。

一三四七頁一二行　六師發胄　按：文選「胄」作「逐」，近人高步瀛文選李注義疏引胡紹瑛說，謂逐胄音同，文選作「逐」，後漢書作「胄」，並「胄」之假，玉篇「胄，徐救切，競馳也」。

一三四八頁三行　歷長楊之榭　按：「楊」原作「揚」，逕據汲本、殿本改，注同。

一三四八頁五行　舉燧命爵　按：校補謂文選作「舉烽命釂」。

一三四八頁七行　玄鶴白鷺　按：校補謂文選句上有「鳥則」二字。

一三四八頁七行　鶬鴰鴇鶂　按：「鴇」原作「鴠」，逕據文選改，注同。

班彪列傳第三十上　一三五七

一三四九頁八行　法駕公(卿)不在鹵簿中　據汲本、殿本補。

一三五一頁九行　(誤)(闕)子曰　據殿本改。

一三五一頁一七行　宣帝頗好神仙　按：「仙」原譌「伯」，逕改正。

後漢書卷四十上　一三五八

後漢書卷四十下

班彪列傳第三十下　子固

主人喟然而歎曰：「痛乎風俗之移人也！子實秦人，矜夸館室，保界河山，信識昭襄而知始皇矣，惡睹大漢之云爲乎？〔一〕夫大漢之開原也，奮布衣以登皇極，繇數朞而創萬世，蓋六籍所不能談，前聖靡得而言焉。〔二〕當此之時，功有橫而當天，討有逆而順人，故婁敬度埶而獻其說，蕭公權宜以拓其制。時豈泰而安之哉？計不得以已也。〔三〕吾子曾不是睹，顧燿後嗣之末造，不亦闇乎？〔四〕今將語子以建武之理，永平之事，監乎(泰)〔太〕清，以變子之或志。〔五〕

〔一〕喟，歎貌也。前書曰：「人有剛柔緩急，音聲不同，繫水土之風氣，謂之風；好惡取舍，動靜無常，隨君上之情欲，謂之俗。」保，守也，謂守河山之險以爲界。昭、襄，昭王、襄王也。惡，安也，音烏。

〔二〕漢高祖曰：「吾以布衣，提三尺劍取天下。」高祖起兵五年而即帝位，故云由數朞。繇即由也。孔安國注尚書云：「匝四時曰朞。」萬代，盛言之也。六籍，六經也。

班彪列傳第三十下　一三五九

〔三〕橫音胡孟反。高祖入關，秦王子嬰降，而五星聚于東井，此功有橫而當天也。逆謂以臣伐君。前書陸賈曰：「湯武逆取而以順守之。」及高祖入關，秦人爭獻牛酒，此爲討有逆而順人也。婁敬已見上。又曰：「蕭何修未央宮，上見壯麗，甚怒。何對曰：『天下未定，故可因遂就宮室。且天子以四海爲家，非令壯麗，無以重威，且無令後代有以加也。』」時豈耆泰而安之哉？言天下初定，計不得止而都西京也。

〔四〕顧，反也。燿，眩燿也。言吾子曾不睹度埶權宜之由，而反眩燿後嗣子孫末代之所造，非其盛稱武帝、成帝神仙、昭陽之事也。

〔五〕淮南子曰：「太清之化也，和順以寂漠，質直以素樸。」高誘注曰：「太清，無爲之化也。」

後漢書卷四十下　一三六〇

往者王莽作逆，漢祚中缺，天人致誅，六合相滅。〔一〕于時之亂，生民幾亡，鬼神泯絕，壑無完柩，郛罔遺室，原野猒人之肉，川谷流人之血，秦、項之災猶不克半，書契已來未之或紀也。〔二〕故下民號而上愬，上帝懷而降鑒，致命于聖皇。〔三〕於是聖皇乃握乾符，闡坤珍，披皇圖，稽帝文，赫爾發憤，應若興雲，霆發昆陽，憑怒雷震。〔四〕遂超大河，跨北嶽，立號高邑，建都河洛。〔五〕紹百王之荒屯，因造化之盪滌，體元立制，繼天而作。〔六〕系唐統，接漢緒，茂育羣生，恢復疆宇，勳兼乎在昔，事勤乎三五。〔七〕豈特方軌並迹，紛綸后辟，理近古之所務，蹈一聖之險易云爾哉？〔八〕且夫建武之元，天地革命，四海之內，更造夫婦，肇有父子，君臣初建，人倫寔始，斯乃虙羲氏之所以基皇德也。〔九〕分州土，立市朝，作舟車，造器械，斯軒轅氏之所以開帝功也。〔一〇〕龔行天罰，應天順（民）〔人〕，斯乃湯武之所以昭王業也。〔一一〕遷都改邑，有殷宗中興之則焉；即土之中，有周成隆平之制焉。〔一二〕不階尺土一人之柄，同符乎高祖。〔一三〕克己復禮，以奉終始，允恭乎孝文。〔一四〕憲章稽古，封岱勒成，儀炳乎世宗。〔一五〕案六經而校德，妙古昔而論功，仁聖之事既該，帝王之道備矣。〔一六〕

〔一〕天人謂天意人事共相誅也。

〔二〕人者神之主。生人既亡，故鬼神亦絕也。揚子法言曰「秦將白起長平之戰，阬四十萬人，原野猒人之肉，川谷流人之血」也。

〔三〕上帝，天也。聖皇，光武也。懷猶懋念也。降，下也。鑒，視也。言上天懋念下人之上愬，故下視四海可以爲君者，而致命於光武也。

〔四〕乾符、坤珍謂天地符瑞也。皇圖、帝文謂圖緯之文也。霆，疾雷也。發於昆陽謂破王尋、王邑。憑，盛也。言盛怒如雷之震。協韻音眞。

〔五〕跨，據也。言光武度河據北嶽，遂即位於鄗，而改鄗爲高邑也。

〔六〕紹，繼也。屯，難也。高誘注淮南子云：「造化，天地也。」滌，除也。作，起也。杜預注左傳云：「凡人君即位，欲體元以居正。」穀梁傳曰：「爲天下主者，天也；繼天者，君也。」

〔七〕爾雅曰：「系，繼也。緒，業也。」前書曰：「漢帝本系出唐帝。」言光武能繼唐堯之統業也。恢，大也。三五，三皇五帝也。

〔八〕軌，轍也。紛綸猶雜鍒也。爾雅曰：「后，辟，君也。」險易猶理亂也。言光武功德勤勞，兼於前代百王，非直一聖帝也。

〔九〕易曰：「天地革而四時成。」又曰：「湯武革命。」爾雅曰：「九夷、八狄、七戎、六蠻，謂之四海。」基，始也。帝王紀曰：「庖犧氏，風姓也。制嫁娶之禮，取犧牲以充庖廚，以食天下，故號庖犧。後或謂之伏犧。」言光武更造夫婦如伏犧時也。

〔一〇〕黃帝號軒轅氏。前書曰：「昔在黃帝，畫野分州。」易繫辭曰：「神農氏日中爲市。黃帝、堯、舜垂衣裳而天下理。刳木爲舟，剡木爲楫，服牛乘馬，引重致遠，以利天下；弦木爲弧，剡木爲矢，弧矢之利，以威天下。」言光武利人如軒轅也。

〔一一〕尚書武王曰：「今予惟龔行天之罰。」易曰：「湯武革命，順乎天而應乎人。」言光武征伐如湯武者也。

〔一二〕尚書曰：「盤庚遷于殷。」史記曰：「帝陽甲之時，殷衰，諸侯莫朝。陽甲崩，弟盤庚立，自河北度河南，居湯之故地，行湯之政，殷道復興。」尚書曰：「王來紹上帝，自服于土中。」孔安國曰：「洛邑，地埶之中也。」春秋命歷序曰：「成康之隆，醴泉湧出。」言都洛陽如殷宗、周成之制也。

〔一三〕孟子曰：「紂去武丁未久也，尺地莫非其有也，一人莫非其臣也。」又曰：「舜文王相去千有餘歲，若合符契。」

〔一四〕左傳仲尼曰：「古有志，克己復禮，仁也。」孫卿子曰：「生，人之始也；死，人之終也。終始俱善，人道畢矣。」尚書：「允恭克讓。」謂躬自儉約，同於文帝也。

〔一五〕憲章猶法則也。禮記曰：「仲尼憲章文武。」尚書曰：「若稽古帝堯。」言法乎考古而封太山，勒石以記成功也。

炳，明也，其禮儀明乎武帝也。

〔一六〕六經謂詩、書、禮、樂、易、春秋。妙猶美也。或作「眇」，眇，遠也。該，備也。

至于永平之際，重熙而累洽，盛三雍之上儀，修袞龍之法服，敷洪藻，信景鑠，揚世廟，正予樂。人神之和允洽，君臣之序既肅。〔一〕乃動大路，遵皇衢，省方巡狩，窮覽萬國之有無，考聲教之所被，散皇明以燭幽。〔二〕然後增周舊，修洛邑，翩翩巍巍，顯顯翼翼，光漢京于諸夏，總八方而爲之極。〔三〕是以皇城之內，宮室光明，闕庭神麗，奢不可踰，儉不能侈。〔四〕外則因原野以作苑，順流泉而爲沼，發蘋藻以潛魚，豐圃草以毓獸，制同乎梁騶，義合乎靈囿。〔五〕若乃順時節而蒐狩，簡車徒以講武，則必臨之以王制，考之以風雅。〔六〕歷騶虞，覽四騶，嘉車攻，采吉日，禮官正儀，乘輿乃出。〔七〕於是發鯨魚，鏗華鍾，登玉輅，乘時龍，鳳蓋颯灑，和鸞玲瓏，天官景從，寖威盛容。〔八〕山靈護野，屬御方神，雨師汎灑，風伯清塵，千乘雷起，萬騎紛紜，元戎竟野，戈鋌彗雲，羽旄掃霓，旌旗拂天。〔九〕焱焱炎炎，揚光飛文，吐爓生風，吹野燎山，日月爲之奪明，丘陵爲之搖震。〔一〇〕遂集乎中囿，陳師案屯，駢部曲，列校隊，勒三軍，誓將帥。〔一一〕然後舉烽伐鼓，以命三驅，輕車霆發，驍騎電騖，游基發射，范氏施御，弦不失禽，轡不詭遇，飛者未及翔，走者未及去。〔一二〕指顧倏忽，獲車已實，樂不極般，殺不盡物，馬踠餘

足，士怒未泄，先驅復路，屬車案節。〔一三〕於是薦三犧，效五牲，禮神祇，懷百靈，（御）〔覲〕明堂，臨辟雍，揚緝熙，宣皇風，登靈臺，考休徵。〔一四〕俯仰乎乾坤，參象乎聖躬，目中夏而布德，瞰四裔而抗稜。〔一五〕西盪河源，東澹海漘，北動幽崖，南趯朱垠。〔一六〕殊方別區，界絕而不鄰，自孝武所不能征，孝宣所不能臣，莫不陸讋水慄，奔走而來賓。〔一七〕遂綏哀牢，開永昌，〔一八〕春王三朝，會同漢京。是日也，天子受四海之圖籍，膺萬國之貢珍，內撫諸夏，外接百蠻。〔一九〕乃盛禮樂供帳，置乎雲龍之庭，陳百僚而贊羣后，究皇儀而展帝容。〔二〇〕於是庭實千品，旨酒萬鍾，列金罍，班玉觴，嘉珍御，大牢饗。〔二一〕爾乃食舉雍徹，太師奏樂，陳金石，布絲竹，鍾鼓鏗鎗，管絃曄煜。〔二二〕抗五聲，極六律，歌九功，舞八佾，韶武備，太古畢。〔二三〕四夷閒奏，德廣所及，佮佅兜離，罔不具集。〔二四〕萬樂備，百禮暨，皇歡浹，羣臣醉，降烟熅，調元氣，然後撞鍾告罷，百僚遂退。〔二五〕

〔一〕熙，光也。洽，浹也。三雍謂明堂、辟雍、靈臺也。永平二年正月，宗祀光武皇帝於明堂，禮畢，登靈臺。三月，臨辟雍，行大射禮。周禮：「王之吉服，享先王即袞冕。」鄭玄注曰：「袞，卷龍衣也。」永平二年，帝及公卿列侯始服（冕）冠〔冕〕衣裳。敷，布也。鴻，大也。藻，文藻也。謂明堂禮畢，登靈臺之後，布詔於天下曰：「建明堂，立辟雍，起靈臺，恢弘大道，被之八極。」此爲布鴻藻也。信讀曰申。景，大也。鑠，美也。揚代廟謂上尊號光武廟曰代祖。正予樂謂依讖文改大樂爲大予樂也。

〔二〕大路，玉路也。皐衢，馳道也。易曰：「先王以省方觀人設教。」尚書曰：「歲二月東巡狩。」又曰：「朔南暨聲教。」皐，大也。燭，照也。

〔三〕周成王都洛邑，漢又增而修之，故曰增焉。翩翩巍巍，顯顯翼翼，並宮闕顯盛之貌。論語曰：「不如諸夏之亡。」詩商頌曰：「商邑翼翼，四方之極。」極，中也。洛陽，土之中也。

〔四〕言奢儉合禮也。

〔五〕蘋，藻，並水草也。詩小雅曰：「魚在在藻。」韓詩曰：「東有圃草，駕言行狩。」薛君傳曰：「圃，博也，有博大之茂草也。」毓亦育也。魯詩傳曰：「古有梁鄒者，天子之田也。」詩大雅曰：「王在靈囿，麀鹿攸伏。」毛萇注云：「囿所以域養禽獸也。」此言魚獸各得其所，如文王之靈囿也。

〔六〕左傳臧僖伯曰：「春蒐夏苗，秋獮冬狩，皆於農隙以講事也。」杜預注云：「各隨時之閑也。」禮記王制曰「天子諸侯，無事則歲三田。田不以禮曰暴天物」也。

〔七〕詩國風序曰：「騶虞，蒐田以時，仁如騶虞。」毛萇注曰：「騶虞，義獸，白虎黑文，不食生物。」又曰：「四驖，美襄公也，始命有田狩之事。」其詩曰：「駟驖孔阜。」注曰：「驖，驪也。阜，大也。」又小雅序曰：「車攻，宣王復古也，修車馬，備器械，復會諸侯於東都，因田獵而選車徒焉。」其詩曰：「我車既攻，我馬既同。」注云：「攻，堅也。」又吉日詩曰：「田車既好，四牡孔阜。」宣帝詔曰「禮官具禮儀」也。

〔八〕鯨魚謂刻杵作鯨魚形也。鏗謂擊之也，音苦耕反。尚書大傳曰：「天子將出則撞黃鍾，右五鍾皆應。」薛綜注西京賦云：「海中有大魚名鯨，又有獸名蒲牢。蒲牢素畏鯨魚，鯨魚擊蒲牢，蒲牢輒大鳴呼。凡鍾欲令其聲大者，故作蒲牢於其上，撞鍾者名為鯨魚。鍾有篆刻之文，故曰華。」爾雅曰：「馬高八尺以上曰龍。」月令：「春駕蒼龍。」

各隨四時之色，故曰時也。玲瓏，聲也。蔡邕獨斷曰：「百官小吏曰天官。」祲亦盛也。

〔九〕山靈，山神也。屬，連也，音燭。方，四方也。雨師，畢星也。風伯，箕星也。韓子師曠謂晉平公曰：「黃帝合鬼神於太山，風伯進掃，雨師灑道。」蔡邕獨斷曰：「天子大駕，備千乘萬騎。」元戎，戎車也。詩小雅曰：「元戎十乘，以先啓行。」毛萇注曰：「元，大也。夏后氏曰鉤車，先正也；殷曰寅車，先疾也；周曰元戎，先良也。」說文曰：「鋋，小矛也。」音市延反。彗，掃也，音似銳反。

〔一〇〕焱焱，炎炎，並戈矛車馬之光也。說文曰「焱，火華也」。音以贍反。震讀曰眞。

〔一一〕中囿，囿中也。續漢志曰：「大將軍營五部，部校尉一人。部下有曲，曲下有屯長一人。」靳猶陳列也。杜預注左傳曰：「百人為隊。」鄭玄周禮注云：「天子六軍，三居一偏。」故此言勒三軍也。周禮曰：「羣吏聽誓于前，斬牲以徇陳，曰不用命者斬之。」鄭玄注云：「羣吏，將帥也。」

〔一二〕穀梁傳曰：「三驅之禮，一為乾豆，二為賓客，三為充君之庖。」霆激，雷驚，並言疾也。游基，養由基也。淮南子曰：「楚有神白猨，王自射之，則(摶)〔搏〕而嬉，使養由基射之，始調弓矯矢，未發而猨擁木號矣。」范氏，趙之御人也。孟子曰：「趙簡子使王良御，終日不獲一禽，反曰：『天下賤工也。』王良曰：『吾為范氏驅馳，終日不獲一，為之詭遇，一朝而獲十。』」趙岐注曰：「范，法也，為法度之御，應禮之射，終日不得一。詭遇，非禮射也，則能獲十。」弦不失禽，謂由基也。轡不詭遇，謂范氏也。

〔一三〕高唐賦曰：「舉功先得，獲車已實。」爾雅曰：「般，樂也。」禮記曰：「樂不可極。」詘猶屈也。方言曰：「泄，歇也。」漢官儀：「大駕，屬車八十一乘。」子虛賦曰：「案節未舒。」謂駐節徐行也。

〔一四〕左傳鄭子太叔曰：「為五牲三犧。」杜預注云：「五牲，麋、鹿、麏、狼、兔也。三犧，祭天地宗廟之犧也。」郊，祭天也。天神曰神，地神曰祇。百靈，百神也。詩曰：「懷柔百神。」覲，朝也。謂朝諸侯於明堂。詩大雅曰：「維清緝熙，文王之典。」鄭玄注云：「緝熙，光明也。」尚書曰：「休徵。」孔安國注云：「敘美行之驗。」

〔一五〕易繫辭曰：「仰則觀象於天，俯則觀法於地，近取諸身，遠取諸物。」聖躬謂天子也。中夏，中國也。瞰音苦暫反。四裔，四夷也。棱，威也。左傳曰「德以柔中國，刑以威四夷」也。

〔一六〕盪，滌也。河源在崑崙山。前書曰：「威棱憺乎鄰國。」音義曰：「憺猶動也，音徒濫反。」漘，水涯，音脣。郭璞注爾雅曰：「涯上平坦而下水深者為漘。」趯，躍也，音乇歷反。說文曰：「垠，界也。」音銀。

〔一七〕爾雅曰：「讋，懼也。」音之涉反。

〔一八〕綏，安也。哀牢，西南夷號。永平十二年，其國王柳貌相率內屬，以其地置永昌郡也。

〔一九〕春王猶左傳云「春王正月」也。三朝，元日也。朝音陟遙反。謂歲之朝，月之朝，日之朝。前書谷永曰：「今年正月朔，〔日〕食於三朝之會。」周禮曰：「時見曰會，殷眺曰同。」賈逵注國語曰：「膺猶受也。」詩曰「因時百蠻」也。

〔二〇〕供帳，供設帷帳也。供音九用反。前書曰：「三輔長無供帳之勞。」戴延之記曰：「端門東有崇賢門，次外有雲龍門。」贊，引也。

〔二一〕庭實，貢獻之物也。左傳孟獻子曰：「臣聞聘而獻物，於是有庭實旅百。」千品，言多也。說文曰：「鍾，器也。」孔叢子曰：「堯飲千鍾。」罍，酒器也。詩曰：「我姑酌彼金罍。」珍，八珍也。太牢，牛羊豕也。饗，協韻音香。

〔二二〕食舉(為)〔謂〕當食舉樂也。蔡邕禮樂志曰：「大予樂郊祀陵廟殿中諸食舉樂也。」雍，詩篇名也。謂食訖歌雍詩以徹也。論語曰：「三家者以雍徹。」太師，樂官也，周禮，太師掌六律、六呂，以合陰陽之聲也。鏗音苦耕反。

鎗音楚庚反。曄煜，盛貌也。煜音育。

〔二三〕左傳晏子曰：「五聲六律。」杜預注云：「五聲，宮、商、角、徵、羽。六律，黃鍾、太蔟、姑洗、蕤賓、夷則、無射。」尚書曰：「九功惟序，九序惟歌。」九功謂金、木、水、火、土、穀、正德、利用、厚生也。佾，舞行也。穀梁傳曰：「天子八佾。」韶，舜樂名。武，武王樂名。太古，遠古也。

〔二四〕閒，迭也，音古莧反。詩國風曰「漢廣」，德廣所及也。鄭玄注周禮云：「四夷之樂，東方曰韎，南方曰任，西方曰株離，北方曰禁。」「禁」，字書作「伶」，音渠禁反。佅音摩葛反。周禮「伶」作「禁」，「佅」作「韎」，「兜」作「株」也。

〔二五〕萬樂，百禮，盛言之也。暨，至也。易曰：「天地絪縕，萬物化醇。」禮統曰：「天地者，元氣之所生，萬物之祖。」尚書大傳曰：「天子將入，撞蕤賓之鍾，左五鍾皆應。」撞音直江反。

於是聖上(親)〔覩〕萬方之歡娛，久沐浴乎膏澤，懼其侈心之將萌，而怠於東作也，〔一〕乃申舊章，下明詔，命有司，班憲度，昭節儉，示大素。〔二〕去後宮之麗飾，損乘輿之服御，除工商之淫業，興農桑之上務。遂令海內弃末而反本，背僞而歸眞，女脩織紝，男務耕耘，器用陶匏，服尚素玄，恥纖靡而不服，賤奇麗而不珍，捐金於山，沈珠於淵。〔三〕於是百姓滌瑕盪穢而鏡至清，形神寂漠，耳目不營，嗜欲之原滅，廉正之心生，莫不優游而自得，玉潤而金聲。〔四〕是以四海之內，學校如林，庠序盈門，獻酬交錯，俎豆莘莘，下舞上歌，蹈德詠仁。〔五〕登降飫宴之禮既畢，因相與嗟歎玄德，讜言弘說，咸含和而吐氣，頌曰「盛哉乎斯世」！〔六〕

〔一〕尚書曰：「平秩東作。」注云：「歲起於春而始就耕。」

〔二〕詩大雅曰：「率由舊章。」鄭玄注云：「舊典文章。」左傳臧哀伯曰：「大路越席，大羹不致，昭其儉也。」列子曰：「大素者，質之始也。」

〔三〕前書文帝詔曰：「農，天下之本也，而人或不務本而事末。」晉義曰：「本，農也。末，賈也。」背僞，去彫飾也。歸眞，尚質素也。杜預注左傳曰：「織紝，織繒布也。」禮記曰：「器用陶匏。」陶，瓦器也。匏，瓠也。陸賈新語曰：「聖人不用珠玉而寶其身，故舜弃黃金於嶄巖之山，捐珠玉於五湖之川，以杜淫邪之欲也。」

〔四〕瑕穢猶過惡也，楊雄集曰：「滌瑕蕩穢。」淮南子曰：「形者生之舍，神者生之制也。」又曰：「和順以寂寞。」尚書曰：「弗役耳目，百度惟貞。」淮南子曰：「吾所謂有天下者，自得而已。」禮記孔子曰：「君子比德於玉焉，溫潤而澤，仁也。」孟子曰孔子「德如金聲」也。

〔五〕前書平帝立(舉)學官。郡國曰學，縣道邑及侯國曰校，鄉曰庠，聚曰序。詩曰：「獻酬交錯。」莘莘，衆多也，音所巾反。禮記曰：「歌者在上，貴人聲也。」又「嗟歎之不足，故手之舞之，足之蹈之」。

〔六〕詩曰：「飲酒之飫。」毛萇注云：「不脫屨升堂謂之飫。」飫，私也。尚書曰：「玄德升聞。」字林曰：「讜，美言也，音黨。」

今論者但知誦虞夏之書，詠殷周之詩，講羲文之易，論孔氏之春秋，罕能精古今之清濁，究漢德之所由。〔一〕唯子頗識舊典，又徒馳騁乎末流。溫故知新已難，而知德者鮮矣！〔二〕且夫辟界西戎，險阻四塞，脩其防禦，孰與處乎土中，平夷洞達，萬方輻

湊？〔三〕秦領九嵕，涇渭之川，曷若四瀆五岳，帶河泝洛，圖書之淵？〔四〕建章甘泉，館御列仙，孰與靈臺明堂，統和天人？〔五〕太液昆明，鳥獸之囿，曷若辟雍海流，道德之富？〔六〕游俠踰侈，犯義侵禮，孰與同履法度，翼翼濟濟也？〔七〕子徒習秦阿房之造天，而不知京洛之有制也；識函谷之可關，而不知王者之無外也。」〔八〕

〔一〕伏羲畫八卦，文王作卦辭，孔子作春秋。清濁猶善惡也。

〔二〕末流猶下流也。謂諸子也。前書曰：「不入於道德，放縱於末流。」論語孔子曰：「溫故知新，可以爲師矣。」又曰：「由，知德者鮮矣。」

〔三〕辟，還也，音匹亦反。戰國策蘇秦說孟嘗君曰：「秦，四塞之國也。」高誘注云：「四面有山關之固，故曰四塞之國。」防禦謂關禁也。輻湊，如輻之湊於轂也。前書武帝詔吾丘壽王曰「子在朕前之時，知略輻湊」也。

〔四〕四瀆，江、河、淮、濟也。河圖曰：「天有四表，以布精魄，地有四瀆，以出圖書。」爾雅曰：「太山爲東岳，衡山爲南岳，華山爲西岳，恆山爲北岳，嵩山爲中岳。」圖書之泉謂河洛也，易繫辭曰「河出圖，洛出書」也。

〔五〕館御謂設臺以進御神仙也。禮含文嘉曰「禮，天子靈臺，以考觀天人之際，法陰陽之會」也。

〔六〕三輔黃圖曰「辟雍，水四周於外，象四海」也。

〔七〕游俠，卽西賓云「鄉曲豪俊，游俠之雄」。踰侈謂「列肆侈於姬、姜」等也。爾雅曰：「翼翼，敬也。」詩曰：「濟濟多士。」毛萇注云：「濟濟，多威儀也。」

〔八〕史記曰，秦始皇作阿房宮。造，至也。公羊傳曰「王者無外」也。

主人之辭未終，西都賓矍然失容，逡巡降階，惵然意下，捧手欲辭。主人曰：「復位，今將喻子五篇之詩。」〔一〕賓既卒業，乃稱曰：「美哉乎此詩！義正乎楊雄，事實乎相如，非唯主人之好學，蓋乃遭遇乎斯時也。〔二〕小子狂簡，不知所裁，既聞正道，請終身誦之。」其詩曰：〔三〕

〔一〕說文曰：「矍，視遽之貌。」音許縛反。周書曰：「臨攝以威而惵。」惵者，猶恐懼也，音徒頰反。喻，告也。

〔二〕楊雄作長楊、羽獵賦，司馬相如作子虛、上林賦，並文雖藻麗，其事迃誕，不如主人之言義正事實也。

〔三〕論語孔子曰：「吾黨之小子狂簡，斐然成章，不知所以裁之。」又曰：「不忮不求，何用不臧，子路終身誦之。」

明堂詩：

於昭明堂，明堂孔陽；聖皇宗祀，穆穆煌煌。〔一〕上帝宴饗，五位時序；誰其配之，世祖光武。〔二〕普天率土，各以其職；猗與緝熙，允懷多福。〔三〕

〔一〕於音烏，歎美之辭也。詩周頌曰：「於昭于天。」孔，甚也。陽，明也。國風曰：「我朱孔陽。」聖皇宗祀謂祭光武於明堂也。詩曰：「穆穆煌煌，宜君宜王。」穆穆猶敬也。煌煌猶美也。

〔二〕前書曰：「天神貴者太一，太一佐曰五帝。」五位，五帝也。河圖曰：「蒼帝靈威仰，赤帝赤熛怒，黃帝含樞紐，白帝白招矩，黑帝叶光紀。」楊雄河東賦曰：「靈祇既饗，五位時敍。」謂各依其方而祭之。

〔三〕詩小雅曰：「溥天之下，莫非王土。率土之賓，莫非王臣。」溥亦普也。孝經曰：「四海之內，各以其職來助祭。」詩商頌曰：「猗歟那歟。」猗，美也。允，信也。懷，來也。詩大雅曰：「聿懷多福。」

辟雍詩：

迺流辟雍，辟雍湯湯；聖皇莅止，造舟爲梁。〔一〕皤皤國老，迺父迺兄；

抑抑威儀，孝友光明。〔二〕於赫太上，示我漢行；鴻化惟神，永觀厥成。〔三〕

〔一〕湯湯，水流貌。莅，臨也。詩小雅曰：「方叔莅止。」大雅曰：「造舟爲梁。」毛萇注云：「天子造舟。」造，至也，謂連舟爲浮梁也。

〔二〕說文曰：「皤皤，老人貌也。」音步何反。孝經援神契曰：「天子尊事三老，兄事五更。」抑抑，美也。詩曰：「威儀抑抑。」爾雅曰：「善父母爲孝，善兄弟爲友。」

〔三〕於赫，歎美也。太上謂太古立德賢聖之人。並著養老之禮，今我漢家遵行之也。鴻，大也。文子曰：「執玄德於心，化馳如神。」詩周頌曰：「我客戾止，永觀厥成。」爾雅曰：「觀，示也。」

靈臺詩：

迺經靈臺，靈臺既崇；帝勤時登，爰考休徵。〔一〕三光宣精，五行布序；習習祥風，祁祁甘雨。〔二〕百穀溱溱，庶卉蕃蕪；屢惟豐年，於皇樂胥。〔三〕

〔一〕詩大雅曰：「經始靈臺。」崇，高也。時登，以時登之。休，美也。徵，驗也。

〔二〕三光，日、月、星也。宣，布也。精，明也。五行，水、火、金、木、土。布序謂各順其性，無謬沴也。習習，和也。詩小雅曰：「習習谷風。」禮斗威儀曰：「君政頌平，則祥風至。」宋均注曰：「卽景風也。」祁祁，徐也。詩小雅曰：「興雨祁祁。」尚書考靈耀曰「熒惑順行，甘雨時」也。

〔三〕百，言非一也，尚書洪範曰：「百穀用成。」溱溱，盛貌。尚書曰：「庶草蕃蕪。」爾雅曰：「蕃蕪，豐也。」詩周頌曰：「綏萬邦，屢豐年。」又曰：「於皇時周。」於音烏。詩小雅曰：「君子樂胥，受天之祜。」注云：「胥，有才智之名。」

寶鼎詩：

嶽脩貢兮川效珍，吐金景兮歊浮雲。寶鼎見兮色紛縕，煥其炳兮被龍

文。〔一〕登祖廟兮享聖神，昭靈德兮彌億年。〔二〕

〔一〕謂永平六年王雒山得寶鼎，廬江太守獻之。景，光也。說文曰：「歊，氣出貌。」音火驕反。史記曰：「秦武王與孟悅舉龍文之鼎。」

〔二〕時明帝詔曰：「其以礿祭之日，陳鼎於廟，以備器用。」彌，終也。萬萬曰億。尚書曰：「公其以予萬億年敬天之休。」

白雉詩：啓靈篇兮披瑞圖，獲白雉兮效素烏。〔一〕發皓羽兮奮翹英，容絜朗兮於淳精。〔二〕章皇德兮侔周成，永延長兮膺天慶。〔三〕

〔一〕靈篇謂河洛之書也。固集此題篇云「白雉素烏歌」，故兼言「效素烏」。

〔二〕皓，白也。翹，尾也。春秋元命包曰：「烏者陽之精。」

〔三〕章，明也。侔，等也。孝經援神契曰：「周成王時，越裳獻白雉。」慶讀曰卿。

及肅宗雅好文章，固愈得幸，數入讀書禁中，或連日繼夜。每行巡狩，輒獻上賦頌，朝廷有大議，使難問公卿，辯論於前，賞賜恩寵甚渥。固自以二世才術，位不過郎，〔一〕感東方朔、楊雄自論，以不遭蘇、張、范、蔡之時，作賓戲以自通焉。〔二〕後遷玄武司馬。〔三〕天子會諸儒講論五經，作白虎通德論，令固撰集其事。〔四〕

〔一〕二代謂彪及固。

〔二〕東方朔荅客難曰：「使蘇秦、張儀與僕並生，曾不得掌故，安敢望侍郎乎？」楊雄解嘲曰：「范雎，魏之亡命也。蔡

澤，山東之匹夫也。有談范、蔡於許、史之閒，則狂矣。」固所作賓戲，事見前書。

〔三〕續漢志曰：「宮掖門，每門司馬一人，秩比千石。玄武司馬，主玄武門。」

〔四〕章帝建初四年，詔諸王諸儒會白虎觀講議五經同異。

時北單于遣使貢獻，求欲和親，詔問羣僚。議者或以爲「匈奴變詐之國，無內向之心，徒以畏漢威靈，逼憚南虜，〔一〕故希望報命，以安其離叛。今若遣使，恐失南虜親附之歡，而成北狄猜詐之計，不可」。固議曰：「竊自惟思，漢興已來，曠世歷年，兵纏夷狄，尤事匈奴。綏御之方，其塗不一，或脩文以和之，或用武以征之，或卑下以就之，〔二〕或臣服而致之。〔三〕雖屈申無常，所因時異，然未有拒絕弃放，不與交接者也。故自建武之世，復脩舊典，數出重使，前後相繼，〔四〕至於其末，始乃暫絕。永平八年，復議通之。而廷爭連日，異同紛回，多執其難，少言其易。先帝聖德遠覽，瞻前顧後，遂復出使，事同前世。〔五〕以此而推，未有一世闕而不修者也。今烏桓就闕，稽首譯官，康居、月氏，自遠而至，匈奴離析，名王來降，三方歸服，不以兵威，此誠國家通於神明自然之徵也。臣愚以爲宜依故事，復遣使者，上可繼五鳳、甘露致遠人之會，〔六〕下不失建武、永平羈縻之義。虜使再來，然後一往，既明中國主在忠信，且知聖朝禮義有常，豈(同)〔可〕逆詐示猜，孤其善意乎？絕之未知其利，通之不聞其害。設後北虜稍彊，能爲風塵，〔七〕方復求爲交通，將何所及？不若因今施惠，爲策近長。」

〔一〕南匈奴也。

〔二〕文帝與匈奴通關市，妻以漢女，增厚其賂也。

〔三〕宣帝時，匈奴稽首臣服，遣子入侍。

〔四〕建武二年，日逐王遣使詣漁陽請和親，使中郎將李茂報命。二十六年，遣中郎將段郴授南單于印綬。

〔五〕先帝謂明帝也。永平八年，遣越騎司馬鄭衆報使北匈奴。

〔六〕宣帝五鳳三年，單于名王將衆五萬餘人來降，稱臣朝賀。甘露元年，匈奴呼韓邪遣子右賢王入侍。

〔七〕相侵擾則風塵起。

固又作典引篇，述敍漢德。〔一〕以爲相如封禪，靡而不典，〔二〕楊雄美新，典而不實，〔三〕蓋自謂得其致焉。其辭曰：

〔一〕典謂堯典，引猶續也。漢承堯後，故述漢德以續堯典。

〔二〕文雖靡麗，而體無古典。

〔三〕體雖典則，而其事虛僞，謂王莽事不實。

太極之原，兩儀始分，烟烟熅熅，有沈而奧，有浮而清。〔一〕沈浮交錯，庶類混成。〔二〕肇命人主，五德初始，同于草昧，玄混之中。〔三〕踰繩越契，寂寥而亡詔者，系不得而綴也。〔四〕厥有氏號，紹天闡繹者，〔五〕莫不開元於大昊皇初之首，上哉敻乎，其書猶可得而脩也。〔六〕亞斯之世，通變神化，函光而未曜。〔七〕

〔一〕易繫詞曰：「易有太極，是生兩儀。」又曰：「天地絪緼，萬物化醇。」蔡邕曰：「(烟)〔絪〕緼，陰陽和一相扶貌也。」奧，濁也。易乾鑿度曰：「清輕者爲天，濁沈者爲地。」

〔二〕庶類，萬物也。混猶同也。老子曰：「有物混成，先天地生。」

〔三〕人主謂天子也。尚書曰，成湯簡代夏作人主。五德，五行也。初始謂伏犧始以木德王也。木生火，故神農以火德。五行相生，周而復始。草昧謂草創暗昧也。易曰：「天地草昧。」幽玄混沌之中謂三皇初起之時也。

〔四〕易繫辭曰：「上古結繩而化，後代聖人易之以書契。」踰、越，並過也。詔，誥也。言過繩契以上既無文字，故寂寥而無文誥。系謂易繫辭也，故易繫而不得綴連也。

〔五〕氏號謂太昊號庖犧氏，炎帝號神農氏，黃帝號軒轅氏之類。紹，繼也。謂王者繼天而作。闡，開也。繹，陳也。

〔六〕易曰：「帝出於震。」始以木德王天下，故曰皇初之首。又曰：「古者庖犧氏之王天下也，仰則觀象于天，俯則觀法于地。」是其書可得而脩也。

〔七〕亞斯之代謂少昊、顓頊、高辛等。雖通變神化，而易繫不載其事，故曰「函光未曜」。

若夫上稽乾則，降承龍翼，而炳諸典謨，以冠德卓蹤者，莫崇乎陶唐。〔一〕陶唐舍胤而禪有虞，虞亦命夏后，稷契熙載，越成湯武。〔二〕股肱既周，天乃歸功元首，將授漢劉。〔三〕俾其承三季之荒末，值亢龍之災孽，懸象暗而恆文乖，彝倫斁而舊章缺。〔四〕故先命玄聖，使綴學立制，宏亮洪業，表相祖宗，贊揚迪哲，備哉燦爛，眞神明之式也。〔五〕雖前(聖)皐、夔、衡、旦密勿之輔，比茲褊矣。〔六〕是以高、光二聖，辰居其域，時

至氣動，乃龍見淵躍。〔七〕拊翼而未舉，則威靈紛紜，海內雲蒸，雷動電熛，胡縊莽分，不蒞其誅。〔八〕然後欽若上下，恭揖羣后，正位度宗，有于德不台淵穆之讓，靡號師矢敦奮撝之容。〔九〕蓋以膺當天之正統，受克讓之歸運，蓄炎上之烈精，蘊孔佐之弘陳云爾。〔10〕

〔一〕稽，考；乾，天也。論語孔子曰：「唯天爲大，唯堯則之。」龍翼謂稷、契等爲堯之羽翼。易乾上九曰：「用九，見羣龍無首，吉。」鄭玄注云：「六爻皆體龍，羣龍象也，謂禹與稷、契、咎陶之屬並在于朝。」炳，明也。典、謨謂堯典、皋陶謨也。爲道德之冠首，蹤迹之卓異者，莫高於陶唐。爾雅曰：「崇，高也。」

〔二〕舍胤謂堯捨其胤子丹朱而禪于舜，舜亦捨其子商均而禪禹。書曰：「熙帝之載。」孔安國注云：「熙，廣也。載，事也。」言稷契並能廣立功事於堯舜之朝。越，於也。於是成其子孫湯、武之業，並得爲天子也。湯，契之後。武王，后稷之後。

〔三〕股肱謂稷、契也。既周謂其子孫並周徧得爲天子。元首，堯也。言天更歸功於堯，又將授漢以帝位。

〔四〕俾，使也。三季，三王之季也。易乾文言曰：「亢龍有悔，窮之災也。」孽亦災也。易曰：「懸象著明，莫大於日月。」乖謂失於常度也。倫，理也。斁，敗也。尙書曰：「彝倫攸斁。」舊章缺謂秦燔詩書。

〔五〕玄聖謂孔丘也。春秋演孔圖曰：「孔子母徵在夢感黑帝而生，故曰玄聖。」莊子曰：「恬澹玄聖，素王之道。」綴學立制謂爲漢家法制也。宏，洪，並大也。亮，信也。表，明也。相，助也。迪，蹈也。哲，智也。言贊揚蹈履哲智之君，謂高祖等也。尙書曰：「茲四人迪哲。」燦爛，盛明也。式，法也。

〔六〕皋，皋陶也。夔，舜之典樂者。衡謂阿衡，即伊尹也。旦，周公也。密勿猶黽勉也。茲謂孔子，言皋、夔等比之爲褊小矣。

〔七〕論語孔子曰：「譬如北辰，居其所而衆星共之。」時至氣動謂高祖聚彤雲於碭山，光武發佳氣於白水。易乾卦九二曰：「見龍在田。」九四曰：「或躍在淵。」並喻漢初起。

〔八〕拊翼，以雞爲喻，言知將且則鼓其翼而鳴。前書曰：「張、陳之交，拊翼俱起。」以喻高祖、光武也。紛紜，盛貌也。如雲之蒸，言天下英傑爲漢者多也。熛，光也。胡縊謂胡亥縊死也。莽分謂公賓就斬莽也。蒞，臨也。言天下先爲漢誅之，高祖、光武不親臨也。

〔九〕尙書曰：「欽若昊天。」欽，敬也。若，順也。上下謂天地也，書曰「格于上下」。羣后，諸侯也。易曰：「君子正位凝命」也。尙書曰：「延入翼室恤度宗。」度，居也。宗，尊也。前書曰：「舜讓于德不台。」音義曰：「台讀曰嗣。」言二祖初即位居尊之時，並謙言於德不能嗣成帝功，有此淵深穆敬之讓。高祖初即位，曰：「寡人聞帝者賢者有也，虛言無實之名，非所取也。」光武即位，固辭至於再三。靡，無也。矢，陳也。敦猶迫逼也。詩云：「矢于牧野。」又曰：「敷敦淮濆。」言漢取天下，無號令陳師，敦迫奮武撝旄之容。詩曰：「奮伐荊楚。」尙書曰：「王秉白旄以麾。」撝亦麾也。言並天人所推，不尙威力。

〔10〕正統謂漢承周，爲火德。尙書堯典曰：「允恭克讓。」謂漢承堯克讓之後。歸運謂堯歸運於漢也。炎上謂火德，烈精言盛也。蘊，藏也。孔佐謂孔丘制作春秋及緯書以佐漢也，即春秋演孔圖曰「卯金刀，名爲劉，中國東南出荊州，赤帝後，次代周」是也，謂大陳漢之期運也。

洋洋乎若德，帝者之上儀，誥誓所不及已。〔一〕鋪觀二代洪纖之度，其賾可探也。〔二〕並開迹於一匱，同受侯甸之所服，奕世勤民，以伯方統牧。〔三〕乘其命賜彤弧黃戚之威，用討韋、顧，黎、崇之不格。〔四〕至乎三五華夏，京遷鎬亳，遂自北面，虎離其師，革滅天邑。〔五〕是故義士偉而不敦，武稱未盡，護有慙德，不其然與？〔六〕然猶於穆猗那，翕純皦繹，以崇嚴祖考，殷薦宗祀配帝，發祥流慶，對越天地者，舄奕乎千載。豈不克自神明哉！〔七〕誕略有常，審言行於篇籍，光藻朗而不渝耳。〔八〕

〔一〕洋洋，美也。若，如也。儀，法也。謂如此美德，可謂五帝之上法也。穀梁傳曰：「誥誓不及五帝，盟詛不及三王，交質不及二伯。」上下不相信服，方有誥誓。五帝之時，上下和睦，故誓不及。

〔二〕鋪，徧也。二代，殷、周也。洪纖猶大小也。度，法度也。賾，幽深也。言徧觀殷周大小之法，其幽深可探知之。

〔三〕孔子曰：「譬如平地，雖覆一匱。」鄭玄注云：「匱，盛土籠也。」侯服、甸服謂諸侯也。湯爲桀之諸侯，文王爲紂之諸侯。奕猶重也。自契至湯十四代，后稷至文王十五代，並積勤勞於人也。伯方猶方伯也。謂湯爲夏伯，文王爲殷伯，並統領州牧。

〔四〕周禮九命作伯。彤弧，赤弓。黃戚，黃金飾斧也。禮記曰：「諸侯賜弓矢然後專征伐，賜斧鉞然後殺。」韋，顧，並國名，湯滅之。詩殷頌曰：「韋顧既伐。」黎，崇，亦國名。史記：「文王伐崇。」尙書曰：「西伯戡黎。」格，來也。

〔五〕三五，未詳。京(師)，京都也。武王都鎬，湯都亳。詩云：「宅是鎬京，武王成之。」尙書曰：「湯始居亳，從先王居。」自，從也。北面謂臣也。湯、武並以臣伐君。史記曰：「如虎如羆，如豺如離，於商郊。」音義曰：「離與螭同。」革，改也。易曰：「湯武革命。」天邑，天子所都也。尙書曰：「肆予敢求爾於天邑商。」

〔六〕左傳曰：「武王克商，遷九鼎於洛邑，義士猶曰薄德。」杜預注曰：「伯夷之屬也。」史記曰，伯夷、叔齊遮武王伐紂，扣馬諫曰：「以臣弑君，可謂仁乎？」偉猶異也。敦，厚也。武，周武王樂也。論語孔子曰：「謂武盡美矣，未盡善也。」護，湯樂也。左傳，延陵季子聘魯，觀樂，見舞大護者，曰：「聖人之弘也，而猶有慙德。」

〔七〕於，歎辭也。穆，美也，歎美周家之德。詩周頌曰「於穆清廟」。猗亦歎(之)辭也。那，多也。歎美湯德之多也。殷頌曰：「猗歟那歟。」論語子語魯太師樂曰：「樂其可知也。始作翕如也，從之純如也，皦如也，繹如也，以成。」何晏注曰：「翕，盛也。純，和諧也。皦，其音節明也。」鄭玄注云：「繹，調達之貌。」此言殷周之代，尙有於穆猗那之頌，播之於翕純皦繹之樂，尊祖嚴父，宗祀配天於明堂之中。詩商頌曰：「濬哲惟商，長發其祥。」言發禎祥以流慶於子孫。周頌曰：「秉文之德，對越在天。」舄奕猶蟬聯不絕也。

〔八〕誕，大也。言殷周二代政化之迹，大略有常也。篇籍謂詩書也。朗，明也。渝，變也。言光彩文藻朗明而不變耳，其餘殊異不能及於漢也。

矧夫赫赫聖漢，巍巍唐基，泝測其源，乃先孕虞育夏，甄殷陶周，〔一〕然後宣二祖之重光，襲四宗之緝熙。神靈日燭，光被六幽，仁風翔乎海表，威靈行於鬼區，慝亡迥而不泯，微胡瑣而不頤。〔二〕故夫顯定三才昭登之績，匪堯不興，鋪聞遺策在下之訓，匪漢不弘。〔三〕厥道至乎經緯乾坤，出入三光，外運混元，內浸豪芒，性類循理，品物咸亨，其已久矣。〔四〕

〔一〕矧，況也。漢承唐(虞)〔堯〕之基。逆流曰泝。孕，懷也。育，養也。甄、陶謂造成也。前書音義曰：「陶人作瓦器謂之甄。」言虞、夏、殷、周之先祖，並嘗爲堯臣。

〔二〕二祖，高祖、世祖也。尙書曰：「宣重光。」襲，重也。四宗，文帝爲太宗，武帝爲代宗，宣帝爲中宗，明帝爲顯宗。燭，照也，言如日之照。六幽，六合幽遠之地。鬼區，遠方也。易曰：「高宗伐鬼方。」慝，惡也。迥，遠也。泯，滅也。瑣，小也。頤，養也。言凶惡者無遠而不滅，微細者何小而不養也。

〔三〕三才，天、地、人也。易曰：「兼三才而兩之。」登，升也。績，功也。言升天之功，非堯不能興也。尙書曰：「昭升于上。」鋪，布也。遺策，堯之餘策，謂堯典也。在下謂後代子孫也。言堯典爲子孫之訓，非漢不能弘大也。

〔四〕經緯天地，言陰陽交泰也。出入三光，言日、月、星得其度也。渾元，天地之總名也。豪芒，纖微也。老子曰：「和陰陽，節四時，潤乎草木，浸乎金石，豪毛潤澤。」性，生也。循，順也。含生之類，皆順於理。尙書曰：「別生分類，品物萬殊。」亨，通也。易曰：「含弘光大，品物咸亨。」

盛哉！皇家帝世，德臣列辟，功君百王，榮鏡宇宙，尊無與抗。〔一〕乃始虔鞏勞（讓）〔謙〕，兢兢業業，貶成抑定，不敢論制作。〔二〕至令遷正黜色賓監之事煥揚宇內，而禮官儒林屯朋篤論之士而不傳祖宗之仿佛，雖云優愼，無乃葸歟！〔三〕

〔一〕皇家帝代謂漢家歷代也。列辟謂古之帝王也。言漢家德可以臣彼列辟，功可以君彼百王。相如封禪書曰：「歷選列辟。」鏡猶光明也。抗猶敵也，讀曰康。

〔二〕爾雅曰：「虔鞏，固也。」易曰：「勞謙君子有終吉。」言帝固爲勞謙也。兢兢，戒愼也。業業，危懼也。禮記曰：「王者功成作樂，理定制禮。」今不敢論制禮作樂之事，言謙之甚也。

〔三〕遷正，改正朔也。黜色，易服色也。賓謂殷周二王之後，爲漢之賓。監，視也。視殷周之事以爲監戒。論語孔子曰：「周監於二代。」屯，聚也。朋，羣也。不傳謂不制作篇籍，以紀功德也。仿佛猶梗概也。論語孔子曰：「愼而無禮則葸。」鄭玄注云「葸，質慤貌」也。言雖優游謙愼，無乃太質慤也。

於是三事嶽牧之僚，僉爾而進曰：陛下仰監唐典，中述祖則，俯蹈宗軌。〔一〕躬奉天經，惇睦辯章之化洽。〔二〕巡靖黎蒸，懷保鰥寡之惠浹。〔三〕燔瘞縣沈，肅祗羣神之禮備。〔四〕是以（鳳皇）來儀集羽族於觀魏，肉角馴毛宗於外囿，擾緇文皓質於郊，升黃暉采鱗於沼，甘露宵零於豐草，三足軒翥於茂樹。〔五〕若乃嘉穀靈草，奇獸神禽，應圖合諜，窮祥極瑞者，朝夕坰牧，日月邦畿，卓犖乎方州，羨溢乎要荒。〔六〕昔姬有素雉、朱烏、玄秬、黃麰之事耳，君臣動色，左右相趨，濟濟翼翼，峨峨如也。〔七〕蓋用昭明寅畏，承聿懷之福。亦以龍靈文武，貽燕後昆，覆以懿鑠，豈其爲身而有顓辭也？〔八〕若然受之，宜亦勤恁旅力，以充厥道，啓恭館之金縢，御東序之祕寶，以流其占。〔九〕

〔一〕三事，三公也。僉，皆也。

〔二〕天經謂孝也。孔子曰：「夫孝，天之經。」謂章帝初即位，四時禘祫，宗祀於明堂也。尙書曰：「惇敘九族。」又曰：「九族既睦，辯章百姓。」鄭玄云：「辯，別也。章，明也。惇，厚也。睦，親也。」章帝性篤愛，不忍與諸王乖離，皆留京師也。

〔三〕巡，撫也。靖，安也。黎，蒸，皆衆也。懷，思也。保，安也。浹，洽也。尙書曰：「懷保小人，惠鮮鰥寡。」謂章帝在位凡四巡狩，賜人爵，鰥、寡、孤、獨不能自存者粟。

〔四〕爾雅曰：「祭天曰燔柴，祭地曰瘞埋，祭山曰庪縣，祭川曰浮沈。」肅祗，恭敬也。封禪書曰：「湯武至尊，不失肅敬。」元和中詔曰：「朕巡狩岱宗，柴望山川。」庪音居毁反。

〔五〕尙書曰：「鳳皇來儀。」元和二年詔曰：「乃者鳳皇鸞鳥比集七郡。」羽族謂羣鳥隨之也。觀魏，門闕也。肉角謂麟也。伏侯古今注曰：「建初二年，北海得一角獸，大如麕，有角在耳閒，端有肉。又元和二年，麒麟見陳，一角，端如葱葉，色赤黃。」擾，馴也。緇文皓質謂騶虞也。說文曰：「騶虞，白虎，黑文，尾長於身。」古今注曰：「元和三年，白虎見彭城。」黃暉采鱗謂黃龍也。建初五年，有八黃龍見于零陵。古今注曰：「元和二年，甘露降河南，三足烏集沛國。」軒翥謂飛翔上下。

〔六〕嘉穀，嘉禾。靈草，芝屬。古今注曰：「元和二年，芝生沛，如人冠大，坐狀。」章和九年詔曰：「嘉穀滋生，芝草之類，歲月不絕。」奇獸神禽謂白虎白雉之屬也。建初七年，獲白鹿。元和元年，日南獻生犀、白雉。言應於瑞圖，又合于史諜也。坰牧，郊野也。卓犖，殊絕也。羨音以戰反。

〔七〕孝經援神契曰：「周成王時，越裳來獻白雉。」朱烏謂赤烏也。尙書中候曰：「太子發度孟津，有火自天止于王屋，流爲赤烏。」玄秬，黑黍也。詩大雅曰：「誕降嘉種，惟秬惟秠。」黃麰，麥也。謂赤烏銜麰麥而至也。詩頌曰：「貽我來麰。」詩大雅曰：「濟濟多士。」又曰：「惟此文王，小心翼翼。」又曰：「奉璋峨峨。」

〔八〕詩大雅曰：「昭明有融。」寅，敬也。尙書曰：「嚴恭寅畏。」聿，述也。懷，思也。詩大雅曰：「昭事上帝，聿懷多福。」貽，遺也。燕，安也。後昆，子孫也。言此並以光寵神靈文王、武王之德，遺燕安於子孫也。詩大雅曰：「貽厥孫謀，以燕翼子。」覆猶重也。懿、鑠，並美也。詩大雅曰：「我求懿德。」又曰：「於鑠王師。」言詩人歌頌周之盛德，

當成康之時。其成王、康王，豈獨爲身而有自專之辭也，並上寵文武之業，下遺子孫之基也。言今章帝既獲符瑞之應，亦宜同成康之事也。

〔九〕受之謂漢受此符瑞也。說文曰：「恁，念也。」音人甚反。旅，陳也。充，當也。恭肅之館謂廟中也。金縢，以金緘匱，藏符瑞之書於其中也。御猶陳也。東序，東廂也。祕寶謂河圖之屬。尙書曰：「天球河圖在東序。」孔安國注曰：「河圖，八卦是也。」言啓金縢之書及河圖之卦以占之也。流猶徧也。

夫圖書亮章，天哲也；孔猷先命，聖孚也；體行德本，正性也；逢吉丁辰，景命也。〔一〕順命以創制，定性以和神，荅三靈之繁祉，展放唐之明文，茲事體大而允，寤寐次于聖心。瞻前顧後，豈蔑清廟憚勑天乎？〔二〕伊考自邃古，乃降戾爰茲，作者七十有四人，有不俾而假素，罔光度而遺章，今其如台而獨闕也！〔三〕

〔一〕圖書，河圖、洛書也。亮，信。章，明。哲，智。言天授圖書者，爲天子所知也。孔，孔丘也。猷，圖也。孚，信也。言孔丘之圖，先命漢家當須封禪，此聖人之信也。體行猶躬行也。孔子曰：「夫孝，德之本也。」易曰：「乾道變化，各正性命。」丁，當也。辰，時也。景，大也。逢休吉之代，當封禪之時，此爲天子之大命也。

〔二〕命謂符瑞也。荅，對也。三靈，天地人之神也。繁，多也。祉，福也。展，陳也。放，效也，音甫往反。效唐堯之文，謂封禪也。尙書璇璣鈐曰：「平制禮樂，放唐之文。」茲事謂封禪之事，大而且信。次，止也。寤寐常止於聖心，言不可忘之也。前謂前代帝王，後謂子孫也。蔑，輕也。憚，難也。勑，正也。言封禪之事，皆述祖宗之德，今乃推讓，豈輕清廟而難正天命乎？尙書曰：「勑天之命，惟時惟幾。」

〔三〕伊，維也。邃古猶遠古也。楚詞曰：「邃古之初。」戾，至也。言自遠古以來至於此也。作者，諸封禪者。史記管仲曰：「自古封禪七十二君。」并武帝及光武爲七十四君。俾，使也。有天下不使其封禪，而假爲竹素之文者，無有光揚法度而弃其文章，不封禪者也。台，我也。今其如我何獨闕也。

是時聖上固已垂精游神，包舉藝文，屢訪羣儒，諭咨故老，與之乎斟酌道德之淵源，肴覈仁義之林藪，以望元符之臻焉。〔一〕既成羣后之讜辭，又悉經五繇之碩慮矣。將絣萬嗣，煬洪暉，奮景炎，扇遺風，播芳烈，久而愈新，用而不竭，汪汪乎丕天之大律，其疇能亙之哉？唐哉皇哉，皇哉唐哉！〔二〕

〔一〕聖上謂章帝也。諭，告；咨，謨也。道德仁義，人所常行，故以酒食爲諭焉。淵源，林藪，論深邃也。元，天也。符，瑞也。詩曰：「肴核惟旅。」覈亦核也，謂果實之屬。

〔二〕讜，直言也。繇，兆辭，音胄。左傳曰：「先王卜征五年而歲習其祥，不習則增脩其德而改卜。」碩，大也。慮，思也。廣雅曰：「絣，續也，音方萌反。」景，大也。炎謂火德。汪汪猶深也。今文尚書太誓篇曰：「立功立事，可以永年，丕天之大律。」鄭玄注云：「丕，大也。律，法也。」疇，誰也。亙猶竟也。唐哉謂堯也。皇哉謂漢也。言唯唐與漢，唯漢與唐。

固後以母喪去官。永元初，大將軍竇憲出征匈奴，以固爲中護軍，與參議。北單于聞漢軍出，遣使款居延塞，欲脩呼韓邪故事，朝見天子，請大使。憲上遣固行中郎將事，將數百騎與虜使俱出居延塞迎之。會南匈奴掩破北庭，〔一〕固至私渠海，聞虜中亂，引還。及竇憲

敗，固先坐免官。

〔一〕永元二年，南單于出雞鹿塞擊北匈奴於河雲，大破之。

固不教學諸子，諸子多不遵法度，吏人苦之。初，洛陽令种兢嘗行，固奴干其車騎，吏椎呼之，奴醉罵，兢大怒，畏憲不敢發，心銜之。及竇氏賓客皆逮考，兢因此捕繫固，遂死獄中。時年六十一。詔以譴責兢，抵主者吏罪。

固所著典引、賓戲、應譏、詩、賦、銘、誄、頌、書、文、記、論、議、六言，在者凡四十一篇。

論曰：司馬遷、班固父子，其言史官載籍之作，大義粲然著矣。議者咸稱二子有良史之才。遷文直而事覈，固文贍而事詳。若固之序事，不激詭，不抑抗，〔一〕贍而不穢，詳而有體，使讀之者亹亹而不猒，信哉其能成名也。〔二〕彪、固譏遷，以爲是非頗謬於聖人。〔三〕然其論議常排死節，否正直，而不叙殺身成仁之爲美，〔四〕則輕仁義，賤守節愈矣。〔五〕固傷遷博物洽聞，不能以智免極刑；〔六〕然亦身陷大戮，〔七〕智及之而不能守之。〔八〕嗚呼，古人所以致論於目睫也！〔九〕

〔一〕激，揚也。詭，毁也。抑，退也。抗，進也。

〔二〕爾雅曰，亹亹猶勉也。

〔三〕言遷所是非皆與聖人乖謬，即崇黃老而薄五經，輕仁義而賤守節是也。

〔四〕固序游俠傳曰：「劇孟、郭解之徒，馳騖於閭閻，雖其陷於刑辟，自與殺身成名，若季路、仇牧〔死〕而不悔也。古之正法：五伯，三王之罪人；六國，五伯之罪人；四豪者，又六國之罪人。況於郭解之倫，以匹夫之細，竊殺生之權，其罪不容於誅也。」

〔五〕愈猶甚也。

〔六〕謂下蠶室。

〔七〕此已上略華嶠之辭。

〔八〕論語孔子之言也。言有智而不能自守其身。

〔九〕史記齊使者至越，曰：「幸也越之不亡也。吾不貴其智之如目，見豪毛而不見其睫也。今越王知晉之失計，不自知越人之過，是目論也。」言班固譏遷被刑，而不知身自遇禍。

贊曰：二班懷文，裁成帝墳。〔一〕比良遷、董，〔二〕兼麗卿、雲。〔三〕彪識皇命，固迷世紛。

〔一〕沈約宋書曰：「初，謝儼作此贊，云『裁成典墳』，以示范曄，曄改爲『帝墳』。」

〔二〕謂司馬遷、董狐也。左傳曰：「董狐，古之良史也。」

〔三〕司馬長卿、楊子雲。

校勘記

一三五九頁三行　主人喟然而歎曰　按：文選「主人」上有「東都」二字。張森楷校勘記謂案上卷小題下

稱「自『東都主人』以下分爲下卷」，是本有「東都」字也，不知何故逸去。

一三五九頁四行　奮布衣以登皇極　按：校補謂文選「極」作「位」。

一三五九頁五行　前聖靡得而言焉　按：校補謂文選無「而」字。

一三五九頁五行　討有逆而順人　按：「討」原譌「計」，逕據汲本、殿本改正，注同。

一三五九頁七行　監乎(泰)〔太〕清　按：「泰」當作「太」，此後人回改之誤，文選正作「太」，今據改。

一三五九頁八行　以變子之或志　按：李慈銘謂文選「或」作「惑」。或惑古字通。

一三五九頁一〇行　昭襄昭王襄王也　按：文選注引史記「秦武王卒，無子，立異母弟，是爲昭襄王」。張森楷校勘記謂秦有昭襄王、莊襄王，昭襄或祇稱「昭王」，無祇稱「襄王」者，此「昭襄」即昭襄王，文選注是，此非。

一三六〇頁四行　時豈奢泰而安之哉　按：汲本、殿本「泰」作「侈」。

一三六一頁一行　作舟車　按：校補謂文選「車」作「輿」。

一三六一頁一行　斯軒轅氏之所以開帝功也　按：校補謂文選「斯」下有「乃」字。

一三六一頁二行　應天順(民)〔人〕　按：「民」當作「人」，此後人回改之誤。文選正作「人」，今據改。

一三六一頁二行　有殷宗中興之則焉　按：「宗」原作「室」，逕據汲本、殿本改正。

一三六一頁四行　妙古昔而論功　按：文選「妙」作「眇」。

一三六二頁一三行　洛邑地勢之中也　按：陳景雲謂據僞孔傳，「之中」當作「正中」。

一三六三頁五行　翩翩巍巍顯顯翼翼　按：王先謙謂文選作「扇巍巍，顯翼翼」。

一三六三頁七行　順流泉而爲沼　按：校補謂文選「順」作「填」，注云昭明諱順，故改爲「填」。

一三六三頁一〇行　鳳蓋颯灑　按：「颯灑」文選作「棽麗」。

一三六三頁一〇行　祲威盛容　按：集解引沈欽韓說，謂「祲」當從文選作「寖」，言寖兵威而盛禮容也。

一三六三頁一二行　吐燭生風　按：「燭」原譌「爛」，逕據殿本、集解本改正。

一三六三頁一三行　吹野燎山　按：校補謂文選作「欱野歕山」。

一三六三頁一四行　以命三驅　按：王先謙謂文選「以命」作「申令」。

一三六三頁一四行　輕車霆發　按：校補謂文選作「輶車霆激」。

一三六三頁一四行　游基發射　按：校補謂文選「游」作「由」，游與由同。

一三六三頁一四行　轡不詭遇　汲本、殿本「轡」作「彎」，注同。按：此承上「范氏施御」言，作「轡」是，文選亦作「轡」。

一三六四頁一行　(御)〔覲〕明堂　據殿本改。按：依注當作「覲」，文選亦作「覲」。

一三六四頁三行　甌四裔而抗棱　按：汲本、殿本「棱」作「稜」，文選亦作「稜」。注同。

一三六四頁三行　南趯朱垠　按：校補謂文選「趯」作「燿」。

一三六四頁四行　自孝武所不能征孝宣所不能臣　按：校補謂文選作「自孝武之所不征，孝宣之所未臣」。

一三六四頁六行　外接百蠻　按：校補謂文選「接」作「綏」。

一三六四頁六行　乃盛禮樂供帳置乎雲龍之庭　按：李慈銘謂文選作「爾乃盛禮興樂」，以樂字讀句。

一三六四頁八行　太師奏樂　按：「太」原譌「泰」，逕據殿本改正。

一三六四頁九行　伶侏兜離　按：李慈銘謂文選「伶侏」作「僸佅」。

一三六四頁一二行　始服(冕)冠〔冕〕衣裳　據汲本改，與明帝紀合。

一三六四頁一三行　敷布也　按：「敷」原譌「鋪」，逕改正。

一三六六頁一〇行　霆激電騖並言疾也　汲本、殿本「霆激」作「霆發」。按：正文「輕車霆發」，文選作「輶車霆激」，觀此注，似章懷所見本正文亦作「霆激」也。

一三六六頁一一行　則(揮)〔揮〕而嬉　據汲本、殿本改。

一三六六頁一一行　范氏趙之御人也　按：集解引惠棟說，謂文選李善注引括地圖云，夏德盛，二龍降之，禹使范氏御之以行經南方。章懷以范氏爲趙之御人，引孟子以證之，誤甚。又按：校補謂范氏自當爲夏之御人，此「趙」字疑涉下「趙簡子」而誤。

一三六六頁一二行　吾爲范氏驅馳　汲本、殿本「范氏」作「範我」。校補引侯康說，謂「『範我』當作『范氏』，章懷引此，正以注『范氏施御』句也。孫宣公孟子音義云『範我』或作『范氏』。孟堅此賦皆用孟子，故章懷引孟子以證之」。今按：趙岐本孟子與今本孟子同作「範我」，且下引趙岐注「範，法也」，則章懷注原亦作「範我」。校補謂「侯氏謂孟堅實用孟子或作本，是也，當時亦並無趙岐本也。至章懷之引孟子，並引趙注以釋『範』字，實仍爲『範我』，並非『范氏』，特引之專爲說下『轡不詭遇』，原別爲一義」。

一三六六頁一三行　趙岐注曰范法也　按：「范」當作「範」。參閱上條校記。

一三六七頁一〇行　〔曰〕食於三朝之會　據汲本、殿本補。

一三六七頁一六行　食舉(爲)〔謂〕當食舉樂也　據汲本、殿本改。按：爲謂本通，此以作「謂」爲是。

一三六七頁一七行　太師掌六律六呂　按：「呂」原譌「同」，逕據汲本、殿本改正。

一三六八頁四行　太古遠古也　按：「太」原譌「泰」，逕據汲本、殿本改正。

一三六八頁九行　於是聖上(親)〔覩〕萬方之歡娛　按：文選「親」作「覩」，王先謙謂作「覩」是。今據改。

一三六八頁九行　久沐浴乎膏澤　按：校補謂文選「久」作「又」，「乎」作「於」。

一三六八頁一一行　除工商之淫業興農桑之上務　按：校補謂文選「除」作「抑」，「上」作「盛」。

一三六八頁一二行　賤奇麗而不珍　按：校補謂文選「不」作「弗」。

一三六八頁一三行　耳目不營　按：校補謂文選「不」作「弗」。

一三六九頁六行　捐珠玉於五湖之川　按：「湖」原譌「胡」，逕改正。

一三六九頁一〇行　平帝立(學)學官　據刊誤刪。

一三七〇頁一一行　圖書之泉　按：「泉」本作「淵」，避唐諱改，殿本回改作「淵」。

一三七一頁二行　今將喻子五篇之詩　按：校補謂文選作「今將授子以五篇之詩」。

一三七一頁一四行　率土之賓　按：汲本、殿本「賓」作「濱」。

一三七四頁一四行　豈(同)〔可〕逆詐示猜　殿本「同」作「可」，王先謙謂作「可」是。今據改。

一三七五頁八行　典而不實　按：校補謂文選「不」作「亡」。

一三七五頁一四行　同于草昧　按：汲本、殿本「于」作「乎」，文選作「於」。

一三七五頁一五行　厥有氏號紹天闡繹者　按：校補謂文選無「者」字。

一三七六頁一行　蔡邕曰(烟)〔絪〕縕　據汲本、殿本改。

一三七六頁一二行　以冠德卓蹤者　按：校補謂文選「蹤」作「絕」。

一三七六頁一三行　虞亦命夏后　按：校補謂文選「虞」上仍有「有」字。

一三七六頁一六行　雖前〔聖〕皋夔衡旦密勿之輔　據汲本、殿本補。按：文選無「前聖」二字。

一三七六頁一六行　辰居其域　文選「辰」作「宸」。按：校補謂「辰居」本論語，作「宸」者借通耳，其本字仍當作「辰」。

一三七八頁三行　高祖聚彤雲於碭山　按：「碭」原譌「碣」，逕改正。
一三七九頁一行　同受侯甸之所服　按：校補謂文選無「所」字。
一三七九頁一行　以伯方統牧　按：校補謂文選「伯方」作「方伯」。
一三七九頁一行　乘其命賜彤弧黃戉之威用討韋顧黎崇之不格　按：校補謂文選「戉」作「鉞」，「格」作「恪」。
一三七九頁三行　是故義士偉而不敦　按：校補謂文選「偉」作「華」。
一三七九頁三行　然猶於穆猗那　按：校補謂文選「然」作「亦」。
一三七九頁一四行　京(師)京都也　據刊誤刪。
一三八〇頁一三行　慝亡迴而不泯　按：校補謂文選「慝」作「匿」，「迴」作「回」。
一三八〇頁一四行　厥道至乎經緯乾坤　按：校補謂文選「厥道」二字連上爲句，「乎」作「於」。
一三八〇頁一四行　內浸豪芒　按：校補謂文選「浸」作「沾」。
一三八〇頁一六行　漢承唐(虞)〔堯〕之基　按：刊誤謂注解「唐基」耳，何故輒出「虞」字，明當作「堯」。今據改。
一三八一頁九行　品物萬殊　按：「殊」原譌「物」，逕改正。
一三八一頁一〇行　乃始虔鞏勞(讓)〔謙〕　據汲本、殿本改。

一三八一頁一二行　而禮官儒林屯朋篤論之士而不傳祖宗之彷彿　按：校補謂文選「朋」作「用」，「論」作「誨」。又毛刻文選蔡邕注本「屯」作「純」，「不傳」上無「而」字。又按：「彷彿」汲本、殿本作「彷彿」，注同，文選作「髣髴」。
一三八二頁六行　是以(鳳皇)來儀集羽族於觀魏　文選無「鳳皇」二字。沈家本謂以下文例之，無者是。今據刪。
一三八二頁八行　羨溢乎要荒　按：校補謂文選「羨」作「洋」。
一三八三頁二行　宜亦勤恁旅力　按：校補謂文選「宜亦」作「亦宜」。
一三八三頁四行　肉角誚麟也　按：「麟」原譌「麟」，逕改正。
一三八四頁七行　定性以和神　按：校補謂文選作「因定以和神」。
一三八四頁八行　憚勑天乎　按：校補謂文選「天」下有「命」字。
一三八四頁八行　伊考自邃古　按：「邃」原譌「遂」，逕據汲本、殿本改正。注同。
一三八五頁四行　與之乎斟酌道德之淵源　按：校補謂文選無「乎」字。
一三八五頁五行　既成羣后之讜辭　按：校補謂文選「成」作「感」。
一三八五頁六行　奮景炎　汲本、殿本「景炎」作「炎景」。按：文選作「景炎」。
一三八七頁二行　若季路仇牧(死)而不悔也　校補謂前書「仇牧」下原有「死」字，各本皆脫。今據補。

後漢書卷四十一

第五鍾離宋寒列傳第三十一　第五倫曾孫種　宋均族子意

第五倫字伯魚，京兆長陵人也。其先齊諸田，〔一〕諸田徙園陵者多，故以次第爲氏。

〔一〕史記曰：「陳公子完奔齊，以陳字爲田氏。」應劭注云：「始食采於田，改姓田氏。」

倫少介然有義行。王莽末，盜賊起，宗族閭里爭往附之。倫乃依險固築營壁，有賊，輒奮厲其衆，引彊持滿以拒之，〔一〕銅馬、赤眉之屬前後數十輩，皆不能下。〔二〕倫始以營長詣郡尹鮮于褒，〔三〕褒見而異之，署爲吏。後褒坐事左轉高唐令，〔四〕臨去，握倫臂訣曰：「恨相知晚。」〔五〕

〔一〕引彊謂弓弩之多力者控引之。持滿，不發也。
〔二〕東觀記曰：「時米石萬錢，人相食，倫獨收養孤兄子、外孫，分糧共食，死生相守，鄉里以此賢之。」
〔三〕風俗通曰：「武王封箕子于朝鮮，其子食采於朝鮮，因氏焉。」
〔四〕高唐，縣，屬平原郡，故城在今齊州祝阿縣西。

〔五〕訣，別也。東觀記曰：「倫步擔往候之，留十餘日，將倫上堂，令妻子出相對，以屬託焉。」

倫後爲鄉嗇夫，平傜賦，理怨結，得人歡心。自以爲久宦不達，遂將家屬客河東，變名姓，自稱王伯齊，載鹽往來太原、上黨，所過輒爲糞除而去，〔一〕陌上號爲道士，親友故人莫知其處。

〔一〕糞除猶埽除也。

數年，鮮于褒薦之於京兆尹閻興，興卽召倫爲主簿。時長安鑄錢多姦巧，乃署倫爲督鑄錢掾，領長安市。〔一〕倫平銓衡，正斗斛，市無阿枉，百姓悅服。每讀詔書，常歎息曰：「此聖主也，一見決矣。」等輩笑之曰：「爾說將尚不下，安能動萬乘乎？」〔二〕倫曰：「未遇知己，道不同故耳。」

〔一〕東觀記曰：「時長安市未有秩，又鑄錢官姦(軽)〔軌〕所集，無能整齊理之者。興署倫督鑄錢掾，領長安市。其後小人爭訟，皆云『第五掾所平，市無姦枉』。」
〔二〕華嶠書曰：「蓋延代鮮于褒爲馮翊，多非法。倫數切諫，延恨之，故滯不得舉。」將謂州將。

建武二十七年，舉孝廉，補淮陽國醫工長，隨王之國。光武召見，甚異之。二十九年，從王朝京師，隨官屬得會見，帝問以政事，倫因此酬對政道，帝大悅。明日，復特召入，與語至夕。帝戲謂倫曰：「聞卿爲吏篣婦公，不過從兄飯，寧有之邪？」倫對曰：「臣三娶妻皆無父。少遭飢亂，實不敢妄過人食。」〔一〕帝大笑。倫出，有詔以爲扶夷長，〔二〕未到官，追拜會稽太守。雖爲二千石，躬自斬芻養馬，妻執炊爨。受俸裁留一月糧，餘皆賤貿與民之貧羸者。會稽俗多淫祀，好卜筮。民常以牛祭神，百姓財產以之困匱，其自食牛肉而不以薦祠者，發病且死先爲牛鳴，前後郡將莫敢禁。倫到官，移書屬縣，曉告百姓。其巫祝有依託鬼神詐怖愚民，皆案論之。有妄屠牛者，吏輒行罰。民初頗恐懼，或祝詛妄言，倫案之愈急，後遂斷絕，百姓以安。永平五年，坐法徵，老小攀車叩馬，嗁呼相隨，日裁行數里，不得前。倫乃僞止亭舍，陰乘船去。衆知，復追之。及詣廷尉，吏民上書守闕者千餘人。是時顯宗方案梁松事，亦多爲松訟者。帝患之，詔公車諸爲梁氏及會稽太守上書者勿復受。會帝幸廷尉錄囚徒，得免歸田里。身自耕種，不交通人物。

〔一〕華嶠書曰：「上復曰：『聞卿爲市掾，人有遺母一笥餅者。卿從外來見之，奪母笥，探口中餅，信乎？』倫對曰：『實無此。衆人以臣愚蔽，故爲生是語也。』」

〔二〕扶夷，縣，屬零陵郡，故城在今邵州武岡縣東北。

數歲，拜爲宕渠令，〔一〕顯拔鄉佐玄賀，賀後爲九江、沛二郡守，以清絜稱，所在化行，終於大司農。

〔一〕宕渠，縣，故城在今渠州流江縣東北。

倫在職四年，遷蜀郡太守。蜀地肥饒，人吏富實，掾史家貲多至千萬，皆鮮車怒馬，以財貨自達。〔一〕倫悉簡其豐贍者遣還之，更選孤貧志行之人以處曹任，於是爭賕抑絕，〔二〕文職修理。所舉吏多至九卿、二千石，時以爲知人。

〔一〕怒馬謂馬之肥壯，其氣憤怒也。

〔二〕以財相貨曰賕，音其又反，又音求。

視事七歲，肅宗初立，擢自遠郡，代牟融爲司空。帝以明德太后故，尊崇舅氏馬廖，兄弟並居職任。廖等傾身交結，冠蓋之士爭赴趣之。倫以后族過盛，欲令朝廷抑損其權，上疏曰：「臣聞忠不隱諱，直不避害。不勝愚狷，昧死自表。〔一〕書曰：『臣無作威作福，其害于而家，凶于而國。』〔二〕傳曰：『大夫無境外之交，束脩之饋。』〔三〕近代光烈皇后，雖友愛天至，而卒使陰就歸國，徙廢陰興賓客；其後梁、竇之家，互有非法，明帝即位，竟多誅之。自是洛中無復權戚，書記請託一皆斷絕。又譬諸外戚曰：〔四〕『苦身待士，不如爲國，戴盆望天，事不兩施。』〔五〕臣常刻著五臧，書諸紳帶。〔六〕而今之議者，復以馬氏爲言。竊聞衞尉廖以布三千匹，城門校尉防以錢三百萬，私贍三輔衣冠，知與不知，莫不畢給。又聞臘日亦遺其在洛中者錢各五千，越騎校尉光，臘用羊三百頭，米四百斛，肉五千斤。臣愚以爲不應經義，惶恐不敢不以聞。陛下情欲厚之，亦宜所以安之。臣今言此，誠欲上忠陛下，下全后家，裁蒙省察。」〔七〕及馬防爲車騎將軍，當出征西羌，倫又上疏曰：「臣愚以爲貴戚可封侯以富之，不當職事以任之。何者？繩以法則傷恩，私以親則違憲。伏聞馬防今當西征，臣以太后恩仁，陛下至孝，恐卒有纖介，難爲意愛。〔八〕聞防請杜篤爲從事中郎，多賜財帛。篤爲鄉里所廢，客居美陽，女弟爲馬氏妻，恃此交通，在所縣令苦其不法，收繫論之。今來防所，議者咸致疑怪，況乃以爲從事，將恐議及朝廷。今宜爲選賢能以輔助之，不可復令防自請人，有損事望。〔九〕苟有所懷，敢不自聞。」並不見省用。

〔一〕狷，狂狷也。

〔二〕尚書洪範之言。

〔三〕穀梁傳之文也。束，帛也。脩，脯也。饋，遺也。

〔四〕譬，曉諭也。

〔五〕司馬遷書曰「僕以爲戴盆何以望天」也。

〔六〕刻著五臧，謂銘之於心也。紳謂大帶，垂之三尺。論語曰「子張書諸紳」也。

〔七〕「裁」與「纔」同。

〔八〕恐卒然有小過，愛而不罰，則廢法也。

〔九〕望，物望也。

倫雖峭直，〔一〕然常疾俗吏苛刻。及爲三公，值帝長者，屢有善政，乃上疏褒稱盛美，因

以勸成風德，曰：「陛下即位，躬天然之德，體晏晏之姿，以寬弘臨下，〔二〕出入四年，前歲誅刺史、二千石貪殘者六人。〔三〕斯皆明聖所鑒，非羣下所及。然詔書每下寬和而政急不解，務存節儉而奢侈不止者，咎在俗敝，羣下不稱故也。光武承王莽之餘，頗以嚴猛爲政，後代因之，遂成風化。郡國所舉，類多辦職俗吏，殊未有寬博之選以應上求者也。陳留令劉豫，冠軍令駟協，並以刻薄之姿，臨人宰邑，專念掠殺，務爲嚴苦，吏民愁怨，莫不疾之，而今之議者反以爲能，違天心，失經義，誠不可不慎也。非徒應坐豫、協，亦當宜譴舉者。〔四〕務進仁賢以任時政，不過數人，則風俗自化矣。臣嘗讀書記，知秦以酷急亡國，又目見王莽亦以苛法自滅，故勤勤懇懇，實在於此。又聞諸王主貴戚，驕奢踰制，京師尚然，何以示遠？故曰：『其身不正，雖令不（行）〔從〕。』〔五〕以身教者從，以言教者訟。夫陰陽和歲乃豐，君臣同心化乃成也。其刺史、太守以下，拜除京師及道出洛陽者，宜皆召見，可因博問四方，兼以觀察其人。諸上書言事有不合者，可但報歸田里，不宜過加喜怒，以明在寬。臣愚不足採。」及諸馬得罪歸國，而竇氏始貴，倫復上疏曰：「臣得以空虛之質，當輔弼之任。素性駑怯，位尊爵重，拘迫大義，思自策厲，雖遭百死，不敢擇地，又況親遇危言之世哉！〔六〕今承百王之敝，人尚文巧，咸趨邪路，莫能守正。伏見虎賁中郎將竇憲，椒房之親，〔七〕典司禁兵，出入省闥，年盛志美，卑謙樂善，此誠其好士交結之方。然諸出入貴戚者，類多瑕釁禁錮之人，

尤少守約安貧之節，士大夫無志之徒更相販賣，雲集其門。衆煦飄山，聚蚊成雷，〔八〕蓋驕佚所從生也。三輔論議者，至云以貴戚廢錮，當復以貴戚浣濯之，猶解酲當以酒也。〔九〕詖險趣埶之徒，誠不可親近。〔一〇〕臣愚願陛下中宮嚴勑憲等閉門自守，無妄交通士大夫，防其未萌，慮於無形，令憲永保福祿，君臣交歡，無纖介之隙。此臣之至所願也。」

〔一〕峭，峻也。

〔二〕尙書考靈耀曰：「堯文塞晏晏。」爾雅曰：「晏晏，溫和也。」

〔三〕東觀漢記曰：「去年伏誅者，刺史一人，太守三人，減死罪二人，凡六人。」

〔四〕讙，賣也。

〔五〕論語孔子之言。

〔六〕論語曰：「邦有道，危言危行，邦無道，危行言遜。」鄭玄云：「危猶高也。」據時高言高行必見危，故以爲諭也。

〔七〕后妃以椒塗壁，取其繁衍多子，故曰椒房。

〔八〕前書中山靖王之言。

〔九〕病酒曰酲。

〔一〇〕蒼頡篇曰：「詖，佞諂也。」

倫奉公盡節，言事無所依違。諸子或時諫止，輒叱遣之，吏人奏記及便宜者，亦并封上，其無私若此。性質慤，少文采，在位以貞白稱，時人方之前朝貢禹。〔一〕然少蘊藉，不修

威儀，〔二〕亦以此見輕。或問倫曰：「公有私乎？」對曰：「昔人有與吾千里馬者，吾雖不受，每三公有所選舉，心不能忘，而亦終不用也。吾兄子常病，一夜十往，退而安寢；吾子有疾，雖不省視而竟夕不眠。若是者，豈可謂無私乎？」連以老病上疏乞身。元和三年，賜策罷，以二千石奉終其身，加賜錢五十萬，公宅一區。後數年卒，時年八十餘，詔賜秘器、衣衾、錢布。

〔一〕前書曰：「貢禹字少翁，琅邪人也，以明經潔行著聞。」

〔二〕蘊藉猶寬博也。

少子頡嗣，歷桂陽、廬江、南陽太守，所在見稱。順帝之爲太子廢也，〔一〕頡爲太中大夫，與太僕來歷等共守闕固爭。帝即位，擢爲將作大匠，卒官。〔二〕倫曾孫種。

〔一〕樊豐等譖之，廢爲濟陰王。

〔二〕三輔決錄注曰：「頡字子陵，爲郡功曹，州從事，公府辟舉高第，爲侍御史，南頓令，桂陽、南陽、廬江三郡太守，諫議大夫。洛陽無主人，鄉里無田宅，客止靈臺中，或十日不炊。司隸校尉南陽左雄、太史令張衡、尙書廬江朱建、孟興皆與頡故舊，各致禮餉，頡終不受。」

論曰：第五倫峭覈爲方，〔一〕非夫愷悌之士，省其奏議，惇惇歸諸寬厚，〔二〕將懲苛切之

敝使其然乎？昔人以弦韋爲佩，蓋猶此矣。〔三〕然而君子侈不僭上，儉不偪下，〔四〕豈尊臨千里而與牧圉等庸乎？詎非矯激，則未可以中和言也。

〔一〕峭覈謂其性峻急，好窮覈事情。

〔二〕惇惇，純厚之皃也，音敦。

〔三〕韓子曰「西門豹性急，佩韋以自緩；董安于性緩，佩弦以自急」也。

〔四〕禮記曰：「管仲鏤簋而朱紘，旅樹而反坫，山節藻棁，賢大夫也，而難爲上也。晏平仲祀其先人，豚肩不揜豆，賢大夫也，而難爲下也。君子上不僭上，下不偪下。」

種字興先，少厲志義，爲吏，冠名州郡。永壽中，以司徒掾清詔使冀州，廉察灾害，〔一〕舉奏刺史、二千石以下，所刑免甚衆，弃官奔走者數十人。還，以奉使稱職，拜高密侯相。是時徐兗二州盜賊羣輩，高密在二州之郊，種乃大儲糧稸，勤厲吏士，賊聞皆憚之，桴鼓不鳴，流民歸者，歲中至數千家。〔二〕以能換爲衞相。〔三〕

〔一〕風俗通曰「汝南周勃辟太尉清詔，使荆州」，又此言以司徒清詔使冀州，蓋三公府有清詔員以承詔使也。廉，察也。

〔二〕桴，擊鼓杖也，音浮。

〔三〕周後衞公也。

遷兗州刺史。中常侍單超兄子匡爲濟陰太守，負埶貪放，種欲收舉，未知所使。會聞從事衞羽素抗厲，乃召羽具告之。謂曰：「聞公不畏彊禦，今欲相委以重事，若何？」對曰：「願庶幾於一割。」〔一〕羽出，遂馳至定陶，閉門收匡賓客親吏四十餘人，六七日中，糾發其臧五六千萬。種即奏匡，并以劾超。匡窘迫，遣刺客刺羽，羽覺其姦，乃收繫客，具得情狀。州內震慄，朝廷嗟歎之。

〔一〕以鉛刀諭。

是時太山賊叔孫無忌等暴橫一境，州郡不能討。羽說種曰：「中國安寧，忘戰日久，而太山險阻，寇猾不制。今雖有精兵，難以赴敵，羽請往譬降之。」種敬諾。羽乃往，備說禍福，無忌即帥其黨與三千餘人降。單超積懷忿恨，遂以事陷種，竟坐徙朔方。超外孫董援爲朔方太守，稸怒以待之。初，種爲衞相，以門下掾孫斌賢，善遇之。及當徙斥，斌具聞超謀，乃謂其友人同縣閭子直及高密甄子然曰：「蓋盜憎其主，從來舊矣。第五使君當投裔土，而單超外屬爲彼郡守。夫危者易仆，可爲寒心。吾今方追使君，庶免其難。若奉使君以還，將以付子。」二人曰：「子其行矣，是吾心也。」於是斌將俠客晨夜追種，及之於太原，遮險格殺送吏，因下馬與種，斌自步從。一日一夜行四百餘里，遂得脫歸。

種匿於閭、甄氏數年，徐州從事臧旻上書訟之曰：「臣聞士有忍死之辱，必有就事之計，

故季布屈節於朱家，〔一〕管仲錯行於召忽。〔二〕此二臣以可死而不死者，非愛身於須臾，貪命於苟活，隱其智力，顧其權略，庶幸逢時有所爲耳。卒遭高帝之成業，齊桓之興伯，遺其亡逃之行，赦其射鉤之讎，拔於囚虜之中，信其佐國之謀，〔三〕勳效傳於百世，君臣載於篇籍。假令二主紀過於纖介，則此二臣同死於犬馬，沈名於溝壑，當何由得申其補過之功，建其奇奧之術乎？伏見故兗州刺史第五種，傑然自建，在鄉曲無苞苴之嫌，〔四〕步朝堂無擇言之闕，〔五〕天性疾惡，公方不曲，故論者說清高以種爲上，序直士以種爲首。春秋之義，選人所長，棄其所短，錄其小善，除其大過。種所坐以盜賊公負，筋力未就，〔六〕罪至徵徙，非有大惡。昔虞舜事親，大杖則走。〔七〕故種逃亡，苟全性命，冀有朱家之路，以顯季布之會。願陛下無遺須臾之恩，令種有持忠入地之恨。」會赦出，卒於家。

〔一〕前書曰，季布，楚人，爲任俠有名，數窘漢王，高祖購求布千金。布匿濮陽周氏，周氏曰：「漢求將軍急，敢進計。」布許之，乃髡鉗布，衣褐，并其家僮之魯朱家所賣之。朱家買置田舍，言之高祖，赦之，後爲河東守。
〔二〕說苑子路問於孔子曰：「昔者管(子)〔仲〕欲立公子糾而不能，召忽死之，管仲不死，是無仁也。」孔子曰：「召忽者，人臣之材。不死則三軍之虜也，死之則名聞於天下矣，何爲不死哉？管子者，天子之佐，諸侯之相也。死之則不免於溝瀆之中，不死則功復用於天下，夫何爲死之哉？」錯猶乖也。
〔三〕信音申。

〔四〕苞苴，饋遺也。
〔五〕口無可擇之言也。
〔六〕太山之賊，種不能討，是力不足以禁之，法當公坐，故云公負也。
〔七〕家語孔子謂曾子之言也。

鍾離意字子阿，會稽山陰人也。少爲郡督郵。時部縣亭長有受人酒禮者，府下記案考之。〔一〕意封還記，入言於太守曰：「春秋先內後外，〔二〕詩云『刑於寡妻，以御于家邦』，〔三〕明政化之本，由近及遠。今宜先清府內，且闊略遠縣細微之愆。」太守甚賢之，遂任以縣事。建武十四年，會稽大疫，死者萬數，〔四〕意獨身自隱親，經給醫藥，〔五〕所部多蒙全濟。

〔一〕記，文符也。案，察之(也)。
〔二〕公羊傳曰：「春秋內其國而外諸夏，內諸夏而外夷狄。」
〔三〕詩大雅之文。刑，見也。御，治(也)。
〔四〕疫，癘氣也。
〔五〕隱親謂親自隱恤之。經給謂經營濟給之。

舉孝廉，再遷，辟大司徒侯霸府。詔部送徒詣河內，時冬寒，徒病不能行。路過弘農，意輒移屬縣使作徒衣，縣不得已與之，而上書言狀，意亦具以聞。光武得奏，以(見)〔視〕霸，曰：「君所使掾何乃仁於用心？誠良吏也！」意遂於道解徒桎梏，〔一〕恣所欲過，與剋期俱至，無或違者。還，以病免。

〔一〕在手曰梏，在足曰桎。

後除瑕丘令。〔一〕吏有檀建者，盜竊縣內，意屏人問狀，建叩頭服罪，不忍加刑，遣令長休。建父聞之，爲建設酒，謂曰：「吾聞無道之君以刃殘人，有道之君以義行誅。子罪，命也。」遂令建進藥而死。二十五年，遷堂邑令。〔二〕(縣)人防廣爲父報讎，繫獄，其母病死，廣哭泣不食。意憐傷之，乃聽廣歸家，使得殯斂。丞掾皆爭，意曰：「罪自我歸，義不累下。」遂遣之。〔三〕廣斂母訖，果還入獄。意密以狀聞，廣竟得以減死論。

〔一〕瑕丘，今兗州縣也。
〔二〕堂邑故城在今博州堂邑縣西北。
〔三〕言罪歸於我，不累於丞掾。

顯宗即位，徵爲尚書。時交阯太守張恢，坐臧千金，徵還伏法，以資物簿入大司農，〔一〕詔班賜羣臣。意得珠璣，悉以委地而不拜賜。帝怪而問其故。對曰：「臣聞孔子忍渴於盜泉之水，曾參回車於勝母之閭，惡其名也。〔二〕此臧穢之寶，誠不敢拜。」帝嗟歎曰：「清乎尚

書之言！」乃更以庫錢三十萬賜意。轉爲尚書僕射。車駕數幸廣成苑，意以爲從禽廢政，常當車陳諫般樂遊田之事，天子即時還宮。永平三年夏旱，而大起北宮，意詣闕免冠上疏曰：「伏見陛下以天時小旱，憂念元元，降避正殿，躬自克責，而比日密雲，遂無大潤，〔三〕豈政有未得應天心者邪？昔成湯遭旱，以六事自責曰：『政不節邪？使人疾邪？宮室榮邪？女謁盛邪？苞苴行邪？讒夫昌邪？』〔四〕竊見北宮大作，人失農時，此所謂宮室榮也。自古非苦宮室小狹，但患人不安寧。宜且罷止，以應天心。臣意以匹夫之才，無有行能，久食重祿，擢備近臣，比受厚賜，喜懼相并，不勝愚戇征營，罪當萬死。」〔五〕帝策詔報曰：「湯引六事，咎在一人。其冠履，勿謝。比上天降旱，密雲數會，朕戚然慙懼，思獲嘉應，故分布禱請，闚候風雲，北祈明堂，南設雩場。〔六〕今又勑大匠止作諸宮，減省不急，庶消灾譴。」詔因謝公卿百僚，遂應時澍雨焉。〔七〕

〔一〕簿，文記也。
〔二〕說苑曰：「邑名勝母，曾子不入，水名盜泉，仲尼不飲，醜其名也。」尸子又載其言也。
〔三〕易曰：「密雲不雨，自我西郊。」
〔四〕帝王紀曰：「成湯大旱七年，齋戒翦髮斷爪，以己爲犧牲，禱於桑林之社，以六事自責。」
〔五〕征營，不自安也。

中華書局

〔六〕明堂在洛陽城南，言北祈者，蓋時修雩場在明堂之南。

〔七〕說文云「雨所以澍生萬物」，故曰澍。音注。

時詔賜降胡子縑，尙書案事，誤以十爲百。帝見司農上簿，大怒，召郎將笞之。意因入叩頭曰：「過誤之失，常人所容。若以懈慢爲愆，則臣位大，罪重，郎位小，罪輕，咎皆在臣，臣當先坐。」乃解衣就格。〔一〕帝意解，使復冠而貰郎。

〔一〕格，拘執也。

帝性褊察，好以耳目隱發爲明，〔二〕故公卿大臣數被詆毀，近臣尙書以下至見提拽。（常）〔嘗〕以事怒郎藥崧，以杖撞之。崧走入牀下，帝怒甚，疾言曰：「郎出！郎出！」崧曰：「天子穆穆，諸侯煌煌。〔二〕未聞人君自起撞郎。」帝赦之。朝廷莫不悚慄，爭爲嚴切，以避誅責；唯意獨敢諫爭，數封還詔書，臣下過失輒救解之。會連有變異，意復上疏曰：「伏惟陛下躬行孝道，修明經術，郊祀天地，畏敬鬼神，憂恤黎元，勞心不怠。而天氣未和，日月不明，〔三〕水泉涌溢，寒暑違節者，咎在羣臣不能宣化理職，而以苛刻爲俗。吏殺良人，繼踵不絕。百官無相親之心，吏人無雍雍之志。〔四〕至於骨肉相殘，毒害彌深，感逆和氣，以致天災。百姓可以德勝，難以力服。先王要道，民用和睦，故能致天下和平，災害不生，禍亂不作。鹿鳴之詩必言宴樂者，〔五〕以人神之心洽，然後天氣和也。願陛下垂聖德，揆萬機，詔有司，愼人命，緩刑罰，順時氣，以調陰陽，垂之無極。」帝雖不能用，然知其至誠。亦以此故不得久留，出爲魯相。〔六〕後德陽殿成，〔七〕百官大會。帝思意言，謂公卿曰：「鍾離尙書若在，此殿不立。」

〔一〕隱猶私也。

〔二〕曲禮之文也。穆穆，美也。煌煌，盛也。

〔三〕易通卦驗曰：「愚智同位，則日月無光。」

〔四〕爾雅曰：「雍雍，和也。」

〔五〕鹿鳴，詩小雅，宴羣臣也。其詩曰：「呦呦鹿鳴，食野之苹，我有嘉賓，鼓瑟吹笙。」

〔六〕意別傳曰：「意爲魯相，到官，出私錢萬三千文，付戶曹孔訢修夫子車，身入廟，拭几席劍履。男子張伯除堂下草，土中得玉璧七枚，伯懷其一，以六枚白意。意令主簿安置几前。孔子教授堂下牀首有懸甕，意召孔訢問：『此何甕也？』對曰：『夫子甕也，背有丹書，人莫敢發也。』意曰：『夫子聖人，所以遺甕，欲以懸示後賢。』因發之，中得素書，文曰『後世修吾書，董仲舒。護吾車，拭吾履，發吾笥，會稽鍾離意。璧有七，張伯藏其一。』意卽召問伯，果服焉。」

〔七〕漢宮殿名曰北宮中有德陽殿。

意視事五年，以愛利爲化，〔一〕人多殷富。以久病卒官。遺言上書陳升平之世，難以急化，宜少寬假。帝感傷其意，下詔嗟歎，賜錢二十萬。

〔一〕東觀記曰：「意在堂邑，爲政愛利，輕刑愼罰，撫循百姓如赤子。初到縣，市無屋，意出奉錢帥人作屋。人齎茅竹或持材木，爭起趨作，（決）〔浹〕日而成。功作既畢，爲解土，祝曰：『興功役者令，百姓無事。如有禍祟，令自當之。』人皆大悅。」

藥崧者，河內人，天性朴忠。家貧爲郎，常獨直臺上，無被，枕杫，〔一〕食糟糠。帝每夜入臺，輒見崧，問其故，甚嘉之，自此詔太官賜尙書以下朝夕餐，給帷被皁袍，及侍史二人。〔二〕崧官至南陽太守。

〔一〕杫音思漬反，謂俎几也。方言云：「蜀、漢之郊曰杫。」

〔二〕蔡質漢官儀曰「尙書郎入直臺中，官供新靑縑白綾被，或錦被，晝夜更宿，帷帳畫，通中枕，臥旃蓐，冬夏隨時改易。太官供食，五日一美食，下天子一等。尙書郎伯使一人，女侍史二人，皆選端正者。伯使從至止車門還，女侍史絜被服，執香鑪燒燻，從入臺中，給使護衣服」也。

宋均字叔庠，南陽安衆人也。父伯，建武初爲五官中郎將。均以父任爲郎，時年十五，好經書，每休沐日，輒受業博士，通詩禮，善論難。至二十餘，調補辰陽長。〔一〕其俗少學者而信巫鬼，均爲立學校，禁絕淫祀，人皆安之。以祖母喪去官，客授潁川。

〔一〕辰陽，今辰州辰溪縣。

後爲謁者。會武陵蠻反，圍武威將軍劉尙，詔使均乘傳發江夏奔命三千人往救之。〔一〕既至而尙已沒。會伏波將軍馬援至，詔因令均監軍，與諸將俱進，賊拒阸不得前。及馬援卒於師，軍士多溫溼疾病，死者太半。均慮軍遂不反，乃與諸將議曰：「今道遠士病，不可以戰，欲權承制降之何如？」諸將皆伏地莫敢應。均曰：「夫忠臣出竟，有可以安國家，專之可也。」〔二〕乃矯制調伏波司馬呂种守沅陵長，命种奉詔書入虜營，告以恩信，因勒兵隨其後。蠻夷震怖，卽共斬其大帥而降，於是入賊營，散其衆，遣歸本郡，爲置長吏而還。均未至，先自劾矯制之罪。光武嘉其功，迎賜以金帛，令過家上冢。其後每有四方異議，數訪問焉。

〔一〕前書音義曰「擢選精勇，聞命奔走，謂之奔命」也。

〔二〕公羊傳曰：「聘禮，大夫受命不受辭，出境有以安社稷全國家者，則專之可也。」

遷上蔡令。時府下記，禁人喪葬不得侈長。〔一〕均曰：「夫送終踰制，失之輕者。今有不義之民，尙未循化，而遽罰過禮，非政之先。」竟不肯施行。

〔一〕長音直亮反。禁之不得奢侈有餘。

遷九江太守。郡多虎暴，數爲民患，常募設檻穽而猶多傷害。〔一〕均到，下記屬縣曰：「夫虎豹在山，黿鼉在水，各有所託。且江淮之有猛獸，猶北土之有雞豚也。今爲民害，咎在殘吏，而勞勤張捕，非憂恤之本也。其務退姦貪，思進忠善，可一去檻穽，除削課制。」其後傳言虎相與東游度江。中元元年，山陽、楚、沛多蝗，其飛至九江界者，輒東西散去，由是名稱遠近。浚遒縣有唐、后二山，民共祠之，〔二〕衆巫遂取百姓男女以爲公嫗，〔三〕歲歲改易，既而不敢嫁娶，前後守令莫敢禁。均乃下書曰：「自今以後，爲山娶者皆娶巫家，勿擾良民。」於是遂絶。

〔一〕檻，爲機以捕獸。穽謂穿地陷之。
〔二〕浚遒縣屬廬江郡，故城在今廬州愼縣南。
〔三〕以男爲山公，以女爲山嫗，猶祭之有尸主也。

永平元年，遷東海相，在郡五年，坐法免官，客授潁川。而東海吏民思均恩化，爲之作歌，詣闕乞還者數千人。顯宗以其能，七年，徵拜尚書令。每有駮議，多合上旨。均嘗删翦疑事，帝以爲有姦，大怒，收郎縛格之。諸尚書惶恐，皆叩頭謝罪。均顧厲色曰：「蓋忠臣執義，無有二心。若畏威失正，均雖死，不易志。」小黃門在傍，入具以聞。帝善其不撓，即令貰郎，遷均司隸校尉。數月，出爲河內太守，政化大行。

均（常）〔嘗〕寢病，百姓耆老爲禱請，旦夕問起居，其爲民愛若此。以疾上書乞免，詔除子條爲太子舍人。均自扶輿詣闕謝恩，帝使中黃門慰問，因留養疾。司徒缺，帝以均才任

宰相，召入視其疾，令兩騶扶之。〔一〕均拜謝曰：「天罰有罪，所苦浸篤，不復奉望帷幄！」因流涕而辭。帝甚傷之，召條扶侍均出，賜錢三十萬。

〔一〕騶，養馬者，亦曰騶騎。

均性寬和，不喜文法，常以爲吏能弘厚，雖貪汙放縱，猶無所害；至於苛察之人，身或廉法，而巧黠刻削，毒加百姓，災害流亡所由而作。及在尚書，恆欲叩頭爭之，以時方嚴切，故遂不敢陳。帝後聞其言而追悲之。建初元年，卒於家。族子意。

意字伯志。父京，以大夏侯尚書教授，〔一〕至遼東太守。意少傳父業，顯宗時舉孝廉，以召對合旨，擢拜阿陽侯相。〔二〕建初中，徵爲尚書。

〔一〕夏侯勝也。
〔二〕阿陽，縣，屬天水郡，故城在今秦州隴城縣西北。

肅宗性寬仁，而親親之恩篤，故叔父濟南、中山二王每數入朝，特加恩寵，及諸昆弟並留京師，不遣就國。意以爲人臣有節，不宜踰禮過恩，乃上疏諫曰：「陛下至孝烝烝，恩愛隆深，以濟南王康、中山王焉先帝昆弟，特蒙禮寵，聖情戀戀，不忍遠離，比年朝見，久留京師，崇以叔父之尊，同之家人之禮，車入殿門，即席不拜，分甘損膳，賞賜優渥。昔周公懷聖人

之德，有致太平之功，然後王曰叔父，加以錫幣。〔一〕今康、焉幸以支庶享食大國，陛下即位，躅除前過，還所削黜，衍食它縣，〔二〕男女少長，並受爵邑，恩寵踰制，禮敬過度。春秋之義，諸父昆弟無所不臣，所以尊尊卑卑，彊幹弱枝者也。陛下德業隆盛，當爲萬世典法，不宜以私恩損上下之序，失君臣之正。又西平王羨等六王，皆妻子成家，官屬備具，當早就蕃國，爲子孫基阯。而室第相望，久磐京邑，〔三〕婚姻之盛，過於本朝，僕馬之衆，充塞城郭，驕奢僭擬，寵祿隆過。今諸國之封，並皆膏腴，風氣平調，道路夷近，朝聘有期，行來不難。宜割情不忍，以義斷恩，〔四〕發遣康、焉各歸蕃國，令羨等速就便時，〔五〕以塞衆望。」帝納之。

〔一〕詩魯頌曰：「王曰叔父，建爾元子，俾侯于魯。」尚書曰，周公既成洛邑，成王命召公出取幣錫周公也。
〔二〕衍謂流衍，傍食它縣。
〔三〕磐謂磐桓不去。
〔四〕禮記曰：「門內之政恩掩義，門外之政義斷恩。」
〔五〕行日，取便利之時也。

章和二年，鮮卑擊破北匈奴，而南單于乘此請兵北伐，因欲還歸舊庭。時竇太后臨朝，議欲從之。意上疏曰：「夫戎狄之隔遠中國，幽處北極，〔一〕界以沙漠，簡賤禮義，無有上下，

彊者爲雄，弱即屈服。自漢興以來，征伐數矣，其所剋獲，曾不補害。光武皇帝躬服金革之難，深昭天地之明，故因其來降，羈縻畜養，邊人得生，勞役休息，於茲四十餘年矣。今鮮卑奉順，斬獲萬數，中國坐享大功，〔二〕而百姓不知其勞，漢興功烈，於斯爲盛。所以然者，夷虜相攻，無損漢兵者也。臣察鮮卑侵伐匈奴，正是利其抄掠，及歸功聖朝，實由貪得重賞。今若聽南虜還都北庭，則不得不禁制鮮卑。鮮卑外失暴掠之願，內無功勞之賞，豺狼貪婪，必爲邊患。今北虜西遁，請求和親，宜因其歸附，以爲外扞，巍巍之業，無以過此。若引兵費賦，以順南虜，則坐失上略，去安即危矣。誠不可許。」會南單于竟不北徙。

〔一〕爾雅曰「東至於泰遠，西至於邠國，南至於濮鉛，北至於祝栗，謂之四極」也。
〔二〕享，受也。

遷司隸校尉。永元初，大將軍竇憲兄弟貴盛，步兵校尉鄧疊、河南尹王調、故蜀郡太守廉范等羣黨，出入憲門，負埶放縱。意隨違舉奏，無所回避，由是與竇氏有隙。二年，病卒。

孫俱，靈帝時爲司空。〔一〕

〔一〕漢官儀曰「俱字伯讙」也。

寒朗字伯奇，魯國薛人也。生三日，遭天下亂，弃之荆棘；數日兵解，母往視，猶尚氣息，遂收養之。及長，好經學，博通書傳，以尚書教授。舉孝廉。

永平中，以謁者守侍御史，與三府掾屬共考案楚獄顏忠、王平等，辭連及隧鄉侯耿建、朗陵侯臧信、護澤侯鄧鯉、曲成侯劉建。建等辭未嘗與忠、平相見。是時顯宗怒甚，吏皆惶恐，諸所連及，率一切陷入，無敢以情恕者。朗心傷其冤，試以建等物色獨問忠、平，〔一〕而二人錯愕不能對。〔二〕朗知其詐，乃上言建等無姦，專爲忠、平所誣，疑天下無辜類多如此。帝乃召朗入，問曰：「建等卽如是，忠、平何故引之？」朗對曰：「忠、平自知所犯不道，故多有虛引，冀以自明。」帝曰：「卽如是，四侯無事，何不早奏，獄竟而久繫至今邪？」朗對曰：「臣雖考之無事，然恐海內別有發其姦者，故未敢時上。」〔三〕帝怒駡曰：「吏持兩端，促提下。」左右方引去，朗曰：「願一言而死。小臣不敢欺，欲助國耳。」帝問曰：「誰與共爲章？」對曰：「臣自知當必族滅，不敢多汚染人，誠冀陛下一覺悟而已。臣見考囚在事者，咸共言妖惡大故，臣子所宜同疾，今出之不如入之，可無後責。是以考一連十，考十連百。又公卿朝會，陛下問以得失，皆長跪言，舊制大罪禍及九族，陛下大恩，裁止於身，天下幸甚。及其歸舍，口雖不言，而仰屋竊歎，莫不知其多冤，無敢牾陛下者。臣今所陳，誠死無悔。」帝意解，詔遣朗出。後二日，車駕自幸洛陽獄錄囚徒，理出千餘人。後平、忠死獄中，朗乃自繫。

會赦，免官。復舉孝廉。

〔一〕物色謂形狀也。

〔二〕錯愕猶倉卒也。錯音七故反。愕音五故反。

〔三〕時上猶卽上也。上音時掌反。

建初中，肅宗大會羣臣，朗前謝恩，詔以朗納忠先帝，拜爲易長。〔一〕歲餘，遷濟陽令，以母喪去官，百姓追思之。章和元年，上行東巡狩，過濟陽，三老吏人上書陳朗前政治狀。帝至梁，召見朗，詔三府爲辟首，由是辟司徒府。永元中，再遷清河太守，坐法免。

〔一〕易，今易州縣也。

永初三年，太尉張禹薦朗爲博士，徵詣公車，會卒，時年八十四。

論曰：左丘明有言：「仁人之言，其利博哉！」晏子一言，齊侯省刑。〔一〕若鍾離意之就格請過，寒朗之廷爭冤獄，篤矣乎，仁者之情也！夫正直本於忠誠則不詭，〔二〕本於諫爭則絞切。〔三〕彼二子之所本得乎天，故言信而志行也。〔四〕

〔一〕左氏傳曰，齊景公謂晏子曰：「子之宅近市，識貴賤乎？」於是景公繁於刑，有鬻踊者，故對曰：「踊貴而屨賤。」景公爲是省於刑。君子曰：「仁人之言，其利博哉！」踊謂刖足者屨。

〔二〕詭，詐也。

〔三〕論語孔子曰：「直而無禮則絞。」絞，急也。

〔四〕言而見信，諫而必從，故曰志行。

贊曰：伯魚、子阿，矯急去苛。臨官以絜，匡帝以奢。宋均達政，禁此妖禜。〔一〕禽蟲畏德，子民請病。〔二〕意明尊尊，割恩蕃屏。〔三〕慄慄楚黎，寒君爲命。〔四〕

〔一〕禜，祭也，于命反。

〔二〕謂人爲之請禱也。

〔三〕穀梁傳曰：「爲尊者諱敵，爲親者諱敗，尊尊親親之義也。」意諫令諸王歸藩，故云割恩藩屏。音協韻必政反。

〔四〕慄慄，懼也。黎，衆也。

校勘記

一三九五頁七行　鮮于襃　按：陰興傳作「鮮于裒」，裒卽襃字。

一三九六頁三行　自稱王伯齊　按：集解引惠棟說，謂袁紀作「王伯春」。

一三九六頁一〇行　姦（軌）〔軌〕所集　據汲本改。按：今聚珍本東觀記作「姦宄」。

一三九六頁一五行　不過從兄飯　按：王先謙謂御覽四二五引續漢書作「不過從弟兄飯」。

一三九七頁一三行　邵州武岡縣　按：「岡」原譌「剛」，逕據汲本、殿本改正。

一三九八頁一三行　以錢三百萬　按：汲本、殿本「三」作「二」。

一三九八頁一五行　亦宜所以安之　按：王先謙謂「宜」下奪一「思」字。

一三九九頁六行　敢不自聞　集解引蘇輿說，謂「自」疑「以」之誤。今按：「以」字本作「目」，與「自」形近而譌。

一四〇〇頁六行　亦當宜譴舉者　按：集解引惠棟說，謂「宜」當作「並」。

一四〇〇頁九行　雖令不（行）〔從〕　據汲本、殿本改，與今論語合。

一四〇二頁二行　吾兄子常病一夜十往　按：「常」當作「嘗」，御覽四七八引正作「嘗」。「往」當作「起」。刊誤謂龎延年云，唐睿宗下詔，用十起作元子事，本出於此，明當作「起」也。

一四〇二頁八行　少子頡嗣　按：刊誤謂倫未嘗有爵，無緣言「嗣」，明多此一字。

一四〇三頁一〇行　盜賊羣輩　按：御覽三三二引「輩」作「聚」。

一四〇三頁一一行　歲中至數千家　按：汲本「中」作「終」。

一四〇四頁一行　中常侍單超兄子匡　按：集解引沈欽韓說，謂考異云楊秉傳作「超弟」，宦者傳作「超弟子」。

一四〇五頁一行　此二臣以可死而不死者　按：王先謙謂「以可死」當爲「可以死」。

一四〇五頁一三行　昔者管（子）〔仲〕欲立公子糾而不能　據汲本改。按：說苑作「子」，校補謂傳文既作「管仲」，在子路之問，亦不應一口兩稱，作「子」者，蓋踵今本說苑之誤。

一四〇六頁八行　有受人酒禮者　按：王先謙謂御覽二五三引續漢書，「酒禮」作「雞酒」。

一四〇六頁八行　意獨身自隱親　按：校補引柳從辰說，謂袁紀「隱親」作「隱䙲」，親䙲形近而譌。黃山謂柳說是，古隱與檃同，隱䙲猶言審䙲也。

一四〇六頁九行　案察之〔也〕　據汲本補。

一四〇六頁二行　御治〔也〕　據汲本、殿本補。

一四〇七頁一行　光武得奏以（見）〔䙲〕霸　集解引顧炎武說，謂「見」當作「䙲」，古「示」字作「䙲」，謂以意奏示霸也。王先謙謂顧說是。今據改。

一四〇七頁七行　〔縣〕人防廣爲父報讎　據汲本、殿本補。

一四〇八頁七行　喜懼相弁　按：汲本、殿本「弁」作「卞」。

一四〇九頁七行　（常）〔嘗〕以事怒郎藥崧　校補謂「常」當作「嘗」，各本皆失正。今據改。

一四一〇頁九行　出私錢萬三千文　按：刊誤謂古人言錢不曰文，世俗乃有此文，明多一「文」字。

一四一二頁二行　（浹）〔浹〕日而成　據汲本、殿本改。

一四一二頁九行　尙書郎伯使一人　按：汲本、殿本作「二人」。

一四一二頁二行　宋均字叔庠南陽安衆人也　殿本考證引何焯說及王先謙集解引通鑑胡注，俱謂宋均本姓宗，作「宋」乃傳寫之誤。今按：通鑑胡注引張說宋璟遺愛頌，證明「宗均」之譌爲「宋均」，自唐已然。

一四一二頁三行　客授潁川　汲本、殿本「授」作「游」。按：下又云「客授潁川」，明作「游」者非也。

一四一三頁七行　浚遒縣屬廬江郡　按：「廬江」當作「九江」。集解引洪頤煊說，謂郡國志浚遒縣屬九江郡，注云屬廬江，誤。

一四一三頁一四行　均（常）〔嘗〕寢病　據汲本改。

一四一四頁八行　擢拜阿陽侯相　按：集解引錢大昕說，謂阿陽縣屬漢陽郡，不云侯國，而上黨之陽阿爲侯國，此「阿陽」或「陽阿」之誤。

一四一五頁一四行　章和二年鮮卑擊破北匈奴　按：集解引惠棟說，謂袁宏紀爲章和元年事。

一四一七頁三行　辭連及隧鄉侯耿建　按：集解引惠棟說，謂耿純傳宿封隧鄉侯，非建也。坐楚事爲耿阜，以東光侯徙封莒鄉侯。「隧」當作「莒」，建當作「阜」。

一四一七頁一行　咸共言妖惡大故　按：汲本「故」作「過」。

後漢書卷四十二

光武十王列傳第三十二

光武皇帝十一子：郭皇后生東海恭王彊、沛獻王輔、濟南安王康、阜陵質王延、中山簡王焉，許美人生楚王英，光烈皇后生顯宗、東平憲王蒼、廣陵思王荆、臨淮懷公衡、琅邪孝王京。

東海恭王彊。建武二年，立母郭氏爲（皇）后，彊爲皇太子。十七年而郭后廢，彊常感慼不自安，數因左右及諸王陳其懇誠，願備蕃國。光武不忍，遲回者數歲，乃許焉。十九年，封爲東海王，二十八年，就國。帝以彊廢不以過，去就有禮，故優以大封，兼食魯郡，合二十九縣。賜虎賁旄頭，宮殿設鍾虡之縣，擬於乘輿。〔一〕彊臨之國，數上書讓還東海，又因皇太子固辭。帝不許，深嘉歎之，以彊章宣示公卿。初，魯恭王好宮室，起靈光殿，甚壯麗，是時猶

存，〔二〕故詔彊都魯。中元元年入朝，從封岱山，因留京師。明年春，帝崩。冬，歸國。

〔一〕虎賁、旄頭、鍾虡解見光武紀。縣音玄。

〔二〕恭王名餘，景帝之子。殿在今兗州曲阜城中，故基東西二十丈，南北十二丈，高丈餘也。

永平元年，彊病，顯宗遣中常侍鉤盾令將太醫乘驛視疾，詔沛王輔、濟南王康、淮陽王延詣魯。及薨，臨命上疏謝曰：「臣蒙恩得備蕃輔，特受二國，宮室禮樂，事事殊異，巍巍無量，訖無報稱。而自脩不謹，連年被疾，爲朝廷憂念。皇太后、陛下哀憐臣彊，感動發中，數遣使者太醫令丞方伎道術，絡驛不絕。臣伏惟厚恩，不知所言。臣內自省視，氣力羸劣，日夜浸困，〔一〕終不復望見闕庭，奉承帷幄，孤負重恩，銜恨黃泉。〔二〕身既夭命孤弱，復爲皇太后、陛下憂慮，誠悲誠慙。息政，小人也，猥當襲臣後，必非所以全利之也。誠願還東海郡。天恩愍哀，以臣無男之故，〔三〕處臣三女小國侯，〔四〕此臣宿昔常計。〔五〕今天下新罹大憂，〔六〕惟陛下加供養皇太后，數進御餐。臣彊困劣，言不能盡意。願並謝諸王，不意永不復相見也。」天子覽書悲慟，從太后出幸津門亭發哀。〔七〕使（大）司空持節護喪事，大鴻臚副，宗正、將作大匠視喪事，贈以殊禮，升龍、旄頭、鸞輅、龍旂、虎賁百人。〔八〕詔楚王英、趙王栩、北海王興、館陶公主、比陽公主及京師親戚四姓夫人、小侯皆會葬。〔九〕帝追惟彊深執謙儉，不欲厚葬以違其意，於是特詔中常侍杜岑及東海傅相曰：「王恭謙好禮，以德自終，遣送之物，務從約

省，衣足斂形，茅車瓦器，物減於制，以彰王卓爾獨行之志。〔10〕將作大匠留起陵廟。」

〔一〕浸，漸也。
〔二〕杜預注左傳云：「地中之泉，故曰黄泉。」
〔三〕無男，無多男也。
〔四〕卽婦人封侯也，若呂后之妹呂須封爲臨光侯，蕭何夫人封爲酇侯之類。
〔五〕私計天恩，不敢忘也。
〔六〕光武崩也。
〔七〕津門，洛陽南面西頭門也，一名津陽門。每門皆有亭。
〔八〕解並見光武及明帝紀。
〔九〕四姓小侯，解見明帝紀。夫人，蓋小侯之母也。
〔10〕前書曰：「卓尔不羣者，河閒獻王近之矣。」

彊立十八年，年三十四。子靖王政嗣。政淫欲薄行。後中山簡王薨，政詣中山會葬，私取簡王姬徐妃，又盜迎掖庭出女。豫州刺史、魯相奏請誅政，有詔削薛縣。

立四十四年薨，子頃王肅嗣。永元十六年，封肅弟二十一人皆爲列侯。肅性謙儉，循恭王法度。永初中，以西羌未平，上錢二千萬。元初中，復上縑萬匹，以助國費，鄧太后下詔褒納焉。

立二十三年薨，子孝王臻嗣。永建二年，封臻二弟敏、儉爲鄉侯。臻及弟蒸鄉侯儉並有篤行，母卒，皆吐血毁眥。〔一〕至服練紅，兄弟追念初喪父，幼小，哀禮有闕，因復重行喪制。〔二〕臻性敦厚有恩，常分租秩賑給諸父昆弟。國相籍褒具以狀聞，順帝美之，制詔大將軍、三公、大鴻臚曰：「東海王臻以近蕃之尊，少襲王爵，膺受多福，未知艱難，而能克己率禮，孝敬自然，事親盡愛，送終竭哀，降儀從士，寢苫三年。〔三〕和睦兄弟，恤養孤弱，至孝純備，仁義兼弘，朕甚嘉焉。夫勸善厲俗，爲國所先。曩者東平孝王敞兄弟行孝，喪母如禮，有增戶之封。詩云：『永世克孝，念茲皇祖。』〔四〕今增臻封五千戶，儉五百戶，光啓土宇，以酬厥德。」

〔一〕眥或爲瘠。
〔二〕既祥之後而服練也。禮記曰：「練衣黄裏縓緣。」縓卽紅也。縓音七絹反。鄭玄注周禮曰：「淺絳也。」
〔三〕左氏傳曰：「晏桓子卒，晏嬰麤衰斬，苴絰帶，杖，菅屨，食粥，居倚廬，寢苫枕草。其家老曰：『非大夫之禮也。』」杜預注云：「時士及大夫衰服各有不同。」
〔四〕詩周頌之文。克，能也。

立三十一年薨，子懿王祇嗣。初平四年，遣子琬至長安奉章，獻帝封琬汶陽侯，拜爲平原相。

祇立四十四年薨，子羡嗣。二十年，魏受禪，以爲崇德侯。

沛獻王輔，建武十五年封右（馮）翊公。十七年，郭后廢爲中山太后，故徙輔爲中山王，并食常山郡。二十年，復徙封沛王。

時禁網尚疏，諸王皆在京師，競脩名譽，爭禮四方賓客。壽光侯劉鯉，更始子也，得幸於輔。鯉怨劉盆子害其父，因輔結客，報殺盆子兄故式侯恭，輔坐繫詔獄，三日乃得出。自是後，諸王賓客多坐刑罰，各循法度。二十八年，就國。中元二年，封輔子寶爲沛侯。永平元年，封寶弟嘉爲僮侯。〔一〕

〔一〕僮，縣，屬臨淮郡，故城在今泗州宿預縣西南。

輔矜嚴有法度，好經書，善說京氏易、孝經、論語傳及圖讖，作五經論，時號之曰沛王通論。在國謹節，終始如一，稱爲賢王。顯宗敬重，數加賞賜。

立四十六年薨，子釐王定嗣。〔一〕元和二年，封定弟十二人爲鄉侯。

〔一〕釐音僖，下皆同。

定立十一年薨，子節王正嗣。元興元年，封正弟二人爲縣侯。

正立十四年薨，子孝王廣嗣。有固疾。安帝詔廣祖母周領王家事。周明正有法禮，漢安中薨，順帝下詔曰：「沛王祖母太夫人周，秉心淑慎，導王以仁，使光祿大夫贈以妃印綬。」廣立三十五年薨，子幽王榮嗣。立二十年薨，子孝王琮嗣。薨，子恭王曜嗣。薨，子契嗣；魏受禪，以爲崇德侯。

楚王英，以建武十五年封爲楚公，十七年進爵爲王，二十八年就國。母許氏無寵，故英國最貧小。三十年，以臨淮之取慮、須昌二縣益楚國。〔一〕自顯宗爲太子時，英常獨歸附太子，太子特親愛之。及卽位，數受賞賜。永平元年，特封英舅子許昌爲龍舒侯。〔二〕

〔一〕取慮，縣，故城在今泗州下邳縣西南。案：臨淮無須昌，有昌陽縣，蓋誤也。取慮音秋閭。
〔二〕龍舒，縣，屬廬江郡，故城在今廬州廬江縣西也。

英少時好游俠，交通賓客，晚節更喜黄老，學爲浮屠齋戒祭祀。〔一〕八年，詔令天下死罪皆入縑贖。英遣郎中令奉黄縑白紈三十匹詣國相曰：「託在蕃輔，過惡累積，歡喜大恩，奉送縑帛，以贖愆罪。」國相以聞。詔報曰：「楚王誦黄老之微言，尚浮屠之仁祠，絜齋三月，與神爲誓，何嫌何疑，當有悔吝？其還贖，以助伊蒲塞桑門之盛饌。」〔二〕因以班示諸國中傳。英後遂大交通方士，作金龜玉鶴，刻文字以爲符瑞。

〔一〕袁宏漢紀：「浮屠，佛也，西域天竺國有佛道焉。佛者，漢言覺也，將以覺悟羣生也。其教以脩善慈心爲主，不殺生，專務清靜。其精者爲沙門。沙門，漢言息也，蓋息意去欲而歸于無爲。又以爲人死精神不滅，隨復受形，生時善惡皆有報應，故貴行善修道，以鍊精神，以至無生而得爲佛也。佛長丈六尺，黃金色，項中佩日月光，變化無方，無所不入，而大濟羣生。初，明帝夢見金人長大，項有日月光，以問羣臣。或曰：『西方有神，其名曰佛。陛下所夢，得無是乎？』於是遣使天竺，問其道術而圖其形像焉。」

〔二〕伊蒲塞即優婆塞也，中華翻爲近住，言受戒行堪近僧住也。桑門即沙門。

十三年，男子燕廣告英與漁陽王平、顏忠等造作圖書，有逆謀，事下案驗。有司奏英招聚姦猾，造作圖讖，擅相官秩，置諸侯王公將軍二千石，大逆不道，請誅之。帝以親親不忍，乃廢英，徙丹陽涇縣，〔一〕賜湯沐邑五百戶。〔二〕遣大鴻臚持節護送，使伎人奴婢（妓士）〔工技〕鼓吹悉從，得乘輜軿，〔三〕持兵弩，行道射獵，極意自娛。男女爲侯主者，食邑如故。楚太后勿上璽綬，留住楚宮。

〔一〕今宣州縣也。

〔二〕湯沐，解見皇后紀也。

〔三〕軿猶屏也，自隱蔽之車。蒼頡篇曰：「衣車也。」

明年，英至丹陽，自殺。立三十三年，國除。詔遣光祿大夫持節弔祠，贈賵如法，加賜

列侯印綬，以諸侯禮葬於涇。遣中黃門占護其妻子。〔一〕悉出楚官屬無辭語者。制詔許太后曰：「國家始聞楚事，幸其不然。既知審實，懷用悼灼，庶欲宥全王身，令保卒天年，而王不念顧太后，竟不自免。此天命也，無可柰何！太后其保養幼弱，勉強飲食。諸許願王富貴，人情也。已詔有司，出其有謀者，令安田宅。」於是封燕廣爲折姦侯。楚獄遂至累年，其辭語相連，自京師親戚諸侯州郡豪桀及考案吏，阿附相陷，坐死徙者以千數。

〔一〕占護猶守護也。

十五年，帝幸彭城，見許太后及英妻子於內殿，悲泣，感動左右。建初二年，肅宗封英子（种）〔种〕楚侯（种），五弟皆爲列侯，並不得置相臣吏人。元和三年，許太后薨，復遣光祿大夫持節弔祠，因留護喪事，賻錢五百萬。又遣謁者備王官屬迎英喪，改葬彭城，加王赤綬羽蓋華藻，如嗣王儀，〔一〕追爵，謚曰楚厲侯。章和元年，帝幸彭城，見英夫人及六子，厚加贈賜。

〔一〕續漢輿服志曰：「諸侯王赤綬四采，長二丈一尺。皇子安車，青蓋金華藻。」

种後徙封六侯。〔一〕卒，子度嗣。度卒，子拘嗣，傳國于後。

〔一〕六，縣名，屬廬江郡。

濟南安王康，建武十五年封濟南公，十七年進爵爲王，二十八年就國。三十年，以平原之祝阿、安德、朝陽、平昌、隰陰、重丘六縣益濟南國。中元二年，封康子德爲東武城侯。〔一〕

〔一〕東武城屬清河郡，今貝州武城縣是。

康在國不循法度，交通賓客。其後，人上書告康招來州郡姦猾漁陽顏忠、劉子產等，又多遺其繒帛，案圖書，謀議不軌。事下考，有司舉奏之，顯宗以親親故，不忍窮竟其事，但削祝阿、隰陰、東朝陽、安德、西平昌五縣。〔一〕

〔一〕東朝陽在今齊州臨濟縣東。西平昌，今德州般縣也。般音補滿反。

建初八年，肅宗復還所削地，康遂多殖財貨，大修宮室，奴婢至千四百人，廄馬千二百匹，私田八百頃，奢侈恣欲，游觀無節。永元初，國傅何敞上疏諫康曰：「蓋聞諸侯之義，制節謹度，然後能保其社稷，和其民人。〔一〕大王以骨肉之親，享食茅土，當施張政令，明其典法，出入進止，宜有期度，輿馬臺隸，應爲科品。〔二〕而今奴婢廄馬皆有千餘，增無用之口，以自蠶食。〔三〕宮婢閉隔，失其天性，惑亂和氣。又多起內第，觸犯防禁，費以巨萬，〔四〕而功猶未半。夫文繁者質荒，木勝者人亡，〔五〕皆非所以奉禮承上，傳福無窮者也。故楚作章華以凶，〔六〕吳興姑蘇而滅，〔七〕景公千駟，民無稱焉。〔八〕今數游諸第，晨夜無節，又非所以遠防未然，臨深履薄之法也。願大王修恭儉，遵古制，省奴婢之口，減乘馬之數，斥私田之富，節

游觀之宴，以禮起居，則敞乃敢安心自保。惟大王深慮愚言。」康素敬重敞，雖無所嫌牾，然終不能改。

〔一〕孝經諸侯章之義也。

〔二〕臺、隸，賤職也。左氏傳曰：「人有十等，王臣公，公臣卿，卿臣大夫，大夫臣士，士臣皁，皁臣輿，輿臣隸，隸臣僚，僚臣僕，僕臣臺」也。

〔三〕言如蠶之食，漸至衰盡也。

〔四〕巨，大也。大萬謂萬萬。

〔五〕荒，廢也。文彩繁多，則質以之廢，土木增構，則人殫其力，故云人亡。

〔六〕左氏傳，楚靈王成章華之臺，後卒被殺。杜預注云「臺在今南郡華容縣」也。

〔七〕姑蘇臺一名姑胥臺。越絕書曰：「胥門外有九曲路，闔廬以遊姑蘇之臺，以望湖中。」顧夷（晉）〔吳〕地記云：「橫山北有小山，俗謂姑蘇臺。」在今蘇州吳縣西。闔廬後被越殺之。

〔八〕論語：「齊景公有馬千駟，死之日，人無德而稱焉。」千駟，四千匹。

立五十九年薨，子簡王錯嗣。〔一〕錯爲太子時，愛康鼓吹妓女宋閏，使醫張尊招之不得，錯怒，自以劒刺殺尊。國相舉奏，有詔勿案。永元十一年，封錯弟七人爲列侯。

〔一〕錯音七故反。

錯立六年薨，子孝王香嗣。永初二年，封香弟四人爲列侯。香篤行，好經書。初，叔父篤

有罪不得封，西平昌侯昱坐法失侯，香乃上書分爵土封篤子丸、昱子嵩，皆爲列侯。

香立二十年薨，無子，國絕。

永建元年，順帝立錯子阜陽侯顯爲嗣，是爲釐王。立三年薨，子悼王廣嗣。永建五年，封廣弟文爲樂城亭侯。

廣立二十五年，永興元年薨，無子，國除。

東平憲王蒼，建武十五年封東平公，十七年進爵爲王。

蒼少好經書，雅有智思，爲人美須顙，要帶八圍，顯宗甚愛重之。及卽位，拜爲驃騎將軍，置長史掾史員四十人，位在三公上。〔一〕

〔一〕四府掾史皆無四十人，今特置以優之也。

永平元年，封蒼子二人爲縣侯。二年，以東郡之壽張、須昌，山陽之南平陽、（槖）〔橐〕、湖陵五縣益東平國。〔一〕是時中興三十餘年，四方無虞，蒼以天下化平，宜修禮樂，乃與公卿共議定南北郊冠冕車服制度，及光武廟登歌八佾舞數，語在禮樂、輿服志。〔二〕帝每巡狩，蒼常留鎭，侍衞皇太后。

〔一〕南平陽，縣，故城今兗州鄒縣也。（槖）〔橐〕，縣，一名高平，故城在鄒縣西南。湖陵故城在今兗州防與縣東南。

〔二〕其志今亡。

四年春，車駕近出，觀覽城第，〔一〕尋聞當遂校獵河內，蒼卽上書諫曰：「臣聞時令，盛春農事，不聚衆興功。〔二〕傳曰：『田獵不宿，食飲不享，出入不節，則木不曲直。』此失春令者也。〔三〕臣知車駕今出，事從約省，所過吏人諷誦甘棠之德。雖然，動不以禮，非所以示四方也。惟陛下因行田野，循視稼穡，消搖仿佯，弭節而旋。〔四〕至秋冬，乃振威靈，整法駕，備周衞，設羽旄。〔五〕詩云：『抑抑威儀，惟德之隅。』〔六〕臣不勝憤懣，伏自手書，乞詣行在所，極陳至誠。」帝覽奏，卽還宮。

〔一〕第，宅也。有甲乙之次，故曰第。

〔二〕禮記月令曰「孟春之月，無聚大衆，無置城郭。仲春之月，無作大事，以妨農事」也。

〔三〕尚書五行傳曰：「田獵不宿，飲食不享，出入不節，奪人農時，及有姦謀，則木不曲直。」鄭玄注云：「木性或曲或直，人所用爲器者也。無故生不暢茂，多有折槁，是爲不曲直也。」前書音義曰：「不宿，不預戒日也。」

〔四〕皆遊散之意。詩曰：「於焉消搖。」左氏傳曰：「橫流而仿佯。」前書音義曰：「弭節猶按節也，言不盡意馳驅也。」

〔五〕旄謂注旄於竿首。

〔六〕詩大雅之文也。抑抑，密也。隅，廉也。言人審密於威儀抑抑然者，其德必嚴正，如宮室之制，內繩直則外有廉隅。

蒼在朝數載，多所隆益，而自以至親輔政，聲望日重，意不自安，上疏歸職曰：「臣蒼疲駑，特爲陛下慈恩覆護，在家備教導之仁，升朝蒙爵命之首，制書褒美，班之四海，舉負薪之才，升君子之器。〔一〕凡匹夫一介，尚不忘簞食之惠，〔二〕況臣居宰相之位，同氣之親哉！宜當暴骸膏野，爲百僚先，而愚頑之質，加以固病，誠羞負乘，辱汙輔將之位，將被詩人『三百赤紱』之刺。〔三〕今方域晏然，要荒無儆，〔四〕將遵上德無爲之時也，文官猶可并省，武職尤不宜建。昔象封有鼻，不任以政，〔五〕誠由愛深，不忍揚其過惡。前事之不忘，來事之師也。自漢興以來，宗室子弟無得在公卿位者。惟陛下審覽虞帝優養母弟，遵承舊典，終卒厚恩。乞上驃騎將軍印綬，退就蕃國，願蒙哀憐。」帝優詔不聽。其後數陳乞，辭甚懇切。五年，乃許還國，而不聽上將軍印綬。以驃騎長史爲東平太傅，掾爲中大夫，令史爲王家郎。〔六〕加賜錢五千萬，布十萬匹。

〔一〕負薪，喻小人也。易曰：「負且乘，致寇至。」負也者小人之事，乘也者君子之器，以小人而乘君子之器，則盜思奪之矣。

〔二〕簞，竹器也，圓曰簞，方曰笥。左氏傳曰：「晉宣子田於首山，舍於翳桑，見靈輒餓，曰：『不食三日矣。』食之，舍其半。問之，曰：『宦三年矣，未知母之存否，請遺之。』使盡之，而爲簞食（與肉以）與之。旣而（與）〔輒〕爲公介〔士〕，倒戟以禦公徒而免之。問何故，曰：『翳桑之餓人也。』」

〔三〕赤紱，大夫之服也。詩曹風曰：「彼己之子，三百赤紱。」刺其無德居位者多也。

〔四〕去王畿五百里曰甸服，又五百里曰侯服，又五百里曰綏服，又五百里要服，又五百里荒服。儆，備也，音警。

〔五〕有鼻，國名，其地在今永州營道縣北。史記曰舜弟象封於有鼻也。

〔六〕漢官儀「將軍掾屬二十九人，中大夫無員，令史四十一人」也。

六年冬，帝幸魯，徵蒼從還京師。明年，皇太后崩。旣葬，蒼乃歸國，特賜宮人奴婢五百人，布二十五萬匹，及珍寶服御器物。

十一年，蒼與諸王朝京師。月餘，還國。帝臨送歸宮，悽然懷思，乃遣使手詔國中傅曰：「辭別之後，獨坐不樂，因就車歸，伏軾而吟，瞻望永懷，實勞我心，誦及采菽，以增歎息。〔一〕日者問東平王處家何等最樂，王言爲善最樂，其言甚大，副是要腹矣。今送列侯印十九枚，諸王子年五歲已上能趨拜者，皆令帶之。」

〔一〕采菽，詩小雅之章也。其詩曰：「采菽采菽，筐之筥之，君子來朝，何錫與之？」毛萇注云：「菽所以芼大牢而待君子也。」

十五年春，行幸東平，賜蒼錢千五百萬，布四萬匹。帝以所作光武本紀示蒼，蒼因上光武受命中興頌。帝甚善之，以其文典雅，特令校書郎賈逵爲之訓詁。

肅宗卽位，尊重恩禮踰於前世，諸王莫與爲比。建初元年，地震，蒼上便宜，其事留中。〔一〕帝報書曰：「丙寅所上便宜三事，朕親自覽讀，反覆數周，心開目明，曠然發矇。〔二〕閒吏人奏事，亦有此言，但明智淺短，或謂儻是，復慮爲非。何者？災異之降，緣政而見。今改元之後，年飢人流，此朕之不德感應所致。又冬春旱甚，所被尤廣，雖內用克責，而不知所定。得王深策，快然意解。詩不云乎：『未見君子，憂心忡忡；既見君子，我心則降。』〔三〕思惟嘉謀，以次奉行，冀蒙福應。彰報至德，特賜王錢五百萬。」

〔一〕留禁中也。

〔二〕韋昭注國語曰：「有眸子而無見曰矇。」

〔三〕詩國風也。忡忡猶衝衝。降，下也。

後帝欲爲原陵、顯節陵起縣邑，蒼聞之，遽上疏諫曰：「伏聞當爲二陵起立郭邑，臣前頗謂道路之言，疑不審實，近令從官古霸問涅陽主疾，〔一〕使還，乃知詔書已下。竊見光武皇帝躬履儉約之行，深覩始終之分，勤勤懇懇，以葬制爲言，故營建陵地，具稱古典，詔曰『無爲山陵，陂池裁令流水而已』。孝明皇帝大孝無違，奉承貫行。〔二〕至於自所營創，尤爲儉省，謙德之美，於斯爲盛。〔三〕臣愚以園邑之興，始自彊秦。古者丘隴且不欲其著明，〔四〕豈況築郭邑，建都郛哉！〔五〕上違先帝聖心，下造無益之功，虛費國用，動搖百姓，非所以致和氣，祈豐年也。又以吉凶俗數言之，亦不欲無故繕修丘墓，有所興起。考之古法則不合，稽

之時宜則違人，求之吉凶復未見其福。陛下履有虞之至性，追祖禰之深思，然懼左右過議，以累聖心。臣蒼誠傷二帝純德之美，不暢於無窮也。惟蒙哀覽。」帝從而止。自是朝廷每有疑政，輒驛使諮問。蒼悉心以對，皆見納用。

〔一〕風俗通曰：「古姓，周有古公亶父，其後氏焉。」涅陽主，光武女，竇固之妻也。

〔二〕貫行謂一皆遵奉也。谷永曰「一以貫行，固執無違」也。

〔三〕易曰：「謙德之柄。」

〔四〕禮記曰：「古者墓而不墳。」故言不欲其著明。

〔五〕穀梁傳曰：「人之所聚曰都。」杜預注左傳曰：「郛，郭也。」

三年，帝饗衞士於南宮，因從皇太后周行掖庭池閣，乃閱陰太后舊時器服，愴然動容，乃命留五時衣各一襲，〔一〕及常所御衣合五十篋，餘悉分布諸王主及子孫在京師者各有差。特賜蒼及琅邪王京書曰：「中大夫奉使，親聞動靜，嘉之何已！歲月驚過，山陵浸遠，孤心悽愴，如何如何！閒饗衞士於南宮，因閱視舊時衣物，聞於師曰：『其物存，其人亡，不言哀而哀自至。』信矣。惟王孝友之德，亦豈不然！今送光烈皇后假紒帛巾各一，〔二〕及衣一篋，可時奉瞻，以慰凱風寒泉之思，〔三〕又欲令後生子孫得見先后衣服之製。今魯國孔氏，尚有仲尼車輿冠履，明德盛者光靈遠也。〔四〕其光武皇帝器服，中元二年已賦諸國，故不復送。

幷遺宛馬一匹，血從前髆上小孔中出。常聞武帝歌天馬，霑赤汗，今親見其然也。〔五〕頃反虜尚屯，將帥在外，憂念遑遑，未有閒寧。〔六〕願王寶精神，加供養。苦言至戒，望之如渴。」

〔一〕五時衣謂春青，夏朱，季夏黃，秋白，冬黑也。衣單複具曰襲。

〔二〕周禮：「追師掌王后之首服爲副編。」鄭玄云：「副，婦人首服，三輔謂之假紒。」續漢書「帛」字作「阜」。

〔三〕詩國風曰：「凱風，美孝子也。」「凱風自南，吹彼棘心，棘心夭夭，母氏劬勞。爰有寒泉，在浚之下，有子七人，母氏勞苦。」寒泉在今濮州濮陽縣。

〔四〕孔子廟在魯曲阜城中。伍緝之從征記曰：「魯人藏孔子所乘車於廟中，是顏路所請者也。獻帝時，廟遇火，燒之。」冠履解見鍾離意傳。

〔五〕前書天馬歌曰「太一況，天馬下，霑赤汗，沫流赭」也。

〔六〕閒音閑。

六年冬，蒼上疏求朝。明年正月，帝許之。特賜裝錢千五百萬，其餘諸王各千萬。帝以蒼冒涉寒露，遣謁者賜貂裘，〔一〕及太官食物珍果，使大鴻臚竇固持節郊迎。帝乃親自循行邸第，豫設帷牀，其錢帛器物無不充備。下詔曰：「〔禮云〕伯父歸寧乃國，〔二〕詩云叔父建爾元子，〔三〕敬之至也。昔蕭相國加以不名，優忠賢也。〔四〕況兼親尊者乎！其沛、濟南、東平、中山四王，讚皆勿名。」〔五〕蒼既至，升殿乃拜，天子親答之。其後諸王入宮，輒以輦迎，至省

閤乃下。蒼以受恩過禮，情不自寧，上疏辭曰：「臣聞貴有常尊，賤有等威，〔六〕卑高列序，上下以理。陛下至德廣施，慈愛骨肉，既賜奉朝請，咫尺天儀，而親屈至尊，降禮下臣，每賜讌見，輒興席改容，中宮親拜，事過典故。臣惶怖戰慄，誠不自安，每會見，踧踖無所措置。〔七〕此非所以章示羣下，安臣子也。」帝省奏歎息，愈褒貴焉。舊典，諸王女皆封鄉主，乃獨封蒼五女爲縣公主。

〔一〕說文曰：「貂，鼠屬也，大而黃黑，出丁零國。」

〔二〕儀禮曰「覲禮，諸侯至于郊，王使皮弁用璧勞，侯氏亦皮弁迎于帷門之外，再拜。天子賜舍，曰：『賜伯父舍。』同姓西面，北上；異姓東面，北上。侯氏裨冕，釋幣于禰，乘墨車，載龍旂、弧韣，乃朝以瑞玉，有繅。天子負斧扆，曰：『伯父實來，余一人嘉之。』奉束帛匹馬，卓上九馬隨之，奠幣再拜。侯氏降，天子辭於侯氏曰：『伯父無事，歸寧乃邦。』侯氏再拜稽首而出」也。

〔三〕詩魯頌之文也。叔父謂周公也。建元子謂封伯禽也。

〔四〕見前書王莽傳。

〔五〕讚謂讚者不唱其名。

〔六〕左傳隨武子之辭也。等威，威儀有等差也。

〔七〕踧踖，謙讓貌也。

三月，大鴻臚奏遣諸王歸國，帝特留蒼，賜以祕書、列僊圖、道術祕方。至八月飲酎

畢，〔一〕有司復奏遣蒼，乃許之。手詔賜蒼曰：「骨肉天性，誠不以遠近爲親疎，然數見顏色，情重昔時。念王久勞，思得還休，欲署大鴻臚奏，不忍下筆，顧授小黃門，中心戀戀，惻然不能言。」〔二〕於是車駕祖送，流涕而訣。復賜乘輿服御，珍寶輿馬，錢布以億萬計。

〔一〕飲酎，解見章紀。

〔二〕大鴻臚奏王歸國，小黃門受詔者。

蒼還國，疾病，帝馳遣名醫，小黃門侍疾，使者冠蓋不絕於道。又置驛馬千里，傳問起居。明年正月薨，詔告中傅，封上蒼自建武以來章奏及所作書、記、賦、頌、七言、別字、歌詩，並集覽焉。遣大鴻臚持節，五官中郎將副監喪，及將作使者凡六人，令四姓小侯諸國王主悉會詣東平奔喪，賜錢前後一億，布九萬匹。及葬，策曰：「惟建初八年三月己卯，皇帝曰：咨王丕顯，勤勞王室，親受策命，昭于前世。出作蕃輔，克慎明德，率禮不越，〔一〕傅聞在下。〔二〕昊天不弔，不報上仁，俾屏余一人，夙夜煢煢，靡有所終。〔三〕今詔有司加賜鸞輅乘馬，龍旂九旒，虎賁百人，奉送王行。匪我憲王，其孰離之！〔四〕魂而有靈，保茲寵榮。嗚呼哀哉！」

〔一〕率，循也。越，違也。

〔二〕傅音敷。敷，布也。書曰：「克慎明德，敷聞在下。」

〔三〕俾，使也。屏，蔽也。左氏傳曰「昊天不弔，不憖遺一老，俾屏余一人，煢煢余在疚」也。

〔四〕離，被也。言非憲王誰更被蒙此恩也。

立四十五年，子懷王忠嗣。明年，帝乃分東平國封忠弟尙爲任城王，餘五人爲列侯。

忠立（十）一年薨，子孝王敞嗣。元和三年，行東巡守，幸東平宮，帝追感念蒼，謂其諸子曰：「思其人，至其鄉；其處在，其人亡。」因泣下沾襟，遂幸蒼陵，爲陳虎賁、鸞輅、龍旂，以章顯之，祠以太牢，親拜祠坐，哭泣盡哀，賜御劍于陵前。〔一〕初，蒼歸國，驃騎時吏丁牧、周栩以蒼敬賢下士，不忍去之，遂爲王家大夫，數十年事祖及孫。帝聞，皆引見於前，既愍其淹滯，且欲揚蒼德美，卽皆擢拜議郎。牧至齊相，栩上蔡令。永元十年，封蒼孫梁爲矜陽亭侯，敞弟六人爲列侯。敞喪母至孝，國相陳珍上其行狀。永寧元年，鄧太后增邑五千戶，又封蒼孫二人爲亭侯。

〔一〕陵在今鄆州東嶋山南。嶋音魚委反。

敞立四十八年薨，子頃王端嗣。立四十七年薨，子凱嗣；立四十一年，魏受禪，以爲崇德侯。

論曰：孔子稱「貧而無諂，富而無驕，未若貧而樂，富而好禮者也」。若東平憲王，可謂好禮者也。若其辭至戚，去母后，豈欲苟立名行而忘親遺義哉！蓋位疑則隙生，累近則喪大，〔一〕斯蓋明哲之所爲歎息。嗚呼！遠隙以全忠，釋累以成孝，夫豈憲王之志哉！〔二〕東海恭王遜而知廢，〔三〕「爲吳太伯，不亦可乎」！〔四〕

〔一〕憂累既近，所喪必大。

〔二〕言其本志然也。

〔三〕遜，讓也。

〔四〕左傳（曰）晉大夫士蔿之辭也。吳太伯，周太王之長子，讓其弟季歷，因適吳、越采藥，大王沒而不反，事見史記也。

任城孝王尙，元和元年封，食任城、亢父、樊三縣。〔一〕

〔一〕亢父、樊並屬東平國。亢父故城在今兗州任城縣南。樊故城在今瑕丘縣西南也。

立十八年薨，子貞王安嗣。永元十四年，封母弟福爲桃鄉侯。永初四年，封福弟亢爲當塗鄉侯。安性輕易貪吝，數微服出入，游觀國中，取官屬車馬刀劍，下至衞士米肉，皆不與直。元初六年，國相行弘奏請廢之。安帝不忍，以一歲租五分之一贖罪。

安立十九年薨，子節王崇嗣。順帝時，羌虜數反，崇輒上錢帛佐邊費。及帝崩，復上錢三百萬助山陵用度，朝廷嘉而不受。立三十一年薨，無子，國絕。

延熹四年，桓帝立河閒孝王子（恭爲）參戶亭侯博爲任城王，以奉其祀。〔一〕博有孝行，喪母服制如禮，增封三千戶。立十三年薨，無子，國絕。

〔一〕杜預注左傳曰：「今丹水縣北有三戶亭。」故城在今鄧州內鄕縣西南也。

熹平四年，靈帝復立河閒貞王（遜）〔建〕〔子〕新昌侯（子）佗爲任城王，奉孝王後。立四十六年，魏受禪，以爲崇德侯。

阜陵質王延，建武十五年封淮陽公，十七年進爵爲王，二十八年就國。三十年，以汝南之長平、西華、新陽、扶樂四縣益淮陽國。〔一〕

〔一〕長平故城在今陳州宛丘縣西北，西華故城在今溵水縣西北，新陽故城在今豫州眞陽西南，扶樂故城在今陳州太康縣北也。

延性驕奢而遇下嚴烈。永平中，有上書告延與姬兄謝弇及姊館陶主婿駙馬都尉韓光招姦猾，作圖讖，祠祭祝詛。事下案驗，光、弇被殺，辭所連及，死徙者甚衆。有司奏請誅延，顯宗以延罪薄於楚王英，故特加恩，徙爲阜陵王，食二縣。

延既徙封，數懷怨望。建初中，復有告延與子男魴造逆謀者，有司奏請檻車徵詣廷尉詔獄。肅宗下詔曰：「王前犯大逆，罪惡尤深，有同周之管、蔡，漢之淮南。〔一〕經有正義，律有明刑。〔二〕先帝不忍親親之恩，枉屈大法，爲王受愆，〔三〕羣下莫不惑焉。今王曾莫悔悟，悖心不移，逆謀內潰，自子魴發，誠非本朝之所樂聞。朕惻然傷心，不忍致王于理，今貶爵爲阜陵侯，食一縣。獲斯辜者，侯自取焉。於戲誠哉！」赦魴等罪勿驗，使謁者一人監護延國，不得與吏人通。

〔一〕淮南厲王長，高帝子，文帝時反，被遷於蜀而死也。
〔二〕公羊傳曰：「君親無將，將而必誅。」前書曰：「大逆無道，父母、妻子，同產無少長皆棄市。」
〔三〕愆，過也。反而不誅，先帝之過，故言爲王受過也。

章和元年，行幸九江，賜延書與車駕會壽春。帝見延及妻子，愍然傷之，乃下詔曰：「昔周之爵封千有八百，而姬姓居半者，所以楨幹王室也。朕南巡，望淮、海，意在阜陵，遂與侯相見。侯志意衰落，形體非故，瞻省懷感，以喜以悲。今復侯爲阜陵王，增封四縣，并前爲五縣。」以阜陵下溼，徙都壽春，加賜錢千萬，布萬匹，安車一乘，夫人諸子賞賜各有差。明年入朝。

立五十一年薨，子殤王沖嗣。永元二年，下詔盡削除前班下延事。

沖立二年薨，無嗣。和帝復封沖兄魴，是爲頃王。永元八年，封魴弟十二人爲鄉、亭

侯。

魴立三十年薨，子懷王恢嗣。延光三年，封恢兄弟五人爲鄉、亭侯。

恢立十年薨，子節王代嗣。陽嘉二年，封代兄便親爲勃遒亭侯。

代立十四年薨，無子，國絕。

建和元年，桓帝立勃遒亭侯便親爲恢嗣，是爲恭王。立十三年薨，子孝王統嗣。立八年薨，子王赦立；建安中薨，無子，國除。

廣陵思王荊，建武十五年封山陽公，十七年進爵爲王。

荊性刻急隱害，〔一〕有才能而喜文法。光武崩，大行在前殿，荊哭不哀，而作飛書，封以方底，〔二〕令蒼頭詐稱東海王彊舅大鴻臚郭況書與彊曰：「君王無罪，猥被斥廢，而兄弟至有束縛入牢獄者。太后失職，別守北宮，〔三〕及至年老，遠斥居邊，〔四〕海內深痛，觀者鼻酸。及太后尸柩在堂，洛陽吏以次捕斬賓客，至有一家三尸伏堂者，痛甚矣！今天下有喪，弓弩張設甚備。閒梁松敕虎賁史曰：『吏以便宜見非，勿有所拘，〔五〕封侯難再得也。』郎官竊悲之，爲王寒心累息。〔六〕今天下爭欲思刻賊王以求功，寧有量邪！若歸并二國之衆，可聚百萬，君王爲之主，鼓行無前，功易於太山破雞子，輕於四馬載鴻毛，此湯、武兵也。今年軒轅星有白氣，星家及喜事者，〔七〕皆云白氣者喪，軒轅女主之位。又太白前出西方，至午兵當起。〔八〕又太子星色黑，至辰日輒變赤。〔九〕夫黑爲病，赤爲兵，王努力卒事。高祖起亭長，陛下興白水，何況於王陛下長子，故副主哉！上以求天下事必舉，下以雪除沈沒之恥，報死母之讎。精誠所加，金石爲開。〔一〇〕當爲秋霜，無爲檻羊。〔一一〕雖欲爲檻羊，又可得乎！竊見諸相工言王貴，天子法也。人主崩亡，閭閻之伍尙爲盜賊，欲有所望，何況王邪！夫受命之君，天之所立，不可謀也。今新帝人之所置，彊者爲右。願君王爲高祖、陛下所志，〔一二〕無爲扶蘇、將閭叫呼天也。」〔一三〕彊得書惶怖，即執其使，封書上之。

〔一〕隱害謂陰害於人也。
〔二〕方底囊，所以盛書也。前書曰：「綠綈方底。」
〔三〕太后，郭后也。職，常也。失其常位，別遷北宮。
〔四〕封之於魯。
〔五〕以便宜之事而有非者，當即行之，勿拘常制也。
〔六〕累息猶疊息也。
〔七〕喜事猶好事也。喜音許氣反。
〔八〕（鴻）〔洪〕範五行傳曰：「太白，少陰之星，以己未爲界，不得經天而行。太白經天而行爲不臣。」今至午，是爲經

天也。
〔九〕天官書曰「心前星，太子之位」也。
〔一〇〕韓詩外傳曰：「昔者楚熊渠子夜行，見寢石，以爲伏虎，彎弓而射之，沒金飲羽。下視，知其石也，因復射之，矢摧無跡。熊渠子見其誠心而金石爲之開，而況人乎。」
〔一一〕秋霜，肅殺於物。檻羊，受制於人。
〔一二〕陛下即光武也。
〔一三〕扶蘇，秦始皇之太子。將閭，庶子也。扶蘇以數諫始皇，使與蒙恬守北邊。始皇死於沙丘，少子胡亥詐立，賜扶蘇死。將閭昆弟三人囚於內宮。胡亥使謂將閭曰：「公子不臣，罪當死。」將閭乃仰天而大呼天者三，曰：「天乎！吾無罪。」昆弟三人皆流涕，伏劍自殺。事見史記。

顯宗以荊母弟，祕其事，遣荊出止河南宮。時西羌反，荊不得志，冀天下因羌驚動有變，私迎能爲星者與謀議。帝聞之，乃徙封荊廣陵王，遣之國。其後荊復呼相工謂曰：「我貌類先帝。先帝三十得天下，我今亦三十，可起兵未？」相者詣吏告之，荊惶恐，自繫獄。帝復加恩，不考極其事，下詔不得臣屬吏人，唯食租如故，使相、中尉謹宿衞之。荊猶不改。其後使巫祭祀祝詛，有司舉奏，請誅之，荊自殺。立二十九年死。帝憐傷之，賜謚曰思王。

十四年，封荊子元壽爲廣陵侯，服王璽綬，食荊故國六縣；又封元壽弟三人爲鄉侯。明年，帝東巡狩，徵元壽兄弟會東平宮，班賜御服器物，又取皇子輿馬，悉以與之。建初七

年，肅宗詔元壽兄弟與諸王俱朝京師。

元壽卒，子商嗣。商卒，子條嗣，傳國于後。

臨淮懷公衡，建武十五年立，未及進爵爲王而薨，無子，國除。

中山簡王焉，建武十五年封左（馮）翊公，十七年進爵爲王。焉以郭太后少子故，獨留京師。三十年，徙封中山王。永平二年冬，諸王來會辟雍，事畢歸蕃，詔焉與俱就國，從以虎賁官騎。〔一〕焉上疏辭讓，顯宗報曰：「凡諸侯出境，必備左右，故夾谷之會，司馬以從。〔二〕今五國各官騎百人，稱娖前行，〔三〕皆北軍胡騎，便兵善射，弓不空發，中必決眥。〔四〕夫有文事必有武備，所以重蕃職也。王其勿辭。」帝以焉郭太后偏愛，特加恩寵，獨得往來京師。十五年，焉姬韓序有過，焉縊殺之，國相舉奏，坐削安險縣。〔五〕元和中，肅宗復以安險還中山。

〔一〕漢官儀：「騶騎，王家名官騎。」

〔二〕穀梁傳曰，公會齊侯于頰谷，齊人鼓譟，欲以執魯君。孔子歷階而上，命司馬止之。左氏傳「頰谷」作「夾谷」。

〔三〕娖音楚角反。稱娖猶齊整也。行音胡郎反。

〔四〕司馬相如子虛之文。

〔五〕安險屬中山郡。

立五十二年，永元二年薨。自中興至和帝時，皇子始封薨者，皆賻錢三千萬，布三萬匹；嗣王薨，賻錢千萬，布萬匹。是時竇太后臨朝，竇憲兄弟擅權，太后及憲等，東海出也，〔一〕故睦於焉而重於禮，加賻錢一億。詔濟南、東海二王皆會。大爲修冢塋，開神道，〔二〕平夷吏人冢墓以千數，作者萬餘人。發常山、鉅鹿、涿郡柏黃腸雜木，〔三〕三郡不能備，復調餘州郡工徒及送致者數千人。凡徵發搖動六州十八郡，制度餘國莫及。

〔一〕爾雅曰「女子之子爲出」也。

〔二〕墓前開道，建石柱以爲標，謂之神道。

〔三〕黃腸，柏木黃心。

子夷王憲嗣。永元四年，封憲弟十一人爲列侯。

憲立二十二年薨，子孝王弘嗣。永寧元年，封弘二弟爲亭侯。

弘立二十八年薨，子穆王暢嗣。永和六年，封暢弟荆爲南鄉侯。

暢立三十四年薨，子節王稚嗣，無子，國除。

琅邪孝王京，建武十五年封琅邪公，十七年進爵爲王。

京性恭孝，好經學，顯宗尤愛幸，賞賜恩寵殊異，莫與爲比。永平二年，以太山之蓋、南武陽、華，〔一〕東萊之昌陽、盧鄉、東牟六縣益琅邪。〔二〕五年，乃就國。光烈皇后崩，帝悉以太后遺金寶財物賜京。京都莒，好修宮室，窮極伎巧，殿館壁帶皆飾以金銀。〔三〕數上詩賦頌德，帝嘉美，下之史官。京國中有城陽景王祠，吏人奉祠。神數下言宮中多不便利，京上書願徙宮開陽，以華、蓋、南武陽、厚丘、贛榆五縣〔四〕易東海之開陽、臨沂，肅宗許之。立三十一年薨，葬東海即丘廣平亭，有詔割亭屬開陽。〔五〕

〔一〕蓋縣故城在今沂州沂水縣西北。南武陽縣故城在今沂州費縣西，又華縣故城在費縣東北也。

〔二〕昌陽，今萊州縣也，故城在今聞登縣西南。盧鄉故城在今昌陽縣西北。東牟故城在聞登縣西北也。

〔三〕壁帶，壁中之橫木也，以金銀爲釭，飾其上。

〔四〕華縣、蓋縣、南武陽屬泰山郡，厚丘屬東海郡，贛榆屬琅邪郡。

〔五〕開陽，縣，屬東海郡，故城在今沂州臨沂縣北。

子夷王宇嗣。建初七年，封宇弟十三人爲列侯。元和元年，封孝王孫二人爲列侯。

宇立二十年薨，子恭王壽嗣。永初元年，封壽弟八人爲列侯。

立十七年薨，子貞王尊嗣。延光二年，封尊弟四人爲鄉侯。

尊立十八年薨，子安王據嗣。永和五年，封據弟三人爲鄉侯。

據立四十七年薨，子順王容嗣。初平元年，遣弟邈至長安奉章貢獻，帝以邈爲九江太守，封陽都侯。〔一〕

〔一〕陽都，縣，屬城陽國，故城在今沂州承縣南。承音常證反。

容立八年薨，國絕。

初，邈至長安，盛稱東郡太守曹操忠誠於帝，操以此德於邈。建安十一年，復立容子熙爲王。在位十一年，坐謀欲過江，被誅，國除。

贊曰：光武十子，胙土分王。沛獻尊節，楚英流放。〔一〕延既怨詛，荆亦觖望。濟南陰謀，琅邪驕宕。中山、臨淮，無聞夭喪。〔二〕東平好善，辭中委相。謙謙恭王，寔惟三讓。

〔一〕尊音祖本反。禮記曰：「恭敬撙節。」鄭玄注云：「撙，猶趨也。」

〔二〕二王早終，名聞未著也。

校勘記

一四二三頁六行 立母郭氏爲(皇)后 集解引沈欽韓說，謂案文少一「皇」字。今據補。

一四二四頁三行 使(大)司空持節護喪事 據集解引錢大昕說删。按：袁紀作「司空魴」，無「大」字。

一四二四頁一四行 比陽公主 按：校補引柳從辰說，謂「比」讀爲「沘」。

一四二五頁一三行 彊立十八年 按：校補引柳從辰說，謂「八」疑「六」之譌。黄山謂此從郭后十七年被廢追數之，乃史之誤。

一四二七頁二行 封右(馮)翊公 刊誤謂衍「馮」字。集解引錢大昕說，謂中山王焉傳「封左馮翊公」，與此傳同，皆衍文也。左翊、右翊蓋取嘉名，非分馮翊地爲左右。今據删。

一四二七頁六行 封輔子寶爲沛侯 按：集解引錢大昕說，謂沛爲王國之名，不應更有「沛侯」，疑字有譌。

一四二八頁一一行 歡喜大恩 按：汲本、集解本「大」作「天」。

一四二八頁一三行 尙浮屠之仁祠 按：通鑑「祠」作「慈」。

一四二九頁一〇行 使伎人奴婢(妓士)(工技)鼓吹悉從 據汲本改。按：刊誤謂「妓士」當作「工技」，梁節王傳中亦有工技也。

一四三〇頁七行 肅宗封英子(种)楚侯(种) 集解引錢大昕說，謂當云「封英子种楚侯」，傳寫顚倒耳。今據改。

一四三〇頁一一行 青蓋金華藻 按：校補謂續志「藻」作「蚤」，蚤通爪，爪又通璅，本謂車蓋上琱飾綵藻，故又可作「藻」也。

一四三二頁二行 隰陰 按：集解引惠棟說，謂本志及宗俱碑作「濕陰」，前書志作「漯陰」。又引錢大昕說，謂「隰」蓋「漯」之譌。

一四三二頁一三行 惑亂和氣 按：汲本、殿本「惑」作「感」。

一四三三頁一〇行 顧夷(吾)(吳)地記云 集解引惠棟說，謂此顧夷所撰吳地記也，「吳」訛「吾」。今據改。

一四三三頁一三行 鼓吹妓女宋閏 按：「妓」字當作「伎」，各本皆未正。參閱梁冀傳校記。

一四三三頁一四行 永元十一年封錯弟七人爲列侯 按：汲本作「十二年」。

一四三四頁七行 要帶八圍 汲本、殿本作「十圍」。今按御覽三七一、三七八引，並作「八圍」，疑作「十圍」者誤也。

一四三四頁一〇行 山陽之南平陽(橐)(槖)湖陵五縣 據殿本考證及集解引沈欽韓說改。注同。

一四三四頁一四行 官三年矣 按：「三」原譌「二」，逕改正。

一四三五頁一四行 而爲簞食(與肉以)與之 據汲本、殿本補。

一四三五頁一四行 旣而(與)(輒)爲公介(士) 據汲本、殿本删補。

一四三七頁四行 快然意解 按：校補引錢大昭說，謂「快」通鑑作「恢」，注云恢然猶廓然也。

一四三九頁一四行 (禮云)伯父歸寧乃國 據汲本補。按：殿本作「禮伯父歸寧乃國」。刊誤謂此語本出儀禮，旣下文有「詩云」，卽此亦當有「禮云」字。

一四四〇頁四行 乃獨封蒼五女爲縣公主 按：袁紀云封女三人皆爲公主。

一四四一頁三行 輿馬 按：校補引柳從辰說，謂東觀記作「蹇馬」。

一四四一頁九行 惟建初八年三月己卯 按：校補引錢大昭說，謂紀作「辛卯」。

一四四二頁四行 忠立(十)一年薨 集解引洪頤煊說，謂憲王建初八年薨，忠卽以是年嗣，章帝紀元和元年九月乙未東平王忠薨，忠立僅一年，「十」字衍。今據删。

一四四二頁六行 驃騎時吏 殿本考證謂「時」字應從通鑑作「府」。今按：此謂蒼爲驃騎將軍時之掾屬，「時」字亦非譌，特通鑑改云「府吏」，較爲明確耳。

一四四三頁七行 左傳(曰)晉大夫士蔿之辭也 「曰」字衍，各本皆未正，今删。

一四四四頁一行 桓帝立河閒孝王子(恭爲)參戶亭侯博爲任城王 刊誤謂當作「桓帝立河閒孝王恭子參戶亭侯博爲任城王」。校補謂河閒孝王名開，不名恭，且謚以易名，諸王旣稱謚，卽不必定著其名，「恭爲」二字皆屬誤衍。今據校補說删。

一四四四頁四行 靈帝復立河閒貞王(還)(建)(子)新昌侯(子)佗爲任城王 校補謂貞王名建，靈帝紀及河閒孝王傳皆同，此作「遜」，誤。又汲本、殿本「子」字在「新昌侯」上。今據改。

一四四七頁一六行 (鴻)(洪)範五行傳 據汲本、殿本改。

一四四九頁四行 封左(馮)翊公 刊誤謂案光武紀封焉左翊公，與右翊相配。今按：此衍「馮」字，今删，參閱前「封右翊公」條校記。

一四四九頁五行 諸王來會辟雍 按：「辟」原譌「壁」，逕據汲本、殿本改正。

一四五〇頁九行 爾雅曰女子之子爲出也 汲本、殿本「爲」作「謂」。按：爾雅云「男子謂姊妹之子爲出」。

一四五二頁二行 子貞王尊嗣 按：集解引錢大昭說，謂紀「尊」作「遵」。

二十四史

後漢書

宋　范曄　撰
唐　李賢等注

第　六　册

卷四三至卷五三（傳五）

中　華　書　局

後漢書卷四十三

朱樂何列傳第三十三　朱暉孫穆

朱暉字文季，南陽宛人也。〔一〕家世衣冠。暉早孤，有氣決。年十三，王莽敗，天下亂，與外氏家屬從田閒奔入宛城。〔二〕道遇羣賊，白刃劫諸婦女，略奪衣物。昆弟賓客皆惶迫，伏地莫敢動。暉拔劒前曰：「財物皆可取耳，諸母衣不可得。今日朱暉死日也！」賊見其小，壯其志，笑曰：「童子內刀。」遂捨之而去。

〔一〕東觀記曰「其先宋微子之後也，以國氏姓。周衰，諸侯滅宋，奔碭，易姓爲朱，後徙于宛」也。
〔二〕東觀記曰「暉外祖父孔休，以德行稱於代」也。

初，光武與暉父岑俱學長安，有舊故。及即位，求問岑，時已卒，乃召暉拜爲郎。暉尋以病去，卒業於太學。性矜嚴，進止必以禮，諸儒稱其高。

永平初，顯宗舅新陽侯陰就慕暉賢，自往候之，暉避不見。復遣家丞致禮，〔一〕暉遂閉門不受。就聞，歎曰：「志士也，勿奪其節。」後爲郡吏，太守阮況嘗欲市暉（牛）〔婢〕，暉不從。〔二〕及況卒，暉乃厚贈送其家。人或譏焉，暉曰：「前阮府君有求於我，所以不敢聞命，誠恐以財貨汚君。今而相送，明吾非有愛也。」驃騎將軍東平王蒼聞而辟之，甚禮敬焉。正月朔旦，蒼當入賀。故事，少府給璧。是時陰就爲府卿，貴驕，吏慠不奉法。蒼坐朝堂，漏且盡，而求璧不可得，顧謂掾屬曰：「若之何？」暉望見少府主簿持璧，即往紿之曰：〔三〕「我數聞璧而未嘗見，試請觀之。」主簿以授暉，暉顧召令史奉之。〔四〕主簿大驚，遽以白就。就曰：「朱掾義士，勿復求。」更以它璧朝。蒼既罷，召暉謂曰：「屬者掾自視孰與藺相如？」〔五〕帝聞壯之。及當幸長安，欲嚴宿衞，故以暉爲衞士令。再遷臨淮太守。

〔一〕續漢志曰：「諸侯家丞，秩三百石。」
〔二〕東觀記曰：「暉爲（掾）督郵，況當歸女，欲買暉婢，暉不敢與。後況卒，暉送其家金三斤。」
〔三〕紿，欺也。
〔四〕奉之於蒼。
〔五〕屬，向也。與猶如也。史記曰，藺相如，趙人也。趙惠文王時得楚和氏璧，秦昭王欲以十五城易之，趙王使相如奉璧入秦。秦王大喜，無意償趙城。相如乃前曰：「璧有瑕，願指示王。」相如因持璧卻立倚柱，怒髮上衝冠，曰：「臣觀大王無償趙城色，故臣復取璧。大王必欲急臣，臣今頭與璧俱碎於柱矣。」相如持其璧睨柱，欲以擊柱。秦王恐其璧破，乃謝之。

暉好節槩，有所拔用，皆厲行士。其諸報怨，以義犯率，皆爲求其理，多得生濟。其不

中華書局

義之四，即時僵仆。[一] 吏人畏愛，爲之歌曰：「彊直自遂，南陽朱季。吏畏其威，人懷其惠。」[二] 數年，坐法免。[三]

[一] 僵，偃；仆，踣也。

[二] 東觀記曰：「建武十六年，四方牛大疫，臨淮獨不，鄰郡人多牽牛入界。」

[三] 東觀記曰：「坐考長吏囚死獄中，州奏免官。」

暉剛於爲吏，見忌於上，所在多被劾。自去臨淮，屏居野澤，布衣蔬食，不與邑里通，鄉黨譏其介。[一] 建初中，南陽大飢，米石千餘，暉盡散其家資，以分宗里故舊之貧羸者，鄉族皆歸焉。初，暉同縣張堪素有名稱，嘗於太學見暉，甚重之，接以友道，乃把暉臂曰：「欲以妻子託朱生。」暉以堪先達，舉手未敢對，自後不復相見。堪卒，暉聞其妻子貧困，乃自往候視，厚賑贍之。暉少子頡怪而問曰：「大人不與堪爲友，平生未曾相聞，子孫竊怪之。」暉曰：「堪嘗有知己之言，吾以信於心也。」[二] 暉又與同郡陳揖交善，揖早卒，有遺腹子友，暉常哀之。及司徒桓虞爲南陽太守，召暉子駢爲吏，暉辭駢而薦友。虞歎息，遂召之。其義烈若此。

[一] 介，特也。言不與衆同。

[二] 以堪先託妻子，心已許之，故言信於心也。

元和中，肅宗巡狩，告南陽太守問暉起居，召拜爲尚書僕射。歲中遷太山太守。暉上疏乞留中，詔許之。因上便宜，陳密事，深見嘉納。詔報曰：「補公家之闕，[一] 不累清白之素，斯善美之士也。俗吏苟合，阿意面從，進無謇謇之志，卻無退思之念，[二] 患之甚久。惟今所言，適我願也。生其勉之！」

[一] 詩曰：「袞職有闕，仲山甫補之。」

[二] 易蹇卦艮下坎上，艮爲山，坎爲水，山上有水，蹇難之象也。六二爻上應於五，五爲君位，二宜爲臣也。居蹇難之時，履當其位，不以五在難私身遠害，故曰「王臣蹇蹇，匪躬之故」。孝經曰：「退思補過。」「謇」與「蹇」通。

是時穀貴，縣官經用不足，[一] 朝廷憂之。尚書張林上言：「穀所以貴，由錢賤故也。可盡封錢，一取布帛爲租，以通天下之用。又鹽，食之急者，雖貴，人不得不須，官可自鬻。[二] 又宜因交阯、益州上計吏往來，市珍寶，收采其利，武帝時所謂均輸者也。」[三] 於是詔諸尚書通議。暉奏據林言不可施行，事遂寢。後陳事者復重述林前議，以爲於國誠便，帝然之，有詔施行。暉復獨奏曰：「王制，天子不言有無，諸侯不言多少，祿食之家不與百姓爭利。今均輸之法與賈販無異，鹽利歸官，則下人窮怨，布帛爲租，則吏多姦盜，誠非明主所當宜行。」帝卒以林等言爲然，得暉重議，因發怒，切責諸尚書。暉等皆自繫獄。三日，詔敕出之。曰：「國家樂聞駮議，黃髮無愆，詔書過耳，[四] 何故自繫？」暉因稱病篤，不肯復署議。尚書令以下惶怖，謂暉曰：「今臨得譴讓，柰何稱病，其禍不細！」暉曰：「行年八十，蒙恩得在機密，當以死報。若心知不可而順旨雷同，負臣子之義。今耳目無所聞見，伏待死命。」遂閉口不復言。諸尚書不知所爲，乃共劾奏暉。帝意解，寢其事。後數日，詔使直事郎問暉起居，[五] 太醫視疾，太官賜食。暉乃起謝，復賜錢十萬，布百匹，衣十領。

[一] 經，常也。

[二] 前書曰：「因官器作鬻鹽。」音義曰：「鬻，古『煮』字。」

[三] 武帝作均輸法，謂州郡所出租賦，并雇運之直，官總取之，市其土地所出之物，官自轉輸於京，謂之均輸。

[四] 黃髮，老稱。謂朱暉也。

[五] 直事郎謂署郎當次直者。

後遷爲尚書令，以老病乞身，拜騎都尉，賜錢二十萬。和帝即位，竇憲北征匈奴，暉復上疏諫。頃之，病卒。[一]

[一] 華嶠書曰「暉年五十失妻，昆弟欲爲繼室，暉歎曰：『時俗希不以後妻敗家者！』遂不復娶」也。

子頡，修儒術，安帝時至陳相。頡子穆。

穆字公叔。年五歲，便有孝稱。父母有病，輒不飲食，差乃復常。及壯耽學，銳意講

誦，或時思至，不自知亡失衣冠，顛隊阬岸。其父常以爲專愚，幾不知數馬足。[一] 穆愈更精篤。

[一] 幾音近衣反。前書曰：「石慶爲太僕，上問車中幾馬？慶以策數馬畢，舉手曰：『六馬。』」言穆用心專愚更甚也。

初舉孝廉。[一] 順帝末，江淮盜賊羣起，州郡不能禁。或說大將軍梁冀曰：「朱公叔兼資文武，海內奇士，若以爲謀主，賊不足平也。」冀亦素聞穆名，乃辟之，使典兵事，甚見親任。及桓帝即位，順烈太后臨朝，穆以冀埶地親重，望有以扶持王室，因推災異，奏記以勸戒冀曰：「穆伏念明年丁亥之歲，刑德合於乾位，[二] 易經龍戰之會。其文曰：『龍戰于野，其道窮也。』[三] 謂陽道將勝而陰道負也。今年九月天氣鬱冒，五位四候連失正氣，此互相明也。夫善道屬陽，惡道屬陰，若修正守陽，摧折惡類，則福從之矣。穆每事不逮，所好唯學，傳受於師，時有可試。願將軍少察愚言，申納諸儒，[四] 而親其忠正，絕其姑息，[五] 專心公朝，割除私欲，廣求賢能，斥遠佞惡。夫人君不可不學，當以天地順道漸漬其心。宜爲皇帝選置師傅及侍講者，得小心忠篤敦禮之士，將軍與之俱入，參勸講授，師賢法古，此猶倚南山坐平原也，誰能傾之！今年夏，月暈房星，明年當有小厄。宜急誅姦臣爲天下所怨毒者，以塞災咎。議郎、大夫之位，本以式序儒術高行之士，今多非其人；九卿之中，亦有乖其任者。惟將軍察焉。」又薦种暠、欒巴等。而明年嚴鮪謀立清河王蒜，又黃龍二見沛國。冀

無術學，遂以穆「龍戰」之言爲應，於是請暠爲從事中郎，薦巴爲議郎，舉穆高第，爲侍御史。〔六〕

〔一〕謝承書曰「穆少有英才，學明五經。性矜嚴疾惡，不交非類。年二十爲郡督郵，迎新太守，見穆曰：『君年少爲督郵，因族勢？爲有令德？』穆荅曰：『郡中瞻望明府謂如仲尼，非顏回不敢以迎孔子。』更問風俗人物。太守甚奇之，曰：『僕非仲尼，督郵可謂顏回也。』遂歷職股肱，舉孝廉」也。

〔二〕歷法，太歲在丁、壬，歲德在北宮，太歲在亥、卯、未，歲刑亦在北宮，故合於乾位也。

〔三〕易坤卦上六象詞也。以爻居上六，故云其道窮也。王弼注云：「陰之爲道，卑順不逆，乃全其美，盛而不已。固陽之地，陽所不堪，故戰于野。」

〔四〕申，重也。

〔五〕姑，且也。息，安也。小人之道，苟且取安也。禮記曰「君子之愛人也以德，細人之愛人也以姑息」也。

〔六〕續漢書曰：「穆舉高第，拜侍御史。桓帝臨辟雍，行禮畢，公卿出，虎賁罝弓階上，公卿下階皆避弓。穆過，呵虎賁曰：『執天子器，何故投於地！』虎賁怖，即攝弓。穆劾奏虎賁抵罪，公卿皆歎，曰『朱御史可謂臨事不惑者也』。」

時同郡趙康叔盛者，隱于武當山，清靜不仕，以經傳教授。穆時年五十，乃奉書稱弟子。及康歿，喪之如師。其尊德重道，爲當時所服。

常感時澆薄，慕尚敦篤，乃作崇厚論。其辭曰：

夫俗之薄也，有自來矣。故仲尼歎曰：「大道之行也，而丘不與焉。」〔一〕蓋傷之

也。夫道者，以天下爲一，在彼猶在己也。故行違於道則愧生於心，非畏義也；事違於理則負結于意，非憚禮也。故率性而行謂之道，〔二〕得其天性謂之德。〔三〕德性失然後貴仁義，〔四〕是以仁義起而道德遷，〔五〕禮法興而淳樸散。故道德以仁義爲薄，淳樸以禮法爲賊也。〔六〕夫中世之所敦，已爲上世之所薄，〔七〕況又薄於此乎！

〔一〕禮記仲尼歎曰：「大道之行，三代之英，丘未之逮也，而有志焉。」鄭玄注曰：「大道，謂三皇、五帝時也。」

〔二〕率，循也。子思曰「天命之謂性，率性之謂道，修道之謂教」也。

〔三〕天之所命之謂性，不失天性是爲德。

〔四〕道德之性失，仁義之迹彰。

〔五〕遷，徙也。

〔六〕老子曰：「失道而後德，失德而後仁，失仁而後義，失義而後禮。夫禮者，忠信之薄而亂之首也。」

〔七〕中世謂五帝時。

故夫天不崇大則覆幬不廣，地不深厚則載物不博，〔一〕人不敦厖則道數不遠。〔二〕昔在仲尼不失舊於原壤，〔三〕楚嚴不忍章於絕纓。〔四〕由此觀之，聖賢之德敦矣。老氏之經曰：「大丈夫處其厚不處其薄，居其實不居其華，故去彼取此。」〔五〕夫時有薄而厚施，行有失而惠用。〔六〕故覆人之過者，敦之道也；救人之失者，厚之行也。往者，馬

援深昭此道，可以爲德，誡其兄子曰：「吾欲汝曹聞人之過如聞父母之名。耳可得聞，口不得言。」斯言要矣。遠則聖賢履之上世，〔七〕近則丙吉、張子孺行之漢廷。〔八〕故能振英聲於百世，播不滅之遺風，不亦美哉！

〔一〕幬亦覆。左傳曰：「如天之無不幬，如地之無不載。」「幬」與「燾」同。

〔二〕敦厖，厚大也。左傳曰：「人生敦厖。」數猶理也。言人不敦厚，不能入道之精理也。

〔三〕原壤，孔子之舊也。禮記曰：「原壤之母死，孔子助之沐椁。原壤登木而歌曰：『貍首之班然，執女手之卷然。』從者曰：『子未可以已乎？』夫子曰：『親者無失其爲親，故者無失其爲故。』」

〔四〕說苑曰：「楚莊王賜羣臣酒，日暮燭滅，乃有人引美人之衣者。美人援絕其冠纓，告王趣火來上，視絕纓者。王曰：『賜人酒，使醉失禮，柰何欲顯婦人之節而辱士乎？』乃命左右曰：『與寡人飲，不絕冠纓者不懽。』羣臣百餘人皆絕去其冠纓，乃上火」也。

〔五〕此老子〔道〕德經之詞也。顧歡注曰：「道德爲厚，禮法爲薄，淸虛爲實，聲色爲華。去彼華薄，取此厚實。」

〔六〕俗之凋薄，以厚御之；行〔之〕有失，以惠待之。即上孔子、楚莊是也。

〔七〕履，踐也。言敦厚之道，孔子、楚莊已踐履之。

〔八〕宣帝時丙吉爲丞相，不案吏，曰：「夫以三公府案吏，吾竊陋之。」子孺爲車騎將軍，匿名遠權，隱人過失。

然而時俗或異，風化不敦，而尙相誹謗，謂之臧否。記短則兼折其長，貶惡則并伐其善。悠悠者皆是，其可稱乎！〔一〕凡此之類，豈徒乖爲君子之道哉，將有危身累家之

禍焉。悲夫！行之者不知憂其然，故害興而莫之及也。斯既然矣，又有異焉。人皆見之而不能自遷。何則？務進者趨前而不顧後，榮貴者矜己而不待人，智不接愚，富不賑貧，貞士孤而不恤，賢者戹而不存。故田蚡以尊顯致安國之金，〔二〕淳于以貴執引方進之言。〔三〕夫以韓、翟之操，爲漢之名宰，〔四〕然猶不能振一貧賢，薦一孤士，又況其下者乎！此禽息、史魚所以專名於前，而莫繼於後者也。〔五〕故時敦俗美，則小人守正，利不能誘也；時否俗薄，雖君子爲邪，義不能止也。〔六〕何則？先進者既往而不反，後來者復習俗而追之，是以虛華盛而忠信微，刻薄稠而純篤稀。斯蓋谷風有「棄予」之歎，〔七〕伐木有「鳥鳴」之悲矣！〔八〕

〔一〕悠悠，多也。稱，舉也。

〔二〕田蚡，〔武〕〔景〕帝王皇后同產弟，爲太尉，親貴用事。韓安國爲梁王太傅，坐法失官，安國以五百金遺蚡，蚡爲言太后，即召以爲北地都尉也。

〔三〕翟方進，成帝時爲丞相。淳于長，元后姊子，封定陵侯，以能謀議爲九卿，用事。方進獨與長交，稱薦之也。

〔四〕前書曰：「天子以韓安國爲國器，拜御史大夫。」又曰：「翟方進智能有餘，天子甚重之。」故言名宰也。

〔五〕韓詩外傳曰：「禽息，秦大夫，薦百里奚不見納。繆公出，當車以頭擊闑，腦乃精出，曰：『臣生無補於國，不如死也。』繆公感寤而用百里奚，秦以大化。」禮，大夫殯於正室，士於適室。韓子曰，史魚，衞大夫。卒，委柩後寢。衞君弔而問之。曰：「不能進蘧伯玉，退彌子瑕。」以屍諫也。

〔六〕皆牽於時也。

〔七〕詩小雅曰：「習習谷風，維風及雨。將恐將懼，維予與汝。將安將樂，汝轉棄予。」

〔八〕詩小雅曰「伐木丁丁，鳥鳴嚶嚶。出自幽谷，遷于喬木。嚶其鳴矣，求其友聲」也。

嗟乎！世士誠躬師孔聖之崇則，嘉楚嚴之美行，希李老之雅誨，思馬援之所尚，鄙二宰之失度，美韓稜之抗正，〔一〕貴丙、張之弘裕，賤時俗之誹謗，則道豐績盛，名顯身榮，載不刊之德，〔二〕播不滅之聲。然〔後〕知薄者之不足，厚者之有餘也。彼與草木俱朽，〔三〕此與金石相傾，〔四〕豈得同年而語，並日而談哉？」

〔一〕事具韓稜傳也。

〔二〕刊，削也。

〔三〕彼謂薄也。

〔四〕此謂厚也。老子曰：「高下之相傾。」

穆又著絕交論，亦矯時之作。〔一〕

〔一〕穆集載論，其略曰：「或曰：『子絕存問，不見客，亦不荅也，何故？』曰：『古者，進退趨業，無私游之交，相見以公朝，享會以禮紀，否則朋徒受習而已。』曰：『人將疾子，如何？』曰：『寧受疾。』曰：『受疾可乎？』曰：『世之務交游也久矣，敦千乘不忌于君，犯禮以追之，背公以從之。其愈者，則孺子之愛也；其甚者，則求蔽過竊譽，以贍其私。事替義退，公輕私重，居勞於聽也。或於道而求其私，贍矣。是故遂往不反，而莫敢止焉。是川瀆並決，而莫之

敢塞；游豶蹂稼，而莫之禁也。詩云：「威儀棣棣，不可筭也。」後生將復何述？而吾不才，焉能規此？實悼無行，子道多闕，臣事多尤，思復白圭，重考古言，以補往過。時無孔堂，思兼則滯，匪有廢也，則亦焉興？是以敢受疾也，不亦可乎！』」文士傳曰：「世無絕交。」又與劉伯宗絕交書及詩曰：「昔我爲豐令，足下不遭母憂乎？親解縗絰，來入豐寺。及我爲持書御史，足下親來入臺。足下今爲二千石，我下爲郎，乃反因計吏以謁相與。足下豈丞尉之徒，我豈足下部〔民〕，欲以此謁爲榮寵乎？咄！劉伯宗於仁義道何其薄哉！」其詩曰：「北山有鴟，不絜其翼。飛不正向，寢不定息。飢則木攬，飽則泥伏。饕餮貪汙，臭腐是食。填腸滿嗉，嗜欲無極。長鳴呼鳳，謂鳳無德。鳳之所趣，與子異域。永從此訣，各自努力！」蹔因此而著論也。

梁冀驕暴不悛，朝野嗟毒，穆以故吏，懼其釁積招禍，復奏記諫曰：「古之明君，必有輔德之臣，規諫之官，下至器物，銘書成敗，以防遺失。〔一〕故君有正道，臣有正路，〔二〕從之如升堂，違之如赴壑。今明將軍地有申伯之尊，〔三〕位爲羣公之首，〔四〕一日行善，天下歸仁，〔五〕終朝爲惡，四海傾覆。頃者，官人俱匱，加以水蟲爲害。〔六〕京師諸官費用增多，詔書發調或至十倍。各言官無見財，皆當出民，搒掠割剝，彊令充足。公賦既重，私斂又深。牧守長吏，多非德選，貪聚無猒，遇人如虜，或絕命於箠楚之下，或自賊於迫切之求。〔七〕又掠奪百姓，皆託之尊府。遂令將軍結怨天下，吏人酸毒，道路歎嗟。昔秦政煩苛，百姓土崩，陳勝奮臂一呼，天下鼎沸，〔八〕而面諛之臣，猶言安耳。〔九〕諱惡不悛，卒至亡滅。昔永和之末，綱紀少弛，頗失人望。四五歲耳，而財空戶散，下有離心。馬免之徒乘敝而起，荆揚之閒幾成大患。〔一〇〕幸賴順烈皇后初政清靜，內外同力，僅乃討定。今百姓戚戚，困於永和，內非仁愛之心可得容忍，外非守國之計所宜久安也。夫將相大臣，均體元首，共輿而馳，同舟而濟，輿傾舟覆，患實共之。豈可以去明即昧，履危自安，〔一一〕主孤時困，而莫之卹乎！宜時易宰守非其人者，減省第宅園池之費，拒絕郡國諸所奉送。內以自明，外解人惑，使挾姦之吏無所依託，司察之臣得盡耳目。憲度既張，遠邇清壹，則將軍身尊事顯，德燿無窮。天道明察，無言不信，惟垂省覽。」冀不納，而縱放日滋，遂復賂遺左右，交通宦者，任其子弟、賓客以爲州郡要職。穆又奏記極諫，冀終不悟。報書云：「如此，僕亦無一可邪？」穆言雖切，然亦不甚罪也。

〔一〕黃帝作巾机之法，孔甲有盤盂之誡。太公陰謀曰，武王衣之銘曰：「桑蠶苦，女工難，得新捐故後必寒。」鏡銘曰：「以鏡自照者見形容，以人自照者見吉凶。」觴銘曰「樂極則悲，沈湎致非，社稷爲危」也。

〔二〕說苑君道篇曰：「人君之道，清淨無爲，務在博愛，趨在任賢，廣開耳目，以察萬方，不固溺於流俗，不拘繫於左右。」臣術篇曰「人臣之術，順從復命，無所敢專，義不苟合，位不苟尊，必有益於國，必有補於君」也。

〔三〕申國之伯，周宣王之元舅。

〔四〕冀絕席於三公。

〔五〕論語曰：「一日克己復禮，天下歸仁焉。」

〔六〕水災及蝗蟲也。

〔七〕賊，殺也。

〔八〕前書淮南王謂伍被曰「陳勝、吳廣起于大澤，奮臂大呼，天下響應」也。

〔九〕秦胡亥時，山東兵大起，叔孫通謂胡亥曰：「鼠竊狗盜，郡縣逐捕之，不足憂。」諸生曰：「何先生言之諛也！」

〔一〇〕質帝時，九江賊馬免稱「黃帝」，歷陽賊華孟稱「黑帝」，並九江都尉滕撫討斬之。九江、歷陽是荆、揚之閒也。

〔一一〕卽，就也。

永興元年，河溢，漂害人庶數十萬戶，百姓荒饉，流移道路。冀州盜賊尤多，故擢穆爲冀州刺史。州人有宦者三人爲中常侍，並以檄謁穆。穆疾之，辭不相見。冀部令長聞穆濟河，解印綬去者四十餘人。及到，奏劾諸郡，至有自殺者。以威略權宜，盡誅賊渠帥。舉劾權貴，或乃死獄中。有宦者趙忠喪父，歸葬安平，〔一〕僭爲璵璠、玉匣、偶人。〔二〕穆聞之，下郡案驗。吏畏其嚴明，遂發墓剖棺，陳尸出之，而收其家屬。帝聞大怒，徵穆詣廷尉，〔三〕輸作左校。〔四〕太學書生劉陶等數千人詣闕上書訟穆曰：「伏見施刑徒朱穆，處公憂國，拜州之日，志清姦惡。誠以常侍貴寵，父兄子弟布在州郡，競爲虎狼，噬食小人，故穆張理天網，補綴漏目，羅取殘禍，以塞天意。由是內官咸共恚疾，謗讟煩興，讒隙仍作，極其刑讁，輸作

左校。天下有識，皆以穆同勤禹、稷而被共、鯀之戾，若死者有知，則唐帝怒於崇山，重華忿於蒼墓矣。〔五〕當今中官近習，〔六〕竊持國柄，〔七〕手握王爵，口含天憲，運賞則使餓隸富於季孫，〔八〕呼噏則令伊、顏化爲桀、跖。〔九〕而穆獨亢然不顧身害。非惡榮而好辱，惡生而好死也，徒感王綱之不攝，〔一〇〕懼天網之久失，故竭心懷憂，爲上深計。臣願黥首繫趾，〔一一〕代穆校作。」帝覽其奏，乃赦之。

〔一〕安平，郡，冀州所部。

〔二〕玉匣長尺，廣二寸半，衣死者自腰以下至足，連以金縷，天子之制也。左傳曰：「陽虎將以璵璠斂。」杜預注云：「美玉名，君所佩也。」偶人，明器之屬也。

〔三〕謝承書曰：「穆臨當就道，冀州從事欲爲畫像置聽事上，穆留板書曰：『勿畫吾形，以爲重負。忠義之未顯，何形象之足紀也！』」

〔四〕左校，署名，屬將作，掌左工徒。

〔五〕尚書曰：「放驩兜於崇山。」孔安國注曰：「崇山，南裔也。」山海經曰：「有讙頭之國，帝堯葬焉。」郭璞注云：「讙頭，驩兜也。」禮記曰：「舜葬蒼梧之野。」

〔六〕鄭玄注禮記云：「近習，天子所親幸者。」

〔七〕周禮以八柄詔王馭羣臣，謂爵、祿、予、置、生、奪、廢、誅也。

〔八〕運，行也。論語曰：「季氏富於周公。」

〔九〕呼噏，吐納也。伊尹、顏回、夏桀、盜跖也。

〔一〇〕攝，持也。

〔一一〕黥首謂鑿額涅墨也。繫趾謂釱其足也，以鐵著足曰釱也。

穆居家數年，在朝諸公多有相推薦者，於是徵拜尚書。穆既深疾宦官，及在臺閣，旦夕共事，志欲除之。乃上疏曰：「案漢故事，中常侍參選士人。建武以後，乃悉用宦者。自延平以來，浸益貴盛，假貂璫之飾，處常伯之任，〔一〕天朝政事，一更其手，權傾海內，寵貴無極，子弟親戚，並荷榮任，故放濫驕溢，莫能禁禦。凶狡無行之徒，媚以求官，恃埶怙寵之輩，漁食百姓，窮破天下，空竭小人。愚臣以爲可悉罷省，遵復往初，率由舊章，更選海內清淳之士，明達國體者，以補其處。即陛下可爲堯舜之君，衆僚皆爲稷契之臣，兆庶黎萌蒙被聖化矣。」帝不納。後穆因進見，口復陳曰：「臣聞漢家舊典，置侍中、中常侍各一人，省尚書事，〔二〕黃門侍郎一人，傳發書奏，〔三〕皆用姓族。〔四〕自和熹太后以女主稱制，不接公卿，乃以閹人爲常侍，小黃門通命兩宮。自此以來，權傾人主，窮困天下。宜皆罷遣，博選耆儒宿德，與參政事。」帝怒，不應。穆伏不肯起。左右傳出，〔五〕良久乃趨而去。自此中官數因事稱詔詆毀之。

〔一〕璫以金爲之，當冠前，附以金蟬也。漢官儀曰：「中常侍，秦官也。漢興，或用士人，銀璫左貂。光武已後，專任宦者，右貂金璫。」常伯，侍中。

〔二〕省，覽也。

〔三〕傳，通也。

〔四〕引用士人有族望者。

〔五〕傳聲令出。

穆素剛，不得意，居無幾，憤懣發疽。〔一〕延熹六年，卒，時年六十四。祿仕數十年，蔬食布衣，家無餘財。公卿共表穆立節忠清，虔恭機密，守死善道，宜蒙旌寵。策詔襃述，追贈益州太守。所著論、策、奏、教、書、詩、記、嘲，凡二十篇。〔二〕

〔一〕疽，癰也。

〔二〕袁山松書曰：「穆著論甚美，蔡邕嘗至其家自寫之。」

穆前在冀州，所辟用皆清德長者，多至公卿、州郡。子野，少有名節，仕至河南尹。〔一〕初，穆父卒，穆與諸儒考依古義，謚曰貞宣先生。〔二〕及穆卒，蔡邕復與門人共述其體行，謚爲文忠先生。〔三〕

〔一〕野字子遜，見荀爽薦文。

〔二〕謚法曰：「清白守節曰貞，善聞周達曰宣。」

〔三〕袁山松書曰：「蔡邕議曰：『魯季文子，君子以爲忠，而謚曰文子。又傳曰：「忠，文之實也。」忠以爲實，文以彰

之。』遂共謚穆。荀爽聞而非之。故張璠論曰：『夫謚者，上之所贈，非下之所造，故顏、閔至德，不聞有謚。朱、蔡各以衰世臧否不立，故私議之。』」

論曰：朱穆見比周傷義，偏黨毀俗，〔一〕志抑朋游之私，遂著絕交之論。蔡邕以爲穆貞而孤，又作正交而廣其致焉。〔二〕蓋孔子稱「上交不諂，下交不黷」，〔三〕又曰「晏平仲善與人交」，子夏之門人亦問交於子張。〔四〕故易明「斷金」之義，〔五〕詩載「讌朋」之謠。〔六〕若夫文會輔仁，直諒多聞之友，時濟其益，〔七〕紵衣傾蓋，彈冠結綬之夫，遂隆其好，〔八〕斯固交者之方焉。〔九〕至乃田、竇、衞、霍之游客，〔一〇〕廉頗、翟公之門賓，〔一一〕進由埶合，退因衰異。又專諸、荊卿之感激，〔一二〕侯生、豫子之投身，〔一三〕情爲恩使，命緣義輕。皆以利害移心，懷德成節，非夫交照之本，未可語失得之原也。穆徒以友分少全，因絕同志之求；黨俠生敝，而忘得朋之義。〔一四〕蔡氏貞孤之言，其爲然也！古之善交者詳矣。漢興稱王陽、貢禹、陳遵、張竦，〔一五〕中世有廉范、慶鴻、陳重、雷義云。

〔一〕左傳曰：「頑嚚不友，是與比周。」杜預注云：「比，近也。周，密也。」

〔二〕邕論略曰：「聞之前訓曰：『君子以朋友講習，而正人無有淫朋。』是以古之交者，其義敦以正，其誓信以固。逮至周德始衰，頌聲既寢，伐木有『鳥鳴』之刺，谷風有『棄予』之怨，其所由來，政之缺也。自此已降，彌以陵遲，或閼其

始終，或彊其比周。是以搢紳患其然，而論者諄諄如也。疾淺薄而攜貳者有之，惡朋黨而絕交游者有之。其論交也，曰富貴則人爭趣之，貧賤則人爭去之。是以君子慎人所以交己，審己所以交人，富貴則無暴集之客，貧賤則無棄舊之賓矣。故原其所以來，則知其所以去；見其所以始，則覩其所以終。彼貞士者，貧賤不待夫富貴，富貴不驕乎貧賤，故可貴也。蓋朋友之道，有義則合，無義則離。善則久要不忘平生之言，惡則忠告善誨之，否則止，無自辱焉。故君子不爲可棄之行，不患人之遺己也；信有可歸之德，不病人之遠己也。不幸或然，則躬自厚而薄責於人，怨其遠矣；求諸己而不求諸人，咎其稀矣。夫遠怨稀咎之機，咸在乎躬，莫之能改也。子夏之門人問交於子張，而二子各有聞乎夫子，然則以交誨也。商也寬，故告之以距人；師也褊，故訓之以容衆，各從其行而矯之。至於仲尼之正教，則汎愛衆而親仁，故非善不喜，非仁不親，交游以方，會友以文，可無貶也。穀梁子亦曰：『心志既通，名譽不聞，友之罪也。』今將患其流而塞其源，病其末而刈其本，無乃未若擇其正而黜其邪，與其彼農皆黍而獨稷焉。夫黍亦神農之嘉穀，與稷並爲粢盛也，使交而可廢，則黍其愆矣。括二論而言之，則刺薄者博而洽，斷交者貞而孤。孤有羔羊之節，與其不獲已而矯時也，走將從夫孤焉。」

〔三〕易繫辭之言也。

〔四〕並見論語。

〔五〕易繫辭曰：「二人同心，其利斷金。」

〔六〕詩小雅伐木序云：「燕朋友故舊也。」其詩曰：「伐木湑湑，釃酒有藇。」釃音所宜反。藇音序。

〔七〕論語曰：「君子以文會友，以友輔仁。」又曰：「益者三友，友直，友諒，友多聞，益矣。」

〔八〕左傳曰，吳季札以縞帶贈子產，子產獻紵衣焉。孔叢子曰：「孔子與程子相遇於塗，傾蓋而語。」傾蓋謂駐車交蓋

也。前書曰，王陽、貢禹相與爲友，朱博與蕭育爲友，時稱「蕭朱結綬，王貢彈冠」，言其趣舍同，相薦達。

〔九〕方，道也。

〔一〇〕竇嬰，孝文皇后從兄子，封魏其侯，游士賓客爭歸之。武帝時爲丞相。田蚡，(武)〔景〕帝王皇后同產弟，爲太尉。蚡以太后故親幸，數言事多效，士吏趨勢利者皆去嬰而歸蚡。衞青拜大將軍，青姊子霍去病爲驃騎將軍，皆爲大司馬。去病秩祿與大將軍等，自是後青日衰而去病益貴，青故人門下多去事去病，輒得官爵也。

〔一一〕史記曰，廉頗趙人，封爲信平君，假相國。長平之免歸也，故客盡去；及復用爲將，客又至。廉頗曰：「客退矣。」客曰：「吁！君何見之晚也？夫以市道交，君有埶我即從君，無埶即去，此其理也，又何怨焉？」下邽翟公爲廷尉，賓客亦填門；及廢，門外可設爵羅。後復爲廷尉，賓客欲往，翟公大署其門曰「一死一生，乃知交情。一貧一富，乃知交態。一貴一賤，交情乃見」也。

〔一二〕史記曰，專諸，堂邑人。吳公子光以嫡嗣未得立，請專諸刺吳王僚。諸曰：「王僚可殺也，母老子弱，是其無如我何？」光乃置酒請王僚。酒酣，專諸置匕首魚炙之中，以刺王僚，立死。又曰，荆軻，衞人也。燕太子丹質於秦，秦王政遇之不善，丹怨亡歸，與軻交結，乃尊爲上卿，故謂之荆卿。軻入秦，刺始皇不遂而死也。

〔一三〕史記曰，侯嬴，魏隱士，爲大梁夷門門者，魏公子無忌請爲上客。秦圍邯鄲，嬴教公子竊兵符北救趙，乃自剄。又曰，豫讓，晉人。趙襄子滅智伯，讓曰：「士爲知己者死。」乃變名姓，欲刺襄子，襄子令執之，遂伏劍而死。

〔一四〕易曰：「西南得朋。」

〔一五〕前書曰，陳遵字孟公，杜陵人也。張竦字伯松。竦博學通達，以廉儉自守，而遵放縱不拘。操行雖異，然相親友也。

樂恢字伯奇，京兆長陵人也。父親，爲縣吏，得罪於令，收將殺之。恢年十一，常俯伏寺門，晝夜號泣。令聞而矜之，即解出親。

恢長好經學，事博士焦永。永爲河東太守，恢隨之官，閉廬精誦，不交人物。後永以事被考，諸弟子皆以通關被繫，〔一〕恢獨(皦)〔曒〕然不汙於法，〔二〕遂篤志爲名儒。性廉直介立，〔三〕行不合己者，雖貴不與交。信陽侯陰就數致禮請恢，恢絕不答。

〔一〕爲交通關涉也。

〔二〕(皦)〔曒〕，明也，音公鳥反。或從「白」作「皦」，音亦同。

〔三〕介，特也。

後仕本郡吏，太守坐法誅，〔一〕故人莫敢往，恢獨奔喪行服，坐以抵罪。歸，復爲功曹，選舉不阿，請託無所容。同郡楊政數衆毀恢，後舉政子爲孝廉，由是鄉里歸之。辟司空牟融府。會蜀郡太守第五倫代融爲司空，恢以與倫同郡，不肯留，薦潁川杜安而退。諸公多其行，連辟之，遂皆不應。〔二〕

〔一〕東觀記京兆尹張恂召恢，署戶曹史。

〔二〕華嶠書曰：「安擢爲宛令，以病去。章帝行過潁川，安上書，召拜御史，遷至巴郡太守。而恢在家，安與恢書通問，恢告吏口謝，且讓之曰：『爲宛令不合志，病去可也。干人主以窺覦，非也。違平生操，故不報。』安亦節士也，年十三入太學，號奇童。洛陽令周紆自往候安，安謝不見。京師貴戚慕其行，或遺之書，安不發，悉壁藏之。及後捕案貴戚賓客，安開壁出書，印封如故。」

後徵拜議郎。會車騎將軍竇憲出征匈奴，恢數上書諫爭，朝廷稱其忠。〔一〕入爲尚書僕射。是時河南尹王調、洛陽令李阜與竇憲厚善，縱舍自由。恢劾奏調、阜，并及司隸校尉。諸所刺舉，無所回避，貴戚惡之。〔二〕憲弟夏陽侯瓌欲往候恢，恢謝不與通。憲兄弟放縱，而忿其不附己。妻每諫恢曰：「昔人有容身避害，何必以言取怨？」恢歎曰：「吾何忍素餐立人之朝乎！」遂上疏諫曰：「臣聞百王之失，皆由權移於下。大臣持國，常以埶盛爲咎。伏念先帝，聖德未永，早棄萬國。陛下富於春秋，纂承大業，〔三〕諸舅不宜幹正王室，以示天下之私。經曰：『天地乖互，衆物夭傷。君臣失序，萬人受殃。』政失不救，其極不測。方今之宜，上以義自割，下以謙自引。四舅可長保爵土之榮，〔四〕皇太后永無慙負宗廟之憂，誠策之上者也。」書奏不省。時竇太后臨朝，和帝未親萬機，恢以意不得行，乃稱疾乞骸骨。詔賜錢，太醫視疾。恢薦任城郭均、成陽高鳳，而遂稱篤。拜騎都尉，上書辭謝曰：「仍受厚恩，無以報效。夫政在大夫，孔子所疾；〔五〕世卿持權，春秋以戒。〔六〕聖人懇惻，不虛言也。

近世外戚富貴，必有驕溢之敗。今陛下思慕山陵，未遑政事；諸舅寵盛，權行四方。若不能自損，誅罰必加。臣壽命垂盡，臨死竭愚，惟蒙留神。」詔聽上印綬，乃歸鄉里。竇憲因是風厲州郡迫脅，恢遂飲藥死。弟子縗絰輓者數百人，〔七〕衆庶痛傷之。

〔一〕東觀記載恢所上書諫曰：「春秋之義，王者不理夷狄。得其地不可墾發，得其人無益於政，故明王之於夷狄，羈縻而已。孔子曰：『遠人不服，則修文德以來之。』以漢之盛，不務修舜、禹、周公之（術）〔德〕，而無故興干戈，動兵革，以求無用之物，臣誠惑之！」

〔二〕決錄注曰：「諷字叔和，爲河南尹。永和二年，坐賈洛陽令同郡任稜竹田及上龍城東漕渠免官。」

〔三〕春秋謂年也。言年少，春秋尚多，故稱富。

〔四〕四舅謂竇憲、弟篤、景、瓌也。

〔五〕論語孔子曰：「天下有道，政不在大夫。」

〔六〕左傳曰：「齊崔氏出奔衞。」公羊傳曰：「崔氏者何？齊大夫。稱崔氏者何？貶。曷爲貶？譏世卿也。」

〔七〕輓，引柩也。

後竇氏誅，帝始親事，恢門生何融等上書陳恢忠節，除子己爲郎中。〔一〕

〔一〕三輔決錄注曰：「己字伯文，爲郎非其好也，去官。」

何敞字文高，扶風平陵人也。其先家于汝陰。六世祖比干，學尚書於朝錯，〔一〕武帝時爲廷尉正，與張湯同時。湯持法深而比干務仁恕，數與湯爭，雖不能盡得，然所濟活者以千數。後遷丹（楊）〔陽〕都尉，因徙居平陵。敞父寵，建武中爲千乘都尉，以病免，遂隱居不仕。

〔一〕何氏家傳：「（云並）〔六世〕祖父比干，字少卿，經明行修，兼通法律。爲汝陰縣獄吏決曹掾，平活數千人。後爲丹陽都尉，獄無冤囚，淮汝號曰『何公』。征和三年三月辛亥，天大陰雨，比干在家，日中夢貴客車騎滿門，覺以語妻。語未已，而門有老嫗可八十餘，頭白，求寄避雨，雨甚而衣履不霑漬。雨止，送至門，乃謂比干曰：『公有陰德，今天錫君策，以廣公之子孫。』因出懷中符策，狀如簡，長九寸，凡九百九十枚，以授比干，子孫佩印綬者當如此筭。比干年五十八，有六男，又生三子。本始元年，自汝陰徙平陵，代爲名族。」

敞性公正。自以趣舍不合時務，每請召，常稱疾不應。元和中，辟太尉宋由府，由待以殊禮。敞論議高，常引大體，多所匡正。司徒袁安亦深敬重之。是時京師及四方累有奇異鳥獸草木，言事者以爲祥瑞。敞通經傳，能爲天官，意甚惡之。乃言於二公曰：「夫瑞應依德而至，災異緣政而生。故鸜鵒來巢，昭公有乾侯之戹；〔一〕西狩獲麟，孔子有兩楹之殯。〔二〕海鳥避風，臧文祀之，君子譏焉。〔三〕今異鳥翔於殿屋，怪草生於庭際，不可不察。」由、安懼然不敢荅。〔四〕居無何而肅宗崩。

〔一〕春秋：「有鸜鵒來巢。」左氏傳魯大夫師己曰：「文、成之世，童謡有之曰：『鸜鵒之羽，公在外野，往饋之馬。鸜鵒跦跦，公在乾侯。』」季平子逐昭公，公遜于乾侯。杜預注：「乾侯在魏郡斥丘縣，晉境內邑也。」

〔二〕公羊傳曰：「西狩獲麟，有以告孔子者曰：『有麏而角者何？』孔子曰：『孰爲來哉！孰爲來哉！』反袂拭面，涕下沾袍，曰：『吾道窮矣！』」何氏注曰：「麟者，太平之符，聖人之類。時得麟而死，此亦天告夫子將沒之徵也。」禮記孔子謂子貢曰：「予疇昔夜夢坐奠於兩楹之閒焉。殷人殯於兩楹之閒，丘即殷人也，予殆將死也。」遂寢疾，七日而死。

〔三〕國語曰，海鳥爰居，止於魯東門之外三日，臧文仲使國人祭之。展禽譏焉，因曰：「今茲海其有風乎？廣川之鳥恆知避風。」是歲海多大風，冬煖。文仲聞之，曰：「吾過矣！」

〔四〕懼音紀具反。

時竇氏專政，外戚奢侈，賞賜過制，倉帑爲虛。〔一〕敞奏記由曰：「敞聞事君之義，進思盡忠，退思補過。歷觀世主時臣，無不各欲爲化，垂之無窮，然而平和之政萬無一者，蓋以聖主賢臣不能相遭故也。今國家秉聰明之弘道，明公履晏晏之純德，〔二〕君臣相合，天下翕然，治平之化，有望於今。孔子曰：『如有用我者，三年有成。』今明公視事，出入再朞，宜當克己，以酬四海之心。禮，一穀不升，則損服徹膳。〔三〕天下不足，若己使然。而比年水旱，人不收穫，涼州緣邊，家被凶害，〔四〕男子疲於戰陳，妻女勞於轉運，老幼孤寡，歎息相依，又中州內郡，公私屈竭，此實損膳節用之時。國恩覆載，賞賚過度，但聞臘賜，自郎官以上，公卿王侯以下，至於空竭帑藏，損耗國資。尋公家之用，皆百姓之力。明君賜賚，宜有品制，忠

臣受賞，亦應有度，〔五〕是以夏禹玄圭，周公束帛。〔六〕今明公位尊任重，責深負大，上當匡正綱紀，下當濟安元元，豈但空空無違而已哉！宜先正己以率羣下，還所得賜，因陳得失，奏王侯就國，除苑囿之禁，節省浮費，賑卹窮孤，則恩澤下暢，黎庶悅豫，上天聰明，必有立應。使百姓歌誦，史官紀德，豈但子文逃祿，〔七〕公儀退食之比哉！」〔八〕由不能用。

〔一〕帑音它朗反。

〔二〕晏晏，溫和也。

〔三〕禮記曰：「歲凶，年穀不登，君膳不祭肺。」損服，減損服御。

〔四〕時西羌犯邊爲害也。

〔五〕臘賜大將軍、三公錢各二十萬，牛肉二百斤，粳米二百斛，特進、侯十五萬，卿十萬，校尉五萬，尚書三萬，侍中、將、大夫各二萬，千石、六百石各七千，虎賁、羽林郎二人共三千，以爲祀門戶直。見漢官儀也。

〔六〕尚書曰：「召公出取幣，入錫周公。」

〔七〕國語：「昔楚鬬子文三登令尹，無一日之積。成王聞子文朝不及夕也，於是乎每朝設脯七束，糗一筐，以羞子文。成王每出子文之祿，必逃，王止而後復。人謂子文曰：『人生求富，子逃之，何也？』對曰：『從政者，以庇人也。人多曠者而我取富焉，是勤人以自封也，死無日矣。我逃死，非逃富也。』」

〔八〕史記：「公儀休相魯，食茹而美，拔園葵而棄之，見布好而逐出其家婦，燔其機，云『欲令農士女工安得鬻其貨乎』？」比音庇。

時齊殤王子都鄉侯暢奔弔國憂，上書未報，〔一〕侍中竇憲遂令人刺殺暢於城門屯衞之中，〔二〕而主名不立。敞又說由曰：「劉暢宗室肺府，茅土藩臣，來弔大憂，上書須報，〔三〕親在武衞，致此殘酷。奉憲之吏，莫適討捕，〔四〕蹤迹不顯，主名不立。敞備數股肱，職典賊曹，〔五〕故欲親至發所，以糾其變，而二府以爲故事三公不與賊盜。〔六〕昔陳平生於征戰之世，猶知宰相之分，云『外鎮四夷，內撫諸侯，使卿大夫各得其宜』。〔七〕今二府執事不深惟大義，惑於所聞，公縱姦慝，莫以爲咎。惟明公運獨見之明，昭然勿疑，敞不勝所見，請獨奏案。」由乃許焉。二府聞敞行，皆遣主者隨之，〔八〕於是推舉具得事實，京師稱其正。

〔一〕時章帝崩也。殤王名石，齊武王縯之孫也。

〔二〕暢得幸竇太后，故刺殺之。

〔三〕須，待也。

〔四〕適音的。謂無指的討捕也。

〔五〕股肱謂手臂也。公府有賊曹，主知盜賊也。

〔六〕敞在太尉府，二府謂司徒、司空。丙吉爲丞相不案事，遂爲故事，見馬防傳也。

〔七〕陳平爲左丞相，對文帝曰：「宰相者，佐天子理陰陽，順四時，下育萬物之宜，外鎮撫四夷、諸侯，內親附百姓，使卿大夫各得任其職焉。」

〔八〕主者謂主知盜賊之曹也。

以高第拜侍御史。時遂以竇憲爲車騎將軍，大發軍擊匈奴，而詔使者爲憲弟篤、景並起邸第，興造勞役，百姓愁苦。敞上疏諫曰：「臣聞匈奴之爲桀逆久矣。平城之圍，嫚書之恥，〔一〕此二辱者，臣子所爲捐軀而必死，高祖、呂后忍怒還忿，舍而不誅。伏惟皇太后秉文母之操，〔二〕陛下履晏晏之姿，匈奴無逆節之罪，漢朝無可慙之恥，而盛春東作，〔三〕興動大役，元元怨恨，咸懷不悅。而猥復爲衞尉篤、奉車都尉景繕修館第，彌街絕里。臣雖斗筲之人，〔四〕誠竊懷怪，以爲篤、景親近貴臣，當爲百僚表儀。今衆軍在道，朝廷焦脣，百姓愁苦，縣官無用，而遽起大第，崇飾玩好，非所以垂令德、示無窮也。宜且罷工匠，專憂北邊，恤人之困。」書奏不省。

〔一〕匈奴冒頓以精兵三十萬騎，圍高帝於白登七日。案：白登在平城東南十餘里。高后時，冒頓遺高后書曰：「陛下獨立，孤僨獨居，兩主不樂，無以自娛，願以所有，易其所無。」孤僨，冒頓自謂。

〔二〕文母，文王之妻大姒也。詩曰「旣有烈考，亦有文母」也。

〔三〕歲起於東，人始就耕，故曰東作。

〔四〕鄭玄注論語：「筲，竹器，容斗二升。」

後拜爲尚書，復上封事曰：「夫忠臣憂世，犯主嚴顏，譏刺貴臣，至以殺身滅家而猶爲之者，何邪？君臣義重，有不得已也。臣伏見往事，國之危亂，家之將凶，皆有所由，較然易知。〔一〕昔鄭武姜之幸叔段，〔二〕衞莊公之寵州吁，〔三〕愛而不教，終至凶戾。由是觀之，愛子若此，猶飢而食之以毒，適所以害之也。〔四〕伏見大將軍憲，始遭大憂，公卿比奏，欲令典幹國事。〔五〕憲深執謙退，固辭盛位，懇懇勤勤，言之深至，天下聞之，莫不悅喜。今踰年無幾，大禮未終，卒然中改，兄弟專朝。憲秉三軍之重，篤、景總宮衞之權，而虐用百姓，奢侈僭偪，誅戮無罪，肆心自快。今者論議凶凶，咸謂叔段、州吁復生於漢。臣觀公卿懷持兩端，不肯極言者，以爲憲等若有匪懈之志，則己受吉甫褒申伯之功，〔六〕如憲等陷於罪辜，則自取陳平、周勃順呂后之權，〔七〕終不以憲等吉凶爲憂也。臣敞區區，誠欲計策兩安，絕其緜緜，塞其涓涓，〔八〕上不欲令皇太后損文母之號，陛下有誓泉之譏，〔九〕下使憲等得長保其福祐。然臧獲之謀，上安主父，下存主母，猶不免於嚴怒。〔一○〕臣伏惟累祖蒙恩，至臣八世，〔一一〕復以愚陋，旬年之閒，歷顯位，備機近，每念厚德，忽然忘生。雖知言必夷滅，而冒死自盡者，誠不忍目見其禍而懷默苟全。駙馬都尉瓌，雖在弱冠，有不隱之忠，比請退身，願抑家權。可與參謀，聽順其意，誠宗廟至計，竇氏之福。」

〔一〕較，明。

〔二〕左傳，鄭武姜愛少子叔段，莊公立，武姜請以京封叔段，謂之京城大叔，後武姜引以襲鄭。

〔三〕左傳，衞莊公寵庶子州吁，州吁好兵，公不禁。大夫石碏諫曰：「臣聞愛子教之以義方，弗納於邪。」莊公不從。

及卒，適子桓公立，州吁乃殺桓公而篡其位。

〔四〕史記蘇秦曰：「飢人之所以飢而不食烏喙，爲其愈充腹而與餓死同患也。」

〔五〕比，頻也。幹，主也。

〔六〕申伯，周宣王元舅也，有令德，故尹吉甫作頌以美之。其詩曰：「維嶽降神，生甫及申。」「申伯之德，柔惠且直。揉此萬邦，聞于四國。」

〔七〕呂后欲封呂祿、呂產爲王，王陵諫不許，陳平、周勃順旨而封之。呂后崩，平、勃合謀，卒誅產、祿也。

〔八〕周金人銘曰：「涓涓不壅，終爲江河；緜緜不絕，或成網羅」也。

〔九〕左傳，鄭武姜引大叔段襲莊公，莊公寘姜氏於城潁，誓之曰：「不及黃泉，無相見也。」

〔一○〕方言：「臧獲，奴婢賤稱也。」史記曰：「蘇秦謂燕王曰：『客有遠爲吏，其妻私人。其夫將來，私者憂之，妻曰：「勿憂，吾已爲作藥酒待之矣。」居三日，其夫果至，妻使妾舉藥酒而進之。妾欲言酒之藥乎，則恐逐其主母也；欲勿言邪，則恐殺其主父。於是佯僵而棄酒。主父怒，笞之。故妾僵而覆酒，上存主父，下存主母，然猶不免於笞。』」

〔一一〕東觀記曰，何脩生成，爲漢膠東相；成生果，爲太中大夫；果生比干，爲丹陽都尉；比干生壽，蜀郡太守；壽生顯，京輔都尉；顯生鄢，光祿大夫；鄢生寵，濟南都尉；寵生敞，八世也。

敞數切諫，言諸竇罪過，憲等深怨之。時濟南王康尊貴驕甚，〔一〕憲乃白出敞爲濟南太傅。

〔一〕康，光武少子也。

歲餘，遷汝南太守。敞疾文俗吏以苛刻求當時名譽，故在職以寬和爲政。立春日，常召督郵還府，〔一〕分遣儒術大吏案行屬縣，顯孝悌有義行者。及舉冤獄，以春秋義斷之。是以郡中無怨聲，百姓化其恩禮。其出居者，皆歸養其父母，追行喪服，〔二〕推財相讓者二百許人。〔三〕置立禮官，不任文吏。又修理鮦陽舊渠，百姓賴其利，〔四〕墾田增三萬餘頃。吏人共刻石，頌敞功德。

〔一〕督郵主司察愆過，立春陽氣發生，故召歸。

〔二〕出居謂與父母別居者。其親先亡者自恨喪禮不足，追行喪制也。

〔三〕東觀記曰：「高譚等百八十五人推財相讓。」

〔四〕鮦陽，縣，屬汝南郡，故城在今豫州新蔡縣北。水經注云：「葛陂東出爲鮦水，俗謂之三丈陂。」

及竇氏敗，有司奏敞子與夏陽侯瓌厚善，坐免官。永元十二年復徵，三遷五官中郎將。常忿疾中常侍蔡倫，倫深憾之。元興元年，敞以祠廟嚴肅，微疾不齋，後鄧皇后上太傅禹冢，敞起隨百官會，倫因奏敞詐病，坐抵罪。卒于家。

論曰：永元之際，天子幼弱，太后臨朝，竇氏憑盛戚之權，將有呂、霍之變。〔一〕幸漢德未衰，大臣方忠，袁、任二公正色立朝，〔二〕樂、何之徒抗議柱下，〔三〕故能挾幼主〔之〕斷，勦

姦回之偪。〔四〕不然，國家危矣。夫竇氏之閒，唯何敞可以免，而特以子失交之故廢黜，不顯大位。惜乎，過矣哉！

〔一〕呂祿、呂產也。霍光之子禹。

〔二〕袁安、任隗也。

〔三〕漢官儀曰：「侍御史，周官也，爲柱下史，冠法冠。」案禮圖注云：「法冠，執法者服之。」樂恢爲司隸，何敞爲御史，並彈射糾察之官也。

〔四〕勦，絕也。

贊曰：朱生受寄，誠不愆義。公叔辟梁，允納明刺。絕交面朋，崇厚浮僞。〔一〕恢舉謗己，敞非祥瑞。永言國偪，甘心彊詖。〔二〕

〔一〕楊雄法言曰：「朋而不心，面朋也。友而不心，面友也。」浮僞者，勸之以崇厚也。

〔二〕詖，佞諂也。竇憲兄弟奢僭上偪，敞冒死切諫，是甘心於彊詖之人也。

校勘記

一四五七頁三行 朱暉字文季　袁宏紀作「文秀」。按：下云「強直自遂，南陽朱季」，則作「文季」是。

一四五七頁一二行 太守阮況嘗欲市暉（牛）〔婢〕　據汲本、殿本改。按：注引東觀記「欲買暉婢」，則作「婢」是。

一四五八頁三行 是時陰就爲府卿　按：御覽八〇六引「府卿」作「少府卿」。

一四五八頁九行 暉爲（掾）督郵　據汲本、殿本刪。按：聚珍本東觀記作「暉爲郡督郵」。

一四五八頁一四行 臣觀大王無償趙城色　汲本、殿本「無」下有「意」字，「色」作「邑」。今按：史記作「臣觀大王無意償趙王城邑」。

一四六〇頁六行 居儉難之時　汲本、殿本「儉」作「險」。按：易否卦「君子以儉德辟難」，爲此語所本。儉與險通。

一四六二頁一五行 嚴鮪謀立清河王蒜　按：集解引沈宇說，謂清河王、李固、杜喬傳皆作「劉鮪」。

一四六三頁四行 郡中瞻望明府謂如仲尼非顏回不敢以迎孔子　按：汲本、殿本「謂」字在「非顏回」上。

一四六五頁一一行 此老子（道）德經之詞也　據汲本、殿本補。

一四六五頁一三行 行〔之〕有失　據汲本、殿本補。

一四六六頁一〇行 （武）〔景〕帝王皇后　據陳景雲說改。

一四六七頁六行 然〔後〕知薄者之不足　刊誤謂案文「然」字下不可少「後」字，明脫之。今據補。

一四六七頁一四行 世之務交游也久矣敦千乘不忌于君　按：御覽四一〇引作「世之務交遊也甚矣，不惇于業，不忌于君」。

一四六八頁五行 我豈足下部〔民〕　據汲本補。按：刊誤謂「部」下應有「民」字。

一四六九頁一行 馬免之徒　按：集解引惠棟說，謂蔣杲云帝紀「免」作「勉」。

一四七〇頁八行 漂害人庶數十萬戶　按：校補引錢大昭說，謂續漢五行志注引此傳作「數千萬戶」。

一四七〇頁一〇行 奏劾諸郡　按：汲本、殿本「郡」作「部」。

一四七二頁三行 繫趾謂鈦其足也以鐵著足曰鈦也　按：兩「鈦」字原並譌「鈦」，逕改正。

一四七三頁七行 追贈益州太守　集解引沈欽韓說，謂袁紀作「益州刺史」爲是。按：校補謂蔡邕朱公叔碑首云「忠文公益州太守朱君」，則固可爲贈太守之一證。漢制刺史雖巡行所部各郡，以六條問事，而秩僅六百石，遠不逮太守，故太守轉爲刺史遷途，贈官亦例以太守爲重也。

一四七五頁四行 否則止　按：刊誤謂「否」當作「不可」。

一四七五頁六行 莫之能改也　按：殿本無「能」字，王先謙謂無「能」字是。

一四七五頁一一行 走將從夫孤焉　按：「夫」原譌「失」，逕改正。

一四七六頁三行 （武）〔景〕帝王皇后　據陳景雲說改。

一四七六頁一三行 爲大梁夷門門者　按：汲本、殿本下「門」字作「監」。

一四七七頁一行 恢年十一　按：校補引柳從辰說，謂袁宏紀「一」作「二」。

〔一四七七頁三行〕事博士焦永　按：集解引惠棟說，謂袁宏紀作「焦貺」。案鄭宏傳，宏師河東太守焦貺，袁紀稱貺嘗爲博士，後爲河東太守，則「永」當爲「貺」也。

〔一四七七頁四行〕恢獨（皦）〔曒〕然不汚於法　據殿本改，注同。

〔一四七七頁一〇行〕同郡楊政　按：校補引柳從辰說，謂袁紀作「杜陵人楊正」。

〔一四七八頁二行〕干人主以闚覦　按：「覦」原譌「踰」，逕據汲本、殿本改正。

〔一四七八頁三行〕年十三入太學　按：集解引沈欽韓說，謂書鈔引先賢行狀作「年十五」。

〔一四七八頁一一行〕衆物夭傷　按：汲本「夭」作「大」。

〔一四七八頁一四行〕成陽高鳳　集解引錢大昕說，謂案逸民傳，高鳳南陽葉人，此「成陽」恐是「南陽」之譌，或別有同姓名者。按：張森楷校勘記謂南陽高鳳以建初元年爲任隗所薦，尋卒，此在永元之時，則卒已久矣，蓋非一人。錢說疑尚未審。

〔一四七九頁五行〕不務修舜禹周公之（術）〔德〕　據汲本、殿本改。按：今東觀記亦作「德」。

〔一四七九頁一一行〕左傳曰齊崔氏出奔衞　按：校補謂此春秋宣公十年經文，「左傳」二字乃「春秋」之誤，各本皆未正。

〔一四八〇頁三行〕後遷丹（楊）〔陽〕都尉　據汲本、殿本改。

〔一四八〇頁四行〕何氏家傳（云並）〔六世〕祖父比干　據汲本改。按：「云並」與「六世」形近而譌。

朱樂何列傳第三十三　一四九一

後漢書卷四十三　一四九二

〔一四八〇頁一五行〕文成之世　汲本、殿本「成」作「武」。按：今本左傳亦作「文武之世」，汲本、殿本殆據今本左傳改也。然阮元校勘記謂石經、宋本、岳本「武」作「成」，謂文公、成公也，則作「文成之世」是。

〔一四八二頁一三行〕洽平之化　按：「洽」原譌「洽」，逕據汲本、殿本改正。

〔一四八二頁二行〕豈但空空無違而已哉　按：集解引通鑑胡注，謂「空」當作「悾」，悾悾，謹愨也。

〔一四八二頁一五行〕欲令農士女工安得奪其貨乎　汲本「奪」作「售」。刊誤謂案文「奪」當作「售」，「得」當作「所」。按：史記循吏傳作「欲令農士女工安所讎其貨乎」。

〔一四八三頁一行〕齊殤王　按：刊誤謂「殤」當作「煬」。

〔一四八四頁二行〕嫚書之恥　按：「嫚」原譌「慢」，逕據汲本、殿本改正。

〔一四八五頁二行〕伏見大將軍憲　按：汲本、殿本「憲」上有「竇」字。

〔一四八五頁一四行〕鄭武姜愛少子叔段　按：「少」原譌「小」，逕改正。

〔一四八六頁一三行〕比干生壽　按：張森楷校勘記謂案漢書百官表及何武傳，壽是廬江人，與比干居郡絕遠，東觀記乃以爲比干生壽，恐非也。

〔一四八六頁一三行〕壽生顯　按：張森楷校勘記謂案前書何武傳，壽子不見名字，名顯者乃武弟，非壽子也。

〔一四八七頁一〇行〕三遷五官中郎將　按：校補引錢大昭說，謂張酺傳作「左中郎將」。

〔一四八七頁一四行〕故能挾幼主〔之〕斷　據刊誤補。

〔一四八八頁一一行〕敞冒死切諫　按：陳景雲謂「永言」二句乃直指恢、敞言之，非獨謂敞也，注「敞」上脫「恢」字。

後漢書卷四十四

鄧張徐張胡列傳第三十四

鄧彪字智伯，南陽新野人，〔一〕太傅禹之宗也。父邯，中興初以功封鄳侯，〔二〕仕至勃海太守。彪少勵志，修孝行。父卒，讓國於異母弟荆鳳，〔三〕顯宗高其節，下詔許焉。

〔一〕續漢書曰：「其先楚人，鄧況始居新野，子孫以農桑爲業。」

〔二〕鄳音莫庚反。

〔三〕本或無「荆」。

後仕州郡，辟公府，〔一〕五遷桂陽太守。永平十七年，徵入爲太僕。數年，喪後母，辭疾乞身，詔以光祿大夫行服。服竟，拜奉車都尉，遷大司農。數月，代鮑昱爲太尉。彪在位清白，爲百僚式。視事四年，以疾乞骸骨。元和元年，賜策罷，贈錢三十萬，在所以二千石奉終其身。又詔太常四時致宗廟之胙，〔二〕河南尹遣丞存問，常以八月旦奉羊、酒。〔三〕

〔一〕東觀記曰：「彪與同郡宗武伯、翟敬伯、陳綏伯、張弟伯同志好，齊名，南陽號曰『五伯』。」

〔二〕胙，祭廟肉也。禮，凡預祭，異姓則歸之胙，同姓則留之宴。彪不預祭而賜胙，重之。

〔三〕東觀記曰「賜羊一頭，酒二石」也。

和帝即位，以彪爲太傅，錄尚書事，賜爵關(中)〔內〕侯。永元初，竇氏專權驕縱，朝廷多有諫爭，而彪在位修身而已，不能有所匡正。又嘗奏免御史中丞周紆，紆前失竇氏旨，故頗以此致譏，然當時宗其禮讓。及竇氏誅，以老病上還樞機職，詔賜養牛酒而許焉。五年春，薨于位，天子親臨弔臨。

張禹字伯達，趙國襄國人也。

祖父況族姊爲皇祖考夫人，〔一〕數往來南頓，見光武。光武爲大司馬，過邯鄲，況爲郡吏，謁見光武。光武大喜，曰：「乃今得我大舅乎！」因與俱北，到高邑，以爲元氏令。遷涿郡太守。後爲常山關長。會赤眉攻關城，況戰歿。〔二〕父歆，初以報仇逃亡，〔三〕後仕爲淮陽相，終於汲令。〔四〕

〔一〕皇祖考，鉅鹿都尉回。

〔二〕關，縣，屬常山郡，今定州行唐縣西北有故關邑城。東觀記曰：「況遷涿郡太守，時年八十，不任兵馬，上疏乞身，詔許之。後詔問起居何如，子歆對曰『如故』。詔曰：『家人居不足贍，且以一縣自養。』復以況爲常山關長。會赤眉攻關城，況出戰死，上甚哀之。」

〔三〕東觀記曰：「歆守皋長，有報父仇賊自出，歆召囚詣閤，曰：『欲自受其辭。』既入，解械飲食，便發遣，遂棄官亡命，逢赦出，由是鄉里服其高義。」與此不同。

〔四〕東觀記曰：「歆爲相時，王新歸國，賓客放縱，干亂法禁，歆將令尉入宮搜捕，王(自)〔白〕上，歆坐左遷爲汲令，卒官。」

禹性篤厚節儉。〔一〕父卒，汲吏人賻送前後數百萬，悉無所受。又以田宅推與伯父，身自寄止。

〔一〕東觀記曰：「禹好學，習歐陽尚書，事太常桓榮，惡衣食。」

永平八年，舉孝廉，稍遷，建初中，拜楊州刺史。當過江行部，中土(民)〔人〕皆以江有子胥之神，難於濟涉。〔一〕禹將度，吏固請不聽。禹厲言曰：「子胥如有靈，知吾志在理察枉訟，豈危我哉？」遂鼓楫而過。歷行郡邑，深幽之處莫不畢到，親錄囚徒，多所明舉。吏民希見使者，(民)〔人〕懷喜悅，怨德美惡，莫不自歸焉。

〔一〕酈元水經注曰，吳王賜子胥死，浮尸於江。夫差悔，與羣臣臨江設祭，修塘道及壇，吳人因爲立廟而祭焉。

元和二年，轉兗州刺史，亦有清平稱。三年，遷下邳相。徐縣北界有蒲陽坡，〔一〕傍多

良田，而堙廢莫修。禹爲開水門，通引灌溉，遂成孰田數百頃。勸率吏民，假與種糧，親自勉勞，遂大收穀實。鄰郡貧者歸之千餘戶，室廬相屬，其下成市。後歲至墾千餘頃，民用溫給。〔二〕功曹史戴閏，故太尉掾也，權動郡內。有小譴，禹令自致徐獄，然後正其法。〔三〕自長史以下，莫不震肅。

〔一〕東觀記曰：「坡水廣二十里，徑且百里，在道西，其東有田可萬頃。」「坡」與「陂」同。

〔二〕東觀記曰：「禹巡行守舍，止大樹下，食糒飲水而已。後年，鄰國貧人來歸之者，茅屋草廬千戶，屠酤成市。墾田千餘頃，得穀百萬餘斛。」

〔三〕徐，縣名也。東觀記曰「閏當從行縣，從書佐假車馬什物。禹聞知，令直符責問，閏具以實對。禹以宰士惶恐首實，令自致徐獄」也。

永元六年，入爲大司農，拜太尉，和帝甚禮之。十五年，南巡祠園廟，禹以太尉兼衞尉留守。〔一〕聞車駕當進幸江陵，以爲不宜冒險遠，驛馬上諫。詔報曰：「祠謁既訖，當南禮大江，會得君奏，臨漢回輿而旋。」及行還，禹特蒙賞賜。

〔一〕東觀記曰「禹留守北宮，太官朝夕送食，賜閣登具物，除子男盛爲郎」也。

延平元年，遷爲太傅，錄尚書事。鄧太后以殤帝初育，〔一〕欲令重臣居禁內，乃詔禹舍宮中，給帷帳牀褥，太官朝夕進食，五日一歸府。每朝見，特贊，與三公絕席。禹上言：「方

諒闇密靜之時，不宜依常有事於苑囿。〔二〕其廣成、上林空地，宜且以假貧民。」太后從之。及安帝即位，數上疾乞身。詔遣小黃門問疾，賜牛一頭，酒十斛，勸令就第。其錢布、刀劒、衣物，前後累至。

〔一〕育，生也。
〔二〕鄭玄注論語曰：「諒闇謂凶廬也。」尚書曰「帝乃徂落，四海遏密八音」也。

永初元年，以定策功封安鄉侯，食邑千二百戶，與太尉徐防、司空尹勤同日俱封。其秋，以寇賊水雨策免防、勤，而禹不自安，上書乞骸骨，更拜太尉。四年，新野君病，〔一〕皇太后車駕幸其第。禹與司徒夏勤、司空張敏俱上表言：「新野君不安，車駕連日宿止，臣等誠竊惶懼。臣聞王者動設先置，止則交戟，清道而後行，清室而後御，〔二〕離宮不宿，所以重宿衞也。陛下體烝烝之至孝，親省方藥，恩情發中，久處單外，百官露止，議者所不安。宜且還宮，上爲宗廟社稷，下爲萬國子民。」比三上，固爭，乃還宮。後連歲災荒，府藏空虛，禹上疏求入三歲租稅，以助郡國稟假。〔三〕詔許之。五年，以陰陽不和策免。七年，卒于家。使者弔祭。除小子曜爲郎中。長子盛嗣。

〔一〕鄧太后母陰氏。
〔二〕前書曰：「舊典，天子行幸，所至必遣靜室令先案行，清靜殿中，以虞非常。」
〔三〕稟，給也。假，貸也。

徐防字謁卿，沛國銍人也。〔一〕祖父宣，爲講學大夫，以易教授王莽。〔二〕父憲，亦傳宣業。

〔一〕銍故城，今亳州臨渙縣也。
〔二〕王莽置六經祭酒各一人，秩上卿。長安國由爲講易祭酒，宣爲講學大夫，蓋當屬於祭酒也。

防少習父祖學，永平中，舉孝廉，除爲郎。防體貌矜嚴，占對可觀，顯宗異之，特補尚書郎。職典樞機，周密畏慎，奉事二帝，未嘗有過。和帝時，稍遷司隸校尉，出爲魏郡太守。永元十年，遷少府、大司農。防勤曉政事，所在有迹。十四年，拜司空。

防以五經久遠，聖意難明，宜爲章句，以悟後學。上疏曰：「臣聞詩書禮樂，定自孔子；發明章句，始於子夏。〔一〕其後諸家分析，各有異說。〔二〕漢承亂秦，經典廢絕，本文略存，或無章句。收拾缺遺，建立明經，博徵儒術，開置太學。〔三〕孔聖既遠，微旨將絕，故立博士十有四家，〔四〕設甲乙之科，〔五〕以勉勸學者，所以示人好惡，改敝就善者也。伏見太學試博士弟子，皆以意說，不修家法，〔六〕私相容隱，開生姦路。每有策試，輒興諍訟，論議紛錯，互相是非。孔子稱『述而不作』，〔七〕又曰『吾猶及史之闕文』，〔八〕疾史有所不知而不肯闕也。今不依章句，妄生穿鑿，以遵師爲非義，意說爲得理，輕侮道術，寖以成俗，誠非詔書實選本意。改薄從忠，三(世)〔代〕常道，〔九〕專精務本，儒學所先。臣以爲博士及甲乙策試，宜從其家章句，開五十難以試之。解釋多者爲上第，引文明者爲高說；若不依先師，義有相伐，〔一〇〕皆正以爲非。五經各取上第六人，論語不宜射策。雖所失或久，差可矯革。」〔一一〕詔書下公卿，皆從防言。

〔一〕史記，孔子沒，子夏居西河，教弟子三百人，爲魏文侯師。
〔二〕前書：「仲尼沒而微言絕，七十子喪而大義乖，故春秋爲五，詩分爲四，易有數家之傳。」
〔三〕武帝時開學官，置博士弟子員也。
〔四〕漢官曰：「光武中興，恢弘稽古，易有施、孟、梁丘賀、京房，書有歐陽和伯、夏侯勝、建，詩有申公、轅固、韓嬰，春秋有嚴彭祖、顏安樂，禮有戴德、戴聖。凡十四博士。太常差選有聰明威重一人爲祭酒，總領綱紀也。」
〔五〕前書曰：「歲課甲科四十人爲郎中，乙科二十人爲太子舍人，丙科四十人補文學掌故。」
〔六〕諸經爲業，各自名家。
〔七〕但述先聖之言，不自制作。
〔八〕古者史官於書事，有不知則闕，以待能者。孔子言「吾少時猶及見古史官之闕文，今則無之」，疾時多穿鑿也。見論語也。

〔九〕太史公曰：「夏之政忠。忠之敝，小人以野，故殷人承之以敬。敬之敝，小人以鬼，故周人承之以文。文之敝，小人以僿，故救僿莫若以忠。三王之道若循環，周而復始。」僿音西志反，史記「僿」或作「薄」。
〔一〇〕伐謂自相攻伐也。
〔一一〕東觀記防上疏曰：「試論語本文章句，但通度，勿以射策。冀令學者務本，有所一心，專精師門，思核經意，事得其實，道得其眞。於此弘廣經術，尊重聖業，有益於化。雖從來久，六經衰微，學問寖淺，誠宜反本，改矯其失。」

十六年，拜爲司徒。延平元年，遷太尉，與太傅張禹參錄尚書事，數受賞賜，甚見優寵。安帝即位，以定策封龍鄉侯。食邑千一百戶。其年以災異寇賊策免，就國。凡三公以災異策免，始自防也。〔一〕

〔一〕東觀記曰：「郡國被水災，比州湮沒，死者以千數。災異數降。西羌反畔，殺略人吏。京師淫雨，蝝賊傷稼穡。防比上書自陳過咎，遂策免。」

防卒，子衡當嗣，讓封於其弟崇。數歲，不得已，乃出就爵云。

張敏字伯達，河閒鄚人也。〔一〕建初二年，舉孝廉，四遷，五年，爲尚書。

〔一〕鄚，今瀛州縣也。音莫。

建初中，有人侮辱人父者，而其子殺之，肅宗貰其死刑而降宥之，〔二〕自後因以爲比。是時遂定其議，以爲輕侮法。敏駮議曰：「夫輕侮之法，先帝一切之恩，不有成科班之律令也。夫死生之決，宜從上下，猶天之四時，有生有殺。若開相容恕，著爲定法者，則是故設姦萌，生長罪隙。孔子曰：『民可使由之，不可使知之。』〔二〕春秋之義，子不報讎，非子也。〔三〕而法令不爲之減者，以相殺之路不可開故也。今託義者得減，妄殺者有差，使執憲之吏得設巧詐，非所以導『在醜不爭』之義。〔四〕又輕侮之比，寖以繁滋，至有四五百科，轉相顧望，彌復增甚，難以垂之萬載。臣聞師言：『救文莫如質。』故高帝去煩苛之法，爲三章之約。建初詔書，有改於古者，可下三公、廷尉蠲除其敝。」議寢不省。敏復上疏曰：「臣敏蒙恩，特見拔擢，愚心所不曉，迷意所不解，誠不敢苟隨衆議。臣伏見孔子垂經典，皐陶造法律，〔五〕原其本意，皆欲禁民爲非也。未曉輕侮之法將以何禁？必不能使不相輕侮，而更開相殺之路，執憲之吏復容其姦枉。議者或曰：『平法當先論生。』臣愚以爲天地之性，唯人爲貴，殺人者死，三代通制。今欲趣生，反開殺路，一人不死，天下受敝。記曰：『利一害百，人去城郭。』夫春生秋殺，天道之常。春一物枯卽爲災，〔六〕秋一物華卽爲異。〔七〕王者承天地，順四時，法聖人，從經律。願陛下留意下民，考尋利害，廣令平議，天下幸甚。」和帝從之。

〔一〕貰，寬也，音示夜反。

〔二〕由，從也。言設政教，可但使人從之，若知其本末，愚者或輕而不行。事見論語也。

〔三〕公羊傳曰：「父不受誅，子復讎可也。」注云：「不受誅，罪不當誅也。」

〔四〕導，教也。醜，類也。

〔五〕史游急就篇曰「皐陶造獄法律存」也。

〔六〕禮記月令曰「孟春行夏令，則風雨不時，草木早落」也。

〔七〕月令曰「仲秋行春令，則秋雨不降，草木生榮，國乃有恐」也。

九年，拜司隸校尉。視事二歲，遷汝南太守。清約不煩，用刑平正，有理能名。坐事免。延平元年，拜議郎，再遷潁川太守。〔永初元年〕，徵拜司空，在位奉法而已。視事三歲，以病乞身，不聽。六年春，行大射禮，陪位頓仆，乃策罷之。〔一〕因病篤，卒于家。

〔一〕東觀記載策曰：「今君所苦未瘳，有司奏君年體衰羸，郊廟禮儀仍有曠廢。鼎足之任不可以缺，重以職事留君。其上司空印綬。」

胡廣字伯始，南郡華容人也。〔一〕六世祖剛，清高有志節。平帝時，大司徒馬宮辟之。值王莽居攝，剛解其衣冠，縣府門而去，遂亡命交阯，隱於屠肆之閒。後莽敗，乃歸鄉里。父貢，交阯都尉。

〔一〕華容，縣，故城在今荆州東。

廣少孤貧，親執家苦。〔二〕長大，隨輩入郡爲散吏。太守法雄之子眞，從家來省其父。眞頗知人。會歲終應舉，雄勑眞助〔其〕求（其）才。雄因大會諸吏，眞自於牖閒密占察之，乃指廣以白雄，遂察孝廉。既到京師，試以章奏，安帝以廣爲天下第一。〔三〕旬月拜尚書郎，五遷尚書僕射。

〔一〕襄陽耆舊記，廣父名寵，寵妻生廣，早卒，寵更娶江陵黄氏，生康，字仲始。

〔二〕謝承書曰：「廣有雅才，學究五經，古今術藝皆畢覽之。年二十七，舉孝廉。」續漢書曰「故事，孝廉高第，三公尚書輒優（文）〔之〕，特勞來其舉將，於是公府下詔書勞來雄焉。及拜郎，恪勤職事，所掌（辯）〔辨〕護」也。

順帝欲立皇后，而貴人有寵者四人，莫知所建，議欲探籌，以神定選。廣與尚書郭虔、史敞上疏諫曰：「竊見詔書以立后事大，謙不自專，欲假之籌策，決疑靈神。篇籍所記，祖宗典故，未嘗有也。恃神任筮，既不必當賢；就値其人，猶非德選。夫岐嶷形於自然，〔一〕俔天必有異表。〔二〕宜參良家，簡求有德，德同以年，年鈞以貌，稽之典經，斷之聖慮。〔三〕政令猶汗，往而不反。〔四〕詔文一下，形之四方。〔五〕臣職在拾遺，憂深責重，是以焦心，冒昧陳聞。」帝從之，以梁貴人良家子，定立爲皇后。

〔一〕詩云：「克岐克嶷。」鄭玄注云：「岐岐然意有所知也。其貌嶷然，有所識別也。」

〔二〕俔音苦見反。說文曰：「俔，譬諭也。」詩云：「文王嘉止，俔天之妹。」文王聞太姒之賢則美之。言大邦有子女，譬天之有女弟，故求爲配焉。

〔三〕左傳曰「昔先王之命曰：『王后無嫡，則擇立長，年鈞以德，德鈞以卜』」也。

〔四〕易曰：「渙汗其大號，王居無咎。」劉向曰「汗出而不反」者也。

〔五〕形，見也。

時尚書令左雄議改察舉之制，限年四十以上，儒者試經學，文吏試章奏。廣復與敞、虔上書駮之，曰：「臣聞君以兼覽博照爲德，〔一〕臣以獻可替否爲忠。〔二〕書載稽疑，謀及卿士；〔三〕詩美先人，詢于芻蕘。〔四〕國有大政，必議之於前訓，諮之於故老，〔五〕是以慮無失策，舉無過事。竊見尚書令左雄議郡舉孝廉，皆限年四十以上，諸生試章句，文吏試牋奏。〔六〕明詔既許，復令臣等得與相參。竊惟王命之重，載在篇典，〔七〕當令縣於日月，固於金石，遺則百王，施之萬世。詩云：『天難諶斯，不易惟王。』可不愼與！〔八〕蓋選舉因才，無拘定制。六奇之策，不出經學；〔九〕鄭、阿之政，非必章奏。〔一〇〕甘、奇顯用，年乖彊仕；〔一一〕終、賈揚聲，亦在弱冠。〔一二〕漢承周、秦，兼覽殷、夏，祖德師經，參雜霸軌，〔一三〕聖主賢臣，世以致理，貢舉之制，莫或回革。今以一臣之言，剗戾舊章，〔一四〕便利未明，衆心不猒。〔一五〕矯枉變常，政之所重，而不訪台司，不謀卿士。若事下之後，議者剝異，異之則朝失其使，同之則王言已行。臣愚以爲可宣下百官，參其同異，然後覽擇勝否，詳採厥衷。敢以瞽言，冒干天禁，〔一六〕惟陛下納焉。」帝不從。

〔一〕即明四目，達四聰也。
〔二〕左傳曰，齊晏子曰：「君所謂可而有否焉，臣獻其否，以成其可。君所謂否而有可焉，臣獻其可，以去其否。」
〔三〕稽，考也。考正疑事，謀及卿士。見尚書。
〔四〕詩大雅曰：「先人有言，詢于芻蕘。」注云：「詢，謀也。芻蕘，薪采者也。言有疑事，當與薪采者謀之也。」
〔五〕國語叔向曰：「國有大事，必順於典刑，而訪於耇老，而後行之。」
〔六〕周成雜字曰：「牋，表也。」漢雜事曰：「凡羣臣之書，通於天子者四品：一曰章，二曰奏，三曰表，四曰駮議。章者需頭，稱『稽首上以聞』，謝恩陳事，詣闕通者也。奏者亦需頭，其京師官但言『稽首言』，下『稽首以聞』，其中有所請，若罪法劾案，公府送御史臺，卿校送謁者臺也。表者不需頭，上言『臣某言』，下言『誠惶誠恐，頓首頓首，死罪死罪』，左方下附曰『某官臣甲乙上』。」
〔七〕禮記曰：「動則左史書之，言則右史書之。」尚書曰：「王言惟作命，弗言，臣下罔由稟令。」又曰：「令出惟行，不惟反。」
〔八〕詩大雅也。諶，信也。斯，詞也。天之意難信矣，不可改易者天子也。
〔九〕前書陳平設六奇策以佐高祖。
〔一〇〕說苑曰：「子產相鄭，內無國中之亂，外無諸侯之患也。子產從政也，擇能而使之。晏子化東阿，三年，景公召而

鄧張徐張胡列傳第三十四　一五〇七

數之，晏子請改道易行。明年上計，景公迎而賀之，晏子對曰：『臣前之化東阿也，屬託不行，貨賂不至，君反以罪臣。今則反是，而更蒙賀。』景公下席而謝。」

後漢書卷四十四　一五〇八

〔一一〕史記曰，秦欲與燕共伐趙，以廣河閒之地。甘羅年十二，使於趙，說趙王立割五城，以廣河閒，秦乃封羅爲上卿。說苑曰，子奇年十八，齊君使主東阿，東阿大化。禮記曰：「四十彊而仕。」
〔一二〕前書，終軍年十八，爲博士弟子，自請願以長纓必羈南越王而致之闕下。上奇其對，擢爲諫大夫，往說越。越聽命，天子大悅。賈誼年十八，以誦詩屬文稱於郡中，文帝召爲博士。
〔一三〕宣帝曰：「漢家自有制度，本以霸王道雜理之。」
〔一四〕剗，削也。戾，乖也。
〔一五〕猒，服也。
〔一六〕瞽，無目者也。不察人君顏色而言，如無目之人也。孔子曰：「未見顏色而言謂之瞽。」干，犯也。

時陳留郡缺職，尚書史敞等薦廣。曰：「臣聞德以旌賢，〔一〕爵以建事，〔二〕『明試以功』，典謨所美，〔三〕『五服五章』，天秩所作，〔四〕是以臣竭其忠，君豐其寵，〔五〕舉不失德，下忘其死。竊見尚書僕射胡廣，體真履規，謙虛溫雅，博物洽聞，探賾窮理，六經典奧，舊章憲式，無所不覽。柔而不犯，文而有禮，〔六〕忠貞之性，憂公如家。不矜其能，不伐其勞，翼翼周慎，行靡玷漏。密勿夙夜，〔七〕十有餘年，心不外顧，志不苟進。臣等竊以爲廣在尚書，劬勞日久，後母年老，既蒙簡照，宜試職千里，匡寧方國。〔八〕陳留近郡，今太守任缺。廣才略深茂，堪能撥煩，願以參選，紀綱頹俗，使束脩守善，有所勸仰。」

〔一〕旌，明也。書曰「德懋懋官」也。
〔二〕能建立事則與之爵。
〔三〕明白考試之，有功者則授之以官。舜典、咎繇謨皆有此言，故云「典謨所美」也。
〔四〕五服謂天子、諸侯、卿、大夫、士之服也。五者之服必須章明。尚書咎繇謨曰：「天秩有禮，自我五禮有庸哉。天命有德，五服五章哉。」秩，序也。
〔五〕豐，厚也。
〔六〕柔而不犯謂性和柔而不可犯以非義也。
〔七〕密勿，僶勉。
〔八〕詩云：「厥德不回，以受方國。」

廣典機事十年，出爲濟陰太守，以舉吏不實免。復爲汝南太守，入拜大司農。漢安元年，遷司徒。質帝崩，代李固爲太尉，錄尚書事。以定策立桓帝，封育陽安樂鄉侯。以病遜位。又拜司空，告老致仕。尋以特進徵拜太常，遷太尉，以日食免。復爲太常，拜太尉。延熹二年，大將軍梁冀誅，廣與司徒韓縯、司空孫朗坐不衞宮，皆減死一等，奪爵土，免爲庶人。後拜太中大夫、太常。九年，復拜司徒。

靈帝立，與太傅陳蕃參錄尚書事，復封故國。以病自乞。會蕃被誅，代爲太傅，總錄如

鄧張徐張胡列傳第三十四　一五〇九

故。

後漢書卷四十四　一五一〇

時年已八十，而心力克壯。〔一〕繼母在堂，朝夕瞻省，傍無几杖，言不稱老。〔二〕及母卒，居喪盡哀，率禮無愆。性溫柔謹素，常遜言恭色。〔三〕達練事體，明解朝章。雖無謇直之風，屢有補闕之益。故京師諺曰：「萬事不理問伯始，天下中庸有胡公。」〔四〕及共李固定策，大議不全，〔五〕又與中常侍丁肅婚姻，以此譏毀於時。

〔一〕盛弘之荆州記曰「菊水出穰縣。芳菊被涯，水極甘香。谷中皆飲此水，上壽百二十，七八十者猶以爲夭。太尉胡廣所患風疾，休沐南歸，恆飲此水，後疾遂瘳，年八十二薨」也。
〔二〕禮記曰：「夫爲人子者，恆言不稱老。」
〔三〕遜，順也。
〔四〕庸，常也。中和可常行之德也。孔子曰：「中庸之爲德，其至矣乎！」
〔五〕質帝崩，固爲太尉，與廣及司空趙戒議欲立清河王蒜。梁冀以蒜年長有德，恐爲後患，盛意立蠡吾侯志。廣、戒等懾憚不能與爭，而固與杜喬堅守本議。

自在公台三十餘年，歷事六帝，〔一〕禮任甚優，每遜位辭病，及免退田里，未嘗滿歲，輒復升進。凡一履司空，再作司徒，三登太尉，又爲太傅。其所辟命，皆天下名士。與故吏陳蕃、李咸並爲三司。〔二〕蕃等每朝會，輒稱疾避廣，時人榮之。年八十二，熹平元年薨。使

五官中郎將持節奉策贈太傅、安樂鄉侯印綬，給東園梓器，謁者護喪事，賜家塋于原陵，謚文恭侯，拜家一人爲郎中。故吏自公、卿、大夫、博士、議郎以下數百人，皆縗絰殯位，自終及葬。漢興以來，人臣之盛，未嘗有也。

〔一〕廣以順帝漢安元年爲司空，至靈帝熹平元年薨，三十一年也。六帝謂安、順、沖、質、桓、靈也。

〔二〕謝承書曰：「咸字充卓，汝南西平人。孤特自立。家貧母老，常躬耕稼以奉養。學魯詩、春秋公羊傳、三禮。三府並辟，司徒胡廣舉茂才，除高密令，政多奇異，青州表其狀。建寧三年，自大鴻臚拜太尉。自在相位，約身率下，常食脫粟飯、醬菜而已。不與州郡交通。刺史、二千石牋記，非公事不發省。以老乞骸骨，見許，悉還所賜物，乘敝牛車，使子男御。晨發京師，百僚追送盈塗，不能得見。家舊貧狹，庇蔭草廬。」

初，楊雄依虞箴作十二州二十五官箴，〔一〕其九箴亡闕，後涿郡崔駰及子瑗又臨邑侯劉騊駼增補十六篇，廣復繼作四篇，文甚典美。乃悉撰次首目，爲之解釋，名曰百官箴，凡四十八篇。其餘所著詩、賦、銘、頌、箴、弔及諸解詁，凡二十二篇。

〔一〕楊雄傳曰：「箴莫大於虞箴，故遂作九州箴。」左傳曰，昔周辛甲之爲太史也，命百官官箴王闕，於虞人之箴曰：「芒芒禹迹，畫爲九州。經啓九道，人有寢廟，獸有茂草，各有攸處，德用不擾。在帝夷羿，冒于原獸，忘其國恤，而思其麀牡。武不可重，用不恢于夏家，獸臣司原，敢告僕夫。」

熹平六年，靈帝思感舊德，乃圖畫廣及太尉黃瓊於省內，詔議郎蔡邕爲其頌云。〔一〕

〔一〕謝承書載其頌曰：「巖巖山岳，配天作輔。降神有周，生申及甫。允茲漢室，誕育二后。曰胡曰黃，方軌齊武。惟

道之淵，惟德之藪。股肱元首，代作心膂。天之烝人，有則有類。我胡我黃，鍾厥純懿。巍巍特進，仍踐其位。赫赫三事，七佩其紱。奕奕四牡，沃若六轡。袞職龍章，其文有蔚。參曜乾台，窮寵極貴。功加八荒，羣生以遂。超哉邈乎，莫與爲二！」

論曰：爵任之於人重矣，全喪之於生大矣。懷祿以圖存者，仕子之恆情；審能而就列者，出身之常體。〔一〕夫紆於物則非己，直於志則犯俗，〔二〕辭其艱則乖義，徇其節則失身。〔三〕統之，方軌易因，險塗難御。〔四〕故昔人明慎於所受之分，遲遲於岐路之閒也。〔五〕如令志行無牽於物，臨生不先其存，後世何貶焉？〔六〕古人以宴安爲戒，豈數公之謂乎？〔七〕

〔一〕列，位也。

〔二〕紆，曲也。

〔三〕徇，營也。

〔四〕統者，總論上事也。方軌謂平路也。若履平路，易可因循；如踐險塗，則難免顚覆也。

〔五〕量材效職，則受之分明矣。遲遲，疑不前之貌也。明其分，則不可妄進。

〔六〕守志直道，視死如歸，則後之人何從而貶責矣。

〔七〕左傳曰：「宴安酖毒，不可懷也。」

贊曰：鄧、張作傅，無咎無譽。敏正疑律，防議章句。胡公庸庸，飾情恭貌。朝章雖理，據正或橈。〔一〕

〔一〕橈，曲也，易曰「棟橈凶」也。

校勘記

一四九五頁一〇行　在所以二千石奉終其身　按：王先謙謂東觀記「在所」作「所在」。

一四九六頁三行　賜爵關(中)〔內〕侯　據汲本改。按：刊誤謂案漢無關中侯，「中」當作「內」。

一四九六頁六行　天子親臨弔臨　殿本考證王會汾云上「臨」字疑衍。今按：上「臨」字訓莅，下「臨」字讀如「臨于大宮」之「臨」，同字異訓，非衍文也。

一四九七頁五行　王(自)〔白〕上　據汲本、殿本改。

一四九七頁一〇行　當過江行部中土(民)〔人〕皆以江有子胥之神　李慈銘謂「中土民」及下文「民懷喜悅」兩「民」字皆本當作「人」，此類皆宋以後校者妄以爲章懷諱避而誤改之。今據改。

一四九七頁一三行　(民)〔人〕懷喜悅　據殿本改。

一四九八頁六行　食糒飲水而已　按：汲本、殿本「食糒」下有「音備糗也乾飯屑」七字，當原爲小注而混入注中也。聚珍本東觀記亦衍「乾飯屑」三字。

一四九八頁一一行　以爲不宜冒險遠　按：李慈銘謂「冒險遠」不成句，「遠」下當有「行」字。

一五〇一頁三行　三(世)〔代〕常道　據汲本改。按：刊誤謂「世」與「代」全別，緣太宗諱，遂更「世」爲「代」。此合作「代」字，乃誤爲「世」，蓋後人知此書中「世」字率皆換「代」，乃欲稍還正之，遂誤爲此字也。

一五〇二頁五行　六經衰微　按：「六」原譌「大」，逕據汲本、殿本改正。

一五〇二頁七行　其年以災異寇賊策免　按：沈家本謂按防之免在永初元年秋，此傳上言延平元年，又言安帝即位，而不著永初元年，則「其年」云者似即延平元年，未免稍疏。

一五〇四頁八行　〔永初元年〕徵拜司空　錢大昭謂敏代周章爲司空，本紀在永初元年，「徵拜」上當有「永初元年」四字，下文「六年」二字乃有根，否則下六年竟似延平六年矣，南監本不誤。今據補。

一五〇四頁一三行　六世祖剛　按：集解引惠棟說，謂渚宮故事「剛」作「綱」。

一五〇五頁三行　雄勑眞助〔其〕求(其)才　據汲本、殿本改。

一五〇五頁八行　輒優(文)〔之〕特勞來其舉將　據汲本改。按：校補謂勞來舉將正所以優此孝廉，其舉將，明謂孝廉舉主也，且勞來由公府下詔書，非三公得自以文勞來之，作「文」誤。

一五〇五頁八行　所掌(辯)〔辨〕護也　據汲本、殿本改。

一五〇六頁三行　年鈞以德　按：「鈞」原譌「均」，逕改正。

一五〇六頁一五行　不謀卿士　按：「謀」原譌「博」，逕據汲本、殿本改正。

一五〇七頁一三行　臣下罔由稟令　按：校補引柳從辰說，謂今書說命「由」作「攸」。

一五〇八頁一二行　臣聞德以旌賢　按：集解引蘇輿說，謂「德」疑作「官」。

一五〇八頁一三行　天秩所作　按：「作」原譌「祚」，逕據汲本、殿本改正。

一五〇八頁一三行　探賾窮理　按：「賾」原譌「頤」，逕據汲本、殿本改正。

一五一〇頁五行　大議不全　按：刊誤謂案文「議」當作「義」。

一五一三頁一行　鍾厥純懿　按：「鍾」原譌「鐘」，逕據汲本、殿本改正。

後漢書卷四十五

袁張韓周列傳第三十五

袁安字邵公，汝南汝陽人也。祖父良，習孟氏易，〔一〕平帝時舉明經，為太子舍人；〔二〕建武初，至成武令。〔三〕

〔一〕孟喜字長卿，東海人。明易，為丞相掾。見前書。

〔二〕續漢志曰：「太子舍人，秩二百石，無員。」

〔三〕成武，今曹州縣。

安少傳良學。為人嚴重有威，見敬於州里。初為縣功曹，〔一〕奉檄詣從事，從事因安致書於令。〔二〕安曰：「公事自有郵驛，私請則非功曹所持。」辭不肯受，從事懼然而止。〔三〕後舉孝廉，〔四〕除陰平長、任城令，〔五〕所在吏人畏而愛之。

〔一〕續漢志曰：「縣功曹史，主選署功勞。」

〔二〕續漢志曰：「每州刺史皆有從事史。」

〔三〕懼音九具反。

〔四〕汝南先賢傳曰「時大雪積地丈餘，洛陽令身出案行，見人家皆除雪出，有乞食者。至袁安門，無有行路。謂安已死，令人除雪入戶，見安僵臥。問何以不出。安曰：『大雪人皆餓，不宜干人。』令以為賢，舉為孝廉」也。

〔五〕陰平，縣，故城在今沂州承縣西南。任城，今兗州縣也。

永平十三年，楚王英謀為逆，事下郡覆考。明年，三府舉安能理劇，拜楚郡太守。是時英辭所連及繫者數千人，顯宗怒甚，吏案之急，迫痛自誣，死者甚衆。安到郡，不入府，先往案獄，理其無明驗者，條上出之。府丞掾史皆叩頭爭，以為阿附反虜，法與同罪，不可。安曰：「如有不合，太守自當坐之，不以相及也。」遂分別具奏。帝感悟，即報許，得出者四百餘家。歲餘，徵為河南尹。政號嚴明，然未曾以臧罪鞫人。常稱曰：「凡學仕者，高則望宰相，下則希牧守。錮人於聖世，尹所不忍為也。」聞之者皆感激自勵。在職十年，京師肅然，名重朝廷。建初八年，遷太僕。

元和二年，武威太守孟雲上書：「北虜既已和親，而南部復往抄掠，北單于謂漢欺之，謀欲犯邊。宜還其生口，以安慰之。」詔百官議朝堂。公卿皆言夷狄譎詐，求欲無猒，〔一〕既得生口，當復妄自誇大，不可開許。安獨曰：「北虜遣使奉獻和親，有得邊生口者，輒以歸漢，此明其畏威，而非先違約也。雲以大臣典邊，不宜負信於戎狄，還之足示中國優貸，而使邊人得安，誠便。」司徒桓虞改議從安。太尉鄭弘、司空第五倫皆恨之。弘因大言激勵虞曰：「諸言當還生口者，皆爲不忠。」虞廷叱之，倫及大鴻臚韋彪各作色變容，司隸校尉舉奏，安等皆上印綬謝。肅宗詔報曰：「久議沈滯，各有所志。蓋事以議從，策由衆定，誾誾衎衎，得禮之容，[二]寢嘿抑心，更非朝廷之福。君何尤而深謝？其各冠履。」帝竟從安議。明年，代第五倫爲司空。章和元年，代桓虞爲司徒。

[一]譎亦詐也。

[二]誾誾，忠正貌。衎衎，和樂貌。

和帝即位，竇太后臨朝，后兄車騎將軍憲北擊匈奴，安與太尉宋由、司空任隗及九卿詣朝堂上書諫，以爲匈奴不犯邊塞，而無故勞師遠涉，損費國用，徼功萬里，非社稷之計。書連上輒寢。宋由懼，遂不敢復署議，而諸卿稍自引止。唯安獨與任隗守正不移，至免冠朝堂固爭者十上。太后不聽，衆皆爲之危懼，安正色自若。竇憲既出，而弟衞尉篤、執金吾景各專威權，公於京師使客遮道奪人財物。景又擅使乘驛施檄緣邊諸郡，發突騎及善騎射有才力者，漁陽、鴈門、上谷三郡各遣吏將送詣景第。有司畏憚，莫敢言者。安乃劾景擅發邊兵，驚惑吏人，二千石不待符信而輒承景檄，當伏顯誅。又奏司隸校尉、河南尹阿附貴戚，無盡節之義，[一]請免官案罪。並寢不報。憲、景等日益橫，盡樹其親黨賓客於名都大

郡，[二]皆賦斂吏人，更相賂遺，其餘州郡，亦復望風從之。安與任隗舉奏諸二千石，又它所連及貶秩免官者四十餘人，竇氏大恨。但安、隗素行高，亦未有以害之。

[一]續漢書曰，安奏司隸鄭據、河南尹蔡嵩。

[二]袁山松書曰，河南尹王調，漢陽太守朱敞，南陽太守滿殷、高丹等皆其賓客。前書曰「十二萬戶爲大郡」也。

時竇憲復出屯武威。明年，北單于爲耿夔所破，遁走烏孫，塞北地空，餘部不知所屬。憲日矜己功，欲結恩北虜，乃上立降者左鹿蠡王阿佟[一]爲北單于，置中郎將領護，如南單于故事。事下公卿議，太尉宋由、太常丁鴻、光祿勳耿秉等十人議可許。安與任隗奏，以爲「光武招懷南虜，非謂可永安內地，正以權時之筭，可得扞禦北狄故也。今朔漠既定，宜令南單于反其北庭，并領降衆，無緣復更立阿佟，以增國費」。宗正劉方、大司農尹睦同安議。事奏，未以時定。安懼憲計遂行，乃獨上封事曰：「臣聞功有難圖，不可豫見；事有易斷，較然不疑。伏惟光武皇帝本所以立南單于者，欲安南定北之策也，恩德甚備，故匈奴遂分，邊境無患。孝明皇帝奉承先意，不敢失墜，赫然命將，爰伐塞北。至乎章和之初，降者十餘萬人，議者欲置之濱塞，東至遼東，[二]太尉宋由、光祿勳耿秉皆以爲失南單于心，不可，先帝從之。陛下奉承洪業，大開疆宇，大將軍遠師討伐，席卷北庭，此誠宣明祖宗，崇立弘勳者也。宜審其終，以成厥初。伏念南單于屯，先父舉衆歸德，自蒙恩以來，四十餘年。三帝積

累，以遺陛下。陛下深宜遵述先志，成就其業。況屯首唱大謀，空盡北虜，輟而弗圖，更立新降，以一朝之計，違三世之規，失信於所養，建立於無功。由、秉實知舊議，而欲背弃先恩。夫言行君子之樞機，[三]賞罰理國之綱紀。論語曰：『言忠信，行篤敬，雖蠻貊行焉。』今若失信於一屯，則百蠻不敢復保誓矣。又烏桓、鮮卑新殺北單于，凡人之情，咸畏仇讎，今立其弟，則二虜懷怨。兵、食可廢，信不可去。[四]且漢故事，供給南單于費直歲一億九十餘萬，西域歲七千四百八十萬。今北庭彌遠，其費過倍，是乃空盡天下，而非建策之要也。」詔下其議。安又與憲更相難折。憲險急負埶，言辭驕訐，[五]至詆毀安，稱光武誅韓歆、戴涉故事，安終不移。[六]憲竟立匈奴降者右鹿蠡王於除鞬爲單于，[七]後遂反叛，卒如安策。

[一]徒冬反。

[二]濱，邊也。

[三]易曰：「言行者，君子之樞機。樞機之發，榮辱之主也。」

[四]論語：「孔子曰：『足食足兵，人信之矣。』『必不得已而去，於斯三者何先？』曰：『去兵。』曰：『必不得已而去，於斯二者何先？』曰：『去食。自古皆有死，人無信不立。』」

[五]訐謂發揚人之惡。

[六]大司徒歆坐非帝讀隗囂書，自殺。大司徒涉坐殺太倉令，下獄死。

[七]鞬音九言反。

安以天子幼弱，外戚擅權，每朝會進見，及與公卿言國家事，未嘗不噫嗚流涕。[一]自天子及大臣皆恃賴之。四年春，薨，朝廷痛惜焉。

[一]噫音醫，又乙戒反。嗚音一故反。歎傷之貌也。

後數月，竇氏敗，帝始親萬機，追思前議者邪正之節，乃除安子賞爲郎。策免宋由，以尹睦爲太尉，劉方爲司空。睦，河南人，薨於位。方，平原人，後坐事免歸，自殺。

初，安父沒，母使安訪求葬地，道逢三書生，問安何之，安爲言其故，生乃指一處，云「葬此地，當世爲上公」。須臾不見，安異之。於是遂葬其所占之地，故累世隆盛焉。安子京、敞最知名。

京字仲譽。習孟氏易，作難記三十萬言。初拜郎中，稍遷侍中，出爲蜀郡太守。子彭，字伯楚。少傳父業，歷廣漢、南陽太守。順帝初，爲光祿勳。行至清，爲吏麤袍糲食，終於議郎。尚書胡廣等追表其有清絜之美，比前朝貢禹、第五倫。[一]未蒙顯贈，當時皆嗟歎之。

[一]貢禹，元帝御史大夫。經明行修，清絜憂國也。

彭弟湯，字仲河，少傳家學，諸儒稱其節，多歷顯位。桓帝初爲司空，以豫議定策封安國亭侯，食邑五百戶。累遷司徒、太尉，以灾異策免。卒，謚曰康侯。〔一〕

〔一〕風俗通曰：「湯時年八十六，有子十二人。」

湯長子成，左中郎〔將〕。早卒，次子逢嗣。

逢字周陽，以累世三公子，寬厚篤信，著稱於時。靈帝立，逢以太僕豫議，增封三百戶。後爲司空，卒於執金吾。朝廷以逢嘗爲三老，特優禮之，賜以珠畫特詔祕器，〔一〕飯含珠玉二十六品，〔二〕使五官中郎將持節奉策，贈以車騎將軍印綬，加號特進，謚曰宣文侯。子基嗣，位至太僕。

〔一〕前書曰，董賢死，以沙畫棺。晉義云：「以朱沙畫之也。」「珠」與「朱」同。祕器，棺也。

〔二〕穀梁傳曰：「貝玉曰含。」

逢弟隗，少歷顯官，〔一〕先逢爲三公。時中常侍袁赦，隗之宗也，用事於中。以逢、隗世宰相家，推崇以爲外援。故袁氏貴寵於世，富奢甚，不與它公族同。獻帝初，隗爲太傅。

〔一〕隗字次陽。

成子紹，逢子術，自有傳。董卓忿紹、術背己，遂誅隗及術兄基等男女二十餘人。

敞字叔平，少傳易經教授，以父任爲太子舍人。和帝時，歷位將軍、大夫、侍中，出爲東郡太守，徵拜太僕、光祿勳。元初三年，代劉愷爲司空。明年，坐子與尚書郎張俊交通，漏泄省中語，策免。敞廉勁不阿權貴，失鄧氏旨，遂自殺。

張俊者，蜀郡人，有才能，與兄龕並爲尚書郎，年少勵鋒氣。郎朱濟、丁盛立行不脩，俊欲舉奏之，二人聞，恐，因郎陳重、雷義往請俊，俊不聽，因共私賂侍史，使求俊短，得其私書與敞子，遂封上之，皆下獄，當死。俊自獄中占獄吏上書自訟，〔一〕書奏而俊獄已報。〔二〕廷尉將出穀門，臨行刑，〔三〕鄧太后詔馳騎以減死論。俊假名上書謝曰：「臣孤恩負義，自陷重刑，情斷意訖，無所復望。廷尉鞠遣，歐〔四〕刀在前，棺絮在後，魂魄飛揚，形容已枯。陛下聖澤，以臣嘗在近密，〔五〕識其狀貌，傷其眼目，留心曲慮，特加偏覆。喪車復還，白骨更肉，披棺發椁，起見白日。天地父母能生臣俊，不能使臣俊當死復生。陛下德過天地，恩重父母，誠非臣俊破碎骸骨，舉宗腐爛，所報萬一。臣俊徒也，不得上書；不勝去死就生，驚喜踊躍，觸冒拜章。」當時皆哀其文。

〔一〕占謂口授也，前書曰「陳遵憑几口占書吏」是也。

〔二〕謂奏報論死也。

〔三〕穀門，洛陽城北面中門也。

〔四〕音一口反。

〔五〕謂爲尚書郎。

朝廷由此薄敞罪而隱其死，以三公禮葬之，復其官。子盱。〔一〕

〔一〕況于反。

盱後至光祿勳。時大將軍梁冀擅朝，內外莫不阿附，唯盱與廷尉邯鄲義正身自守。及桓帝誅冀，使盱持節收其印綬，事已具梁冀傳。

閎字夏甫，彭之孫也。少勵操行，苦身脩節。父賀，爲彭城相。〔一〕閎往省謁，變名姓，徒行無旅。既至府門，連日吏不爲通，會阿母出，見閎驚，〔二〕入白夫人，乃密呼見。既而辭去，賀遣車送之，閎稱眩疾不肯乘，反，郡界無知者。及賀卒郡，閎兄弟迎喪，不受賻贈，縗絰扶柩，冒犯寒露，體貌枯毁，手足血流，見者莫不傷之。服闋，累徵聘舉召，皆不應。居處仄陋，以耕學爲業。從父逢、隗並貴盛，數饋之，無所受。

〔一〕風俗通曰：「賀字元服。祖父京，爲侍中。安帝始加元服，百僚會賀，臨莊垂出而孫適生，喜其嘉會，因名字焉。」

〔二〕謝承書曰：「乳母從內出，見在門側，面貌省瘦，爲其垂泣。閎厚丁寧：『此閒不知吾，愼勿宣露也。』」

閎見時方險亂，而家門富盛，常對兄弟歎曰：「吾先公福祚，後世不能以德守之，而競爲

驕奢，與亂世爭權，此卽晉之三郤矣。」〔一〕延熹末，黨事將作，閎遂散髮絕世，欲投迹深林。以母老不宜遠遁，乃築土室，四周於庭，不爲戶，自牖納飲食而已。旦於室中東向拜母。母思閎，時往就視，母去，便自掩閉，兄弟妻子莫得見也。及母歿，不爲制服設位，時莫能名，或以爲狂生。潛身十八年，黃巾賊起，攻沒郡縣，百姓驚散，閎誦經不移。賊相約語不入其閭，鄉人就閎避難，皆得全免。年五十七，卒於土室。〔二〕二弟忠、弘，節操皆亞於閎。

〔一〕三郤謂郤錡、郤犨、郤至，皆晉卿也。各驕奢，爲厲公所殺。事見左傳。

〔二〕汝南先賢傳曰：「閎臨卒，勑其子曰：『勿設殯棺，但著褌衫疏布單衣幅巾，親尸於板牀之上，以五百墼爲藏。』」

忠字正甫，與同郡范滂爲友，俱證黨事得釋，語在滂傳。初平中，爲沛相，〔一〕乘葦車到官，以清亮稱。及天下大亂，忠弃官客會稽上虞。〔二〕一見太守王朗徒從整飾，心嫌之，遂稱病自絕。〔三〕後孫策破會稽，忠等浮海南投交阯。獻帝都許，徵爲衞尉，未到，卒。

〔一〕沛王琮相也。琮，光武八代孫也。

〔二〕縣名，城在今越州餘姚縣西。

〔三〕王朗字景興，肅之父也，魏志有傳。謝承書曰「忠乘船載笠蓋詣朗，見朗左右僮從皆著靑絳采衣，非其奢麗，卽辭疾發而退」也。

弘字邵甫，恥其門族貴執，乃變姓名，徒步師門，不應徵辟，終於家。〔一〕

〔二〕謝承書曰：「弘嘗入京師太學，其從父逢爲太尉，呼弘與相見。遇逢宴會作樂，弘伏稱頭痛，不聽（呼）〔音〕聲而退，遂不復往。紹、術兄弟亦不與通。」

忠子祕，爲郡門下議生。黃巾起，祕從太守趙謙擊之，軍敗，祕與功曹封觀等七人以身扞刃，皆死於陳，謙以得免。詔祕等門閭號曰「七賢」。〔一〕

〔一〕謝承書曰「祕字永寧。封觀與主簿陳端、門下督范仲禮、賊曹劉偉德、主記史丁子嗣、記室史張仲然、議生袁祕等七人擢刃突陳，與戰並死」也。

封觀者，有志節，當舉孝廉，以兄名位未顯，恥先受之，遂稱風疾，喑不能言。火起觀屋，徐出避之，忍而不告。後數年，兄得舉，觀乃稱損而仕郡焉。〔一〕

〔一〕謝承書曰：「觀字孝起，南頓人也。」

論曰：陳平多陰謀，而知其後必廢；〔一〕邴吉有陰德，夏侯勝識其當封及子孫。〔二〕終陳掌不侯，而邴昌紹國，雖有不類，未可致詰，其大致歸然矣。袁公竇氏之閒，乃情帝室，〔三〕引義雅正，可謂王臣之烈。〔四〕及其理楚獄，未嘗鞫人於臧罪，其仁心足以覃乎後昆。〔五〕子孫之盛，不亦宜乎？〔六〕

〔一〕丞相陳平爲高祖謀臣，出大奇，歎曰：「我多陰謀，道家之所禁，吾世即廢，以吾多陰謀禍也。」其後曾孫掌以衞氏親戚貴達，願得續封，而終不得也。

〔二〕武帝末，戾太子巫蠱事起，邴吉爲廷尉監。時宣帝年二歲，坐太子事繫。望氣者言長安獄中有天子氣，於是上遣使者分條中都官詔獄，繫者亡輕重一切皆殺之。內者令郭穰至郡邸獄，吉閉門扞拒曰：「它人無辜猶不可，況親曾孫乎？」穰不得入，還以聞。上曰：「天使之也。」因大赦天下。曾孫賴吉得立。宣帝立，吉爲丞相，未及封而病。上憂吉不起，夏侯勝曰：「此未死也。臣聞有陰德者必饗其樂以及子孫。」後吉病愈，封博陽侯。薨，子顯嗣。甘露中，削爵爲關內侯。至孫昌，復封博陽侯。傳子至孫，王莽敗乃絕。

〔三〕乃情猶竭情也。

〔四〕易曰：「王臣蹇蹇，匪躬之故。」烈，業也。

〔五〕爾雅曰：「覃，延也。」

〔六〕此論並華嶠之詞也。

張酺字孟侯，汝南細陽人，趙王張敖之後也。〔一〕敖子壽，封細陽之池陽鄉，後廢，因家焉。

〔一〕敖父耳，自楚降漢，高祖封爲趙王。敖嗣，後有罪，廢爲宣平侯。

酺少從祖父充受尚書，能傳其業。〔一〕又事太常桓榮。勤力不怠，聚徒以百數。永平九年，顯宗爲四姓小侯開學於南宮，〔二〕置五經師。酺以尚書教授，數講於御前。以論難當意，除爲郎，賜車馬衣裳，遂令入授皇太子。

〔一〕東觀記曰：「充與光武同門學，光武即位，求問充，充已死。」

〔二〕小侯，解見明紀也。

酺爲人質直，守經義，每侍講閒隙，數有匡正之辭，以嚴見憚。〔一〕及肅宗即位，擢酺爲侍中、虎賁中郎將。數月，出爲東郡太守。酺自以嘗經親近，未悟見出，意不自得，〔二〕上疏辭曰：「臣愚以經術給事左右，少不更職，不曉文法，猥當剖符典郡，班政千里，必有負恩辱位之咎。臣竊私自分，殊不慮出城闕，冀蒙留恩，託備冗官，羣僚所不安，耳目所聞見，不敢避好醜。」詔報曰：「經云：『身雖在外，乃心不離王室。』〔三〕典城臨民，益所以報效也。好醜必上，不在遠近。〔四〕今賜裝錢三十萬，其亟之官。」酺雖儒者，而性剛斷。下車擢用義勇，搏擊豪彊。長吏有殺盜徒者，酺輒案之，以爲令長受臧，猶不至死，盜徒皆飢寒傭保，何足窮其法乎！

〔一〕東觀記曰：「太子家時爲奢侈物，未嘗不正諫，甚見重焉。」

〔二〕悟，曉也。

〔三〕尚書康王之誥曰「雖爾身在外，乃心罔不在王室」也。

〔四〕好醜謂善惡也。言事之善惡，必以聞上，此即報效，豈拘外內也。

郡吏王青者，〔一〕祖父翁，與前太守翟義起兵攻王莽，及義敗，餘衆悉降，翁獨守節力戰，莽遂燔燒之。父隆，建武初爲都尉功曹，青爲小史。與父俱從都尉行縣，道遇賊，隆以身衞全都尉，遂死於難；青亦被矢貫咽，音聲流喝。〔二〕前郡守以青身有金夷，竟不能舉。〔三〕酺見之，歎息曰：「豈有一門忠義而爵賞不及乎？」遂擢用極右曹，〔四〕乃上疏薦青三世死節，宜蒙顯異。奏下三公，由此爲司空所辟。〔五〕

〔一〕謝承書曰：「青字公然，東郡聊城人也。」

〔二〕「流」或作「嘶」。喝音一介反。廣蒼曰：「聲之幽也。」

〔三〕夷，傷也。

〔四〕漢官儀曰：「督郵、功曹，郡之極位。」

〔五〕東觀記曰「青從此除步兵司馬。酺傷青不遂，復舉其子孝廉」也。

自酺出後，帝每見諸王師傅，常言：「張酺前入侍講，屢有諫正，誾誾惻惻，出於誠心，可謂有史魚之風矣。」〔一〕元和二年，東巡狩，幸東郡，引酺及門生並郡縣掾史並會庭中。帝先備弟子之儀，使酺講尚書一篇，然後修君臣之禮。〔二〕賞賜殊特，莫不沾洽。

〔一〕誾誾，忠正也。惻惻，懇切也。史魚，衞大夫，名鰌，字子魚。孔子曰「直哉史魚，邦有道如矢，邦無道如矢」也。

〔二〕東觀記曰：「時使尚書令王鮪與酺相難，上甚欣悅。」

酺視事十五年，和帝初，遷魏郡太守。郡人鄭據時爲司隸校尉，奏免執金吾竇景。景後復位，遣掾夏猛私謝酺曰：「鄭據小人，爲所侵冤。聞其兒爲吏，放縱狼藉。取是曹子一人，足以驚百。」酺大怒，卽收猛繫獄，檄言執金吾府，疑猛與據子不平，矯稱卿意，以報私讎。會有贖罪令，猛乃得出。〔一〕頃之，徵入爲河南尹。竇景家人復擊傷市卒，吏捕得之，景怒，遣緹騎侯海等五百人歐傷市丞。〔二〕酺部吏楊章等窮究，正海罪，徙朔方。景忿怨，乃移書辟章等六人爲執金吾吏，欲因報之。章等惶恐，入白酺，願自引臧罪，以辭景命。酺卽上言其狀。竇太后詔報：「自今執金吾辟吏，皆勿遣。」

〔一〕東觀記曰「據字平卿，黎陽人也。爲侍御史，轉司隸校尉」也。

〔二〕說文曰：「緹，帛丹黃色也。」漢官儀曰，執金吾有緹騎。

及竇氏敗，酺乃上疏曰：「臣實愚惷，不及大體，〔一〕以爲竇氏雖伏厥辜，而罪刑未著，後世不見其事，但聞其誅，非所以垂示國典，貽之將來。宜下理官，與天下平之。〔二〕方憲等寵貴，羣臣阿附唯恐不及，皆言憲受顧命之託，懷伊、呂之忠，〔三〕至乃復比鄧夫人於文母。〔四〕今嚴威旣行，皆言當死，不復顧其前後，考折厥衷。臣伏見夏陽侯瓌，每存忠善，前與臣言，常有盡節之心，檢敕賓客，未嘗犯法。臣聞王政骨肉之刑，有三宥之義，過厚不過薄。〔五〕今議者爲瓌選嚴能相，恐其迫切，必不完免，宜裁加貸宥，以崇厚德。」和帝感酺言，徙瓌

封，就國而已。

〔一〕鄭玄注周禮云：「惷愚，癡騃也。」惷音陟降反。

〔二〕平之謂平論其罪也。

〔三〕臨終之命曰顧命。

〔四〕臣賢案：鄧夫人卽穰侯鄧疊母元也。元出入宮掖，共竇憲女壻郭舉父子同謀殺害，與竇氏同誅，語見憲傳，故張酺論憲兼及其黨。稱鄧夫人者，猶如前書霍光妻稱霍顯，祁太伯母號祁夫人之類也。文母，文王之妻也。詩曰：「旣有烈考，亦有文母。」

〔五〕禮記曰「公族有罪，獄成，有司讞於公曰：『某之罪在大辟。』公曰：『宥之。』有司又曰：『在大辟。』公又曰：『宥之。』有司又曰：『在大辟。』公又曰：『宥之。』及三宥不對，走出，致刑于甸人。公又使人追之，曰：『雖然，必宥之。』有司曰：『無及也。』反命於公，公素服如其倫之喪」也。

永元五年，遷酺爲太僕。數月，代尹睦爲太尉。〔一〕數上疏以疾乞身，薦魏郡太守徐防自代。帝不許，使中黃門問病，加以珍羞，賜錢三十萬。酺遂稱篤。時子蕃以郎侍講，帝因令小黃門敕蕃曰：「陰陽不和，萬人失所，朝廷望公思惟得失，與國同心，而託病自絜，求去重任，誰當與吾同憂責者？非有望於斷金也。〔二〕司徒固疾，司空年老，〔三〕公其傴僂，勿露所敕。」〔四〕酺惶恐詣闕謝，還復視事。酺雖在公位，而父常居田里，酺每有遷職，輒一詣京師。嘗來候酺，適會歲節，公卿罷朝，俱詣酺府奉酒上壽，極歡卒日，衆人皆慶羨之。及父

卒，旣葬，詔遣使齎牛酒爲釋服。

〔一〕漢官儀曰：「睦字伯師，河南鞏人也。」

〔二〕斷金，解在皇后紀。

〔三〕時司徒劉方，司空張奮也。

〔四〕傴僂言恭敬從命也。左氏傳曰：「一命而僂，再命而傴，三命而俯。」

後以事與司隸校尉晏稱會於朝堂，酺從容謂稱曰：「三府辟吏，多非其人。」稱歸，卽奏令三府各實其掾史。酺本以私言，不意稱奏之，甚懷恨。會復共謝闕下，酺因責讓於稱。稱辭語不順，酺怒，遂廷叱之，稱乃劾奏酺有怨言。天子以酺先帝師，有詔公卿、博士、朝臣會議。司徒呂蓋奏酺位居三司，知公門有儀，不屛氣鞠躬以須詔命，反作色大言，怨讓使臣，不可以示四遠。〔一〕於是策免。

〔一〕司隸校尉督大姦猾，無所不察，故曰使臣也。

酺歸里舍，謝遣諸生，閉門不通賓客。左中郎將何敞及言事者多訟酺公忠，帝亦雅重之。十（五）〔六〕年，復拜爲光祿勳。數月，代魯恭爲司徒。月餘薨。乘輿縞素臨弔，賜冢塋地，賵贈恩寵異於它相。酺病臨危，敕其子曰：「顯節陵埽地露祭，欲率天下以儉。〔一〕吾爲三公，旣不能宣揚王化，令吏人從制，豈可不務節約乎？其無起祠堂，可作槀蓋廡，施祭

其下而已。」〔二〕

〔一〕顯節，明帝陵也。明帝遺詔無起寢廟，故言埽地而祭也，故酺遵奉之。

〔二〕廡，屋也。

曾孫濟，好儒學，〔一〕光和中至司空，病罷。及卒，靈帝以舊恩贈車騎將軍、關內侯印綬。其年，追濟侍講有勞，封子根爲蔡陽鄉侯。

〔一〕華嶠書曰：「蕃生磐，磐生濟。濟字元江。靈帝初，楊賜薦濟明習典訓，爲侍講。」

濟弟喜，初平中爲司空。

韓稜字伯師，潁川舞陽人，弓高侯穨當之後也。〔一〕世爲鄉里著姓。父尋，建武中爲隴西太守。

〔一〕穨當，韓王信之子。見前書。

稜四歲而孤，養母弟以孝友稱。及壯，推先父餘財數百萬與從昆弟，鄉里益高之。初爲郡功曹，太守葛興中風，病不能聽政，稜陰代興視事，出入二年，令無違者。興子嘗發教欲署吏，稜拒執不從，因令怨者章之。〔一〕事下案驗，吏以稜掩蔽興病，專典郡職，遂致禁錮。

顯宗知其忠，後詔特原之。由是徵辟，五遷爲尚書令，與僕射郅壽、尚書陳寵，同時俱以才能稱。肅宗嘗賜諸尚書劒，唯此三人特以寶劒，自手署其名曰：「韓稜楚龍淵，〔二〕郅壽蜀漢文，陳寵濟南椎成。」〔三〕時論者爲之說：以稜淵深有謀，故得龍淵；壽明達有文章，故得漢文；寵敦朴，善不見外，故得椎成。

〔一〕章謂令上章告言之。

〔二〕晉大康記曰：「汝南西平縣有龍泉水，可淬刀劒，特堅利。」汝南卽楚分野。

〔三〕椎音直追反。漢官儀「椎成」作「鍛成」。

和帝卽位，侍中竇憲使人刺殺齊殤王子都鄉侯暢於上東門，有司畏憲，咸委疑於暢兄弟。詔遣侍御史之齊案其事。稜上疏以爲賊在京師，不宜捨近問遠，恐爲姦臣所笑。竇太后怒，以切責稜，稜固執其議。及事發，果如所言。憲惶恐，白太后求出擊北匈奴以贖罪。稜復上疏諫，太后不從。及憲有功，還爲大將軍，威震天下，復出屯武威。會帝西祠園陵，詔憲與車駕會長安。及憲至，尚書以下議欲拜之，伏稱萬歲。稜正色曰：「夫上交不諂，下交不黷，〔一〕禮無人臣稱萬歲之制。」議者皆慙而止。尚書左丞王龍私奏記上牛酒於憲，稜舉奏龍，論爲城旦。〔二〕稜在朝數薦舉良吏應順、呂章、周紆等，皆有名當時。及竇氏敗，稜典案其事，深竟黨與，數月不休沐。帝以爲憂國忘家，賜布三百匹。

〔一〕易下繫之辭也。

〔二〕前書音義曰：「城旦，輕刑之名也。晝日司寇虜，夜暮築長城，故曰城旦。」

遷南陽太守，特聽稜得過家上冢，鄉里以爲榮。稜發擿姦盜，郡中震慄，政號嚴平。數歲，徵入爲太僕。九年冬，代張奮爲司空。明年薨。

子輔，安帝時至趙相。〔一〕

〔一〕趙王良孫商之相也。

稜孫演，順帝時爲丹陽太守，政有能名。桓帝時爲司徒。〔一〕大將軍梁冀被誅，演坐阿黨抵罪，以減死論，遣歸本郡。〔二〕後復徵拜司隸校尉。

〔一〕演字伯南。

〔二〕華嶠書曰「梁皇后崩，梁貴人大幸，將立，大將軍冀欲分其寵，謀冒姓爲貴人父，演陰許諾，及冀誅事發，演坐抵罪」也。

周榮字平孫，廬江舒人也。肅宗時，舉明經，辟司徒袁安府。安數與論議，甚器之。及安舉奏竇景及與竇憲爭立北單于事，皆榮所具草。竇氏客太尉掾徐齮深惡之，脅榮曰：「子爲袁公腹心之謀，排奏竇氏，竇氏悍士刺客滿城中，謹備之矣！」榮曰：「榮江淮孤生，蒙先帝大恩，以歷宰二城。今復得備宰士，〔一〕縱爲竇氏所害，誠所甘心。」故常勑妻子，若卒遇飛禍，無得殯斂，〔二〕冀以區區腐身覺悟朝廷。及竇氏敗，榮由此顯名。自郾令擢爲尚書令。出爲潁川太守，坐法，當下獄，和帝思榮忠節，左轉共令。〔三〕歲餘，復以爲山陽太守。所歷郡縣，皆見稱紀。以老病乞身，卒于家，詔特賜錢二十萬，除子男興爲郎中。

〔一〕榮辟司徒府，故稱宰士。

〔二〕飛禍言倉卒而死也。

〔三〕共，縣名，屬河內郡，故城在今衞州共城縣東，卽古共國也。

興少有名譽，永寧中，尚書陳忠上疏薦興曰：「臣伏惟古者帝王有所號令，言必弘雅，辭必溫麗，垂於後世，列於典經。故仲尼嘉唐虞之文章，從周室之郁郁。〔一〕臣竊見光祿郎周興，〔二〕孝友之行，著於閨門，清厲之志，聞於州里。蘊匵古今，博物多聞，〔三〕三墳之篇，五典之策，無所不覽。〔四〕屬文著辭，有可觀採。尚書出納帝命，爲王喉舌。〔五〕臣等既愚闇，而諸郎多文俗吏，鮮有雅才，每爲詔文，宣示內外，轉相求請，或以不能而專己自由，辭多鄙固。興抱奇懷能，隨輩栖遲，誠可歎惜。」詔乃拜興爲尚書郎。卒。興子景。

〔一〕論語孔子曰：「大哉堯之爲君也，煥乎其有文章。」又曰：「周監於二代，郁郁乎文哉。吾從周。」

〔二〕光祿主郎，故曰光祿郎。

〔三〕蘊，藏也。匵，匱也。

〔四〕伏羲、神農、黃帝之書曰三墳；少昊、顓頊、高辛、唐、虞之書曰五典也。

〔五〕尚書爲王之喉舌官也。李固對策曰：「今陛下有尚書，猶天之有北斗也。北斗爲天之喉舌，尚書亦爲陛下之喉舌也。」

景字仲饗。辟大將軍梁冀府，稍遷豫州刺史、河內太守。好賢愛士，其拔才薦善，常恐不及。每至歲時，延請舉吏入上後堂，與共宴會，如此數四，乃遣之。贈送什物，無不充備。既而選其父兄子弟，事相優異。常稱曰：「臣子同貫，若之何不厚！」先是司徒韓演在河內，志在無私，舉吏當行，一辭而已，恩亦不及其家。曰：「我舉若可矣，豈可令偏積一門！」故當時論者議此二人。

景後徵入爲將作大匠。及梁冀誅，景以故吏免官禁錮。朝廷以景素著忠正，頃之，復引拜尚書令。〔一〕遷太僕、衞尉。六年，代劉寵爲司空。是時宦官任人及子弟充塞列位。景初視事，與太尉楊秉舉奏諸姦猾，自將軍牧守以下，免者五十餘人。遂連及中常侍防東侯覽、東武陽侯具瑗，皆坐黜。朝廷莫不稱之。視事二年，以地震策免。歲餘，復代陳蕃爲太尉。建寧元年薨。以豫議定策立靈帝，追封安陽鄉侯。

〔一〕蔡質漢儀曰：「延熹中，京師游俠有盜發順帝陵，賣御物於市，市長追捕不得。周景以尺一詔召司隸校尉左雄詣臺對詰，雄伏於廷荅對，景使虎賁左駿頓頭，血出覆面，與三日期，賊便擒也。」

長子崇嗣，至甘陵相。〔一〕

〔一〕甘陵王理相也。理即章帝曾孫。

中子忠，少歷列位，累遷大司農。〔一〕忠子曅，前爲洛陽令，去官歸。兄弟好賓客，雄江淮閒，出入從車常百餘乘。及帝崩，曅聞京師不安，來候忠，董卓聞而惡之，使兵劫殺其兄弟。忠後代皇甫嵩爲太尉，錄尚書事，以災異免。復爲衞尉，從獻帝東歸洛陽。

〔一〕吳書曰，忠字嘉謀，與朱儁共敗李傕於曹陽也。

贊曰：袁公持重，誠單所奉。〔一〕惟德不忘，延世承寵。孟侯經博，侍言帝幙。棱、榮事君，志同鷹雀。〔二〕

〔一〕單，盡也。

〔二〕左傳曰：「見無禮於其君者誅之，如鷹鸇之逐鳥雀也。」

校勘記

一五一七頁三行　汝南汝陽人也　按：集解引惠棟說，謂袁紀作「汝南宛人」。

一五一八頁二行　洛陽令身出案行　按：殿本考證引孫鑛說，謂「洛陽」當作「汝陽」。又按：汲本、殿本「身」作「自」。

一五二〇頁四行　南陽太守滿殷　按：汲本「滿」作「蒲」。

一五二〇頁六行　左鹿蠡王阿佟　按：集解引惠棟說，謂袁紀「阿佟」作「阿修」。又引錢大昭說，謂疑卽於除鞬也。「左」當作「右」。

一五二〇頁一三行　至乎章和之初降者十餘萬人　按：汲本「乎」作「於」。汲本、殿本「十餘萬人」作「十萬餘人」。

一五二二頁一三行　未蒙顯贈　按：「未」原譌「求」，逕據汲本、殿本改正。

一五二三頁四行　左中郎〔將〕　集解引何焯說，謂「左中郎」下當有「將」字。又校補引柳從辰說，謂袁紀亦作「左中郎將」，與華嶠書同。今據補。

一五二三頁一一行　中常侍袁赦　按：集解引惠棟說，謂袁紀作「袁朗」，案梁冀傳當作「赦」。

一五二三頁一四行　遂誅隗及術兄基等男女二十餘人　按：沈家本謂袁紹傳注引獻帝春秋曰：「卓使司隸宣璠盡口收之，母及姊妹嬰孩以上五十餘人下獄死。」獻紀注引亦同。此傳云二十餘人，恐「二」字誤也。

一五二四頁九行　識其狀貌傷其眼目　按：汲本、殿本二「其」字皆作「臣」。

一五二六頁一五行　徒步師門　按：汲本「師門」下有「從師」二字。殿本無「從師」二字，考證云從宋本刪。

一五二七頁一行　其從父逢爲太尉　按：張森楷校勘記謂案袁逢以太僕爲司空，未嘗爲太尉，「尉」字疑誤，否則竟謝承謬也。

一五二七頁一行　不聽（呼）〔音〕聲而退　據汲本、殿本改。

一五二七頁四行　詔祕等門閭號曰七賢　按：御覽一五七引作「詔復祕等閭號曰七賢閭」。

一五二八頁三行　曾孫賴吉得立　按：刊誤謂案前書「立」當作「全」。

一五三二頁三行　足以驚百　按：汲本「驚」作「警」。

一五三二頁九行　公又曰宥之及三宥不對走出　按：刊誤謂案今禮記文，注多下「公又曰宥之」五字。

一五三三頁一三行　十（五）〔六〕年復拜爲光祿勳數月代魯恭爲司徒　按：和帝紀永元十六年秋七月庚午，光祿勳張酺爲司徒，八月己酉，司徒張酺薨。今據改。

一五三六頁七行　棱孫演　按：桓帝紀「演」作「縯」。沈欽韓謂胡廣傳作「縯」。李慈銘謂吳志周瑜傳注引張璠漢紀作「縯」，與桓紀同。

一五三八頁九行　豈可令偏積一門　按：「偏」原作「偏」，逕據汲本、殿本改。

一五三八頁一三行　中常侍防東侯覽　宸翰樓覆宋本東漢書刊誤云：「案覽本傳，覽防東人，封高鄉侯。今此載其侯爵，當云高鄉侯，若載其本縣名，則非例也。蓋脫一『侯』字，誤二『高鄉』字。」今按劉氏之意，蓋謂「防東」二字乃「高鄉」之誤，其下又脫一「侯」字。是劉氏所見本，亦作「中常侍防東侯覽」也。殿本正文作「中常侍防東陽侯侯覽」（汲本同），而引劉攽刊誤，則刪去「脫一侯字」四字，遂使讀者不知劉氏所言謂何，當時校勘之粗疏如是。又集解引錢大昕說，謂劉據覽傳證此文當爲「高鄉」之誤，是矣。予又疑高鄉卽防東之鄉，故傳稱防東鄉侯，因下文有「東武陽」字，又誤「鄉」爲「陽」也。今按錢氏之意，蓋謂疑當作「中常侍防東鄉侯侯覽」也。

後漢書卷四十六

郭陳列傳第三十六 郭躬弟子鎮 陳寵子忠

郭躬字仲孫，潁川陽翟人也。家世衣冠。父弘，習小杜律。〔一〕太守寇恂以弘為決曹掾，斷獄至三十年，用法平。諸為弘所決者，退無怨情，郡內比之東海于公。年九十五卒。〔二〕

〔一〕前書，杜周武帝時為廷尉、御史大夫，斷獄深刻。少子延年亦明法律，宣帝時又為御史大夫。對父故言小。

〔二〕于公，東海人，丞相于定國父也。為郡決曹，決獄平，羅文法者，于公所決皆不恨。見前書也。

躬少傳父業，講授徒衆常數百人。後為郡吏，辟公府。永平中，奉車都尉竇固出擊匈奴，騎都尉秦彭為副。彭在別屯而輒以法斬人，固奏彭專擅，請誅之。顯宗乃引公卿朝臣平其罪科。躬以明法律，召入議。議者皆然固奏，躬獨曰：「於法，彭得斬之。」帝曰：「軍征，校尉一統於督。〔一〕彭既無斧鉞，可得專殺人乎？」躬對曰：「一統於督者，謂在部曲也。〔二〕今彭專軍別將，有異於此。兵事呼吸，不容先關督帥。且漢制棨戟即為斧鉞，於法不合

罪。」〔三〕帝從躬議。又有兄弟共殺人者，而罪未有所歸。帝以兄不訓弟，故報兄重而減弟死。中常侍孫章宣詔，誤言兩報重，尚書奏章矯制，罪當腰斬。帝復召躬問之，躬對「章應罰金」。帝曰：「章矯詔殺人，何謂罰金？」躬曰：「法令有故、誤，章傳命之謬，於事為誤，誤者其文則輕。」帝曰：「章與囚同縣，疑其故也。」躬曰：「『周道如砥，其直如矢。』〔四〕『君子不逆詐。』〔五〕君王法天，刑不可以委曲生意。」帝曰：「善。」遷躬廷尉正，坐法免。

〔一〕督謂大將。

〔二〕前書音義曰「大將軍行有五部，部有曲」也。

〔三〕有衣之戟曰棨。

〔四〕詩小雅也。如砥，貢賦平。如矢，賞罰中。

〔五〕論語孔子之言。

後三遷，元和三年，拜為廷尉。躬家世掌法，務在寬平，及典理官，決獄斷刑，多依矜恕，乃條諸重文可從輕者四十一事奏之，事皆施行，著于令。章和元年，赦天下繫囚在四月丙子以前減死罪一等，勿笞，詣金城，而文不及亡命未發覺者。躬上封事曰：「聖恩所以減死罪使戍邊者，重人命也。今死罪亡命無慮萬人，〔一〕又自赦以來，捕得甚衆，而詔令不及，皆當重論。伏惟天恩莫不蕩宥，死罪已下並蒙更生，而亡命捕得獨不沾澤。臣以為赦前犯死罪而繫在赦後者，可皆勿笞詣金城，以全人命，有益於邊。」肅宗善之，即下詔赦焉。躬奏讞法科，多所生全。永元六年，卒官。中子晊，亦明法律，〔二〕至南陽太守，政有名迹。弟子鎮。

〔一〕廣雅曰：「無慮，都凡也。」

〔二〕晊音質。

鎮字桓鍾，少修家業。辟太尉府，再遷，延光中為尚書。及中黄門孫程誅中常侍江京等而立濟陰王，鎮率羽林士擊殺衞尉閻景，以成大功，事在宦者傳。再遷尚書令。太傅、三公奏鎮冒犯白刃，手劒賊臣，姦黨殄滅，宗廟以寧，功比劉章，〔一〕宜顯爵土，以勵忠貞。乃封鎮為定潁侯，食邑二千戶。拜河南尹，轉廷尉，免。永建四年，卒於家。詔賜冢塋地。

〔一〕章，齊王肥子也，高帝孫，誅諸呂有功，封朱虛侯也。

長子賀當嗣爵，讓與小弟時而逃去。積數年，詔大鴻臚下州郡追之，賀不得已，乃出受封。累遷，復至廷尉。及賀卒，順帝追思鎮功，下詔賜鎮謚曰昭武侯，賀曰成侯。

賀弟禎，亦以能法律至廷尉。

鎮弟子禧，〔一〕少明習家業，兼好儒學，有名譽，延熹中亦為廷尉。建寧二年，代劉寵為

太尉。禧子鴻，至司隸校尉，封城安鄉侯。

〔一〕許其反。

郭氏自弘後，數世皆傳法律，子孫至公者一人，廷尉七人，侯者三人，刺史、二千石、侍中、中郎將者二十餘人，侍御史、正、監、平者甚衆。

順帝時，廷尉河南吳雄季高，以明法律，斷獄平，起自孤宦，致位司徒。雄少時家貧，喪母，營人所不封土者，擇葬其中。喪事趣辦，不問時日，（醫）巫皆言當族滅，而雄不顧。及子訢孫恭，三世廷尉，為法名家。〔一〕

〔一〕名為明法之家。

初，肅宗時，司隸校尉下邳趙興亦不卹諱忌，〔一〕每入官舍，輒更繕修館宇，移穿改築，故犯妖禁，而家人爵祿，益用豐熾，官至潁川太守。子峻，太傅，以才器稱。孫安世，魯相。三葉皆為司隸，時稱其盛。

〔一〕卹，憂也。

桓帝時，汝南有陳伯敬者，行必矩步，坐必端膝，呵叱狗馬，終不言死，目有所見，不食其肉，行路聞凶，便解駕留止，還觸歸忌，則寄宿鄉亭。〔一〕年老寢滯，不過舉孝廉。後坐女壻亡吏，太守邵夔怒而殺之。時人罔忌禁者，多談為證焉。〔二〕

〔一〕陰陽書歷法曰：「歸忌日，四孟在丑，四仲在寅，四季在子，其日不可遠行歸家及徙也。」

〔二〕罔，無也。

論曰：曾子云：「上失其道，民散久矣。如得其情，則哀矜而勿喜。」〔一〕夫不喜於得情則恕心用，恕心用則可寄枉直矣。夫賢人君子斷獄，其必主於此乎？郭躬起自佐史，小大之獄必察焉。〔二〕原其平刑審斷，庶於勿喜者乎？若乃推己以議物，捨狀以貪情，〔三〕法家之能慶延于世，蓋由此也！

〔一〕言人離散犯法，乃自上之所爲，非下之過，當哀矜之，勿以得情爲喜也。見論語也。

〔二〕左傳曰：「小大之獄，雖不能察，必以情。」

〔三〕秦彭、孫章不死爲推己，亡命得減爲貪情也。貪與探同也。

陳寵字昭公，沛國洨人也。〔一〕曾祖父咸，成哀閒以律令爲尚書。平帝時，王莽輔政，多改漢制，咸心非之。及莽因呂寬事誅不附己者何武、鮑宣等，〔二〕咸乃歎曰：「易稱『君子見幾而作，不俟終日』，吾可以逝矣！」〔三〕即乞骸骨去職。及莽篡位，召咸以爲掌寇大夫，

謝病不肯應。時三子參、豐、欽皆在位，乃悉令解官，父子相與歸鄉里，閉門不出入，猶用漢家祖臘。〔四〕人問其故，咸曰：「我先人豈知王氏臘乎？」其後莽復徵咸，遂稱病篤。於是乃收斂其家律令書文，皆壁藏之。咸性仁恕，常戒子孫曰：「爲人議法，當依於輕，雖有百金之利，慎無與人重比。」

〔一〕洨，縣名，故城在今泗州虹縣西南。洨音戶交反。

〔二〕平帝時，王莽輔政，隔絕平帝外家，不得至京師。莽子宇，恐帝長大後見怨，教帝舅衞寶令帝母上書求入，莽不許。宇與婦兄呂寬謀，以爲莽不可說而好鬼神，乃夜以血灑莽第門，以驚懼之，事覺，並誅死。何武爲前將軍，王莽先從武求舉，武不敢。鮑宣爲司隸，免，徙之上黨。呂寬事起，莽案鞠，並誅不附己者，武與宣在見誣中，皆被誅。並見前書。

〔三〕幾者事之微，吉凶之先見者。逝，往也。

〔四〕應劭風俗通曰，共工之子好遠遊，死爲祖神。漢家火行盛於午，故以午日爲祖也。臘者，歲終祭衆神之名。臘，接也，新故交接，故大祭以報功也。漢火行，衰於戌，故臘用戌日也。

建武初，欽子躬爲廷尉左監，早卒。

躬生寵，明習家業，少爲州郡吏，辟司徒鮑昱府。是時三府掾屬專尚交遊，以不肯視事爲高。寵常非之，獨勤心物務，數爲昱陳當世便宜。昱高其能，轉爲辭曹，掌天下獄訟。〔一〕其所平決，無不厭服衆心。時司徒辭訟，久者數十年，事類溷錯，易爲輕重，不良吏得生因緣。〔二〕寵爲昱撰辭訟比七卷，決事科條，皆以事類相從。昱奏上之，其後公府奉以爲法。

〔一〕續漢志曰「三公掾屬二十四人，有辭曹，主訟事」也。

〔二〕因緣謂依附以生輕重也。

三遷，肅宗初，爲尚書。是時承永平故事，吏政尚嚴切，尚書決事率近於重。寵以帝新即位，宜改前世苛俗。乃上疏曰：「臣聞先王之政，賞不僭，刑不濫，與其不得已，寧僭不濫。〔一〕故唐堯著典，『眚災肆赦』；〔二〕周公作戒，『勿誤庶獄』；〔三〕伯夷之典，『惟敬五刑，以成三德』。〔四〕由此言之，聖賢之政，以刑罰爲首。往者斷獄嚴明，所以威懲姦慝，姦慝既平，必宜濟之以寬。〔五〕陛下即位，率由此義，數詔羣僚，弘崇晏晏。〔六〕而有司執事，未悉奉承，典刑用法，猶尚深刻。斷獄者急於篣格酷烈之痛，〔七〕執憲者煩於詆欺放濫之文，或因公行私，逞縱威福。夫爲政猶張琴瑟，大弦急者小弦絕。故子貢非臧孫之猛法，而美鄭喬之仁政。〔八〕詩云：『不剛不柔，布政優優。』〔九〕方今聖德充塞，假于上下，〔一〇〕宜隆先王之道，蕩滌煩苛之法。輕薄箠楚，以濟羣生；全廣至德，以奉天心。」帝敬納寵言，每事務於寬厚。其後遂詔有司，絕鉆鑽諸慘酷之科，〔一一〕解妖惡之禁，除文致之請讞五十餘事，定著于令。〔一二〕是後人俗和平，屢有嘉瑞。

〔一〕事見左傳蔡大夫聲子辭。

〔二〕尚書舜典之辭也。眚，過也。灾，害也。肆，緩也。言過誤有害，當緩赦也。

〔三〕尚書立政之辭也。言文子文孫，從今以往，惟以正道理衆獄勿誤也。

〔四〕三德，剛、柔、正直。尚書呂刑曰：「伯夷降典，折民惟刑，惟敬五刑，以成三德。」

〔五〕濟，益也。

〔六〕晏晏，溫和也。尚書考靈燿曰：「堯聰明文塞晏晏。」

〔七〕篣即榜也，古字通用。聲類曰：「笞也。」說文曰：「格，擊也。」

〔八〕臧孫，魯大夫，行猛政。子貢非之曰：「夫政猶張琴瑟也，大弦急則小弦絕矣。故曰：『罰得則姦邪止，賞得則下歡悅。』子之賊心見矣。獨不聞子產之相鄭乎？推賢舉能，抑惡揚善，有大略者不問其短，有厚德者不非小疵，家給人足，囹圄空虛。子產卒，國人皆叩心流涕，三月不聞竽琴之音。其生也見愛，死也可悲。故曰：『德莫大於仁，禍莫大於刻。』今子病而人賀，子愈而人相懼，曰：『嗟乎！何命之不善，臧孫子又不死？』」臧孫慙而避位，終身不出。見新序。

〔九〕優優，和也。

〔一〇〕假，至也，音格。上下，天地也。

〔一一〕蒼頡篇曰：「鉆，持也。」說文曰：「鉆，鐵銸也。」其炎反。銸音陟葉反。鑽，臏刑，謂鑽去其髕骨也。鑽音作喚反。

〔一二〕文致謂前人無罪，文飾致於法中也。

漢舊事斷獄報重，常盡三冬之月，〔一〕是時帝始改用冬初十月而已。元和二年，旱，長水校尉賈宗等上言，以爲斷獄不盡三冬，故陰氣微弱，陽氣發泄，招致灾旱，事在於此。帝

以其言下公卿議，寵奏曰：「夫冬至之節，陽氣始萌，故十一月有蘭、射干、芸、荔之應。〔二〕時令曰：『諸生蕩，安形體。』〔三〕天以爲正，周以爲春。〔四〕十二月陽氣上通，雉雊雞乳，地以爲正，殷以爲春。〔五〕十三月陽氣已至，天地已交，萬物皆出，蟄蟲始振，人以爲正，夏以爲春。〔六〕三微成著，以通三統。〔七〕周以天元，殷以地元，夏以人元。若以此時行刑，則殷、周歲首皆當流血，不合人心，不稽天意。月令曰：『孟冬之月，趣獄刑，無留罪。』〔八〕明大刑畢在立冬也。又：『（孟）〔仲〕冬之月，身欲寧，事欲靜。』〔九〕若以降威怒，不可謂寧；若以行大刑，不可謂靜。議者咸曰：『旱之所由，咎在改律。』臣以爲殷、周斷獄不以三微，而化致康平，無有災害。自元和以前，皆用三冬，而水旱之異，往往爲患。由此言之，災害自爲它應，不以改律。秦爲虐政，四時行刑，聖漢初興，改從簡易。蕭何草律，季秋論囚，俱避立春之月，〔一〇〕而不計天地之正，二王之春，實頗有違。〔一一〕陛下探幽析微，允執其中，〔一二〕革百載之失，建永年之功，〔一三〕上有迎承之敬，下有奉微之惠，〔一四〕稽春秋之文，當月令之意，〔一五〕聖功美業，不宜中疑。」書奏，帝納之，遂不復改。

〔一〕報，論也。重，死刑也。

〔二〕易通卦驗曰：「十一月廣莫風至，則蘭、夜干生。」月令：「仲冬日短至，陰陽爭，諸生蕩，芸始生，荔挺出。」射音夜，卽今之烏扇也。芸，香草。荔，馬薤。

〔三〕時令，月令也。蕩，動也。仲冬一陽爻生，草木皆欲萌動也。禮記月令「仲冬諸生蕩，君子齋戒，安形性」也。

〔四〕正，春，皆始也。十一月萬物微而未著，天以爲正，而周以爲歲首。

〔五〕十二月二陽爻生，鴈北鄉，陽氣上通，諸生皆動，始萌牙，地以爲正，殷以爲歲首也。月令「季冬，雉雊雞乳」也。

〔六〕十三月今正月也，天子迎春東郊，陰陽交合，萬物皆出於地，人始初見，故曰「人以爲正，夏以爲歲首」也。月令「孟春天氣下降，地氣上騰，天地和同，草木萌動，東風解凍，蟄蟲始振」也。

〔七〕統者，統一歲之事。王者三正遞用，周環無窮，故曰通三統。三禮義宗曰：「三微，三正也。言十一月陽氣始施，萬物動於黃泉之下，微而未著，其色皆赤，赤者陽氣。故周以天正爲歲，色尚赤，夜半爲朔。十二月萬物始牙，色白，白者陰氣。故殷以地正爲歲，色尚白，雞鳴爲朔。十三月萬物始達，其色皆黑，人得加功以展其業。夏以人正爲歲，色尚黑，平旦爲朔。故曰三微。王者奉而成之，各法其一以改正朔也。」易乾鑿度曰：「三微而成著，三著而體成。」當此之時，天地交，萬物通也。

〔八〕臣賢案：月令及淮南子皆言季秋趣獄刑，無留罪，今言孟冬，未詳其故。

〔九〕月令「仲冬，君子齋戒，身欲寧，事欲靜，以待陰陽之所定」也。

〔一〇〕草謂創造之也。論，決也。

〔一一〕言蕭何不論天地之正及殷、周之春，實乖正道。

〔一二〕允，信也。中，正也。言信執中正之道。語見尚書。

〔一三〕尚書曰：「立功立事，可以永年。」

〔一四〕三正之月，不用斷獄，敬承天意，奉順三微也。

〔一五〕春秋於春每月書王，所以通三統也。何休注云：「二月三月皆有王者，二月殷正月，三月夏正月也。」

寵性周密，常稱人臣之義，苦不畏慎。自在樞機，謝遣門人，拒絕知友，唯在公家而已。朝廷器之。〔一〕

〔一〕器，重也。

皇后弟侍中竇憲，〔一〕薦眞定令張林爲尚書，帝以問寵，寵對「林雖有才能，而素行貪濁」，憲以此深恨寵。林卒被用，而以臧汙抵罪。及帝崩，憲等秉權，常銜寵，乃白太后，令典喪事，欲因過中之。黃門侍郎鮑德素敬寵，說憲弟夏陽侯瓌曰：「陳寵奉事先帝，深見納任，故久留臺閣，賞賜有殊。今不蒙忠能之賞，而計幾微之故，〔二〕誠傷輔政容貸之德。」瓌亦好士，深然之，故得出爲太山太守。

〔一〕臣賢案：竇后紀及憲傳並云憲竇后兄，今諸本皆言弟，蓋誤也。

〔二〕幾微言微細也。

後轉廣漢太守。西州豪右幷兼，吏多姦貪，訴訟日百數。寵到，顯用良吏王渙、鐔顯等，以爲腹心，〔一〕訟者日減，郡中清肅。先是（洛）〔雒〕縣城南，〔二〕每陰雨，常有哭聲聞於府中，積數十年。寵聞而疑其故，使吏案行。還言：「世衰亂時，此下多死亡者，而骸骨不得葬，儻在於是？」寵愴然矜歎，卽勑縣盡收斂葬之。自是哭聲遂絕。

〔一〕鐔音徒南反。

〔二〕（洛）〔雒〕，縣名，故城在今益州雒縣南也。

及竇憲爲大將軍征匈奴，公卿以下及郡國無不遣吏子弟奉獻遺者，而寵與中山相汝南張郴、〔一〕東平相應順〔二〕守正不阿。後和帝聞之，擢寵爲大司農，郴太僕，順左馮翊。

〔一〕光武子中山王焉相也。

〔二〕東平王蒼孫敞之相也。

永元六年，寵代郭躬爲廷尉。性仁矜。及爲理官，數議疑獄，常親自爲奏，每附經典，務從寬恕，帝輒從之，濟活者甚衆。其深文刻敝，於此少衰。寵又鉤校律令條法，溢於甫刑者除之。〔一〕曰：「臣聞禮經三百，威儀三千，〔二〕故甫刑大辟二百，五刑之屬三千。禮之所去，刑之所取，〔三〕失禮則入刑，相爲表裏者也。今律令死刑六百一十，耐罪千六百九十八，〔四〕贖罪以下二千六百八十一，溢於甫刑者千九百八十九，其四百一十大辟，千五百耐罪，七十九贖罪。春秋保乾圖曰：『王者三百年一蠲法。』漢興以來，三百二年，憲令稍增，科條無限。又律有三家，其說各異。宜令三公、廷尉平定律令，應經合義者，可使大辟二百，而耐罪、贖罪二千八百，幷爲三千，悉刪除其餘令，與禮相應，以易萬人視聽，以致刑措之美，傳之無窮。」未及施行，會坐詔獄吏與囚交通抵罪。詔特免刑，拜爲尚書。遷大鴻臚。

〔一〕鉤猶動也。前書曰：「鉤校得其姦賊。」鉤音工候反。溢，出也。孔安國注尚書曰：「呂侯後爲甫侯，故或稱甫刑也。」

〔二〕禮記曰：「禮經三百，曲禮三千。」鄭玄注云：「禮篇多亡，本數未聞，其中事儀有三千也。」

〔三〕去禮之人，刑以加之，故曰取也。

〔四〕耐者，輕刑之名也。

寵歷二郡三卿，所在有迹，見稱當時。十六年，代徐防爲司空。寵雖傳法律，而兼通經書，奏議溫粹，號爲任職相。在位三年薨。以太常南陽尹勤代爲司空。勤字叔梁，篤性好學，屏居人外，荆棘生門，時人重其節。後以定策立安帝，封福亭侯，五百戶。永初元年，以雨水傷稼，策免就國。病卒，無子，國除。

寵子忠。

忠字伯始，永初中辟司徒府，三遷廷尉正，〔一〕以才能有聲稱。司徒劉愷舉忠明習法律，宜備機密，於是擢拜尚書，使居三公曹。〔二〕忠自以世典刑法，用心務在寬詳。初，父寵在廷尉，上除漢法溢於甫刑者，未施行，〔三〕及寵免後遂寢。而苛法稍繁，人不堪之。忠略

依寵意，奏上二十三條，爲決事比，〔四〕以省請讞之敝。又上除蠶室刑；〔五〕解臧吏三世禁錮；狂易殺人，得減重論；〔六〕母子兄弟相代死，聽，赦所代者。事皆施行。

〔一〕正，廷尉屬官也，秩千石也。

〔二〕成帝置五尚書，三公曹尚書主知斷獄也。

〔三〕上香時掌反。

〔四〕比，例也，必寐反。

〔五〕蠶室，宮刑名也，或云犗刑也。音奇敗反。作窨室畜火如蠶室。說文曰：「犗，騬牛也。」騬音繩。漢舊儀注曰「少府若盧獄有蠶室」也。

〔六〕狂易謂狂而易性也。

及鄧太后崩，安帝始親朝事。忠以爲臨政之初，宜徵聘賢才，以宣助風化，數上薦隱逸及直道之士馮良、周燮、杜根、成翊世之徒。於是公車禮聘良、燮等。後連有災異，詔舉有道，公卿百僚各上封事。忠以詔書既開諫爭，慮言事者必多激切，或致不能容，乃上疏豫通廣帝意。曰：「臣聞仁君廣山藪之大，納切直之謀；〔一〕忠臣盡謇諤之節，不畏逆耳之害。〔二〕是以高祖舍周昌桀紂之譬，〔三〕孝文嘉爰盎人豕之譏，〔四〕武帝納東方朔宣室之正，〔五〕元帝容薛廣德自刎之切。〔六〕昔晉平公問於叔向曰：『國家之患孰爲大？』對曰：『大臣重祿不極諫，小臣畏罪不敢言，下情不上通，此患之大者。』公曰：『善。』於是下令曰：『吾欲進善，有謁而不通者，罪至死。』〔七〕今明詔崇高宗之德，〔八〕推宋景之誠，〔九〕引咎克躬，諮訪羣吏。言事者見杜根、成翊世等新蒙表錄，顯列二臺，〔一〇〕必承風響應，爭爲切直。若嘉謀異策，宜輒納用。如其管穴，妄有譏刺，〔一一〕雖苦口逆耳，不得事實，且優遊寬容，以示聖朝無諱之美。若有道之士，對問高者，宜垂省覽，特遷一等，以廣直言之路。」書御，有詔拜有道高第士沛國施延爲侍中，延後位至太尉。〔一二〕

〔一〕左氏傳曰：「川澤納汙，山藪藏疾，瑾瑜匿瑕，國君含垢，天之道也。」

〔二〕史記曰，趙簡子有臣周舍好直諫。周舍死，簡子曰：「吾聞千羊之皮，不如一狐之腋；衆人之唯唯，不如周舍之諤諤。」家語孔子曰「忠言逆耳而利於行」也。

〔三〕周昌爲御史大夫，嘗燕入奏事，高帝方擁戚姬，昌走出，高帝逐得，騎昌項問曰：「我何如主也？」昌仰曰：「陛下桀紂之主也。」上笑，不之罪也。

〔四〕文帝幸慎夫人，常與皇后同坐。後幸上林，慎夫人從，盎爲中郎將，却慎夫人坐。慎夫人怒，不坐，帝亦起。盎前說曰：「陛下爲慎夫人，適所以禍之也。獨不見人豕乎？」上大悅。人豕，解見皇后紀也。

〔五〕武帝爲館陶公主私人董偃置酒宣室，東方朔爲太中大夫，諫曰：「不可。夫宣室者，先帝之正處也，非法度之正不得入焉。」上曰：「善。」更置酒北宮也。

〔六〕元帝酎祭宗廟，出便門，欲御樓船。御史大夫薛廣德當車免冠諫曰：「宜從橋。」詔曰：「大夫冠。」廣德曰：「陛下

不聽臣，臣自刎，以血汙車輪。」帝乃從橋。

〔七〕此已上皆見新序。

〔八〕高宗，殷王武丁也。有雉登鼎耳而雊，懼而脩德，位以永年。

〔九〕史記曰，宋景公時熒惑守心星，太史子韋請移之大臣、國人與歲，公皆不聽，天感其誠，熒惑爲之退三舍也。

〔一〇〕謂杜根爲侍御史，成翊世爲尚書郎也。

〔一一〕管穴言小也。史記扁鵲曰：「若以管窺天，以隙視文。」隙即穴也。

〔一二〕謝承書曰：「延字君子，蘄縣人也。少爲諸生，明於五經，星官風角，靡有不綜。家貧母老，周流傭賃。常避地於廬江臨湖縣種瓜，後到吳郡海鹽，取卒月直，賃作半路亭父以養其母。是時吳會未分，山陰馮敷爲督郵，到縣，延持箒往，敷知其賢者，下車謝，使入亭，請與飲食，脫衣與之，餉餞不受。順帝徵拜太尉，年七十六薨。」

常侍江京、李閏等皆爲列侯，共秉權任。帝又愛信阿母王聖，封爲野王君。忠內懷懣而未敢陳諫，乃作搢紳先生論以諷，文多故不載。〔一〕

〔一〕搢，插也。紳，大帶也。

自帝即位以後，頻遭元二之戹，〔一〕百姓流亡，盜賊並起，郡縣更相飾匿，莫肯糾發。〔二〕忠獨以爲憂，上疏曰：「臣聞輕者重之端，小者大之源，故隄潰蟻孔，氣洩鍼芒。〔三〕是以明者慎微，智者識幾。書曰：『小不可不殺。』〔四〕詩云：『無縱詭隨，以謹無良。』〔五〕蓋所以崇本絕末，鉤深之慮也。臣竊見元年以來，盜賊連發，攻亭劫掠，多所傷殺。夫穿窬不禁，則

致彊盜；〔六〕彊盜不斷，則爲攻盜；攻盜成羣，必生大姦。故亡逃之科，憲令所急，至於通行飲食，罪致大辟。〔七〕而頃者以來，莫以爲憂。州郡督錄怠慢，長吏防禦不肅，皆欲採獲虛名，諱以盜賊爲負。雖有發覺，不務淸澄。至有逞威濫怒，無辜僵仆。或有跼蹐比伍，轉相賦斂。〔八〕或隨吏追赴，周章道路。是以盜發之家，不敢申告，鄰舍比里，共相壓迮，〔九〕或出私財，以償所亡。其大章著不可掩者，乃肯發露。陵遲之漸，遂且成俗。寇攘誅咎，皆由於此。〔一〇〕前年勃海張伯路，可爲至戒。覆車之軌，其迹不遠。蓋失之末流，求之本源。宜糾增舊科，以防來事。自今彊盜爲上官若它郡縣所糾覺，一發，部吏皆正法，〔一一〕尉貶秩一等，令長三月奉贖罪；二發，尉免官，令長貶秩一等；三發以上，令長免官。便可撰立科條，處爲詔文，切勑刺史，嚴加糾罰。冀以猛濟寬，驚懼姦慝。頃季夏大暑，而消息不協，〔一二〕寒氣錯時，水涌爲變。天之降異，必有其故。所舉有道之士，可策問國典所務，王事過差，令處煖氣不效之意。庶有讜言，以承天誡。」

〔一〕元二，解見鄧騭傳。

〔二〕更相文飾，隱匿盜賊也。

〔三〕韓子曰：「千丈之隄，以螻蟻之穴而潰。」黃帝素問曰：「針頭如芒，氣出如筐」也。

〔四〕尚書康誥曰：「有厥罪，小乃不可不殺。」

〔五〕詩大雅也。言詭詐委隨之人不可縱，宜卽罪之，用謹刜不善之人也。

〔六〕論語孔子曰：「色厲而內荏，其猶穿窬之盜乎？」

〔七〕通行飲食，猶今律云過致資給，與同罪也。飲音蔭。食音寺。

〔八〕說文曰：「蹐，小步也。」言跼身小步，畏吏之甚也。

〔九〕迮，迫也。

〔一〇〕寇，盜；攘，竊也。尚書曰「無敢寇攘」也。

〔一一〕上官謂郡府也。若，及也。部吏謂督郵、游徼也。正法，依法也。

〔一二〕前書音義曰：「息卦曰太陽，消卦曰太陰，其餘雜卦曰少陰、少陽」也。

元初三年有詔，大臣得行三年喪，服闋還職。忠因此上言：「孝宣皇帝舊令，人從軍屯及給事縣官者，大父母死未滿三月，皆勿徭，令得葬送。請依此制。」太后從之。至建光中，尚書令祝諷、〔一〕尚書孟布等奏，以爲「孝文皇帝定約禮之制，〔二〕光武皇帝絕告寧之典，〔三〕貽則萬世，誠不可改。宜復建武故事」。忠上疏曰：「臣聞之孝經，始於愛親，終於哀戚。上自天子，下至庶人，尊卑貴賤，其義一也。夫父母於子，同氣異息，一體而分，三年乃免於懷抱。先聖緣人情而著其節，制服二十五月，是以春秋臣有大喪，君三年不呼其門，閔子雖要絰服事，以赴公難，退而致位，以究私恩，故稱『君使之非也，臣行之禮也』。〔四〕周室陵遲，禮制不序，蓼莪之人作詩自傷曰：『缾之罄矣，惟罍之恥。』〔五〕言己不得終竟子道者，亦上之恥也。高祖受命，蕭何創制，大臣有寧告之科，合於致憂之義。〔六〕建武之初，新承大亂，凡諸國政，多趣簡易，大臣既不得告寧，而羣司營祿念私，鮮循三年之喪，以報顧復之恩者。禮義之方，實爲彫損。大漢之興，雖承衰敝，而先王之制，稍以施行。故藉田之耕，起於孝文；〔七〕孝廉之貢，發於孝武；〔八〕郊祀之禮，定於元、成；〔九〕三雍之序，備於顯宗；〔一〇〕大臣終喪，成乎陛下。〔一一〕聖功美業，靡以尚茲。孟子有言：『老吾老以及人之老，幼吾幼以及人之幼，天下可運於掌。』〔一二〕臣願陛下登高北望，以甘陵之思，揆度臣子之心，則海內咸得其所。」宦豎不便之，竟寢忠奏而從諷、布議，遂著于令。

〔一〕「祝」或作「殺」。

〔二〕約，儉也。孝文帝崩，遺詔薄葬，以日易月，凡三十六日釋服，後以爲故事。

〔三〕前書音義曰：「告寧，休謁之名。吉曰告，凶曰寧。古者名吏休假曰告，吏二千石有予告、賜告。予告，在官有功，法所當得也。賜告，病三月當免，天子優賜其告，使帶印綬，將官屬歸家養疾也。」

〔四〕自此已上至「臣有大喪」，並公羊傳之文也。閔子騫，孔子弟子也，遭喪，君使之從軍，騫乃要絰而服，以從軍役，事了退家，致位喪次，極盡私恩。故君使之雖非，臣從君命有禮也。

〔五〕小雅蓼莪之詩也。蓼蓼，長大皃也。莪，蒿也。言孝子憂思，中心不精，不識莪蒿，誤以爲蒿也。其詩曰：「蓼蓼者莪，匪莪伊蒿。哀哀父母，生我劬勞。缾之罄矣，惟罍之恥。」注云：「缾小而罍大也。罄，盡也。缾小而盡，罍大而盈。言爲罍恥者，刺幽王不使富分貧，衆恤寡也。」

〔六〕論語曾子曰：「吾聞夫子，人未有自致者也，必也親喪乎？」

〔七〕文帝二年，詔曰「農，天下之本也，其開藉田」也。

〔八〕武帝元光元年，初令郡國舉孝廉。

〔九〕元帝、成帝時，匡衡、韋玄成定迭毀郊祀之禮也。

〔一〇〕三雍，明堂、辟雍、靈臺也。雍，和也。解具明紀也。

〔一一〕謂安帝詔大臣得行三年喪也。

〔一二〕言敬吾老亦敬人之老，愛吾幼亦愛人之幼，有敬愛之心，則天下歸順之也。運掌言易也。

〔一三〕甘陵，安帝母陵。陵在清河，故言北望也。

忠以久次，轉爲僕射。時帝數遣黃門常侍及中使伯榮往來甘陵，〔一〕而伯榮負寵驕蹇，所經郡國莫不迎爲禮謁。又霖雨積時，河水涌溢，百姓騷動。忠上疏曰：「臣聞位非其人，則庶事不敍；庶事不敍，則政有得失；政有得失，則感動陰陽，妖變爲應。陛下每引災自厚，不責臣司，臣司狃恩，莫以爲負。〔二〕故天心未得，隔幷屢臻，〔三〕青、冀之域淫雨漏河，〔四〕徐、岱之濱海水盆溢，兗、豫蝗蝝滋生，〔五〕荊、楊稻收儉薄，幷涼二州羌戎叛戾。加以百姓不足，府帑虛匱，自西徂東，杼柚將空。〔六〕臣聞洪範五事，一曰貌，貌以恭，恭作肅，貌傷則狂，而致常雨。〔七〕春秋大水，皆爲君上威儀不穆，臨莅不嚴，臣下輕慢，貴倖擅權，陰氣盛彊，陽不能禁，故爲淫雨。陛下以不得親奉孝德皇園廟，〔八〕比遣中使致敬甘陵，朱軒軿馬，相望道路，可謂孝至矣。〔九〕 然臣竊聞使者所過，威權翕赫，震動郡縣，王侯二千石至爲伯榮獨拜車下，儀體上僭，侔於人主。長吏惶怖譴責，或邪諂自媚，發人修道，繕理亭傳，多設儲跱，徵役無度，〔一〇〕老弱相隨，動有萬計，賂遺僕從，人數百匹，頓踣呼嗟，莫不叩心。河閒託叔父之屬，〔一一〕清河有陵廟之尊，〔一二〕及剖符大臣，皆猥爲伯榮屈節車下。陛下不問，必以陛下欲其然也。伯榮之威重於陛下，陛下之柄在於臣妾。水災之發，必起於此。昔韓嫣託副車之乘，受馳視之使，江都誤爲一拜，而嫣受歐刀之誅。〔一三〕 臣願明主嚴天元之尊，正乾剛之位，〔一四〕職事巨細，皆任賢能，不宜復令女使干錯萬機。重察左右，得無石顯泄漏之姦；〔一五〕尚書納言，得無趙昌譖崇之詐；〔一六〕公卿大臣，得無朱博阿傅之援；〔一七〕外屬近戚，得無王鳳害商之謀。〔一八〕 若國政一由帝命，王事每決於己，則下不得偪上，臣不得干君，常雨大水必當霽止，〔一九〕四方衆異不能爲害。」書奏不省。

〔一〕伯榮，帝乳母王聖女也。

〔二〕狃音女九反。詩曰：「將叔無狃。」注云：「狃，習也。」言屢被恩貸，不以災變爲憂負也。

〔三〕隔并謂水旱不節也。尚書曰：「一極備凶，一極亡凶。」并音必姓反。

〔四〕漏，溢也。

〔五〕蝝，螽子也。

〔六〕杼柚謂機也。小雅大東詩曰「小東大東，杼柚其空」也。

〔七〕洪範五行傳辭。

〔八〕孝德皇，安帝父清河王慶也。

〔九〕朱軒車，使者所乘。軿，並也。

〔一〇〕儲，積也。跱，具也。

〔一一〕河閒王開，安帝叔也。

〔一二〕清河王延平也。陵廟所在，故曰尊。

〔一三〕韓嫣，弓高侯之孫也。得幸於武帝。武帝獵上林中，先使嫣乘副車從數十百騎馳視獸，江都王望見以爲天子，伏謁道傍。嫣驅不見，王怒，爲皇太后泣言，太后銜之。後嫣出入永巷以姦聞，太后賜嫣死也。

〔一四〕天元猶乾元也。易曰「大哉乾元」也。

〔一五〕石顯字君房，少時坐法腐刑，爲中書令，元帝委以政事，公卿畏之，重足一迹。顯恐天子一旦納用左右閒己，乃取一言爲驗。上嘗使至諸宮徵發，先白上，恐漏盡宮門閉，請詔開門，上許之。顯故投夜還，詔開宮門，後果有上書告顯矯詔開宮門，天子聞之笑。顯泣曰：「陛下過私小臣，屬任以事，羣下無不嫉妬欲陷害者，唯明主能知之。」上以爲然而憐之。

〔一六〕鄭崇，哀帝時爲尚書僕射，數諫爭，帝不許。尚書令趙昌佞諂，因奏崇與宗族通，疑有姦。上怒，下崇獄，死獄中也。

〔一七〕哀帝時傅爲丞相，承傅太后指，奏免大司馬傅喜，哀帝怒，下博獄，自殺也。

〔一八〕成帝舅王鳳爲大將軍，專權驕僭，王商爲丞相，論議不能平，鳳（鳳）陰求商短，使人上書告商閨門內事，商坐免。王商，宣帝舅樂昌侯王武之子，非成帝舅成都侯也。

〔一九〕霽亦止也。

時三府任輕，機事專委尚書，而災眚變咎，輒切免公台。〔一〕 忠以爲非國舊體，上疏諫曰：「臣聞『君使臣以禮，臣事君以忠』。〔二〕 故三公稱曰冢宰，王者待以殊敬，在輿爲下，御坐爲起，〔三〕入則參對而議政事，出則監察而董是非。〔四〕 漢典舊事，丞相所請，靡有不聽。今之三公，雖當其名而無其實，選舉誅賞，一由尚書，尚書見任，重於三公，陵遲以來，其漸久矣。臣忠心常獨不安，是故臨事戰懼，不敢穴見有所興造，〔五〕又不敢希意同僚，以謬平典，而謗讟日聞，罪足萬死。近以地震策免司空陳褒，〔六〕今者灾異，復欲切讓三公。昔孝成皇帝以妖星守心，移咎丞相，使賁麗納說方進，方進自引，卒不蒙上天之福，〔七〕徒乖宋景之誠。〔八〕 故知是非之分，較然有歸矣。又尚書決事，多違故典，罪法無例，詆欺爲先，文慘言醜，有乖章憲。宜責求其意，割而勿聽。上順國典，下防威福，置方員於規矩，審輕重於衡石，〔九〕誠國家之典，萬世之法也。」

〔一〕切，責也。

〔二〕論語孔子對魯定公之辭也。

〔三〕漢舊儀云：「皇帝見丞相起，謁者贊稱曰『皇帝爲丞相起立』，乃坐。皇帝在道，丞相迎，謁者贊稱曰『皇帝爲丞相下輿立』，乃升車。」

〔四〕董，督也。

〔五〕穴見言不廣也。

〔六〕褒字伯仁，廬江人也。

〔七〕成帝時，熒惑守心，議郎李尋奏記丞相翟方進曰：「唯君侯盡節轉凶。」方進憂，不知所出。有郎賁麗善爲星，言大臣宜當之。上乃召見方進，賜養牛、上尊酒，令審處焉。方進即日自殺。賁音肥。

〔八〕解見前文。言景公有灾，身自引咎，成帝不然，故曰徒也。

〔九〕衡，秤衡也。三十斤爲鈞，四鈞爲石也。

忠意常在褒崇大臣，待下以禮。其九卿有疾，使者臨問，加賜錢布，皆忠所建奏。頃之，遷尚書令。延光三年，拜司隸校尉。糾正中官外戚賓客，近倖憚之，不欲忠在內。明年，出爲江夏太守，復留拜尚書令，會疾卒。

初，太尉張禹、司徒徐防欲與忠父寵共奏追封和熹皇后父護羌校尉鄧訓，寵以先世無奏請故事，爭之連日不能奪，乃從二府議。及訓追加封謚，禹、防復約寵俱遣子奉禮於虎賁中郎將鄧騭，寵不從，騭心不平之，故忠不得志于鄧氏。及騭等敗，衆庶多怨之，而忠數上疏陷成其惡，遂詆劾大司農朱寵。順帝之爲太子廢也，諸名臣來歷、祝諷等守闕固爭，時忠爲尚書令，與諸尚書復共劾奏之。及帝立，司隸校尉虞詡追奏忠等罪過，當世以此譏焉。

論曰：陳公居理官則議獄緩死，相幼主則正不僭寵，可謂有宰相之器矣。忠能承風，亦庶乎明慎用刑而不留獄。然其聽狂易殺人，開父子兄弟得相代死，斯大謬矣。是則不善人多幸，而善人常代其禍，進退無所措也。

贊曰：陳、郭主刑，人賴其平。寵矜枯胔，躬斷以情。忠用詳密，損益有程。〔一〕施于孫子，且公且卿。〔二〕

〔一〕程，品式也。謂彊盜發，貶黜令長，各有科條，故曰程也。

〔二〕施，延也。音羊豉反。

校勘記

一五四四頁七行　大將軍行有五部　汲本、殿本「五」作「伍」。按：五伍通。

一五四六頁六行　(醫)巫皆言當族滅　據刊誤刪。

一五四六頁七行　爲法名家　按：王先謙謂初學記十二引華嶠書云「以法爲名家」。

一五四九頁九行　斷獄者急於篣格酷烈之痛　按：張森楷校勘記謂今說文木部格下云「長木皃」，無擊義，惟手部挌下云「擊也」，與注引說文合，疑此「格」字及注文「格」字並是「挌」字之誤。

一五四九頁一三行　絕鉆鑽諸慘酷之科　按：「鉆」原譌「鈷」，注同，逕改正。

一五五〇頁一五行　文致謂前人無罪文飾致於法中也　按：校補引柳從辰說，謂「前」字疑「其」字之誤。

一五五二頁六行　(孟)〔仲〕冬之月　刊誤謂案文并注意，「孟」當作「仲」。今據改。

一五五二頁一四行　廣莫風至則蘭夜干生　殿本、集解本「夜」作「射」。按：校補謂射夜古本通作，故注射即音夜。

一五五三頁一三行　先是(洛)〔雒〕縣城南　集解引錢大昕說，謂「洛」當作「雒」，廣漢郡治所。今據改。注同。

一五五六頁一行　奏上二十三條　錢大昭謂晉書刑法志引作「三十三」。

一五五八頁九行　餉餞不受　按：王先謙謂「餞」當作「錢」。

一五六〇頁九行　人從軍屯　刊誤謂「屯」當作「役」，說詳下。按：校補謂漢時有卒更、踐更、過更之律，天下人民皆應戍邊三日，謂之繇戍。既云「未滿三月皆勿繇」，自係言軍役，非言軍屯，且屯墾者，亦不得歸家送葬也。

一五六〇頁一一行　尚書令祝諷　殿本此下引刊誤謂「案文祝當作役」，宸翰樓覆宋本東漢書刊誤作「案文祝當作祋」。今按：劉攽此條刊誤，乃刊上文「人從軍屯」之誤，原文當作「案文屯當作役」，覆宋本東漢書刊誤譌「屯」爲「祝」，譌「役」爲「祋」，而殿本引刊誤則譌「屯」爲「祝」，且皆誤列於「祝諷」之下，遂扞格不可通矣。又按：「祝諷」來歷傳、鄧騭傳並作「祋諷」。

一五六五頁一行　鳳(凰)陰求商短　據汲本、殿本刪。

一五六六頁一五行　衆庶多怨之　集解引何焯說，謂「怨」當作「冤」。今按：怨冤通。

後漢書卷四十七

班梁列傳第三十七

班超字仲升，扶風平陵人，徐令彪之少子也。爲人有大志，不修細節。然內孝謹，居家常執勤苦，不恥勞辱。有口辯，而涉獵書傳。〔一〕永平五年，兄固被召詣校書郎，〔二〕超與母隨至洛陽。家貧，常爲官傭書以供養。久勞苦，嘗輟業投筆歎曰：「大丈夫無它志略，猶當效傅介子、張騫立功異域，以取封侯，安能久事筆研閒乎？」〔三〕左右皆笑之。超曰：「小子安知壯士志哉！」其後行詣相者，曰：「祭酒，布衣諸生耳，〔四〕而當封侯萬里之外。」超問其狀。相者指曰：「生燕頷虎頸，飛而食肉，此萬里侯相也。」久之，顯宗問固「卿弟安在」，固對「爲官寫書，受直以養老母」。帝乃除超爲蘭臺令史。〔五〕後坐事免官。

〔一〕涉如涉水，獵如獵獸。言不能周悉，粗窺覽之也。東觀記曰：「超持公羊春秋，多所窺覽。」

〔二〕校書郎，解見班固傳。

〔三〕傅介子，北地人。昭帝時使西域，刺殺樓蘭王，封義陽侯。張騫，漢中人，武帝時鑿空開西域，封博望侯。續漢

書作「久弄筆研乎」。華嶠書作「久事筆耕乎」。研音硯。

〔四〕一坐所尊，則先祭酒。今稱祭酒，相尊敬之詞也。

〔五〕續漢志曰：「蘭臺令史六人，秩百石，掌書劾奏及印主文書。」

十六年，奉車都尉竇固出擊匈奴，以超爲假司馬，將兵別擊伊吾，戰於蒲類海，多斬首虜而還。〔一〕固以爲能，遣與從事郭恂俱使西域。

〔一〕伊吾，匈奴中地名，在今伊州納職縣界。前書音義曰「蒲類，匈奴中海名，在敦煌北」也。

超到鄯善，〔二〕鄯善王廣奉超禮敬甚備，後忽更疏懈。超謂其官屬曰：「寧覺廣禮意薄乎？此必有北虜使來，狐疑未知所從故也。明者睹未萌，況已著邪。」乃召侍胡詐之曰：「匈奴使來數日，今安在乎？」侍胡惶恐，具服其狀。超乃閉侍胡，悉會其吏士三十六人，與共飲，酒酣，因激怒之曰：「卿曹與我俱在絕域，〔三〕欲立大功，以求富貴。今虜使到裁數日，而王廣禮敬即廢；如令鄯善收吾屬送匈奴，骸骨長爲豺狼食矣。爲之柰何？」官屬皆曰：「今在危亡之地，死生從司馬。」超曰：「不入虎穴，不得虎子。當今之計，獨有因夜以火攻虜，使彼不知我多少，必大震怖，可殄盡也。滅此虜，則鄯善破膽，功成事立矣。」衆曰：「當與從事議之。」超怒曰：「吉凶決於今日。從事文俗吏，聞此必恐而謀泄，死無所名，非壯士也！」衆曰：「善。」初夜，遂將吏士往奔虜營。會天大風，超令十人持鼓藏虜舍後，約曰：「見火然，皆當鳴鼓大呼。」餘人悉持兵弩夾門而伏。超乃順風縱火，前後鼓噪。虜衆驚亂，超手格殺三人，吏兵斬其使及從士三十餘級，餘衆百許人悉燒死。〔三〕明日乃還告郭恂，恂大驚，既而色動。超知其意，舉手曰：「掾雖不行，班超何心獨擅之乎？」恂乃悅。超於是召鄯善王廣，以虜使首示之，一國震怖。超曉告撫慰，遂納子爲質。還奏於竇固，固大喜，具上超功效，并求更選使使西域。帝壯超節，詔固曰：「吏如班超，何故不遣而更選乎？今以超爲軍司馬，令遂前功。」超復受使，固欲益其兵，超曰：「願將本所從三十餘人足矣。如有不虞，多益爲累。」

〔一〕鄯善本西域樓蘭國也，昭帝元鳳四年改爲鄯善。去陽關一千六百里，去長安六千一百里也。

〔二〕曹，輩也。

〔三〕東觀記曰「斬得匈奴節使屋賴帶、副使比離支首及節」也。

是時于窴王廣德新攻破莎車，遂雄張南道，〔一〕而匈奴遣使監護其國。超既西，先至于窴。廣德禮意甚疏。且其俗信巫。巫言：「神怒何故欲向漢？漢使有騧馬，急求取以祠我。」廣德乃遣使就超請馬。〔二〕超密知其狀，報許之，而令巫自來取馬。有頃，巫至，超即斬其首以送廣德，因辭讓之。廣德素聞超在鄯善誅滅虜使，大惶恐，即攻殺匈奴使者而降超。超重賜其王以下，因鎮撫焉。

〔一〕于窴國去長安九千六百七十里，南與婼羌，西與姑墨接。莎車國去長安九千九百五十里。西域南北有大山，中央有河，東西六千餘里。東至玉門、陽關有兩道，從鄯善傍南山北波河西行，至莎車，爲南道。雄張猶熾盛也。張音丁亮反。波，傍也。波音詖。

〔二〕續漢及華嶠書「騧」字並作「騩」。說文：「馬淺黑色也。」音京媚反。

時龜茲王建爲匈奴所立，倚恃虜威，據有北道，攻破疏勒，殺其王，〔一〕而立龜茲人兜題爲疏勒王。明年春，超從閒道至疏勒。去兜題所居槃橐城九十里，逆遣吏田慮先往降之。敕慮曰：「兜題本非疏勒種，國人必不用命。若不即降，便可執之。」慮既到，兜題見慮輕弱，殊無降意。慮因其無備，遂前劫縛兜題。左右出其不意，皆驚懼奔走。慮馳報超，超即赴之，悉召疏勒將吏，說以龜茲無道之狀，因立其故王兄子忠爲王，〔二〕國人大悅。忠及官屬皆請殺兜題，超不聽，欲示以威信，釋而遣之。疏勒由是與龜茲結怨。

〔一〕龜茲國居居延城，去長安七千四百八十里，南與精絕，東與且末，北與烏孫，西與姑墨接。前書音義龜茲音丘慈。今龜音丘勿反，茲音沮惟反，蓋急言耳。自車師前王庭隨北山波河西行，至疏勒，爲北道。疏勒國居疏勒城，去長安九千三百五十里也。

〔二〕續漢書曰「求得故王兄子榆勒立之，更名曰忠」也。

十八年，帝崩。焉耆以中國大喪，〔一〕遂攻沒都護陳睦。超孤立無援，而龜茲、姑墨數

發兵攻疏勒。〔二〕超守盤橐城，與忠爲首尾，士吏單少，拒守歲餘。肅宗初即位，以陳睦新沒，恐超單危不能自立，下詔徵超。超發還，疏勒舉國憂恐。其都尉黎弇曰：「漢使弃我，我必復爲龜茲所滅耳。誠不忍見漢使去。」因以刀自剄。超還至于窴，王侯以下皆號泣曰：「依漢使如父母，誠不可去。」互抱超馬脚，不得行。超恐于窴終不聽其東，又欲遂本志，乃更還疏勒。疏勒兩城自超去後，復降龜茲，而與尉頭連兵。〔三〕超捕斬反者，擊破尉頭，殺六百餘人，疏勒復安。

〔一〕焉耆國居員渠城，去長安七千三百里，北與烏孫接。

〔二〕姑墨國王居南城，去長安八千一百五十里。

〔三〕尉頭國居尉頭谷，去長安八千六百五十里，南與疏勒接。衣服類烏孫也。

建初三年，超率疏勒、康居、于窴、拘彌兵一萬人攻姑墨石城，破之，〔一〕斬首七百級。超欲因此叵平諸國，〔二〕乃上疏請兵。曰：「臣竊見先帝欲開西域，故北擊匈奴，西使外國，鄯善、于窴即時向化。今拘彌、莎車、疏勒、月氏、烏孫、康居復願歸附，欲共幷力破滅龜茲，平通漢道。若得龜茲，則西域未服者百分之一耳。臣伏自惟念，卒伍小吏，實願從谷吉效命絕域，庶幾張騫弃身曠野。〔三〕昔魏絳列國大夫，尚能和輯諸戎，〔四〕況臣奉大漢之威，而無鈆刀一割之用乎？〔五〕前世議者皆曰取三十六國，號爲斷匈奴右臂。〔六〕今西域諸國，自日之所入，莫不向化，〔七〕大小欣欣，貢奉不絕，唯焉耆、龜茲獨未服從。臣前與官屬三十六人奉使絕域，備遭艱戹。自孤守疏勒，於今五載，胡夷情數，臣頗識之。問其城郭小大，皆言『倚漢與依天等』。以是效之，則葱領可通，〔八〕葱領通則龜茲可伐。今宜拜龜茲侍子白霸爲其國王，以步騎數百送之，與諸國連兵，歲月之閒，龜茲可禽。以夷狄攻夷狄，計之善者也。〔九〕臣見莎車、疏勒田地肥廣，草牧饒衍，不比敦煌、鄯善閒也，〔一〇〕兵可不費中國而糧食自足。且姑墨、溫宿二王，特爲龜茲所置，〔一一〕既非其種，更相厭苦，其埶必有降反。若二國來降，則龜茲自破。願下臣章，參考行事。誠有萬分，死復何恨。臣超區區，特蒙神靈，竊冀未便僵仆，目見西域平定，陛下舉萬年之觴，〔一二〕薦勳祖廟，布大喜於天下。」〔一三〕書奏，帝知其功可成，議欲給兵。平陵人徐幹素與超同志，上疏願奮身佐超。五年，遂以幹爲假司馬，將弛刑及義從千人就超。

〔一〕康居國去長安萬二千三百里，不屬都護。

〔二〕叵猶遂也。

〔三〕谷吉，長安人，永之父也。元帝時爲衞司馬，使送郅支單于侍子，爲郅支所殺。張騫，武帝時爲郎，使月氏，爲匈奴所閉，留之十餘歲，乃亡走大宛，窮急即射禽獸給食。

〔四〕魏絳，晉大夫。晉悼公時，山戎使孟樂如晉，因魏絳納虎豹之皮，請和諸戎。公悅，使魏絳盟諸戎。事見左傳。輯

亦和也。

〔五〕賈誼曰：「莫邪爲鈍兮，鈆刀爲銛。」楚詞曰：「捐弃太阿，寶鈆刀兮。」

〔六〕前書曰，漢遣公主爲烏孫夫人，結爲昆弟，則是斷匈奴右臂也。哀帝時劉歆上議曰，武帝時立五屬國，起朔方，伐朝鮮，起玄菟、樂浪，以斷匈奴之左臂。西伐大宛，結烏孫，裂匈奴之右臂。南面以西爲右也。

〔七〕西域傳曰「自條支國乘水西行，可百餘日，近日所入」也。

〔八〕效猶驗也。西河舊事曰：「葱領山，其上多葱，因以爲名。」

〔九〕前書朝錯曰：「以蠻夷攻蠻夷，中國之利。」

〔一〇〕敦煌今涼州縣。

〔一一〕溫宿國王居溫宿城，去長安八千三百五十里也。

〔一二〕詩曰：「躋彼公堂，稱彼兕觥，萬壽無疆。」前書兒寬傳曰：「臣寬再拜上千萬歲壽。」

〔一三〕薦，進也。勳，功也。左氏傳曰：「反行飲至，舍爵策勳焉。」

先是莎車以爲漢兵不出，遂降於龜茲，而疏勒都尉番辰〔一〕亦復反叛。會徐幹適至，超遂與幹擊番辰，大破之，斬首千餘級，多獲生口。超既破番辰，欲進攻龜茲。以烏孫兵彊，宜因其力，乃上言：「烏孫大國，控弦十萬，故武帝妻以公主，〔二〕至孝宣皇帝，卒得其用。〔三〕今可遣使招慰，與共合力。」帝納之。八年，拜超爲將兵長史，假鼓吹幢麾。〔四〕以徐幹爲軍司馬，別遣衞候李邑護送烏孫使者，賜大小昆彌以下錦帛。〔五〕

〔一〕番音潘，下同也。

〔二〕烏孫國居赤谷城，去長安八千九百里。武帝元封中，以江都王建女細君爲公主，以妻烏孫，贈送甚盛，烏孫以爲右夫人。

〔三〕西域傳曰，宣帝即位，烏孫遣使上書，言匈奴連發大兵侵擊烏孫，欲隔絕漢，烏孫願發國半精兵五萬騎，盡力擊匈奴，唯天子出兵以救公主。漢大發十五萬騎，五將軍分道並出。烏孫以五萬騎從西方入，至右谷蠡王庭，獲四萬餘級，馬牛羊七十餘萬。

〔四〕將兵長史，解見和帝紀。平帝元始二年，使謁者大司馬掾持節行邊兵，遣執金吾候陳茂假以鉦鼓。古今樂錄曰：「橫吹，胡樂也。張騫入西域，傳其法於長安，唯得摩訶兜勒一曲，李延年因之更造新聲二十八解，乘輿以爲武樂，後漢以給邊將，萬人將軍得之。在俗用者有黃鵠、隴頭、出關、入關、出塞、入塞、折楊柳、黃覃子、赤之楊、望行人十曲。」劉熙釋名曰：「幢，童也，其貌童童然。」蔡邕月令章句曰：「羽，鳥翼也，以爲旌幢麾也。」橫吹、麾幢皆大將所有，超非大將，故言假。

〔五〕前書曰，烏孫國王先號昆莫，名獵驕靡，後書昆彌云。後代取「昆」字，靡彌聲相近，音有輕重耳。昆莫既死，子孫爭國，漢令立元貴靡爲大昆彌，烏就屠爲小昆彌，賜印綬，故有大小昆彌之號焉。

李邑始到于窴，而值龜茲攻疏勒，恐懼不敢前，因上書陳西域之功不可成，又盛毀超擁愛妻，抱愛子，安樂外國，無內顧心。超聞之，歎曰：「身非曾參而有三至之讒，恐見疑於當時矣。」〔一〕遂去其妻。帝知超忠，乃切責邑曰：「縱超擁愛妻，抱愛子，思歸之士千餘人，何

能盡與超同心乎？」令邑詣超受節度。詔超：「若邑任在外者，便留與從事。」超卽遣邑將烏孫侍子還京師。徐幹謂超曰：「邑前親毀君，欲敗西域，今何不緣詔書留之，更遣它吏送侍子乎？」超曰：「是何言之陋也！以邑毀超，故今遣之。內省不疚，何卹人言！〔二〕快意留之，非忠臣也。」

〔一〕三至，解見寇榮傳。

〔二〕疚，病也。卹，憂也。論語孔子曰：「內省不疚，夫何憂何懼！」左氏傳曰：「詩云『禮義不愆，何恤乎人之言』！」詩謂逸詩也。

明年，復遣假司馬和恭等四人將兵八百詣超，超因發疏勒、于竇兵擊莎車。莎車陰通使疏勒王忠，啖以重利，〔一〕忠遂反從之，西保烏卽城。超乃更立其府丞成大爲疏勒王，悉發其不反者以攻忠。積半歲，而康居遣精兵救之，超不能下。是時月氏新與康居婚，相親，超乃使使多齎錦帛遺月氏王，令曉示康居王，康居王乃罷兵，執忠以歸其國，烏卽城遂降於超。

〔一〕謂多以珍寶誘引之。啖音徒濫反。前書曰，高祖令陸賈往說秦將，啗以利。啖與啗同。

後三年，忠說康居王借兵，還據損中，〔一〕密與龜茲謀，遣使詐降於超。超內知其姦而外僞許之。忠大喜，卽從輕騎詣超。超密勒兵待之，爲供張設樂。〔二〕酒行，乃叱吏縛忠斬之。因擊破其衆，殺七百餘人，南道於是遂通。

〔一〕損中，未詳。東觀記作「頓中」，續漢及華嶠書並作「損中」，本或作「楨」，未知孰是也。

〔二〕供音居用反，張音竹亮反。

明年，超發于竇諸國兵二萬五千人，復擊莎車。而龜茲王遣左將軍發溫宿、姑墨、尉頭合五萬人救之。超召將校及于竇王議曰：「今兵少不敵，其計莫若各散去。于竇從是而東，長史亦於此西歸，可須夜鼓聲而發。」陰緩所得生口。龜茲王聞之大喜，自以萬騎於西界遮超，溫宿王將八千騎於東界徼于竇。超知二虜已出，密召諸部勒兵，雞鳴馳赴莎車營，胡大驚亂奔走，追斬五千餘級，大獲其馬畜財物。莎車遂降，龜茲等因各退散，自是威震西域。

初，月氏嘗助漢擊車師有功，是歲貢奉珍寶、符拔、師子，〔一〕因求漢公主。超拒還其使，由是怨恨。永元二年，月氏遣其副王謝將兵七萬攻超。超衆少，皆大恐。超譬軍士曰：「月氏兵雖多，然數千里踰葱領來，非有運輸，何足憂邪？但當收穀堅守，彼飢窮自降，不過數十日決矣。」謝遂前攻超，不下，又鈔掠無所得。超度其糧將盡，必從龜茲求救，乃遣兵數百於東界要之。謝果遣騎齎金銀珠玉以賂龜茲。超伏兵遮擊，盡殺之，持其使首以示謝。謝大驚，卽遣使請罪，願得生歸。超縱遣之。月氏由是大震，歲奉貢獻。

〔一〕續漢書曰：「符拔，形似麟而無角。」

明年，龜茲、姑墨、溫宿皆降，乃以超爲都護，徐幹爲長史。拜白霸爲龜茲王，遣司馬姚光送之。超與光共脅龜茲廢其王尤利多而立白霸，使光將尤利多還詣京師。超居龜茲它乾城，徐幹屯疏勒。西域唯焉耆、危須、尉犂以前沒都護，懷二心，其餘悉定。

六年秋，超遂發龜茲、鄯善等八國兵合七萬人，及吏士賈客千四百人討焉耆。兵到尉犂界，而遣曉說焉耆、尉犂、危須曰：「都護來者，欲鎭撫三國。卽欲改過向善，宜遣大人來迎，當賞賜王侯已下，〔一〕事畢卽還。今賜王綵五百匹。」焉耆王廣遣其左將北鞬支奉牛酒迎超。〔二〕超詰鞬支曰：「汝雖匈奴侍子，而今秉國之權。都護自來，王不以時迎，皆汝罪也。」或謂超可便殺之。超曰：「非汝所及。此人權重於王，今未入其國而殺之，遂令自疑，設備守險，豈得到其城下哉！」於是賜而遣之。廣乃與大人迎超於尉犂，奉獻珍物。

〔一〕大人謂其酋豪。

〔二〕鞬音九言反。

焉耆國有葦橋之險，廣乃絕橋，不欲令漢軍入國。超更從它道厲度。〔一〕七月晦，到焉耆，去城二十里，〔正〕營大澤中。廣出不意，大恐，乃欲悉驅其人共入山保。焉耆左候元孟先嘗質京師，密遣使以事告超，超卽斬之，示不信用。乃期大會諸國王，因揚聲當重加賞

賜，於是焉耆王廣、尉犂王汎及北鞬支等三十人相率詣超。其國相腹久等十七人懼誅，皆亡入海，〔二〕而危須王亦不至。坐定，超怒詰廣曰：「危須王何故不到？腹久等所緣逃亡？」遂叱吏士收廣、汎等於陳睦故城斬之，傳首京師。因縱兵鈔掠，斬首五千餘級，獲生口萬五千人，馬畜牛羊三十餘萬頭，更立元孟爲焉耆王。超留焉耆半歲，慰撫之。於是西域五十餘國悉皆納質內屬焉。

〔一〕由帶以上爲厲，由膝以下爲揭，見爾雅也。

〔二〕「十七」字本或爲「七十」。

明年，下詔曰：「往者匈奴獨擅西域，寇盜河西，永平之末，城門晝閉。先帝深愍邊萌嬰羅寇害，乃命將帥擊右地，破白山，臨蒲類，〔一〕取車師，城郭諸國震懾響應，遂開西域，置都護。而焉耆王舜、舜子忠獨謀悖逆，恃其險隘，覆沒都護，并及吏士。先帝重元元之命，憚兵役之興，故使軍司馬班超安集于竇以西。超遂踰葱領，迄縣度，〔二〕出入二十二年，莫不賓從。改立其王，而綏其人。不動中國，不煩戎士，得遠夷之和，同異俗之心，而致天誅，蠲宿恥，以報將士之讎。〔三〕司馬法曰：『賞不踰月，欲人速覩爲善之利也。』其封超爲定遠侯，邑千戶。」〔四〕

〔一〕西河舊事曰：「白山之中有好木，匈奴謂之天山，去蒲類海百里。」郭義恭廣志曰：「西域有白山，通歲有雪，亦名

雪山。」破白山見明紀也。

〔二〕迄，至也。縣度，山名。縣音玄。謂以繩索縣縋而過也。其處在皮山國以西，罽賓國之東也。

〔三〕致猶至也。蠲，除也。

〔四〕東觀記曰：「其以漢中郡南鄭之西鄉戶千封超爲定遠侯。」故城在今洋州西鄉縣南。

超自以久在絕域，年老思土。十二年，上疏曰：「臣聞太公封齊，五世葬周，狐死首丘，代馬依風。〔一〕夫周齊同在中土千里之閒，況於遠處絕域，小臣能無依風首丘之思哉？蠻夷之俗，畏壯侮老。〔二〕臣超犬馬齒殲，常恐年衰，奄忽僵仆，孤魂弃捐。昔蘇武留匈奴中尚十九年，今臣幸得奉節帶金銀護西域，〔三〕如自以壽終屯部，誠無所恨，然恐後世或名臣爲沒西域。臣不敢望到酒泉郡，但願生入玉門關。〔四〕臣老病衰困，冒死瞽言，謹遣子勇隨獻物入塞。〔五〕及臣生在，令勇目見中土。」而超妹同郡曹壽妻昭亦上書請超曰：

〔一〕禮記曰：「太公封於營丘，比及五世，皆反葬於周。君子曰：『樂樂其所自生，禮不忘其本。古之人有言曰：狐死正丘首，仁也。』」鄭玄注曰：「正丘首，〔正首〕丘也。」代，郡名，在趙北。韓詩外傳曰「代馬依北風，飛鳥揚故巢」也。

〔二〕案前書曰，匈奴，其俗壯者食肥美，老者食其餘。貴壯健，賤老弱也。

〔三〕金銀謂印也。金印紫綬，銀印青綬也。

〔四〕玉門關屬敦煌郡，今沙州也。去長安三千六百里。關在敦煌縣西北。酒泉，今肅州也。去長安二千八百五十里也。

〔五〕東觀記曰「時安息遣使獻大爵、師子，超遣子勇隨入塞」也。

妾同產兄西域都護定遠侯超，幸得以微功特蒙重賞，爵列通侯，位二千石。天恩殊絕，誠非小臣所當被蒙。超之始出，志捐軀命，冀立微功，以自陳效。會陳睦之變，道路隔絕，超以一身轉側絕域，曉譬諸國，因其兵衆，每有攻戰，輒爲先登，身被金夷，〔一〕不避死亡。賴蒙陛下神靈，且得延命沙漠，至今積三十年。骨肉生離，不復相識。所與相隨時人士衆，皆已物故。超年最長，今且七十。衰老被病，頭髮無黑，兩手不仁，〔二〕耳目不聰明，扶杖乃能行。雖欲竭盡其力，以報塞天恩，迫於歲暮，犬馬齒索。蠻夷之性，悖逆侮老，而超旦暮入地，久不見代，恐開姦宄之源，生逆亂之心。而卿大夫咸懷一切，莫肯遠慮。如有卒暴，超之氣力不能從心，便爲上損國家累世之功，下弃忠臣竭力之用，誠可痛也。故超萬里歸誠，自陳苦急，延頸踰望，三年於今，未蒙省錄。〔三〕

〔一〕夷，傷也。

〔二〕不仁猶不遂也。

〔三〕踰，遙也。高祖踰謂黥布曰：「何苦而反？」

妾竊聞古者十五受兵，六十還之，〔一〕亦有休息不任職也。緣陛下以至孝理天下，得萬國之歡心，不遺小國之臣，況超得備侯伯之位，故敢觸死爲超求哀，匄超餘年。〔二〕一得生還，復見闕庭，使國永無勞遠之慮，西域無倉卒之憂，超得長蒙文王葬骨之恩，子方哀老之惠。〔三〕詩云：「民亦勞止，汔可小康，惠此中國，以綏四方。」〔四〕超有書與妾生訣，恐不復相見。妾誠傷超以壯年竭忠孝於沙漠，疲老則便捐死於曠野，誠可哀憐。如不蒙救護，超後有一旦之變，冀幸超家得蒙趙母、衞姬先請之貸。〔五〕妾愚戇不知大義，觸犯忌諱。

書奏，帝感其言，乃徵超還。

〔一〕周禮（鄉）〔鄉〕大夫職曰：「國中七尺以及六十，野自六尺以及六十有五，皆征之。」征謂賦稅從征役也。韓詩外傳曰「二十行役，六十免役」，與周禮國中同，即知（一）〔二十〕與周禮七尺同。〔周〕禮國中六十免役，野即六十有五，晚於國中五年。國中七尺從役，野六尺，即是野又早於國中五年。七尺謂二十，六尺即十五也。此言十五受兵，謂據野外爲言，六十還之，據國中爲說也。

〔二〕匄，乞。

〔三〕葬骨，解見明紀。田子方，魏文侯之師也。見君之老馬弃之，曰：「少盡其力，老而弃之，非仁也。」於是收而養之。事見史記也。

〔四〕詩大雅也。汔，其也。康、綏，皆安也。言先施恩惠於中國，然後乃安四方。

〔五〕趙母謂趙奢之妻，趙括之母也。懼括敗，先請，得不坐。事見史記。衞姬者，齊桓公之姬。桓公與管仲謀伐衞，桓公入，姬請衞之罪。事見列女傳也。

超在西域三十一歲。十四年八月至洛陽，拜爲射聲校尉。超素有匈脅疾，既至，病遂加。帝遣中黃門問疾，賜醫藥。其年九月卒，年七十一。朝廷愍惜焉，使者弔祭，贈賵甚厚。子雄嗣。

初，超被徵，以戊己校尉任尚爲都護。與超交代。尚謂超曰：「君侯在外國三十餘年，而小人猥承君後，任重慮淺，宜有以誨之。」超曰：「年老失智，任君數當大位，豈班超所能及哉！必不得已，願進愚言。塞外吏士，本非孝子順孫，皆以罪過徙補邊屯。而蠻夷懷鳥獸之心，難養易敗。今君性嚴急，水清無大魚，察政不得下和。〔一〕宜蕩佚簡易，寬小過，總大綱而已。」超去後，尚私謂所親曰：「我以班君當有奇策，今所言平平耳。」尚至數年，而西域反亂，以罪被徵，如超所戒。

〔一〕家語孔子曰：「水至清則無魚，人至察則無徒。」

有三子。長子雄，累遷屯騎校尉。會叛羌寇三輔，詔雄將五營兵屯長安，就拜京兆尹。雄卒，子始嗣，尚清河孝王女陰城公主。主順帝之姑，貴驕淫亂，與嬖人居帷中，而召始入，使伏牀下。始積怒，永建五年，遂拔刃殺主。帝大怒，腰斬始，同產皆弃市。超少子勇。

勇字宜僚，少有父風。永初元年，西域反叛，以勇爲軍司馬。與兄雄俱出敦煌，迎都護及西域甲卒而還。因罷都護。後西域絕無漢吏十餘年。

元初六年，敦煌太守曹宗遣長史索班將千餘人屯伊吾，車師前王及鄯善王皆來降班。後數月，北單于與車師後部遂共攻沒班，進擊走前王，略有北道。鄯善王急，求救於曹宗，宗因此請出兵五千人擊匈奴，報索班之恥，因復取西域。鄧太后召勇詣朝堂會議。先是公卿多以爲宜閉玉門關，遂弃西域。勇上議曰：「昔孝武皇帝患匈奴彊盛，兼總百蠻，以逼障塞。於是開通西域，離其黨與，論者以爲奪匈奴府藏，斷其右臂。遭王莽篡盜，徵求無猒，胡夷忿毒，遂以背叛。光武中興，未遑外事，故匈奴負彊，驅率諸國。及至永平，再攻敦煌，河西諸郡，城門晝閉。孝明皇帝深惟廟策，〔一〕乃命虎臣，出征西域，〔二〕故匈奴遠遁，邊境得安。及至永元，莫不內屬。會閒者羌亂，西域復絕，北虜遂遣責諸國，備其逋租，高其價直，嚴以期會。鄯善、車師皆懷憤怨，思樂事漢，其路無從。前所以時有叛者，皆由牧養失宜，還爲其害故也。今曹宗徒恥於前負，欲報雪匈奴，而不尋出兵故事，未度當時之宜也。夫要功荒外，萬無一成，若兵連禍結，悔無及已。況今府藏未充，師無後繼，是示弱於遠夷，暴短於海內，臣愚以爲不可許也。舊敦煌郡有營兵三百人，今宜復之，復置護西域副校尉，居

於敦煌，如永元故事。又宜遣西域長史將五百人屯樓蘭，西當焉耆、龜茲徑路，南彊鄯善、于竇心膽，北扞匈奴，東近敦煌。如此誠便。」

〔一〕古者謀事必就祖，故言「廟策」也。

〔二〕毛詩曰：「進厥虎臣，闞如虓虎。」

尙書問勇曰：「今立副校尉，何以爲便？又置長史屯樓蘭，利害云何？」勇對曰：「昔永平之末，始通西域，初遣中郎將居敦煌，後置副校〔尉〕於車師，既爲胡虜節度，又禁漢人不得有所侵擾。故外夷歸心，匈奴畏威。今鄯善王尤還，〔一〕漢人外孫，若匈奴得志，則尤還必死。此等雖同鳥獸，亦知避害。若出屯樓蘭，足以招附其心，愚以爲便。」長樂衞尉鐔顯、廷尉綦毋參、司隸校尉崔據難曰：「朝廷前所以弃西域者，以其無益於中國而費難供也。今車師已屬匈奴，鄯善不可保信，一旦反覆，班將能保北虜不爲邊害乎？」〔二〕勇對曰：「今中國置州牧者，以禁郡縣姦猾盜賊也。若州牧能保盜賊不起者，臣亦願以要斬保匈奴之不爲邊害也。今通西域則虜埶必弱，虜埶（必）弱則爲患微矣。孰與歸其府藏，續其斷臂哉！今置校尉以扞撫西域，設長史以招懷諸國，若弃而不立，則西域望絕。望絕之後，屈就北虜，緣邊之郡將受困害，恐河西城門必復有晝閉之儆矣。今不廓開朝廷之德，而拘屯戍之費，若北虜遂熾，豈安邊久長之策哉！」太尉屬毛軫難曰：「今若置校尉，則西域駱驛遣使，求索無猒，與之則費難供，不與則失其心。一旦爲匈奴所迫，當復求救，則爲役大矣。」勇對曰：「今設以西域歸匈奴，而使其恩德大漢，不爲鈔盜則可矣。如其不然，則因西域租入之饒，兵馬之衆，以擾動緣邊，是爲富仇讎之財，增暴夷之埶也。置校尉者，宣威布德，以繫諸國內向之心，以疑匈奴覬覦之情，而無財費耗國之慮也。且西域之人無它求索，其來入者，不過稟食而已。今若拒絕，埶歸北屬，夷虜并力以寇并、涼，則中國之費不止千億。置之誠便。」於是從勇議，復敦煌郡營兵三百人，置西域副校尉居敦煌。雖復羈縻西域，然亦未能出屯。其後匈奴果數與車師共入寇鈔，河西大被其害。

〔一〕尤還，王名。

〔二〕以勇爲軍司馬，故以將言之。將音子亮反。

延光二年夏，復以勇爲西域長史，將兵五百人出屯柳中。〔一〕明年正月，勇至樓蘭，以鄯善歸附，特加三綬。而龜茲王白英猶自疑未下，勇開以恩信，白英乃率姑墨、溫宿自縛詣勇降。勇因發其兵步騎萬餘人到車師前王庭，擊走匈奴伊蠡王於伊和谷，收得前部五千餘人，於是前部始復開通。還，屯田柳中。

〔一〕柳中，今西州縣。

四年秋，勇發敦煌、張掖、酒泉六千騎及鄯善、疏勒、車師前部兵擊後部王軍就，大破

之。〔一〕首虜八千餘人，馬畜五萬餘頭。捕得軍就及匈奴持節使者，將至索班沒處斬之，以報其恥，傳首京師。永建元年，更立後部故王子加特奴爲王。勇又使別校誅斬東且彌王，亦更立其種人爲王，〔二〕於是車師六國悉平。

〔一〕軍就，名也。

〔二〕且音子余反。

其冬，勇發諸國兵擊匈奴呼衍王，呼衍王亡走，其衆二萬餘人皆降。捕得單于從兄，勇使加特奴手斬之，以結車師匈奴之隙。北單于自將萬餘騎入後部，至金且谷，勇使假司馬曹俊馳救之。單于引去，俊追斬其貴人骨都侯，於是呼衍王遂徙居枯梧河上。是後車師無復虜跡，城郭皆安。唯焉耆王元孟未降。

二年，勇上請攻元孟，於是遣敦煌太守張朗將河西四郡兵三千人配勇。〔一〕因發諸國兵四萬餘人，分騎爲兩道擊之。勇從南道，朗從北道，約期俱至焉耆。而朗先有罪，欲徼功自贖，遂先期至爵離關，遣司馬將兵前戰，首虜二千餘人。元孟懼誅，逆遣使乞降，張朗徑入焉耆受降而還。元孟竟不肯面縛，唯遣子詣闕貢獻。朗遂得免誅。勇以後期，徵下獄，免。後卒于家。

〔一〕河西四郡，金城、敦煌、張掖、酒泉。

梁慬字伯威，〔一〕北地弋居人也。〔二〕父諷，歷州宰。永元元年，車騎將軍竇憲出征匈奴，除諷爲軍司馬，令先齎金帛使北單于，宣國威德，其歸附者萬餘人。後坐失憲意，髡輸武威，武威太守承旨殺之。竇氏既滅，和帝知其爲憲所誣，徵慬，除爲郎中。

〔一〕慬音勤。

〔二〕弋居，縣名。郡國志曰有鐵官。

慬有勇氣，常慷慨好功名。初爲車騎將軍鄧鴻司馬，再遷，延平元年拜西域副校尉。慬行至河西，會西域諸國反叛，攻都護任尚於疏勒。尚上書求救，詔慬將河西四郡羌胡五千騎馳赴之，慬未至而尚已得解。會徵尚還，以騎都尉段禧爲都護，西域長史趙博爲騎都尉。禧、博守它乾城。它乾城小，慬以爲不可固，乃譎說龜茲王白霸，欲入共保其城，白霸許之。吏人固諫，白霸不聽。慬既入，遣將急迎禧、博，合軍八九千人。龜茲吏人並叛其王，而與溫宿、姑墨數萬兵反，共圍城。慬等出戰，大破之。連兵數月，胡衆敗走，乘勝追擊，凡斬首萬餘級，獲生口數千人，駱駝畜產數萬頭，龜茲乃定。而道路尚隔，檄書不通。歲餘，朝廷憂之。公卿議者以爲西域阻遠，數有背叛，吏士屯田，其費無已。永初元年，遂

罷都護，遣騎都尉王弘發關中兵迎慬、禧、博及伊吾盧、柳中屯田吏士。

二年春，還至敦煌。會衆羌反叛，朝廷大發兵西擊之，逆詔慬留爲諸軍援。慬至張掖日勒。〔一〕羌諸種萬餘人攻亭候，殺略吏人。慬進兵擊，大破之，乘勝追至昭武，〔二〕虜遂散走，其能脫者十二三。及至姑臧，羌大豪三百餘人詣慬降，並慰譬遣還故地，河西四郡復安。

〔一〕日勒，縣名，屬張掖郡，故城在今甘州刪丹縣東南。

〔二〕縣名，屬張掖郡，故城在今甘州張掖縣西北也。

慬受詔當屯金城，聞羌轉寇三輔，迫近園陵，卽引兵赴擊之，轉戰武功美陽關。〔一〕慬臨陣被創，不顧，連破走之，盡還得所掠生口，獲馬畜財物甚衆，羌遂奔散。朝廷嘉之，數璽書勞勉，委以西方事，令爲諸軍節度。

〔一〕美陽，縣名，故城在武功縣北七里，於其所置關。

三年冬，南單于與烏桓大人俱反。以大司農何熙行車騎將軍事，中郎將龐雄爲副，將羽林五校營士，及發緣邊十郡兵二萬餘人，〔一〕又遼東太守耿夔率將鮮卑種衆共擊之，詔慬行度遼將軍事。龐雄與耿夔共擊匈奴奧鞬日逐王，破之。單于乃自將圍中郎將耿种於美稷，連戰數月，攻之轉急，种移檄求救。明年正月，慬將八千餘人馳往赴之，至屬國故城，與匈奴左將軍、烏桓大人戰，破斬其渠帥，殺三千餘人，虜其妻子，獲財物甚衆。單于復自將七八千騎迎攻，圍慬。慬被甲奔擊，所向皆破，虜遂引還虎澤。三月，何熙軍到五原曼柏，〔二〕暴疾，不能進，遣龐雄與慬及耿种步騎萬六千人攻虎澤。連營稍前，單于惶怖，遣左奧鞬日逐王詣慬乞降，慬乃大陳兵受之。單于脫帽徒跣，面縛稽顙，納質。會熙卒于師，卽拜慬度遼將軍。龐雄還爲大鴻臚。雄，巴郡人，有勇略，稱爲名將。

〔一〕緣邊十郡謂五原、雲中、定襄、鴈門、朔方、代郡、上谷、漁陽、遼西、右北平。

〔二〕曼柏，縣名，屬五原郡。

明年，安定、北地、上郡皆被羌寇，穀貴人流，不能自立。詔慬發邊兵迎三郡太守，使將吏人徙扶風界。慬卽遣南單于兄子優孤塗奴將兵迎之。既還，慬以塗奴接其家屬有勞，輒授以羌侯印綬，坐專擅，徵下獄，抵罪。明年，校書郎馬融上書訟慬與護羌校尉龐參，有詔原刑。語在龐參傳。

會叛羌寇三輔，關中盜賊起，拜慬謁者，將兵擊之。至湖縣，病卒。

何熙字孟孫，陳國人。少有大志。永元中，爲謁者。身長八尺五寸，善爲威容，贊拜殿中，音動左右。和帝偉之，擢爲御史中丞，歷司隸校尉、大司農。及在軍臨歿，遺言薄葬。

三子：臨，瑾，阜。臨、瑾並有政能。阜俊才早沒。臨子衡，爲尚書，以正直稱，坐訟李膺等下獄，免官，廢于家。

論曰：時政平則文德用，而武略之士無所奮其力能，故漢世有發憤張膽，爭膏身於夷狄以要功名，多矣。祭肜、耿秉啓匈奴之權，班超、梁慬奮西域之略，卒能成功立名，享受爵位，薦功祖廟，勒勳于後，亦一時之志士也。

贊曰：定遠慷慨，專功西遐。坦步葱、雪，咫尺龍沙。〔一〕慬亦抗憤，勇乃負荷。〔二〕

〔一〕葱領，雪山，白龍堆沙漠也。八寸曰咫。坦步言不以爲艱，咫尺言不以爲遠也。

〔二〕左傳曰：「其父析薪，其子弗克負荷。」言勇能繼超之功業。

校勘記

一五七一頁三行　扶風平陵人　按：班彪傳云扶風安陵人，錢大昕謂當有一誤。校補引柳從辰說，謂東觀記載班超亦爲安陵人，則作「平陵」者誤。

一五七一頁一〇行　超持公羊春秋　按：王先謙謂「持」當爲「治」，避唐高宗諱改。

一五七四頁一行　西與姑墨接　按：校補謂前書西域傳作「北與姑墨接」。

一五七四頁二行　東西六千餘里　按：「千」原譌「十」，逕改正。

一五七四頁二行　傍南山北波河西行　按：西域傳「波」作「陂」。下一二行注「隨北山波河西行」同。

一五七四頁六行　逆遣吏田慮先往降之　袁宏紀「田慮」作「陳憲」。惠棟謂古陳田字通，「憲」當爲「慮」，字之誤也。今按：慮憲形近，未知孰譌。

一五七四頁一三行　今龜音丘勿反　按：龜無入聲，「勿」字疑譌。

一五七五頁一行　超守盤槖城　按：汲本、殿本「盤」作「槃」。

一五八〇頁二行　本或作植　按：通鑑胡注引「植」作「楨」，胡氏謂案西域傳，靈帝建寧三年，涼州刺史孟佗遣兵討疏勒，攻楨中城，「楨中」是也。

一五八〇頁一三行　必從龜茲求救　按：集解引惠棟說，謂袁宏紀「救」作「食」。

一五八一頁七行　遣其左將北鞬支　按：集解引惠棟說，謂「北」一作「比」。校補引錢大昭說，謂閩本作「比」。

一五八一頁一四行　(正)營大澤中　按：刊誤謂案文「正」當作「止」。集解引惠棟說，謂案袁宏紀，「正」字當衍。今依惠說刪「正」字。

一五八二頁一行　尉犁王汎及北鞬支等三十人　按：集解引王補說，謂袁宏紀「汎」作「沈」。又引惠棟說，謂袁紀作「四十一人」。

一五八二頁八行　先帝深愍邊萌嬰羅寇害　「萌」汲本、殿本作「甿」。今按：「甿」亦作「萌」，音義並同。又「羅」汲本、殿本作「罹」。今按：羅罹通。

一五八三頁一三行　正丘首〔正首〕丘也　據集解本補，與禮檀弓鄭注合。

一五八五頁九行　周禮(鄉)〔鄉〕大夫職　據殿本改。

一五八五頁一〇行　卽知(二)〔二十〕與周禮七尺同　據刊誤改。

一五八五頁一〇行　〔周〕禮國中六十免役　據刊誤補。

一五八六頁六行　以戊己校尉任尙爲都護　按：刊誤謂是時但有戊校尉，多「己」字。

一五八六頁六行　尙謂超曰　按：集解引王補說，謂袁宏紀作「尙與超書曰」。

一五八六頁七行　超曰　按：集解引王補說，謂據袁紀尙與超書，則超此語亦荅書，非面論也。

一五八七頁三行　元初六年至遂共攻沒班　按：集解引通鑑考異，謂案本紀及車師傳，皆云永寧元年事，蓋班以去年末屯伊吾，今春見殺，或今春奏事方到也。

一五八八頁六行　後置副校〔尉〕於車師　據汲本、殿本補。

一五八八頁九行　廷尉綦毋參　按：集解本「毋」作「毋」，校補謂據通鑑正。

一五八八頁一三行　虜埶(必)弱則爲患徼矣　據刊誤刪。

一五八九頁一一行　特加三綬　按：集解引通鑑胡注，謂「三綬」疑當作「王綬」。

後漢書卷四十八

楊李翟應霍爰徐列傳第三十八

楊終字子山，蜀郡成都人也。年十三，爲郡小吏，太守奇其才，遣詣京師受業，習春秋。〔一〕顯宗時，徵詣蘭臺，拜校書郎。

〔一〕袁山松書曰：「時蜀郡有雷震決曹，終上白記，以爲斷獄煩苛所致，太守乃令終賦雷電之意，而奇之也。」

建初元年，大旱穀貴，終以爲廣陵、楚、淮陽、濟南之獄，徙者萬數，又遠屯絕域，吏民怨曠，乃上疏曰：「臣聞『善善及子孫，惡惡止其身』，百王常典，不易之道也。〔二〕秦政酷烈，違忤天心，一人有罪，延及三族。〔三〕高祖平亂，約法三章。太宗至仁，除去收孥。〔三〕萬姓廓然，蒙被更生，澤及昆蟲，功垂萬世。陛下聖明，德被四表。今以比年久旱，灾疫未息，〔四〕躬自菲薄，廣訪失得，三代之隆，無以加焉。臣竊桉春秋水旱之變，皆應暴急，惠不下流。自永平以來，仍連大獄，有司窮考，轉相牽引，掠考寃濫，家屬徙邊。加以北征匈奴，西開三十六國，頻年服役，轉輸煩費。又遠屯伊吾、樓蘭、車師、戊己，民懷土思，怨結邊域。傳曰：

『安土重居，謂之衆庶。』〔五〕昔殷民近遷洛邑，且猶怨望，〔六〕何況去中土之肥饒，寄不毛之荒極乎？〔七〕且南方暑濕，障毒互生。愁困之民，足以感動天地，移變陰陽矣。陛下留念省察，以濟元元。」書奏，肅宗下其章。司空第五倫亦同終議。太尉牟融、司徒鮑昱、校書郎班固等難倫，以施行既久，孝子無改父之道，先帝所建，不宜回異。終復上書曰：「秦築長城，功役繁興，胡亥不革，卒亡四海。故孝元弃珠崖之郡，光武絕西域之國，不以介鱗易我衣裳。〔八〕魯文公毀泉臺，春秋譏之曰『先祖爲之而已毀之，不如勿居而已』，以其無妨害於民也。〔九〕襄公作三軍，昭公舍之，君子大其復古，以爲不舍則有害於民也。〔一〇〕今伊吾之役，樓蘭之屯，久而未還，非天意也。」帝從之，聽還徙者，悉罷邊屯。

〔一〕春秋：「昭公二十年，曹公孫會自鄸出奔宋。」公羊傳曰：「畔也。曷爲不言畔？爲公子喜時之後諱也。春秋爲賢者諱也。何賢乎公子喜時？讓國也。君子善善也長，惡惡也短，惡惡止其身，善善及子孫。賢者子孫，故君子爲之諱。」

〔二〕前書音義曰：「父族、母族、妻族也。」

〔三〕太宗，文帝也。史記曰：「文帝德至盛也，豈不仁哉。」除去收孥相坐之律也。

〔四〕「灾」字或作「牛」。疫，病也。

〔五〕元帝詔曰「安土重遷，黎人之性」也。

〔六〕尙書盤庚序曰：「盤庚五遷，將治亳，殷人咨胥怨。」亳，今河南偃師，故曰「近遷洛邑」。

〔七〕毛，草也。爾雅曰：「觚竹、北戶、西王母、日下謂之四荒。」又曰：「東至於泰遠，西至於邠國，南至於濮鈆，北至於祝栗，謂之四極。」言不毛，荒極，直論遠耳，非必此地也。
〔八〕元帝初元三年，珠崖郡反，待詔賈捐之以爲宜弃珠崖，救人飢餓，乃罷珠崖郡。光武二十一年，鄯善、車師王等十六國皆遣子入侍，請都護。帝以中國初定，未遑外事，還其侍子，厚加賞賜。介鱗喻遠夷，言其人與魚鼈無異也。衣裳謂中國也。楊雄法言曰：「珠崖之絕，捐之之力也，否則鱗介易我衣裳。」
〔九〕公羊傳曰「毀泉臺何以書？譏爾。築之譏，毀之譏，先祖爲之而已毀之，勿居而已」也。
〔一〇〕公羊傳曰：「襄公十一年作三軍。三軍者何？三卿也。」昭公五年傳曰：「舍中軍。舍中軍者何？復古也。」言舍之與留，量時制宜也。

終又言：「宣帝博徵羣儒，論定五經於石渠閣。方今天下少事，學者得成其業，而章句之徒，破壞大體。宜如石渠故事，永爲後世則。」於是詔諸儒於白虎觀論考同異焉。會終坐事繫獄，博士趙博、校書郎班固、賈逵等，以終深曉春秋，學多異聞，表請之，終又上書自訟，卽日貰出，乃得與於白虎觀焉。〔一〕後受詔刪太史公書爲十餘萬言。

〔一〕與音預。

時太后兄衞尉馬廖，謹篤自守，不訓諸子。終與廖交善，以書戒之曰：「終聞堯舜之民，可比屋而封；桀紂之民，可比屋而誅。〔一〕何者？堯舜爲之隄防，桀紂示之驕奢故也。詩曰：『皎皎練絲，在所染之。』〔二〕上智下愚，謂之不移；中庸之流，要在教化。春秋殺太子母弟，直稱君甚惡之者，坐失教也。〔三〕禮制，人君之子年八歲，爲置少傅，教之書計，以開

其明；〔四〕十五置太傅，教之經典，以道其志。漢興，諸侯王不力教誨，多觸禁忌，故有亡國之禍，而乏嘉善之稱。今君位地尊重，海內所望，豈可不臨深履薄，以爲至戒！黃門郎年幼，血氣方盛，〔五〕既無長君退讓之風，〔六〕而要結輕狡無行之客，縱而莫誨，視成任性，〔七〕鑒念前往，可爲寒心。君侯誠宜以臨深履薄爲戒。」廖不納。子豫後坐縣書誹謗，〔八〕廖以就國。

〔一〕事見陸賈新語。
〔二〕逸詩也。皎皎，白貌也。墨子曰：「墨子見染絲者歎曰：『染於蒼則蒼，染於黃則黃，故染不可不愼也。』」
〔三〕公羊傳曰：「晉侯殺其太子申生。曷爲直稱晉侯？曰以殺其太子母弟，直稱君者甚之也。」
〔四〕大戴禮曰：「古者八歲出就外舍，學小藝焉，履小節焉。」又曰：「爲置三少，曰少保、少傅、少師，是與太子宴者也。」禮記內則曰「十年出就外傅，居宿於外學書計」也。
〔五〕廖子防及光俱爲黃門郎。孔子曰「及其壯也，血氣方剛，戒之在鬬」也。
〔六〕文帝竇后兄長君，弟廣國字少君，此兩人所出微，絳、灌等選長者之有節行者與之居，長君、少君由此爲退讓君子，不敢以富貴驕人也。
〔七〕馬防傳曰「兄弟貴盛，賓客奔湊，四方畢至，數百餘人皆爲食客」也。
〔八〕縣音懸。

終兄鳳爲郡吏，太守廉范爲州所考，遣鳳候終，終爲范游說，坐徙北地。〔一〕帝東巡狩，鳳皇黃龍並集，終贊頌嘉瑞，上述祖宗鴻業，凡十五章，奏上，詔貰還故郡。著春秋外傳十二篇，改定章句十五萬言。永元十二年，徵拜郎中，以病卒。〔二〕

〔一〕益部耆舊傳曰「終徙於北地望松縣，而母於蜀物故。終自傷被罪充邊，乃作晨風之詩以舒其憤」也。
〔二〕袁山松書曰「侍中賈逵薦終博達忠直，徵拜郎中。及卒，賜錢二十萬」也。

李法字伯度，漢中南鄭人也。博通羣書，性剛而有節。和帝永元九年，應賢良方正對策，除博士，遷侍中、光祿大夫。歲餘，上疏以爲朝政苛碎，違永平、建初故事；宦官權重，椒房寵盛；又譏史官記事不實，後世有識，尋功計德，必不明信。坐失旨，下有司，免爲庶人。還鄉里，杜門自守。故人儒生時有候之者，言談之次，問其不合上意之由，法未嘗應對。友人固問之，法曰：「鄙夫可與事君乎哉？苟患失之，無所不至。〔一〕孟子有言：『夫仁者如射，正己而後發。發而不中，不怨勝己者，反諸身而已矣。』」〔二〕在家八年，徵拜議郎、諫議大夫，正言極辭，無改於舊。出爲汝南太守，政有聲迹。後歸鄉里，卒於家。

〔一〕此以上論語孔子之言也。鄭玄注云：「無所不至謂諂佞邪媚，無所不爲也。」
〔二〕孟子公孫丑篇之言也。反諸身而已，言克己自責，不責人也。

翟酺字子超，廣漢雒人也。〔一〕四世傳詩。酺好老子，尤善圖緯、天文、歷筭。以報舅讎，當徙日南，亡於長安，爲卜相工，後牧羊涼州。遇赦還。仕郡，徵拜議郎，遷侍中。

〔一〕雒屬廣漢郡，漳山雒水所出，南入湔，故城在今雒縣南。湔音子田反。

時尚書有缺，詔將大夫六百石以上試對政事、天文、道術，以高第者補之。酺自恃能高，而忌故太史令孫懿，恐其先用，乃往候懿。既坐，言無所及，唯涕泣流連。懿怪而問之，酺曰：「圖書有漢賊孫登，將以才智爲中官所害。觀君表相，似當應之。〔一〕酺受恩接，悽愴君之禍耳！」懿憂懼，移病不試。〔二〕由是酺對第一，拜尚書。

〔一〕春秋保乾圖曰「漢賊臣，名孫登，大形小口，長七尺九寸，巧用法，多技方，詩書不用，賢人杜口」也。
〔二〕移病謂作文移而稱病也。

時安帝始親政事，追感祖母宋貴人，悉封其家。又元舅耿寶及皇后兄弟閻顯等並用威權。酺上疏諫曰：

臣聞微子佯狂而去殷，叔孫通背秦而歸漢，彼非自疎其君，時不可也。臣荷殊絕之恩，蒙值不諱之政，豈敢雷同受寵，而以戴天履地。〔一〕伏惟陛下應天履祚，歷值中

興，當建太平之功，而未聞致化之道。蓋遠者難明，請以近事徵之。昔竇、鄧之寵，傾動四方，兼官重紱，盈金積貨，至使議弄神器，改更社稷。〔一〕豈不以埶尊威廣，以致斯患乎？及其破壞，頭顙墮地，願爲孤豚，豈可得哉！〔二〕夫致貴無漸失必暴，受爵非道殃必疾。今外戚寵幸，功均造化，漢元以來，未有等比。陛下誠仁恩周洽，以親九族。然祿去公室，政移私門，覆車重尋，寧無摧折。〔四〕而朝臣在位，莫肯正議，翕翕訿訿，更相佐附。〔五〕臣恐威權外假，歸之良難，虎翼一奮，卒不可制。〔六〕故孔子曰「吐珠於澤，誰能不含」；〔七〕老子稱「國之利器，不可以示人」。〔八〕此最安危〔之極〕戒，社稷之深計也。

〔一〕雷之發聲，物皆同應，言無是非者謂之雷同。禮記曰：「無雷同。」左傳曰「君履后土而戴皇天」也。

〔二〕神器謂天位也。老子曰：「天下神器，不可爲也。」竇憲出入禁中，得幸太后，圖爲殺害。帝知其謀，誅之。鄧太后崩，宮人告鄧悝、鄧弘等取廢帝故事，謀立平原王得。帝聞，遂免鄧氏爲庶人也。

〔三〕莊子曰，或聘莊子，莊子謂其使曰：「子見夫犧牛乎？衣以文繡，食以芻菽。及其牽而入於太廟，欲爲孤犢，其可得乎？」此作「豚」，不同也。

〔四〕賈誼曰「諺云前車覆，後車誡」也。

〔五〕詩小雅曰：「翕翕訿訿，亦孔之哀。」毛傳曰：「翕翕然患其上，訿訿然不思稱職。」爾雅曰：「翕翕、訿訿，莫供職也。」訿音將徙反。「訿」與「訾」古字通。

〔六〕韓詩外傳曰：「無爲虎傅翼，將飛入邑，擇人而食。」夫置不肖之人於位，是爲虎傅翼也。

〔七〕春秋保乾圖曰：「臣功大者主威侵，權并族害（尸）〔已〕姦行，吐珠於澤，誰能不含。」諭君之權柄外假，則必競取以爲已利，猶珠出於澤中，誰能不含取以爲已寶也。吐猶出也。

〔八〕老子道經曰：「魚不可脫於泉，國之利器不可以示人。」河上公注曰：「利器謂權道也。理國權道，不可以示執事之臣。」

夫儉德之恭，政存約節。〔一〕故文帝愛百金於露臺，飾帷帳於皁囊。〔二〕或有譏其儉者，上曰：「朕爲天下守財耳，豈得妄用之哉！」至倉穀腐而不可食，錢貫朽而不可校。今自初政已來，日月未久，費用賞賜已不可筭。斂天下之財，積無功之家，帑藏單盡，民物彫傷，卒有不虞，復當重賦百姓，怨叛既生，危亂可待也。

〔一〕左氏傳魯大夫御孫曰「儉，德之恭；侈，惡之大」也。

〔二〕文帝常欲作露臺，計直百金。曰：「百金中人十家之產，何以臺爲？」遂止不作。又東方朔曰：「文帝集上書囊以爲殿帷。」

昔成王之政，周公在前，邵公在後，畢公在左，史佚在右，四子挾而維之。目見正容，耳聞正言，一日即位，天下曠然，言其法度素定也。今陛下有成王之尊而無數子之佐，雖欲崇雍熙，致太平，其可得乎？

自去年已來，灾譴頻數，地坼天崩，高岸爲谷。脩身恐懼，則轉禍爲福；輕慢天戒，則其害彌深。願陛下親自勞恤，研精致思，勉求忠貞之臣，誅遠佞諂之黨，損玉堂之盛，尊天爵之重，〔一〕割情欲之歡，罷宴私之好。帝王圖籍，陳列左右，心存亡國所以失之，鑒觀興王所以得之，庶灾害可息，豐年可招矣。

〔一〕孟子曰：「公卿大夫，人爵也。仁義禮智信，天爵也。」

書奏不省，而外戚寵臣咸畏惡之。

延光三年，出爲酒泉太守。叛羌千餘騎徙敦煌來鈔郡界，酺赴擊，斬首九百級，羌衆幾盡，威名大震。遷京兆尹。順帝即位，拜光祿大夫，遷將作大匠。損省經用，歲息四五千萬。〔一〕屢因灾異，多所匡正。〔二〕由是權貴共誣酺及尚書令高堂芝等交通屬託，坐減死歸家。復被章云酺前與河南張楷等謀反，逮詣廷尉。及杜眞等上書訟之，事得明釋。卒於家。〔三〕

〔一〕經，常也。

〔二〕益部耆舊傳曰：「時詔問酺陰陽失序，水旱隔并，其設銷復興濟之本。酺上奏陳圖書之意曰：『漢四百年將有弱主閉門聽難之禍，數在三百年之閒。（宜升）〔斗〕歷改憲，〔宜〕行先王至德要道，率率時禁，抑損奢侈，宣明質樸，以延四百年之難。』帝從之。」

〔三〕益部耆舊傳曰：「杜眞字孟宗，廣漢綿竹人也。少有孝行，習易、春秋，誦百萬言，兄事同郡翟酺。酺後被繫獄，眞

上檄章救酺，繫獄笞六百，竟免酺難，京師莫不壯之。」

著援神、鉤命解詁十二篇。〔一〕

〔一〕援神契、鉤命決，皆孝經緯篇名也。詁音古。

初，酺之爲大匠，上言：「孝文皇帝始置一經博士，〔一〕武帝大合天下之書，〔二〕而孝宣論六經於石渠，學者滋盛，弟子萬數。〔三〕光武初興，愍其荒廢，起太學博士舍、內外講堂，諸生橫巷，爲海內所集。明帝時辟雍始成，欲毀太學，太尉趙憙以爲太學、辟雍皆宜兼存，故並傳至今。而頃者穨廢，至爲園採芻牧之處。宜更修繕，誘進後學。」帝從之。酺免後，遂起太學，更開拓房室，學者爲酺立碑銘於學云。

〔一〕武帝建元五年始置五經博士，文帝之時未遑庠序之事，酺之此言，不知何據。

〔二〕武帝詔曰：「其令禮官勸學，舉遺興禮。」舉遺謂搜求遺逸，是合天下之書也。

〔三〕宣帝甘露三年，詔諸儒講五經於殿中，兼平公羊、穀梁同異，上親臨決焉。時更崇穀梁傳，故此言「六經」也。石渠，閣名。昭帝時博士弟子員百人，宣帝末增倍之，元帝時詔無置弟子員，以廣學者，故言以萬數也。

應奉字世叔，汝南南頓人也。曾祖父順，字華仲，和帝時爲河南尹、將作大匠，公廉約

己，明達政事。〔一〕生十子，皆有才學。中子疊，江夏太守。疊生郴，武陵太守。郴生奉。

〔一〕華嶠書曰：「華仲少給事郡縣，爲吏淸公，不發私書。舉孝廉，尚書郎轉右丞，遷冀州刺史，廉直無私。遷東平相，賞罰必信，吏不敢犯。有梓樹生於聽事室上，事後母至孝，衆以爲孝感之應。時竇憲出屯河西，刺史、二千石皆遣子弟奉賂遺憲，憲敗後咸被繩黜，順獨不在其中，由是顯名。爲將作大匠，視事五年，省費億萬。」汝南記曰「華仲妻本是汝南鄧元義前妻也。元義父伯考爲尚書僕射，元義還鄉里，妻留事姑甚謹，姑憎之，幽閉空室，節其食飲，羸露日困，妻終無怨言。後伯考怪而問之。時義子朗年數歲，言母不病，但苦飢耳。伯考流涕曰：『何意親姑反爲此禍！』因遣歸家。更嫁爲華仲妻。仲爲將作大匠，妻乘朝車出，元義於路傍觀之，謂人曰：『此我故婦，非有它過，家夫人遇之實酷，本自相貴。』其子朗時爲郎，母與書皆不荅，與衣裳輒燒之。母不以介意，意欲見之，乃至親家李氏堂上，令人以它詞請朗。朗至，見母，再拜涕泣，因起出。母追謂之曰：『我幾死，自爲汝家所弃，我何罪過，乃如此邪？』因此遂絕」也。

奉少聰明，自爲童兒及長，凡所經履，莫不暗記。讀書五行並下。爲郡決曹史，行部四十二縣，錄囚徒數百千人。及還，太守備問之，奉口說罪繫姓名，坐狀輕重，無所遺脫，時人奇之。〔一〕著漢書後序，多所述載。〔二〕大將軍梁冀舉茂才。

〔一〕謝承書曰：「奉少爲上計吏，許訓爲計掾，俱到京師。訓自發鄉里，在路晝頓暮宿，所見長吏、賓客、亭長、吏卒、奴僕，訓皆密疏姓名，欲試奉。還郡，出疏示奉。奉云：『前食潁川綸氏都亭，亭長胡奴名祿，以飲漿來，何不在疏？』坐中皆驚。」又云：「奉年二十時，嘗詣彭城相袁賀，賀時出行閉門，造車匠於內開扇出半面視奉，奉即委去。後數

十年於路見車匠，識而呼之。」

〔二〕袁山松書曰：「奉又刪史記、漢書及漢記三百六十餘年，自漢興至其時，凡十七卷，名曰漢事。」

先是，武陵蠻詹山等四千餘人反叛，執縣令，屯結連年。詔下公卿議，四府舉奉才堪將帥。〔一〕永興元年，拜武陵太守。到官慰納，山等皆悉降散。於是興學校，舉仄陋，政稱變俗。坐公事免。

〔一〕四府，解見皇后紀。

延熹中，武陵蠻復寇亂荊州，車騎將軍馮緄以奉有威恩，爲蠻夷所服，上請與俱征。拜從事中郎。〔一〕奉勤設方略，賊破軍罷，緄推功於奉，薦爲司隸校尉。糾舉姦違，不避豪戚，以嚴厲爲名。

〔一〕謝承書曰：「時詔奉曰：『蠻夷叛逆作難，積惡放恣，鑊中之魚，火熾湯盡，當悉燋爛，以刷國恥。朝廷以奉昔守南土，威名播越，故復式序重任。奉之廢興，期在於今。賜奉錢十萬，駮犀方具劍、金錯把刀劍、革帶各一。奉其勉之！』」

及鄧皇后敗，而田貴人見幸，桓帝有建立之議。奉以田氏微賤，不宜超登后位，上書諫曰：「臣聞周納狄女，襄王出居于鄭；〔一〕漢立飛燕，成帝胤嗣泯絕。母后之重，興廢所因。宜思關雎之所求，遠五禁之所忌。」〔二〕帝納其言，竟立竇皇后。

〔一〕左傳襄王將以狄女爲后，富（臣）〔辰〕諫曰：「不可。狄固貪惏，王又啓之。」王不從。狄人伐周，襄王出奔。

〔二〕韓詩外傳曰：「婦人有五不娶：喪婦之長女不娶，爲其不受命也；世有惡疾不娶，弃於天也；世有刑人不娶，弃於人也；亂家女不娶，類不正也；逆家子不娶，廢人倫也。」

及黨事起，奉乃慨然以疾自退。追愍屈原，因以自傷，著感騷三十篇，數萬言。諸公多薦舉，會病卒。子劭。

劭字仲遠。〔一〕少篤學，博覽多聞。靈帝時舉孝廉，辟車騎將軍何苗掾。

〔一〕謝承書、（曰）應氏譜並云「字仲遠」，續漢書文士傳作「仲援」，漢官儀又作「（仲）瑗」，未知孰是。

中平二年，漢陽賊邊章、韓遂與羌胡爲寇，東侵三輔，時遣車騎將軍皇甫嵩西討之。嵩請發烏桓三千人。北軍中候鄒靖上言：「烏桓衆弱，宜開募鮮卑。」事下四府，大將軍掾韓卓議，以爲「烏桓兵寡，而與鮮卑世爲仇敵，若烏桓被發，則鮮卑必襲其家。烏桓聞之，當復弃軍還救。非唯無益於實，乃更沮三軍之情。鄒靖居近邊塞，究其態詐。若令靖募鮮卑輕騎五千，必有破敵之效」。劭駮之曰：「鮮卑隔在漠北，犬羊爲羣，無君長之帥，廬落之居，而天性貪暴，不拘信義，故數犯障塞，且無寧歲。唯至互市，乃來靡服。苟欲中國珍貨，非爲畏威懷德。計獲事足，旋踵爲害。是以朝家外而不內，蓋爲此也。〔一〕往者匈奴反叛，度遼將軍馬續、烏桓校尉王元發鮮卑五千餘騎，又武威太守趙沖亦率鮮卑征討叛羌。斬獲醜虜，

既不足言，而鮮卑越溢，多爲不法。裁以軍令，則忿戾作亂；制御小緩，則陸掠殘害。劫居人，鈔商旅，噉人牛羊，略人兵馬。得賞既多，不肯去，復欲以物買鐵。邊將不聽，便取縑帛聚欲燒之。邊將恐怖，畏其反叛，辭謝撫順，無敢拒違。今狡寇未殄，而羌爲巨害，如或致悔，其可追乎！臣愚以爲可募隴西羌胡守善不叛者，簡其精勇，多其牢賞。〔二〕太守李參沈靜有謀，必能獎厲得其死力。當思漸消之略，不可倉卒望也。」韓卓復與劭相難反覆。於是詔百官大會朝堂，皆從劭議。

〔一〕朝家猶國家也。公羊傳曰「春秋內諸夏而外夷狄」也。

〔二〕牢，稟食也。或作「勞」。勞，功也。

三年，舉高第，再遷，六年，拜太山太守。初平二年，黃巾三十萬衆入郡界。劭糾率文武連與賊戰，前後斬首數千級，獲生口老弱萬餘人，輜重二千兩，賊皆退却，郡內以安。興平元年，前太尉曹嵩及子德從琅邪入太山，劭遣兵迎之，未到，而徐州牧陶謙素怨嵩子操數擊之，乃使輕騎追嵩、德，並殺之於郡界。劭畏操誅，弃郡奔冀州牧袁紹。

初，安帝時河閒人尹次、潁川人史玉皆坐殺人當死，次兄初及玉母軍並詣官曹求代其命，因縊而物故。尚書陳忠以罪疑從輕，議活次、玉。劭後追駮之，據正典刑，有可存者。其議曰：

尚書稱「天秩有禮，五服五章哉。天討有罪，五刑五用哉」。而孫卿亦云「凡制刑之本，將以禁暴惡，且懲其末也。凡爵列、官秩、賞慶、刑威，皆以類相從，使當其實也」。若德不副位，能不稱官，賞不酬功，刑不應罪，不祥莫大焉。殺人者死，傷人者刑，此百王之定制，有法之成科。高祖入關，雖尚約法，然殺人者死，亦無寬降。夫時化則刑重，時亂則刑輕。〔一〕書曰「刑罰時輕時重」，此之謂也。

〔一〕犯化之罪固重，犯亂之罪爲輕。

今次、玉公以清時釋其私憾，阻兵安忍，僵尸道路。〔一〕朝恩在寬，幸至冬獄，而初、軍愚狷，妄自投斃。昔召忽親死子糾之難，而孔子曰「經於溝瀆，人莫之知」。〔二〕朝氏之父非錯刻峻，遂能自隕其命，班固亦云「不如趙母指括以全其宗」。〔三〕傳曰「僕妾感慨而致死者，非能義勇，顧無慮耳」。〔四〕夫刑罰威獄，以類天之震燿殺戮也；溫慈和惠，以放天之生殖長育也。〔五〕是故春一草枯則爲灾，秋一木華亦爲異。今殺無罪之初、軍，而活當死之次、玉，其爲枯華，不亦然乎？陳忠不詳制刑之本，而信一時之仁；遂廣引八議求生之端。夫親故賢能功貴勤賓，豈有次、玉當罪之科哉？〔六〕若乃小大以情，原心定罪，〔七〕此爲求生，非謂代死可以生也。敗法亂政，悔其可追。

劭凡爲駮議三十篇，皆此類也。

〔一〕阻，恃也。左傳曰，衞州吁「阻兵而安忍」。

〔二〕召忽，齊大夫。子糾，齊襄公之庶子也。子糾與小白爭國，子糾被殺，召忽其傅也，遂死之。論語孔子論召忽曰：「豈若匹夫匹婦之爲諒也，自經於溝瀆而莫之知也。」

〔三〕前書，鼂錯爲御史大夫，改更律令，諸侯讙譁。錯父聞而非之，曰：「劉氏安而鼂氏危矣。」遂飲藥而死。史記曰，趙母，趙將馬服君趙奢之妻，趙括之母也。奢死，趙欲以括爲將，母謂趙王曰：「王以爲括如其父，父子異心，願王勿遣。」王曰：「吾計決矣。」括母曰：「王終將之，即有不稱，妾得無隨乎？」王許諾。及括敗，王以母先言，竟不誅也。而班固引之以爲鼂錯贊詞。

〔四〕言僕妾之致死者，顧由無計慮耳。語見史記欒布傳贊也。

〔五〕左傳鄭大夫游吉之詞。

〔六〕周禮小司寇職鄭司農曰：「親，宗室有罪先請也。故謂舊知也。賢謂有德行者。能謂有道藝者。功謂有大勳也。貴謂若今墨綬，有罪先請也。勤謂憔悴國事。賓謂二王後。」

〔七〕左傳曰：「小大之獄，雖不能察，必以情。」原心定罪，解見霍諝傳也。

又删定律令爲漢儀，建安元年乃奏之。曰：「夫國之大事，莫尚載籍。載籍也者，決嫌疑，明是非，〔一〕賞刑之宜，允獲厥中，俾後之人永爲監焉。故膠（東）〔西〕相董仲舒老病致仕，朝廷每有政議，數遣廷尉張湯親至陋巷，問其得失。〔二〕於是作春秋決獄二百三十二事，動以經對，言之詳矣。逆臣董卓，蕩覆王室，典憲焚燎，靡有孑遺，開辟以來，莫或茲酷。〔三〕今大駕東邁，巡省許都，拔出險難，其命惟新。臣累世受恩，榮祚豐衍，竊不自揆，貪少云補，輒撰具律本章句、尚書舊事、廷尉板令、決事比例、司徒都目、五曹詔書〔四〕及春秋斷獄凡二百五十篇。蠲去復重，爲之節文。〔五〕又集駮議三十篇，以類相從，凡八十二事。其見漢書二十五，漢記四，〔六〕皆删敍潤色，以全本體。其二十七，臣所創造。豈繄自謂必合道衷，〔七〕心焉憒邑，聊以藉手。〔八〕昔鄭人以乾鼠爲璞，鬻之於周；宋愚夫亦寶燕石，緹緼十重。夫覩之者掩口盧胡而笑，斯文之族，無乃類旃。〔九〕左氏實云雖有姬姜絲麻，不弃憔悴菅蒯，蓋所以代匱也。〔一〇〕是用敢露頑才，廁于明哲之末。雖未足綱紀國體，宣洽時雍，庶幾觀察，增闡聖聽。惟因萬機之餘暇，游意省覽焉。」獻帝善之。

〔一〕禮記曰：「夫禮者，決嫌疑，明是非。」

〔二〕事見前書。

〔三〕或，有也。

〔四〕司徒卽丞相也。總領綱紀，佐理萬機，故有都目。成帝初置尚書員五人，漢舊儀有常侍曹、二千石曹、戶曹、主客曹，三公曹也。

〔五〕復音複，重音直容反。

〔六〕卽東觀記。

〔七〕繄音烏兮反。繄猶是也。

〔八〕藉音自夜反。

〔九〕尹文子曰：「鄭人謂玉未琢者爲璞，周人謂鼠未腊者爲璞。周人遇鄭賈，人曰：『欲買璞乎？』鄭賈曰：『欲之。』出璞視之，乃鼠也，因謝不取。」戰國策亦然。今此乃云「鄭人以乾鼠爲璞」，便與二說不同。此云「乾鼠」，彼云「未腊」，事又差舛。闞子曰：「宋之愚人得燕石梧臺之東，歸而藏之，以爲大寶。周客聞而觀之，主人父齋七日，端冕之衣，釁之以特牲，革匱十重，緹巾十襲。客見之，俛而掩口盧胡而笑曰：『此燕石也，與瓦甓不殊。』主人父怒曰：『商賈之言，豎匠之心。』藏之愈固，守之彌謹。」旃，之也。緼音韞。緹，赤色繒也。楚詞曰：「襲英衣兮緹緼。」謂鮮明之衣。

〔一〇〕左傳曰：「詩云：『雖有絲麻，無弃菅蒯。雖有姬、姜，無弃蕉萃。凡百君子，莫不代匱。』」杜注云：「逸詩也。姬、姜，大國之女。蕉萃，陋賤之人。」蕉萃、憔（萃）〔悴〕古字通。

二年，詔拜劭爲袁紹軍謀校尉。時始遷都於許，舊章堙沒，書記罕存。劭慨然歎息，乃綴集所聞，著漢官禮儀故事，凡朝廷制度，百官典式，多劭所立。

初，父奉爲司隸時，並下諸官府郡國，各上前人像贊，劭乃連綴其名，錄爲狀人紀。又論當時行事，著中漢輯序。撰風俗通，以辯物類名號，釋時俗嫌疑。文雖不典，後世服其洽聞。凡所著述百三十六篇。又集解漢書，皆傳于時。後卒於鄴。

弟子瑒、璩，並以文才稱。〔一〕

〔一〕華嶠書曰：「劭弟珣，字季瑜，司空掾。珣生瑒。」魏志曰「瑒字德璉，瑒弟璩字休璉，咸以文章顯」也。

中興初，有應嫗者，生四子而寡。見神光照社，試探之，乃得黃金。自是諸子宦學，並有才名，至瑒七世通顯。〔一〕

〔一〕應順，將作大匠；子疊，江夏太守；疊生郴，武陵太守；郴生奉，從事中郎；奉生劭，車騎將軍掾；劭弟珣，司空掾；珣子瑒，曹操辟爲丞相掾。

霍諝字叔智，魏郡鄴人也。少爲諸生，明經。有人誣諝舅宋光於大將軍梁商者，以爲妄刊章文，坐繫洛陽詔獄，掠考困極。諝時年十五，奏記於商曰：

將軍天覆厚恩，愍舅光冤結，前者温教許爲平議，雖未下吏斷決其事，已蒙神明顧省之聽。皇天后土，寔聞德音。竊獨踊躍，私自慶幸。諝聞春秋之義，原情定過，赦事誅意，故許止雖弒君而不罪，趙盾以縱賊而見書。〔一〕此仲尼所以垂王法，漢世所宜遵前脩也。傳曰：「人心不同，譬若其面。」〔二〕斯蓋謂大小窳隆醜美之形，至於鼻目衆竅毛髮之狀，未有不然者也。情之異者，剛柔舒急倨敬之間。至於趨利避害，畏死樂生，

亦復均也。諝與光骨肉，義有相隱，言其冤濫，未必可諒，且以人情平論其理。

〔一〕許止，許悼公之子名止也。公羊傳曰：「冬，葬許悼公。賊未討何以書葬？不成乎弒也。許悼公是止進藥而殺，是以君子加弒焉。葬許悼公是君子之赦止。赦止者，免止罪之辭也。」何休注云：「原止欲愈父之病，無害父之意，故赦之。」是原情定過也。又曰：「晉史書趙盾弒其君。趙盾曰：『天乎無辜，吾不弒君。』太史曰：『爾爲仁爲義，人殺爾君而不討賊，此非弒君如何？』」此赦事誅意也。

〔二〕左傳鄭子產謂子皮曰：「人心不同，譬如面焉。吾豈敢謂子面如吾面乎？」

光衣冠子孫，徑路平易，〔一〕位極州郡，日望徵辟，亦無瑕穢纖介之累，無故刊定詔書，欲以何名？就有所疑，當求其便安，豈有觸冒死禍，以解細微？譬猶療飢於附子，止渴於酖毒，未入腸胃，已絕咽喉，豈可爲哉！〔二〕昔東海孝婦見枉不辜，幽靈感革，天應枯旱。〔三〕光之所坐，情既可原，守闕連年，而終不見理。呼嗟紫宮之門，泣血兩觀之下，〔四〕傷和致災，爲害滋甚。凡事更赦令，不應復案。夫以罪刑明白，尚蒙天恩，豈有冤誣無徵，反不得理？是爲刑宥正罪，戮加誣侵也。不偏不黨，其若是乎？明將軍德盛位尊，人臣無二，言行動天地，舉厝移陰陽，誠能留神，沛然曉察，必有于公高門之福，〔五〕和氣立應，天下幸甚。

〔一〕謂遵依常轍，無所覬求也。

〔二〕史記蘇秦曰：「飢人之所以飢而不食烏喙者，以其愈充腹而與餓死者同患也。」附子、烏喙，根同而狀異也。

〔三〕前書曰，東海有孝婦，少寡無子，養姑甚謹，姑欲嫁之，終不肯。姑告鄰人曰：「孝婦養我勤苦，我老，久累丁壯。」乃自經死。姑女告吏曰：「婦殺我母。」吏驗之急，孝婦自誣服，具獄上府，太守竟論殺婦。郡中枯旱三年。後太守至，自祭孝婦墓，天立大雨，歲熟。

〔四〕天有紫微宮，是上帝之所居也，王者立宮，象而爲之。兩觀謂闕也。

〔五〕于公，東海人，爲郡決曹，決獄平。其閭門壞，父老共脩之。于公曰：「少高大閭門，令容駟馬蓋車。我決獄多有陰德，子孫必有興者。」至子定國爲丞相，孫永御史大夫。

商高諝才志，卽爲奏原光罪，由是顯名。

仕郡，舉孝廉，稍遷金城太守。性明達篤厚，能以恩信化誘殊俗，甚爲羌胡所敬服。遭母憂，自上歸行喪。服闋，公車徵，再遷北海相，入爲尚書僕射。是時大將軍梁冀貴戚秉權，自公卿以下莫敢違牾。諝與尚書令尹勳數奏其事，又因陛見陳聞罪失。及冀誅後，桓帝嘉其忠節，封鄴都亭侯。前後固讓，不許。出爲河南尹，遷司隸校尉，轉少府、廷尉，卒官。

子儁，安定太守。

爰延字季平，陳留外黃人也。清苦好學，能通經教授。性質慤，少言辭。縣令隴西牛述好士知人，乃禮請延爲廷掾，范丹爲功曹，濮陽潛爲主簿，〔一〕常共言談而已。後令史昭以爲鄉嗇夫，仁化大行，人但聞嗇夫，不知郡縣。在事二年，州府禮請，不就。桓帝時徵博士，太尉楊秉等舉賢良方正，再遷爲侍中。

〔一〕濮陽，姓也。

帝游上林苑，從容問延曰：「朕何如主也？」對曰：「陛下爲漢中主。」帝曰：「何以言之？」對曰：「尚書令陳蕃任事則化，中常侍黃門豫政則亂，是以知陛下可與爲善，可與爲非。」〔一〕帝曰：「昔朱雲廷折欄檻，今侍中面稱朕違，敬聞闕矣。」〔二〕拜五官中郎將，轉長水校尉，遷魏郡太守，徵拜大鴻臚。

〔一〕前書曰：「齊桓公，管仲相之則霸，豎貂輔之則亂。可與爲善，可與爲惡，是謂中人。」

〔二〕朱雲字游。成帝時上書求見，曰：「今朝廷大臣，上不能匡主，下無以益人，臣願賜尚方斬馬劍，斷佞臣一人，以勵其餘。」上問曰：「誰也？」對曰：「安昌侯張禹。」上大怒曰：「小臣廷辱師傅，罪死不赦。」御史將雲下，雲攀殿檻折。雲呼曰：「臣得從龍逢、比干遊於地下足矣，未知朝廷如何耳！」上意乃解。及後當脩檻，上曰「勿易」，因而輯之，以旌直臣。

帝以延儒生，常特宴見。時太史令上言客星經帝坐，帝密以問延。延因上封事曰：「臣

聞天子尊無爲上，故天以爲子，位臨臣庶，威重四海。動靜以禮，則星辰順序；意有邪僻，則晷度錯違。陛下以河南尹鄧萬有龍潛之舊，封爲通侯，恩重公卿，惠豐宗室。加頃引見，與之對博，上下媟黷，有虧尊嚴。臣聞之，帝左右者，所以咨政德也。故周公戒成王曰『其朋其朋』，言慎所與也。〔一〕昔宋閔公與彊臣共博，列婦人於側，積此無禮，以致大災。〔二〕武帝與倖臣李延年、韓嫣同臥起，尊爵重賜，情欲無猒，遂生驕淫之心，行不義之事，卒延年被戮，嫣伏其辜。〔三〕夫愛之則不覺其過，惡之則不知其善，所以事多放濫，物情生怨。故王者賞人必酬其功，爵人必甄其德。〔四〕善人同處，則日聞嘉訓；惡人從游，則日生邪情。孔子曰：『益者三友，損者三友。』〔五〕邪臣惑君，亂妾危主，以非所言則悅於耳，以非所行則翫於目，故令人君不能遠之。仲尼曰：『唯女子與小人爲難養，近之則不遜，遠之則怨。』蓋聖人之明戒也！昔光武皇帝與嚴光俱寢，上天之異，其夕即見。〔六〕夫以光武之聖德，嚴光之高賢，君臣合道，尚降此變，豈況陛下今所親幸，以賤爲貴，以卑爲尊哉？惟陛下遠讒諛之人，納謇謇之士，除左右之權，寤宦官之敝。使積善日熙，〔七〕佞惡消殄，則乾灾可除。」帝省其奏。因以病自上，乞骸骨還家。靈帝復特徵，不行，病卒。

〔一〕尚書周公戒成王曰：「孺子其朋，孺子其朋，慎其往！」

〔二〕公羊經書「宋萬弒其君捷」。傳曰：「宋萬嘗與魯莊公戰，獲乎莊公，歸舍諸宮中，數月然後歸之。與宋閔公博，婦

人在側，萬曰：『甚矣魯侯之淑，魯侯之美！天下諸侯宜爲君者唯魯侯爾。』閔公矜此婦人，妒其言，顧曰：『此虜也，魯侯之美惡乎至？』萬怒，搏閔公，絕其脰。」

〔三〕李延年，中山人也。身及父母兄弟皆故倡人也。武帝時，延年女弟得幸，號曰李夫人。延年善歌舞，爲協律都尉，佩二千石印綬，與上臥起。弟季與中人亂，出入驕恣，上遂誅延年兄弟。韓嫣，韓王信之曾孫也。武帝爲王時，與嫣相愛，後位至上大夫，賞賜擬鄧通，與上臥起，出入永巷，以姦聞被誅。

〔四〕甄，明也。

〔五〕論語孔子曰：「友直，友諒，友多聞，益矣。友便僻，友善柔，友便佞，損矣。」

〔六〕事見逸人傳。

〔七〕熙，廣也。

子曠，白馬令，亦稱善士。〔一〕

〔一〕謝承書曰與字曠。

徐璆字孟玉，〔一〕廣陵海西人也。父淑，度遼將軍，有名於邊。〔二〕璆少博學，辟公府，舉高第。〔三〕稍遷荆州刺史。時董太后姊子張忠爲南陽太守，因埶放濫，臧罪數億。璆臨當之部，太后遣中常侍以忠屬璆。璆對曰：「臣身爲國，不敢聞命。」太后怒，遽徵忠爲司隸校尉，以相威臨。璆到州，舉奏忠臧餘一億，使冠軍縣上簿詣大司農，以彰暴其事。又奏五郡太守及屬縣有臧汙者，悉徵案罪，威風大行。中平元年，與中郎將朱儁擊黃巾賊於宛，破之。張忠怨璆，與諸閹官構造無端，璆遂以罪徵。有破賊功，得免官歸家。後再徵，遷汝南太守，轉東海相，所在化行。

〔一〕璆音仇。

〔二〕謝承書曰：「淑字伯進，寬裕（傳）〔博〕學，習孟氏易、春秋公羊傳、禮記、周官。善誦太公六韜，交接英雄，常有壯志。」

〔三〕袁山松書曰：「璆少履清高，立朝正色。稱揚後進，惟恐不及。」

獻帝遷許，以廷尉徵，當詣京師，道爲袁術所劫，授璆以上公之位。璆乃歎曰：「龔勝、鮑宣，獨何人哉？守之必死！」〔一〕術不敢逼。術死軍破，璆得其盜國璽，及還許，上之，〔二〕并送前所假汝南、東海二郡印綬。司徒趙溫謂璆曰：「君遭大難，猶存此邪？」璆曰：「昔蘇武困於匈奴，不墜七尺之節，況此方寸印乎？」

〔一〕龔勝字君賓，楚人也。好學明經，哀帝時爲光祿大夫，乞骸骨。王莽即位，遣使以上卿徵，勝不食而死。鮑宣字子都，渤海人也，哀帝時爲司隸校尉。王莽輔政，誅漢忠臣不附己者，宣及何武等皆死。

〔二〕衞宏曰：「秦以前以金、玉、銀爲方寸璽。秦以來天子獨稱璽，又以玉，羣下莫得用。其玉出藍田山，題是李斯書，其

文曰『受命于天，既壽永昌』，號曰傳國璽。漢高祖定三秦，子嬰獻之，高祖即位乃佩之。王莽篡位，就元后求璽，后乃出以投地，上螭一角缺。及莽敗時，仍帶璽紱，杜吳殺莽，不知取璽，公賓就斬莽首，並取璽。更始將李松送上更始。赤眉至高陵，更始奉璽上赤眉。建武三年，盆子奉以上光武。孫堅從桂陽入雒討董卓，軍於城南，見井中有五色光，軍人莫敢汲，堅乃浚得璽。袁術有僭盜意，乃拘堅妻求之。術得璽，舉以向肘。魏武謂之曰：『我在，不聽汝乃至此。』」時璆得而獻之。

後拜太常，使持節拜曹操爲丞相。操以相讓璆，璆不敢當。卒於官。

論曰：孫懿以高明見忌，而受欺於陰計；翟酺資譎數取通，而終之以謇諫。豈性智自有周偏，先後之要殊度乎？應氏七世才聞，而奉、劭采章爲盛。及撰著篇籍，甄紀異知，雖云小道，亦有可觀者焉。延、璆應對辯正，而不（可）犯陵上之尤，斯固辭之不可以已也。〔一〕

〔一〕左氏傳孔子曰：「辭之不可以已也如是夫！子產有辭，諸侯賴之。」

贊曰：楊終、李法，華陽有聞。〔一〕二應克聰，亦表汝濆。〔二〕翟酺詐懿，霍諝請舅。延能訐帝，璆亦悟后。

〔一〕益州，古梁州之域。尚書曰：「華陽黑水惟梁州。」孔安國注曰：「北拒華山之陽，南拒黑水。」故常璩敍蜀事而謂之華陽國志焉。

〔二〕鄭玄注周禮曰：「水涯曰濆。」

校勘記

一五九七頁一三行　民懷土思　羣書治要「民」作「人」。按：作「人」是，此蓋後人回改而誤者。

一六〇〇頁二行　豈可不臨深履薄以爲至戒　按：王先謙謂末有複語，疑此衍文。

一六〇〇頁四行　鑾念前往　按：殿本「往」作「世」。

一六〇〇頁八行　晉侯殺其太子申生至直稱君者甚之也　按：章懷引經傳多删節，此注所引，與公羊傳原文更多出入。公羊傳原文作「晉侯殺其世子申生。曷爲直稱晉侯以殺？殺世子母弟直稱君者甚之也」。

一六〇〇頁一一行　廖子防及光俱爲黃門郎　按：沈家本謂光、防乃廖弟，非廖子，注謬。此傳上文言廖不訓諸子，下文言廖不納，子豫後坐縣書誹謗，廖以就國，則終所稱黃門郎即指廖子豫，廖傳不言豫爲黃門郎，史文不具耳。下文「視成任性」注引馬防傳云云，亦誤。

一六〇〇頁一三行　選長者之有節行者與之居　按：史記外戚傳作「選長者士之有節行者與居」。

一六〇三頁七行　此最安危〔之極〕戒　據汲本、殿本補。

一六〇四頁二行　權𢍰族害(尸)〔己〕姦行　據汲本、殿本改。

一六〇四頁八行　斂天下之財　按：「天」下原脱「下」字，逕據汲本、殿本補。

楊李翟應霍爰徐列傳第三十八　一六二三

後漢書卷四十八　一六二四

一六〇五頁六行　叛羌千餘騎徙敦煌來鈔郡界　按：刊誤謂案文「徙」當作「從」。

一六〇五頁一三行　(宜升)〔斗〕歷改憲〔宜〕行先王至德要道　校補引錢大昭說，謂「升」當作「斗」，見春秋保乾圖。校補謂案續志律厤中篇論厤，凡三引保乾圖讖文，皆作「三百年斗厤改憲」。所謂斗厤者，卽古法冬至日在建星，建星謂北斗也。歲十二月以配天之十二辰，取斗杓所指爲驗，閏月無中氣，則北斗邪指兩辰之閒，以定四時而成歲。漢興迄章帝，改用四分厤，適當三百年，已應斗厤改憲之讖矣。輔本謂漢更有四百年之難，其數卽起於三百年改憲之閒，宜豫修省，以銷其禍，則注引耆舊傳「宜」字，並當在「斗厤改憲」下也。今據改。

一六〇六頁一行　上檄章救酺　按：殿本考證王會汾謂上移下曰檄，此止可言上章耳，不應有「檄」字，明衍。

一六〇六頁四行　孝文皇帝始置一經博士　汲本「一經」作「五經」。惠校本作「一經」，惠所據乃北宋本也。集解引周壽昌說，謂據王氏玉海引此，作「文帝始置一經博士」，殆宋本此書有作「一經」者，非「五經」也。今按：證以章懷注，則作「五經」爲合，作「一經」者，殆後人以文帝未嘗於五經偏置博士而改之耳。

一六〇七頁一一行　行部四十二縣　按：集解引錢大昕說，謂郡國志汝南郡領三十七城，此云「四十二」，未詳。

一六〇七頁一四行　奉少爲上計吏　按：刊誤謂「吏」當作「史」。

一六〇八頁一六行　富(臣)〔辰〕諫曰　據汲本改。

一六〇九頁一行　喪婦之長女不娶爲其不受命也　按：李慈銘謂「喪婦」當作「喪父」。今韓詩外傳無此文。何氏公羊莊二十七年解詁與此略同，惟「爲其不受命也」作「無敎戒也」。大戴禮本命篇又小異。

一六〇九頁三行　數萬言　按：汲本作「數十萬言」。

一六〇九頁六行　謝承書(曰)應氏譜並云字仲遠　據刊誤删。

一六〇九頁六行　漢官儀又作〔仲〕瑗　據汲本、殿本補。

一六一一頁四行　夫時化則刑重　按：集解引錢大昕說，謂案漢書刑法志「治則刑重，亂則刑輕」。此傳及注中「化」字本是「治」字，唐人諱治，故章懷注范史，多改「治」爲「理」，亦有改爲「化」者，「世」皆改爲「代」，亦有改爲「時」者，此傳下文「時輕時重」是也。

一六一二頁八行　顧由無計慮耳　按：汲本、殿本「由無」作「無由」。

一六一三頁一四行　故膠(東)〔西〕相董仲舒　按：集解引錢大昕說，謂「膠東」當作「膠西」。今據改。

一六一三頁六行　斯文之族　按：汲本「族」作「俗」。

楊李翟應霍爰徐列傳第三十八　一六二五

後漢書卷四十八　一六二六

一六一四頁一一行　憔(素)〔悴〕古字通　據汲本、殿本改。

一六一四頁一五行　釋時俗嫌疑　按：汲本「釋」作「識」。

一六一四頁一六行　皆傳于時　按：「于」原作「乎」，逕據汲本、殿本改。

一六一五頁一行　弟子瑒　按：原本正文及注「瑒」字皆譌「瑒」，各本不誤，逕改正。

一六一五頁二行　瑒字德璉　按：原本「璉」作「璭」，璭不成字，據汲本、殿本逕改正。

一六一六頁一五行　謂遵依常轍　按：「謂」原譌「諭」，「轍」原譌「徹」，逕據汲本、殿本改正。

一六一七頁一行　不食烏喙　按：「喙」原譌「啄」，逕據汲本、殿本改正。下同。

一六一七頁六行　令容駟馬蓋車　按：「令」原譌「今」，逕據汲本、殿本改正。

一六一七頁一三行　子㑺　按：汲本、殿本「㑺」作「雋」。

一六一八頁三行　在事二年　按：汲本、殿本「二」作「三」。

一六一八頁七行　尚書令陳蕃任事則化　按：御覽四二七、四五二引，「化」並作「治」，此亦避唐諱改。

一六一八頁八行　昔朱雲廷折欄檻　按：刊誤謂案文「廷」下少「爭」字。

一六一九頁二行　河南尹鄧萬　按：集解引王補說，謂通鑑作「鄧萬世」，本書鄧后、陳蕃傳引並作「鄧萬世」。又引惠棟說，謂唐諱「世」，故削之，猶「韓擒虎」爲「韓擒」也。

一六一九頁七行　爵人必甄其德　按：「必」原譌「以」，逕據汲本、殿本改正。

一六二〇頁四行　出入驕恣　按：「驕」原譌「嬌」，逕據汲本、殿本改正。

一六二〇頁一二行　徐璆字孟玉　殿本「玉」作「本」。按：集解引洪亮吉說，謂案先賢行狀作「孟平」，汝南先賢傳作「孟玉」。校補謂洪氏歷舉孟平、孟玉兩說，知所見本正文亦必作「孟本」。

一六二二頁三行　構造無端　按：「構」原譌「搆」，逕改正。

一六二二頁五行　璆音仇　按：殿本此下有「字孟玉」三字。校補謂殿本就監本改刊，其正文作「字孟本」，注當是「一作字孟玉」，脫「一作」二字。

一六二二頁六行　寬裕(傳)〔博〕學　據汲本、殿本改。

一六二三頁九行　而不(可)犯陵上之尤　集解引何焯說，謂「可」字衍。今據刪。

後漢書卷四十九

王充王符仲長統列傳第三十九

王充字仲任，會稽上虞人也，其先自魏郡元城徙焉。充少孤，鄉里稱孝。後到京師，受業太學，〔一〕師事扶風班彪。好博覽而不守章句。家貧無書，常游洛陽市肆，閱所賣書，一見輒能誦憶，遂博通衆流百家之言。後歸鄉里，屛居教授。仕郡爲功曹，以數諫爭不合去。

〔一〕袁山松書：「充幼聰朗。詣太學，觀天子臨辟雍，作六儒論。」

充好論說，始若詭異，終有理實。以爲俗儒守文，多失其眞，乃閉門潛思，絕慶弔之禮，戶牖牆壁各置刀筆。著論衡八十五篇，二十餘萬言，〔一〕釋物類同異，正時俗嫌疑。

〔一〕袁山松書曰：「充所作論衡，中土未有傳者，蔡邕入吳始得之，恆秘玩以爲談助。其後王朗爲會稽太守，又得其書，及還許下，時人稱其才進。或曰，不見異人，當得異書。問之，果以論衡之益，由是遂見傳焉。」抱朴子曰：「時人嫌蔡邕得異書，或搜求其帳中隱處，果得論衡，抱數卷持去。邕丁寧之曰：『唯我與爾共之，勿廣也。』」

刺史董勤辟爲從事，轉治中，自免還家。友人同郡謝夷吾上書薦充才學，〔一〕肅宗特詔公車徵，病不行。年漸七十，志力衰耗，乃造養性書十六篇，裁節嗜欲，頤神自守。永元中，病卒于家。

〔一〕謝承書曰：「夷吾薦充曰：『充之天才，非學所加，雖前世孟軻、孫卿，近漢楊雄、劉向、司馬遷，不能過也。』」

王符字節信，安定臨涇人也。少好學，有志操，與馬融、竇章、張衡、崔瑗等友善。安定俗鄙庶孽，〔一〕而符無外家，爲鄉人所賤。自和、安之後，世務游宦，當塗者更相薦引，而符獨耿介不同於俗，以此遂不得升進。志意蘊憤，乃隱居著書三十餘篇，以譏當時失得，不欲章顯其名，故號曰潛夫論。其指訐時短，討讁物情，〔二〕足以觀見當時風政，著其五篇云爾。

〔一〕何休注公羊傳云：「孽，賤也。」

〔二〕訐，攻也。讁，責也。

貴忠篇曰：

夫帝王之所尊敬者天也，皇天之所愛育者人也。今人臣受君之重位，牧天之所愛，焉可以不安而利之，養而濟之哉？是以君子任職則思利人，達上則思進賢，故居上而下不怨，在前而後不恨也。書稱「天工人其代之」。王者法天而建官，〔一〕故明主不敢以私授，忠臣不敢以虛受。竊人之財猶謂之盜，況偷天官以私己乎！〔二〕以罪犯人，必加誅罰，況乃犯天，得無咎乎？夫五〔世〕〔代〕之臣，以道事君，〔三〕澤及草木，仁被率土，是以福祚流衍，本支百世。〔四〕季世之臣，以諂媚主，不思順天，專杖殺伐。白起、蒙恬，秦以爲功，天以爲賊；〔五〕息夫、董賢，主以爲忠，天以爲盜。〔六〕易曰：「德薄而位尊，智小而謀大，鮮不及矣。」〔七〕是故德不稱，其禍必酷；能不稱，其殃必大。夫竊位之人，天奪其鑒。〔八〕雖有明察之資，仁義之志，一旦富貴，則背親捐舊，喪其本心，疎骨肉而親便辟，薄知友而厚犬馬，寧見朽貫千萬，而不忍貸人一錢，情知積粟腐倉，而不忍貸人一斗，骨肉怨望於家，細人謗讟於道。前人以敗，後爭襲之，誠可傷也。

〔一〕尚書咎繇謨曰：「亡曠庶官，天工人其代之。」孔安國注云：「言人代天理官，不可以天官私非其才也。」又曰：「明王奉若天道，建邦設都。」孔安國注云：「天有日、月、北斗、五星二十八宿，皆有尊卑相正之法。言明王奉順此道，以立國設都也。」

〔二〕左傳介之推曰：「竊人之財猶謂之盜，況貪天功以爲己力乎？」

〔三〕五代謂唐、虞、夏、殷、周也。

〔四〕詩大雅曰：「文王孫子，本支百世。」

〔五〕史記曰，白起爲秦將，與趙戰於長平，阬趙卒四十五萬人。蒙恬爲秦將，北逐戎翟，築長城，起臨洮至遼東，延袤萬餘里。此爲虐於人也。

〔六〕息夫躬字子微，哀帝時，告東平王雲事，封宜陵侯。董賢字聖卿，得幸哀帝，爲賢起大第於北闕下，封爲高安侯。

〔七〕易繫辭之言。

〔八〕論語孔子曰：「臧文仲其竊位者歟？」左傳晉卜偃曰：「虢必亡矣，天奪之鑒而益其疾也。」杜預注云「鑒，所以自照」也。

歷觀前政貴人之用心也，與嬰兒子其何異哉？嬰兒有常病，貴臣有常禍，父母有常失，人君有常過。嬰兒常病，傷於飽也；貴臣常禍，傷於寵也。哺乳多則生癇病，富貴盛而致驕疾。愛子而賊之，驕臣而滅之者，非一也。極其罰者，乃有仆死深牢，銜刀都市，〔一〕豈非無功於天，有害於人者乎？夫鳥以山爲埤而增巢其上，魚以泉爲淺而穿穴其中，卒所以得者餌也。〔二〕貴戚願其宅吉而制爲令名，欲其門堅而造作鐵樞，卒其所以敗者，非苦禁忌少而門樞朽也，常苦崇財貨而行驕僭耳。

〔一〕趙將李牧爲韓倉所譖，賜死。將自誅，臂短不能及，銜刀於柱以自殺。見戰國策。

〔二〕曾子之文也。亦見大戴禮。

不上順天心，下育人物，而欲任其私智，竊弄君威，反戾天地，欺誣神明。居累卵之危，而圖太山之安；爲朝露之行，而思傳世之功。〔一〕豈不惑哉！豈不惑哉！

〔一〕朝露言易盡也。蘇子曰：「人生一世，若朝露之託於桐葉耳，其與幾何！」

浮侈篇曰：

王者以四海爲家，兆人爲子。一夫不耕，天下受其飢；一婦不織，天下受其寒。〔一〕今舉俗舍本農，趨商賈，牛馬車輿，塡塞道路，游手爲巧，充盈都邑，〔二〕務本者少，浮食者衆。「商邑翼翼，四方是極。」〔三〕今察洛陽，資末業者什於農夫，虛僞游手什於末業。是則一夫耕，百人食之，一婦桑，百人衣之，以一奉百，孰能供之！天下百郡千縣，市邑萬數，類皆如此。本末不足相供，則民安得不飢寒？飢寒並至，則民安能無姦軌？姦軌繁多，則吏安能無嚴酷？嚴酷數加，則下安能無愁怨？愁怨者多，則咎徵並臻。下民無聊，而上天降災，則國危矣。

〔一〕文子曰：「神農之法曰：『丈夫丁壯不耕，天下有受其飢者；婦人當年不織，天下有受其寒者。』故其耕不強者，無以養生；其織不力者，無以衣形。』」

〔二〕遊手爲巧謂彫鏤之屬也。

〔三〕詩商頌文也。鄭玄注云：「極，中也。翼翼然可則効，乃四方之中正也。」

夫貧生於富，弱生於彊，亂生於化，危生於安。〔一〕是故明王之養民，憂之勞之，教之誨之，愼微防萌，以斷其邪。故易美節以制度，不傷財，不害民。〔二〕七月之詩，大小敎之，終而復始。由此觀之，人固不可恣也。〔三〕

〔一〕富而不節則貧，強而驕人則弱，居理而不修德則亂，恃安而不愼微則危矣。

〔二〕「節以制度」以下，並節卦彖辭也。鄭玄注云：「空府臧則傷財，力役繁則害人，二者奢泰之所致。」

〔三〕七月，詩豳風也。大謂耕桑之法，小謂索綯之類。自春及冬，終而復始也。

今人奢衣服，侈飲食，事口舌而習調欺。或以謀姦合任爲業，〔一〕或以游博持掩爲事。〔二〕丁夫不扶犂鋤，而懷丸挾彈，攜手上山遨遊，或好取土作丸賣之，外不足禦寇盜，內不足禁鼠雀。或作泥車瓦狗諸戲弄之具，以巧詐小兒，此皆無益也。

〔一〕合任謂相合爲任俠也。

〔二〕博謂六博，掩謂意錢也。前書貨殖傳曰「又況掘冢搏掩犯姦成富」也。

詩刺「不績其麻，市也婆娑」。〔一〕又婦人不修中饋，休其蠶織，〔二〕而起學巫祝，鼓舞事神，以欺誣細民，熒惑百姓妻女。羸弱疾病之家，懷憂憤憤，易爲恐懼。至使奔走便時，去離正宅，崎嶇路側，風寒所傷，姦人所利，盜賊所中。或增禍重祟，至於死亡，而不知巫所欺誤，反恨事神之晚，此妖妄之甚者也。

〔一〕詩陳風也。婆娑，舞皃。謂婦人於市中歌舞以事神也。
〔二〕易家人卦六二曰：「在中饋，貞吉。」鄭玄注云：「中饋，酒食也。」詩大雅曰：「婦無公事，休其蠶織。」

或刻畫好繒，以書祝辭；或虛飾巧言，希致福祚；或糜折金綵，令廣分寸；或斷截眾縷，繞帶手腕；或裁切綺縠，縫紩成幡。皆單費百縑，用功千倍，破牢為僞，以易就難，坐食嘉穀，消損白日。〔一〕夫山林不能給野火，江海不能實漏卮，皆所宜禁也。

〔一〕損或作「捐」。

昔孝文皇帝躬衣弋綈，〔一〕革舄韋帶。而今京師貴戚，衣服飲食，車輿廬第，奢過王制，固亦甚矣。且其徒御僕妾，皆服文組綵牒，〔二〕錦繡綺紈，葛子升越，筩中女布。〔三〕犀象珠玉，虎魄瑇瑁，石山隱飾，金銀錯鏤，〔四〕窮極麗靡，轉相誇咤。〔五〕其嫁娶者，車軿數里，緹帷竟道，〔六〕騎奴侍童，夾轂並引。富者競欲相過，貧者恥其不逮，一饗之所費，破終身之業。古者必有命然後乃得衣繒絲而乘車馬，〔七〕今雖不能復古，宜令細民略用孝文之制。

〔一〕前書音義曰：「弋，皁也。綈，繒也。」
〔二〕牒即今疊布也。
〔三〕說文曰：「綺，文繒也。」前書曰：「齊俗作冰紈。」子，細稱也。沈懷遠南越志曰：「蕉布之品有三，有蕉布，有竹子

布，又有葛焉。雖精麤之殊，皆同出而異名。」楊雄蜀都賦曰：「布則蜘蛛作絲，不可見風，筩中黃潤，一端數金。」盛弘之荊州記曰：「秭歸縣室多幽閑，其女盡織布至數十升。」今永州俗猶呼貢布為女子布也。
〔四〕廣雅曰：「虎魄，珠也。生地中，其上及旁不生草，深者八九尺。初時如桃膠，凝堅乃成。其方人以為枕。出罽賓及大秦國。」吳錄曰：「瑇瑁似龜而大，出南海。」山石謂隱起為山石之文也。
〔五〕郭景純注子虛賦曰：「詫，誇也。」咤與詫通也。
〔六〕蒼頡篇曰：「軿，衣車。」軿音薄丁反，又步田反。
〔七〕尚書大傳曰：「古之帝王者必有命。人能敬長矜孤，取舍好讓者，命於其君，得乘飾車軿馬，衣文錦。未有命者，不得衣，不得乘，乘衣者有罰。」

古之葬者，厚衣之以薪，葬之中野，不封不樹，喪期無數。後世聖人易之以棺槨，〔一〕桐木為棺，葛采為緘，〔二〕下不及泉，上不泄臭。中世以後，轉用楸梓槐柏杶樗之屬，各因方土，裁用膠漆，使其堅足恃，其用足任，如此而已。今者京師貴戚，必欲江南檽梓豫章之木。〔三〕邊遠下土，亦競相放效。夫檽梓豫章，所出殊遠，伐之高山，引之窮谷，入海乘淮，逆河泝洛，工匠彫刻，連累日月，會眾而後動，多牛而後致，重且千斤，功將萬夫，而東至樂浪，西達敦煌，費力傷農於萬里之地。古者墓而不墳，中世墳而不崇。仲尼喪母，冢高四尺，遇雨而崩，弟子請修之，夫子泣曰：「古不修墓。」〔四〕及鯉也死，有棺無槨。文帝葬芷陽，〔五〕明帝葬洛南，皆不臧珠寶，不起山陵，墓雖卑而德最高。今京師貴戚，郡縣豪家，生不極養，死乃崇喪。或至金縷玉匣，檽梓楩柟，多埋珍寶偶人車馬，造起大冢，廣種松柏，廬舍祠堂，務崇華侈。案鄗畢之陵，南城之冢，〔六〕周公非不忠，曾子非不孝，以為褒君愛父，不在於聚財，揚名顯親，無取於車馬。昔晉靈公多賦以雕牆，春秋以為（非）〔不〕君；〔七〕華元、樂舉厚葬文公，君子以為不臣。〔八〕況於羣司士庶，乃可僭侈主上，過天道乎？〔九〕

〔一〕易繫辭之言也。
〔二〕尸子曰：「禹之喪法，死於陵者葬於陵，死於澤者葬於澤，桐棺三寸，制喪三日。」墨子曰：「舜西教乎七戎，道死，葬南巴之中，衣衾三領，款木之棺，葛以緘之。」采猶蔓也。緘，束也。
〔三〕檽音乃豆反，見埤蒼。爾雅曰：「梸，檽。」音而。注云「檽似槲樕而庳小」，恐非棺槨之用。豫章即樟木也。
〔四〕孔子合葬母於防，曰：「吾聞之，古也墓而不墳。」於是封之崇四尺。孔子先反，門人後，雨甚至。孔子曰：「爾來何遲也？」曰：「防墓崩。」孔子泫然流涕曰：「吾聞之，古不修墓。」見禮記也。
〔五〕縣名，屬京兆，文帝後改曰霸陵。
〔六〕畢，周文王、武王葬地也。司馬遷云「在鄗東南杜中」，無墳隴，在今咸陽縣西北。孔安國注尚書云在長安西北。南城山，曾子父所葬，在今沂州費縣西南也。
〔七〕左傳：「晉靈公不君，厚斂以雕牆。」杜預注云：「不君，失君道也。雕，畫也。」
〔八〕左傳曰：「宋文公卒，始厚葬，用蜃炭，益車馬，始用殉，槨有四阿，棺有翰檜。君子謂華元、樂舉於是不臣，是弃君

於惡也。」
〔九〕前書貢禹曰：「今大夫僭諸侯，諸侯僭天子，天子過天道，其日久矣。」

實貢篇曰：

國以賢興，以諂衰；君以忠安，以佞危。此古今之常論，而時所共知也。然衰國危君，繼踵不絕者，豈時無忠信正直之士哉，誠苦其道不得行耳。夫十步之閒，必有茂草；十室之邑，必有忠信。〔一〕是故亂殷有三仁，小衞多君子。〔二〕今以大漢之廣土，士民之繁庶，朝廷之清明，上下之脩正，而官無善吏，位無良臣。此豈時之無賢，諒由取之乖實。夫志道者少與，逐俗者多疇，是以朋黨用私，背實趨華。其貢士者，不復依其質幹，準其才行，但虛造聲譽，妄生羽毛。略計所舉，歲且二百。覽察其狀，則德侔顏冉，詳覈厥能，則鮮及中人，皆總務升官，自相推達。夫士者貴其用也，不必求備。故四友雖美，能不相兼；〔三〕三仁齊致，事不一節。高祖佐命，出自亡秦；光武得士，亦資暴莽。況太平之時，而云無士乎！

〔一〕說苑曰：「十步之澤，必有芳草。」論語曰「十室之邑，必有忠信」也。
〔二〕亂殷謂紂時也。三仁，箕子、微子、比干也。左傳，吳季札適衞，悅蘧瑗、史狗、史鰌、公子荊、公叔發、公子朝，曰：「衞多君子，未有患也。」又臧宣叔曰：「衞之於晉，不得為次國。」杜預注云：「春秋之時，以彊弱為大小，衞雖侯

爵，猶爲小國。」

〔三〕尚書大傳孔子曰：「文王得四臣，丘亦得四友。」謂回也爲胥附，賜也爲奔走，師也爲先後，由也爲禦侮，其能各不同也。

夫明君之詔也若聲，忠臣之和也如響。長短大小，清濁疾徐，必相應也。且攻玉以石，洗金以鹽，〔一〕濯錦以魚，浣布以灰。夫物固有以賤理貴，以醜化好者矣。智者弃短取長，以致其功。今使貢士必覈以實，其有小疵，勿彊衣飾，〔二〕出處默語，各因其方，則蕭、曹、周、韓之倫，何足不致，吳、鄧、梁、竇之屬，企踵可待。孔子曰：「未之思也，夫何遠之有？」

〔一〕詩小雅曰：「它山之石，可以攻玉。」今之金工發金色者，皆淬之於鹽水焉。

〔二〕衣飾謂裝飾以成其過也。衣音於氣反。

愛日篇曰：

國之所以爲國者，以有民也。民之所以爲民者，以有穀也。穀之所以豐殖者，以有民功也。功之所以能建者，以日力也。化國之日舒以長，故其民閑暇而力有餘；亂國之日促以短，故其民困務而力不足。舒長者，非謂羲和安行，〔一〕乃君明民靜而力有餘也。促短者，非謂分度損減，〔二〕乃上闇下亂，力不足也。孔子稱「既庶則富之，既富

乃教之」。是故禮義生於富足，盜竊起於貧窮；富足生於寬暇，貧窮起於無日。聖人深知力者民之本，國之基也，故務省徭役，使之愛日。是以堯敇羲和，欽若昊天，敬授民時。明帝時，公車以反支日不受章奏，〔三〕帝聞而怪曰：「民廢農桑，遠來詣闕，而復拘以禁忌，豈爲政之意乎！」於是遂蠲其制。(令)〔今〕冤民仰希申訴，而令長以神自畜，〔四〕百姓廢農桑而趨府廷者，相續道路，非朝餔不得通，非意氣不得見。〔五〕或連日累月，更相瞻視；或轉請鄰里，饋糧應對。歲功既虧，天下豈無受其飢者乎？

〔一〕羲和，日也。山海經曰：「東南海之外，甘水之閒，有羲和之國。有女子曰羲和，方浴日於甘泉。羲和者，帝俊之妻，是生十日。」郭璞注曰：「羲和蓋天地始生日月者也。」

〔二〕洛書甄耀度曰「凡周天三百六十五度四分度之一，一度爲千九百三十二里。日一日行一度，月一日行十三度十九分度之一」也。

〔三〕凡反支日，用月朔爲正。戌、亥朔一日反支，申、酉朔二日反支，午、未朔三日反支，辰、巳朔四日反支，寅、卯朔五日反支，子、丑朔六日反支。見陰陽書也。

〔四〕難見如神也。

〔五〕說文曰：「餔謂日加申時也。」今爲「晡」字也。

孔子曰：「聽訟吾猶人也。」從此言之，中才以上，足議曲直，鄉亭部吏，亦有任決斷者，而類多枉曲，蓋有故焉。夫理直則恃正而不橈，事曲則諂意以行賕。不橈故無恩於吏，行賕故見私於法。若事有反覆，吏應坐之，吏以應坐之故，不得不枉之於庭。以羸民之少黨，而與豪吏對訟，其埶得無屈乎？縣承吏言，故與之同。若事有反覆，縣亦應坐之，縣以應坐之故，而排之於郡。以一民之輕，而與一縣爲訟，其理豈得申乎？事有反覆，郡亦坐之，郡以共坐之故，而排之於州。以一民之輕，與一郡爲訟，其事豈獲勝乎？既不肯理，故乃遠詣公府。公府復不能察，而當延以日月。貧弱者無以曠旬，彊富者可盈千日。理訟若此，何枉之能理乎？正士懷怨結而不見信，〔一〕猾吏崇姦軌而不被坐，此小民所以易侵苦，而天下所以多困窮也。

〔一〕信讀曰伸。

且除上天感痛致災，但以人功見事言之。自三府州郡，至于鄉縣典司之吏，辭訟之民，官事相連，更相檢對者，日可有十萬人。一人有事，二人經營，是爲日三十萬人廢其業也。以中農率之，則是歲三百萬人受其飢者也。然則盜賊何從而銷，太平何由而作乎？詩云：「莫肯念亂，誰無父母？」〔一〕百姓不足，君誰與足？可無思哉！可無思哉！

〔一〕詩小雅也。

述赦篇曰：

凡療病者，必知脈之虛實，氣之所結，然後爲之方，故疾可愈而壽可長也。爲國者，必先知民之所苦，禍之所起，然後爲之禁，故姦可塞而國可安也。今日賊良民之甚者，莫大於數赦贖。赦贖數，則惡人昌而善人傷矣。何以明之哉？夫謹敇之人，身不蹈非，又有爲吏正直，不避彊禦，而姦猾之黨橫加誣言者，皆知赦之不久故也。善人君子，被侵怨而能至闕庭自明者，萬無數人；數人之中得省問者，百不過一；既對尚書而空遣去者，復什六七矣。其輕薄姦軌，既陷罪法，怨毒之家冀其辜戮，以解畜憤，而反一槩悉蒙赦釋，令惡人高會而誇咤，老盜服臧而過門，孝子見讎而不得討，遭盜者覩物而不敢取，痛莫甚焉！

夫養稂莠者傷禾稼，惠姦軌者賊良民。〔一〕書曰：「文王作罰，刑茲無赦。」〔二〕先王之制刑法也，非好傷人肌膚，斷人壽命也；貴威姦懲惡，除人害也。故經稱「天命有德，五服五章哉，天討有罪，五刑五用哉」；詩刺「彼宜有罪，汝反脫之」。〔三〕古者唯始受命之君，承大亂之極，寇賊姦軌，難爲法禁，故不得不有一赦，與之更新，頤育萬民，以成大化。非以養姦活罪，放縱天賊也。夫性惡之民，民之豺狼，雖得放宥之澤，終無改悔之心。旦脫重梏，夕還囹圄，嚴明令尹，不能使其斷絕。何也？凡敢爲大姦者，才必有過於衆，而能自媚於上者也。多散誕得之財，奉以諂諛之辭，以轉相驅，〔四〕

非有第五公之廉直，孰不爲顧哉？〔五〕論者多曰：「久不赦則姦軌熾而吏不制，宜數肆眚以解散之。」此未昭政亂之本源，不察禍福之所生也。

〔一〕爾雅曰：「稂，童粱。」郭璞注云：「莠類也。」詩曰：「不稂不莠。」稂音郎。
〔二〕康誥之言也。
〔三〕詩大雅也。「此宜無罪，汝反收之；彼宜有罪，汝反脫之」。毛萇注云：「脫，赦也。」
〔四〕誕猶虛也。
〔五〕謂第五倫也。爲司空，性廉直也。

後度遼將軍皇甫規解官歸安定，鄉人有以貨得鴈門太守者，亦去職還家，書刺謁規。規臥不迎，既入而問：「卿前在郡食鴈美乎？」有頃，又白王符在門。規素聞符名，乃驚遽而起，衣不及帶，屣履出迎，援符手而還，與同坐，極歡。時人爲之語曰：「徒見二千石，不如一縫掖。」〔一〕言書生道義之爲貴也。符竟不仕，終於家。

〔一〕禮記儒行孔子曰：「丘少居魯，衣逢掖之衣。」鄭玄注曰：「逢猶大也。大掖之衣，大袂單衣也。」

仲長統字公理，山陽高平人也。少好學，博涉書記，贍於文辭。年二十餘，游學青、徐、

并、冀之閒，與交友者多異之。并州刺史高幹，袁紹甥也。素貴有名，招致四方遊士，士多歸附。統過幹，幹善待遇，訪以當時之事。統謂幹曰：「君有雄志而無雄才，好士而不能擇人，所以爲君深戒也。」幹雅自多，不納其言，統遂去之。無幾，幹以并州叛，卒至於敗。〔一〕并冀之士皆以是異統。〔二〕

〔一〕魏志曰：「高幹叛，欲〔南〕奔〔南〕荊州，上洛都尉王琰捕斬之」也。
〔二〕異其有知人之鑒也。

統性俶儻，敢直言，不矜小節，默語無常，時人或謂之狂生。每州郡命召，輒稱疾不就。常以爲凡遊帝王者，欲以立身揚名耳，而名不常存，人生易滅，優遊偃仰，可以自娛，欲卜居清曠，以樂其志，論之曰：「使居有良田廣宅，背山臨流，溝池環帀，竹木周布，場圃築前，果園樹後。舟車足以代步涉之艱，使令足以息四體之役。養親有兼珍之膳，妻孥無苦身之勞。〔一〕良朋萃止，則陳酒肴以娛之；嘉時吉日，則亨羔豚以奉之。躕躇畦苑，遊戲平林，〔二〕濯清水，追涼風，釣游鯉，弋高鴻。諷於舞雩之下，詠歸高堂之上。〔三〕安神閨房，思老氏之玄虛；呼吸精和，求至人之彷彿。〔四〕與達者數子，論道講書，俯仰二儀，錯綜人物。彈南風之雅操，發清商之妙曲。〔五〕消搖一世之上，睥睨天地之閒。不受當時之責，永保性命之期。如是，則可以陵霄漢，出宇宙之外矣。豈羨夫入帝王之門哉！」又作詩二篇，以見其志。辭曰：

〔一〕孥讀曰奴。
〔二〕躕躇猶踟躕也。
〔三〕雩，祭旱之名也。爲壇而儛其上，以祈雨焉。論語曾點曰：「春服既成，冠者五六人，童子六七人，浴乎沂，風乎舞雩，詠而歸。」
〔四〕老子曰：「玄之又玄，虛其心，實其腹。」呼吸謂咽氣養生也。莊子曰：「吹呴呼吸，吐故納新。」又曰「至人無己」也。
〔五〕家語曰：「舜彈五絃之琴，造南風之詩曰：『南風之薰兮，可以解吾人之慍兮。南風之時兮，可以阜吾人之財兮。』」三禮圖曰：「琴本五弦，曰宮、商、角、徵、羽，文王增二，曰少宮、少商，弦最清也。」

飛鳥遺跡，蟬蛻亡殼。騰蛇弃鱗，神龍喪角。〔一〕至人能變，達士拔俗。乘雲無轡，騁風無足。垂露成幃，張霄成幄。沆瀣當餐，九陽代燭。〔二〕恆星豔珠，朝霞潤玉。六合之內，恣心所欲。人事可遺，何爲局促？

〔一〕王充論衡曰：「蠐螬化爲復育，復育轉爲蟬。蟬之去復育，龜之解甲，蛇之脫皮，可謂尸解矣。」蛻音式銳反。爾雅曰：「騰蛇有鱗。」廣雅曰：「有角曰龍。」喪角，解角也。
〔二〕霄，摩天赤氣也。在旁曰幃，在上曰幄。陵陽子明經曰：「沆瀣者，北方夜半氣也。」九陽謂日也。山海經曰「陽谷上有扶木，九日居下枝，一日居上枝」也。

大道雖夷，見幾者寡。任意無非，適物無可。古來繞繞，委曲如瑣。百慮何爲，至

要在我。寄愁天上，埋憂地下。叛散五經，滅弃風、雅。百家雜碎，請用從火。抗志山栖，游心海左。元氣爲舟，微風爲柂。〔一〕敖翔太清，縱意容冶。

〔一〕柂，船尾也，音徒可反。

尚書令荀彧聞統名，奇之，舉爲尚書郎。後參丞相曹操軍事。每論說古今及時俗行事，恆發憤歎息。因著論名曰昌言，〔一〕凡三十四篇，十餘萬言。

〔一〕昌，當也。尚書曰：「汝亦昌言。」

獻帝遜位之歲，統卒，時年四十一。友人東海繆襲常稱統才章足繼西京董、賈、劉、楊。〔一〕今簡撮其書有益政者，略載之云。

〔一〕董仲舒、賈誼、劉向、楊雄也。襲字熙伯，辟御史府，後至尚書、光祿勳。

理亂篇曰：

豪傑之當天命者，未始有天下之分者也。無天下之分，故戰爭者競起焉。于斯之時，並偽假天威，矯據方國，擁甲兵與我角才智，程勇力與我競雌雄，不知去就，疑誤天下，蓋不可數也。角知者皆窮，角力者皆負，形不堪復伉，執不足復校，乃始羈首係頸，就我之銜紲耳。〔一〕夫或曾爲我之尊長矣，或曾與我爲等儕矣，或曾臣虜我矣，或曾執囚我矣。彼之蔚蔚，皆匈詈腹詛，幸我之不成，〔二〕而以奮其前志，詎肯用此爲終死之

分邪？

〔一〕衡，勒也。紲，韁也。
〔二〕蔚與鬱古字通。

及繼體之時，民心定矣。普天之下，賴我而得生育，由我而得富貴，安居樂業，長養子孫，天下晏然，皆歸心於我矣。豪傑之心既絕，士民之志已定，貴有常家，尊在一人。當此之時，雖下愚之才居之，猶能使恩同天地，威侔鬼神。暴風疾霆，不足以方其怒；陽春時雨，不足以喻其澤；周、孔數千，無所復角其聖；賁、育百萬，無所復奮其勇矣。

彼後嗣之愚主，見天下莫敢與之違，自謂若天地之不可亡也，乃奔其私嗜，騁其邪欲，君臣宣淫，上下同惡。〔一〕目極角觝之觀，耳窮鄭、衞之聲。〔二〕入則耽於婦人，出則馳於田獵。荒廢庶政，弃亡人物，澶漫彌流，無所底極。〔三〕信任親愛者，盡佞諂容說之人也；寵貴隆豐者，盡后妃姬妾之家也。使餓狼守庖廚，飢虎牧牢豚，遂至熬天下之脂膏，斲生人之骨髓。怨毒無聊，禍亂並起，中國擾攘，四夷侵叛，土崩瓦解，一朝而去。昔之爲我哺乳之子孫者，今盡是我飲血之寇讎也。至於運徙埶去，猶不覺悟者，豈非富貴生不仁，沈溺致愚疾邪？存亡以之迭代，政亂從此周復，天道常然之大數

也。〔四〕

〔一〕左傳泄冶諫陳靈公曰：「公卿宣淫，人無効焉。」杜預注云：「宣，示也。」
〔二〕武帝元封三年，作角觝戲。晉義云：「兩兩相當角力，角伎藝射御，故名角抵，蓋雜伎樂〔以〕〔也〕，巴俞戲魚龍蔓延之屬也。後更名平樂觀。」禮記曰「鄭音好濫淫志，宋音宴安溺志」也。
〔三〕澶漫猶縱逸也。澶音徒且反。莊子外篇曰「澶漫爲樂」也。
〔四〕左傳曰：「美惡周必復，天之道也。」

又政之爲理者，取一切而已，非能斟酌賢愚之分，以開盛衰之數也。日不如古，彌以遠甚，豈不然邪？漢興以來，相與同爲編戶齊民，而以財力相君長者，世無數焉。而清絜之士，徒自苦於茨棘之閒，無所益損於風俗也。豪人之室，連棟數百，膏田滿野，奴婢千羣，徒附萬計。〔一〕船車賈販，周於四方；廢居積貯，滿於都城。〔二〕琦賂寶貨，巨室不能容；〔三〕馬牛羊豕，山谷不能受。妖童美妾，塡乎綺室；倡謳（妓）〔伎〕樂，列乎深堂。賓客待見而不敢去，車騎交錯而不敢進。三牲之肉，臭而不可食；清醇之酎，敗而不可飲。睇盼則人從其目之所視，喜怒則人隨其心之所慮。此皆公侯之廣樂，君長之厚實也。苟能運智詐者，則得之焉；苟能得之者，人不以爲罪焉。源發而橫流，路開而四通矣。求士之舍榮樂而居窮苦，〔四〕弃放逸而赴束縛，〔五〕夫誰肯爲之者邪！夫

亂世長而化世短。亂世則小人貴寵，君子困賤。當君子困賤之時，跼高天，蹐厚地，猶恐有鎮厭之禍也。〔六〕逮至清世，則復入於矯枉過正之檢。老者耄矣，不能及寬饒之俗；少者方壯，將復困於衰亂之時。是使姦人擅無窮之福利，而善士挂不赦之罪辜。苟目能辯色，耳能辯聲，口能辯味，體能辯寒溫者，將皆以脩絜爲諱惡，設智巧以避之焉，況肯有安而樂之者邪？斯下世人主一切之愆也。

〔一〕徒，衆也。附，親也。
〔二〕史記曰：「轉轂百數，廢居蓄邑。」注云：「有所廢，有所蓄，言其乘時射利也。」
〔三〕琦，瑋也。抱朴子曰「片玉可以琦，奚必俟盈尺」也。
〔四〕舍音式者反。
〔五〕東縛謂自潔清如拘執也。
〔六〕詩小雅曰：「謂天蓋高，不敢不跼；謂地蓋厚，不敢不蹐。」毛萇注云：「跼，曲也。蹐，累足也。」

昔春秋之時，周氏之亂世也。逮乎戰國，則又甚矣。秦政乘并兼之埶，放虎狼之心，〔一〕屠裂天下，吞食生人，暴虐不已，以招楚漢用兵之苦，甚於戰國之時也。漢二百年而遭王莽之亂，〔二〕計其殘夷滅亡之數，又復倍乎秦、項矣。以及今日，名都空而不居，百里絕而無民者，不可勝數。〔三〕此則又甚於亡新之時也。悲夫！不及五百年，

大難三起，〔四〕中閒之亂，尚不數焉。變而彌猜，下而加酷，〔五〕推此以往，可及於盡矣。嗟乎！不知來世聖人救此之道，將何用也？又不知天若窮此之數，欲何至邪？

〔一〕政，始皇名也。
〔二〕漢至王莽篡位二百一十四年。云二百者，舉全數。
〔三〕孝平帝時，凡郡國一百三，縣邑一千三百一十四，道三十四，侯國二百四十一。地東西九千三百二里，南北一萬三百六十八里。人戶一千二百二十三萬三千六十二，口五千九百五十九萬四千九百七十八。此漢家極盛之時。遭王莽喪亂，暨光武中興，海內人戶，準之於前，十裁二三，邊方蕭條，略無孑遺。孝靈遭黃巾之寇，獻帝嬰董卓之禍，英雄棊峙，白骨膏野，兵亂相尋三十餘年，三方既寧，萬不存一也。
〔四〕秦三王二帝通在位四十九年，前漢二百三十年，後漢百九十五年，凡四百七十四年，故云不及五百年也。三起謂秦末及王莽并獻帝時也。
〔五〕下猶後也。

損益篇曰：

作有利於時，制有便於物者，可爲也。事有乖於數，法有翫於時者，可改也。故行於古有其迹，用於今無其功者，不可不變。變而不如前，易而多所敗者，亦不可不復也。漢之初興，分王子弟，委之以士民之命，假之以殺生之權。於是驕逸自恣，志意無厭。魚肉百姓，以盈其欲；報蒸骨血，以快其情。上有篡叛不軌之姦，下有暴亂殘

賊之害。雖藉親屬之恩，蓋源流形埶使之然也。降爵削土，稍稍割奪，卒至於坐食奉祿而已。然其洿穢之行，淫昏之罪，猶尚多焉。故淺其根本，輕其恩義，猶尚假一日之尊，收士民之用。況專之於國，擅之於嗣，豈可鞭笞叱咤，而使唯我所爲者乎？時政彫敝，風俗移易，純樸已去，智惠已來。〔一〕出於禮制之防，放於嗜欲之域久矣，固不可授之以柄，假之以資者也。是故收其奕世之權，校其從橫之埶，善者早登，否者早去，〔二〕故下土無壅滯之士，國朝無專貴之人。此變之善，可遂行者也。

〔一〕老子曰「智惠出，有大僞」也。

〔二〕去音袪莒反。

井田之變，豪人貨殖，館舍布於州郡，田畝連於方國。身無半通青綸之命，而竊三辰龍章之服；〔一〕不爲編戶一伍之長，而有千室名邑之役。〔二〕榮樂過於封君，埶力侔於守令。財賂自營，犯法不坐。刺客死士，爲之投命。至使弱力少智之子，被穿帷敗，寄死不斂，冤枉窮困，不敢自理。雖亦由網禁疏闊，蓋分田無限使之然也。今欲張太平之紀綱，立至化之基趾，齊民財之豐寡，正風俗之奢儉，非井田實莫由也。此變有所敗，而宜復者也。

〔一〕十三州志曰：「有秩、嗇夫，得假半章印。」續漢輿服志曰：「百石，青紺綸，一采，宛轉繆織，長丈二尺。」說文：「綸，

青絲緌也。」鄭玄注禮記曰：「綸，今有秩、嗇夫所佩也。」三辰，日、月、星也。龍章謂山龍之章。皆畫於衣也。

〔二〕周禮小司徒職：「五人爲伍。」前書曰：「五家爲伍，伍有長。」論語孔子曰：「千室之邑，百乘之家。」言豪強之家，身無品秩，而強富比於公侯也。

肉刑之廢，輕重無品，下死則得髡鉗，下髡鉗則得鞭笞。〔一〕死者不可復生，而髡者無傷於人。髡笞不足以懲中罪，安得不至於死哉！〔二〕夫雞狗之攘竊，男女之淫奔，酒醴之賂遺，謬誤之傷害，皆非值於死者也。殺之則甚重，髡之則甚輕。不制中刑以稱其罪，則法令安得不參差，殺生安得不過謬乎？今患刑輕之不足以懲惡，則假臧貨以成罪，託疾病以諱殺。〔三〕科條無所準，名實不相應，恐非帝王之通法，聖人之良制也。或曰：過刑惡人，可也；過刑善人，豈可復哉？曰：若前政以來，未曾枉害善人者，則有罪不死也，〔四〕是爲忍於殺人（也），而不忍於刑人也。今令五刑有品，輕重有數，科條有序，名實有正，非殺人逆亂鳥獸之行甚重者，皆勿殺。〔五〕嗣周氏之祕典，續呂侯之祥刑，此又宜復之善者也。〔六〕

〔一〕下猶減也。

〔二〕言髡笞太輕，不足畏懼，而姦人冒罪，以陷於死。明復古肉刑，則人不陷於死也。

〔三〕假增臧貨，以益其罪。託稱疾病，令死於獄也。

〔四〕言善人有罪，亦當殺之也。

〔五〕鳥獸之行謂烝報也。

〔六〕周禮大司寇職：「掌邦之三典，以佐王刑邦國，詰四方，一曰刑新國用輕典，二曰刑平國用中典，三曰刑亂國用重典。」祥，善也。尚書曰：「敎爾祥刑。」

易曰：「陽一君二臣，君子之道也；陰二君一臣，小人之道也。」〔一〕然則寡者，爲人上者也；衆者，爲人下者也。一伍之長，才足以長一伍者也；一國之君，才足以君一國者也；天下之王，才足以王天下者也。愚役於智，猶枝之附幹，此理天下之常法也。制國以分人，立政以分事，人遠則難綏，事總則難了。今遠州之縣，或相去數百千里，雖多山陵洿澤，猶有可居人種穀者焉。當更制其境界，使遠者不過二百里。明版籍以相數閱，審什伍以相連持，〔二〕限夫田以斷并兼，定五刑以救死亡，〔三〕益君長以興政理，急農桑以豐委積，去末作以一本業，敦教學以移情性，表德行以厲風俗，覈才藝以敍官宜，簡精悍以習師田，〔四〕修武器以存守戰，嚴禁令以防僭差，信賞罰以驗懲勸，糾游戲以杜姦邪，察苛刻以絕煩暴。審此十六者以爲政務，操之有常，課之有限，安寧勿懈墯，有事不迫遽，聖人復起，不能易也。

〔一〕繫詞之文也。陽卦一陽而二陰，陰卦一陰而二陽。陽爲君，陰爲臣。

〔二〕周禮曰：「凡在版者。」注云：「版，名籍也，以版爲之也。」

〔三〕司馬法曰：「步百爲畝，畝百爲夫，夫三爲屋，屋三爲井。」并兼謂豪富之家以財埶并取貧人之田而兼有之。

〔四〕周禮曰：「凡師田斬牲以左右徇陳。」注云：「示犯誓必殺也。」

向者，天下戶過千萬，除其老弱，但戶一丁壯，則千萬人也。遺漏既多，又蠻夷戎狄居漢地者尚不在焉。丁壯十人之中，必有堪爲其什伍之長，推什長已上，則百萬人也。又十取之，則佐史之才已上十萬人也。又十取之，則可使在政理之位者萬人也。以筋力用者謂之人，人求丁壯；以才智用者謂之士，士貴耆老。充此制以用天下之人，猶將有儲，何嫌乎不足也？故物有不求，未有無物之歲也；士有不用，未有少士之世也。夫如此，然後可以用天性，究人理，興頓廢，屬斷絕，〔一〕網羅遺漏，拱柙天人矣。〔二〕

〔一〕屬猶續也。

〔二〕拱，執也。柙，檻也。柙，音下甲反。

或曰：善爲政者，欲除煩去苛，并官省職，爲之以無爲，事之以無事，何子言之云云也？〔一〕曰：若是，三代不足摹，聖人未可師也。〔二〕君子用法制而至於化，小人用法制而至於亂。均是一法制也，或以之化，或以之亂，行之不同也。苟使豺狼牧羊豚，盜跖主征稅，國家昏亂，吏人放肆，則惡復論損益之閒哉！〔三〕夫人待君子然後化理，國待蓄

積乃無憂患。君子非自農桑以求衣食者也，蓄積非橫賦斂以取優饒者也。奉祿誠厚，則割剝貿易之罪乃可絕也；蓄積誠多，則兵寇水旱之災不足苦也。故由其道而得之，民不以爲奢；由其道而取之，民不以爲勞。天災流行，開倉庫以稟貸，不亦仁乎？衣食有餘，損靡麗以散施，不亦義乎？彼君子居位爲士民之長，固宜重肉累帛，朱輪四馬。今反謂薄屋者爲高，藿食者爲清，既失天地之性，又開虛僞之名，使小智居大位，庶績不咸熙，未必不由此也。得拘絜而失才能，非立功之實也。〔四〕以廉舉而以貪去，非士君子之志也。〔五〕夫選用必取善士。善士富者少而貧者多，祿不足以供養，安能不少營私門乎？從而罪之，是設機置穽以待天下之君子也。〔六〕

〔一〕老子云「爲無爲，事無事」也。

〔二〕摹，法也。三代皆用肉刑及井田之法，今不用，是不摹之也。

〔三〕惡音烏。

〔四〕拘絜謂自拘束而絜其身者，卽隱逸之人也。

〔五〕去音欺呂反。

〔六〕穽，穿地陷獸也。機，弩牙也。

盜賊凶荒，九州代作，飢饉暴至，軍旅卒發，橫稅弱人，割奪吏祿，所恃者寡，所取者猥，〔一〕萬里懸乏，首尾不救，徭役並起，農桑失業，兆民呼嗟於昊天，貧窮轉死於溝壑矣。今通肥饒之率，計稼穡之入，令畝收三斛，斛取一斗，未爲甚多。一歲之閒，則有數年之儲，雖興非法之役，恣奢侈之欲，廣愛幸之賜，猶未能盡也。不循古法，規爲輕稅，及至一方有警，一面被災，未逮三年，校計騫短，坐視戰士之蔬食，立望餓殍之滿道，如之何爲君行此政也？〔二〕二十稅一，名之曰貊，況三十稅一乎？〔三〕夫薄吏祿以豐軍用，緣於秦征諸侯，續以四夷，漢承其業，遂不改更，危國亂家，此之由也。今田無常主，民無常居，吏食日稟，〔四〕（祿）班〔祿〕未定。可爲法制，畫一定科，租稅十一，更賦如舊。〔五〕今者土廣民稀，中地未墾；〔六〕雖然，猶當限以大家，勿令過制。其地有草者，盡曰官田，力堪農事，乃聽受之。若聽其自取，後必爲姦也。

〔一〕猥猶多也。

〔二〕孟子曰：「塗有餓莩而不知發。」趙岐注云：「餓死者曰莩。」莩與殍通，音皮表反。

〔三〕孟子載白圭曰：「吾欲二十而取一何如？」孟子曰：「子之道貉〔道〕也。」趙岐注云：「貉，夷貉之人在荒者也。貉在北方，其氣寒，不生五穀，無中國之禮，故可二十取一而足也。」此言欲輕稅也。

〔四〕稟，給也。

〔五〕更賦，已見光武紀也。

〔六〕上田已耕，唯中地已下未也。

法誡篇曰：

周禮六典，冢宰貳王而理天下。〔一〕春秋之時，諸侯明德者，皆一卿爲政。爰及戰國，亦皆然也。秦兼天下，則置丞相，而貳之以御史大夫。自高帝逮于孝成，因而不改，多終其身。漢之隆盛，是惟在焉。夫任一人則政專，任數人則相倚。政專則和諧，相倚則違戾。和諧則太平之所興也，違戾則荒亂之所起也。光武皇帝慍數世之失權，忿彊臣之竊命，〔二〕矯枉過直，政不任下，雖置三公，事歸臺閣。〔三〕自此以來，三公之職，備員而已；然政有不理，猶加譴責。而權移外戚之家，寵被近習之豎，親其黨類，用其私人，內充京師，外布列郡，顚倒賢愚，貿易選舉，疲駑守境，貪殘牧民，撓擾百姓，忿怒四夷，〔四〕招致乖叛，亂離斯瘼。〔五〕怨氣並作，陰陽失和，三光虧缺，怪異數至，蟲螟食稼，水旱爲災，此皆戚宦之臣所致然也。反以策讓三公，至於死免，乃足爲叫呼蒼天，號咷泣血者也。又中世之選三公也，務於清慤謹愼，循常習故者。是婦女之檢柙，鄉曲之常人耳，惡足以居斯位邪？〔六〕勢既如彼，選又如此，而欲望三公勳立於國家，績加於生民，不亦遠乎？昔文帝之於鄧通，可謂至愛，而猶展申徒嘉之志。〔七〕夫見任如此，則何患於左右小臣哉？至如近世，外戚宦豎請託不行，意氣不滿，立能陷人於不測

之禍，惡可得彈正者哉！曩者任之重而責之輕，今者任之輕而責之重。昔賈誼感絳侯之困辱，因陳大臣廉恥之分，開引自裁之端。〔八〕自此以來，遂以成俗。繼世之主，生而見之，習其所常，曾莫之悟。嗚呼，可悲夫！左手據天下之圖，右手刎其喉，愚者猶知難之，況明哲君子哉！〔九〕光武奪三公之重，至今而加甚，不假后黨以權，數世而不行，蓋親疏之埶異也。〔一〇〕母后之黨，左右之人，有此至親之埶，故其貴任萬世。常然之敗，無世而無之，莫之斯鑒，亦可痛矣。未若置丞相自總之。若委三公，則宜分任責成。夫使爲政者，不當與之婚姻；婚姻者，不當使之爲政也。如此，在位病人，〔一一〕舉用失賢，百姓不安，爭訟不息，天地多變，人物多妖，然後可以分此罪矣。

〔一〕爾雅曰：「冢，大也。」貳謂副貳也。周禮天官冢宰「掌建邦之六典，以佐王理邦國。一曰理典，以理官府；二曰敎典，以擾萬姓；三曰禮典，以諧萬姓；四曰政典，以均萬姓；五曰刑典，以糺萬姓；六曰事典，以生萬姓」也。

〔二〕慍猶恨也。數代謂元、成、哀、平。彊臣謂王莽。

〔三〕臺閣謂尙書也。

〔四〕撓音火高反。

〔五〕瘼，病也。

〔六〕檢柙猶規矩也。

〔七〕展猶申也。文帝時，太中大夫鄧通居上傍，有怠慢禮，丞相申屠嘉奏事見之，罷朝，召通責之曰：「通小臣，戲殿上，

大不敬，當斬。」通頓首，首盡出血。文帝使人召通，謝丞相曰：「此吾弄臣，君其釋之。」

〔八〕文帝時賈誼上書曰：「大臣有罪，不執縛係引而行也。其有大罪者，聞命則北面再拜，跪而自裁，(之)〔上〕不使人捽抑而刑之也。」是時丞相絳侯周勃免就國，人有告勃謀反，繫長安獄，卒無事，復爵邑，故誼以此譏上。上深納其言，是後大臣有罪，皆自殺，不受刑也。

〔九〕言不以重利害其生。事見莊子。

〔一〇〕言光武奪三公重任，今奪更甚。光武不假后黨威權，數代遂不遵行。此爲三公疏，后族親故也。

〔一一〕病人謂萬姓困敝也。

或曰：政在一人，權甚重也。曰：人實難得，何重之嫌？昔者霍禹、竇憲、鄧騭、梁冀之徒，籍外戚之權，管國家之柄；及其伏誅，以一言之詔，詰朝而決，何重之畏乎？今夫國家漏神明於媟近，輸權重於婦黨，筭十世而爲之者八九焉。不此之罪而彼之疑，何其詭邪！〔一〕

〔一〕此謂后黨，彼謂三公也。詭猶違也。

論曰：百家之言政者尚矣。〔一〕大略歸乎寧固根柢，革易時敝也。夫遭運無恆，意見偏雜，故是非之論，紛然相乖。嘗試妄論之，〔二〕以爲世非胥、庭，人乖鷇飲，化迹萬肇，情故萌

生。〔三〕雖周物之智，不能研其推變；山川之奧，未足況其紆險。〔四〕則應俗適事，難以常條。如使用審其道，則殊塗同會；才爽其分，則一豪以乖。〔五〕何以言之？若夫玄聖御世，則天同極，施舍之道，宜無殊典。〔六〕而損益異運，文朴遞行。〔七〕用明居晦，回泬於曩時；興戈陳俎，參差於上世。〔八〕及至戴黃屋，服絺衣，豐薄不齊，而致化則一；〔九〕亦有宥公族，黥國儲，寬慘互隔，而防非必同。此其分波而共源，百慮而一致者也。〔一〇〕若乃偏情矯用，則枉直必過。〔一一〕故葛屨履霜，敝由崇儉；〔一二〕楚楚衣服，戒在窮賖；〔一三〕疎禁厚下，以尾大陵弱；〔一四〕斂威峻罰，以苛薄分崩。〔一五〕斯曹、魏之刺，所以明乎國風；周、秦末軌，所以彰於微滅。故用舍之端，興敗資焉。是以繁簡唯時，寬猛相濟。刑書鐫鼎，事有可詳；三章在令，取貴能約。〔一六〕太叔致猛政之褒，國子流遺愛之涕，〔一七〕宣孟改冬日之和，平陽循畫一之法。斯實弛張之弘致，可以徵其統乎！〔一八〕數子之言當世失得皆究矣，然多謬通方之訓，好申一隅之說。〔一九〕貴清靜者，以席上爲腐議；束名實者，以柱下爲誕辭。〔二〇〕或推前王之風，可行於當年；有引救敝之規，宜流於長世。稽之篤論，將爲敝矣。如以舟無推陸之分，瑟非常調之音，〔二一〕不限局以疑遠，不拘玄以妨素，則化樞各管其極，理略可得而言與？〔二二〕

〔一〕尚猶遠也。

〔二〕謙不敢正言也。

〔三〕赫胥氏、大庭氏並古之帝號。莊子曰：「夫聖人鶉居而鷇飲。」言鶉鳥無常居，鷇飲不假物，並淳朴時也。肇，始也。

〔四〕易繫辭曰：「知周乎萬物而道濟天下。」推，遷也。莊子曰「凡人心險於山川，難知於天」也。

〔五〕用得其人，審其道也。授非其才，爽其分也。易繫辭曰：「天下同歸而殊塗，一致而百慮。」易緯曰：「差以毫氂，失之千里。」

〔六〕莊子曰：「玄聖，素王道也。」極猶致也。言法天之道，同其致也。施舍猶興廢也。

〔七〕論語孔子曰：「殷因於夏禮，所損益可知也。」朴，質也。禮記曰「文質再而復」也。

〔八〕回泬猶攙互不齊一也。泬音穴。

〔九〕前書音義曰：「天子車以黃繒爲蓋裏，故曰黃屋。」韓子曰：「堯之王天下也，冬日鹿裘，夏日葛衣。」絺，葛也。

〔一〇〕禮記曰：「公族有死罪，獄成，有司讞于公曰『某之罪在大辟』，公曰『宥之』。有司又曰『在大辟』，公又曰『宥之』。」史記曰，秦孝公太子犯法，衞鞅曰「太子君嗣也，不可施刑，刑其傅公子虔，黥其師公孫賈」也。

〔一一〕孟子曰：「矯枉過直。」矯，正也。枉，曲也。言正曲者過於直，以喻爲政者懲奢則太儉，患寬則傷猛，不能折衷也。

〔一二〕詩魏風序曰：「葛屨，刺褊也。其君儉嗇褊急，而無德以將之。」詩曰：「糾糾葛屨，可以履霜。」鄭玄注云：「葛屨賤，皮屨貴，魏俗至冬猶葛屨，可用履霜，利其賤也。」

〔一三〕詩曹風序曰：「蜉蝣，刺奢也。」詩曰：「蜉蝣之羽，衣裳楚楚。」毛萇注云：「蜉蝣，渠略也。朝生夕死，猶有羽翼以自飾。楚楚，鮮兒也。喻曹朝羣臣皆小人也，徒飾其衣裳，不知死亡之無日。」賖奢同。

〔一四〕疎禁謂防制太寬，厚下謂封建太廣。言周室微弱而諸侯強盛，如尾大然。左傳楚申無宇曰「末大必折，尾大不掉」也。

〔一五〕斂，聚也。言秦酷法，以至分崩也。

〔一六〕左傳曰：「鄭人鑄刑書。」杜預注云「鑄刑書於鼎，以爲國之常法」也。高祖初入關，除秦苛法，約法三章，言其詳約不同。

〔一七〕左傳曰：「鄭子產有疾，謂子大叔曰：『我死，子必爲政。唯有德者能以寬服人，其次莫如猛。』」又曰：「子產卒，仲尼聞之，出涕曰：『古之遺愛也。』」國子即子產也，鄭穆公子國之子，因以爲姓也。

〔一八〕宣孟，晉大夫趙盾也。左傳賈季對酆舒曰：「趙衰，冬日之日也。趙盾，夏日之日也。」注云：「冬日可愛，夏日可畏。」前書平陽侯曹參爲相國，百姓歌之曰：「蕭何爲法，講若畫一。曹參代之，守而勿失。載其清靜，人以寧一。」

〔一九〕一隅謂一方偏見也。

〔二〇〕清靜謂道家也。席上謂儒也。腐，朽也。禮記儒行曰：「儒有席上之珍。」高祖折隨何曰：「安用腐儒哉。」名實，名家也。柱下，老子也。誕，虛也。言志各不同也。

〔二一〕古法不施於今，猶舟不可行之於陸也。今法有合於時，如瑟可移柱而調也。莊子曰「是推舟於陸，勞而無功」也。前書董仲舒曰：「琴瑟不調，甚者必解而更張之，乃可鼓也。爲政不行，甚者必變而更化之，乃可理也。」

〔二二〕音余。

贊曰：管視好偏，羣言難一。救朴雖文，矯遲必疾。舉端自理，滯隅則失。詳觀時蠹，

成昭政術。〔一〕

〔一〕滯隅謂偏執一隅也。淮南子曰：「非循一跡之路，守一隅之指，而不與俗推移也。」

校勘記

一六三九頁七行　充幼聰朗　按：汲本、殿本「朗」作「明」。

一六四二頁四行　夫五(世)〔代〕之臣　刊誤謂此「世」字當是「代」字，後人誤改。今據以回改。

一六四二頁七行　是故德不稱其禍必酷能不稱其殃必大　刊誤謂「德不稱」下脫「其位」二字，「能不稱」下脫「其祿」二字。按：集解引蘇輿說，謂潛夫論貴忠篇作「德不稱其任」，「能不稱其位」。

一六四三頁九行　歷觀前政貴人之用心也　按：集解引蘇輿說，謂潛夫論「政」作「世」，連下讀，疑此避唐諱改。

一六四四頁一三行　懷憂憒憒　按：殿本「憒憒」作「憒憒」，今潛夫論亦作「憒憒」。

一六四四頁一五行　此妖妄之甚者也　按：「妖」原作「娍」，逕改正。

一六四五頁四行　用功千倍　按：集解引蘇輿說，謂「千倍」當從元書作「十倍」。

一六四五頁一〇行　車駢數里　汲本「駢」作「駢」。校補謂車駢數里本指車馬言，作「輧」者誤，章懷注亦

誤。今按：下言「緹帷竟道」，明指車言，作「輧」者是，校補說非。

一六四七頁四行　春秋以爲(非)〔不〕君　殿本「非」作「不」，與左傳合，今據改。

一六四七頁四行　樂舉　按：潛夫論作「樂呂」，成二年左傳作「樂舉」，文十八年、宣二年並作「樂呂」。

一六四七頁七行　葬南巴之中　按：集解引沈欽韓說，謂墨子節葬篇「南巴之中」作「南己之市」。呂覽安死篇「舜葬於紀市，不變其肆」。高注「九疑山亦有紀邑」。己與巴相似而誤。

一六四九頁六行　出處默語　按：殿本「默語」作「語默」。

一六四九頁一三行　化國之日舒以長　按：潛夫論「化」作「治」，此亦避唐諱改。惠棟謂唐諱「治」，章懷注後漢書，隨文改易，此篇「治國之日舒以長」，改爲「化國」，後人因之，遂有「光天化日」之語，豈非郢書而燕說乎？

一六五〇頁四行　(令)〔今〕冤民仰希申訴　刊誤謂案文「令」當作「今」。今據改。

一六五〇頁一六行　不橈故無恩於吏　「橈」原作「撓」，逕據殿本改。按：撓橈從手從木，古互通，然上文既作「橈」，以改歸一律爲是。

一六五二頁一三行　頤育萬民　按：汲本、殿本「民」作「物」。

一六五四頁五行　欲(南)奔(南)荆州　張森楷校勘記謂州名有「南」字，始見宋志，漢、魏、晉俱無，此「南」字當在「奔」字上。按：魏志袁紹傳正作「欲南奔荆州」，今據改。

一六五五頁一三行　騰蛇有鱗　按：集解引沈欽韓說，謂爾雅釋魚「騰」作「螣」，無「有鱗」二字。

一六五五頁一三行　有角曰龍　按：集解引沈欽韓說，謂廣雅「有角曰虯龍」，注脫「虯」字。

一六四六頁一行　抗志山栖　按：汲本、殿本「栖」作「西」。

一六四六頁二行　徽風爲𢘆　按：「𢘆」原譌「㩍」，逕改正。注同。

一六四七頁一五行　政亂從此周復　按：王先謙謂「政」亦「治」字避諱改。

一六四八頁三行　蓋雜伎樂(以)〔也〕　據漢書武帝紀文穎注改。

一六四八頁四行　宋音宴安溺志　按：禮記樂記「安」作「女」。

一六四八頁一二行　倡謳(妓)〔伎〕樂　據集解本改。

一六五〇頁五行　道三十四　按：集解引洪亮吉說，謂前書地理志「三十四」作「三十二」。

一六五〇頁五行　南北一萬三百六十八里　按：集解引王鳴盛說，謂「南北一萬」下前書有「三千」字，此脫。

一六五〇頁一五行　假之以殺生之權　按：汲本、殿本作「生殺之權」。

一六五二頁一〇行　是爲忍於殺人(也)而不忍於刑人也　據刊誤刪。

一六五六頁七行　(祿)班〔祿〕未定　刊誤謂案文當作「班祿」。今據改。

一六五六頁一三行　子之道貊〔道〕也　據汲本補，與今本孟子合。

一六五六頁一三行　趙岐注云　按：原本趙岐之「岐」皆作「歧」，逕改正。

一六五七頁一四行　而猶展申徒嘉之志　按：汲本、殿本「徒」作「屠」。

一六五九頁二行　(之)〔上〕不使人捽抑而刑之也　據殿本改，與前書賈誼傳合。

一六六二頁四行　言其詳約不同　按：「詳」原譌「群」，逕改正。又按：汲本、殿本作「言其詳約也」，無「不同」二字。

一六六三頁二行　謂偏執一隅也　按：「偏」原譌「徧」，逕改正。

後漢書卷五十

孝明八王列傳第四十

孝明皇帝九子：賈貴人生章帝；陰貴人生梁節王暢；餘七王本書不載母氏。〔一〕

〔一〕本書謂東觀記也。

千乘哀王建，永平三年封。明年薨。年少無子，國除。

陳敬王羨，永平三年封廣平王。建初三年，有司奏遣羨與鉅鹿王恭、樂成王黨俱就國。肅宗性篤愛，不忍與諸王乖離，遂皆留京師。明年，案輿地圖，令諸國戶口皆等，租入歲各八千萬。羨博涉經書，有威嚴，與諸儒講論於白虎殿。七年，帝以廣平在北，多有邊費，〔一〕

乃徙羨爲西平王，〔二〕分汝南八縣爲國。及帝崩，遺詔徙封爲陳王，食淮陽郡，其年就國。立三十七年薨，子思王鈞嗣。

〔一〕廣平，縣，故城在今洛州永年縣北。

〔二〕西平，縣，屬汝南郡也。

鈞立，多不法，遂行天子大射禮。〔一〕性隱賊，喜文法，國相二千石不與相得者，輒陰中之。惛怨敬王夫人李儀等，永元十一年，遂使客隗久〔二〕殺儀家屬。吏捕得久，繫長平獄。〔三〕鈞欲斷絕辭語，復使結客篡殺久。事發覺，有司舉奏，鈞坐削西華、項、新陽三縣。〔四〕十二年，封鈞六弟爲列侯。〔五〕後鈞取掖庭出女李嬈爲小妻，〔六〕復坐削圉、宜祿、扶溝三縣。〔七〕永初七年，封敬王孫安國爲耕亭侯。

〔一〕天子將祭，擇士而祭，謂之大射。大射之禮，張三侯，虎侯、熊侯、豹侯，示服猛也，皆以其皮方制之。樂用騶虞，九節。謝承書曰「陳國戶曹史高慎諫國相曰：『諸侯射豕，天子射熊，八彝六樽，禮數不同。昔季氏設朱干玉戚以舞大夏。左傳曰：「唯名與器，不可以假人。」奢僭之漸，不可聽也。』於是諫爭不合，爲王所非，坐司寇罪」也。

〔二〕「久」或作「文」。

〔三〕長平，縣，屬陳國。

〔四〕西華故城在今陳州溵水縣西北。項，今陳州項城縣也。新陽故城在今豫州眞陽縣西南也。

〔五〕伏侯古今注曰「番爲陽都鄉侯，千秋爲新平侯，參爲周亭侯，壽爲樂陽亭侯，寶爲博平侯，且爲高亭侯」也。

〔六〕嬈音寧了反。

〔七〕圉、扶溝並屬陳留郡。宜祿屬汝南郡。

鈞立二十一年薨，子懷王竦嗣。立二年薨，無子，國絕。永寧元年，立敬王子安壽亭侯崇爲陳王，是爲頃王。立五年薨，子孝王承嗣。承薨，子愍王寵嗣。熹平二年，國相師遷追奏前相魏愔與寵共祭天神，希幸非冀，罪至不道。有司奏遣使者案驗。是時新誅勃海王悝，〔一〕靈帝不忍復加法，詔檻車傳送愔、遷詣北寺詔獄，使中常侍王酺〔二〕與尚書令、侍御史雜考。愔辭與王共祭黃老君，求長生福而已，無它冀幸。酺等奏愔職在匡正，而所爲不端，遷誣告其王，罔以不道，皆誅死。有詔赦寵不案。

〔一〕靈帝熹平元年，悝被誣謀反自殺也。

〔二〕華嶠書及宦者傳諸本並作「甫」，此云「酺」，未詳孰是也。

寵善弩射，十發十中，中皆同處。〔一〕中平中，黃巾賊起，郡縣皆弃城走，寵有彊弩數千張，出軍都亭。〔二〕國人素聞王善射，不敢反叛，故陳獨得完，百姓歸之者衆十餘萬人。及獻帝初，義兵起，寵率衆屯陽夏，〔三〕自稱輔漢大將軍。國相會稽駱俊素有威恩，時天下飢荒，鄰郡人多歸就之，俊傾資賑贍，並得全活。後袁術求糧於陳而俊拒絕之，術忿恚，遣客

詐殺俊及寵，陳由是破敗。〔四〕

〔一〕華嶠書曰：「寵射，其祕法以天覆地載，參連爲奇。又有三微、三小。三微爲經，三小爲緯，經緯相將，萬勝之方，然要在機牙。」

〔二〕置軍營於國之都亭也。

〔三〕縣名，屬淮陽國。夏音公雅反。

〔四〕謝承書曰：「俊字孝遠，烏傷人。察孝廉，補尚書侍郎，擢拜陳國相。人有產子，厚致米肉，達府主意，生男女者，以駱爲名。袁術使部曲將張闓陽私行到陳，之俊所，俊往從飲酒，因詐殺俊，一郡吏人哀號如喪父母。」

是時諸國無復租祿，而數見虜奪，并日而食，轉死溝壑者甚衆。夫人姬妾多爲丹〔陽〕〔陵〕兵烏桓所略云。

彭城靖王恭，永平九年賜號靈壽王。〔一〕十五年，封爲鉅鹿王。建初三年，徙封江陵王，改南郡爲國。元和二年，三公上言江陵在京師正南，不可以封，乃徙爲六安王，以廬江郡爲國。肅宗崩，遺詔徙封彭城王，食楚郡，其年就國。恭敦厚威重，舉動有節度，吏人敬愛之。永初六年，封恭子阿奴爲竹邑侯。〔二〕

〔一〕取其美名也，下重熹王亦同。東觀記曰「賜號，未有國邑」也。

〔五〕竹邑，縣，屬沛郡，故城在今徐州符離縣也。「竹邑」或爲「邕」字，轉寫誤也。

元初三年，恭以事怒子酺，酺自殺。〔一〕國相趙牧以狀上，因誣奏恭祠祀惡言，大逆不道。有司奏請誅之。恭上書自訟。朝廷以其素著行義，令考實，無徵，牧坐下獄，會赦免死。〔二〕

〔一〕東觀記曰：「恭子男丁前（妻）物故，酺侮慢丁小妻，恭怒，閉酺馬廏，酺亡，夜詣彭城縣欲上書，恭遣從官倉頭曉令歸，數責之，乃自殺也。」

〔二〕決錄注曰：「牧字仲師，長安人。少知名，以公正稱。修春秋，事樂恢。恢以直諫死，牧爲陳冤得申。高第爲侍御史、會稽太守，皆有稱績。及誣奏恭，安帝疑其僞，乃遣御史毋丘歆覆案其事實，下牧廷尉，會赦不誅，終於家。」

恭立四十六年薨，子考王道嗣。元初五年，封道弟三人爲鄉侯，〔一〕恭孫順爲東安亭侯。

〔一〕東觀記曰：「丙爲都鄉侯，國爲安鄉侯，丁爲魯陽鄉侯。」

道立二十八年薨，子頃王定嗣。本初元年，封定兄弟九人皆爲亭侯。〔一〕

〔一〕東觀記曰「定兄據下亭侯，弟光昭陽亭侯，固公梁亭侯，興蒲亭侯，延昌城亭侯，祀梁父亭侯，堅西安亭侯，代林亭侯」也。

定立四年薨，子孝王和嗣。和性至孝，太夫人薨，行喪陵次，毀胔過禮。傅相以聞。桓

帝詔使奉牛酒迎王還宮。和敬賢樂施，國中愛之。初平中，天下大亂，和爲賊昌務所攻，避奔東阿，後得還國。

立六十四年薨，孫祗嗣。立七年，魏受禪，以爲崇德侯。

樂成靖王黨，永平九年賜號重熹王，十五年封樂成王。黨聰惠，善史書，喜正文字。與肅宗同年，尤相親愛。建初四年，以清河之游、觀津，勃海之東光、成平，涿郡之中水、饒陽、安平、南深澤八縣益樂成國。〔一〕及帝崩，其年就國。黨急刻不遵法度。舊禁宮人出嫁，不得適諸國。有故掖庭技人哀置，嫁爲男子章初妻，〔二〕黨召哀置入宮與通，初欲上書告之，黨恐懼，乃密賂哀置姊焦使殺初。事發覺，黨乃縊殺內侍三人，以絕口語。又取故中山簡王傅婢李羽生爲小妻。永元七年，國相舉奏之。和帝詔削東光、鄡二縣。〔三〕

〔一〕前書及郡國志清河無游縣。觀津故城在今德州蓨縣東北，東光在滄州東光縣南，成平在景城縣南，中水在今瀛州樂壽縣西北，南深澤在今定州深澤縣東也。

〔二〕哀，姓；置，名也。稱男子者，無官爵也。

〔三〕鄡縣屬鉅鹿郡。鄡音羌堯反。

　　立二十五年薨，子哀王崇嗣。立二月薨，無子，國絕。

明年，和帝立崇兄脩侯巡爲樂成王，是爲釐王。〔一〕立十五年薨，子隱王賓嗣。立八年薨，無子，國絕。

〔一〕脩縣（及）〔郎〕〔條縣〕，〔皆〕屬勃海。條字或作「脩」。

明年，復立濟北惠王子萇爲樂成王後。萇到國數月，驕淫不法，愆過累積，冀州刺史與國相舉奏萇罪至不道。安帝詔曰：「萇有靦其面，而放逸其心。〔一〕知陵廟至重，承繼有禮，不惟致敬之節，肅穆之愼，乃敢擅損犧牲，不備苾芬。〔二〕慢易大姬，不震厥教。〔三〕出入顚覆，風淫于家，娉取人妻，饋遺婢妾。毆擊吏人，專己凶暴。愆罪莫大，甚可恥也。朕覽八辟之議，不忍致之于理。〔四〕其貶萇爵爲臨湖侯。〔五〕朕無『則哲』之明，致簡統失序，罔以尉承大姬，增懷永歎。」〔六〕

〔一〕靦，姡也。言面姡然無媿。姡音胡八反。

〔二〕詩小雅曰：「苾苾芬芬，祀事孔明。」

〔三〕大姬即萇所繼之母。震，懼也。

〔四〕周禮司寇：「以八辟麗邦法：一曰議親之辟，二曰議故之辟，三曰議賢之辟，四曰議能之辟，五曰議功之辟，六曰議貴之辟，七曰議勤之辟，八曰議賓之辟。」

〔五〕臨湖屬廬江郡。

〔六〕袁宏紀曰：「尙書侍郎冷宏議，以爲自非聖人，不能無過，故王太子生，爲立賢師傅以訓導之，是以目不見惡，耳不聞非，能保其社稷，高明令終。萇少長藩國，內無過庭之訓，外無師傅之道，血氣方剛，卒受榮爵，幾微生過，遂陷不義。臣聞周官議親，惷愚見赦。萇不殺無辜，以譴呵爲非，無赫赫大惡，可裁削奪損其租賦，令得改過自新，革心向道。」案黃香集，香與宏共奏，此香之辭也。

延光元年，以河閒孝王子得嗣靖王後。以樂成比廢絕，故改國曰安平，是爲安平孝王。立三十年薨，子續立。中平元年，黃巾賊起，爲所劫質，囚于廣宗。〔一〕賊平復國。其年秋，坐不道被誅。立三十四年，國除。

〔一〕今貝州宗城縣也，隋室諱改焉。

下邳惠王衍，永平十五年封。衍有容貌，肅宗卽位，常在左右。建初初冠，詔賜衍師傅已下官屬金帛各有差。四年，以臨淮郡及九江之鍾離、當塗、東城、歷陽、全椒合十七縣益下邳國。〔一〕帝崩，其年就國。衍後病荒忽，而太子卬有罪廢，諸姬爭欲立子爲嗣，連上書相告言。和帝憐之，使彭城靖王恭至下邳正其嫡庶，立子成爲太子。〔二〕

〔一〕鍾離在今濠州鍾離縣東。當塗在縣西南。東城在定遠縣東南。歷陽，和州縣也。全椒，今滁州縣也。

〔三〕東觀記載賜恭詔曰：「皇帝問彭城王始夏無恙。蓋聞堯親九族，萬國協和，書典之所美也。下邳王被病沈滯之疾，昏亂不明，家用不寧，姬妾適庶，諸子分爭，紛紛至今。前太子卬頑凶失道，陷于大辟，是後諸子更相誣告，迄今適嗣未知所定，朕甚傷之。惟王與下邳王恩義至親，正此國嗣，非王而誰？禮重適庶之序，春秋之義大居正。孔子曰：『惟仁者能好人，能惡人。』貴仁者所好惡得其中也。太子國之儲嗣，可不慎歟！王其差次下邳諸子可爲太子者上名，將及景風拜授印綬焉。」

衍立五十四年薨，子貞王成嗣。永建元年，封成兄二人及惠王孫二人皆爲列侯。

成立二年薨，子愍王意嗣。陽嘉元年，封意弟八人爲鄉、亭侯。中平元年，意遭黃巾，弃國走。賊平復國，數月薨。立五十七年，年九十。

子哀王宜嗣，數月薨，無子，建安十一年國除。

梁節王暢，永平十五年封爲汝南王。母陰貴人有寵，暢尤被愛幸，國土租入倍於諸國。肅宗立，緣先帝之意，賞賜恩寵甚篤。建初二年，封暢舅陰棠爲西陵侯。〔一〕四年，徙爲梁王，以陳留之鄢、寧陵，濟陰之薄、單父、已氏、成武，凡六縣，益梁國。〔二〕帝崩，其年就國。

〔一〕西陵，縣，屬江夏郡。

〔二〕鄢，今許州鄢陵縣也。寧陵，今宋州縣也。薄故城在今曹州考城縣東北。單父，今宋州縣也。已氏，今宋州楚丘縣也。成武，今曹州縣也。

暢性聰惠，然少貴驕，頗不遵法度。歸國後，數有惡夢，從官卞忌自言能使六丁，善占夢，〔一〕暢數使卜筮。又暢乳母王禮等，因此自言能見鬼神事，遂共占氣，祠祭求福。忌等謟媚，云神言王當爲天子。暢心喜，與相應荅。永元五年，豫州刺史梁相舉奏暢不道，考訊，辭不服。有司請徵暢詣廷尉詔獄，和帝不許。有司重奏除暢國，徙九眞，帝不忍，但削成武、單父二縣。暢慙懼，上疏辭謝曰：「臣天性狂愚，生在深宮，長養傅母之手，信惑左右之言。及至歸國，不知防禁。從官侍史利臣財物，熒惑臣暢。臣暢無所昭見，與相然諾，不自知陷死罪，以至考案。肌慄心悸，自悔無所復及。自謂當即時伏顯誅，魂魄去身，分歸黃泉。不意陛下聖德，枉法曲平，不聽有司，〔二〕橫貸赦臣。戰慄連月，未敢自安。上念以負先帝而令陛下爲臣收汙天下，〔三〕誠無氣以息，筋骨不相連。臣暢知大貸不可再得，自誓束身約妻子，不敢復出入失繩墨，不敢復有所橫費。租入有餘，乞裁食睢陽、穀孰、虞、蒙、寧陵五縣，還餘所食四縣。臣暢小妻三十七人，其無子者願還本家。自選擇謹勑奴婢二百人，其餘所受虎賁、官騎及諸工技、鼓吹、倉頭、奴婢、兵弩、廏馬皆上還本署。臣暢以骨肉近親，亂聖化，汙清流，既得生活，誠無心面目以凶惡復居大宮，食大國，張官屬，藏什物。願陛下加大恩，開臣自悔之門，假臣小善之路，令天下知臣蒙恩，得去死就生，頗能自悔。臣以公卿所奏臣罪惡詔書常置於前，晝夜誦讀。臣小人，貪見明時，不能即時自引，惟陛下哀臣，令得喘息漏刻。若不聽許，臣實無顏以久生，下入黃泉，無以見先帝。此誠臣至心。臣欲多還所受，恐天恩不聽許，節量所留，於臣暢饒足。」詔報曰：「朕惟王至親之屬，淳淑之美，傅相不良，不能防邪，至令有司紛紛有言。今王深思悔過，端自克責，朕惻然傷之。志匪由（于）〔王〕，咎在彼小子。〔四〕一日克己復禮，天下歸仁。王其安心靜意，茂率休德。易不云乎：『一謙而四益。小有言，終吉。』〔五〕強食自愛。」暢固讓，章數上，卒不許。

〔一〕六丁謂六甲中丁神也。若甲子旬中，則丁卯爲神，甲寅旬中，則丁巳爲神之類也。役使之法，先齋戒，然後其神至，可使致遠方物及知吉凶也。

〔二〕曲平，曲法申恩，平處其罪。

〔三〕汙，惡也。天下以帝赦王爲惡，故言收惡天下也。

〔四〕謂由卞忌及王禮等也。

〔五〕易謙卦曰：「天道虧盈而益謙，地道變盈而流謙，鬼神害盈而福謙，人道惡盈而好謙。」爲謙是一，而天地神人皆益之，故曰「一謙而四益」。訟卦初六曰：「小有言，終吉。」言王雖小有訟言，而終吉也。

立二十七年薨，子恭王堅嗣。永元十六年，封堅弟二人爲鄉、亭侯。

堅立二十六年薨，子懷王匡嗣。永建二年，封匡兄弟七人爲鄉、亭侯。

匡立十一年薨，無子，順帝封匡弟孝陽亭侯成爲梁王，是爲夷王。

立二十九年薨，子敬王元嗣。

立十六年薨，子彌嗣。立四十年，魏受禪，以爲崇德侯。

淮陽頃王昞，永平〔十〕五年封常山王，建初四年，徙爲淮陽王，以汝南之新安、西華益淮陽國。

立十六年薨，未及立嗣，永元二年，和帝立昞小子側復爲常山王，奉昞後，是爲殤王。

立十三年薨，父子皆未之國，並葬京師。側無子，其月立兄防子侯章爲常山王。和帝憐章早孤，數加賞賜。延平元年就國。

立二十五年薨，是爲靖王。子頃王儀嗣。永建二年，封儀兄二人爲亭侯。

儀立十七年薨，子節王豹嗣。(永)〔元〕嘉元年，封豹兄四人爲亭侯。

豹立八年薨，子嵩嗣。三十二年，遭黃巾賊，弃國走，建安十一年國除。

濟陰悼王長，永平十五年封。建初四年，以東郡之離狐、陳留之長垣益濟陰國。立十三年，薨于京師，無子，國除。

論曰：晏子稱「夫人生厚而用利，於是乎正德以幅之，謂之幅利」。言人情須節以正其德，亦由布帛須幅以成其度焉。〔一〕明帝封諸子，租歲不過二千萬，馬后爲言而不得也。〔二〕賢哉！豈徒儉約而已乎！知驕貴之無猒，嗜欲之難極也，故東京諸侯鮮有至於禍敗者也。

〔一〕左傳云，齊景公與晏子邶殿之邑六十，晏子不受，曰：「夫富如布帛之有幅焉，爲之度使無遷也。夫人生厚而用利，於是正德以幅之，謂之幅利。過則爲敗，吾不敢貪多，所謂幅也。」

〔二〕東觀明紀曰：「皇子之封，皆減舊制。嘗案輿地圖，皇后在傍，言鉅鹿、樂成、廣平各數縣，租穀百萬，帝令滿二千萬止。諸小王皆當略與楚、淮陽相比，什減三四。『我子不當與先帝子等』者也。」

贊曰：孝明傳胤，維城八國。陳敬嚴重，彭城厚德。下邳嬰痾，梁節邪惑。三藩夙齡，〔一〕黨惟荒忒。

〔一〕謂千乘、淮陽、濟陰並早歿也。

校勘記

一六六七頁四行 本書謂東觀記也 按：「東」原譌「云」，逕據汲本、殿本改正。

一六六七頁八行 與諸儒講論於白虎殿 按：張森楷校勘記謂何焯云「殿」疑作「觀」。

一六七〇頁八行 多爲丹(陽)〔陵〕兵 據汲本、殿本改。按：殿本考證謂「陵」監本誤作「陽」，今改正。

一六七一頁五行 恭子男丁前〔妻〕物故 按：王先謙謂今本東觀記「前」下有「妻」字，是也。下又引東觀記，云丁爲魯陽鄉侯，則是丁未物故，而物故者乃其妻也。今據補。

一六七一頁一三行 封定兄弟九人皆爲亭侯 按：校補引錢大昭說，謂據東觀記當作「兄弟八人」。

一六七二頁七行 嫁爲男子章初妻 按：「初」原譌「諸」，逕據汲本、殿本改正。

一六七三頁四行 脩縣(及)〔郎〕條縣(皆)屬勃海 集解引沈欽韓說，謂注「及」當爲「郎」，又衍一「皆」字。今按：漢書地理志作「脩」，景帝紀、周亞夫傳作「條」，師古曰「脩音條」，是脩縣即條縣也，沈說是，今據改。

一六七三頁八行 毆擊吏人 按：「毆」原譌「歐」，逕據集解本改正。

一六七四頁二行 尚書侍郎冷宏 按：汲本「冷」作「泠」。

一六七四頁七行 子纘立 按：汲本「纘」作「續」。

一六七四頁一四行 在今豪州 按：殿本「豪」作「濠」。

一六七六頁一行 隱今許州鄢陵縣也 按：「隱」汲本作「鄢」，殿本作「鄢」。集解引惠棟說，謂正文之「鄢」，亦當依注作「鄢」。又引錢大昕說，謂郡國志「鄢」作「隱」，此字亦誤，當爲「鄢」。校補謂案光武紀「三月，光武別與諸將徇昆陽、定陵、鄢，皆下之」。彼注云「鄢，今豫州鄢城縣也」。章懷既釋鄢爲豫州之鄢城，則此云許州鄢陵，當然是「鄢」非「鄢」，不獨殿本注作「鄢」誤，各本正文作「鄢」皆誤矣。惟「鄢」之作「隱」，似不應遽指爲誤。鄢陵前、續志均屬潁川郡，鄢前志屬陳留郡，續志屬梁國，字則前志均作「傿」，續志均作「隱」，更無作「鄢」者，如以爲誤，則前志亦誤矣。

一六七六頁一二行 而令陛下爲臣收汙天下 按：集解引顧炎武說，謂「收汙」袁宏紀作「收恥」，通鑑作「受汙」。

一六七六頁一五行 誠無心面目以凶惡復居大宮 按：集解引蘇輿說，謂「心」字疑衍。

一六七七頁一行 假臣小善之路 殿本「小」作「遷」。今按：袁紀亦作「小」。

一六七七頁五行 志匪由(于)〔王〕咎在彼小子 校補引柳從辰說，謂「于」字係「王」字之譌，「咎」字屬下讀。又謂「于」當作「王」，錢大昭已有是說。今據改。

一六七八頁五行 永平〔十〕五年封常山王 校補引錢大昭說，謂「五年」當作「十五年」，脫「十」字。今據補。

一六七八頁五行 以汝南之新安西華益淮陽國 按：集解引錢大昕說，謂汝南郡無新安縣，疑「新陽」之譌。

一六七八頁一一行 (永)〔元〕嘉元年 據集解引錢大昕說改。

後漢書卷五十一

李陳龐陳橋列傳第四十一

李恂字叔英，安定臨涇人也。少習韓詩，〔一〕教授諸生常數百人。太守潁川李鴻請署功曹，未及到，而州辟爲從事。會鴻卒，恂不應州命，而送鴻喪還鄉里。既葬，留起冢墳，持喪三年。

〔一〕韓嬰所傳詩也。

辟司徒桓虞府。後拜侍御史，持節使幽州，宣布恩澤，慰撫北狄，所過皆圖寫山川、屯田、聚落百餘卷，悉封奏上，肅宗嘉之。拜兗州刺史。以清約率下，常席羊皮，服布被。遷張掖太守，有威重名。時大將軍竇憲將兵屯武威，天下州郡遠近莫不修禮遺，恂奉公不阿，爲憲所奏免。

後復徵拜謁者，使持節領西域副校尉。西域殷富，多珍寶，諸國侍子及督使賈胡〔一〕數遺恂奴婢、宛馬、金銀、香罽之屬，一無所受。〔二〕北匈奴數斷西域車師、伊吾，隴沙以西使

命不得通，〔三〕恂設購賞，遂斬虜帥，縣首軍門。自是道路夷清，威恩並行。

〔一〕督使，主蕃國之使也。賈胡，胡之商賈也。
〔二〕袁山松書曰：「西域出諸香、石蜜。」罽，織毛爲布者。
〔三〕前書曰：「車師前國王居交河城。」伊吾故城在今瓜州晉昌縣北。廣志曰：「流沙在玉門關外，東西數百里，有三斷名曰三隴也。」

遷武威太守。後坐事免，步歸鄉里，潛居山澤，結草爲廬，獨與諸生織席自給。會西羌反畔，恂到田舍，爲所執獲。羌素聞其名，放遣之。恂因詣洛陽謝。時歲荒，司空張敏、司徒魯恭等各遣子餽糧，悉無所受。徙居新安關下，拾橡實以自資。〔一〕年九十六卒。

〔一〕橡，櫟實也。武帝元鼎三年徙函谷關於新安也。

陳禪字紀山，巴郡安漢人也。仕郡功曹，舉善黜惡，爲邦內所畏。察孝廉，州辟治中從事。〔一〕時刺史爲人所上受納臧賂，禪當傳考，〔二〕無它所齎，但持喪斂之具而已。及至，笞掠無筭，五毒畢加，禪神意自若，辭對無變，事遂散釋。車騎將軍鄧騭聞其名而辟焉，舉茂才。時漢中蠻夷反畔，以禪爲漢中太守。夷賊素聞其聲，即時降服。遷左馮翊，入拜諫議大夫。

〔一〕續漢志曰，每州有持中從事也。
〔二〕傳謂逮捕而考之也。

永寧元年，西南夷撣國王〔一〕獻樂及幻人，能吐火，自支解，易牛馬頭。明年元會，作之於庭，安帝與羣臣共觀，大奇之。禪獨離席舉手大言曰：「昔齊魯爲夾谷之會，齊作侏儒之樂，仲尼誅之。〔二〕又曰：『放鄭聲，遠佞人。』〔三〕帝王之庭，不宜設夷狄之技。」尚書陳忠劾奏禪曰：「古者合歡之樂舞於堂，四夷之樂陳於門，故詩云『以雅以南，韎任朱離』。〔四〕今撣國越流沙，踰縣度，〔五〕萬里貢獻，非鄭衞之聲，佞人之比，而禪廷訕朝政，〔六〕請劾禪下獄。」有詔勿收，左轉爲玄菟候城障尉，〔七〕詔「敢不之官，上妻子從者名」。禪既行，朝廷多訟之。會北匈奴入遼東，追拜禪遼東太守。胡憚其威彊，退還數百里。禪不加兵，但使吏卒往曉慰之，單于隨使還郡。禪於學行禮，爲說道義以感化之。單于懷服，遺以胡中珍貨而去。

〔一〕撣音徒丹反。
〔二〕家語曰，魯定公與齊侯會於夾谷，孔子攝相事。齊奏中宮之樂，倡優侏儒戲於前。孔子趨曰：「匹夫而侮諸侯，罪應誅。」於是斬侏儒，手足異處。

〔三〕論語孔子之言。
〔四〕詩小雅鼓鍾之詩曰：「以雅以南，以籥不僭。」薛君云：「南夷之樂曰南。四夷之樂唯南可以和於雅者，以其人聲音及籥不僭差也。」周禮，鞮鞻氏掌四夷之樂。鄭玄注云：「東方曰韎，南方曰任，西方曰朱離，北方曰禁。」毛詩無「韎任朱離」之文，蓋見齊、魯之詩也，今亡。韎音昧。禮記曰，九夷、八蠻、六戎、五狄來朝，立於明堂四門之外也。
〔五〕前書西域傳曰：「縣度者，山名也。谿谷不通，以繩索相引而度，去陽關五千八百八十里。」
〔六〕訕，謗也。
〔七〕候城，縣，在遼東。

及鄧騭誅廢，禪以故吏免。復爲車騎將軍閻顯長史。順帝即位，遷司隸校尉。明年，卒於官。

子澄，有清名，官至漢中太守。

禪曾孫寶，亦剛壯有禪風，爲州別駕從事，顯名州里。

龐參字仲達，河南緱氏人也。初仕郡，未知名，河南尹龐奮見而奇之，舉爲孝廉，拜左校令。坐法輸作若盧。〔一〕

〔一〕若盧，獄名。

永初元年，涼州先零種羌反畔，遣車騎將軍鄧騭討之。參於徒中使其子俊上書曰：「方今西州流民擾動，而徵發不絕，水潦不休，地力不復。〔一〕重之以大軍，疲之以遠戍，農功消於轉運，資財竭於徵發。田疇不得墾闢，禾稼不得收入，搏手困窮，無望來秋。〔二〕百姓力屈，不復堪命。臣愚以為萬里運糧，遠就羌戎，不若總兵養衆，以待其疲。車騎將軍騭宜且振旅，留征西校尉任尚使督涼州士民，轉居三輔。休徭役以助其時，止煩賦以益其財，令男得耕種，女得織紝，〔三〕然後畜精銳，乘懈沮，出其不意，攻其不備，則邊人之仇報，奔北之恥雪矣。」書奏，會御史中丞樊準上疏薦參曰：「臣聞鷙鳥累百，不如一鶚。〔四〕昔孝文皇帝悟馮唐之言，而赦魏尚之罪，使為邊守，匈奴不敢南向。〔五〕夫以一臣之身，折方面之難者，選用得也。臣伏見故左校令河南龐參，勇謀不測，卓爾奇偉，高才武略，有魏尚之風。前坐微法，輸作經時。今羌戎為患，大軍西屯，臣以為如參之人，宜在行伍。惟明詔採前世之舉，觀魏尚之功，免赦參刑，以為軍鋒，必有成效，宣助國威。」鄧太后納其言，即擢參於徒中，召拜謁者，使西督三輔諸軍屯，而徵鄧騭還。

〔一〕言其耗損，不復於舊。

〔二〕兩手相搏，言無計也。

〔三〕紝音如深反。杜預注左傳云：「織紝，織繒布也。」

〔四〕前書鄒陽諫吳王之辭也。鶚，大鵰也。

〔五〕前書馮唐謂文帝曰：「臣聞魏尚為雲中守，匈奴遠避，不近雲中之塞。上功莫府，一言不相應，文吏以法繩之。愚以為陛下法太明而賞太輕。」文帝悅，是日令唐持節赦魏尚，復以為雲中守也。

四年，羌寇轉盛，兵費日廣，且連年不登，穀石萬餘。參奏記於鄧騭曰：「比年羌寇特困隴右，供徭賦役為損日滋，官負人責數十億萬。〔一〕今復募發百姓，調取穀帛，衒賣什物，以應吏求。外傷羌虜，內困徵賦。〔二〕遂乃千里轉糧，遠給武都西郡。塗路傾阻，難勞百端，疾行則鈔暴為害，遲進則穀食稍損，運糧散於曠野，牛馬死於山澤。縣官不足，輒貸於民。民已窮矣，將從誰求？名救金城，而實困三輔。三輔既困，還復為金城之禍矣。參前數言宜弃西域，乃為西州士大夫所笑。今苟貪不毛之地，營恤不使之民，〔三〕暴軍伊吾之野，以慮三族之外，〔四〕果破涼州，禍亂至今。夫拓境不寧，無益於彊；多田不耕，何救飢敝！故善為國者，務懷其內，不求外利；務富其民，不貪廣土。三輔山原曠遠，民庶稀疏，故縣丘城，可居者多。〔五〕今宜徙邊郡不能自存者，入居諸陵，田戍故縣。孤城絕郡，以權徙之；轉運遠費，聚而近之；徭役煩數，休而息之。此善之善者也。」騭及公卿以國用不足，欲從參議，衆多不同，乃止。

〔一〕責音側懈反。

〔二〕為羌寇所傷也。

〔三〕恤，憂也。不使之人謂戎虜凶獷，不堪為用。

〔四〕言勞師救遠，以為親戚之憂慮。

〔五〕丘，空也。

拜參為漢陽太守。郡人任棠者，有奇節，隱居教授。參到，先候之。棠不與言，但以薤一大本，水一盂，置戶屏前，自抱孫兒伏於戶下。主簿白以為倨。參思其微意，良久曰：「棠是欲曉太守也。水者，欲吾清也。拔大本薤者，欲吾擊強宗也。抱兒當戶，欲吾開門恤孤也。」於是歎息而還。參在職，果能抑強助弱，以惠政得民。

元初元年，遷護羌校尉，畔羌懷其恩信。明年，燒當羌種號多等皆降，始復得還都令居，通河西路。〔一〕時先零羌豪僭號北地，詔參將降羌及湟中義從胡七千人，〔二〕與行征西將軍司馬鈞期會北地擊之。參於道為羌所敗。既已失期，乃稱病引兵還，坐以詐疾徵下獄。校書郎中馬融上書請之曰：「伏見西戎反畔，寇鈔五州，陛下愍百姓之傷痍，哀黎元之失業，單竭府庫以奉軍師。昔周宣玁狁侵鎬及方，〔三〕孝文匈奴亦略上郡，而宣王立中興之功，文帝建太宗之號。非惟兩主有明叡之姿，抑亦扞城有虓虎之助，〔四〕是以南仲赫赫，列

在周詩，亞夫赳赳，載於漢策。〔五〕竊見前護羌校尉龐參，文武昭備，智略弘遠，既有義勇果毅之節，兼以博雅深謀之姿。又度遼將軍梁慬，前統西域，勤苦數年，還留三輔，功効克立，閒在北邊，單于降服。今皆幽囚，陷於法網。昔荀林父敗績於邲，晉侯使復其位；〔六〕孟明視喪師於殽，秦伯不替其官。〔七〕故晉景并赤狄之土，秦穆遂霸西戎。〔八〕宜遠覽二君，使參、慬得在寬宥之科，誠有益於折衝，毗佐於聖化。」書奏，赦參等。

〔一〕令居，縣，屬金城郡。令音零。

〔二〕湟，水名，今在鄯州。

〔三〕詩小雅六月之詩曰：「侵鎬及方，至於涇陽。」鄭玄注云：「鎬、方皆北方地名。」

〔四〕詩曰：「公侯干城。」又曰：「闞如虓虎。」干，扞也。虓虎，怒貌也。

〔五〕詩曰：「赫赫南仲，薄伐西戎。」周亞夫為漢將。赳赳，武貌。

〔六〕左傳曰，晉荀林父及楚師戰於邲，晉師敗績。林父請死，晉侯欲許之。士貞子諫曰：「不可。夫其敗也，如日月之食，何損於明？」晉侯使復其位。

〔七〕左傳曰，晉敗秦師於殽，獲百里孟明視，後赦而歸之。秦伯曰：「孤之罪也。」不替孟明。

〔八〕左傳曰，晉荀林父敗赤狄，遂滅之。晉侯賞林父狄臣千室，亦賞士貞子瓜衍之縣，曰：「吾獲狄土，子之功也。」又曰：「秦伯伐晉，遂霸西戎，用孟明也。」

後以參為遼東太守。永建元年，遷度遼將軍。四年，入為大鴻臚。尚書僕射虞詡薦參

有宰相器能，(順帝時)以爲太尉，錄尙書事。是時三公之中，參名忠直，數爲左右所陷毀，以所舉用忤帝旨，司隸承風案之。時當會茂才孝廉，參以被奏，稱疾不得會。上計掾廣漢段恭因會上疏曰：「伏見道路行人，農夫織婦，皆曰『太尉龐參，竭忠盡節，徒以直道不能曲心，孤立羣邪之閒，自處中傷之地』。臣猶冀在陛下之世，當蒙安全，而復以讒佞傷毀忠正，此天地之大禁，人主之至誡。昔白起賜死，諸侯酌酒相賀；季子來歸，魯人喜其紓難。〔一〕夫國以賢化，君以忠安。今天下咸欣陛下有此忠賢，願卒寵任，以安社稷。」書奏，詔卽遣小黃門視參疾，太醫致羊酒。

〔一〕紓，緩也。季子，魯公子季友也。閔公之時，國家多難，以季子忠賢，故請齊侯復之。公羊傳曰：「季子來歸。其言季子何？賢也。言其來歸何？喜之也。」

後參夫人疾前妻子，投於井而殺之。參素與洛陽令祝良不平，〔一〕良聞之，率吏卒入太尉府案實其事，乃上參罪，遂因災異策免。有司以良不先聞奏，輒折辱宰相，坐繫詔獄。良能得百姓心，洛陽吏人守闕請代其罪者，日有數千萬人，詔乃原刑。

〔一〕謝承書曰「良字邵平，長沙人。聰明博學有才幹，以廉平見稱」也。

陽嘉四年，復以參爲太尉。永和元年，以久病罷，卒於家。

陳龜字叔珍，上黨泫氏人也。〔一〕家世邊將，便習弓馬，雄於北州。

〔一〕泫氏故城，今澤州高平縣也。泫音公玄反。

龜少有志氣。永建中，舉孝廉，五遷五原太守。永和五年，拜使匈奴中郎將。時南匈奴左部反亂，龜以單于不能制下，外順內畔，促令自殺，坐徵下獄免。後再遷，拜京兆尹。時三輔強豪之族，多侵枉小民。龜到，厲威嚴，悉平理其怨屈者，郡內大悅。

會羌胡寇邊，殺長吏，驅略百姓。桓帝以龜世諳邊俗，拜爲度遼將軍。龜臨行，上疏曰：「臣龜蒙恩累世，馳騁邊垂，雖展鷹犬之用，頓斃胡虜之庭，魂骸不返，薦享狐狸，猶無以塞厚責，荅萬分也。(至)臣〔至〕頑駑，器無鉛刀一割之用，過受國恩，榮秩兼優，生年死日，永懼不報。臣聞三辰不軌，擢士爲相；蠻夷不恭，拔卒爲將。臣無文武之才，而忝鷹揚之任，〔一〕上慙聖(朝)〔明〕，下懼素餐，〔二〕雖殁軀體，無所云補。今西州邊鄙，土地塉埆，〔三〕鞍馬爲居，射獵爲業，男寡耕稼之利，女乏機杼之饒，守塞候望，懸命鋒鏑，聞急長驅，去不圖反。自頃年以來，匈奴數攻營郡，〔四〕殘殺長吏，侮略良細。戰夫身膏沙漠，居人首係馬鞍。或舉國掩戶，盡種灰滅，孤兒寡婦，號哭空城，野無青草，室如懸磬。〔五〕雖含生氣，實同枯朽。往歲并州水雨，災螟互生，稼穡荒耗，租更空闕。〔六〕老者慮不終年，少壯懼於困戹。陛下以百姓爲子，品庶以陛下爲父，焉可不日昃勞神，〔七〕垂撫循之恩哉！唐堯親捨其子以禪虞舜者，是欲民遭聖君，不令遇惡主也。〔八〕故古公杖策，其民五倍；〔九〕文王西伯，天下歸之。〔一〇〕豈復輿金輦寶，以爲民惠乎！近孝文皇帝感一女子之言，除肉刑之法，〔一一〕體德行仁，爲漢賢主。陛下繼中興之統，承光武之業，臨朝聽政，而未留聖意。且牧守不良，或出中官，懼逆上旨，取過目前。呼嗟之聲，招致災害，胡虜凶悍，因衰緣隙。而令倉庫單於豺狼之口，功業無銖兩之效，皆由將帥不忠，聚姦所致。前涼州刺史祝良，初除到州，多所糾罰，太守令長，貶黜將半，政未踰時，功效卓然。實應賞異，以勸功能，改任牧守，去斥姦殘。又宜更選匈奴烏桓護羌中郎將校尉，簡練文武，授之法令，除并涼二州今年租更，寬赦罪隸，埽除更始。則善吏知奉公之祐，惡者覺營私之禍，胡馬可不窺長城，塞下無候望之患矣。」帝覺悟，乃更選幽、并刺史，自營郡太守都尉以下，多所革易，下詔「爲陳將軍除并、涼一年租賦，以賜吏民」。龜旣到職，州郡重足震慄，鮮卑不敢近塞，省息經用，歲以億計。〔一二〕

〔一〕詩曰「維師尙父，時惟鷹揚」也。

〔二〕素，空也。無功受祿爲素餐。

〔三〕埆音覺，又音确，謂薄土也。

〔四〕謂郡有屯兵者，卽護羌校尉屯金城，烏桓校尉屯上谷之類。

〔五〕左傳曰：「室如懸磬，野無青草。」言其屋居如磬之懸，下無所有。

〔六〕更謂卒更錢也。

〔七〕書曰「文王至于日中昃，不遑暇食」也。

〔八〕史記曰「堯知子丹朱不肖，不足授天下，乃推授舜。〔授舜〕則天下得其利而丹朱病，授丹朱則天下病而丹朱得其利。堯曰：『終不以天下之病而利一人。』卒授舜以天下」也。

〔九〕帝王世紀曰「古公亶甫，是爲太王，爲百姓所附。狄人攻之，事之以皮幣玉帛，不能免焉。王遂杖策而去，踰梁山，止於岐山之陽，邑於周地。豳人從者如歸市，一年成邑，二年成都，三年五倍其初」也。

〔一〇〕帝王世紀曰西伯至仁，百姓襁負而至。

〔一一〕女子卽太倉令淳于公之女緹縈也。事見前書。

〔一二〕經，常也。

大將軍梁冀與龜素有隙，譖其沮毀國威，挑取功譽，〔一〕不爲胡虜所畏。坐徵還，遂乞骸骨歸田里。復徵爲尙書。冀暴虐日甚，龜上疏言其罪狀，請誅之。帝不省。自知必爲冀所害，不食七日而死。西域胡夷，并、涼民庶，咸爲舉哀，弔祭其墓。

〔一〕挑取猶獨取也。獨取其名，如挑戰之義。

橋玄字公祖，梁國睢陽人也。七世祖仁，從同郡戴德學，著禮記章句四十九篇，號曰「橋君學」。成帝時爲大鴻臚。祖父基，廣陵太守。父肅，東萊太守。

玄少爲縣功曹。時豫州刺史周景行部到梁國，玄謁景，因伏地言陳相羊昌罪惡，乞爲部陳從事，〔一〕窮案其姦。景壯玄意，署而遣之。玄到，悉收昌賓客，具考臧罪。昌素爲大將軍梁冀所厚，冀爲馳檄救之。景承旨召玄，玄還檄不發，案之益急。昌坐檻車徵，玄由是著名。

〔一〕部猶領也。

舉孝廉，補洛陽左尉。〔二〕時梁不疑爲河南尹，玄以公事當詣府受對，恥爲所辱，弃官還鄉里。後四遷爲齊相，坐事爲城旦。刑竟，徵，再遷上谷太守，又爲漢陽太守。時上邽令皇甫禎有臧罪，玄收考髡笞，死于冀市，〔三〕一境皆震。郡人上邽姜岐，守道隱居，名聞西州。玄召以爲吏，稱疾不就。玄怒，勑督郵尹益逼致之，曰：「岐若不至，趣嫁其母。」〔三〕益固爭不能得，遽曉譬岐。岐堅臥不起。郡內士大夫亦競往諫，玄乃止。時頗以爲譏。後謝病免，復公車徵爲司徒長史，拜將作大匠。

〔一〕左部尉也。

〔二〕冀，縣名，屬漢陽郡。

〔三〕趣音促。

桓帝末，鮮卑、南匈奴及高句驪嗣子伯固並畔，爲寇鈔，四府舉玄爲度遼將軍，假黃鉞。玄至鎮，休兵養士，然後督諸將守討擊胡虜及伯固等，皆破散退走。在職三年，邊境安靜。

靈帝初，徵入爲河南尹，轉少府、大鴻臚。建寧三年，遷司空，轉司徒。素與南陽太守陳球有隙，及在公位，而薦球爲廷尉。玄以國家方弱，自度力無所用，乃稱疾上疏，引衆災以自劾。遂策罷。歲餘，拜尚書令。時太中大夫蓋升與帝有舊恩，前爲南陽太守，臧數億以上。玄奏免升禁錮，沒入財賄。帝不從，而遷升侍中。玄託病免，拜光祿大夫。光和元年，遷太尉。數月，復以疾罷，拜太中大夫，就醫里舍。

玄少子十歲，獨游門次，卒有三人持杖劫執之，入舍登樓，就玄求貨，玄不與。有頃，司隸校尉陽球率河南尹、洛陽令圍守玄家。球等恐并殺其子，未欲迫之。玄瞋目呼曰：「姦人無狀，玄豈以一子之命而縱國賊乎！」促令兵進。於是攻之，玄子亦死。玄乃詣闕謝罪，乞下天下：「凡有劫質，皆并殺之，不得贖以財寶，開張姦路。」詔書下其章。初自安帝以後，法禁稍弛，京師劫質，不避豪貴，自是遂絕。

玄以光和六年卒，時年七十五。玄性剛急無大體，然謙儉下士，子弟親宗無在大官者。及卒，家無居業，喪無所殯，當時稱之。

初，曹操微時，人莫知者。嘗往候玄，玄見而異焉，謂曰：「今天下將亂，安生民者其在君乎！」操常感其知己。及後經過玄墓，輒悽愴致祭。自爲其文曰：「故太尉橋公，懿德高軌，汎愛博容。國念明訓，士思令謨。幽靈潛翳，懇哉緬矣！操以幼年，逮升堂室，特以頑質，見納君子。增榮益觀，皆由獎助，猶仲尼稱不如顏淵，〔一〕李生厚歎賈復。〔二〕士死知己，懷此無忘。又承從容約誓之言：『徂沒之後，路有經由，不以斗酒隻雞過相沃酹，車過三步，腹痛勿怨。』雖臨時戲笑之言，非至親之篤好，胡肯爲此辭哉？懷舊惟顧，念之悽愴。〔三〕奉命東征，屯次鄉里，北望貴土，乃心陵墓。裁致薄奠，公其享之！」〔四〕

〔一〕論語孔子謂子貢曰：「汝與回也孰愈？」子貢曰：「賜也何敢望回。」子曰：「吾與汝俱不如也。」

〔二〕復少好學，師事舞陰李生。李生奇之，曰：「賈君國器也。」

〔三〕惟，思也。

〔四〕魏志曰「建安七年，曹公軍譙，遂至浚儀，遣使以太牢祀橋玄，進軍官度」也。

玄子羽，官至任城相。

論曰：任棠、姜岐，世著其清。結甕牖而辭三命，〔一〕殆漢陽之幽人乎？〔二〕龐參躬求賢之禮，故民悅其政；橋玄厲邦君之威，而衆失其情。夫豈力不足歟？將有道在焉。〔三〕如

令其道可忘，則彊梁勝矣。語曰：「三軍可奪帥，匹夫不可奪志。」〔四〕子貢曰：「寧喪千金，不失士心。」昔段干木踰牆而避文侯之命，〔五〕泄柳閉門不納穆公之請。〔六〕貴必有所屈，賤亦有所申矣。

〔一〕結猶構也。莊子曰：「原憲處魯，居環堵之室，桑樞而甕牖。」周禮：「一命受職，再命受服，三命受位。」謂任、姜辭太守之辟也。

〔二〕易曰：「履道坦坦，幽人貞吉。」

〔三〕橋玄之舍姜岐，以道不可違，故不得以威力逼也。

〔四〕鄭玄注論語云：「匹夫之守志，重於三軍之死將者也。」

〔五〕高士傳曰，段干木者，晉人也。守道不仕。魏文侯造其門，段干木踰牆而避之。

〔六〕泄柳，魯之賢人也。魯穆公時，請見之，泄柳閉門而不納。事見孟子。

贊曰：李叟勤身，甘飢辭饋。禪爲君隱，之死靡貳。龜習邊功，參起徒中。橋公識運，先覺時雄。

校勘記

一六四四頁一〇行 州辟治中從事　按：集解引錢大昕說，謂章懷避唐諱，凡「治」字或改爲「理」，或改爲「化」，或改爲「持」，此「治中」字亦必改易，宋人校書者又回改耳。

一六八四頁一三行　夷賊素聞其聲　按：汲本、殿本「聲」上有「名」字。

一六八五頁七行　躰任朱離　按：集解引錢大昕說，謂此句上下當有脫文，未必詩有此語。

一六八五頁一五行　手足異處　刊誤謂「手」當作「首」。今按：史記孔子世家亦作「手足異處」，惟穀梁傳作「首足異門而出」，劉氏殆據穀梁傳言也。

一六八六頁三行　毛詩無躰任朱離之文　按：集解引黃山說，謂賢注引薛君韓詩說，不及「躰任朱離」，是韓詩亦無此句，不獨毛詩也。今曰毛詩無，「毛」字當爲後人妄改。注不及毛傳，必不舍韓而計毛也。

一六八六頁六行　縣度者山名也　按：前書西域傳「山名也」作「石山也」，此譌。章帝紀注引作「石山也」，不譌。

一六八六頁六行　去陽關五千八百八十里　按：前書「八十里」作「八十八里」。

一六八九頁一〇行　始復得還都令居　按：集解引黃山說，謂通鑑「都」作「治」，此避唐諱改。

一六九一頁一行　(順帝時)以爲太尉　沈欽韓謂上有永建元年事，此「順帝時」三字衍文。今據刪。

一六九一頁五行　夫國以賢化　集解引惠棟說，謂「化」當作「治」。按：此亦章懷避諱改。

一六九一頁九行　言其來歸何　刊誤謂「言其」當作「其言」。按：今本公羊傳作「其言」。

一六九一頁一三行　良字邵平　按：集解引惠棟說，謂長沙耆舊傳作「字邵卿」，水經注亦作「邵卿」，章懷注誤。

一六九二頁八行　(至)臣〔至〕頑駑　據刊誤改。

一六九二頁一〇行　上憨聖(朝)〔明〕　據汲本、殿本改。

一六九四頁四行　乃推授舜〔授舜〕則天下得其利而丹朱病　刊誤謂案史記本文，更有「授舜」二字。今據補。

一六九五頁一行　七世祖仁從同郡戴德學　按：「戴德」當作「戴聖」。集解引朱彝尊說，謂案前書儒林傳，仁傳小戴之學，此云「戴德」，恐誤。

一六九五頁二行　成帝時爲大鴻臚　按：集解引洪亮吉說，謂案前書百官表，平帝元始元年始云大鴻臚橋仁，今言「成帝時」，誤。

一六九五頁三行　陳相羊昌　按：集解引何焯說，謂「羊」舊抄廣川書跋作「芊」。

一六九六頁一四行　玄以光和六年卒時年七十五　集解引惠棟說，謂橋公廟碑「七年五月甲寅，以太中大夫薨于京師」。案橋公二碑皆云光和七年，疑傳誤也。又引侯康說，謂玄卒時年七十五，而蔡伯喈西鼎銘載玄于光和元年有「犬馬齒七十」之語，則實卒於六年，傳不誤。今按：光和七年十二月已改元中平，如依橋公廟碑，則當書「中平元年」。

一六九六頁一五行　家無居業　按：集解引惠棟說，謂張璠漢記「居業」作「餘業」。

一六九七頁二行　懿德高軌　按：三國魏志注作「誕敷明德」。

一六九七頁三行　幽靈潛翳鴻哉緬矣　按：魏志注作「靈幽體翳，邈哉晞矣」。

一六九七頁三行　特以頑質見納君子　按：魏志注作「特以頑鄙之姿，爲大君子所納」。

一六九七頁四行　皆由獎助　按：魏志注同，汲本、殿本「助」作「勗」。

一六九七頁五行　徂沒之後　按：魏志注「沒」作「逝」。

一六九七頁五行　腹痛勿怨　按：魏志注「怨」作「怪」。

一六九七頁七行　公其享之　按：魏志注「享之」作「尙饗」。

後漢書卷五十二

崔駰列傳第四十二 子瑗 孫寔

崔駰字亭伯，涿郡安平人也。高祖父朝，昭帝時爲幽州從事，諫刺史無與燕剌王通。及剌王敗，擢爲侍御史。〔一〕生子舒，歷四郡太守，所在有能名。

〔一〕燕剌王旦，武帝子，坐與上官桀等謀亂，自殺。剌，力割反。

舒小子篆，王莽時爲郡文學，以明經徵詣公車。太保甄豐舉爲步兵校尉，篆辭曰：「吾聞伐國不問仁人，〔一〕戰陳不訪儒士。〔二〕此舉奚爲至哉？」遂投劾歸。〔三〕

〔一〕前書董仲舒曰：「昔(在)〔者〕魯君問柳下惠曰：『吾欲伐齊，如何？』柳下惠曰：『不可。』歸而有憂色，曰：『吾聞伐國不問仁人，此言何爲至於我哉？』」

〔二〕論語曰：「衞靈公問陳於孔子。孔子對曰：『俎豆之事則嘗聞之，軍旅之事未之學也。』」

〔三〕投辭自劾有過，不合應舉。

莽嫌諸不附己者，多以法中傷之。時篆兄發以佞巧幸於莽，位至大司空。母師氏能通

經學、百家之言，莽寵以殊禮，賜號義成夫人，金印紫綬，文軒丹轂，顯於新世。

後以篆爲建新大尹，〔一〕篆不得已，乃歎曰：「吾生無妄之世，值澆、羿之君，〔二〕上有老母，下有兄弟，安得獨潔己而危所生哉？」乃遂單車到官，稱疾不視事，三年不行縣。〔三〕門下掾倪敞諫，篆乃強起班春。〔四〕所至之縣，獄犴填滿。〔五〕篆垂涕曰：「嗟乎！刑罰不中，乃陷人於穽。此皆何罪，而至于是！」遂平理，所出二千餘人。掾吏叩頭諫曰：「朝廷初政，州牧峻刻。〔六〕宥過申枉，誠仁者之心；然獨爲君子，將有悔乎！」篆曰：「邾文公不以一人易其身，君子謂之知命。〔七〕如殺一大尹贖二千人，蓋所願也。」遂稱疾去。

〔一〕莽改千乘郡曰建新，守曰大尹。

〔二〕易曰：「無妄之行，窮之災也。」左傳曰：「昔有夏之方衰也，后羿自鉏遷於窮石，因夏人以代夏政，而淫於原獸。用寒浞，伯明氏之讒子弟也。而虞羿于田，以取其國家。浞因羿室，生澆及豷，恃其讒慝詐僞，而不德於人。」澆音五弔反。豷音許旣反。

〔三〕續漢志曰：「郡國常以春行(至)〔主〕縣，勸人農桑，振救乏絕。」

〔四〕班布春令。

〔五〕犴音岸。前書音義曰：「鄉亭之獄曰犴。」

〔六〕初政謂莽卽位。

〔七〕左傳曰「邾文公卜遷於繹。史曰：『利於人，不利於君。』邾子曰：『茍利於人，孤之利也。人旣利矣，孤必與焉。』遂遷于繹。五月，邾文公卒。君子曰知命」也。

建武初，朝廷多薦言之者，幽州刺史又舉篆賢良。篆自以宗門受莽僞寵，慙愧漢朝，遂辭歸不仕。客居滎陽，閉門潛思，著周易林六十四篇，用決吉凶，多所占驗。臨終作賦以自悼，名曰慰志。其辭曰：

嘉昔人之遘辰兮，〔一〕美伊、傅之遻時。〔二〕應規矩之淑質兮，過班、倕而裁之。〔三〕協準矱之貞度兮，同斷金之玄策。〔四〕何天衢於盛世兮，超千載而垂績。〔五〕豈脩德之極致兮，將天祚之攸適？

〔一〕遘，遇也。辰，時也。

〔二〕伊尹干湯，傅說遇高宗。爾雅曰：「遻，遇也。」音五故反。

〔三〕公輸班，魯人也。倕，舜時爲共工之官。皆巧人也。以喻湯及高宗也。

〔四〕準，繩也。矱，尺也。貞，正也。易曰：「二人同心，其利斷金。」玄策猶妙策也。

〔五〕易大畜卦，乾下艮上，其上九曰：「何天之衢，亨。」鄭玄云：「艮爲手，手上肩也。乾爲首。首肩之閒荷物處。乾爲天，艮爲徑路，天衢象也。」

愍余生之不造兮，〔一〕丁漢氏之中微。〔二〕氛霓鬱以橫厲兮，羲和忽以潛暉。〔三〕六柄制于家門兮，王綱漼以陵遲。〔四〕黎、共奮以跋扈兮，羿、浞狂以恣睢。〔五〕睹嫚臧

而乘釁兮，竊神器之萬機。〔六〕思輔弼以婾存兮，亦號咷以詶咨。〔七〕嗟三事之我負兮，乃迫余以天威。〔八〕豈無熊僚之微介兮？悼我生之殲夷。〔九〕庶明哲之末風兮，懼大雅之所譏。〔一〇〕遂翕翼以委命兮，受符守乎艮維。〔一一〕恨遭閉而不隱兮，違石門之高蹤。〔一二〕揚蛾眉於復關兮，犯孔戒之冶容。〔一三〕懿氓蚩之悟悔兮，慕白駒之所從。〔一四〕乃稱疾而屢復兮，歷三祀而見許。〔一五〕悠輕舉以遠遁兮，託峻峗以幽處。〔一六〕竫潛思於至賾兮，騁六經之奧府。〔一七〕皇再命而紹卹兮，乃云眷乎建武。〔一八〕運欃槍以電埽兮，淸六合之土宇。〔一九〕聖德滂以橫被兮，黎庶愷以鼓舞。闢四門以博延兮，彼幽牧之我舉。〔二〇〕分晝定而計決兮，豈云賁乎鄙耉。〔二一〕遂懸車以縶馬兮，絕時俗之進取。歎暮春之成服兮，闔衡門以埽軌。〔二二〕聊優游以永日兮，守性命以盡齒。〔二三〕貴啓體之歸全兮，庶不忝乎先子。〔二四〕

〔一〕造，成也。

〔二〕丁，當也。

〔三〕氛，祲也。霓，日傍之氣。橫厲謂氣盛而陵於天也。羲和，日也。氣盛而日光微，諭王莽篡漢。

〔四〕國語管仲對齊桓公曰：「昔者聖人之理天下也，而愼用其六柄焉。」韋昭注云：「六柄，生、殺、貧、賤、富、貴也。」漼猶摧落也，音千隗反。

〔五〕國語曰：「昔少皞之衰，九黎亂德，人神雜糅，不可方物。」淮南子曰：「昔者共工與顓頊爭爲帝，怒而觸不周之山，天柱折，地維絕。」跋扈，強梁也。恣睢，自用之貌也。恣音訾。睢音許維反。羿、浞已見上。

〔六〕易曰：「慢藏誨盜。」釁，隙也。神器，帝王之位。老子曰：「天下神器，不可爲也。」書云：「兢兢業業，一日二日萬機。」

〔七〕輔弼謂王莽輔政也。偷，苟且也。號咷，哀呼也。前書王莽策孺子嬰爲定安公，莽親執孺子手，流涕歔欷也。

〔八〕三事謂三公也。負謂太保甄豐舉也。

〔九〕左傳曰：「楚白公勝爲亂。石乞曰：『市南有熊相宜僚者，若得之，可以當五百人矣。』從白公而見之。與之言，說；告之故，辭；承之以劍，不動。勝曰：『不爲利(謟)〔諂〕，不爲威惕，不泄人言以求媚者。』去之。」介，耿介也。我生謂母也。殲，滅也。夷，傷也。言其母老，恐禍及也。

〔一〇〕詩大雅曰：「既明且哲，以保其身。」

〔一一〕良，東北之位。謂篆爲千乘太守也。

〔一二〕易曰：「天地閉而賢人隱。」論語曰：「子路宿於石門。晨門曰：『奚自？』子路曰：『自孔氏。』曰：『是知其不可而爲之者歟？』」

〔一三〕楚詞曰：「衆女皆妒余之蛾眉。」詩國風序曰：「氓，刺時也。淫風大行，男女無別，故序其事以風焉。」其詩曰，「乘彼垝垣，以望復關。」毛萇注云：「垝，毁也。復關，君子所近之處也。」易繫辭曰：「冶容誨淫。」鄭玄云：「謂飾其容而見於外曰冶。」

〔一四〕詩曰「氓之蚩蚩，抱布貿絲。匪來貿絲，來卽我謀」。注云：「氓，人也。蚩蚩，敦厚之貌。布，幣也。卽，就也。言

此之人，非買絲來，就我爲室家也。」又曰：「及爾偕老，老使我怨。」注云：「我欲與汝俱至老，汝反薄我使怨也。」又曰：「皎皎白駒。」謂賢人也。

〔一五〕復猶白也。

〔一六〕峻峗謂山也。峗音魚委反。

〔一七〕賾，深也。

〔一八〕皇，天也。紹，繼也。衈，憂也。言天憂衈眷顧漢家，所以再命光武也。

〔一九〕欃槍，彗也。

〔二〇〕開闢四方之門，廣求賢也。幽牧謂爲幽州刺史所舉也。

〔二一〕賁，飾也。易曰「束帛戔戔，賁於丘園」也。

〔二二〕論語曾點曰：「暮春(者)，春服既成。」衡，橫也，謂橫木爲門。軌，跡也。

〔二三〕齒，年也。

〔二四〕論語曰：「曾子有疾，召門弟子曰：『啓余足。』」注云：「父母全己生之，亦當全而歸之。」忝，辱也。先子謂先人也。孟子曾西曰：「吾先子之所畏。」

篆生毅，以疾隱身不仕。毅生駰，年十三能通詩、易、春秋，博學有偉才，盡通古今訓詁百家之言，善屬文。少游太學，與班固、傅毅同時齊名。常以典籍爲業，未遑仕進之事。時人或譏其太玄靜，將以後名失實。駰擬楊雄解嘲，作達旨以荅焉。〔一〕其辭曰：

〔一〕華嶠書曰：「駰譏楊雄，以爲范、蔡、鄒衍之徒，乘釁相傾，誑曜諸侯者也，而云『彼我異時』。又曰，竊貲卓氏，割炙細君，斯蓋士之贅行，而云『不能與此數公者同』。以爲失類而改之也。」

或說己曰：「易稱『備物致用』，『可觀而有所合』，故能扶陽以出，順陰而入。〔一〕春發其華，秋收其實，有始有極，爰登其質。今子韞櫝六經，服膺道術，〔二〕歷世而游，高談有日，俯鉤深於重淵，仰探遠乎九乾，〔三〕窮至賾於幽微，測潛隱之無源。然下不步卿相之廷，上不登王公之門，進不黨以讚己，退不黷於庸人。〔四〕獨師友道德，合符曩眞，抱景特立，與士不羣。蓋高樹靡陰，獨木不林，隨時之宜，道貴從凡。〔五〕于時太上運天德以君世，憲王僚而布官；〔六〕臨雍泮以恢儒，疏軒冕以崇賢；〔七〕率惇德以厲忠孝，揚茂化以砥仁義；〔八〕選利器於良材，求鏌鋣於明智。〔九〕不以此時攀台階，闚紫闥，〔一〇〕據高軒，望朱闕，夫欲千里而咫尺未發，〔一一〕蒙竊惑焉。故英人乘斯時也，〔一二〕猶逸禽之赴深林，蝱蚋之趣大沛。〔一三〕胡爲嘿嘿而久沈滯也？」

〔一〕「備物致用」，易繫辭之文也。「可觀而有所合」，序卦之文也。鄭玄注易乾鑿度曰：「陽起於子，陰起於午，天數大分。以陽出離，以陰入坎，坎爲中男，離爲中女。太一之行，出從中男，入從中女。因陰陽男女之偶爲終始也。」

〔二〕韞，匣也。櫝，匱也。論語曰：「有美玉，韞櫝而藏諸。」

〔三〕易曰：「探賾索隱，鉤深致遠。」九乾謂天有九重也。離騷天問曰：「圜則九重，孰營度之？」

〔四〕讚猶稱也。

〔五〕華嶠書作「高樹不庇」。易曰：「隨時之義大矣哉！」老子曰：「和其光而同其塵。」故言道貴從凡。

〔六〕太上，明帝也。傳曰：「太上立德。」天德，含弘光大也。易曰：「乃位乎天德。」尚書曰：「唐虞稽古，建官惟百，夏商官倍，亦克用乂。」憲，法也。僚，官也。言法三王而建官也。

〔七〕天子辟雍，諸侯頖宮。璧雍者，環之以水，圓而如璧也。頖，半也。諸侯半天子之宮，皆所以立學垂教也。

〔八〕砥，礪也。

〔九〕吳越春秋曰：「干將，吳人也，造二劒，一曰干將，二曰莫邪。莫邪者，干將之妻名也。干將作劒，采五山之精，合六金之英，百神臨觀，遂以成劒。」說苑曰：「所以尙干將、莫邪者，貴其立斷。所以尙騏驎者，貴其立至。必且歷日曠久，絲氂猶能挈石，駑馬亦能致遠。是以聰明敏捷，人之美材也。」

〔一〇〕三台謂之三階，三公之象也。

〔一一〕八寸爲咫。

〔一二〕文子曰：「智過萬人謂之英，千人謂之俊。」

〔一三〕蚋，小蟲，蚊之類。蚋音芮。說文曰：「秦謂之蚋，楚謂之蚊。」孟子曰：「汙池沛澤。」劉熙曰：「沛，水草相半。」

荅曰：「有是言乎？子苟欲勉我以世路，不知其跌而失吾之度也。古者陰陽始分，天地初制，〔一〕皇綱云緒，帝紀乃設，傳序歷數，三代興滅。昔大庭尙矣，赫胥罔識。〔二〕

淳樸散離，人物錯乖。高辛攸降，厥趣各違。〔三〕道無常稽，與時張弛。〔四〕失仁爲非，得義爲是。〔五〕君子通變，各審所履。故士或掩目而淵潛，〔六〕或盥耳而山棲；〔七〕或草耕而僅飽，〔八〕或木茹而長飢；〔九〕或重聘而不來，〔一〇〕或屢黜而不去；〔一一〕或冒詢以干進，或望色而斯舉；〔一二〕或以役夫發夢於王公，〔一三〕或以漁父見兆於元龜。〔一四〕若夫紛纊塞路，凶虐播流，〔一五〕人有昏墊之戹，主有疇咨之憂，〔一六〕條垂藟蔓，上下相求。〔一七〕於是乎賢人授手，援世之災，〔一八〕跋涉赴俗，急斯時也。〔一九〕昔堯含戚而皋陶謨，高祖歎而子房慮；〔二〇〕禍不散而曹、絳奮，〔二一〕結不解而陳平權。〔二二〕及其策合道從，克亂弭衝，乃將鏤玄珪，册顯功，〔二三〕銘昆吾之冶，〔二四〕勒景、襄之鍾。〔二五〕與其有事，則褰裳濡足，冠挂不顧。〔二六〕人溺不拯，則非仁也。當其無事，則躐纓整襟，規矩其步。〔二七〕德讓不修，則非忠也。是以險則救俗，平則守禮，舉以公心，不私其體。

〔一〕制，協韻音之設反。

〔二〕大庭、赫胥並古帝王號也。侚，遠也。罔，無也。識，記也。

〔三〕高辛氏，帝嚳也。

〔四〕隨時弛張，不考之於常道也。

〔五〕老子曰：「失道後德，失德後仁，失仁後義，失義後禮。」

〔六〕莊子曰「北人無澤與舜爲友，舜以天下讓之，無澤乃自投清泠之淵，終身不反」也。

〔七〕盥，洗也。許由字武仲，隱於沛澤之中。堯聞之，乃致天下而讓焉。由以爲汚，乃臨池洗耳。其友巢父飲犢，聞由爲堯所讓，曰：「何以汚吾犢口！」牽於上流而飲之。見莊子及高士傳。

〔八〕伯成子高，唐虞時爲諸侯。至禹，去而耕。禹往見之，則耕在野。見呂氏春秋。

〔九〕說苑曰：「鮑焦衣木皮，食木實。」韓詩外傳曰「焦弃其蔬，而立槁死於洛濱」也。

〔一〇〕狂接輿者，楚人也。耕而食。楚王聞其賢，使使者持金百溢、車二駟聘之，曰：「願煩先生理江南。」接輿笑而不應。使者去而遠徙，莫知所之。見莊子。

〔一一〕論語曰「柳下惠爲士師，三黜。人曰：『可以去矣。』曰：『直道而事人，何往而不三黜』」也。

〔一二〕詢，辱也，音火豆反。新序曰：「伊尹蒙恥辱，負鼎俎以干湯。」論語曰：「色斯舉矣，翔而後集。」舉，協韻音據。

〔一三〕高宗夢得說，乃使百工營求諸野，得諸傅巖。孔安國曰：「傅氏之巖，在虞、虢之界，通道所經，有澗水壞道，常使胥靡刑人築護此道。說賢而隱，代胥靡築之以供食。」事見尚書。王公，總而言也。爾雅：「皇、王、后、辟、公、侯，君也。」

〔一四〕戰國策曰：「呂尚之遇文王也，身爲漁父。」史記曰：「太公以釣干周西伯。西伯將出獵，卜之，曰：『所獲非龍非螭，非熊非羆，所獲霸王之輔。』於是西伯獵，果遇太公渭水之陽，與語大說。」元，大也。

〔一五〕方言云：「纊，盛多也。」音奴董反。

〔一六〕尚書曰：「下人昏墊。」孔安國曰：「昏瞀墊溺，皆困水災也。」又曰：「帝曰：咨洪水滔天，浩浩懷山襄陵，有能俾乂。」

〔一七〕藟，藤也。音壘。詩曰：「南有樛木，葛藟纍之。」

〔一八〕孟子曰「天下溺則援之以道，嫂溺則援之以手」也。

〔一九〕草行爲跋。

〔二〇〕謨，謀也。堯遭洪水，咨嗟憂愁，訪下人有能理者，皋陶、大禹陳其謀。見尚書。史記曰，高祖爲項羽所敗，下馬踞鞍而問子房曰：「吾欲捐關以東，誰可與共功者？」子房曰：「九江王布、彭越、韓信。即欲捐之此三人，楚可破（之）〔也〕。」

〔二一〕曹參及絳侯周勃，皆從高祖征伐，以定天下也。

〔二二〕高祖擊匈奴，至白登，被圍七日，用陳平計得出。

〔二三〕珪，玉也。詩含神霧曰：「刻之玉版，藏之金匱。」

〔二四〕墨子曰：「昔夏后開（治）使飛廉析金於山，以鑄鼎於昆吾。」蔡邕銘論曰「呂尚作周太師，其功銘於昆吾之鼎」也。

〔二五〕國語曰：「晉魏顆以其身退秦師于輔氏，其勳銘於景鍾。」此兼言襄也。

〔二六〕褰裳，涉水也。新序曰：「今爲濡足之故，不救人溺，可乎？」淮南子曰「禹之趨時，冠挂而不顧，履遺而不取」也。

〔二七〕躐音呂涉反。躐，踐也。此字宜從「手」。廣雅云：「擸，持也。」言持纓整襟，修其容止。史記曰：「擸纓整襟。」華嶠書「躐」作「擸」也。

「今聖上之育斯人也，樸以皇質，雕以唐文。〔一〕六合怡怡，比屋爲仁。壹天下之衆異，齊品類之萬殊。參差同量，坏冶一陶。〔二〕羣生得理，庶績其凝。〔三〕家家有以樂

和，人人有以自優。威械臧而俎豆布，六典陳而九刑厝。〔四〕濟茲兆庶，出於平易之路。雖有力牧之略，尚父之厲，〔五〕伊、皋不論，奚事范、蔡？〔六〕夫廣廈成而茂木暢，遠求存而良馬縶，〔七〕陰事終而水宿臧，〔八〕場功畢而大火入。〔九〕方斯之際，處士山積，學者川流，衣裳被宇，冠蓋雲浮。譬猶衡陽之林，岱陰之麓，〔一〇〕伐尋抱不爲之稀，蓺拱把不爲之數。〔一一〕悠悠罔極，亦各有得。〔一二〕彼採其華，我收其實。舍之則臧，已所學也。〔一三〕故進動以道，則不辭執珪而秉柱國；〔一四〕復靜以理，則甘糟糠而安藜藿。

〔一〕孔子曰：「大哉堯之爲君也，煥乎其有文章。」故言唐文。

〔二〕坏，土器之未燒者。郭璞注爾雅曰：「坏胎，物之始也。」坏音普才反。

〔三〕凝，成也。

〔四〕械謂器械甲兵之屬也。厝謂置之不用也。周禮：「太宰之職，掌建邦之六典，以佐王理邦國：一曰理典，二曰敎典，三曰禮典，四曰政典，五曰刑典，六曰事典。」左傳曰：「周有亂政而作九刑。」杜預注云：「周之衰，爲刑書，謂之九刑。」

〔五〕力牧，黄帝臣也。史記，尚父呂望相武王以伐紂。厲謂威容嚴厲。

〔六〕伊尹、皋繇、范雎、蔡澤。

〔七〕廣廈既成，不求材，故林木條暢也。遠求謂遠方珍異之物也。存猶止息也。言所求之物既止，不資良馬之力也。

〔八〕立冬之後，盛德在水，陰氣用事，故曰陰事。水宿謂北方七宿，斗、牛、女、虛、危、室、壁也。月令曰，孟冬之月昏

危中，仲冬昏東壁中，季冬昏婁中，孟春昏參中，水星伏臧不見也。

〔九〕爾雅曰：「心爲大火。」詩豳風曰：「七月流火。」又曰「九月築場圃」也。

〔一〇〕山南曰陽，山北曰陰。穀梁傳曰：「林屬於山曰麓。」

〔一一〕八尺曰尋。蓺，殖也。兩手曰拱。數猶穊也。數音疏角反。

〔一二〕悠悠，衆多也。罔極猶無窮也。亦各有得，言皆自以爲得也。

〔一三〕彼，彼衆人也。論語曰：「用之則行，舍之則臧。」

〔一四〕呂氏春秋曰：「得伍員者位執珪。」前書音義曰：「古爵名也。」又曰：「柱國，楚官，猶秦之相國也。」

「夫君子非不欲仕也，恥夸毗以求舉；〔一〕非不欲室也，惡登牆而摟處。〔二〕叫呼衒鬻，縣旌自表，非隨和之寶也。暴智燿世，因以干祿，非仲尼之道也。〔三〕游不倫黨，苟以徇己，〔四〕汗血競時，利合而友。〔五〕子笑我之沈滯，吾亦病子屑屑而不已也。〔六〕先人有則而我弗虧，行有枉徑而我弗隨。〔七〕臧否在予，唯世所議。固將因天質之自然，誦上哲之高訓；詠太平之清風，行天下之至順。懼吾躬之穢德，勤百畝之不耘。〔八〕縶余馬以安行，俟性命之所存。〔九〕昔孔子起威於夾谷，〔一〇〕晏嬰發勇於崔杍；〔一一〕曹劌舉節於柯盟，〔一二〕卞嚴克捷於彊禦；〔一三〕范蠡錯埶於會稽，〔一四〕五員樹功於柏舉；〔一五〕魯連辯言以退燕，〔一六〕包胥單辭而存楚；〔一七〕唐且華顛以悟秦，〔一八〕甘羅童牙

而報趙；〔一九〕原衰見廉於壺飧，〔二〇〕宣孟收德於束脯；〔二一〕吳札結信於丘木，〔二二〕展季効貞於門女；〔二三〕顏回明仁於度穀，程嬰顯義於趙武。〔二四〕僕誠不能編德於數者，竊慕古人之所序。」

〔一〕夸毗謂佞人足恭，善爲進退。

〔二〕孟子曰：「踰東家牆摟其處子則得妻，不摟則不得，將摟之乎？」趙岐注云：「摟，牽也。」其字從「手」。「處子，處女也。」

〔三〕華嶠書（曰）「因」字作「回」。回，邪也。

〔四〕倫謂等倫，黨謂朋黨。徇，營也。言交非其類，苟以營己而已。

〔五〕汗血謂勞力也。競時謂趨時也。利合而友，不以道義。

〔六〕屑屑猶區區也。

〔七〕枉，曲也。徑，道也。

〔八〕尚書曰：「穢德彰聞。」禮記曰：「夫人情者，聖王之田也。修禮以耕之，陳義以種之，講學以耨之。」古者夫田百畝。耘，除草也。

〔九〕安行，不奔馳也。天命之謂性。言隱居以體命。

〔一〇〕解見陳禪傳。

〔一一〕解見馮衍傳。

〔一二〕曹劌，曹沫也。史記曰，曹沫以勇事魯莊公，爲魯將，與齊戰，三敗，莊公懼，乃獻遂邑地以和，猶以爲將。齊桓公與莊公會于柯而盟。桓公與莊公既盟於壇上，曹沫執匕首劫齊桓公，左右莫敢動，乃還魯之侵地。

〔一三〕新序曰「卞莊子養母，戰而三北，交游非之，國君辱之。及母死三年，齊與魯戰，莊子請從，遂赴敵而鬬，三獲甲首。曰：『夫三北，以養母也。今志節小具，而責塞矣。吾聞之，節士不以辱生。』遂反敵，殺十人而死。君子曰：三北已塞，滅世斷宗，於孝未終」也。

〔一四〕錯，置也，音七故反。埶謂謀略也。史記曰，吳王敗越於夫椒，越王乃以餘兵五千人保於會稽。吳師追而圍之。越王謂范蠡曰：「柰何？」范蠡對曰：「卑辭厚禮以遺之。」句踐乃命大夫種行成於吳。膝行頓首曰：「句踐請爲臣，妻爲妾。」吳王乃赦越王。越王反國，拊循其士。范蠡曰：「可矣。」乃伐吳。吳師敗，越復棲吳王姑蘇之山也。

〔一五〕伍子胥名員，楚人也。子胥父誅於楚，子胥挾弓矢而干吳王闔閭，闔閭甚勇之，爲興師伐楚，戰於柏舉，楚師敗績。事見穀梁傳。

〔一六〕史記曰，魯仲連，齊人也。燕將攻下齊聊城，固保守之，田單攻之不下。魯仲連乃爲書遺燕將。燕將見書，泣三日，乃自殺。遂平聊城。

〔一七〕左傳曰，楚昭王爲吳所敗，奔隨，申包胥如秦乞師，曰：「吳爲封豕長蛇，以荐食上國，寡君越在草莽，使下臣告急。」立依於庭牆而哭，日夜不絕聲，勺飲不入口，七日，秦師乃出，軍敗吳而復楚國。

〔一八〕唐且即唐睢也。戰國策曰：「齊、楚伐魏，魏使人請救（於秦），不至。魏人有唐睢者，年九十餘矣，西見秦王。秦王曰：『丈人忙然乃遠至（魏）此，（魏）來者數矣，寡人知魏之急矣。』唐且曰：『夫魏，萬乘之國也。稱東藩者，以秦

之強也。今齊、楚之兵已在魏郊矣，大王之救不至，魏急，且割地而約從。是王亡一萬乘之魏，而強二敵之齊、楚。』秦王悟，遽發兵救魏。」爾雅曰：「顛，頂也。」華顛謂白首也。

〔一九〕甘羅，下蔡人，甘茂孫也。年十二，事秦相呂不韋。秦使張唐往相燕。羅曰：「借臣車五乘，請爲張唐先報趙。」不韋乃言之於始皇，召見，使甘羅於趙，趙襄王郊迎。事見史記。童牙謂幼小也。

〔二〇〕昔趙衰爲原大夫，故曰原衰。左傳曰，晉侯問原守於寺人勃鞮，對曰：「昔趙衰以壺飧從徑，餒而不食，故使處原。」見音胡殿反。

〔二一〕呂覽曰，昔趙宣孟將之絳，見桑下有餓人，宣孟止車下食而餔之，再咽而能視。宣孟問之曰：「汝何爲而餓若是？」對曰：「臣宦於絳，歸而糧絕，羞行乞，故至於此。」宣子與脯三朐，拜受而弗敢食。問其故。曰：「臣有老母，將以遺之。」宣孟曰：「食之，吾更與汝。」乃復與脯二束。

〔二二〕史記曰：「吳公子季札使過徐，徐君好季札劍，口不敢言。季札知之，爲使上國，未獻。洎還至徐，徐君已死，於是乃解其寶劍，繫之徐君冢樹而去。」

〔二三〕展季，柳下惠也。韓詩外傳曰：「魯有男子獨處，夜暴風雨至，婦人趨而託之。男子閉戶不納，曰：『吾聞男子不六十不閒居。』婦人曰：『子何不學柳下惠然？嫗不逮門之女，國人不稱其亂焉。』」

〔二四〕程嬰解見馮衍傳。度穀，未詳。

元和中，肅宗始修古禮，巡狩方岳。駰上四巡頌以稱漢德，辭甚典美，文多故不載。〔一〕帝雅好文章，自見駰頌後，（帝）〔常〕嗟歎之，謂侍中竇憲曰：「卿寧知崔駰乎？」對曰：「班固

數爲臣說之，然未見也。」帝曰：「公愛班固而忽崔駰，此葉公之好龍也。試請見之。」〔一〕駰由此候憲。憲屣履迎門，〔二〕笑謂駰曰：「亭伯，吾受詔交公，公何得薄哉？」遂揖入爲上客。居無幾何，帝幸憲第，時駰適在憲所，帝聞而欲召見之。憲諫，以爲不宜與白衣會。帝悟曰：「吾能令駰朝夕在傍，何必於此！」適欲官之，會帝崩。

〔一〕案：駰集有東、西、南、北四巡頌，流俗本「四」多作「西」者，誤。

〔二〕劉向新序曰：「子張見魯哀公，七日，哀公不禮焉而去，曰：『君之好士，有似葉公子高好龍。天龍聞而降之，窺頭於牖，拖尾於堂，葉公見之，失其魂魄，五色無主。是葉公非好龍也，好夫似龍而非龍者。』」

〔三〕屣履謂納履曳之而行，言忽遽也。屣音山爾反。

竇太后臨朝，憲以重戚出內詔命。駰獻書誡之曰：

駰聞交淺而言深者，愚也；在賤而望貴者，惑也；未信而納忠者，謗也。三者皆所不宜，而或蹈之者，思効其區區，憤盈而不能已也。竊見足下體淳淑之姿，躬高明之量，意美志厲，有上賢之風。駰幸得充下館，序後陳，〔一〕是以竭其拳拳，敢進一言。

〔一〕陳，列也。

傳曰：「生而富者驕，生而貴者傲。」生富貴而能不驕傲者，未之有也。今寵祿初隆，百僚觀行，當堯舜之盛世，處光華之顯時，〔一〕豈可不庶幾夙夜，以永衆譽，弘申伯

之美，致周邵之事乎？〔二〕語曰：「不患無位，患所以立。」〔三〕昔馮野王以外戚居位，稱爲賢臣；〔四〕近陰衞尉克己復禮，終受多福。〔五〕郯氏之宗，非不尊也；〔六〕陽（侯）〔平〕之族，非不盛也。重侯累將，建天樞，執斗柄。〔七〕其所以獲譏於時，垂愆於後者，何也？蓋在滿而不挹，位有餘而仁不足也。漢興以後，迄于哀、平，外家二十，保族全身，四人而已。〔八〕書曰：「鑒于有殷。」可不慎哉！

〔一〕尚書大傳曰：「舜時百工相和爲卿雲之歌曰：『卿雲爛兮，（禮）〔糺〕漫漫兮，日月光華，且復且兮。』」

〔二〕申伯，周宣王之元舅。周公、邵公皆輔佐周室也。

〔三〕論語（曰）孔子之言也。言但患立身不處於仁義也。

〔四〕前書曰，馮野王字君卿，妹爲元帝昭儀，野王爲左馮翊。御史大夫缺，上使尚書選第中二千石，而野王行能第一。

〔五〕陰衞尉，光烈皇后同母弟興也。以謹勑親幸焉。

〔六〕史丹封郯，故云郯氏。前書史丹字君仲，魯國人也。祖父恭有女弟，武帝時爲衞太子良娣。成帝即位，擢丹爲長樂尉，遷右將軍，封爲武陽侯，封東海郯之武彊聚，以舊恩見褒賞，賜累千金。

〔七〕王氏九侯五大司馬。春秋運斗樞曰：「北斗七星，第一名天樞，第二至第四爲魁，第五至第七爲杓。」杓即柄。前書「斗運中央，制臨四海」。

〔八〕外家，當爲后家也。二十者，謂高帝呂后產、祿謀反誅，惠帝張皇后廢，文帝母薄太后弟昭被殺，孝文帝竇皇后從昆弟子嬰誅，景帝薄皇后、武帝陳皇后並廢，衞皇后自殺，昭帝上官皇后家族誅，宣帝祖母史良娣爲巫蠱死，宣帝母王夫人弟子商下獄死，霍皇后家破，元帝王皇后弟（王）〔子〕莽簒位，成帝許皇后賜死，趙皇后廢自殺，哀帝祖母傅太后家屬徙合浦，平帝母衞姬家屬誅，昭帝趙太后憂死是也。四人者，哀帝母丁姬，景帝王皇后，宣帝許皇后、王皇后，其家族並全。

竇氏之興，肇自孝文。〔一〕二君以淳淑守道，成名先日；〔二〕安豐以佐命著德，顯自中興。〔三〕內以忠誠自固，外以法度自守，卒享祚國，垂祉於今。夫謙德之光，周易所美；滿溢之位，道家所戒。〔四〕故君子福大而愈懼，爵隆而益恭。遠察近覽，俯仰有則，銘諸几杖，刻諸盤杅。〔五〕矜矜業業，無殆無荒。如此，則百福是荷，慶流無窮矣。

〔一〕前書曰，竇嬰字王孫，孝文皇后從兄子也。孝文時爲吳相，孝景時爲詹事也。

〔二〕竇太后之弟長君、少君，退讓君子，不敢以富貴驕人，故云淳淑守道也。

〔三〕竇融封爲安豐侯。

〔四〕易曰：「謙尊而光，卑而不可踰。」老子曰：「富貴而驕，自遺其咎。功成名遂而身退，天之道也。」

〔五〕太公金匱曰：「武王曰：『吾欲造起居之誡，隨之以身。』几之書曰：『安無忘危，存無忘亡，孰惟二者，必後無凶。』杖之書曰：『輔人無苟，扶人無（容）〔咎〕。』」墨子曰：「堯、舜、禹、湯書其事於竹帛，琢之盤盂。」杅亦盂也。

及憲爲車騎將軍，辟駰爲掾。憲府貴重，掾屬三十人，皆故刺史、二千石，唯駰以處士年少，擢在其閒。憲擅權驕恣，駰數諫之。及出擊匈奴，道路愈多不法，駰爲主簿，前後奏記

數十，指切長短。憲不能容，稍疏之，因察駰高第，出爲長岑長。〔一〕駰自以遠去，不得意，遂不之官而歸。永元四年，卒于家。所著詩、賦、銘、頌、書、記、表、七依、婚禮結言、達旨、酒警合二十一篇。中子瑗。

〔一〕長岑，縣，屬樂浪郡，其地在遼東。

瑗字子玉，早孤，銳志好學，盡能傳其父業。年十八，至京師，從侍中賈逵質正大義，逵善待之，瑗因留游學，遂明天官、歷數、京房易傳、六日七分。〔一〕諸儒宗之。與扶風馬融、南陽張衡特相友好。初，瑗兄章爲州人所殺，瑗手刃報仇，因亡命。會赦，歸家。家貧，兄弟同居數十年，鄉邑化之。

〔一〕解見郎顗傳。

年四十餘，始爲郡吏。以事繫東郡發干獄。〔一〕獄掾善爲禮，瑗閒考訊時，輒問以禮說。其專心好學，雖顛沛必於是。後事釋歸家，爲度遼將軍鄧遵所辟。居無何，遵被誅，瑗免歸。

〔一〕發干縣之獄也。

後復辟車騎將軍閻顯府。時閻太后稱制，顯入參政事。先是安帝廢太子爲濟陰王，而

以北鄉侯爲嗣。瑗以侯立不以正，知顯將敗，欲說令廢立，而顯日沈醉，不能得見。乃謂長史陳禪曰：「中常侍江京、陳達等，得以嬖寵惑蠱先帝，遂使廢黜正統，扶立疎孽。少帝即位，發病廟中，周勃之徵，於斯復見。〔一〕今欲與長史君共求見，說將軍白太后，收京等，廢少帝，引立濟陰王，必上當天心，下合人望。伊、霍之功，不下席而立，則將軍兄弟傳祚於無窮。若拒違天意，久曠神器，則將以無罪幷辜元惡。〔二〕此所謂禍福之會，分功之時。」〔三〕禪猶豫未敢從。會北鄉侯薨，孫程立濟陰王，是爲順帝。閻顯兄弟悉伏誅，瑗坐被斥。門生蘇祇具知瑗謀，欲上書言狀，瑗聞而遽止之。時陳禪爲司隸校尉，召瑗謂曰：「第聽祇上書，禪請爲之證。」〔四〕瑗曰：「此譬猶兒妾屏語耳，願使君勿復出口。」遂辭歸，不復應州郡命。

〔一〕呂后立惠帝後宮子爲少帝，周勃廢之也。
〔二〕元，大也。書曰：「元惡大憝。」
〔三〕史記蔡澤說范睢曰：「君獨不觀夫博者乎？或欲大投，或欲分功。今君相秦，坐制諸侯，使天下皆畏秦，此亦秦分功之時也。」
〔四〕第，但也。司馬相如〔傳〕曰：「第如臨邛。」

久之，大將軍梁商初開莫府，復首辟瑗。自以再爲貴戚吏，不遇被斥，遂以疾固辭。歲中舉茂才，遷汲令。〔一〕在事數言便宜，爲人開稻田數百頃。視事七年，百姓歌之。

〔一〕汲，縣名，屬河內。

漢安初，大司農胡廣、少府竇章共薦瑗宿德大儒，從政有迹，不宜久在下位，由此遷濟北相。時李固爲太山太守，美瑗文雅，奉書禮致殷勤。歲餘，光祿大夫杜喬爲八使，徇行郡國，〔一〕以臧罪奏瑗，徵詣廷尉。瑗上書自訟，得理出。會病卒，年六十六。臨終，顧命子寔曰：「夫人稟天地之氣以生，及其終也，歸精於天，還骨於地。何地不可臧形骸，勿歸鄉里。其賵贈之物，羊豕之奠，一不得受。」寔奉遺命，遂留葬洛陽。

〔一〕八使見周舉傳。

瑗高於文辭，尤善爲書、記、箴、銘，所著賦、碑、銘、箴、頌、七蘇、〔一〕南陽文學官志、歎辭、移社文、悔祈、草書埶、七言，凡五十七篇。其南陽文學官志稱於後世，諸能爲文者皆自以弗及。瑗愛士，好賓客，盛脩肴膳，單極滋味，不問餘產。居常蔬食菜羹而已。家無擔石儲，當世清之。〔二〕

〔一〕瑗集載其文，即枚乘七發之流。
〔二〕華嶠書曰「瑗愛士，好賓客，盛脩肴膳。或言其太奢。瑗聞之怒，勑妻子曰：『吾并日而食，以供賓客，而反以獲譏，士大夫不足養如此。後勿過菜具，無爲諸子所蚩也。』終不能改，奉祿盡於賓饗」也。

寔字子眞，一名台，字元始。少沈靜，好典籍。父卒，隱居墓側。服竟，三公並辟，皆不就。

桓帝初，詔公卿郡國舉至孝獨行之士。寔以郡舉，徵詣公車，病不對策，除爲郎。明於政體，吏才有餘，論當世便事數十條，名曰政論。指切時要，言辯而确，〔一〕當世稱之。仲長統曰：「凡爲人主，宜寫一通，置之坐側。」其辭曰：

〔一〕确，堅正也，音口角反。

自堯舜之帝，湯武之王，皆賴明哲之佐，博物之臣。故皐陶陳謨而唐虞以興，伊、箕作訓而殷周用隆。〔一〕及繼體之君，欲立中興之功者，曷嘗不賴賢哲之謀乎！凡天下所以不理者，常由人主承平日久，俗漸敝而不悟，政寖衰而不改，習亂安危，怢不自覩。〔二〕或荒耽嗜欲，不恤萬機；或耳蔽箴誨，厭僞忽眞；〔三〕或猶豫歧路，莫適所從；或見信之佐，括囊守祿；〔四〕或疎遠之臣，言以賤廢。是以王綱縱弛於上，智士鬱伊於下。〔五〕悲夫！

〔一〕伊尹作伊訓，箕子作洪範。
〔二〕怢音他沒反。怢，忽忘也。

〔三〕厭飫姦僞，輕忽至眞。
〔四〕易曰：「括囊無咎無譽。」括，結也。結囊不言，持祿而已。
〔五〕鬱伊，不申之貌。楚詞曰「獨鬱伊而誰語」也。

自漢興以來，三百五十餘歲矣。政令垢翫，上下怠懈，〔一〕風俗彫敝，人庶巧僞，百姓囂然，咸復思中興之救矣。且濟時拯世之術，豈必體堯蹈舜然後乃理哉？期於補綻決壞，枝柱邪傾，〔二〕隨形裁割，要措斯世於安寧之域而已。故聖人執權，遭時定制，〔三〕步驟之差，各有云設。不彊人以不能，背急切而慕所聞也。〔四〕蓋孔子對葉公以來遠，哀公以臨人，景公以節禮，非其不同，所急異務也。〔五〕是以受命之君，每輒創制；中興之主，亦匡時失。昔盤庚愍殷，遷都易民；〔六〕周穆有闕，甫侯正刑。〔七〕俗人拘文牽古，不達權制，奇偉所聞，簡忽所見，烏可與論國家之大事哉！故言事者，雖合聖德，輒見掎奪。〔八〕何者？其頑士闇於時權，安習所見，不知樂成，況可慮始，〔九〕苟云率由舊章而已。其達者或矜名妒能，恥策非己，舞筆奮辭，以破其義，寡不勝衆，遂見擯弃。雖稷、契復存，猶將困焉。斯賈生之所以排於絳、灌，屈子之所以攄其幽憤者也。〔一〇〕夫以文帝之明，賈生之賢，絳、灌之忠，而有此患，況其餘哉！

〔一〕垢，惡也。

〔二〕綻音直莧反，禮記曰：「衣裳綻裂紉箴請補綴。」柱音陟主反。
〔三〕權謂變也。遭遇其時而定法制，不循於舊也。
〔四〕背當時之急切，而慕所聞之事，則非濟時之要。
〔五〕韓子曰，葉公問政於仲尼。仲尼曰：「政在悅近而來遠。」魯哀公問政於仲尼。仲尼曰：「政在選賢。」齊景公問政於仲尼。仲尼曰：「政在節財。」此云「臨人」「節禮」，文不同也。
〔六〕盤庚，殷王也。自耿遷於亳邑，作書三篇以告之。
〔七〕甫侯即呂侯也。爲周穆王訓暢夏禹用刑之法。並見尚書。
〔八〕掎音居蟻反。賈逵注國語曰：「從後牽曰掎。」
〔九〕前書劉歆曰：「夫可與樂成，難與慮始，此乃衆庶所爲耳。」
〔一〇〕孝文帝時，賈誼請更定律，令列侯就國，周勃、灌嬰等毀之。屈原爲楚三閭大夫，上官靳尚妒害其能，憂愁憤懣，遂作離騷經。

(故宜)量力度德，春秋之義。〔一〕今既不能純法八(世)〔代〕，故宜參以霸政，〔二〕則宜重賞深罰以御之，明著法術以檢之。自非上德，嚴之則理，寬之則亂。何以明其然也？近孝宣皇帝明於君人之道，審於爲政之理，故嚴刑峻法，破姦軌之膽，海內清肅，天下密如。〔三〕薦勳祖廟，享號中宗。筭計見效，優於孝文。及元帝即位，多行寬政，卒以墮損，〔四〕威權始奪，遂爲漢室基禍之主。政道得失，於斯可監。昔孔子作春秋，

褒齊桓，懿晉文，歎管仲之功。夫豈不美文、武之道哉？誠達權救敝之理也。〔五〕故聖人能與世推移，而俗士苦不知變，〔六〕以爲結繩之約，可復理亂秦之緒，干戚之舞，足以解平城之圍。〔七〕

〔一〕左氏傳曰，息侯伐鄭，「不度德，不量力」。
〔二〕八(世)〔代〕謂三皇、五帝也。霸政謂齊桓、晉文也。
〔三〕密，靜也。
〔四〕墮讀曰隳。
〔五〕左傳，齊桓公伐楚，責以包茅不貢，王祭不供；晉文公召王盟諸侯於踐土；管仲相公子糾而射桓公：此並權變之道也。
〔六〕楚詞漁父曰「聖人不凝滯於物，而與時推移」也。
〔七〕易曰：「上古結繩而化，後世聖人易之以書契。」干，盾也。戚，鉞也。尚書曰，「苗人逆命，禹乃舞干羽於兩階，七旬有苗格。」前書，高祖被匈奴圍於平城，用陳平計得解。言干戚之舞，非平城之所用也。

夫熊經鳥伸，雖延歷之術，非傷寒之理；呼吸吐納，雖度紀之道，非續骨之膏。〔一〕蓋爲國之法，有似理身，平則致養，疾則攻焉。夫刑罰者，治亂之藥石也；德教者，興平之粱肉也。夫以德教除殘，是以粱肉理疾也；以刑罰理平，是以藥石供養也。方今承百王之敝，值厄運之會。自數世以來，政多恩貸，馭委其轡，馬駘其銜，四牡橫奔，皇路險傾。〔二〕方將柑勒鞬輈以救之，豈暇鳴和鑾，清節奏哉？〔三〕昔高祖令蕭何作九章之律，有夷三族之令，黥、劓、斬趾、斷舌、梟首，故謂之具五刑。文帝雖除肉刑，當劓者笞三百，當斬左趾者笞五百，當斬右趾者弃市。右趾者既殞其命，笞撻者往往至死，雖有輕刑之名，其實殺也。當此之時，民皆思復肉刑。至景帝元年，乃下詔曰：「〔加〕笞與重罪無異，幸而不死，不可爲(民)〔人〕。」乃定律，減笞輕捶。自是之後，笞者得全。〔四〕以此言之，文帝乃重刑，非輕之也；以嚴致平，非以寬致平也。必欲行若言，當大定其本，使人主師五帝而式三王。〔五〕盪亡秦之俗，遵先聖之風，弃苟全之政，蹈稽古之蹤，復五等之爵，立井田之制。〔六〕然後選稷契爲佐，伊呂爲輔，樂作而鳳皇儀，擊石而百獸舞。〔七〕若不然，則多爲累而已。

〔一〕莊子曰：「吹呴呼吸，吐故納新，熊經鳥伸，此導引之士，養形之人也。」黃帝素問曰：「人傷於寒而轉爲熱，何也？夫寒盛則生於熱也。」度紀猶延年也。言鳥伸不可療傷寒，吸氣不能續斷骨也。
〔二〕家語曰：「古者天子以德法爲銜勒，以百官爲轡策。善御馬者，正銜勒，齊轡策，鈞馬力，和馬心，故口無聲而極千里。善御人者，一其德法，正其百官，均齊人物，和安人心，故刑不用而天下化。」說文曰：「駘，馬銜脫也。」音達來反。皇路，天路也。
〔三〕何休注公羊傳曰：「柑，以木銜其口也。」柑音巨炎反。勒，馬轡。輈，車轅。鞬猶束也。說苑曰：「鑾設於鑣，和

設於軾，馬動〔則〕鑾鳴，鑾鳴則〔和〕應，行〔之〕節也。」
〔四〕此以上並見前書刑法志。
〔五〕式，法也。
〔六〕畝百爲夫，九夫爲井。
〔七〕尚書曰：「簫韶九成，鳳皇來儀。」又「夔曰：『於予擊石拊石，百獸率舞。』」

其後辟太尉袁湯、大將軍梁冀府，並不應。大司農羊傅、少府何豹上書薦寔才美能高，宜在朝廷。召拜議郎，遷大將軍冀司馬，與邊韶、延篤等著作東觀。

出爲五原太守。五原土宜麻枲，而俗不知織績，民冬月無衣，積細草而臥其中，見吏則衣草而出。寔至官，斥賣儲峙，爲作紡績、織紝、練縕之具以教之，民得以免寒苦。〔一〕是時胡虜連入雲中、朔方，殺略吏民，一歲至九奔命。寔整厲士馬，嚴烽候，虜不敢犯，常爲邊最。〔二〕

〔一〕杜預注左傳曰：「織紝，織布者。」孔安國論語注曰：「縕，枲也。」
〔二〕最爲第一。

以病徵，拜議郎，復與諸儒博士共雜定五經。會梁冀誅，寔以故吏免官，禁錮數年。

時鮮卑數犯邊，詔三公舉威武謀略之士，司空黃瓊薦寔，拜遼東太守。行道，母劉氏病

卒，上疏求歸葬行喪。母有母儀淑德，博覽書傳。初，寔在五原，常訓以臨民之政，寔之善績，母有其助焉。服竟，召拜尚書。寔以世方阻亂，稱疾不視事，數月免歸。

初，寔父卒，剽賣田宅，起冢塋，立碑頌。〔一〕葬訖，資產竭盡，因窮困，以酤釀販鬻爲業。時人多以〔此〕譏之，寔終不改。亦取足而已，不致盈餘。及仕宦，歷位邊郡，而愈貧薄。建寧中病卒。家徒四壁立，無以殯斂，光祿勳楊賜、太僕袁逢、少府段熲爲備棺槨葬具，大鴻臚袁隗樹碑頌德。所著碑、論、箴、銘、荅、七言、祠、文、表、記、書凡十五篇。

〔一〕廣雅曰：「剽，削也，音匹妙反。」一作「標」。

寔從兄烈，有重名於北州，歷位郡守、九卿。靈帝時，開鴻都門榜賣官爵，公卿州郡下至黃綬各有差。其富者則先入錢，貧者到官而後倍輸，或因常侍、阿保別自通達。〔一〕是時段熲、樊陵、張溫等雖有功勤名譽，然皆先輸貨財而後登公位。烈時因傅母入錢五百萬，得爲司徒。及拜日，天子臨軒，百僚畢會。帝顧謂親倖者曰：「悔不小靳，可至千萬。」〔二〕程夫人於傍應曰：「崔公冀州名士，豈肯買官？賴我得是，反不知姝邪！」〔三〕烈於是聲譽衰減。久之不自安，從容問其子鈞曰：「吾居三公，於議者何如？」鈞曰：「大人少有英稱，歷位卿守，論者不謂不當爲三公；而今登其位，天下失望。」烈曰：「何爲然也？」鈞曰：「論者嫌其銅臭。」烈怒，舉杖擊之。鈞時爲虎賁中郎將，服武弁，戴鶡尾，狼狽而走。烈罵曰：「死卒，

父檛而走，孝乎？」〔四〕鈞曰：「舜之事父，小杖則受，大杖則走，非不孝也。」〔五〕烈慚而止。烈後拜太尉。

〔一〕阿保謂傅母也。

〔二〕靳，固惜之也。靳或作「僆」。說文曰：「僆，引爲價也。」音一建反。

〔三〕姝，美也。言反不知斯事之美也。姝或作「株」。株，根本也。

〔四〕以其武官，故罵爲卒。或作「孔卒」者，誤也。

〔五〕家語曰：「曾子耘瓜，誤傷其根。曾皙怒，建大杖以擊其背。曾子仆地不知人，有頃乃蘇。孔子聞之怒，謂門弟子曰：『參來勿內也。昔瞽叟有子曰舜，瞽叟欲使之，未嘗不往，則欲殺之，未嘗可得。小箠則待，大杖則逃，不陷父於不義也。』」

鈞少交結英豪，有名稱，爲西河太守。獻帝初，鈞與袁紹俱起兵山東，董卓以是收烈付郿獄，錮之，鋃鐺鐵鎖。〔一〕卓既誅，拜烈城門校尉。及李傕入長安，爲亂兵所殺。

〔一〕說文曰：「鋃鐺，鎖也。」前書曰：「人犯鑄錢，以鐵鎖鋃鐺其頸。」鋃音郎，鐺音當。

烈有文才，所著詩、書、教、頌等凡四篇。

論曰：崔氏世有美才，兼以沈淪典籍，遂爲儒家文林。駰、瑗雖先盡心於貴戚，而能終

之以居正，則其歸旨異夫進趣者乎！李固，高絜之士也，與瑗鄰郡，奉贄以結好。〔一〕由此知杜喬之勠，殆其過矣。寔之政論，言當世理亂，雖鼂錯之徒不能過也。

〔一〕儀禮曰：「士相見之禮，贄冬用雉，夏用腒，奉之曰：『某也欲見無由達。』」腒，乾〔腸〕〔胸〕，音渠。

贊曰：崔爲文宗，世禪雕龍。〔一〕建新恥潔，摧志求容。永矣長岑，于遼之陰。不有直道，曷取泥沈。瑗不言祿，亦離冤辱。子眞持論，感起昏俗。

〔一〕史記曰：「談天衍，雕龍奭。」劉向別錄曰：「言鄒奭修飾之文若雕龍文也。」禪謂相傳授也。

校勘記

一七〇三頁三行　諫刺史無與燕剌王通　按：「刺史」之「刺」從朿，「剌王」之「剌」從束，二字音義並異，各本往往譌混。

一七〇三頁六行　太保甄豐　按：集解引黃山說，謂前書王莽傳甄邯爲太保，豐爲太阿，未爲太保也，「保」「豐」二字當有一誤。

一七〇三頁八行　昔(在)〔者〕魯君問柳下惠曰　據汲本改，與前書董仲舒傳合。

一七〇四頁五行　掾吏叩頭諫曰　按：刊誤謂「吏」當作「史」。總言之，掾、史皆吏也，獨言之當云史耳。

一七〇四頁一三行　郡國常以春行(至)〔主〕縣　陳景雲謂「至」當從續志本文作「主」。主縣者，所主之縣也。按：百官志云「常以春行所主縣」，陳說是，今據改。

一七〇六頁九行　闔衡門以埽軌　按：「埽」原譌「歸」，逕據汲本、殿本改正。

一七〇七頁五行　偷苟且也　按：汲本、殿本「偷」作「媮」，與正文合，然偷媮同字，似不必改歸一律，今仍之。

一七〇七頁八行　不爲利(謟)〔諂〕　據集解本改。

一七〇八頁一〇行　暮春〔者〕春服既成　據汲本、殿本補，與論語合。

一七〇八頁一三行　啓余足　按：汲本、殿本「余」作「予」，與論語合。

一七〇八頁一三行　父母全己生之　按：汲本、殿本「己」作「而」。

一七一〇頁九行　所以尚騏驎者　汲本、殿本「驎」作「驥」。按：騏驥、騏驎皆謂良馬也。

一七一一頁四行　紛纕塞路　「纕」汲本、殿本作「繷」。集解引惠棟說，謂「繷」依方言作「𤢊」，云「南楚凡大而多謂之𤢊，或謂之纕」。郭璞曰「𤢊音奴動反」。按：據惠說，則字當作「𤢊」。

一七一一頁八行　與其有事　按：刊誤謂案文「與」合作「當」，上又合有「故」字，楊雄、蔡邕同用此律也。

一七一三頁五行　楚可破(之)〔也〕　據刊誤改。

一七一三頁一〇行　昔夏后開(治)使飛廉析金於山　沈欽韓謂「治」字衍文，見墨子耕柱篇。今據刪。按：墨子「析」作「折」，王念孫謂作「折」是。

一七一五頁一四行　五員樹功於柏舉　汲本、殿本「五」作「伍」。按：五伍通。

一七一六頁一行 原衰見廉於壺飧 按：「衰」原譌「襄」，逕改正。
一七一六頁七行 華嶠書(曰)因字作回 按：「曰」字當衍，今删。
一七一六頁九行 利合而友 按：「利」原譌「時」，逕改正。
一七一七頁一四行 奔隨 按：「隨」原譌「遺」，殿本譌「隋」，逕據汲本改正。
一七一七頁一五行 單敗臭而復楚國 按：「單」字疑衍。
一七一七頁一六行 唐且卽唐睢也 按：「睢」字各本並譌「雎」，逕改正。
一七一七頁一六行 魏使人請救〔於秦〕 據汲本、殿本補。
一七一七頁一七行 丈人忙然乃遠至(魏)此〔魏〕來者數矣 據汲本改。按：今本戰國策作「丈人芒然乃遠至此，甚苦矣，魏來求救數矣」。
一七一八頁一五行 昔趙衰爲原大夫 按：陳景雲謂「昔」當作「晉」。
一七一八頁一六行 (帝)〔常〕嗟歎之 據汲本改。
一七二〇頁二行 陽(侯)〔平〕之族 刊誤謂案文「侯」當作「平」，王鳳封陽平侯，前書亦謂陽平之王也。今據改。按：集解引黄山說，謂鳳乃嗣侯，始封陽平者，鳳父頃侯禁也。
一七二〇頁六行 (禮)〔糺〕漫漫兮 據殿本改。按：疑「糺」先譌作「礼」，轉寫又譌作「禮」。
一七二〇頁八行 論語(曰)孔子之言也 據校補删。

一七二二頁一行 元帝王皇后弟(王)〔子〕莽篡位 校補謂「王」乃「子」之譌，莽乃后弟曼子也，各本皆未正。今據改。
一七二二頁七行 矜矜業業 按：汲本「矜矜」作「兢兢」。
一七二二頁一三行 扶人無(容)〔咎〕 據殿本改。按：集解引錢大昭說，謂「容」當作「咎」。
一七二三頁七行 第聽祇上書 「第」原作「弟」，殿本同，此據汲本改，注同。按：第弟通。
一七二三頁一四行 司馬相如(傳)曰 據集解引黄山說改。按：此非司馬相如語，乃文君謂相如云云也。
一七二四頁二行 單極滋味 按：御覽九七六引「單」作「殫」。
一七二六頁一〇行 雖合聖德 按：張森楷校勘記謂治要「德」作「聽」，疑「聽」字是。
一七二七頁二行 (故宜)量力度德 刊誤謂案文多「故宜」二字，下文自有用「故宜」字處。今據删。
一七二七頁三行 純法八(世)〔代〕 刊誤謂「世」當作「代」。集解引惠棟說，謂文選注引作「八代」。按：此轉改之失，今據改。注同。
一七二八頁八行 管仲相公子糾而射桓公 按：集解引黄山說，謂原注「射桓公」下當有「卒乃相桓公」句。
一七二八頁一四行 平則致養 按：殿本無「致」字。
一七二九頁一行 豈暇鳴和鑾淸節奏哉 按：「淸」原譌「請」，逕據汲本、殿本改正。

一七二九頁四行 〔加〕笞與重罪無異 據汲本、殿本補，與前志合。
一七二九頁五行 不可爲(民)〔人〕 按：校補謂案前志本作「不可爲人」，此轉改之失。今據改。
一七二九頁一四行 皇路天路也 按：汲本「天」作「大」。
一七三〇頁一行 馬動〔則〕鑾鳴鑾鳴則〔和〕應 據汲本、殿本補。
一七三〇頁一行 行〔之〕節也 據今本說苑補「之」字。按：汲本、殿本「節也」上無「行」字。
一七三一頁四行 時人多以〔此〕譏之 據汲本、殿本補。
一七三二頁四行 及仕官 汲本、殿本「官」作「宦」，勘誤謂案文「宦」當作「官」。按：集解引王會汾說，謂古書中言「仕宦」者甚多，「仕官」不成文理，此傳寫互誤，傳及注「宦」字當本作「官」，劉注當本作「官當作宦」。
一七三二頁七行 一作標 按：「標」原譌「摽」，逕改正。
一七三三頁一行 父檛而走 按：汲本「檛」作「撾」。
一七三三頁三行 腒乾(腒)〔朐〕 按：張元濟後漢書校勘記謂汪文盛刊本、元大德本並作「乾朐」。今據改。又按：殿本作「乾雉」，與儀禮士相見禮「夏用腒」釋文合。

後漢書卷五十三

周黃徐姜申屠列傳第四十三

易曰：「君子之道，或出或處，或默或語。」〔一〕孔子稱「蘧伯玉邦有道則仕，邦無道則可卷而懷也」。〔二〕然用舍之端，君子之所以存其誠也。〔三〕故其行也，則濡足蒙垢，出身以効時；〔四〕及其止也，則窮棲茹菽，臧寶以迷國。〔五〕

〔一〕上繫之詞也。言賢哲所行，其趣異也。

〔二〕論語蘧伯玉名瑗，衞大夫也。卷而懷謂不預時政，不忤於人者也。

〔三〕誠，實也。孔子曰：「用之則行，舍之則臧。」易曰：「閑邪存其誠。」

〔四〕新序曰：「申徒狄非時，將自投河，崔嘉聞而止之曰：『吾聞聖人從事於天地之閒，人之父母也。今爲濡足之故，不救溺人乎？』」

〔五〕爾雅曰：「啜，茹也。」孫卿子曰：「君子啜菽飲水，非愚也，是節然也。」論語曰，陽貨謂孔子曰：「懷其寶而迷其邦，可謂仁乎？」

太原閔仲叔者，〔一〕世稱節士，雖周黨之絜清，自以弗及也。黨見其含菽飲水，遺以生蒜，受而不食。〔二〕建武中，應司徒侯霸之辟。既至，霸不及政事，徒勞苦而已。〔三〕仲叔恨曰：「始蒙嘉命，且喜且懼；今見明公，喜懼皆去。以仲叔爲不足問邪，不當辟也。辟而不問，是失人也。」遂辭出，投劾而去。〔四〕復以博士徵，不至。客居安邑。老病家貧，不能得肉，日買猪肝一片，屠者或不肯與，安邑令聞，勑吏常給焉。仲叔怪而問之，知，乃歎曰：「閔仲叔豈以口腹累安邑邪？」遂去，客沛。以壽終。

〔一〕謝沈書曰：「閔貢字仲叔。」

〔二〕黨與仲叔同郡，亦貞介士也。見逸人傳。皇甫謐高士傳曰：「黨見仲叔食無菜，遺之生蒜。仲叔曰：『我欲省煩耳，今更作煩邪？』受而不食。」

〔三〕勞其勤苦也。勞音力到反。

〔四〕案罪曰劾，自投其劾狀而去也。投猶下也。今有投辭、投牒之言也。

仲叔同郡荀恁，字君大，〔一〕少亦脩清節。資財千萬，父越卒，悉散與九族。隱居山澤，以求厥志。王莽末，匈奴寇其本縣廣武，〔二〕聞恁名節，相約不入荀氏閭。光武徵，以病不至。永平初，東平王蒼爲驃騎將軍，開東閤延賢俊，辟而應焉。及後朝會，顯宗戲之曰：「先帝徵君不至，驃騎辟君而來，何也？」對曰：「先帝秉德以惠下，故臣可得不來。驃騎執法以檢下，〔三〕故臣不敢不至。」後月餘，罷歸，卒於家。

〔一〕恁音而甚反。

〔二〕廣武，縣，屬太原郡，故城在今代州鴈門縣也。

〔三〕檢猶察也。

桓帝時，安陽人魏桓，字仲英，亦數被徵。其鄉人勸之行。桓曰：「夫干祿求進，所以行其志也。今後宮千數，其可損乎？廏馬萬匹，其可減乎？左右悉權豪，其可去乎？」皆對曰：「不可。」桓乃慨然歎曰：「使桓生行死歸，於諸子何有哉！」〔一〕遂隱身不出。

〔一〕若忤時強諫，死而後歸，於諸勸行者復何益也。

若二三子，可謂識去就之槩，候時而處。〔一〕夫然，豈其枯槁苟而已哉？蓋詭時審己，以成其道焉。〔二〕余故列其風流，區而載之。〔三〕

〔一〕槩，節也。候時以居，不失去就也。

〔二〕詭，違也。（亦）〔迹〕若違時，志存量己也。

〔三〕言其清潔之風，各有條流，故區別而紀之。

周燮字彥祖，汝南安城人，（法）〔決〕曹掾燕之後也。〔一〕燮生而欽頤折頞，醜狀駭人。〔二〕

其母欲弃之，其父不聽，曰：「吾聞賢聖多有異貌。〔三〕興我宗者，乃此兒也。」於是養之。

〔一〕燕具獨行籍周嘉傳。

〔二〕頤，頷也。欽頤，曲頷也。說文曰：「頞，鼻莖也。」折亦曲也。欽音丘凡反。欽或作「顩」，音同。

〔三〕伏羲牛首，女媧蛇軀，皋繇鳥喙，孔子牛脣，是聖賢異貌也。又蔡澤亦顩頤蹙頞。

始在髫鬌，而知廉讓；〔一〕十歲就學，能通詩、論；及長，專精禮、易。不讀非聖之書，不脩賀問之好。有先人草廬結于岡畔，〔二〕下有陂田，常肆勤以自給。〔三〕非身所耕漁，則不食也。鄉黨宗族希得見者。〔四〕

〔一〕髫，髮也。礼記曰：「子生三月之末，擇日翦髮爲（髻）〔鬌〕，男角女羈，否則男左女右。」鬌音徒果反。

〔二〕山脊曰岡。

〔三〕肆，陳也。

〔四〕謝承書曰「燮居家清處，非法不言，兄弟、父子、室家相待如賓，鄉曲不善者皆從其教」也。

舉孝廉、賢良方正，特徵，皆以疾辭。延光二年，安帝以玄纁羔幣聘燮，〔一〕及南陽馮良，二郡各遣丞掾致禮。宗族更勸之曰：「夫修德立行，所以爲國。自先世以來，勳寵相承，君獨何爲守東岡之陂乎？」燮曰：「吾既不能隱處巢穴，追綺季之跡，〔二〕而猶顯然不遠父母之國，斯固以滑泥揚波，同其流矣。〔三〕夫修道者，度其時而動。動而不時，焉得亨乎！」〔四〕

因自載到潁川陽城，遣〔門〕生送敬，遂辭疾而歸。〔五〕良亦載病到近縣，送禮而還。〔六〕詔書告二郡，歲以羊酒養病。

〔一〕禮，卿執羔。董仲舒春秋繁露曰：「凡贄卿用羔，羔有角而不用，類仁者；執之不鳴，殺之不嗥，類死義者；羔飲其母必跪，類知禮者：故以爲贄。」

〔二〕綺季、東園公、夏黄公、甪里先生，謂之四皓，隱於商山。見前書也。

〔三〕滑，混也。楚詞：「何不滑其泥而揚其波。」滑音古沒反。

〔四〕亨，通也。書曰：「慮善以動，動惟厥時。」

〔五〕送敬猶致謝也。

〔六〕送禮謂送其所致之禮也。

良字君郎。出於孤微，少作縣吏。年三十，爲尉從佐。〔一〕奉檄迎督郵，即路慨然，恥在廝役，〔二〕因壞車殺馬，毁裂衣冠，乃遁至犍爲，從杜撫學。妻子求索，蹤迹斷絶。後乃見草中有敗車死馬，衣裳腐朽，謂爲虎狼盜賊所害，發喪制服。積十許年，乃還鄉里。志行高整，非禮不動，遇妻子如君臣，鄉黨以爲儀表。燮、良年皆七十餘終。

〔一〕從佐謂隨從而已，不主案牘也。

〔二〕廝，賤也。

黄憲字叔度，汝南慎陽人也。〔一〕世貧賤，父爲牛醫。

〔一〕在慎水之南，因以名縣。南陽有順陽國，而流俗書此或作「順陽」者，誤。

潁川荀淑至慎陽，遇憲於逆旅，〔一〕時年十四，淑竦然異之，揖與語，移日不能去。謂憲曰：「子，吾之師表也。」既而前至袁（閎）〔閬〕〔二〕所，未及勞問，逆曰：「子國有顏子，寧識之乎？」〔三〕（閎）〔閬〕曰：「見吾叔度邪？」是時，同郡戴良才高倨慠，而見憲未嘗不正容，及歸，罔然若有失也。其母問曰：「汝復從牛醫兒來邪？」對曰：「良不見叔度，不自以爲不及；既覩其人，則瞻之在前，忽焉在後，〔四〕固難得而測矣。」同郡陳蕃、周舉常相謂曰：「時月之閒不見黄生，則鄙吝之萌復存乎心。」〔五〕及蕃爲三公，臨朝歎曰：「叔度若在，吾不敢先佩印綬矣。」太守王龔在郡，禮進賢達，多所降致，卒不能屈憲。郭林宗少游汝南，先過袁（閎）〔閬〕，不宿而退；進往從憲，累日方還。或以問林宗。〔六〕林宗曰：「奉高之器，譬諸（汎）〔氿〕濫，雖清而易挹。〔七〕叔度汪汪若千頃陂，澄之不清，淆之不濁，不可量也。」〔八〕

〔一〕逆旅，客舍。

〔二〕一作「閬」。

〔三〕顏子，顏回也。

〔四〕論語顏回慕孔子之言也。

〔五〕吝，貪也。

〔六〕郭泰別傳曰：「時林宗過薛恭祖，恭祖問曰：『聞足下見袁奉高，車不停軌，鸞不輟軛，從叔度乃彌信宿也？』」

〔七〕奉高，閬字也。爾雅曰：「側出（汎）〔氿〕泉，正出濫泉。」（汎）〔氿〕音軌。濫音檻。

〔八〕淆，混也。

憲初舉孝廉，又辟公府，友人勸其仕，憲亦不拒之，暫到京師而還，竟無所就。年四十八終，天下號曰「徵君」。

論曰：黄憲言論風旨，無所傳聞，然士君子見之者，靡不服深遠，去玼吝。〔一〕將以道周性全，無德而稱乎？〔二〕余曾祖穆侯〔三〕以爲憲隤然其處順，〔四〕淵乎其似道，〔五〕淺深莫臻其分，清濁未議其方。〔六〕若及門於孔氏，其殆庶乎！〔七〕故嘗著論云。

〔一〕玼音此。説文曰：「鮮色也。」據此文當爲「疵」，作「玼」者，古字通也。

〔二〕道周備，性全一。無德而稱，言其德大無能名焉。

〔三〕晉書曰：「范汪字玄平，安北將軍，謚曰穆侯。汪生甯，甯生泰，泰生曄。」

〔四〕易繫詞曰：「坤隤然示人簡矣。」隤，柔順貌。

〔五〕老子曰：「道沖而用之，或不盈，淵乎似萬物之宗。」言淵深不可知也。

〔六〕廣雅曰：「方，所也。」

〔七〕易繫詞曰：「顏氏之子，其殆庶幾乎！」殆，近也。

徐穉字孺子，豫章南昌人也。〔一〕家貧，常自耕稼，非其力不食。恭儉義讓，所居服其德。屢辟公府，不起。

〔一〕豫章，郡，今洪州也。南昌，縣，即今豫章縣也。謝承書曰「穉少爲諸生，學嚴氏春秋、京氏易、歐陽尚書，兼綜風角、星官、筭歷、河圖、七緯、推步、變易，異行矯時俗，閭里服其德化。有失物者，縣以相還，道無拾遺。四察孝廉，五辟宰府，三舉茂才」也。

時陳蕃爲太守，以禮請署功曹，穉不免之，既謁而退。蕃在郡不接賓客，唯穉來特設一榻，去則縣之。後舉有道，家拜太原太守，〔一〕皆不就。

〔一〕就家而拜之也。

延熹二年，尚書令陳蕃、僕射胡廣等上疏薦穉等曰：「臣聞善人天地之紀，政之所由也。〔一〕詩云：『思皇多士，生此王國。』〔二〕天挺俊乂，爲陛下出，當輔弼明時，左右大業者也。〔三〕伏見處士豫章徐穉、彭城姜肱、汝南袁閎、〔四〕京兆韋著、〔五〕潁川李曇，德行純備，著于人聽。若使擢登三事，協亮天工，必能翼宣盛美，增光日月矣。」桓帝乃以安車玄纁，備禮徵之，並不至。帝因問蕃曰：「徐穉、袁閎、韋著誰爲先後？」蕃對曰：「閎生出公族，聞道漸訓。著長於三輔禮義之俗，所謂不扶自直，不鏤自雕。〔六〕至於穉者，爰自江南卑薄之域，而角立傑出，宜當爲先。」〔七〕

〔一〕左傳曰，晉三郤害伯宗，譖而殺之，及欒弗忌。韓獻子曰「郤氏其不免乎！善人天地之紀也，而驟絕之，不亡何待」也。
〔二〕大雅文王之詩也。思，願也。皇，天也。思願天多生賢人於此王國。
〔三〕左右，助也。
〔四〕閎見袁安傳。謝承書曰：「閎少脩志節，矯俗高厲。」
〔五〕著見韋彪傳。謝承書曰：「爲三輔冠族。著少修節操，持京氏易、韓詩，博通術藝。」
〔六〕說苑曰「蓬生枲中，不扶自直」也。
〔七〕如角之特立也。

穉嘗爲太尉黃瓊所辟，不就。及瓊卒歸葬，穉乃負糧徒步到江夏赴之，設雞酒薄祭，哭畢而去，不告姓名。〔一〕時會者四方名士郭林宗等數十人，聞之，疑其穉也，乃選能言語生茅容輕騎追之。及於塗，容爲設飯，共言稼穡之事。臨訣去，謂容曰：「爲我謝郭林宗，大樹將顛，非一繩所維，何爲栖栖不遑寧處？」〔二〕及林宗有母憂，穉往弔之，置生芻一束於廬前

而去。衆怪，不知其故。林宗曰：「此必南州高士徐孺子也。詩不云乎，『生芻一束，其人如玉。』〔三〕吾無德以堪之。」

〔一〕謝承書曰：「穉諸公所辟雖不就，有死喪負笈赴弔。常於家豫炙雞一隻，以一兩緜絮漬酒中，暴乾以裹雞，徑到所起冢隧外，以水漬緜使有酒氣，斗米飯，白茅爲藉，以雞置前，醱酒畢，留謁則去，不見喪主。」
〔二〕顛，仆也。維，繫也。喻時將衰季，豈一人可能救邪？
〔三〕小雅白駒詩。此戒賢者，行所舍，主人之餼雖薄，要就賢主人，其德如玉然也。

靈帝初，欲蒲輪聘穉，會卒，時年七十二。

子胤字季登，篤行孝悌，亦隱居不仕。〔一〕太守華歆禮請相見，固病不詣。〔二〕漢末寇賊從橫，皆敬胤禮行，轉相約勑，不犯其閭。建安中卒。

〔一〕謝承書曰「胤少遭父母喪，致哀毀瘁，歐血發病。服闋，隱居林藪，躬耕稼穡，勌則誦經，貧窶困乏，執志彌固，不受惠於人」也。
〔二〕魏志曰，歆字子魚，平原人。爲豫章太守。爲政清淨不煩，吏人咸感而愛之。

李曇字雲，少孤，繼母嚴酷，曇事之愈謹，〔一〕爲鄉里所稱法。養親行道，終身不仕。

〔一〕謝承書曰：「曇少喪父，躬事繼母。〔繼母〕酷烈，曇性純孝，定省恪勤，妻子恭奉，寒苦執勞，不以爲怨。得四時珍玩，先以進母。與徐孺子等海內列名五處士焉。」

姜肱字伯淮，彭城廣戚人也。〔一〕家世名族。〔二〕肱與二弟仲海、季江，俱以孝行著聞。其友愛天至，常共臥起。〔三〕及各娶妻，兄弟相戀，不能別寢，以係嗣當立，乃遞往就室。

〔一〕廣戚故城今徐州沛縣東。
〔二〕謝承書曰「祖父豫章太守，父任城相」也。
〔三〕謝承書曰「肱性篤孝，事繼母恪勤。母既年少，又嚴厲。肱感愷風之孝，兄弟同被而寢，不入房室，以慰母心」也。

肱博通五經，兼明星緯，士之遠來就學者三千餘人。諸公爭加辟命，皆不就。二弟名聲相次，亦不應徵聘，時人慕之。

肱嘗與季江謁郡，夜於道遇盜，欲殺之。肱兄弟更相爭死，賊遂兩釋焉，〔一〕但掠奪衣資而已。既至郡中，見肱無衣服，怪問其故，肱託以它辭，終不言盜。盜聞而感悔，後乃就精廬，〔二〕求見徵君。肱與相見，皆叩頭謝罪，而還所略物。肱不受，勞以酒食而遣之。

〔一〕謝承書曰「肱與季江俱乘車行適野廬，爲賊所劫，取其衣物，欲殺其兄弟。肱謂盜曰：『弟年幼，父母所憐愍，又未娉娶，願自殺身濟弟。』季江言：『兄年德在前，家之珍寶，國之英俊，乞自受戮，以代兄命。』盜戢刃曰：『二君所謂賢人，吾等不良，妄相侵犯。』弃物而去。肱車中尚有數千錢，盜不見也，使從者追以與之，亦復不受。肱以物經歷盜手，因以付亭吏而去」也。
〔二〕精廬即精舍也。

後與徐穉俱徵，不至。桓帝乃下彭城使畫工圖其形狀。肱臥於幽闇，以被韜面，〔一〕言患眩疾，不欲出風。工竟不得見之。

〔一〕韜，藏也。

中常侍曹節等專執朝事，新誅太傅陳蕃、大將軍竇武，欲借寵賢德，以釋衆望，乃白徵肱爲太守。肱得詔，乃私告其友曰：「吾以虛獲實，遂藉聲價。明明在上，猶當固其本志，況今政在閹豎，夫何爲哉！」乃隱身遯命，遠浮海濱。再以玄纁聘，不就。即拜太中大夫，詔書至門，〔一〕肱使家人對云「久病就醫」。遂羸服閒行，竄伏青州界中，賣卜給食。召命得斷，家亦不知其處，歷年乃還。年七十七，熹平二年終于家。弟子陳留劉操追慕肱德，共刊石頌之。

〔一〕謝承書曰：「靈帝手筆下詔曰：『肱抗陵雲之志，養浩然之氣，以朕德薄，未肯降志。昔許由不屈，王道爲化；夷、齊不撓，周德不虧。州郡以禮優順，勿失其意。』」

申屠蟠字子龍，陳留外黃人也。九歲喪父，哀毀過禮。服除，不進酒肉十餘年。每忌日，輒三日不食。〔一〕

〔一〕海內先賢傳曰：「蟠在冢側致甘露、白雉，以孝稱。」

同郡緱氏女玉爲父報讎，〔一〕殺夫氏之黨，吏執玉以告外黃令梁配，〔二〕配欲論殺玉。蟠時年十五，爲諸生，進諫曰：「玉之節義，足以感無恥之孫，激忍辱之子。不遭明時，尙當表旌廬墓，況在清聽，而不加哀矜！」配善其言，乃爲讞得減死論。〔三〕鄉人稱美之。

〔一〕緱，姓也。
〔二〕續漢書曰「同縣大女緱玉爲從父報仇，殺夫之從母兄李士，姑執玉以告吏」也。
〔三〕讞，請也。

家貧，傭爲漆工。郭林宗見而奇之。同郡蔡邕深重蟠，及被州辟，乃辭讓之曰：「申屠蟠稟氣玄妙，性敏心通，喪親盡禮，幾於毀滅。至行美義，人所鮮能。安貧樂潛，味道守眞，不爲燥濕輕重，〔一〕不爲窮達易節。〔二〕方之於邕，以齒則長，以德則賢。」

〔一〕律曆志曰：「銅爲物至精，不爲燥濕寒暑變其節，不爲風雨暴露改其形，介然有常，似於士君子之行。」
〔二〕易曰：「窮則獨善其身，達則兼濟天下。」

後郡召爲主簿，不行。〔一〕遂隱居精學，博貫五經，兼明圖緯。始與濟陰王子居同在太學，子居臨歿，以身託蟠，蟠乃躬推輦車，送喪歸鄉里。遇司隸從事於河鞏之閒，〔二〕從事義之，爲封傳護送，〔三〕蟠不肯受，投傳於地而去。事畢還學。

〔一〕謝承書曰「蟠前後徵辟，文書悉挂於樹，初不顧眄」也。
〔二〕百官志曰「司隸從事史十二人，秩百石」也。
〔三〕傳謂符牒。使人監送之。

太尉黃瓊辟，不就。及瓊卒，歸葬江夏，四方名豪會帳下者六七千人，〔一〕互相談論，莫有及蟠者。唯南郡一生與相酬對，既別，執蟠手曰：「君非聘則徵，如是相見於上京矣。」蟠勃然作色曰：「始吾以子爲可與言也，何意乃相拘教樂貴之徒邪？」〔二〕因振手而去，不復與言。再舉有道，不就。〔三〕

〔一〕帳下，葬處。
〔二〕樂音五孝反。
〔三〕謝承書曰「詔書令郡以禮發遣，蟠到河南萬歲亭，折轅而旋」也。

先是京師游士汝南范滂等非訐朝政，自公卿以下皆折節下之。〔一〕太學生爭慕其風，以爲文學將興，處士復用。蟠獨歎曰：「昔戰國之世，處士橫議，〔二〕列國之王，至爲擁篲先驅，〔三〕卒有阬儒燒書之禍，今之謂矣。」乃絕迹於梁碭之閒，〔四〕因樹爲屋，自同傭人。〔五〕居二年，滂等果罹黨錮，或死或刑者數百人，蟠確然免於疑論。後蟠友人陳郡馮雍坐事繫獄，豫州牧黃琬欲殺之。或勸蟠救雍，蟠不肯行，曰：「黃子琰爲吾故邪，未必合罪。如不用吾言，雖往何益！」琬聞之，遂免雍罪。

〔一〕訐謂橫議是非也。訐或作「訮」也。
〔二〕孟子曰：「聖王不作，諸侯恣行，處士橫議。」前書曰：「秦既稱帝，患周之敗，以爲起於處士橫議，諸侯力爭。」晉義曰：「言由橫議而敗之。」
〔三〕史記，鄒衍如燕，昭王擁篲先驅，請列弟子之坐而受業。築碣石宮，身親往師之。
〔四〕梁國有碭縣。
〔五〕謝承書曰「居蓬萊之室，依桑樹以爲棟」也。

大將軍何進連徵不詣，進必欲致之，使蟠同郡黃忠書勸曰：「前莫府初開，至如先生，特加殊禮，優而不名，申以手筆，設几杖之坐。經過二載，而先生抗志彌高，所尙益固。竊論先生高節有餘，於時則未也。今潁川荀爽載病在道，北海鄭玄北面受署。彼豈樂羈牽哉，知時不可逸豫也。昔人之隱，遭時則放聲滅迹，巢棲茹薇。〔一〕其不遇也，則裸身大笑，被髮狂歌。〔二〕今先生處平壤，〔三〕游人閒，吟典籍，襲衣裳，事異昔人，而欲遠蹈其迹，不亦難乎！孔氏可師，何必首陽。」〔四〕蟠不荅。

〔一〕放，弃也。謂弃聲名也。巢棲謂巢父也。說文：「薇，似藿也。」
〔二〕楚詞曰：「桑扈裸行。」史記曰：「箕子被髮陽狂。」歌謂楚狂接輿歌而過孔子也。
〔三〕壤，地也。

〔四〕孔子使子路語隱者云：「不仕無義。長幼之節，不可廢也；君臣之義如之何其可廢也？欲潔其身而亂大倫。」首陽，夷、齊所隱山也。

中平五年，復與爽、玄及潁川韓融、〔一〕陳紀等十四人並博士徵，不至。明年，董卓廢立，蟠及爽、融、紀等復俱公車徵，〔二〕唯蟠不到。衆人咸勸之，蟠笑而不應。居無幾，爽等爲卓所脅迫，西都長安，京師擾亂。及大駕西遷，公卿多遇兵飢，室家流散，融等僅以身脫。唯蟠處亂末，終全高志。年七十四，終于家。

〔一〕融字元長，韶之子也。見韶傳。
〔二〕續漢志曰，徵爽爲司空，融爲尙書，紀爲侍中。

贊曰：琛寶可懷，貞期難對。〔一〕道苟違運，理用同廢。與其遐棲，豈若蒙穢？〔二〕悽悽碩人，陵阿窮退。〔三〕韜伏明姿，甘是堙曖。〔四〕

〔一〕琛寶喻道德也。貞期謂明時也。對，偶也。
〔二〕蒙穢謂仕亂朝。
〔三〕碩人謂賢者。悽悽，飢病貌也。言賢者退而窮處。詩國風曰：「考槃在阿，碩人之薖。」曲陵曰阿。陵，升也。薖，飢也。薖音苦戈反。
〔四〕堙，沈也。曖猶翳也。

校勘記

一七三九頁三行　邦無道則可卷而懷也　按：「則」字原脱，逕據汲本、殿本補。

一七三九頁九行　申徒狄　按：汲本、殿本「徒」作「屠」。

一七四〇頁七行　謝沈書曰　按：汲本、殿本「沈」作「承」。

一七四〇頁一三行　仲叔同郡荀恁　按：集解引錢大昕説，謂案劉平傳，數薦達名士承宫、郇恁等，卽此荀恁也。説文無「荀」字，當以「郇」爲正。

一七四一頁一三行　(亦)〔迹〕若違時　據殿本改。

一七四一頁一四行　(法)〔決〕曹掾燕之後也　據汲本、殿本改。　按：殿本考證云「決」字監本作「法」。王會汾謂周嘉傳言燕於宣帝時爲郡決曹掾，則作「法曹」者誤。

一七四二頁六行　常肆勤以自給　按：集解引錢大昕説，謂「肆」當爲「肄」字之誤。

一七四二頁八行　擇日𦗕髮爲(䯰)〔髻〕　據殿本改，與今本禮記合。

一七四三頁一行　遣(門)〔門〕生送敬　據刊誤補。

一七四三頁五行　甪里先生　殿本「甪」作「角」。按：角本有祿音，後人不知，別造「甪」字代之。廣韻一屋亦作「角」，不作「甪」。

一七四三頁一〇行　良字君郎　按：集解引惠棟説，謂袁宏紀「君郎」作「君卿」。

一七四四頁二行　在愼水之南　按：校補謂「南」字疑「陽」字之誤。

一七四四頁四行　旣而前至袁(閎)〔閬〕所　集解引陳景雲説，謂黄憲、袁閬俱愼陽人，故荀淑有「子國顔子」之語，愼陽本侯國也。若汝陽袁閎，與憲同郡異縣，則作「閎」非矣。又引黄山説，謂此傳「閎」皆當作「閬」，惟後徐穉傳所載，則確爲袁閎耳。今據改。

一七四四頁七行　同郡陳蕃周舉　按：集解引惠棟説，謂世説及袁宏紀皆作「周子居」。

一七四四頁一〇行　譬諸(氿)〔汍〕濫　據殿本改。注同。

一七四四頁一一行　叔度汪汪若千頃陂　按：集解引惠棟説，謂「千頃」續漢書作「萬頃」。

一七四四頁一三行　一作閬　按：李慈銘謂黄憲傳之「袁閎」，皆爲「袁閬」之誤。章懷所注者乃是誤本，其云「一作閬」者，乃別據一不誤之本。

一七四五頁三行　乃彌信宿也　按：校補引柳從辰説，謂袁宏紀作「乃彌日信宿也」，多「日」字文義更較圓足。

一七四五頁四行　奉高閎字也　按：李慈銘謂袁閬字奉高，見第五十六卷王龔傳，憲傳與龔傳僅隔兩卷，章懷又見他本之作「閬」，乃不能援以改正，反注奉高爲閎字，可謂率謬。足見當時東宫僚屬，各人分注，不相證核也。

一七四六頁九行　穉不免之　按：殿本考證引何焯説，謂「免」疑作「就」。集解引惠棟説，謂通鑑作「穉不之免」，胡注「不辭免也」。袁宏紀作「不之起」。

一七四八頁一四行　躬事繼母(繼母)酷烈　據汲本、殿本補。

一七四九頁二行　以係嗣當立　殿本考證謂「係」當作「繼」。按：集解引黄山説，謂御覽五一五引續漢書作「繼」。繫、係、繼三字古以同義通作。

一七五二頁六行　姑執玉以告吏也　按：「吏」原譌「史」，逕改正。

一七五二頁一三行　易曰達則兼濟天下　汲本、殿本「濟」作「善」。按：校補謂「窮則獨善其身，達則兼善天下」，語出孟子，注作「易曰」，誤。

一七五三頁七行　居蓬萊之室　按：殿本考證王會汾謂蓬萊雖皆草名，然古人或作「蓬蒿」，或作「蒿萊」，至蓬萊二字並用，恐與山名相混，此注「萊」字當是「藜」字之誤。

宋　范曄　撰
唐　李賢等注

後漢書

第七冊

卷五四至卷六二（傳六）

中華書局

後漢書卷五十四

楊震列傳第四十四　子秉　孫賜　曾孫彪　玄孫脩

楊震字伯起，弘農華陰人也。八世祖喜，高祖時有功，封赤泉侯。〔一〕高祖敞，昭帝時爲丞相，封安平侯。父寶，〔二〕習歐陽尚書。哀、平之世，隱居教授。居攝二年，與兩龔、蔣詡俱徵，遂遁逃，不知所處。〔三〕光武高其節。建武中，公車特徵，老病不到，卒於家。

〔一〕史記曰，喜追殺項羽，以功封。

〔二〕續齊諧記曰：「寶年九歲時，至華陰山北，見一黃雀爲鴟梟所搏，墜於樹下，爲螻蟻所困。寶取之以歸，置巾箱中，唯食黃花，百餘日毛羽成，乃飛去。其夜有黃衣童子向寶再拜曰：『我西王母使者，君仁愛救拯，實感成濟。』以白環四枚與寶：『令君子孫潔白，位登三事，當如此環矣。』」

〔三〕龔勝字君賓，龔舍字君倩，蔣詡字元卿，並以高節著名。見前書。

震少好學，受歐陽尚書於太常桓郁，明經博覽，無不窮究。諸儒爲之語曰：「關西孔子楊伯起。」常客居於湖，〔一〕不答州郡禮命數十年，〔二〕衆人謂之晚暮，而震志愈篤。後有冠雀銜三鱣魚，飛集講堂前，〔三〕都講取魚進曰：「蛇鱣者，卿大夫服之象也。數三者，法三台也。先生自此升矣。」年五十，乃始仕州郡。

〔一〕今湖城縣。

〔二〕續漢（志）〔書〕曰「教授二十餘年，州請召，數稱病不就。少孤貧，獨與母居，假地種殖，以給供養，諸生嘗有助種藍者，震輒拔，更以距其後，鄉里稱孝」也。

〔三〕冠音貫，即鸛雀也。鱣音善。韓子云：「鱣似蛇。」臣賢案：續漢及謝承書「鱣」字皆作「鱓」，然則「鱣」「鱓」古字通也。鱣魚長者不過三尺，黃地黑文，故都講云「蛇鱓，卿大夫之服象也」。郭璞云「鱣魚長二三丈」，音知然反，安有鸛雀能勝二三丈乎？此爲鱓明矣。

大將軍鄧騭聞其賢而辟之，舉茂才，四遷荊州刺史、東萊太守。當之郡，道經昌邑，〔一〕故所舉荊州茂才王密爲昌邑令，謁見，至夜懷金十斤以遺震。震曰：「故人知君，君不知故人，何也？」密曰：「暮夜無知者。」震曰：「天知，神知，我知，子知。何謂無知！」密愧而出。後轉涿郡太守。性公廉，不受私謁。子孫常蔬食步行，故舊長者或欲令爲開產業，震不肯，曰：「使後世稱爲清白吏子孫，以此遺之，不亦厚乎！」

〔一〕昌邑故城在今兗州金鄉縣西北也。

元初四年，徵入爲太僕，遷太常。先是博士選舉多不以實，震舉薦明經名士陳留楊倫等，〔一〕顯傳學業，諸儒稱之。

〔一〕倫字仲桓。謝承書云：「薦楊仲桓等五人，各從家拜博士。」

永寧元年，代劉愷為司徒。明年，鄧太后崩，內寵始橫。安帝乳母王聖，因保養之勤，緣恩放恣；聖子女伯榮出入宮掖，傳通姦賂。震上疏曰：「臣聞政以得賢為本，理以去穢為務。〔一〕是以唐虞俊乂在官，四凶流放，天下咸服，以致雍熙。〔二〕方今九德未事，〔三〕嬖倖充庭。〔四〕阿母王聖出自賤微，得遭千載，奉養聖躬，雖有推燥居溼之勤，〔五〕前後賞惠，過報勞苦，而無厭之心，不知紀極，〔六〕外交屬託，擾亂天下，損辱清朝，塵點日月。書誡牝雞牡鳴，〔七〕詩刺哲婦喪國。〔八〕昔鄭嚴公從母氏之欲，恣驕弟之情，幾至危國，然後加討，春秋貶之，以為失教。〔九〕夫女子小人，近之喜，遠之怨，實為難養。〔一〇〕易曰：『無攸遂，在中饋。』〔一一〕言婦人不得與於政事也。宜速出阿母，令居外舍，斷絕伯榮，莫使往來，令恩德兩隆，上下俱美。惟陛下絕婉孌之私，割不忍之心，〔一二〕留神萬機，誡慎拜爵，減省獻御，損節徵發。令野無鶴鳴之歎，〔一三〕朝無小明之悔，〔一四〕大東不興於今，〔一五〕勞止不怨於下。〔一六〕擬蹤往古，比德哲王，豈不休哉！」奏御，帝以示阿母等，內倖皆懷忿恚。而伯榮驕淫尤甚，與故朝陽侯劉護從兄瓌交通，〔一七〕瓌遂以為妻，得襲護爵，位至侍中。震深疾之，復詣闕上疏曰：「臣聞高祖與羣臣約，非功臣不得封，故經制父死子繼，兄亡弟及，以防篡也。〔一八〕伏見

詔書封故朝陽侯劉護再從兄瓌襲護爵為侯。護同產弟威，今猶見在。臣聞天子專封封有功，諸侯專爵爵有德。今瓌無佗功行，但以配阿母女，一時之閒，既位侍中，又至封侯，不稽舊制，不合經義，行人諠譁，百姓不安。陛下宜覽鏡既往，順帝之則。」書奏不省。

〔一〕墨子曰：「夫尚賢者，政本也。」左傳曰：「為國者，如農夫之務去草焉。」

〔二〕尚書曰：「四罪而天下咸服。」又曰：「黎人於變時雍，庶績咸熙。」雍，和也。熙，廣也。

〔三〕尚書皋陶謨曰：「亦行有九德：寬而栗，柔而立，愿而恭，亂而敬，擾而毅，直而溫，簡而廉，剛而塞，強而誼。」又曰：「九德咸事，俊乂在官。」

〔四〕謚法曰：「賤而得愛曰嬖。」

〔五〕孝經援神契曰「母之於子也，鞠養殷勤，推燥居溼，絕少分甘」也。

〔六〕左傳曰，縉雲氏有不材子，聚斂積實，不知紀極。

〔七〕牝，雌也。牡，雄也。尚書：「古人有言，牝雞無晨，牝雞之晨，惟家之索。」

〔八〕詩大雅曰：「哲夫成城，哲婦傾城。」

〔九〕嚴公，莊公也，避明帝諱改焉。左傳，鄭莊公殺母弟段，稱鄭伯，譏失教也。

〔一〇〕論語曰「唯女子與小人為難養，近之則不遜，遠之則怨」也。

〔一一〕家人卦六二爻辭也。鄭玄注曰：「二為陰爻，得正於內；五，陽爻也，得正於外。猶婦人自修正於內，丈夫脩正於外。無攸遂，言婦人無敢自遂也。爻體離，又互體坎，火位在下，水在上，飪之象也。饋，食也，故云在中饋也。」

〔一二〕詩國風候人篇序曰：「曹共公遠君子而近小人。」其詩曰：「婉兮孌兮，季女斯飢。」婉，少貌。孌，好貌也。

〔一三〕詩小雅序曰：「鶴鳴，誨宣王也。」鄭玄注云：「教周宣王求賢人之未仕者。」其詩曰：「鶴鳴于九皋，聲聞于野。」言身隱而名著，喻賢者雖隱居，人咸知之。

〔一四〕詩小雅序曰：「小明，大夫悔仕於亂也。」小明者，言周幽王日小其明，損其政事，以至於亂。

〔一五〕詩小雅序：「大東，刺亂也。」其詩曰：「小東大東，杼柚其空。」鄭玄注云：「小亦於東，大亦於東，言賦斂多也。」

〔一六〕詩大雅序曰：「人勞，刺厲王也。」其詩曰「人亦勞止，迄可小康」也。

〔一七〕護，泗水王歙之從曾孫。

〔一八〕公羊傳曰：「劉子、單子以王猛入于王城者何？西周也。其言入何？篡辭也。」冬十月，王子猛卒。此未踰年之君，其稱王子猛卒何？不予當也。不予當者，不與當父死子繼，兄亡弟及也。」

延光二年，代劉愷為太尉。帝舅大鴻臚耿寶薦中常侍李閏兄於震，震不從。寶乃自往候震曰：「李常侍國家所重，欲令公辟其兄，寶唯傳上意耳。」〔一〕震曰：「如朝廷欲令三府辟召，故宜有尚書敕。」遂拒不許，寶大恨而去。皇后兄執金吾閻顯亦薦所親厚於震，震又不從。司空劉授聞之，〔二〕即辟此二人，旬日中皆見拔擢。由是震益見怨。

〔一〕言非己本心，傳在上之意。

〔二〕漢官儀：「授字孟春，武原人。」

時詔遣使者大為阿母脩第，中常侍樊豐及侍中周廣、謝惲等更相扇動，傾搖朝廷。震

復上疏曰：「臣聞古者九年耕必有三年之儲，故堯遭洪水，人無菜色。〔一〕臣伏念方今災害發起，彌彌滋甚，〔二〕百姓空虛，不能自贍。重以螟蝗，羌虜鈔掠，三邊震擾，戰鬬之役至今未息，兵甲軍糧不能復給。大司農帑藏匱乏，殆非社稷安寧之時。伏見詔書為阿母興起津城門內第舍，〔三〕合兩為一，連里竟街，〔四〕雕修繕飾，窮極巧伎。今盛夏土王，而攻山採石，其大匠左校別部將作合數十處，〔五〕轉相迫促，為費巨億。周廣、謝惲兄弟，與國無肺腑枝葉之屬，依倚近倖姦佞之人，與樊豐、王永等分威共權，屬託州郡，傾動大臣。宰司辟召，承望旨意，招來海內貪汙之人，受其貨賂，至有臧錮棄世之徒復得顯用。〔六〕白黑溷淆，清濁同源，天下讙譁，咸曰財貨上流，為朝結譏。臣聞師言：『上之所取，財盡則怨，力盡則叛。』怨叛之人，不可復使，故曰：『百姓不足，君誰與足？』〔七〕惟陛下度之。」豐、惲等見震連切諫不從，無所顧忌，遂詐作詔書，調發司農錢穀、大匠見徒材木，各起家舍、園池、廬觀，役費無數。

〔一〕言有儲蓄，人無食菜之飢色也。

〔二〕彌彌猶稍稍也。韋孟詩曰「彌彌其失」也。

〔三〕津城門，洛陽南面西頭門也。

〔四〕合兩坊而為一宅。里即坊也。

〔五〕續漢志將作大匠，秩二千石。左校令，秩六百石。

〔六〕有臧賄禁錮之人也。

〔七〕論語有若對魯哀公之詞。

震因地震，復上疏曰：「臣蒙恩備台輔，不能奉宣政化，調和陰陽，去年十（一）〔二〕月四日，京師地動。臣聞師言：『地者陰精，當安靜承陽。』而今動搖者，陰道盛也。其日戊辰，三者皆土，位在中宮，〔一〕此中臣近官盛於持權用事之象也。臣伏惟陛下以邊境未寧，躬自菲薄，宮殿垣屋傾倚，枝柱而已，〔二〕無所興造，欲令遠近咸知政化之清流，商邑之翼翼也。〔三〕而親近倖臣，未崇斷金，〔四〕驕溢踰法，多請徒士，盛修第舍，賣弄威福。道路讙譁，衆所聞見。地動之變，近在城郭，殆爲此發。又冬無宿雪，春節未雨，百僚燋心，而繕修不止，誠致旱之徵也。書曰：『僭恆陽若，臣無作威作福玉食。』〔五〕唯陛下奮乾剛之德，〔六〕棄驕奢之臣，以掩訞言之口，奉承皇天之戒，無令威福久移於下。」

〔一〕戊干辰支皆土也，幷地動，故言三者。

〔二〕倚，邪也。柱音竹主反。

〔三〕詩商頌「商邑翼翼，四方之極」也。

〔四〕易繫辭曰：「二人同心，其利斷金。」言邪佞之臣，不與上同心。

〔五〕尚書洪範之詞也。僭，差也。若，順也。君行僭差，則常陽順之也。言唯君得專威福，爲美食。

〔六〕易曰：「大哉乾乎！剛健中正，純粹精也。」

震前後所上，轉有切至，帝既不平之，而樊豐等皆側目憤怨，俱以其名儒，未敢加害。尋有河閒男子趙騰詣闕上書，指陳得失。帝發怒，遂收考詔獄，結以罔上不道。震復上疏救之曰：「臣聞堯舜之世，諫鼓謗木，立之於朝；〔一〕殷周哲王，小人怨詈，則還自敬德。〔二〕所以達聰明，開不諱，博採負薪，盡極下情也。今趙騰所坐激訐謗語爲罪，與手刃犯法有差。乞爲虧除，全騰之命，以誘芻蕘輿人之言。」〔三〕帝不省，騰竟伏尸都市。

〔一〕帝王紀曰：「堯置敢諫之鼓，舜立誹謗之木。」

〔二〕尚書曰「自殷王中宗及高宗及祖甲及我周文王，兹四人迪哲。厥或告之曰小人怨女詈女，則皇自敬德」也。

〔三〕輿，衆也。詩曰：「詢于芻蕘。」左氏傳曰「聽輿人之謀」也。

會三年春，東巡岱宗，樊豐等因乘輿在外，競修第宅，震部掾高舒召大匠令史考校之，〔一〕得豐等所詐下詔書，具奏，須行還上之。豐等聞，惶怖，會太史言星變逆行，遂共譖震云：「自趙騰死後，深用怨懟；〔二〕且鄧氏故吏，有恚恨之心。」〔三〕及車駕行還，便時太學，〔四〕夜遣使者策收震太尉印綬，於是柴門絕賓客。豐等復惡之，乃請大將軍耿寶奏震大臣不服罪，懷恚望，有詔遣歸本郡。震行至城西几陽亭，乃慷慨謂其諸子門人曰：〔五〕「死者士之常分。吾蒙恩居上司，疾姦臣狡猾而不能誅，惡嬖女傾亂而不能禁，何面目復見日月！身死之日，以雜木爲棺，布單被裁足蓋形，勿歸冢次，勿設祭祠。」因飲酖而卒，時年七十餘。弘農太守移良〔六〕承樊豐等旨，遣吏於陝縣留停震喪，露棺道側，〔七〕謫震諸子代郵行書，道路皆爲隕涕。〔八〕

〔一〕史謂府吏也。

〔二〕懟，怨怒也。

〔三〕震初鄧騭辟之，故曰故吏。

〔四〕且於太學待吉時而後入也，故曰便時。前書「便時上林延壽門」也。

〔五〕慷慨，悲歎。

〔六〕風俗通曰：「齊公子雍食菜於移，其後氏焉。」

〔七〕謝承書曰：「震臨沒，謂諸子以牛車薄笴，載柩還歸。」

〔八〕說文：「郵，境上行書舍也。」廣雅曰：「郵，驛也。」

歲餘，順帝卽位，樊豐、周廣等誅死，震門生虞放、陳翼詣闕追訟震事。朝廷咸稱其忠，乃下詔除二子爲郎，贈錢百萬，以禮改葬於華陰潼亭，〔一〕遠近畢至。先葬十餘日，有大鳥高丈餘，集震喪前，俯仰悲鳴，淚下霑地，葬畢，乃飛去。郡以狀上。〔二〕時連有災異，帝感震之枉，乃下詔策曰：「故太尉震，正直是與，俾匡時政，而青蠅點素，同兹在藩。〔三〕上天降威，災眚屢作，爾卜爾筮，惟震之故。朕之不德，用彰厥咎，山崩棟折，我其危哉！〔四〕今使

太守丞以中牢具祠，魂而有靈，儻其歆享。」於是時人立石鳥象於其墓所。

〔一〕墓在今潼關西大道之北，其碑尚存。

〔二〕續漢書曰：「大鳥來止亭樹，下地安行到柩前，正立低頭淚出。衆人更共摩撫抱持，終不驚駭。」謝承書曰：「其鳥五色，高丈餘，兩翼長二丈三尺，人莫知其名也。」

〔三〕藩，樊也。詩云：「營營青蠅，止於樊，愷悌君子，無信讒言。」青蠅，汚白使黑，汚黑使白，喻佞人變亂善惡也。

〔四〕禮記曰：「孔子將終，歌曰：『泰山其頹乎！梁木其壞乎！』」

震之被譖也，高舒亦得罪，以減死論。及震事顯，舒拜侍御史，至荊州刺史。

震五子。長子牧，富波相。〔一〕

〔一〕富波，縣，屬汝南郡。

牧孫奇，靈帝時爲侍中，帝嘗從容問奇曰：「朕何如桓帝？」對曰：「陛下之於桓帝，亦猶虞舜比德唐堯。」帝不悅曰：「卿強項，眞楊震子孫，〔一〕死後必復致大鳥矣。」出爲汝南太守。帝崩後，復入爲侍中衞尉，從獻帝西遷，有功勤。及李傕脅帝歸其營，奇與黃門侍郎鍾繇誘傕部曲將宋曄、楊昂令反傕，傕由此孤弱，帝乃得東。〔二〕後徙都許，追封奇子亮爲陽成亭侯。〔三〕

〔一〕強項，言不低屈也，光武謂董宣爲「強項令」也。

〔二〕魏志曰，繇爲黃門侍郎，傕脅天子，繇與尚書郎韓斌同策謀。天子得出長安，繇有力焉。

〔三〕亮舊宅在閿鄉縣西南。

震少子奉，奉子敷，篤志博聞，議者以爲能世其家。敷早卒，子衆，亦傳先業，以謁者僕射從獻帝入關，累遷御史中丞。及帝東還，夜走度河，衆率諸官屬步從至太陽，拜侍中。〔一〕建安二年，追前功封蓩亭侯。〔二〕

〔一〕太陽，縣，屬河東郡。
〔二〕郡國志桃林縣有蓩鄉，音莫老反。

震中子秉。

秉字叔節，少傳父業，兼明京氏易，博通書傳，常隱居教授。年四十餘，乃應司空辟，拜侍御史，頻出爲豫、荆、徐、兗四州刺史，遷任城相。自爲刺史、二千石，計日受奉，餘祿不入私門。故吏齎錢百萬遺之，閉門不受。以廉潔稱。

桓帝卽位，以明尙書徵入勸講，〔一〕拜太中大夫、左中郎將，遷侍中、尙書。帝時微行，私過幸河南尹梁胤府舍。〔二〕是日大風拔樹，晝昏，秉因上疏諫曰：「臣聞瑞由德至，災應事生。傳曰：『禍福無門，唯人所召。』〔三〕天不言語，以災異譴告，是以孔子迅雷風烈必有變動。詩云：『敬天之威，不敢驅馳。』〔四〕王者至尊，出入有常，警蹕而行，靜室而止，〔五〕自非

郊廟之事，則鑾旗不駕。〔六〕故詩稱『自郊徂宮』，〔七〕易曰『王假有廟，致孝享也』。〔八〕諸侯如臣之家，春秋尙列其誡，〔九〕況以先王法服而私出槃游！〔一〇〕降亂尊卑，等威無序，〔一一〕侍衞守空宮，紱璽委女妾，設有非常之變，任章之謀，〔一二〕上負先帝，下悔靡及。臣奕世受恩，〔一三〕得備納言，〔一四〕又以薄學，充在講勸，特蒙哀識，見照日月，恩重命輕，義使士死，敢憚摧折，略陳其愚。」帝不納。秉以病乞退，出爲右扶風。太尉黃瓊惜其去朝廷，上秉勸講帷幄，不宜外遷，留拜光祿大夫。是時大將軍梁冀用權，秉稱病。六年，冀誅後，乃拜太僕，遷太常。

〔一〕勸講，猶侍講也。
〔二〕胤，梁冀子也。
〔三〕左傳閔子馬之詞。
〔四〕詩大雅曰「敬天之怒，無敢戲豫，敬天之渝，無敢馳驅」，與此文稍異也。
〔五〕蹕，止行人也。靜室謂先使淸宮也。前書音義曰「漢有靜室令也。
〔六〕漢官儀曰「前驅有雲罕，皮軒鑾旗車」也。
〔七〕詩大雅雲漢之詞也。郊，祭天也。
〔八〕萃卦詞也。假，至也。假音格。
〔九〕左傳，齊莊公如崔杼之家，爲杼所殺也。
〔一〇〕法服謂天子服，日、月、星辰、山、龍、華蟲、藻、火、粉、米、〔黼、黻〕十二章。

〔一一〕等威謂威儀有等差也。左傳曰「貴有常尊，賤有等威」也。
〔一二〕前書曰，代郡太守任宣坐謀反誅，宣子章爲公車丞，亡在渭城界中，夜玄服入廟，居郎間，執戟立於廟門，待上至，欲爲逆，發覺伏誅也。
〔一三〕奕猶重也。
〔一四〕納言，尙書。

延熹三年，白馬令李雲以諫受罪，秉爭之不能得，坐免官，歸田里。〔一〕其年冬，復徵拜河南尹。先是中常侍單超弟匡爲濟陰太守，以臧罪爲刺史第五種所劾，窘急，乃賂客任方刺兗州從事衞羽。事已見種傳。及捕得方，囚繫洛陽，匡慮秉當窮竟其事，密令方等得突獄亡走。尙書召秉詰責，秉對曰：「春秋不誅黎比而魯多盜，〔二〕方等無狀，釁由單匡。刺執法之吏，害奉公之臣，復令逃竄，寬縱罪身，元惡大憝，終爲國害。乞檻車徵匡考覈其事，則姦慝蹤緒，必可立得。」而秉竟坐輸作左校，以久旱赦出。

〔一〕謝承書曰：「秉免歸，雅素淸儉，家至貧窶，并日而食。任城故孝廉景慮齎錢百餘萬，就以餉秉，秉閉門距絕不受。」
〔二〕左傳曰：「邾庶其以漆閭丘來奔，於是魯多盜。」臣賢案：黎比，莒國之君，恐別有所據也。

會日食，太山太守皇甫規等訟秉忠正，不宜久抑不用。有詔公車徵秉及處士韋著，二人各稱疾不至。有司並劾秉、著大不敬，請下所屬正其罪。尙書令周景與尙書邊韶議奏：「秉儒學侍講，常在謙虛；著隱居行義，以退讓爲節。俱徵不至，誠違側席之望，然逶迤退

食，足抑苟進之風。〔一〕夫明王之世，必有不召之臣，〔二〕聖朝弘養，宜用優游之禮。可告在所屬，喩以朝庭恩意。如遂不至，詳議其罰。」於是重徵，乃到，拜太常。

〔一〕詩國風羔羊詩曰：「退食自公，委蛇委蛇。」退食謂減膳也。從於公謂正直順於事也。委蛇，委曲自得之貌。
〔二〕堯時許由，禹時伯成子高，湯時務光等。

五年冬，代劉矩爲太尉。是時宦官方熾，任人及子弟爲官，〔一〕布滿天下，競爲貪淫，朝野嗟怨。秉與司空周景上言：「內外吏職，多非其人，自頃所徵，皆特拜不試，致盜竊縱恣，怨訟紛錯。舊典，中臣子弟不得居位秉執，而今枝葉賓客布列職署，或年少庸人，典據守宰，上下忿患，四方愁毒。可遵用舊章，退貪殘，塞災謗。請下司隸校尉、中二千石、二千石、城門五營校尉、北軍中候，各實覈所部，應當斥罷，自以狀言，三府廉察有遺漏，續上。」帝從之。於是秉條奏牧守以下匈奴中郎將燕瑗、青州刺史羊亮、遼東太守孫諠等五十餘人，或死或免，天下莫不肅然。

〔一〕任謂保任。

時郡國計吏多留拜爲郎，秉上言三署見郎七百餘人，〔一〕帑臧空虛，浮食者衆，而不良守相，欲因國爲池，澆濯釁穢。宜絕橫拜，以塞覬覦之端。〔二〕自此終桓帝世，計吏無復留拜者。

〔一〕三署郎，解見和帝紀。

〔二〕左傳曰：「下無覬覦。」杜預注曰：「無冀望上位。」

七年，南巡園陵，特詔秉從。南陽太守張彪與帝微時有舊恩，以車駕當至，因傍發調，多以入私。秉聞之，下書責讓荊州刺史，以狀副言公府。〔一〕及行至南陽，左右並通姦利，詔書多所除拜。秉復上疏諫曰：「臣聞先王建國，順天制官。〔二〕太微積星，名爲郎位，〔三〕入奉宿衛，出牧百姓。臯陶誡虞，在於官人。〔四〕頃者道路拜除，恩加竪隸，爵以貨成，化由此敗，所以俗夫巷議，白駒遠逝，〔五〕穆穆清朝，遠近莫觀。宜割不忍之恩，以斷求欲之路。」於是詔除乃止。

〔一〕南陽郡，荊州所部也。

〔二〕尚書曰：「明王奉若天道，建邦設都。」孔安國注云：「天有日、月、北斗、五星、二十八宿，皆有尊卑相正之法。明王奉順此道，建國設都。」

〔三〕史記天官書曰，太微宮五帝坐，後聚二十五星蔚然，曰郎位。積，聚也。

〔四〕尚書臯陶誡舜曰「在知人，在官人」也。

〔五〕孔子曰：「天下有道，庶人不議。」詩小雅曰：「皎皎白駒，食我場苗，所謂伊人，於焉逍遙。」言宣王官失其人，賢者乘白駒而去之。

時中常侍侯覽弟參爲益州刺史，累有臧罪，暴虐一州。明年，秉劾奏參，檻車徵詣廷尉。

參惶恐，道自殺。〔一〕秉因奏覽及中常侍具瑗曰：「臣案國舊典，宦竪之官，本在給使省闥，司昏守夜，而今猥受過寵，執政操權。其阿諛取容者，則因公褒舉，以報私惠；有忤逆於心者，必求事中傷，肆其凶忿。居法王公，富擬國家，飲食極肴膳，僕妾盈紈素，雖季氏專魯，穰侯擅秦，何以尚茲！〔二〕案中常侍侯覽弟參，貪殘元惡，自取禍滅，覽顧知釁重，必有自疑之意，臣愚以爲不宜復見親近。昔懿公刑邴歜之父，奪閻職之妻，而使二人參乘，卒有竹中之難，春秋書之，以爲至戒。〔三〕蓋鄭詹來而國亂，四佞放而衆服。〔四〕以此觀之，容可近乎？覽宜急屏斥，投畀(有)〔豺〕虎。〔五〕若斯之人，非恩所宥，請免官送歸本郡。」書奏，尚書召對秉掾屬曰：〔六〕「公府外職，而奏劾近官，經典漢制有故事乎？」秉使對曰：「春秋趙鞅以晉陽之甲，逐君側之惡。〔七〕傳曰：『除君之惡，唯力是視。』〔八〕鄧通懈慢，申屠嘉召通詰責，文帝從而請之。〔九〕漢世故事，三公之職無所不統。」尚書不能詰。帝不得已，竟免覽官，而削瑗國。每朝廷有得失，輒盡忠規諫，多見納用。

〔一〕謝承書曰：「秉奏『參取受罪臧累億。牂柯男子張攸，居爲富室，參橫加非罪，云造訛言，殺攸家八人，沒入廬宅。又與同郡諸生李元之官，共飲酒，醉飽之後，戲故相犯，誣言有淫慝之罪，應時捶殺。以人臣之勢，行桀紂之態，傷和逆理，痛感天地，宜當糾持，以謝一州』。又曰『京兆尹袁逢於長安客舍中得參輜車三百餘乘，金銀珍玩，不可稱記』。」

〔二〕季氏，魯卿，世專魯政。孔子曰：「季氏富於周公。」史記曰，穰侯魏冉者，秦昭王母宣太后弟也，爲秦相國，侈富於王室。尚猶加也。

〔三〕左傳曰「齊懿公之爲公子也，與邴歜之父爭田弗勝。及即位，乃掘而刖之，而使歜僕。納閻職之妻，而使職驂乘。夏五月，公游于申池。歜以扑抶職，職怒，歜曰：『人奪汝妻而不怒，一抶汝，庸何傷？』職曰：『與刖其父而弗能病者何如？』乃謀殺懿公，納諸竹中，歸，舍爵而行」也。

〔四〕公羊傳曰：「鄭詹自齊逃來，何以書？甚佞也，曰佞人來矣。」後魯莊公取齊淫女，卒爲後敗。四佞即四凶也。

〔五〕畀，與也。詩小雅曰：「取彼譖人，投畀豺虎。」

〔六〕召秉掾屬問之。

〔七〕公羊傳曰：「趙鞅取晉陽之甲，以逐荀寅、士吉射。曷爲此？逐君側之惡人也。」

〔八〕左傳曰晉寺人披言也。

〔九〕前書鄧通，文帝幸臣，爲太中大夫，居上傍怠慢。丞相申屠嘉罷朝，坐府中，召通至，不爲禮，責曰：「通小臣，戲殿上，大不敬，當斬。」通頓首，首盡出血。上使使持節召通而謝丞相：「此吾弄臣，君釋之。」

秉性不飲酒，又早喪夫人，遂不復娶，所在以淳白稱。嘗從容言曰：「我有三不惑：酒，色，財也。」八年薨，時年七十四，賜塋陪陵。子賜。

賜字伯獻。少傳家學，篤志博聞。常退居隱約，教授門徒，不荅州郡禮命。後辟大將軍

梁冀府，非其好也。出除陳倉令，因病不行。公車徵不至，連辭三公之命。後以司空高第，再遷侍中、越騎校尉。

建寧初，靈帝當受學，詔太傅、三公選通尚書桓君章句宿有重名者，三公舉賜，乃侍講于華光殿中。〔一〕遷少府、光祿勳。

〔一〕洛陽宮殿名曰：「華光殿在崇光殿北。」

熹平元年，青虵見御坐，帝以問賜，賜上封事曰：「臣聞和氣致祥，乖氣致災，休徵則五福應，〔一〕咎徵則六極至。〔二〕夫善不妄來，災不空發。王者心有所惟，意有所想，雖未形顏色，而五星以之推移，陰陽爲其變度。以此而觀，天之與人，豈不符哉？尚書曰：『天齊乎人，假我一日。』是其明徵也。〔三〕夫皇極不建，則有蛇龍之孽。〔四〕詩云：『惟虺惟蛇，女子之祥。』〔五〕故春秋兩蛇鬬於鄭門，昭公殆以女敗；〔六〕康王一朝晏起，關雎見幾而作。〔七〕夫女謁行則讒夫昌，讒夫昌則苞苴通，故殷湯以之自戒，終濟亢旱之災。〔八〕惟陛下思乾剛之道，別內外之宜，崇帝乙之制，受元吉之祉，〔九〕抑皇甫之權，割豔妻之愛，〔一〇〕則蛇變可消，禎祥立應。殷戊、宋景，其事甚明。」〔一一〕

〔一〕休，美也。徵，驗也。五福：一曰壽，二曰富，三曰康寧，四曰逌好德，五曰考終命。

〔二〕咎，惡也。六極：一曰凶短折，二曰疾，三曰憂，四曰貧，五曰惡，六曰弱。並見尚書。

中華書局

〔三〕我謂君也。天意欲整齊于人，必假於君也。今尚書文「假」作「俾」。俾，使也，義亦通。

〔四〕洪範五行傳曰。皇，大也。極，中也。建，立也。孽，災也。君不合大中，是謂不立。蛇龍，陰類也。

〔五〕詩小雅也。虺蛇，穴居，陰之類，故爲女子之祥也。

〔六〕洪範五行傳曰：「初，鄭厲公劫相祭仲而篡兄昭公，立爲鄭君。後雍糾之難，厲公出奔，鄭人立昭公。既立，內蛇與外蛇鬬鄭南門中，內蛇死。是時傅瑕仕於鄭，欲內厲公，故內蛇死者，昭公將敗，厲公將勝之象也。是時昭公宜布恩施惠，以撫百姓，舉賢崇德，以厲羣臣，觀察左右，以省姦謀，則內變不得生，外謀無由起矣。昭公不覺，果殺於傅瑕，二子死而厲公入，此其效也。詩云：『惟虺惟蛇，女子之祥。』鄭昭公殆以女子敗矣。」

〔七〕前書曰：「佩玉晏鳴，關雎歎之。」晉義曰：「后夫人，雞鳴佩玉去君所。周康王后不然，故詩人歎而傷之。此事見魯詩，今亡失也。」

〔八〕說苑曰：「湯自伐桀後，大旱七年，洛川竭，使人持三足鼎祝於山川曰：『政不節邪？使人疾邪？苞苴行邪？讒夫昌邪？宮室榮邪？女謁行邪？何不雨之極！』言未已而天大雨。」

〔九〕易泰卦六五曰「帝乙歸妹，以祉元吉」也。

〔一〇〕豔妻，周幽王后褒姒也。皇甫卿士等皆后之黨，用后嬖寵而居位也。詩曰「皇甫卿士，豔妻煽方處」也。

〔一一〕殷王太戊時，桑穀共生於朝，修德而桑穀死。景公時，熒惑守心，修德而星退舍。並見史記。

二年，代唐珍爲司空，以災異免。復拜光祿大夫，秩中二千石。五年，代袁隗爲司徒。是時朝廷爵授，多不以次，而帝好微行，遊幸外苑。賜復上疏曰：「臣聞天生蒸民，不能自

理，〔一〕故立君長使司牧之，〔二〕是以唐虞兢兢業業，〔三〕周文日昃不暇，〔四〕明慎庶官，俊乂在職，三載考績，〔五〕以觀厥成。而今所序用無佗德，有形埶者，旬日累遷，守眞之徒，歷載不轉，勞逸無別，善惡同流，北山之詩，所爲訓作。〔六〕又聞數微行出幸苑囿，觀鷹犬之埶，極槃遊之荒，〔七〕政事日墮，〔八〕大化陵遲。陛下不顧二祖之勤止，〔九〕追慕五宗之美蹤，〔一〇〕而欲以望太平，是由曲表而欲直景，卻行而求及前人也。〔一一〕宜絕慢慠之戲，念官人之重，割用板之恩，〔一二〕慎貫魚之次，〔一三〕無令醜女有四殆之歎，〔一四〕遐邇有憤怨之聲。臣受恩偏特，忝任師傅，不敢自同凡臣，括囊避咎。〔一五〕謹自手書密上。」

〔一〕蒸，衆也。

〔二〕司，主也。牧，養也。

〔三〕兢兢，戒慎。業業，危懼。尚書皋陶謨曰：「兢兢業業，一日二日萬機。」

〔四〕尚書曰：「文王自朝至於日中仄，弗遑暇食。」

〔五〕尚書曰「三載考績，黜陟幽明」也。

〔六〕詩小雅曰：「陟彼北山，言採其杞。偕偕士子，朝夕從事。大夫不均，我從事獨賢。」

〔七〕槃，樂也。詩曰：「槃于遊田。」書曰：「內作色荒，外作禽荒。」

〔八〕許規反。

〔九〕二祖，高祖、光武也。詩曰：「文王既勤止。」

〔一〇〕文帝太宗、武帝世宗、宣帝中宗、明帝顯宗、章帝肅宗也。

〔一一〕孫卿子曰：「猶立枉木而求其影之直也。」韓詩外傳曰：「夫明鏡所以照形也，往古所以知今也。夫知惡往古之惡而不知修今之善，惡往古之所以危亡而不知襲積其所以安存，則無以異乎卻行而求逮於前人也。」

〔一二〕板謂詔書也。

〔一三〕易剝卦曰：「貫魚，以宮人寵。」言王者御宮人，如貫魚之有次序也。

〔一四〕劉向列女傳曰：「鍾離春者，齊無鹽邑之女，齊宣王之正后也。其爲人也，極醜無雙，臼頭深目，長壯大節，卬鼻結喉，肥項少髮，折腰出匈，皮膚若漆。年四十，行嫁不售，自謁宣王，舉手拊膝曰：『殆哉！殆哉！』曰：『今王之國，西有衡秦之患，南有強楚之讎，外有二國之難，一旦山陵崩弛，社稷不安，此一殆也。漸臺五重，萬人罷極，此二殆也。賢者伏匿於山林，諂諛者強於左右，此三殆也。飲酒沈湎，以夜繼晝，外不脩諸侯之禮，內不秉國家之政，此四殆也。』」

〔一五〕括，結也。易曰：「括囊無咎無譽。」

後坐辟黨人免。復拜光祿大夫。光和元年，有虹蜺晝降於嘉德殿前，〔一〕帝惡之，引賜及議郎蔡邕等入金商門崇德署，〔二〕使中常侍曹節、王甫問以祥異禍福所在。賜仰天而歎，謂節等曰：「吾每讀張禹傳，未嘗不憤恚歎息，既不能竭忠盡情，極言其要，而反留意少子，乞還女壻。〔三〕朱游欲得尚方斬馬劒以理之，固其宜也。〔四〕吾以微薄之學，充先師之末，累世見寵，無以報國。猥當大問，死而後已。」乃書對曰：「臣聞之經傳，或得神以昌，或得神以亡。〔五〕國家休明，則鑒其德；邪辟昏亂，則視其禍。今殿前之氣，應爲虹蜺，皆妖邪所生，

不正之象，詩人所謂蝃蝀者也。〔六〕於中孚經曰：『蜺之比，無德以色親。』〔七〕方今內多嬖倖，外任小臣，上下並怨，讙譁盈路，是以災異屢見，前後丁寧。今復投蜺，可謂孰矣。〔八〕案春秋讖曰：『天投蜺，天下怨，海內亂。』〔九〕加四百之期，亦復垂及。〔一〇〕昔虹貫牛山，管仲諫桓公無近妃宮。〔一一〕易曰：『天垂象，見吉凶，聖人則之。』〔一二〕今妾媵嬖人閹尹之徒，共專國朝，欺罔日月。又鴻都門下，招會羣小，造作賦說，以蟲篆小技見寵於時，〔一三〕如驩兜、共工更相薦說，〔一四〕旬月之閒，並各拔擢，樂松處常伯，任芝居納言。郄儉、梁鵠俱以便辟之性，佞辯之心，各受豐爵不次之寵，而令搢紳之徒委伏畎畝，口誦堯舜之言，身蹈絕俗之行，棄捐溝壑，不見逮及。冠履倒易，陵谷代處，〔一五〕從小人之邪意，順無知之私欲，不念板、蕩之作，虺蜴之誡。〔一六〕殆哉之危，莫過於今。〔一七〕幸賴皇天垂象譴告。周書曰：『天子見怪則修德，諸侯見怪則修政，卿大夫見怪則修職，士庶人見怪則修身。』惟陛下慎經典之誡，圖變復之道，〔一八〕斥遠佞巧之臣，速徵鶴鳴之士，內親張仲，外任山甫，〔一九〕斷絕尺一，抑止槃游，留思庶政，無敢怠遑。冀上天還威，衆變可弭。老臣過受師傅之任，數蒙寵異之恩，豈敢愛惜垂沒之年，而不盡其慺慺之心哉！」〔二〇〕書奏，甚忤曹節等。蔡邕坐直對抵罪，徙朔方。賜以師傅之恩，故得免咎。

〔一〕洛陽記，殿在九龍門內。郭景純注爾雅曰：「雙出，色鮮盛者爲雄，曰虹；闇者爲雌，曰蜺。」

中華書局

〔二〕戴延之西征記曰：「太極殿西有金商門。」

〔三〕張禹，成帝時爲丞相，以師傅恩，禹每疾，輒以起居聞，車駕日臨問之，拜禹牀下。禹頓首謝恩，言「老臣有四男一女，愛女甚於男，遠嫁爲張掖太守蕭咸妻，不勝父子私情，思與女相近」。上卽時徙咸爲弘農太守。又禹少子未有官，上臨候禹，禹數視其少子，上卽禹牀下拜爲黃門給事中也。

〔四〕朱雲字游。張禹以帝師尊重，雲上書求見，公卿在前，雲曰：「今朝廷大臣不能匡主，臣願得尙方斬馬劍，斷佞臣一人頭，以厲其餘。」上問：「誰也？」對曰：「安昌侯張禹。」尙方，少府之屬官也，作供御器物，故有斬馬劍，利可以斬馬也。並見前書。

〔五〕左傳曰：「有神降于莘，周內史過曰：『國之將興，明神降之，監其德也。將亡，神又降之，觀其惡也。故有得神以興，亦有以亡。』」國語曰「昔夏之興也，祝融降於崇山；其亡也，回祿信於黔遂。商之興也，檮杌次於(平)〔丕〕山；其亡也，夷羊在牧。周之興也，鸑鷟鳴於岐山；其衰也，杜伯射王於鄗」也。

〔六〕韓詩序曰：「蝃蝀，刺奔女也。蝃蝀在東，莫之敢指，詩人言蝃蝀在東者，邪色乘陽，人君淫佚之徵。臣子爲君父隱藏，故言莫之敢指。」蝃音帝。蝀音董。

〔七〕易稽覽圖中孚經之文也。比，類也。鄭玄注曰：「霓，邪氣也。陰無德，以好色得親幸於陽也。」

〔八〕孰，成也。

〔九〕春秋演孔圖曰：「霓者，斗之亂精也。失度投霓見。」宋均注曰：「投霓，投應也。」

〔一〇〕漢終于四百年，解見獻帝紀。

〔一一〕春秋文曜鉤曰：「白虹貫牛山，管仲諫曰：『無近妃宮，君恐失權。』齊侯大懼，退去色黨，更立賢輔，使后出望，上

牛山四面聽之，以厭神。」宋均注曰：「山，君位也。虹蜺，陰氣也。陰氣貫之，君惑於妻黨之象也。望謂祭以謝過也。」流俗本「山」作「升」者，誤也。

〔一二〕上繫之詞。則，效也。

〔一三〕法言曰「賦者，童子彫蟲篆刻，壯夫不爲」也。

〔一四〕尙書驩兜曰：「都，共工方鳩僝功。」

〔一五〕楚詞曰：「冠履兮雜處。」詩曰「高岸爲谷，深谷爲陵」也。

〔一六〕詩大雅序曰：「板，凡伯刺厲王也。」其詩曰：「上帝板板，下人卒癉。」「蕩，邵穆公傷周室大壞也。」其詩曰：「蕩蕩上帝，下人之辟。」又云：「哀今之人，胡爲虺蜴。」注云：「蜴，蝶螈也。虺蜴之性，見人則走。哀哉，今之人何爲如是！傷時政也。」

〔一七〕無鹽之詞也，解見上。

〔一八〕謂變改而銷復之。

〔一九〕詩曰：「張仲孝友。」又曰：「袞職有闕，仲山甫補之。」皆周宣王賢臣也。

〔二〇〕僂僂猶勤勤也。音力侯反。

其冬，行辟雍禮，引賜爲三老。復拜少府、光祿勳，代劉郃爲司徒。帝欲造畢圭靈琨苑，賜復上疏諫曰：「竊聞使者並出，規度城南人田，欲以爲苑。昔先王造囿，裁足以脩三驅之禮，薪萊芻牧，皆悉往焉。先帝之制，左開鴻池，右作上林，〔一〕不奢不約，以合禮中。今猥規郊城之地，以爲苑囿，壞沃衍，〔二〕廢田園，驅居人，畜禽獸，殆非所謂『若保赤子』之義。〔三〕今城外之苑已有五六，〔四〕可以逞情意，順四節也，〔五〕宜惟夏禹卑宮，〔六〕太宗露臺之意，〔七〕以尉下民之勞。」書奏，帝欲止，以問侍中任芝、中常侍樂松。松等曰：「昔文王之囿百里，人以爲小；齊宣五里，人以爲大。〔八〕今與百姓共之，無害於政也。」帝悅，遂令築苑。

〔一〕鴻池在洛陽東，上林在西。

〔二〕杜預注左傳曰：「衍沃，平美之地也。」

〔三〕書曰「若保赤子，唯人其康乂」也。

〔四〕陽嘉元年起西苑，延熹二年造顯陽苑。洛陽宮殿名有平樂苑、上林苑。桓帝延熹元年置鴻德苑也。

〔五〕逞，快也。四節謂春蒐、夏苗、秋獮、冬狩也。

〔六〕孔子曰「禹惡衣服，卑宮室」也。

〔七〕文帝欲作露臺，召匠計之，直百金。帝曰「百金，中人十家之產。吾奉先帝宮室，常恐羞之，何以臺爲」也。

〔八〕孟子齊宣王問曰：「文王之囿方七十里，人猶以爲小；寡人之囿方四十里，人猶以爲大。何也？」曰：「文王之囿方七十里，芻蕘者往焉，雉菟者往焉，與人同之，人以爲小，不亦宜乎？」此云文王百里，齊宣五里，與孟子不同也。

四年，賜以病罷。居無何，拜太常，詔賜御府衣一襲，〔一〕自所服冠幘綬，玉壺革帶，金

錯鉤佩。〔二〕

〔一〕衣單複具曰襲。

〔二〕金錯，以金閒錯其文。

五年冬，復拜太尉。中平元年，黃巾賊起，賜被召會議詣省閤，切諫忤旨，因以寇賊免。先是黃巾帥張角等執左道，稱大賢，以誑燿百姓，天下繈負歸之。賜時在司徒，召掾劉陶告曰：「張角等遭赦不悔，而稍益滋蔓，今若下州郡捕討，恐更騷擾，速成其患。且欲切勑刺史、二千石，簡別流人，各護歸本郡，以孤弱其黨，然後誅其渠帥，可不勞而定，何如？」陶對曰：「此孫子所謂不戰而屈人之兵，廟勝之術也。」〔一〕賜遂上書言之。會去位，事留中。〔二〕後帝徙南宮，閱錄故事，得賜所上張角奏及前侍講注籍，〔三〕乃感悟，下詔封賜臨晉侯，邑千五百戶。〔四〕初，賜與太尉劉寬、司空張濟〔五〕並入侍講，自以不宜獨受封賞，上書願分戶邑於寬、濟。帝嘉歎，復封寬及濟子，拜賜尙書令。數日出爲廷尉，賜自以代非法家，言曰：「三后成功，惟殷于民，皋陶不與焉，蓋吝之也。」〔六〕遂固辭，以特進就第。

〔一〕孫子曰：「未戰而廟勝，得筭多也。未戰而廟不勝，得筭少也。」

〔二〕謂所論事留在禁中，未施用之。

〔三〕所注之籍錄。

〔四〕臨晉，縣，屬馮翊，故城在今同州朝邑縣西南。
〔五〕濟字元江，細陽人也，張（輔）〔酺〕曾孫。
〔六〕吝，恥也。殷，盛也。尚書曰：「伯夷降典，折人惟刑，禹平水土，主名山川，稷降播種，農殖嘉穀，三后成功，惟殷於人。」言皐陶不預其數者，蓋恥之。

二年九月，復代張溫爲司空。其月薨。天子素服，三日不臨朝，贈東園梓器襚服，賜錢三百萬，布五百匹。策曰：「故司空臨晉侯賜，華嶽所挺，九德純備，〔一〕三葉宰相，輔國以忠。朕昔初載，授道帷幄，〔二〕遂階成勳，以陟大猷。師範之功，昭于內外，庶官之務，勞亦勤止。七在卿校，殊位特進，五登袞職，弭難乂寧。雖受茅土，未荅厥勳，哲人其萎，將誰諮度！朕甚懼焉。〔三〕禮設殊等，物有服章。今使左中郎將郭儀持節追位特進，〔四〕贈司空驃騎將軍印綬。」及葬，又使侍御史持節送喪，蘭臺令史十人發羽林騎輕車介士，〔五〕前後部鼓吹，又勑驃騎將軍官屬司空法駕，送至舊塋。〔六〕公卿已下會葬。謚文烈侯。及小祥，又會焉。子彪嗣。〔七〕

〔一〕挺，生也。九德卽皐陶謨九德。
〔二〕詩大雅曰：「文王初載。」毛萇注云：「載，識也。」
〔三〕禮記曰：「孔子負手曳杖，消搖於門，歌曰：『太山其穨乎，梁木其壞乎，哲人其萎乎！』」
〔四〕前書，張禹爲丞相，以老罷就第，以列侯朝朔望，位特進，見禮如丞相。漢雜事曰：「諸侯功德優盛，朝廷所敬異，

賜位特進，在三公下。」
〔五〕續漢志：「輕車，古之戰車也，洞朱輪輿，不巾不蓋，葙矛戟幢麾。」葙音側事反。葙謂插也。
〔六〕續漢志「三公、列侯車，倚鹿，伏熊，黑轓，朱班輪，鹿文飛軨，九斿降龍。騎吏四人，皆帶劍持棨戟爲前列，三百石長導從，置門下五吏，賊曹、功曹皆帶劍車道，主簿、主記兩車爲從」也。
〔七〕禮「朞而小祥」，「又朞而大祥」。鄭玄注曰：「祥，吉也，言其漸卽吉也。」

彪字文先，少傳家學。初舉孝廉，州舉茂才，辟公府，皆不應。熹平中，以博習舊聞，公車徵拜議郎，〔一〕遷侍中、京兆尹。光和中，黃門令王甫使門生於郡界辜榷官財物七千餘萬，〔二〕彪發其姦，言之司隸。司隸校尉陽球因此奏誅甫，天下莫不愜心。徵還爲侍中、五官中郎將，遷潁川、南陽太守，復拜侍中，三遷永樂少府、太僕、衞尉。

〔一〕華嶠書曰：「與馬日磾、盧植、蔡邕等著作東觀。」
〔二〕華嶠書曰：「甫使門生王翹辜榷。」解見靈帝紀。

中平六年，代董卓爲司空，其冬，代黃琬爲司徒。明年，關東兵起，董卓懼，欲遷都以違其難。〔一〕乃大會公卿議曰：「高祖都關中十有一世，光武宮洛陽，於今亦十世矣。案石包讖，宜徙都長安，以應天人之意。」百官無敢言者。彪曰：「移都改制，天下大事，故盤庚五遷，殷民胥怨。〔二〕（昔）關中遭王莽變亂，宮室焚蕩，民庶塗炭，百不一在。光武受命，更都洛邑。今天下無虞，〔三〕百姓樂安，明公建立聖主，光隆漢祚，無故捐宗廟，棄園陵，恐百姓驚動，必有糜沸之亂。〔四〕石包室讖，妖邪之書，豈可信用？」卓曰：「關中肥饒，故秦得并吞六國。且隴右材木自出，致之甚易。又杜陵南山下有武帝故瓦陶竈數千所，并功營之，可使一朝而辦。百姓何足與議！若有前却，我以大兵驅之，可令詣滄海。」〔五〕彪曰：「天下動之至易，安之甚難，惟明公慮焉。」卓作色曰：「公欲沮國計邪？」〔六〕太尉黃琬曰：「此國之大事，楊公之言得無可思？」卓不荅。司空荀爽見卓意壯，恐害彪等，因從容言曰：「相國豈樂此邪？山東兵起，非一日可禁，故當遷以圖之，此秦、漢之埶也。」卓意小解。爽私謂彪曰：「諸君堅爭不止，禍必有歸，故吾不爲也。」議罷，卓使司隸校尉宣播以災異奏免琬、彪等，詣闕謝，卽拜光祿大夫。十餘日，遷大鴻臚。從入關，轉少府、太常，以病免。復爲京兆尹、光祿勳，再遷光祿大夫。三年秋，代淳于嘉爲司空，以地震免。復拜太常。興平元年，代朱儁爲太尉，錄尚書事。及李傕、郭汜之亂，彪盡節衞主，崎嶇危難之閒，幾不免於害。語在董卓傳。及車駕還洛陽，復守尚書令。

〔一〕違，避也。
〔二〕盤庚，殷王之名也。胥，相也。遷都於亳，殷人相與怨恨。湯還亳，仲丁遷囂，河亶甲居相，祖乙居耿，并盤庚五也。

〔三〕虞，度也。言無可度之事也。書曰：「四方無虞。」
〔四〕如麋粥之沸也。詩曰：「如沸如羹。」
〔五〕言不敢避險難也。
〔六〕沮，止也。

建安元年，從東都許。時天子新遷，大會公卿，兗州刺史曹操上殿，見彪色不悅，恐於此圖之，未得讌設，託疾如廁，因出還營。彪以疾罷。時袁術僭亂，操託彪與術婚姻，誣以欲圖廢置，奏收下獄，劾以大逆。將作大匠孔融聞之，不及朝服，往見操曰：〔一〕「楊公四世清德，海內所瞻。周書父子兄弟罪不相及，〔二〕況以袁氏歸罪楊公。易稱『積善餘慶』，徒欺人耳。」〔三〕操曰：「此國家之意。」融曰：「假使成王殺邵公，周公可得言不知邪？今天下纓緌搢紳〔四〕所以瞻仰明公者，以公聰明仁智，輔相漢朝，舉直厝枉，致之雍熙也。今橫殺無辜，則海內觀聽，誰不解體！〔五〕孔融魯國男子，明日便當拂衣而去，不復朝矣。」〔六〕操不得已，遂理出彪。

〔一〕獻帝春秋曰：「（融見）操（曰）：『刑之不濫，君之明也。楊彪獲罪，懼者甚衆。』」
〔二〕左傳曰：「康誥曰：『父不慈，子不祗，兄不友，弟不恭，不相及也。』」
〔三〕易文言曰：「積善之家，必有餘慶。」
〔四〕說文曰：「纓，冠索也。」鄭玄注禮記曰：「緌，冠飾也。紳，帶也。搢，插也，插笏於紳也。」或作「縉」者，淺赤，言帶

之色。

〔五〕左傳曰，季文子謂晉韓穿曰：「四方諸侯，誰不解體！」杜預注曰：「言不復肅敬也。」

〔六〕若以非罪殺彪，融則還爲魯國一男子，不復更來朝也。

四年，復拜太常，十年免。十一年，諸以恩澤爲侯者皆奪封。〔一〕彪見漢祚將終，遂稱脚攣不復行，積十年。後子脩爲曹操所殺，操見彪問曰：「公何瘦之甚？」對曰：「愧無日磾先見之明，猶懷老牛舐犢之愛。」〔二〕操爲之改容。

〔一〕彪父賜，以師傅封臨晉侯。

〔二〕前書曰，金日磾子二人，武帝所愛，以爲弄兒。其後弄兒壯大，不謹，自殿下與宮人戲，日磾適見之，惡其淫亂，遂殺弄兒。

脩字德祖，好學，有俊才，爲丞相曹操主簿，〔一〕用事曹氏。及操自平漢中，欲因討劉備而不得進，欲守之又難爲功，護軍不知進止何依。操於是出教，唯曰「雞肋」而已。外曹莫能曉，脩獨曰：「夫雞肋，食之則無所得，弃之則如可惜，公歸計決矣。」乃令外白稍嚴，操於此迴師。脩之幾決，多有此類。脩又嘗出行，籌操有問外事，乃逆爲荅記，勑守舍兒：「若有令出，依次通之。」既而果然。如是者三，操怪其速，使廉之，知狀，〔二〕於此忌脩。且以袁術之甥，慮爲後患，遂因事殺之。〔三〕

〔一〕典略曰：「脩，建安中舉孝廉，除郎中，丞相請署倉曹屬主簿。是時軍國多事，脩總知內外事，皆稱意。自魏太子以下，並爭與交好。」

〔二〕廉，察也。

〔三〕續漢書曰：「人有白脩與臨淄侯曹植飲醉共載，從司馬門出，謗訕鄢陵侯章。太祖聞之大怒，故遂收殺之，時年四十五矣。」

脩所著賦、頌、碑、讚、詩、哀辭、表、記、書凡十五篇。

及魏文帝受禪，欲以彪爲太尉，先遣使示旨。彪辭曰：「彪備漢三公，遭世傾亂，不能有所補益。耄年被病，豈可贊惟新之朝？」遂固辭。乃授光祿大夫，賜几杖衣袍，〔一〕因朝會引見，令彪著布單衣、鹿皮冠，杖而入，待以賓客之禮。年八十四，黃初六年卒于家。自震至彪，四世太尉，德業相繼，與袁氏俱爲東京名族云。〔二〕

〔一〕續漢書曰「魏文帝詔曰：『先王制几杖之賜，所以賓禮黃耉。太尉楊彪，乃祖以來世著名績，其賜公延年杖。延請之日便使杖入』」也。

〔二〕華嶠書曰：「東京楊氏、袁氏，累世宰相，爲漢名族。然袁氏車馬衣服極爲奢僭；能守家風，爲世所貴，不及楊氏也。」

論曰：孔子稱「危而不持，顛而不扶，則將焉用彼相矣」。〔一〕誠以負荷之寄，不可以虛冒，〔二〕崇高之位，憂重責深也。延、光之閒，震爲上相，抗直方以臨權枉，〔三〕先公道而後身名，可謂懷王臣之節，〔四〕識所任之體矣。遂累葉載德，〔五〕繼踵宰相。信哉，「積善之家，必有餘慶」。先世韋、平，方之蔑矣。〔六〕

〔一〕論語載孔子之言也。相扶持者，諭臣當輔君也。

〔二〕負荷之寄，周公、霍光之儔。

〔三〕坤六二曰「直方大不習無不利」也。

〔四〕易曰：「王臣謇謇，匪躬之故。」

〔五〕易曰：「德積載。」載，重也。

〔六〕韋賢、平當父子並相繼爲丞相。

贊曰：楊氏載德，仍世柱國。〔一〕震畏四知，秉去三惑。賜亦無諱，彪誠匪忒。〔二〕脩雖才子，渝我淳則。〔三〕

〔一〕言世爲國柱臣也。

〔二〕忒，差也。

〔三〕渝，變也。

校勘記

一七五九頁三行　八世祖喜　按：集解引惠棟說，謂太尉楊震碑作「熹」，喜讀爲熹也。

一七六〇頁四行　續漢(志)〔書〕曰　集解引沈欽韓說，謂「志」當作「書」，今據改。按：御覽九百九十六引作「謝承後漢書」。

一七六一頁二行　倫字仲桓　按：集解引惠棟說，謂案儒林傳，倫字仲理，東昏人。倫理名字相副，作「桓」者未詳。

一七六三頁八行　篡辭也　按：「辭」原譌「亂」，逕據汲本、殿本改正。

一七六五頁四行　去年十(二)〔一〕月四日京師地動　按：延光二年十二月戊辰，京師及郡國三地震。通鑑考異謂下文「其日戊辰」，十一月丙申朔，戊辰乃十二月四日也。今據改。

一七六六頁四行　小人怨詈則還自敬德　汲本「還自敬德」作「皇自敬德」，羣書治要作「洗目改聽」。按：李慈銘謂案無逸「皇自敬德」今文尚書作「況自敬德」，隸釋載漢熹平石經尚書殘碑「況」作「兄」，兄卽古況字，王肅尚書注訓爲滋益。石經用今文，楊震受歐陽尚書，故此疏用今文作「況自敬德」，因誤作「洗目改聽」，皆因形近致譌。章懷注僅引古文尚書「皇自敬德」，後人不解「況」字，遂改作「還」字，幸治要四字皆誤，轉可推求而得。

一七六六頁一四行　震行至城西几陽亭　汲本、殿本「几」作「夕」。集解引惠棟說，謂東觀記作「洛陽都亭」，袁宏紀作「洛陽沈亭」，通鑑作「几陽亭」。今按：清胡克家翻刻元刊胡注本通鑑作「夕陽亭」，章鈺校宋刊本通鑑三種及明孔天胤本，並作「几陽亭」。

一七六八頁一〇行　帝嘗從容問奇曰　按：「嘗」原作「常」，逕據汲本、殿本改。

一七六九頁六行　桃林縣有蕩鄉　按：「桃林」當作「弘農」。集解引惠棟說，謂郡國志宏農郡宏農縣有桃邱聚，故桃林，有蕩鄉。桃林非縣名，注訛。

一七六九頁八行　秉字叔節　按：校補引柳從辰說，謂御覽二百七引張璠漢記作「字叔卿」。

一七六九頁一三行　私過幸河南尹梁胤府舍　按：集解引沈欽韓說，謂袁宏紀云幸梁不疑府，梁冀子爲河南尹在元嘉初元之後，袁紀是。

一七七〇頁四行　特蒙哀識　集解引王補說，謂袁紀「哀識」作「光識」。按：校補謂「哀」字疑當作「表」。

一七七〇頁五行　太尉黃瓊　按：校補引柳從辰說，謂「太尉」袁紀作「太常」，又袁紀載秉上疏在元嘉元年，而瓊爲太尉在永興二年，則作「太常」是也。

一七七〇頁一六行　日月星辰山龍華蟲藻火粉米〔黼黻〕十二章　據汲本、殿本補。

一七七一頁二行　居郎閒　汲本、殿本「郎」譌「廊」。按：前書顏注，郎著皁衣，故章玄服以厠也。

一七七一頁七行　中常侍單超弟匡　按：集解引錢大昕說，謂案第五種傳以匡爲超兄子，宦者傳以爲超弟子。

一七七三頁一行　可告在所屬　按：刊誤謂案文多一「在」字。

一七七四頁四行　覽顧知釁重　汲本、殿本「顧」作「固」。按：顧固通。

一七七四頁七行　投畀(有)〔豺〕虎　刊誤謂「有」當作「豺」，注無它說，知與詩同。今據改。

一七七五頁一〇行　左傳曰晉寺人披言也　「言」原譌「吉」，逕改正。按：「曰」字疑衍。

一七七五頁一五行　賜字伯獻　按：集解引惠棟說，謂太尉楊公碑及文烈楊公碑皆云字伯獻，袁宏紀字子獻。又引沈欽韓說，謂謝承書作「伯欽」。又校補引柳從辰說，謂今袁紀作「字子獻」，又東觀記作「字伯獻」，與此同。

一七七七頁六行　布恩施惠　按：「惠」原譌「志」，逕改正。

一七七七頁一四行　景公時　按：陳景雲謂「景公」上脫「宋」字。

一七七八頁一行　周文日昊不暇　汲本、殿本「昊」作「昃」。按：昃本作阞，昊爲阞之或字。

一七七八頁二行　文王自朝至於日中仄　汲本、殿本「仄」作「昃」。按：仄昃通。

一七七九頁五行　長壯大節　集解引沈欽韓說，謂列女傳「壯」作「指」。今按：初學記引作「壯」。

一七七九頁六行　折臂出匈　汲本、殿本「出」作「凸」。按：列女傳作「出」，初學記引同。

一七七九頁六行　年四十　按：集解引沈欽韓說，謂「四十」新序及初學記並作「三十」。

一七七九頁六行　行嫁不售　按：集解引沈欽韓說，謂列女傳「行」作「衒」。

一七八一頁四行　禹數覗其少子　按：「少」原譌「小」，逕改正。

一七八二頁九行　檮杌夾於(平)〔丕〕山　據殿本改。

一七八二頁一三行　蝀音董　按：汲本「董」作「東」。

一七八三頁四行　齊宜五里　按：集解引惠棟說，謂王懋云世說舉樂松之語，云齊五十里，乃知非五里也，當時史文于「五」字下脫一「十」字。蓋七十里近于百里，四十里近于五十里，樂松舉其大要耳。

一七八五頁二行　張(輔)〔酺〕曾孫　據校補引柳從辰說改。按：張濟爲張酺曾孫，已見酺傳。

一七八六頁三行　三百石長導從置門下五吏賊曹功曹皆帶劒車道　按：刊誤謂案後漢志文，此不合有「三百石長」四字。又云「賊曹、督盜賊、功曹皆帶劒，三車導」，此文少「督盜賊」三字，又少一「三」字，又誤「導」字也。蓋門下五吏，賊曹一，督盜賊一，功曹一，主簿一，主記一，凡五車也。

一七八六頁一三行　光武宮洛陽於今亦十世矣　按：沈家本謂魏志董卓傳注「十世」作「十一世」，是也。此奪「一」字。

一七八六頁一五行　(昔)關中遭王莽變亂　據汲本、殿本補。

一七八七頁一三行　及車駕還洛陽　按：「還」原譌「遷」，逕改正。

一七八八頁一三行　〔融見〕操〔曰〕　據刊誤補。按：此注原在「刻以大逆」下，據刊誤說移此。

後漢書卷五十五

章帝八王傳第四十五

孝章皇帝八子：宋貴人生清河孝王慶，梁貴人生和帝，申貴人生濟北惠王壽、河閒孝王開，四王不載母氏。

千乘貞王伉，建初四年封。和帝即位，以伉長兄，甚見尊禮。立十五年薨。子寵嗣，一名伏胡。永元七年，改國名樂安。立二十八年薨，是爲夷王。父子薨于京師，皆葬洛陽。

子鴻嗣。安帝崩，始就國。鴻生質帝。質帝立，梁太后下詔，以樂安國土卑溼，租委鮮薄，改〔封〕鴻（封）勃海王。〔一〕立二十六年薨，是爲孝王。

〔一〕委謂委輸也。

無子，太后立桓帝弟蠡吾侯悝爲勃海王，奉鴻（嗣）〔祀〕。〔一〕延熹八年，悝謀爲不道，有司請廢之。帝不忍，乃貶爲癭陶王，食一縣。

〔一〕悝，蠡吾侯翼子，河閒王開孫也。

悝後因中常侍王甫求復國，許謝錢五千萬。帝臨崩，遺詔復爲勃海王。悝知非甫功，不肯還謝錢。甫怒，陰求其過。初，迎立靈帝，道路流言悝恨不得立，欲鈔徵書，而中常侍鄭颯、〔一〕中黃門董騰並任俠通剽輕，數與悝交通。〔二〕王甫司察，以爲有姦，密告司隸校尉段熲。熹平元年，遂收颯送北寺獄。〔三〕使尚書令廉忠誣奏颯等謀迎立悝，大逆不道。遂詔冀州刺史收悝考實，又遣大鴻臚持節與宗正、廷尉之勃海，迫責悝。悝自殺。妃妾十一人，子女七十人，伎女二十四人，皆死獄中。傅、相以下，以輔導王不忠，悉伏誅。悝立二十五年國除。衆庶莫不憐之。

〔一〕音立。

〔二〕剽，疾也。

〔三〕北寺，獄名，屬黃門署。前書音義曰即若盧獄也。

平春悼王全，〔一〕以建初四年封。其年薨，葬於京師。無子，國除。

〔一〕續漢志平春，縣，屬江夏郡也。

清河孝王慶，母宋貴人。貴人，宋昌八世孫，扶風平陵人也。〔一〕父楊，以恭孝稱於鄉閭，不應州郡之命。楊姑即明德馬后之外祖母也。馬后聞楊二女皆有才色，迎而訓之。永平末，選入太子宮，甚有寵。肅宗即位，並爲貴人。建初三年，大貴人生慶，明年立爲皇太子，徵楊爲議郎，褒賜甚渥。貴人長於人事，供奉長樂宮，身執饋饌，太后憐之。太后崩後，竇皇后寵盛，以貴人姊妹並幸，慶爲太子，心內惡之，與母比陽主謀陷宋氏。〔二〕外令兄弟求其纖過，內使御者偵伺得失。〔三〕後於掖庭門邀遮得貴人書，云「病思生菟，令家求之」，因誣言欲作蠱道祝詛，以菟爲厭勝之術，日夜毀譖，貴人母子遂漸見疏。

〔一〕昌，文帝時爲中尉，以代邸功封壯武侯。

〔二〕比陽主，東海王彊女。

〔三〕偵，候也，音丑政反。廣雅曰：「偵，問也。」

慶出居承祿觀，數月，竇后諷掖庭令誣奏前事，請加驗實。七年，帝遂廢太子慶而立皇

太子肇。肇，梁貴人子也。乃下詔曰：「皇太子有失惑無常之性，爰自孩乳，至今益章，恐襲其母凶惡之風，不可以奉宗廟，爲天下主。大義滅親，況降退乎！〔一〕今廢慶爲清河王。皇子肇保育皇后，承訓懷衽，導達善性，將成其器。蓋庶子慈母，尚有終身之恩，〔二〕豈若嫡后事正義明哉！今以肇爲皇太子。」遂出貴人姊妹置丙舍，使小黃門蔡倫考實之，皆承諷旨傅致其事，〔三〕乃載送暴室。二貴人同時飲藥自殺。〔四〕帝猶傷之，敕掖庭令葬於樊濯聚。〔五〕於是免楊歸本郡。郡縣因事復捕繫之，楊友人前懷令山陽張峻、左馮翊沛國劉均等奔走解釋，得以免罪。楊失志憔悴，卒于家。慶時雖幼，而知避嫌畏禍，言不敢及宋氏，帝更憐之，敕皇后令衣服與太子齊等。太子特親愛慶，入則共室，出則同輿。及太子即位，是爲和帝，待慶尤渥，諸王莫得爲比，常共議私事。

〔一〕左傳，衞石碏殺其子厚，君子曰：「石碏純臣也，惡州吁而厚預焉。大義滅親，其是之謂乎！」

〔二〕儀禮喪服曰：「慈母如母。」謂妾子之無母，父命妾養之，故曰慈母。如母者，貴父之命也。

〔三〕傳讀曰附。

〔四〕續漢志曰「暴室，署名，主中婦人疾病」也。

〔五〕在洛陽城北也。

後慶以長，別居丙舍。永元四年，帝移幸北宮章德殿，講於白虎觀，慶得入省宿止。帝

將誅竇氏，欲得外戚傳，〔一〕懼左右不敢使，乃令慶私從千乘王求，夜獨內之；又令慶傳語中常侍鄭衆求索故事。〔二〕及大將軍竇憲誅，慶出居邸，賜奴婢三百人，輿馬、錢帛、帷帳、珍寶、玩好充仞其第，又賜中傅以下至左右錢帛各有差。〔三〕

〔一〕前書外戚傳也。

〔二〕謂文帝誅薄昭，武帝誅竇嬰故事。

〔三〕前書音義曰：「中傅，宦者也。」

慶多被病，或時不安，帝朝夕問訊，進膳藥，所以垂意甚備。慶小心恭孝，自以廢黜，尤畏事慎法。每朝謁陵廟，常夜分嚴裝，衣冠待明；〔一〕約敕官屬，不得與諸王車騎競驅。常以貴人葬禮有闕，每竊感恨，至四節伏臘，輒祭於私室。竇氏誅後，始使乳母於城北遙祠。及竇太后崩，慶求上冢致哀，帝許之，詔太官四時給祭具。慶垂涕曰：「生雖不獲供養，終得奉祭祀，私願足矣。」欲求作祠堂，恐有自同恭懷梁后之嫌，遂不敢言。〔二〕常泣向左右，以爲沒齒之恨。〔三〕後上言外祖母王年老，遭憂病，下土無醫藥，願乞詣洛陽療疾。於是詔宋氏悉歸京師，除慶舅衍、俊、蓋、暹等皆爲郎。

〔一〕分，半也。

〔二〕恭懷梁后，和帝母梁貴人。

〔三〕沒，終；齒，年也。

十五年，有司以日食陰盛，奏遣諸王侯就國。詔曰：「甲子之異，責由一人。諸王幼稚，早離顧復，弱冠相育，〔一〕常有蓼莪、凱風之哀。〔二〕選懦之恩，知非國典，且復須留。」〔三〕至冬，從祠章陵，詔假諸王羽林騎各四十人。後中傅衛訢私爲臧盜千餘萬，詔使案理之，并責慶不舉之狀。慶曰：「訢以師傅之尊，選自聖朝，臣愚唯知言從事聽，不甚有所糺察。」帝嘉其對，悉以訢臧財賜慶。及帝崩，慶號泣前殿，嘔血數升，因以發病。

〔一〕詩小雅曰：「父兮生我，母兮鞠我，顧我復我，出入腹我。」

〔二〕詩小雅曰：「蓼蓼者莪，匪莪伊蒿。哀哀父母，生我劬勞。」詩國風曰：「凱風自南，吹彼棘心。棘心夭夭，母氏劬勞。」

〔三〕選懦，仁弱慈戀不決之意也。懦音仁兗反。東觀記「須留」作「宿留」。

明年，諸王就國，鄧太后特聽清河王置中尉、內史，賜什物皆取乘輿上御，以宋衍等並爲清河中大夫。〔一〕慶到國，下令：「寡人生於深宮，長於朝廷，〔二〕仰恃明主，垂拱受成。〔三〕既以薄祐，早離顧復，屬遭大憂，〔四〕悲懷感傷。蒙恩大國，職惟藩輔，新去京師，憂心煢煢，夙夜屏營，未知所立。〔五〕蓋聞智不獨理，必須明賢。今官屬並居爵任，失得是均，庶望上遵策戒，下免悔咎。其糺督非枉，明察典禁，無令孤獲怠慢之罪焉。」

〔一〕續漢（書）〔志〕曰：「中大夫，秩六百石，無員，掌奉王使至京師。」

〔二〕魯哀公與孔子言曰：「寡人生於深宮之中，長於婦人之手。」事見孫卿子也。

〔三〕垂拱言無爲也。尚書曰：「垂拱仰成。」

〔四〕屬，近。

〔五〕煢煢，孤特也。屏營，仿偟也。

鄧太后以殤帝襁抱，遠慮不虞，〔一〕留慶長子祜與嫡母耿姬居清河邸。至秋，帝崩，立祜爲嗣，是爲安帝。太后使中黃門送耿姬歸國。

〔一〕襁以繒帛爲之，即今之小兒綳也。綳音必衡反。

帝所生母左姬，字小娥，小娥姊字大娥，犍爲人也。初，伯父聖坐妖言伏誅，家屬沒官，二娥數歲入掖庭，及長，並有才色。小娥善史書，喜辭賦。和帝賜諸王宮人，因入清河第。慶初聞其美，賞傅母以求之。及後幸愛極盛，姬妾莫比。姊妹皆卒，葬於京師。

慶立凡二十五年，乃歸國。其年病篤，謂宋衍等曰：「清河埤薄，〔一〕欲乞骸骨於貴人冢傍下棺而已。朝廷大恩，猶當應有祠室，庶母子并食，魂靈有所依庇，死復何恨？」乃上書太后曰：「臣國土下溼，願乞骸骨，下從貴人於樊濯，雖歿且不朽矣。及今口目尚能言視，冒昧干請。命在呼吸，願蒙哀憐。」遂薨，年二十九。遣司空持節與宗正奉弔祭；又使長樂

謁者僕射、中謁者二人副護喪事；賜龍旂九旒，虎賁百人，儀比東海恭王。〔二〕太后使掖庭丞送左姬喪，與王合葬廣丘。

〔一〕埤音婢。

〔二〕旂有九旒，天子制也。恭王彊葬，贈以殊禮，升龍、旄頭、鸞輅、龍旂，虎賁百人。

子愍王虎威嗣。永初元年，太后封宋衍爲盛鄉侯，分清河爲二國，封慶少子常保爲廣川王，子女十一人皆爲鄉公主，食邑奉。明年，常保薨，無子，國除。

虎威立三年薨，亦無子。鄧太后復立樂安王寵子延平爲清河王，是爲恭王。〔一〕

〔一〕寵即千乘王伉之子。

太后崩，有司上言：「清河孝王至德淳懿，載育明聖，承天奉祚，爲郊廟主。漢興，高皇帝尊父爲太上皇，宣帝號父爲皇考，〔一〕序昭穆，置園邑。（太）〔大〕宗之義，舊章不忘。〔二〕宜上尊號曰孝德皇，皇妣左氏曰孝德后，孝德皇母宋貴人追謚曰敬隱后。」乃告祠高廟，使司徒持節與大鴻臚奉策書璽綬（之）清河，追上尊號；又遣中常侍奉太牢祠典，護禮儀侍中劉珍等及宗室列侯皆往會事。尊陵曰甘陵，廟曰昭廟，置令、丞，設兵車周衛，比章陵。〔三〕復以廣川益清河國。尊耿姬爲甘陵大貴人。又封女弟侍男爲涅陽長公主，別得爲舞陰長公主，久長爲濮陽長公主，直得爲平氏長公主。餘七主並早卒，故不及進爵。追贈敬隱后女

弟小貴人印綬，追封謚宋楊爲當陽穆侯。〔四〕楊四子皆爲列侯，食邑各五千戶。宋氏爲卿、校、侍中、大夫、謁者、郎吏十餘人。孝德后異母弟次及達生二人，諸子九人，皆爲清河國郎中。耿貴人者，牟平侯舒之孫也。貴人兄寶，襲封牟平侯。帝以寶嫡舅，寵遇甚渥，位至大將軍，事已見耿舒傳。

〔一〕宣帝父諱進，武帝時號史皇孫，坐戾太子事遇害。帝即位，追尊皇考，立廟。

〔二〕（太）〔大〕宗謂繼嗣也。左傳季桓子曰「舊章不可忘」也。

〔三〕皇考南頓君陵。

〔四〕當陽，今荆州也。

〔延平〕立三十五年薨，子蒜嗣。沖帝崩，徵蒜詣京師，將議爲嗣。會大將軍梁冀與梁太后立質帝，罷歸國。

蒜爲人嚴重，動止有度，朝臣太尉李固等莫不歸心焉。初，中常侍曹騰謁蒜，蒜不爲禮，宦者由此惡之。及帝崩，公卿皆正議立蒜，而曹騰說梁冀不聽，遂立桓帝。語在李固傳。蒜由此得罪。

建和元年，甘陵人劉文與南郡妖賊劉鮪交通，訛言清河王當統天下，欲共立蒜。事發覺，文等遂劫清河相謝暠，將至王宮司馬門，〔一〕曰：「當立王爲天子，暠爲公。」暠不聽，罵

之，文因刺殺暠。於是捕文、鮪誅之。有司因劾奏蒜，坐貶爵爲尉氏侯，徙桂陽，自殺。立三年，國絕。

〔一〕帝紀「謝」作「射」，蓋紀傳不同。

梁冀惡清河名，明年，乃改爲甘陵。梁太后立安平孝王子經侯理爲甘陵王，〔一〕奉孝德皇祀，是爲威王。

〔一〕安平王德，河閒王開子。

理立二十五年薨，子貞王定嗣。定立四年薨，子獻王忠嗣。黃巾賊起，忠爲國人所執，既而釋之。靈帝以親親故，詔復忠國。忠立十三年薨，嗣子爲黃巾所害，建安十一年，以無後，國除。

濟北惠王壽，母申貴人，潁川人也，世吏二千石。貴人年十三，入掖庭。壽以永元二年封，分太山郡爲國。和帝遵肅宗故事，兄弟皆留京師，恩寵篤密。有司請遣諸王歸藩，不忍許之，及帝崩，乃就國。永初元年，鄧太后封壽舅申轉爲新亭侯。壽立三十一年薨。自永初已後，戎狄叛亂，國用不足，始封王薨，減賻錢爲千萬，布萬匹；嗣王薨，五百萬，布五千匹。時唯壽最尊親，特賻錢三千萬，布三萬匹。

子節王登嗣。永寧元年，封登弟五人爲鄉侯，皆別食太山邑。登立十五年薨，子哀王多嗣。多立三年薨，無子。永和四年，立戰鄉侯安國爲濟北王，是爲釐王。〔一〕

〔一〕釐音僖也。

安國立（十）〔七〕年薨，子孝王次嗣。本初元年，封次弟猛爲亭侯。次九歲喪父，至孝。建和元年，梁太后下詔曰：「濟北王次以幼年守藩，躬履孝道，父沒哀慟，焦毀過禮，草廬土席，衰杖在身，頭不枇沐，體生瘡腫。諒闇已來二十八月，自諸國有憂，未之聞也，朝廷甚嘉焉。書不云乎：『用德章厥善。』〔一〕詩云：『孝子不匱，永錫爾類。』〔二〕今增次封五千戶，廣其土宇，以慰孝子惻隱之勞。」

〔一〕尚書盤庚之辭也。言以道德明之，使競爲善也。

〔二〕詩大雅也。匱，竭也。類，善也。永，長也。言孝子之行，無有匱竭，長賜與汝之族類，致道天下。

次立〔十〕七年薨，子鸞嗣。鸞薨，子政嗣。政薨，無子，建安十一年，國除。

河閒孝王開，以永元二年封，分樂成、勃海、涿郡爲國。延平元年就國。開奉遵法度，吏人敬之。永寧元年，鄧太后封開子翼爲平原王，奉懷王勝祀；〔一〕子德爲安平王，奉樂成王黨祀。〔二〕

〔一〕勝，和帝子。

〔二〕黨，明帝子也。

開立四十二年薨，子惠王政嗣。政慠佷，不奉法憲。順帝以侍御史吳郡沈景有彊能稱，故擢爲河閒相。景到國謁王，王不正服，箕踞殿上。侍郎贊拜，景峙不爲禮。〔一〕問王所在，虎賁曰：「是非王邪？」景曰：「王不服，常人何別！今相謁王，豈謁無禮者邪！」王慙而更服，景然後拜。出住宮門外，請王傅責之曰：「前發京師，陛下見受詔，以王不恭，使相檢督。諸君空受爵祿，而無訓導之義。」因奏治罪。詔書讓政而詰責傅。景因捕諸姦人上案其罪，〔二〕殺戮尤惡者數十人，出冤獄百餘人。政遂爲改節，悔過自脩。陽嘉元年，封政弟十三人皆爲亭侯。

〔一〕峙，立也。

〔二〕上，奏上也，音市丈反。

政立十年薨，子貞王建嗣。建立十年薨，子安王利嗣。利立二十八年薨，子陔嗣。陔

立四十一年，魏受禪，以爲崇德侯。

蠡吾侯翼，元初六年鄧太后徵濟北、河閒王諸子詣京師，奇翼美儀容，故以爲平原懷王後焉。〔一〕留在京師。歲餘，太后崩。安帝乳母王聖與中常侍江京等譖鄧騭兄弟及翼，云與中大夫趙王謀圖不軌，闚覦神器，懷大逆心。〔二〕貶爲都鄉侯，遣歸河閒。翼於是謝賓客，閉門自處。永建五年，父開上書，願分蠡吾縣以封翼，順帝從之。

〔一〕平原王得無子，故立之也。

〔二〕神器喻帝位也。老子曰：「天下神器，不可爲也。」

翼卒，子志嗣，爲大將軍梁冀所立，是爲桓帝。梁太后詔追尊河閒孝王爲孝穆皇，夫人趙氏曰孝穆后，廟曰清廟，陵曰樂成陵；蠡吾先侯曰孝崇皇，廟曰烈廟，陵曰博陵。皆置令、丞，使司徒持節奉策書、璽綬，祠以太牢。建和二年，更封帝（兄）〔弟〕都鄉侯碩爲平原王，留博陵，奉翼後。尊翼夫人馬氏爲孝崇博園貴人，以涿郡之良鄉、故安，河閒之蠡吾三縣爲湯沐邑。碩嗜酒，多過失，帝令馬貴人領王家事。建安十一年，國除。

解瀆亭侯淑，以河閒孝王子封。淑卒，子（長）〔萇〕嗣。（長）〔萇〕卒，子宏嗣，爲大將軍竇武所立，是爲靈帝。建寧元年，竇太后詔追尊皇祖淑爲孝元皇，夫人夏氏曰孝元后，陵曰敦陵，廟曰靖廟；皇考長爲孝仁皇，夫人董氏爲愼園貴人，陵曰愼陵，廟曰奐廟。皆置令、丞，

使司徒持節之河閒奉策書、璽綬，祠以太牢，常以歲時遣中常侍持節之河閒奉祠。熹平三年，使使拜河閒安王利子康爲濟南王，奉孝仁皇祀。康薨，子贇嗣，建安十二年，爲黃巾賊所害。子開嗣，立十三年，魏受禪，以爲崇德侯。

城陽懷王淑，以永元二年分濟陰爲國。立五年薨，葬於京師。無子，國除，還幷濟陰。

廣宗殤王萬歲，以永元五年封，分鉅鹿爲國。其年薨，葬於京師。無子，國除，還幷鉅鹿。

平原懷王勝，和帝長子也。不載母氏。少有痼疾，延平元年封。立八年薨，葬於京師。無子，鄧太后立樂安夷王寵子得爲平原王，奉勝後，是爲哀王。得立六年薨，無子，永寧元年，太后又立河閒王開子都鄉侯翼爲平原王嗣。安帝廢之，國除。

論曰：傳稱吳子夷昧，甚德而度，有吳國者，必其子孫。〔一〕章帝長者，事從敦厚，繼祀漢室，咸其苗裔，古人之言信哉！

〔一〕夷昧，吳君之名。左傳屈狐庸謂趙文子曰：「若天所啓，其在今嗣君乎？甚德而度，德不失人，度不失事，有吳國者，必此君之子孫也。」杜預注云：「嗣君謂夷昧也。」

贊曰：章祚不已，本枝流祉。質惟伉孫，安亦慶子。河閒多福，桓、靈承祀。濟北無驕，皇恩寵饒。平原抱痼，三王薨朝。〔一〕振振子孫，或秀或苗。〔二〕

〔一〕平春王全、廣宗王萬歲、城陽王淑並薨於京師也。

〔二〕振振，仁厚貌也，音之人反。詩國風曰：「宜爾子孫振振兮。」論語曰：「苗而不秀者有矣夫，秀而不實者有矣夫！」苗謂早夭，秀謂成長也。

校勘記

一七九七頁二行　章帝八王傳第四十五　按：集解引黃山說，謂八王中平原王勝既爲和帝子，應稱「章和八王」，如前書「宣元六王」之例，「帝」蓋誤字。

一七九七頁九行　改（封）鴻（封）勃海王　校補謂案文「鴻封」當作「封鴻」。今據改。

一七九八頁一行　奉鴻（嗣）〔祀〕　據汲本、殿本改。

一七九九頁五行　大貴人生慶　按：集解引惠棟說，謂續漢書云「小貴人」。

一八〇一頁六行　中傳官者也　按：汲本「官者」作「官名」。

一八〇二頁三行　慶到國下令　按：刊誤謂「令」下少一「曰」字。

一八〇二頁一三行　既以薄祐　按：「祐」當作「祜」，汲本正作「祜」。然范書「祜」字皆作「祐」，或別有所諱，參閱周章傳校記。

一八〇三頁一行　續漢（書）〔志〕曰　按：「書」當作「志」，各本皆失正，今改。

一八〇三頁六行　留慶長子祐　集解引惠棟說，謂按說文當作「祜」。今按：范書「祜」皆作「祐」，參閱周章傳校記。

一八〇四頁一〇行　（太）〔大〕宗之義　按：殿本考證謂何焯校本「太」改「大」，是。今據改。注同。

一八〇四頁一二行　使司徒持節與大鴻臚奉策書璽綬（之）清河　校補謂案文「清河」上少一「之」字。今據補。

一八〇五頁四行　事已見耿舒傳　「已」原作「以」，逕據汲本、殿本改。按：已以通。

一八〇五頁九行　（延平）立三十五年薨　據刊誤補。

一八〇五頁一四行　甘陵人劉文與南郡妖賊劉鮪交通　按：集解引洪頤煊說，謂李固傳「甘陵劉文，魏郡劉鮪，各謀立蒜爲天子」。甘陵、魏郡皆與清河近，此作「南郡」，誤。又「劉鮪」朱穆傳作

「嚴鮪」。

一八〇六頁一行　坐貶爵爲尉氏侯徙桂陽　按：集解引惠棟說，謂天文志「徙爲犍爲都鄉侯，薨，國絕」。

一八〇七頁四行　立戰鄉侯安國爲濟北王　按：集解引惠棟說，謂「戰鄉」疑作「關鄉」。又引錢大昕說，謂和帝紀封故濟北王壽子安爲濟北王，無「國」字。

一八〇七頁六行　安國立(十)〔七〕年薨　張熷謂案文「十」當爲「七」。質帝紀永嘉元年四月，濟北王安薨，距永和四年止七年耳。今據改。

一八〇七頁一三行　次立〔十〕七年薨　張森楷校勘記謂次以本初元年嗣，若立七年，當薨於元嘉二年，而本紀於延熹五年乃有次薨之文，則相距十七年矣，「七」上明奪「十」字。今據補。

一八〇八頁二行　永寧元年至恭樂成王黨祀　按：集解引錢大昕說，謂安帝紀是年與平原王同封者，乃濟北王壽之子樂成王萇也。其明年爲建光元年，鄧太后崩，樂成王萇亦以罪廢。又明年爲延光元年，始改樂成國爲安平，封河閒王開子得爲王，得與德本一人也。此傳蓋有脫文，不可考矣。

一八〇八頁八行　王不服　按：刊誤謂「服」上少一「王」字。

一八〇九頁四行　中大夫趙王　按：集解引惠棟說，謂蔣果云「中大夫」疑當作「中大人」。又殿本考證謂「王」字疑當作「玉」，鄧太后紀有宮人趙玉。

一八〇九頁一〇行　更封帝(兄)〔弟〕都鄉侯碩爲平原王　按：「兄」當依桓帝紀作「弟」。桓帝紀校補引侯康說，謂東觀記稱桓帝爲蠡吾侯長子，則帝不得有兄也。今據改。

一八〇九頁一三行　子(長)〔萇〕嗣　刊誤謂案紀「長」作「萇」，他書亦然，明此誤。今據改。

一八一〇頁二行　康爲濟南王　按：集解引錢大昕說，謂案光武子有濟南安王康，此濟南王亦名康，先後同國同名，亦可疑也。御覽引續漢書，此濟南王名庚。

一八一〇頁三行　子開嗣　按：集解引惠棟說，謂開爲孝王六世孫，不應與始封之祖同諱，有誤。

後漢書卷五十六

張王种陳列傳第四十六

張皓字叔明，犍爲武陽人也。六世祖良，高帝時爲太子少傅，封留侯。皓少游學京師，(初)永元中，歸仕州郡，辟大將軍鄧騭府，五遷尚書僕射，職事八年，出爲彭城相。〔一〕

〔一〕明帝子彭城王恭之相也。

永寧元年，徵拜廷尉。皓雖非法家，而留心刑斷，數與尚書辯正疑獄，多以詳當見從。〔二〕時安帝廢皇太子爲濟陰王，皓與太常桓焉、太僕來歷廷爭之，不能得。事已具來歷傳。退而上疏曰：「昔賊臣江充，造構讒逆，至令戾園興兵，終及禍難。〔三〕後壺關三老一言，上乃覺悟，雖追前失，悔之何逮！〔四〕今皇太子春秋方始十歲，未見保傅九德之義，〔五〕宜簡賢輔，就成聖質。」書奏不省。

〔二〕詳審而平當也。

〔三〕趙人江充，字次倩。武帝時，爲直指繡衣，劾太子家吏行馳道中，恐爲太子所誅，見上年老，意多所惡，因言左右皆

爲巫蠱。上乃使充捕案巫蠱。既知上意太子，乃言宮中有蠱氣，遂掘蠱太子宮，得桐木人。時上疾在甘泉宮，太子懼，不能自明，收充斬之，發兵與丞相劉屈氂戰，敗，亡走湖，自殺。後太子孫宣帝即位，追謚太子曰戾，於湖置園邑奉祠，故曰戾園。

〔四〕逮，及也。太子死後，壺關三老令狐茂上書訟太子冤，武帝感寤，憐太子無辜，乃族滅江充，作思子宮，爲歸來望思之臺於湖，天下聞而悲之。事見前書。

〔五〕尚書皋繇陳九德，曰「寬而栗，柔而立，愿而恭，亂而敬，擾而毅，直而溫，簡而廉，剛而塞，彊而誼」也。

及順帝即位，拜皓司空，在事多所薦達，天下稱其推士。時清河趙騰上言災變，譏刺朝政，章下有司，收騰繫考，所引黨輩八十餘人，皆以誹謗當伏重法。皓上疏諫曰：「臣聞堯舜立敢諫之鼓，三王樹誹謗之木，春秋採善書惡，聖主不罪芻蕘。〔一〕騰等雖干上犯法，所言本欲盡忠正諫。如當誅戮，天下杜口，塞諫爭之源，非所以昭德示後也。」帝乃悟，減騰死罪一等，餘皆司寇。〔二〕四年，以陰陽不和策免。

〔一〕左氏傳曰：「春秋之稱，微而顯，志而晦，懲惡而勸善，非聖人誰能修之。」

〔二〕前書音義曰：「司寇，二歲刑也。」輸作司寇，因以名焉。

陽嘉元年，復爲廷尉。其年卒官，時年八十三。遣使者弔祭，賜葬地於河南縣。子綱。

綱字文紀。少明經學。雖爲公子，而厲布衣之節。舉孝廉不就，司徒辟高第爲(侍)御

史。時順帝委縱宦官，有識危心。綱常感激，慨然歎曰：「穢惡滿朝，不能奮身出命埽國家之難，雖生吾不願也。」退而上書曰：「詩曰：『不愆不忘，率由舊章。』〔一〕尋大漢初隆，及中興之世，文、明二帝，德化尤盛。觀其理爲，易循易見，但恭儉守節，約身尙德而已。中官常侍不過兩人，近倖賞賜裁滿數金，惜費重人，故家給人足。夷狄聞中國優富，任信道德，所以姦謀自消而和氣感應。而頃者以來，不遵舊典，無功小人皆有官爵，富之驕之而復害之，非愛人重器，承天順道者也。〔二〕伏願陛下少留聖恩，割損左右，以奉天心。」書奏不省。

〔一〕詩大雅也。愆，過也。率，循也。言成王令德，不過循用舊典之文。

〔二〕器謂車服也。言無功小人不可妄授也。左傳曰「唯器與名不可以假人」也。

漢安元年，選遣八使徇行風俗，皆耆儒知名，多歷顯位，〔一〕唯綱年少，官次最微。餘人受命之部，而綱獨埋其車輪於洛陽都亭，曰：「豺狼當路，安問狐狸！」〔二〕遂奏曰：「大將軍冀，河南尹不疑，蒙外戚之援，荷國厚恩，以芻蕘之資，居阿衡之任，不能敷揚五教，翼讚日月，而專爲封豕長蛇，肆其貪叨，〔三〕甘心好貨，縱恣無底，多樹諂諛，以害忠良。誠天威所不赦，大辟所宜加也。謹條其無君之心十五事，斯皆臣子所切齒者也。」〔四〕書御，京師震竦。〔五〕時冀妹爲皇后，內寵方盛，諸梁姻族滿朝，帝雖知綱言直，終不忍用。

〔一〕周舉傳曰：「詔遣八使巡行風俗，同時俱拜，天下號曰『八俊』。刺史、二千石有臧罪者，驛馬上之，墨綬已下便

收；其有清勤忠惠宜表異者，狀聞。」八使名見順帝紀。

〔二〕前書京兆督郵侯文之辭。

〔三〕左傳申包胥曰「吳爲封豕長蛇，荐食上國」也。

〔四〕左傳曰「有無君之心，而後動於惡」也。前書鄒陽讀蓋侯王長君曰：「太后怫鬱泣血，切齒側目於貴臣矣。」

〔五〕御，進也。

時廣陵賊張嬰等衆數萬人，殺刺史、二千石，寇亂揚徐閒，積十餘年，朝廷不能討。冀乃諷尙書，以綱爲廣陵太守，因欲以事中之。前遣郡守，率多求兵馬，綱獨請單車之職。既到，乃將吏卒十餘人，徑造嬰壘，以慰安之，求得與長老相見，申示國恩。嬰初大驚，既見綱誠信，乃出拜謁。綱延置上坐，問所疾苦。乃譬之曰：「前後二千石多肆貪暴，〔一〕故致公等懷憤相聚。二千石信有罪矣，然爲之者又非義也。今主上仁聖，欲以文德服叛，故遣太守，思以爵祿相榮，不願以刑罰相加，今誠轉禍爲福之時也。若聞義不服，天子赫然震怒，荆、揚、兗、豫大兵雲合，豈不危乎？若不料彊弱，非明也；弃善取惡，非智也；去順效逆，非忠也；身絕血嗣，非孝也；〔二〕背正從邪，非直也；見義不爲，非勇也：六者成敗之幾，利害所從，公其深計之。」嬰聞，泣下，曰：「荒裔愚人，不能自通朝廷，不堪侵枉，遂復相聚偷生，若魚遊釜中，喘息須臾閒耳。今聞明府之言，乃嬰等更生之(晨)〔辰〕也。既陷不義，實恐投兵之日，不免孥戮。」綱約之以天地，誓之以日月，嬰深感悟，乃辭還營。明日，將所部萬餘人與妻子面縛歸降。綱乃單車入嬰壘，大會，置酒爲樂，散遣部衆，任從所之；親爲卜居宅，相田疇；〔三〕子弟欲爲吏者，皆引召之。人情悅服，南州晏然。朝廷論功當封，梁冀遏絕，乃止。天子嘉美，徵欲擢用綱，而嬰等上書乞留，乃許之。

〔一〕二千石謂太守也。

〔二〕凡祭皆用牲，故曰血嗣。

〔三〕相，視也。田並畔曰疇。

綱在郡一年，年四十六卒。百姓老幼相攜，詣府赴哀者不可勝數。綱自被疾，吏人咸爲祠祀祈福，皆言「千秋萬歲，何時復見此君」。張嬰等五百餘人制服行喪，送到犍爲，負土成墳。詔曰：「故廣陵太守張綱，大臣之苗，剖符統務，正身導下，班宣德信，降集劇賊張嬰萬人，息干戈之役，濟蒸庶之困，未升顯爵，不幸早卒。嬰等縗杖，若喪考妣，朕甚愍焉！」拜綱子續爲郎中，賜錢百萬。

王龔字伯宗，山陽高平人也。世爲豪族。初舉孝廉，稍遷青州刺史，劾奏貪濁二千石

數人，安帝嘉之，徵拜尙書。建光元年，擢爲司隸校尉，明年遷汝南太守。政崇溫和，好才愛士，引進郡人黃憲、陳蕃等。憲雖不屈，蕃遂就吏。蕃性氣高明，初到，龔不即召見之，乃留記謝病去。龔怒，使除其錄。功曹袁閬請見，言曰：「聞之傳曰『人臣不見察於君，不敢立於朝』。蕃既以賢見引，不宜退以非禮。」龔改容謝曰：「是吾過也。」乃復厚遇待之。由是後進知名之士莫不歸心焉。閬字奉高。數辭公府之命，不修異操，而致名當時。

永建元年，徵龔爲太僕，轉太常。四年，遷司空，以地震策免。

永和元年，拜太尉。在位恭愼，自非公事，不通州郡書記。其所辟命，皆海內長者。龔深疾宦官專權，志在匡正，乃上書極言其狀，請加放斥。諸黃門恐懼，各使賓客誣奏龔罪，順帝命亟自實。〔一〕前掾李固時爲大將軍梁商從事中郎，乃奏記於商曰：「今旦聞下太尉王公勑令自實，未審其事深淺何如。王公束脩厲節，敦樂藝文，不求苟得，不爲苟行，〔二〕但以堅貞之操，違俗失衆，橫爲讒佞所構毀，衆人聞知，莫不歎慄。夫三公尊重，承天象極，未有詣理訴冤之義。〔三〕纖微感槩，輒引分決，是以舊典不有大罪，不至重問。〔四〕王公沈靜內明，不可加以非理。卒有它變，則朝廷獲害賢之名，羣臣無救護之節矣。昔絳侯得罪，袁盎解其過，〔五〕魏尙獲戾，馮唐訴其冤，〔六〕時君善之，列在書傳。今將軍內倚至尊，外典國柄，言重信著，指撝無違，宜加表救，濟王公之艱難。語曰：『善人在患，飢不及餐。』斯其

時也。」商卽言之於帝，事乃得釋。

〔一〕亟，急也，音紀力反。
〔二〕前書曰，楊子雲曰：「蜀嚴湛冥不作苟見，不爲苟得。」
〔三〕三公承助天子，位象三台，故曰承天象極。哀帝時，丞相王嘉有罪，召詣廷尉詔獄。主簿曰「將相不對理陳冤，相踵以爲故事，君侯宜引決」也。
〔四〕大臣獄重，故曰重問。成帝時，丞相薛宣、御史大夫翟方進有罪，上使五二千石雜問。晉義云：「大獄重，故以二千石五人同問之。」
〔五〕文帝時，丞相絳侯周勃免就國，人告以爲反，諸公莫敢爲言，唯郎中袁盎明絳侯無罪。絳侯得釋，盎有力也。
〔六〕馮唐，安陵人，文帝時爲郎署長。上與論將帥，唐曰：「臣聞魏尚爲雲中守，坐上功首虜差六級，陛下下之吏，削其爵，罰作之。臣愚以爲陛下法太明，罰太重。」文帝悅，捨尙復官也。

龔在位五年，以老病乞骸骨，卒於家。子暢。

論曰：張晧、王龔，稱爲〔雅〕〔推〕士，若其好通汲善，明發升薦，仁人之情也。夫士進則世收其器，賢用卽人獻其能。能獻既已厚其功，器收亦理兼天下。〔一〕其利甚博，而人莫之先，豈同折枝於長者，以不爲爲難乎？〔二〕昔柳下惠見抑於臧文，〔三〕淳于長受稱于方進。〔四〕然則立德者以幽陋好遺，顯登者以貴塗易引。故晨門有抱關之夫，〔五〕柱下無朱文之軫也。〔六〕

〔一〕言賢人見用，則人競獻其所能。但有能卽獻，勳必有功，功多賞厚，故言已厚其功。有才器必被收用，用則海內蒙福，故曰理兼天下。
〔二〕以不爲爲難，言不之難也。謂進賢達士，同折枝之易，而不爲之。孟子謂齊宣王曰：「今恩足以及禽獸，而不能加於百姓者何？非力不能，是不爲也。」王曰：「不能不爲，二者謂何也？」孟子曰：「夫挾太山以超北海，王能乎？」王曰：「不能。」「爲長者折枝，王能乎？」曰：「不能也。」孟子曰：「夫挾太山以超〔北〕海，是實不能，不可彊也。爲長者折枝甚易，而王不爲，非不能也。老吾老，以及人之老，幼吾幼，以及人之幼，天下可運諸掌，何爲不能加於百姓乎？」劉熙注孟子曰：「折枝，若今之案摩也。」
〔三〕柳下惠姓展，名禽，字獲，食邑於柳下，謚曰惠。臧文仲，魯大夫，姓臧孫，名辰。左傳仲尼曰：「臧文仲不仁者三，下展禽，廢六關，妾織蒲。」言文仲知柳下惠之賢而使在下位，故曰抑之。
〔四〕成帝時，定陵侯淳于長以太后姊子爲九卿。翟方進爲丞相，獨與長交，稱薦之。
〔五〕論語：「子路宿於石門。晨門曰：『奚自？』」注云：「石門，魯城外門也。晨，主守門，晨夜開閉也。」史記，侯嬴，夷門抱關者。守門必抱關，故兼言之。
〔六〕神仙傳曰：「老子，周宣王時爲柱下史。」朱文，晝車爲文也。軫，車後橫木也。言貧賤之人，多被淪弃，所以晨門之下必有抱關之賢，柱下之微永無朱文之轓也。

暢字叔茂。少以淸實爲稱，無所交黨。初舉孝廉，辭病不就。大將軍梁商特辟舉茂才，四遷尙書令，出爲齊相。〔一〕徵拜司隸校尉，轉漁陽太守。所在以嚴明爲稱。坐事免官。是時政事多歸尙書，桓帝特詔三公，令高選庸能。〔二〕太尉陳蕃薦暢淸方公正，有不可犯之色，〔三〕由是復爲尙書。

〔一〕齊王喜之相。
〔二〕庸，功也。
〔三〕禮記曰：「介胄之士，則有不可犯之色。」

尋拜南陽太守。前後二千石逼懼帝鄉貴戚，多不稱職。暢深疾之，下車奮厲威猛，其豪黨有釁穢者，莫不糾發。會赦，事得散。暢追恨之，更爲設法，諸受臧二千萬以上不自首實者，盡入財物；若其隱伏，使吏發屋伐樹，堙井夷竈，豪右大震。功曹張敞奏記諫曰：「五教在寬，著之經典。湯去三面，八方歸仁。〔一〕武王入殷，先去炮格之刑。〔二〕高祖鑒秦，唯定三章之法。孝文皇帝感一緹縈，蠲除肉刑。〔三〕卓茂、文翁、召父之徒，皆疾惡嚴刻，務崇溫厚。〔四〕仁賢之政，流聞後世。夫明哲之君，網漏吞舟之魚，〔五〕然後三光明於上，人物悅於下。言之若迂，其效甚近。〔六〕發屋伐樹，將爲嚴烈，雖欲懲惡，難以聞遠。以明府上智之才，日月之曜，〔七〕敷仁惠之政，則海內改觀，實有折枝之易，而無挾山之難。郡爲舊都侯甸

之國，園廟出於章陵，〔八〕三后生自新野，〔九〕士女沾教化，黔首仰風流，自中興以來，功臣將相，繼世而隆。愚以爲懇懇用刑，不如行恩；孳孳求姦，未若禮賢。舜舉皐陶，不仁者遠。〔一〇〕隨會爲政，晉盜奔秦。〔一一〕虞、芮入境，讓心自生。〔一二〕化人在德，不在用刑。」暢深納敞諫，更崇寬政，愼刑簡罰，教化遂行。

〔一〕史記曰，湯爲夏方伯，得專征伐。出見野張四面網，祝曰：「自天下四方，皆入吾網。」湯曰：「嘻，盡之矣！」去其三面！」祝曰：「欲左左，欲右右，不用命，乃入吾網。」諸侯聞曰：「湯德至禽獸！」於是諸侯畢服。嘻音僖。
〔二〕列女傳：「紂爲銅柱，以膏塗之，加于炭之上，使有罪緣焉，足滑跌墮，紂與妲己笑以爲樂，名曰炮格之刑。」臣賢案：史記及帝王代紀皆言文王爲西伯，獻洛西之地，請除炮格之刑。今云武王，與此不同。
〔三〕文帝時，太倉令淳于公有罪當刑。淳于公無男，有五女，罵其女曰：「生女不生男，緩急非有益也。」其少女緹縈自傷悲泣，隨父至長安，上書請沒官爲婢以贖父。文帝悲憐其意，爲除肉刑。
〔四〕景帝時，文翁爲蜀郡守，仁愛教化。宣帝時，召信臣爲南陽太守，視人如子，其化大行。
〔五〕韓詩外傳曰：「夫吞舟之魚，不居潛澤。」前書曰「高祖約法三章，號爲網漏吞舟之魚」也。
〔六〕迂，遠也。
〔七〕莊子曰「飾智以驚愚，修身以明汚，昭昭乎若揭日月而行」也。
〔八〕五百里甸服，千里侯服。南陽去洛千里，故曰侯甸。南頓君以上四廟在焉。
〔九〕光烈皇后，和帝陰后、鄧后，並新野人。

〔一〇〕論語子夏之辭也。

〔一一〕左傳，晉命隨會將中軍，且爲太傅，晉國之盜奔秦也。

〔一二〕史記曰，文王爲西伯，陰行善化，諸侯皆來決平。於是虞、芮之人有獄不決，乃如周。入界，見耕者讓畔，少者讓長。虞、芮二人不見西伯，慙而相謂曰：「吾所爭，周人所恥，昜爲取辱？」遂俱讓而還也。

郡中豪族多以奢靡相尚，暢常布衣皮褥，車馬羸敗，以矯其敝。同郡劉表時年十七，從暢受學。進諫曰：「夫奢不僭上，儉不逼下，〔一〕循道行禮，貴處可否之閒。蘧伯玉恥獨爲君子。府君不希孔聖之明訓，而慕夷齊之末操，〔二〕無乃皎然自貴於世乎？」暢曰：「昔公儀休在魯，拔園葵，去織婦；〔三〕孫叔敖相楚，其子被裘刈薪。〔四〕夫以約失之鮮矣。〔五〕聞伯夷之風者，貪夫廉，懦夫有立志。〔六〕雖以不德，敢慕遺烈。」

〔一〕禮記曰「君子上不僭上，下不逼下」也。

〔二〕論語孔子曰：「奢則不遜，儉則固。」言仲尼得奢儉之中，而夷齊飢死，是末操也。

〔三〕史記曰，魯相公儀休之其家，見織帛，怒而出其婦，食於舍而茹葵，愠而拔其葵，曰：「吾已食祿，又奪園夫女子利乎？」

〔四〕史記曰，孫叔敖爲楚相，且死，屬其子曰：「我死，汝貧困，往見優孟，言孫叔敖子也。」居數年，其子貧，負薪逢優孟。優孟言之於王，封之寢丘四百戶也。

〔五〕論語孔子之辭也。言儉則無失。

〔六〕孟子之辭。

後徵爲長樂衞尉。建寧元年，遷司空，數月，以水災策免。明年，卒於家。子謙，爲大將軍何進長史。謙子粲，以文才知名。〔一〕

〔一〕粲字仲宣。蔡邕見而奇之。時邕才學顯著，貴重朝廷，車騎填門，賓客盈坐。聞粲在門，倒屣迎之。既至，年幼，容狀短小，一座盡驚。邕曰：「王公之孫，有異才，吾不如也。」太祖辟粲爲丞相掾，後爲侍中。博物多識，問無不對。嘗與人行，讀道邊碑，人問「卿能闇記乎」？因使背而誦之，一文不失。觀人圍碁，粲爲覆之，棊者不信，以帊蓋之，更以它局爲之，不誤一道。年四十卒。魏志有傳。

种暠字景伯，河南洛陽人，仲山甫之後也。父爲定陶令，有財三千萬。父卒，暠悉以賑卹宗族及邑里之貧者。其有進趣名利，皆不與交通。始爲縣門下史。時河南尹田歆外甥王諶，名知人。〔一〕歆謂之曰：「今當舉六孝廉，多得貴戚書命，不宜相違，欲自用一名士以報國家，爾助我求之。」明日，諶送客於大陽郭，遙見暠，異之。還白歆曰：「爲尹得孝廉矣，近洛陽門下史也。」歆笑曰：「當得山澤隱滯，(近)〔迺〕洛陽吏邪？」諶曰：「山澤不必有異士，異士不必在山澤。」歆卽召暠於庭，辯詰職事。暠辭對有序，歆甚知之，召署主簿，遂舉孝廉，辟太尉府，舉高第。

〔一〕有知人之名也。

順帝末，爲侍御史。時所遣八使光祿大夫杜喬、周舉等，多所糾奏，而大將軍梁冀及諸宦官互爲請救，事皆被寢遏。暠自以職主刺舉，志案姦違，乃復劾諸爲八使所舉蜀郡太守劉宣等罪惡章露，宜伏歐刀。又奏請勑四府條舉近臣父兄及知親爲刺史、二千石尤殘穢不勝任者，免遣案罪。帝乃從之。擢暠監太子於承光宮。中常侍高梵從中單駕出迎太子，時太傅杜喬等疑不欲從，惶惑不知所爲。暠乃手劒當車，曰：「太子國之儲副，人命所係。今常侍來無詔信，何以知非姦邪？今日有死而已。」梵辭屈，不敢對，馳命奏之。詔報，太子乃得去。喬退而歎息，愧暠臨事不惑。帝亦嘉其持重，稱善者良久。

出爲益州刺史。暠素慷慨，好立功立事。在職三年，宣恩遠夷，開曉殊俗，岷山雜落皆懷服漢德。其白狼、槃木、唐菆、邛、僰諸國，〔一〕自前刺史朱輔卒後遂絕；暠至，乃復舉種向化。時永昌太守冶鑄黃金爲文蛇，以獻梁冀，暠糾發逮捕，馳傳上言，而二府畏懦，不敢案之，冀由是銜怒於暠。會巴郡人服直聚黨數百人，自稱「天王」，〔二〕暠與太守應承討捕，不克，吏人多被傷害。冀因此陷之，傳逮暠、承。太尉李固上疏救曰：「臣伏聞討捕所傷，本非暠、承之意，實由縣吏懼法畏罪，迫逐深苦，致此不詳。比盜賊羣起，處處未絕。暠、承以

首舉大姦，而相隨受罪，臣恐沮傷州縣糾發之意，更共飾匿，莫復盡心。」〔三〕梁太后省奏，乃赦暠、承罪，免官而已。

〔一〕菆音側留反。

〔二〕「直」或作「宜」。

〔三〕言各飾僞辭，隱匿眞狀也。

後涼州羌動，以暠爲涼州刺史，甚得百姓歡心。被徵當遷，吏人詣闕請留之，太后歎曰：「未聞刺史得人心若是。」乃許之。暠復留一年，遷漢陽太守，戎夷男女送至漢陽界，暠與相揖謝，千里不得乘車。及到郡，化行羌胡，禁止侵掠。遷使匈奴中郎將。時遼東烏桓反叛，復轉遼東太守，烏桓望風率服，迎拜於界上。坐事免歸。

後司隸校尉舉暠賢良方正，不應。徵拜議郎，遷南郡太守，入爲尚書。會匈奴寇幷涼二州，桓帝擢暠爲度遼將軍。暠到營所，先宣恩信，誘降諸胡，其有不服，然後加討。羌虜先時有生見獲質於郡縣者，悉遣還之。誠心懷撫，信賞分明，由是羌胡、龜茲、莎車、烏孫等皆來順服。暠乃去烽燧，除候望，〔一〕邊方晏然無警。

〔一〕晝舉烽，夜燔燧。解見光武紀。

入爲大司農。延熹四年，遷司徒。推達名臣橋玄、皇甫規等，爲稱職相。在位三年，年

六十一薨。并、涼邊人咸爲發哀。匈奴聞暠卒，舉國傷惜。單于每入朝賀，望見墳墓，輒哭泣祭祀。二子：岱，拂。

岱字公祖。好學養志。舉孝廉、茂才，辟公府，皆不就。公車特徵，病卒。

初，岱與李固子燮同徵議郎，燮聞岱卒，痛惜甚，乃上書求加禮於岱。曰：「臣聞仁義興則道德昌，道德昌則政化明，政化明而萬姓寧。伏見故處士种岱，淳和達理，耽悅詩書，富貴不能回其慮，萬物不能擾其心。稟命不永，奄然殂殞。若不槃桓難進，等輩皆已公卿矣。〔一〕昔先賢既沒，有加贈之典，〔二〕周禮盛德，有銘誄之文，〔三〕而岱生無印綬之榮，卒無官謚之號。雖未建忠效用，而爲聖恩所拔，遐邇具瞻，宜有異賞。」朝廷竟不能從。

〔一〕易屯卦曰：「槃桓，利居貞。」

〔二〕春秋隱公五年，臧僖伯卒，隱公葬之加一等。杜預曰：「加命服之一等。」

〔三〕周禮司勳曰：「凡有功者，銘書於王之太常。」又曰「卿大夫之喪，賜謚誄」也。

拂字穎伯。初爲司隸從事，拜宛令。時南陽郡吏好因休沐，游戲市里，爲百姓所患。拂出逢之，必下車公謁，以愧其心，自是莫敢出者。政有能名，累遷光祿大夫。初平元年，

代荀爽爲司空。明年，以地震策免，復爲太常。

李傕、郭汜之亂，長安城潰，百官多避兵衝。拂揮劒而出曰：「爲國大臣，不能止戈除暴，致使凶賊兵刃向宮，去欲何之！」遂戰而死。子劭。

劭字申甫。少知名。中平末，爲諫議大夫。

大將軍何進將誅宦官，召并州牧董卓，至澠池，而進意更狐疑，遣劭宣詔止之。卓不受，遂前至河南。劭迎勞之，因譬令還軍。卓疑有變，使其軍士以兵脅劭。劭怒，稱詔大呼叱之，軍士皆披，〔一〕遂前質責卓。卓辭屈，乃還軍夕陽亭。〔二〕

〔一〕披音芳靡反。

〔二〕夕陽亭在河南城西。

及進敗，獻帝即位，拜劭爲侍中。卓既擅權，而惡劭彊力，遂左轉議郎，出爲益涼二州刺史。會父拂戰死，竟不之職。服終，徵爲少府、大鴻臚，皆辭不受。曰：「昔我先父以身徇國，吾爲臣子，不能除殘復怨，何面目朝覲明主哉！」遂與馬騰、韓遂及左中郎劉範、諫議大夫馬宇共攻李傕、郭汜，以報其仇。與汜戰於長平觀下，〔一〕軍敗，劭等皆死。騰遂還涼州。

〔一〕長平，阪名也。有觀，在長安西十五里也。

陳球字伯眞，下邳淮浦人也。歷世著名。〔一〕父亹，廣漢太守。〔二〕球少涉儒學，善律令。陽嘉中，舉孝廉，稍遷繁陽令。〔三〕時魏郡太守諷縣求納貨賄，球不與之，太守怒而撾督郵，欲令逐球。〔四〕督郵不肯，曰：「魏郡十五城，獨繁陽有異政，今受命逐之，將致議於天下矣。」太守乃止。

〔一〕謝承書曰：「祖父屯，有令名。」

〔二〕亹音尾。

〔三〕繁陽，魏郡縣。

〔四〕撾，擊也。

復辟公府，舉高第，拜侍御史。是時，桂陽黠賊李研等羣聚寇鈔，陸梁荆部，州郡懦弱，不能禁，太尉楊秉表球爲零陵太守。球到，設方略，朞月閒，賊虜消散。而州兵朱蓋等反，與桂陽賊胡蘭數萬人轉攻零陵。零陵下溼，編木爲城，不可守備，郡中惶恐。掾史白遣家避難，球怒曰：「太守分國虎符，受任一邦，〔一〕豈顧妻孥而沮國威重乎？復言者斬！」乃悉內吏人老弱，與共城守，弦大木爲弓，羽矛爲矢，引機發之，遠射千餘步，多所殺傷。賊復激

流灌城，球輒於內因地埶反決水淹賊。相拒十餘日，不能下。會中郎將度尙將救兵至，球募士卒，與尙共破斬朱蓋等。賜錢五十萬，拜子一人爲郎。遷魏郡太守。

〔一〕文帝初與郡守分銅虎符。

徵拜將作大匠，作桓帝陵園，所省巨萬以上。遷南陽太守，以糾舉豪右，爲埶家所謗，徵詣廷尉抵罪。會赦，歸家。

（復）〔徵〕拜廷尉。熹平元年，竇太后崩。太后本遷南宮雲臺，〔一〕宦者積怨竇氏，遂以衣車載后尸，置城南市舍數日。中常侍曹節、王甫欲用貴人禮殯，帝曰：「太后親立朕躬，統承大業。詩云：『無德不報，無言不酬。』〔二〕豈宜以貴人終乎？」於是發喪成禮。及將葬，節等復欲別葬太后，而以馮貴人配祔。〔三〕詔公卿大會朝堂，令中常侍趙忠監議。太尉李咸時病，乃扶輿而起，擣椒自隨，謂妻子曰：「若皇太后不得配食桓帝，吾不生還矣。」既議，坐者數百人，各瞻望中官，良久莫肯先言。趙忠曰：「議當時定。」怪公卿以下各相顧望。球曰：「皇太后以盛德良家，母臨天下，宜配先帝，是無所疑。」忠笑而言曰：「陳廷尉宜便操筆。」球即下議曰：「皇太后自在椒房，有聰明母儀之德。遭時不造，援立聖明，承繼宗廟，功烈至重。先帝晏駕，因遇大獄，遷居空宮，不幸早世，家雖獲罪，事非太后。今若別葬，誠失天下之望。且馮貴人冢墓被發，骸骨暴露，與賊併尸，魂靈汙染，〔四〕且無功於國，何宜上配至

尊？」忠省球議，作色俛仰，蚩球曰：「陳廷尉建此議甚健！」球曰：「陳、竇既冤，皇太后無故幽閉，臣常痛心，天下憤歎。今日言之，退而受罪，宿昔之願。」公卿以下，皆從球議。李咸始不敢先發，見球辭正，然〔後〕大言曰：「臣本謂宜爾，誠與臣意合。」會者皆爲之愧。曹節、王甫復爭，以爲梁后家犯惡逆，別葬懿陵，武帝黜廢衞后，而以李夫人配食。〔五〕今竇氏罪深，豈得合葬先帝乎？李咸乃詣闕上疏曰：「臣伏惟章德竇后虐害恭懷，安思閻后家犯惡逆，而和帝無異葬之議，順朝無貶降之文。至於衞后，孝武皇帝身所廢弃，不可以爲比。今長樂太后尊號在身，親嘗稱制，坤育天下，〔六〕且援立聖明，光隆皇祚。太后以陛下爲子，陛下豈得不以太后爲母？子無黜母，臣無貶君，宜合葬宣陵，一如舊制。」帝省奏，謂曹節等曰：「竇氏雖爲不道，而太后有德於朕，不宜降黜。」節等無復言，於是議者乃定。咸字元貞，汝南人。累經州郡，以廉幹知名；在朝清忠，權倖憚之。

〔一〕太后父竇武與陳蕃謀誅宦官，反爲中常侍曹節矯詔殺武、蕃，遷太后焉。
〔二〕大雅抑詩也。
〔三〕祔謂新死之主祔於先死者之廟，婦祔於其夫，所祔之妃妾祔於妾祖姑也。
〔四〕段熲爲河南尹，坐盜發馮貴人冢，左遷諫議大夫。
〔五〕戾太子衞皇后共太子斬江充，自殺。武帝崩，霍光緣上雅意，以李夫人配食也。

〔六〕周易曰：「坤爲母。」

六年，遷球司空，以地震免。拜光祿大夫，復爲廷尉、太常。光和元年，遷太尉，數月，以日食免。復拜光祿大夫。明年，爲永樂少府，〔一〕乃潛與司徒河閒劉郃謀誅宦官。

〔一〕桓帝母孝崇皇后宮曰永樂，置太僕、少府。

初，郃兄侍中儵，與大將軍竇武同謀俱死，故郃與球相結。事未及發，球復以書勸郃曰：「公出自宗室，位登台鼎，天下瞻望，社稷鎮衞，豈得雷同容容無違而已？今曹節等放縱爲害，而久在左右，又公兄侍中受害節等，永樂太后所親知也。今可表徙衞尉陽球爲司隸校尉，以次收節等誅之。政出聖主，天下太平，可翹足而待也。」又尚書劉納以正直忤宦官，出爲步兵校尉，亦深勸於郃。郃曰：「凶豎多耳目，恐事未會，先受其禍。」納曰：「公爲國棟梁，傾危不持，焉用彼相邪？」〔一〕郃許諾，亦結謀陽球。

〔一〕論語孔子之辭也。

球小妻，程璜之女，璜用事宮中，所謂程大人也。節等頗得聞知，乃重賂於璜，且脅之。璜懼迫，以球謀告節，節因共白帝曰：「郃等常與藩國交通，有惡意。數稱永樂聲埶，受取狼籍。步兵校尉劉納及永樂少府陳球、衞尉陽球交通書疏，謀議不軌。」帝大怒，策免郃，郃與球及劉納、陽球皆下獄死。球時年六十二。

子瑀，吳郡太守；瑀弟琮，汝陰太守；弟子珪，沛相；珪子登，廣陵太守：並知名。〔一〕

〔一〕謝承書曰：「瑀舉孝廉，辟公府，洛陽市長；後辟太尉府，未到。永漢元年，就拜議郎，遷吳郡太守，不之官。球（兄）〔弟〕子珪，字漢瑜。舉孝廉，劇令，去官；舉茂才，濟北相。珪子登，字元龍。學通今古，處身循禮，非法不行，性兼文武，有雄姿異略，一領廣陵太守。」魏志曰，登在廣陵，有威名，有功加伏波將軍，年三十九卒。後許汜與劉備並在荊州牧劉表坐，備共論天下人，汜曰：「陳元龍淮海之士，豪氣不除。」備問汜曰：「君言豪，寧有事邪？」汜曰：「昔遭亂過下邳，見元龍無客主之意，不相與語，自上大牀臥，使客臥下牀。」備曰：「君有國士之名。今天下大亂，帝王失所，君須憂國忘家，有救世之意。乃求田問舍，言無可采，是元龍所諱也，何緣當與君語？如我自臥百尺樓上，臥君於地下，何但上下牀之閒哉！」表大笑也。

贊曰：安儲遭譖，張卿有請。〔一〕龔糾便佞，以直爲眚。〔二〕二子過正，埋車堙井。〔三〕种公自微，臨官以威。陳球專議，桓思同歸。

〔一〕張晧爲廷尉，故曰卿。
〔二〕眚，過也。
〔三〕張綱埋輪，王（龔）〔暢〕堙井。孟子曰：「矯枉過正。」

校勘記

一八一五頁三行　張晧　按：集解引惠棟說，謂蜀志「晧」作「浩」。

一八一五頁四行　（初）永元中歸仕州郡　據刊誤刪。

一八一六頁一五行　司徒辟高第爲〔侍〕御史　羣書治要「御」上有「侍」字，又御覽七七八引及初學記一二引續漢書，並作「侍御史」，今據補。

一八一七頁一三行　多樹諂諛　按：「諂」原譌「謟」，逕改正。

一八一七頁一五行　天下號曰八俊　按：集解引惠棟說，謂「八俊」續漢書作「八彥」。

一八一八頁一三行　身絕血嗣　按：集解引惠棟說，謂據注則正文注文之「嗣」字皆當作「祀」。

一八一八頁一五行　乃嬰等更生之（晨）〔辰〕也　按：校補謂「晨」當作「辰」，各本均未正。今據改。

一八一九頁九行　張嬰等五百餘人　按：校補引柳從辰說，謂袁紀作「三百餘人」。

一八二二頁一三行　稱爲（雅）〔推〕士　據汲本、殿本改。

一八二三頁六行　夫挾太山以超（北）〔北〕海　據汲本、殿本補。

一八二五頁三行　陰行善化　按：「化」字疑衍。史記作「陰行善」，無「化」字。殿本「化」作「行」，疑涉上「行」字而衍。

一八二六頁一三行　（近）〔迺〕洛陽吏邪　據汲本改。

一八二七頁八行　馳命奏之　刊誤謂案文多一「命」字。按：通鑑作「馳還奏之」。

一八二七頁一一行　自前刺史朱輔　按：集解引惠棟說，謂西南夷傳作「酺」，東觀記有傳，仍作「輔」。

一八二七頁一二行　而二府畏懦　按：御覽六四一引謝承書「二」作「三」。

一八二七頁一三行　聚黨數百人　按：汲本、殿本作「百餘人」。

一八三〇頁一三行　左中郎劉範諫議大夫馬宇　按：集解引錢大昕說，謂董卓傳云「侍中馬宇、右中郎將劉範」。

一八三〇頁一四行　在長安西十五里也　按：集解引惠棟說，謂紀注及董卓傳注皆云去長安五十里。

一八三一頁二行　太守怒而撾督郵　按：「撾」原作「檛」，逕據汲本、殿本改。注同。

一八三一頁一〇行　而州兵朱蓋等反　集解引汪文臺說，謂御覽二百六十、三百四十七、類聚六十引張璠漢記作「朱益」。今按：影印宋本御覽三四七作「朱蓋」。

一八三一頁一三行　受任一邦　按：集解引惠棟說，謂球，漢人，不應斥高祖諱。張璠漢記「邦」作「郡」。

一八三二頁六行　（復）〔徵〕拜廷尉　刊誤謂案球初未嘗爲廷尉，何得言「復」，當作「徵」字。集解引汪文臺說，謂書鈔五十五引謝承書，云「橋玄表球明法律，徵拜廷尉正」。今據改。

一八三三頁三行　然〔後〕大言曰　據汲本、殿本補。

一八三三頁九行　咸字元貞　按：集解引惠棟說，謂蔡邕太尉李公碑云咸字元卓，案靈紀及胡廣傳注，皆云字元卓也。

一八三四頁五行　郃兄侍中儵　按：殿本「儵」作「倏」。

一八三五頁二行　球（兄）〔弟〕子珪　據殿本改，與正文合。

一八三五頁五行　陳元龍淮海之士　校補引柳從辰說，謂魏志「淮海」作「湖海」，御覽七百六引同。按：影宋本御覽作「河海」。

一八三五頁一三行　王（襲）〔暢〕埋井　據汲本、殿本改。

後漢書卷五十七

杜欒劉李劉謝列傳第四十七

杜根字伯堅，潁川定陵人也。父安，字伯夷，少有志節，年十三入太學，號奇童。京師貴戚慕其名，或遺之書，安不發，悉壁藏之。及後捕案貴戚賓客，安開壁出書，印封如故，竟不離其患，時人貴之。〔一〕位至巴郡太守，政甚有聲。

〔一〕離，被也。

根性方實，好絞直。〔二〕永初元年，舉孝廉，爲郎中。時和熹鄧后臨朝，權在外戚。根以安帝年長，宜親政事，乃與同時郎上書直諫。太后大怒，收執根等，令盛以縑囊，於殿上撲殺之。執法者以根知名，私語行事人使不加力，既而載出城外，根得蘇。太后使人檢視，根遂詐死，三日，目中生蛆，因得逃竄，爲宜城山中酒家保。〔三〕積十五年，酒家知其賢，厚敬待之。

〔二〕絞，急也。

〔三〕宜城縣故城在今襄州率道縣南，其地出美酒。廣雅云：「保，使也。」言爲人傭力保任而使也。

及鄧氏誅，左右皆言根等之忠。帝謂根已死，乃下詔布告天下，錄其子孫。根方歸鄉里，徵詣公車，拜侍御史。初，平原郡吏成翊世亦諫太后歸政，坐抵罪，與根俱徵，擢爲尚書郎，並見納用。或問根曰：「往者遇禍，天下同義，知故不少，何至自苦如此？」根曰：「周旋民閒，非絕跡之處，邂逅發露，禍及知親，故不爲也。」順帝時，稍遷濟陰太守。去官還家，年七十八卒。

翊世字季明，少好學，深明道術。延光中，中常侍樊豐、帝乳母王聖共譖皇太子，廢爲濟陰王。翊世連上書訟之，又言樊豐、王聖誣罔之狀。帝既不從，而豐等陷以重罪，下獄當死，有詔免官歸本郡。及濟陰王立，是爲順帝，司空張晧辟之。晧以翊世前訟太子之廢，薦爲議郎。翊世自以其功不顯，恥於受位，自劾歸。三公比辟，不應。〔一〕尚書僕射虞詡雅重之，欲引與共參朝政，乃上書薦之，徵拜議郎。後尚書令左雄、僕射郭虔復舉爲尚書。在朝正色，百僚敬之。

〔一〕比猶頻也。

欒巴字叔元，魏郡內黃人也。〔一〕〔好道〕。順帝世，以宦者給事掖庭，補黃門令，非其好也。性質直，學覽經典，雖在中官，不與諸常侍交接。後陽氣通暢，白上乞退，擢拜郎中，四遷桂陽太守。以郡處南垂，不閑典訓，爲吏人定婚姻喪紀之禮，興立（校）學〔校〕，以獎進之。雖幹吏卑末，皆課令習讀，程試殿最，隨能升授。〔二〕政事明察。視事七年，以病乞骸骨。

〔一〕神仙傳云：「巴，蜀郡人也。少而學道，不脩俗事。」

〔二〕幹，府吏之類也。晉令諸郡國不滿五千以下，置幹吏二人。郡縣皆有幹。幹猶主也。

荊州刺史李固薦巴治迹，徵拜議郎，守光祿大夫，與杜喬、周舉等八人徇行州郡。巴使徐州還，再遷豫章太守。郡土多山川鬼怪，小人常破貲產以祈禱。巴素有道術，能役鬼神，乃悉毀壞房祀，翦理姦巫，〔一〕於是妖異自消。百姓始頗爲懼，終皆安之。〔二〕遷沛相。所在有績，徵拜尚書。〔三〕會帝崩，營起憲陵。陵左右或有小人墳冢，主者欲有所侵毀，巴連上書苦諫。時梁太后臨朝，詔詰巴曰：「大行皇帝晏駕有日，卜擇陵園，務從省約，塋域所極，裁二十頃，而巴虛言主者壞人冢墓。事既非實，寢不報下，巴猶固遂其愚，復上誹謗。苟肆狂瞽，益不可長。」巴坐下獄，抵罪，禁錮還家。

〔一〕房謂爲房堂而祀者。

〔二〕神仙傳曰「時廬山廟有神，於帳中與人言語，飲酒投杯，能令宮亭湖中分風，船行者舉帆相逢。巴未到十數日，廟

中神不復作聲。郡中常患黃父鬼爲百姓害，巴到，皆不知所在，郡內無復疾疫」也。

〔三〕神仙傳曰：「巴爲尚書，正朝大會，巴獨後到，又飲酒西南噀之。有司奏巴不敬。有詔問巴，巴頓首謝曰：『臣本縣成都市失火，臣故因酒爲雨以滅火。臣不敢不敬。』詔即以驛書問成都，成都荅言：『正旦大失火，食時有雨從東北來，火乃息，雨皆酒臭。』後忽一旦大風，天霧晦暝，對坐皆不相見，失巴所在。尋問之，云其日還成都，與親故別也。」

二十餘年，靈帝即位，大將軍竇武、太傅陳蕃輔政，徵拜議郎。蕃、武被誅，巴以其黨，復譴爲永昌太守。以功自劾，辭病不行，上書極諫，理陳、竇之冤。帝怒，下詔切責，收付廷尉。巴自殺。子賀，官至雲中太守。

劉陶字子奇，一名偉，潁川潁陰人，濟北貞王勃之後。陶爲人居簡，不脩小節。所與交友，必也同志。好尚或殊，富貴不求合；情趣苟同，貧賤不易意。同宗劉愷，以雅德知名，獨深器陶。

時大將軍梁冀專朝，而桓帝無子，連歲荒飢，災異數見。陶時游太學，乃上疏陳事曰：

臣聞人非天地無以爲生，天地非人無以爲靈，〔一〕是故帝非人不立，人非帝不寧。夫天之與帝，帝之與人，猶頭之與足，相須而行也。伏惟陛下年隆德茂，中天稱號，〔二〕襲常存之慶，循不易之制，目不視鳴條之事，耳不聞檀車之聲，〔三〕天災不有痛於肌膚，震食不即損於聖體，故蔑三光之謬，輕上天之怒。伏念高祖之起，始自布衣，〔四〕拾暴秦之敝，追亡周之鹿，〔五〕合散扶傷，克成帝業。功既顯矣，勤亦至矣。流福遺祚，至於陛下。陛下既不能增明烈考之軌，而忽高祖之勤，妄假利器，委授國柄，使羣醜刑隸，芟刈小民，彫敝諸夏，虐流遠近，〔六〕故天降衆異，以戒陛下。陛下不悟，而競令虎豹窟於麑場，豺狼乳於春囿。〔七〕斯豈唐咨禹、稷，益典朕虞，議物賦土蒸民之意哉？又（令）〔今〕牧守長吏，上下交競；封豕長蛇，蠶食天下；貨殖者爲窮冤之魂，貧餒者作飢寒之鬼；高門獲東觀之辜，豐室羅妖叛之罪；〔八〕死者悲於窀穸，生者戚於朝野：〔九〕是愚臣所爲咨嗟長懷歎息者也。且秦之將亡，正諫者誅，諛進者賞，〔一〇〕嘉言結於忠舌，國命出於讒口，擅閻樂於咸陽，授趙高以車府。〔一一〕權去已而不知，威離身而不顧。古今一揆，成敗同埶。願陛下遠覽強秦之傾，近察哀、平之變，得失昭然，禍福可見。

〔一〕書曰「惟天地萬物父母，惟人萬物之靈」也。

〔二〕中謂當天之中也。

〔三〕鳴條，地名，在安邑之西。尚書曰：「伊尹相湯伐桀，遂與桀戰于鳴條之野。」檀車，兵車也。詩曰：「檀車嘽嘽，四牡痯痯，征夫不遠。」嘽音昌善反。痯音管。

〔四〕高祖曰：「吾以布衣提三尺以取天下。」

〔五〕前書蒯通曰：「秦失其鹿，天下共逐之。」音義云：「以鹿喻帝位也。」

〔六〕利器謂威權也。周禮「太宰以八柄詔王馭羣臣」，謂爵、祿、與、置、生、奪、廢、誅也。刑隸謂閹人也。

〔七〕鹿子曰麑。乳，產也。

〔八〕說苑曰「孔子爲魯司寇，七日而誅少正卯於東觀之下」也。

〔九〕杜元凱注左傳曰：「窀，厚也。穸，夜也。厚夜猶長夜也。」

〔一〇〕前書賈山上書曰「秦始皇進諛詔之人，殺直諫之士」也。

〔一一〕趙高爲車府令，與壻咸陽令閻樂謀殺胡亥。事見史記也。

臣又聞危非仁不扶，亂非智不救，故武丁得傅說，以消鼎雉之災，〔一〕周宣用申、甫，以濟夷、厲之荒。〔二〕竊見故冀州刺史南陽朱穆，前烏桓校尉臣同郡李膺，皆履正清平，貞高絕俗。穆前在冀州，奉憲操平，摧破姦黨，掃清萬里。膺歷典牧守，正身率下，及掌戎馬，威揚朔北。斯實中興之良佐，國家之柱臣也。宜還本朝，挾輔王室，上齊七燿，下鎮萬國。臣敢吐不時之義於諱言之朝，〔三〕猶冰霜見日，必至消滅。臣始悲天下之可悲，今天下亦悲臣之愚惑也。

〔一〕武丁，殷王高宗也。尚書曰，高宗得傅說爲相，殷復興焉。高宗時，有雉登鼎耳而雊，武丁懼而修德，位以永寧。
〔二〕申伯，仲山甫，周宣王之臣也。詩曰：「惟申及甫，惟周之翰。」史記曰，周孝王之子燮，是爲夷王。夷王崩，子厲王胡立，行暴虐，死于彘也。
〔三〕不時謂不合於時也。諱言謂拒諫也。

書奏不省。

時有上書言人以貨輕錢薄，故致貧困，宜改鑄大錢。事下四府羣僚及太學能言之士。陶上議曰：

聖王承天制物，與人行止，建功則衆悅其事，興戎而師樂其旅。是故靈臺有子來之人，武旅有鳧藻之士，〔一〕皆舉合時宜，動順人道也。臣伏讀鑄錢之詔，平輕重之議，訪覃幽微，不遺窮賤，是以藿食之人，謬延逮及。〔二〕

〔一〕詩大雅曰：「經始靈臺，經之營之，不日成之。經始勿亟，庶人子來。」武旅，周武王之旅。鳧得水藻，言喜悅也。
〔二〕說苑曰：「有東郭祖朝者，上書於晉獻公曰：『願請聞國家之計。』獻公使人告之曰：『肉食者已慮之矣，藿食者尙何預焉？』祖朝曰：『肉食者，一旦失計於廟堂之上，若臣等藿食，寧得無肝膽塗地於中原之野？其禍亦及臣之身，安得無預國家之計乎！』」

蓋以爲當今之憂，不在於貨，在乎民飢。夫生養之道，先食後(民)〔貨〕。是以先王觀象育物，敬授民時，〔一〕使男不逋畝，女不下機。故君臣之道行，王路之教通。由是

言之，食者乃有國之所寶，生民之至貴也。竊見比年已來，良苗盡於蝗螟之口，杼柚空於公私之求，〔二〕所急朝夕之餐，所患靡盬之事，豈謂錢貨之厚薄，銖兩之輕重哉？就使當今沙礫化爲南金，瓦石變爲和玉，〔三〕使百姓渴無所飲，飢無所食，雖皇羲之純德，唐虞之文明，猶不能以保蕭牆之內也。蓋民可百年無貨，不可一朝有飢，故食爲至急也。議者不達農殖之本，多言鑄冶之便，或欲因緣行詐，以賈國利。國利將盡，取者爭競，造鑄之端於是乎生。蓋萬人鑄之，一人奪之，猶不能給；況今一人鑄之，則萬人奪之乎？雖以陰陽爲炭，萬物爲銅，〔四〕役不食之民，使不飢之士，猶不能足無猒之求也。夫欲民殷財阜，要在止役禁奪，則百姓不勞而足。陛下聖德，愍海內之憂戚，傷天下之艱難，欲鑄錢齊貨以救其敝，此猶養魚沸鼎之中，棲鳥烈火之上。水木本魚鳥之所生也，用之不時，必至燋爛。願陛下寬鍥薄之禁，後冶鑄之議，〔五〕聽民庶之謠吟，問路叟之所憂，〔六〕瞰三光之文耀，視山河之分流。〔七〕天下之心，國家大事，粲然皆見，無有遺惑者矣。

〔一〕象，天象也。尚書曰：「欽若昊天，敬授人時。」
〔二〕詩曰：「小東大東，杼柚其空。」
〔三〕詩曰：「大路南金。」和玉，卞和之玉也。
〔四〕賈誼之言。
〔五〕鍥，刻也，音口結反。
〔六〕列子曰：「昔堯理天下五十年，不知天下理亂。堯乃微服遊於康衢。兒童謠曰：『立我蒸人，莫(不)〔非〕爾極，不識不知，順帝之則。』」說苑曰：「孔子行遊中路，聞哭者聲，其音甚悲。孔子避車而問之曰：『夫子非有喪也，何哭之悲？』虞丘子對曰：『吾有三失：吾少好學，周徧天下，還後吾親亡，一失也；事君奢驕不遂，是二失也；厚交友而後絕，是三失也。』」
〔七〕三光，日、月、星也。分謂山，流謂河。言日月有讁食之災，星辰有錯行之變，故視其文耀也。山崩川竭，皆亡之徵也。

臣嘗誦詩，至於鴻鴈于野之勞，哀勤百堵之事，每喟爾長懷，中篇而歎。〔一〕近聽征夫飢勞之聲，甚於斯歌。是以追悟匹婦吟魯之憂，始於此乎？〔二〕見白駒之意，屏營傍偟，不能監寐。〔三〕伏念當今地廣而不得耕，民衆而無所食。羣小競進，秉國之位，鷹揚天下，(鳥)〔烏〕鈔求飽，吞肌及骨，並噬無猒。誠恐卒有役夫窮匠，起於板築之閒，〔四〕投斤攘臂，登高遠呼，使愁怨之民，響應雲合，八方分崩，中夏魚潰。〔五〕雖方尺之錢，何能有救！其危猶舉函牛之鼎，絓纖枯之末，〔六〕詩人所以眷然顧之，潸焉出涕者也。〔七〕

〔一〕詩小雅鴻鴈之篇曰：「鴻鴈于飛，肅肅其羽。之子于征，劬勞于野。鴻鴈于飛，集於中澤。之子于垣，百堵皆作。」

鄭玄注云：「壞滅之國，徵人起屋舍，築牆壁，百堵同時而起，言趨事也。」
〔二〕列女傳曰：「魯漆室邑之女，過時未適人。當穆公之時，君老，太子幼，女倚柱而嘯。傍人聞之，心莫不慘慘者。鄰婦從之遊，謂曰：『何哭之悲？子欲嫁乎？吾爲子求偶。』漆室女曰：『嗟乎，始吾以子爲知，今反無識也。豈爲嫁之故不樂而悲哉，吾憂魯君老而太子少也。』」
〔三〕詩曰：「皎皎白駒，食我場苗。縶之維之，以永今朝。」白駒諭賢人也。監寐猶寤寐也。
〔四〕役夫謂陳涉起蘄也。窮匠謂驪山之徒也。並見史記也。
〔五〕公羊傳曰：「其言梁亡何？魚爛而亡也。」何休曰：「魚爛，從中發潰爛也。」
〔六〕函牛之鼎謂大鼎也。淮南子曰：「函牛之鼎沸，則蟻不得置一足焉。」絓，掛也，音胡賣反。
〔七〕詩小雅大東之文也。潸，涕下貌。鄭玄注云：「傷今不如古也。」

臣東野狂闇，不達大義，緣廣及之時，對過所問，知必以身脂鼎鑊，爲天下笑。

帝竟不鑄錢。

後陶舉孝廉，除順陽長。縣多姦猾，陶到官，宣募吏民有氣力勇猛，能以死易生者，不拘亡命姦臧，於是剽輕劍客之徒過晏等十餘人，〔一〕皆來應募。陶責其先過，要以後效，使各結所厚少年，得數百人，皆嚴兵待命。於是覆案姦軌，所發若神。以病免，吏民思而歌之曰：「邑然不樂，思我劉君。何時復來，安此下民。」

〔一〕過，姓也，過國之後。見左傳。

陶明尚書、春秋，爲之訓詁。推三家尚書〔一〕及古文，是正文字七百餘事，名曰中文尚書。

〔一〕三家謂夏侯建、夏侯勝、歐陽和伯也。

頃之，拜侍御史。靈帝宿聞其名，數引納之。時鉅鹿張角僞託大道，妖惑小民，陶與奉車都尉樂松、議郎袁貢連名上疏言之，曰：「聖王以天下耳目爲視聽，故能無不聞見。今張角支黨不可勝計。前司徒楊賜奏下詔書，切勑州郡，護送流民，會賜去位，不復捕錄。雖會赦令，而謀不解散。四方私言，云角等竊入京師，覘視朝政，鳥聲獸心，私共鳴呼。州郡忌諱，不欲聞之，但更相告語，莫肯公文。宜下明詔，重募角等，賞以國土。有敢回避，與之同罪。」帝殊不悟，方詔陶次第春秋條例。明年，張角反亂，海內鼎沸，帝思陶言，封中陵鄉侯，三遷尚書令。以所舉將爲尚書，難與齊列，乞從宂散，拜侍中。以數切諫，爲權臣所憚，徙爲京兆尹。到職，當出脩宮錢直千萬，〔一〕陶既清貧，而恥以錢買職，稱疾不聽政。帝宿重陶才，原其罪，徵拜諫議大夫。

〔一〕時拜職名，當出買官之錢，謂之脩宮錢也。

是時天下日危，寇賊方熾，陶憂致崩亂，復上疏曰：「臣聞事之急者不能安言，心之痛者不能緩聲。竊見天下前遇張角之亂，後遭邊章之寇，每聞羽書告急之聲，心灼內熱，四體驚竦。今西羌逆類，私署將帥，皆多段熲時吏，曉習戰陳，識知山川，變詐萬端。臣常懼其輕出河東、馮翊，鈔西軍之後，東之函谷，據阸高望。今果已攻河東，恐遂轉更豕突上京。如是則南道斷絕，車騎之軍孤立，〔一〕關東破膽，四方動搖，威之不來，叫之不應，雖有田單、陳平之策，計無所用。臣前驛馬上便宜，急絕諸郡賦調，冀尚可安。事付主者，留連至今，莫肯求問。今三郡之民皆以奔亡，南出武關，北徙壺谷，〔二〕冰解風散，唯恐在後。今其存者尚十三四，軍吏士民悲愁相守，民有百走退死之心，而無一前鬬生之計。西寇浸前，去營咫尺，胡騎分布，已至諸陵。將軍張溫，天性精勇，而主者旦夕迫促，軍無後殿，假令失利，其敗不救。臣自知言數見厭，而言不自裁者，以爲國安則臣蒙其慶，國危則臣亦先亡也。謹復陳當今要急八事，乞須臾之閒，深垂納省。」其八事，大較言天下大亂，皆由宦官。宦官事急，共讒陶曰：「前張角事發，詔書示以威恩，自此以來，各各改悔。今者四方安靜，而陶疾害聖政，專言妖孽。州郡不上，陶何緣知？疑陶與賊通情。」於是收陶，下黃門北寺獄，掠按日急。陶自知必死，對使者曰：「朝廷前封臣云何？今反受邪譖。恨不與伊、呂同疇，而以三仁爲輩。」〔三〕遂閉氣而死，天下莫不痛之。

〔一〕時湟中義從胡北宮伯玉等叛，遣左車騎將軍皇甫嵩討之不剋也。

〔二〕三郡，河東、馮翊、京兆也。壺谷，壺關之谷，在上黨也。

〔三〕論語曰：「殷有三仁焉，微子去之，箕子爲之奴，比干諫而死。」

陶著書數十萬言，又作七曜論、匡老子、反韓非、復孟軻，及上書言當世便事、條教、賦、奏、書、記、辯疑，凡百餘篇。

時司徒東海陳耽，亦以非罪與陶俱死。耽以忠正稱，歷位三司。光和五年，詔公卿以謠言舉刺史、二千石爲民蠹害者。〔一〕時太尉許戫、司空張濟承望內官，受取貨賂，其宦者子弟賓客，雖貪汙穢濁，皆不敢問，而虛糾邊遠小郡清脩有惠化者二十六人。吏人詣闕陳訴，耽與議郎曹操上言：「公卿所舉，率黨其私，所謂放鴟梟而囚鸞鳳。」其言忠切，帝以讓戫、濟，由是諸坐謠言徵者悉拜議郎。宦官怨之，遂誣陷耽死獄中。

〔一〕謠言謂聽百姓風謠善惡而黜陟之也。

李雲字行祖，甘陵人也。性好學，善陰陽。初舉孝廉，再遷白馬令。

桓帝延熹二年，誅大將軍梁冀，而中常侍單超等五人皆以誅冀功並封列侯，專權選舉。又立掖庭民女亳氏爲皇后，數月閒，后家封者四人，賞賜巨萬。〔一〕是時地數震裂，衆災頻降。雲素剛，憂國將危，心不能忍，乃露布上書，移副三府，〔二〕曰：「臣聞皇后天下母，德配

坤靈，得其人則五氏來備，不得其人則地動搖宮。〔三〕比年災異，可謂多矣，皇天之戒，可謂至矣。高祖受命，至今三百六十四歲，君期一周，當有黃精代見，姓陳、項、虞、田、許氏，不可令此人居太尉、太傅典兵之官。〔四〕舉厝至重，不可不慎。班功行賞，宜應其實。梁冀雖持權專擅，虐流天下，今以罪行誅，猶召家臣搤殺之耳。而猥封謀臣萬戶以上，高祖聞之，得無見非？西北列將，得無解體？〔五〕孔子曰：『帝者，諦也。』〔六〕今官位錯亂，小人諂進，財貨公行，政化日損，尺一拜用不經御省。〔七〕是帝欲不諦乎？」帝得奏震怒，下有司逮雲，詔尚書都護劒戟送黃門北寺獄，使中常侍管霸與御史廷尉雜考之。時弘農五官掾杜衆傷雲以忠諫獲罪，上書願與雲同日死。帝愈怒，遂幷下廷尉。大鴻臚陳蕃上疏救雲曰：「李雲所言，雖不識禁忌，干上逆旨，其意歸於忠國而已。昔高祖忍周昌不諱之諫，成帝赦朱雲腰領之誅。〔八〕今日殺雲，臣恐剖心之譏復議於世矣。〔九〕故敢觸龍鱗，冒昧以請。」〔一〇〕太常楊秉、洛陽市長沐茂、郎中上官資並上疏請雲。帝恚甚，有司奏以爲大不敬。詔切責蕃、秉，免歸田里；茂、資貶秩二等。時帝在濯龍池，管霸奏雲等事。霸（跪）〔詭〕言曰：「李雲野澤愚儒，杜衆郡中小吏，出於狂戇，不足加罪。」帝謂霸曰：「帝欲不諦，是何等語，而常侍欲原之邪？」顧使小黃門可其奏，雲、衆皆死獄中。後冀州刺史賈琮使行部，過祠雲墓，刻石表之。

〔一〕時封后兄康爲比陽侯，弟統昆陽侯，統從兄會安陽侯，統弟秉爲（清）〔淯〕陽侯。

〔二〕露布謂不封之也，並以副本上三公府也。

〔三〕史記曰：「庶徵：曰雨，曰暘，曰燠，曰風，曰寒。五者來備，各以其序，庶草繁廡。」是與氏古字通耳。春秋漢含孳曰：「女主盛，臣制命，則地動。」

〔四〕黄精謂魏氏將興也。陳、項、虞、田並舜之後。舜土德，亦尚黄，故忌也。

〔五〕列將謂皇甫規、段熲等。

〔六〕春秋運斗樞曰：「五帝脩名立功，脩德成化，統調陰陽，招類使神，故稱帝。帝之言諦也。」鄭玄注云：「審諦於物也。」

〔七〕尺一之板謂詔策也。見漢官儀也。

〔八〕周昌，解見陳忠傳。朱雲上書曰：「臣願賜尚方斬馬劍，斷佞臣一人，以厲其餘。」上問：「誰也？」對曰：「安昌侯張禹。」上大怒曰：「小臣居下訕上，廷辱師傅，罪死不赦。」御史將雲去。左將軍辛慶忌以死爭，上意解，然後得已。事並見前書。

〔九〕比干以死諫紂，紂怒曰：「吾聞聖人心有七竅。」乃剖比干而觀其心。事見史記。

〔一〇〕韓子曰：「夫龍之爲蟲也，可狎而馴也。然喉下有逆鱗，嬰之則殺人。人主有逆鱗，說者嬰之，則亦幾矣。」

論曰：禮有五諫，諷爲上。〔一〕若夫託物見情，因文載旨，使言之者無罪，聞之者足以自戒，〔二〕貴在於意達言從，理歸乎正。曷其絞訐摩上，以衒沽成名哉？〔三〕李雲草茅之生，不

識失身之義，〔四〕遂乃露布帝者，班檄三公，至於誅死而不顧，斯豈古之狂也！〔五〕夫未信而諫，則以爲謗己，〔六〕故說者識其難焉。〔七〕

〔一〕五諫謂諷諫、順諫、闚諫、指諫、陷諫也。諷諫者，知患禍之萌而諷告也。順諫者，出辭遜順，不逆君心也。闚諫者，視君顏色而諫也。指諫者，質指其事而諫也。陷諫者，言國之害忘生爲君也。見大戴禮。

〔二〕卜商詩序之文也。

〔三〕絞，直也。訐，正也。沽，賣之。

〔四〕儀禮曰：「凡自稱於君宅〔者〕，在邦（者）曰市井之臣，在野則曰草茅之臣，庶人則曰剌草之臣。」易曰：「臣不密，則失身。」

〔五〕論語曰：「古之狂也直，今之狂也詐而已矣。」

〔六〕論語曰：「事君信而後諫，其君未信，則以爲謗己。」

〔七〕韓非有說難篇。

劉瑜字季節，廣陵人也。高祖父廣陵靖王。父辯，清河太守。〔一〕瑜少好經學，尤善圖讖、天文、歷筭之術。州郡禮請不就。

〔一〕謝承書云：「父辯，爲清河太守。」

延熹八年，太尉楊秉舉賢良方正，及到京師，上書陳事曰：

臣瑜自念東國鄙陋，得以豐沛枝胤，被蒙復除，不給卒伍。故太尉楊秉知臣竊闚典籍，猥見顯舉，誠冀臣愚直，有補萬一。而秉忠謨不遂，命先朝露。臣在下土，聽聞歌謠，驕臣虐政之事，遠近呼嗟之音，竊爲辛楚，泣血漣如。幸得引錄，備荅聖問，泄寫至情，不敢庸回。〔一〕誠願陛下且以須臾之慮，覽今往之事，人何爲咨嗟，天曷爲動變。

〔一〕庸，用也。回，邪也。

蓋諸侯之位，上法四七，垂文炳燿，關之盛衰者也。〔一〕今中官邪孽，比肩裂土，皆競立胤嗣，繼體傳爵，或乞子疎屬，或買兒市道，殆乖開國承家之義。〔二〕

〔一〕四七，二十八宿也。諸侯爲天子守四方，猶天之有二十八宿。漢官儀曰「天子建侯，上法四七」也。

〔二〕易曰：「大君有命，開國承家。」

古者天子一娶九女，〔一〕娣姪有序，河圖授嗣，正在九房。今女嬖令色，充積閨帷，皆當盛其玩飾，冗食空宮，勞散精神，生長六疾。〔二〕此國之費也，生之傷也。且天地之性，陰陽正紀，隔絕其道，則水旱爲并。詩云：「五日爲期，六日不詹。」〔三〕怨曠作歌，仲尼所錄。〔四〕況從幼至長，幽藏歿身。又常侍、黄門，亦廣妻娶。怨毒之氣，結成妖眚。

行路之言，官發略人女，取而復置，轉相驚懼。孰不悉然，無緣空生此謗。鄒衍匹夫，杞氏匹婦，尚有城崩霜隕之異，況乃羣輩咨怨，能無感乎！〔五〕

〔一〕公羊傳曰，諸侯一聘三女，天子一娶九女，夏、殷制也。

〔二〕左傳曰「天有六氣，淫生六疾。六氣曰陰、陽、風、雨、晦、明，過則爲災。陰淫寒疾，陽淫熱疾，風淫末疾，雨淫腹疾，晦淫惑疾，明淫心疾。女，陽物而晦時，淫則生內熱惑蠱之疾」也。

〔三〕詩小雅曰：「終朝采藍，不盈一襜。五日爲期，六日不詹。」注云：「詹，至也。婦人過時而怨曠，期至五日而歸，今六日不至，是以憂也。」

〔四〕謂仲尼刪詩編錄也。

〔五〕淮南子曰：「鄒衍事燕惠王盡忠，左右譖之，王繫之，仰天而哭，五月天爲之下霜。」列女傳曰「齊人杞梁襲莒，戰死。其妻無所歸，乃就夫尸於城下而哭之，七日城崩」也。

昔秦作阿房，國多刑人。今第舍增多，窮極奇巧，掘山攻石，不避時令。〔一〕促以嚴刑，威以（法）正〔法〕。民無罪而覆入之，民有田而覆奪之。州郡官府，各自考事，姦情賕賂，皆爲吏餌。民愁鬱結，起入賊黨，官輒興兵，誅討其罪。貧困之民，或有賣其首級以要酬賞，父兄相代殘身，妻孥相（見）〔視〕分裂。窮之如彼，伐之如此，豈不痛哉！

〔一〕禮記月令曰「孟夏之月，無有壞墮，無起土功，無發大衆」也。

又陛下以北辰之尊，神器之寶，而微行近習之家，私幸宦者之舍，〔一〕賓客市買，熏

灼道路，因此暴縱，無所不容。今三公在位，皆博達道藝，而各正諸己，莫或匡益者，非不智也，畏死罰也。惟陛下設置七臣，以廣諫道，〔二〕及開東序金縢史官之書，從堯舜禹湯文武致興之道，〔三〕遠佞邪之人，放鄭衞之聲，則政致和平，德感祥風矣。〔四〕臣悾悾推情，言不足採，〔五〕懼以觸忤，征營慴悸。

〔一〕近習謂親近狎者。

〔二〕孝經曰：「古者天子有爭臣七人。」鄭玄注：「七人謂三公及前疑、後承、左輔、右弼。」

〔三〕爾雅曰：「東西廂謂之序。」書曰：「天球河圖在東序。」縢，緘也。以金緘之，不欲人開也。

〔四〕孝經援神契曰：「德至八方則祥風至。」

〔五〕悾悾，誠懇之貌。

於是特詔召瑜問災咎之徵，指事案經讖以對。執政者欲令瑜依違其辭，而更策以它事。瑜復悉心以對，八千餘言，有切於前，帝竟不能用。拜爲議郎。

及帝崩，大將軍竇武欲大誅宦官，乃引瑜爲侍中，又以侍中尹勳爲尚書令，共同謀畫。及武敗，瑜、勳並被誅。事在武傳。

勳字伯元，河南人。從祖睦爲太尉，睦孫頌爲司徒。勳爲人剛毅直方。少時每讀書，得忠臣義士之事，未嘗不投書而仰歎。自以行不合於當時，不應州郡公府禮命。桓帝時，

以有道徵，四遷尚書令。延熹中，誅大將軍梁冀，帝召勳部分衆職，甚有方略，封宜陽鄉侯。僕射霍諝，尚書張敬、歐陽參、李偉、虞放、周永，並封亭侯。勳後再遷至九卿，以病免，拜爲侍中。八年，中常侍具瑗、左悺等有罪免，奪封邑，因黜勳等爵。

瑜誅後，宦官悉焚其上書，以爲訛言。

子琬，傳瑜學，明占候，能著災異。舉方正，不行。

謝弼字輔宣，東郡武陽人也。〔一〕中直方正，〔二〕爲鄉邑所宗師。建寧二年，詔舉有道之士，弼與東海陳敦、玄菟公孫度俱對策，皆除郎中。

〔一〕謝承書曰：「弼字輔鸞，東郡濮陽人也。」與此不同。

〔二〕猶言中正方直也。

時青蛇見前殿，大風拔木，詔公卿以下陳得失。弼上封事曰：

臣聞和氣應於有德，妖異生乎失政。上天告譴，則王者思其愆；政道或虧，則姦臣當其罰。夫蛇者，陰氣所生；鱗者，甲兵之符也。〔一〕鴻範傳曰：「厥極弱，時則有蛇龍之孽。」〔二〕又熒惑守亢，裴回不去，法有近臣謀亂，發於左右。不知陛下所與從容

帷幄之內，親信者爲誰。宜急斥黜，以消天戒。臣又聞「惟虺惟蛇，女子之祥」。〔三〕伏惟皇太后定策宮闈，援立聖明，書云：「父子兄弟，罪不相及。」竇氏之誅，豈宜咎延太后？幽隔空宮，愁感天心，如有霧露之疾，陛下當何面目以見天下？〔四〕昔周襄王不能敬事其母，戎狄遂至交侵。〔五〕孝和皇帝不絕竇后之恩，前世以爲美談。〔六〕禮爲人後者爲之子，今以桓帝爲父，豈得不以太后爲母哉？援神契曰：「天子行孝，四夷和平。」方今邊境日蹙，兵革蜂起，自非孝道，何以濟之！願陛下仰慕有虞蒸蒸之化，俯思凱風慰母之念。〔七〕

〔一〕謝承書曰：「蛇者，陰(之)〔氣〕所生，龍之類也。龍有鱗，甲兵之符也。」

〔二〕前書曰「皇之不極，是謂不建，厥極弱，時則有下伐上之痾，龍蛇之孽」也。

〔三〕詩小雅之文也。鄭玄注云：「虺、蛇穴處，陰之祥也，故爲生女。」

〔四〕文帝徙淮南王長於蜀，袁盎曰：「淮南王爲人剛，今暴摧折之，臣恐其逢霧露病死，陛下有殺弟之名也。」

〔五〕史記曰，周襄王母早死，後母曰惠后，生叔帶，有寵。帶與戎翟謀伐襄王。

〔六〕竇太后崩，張酺等奏云：「不宜合葬先帝。」和帝手詔曰：「臣子無貶尊上之文，恩不忍離。」於是合葬。見皇后紀也。

〔七〕尚書舜典曰：「蒸蒸乂，不格姦。」孔安國注云：「蒸蒸猶進進也。言舜進於善道。」詩凱風曰：「有子七人，莫慰母心。」

臣又聞爵賞之設，必酬庸勳；開國承家，小人勿用。〔一〕今功臣久外，未蒙爵秩，阿母寵私，乃享大封，大風雨雹，亦由於茲。又故太傅陳蕃，輔相陛下，勤身王室，夙夜匪懈，而見陷羣邪，一旦誅滅。其爲酷濫，駭動天下，而門生故吏，並離徙錮。蕃身已往，人百何贖！〔二〕宜還其家屬，解除禁網。夫台宰重器，國命所繼。今之四公，唯司空劉寵斷斷守善，餘皆素餐致寇之人，〔三〕必有折足覆餗之凶。可因災異，並加罷黜。〔四〕徵故司空王暢，長樂少府李膺，並居政事，庶災變可消，國祚惟永。臣山藪頑闇，未達國典。策曰「無有所隱」，敢不盡愚，用忘諱忌。伏惟陛下裁其誅罰。

〔一〕易師卦上六爻詞也。

〔二〕詩國風曰：「如可贖兮，人百其身。」

〔三〕四公謂劉矩爲太尉，許訓爲司徒，胡廣爲太傅及寵也。書曰：「如有一介臣，斷斷猗，無它伎。」孔安國注云：「斷斷猗然專一之臣也。」素，空也。無德而食其祿曰素餐。易曰「負且乘，致寇至」也。

〔四〕易曰：「鼎折足，覆公餗。」鼎以喻三公。餗，鼎實也。折足覆餗，言不勝其任。

左右惡其言，出爲廣陵府丞。去官歸家。

中常侍曹節從子紹爲東郡太守，忿疾於弼，遂以它罪收考掠按，死獄中，時人悼傷焉。初平二年，司隸校尉趙謙訟弼忠節，求報其怨(魂)，乃收紹斬之。

贊曰：鄧不明辟，〔一〕梁不損陵。慊慊欒、杜，諷辭以興。黄寇方熾，子奇有識。〔二〕武謀允臧，瑜亦協志。弼忤宦情，雲犯時忌。成仁喪己，同方殊事。

〔一〕尚書曰：「朕復子明辟。」孔安國注云：「復還明君之政於成王也。」言鄧后臨朝，不還政於安帝也。

〔二〕識，協韻音式侍反。

校勘記

〔一八三九頁一〇行〕積十五年　按：校補引柳從辰說，謂袁宏紀載根上書直諫在永初二年十二月，「積十五年」作「積十年餘」。

〔一八四〇頁三行〕拜侍御史　按：校補引錢大昭說，謂先賢行狀作「符節郎」。

〔一八四〇頁六行〕年七十八卒　按：集解引周壽昌說，謂三國魏志引先賢行狀，云年八十七，以壽終，與此作「七十八」微異。

〔一八四一頁一行〕魏郡內黄人也〔好道〕　據汲本、殿本補。

〔一八四一頁三行〕興立（校）學〔校〕　據刊誤改。按：汲本作「學校」。

〔一八四二頁七行〕以功自劾　按：汲本「劾」作「效」。又按：刊誤謂功不可以自劾，當是「無功自劾」，少一

「無」字。

〔一八四三頁八行〕又（令）〔今〕牧守長吏　刊誤謂案文「令」當作「今」。張森楷校勘記謂羣書治要「令」作「今」。今據改。

〔一八四三頁九行〕𧑞食天下　按：「𧑞」原譌「呑」，逕據汲本、殿本改正。

〔一八四四頁三行〕吾以布衣提三尺以取天下　汲本、殿本「三尺」下有「劍」字。今按：史記有「劍」字。漢書無「劍」字，小顏謂三尺，劍也，流俗本或云「提三尺劍」，「劍」字後人所加耳。

〔一八四五頁一五行〕先食後（民）〔貨〕　據刊誤改。

〔一八四七頁三行〕莫（不）〔非〕爾極　據刊誤改。

〔一八四七頁一二行〕（烏）〔鳥〕鈔求飽　集解引惠棟說，謂「烏」當作「鳥」，引周禮射鳥氏「以弓矢敺烏鳶」鄭玄注「烏鳶喜鈔盜，故云鳥鈔」爲證。今據改。

〔一八四八頁一二行〕後陶舉孝廉除順陽長　集解引汪文臺說，謂類聚十九引謝承書作「樅陽長」，類聚五十、御覽二百六十七引續漢書作「湞陽長」。今按：校補引柳從辰說，謂御覽四百六十五引本書，仍作「順陽長」。又按：類聚十九引謝承書，御覽二百六十七引續漢書，「劉陶」作「劉騊駼」，類聚五十作「劉騊」，御覽四百六十五引本書作「劉陶駼」，皆誤。

〔一八四九頁六行〕不復捕錄　按：校補謂案上文止言護送流民，未言捕賊，楊賜又本以下州郡捕討恐更騷擾，明不主捕，先捕後錄，亦不成文理，「捕」當爲「補」之譌。

〔一八五一頁九行〕按：此注原在「二千石」下，今據殿本移正。

〔一八五二頁三行〕霸（跪）〔詭〕言曰　據汲本、殿本改。按：胡刻通鑑亦譌「跪」，章鈺胡刻通鑑正文校宋記云明孔天胤本作「詭」，張敦仁校本同。

〔一八五二頁一四行〕冀州刺史賈琮　按：集解引惠棟說，謂水經注作「賈瑤」。

〔一八五三頁一五行〕統弟秉爲（濟）〔湞〕陽侯　據集解引惠棟說改。

〔一八五三頁一二行〕吾聞聖人心有七竅　按：「七」原譌「九」，逕據汲本、殿本改正。

〔一八五四頁七行〕凡自稱於君宅（者）在邦（者）曰市井之臣　據汲本改，與儀禮文合。

〔一八五四頁九行〕古之狂也直今之狂也詐而已矣　按：今論語兩「狂」字皆作「愚」。意者，范氏元以李雲爲古之愚，而正文譌「愚」爲「狂」，後人遂並注文而改之歟？

〔一八五四頁一〇行〕事君信而後諫其君未信　按：今論語無「事君」「其君」字，或章懷所見本異也。

〔一八五五頁四行〕泣血漣如　按：「漣」原作「連」，逕據汲本、殿本改。

〔一八五五頁八行〕闕之盛衰者也　按：集解引何焯說，謂「闕」字下有脫文。

〔一八五六頁一行〕行路之言官發略人女　按：張森楷校勘記謂治要「之」下有「人」字。

〔一八五六頁三行〕公羊傳曰諸侯一聘三女天子一娶九女　按：集解引惠棟說，謂公羊傳無此文，逸禮王

度記有之，未知章懷何據以爲公羊傳也。

〔一八五六頁一二行〕威以（法）正〔法〕　據刊誤改。按：汲本作「正法」。

〔一八五六頁一四行〕妻孥相（見）〔覩〕分裂　據汲本、殿本改。

〔一八五八頁六行〕建寧二年詔舉有道之士　殿本「二年」作「三年」。集解引錢大昕說，謂靈帝紀建寧元年五月，詔郡國守相舉有道之士各一人，「二年」當是「元年」之誤。按：校補謂案靈帝紀舉有道下詔雖在元年，郡國守相遵旨薦舉，奉准以某人爲有道之士，豈必尙在元年，錢說殊泥。惟殿本作「三年」，證以弼上封事所言各事，無一合者，殆必誤矣。

〔一八五九頁八行〕蛇者陰（之）〔氣〕所生　據殿本改。

〔一八六〇頁四行〕司空劉寵　按：校補謂案靈帝紀，詔公卿以下各上封事在建寧二年四月，其時劉寵尙爲司徒，傳文「司空」明是「司徒」之誤。

〔一八六〇頁一五行〕求報其怨〔魂〕　據汲本、殿本補。

後漢書卷五十八

虞傅蓋臧列傳第四十八

虞詡字升卿，陳國武平人也。〔一〕祖父經，爲郡縣獄吏，案法平允，務存寬恕，每冬月上其狀，恆流涕隨之。嘗稱曰：「東海于公高爲里門，而其子定國卒至丞相。〔二〕吾決獄六十年矣，雖不及于公，其庶幾乎！子孫何必不爲九卿邪？」故字詡曰升卿。

〔一〕武平故城在今亳州鹿邑縣東北。酈元水經注云武平城西南七里有漢尚書令虞詡碑，題云「君諱詡，字定安，虞仲之後」。定安蓋詡之別字也。

〔二〕前書，于定國字曼倩，東海人。其父于公爲縣獄吏、郡決曹，所決皆不恨，爲之生立祠。其門閭壞，父老方共修之，于公曰：「少高大閭門，令容駟馬高蓋車。我決獄多陰德，未嘗有所冤，子孫必有興者。」至定國爲丞相，孫永爲御史大夫也。

詡年十二，能通尚書。早孤，孝養祖母。縣舉順孫，國相奇之，欲以爲吏。詡辭曰：「祖母九十，非詡不養。」相乃止。後祖母終，服闋，辟太尉李脩府，拜郎中。〔一〕

〔一〕漢官儀曰：「脩字伯游，襄城人也。」

永初四年，羌胡反亂，殘破并、涼，大將軍鄧騭以軍役方費，事不相贍，欲弃涼州，并力北邊，乃會公卿集議。騭曰：「譬若衣敗，壞一以相補，猶有所完。若不如此，將兩無所保。」議者咸同。詡聞之，乃說李脩曰：「竊聞公卿定策當弃涼州，求之愚心，未見其便。先帝開拓土宇，劬勞後定，而今憚小費，舉而弃之。涼州既弃，即以三輔爲塞；三輔爲塞，則園陵單外。此不可之甚者也。喭曰：『關西出將，關東出相。』〔一〕觀其習兵壯勇，實過餘州。今羌胡所以不敢入據三輔，爲心腹之害者，以涼州在後故也。其土人所以推鋒執銳，無反顧之心者，爲臣屬於漢故也。若弃其境域，徙其人庶，安土重遷，必生異志。如使豪雄相聚，席卷而東，〔二〕雖賁、育爲卒，太公爲將，猶恐不足當禦。議者喻以補衣猶有所完，詡恐其疽食侵淫而無限極。弃之非計。」〔三〕脩曰：「吾意不及此。微子之言，幾敗國事。然則計當安出？」詡曰：「今涼土擾動，人情不安，竊憂卒然有非常之變。誠宜令四府九卿，〔四〕各辟彼州數人，其牧守令長子弟皆除爲宂官，〔五〕外以勸厲，答其功勤，內以拘致，防其邪計。」脩善其言，更集四府，皆從詡議。於是辟西州豪桀爲掾屬，拜牧守長吏子弟爲郎，以安慰之。

〔一〕說文曰：「喭，傳言也。」前書曰：「秦、漢以來，山東出相，山西出將。」秦時郿白起，頻陽王翦；漢興，義渠公孫賀，傅介子，成紀李廣，李蔡，上邽趙充國，狄道辛武賢：皆名將也。丞相，則蕭、曹、魏、丙、韋、平、孔、翟之類也。

〔二〕席卷言無餘也。前書曰「雲徹席卷，後無餘灾」也。

〔三〕疽，癰瘡也。

〔四〕四府謂太傅、太尉、司徒、司空之府也。九卿謂太常、光祿、衞尉、廷尉、太僕、大鴻臚、宗正、大司農、少府等也。

〔五〕宂，散也，音人勇反。

鄧騭兄弟以詡異其議，因此不平，欲以吏法中傷詡。後朝歌賊甯季等數千人攻殺長吏，屯聚連年，州郡不能禁，乃以詡爲朝歌長。故舊皆弔詡曰：「得朝歌何衰！」詡笑曰：「志不求易，事不避難，臣之職也。不遇槃根錯節，何以別利器乎？」始到，謁河內太守馬棱。〔一〕棱勉之曰：「君儒者，當謀謨廟堂，反在朝歌邪？」詡曰：「初除之日，士大夫皆見弔勉。以詡譸之，知其無能爲也。〔二〕朝歌者，韓、魏之郊，〔三〕背太行，臨黃河，去敖倉百里，〔四〕而青、冀之人流亡萬數。賊不知開倉招衆，劫庫兵，守城皋，斷天下右臂，〔五〕此不足憂也。今其衆新盛，難與爭鋒。兵不猒權，願寬假轡策，勿令有所拘閡而已。」〔六〕及到官，設令三科以募求壯士，自掾史以下各舉所知，其攻劫者爲上，傷人偸盜者次之，帶喪服而不事家業爲下。收得百餘人，詡爲饗會，悉貰其罪，使入賊中，誘令劫掠，乃伏兵以待之，遂殺賊數百人。又潛遣貧人能縫者，傭作賊衣，以采綖縫其裾爲幟，〔七〕有出市里者，吏輒禽之。賊由是駭散，咸稱神明。遷懷令。

〔一〕棱字伯威，援族孫也。

〔二〕譸當作「籌」也。

〔三〕韓界上黨，魏界河內，相接犬牙，故云郊也。

〔四〕敖倉在滎陽，解具安紀也。

〔五〕右臂，喻要便也。

〔六〕閡與「礙」同。

〔七〕幟，記也。續漢書曰「以絳縷縫其裾」也。

後羌寇武都，鄧太后以詡有將帥之略，遷武都太守，引見嘉德殿，厚加賞賜。羌乃率衆數千，遮詡於陳倉、崤谷，詡卽停軍不進，而宣言上書請兵，須到當發。羌聞之，乃分鈔傍縣，詡因其兵散，日夜進道，兼行百餘里。令吏士各作兩竈，日增倍之，羌不敢逼。或問曰：「孫臏減竈而君增之。〔一〕兵法日行不過三十里，以戒不虞，〔二〕而今日且二百里。何也？」詡曰：「虜衆多，吾兵少。徐行則易爲所及，速進則彼所不測。虜見吾竈日增，必謂郡兵來迎。衆多行速，必憚追我。孫臏見弱，吾今示彊，埶有不同故也。」

〔一〕孫臏爲齊軍將，與魏龐涓戰，使齊軍入魏地，爲十萬竈，明日爲五萬竈，明日爲三萬竈。龐涓行三日，大喜曰：「我固知齊卒怯。入吾地三日，士卒亡過半矣。」事見史記。

〔二〕前書王吉上疏曰：「古者師行三十里，吉行五十里。」

既到郡，兵不滿三千，而羌衆萬餘，攻圍赤亭數十日。〔一〕詡乃令軍中，使彊弩勿發，而潛發小弩。羌以爲矢力弱，不能至，幷兵急攻。詡於是使二十彊弩共射一人，發無不中，羌大震，退。詡因出城奮擊，多所傷殺。明日悉陳其兵衆，令從東郭門出，北〔二〕郭門入，貿易衣服，回轉數周。羌不知其數，更相恐動。詡計賊當退，乃潛遣五百餘人於淺水設伏，候其走路。虜果大奔，因掩擊，大破之，斬獲甚衆，賊由是敗散，南入益州。詡乃占相地埶，築營壁百八十所，招還流亡，假賑貧人，郡遂以安。

〔一〕赤亭故城在今渭州襄武縣東南，有赤亭水也。
〔二〕一作「西」。

先是運道艱險，舟車不通，驢馬負載，僦五致一。〔一〕詡乃自將吏士，案行川谷，自沮至下辯〔二〕數十里中，皆燒石翦木，開漕船道，〔三〕以人僦直雇借傭者，於是水運通利，歲省四千餘萬。詡始到郡，戶裁盈萬。及綏聚荒餘，招還流散，二三年閒，遂增至四萬餘戶。鹽米豐賤，十倍於前。〔四〕坐法免。

〔一〕廣雅曰：「僦，賃也。」音子救反。僦五致一謂用五石賃而致一石也。
〔二〕沮及下辯並縣名。沮，今興州順政縣也。下辯，今成州同谷縣也。沮音七余反。
〔三〕續漢書曰「下辯東三十餘里有峽，中當泉水，生大石，障塞水流，每至春夏，輒溢沒秋稼，壞敗營郭。詡乃使人燒石，以水灌之，石皆坼裂，因鐫去石，遂無氾溺之患」也。
〔四〕續漢書曰：「詡始到，穀石千，鹽石八千，見戶萬三千。視事三歲，米石八十，鹽石四百，流人還歸，郡戶數萬，人足家給，一郡無事。」

永建元年，代陳禪爲司隸校尉。數月閒，奏太傅馮石、太尉劉熹、中常侍程璜、陳秉、孟生、李閏等，百官側目，號爲苛刻。三公劾奏詡盛夏多拘繫無辜，爲吏人患。詡上書自訟曰：「法禁者俗之堤防，刑罰者人之銜轡。〔一〕今州曰任郡，郡曰任縣，更相委遠，百姓怨窮，以苟容爲賢，盡節爲愚。臣所發舉，臧罪非一，二府恐爲臣所奏，遂加誣罪。臣將從史魚死，即以尸諫耳。」〔二〕順帝省其章，乃爲免司空陶敦。〔三〕

〔一〕禮記曰：「夫禮，禁亂之所由生，猶坊止水之所自來也。故以舊防爲無用壞之者，必有水敗。」尸子曰：「刑罰者，人之鞭策也。」
〔二〕韓詩外傳曰「昔者衞大夫史魚病且死，謂其子曰：『我數言蘧伯玉之賢而不能進，彌子瑕不肖不能退。爲人臣生不能進賢而退不肖，死不當理喪正堂，殯我於室足矣。』衞君問其故，子以父言聞，君乃立召蘧伯玉而貴之，彌子瑕而退之，徙殯於正堂，成禮而後去」也。
〔三〕漢官儀曰：「敦字文理，京（兆）〔縣〕人也。」

時中常侍張防特用權埶，每請託受取，詡輒案之，而屢寑不報。詡不勝其憤，乃自繫廷尉，奏言曰：「昔孝安皇帝任用樊豐，遂交亂嫡統，幾亡社稷。今者張防復弄威柄，國家之禍將重至矣。臣不忍與防同朝，謹自繫以聞，無令臣襲楊震之跡。」〔一〕書奏，防流涕訴帝，詡坐論輸左校。防必欲害之，二日之中，傳考四獄。獄吏勸詡自引，詡曰：「寧伏歐刀以示遠近。」〔二〕宦者孫程、張賢等知詡以忠獲罪，乃相率奏乞見。程曰：「陛下始與臣等造事之時，〔三〕常疾姦臣，知其傾國。今者即位而復自爲，何以非先帝乎？司隸校尉虞詡爲陛下盡忠，而更被拘繫；常侍張防臧罪明正，反搆忠良。今客星守羽林，其占宮中有姦臣。〔四〕宜急收防送獄，以塞天變。下詔出詡，還假印綬。」時防立在帝後，程乃叱防曰：「姦臣張防，何不下殿！」防不得已，趨就東箱。〔五〕程曰：「陛下急收防，無令從阿母求請。」〔六〕帝問諸尚書，尚書賈朗素與防善，證詡之罪。帝疑焉，謂程曰：「且出，吾方思之。」於是詡子顗與門生百餘人，舉幡候中常侍高梵車，叩頭流血，訴言枉狀。梵乃入言之，防坐徙邊，賈朗等六人或死或黜，即日赦出詡。程復上書陳詡有大功，語甚切激。帝感悟，復徵拜議郎。數日，遷尚書僕射。

〔一〕震爲樊豐所譖而死。
〔二〕歐刀，刑人之刀也。
〔三〕謂順帝爲太子，被江京等廢爲濟陰王，程等謀立之時也。
〔四〕史記天官書曰「虛、危南有衆星，曰羽林」也。
〔五〕埤蒼云：「箱，序也。」字或作「廂」。
〔六〕阿母，宋娥也。

是時長吏、二千石聽百姓讁罰者輸贖，號爲「義錢」，託爲貧人儲，而守令因以聚斂。詡上疏曰：「元年以來，貧百姓章言長吏受取百萬以上者，匈匈不絕，讁罰吏人至數千萬，而三公、刺史少所舉奏。尋永平、章和中，州郡以走卒錢給貸貧人，〔一〕司空劾案，州及郡縣皆坐免黜。今宜遵前典，蠲除權制。」於是詔書下詡章，切責州郡。讁罰輸贖自此而止。

〔一〕走卒，伍伯之類也。續漢志曰：「伍伯，公八人，中二千石六人，千石、六百石皆四人，自（四）百石以下至二百石皆二人。黃綬。武官伍伯，文官辟車。鈴下、侍閤、門蘭、部署、街（里）走卒，皆有程品，多少隨所典領，率皆赤幘絳韝。」即今行鞭杖者也。此言錢者，令其出資錢，不役其身也。

先是寧陽主簿詣闕，訴其縣令之枉，〔一〕積六七歲不省。主簿乃上書曰：「臣爲陛下子，陛下爲臣父。臣章百上，終不見省，臣豈可北詣單于以告怨乎？」帝大怒，持章示尚書，尚書遂劾以大逆。詡駮之曰：「主簿所訟，乃君父之怨；百上不達，是有司之過。愚惷之人，不足多誅。」帝納詡言，笞之而已。詡因謂諸尚書曰：「小人有怨，不遠千里，斷髮刻肌，詣闕告訴，而不爲理，豈臣下之義？君與濁長吏何親，而與怨人何仇乎？」聞者皆慙。詡又上言：「臺郎顯職，仕之通階。今或一郡七八，或一州無人。宜令均平，以厭天下之望。」及諸奏議，多見從用。

〔一〕寧陽，縣，屬東平國，故城在今兖州龔丘縣南也。

諤好剌舉，無所回容，〔一〕數以此忤權戚，遂九見譴考，三遭刑罰，而剛正之性，終老不屈。永和初，遷尚書令，以公事去官。朝廷思其忠，復徵之，會卒。臨終，謂其子恭曰：「吾事君直道，行已無愧，所悔者爲朝歌長時殺賊數百人，其中何能不有冤者。自此二十餘年，家門不增一口，斯獲罪於天也。」

〔一〕回，曲也。

恭有俊才，官至上黨太守。

傅燮字南容，北地靈州人也。〔一〕本字幼起，慕南容三復白珪，乃易字焉。〔二〕身長八尺，有威容。少師事太尉劉寬。再舉孝廉。聞所舉郡將喪，乃弃官行服。後爲護軍司馬，與左中郎〔將〕皇甫嵩俱討賊張角。

〔一〕靈州，縣也。

〔二〕家語子貢對衞文子曰：「一日三復白珪之玷，是南宮縚之行也。」王肅注云：「玷，缺也。詩云：『白珪之玷，尚可磨

也。斯言之玷，不可爲也。』一日三復，愼之至也。」

燮素疾中官，既行，因上疏曰：「臣聞天下之禍，不由於外，皆興於內。是故虞舜升朝，先除四凶，然後用十六相。〔一〕明惡人不去，則善人無由進也。今張角起於趙、魏，黃巾亂於六州。〔二〕此皆釁發蕭牆，而禍延四海者也。臣受戎任，奉辭伐罪，始到潁川，戰無不尅。黃巾雖盛，不足爲廟堂憂也。臣之所懼，在於治水不自其源，末流彌增其廣耳。陛下仁德寬容，多所不忍，故閹豎弄權，忠臣不進。誠使張角梟夷，黃巾變服，臣之所憂，甫益深耳。〔三〕何者？夫邪正之人不宜共國，亦猶冰炭不可同器。〔四〕彼知正人之功顯，而危亡之兆見，皆將巧辭飾說，共長虛僞。夫孝子疑於屢至，〔五〕市虎成於三夫。〔六〕若不詳察眞僞，忠臣將復有杜郵之戮矣。〔七〕陛下宜思虞舜四罪之舉，速行讒佞放殛之誅，〔八〕則善人思進，姦凶自息。臣聞忠臣之事君，猶孝子之事父也。子之事父，焉得不盡其情？使臣身備鈇鉞之戮，陛下少用其言，國之福也。」書奏，宦者趙忠見而忿惡。及破張角，燮功多當封，忠訴譖之，〔九〕靈帝猶識燮言，〔一〇〕得不加罪，竟亦不封，以爲安定都尉。以疾免。

〔一〕左傳曰，昔高陽氏有才子八人，蒼舒、隤敳、檮戭、大臨、尨降、庭堅、仲容、叔達，謂之八愷。高辛氏有才子八人，伯奮、仲堪、叔獻、季仲、伯虎、仲熊、叔豹、季貍，謂之八元也。

〔二〕皇甫嵩傳曰：「連結郡國，自靑、徐、幽、冀、荆、楊、兖、豫八州之人，莫不畢應。」此云「六州」，蓋初起時也。

〔三〕甫，始也。

〔四〕韓子曰「冰炭不同器而久，寒暑不同時而至」也。

〔五〕甘茂對秦武王曰：「昔曾參之居費，魯人有與曾參同姓名者殺人，人告其母曰『曾參殺人』，其母織自若也。又告之，其母自若也。又告之，其母投杼下機，踰牆而走。夫以曾參之賢與其母之信也，三人疑之，其母懼焉。」見史記也。

〔六〕解見馬援傳。

〔七〕白起與應侯有隙，搆之秦昭王，免起爲士伍，遷之陰密。行出咸陽西門十里，至杜郵，使賜劒自裁。見史記。案杜郵，今咸陽城是其地。酈元注水經云渭水北有杜郵亭也。

〔八〕殛音紀力反。殛亦誅也。

〔九〕續漢書曰：「燮軍斬賊三帥卜巳、張伯、梁仲寧等，功高爲封首。」

〔一〇〕識，記也，音志。

後拜議郎。會西羌反，邊章、韓遂作亂隴右，徵發天下，役賦無已。司徒崔烈以爲宜弃涼州。詔會公卿百官，烈堅執先議。燮厲言曰：「斬司徒，天下乃安。」尚書郎楊贊奏燮廷辱大臣。帝以問燮。燮對曰：「昔冒頓至逆也，樊噲爲上將，願得十萬衆橫行匈奴中，憤激思奮，未失人臣之節，顧計當從與不耳，季布猶曰『噲可斬也』。〔一〕今涼州天下要衝，國家藩衞。高祖初興，使酈商別定隴右；〔二〕世宗拓境，列置四郡，議者以爲斷匈奴右臂。〔三〕

今牧御失和，使一州叛逆，海內爲之騷動，陛下臥不安寢。烈爲宰相，不念爲國思所以弭之之策，乃欲割弃一方萬里之土，臣竊惑之。若使左衽之虜得居此地，〔四〕士勁甲堅，因以爲亂，此天下之至慮，社稷之深憂也。若烈不知之，是極蔽也；知而故言，是不忠也。」帝從燮議。由是朝廷重其方格，〔五〕每公卿有缺，爲衆議所歸。

〔一〕冒頓，匈奴單于名也。前書曰，季布爲中郎將，單于爲書嫚呂太后，呂太后怒，召諸將議之。將軍樊噲曰：「願得十萬衆，橫行匈奴中。」諸將皆阿太后，以噲言爲然。布曰：「樊噲可斬也！夫以高帝兵三十萬困於平城，噲時亦在其中。今柰何以十萬衆橫行匈奴中！」

〔二〕前書，漢王賜酈商爵信成君，以將軍爲隴西都尉，別定北地。

〔三〕前書，武帝分武威、酒泉，置張掖、敦煌，謂之四郡。劉歆等議曰：「孝武帝北攘匈奴，降昆邪十萬之衆，置五屬國，起朔方，以奪其肥饒之地。東伐朝鮮，起玄菟、樂浪，以斷匈奴之左臂。西伐大宛，幷〔三十〕六國，結烏孫，起敦煌、酒泉、張掖，以（高）〔鬲〕婼羌，裂匈奴之右臂。」婼音而遮反。

〔四〕說文曰：「衽，衣衿也。」

〔五〕方，正也。格猶標準也。

頃之，趙忠爲車騎將軍，詔忠論討黃巾之功，執金吾甄舉等謂忠曰：「傅南容前在東軍，有功不侯，故天下失望。今將軍親當重任，宜進賢理屈，以副衆心。」忠納其言，遣弟城門校尉延致殷勤。延謂燮曰：「南容少荅我常侍，萬戶侯不足得也。」燮正色拒之曰：「遇與不

遇，命也；有功不論，時也。傳燮豈求私賞哉！」忠愈懷恨，然憚其名，不敢害。權貴亦多疾之，是以不得留，〔一〕出爲漢陽太守。

〔一〕一作「封」。

初，郡將范津明知人，舉燮孝廉。及津爲漢陽，與燮交代，合符而去，鄉邦榮之。津字文淵，南陽人。燮善卹人，叛羌懷其恩化，並來降附，乃廣開屯田，列置四十餘營。

時刺史耿鄙委任治中程球，球爲通姦利，士人怨之。〔一〕中平四年，鄙率六郡兵討金城賊王國、韓遂等。燮知鄙失衆，必敗，諫曰：「使君統政日淺，人未知教。孔子曰：『不教人戰，是謂弃之。』今率不習之人，越大隴之阻，將十舉十危，而賊聞大軍將至，必萬人一心。邊兵多勇，其鋒難當，而新合之衆，上下未和，萬一內變，雖悔無及。不若息軍養德，明賞必罰。賊得寬挺，〔二〕必謂我怯，羣惡爭埶，其離可必。然後率已教之人，討已離之賊，其功可坐而待也。今不爲萬全之福，而就必危之禍，竊爲使君不取。」鄙不從。行至狄道，果有反者，先殺程球，次害鄙，賊遂進圍漢陽。城中兵少糧盡，燮猶固守。

〔一〕漢官曰：司隸功曹從事，即持中也。

〔二〕挺，解也。

時北〔地〕胡騎數千隨賊攻郡，皆夙懷燮恩，共於城外叩頭，求送燮歸鄉里。子幹年十

三，從在官舍。知燮性剛，有高義，恐不能屈志以免，進諫曰：「國家昏亂，遂令大人不容於朝。今天下已叛，而兵不足自守，鄉里羌胡〔一〕先被恩德，欲令弃郡而歸，願必許之。徐至鄉里，率厲義徒，見有道而輔之，以濟天下。」言未終，燮慨然而歎，呼幹小字曰：「別成，〔二〕汝知吾必死邪？蓋『聖達節，次守節』。〔三〕且殷紂之暴，伯夷不食周粟而死，仲尼稱其賢。〔四〕今朝廷不甚殷紂，吾德亦豈絕伯夷？世亂不能養浩然之志，〔五〕食祿又欲避其難乎？〔六〕吾行何之，必死於此。汝有才智，勉之勉之。主簿楊會，吾之程嬰也。」〔七〕幹哽咽不能復言，左右皆泣下。王國使故酒泉太守黃衍說燮曰：「成敗之事，已可知矣。先起，上有霸王之業，下成伊呂之勳。天下非復漢有，府君寧有意爲吾屬師乎？」〔八〕燮案劍叱衍曰：「若剖符之臣，反爲賊說邪！」遂麾左右進兵，臨陣戰歿。謚曰壯節侯。

〔一〕燮，北地人，故云鄉里也。

〔二〕幹集曰：「幹字彥林。」

〔三〕左傳曰，曹公子臧曰：「前志有之，聖達節，次守節，下失節。」

〔四〕史記曰，伯夷，孤竹君之子也。武王載文王木主伐紂。殷既平，伯夷恥之，義不食周粟，遂餓死。論語曰，子貢問曰：「伯夷、叔齊何人也？」孔子曰：「古之賢人也。」

〔五〕孟子曰：「養吾浩然之氣。」趙岐注曰：「浩然，天氣也。」

〔六〕左傳曰，子路曰「食焉不避其難」也。

〔七〕程嬰，解見馮衍傳也。

〔八〕師即君也。尚書曰「作之君，作之師」也。

幹知名，位至扶風太守。

蓋勳字元固，敦煌廣至人也。〔一〕家世二千石。〔二〕初舉孝廉，爲漢陽長史。時武威太守倚恃權埶，恣行貪橫，從事武都蘇正和案致其罪。涼州刺史梁鵠畏懼貴戚，欲殺正和以免其負，乃訪之於勳。勳素與正和有仇，或勸勳可因此報隙。勳曰：「不可。謀事殺良，非忠也；乘人之危，非仁也。」乃諫鵠曰：「夫紲食鷹鳶欲其鷙，〔三〕鷙而亨之，將何用哉？」鵠從其言。正和喜於得免，而詣勳求謝。勳不見，曰：「吾爲梁使君謀，不爲蘇正和也。」怨之如初。〔四〕

〔一〕廣至，縣名，故城在今瓜州常樂縣東，今謂之縣泉堡是也。

〔二〕續漢書曰：「曾祖父進，漢陽太守。祖父彪，大司農。」謝承書曰：「父字思齊，官至安定屬國都尉。」

〔三〕紲，繫也。廣雅曰：「鷙，執也。」蒼頡解詁曰：「鳶，鴟也。」食音嗣。

〔四〕續漢書：中平元年，黃巾賊起，故武威太守酒泉黃雋被徵，失期。梁鵠欲奏誅雋，勳爲言得免。雋以黃金二十斤謝勳，勳謂雋曰：「吾以子罪在八議，故爲子言。吾豈賣評哉！」終辭不受。

中平元年，北地羌胡與邊章等寇亂隴右，刺史左昌因軍興斷盜數千萬。〔一〕勳固諫，昌怒，乃使勳別屯阿陽以拒賊鋒，〔二〕欲因軍事罪之，而勳數有戰功。邊章等遂攻金城，殺郡守陳懿，勳勸昌救之，不從。邊章等進圍昌於冀，昌懼而召勳。勳初與從事辛曾、孔常俱屯阿陽，及昌檄到，曾等疑不肯赴。勳怒曰：「昔莊賈後期，穰苴奮劍。〔三〕今之從事，豈重於古之監軍哉！」曾等懼而從之。勳即率兵救昌。到，乃誚讓章等，責以背叛之罪。皆曰：「左使君若早從君言，以兵臨我，庶可自改。今罪已重，不得降也。」乃解圍而去。昌坐斷盜徵，以扶風宋梟代之。〔四〕梟患多寇叛，謂勳曰：「涼州寡於學術，故屢致反暴。今欲多寫孝經，令家家習之，庶或使人知義。」勳諫曰：「昔太公封齊，崔杼殺君；伯禽侯魯，慶父篡位。〔五〕此二國豈乏學者？今不急靜難之術，遽爲非常之事，既足結怨一州，又當取笑朝廷，勳不知其可也。」梟不從，遂奏行之。果被詔書詰責，坐以虛慢徵。時叛羌圍護羌校尉夏育於畜官，〔六〕勳與州郡合兵救育，至狐槃，爲羌所破。勳收餘衆百餘人，爲魚麗之陳。〔七〕羌精騎夾攻之急，士卒多死。勳被三創，堅不動，乃指木表〔八〕曰：「必尸我於此。」句就種羌滇吾〔九〕素爲勳所厚，乃以兵扞衆曰：「蓋長史賢人，汝曹殺之者爲負天。」勳仰罵

日：「死反虜，汝何知？促來殺我！」衆相視而驚。湞吾下馬與勳，勳不肯上，遂爲賊所執。羌戎服其義勇，不敢加害，送還漢陽。後刺史楊雍即表勳領漢陽太守。時人飢，相漁食，勳調穀稟之，〔10〕先出家糧以率衆，存活者千餘人。

〔一〕斷謂割截。
〔二〕阿陽，縣，屬天水郡。
〔三〕齊景公時，燕、晉侵齊，景公以司馬穰苴爲將，扞之，仍令寵臣莊賈監軍。與穰苴期旦日會，賈素驕貴，夕時至，穰苴召軍正問曰：「軍法期而後者云何？」對曰：「當斬。」遂斬賈以徇三軍。
〔四〕續漢書「梟」字作「泉」也。
〔五〕崔杼，齊大夫。齊莊公先通其妻，杼殺之。慶父，魯莊公弟。莊公子開立，是爲湣公，慶父襲殺湣公。並見史記。
〔六〕前書尹翁歸傳曰：「有論罪輸掌畜官。」音義曰：「右扶風畜牧所在，有苑師之屬，故曰畜官。畜音許救反。」
〔七〕麗音離。左傳曰：「王以諸侯伐鄭，鄭原繁、高渠彌奉公爲魚麗之陳，先偏後伍，伍承彌縫。」杜預注曰：「此魚麗陳法也。」
〔八〕表，標也。
〔九〕句就，羌別種也。句音古侯反。
〔10〕調猶發也。

後去官，徵拜討虜校尉。靈帝召見，問：「天下何苦而反亂如此？」勳曰：「倖臣子弟擾

之。」時宦者上軍校尉蹇碩在坐，帝顧問碩，碩懼，不知所對，而以此恨勳。帝又謂勳曰：「吾已陳師於平樂觀，多出中藏財物以餌士，何如？」〔一〕勳曰：「臣聞『先王燿德不觀兵』。〔二〕今寇在遠而設近陳，不足昭果毅，秖黷武耳。」〔三〕帝曰：「善。恨見君晚，羣臣初無是言也。」

〔一〕中藏謂內藏也。
〔二〕國語曰：「穆王將征犬戎，祭公謀父諫曰：『不可。先王燿德不觀兵。』」韋昭注曰：「燿，明也。觀，示也。」
〔三〕左傳曰「戎昭果毅以聽之之謂武，殺敵爲果，致果曰毅」也。

勳時與宗正劉虞、佐軍校尉袁紹同典禁兵。勳謂虞、紹曰：「吾仍見上，上甚聰明，但擁蔽於左右耳。若共併力誅嬖倖，然後徵拔英俊，以興漢室，功遂身退，豈不快乎！」虞、紹亦素有謀，因相連結，未及發，而司隸校尉張溫舉勳爲京兆尹。帝方欲延接勳，而蹇碩等心憚之，並勸從溫奏，遂拜京兆尹。

時長安令楊黨，父爲中常侍，恃執貪放，勳案得其臧千餘萬。貴戚咸爲之請，勳不聽，具以事聞，并連黨父，有詔窮案，威震京師。時小黃門京兆高望爲尚藥監，倖於皇太子，太子因蹇碩屬望子進爲孝廉，勳不肯用。或曰：「皇太子副主，望其所愛，碩帝之寵臣，而子違之，所謂三怨成府者也。」〔一〕勳曰：「選賢所以報國也。非賢不舉，死亦何悔！」勳雖在外，每軍國密事，帝常手詔問之。〔二〕數加賞賜，甚見親信，在朝臣右。

〔一〕府，聚也。
〔二〕續漢書曰：「是時，漢陽叛人王國，衆十餘萬，攻陳倉，三輔震動。勳領郡兵五千人，自請滿萬人，因表用處士扶風〔士〕孫瑞爲鷹鷂都尉，桂陽魏傑爲破敵都尉，京兆杜楷爲威虜都尉，弘農楊儒爲鳥擊都尉，長陵第五儁爲淸寇都尉。凡五都尉，皆素有名，悉領屬勳。每有密事，靈帝手詔問之。」

及帝崩，董卓廢少帝，殺何太后，勳與書曰：「昔伊尹、霍光權以立功，猶可寒心，足下小醜，何以終此？賀者在門，弔者在廬，可不愼哉！」〔一〕卓得書，意甚憚之。徵爲議郎。時左將軍皇甫嵩精兵三萬屯扶風，勳密相要結，將以討卓。會嵩亦被徵，勳以衆弱不能獨立，遂並還京師。自公卿以下，莫不卑下於卓，唯勳長揖爭禮，見者皆爲失色。卓問司徒王允曰：「欲得快司隸校尉，誰可作者？」允曰：「唯有蓋京兆耳。」卓曰：「此人明智有餘，然不可假以雄職。」乃以爲越騎校尉。卓又不欲令久典禁兵，復出爲潁川太守。未及至郡，徵還京師。時河南尹朱儁爲卓陳軍事。卓折儁曰：「我百戰百勝，決之於心，卿勿妄說，且汙我刀。」勳曰：「昔武丁之明，猶求箴諫，〔二〕況如卿者，而欲杜人之口乎？」卓曰：「戲之耳。」勳曰：「不聞怒言可以爲戲？」卓乃謝儁。勳雖強直不屈，而內厭於卓，不得意，疽發背卒，時年五十一。遺令勿受卓賻贈。卓欲外示寬容，表賜東園祕器賵襚，送之如禮。葬于安

陵。

〔一〕孫卿子曰「慶者在堂，弔者在閭，福與禍鄰，莫知其門」也。
〔二〕武丁，殷王高宗也。謂傅說曰：「啓乃心，沃朕心。」說復于王曰：「惟木從繩則正，后從諫則聖。」見尚書。

子順，官至永陽太守。

臧洪字子源，廣陵射陽人也。〔一〕父旻，有幹事才。〔二〕熹平元年，會稽妖賊許昭起兵句章，〔三〕自稱「大將軍」，立其父生爲越王，攻破城邑，衆以萬數。拜旻揚州刺史。旻率丹(揚)〔陽〕太守陳夤擊昭，破之。昭遂復更屯結，大爲人患。旻等進兵，連戰三年，破平之，獲昭父子，斬首數千級。遷旻爲使匈奴中郎將。

〔一〕射陽故城在今楚州安宜縣東也。
〔二〕謝承書曰：「旻達於從政，爲漢良吏，遷匈奴中郎將。還京師，太尉袁逢問其西域諸國土地風俗人物種數，旻具荅言西域本三十六國，後分爲五十五，稍散至百餘國。大小，道里近遠，人數多少，風俗燥溼，山川草木鳥獸異物名種不與中國同者，口陳其狀，手畫地形。逢奇其才，歎息言：『雖班固作西域傳，何以加此乎？』」
〔三〕句章縣故城在今越州鄮縣西。十三州志云：「句踐之地，南至句無，其後并吳，因大城句，章伯功以示子孫，故曰句章。」

洪年十五，以父功拜童子郎，〔一〕知名太學。洪體貌魁梧，有異姿。〔二〕舉孝廉，補即丘長。〔三〕

〔一〕漢法，孝廉試經者拜爲郎。洪以年幼才俊，故拜童子郎也。續漢書曰「左雄奏徵海內名儒爲博士，使公卿子弟爲諸生，有志操者加其俸祿。及汝南謝廉、河南趙建章年始十二，各能通經，雄並奏拜童子郎。於是負書來學，雲集京師」也。

〔二〕魁梧，壯大之貌也。梧音吾。

〔三〕即丘，縣，屬琅邪國，故城在今沂州臨沂縣東南，即春秋之祝丘也。

中平末，弃官還家，太守張超請爲功曹。時董卓（殺）〔弒〕帝，圖危社稷。洪說超曰：「明府歷世受恩，兄弟並據大郡。〔一〕今王室將危，賊臣虎視，此誠義士効命之秋也。今郡境尚全，吏人殷富，若動枹鼓，可得二萬人。以此誅除國賊，爲天下唱義，不亦宜乎！」超然其言，與洪西至陳留，見兄邈計事。邈先謂超曰：「聞弟爲郡，委政臧洪，洪者何如人？」超曰：「臧洪海內奇士，才略智數不比於超矣。」邈即引洪與語，大異之。乃使詣兗州刺史劉岱、〔二〕豫州刺史孔伷，〔三〕遂皆相善。邈既先有謀約，會超至，定議，乃與諸牧守大會酸棗。設壇場，將盟，既而更相辭讓，莫敢先登，咸共推洪。洪乃攝衣升壇，操血而盟曰：「漢室不幸，皇綱失統，賊臣董卓，乘釁縱害，禍加至尊，毒流百姓。大懼淪喪社稷，翦覆四海。兗州

刺史岱、豫州刺史伷、陳留太守邈、東郡太守瑁、〔四〕廣陵太守超等，糾合義兵，並赴國難。〔五〕凡我同盟，齊心一力，以致臣節，隕首喪元，必無二志。有渝此盟，俾墜其命，無克遺育。〔六〕皇天后土，祖宗明靈，實皆鑒之。」洪辭氣慷慨，聞其言者，無不激揚。自是之後，諸軍各懷遲疑，莫適先進，遂使糧儲單竭，兵衆乖散。

〔一〕謂超爲廣陵，兄邈爲陳留也。

〔二〕岱字公山。

〔三〕伷字公緒。

〔四〕橋瑁也。

〔五〕糾，收也。

〔六〕左傳曰，王子虎盟諸侯于王廷，要言曰「皆獎王室，無相害也。有渝此盟，明神殛之，俾墜其師，無克祚國」也。

時討虜校尉公孫瓚與大司馬劉虞有隙，超乃遣洪詣虞，共謀其難。行至河閒而值幽冀交兵，行塗阻絕，因寓於袁紹。紹見洪，甚奇之，與結友好，以洪領青州刺史。前刺史焦和好立虛譽，能清談。時黃巾羣盜處處飈起，而青部殷實，軍革尚衆。和欲與諸同盟西赴京師，未及得行，而賊已屠城邑。和不理戎警，但坐列巫史，禜禱羣神。〔一〕又恐賊乘凍而過，命多作陷冰丸，以投于河。衆遂潰散，和亦病卒。洪收撫離叛，百姓復安。

〔一〕巫，女巫也。史，祝史也。禜謂營攢用幣，以（穰）〔禳〕風雨霜雪水旱厲疫於日月星辰山川也。禱謂告事求福也。

在事二年，袁紹憚其能，徙爲東郡太守，都東武陽。時曹操圍張超於雍丘，甚危急。超謂軍吏曰：「今日之事，唯有臧洪必來救我。」或曰：「袁曹方穆，而洪爲紹所用，恐不能敗好遠來，違福取禍。」超曰：「子源天下義士，終非背本者也，或見制強力，不相及耳。」洪始聞超圍，乃徒跣號泣，並勒所領，將赴其難。自以衆弱，從紹請兵，而紹竟不聽之，超城遂陷，張氏族滅。洪由是怨紹，絕不與通。紹興兵圍之，歷年不下，使洪邑人陳琳以書譬洪，示其禍福，責以恩義。〔一〕洪荅曰：

〔一〕獻帝春秋曰「紹使琳爲書八條，責以恩義，告喻使降」也。

隔闊相思，發於寤寐。相去步武，〔一〕而趣舍異規，其爲愴恨，胡可勝言！前日不遺，比辱雅況，〔二〕述敍禍福，公私切至。以子之才，窮該典籍，豈將闇於大道，不達余趣哉？是以損弃翰墨，一無所酬，亦冀遙忖褊心，粗識鄙性。重獲來命，援引紛紜，雖欲無對，而義篤其言。

〔一〕爾雅曰：「武，迹也。」

〔二〕比，頻也。

僕小人也，本乏志用，中因行役，特蒙傾蓋，〔一〕恩深分厚，遂竊大州，寧樂今日自還接刃乎？每登城臨兵，觀主人之旗鼓，〔二〕瞻望帳幄，感故友之周旋，撫弦搦矢，〔三〕不覺涕流之覆面也。何者？自以輔佐主人，無以爲悔；主人相接，過絕等倫。受任之初，志同大事，埽清寇逆，共尊王室。豈悟本州被侵，郡將遘戹，請師見拒，辭行被拘，使洪故君，遂至淪滅。區區微節，無所獲申，豈得復全交友之道，重虧忠孝之名乎？所以忍悲揮戈，收淚告絕。若使主人少垂古人忠恕之情，來者側席，去者克己，〔四〕則僕抗季札之志，不爲今日之戰矣。〔五〕

〔一〕家語，孔子之郯，與程子相遇於塗，傾蓋而語也。

〔二〕洪常寓於紹，故謂之主人也。

〔三〕搦，捉也，音女卓反。

〔四〕來者側席而待之，去者克己自責，不責人也。

〔五〕吳王餘昧卒，欲授弟季札，季札逃去。見史記也。

昔張景明登壇喢血，奉辭奔走，卒使韓牧讓印，主人得地。後但以拜章朝主，賜爵獲傳之故，不蒙觀過之貸，而受夷滅之禍。〔一〕呂奉先討卓來奔，請兵不獲，告去何罪，復見斫刺。〔二〕劉子璜奉使踰時，辭不獲命，畏君懷親，以詐求歸，可謂有志忠孝，

無損霸道，亦復僵尸麾下，不蒙虧除。慕進者蒙榮，違意者被戮，此乃主人之利，非遊士之願也。是以鑒戒前人，守死窮城，亦以君子之違，不適敵國故也。〔三〕

〔一〕英雄記云，袁紹使張景明、郭公則、高元才等說韓馥，使讓冀州與紹。然則馥之讓位，景明亦有其功。其餘未詳也。

〔二〕魏志呂布傳曰：「布破張燕軍而求益兵，衆將士鈔掠，紹患忌之。布覺其意，從紹求去。」英雄記：「布求還洛，紹假布領司隸校尉，外言當遣，內欲殺布。明日當發，紹遣甲士三十人，辭以送布，止於幔側。布僞使人於帳中鼓箏，紹兵臥，無何，出帳去而兵不覺。夜半兵起，亂斫布牀被，謂已死。明旦，紹訊問，知布尚在，乃閉城門，布遂引去。」

〔三〕左傳云，公山不狃曰：「君子違不適讎國。」杜預注云：「違，奔亡也。」

足下當見久圍不解，救兵未至，感婚姻之義，推平生之好，以爲屈節而苟生，勝守義而傾覆也。昔晏嬰不降志於白刃，南史不曲筆以求存，〔一〕故身傳圖象，名垂後世。況僕據金城之固，驅士人之力，散三年之畜以爲一年之資，匡困補乏，以悅天下，何圖築室反耕哉？〔二〕但懼秋風揚塵，伯珪馬首南向，〔三〕張揚、飛燕旅力作難，〔四〕北鄙將告倒懸之急，股肱奏乞歸之記耳。〔五〕主人當鑒戒曹輩，反旌退師，何宜久辱盛怒，暴威於吾城之下哉！

〔一〕崔杼殺齊莊公，欲劫晏子與盟，以戟拘其頸，劍承其心。晏子曰：「劫吾以刃而失其意，非勇也。」崔杼遂釋之。事見晏子。左傳曰「太史書曰『崔杼弒其君』，崔子殺之。其弟嗣書而死者二人，其弟又書，乃舍之。南史氏聞太史盡死，執簡以往，聞既書矣，乃還」也。

〔二〕左傳曰：「楚子圍宋，築室反耕。」杜預注曰：「築室於宋，反兵耕田，示無還意也。」

〔三〕伯珪，公孫瓚字。

〔四〕魏志曰，張揚字稚叔，雲中人也，以武勇給并州爲從事。何進令於本州募兵，得千餘人，因留上黨擊山賊。進敗，揚遂以所將兵攻上黨，仍略諸縣，衆至數千，又與袁紹合。張燕，常山人，本姓褚。黃巾起，燕合聚少年爲羣盜，衆萬人。博陵張牛角（立）〔之〕起，衆亦癉陶，牛角爲飛矢所中，且死，告其衆曰：「必以燕爲帥。」角死，衆奉燕，故改姓張。燕僄悍，捷速過人，軍中號爲「飛燕」。衆至百萬，號曰「黑山」。後助公孫瓚與紹爭冀州也。

〔五〕股肱猶手足也。冒北邊有倉卒之急，股肱之臣將告歸自救耳。

足下譏吾恃黑山以爲救，獨不念黃巾之合從邪？昔高祖取彭越於鉅野，〔一〕光武創基兆於綠林，卒能龍飛受命，中興帝業。苟可輔主興化，夫何嫌哉！況僕親奉璽書，與之從事！

〔一〕前書，彭越將其衆居鉅野中，無所屬，漢王乃使人賜越將軍印，使下濟陰以擊楚也。

行矣孔璋！足下徼利於境外，臧洪投命於君親；吾子託身於盟主，〔一〕臧洪策名於長安。子謂余身死而名滅，僕亦笑子生死而無聞焉。本同末離，努力努力，夫復何言！

〔一〕盟主謂袁紹也。

紹見洪書，知無降意，增兵急攻。城中粮盡，外無援救，洪自度不免，呼吏士謂曰：「袁紹無道，所圖不軌，且不救洪郡將，洪於大義，不得不死。念諸君無事，空與此禍，〔一〕可先城未破，將妻子出。」將吏皆垂泣曰：「明府之於袁氏，本無怨隙，今爲郡將之故，自致危困，吏人何忍當捨明府去也？」初尚掘鼠，煮筋角，後無所復食，主簿啓內廚米三斗，請稍爲饘粥，〔二〕洪曰：「何能獨甘此邪？」使爲薄糜，徧班士衆。又殺其愛妾，以食兵將。兵將咸流涕，無能仰視。男女七八十人相枕而死，莫有離叛。

〔一〕與音預。

〔二〕杜預注左傳曰：「饘，糜也。」音之延反。

城陷，生執洪。紹盛帷幔，大會諸將見洪。謂曰：「臧洪何相負若是！今日服未？」洪據地瞋目曰：「諸袁事漢，四世五公，可謂受恩。今王室衰弱，無扶翼之意，而欲因際會，觖望非冀，〔一〕多殺忠良，以立姦威。洪親見將軍呼張陳留爲兄，則洪府君亦宜爲弟，而不能同心戮力，爲國除害，坐擁兵衆，觀人屠滅。惜洪力劣，不能推刃爲天下報仇，〔二〕何謂服乎？」紹本愛洪，意欲屈服赦之，見其辭切，知終不爲用，乃命殺焉。

〔一〕前漢音義曰：「觖猶冀也。」觖音羌恚反。

〔二〕公羊傳曰：「事君猶事父也，父受誅，子復讎，推刃之道。」

洪邑人陳容，少爲諸生，親慕於洪，隨爲東郡丞。先城未敗，洪使歸紹。時容在坐，見洪當死，起謂紹曰：「將軍舉大事，欲爲天下除暴，而專先誅忠義，豈合天意？臧洪發舉爲郡將，柰何殺之！」紹慙，使人牽出，謂曰：「汝非臧洪疇，空復爾爲？」容顧曰：「夫仁義豈有常所，蹈之則君子，背之則小人。今日寧與臧洪同日死，不與將軍同日生也。」遂復見殺。在紹坐者，無不歎息，竊相謂曰：「如何一日戮二烈士！」

先是洪遣司馬二人出，求救於呂布。比還，城已陷，皆赴敵死。

論曰：雍丘之圍，臧洪之感憤壯矣！想其行跣且號，束甲請舉，誠足憐也。夫豪雄之所趣舍，其與守義之心異乎？若乃締謀連衡，懷詐筭以相尙者，蓋惟利埶所在而已。況偏城既危，曹袁方穆，洪徒指外敵之衡，以紓倒縣之會。忿悁之師，兵家所忌。〔一〕可謂懷哭秦之節，存荊則未聞也。〔二〕

〔一〕前書魏相上書曰：「救亂誅暴，謂之義兵，兵義者王。敵加於己，不得已而起者，謂之應兵，兵應者勝。爭恨小故，不勝憤怒者，謂之忿兵，兵忿者敗。利人土地貨寶者，謂之貪兵，兵貪者破。恃國家之大，矜其人衆，欲見威於敵者，謂之驕兵，兵驕者滅。此非但人事，乃天道也。」

〔三〕吳破楚，申包胥如秦乞師，立依於庭牆而哭，日夜不絕聲，勺飲不入口，七日秦師乃出，以車五百乘救楚，敗吳兵於稷。事見左傳及史記。言臧洪徒守節致死，不能如包胥之存楚也。

贊曰：先零擾疆，鄧、崔弃涼。詡、燮令圖，再全金方。蓋勳抗董，終然允剛。洪懷偏節，力屈志揚。

校勘記

一八六六頁四行　乃說李脩曰　按：集解引惠棟說，謂袁紀詡說太尉張禹，與傳異也。

一八六七頁六行　得朝歌何衰　按：集解引惠棟說，謂袁紀「何衰」作「可哀」。

一八六八頁二行　譸當作籌也　按：御覽一九〇引正作「籌」，疑據章懷注改也。

一八六八頁一四行　明日爲三萬竈　按：「三」原譌「二」，逕據汲本、殿本改正。

一八六九頁五行　築營壁百八十所　汲本、殿本「百」上有「二」字。按：通鑑亦作「百八十所」。

一八六九頁九行　自沮至下辯　集解引惠棟說，謂案漢李翕碑題名，「辯」當作「辨」。今按：續志作「辨」，通鑑胡注亦作「辨」。

一八六九頁一五行　每至春夏輒溢沒秋稼壞敗營郭　按：類聚六引作「春夏輒潰溢，敗壞城郭」。

一八七〇頁一行　石皆坼裂　按：類聚引「坼」作「罅」。

一八七〇頁一行　遂無氾溺之患　按：汲本「氾」作「汎」。類聚引作「遂無沈溺之害」。

一八七〇頁二行　穀石千　集解引惠棟說，謂御覽八百六十五引續漢書，云「始到郡，穀千五百」，此脫「五百」字。今按：通鑑亦作「穀石千」。

一八七〇頁七行　二府恐爲臣所奏　按：刊誤謂上文三公劾詡，則「二府」當爲「三府」也。

一八七〇頁一四行　敦字文理京(兆)〔縣〕人也　張森楷校勘記謂據順帝紀注，敦是河南京縣人，此「兆」字當衍文，或「縣」字之誤。按：順帝紀注作「京縣人也」，今據改。

一八七一頁一行　無令臣襲楊震之跡　按：「楊」原譌「揚」，逕改正。下一八七八頁六行「楊會」、一八八一頁二行「楊雍」、一八八三頁四行注「楊儒」同。

一八七三頁七行　自〔四〕百石以下　陳景雲謂按續志「百石」上當有「四」字。今據補。

一八七三頁八行　街〔里〕走卒　刊誤謂後漢志「街」下有一「里」字。今據補。

一八七三頁八行　率皆赤幘絳褠　汲本、殿本「絳」作「絳」。按：續志作「絳韝」。

一八七三頁一〇行　與左中郎〔將〕皇甫嵩　刊誤謂案嵩傳，此少一「將」字。今據補。

一八七六頁一〇行　并〔三十〕六國　陳景雲謂「六」上當有「三十」二字。今據補。

一八七六頁一二行　以(高)〔爲〕婼羌　據刊誤改。

一八七七頁一行　然憚其名不敢害　按：校補謂此處當脫仍奏請封燮某侯，并燮轉某官，否則下文似不接，且議郎亦不得即拜太守也。

一八七七頁四行　郡將范津明知人　按：刊誤謂「明」當作「名」。

一八七七頁一五行　時北〔地〕胡騎數千　刊誤謂案文少一「地」字，下文云「鄉里羌胡」，是與燮同北地人也。今據補。

一八七八頁五行　世亂不能養浩然之志　「浩」原譌「皓」，逕改正。下一五行「養吾浩然之氣」同。

一八七八頁九行　謚曰壯節侯　集解引周壽昌說，謂燮未封侯，豈死後贈爵邪？范史不敍，明少疎。按：校補謂范氏史法本密，不至一傳之中前後文亦不相應如此，其爲上脫燮封侯事明矣。

一八七八頁一二行　幹字彥林　按：集解引惠棟說，謂「林」一作「材」，見三國志注。

一八七八頁一五行　趙岐注曰　按：「岐」原作「歧」，逕改正。

一八七九頁八行　紲食鷹鳶　按：「鷹」原譌「膺」，逕改正。

一八七九頁一三行　謝承書曰　按：「承」原譌「丞」，逕改正。

一八八〇頁一三行　至狐槃　按：集解引惠棟說，謂袁宏紀作「孤磐」。

一八八一頁五行　阿陽縣屬天水郡　按：「天水」當作「漢陽」，惠棟云後漢改天水爲漢陽。

一八八一頁八行　續漢書梟字作泉也　集解引汪文臺說，謂范作「梟」非，作「泉」亦非，疑本作「因」，音近譌作「淵」，又以避諱作「泉」。按：校補謂疑本是「臬」字，誤爲「梟」，復譌爲「泉」耳。

一八八一頁九行　是爲滑公慶父襲殺滑公　按：兩「滑」字原皆誤「涽」，逕改正。

一八八一頁一二行　伍承彌縫　「伍」原作「五」，逕據汲本、殿本改。

一八八三頁三行　扶風(士)孫瑞　據集解引惠棟說補。

一八八三頁四行　桂陽魏傑　按：張森楷校勘記謂案太尉劉寬碑陰有「右扶風杜陽魏傑」，獻帝春秋同，而桂陽則荊州郡，不在三輔矣，蓋「桂」字是「杜」字之誤。

一八八四頁五行　臧洪字子源　按：集解引惠棟說，謂唐贈工部尚書臧懷恪碑歷敍臧氏作「子原」，案字从厂从泉，後人復添三點，見顧炎武金石文字記。

一八八四頁六行　丹(揚)〔陽〕太守陳矞　據汲本改。

一八八四頁一三行　越州鄮縣　按：「鄮」原譌「鄮」，逕據汲本、殿本改正。

一八八五頁四行　河南趙建章　按：集解引惠棟說，謂依左雄傳，衍「章」字。

一八八五頁八行　時董卓(殺)〔弑〕帝　據汲本、殿本改。

一八八七頁一行　以(穰)〔禳〕風雨　據汲本改。

一八九〇頁八行　博陵張牛角(立)〔之〕起　刊誤謂「立」當作「之」。今據改。

一八九二頁六行　蹈之則君子背之則小人　按：汲本、殿本兩「則」字下並有「爲」字。

二十四史

中華書局

後漢書卷五十九

張衡列傳第四十九

張衡字平子，南陽西鄂人也。〔一〕世爲著姓。祖父堪，蜀郡太守。衡少善屬文，游於三輔，因入京師，觀太學，遂通五經，貫六蓺。雖才高於世，而無驕尙之情。常從容淡靜，不好交接俗人。永元中，舉孝廉不行，連辟公府不就。時天下承平日久，自王侯以下，莫不踰侈。衡乃擬班固兩都，作二京賦，因以諷諫。精思傅會，十年乃成。文多故不載。大將軍鄧騭奇其才，累召不應。

〔一〕西鄂，縣，故城在今鄧州向城縣南，有平子墓及碑在焉，崔瑗之文也。

衡善機巧，尤致思於天文、陰陽、歷筭。常耽好玄經，〔一〕謂崔瑗曰：「吾觀太玄，方知子雲妙極道數，乃與五經相擬，非徒傳記之屬，使人難論陰陽之事，漢家得天下二百歲之書也。〔二〕復二百歲，殆將終乎？〔三〕所以作者之數，必顯一世，常然之符也。漢四百歲，玄其興矣。」〔四〕安帝雅聞衡善術學，公車特徵拜郎中，再遷爲太史令。〔五〕遂乃研覈陰陽，妙盡

張衡列傳第四十九　一八九七

後漢書卷五十九　一八九八

琁機之正，作渾天儀，著靈憲、筭罔論，言甚詳明。〔六〕

〔一〕桓譚新論曰：「揚雄作玄書，以爲玄者，天也，道也。言聖賢制法作事，皆引天道以爲本統，而因附續萬類、王政、人事、法度，故宓羲氏謂之易，老子謂之道，孔子謂之元，而揚雄謂之玄。玄經三篇，以紀天地人之道，立三體有上中下，如禹貢之陳三品。三三而九，因以九九八十一，故爲八十一卦。以四爲數，數從一至四，重累變易，竟八十一而徧，不可損益。以三十〔五〕〔六〕蓍揲之。玄經五千餘言，而傳十二篇也。」

〔二〕子雲當哀帝時著太玄經，自漢初至哀帝，二百歲也。

〔三〕自中興至獻帝，一百八十九年也。

〔四〕自此已上，並衡與崔瑗書之文也。

〔五〕漢官儀「太史令屬太常，秩六百石」也。

〔六〕漢名臣奏曰，蔡邕曰：「言天體者有三家：一曰周髀，二曰宣夜，三曰渾天。宣夜之學絕，無師法。周髀術數具存，考驗天狀，多所違失，故史官不用。唯渾天者，近得其情，今史官所用候臺銅儀，則其法也。」靈憲序曰：「昔在先王，將步天路，用定靈軌。尋緒本元，先準之于渾體，是爲正儀，故靈憲作興。」衡集無筭罔論，蓋網絡天地而筭之，因名焉。

順帝初，再轉，復爲太史令。衡不慕當世，所居之官，輒積年不徙。自去史職，五載復還，乃設客問，作應閒以見其志云：〔一〕

〔一〕閒，非也。衡集云：「觀者，觀余去史官五載而復還，非進取之勢也。唯衡內識利鈍，操心不改。或不我知者，以爲失志矣。用爲閒余。余應之以時有遇否，性命難求，因茲以露余誠焉，名之應閒云。」

有閒余者曰：蓋聞前哲首務，務於下學上達，佐國理民，有云爲也。〔一〕朝有所聞，則夕行之。立功立事，式昭德音。〔二〕是故伊尹思使君爲堯舜，而民處唐虞，彼豈虛言而已哉，必旌厥素爾。〔三〕咎單、巫咸，寔守王家，〔四〕申伯、樊仲，實幹周邦，服衮而朝，介圭作瑞。〔五〕厥跡不朽，垂烈後昆，不亦丕歟！且學非以要利，而富貴萃之。貴以行令，富以施惠，惠施令行，故易稱以「大業」。〔六〕質以文美，實由華興，器賴彫飾爲好，人以輿服爲榮。吾子性德體道，篤信安仁，約己博蓺，無堅不鑽，以思世路，斯何遠矣！〔七〕曩滯日官，今又原之。〔八〕雖老氏曲全，進道若退，然行亦以需。〔九〕必也學非所用，術有所仰，故臨川將濟，而舟檝不存焉。徒經思天衢，內昭獨智，固合理民之式也？故嘗見謗于鄙儒。〔一〇〕深厲淺揭，隨時爲義，曾何貪於支離，而習其孤技邪？〔一一〕參〔一二〕輪可使自轉，木雕猶能獨飛，已垂翅而還故棲，盍亦調其機而銛諸？〔一三〕昔有文王，自求多福。〔一四〕人生在勤，不索何獲。〔一五〕曷若卑體屈己，美言以相剋？〔一六〕鳴于喬木，乃金聲而玉振之。〔一七〕用後勳，雪前吝，婞佷不柔，以意誰靳也。〔一八〕

〔一〕論語曰，孔子曰：「下學而上達。」注云：「下學人事，上知天命也。」

〔二〕尙書曰：「立功立事，可以永年。」逸詩曰：「祈招之愔愔，式昭德音。」式，用也。昭，明也。

張衡列傳第四十九　一八九九

後漢書卷五十九　一九〇〇

〔三〕尙書伊尹曰：「予弗克俾厥后，惟堯舜其心，愧恥若撻于市。」旌，明也。素猶志也。

〔四〕咎單、巫咸，並殷賢臣也。尙書曰：「咎單作明居。」又曰「巫咸保乂王家」也。

〔五〕申伯，申國之伯也；樊仲，仲山甫也，爲樊侯：並周宣王之卿士。詩大雅曰：「維申及甫，維周之翰。」注：「翰，幹也。服衮謂申伯爲冢宰，服衮冕之服也。」又曰：「錫爾介圭，以作爾寶。」注云「寶，瑞也。圭長尺二寸謂之介」也。

〔六〕易繫詞曰「盛德大業，至矣哉！富有之謂大業，日新之謂盛德」也。

〔七〕論語曰：「篤信好學。」又曰：「仁者安仁。」又曰：「鑽之彌堅。」「博我以文，約我以禮。」

〔八〕日官，史官也。左傳曰：「天子有日官。」爾雅曰：「原，再也。」

〔九〕老子曰：「曲則全，枉則(正)〔直〕。」又曰：「夷道若類，進道若退。」易雜卦曰：「需，不進也。」

〔一〇〕天衢，天道也。言徒銳思作靈憲、渾天儀等也。

〔一一〕揭，褰衣也，音丘例反。詩鄁風曰：「深則厲，淺則揭。」爾雅曰：「由帶以上爲厲，由膝以下爲揭。」言遭時制宜，遇深水則厲，淺則揭也。易隨卦：「隨時之義大矣哉！」莊子曰：「朱泙曼學屠龍於支離益，單千金之家，三年技成而無所用。」技音渠綺反。責衡何獨妙思於機巧者也。

〔一二〕音三。

〔一三〕垂翅故棲，謂再爲史官也。盍，何不也。銛，利也。諸，之也。閒者言衡作三輪木雕，尙能飛轉，已乃垂翅故棲，何不調其機關使利而高飛邪？傅子曰「張衡能令三輪獨轉」也。

〔一四〕詩大雅文王篇曰「永言配命，自求多福」也。

〔四〕左傳曰：「人生在勤，勤則不匱。」又曰：「不索何獲，吾欲求之。」

〔五〕尅，勝也。衡集作「美言以市」也。

〔六〕詩小雅曰：「伐木丁丁，鳥鳴嚶嚶，出自幽谷，遷于喬木。」喻求仕遷於高位，振揚德音，如金玉之聲。孟子曰：「金聲而玉振〔之〕。」

〔八〕吝，恥也。左傳曰：「宋公靳之。」杜預注云：「戲而相愧曰靳。」

應之曰：是何觀同而見異也？君子不患位之不尊，而患德之不崇；不恥祿之不夥，而恥智之不博。〔一〕是故藝可學，而行可力也。天爵高懸，得之在命，〔二〕或不速而自懷，或羨旃而不臻，〔三〕求之無益，故智者面而不思。〔四〕阽身以徼幸，固貪夫之所爲，未得而豫喪也。〔五〕枉尺直尋，議者譏之，盈欲虧志，孰云非羞？〔六〕於心有猜，則簋飧饌餔猶不屑餐，旌瞀以之。〔七〕意之無疑，則兼金盈百而不嫌辭，孟軻以之。〔八〕士或解裋褐而襲黼黻，或委臿築而據文軒者，度德拜爵，量績受祿也。〔九〕輸力致庸，受必有階。〔10〕

〔一〕方言曰：「凡物盛而多，齊宋之郊謂之夥。」音和果反。

〔二〕孟子曰：「仁義忠信，樂善不倦，此天爵也。公卿大夫，此人爵也。」案：此謂天子高縣爵位，得者在命也。

〔三〕速，召也。懷，來也。旃，之也。

〔四〕面，偝也。

〔五〕阽，危也。

〔六〕孟子陳代問孟子曰：「枉尺而直尋，若可爲也？」孟子曰：「昔齊景公田，招虞人以旌，不到，將殺之。志士不忘在溝壑，如不待招而往，何哉？且夫枉尺而直尋者，以利言也。如以利，則枉尋直尺而利，亦可爲歟？」趙岐注云：「志士，守義者也。君子固窮，故虞人不得其招尙不往，如何君子不（得）〔待〕其招而妄見也。尺小尋大，不可枉大就小，而以要利也。」

〔七〕猜，嫌也。簋，食器也。飧音孫。詩云：「有蒙簋飧。」饌音仕眷反，餔音補故反，並謂食也。屑猶介也。以，用也。爰旌瞀，餓人也。一作「爰精目」。列子曰：「東方有人焉，曰爰旌目，將有適也，而餓於道。狐丘父之盜曰丘，見而下壺飧以餔之。爰旌目三餔而後能視，曰：『子何爲者？』（也）〔曰〕：『我狐父之人丘也。』爰旌目曰：『譆，汝非盜邪？吾義不食子之食也。』兩手據地而歐之，不出，喀喀而死。」

〔八〕孟子：「陳臻問曰：『前於齊，王餽兼金一百而不受；於宋，餽七十鎰而受。前日之不受是，則今受之非也？』孟子曰：『皆是也。當在宋也，予將遠行，遠行者必以贐，予何爲不受？若於齊，則未有處也，無處而餽之，是貨之也。焉有君子而可以貨取乎？』」趙岐注云：「兼金，好金也。價兼倍於惡者，故曰兼金。一百，百鎰也。二十兩爲鎰。贐，送行者贈賄之禮也。在齊時無事，於義未有所處也。義無所處而餽之，是以貨賄（所）取我，欲使我懷惠也。」

〔九〕解裋褐謂甯戚也。委臿築謂傅說也。裋音常主反。方言曰「自關而西，謂襜褕短者謂之裋」也。

〔10〕「受」或作「爰」。

渾元初基，靈軌未紀，吉凶紛錯，人用朣朦。〔一〕黃帝爲斯深慘。有風后者，是焉亮之，察三辰於上，跡禍福乎下，經緯歷數，然後天步有常，則風后之爲也。〔二〕當少昊清陽之末，實或亂德，人神雜擾，不可方物，重黎又相顓頊而申理之，日月卽次，則重黎之爲也。〔三〕人各有能，因藝授任，鳥師別名，四叔三正，官無二業，事不並濟。〔四〕晝長則宵短，日南則景北。〔五〕天且不堪兼，況以人該之。〔六〕夫玄龍，迎夏則陵雲而奮鱗，樂時也；涉冬則淈泥而潛蟠，避害也。〔七〕公旦道行，故制典禮以尹天下，懼教誨之不從，有人〔之〕不理。〔八〕仲尼不遇，故論六經以俟來辟，〔九〕恥一物之不知，有事之無範。所考不齊，如何可一？〔10〕

〔一〕朣朦言未明也。

〔二〕史記曰：「黃帝迎日推策，舉風后、力牧以理人，順天地之紀，幽明之占。」又曰：「旁羅日月星辰。」春秋內事曰：「黃帝師於風后，風后善於伏羲氏之道，故推演陰陽之事。」藝文志陰陽流有風后十三篇也。

〔三〕帝王紀曰：「少昊字清陽。」國語楚觀射父曰：「少皞之衰也，九黎亂德，人神雜糅，不可方物。顓頊承之，乃命南正重司天以屬神，命火正黎司地以屬人。」重，少昊氏之子。黎，顓頊氏之子。

〔四〕左傳郯子曰：「少皞鳥師而鳥名。鳳鳥氏歷正也，玄鳥氏司分也，伯趙氏司至也，青鳥氏司啓也，丹鳥氏司閉也。」又晉蔡墨曰：「少皞氏有四叔，曰重，曰該，曰脩，曰熙，實能金木及水，使重爲句芒，該爲蓐收，脩及熙爲玄冥。」四叔分主三正，言其不兼業也。

〔五〕夏至日北極而影短，晝六十刻，夜四十刻。冬至日南極而影長，夜六十刻，晝四十刻也。易通卦驗曰：「冬至，晷

長丈三尺。夏至，晷長尺五寸。」謂立八尺表之陰也。

〔六〕該，備也。

〔七〕說文曰：「龍，鱗蟲之長，能幽能明，能小能巨，能短能長，春分而登天，秋分而入川。」言出入有時也。賈逵注國語曰：「淈，亂也。」淈音骨。

〔八〕尹，正也。道行言道得申也。流俗本作「行道」者，非也。

〔九〕辟，君也。公羊傳曰，孔子制春秋，以俟後聖也。

〔10〕衡集「考」字作「丁」。丁，當也。

夫戰國交爭，戎車競驅，君若綴旒，人無所麗。〔一〕燭武縋而秦伯退師，〔二〕魯連係箭而聊城弛柝。〔三〕從往則合，橫來則離，安危無常，要在說夫。〔四〕咸以得人爲梟，失士爲尤。〔五〕故樊噲披帷，入見高祖；〔六〕高祖踞洗，以對酈生。〔七〕當此之會，乃鼋鳴而鼈應也。〔八〕故能同心戮力，勤恤人隱，〔九〕奄受區夏，遂定帝位，皆謀臣之由也。故一介之策，各有攸建，子長諜之，爛然有第。〔10〕夫女魃北而應龍翔，洪鼎聲而軍容息；〔一一〕溽暑至而鶉火棲，寒冰沍而鼋鼉蟄。〔一二〕今也，皇澤宣洽，海外混同，萬方億醜，并質共劑，若修成之不暇，尙何功之可立！〔一三〕立事有三，言爲下列；下列且不可庶矣，奚冀其二哉！〔一四〕

〔一〕麗，附也。公羊傳曰：「君若贅旒然。」旒，旂旒也。言爲下所執持西東也。

〔二〕燭之武，鄭大夫也。縋，縣繩於城而下也。左傳曰，秦伯圍鄭，鄭伯使燭之武夜縋而出，說秦，秦伯爲之退師。
〔三〕魯仲連，齊人也。時燕將守聊城，仲連爲書係箭射聊城中，燕將自殺。見史記。弛，廢也。柝，行夜木也。
〔四〕張儀說諸侯連和事秦爲橫，蘇秦說諸侯連兵拒秦爲從。蘇秦往則從合，張儀來則從離。
〔五〕梟猶勝也，猶六博得梟則勝。
〔六〕前書曰，樊噲，沛人也，封舞陽侯。高帝嘗病，惡見人，臥禁中，詔戶者無得入。噲乃排闥直入，流涕曰：「獨不見趙高之事乎？」帝笑而起也。
〔七〕前書曰，沛公方踞牀，令兩女子洗足，而見酈食其，食其曰：「必欲聚徒合義兵，誅無道，不宜踞見長者。」於是沛公輟洗謝之。
〔八〕喻君臣相感也。焦贛易林曰「鼃鳴岐野，龍應於泉」也。
〔九〕隱，病也。國語曰「勤恤人隱，而除其害」也。
〔一〇〕前書音義曰：「諜，譜第也。」與「牒」通。司馬遷字子長，作史記，著功臣等傳，爛然各有第序也。
〔一一〕女魃，旱神也。北猶退也。應龍，能興雲雨者也。山海經曰：「蚩尤作兵伐黃帝，黃帝乃令應龍攻之冀州之野。應龍蓄水，蚩尤請風伯、雨師從，大風雨。黃帝乃下天女曰（妖）〔魃〕，雨止，遂殺蚩尤。（妖）〔魃〕不得復上，所居不雨。」（妖）〔魃〕亦魃也，音步末反。「嚳」或作「嚳」，「容」或作「客」，衡集「容」作「害」，並未詳也。
〔一二〕棲，息也。禮記月令曰：「季夏土潤溽暑。」鶉火，午之宿也。三月在午，六月在酉。言當季夏之時，鶉火退於酉。沍，凝也。
〔一三〕質、劑猶今分支契也。并，共猶言交通也。周禮曰：「凡賣買者質劑焉，大市以質，小市以劑。」鄭玄注云：「兩書

張衡列傳第四十九　　一九〇五

後漢書卷五十九　　一九〇六

一札，同而別之，長曰質，短曰劑。」劑音子隨反。
〔一四〕左傳魯叔孫豹曰：「太上有立德，其次有立功，其次有立言。」杜預注云：「立德，黃帝、堯、舜也。立功，禹、稷也。立言，史佚、周任、臧文仲。」

于茲搢紳如雲，儒士成林，及津者風摅，失塗者幽僻，遭遇難要，趨偶爲幸。世易俗異，事埶舛殊，不能通其變，而一度以揆之，〔一〕斯契船而求劍，守株而伺兔也。〔二〕冒愧逞願，必無仁以繼之，有道者所不履也。越王句踐事此，故厥緒不永。〔三〕捷徑邪至，我不忍以投步；干進苟容，我不忍以歙肩。〔四〕雖有犀舟勁檝，猶人涉卬否，有須者也。〔五〕姑亦奉順敦篤，守以忠信，得之不休，不獲不吝。〔六〕不見是而不惛，居下位而不憂，允上德之常服焉。〔七〕方將師天老而友地典，與之乎高睨而大談，孔甲且不足慕，焉稱殷彭及周聃！〔八〕與世殊技，固孤是求。〔九〕子憂朱泙曼之無所用，吾恨輪扁之無所教也。〔一〇〕子覩木雕獨飛，愍我垂翅故棲，吾感去鼃附鴟，悲爾先笑而後號也。〔一一〕

〔一〕易繫詞曰「通其變，使人不倦」也。
〔二〕契猶刻也。呂氏春秋曰：「楚人有涉江者，其劍自舟中墜於水，遽契其舟，曰『是吾劍所從墜也』。舟已行而劍不行，若此求劍，不亦惑乎！」韓子曰：「宋人有耕者，田中有株，兔走觸之，折頸而死，因釋耕守株，冀復得兔，爲宋國笑」也。
〔三〕史記曰，越王句踐先與興師，吳王聞之，悉發精兵擊越，敗之於夫椒。越王乃以餘兵五千人保棲於會稽。此爲冒愧逞願，自取敗也。
〔四〕捷，疾也。歙，斂也，音翕。孟子曰：「阿意事貴，脅肩所尊，俗之情也。」歙亦脅也。
〔五〕前書曰：「羌戎弓矛之兵器不犀利。」晉義曰：「今俗謂刀兵利爲犀。犀，堅也。」詩衛風曰：「招招舟子，人涉卬否。人涉卬否，卬須我友。」卬，我也。須，待也。鄭玄注云：「人皆涉，我友未至，我獨待而不涉。言室家之道，非得所適貞女不行，非得禮義婚姻不成，喻仕當以道，不求妄進也。」
〔六〕姑，且也。休，美也。吝，恥也。
〔七〕惛猶悶也。易曰：「不見是而無悶，樂則行之，憂則違之。」又曰「居上位而不驕，在下位而不憂」也。
〔八〕帝王紀曰：「黃帝以風后配上台，天老配中台，五聖配下台，謂之三公。其餘知天、規紀、地典、力牧、常先、封胡、孔甲等，或以爲師，或以爲將。」藝文志陰陽有地典六篇。殷彭即老彭，殷賢人也。睨，覩也。高覩大談，言不同流俗。衡集作「矢談」，矢亦直也，義亦通也。
〔九〕技，巧也，音伎。本或作「拔」，誤也。
〔一〇〕輪扁謂爲輪者名扁也。扁音皮殄反。莊子曰：「輪扁對齊桓公曰：『斲輪之法，徐則甘而不固，疾則苦而不入。不疾不徐，得之於手而應之於心，口不能言也。臣不能以喻臣之子，臣子亦不能受之於臣。』」言泙曼屠龍既無所用，輪扁斲輪亦不能教人也。泙音匹萌反。
〔一一〕鼃，蝦蟇也，音胡媧反。周易旅上九曰：「先笑而後號咷。」

張衡列傳第四十九　　一九〇七

後漢書卷五十九　　一九〇八

斐豹以斃督燔書，禮至以掖國作銘；〔一〕弦高以牛餼退敵，墨翟以縈帶全城；〔二〕貫高以端辭顯義，蘇武以禿節效貞；〔三〕蒱且以飛矰逞巧，詹何以沈鉤致精；〔四〕弈秋以棊局取譽，王豹以清謳流聲。〔五〕僕進不能參名於二立，退又不能羣彼數子。〔六〕愍三墳之既積，惜八索之不理。〔七〕庶前訓之可鑽，聊朝隱乎柱史。〔八〕且韞櫝以待價，踵顏氏以行止。〔九〕曾不慊夫晉、楚，敢告誠於知己。〔一〇〕

〔一〕左傳曰，晉欒盈復入於晉，欒氏之力臣曰督戎，國人懼之。斐豹謂范宣子曰：「苟焚丹書，我殺督戎。」宣子曰：「而殺之，所不請於君焚丹書者有如日。」乃殺之。杜注曰：「蓋豹犯罪，沒爲官奴，以丹書其罪。」左傳，衛伐邢，禮至與國子巡城，掖以赴外，殺之。禮至自爲銘曰：「余掖殺國子，莫余敢止。」國子，邢正卿。禮至本衛人，仕邢爲大夫。掖謂挾之而投於城外也。衡集「豹」字作「隸」也。
〔二〕左傳曰，秦師襲鄭及滑。鄭商人弦高將市於周，遇之，以牛十二犒師。曰：「寡君聞吾子將出於敝邑，敢犒從者。」秦孟明曰：「鄭有備矣。」滅滑而還。墨子曰：「公輸般爲雲梯以攻宋，墨子解帶爲城，以牒爲械，公輸般九攻，墨子九拒。公輸之攻盡，墨子之守有餘。楚王曰：『善哉，吾請無攻宋矣。』」
〔三〕貫高，趙相也。端猶正也。獨正言趙王不反，高帝賢而赦之。蘇武使匈奴中，杖節臥起，節毛盡落。並見前書。
〔四〕列子曰：「蒱且子之弋，弱弓纖繳，乘風振之，連雙鶬於青雲之際。」又曰：「詹何以獨繭絲爲綸，芒針爲鉤，荆篠爲竿，剖粒爲餌，引盈車之魚。」周禮曰：「矰矢用弋射。」鄭玄注云：「結繳於矢謂之矰。矰，高也。」
〔五〕弈，圍局也，棊即所執之子。秋，名也。孟子曰：「弈秋，通國之善弈者。」又曰「王豹處於淇而河西善謳」也。

〔六〕二立謂太上立德，其次立功也。上云「立事有三，言爲下列，下列且不可庶，況其二哉」，故言不能參名於二立也。

臣賢案：古本作「二立」，流俗本及衡集「立」字多作「匹」，非也。數子謂斐豹以下也。

〔七〕左傳曰，楚左史倚相能讀三墳、五典、八索、九丘。孔安國以爲三墳（五典）三皇之書，八卦之說謂之八索。此以下言不能立德立功，唯欲立言而已。

〔八〕前書東方朔曰：「首陽爲拙，柱下爲工。」應劭曰：「老子爲周柱下史，朝隱終身無患，是爲上也。」

〔九〕論語子貢曰：「有美玉於斯，韞櫝而藏諸，求善賈而沽諸？」子曰：「我待價者也。」又子謂顏回曰：「用之則行，捨之則藏，唯我與爾有是夫。」

〔一〇〕孟子曾子曰：「晉、楚之富，不可及也。彼以其富，我以吾仁，彼以其爵，我以吾義，吾何慊也？」慊猶羨也，音苦簟反。

陽嘉元年，復造候風地動儀。以精銅鑄成，員徑八尺，合蓋隆起，形似酒尊，飾以篆文山龜鳥獸之形。中有都柱，傍行八道，施關發機。外有八龍，首銜銅丸，下有蟾蜍，張口承之。〔一〕其牙機巧制，皆隱在尊中，覆蓋周密無際。如有地動，尊則振龍機發吐丸，而蟾蜍銜之。振聲激揚，伺者因此覺知。雖一龍發機，而七首不動，尋其方面，乃知震之所在。驗之以事，合契若神。自書典所記，未之有也。嘗一龍機發而地不覺動，京師學者咸怪其無徵，後數日驛至，果地震隴西，於是皆服其妙。自此以後，乃令史官記地動所從方起。

〔一〕蟾蜍，蝦蟇也。蟾音時占反，蜍音時諸反。

時政事漸損，權移於下，衡因上疏陳事曰：「伏惟陛下宣哲克明，繼體承天，中遭傾覆，龍德泥蟠。〔一〕今乘雲高躋，磐桓天位，誠所謂將隆大位，必先倥傯之也。〔二〕親履艱難者知下情，備經險易者達物僞。〔三〕故能一貫萬機，靡所疑惑，百揆允當，庶績咸熙。宜獲福祉神祇，受譽黎庶。而陰陽未和，災眚屢見，神明幽遠，冥鑒在茲。福仁禍淫，景響而應，因德降休，乘失致咎，天道雖遠，吉凶可見，近世鄭、蔡、江、樊、周廣、王聖，皆爲效矣。〔四〕故恭儉畏忌，必蒙祉祚，奢淫諂慢，鮮不夷戮，前事不忘，後事之師也。夫情勝其性，流遯忘反，〔五〕豈唯不肖，中才皆然。苟非大賢，不能見得思義，故積惡成釁，罪不可解也。向使能瞻前顧後，援鏡自戒，則何陷於凶患乎！〔六〕貴寵之臣，衆所屬仰，其有愆尤，上下知之。褒美譏惡，有心皆同，故怨讟溢乎四海，神明降其禍辟也。〔七〕頃年雨常不足，思求所失，則洪範所謂『僭恆陽若』者也。〔八〕懼羣臣奢侈，昏踰典式，自下逼上，用速咎徵。又前年京師地震土裂，〔九〕裂者威分，震者人擾也。君以靜唱，臣以動和，威自上出，不趣於下，禮之政也。竊懼聖思厭倦，制不專己，恩不忍割，與衆共威。威不可分，德不可共。洪範曰：『臣有作威作福玉食，害于而家，凶于而國。』天鑒孔明，雖疎不失。災異示人，前後數矣，而未見所革，以復往悔。〔一〇〕自非聖人，不能無過。願陛下思惟所以稽古率舊，勿令刑德八柄，不由天子。〔一一〕若恩從上下，事依禮制，禮制脩則奢僭息，事合宜則無凶咎。然後神望允塞，災消

不至矣。」

〔一〕傾覆謂順帝爲太子時廢爲濟陰王。蟠音薄寒反。廣雅曰：「蟠，曲也。」揚雄方言曰：「未升天龍謂之蟠。」

〔二〕倥音口弄反，傯音子弄反。埤蒼曰：「倥傯，窮困也。」亦謂順帝被廢時也。

〔三〕左傳曰：「晉侯在外十九年矣，險阻艱難備嘗之矣，人之情僞盡知之矣。」

〔四〕事具宦者傳。

〔五〕性者生之質，情者性之欲。性善情惡，情勝則荒淫也。

〔六〕楚辭曰：「瞻前而顧後兮，援鏡自戒。」謂引前事以爲鏡而自戒勑也。韓詩外傳曰：「明鏡所以照形，往古所以知今。」

〔七〕辟，罪也，音頻亦反。

〔八〕恆，常也。若，順也。孔安國注洪範云：「君行僭差則常陽順之，常陽則多旱也。」

〔九〕順帝永建三年正月，京師地震也。

〔一〇〕革，改也。復，反也。

〔一一〕周禮，太宰以八柄詔王馭羣臣，一曰爵，二曰祿，三曰予，四曰置，五曰生，六曰奪，七曰廢，八曰誅。

初，光武善讖，及顯宗、肅宗因祖述焉。自中興之後，儒者爭學圖緯，兼復附以訞言。衡以圖緯虛妄，非聖人之法，乃上疏曰：「臣聞聖人明審律歷以定吉凶，重之以卜筮，雜之以九宮，〔一〕經天驗道，本盡於此。或觀星辰逆順，寒燠所由，或察龜策之占，巫覡之言，〔二〕其

所因者，非一術也。立言於前，有徵於後，故智者貴焉，謂之讖書。讖書始出，蓋知之者寡。自漢取秦，用兵力戰，功成業遂，可謂大事，當此之時，莫或稱讖。若夏侯勝、眭孟之徒，以道術立名，其所述著，無讖一言。劉向父子領校祕書，閱定九流，亦無讖錄。成、哀之後，乃始聞之。〔三〕尚書堯使鯀理洪水，九載績用不成，鯀則殛死，禹乃嗣興。〔四〕而春秋讖云『共工理水』。凡讖皆云黃帝伐蚩尤，而詩讖獨以爲『蚩尤敗，然後堯受命』。春秋元命包中有公輸班與墨翟，事見戰國，非春秋時也。〔五〕又言『別有益州』。益州之置，在於漢世。〔六〕其名三輔諸陵，世數可知。至於圖中訖于成帝。一卷之書，互異數事，聖人之言，埶無若是，殆必虛僞之徒，以要世取資。往者侍中賈逵摘讖互異三十餘事，諸言讖者皆不能說。至於王莽篡位，漢世大禍，八十篇何爲不戒？則知圖讖成於哀平之際也。且河洛、六藝，篇錄已定，後人皮傅，無所容篡。〔七〕永元中，清河宋景遂以歷紀推言水災，而僞稱洞視玉版。〔八〕或者至於弃家業，入山林。後皆無效，而復采前世成事，以爲證驗。至於永建復統，則不能知。〔九〕此皆欺世罔俗，以昧埶位，情僞較然，莫之糾禁。且律歷、卦候、九宮、風角，數有徵效，世莫肯學，而競稱不占之書。〔一〇〕譬猶畫工，惡圖犬馬而好作鬼魅，誠以實事難形，而虛僞不窮也。〔一一〕宜收藏圖讖，一禁絕之，則朱紫無所眩，典籍無瑕玷矣。」

〔一〕易乾鑿度曰：「太一取其數以行九宮。」鄭玄注云：「太一者，北辰神名也。下行八卦之宮，每四乃還於中央。中

央者，（地神）〔北辰〕之所居，故謂之九宮。天數大分，以陽出，以陰入。陽起于子，陰起於午，是以太一下九宮，從坎宮始，自此而從於坤宮，又自此而從於震宮，又自此而從於巽宮，所以（從）〔行〕半矣，還息於中央之宮。既又自此而從於乾宮，又自此而從於兌宮，又自此而從於艮宮，又自此而從於离宮，行則周矣，上游息於太一之星而反紫宮。行起從坎宮始，終於离宮也。」

〔二〕前書曰：「齊肅聰明者，神或降之。」在男曰覡，在女曰巫。覡音胡歷反。

〔三〕眭弘字孟，魯國蕃人也。昭帝時，以明經爲議郎。夏侯勝字長公，東平人，好洪範五行傳說，宣帝時爲太子太傅。又成、哀時，有詔使劉向及子歆於祕書校定經、傳、諸子等。九流謂儒家、道家、陰陽家、法家、名家、墨家、縱橫家、雜家、農家，見藝文志，並無讖說也。

〔四〕殛，誅死也。

〔五〕衡集云「班與墨翟並當子思時，出仲尼後」也。

〔六〕前書武帝始置益州。

〔七〕衡集上事云：「河洛五九，六藝四九，謂八十一篇也。」傅音附。臣賢案：衡集云：「後人皮傅，無所容篡。」又揚雄方言曰：「秦、晉言非其事謂之皮傅。」謂不深得其情核，皮膚淺近，強相傅會也。後人不達皮膚之意，流俗本多作「頗傳」者，誤也。無所容篡謂不容妄有加增也。莊子曰：「篡句籍辭。」續漢書亦作「篡」。本作「纂」者，義亦通也。

〔八〕遁甲開山圖曰：「禹遊於東海，得玉珪，碧色，長一尺二寸，圓如日月，以自照，自達幽冥。」言宋景歷紀推知水災，非洞視玉版所見也。

〔九〕永建，順帝即位年也。復統謂廢而復立，言讖家不論也。

〔一〇〕謂競稱讖書也。

〔一一〕韓子曰「客爲齊王畫者。問：『畫孰難？』對曰：『狗馬最難。』『孰易？』『鬼魅最易。』狗馬，人所知也，故難；鬼魅無形，故易」也。

後遷侍中，帝引在帷幄，諷議左右。嘗問衡天下所疾惡者。宦官懼其毀己，皆共目之，衡乃詭對而出。閹豎恐終爲其患，遂共讒之。

衡常思圖身之事，以爲吉凶倚伏，幽微難明，乃作思玄賦，〔一〕以宣寄情志。其辭曰：

〔一〕玄，道也，德也。老子曰：「玄之又玄，衆妙之門。」

仰先哲之玄訓兮，雖彌高其弗違。〔一〕匪仁里其焉宅兮，匪義迹其焉追？〔二〕潛服膺以永靚兮，綿日月而不衰。〔三〕伊中情之信脩兮，慕古人之貞節。〔四〕竦余身而順止兮，遵繩墨而不跌。〔五〕志團團以應懸兮，誠心固其如結。〔六〕旌性行以制佩兮，佩夜光與瓊枝。〔七〕纗幽蘭之秋華兮，又綴之以江蘺。〔八〕美襞積以酷裂兮，允塵邈而難虧。〔九〕既姱麗而鮮雙兮，非是時之攸珍。〔一〇〕奮余榮而莫見兮，播余香而莫聞。幽獨守此仄陋兮，敢怠皇而舍勤。〔一一〕幸二八之遻虞兮，喜傅說之生殷；尚前良之遺風兮，悵後辰而無及。〔一二〕何孤行之煢煢兮，孑不羣而介立？感鸞鷖之特棲兮，悲淑人之稀合。〔一三〕

〔一〕玄訓，道德之訓也。論語顏回曰：「仰之彌高。」

〔二〕論語孔子曰：「里仁爲美，宅不處仁，焉得知？」里、宅，皆居也。

〔三〕說文曰：「膺，匈也。」禮記曰：「服膺拳拳而不息。」靚音才性反。前書音義曰：「靚與『靜』同。」

〔四〕脩謂自脩爲善也。楚辭曰：「苟中情其好脩兮。」

〔五〕竦，企立也。禮記曰：「爲人臣止於恭，爲人子止於孝，爲人父止於慈，與國人交止於信。」跌，蹉也，音徒結反。繩墨論禮法也。楚辭曰：「遵繩墨而不頗。」

〔六〕團團，垂皃也。詩曰：「心之憂矣，如或結之。」

〔七〕旌，明也。夜光，美玉。瓊枝，玉樹。以論堅貞也。楚辭曰「折瓊枝以繼佩」也。

〔八〕案：纗音租緩反。字書亦「纂」字也。纂，聚也。諸家音並戶珪反，誤也。江蘺，香草也。本草經曰：「蘪蕪，一名江蘺。」郎亭蘄苗也。楚辭曰：「扈江蘺與辟芷兮，紉秋蘭以爲佩。」皆取芬芳以象德也。

〔九〕襞積，衣褶也。酷裂，香氣盛也。司馬相如曰：「酷裂淑郁。」又曰：「襞積褰縐。」允，信也。塵，久也。邈，遠也。虧猶歇也。衣服芬芳，久而不歇，以喻道德著美，幽而不屈也。

〔一〇〕姱音口瓜反。王逸注楚詞曰：「姱，好也。」攸，所也。言德雖美好，而時人不珍也。

〔一一〕怠，惰也。皇，暇也。舍，廢也。

〔一二〕二八，八元、八愷也。遻，遇也，音五故反。虞，虞舜也。尚，慕也。悵，痛也，音通。辰，時也。痛已後時而不及之也。

〔一三〕山海經曰，女牀山有鳥，五采，名曰鸞，見則天下安寧。又曰，九疑山有五采之鳥，名鷖。淑，善也。特，獨也。言鸞鳥既獨棲，善人亦少合也。

彼無合其何傷兮，患衆僞之冒眞。旦獲讟于羣弟兮，啓金縢而乃信。〔一〕覽蒸民之多僻兮，畏立辟以危身。〔二〕曾煩毒以迷或兮，羌孰可與言己？〔三〕私湛憂而深懷兮，思繽紛而不理。〔四〕願竭力以守義兮，雖貧窮而不改。執雕虎而試象兮，阽焦原而跟止。〔五〕庶斯奉以周旋兮，要既死而後已。〔六〕俗遷渝而事化兮，泯規矩之圓方。〔七〕行陂僻而珍蕭艾於重笥兮，謂蕙芷之不香。〔八〕斥西施而弗御兮，羈要褭以服箱。〔九〕行陂僻而獲志兮，循法度而離殃。〔一〇〕惟天地之無窮兮，何遭遇之無常！不抑操而苟容兮，譬臨河而無航。〔一一〕欲巧笑以干媚兮，非余心之所嘗。襲溫恭之黻衣兮，披禮義之繡裳。〔一二〕辮貞亮以爲鞶兮，雜技藝以爲珩。〔一三〕昭綵藻與雕琢兮，璜聲遠而彌長。〔一四〕淹棲遲以恣欲兮，耀靈忽其西藏。〔一五〕恃己知而華予兮，鶗鴂鳴而不芳。〔一六〕冀一年之三秀兮，遒白露之爲霜。〔一七〕時亹亹而代序兮，疇可與乎比伉？〔一八〕咨姡嫮之難並兮，想依韓以流亡，〔一九〕恐漸冉而無成兮，留則蔽而不章。

〔一〕旦，周公也。讟，謗也。信音申。成王立，周公攝政，其弟管叔、蔡叔等謗言，云公將不利於孺子，周公乃誅二叔。秋大孰未穫，天大雷電以風，禾盡偃。成王與大夫啓金縢之書，乃得周公所自以爲功代武王之策，方信周公忠於國家也。事見尚書。
〔二〕蒸，衆也。僻，邪也。辟，法也。詩曰「人之多僻，無自立辟」也。
〔三〕曾，重也。羌，發語辭也。言己之志，無可爲言之也。
〔四〕湛音沈。繽紛，亂皃也。
〔五〕彫虎，有文也。阽，臨也。焦原，原名也。跟，足踵也。尸子曰：「中黃伯曰：『我左執太行之獶，右執彫虎，唯象之未試，吾或焉。有力者則又願爲牛，與象，自謂天下之義人也。惡乎試之？曰，夫貧窮，大行之獶也；跡賤者，義之彫虎也。吾日試之矣。』」又曰：「莒國有名焦原者，廣尋，長五十步，臨百刃之谿，莒國莫敢近也。有以勇見莒子者，獨却行劑踵焉，此所以服莒國也。夫義之爲焦原也高矣，此義所以服一世也。」衡言躬履仁義，不避險難，亦足以服一代之人也。
〔六〕左傳史克曰：「奉以周旋，不敢失墜。」論語孔子曰：「死而後已，不亦遠乎？」
〔七〕化，變也。泯，滅也。
〔八〕蕭，蒿也。筲，篋也。蕙、芷，並香草也。貴蕭艾，喻任小人。謂蕙芷爲不香，喻弃賢人也。
〔九〕斥，遠也。西施，越之美女也。要音於皎反。褭音奴了反。呂氏春秋曰：「要褭，古之駿馬也。」服，駕也。箱，車也。言疏遠美女，又以駿馬駕車，並喻不能用賢也。
〔一〇〕跛，不正也。離，被也。
〔一一〕航，船也。孫卿子曰：「偷合苟容以持祿。」周書陰符曰：「四輔不存，若濟河無舟矣。」
〔一二〕襲，重也。周禮黑與青謂之黻，五色備曰繡。

〔一三〕說文曰：「辮，交織也。」音蒲殄反。禮記曰：「男鞶革，（革）〔女〕鞶絲。」鄭玄注云：「鞶，小囊，盛帨巾也。」珩，佩玉也。
〔一四〕璜，佩玉也。爾雅曰：「半璧曰璜。」言佩服之美，喻道德之盛也。
〔一五〕淹，久也。棲遲，遊息也。燿靈，日也。楚辭曰：「燿靈安藏。」言年歲之蹉跎也。
〔一六〕己知猶知己也。華，榮也。予，衡自謂也。鶗鴂，鳥名，喻讒人也。廣雅曰：「鶗鴂，布穀也。」楚辭曰：「恐鶗鴂之先鳴兮，使夫百草爲之不芳。」王逸注云：「以喻讒言先至，使忠直之士被罪也。」言恃知己以相榮，反遇讒而見害也。
〔一七〕三秀，芝草也。楚辭曰：「采三秀於山閒。」說文曰：「遒，迫也。」方秀遇霜，喻以賢被讒也。
〔一八〕亹亹，進貌也。謂四時更進而代序。疇，誰也。伉，偶也。伉，協韻音苦郎反。
〔一九〕咨，歎也。妒，忌也。嫮，美也，音胡故反。楚辭曰：「嫮目宜笑。」言嫉妒者，憎惡美人，故難與並也。韓謂齊仙人韓終也。爲王採藥，王不肯服，終自服之，遂得仙。楚辭曰：「羨韓衆之得一。」流亡謂流遁亡去也。

心猶與而狐疑兮，卽岐阯而攄情。〔一〕文君爲我端著兮，利飛遁以保名。〔二〕歷衆山以周流兮，翼迅風以揚聲。〔三〕二女感於崇岳兮，或冰折而不營。〔四〕天蓋高而爲澤兮，誰云路之不平！〔五〕勔自強而不息兮，蹈玉階之嶢崢。〔六〕懼筮氏之長短兮，鑽東龜以觀禎。〔七〕遇九皋之介鳥兮，怨素意之不逞。〔八〕遊塵外而瞥天兮，據冥翳而哀鳴。〔九〕鵰鶚競於貪婪兮，我脩絜以益榮。〔一〇〕子有故於玄鳥兮，歸母氏而後寧。〔一一〕

〔一〕
〔二〕文君，文王也。端，正也。楚辭曰：「詹尹端策拂龜。」周易遯卦上九曰：「肥遯無不利。」淮南九師道訓曰：「遯而能飛，吉孰大焉？」
〔三〕遯卦艮下乾上，艮爲山，故曰歷衆山。從二至四爲巽，巽爲風，故曰翼迅風也。
〔四〕遯上九變而爲咸。咸，感也。咸卦艮下兌上，從二至四爲巽，巽與兌爲二女也。崇岳謂艮也。從三至五爲乾。易說卦曰：「乾爲冰，兌爲毀折。」陽不求陰，故曰冰折而不營也。
〔五〕乾變爲兌，乾爲天，兌爲澤，故曰天爲澤。言天高尚爲澤，誰云路之不平？言可行也。
〔六〕勔，勉也。乾爲金玉，故曰玉階。嶢崢，高峻皃。嶢音堯。崢音士耕反。
〔七〕左傳晉卜人曰：「筮短龜長，不如從長。」言筮之未盡，復以龜卜之也。周禮「龜人掌六龜之屬，東龜曰果屬，其色青」也。
〔八〕詩小雅曰：「鶴鳴九皋。」注云：「皋，澤中溢水出所爲也。自外數至九，喻深遠也。」介，耿介也。龜經有棲鶴兆也。言卜得鶴兆也。逞，快也，協韻音丑貞反。
〔九〕瞥，眼也，音普列反。冥翳，高遠也。
〔一〇〕鵰、鶚，鷙鳥也，以喻讒佞也。
〔一一〕子謂衡也。有故於玄鳥謂卜得鶴兆也。易曰：「鳴鶴在陰，其子和之。我有好爵，吾與汝靡之。」言子歸母氏然後得寧，猶臣遇賢君方享爵祿。勸衡求聖君以仕之也。

占既吉而無悔兮，簡元辰而俶裝。〔一〕旦余沐於清原兮，晞余髮於朝陽。〔二〕漱飛

泉之瀝液兮，咀石菌之流英。〔三〕翾鳥舉而魚躍兮，將往走乎八荒。〔四〕過少皞之窮野兮，問三丘乎句芒。〔五〕何道真之淳粹兮，去穢累而票輕。〔六〕登蓬萊而容與兮，鼇雖抃而不傾。〔七〕留瀛洲而採芝兮，聊且以乎長生。〔八〕憑歸雲而遐逝兮，夕余宿乎扶桑。〔九〕噏青岑之玉醴兮，餐沆瀣以爲糧。〔一〇〕發昔夢於木禾兮，穀崐崘之高岡。〔一一〕朝吾行於湯谷兮，從伯禹於稽山。〔一二〕集羣神之執玉兮，疾防風之食言。〔一三〕

〔一〕悔，惡也。元辰，吉辰也。俶，整也。
〔二〕晞，乾也。朝陽，日也。爾雅曰：「山東曰朝陽。」楚辭曰「朝濯髮於湯谷，夕晞余身乎九陽」也。
〔三〕瀝液，微流也。咀，嚼也。石菌，芝也。英，華也。
〔四〕翾，飛也，音許緣反。走猶赴也，音奏。八荒，八方荒遠地也。淮南子曰：「登太山，履石封，以望八荒。」
〔五〕帝王紀曰：「少昊邑于窮桑，都曲阜，故或謂之窮桑帝。」地在魯城北。衡欲往東方，故先過窮桑之野。三丘，東海中三山也，謂蓬萊、方丈、瀛洲。句芒，木正，東方之神也。
〔六〕道真謂道德之真。班固幽通賦曰：「矧沈躬於道真。」不澆曰淳，不雜曰粹。票音匹妙反，猶飄颻也。
〔七〕鼇，大龜也。列子曰：「勃海之東有大壑焉，其中有五山，一曰岱輿，二曰員嶠，三曰方壺，四曰瀛洲，五曰蓬萊。隨波上下往還，不得暫峙。仙聖訴於帝，使巨鼇十五舉首而戴之，迭爲三番，六萬歲一交焉，五山始不動。」抃音皮變反。楚辭曰：「鼇戴山抃。」說文：「抃，拊手也。」
〔八〕東方朔十洲記曰「瀛洲，在東海之東，上生神芝仙草，有玉石膏出泉如酒味，名之爲玉酒，飲之令人長生」也。

〔九〕扶桑，日所出，在湯谷中，其桑相扶而生。見淮南子。

〔一〇〕爾雅曰：「山小而高曰岑。」郭璞注曰：「言岑崟也。」楚辭曰：「餐六氣而飲沆瀣。」王逸注云：「沆瀣，夜半氣也。」「糧」或作「粻」。

〔一一〕山海經曰：「崐崘墟在西北，方八百里，高萬仞，上有木禾，長五尋，大五圍。」昔，夜也。穀，生也。衡此夜夢禾生於崐崘山之上，即下文云「抨巫咸作占夢，含嘉秀以爲敷」是也。衡集注及近代注解皆云「昔日夢至木禾，今親往見焉，是爲發昔夢也」。臣賢案：衡之此賦，將往走乎八荒以後，即先往東方，次往南方，乃適西方，此時正在湯谷、扶桑之地，崐崘乃西方之山，安得已往崐崘見木禾乎？良由尋究不精，致斯謬耳。

〔一二〕湯谷，日所出也。孔安國注尚書曰：「禹代鯀爲崇伯，故稱伯。」吳越春秋曰：「禹登茅山，大會計理國之道，故更名其山曰會稽」也。

〔一三〕左傳曰：「禹合諸侯於塗山，執玉帛者萬國。」國語仲尼曰：「昔禹致羣神於會稽之山，防風氏後至，禹殺而戮之。」客曰：「敢問誰爲神？」仲尼曰：「山川之守，足以紀綱天下者，其守爲神。」食言謂後至也。爾雅曰：「食，僞也。」

指長沙以邪徑兮，存重華乎南鄰。〔一〕哀二妃之未從兮，翩儐處彼湘瀕。〔二〕流目覜夫衡阿兮，睹有黎之圮墳；痛火正之無懷兮，託山陂以孤魂。〔三〕愁蔚蔚以慕遠兮，越卬州而愉敖。〔四〕躋日中于昆吾兮，憩炎天之所陶。〔五〕揚芒熛而絳天兮，水泫沄而涌濤。〔六〕溫風翕其增熱兮，惄鬱邑其難聊。〔七〕顝羈旅而無友兮，余安能乎留茲？〔八〕

〔一〕長沙，今潭州也。從稽山西南向長沙，故云邪徑。存猶問也。重華，舜名。葬於蒼梧，在長沙南，故云「南鄰」也。

〔二〕二妃，舜妻堯女娥皇、女英。翩，連翩也。儐，弃也。瀕，水涯也。劉向列女傳曰：「舜陟方，死於蒼梧，二妃死於江、湘之閒，俗謂之湘君、湘夫人也。」禮記云「舜葬蒼梧，二妃不從」也。

〔三〕衡阿，衡山之曲也。黎，顓頊之子祝融也，爲高辛氏之火正，葬於衡山。圮，毀也。盛弘之荆州記云：「衡山南有南正重黎墓。楚靈王時山崩，毀其墳，得營丘九頭圖焉。」

〔四〕河圖曰：「天有九部八紀，地有九州八柱。東南神州曰晨土，正南卬州曰深土，西南戎州曰滔土，正西弇州曰开土，正中冀州曰白土，西北柱州曰肥土，北方玄州曰成土，東北咸州曰隱土，正東揚州曰信土。」愉，樂也。敖，游也。

〔五〕淮南子曰：「日至于昆吾，是謂正中。」高誘注云：「昆吾，丘名，在南方。」憩，息也。東方朔神異經曰：「南方有火山，長四十里，廣四五里，晝夜火然。」陶猶炎熾也。

〔六〕芒，光芒也。字林曰：「熛，飛火也。」音必遙反。泫音胡犬反，沄音戶昆反，並水流皃也。

〔七〕溫風，炎風也。淮南子曰：「南方之極，自北戶之外，南至委火、炎風之野，二萬二千里。」惄音奴覿反。爾雅曰「惄，思也」。

〔八〕顝，獨也，音苦骨反。不能留此，將復西行也。

顧金天而歎息兮，吾欲往乎西嬉。〔一〕前祝融使舉麾兮，纚朱鳥以承旗。〔二〕躔建木於廣都兮，拓若華而躊躇。〔三〕超軒轅於西海兮，跨汪氏之龍魚；聞此國之千歲兮，曾焉足以娛余？〔四〕

〔一〕金天氏，西方之帝少皞也。嬉，戲也。

〔二〕纚，繫也，音山綺反。朱鳥，鳳也。楚辭曰「鳳皇翼其承旗」也。

〔三〕躔，次也。拓猶折也。淮南子曰：「建木在廣都，若木在建木西，末有十日，其華照地。」山海經曰，廣都之野，后稷葬焉。楚辭曰：「折若木以拂日。」躊躇猶俳回也。躊音直流反。躇音直余反。

〔四〕山海經曰「軒轅之國，在窮山之際，其（不）〔下〕壽者八百歲。龍魚在其北，一曰蝦魚，有神巫乘此以行九野。一曰鼈魚，在汪野北，其爲魚也如鯉魚。白人之國在龍魚北」也。

思九土之殊風兮，從蓐收而遂徂。〔一〕欻神化而蟬蛻兮，朋精粹而爲徒。〔二〕蹶白門而東馳兮，云台行乎中野。〔三〕亂弱水之潺湲兮，逗華陰之湍渚。〔四〕號馮夷俾清津兮，櫂龍舟以濟予。〔五〕會帝軒之未歸兮，悵相佯而延佇。〔六〕呬河林之蓁蓁兮，偉關雎之戒女。〔七〕黃靈詹而訪命兮，摎天道其焉如。〔八〕曰近信而遠疑兮，六籍闕而不書。〔九〕神逵昧其難覆兮，疇克謨而從諸？〔一〇〕牛哀病而成虎兮，雖逢昆其必噬。〔一一〕鼈令殪而尸亡兮，取蜀禪而引世。〔一二〕死生錯而不齊兮，雖司命其不斷。〔一三〕竇號行於代路兮，後膺祚而繁廡。〔一四〕王肆侈於漢庭兮，卒銜恤而絕緒。〔一五〕尉尨眉而郎潛兮，

逮三葉而遘武。〔一六〕董弱冠而司衮兮，設王隧而弗處。〔一七〕夫吉凶之相仍兮，恆反側而靡所。〔一八〕穆負天以悅牛兮，豎亂叔而幽主。〔一九〕文斷袪而忌伯兮，閹謁賊而寧后。〔二〇〕通人闇於好惡兮，豈愛惑之能剖？〔二一〕嬴擿讖而戒胡兮，備諸外而發內。〔二二〕或輦賄而違車兮，孕行產而爲對。〔二三〕慎竈顯於言天兮，占水火而妄誶。〔二四〕梁叟患夫黎丘兮，丁厥子而事刃，親所睇而弗識兮，矧幽冥之可信。〔二五〕毋綿攣以涬己兮，思百憂以自疢。〔二六〕彼天監之孔明兮，用棐忱而佑仁。〔二七〕湯蠲體以禱祈兮，蒙厖褫以拯人。〔二八〕景三慮以營國兮，熒惑次於它辰。〔二九〕魏顆亮以從理兮，鬼亢回以斃秦。〔三〇〕咎繇邁而種德兮，德樹茂乎英、六。〔三一〕桑末寄夫根生兮，卉既彫而已毓。〔三二〕有無言而不讎兮，又何往而不復？〔三三〕盍遠迹以飛聲兮，孰謂時之可蓄？〔三四〕

〔一〕九土，九州也。蓐收，西方神也。徂，往也。欲還中土也。

〔二〕欻，疾貌也，音許勿反。蛻音稅。說文曰：「〔蛻〕，蟬虵（蛻）所解皮也。」言去故就新，若蟬之蛻也。朋猶侶也。粹，美也。

〔三〕蹶音厥。鄭玄注禮記云：「蹶，行處之貌也。」淮南子曰：「自東北方曰方土之山，曰蒼門；東方曰東極之山，〔曰〕開明之門；東南方曰波母之山，曰陽門；南方〔曰〕南極之山，曰暑門；西南方曰編駒之山，曰白門；西方曰西極之山，曰閶闔之門；西北方曰不周之山，曰幽都之門；北方曰北極之山，曰寒門。凡八極之雲，是雨天

下，八門之風，是節寒暑。」爾雅曰：「台，我也。」野，協韻音神渚反。

〔四〕正絕流曰亂。山海經曰：「崐崘之丘，其下有弱水之川環之。」注云：「其水不勝鳥毛。」潺湲，流貌也。逗，止也。華陰，華山之北也。臨河，故云「湍渚」。

〔五〕號，呼也。聖賢冢墓記曰：「馮夷者，弘農華陰潼鄉隄首里人，服八石，得水仙，爲河伯。」龍魚河圖曰：「河伯姓呂名公子，夫人姓馮名夷。」俾，使也。淸，靜也。津，濟度處。靜之使無波濤也。櫂，檝也。淮南子曰：「龍舟，鷁首，浮吹以虞。」予，我也。

〔六〕帝軒，黃帝也。鑄鼎於湖，在今湖城縣，與河、華相近。未歸謂黃帝得仙升天，神靈未歸。相佯猶俳回也。

〔七〕呬音許吏反。爾雅曰：「呬，息也。」蓁蓁，茂盛貌。山海經云：「北望河林，其狀如蒨。」偉，美也。詩國風曰：「關關雎鳩，在河之洲。窈窕淑女，君子好仇。」衡覩河洲而思之也。

〔八〕黃靈，黃帝神也。爾雅曰：「詹，至也。訪，謀也。摎，求也。」

〔九〕曰，黃帝荅言也。六籍，六經也。

〔一〇〕遠，道也。爾雅曰：「覆，審也。疇，誰也。謨，謀也。」

〔一一〕昆，兄也。淮南子曰：「昔公牛哀病七日，化而爲虎。其兄覘之，虎搏而殺之，不知其兄也。」

〔一二〕鱉令，蜀王名也。令音靈。殪，死也。禪，傳位也。引，長也。揚雄蜀王本紀曰「荆人鱉令死，其尸流亡，隨江水上至成都，見蜀王杜宇，杜宇立以爲相。杜宇號望帝，自以德不如鱉令，以其國禪之，號開明帝。下至五代，有開明尙，始去帝號，復稱王」也。

〔一三〕錯，交錯也。司命，天神也。春秋佐助期曰：「司命，神，名爲滅黨，長八尺，小鼻，望羊，多髭，癯瘦，通於命運期

度。」晰，明也，協韻音之逝反。

〔一四〕竇謂孝文竇皇后也。縈廡，茂盛也。呂太后時，出宮人以賜諸王，竇姬家在淸河，願如趙近家，遺宦者吏，必置我趙伍中。宦者忘之，誤置代伍中，姬涕泣不欲往，相強乃行。至代，代王獨幸竇姬，生景帝，後立爲皇后。景帝生十四子，後至光武中興也。

〔一五〕王謂孝平王皇后，莽之女也。前書聘以黃金二萬斤，遣劉歆奉乘輿法駕，迎后于第。及莽篡位，后常稱疾不朝，會莽誅，后自投火中而死。恤，憂也。詩小雅曰：「出則銜恤。」絕緒言無後也。

〔一六〕尉謂都尉顏駟也。尨，蒼雜色也。遘，遇也。漢武故事曰：「上至郎署，見一老郎，鬢眉皓白，問：『何時爲郎？何其老也？』對曰：『臣姓顏，名駟，以文帝時爲郎。文帝好文而臣好武，景帝好老而臣尙少，陛下好少而臣已老，是以三葉不遇也。』上感其言，擢爲會稽都尉」也。

〔一七〕董賢字聖卿，哀帝時爲大司馬，年二十二。袞，三公服也。時哀帝令爲賢起冢，至侈無以加。及帝崩，王莽殺賢於獄中。左傳曰，晉侯請隧，曰：「王章也。」禮記曰「二十曰弱冠」也。

〔一八〕穆，魯大夫叔孫豹也，謚曰穆。牛謂豎牛，豹之子也。幽，閉也。大夫稱主。左傳曰，叔孫豹奔齊，宿於庚宗，遇婦人而私焉。至齊，夢天壓已，弗勝，顧而見人，號之曰「牛，助余」，乃勝之。及後還魯，庚宗之婦人獻以雉，曰：「余子長矣。」召而見之，則所夢也。遂使爲豎，有寵。及穆子遇疾，豎牛欲亂其室，曰：「夫子疾病，不欲見人。」牛不進食，穆子遂餓而死。

〔一九〕文，晉文公也。袪，袂也。忌，怨也。伯謂伯楚也。謁，告也。賊謂呂甥、冀芮等。寧，安也。后，文公也。初，晉獻公使寺人勃鞮伐公於蒲城，公踰垣，勃鞮斬其袪。及公入國，呂甥、冀芮謀作亂，伯楚知之，以告公。公會秦伯于王城，殺呂、郄。伯楚，勃鞮字也。事見國語也。

〔二〇〕通人謂穆子、文公等。闇於好惡謂初悅豎牛，後以餓死；始怨勃鞮，終能告賊。剖，分也。言通人尙闇於好惡，況愛寵昏惑者豈能分之？

〔二一〕嬴，秦姓也。擿猶發也。謂始皇發讖，云「亡秦者胡」，乃使蒙恬北築長城，以爲外備，而不知胡亥竟爲趙高所殺，秦氏遂亡，是發內。

〔二二〕輦，運也。違，避也。車謂張車子也。有夫婦夜田者，天帝見而矜之，問司命曰：「此可富乎？」司命曰：「命當貧，有張車子財可以借而與之期。曰，車子生，急還之。」田者稍富，及期，夫婦輦其賄以逃。同宿有婦人，夜生子，問名於其父，父曰：「生車閒，名車子。」其家自此之後遂大貧敝。見搜神記。

〔二三〕爾雅曰：「誶，告也。」左傳曰：「日有食之。梓愼曰：『將水。』叔孫昭子曰：『旱也。』後果大旱。」又曰「宋、衞、陳、鄭將火，鄭大夫裨竈請瓘斝、玉瓚禳火，子產弗予。竈曰：『不用吾言，鄭又將火。』子產曰：『天道遠，人道邇，非爾所及。』遂不與，亦不復火」也。

〔二四〕梁叟，梁國之老人也。丁，當也。睎，視也。矧，況也。呂氏春秋曰：「梁北有黎丘鄉，鄉有丈人往市，醉而歸者，黎丘奇鬼效其子之狀而道苦之。丈人醒，謂其子曰：『吾爲而父，我醉，女道苦我，何故？』其子泣曰：『必奇鬼也。』丈人明日之市，醉，其眞子迎之，丈人拔劒而刺之。」事音側利反。前書音義曰「江東人以物插地中爲事」也。

〔二五〕綿攣猶牽制也。滓音胡鼎反。衡集注云：「滓，引也。言勿牽制於俗，引憂於己。」詩曰：「無思百憂，祇自重兮。」

〔二六〕監，視也，孔，甚也。棐，輔也。忱，誠也。佑，助也。言天之視人甚明，唯輔誠信而助仁德也。尙書曰：「天監厥

德。」又曰：「天威棐忱。」

〔二七〕鐲，絜也。祈，求也。爾雅曰：「厖，大也。禠，福也。」帝王紀曰：「湯時大旱七年，殷史卜曰：『當以人禱。』湯曰：『必以人禱，吾請自當。』遂齋戒，翦髮斷爪，以已爲牲，禱於桑林之社，果大雨。」言蒙天大福以拯救人。衡集「祈」字作「祊」。祊，祭也。禠音斯。

〔二八〕景，宋景公也。三慮謂三善言也。景公有疾，司馬子韋曰：「熒惑守心。心，宋之分野。君當禜之，可移於相。」公曰：「相，股肱也。除心腹之疾而寘之股肱，可乎？」曰：「可移於民。」公曰：「民所以爲國，無民何以爲君？」曰：「可移於歲。」公曰：「歲，所以養人也。歲不登，何以畜人乎？」子韋曰：「君善言三，熒惑必退三舍。」見呂氏春秋也。

〔二九〕魏顆，魏武子之子也。亮，信也。左傳曰，晉魏顆敗秦師於輔氏，獲杜回。杜回，秦之力人也。初，魏武子有嬖妾，武子疾，命顆曰：「必嫁是妾。」疾病，則曰：「必以爲殉。」及卒，顆嫁之，曰：「疾病則亂，吾從其治也。」輔氏之役，顆見老人結草以亢杜回，躓而顚，故獲之。夜夢之曰：「余，而所嫁婦人之父也。爾用先人治命，余是以報也。」

〔三〇〕尙書曰：「咎繇邁種德。」注云：「邁，行也。種，布也。」英、六，並國名。咎繇能行布道德，子孫茂盛，封於英、六。帝王紀：「皐陶卒，葬之於六，禹封其少子於六，以奉其祀。」六故城在今壽州安豐縣南也。

〔三一〕根生謂寄生也。言百草至寒皆彫落，唯寄生獨榮於桑之末。本草經：「桑上寄生，一名寄屑，一名寓木，一名宛童。」以喻咎繇封於英、六，餘國先滅，英、六獨存也。

〔三二〕言咎繇布德行仁，慶流後裔，詩曰：「無言不讎。」易曰「無往不復」也。

中華書局

〔二四〕盍，何不也。蓄猶待。言何不遠遊以飛譽，誰謂時之可待？言易逝也。

仰矯首以遙望兮，魂惝惘而無疇。〔一〕偪區中之隘陋兮，將北度而宣遊。〔二〕行積冰之磑磑兮，清泉沍而不流。〔三〕寒風淒而永至兮，拂穹岫之騷騷。玄武縮於殼中兮，螣蛇蜿而自糾。〔四〕魚矜鱗而并凌兮，鳥登木而失條。〔五〕坐太陰之屏室兮，慨含欷而增愁。〔六〕怨高陽之相寓兮，佃顓頊之宅幽。〔七〕庸織絡於四裔兮，斯與彼其何瘳？〔八〕望寒門之絕垠兮，縱余緤乎不周。〔九〕迅飈潚其媵我兮，鶩翩飄而不禁。〔一〇〕趨谽呷之洞穴兮，摽通淵之碄碄。〔一一〕經重陰乎寂寞兮，愍墳羊之潛深。〔一二〕

〔一〕惝惘猶敞怳也。
〔二〕偪，迫也。宣，徧也。
〔三〕淮南子曰：「北方之極，自九澤窮大海之極，有凍寒積（水）〔冰〕雪雹霜霰冰之野。」磑音牛哀反。世本云：「公輸作石磑。」說文曰：「磑磑，霜雪之貌也。」蓋古字「磑」與「皚」通。沍音胡故反。杜預注左傳云：「沍，閉也。」
〔四〕玄武謂龜、蛇也。曲禮曰：「前朱爵而後玄武。」殼，龜甲也。爾雅曰：「螣，螣蛇。」蜿，屈也。糾，纏結也。騷，協韻音脩。糾音古由反。
〔五〕矜，竦也。并猶聚也。凌，冰也，音力澄反。失條言寒也。
〔六〕太陰，北方極陰之地也。楚詞曰：「選鬼神於太陰。」
〔七〕高陽氏，帝顓頊也。山海經曰：「東北海之外，附禺之山，帝顓頊與九嬪葬焉。」相，視也。寓，居也。佃，屈也，

音乞鳳反。宅幽謂居北方幽都之地。尚書曰：「宅朔方曰幽都。」
〔八〕庸，勞也。織絡猶經緯往來也。瘳，愈也。言勞於往來四方，經積冰炎火之地，彼此亦何差也。「織」或作「識」，「絡」或作「駱」。
〔九〕淮南子曰：「北極之山，曰寒門。」楚辭曰：「踔絕垠乎寒門。」垠音五巾反。廣雅曰：「垠，咢也。」緤，馬韁也，音思列反。不周，西北方山也。「垠」或作「限」也。
〔一〇〕（颷）〔飈〕，風也。潚，疾也，音肅。媵，送也。翩飄亦疾皃也。禁，協韻音金。
〔一一〕谽呷，深皃也。谽音呼含反。呷音呼加反。碄音林，亦深貌也。既遊四方，又入地下。
〔一二〕重陰，地中也。國語曰：「魯季桓子穿井，獲土缶，中有蟲若羊焉，使問仲尼。仲尼對曰：『土之怪曰墳羊。』」

追慌忽於地底兮，軼無形而上浮。〔一〕出右密之闇野兮，不識蹊之所由。〔二〕速燭龍令執炬兮，過鍾山而中休。〔三〕瞰瑤谿之赤岸兮，弔祖江之見劉。〔四〕聘王母於銀臺兮，羞玉芝以療飢；〔五〕戴勝愁其既歡兮，又誚余之行遲。〔六〕載太華之玉女兮，召洛浦之宓妃。〔七〕咸姣麗以蠱媚兮，增嫮眼而蛾眉。〔八〕舒妙婧之纖腰兮，揚雜錯之袿徽。〔九〕離朱脣而微笑兮，顏的礰以遺光。〔一〇〕獻環琨與璵縞兮，申厥好以玄黃。〔一一〕雖色豔而賂美兮，志浩蕩而不嘉。〔一二〕雙材悲於不納兮，並詠詩而清歌。〔一三〕歌曰：天地烟熅，百卉含蘤。鳴鶴交頸，雎鳩相和。處子懷春，精魂回移。〔一四〕如何淑明，忘我實多。〔一五〕

〔一〕慌忽，無形貌也。
〔二〕右謂西方也。密，山名也。山海經曰，西北曰密山。黃帝取密山之玉策，投之鍾山之陰。闇，幽隱也。蹊，路也。
〔三〕速，召也。燭龍，北方之神也。山海經曰：「西北海之外有神，人面蛇身，而赤其眼，及晦視乃明，不食不寢，是燭九陰，是謂燭龍。」炬，可以照明。
〔四〕瑤谿，瑤岸也。山海經曰：「鍾山之東曰瑤岸。」又曰：「鍾山，其子曰鼓，其狀人面而龍身，是與欽䲹殺祖江于崐崘之陽。」䲹音邳。爾雅曰：「劉，殺也。」
〔五〕王母，西王母也。銀臺，仙人所居也。羞，進也。本草經曰：「白芝，一名玉芝。」
〔六〕山海經曰：「崐崘之丘，有人戴勝虎齒，有尾，穴處，名曰西王母。」愁，相傳音宜覲反。杜預注左傳：「愁，發語之音也。」臣賢案張揖字詁，愁，笑貌也，(鳴)〔听〕之別體，音許近反，與此義合也。
〔七〕詩含神霧曰：「太華之山，上有明星玉女，主持玉漿，服之(神)〔成〕仙。」宓妃，洛水神也。
〔八〕姣，好也，音古巧反。蠱音野，謂妖麗也。嫮音胡故反，好貌也。楚辭曰「嫮目宜笑」也。
〔九〕婧音財性反，謂妍婧也。袿音圭，婦人之上服。爾雅曰：「婦人之徽謂之褵。」郭璞注云：「即今之香纓也。」
〔一〇〕的礰，明也。遺光言光彩射人也。
〔一一〕環，琨，並玉佩也。白虎通曰「修道無窮即佩環，能本道德即佩琨」也。玄黃謂繒綺也。尚書曰：「厥篚玄黃。」言玉女、宓妃等既獻環佩，又贈以繒綺也。
〔一二〕「賂」或作「貽」。浩蕩，廣大也。言不以玉女及贈遺爲美也。楚辭曰：「怨靈脩之浩蕩。」
〔一三〕雙材謂玉女、宓妃也，即上文所謂「二女感於崇岳」也。

〔一四〕烟熅，氣也。易繫辭曰：「天地烟熅。」張揖字詁曰：「蘤，古花字也。」處子，處女也。懷，思也。莊子曰：「綽約若處子。」詩曰：「有女懷春。」
〔一五〕淑，善也。詩曰：「如何如何，忘我實多。」

將荅賦而不暇兮，爰整駕而亟行。〔一〕瞻崐崘之巍巍兮，臨縈河之洋洋。伏靈龜以負坻兮，亘螭龍之飛梁。〔二〕登閬風之曾城兮，搆不死而爲牀。〔三〕屑瑤蘂以爲糇兮，斛白水以爲漿。〔四〕抨巫咸以占夢兮，迺貞吉之元符。〔五〕滋令德於正中兮，(含)〔含〕嘉(秀)〔禾〕以爲敷。〔六〕既垂穎而顧本兮，爾要思乎故居。〔七〕安和靜而隨時兮，姑純懿之所廬。〔八〕

〔一〕賦謂玉女所歌詩也。亟，疾也，音紀力反。即上所謂「冰折不營」也。
〔二〕山海經曰：「河出崐崘西北隅。」縈，曲也。爾雅曰：「小沚曰坻。」謂水中高地，以龜負之，可以架橋也。亘猶橫度也。廣雅曰「無角曰螭龍」也。
〔三〕閬風，山名，在崐崘山上。楚詞曰：「登閬風而緤馬。」淮南子曰：「崐崘山有曾城九重，高萬一千里，上有不死樹在其西。」今以不死木爲牀也。
〔四〕瑤，瓊也。楚辭曰：「屑瓊蘂以爲粻。」糇，糧也。斛音(居)〔古〕于反，謂酌也。河圖曰：「崐山出五色流水，其白水東南流入中國，名爲河」也。
〔五〕抨，使也，音普耕反，又補耕反。巫咸，神巫也。山海經曰，大荒之中有靈山，巫咸、巫彭、巫謝等十巫。衡既夢

木禾，今故令巫咸占之也。元，善也。
〔六〕滋，茂也。淮南子曰：「昏張中則務種穀。」說文曰：「禾，嘉穀也。至二月始生，八月而孰，得時之中，故謂之禾。」
〔七〕穎，穟也。本，禾本也。言禾既垂穟顧本，人亦當思故居也。淮南子曰：「孔子見禾三變，始於粟，生於苗，成於穟，乃歎曰：『我其首禾乎？』」高誘注云：「禾穟向根，君子不忘本也。」
〔八〕姑，且也。懿，美也。廬猶居也。

戒庶寮以夙會兮，僉恭職而並迓。〔一〕豐隆軯其震霆兮，列缺曄其照夜。〔二〕雲師䨴以交集兮，凍雨沛其灑塗。〔三〕轙琱輿而樹葩兮，擾應龍以服輅。〔四〕百神森其備從兮，屯騎羅而星布。〔五〕振余袂而就車兮，脩劍揭以低昂。〔六〕冠咢咢其映蓋兮，佩綝纚以煇煌。〔七〕僕夫儼其正策兮，八乘攄而超驤。〔八〕氛旄溶以天旋兮，蜺旌飄而飛揚。〔九〕撫軨軹而還睨兮，心灼藥其如湯。〔一〇〕羨上都之赫戲兮，何迷故而不忘？〔一一〕左青琱以揵芝兮，右素威以司鉦。〔一二〕前長離使拂羽兮，委水衡乎玄冥。〔一三〕屬箕伯以函風兮，澂淟涊而為清。〔一四〕曳雲旗之離離兮，鳴玉鸞之譻譻。〔一五〕涉清霄而升遐兮，浮蔑蒙而上征。〔一六〕紛翼翼以徐戾兮，焱回回其揚靈。〔一七〕叩帝閽使闢扉兮，覿天皇于瓊宮。〔一八〕聆廣樂之九奏兮，展洩洩以彤彤。〔一九〕考理亂於律鈞兮，意建始而思終。〔二〇〕惟盤逸之無斁兮，懼樂往而哀來。〔二一〕素撫弦而餘音兮，大容吟曰念哉。〔二二〕既防溢而

靜志兮，迨我暇以翺翔。〔二三〕出紫宮之肅肅兮，集大微之閬閬。〔二四〕命王良掌策駟兮，踰高閣之鏘鏘。〔二五〕建罔車之幕幕兮，獵青林之芒芒。〔二六〕彎威弧之撥剌兮，射嶓冢之封狼。〔二七〕觀壁壘於北落兮，伐河鼓之磅硠。〔二八〕乘天潢之汎汎兮，浮雲漢之湯湯。〔二九〕倚招搖、攝提以低回劉流兮，察二紀、五緯之綢繆遹皇。〔三〇〕偃蹇夭矯娩以連卷兮，雜沓叢顇颯以方驤。〔三一〕戫汨飂戾沛以罔象兮，爛漫麗靡藐以迭逿。〔三二〕凌驚雷之砊磕兮，弄狂電之淫裔。〔三三〕踰庬澒於宕冥兮，貫倒景而高厲。〔三四〕廓盪盪其無涯兮，乃今窮乎天外。

〔一〕僉，皆也。迓，迎也。
〔二〕豐隆，雷也。軯，聲也，音普耕反。震霆，霹靂也。霆音庭。列缺，電也。曄，光也。
〔三〕雲師，屏翳也。䨴，陰皃，音徒感反。爾雅曰：「暴雨謂之涷。」沛，雨皃也。塗，協韻音徒故反。楚辭曰：「使涷雨兮灑塵。」
〔四〕轙音魚綺反。爾雅曰：「載轡謂之轙。」郭璞注云：「轙，軛上環也，轡所貫也。」琱，以玉飾車也。樹，立也。葩，華也，於車上建華蓋。擾，馴也。廣雅曰「有翼曰應龍」也。
〔五〕周頌曰：「懷柔百神。」森，衆皃也。屯，聚也。
〔六〕脩，長也。揭，低昂皃也。
〔七〕咢音五各反。一作「岌」，並冠高皃也。映蓋謂冠與車蓋相映也。綝音林，纚音離，盛皃也。煇音胡本反，光皃也。
〔八〕八乘，八龍也。楚辭曰：「駕八龍之蜿蜿。」攄猶騰也。
〔九〕氛，天氣也。旄，羽旄也。溶音勇。王逸注楚辭曰：「溶，廣大皃也」。蜺，雌虹也。
〔一〇〕軨音零。說文曰：「車轖閒橫木也。」楚辭曰：「倚結軨兮太息。」軹音之是反。杜子春注周禮云：「軹，兩轊也。」說文云：「車輪小穿也。」還睨，顧瞻也。藥音鑠，熱皃也。言顧瞻鄉國而心熱也。
〔一一〕上都謂天上也。赫戲，盛皃也。衡既徧歷四海，方欲遊於天上，故云何不忘其故居，而苦迷惑思之。
〔一二〕青琱，青文龍也。揵，堅也，音巨偃反。芝，蓋也。素威，白武也。禮記曰：「左青龍而右白武。」說文曰「鉦，鐃也，似鈴」也。
〔一三〕長離，即鳳也。水衡，官名，主水官也。玄冥，水神也。司馬相如大人賦曰「前長離而後矞皇」也。
〔一四〕箕伯，風師也。函猶含也。澂，清也。淟音乇典反。涊音乃典反。楚辭曰：「切淟涊之流俗。」王逸注曰：「淟涊，垢濁也。」
〔一五〕鸞，鈴也，在鑣。譻，聲也，音嬰。楚辭曰「鳴玉鸞之啾啾」也。
〔一六〕霄，雲也。蔑蒙，氣也。蒙音莫孔反。上征，上於天也。揚雄甘泉賦曰：「浮蔑蒙而撇天。」
〔一七〕翼翼，飛皃。戾，至也。回回，光皃。楚辭曰：「皇剡剡其揚靈。」王逸注云：「揚其光靈也。」
〔一八〕閽，主門者。天皇，天帝也。揚雄甘泉賦曰：「選巫咸兮叫帝閽。」
〔一九〕史記曰，趙簡子曰：「我之帝所甚樂，與百神游于鈞天，廣樂九奏。」左傳，鄭莊公賦「大隧之中，其樂也融融」。姜出，賦「大隧之外，其樂也洩洩」。「彤」與「融」同也。

〔二〇〕詩序曰：「太平之音安以樂，其政和。亂世之音怨以怒，其政乖。」律，十二律也。樂叶圖徵曰：「聖人承天以立均。」宋均注曰：「均長八尺，施絃以調六律也。」建，立也。衡言聽九奏之樂，考政化之得失，而思其終始也。
〔二一〕盤，樂也。逸，縱也。斁，厭也，音亦，又音徒故反，古「度」字也。莊子曰：「樂未畢也，哀又繼之。」
〔二二〕素，素女也。史記曰：「太帝使素女鼓五十絃（琴）〔瑟〕。」大容，黃帝樂師也。念哉，戒逸樂也。
〔二三〕溢，滿也。迨，及也。翺翔，將遠逝也。
〔二四〕紫宮、太微，並星名也。肅肅，清也。閬閬，明大也。
〔二五〕史記曰：「天駟旁一星曰王良。」高閣，閣道星也。史記曰：「絕漢抵營室曰閣道。」鏘鏘，高皃也。
〔二六〕罔車，畢星也。幕幕，罔皃。青林，天苑也。
〔二七〕弧，星名也。易曰：「弧矢之利以威天下。」撥音方割反。剌音力達反。撥剌，張弓皃也。嶓冢，山也。封，大也。狼，星名。河圖曰：「嶓冢之精，上為狼星。」
〔二八〕壁，東壁也。史記曰，羽林天軍西為壁壘，旁大星為北落。牽牛北為河鼓。磅硠，聲也。磅音普郎反。硠音郎。
〔二九〕史記曰，王良旁有八星絕漢曰天潢，雲漢曰天河也。
〔三〇〕招搖，攝提，星名也。劉音居流反，低回劉流回轉之皃。二紀，日月也。五緯，五星也。綢繆，相次之皃也。遹皇，行皃也。
〔三一〕娩音孚萬反，卷音拳，並翺翔自恣之皃也。
〔三二〕戫音一六反，汨音于筆反，飂音遼，沛音普蓋反，並疾皃也。藐，小也。藐音亡小反。逿，徒郎反。
〔三三〕砊磕，雷聲也。砊音康。磕音苦蓋反。淫裔，電皃也。狂，疾也。

〔一四〕庬音亡孔反。澒，胡孔反。孝經援神契曰：「天度濛澒。」宋均注云：「濛澒，未分之象也。」說文曰：「宕，過也。」冥，幽冥也。貫，穿也。前書谷永上書曰：「登遐倒景。」晉義曰：「在日月之上，日月反從下照，故其景倒也。」厲，陵厲也。

據開陽而頫眄兮，臨舊鄉之暗藹。〔一〕悲離居之勞心兮，情悁悁而思歸。〔二〕魂眷眷而屢顧兮，馬倚輈而徘回。〔三〕雖遨游以媮樂兮，豈愁慕之可懷。〔四〕出閶闔兮降天塗，乘飇忽兮馳虛無。〔五〕雲霏霏兮繞余輪，風眇眇兮震余旟。繽聯翩兮紛暗曖，儵眩眃兮反常閭。〔六〕

〔一〕春秋運斗樞曰：「北斗第六星爲開陽。」頫音俯。暗藹，遠皃也。暗音烏感反。
〔二〕說文曰：「悁悁，憂也。」音於緣反。詩國風曰「勞心悁悁」也。
〔三〕輈，轅也。
〔四〕媮音通侯反。懷，安也。
〔五〕閶闔，天門。
〔六〕儵，忽也。眩音縣，眃音混，疾皃也。常閭，故里。

收疇昔之逸豫兮，卷淫放之遐心。〔一〕脩初服之娑娑兮，長余珮之參參。〔二〕文章煥以粲爛兮，美紛紜以從風。御六藝之珍駕兮，遊道德之平林。〔三〕結典籍而爲罟兮，歐儒、墨而爲禽。〔四〕玩陰陽之變化兮，詠雅、頌之徽音。嘉曾氏之歸耕兮，慕歷陵之

欽崟。〔五〕共夙昔而不貳兮，固終始之所服也；夕惕若厲以省諐兮，懼余身之未勑也。〔六〕苟中情之端直兮，莫吾知而不恧。〔七〕墨無爲以凝志兮，與仁義乎消搖。〔八〕不出戶而知天下兮，何必歷遠以劬勞？〔九〕

〔一〕謂初遊於四方天地之閒以自淫放，今改悔也。
〔二〕楚辭曰：「退將復修吾初服。」王逸注云：「修吾初始清絜之服也。」娑娑，衣皃。參參，長皃。
〔三〕以六藝爲車而駕之也。以道德爲林而遊之也。
〔四〕罟，網也，音古。儒家，子思、孟軻、孫卿等。墨家謂墨翟、胡非、尹佚等。
〔五〕琴操曰：「歸耕者，曾子之所作也。曾子事孔子十餘年，晨覺，眷然念二親年衰，養之不備，於是援琴鼓之曰：『往而不反者年也，不可得而再事者親也。歔欷歸耕來日！安所耕歷山盤乎！』」欽崟，山皃。崟音吟。
〔六〕共音恭。易曰：「君子終日乾乾，夕惕若，厲。」惕，懼也。厲，病也。勑，整也。
〔七〕恧，慙也，音女六反。
〔八〕老子曰：「上德無爲。」
〔九〕老子曰：「不出戶而知天下。」

系曰：天長地久歲不留，俟河之清祇懷憂。〔一〕願得遠度以自娛，上下無常窮六區。〔二〕超踰騰躍絕世俗，飄颻神舉逞所欲。天不可階仙夫希，柏舟悄悄吝不飛。〔三〕松、喬高跱孰能離？結精遠遊使心攜。〔四〕回志朅來從玄諆，〔五〕獲我所求夫何思！

〔一〕系，繫也。老子曰：「天長地久。」左氏傳曰「俟河之清，人壽幾何」也。
〔二〕六區謂四方上下也。
〔三〕階，升也。論語曰：「夫子之不可及，猶天之不可階而升。」仙夫，仙人也。詩鄁風曰：「柏舟言仁而不遇也。」其詩曰：「汎彼柏舟，亦汎其流。憂心悄悄，慍于羣小。靜言思之，不能奮飛。」鄭玄注云：「舟，載度物者也。今不用，而與衆物汎汎然俱流水中，諭仁人不用，而與羣小並列。」悄悄，憂皃也。臣不遇於君，猶不忍奮翼而飛去。吝，惜也。衡亦不遇其時，而爲宦者所讒，故引以自諭也。
〔四〕松，赤松子也。喬，王子喬也。列仙傳曰：「赤松子，神農時雨師，服水玉，教神農，能入火自燒。至崐崘山上，常止西王母石室，隨風上下。王子喬，周靈王太子晉也。好吹笙作鳳鳴，遊伊洛閒。道士浮丘公接上嵩高山，三十餘年。後來於山上，見桓良曰：『告我家，七月七日待我緱氏山頭。』果乘白鶴住山顛，望之不得到，舉手謝時人，數日去。」字林曰：「跱，踞也。」謂得仙高踞也。離，附也。攜，離也。
〔五〕朅，去也，音丘列反。「諆」或作「謀」。諆亦謀也，音基，字從「其」。

永和初，出爲河閒相。〔一〕時國王驕奢，不遵典憲；又多豪右，共爲不軌。衡下車，治威嚴，整法度，陰知姦黨名姓，一時收禽，上下肅然，稱爲政理。視事三年，上書乞骸骨，徵拜尚書。年六十二，永和四年卒。

〔一〕河閒王名政。

著周官訓詁，崔瑗以爲不能有異於諸儒也。又欲繼孔子易說彖、象殘缺者，竟不能就。

所著詩、賦、銘、七言、靈憲、應閒、七辯、巡誥、懸圖凡三十二篇。〔一〕

〔一〕衡集作「玄圖」，蓋玄與懸通。

永初中，謁者僕射劉珍、校書郎劉騊駼等著作東觀，撰集漢記，因定漢家禮儀，上言請衡參論其事，會並卒，而衡常歎息，欲終成之。及爲侍中，上疏請得專事東觀，收撿遺文，畢力補綴。〔一〕又條上司馬遷、班固所敍與典籍不合者十餘事。〔二〕又以爲王莽本傳但應載篡事而已，至於編年月，紀災祥，宜爲元后本紀。又更始居位，人無異望，光武初爲其將，然後即眞，宜以更始之號建於光武之初。書數上，竟不聽。及後之著述，多不詳典，時人追恨之。

〔一〕衡表曰「臣仰幹史職，敢徼官守，竊貪成訓，自忘頑愚，願得專於東觀，畢力於紀記，竭思於補闕，俾有漢休烈，比久長於天地，並光明於日月，炤示萬嗣，永永不朽」也。
〔二〕衡集其略曰：「易稱宓戲氏王天下，宓戲氏沒，神農氏作，神農氏沒，黃帝、堯、舜氏作。史遷獨載五帝，不記三皇，今宜幷錄。」又一事曰：「帝系，黃帝產青陽、昌意。周書曰：『乃命少皞清。』清即青陽也，今宜實定之。」

論曰：崔瑗之稱平子曰「數術窮天地，制作侔造化」。〔一〕斯致可得而言歟！推其圍範兩儀，天地無所蘊其靈；〔二〕運情機物，有生不能參其智。〔三〕故（智）〔知〕思引淵微，人之上

術。記曰：「德成而上，藝成而下。」〔四〕量斯思也，豈夫藝而已哉？何德之損乎！〔五〕

〔一〕璇撰平子碑文也。

〔二〕易繫辭曰：「範圍天地之化。」王弼注云：「擬範天地而周備其理也。」謂作渾天儀也。

〔三〕機物謂作候風地動儀等。

〔四〕禮記文也。

〔五〕損，減也。言藝不減於德，一也。

贊曰：三才理通，人靈多蔽。〔一〕近推形筭，遠抽深滯。不有玄慮，孰能昭晰？〔二〕

〔一〕三才，天、地、人。言人雖與天地通爲三才，而性靈多蔽，罕能知天道也。

〔二〕玄猶深也。晰音制。

校勘記

一八九八頁五行　以三十〔五〕〔六〕蓍揲之　按：刊誤謂太玄乃用三十六揲，作「五」誤。今據改。

一八九九頁一一行　昔有文王　按：刊誤謂「昔有」當作「昔者」。

一九〇〇頁九行　枉則〔正〕〔直〕　據汲本、殿本改。按：今本老子作「直」。

一九〇一頁三行　金聲而玉振〔之〕　據汲本、殿本補。

一九〇二頁二行　不到　汲本、殿本「到」作「至」。按：今本孟子作「至」。

一九〇二頁三行　趙岐注云　按：「岐」原譌「歧」，逕改正。下同。

一九〇二頁四行　君子固窮　按：「固」原譌「困」，逕改正。

一九〇二頁四行　如何君子不〔得〕〔待〕其招而妄見也　據汲本改，與今本孟子趙注合。

一九〇二頁八行　（也）〔曰〕我狐父之人丘也　據刊誤改。

一九〇二頁一三行　是以貨賄〔所〕取我　據刊誤刪。按：今本孟子趙注無「所」字。

一九〇三頁六行　有人〔之〕不理　據汲本、殿本補。

一九〇四頁一五行　奚冀其二哉　按：「冀」原譌「異」，逕據汲本、殿本改正。

一九〇五頁九行　鼉鳴岐野　按：「岐」原譌「歧」，逕改正。

一九〇五頁一三行　黃帝乃下天女曰（妖）〔妭〕　集解引沈欽韓說，謂「妖」乃「妭」之譌。按：下云妖亦魃也，音步末反，則爲「妭」字之譌無疑，今據改。下同。

一九〇七頁四行　孟子曰阿意事貴脅肩所尊俗之情也　按：沈家本謂此疑孟子注家語，或孟子逸文也。

一九〇八頁一一行　以牒爲械　按：御覽三三六引「牒」作「褋」，書鈔引譌作「襟」。孫詒讓墨子閒詁謂作「褋」是。俞樾謂牒、褋皆叚字，其本字當作「梜」，梜卽箸也，孫氏謂俞說亦通。

一九〇八頁一三行　杖節臥起　按：汲本「杖」作「持」。校補謂注專就臥起言，故云持節，若改作「杖」，則臥豈能杖，作「杖」非。

一九〇九頁一三行　孔安國以爲三墳（五典）三皇之書　據校補刪。

一九一〇頁三行　宜獲福祉神祇　按：集解引蘇輿說，謂「福」「祉」疑衍一字。

一九一〇頁四行　冥鑒在茲　汲本、殿本「冥」作「宜」。按：嚴可均輯全後漢文作「冥」。

一九一〇頁一〇行　僭恆陽若　按：汲本「陽」作「暘」。注同。

一九一〇頁一五行　灾消不至矣　按：灾消不至，語意重複，疑當依袁宏紀作「灾沴不至」。又按：袁宏紀引張衡此疏多異文，今不列舉。

一九一一頁二行　揚雄　按：前後皆作「楊雄」，「楊」字從木，獨此篇注文皆從才作「揚」，今依原本，不改歸一律。

一九一二頁一五行　中央者（地神）〔北辰〕之所居　汲本、殿本「地」作「北」，王先謙謂當作「北辰」，今據改。

一九一三頁二行　所以（從）〔行〕牛矣　據汲本、殿本改。

一九一三頁七行　有詔使劉向及子歆於祕書　汲本「於」作「爲」。按：殿本作「於」。校補引柳從辰說，謂當依前書向傳作「領校祕書」，「爲」字卽「領」字轉寫之譌，「於」字又明明「校」字形近之譌，兩本固皆有脫譌也。

一九一三頁一三行　流俗本多作頗傳者　汲本「傳」作「傅」。按：集解引洪頤煊說，謂「頗猶偏也，頗傳謂以偏詞相傳會，義亦得通」。則似以作「傅」爲是。

一九一四頁一一行　志團圞以應懸兮　按：文選「團圞」作「摶摶」。

一九一四頁一三行　纗幽蘭之秋華兮　按：文選「纗」作「繼」。

一九一四頁一三行　美襞積以酷裂兮　按：文選「裂」作「烈」。

一九一四頁一四行　喜傳說之生殷　按：文選「喜」作「嘉」。

一九一五頁三行　宅不處仁　按：王先謙謂「擇」作「宅」，異文。

一九一六頁三行　彼無合其何傷兮　按：文選「其」作「而」。

一九一六頁三行　啓金縢而乃信　按：文選「乃」作「後」。

一九一六頁四行　羌孰可與言己　按：文選「與」作「爲」。

一九一六頁五行　阽焦原而跟止　按：文選「止」作「趾」。

一九一六頁六行　要既死而後已　按：殿本「要」作「安」，文選作「惡」，校補謂皆「要」字形近之譌。

一九一六頁七行　珍蕭艾於重笥兮　按：文選「珍」作「寶」。

一九一六頁七行　羈要褭以服箱　按：文選「羈」作「縶」。

一九一六頁一一行　恃己知而華予兮　按：「予」原譌「子」，逕改正。注同。

一九一六頁一三行　遒白露之爲霜　按：「遒」原譌「道」，逕改正。

一九一七頁五行　中黃伯曰吾日試之矣　按：注引尸子，文有譌奪，幾不可句讀，今錄文選注備考：「中黃伯曰：『余左執太行之獶，而右搏彫虎，唯象之未與，吾心試焉。有力者則又願爲牛，欲與象鬬，以自試。今二三子以爲義矣，將惡乎試之？夫貧窮，太行之獶也；疏賤，義之彫虎也。而吾日遇之，亦足以試矣。』」

一九一八頁一行 男鞶革（革）〔女〕鞶絲 據汲本、殿本改。

一九一八頁八行 喻以賢被譏也 按：「以」原譌「似」，逕據汲本、殿本改正。

一九一八頁一三行 卽岐阯而攄情 按：「岐」字原本皆譌「歧」，逕改正。「攄」文選作「臚」，集解引惠棟說，謂張衡集亦作「臚」。

一九二〇頁二行 問三丘乎句芒 按：文選「乎」作「于」。

一九二〇頁九行 翾飛也 按：「翾」原譌「鶡」，逕據汲本、殿本改正。

一九二二頁一二行 指長沙以邪徑兮 按：文選「以」作「之」。

一九二二頁一二行 翩儐處彼湘瀕 按：文選「儐」作「繽」。

一九二二頁一三行 託山陂以孤魂 按：文選「陂」作「阪」。

一九二二頁一三行 愁蔚蔚以慕遠兮 按：文選「蔚蔚」作「鬱鬱」。

一九二二頁一四行 越卬州而愉敖 「卬」原譌「卭」，逕改正。注同。按：文選「愉敖」作「遊遨」。

一九二二頁一四行 憩炎天之所陶 按：文選「天」作「火」。

張衡列傳第四十九 一九四五

一九二二頁一五行 顝羈旅而無友兮 按：文選「羈」作「羇」。

一九二三頁四行 俗謂之湘君湘夫人也 按：集解引沈欽韓說，謂列女傳無「湘夫人也」四字。

一九二三頁七行 其（不）〔下〕壽者八百歲 據汲本改。按：文選注亦作「不」。考異謂「不」當依范書注作「下」。

後漢書卷五十九 一九四六

一九二三頁一二行 悵相佯而延佇 按：文選「相佯」作「徜徉」。

一九二三頁一三行 嚋克謨而從諸 按：文選「謨」作「謀」。

一九二三頁一四行 雖司命其不晰 文選「晰」作「晣」。按：此據胡克家本，別本作「哳」。

一九二四頁二行 穆負天以悅牛兮 按：文選「負」作「屆」。

一九二四頁三行 豈愛惑之能剖 按：文選「愛」作「昏」，「之」作「而」。

一九二四頁四行 慎鼃顯於言天兮占水火而妄誶 文選「於」作「以」，「誶」作「訊」。按：校補謂李注，訊，息對反，疑本「誶」之譌。

一九二四頁四行 丁厥子而事刃 按：文選「事」作「剸」。

一九二四頁五行 親所睇而弗識兮 按：文選「睇」作「睼」。

一九二四頁五行 毋綿攣以涬己兮 「毋」原譌「母」，逕改正。按：文選「涬」作「倖」。

一九二四頁六行 用棐忱而佑仁 按：文選「佑」作「祜」，疑本「佑」之譌。

一九二四頁七行 鬼亢回以敝秦 按：文選「敝」作「斃」。

一九二四頁八行 德樹茂乎英六 按：文選「德樹」作「樹德」。

一九二四頁一二行 〔蛻〕蟬蜕（蛻）所解皮也 按：汲本作「蟬蛻蟬所解皮也」，殿本作「蟬蛻所解皮也」，並有脫譌，茲據說文改。

一九二四頁一三行 蹶行處之貌也 汲本「處」作「遠」。按：校補引柳從辰說，謂「遠」「處」皆「遾」之譌，注引鄭注禮記，雖未明指何篇，然曲禮「足毋蹶」注，固作「行遾貌」也。

一九二四頁一四行 〔曰〕開明之門 據汲本、殿本補。

一九二四頁一四行 南方〔曰〕南極之山 據汲本、殿本補。

一九二六頁一七行 呂㖞冀芮謀作亂 按：「㖞」原譌「生」，逕據汲本、殿本改正。

一九二八頁一五行 一名寓木 按：「木」原譌「末」，逕改正。

一九二九頁三行 寒風淒而永至兮 按：文選「淒而」作「凄其」。

一九二九頁四行 螣蛇蜿而自糾 按：文選「螣」作「騰」。

一九二九頁五行 徂顓頊之宅幽 按：文選「之」作「而」。

一九二九頁六行 迅飈潚其媵我兮 按：「飈」原作「颷」，逕據汲本改，後文「飈忽」同。又按：文選「飈」作「猋」，校補謂當作「猋」，後文「猋忽」同。

張衡列傳第四十九 一九四七

一九二九頁六行 趨谽嘲之洞穴兮摽通淵之碄碄 文選「趨」作「越」，「嘲」作「嘲」，「摽」作「漂」，「淵」作「川」。按：李慈銘謂蓋此本亦作「通川」，宋以後校者誤以爲章懷避諱改川，遂妄改爲「通淵」耳。

後漢書卷五十九 一九四八

一九二九頁一〇行 有凍寒積（水）〔冰〕雪雹羣冰之野 據汲本、殿本改。按：淮南子時則訓作「有凍寒積冰、雪雹霜霰、漂潤羣水之野」。此注似有脫譌，「羣冰」之「冰」應作「水」。

一九三〇頁四行 垠音玉巾反 按：「玉」原譌「五」，逕改正。

一九三〇頁六行 （飈）〔飇〕風也 據汲本改。

一九三〇頁九行 追慌忽於地底兮 「底」原作「厎」，逕依汲本、殿本改。按：「慌」文選作「荒」。

一九三〇頁九行 出右密之闇野兮 按：文選「右」作「石」。

一九三〇頁一三行 獻環琨與璵縞兮 按：文選「璵」作「琛」。

一九三〇頁一四行 志浩盪而不嘉 按：汲本、殿本「盪」作「蕩」，文選同。文選「浩」作「皓」。

一九三〇頁一五行 百卉含藟 按：文選「藟」作「葩」。

一九三一頁三行 及晦覘乃明 按：集解引沈欽韓說，謂大荒北經「其瞑乃晦，其視乃明」，注誤。

一九三一頁九行 （嗚）〔听〕之別體 汲本、殿本「嗚」作「鳴」。集解引沈欽韓說，謂注「嗚」乃「听」之誤，說文「听，笑貌」，愁與听通。今據改。

一九三一頁一〇行　服之(神)〔成〕仙　據殿本改。

一九三二頁六行　抨巫咸以占夢兮　按：文選「以」作「作」。

一九三二頁六行　(合)〔含〕嘉(秀)〔禾〕以爲敷　汲本作「合嘉禾以爲敷」。殿本作「含嘉秀以爲敷」，文選同。校補引錢大昭說，謂秀乃光武諱，作「禾」者不誤。又李慈銘謂「合」當是「含」字之誤。今據改。按：沈家本謂此注引說文以解禾字，則章懷所據本實作「禾」，不作「秀」。

一九三二頁七行　爾要思乎故居　按：文選「爾」作「亦」。

一九三二頁一四行　斛音(居)〔古〕于反　張森楷校勘記謂居于疊韵，不爲反語，「居」當爲「古」之誤。今據改。

一九三三頁七行　擾應龍以服輅　按：文選「輅」作「路」。

一九三三頁八行　冠咢咢其映蓋兮　按：文選「咢咢」作「峊峊」。

一九三三頁九行　八乘攄而超驤　按：文選「攄」作「騰」。

一九三三頁九行　蜺旌飄而飛揚　按：文選「而」作「以」。

一九三三頁一〇行　心灼藥其如湯　按：文選「如」作「若」。

一九三三頁一〇行　左青琱以揵芝兮　按：文選「以」作「之」。

一九三三頁一二行　委水衡乎玄冥　按：文選「委」上有「後」字，「委」下無「水」字。

一九三三頁一三行　瀄淢潏而爲清　按：文選「瀄」作「懲」。

一九三三頁一五行　素撫弦而餘音兮　按：文選「素」下有「女」字。

一九三三頁一五行　旣防溢而靜志兮　按：文選「靜」作「靖」。

一九三四頁六行　乃今窮乎天外　按：文選「窮」作「窺」。

一九三五頁七行　素威白武也　按：汲本、殿本「武」作「虎」，此避唐諱改。下「左青龍而右白武」同。

一九三六頁四行　使素女鼓五十絃(琴)〔瑟〕　據史記改。按：王先謙謂「琴」當作「瑟」。

一九三六頁一七行　硠磕雷聲也　按：「雷」原譌「電」，逕改正。

一九三七頁四行　據開陽而頫眄兮　按：文選「眄」作「眡」。

一九三七頁五行　雖遨游以媮樂兮　按：文選「遨游」作「遊娛」。

一九三七頁一六行　歐儒墨而爲禽　文選「歐」作「敺」。按：集解引柳從辰說，謂「歐」當讀爲「敺」。

一九三八頁一行　共夙昔而不貳兮固終始之所服也至懼余身之未勑也　按：文選「共」作「恭」，「昔」作「夜」，無兩「也」字。

一九三八頁九行　獻欷歸耕來日安所耕歷山盤乎　按：文選李注「日」「乎」均作「兮」。

一九三九頁七行　能入火自燒　按：文選遊仙詩注引「自」作「不」，類聚七十八引仍作「自」。

一九三九頁九行　果乘白鵠住山顚　汲本、殿本「住」作「往」。按：文選遊仙詩李注作「駐」，駐住聲近義通。

一九四〇頁一三行　淸卽青陽也　按：「青陽」原譌「淸陽」，逕改正。

一九四〇頁一四行　故(智)〔知〕思引淵微　王先謙謂「智」當作「知」。今據改。

後漢書卷六十上

馬融列傳第五十上

馬融字季長，扶風茂陵人也，〔一〕將作大匠嚴之子。〔二〕為人美辭貌，有俊才。初，京兆摯恂以儒術教授，隱于南山，不應徵聘，名重關西，〔三〕融從其遊學，博通經籍。恂奇融才，以女妻之。

〔一〕融集云：「茂陵成懽里人也。」

〔二〕嚴，援兄余之子。

〔三〕三輔決錄注曰：「恂字季直，好學善屬文，隱於南山之陰。」

永初二年，大將軍鄧騭聞融名，召為舍人，非其好也，遂不應命，客於涼州武都、漢陽界中。會羌虜飈起，邊方擾亂，米穀踊貴，自關以西，道殣相望。〔一〕融既飢困，乃悔而歎息，謂其友人曰：「古人有言：『左手據天下之圖，右手刎其喉，愚夫不為。』〔二〕所以然者，生貴於天下也。今以曲俗咫尺之羞，滅無貲之軀，殆非老莊所謂也。」故往應騭召。

〔一〕左傳曰，叔向云：「道殣相望。」杜注云「餓死為殣」也。音覲。

〔二〕莊子曰。言不以名害其生者。

四年，拜為校書郎中，〔一〕詣東觀典校秘書。是時鄧太后臨朝，騭兄弟輔政。而俗儒世士，以為文德可興，武功宜廢，遂寢蒐狩之禮，息戰陳之法，故猾賊從橫，乘此無備。融乃感激，以為文武之道，聖賢不墜，五才之用，無或可廢。〔二〕元初二年，上廣成頌以諷諫。其辭曰：〔三〕

〔一〕謝承〔書〕及續漢書並云為校書郎，又拜郎中也。

〔二〕五才，金、木、水、火、土也。左傳曰，宋子罕曰「天生五材，人並用之，廢一不可，誰能去兵」也。

〔三〕廣成，苑，在今汝州梁縣西。

臣聞孔子曰：「奢則不遜，儉則固。」奢儉之中，以禮為界。〔一〕是以蟋蟀、山樞之人，並刺國君，諷以太康馳驅之節。〔二〕夫樂而不荒，憂而不困，〔三〕先王所以平和府藏，頤養精神，致之無疆。〔四〕故戛擊鳴球，載於虞謨；吉日車攻，序於周詩。〔五〕聖主賢君，以增盛美，豈徒為奢淫而已哉！伏見元年已來，遭值戹運，〔六〕陛下戒懼災異，躬自菲薄，荒弃禁苑，廢弛樂懸，勤憂潛思，十有餘年，以過禮數。重以皇太后體唐堯親九族篤睦之德，陛下履有虞烝烝之孝，外舍諸家，每有憂疾，聖恩普勞，遣使交錯，稀有

曠絕。時時寧息，又無以自娛樂，殆非所以逢迎太和，裨助萬福也。臣愚以為雖尙頗有蝗蟲，今年五月以來，雨露時澍，祥應將至。方涉冬節，農事閒隙，宜幸廣成，覽原隰，觀宿麥，〔勸〕收藏，因講武校獵，使寮庶百姓，復覩羽旄之美，聞鐘鼓之音，歡嬉喜樂，鼓舞疆畔，〔七〕以迎和氣，招致休慶。小臣螻蟻，不勝區區。職在書籍，謹依舊文，重述蒐狩之義，作頌一篇，并封上。淺陋鄙薄，不足觀省。

〔一〕界猶限也。

〔二〕詩國風序曰：「蟋蟀，刺晉僖公也。儉不中禮。」其詩曰：「無已太康，職思其居。」毛萇注云：「已，甚也。」鄭箋云：「君雖當自樂，亦無甚太樂，欲其用禮以為節也。」又序曰：「山有樞，刺晉昭公也。有才不能用。」其詩曰：「子有車馬，弗馳弗驅。宛其死矣，佗人是愉。」言僖公以太康貽戒，昭公以不能馳驅被譏，言文武之道須折衷也。樞音謳。

〔三〕左傳曰，吳季札聘於魯，魯為之歌頌。季札曰：「樂而不荒。」為之歌衞。曰：「憂而不困。」

〔四〕韓詩外傳曰：「人有五藏六府。何謂五藏？精藏於腎，神藏於心，魂藏於肝，魄藏於肺，志藏於脾，此之謂五藏也。何謂六府？咽喉者，量腸之府也；胃者，五穀之府也；大腸者，轉輸之府也；小腸者，受成之府也；膽者，積精之府也；旁光者，湊液之府也。」詩曰：「天生蒸民，有物有則。」

〔五〕戛，敔也，音古八反。形如伏獸，背上有二十七刻，以木長尺櫟之，所以止樂。擊，柷也，象桶，中有椎柄，連底搖之，所以作樂。見三禮圖。球，玉磬也。虞謨，舜典也。詩小雅曰：「吉日維戊，既伯既禱。田車既好，四牡孔阜。」又曰：「我車既攻，我馬既同。」

〔六〕元年謂安帝即位年也。戹運謂地震、大水、雨雹之類。

〔七〕孟子對齊宣王曰：「今王（鼓）鼓樂於此，百姓聞王鍾鼓之聲，舉欣欣然有喜色而相告曰：『吾王庶幾無疾病歟？何以能鼓樂也！』今王田獵於此，百姓見羽旄之美，欣欣有喜色而相告曰：『吾王庶幾無疾病歟？何以能田獵也？』此無佗，與人同樂也。」

臣聞昔命師於鞬櫜，偃伯於靈臺，或人嘉而稱焉。〔一〕彼固未識夫雷霆之為天常，金革之作昏明也。〔二〕自黃炎之前，傳道罔記；三五以來，越可略聞。且區區之酆郊，猶廓七十里之囿，盛春秋之苗。〔三〕詩詠（囿）〔圃〕草，樂奏騶虞。〔四〕是以大漢之初基也，宅茲天邑，總風雨之會，交陰陽之和。〔五〕揆厥靈囿，營于南郊。〔六〕徒觀其坰場區宇，恢胎曠蕩，藐夐勿罔，寥豁鬱泱，〔七〕騁望千里，天與地莽。於是周阹環瀆，右矕三塗，左槩嵩嶽，〔八〕面據衡陰，箕背王屋，浸以波、溠，貪以滎、洛。〔九〕金山、石林，殷起乎其中，峨峨磑磑，鏘鏘雌雌，隆穹槃回，嵎峗錯崔。〔一〇〕神泉側出，丹水涅池，怪石浮磬，燿焜于其陂。〔一一〕其土毛則搉牧薦草，芳茹甘荼，〔一二〕茈萁、芸蒩，昌本、深蒲，〔一三〕芝荋、堇、荁，蘘荷、芋渠，〔一四〕桂荏、鳧葵，格、韭、菹、于。〔一五〕其植物則玄林包竹，藩陵蔽京，珍林嘉樹，建木叢生，〔一六〕椿、梧、栝、柏，柜、柳、楓、楊，〔一七〕豐彤對蔚，崟頟槮爽。〔一八〕翕習

春風，含津吐榮，鋪于布濩，蓷扈蘳熒，惡可殫形。〔一九〕

〔一〕鞬以藏箭，櫜以藏弓。鞬音紀言反。櫜音高。禮記孔子曰：「武王剋殷，倒載干戈，包以獸皮，名之曰建櫜。」鄭注云「建讀爲鞬」，音其蹇反，謂藏閉之也，此馬鄭異義。司馬法曰：「古者武軍三年不興，則凱樂凱歌，偃伯靈臺，荅人之勞，告不興也。」偃，休也。伯謂師節也。靈臺，望氣之臺也。

〔二〕左傳鄭子太叔曰：「爲刑罰威獄，以類天之震燿殺戮。」杜注曰：「雷霆震燿，天之威也。聖人作刑獄以象類之。」又宋子罕曰：「兵之設久矣，所以威不軌而昭文德也。聖人以興，亂人以廢，廢興存亡昏明之術，皆兵之由也。」

〔三〕酆，周文王所都。孟子曰：「文王之囿方七十里。」爾雅曰：「春獵爲蒐，夏曰苗，秋曰獮，冬曰狩。」

〔四〕韓詩曰：「東有(囿)〔圃〕草，駕言行狩。」毛詩曰：「彼茁者葭，一發五豝，于嗟乎騶虞。」毛萇注云：「騶虞，義獸也，白虎黑文，不食生物。有至信之德則應之。」周禮大司樂：「王大射則奏騶虞。」

〔五〕周禮曰：「風雨之所會也，陰陽之所和也，乃建王國焉。」天邑謂洛陽也。

〔六〕揆，度也。詩大雅曰：「王在靈囿。」言作廣成苑以比之。

〔七〕蘱音眇，泱音烏朗反，並廣大貌。

〔八〕陆音欺於反。上林賦曰：「江河爲陆。」郭璞注曰：「因山谷遮禽獸曰陆。」廣雅曰：「矕，視也。」音馬板反。三塗，山名，在陸渾縣西南。

〔九〕衡陰，衡山之北。山海經曰：「雉山，澧水出焉。東曰衡山，多青(䨼)〔雘〕。」地里志云：「雉縣衡山，澧水所出。」在今鄧州向城縣北。王屋，山，在今王屋縣北。周禮曰：「豫州，其浸波、溠，其川滎、洛。」水經注云「溠水出黃山」。在今隨州棗陽縣東北。又云「波水出歇馬嶺」，卽應劭所謂孤山波水所出者。在今汝州魯山西北。滎水在

滎陽縣東是也。

〔一〇〕金山，金門山也。水經注云在澠池縣南。石林，大石山也，一名萬安山，在河南郡境，(潭)〔譚〕云「洛陽縣南大石山中有雜樹木，有祠名大石祠，山高二百丈」也。殷音於謹反，磑音五來反，崔音徂回反，嵎音隅，嵬音魚軌反，並高峻皃。

〔一一〕爾雅曰：「(氿)〔氿〕泉穴出。穴出，側出也。」丹水、涅水在今鄧州。怪石，怪異好石似玉者。浮磬，若泗水中石，可以爲磬也。燿焜，光也。

〔一二〕毛，草也。左傳云楚芋尹無宇曰：「食土之毛，誰非君臣？」摧，相傳音角。摧牧，未詳。莊子曰：「麋鹿食薦。」一曰，草稠曰薦。茹，菜也。爾雅曰：「荼，苦菜也。」詩曰：「菫荼如飴。」飴亦甘也。

〔一三〕茈音紫。萁音其。爾雅曰：「綦，月爾。」郭璞注曰：「卽紫綦也，似蕨可食。」芸，香草也。說文云：「似苜蓿。」蒩音資都反。廣雅曰：「蒩，葅也。其根似茅根，可食。」昌本，昌蒲根也。深蒲謂蒲白生深水之中。

〔一四〕芝荋，草也。禮記曰：「芝栭蔆椇。」荋音而。菫，菜，花紫，葉可食而滑。萱音戶官反。禮記曰：「菫萱枌榆。」鄭注云：「萱，菫類也。」蘘荷，苗似薑，根色紅紫似芙蓉，可食。芋渠卽芋魁也，一名蹲鴟，大葉，根可食也。

〔一五〕爾雅曰：「蘇，桂荏。」方言曰：「蘇亦荏也。」爾雅曰：「茆，鳧葵。」葉圓似蓴，生水中，今俗名水葵。爾雅曰：「茖，山葱。」格與茖古字通。蒩音子閭反，卽巴苴，一名芭蕉。于，軒于也，一名蕕，生於水中(矣)〔涘〕。

〔一六〕玄猶幽也。包，叢生也。爾雅曰：「大阜曰陵，絕高曰京。」藩亦蔽也。建木，長木也。

〔一七〕並木名也。柜音矩。楊，叶韻音以征反。

〔一八〕並林木貌也。對音徒對反。崟音吟。槮音所金反。爽，叶韻音生。

〔一九〕鋪音敷。蓷音以揆反。郭璞注爾雅云：「草木花初出爲笋。」與蓷通，其字從「唯」，本作從「荏」者，誤也。扈音戶。蘳音胡瓦反，字從「圭」，並花葉貌。本或作(蘳)〔蘳〕。說文云：「蘳，黃花也。」廣雅曰：「好色也。」熒，光也。惡，何也，音烏。

至于陽月，陰慝害作，百草畢落，林衡戒田，焚萊柞木。〔一〕然後舉天網，頓八紘，揫斂九藪之動物，繯橐四野之飛征。〔二〕鳩之乎茲囿之中，山敦雲移，羣鳴膠膠，鄙騃譟讙，子野聽聳，離朱目眩，隸首策亂，陳子籌昏。〔三〕於時營圍恢廓，充斥川谷，罦罝羅羉，彌綸阬澤，皋牢陵山。〔四〕校隊案部，前後有屯，甲乙相伍，戊己爲堅。〔五〕

〔一〕爾雅曰：「十月爲陽。」孫炎注曰：「純陰用事，嫌於無陽，故以名云。」左傳曰：「唯正月之朔，慝未作。」杜注云：「慝，陰氣也。害作言陰氣肅殺，害於百草也。」周禮曰：「林衡掌巡林麓之禁令。」又曰：「牧師掌牧地，凡田事贊焚萊。」除草也。柞音士雅反，邪斫木也。周禮：「柞氏掌攻草木及林麓。」

〔二〕揫，聚也，音子由反。周禮職方氏掌九藪：楊州具區，荆州雲夢，豫州圃田，青州孟諸，兗州大野，雍州弦蒲，幽州䜌養，冀州楊紆，并州昭余祁。鄭玄注云：「澤無水曰藪。」動物謂禽獸也。繯音胡犬反，又胡串反。說文曰：「繯，落也。」國語曰：「繯於山有罕。」賈逵注云：「繯，還也。」橐，囊也，音託。四野，四方之野。飛征，飛走也。

〔三〕鳩，聚也。敦音屯，亦積聚也。鄙騃，獸奮迅貌也。鄙音普美反，騃音俟。韓詩曰：「駓駓俟俟，或羣或友。」眩，亂也，叶韻音玄。隸首，黃帝時善筭者也。陳子，陳平，善於籌策也。昏，亂也。言禽獸多不可筭計。

〔四〕罦音浮，雉網也。罝，兔罟也。羉，彘網也，音力官反。並見爾雅。阬音苦庚反。蒼頡篇曰：「阬，壑也。」皋牢猶

牢籠也。孫卿子曰「皋牢天下而制之，若制子孫」也。諸本有作牢柵者，非也。

〔五〕周禮司馬職曰：「前後有屯。」甲乙謂相次也。伍，伍長也。戊己居中爲中堅也。

乘輿乃以吉月之陽朔，登于疏鏤之金路，六驌驦之玄龍，建雄虹之旌夏，揭鳴鳶之脩橦。〔一〕曳長庚之飛髾，載日月之太常，棲招搖與玄弋，注枉矢於天狼。〔二〕羽毛紛其髟鼬，揚金鑾而拖玉瓖。〔三〕屯田車於平原，播同徒於高岡，旃旝摻其如林，錯五色以擿光。〔四〕清氛埃，埽野場，誓六師，搜儁良。〔五〕司徒勒卒，司馬平行，車攻馬同，教達戒通。〔六〕伐咎鼓，撞華鍾，獵徒縱，赴榛叢。〔七〕徽嫿霍奕，別鶩分奔，騷擾聿皇，往來交舛，紛紛回回，南北東西。〔八〕風行雲轉，匈磕隱訇，黃塵勃滃，闇若霧昏。〔九〕日月爲之籠光，列宿爲之翳昧，僄狡課才，勁勇程氣。〔一〇〕狗馬角逐，鷹鸇競鷙，驍騎旁佐，輕車橫厲，相與陸梁，聿皇于中原。絹猥蹶，鏦特肩，脰完羝，撝介鮮，散毛族，梏羽羣。〔一一〕然後飛鋋電激，流矢雨墜，各指所質，不期俱殪，竄伏扔輪，發作梧轊。〔一二〕祋殳狂擊，頭陷顱碎，獸不得猭，禽不得瞥。〔一三〕或夷由未殊，顚狽頓躓，蝡蝡蟫蟫，充衢塞隧，葩華𦵔布，不可勝計。〔一四〕

〔一〕陽朔，十月朔也。疏鏤謂雕鏤也。周遷輿服雜記曰：「玉路，重(較)〔輅〕也。金路、玉路形制如一。六，駕六馬也。」續漢志曰：「天子五路，駕六馬。」驌驦，馬名。左傳云，唐成公有兩驌驦馬。周禮曰：「馬高八尺曰龍。」禮

記曰：「孟冬，乘玄輅，駕鐵驪。」今此亦順冬氣而乘玄也。郭璞注爾雅云：「虹雙出色鮮盛者爲雄。」左傳云：「舞師題以旌夏。」杜預注云：「旌夏，大旌也。」揭，舉也，音渠列反。禮記曰：「前有塵埃，則載鳴鳶。」鳶，鴟也，音緣。鳴則風動，故畫之於旌旗以候埃塵也。橦者，旗之竿也，音直江反。

〔二〕長庚即太白星。旓音所交反，即旌旗所垂之羽毛也。太常，天子所建大旗也，畫之日月。周禮云：「日月爲常。」招搖、玄弋、天狼，並星名也。枉矢，妖星，蛇行有尾目，（赤）〔亦〕畫於旌旗也。

〔三〕髟颺，羽旄飛揚皃也。髟音必由反。颺音羊救反。蔡邕獨斷曰：「金鍐者，馬冠也，高廣各四寸，在馬鬣前。」鍐音無犯反，一音子公反。瓔，馬帶以玉飾之，音嬰。

〔四〕詩小雅曰：「我車既好。」又曰：「射夫既同。」言徒衆齊同也。旝亦旃也，音古會反。左傳曰：「旝動而鼓。」摻音所金反，與「森」字同。

〔五〕野場謂除其草萊，令得驅馳也。左傳曰：「天子六軍。」儁良，馬之善者。

〔六〕周禮曰：「司徒若將有軍旅、會同，田役之戒，則受法于司馬，以作其衆。」又曰：「司馬狩田，以旌爲左右和之門。前後有屯，百步有司，巡其前後。」鄭注云：「正其士之行列。」詩小雅曰：「我車既攻，我馬既同。」毛萇注曰：「攻，堅也。同，齊也。戎事齊力，尚強也。田獵齊足，尚疾也。」

〔七〕咎鼓，大鼓也，音公刀反。周禮：「鼛鼓長尋有四尺。」

〔八〕㸌音呼獲反，並奔馳貌。

〔九〕磕音苦蓋反，訇音火宏反，並聲也。滃音烏董反。

〔一〇〕僄狡，勇捷。僄音匹妙反。

〔一一〕絹，繫也，與罥通，音工犬反。猑蹏，野馬也。爾雅曰：「猑蹏趼，善升甗。」猑音昆。鏦猶撞也。楊雄方言曰：「吳楚之閒，或謂矛爲鏦。」音楚江反。韓詩齊風曰：「並驅從兩肩兮。」薛君傳曰：「獸三歲曰肩。」脰，頸也，謂中其頸也。脰音豆。完羝，野羊也。臣賢案：字書作「羦」，音戶官反，與「完」通。梏，諸家並古酷反。案字書「梏」從「手」，即古文「攪」字，謂攪擾也。

〔一二〕鋋，矛也，音市延反。周禮曰：「王弓以授射甲革、椹質者。」鄭注云：「質，正也。」正音征。扔音人證反。聲類曰：「扔，摧也。」言爲輪所摧也。梧，支梧也，音悟。謂支著車也。轊，車軸頭也，音衞，謂車軸轢而殺之。

〔一三〕祋亦殳也，音丁外反。顱，頟也，音盧。猭，走也，音丑戀反。瞥，視也，叶韻音疋例反。殳音殊。

〔一四〕夷由，不行也。楚詞曰：「君不行兮夷由。」未殊謂未死。蝡音而兗反。說文曰：「動也。」蟫音似林反，亦動貌也。

若夫鷙獸毅蟲，倨牙黔口，大匈哨後，緼巡歐紆，負隅依阻，莫敢嬰禦。〔一〕乃使鄭叔、晉婦之徒，睽孤刲刺，裸裎袒裼。〔二〕冒檿柘，槎棘枳，窮浚谷，底幽嶰，暴斥虎，搏狂兕，獄黳熊，抾封狶。〔三〕或輕訬趬悍，廋疏嶁領，犯歷嵩巒，陵喬松，履脩樠，踔𡠞枝，杪標端，尾蒼蜼，掎玄猨，木產盡，寓屬單。〔四〕罕罔合部，罾弋同曲，類行並驅，星布麗屬，曹伍相保，各有分局。〔五〕矰碆飛流，纖羅絡縸，遊雉羣驚，晨鳧輩作，翬然雲起，霅爾雹落。〔六〕

〔一〕爾雅曰：「駮如馬，倨牙食虎豹。」黔，黑也。周禮考工記曰：「大匈，燿後，有力而不能走。」鄭玄注曰：「燿，讀曰哨。」哨，小也，音稍。緼巡，並行貌也。緼音於粉反。孟子曰：「有衆逐虎，虎負隅，莫之敢攖。」攖，迫也。禦，扞也。

〔二〕鄭叔，鄭莊公弟太叔段也。詩鄭風曰：「太叔于田，乘乘馬，襢裼暴虎，獻于公所。」孟子曰：「晉人有馮婦者，善搏虎，攘臂下車，衆皆悅之。」睽，離也。孤，獨也。謂挺身刺獸。刲亦刺也，音苦圭反。爾雅曰：「袒裼，肉袒也。」孟子曰：「袒裼裸裎於我側。」說文曰：「裎，（袒）〔裸〕也。」其字從「衣」。

〔三〕爾雅曰：「檿，山桑也。」音一染反。槎，斫也，音仕雅反。嶰謂山澗也。蒼頡篇曰「斥，大也」。獝亦狂也，音吉臾反。說文曰：「兕，似野牛而青色。」抾音劫，古字通。封，大也。狶，猪也，虛起反。

〔四〕訬，輕捷也，音初稍反。趬音丘昭反。說文曰：「趬，行輕貌。」廋疏猶搜索也。廋音所由反。字林曰：「嶁，山顚也」，音力于反。爾雅曰：「山大而高曰嵩，山小而高銳曰巒。」樠音莫寒反。踔，跳也，音敕教反。𡠞音尋，謂長枝也。杪音亡小反，標音必遙反，並木末也。蜼音以藥反。爾雅曰：「蜼，卬鼻而長尾。」郭璞注曰：「似獼猴而大，黃黑色，尾長數尺，末有兩歧，雨則自懸於樹，以尾塞鼻。」零陵、南康人呼之音「餘」，建平人呼之音「相贈遺」之「遺」也，又音余救反，皆土俗輕重不同耳。掎音居蟻反。說文曰：「偏引一足也。」木產謂巢栖之類也。寓屬謂穴居之屬也。

〔五〕罕亦網也。相如上林賦曰：「載雲罕。」續漢志曰：「將軍有部，部下有曲。」罾，魚網也，音增。弋，繳射也。分音扶問反。

〔六〕矰，弋矢也。碆與磻同，音補何反，又補佐反。說文曰：「以石著隿繳也。」絡縸，張羅貌也。縸與幕通。翬，飛也，音揮。霅音素洽反。廣雅曰：「霅，雨也。」言鳥中繳如雹之落。

爾乃藐觀高蹈，改乘回轅，泝恢方，撫馮夷，策句芒，超荒忽，出重陽，厲雲漢，橫天

潢。〔一〕導鬼區，徑神場，詔靈保，召方相，驅厲疫，走蜮祥。〔二〕捎罔兩，拂游光，枷天狗，緤墳羊。〔三〕然後緩節舒容，裴回安步，降集波籞，川衡澤虞，矢魚陳罟。〔四〕茲飛、宿沙，田開、古蠱，〔五〕翬終葵，揚關斧，刊重冰，撥蟄戶，測潛鱗，踵介旅。〔六〕逆獵湍瀨，濟薄汾橈，淪滅潭淵，左挈夔龍，右提蛟鼉，春獻王鮪，夏薦鼈黿。〔七〕於是流覽徧照，殫變極態，上下究竟，山谷蕭條，原野嵺愀，上無飛鳥，下無走獸，虞人植旍，獵者效具，車弊田罷，旋入禁囿。〔八〕棲遲乎昭明之觀，休息乎高光之榭，以臨乎宏池。〔九〕鎮以瑤臺，純以金堤，樹以蒲柳，被以綠莎，瀇瀁沆漭，錯紾槃委，天地虹洞，固無端涯，大明生東，月朔西陂。〔一〇〕乃命壺涿，驅水蠱，逐罔、螭，滅短狐，犗鯨、鯢。〔一一〕然後方餘皇，連舼舟，張雲帆，施蜺幬，靡颸風，陵迅流，發櫂歌，縱水謳，淫魚出，蓍蔡浮，湘靈下，漢女游。〔一二〕水禽鴻鵠，鴛鴦、鷗、鷖，鶬鴰、鸕、鶂，鷺、鴈、鷿鷉，乃安斯寢，戢翮其涯。〔一三〕魴、鱮、鱣、鯿，鰋、鯉、鰽、魦，樂我純德，騰踊相隨，雖靈沼之白鳥，孟津之躍魚，方斯蔑矣。〔一四〕然猶詠歌於伶蕭，載陳於方策，豈不哀哉！〔一五〕

〔一〕藐，遠也，音名小反。田獵既罷，故改乘回轅也。左傳曰：「改乘轅而北之。」泝，上也。恢，大也。馮夷，河伯也。句芒，東方之神也。荒忽，幽遠也。重陽，天也。雲漢，天河也。天潢，星也。

〔二〕靈保，神巫也。楚辭九歌曰「思靈保兮賢姱」。周禮：「方相氏掌執戈揚楯，帥百隸以毆疫。」洪範五行傳曰：「蜮，

射人，生於南越，謂之短狐。」詩蟲魚疏曰「一名射景，如鼈三足，今俗謂之水弩」也。

〔三〕捎音所交反。鄭玄注周禮曰「捎，除也」。國語曰：「木石之怪曰夔、罔兩。」游光，神也，兄弟八人。天狗，星名也。春秋元命包曰：「天狗主守財。」紲，繫也，音息列反。墳羊，土之怪，其形似羊。見家語。

〔四〕波籞，池籞也。前書音義曰：「籞，在池中作室，可用棲鳥，入則捕之。」又曰「折竹以繩綿連，禁禦使人不得往來」也。周禮「川衡，掌川澤之禁令。澤虞，掌國澤之政令」也。左傳曰：「魯隱公矢魚于棠。」矢亦陳也。國語曰：「魯宣公夏濫罟於泗川，里革斷其罟而弃之，曰：『古者大寒降，水虞於是登川禽而嘗之於廟，行諸國助宣氣也。今魚方孕，又行罟，貪無藝也。』公曰：『吾之過也。』」籞音禦。

〔五〕音冶。

〔六〕兹飛即佽飛也。呂氏春秋曰：「荆人佽飛，涉江中流，兩蛟繞其船。佽飛拔劍赴江，刺蛟殺之。」魯連子曰：「古善漁者宿沙渠子，使漁山側，雖十宿沙子不得魚焉。宿沙非暗於漁道也，彼山者非魚之所生也。」晏子春秋曰：「公孫捷、田開彊、古冶子事景公以勇，晏子勸景公餽之二桃，曰：『計功而食之。』公孫捷〔曰〕：『〔捷〕持楯而再搏乳虎，若捷之功，可以食桃。』田開彊曰：『吾仗兵而卻三軍者再，可以食桃。』古冶子曰：『吾嘗濟河，黿銜左驂以入砥柱之流，吾逆而百步，順流九里，得黿頭，鶴躍而出，可以食桃矣。』二子皆反其桃，契領而死。古冶子曰：『二子死之，吾獨生，不仁。』亦契領而死。」「蠱」與「冶」通。彈亦揮也。廣雅曰：「終葵，椎也。」關斧，斧名也。刊，除也。踵猶躡也。介謂鱗蟲之屬也。旅，衆也。

〔七〕淜音蒲良反；橈，奴教反：並入水皃也。淪滅謂沒於水中也。鱏音壇。鮪，鱣屬也，大者爲王鮪，小者爲叔鮪。禮記「季春之月，天子始乘舟，薦鮪於寢廟。季夏之月，令漁師取黿」也。

〔八〕流覽謂周流觀覽也。周禮曰：「植虞旌以屬禽。」鄭注曰：「植猶樹也。田上樹旗，令獲者皆致其禽也。」又曰：「車弊獻禽以享礿。」注曰：「車弊，車止也。」憀音力救反，愀音七救反，亦蕭條皃也。

〔九〕宏，大也。

〔一〇〕純，緣也，音之尹反。蒲亦柳也。滉音胡廣反，瀁音養，沆音胡朗反，漭音莽，並水皃也。錯紾，交結也。紾音之忍反。委音於危反。虹洞，相連也。虹音胡貢反。朔，生也。禮記曰：「大明生於東，月生於西。」鄭注曰：「大明，日也。」言池水廣大，日月出於其中也。

〔一一〕周禮：「壺涿氏掌除水蟲。」涿音丁角反。蠱音公戶反。罔謂罔兩也。蟂，龍(也)〔屬〕。短狐即蜮也。簎音七亦反。說文曰：「刺也。」周禮：「鼈人掌以時簎魚鼈龜蜃。」鄭衆注云：「簎謂以杖刺泥中搏取之。」

〔一二〕方猶並也。餘皇，吳之船名也。見左傳。艓，小舟也，音渠恭反。淮南子曰：「越艓、蜀艇，不能無水而浮。」帆音凡。幬，帳也，音直由反。飂，疾風也，音楚癡反。武帝秋風詞曰：「簫鼓鳴兮發櫂歌。」劉向列女傳曰：「津吏之女，中流奏河激之歌。」韓詩外傳曰：「瓠巴鼓琴，淫魚出聽。」淮南子曰：「上有叢蓍，下有伏龜。」論語曰：「臧文仲居蔡。」注云：「龜出蔡地，故以爲名也。」湘靈，舜妃，溺於湘水，爲湘夫人也。見楚詞。漢女，漢水之神〔女〕。詩云：「漢有游女。」

〔一三〕鴛鴦，匹鳥也。鵾，白鵾也。鸛，梟屬也。爾雅曰「鶬，麋鴰」。今謂之鴰鹿也。鴰音括。鸕，鸕鷀也。楊孚異物志云：「能沒於深水，取魚而食之，不生卵而孕雛於池澤閒，既胎而又吐生，多者生八九，少生五六，相連而出，若絲緒焉。水鳥而巢高樹之上。」鵠，白鵠也。鷺，白鷺也。鸊音步歷反。鷉音梯。楊雄方言曰：「(白)〔野〕鳧也，甚小，好沒水中，膏可以瑩刀劍。」寢，宿也。詩曰：「乃安斯寢。」涯，水濱也。

〔一四〕鱮音緒，似魴而弱鱗。鱏音徐林反，口在頷下，大者長七八尺。鯿音卑連反，魴之類也。鰋音偃，今鰋額白魚(鯉)〔也〕。鱨音嘗，詩蟲魚疏曰「今黃頰魚」也。魦音沙，或作「鯊」。郭義恭廣志曰：「吹沙魚，大如指，沙中行。」詩大雅曰：「王在靈沼，於牣魚躍。」鄭玄注云：「靈沼之水，魚盈滿其中也，皆以跳躍。」又曰：「白鳥翯翯。」翯，肥澤也。翯音學。言並得其所也。尚書中候曰「武王度孟津，白魚躍入于王舟中」也。

〔一五〕伶，樂官也。詩國風序曰：「衞之賢者，仕於伶官。」禮記曰：「文武之道，布在方策。」又曰：「百名以上，書之於策，不滿百名，書之於方。」鄭注云：「方，板也。」

於是宗廟既享，庖廚既充，車徒既簡，器械既攻。〔一〕然後擺牲班禽，淤賜犒功，羣師疊伍，伯校千重，山罍常滿，房俎無空。〔二〕酒正案隊，膳夫巡行，清醪車湊，燔炙騎將，鼓駭舉爵，鍾鳴既觴。〔三〕若乃陽阿衰斐之晉制，闡鼃華羽之南音，〔四〕所以洞蕩匈臆，發明耳目，疏越蘊慉，駭恫底伏，〔五〕鍠鍠鎗鎗，奏于農郊大路之衢，與百姓樂之。〔六〕是以明德曜乎中夏，威靈暢乎四荒，東鄰浮巨海而入享，西旅越葱領而來王，南徼因九譯而致貢，朔狄屬象胥而來同。〔七〕蓋安不忘危，治不忘亂，道在乎兹，斯固帝王之所以曜神武而折遐衝者也。〔八〕

〔一〕禮記曰：「天子歲三田，一爲乾豆，二爲賓客，三爲充君之庖。」

〔二〕廣雅曰：「捭，開也。」字書：「擺亦捭字也，音補買反。」班固西都賦曰：「置互擺牲。」班，布也。淤與飫同。左傳曰：「加膳則飫賜。」犒，勞也。山罍，畫爲山文。禮記曰：「山罍，夏后氏之樽也。」又曰：「周以房俎。」鄭玄注云：

「房謂足下跗也，有似於堂房矣。」

〔三〕周禮「酒正，中士，辯五齊之名，三酒之物。膳夫，上士，掌王之食飲膳羞」。說文曰：「醪，汁滓酒也。」大雅曰：「或燔或炙。」將，行也。既，盡也。流俗本「將」字作「爓」，「既」字作「暨」，皆誤也。

〔四〕淮南子曰：「歌采菱，發陽阿。」禮記曰：「嘽諧慢易之音作而人康樂。」鶡冠子曰：「南方萬物華羽焉，故以調羽也。」

〔五〕越，散也。蘊慉猶積聚也。慉與畜通。恫音洞。底伏猶滯伏也。呂氏春秋曰：「昔陰康氏之始，陰多滯伏湛積，故作爲舞以宣導之。」此言作樂，亦以疏散滯伏之象。

〔六〕鍠鍠鎗鎗，鍾鼓之聲也。鍠音橫。鎗音測庚反。孟子謂齊(宜)〔宣〕王曰：「今王與百姓同其樂則王矣。」農郊，田野也。

〔七〕入享謂來助祭也。孔安國注尚書曰：「西旅，西戎遠國也。」葱領，西域山也。西河舊事曰：「嶺上多葱，因以名焉。」徼，塞之道也。九譯爲九重譯語而通中國也。尚書大傳曰：「周成王時，越裳氏重九譯而貢白雉。」朔狄，北狄也。周禮：「象胥掌蠻、夷、戎、狄之國，使傳王之言而諭說焉，以和親之。」鄭注云：「通夷狄之言者曰象胥，其有才智者也。此類之本名，東方曰寄，南方曰象，西方曰狄鞮，北方曰譯。此官正爲象者，周始有南越重譯來貢獻，是以名通言語之官爲象胥。」胥音諝。

〔八〕晏子春秋曰：「晉平公欲攻齊，使范昭觀焉。景公觴之。范昭曰：『願請君之弃酌。』景公曰：『諾。』范昭已飲，晏子命徹尊更之。范昭歸，以報晉平公曰：『齊未可伐也，吾欲慙其君而晏子知之。』仲尼聞之曰：『起於尊俎之閒，而折衝千里之外。』」

方今大漢收功於道德之林，致獲於仁義之淵，忽蒐狩之禮，闕槃虞之佃。〔一〕闇昧不覩日月之光，聾昏不聞雷霆之震，于今十二年，爲日久矣。亦方將刊禁臺之秘藏，發天府之官常，由質要之故業，率典刑之舊章。〔二〕采清原，嘉岐陽，登俊桀，命賢良，舉淹滯，拔幽荒。〔三〕察淫侈之華譽，顧介特之實功，聘畎畝之羣雅，宗重淵之潛龍。〔四〕乃儲精山藪，歷思河澤，目矚鼎俎，耳聽康衢，營傅說於胥靡，求伊尹於庖廚，索膠鬲於魚鹽，聽甯戚於大車。〔五〕俾之昌言而宏議，軼越三家，馳騁五帝，悉覽休祥，總括羣瑞。〔六〕遂棲鳳皇於高梧，宿麒麟於西園，納僬僥之珍羽，受王母之白環。〔七〕永逍搖乎宇內，與二儀乎無疆，貳造化於后土，參神施於昊乾，超特達而無儔，煥巍巍而無原。〔八〕豐千億之子孫，歷萬載而永延。〔九〕禮樂既闋，北轅反旆，至自新城，背伊闕，反洛京。〔10〕

〔一〕槃，樂也。虞與娛同。

〔二〕周禮八法，四曰官常，以聽官理。天府掌祖廟之守藏，與其禁令，察羣吏之理。左傳云：「晉趙盾爲國，政由質要。」杜預注曰：「由，用也。質要，契券也。」刊音苦寒反。

〔三〕清原，地在河東聞喜縣北。左傳曰：「晉蒐于清原，作五軍。」又楚椒舉曰：「周武有孟津之誓，成有岐陽之蒐。」禮記月令：「孟夏，命太尉贊傑俊，遂賢良。」左傳楚平王「詰姦慝，舉淹滯」。杜預注云：「淹滯，有才德而未敍者也。」

〔四〕華譽，虛譽也。介特謂孤介特立也。畎畝謂隱於隴畝之中也。司馬相如上林賦曰：「掩羣雅。」音義云：「謂大雅、小雅之人也。」潛龍，喻賢人隱也。

〔五〕矚，視也，音所解反。鼎俎謂伊尹負鼎以干湯也。墨子曰：「湯舉伊尹於庖廚之中。」康衢謂甯戚也。說苑曰：「甯戚飯牛於康衢，擊車輻而歌碩鼠。」傅說代胥靡刑人築於傅巖之野，高宗夢得之。孟子曰「膠鬲舉於魚鹽」也。

〔六〕俾，使也。昌，當也。宏，大也。前書楊雄曰：「宏言崇議。」軼，過也。三家，三皇也。

〔七〕韓詩外傳曰：「黃帝時鳳皇止帝東園，集帝梧桐，食帝竹實。」尚書中候曰：「黃帝時麒麟在園。」帝王紀曰「堯時僬僥氏來貢沒羽。西王母慕舜之德，來獻白環」也。

〔八〕論語孔子曰：「堯之爲君，煥乎其有文章，巍巍乎其有成功。」

〔九〕詩大雅曰「天錫百祿，子孫千億」也。

〔10〕闋，止也，音苦穴反。新城，縣，屬河南郡，今伊闕縣。

頌奏，忤鄧氏，滯於東觀，十年不得調。因兄子喪自劾歸。〔一〕太后聞之怒，謂融羞薄詔除，欲仕州郡，遂令禁錮之。〔二〕

〔一〕融集云，時兄忼子在融舍物故，融因是自劾而歸。

〔二〕融集云，時左將奏融（道）〔遭〕兄子喪，自劾而歸，離署當免官。制曰：「融典校秘書，不推忠盡節，而羞薄詔除，希望欲仕州郡，免官勿罪。」禁錮六年矣。

太后崩，安帝親政，召還郎署，復在講部。出爲河閒王廄長史。時車駕東巡岱宗，〔一〕融上東巡頌，帝奇其文，召拜郎中。及北鄉侯即位，融移病去，爲郡功曹。

〔一〕延光三年。

陽嘉二年，詔舉敦樸，城門校尉岑起舉融，徵詣公車，對策，拜議郎。〔一〕大將軍梁商表爲從事中郎，轉武都太守。時西羌反叛，征西將軍馬賢與護羌校尉胡疇征之，而稽久不進。融知其將敗，上疏乞自効，曰：「今雜種諸羌轉相鈔盜，宜及其未并，亟遣深入，破其支黨，而馬賢等處處留滯。羌胡百里望塵，千里聽聲，今逃匿避回，漏出其後，則必侵寇三輔，爲民大害。臣願請賢所不可用關東兵五千，裁假部隊之號，盡力率厲，埋根行首，以先吏士，〔二〕三旬之中，必克破之。臣少習學蓺，不更武職，猥陳此言，必受誣罔之辜。昔毛遂廝養，爲衆所蚩，終以一言，克定從要。〔三〕臣懼賢等專守一城，言攻於西而羌出於東，且其將士必有高克潰叛之變。」〔四〕朝廷不能用。又陳：「星孛參、畢，參西方之宿，畢爲邊兵，至於分野，并州是也。〔五〕西戎北狄，殆將起乎！宜備二方。」尋而隴西羌反，烏桓寇上郡，皆卒如融言。

〔一〕續漢書曰，融對策於北宮端門。

〔二〕埋根言不退。

〔三〕毛遂，趙平原君趙勝客也。居門下三年。時平原將與楚合從，以毛遂備二十人數，其十九人相與笑之。比至楚，毛遂果按劒與楚定從，楚立發兵救趙。事見史記。廝養，賤人也。

〔四〕左傳曰，鄭使高克率師次於河上，久而不召，師潰而歸，高克奔陳。

〔五〕參在申，爲晉分，并州之地。

三遷，桓帝時爲南郡太守。先是融有事忤大將軍梁冀旨，冀諷有司奏融在郡貪濁，免官，髡徙朔方。自刺不殊，得赦還，復拜議郎，重在東觀著述，以病去官。

融才高博洽，爲世通儒，教養諸生，常有千數。涿郡盧植，北海鄭玄，皆其徒也。善鼓琴，好吹笛，達生任性，不拘儒者之節。居宇器服，多存侈飾。常坐高堂，施絳紗帳，前授生徒，後列女樂，弟子以次相傳，鮮有入其室者。嘗欲訓左氏春秋，及見賈逵、鄭衆注，乃曰：「賈君精而不博，鄭君博而不精。既精既博，吾何加焉！」但著三傳異同說。注孝經、論語、詩、易、三禮、尚書、列女傳、老子、淮南子、離騷，所著賦、頌、碑、誄、書、記、表、奏、七言、琴歌、對策、遺令，凡二十一篇。

初，融懲於鄧氏，不敢復違忤埶家，遂爲梁冀草奏李固，又作大將軍西第頌，以此頗爲正直所羞。年八十八，延熹九年卒于家。遺令薄葬。族孫日磾，獻帝時位至太傅。〔一〕

〔一〕三輔決錄注：「日磾字翁叔。」

論曰：馬融辭命鄧氏，逡巡隴漢之閒，將有意於居貞乎？〔一〕既而羞曲士之節，惜不貲之軀，〔二〕終以奢樂恣性，黨附成譏，固知識能匡欲者鮮矣。〔三〕夫事苦，則矜全之情薄；生厚，故安存之慮深。〔四〕登高不懼者，胥靡之人也；〔五〕坐不垂堂者，千金之子也。〔六〕原其大略，歸於所安而已矣。物我異觀，亦更相笑也。

〔一〕隴漢之閒謂客於漢陽時。易屯卦初九曰：「磐桓利居貞。」
〔二〕莊子曰：「曲士不可語於道者，束於教也。」
〔三〕識，性也。匡，正也。
〔四〕老子曰：「人之輕死者，以其求生。生之厚也，是以輕死。」
〔五〕前書晉灼曰：「胥，相也。靡，隨也。謂相隨受刑之人也。」莊子曰：「胥靡登高(也)不懼，遺死生也。」此爲矜全之情薄也。
〔六〕前書鼂錯曰：「千金之子，坐不垂堂。」此爲安存之慮深也。

校勘記

一九七三頁一〇行　會羌虜颾起　按：「颾」原作「飆」，逕據汲本改。

一九七四頁三行　拜爲校書郎中　「校」原作「挍」，逕據汲本、殿本改。按：校挍本通作，然各本皆作「校」，且注文亦作「校」，故改。

一九七四頁七行　謝承(書)及續漢書　「承」原譌「丞」，逕改正。按：當作「謝承書及續漢書」，謂謝承後漢書及司馬彪續漢書也，今補「書」字。

一九七五頁三行　(勸)收藏　據汲本、殿本補。

一九七五頁三行　歡嬉喜樂　按：汲本、殿本「嬉」作「欣」。

一九七五頁八行　有才不能用　按：刊誤謂「才」當作「財」。

一九七六頁三行　今王(顔)鼓樂於此　據刊誤刪，與今本孟子合。

一九七六頁八行　詩詠(圃)〔圃〕草　據汲本改，注同。按：集解引錢大昕說，謂「圃」當從閩本作「圃」。詩「東有甫草」，鄭氏讀如「圃」。

一九七六頁一〇行　恢胎曠蕩　按：「恢」原作「烣」，俗體字，逕改正。下「營圍恢廓」同。

一九七六頁一〇行　寥豁鬱泱　按：「寥」原譌「寒」，逕據汲本、殿本改正。

一九七六頁一二行　左概嵩嶽　按：王念孫讀書雜志餘編謂「概」當作「枕」，字之誤也。水經汝水注、太平御覽地部引此，並作「左枕嵩嶽」。

一九七六頁一二行　箕背王屋　按：王念孫謂「箕背」當作「背箕」，與「面據」相對，箕讀爲基，基亦據也，言前據衡陰，後據王屋也。水經汝水注引此，正作「背基王屋」。

一九七六頁一三行　昌本深蒲　殿本「蒲」作「蒲」，注同。按：蒲蒲通。

一九七六頁一五行　豐彤對蔚　按：「彤」原作「彤」，逕依汲本、殿本改。

一九七七頁一五行　東曰衡山多青(臒)〔雘〕　按：引文見山海經中次八經。善丹曰臒，从丹；善青曰雘，从青。山海經凡言「青雘」，皆从青作「雘」，兹據改。

一九七七頁一七行　應劭　按：「劭」原譌「邵」，逕改正。

一九七八頁二行　(薄)〔簿〕云　據集解本改。按：張森楷謂簿卽河南十二縣簿，太平御覽屢引之。

一九七八頁五行　(氿)〔氿〕泉穴出　各本並誤，據爾雅改。

一九七八頁一三行　爾雅曰茆凫葵　按：「爾雅」當作「廣雅」。沈欽韓謂爾雅無此語，見廣雅釋草。

一九七八頁一四行　生於水中(矣)〔涘〕　據殿本改。

一九七九頁二行　本或作(難)〔鞋〕　據汲本改。按：汲本無「或」字。

一九七九頁五行　鄙駮諛讁　按：李慈銘謂「鄙」當作「駓」。注引韓詩「駓駓俟俟」，卽毛詩之「儦儦俟俟」也。

一九七九頁一三行　繯於山有罕　按：今國語齊語作「繯山於有牢」。

一九八〇頁四行　棲招搖與玄弋　按：沈欽韓謂「玄弋」當作「玄戈」。隋書天文志「玄戈一星，在招搖北」。新唐書兵志「武德三年更以關中富平道爲玄弋軍，軍置將副各一人」，皆取星文爲號。

一九八〇頁五行　揚金嫛而拖玉瓌　按：沈家本謂「嫛」當作「叜」。說文：「叜，㽞蓋也。」讀若范，大徐亡范切。注中之「無犯反」，卽大徐之「亡范切」，其音是矣。而又云「一云子公反」，蓋唐時已有誤作「嫛」者，故注家遂有此音而不知其非耳。

一九八〇頁九行　狗馬角逐　按：汲本「角」作「爭」。

一九八〇頁一二行　殺殳狂擊　按：「殺」原譌「袚」，逕改正。注同。

一九八〇頁一四行　玉路重(軑)〔輅〕也　據殿本改。

一九八一頁五行　蛇行有尾目(赤)〔亦〕晝於旌旗也　按：刊誤謂妖星但見尾目而已，又言其赤，非也。當作「蛇行有尾目，亦晝於旌旗也」。上文太常晝日月，故云「亦晝」也。今據改。

一九八一頁六行　高廣各四寸在馬鬣前　按：續書輿服志注引獨斷，「四寸」作「五寸」，「馬鬣」作「馬髦」。

一九八一頁八行　我車既好　刊誤謂「我」當作「田」。按：詩小雅車攻作「田」。

一九八二頁一行　狠踬趼　殿本「狠」作「騠」。按：今本爾雅作「騠」。

一九八二頁二行　獄巤熊　按：集解引錢大昕說，謂「巤」當作「獵」。

一九八二頁三行　杪標端　按：「標」原譌「摽」，逕改正。注同。

一九八三頁四行　裎(袒)〔裸〕也　據汲本、殿本改。

一九八四頁一行　導鬼區　按：刊誤謂「導」當作「道」。

一九六四頁七行　樹以蒱柳　汲本、殿本「蒱」作「蒲」，注同。按：蒲蒱通。

一九六四頁一三行　詠歌於伶蕭　按：汲本「蕭」作「簫」。

一九六四頁一五行　帥百隸以毆疫　按：「毆」原譌「歐」，逕改正。

一九六五頁二行　公孫捷〔曰捷〕持楯而再搏乳虎　據汲本補。按：宋本注無「曰捷」二字，故劉攽刊誤謂如下文，則此少「曰吾」二字。此「曰捷」二字疑毛子晉以意補之。張森楷校勘記謂據下二子皆曰「吾」，不自稱名，則捷亦不宜獨自稱名，劉謂少「曰吾」二字是也，未知子晉何從改作「捷」。

一九六六頁七行　蝺龍(也)〔屬〕　據汲本改。

一九六六頁一〇行　蕭鼓鳴兮　按：汲本「蕭」作「簫」。

一九六六頁一三行　漢水之神〔女〕　據汲本、殿本補。

一九六六頁一四行　鷗白鷗也　按：汲本「白鷗」作「白鷳」。

一九六六頁一六行　(自)〔野〕鳧也　據汲本、殿本改。

一九六七頁一行　今鰋額白魚(鯉)〔也〕　據汲本、殿本改。

一九六七頁一五行　擺亦捭字也　按：「捭」原譌「裨」，逕改正。

一九六七頁一五行　班固西都賦曰罝互擺牲　按：沈欽韓謂此張衡西京賦語，注誤以爲班固。

一九六八頁八行　孟子謂齊〔宣〕王曰　據汲本、殿本補。

一九六八頁一四行　是以名通言語之官爲象胥　刊誤謂「名通」當作「通名」，謂總稱言語之官爲象胥也。按：周禮鄭注作「是因通言語之官爲象胥云」，阮元校勘記謂大字本「因」下有「名」字，則刊誤之說非也。

一九六九頁三行　嘉岐陽　按：「岐」原作「歧」，逕改正。注同。

一九七〇頁一五行　時左將奏融(道)〔遭〕兄子喪　據殿本改。

一九七一頁一行　出爲河閒王廄長史　按：刊誤謂廄長即是官名，「史」字衍。

一九七三頁九行　胥靡登高(也)不懼　據刊誤刪。

後漢書卷六十下

蔡邕列傳第五十下

蔡邕字伯喈，陳留圉人也。〔一〕六世祖勳，〔二〕好黃老，平帝時爲郿令。王莽初，授以厭戎連率。〔三〕勳對印綬仰天歎曰：「吾策名漢室，死歸其正。昔曾子不受季孫之賜，況可事二姓哉？」〔四〕遂攜將家屬，逃入深山，與鮑宣、卓茂等同不仕新室。父稜，亦有清白行，謚曰貞定公。〔五〕

〔一〕圉，縣，故城在今汴州陳留縣東南。

〔二〕謝承書曰：「勳字君嚴。」

〔三〕王莽改隴西郡曰厭戎郡，守曰連率。

〔四〕禮記曰：「曾子有疾，童子曰：『華而睆，大夫之簀歟？』曾子曰：『然，斯季孫之賜也，我未之能易也。元起易簀。』曾元曰：『幸而至於旦，請敬易之。』曾子曰：『爾之愛我也不如彼也。君子之愛人也以德，細人之愛人也以姑息。吾何求哉？吾得正而斃焉，斯已矣。』舉扶而易之，反席未安而沒。」言雖臨死不失正道也。

〔五〕邕祖攜碑云：「攜字叔業，有周之胄。昔蔡叔沒，成王命其子仲使踐諸侯之位，以國氏姓，君其後也。君曾祖父勳，哀帝時以孝廉爲長安部長。及君之身，增修厥德，順帝時以司空高弟遷新蔡長，年七十九卒。長子棱，字伯直，處俗孤黨，不協于時，垂翼華髮，人爵不升，年五十三卒。」謚法曰：「清白守節曰貞，純行不差曰定。」

邕性篤孝，母常滯病三年，邕自非寒暑節變，未嘗解襟帶，不寢寐者七旬。母卒，廬于冢側，動靜以禮。有菟馴擾其室傍，又木生連理，遠近奇之，多往觀焉。與叔父從弟同居，三世不分財，鄉黨高其義。少博學，師事太傅胡廣。好辭章、數術、天文，妙操音律。

桓帝時，中常侍徐璜、左悺等五侯擅恣，聞邕善鼓琴，遂白天子，敕陳留太守督促發遣。邕不得已，行到偃師，稱疾而歸。閑居翫古，不交當世。感東方〔朔〕客難及楊雄、班固、崔駰之徒設疑以自通，〔一〕乃斟酌羣言，韙其是而矯其非，〔二〕作釋誨以戒厲云爾。

〔一〕楊雄作解嘲，班固作荅賓戲，崔駰作達旨。

〔二〕韙亦是也。

有務世公子誨於華顛胡老曰：〔一〕「蓋聞聖人之大寶曰位，故以仁守位，以財聚人。〔二〕然則有位斯貴，有財斯富，行義達道，士之司也。故伊摯有負鼎之衒，仲尼設執鞭之言，〔三〕甯子有清商之歌，百里有豢牛之事。〔四〕夫如是，則聖哲之通趣，古人之明志也。夫子生清穆之世，稟醇和之靈，覃思典籍，韞櫝六經，安貧樂賤，與世無營，沈精重淵，抗志高冥，包括無外，綜析無形，其已久矣。曾不能拔萃出羣，揚芳飛文，〔五〕登天庭，序彝倫，埽六合之穢慝，清宇宙之埃塵，連光芒於白日，屬炎氣於景雲。〔六〕時逝歲暮，默而無聞。小子惑焉，是以有云。方今聖上寬明，輔弼賢知，崇英逸偉，不墜於地，德弘者建宰相而裂土，才羨者荷榮祿而蒙賜。〔七〕盍亦回塗要至，俛仰取容，〔八〕輯當世之利，定不拔之功，榮家宗於此時，遺不滅之令蹤？〔九〕夫獨未之思邪，何爲守彼而不通此？」〔10〕

〔一〕顛，頂也。華頂謂白首也。新序齊宣王對閭丘卬曰：「士亦華髮墮顛而後可用耳。」左傳宋司馬子魚曰：「雖及胡耇，獲則取之。」杜預注曰：「胡耇，元老之稱。」

〔二〕易曰「聖人之大寶曰位。何以守位？曰仁。何以聚人？曰財」也。

〔三〕摯，伊尹名也。史記曰，伊尹欲干湯而無由，乃爲有莘媵臣，負鼎俎以滋味說湯，致於王道。衒，自媒衒也。論語孔子曰：「行義以達其道。」又曰：「富而可求，雖執鞭之士吾亦爲之。」周禮滌狼氏下士八人，執鞭以辟道也。

〔四〕淮南子曰：「甯戚欲干齊桓公，窮困無以自達，於是爲商旅，將車以適於齊，暮宿於郭門，飯牛車下，望見桓公，乃擊牛角而〔疾〕商歌。桓公聞之曰：『異哉！歌者非常人也。』命後車載之。」三齊記載其歌曰：「南山矸，白石爛，生不遭堯與舜禪，短布單衣適至骭，從昏飯牛薄夜半，長夜漫漫何時旦！」公悅之，以爲大夫。矸音岸。骭音戶諫反。百里奚，虞大夫也。史記趙良曰：「百里奚自鬻於秦，衣褐食牛，朞年而後繆公知之，舉之牛口之下。」說文曰：「豢，養也。」

〔五〕孟子曰：「若仲尼者，拔乎其萃，出乎其類。」

〔六〕瑞應圖曰「景雲者太平之應也，一曰慶雲」也。

〔七〕羨音以戰反，本或作「美」。

〔八〕回，曲也。要音一遙反。言履直道，則不能有所至也。

〔九〕遺猶留也。

〔10〕彼謂貧賤，此謂榮祿。

胡老慠然而笑曰：「若公子，所謂覩曖昧之利，而忘昭晢之害；專必成之功，而忽蹉跌之敗者已。」公子謖爾斂袂而興曰：「胡爲其然也？」〔一〕胡老曰：「居，吾將釋汝。〔二〕昔自太極，君臣始基，〔三〕有羲皇之洪寧，唐虞之至時。〔四〕三代之隆，亦有緝熙，五伯扶微，勤而撫之。于斯已降，天網縱，人紘弛，王塗壞，太極陁，〔五〕君臣土崩，上下瓦解。〔六〕於是智者騁詐，辯者馳說，武夫奮略，戰士講銳。〔七〕電駭風馳，霧散雲披，變詐乖詭，以合時宜。或畫一策而綰萬金，或談崇朝而錫瑞珪。〔八〕連衡者六印磊落，合從者駢組流離。〔九〕隆貴翕習，積富無崖，據巧蹈機，以忘其危。夫華離蔕而萎，條去榦而枯，女冶容而淫，士背道而辜。人毀其滿，神疾其邪，利端始萌，害漸亦牙。速速方轂，夭夭是加，〔10〕欲豐其屋，乃蔀其家。〔11〕是故天地否閉，聖哲潛形，〔12〕石門守晨，沮、溺耦耕，〔13〕顏歜抱璞，蘧瑗保生，〔14〕齊人歸樂，孔子斯征，雍渠驂乘，逝而遺輕。〔15〕夫豈慠主而背國乎？道不可以傾也。

〔一〕謖然，斂斂之皃，音所六反。

〔二〕居猶坐也。釋，解也。

〔三〕太極，天地之始也。易曰：「易有太極，是生兩儀。」

〔四〕洪，大也。

〔五〕賈逵注國語曰：「小崩曰陁。」

〔六〕淮南子曰：「武王伐紂，左操黃鉞，右執白旄而麾之，則瓦解而走，遂土崩而下。」

〔七〕講，習也。

〔八〕戰國策曰，秦昭王見頓弱，頓弱曰：「韓，天下之喉咽也；魏，天下之匈臆也。王資臣萬金而游之，天下可圖也。」秦王曰：「善。」乃資萬金，使東遊韓、魏，入其將相，北游燕、趙，而殺李牧。齊王入朝，四國畢從，頓子說之也。史記曰：「虞卿說趙孝成王，一見賜黃金百溢，再見賜白璧一雙。」

〔九〕連衡謂張儀，合從謂蘇秦，並佩六國之印。駢，並也。組，綬也。流離，光彩皃也。

〔10〕詩小雅曰：「速速方轂，天夭是椓。」毛萇注云：「速速，陋也。」鄭玄注云：「轂，祿也。」言鄙陋小人，將貴而得祿也。夭，殺也。椓，破之也。韓詩亦同。此作「轂」者，蓋謂小人乘寵，方轂而行。方猶並也。

〔11〕易豐卦上六曰：「豐其屋，蔀其家。」王弼注云：「蔀，覆也。屋厚覆，闇之甚也。」蔀音部。

〔12〕易文言曰：「天地閉，賢人隱。」

〔13〕論語曰：「子路宿於石門。晨門曰：『奚自？』子路曰：『自孔氏。』」鄭玄注云：「石門，魯城外門也。晨門，主晨夜開閉者。」又曰：「長沮、桀溺耦而耕。」並隱遁人也。

〔14〕戰國策齊宣王謂顏歜曰：「願先生與寡人遊。」歜辭曰：「玉生於山，制則毀焉，非不寶也，然失璞不完。士生鄙野，選而祿焉，非不貴也，而形神不全。歜願得晚食以當肉，安步以當車，無罪以當貴，清靜以自娛。知足矣。歸反於樸，則終身不辱。」論語孔子曰：「蘧伯玉邦有道則仕，邦無道則可卷而懷之。」此爲保其生也。

〔15〕論語曰：「齊人饋女樂，季桓子受之，三日不朝。孔子行。」史記曰：「衞靈公與夫人同車，宦者雍渠參乘。孔子曰：『吾未見好德如好色者也。』於是醜之，去衞適曹。」遺輕謂若弃輕細之物而去，言惡之甚也。

「且我聞之，日南至則黃鍾應，融風動而魚上冰，蕤賓統則微陰萌，蒹葭蒼而白露凝。〔一〕寒暑相推，陰陽代興，運極則化，理亂相承。今大漢紹陶唐之洪烈，盪四海之殘灾，隆隱天之高，拆絙地之基。〔二〕皇道惟融，帝猷顯丕，泜泜庶類，含甘吮滋。〔三〕檢六合之羣品，濟之乎雍熙，羣僚恭己於職司，聖主垂拱乎兩楹。君臣穆穆，守之以平，濟濟多士，端委縉綖，〔四〕鴻漸盈階，振鷺充庭。〔五〕譬猶鍾山之玉，泗濱之石，累珪璧不爲之盈，（探）〔採〕浮磬不爲之索。〔六〕曩者，洪源辟而四隩集，武功定而干戈戢，玁狁攘而吉甫宴，城濮捷而晉凱入。〔七〕故當其有事也，則蓑笠並載，擐甲揚鋒，不給於務；〔八〕當其無事也，則舒紳緩佩，鳴玉以步，綽有餘裕。

〔一〕月令：「仲冬，律中黃鍾。」融風，艮之風也。月令：「孟春，東風解凍，魚上冰。」又：「仲夏之月，律中蕤賓。」微陰詶一陰爻生也。詩秦風曰：「蒹葭蒼蒼，白露爲霜。」爾雅曰：「蒹，薕也。葭，蘆也。」

〔二〕絍音古鄧反。絍與亙同。

〔三〕泯泯，齊皃。

〔四〕端委，禮衣也。左傳曰：「太伯端委以持周禮。」說文曰：「縉，赤白色也。」綎，系綬也，音它丁反。

〔五〕易曰：「鴻漸于陸。」鴻，水鳥也。漸出於陸，喻君子仕進於朝。詩曰：「振振鷺，鷺于下。」注云：「鷺，白鳥也。喻絜白之士，羣集君之朝也。」

〔六〕山海經曰：「黃帝取密山之玉策，投之鍾山之陽。」尚書曰：「泗濱浮磬。」注云：「水中見石，可以爲磬。」言鍾山多玉，泗水多石，喻漢多賢人。索，盡也，音所（格）〔洛〕反。

〔七〕辟，開也，音頻亦反。謂禹理洪水而開道之。尚書曰：「四隩既宅。」隩，居也，音於六反。武功定謂武王伐紂。詩周頌曰：「載戢干戈。」詩小雅曰：「薄伐玁狁，至于太原，吉甫燕喜，既多受祉。」鄭玄注曰：「吉甫既伐玁狁而歸，天子以燕禮樂之也。」左傳，晉與楚戰於城濮，楚師敗績，故晉凱樂而歸也。

〔八〕蓑音素和反。詩小雅曰：「何蓑何笠。」毛萇注云：「何，揭也。蓑所以備雨。笠所以禦暑。」擐，貫也。

「夫世臣、門子，暬御之族，〔一〕天隆其祜，主豐其祿。抱膺從容，爵位自從，攝須理髯，餘官委貴。其取進也，順傾轉圓，不足以喻其便；逡巡放屣，不足以況其易。夫〔夫〕有逸羣之才，人人有優贍之智。童子不問疑於老成，瞳矇不稽謀於先生。心恬澹

於守高，意無爲於持盈。〔二〕粲乎煌煌，莫非華榮。明哲泊焉，不失所寧。〔三〕狂淫振蕩，乃亂其情。貪夫殉財，夸者死權。〔四〕瞻仰此事，體躁心煩。闇謙盈之効，迷損益之數。〔五〕騁駑駘於脩路，慕騏驥而增驅，卑俯乎外戚之門，乞助乎近貴之譽。榮顯未副，從而顚踣，〔六〕下獲熏胥之辜，高受滅家之誅。〔七〕前車已覆，襲軌而騖，曾不鑒禍，以知畏懼。予惟悼哉，害其若是！〔八〕天高地厚，跼而蹐之。〔九〕怨豈在明，患生不思。戰戰兢兢，必慎厥尤。

〔一〕詩小雅曰：「曾我暬御。」毛萇注云：「暬御，侍御也。」

〔二〕老子曰：「持而盈之，不如其已。」河上公注云：「持滿必傾，不如止也。」

〔三〕泊猶靜也。

〔四〕賈誼服鳥賦之文也。言夸華者必死於權埶也。

〔五〕易曰：「天道虧盈而益謙。」又曰：「損益盈虛，與時偕行。」王弼注云：「自然之質，各定其分，短者不爲不足，長者不爲有餘，損益將何加焉？」

〔六〕踣音步北反，協韻音赴。

〔七〕詩小雅曰：「若此無罪，勳胥以痛。」勳，帥也。胥，相也。痛，病也。言此無罪之人，而使有罪者相帥而病之，是其大甚。見韓詩。前書曰：「史遷熏胥以刑。」晉義云：「謂相熏蒸得罪也。」誅，協韻音丁注反。

〔八〕害，何也，音曷。

〔九〕詩小雅曰「謂天蓋高，不敢不跼。謂地蓋厚，不敢不蹐」。

「且用之則行，聖訓也；舍之則藏，至順也。〔一〕夫九河盈溢，非一凷所防；〔二〕帶甲百萬，非一勇所抗。〔三〕今子責匹夫以淸宇宙，庸可以水旱而累堯、湯乎？懼煙炎之毀熸，何光芒之敢揚哉！〔四〕且夫地將震而樞星直，井無景則日陰食，〔五〕元首寬則望舒眺，侯王肅則月側匿。〔六〕是以君子推微達著，尋端見緒，履霜知冰，踐露知暑。時行則行，時止則止，消息盈冲，取諸天紀。〔七〕利用遭泰，可與處否，樂天知命，持神任己。羣車方奔乎險路，安能與之齊軌？思危難而自豫，故在賤而不恥。方將騁馳乎典籍之崇塗，休息乎仁義之淵藪，〔八〕盤旋乎周、孔之庭宇，揖儒、墨而與爲友。舒之足以光四表，收之則莫能知其所有。若乃丁千載之運，應神靈之符，闓閶闔，乘天衢，擁華蓋而奉皇樞，〔九〕納玄策於聖德，宣太平於中區。計合謀從，己之圖也；勳績不立，予之辜也。龜鳳山翳，霧露不除，踊躍草萊，祇見其愚。不我知者，將謂之迂。〔一〇〕脩業思眞，弃此焉如？靜以俟命，不斁不渝。〔一一〕『百歲之後，歸乎其居。』〔一二〕幸其獲稱，天所誘也。〔一三〕罕漫而已，非己咎也。〔一四〕昔伯翳綜聲於鳥語，葛盧辯音於鳴牛，董父受氏於豢龍，奚仲供德於衡輈，〔一五〕倕氏興政於巧工，造父登御於驊騮，非子享土於善圉，狼瞫取右於禽囚，〔一六〕弓父畢精於筋角，佽非明勇於赴流，壽王創基於格五，東方要幸於談

優，〔一七〕上官效力於執蓋，弘羊據相於運籌。僕不能參跡於若人，故抱璞而優遊。」〔一八〕

〔一〕論語孔子曰：「用則行，捨則藏。」故言聖訓也。

〔二〕九河謂河水分爲九道。爾雅曰，徒駭、太史、馬頰、覆鬴、胡蘇、簡、絜、鉤般、鬲津，是謂九河也。

〔三〕協韻音苦郎反。

〔四〕煙炎，煙火之微細者。言常懼微細以致毀滅。杜預注左傳曰：「吳楚之閒謂火滅爲熸。」音子廉反。炎音焰。

〔五〕晏子見伯常騫，問曰：「昔吾見維星絕，樞星散，地其動乎？」見晏子春秋。陰食謂不顯食也。凡日陰食則井無影也。

〔六〕望舒，月也。尚書大傳曰：「晦而月見西方，謂之朓。朔而月見東方，謂之側匿。側匿則侯王肅，朓則侯王舒。」注：「肅，急也。舒，緩也。」

〔七〕易坤文言曰：「履霜堅冰至。」艮卦曰：「時行則行，時止則止。」豐卦曰：「天地盈虛，與時消息。」

〔八〕前書司馬相如曰：「游于六藝之囿，馳騖乎仁義之塗。」班固曰「肴覈仁義之林藪」也。

〔九〕古今注曰：「華蓋，黃帝所作也。與蚩尤戰于涿鹿之野，常有五色雲氣，金枝玉葉，因而作華蓋。」

〔一〇〕龜鳳喻賢人，霧露喻昏闇也。迂，曲也。

〔一一〕斁，厭也。渝，變也。

〔一二〕詩晉風也。毛萇注云：「居，墳墓也。」

〔一三〕謂小人妄得稱舉者，天之所誘，後必遇害也。

〔一四〕罕漫猶無所知聞也，非君子之咎也。

〔一五〕伯翳即秦之先伯益也，能與鳥語。見史記。葛盧，東夷介國之君也。介葛盧聘於魯，聞牛鳴，曰：「是生三犧，皆用之矣。」問之，如其言。晉太史蔡墨曰：「昔有董父，實甚好龍，能求嗜欲以飲食之，以服事帝舜。帝賜姓曰董，氏曰豢龍。」並見左傳。奚仲，薛之祖也。世本曰：「奚仲作車。」衡，輗也。軥，轅也。

〔一六〕倕，舜(之)〔時〕巧人也。見尚書。造父者，秦之先也，爲周穆王御驊騮、騄耳之乘。非子亦秦之先，善養馬。周孝王使主馬於汧、渭之閒，馬大蕃息，分土爲附庸，邑之於秦。並見史記。圉，養馬人也。見周禮。左傳曰：「戰於殽，晉襄公縛秦囚，使萊駒以戈斬之。囚呼，萊駒失戈，狼瞫取戈斬之，遂以爲車右。」瞫音舒飪反。

〔一七〕弓父，弓工也。闞子曰：「宋景公使弓工爲弓，九年，來見公。公曰：『爲弓亦遲矣。』對曰：『臣精盡於弓矣。』獻弓而歸，三日而死。公張弓東向而射，矢踰西霜之山，集彭城之東，其餘力逸勁，飲羽於石梁。」呂氏春秋曰，荆人佽飛入江斬蛟。前書，武帝時，吾丘壽王字子贛，以善格五待制。格五，今之簺也。東方朔以善談笑俳優得幸。班固曰：「朔應諧似優。」杜預注左傳曰：「優，調戲也。」

〔一八〕前書，上官桀，武帝時爲期門郎，從上甘泉，大風，車不得行，解蓋授桀，雖(底)〔風〕，蓋常屬車。桑弘羊，洛陽賈人也，以能心計爲侍中。

於是公子仰首降階，忸怩而避。〔一〕胡老乃揚衡含笑，援琴而歌。〔二〕歌曰：「練余心兮浸太清，滌穢濁兮存正靈。和液暢兮神氣寧，情志泊兮心亭亭，嗜欲息兮無由生。踔宇宙而遺俗兮，眇翩翩而獨征。」〔三〕

〔一〕忸怩，心慙也。忸音女六反。怩音尼。

〔二〕衡，眉目之閒也。

〔三〕太清謂天也。和液謂和氣靈液也。亭亭，孤峻之皃。踔猶越也，音丑教反。

建寧三年，辟司徒橋玄府，玄甚敬待之。出補河平長。召拜郎中，校書東觀。遷議郎。邕以經籍去聖久遠，文字多謬，俗儒穿鑿，疑誤後學，熹平四年，乃與五官中郎將堂谿典、光祿大夫楊賜、諫議大夫馬日磾、議郎張馴、韓說、太史令單颺等，〔一〕奏求正定六經文字。靈帝許之，邕乃自書(冊)〔丹〕於碑，使工鐫刻立於太學門外。〔二〕於是後儒晚學，咸取正焉。及碑始立，其觀視及摹寫者，車乘日千餘兩，填塞街陌。

〔一〕堂谿，姓也。先賢行狀曰：「典字子度，潁川人，爲西鄂長。」

〔二〕洛陽記曰：「太學在洛城南開陽門外，講堂長十丈，廣二丈。堂前石經四部。本碑凡四十六枚，西行，尚書、周易、公羊傳十六碑存，十二碑毀。南行，禮記十五碑悉崩壞。東行，論語三碑，二碑毀。禮記碑上有諫議大夫馬日磾、議郎蔡邕名。」

初，朝議以州郡相黨，人情比周，乃制婚姻之家及兩州人士不得對相監臨。至是復有三互法，〔一〕禁忌轉密，選用艱難。幽冀二州，久缺不補。邕上疏曰：「伏見幽、冀舊壤，鎧馬所出，〔二〕比年兵飢，漸至空耗。今者百姓虛縣，萬里蕭條，〔三〕闕職經時，吏人延屬，而三府選舉，踰月不定。臣經怪其事，而論者云『避三互』。十一州有禁，當取二州而已。又二州之士，或復限以歲月，狐疑遲淹，以失事會。愚以爲三互之禁，禁之薄者，今但申以威靈，明其憲令，在任之人豈不戒懼，而當坐設三互，自生留閡邪？昔韓安國起自徒中，朱買臣出於幽賤，並以才宜，還守本邦。〔四〕又張敞亡命，擢授劇州。豈復顧循三互，繼以末制乎？〔五〕三公明知二州之要，所宜速定，當越禁取能，以救時敝；而不顧爭臣之義，苟避輕微之科，選用稽滯，以失其人。臣願陛下上則先帝，蠲除近禁，其諸州刺史器用可換者，無拘日月三互，以差厥中。」書奏不省。

〔一〕三互謂婚姻之家及兩州人不得交互爲官也。謝承書曰「史弼遷山陽太守，其妻鉅野薛氏女，以三互自上，轉拜平原相」是也。

〔二〕鎧，甲也。周禮考工記曰：「燕無函。」函亦甲也，言幽、燕之地，家家皆能爲函，故無函匠也。左傳曰：「冀之北土，馬之所生。」

〔三〕縣音玄。

〔四〕前書，安國字長孺，梁人。坐法抵罪。居無幾，天子使使者拜安國爲梁內史，起徒中爲二千石。買臣字翁子，吳人。家貧，負薪賣以給食，歌謳道中，後拜會稽太守。

〔五〕前書，敞字子高，河東人也。爲京兆尹，坐與楊惲厚善，制免爲庶人，從闕下亡命。數月，冀州部有大賊，天子思敞功，使使者召拜爲冀州刺史。

初，帝好學，自造皇羲篇五十章，因引諸生能爲文賦者。本頗以經學相招，後諸爲尺牘

及工書鳥篆者，皆加引召，遂至數十人。〔一〕侍中祭酒樂松、賈護，多引無行趣埶之徒，並待制鴻都門下，熹陳方俗閭里小事，帝甚悅之，待以不次之位。又市賈小民，爲宣陵孝子者，復數十人，悉除爲郎中、太子舍人。時頻有雷霆疾風，傷樹拔木，地震、隕雹、蝗蟲之害。又鮮卑犯境，役賦及民。六年七月，制書引咎，誥羣臣各陳政要所當施行。邕上封事曰：

〔一〕說文曰：「牘，書板也，長一尺。」藝文志曰：「六體者，古文、奇字、篆書、隸書、繆篆、蟲書。」音義曰：「古文謂孔子壁中書也。奇字即古文而異者也。篆書謂小篆，蓋秦始皇使程邈所作也。隸書亦程邈所獻，主於徒隸，從簡易也。繆篆謂其文屈曲纏繞，所以摹印章也。蟲書謂爲蟲鳥之形，所以書幡信也。」

臣伏讀聖旨，雖周成遇風，訊諸執事，宣王遭旱，密勿祗畏，無以或加。〔一〕臣聞天降災異，緣象而至。辟歷數發，〔二〕殆刑誅繁多之所生也。風者天之號令，所以教人也。〔三〕夫昭事上帝，則自懷多福；〔四〕宗廟致敬，則鬼神以著。國之大事，實先祀典，〔五〕天子聖躬所當恭事。臣自在宰府，及備朱衣，〔六〕迎氣五郊，而車駕稀出，四時至敬，屢委有司，雖有解除，猶爲疎廢。〔七〕故皇天不悅，顯此諸異。鴻範傳曰：「政悖德隱，厥風發屋折木。」坤爲地道，易稱安貞。〔八〕陰氣憤盛，則當靜反動，法爲下叛。夫權不在上，則雹傷物；政有苛暴，則虎狼食人；貪利傷民，則蝗蟲損稼。去六月二十八日，太白與月相迫，兵事惡之。鮮卑犯塞，所從來遠，今之出師，未見其利。

上違天文，下逆人事。誠當博覽衆議，從其安者。臣不勝憤滿，謹條宜所施行七事表左：〔九〕

〔一〕尚書金縢曰：「秋大孰未穫，天大雷電以風，王乃問諸史百執事。」詩大雅雲漢篇序曰：「宣王遇旱，側身脩行，欲消去之，故大夫仍叔作雲漢之詩以美之。」密勿祇畏言勤勞戒懼也。
〔二〕辟音普歷反。史記曰「霹靂，陽氣之動」也。
〔三〕翼氏風角曰：「風者天之號令，所以譴告人君者。」
〔四〕詩大雅曰：「昭事上帝，聿懷多福。」聿，遂也。懷，來也。
〔五〕左傳曰：「國之大事，在祀與戎。」
〔六〕宰府謂司徒橋玄府也。朱衣謂祭官也。漢官儀曰：「漢家赤行，齋者絳紺襮。」襮音文伐反。
〔七〕解除謂謝過也。
〔八〕易坤文言曰：「地道也，妻道也。」其象曰：「安貞之吉，應地無疆。」
〔九〕表左謂陳之於表左也，猶今云「如左」、「如右」。

一事：明堂月令，天子以四立及季夏之節，迎五帝於郊，〔一〕所以導致神氣，祈福豐年。清廟祭祀，追往孝敬，養老辟雍，示人禮化，皆帝者之大業，祖宗所祗奉也。而有司數以蕃國疏喪，宮內產生，及吏卒小汙，屢生忌故。〔二〕竊見南郊齋戒，未嘗有廢，至於它祀，輒興異議。豈南郊卑而它祀尊哉？孝元皇帝策書曰：「禮之至敬，莫重於

祭，所以竭心親奉，以致肅祗者也。」又元和故事，復申先典。〔三〕前後制書，推心懇惻。而近者以來，更任太史。忘禮敬之大，任禁忌之書，拘信小故，以虧大典。禮，妻妾產者，齋則不入側室之門，無廢祭之文也。〔四〕所謂宮中有卒，三月不祭者，謂士庶人數堵之室，共處其中耳，〔五〕豈謂皇居之曠，臣妾之衆哉？自今齋制宜如故典，庶荅風霆灾妖之異。

〔一〕天子居明堂，各依其月布政，故云「明堂月令」。四立謂立春、立夏、立秋、立冬。各以其日，天子親迎氣於其方，并祭其方之帝。季夏之末，祭中央帝也。
〔二〕小汙謂病及死也。
〔三〕章帝元和二年制曰：「山川百神應典禮者，尚未咸秩，其議脩羣祀，以祈豐年。」又宗祀五帝于汶上明堂。三年，望祀華、霍，東柴岱宗，爲人祈福。
〔四〕禮記曰「妻將生子，及月辰，居側室，夫使人日再問之。夫齋，則不入側室之門」也。
〔五〕儀禮曰：「有死於宮中者，則爲之三月不舉祭。」

二事：臣聞國之將興，至言數聞，內知己政，外見民情。是故先帝雖有聖明之姿，而猶廣求得失。又因灾異，援引幽隱，重賢良、方正、敦朴、有道之選，危言極諫，不絕於朝。陛下親政以來，頻年灾異，而未聞特舉博選之旨。誠當思省述脩舊事，使抱忠之臣展其狂直，以解易傳「政悖德隱」之言。

三事：夫求賢之道，未必一塗，或以德顯，或以言揚。頃者，立朝之士，曾不以忠信見賞，恆被謗訕之誅，遂使羣下結口，莫圖正辭。郎中張文，前獨盡狂言，聖聽納受，以責三司。臣子曠然，衆庶解悅。〔一〕臣愚以爲宜擢文右職，以勸忠謇，〔二〕宣聲海內，博開政路。

〔一〕漢名臣奏張文上疏，其略曰：「春秋義曰：『蝗者貪擾之氣所生。天意若曰：貪狼之人，蠶食百姓，若蝗食禾稼而擾萬民。獸齧人者，象暴政若獸而齧人。』京房易傳曰：『小人不義而反尊榮，則虎食人，辟歷殺人，亦象暴政，妄有喜怒。』政以賄成，刑放於寵，推類敍意，探指求原，皆象羣下貪狼，威教妄施，或苦蝗蟲。宜敕正衆邪，清審選舉，退屏貪暴。魯僖公小國諸侯，敕政脩己，斥退邪臣，尚獲其報，六月甚雨之應。豈況萬乘之主，脩善求賢？宜舉敦朴，以輔善政。陛下體堯舜之聖，秉獨見之明，恢太平之業，敦經好學，流布遠近，可留須臾神慮，則（可）致太平，招休徵矣。」制曰：「下太尉、司徒、司空。夫瑞不虛至，灾必有緣。朕以不德，秉統未明，以招祇僞，將何以昭顯憲法哉？三司任政者也，所當夙夜，而各拱默，訖未有聞，將何以奉荅天意，（教）〔救〕寧我人？其各悉心思所崇改，務消復之術，稱朕意焉。」
〔二〕右，用事之便，謂樞要之官。

四事：夫司隸校尉、諸州刺史，所以督察姦枉，分別白黑者也。伏見幽州刺史楊憙、益州刺史龐芝、涼州刺史劉虔，各有奉公疾姦之心，憙等所糾，其効尤多。餘皆枉

橈，不能稱職。或有抱罪懷瑕，與下同疾，綱網弛縱，莫相舉察，公府臺閣亦復默然。五年制書，議遣八使，又令三公謠言奏事。〔一〕是時奉公者欣然得志，邪枉者憂悸失色。未詳斯議，所因寢息。昔劉向奏曰：「夫執狐疑之計者，開羣枉之門；養不斷之慮者，來讒邪之口。」〔二〕今始聞善政，旋復變易，足令海內測度朝政。宜追定八使，糾舉非法，更選忠清，平章賞罰。〔三〕三公歲盡，差其殿最，使吏知奉公之福，營私之禍，則衆灾之原庶可塞矣。

〔一〕漢官儀曰：「三公聽採長史臧否，人所疾苦，條奏之。」是爲舉謠言者也。
〔二〕語見前書。
〔三〕平，和也。章，明也。

五事：臣聞古者取士，必使諸侯歲貢。〔一〕孝武之世，郡舉孝廉，又有賢良、文學之選，於是名臣輩出，文武並興。漢之得人，數路而已。〔二〕夫書畫辭賦，才之小者，匡國理政，未有其能。陛下卽位之初，先涉經術，聽政餘日，觀省篇章，聊以游意，當代博弈，非以教化取士之本。而諸生競利，作者鼎沸。其高者頗引經訓風喩之言；下則連偶俗語，有類俳優；或竊成文，虛冒名氏。臣每受詔於盛化門，差次錄第，其未及者，亦復隨輩皆見拜擢。既加之恩，難復收改，但守奉祿，於義已弘，不可復使理人及仕州

郡。昔孝宣會諸儒於石渠，章帝集學士於白虎，通經釋義，其事優大，文武之道，所宜從之。若乃小能小善，雖有可觀，孔子以爲「致遠則泥」，君子故當志其大者。〔三〕

〔一〕尙書大傳曰：「古者諸侯之於天子，三年一貢士。一適謂之攸好德，再適謂之賢賢，三適謂之有功。」注云：「適猶得也。」

〔二〕數路謂孝廉、賢良、文學之類也。

〔三〕論語子夏曰：「雖小道必有可觀者焉，致遠恐泥。」鄭玄注云：「小道，如今諸子書也。泥謂滯陷不通。」此邕以爲孔子之言，當別有所據也。

六事：墨綬長吏，職典理人，〔一〕皆當以惠利爲績，日月爲勞。褒責之科，所宜分明。而今在任無復能省，及其還者，多召拜議郎、郎中。若器用優美，不宜處之冗散。如有釁故，自當極其刑誅。豈有伏罪懼考，反求遷轉，更相放効，臧否無章？先帝舊典，未嘗有此。可皆斷絕，以覈眞僞。

〔一〕漢官儀曰「秩六百石，銅章墨綬」也。

七事：伏見前一切以宣陵孝子(者)爲太子舍人。臣聞孝文皇帝制喪服三十六日，雖繼體之君，父子至親，公卿列臣，受恩之重，皆屈情從制，不敢踰越。今虛僞小人，本非骨肉，既無幸私之恩，又無祿仕之實，惻隱思慕，情何緣生？而羣聚山陵，假名稱孝，行

不隱心，義無所依，至有姦軌之人，通容其中。(恒)〔桓〕思皇后祖載之時，〔一〕東郡有盜人妻者亡在孝中，本縣追捕，乃伏其辜。虛僞雜穢，難得勝言。又前至得拜，後輩被遺；或經年陵次，以暫歸見漏；或以人自代，亦蒙寵榮。爭訟怨恨，凶凶道路。太子官屬，宜搜選令德，豈有但取丘墓凶醜之人？其爲不祥，莫與大焉。宜遣歸田里，以明詐僞。

〔一〕周禮曰：「喪祝掌大喪，及祖飾棺(及)〔乃〕載，遂御之。」鄭玄注云：「祖謂將葬祖祭於庭，載謂升柩於車也。」

書奏，帝乃親迎氣北郊，及行辟雍之禮。又詔宣陵孝子爲舍人者，悉改爲丞尉焉。光和元年，遂置鴻都門學，畫孔子及七十二弟子像。其諸生皆勑州郡三公舉用辟召，或出爲刺史、太守，入爲尙書、侍中，乃有封侯賜爵者，士君子皆恥與爲列焉。

時妖異數見，人相驚擾。其年七月，詔召邕與光祿大夫楊賜、諫議大夫馬日磾、議郎張華、太史令單颺詣金商門，引入崇德殿，〔一〕使中常侍曹節、王甫就問灾異及消改變故所宜施行。邕悉心以對，事在五行、天文志。〔二〕又特詔問曰：「比灾變互生，未知厥咎，朝廷焦心，載懷恐懼。每訪羣公卿士，庶聞忠言，而各存括囊，莫肯盡心。〔三〕以邕經學深奧，故密特稽問，宜披露失得，指陳政要，勿有依違，自生疑諱。具對經術，以皁囊封上。」〔四〕邕對曰：「臣伏惟陛下聖德允明，深悼灾咎，褒臣末學，特垂訪及，非臣螻蟻所能堪副。斯誠輸寫

肝膽出命之秋，豈可以顧患避害，使陛下不聞至戒哉！臣伏思諸異，皆亡國之怪也。天於大漢，殷勤不已，故屢出祆變，以當譴責，欲令人君感悟，改危即安。今灾眚之發，不於它所，遠則門垣，近在寺署，其爲監戒，可謂至切。蜺墯雞化，皆婦人干政之所致也。前者乳母趙嬈，貴重天下，〔五〕生則貲藏侔於天府，死則丘墓踰於園陵，兩子受封，兄弟典郡；續以永樂門史霍玉，依阻城社，又爲姦邪。今者道路紛紛，復云有程大人者，察其風聲，將爲國患。宜高爲隄防，明設禁令，深惟趙、霍，以爲至戒。〔六〕今聖意勤勤，思明邪正。而聞太尉張顥，爲玉所進；光祿勳姓璋，〔七〕有名貪濁；又長水校尉趙玹、〔八〕屯騎校尉蓋升，並叨時幸，榮富優足。宜念小人在位之咎，退思引身避賢之福。〔九〕伏見廷尉郭禧，純厚老成；光祿大夫橋玄，聰達方直；故太尉劉寵，忠實守正：並宜爲謀主，數見訪問。夫宰相大臣，君之四體，〔一〇〕委任責成，優劣已分，不宜聽納小吏，雕琢大臣也。〔一一〕又尙方工技之作，鴻都篇賦之文，可且消息，以示惟憂。詩云：『畏天之怒，不敢戲豫。』天戒誠不可戲也。宰府孝廉，士之高選。近者以辟召不慎，切責三公，而今並以小文超取選舉，開請託之門，違明王之典，衆心不厭，莫之敢言。〔一二〕臣願陛下忍而絕之，思惟萬機，以荅天望。聖朝既自約厲，左右近臣亦宜從化。人自抑損，以塞咎戒，則天道虧滿，鬼神福謙矣。臣以愚贛，感激忘身，敢觸忌諱，手書具對。夫君臣不密，上有漏言之戒，下有失身之禍。〔一三〕願寢臣表，無使

盡忠之吏，受怨姦仇。」章奏，帝覽而歎息，因起更衣，曹節於後竊視之，悉宣語左右，事遂漏露。其爲邕所裁黜者，皆側目思報。

〔一〕洛陽記曰「南宮有崇德殿，太極殿西有金商門」也。

〔二〕其志今亡。續漢志曰，光和元年，詔問曰：「連年蝗蟲，其咎焉在？」邕對曰：「易傳云：『大作不時天降灾，厥咎蝗蟲來。』河圖秘徵篇曰：『帝貪則政暴，吏酷則誅慘。生蝗蟲，貪苛之所致也。』」又南宮侍中寺，雌雞欲化爲雄，一身毛皆似雄，但頭冠尙未變。詔以問邕。對曰：「貌之不恭，則有雞禍。宣帝黃龍元年，未央宮雌雞化爲雄，不鳴無距。是歲元帝初即位，將立王皇后。至初元元年，丞相史家雌雞化爲雄，距而鳴將。是(歲)后父禁爲平陽侯，女立爲后。至哀帝晏駕，后攝政，王莽以后兄子爲大司馬，由是爲亂。臣竊推之，頭爲元首，人君之象。今雞一身已變，未至於頭而止，是將有其事而不遂成之象也。若應之不精，政無所改，頭冠或成，爲患滋大也。」

〔三〕括囊喻閉口而不言。易曰：「括囊无咎。」王弼注云：「括，結也。」

〔四〕漢官儀曰「凡章表皆啓封，其言密事得皁囊」也。

〔五〕嬈音奴鳥反。

〔六〕趙嬈及霍玉也。

〔七〕姓，姓也；璋，名也。漢有姓偉。

〔八〕音玄。蔡邕集「玹」作「玄」。

〔九〕尙書曰：「君子在野，小人在位。」

〔10〕謂股肱也。

〔11〕雕琢猶鐫刻以成其罪也。

〔12〕厭，伏也，音一葉反。

〔13〕易曰：「君不密則失臣，臣不密則失身。」

初，邕與司徒劉郃素不相平，叔父衞尉質〔一〕又與將作大匠（楊）〔陽〕球有隙。球即中常侍程璜女夫也，璜遂使人飛章言邕、質數以私事請託於郃，郃不聽，邕含隱切，志欲相中。〔二〕於是詔下尚書，召邕詰狀。邕上書自陳曰：「臣被召，問以大鴻臚劉郃前爲濟陰太守，臣屬吏張宛長休百日，〔三〕郃爲司隸，又託河內郡吏李奇爲州書佐，〔四〕及營護故河南尹羊陟、侍御史胡母班，郃不爲用致怨之狀。〔五〕臣征營怖悸，肝膽塗地，不知死命所在。竊自尋案，實屬宛、奇，不及陟、班。凡休假小吏，非結恨之本。與陟姻家，豈敢申助私黨？如臣父子欲相傷陷，當明言臺閣，具陳恨狀所緣。內無寸事，而謗書外發，宜以臣對與郃參驗。臣得以學問特蒙褒異，執事秘館，操管御前，姓名貌狀，徼簡聖心。今年七月，召詣金商門，問以災異，齎詔申旨，誘臣使言。〔六〕臣實愚贛，唯識忠盡，出命忘軀，不顧後害，遂譏刺公卿，內及寵臣。實欲以上對聖問，救消災異，規爲陛下建康寧之計。陛下不念忠臣直言，宜加掩蔽，誹謗卒至，便用疑怪。盡心之吏，豈得容哉？詔書每下，百官各上封事，欲以改政思譴，

除凶致吉，而言者不蒙延納之福，旋被陷破之禍。今皆杜口結舌，以臣爲戒，誰敢爲陛下盡忠孝乎？臣季父質，連見拔擢，位在上列。臣被蒙恩渥，數見訪逮。言事者因此欲陷臣父子，破臣門戶，非復發糾姦伏，補益國家者也。臣年四十有六，孤特一身，得託名忠臣，死有餘榮，恐陛下於此不復聞至言矣。臣之愚冗，職當咎患，但前者所對，質不及聞，〔七〕而衰老白首，橫見引逮，隨臣摧沒，并入阬埳，誠冤誠痛。臣一入牢獄，當爲楚毒所迫，趣以飲章，辭情何緣復聞？〔八〕死期垂至，冒昧自陳。願身當辜戮，匄質不并坐，〔九〕則身死之日，更生之年也。惟陛下加餐，爲萬姓自愛。」於是下邕、質於洛陽獄，劾以仇怨奉公，議害大臣，大不敬，弃市。事奏，中常侍呂強愍邕無罪，請之，帝亦更思其章，有詔減死一等，與家屬髡鉗徙朔方，不得以赦令除。（楊）〔陽〕球使客追路刺邕，客感其義，皆莫爲用。球又賂其部主使加毒害，所賂者反以其情戒邕，故每得免焉。居五原安陽縣。〔10〕

〔一〕質字子文，著漢職儀。

〔二〕中傷也。

〔三〕休，假也。前書音義曰「吏病滿百日當免」也。

〔四〕續漢志曰：「書佐，主幹文書。」

〔五〕邕集其奏曰：「邕屬張宛長休百日，郃假宛五日；復屬河南李奇爲書佐，郃不爲召；太山黨魁羊陟與邕季父衞尉質對門九族，質爲尚書，營護阿擁，今文書不覺，郃被詔書考胡母班等，辭與陟爲黨，質及邕頻詣郃問班所及，郃不應，遂懷怨恨，欲必中傷郃。」制曰：「下司隸校尉正處上。」邕集作「綦母班」也。

〔六〕齎猶持也，與賫通。

〔七〕前在金商門對事之時，質爲下邳相，故不聞也。

〔八〕趣音促。飲猶隱卻告人姓名，無可對問。章者，今之表也。邕集曰：「光和元年，都官從事張恕，以辛卯詔書，收邕送雒陽詔獄。考吏張靜謂邕曰：『省君章云欲仇怨未有所施，法令無此，以詔書又刊章家姓名，不得對相指斥考事，君學多所見，古今如此，豈一事乎？』荅曰：『曉是。』吏遂飲章爲文書。」臣賢案：俗本有不解「飲」字，或改爲「報」，或改爲「款」，並非也。

〔九〕匄，乞也。

〔10〕即西安陽縣也，故城在今勝州銀城縣。

邕前在東觀，與盧植、韓說等撰補後漢記，會遭事流離，不及得成，因上書自陳，奏其所著十意，〔一〕分別首目，連置章左。帝嘉其才高，會明年大赦，乃宥邕還本郡。邕自徙及歸，凡九月焉。將就還路，五原太守王智餞之。酒酣，智起舞屬邕，邕不爲報。〔二〕智者，中常侍王甫弟也，素貴驕，慙於賓客，詬邕曰：「徒敢輕我！」邕拂衣而去。智銜之，密告邕怨於囚放，謗訕朝廷。內寵惡之。邕慮卒不免，乃亡命江海，遠跡吳會。〔三〕往來依太山羊氏，積十二年，在吳。

〔一〕猶前書十志也。邕別傳曰：「邕昔作漢記十意，未及奏上，遭事流離，因上書自陳曰：『臣既到徙所，乘塞守烽，職在候望，憂怖焦灼，無心能復操筆成草，致章闕廷。誠知聖朝不責臣謝，但懷愚心有所不竟。臣自在布衣，常以爲漢書十志下盡王莽而止，光武已來唯記紀傳，無續志者。臣所事師故太傅胡廣，知臣頗識其門戶，略以所有舊事與臣。雖未備悉，粗見首尾，積累思惟，二十餘年。不在其位，非外史庶人所得擅述。天誘其衷，得備著作郎，建言十志皆當撰錄。會臣被罪，逐放邊野，恐所懷隨軀朽腐，抱恨黃泉，遂不設施，謹先顚踣，科條諸志，臣欲刪定者一，所當接續者四，前志所無臣欲著者五，及經典羣書（所）宜捃摭，本奏詔書所當依據，分別首目，并書章左，惟陛下留神省察。臣謹因臨戎長霍圉封上。』有律曆意第一，禮意第二，樂意第三，郊祀意第四，天文意第五，車服意第六。」

〔二〕屬猶勸也，音燭。

〔三〕張騭文士傳曰：「邕告吳人曰：『吾昔嘗經會稽高遷亭，見屋椽竹東間第十六可以爲笛。』取用，果有異聲。」伏滔長笛賦序云「柯亭之觀，以竹爲椽，邕取爲笛，奇聲獨絕」也。

吳人有燒桐以爨者，邕聞火烈之聲，知其良木，因請而裁爲琴，果有美音，而其尾猶焦，故時人名曰「焦尾琴」焉。〔一〕初，邕在陳留也，其鄰人有以酒食召邕者，比往而酒以酣焉。客有彈琴於屏，邕至門試潛聽之，曰：「憘！〔二〕以樂召我而有殺心，何也？」遂反。將命者告主人曰：「蔡君向來，至門而去。」邕素爲邦鄉所宗，主人遽自追而問其故，邕具以告，莫不憮然。〔三〕彈琴者曰：「我向鼓弦，見螳蜋方向鳴蟬，蟬將去而未飛，螳蜋爲之一前一卻。吾心

聳然，惟恐螳蜋之失之也，此豈爲殺心而形於聲者乎？」邕莞然而笑曰：〔四〕「此足以當之矣。」

〔一〕傅玄琴賦序曰：「齊桓公有鳴琴曰『號鍾』，楚莊有鳴琴曰『繞梁』，司馬相如『綠綺』，蔡邕有『焦尾』，皆名器也。」

〔二〕歘，擊也，音儵。

〔三〕憮，猶怪也，音武。

〔四〕莞，笑皃也，音胡板反。

中平六年，靈帝崩，董卓爲司空，聞邕名高，辟之。稱疾不就。卓大怒，詈曰：「我力能族人，蔡邕遂偃蹇者，不旋踵矣。」又切敕州郡舉邕詣府，邕不得已，到，署祭酒，甚見敬重。舉高第，補侍御史，又轉持書御史，遷尚書。三日之閒，周歷三臺。遷巴郡太守，復留爲侍中。

初平元年，拜左中郎將，從獻帝遷都長安，封高陽鄉侯。

董卓賓客部曲議欲尊卓比太公，稱尚父。卓謀之於邕，邕曰：「太公輔周，受命翦商，故特爲其號。今明公威德，誠爲巍巍，然比之尚父，愚意以爲未可。宜須關東平定，車駕還反舊京，然後議之。」卓從其言。

（初平）二年六月，地震，卓以問邕。邕對曰：「地動者，陰盛侵陽，臣下踰制之所致也。前春郊天，公奉引車駕，乘金華青蓋，爪畫兩轓，遠近以爲非宜。」〔一〕卓於是改乘皁蓋車。〔二〕

〔一〕續漢志曰：「乘輿大駕，公卿奉引，皇太子、皇子皆安車，朱輪，青蓋，金華爪，畫轓。」廣雅：「轓，箱也。」

〔二〕續漢志曰：「中二千石、二千石皆皁蓋，朱兩轓。」

卓重邕才學，厚相遇待，每集讌，輒令邕鼓琴贊事，邕亦每存匡益。然卓多自佷用，邕恨其言少從，謂從弟谷曰：「董公性剛而遂非，終難濟也。吾欲東奔兗州，若道遠難達，且遯逃山東以待之，何如？」谷曰：「君狀異恆人，每行觀者盈集。以此自匿，不亦難乎？」邕乃止。

及卓被誅，邕在司徒王允坐，殊不意言之而歎，有動於色。允勃然叱之曰：「董卓國之大賊，幾傾漢室。君爲王臣，所宜同忿，而懷其私遇，以忘大節！今天誅有罪，而反相傷痛，豈不共爲逆哉？」即收付廷尉治罪。邕陳辭謝，乞黥首刖足，繼成漢史。士大夫多矜救之，不能得。太尉馬日磾馳往謂允曰：「伯喈曠世逸才，多識漢事，當續成後史，爲一代大典。且忠孝素著，而所坐無名，誅之無乃失人望乎？」允曰：「昔武帝不殺司馬遷，使作謗書，流於後世。〔一〕方今國祚中衰，神器不固，不可令佞臣執筆在幼主左右。既無益聖德，復使吾黨蒙其訕議。」日磾退而告人曰：「王公其不長世乎？善人，國之紀也；制作，國之典也。滅紀廢典，其能久乎！」邕遂死獄中。允悔，欲止而不及。時年六十一。搢紳諸儒莫不流涕。北海鄭玄聞而歎曰：「漢世之事，誰與正之！」兗州、陳留（聞）〔閒〕皆畫像而頌焉。

〔一〕凡史官記事，善惡必書。謂遷所著史記，但是漢家不善之事，皆爲謗也。非獨指武帝之身，即高祖善家令之言，武帝算緡、榷酤之類是也。班固集云：「司馬遷著書，成一家之言。至以身陷刑，故微文刺譏，貶損當世，非誼士也。」

其撰集漢事，未見錄以繼後史。適作靈紀及十意，又補諸列傳四十二篇，因李傕之亂，湮沒多不存。所著詩、賦、碑、誄、銘、讚、連珠、箴、弔、論議、獨斷、勸學、釋誨、敍樂、女訓、篆埶、祝文、章表、書記，凡百四篇，傳於世。

論曰：意氣之感，士所不能忘也。流極之運，有生所共深悲也。〔一〕當伯喈抱鉗扭，徙幽裔，仰日月而不見照燭，臨風塵而不得經過，〔二〕其意豈及語平日倖全人哉！及解刑衣，竄歐越，潛舟江壑，不知其遠，捷步深林，尚苦不密，但願北首舊丘，歸骸先壠，又可得乎？董卓一旦入朝，辟書先下，分明枉結，信宿三遷。〔三〕匡導既申，狂僭屢革，資同人之先號，得北叟之後福。〔四〕屬其慶者，夫豈無懷？〔五〕君子斷刑，尚或爲之不舉，〔六〕況國憲倉卒，慮不先圖，矜情變容，而罰同邪黨？執政乃追怨子長謗書流後，〔七〕放此爲戮，〔八〕未或聞之典刑。

〔一〕流，極，皆放也。極音紀力反。

〔二〕謂追促之，令不得避風塵也。

〔三〕謂三日之閒，位歷三臺也。

〔四〕易同人卦曰：「先號咷而後笑。」北叟，塞上叟也。其馬亡入胡中，人皆弔之。叟曰：「何知非福？」居數月，其馬引胡駿馬而歸，人皆賀之。叟曰：「何知非禍？」及家富馬良，其子好騎，墮而折髀，人皆弔之。叟曰：「何知非福？」居一年，胡夷大入，丁壯皆戰死者十九，其子獨以跛之故，子父相保。見淮南子也。

〔五〕慶謂恩遇也。懷，思也。荷恩遇者，豈不思之乎？

〔六〕左傳鄭伯見虢叔曰：「夫司寇行戮，君爲之不舉。」杜注云：「不舉盛饌也。」

〔七〕執政謂王允也。

〔八〕放音甫往反。

贊曰：季長戚氏，才通情侈。苑囿典文，流悅音伎。〔一〕邕實慕靜，心精辭綺。斥言金商，南徂北徙。〔二〕籍梁懷董，名澆身毀。〔三〕

〔一〕侈謂紗帳、女樂之類。音伎謂鼓琴吹笛之屬也。

〔二〕謂對事於金商門，指斥而言，無隱諱也。

〔三〕籍梁謂融因籍梁冀貴幸，爲作西第頌。懷董謂邕懷董卓之恩也。澆，薄也。

校勘記

一九八〇頁五行　有菟馴擾其室傍　汲本、殿本「菟」作「兔」。按：菟兔通。

一九八〇頁八行　感東方〔朔〕客難　據汲本、殿本補。

一九八一頁一三行　乃擊牛角而〔疾〕商歌　據王先謙說補。

一九八二頁一五行　速速方轂天夭是加　刊誤謂上「夭」當作「天」，據今詩文正然。按：王先謙謂「速速」二句出詩三家。

一九八四頁四行　然失璞不完　汲本「失」作「夫」，殿本作「大」。按：此謂玉經彫琢，失去其璞，則不完也，以作「失」爲是。今本戰國策作「夫」或作「大」，皆形近而譌。

一九八四頁五行　知足矣歸反於樸則終身不辱　汲本、殿本「矣」作「以」。殿本「樸」作「璞」。今按：國策作「君子曰，觸知足矣。歸眞反璞，則終身不辱」。作「矣」是，作「以」非也。

一九八四頁一二行　泜泜庶類　按：沈欽韓謂方以智通雅「泜泜猶蚩蚩也，直借此聲耳」。按「泜泜」或本作「泯泯」，唐諱「民」所改。

一九八四頁一二行　含甘吮滋　按：「含」原譌「合」，逕據汲本、殿本改正。

一九八四頁一四行　(探)〔採〕浮釁不爲之索　據汲本、殿本改。

一九八五頁九行　晉所(格)〔洛〕反　據殿本改。

一九八五頁一五行　夫〔夫〕有逸羣之才人人有優贍之智　按：集解引何焯說，謂衍一「人」字。又引沈欽韓說，謂「夫」字當重，此揚雄「家家自以爲稷、契，人人自以爲咎陶」例。王先謙謂沈說是。今依沈說補一「夫」字。

蔡邕列傳第五十下　二〇〇九

後漢書卷六十下　二〇一〇

一九八九頁四行　倕舜(之)〔時〕巧人也　據校補改。

一九八九頁一二行　雖(底)〔風〕蓋常屬車　據汲本、殿本改。

一九九〇頁三行　建寧三年辟司徒橋玄府　按：集解引洪頤煊說，謂「司徒」當作「司空」。靈帝紀建寧三年八月，大鴻臚橋玄爲司空，四年三月，司徒許訓免，司空橋玄爲司徒。校補謂邕或於三年辟司空府，及玄轉司徒，仍以邕爲掾，則「司徒」乃「司空」之誤，否則「三年」乃「四年」之誤，必有一誤。

一九九〇頁三行　出補河平長　按：集解引錢大昕說，謂郡國志無河平縣。又引沈欽韓說，謂「河平」蓋「平阿」之誤。

一九九〇頁六行　邕乃自書(冊)〔丹〕於碑　集解引何焯說，謂「冊」當依水經注作「丹」。今據改。按：御覽五八九引作「乃自丹於碑」，無「書」字。

一九九二頁二行　市賈小民　按：張森楷校勘記謂「民」當作「人」，亦回改而誤者。

一九九二頁一二行　四時至敬　按：刊誤謂「至」當作「致」。

一九九三頁一行　臣不勝憤滿　汲本、殿本「滿」作「懣」。按：滿懣通。

一九九五頁一〇行　則(司)致太平　據刊誤刪。

一九九五頁一二行　夫瑞不虛至　按：「至」原譌「年」，逕據汲本、殿本改正。

一九九五頁一三行　(救)〔敉〕寧我人　刊誤謂「救」當作「敉」，「敉寧」出尚書。今據改。

一九九六頁三行　開羣枉之門　按：「開」原譌「閑」，逕改正。

一九九七頁二行　未嘗有此　「嘗」原作「常」，據汲本、殿本改。

一九九七頁一三行　以宣陵孝子(者)爲太子舍人　按：刊誤謂案文多一「者」字。今據刪。

一九九八頁一行　(恒)〔桓〕思皇后祖載之時　按：刊誤謂「恒」當作「桓」，謂桓帝后也。又集解引惠棟說，謂通鑑作「桓」，邕集同。今據改。

一九九八頁六行　及祖飾棺(及)〔乃〕載　「及載」之「及」，當依周禮作「乃」，今改。

一九九九頁八行　伏見廷尉郭禧　按：校補引柳從辰說，謂「禧」袁宏紀作「僖」。

一九九九頁一四行　臣以愚贛　殿本「贛」作「戇」。下「臣實愚贛」同。按：贛爲戇之或字，見集韻。

二〇〇〇頁七行　是歲元帝初即位　按：「帝」原譌「年」，逕據汲本、殿本改正。

二〇〇〇頁七行　是〔歲〕后父禁爲平陽侯　刊誤謂如上文，此處少一「歲」字。按：續志有「歲」字，今據補。又按：刊誤謂「平陽侯」當作「陽平侯」，然續志亦作「平陽侯」，今仍之。

二〇〇〇頁九行　未至於頭而止　按：續志作「未至於頭而上知之」。校補謂注誤「上」爲「止」，又脫「知之」二字。

蔡邕列傳第五十下　二〇一一

後漢書卷六十下　二〇一二

二〇〇一頁一行　謂股肱也　按：「股肱」二字原倒，逕據汲本、殿本乙。

二〇〇一頁五行　司徒劉郃　按：通鑑作「大鴻臚劉郃」，下邕上書自陳，亦言「大鴻臚劉郃」，則作「司徒」者誤，時司徒乃袁滂也。

二〇〇一頁五行　將作大匠(楊)〔陽〕球　集解引錢大昕說，謂「楊」當作「陽」。今據改，下同。

二〇〇一頁一三行　唯識忠盡　按：汲本、殿本「盡」作「藎」。

二〇〇三頁三行　齋猶持也　按：「持」原譌「特」，逕改正。

二〇〇三頁六行　不得對相指斥考事　按：「指」原譌「旨」，逕據汲本、殿本改正。

二〇〇四頁五行　讙先顯踣　按：「讙」字疑誤，海原閣校刊本蔡中郎集作「輒」。

二〇〇四頁六行　及經典羣書〔所〕宜捃摭　據殿本補。

二〇〇四頁一三行　比往而酒以酣焉　御覽五七七引「以」作「已」，無「焉」字。按：以已通。

二〇〇五頁九行　三日之閒　書鈔六十、初學記十一、御覽二百十二引謝承書「三日」作「三月」。按：校補謂既云周歷，則是已歷三官，非未拜而又徙官，自不可以日計，作「月」固較長，但後論云「信宿三遷」，則范本文似仍作「日」也。

二〇〇五頁一〇行　封高陽鄉侯　按：「鄉」原譌「卿」，逕改正。

二〇〇五頁一四行　(初平)二年　按：校補引錢大昭說，謂上文已言「初平元年」，則此「初平」二字衍。今據刪。

二〇〇六頁三行　卓多自佷用　按：刊誤謂當作「卓佷多自用」。

二〇〇六頁一四行　時年六十一　按：校補謂上文光和元年召邕詰狀，邕自陳有云「臣年四十有六」，迄初平三年，誅董卓而邕下獄死，則年甫六十，無六十一也。故錢大昭、侯康皆謂傳誤。

二〇〇六頁一五行　兗州陳留(聞)〔閒〕皆畫像而頌焉　據汲本改。

二〇〇八頁七行　不擧盛饌也　按：「盛」原譌「成」，逕改正。

後漢書卷六十一

左周黃列傳第五十一

左雄字伯豪，南(郡)〔陽〕涅陽人也。安帝時，擧孝廉，稍遷冀州刺史。州部多豪族，好請託，雄常閉門不與交通。奏案貪猾二千石，無所回忌。

永建初，公車徵拜議郎。時順帝新立，大臣懈怠，朝多闕政，雄數言事，其辭深切。尚書僕射虞詡以雄有忠公節，上疏薦之曰：「臣見方今公卿以下，類多拱默，以樹恩爲賢，盡節爲愚，至相戒曰：『白壁不可爲，容容多後福。』〔一〕伏見議郎左雄，數上封事，至引陛下身遭難戹，以爲警戒，實有王臣蹇蹇之節，周公謨成王之風。〔二〕宜擢在喉舌之官，必有匡弼之益。」由是拜雄尚書，再遷尚書令。上疏陳事曰：

〔一〕容容猶和同也。言不可獨爲白玉之清絜，當與衆人和同。

〔二〕謨，謀也。即尚書立政、無逸篇之類也。

臣聞柔遠和邇，莫大寧人，寧人之務，莫重用賢，用賢之道，必存考黜。是以皐陶

對禹，貴在知人。「安人則惠，黎民懷之。」〔一〕分伯建侯，代位親民，民用和穆，禮讓以興。故詩云：「有渰淒淒，興雨祁祁。雨我公田，遂及我私。」〔二〕及幽、厲昏亂，不自爲政，〔三〕褒豔用權，七子黨進，賢愚錯緒，深谷爲陵。故其詩云：「四國無政，不用其良。」又曰：「哀今之人，胡爲虺蜴？」言人畏吏如虺蜴也。〔四〕宗周既滅，六國并秦，阬儒泯典，剗革五等，更立郡縣，〔五〕縣設令長，郡置守尉，什伍相司，封豕其民。〔六〕大漢受命，雖未復古，然克愼庶官，蠲苛救敝，悅以濟難，撫而循之。至於文、景，天下康乂。誠由玄靖寬柔，克愼官人故也。降及宣帝，興於仄陋，綜覈名實，知時所病，刺史守相，輒親引見，考察言行，信賞必罰。帝乃歎曰：「民所以安而無怨者，政平吏良也。與我共此者，其唯良二千石乎！」以爲吏數變易，則下不安業；久於其事，則民服教化。其有政理者，輒以璽書勉勵，增秩賜金，或爵至關內侯，公卿缺則以次用之。是以吏稱其職，人安其業。漢世良吏，於茲爲盛，故能降來儀之瑞，建中興之功。〔七〕

〔一〕尚書皐陶謨之詞也。惠，愛也。黎，衆也。

〔二〕詩小雅也。渰，陰雲也。淒淒，雲興貌。祁，徐也。言陰陽和，風雨時，先雨公田，乃及私田。

〔三〕詩小雅刺幽王曰：「不自爲政，卒勞百姓。」

〔四〕褒豔謂褒姒也。豔，色美也。七子皆褒姒之親黨，謂皇甫爲卿士，仲允爲膳夫，家伯爲宰，番爲司徒，蹶爲趣馬，楀

子爲內史，楀爲師氏也。厲王淫於色，七子皆用，言妻黨盛也。四國，四方之國也。鴟鴞之性，見人則走，哀今之人皆如是，傷時政事。見詩小雅。番音方元反。棸音側流反。楀音記禹反。

〔五〕剗，削也。五等謂諸侯。

〔六〕史記，商鞅爲秦定變法之令，令人什伍而相牧司，犯禁相連坐，不告姦者腰斬。揚雄長楊賦曰「秦窫窳其士，封豕其人」也。

〔七〕宣帝時鳳皇五至，因以紀年。

漢初至今，三百餘載，俗浸彫敝，巧僞滋萌，下飾其詐，上肆其殘。典城百里，轉動無常，各懷一切，莫慮長久。謂殺害不辜爲威風，聚斂整辨爲賢能，以理己安民爲劣弱，以奉法循理爲不化。髡鉗之戮，生於睚眥；覆尸之禍，成於喜怒。視民如寇讎，稅之如豺虎。〔一〕監司項背相望，〔二〕與同疾疢，見非不舉，聞惡不察，觀政於亭傳，責成於朞月，〔三〕言善不稱德，論功不據實，虛誕者獲譽，拘檢者離毀。〔四〕或因罪而引高，或色斯以求名。〔五〕州宰不覆，競共辟召，踊躍升騰，超等踰匹。或考奏捕案，而亡不受罪，會赦行賂，復見洗滌。朱紫同色，清濁不分。故使姦猾枉濫，輕忽去就，拜除如流，缺動百數。鄉官部吏，職斯祿薄，〔六〕車馬衣服，一出於民，廉者取足，貪者充家，特選橫調，〔七〕紛紛不絕，送迎煩費，損政傷民。和氣未洽，災眚不消，咎皆在此。今之墨

綬，猶古之諸侯，〔八〕拜爵王庭，輿服有庸，〔九〕而齊於匹豎，叛命避負，非所以崇憲明理，惠育元元也。臣愚以爲守相長吏，惠和有顯效者，可就增秩，勿使移徙，非父母喪不得去官。其不從法禁，不式王命，錮之終身，〔一〇〕雖會赦令，不得齒列。若被劾奏，亡不就法者，徙家邊郡，以懲其後。鄉部親民之吏，皆用儒生清白任從政者，〔一一〕寬其負筭，〔一二〕增其秩祿，吏職滿歲，宰府州郡乃得辟舉。如此，威福之路塞，虛僞之端絕，送迎之役損，賦斂之源息。循理之吏，得成其化；率土之民，各寧其所。追配文、宣中興之軌，〔一三〕流光垂祚，永世不刊。

〔一〕國語曰：「鬬且廷見令尹子常，與之語，問蓄貨聚(焉)〔馬〕。歸以語其弟曰：『楚其亡乎？吾見令尹如餓獸豺虎焉，殆必亡者也。』」

〔二〕項背相望謂前後相顧也。背音輩。

〔三〕朞，匝也。謂一歲。

〔四〕離，遭也。

〔五〕因罪潛遁，以求高尙之名也。論語曰：「色斯舉矣。」言觀前人之顏色也。

〔六〕斯，賤也。

〔七〕調，徵也。

〔八〕墨綬謂令長，即古子男之國也。

〔九〕庸，常也。

〔一〇〕式，用也。

〔一一〕任，堪也，音人林反。

〔一二〕負，欠也。筭，口錢也。儒生未有品秩，故寬之。

〔一三〕文帝、宣帝也。文帝遭呂氏難，故亦云中興。

帝感其言，申下有司，考其眞僞，詳所施行。雄之所言，皆明達政體，而宦豎擅權，終不能用。自是選代交互，令長月易，迎新送舊，勞擾無已，或官寺空曠，無人案事，每選部劇，乃至逃亡。

永建三年，京師、漢陽地皆震裂，水泉涌出。四年，司、冀復有大水。雄推較災異，以爲下人有逆上之徵，〔一〕又上疏言：「宜密爲備，以俟不虞。」尋而靑、冀、揚州盜賊連發，數年之閒，海內擾亂。其後天下大赦，賊雖頗解，而官猶無備，流叛之餘，數月復起。雄與僕射郭虔共上疏，以爲「寇賊連年，死亡太半，一人犯法，舉宗羣亡。宜及其尙微，開令改悔。若告黨與者，聽除其罪；能誅斬者，明加其賞」。書奏，並不省。

〔一〕天鏡經曰：「大水自平地出，破山殺人，其國有兵。」

又上言：「宜崇經術，繕脩太學。」帝從之。陽嘉元年，太學新成，詔試明經者補弟子，增

甲乙之科，員各十人。除京師及郡國耆儒年六十以上爲郎、舍人、諸王國郎者百三十八人。

雄又上言：「郡國孝廉，古之貢士，出則宰民，宣協風敎。若其面牆，則無所施用。孔子曰『四十不惑』，禮稱『強仕』。請自今孝廉年不滿四十，不得察舉，皆先詣公府，諸生試家法，〔一〕文吏課牋奏，副之端門，練其虛實，以觀異能，以美風俗。有不承科令者，正其罪法。若有茂才異行，自可不拘年齒。」帝從之，於是班下郡國。明年，有廣陵孝廉徐淑，〔二〕年未及舉，臺郎疑而詰之。對曰：「詔書曰『有如顏回、子奇，不拘年齒』，〔三〕是故本郡以臣充選。」郎不能屈。雄詰之曰：「昔顏回聞一知十，孝廉聞一知幾邪？」淑無以對，乃譴却郡。於是濟陰太守胡廣等十餘人皆坐謬舉免黜，唯汝南陳蕃、潁川李膺、下邳陳球等三十餘人得拜郎中。自是牧守畏慄，莫敢輕舉。迄于永(嘉)〔憙〕，察選清平，多得其人。

〔一〕儒有一家之學，故稱家〔法〕。

〔二〕謝承書曰「淑字伯進，廣陵海西人也。寬裕博雅，好學樂道。隨父愼在京師，鑽孟氏易、春秋、公羊、禮記、周官。善誦太公六韜，交接英雄，常有壯志。舉茂才，除勃海脩令，遷琅邪都尉」也。

〔三〕解見順帝紀。

雄又奏徵海內名儒爲博士，使公卿子弟爲諸生。有志操者，加其俸祿。及汝南謝廉，

河南趙建，年始十二，各能通經，雄並奏拜童子郎。於是負書來學，雲集京師。

初，帝廢爲濟陰王，乳母宋娥與黃門孫程等共議立帝，帝後以娥前有謀，遂封爲山陽君，邑五千戶。又封大將軍梁商子冀襄邑侯。雄上封事曰：「夫裂土封侯，王制所重。高皇帝約，非劉氏不王，非有功不侯。孝安皇帝封江京、王聖等，遂致地震之異。永建二年，封陰謀之功，又有日食之變。數術之士，咸歸咎於封爵。今青州饑虛，盜賊未息，民有乏絕，上求稟貸。陛下乾乾勞思，以濟民爲務。宜循古法，寧靜無爲，以求天意，以消灾異。誠不宜追錄小恩，虧失大典。」帝不聽。雄復諫曰：「臣聞人君莫不好忠正而惡讒諛，然而歷世之患，莫不以忠正得罪，讒諛蒙倖者，蓋聽忠難，從諛易也。夫刑罪，人情之所甚惡；貴寵，人情之所甚欲。是以時俗爲忠者少，而習諛者多。故令人主數聞其美，稀知其過，迷而不悟，至於危亡。臣伏見詔書顧念阿母舊德宿恩，欲特加顯賞。案尚書故事，無乳母爵邑之制，唯先帝時阿母王聖爲野王君。聖造生讒賊廢立之禍，生爲天下所咀嚼，死爲海內所歡快。桀、紂貴爲天子，而庸僕羞與爲比者，以其無義也。夷、齊賤爲匹夫，而王侯爭與爲伍者，以其有德也。今阿母躬蹈約儉，以身率下，羣僚蒸庶，莫不向風，而與王聖並同爵號，懼違本操，失其常願。臣愚以爲凡人之心，理不相遠，其所不安，古今一也。百姓深懲王聖傾覆之禍，民萌之命，危於累卵，常懼時世復有此類。怵惕之念，未離於心；恐懼之言，未

絕乎口。乞如前議，歲以千萬給奉阿母，內足以盡恩愛之歡，外可不爲吏民所怪。梁冀之封，事非機急，宜過灾戹之運，然後平議可否。」會復有地震、緱氏山崩之異，雄復上疏諫曰：「先帝封野王君，漢陽地震，今封山陽君而京城復震，專政在陰，其灾尤大。臣前後瞽言封爵至重，王者可私人以財，不可以官，宜還阿母之封，以塞灾異。今冀已高讓，山陽君亦宜崇其本節。」雄言數切至，娥亦畏懼辭讓，而帝戀戀不能已，卒封之。後阿母遂以交遘失爵。

是時大司農劉據以職事被譴，召詣尚書，傳呼促步，又加以捶撲。雄上言：「九卿位亞三事，班在大臣，行有佩玉之節，動有庠序之儀。〔一〕孝明皇帝始有撲罰，皆非古典。」帝從而改之，其後九卿無復捶撲者。自雄掌納言，多所匡肅，每有章表奏議，臺閣以爲故事。遷司隸校尉。

〔一〕禮記曰：「公侯佩山玄玉而朱組綬，大夫佩水蒼玉而緇組綬。」

初，雄薦周舉爲尚書，舉既稱職，議者咸稱焉。及在司隸，又舉故冀州刺史馮直以爲將帥，而直嘗坐臧受罪，舉以此劾奏雄。雄悅曰：「吾嘗事馮直之父，而又與直善，今宣光以此奏吾，乃是韓厥之舉也。」由是天下服焉。〔一〕明年坐法免。後復爲尚書。永和三年卒。

〔一〕韓厥，韓獻子也。國語曰：「趙宣子舉獻子於靈公，以爲司馬。河曲之役，宣子使人以其乘車干行，獻子執而戮之。宣子皆告諸大夫曰：『可賀我矣。吾舉厥也而中吾，乃今知免於罪矣。』」

周舉字宣光，汝南汝陽人，陳留太守防之子。防在儒林傳。舉姿貌短陋，而博學洽聞，爲儒者所宗，故京師爲之語曰：「五經從橫周宣光。」

延(熹)〔光〕四年，辟司徒李郃府。時宦者孫程等既立順帝，誅滅諸閻，議郎陳禪以爲閻太后與帝無母子恩，宜徙別館，絕朝見。羣臣議者咸以爲宜。舉謂郃曰：「昔鄭武姜謀殺嚴公，嚴公誓之黃泉；秦始皇怨母失行，久而隔絕，後感潁考叔、茅焦之言，循復子道。書傳美之。〔一〕今諸閻新誅，太后幽在離宮，若悲愁生疾，一旦不虞，主上將何以令於天下？如從禪議，後世歸咎明公。宜密表朝廷，令奉太后，率厲羣臣，朝覲如舊，以厭天心，以荅人望。」郃卽上疏陳之。明年正月，帝乃朝于東宮，太后由此以安。

〔一〕鄭武姜生莊公及共叔段，愛叔段，謀殺莊公。公誓之曰：「不及黃泉，無相見也。」既而悔之。潁考叔爲潁谷封人，曰：「若掘地及泉，隧而相見，其誰曰不然！」公從之，遂爲母子如初。事見左傳。茅焦事，解見蘇竟傳也。

後長樂少府朱倀〔一〕代郃爲司徒，舉猶爲吏。時孫程等坐懷表上殿爭功，帝怒，悉徙封遠縣，勑洛陽令促期發遣。舉說朱倀曰：「朝廷在西鍾下時，非孫程等豈立？〔二〕雖韓、彭、

吳、賈之功，何以加諸！〔三〕今忘其大德，錄其小過，如道路夭折，帝有殺功臣之譏。及今未去，宜急表之。」倀曰：「今詔怒，二尚書已奏其事，吾獨表此，必致罪譴。」舉曰：「明公年過八十，位爲台輔，不於今時竭忠報國，惜身安寵，欲以何求？祿位雖全，必陷佞邪之譏；諫而獲罪，猶有忠貞之名。若舉言不足採，請從此辭。」倀乃表諫，帝果從之。

〔一〕音丑良反。

〔二〕朝廷謂順帝也。孫程與王康等十八人謀於西鍾下，共立濟陰王爲順帝也。

〔三〕韓信、彭越、吳漢、賈復也。

舉後舉茂才，爲平丘令。〔一〕上書言當世得失，辭甚切正。尚書郭虔、應賀等見之歎息，共上疏稱舉忠直，欲帝置章御坐，以爲規誡。〔二〕

〔一〕平丘，縣，屬陳留郡。

〔二〕章謂所上之書。

舉稍遷并州刺史。太原一郡，舊俗以介子推焚骸，有龍忌之禁。〔一〕至其亡月，咸言神靈不樂舉火，由是士民每冬中輒一月寒食，莫敢煙爨，老小不堪，歲多死者。舉既到州，乃作弔書以置子推之廟，言盛冬去火，殘損民命，非賢者之意，以宣示愚民，使還溫食。〔二〕於是衆惑稍解，風俗頗革。

〔一〕新序曰：「晉文公反國，介子推無爵，遂去而之介山之上。文公求之不得，乃焚其山，推遂不出而焚死。」事具耿恭傳。龍，星，木之位也，春見東方。心爲大火，懼火之盛，故爲之禁火。俗傳云子推以此日被焚而禁火。

〔二〕其事見桓譚新論及汝南先賢傳也。

轉冀州刺史。陽嘉三年，司隸校尉左雄薦舉，徵拜尚書。舉與僕射黃瓊同心輔政，名重朝廷，左右憚之。是歲河南、三輔大旱，五穀灾傷，天子親自露坐德陽殿東廂請雨，又下司隸、河南禱祀河神、名山、大澤。詔書以舉才學優深，特下策問曰：「朕以不德，仰承三統，〔一〕夙興夜寐，思協大中。〔二〕頃年以來，旱灾屢應，稼穡焦枯，民食困乏。五品不訓，王澤未流，〔三〕羣司素餐，據非其位。審所貶黜，變復之徵，厥效何由？分別具對，勿有所諱。」舉對曰：「臣聞易稱『天尊地卑，乾坤以定』。二儀交構，乃生萬物，萬物之中，以人爲貴。故聖人養之以君，成之以化，順四節之宜，適陰陽之和，使男女婚娶不過其時。包之以仁恩，導之以德教，示之以灾異，訓之以嘉祥。此先聖承乾養物之始也。夫陰陽閉隔，則二氣否塞；二氣否塞，則人物不昌；人物不昌，則風雨不時；風雨不時，則水旱成灾。陛下處唐虞之位，未行堯舜之政，近廢文帝、光武之法，而循亡秦奢侈之欲，內積怨女，外有曠夫。今皇嗣不興，東宮未立，傷和逆理，斷絕人倫之所致也。非但陛下行此而已，豎宦之人，亦復虛以形埶，威侮良家，取女閉之，至有白首歿無配偶，逆於天心。〔四〕昔武王入殷，出傾宮之

女；〔五〕成湯遭灾，以六事剋己；〔六〕魯僖遇旱，而自責祈雨：〔七〕皆以精誠轉禍爲福。自枯旱以來，彌歷年歲，未聞陛下改過之效，徒勞至尊暴露風塵，誠無益也。又下州郡祈神致請。昔齊有大旱，景公欲祀河伯，晏子諫曰：『不可。夫河伯以水爲城國，魚鼈爲民庶。水盡魚枯，豈不欲雨？自是不能致也。』〔八〕陛下所行，但務其華，不尋其實，猶緣木希魚，却行求前。〔九〕誠宜推信革政，崇道變惑，出後宮不御之女，理天下冤枉之獄，除太官重膳之費。夫五品不訓，責在司徒，有非其位，宜急黜斥。臣自藩外擢典納言，學薄智淺，不足以對。易傳曰：『陽感天，不旋日。』〔一〇〕惟陛下留神裁察。」因召見舉及尚書令成翊世、僕射黃瓊，問以得失。舉等並對以爲宜慎官人，去斥貪汙，離遠佞邪，循文帝之儉，尊孝明之教，則時雨必應。帝曰：「百官貪汙佞邪者爲誰乎？」舉獨對曰：「臣從下州，超備機密，不足以別羣臣。〔一一〕然公卿大臣數有直言者，忠貞也；阿諛苟容者，佞邪也。司徒視事六年，未聞有忠言異謀，愚心在此。」其後以事免司徒劉崎，遷舉司隸校尉。

〔一〕天統、地統、人統謂之三統。事見白武通。

〔二〕尚書洪範曰：「建用皇極。」孔安國注云：「皇，大也。極，中也。言立大中之道而行之也。」

〔三〕五品，五常之教也。書曰：「五品不遜，汝作司徒，敬敷五教在寬。」訓亦遜之義。

〔四〕歿，終也。

〔五〕帝王紀曰：「武王入殷，命召公釋箕子之囚，表商容之閭，出傾宮之女於諸侯。」

〔六〕帝王紀曰：「湯伐桀，後大旱七年，洛川竭，使人持三足鼎祝於山川曰：『政不節邪？使人疾邪？苞苴行邪？讒夫昌邪？宮室榮邪？女謁行邪？何不雨之極也！』」

〔七〕解見楊厚傳。

〔八〕晏子春秋之文。

〔九〕緣木求魚，見孟子之文。韓詩外傳曰：「夫明鏡所以照形，往古所以知今。夫惡知往古之所以危亡，無異却行而求逮於前人也。」

〔一〇〕易稽覽圖之文也。解具郎顗傳也。

〔一一〕別音彼列反。

永和元年，灾異數見，省內惡之，詔召公、卿、中二千石、尚書詣顯親殿，問曰：「言事者多云，昔周公攝天子事，及薨，成王欲以公禮葬之，天爲動變。及更葬以天子之禮，卽有反風之應。〔一〕北鄉侯親爲天子而葬以王禮，故數有灾異，宜加尊謚，列於昭穆。」羣臣議者多謂宜如詔旨，舉獨對曰：「昔周公有請命之應，隆太平之功，故皇天動威，以章聖德。北鄉侯本非正統，姦臣所立，立不踰歲，年號未改，皇天不祐，大命夭昏。〔二〕春秋王子猛不稱崩，魯子野不書葬。〔三〕今北鄉侯無它功德，以王禮葬之，於事已崇，不宜稱謚。灾眚之來，弗由此也。」於是司徒黃尚、太常桓焉等七十人同舉議，帝從之。尚字伯河，南郡人也，少

歷顯位，亦以政事稱。

〔一〕尚書洪範五行傳曰：「周公死，成王不圖大禮，故天大雷雨，禾偃，大木拔。及成王寤金縢之策，改周公之葬，尊以王禮，申命魯郊，而天立復風雨，禾稼盡起。」

〔二〕杜預注左傳曰：「短折曰夭，未名曰昏。」

〔三〕子猛，周景王之子。子野，魯襄公之子。春秋經書「王子猛卒」。杜元凱注云：「未卽位，故不言崩。」又曰：「秋九月癸巳，子野卒。」注曰：「不書葬，未成君也。」

舉出爲蜀郡太守，坐事免。大將軍梁商表爲從事中郎，甚敬重焉。六年三月上巳日，商大會賓客，讌于洛水，〔一〕舉時稱疾不往。商與親暱酣飲極歡，及酒闌倡罷，繼以䪥露之歌，坐中聞者，皆爲掩涕。〔二〕太僕張种時亦在焉，會還，以事告舉。舉歎曰：「此所謂哀樂失時，非其所也。殃將及乎！」〔三〕商至秋果薨。商疾篤，帝親臨幸，問以遺言。對曰：「人之將死，其言也善。臣從事中郎周舉，清高忠正，可重任也。」由是拜舉諫議大夫。

〔一〕周官曰：「女巫，掌歲時祓除釁浴。」鄭玄云：「如今三月上巳，水上之類也。」司馬彪續漢書曰「三月上巳，官人皆絜於東流水上，自洗濯祓除爲大絜」也。

〔二〕纂文曰：「䪥露，今之挽歌也。」崔豹古今注䪥露歌曰：「䪥上露何易晞！露晞明朝還復落，人死一去何時歸？」

〔三〕左傳曰，叔孫昭子與宋公語，相泣。樂祁退而告人曰：「君與叔孫其皆死乎？吾聞之，哀樂而樂哀，皆喪心也。心之精爽，是謂魂魄。魂魄去之，何以能久也！」

時連有灾異，帝思商言，召舉於顯親殿，問以變眚。舉對曰：「陛下初立，遵脩舊典，興化致政，遠近肅然。頃年以來，稍違於前，朝多寵倖，祿不序德。觀天察人，準今方古，誠可危懼。書曰：『僭恆暘若。』〔一〕夫僭差無度，則言不從而下不正；陽無以制，則上擾下竭。宜密嚴勑州郡，察彊宗大姦，以時禽討。」其後江淮猾賊周生、徐鳳等處處並起，如舉所陳。

〔一〕尚書洪範之文也。孔安國注曰：「君行僭差，則常暘順之也。」

時詔遣八使巡行風俗，皆選素有威名者，乃拜舉爲侍中，與侍中杜喬、守光祿大夫周栩、前青州刺史馮羨、尚書欒巴、侍御史張綱、兗州刺史郭遵、太尉長史劉班並守光祿大夫，分行天下。其刺史、二千石有臧罪顯明者，驛馬上之；墨綬以下，便輒收舉。其有清忠惠利，爲百姓所安，宜表異者，皆以狀上。於是八使同時俱拜，天下號曰「八俊」。舉於是劾奏貪猾，表薦公清，朝廷稱之。遷河內太守，徵爲大鴻臚。

及梁太后臨朝，詔以殤帝幼崩，廟次宜在順帝下。太常馬訪奏宜如詔書，諫議大夫呂勃以爲應依昭穆之序，先殤帝，後順帝。詔下公卿。舉議曰：「春秋魯閔公無子，庶兄僖公代立，其子文公遂躋僖於閔上。孔子譏之，書曰：『有事于太廟，躋僖公。』傳曰：『逆祀也。』〔一〕及定公正其序，經曰『從祀先公』，爲萬世法也。〔二〕今殤帝在先，於秩爲父，順帝在後，於親

爲子，先後之義不可改，昭穆之序不可亂。呂勃議是也。」太后下詔從之。遷光祿勳，會遭母憂去職，後拜光祿大夫。

〔一〕事見左氏傳。
〔二〕左氏傳：「從祀先公。」杜預云：「從，順也。先公，閔公、僖公也。將正二公之位，親盡，故通言先公也。」

建和三年卒。朝廷以舉清公亮直，方欲以爲宰相，深痛惜之。乃詔告光祿勳、汝南太守曰：「昔在前世，求賢如渴，封墓軾閭，以光賢哲。〔一〕故公叔見誄，翁歸蒙述，所以昭忠厲俗，作範後昆。〔二〕故光祿大夫周舉，性侔夷、魚，〔三〕忠踰隨、管，〔四〕前授牧守，及還納言，出入京輦，有欽哉之績，〔五〕在禁闈有密靜之風。予錄乃勳，用登九列。方欲式序百官，亮協三事，不永夙終，用乖遠圖。朝廷愍悼，良爲愴然。詩不云乎：『肇敏戎功，用錫爾祉。』〔六〕其令將大夫以下到喪發日復會弔。加賜錢十萬，以旌委蛇素絲之節焉。」〔七〕子勰。〔八〕

〔一〕尚書曰，武王入殷，封比干墓，軾商容閭。
〔二〕公叔文子，衞大夫也。文子卒，其子戍請謚於君。君曰：「昔者衞國凶飢，夫子爲粥與國之餓者，不亦惠乎？衞國有難，夫子以其死衞寡人，不亦貞乎？夫子聽衞國之政，脩其班制，不亦文乎？謂夫子『貞惠文子』。」事見禮記。尹翁歸爲右扶風，〔卒〕，宣帝下詔褒揚，賜金百斤。班固曰：「翁歸承風，帝揚厥聲。」故曰蒙述也。
〔三〕伯夷、史魚也。
〔四〕隨會、管仲。
〔五〕史記堯典曰：「咨十有二牧，欽哉！」
〔六〕詩大雅也。肇，謀也。敏，疾也。戎，汝也。錫，賜也。祉，福也。
〔七〕（詩）國風羔羊詩：「羔羊之皮，素絲五紽。退食自公，逶蛇逶蛇。」
〔八〕音叶。

勰字巨勝，少尚玄虛，以父任爲郎，自免歸家。父故吏河南召夔爲郡將，卑身降禮，致敬於勰。勰恥交報之，因杜門自絕。後太守舉孝廉，復以疾去。時梁冀貴盛，被其徵命者，莫敢不應，唯勰前後三辟，竟不能屈。後舉賢良方正，不應。又公車徵，玄纁備禮，固辭廢疾。常隱處竄身，慕老聃清靜，杜絕人事，巷生荊棘，十有餘歲。至延熹二年，乃開門延賓，游談宴樂，及秋而梁冀誅，年終而勰卒，時年五十。蔡邕以爲知命。自勰曾祖父揚至勰孫恂，六世一身，皆知名云。

黃瓊字世英，江夏安陸人，魏郡太守香之子也。香在文苑傳。瓊初以父任爲太子舍人，辭病不就。遭父憂，服闋，五府俱辟，連年不應。

永建中，公卿多薦瓊者，於是與會稽賀純、廣漢楊厚俱公車徵。瓊至綸氏，稱疾不進。〔一〕有司劾不敬，詔下縣以禮慰遣，遂不得已。先是徵聘處士多不稱望，李固素慕於瓊，乃以書逆遺之曰：「聞已度伊、洛，近在萬歲亭，豈即事有漸，將順王命乎？〔二〕蓋君子謂伯夷隘，柳下惠不恭，故傳曰『不夷不惠，可否之閒』。〔三〕蓋聖賢居身之所珍也。誠遂欲枕山棲谷，擬跡巢、由，斯則可矣；若當輔政濟民，今其時也。自生民以來，善政少而亂俗多，必待堯舜之君，此爲志士終無時矣。常聞語曰：『嶢嶢者易缺，皦皦者易汙。』陽春之曲，和者必寡；盛名之下，其實難副。〔四〕近魯陽樊君被徵初至，朝廷設壇席，猶待神明。〔五〕雖無大異，而言行所守無缺。而毀謗布流，應時折減者，豈非觀聽望深，聲名太盛乎？自頃徵聘之士，胡元安、薛孟嘗、朱仲昭、顧季鴻等，其功業皆無所採，是故俗論皆言處士純盜虛聲。願先生弘此遠謨，令衆人歎服，一雪此言耳。」瓊至，即拜議郎，稍遷尚書僕射。

〔一〕綸氏即夏之綸國，少康之邑也。竹書紀年云：「楚及秦伐鄭綸氏。」今洛州故嵩陽縣城是也。
〔二〕萬歲亭在今洛州故嵩陽縣西北。武帝元封元年，幸緱氏，登太室，聞山上呼萬歲聲者三，因以名焉。
〔三〕論語孔子曰，伯夷、叔齊不降其志，不辱其身。謂柳下惠、少連降志辱身。我則異於是，無可無不可。鄭玄注云：

不爲夷、齊之淸，不爲惠、連之屈，故曰異於是也。

〔四〕宋玉對楚襄王問曰：「客有歌於郢中者，爲下里巴人，國中屬而和者數千人；爲陽春白雪，屬而和者不過數百人。是其曲弥高，其和弥寡。」

〔五〕樊君，樊英也。事具英傳。

初，瓊隨父在臺閣，習見故事。及後居職，達練官曹，爭議朝堂，莫能抗奪。時連有災異，瓊上疏順帝曰：「閒者以來，卦位錯謬，〔一〕寒燠相干，蒙氣數興，日闇月散。〔二〕原之天意，殆不虛然。陛下宜開石室，案河洛，〔三〕外命史官，悉條上永建以前至漢初災異，與永建以後訖于今日，孰爲多少。又使近臣儒者參考政事，數見公卿，察問得失。諸無功德者，宜皆斥黜。臣前頗陳災眚，并薦光祿大夫樊英、太中大夫薛包及會稽賀純、廣漢楊厚，未蒙御省。伏見處士巴郡黃錯、漢陽任棠，年皆耆耋，有作者七人之志。〔四〕宜更見引致，助崇大化。」於是有詔公車徵錯等。

〔一〕易乾鑿度曰：「求卦主歲術常以太歲爲歲紀歲，七十六爲一紀，二十紀爲一蔀首。即置積蔀首歲數，加所入紀歲數，以三十二除之，不足除者以乾坤始數二卦而得一歲，未筭即主歲之卦也。」

〔二〕蒙，陰闇也。散謂不精明。

〔三〕石室，藏書之府。河洛，圖書之文也。

〔四〕論語曰：「作者七人。」注云：「謂伯夷、叔齊、虞仲、夷逸、朱張、柳下惠、少連。」

三年，大旱，瓊復上疏曰：「昔魯僖遇旱，以六事自讓，躬節儉，閉女謁，放讒佞者十三人，誅稅民受貨者九人，〔一〕退舍南郊，天立大雨。今亦宜顧省政事，有所損闕，務存質儉，以易民聽。尚方御府，息除煩費。明勑近臣，使遵法度，如有不移，示以好惡。數見公卿，引納儒士，訪以政化，使陳得失。又囚徒尚積，多致死亡，亦足以感傷和氣，招降災旱。若改敝從善，擇用嘉謀，則災消福至矣。」書奏，引見德陽殿，使中常侍以瓊奏書屬主者施行。

〔一〕春秋考異郵曰「僖公之時，雨澤不澍，比于九月，公大驚懼，率羣臣禱山川，以六過自讓，絀女謁，放下讒佞郭都（之）等十三人，誅領人之吏受貨賂趙祝等九人。曰：『辜在寡人。方今天旱，野無生稼，寡人當死，百姓何謗，請以身塞無狀』」也。

自帝卽位以後，不行籍田之禮。瓊以國之大典不宜久廢，上疏奏曰：「自古聖帝哲王，莫不敬恭明祀，增致福祥，故必躬郊廟之禮，親籍田之勤，以先羣萌，率勸農功。昔周宣王不籍千畝，虢文公以爲大譏，卒有姜戎之難，終損中興之名。〔一〕竊見陛下遵稽古之鴻業，體虔肅以應天，順時奉元，懷柔百神，朝夕觸塵埃於道路，晝暮聆庶政以卹人。雖詩詠成湯之不怠遑，書美文王之不暇食，誠不能加。〔二〕今廟祀適闋，而祈穀絜齋之事，近在明日。臣恐左右之心，不欲屢動聖躬，以爲親耕之禮，可得而廢。臣聞先王制典，籍田有日，司徒咸戒，司空除壇。先時五日，有協風之應，王卽齋宮，饗醴載耒，誠重之也。自癸巳以來，仍西北風，甘澤不集，寒涼尚結。〔三〕迎春東郊，既不躬親，先農之禮，所宜自勉，以逆和氣，以致時風。〔四〕易曰：『君子自強不息。』斯其道也。」〔五〕書奏，帝從之。

〔一〕國語曰，宣王卽位，不籍千畝。虢文公諫曰：「夫人之大事在農，上帝之粢盛於是乎出，故稷爲太官。古者太史順時覛土，農祥晨正日月，底于天廟。先時九日，太史告稷曰：『陽氣俱蒸，土膏其動。』稷以告王，王卽齋宮，百官御事。王耕一墢，班三之，庶人終于千畝。」王弗聽，後師敗績于姜氏之戎。墢音扶發反。

〔二〕詩商頌曰：「不僭不濫，不敢怠遑。」書曰「文王至于日中昃，不遑暇食」也。

〔三〕西北風曰不周風，亦曰厲風，見呂氏春秋也。

〔四〕五經通義曰：「八風者，八卦之氣。八風以時至，則陰陽變化之道成，萬物得以時育生之。」

〔五〕乾卦象曰「天行健，君子以自強不息」也。

頃之，遷尚書令。瓊以前左雄所上孝廉之選，專用儒學文吏，於取士之義，猶有所遺，乃奏增孝悌及能從政者爲四科，事竟施行。又雄前議舉吏先試之於公府，又覆之於端門，後尚書張盛奏除此科。瓊復上言：「覆試之作，將以澄洗清濁，覆實虛濫，不宜改革。」帝乃止。出爲魏郡太守，稍遷太常。和平中，以選入侍講禁中。

元嘉元年，遷司空。桓帝欲褒崇大將軍梁冀，使中朝二千石以上會議其禮。特進胡廣、太常羊溥、司隸校尉祝恬、太中大夫邊韶等，咸稱冀之勳德，其制度賚賞，以宜比周公，

錫之山川、土田、附庸。〔一〕瓊獨建議曰：「冀前以親迎之勞，增邑三千，又其子胤亦加封賞。昔周公輔相成王，制禮作樂，化致太平，是以大啓土宇，開地七百。〔二〕今諸侯以戶邑爲制，不以里數爲限。蕭何識高祖於泗水，霍光定傾危以興國，皆益戶增封，以顯其功。〔三〕冀可比鄧禹，合食四縣，賞賜之差，同於霍光，使天下知賞必當功，爵不越德。」朝廷從之。冀意以爲恨。會以地動策免。復爲太僕。

〔一〕詩魯頌曰：「王曰叔父，建尒元子，俾侯于魯，啓尒土宇，爲周室輔。乃命魯公，俾侯于東，錫之山川，土田附庸。」注云：「王，成王也。叔父，周公也。」

〔二〕禮記明堂位曰「周公相武王以伐紂。武王崩，成王幼弱，周公踐天子位，以理天下。七年，致政於成王。成王以周公有勳勞於天下，是以封周公於曲阜，地方七百里，革車千乘，命魯公世世祀周公以天子之禮樂」也。

〔三〕高祖爲泗上亭長，蕭何佐之，後拜何爲相國，益封五千戶。霍光廢昌邑王，立宣帝，後益封光萬七千戶。

永興元年，遷司徒，轉太尉。梁冀前後所託辟召，一無所用。雖有善人而爲冀所飾舉者，亦不加命。延熹元年，以日食免。復爲大司農。明年，梁冀被誅，太尉胡廣、司徒韓縯、司空孫朗皆坐阿附免廢，復拜瓊爲太尉。以師傅之恩，而不阿梁氏，乃封爲邟鄉侯，〔一〕邑千戶。瓊辭疾讓封六七上，言旨懇惻，乃許之。梁冀既誅，瓊首居公位，舉奏州郡素行貪汙至死徙者十餘人，海內由是翕然望之。尋而五侯擅權，傾動內外，自度力不能匡，乃稱疾不

起。〔二〕四年，以寇賊免。其年復爲司空。秋，以地震免。

〔一〕說文云「郎，潁川縣」也。漢潁川有周承休侯國，元始二年更名曰郎，音亢。

〔二〕五侯謂左悺、徐璜等。

七年，疾篤，上疏諫曰：「臣聞天者務剛其氣，君者務彊其政。是以王者處高自持，不可不安；履危任力，不可不據。夫自持不安則顛，任力不據則危。故聖人升高據上，則以德義爲首；涉危蹈傾，則以賢者爲力。唐堯以德化爲冠冕，以稷、契爲筋力。高而益崇，動而愈據，此先聖所以長守萬國，保其社稷者也。昔高皇帝應天順民，奮劒而王，埽除秦、項，革命創制，降德流祚。至於哀、平，而帝道不綱，秕政日亂，遂使姦佞擅朝，外戚專恣。所冠不以仁義爲冕，所蹈不以賢佐爲力，終至顛蹶，滅絕漢祚。天維陵弛，民鬼慘愴，賴皇乾眷命，炎德復輝。光武以聖武天挺，繼統興業，創基冰泮之上，立足枳棘之林。〔一〕擢賢於衆愚之中，畫功於無形之世。〔二〕崇禮義於交爭，循道化於亂離。是自歷高而不傾，任力危而不跌，興復洪祚，開建中興，光被八極，垂名無窮。至於中葉，盛業漸衰。陛下初從藩國，爰升帝位，天下拭目，謂見太平。而即位以來，未有勝政。諸梁秉權，豎宦充朝，重封累職，傾動朝廷，卿校牧守之選，皆出其門，羽毛齒革、明珠南金之寶，殷滿其室，〔三〕富擬王府，勢回天地。言之者必族，附之者必榮。忠臣懼死而杜口，萬夫怖禍而木舌，〔四〕塞陛下耳目之明，

更爲聾瞽之主。故太尉李固、杜喬，忠以直言，德以輔政，念國亡身，隕歿爲報，而坐陳國議，遂見殘滅。〔五〕賢愚切痛，海內傷懼。又前白馬令李雲，指言宦官罪穢宜誅，皆因衆人之心，以救積薪之敝。〔六〕弘農杜衆，知雲所言宜行，懼雲以忠獲罪，故上書陳理之，乞同日而死，所以感悟國家，庶雲獲免。而雲既不辜，衆又并坐，天下尤痛，益以怨結，故朝野之人，以忠爲諱。昔趙殺鳴犢，孔子臨河而反。夫覆巢破卵，則鳳皇不翔；刳牲夭胎，則麒麟不臻。誠物類相感，理使其然。〔七〕尚書周永，昔爲沛令，素事梁冀，幸其威埶，坐事當罪，越拜令職。見冀將衰，乃陽毀示忠，遂因姦計，亦取封侯。又黃門協邪，羣輩相黨，自冀興盛，腹背相親，朝夕圖謀，共搆姦軌。臨冀當誅，無可設巧，復記其惡，以要爵賞。陛下不加清徼，審別眞僞，復與忠臣並時顯封，使朱紫共色，粉墨雜蹂，所謂抵金玉於沙礫，〔八〕碎珪璧於泥塗。四方聞之，莫不憤歎。昔曾子大孝，慈母投杼；〔九〕伯奇至賢，終於流放。〔一〇〕夫讒諛所舉，無高而不可升；〔阿黨〕相抑，無深而不可淪。可不察歟？臣至頑駑，世荷國恩，身輕位重，勤不補過，然懼於永歿，負釁益深。敢以垂絕之日，陳不諱之言，庶有萬分，無恨三泉。」〔一一〕其年卒，時年七十九。贈車騎將軍，謚曰忠侯。孫琬。

〔一〕泮冰諭危陷。枳棘諭艱難。

〔二〕形，兆也。言未有天下之兆。「畫」或作「書」也。

〔三〕殷，盛也。

〔四〕法言曰「金口木舌」也。

〔五〕坐音才臥反。

〔六〕賈誼上疏曰「夫抱火厝之積薪之下而寢其上，火未及然，因謂之安。方今之政，何以異此」也。

〔七〕史記曰，孔子將西見趙簡子，至於河而聞竇鳴犢、舜華之死也，臨河而歎曰：「美哉洋洋，丘之不濟此，命也夫！竇鳴犢、舜華，晉之賢大夫也。趙簡子未得志之時，須此兩人而後從政，及其得志而殺之。丘聞刳胎殺夭，則麒麟不至郊藪；涸澤而漁，則蛟龍不合陰陽；覆巢毀卵，則鳳皇不翔。何則？君子諱傷其類也。」事亦見孔子家語文也。

〔八〕抵，投也，音紙。

〔九〕解見寇榮傳。

〔一〇〕說苑曰「王國子前母子伯奇，後母子伯封。後母欲其子立爲太子，說王曰：『伯奇好妾。』王不信。其母曰：『令伯奇於後園，妾過其旁，王上臺視之，即可知。』王如其言，伯奇入園，後母陰取蜂十數置單衣中，過伯奇邊曰：『蜂螫我。』伯奇就衣中取蜂殺之。王遙見之，乃逐伯奇」也。

〔一一〕三者數之極。一生二，二生三，三生萬物，天地人之極數。故以三爲名者，取其深之極也。

琬字子琰。少失父。早而辯慧。祖父瓊，初爲魏郡太守，建和元年正月日食，京師不見而瓊以狀聞。太后詔問所食多少，瓊思其對而未知所況。琬年七歲，在傍，曰：「何不言日食之餘，如月之初？」瓊大驚，即以其言應詔，而深奇愛之。後瓊爲司徒，琬以公孫拜童子郎，辭病不就，知名京師。時司空盛允有疾，瓊遣琬候問，會江夏上蠻賊事副府，〔一〕允發書視畢，微戲琬曰：「江夏大邦，而蠻多士少。」琬奉手對曰：「蠻夷猾夏，責在司空。」因拂衣辭去。允甚奇之。

〔一〕副本詣公府也。

稍遷五官中郎將。時陳蕃爲光祿勳，深相敬待，數與議事。舊制，光祿舉三署郎，以高功久次才德尤異者爲茂才四行。〔一〕時權富子弟多以人事得舉，而貧約守志者以窮退見遺，京師爲之謠曰：「欲得不能，光祿茂才。」〔二〕於是琬、蕃同心，顯用志士，平原劉醇、河東朱山、蜀郡殷參等並以才行蒙舉。蕃、琬遂爲權富郎所見中傷，事下御史（中）丞王暢、侍御史刁韙。韙、暢素重蕃、琬，不舉其事，而左右復陷以朋黨。暢坐左轉議郎而免蕃官，琬、韙俱禁錮。

〔一〕久次謂久居官次也。

〔二〕能音乃來反。

韙字子榮，彭城人。後陳蕃被徵，而言事者多訟韙，復拜議郎，遷尚書。在朝有鯁直

節，出爲魯、東海二郡相。性抗厲，有明略，所在稱神。常以法度自整，家人莫見墯容焉。

琬被廢弃幾二十年。至光和末，太尉楊賜上書薦琬有撥亂之才，由是徵拜議郎，擢爲青州刺史，遷侍中。中平初，出爲右扶風，徵拜將作大匠、少府、太僕。又爲豫州牧。時寇賊陸梁，州境彫殘，琬討擊平之，威聲大震。政績爲天下表，封關內侯。

及董卓秉政，以琬名臣，徵爲司徒，遷太尉，更封陽泉鄉侯。卓議遷都長安，琬與司徒楊彪同諫不從。琬退而駮議之曰：「昔周公營洛邑以寧姬，光武卜東都以隆漢，天之所啓，神之所安。大業既定，豈宜妄有遷動，以虧四海之望？」時人懼卓暴怒，琬必及害，固諫之。琬對曰：「昔白公作亂於楚，屈廬冒刃而前；〔一〕崔杼弑君於齊，晏嬰不懼其盟。〔二〕吾雖不德，誠慕古人之節。」琬竟坐免。卓猶敬其名德舊族，不敢害。後與楊彪同拜光祿大夫，及徙西都，轉司隸校尉，與司徒王允同謀誅卓。及卓將李傕、郭汜攻破長安，遂收琬下獄死，時年五十二。

〔一〕新序曰：「白公勝（殺）〔將弑〕楚惠王，王出亡，令尹、司馬皆死，勝拔劍而屬之於屈廬曰：『子與我，將舍子，不我與，將殺子。』屈廬曰：『詩有之曰：「莫莫葛藟，延于條枚，愷悌君子，求福不回。」今子殺子叔父而求福於廬也，可乎？且吾聞之：知命之士，見利不動，臨死則死，是謂人臣之禮。故上知天命，下知臣道。其有可劫乎？子胡不推之！』白公勝乃入其劍焉。」

〔二〕解見馮衍傳。

論曰：古者諸侯歲貢士，進賢受上賞，非賢貶爵土。升之司馬，辯論其才，論定然後官之，任官然後祿之。〔一〕故王者得其人，進仕勸其行，經邦弘務，所由久矣。漢初詔舉賢良、方正，州郡察孝廉、秀才，斯亦貢士之方也。中興以後，復增敦朴、有道、賢能、直言、獨行、高節、質直、清白、敦厚之屬。榮路既廣，觖望難裁，自是竊名僞服，浸以流競。權門貴仕，請謁繁興。自左雄任事，限年試才，雖頗有不密，固亦因識時宜。而黃瓊、胡廣、張衡、崔瑗之徒，泥滯舊方，互相詭駮，循名者屈其短，筭實者挺其効。故雄在尚書，天下不敢妄選，十餘年閒，稱爲得人，斯亦効實之徵乎？順帝始以童弱反政，而號令自出，知能任使，故士得用情，天下喁喁仰其風采。遂乃備玄纁玉帛，以聘南陽樊英，天子降寢殿，設壇席，尚書奉引，延問失得。急登賢之舉，虛降己之禮，於是處士鄙生，忘其拘儒，〔二〕拂巾衽褐，以企旌車之招矣。至乃英能承風，俊乂咸事，若李固、周舉之淵謨弘深，左雄、黃瓊之政事貞固，桓焉、楊厚以儒學進，崔瑗、馬融以文章顯，吳祐、蘇章、种暠、欒巴牧民之良幹，龐參、虞詡將帥之宏規，王龔、張晧虛心以推士，張綱、杜喬直道以糾違，郎顗陰陽詳密，張衡機術特妙：東京之士，於茲盛焉。向使廟堂納其高謀，彊（埸）〔場〕宣其智力，帷幄容其謇辭，舉厝稟其成式，則武、宣之軌，豈其遠而？〔三〕詩云：「靡不有初，鮮克有終。」可爲恨哉！及孝桓之時，碩德繼興，〔四〕陳蕃、楊秉處稱賢宰，皇甫、張、段出號名將，王暢、李膺彌縫衮闕，〔五〕朱穆、劉陶獻替匡時，郭有道奬鑒人倫，陳仲弓弘道下邑。其餘宏儒遠智，高心絜行，激揚風流者，不可勝言。而斯道莫振，文武陵隊，在朝者以正議嬰戮，謝事者以黨錮致灾。往車雖折，而來軫方遒。〔六〕所以傾而未顚，決而未潰，豈非仁人君子心力之爲乎？嗚呼！

〔一〕尚書大傳曰「古者諸侯之於天子，三年一貢士。一適謂之好德，再適謂之賢賢，三適謂之有功。有功者，天子賜以車服弓矢，號曰命。諸侯有不貢士謂之不率正，一不適謂之過，再不適謂之傲，三不適謂之誣。誣者，天子絀之，一絀以爵，再絀以地，三絀而爵地畢」也。

〔二〕拘儒猶褊狹也。

〔三〕而，語辭也。論語曰：「豈不爾思，室是遠而。」

〔四〕碩，大也。

〔五〕彌縫猶補合也。詩曰：「衮職有闕，惟仲山甫補之。」

〔六〕廣雅曰：「遒，急也。」

贊曰：雄作納言，古之八元。舉升以彙，越自下蕃。〔一〕登朝理政，並紓灾昏。〔二〕瓊名夙知，累章國疵。〔三〕琬亦早秀，位及志差。〔四〕

〔一〕彙，類也。易曰：「以其彙征吉。」彙音謂。

〔二〕紓，解也，音式余反。

〔三〕疵，病也。

〔四〕志意差舛，不能遂也。差音楚宜反。

校勘記

二〇二五頁三行　南（郡）〔陽〕涅陽人也　集解引洪亮吉說，謂「郡」應作「陽」，刊寫之誤。今據改。

二〇二五頁一三行　臣聞柔遠和邇　按：校補引柳從辰說，謂閩本「聞」下有「之」字。

二〇二六頁二行　興雨祁祁　按：王先謙謂據注「興雨」當作「興雲」。此用三家詩，而後人據毛改之。

二〇二六頁一五行　褒豔謂褒姒也豔色美也　集解引錢大昕說，謂章懷注用毛氏說，鄭康成則以豔妻爲厲王后，謂正月惡褒姒滅周，十月之交疾豔妻煽方處，則「褒豔」非一人。此疏上言「幽、厲昏亂」，下言「褒豔用權」，則亦與鄭說同。魯詩「豔」作「閻」，尚書中候作「剡」。閻、剡、豔文異實同，蓋其女族姓，非訓美色也。

二〇二七頁一行　厲王淫於色　殿本「厲」作「幽」。按：用毛說當作「幽」，依鄭說應作「厲」也。

二〇二八頁八行　問音貨聚（焉）〔馬〕　刊誤謂案國語作「聚馬」，此誤。今據改。

二〇二九頁一五行　詔試明經者補弟子　按：順帝紀「明經」下有「下第」二字。

二〇二〇頁一行　諸王國郎者百三十八人　按：張熷謂「者」字衍。

二〇二〇頁一〇行　迄于永(嘉)〔憙〕　「永熹」乃「永憙」之譌，今改，詳沖帝紀校勘記。汲本、殿本作「永熹」，錢大昭謂「熹」乃「憙」之譌。

二〇二〇頁一一行　故稱家〔法〕　據汲本、殿本補。

二〇二〇頁一三行　淑字伯進　按：殿本「伯進」作「伯達」。

二〇二二頁七行　九卿位亞三事　按：集解引惠棟說，謂東觀記「三事」作「三公」。

二〇二三頁二行　周舉字宣光　校補引柳從辰說，謂書鈔七十二引續漢書作「字眞先」。按：類聚五十、御覽二百五十六引無「字眞先」三字。

二〇二三頁四行　延(熹)〔光〕四年　據集解引錢大昕說改。

二〇二三頁五行　謀殺嚴公嚴公誓之黃泉　汲本、殿本「嚴」並作「莊」。按：此避明帝諱，未回改也。

二〇二四頁二行　今詔怒　按：集解引何焯說，謂「怒」下疑有脫文。

二〇二四頁三行　位爲台輔　按：汲本、殿本「爲」作「至」。

二〇二四頁八行　尙書郭虔　按：集解引汪文臺說，謂御覽五九四引張璠漢記，謂「尙書郭度見之歎息，上疏願退位避舉」。「虔」作「度」，未知孰是。

二〇二五頁一〇行　順四節之宜　按：汲本、殿本「節」作「時」。

二〇二六頁四行　猶緣木希魚却行求前　汲本、殿本「希魚」作「求魚」。按：羣書治要亦作「希魚」。李慈銘謂此因下文有「求」字而避易，今本乃據孟子妄改之。

二〇二六頁一二行　事見白武通　汲本、殿本「武」作「虎」。按：此避唐諱，未回改也。

二〇二七頁四行　解見楊厚傳　按：集解引惠棟說，謂楊厚傳無此注，黃瓊傳有之。

二〇二八頁八行　讌于洛水　按：「于」原作「乎」，逕據汲本、殿本改。

二〇二八頁一四行　鬒上露何易晞　按：集解引李良裘說，謂按古今注「露」上有「朝」字，以七字爲句。

二〇二九頁八行　兗州刺史郭遵　集解引汪文臺說，謂御覽七七八引續漢書，「郭遵」作「甄遵」。

二〇三〇頁一五行　尹翁歸爲右扶風〔卒〕　據刊誤補。

二〇三一頁五行　(詩)國風羔羊詩　據汲本、殿本刪。

二〇三一頁七行　致敬於䰟　按：「敬」原譌「敎」，逕據汲本、殿本改正。

二〇三二頁八行　常聞語曰　汲本「常」作「嘗」。按：嘗常通。

二〇三四頁六行　公大驚懼　按：「公」原譌「人」，逕據汲本、殿本改正。

二〇三四頁六行　郭都(之)等　據刊誤刪。

二〇三五頁三行　順時䚕士　按：「䚕」原譌「顧」，逕改正。又按：「䚕」字見說文辰部，汲本、殿本作「覛」，亦誤。

二〇三五頁一五行　以宜比周公　刊誤謂「以宜」當作「宜以」。集解引沈欽韓說，謂袁紀無「以」字，更順。按：原本「以」字漫漶，逕據汲本、殿本補。

二〇三六頁一行　增邑三千　按：「三千」原作「三十」，然查張元濟校勘記，謂「十」字板損宜修，則原本「十」字或亦作「千」也。今從汲本、殿本。

二〇三六頁六行　啓尒士宇　按：今詩作「大啓爾宇」。

二〇三六頁一二行　爲冀所飾舉者　按：汲本「飾」作「辟」。

二〇三六頁一三行　司徒韓縯　按：惠棟補注謂風俗通「縯」作「演」。

二〇三七頁六行　則以賢者爲力　袁宏紀作「則以忠賢爲助」。按：「忠賢」與上「德義」相對成文，當從袁紀。

二〇三八頁一行　念國亡身　殿本「亡」作「忘」。按：亡忘通。

二〇三八頁一二行　〔阿黨〕相抑　集解引王補說，謂袁紀作「阿黨相抑」。按：「阿黨相抑」與上「讒諛所舉」相對成文，今依袁紀補「阿黨」二字。

二〇三八頁一三行　敢以垂絕之日　袁紀作「敢以垂死之年」。按：袁紀瓊上疏在延熹二年，云會單超等五侯擅權，瓊自度力不能制，乃稱疾不朝，上表曰云云，與此云七年疾篤上疏詠異，措辭亦不同也。

二〇三八頁一三行　謚曰忠侯　按：惠棟補注謂袁紀作「昭侯」。

二〇三九頁七行　則蛟龍不合陰陽　汲本、殿本「不合陰陽」作「不處其淵」。按：史記孔子世家作「不合陰陽」，今本家語困誓篇作「不處其淵」。

二〇三九頁一五行　琬字子琰　按：集解引惠棟說，謂文選注引范書作「公琰」。

二〇三九頁一五行　少失父　按：集解引惠棟說，謂文選注引云「少失父母」。

二〇三九頁一五行　祖父瓊初爲魏郡太守　按：集解引惠棟說，謂文選注引云「祖父瓊育之，初爲魏郡太守」云云也。

二〇四〇頁一〇行　事下御史(中)丞王暢　據汲本補。

二〇四一頁一三行　白公勝(殺)〔將弑〕楚惠王　據今新序增刪。

二〇四一頁一四行　見利不動臨死則死是謂人臣之禮　按：校補引柳從辰說，謂今新序作「見利不動，臨死不恐，爲人臣者，時生則生，時死則死」。

二〇四二頁四行　賢能　按：「賢能」上原衍「仁」字，逕據汲本、殿本刪。

二〇四二頁六行　固亦因識時宜　按：刊誤謂案文當作「因時識宜」。

二〇四二頁一四行　彊(埸)〔場〕宜其智力　據汲本改。

二〇四三頁二行　皇甫張段　按：「段」原譌「叚」，逕改正。

後漢書卷六十二

荀韓鍾陳列傳第五十二

荀淑字季和，潁川潁陰人(也)，荀卿十一世孫也。〔一〕少有高行，博學而不好章句，多爲俗儒所非，而州里稱其知人。

〔一〕卿名況，趙人也。爲楚蘭陵令。著書二十二篇，號荀卿子。避宣帝諱，故改曰「孫」也。

安帝時，徵拜郎中，後再遷當塗長。〔一〕去職還鄉里。當世名賢李固、李膺等皆師宗之。及梁太后臨朝，有日食地震之變，詔公卿舉賢良方正，光祿勳杜喬、少府房植舉淑對策，譏刺貴倖，爲大將軍梁冀所忌，出補朗陵侯相。〔二〕莅事明理，稱爲神君。頃之，弃官歸，閑居養志。產業每增，輒以贍宗族知友。年六十七，建和三年卒。李膺時爲尚書，自表師喪。〔三〕二縣皆爲立祠。有子八人：儉，緄，靖，燾，汪，爽，肅，專，並有名稱，時人謂〔之〕「八龍」。〔四〕

〔一〕當塗，縣名，故城在今宣州。

〔二〕續漢書曰，淑對策譏刺梁氏，故出也。

〔三〕禮記曰「事師無犯無隱，左右就養無方，服勤至死，心喪三年」也。

〔四〕緄音昆。燾音道。汪音烏光反。說文云：「汪，深廣也。」俗本改作「注」，非。「專」本或作「敷」。

初，荀氏舊里名西豪，〔一〕潁陰令勃海苑康以爲昔高陽氏有才子八人，〔二〕今荀氏亦有八子，故改其里曰高陽里。

〔一〕今許州城內西南有荀淑故宅，相傳云即舊西豪里也。

〔二〕左傳曰：「昔高陽氏有才子八人：蒼舒，隤敳，檮戭，大臨，尨降，庭堅，仲容，叔達。」

靖有至行，不仕，年五十而終，號曰玄行先生。〔一〕

〔一〕皇甫謐高士傳曰「靖字叔慈，少有俊才，動止以禮。靖弟爽亦以才顯於當時。或問汝南許章曰：『爽與靖孰賢？』章曰：『皆玉也。慈明外朗，叔慈內潤。』及卒，學士惜之，誄靖者二十六人。潁陰令丘禎追號靖曰玄行先生」也。

淑兄子昱字伯條，曇字元智。昱爲沛相，曇爲廣陵太守。兄弟皆正身疾惡，志除閹宦。其支黨賓客有在二郡者，纖罪必誅。昱後共大將軍竇武謀誅中官，與李膺俱死。曇亦禁錮終身。

爽字慈明，一名諝。〔一〕幼而好學，年十二，能通春秋、論語。太尉杜喬見而稱之，曰：「可爲人師。」爽遂耽思經書，慶弔不行，徵命不應。潁川爲之語曰：「荀氏八龍，慈明無雙。」

〔一〕音息汝反。

延熹九年，太常趙典舉爽至孝，拜郎中。對策陳便宜曰：

臣聞之於師曰：「漢爲火德，火生於木，木盛於火，故其德爲孝，〔一〕其象在周易之離。」夫在地爲火，在天爲日。〔二〕在天者用其精，在地者用其形。夏則火王，其精在天，溫暖之氣，養生百木，是其孝也。冬時則廢，其形在地，酷烈之氣，焚燒山林，是其不孝也。故漢制使天下誦孝經，選吏舉孝廉。〔三〕夫喪親自盡，孝之終也。〔四〕今之公卿及二千石，三年之喪，不得即去，殆非所以增崇孝道而克稱火德者也。往者孝文勞謙，行過乎儉，〔五〕故有遺詔以日易月。此當時之宜，不可貫之萬世。古今之制雖有損益，而諒闇之禮未嘗改移，以示天下莫遺其親。〔六〕今公卿羣寮皆政教所瞻，而父母之喪不得奔赴。夫仁義之行，自上而始；敦厚之俗，以應乎下。傳曰：「喪祭之禮闕，則人臣之恩薄，背死忘生者衆矣。」曾子曰：「人未有自致者，必也親喪乎！」〔七〕春秋傳曰：「上之所爲，民之歸也。」〔八〕夫上所不爲而民或爲之，故加刑罰；若上之所爲，民亦爲之，又何誅焉？昔丞相翟方進，以自備宰相，而不敢踰制。至遭母憂，三十六日而

除。〔九〕夫失禮之源，自上而始。古者大喪三年不呼其門，〔一〇〕所以崇國厚俗篤化之道也。事失宜正，過勿憚改。〔一一〕天下通喪，可如舊禮。〔一二〕

〔一〕火，木之子；夏，火之位。木至夏而盛，故爲孝。

〔二〕易說卦曰「離爲火，爲日」也。

〔三〕平帝時，王莽作書八篇戒子孫，令學官以教授，吏能誦者比孝經。晉義云：「言用之得選舉之也。」

〔四〕盡謂盡其哀戚也。

〔五〕易謙卦九三爻：「勞謙君子，有終吉。」

〔六〕遺，忘也。

〔七〕事見論語。致猶盡也，極也。

〔八〕左氏傳臧武仲之言。

〔九〕前書翟方進爲丞相，遭後母憂，行服三十六日起視事，曰：「不敢踰國制也。」

〔一〇〕公羊傳之文也。何休注云：「重奪孝子之恩。」

〔一一〕憚，難也。

〔一二〕禮記曰：「三年之喪，天下之通喪也。」

臣聞有夫婦然後有父子，有父子然後有君臣，有君臣然後有上下，有上下然後有禮義。禮義備，則人知所厝矣。〔一〕夫婦人倫之始，王化之端，故文王作易，上經首乾、

坤，下經首咸、恆。〔二〕孔子曰：「天尊地卑，乾坤定矣。」〔三〕夫婦之道，所謂順也。堯典曰：「釐降二女于嬀汭，嬪于虞。」降者下也，嬪者婦也。言雖帝堯之女，下嫁於虞，猶屈體降下，勤修婦道。易曰：「帝乙歸妹，以祉元吉。」〔四〕婦人謂嫁曰歸，言湯以娶禮歸其妹於諸侯也。〔五〕今漢承秦法，設尚主之儀，以妻制夫，以卑臨尊，違乾坤之道，失陽唱之義。〔六〕孔子曰：「昔聖人之作易也，仰則觀象於天，俯則察法於地，覩鳥獸之文，與地之宜。近取諸身，遠取諸物，以通神明之德，以類萬物之情。」〔七〕今觀法於天，則北極至尊，四星妃后。〔八〕察法於地，則崐山象夫，卑澤象妻。〔九〕覩鳥獸之文，鳥則雄者鳴鴝，雌能順服；獸則牡爲唱導，牝乃相從。近取諸身，則乾爲人首，坤爲人腹。〔一〇〕遠取諸物，則木實屬天，根荄屬地。〔一一〕陽尊陰卑，蓋乃天性。且詩初篇實首關雎；禮始冠、婚，先正夫婦。〔一二〕天地六經，其旨一揆。宜改尚主之制，以稱乾坤之性。遵法堯、湯，式是周、孔。〔一三〕合之天地而不謬，質之鬼神而不疑。人事如此，則嘉瑞降天，吉符出地，五韙咸備，各以其敍矣。〔一四〕

〔一〕語見易序卦也。

〔二〕易乾、坤至離爲上經，咸、恆至未濟爲下經。

〔三〕易繫辭也。

〔四〕易泰卦六五爻辭也。王輔嗣注云：「婦人謂嫁曰歸。泰者，陰陽交通之時，女處尊位，履中居順，降身應二，帝乙歸妹，誠合斯義也。」案史記紂父名帝乙，此文以帝乙爲湯，湯名天乙也。

〔五〕公羊傳曰：「夏單伯逆王姬。單伯者何？吾大夫之命于天子者。何以不稱使？天子召而使逆之。逆之者何？使我主之也。曷爲使我主之？天子嫁女於諸侯，必使同姓諸侯主之。」何休注云：「不自爲主，尊卑不敵也。」

〔六〕易緯曰「陽唱而陰和」也。

〔七〕皆易繫之文也。

〔八〕北極，北辰也。軒轅四星，女主之象也。

〔九〕崐猶高也。易艮下兌上爲咸。艮爲山，夫象也。兌爲澤，妻象也。咸，感也。山澤通氣，夫婦之相感也。

〔一〇〕易說卦之文也。

〔一一〕荄音該。

〔一二〕儀禮士冠禮爲始，士婚禮次之。

〔一三〕式，法也。

〔一四〕韙，是也。史記曰：「休徵：曰肅，時雨若；曰乂，時(陽)〔暘〕若；曰晳，時燠若；曰謀，時寒若；曰聖，時風若。」五是來備，各以其敍也。

昔者聖人建天地之中而謂之禮，禮者，所以興福祥之本，而止禍亂之源也。人能枉欲從禮者，則福歸之；順情廢禮者，則禍歸之。推禍福之所應，知興廢之所由來也。衆禮之中，婚禮爲首。故天子娶十二，天之數也；諸侯以下各有等差，事之降也。〔一〕陽性純而能施，陰體順而能化，以禮濟樂，節宣其氣。〔二〕故能豐子孫之祥，致老壽之福。及三代之季，淫而無節。瑤臺、傾宮，陳妾數百。〔三〕陽竭於上，陰隔於下。故周公之戒曰：「不知稼穡之艱難，不聞小人之勞，惟耽樂之從，時亦罔或克壽。」是其明戒。〔四〕後世之人，好福不務其本，惡禍不易其軌。傳曰：「截趾適屨，孰云其愚？何與斯人，追欲喪軀？」誠可痛也。〔五〕臣竊聞後宮采女五六千人，從官侍使復在其外。冬夏衣服，朝夕稟糧，耗費縑帛，空竭府藏，徵調增倍，十而稅一，空賦不辜之民，以供無用之女，百姓窮困於外，陰陽隔塞于內。故感動和氣，災異屢臻。臣愚以爲諸非禮聘未曾幸御者，一皆遣出，使成妃合。一曰通怨曠，和陰陽。二曰省財用，實府藏。三曰脩禮制，綏眉壽。四曰配陽施，祈螽斯。〔六〕五曰寬役賦，安黎民。此誠國家之弘利，天人之大福也。

〔一〕白虎通曰：「天子娶十二，法天，則有十二月，百物畢生也。」又曰「諸侯娶九女」也。

〔二〕左傳曰，昔晉侯有疾，醫和視之，曰：「疾不可爲也。是爲近女室，疾如蠱，非鬼非食，惑以喪志。」公曰：「女不可近乎？」對曰：「節之。先王之樂，所以節百事也。天有六氣，過則爲災。」於是乎節宣其氣也。

〔三〕列女傳曰，夏桀爲琁室、瑤臺，以臨雲雨，紂爲傾宮。解見桓帝紀也。

〔四〕事見尚書無逸篇，其詞與此微有不同也。

〔五〕適猶從也。言喪身之愚，甚於截趾也。

〔六〕螽斯，蚣蝑也，其性不妒，故能子孫衆多。詩曰：「螽斯羽，詵詵兮。宜爾子孫，振振兮。」

夫寒熱晦明，所以爲歲；尊卑奢儉，所以爲禮；故以晦明寒暑之氣，尊卑侈約之禮爲其節也。易曰：「天地節而四時成。」〔一〕春秋傳曰：「唯器與名不可以假人。」〔二〕孝經曰：「安上治民，莫善於禮。」禮者，尊卑之差，上下之制也。昔季氏八佾舞於庭，非有傷害困於人物，而孔子猶曰「是可忍也，孰不可忍」。洪範曰：「惟辟作威，惟辟作福，惟辟玉食。」凡此三者，君所獨行而臣不得同也。今臣僭君服，下食上珍，所謂害于而家，凶於而國者也。宜略依古禮尊卑之差，及董仲舒制度之別，〔三〕嚴(篤)〔督〕有司，必行其命。此則禁亂善俗足用之要。

奏聞，即弃官去。

〔一〕節卦彖辭文也。

〔二〕杜預注左氏云：「器謂車服，名謂爵號。」

〔三〕前書董仲舒曰：「王者正法度之宜，別上下之序，以防欲也。」

後遭黨錮，隱於海上，又南遁漢濱，積十餘年，以著述爲事，遂稱爲碩儒。黨禁解，五府並辟，司空袁逢舉有道，不應。及逢卒，爽制服三年，當世往往化以爲俗。時人多不行妻服，雖在親憂猶有弔問喪疾者，又私謚其君父及諸名士，爽皆引據大義，正之經典，雖不悉變，亦頗有改。〔一〕

〔一〕喪服曰：「夫爲妻齊縗杖朞。」禮記曰：「曾子問：『三年之喪弔乎？』孔子曰：『禮以飾情。三年之喪而弔哭，不亦虛乎！』」

後公車徵爲大將軍何進從事中郎。進恐其不至，迎薦爲侍中，及進敗而詔命中絕。獻帝即位，董卓輔政，復徵之。爽欲遁命，吏持之急，不得去，因復就拜平原相。行至宛陵，復追爲光祿勳。視事三日，進拜司空。爽自被徵命及登台司，九十五日。因從遷都長安。爽見董卓忍暴滋甚，必危社稷，其所辟舉皆取才略之士，將共圖之，亦與司徒王允及卓長史何顒等爲內謀。會病薨，年六十三。著禮、易傳、詩傳、尚書正經、春秋條例，又集漢事成敗可爲鑒戒者，謂之漢語。又作公羊問及辯讖，并它所論敍，題爲新書。凡百餘篇，今多所亡缺。兄子悅、彧並知名。彧自有傳。

論曰：荀爽、鄭玄、申屠蟠俱以儒行爲處士，累徵並謝病不詣。及董卓當朝，復備禮召

之。蟠、玄竟不屈以全其高。爽已黃髮矣，獨至焉，未十旬而取卿相。意者疑其乖趣舍，余竊商其情，以爲出處君子之大致也，平運則弘道以求志，陵夷則濡跡以匡時。〔一〕荀公之急急自勵，其濡跡乎？不然，何爲違貞吉而履虎尾焉？〔二〕觀其遜言遷都之議，以救楊、黃之禍。〔三〕及後潛圖董氏，幾振國命，所謂「大直若屈」，道固逶迤也。〔四〕

〔一〕濡跡，解見崔駰傳。
〔二〕易履卦曰：「履道坦坦，幽人貞吉。」又曰：「履虎尾，不咥人亨。」王輔嗣注云：「履虎尾者，言其危也。」
〔三〕楊彪、黃琬也。
〔四〕老子云：「大直若屈，大巧若拙。」逶迤，曲也。

悅字仲豫，儉之子也。儉早卒。悅年十二，能說春秋。家貧無書，每之人閒，所見篇牘，一覽多能誦記。性沈靜，美姿容，尤好著述。靈帝時閹官用權，士多退身窮處，悅乃託疾隱居，時人莫之識，唯從弟彧特稱敬焉。初辟鎭東將軍曹操府，遷黃門侍郎。獻帝頗好文學，悅與彧及少府孔融侍講禁中，旦夕談論。累遷祕書監、侍中。

時政移曹氏，天子恭己而已。悅志在獻替，而謀無所用，乃作申鑒五篇。其所論辯，通見政體，既成而奏之。其大略曰：

夫道之本，仁義而已矣。〔一〕五典以經之，羣籍以緯之，詠之歌之，弦之舞之，前監既明，後復申之。故古之聖王，其於仁義也，申重而已。

〔一〕易曰：「立人之道曰仁與義。」

致政之術，先屏四患，乃崇五政。

一曰僞，二曰私，三曰放，四曰奢。僞亂俗，私壞法，放越軌，奢敗制。四者不除，則政末由行矣。夫俗亂則道荒，雖天地不得保其性矣；法壞則世傾，雖人主不得守其度矣；軌越則禮亡，雖聖人不得全其道矣；制敗則欲肆，雖四表不得充其求矣。〔一〕是謂四患。

〔一〕肆，放也。

興農桑以養其（性）〔生〕，審好惡以正其俗，宣文教以章其化，立武備以秉其威，明賞罰以統其法。是謂五政。

人不畏死，不可懼以罪。人不樂生，不可勸以善。雖使契布五教，皋陶作士，政不行焉。〔一〕故在上者先豐人財以定其志，帝耕籍田，后桑蠶宮，〔二〕國無遊人，野無荒業，財不賈用，〔三〕力不妄加，以周人事。是謂養生。〔四〕

〔一〕尚書舜謂契曰：「汝作司徒，敬敷五教在寬。」謂皋陶曰：「汝作士，明于五刑。」

〔二〕籍田事，解見明紀。禮記曰：「季春之月，后妃齋戒，親東向桑，以勸蠶事。」古者天子諸侯必有公桑蠶室，近川而爲之，宮仞有三尺也。
〔三〕言自足也。
〔四〕周，給也。

君子之所以動天地，應神明，正萬物而成王化者，必乎眞定而已。故在上者審定好醜焉。善惡要乎功罪，毀譽效於準驗。聽言責事，舉名察實，無惑詐僞，以蕩衆心。故事無不覈，物無不切，善無不顯，惡無不章，俗無姦怪，民無淫風。百姓上下覩利害之存乎已也，故肅恭其心，愼修其行，內不回惑，外無異望，則民志平矣。是謂正俗。

君子以情用，小人以刑用。榮辱者，賞罰之精華也。故禮教榮辱，以加君子，化其情也；桎梏鞭撲，以加小人，化其刑也。君子不犯辱，況於刑乎！小人不忌刑，況於辱乎！若教化之廢，推中人而墜於小人之域；教化之行，引中人而納於君子之塗。是謂章化。〔一〕小人之情，緩則驕，驕則恣，恣則怨，怨則叛，危則謀亂，安則思欲，非威強無以懲之。故在上者，必有武備，以戒不虞，以遏寇虐。安居則寄之內政，有事則用之軍旅。〔二〕是謂秉威。

〔一〕章，明也。

〔三〕國語齊桓公問管仲曰：「國安可乎？」管仲曰：「未可。君若正卒伍，脩甲兵，則大國亦將脩之，小國設備，可作內政而寄軍令焉。」注云：「〔正〕〔政〕，國政也。言脩國政而寄軍令，鄰國不知。」

賞罰，政之柄也。〔一〕明賞必罰，審信慎令，賞以勸善，罰以懲惡。人主不妄賞，非徒愛其財也，賞妄行則善不勸矣。不妄罰，非矜其人也，罰妄行則惡不懲矣。賞不勸謂之止善，罰不懲謂之縱惡。在上者能不止下爲善，不縱下爲惡，則國法立矣。是謂統法。

〔一〕韓子曰：「二柄者，刑、德也。殺戮之謂刑，慶賞之謂德。」

四患既蠲，五政又立，行之以誠，守之以固，簡而不怠，疏而不失，無爲爲之，使自施之，無事事之，使自交之。〔二〕不肅而成，不嚴而化，垂拱揖讓，而海內平矣。是謂爲政之方。

〔二〕老子曰：「爲無爲，事無事。」又曰「故德交歸」也。

又言：

尚主之制非古。釐降二女，陶唐之典。歸妹元吉，帝乙之訓。王姬歸齊，宗周之禮。以陰乘陽違天，以婦陵夫違人。違天不祥，違人不義。又古者天子諸侯有事，必告于廟。朝有二史，左史記言，右史書事。〔一〕事爲春秋，言爲尚書。君舉必記，善惡

成敗，無不存焉。下及士庶，苟有茂異，咸在載籍。或欲顯而不得，或欲隱而名章。得失一朝，而榮辱千載。善人勸焉，淫人懼焉。〔二〕宜於今者備置史官，掌其典文，紀其行事。每於歲盡，舉之尚書。以助賞罰，以弘法教。

〔一〕禮記曰「天子朝日于東門之外，聽朔于南門之外，閏月則闔門左扉，立于其中，動則左史書之，言則右史書之」也。

〔二〕淫，過也。左氏傳曰「或求名而不得，或欲蓋而名章，書齊豹盜三叛人名，以懲不義」也。

帝覽而善之。

帝好典籍，常以班固漢書文繁難省，乃令悅依左氏傳體以爲漢紀三十篇，詔尚書給筆札。辭約事詳，論辨多美。其序之曰：「昔在上聖，惟建皇極，經緯天地，觀象立法，乃作書契，以通宇宙，揚于王庭，厥用大焉。先王光演大業，肆于時夏。〔一〕亦惟厥後，永世作典。夫立典有五志焉：一曰達道義，二曰章法式，三曰通古今，四曰著功勳，五曰表賢能。於是天人之際，事物之宜，粲然顯著，罔不備矣。世濟其軌，不隕其業。〔二〕損益盈虛，與時消息。臧否不同，其揆一也。漢四百有六載，撥亂反正，統武興文，永惟祖宗之洪業，思光啓乎萬嗣。聖上穆然，惟文之恤，瞻前顧後，是紹是繼，闡崇大猷，命立國典。於是綴敘舊書，以述漢紀。中興以前，明主賢臣得失之軌，亦足以觀矣。」

〔一〕詩周頌曰：「我求懿德，肆於時夏。」鄭玄注曰：「懿，美也。肆，陳也。我，武王也。求美德之士而任用之，故陳於是夏而歌之也。」

〔二〕濟，成也。

又著崇德、正論及諸論數十篇。年六十二，建安十四年卒。

韓韶字仲黃，潁川舞陽人也。少仕郡，辟司徒府。時太山賊公孫舉僞號歷年，守令不能破散，多爲坐法。尚書選三府掾能理劇者，乃以韶爲嬴長。〔一〕賊聞其賢，相戒不入嬴境。餘縣多被寇盜，廢耕桑，其流入縣界求索衣糧者甚衆。韶愍其飢困，乃開倉賑之，所稟贍萬餘戶。主者爭謂不可。韶曰：「長活溝壑之人，而以此伏罪，含笑入地矣。」太守素知韶名德，竟無所坐。以病卒官。同郡李膺、陳寔、杜密、荀淑等爲立碑頌焉。

〔一〕嬴，縣，故城在今兗州博城縣東北。

子融，字元長。少能辯理而不爲章句學。聲名甚盛，五府並辟。獻帝初，至太僕。年七十卒。

鍾皓字季明，潁川長社人也。爲郡著姓，世善刑律。皓少以篤行稱，公府連辟，爲二兄未仕，避隱密山，〔一〕以詩律教授門徒千餘人。同郡陳寔，年不及皓，皓引與爲友。皓爲郡功曹，會辟司徒府，臨辭，太守問：「誰可代卿者？」皓曰：「明府欲必得其人，西門亭長陳寔可。」寔聞之，曰：「鍾君似不察人，不知何獨識我？」皓頃之自劾去。前後九辟公府，徵爲廷尉正、博士、林慮長，皆不就。時皓及荀淑並爲士大夫所歸慕。李膺常歎曰：「荀君清識難尚，鍾君至德可師。」

〔一〕密縣山也。

皓兄子瑾母，膺之姑也。瑾好學慕古，有退讓風，與膺同年，俱有聲名。膺祖太尉脩，常言：「瑾似我家性，邦有道不廢，邦無道免於刑戮。」復以膺妹妻之。瑾辟州府，未嘗屈志。膺謂之曰：「孟子以爲『人無是非之心，非人也』。〔一〕弟何期不與孟軻同邪？」瑾常以膺言白皓。皓曰：「昔國武子好昭人過，以致怨本。〔二〕卒保身全家，爾道爲貴。」其體訓所安，多此類也。

〔一〕孟子曰：「人無惻隱之心，非人也。無羞惡之心，非人也。無辭讓之心，非人也。無是非之心，非人也。」

〔二〕國武子，齊大夫。齊慶克通於齊君之母，國武子知之而責慶克，夫人遂譖武子而逐之。事見左傳。

年六十九，終於家。諸儒頌之曰：「林慮懿德，非禮不處。悅此詩書，弦琴樂古。五就州招，九應台輔。逡巡王命，卒歲容與。」皓孫緄，建安中爲司隸校尉。〔一〕

〔一〕海內先賢傳曰：「緄字元常，郡主簿迪之子也。」魏志曰：「舉孝廉爲尙書郎，辟三府爲廷尉正、黃門侍郎。」

陳寔字仲弓，潁川許人也。出於單微。自爲兒童，雖在戲弄，爲等類所歸。少作縣吏，常給事廝役，後爲都亭（剌）佐。而有志好學，坐立誦讀。縣令鄧邵試與語，奇之，聽受業太學。後令復召爲吏，乃避隱陽城山中。時有殺人者，同縣楊吏以疑寔，縣遂逮繫，考掠無實，而後得出。及爲督郵，乃密託許令，禮召楊吏。遠近聞者，咸歎服之。

家貧，復爲郡西門亭長，尋轉功曹。時中常侍侯覽託太守高倫用吏，倫教署爲文學掾。寔知非其人，懷檄請見。〔一〕言曰：「此人不宜用，而侯常侍不可違。寔乞從外署，不足以塵明德。」倫從之。〔二〕於是鄉論怪其非舉，寔終無所言。倫後被徵爲尙書，郡中士大夫送至輪氏傳舍。〔三〕倫謂衆人言曰：「吾前爲侯常侍用吏，陳君密持教還，而於外白署。比聞議

者以此少之，此咎由故人畏憚強禦，陳君可謂善則稱君，過則稱己者也。」寔固自引愆，聞者方歎息，由是天下服其德。

〔一〕檄，板書。謂以高倫之教書之於檄而懷之者，懼洩事也。

〔二〕請從外署之舉，不欲陷倫於請託也。

〔三〕輪氏，縣名，屬潁川郡，今故高陽縣是。

司空黃瓊辟選理劇，補聞喜長，旬月，以朞喪去官。復再遷除太丘長。〔一〕修德清靜，百姓以安。鄰縣人戶歸附者，寔輒訓導譬解，發遣各令還本司官行部。〔二〕吏慮有訟者，白欲禁之。寔曰：「訟以求直，禁之理將何申？其勿有所拘。」司官聞而歎息曰：「陳君所言若是，豈有怨於人乎？」亦竟無訟者。以沛相賦斂違法，乃解印綬去，吏人追思之。

〔一〕太丘，縣，屬沛國，故城在今亳州永城縣西北也。

〔二〕司官謂主司之官也。

及後逮捕黨人，事亦連寔。餘人多逃避求免，寔曰：「吾不就獄，衆無所恃。」乃請囚焉。遇赦得出。靈帝初，大將軍竇武辟以爲掾屬。時中常侍張讓權傾天下。讓父死，歸葬潁川，雖一郡畢至，而名士無往者，讓甚恥之，寔乃獨弔焉。及後復誅黨人，讓感寔，故多所全宥。

寔在鄉閭，平心率物。其有爭訟，輒求判正，曉譬曲直，退無怨者。至乃歎曰：「寧爲刑罰所加，不爲陳君所短。」時歲荒民儉，有盜夜入其室，止於梁上。寔陰見，乃起自整拂，呼命子孫，正色訓之曰：「夫人不可不自勉。不善之人未必本惡，習以性成，遂至於此。梁上君子者是矣！」盜大驚，自投於地，稽顙歸罪。寔徐譬之曰：「視君狀貌，不似惡人，宜深剋己反善。然此當由貧困。」令遺絹二匹。自是一縣無復盜竊。

太尉楊賜、司徒陳耽，每拜公卿，羣僚畢賀，賜等常歎寔大位未登，愧於先之。及黨禁始解，大將軍何進、司徒袁隗遣人敦寔，〔一〕欲特表以不次之位。寔乃謝使者曰：「寔久絕人事，飾巾待終而已。」時三公每缺，議者歸之，累見徵命，遂不起，閉門懸車，棲遲養老。中平四年，年八十四，卒于家。何進遣使弔祭，海內赴者三萬餘人，制衰麻者以百數。共刊石立碑，諡爲文範先生。〔二〕

〔一〕敦，勸也。

〔二〕先賢行狀曰：「將軍何進遣官屬弔祠爲諡。」

有六子，紀、諶最賢。

紀字元方，亦以至德稱。兄弟孝養，閨門廱和，後進之士皆推慕其風。及遭黨錮，發憤著書數萬言，號曰陳子。黨禁解，四府並命，無所屈就。遭父憂，每哀至，輒歐血絕氣，雖衰

服已除，而積毀消瘠，殆將滅性。豫州刺史嘉其至行，表上尙書，圖象百城，以厲風俗。董卓入洛陽，乃使就家拜五官中郎將，不得已，到京師，遷侍中。出爲平原相，往謁卓，時欲徙都長安，乃謂紀曰：「三輔平敞，四面險固，土地肥美，號爲陸海。〔一〕今關東兵起，恐洛陽不可久居。長安猶有宮室，今欲西遷何如？」紀曰：「天下有道，守在四夷。〔二〕宜脩德政，以懷不附。遷移至尊，誠計之末者。愚以公宜事委公卿，專精外任。其有違命，則威之以武。今關東兵起，民不堪命。若謙遠朝政，率師討伐，則塗炭之民，庶幾可全。若欲徙萬乘以自安，將有累卵之危，峥嶸之險也。」〔三〕卓意甚忤，而敬紀名行，無所復言。時議欲以爲司徒，紀見禍亂方作，不復辨嚴，〔四〕即時之郡。璽書追拜太僕，又徵爲尙書令。建安初，袁紹爲太尉，讓於紀；紀不受，拜大鴻臚。年七十一，卒於官。

〔一〕前書曰，東方朔曰：「三輔之地，南有江、淮，北有河、渭，汧、隴以東，商、洛以西，厥壤肥饒，此所謂天府陸海之地。」

〔二〕左傳曰，楚沈尹戍曰「古者天子守在四夷。天子卑，守在諸侯」也。

〔三〕累卵，解見皇后紀。峥音士耕反。

〔四〕嚴讀曰裝也。

子羣，爲魏司空。〔一〕天下以爲公慙卿，卿慙長。

〔一〕羣字長文。魏志曰「魯國孔融才高倨傲，年在羣、紀之閒，先與〔紀友，後與〕羣交，更爲紀拜，由是顯名」也。

弟諶，字季方。與紀齊德同行，父子並著高名，時號三君。每宰府辟召，常同時旍命，羔鴈成羣，〔一〕當世者靡不榮之。諶早終。〔二〕

〔一〕古者諸侯朝天子，卿執羔，大夫執鴈，士執雉。成羣言衆多也。
〔二〕先賢行狀曰：「豫州百城，皆圖畫寔、紀、諶形像焉。」

論曰：漢自中世以下，閹豎擅恣，故俗遂以遁身矯絜放言爲高。〔一〕士有不談此者，則芸夫牧豎已叫呼之矣。〔二〕故時政彌惽，而其風愈往。唯陳先生進退之節，必可度也。據於德故物不犯，安於仁故不離羣，行成乎身而道訓天下，故凶邪不能以權奪，王公不能以貴驕，所以聲教廢於上，而風俗清乎下也。

〔一〕放肆其言，不拘節制也。論語曰：「隱居放言。」
〔二〕叫呼，譏笑之也。芸，除草也。

贊曰：二李師淑，陳君友皓。韓韶就吏，嬴寇懷道。太丘奥廣，模我彝倫。曾是淵軌，薄夫以淳。〔一〕慶基既啓，有蔚潁濱，二方承則，八慈繼塵。〔二〕

〔一〕曾之言則也。
〔二〕二方，元方、季方也。荀淑八子，皆以慈爲字，見荀氏家傳也。

校勘記

二〇四九頁三行　潁川潁陰人（也）　校補謂案文「也」字誤衍。沈家本說同。今據刪。
二〇四九頁一〇行　有子八人儉緄靖燾汪爽肅專　三國魏志荀彧傳裴注引張璠漢紀，「汪」作「詵」，「專」作「旉」。按：集解引錢大昕說，謂「專」當作「旉」。
二〇四九頁一〇行　時人謂〔之〕八龍　據汲本補。
二〇五〇頁七行　檮戭　按：「檮」原誤「擣」，逕改正。
二〇五〇頁一一行　淑兄子昱　按：靈帝紀「昱」作「翌」，通鑑同。
二〇五一頁一一行　未嘗改移　「嘗」原作「常」，逕據汲本、殿本改。按：常嘗古通作。
二〇五一頁一五行　以自備宰相而不敢踰制　按：刊誤謂「以自」當作「自以」。
二〇五四頁一四行　時（陽）〔暘〕若　據汲本、殿本改。
二〇五五頁一〇行　實府臧　按：殿本「臧」作「庫」。
二〇五五頁一四行　昔晉侯有疾　按：刊誤謂玩文多一「昔」字。
二〇五六頁一〇行　殿（篤）〔督〕有司　據殿本改。按：王先謙謂作「督」是。
二〇五七頁二行　弔問喪疾　按：刊誤謂當作「弔喪問疾」。
二〇五八頁一〇行　靈帝時閹官用權　按：校補引錢大昭說，謂閩本「官」作「宦」。
二〇五九頁一〇行　興農桑以養其（性）〔生〕　申鑒「性」作「生」。按：下云「是謂養生」，明「性」乃「生」之譌，今據改。
二〇五九頁一三行　不可勸以善　按：申鑒「勸」作「觀」。
二〇六〇頁五行　必乎眞定而已　按：校補引錢大昭說，謂申鑒「定」作「實」。
二〇六〇頁七行　物無不切　按：「切」原譌「功」，逕據殿本改正。
二〇六一頁二行　（正）〔政〕國政也　據殿本改。
二〇六三頁五行　韓韶字仲黃　校補引柳從辰說，謂御覽二六八「仲黃」作「仲潢」。今按：御覽乃引典略，「韓韶」作「韓攸」。
二〇六四頁一一行　昔國武子好昭人過　按：刊誤謂「昭」當作「招」。
二〇六五頁二行　九應台輔　按：殿本「應」作「膺」。
二〇六五頁六行　後爲都亭（刺）佐　王先謙謂「刺」字衍，亭長下有亭佐，寔爲之。今據刪。
二〇六七頁七行　中平四年年八十四　按：集解引錢大昕說，謂碑云春秋八十三，中平三年卒。惠棟補注引趙明誠說同。兩「四」字皆當作「三」。
二〇六九頁一行　先與〔紀友後與〕羣交　據殿本補。
二〇六九頁三行　當世者靡不榮之　按：集解引惠棟說，謂「當世」下疑有脫字，劉攽謂多一「者」字，非也。

二十四史

後漢書

宋 范曄 撰

唐 李賢等注

第八册

卷六三至卷七三(傳七)

中華書局

中華書局

後漢書卷六十三

李杜列傳第五十三

李固字子堅，漢中南鄭人，司徒郃之子也。郃在(數)〔方〕術傳。固貌狀有奇表，鼎角匿犀，足履龜文。〔一〕少好學，常步行尋師，不遠千里。〔二〕遂究覽墳籍，結交英賢。四方有志之士，多慕其風而來學。京師咸歎曰：「是復爲李公矣。」〔三〕司隸、益州並命郡舉孝廉，辟司空掾，皆不就。〔四〕

〔一〕鼎角者，頂有骨如鼎足也。匿犀，伏犀也。謂骨當額上入髮際隱起也。足履龜文者二千石，見相書。

〔二〕謝承書曰：「固改易姓名，杖策驅驢，負笈追師三輔，學五經，積十餘年。博覽古今，明於風角、星筭、河圖、讖緯，仰察俯占，窮神知變。每到太學，密入公府，定省父母，不令同業諸生知是郃子。」

〔三〕言復繼其父爲公也。

〔四〕謝承書曰：「五察孝廉，益州再舉茂才，不應。五府連辟，皆辭以疾。」

陽嘉二年，有地動、山崩、火災之異，公卿舉固對策，〔一〕詔又特問當世之敝，爲政所宜。

〔一〕續漢書曰「陽嘉二年，詔公卿舉敦樸之士，衞尉賈建舉固」也。

固對曰：

臣聞王者父天母地，〔一〕寶有山川。〔二〕王道得則陰陽和穆，政化乖則崩震爲災。斯皆關之天心，效於成事者也。夫化以職成，官由能理。古之進者，有德有命；〔三〕今之進者，唯財與力。伏聞詔書務求寬博，疾惡嚴暴。而今長吏多殺伐致聲名者，必加遷賞；其存寬和無黨援者，輒見斥逐。是以淳厚之風不宣，彫薄之俗未革。雖繁刑重禁，何能有益？前孝安皇帝變亂舊典，封爵阿母，〔四〕因造妖蠥，使樊豐之徒乘權放恣，侵奪主威，改亂嫡嗣，〔五〕至令聖躬狼狽，親遇其艱。既拔自困殆，〔六〕龍興即位，天下喁喁，屬望風政。積敝之後，易致中興，誠當沛然思惟善道；〔七〕而論者猶云，方今之事，復同於前。臣伏從山草，痛心傷臆。實以漢興以來，三百餘年，賢聖相繼，十有八主。豈無阿乳之恩？豈忘貴爵之寵？然上畏天威，俯案經典，知義不可，故不封也。今宋阿母〔八〕雖有大功勤謹之德，但加賞賜，足以酬其勞苦；至於裂土開國，實乖舊典。聞阿母體性謙虛，必有遜讓，陛下宜許其辭國之高，使成萬安之福。

〔一〕春秋感精符曰：「人主日月同明，四時合信，故父天母地，兄日姊月。」宋均注曰：「父天於圜丘之祀也，母地於方澤之祭也，兄日於東郊，姊月於西郊。」

〔二〕史記曰：「魏武侯浮西河而下，中河顧而謂吳起曰：『美哉乎河山之固，此魏之寶也。』吳起對曰：『在德不在險。』」
〔三〕命，爵命也。言有德者乃可加爵命也。
〔四〕阿母王聖。
〔五〕謂順帝爲太子時，廢爲濟陰王。
〔六〕殆，危也。
〔七〕沛然，寬廣之意。
〔八〕謂宋娥也。

夫妃后之家所以少完全者，豈天性當然？但以爵位尊顯，專總權柄，天道惡盈，不知自損，故至顛仆。先帝寵遇閻氏，位號太疾，故其受禍，曾不旋時。老子曰：「其進銳，其退速也。」〔一〕今梁氏戚爲椒房，禮所不臣，〔二〕尊以高爵，尚可然也。而子弟羣從，榮顯兼加，永平、建初故事，殆不如此。宜令步兵校尉冀及諸侍中還居黃門之官，使權去外戚，政歸國家，豈不休乎！

〔一〕案：孟子有此文。謝承書亦云孟子，而續漢書復云老子。
〔二〕公羊傳曰：「宋殺其大夫，何以不名？宋三世無大夫，三世內娶也。」何休注云：「內娶，娶大夫女也。言無大夫者三世，禮不臣妻之父母，國內皆臣，無娶道，故絕去大夫名，正其義也。」椒房者，皇后所居，以椒泥塗也。

又詔書所以禁侍中尚書中臣子弟不得爲吏察孝廉者，以其秉威權，容請託故也。

而中常侍在日月之側，聲埶振天下，子弟祿仕，曾無限極。雖外託謙默，不干州郡，而諂僞之徒，望風進舉。今可爲設常禁，同之中臣。

昔館陶公主爲子求郎，〔一〕明帝不許，賜錢千萬。所以輕厚賜，重薄位者，爲官人失才，害及百姓也。竊聞長水司馬武宣、〔二〕開陽城門候羊迪等，〔三〕無它功德，初拜便眞。此雖小失，而漸壞舊章。〔四〕先聖法度，所宜堅守，政教一跌，百年不復。詩云：「上帝板板，下民卒癉。」刺周王變祖法度，故使下民將盡病也。〔五〕

〔一〕館陶公主，光武第三女也。
〔二〕續漢志「長水校尉一人，比二千石，司馬一人，千石，掌宿衞」也。
〔三〕續漢志曰：「城門每門候一人，六百石。」
〔四〕續漢書曰：「中都官，千石、六百石，故事先守一歲，然後補眞。」
〔五〕板，反也。卒，盡也。癉，病也。詩大雅，凡伯刺周厲王反先王之道，下人盡病也。

今陛下之有尚書，猶天之有北斗也。斗爲天喉舌，尚書亦爲陛下喉舌。〔一〕斗斟酌元氣，運平四時。〔二〕尚書出納王命，賦政四海，〔三〕權尊埶重，責之所歸。若不平心，災眚必至。誠宜審擇其人，以毗聖政。今與陛下共理天下者，外則公卿尚書，內則常侍黃門，譬猶一門之內，一家之事，安則共其福慶，危則通其禍敗。刺史、二千石，外統職事，內受法則。夫表曲者景必邪，源清者流必絜，猶叩樹本，百枝皆動也。周頌曰：「薄言振之，莫不震疊。」〔四〕此言動之於內，而應於外者也。（猶）〔由〕此言之，本朝號令，豈可蹉跌？閒隙一開，則邪人動心；利競暫啓，則仁義道塞。刑罰不能復禁，化導以之寖壞。此天下之紀綱，當今之急務。陛下宜開石室，陳圖書，〔五〕招會羣儒，引問失得，指摘變象，以求天意。其言有中理，卽時施行，顯拔其人，以表能者。則聖聽日有所聞，忠臣盡其所知。又宜罷退宦官，去其權重，裁置常侍二人，方直有德者，省事左右；小黃門五人，才智閑雅者，給事殿中。如此，則論者厭塞，升平可致也。臣所以敢陳愚瞽，冒昧自聞者，儻或皇天欲令微臣覺悟陛下。陛下宜熟察臣言，憐赦臣死。

〔一〕春秋合誠圖曰：「天理在斗中，司三公，如人喉在咽，以理舌語。」宋均注曰：「斗爲天之舌口，主出政教。三公主導宣君命，喻於人，則宜如人喉在咽，以理舌口，使言有條理。」
〔二〕春秋保乾圖曰：「天皇於是斟元陳樞，以五易威。」宋均注曰：「威，則也，法也。天皇斟元氣，陳列樞機，受行次之當得也。」
〔三〕賦，布也。
〔四〕韓詩薛君傳曰：「薄，辭也。振，奮也。莫，無也。震，動也。疊，應也。美成王能奮舒文武之道而行之，則天下無不動而應其政教。」
〔五〕前書曰：「司馬遷爲太史令，紬史記石室金匱之書。」紬音抽。

順帝覽其對，多所納用，卽時出阿母還弟舍，諸常侍悉叩頭謝罪，朝廷肅然。以固爲議郎。而阿母宦者疾固言直，因詐飛章以陷其罪，事從中下。大司農黃尚等請之於大將軍梁商，又僕射黃瓊救明固事，久乃得拜議郎。

出爲廣漢雒令，至白水關，解印綬，還漢中，〔一〕杜門不交人事。歲中，梁商請爲從事中郎。商以后父輔政，而柔和自守，不能有所整裁，災異數見，下權日重。固欲令商先正風化，退辭高滿，乃奏記曰：「春秋褒儀父以開義路，〔二〕貶無駭以閉利門。〔三〕夫義路閉則利門開，利門開則義路閉也。前孝安皇帝內任伯榮、樊豐之屬，〔四〕外委周廣、謝惲之徒，開門受賂，署用非次，天下紛然，怨聲滿道。朝廷初立，頗存清靜，未能數年，稍復墮損。左右黨進者，日有遷拜，守死善道者，滯涸窮路，〔五〕而未有改敞立德之方。又卽位以來，十有餘年，聖嗣未立，羣下繼望。可令中宮博簡嬪媵，兼採微賤宜子之人，進御至尊，順助天意。若有皇子，母自乳養，無委保妾醫巫，以致飛燕之禍。〔六〕明將軍望尊位顯，當以天下爲憂，崇尚謙省，垂則萬方。而新營祠堂，費功億計，非以昭明令德，崇示清儉。自數年以來，災怪屢見，比無雨潤，而沈陰鬱決。〔七〕宮省之內，容有陰謀。孔子曰：『智者見變思刑，愚者覩怪諱名。』天道無親，可爲祇畏。〔八〕加近者月食既於端門之側。〔九〕月者，大臣之體也。〔一〇〕夫窮高則危，大滿則溢，月盈則缺，日中則移。〔一一〕凡此四者，自然之數也。天地之心，福謙忌盛，〔三〕是以賢達功遂身退，〔三〕全名養壽，無有怵迫之憂。〔四〕誠令王綱一整，道行忠立，明公踵伯成之高，全不朽之譽，〔五〕豈與此外戚凡輩耽榮好位者同日而論哉！固狂夫下愚，不達大體，竊感古人一飯之報，〔六〕況受顧遇而容不盡乎！」商不能用。

〔一〕梁州記曰：「關城西南百八十里有白水關，昔李固解印綬處也。」故關城今在梁州金牛縣西。

〔二〕隱公元年三月，公及邾儀父盟于眛。公羊傳曰：「儀父者何？邾婁之君也。何以稱字？褒之也。曷爲褒之？爲其與〔公〕盟也。」何休注云：「春秋王魯，託隱公爲受命王，因儀父先與隱公盟，假以見褒賞義。」

〔三〕春秋隱公二年，經書「無駭帥師入極」。公羊傳曰：「無駭者何？展無駭也。何以不氏？貶。曷爲貶？疾始滅也。」

〔四〕伯榮，王聖女也。

〔五〕守死善道，論語文。滞涸窮路，以魚爲諭也。

〔六〕趙飛燕，成帝皇后。妹爲昭儀，專寵。成帝貴人曹偉能等生皇子，皆殺之。

〔七〕雲起貌。

〔八〕祇，敬也。言天無親疏，惟善是與，可敬（威）〔畏〕也。書曰：「皇天無親。」

〔九〕旣，盡也。端門，太微宮南門也。

〔一〇〕前書李尋上疏曰：「月者衆陰之長，妃后、大臣、諸侯之象也。」

〔一一〕易豐卦曰：「日中則昃，月盈則食，天地盈虛，與時消息。」史記蔡澤謂范雎曰：「日中則移，月滿則虧」也。

〔一二〕易曰：「鬼神害盈而福謙，人道惡盈而好謙。」又曰：「見天地之心。」

〔一三〕老子曰：「功成名遂身退，天之道也。」

〔一四〕爲利所誘，怵迫於憂勤也。怵音息律反，或音黜。

〔一五〕莊子曰：「伯成子高，唐虞時爲諸侯，至禹，去而耕。禹往見之，則耕在野。禹問曰：『昔堯化天下，吾子立爲諸侯，堯授舜，舜授予，子去而耕，其故何也？』子高曰：『昔堯化天下，至公無私，不賞而人自勸，不罰而人自畏。今子賞而不勸，罰而不威，德自此衰，刑自此作。夫子盍行，無留吾事。』俋俋然，耕不顧。」亦見呂氏春秋。

〔一六〕謂靈輒也。

永和中，荆州盜賊起，彌年不定，乃以固爲荆州刺史。固到，遣吏勞問境內，赦寇盜前釁，與之更始。於是賊帥夏密等斂其魁黨六百餘人，自縛歸首。固皆原之，遣還，使自相招集，開示威法。半歲閒，餘類悉降，州內清平。

上奏南陽太守高賜等臧穢。賜等懼罪，遂共重賂大將軍梁冀，冀爲千里移檄，〔一〕而固持之愈急。冀遂令徙固爲太山太守。時太山盜賊屯聚歷年，郡兵常千人，追討不能制。固到，悉罷遣歸農，但選留任戰者百餘人，以恩信招誘之。未滿歲，賊皆弭散。

〔一〕言移一日行千里，救之急也。

遷將作大匠。上疏陳事曰：「臣聞氣之清者爲神，人之清者爲賢。養身者以練神爲寶，安國者以積賢爲道。昔秦欲謀楚，王孫圉設壇西門，陳列名臣，秦使懼然，遂爲寢兵。〔一〕魏文侯師卜子夏，友田子方，軾段干木，故羣俊競至，名過齊桓，秦人不敢闚兵於西河，斯蓋積賢人之符也。〔二〕陛下撥亂龍飛，初登大位，聘南陽樊英、江夏黃瓊、廣漢楊厚、會稽賀純，〔三〕策書嗟歎，待以大夫之位。是以巖穴幽人，智術之士，彈冠振衣，樂欲爲用，四海欣然，歸服聖德。厚等在職，雖無奇卓，然夕惕孳孳，志在憂國。臣前在荆州，聞厚、純等以病免歸，誠以悵然，爲時惜之。一日朝會，見諸侍中並皆年少，無一宿儒大人可顧問者，誠可歎息。宜徵還厚等，以副羣望。瓊久處議郎，已且十年，衆人皆怪始隆崇，今更滯也。〔四〕光祿大夫周舉，才謨高正，宜在常伯，訪以言議。侍中杜喬，學深行直，當世良臣，久託疾病，可勑令起。」又薦陳留楊倫、〔五〕河南尹存、東平王惲、陳國何臨、〔六〕清河房植等。〔七〕是日有詔徵用倫、厚等，而遷瓊、舉，以固爲大司農。

〔一〕秦欲伐楚，使使者往觀楚之寶器。昭奚恤乃爲壇，使客東面，自居西面之壇，稱曰：「理百姓，實倉廩，子西在此；奉珪璋，使諸侯，子方在此；守封疆，謹境界，葉公子高在此；理師旅，正兵戎，司馬子反在此；懷霸王之餘義，獵治亂之遺風，昭奚恤在此：惟大國所觀。」使反，言於秦君曰：「楚多賢臣，未可謀也。」事見新序。國語曰，楚王孫圉聘於晉，趙簡子鳴玉以相，問圉曰：「楚之白珩猶在乎，其爲寶也幾何？」對曰：「未嘗爲寶也。楚人有觀射父，能作訓辭以行諸侯，有左史倚相，道訓典以序百物，此楚國之寶也。若夫古玉、白珩，先王之所玩也，何寶焉！」與此所引不同也。

〔二〕魏文侯受經於子夏，過段干木閭，未嘗不軾也。李克曰：「文侯東得卜子夏、田子方、段干木，此三人者，君皆師之。」又秦欲伐魏，或曰：「魏君賢人是禮，國人稱仁，上下和合，未可圖也。」事見史記也。

〔三〕謝承書曰：「純字仲眞，會稽山陰人。少爲諸生，博極羣藝。十辟公府，三舉賢良方正，五徵博士，四公車徵，皆不就。後徵拜議郎，數陳災異，上便宜數百事，多見省納。遷江夏太守。」

〔四〕隆，高也。崇，重也。

〔五〕倫見儒林傳。

〔六〕臨字子陵，熙之子，爲平原太守，見百家譜也。

〔七〕植見黨人篇也。

先是周舉等八使案察天下，多所劾奏，其中並是宦者親屬，輒爲請乞，詔遂令勿考。又舊任三府選令史，光祿試尚書郎，時皆特拜，不復選試。固乃與廷尉吳雄上疏，以爲八使所糾，宜急誅罰，選舉署置，可歸有司。帝感其言，乃更下免八使所舉刺史、二千石，自是稀復特拜，切責三公，明加考察，朝廷稱善。乃復與光祿勳劉宣上言：「自頃選舉牧守，多非其人，至行無道，侵害百姓。又宜止槃遊，專心庶政。」帝納其言，於是下詔諸州劾奏守令以下，政有乖枉，遇人無惠者，免所居官；其姦穢重罪，收付詔獄。

及沖帝卽位，以固爲太尉，與梁冀參錄尚書事。明年帝崩，梁太后以楊、徐盜賊盛強，恐驚擾致亂，使中常侍詔固等，欲須所徵諸王侯到乃發喪。固對曰：「帝雖幼少，猶天下之父。今日崩亡，人神感動，豈有臣子反共掩匿乎？昔秦皇亡於沙丘，〔一〕胡亥、趙高隱而不發，卒害扶蘇，以至亡國。〔二〕近北鄉侯薨，閻后兄弟及江京等亦共掩祕，遂有孫程手刃之事。〔三〕此天下大忌，不可之甚者也。」太后從之，卽暮發喪。

〔一〕史記曰，始皇東巡道病，崩於沙丘。徐廣曰，趙有沙丘宮，在鉅鹿也。

〔二〕丞相李斯爲始皇崩在外，恐諸公子及天下有變，乃祕之不發喪。獨胡亥、趙高等知陰謀，破去始皇所封書，賜公子扶蘇死，而立胡亥爲太子。胡亥元年，楚、漢並起。

〔三〕江京、劉安等坐省門下，孫程與王康等就斬京、安等，立順帝也。

固以淸河王蒜年長有德，欲立之，謂梁冀曰：「今當立帝，宜擇長年高明有德，任親政事者，願將軍審詳大計，察周、霍之立文、宣，〔一〕戒鄧、閻之利幼弱。」〔二〕冀不從，乃立樂安王子纘，年八歲，是爲質帝。時沖帝將北卜山陵，固乃議曰：「今處處寇賊，軍興用費加倍，新創憲陵，賦發非一。帝尚幼小，可起陵於憲陵塋內，依康陵制度，〔三〕其於役費三分減一。」乃從固議。時太后以比遭不造，委任宰輔，固所匡正，每輒從用，其黃門宦者一皆斥遣，天下咸望遂平，而梁冀猜專，每相忌疾。

〔一〕周勃立文帝，霍光立宣帝也。

〔二〕謂鄧太后立殤帝，帝時誕育百餘日，二歲而崩；又立安帝，時年十餘歲。閻太后立北鄉侯，其年薨，又徵諸王子，

擬擇立之也。

〔三〕康陵，殤帝陵也。

初，順帝時諸所除官，多不以次，及固在事，奏免百餘人。此等既怨，又希望冀旨，遂共作飛章虛誣固罪曰：「臣聞君不稽古，無以承天；〔一〕臣不述舊，無以奉君。昔堯殂之後，舜仰慕三年，坐則見堯於牆，食則覩堯於羹。〔二〕斯所謂聿追來孝，不失臣子之節者。〔三〕太尉李固，因公假私，依正行邪，離閒近戚，自隆支黨。至於表舉薦達，例皆門徒；及所辟召，靡非先舊。或富室財賂，或子壻婚屬，其列在官牒者凡四十九人。又廣選賈豎，以補令史；募求好馬，臨窻呈試。出入踰侈，輜軿曜日。大行在殯，路人掩涕，固獨胡粉飾貌，搔頭弄姿，〔四〕槃旋偃仰，從容冶步，曾無慘怛傷悴之心。山陵未成，違矯舊政，善則稱己，過則歸君，斥逐近臣，不得侍送，作威作福，莫固之甚。臣聞台輔之位，實和陰陽，琁機不平，寇賊姦軌，〔五〕則責在太尉。〔六〕固受任之後，東南跋扈，兩州數郡，〔七〕千里蕭條，兆人傷損，大化陵遲，而詆疵先主，苟肆狂狷。存無廷爭之忠，沒有誹謗之說。夫子罪莫大於累父，臣惡莫深於毀君。固之過釁，事合誅辟。」〔八〕書奏，冀以白太后，使下其事。太后不聽，得免。

〔一〕書曰：「粵若稽古帝堯。」鄭玄注曰：「稽，同也。古，天也。言能同天而行者帝堯。」

〔二〕太公兵法曰：「帝堯王天下之時，金銀珠玉弗服也，錦繡文綺弗衣也，奇怪異物弗視也，玩好之器弗寶也，淫佚之樂弗聽也，宮垣室屋弗墍色也，榱桷柱楹弗藻飾也，茅茨之蓋弗翦齊也，滋味重累弗食也，溫飯煖羹酸餕不易也。」

〔三〕聿，述也。詩大雅曰：「文王烝哉，遹追來孝。」言文王能述追王季勤孝之行也。

〔四〕西京雜記曰：「武帝遇李夫人，就取玉簪搔頭，自此宮人搔頭皆用玉。」

〔五〕書曰：「琁機玉衡以齊七政。」孔安國注曰：「琁，美玉也。機，衡也。王者正天文之器，可運轉者也。」又曰：「寇賊姦軌。」注曰：「羣行攻劫曰寇，殺人曰賊，在外曰姦，在內曰軌。」

〔六〕續漢志曰「太尉掌四方兵事功課，歲盡則奏殿最而行賞罰」也。

〔七〕謂九江賊徐鳳、馬免等攻燒城邑，廣陵賊張嬰等攻殺江都長。九江、廣陵是荆、揚之地，故云兩州也。

〔八〕據吳祐傳，此章馬融之詞。

冀忌帝聰慧，恐爲後患，遂令左右進鴆。帝苦煩甚，使促召固。固入，前問：「陛下得患所由？」帝尚能言，曰：「食煑餅，今腹中悶，得水尚可活。」時冀亦在側，曰：「恐吐，不可飲水。」語未絕而崩。固伏尸號哭，推舉侍醫。冀慮其事泄，大惡之。

因議立嗣，固引司徒胡廣、司空趙戒，〔一〕先與冀書曰：「天下不幸，仍遭大憂。皇太后聖德當朝，攝統萬機，明將軍體履忠孝，憂存社稷，而頻年之閒，國祚三絕。〔二〕今當立帝，天下重器，誠知太后垂心，將軍勞慮，詳擇其人，務存聖明。然愚情眷眷，竊獨有懷。遠尋先世廢立舊儀，近見國家踐祚前事，未嘗不詢訪公卿，廣求羣議，令上應天心，下合衆望。

且永初以來，政事多謬，地震宮廟，彗星竟天，誠是將軍用情之日。傳曰：『以天下與人易，爲天下得人難。』昔昌邑之立，昏亂日滋，霍光憂愧發憤，悔之折骨。〔三〕自非博陸忠勇，〔四〕延年奮發，大漢之祀，幾將傾矣。〔五〕至憂至重，可不熟慮！悠悠萬事，唯此爲大。國之興衰，在此一舉。」冀得書，乃召三公、中二千石、列侯大議所立。固、廣、戒及大鴻臚杜喬皆以爲淸河王蒜明德著聞，又屬最尊親，宜立爲嗣。先是蠡吾侯志當取冀妹，時在京師，冀欲立之。衆論既異，憤憤不得意，而未有以相奪。〔六〕中常侍曹騰等聞而夜往說冀曰：「將軍累世有椒房之親，秉攝萬機，賓客縱橫，多有過差。淸河王嚴明，若果立，則將軍受禍不久矣。不如立蠡吾侯，富貴可長保也。」冀然其言。明日重會公卿，冀意氣凶凶，而言辭激切。自胡廣、趙戒以下，莫不懾憚之。皆曰：「惟大將軍令。」而固獨與杜喬堅守本議。冀厲聲曰：「罷會。」固意既不從，猶望衆心可立，復以書勸冀。冀愈激怒，乃說太后先策免固，竟立蠡吾侯，是爲桓帝。

〔一〕謝承書「戒字志伯，蜀郡成都人也。戒博學明經講授，舉孝廉，累遷荆州刺史。梁商弟讓爲南陽太守，恃椒房之寵，不奉法，戒到州，劾奏之。遷戒河閒相。以冀部難理，整厲威嚴。遷南陽太守。糾豪傑，恤吏人，奏免中官貴戚子弟爲令長貪濁者。徵拜爲尙書令，出爲河南尹，轉拜太常。永和六年特拜司空」也。

〔二〕順帝崩，沖帝立一年崩，質帝一年崩。

〔三〕昌邑王賀，武帝孫昌邑哀王子也。昭帝崩，霍光立之。

〔四〕霍光封博陸侯。前書音義曰：「博，大。陸，平。取其嘉名，無此縣也。食邑北海、河東也。」

〔五〕霍光召丞相已下議曰：「昌邑王行昏亂，恐危社稷，如何？」羣臣皆驚愕失色。大司農田延年前離席案劒曰：「今日之議，不得旋踵，羣臣後應者，臣請劒斬之！」於是廢立遂定。

〔六〕未有別理而易奪之。

後歲餘，甘陵劉文、魏郡劉鮪各謀立蒜爲天子，梁冀因此誣固與文、鮪共爲妖言，下獄。門生勃海王調貫械上書，證固之枉，河內趙承等數十人亦要鈇鑕詣闕通訴，〔一〕太后明之，乃赦焉。及出獄，京師市里皆稱萬歲。冀聞之大驚，畏固名德終爲己害，乃更據奏前事，遂誅之，時年五十四。〔二〕

〔一〕字林曰：「鈇鑕，椹也。」鑕音質。椹音竹心反。

〔二〕固臨終，勑子孫素棺三寸，幅巾，殯殮於本郡墝埆之地，不得還墓塋，汙先公兆域。見謝承書也。

臨命，與胡廣、趙戒書曰：「固受國厚恩，是以竭其股肱，不顧死亡，志欲扶持王室，比隆文、宣。〔一〕何圖一朝梁氏迷謬，公等曲從，以吉爲凶，成事爲敗乎？漢家衰微，從此始矣。公等受主厚祿，顚而不扶，傾覆大事，後之良史，豈有所私？固身已矣，於義得矣，夫復何言！」廣、戒得書悲慙，皆長歎流涕。

〔一〕文帝、宣帝皆羣臣迎立，能興漢祚。

州郡收固二子基、茲於郾城，皆死獄中。〔一〕小子燮得脫亡命。冀乃封廣、戒而露固尸於四衢，〔二〕令有敢臨者加其罪。固弟子汝南郭亮，〔三〕年始成童，〔四〕遊學洛陽，乃左提章鉞，〔五〕右秉鈇鑕，詣闕上書，乞收固屍。不許，因往臨哭，陳辭於前，遂守喪不去。夏門亭長呵之曰：〔六〕「李、杜二公爲大臣，不能安上納忠，而興造無端。卿曹何等腐生，公犯詔書，干試有司乎？」〔七〕亮曰：「亮含陰陽以生，戴乾履坤。義之所動，豈知性命，何爲以死相懼？」亭長歎曰：「居非命之世，〔八〕天高不敢不跼，地厚不敢不蹐。〔九〕耳目適宜視聽，口不可以妄言也。」太后聞而不誅。南陽人董班亦往哭固，而殉尸不肯去。〔一〇〕太后憐之，乃聽得襚斂歸葬。二人由此顯名，三公並辟。班遂隱身，莫知所歸。

〔一〕續漢書曰，基，偃師長。袁宏紀曰，基字憲公，茲字季公，並爲長史，聞固策免，並弃官亡歸巴漢。南鄭趙子賤爲郡功曹，詔下郡殺固二子。太守知其枉，遇之甚寬，二子託服藥夭，具棺器，欲因出逃。子賤畏法，勑吏驗實，就殺之。

〔二〕爾雅曰：「四達謂之衢。」郭璞注曰：「交通四出者也。」

〔三〕謝承書曰：「亮字恒直，朗陵人也。」

〔四〕成童，年十五也。禮記曰「十五成童，舞象」也。

〔五〕章謂所上章也。蒼頡篇曰：「鉞，斧也。」

〔六〕洛陽北面西頭門，門外有萬壽亭。

〔七〕腐生者，猶言腐儒也。

〔八〕非命謂衰亂之時，人多不得其死也。

〔九〕跼，曲也。蹐，累足也。言天高而有雷霆，地厚而有淪陷，上下皆可畏懼也。詩云「謂天蓋高，不敢不跼；謂地蓋厚，不敢不蹐」也。

〔一〇〕殉，巡也。楚國先賢傳曰：「班字季，宛人也。少遊太學，宗事李固，才高行美，不交非類。嘗耦耕澤畔，惡衣蔬食。聞固死，乃星行奔赴，哭泣盡哀。司隸案狀奏聞，天子釋而不罪。班遂守尸積十日不去。桓帝嘉其義烈，聽許送喪到漢中，赴葬畢而還也。」

固所著章、表、奏、議、教令、對策、記、銘凡十一篇。弟子趙承等悲歎不已，乃共論固言迹，以爲德行一篇。〔一〕

〔一〕謝承書曰：「固所授弟子，潁川杜訪、汝南鄭遂、河內趙承等七十二人，相與哀歎悲憤，以爲眼不復瞻固形容，耳不復聞固嘉訓，乃共論集德行一篇。」

燮字德公。初，固既策罷，知不免禍，乃遣三子歸鄉里。時燮年十三，姊文姬爲同郡趙伯英妻，賢而有智，見二兄歸，具知事本，默然獨悲曰：「李氏滅矣！自太公已來，積德累仁，何以遇此？」〔一〕密與二兄謀豫藏匿燮，託言還京師，人咸信之。有頃難作，下郡收固三子。

二兄受害，文姬乃告父門生王成曰：「君執義先公，有古人之節。今委君以六尺之孤，〔二〕李氏存滅，其在君矣。」成感其義，乃將燮乘江東下，入徐州界內，令燮名姓爲酒家傭，〔三〕而成賣卜於市。各爲異人，陰相往來。

〔一〕太公謂祖父郃也。

〔二〕六尺謂年十五以下。

〔三〕謝承書曰：「燮遠遁身於北海劇，託命滕咨家以得免。」與此不同。

燮從受學，酒家異之，意非恒人，以女妻燮。燮專精經學。十餘年閒，梁冀既誅而災眚屢見。明年，史官上言宜有赦令，又當存錄大臣冤死者子孫，於是大赦天下，并求固後嗣。燮乃以本末告酒家，酒家具車重厚遣之，皆不受，遂還鄉里，追服。姊弟相見，悲感傍人。既而戒燮曰：「先公正直，爲漢忠臣，而遇朝廷傾亂，梁冀肆虐，令吾宗祀血食將絕。今弟幸而得濟，豈非天邪！宜杜絕衆人，勿妄往來，慎無一言加於梁氏。加梁氏則連主上，禍重至矣。唯引咎而已。」燮謹從其誨。後王成卒，燮以禮葬之，感傷舊恩，每四節爲設上賓之位而祠焉。

州郡禮命，四府並辟，皆無所就，後徵拜議郎。及其在位，廉方自守，所交皆舍短取長，好成人之美。時潁川荀爽、賈彪，雖俱知名而不相能，燮並交二子，情無適莫，世稱其平

正。〔一〕

〔一〕論語曰：「君子之於天下也，無適也，無莫也，義之與比。」

靈帝時拜安平相。先是安平王續爲張角賊所略，國家贖王得還，朝廷議復其國。燮上奏曰：「續在國無政，爲妖賊所虜，守藩不稱，損辱聖朝，不宜復國。」時議者不同，而續竟歸藩。燮以謗毀宗室，輸作左校。未滿歲，王果坐不道被誅，乃拜燮爲議郎。京師語曰：「父不肯立帝，子不肯立王。」

擢遷河南尹。時既以貨賂爲官，詔書復橫發錢三億，以實西園。〔一〕燮上書陳諫，辭義深切，帝乃止。先是潁川甄邵諂附梁冀，爲鄴令。有同歲生得罪於冀，亡奔邵，邵僞納而陰以告冀，冀卽捕殺之。邵當遷爲郡守，會母亡，邵且埋屍於馬屋，先受封，然後發喪。邵還至洛陽，燮行塗遇之，使卒投車於溝中，笞捶亂下，大署帛於其背曰「諂貴賣友，貪官埋母」。乃具表其狀。邵遂廢錮終身。燮在職二年卒，時人感其世忠正，咸傷惜焉。

〔一〕事見宦者傳。

杜喬字叔榮，河內林慮人也。〔一〕少爲諸生，舉孝廉，辟司徒楊震府。稍遷爲南郡太守，轉東海相，入拜侍中。

〔一〕續漢書曰：「累祖吏二千石。喬少好學，治韓詩、京氏易、歐陽尚書，以孝稱。雖二千石子，常步擔求師。」林慮，今相州縣也。

漢安元年，以喬守光祿大夫，使徇察兗州。表奏太山太守李固政爲天下第一；陳留太守梁讓、濟陰太守汜宮、濟北相崔瑗等臧罪千萬以上。讓卽大將軍梁冀季父，宮、瑗皆冀所善。還，拜太子太傅，遷大司農。

時梁冀子弟五人及中常侍等以無功並封，喬上書諫曰：「陛下越從藩臣，龍飛卽位，天人屬心，萬邦攸賴。不急忠賢之禮，而先左右之封，傷善害德，興長佞諛。臣聞古之明君，褒罰必以功過；末世闇主，誅賞各緣其私。今梁氏一門，宦者微孽，〔一〕並帶無功之紱，〔二〕裂勞臣之土，其爲乖濫，胡可勝言！夫有功不賞，爲善失其望；姦回不詰，爲惡肆其凶。故陳資斧而人靡畏，班爵位而物無勸。〔三〕苟遂斯道，豈伊傷政，爲亂而已，喪身亡國，可不慎哉！」書奏不省。

〔一〕孽音魚列反。公羊傳曰：「臣僕庶孽之事。」何休注云：「孽，賤子也，猶樹之有孽生也。」

〔二〕蒼頡篇：「紱，綬也。」

〔三〕易旅卦九四曰：「旅于處，得其資斧。」前書音義曰：「資，利也。」

益州刺史种暠舉劾永昌太守劉君世以金蛇遺梁冀，事發覺，以蛇輸司農。冀從喬借觀之，喬不肯與，冀始爲恨。累遷大鴻臚。時冀小女死，令公卿會喪，喬獨不往，冀又銜之。

遷光祿勳。建和元年，代胡廣爲太尉。桓帝將納梁冀妹，冀欲令以厚禮迎之，喬據執舊典，不聽。〔一〕又冀屬喬舉汜宮爲尙書，喬以宮臧罪明著，遂不肯用，因此日忤於冀。先是李固見廢，內外喪氣，羣臣側足而立，唯喬正色無所回橈。〔二〕由是海內歎息，朝野瞻望焉。在位數月，以地震免。宦者唐衡、左悺等因共譖於帝曰：「陛下前當卽位，喬與李固抗議言上不堪奉漢宗祀。」〔三〕帝亦怨之。及清河王蒜事起，梁冀遂諷有司劾喬及李固與劉鮪等交通，請逮案罪。而梁太后素知喬忠，但策免而已。〔四〕冀愈怒，使人脅喬曰：「早從宜，妻子可得全。」〔五〕喬不肯。明日冀遣騎至其門，不聞哭者，遂白執繫之，死獄中。妻子歸故郡。與李固俱暴尸於城北，家屬故人莫敢視者。

〔一〕時有司奏曰：「春秋迎王后于紀，在塗則稱后。今大將軍冀女弟宜備禮章，時進徵幣。」奏可。於是悉依孝惠帝納后故事，聘黃金二萬斤，納采鴈璧乘馬，一依舊典。

〔二〕回，邪也。橈，曲也。

〔三〕抗，舉也。

〔四〕續漢書曰：「喬諸生耿伯嘗與鮪同止，冀諷吏執鮪爲喬門生。」

〔五〕從宜，令其自盡也。

喬故掾陳留楊匡聞之，號泣星行到洛陽，乃著故赤幘，託爲夏門亭吏，守衞尸喪，驅護蠅蟲，積十二日，都官從事執之以聞。梁太后義而不罪。匡於是帶鈇鑕詣闕上書，并乞李、杜二公骸骨。太后許之。成禮殯殮，送喬喪還家，葬送行服，隱匿不仕。匡初好學，常在外黃大澤教授門徒。補蘄長，〔一〕政有異績，遷平原令。時國相徐曾，中常侍璜之兄也，匡恥與接事，託疾牧豕云。〔二〕

〔一〕蘄，今徐州縣也，音機。

〔二〕袁山松書，匡一名章，字叔康也。

論曰：夫稱仁人者，其道弘矣！〔一〕立言踐行，〔二〕豈徒徇名安己而已哉，〔三〕將以定去就之槩，正天下之風，使生以理全，死與義合也。〔四〕夫專爲義則傷生，〔五〕專爲生則騫義，〔六〕專爲物則害智，〔七〕專爲己則損仁。若義重於生，舍生可也；生重於義，全生可也。〔八〕上以殘闇失君道，下以篤固盡臣節。臣節盡而死之，則爲殺身以成仁，去之不爲求生以害仁也。〔九〕順桓之閒，國統三絕，太后稱制，賊臣虎視。李固據位持重，以爭大義，確乎而不可奪。〔一〇〕豈不知守節之觸禍，恥夫覆折之傷任也。〔一一〕觀其發正辭，及所遺梁冀書，雖機失謀乖，猶戀戀而不能已。至矣哉，社稷之心乎！其顧視胡廣、趙戒，猶糞土也。

〔一〕弘，大也。言非一塗也。
〔二〕立其言，必踐而行之。
〔三〕徇，求也。
〔四〕槩，節也。立身之道，唯孝與忠，全生死之義，須得其所。
〔五〕貴義則賤生也。
〔六〕舛，違也。
〔七〕爲物則役智，故爲害。
〔八〕孟子曰：「魚我所欲，熊掌我所欲也。二者不可得兼，舍魚而取熊掌者也。生亦我所欲也，義亦我所欲也。二者不可得兼，舍生而取義者也。」
〔九〕論語：「無求生以害仁，有殺身以成仁。」
〔一〇〕確，堅貌也。易曰：「確乎其不可拔。」論語曰：「臨大節而不可奪。」
〔一一〕易曰：「鼎折足，覆公餗。」言不勝其任。

贊曰：李、杜司職，朋心合力。〔一〕致主文、宣，抗情伊、稷。〔二〕道亡時晦，終離罔極。〔三〕燮同趙孤，〔四〕世載弦直。〔五〕

〔一〕朋猶同也。

李杜列傳第五十三　二〇九五

後漢書卷六十三　二〇九六

〔二〕伊尹，后稷也。
〔三〕離，被也。毛詩曰：「讒人罔極。」
〔四〕趙朔之子趙武。史記曰，晉景公三年，大夫屠岸賈殺趙朔，朔客程嬰、公孫杵臼匿朔遺腹子於中山。居十五年，後景公與韓厥立趙孤，而攻滅屠岸賈也。
〔五〕載，行也。

校勘記

二〇七三頁三行　郃在(數)〔方〕術傳　據集解引錢大昕說改。

二〇七六頁三行　斗爲天喉舌　藝文類聚四十八引續漢書，「斗」上有「北」字，太平御覽五引本書，亦有「北」字。按：校補謂據下文皆止言斗，則「北」字非本有。

二〇七七頁二行　(猶)〔由〕此言之　據殿本改。

二〇七七頁一一行　斟元陳樞　按：殿本「元」下有「氣」字。

二〇七八頁一〇行　罩下繼望　刊誤謂「繼」當作「繫」。今按：繼亦音繫，訓縛，亦維繫之義，見集韻，劉說非。

二〇七八頁一三行　智者見變思刑愚者覩怪諱名　按：集解引惠棟說，謂「刑」通鑑作「形」。胡注，此二語蓋本之緯書。

二〇七八頁一四行　加近者月食旣於端門之側　按：殿本「加」作「如」，考證云「如」字本或作「加」。

二〇七九頁五行　爲其與〔公〕盟也　據刊誤補，與公羊傳合。

二〇七九頁一三行　可敬(感)〔畏〕也　據殿本改。

二〇八〇頁一五行　臣聞氣之淸者爲神至安國者以積賢爲道　按：集解引沈欽韓說，謂以上語並見繁露，「神」彼作「精」。校補引柳從辰說，謂袁紀「神」亦作「精」，「練神」作「積精」。

二〇八一頁一行　軾段干木　按：「段」原誤「叚」，逕改正。注同。

二〇八一頁一一行　子方在此　按：集解引沈欽韓說，謂「子方」今新序作「大宗子敖」。

二〇八六頁二行　小子燮　按：「燮」原皆譌「爕」，汲本、殿本同，惟集解本不譌，今逕改正。

二〇八六頁三行　乃左提章鉞　按：集解引沈欽韓說，謂案文「鉞」字衍。

二〇八六頁八行　太后聞而不誅　按：校補引柳從辰說，謂御覽三八五引李固別傳，作「太后聞而誅之」。

二〇八九頁七行　司隸案狀奏聞　按：汲本、殿本「案」作「察」。

二〇九一頁三行　靈帝時拜安平相　按：集解引惠棟說，謂華陽國志「安平」作「東平」。

二〇九一頁九行　先受封然後發喪　按：刊誤謂甄邵遷爲郡守，不得言「受封」，或「封」上脫一「璽」字。先受璽封謂拜郡詔也。

二〇九二頁二行　累祖吏二千石　按：校補謂「祖」亦「世」字諱改。

李杜列傳第五十三　二〇九七

後漢書卷六十三　二〇九八

二〇九三頁五行　濟陰太守氾宮　按：殿本「氾」作「汜」。

二〇九三頁一〇行　故陳資斧而人靡畏　李慈銘謂「資」治要作「賓」，卽鑕字。今按：注引旅卦以釋資斧，則章懷所見本亦作「資」也。

二〇九三頁一三行　聘黃金二萬斤　按：汲本、殿本作「一萬斤」。

二〇九四頁二行　喬故掾陳留楊匡　按：集解引汪文臺說，謂類聚九十七引謝承書，「楊匡」作「楊章」。

二〇九四頁四行　葬送行服　按：王先謙謂「葬送」疑誤倒。

二〇九四頁四行　匡初好學　按：王先謙謂「初」當是「幼」之誤。

後漢書卷六十四

吳延史盧趙列傳第五十四

吳祐字季英，〔一〕陳留長垣人也。父恢，爲南海太守。〔二〕祐年十二，隨從到官。恢欲殺青簡以寫經書，〔三〕祐諫曰：「今大人踰越五領，〔四〕遠在海濱，其俗誠陋，然舊多珍怪，上爲國家所疑，下爲權戚所望。〔五〕此書若成，則載之兼兩。〔六〕昔馬援以薏苡興謗，王陽以衣囊徼名。〔七〕嫌疑之閒，誠先賢所慎也。」恢乃止，撫其首曰：「吳氏世不乏季子矣。」〔八〕及年二十，喪父，居無檐石，而不受贍遺。常牧豕於長垣澤中，〔九〕行吟經書。遇父故人，謂曰：「卿二千石子而自業賤事，縱子無恥，柰先君何？」祐辭謝而已，守志如初。

〔一〕祐音又。續漢書作「佑」。

〔二〕「恢」或作「惔」，音徒濫反。

〔三〕殺青者，以火炙簡令汗，取其青易書，復不蠹，謂之殺青，亦謂汗簡。義見劉向別錄也。

〔四〕領者，西自衡山之南，東至于海，一山之限耳，別標名則有五焉。裴氏廣〔川〕〔州〕記云：「大庾、始安、臨賀、桂陽、揭陽，是爲五領。」鄧德明南康記曰：「大庾，一也；桂陽甲騎，二也；九眞都龐，三也；臨賀萌渚，四也；始安越城，五也。」裴氏之說則爲審矣。

〔五〕希望其賄遺也。

〔六〕車有兩輪，故稱「兩」也。

〔七〕徼，要也，音工堯反。前書曰，王陽好車馬，衣服鮮明，而遷徙轉移，所載不過囊橐。時人怪其奢，伏其儉，故俗傳王陽能作黃金。

〔八〕季子謂季札也。

〔九〕續漢書曰「年四十餘，乃爲郡吏」也。

後舉孝廉，〔一〕將行，郡中爲祖道，祐越壇共小史雍丘黃眞歡語移時，與結友而別。〔二〕功曹以祐倨，請黜之。太守曰：「吳季英有知人之明，卿且勿言。」眞後亦舉孝廉，除新蔡長，世稱其清節。〔三〕時公沙穆來遊太學，無資糧，乃變服客傭，爲祐賃舂。祐與語大驚，遂共定交於杵臼之閒。

〔一〕陳留耆舊傳曰：「太守冷宏召補文學，宏見異之，擢舉孝廉。」

〔二〕祖道之禮，封土爲軷壇也。五經要義曰：「祖道者，行祭爲道路祈也。」周禮太馭：「掌王玉路以祀，及（祀）〔犯〕軷。」注云：「〔犯〕軷（祀）者，封土象山於路側，以〔菩〕芻棘栢爲神主祭之，以車轢軷而去。喻無險難。」

〔三〕謝承書曰：「眞字夏甫。」

祐以光祿四行遷膠東侯相。〔一〕時濟北戴宏父爲縣丞，宏年十六，從在丞舍。祐每行園，常聞諷誦之音，奇而厚之，亦與爲友，卒成儒宗，知名東夏，〔二〕官至酒泉太守。〔三〕祐政唯仁簡，以身率物。民有爭訴者，輒閉閤自責，然後斷其訟，以道譬之。或身到閭里，重相和解。自是之後，爭隙省息，吏人懷而不欺。嗇夫孫性私賦民錢，〔四〕市衣以進其父，父得而怒曰：「有君如是，何忍欺之！」促歸伏罪。性慙懼，詣閤持衣自首。祐屏左右問其故，性具談父言。祐曰：「掾以親故，受汚穢之名，所謂『觀過斯知人矣』。」〔五〕使歸謝其父，還以衣遺之。又安丘男子毋丘長與母俱行市，道遇醉客辱其母，長殺之而亡，安丘追蹤於膠東得之。祐呼長謂曰：「子母見辱，人情所恥。然孝子忿必慮難，動不累親。〔六〕今若背親逞怒，〔七〕白日殺人，赦若非義，刑若不忍，將如之何？」長以械自繫，〔八〕曰：「國家制法，囚身犯之。明府雖加哀矜，恩無所施。」祐問長有妻子乎？對曰：「有妻未有子也。」卽移安丘逮長妻，妻到，解其桎梏，使同宿獄中，妻遂懷孕。至冬盡行刑，長泣謂母曰：「負母應死，當何以報吳君乎？」乃齧指而吞之，含血言曰：「妻若生子，名之『吳生』，言我臨死吞指爲誓，屬兒以報吳君。」因投繯而死。〔九〕

〔一〕漢官儀曰「四行，敦厚、質樸、遜讓、節儉」也。

〔二〕東夏，東方也。尙書曰「尹茲東夏」也。

〔三〕濟北先賢傳曰「宏字元襄，剛縣人也。年二十二，爲郡督郵，曾以職事見詰，府君欲撻之。宏曰：『今鄙郡遭明府，咸以爲仲尼之君，國小人少，以宏爲顏回，豈聞仲尼有撻顏回之義？』府君異其對，卽日教署主簿」也。

〔四〕續漢書曰：「賦錢五百，爲父市單衣。」

〔五〕論語載孔子之言也。

〔六〕論語孔子曰：「忿思難。」又曰：「一朝之忿，忘其身以及其親，非惑與？」

〔七〕若，汝也。逞，快也。

〔八〕在手曰械。

〔九〕謂以繩爲繯，投之而縊也。繯音胡犬反。

祐在膠東九年，〔一〕遷齊相，大將軍梁冀表爲長史。及冀誣奏太尉李固，祐聞而請見，與冀爭之，不聽。時扶風馬融在坐，爲冀章草，祐因謂融曰：「李公之罪，成於卿手。李公卽誅，卿何面目見天下之人乎？」冀怒而起入室，祐亦徑去。冀遂出祐爲河閒相，因自免歸家，不復仕，躬灌園蔬，以經書教授。年九十八卒。

〔一〕陳留耆舊傳曰：「祐處同僚，無私書之問，上司無牋檄之敬。在膠東，書不入京師也。」

長子鳳，官至樂浪太守；少子愷，新息令；鳳子馮，鮦陽侯相：〔一〕皆有名於世。〔二〕

〔一〕鮦陽，縣，屬汝南郡。音紂。

〔二〕陳留耆舊傳曰：「鳳字君雅，馮字子高。」

中華書局

延篤字叔堅，南陽犨人也。〔一〕少從潁川唐溪典受左氏傳，〔二〕旬日能諷之，典深敬焉。〔三〕又從馬融受業，博通經傳及百家之言，能著文章，有名京師。

〔一〕犨音昌獨反，故城在汝州魯山縣東南也。

〔二〕先賢行狀曰：「典字季度，爲西鄂長。」風俗通曰：「吳夫槩王奔楚，封堂谿，因以爲氏。」典爲五官中郎將。「唐」與「堂」同也。

〔三〕先賢行狀曰：「篤欲寫左氏傳，無紙，唐溪典以廢牋記與之。篤以牋記紙不可寫傳，乃借本諷之，粮盡辭歸。典曰：『卿欲寫傳，何故辭歸？』篤曰：『已諷之矣。』典聞之歎曰：『嗟乎延生！雖復端木聞一知二，未足爲喻。若使尼父更起於洙、泗，君當編名七十，與游、夏爭匹也。』」

舉孝廉，爲平陽侯相。到官，表龔遂之墓，立銘祭祠，擢用其後於畎畝之閒。〔一〕以師喪弃官奔赴，五府並辟不就。

〔一〕前書龔遂，山陽南平陽人，爲勃海太守。南平陽故城〔在〕今兗州鄒縣。

桓帝以博士徵，拜議郎，與朱穆、邊韶共著作東觀。稍遷侍中。帝數問政事，篤詭辭密對，〔一〕動依典義。遷左馮翊，又徙京兆尹。其政用寬仁，憂恤民黎，擢用長者，與參政事，郡中歡愛，三輔咨嗟焉。先是陳留邊鳳爲京兆尹，亦有能名，郡人爲之語曰：「前有趙張三

王，〔二〕後有邊延二君。」

〔一〕穀梁傳曰：「故士造辟而言，詭辭而出。」范甯注云：「辟，君也。詭辭而出，不以實告人也。」

〔二〕前書，趙廣漢、張敞、王遵、王章、王駿俱爲京兆尹也。

時皇子有疾，下郡縣出珍藥，而大將軍梁冀遣客齎書詣京兆，并貨牛黃。〔一〕篤發書收客，曰：「大將軍椒房外家，而皇子有疾，必應陳進醫方，豈當使客千里求利乎？」遂殺之。冀慚而不得言，有司承旨欲求其事。篤以病免歸，教授家巷。

〔一〕吳普本草曰：「牛黃味苦，無毒，牛出入呻者有之。夜有光走角中。牛死，入膽中，如鷄子黃。」神農本草曰：「療驚癇，除邪逐鬼。」

時人或疑仁孝前後之證，篤乃論之曰：「觀夫仁孝之辯，〔一〕紛然異端，互引典文，代取事據，〔二〕可謂篤論矣。〔三〕夫人二致同源，總率百行，〔四〕非復銖兩輕重，必定前後之數也。而如欲分其大較，〔五〕體而名之，則孝在事親，仁施品物。施物則功濟於時，事親則德歸於己。於己則事寡，濟時則功多。推此以言，仁則遠矣。然物有出微而著，事有由隱而章。近取諸身，則耳有聽受之用，目有察見之明，足有致遠之勞，手有飾衞之功，功雖顯外，本之者心也。遠取諸物，則草木之生，始於萌牙，終於彌蔓，枝葉扶疏，榮華紛縟，〔六〕末雖繁蔚，致之者根也。夫仁人之有孝，猶四體之有心腹，〔七〕枝葉之有本根也。聖人知之，故曰：

『夫孝，天之經也，地之義也，人之行也。』〔八〕『君子務本，本立而道生，孝悌也者，其爲仁之本與！』〔九〕然體大難備，物性好偏，故所施不同，事少兩兼者也。如必對其優劣，則仁以枝葉扶疏爲大，孝以心體本根爲先，可無訟也。或謂先孝後仁，非仲尼序回、參之意。〔一〇〕蓋以爲仁孝同質而生，純體之者，則互以爲稱，虞舜、顏回是也。〔一一〕若偏而體之，則各有其目，公劉、曾參是也。〔一二〕夫曾、閔以孝悌爲至德，〔一三〕管仲以九合爲仁功，〔一四〕未有論德不先回、參，考功不大夷吾。以此而言，各從其稱者也。」

〔一〕辯，爭也。

〔二〕代，更也。

〔三〕篤，厚也。

〔四〕二致，仁、孝也。易繫詞曰「殊塗而同歸，百慮而一致」也。

〔五〕較猶略也。

〔六〕說文曰：「縟，繁綵飾也。」

〔七〕四體謂手足也。

〔八〕左氏傳趙簡子問子太叔：「何謂禮？」對曰：「聞諸先大夫子產曰：『夫禮，天之經也，地之義也，人之行也。天地之經，人實則之，則天之明，因地之性。』」孔子取爲孝經之詞也。

〔九〕論語載有若之詞也。

〔一〇〕論語孔子曰：「參也魯，回也其庶乎？」言庶幾於善道也。魯，鈍也。言若先孝後仁，則曾參不得不賢於顏子。

〔一一〕虞舜、顏回純德既備，或仁或孝，但隨其所稱爾。

〔一二〕史記，公劉，后稷曾孫也。能修復后稷之業，務耕種，行地宜，百姓懷之，多從而保歸焉。故公劉以仁紀德，曾參以至孝稱賢，此則各自爲目，不能總兼其美也。

〔一三〕曾參、閔損也。

〔一四〕論語孔子曰：「桓公九合諸侯，不以兵車，管仲之力，如其仁，如其仁。」九合者，謂再會於鄄，兩會于幽，又會檉、首止、戴甯、母洮、葵丘也。

前越巂太守李文德素善於篤，時在京師，謂公卿曰：「延叔堅有王佐之才，柰何屈千里之足乎？」欲令引進之。篤聞，乃爲書止文德曰：「夫道之將廢，所謂命也。〔一〕流聞乃欲相爲求還東觀，來命雖篤，所未敢當。吾嘗昧爽櫛梳，坐於客堂。〔二〕朝則誦羲、文之易，虞、夏之書，歷公旦之典禮，覽仲尼之春秋。〔三〕夕則消搖內階，詠詩南軒。〔四〕百家衆氏，投閒而作。〔五〕洋洋乎其盈耳也，〔六〕渙爛兮其溢目也，〔七〕紛紛欣欣兮其獨樂也。當此之時，不知天之爲蓋，地之爲輿；〔八〕不知世之有人，己之有軀也。雖漸離擊筑，傍若無人，〔九〕高鳳讀書，不知暴雨，〔一〇〕方之於吾，未足況也。且吾自東俈已來，〔一一〕爲人臣不陷於不忠，爲人子不陷於不孝，上交不諂，下交不黷，〔一二〕從此而歿，下見先君遠祖，可不慙赧。〔一三〕如此而不以

善止者，恐如教羿射者也。〔四〕愼勿迷其本，弃其生也。」

〔一〕論語孔子曰：「道之將行也與？命也。道之將廢也與？命也。」

〔二〕孔安國注尚書曰：「昧，冥也。爽，明也。」

〔三〕周公攝政七年，制禮作樂。班固東都賦曰「今論者但知誦虞、夏之書，詠殷、周之詩，講羲、文之易，論孔氏之春秋」也。

〔四〕楚詞：「高堂邃宇，鏤檻層軒。」王逸注云：「軒，樓板也。」

〔五〕言誦經典之餘，投射閑隙而翫百氏也。

〔六〕洋洋，美也。論語曰：「洋洋乎盈耳哉。」

〔七〕渙爛，文章貌也。

〔八〕宋玉大言賦曰「方地爲輿，員天爲蓋」也。

〔九〕說文曰：「筑，五絃之樂也。」沈約宋書曰：「筑不知誰所造也。史記唯云高漸離擊筑。」案：今筑形似箏，有項有柱。史記，荆軻至燕，日與屠狗及高漸離擊筑，荆軻和而歌於市中，相樂，已而相泣，傍若無人。

〔一〇〕事具逸人傳也。

〔一一〕東脩謂束帶修飾。鄭玄注論語曰「謂年十五已上」也。

〔一二〕易繫詞之文也。

〔一三〕色媿曰赧，音女板反。

〔一四〕史記，有養由基者，善射者也，去柳葉百步而射之，百發而百中之。左右觀者數千人，皆曰「善射」。有一人立其

旁，曰：「善，可教射矣。」養由基怒，釋弓搤劍曰：「客安能教我射乎？」客曰：「非吾能教枝左詘右也。夫去柳葉百步而射之，百發百中之，不以善息，少焉氣衰力倦，弓撥矢鉤，一發不中者百發盡息。」此言羿者，蓋以俱善射而稱之焉。

後遭黨事禁錮。〔一〕永康元年，卒于家。鄉里圖其形于屈原之廟。〔二〕

〔一〕錮謂閉塞。

〔二〕屈原，楚大夫，抱忠貞而死。篤有志行文彩，故圖其像而偶之焉。

篤論解經傳，多所駮正，後儒服虔等以爲折中。所著詩、論、銘、書、應訊、表、教令，〔一〕凡二十篇云。

〔一〕訊，問也。蓋答客難之類。

史弼字公謙，陳留考城人也。父敞，順帝時以佞辯至尚書、郡守。〔一〕弼少篤學，聚徒數百。仕州郡，〔二〕辟公府，遷北軍中候。

〔一〕續漢書曰「敞爲京兆尹，化有能名，尤善條教，見稱於三輔」也。

〔二〕謝承書曰：「弼年二十爲郡功曹，承前太守宋訢穢濁之後，悉條諸生豪傲姦吏百餘人，皆白太守，埽迹還縣，高名由此而興。」

是時桓帝弟渤海王悝素行險辟，僭傲多不法。弼懼其驕悖爲亂，乃上封事曰：「臣聞帝王之於親戚，愛雖隆，必示之以威；體雖貴，必禁之以度。如是，和睦之道興，骨肉之恩遂。昔周襄王恣甘昭公，〔一〕孝景皇帝驕梁孝王，〔二〕而二弟階寵，終用教慢，卒周有播蕩之禍，漢有爰盎之變。竊聞勃海王悝，憑至親之屬，恃偏私之愛，失奉上之節，有僭慢之心，外聚剽輕不逞之徒，〔三〕內荒酒樂，出入無常，所與羣居，皆有口無行，〔四〕或家之弃子，或朝之斥臣，必有羊勝、伍被之變。〔五〕州司不敢彈糾，傅相不能匡輔。陛下隆於友于，不忍遏絕。〔六〕恐遂滋蔓，爲害彌大。〔七〕乞露臣奏，宣示百僚，使臣得於清朝明言其失，然後詔公卿平處其法。法決罪定，乃下不忍之詔。臣下固執，然後少有所許。如是，則聖朝無傷親之譏，勃海有享國之慶。不然，懼大獄將興，使者相望於路矣。臣職典禁兵，備禦非常，而妄知藩國，干犯至戚，罪不容誅。不勝憤懣，謹冒死以聞。」帝以至親，不忍下其事。後悝竟坐逆謀，貶爲廮陶王。

〔一〕甘昭公王子帶，周襄王弟也，食邑於甘，謚曰昭。左傳曰，初，甘昭公有寵於惠后，后將立之，未及而卒。昭公奔齊。王復之，遂以狄師攻王，王出適鄭也。

〔二〕梁孝王，景帝弟，竇太后少子，愛之，賜天子旌旗，出警入蹕。景帝嘗與王宴太后前，曰：「千秋萬歲後傳王。」爰盎諫不許，遂令人刺殺盎也。

〔三〕剽，悍也。逞，快也。謂被侵枉不快之人也。左傳曰：「率羣不逞之人。」剽音疋妙反。

〔四〕有虛言無實行也。

〔五〕前書羊勝勸梁王求漢嗣，伍被勸淮南(子)〔王〕謀反誅也。

〔六〕友，親也。尚書曰：「惟孝友于兄弟。」

〔七〕滋，長；蔓，延也。左氏傳：「無使滋蔓，蔓難圖也。」

弼遷尚書，出爲平原相。時詔書下舉鉤黨，〔一〕郡國所奏相連及者多至數百，唯弼獨無所上。詔書前後切却州郡，〔二〕髡笞掾史。從事坐傳責曰：〔三〕「詔書疾惡黨人，旨意懇惻。青州六郡，其五有黨，〔四〕近國甘陵，亦考南北部，〔五〕平原何理而得獨無？」弼曰：「先王疆理天下，畫界分境，〔六〕水土異齊，風俗不同。〔七〕它郡自有，平原自無，胡可相比？若承望上司，誣陷良善，淫刑濫罰，以逞非理，則平原之人，戶可爲黨。相有死而已，所不能也。」從事大怒，即收郡僚職送獄，遂舉奏弼。會黨禁中解，弼以俸贖罪得免，〔八〕濟活者千餘人。

〔一〕鉤謂相連也。

〔二〕切，急也。却，退也。

〔三〕續漢志每州皆有從事史及諸曹掾史。傳，客舍也，音知戀反。坐傳舍召弼而責。

〔四〕濟南、樂安、齊國、東萊、平原、北海六郡，青州所管也。青州在齊國臨淄，見漢官儀。

〔五〕桓帝爲蠡吾侯，受學於甘陵周福，及帝即位，擢福爲尚書。時同郡河南尹房植有名當朝，二家賓客互相譏揣，遂

各樹朋徒，漸成尤隙，由是甘陵有南北部。見黨人篇序也。

〔六〕疆，界也。理，正也。左傳曰「先王疆理天下，物土之宜而布其利」也。

〔七〕前書曰「凡人函五常之性，而其剛柔緩急，音聲不同。繫水土之風氣，故謂之風。好惡取舍，動靜無常，隨君上之情欲，故謂之俗」也。

〔八〕（奉）〔俸〕音扶用反。

弼爲政特挫抑彊豪，其小民有罪，多所容貸。遷河東太守，被一切詔書當舉孝廉。弼知多權貴請託，乃豫勑斷絕書屬。〔一〕中常侍侯覽果遣諸生齎書請之，并求假鹽稅，積日不得通。生乃說以它事謁弼，而因達覽書。弼大怒曰：「太守忝荷重任，當選士報國，爾何人而僞詐無狀！」命左右引出，楚捶數百，府丞、掾史十餘人皆諫於廷，弼不對。遂付安邑獄，即日考殺之。侯覽大怨，遂詐作飛章下司隸，誣弼誹謗，檻車徵。吏人莫敢近者，唯前孝廉裴瑜送到崤澠之閒，大言於道傍曰：「明府摧折虐臣，選德報國，如其獲罪，足以垂名竹帛，願不憂不懼。」弼曰：「『誰謂荼苦，其甘如薺。』〔二〕昔人刎頸，九死不恨。」〔三〕及下廷尉詔獄，平原吏人奔走詣闕訟之。又前孝廉魏劭毀變形服，詐爲家僮，瞻護於弼。弼遂受誣，事當弃市。劭與同郡人竇郡邸，〔四〕行賂於侯覽，得減死罪一等，論輸左校。時人或譏曰：「平原行貨以免君，無乃蚩乎！」陶丘洪曰：〔五〕「昔文王牖里，閎、散懷金。〔六〕史弼遭患，義夫

獻寶。亦何疑焉！」於是議者乃息。刑竟歸田里，稱病閉門不出。數爲公卿所薦，議郎何休又訟弼有幹國之器，宜登台相，徵拜議郎。侯覽等惡之。光和中，出爲彭城相，會病卒。裴瑜位至尚書。〔七〕

〔一〕屬音之欲反。

〔二〕詩衞風也。荼，苦菜也。

〔三〕刎，割也。楚詞曰「雖九死其猶未悔」也。

〔四〕郡邸，若今之寺邸也。

〔五〕青州先賢傳曰：「洪字子林，平原人也。清達博辯，文冠當代。舉孝廉，不行，辟太尉府。年三十卒。」

〔六〕牖里，殷獄名。或作「羑」，亦名羑城，在今相州湯陰縣北。帝王紀：「散宜生、南宮括、閎夭學乎呂尚。尚知三人賢，結朋友之交。及紂囚文王，乃以黃金千鎰與宜生，令求諸物與紂。」史記曰「閎夭之徒乃求有莘美女，驪戎文馬，有熊九駟，它奇怪物，因殷嬖臣費仲獻之於紂，紂大說，乃赦之」也。

〔七〕先賢行狀曰「瑜字雉璜。聰明敏達，觀物無滯。清論所加，必爲成器；醜議所指，沒齒無怨」也。

論曰：夫剛烈表性，鮮能優寬；仁柔用情，多乏貞直。吳季英視人畏傷，發言烝烝，〔一〕似夫儒者；而懷憤激揚，折讓權枉，又何壯也！仁以矜物，義以退身，君子哉！〔二〕語曰：「活千人者子孫必封。」〔三〕史弼頡頏嚴吏，〔四〕終全平原之黨，而其後不大，〔五〕斯亦未可論也。

〔一〕蒸烝猶仍也。

〔二〕法言曰：「君子於仁也柔，於義也剛。」

〔三〕前書王翁孺曰：「聞活千人者有封（子）孫。吾所活者千人，（後）世其興乎？」

〔四〕頡頏猶上下也。

〔五〕不大謂子孫衰替也。左傳晉卜偃曰：「畢萬之後必大。」

盧植字子幹，涿郡涿人也。身長八尺二寸，音聲如鍾。少與鄭玄俱事馬融，能通古今學，好研精而不守章句。融外戚豪家，〔一〕多列女倡歌舞於前。植侍講積年，未嘗轉眄，融以是敬之。學終辭歸，闔門教授。性剛毅有大節，常懷濟世志，不好辭賦，能飲酒一石。

〔一〕融，明德皇后之從姪也。

時皇后父大將軍竇武援立靈帝，初秉機政，朝議欲加封爵。植雖布衣，以武素有名譽，乃獻書以規之曰：「植聞嫠有不恤緯之事，〔一〕漆室有倚楹之戚，〔二〕憂深思遠，君子之情。〔三〕夫士立爭友，義貴切磋。〔四〕書陳『謀及庶人』，〔五〕詩詠『詢于芻蕘』。〔六〕植誦先王之書久矣，敢愛其瞽言哉！〔七〕今足下之於漢朝，猶旦、奭之在周室，建立聖主，四海有繫。論

者以爲吾子之功，於斯爲重。天下聚目而視，攢耳而聽，〔八〕謂準之前事，將有景風之祚。〔九〕尋春秋之義，王后無嗣，擇立親長，年均以德，德均則決之卜筮。〔一〇〕今同宗相後，披圖案牒，以次建之，何勳之有？豈橫叨天功以爲己力乎！〔一一〕宜辭大賞，以全身名。又比世祚不競，〔一二〕仍外求嗣，可謂危矣。而四方未寧，盜賊伺隙，恆岳、勃碣，〔一三〕特多姦盜，將有楚人脅比，尹氏立朝之變。〔一四〕宜依古禮，置諸子之官，徵王侯愛子，宗室賢才，外崇訓道之義，內息貪利之心，簡其良能，隨用爵之，彊幹弱枝之道也。」〔一五〕武並不能用。州郡數命，植皆不就。建寧中，徵爲博士，乃始起焉。熹平四年，九江蠻反，四府選植才兼文武，拜九江太守，蠻寇賓服。以疾去官。

〔一〕左傳曰，范獻子曰：「人亦有言，嫠不恤其緯而憂宗周之隕，爲將及焉。」杜預注曰：「嫠，寡婦也。織者常苦緯少，寡婦所宜憂也。」

〔二〕琴操曰：「魯漆室女倚柱悲吟而嘯，鄰人見其心之不樂也，進而問之曰：『有淫心欲嫁之念耶，何吟之悲？』漆室女曰：『嗟乎！嗟乎！子無志，不知人之甚也。昔者楚人得罪於其君，走逃吾東家，馬逸，蹈吾園葵，使吾終年不厭菜；吾西鄰人失羊不還，請吾兄追之，霧濁水出，使吾兄溺死，終身無兄。政之所致也。吾憂國傷人，心悲而嘯，豈欲嫁哉！』自傷懷結而爲人所疑，於是褰裳入山林之中，見女貞之木，喟然歎息，援琴而弦歌以女貞之辭，自經而死。」

〔三〕詩序曰：「憂深思遠，儉而用禮，乃有堯之遺風焉。」
〔四〕孝經曰：「士有爭友，身不陷於不義。」詩云：「如切如磋。」鄭玄注云：「骨曰切，象曰磋。言友之相規誡，如骨象之見切磋。」
〔五〕尚書洪範曰「謀及卿士，謀及庶人」也。
〔六〕詩大雅曰：「先人有言，詢于芻蕘。」毛萇注云：「芻蕘，採薪者也。」
〔七〕無目眇曰瞽。眇音直忍反。
〔八〕前書賈山曰「使天下戴目而視，傾耳而聽」也。
〔九〕景風，解見和紀。
〔一〇〕左傳王子朝曰：「先王之命，王后無嫡，則擇立長。年鈞以德，德鈞以卜，古之制也。」
〔一一〕叨，貪也。左傳曰「貪天之功，以爲己力」也。
〔一二〕競，彊也。
〔一三〕勃，勃海也。碣，碣石山也。
〔一四〕左傳曰，楚公子比，恭王之子也。靈王立，子比奔晉。靈王卒，子比自晉歸楚，立爲君。比弟公子弃疾欲篡其位，夜乃使人周走呼曰：「王至矣。」國人大驚，子比乃自殺。王子朝，周景王之庶子。景王卒，子猛立。尹氏，周卿士，立子朝，奪猛位也。
〔一五〕以榦爲喻也。謂京師爲榦，四方爲枝。前書曰：「漢興，立都長安，徙齊諸田、楚昭、屈、景及諸功臣家於長陵。蓋以彊榦弱枝，非獨爲奉山園也。」

作尚書章句、三禮解詁。〔一〕時始立太學石經，以正五經文字，植乃上書曰：「臣少從通儒故南郡太守馬融受古學，頗知今之禮記特多回穴。〔二〕臣前以周禮諸經，發起粃謬，〔三〕敢率愚淺，爲之解詁，而家乏，無力供繕（寫）上。〔四〕願得將能書生二人，共詣東觀，就官財糧，專心研精，合尚書章句，考禮記失得，庶裁定聖典，刊正碑文。古文科斗，近於爲實，而厭抑流俗，降在小學。〔五〕中興以來，通儒達士班固、賈逵、鄭興父子，並敦悅之。〔六〕今毛詩、左氏、周禮各有傳記，其與春秋共相表裏，〔七〕宜置博士，爲立學官，以助後來，以廣聖意。」

〔一〕詁，事也。言解其事意。
〔二〕回穴猶紆曲也。
〔三〕粃，粟不成。諭義之乖僻也。
〔四〕繕，善也。言家貧不能善寫而上也。
〔五〕古文謂孔子壁中書也。形似科斗，因以爲名。前書謂文字爲「小學」也。
〔六〕興子衆也，自有傳。左傳曰「郄縠悅禮樂而敦詩書」也。
〔七〕表裏言義相須而成也。前書云：「河圖、洛書相爲經緯，八卦、九章相爲表裏。」

會南夷反叛，以植嘗在九江有恩信，拜爲廬江太守。植深達政宜，務存清靜，弘大體而已。

歲餘，復徵拜議郎，與諫議大夫馬日磾、議郎蔡邕、楊彪、韓說等並在東觀，校中書五經記傳，補續漢記。〔一〕帝以非急務，轉爲侍中，遷尚書。光和元年，有日食之異，植上封事諫曰：「臣聞五行傳『日晦而月見謂之朓，王侯其舒』。〔二〕此謂君政舒緩，故日食晦也。春秋傳曰『天子避位移時』，〔三〕言其相掩不過移時。而閒者日食自巳過午，既食之後，雲霧晻曖。比年地震，彗孛互見。臣聞漢以火德，化當寬明。近色信讒，忌之甚者，如火畏水故也。案今年之變，皆陽失陰侵，消禦災凶，宜有其道。謹略陳八事：一曰用良，二曰原禁，〔四〕三曰禦癘，〔五〕四曰備寇，五曰修禮，六曰遵堯，七曰御下，八曰散利。用良者，宜使州郡覈舉賢良，〔六〕隨方委用，責求選舉。原禁者，凡諸黨錮，多非其罪，可加赦恕，申宥回枉。〔七〕禦癘者，宋后家屬，並以無辜委骸橫尸，不得收葬，疫癘之來，皆由於此。宜勑收拾，以安遊魂。〔八〕備寇者，侯王之家，賦稅減削，愁窮思亂，必致非常，宜使給足，以防未然。脩禮者，應徵有道之人，若鄭玄之徒，陳明洪範，攘服災咎。遵堯者，今郡守刺史一月數遷，宜依黜陟，以章能否，縱不九載，可滿三歲。〔九〕御下者，請謁希爵，一宜禁塞，〔一〇〕遷舉之事，責成主者。散利者，天子之體，理無私積，宜弘大務，蠲略細微。」〔一一〕帝不省。

〔一〕言中書以別於外也。

〔二〕五行傳，劉向所著。朓者，月行速在日前，故早見。劉向以爲君舒緩則臣（嬌）〔驕〕慢，故日行遲而月行速也。
〔三〕左氏傳曰：「日過分未至三辰有災，於是乎君不舉，避移時。」杜預注曰：「避正寢，過日食時也。」
〔四〕原其所禁而宥之也。
〔五〕防禦疫癘之氣。
〔六〕覈，實也。
〔七〕回，邪也。
〔八〕后以王甫、程阿所搆，憂死，父及兄弟並被誅。靈帝後夢見桓帝怒曰「宋皇后何罪而絕其命？已訴於天，上帝震怒，罪在難救」也。
〔九〕書曰：「三載考績，黜陟幽明。」孔安國注曰：「三年考功，三考九年，能否幽明有別，升進其明者，黜退其幽者。」此皆唐堯之法也。
〔一〇〕希，求也。
〔一一〕蠲，除也。

中平元年，黃巾賊起，四府舉植，拜北中郎將，持節，以護烏桓中郎將宗員副，將北軍五校士，發天下諸郡兵征之。連戰破賊帥張角，斬獲萬餘人。角等走保廣宗，植築圍鑿塹，造作雲梯，垂當拔之。帝遣小黃門左豐詣軍觀賊形埶，或勸植以賂送豐，植不肯。豐還言於帝曰：「廣宗賊易破耳。盧中郎固壘息軍，以待天誅。」帝怒，遂檻車徵植，減死罪一等。

及車騎將軍皇甫嵩討平黃巾，盛稱植行師方略，嵩皆資用規謀，濟成其功。以其年復爲尚書。

帝崩，大將軍何進謀誅中官，乃召并州牧董卓，以懼太后。植知卓凶悍難制，必生後患，固止之。進不從。及卓至，果陵虐朝廷，乃大會百官於朝堂，議欲廢立。羣僚無敢言，植獨抗議不同。卓怒罷會，將誅植，語在卓傳。植素善蔡邕，邕前徙朔方，植獨上書請之。邕時見親於卓，故往請植事。又議郎彭伯諫卓曰：「盧尚書海內大儒，人之望也。今先害〔之〕，天下震怖。」卓乃止，但免植官而已。

植以老病求歸，懼不免禍，乃詭道從轘轅出。〔一〕卓果使人追之，到懷，不及。遂隱於上谷，不交人事。冀州牧袁紹請爲軍師。初平三年卒。臨困，勑其子儉葬於土穴，不用棺椁，附體單帛而已。所著碑、誄、表、記凡六篇。

〔一〕詭，詐也。轘轅道在今洛州緱氏縣東南也。

建安中，曹操北討柳城，過涿郡，〔一〕告守令曰：「故北中郎將盧植，名著海內，學爲儒宗，士之楷模，國之楨幹也。昔武王入殷，封商容之閭；鄭喪子產，仲尼隕涕。〔二〕孤到此州，嘉其餘風。春秋之義，賢者之後，宜有殊禮。〔三〕亟遣丞掾除其墳墓，〔四〕存其子孫，并致薄醊，〔五〕以彰厥德。」子毓，知名。〔六〕

〔一〕魏志曰，建安十二年，操北征烏桓，涉鮮卑，討柳城，登白狼山也。

〔二〕左傳曰：「仲尼聞子產死，出涕曰：『古之遺愛也。』」

〔三〕公羊傳曰：「君子之善善也長，惡惡也短。惡惡止其身，善善及子孫。賢者子孫，故君子爲之諱也。」

〔四〕亟，急也。

〔五〕醊，祭酹也，音張芮反。

〔六〕魏志曰：「毓字子家，十歲而孤，以學行稱，仕魏至侍中、吏部尚書。時舉中書郎，詔曰：『得其人與不，在盧生耳。選舉莫取有名，如畫地爲餅，不可啖也。』毓對曰：『名不足以致異人，而可以得常士。常士畏教慕善，然後有名也。』」

論曰：風霜以別草木之性，〔一〕危亂而見貞良之節，〔二〕則盧公之心可知矣。夫蠭蠆起懷，雷霆駭耳，雖賁、育、荆、諸之倫，〔三〕未有不冘豫奪常者也。〔四〕當植抽白刃嚴閣之下，追帝河津之閒，排戈刃，赴戕折，〔五〕豈先計哉？君子之於忠義，造次必於是，顛沛必於是也。〔六〕

〔一〕論語曰：「歲寒然後知松柏之後彫也。」

〔二〕老子曰：「國家昏亂有忠臣。」

〔三〕孟賁，多力者也；夏育，勇者也：並衞人。荆，荆軻也。諸，專諸也。

〔四〕冘，人行貌也，音淫。言冘豫不能自定也。奪謂易其常分者也。

〔五〕事見何進傳。杜預注左傳曰：「戕者，卒暴之名也。」

〔六〕孔子曰：「君子無終食之閒違仁，造次必於是，顛沛必於是。」馬融注云：「造次，急遽也。顛沛，僵仆也。雖急遽僵仆，不違仁也。」

趙岐字邠卿，京兆長陵人也。初名嘉，生於御史臺，因字臺卿，〔一〕後避難，故自改名字，示不忘本土也。岐少明經，有才蓺，娶扶風馬融兄女。融外戚豪家，岐常鄙之，不與融相見。〔二〕仕州郡，以廉直疾惡見憚。年三十餘，有重疾，臥蓐七年，〔三〕自慮奄忽，乃爲遺令勑兄子曰：「大丈夫生世，遯無箕山之操，〔四〕仕無伊、呂之勳，天不我與，復何言哉！可立一員石於吾墓前，刻之曰：『漢有逸人，姓趙名嘉。有志無時，命也柰何！』」其後疾瘳。

〔一〕以其祖爲御史，故生於臺也。

〔二〕三輔決錄注曰：「岐娶馬敦女宗姜爲妻。敦兄子融嘗至岐家，多從賓與從妹宴飲作樂，日夕乃出。過問趙處士所在。岐亦厲節，不以妹聟之故屈志於融也。與其友書曰：『馬季長雖有名當世，而不持士節，三輔高士未曾以衣裾襒其門也。』岐曾讀周官二義不通，一往造之，賤融如此也。」

〔三〕蓐，寢蓐也。聲類曰：「蓐，薦也。」

〔四〕易曰：「遯而亨，君子以遠小人。」王弼注：「遯之義，避內而之外者也。」箕山，許由所隱處也。

永興二年，辟司空掾，議二千石得去官爲親行服，朝廷從之。其後爲大將軍梁冀所辟，爲陳損益求賢之策，冀不納。舉理劇，爲皮氏長。〔一〕會河東太守劉祐去郡，而中常侍左悺兄勝代之，岐恥疾宦官，卽日西歸。京兆尹延篤復以爲功曹。

〔一〕皮氏故城在今絳州龍門縣西。決錄曰「岐爲長，抑彊討姦，大興學校」也。

先是中常侍唐衡兄玹爲京兆虎牙都尉，〔一〕郡人以玹進不由德，皆輕侮之。岐及從兄襲又數爲貶議，玹深毒恨。〔二〕延熹元年，玹爲京兆尹，岐懼禍及，乃與從子戩逃避之。玹果收岐家屬宗親，陷以重法，盡殺之。〔三〕岐遂逃難四方，江、淮、海、岱，靡所不歷。自匿姓名，賣餅北海市中。時安丘孫嵩年二十餘，遊市見岐，察非常人，停車呼與共載。岐懼失色，嵩乃下帷，令騎屛行人。密問岐曰：「視子非賣餅者，又相問而色動，不有重怨，卽亡命乎？我北海孫賓石，闔門百口，埶能相濟。」岐素聞嵩名，卽以實告之，遂以俱歸。嵩先入白母曰：「出行，乃得死友。」迎入上堂，饗之極歡。藏岐複壁中數年，岐作戹屯歌二十三章。

〔一〕玹音玄。

〔二〕決錄注：「襲字元嗣。先是杜伯度、崔子玉以工草書稱于前代，襲與羅暉拙書，見蚩於張伯英。英頗自矜高，與朱賜書云『上比崔、杜不足，下方羅、趙有餘』」也。

〔三〕決錄注曰：「岐長兄磐，州都官從事，早亡。次兄無忌，字世卿，郡河東從事，爲玹所殺。」戳音翦。

後諸唐死滅，因赦乃出。三府聞之，同時並辟。九年，乃應司徒胡廣之命。會南匈奴、烏桓、鮮卑反叛，公卿舉岐，擢拜并州刺史。岐欲奏守邊之策，未及上，會坐黨事免，因撰次以爲禦寇論。〔一〕

〔一〕決錄注曰：「是時綱維不攝，閹豎專權，岐擬前代連珠之書四十章上之，留中不出。」

靈帝初，復遭黨錮十餘歲。中平元年，四方兵起，詔選故刺史、二千石有文武才用者，徵岐拜議郎。車騎將軍張溫西征關中，請補長史，別屯安定。大將軍何進舉爲敦煌太守，行至襄武，〔一〕岐與新除諸郡太守數人俱爲賊邊章等所執。賊欲脅以爲帥，岐詭辭得免，展轉還長安。〔二〕

〔一〕縣名，屬隴西郡。

〔二〕決錄注曰「岐還至陳倉，復遇亂兵，裸身得免，在草中十二日不食」也。

及獻帝西都，復拜議郎，稍遷太僕。及李傕專政，使太傅馬日磾撫慰天下，以岐爲副。日磾行至洛陽，表別遣岐宣揚國命，所到郡縣，百姓皆喜曰：「今日乃復見使者車騎。」是時袁紹、曹操與公孫瓚爭冀州，紹及操聞岐至，皆自將兵數百里奉迎，岐深陳天子恩

德，宜罷兵安人之道，又移書公孫瓚，爲言利害。紹等各引兵去，皆與岐期會洛陽，奉迎車駕。岐南到陳留，得篤疾，經涉二年，期者遂不至。

興平元年，詔書徵岐，會帝當還洛陽，先遣衞將軍董承修理宮室。岐謂承曰：「今海內分崩，唯有荆州境廣地勝，西通巴蜀，南當交阯，年穀獨登，兵人差全。岐雖迫大命，猶志報國家，欲自乘牛車，南說劉表，可使其身自將兵來衞朝廷，與將軍幷心同力，共獎王室。此安上救人之策也。」承即表遣岐使荆州，督租糧。岐至，劉表即遣兵詣洛陽助修宮室，軍資委輸，前後不絕。時孫嵩亦寓於表，表不爲禮，岐乃稱嵩素行篤烈，因共上爲青州刺史。岐以老病，遂留荆州。

曹操時爲司空，舉以自代。光祿勳桓典、少府孔融上書薦之，於是就拜岐爲太常。年九十餘，建安六年卒。先自爲壽藏，〔一〕圖季札、子產、晏嬰、叔向四像居賓位，又自畫其像居主位，皆爲讚頌。勑其子曰：「我死之日，墓中聚沙爲牀，布簟白衣，散髮其上，覆以單被，即日便下，下訖便掩。」岐多所述作，著孟子章句、三輔決錄傳於時。〔二〕

〔一〕壽藏謂塚壙也。稱壽者，取其久遠之意也。猶如壽宮、壽器之類。冢在今荆州古郢城中也。

〔二〕決錄序曰：「三輔者，本雍州之地，世世徙公卿吏二千石及高貲，皆以陪諸陵。五方之俗雜會，非一國之風，不但繫於詩秦、豳也。其爲士好高尚義，貴於名行。其俗失則趣埶進權，唯利是視。余以不才，生於西土，耳能聽而

聞故老之言，目能視(而)見衣冠之疇，心能識而觀其賢愚。常以玄冬，夢黃髮之士，姓玄名明，字子眞，與余寤言，言必有中，善否之閒，無所依違，命操筆者書之。近從建武以來，暨于斯今，其人既亡，行乃可書，玉石朱紫，由此定矣，故謂之決錄矣。」

贊曰：吳翁溫愛，義干剛烈。〔一〕延、史字人，風和恩結。梁使顯刑，誣黨潛絕。子幹兼姿，逢掖臨師。〔二〕邠卿出疆，專命朝威。〔三〕

〔一〕謂以義干梁冀爭李固也。

〔二〕禮記孔子曰：「丘少居魯，衣逢掖之衣。」鄭玄注曰：「逢猶大也。爲大掖之衣，此君子有道藝者所衣也。」相承本作縫，義亦通。

〔三〕疆，界也。左傳曰：「大夫出疆，苟利社稷，專之可也。」

校勘記

二〇九九頁七行　常牧豕於長垣澤中　按：集解引惠棟說，謂袁紀作「長羅澤」。水經注云圈稱言長垣縣有羅亭，故長羅縣也，後漢幷長垣。有長羅澤，季英牧豕處。

二〇九九頁一三行　裴氏廣(川)〔州〕記　據殿本考證改。

二一〇〇頁一行　桂陽甲騎九眞都龐　按：集解引沈欽韓說，謂水經注「甲騎」作「騎田」，「都龐」作「部龍」。又按：汲本「都龐」作「都寵」。

二一〇〇頁一四行　及(祀)〔犯〕軷　據殿本改。按：殿本考證謂「犯」字監本誤「祀」，據周禮大馭文改正。

二一〇〇頁一五行　〔犯〕軷(祀)者　據殿本改。

二一〇〇頁一五行　以(菩)〔苫〕芻棘栢爲神主　據刊誤補，與周禮鄭注合。

二一〇一頁六行　觀過斯知人矣　按：殿本「人」作「仁」，疑後人據論語改。錢大昕謂古書仁人二字多通用，然以「人」義爲長。

二一〇一頁七行　安丘男子毋丘長　按：「毋」原譌「母」，逕據殿本改正。

二一〇一頁一〇行　明府雖加哀矜　汲本、殿本「矜」作「矜」。按：段注說文作「矜」，云从矛令聲。

二一〇二頁一行　年二十二　按：殿本作「年三十二」。

二一〇三頁一行　延篤字叔堅　按：集解引汪文臺說，謂御覽四百五十二引謝承書，云「字叔固」。

二一〇三頁一行　旬日能諷之　按：殿本「諷」下有「誦」字。

二一〇三頁七行　嗟乎延生　按：「乎」原作「呼」，逕據汲本、殿本改。

二一〇三頁一二行　南平陽故城〔在〕今兗州鄒縣　據汲本、殿本補。

二一〇五頁一行　其爲仁之本與　按：集解引錢大昕說，謂葛本「仁」作「人」，今本論語作「仁」，初學記友悌部、御覽人事部引論語俱作「人」；與有子先言「其爲人也孝弟」，後言「其爲人之

本」，首尾相應，亦當以「人」爲長也。

二二〇六頁一〇行　坐於客堂　按：集解引沈欽韓說，謂「客」一本作「容」，是也。隱蔽自障者皆謂之容。堂前有屏蔽之設，故曰容堂。

二二〇八頁一三行　悉條諸生聚斂姦吏　按：殿本考證謂「生」字疑衍。

二二〇九頁一行　桓帝弟渤海王悝　何焯校本改「渤」爲「勃」。按：下文皆作「勃」，故何氏改爲一律。

二二一〇頁三行　伍被勸淮南(子)〔王〕謀反誅也　據汲本、殿本改。

二二一一頁五行　(奉)〔俸〕音扶用反　據汲本、殿本改，與正文合。

二二一一頁八行　生乃說以它事謁弼　按：刊誤謂案文「說」字當作「詭」，謂詭譎也。

二二一一頁一〇行　侯覽大怨　按：殿本「怨」作「怒」。

二二一二頁八行　洪字子林　按：殿本「林」作「休」。

二二一二頁一四行　似夫儒者　汲本、殿本「儒」作「懦」。按：說文儒，柔也。儒有懦弱義，非譌字。

二二一三頁三行　聞活千人者有封(子)孫　據殿本補。

二二一三頁三行　〔後〕世其興乎　據汲本、殿本補。

二二一六頁二行　發起粃謬　按：集解引惠棟說，謂「粃謬」疑「紕繆」之訛。

二二一六頁三行　無力供繕〔寫〕上　據汲本、殿本補。

二二一七頁一三行　擾服災咎　汲本、殿本「擾」作「禳」。按：擾禳通。

二二一八頁一行　眺者月行速在日前　按：「日」原譌「目」，逕據汲本、殿本改正。

二二一八頁一行　君舒緩則臣(嬌)〔驕〕慢　據汲本、殿本改。

二二一八頁七行　后以王甫程阿所搆　按：「甫」原譌「封」，逕據汲本、殿本改正。

二二一九頁六行　今先害〔之〕　刊誤謂案文少「之」字，不成文理。又集解引惠棟說，謂先賢傳云「今先害之」。今據補。

二二二二頁五行　趙岐字邠卿　按：此傳「岐」字原本皆作「歧」，汲本同。王先謙謂殿本「歧」作「岐」，古書通作，以「岐」爲是。今一律依殿本改爲「岐」。

二二二二頁七行　年三十餘有重疾　按：御覽五百一引「三十餘」作「四十餘」。

二二二五頁一行　目能視(而)見衣冠之疇　據汲本補。

二二二五頁一行　常以玄冬夢黃髮之士　集解引惠棟說，謂據御覽三百九十九卷引「玄冬」下有「修夜思而未之得也忽然而寢」十二字，「夢」下有「此」字。今按：御覽「士」作「叟」。

二二二五頁一行　字子眞　按：惠棟謂御覽引「字」下有「曰」字。

二二二五頁二行　言必有中　按：惠棟謂御覽引此下有「予授其人子眞評之析微通理」十二字。

後漢書卷六十五

皇甫張段列傳第五十五

皇甫規字威明，安定朝那人也。祖父稜，度遼將軍。父旗，扶風都尉。

永和六年，西羌大寇三輔，圍安定，征西將軍馬賢將諸郡兵擊之，不能克。規雖在布衣，見賢不卹軍事，審其必敗，乃上書言狀。尋而賢果爲羌所沒。郡將知規有兵略，乃命爲功曹，使率甲士八百，與羌交戰，斬首數級，賊遂退卻。舉規上計掾。其後羌衆大合，攻燒隴西，朝廷患之。規乃上疏求乞自効，曰：「臣比年以來，數陳便宜。羌戎未動，策其將反，馬賢始出，頗知必敗。誤中之言，在可考校。臣每惟賢等擁衆四年，未有成功，懸師之費且百億計，〔一〕出於平人，回入姦吏。〔二〕故江湖之人，羣爲盜賊，青、徐荒飢，襁負流散。夫羌戎潰叛，不由承平，皆由邊將失於綏御。乘常守安，則加侵暴，苟競小利，則致大害，微勝則虛張首級，軍敗則隱匿不言。軍士勞怨，困於猾吏，進不得快戰以徼功，退不得溫飽以全命，餓死溝渠，暴骨中原。徒見王師之出，不聞振旅之聲。〔三〕酋豪泣血，驚懼生變。是以

安不能久，敗則經年。臣所以搏手叩心而增歎者也。願假臣兩營二郡，〔四〕屯列坐食之兵五千，出其不意，與護羌校尉趙沖共相首尾。土地山谷，臣所曉習；兵埶巧便，臣已更之。可不煩方寸之印，尺帛之賜，高可以滌患，下可以納降。若謂臣年少官輕，不足用者，凡諸敗將，非官爵之不高，年齒之不邁。〔五〕臣不勝至誠，沒死自陳。」時帝不能用。

〔一〕懸猶停也。

〔二〕平人，齊人也。

〔三〕振，整；旅，衆也。穀梁傳曰「出曰治兵，入曰振旅」也。

〔四〕兩營謂馬賢及趙沖等。二郡，安定、隴西也。

〔五〕邁，往也。

沖質之閒，梁太后臨朝，規舉賢良方正。對策曰：

伏惟孝順皇帝，初勤王政，紀綱四方，幾以獲安。後遭姦僞，威分近習，〔一〕畜貨聚馬，戲謔是聞；又因緣嬖倖，受賂賣爵，輕使賓客，交錯其閒，天下擾擾，從亂如歸。〔二〕故每有征戰，鮮不挫傷，官民並竭，上下窮虛。臣在關西，竊聽風聲，未聞國家有所先後，〔三〕而威福之來，咸歸權倖。陛下體兼乾坤，聰哲純茂。攝政之初，拔用忠貞，其餘維綱，多所改正。遠近翕然，望見太平。而地震之後，霧氣白濁，日月不光，旱魃爲

虐，〔四〕大賊從横，流血丹野，庶品不安，譴誡累至，殆以姦臣權重之所致也。其常侍尤無狀者，亟便黜遣，〔五〕披埽凶黨，收入財賄，以塞痛怨，以荅天誡。

〔一〕近習，諸佞倖親近小人也。禮記曰：「雖有貴戚近習。」
〔二〕左傳曰「人患王之無厭也，故從亂如歸」也。
〔三〕先後謂進退也。言國家不妄有褒貶進退，而權倖之徒反爲禍福也。
〔四〕詩大雅曰：「旱魃爲虐，如惔如焚。」魃，旱神也。
〔五〕無狀者，謂無善狀。

今大將軍梁冀、河南尹不疑，處周、邵之任，爲社稷之鎮，加與王室世爲姻族，〔一〕今日立號雖尊可也，〔二〕實宜增脩謙節，輔以儒術，省去遊娛不急之務，割減廬第無益之飾。夫君者舟也，人者水也。〔三〕羣臣乘舟者也，將軍兄弟操檝者也。若能平志畢力，以度元元，所謂福也。如其怠弛，將淪波濤。可不慎乎！夫德不稱祿，猶鑿墉之趾，以益其高。豈量力審功安固之道哉？凡諸宿猾、酒徒、戲客，皆耳納邪聲，口出諂言，甘心逸遊，唱造不義。亦宜貶斥，以懲不軌。令冀等深思得賢之福，失人之累。又在位素餐，尚書怠職，有司依違，莫肯糾察，故使陛下專受諂諛之言，不聞戶牖之外。臣誠知阿諛有福，深言近禍，豈敢隱心以避誅責乎！臣生長邊遠，希涉紫庭，怖慴失

守，言不盡心。

〔一〕梁商女爲順帝后，后女弟又爲桓帝后。冀卽商子，故曰代姻也。
〔二〕可猶宜也。
〔三〕家語孔子曰：「夫君者舟也，人者水也。水可載舟，亦以覆舟。君以此思危，則可知也。」

梁冀忿其刺己，以規爲下第，拜郎中。託疾免歸，州郡承冀旨，幾陷死者再三。遂以詩、易教授，門徒三百餘人，積十四年。後梁冀被誅，旬月之閒，禮命五至，皆不就。

時太山賊叔孫無忌侵亂郡縣，中郎將宗資討之未服。公車特徵規，拜太山太守。規到官，廣設方略，寇賊悉平。延熹四年秋，叛羌零吾等與先零別種寇鈔關中，護羌校尉段熲坐徵。〔一〕後先零諸種陸梁，覆没營塢。〔二〕規素悉羌事，志自奮効，乃上疏曰：「自臣受任，志竭愚鈍，實賴兗州刺史牽顥之清猛，中郎將宗資之信義，得承節度，幸無咎譽。今猾賊就滅，太山略平，復聞羣羌並皆反逆。臣生長邠岐，年五十有九，昔爲郡吏，再更叛羌，豫籌其事，有誤中之言。臣素有固疾，恐犬馬齒窮，不報大恩，願乞冗官，備單車一介之使，勞來三輔，宣國威澤，以所習地形兵埶，佐助諸軍。臣窮居孤危之中，坐觀郡將，已數十年矣。自鳥鼠至于東岱，其病一也。〔三〕力求猛敵，不如清平；勤明吳、孫，未若奉法。〔四〕前變未遠，臣誠戚之。〔五〕是以越職，盡其區區。」

〔一〕熲擊羌，坐爲涼州刺史郭閎留兵不進下獄。
〔二〕說文曰：「塢，小障也。一曰庳城也。」音烏古反。
〔三〕郡將，郡守也。鳥鼠，山名，在今渭州西，卽先零羌寇鈔處也。東岱謂泰山，叔孫無忌反處也。皆由郡守不加綏撫，致使反叛，其疾同也。
〔四〕吳起，魏將也。孫武，吳將也。言若求猛（敵）〔將〕，不如撫以靑平之政；明習兵書，不如郡守奉法，使之無反也。
〔五〕戚，憂也。前變謂羌反。

至冬，羌遂大合，朝廷爲憂。三公舉規爲中郎將，持節監關西兵，討零吾等，破之，斬首八百級。先零諸種羌慕規威信，相勸降者十餘萬。明年，規因發其騎共討隴右，而道路隔絕，軍中大疫，死者十三四。規親入菴廬，巡視將士，三軍感悅。東羌遂遣使乞降，涼州復通。

先是安定太守孫儁受取狼籍，屬國都尉李翕、督軍御史張稟多殺降羌，涼州刺史郭閎、漢陽太守趙熹並老弱不堪任職，而皆倚恃權貴，不遵法度。規到州界，悉條奏其罪，或免或誅。羌人聞之，翕然反善。沈氏大豪滇昌、飢恬等十餘萬口，復詣規降。

規出身數年，持節爲將，擁衆立功，還督鄉里，既無它私惠，而多所舉奏，又惡絕宦官，不與交通，於是中外並怨，遂共誣規貨賂羣羌，令其文降。〔一〕天子璽書誚讓相屬。規懼不

免，上疏自訟曰：「四年之秋，戎醜蠢戾，〔二〕爰自西州，侵及涇陽，〔三〕舊都懼駭，朝廷西顧。明詔不以臣愚駑，急使軍就道。〔四〕幸蒙威靈，遂振國命，羌戎諸種，大小稽首，輒移書營郡，以訪誅納，〔五〕所省之費，一億以上。以爲忠臣之義，不敢告勞，〔六〕故恥以片言自及微効。然比方先事，庶免罪悔。〔七〕前踐州界，先奏郡守孫儁，次及屬國都尉李翕、督軍御史張稟；旋師南征，又上涼州刺史郭閎、漢陽太守趙熹，陳其過惡，執據大辟。凡此五臣，支黨半國，其餘墨綬，下至小吏，所連及者，復有百餘。吏託報將之怨，子思復父之恥，載贄馳車，懷糧步走，交搆豪門，競流謗讟，云臣私報諸羌，謝其錢貨。〔八〕若臣以私財，則家無擔石；如物出於官，則文簿易考。就臣愚惑，信如言者，前世尚遺匈奴以宮姬，〔九〕鎮烏孫以公主。〔一〇〕今臣但費千萬，以懷叛羌。則良臣之才略，兵家之所貴，將有何罪，負義違理乎？自永初以來，將出不少，覆軍有五，動資巨億。有旋車完封，寫之權門，〔一一〕而名成功立，厚加爵封。今臣還督本土，糾舉諸郡，絕交離親，戮辱舊故，衆謗陰害，固其宜也。臣雖汙穢，廉絜無聞，今見覆沒，恥痛實深。傳稱『鹿死不擇音』，謹冒昧略上。」〔一二〕

〔一〕以文簿虛降，非眞心也。
〔二〕蠢，動也。戾，乖也。
〔三〕縣名，屬安定郡，其故城在今原州平源縣南也。

〔四〕就猶上也。

〔五〕訪，問也。規言羌種既服，臣即移書軍營及郡，勘問誅殺幷納受多少之數目也。

〔六〕詩小雅曰：「密勿從事，不敢告勞。無罪無辜，讒口嗸嗸。」

〔七〕先事謂前敗將也。

〔八〕謝猶讎也。

〔九〕元帝賜呼韓邪單于待詔掖庭王嬙爲閼氏也。

〔一〇〕武帝以江都王建女細君妻烏孫王昆莫爲夫人也。

〔一一〕言還軍之將，旋師之日，多載珍寶，封印完全，便入權門。

〔一二〕左傳曰「鹿死不擇音，挺而走險，急何能擇」也。

其年冬，徵還拜議郎。論功當封。而中常侍徐璜、左悺欲從求貨，數遣賓客就問功狀，規終不荅。璜等忿怒，陷以前事，下之於吏。官屬欲賦斂請謝，規誓而不聽，遂以餘寇不絕，坐繫廷尉，論輸左校。〔一〕諸公及太學生張鳳等三百餘人詣闕訟之。會赦，歸家。

〔一〕漢官儀曰，左校署屬將作大匠也。

徵拜度遼將軍，至營數月，上書薦中郎將張奐以自代。曰：「臣聞人無常俗，而政有治亂；兵無強弱，而將有能否。伏見中郎將張奐，才略兼優，宜正元帥，以從衆望。若猶謂愚臣宜充軍事者，願乞冗官，以爲奐副。」朝廷從之，以奐代爲度遼將軍，規爲使匈奴中郎將。

及奐遷大司農，規復代爲度遼將軍。

規爲人多意筭，自以連在大位，欲退身避第，數上病，不見聽。會友人上郡太守王旻喪還，規縞素越界，到下亭迎之。因令客密告幷州刺史胡芳，言規擅遠軍營，公違禁憲，當急舉奏。芳曰：「威明欲避第仕塗，故激發我耳。〔一〕吾當爲朝廷愛才，何能申此子計邪！」遂無所問。及黨事大起，天下名賢多見染逮，規雖爲名將，素譽不高。自以西州豪桀，恥不得豫，乃先自上言：「臣前薦故大司農張奐，是附黨也。又臣昔論輸左校時，太學生張鳳等上書訟臣，是爲黨人所附也。臣宜坐之。」朝廷知而不問，時人以爲規賢。

〔一〕言欲歸第避仕宦之塗也。

在事數歲，北邊威服。永康元年，徵爲尚書。其夏日食，詔公卿舉賢良方正，下問得失。規對曰：「天之於王者，如君之於臣，父之於子也。誡以災妖，使從福祥。陛下八年之中，三斷大獄，〔一〕一除內嬖，〔二〕再誅外臣。〔三〕而災異猶見，人情未安者，殆賢愚進退，威刑所加，有非其理也。前太尉陳蕃、劉矩，〔四〕忠謀高世，廢在里巷；劉祐、馮緄、〔五〕趙典、尹勳，正直多怨，流放家門；李膺、王暢、孔翊，絜身守禮，終無宰相之階。至於鉤黨之釁，事起無端，〔六〕虐賢傷善，哀及無辜。今興改善政，易於覆手，而羣臣杜口，鑒畏前害，互相瞻顧，莫肯正言。伏願陛下暫留聖明，容受謇直，則前責可弭，後福必降。」對奏，不省。

〔一〕謂誅梁冀，誅鄧萬、鄧會，誅李膺等黨事也。

〔二〕無德而寵曰嬖，謂廢鄧皇后也。

〔三〕殺桂陽太守任胤，殺南陽太守成瑨、太原太守劉質等也。

〔四〕漢官儀曰：「矩字叔方。」

〔五〕古本反。

〔六〕鉤，引也。謂李膺等事也。

遷規弘農太守，封壽成亭侯，邑二百戶，讓封不受。再轉爲護羌校尉。熹平三年，以疾召還，未至，卒于穀城，年七十一。所著賦、銘、碑、讚、禱文、弔、章表、教令、書、檄、牋記，凡二十七篇。

論曰：孔子稱「其言之不怍，則其爲之也難」。〔一〕察皇甫規之言，其心不怍哉！夫其審己則干祿，見賢則委位，故干祿不爲貪，而委位不求讓；稱己不疑伐，而讓人無懼情。故能功成於戎狄，身全於邦家也。

〔一〕怍，慙也。

張奐字然明，敦煌（酒）〔淵〕泉人也。〔一〕父惇，爲漢陽太守。奐少遊三輔，師事太尉朱寵，學歐陽尚書。初，牟氏章句浮辭繁多，〔二〕有四十五萬餘言，奐減爲九萬言。後辟大將軍梁冀府，乃上書桓帝，奏其章句，詔下東觀。以疾去官，復舉賢良，對策第一，擢拜議郎。

〔一〕（酒）〔淵〕泉，縣名，地多泉水，故城在今（瓜）〔瓜〕州晉昌縣東北也。

〔二〕時牟卿受書於張堪，爲博士，故有牟氏章句。

永壽元年，遷安定屬國都尉。初到職，而南匈奴左薁鞬臺耆、且渠伯德等七千餘人寇美稷，東羌復舉種應之，而奐壁唯有二百許人，聞即勒兵而出。軍吏以爲力不敵，叩頭爭止之。奐不聽，遂進屯長城，收集兵士，遣將王衞招誘東羌，因據龜茲，〔一〕使南匈奴不得交通東羌。諸豪遂相率與奐和親，共擊薁鞬等，連戰破之。伯德惶恐，將其衆降，郡界以寧。

〔一〕龜茲音丘慈，縣名，屬上郡。前書音義曰「龜茲國人來降之，因以名縣」也。

羌豪帥感奐恩德，上馬二十匹，先零酋長又遺金鐻八枚。奐並受之，〔一〕而召主簿於諸羌前，以酒酹地曰：〔二〕「使馬如羊，不以入廄；使金如粟，不以入懷。」悉以金馬還之。〔三〕羌性貪而貴吏清，前有八都尉率好財貨，爲所患苦，及奐正身絜己，威化大行。

〔一〕郭璞注山海經云：「鐻音渠，金（食）〔銀〕器名。」未詳形制也。

〔二〕以酒沃地謂之酹。晉力外反。

〔三〕如羊如粟，喻多也。

遷使匈奴中郎將。時休屠各〔一〕及朔方烏桓並同反叛，燒度遼將軍門，〔二〕引屯赤阬，烟火相望。兵衆大恐，各欲亡去。奐安坐帷中，與弟子講誦自若，軍士稍安。乃潛誘烏桓陰與和通，遂使斬屠各渠帥，襲破其衆。諸胡悉降。

〔一〕屠音直於反。

〔二〕時度遼將軍屯五原。

延熹元年，鮮卑寇邊，奐率南單于擊之，斬首數百級。

明年，梁冀被誅，奐以故吏免官禁錮。奐與皇甫規友善，奐既被錮，凡諸交舊莫敢爲言，唯規薦舉前後七上。在家四歲，復拜武威太守。平均徭賦，率厲散敗，常爲諸郡最，河西由是而全。其俗多妖忌，凡二月、五月產子及與父母同月生者，悉殺之。奐示以義方，嚴加賞罰，風俗遂改，百姓生爲立祠。舉尤異，遷度遼將軍。數載閒，幽、并清靜。

九年春，徵拜大司農。鮮卑聞奐去，其夏，遂招結南匈奴、烏桓數道入塞，或五六千騎，或三四千騎，寇掠緣邊九郡，殺略百姓。秋，鮮卑復率八九千騎入塞，誘引東羌與共盟詛。於是上郡沈氐、安定先零諸種共寇武威、張掖，緣邊大被其毒。朝廷以爲憂，復拜奐爲護匈奴中郎將，以九卿秩督幽、并、涼三州及度遼、烏桓二營，〔一〕兼察刺史、二千石能否，賞賜

甚厚。匈奴、烏桓聞奐至，因相率還降，凡二十萬口。奐但誅其首惡，餘皆慰納之。唯鮮卑出塞去。

〔一〕明帝永平八年，初置度遼將軍，屯五原郡曼柏縣。漢官儀曰「烏丸校尉屯上谷郡甯縣」，故曰二營。

永康元年春，東羌、先零五六千騎寇關中，圍祋祤，掠雲陽。夏，復攻沒兩營，殺千餘人。冬，羌岸尾、摩蟞等〔一〕脅同種復鈔三輔。奐遣司馬尹端、董卓並擊，大破之，斬其酋豪，首虜萬餘人，三州清定。論功當封，奐不事宦官，故賞遂不行，唯賜錢二十萬，除家一人爲郎。並辭不受，而願徙屬弘農華陰。舊制邊人不得內移，唯奐因功特聽，故始爲弘農人焉。

〔一〕蟞音必薛反。

建寧元年，振旅而還。時竇太后臨朝，大將軍竇武與太傅陳蕃謀誅宦官，事泄，中常侍曹節等於中作亂，以奐新徵，不知本謀，矯制使奐與少府周靖率五營士圍武。武自殺，蕃因見害。奐遷少府，又拜大司農，以功封侯。奐深病爲節所賣，上書固讓，封還印綬，卒不肯當。

明年夏，青蛇見於御坐軒前，〔一〕又大風雨雹，霹靂拔樹，詔使百僚各言災應。奐上疏曰：「臣聞風爲號令，動物通氣。〔二〕木生於火，相須乃明。蛇能屈申，配龍騰蟄。〔三〕順至爲休徵，逆來爲殃咎。陰氣專用，則凝精爲雹。故大將軍竇武、太傅陳蕃，或志寧社稷，或方直不回，前以讒勝，並伏誅戮，海內默默，人懷震憤。昔周公葬不如禮，天乃動威。〔四〕今武、蕃忠貞，未被明宥，妖眚之來，皆爲此也。宜急爲改葬，徙還家屬。其從坐禁錮，一切蠲除。又皇太后雖居南宮，而恩禮不接，朝臣莫言，遠近失望。宜思大義顧復之報。」〔五〕天子深納奐言，以問諸黃門常侍，左右皆惡之，帝不得自從。

〔一〕軒，殿檻闌板也。

〔二〕翼氏風角曰：「凡風者天之號令，所以譴告人君者也。」

〔三〕易曰「龍蛇之蟄，以存身也」。愼子曰「騰蛇游霧，飛龍乘雲，雲罷霧散，與蚯蚓同」也。

〔四〕尚書大傳：「周公薨，成王欲葬之於成周，天乃雷雨以風，禾即盡偃，大木斯拔，國人大恐。王葬周公於畢，示不敢臣也。」

〔五〕顧，旋視也。復，反覆也。小雅曰：「父兮生我，母兮鞠我，顧我復我，出入腹我。」

轉奐太常，與尚書劉猛、刁韙、衞良同薦王暢、李膺可參三公之選，而曹節等彌疾其言，遂下詔切責之。奐等皆自囚廷尉，數日乃得出，並以三月俸贖罪。司隸校尉王寓，出於宦官，欲借寵公卿，以求薦舉，百僚畏憚，莫不許諾，唯奐獨拒之。寓怒，因此遂陷以黨罪，禁錮歸田里。

奐前爲度遼將軍，與段熲爭擊羌，不相平。及熲爲司隸校尉，欲逐奐歸敦煌，將害之。

奐憂懼，奏記謝熲曰：「小人不明，得過州將，千里委命，以情相歸。〔一〕足下仁篤，照其辛苦，使人未反，復獲郵書。恩詔分明，前以寫白，而州期切促，郡縣惶懼，屏營延企，側待歸命。父母朽骨，孤魂相託，若蒙矜憐，壹惠咳唾，則澤流黃泉，施及冥寞，非奐生死所能報塞。夫無毛髮之勞，而欲求人丘山之用，此淳于髡所以拍髀仰天而笑者也。〔二〕誠知言必見譏，然猶未能無望。何者？朽骨無益於人，而文王葬之；〔三〕死馬無所復用，而燕昭寶之。〔四〕黨同文、昭之德，豈不大哉！〔五〕凡人之情，冤則呼天，窮則叩心。今呼天不聞，叩心無益，誠自傷痛。俱生聖世，獨爲匪人。〔六〕孤微之人，無所告訴。如不哀憐，便爲魚肉。〔七〕企心東望，無所復言。」熲雖剛猛，省書哀之，卒不忍也。時禁錮者多不能守靜，或死或徙。奐閉門不出，養徒千人，著尚書記難三十餘萬言。

〔一〕漢官儀曰：「司隸州部河南雒陽，管三輔、三河、弘農七郡。」所以奐屈於熲，稱曰「州將」焉。

〔二〕拍音片百反。髀音步弟反。史記，楚發兵伐齊，齊威王使淳于髡齎百金，車馬十駟，之趙請救。髡仰天大笑，冠纓索絕。王曰：「先生少之乎？」髡曰：「今者臣從東方來，見道傍有禳田者，操一豚蹄，酒一盂，而祝曰：『甌窶滿篝，汙邪滿車，五穀蕃熟，穰穰滿家。』臣見其所持者狹，所求者奢，故笑。」於是王乃益以黃金千鎰，白璧十雙，車馬百駟也。

〔三〕新序曰：「文王作靈臺，掘得死人骨，吏以聞。文王曰：『葬之。』吏曰：『此無主矣。』文王曰：『有天下者，天下之

主也；有一國者，一國之主也。寡人固其主焉。』令吏以棺葬之。天下聞之，曰：『文王賢矣，澤及朽骨，又況人乎。』」

〔四〕新序曰：「燕昭王即位，卑身求賢。謂郭隗曰：『齊因孤國之亂而襲燕，然得賢士與共國，以雪先王之醜，孤之願也。先生視可者，得身事之。』隗曰：『臣聞古之人君，有以千金求千里馬者，三年不得，涓人言於君請求之，君遣焉。三月，得千里馬，馬已死，乃以五百金買其首以報。君大怒曰：「所求者生馬，安市死馬而捐五百金乎？」對曰：「死馬且市之，況生馬乎？天下必以王爲能市馬，馬今至矣。」不出朞年，千里馬至者二。今王誠欲必致士，從隗始。隗且見事，況賢於隗者乎？』於是王爲隗築宮而師之。樂毅自魏往，鄒衍自齊往，劇辛自趙往，士爭歸燕焉。」

〔五〕黨音佗朗反。

〔六〕詩小雅曰「哀我征夫，獨爲匪人」也。

〔七〕言將爲人所吞噬也。

奐少立志節，嘗與士友言曰：「大丈夫處世，當爲國家立功邊境。」及爲將帥，果有勳名。董卓慕之，使其兄遺縑百匹。奐惡卓爲人，絕而不受。光和四年卒，年七十八。遺命曰：「吾前後仕進，十要銀艾，〔一〕不能和光同塵，爲讒邪所忌。〔二〕通塞命也，始終常也。但地底冥冥，長無曉期，而復纏以纊緜，牢以釘密，爲不喜耳。幸有前窀，朝殞夕下，措屍靈牀，幅巾而已。奢非晉文，〔三〕儉非王孫，〔四〕推情從意，庶無咎吝。」諸子從之。武威多爲

立祠，世世不絕。所著銘、頌、書、教、誡述、志、對策、章表二十四篇。

〔一〕銀印綠綬也，以艾草染之，故曰艾也。

〔二〕老子曰「和其光，同其塵」也。

〔三〕陸翽鄴中記曰：「永嘉末，發齊桓公墓，得水銀池金蠶數十箔，珠襦、玉匣、繒綵不可勝數。」左傳曰：「晉文公朝王，請隧。王不許，曰：『王章也，未有代德而有二王，亦叔父之所惡也。』」晉文既臣，請用王禮，是其奢也。

〔四〕武帝時，楊王孫死，誡其子爲布囊盛屍，入地七尺，脫去其囊，以身親土。

長子芝，字伯英，最知名。〔一〕芝及弟昶，字文舒，並善草書，至今稱傳之。

〔一〕王愔文志曰：「芝少持高操，以名臣子勤學，文爲儒宗，武爲將表。太尉辟，公車有道徵，皆不至，號張有道。尤好草書，學崔、杜之法，家之衣帛，必書而後練。臨池學書，水爲之黑。下筆則爲楷則，號怱怱不暇草書，爲世所寶，寸紙不遺，韋仲將謂之『草聖』也。」

初，奐爲武威太守，其妻懷孕，夢帶奐印綬登樓而歌。訊之占者，曰：「必將生男，復臨茲邦，命終此樓。」既而生子猛，以建安中爲武威太守，殺刺史邯鄲商，州兵圍之急，猛恥見擒，乃登樓自燒而死，卒如占云。

論曰：自鄛鄉之封，中官世盛，〔一〕暴恣數十年閒，四海之內，莫不切齒憤盈，願投兵於其族。陳蕃、竇武奮義草謀，徵會天下，名士有識所共聞也，而張奐見欺豎子，揚戈以斷忠烈。〔二〕雖恨毒在心，辭爵謝咎。詩云：「啜其泣矣，何嗟及矣！」〔三〕

〔一〕宦者鄭衆封鄛鄉侯也。

〔二〕奐被曹節等矯制，使率五營士圍殺陳蕃、竇武等。

〔三〕詩國風也。啜，泣貌也，音知劣反。

段熲字紀明，武威姑臧人也。其先出鄭共叔段，西域都護會宗之從曾孫也。〔一〕熲少便習弓馬，尚遊俠，輕財賄，長乃折節好古學。初舉孝廉，爲憲陵園丞、陽陵令，〔二〕所在〔有〕能政。

〔一〕〔會〕宗字子松，天水上邽人，元帝時爲西域都護。死，城郭諸國爲發喪立祠。

〔二〕憲陵，順帝陵；陽陵，景帝陵。漢官儀曰「丞秩三百石，令秩六百石」也。

遷遼東屬國都尉。時鮮卑犯塞，熲卽率所領馳赴之。既而恐賊驚去，乃使驛騎詐齎璽書詔熲，熲於道僞退，潛於還路設伏。虜以爲信然，乃入追熲。熲因大縱兵，悉斬獲之。坐詐璽書伏重刑，以有功論司寇。刑竟，徵拜議郎。

時太山、琅邪賊東郭竇、公孫舉等聚衆三萬人，破壞郡縣，遣兵討之，連年不克。永壽二

年，桓帝詔公卿選將有文武者，司徒尹（訟）〔頌〕薦熲，〔一〕乃拜爲中郎將。擊竇、舉等，大破斬之，獲首萬餘級，餘黨降散。封熲爲列侯，賜錢五十萬，除一子爲郎中。

〔一〕漢官儀曰：「（訟）〔頌〕字公孫，鞏人也。」

延熹二年，遷護羌校尉。會燒當、燒何、當煎、勒姐等八種羌〔一〕寇隴西、金城塞，熲將兵及湟中義從羌萬二千騎出湟谷，擊破之。追討南度河，使軍吏田晏、夏育募先登，懸索相引，復戰於羅亭，大破之，斬其酋豪以下二千級，獲生口萬餘人，虜皆奔走。

〔一〕姐音紫且反。

明年春，餘羌復與燒何大豪寇張掖，攻沒鉅鹿塢，殺屬國吏民，又招同種千餘落，并兵晨奔熲軍。熲下馬大戰，至日中，刀折矢盡，虜亦引退。熲追之，且鬬且行，晝夜相攻，割肉食雪，四十餘日，遂至河首積石山，出塞二千餘里，斬燒何大帥，首虜五千餘人。又分兵擊石城羌，斬首溺死者千六百人。燒當種九十餘口詣熲降。又雜種羌屯聚白石，〔一〕熲復進擊，首虜三千餘人。冬，勒姐、零吾種圍允街，〔二〕殺略吏民，熲排營救之，斬獲數百人。

〔一〕白石，山，在今蘭州狄道縣東。

〔二〕允音鈆。街音階。

四年冬，上郡沈氏、隴西牢姐、烏吾諸種羌共寇幷涼二州，熲將湟中義從討之。涼州刺史郭閎貪共其功，稽固熲軍，使不得進。〔一〕義從役久，戀鄉舊，皆悉反叛。郭閎歸罪於熲，熲坐徵下獄，輸作左校。羌遂陸梁，覆沒營塢，轉相招結，唐突諸郡，於是吏人守闕訟熲以千數。朝廷知熲爲郭閎所誣，詔問其狀。熲但謝罪，不敢言枉，京師稱爲長者。起於徒中，復拜議郎，遷幷州刺史。

〔一〕稽固猶停留也。

時滇那等諸種羌五六千人寇武威、張掖、酒泉，燒人廬舍。六年，寇埶轉盛，涼州幾亡。冬，復以熲爲護羌校尉，乘驛之職。明年春，羌封僇、良多、滇那等〔一〕酋豪三百五十五人率三千落詣熲降。當煎、勒姐種猶自屯結。冬，熲將萬餘人擊破之，斬其酋豪，首虜四千餘人。

〔一〕僇音良逐反，又力救反。

八年春，熲復擊勒姐種，斬首四百餘級，降者二千餘人。夏，進軍擊當煎種於湟中，熲兵敗，被圍三日，用隱士樊志張策，潛師夜出，鳴鼓還戰，大破之，首虜數千人。熲遂窮追，展轉山谷閒，自春及秋，無日不戰，虜遂飢困敗散，北略武威閒。

熲凡破西羌，斬首二萬三千級，獲生口數萬人，馬牛羊八百萬頭，降者萬餘落。封熲都鄉侯，邑五百戶。

永康元年，當煎諸種復反，合四千餘人，欲攻武威，熲復追擊於鸞鳥，大破之，〔一〕殺其渠帥，斬首三千餘級，西羌於此弭定。

〔一〕鳥音爵，縣名，屬武威郡，故城在今涼州昌松縣北也。

而東羌先零等，自覆沒征西將軍馬賢後，朝廷不能討，遂數寇擾三輔。其後度遼將軍皇甫規、中郎將張奐招之連年，旣降又叛。桓帝詔問熲曰：「先零東羌造惡反逆，而皇甫規、張奐各擁強衆，不時輯定。欲熲移兵東討，未識其宜，可參思術略。」熲因上言曰：「臣伏見先零東羌雖數叛逆，而降於皇甫規者，已二萬許落，善惡旣分，餘寇無幾。今張奐躊躇久不進者，當慮外離內合，兵往必驚。且自冬踐春，屯結不散，人畜疲羸，自亡之埶，徒更招降，坐制強敵耳。臣以爲狼子野心，難以恩納，〔一〕埶窮雖服，兵去復動。唯當長矛挾脅，白刃加頸耳。計東種所餘三萬餘落，居近塞內，路無險折，非有燕、齊、秦、趙從橫之埶，而久亂幷、涼，累侵三輔，西河、上郡，已各內徙，安定、北地，復至單危，自雲中、五原，西至漢陽二千餘里，匈奴、種羌，並擅其地，是爲癰疽伏疾，留滯脅下，如不加誅，轉就滋大。今若以騎五千，步萬人，車三千兩，三冬二夏，足以破定，無慮用費爲錢五十四億。〔二〕如此，則可令羣羌破盡，匈奴長服，內徙郡縣，得反本土。伏計永初中，諸羌反叛，十有四年，用二百四十億；永和之末，復經七年，用八十餘億。費耗若此，猶不誅盡，餘孽復起，于茲作害。今不暫疲人，

則永寧無期。臣庶竭駑劣，伏待節度。」帝許之，悉聽如所上。

〔一〕左傳晉叔向母曰「狼子野心」也。

〔二〕無慮，都凡也。

建寧元年春，熲將兵萬餘人，齎十五日糧，從彭陽直指高平，〔一〕與先零諸種戰於逢義山。虜兵盛，熲衆恐。熲乃令軍中張鏃利刃，長矛三重，挾以強弩，列輕騎爲左右翼。激怒兵將曰：「今去家數千里，進則事成，走必盡死，努力共功名！」因大呼，衆皆應聲騰赴，熲馳騎於傍，突而擊之，虜衆大潰，斬首八千餘級，獲牛馬羊二十八萬頭。

〔一〕彭陽，高平，並縣名，屬安定郡。彭陽縣卽今原州彭原縣也。高平縣今原州也。

時竇太后臨朝，下詔曰：「先零東羌歷載爲患，熲前陳狀，欲必埽滅。涉履霜雪，兼行晨夜，身當矢石，感厲吏士。曾未浹日，凶醜奔破，〔一〕連尸積俘，掠獲無筭。洗雪百年之逋負，以慰忠將之亡魂。〔二〕功用顯著，朕甚嘉之。須東羌盡定，當幷錄功勤。今且賜熲錢二十萬，以家一人爲郎中。」勑中藏府調金錢綵物，增助軍費。拜熲破羌將軍。

〔一〕浹，帀也。浹音子牒反。謂帀十二辰也。

〔二〕東觀記曰，太后詔云「此以慰种光、馬賢等亡魂」也。

夏，熲復追羌出橋門，至走馬水上。〔一〕尋聞虜在奢延澤，〔二〕乃將輕兵兼行，一日一夜

二百餘里，晨及賊，擊破之。餘虜走向落川，復相屯結。熲乃分遣騎司馬田晏將五千人出其東，假司馬夏育將二千人繞其西。羌分六七千人攻圍晏等，晏等與戰，羌潰走。熲急進，與晏等共追之於令鮮水上。〔三〕熲士卒飢渴，乃勒衆推方奪其水，〔四〕虜復散走。熲遂與相連綴，且鬬且引，及於靈武谷。〔五〕熲乃被甲先登，士卒無敢後者。羌遂大敗，弃兵而走。追之三日三夜，士皆重繭。〔六〕旣到涇陽，〔七〕餘寇四千落，悉散入漢陽山谷閒。

〔一〕東觀記段熲（日）傳（日）「出橋門谷」也。

〔二〕卽上郡奢延縣界也。

〔三〕令鮮，水名，在今甘州張掖縣界。一名合黎水，一名羌谷水也。

〔四〕推方謂方頭競進也。

〔五〕靈武，縣名，有谷，在今靈州懷遠縣西北。

〔六〕繭，足下傷起形如繭也。淮南子曰「申包胥曾繭重胝」也。

〔七〕縣名，屬安定郡。

時張奐上言：「東羌雖破，餘種難盡，熲性輕果，慮負敗難常。宜且以恩降，可無後悔。」詔書下熲。熲復上言：「臣本知東羌雖衆，而輭弱易制，所以比陳愚慮，思爲永寧之筭。而中郎將張奐，說虜強難破，宜用招降。聖朝明監，信納瞽言，故臣謀得行，奐計不用。事埶相

反，遂懷猜恨。信叛羌之訴，飾潤辭意，云臣兵累見折衄，〔一〕又言羌一氣所生，不可誅盡，〔二〕山谷廣大，不可空靜，血流汙野，傷和致災。臣伏念周秦之際，戎狄爲害，中興以來，羌寇最盛，誅之不盡，雖降復叛。今先零雜種，累以反覆，攻沒縣邑，剽略人物，發冢露尸，禍及生死，上天震怒，假手行誅。〔三〕昔邢爲無道，衞國伐之，師興而雨。〔四〕臣動兵涉夏，連獲甘澍，歲時豐稔，人無疵疫。上占天心，不爲災傷；〔五〕下察人事，衆和師克。〔六〕自橋門以西，落川以東，故（宮）〔官〕縣邑，更相通屬，非爲深險絶域之地，車騎安行，無應折衄。案奐爲漢吏，身當武職，駐軍二年，不能平寇，虛欲修文戢戈，招降獷敵，〔七〕誕辭空說，僭而無徵。何以言之？昔先零作寇，趙充國徙令居內，〔八〕煎當亂邊，馬援遷之三輔，〔九〕始服終叛，至今爲鯁。〔一〇〕故遠識之士，以爲深憂。今傍郡戶口單少，數爲羌所創毒，而欲令降徒與之雜居，是猶種枳棘於良田，養虺蛇於室內也。故臣奉大漢之威，建長久之策，欲絶其本根，不使能殖。〔一一〕本規三歲之費，用五十四億，今適朞年，所耗未半，而餘寇殘燼，將向殄滅。〔一二〕臣每奉詔書，軍不內御，〔一三〕願卒斯言，一以任臣，臨時量宜，不失權便。」

〔一〕傷敗曰衄，音女六反。

〔二〕言羌亦稟天之一氣所生，誅之不可盡也。

〔三〕假，借也。尚書曰「皇天降災，假手于我有命」也。

〔四〕左傳曰「衞大旱，卜有事於山川，不吉。甯莊子曰：『昔周飢，克殷而年豐。今邢方無道，天欲衞伐邢乎？』從之，師興而雨」也。

〔五〕占，候也。

〔六〕克，勝也。左傳曰「師克在和不在衆」也。

〔七〕獷，惡皃也，音谷猛反。

〔八〕宣帝時，充國擊西羌，徙之於金城郡也。

〔九〕遷置天水、隴西、扶風，見西羌傳也。

〔一〇〕「鯁」與「梗」同。梗，病也。大雅云：「至今爲梗。」

〔一一〕殖，生也。左傳曰：「爲國家者，見惡如農夫之務去草焉，絶其本根，勿使能殖。」

〔一二〕杜預注左傳曰：「燼，火餘木也。」

〔一三〕御，制御也。淮南子曰「國不可從外理，軍不可從中御」也。

二年，詔遣謁者馮禪說降漢陽散羌。熲以春農，百姓布野，羌雖暫降，而縣官無廩，必當復爲盜賊，不如乘虛放兵，埶必殄滅。夏，熲自進營，去羌所屯凡亭山四五十里，遣田晏、夏育將五千人據其山上。羌悉衆攻之，厲聲問曰：「田晏、夏育在此不？湟中義從羌悉在何面？今日欲決死生。」軍中恐，晏等勸激兵士，殊死大戰，遂破之。羌衆潰，東奔，復聚射虎谷，分兵守諸谷上下門。熲規一舉滅之，不欲復令散走，乃遣千人於西縣結木爲柵，廣二十步，長四十里，遮之。〔一〕分遣晏、育等將七千人，銜枚夜上西山，結營穿塹，去虜一里許。又遣司馬張愷等將三千人上東山。虜乃覺之，遂攻晏等，分遮汲水道。熲自率步騎進擊水上，羌却走，因與愷等挾東西山，縱兵擊破之，羌復敗散。熲追至谷上下門窮山深谷之中，處處破之，斬其渠帥以下萬九千級，獲牛馬驢騾氈裘廬帳什物，不可勝數。馮禪等所招降四千人，分置安定、漢陽、隴西三郡，於是東羌悉平。

〔一〕西縣屬天水郡，故城在今秦州上邽縣西南也。

凡百八十戰，斬三萬八千六百餘級，獲牛馬羊騾驢駱駝四十二萬七千五百餘頭，費用四十四億，軍士死者四百餘人。更封新豐縣侯，邑萬戶。熲行軍仁愛，士卒疾病者，親自瞻省，手爲裹創。在邊十餘年，未嘗一日蓐寢。〔一〕與將士同苦，故皆樂爲死戰。

〔一〕郭璞曰：「蓐，席也。」言身不自安。

三年春，徵還京師，將秦胡步騎五萬餘人，及汗血千里馬，生口萬餘人。詔遣大鴻臚持節慰勞於鎬。〔一〕軍至，拜侍中。轉執金吾河南尹。有盜發馮貴人冢，坐左轉諫議大夫，再遷司隸校尉。

〔一〕鎬，水名，在今長安縣西。

熲曲意宦官，故得保其富貴，遂黨中常侍王甫，枉誅中常侍鄭颯、董騰等，增封四千戶，

并前萬四千戶。

明年，代李咸爲太尉，其冬病罷，復爲司隸校尉。數歲，轉潁川太守，徵拜太中大夫。

光和二年，復代橋玄爲太尉。在位月餘，會日食自劾，有司舉奏，詔收印綬，詣廷尉。時司隸校尉陽球奏誅王甫，并及熲，就獄中詰責之，遂飲鴆死，家屬徙邊。後中常侍呂強上疏，追訟熲功，靈帝詔熲妻子還本郡。

初，熲與皇甫威明、張然明，並知名顯達，京師稱爲「涼州三明」云。

贊曰：山西多猛，「三明」儷蹤。〔一〕戎驂糾結，塵斥河、潼。〔二〕規、奐審策，亟遏囂凶。文會志比，更相爲容。段追兩狄，束馬縣鋒。紛紜騰突，谷靜山空。

〔一〕儷，偶也。前書班固曰：「秦漢以來，山東出相，山西出將。」若白起、王翦、李廣、辛慶忌之流，皆山西人也。

〔二〕潼，谷名。谷有水，曰潼水，卽潼關。

校勘記

二二二九頁七行　規乃上疏求乞自劾　按：殿本無「乞」字，王先謙謂無「乞」字是。

二二三二頁一行　流血丹野　殿本「丹」作「川」，校補引錢大昭說，謂閩本作「川」。按：集解引周壽昌說，

謂丹野猶赤地也，本書公孫瓚傳有「流血丹水」語，與此同，作「丹」爲是。

二二三二頁五行　言國家不妄有褒貶進退　校補謂案文「妄」當作「聞」。

二二三二頁八行　護羌校尉段熲坐徵　按：「段」字原皆譌「叚」，逕改正，後如此不悉出校記。

二二三三頁二行　臣生長邠岐　按：「岐」原譌「歧」，逕據汲本、殿本改正。

二二三三頁五行　若求猛(敵)〔將〕　據汲本、殿本改。

二二三三頁一三行　沈氏大豪滇昌飢恬等十餘萬口　按：集解引惠棟說，謂袁紀作「二十餘萬口」。

二二三四頁二行　急使軍就道　按：刊誤謂「軍」上少一字，或「督」或「領」也。

二二三五頁一五行　才略兼優　按：「兼」原譌「廉」，逕據汲本、殿本改正。

二二三六頁二行　欲退身避第　按：集解引錢大昕說，謂「第」當作「弟」，避弟謂己避位而弟得辟召也，此事見風俗通過譽篇，下文「避第仕途」亦「弟」字之譌。

二二三六頁五行　及黨事大起至時人以爲規賢　按：校補謂此文九十一字當在「讓封不受」下。以所敍乃張奐已坐黨禁錮歸田里後事，故稱奐爲故大司農。據奐傳，奐之被禁錮，先因災應上疏追訟竇武、陳蕃，及言皇太后恩禮不接，觸宦官忌，事已在靈帝建寧二年四月矣，不應反列於桓帝永康元年前也。

二二三六頁七行　時人以爲規賢　按：刊誤謂案文當作「以規爲賢」。

皇甫張段列傳第五十五　二二五五

後漢書卷六十五　二二五六

二二三七頁一行　誅鄧萬　按：校補謂鄧萬卽鄧萬世，章懷避唐諱，省去一「世」字。

二二三八頁一行　敦煌(酒)〔淵〕泉人也　按：集解引錢大昕說，謂酒泉郡名，非縣名，當作「淵泉」。漢志敦煌郡有淵泉縣，晉志作「深泉」，蓋避唐諱。章懷本亦當作「深」，後人妄改爲「酒」耳。胡注通鑑云奐敦煌淵泉人，胡所見本尚未譌也。今據改。注同。

二二三八頁四行　(陽)〔瓜〕州晉昌縣　汲本、殿本「陽」作「永」。按：刊誤謂「永」當作「瓜」。集解引錢大昕說，謂閩本「永」作「陽」，攷唐書地理志，晉昌縣屬瓜州，永陽二字俱誤。今據改。

二二三八頁五行　時牟卿受書於張堪　按：集解引洪亮吉說，謂「張」字應作「周」字。

二二三八頁一四行　金(食)〔銀〕器名　集解引洪頤煊說，謂中山經郭注，鏤，金銀器之名。李注「食」當是「銀」字之譌。今據改。

二二四一頁八行　天乃雷雨以風　按：汲本、殿本「雨」作「電」。

二二四二頁一三行　穰穰滿家　按：「穰穰」原譌「穰穰」，逕據汲本、殿本改正。

二二四三頁五行　乃以五百金買其首以報　按：校補引柳從辰說，謂今新序「首」作「骨」。案北史隱逸傳崔賾荅豫章王書「燕求馬首，辪養雞鳴」，知古本原有作「首」者。南史鄭鮮之傳「燕昭市骨而駿足至」，則仍作「骨」。且孔融與魏武論盛孝章書已云「燕君市駿馬之骨」，是作「骨」亦由來已久。疑新序自有南北本之別，唐起北方，章懷所據蓋是北本。

二二四三頁一六行　奢非晉文　按：集解引惠棟說，謂「晉」續漢書作「桓」，據注引齊桓公事，疑本書亦元是「桓」字。

二二四四頁八行　王愷文志　按：殿本「文志」作「文字志」。

二二四五頁六行　所在〔有〕能政　據刊誤補。

二二四五頁八行　〔會〕宗字子松　據殿本補。

二二四六頁一行　司徒尹(訟)〔頌〕薦熲　通鑑胡注謂桓帝紀「訟」作「頌」，作「頌」爲是。今據改。注同。

二二四六頁一〇行　首虜五千餘人　按：「千」原譌「十」，逕據汲本、殿本改正。

二二四六頁一二行　燒當種九十餘口詣熲降　按：刊誤謂燒當一種不止九十餘口，其種中九十口降亦不足記，「十」當作「千」。

二二四八頁八行　徒更招降　按：「徒」字疑譌，通鑑作「欲」。

二二四九頁五行　乃令軍中張鏃利刃　刊誤謂案文鏃非可張，未知何字。按：殿本考證謂通鑑「張」作「長」。

二二五〇頁六行　段熲(日)傳〔曰〕　據汲本改。

二二五一頁六行　故(宮)〔官〕縣邑更相通屬　據汲本改。按：刊誤謂案文「宮」當作「官」，舊屯田營壁皆是故官也。

皇甫張段列傳第五十五　二二五七

後漢書卷六十五　二二五八

二二五三頁六行　西縣屬天水郡　按：集解引洪亮吉說，謂「天水」應作「漢陽」，明帝永平十七年所改也。

後漢書卷六十六

陳王列傳第五十六

陳蕃字仲舉，汝南平輿人也。祖河東太守。蕃年十五，嘗閑處一室，而庭宇蕪穢。父友同郡薛勤來候之，謂蕃曰：「孺子何不洒埽以待賓客？」蕃曰：「大丈夫處世，當埽除天下，安事一室乎！」勤知其有清世志，甚奇之。

初仕郡，舉孝廉，除郎中。遭母憂，弃官行喪。服闋，刺史周景辟別駕從事，〔一〕以諫爭不合，投傳而去。〔二〕後公府辟舉方正，皆不就。

〔一〕續漢志曰：「別駕從事，校尉行部奉引，總錄衆事。」

〔二〕投，弃也。傳謂符也，音丁戀反。

太尉李固表薦，徵拜議郎，再遷爲樂安太守。〔一〕時李膺爲青州刺史，名有威政，屬城聞風，皆自引去，蕃獨以清績留。郡人周璆，高絜之士。〔二〕前後郡守招命莫肯至，唯蕃能致焉。字而不名，特爲置一榻，去則縣之。璆字孟玉，臨濟人，有美名。民有趙宣葬親而

不閉埏隧，〔三〕因居其中，行服二十餘年，鄉邑稱孝，州郡數禮請之。郡內以薦蕃，蕃與相見，問及妻子，而宣五子皆服中所生。蕃大怒曰：「聖人制禮，賢者俯就，不肖企及。〔四〕且祭不欲數，以其易黷故也。〔五〕況乃寢宿冢藏，而孕育其中，誑時惑衆，誣汙鬼神乎？」遂致其罪。

〔一〕續漢志曰，樂安本名千乘，和帝更名也。

〔二〕璆音仇。

〔三〕埏隧，今人墓道也。杜預注左傳云：「掘地通路曰隧。」

〔四〕禮記曰：「三年之喪，可復父母之恩也。賢者俯而就之，不肖者企而及之。」

〔五〕黷，媟也。禮記曰：「祭不欲數，數則煩，煩則不敬。」

大將軍梁冀威震天下，時遣書詣蕃，有所請託，不得通，使者詐求謁，蕃怒，笞殺之，坐左轉脩武令。稍遷，拜尚書。

時零陵、桂陽山賊爲害，公卿議遣討之，又詔下州郡，一切皆得舉孝廉、茂才。蕃上疏駮之曰：「昔高祖創業，萬邦息肩，撫養百姓，同之赤子。〔一〕今二郡之民，亦陛下赤子也。致令赤子爲害，豈非所在貪虐，使其然乎？宜嚴勑三府，隱覈牧守令長，其有在政失和，侵暴百姓者，即便舉奏，更選清賢奉公之人，能班宣法令情在愛惠者，可不勞王師，而羣賊弭息矣。又三署郎吏二千餘人，三府掾屬過限未除，但當擇善而授之，簡惡而去之。豈煩一切之詔，以長請屬之路乎！」以此忤左右，故出爲豫章太守。性方峻，不接賓客，士民亦畏其高。〔二〕徵爲尚書令，送者不出郭門。

〔一〕尚書曰：「若保赤子，唯人其康乂。」

〔二〕蕃喪妻，鄉人畢至，唯許子將不往，曰：「仲舉性峻，峻則少通，故不造也。」

遷大鴻臚。會白馬令李雲抗疏諫，桓帝怒，當伏〔重〕誅。蕃上書救雲，坐免歸田里。

復徵拜議郎，數日遷光祿勳。時封賞踰制，內寵猥盛，蕃乃上疏諫曰：「臣聞有事社稷者，社稷是爲；有事人君者，容悅是爲。今臣蒙恩聖朝，備位九列，見非不諫，則容悅也。夫諸侯上象四七，垂燿在天，下應分土，藩屛上國。〔一〕高祖之約，非功臣不侯。而聞追錄河南尹鄧萬世父遵之微功，更爵尚書令黃儁先人之絕封，近習以非義授邑，左右以無功傳賞，授位不料其任，裂土莫紀其功，至乃一門之內，侯者數人，故緯象失度，陰陽謬序，稼用不成，民用不康。臣知封事已行，言之無及，誠欲陛下從是而止。又比年收斂，十傷五六，萬人飢寒，不聊生活，而采女數千，食肉衣綺，脂油粉黛，不可貲計。〔二〕鄙諺言『盜不過五女門』，以女貧家也。今後宮之女，豈不貧國乎！是以傾宮嫁而天下化，〔三〕楚女悲而西宮災。〔四〕且聚而不御，必生憂悲之感，以致并隔水旱之困。夫獄以禁止姦違，官以稱才理物。若法

虧於平，官失其人，則王道有缺。而令天下之論，皆謂獄由怨起，爵以賄成。夫不有臭穢，則蒼蠅不飛。陛下宜採求失得，擇從忠善。尺一選舉，委尚書三公，〔五〕使褒責誅賞，各有所歸，豈不幸甚！」帝頗納其言，爲出宮女五百餘人，但賜儁爵關內侯，而萬世南鄉侯。

〔一〕上象四七，謂二十八宿各主諸侯之分野，故曰下應分土，言皆以輔王室也。

〔二〕貲，量也。

〔三〕帝王紀曰「紂作傾宮，多采美女以充之。武王伐殷，乃歸傾宮之女於諸侯」也。

〔四〕公羊傳曰：「西宮災。」何休注云：「時僖公爲齊桓所脅，以齊媵爲嫡，楚女廢居西宮，而不見恤，悲愁怨曠所生。」

〔五〕尺一謂板長尺一，以寫詔書也。

延熹六年，車駕幸廣（城）〔成〕校獵。〔一〕蕃上疏諫曰：「臣聞人君有事於苑囿，唯仲秋西郊，順時講武，殺禽助祭，以敦孝敬。如或違此，則爲肆縱。故皋陶戒舜『無教逸遊』，〔二〕周公戒成王『無槃于遊田』。〔三〕虞舜、成王猶有此戒，況德不及二主者乎！夫安平之時，尚宜有節，況當今之世，有三空之戹哉！田野空，朝廷空，倉庫空，是謂三空。加兵戎未戢，四方離散，是陛下焦心毀顏，坐以待旦之時也。豈宜揚旗曜武，騁心輿馬之觀乎！又（前）秋〔前〕多雨，民始種麥。今失其勸種之時，而令給驅禽除路之役，非賢聖恤民之意也。齊景公欲觀於海，放乎琅邪，晏子爲陳百姓惡聞旌旗輿馬之音，舉首嚬眉之感，景公爲之不行。周穆

王欲肆車轍馬跡，祭公謀父爲誦祈招之詩，以止其心。誠惡逸遊之害人也。」[四]書奏不納。

[一]廣(城)〔成〕，苑名，在今汝州梁縣西也。
[二]尚書咎繇謨曰：「無敎逸欲有邦。」
[三]尚書無逸篇之言。
[四]祭公，祭國公，爲周卿士。謀父，名也。祈招，逸詩也。左傳曰：「昔周穆王欲肆其心，周行天下，將皆必有車轍馬跡焉。祭公謀父作祈招之詩以止王心。其詩曰：『祈招之愔愔，式昭德音，思我王度，式如玉，式如金。刑人之力，而無醉飽之心。』」

自蕃爲光祿勳，與五官中郎將黃琬共典選舉，不偏權富，而爲埶家郎所譖訴，坐免歸。頃之，徵爲尚書僕射，轉太中大夫。八年，代楊秉爲太尉。蕃讓曰：「『不愆不忘，率由舊章，』[一]臣不如太常胡廣。齊七政，訓五典，臣不如議郎王暢。聰明亮達，文武兼姿，臣不如弛刑徒李膺。」帝不許。

[一]詩大雅也。言成王令德，不過誤，不遺失，循用舊典文章，謂周公之禮法也。

中常侍蘇康、管霸等復被任用，遂排陷忠良，共相阿媚。大司農劉祐、廷尉馮緄、[一]河南尹李膺，皆以忤旨，爲之抵罪。蕃因朝會，固理膺等，請加原宥，升之爵任。言及反覆，誠辭懇切。帝不聽，因流涕而起。時小黃門趙津、南陽大猾張(汜)〔氾〕等，奉事中官，乘埶犯

法，二郡太守劉瓆、成瑨考案其罪，雖經赦令，而並竟考殺之。宦官怨恚，有司承旨，遂奏瓆、瑨罪當弃市。又山陽太守翟超，沒入中常侍侯覽財產，東海相黃浮，誅殺下邳令徐宣，超、浮並坐髡鉗，輸作左校。蕃與司徒劉矩、司空劉茂共諫請瓆、瑨、超、浮等，帝不悅。有司劾奏之，矩、茂不敢復言。蕃乃獨上疏曰：「臣聞齊桓修霸，務爲內政；[二]春秋於魯，小惡必書。[三]宜先自整勑，後以及人。今寇賊在外，四支之疾；內政不理，心腹之患。臣寢不能寐，食不能飽，實憂左右日親，忠言以疏，內患漸積，外難方深。陛下超從列侯，繼承天位。[四]小家畜產百萬之資，子孫尚恥愧失其先業，況乃產兼天下，受之先帝，而欲懈怠以自輕忽乎？誠不愛己，不當念先帝得之勤苦邪？前梁氏五侯，毒徧海內，[五]天啓聖意，收而戮之，天下之議，冀當小平。明鑒未遠，覆車如昨，而近習之權，復相扇結。小黃門趙津、大猾張(汜)〔氾〕等，肆行貪虐，姦媚左右，前太原太守劉瓆、南陽太守成瑨，糾而戮之。雖言赦後不當誅殺，原其誠心，在乎去惡。至於陛下，有何悁悁？[六]而小人道長，營惑聖聽，遂使天威爲之發怒。如加刑譴，已爲過甚，況乃重罰，令伏歐刀乎！又前山陽太守翟超、東海相黃浮，奉公不橈，疾惡如讎，超沒侯覽財物，浮誅徐宣之罪，並蒙刑坐，不逢赦恕。覽之從橫，沒財已幸；宣犯釁過，死有餘辜。昔丞相申屠嘉召責鄧通，洛陽令董宣折辱公主，而文帝從而請之，光武加以重賞，[七]未聞二臣有專命之誅。而今左右羣豎，惡傷黨類，妄相交

搆，致此刑譴。聞臣是言，當復嗁訴。陛下深宜割塞近習豫政之源，引納尚書朝省之事，公卿大官，五日壹朝，[八]簡練清高，斥黜佞邪。如是天和於上，地洽於下，休禎符瑞，豈遠乎哉！陛下雖厭毒臣言，凡人主有自勉強，敢以死陳。」帝得奏愈怒，竟無所納。朝廷衆庶莫不怨之。宦官由此疾蕃彌甚，選舉奏議，輒以中詔譴卻，長(吏)〔史〕已下多至抵罪。猶以蕃名臣，不敢加害。瓆字文理，高唐人。[九]瑨字幼平，陝人。並有經術稱，處位敢直言，多所摶擊，知名當時，皆死於獄中。

[一]音古本反。
[二]國語曰：「桓公問管仲曰：『安國可乎？』對曰：『未可。君若正卒伍，修甲兵，大國亦如之。若欲速得志於天下諸侯，則可以隱令，可以寄政。』公曰：『隱令寄政若何？』對曰：『作內政而寄軍令焉。』」
[三]公羊傳莊公四年，公及齊人狩于郜，譏其與讎狩也。僖公二十年，新作南門，譏其奢也。故曰「小惡必書」也。
[四]言桓帝以蠡吾侯即位。
[五]五侯謂胤、讓、淑、忠、戟五人，與冀同時誅。事見冀傳也。
[六]說文曰：「悁悁，恚忿。」
[七]文帝時，太中大夫鄧通愛幸，居上旁有怠慢禮。丞相申屠嘉入朝，因見之，爲檄召通。通至，嘉曰：「通小臣，戲殿上，大不敬，當斬。」通頓首，首盡出血。文帝使使召通，而謝丞相曰「吾弄臣，君釋之」也。湖陽公主蒼頭白日殺人，匿主家，吏追不得。公主出，宣駐車叩馬，以刀畫地數主。主言於帝，帝賜宣錢三十萬。語見董宣傳。

[八]宣帝五日一聽事，自丞相已下，各敷奏其言。
[九]高唐，縣名，今博州縣也。

九年，李膺等以黨事下獄考實。蕃因上疏極諫曰：「臣聞賢明之君，委心輔佐；亡國之主，諱聞直辭。故湯武雖聖，而興於伊呂；桀紂迷惑，亡在失人。[一]由此言之，君爲元首，臣爲股肱，同體相須，共成美惡者也。[二]伏見前司隸校尉李膺、太僕杜密、太尉掾范滂等，正身無玷，死心社稷。以忠忤旨，橫加考案，或禁錮閉隔，或死徙非所。杜塞天下之口，聾盲一世之人，與秦焚書阬儒，何以爲異？[三]昔武王克殷，表閭封墓，[四]今陛下臨政，先誅忠賢。遇善何薄？待惡何優？夫讒人似實，巧言如簧，[五]使聽之者惑，視之者昏。夫吉凶之効，存乎識善；成敗之機，在於察言。人君者，攝天地之政，秉四海之維，舉動不可以違聖法，進退不可以離道規。謬言出口，則亂及八方，何況髡無罪於獄，殺無辜於市乎！昔禹巡狩蒼梧，見市殺人，下車而哭之曰：『萬方有罪，在予一人！』故其興也勃焉。[六]又青、徐炎旱，五穀損傷，民物流遷，茹菽不足。[七]而宮女積於房掖，國用盡於羅紈，外戚私門，貪財受賂，所謂『祿去公室，政在大夫』。[八]昔春秋之末，周德衰微，數十年閒無復災眚者，天所弃也。[九]天之於漢，悢悢無已，[一〇]故殷勤示變，以悟陛下。除妖去孽，實在脩德。臣位列台司，憂責深重，不敢尸祿惜生，坐觀成敗。如蒙採錄，使身首分裂，異門而出，所不

恨也。」〔一一〕帝諱其言切，託以蕃辟召非其人，遂策免之。

〔一〕關龍逢，桀臣。王子比干，紂諸父。二人並諫，悉皆誅死。

〔二〕前書曰「君爲元首，臣爲股肱，明其一體相須而成」也。

〔三〕秦始皇時，丞相李斯上言曰：「天下已定，百姓力農。今諸生好古，惑亂黔首，臣請史官非秦記及天下敢有藏詩、書、百家語者，悉燒之。」事見史記。衞宏詔定古文官書序曰：「秦既焚書，患苦天下不從所改更，而諸生到者拜爲郎，前後七百人。乃密令種瓜於驪山阬谷中溫處，瓜實，詔博士說之，人人不同。乃令就視，爲伏機，諸生賢儒皆至焉，方相難不決，因發機從上塡之以土，皆壓之，終乃無聲。」今新豐縣溫湯處號愍儒鄉。湯西有馬谷，西岸有阬，古老相傳以爲秦阬儒處也。

〔四〕史記武王克殷，命畢公表商容之閭，閎夭封比干之墓也。

〔五〕詩小雅曰：「巧言如簧，顏之厚矣。」簧，笙簧也。言讒人之口以喻笙簧也。

〔六〕說苑曰：「禹見罪人，下車泣而問之。左右曰：『夫罪人不順，故使殺焉，君王何爲痛之至此也！』禹曰：『堯舜之人，皆以堯舜之心爲心。今寡人爲君也，百姓各自以其心，是以痛之。』」書曰：「百姓有罪，在予一人。」左傳曰：「禹湯罪已，其興也勃焉。桀紂罪人，其亡也忽焉。」杜預注曰：「勃，盛也。」

〔七〕廣雅曰：「茹，食也。」

〔八〕論語孔子之言也。

〔九〕春秋感精符曰：「魯哀公政亂，絕無日食，天不譴告也。」

〔10〕恨恨猶眷眷也。

〔一一〕穀梁傳曰「公會齊侯于頰谷，齊人使優施舞於魯之幕下。孔子曰：『笑君者罪當死。』使司馬行法焉，首足異門而出」也。

永康元年，帝崩。竇后臨朝，詔曰：「夫民生樹君，使司牧之，必須良佐，以固王業。〔一〕前太尉陳蕃，忠清直亮。其以蕃爲太傅，錄尚書事。」時新遭大喪，國嗣未立，諸尚書畏懼權官，託病不朝。蕃以書責之曰：「古人立節，事亡如存。〔二〕今帝祚未立，政事日蹙，諸君柰何委荼蓼之苦，息偃在牀？〔三〕於義不足，焉得仁乎！」諸尚書惶怖，皆起視事。

〔一〕前書谷永曰「臣聞天生蒸人，不能相持，爲立王者以統理之（故）」也。

〔二〕言人主雖亡，法度尚存，當行之與不亡時同，故曰「如存」。前書爰盎曰「主在與在，主亡與亡」也。

〔三〕詩國風曰：「誰謂荼苦，其甘如薺。」周頌曰：「未堪家多難，予又集于蓼。」

靈帝卽位，竇太后復優詔蕃曰：「蓋褒功以勸善，表義以厲俗，無德不報，大雅所歎。〔一〕太傅陳蕃，輔弼先帝，出內累年。〔二〕忠孝之美，德冠本朝；謇愕之操，華首彌固。〔三〕今封蕃高陽鄉侯，食邑三百戶。」蕃上疏讓曰：「使者卽臣廬，授高陽鄉侯印綬，〔四〕臣誠悼心，不知所裁。臣聞讓，身之文，德之昭也，然不敢盜以爲名。竊惟割地之封，功德是爲。臣孰自思省，前後歷職，無它異能，合亦食祿，不合亦食祿。臣雖無素絜之行，竊慕『君子不以其道得之，不居也』。〔五〕若受爵不讓，掩面就之，〔六〕使皇天震怒，災流下民，於臣之身，亦何所寄？顧惟陛下哀臣朽老，戒之在得。」〔七〕竇太后不許，蕃復固讓，章前後十上，竟不受封。

〔一〕詩大雅曰：「無言不讎，無德不報。」

〔二〕內音納。尚書曰「出納朕命」也。

〔三〕齊宣王對閭丘卬曰：「夫士亦華髮墮顚而後可用。」見新序。

〔四〕卽，就也。

〔五〕論語孔子曰：「富與貴是人之所欲，不以其道得之，不處也。」

〔六〕詩小雅曰「受爵不讓，至于已斯亡」。注云：「爵祿不以相讓，故怨禍及之」也。

〔七〕論語孔子曰：「及其老也，血氣旣衰，戒之在得。」注云：「得，貪也。」

初，桓帝欲立所幸田貴人爲皇后。蕃以田氏卑微，竇族良家，爭之甚固。帝不得已，乃立竇后。及后臨朝，故委用於蕃。蕃與后父大將軍竇武，同心盡力，徵用名賢，共參政事，天下之士，莫不延頸想望太平。而帝乳母趙嬈，旦夕在太后側，〔一〕中常侍曹節、王甫等與共交構，諂事太后。太后信之，數出詔命，有所封拜，及其支類，多行貪虐。蕃常疾之，志誅中官，會竇武亦有謀。蕃自以既從人望而德於太后，必謂其志可申，乃先上疏曰：「臣聞言不直而行不正，則爲欺乎天而負乎人。危言極意，則羣凶側目，禍不旋踵。鈞此二者，臣寧得禍，不敢欺天也。今京師囂囂，道路諠譁，言侯覽、曹節、公乘昕、王甫、鄭颯等與趙夫人

諸女尚書並亂天下。〔二〕附從者升進，忤逆者中傷。〔三〕方今一朝羣臣，如河中木耳，汎汎東西，耽祿畏害。陛下前始攝位，順天行誅，蘇康、管霸並伏其辜。是時天地淸明，人鬼歡喜，柰何數月復縱左右？元惡大姦，莫此之甚。今不急誅，必生變亂，傾危社稷，其禍難量。願出臣章宣示左右，並令天下諸姦知臣疾之。」太后不納，朝廷聞者莫不震恐。蕃因與竇武謀之，語在武傳。

〔一〕嬈音乃了反。

〔二〕趙夫人卽趙嬈也。女尚書，宮內官也。

〔三〕前書劉向上書論王鳳曰「稱譽者登進，忤恨者誅傷」也。

及事泄，曹節等矯詔誅武等。蕃時年七十餘，聞難作，將官屬諸生八十餘人，並拔刃突入承明門，攘臂呼曰：「大將軍忠以衞國，黃門反逆，何云竇氏不道邪？」王甫時出，與蕃相迕，〔一〕適聞其言，而讓蕃曰：「先帝新弃天下，山陵未成，竇武何功，兄弟父子，一門三侯？又多取掖庭宮人，作樂飲讌，旬月之閒，貲財億計。大臣若此，是爲道邪？公爲棟梁，枉橈阿黨，復焉求賊！」遂令收蕃。蕃拔劍叱甫，甫兵不敢近，乃益人圍之數十重，遂執蕃送黃門北寺獄。黃門從官騶〔二〕蹋蹴蕃曰：「死老魅！復能損我曹員數，奪我曹稟假不？」卽日害之。徙其家屬於比景，宗族、門生、故吏皆斥免禁錮。

〔一〕迮猶遇也。

〔二〕騶，騎士也。

蕃友人陳留朱震，時爲銍令，〔一〕聞而弃官哭之，收葬蕃尸，匿其子逸於甘陵界中。事覺繫獄，合門桎梏。震受考掠，誓死不言，故逸得免。後黃巾賊起，大赦黨人，乃追還逸，官至魯相。

〔一〕銍，縣，屬沛郡。

震字伯厚，初爲州從事，奏濟陰太守單匡臧罪，并連匡兄中常侍車騎將軍超。桓帝收匡下廷尉，以譴超，超詣獄謝。三府諺曰：「車如雞栖馬如狗，疾惡如風朱伯厚。」

論曰：桓、靈之世，若陳蕃之徒，咸能樹立風聲，抗論惛俗。而驅馳嶮阸之中，與刑人腐夫同朝爭衡，〔一〕終取滅亡之禍者，彼非不能絜情志，違埃霧也。〔二〕愍夫世士以離俗爲高，而人倫莫相恤也。以遯世爲非義，故屢退而不去；以仁心爲己任，雖道遠而彌厲。〔三〕及遭際會，協策竇武，自謂萬世一遇也。懍懍乎伊、望之業矣！〔四〕功雖不終，然其信義足以攜持民心。漢世亂而不亡，百餘年閒，數公之力也。

〔一〕前書班固曰：「相與提衡。」晉義云：「衡，平也。言二人齊也。」

〔二〕違，避也。

〔三〕論語曰：「仁以爲己任，不亦重乎！死而後已，不亦遠乎！」

〔四〕懍懍，有風采之貌也。

王允字子師，太原祁人也。〔一〕世仕州郡爲冠蓋。同郡郭林宗嘗見允而奇之，曰：「王生一日千里，王佐才也。」〔二〕遂與定交。

〔一〕祁，今并州縣也。

〔二〕史記曰，田光謂燕太子丹曰：「臣聞騏驥盛壯之時，一日千里；至其老也，駑馬先之。」

年十九，爲郡吏。時小黃門晉陽趙津貪橫放恣，爲一縣巨患，允討捕殺之。而津兄弟諂事宦官，因緣譖訴，桓帝震怒，徵太守劉瓆，遂下獄死。允送喪還平原，終畢三年，然後歸家。復還仕，郡人有路佛者，少無名行，而太守王球召以補吏，允犯顏固爭，球怒，收允欲殺之。刺史鄧盛聞而馳傳辟爲別駕從事。允由是知名，而路佛以之廢弃。

允少好大節，有志於立功，常習誦經傳，朝夕試馳射。三公並辟，以司徒高第爲侍御史。中平元年，黃巾賊起，特選拜豫州刺史。辟荀爽、孔融等爲從事，上除禁黨。討擊黃巾別帥，大破之，與左中郎將皇甫嵩、右中郎將朱儁等受降數十萬。於賊中得中常侍張讓賓客書疏，與黃巾交通，允具發其姦，以狀聞。靈帝責怒讓，讓叩頭陳謝，竟不能罪之。而讓懷協忿怨，以事中允。〔一〕明年，遂傳下獄。〔二〕

〔一〕中，傷也。

〔二〕傳，逮也。

會赦，還復刺史。旬日閒，復以它罪被捕。司徒楊賜以允素高，不欲使更楚辱，〔一〕乃遣客謝之曰：「君以張讓之事，故一月再徵。凶慝難量，幸爲深計。」〔二〕又諸從事好氣決者，共流涕奉藥而進之。允厲聲曰：「吾爲人臣，獲罪於君，當伏大辟以謝天下，豈有乳藥求死乎！」投杯而起，出就檻車。既至廷尉，左右皆促其事，朝臣莫不歎息。大將軍何進、太尉袁隗、司徒楊賜共上疏請之曰：「夫內視反聽，則忠臣竭誠；寬賢矜能，則義士厲節。〔三〕是以孝文納馮唐之說，〔四〕晉悼宥魏絳之罪。〔五〕允以特選受命，誅逆撫順，曾未期月，州境澄清。方欲列其庸勳，請加爵賞，而以奉事不當，當肆大戮。責輕罰重，有虧衆望。臣等備位宰相，不敢寢默。誠以允宜蒙三槐之聽，以昭忠貞之心。」〔六〕書奏，得以減死論。是冬大赦，而允獨不在宥，三公咸復爲言。至明年，乃得解釋。是時宦者橫暴，睚眦觸死。〔七〕允懼不免，乃變易名姓，轉側河內、陳留閒。〔八〕

〔一〕更，經也。楚，苦痛。

〔二〕深計謂令自死。

〔三〕內視，自視也。反聽，自聽也。言省恕己，不責於人也。

〔四〕文帝時，魏尚爲雲中守，下吏免。馮唐爲郎中署長，奏言曰：「臣聞魏尚爲雲中守，上功首虜差六級，陛下下之吏，削其爵。愚以爲陛下法太明，賞太輕，罰太重。」帝即日赦尚復爲雲中太守。

〔五〕左傳曰，晉悼公之弟楊干亂行於曲梁，魏絳戮其僕。公怒之。絳曰：「臣聞師衆以順爲武，軍事有死無犯爲敬。臣懼其死，以及楊干，無所逃罪。」公曰：「寡人有弟不能教訓，使干大命，寡人之過也。子無重寡人之過。」與之禮食，使佐新軍。

〔六〕周禮朝士職，三槐，九棘，公卿於下聽訟，故曰「三槐之聽」。

〔七〕睚音五懈反。眦音士懈反。前書曰：「原涉好殺，睚眦於塵中，觸死者甚多。」

〔八〕轉側猶去來也。

及帝崩，乃奔喪京師。時大將軍何進欲誅宦官，召允與謀事，請爲從事中郎，轉河南尹。獻帝即位，拜太僕，再遷守尚書令。

初平元年，代楊彪爲司徒，守尚書令如故。及董卓遷都關中，允悉收斂蘭臺、石室圖書秘緯要者以從。既至長安，皆分別條上。又集漢朝舊事所當施用者，一皆奏之。經籍具存，允有力焉。時董卓尚留洛陽，朝政大小，悉委之於允。允矯情屈意，每相承附，卓亦推心，不生乖疑，故得扶持王室於危亂之中，臣主內外，莫不倚恃焉。

允見卓禍毒方深，篡逆已兆，密與司隸校尉黃琬、尚書鄭公業等謀共誅之。乃上護羌校尉楊瓚行左將軍事，執金吾士孫瑞爲南陽太守，並將兵出武關道，以討袁術爲名，實欲分路征卓，而後拔天子還洛陽。卓疑而留之，允乃引內瑞爲僕射，瓚爲尚書。

二年，卓還長安，錄入關之功，封允爲溫侯，食邑五千戶。固讓不受。士孫瑞說允曰：「夫執謙守約，存乎其時。公與董太師並位俱封，而獨崇高節，豈和光之道邪？」〔一〕允納其言，乃受二千戶。

〔一〕老子曰：「和其光，同其塵。」

三年春，連雨六十餘日，允與士孫瑞、楊瓚登臺請霽，復結前謀。〔一〕瑞曰：「自歲末以來，太陽不照，霖雨積時，月犯執法，〔二〕彗孛仍見，晝陰夜陽，霧氣交侵，此期應促盡，內發者勝。幾不可後，公其圖之。」允然其言，乃潛結卓將呂布，使爲內應。會卓入賀，呂布因刺殺之。語在卓傳。〔三〕

〔一〕說文曰：「霽，雨止也。」郭璞曰：「南陽人呼雨止曰霽。」

〔二〕執法，星名。史記曰「太微南四星曰執法」也。

〔三〕帝時疾愈，故入賀也。

允初議赦卓部曲，呂布亦數勸之。既而疑曰：「此輩無罪，從其主耳。今若名爲惡逆而特赦之，適足使其自疑，非所以安之之道也。」呂布又欲以卓財物班賜公卿、將校，允又不從。而素輕布，以劒客遇之。布亦負其功勞，多自誇伐，既失意望，漸不相平。允性剛棱疾惡，〔一〕初懼董卓豺狠，故折節圖之。卓既殲滅，自謂無復患難，及在際會，每乏溫潤之色，杖正持重，不循權宜之計，是以羣下不甚附之。

〔一〕棱，威稜也，力登反。

董卓將校及在位者多涼州人，允議罷其軍。或說允曰：「涼州人素憚袁氏而畏關東。今若一旦解兵（關東），則必人人自危。可以皇甫義眞爲將軍，就領其衆，因使留陝以安撫之，而徐與關東通謀，以觀其變。」允曰：「不然。關東舉義兵者，皆吾徒耳。今若距險屯陝，雖安涼州，而疑關東之心，甚不可也。」時百姓訛言，當悉誅涼州人，遂轉相恐動。其在關中者，皆擁兵自守。更相謂曰：「丁彥思、蔡伯喈但以董公親厚，並尚從坐。今既不赦我曹，而欲解兵，今日解兵，明日當復爲魚肉矣。」卓部曲將李傕、郭汜等先將兵在關東，因不自安，遂合謀爲亂，攻圍長安。城陷，呂布奔走。布駐馬青瑣門外，〔一〕招允曰：「公可以去乎？」允曰：「若蒙社稷之靈，上安國家，吾之願也。如其不獲，則奉身以死之。朝廷幼少，恃我而已，〔二〕臨難苟免，吾不忍也。努力謝關東諸公，勤以國家爲念。」

〔一〕前書音義曰：「以青畫戶邊鏤中，天子制也。」

〔二〕朝廷謂天子也。

初，允以同郡宋翼爲左馮翊，王宏爲右扶風。是時三輔民庶熾盛，兵穀富實，李傕等欲即殺允，懼二郡爲患，乃先徵翼、宏。宏遣使謂翼曰：「郭汜、李傕以我二人在外，故未危王公。今日就徵，明日俱族。計將安出？」翼曰：「雖禍福難量，然王命所不得避也。」宏曰：「義兵鼎沸，在於董卓，況其黨與乎！若舉兵共討君側惡人，山東必應之，此轉禍爲福之計也。」翼不從。宏不能獨立，遂俱就徵，下廷尉。傕乃收允及翼、宏，并殺之。

允時年五十六。長子侍中蓋、次子景、定及宗族十餘人皆見誅害，唯兄子晨、陵得脫歸鄉里。天子感慟，百姓喪氣，莫敢收允尸者，唯故吏平陵令趙戩弃官營喪。〔一〕

〔一〕戩音翦。

王宏字長文，少有氣力，不拘細行。初爲弘農太守，考案郡中有事宦官買爵位者，雖位至二千石，皆掠考收捕，遂殺數十人，威動鄰界。素與司隸校尉胡种有隙，及宏下獄，种遂迫促殺之。宏臨命詬〔一〕曰：「宋翼豎儒，不足議大計。〔二〕胡种樂人之禍，禍將及之。」种後眠輒見宏以杖擊之，因發病，數日死。

〔一〕詬，罵也，音火豆反。

〔二〕豎者，言賤劣如僮豎。

後遷都於許，帝思允忠節，使改殯葬之，遣虎賁中郎將奉策弔祭，賜東園祕器，贈以本官印綬，送還本郡。封其孫黑爲安樂亭侯，食邑三百戶。

士孫瑞字君榮，扶風人，頗有才謀。瑞以允自專討董卓之勞，故歸功不侯，所以獲免於難。後爲國三老、光祿大夫。每三公缺，楊彪、皇甫嵩皆讓位於瑞。興平二年，從駕東歸，爲亂兵所殺。

趙戩字叔茂，長陵人，性質正多謀。初平中，爲尚書，典選舉。董卓數欲有所私授，戩輒堅拒不聽，言色強厲。卓怒，召將殺之，衆人悚慄，而戩辭貌自若。卓悔，謝釋之。長安之亂，客於荆州，劉表厚禮焉。及曹操平荆州，乃辟之，執戩手曰：「恨相見晚。」卒相國鍾繇長史。〔一〕

〔一〕鍾繇字元常，魏太祖時爲相國。

論曰：士雖以正立，亦以謀濟。若王允之推董卓而引其權，伺其閒而斃其罪，當此之時，天下懸解矣。〔一〕而終不以猜忤爲釁者，知其本於忠義之誠也。故推卓不爲失正，分權不爲苟冒，伺閒不爲狙詐。及其謀濟意從，則歸成於正也。

〔一〕莊子曰：「斯所謂帝之懸解。」懸解喻安泰也。

贊曰：陳蕃蕪室，志清天綱。人謀雖緝，幽運未當。〔一〕言觀殄瘁，曷非云亡？〔二〕子師圖難，晦心傾節。〔三〕功全元醜，身殘餘孽。時有隆夷，事亦工拙。〔四〕

〔一〕緝，合也。易下繫曰：「人謀鬼謀。」言蕃設謀雖合，而冥運未符也。

〔二〕殄，盡也。瘁，病也。言國將殄瘁，豈不由賢人云亡乎？詩大雅曰「人之云亡，邦國殄瘁」也。

〔三〕謂矯性屈意於董卓。

〔四〕誅卓爲工，被殺爲拙也。

校勘記

二一六〇頁七行　埏隧今人墓道也　按：汲本「人」作「入」。

二一六〇頁一一行　稍遷拜尚書　按：校補謂案文「拜」上當有「召」字。

二一六一頁六行　當伏〔重〕誅　據汲本、殿本補。

二一六二頁一行　而令天下之論　按：刊誤謂案文「令」當作「今」。

二一六二頁九行　車駕幸廣（城）〔成〕校獵　按：集解引錢大昕說，謂「城」當作「成」，馬融上廣成頌，卽此。

今據改。注同。

二一六二頁一〇行　無敎逸遊　按：「敎」原譌「放」，逕據汲本、殿本改正。

二一六二頁一三行　有三空之戹哉　按：校補引柳從辰說，謂御覽四五二引本書，「戹」作「危」。

二一六二頁一三行　又（前）秋〔前〕多雨　據殿本改。

二一六三頁一〇行　文武𠎝姿　按：刊誤謂姿是姿貌，此當作「資」。

二一六三頁一五行　時小黃門趙津　按：錢大昕謂據王允傳稱「小黃門晉陽趙津」，此傳「小黃門」下無「晉陽」字，則「二郡」文不可通矣。

二一六三頁一五行　南陽大猾張（氾）〔汜〕　據汲本、殿本改。下同。按：岑晊傳作「張汎」，汎與汜同。

二一六四頁一行　而並竟考殺之　按：刊誤謂案漢、魏鞫獄皆云「考竟」，此誤倒。

二一六四頁三行　蕃與司徒劉矩　集解引惠棟說，謂考異云時胡廣爲司徒，非矩也，棟案劉愷傳，考異非也。今按：劉矩未嘗爲司徒，考異說是。劉愷傳亦誤，參閱劉愷傳校記。

二一六四頁一二行　營惑聖聽　按：何焯校本改「營」爲「熒」。

二一六五頁四行　長（吏）〔史〕已下多至抵罪　刊誤謂案文「吏」當作「史」，太尉府有長史，故因蕃見譴也。今據改。

二一六五頁五行　瑨字幼平陝人　按：「陝」原譌「陜」，逕據汲本改正。

二一六七頁一一行　說苑曰　汲本、殿本「菀」作「苑」。按：苑菀通。

二一六八頁七行　不能相持　殿本「持」作「治」。案：「治」作「持」，避唐諱改。

二一六八頁七行　爲立王者以統理之（故）也　據殿本刪，與前書谷永傳合。

二一六八頁八行　法度尙存　按：汲本、殿本「存」作「在」。

二一六八頁一五行　使皇天震怒　按：「震」原譌「振」，逕據汲本、殿本改正。

二一七一頁七行　幷遲匡兄中常侍車騎將軍超　按：校補謂宦者傳又謂匡爲超弟之子。

二一七一頁一一行　而人倫莫相恤也　按：李慈銘謂治要「莫」下有「能」字，當據增。

二一七一頁一一行　及遭際會　按：李慈銘謂治要「遭」下有「値」字，當據增。

二一七二頁一〇行　復還仕郡人有路佛者　按：張森楷謂「郡」下當更有一「郡」字。

二一七二頁一三行　上除禁黨　按：李慈銘謂「禁黨」當作「黨禁」。

二一七三頁二行　而讓懷協忿怨　汲本、殿本「協」作「挾」。按：協挾古字通，黨錮傳「懷經協術」，黃瓊傳「黃門協邪」，皆借「協」爲「挾」也。

二一七三頁三行　明年遂傳下獄　按：校補引柳從辰說，謂「明年」二字衍，蓋黃巾起事及允之討擊黃巾別帥，發張讓之姦，皆中平元年二三月事，下獄會赦，還復刺史，旬日閒復以它罪被捕，仍不出元年三月也。

二一七三頁九行　太尉袁隗司徒楊賜　通鑑考異謂隗、賜時皆不爲此官，恐誤。按：通鑑繫此事於中平元年冬十二月，故考異云然。柳從辰謂隗、賜之與何進共上疏請，乃在元年二三月閒，其時袁隗爲司徒，楊賜爲太尉，不過官名互誤耳。

二一七六頁八行　今若一旦解兵（關東）　刊誤謂案文多「關東」二字。今據刪。按：集解引王補說，謂通鑑作「解兵開關」。

二一七六頁一一行　丁彥思蔡伯喈但以董公親厚並尙從坐　按：集解引洪亮吉說，謂丁彥思不知何人，陳、范二史于卓傳俱不載，裴松之注極詳，亦不及此。又引王補說，謂通鑑無「丁彥思」三字。

二一七八頁三行　封其孫黑爲安樂亭侯　按：校補引柳從辰說，謂袁紀「黑」作「異」。

二一七八頁四行　士孫瑞字君策　按：集解引惠棟說，謂「策」一作「榮」，見三輔決錄。

後漢書卷六十七

黨錮列傳第五十七

孔子曰：「性相近也，習相遠也。」言嗜惡之本同，而遷染之塗異也。〔一〕夫刻意則行不肆，牽物則其志流。〔二〕是以聖人導人理性，裁抑宕佚，慎其所與，節其所偏，雖情品萬區，質文異數，至於陶物振俗，其道一也。〔三〕叔末澆訛，王道陵缺，〔四〕而猶假仁以效己，憑義以濟功。舉中於理，則強梁褫氣；片言違正，則厮臺解情。蓋前哲之遺塵，有足求者。〔五〕

〔一〕嗜猶好也。惡音烏故反。言人好惡，各有本性，遷染者，由其所習。尚書曰：「唯人生厚，因物有遷。」墨子曰：「墨子見染絲者，泣而歎曰：『染於蒼則蒼，染於黄則黄，故染不可不慎也。』非獨染絲然也，國亦有染。湯染於伊尹，故王天下；殷紂染於惡來，故國殘身死，爲天下僇。』」

〔二〕刻意，刻削其意不得自恣也。莊子曰：「刻意尚行，離時異俗。」行音下孟反。肆猶放縱也。牽物謂爲物所牽制，則其志流宕忘反也。淮南子曰：「非拘繫牽連於物，而不與推移也。」

〔三〕陶謂陶冶以成之。管子曰：「夫法之制人，猶陶之於埴，冶之於金也。」埴音植。

〔四〕叔末猶季末也。謂當春秋之時。

〔五〕褫猶奪也，音直紙反。厮臺，賤人也。齊侯伐楚，楚子使與師言曰：「君處北海，寡人處南海，唯是風馬牛不相及也，不虞君之涉吾地也。何故？」管仲對曰：「爾貢苞茅不入，王祭不供，無以縮酒，寡人是徵。」對曰：「貢之不入，寡君之罪也。」遂使屈完與齊盟于召陵。此強梁褫氣也。又晉呂甥、郤芮將焚公宮而殺晉侯，寺人披請見，公使讓之，且辭曰：「汝爲惠公來求殺余，命汝三宿，汝中宿而至。雖君有命，何其速也？」對曰：「臣謂君之入也，其知之矣。若猶未也，又將及難。君命無二，古之制也。除君之惡，唯力是視，蒲人狄人，余何有焉。今君即位，其無蒲、狄乎？」此爲厮臺解情也。並見左傳。

霸德既衰，狙詐萌起。〔一〕彊者以決勝爲雄，弱者以詐劣受屈。至有畫半策而綰萬金，開一說而錫琛瑞。〔二〕或起徒步而仕執珪，解草衣以升卿相。〔三〕士之飾巧馳辯，以要能釣利者，不期而景從矣。〔四〕自是愛尚相奪，與時回變，其風不可留，其敝不能反。

〔一〕霸德衰謂六國時也。狙音七余反。廣雅曰：「狙，獮猴也。」以其多詐，故比之也。

〔二〕蘇秦説趙王，賜白璧百雙，黄金萬鎰。虞卿一見趙王，賜白璧一雙，黄金百鎰。見史記及戰國策。

〔三〕史記曰，楚惠王言「莊舄，越之鄙細人也，今仕楚執珪，貴富矣」。解草衣謂范睢、蔡澤之類。

〔四〕韓子李斯曰「韓非飾辯詐謀，以釣利於秦」也。賈誼過秦曰「贏糧而景從」也。

及漢祖杖劍，武夫勃興，憲令寬賒，文禮簡闊，緒餘四豪之烈，人懷陵上之心，〔一〕輕死重氣，怨惠必讎，令行私庭，權移匹庶，任俠之方，成其俗矣。〔二〕自武帝以後，崇尚儒學，懷經協術，所在霧會，至有石渠分爭之論，黨同伐異之説，守文之徒，盛於時矣。〔三〕至王莽專僞，終於篡國，忠義之流，恥見纓紼，遂乃榮華丘壑，甘足枯槁。〔四〕雖中興在運，漢德重開，而保身懷方，彌相慕襲，去就之節，重於時矣。〔五〕逮桓靈之閒，主荒政繆，國命委於閹寺，士子羞與爲伍，故匹夫抗憤，處士橫議，遂乃激揚名聲，互相題拂，品覈公卿，裁量執政，婞直之風，於斯行矣。〔六〕

〔一〕四豪謂信陵君魏公子無忌、平原君趙勝、春申君黄歇、孟嘗君田文。前書班固曰：「游談者以四豪爲稱首。」

〔二〕前書音義曰：「相與信爲任，同是非爲俠，所謂權行州域，力折公侯者也。」

〔三〕武帝詔求賢良，於是公孫弘、董仲舒等出焉。宣帝時，集諸儒於石渠閣，講論六藝。召五經名儒太子太傅蕭望之等大議殿中，平公羊、穀梁同異，同己者朋黨之，異己者攻伐之。劉歆書曰：「黨同門，妒道眞。」

〔四〕謂龔勝、薛方、郭欽、蔣詡之類，並隱居不應莽召。

〔五〕謂逢萌、嚴光、周黨、尚長之屬。

〔六〕婞，狠也，音邢鼎反。

夫上好則下必甚，矯枉故直必過，其理然矣。〔一〕若范滂、張儉之徒，清心忌惡，終陷黨議，不其然乎？

〔一〕禮記曰：「下之事上也，不從其所令，從其所行。上好是物，下必有甚者矣。」矯，正也。正枉必過其直，見孟子。

初，桓帝爲蠡吾侯，受學於甘陵周福，及即帝位，擢福爲尚書。時同郡河南尹房植有名

當朝，鄉人爲之謠曰：「天下規矩房伯武，因師獲印周仲進。」二家賓客，互相譏揣，〔一〕遂各樹朋徒，漸成尤隙，由是甘陵有南北部，黨人之議，自此始矣。後汝南太守宗資任功曹范滂，南陽太守成瑨亦委功曹岑晊，〔二〕二郡又爲謠曰：「汝南太守范孟博，南陽宗資主畫諾。南陽太守岑公孝，弘農成瑨但坐嘯。」〔三〕因此流言轉入太學，諸生三萬餘人，郭林宗、賈偉節爲其冠，〔四〕並與李膺、陳蕃、王暢更相褒重。學中語曰：「天下模楷李元禮，不畏強禦陳仲舉，天下俊秀王叔茂。」又渤海公族進階、〔五〕扶風魏齊卿，並危言深論，不隱豪強。〔六〕自公卿以下，莫不畏其貶議，屣履到門。

〔一〕初委反。

〔二〕晊音質。

〔三〕謝承書曰「成瑨少脩仁義，篤學，以清名見。舉孝廉，拜郎中，遷南陽太守。郡舊多豪強，中官黄門磐（牙）〔互〕境界。瑨下車，振威嚴以檢攝之。是時桓帝乳母、中官貴人外親張子禁，怙恃貴埶，不畏法網，功曹岑晊勸使捕子禁付宛獄，笞殺之。桓帝徵瑨，下獄死。宗資字叔都，南陽安衆人也。家代爲漢將相名臣。祖父均，自有傳。資少在京師，學孟氏易、歐陽尚書。舉孝廉，拜議郎，補御史中丞、汝南太守。署范滂爲功曹，委任政事，推功於滂，不伐其美。任善之名，聞於海內」也。

〔四〕冠猶首也。

〔五〕公族，姓也，名進階。風俗通曰：「晉成公立嫡子爲公族大夫。」韓無忌號公族穆子，見左氏傳。

〔六〕危言謂不畏危難而直言也。論語孔子曰：「邦有道，危言危行。」

時河內張成善說風角，推占當赦，遂教子殺人。李膺爲河南尹，督促收捕，既而逢宥獲免，膺愈懷憤疾，竟案殺之。初，成以方伎交通宦官，帝亦頗誶其占。成弟子牢脩因上書誣告膺等養太學遊士，交結諸郡生徒，更相驅馳，共爲部黨，誹訕朝廷，疑亂風俗。〔一〕於是天子震怒，班下郡國，逮捕黨人，布告天下，使同忿疾，遂收執膺等。其辭所連及陳寔之徒二百餘人，或有逃遁不獲，皆懸金購募。使者四出，相望於道。明年，尚書霍諝、城門校尉竇武並表爲請，帝意稍解，乃皆赦歸田里，禁錮終身。而黨人之名，猶書王府。

〔一〕說文曰：「誹，謗也。」蒼頡篇曰：「訕，誹也。」

自是正直廢放，邪枉熾結，海內希風之流，遂共相摽搒，〔一〕指天下名士，爲之稱號。上曰「三君」，次曰「八俊」，次曰「八顧」，次曰「八及」，次曰「八廚」，猶古之「八元」、「八凱」也。竇武、劉淑、陳蕃爲「三君」。君者，言一世之所宗也。李膺、荀翌、杜密、王暢、劉祐、魏朗、趙典、朱寓爲「八俊」。俊者，言人之英也。郭林宗、宗慈、巴肅、夏馥、范滂、尹勳、蔡衍、羊陟爲「八顧」。顧者，言能以德行引人者也。張儉、岑晊、劉表、陳翔、孔昱、苑康、檀（敫）〔敷〕、翟超爲「八及」。及者，言其能導人追宗者也。〔二〕度尚、張邈、王考、劉儒、胡母班、秦周、蕃嚮、王章爲「八廚」。〔三〕廚者，言能以財救人者也。

〔一〕希，望也。摽搒猶相稱揚也。「搒」與「牓」同，古字通。
〔二〕導，引也。宗謂所宗仰者。
〔三〕蕃，姓也，音皮。

又張儉鄉人朱並，承望中常侍侯覽意旨，上書告儉與同鄉二十四人別相署號，共爲部黨，圖危社稷。以儉及檀彬、褚鳳、張肅、薛蘭、馮禧、魏玄、徐乾爲「八俊」，田林、張隱、劉表、薛郁、王訪、劉祗、宣靖、公緒恭爲「八顧」，〔一〕朱楷、田槃、疏耽、薛敦、宋布、唐龍、嬴咨、宣褒爲「八及」，刻石立墠，共爲部黨，而儉爲之魁。〔二〕靈帝詔刊章捕儉等。〔三〕大長秋曹節因此諷有司奏捕前黨故司空虞放、太僕杜密、長樂少府李膺、司隸校尉朱寓、潁川太守巴肅、沛相荀翌、河內太守魏朗、山陽太守翟超、任城相劉儒、太尉掾范滂等百餘人，皆死獄中。餘或先歿不及，或亡命獲免。自此諸爲怨隙者，因相陷害，睚眦之忿，濫入黨中。〔四〕又州郡承旨，或有未嘗交關，亦離禍毒。其死徙廢禁者，六七百人。

〔一〕公緒，姓也。
〔二〕墠，除地於中爲墠。墠音禪。魁，大帥也。
〔三〕刊，削。不欲宣露並名，故削除之，而直捕儉等。
〔四〕睚音五懈反。廣雅曰：「睚，裂也。」眦音才賜反。前書音義曰：「瞋目皃也。」史記曰：「睚眦之隙必報。」

熹平五年，永昌太守曹鸞上書大訟黨人，言甚方切。帝省奏大怒，卽詔司隸、益州檻車收鸞，送槐里獄掠殺之。於是又詔州郡更考黨人門生故吏父子兄弟，其在位者，免官禁錮，爰及五屬。〔一〕

〔一〕謂斬衰、齊衰、大功、小功、緦麻也。

光和二年，上祿長和海〔一〕上言：「禮，從祖兄弟別居異財，恩義已輕，服屬疏末。而今黨人錮及五族，既乖典訓之文，有謬經常之法。」〔二〕帝覽而悟之，黨錮自從祖以下，皆得解釋。

〔一〕上祿，縣，屬武都郡，今成州縣也。
〔二〕左氏傳曰：「父子兄弟，罪不相及。」

中平元年，黃巾賊起，中常侍呂彊言於帝曰：「黨錮久積，人情多怨。若久不赦宥，輕與張角合謀，爲變滋大，悔之無救。」帝懼其言，乃大赦黨人，誅徙之家皆歸故郡。其後黃巾遂盛，朝野崩離，綱紀文章蕩然矣。〔一〕

〔一〕詩大雅蕩篇序曰：「厲王無道，天下蕩蕩，無綱紀文章。」鄭玄注云：「蕩蕩，法度廢壞之皃也。」

凡黨事始自甘陵、汝南，成於李膺、張儉，海內塗炭，二十餘年，諸所蔓衍，皆天下善士。三君、八俊等三十五人，其名迹存者，並載乎篇。陳蕃、竇武、王暢、劉表、度尚、郭林宗別有

傳。荀翌附祖淑傳。張邈附呂布傳。胡母班附袁紹傳。王考字文祖，東平壽張人，冀州刺史；秦周字平王，陳留平丘人，北海相；蕃嚮字嘉景，魯國人，郎中；王璋字伯儀，東萊曲城人，少府卿：〔一〕位行並不顯。翟超，山陽太守，事在陳蕃傳，字及郡縣未詳。朱寓，沛人，與杜密等俱死獄中。唯趙典名見而已。

〔一〕曲城，縣，故城在今萊州掖縣東北也。

劉淑字仲承，河閒樂成人也。祖父稱，司隸校尉。淑少學明五經，遂隱居，立精舍講授，諸生常數百人。州郡禮請，五府連辟，並不就。永興二年，司徒种暠舉淑賢良方正，辭以疾。桓帝聞淑高名，切責州郡，使輿病詣京師。淑不得已而赴洛陽，對策爲天下第一，拜議郎。又陳時政得失，災異之占，事皆效驗。再遷尚書，納忠建議，多所補益。又再遷侍中、虎賁中郎將。上疏以爲宜罷宦官，辭甚切直，帝雖不能用，亦不罪焉。以淑宗室之賢，特加敬異，每有疑事，常密諮問之。靈帝卽位，宦官譖淑與竇武等通謀，下獄自殺。

李膺字元禮，潁川襄城人也。祖父脩，安帝時爲太尉。〔一〕父益，趙國相。膺性簡亢，無所交接，〔二〕唯以同郡荀淑、陳寔爲師友。

〔一〕漢官儀曰：「脩字伯游。」

〔二〕亢，高也。

初舉孝廉，爲司徒胡廣所辟，舉高第，再遷青州刺史。守令畏威明，多望風弃官。復徵，再遷漁陽太守。尋轉蜀郡太守，以母老乞不之官。〔一〕轉護烏桓校尉。鮮卑數犯塞，膺常蒙矢石，每破走之，虜甚憚懾。〔二〕以公事免官，還居綸氏，教授常千人。〔三〕南陽樊陵求爲門徒，膺謝不受。陵後以阿附宦官，致位太尉，爲節〔志〕者所羞。〔四〕荀爽嘗就謁膺，因爲其御，既還，喜曰：「今日乃得御李君矣。」其見慕如此。

〔一〕謝承書曰：「出補蜀郡太守，修庠序，設條教，明法令，威恩並行。蜀之珍玩，不入於門。益州紀其政化，朝廷舉能理劇，轉烏桓校尉。」

〔二〕謝承書曰：「膺常率步騎臨陣交戰，身被創夷，拭血進戰，遂破寇，斬首二千級。」

〔三〕綸氏，縣，屬潁川郡，故城今陽城縣也。

〔四〕漢官儀曰：「樊陵字德雲。」

永壽二年，鮮卑寇雲中，桓帝聞膺能，乃復徵爲度遼將軍。先是羌虜及疏勒、龜茲，數出

攻鈔張掖、酒泉、雲中諸郡，百姓屢被其害。自膺到邊，皆望風懼服，先所掠男女，悉送還塞下。自是之後，聲振遠域。

延熹二年徵，再遷河南尹。時宛陵大姓羊元羣罷北海郡，臧罪狼藉，郡舍溷軒有奇巧，乃載之以歸。〔一〕膺表欲按其罪，元羣行賂宦豎，膺反坐輸作左校。

〔一〕溷軒，廁屋。

初，膺與廷尉馮緄、大司農劉祐等共同心志，糾罰姦倖，緄、祐時亦得罪輸作。司隸校尉應奉上疏理膺等曰：「昔秦人觀寶於楚，昭奚恤莅以羣賢；〔一〕梁惠王瑋其照乘之珠，齊威王荅以四臣。〔二〕夫忠賢武將，國之心膂。竊見左校弛刑徒前廷尉馮緄、大司農劉祐、河南尹李膺等，執法不撓，誅舉邪臣，肆之以法，〔三〕衆庶稱宜。昔季孫行父親逆君命，逐出莒僕，於舜之功二十之一。〔四〕今膺等投身彊禦，畢力致罪，陛下既不聽察，而猥受譖訴，遂令忠臣同愆元惡。自春迄冬，不蒙降恕，遐邇觀聽，爲之歎息。夫立政之要，記功忘失，是以武帝捨安國於徒中，〔五〕宣帝徵張敞於亡命。〔六〕緄前討蠻荆，均吉甫之功。〔七〕祐數臨督司，有不吐茹之節。〔八〕膺著威幽、并，遺愛度遼。今三垂蠢動，王旅未振。易稱『雷雨作解，君子以赦過宥罪』。〔九〕乞原膺等，以備不虞。」書奏，乃悉免其刑。

〔一〕新序曰：「秦欲伐楚，使〔使〕者往觀楚之寶器。楚王聞之，召昭奚恤問焉。對曰：『此欲觀吾國之得失而圖之，寶器在於賢臣。』遂使恤應之。乃爲東面之壇一，爲南面之壇四，爲西面之壇一。秦使者至，恤曰：『君，客也，請就上位東面，子西南面，太宰子方次之，葉公子高次之，司馬子反次之。』恤自居西面之壇，稱曰：『客觀楚國之寶器。所寶者，賢臣也。理百姓，實倉廩，使人各得其所，子西在此。奉珪璋，使諸侯，解忿悁之難，交兩國之懽，使無兵革之憂，太宰子方在此。守封疆，謹境界，不侵鄰國，鄰亦不侵，葉公子高在此。理師旅，正兵戎，以當強敵，提枹鼓以動百萬之衆，使皆赴湯火，蹈白刃，出萬死不顧，司馬子反在此。若懷霸王之餘義，獵理亂之遺風，昭奚恤在此。惟大國所觀。』秦使者瞿然無以對，恤遂揖衣而去。使反，言秦君曰：『楚多賢臣，未可謀也。』」

〔二〕瑋猶美也。史記曰，魏惠王問齊威王曰：「王亦有寶乎？」威王曰：「無有。」魏王曰：「寡人之國雖小，尚有徑寸珠照車前後十二乘者十枚，柰何以萬乘之國而無寶乎！」威王曰：「寡人所以爲寶者與王異。吾臣有檀子者，使守南城，楚人不敢爲寇。吾臣有盼子者，使守高堂，則趙人不敢東漁於河。吾臣有黔夫者，使守徐州，於是燕人祭北門，趙人祭西門，從者七千餘家。吾臣有種首者，使備盜賊，則道不拾遺。以此爲寶，將以照千里，豈直十二乘哉？」魏王慙，不懌而去。

〔三〕肆，陳也。

〔四〕紀太子僕殺紀公，以其寶玉來奔，納諸宣公，公命與之邑，季文子使司寇出之境。公問其故，對曰：「孝敬忠信爲吉德，盜賊藏姦爲凶德。夫莒僕，則其孝敬，〔則〕弒君父矣，則其忠信，則竊寶玉矣，其人則盜賊也，是以去之。舜舉十六相，去四凶，有大功二十而爲天子。今行父雖未獲一吉人，去一凶矣，於舜之功，二十之一也。」見左傳。

〔五〕景帝時，韓安國爲梁大夫，坐法抵罪。後梁內史缺，起徒中爲二千石，拜爲內史。臣賢案：此言武帝，誤也。

〔六〕張敞爲京兆尹，坐殺人亡命歸家。冀州亂，徵敞爲冀州刺史。

〔七〕詩小雅曰：「顯允方叔，征伐玁狁，蠻荆來威。」鄭玄注云：「方叔先與吉甫征伐玁狁，今特往伐蠻荆，皆使來服於宣王之威，美其功之多也。」緄以順帝時討長沙武陵蠻夷有功，故以比之。

〔八〕謂祐奏梁冀弟旻，又爲司隸校尉，權豪畏之也。詩曰：「唯仲山甫，柔亦不茹，剛亦不吐，不侮鰥寡，不畏彊禦。」

〔九〕易解卦象詞也。卦坎下震上。解，坎爲險，爲水。水者，雨之象。震爲動，爲雷。王弼注云：「屯難盤結，於是乎解也。」

再遷，復拜司隸校尉。時張讓弟朔爲野王令，貪殘無道，至乃殺孕婦，聞膺厲威嚴，懼罪逃還京師，因匿兄讓弟舍，藏於合柱中。膺知其狀，率將吏卒破柱取朔，付洛陽獄。受辭畢，卽殺之。讓訴冤於帝，詔膺入殿，御親臨軒，詰以不先請便加誅辟之意。膺對曰：「昔晉文公執衞成公歸于京師，春秋是焉。〔一〕禮云公族有罪，雖曰宥之，有司執憲不從。〔二〕昔仲尼爲魯司寇，七日而誅少正卯。今臣到官已積一旬，私懼以稽留爲愆，不意獲速疾之罪。誠自知釁責，死不旋踵，特乞留五日，剋殄元惡，退就鼎鑊，始生之願也。」帝無復言，顧謂讓曰：「此汝弟之罪，司隸何愆？」乃遣出之。自此諸黃門常侍皆鞠躬屏氣，休沐不敢復出宮省。帝怪問其故，並叩頭泣曰：「畏李校尉。」

〔一〕公羊傳曰：「晉人執衞侯，歸之于京師。歸之于者，執之乎天子之側者也。罪定不定已可知矣。」何休注云：「歸之于者，決辭也。」

〔二〕解見張酺傳。

是時朝庭日亂，綱紀穨阤，膺獨持風裁，以聲名自高。〔一〕士有被其容接者，名爲登龍門。〔二〕及遭黨事，當考實膺等。案經三府，太尉陳蕃卻之。曰：「今所考案，皆海內人譽，憂國忠公之臣。此等猶將十世宥也，〔三〕豈有罪名不章而致收掠者乎？」不肯平署。〔四〕帝愈怒，遂下膺等於黃門北寺獄。〔五〕膺等頗引宦官子弟，宦官多懼，請帝以天時宜赦，於是大赦天下。膺免歸鄉里，居陽城山中，天下士大夫皆高尚其道，而汙穢朝廷。〔六〕

〔一〕裁音才代反。

〔二〕以魚爲喻也。龍門，河水所下之口，在今絳州龍門縣。辛氏三秦記曰「河津一名龍門，水險不通，魚鼈之屬莫能上，江海大魚薄集龍門下數千，不得上，上則爲龍」也。

〔三〕解見耿弇傳。

〔四〕平署猶連署也。

〔五〕獄名，解見靈紀也。

〔六〕以朝廷爲汙穢也。

及陳蕃免太尉，朝野屬意於膺，荀爽恐其名高致禍，欲令屈節以全亂世，爲書貽曰：「久廢過庭，不聞善誘，陟岵瞻望，惟日爲歲。〔一〕知以直道不容於時，悅山樂水，家于陽城。道近路夷，當卽聘問，無狀嬰疾，闕於所仰。頃聞上帝震怒，貶黜鼎臣，〔二〕人鬼同謀，〔三〕以

爲天子當貞觀二五，利見大人，〔四〕不謂夷之初旦，明而未融，〔五〕虹蜺揚煇，弃和取同。〔六〕方今天地氣閉，大人休否，〔七〕智者見險，投以遠害。〔八〕雖匱人望，內合私願。〔九〕想甚欣然，不爲恨也。願怡神無事，偃息衡門，〔一〇〕任其飛沈，與時抑揚。」頃之，帝崩。陳蕃爲太傅，與大將軍竇武共秉朝政，連謀誅諸宦官，故引用天下名士，乃以膺爲長樂少府。及陳、竇之敗，膺等復廢。

〔一〕論語曰：「鯉趨而過庭。子曰：『學詩乎？』曰『未也』。」又曰：「孔子恂恂然善誘人。」詩曰：「陟彼岵兮，瞻望父兮。」又曰：「一日不見，如三歲兮。」爽致敬於膺，故以父爲喻也。

〔二〕上帝謂天子，鼎臣卽陳蕃。

〔三〕易下繫曰：「人謀鬼謀，百姓與能。」

〔四〕易曰：「天地之道，貞觀也。」乾九二、九五並曰「利見大人」也。

〔五〕夷，傷也。融，朗也。明夷卦离下坤上，离爲日，坤爲地，日之初出，其明未朗。左傳曰：「明而未融，其當旦乎？」以喻黜，故喻之也。

〔六〕春秋考異郵曰：「虹蜺出，亂惑弃和。」謂弃君子，同小人也。論語曰：「君子和而不同，小人同而不和」也。

〔七〕易文言曰：「天地閉，賢人隱。」否九五曰：「大人休否。」休否謂休廢而否塞。

〔八〕見險難，故投身以遠害也。易曰：「君子以儉德避難，不可榮以祿。」

〔九〕匱，乏也。

〔一〇〕毛萇詩注曰：「衡門，橫木爲門。」

後張儉事起，收捕鉤黨，鄉人謂膺曰：「可去矣。」對曰：「事不辭難，罪不逃刑，臣之節也。〔一〕吾年已六十，死生有命，去將安之？」乃詣詔獄。考死，妻子徙邊，門生、故吏及其父兄，並被禁錮。

〔一〕左傳曰，晉侯之弟楊干亂行於曲梁，魏絳戮其僕。晉侯怒，謂羊舌赤曰：「合諸侯以爲榮也。楊干爲戮，何辱如之？必殺魏絳，無失也。」對曰：「絳無貳志，事君不避難，有罪不逃刑，其將來辭，何辱命焉！」

時侍御史蜀郡景毅子顧爲膺門徒，而未有錄牒，故不及於譴。毅乃慨然曰：「本謂膺賢，遣子師之，豈可以漏奪名籍，苟安而已！」遂自表免歸，時人義之。

膺子瓚，位至東平相。〔一〕初，曹操微時，瓚異其才，將沒，謂子宣等曰：「時將亂矣，天下英雄無過曹操。張孟卓與吾善，袁本初汝外親，雖爾勿依，必歸曹氏。」諸子從之，並免於亂世。

〔一〕謝承書「瓚」作「琎」。

杜密字周甫，穎川陽城人也。爲人沈質，少有厲俗志。爲司徒胡廣所辟，稍遷代郡太

守。徵，三遷太山太守、北海相。其宦官子弟爲令長有姦惡者，輒捕案之。行春到高密縣，見鄭玄爲鄉佐，知其異器，卽召署郡職，遂遣就學。

後密去官還家，每謁守令，多所陳託。同郡劉勝，亦自蜀郡告歸鄉里，閉門埽軌，無所干及。〔一〕太守王昱謂密曰：「劉季陵清高士，公卿多舉之者。」密知昱激己，對曰：「劉勝位爲大夫，見禮上賓，而知善不薦，聞惡無言，隱情惜己，自同寒蟬，此罪人也。〔二〕今志義力行之賢而密達之，〔三〕違道失節之士而密糾之，使明府賞刑得中，令問休揚，不亦萬分之一乎？」昱慙服，待之彌厚。

〔一〕軌，車迹也。言絕人事。

〔二〕寒蟬謂寂默也。楚詞曰：「悲哉秋之爲氣也，蟬寂漠而無聲。」

〔三〕力行謂盡力行善也。禮記曰：「好問近乎智，力行近乎仁。」

後桓帝徵拜尙書令，遷河南尹，轉太僕。黨事既起，免歸本郡，與李膺俱坐，而名行相次，故時人亦稱「李杜」焉。〔一〕後太傅陳蕃輔政，復爲太僕。明年，坐黨事被徵，自殺。

〔一〕前有李固、杜喬，故言「亦」也。

劉祐字伯祖，中山安國人也。〔一〕安國後別屬博陵。祐初察孝廉，補尚書侍郎，閑練故事，文札強辨，每有奏議，應對無滯，爲僚類所歸。

〔一〕安國，縣，故城在今定州義豐縣東南。謝承書曰：「祐，宗室胤緒，代有名位。少脩操行，學嚴氏春秋、小戴禮、古文尚書，仕郡爲主簿。郡將小子嘗出錢付之，令市買果實，祐悉以買筆書具與之，因白郡將，言『郎君年可入小學，而但傲佷，遠近謂明府無過庭之教，請出授書』。郡將爲使子就祐受經，五日一試，不滿是限，白決罰，遂成學業也。」

除任城令，兗州舉爲尤異，遷揚州刺史。是時會稽太守梁旻，大將軍冀之從弟也。祐舉奏其罪，旻坐徵。復遷祐河東太守。時屬縣令長率多中官子弟，百姓患之。祐到，黜其權強，平理冤結，政爲三河表。〔一〕

〔一〕三河謂河東、河內、河南也。表猶標準也。

再遷，延熹四年，拜尚書令，又出爲河南尹，轉司隸校尉。時權貴子弟罷州郡還入京師者，每至界首，輒改易輿服，隱匿財寶，威行朝廷。

拜宗正，三轉大司農。時中常侍蘇康、管霸用事於內，遂固天下良田美業，山林湖澤，民庶窮困，州郡累氣。〔一〕祐移書所在，依科品沒入之。桓帝大怒，論祐輸左校。

〔一〕累氣，屏息也。

後得赦出，復歷三卿，輒以疾辭，乞骸骨歸田里。詔拜中散大夫，遂杜門絕迹。每三公缺，朝廷皆屬意於祐，以讒毀不用。延篤貽之書曰：「昔太伯三讓，人無德而稱焉。〔二〕延陵高揖，華夏仰風。〔二〕吾子懷蘧氏之可卷，體甯子之如愚，〔三〕微妙玄通，沖而不盈，〔四〕蔑三光之明，未暇以天下爲事，何其劭與！」〔五〕

〔一〕三讓，解見和紀。

〔二〕揖，讓也。左傳，吳王壽夢卒，子諸樊既除喪，將立弟季札，札弃其室而耕，乃舍之。

〔三〕蘧瑗字伯玉，甯子名俞，並衞大夫。論語孔子曰：「君子哉蘧伯玉，邦有道則仕，邦無道則可卷而懷之。」又曰：「甯武子邦無道則愚。」

〔四〕老子曰「古之善爲道者，微妙玄通，深不可識」也。又曰「道沖而用之或不盈」。

〔五〕莊子曰：「舜讓天下於子州支伯，子州支伯曰：『予適有幽憂之病，方且理之，未暇理天下也。』」

靈帝初，陳蕃輔政，以祐爲河南尹。及蕃敗，祐黜歸，卒于家。明年，大誅黨人，幸不及禍。

魏朗字少英，會稽上虞人也。〔一〕少爲縣吏。兄爲鄉人所殺，朗白日操刃報讎於縣中，遂亡命到陳國。從博士郤仲信學春秋圖緯，〔二〕又詣太學受五經，京師長者李膺之徒爭從之。

〔一〕上虞，縣，故城在今越州餘姚縣西。有虞山，在縣東。

〔二〕孔子作春秋緯十二篇。

初辟司徒府，再遷彭城令。時中官子弟爲國相，多行非法，朗與更相章奏，幸臣忿疾，欲中之。〔一〕會九眞賊起，乃共薦朗爲九眞都尉。到官，獎厲吏兵，討破羣賊，斬首二千級。桓帝美其功，徵拜議郎。頃之，遷尚書。屢陳便宜，有所補益。出爲河內太守，政稱三河表。尚書令陳蕃薦朗公忠亮直，宜在機密，復徵爲尚書。會被黨議，免歸家。

〔一〕中猶中傷。

朗性矜嚴，閉門整法度，家人不見墯容。後竇武等誅，朗以黨被急徵，行至牛渚，自殺。〔一〕著書數篇，號魏子云。

〔一〕牛渚，山名。突出江中，謂爲牛渚圻，在今宣州當塗縣北也。

夏馥字子治，陳留圉人也。少爲書生，言行質直。同縣高氏、蔡氏並皆富殖，郡人畏而

事之，唯馥比門不與交通，〔一〕由是爲豪姓所仇。桓帝初，舉直言，不就。

〔一〕比門猶並門也。

馥雖不交時宦，然以聲名爲中官所憚，遂與范滂、張儉等俱被誣陷，詔下州郡，捕爲黨魁。

及儉等亡命，經歷之處，皆被收考，辭所連引，布徧天下。馥乃頓足而歎曰：「孽自己作，空汙良善，一人逃死，禍及萬家，何以生爲！」乃自翦須變形，入林慮山中，〔一〕隱匿姓名，爲治家傭。親突煙炭，形貌毀瘁，積二三年，人無知者。後馥弟靜，乘車馬，載縑帛，追之於涅陽市中。〔二〕遇馥不識，聞其言聲，乃覺而拜之。馥避不與語，靜追隨至客舍，共宿。夜中密呼靜曰：「吾以守道疾惡，故爲權宦所陷。且念營苟全，以庇性命，弟柰何載物相求，是以禍見追也。」明旦，別去。黨禁未解而卒。

〔一〕林慮，今相州縣。

〔二〕涅陽，縣，屬南陽郡。

宗慈字孝初，南陽安衆人也。〔一〕舉孝廉，九辟公府，有道徵，不就。後爲脩武令。時

太守出自權豪，多取貨賂，慈遂弃官去。徵拜議郎，未到，道疾卒。南陽羣士皆重其義行。

〔一〕安衆在今南陽縣西南，仍有其名，無復基址也。

巴肅字恭祖，勃海高城人也。〔一〕初察孝廉，歷愼令、貝丘長，〔二〕皆以郡守非其人，辭病去。辟公府，稍遷拜議郎。與竇武、陳蕃等謀誅閹官，武等遇害，肅亦坐黨禁錮。中常侍曹節後聞其謀，收之。肅自載詣縣。縣令見肅，入閤解印綬與俱去。肅曰：「爲人臣者，有謀不敢隱，有罪不逃刑。既不隱其謀矣，又敢逃其刑乎？」遂被害。刺史賈琮刊石立銘以記之。

〔一〕高城，縣，故城在今滄州鹽山縣南。

〔二〕愼，縣，屬汝南郡。貝丘，縣，屬清河郡。

范滂字孟博，汝南征羌人也。〔一〕少厲清節，爲州里所服，舉孝廉、光祿四行。〔二〕時冀州飢荒，盜賊羣起，乃以滂爲清詔使，案察之。滂登車攬轡，慨然有澄清天下之志。及

至州境，守令自知臧汙，望風解印綬去。其所舉奏，莫不厭塞衆議。遷光祿勳主事。時陳蕃爲光祿勳，滂執公儀詣蕃，蕃不止之，滂懷恨，投版弃官而去。〔三〕郭林宗聞而讓蕃曰：「若范孟博者，豈宜以公禮格之？〔四〕今成其去就之名，得無自取不優之議也？」蕃乃謝焉。

〔一〕征羌，解見來歙傳。謝承書曰：「汝南細陽人也。」

〔二〕漢官儀曰：「光祿舉敦厚、質樸、遜讓、節儉。」此爲四行也。

〔三〕版，笏也。

〔四〕格，正也。

復爲太尉黃瓊所辟。後詔三府掾屬舉謠言，〔一〕滂奏刺史、二千石權豪之黨二十餘人。尚書責滂所劾猥多，疑有私故。滂對曰：「臣之所舉，自非叨穢姦暴，深爲民害，豈以汙簡札哉！閒以會日迫促，故先舉所急，其未審者，方更參實。臣聞農夫去草，嘉穀必茂；〔二〕忠臣除姦，王道以清。若臣言有貳，甘受顯戮。」吏不能詰。滂覩時方艱，知意不行，因投劾去。

〔一〕漢官儀曰：「三公聽採長史臧否，人所疾苦，還條奏之，是爲舉謠言也。頃者舉謠言，掾屬令史都會殿上，主者大言，州郡行狀云何，善者同聲稱之，不善者默爾銜枚。」

〔二〕左傳曰：「爲國家者，見惡如農夫之務去草焉。」

太守宗資先聞其名，請署功曹，委任政事。滂在職，嚴整疾惡。其有行違孝悌，不軌仁義者，皆埽迹斥逐，不與共朝。顯薦異節，抽拔幽陋。滂外甥西平李頌，公族子孫，而爲鄉曲所弃，中常侍唐衡以頌請資，資用爲吏。滂以非其人，寢而不召。資遷怒，捶書佐朱零。零仰曰：「范滂清裁，猶以利刃齒腐朽。〔一〕今日寧受笞死，而滂不可違。」資乃止。郡中中人以下，莫不歸怨，乃指滂之所用以爲「范黨」。

〔一〕裁音才載反。

後牢脩誣言鉤黨，〔一〕滂坐繫黃門北寺獄。獄吏謂曰：「凡坐繫皆祭皋陶。」滂曰：「皋陶賢者，古之直臣。知滂無罪，將理之於帝；〔二〕如其有罪，祭之何益！」衆人由此亦止。獄吏將加掠考，滂以同囚多嬰病，乃請先就格，遂與同郡袁忠爭受楚毒。桓帝使中常侍王甫以次辨詰，滂等皆三木囊頭，暴於階下。〔三〕餘人在前，或對或否，滂、忠於後越次而進。王甫詰曰：「君爲人臣，不惟忠國，而共造部黨，自相褒舉，評論朝廷，虛搆無端，諸所謀結，並欲何爲？皆以情對，不得隱飾。」滂對曰：「臣聞仲尼之言，『見善如不及，見惡如探湯』。〔四〕欲使善善同其清，惡惡同其汙，謂王政之所願聞，不悟更以爲黨。」甫曰：「卿更相拔舉，迭爲脣齒，有不合者，見則排斥，其意如何？」滂乃慷慨仰天曰：「古之循善，自求多福；今之

循善，身陷大戮。身死之日，願埋滂於首陽山側，上不負皇天，下不愧夷、齊。」〔五〕甫愍然爲之改容。乃得並解桎梏。〔六〕

〔一〕鉤，引也。

〔二〕帝謂天也。

〔三〕三木，項及手足皆有械，更以物蒙覆其頭也。前書司馬遷曰「魏其，大將也，衣赭關三木」也。

〔四〕探湯喻去疾也。見論語。

〔五〕伯夷、叔齊餓死首陽山，見史記。首陽山在洛陽東北。

〔六〕鄭玄注周禮曰：「木在足曰桎，在手曰梏。」

滂後事釋，南歸。始發京師，汝南、南陽士大夫迎之者數千兩。〔一〕同囚鄉人殷陶、黃穆，亦免俱歸，並衞侍於滂，應對賓客。滂顧謂陶等曰：「今子相隨，是重吾禍也。」遂遁還鄉里。

〔一〕兩，車也。尚書曰：「戎車三百兩。」

初，滂等繫獄，尚書霍諝理之。及得免，到京師，往候諝而不爲謝。或有讓滂者。對曰：「昔叔向嬰罪，祁奚救之，未聞羊舌有謝恩之辭，祁老有自伐之色。」竟無所言。〔一〕

〔一〕左傳，晉討欒盈之黨，殺叔向之弟羊舌虎，幷囚叔向。於是祁奚聞之，見范宣子曰：「夫謀而鮮過，惠訓不倦者，叔向有焉。社稷之固也，猶將十代宥之，今一不免其身，不亦惑乎？」宣子說而免之。祁奚不見叔向而歸，叔向亦

不告免焉而朝。孔安國注尚書曰「自功曰伐」也。

建寧二年，遂大誅黨人，詔下急捕滂等。督郵吳導至縣，抱詔書，閉傳舍，伏牀而泣。〔一〕滂聞之，曰：「必爲我也。」卽自詣獄。縣令郭揖大驚，出解印綬，引與俱亡。曰：「天下大矣，子何爲在此？」滂曰：「滂死則禍塞，何敢以罪累君，又令老母流離乎！」其母就與之訣。滂白母曰：「仲博孝敬，足以供養，〔二〕滂從龍舒君歸黃泉，〔三〕存亡各得其所。惟大人割不可忍之恩，勿增感戚。」母曰：「汝今得與李、杜齊名，〔四〕死亦何恨！旣有令名，復求壽考，可兼得乎？」滂跪受教，再拜而辭。顧謂其子曰：「吾欲使汝爲惡，則惡不可爲；使汝爲善，則我不爲惡。」行路聞之，莫不流涕。時年三十三。

〔一〕傳，驛舍也，音知戀反。
〔二〕仲博，滂弟也。
〔三〕謝承書曰：「滂父顯，故龍舒侯相也。」
〔四〕李膺、杜密。

論曰：李膺振拔汙險之中，〔一〕蘊義生風，以鼓動流俗，〔二〕激素行以恥威權，立廉尚以振貴埶，使天下之士奮迅感槩，波蕩而從之，幽深牢破室族而不顧，至于子伏其死而母歡其

義。壯矣哉！子曰：「道之將廢也與？命也！」〔三〕

〔一〕前書班固曰「振拔汙塗，跨騰風雲」也。
〔二〕周易曰：「鼓以動之。」
〔三〕論語之文。

尹勳字伯元，河南鞏人也。家世衣冠。伯父睦爲司徒，兄頌爲太尉，宗族多居貴位者，而勳獨持清操，不以地埶尚人。州郡連辟，察孝廉，三遷邯鄲令，政有異迹。後舉高第，五遷尚書令。及桓帝誅大將軍梁冀，勳參建大謀，封都鄉侯。遷汝南太守。上書解釋范滂、袁忠等黨議禁錮。尋徵拜將作大匠，轉大司農。坐竇武等事，下獄自殺。

蔡衍字孟喜，汝南項人也。〔一〕少明經講授，以禮讓化鄉里。鄉里有爭訟者，輒詣衍決之，其所平處，皆曰無怨。

〔一〕項，今陳州項城縣也。

舉孝廉，稍遷冀州刺史。中常侍具瑗託其弟恭舉茂才，衍不受，乃收齎書者案之。又劾奏河閒相曹鼎臧罪千萬。鼎者，中常侍騰之弟也。騰使大將軍梁冀爲書請之，衍不荅，鼎竟坐輸作左校。乃徵衍拜議郎、符節令。梁冀聞衍賢，請欲相見，衍辭疾不往，冀恨之。時南陽太守成瑨等以收糾宦官考廷尉，衍與議郎劉瑜表救之，言甚切厲，坐免官還家，杜門不出。靈帝卽位，（徵）〔復〕拜議郎，會病卒。

羊陟字嗣祖，太山梁父人也。〔一〕家世冠族。陟少清直有學行，舉孝廉，辟太尉李固府，舉高第，拜侍御史。會固被誅，陟以故吏禁錮歷年。復舉高第，再遷冀州刺史。奏案貪濁，所在肅然。又再遷虎賁中郎將、城門校尉，三遷尚書令。時太尉張顥、司徒樊陵、大鴻臚郭防、太僕曹陵、大司農馮方並與宦豎相姻私，公行貨賂，並奏罷黜之，不納。以前太尉劉寵、司隸校尉許冰、幽州刺史楊熙、涼州刺史劉恭、益州刺史龐艾清亮在公，薦舉升進。帝嘉之，拜陟河南尹。計日受奉，常食乾飯茹菜，禁制豪右，京師憚之。會黨事起，免官禁錮，卒於家。

〔一〕梁父故城在今兗州泗水縣北。

張儉字元節，山陽高平人，趙王張耳之後也。〔一〕父成，江夏太守。儉初舉茂才，以刺史非其人，謝病不起。

〔一〕張耳，大梁人也。高祖立爲趙王。

延熹八年，太守翟超請爲東部督郵。時中常侍侯覽家在防東，〔一〕殘暴百姓，所爲不軌。儉舉劾覽及其母罪惡，請誅之。覽遏絕章表，並不得通，由是結仇。鄉人朱並，素性佞邪，爲儉所弃，並懷怨恚，遂上書告儉與同郡二十四人爲黨，於是刊章討捕。儉得亡命，困迫遁走，望門投止，莫不重其名行，破家相容。後流轉東萊，止李篤家。外黃令毛欽操兵到門，篤引欽謂曰：「張儉知名天下，而亡非其罪。縱儉可得，寧忍執之乎？」欽因起撫篤曰：「蘧伯玉恥獨爲君子，足下如何自專仁義？」篤曰：「篤雖好義，明廷今日載其半矣。」〔二〕欽歎息而去。篤因緣送儉出塞，以故得免。其所經歷，伏重誅者以十數，宗親並皆殄滅，郡縣爲之殘破。

〔一〕縣名，屬山陽郡，故城在今兗州金鄉縣南。
〔二〕明廷猶明府。言不執儉，得義之半也。

中平元年，黨事解，乃還鄉里。大將軍、三公並辟，又舉敦朴，公車特徵，起家拜少府，皆不就。獻帝初，百姓飢荒，而儉資計差温，乃傾竭財產，與邑里共之，賴其存者以百數。

建安初，徵爲衞尉，不得已而起。儉見曹氏世德已萌，乃闔門懸車，不豫政事。歲餘卒于許下。年八十四。

論曰：昔魏齊違死，虞卿解印；〔一〕季布逃亡，朱家甘罪。〔二〕而張儉見怒時王，顛沛假命，天下聞其風者，莫不憐其壯志，而爭爲之主。至乃捐城委爵、破族屠身，蓋數十百所，豈不賢哉！然儉以區區一掌，而欲獨堙江河，〔三〕終嬰疾甚之亂，多見其不知量也。〔四〕

〔一〕違，避也。史記魏齊，魏之諸公子也。虞卿，趙相也。范雎入秦，爲昭王相，昭王乃遺趙王書曰：「魏齊，范雎之仇也，急持其頭來。」趙王乃圍齊，齊急亡，見虞卿。卿度趙王不可說，乃解其印，與齊往信陵君所。信陵君初聞之疑，後乃出迎。齊聞信陵初疑，遂自刎。趙王持其頭遺秦也。

〔二〕季布，楚人。爲項羽將，數窘漢王。羽敗，漢購求布千金，敢舍匿，罪三族。布匿濮陽周氏，髡鉗布，之魯朱家所賣之。朱家心知是季布也，買置田舍。乃往洛陽，見汝陰侯灌嬰，說之曰：「季布何罪？臣各爲主用，職耳。」汝陰侯言於高帝，帝乃赦之。拜郎中，後爲河東守也。

〔三〕堙，塞也。前書班固曰：「何武、王嘉，區區以一簣障江河，用沒其身。」

〔四〕論語曰：「人而不仁，疾之以甚，亂也。」又曰：「人雖欲自絕，其何傷於日月〔乎〕？多見其不知量也。」

岑晊字公孝，南陽棘陽人也。〔一〕父（像）〔豫〕，爲南郡太守，以貪叨誅死。〔二〕晊年少未知名，往候同郡宗慈，慈方以有道見徵，賓客滿門，以晊非良家子，不肯見。晊留門下數日，晚乃引入。慈與語，大奇之，遂將俱至洛陽，因詣太學受業。

〔一〕棘音力。

〔二〕方言曰：「叨，殘也。」

晊有高才，郭林宗、朱公叔等皆爲友，李膺、王暢稱其有幹國器，雖在閭里，慨然有董正天下之志。〔一〕太守弘農成瑨下車，欲振威嚴，聞晊高名，請爲功曹，又以張牧爲中賊曹吏。瑨委心晊、牧，褒善糾違，肅清朝府。宛有富賈張汎者，桓帝美人之外親，善巧雕鏤玩好之物，頗以賂遺中官，以此並得顯位，恃其伎巧，用執縱橫。晊與牧勸瑨收捕汎等，既而遇赦，晊竟誅之，并收其宗族賓客，殺二百餘人，後乃奏聞。於是中常侍侯覽使汎妻上書訟其冤。帝大震怒，徵瑨，下獄死。晊與牧亡匿齊魯之閒。會赦出。後州郡察舉，三府交辟，並不就。及李、杜之誅，因復逃竄，終于江夏山中云。

〔一〕爾雅曰：「董，督正也。」

陳翔字子麟，汝南邵陵人也。祖父珍，司隸校尉。翔少知名，善交結。察孝廉，太尉周景辟舉高第，拜侍御史。時正旦朝賀，大將軍梁冀威儀不整，〔翔〕奏冀恃貴不敬，請收案罪，時人奇之。遷定襄太守，徵拜議郎，遷揚州刺史。舉奏豫章太守王永奏事中官，吳郡太守徐參在職貪穢，並徵詣廷尉。參，中常侍璜之弟也。由此威名大振。又徵拜議郎，補御史中丞。坐黨事考黄門北寺獄，以無驗見原，卒于家。

孔昱字元世，魯國魯人也。七世祖霸，成帝時歷九卿，封褒成侯。〔一〕自霸至昱，爵位相係，其卿相牧守五十三人，列侯七人。昱少習家學，〔二〕大將軍梁冀辟，不應。太尉舉方正，對策不合，乃辭病去。後遭黨事禁錮。靈帝即位，公車徵拜議郎，補洛陽令，以師喪弃官，卒於家。

〔一〕臣賢案：前書孔霸字次（孺）〔儒〕，即安國孫，世習尚書。宣帝時爲太中大夫，授太子經，遷詹事，高密相。元帝即位，霸以師賜爵關內侯，號褒成君。薨，謚曰烈君。今范書及謝承書皆云成帝，又言封侯，蓋誤也。詹事及相俱二千石，故曰歷卿。

〔二〕家學尚書。

苑康字仲眞，勃海重合人也。〔一〕少受業太學，與郭林宗親善。舉孝廉，再遷潁陰令，有能迹。

〔一〕重合，縣，故城在今滄州樂陵縣東。

遷太山太守。郡內豪姓多不法，康至，奮威怒，施嚴令，莫有干犯者。先所請奪人田宅，皆遽還之。

是時山陽張儉殺常侍侯覽母，案其宗黨賓客，或有迸匿太山界者，康既常疾閹官，因此皆窮相收掩，無得遺脫。覽大怨之，誣康與兗州刺史第五種及都尉壺嘉詐上賊降，徵康詣廷尉獄，減死罪一等，徙日南。潁陰人及太山羊陟等詣闕爲訟，乃原還本郡，卒於家。

檀敷字文有，山陽瑕丘人也。〔一〕少爲諸生，家貧而志淸，不受鄉里施惠。舉孝廉，連辟公府，皆不就。立精舍教授，遠方至者常數百人。桓帝時，博士徵，不就。靈帝卽位，太尉黃瓊舉方正，對策合時宜，再遷議郎，補蒙令。〔二〕以郡守非其人，弃官去。家無產業，子孫同衣而出。年八十，卒於家。〔三〕

〔一〕瑕丘，今兗州縣。

〔二〕蒙，縣，屬梁國。

〔三〕謝承書曰「敷〔與〕子孫同衣而行，并日而食」也。

劉儒字叔林，東郡陽平人也。〔一〕郭林宗常謂儒口訥心辯，有珪璋之質。〔二〕察孝廉，舉高第，三遷侍中。桓帝時，數有灾異，下策博求直言，儒上封事十條，極言得失，辭甚忠切。帝不能納，出爲任城相。頃之，徵拜議郎。會竇武事，下獄自殺。

〔一〕陽平故城，今魏州莘縣。

〔二〕珪璋，玉也。半珪曰璋。謝承書曰：「林宗歎儒有珪璋之質，終必爲令德之士。」詩曰：「如珪如璋，令聞令望。」

賈彪字偉節，潁川定陵人也。少遊京師，志節慷慨，與同郡荀爽齊名。

初仕州郡，舉孝廉，補新息長。〔一〕小民困貧，多不養子，彪嚴爲其制，與殺人同罪。城南有盜劫害人者，北有婦人殺子者，彪出案發，〔二〕而掾吏欲引南。彪怒曰：「賊寇害人，此則常理，母子相殘，逆天違道。」遂驅車北行，案驗其罪。城南賊聞之，亦面縛自首。數年閒，人養子者千數，僉曰「賈父所長」，生男名爲「賈子」，生女名爲「賈女」。

〔一〕新息，今豫州縣。

〔二〕就發處案驗之。

延熹九年，黨事起，太尉陳蕃爭之不能得，朝廷寒心，莫敢復言。彪謂同志曰：「吾不西行，大禍不解。」乃入洛陽，說城門校尉竇武、尙書霍諝，武等訟之，桓帝以此大赦黨人。李膺出，曰：「吾得免此，賈生之謀也。」

先是岑晊以黨事逃亡，親友多匿焉，彪獨閉門不納，時人望之。〔一〕彪曰：「傳言『相時而動，無累後人』。〔二〕公孝以要君致釁，自遺其咎，吾以不能奮戈相待，反可容隱之乎？」於是咸服其裁正。

〔一〕望，怨也。

〔二〕相，視也。左傳之文也。

以黨禁錮，卒于家。初，彪兄弟三人，並有高名，而彪最優，故天下稱曰「賈氏三虎，偉節最怒」。

何顒字伯求，南陽襄鄉人也。〔一〕少遊學洛陽。顒雖後進，而郭林宗、賈偉節等與之相好，顯名太學。友人虞偉高有父讎未報，而篤病將終，顒往候之，偉高泣而訴。顒感其義，爲復讎，以頭醊其墓。〔二〕

〔一〕襄鄉故城在今隨州棗陽縣東北也。

〔二〕醊，祭酹也，音竹歲反。

及陳蕃、李膺之敗，顒以與蕃、膺善，遂爲宦官所陷，乃變姓名，亡匿汝南閒。所至皆親其豪桀，有聲荊豫之域。袁紹慕之，私與往來，結爲奔走之友。〔一〕是時黨事起，天下多離其難，顒常私入洛陽，從紹計議。其窮困閉厄者，爲求援救，以濟其患。有被掩捕者，則廣設權計，使得逃隱，全免者甚衆。

〔一〕詩大雅曰：「予曰有胥附，予曰有先後，予曰有奔走，予曰有禦侮。」毛萇注曰：「諭德宣譽曰奔走。」

及黨錮解，顒辟司空府。每三府會議，莫不推顒之長。累遷。及董卓秉政，逼顒以爲長史，託疾不就，乃與司空荀爽、司徒王允等共謀卓。會爽薨，顒以它事爲卓所繫，憂憤而卒。初，顒見曹操，歎曰：「漢家將亡，安天下者必此人也。」操以是嘉之。嘗稱「潁川荀彧，王佐之器」。及彧爲尙書令，遣人西迎叔父爽，并致顒屍，而葬之爽之冢傍。

贊曰：渭以涇濁，玉以礫貞。物性既區，嗜惡從形。〔一〕蘭蕕無並，銷長相傾。〔二〕徒恨芳膏，煎灼燈明。〔三〕

〔一〕礫音歷。說文曰：「礫，小石也。」言渭以涇濁，乃顯其淸，玉居礫石，乃見其貞。區猶別也。嗜，愛也。從形謂形有善惡也。以諭彼李膺等與宦豎不同，故相憎疾。

〔二〕蕕，臭草也。左傳曰：「一薰一蕕，十年尙猶有臭。」易否卦曰：「小人道長，君子道銷。」泰卦曰：「君子道長，小人道銷。」老子曰「高下相傾」也。

〔三〕前書龔勝死，有一老父入哭甚哀，曰：「薰以香自燒，膏以明自銷。」

校勘記

二二一四頁六行 又將及難　按：「又」原譌「及」，逕據汲本、殿本改正。

二一八四頁一一行　狙獮猴也　按：「獮」原譌「彌」，逕據汲本、殿本改正。

二一八四頁一三行　謂范睢蔡澤之類　按：汲本、殿本「睢」作「雎」。

二一八四頁一四行　贏糧而景從也　按：「贏」原譌「羸」，逕據汲本、殿本改正。

二一八四頁一六行　懷經協術　集解引惠棟說，謂「協」當作「挾」，古字通，黃瓊傳「黃門協邪」是也。

二一八五頁二行　忠義之流　按：「忠」原譌「志」，逕據汲本、殿本改正。

二一八五頁三行　國命委於閹寺　按：「閹」原譌「闇」，逕據汲本、殿本改正。

二一八五頁一五行　正枉必過其直見孟子　按：殿本考證謂今孟子無此文。

二一八六頁一〇行　磐(牙)〔互〕境界　按：校補引柳從辰說，謂「牙」應作「𠀁」，即「互」字。今據改。

二一八七頁二行　李膺爲河南尹　集解引惠棟說，謂考異云「河南尹」當作「司隸」。校補引侯康說，謂通鑑繫張成事於延熹九年，是年李膺爲司隸，故考異云然，然靈紀九年無赦，惟八年三月大赦天下，則張成推占當赦，命子殺人，實在八年三月前，是時李膺正代鄧萬世爲河南尹也。今按：黃山謂按張成事不必在八年。膺之輸作左校，本傳及陳蕃傳皆謂膺河南尹，馮緄傳則謂膺司隸校尉，此范書之疏繆也。

二一八七頁三行　帝亦頗誶其占　集解引錢大昕說，謂「誶」當作「訊」，古書訊誶二字多相亂。今按：御覽六五一引作「訊」。

二一八七頁三行　成弟子牢脩　集解引惠棟說，謂袁宏紀作「牢順」，續漢志作「牢川」。今按：御覽引作「牢循」。

二一八七頁一一行　荀翌　按：汲本、殿本「翌」作「昱」。下同。按：「翌」字經史多假爲「昱」字。

二一八七頁一三行　孔昱　按：皇甫規傳「昱」作「翊」。集解引惠棟說，謂黨錮傳有孔昱，昱字元世，韓敕碑有御史孔翊元世，則翊即昱也。

二一八七頁一三行　苑康　汲本、殿本「苑」作「范」。下同。按：荀淑、竇武傳並作「苑康」，作「范」誤。

二一八七頁一三行　檀(數)〔敷〕　按：集解引惠棟說，謂本傳及韓敕碑皆作「敷」。今據改，與下文合。

二一八八頁六行　劉祇　按：「祇」原譌「祗」，逕據汲本、殿本改正。

二一八八頁六行　朱楷　按：「楷」原譌「揩」，逕據汲本、殿本改正。

二一九〇頁一行　荀翌附祖淑傳　按：沈家本謂案淑傳云兄淑子昱，則「祖」字譌。

二一九〇頁二行　王璋字伯儀　集解引惠棟說，謂「璋」當作「章」，「儀」當作「義」。按：校補引柳從辰說，謂上文王章爲八廚，字本作「章」，此又作「璋」，必有一誤。

二一九一頁七行　還居綸氏　續志「綸氏」作「輪氏」。按：綸輪通。

二一九一頁八行　爲節〔志〕者所羞　據汲本、殿本補。

二一九二頁一五行　使〔使〕者往覲楚之寶器　據汲本、殿本補。

二一九三頁九行　使守高堂　按：汲本、殿本「堂」作「唐」。

二一九三頁一四行　〔則〕弒君父矣　據汲本、殿本補，與左傳合。

二一九四頁七行　時張讓弟朔爲野王令　按：集解引惠棟說，謂袁紀作「陽翟令張興」，又膺爲河南尹時考殺之也。

二一九四頁一一行　今臣到官已積一旬　按：集解引惠棟說，謂袁紀「一旬」作「二旬」。

二一九四頁一三行　皆鞠躬屏氣　按：「鞠」原譌「鞫」，逕據汲本、殿本改正。

二一九七頁八行　漏奪名籍　刊誤謂「奪」當作「脫」。按：惠棟謂續漢書作「漏脫」，奪與脫古字通。

二一九八頁四行　劉季陵清高士　按：汲本「陵」作「林」。殿本考證謂「陵」本或作「林」。

二二〇二頁六行　入林慮山中　按：御覽八一七引謝承書，作「遁迹黑山」。

二二〇二頁七行　爲冶家傭　按：「冶」原譌「治」，逕據汲本、殿本改正。

二二〇二頁七行　追之於涅陽市中　按：集解引惠棟說，謂袁紀作「滏陽」，魏郡鄴縣有釜水，或是滏水之陽。案漢末林慮、鄴縣皆屬魏郡，馥入林慮山，靜追之滏陽市中，爲得其實。

二二〇四頁三行　得無自取不優之議也　按：汲本「議也」作「譏邪」。

二二〇四頁一三行　滂覩時方艱　按：集解引王補說，謂袁紀「艱」下有「難」字。

二二〇五頁一五行　見則排斥　按：刊誤謂「見則」案文當作「則見」。

二二〇五頁一五行　古之循善　按：刊誤謂案文「循」當作「修」。

二二〇六頁一〇行　並衞侍於滂　按：汲本、殿本「滂」作「傍」。

二二〇八頁三行　周易曰鼓以動之　殿本考證云諸本同，王會汾謂案易無此文。張森楷校勘記謂「鼓」或當是「風」誤。今按：注或引詩大序「風以動之」，展轉傳寫，誤「詩序」爲「周易」，誤「風」爲「鼓」耳。

二二〇九頁五行　(徵)〔復〕拜議郎　據汲本、殿本改。按：前曾徵拜議郎，故此云復拜，作「徵」誤。

二二〇九頁六行　家世冠族　按：汲本、殿本「冠」上有「衣」字。

二二〇九頁八行　司徒樊陵　按：集解引錢大昕說，謂靈帝紀陵爲太尉，非司徒。

二二〇九頁一〇行　司隸校尉許冰　汲本、殿本「冰」作「永」。按：殿本考證謂「永」毛本作「冰」，監本作「水」，今從宋本。王先謙謂毛本並不作「冰」，不知所據何本。

二二〇九頁一〇行　幽州刺史楊熙　按：「楊」原譌「揚」，逕改正。

二二一〇頁五行　由是結仇鄉人朱並　汲本、殿本「結仇」下衍「覽等」二字。按：「覽等」二字如連上讀，當以「由是結仇覽等」句絕，然上文祇言侯覽與張儉結仇，不當有「等」字也。如連下讀，則朱並成爲侯覽之鄉人，通鑑即以「覽等」二字連下讀，而省去一「等」字，作「覽鄉人朱並」，然朱並爲張儉之鄉人，非侯覽之鄉人也。紹興本無此二字，乃知此二字爲衍文。

二二一〇頁七行　外黃令毛欽操兵到門　按：外黃屬陳留郡，黃縣屬東萊郡，故顧炎武、錢大昕皆謂當作「黃令」，多一「外」字。惠棟則謂袁紀作「督郵毛欽」，或欽是外黃人，衍一「令」字耳。

二二一二頁二行　其何傷於日月〔乎〕　據汲本、殿本補，與論語合。

二二一二頁三行　父（像）〔豫〕爲南郡太守　據汲本、殿本改。按：殿本考證謂「豫」監本作「像」，從宋本改。

二二一二頁九行　又以張收爲中賊曹吏　按：刊誤謂案文多一「中」字，「吏」當作「史」。

二二一三頁三行　晊與牧亡匿齊魯之閒　按：汲本、殿本「亡匿」上衍「遁逃」二字。

二二一三頁四行　〔翔〕奏冀恃貴不敬　據汲本、殿本補。

二二一三頁五行　奏事中官　按：校補謂案文「奏」當爲「奉」之譌。又按：據張元濟後漢書校勘記，「官」原作「宮」，影印時描改爲「官」。

二二一四頁一行　前書孔霸字次（孺）〔儒〕　據汲本、殿本改，與前書合。

二二一四頁九行　皆遽還之　按：王先謙謂「遽」乃「追」之譌。

二二一五頁二行　遠方至者常數百人　按：「常」原作「嘗」，逕據汲本、殿本改。

二二一五頁七行　數〔與〕子孫同衣而行　據汲本、殿本補。

二二一五頁一〇行　出爲任城相　按：「城」原譌「成」，逕據汲本、殿本改正。

二二一五頁一三行　令聞令望　按：「聞」原作「問」，逕據汲本、殿本改。

二二一六頁三行　而掾吏欲引南　按：刊誤謂案文「吏」當作「史」。

二二一七頁一〇行　亡匿汝南閒　按：刊誤謂案文「閒」字下又云「有聲荆豫之域」，若祇在汝南，則無用「閒」字，不當云「荆」，蓋漏「南郡」二字也，南郡則屬荆州。

二二一八頁五行　遣人西迎叔父爽　按：刊誤謂案文致顒屍，又葬冢傍，則爽亦死矣，明脫一「喪」字。

二二一八頁六行　銷長相傾　殿本「銷」作「消」，注同。按：銷消多通用。

後漢書卷六十八

郭符許列傳第五十八

郭太字林宗，〔一〕太原界休人也。〔二〕家世貧賤。早孤，母欲使給事縣廷。〔三〕林宗曰：「大丈夫焉能處斗筲之役乎？」遂辭。就成皐屈伯彥學，三年業畢，博通墳籍。善談論，美音制。乃游於洛陽。始見河南尹李膺，膺大奇之，遂相友善，於是名震京師。後歸鄉里，衣冠諸儒送至河上，車數千兩。林宗唯與李膺同舟而濟，衆賓望之，以爲神仙焉。

〔一〕范曄父名泰，故改爲此「太」。鄭公業之名亦同焉。

〔二〕介休，今汾州縣。

〔三〕蒼頡篇曰：「廷，直也。」說文：「廷，朝中也。」風俗通：「廷，正也。言縣廷、郡廷、朝廷，皆取平均正直也。」

司徒黃瓊辟，太常趙典舉有道。或勸林宗仕進者，對曰：「吾夜觀乾象，晝察人事，天之所廢，不可支也。」〔一〕遂並不應。性明知人，好獎訓士類。身長八尺，容貌魁偉，褒衣博帶，周遊郡國。嘗於陳梁閒行遇雨，巾一角墊，〔二〕時人乃故折巾一角，以爲「林宗巾」。其

見慕皆如此。〔三〕或問汝南范滂曰：「郭林宗何如人？」滂曰：「隱不違親，〔四〕貞不絕俗，〔五〕天子不得臣，諸侯不得友，吾不知其它。」〔六〕後遭母憂，有至孝稱。〔七〕林宗雖善人倫，而不爲危言覈論，〔八〕故宦官擅政而不能傷也。及黨事起，知名之士多被其害，唯林宗及汝南袁閎得免焉。遂閉門教授，弟子以千數。

〔一〕左傳晉汝叔寬之詞。支猶持也。

〔二〕音丁念反。周遷輿服雜事曰：「巾以葛爲之，形如（帽）〔帢〕，音口洽反。本居士野人所服。魏武造（帽）〔帢〕，其巾乃廢。今國子學生服焉。以白紗爲之。」

〔三〕泰別傳曰：「泰名顯，士爭歸之，載刺常盈車。」

〔四〕介推之類。

〔五〕柳下惠之類。

〔六〕禮記曰：「儒有上不臣天子，下不事諸侯。」

〔七〕謝承書曰：「遭母憂，歐血發病，歷年乃瘳。」

〔八〕禮記曰：「擬人必於其倫。」鄭玄注曰：「倫猶類也。」論語孔子曰：「邦有道，危言危行。邦無道，危行言孫。」覈猶實也。

建寧元年，太傅陳蕃、大將軍竇武爲閹人所害，林宗哭之於野，慟。既而歎曰：「『人之云亡，邦國殄瘁』。〔一〕『瞻烏爰止，不知于誰之屋』耳。」〔二〕

〔一〕詩大雅之詞。

〔二〕詩小雅也。言不知王業當何所歸。

明年春，卒于家，時年四十二。四方之士千餘人，皆來會葬。〔一〕同志者乃共刻石立碑，蔡邕爲其文，既而謂涿郡盧植曰：「吾爲碑銘多矣，皆有慙德，唯郭有道無愧色耳。」

〔一〕謝承書曰：「泰以建寧二年正月卒，自弘農函谷關以西，河內湯陰以北，二千里負笈荷擔彌路，柴車葦裝塞塗，蓋有萬數來赴。」

其獎拔士人，皆如所鑒。〔一〕後之好事，或附益增張，故多華辭不經，又類卜相之書。今錄其章章效於事者，著之篇末。〔二〕

〔一〕謝承書曰：「泰之所名，人品乃定，先言後驗，衆皆服之。故適陳留則友符偉明，遊太學則師仇季智，之陳國則親魏德公，入汝南則交黃叔度。初，太始至南州，過袁奉高，不宿而去；從叔度，累日不去。或以問太。太曰：『奉高之器，譬之（泛）〔氿〕濫，雖清而易挹。叔度之器，汪汪若千頃之陂，澄之不清，擾之不濁，不可量也。』已而果然，太以是名聞天下。」

〔二〕章章猶昭昭也。

左原者，陳留人也。爲郡學生，犯法見斥。林宗嘗遇諸路，爲設酒肴以慰之。謂曰：「昔顏涿聚梁甫之巨盜，段干木晉國之大駔，卒爲齊之忠臣，魏之名賢。〔一〕蘧瑗、顏回尚不能無過，況其餘乎？〔二〕愼勿恚恨，責躬而已。」原納其言而去。或有譏林宗不絕惡人者。

對曰：「人而不仁，疾之以甚，亂也。」〔三〕原後忽更懷忿，結客欲報諸生。其日林宗在學，原愧負前言，因遂罷去。後事露，衆人咸謝服焉。

〔一〕呂氏春秋曰：「顏涿聚，梁父大盜也，學於孔子。」左傳曰：「晉伐齊，戰于犂丘，齊師敗績，親禽顏庚。」杜預注曰：「犂丘，隰也。顏庚，齊大夫顏涿聚也。」又曰：「晉荀瑤伐鄭，（鄭駟弘）請救於齊。齊師將興，陳成子屬孤子，三日朝，設乘車兩馬，繫五邑焉。召顏涿聚之子晉，曰：『隰之役，而父死焉，以國之多難，未汝恤也。今君命汝以是邑也，服車而朝，無廢前勞。』」呂氏春秋曰：「段干木，晉國之駔。」說文曰：「駔，會也。謂合兩家之賣買，如今之度市也。」新序曰「魏文侯過段干木之閭而軾之，遂致祿百萬，而時往問之。國人皆喜，相與誦之曰：『吾君好正，段干木之敬；吾君好忠，段干木之隆。』秦欲攻魏，司馬唐諫曰：『段干木賢者也，而魏禮之，天下莫不聞，無乃不可加兵乎？』秦君以爲然」也。駔音子朗反。

〔二〕論語曰：「蘧伯玉使人於孔子，問之曰：『夫子何爲？』對曰：『夫子欲寡其過而未能也。』」又曰：「顏回好學，不貳過。」

〔三〕論語孔子之言也。鄭玄注云：「不仁之人，當以風化之。若疾之以甚，是益使爲亂也。」

茅容字季偉，陳留人也。年四十餘，耕於野，時與等輩避雨樹下，衆皆夷踞相對，〔一〕容獨危坐愈恭。林宗行見之而奇其異，遂與共言，因請寓宿。旦日，容殺雞爲饌，林宗謂爲己設，既而以供其母，自以草蔬與客同飯。〔二〕林宗起拜之曰：「卿賢乎哉！」因勸令學，卒以成德。

〔一〕夷，平也。說文曰：「踞，蹲也。」

〔二〕草，麤也。

孟敏字叔達，鉅鹿楊氏人也。〔一〕客居太原。荷甑墮地，不顧而去。林宗見而問其意。對曰：「甑以破矣，視之何益？」林宗以此異之，因勸令遊學。十年知名，三公俱辟，並不屈云。

〔一〕十三州志曰，楊氏縣在今魏郡北也。

庾乘字世遊，潁川鄢陵人也。少給事縣廷爲門士。〔一〕林宗見而拔之，勸遊學（宮）〔官〕，遂爲諸生傭。後能講論，自以卑第，每處下坐，諸生博士皆就讎問，由是學中以下坐爲貴。後徵辟並不起，號曰「徵君」。

〔一〕士即門卒。

宋果字仲乙，〔一〕扶風人也。性輕悍，憙與人報讎，爲郡縣所疾。林宗乃訓之義方，懼以禍敗。果感悔，叩頭謝負，遂改節自勑。後以烈氣聞，辟公府，侍御史、并州刺史，所在能化。

〔一〕謝承書「乙」作「文」。

賈淑字子厚，林宗鄉人也。雖世有冠冕，而性險害，邑里患之。〔一〕林宗遭母憂，淑來修

弔，既而鉅鹿孫威直亦至。威直以林宗賢而受惡人弔，心怪之，不進而去。林宗追而謝之曰：「賈子厚誠實凶德，然洗心向善。仲尼不逆互鄉，故吾許其進也。」〔二〕淑聞之，改過自厲，終成善士。鄉里有憂患者，淑輒傾身營救，爲州閭所稱。

〔一〕謝承書曰：「淑爲舅宋瑗報讎於縣中，爲吏所捕，繫獄當死。泰與語，淑懇惻流涕。泰詣縣令應操，陳其報怨蹈義之士。被赦，縣不宥之，郡上言，乃得原。」

〔二〕互鄉，鄉名。「互鄉難與言，童子見，門人惑。孔子曰：『人潔己以進，與其進，不保其往。』」

史叔賓者，陳留人也。少有盛名。林宗見而告人曰：「牆高基下，雖得必失。」後果以論議阿枉敗名云。

黃允字子艾，濟陰人也。以儁才知名。林宗見而謂曰：「卿有絕人之才，足成偉器。然恐守道不篤，將失之矣。」後司徒袁隗欲爲從女求姻，見允而歎曰：「得壻如是足矣。」允聞而黜遣其妻夏侯氏。婦謂姑曰：「今當見弃，方與黃氏長辭，乞一會親屬，以展離訣之情。」於是大集賓客三百餘人，婦中坐，攘袂數允隱匿穢惡十五事，言畢，登車而去。允以此廢於時。

謝甄字子微，汝南召陵人也。與陳留邊讓並善談論，俱有盛名。每共候林宗，未嘗不連日達夜。林宗謂門人曰：「二子英才有餘，而並不入道，惜乎！」甄後不拘細行，爲時所

毁。讓以輕侮曹操，操殺之。

王柔字叔優，弟澤，字季道，林宗同郡晉陽縣人也。兄弟總角共候林宗，以訪才行所宜。林宗曰：「叔優當以仕進顯，季道當以經術通，然違方改務，亦不能至也。」後果如所言，柔爲護匈奴中郎將，澤爲代郡太守。

又識張孝仲芻牧之中，知范特祖郵置之役，〔一〕召公子、許偉康並出屠酤，司馬子威拔自卒伍，及同郡郭長信、王長文、韓文布、李子政、曹子元、定襄周康子、西河王季然、雲中丘季智、郝禮眞等六十人，並以成名。〔二〕

〔一〕說文曰：「郵，境上傳書舍也。」廣雅曰：「郵，驛也。」置亦驛也。風俗通曰：「漢改郵爲置。置者，度其遠近之間置之也。」

〔二〕謝承書曰：「太原郭長信、王長文、長文弟子師、韓文布、李子政、曹子元、定襄周康子、西河王季然、雲中丘季智名顯舉。子師位至司徒，季然北地太守，其餘多典州郡者。」

論曰：莊周有言，人情險於山川，以其動靜可識，而沈阻難徵。〔一〕故深厚之性，詭於情貌；〔二〕「則哲」之鑒，惟帝所難。〔三〕而林宗雅俗無所失，將其明性特有主乎？然而遜言危行，終亨時晦，〔四〕恂恂善導，使士慕成名，雖墨、孟之徒，不能絕也。〔五〕

〔一〕徵，明也。沈，深也。

〔二〕詭，違也。

〔三〕帝謂堯也。書曰：「知人則哲，惟帝爲難。」

〔四〕亨，通也。

〔五〕墨翟、孟軻也。絕，過也。

符融字偉明，陳留浚儀人也。少爲都官吏，恥之，委去。〔一〕後遊太學，師事少府李膺。膺風性高簡，每見融，輒絕它賓客，聽其言論。融幅巾奮褎，談辭如雲，〔二〕膺每捧手歎息。郭林宗始入京師，時人莫識，融一見嗟服，因以介於李膺，由是知名。〔三〕

〔一〕續漢志曰：「都官從事，主察舉百官犯法者。」融恥爲其吏而去。

〔二〕幅巾者，以一幅爲之也。褎，古袖字。如雲者，奔踊而出也。

〔三〕古人相見，必因紹介。介，因也，言因此人以相接見也。謝承書曰：「融見林宗，便與之交。又紹介於膺，以爲海之明珠，未燿其光，鳥之鳳皇，羽儀未翔。膺與林宗相見，待以師友之禮，遂振名天下，融之致也。」

時漢中晉文經、梁國黃子艾，並恃其才智，炫曜上京，臥託養疾，無所通接。洛中士大夫好事者，承其聲名，坐門問疾，猶不得見。〔一〕三公所辟召者，輒以詢訪之，隨所臧否，以爲與奪。融察其非眞，乃到太學，并見李膺曰：「二子行業無聞，以豪桀自置，遂使公卿問疾，王臣坐門。融恐其小道破義，空譽違實，特宜察焉。」膺然之。二人自是名論漸衰，賓徒稍省，旬日之閒，慙歎逃去。後果爲輕薄子，並以罪廢弃。

〔一〕謝承書曰：「文經、子艾，曜名遠近，聲價已定，徵辟不就，療病京師，不通賓客。公卿將相大夫遣門生旦暮問疾，郎吏公府掾屬雜坐其門，不得見也。」

融益以知名。州郡禮請，舉孝廉，公府連辟，皆不應。太守馮岱有名稱，到官，請融相見。融一往，薦達郡士范冉、韓卓、孔伷等三人，〔一〕因辭病自絕。會有黨事，亦遭禁錮。

〔一〕伷音胄。謝承書曰：「馮岱字德山。性忼慨，有文武異才。既到官，融往相見，薦范冉爲功曹，韓卓爲主簿，孔伷爲上計吏。」袁山松書曰：「卓字子助。臘日，奴竊食祭其先，卓義其心，即日免之。」

妻亡，貧無殯斂，鄉人欲爲具棺服，融不肯受。曰：「古之亡者，弃之中野。〔一〕唯妻子可以行志，但即土埋藏而已。」〔二〕

〔一〕易繫詞曰：「古之葬者，厚衣以薪，葬之中野。」

〔二〕謝承書：「潁川張元祖，志行士也，來存融，弔其妻亡，知其如此，謂言『足下欲倘古道，非不清妙；且禮設棺槨，制杖章，孔子曰「吾從周」』。便推所乘羸牛車，命融以給殯，融受而不辭也。」

融同郡田盛，字仲嚮，與郭林宗同好，亦名知人，優遊不仕，並以壽終。

許劭字子將，汝南平輿人也。〔一〕少峻名節，好人倫，多所賞識。若樊子昭、和陽士者，並顯名於世。〔二〕故天下言拔士者，咸稱許、郭。

〔一〕輿音預。

〔二〕魏志曰：「和洽字陽士，汝南西平人也。初舉孝廉，大將軍辟，不就。魏國建，爲侍中。」

初爲郡功曹，太守徐璆甚敬之。〔一〕府中聞子將爲吏，莫不改操飾行。同郡袁紹，公族豪俠，去濮陽令歸，車徒甚盛，將入郡界，乃謝遣賓客，曰：「吾輿服豈可使許子將見。」遂以單車歸家。

〔一〕璆音求，又巨秋反。

劭嘗到潁川，多長者之遊，唯不候陳寔。又陳蕃喪妻還葬，鄉人（必）〔畢〕至，而劭獨不往。或問其故，劭曰：「太丘道廣，廣則難周；仲舉性峻，峻則少通。故不造也。」其多所裁量若此。

曹操微時，常卑辭厚禮，求爲己目。〔一〕劭鄙其人而不肯對，操乃伺隙脅劭，劭不得已，曰：「君清平之姦賊，亂世之英雄。」操大悅而去。

〔一〕令品藻爲題目。

劭從祖敬，敬子訓，訓子相，並爲三公，相以能諂事宦官，故自致台司封侯，數遣請劭。劭惡其薄行，終不候之。

劭邑人李逵，壯直有高氣，劭初善之，而後爲隙，又與從兄靖不睦，〔一〕時議以此少之。初，劭與靖俱有高名，好共覈論鄉黨人物，每月輒更其品題，故汝南俗有「月旦評」焉。

〔一〕蜀志曰：「許靖字文休，少與從弟劭俱知名，並有人倫臧否之稱，而私情不協。劭爲郡功曹，排擯靖不得齒敍，以馬磨自給。」

司空楊彪辟，舉方正、敦樸，徵，皆不就。或勸劭仕，對曰：「方今小人道長，王室將亂，吾欲避地淮海，以全老幼。」乃南到廣陵。徐州刺史陶謙禮之甚厚。劭不自安，告其徒曰：「陶恭祖外慕聲名，內非眞正。待吾雖厚，其埶必薄。不如去之。」遂復投揚州刺史劉繇於曲阿。〔一〕其後陶謙果捕諸寓士。〔二〕及孫策平吳，劭與繇南奔豫章而卒，時年四十六。

〔一〕繇字正禮。

〔二〕寓，寄也。

兄虔亦知名，汝南人稱平輿淵有二龍焉。〔一〕

〔一〕平輿故城〔在〕今豫州汝陽縣東北，有二龍鄉、月旦里。

贊曰：林宗懷寶，識深甄藻。〔一〕明發周流，永言時道。〔二〕符融鑒眞，子將人倫。守節好恥，並亦逡巡。〔三〕

〔一〕甄，明也。藻猶飾也。

〔二〕明發，發夕至明也。呂氏春秋曰：「孔子周流天下。」

〔三〕逡巡，自退不仕也。

校勘記

二二二六頁六行　形如(幍)〔帢〕　按：注云「音口洽反」，則字當作「帢」，今改，下同。

二二二七頁一〇—一三行　初太始至南州至太以是名聞天下　按：此注文七十四字，汲本、殿本皆儳入正文。明嘉靖汪文盛刻本不誤，閩本亦不誤，閩本蓋據汪文盛本翻刻也。

二二二七頁一一行　譬之(泛)〔氿〕濫　集解引惠棟說，謂蔣杲云「泛」當作「氿」，俗本誤「氿」爲「汎」，因轉誤爲「泛」也。王先謙謂黃憲傳「泛濫」作「氿濫」，謂氿泉、濫泉也。今據改。

二二二七頁一二行　擾之不濁　按：殿本「擾」作「撓」，御覽七十二引續漢書同。

二二二七頁一五行　段干木　按：「段」原譌「叚」，逕改正。注同。

二二二八頁四行　晉荀瑤伐鄭〔鄭駟弘〕請救於齊　按：注脫「鄭駟弘」三字，則上下文語意不屬，今據今本左傳補。

二二二八頁八行　司馬唐諫曰　按：校補引柳從辰說，謂「司馬唐」今新序作「司馬唐且」。

二二二八頁一三行　茅容字季偉　按：校補謂「偉」一作「瑋」。柳從辰云風俗通有黃瓊門生茅季瑋，卽其人。

二二二九頁三行　鉅鹿楊氏人也　按：「楊」原譌「揚」，逕改正。注同。

二二二九頁七行　勸遊學(宮)〔官〕　刊誤謂案文「宮」當作「官」。今據改。

二二二九頁一五行　賈淑字子厚　按：集解引惠棟說，謂袁紀「子厚」作「子序」。

二二三〇頁一行　旣而鉅鹿孫威直亦至　按：集解引惠棟說，謂郭泰別傳「威」作「咸」。

二二三〇頁九行　黃允字子艾　按：集解引惠棟說，謂袁紀「子艾」作「元艾」。

二二三〇頁一三行　於是大集賓客三百餘人　按：校補引柳從辰說，謂袁紀作「請親屬及賓客二十餘人」。

二二三四頁九行　鄉人(必)〔畢〕至　據汲本、殿本改。

二二三四頁一三行　君清平之姦賊亂世之英雄　按：三國魏志裴注引世說，作「治世之能臣，亂世之姦雄」。

二二三五頁七行　司空楊彪　按：「楊」原譌「揚」，逕改正。

二二三五頁一四行　平輿故城〔在〕今豫州汝陽縣東北　據汲本、殿本補。

後漢書卷六十九

竇何列傳第五十九

竇武字游平，扶風平陵人，安豐戴侯融之玄孫也。父奉，定襄太守。武少以經行著稱，常教授於大澤中，不交時事，名顯關西。

延熹八年，長女選入掖庭，桓帝以爲貴人，拜武郎中。其冬，貴人立爲皇后，武遷越騎校尉，封槐里侯，五千戶。明年冬，拜城門校尉。在位多辟名士，清身疾惡，禮賂不通，妻子衣食裁充足而已。是時羌蠻寇難，歲儉民飢，武得兩宮賞賜，悉散與太學諸生，及載肴糧於路，匄施貧民。兄子紹，爲虎賁中郎將，性疎簡奢侈。武每數切厲相戒，猶不覺悟，乃上書求退紹位，又自責不能訓導，當先受罪。由是紹更遵節，大小莫敢違犯。

時國政多失，內官專寵，李膺、杜密等爲黨事考逮。永康元年，上疏諫曰：「臣聞明主不諱譏刺之言，以探幽暗之實；忠臣不卹諫爭之患，以暢萬端之事。是以君臣並熙，名奮百世。〔一〕臣幸得遭盛明之世，逢文武之化，豈敢懷祿逃罪，不竭其誠！陛下初從藩國，爰登

聖祚，天下逸豫，謂當中興。自卽位以來，未聞善政。梁、孫、寇、鄧雖或誅滅，〔二〕而常侍黃門續爲禍虐，欺罔陛下，競行譎詐，自造制度，妄爵非人，朝政日衰，姦臣日彊。伏尋西京放恣王氏，佞臣執政，終喪天下。今不慮前事之失，復循覆車之軌，臣恐二世之難，必將復及，〔三〕趙高之變，不朝則夕。〔四〕近者姦臣牢脩，造設黨議，遂收前司隸校尉李膺、太僕杜密、御史中丞陳翔、太尉掾范滂等逮考，連及數百人，曠年拘錄，事無效驗。臣惟膺等建忠抗節，志經王室，此誠陛下稷、卨、伊、呂之佐，而虛爲姦臣賊子之所誣枉，天下寒心，海內失望。惟陛下留神澄省，時見理出，〔五〕以厭人鬼喁喁之心。臣聞古之明君，必須賢佐，以成政道。今臺閣近臣，尚書令陳蕃，僕射胡廣，尚書朱寓、荀緄、〔六〕劉祐、魏朗、劉矩、尹勳等，皆國之貞士，朝之良佐。尚書郎張陵、嬀皓、苑康、楊喬、邊韶、戴恢等，文質彬彬，明達國典。內外之職，羣才並列。而陛下委任近習，專樹饕餮，外典州郡，內幹心膂。宜以次貶黜，案罪糾罰，抑奪宦官欺國之封，案其無狀誣罔之罪，信任忠良，平決臧否，使邪正毀譽，各得其所，寶愛天官，唯善是授。如此，咎徵可消，天應可待。閒者有嘉禾、芝草、黃龍之見。夫瑞生必於嘉士，〔七〕福至實由善人，在德爲瑞，無德爲災。陛下所行，不合天意，不宜稱慶。」書奏，因以病上還城門校尉、槐里侯印綬。〔八〕帝不許，有詔原李膺、杜密等，自黃門北寺、若盧、都內諸獄，繫囚罪輕者皆出之。〔九〕

〔一〕熙，盛也。

〔二〕梁冀、孫壽、寇榮、鄧萬代，見桓紀也。

〔三〕二世卽胡亥。

〔四〕趙高使女壻閻樂弒胡亥於望夷宮。

〔五〕時謂卽時也。

〔六〕緄古本反。

〔七〕嘉士猶善人也。

〔八〕上音時丈反。

〔九〕都內，主藏官名。前書有都內令丞，屬大司農也。

其冬帝崩，無嗣。武召侍御史河閒劉儵，參問其國中王子侯之賢者，儵稱解瀆亭侯宏。武入白太后，遂徵立之，是爲靈帝。拜武爲大將軍，常居禁中。帝旣立，論定策功，更封武爲聞喜侯；子機渭陽侯，拜侍中；兄子紹鄠侯，遷步兵校尉；紹弟靖西鄉侯，爲侍中，監羽林左騎。

武旣輔朝政，常有誅翦宦官之意，太傅陳蕃亦素有謀。時共會朝堂，蕃私謂武曰：「中常侍曹節、王甫等，自先帝時操弄國權，濁亂海內，百姓匈匈，歸咎於此。今不誅節等，後必難圖。」武深然之。蕃大喜，以手推席而起。武於是引同志尹勳爲尚書令，劉瑜爲侍中，馮

述爲屯騎校尉；又徵天下名士廢黜者前司隸李膺、宗正劉猛、太僕杜密、廬江太守朱寓等，列於朝廷；請前越巂太守荀翌爲從事中郎，辟潁川陳寔爲屬：共定計策。於是天下雄俊，知其風旨，莫不延頸企踵，思奮其智力。〔一〕

會五月日食，蕃復說武曰：「昔蕭望之困一石顯，〔二〕近者李、杜諸公禍及妻子，況今石顯數十輩乎！蕃以八十之年，欲爲將軍除害，今可且因日食，斥罷宦官，以塞天變。又趙夫人及女尚書，旦夕亂太后，〔三〕急宜退絕。惟將軍慮焉。」武乃白太后曰：「故事，黃門、常侍但當給事省內，典門戶，主近署財物耳。今乃使與政事而任權重，子弟布列，專爲貪暴。天下匈匈，正以此故。宜悉誅廢，以清朝廷。」太后曰：「漢來故事世有，但當誅其有罪，豈可盡廢邪？」時中常侍管霸頗有才略，專制省內。武先白誅霸及中常侍蘇康等，竟死。武復數白誅曹節等，太后冘豫未忍，〔三〕故事久不發。

〔一〕續漢志曰：「桓帝初，京都童謠曰：『游平賣印自有評，不避賢豪及大姓。』案：武字游平。與陳蕃合策勠力，唯德是建，咸得其人，豪賢大姓皆絕望矣。」

〔二〕元帝時，閹人石顯爲中書令，譖御史大夫蕭望之，令自殺也。

〔二〕女尚書，內官也。夫人卽趙嬈。

〔三〕冘音淫。冘豫，不定也。

至八月，太白出西方。劉瑜素善天官，惡之，上書皇太后曰：「太白犯房左驂，上將星入太微，其占宮門當閉，將相不利，姦人在主傍。願急防之。」又與武、蕃書，以星辰錯繆，不利大臣，宜速斷大計。武、蕃得書將發，於是以朱寓爲司隸校尉，劉祐爲河南尹，虞祁爲洛陽令。武乃奏免黃門令魏彪，以所親小黃門山冰代之。使冰奏素狡猾尤無狀者長樂尚書鄭颯，〔一〕送北寺獄。蕃謂武曰：「此曹子便當收殺，何復考爲！」武不從，令冰與尹勳、侍御史祝瑨雜考颯，辭連及曹節、王甫。勳、冰即奏收節等，使劉瑜內奏。

〔一〕音立。

時武出宿歸府，典中書者先以告長樂五官史朱瑀。瑀盜發武奏，罵曰：「中官放縱者，自可誅耳。我曹何罪，而當盡見族滅？」因大呼曰：「陳蕃、竇武奏白太后廢帝，爲大逆！」乃夜召素所親壯健者長樂從官史共普、張亮等十七人，喢血共盟誅武等。曹節聞之，驚起，白帝曰：「外閒切切，請出御德陽前殿。」令帝拔劍踊躍，使乳母趙嬈等擁衞左右，取棨信，閉諸禁門。〔一〕召尚書官屬，脅以白刃，使作詔板。拜王甫爲黃門令，持節至北寺獄收尹勳、山冰。冰疑，不受詔，甫格殺之。遂害勳，出鄭颯。還共劫太后，奪璽書。令中謁者守南宮，閉門，絕複道。〔二〕使鄭颯等持節，及侍御史、謁者捕收武等。武不受詔，馳入步兵營，與紹共射殺使者。召會北軍五校士數千人屯都亭下，令軍士曰：「黃門常侍反，盡力者封侯

重賞。」詔以少府周靖行車騎將軍，加節，與護匈奴中郎將張奐率五營士討武。夜漏盡，王甫將虎賁、羽林、廐騶、都候、劍戟士，合千餘人，出屯朱雀掖門，與奐等合。明日悉軍闕下，與武對陳。甫兵漸盛，使其士大呼武軍曰：「竇武反，汝皆禁兵，當宿衞宮省，何故隨反者乎？先降有賞！」營府素畏服中官，於是武軍稍稍歸甫。自旦至食時，兵降略盡。武、紹走，諸軍追圍之，皆自殺，梟首洛陽都亭。〔三〕收捕宗親、賓客、姻屬，悉誅之，及劉瑜、馮述，皆夷其族。徙武家屬日南，遷太后於雲臺。

〔一〕棨，有衣戟也。漢官儀曰：「凡居宮中，皆施籍於掖門，案姓名當入者，本官爲封棨傳，審印信，然後受之。」

〔二〕複音福。

〔三〕續漢志曰：「桓帝末，京師童謠曰：『茅田一頃中有井，四方纖纖不可整。嚼復嚼，今年尚可後年磽。』」案：易曰「拔茅連茹」，茅喻羣賢也。井者，法也。時中常侍管霸等惛疾海內英賢，並見廢錮。『茅田一頃』言羣賢衆多也。『中有井』者，言雖厄窮，不失法度也。『四方纖纖』言姦慝不可理也。『嚼』，飲酒相強之辭也。言不恤王政，徒耽宴而已。『今年尚可』者，言但禁錮也。『後年磽』者，陳蕃、竇武等誅，天下大壞也。」磽音苦教反。磽猶惡也。

當是時，凶豎得志，士大夫皆喪其氣矣。武府掾桂陽胡騰，少師事武，獨殯斂行喪，坐以禁錮。

武孫輔，時年二歲，逃竄得全。事覺，節等捕之急。胡騰及令史南陽張敞共逃輔於零陵界，詐云已死，騰以爲己子，而使聘娶焉。後舉桂陽孝廉。至建安中，荊州牧劉表聞而辟焉，以爲從事，使還竇姓，以事列上。會表卒，曹操定荊州，輔與宗人徙居於鄴，辟丞相府。從征馬超，爲流矢所中死。〔一〕

〔一〕飛矢曰流矢。中，傷也。

初，武母產武而幷產一蛇，送之林中。後母卒，及葬未窆，有大蛇自榛草而出，〔一〕徑至喪所，以頭擊柩，涕血皆流，俯仰蛣屈，〔二〕若哀泣之容，有頃而去。時人知爲竇氏之祥。〔三〕

〔一〕廣雅曰：「木藂生曰榛。」

〔二〕蛣音丘吉反。

〔三〕祥，吉凶之先見者。尚書曰：「亳有祥。」

騰字子升。初，桓帝巡狩南陽，以騰爲護駕從事。公卿貴戚車騎萬計，徵求費役，不可勝極。騰上言：「天子無外，乘輿所幸，卽爲京師。臣請以荊州刺史比司隸校尉，〔一〕臣自同都官從事。」帝從之。〔二〕自是肅然，莫敢妄有干欲，騰以此顯名。黨錮解，官至尚書。

〔一〕南陽屬荊州，故請以刺史比司隸。

〔二〕漢官儀曰「都官從事主洛陽百官，朝會與三府掾同」也。

張敞者，太尉溫之弟也。〔一〕

〔一〕漢官儀曰：「溫字伯慎，穰人也，封（玄）〔互〕鄉侯。太史奏言有大臣誅死，董卓取溫笞殺於市以厭之。」

何進字遂高，南陽宛人也。異母女弟選入掖庭爲貴人，有寵於靈帝，拜進郎中，再遷虎賁中郎將，出爲潁川太守。光和（二）〔三〕年，貴人立爲皇后，徵進入，拜侍中、將作大匠、河南尹。

中平元年，黃巾賊張角等起，以進爲大將軍，率左右羽林五營士屯都亭，修理器械，以鎮京師。張角別黨馬元義謀起洛陽，進發其姦，以功封慎侯。〔一〕

〔一〕慎，縣，屬汝南郡。

四年，滎陽賊數千人羣起，攻燒郡縣，殺中牟縣令，詔使進弟河南尹苗出擊之。苗攻破羣賊，平定而還。詔遣使者迎於成皋，拜苗爲車騎將軍，封濟陽侯。

五年，天下滋亂，望氣者以爲京師當有大兵，兩宮流血。大將軍司馬許涼、假司馬伍宕說進曰：「太公六韜有天子將兵事，〔一〕可以威厭四方。」進以爲然，入言之於帝。於是乃詔進大發四方兵，講武於平樂觀下。起大壇，上建十二重五采華蓋，高十丈，壇東北爲小壇，復建九重華蓋，高九丈，列步兵、騎士數萬人，結營爲陳。天子親出臨軍，駐大華蓋下，進駐

小華蓋下。禮畢，帝躬擐甲介馬，〔三〕稱「無上將軍」，行陳三匝而還。詔使進悉領兵屯於觀下。是時置西園八校尉，以小黃門蹇碩爲上軍校尉，虎賁中郎將袁紹爲中軍校尉，屯騎都尉鮑鴻爲下軍校尉，議郎曹操爲典軍校尉，趙融爲助軍校尉，淳于瓊爲佐軍校尉，又有左右校尉。帝以蹇碩壯健而有武略，特親任之，以爲元帥，督司隸校尉以下，雖大將軍亦領屬焉。

〔一〕太公六韜篇：第一霸典，文論；第二文師，武論；第三龍韜，主將；第四虎韜，偏裨；第五豹韜，校尉；第六犬韜，司馬。龍韜云：「武王曰：『吾欲令三軍之衆，親其將如父母，聞金聲而怒，聞鼓音而喜，爲之柰何？』」

〔三〕擐音宦。擐，貫也。介亦甲也。

碩雖擅兵於中，而猶畏忌於進，乃與諸常侍共說帝遣進西擊邊章、韓遂。帝從之，賜兵車百乘，虎賁斧鉞。進陰知其謀，乃上遣袁紹東擊徐兗二州兵，須紹還，即戎事，以稽行期。

初，何皇后生皇子辯，王貴人生皇子協。羣臣請立太子，帝以辯輕佻無威儀，不可爲人主，〔一〕然皇后有寵，且進又居重權，故久不決。

〔一〕字書曰：「佻，輕也。」

六年，帝疾篤，屬協於蹇碩。碩既受遺詔，且素輕忌於進兄弟，及帝崩，碩時在內，欲先誅進而立協。及進從外入，碩司馬潘隱與進早舊，迎而目之。進驚，馳從儳道歸營，引兵入屯百郡邸，〔一〕因稱疾不入。碩謀不行，皇子辯乃即位，何太后臨朝，進與太傅袁隗輔政，錄尚書事。

〔一〕廣雅曰：「儳，疾也。」晉仕鑒反。

進素知中官天下所疾，兼忿蹇碩圖己，及秉朝政，陰規誅之。袁紹亦素有謀，因進親客張津勸之曰：「黃門常侍權重日久，又與長樂太后專通姦利，〔一〕將軍宜更清選賢良，整齊天下，爲國家除患。」進然其言。又以袁氏累世寵貴，海內所歸，〔二〕而紹素善養士，能得豪傑用，其從弟虎賁中郎將術亦尚氣俠，故並厚待之。因復博徵智謀之士（龐）〔逄〕紀、何顒、荀攸等，與同腹心。

〔一〕靈帝母董太后居長樂宮。

〔二〕袁安爲司徒，司空，孫湯爲司徒、太尉，湯子成五官中郎將，成生紹，故云「累代寵貴」也。

蹇碩疑不自安，與中常侍趙忠等書曰：「大將軍兄弟秉國專朝，今與天下黨人謀誅先帝左右，埽滅我曹。但以碩典禁兵，故且沈吟。今宜共閉上閤，急捕誅之。」中常侍郭勝，進同郡人也。太后及進之貴幸，勝有力焉。故勝親信何氏，遂共趙忠等議，不從碩計，而以其書示進。進乃使黃門令收碩，誅之，因領其屯兵。

袁紹復說進曰：「前竇武欲誅內寵而反爲所害者，以其言語漏泄，而五營百官服畏中人故也。今將軍既有元舅之重，而兄弟並領勁兵，部曲將吏皆英俊名士，樂盡力命，事在掌握，此天贊之時也。將軍宜一爲天下除患，名垂後世。雖周之申伯，何足道哉！〔一〕今大行在前殿，〔二〕將軍（宜）受詔領禁兵，不宜輕出入宮省。」進甚然之，乃稱疾不入陪喪，又不送山陵。遂與紹定籌策，而以其計白太后。太后不聽，曰：「中官統領禁省，自古及今，漢家故事，不可廢也。且先帝新弃天下，我柰何楚楚與士人對共事乎？」〔三〕進難違太后意，且欲誅其放縱者。紹以爲中官親近至尊，出入號令，今不悉廢，後必爲患。而太后母舞陽君及苗數受諸宦官賂遺，知進欲誅之，數白太后，爲其障蔽。又言：「大將軍專殺左右，擅權以弱社稷。」太后疑以爲然。中官在省闥者或數十年，封侯貴寵，膠固內外。進新當重任，素敬憚之，雖外收大名而內不能斷，故事久不決。

〔一〕申伯，周申后父也。詩大雅曰：「維申及甫，維周之翰。」

〔二〕人主崩未有謚，故稱大行也。前書音義曰：「大行者，不反之辭也。」

〔三〕楚詞曰「楚楚」，鮮明貌也。詩曰：「衣裳楚楚。」

紹等又爲畫策，多召四方猛將及諸豪傑，使並引兵向京城，以脅太后。進然之。主簿陳琳入諫曰：「易稱『即鹿無虞』，〔一〕諺有『掩目捕雀』。夫微物尚不可欺以得志，況國之大事，其可以詐立乎？今將軍總皇威，握兵要，龍驤虎步，高下在心，此猶鼓洪爐燎毛髮耳。夫

違經合道，天人所順，而反委釋利器，更徵外助。大兵聚會，彊者爲雄，所謂倒持干戈，授人以柄，〔二〕功必不成，秖爲亂階。」進不聽。遂西召前將軍董卓屯關中上林苑，又使府掾太山王匡東發其郡強弩，并召東郡太守橋瑁屯城皋，使武猛都尉丁原燒孟津，火照城中，〔三〕皆以誅宦官爲言。太后猶不從。

〔一〕易屯卦六三爻辭也。虞，掌山澤之官。即鹿猶從禽也。無虞官不可得。

〔二〕前書梅福上書曰：「倒持太阿，授楚其柄。」

〔三〕武猛謂有武藝而勇猛者。取其嘉名，因以名官也。

苗謂進曰：「始共從南陽來，俱以貧賤，依省內以致貴富。國家之事，亦何容易！覆水不可收。宜深思之，且與省內和也。」進意更狐疑。紹懼進變計，乃脅之曰：「交搆已成，形埶已露，事留變生，將軍復欲何待，而不早決之乎？」進於是以紹爲司隸校尉，假節，專命擊斷；從事中郎王允爲河南尹。紹使洛陽方略武吏司察宦者，而促董卓等使馳驛上，欲進兵平樂觀。太后乃恐，悉罷中常侍小黃門，使還里舍，唯留進素所私人，以守省中。諸常侍小黃門皆詣進謝罪，唯所措置。進謂曰：「天下匈匈，正患諸君耳。今董卓垂至，諸君何不早各就國？」袁紹勸進便於此決之，至于再三。進不許。紹又爲書告諸州郡，詐宣進意，使捕案中官親屬。

進謀積日，頗泄，中官懼而思變。張讓子婦，太后之妹也。讓向子婦叩頭曰：「老臣得罪，當與新婦俱歸私門。惟受恩累世，〔一〕今當遠離宮殿，情懷戀戀，願復一入直，得暫奉望太后、陛下顏色，然後退就溝壑，死不恨矣。」子婦言於舞陽君，入白太后，乃詔諸常侍皆復入直。

〔一〕惟，思念也。

八月，進入長樂白太后，請盡誅諸常侍以下，選三署郎入守宦官廬。諸宦官相謂曰：「大將軍稱疾不臨喪，不送葬，今欻入省，〔一〕此意何爲？竇氏事竟復起邪？」又張讓等使人潛聽，具聞其語，乃率常侍段珪、畢嵐等數十人，持兵竊自側闥入，伏省中。及進出，因詐以太后詔召進。入坐省闥，讓等詰進曰：「天下憒憒，亦非獨我曹罪也。〔二〕先帝嘗與太后不快，幾至成敗，〔三〕我曹涕泣救解，各出家財千萬爲禮，和悅上意，但欲託卿門戶耳。今乃欲滅我曹種族，不亦太甚乎？卿言省內穢濁，公卿以下忠清者爲誰？」於是尚方監渠穆拔劍斬進於嘉德殿前。讓、珪等爲詔，以故太尉樊陵爲司隸校尉，少府許相爲河南尹。尚書得詔板，疑之，曰：「請大將軍出共議。」中黃門以進頭擲與尚書，曰：「何進謀反，已伏誅矣。」

〔一〕欻音許物反。

〔二〕說文曰：「憒憒，亂也。」

〔三〕陳留王協母王美人，何后鴆殺之，帝怒，欲廢后，宦官固請得止。

進部曲將吳匡、張璋，素所親幸，在外聞進被害，欲將兵入宮，宮閤閉。袁術與匡共斫攻之，中黃門持兵守閤。會日暮，術因燒南宮九龍門及東西宮，欲以脅出讓等。讓等入白太后，言大將軍兵反，燒宮，攻尚書闥，因將太后、天子及陳留王，又劫省內官屬，從複道走北宮。〔一〕尚書盧植執戈於閣道窗下，仰數段珪。段珪等懼，乃釋太后。太后投閣得免。

〔一〕複音福。

袁紹與叔父隗矯詔召樊陵、許相，斬之。苗、紹乃引兵屯朱雀闕下，捕得趙忠等，斬之。吳匡等素怨苗不與進同心，而又疑其與宦官同謀，乃令軍中曰：「殺大將軍者卽車騎也，士吏能爲報讎乎？」進素有仁恩，士卒皆流涕曰：「願致死！」匡遂引兵與董卓弟奉車都尉旻攻殺苗，弃其屍於苑中。紹遂閉北宮門，勒兵捕宦者，無少長皆殺之。或有無須而誤死者，至自發露然後得免。〔死〕者二千餘人。紹因進兵排宮，或上端門屋，以攻省內。

張讓、段珪等困迫，遂將帝與陳留王數十人步出穀門，奔小平津。〔一〕公卿並出平樂觀，無得從者，唯尚書盧植夜馳河上，王允遣河南中部掾閔貢隨植後。貢至，手劍斬數人，餘皆投河而死。明日，公卿百官乃奉迎天子還宮，以貢爲郎中，封都亭侯。

〔一〕穀門，洛城北當中門也。

董卓遂廢帝，又迫殺太后，殺舞陽君，何氏遂亡，而漢室亦自此敗亂。

論曰：竇武、何進藉元舅之資，據輔政之權，內倚太后臨朝之威，外迎羣英乘風之埶，卒而事敗閹豎，身死功穨，爲世所悲，豈智不足而權有餘乎？〔一〕傳曰：「天之廢商久矣，君將興之。」斯宋襄公所以敗於泓也。〔二〕

〔一〕言智非不足，權亦有餘，蓋天敗也。

〔二〕左傳曰，楚伐宋，宋公將戰。子魚諫曰：「天之弃商久矣，公將興之，不可。」宋公不從，遂與楚戰，大敗於泓也。

贊曰：武生蛇祥，進自屠羊。〔一〕惟女惟弟，來儀紫房。上惛下嬖，人靈動怨。將糾邪慝，以合人願。道之屈矣，代離凶困。〔二〕

〔一〕進本屠家子也。

〔二〕代，更也。

校勘記

二二三九頁八行　兄子紹　按：集解引惠棟說，謂袁宏紀紹爲武長子，與此異。

二二四〇頁一行　梁孫寇鄧雖或誅滅　按：集解引惠棟說，謂袁宏紀云「梁、孫、鄧、亳貴戚專勢」云云，案寇榮未嘗有此，袁紀是也。

二二四〇頁六行　此誠陛下稷卨伊呂之佐　「卨」原譌「禼」，汲本譌「离」，逕改正。按：「卨」乃「契」之古文。

二二四〇頁八行　尚書令陳蕃僕射胡廣　按：通鑑刪此九字，攷異謂蕃、廣時不爲令、僕，故去之。

二二四二頁二行　請前越巂太守荀翌爲從事中郎　按：汲本、殿本「翌」作「昱」。

二二四二頁八行　長樂五官史朱瑀　按：集解引惠棟說，謂百官志云「長信、長樂官者署少府一人，職如長秋，及餘吏皆以宮名爲號」，劉昭云「如長樂五官吏朱瑀之類」，是「史」當作「吏」。

二二四三頁一〇行　長樂從官史　按：惠棟補注謂胡三省云「掌太后宮從官」，案「史」亦當作「吏」。

二二四三頁一三行　奪璽書　刊誤謂「書」當作「綬」。按：集解引惠棟說，謂袁紀作「璽綬」。

二二四四頁七行　凡居宮中　按：「宮」原譌「官」，逕據汲本、殿本改正。

二二四五頁一四行　主洛陽百官　按：集解引惠棟說，謂北堂書鈔引漢官儀，云都官從事掌洛陽中百姓，似「百官」當作「百姓」。

二二四六頁一行　封（玄）〔互〕鄉侯　據殿本改。按：王先謙謂作「互」是。

中華書局

二二四六頁三行　光和(二)〔三〕年貴人立爲皇后　據校補引錢大昭說改。

二二四六頁八行　進弟何南尹苗　殿本考證謂苗，朱氏子，五行志作「皇后異父兄」。按：李慈銘謂何后本屠家，其父眞早死，舞陽君改適朱氏，生苗，及何氏貴，苗亦冒姓何氏，幸續志偶存其本姓耳。苗與進固非一姓，故進之部將疑其同謀殺進，遂報殺苗也。

二二四七頁二行　屯騎都尉鮑鴻爲下軍校尉　按：刊誤謂漢無屯騎都尉，「都」當作「校」。

二二四七頁一〇行　乃上遣袁紹東擊徐兗二州兵　按：校補謂案文「擊」當作「集」。

二二四八頁七行　因復博徵智謀之士(龐)〔逢〕紀　校補引陳景雲說，謂據荀彧、袁紹傳均作「逄紀」，此作「龐」，誤。今據改。按：逄讀同龐，音近而譌。

二二四九頁三行　將軍(宜)受詔領禁兵　據刊誤刪。

二二五一頁一行　張讓子婦太后之妹也　按：汲本「妹」作「甥」，誤。袁紀作「娣」，娣訓女弟也。

二二五一頁八行　乃率常侍段珪　按：「段」字原譌「叚」，逕改正，下同。

二二五一頁九行　天下憒憒　按：校補引柳從辰說，謂袁紀「憒憒」作「慣慣」。

二二五二頁三行　術因燒南宮九龍門　按：集解引惠棟說，謂袁宏紀「九龍門」作「青瑣門」。又引王補說，謂通鑑從袁紀。

二二五二頁三行　至自發露然後得免(死)者二千餘人　刊誤謂案文少一「死」字。今按：魏志袁紹傳作

「或有無鬚而誤死者，至自發露形體而後得免。死者二千餘人」。又袁紀及通鑑均作「死者二千餘人」。此明脫一「死」字，今補。

後漢書卷七十

鄭孔荀列傳第六十

鄭太字公業，河南開封人，司農衆之曾孫也。〔一〕少有才略。靈帝末，知天下將亂，陰交結豪桀。家富於財，有田四百頃，而食常不足，名聞山東。

〔一〕開封，縣，故城在今汴州南。

初舉孝廉，三府辟，公車徵，皆不就。及大將軍何進輔政，徵用名士，以公業爲尚書侍郎，〔一〕遷侍御史。進將誅閹官，欲召并州牧董卓爲助。公業謂進曰：「董卓彊忍寡義，志欲無猒。若借之朝政，授以大事，〔二〕將恣凶慾，必危朝廷。明公以親德之重，據阿衡之權，秉意獨斷，誅除有罪，誠不宜假卓以爲資援也。且事留變生，殷鑒不遠。」又爲陳時務之所急數事。進不能用，乃弃官去。謂潁川人荀攸曰：「何公未易輔也。」

〔一〕續漢志曰：「尚書凡六曹，侍郎三十六人，四百石。一曹有六人，主作文書起草。」

〔二〕借音子夜反。

進尋見害，卓果作亂。公業等與侍中伍瓊、卓長史何顒共說卓，以袁紹爲勃海太守，以發山東之謀。及義兵起，卓乃會公卿議，大發卒討之，羣僚莫敢忤旨。公業恐其衆多益横，凶彊難制，獨曰：「夫政在德，不在衆也。」卓不悅，曰：「如卿此言，兵爲無用邪？」公業懼，乃詭詞更對曰：〔一〕「非謂無用，以爲山東不足加大兵耳。如有不信，試爲明公略陳其要。今山東合謀，州郡連結，人庶相動，非不強盛。然光武以來，中國無警，百姓優逸，忘戰日久。仲尼有言：『不教人戰，是謂弃之。』其衆雖多，不能爲害。一也。明公出自西州，少爲國將，閑習軍事，數踐戰場，名振當世，人懷懾服。二也。袁本初公卿子弟，生處京師。張孟卓東平長者，〔二〕坐不闚堂。〔三〕孔公緒〔四〕清談高論，噓枯吹生。〔五〕並無軍旅之才，執銳之幹，臨鋒決敵，非公之儔。三也。山東之士，素乏精悍。〔六〕未有孟賁之勇，慶忌之捷，〔七〕聊城之守，〔八〕良、平之謀，可任以偏師，責以成功。四也。就有其人，而尊卑無序，王爵不加，若恃衆怙力，〔九〕將各(基)〔棊〕峙，〔一〇〕以觀成敗，不肯同心共膽，與齊進退。五也。關西諸郡，頗習兵事，自頃以來，數與羌戰，婦女猶戴戟操矛，挾弓負矢，〔一一〕況其壯勇之士，以當妄戰之人乎！其勝可必。六也。且天下彊勇，百姓所畏者，有并、涼之人，及匈奴、屠各、湟中義從、西羌八種，〔一二〕而明公擁之，以爲爪牙，譬驅虎兕以赴犬羊。七也。又明公將帥，皆中表腹心，周旋日久，恩信淳著，忠誠可任，智謀可恃。以膠固之衆，〔一三〕當解合之埶，猶以烈風掃

彼枯葉。八也。夫戰有三亡，以亂攻理者亡，以邪攻正者亡，以逆攻順者亡。今明公秉國平正，討滅宦豎，忠義克立。以此三德，待彼三亡，奉辭伐罪，誰敢禦之！九也。東州鄭玄學該古今，〔四〕北海邴原清高直亮，〔五〕皆儒生所仰，羣士楷式。彼諸將若詢其計畫，足知彊弱。且燕、趙、齊、梁非不盛也，終滅於秦；吳、楚七國非不衆也，卒敗滎陽。〔六〕況今德政赫赫，股肱惟良，彼豈讚成其謀，造亂長寇哉？其不然。十也。若其所陳少有可採，無事徵兵以驚天下，使患役之民相聚爲非，弃德恃衆，自虧威重。」卓乃悅，以公業爲將軍，使統諸軍討擊關東。或說卓曰：「鄭公業智略過人，而結謀外寇，今資之士馬，就其黨與，竊爲明公懼之。」卓乃收還其兵，留拜議郎。

〔一〕詭猶詐也。

〔二〕孟卓名邈。

〔三〕言不妄覩也。

〔四〕名伷。

〔五〕枯者嘘之使生，生者吹之使枯。言談論有所抑揚也。

〔六〕悍，勇也。

〔七〕說苑曰：「孟賁水行不避蛟龍，陸行不避虎狼，發怒吐氣，聲響動天。」許慎注淮南子曰：「孟賁，衞人也。」呂氏春秋曰：「孟賁過於河，先其伍，船人怒，以楫虓其頭，不知其孟賁故也。中河，孟賁瞋目視船人，髮植目裂，舟中人

盡播入河。」慶忌，吳王僚子也。射之矢，滿把不能中，四馬追之不能及。

〔八〕史記，燕將攻下聊城，因保守之。齊將田單攻之，歲餘不下。

〔九〕怙亦恃也。

〔一〇〕峙，止也。

〔一一〕挾，持也。

〔一二〕義從，八種並見西羌傳。

〔一三〕膠亦固也。

〔一四〕玄，北海人，故云東州。

〔一五〕魏志，原字根矩，北海朱虛人也。與管寧俱以操尚稱。

〔一六〕前書吳王濞、楚王戊、趙王遂、淄川王賢、濟南王辟光、膠西王印、膠東王雄渠，景帝〔二〕〔三〕年反，大將軍條侯周亞夫將兵破之滎陽。

卓既遷都長安，天下飢亂，士大夫多不得其命。而公業家有餘資，日引賓客高會倡樂，所贍救者甚衆。乃與何顒、荀攸共謀殺卓。事洩，顒等被執，公業脫身自武關走，東歸袁術。術上以爲楊州刺史。未至官，道卒，年四十一。

孔融字文舉，魯國人，孔子二十世孫也。七世祖霸，爲元帝師，位至侍中。〔一〕父宙，太山都尉。

〔一〕前書霸字次（孺）〔儒〕，元帝師。解見孔昱傳。

融幼有異才。〔一〕年十歲，隨父詣京師。時河南尹李膺〔二〕以簡重自居，不妄接士賓客，勑外自非當世名人及與通家，皆不得白。融欲觀其人，故造膺門。語門者曰：「我是李君通家子弟。」門者言之。膺請融，問曰：「高明祖父嘗與僕有恩舊乎？」融曰：「然。先君孔子與君先人李老君同德比義，而相師友，〔三〕則融與君累世通家。」衆坐莫不歎息。太中大夫陳煒後至，〔四〕坐中以告煒。煒曰：「夫人小而聰了，大未必奇。」融應聲曰：「觀君所言，將不早惠乎？」膺大笑曰：「高明必爲偉器。」

〔一〕融家傳曰：「兄弟七人，融第六，幼有自然之性。年四歲時，每與諸兄共食梨，融輒引小者。大人問其故，荅曰：『我小兒，法當取小者。』由是宗族奇之。」

〔二〕膺，潁川襄城人。融家傳曰：「聞漢中李公清節直亮，意慕之，遂造公門。」李固，漢中人，爲太尉，與此傳不同也。

〔三〕家語曰：「孔子謂南宮敬叔曰：『吾聞老聃博古而達今，通禮樂之源，明道德之歸，卽吾之師也。今將往矣。』遂至周，問禮於老聃焉。」

〔四〕煒音于匭反。

年十三，喪父，哀悴過毁，扶而後起，州里歸其孝。性好學，博涉多該覽。

山陽張儉爲中常侍侯覽所怨，覽爲刊章下州郡，以名捕儉。〔一〕儉與融兄褒有舊，亡抵於褒，不遇。〔二〕時融年十六，儉少之而不告。融見其有窘色，〔三〕謂曰：「兄雖在外，吾獨不能爲君主邪？」因留舍之。〔四〕後事泄，國相以下，密就掩捕，儉得脫走，遂并收褒、融送獄。二人未知所坐。融曰：「保納舍藏者，融也，當坐之。」褒曰：「彼來求我，非弟之過，請甘其罪。」吏問其母，母曰：「家事任長，妾當其辜。」一門爭死，郡縣疑不能決，乃上讞之。〔五〕詔書竟坐褒焉。融由是顯名，與平原陶丘洪、陳留邊讓齊聲稱。州郡禮命，皆不就。

〔一〕刊，削也。謂削去告人姓名。

〔二〕抵，歸也。融家傳「褒字文禮」也。

〔三〕窘，迫也。

〔四〕舍，止也。

〔五〕前書音義曰：「讞，請也，音宜桀反。」

辟司徒楊賜府。時隱覈官僚之貪濁者，將加貶黜，融多舉中官親族。尚書畏迫內寵，召掾屬詰責之。融陳對罪惡，言無阿撓。〔一〕河南尹何進當遷爲大將軍，楊賜遣融奉謁賀進，不時通，融卽奪謁還府，投劾而去。河南官屬恥之，私遣劒客欲追殺融。客有言於進

曰：「孔文舉有重名，〔二〕將軍若造怨此人，則四方之士引領而去矣。不如因而禮之，可以示廣於天下。」進然之，既拜而辟融，舉高第，爲侍御史。與中丞趙舍不同，託病歸家。

〔一〕撓，曲也，音乃孝反。

〔二〕融家傳曰：「客言於進曰：『孔文舉於時英雄特傑，譬諸物類，猶衆星之有北辰，百穀之有黍稷，天下莫不屬目也。』」

後辟司空掾，拜中軍候。在職三日，遷虎賁中郎將。會董卓廢立，融每因對荅，輒有匡正之言。以忤卓旨，轉爲議郎。時黃巾寇數州，而北海最爲賊衝，卓乃諷三府同舉融爲北海相。

融到郡，收合士民，起兵講武，馳檄飛翰，引謀州郡。賊張饒等羣輩二十萬衆從冀州還，融逆擊，爲饒所敗，乃收散兵保朱虛縣。稍復鳩集吏民爲黃巾所誤者男女四萬餘人，更置城邑，立學校，表顯儒術，薦舉賢良鄭玄、彭璆、邴原等。〔一〕郡人甄子然、臨孝存知名早卒，融恨不及之，乃命配食縣社。其餘雖一介之善，莫不加禮焉。郡人無後及四方游士有死亡者，皆爲棺具而斂葬之。時黃巾復來侵暴，融乃出屯都昌，〔二〕爲賊管亥所圍。融逼急，乃遣東萊太史慈求救於平原相劉備。〔三〕備驚曰：「孔北海乃復知天下有劉備邪？」即遣兵三千救之，賊乃散走。

〔一〕璆音巨秋反，又音求。

〔二〕都昌，縣，屬北海郡，故城在今青州臨朐縣東北。

〔三〕吳志，慈字子義，東萊人也。避事之遼東，北海相孔融聞而奇之，數遣人訊問其母，并致餉遺。時融爲管亥所圍，慈從遼東還，母謂之曰：「汝與孔北海未嘗相見，至汝行後，贍恤殷勤，過於故舊。今爲賊所圍，汝宜赴之。」慈單步見融，既而求救於劉備，得兵以解圍焉。

時袁、曹方盛，而融無所協附。左丞祖者，稱有意謀，勸融有所結納。融知紹、操終圖漢室，不欲與同，故怒而殺之。

融負其高氣，志在靖難，而才疎意廣，迄無成功。〔一〕在郡六年，劉備表領青州刺史。建安元年，爲袁譚所攻，自春至夏，戰士所餘裁數百人，流矢雨集，戈矛內接。融隱几讀書，〔二〕談笑自若。城夜陷，乃奔東山，妻子爲譚所虜。

〔一〕迄，竟也。

〔二〕隱，憑也。莊子曰：「南郭子綦隱几而坐。」

及獻帝都許，徵融爲將作大匠，遷少府。每朝會訪對，融輒引正定議，公卿大夫皆隸名而已。〔一〕

〔一〕說文云：「隸，附著。」

初，太傅馬日磾奉使山東，及至淮南，數有意於袁術。術輕侮之，遂奪取其節，求去又不聽，因欲逼爲軍帥。日磾深自恨，遂嘔血而斃。〔一〕及喪還，朝廷議欲加禮。融乃獨議曰：「日磾以上公之尊，秉髦節之使，銜命直指，〔二〕寧輯東夏，〔三〕而曲媚姦臣，爲所牽率，章表署用，輒使首名，〔四〕附下罔上，〔五〕姦以事君。〔六〕昔國佐當晉軍而不撓，〔七〕宜僚臨白刃而正色。〔八〕王室大臣，豈得以見脅爲辭！又袁術僭逆，非一朝一夕，日磾隨從，周旋歷歲。漢律與罪人交關三日已上，皆應知情。春秋魯叔孫得臣卒，以不發揚襄仲之罪，貶不書日。〔九〕鄭人討幽公之亂，斲子家之棺。〔一〇〕聖上哀矜舊臣，未忍追案，不宜加禮。」朝廷從之。

〔一〕三輔決錄曰：「日磾字翁叔，馬融之族子。少傳融業，以才學進。與楊彪、盧植、蔡邕等典校中書，歷位九卿，遂登台輔。」獻帝春秋曰：「術從日磾借節觀之，因奪不還，條軍中十餘人使促辟之。日磾謂術曰：『卿先代諸公辟士云何？而言促之，謂公府掾可劫得乎？』從術求去，而術不遣，既以失節屈辱憂恚。」

〔二〕直指，無屈撓也。前書有繡衣直指。

〔三〕輯，和也。

〔四〕所上章表及署補用，皆以日磾名爲首也。

〔五〕前書曰：「附下罔上者刑。」

〔六〕左傳叔向曰：「姦以事君者，吾所能禦。」

〔七〕公羊傳曰：「鞌之戰，齊師大敗。齊侯使國佐如師。郤克曰：『與我紀侯之甗，(及)〔反〕魯、衞之侵地，使耕者東西

其畝，以蕭同叔子爲質，則吾舍子。』國佐曰：『與我紀侯之甗，請諾。使反魯、衞之侵，請諾。使耕者東西其畝，是則土齊也。蕭同叔子者，齊君母也，齊君母猶晉君之母也，曰不可。請戰，一戰而不勝，請再戰，再戰而不勝，請三戰，三戰不勝，則齊國盡子之有也，何必蕭同叔子爲質！』揖而去之。」

〔八〕楚白公勝欲爲亂，謂石乞曰：「王卿士皆以五百人當之則可。」乞曰：「不可得也。」曰：「市南有熊相宜僚者，若得之，可以當五百人矣。」乃從白公而見之。與言，悅；告之故，辭；承之以劍，不動。事見左傳。

〔九〕公羊傳曰：「叔孫得臣卒。」何休注曰：「不日者，知公子遂欲殺君，而爲人臣知賊而不言，明當誅也。」公子遂即襄仲也。

〔一〇〕左傳：「鄭子家卒，鄭人討幽公之亂，斲子家之棺而逐其族。」杜預注曰：「斲薄其棺，不使從卿禮。」爲其殺君故也。

時論者多欲復肉刑。融乃建議曰：「古者敦庬，善否不別，〔一〕吏端刑清，〔二〕政無過失。百姓有罪，皆自取之。末世陵遲，風化壞亂，政撓其俗，法害其人。故曰上失其道，民散久矣。而欲繩之以古刑，投之以殘弃，〔三〕非所謂與時消息者也。〔四〕紂斲朝涉之脛，天下謂爲無道。〔五〕夫九牧之地，千八百君，〔六〕若各刖一人，是下常有千八百紂也。求俗休和，弗可得已。且被刑之人，慮不念生，志在思死，類多趨惡，莫復歸正。夙沙亂齊，〔七〕伊戾禍宋，〔八〕趙高、英布，爲世大患。〔九〕不能止人遂爲非也，適足絕人還爲善耳。雖忠如鬻拳，〔一〇〕信如卞和，〔一一〕智如孫臏，〔一二〕冤如巷伯，〔一三〕才如史遷，〔一四〕達如子政，〔一五〕一離刀鋸，

中華書局

沒世不齒。〔一六〕是太甲之思庸，〔一七〕穆公之霸秦，〔一八〕南睢之骨立，衞武之初筵，〔一九〕陳湯之都賴，〔二〇〕魏尚之守邊，〔二一〕無所復施也。漢開改惡之路，凡爲此也。故明德之君，遠度深惟，弃短就長，不苟革其政者也。」朝廷善之，卒不改焉。

〔一〕左傳楚申叔時曰：「人生敦庬。」杜預注：「庬，厚大也。」

〔二〕端，直也。

〔三〕殘其支體而弃廢之。

〔四〕易曰：「天地盈虛，與時消息。」

〔五〕尚書曰：「紂斮朝涉之脛。」孔安國注曰：「冬日見朝涉水者，謂其脛耐寒，斮而視之。」

〔六〕前書賈山曰：「昔者周蓋千八百國，以九州之人養千八百君也。」

〔七〕左傳曰，靈公廢太子光，立公子牙，使高厚傅牙，夙沙衞爲少傅。崔杼逆光而立之，是爲莊公。莊公以夙沙衞易己，衞弃高唐以叛。

〔八〕左傳，楚客聘于晉，過宋，太子痤知之，請野享之。公使往，伊戾請從，遣之。至則歃用牲，加書徵之，騁而告曰：「太子將爲亂，既與楚客盟矣。」公使視之，則信有焉。公囚太子，太子縊死。公徐聞其無罪，乃亨伊戾。

〔九〕史記，胡亥謂李斯曰：「高，故宮人也。」遂專信任之。後殺李斯，劫殺胡亥，卒亡秦也。前書，英布坐法黥，論輸驪山，亡之江中爲羣盜。及屬項羽，常爲先鋒陷陣。後歸漢，爲九江王。謀反，誅之。

〔一〇〕左傳：「初，鬻拳彊諫，楚子弗從。臨之以兵，懼而從之。拳曰：『吾懼君以兵，罪莫大焉。』遂自刖。楚人以爲大

閽。君子曰：『鬻拳可謂愛君矣。諫以自納於刑，刑猶不忘納君於善。』」

〔一一〕韓子曰：「楚人和氏得璞玉於楚山之中，獻之武王。武王使玉人相之，曰：『石也。』王以和爲謾己，刖其左足。及文王即位，和又奉其璞，玉人又曰：『石也。』又刖其右足。文王薨，成王即位，和乃抱其璞而哭於楚山之下，三日三夜，泣盡而繼以血。王使玉人攻璞而得寶焉。」琴操曰：「荆王封和爲陵陽侯，和辭不就而去。乃作怨歌曰：『進寶得刑，足離分兮。去封立信，守休芸兮。斷者不續，豈不冤兮！』」

〔一二〕史記，孫臏與龐涓學兵法，涓事魏惠王爲將軍，自以能不及臏，陰使召臏，斷其兩足而黥之。臏後入齊，威王問兵法，以爲師。魏與趙攻韓，齊使田忌將而往。龐涓聞，去韓而歸。臏謂田忌曰：「三晉之兵素悍勇而輕齊。軍半至。使齊軍入魏地爲十萬竈，明日爲五萬竈，明日爲二萬竈。」龐涓行三日，大喜曰：「我固知齊卒怯，入吾地三日，士卒亡者過半矣。」乃弃其步兵，與其輕銳倍日并行逐之。孫子度其行，暮當至馬陵。馬陵道狹，旁多險阻，可伏兵，乃斫大樹白而書之曰「龐涓死於此木下」。於是令齊軍曰：「善射者萬弩，夾道而伏，期日莫見火舉而俱發。」涓夜至斫木下，見白書，乃鑽火燭之，讀書未畢，齊軍萬弩俱發，魏軍大亂相失。龐涓自知智窮兵敗，遂自到。曰：「遂成豎子之名矣。」

〔一三〕毛萇注詩云：「巷伯，內小臣也。掌王后之命於宮中，故謂之巷伯。」伯被讒將刑，寺人孟子傷而作詩，以刺幽王也。

〔一四〕李陵爲匈奴敗，馬遷明陵當必立功以報漢，遂被下蠶室宮刑，後乃著史記。

〔一五〕劉向字子政。宣帝時，上言黃金可成。上令典尚方鑄作事，費甚多，方不驗，乃下吏，當死。上奇其材，得踰冬減論。班固云：「向博物洽聞，通達古今。」

〔一六〕國語「中刑用刀鋸」也。

〔一七〕尚書：「太甲既立，不明，伊尹放諸桐。三年，復歸於亳。思庸。」孔注曰：「念常道也。」

〔一八〕秦穆使孟明、白乙等伐鄭，蹇叔諫，不從。晉襄公敗諸崤，囚孟明等，後歸之。穆公曰：「孤之罪也，夫子何罪！」復使爲政，遂霸西戎。事見左傳。

〔一九〕韓詩曰：「賓之初筵，衞武公飲酒悔過也。言賓客初就筵之時，賓主秩秩然，俱謹敬也。賓既醉止，載號載呶，不知其爲惡也。」

〔二〇〕前書，湯字子公。遷西域副校尉，矯制發諸國兵，斬郅支單于於都賴水上。

〔二一〕文帝時，尚爲雲中守，坐上首虜差六級，下吏削爵。趙人馮唐爲郎，爲言文帝，赦尚復爲雲中守也。

是時荆州牧劉表不供職貢，多行僭僞，遂乃郊祀天地，擬斥乘輿。〔一〕詔書班下其事。融上疏曰：「竊聞領荆州牧劉表桀逆放恣，所爲不軌，至乃郊祭天地，擬儀社稷。雖昏僭惡極，罪不容誅，至於國體，宜且諱之。〔二〕何者？萬乘至重，天王至尊，身爲聖躬，國爲神器，〔三〕陛級縣遠，祿位限絕，〔四〕猶天之不可階，日月之不可踰也。〔五〕每有一豎臣，輒云圖之，若形之四方，非所以杜塞邪萌。〔六〕愚謂雖有重戾，必宜隱忍。賈誼所謂『擲鼠忌器』，蓋謂此也。〔七〕是以齊兵次楚，唯責包茅；〔八〕王師敗績，不書晉人。〔九〕前以露袁術之罪，今復下劉表之事，是使跛牂欲闚高岸，天險可得而登也。〔一〇〕案表跋扈，擅誅列侯，遏絕詔命，斷盜貢篚，〔一一〕招呼元惡，以自營衞，專爲羣逆，主萃淵藪。〔一二〕郜鼎在廟，章孰甚

焉！〔一三〕桑落瓦解，其埶可見。〔一四〕臣愚以爲宜隱郊祀之事，以崇國防。」

〔一〕斥，指也。

〔二〕體謂國家之大體也。

〔三〕老子曰：「天下神器，不可爲也。」

〔四〕賈誼曰：「人主之尊譬如堂，羣臣如陛，衆庶如地。故陛乃九級上，廉遠地則堂高也。」

〔五〕論語曰：「夫子之不可及也，猶天之不可階而升也。」又曰：「仲尼如日月，無得而踰焉。」

〔六〕形，見也。

〔七〕前書賈誼曰：「里諺云『欲投鼠而忌器』，此善論也。鼠近於器，尚憚不投，恐傷其器，況乎貴臣之近主乎？」

〔八〕左傳，齊桓伐楚，責以「苞茅不入，王祭不供，無以縮酒」。杜預注曰：「包，裹束也。茅，菁茅也。束茅而灌之以酒，爲縮酒也。」

〔九〕公羊傳：「成公元年秋，王師敗績于貿戎。孰敗之？蓋晉敗之。曷爲不言晉敗之？王者無敵，莫敢當也。」

〔一〇〕史記李斯曰：「故城高五丈，而樓季不輕犯也；太山之高百仞，而跛牂牧其上。夫樓季而難五丈之限，豈跛牂而易百仞之高哉？峭漸之埶異也。」爾雅曰：「羊牝曰牂。」易曰：「天險不可昇，地險山川丘陵也。」

〔一一〕鄭玄注儀禮曰：「篚，竹器如筐也。」書曰：「厥篚玄纖縞組。」

〔一二〕書曰：「今商王受亡道，爲天下逋逃主，萃淵藪。」孔注曰：「天下罪人逃亡者，而紂爲魁主，窟聚泉府藪澤也。」

〔一三〕左傳：「取郜大鼎于宋，戊申納于太廟。臧哀伯諫曰：『君人者，昭德塞違，以臨照百官，百官於是乎戒懼。郜鼎在廟，彰孰甚焉！』」郜鼎，郜國所作也。

〔四〕詩曰：「桑之落矣，其黃而隕。」

五年，南陽王馮、東海王祗薨，〔一〕帝傷其早歿，欲為脩四時之祭，以訪於融。融對曰：「聖恩敦睦，感時增思，悼二王之靈，發哀愍之詔，稽度前典，以正禮制。竊觀故事，前梁懷王、臨江愍王、齊哀王、臨淮懷王並薨無後，同產昆弟，即景、武、昭、明四帝是也，〔二〕未聞前朝修立祭祀。若臨時所施，則不列傳紀。臣愚以為諸在沖亂，聖慈哀悼，禮同成人，加以號謚者，宜稱上恩，〔三〕祭祀禮畢，而後絕之。至於一歲之限，不合禮意，又違先帝已然之法，所未敢處。」〔四〕

〔一〕並獻帝子。

〔二〕梁懷王揖，景帝弟也，立十年薨。臨江閔王榮，武帝兄也，為皇太子，四歲廢為王，坐侵廟壖地自殺。齊懷王閎，武帝子，昭帝異母兄，立八年薨。臣賢案：齊哀王，悼惠王之子，高帝之孫，非昭帝兄弟，當為懷王，作「哀」者誤也。臨淮公衡，明帝弟，建武十五年立，未及進爵為王而薨。融家傳及本傳皆作「公」，此為「王」者，亦誤也。

〔三〕稱音尺證反。

〔四〕處猶安也。

初，曹操攻屠鄴城，袁氏婦子多見侵略，而操子丕私納袁熙妻甄氏。〔一〕融乃與操書，稱「武王伐紂，以妲己賜周公」。〔二〕操不悟，後問出何經典。對曰：「以今度之，想當然耳。」

後操討烏桓，〔三〕又嘲之曰：「大將軍遠征，蕭條海外。昔肅慎不貢楛矢，〔四〕丁零盜蘇武牛羊，可并案也。」〔五〕

〔一〕袁紹傳，熙，紹之中子也。甄氏，中山無極人，漢太保甄邯後也。父逸，上蔡令。魏略曰：「熙出在幽州，甄氏侍姑，及鄴城破，文帝入紹舍，后怖，伏姑膝上。帝令舉頭就視，見其顏色非凡。太祖聞其意，為迎取之。」

〔二〕妲音丁末反，又音旦。紂之妃，有蘇氏女也。紂用其言，毒虐衆庶。武王剋殷，斬妲己頭，縣之於小白旗，以為紂之亡由此女也。出列女傳也。

〔三〕建安十二年也。

〔四〕國語曰：「昔武王剋商，通于九夷百蠻，於是肅慎氏貢楛矢石砮，其長尺有咫。」肅慎國記曰：「肅慎氏，其地在夫餘國北，東濱大海。」魏略曰：「挹婁一名肅慎氏。」說文曰「楛，木也。今遼左有楛木，狀如荊，葉如榆」也。

〔五〕山海經曰：「北海之內，有丁零之國。」前書蘇武使匈奴，單于徙北海上，丁零盜武牛羊，武遂窮厄也。

時年飢兵興，操表制酒禁，融頻書爭之，多侮慢之辭。〔一〕既見操雄詐漸著，數不能堪，故發辭偏宕，多致乖忤。〔二〕又嘗奏宜準古王畿之制，千里寰內，不以封建諸侯。〔三〕操疑其所論建漸廣，益憚之。然以融名重天下，外相容忍，而潛忌正議，慮鯁大業。山陽郗慮〔四〕承望風旨，以微法奏免融官。因顯明讎怨，操故書激厲融曰：「蓋聞唐虞之朝，有克讓之臣，〔五〕故麟鳳來而頌聲作也。〔六〕後世德薄，猶有殺身為君，〔七〕破家為國。〔八〕及至其敝，睚眦之怨必讎，一餐之惠必報。〔九〕故鼂錯念國，遘禍於袁盎；〔一0〕屈平悼楚，受譖於椒、蘭；〔一一〕彭寵傾亂，起自朱浮；〔一二〕鄧禹威損，失於宗、馮。〔一三〕由此言之，喜怒怨愛，禍福所因，可不慎與！〔一四〕昔廉、藺小國之臣，猶能相下；〔一五〕寇、賈倉卒武夫，屈節崇好；光武不問伯升之怨；〔一六〕齊侯不疑射鉤之虜。〔一七〕夫立大操者，豈累細故哉！往聞二君有執法之平，以為小介，〔一八〕當收舊好；而怨毒漸積，志相危害，聞之憮然，中夜而起。〔一九〕昔國家東遷，文舉盛歎鴻豫名實相副，綜達經學，出於鄭玄，又明司馬法；〔二0〕鴻豫亦稱文舉奇逸博聞，誠怪今者與始相違。孤與文舉既非舊好，又於鴻豫亦無恩紀，然願人之相美，不樂人之相傷，是以區區思協歡好。又知二君羣小所搆，孤為人臣，進不能風化海內，退不能建德和人，然撫養戰士，殺身為國，破浮華交會之徒，計有餘矣。」

〔一〕融集與操書云：「酒之為德久矣。古先哲王，類帝禋宗，和神定人，以濟萬國，非酒莫以也。故天垂酒星之耀，地列酒泉之郡，人著旨酒之德。堯不千鍾，無以建太平。孔非百觚，無以堪上聖。樊噲解厄鴻門，非豕肩鍾酒，無以奮其怒。趙之厮養，東迎其王，非引卮酒，無以激其氣。高祖非醉斬白蛇，無以暢其靈。景帝非醉幸唐姬，無以開中興。袁盎非醇醪之力，無以脫其命。定國不酣飲一斛，無以決其法。故酈生以高陽酒徒，著功於漢；屈原不餔糟歠醨，取困於楚。由是觀之，酒何負於政哉？」又書曰：「昨承訓荅，陳二代之禍，及衆人之敗，以酒亡者，實如來誨。雖然，徐偃王行仁義而亡，今令不絕仁義；燕噲以讓失社稷，今令不禁謙退；魯因儒而損，今令不棄文學；夏、商亦以婦人失天下，今令不斷婚姻。而將酒獨急者，疑但惜穀耳，非以亡王為戒也。」

〔二〕偏邪跌宕，不拘正理。

〔三〕周禮：「方千里曰國畿，其外五百里侯畿。」鄭玄注：「畿，限也。」

〔四〕續漢書：「慮字鴻豫，山陽高平人，少受學於鄭玄。」虞溥江表傳曰：「獻帝嘗時見慮及少府孔融。問融曰：『鴻豫何所優長？』融曰：『可與適道，未可與權。』慮舉笏曰：『融昔宰北海，政散人流，其權安在？』遂與融互相長短，以至不穆。曹操以書和解之。」慮從光祿勳遷御史大夫。

〔五〕尚書曰，舜以伯禹為司空，禹讓稷、契暨皋陶。以益為朕虞，益讓于朱虎、熊羆。以伯夷為秩宗，伯夷讓于夔龍。

〔六〕史記曰：「於是禹興九韶之樂，致異物，鳳皇來儀。」

〔七〕若齊孟陽代君居牀以待賊，西漢紀信乘黃屋誑楚之類也。

〔八〕若要離焚妻子以徇吳，李通誅宗族以從漢之類也。

〔九〕史記，范雎一餐之德必償，睚眦之怨必報。

〔一0〕景帝時，錯為御史大夫，以諸侯國大，請削其土。吳楚七國反，以誅錯為名。袁盎素與錯不相善，盎乃進說，請斬錯以謝七國，景帝遂斬錯也。

〔一一〕屈平楚懷王時為三閭大夫。秦昭王使張儀譎詐懷王，令絕齊交，又誘請會武關，平諫，王不聽其言，卒客死於秦。懷王子子椒，子蘭譖之於襄王，而放逐之。見史記。

〔一二〕朱浮與寵不相能，數譖之光武，寵遂反。

〔一三〕鄧禹征赤眉，令宗歆、馮愔守栒邑。二人爭權相攻，遂殺歆，因反擊禹。今流俗本「宗」誤作「宋」也。

〔一四〕晉余。

〔一五〕趙惠文王與秦昭王會澠池，歸，拜藺相如為上卿，位在廉頗右。頗曰：「吾不忍為之下，必辱之。」相如每朝，常避之。頤聞之，肉袒負荆謝之，相與爲刎頸之友。事見史記。
〔六〕公子糾與桓公爭立，管仲射桓公中鉤。後桓公卽位，以管仲爲相也。
〔七〕介猶蔕芥也。公法雖平，私情爲蔕芥者也。
〔八〕憮音舞。憮，失意貌也。
〔九〕史記，齊威王使大夫追論古者司馬法。其法論田及兵之法也。

融報曰：「猥惠書教，〔一〕告所不逮。融與鴻豫州里比郡，〔二〕知之最早。雖嘗陳其功美，欲以厚於見私，信於爲國，不求其覆過掩惡，有罪望不坐也。前者黜退，懽欣受之。昔趙宣子朝登韓厥，夕被其戮，喜而求賀。〔三〕況無彼人之功，而敢枉當官之平哉！忠非三閭，〔四〕智非鼂錯，竊位爲過，免罪爲幸。乃使餘論遠聞，所以慙懼也。朱、彭、寇、賈，爲世壯士，愛惡相攻，能爲國憂。至於輕弱薄劣，猶昆蟲之相嚙，適足還害其身，〔五〕誠無所至也。晉侯嘉其臣所爭者大，而師曠以爲不如心競。〔六〕性既遲緩，與人無傷，雖出胯下之負，〔七〕榆次之辱，〔八〕不知貶毀之於己，猶蚊虻之一過也。〔九〕子產謂人心不相似，〔一〇〕或矜埶者，欲以取勝爲榮，不念宋人待四海之客，大鑪不欲令酒酸也。〔一一〕至於屈穀巨瓠，堅而無竅，當以無用罪之耳。〔一二〕它者奉遵嚴教，不敢失墜。郗爲故吏，融所推進。趙衰之拔郤縠，〔一三〕不輕公叔之升臣也。〔一四〕知同其愛，訓誨發中。〔一五〕雖懿伯之忌，猶不得念，〔一六〕況恃舊交，而欲自外於賢吏哉！〔一七〕輒布腹心，脩好如初。苦言至意，終身誦之。」

〔一〕猥，曲也。
〔二〕山陽與魯郡相鄰比。
〔三〕宣子，趙盾謚也。國語曰：「宣子言韓厥於靈公，以爲司馬。河曲之役，趙宣子使人以其乘車干行，韓厥執而戮之。衆咸曰：『韓厥必不沒矣。其主朝升之而暮戮其車，其誰安之？』宣子召而禮之，謂諸大夫曰：『二三子可以賀我矣。吾舉厥也，中吾，乃今知免於罪矣。』」
〔四〕卽屈原也。掌王族三姓，曰昭、屈、景，故曰「三閭」。
〔五〕夏小正云：「昆，衆也。」孫卿子曰：「昆蟲亦有知。」
〔六〕左傳「秦伯之弟鍼如晉脩成，叔向命召行人子員。行人子朱曰：『朱也當御。』三云，叔向不應。子朱怒曰：『班爵同，何以黜朱於朝？』撫劍從之。叔向曰：『秦晉不和久矣。今日之事，幸而集，晉國賴之；不集，三軍暴骨。子員導二國之言無私，子常易之。姦以事君者，吾所能禦也。』拂衣從之。人救之。平公曰：『晉其庶乎！吾臣之所爭者大。』師曠曰：『公室懼卑，臣不心競而力爭』」也。
〔七〕韓信貧賤，淮陰少年侮之，令信出跨下。
〔八〕史記，荆軻嘗游榆次，與蓋聶論劍，蓋聶怒而目之，荆軻出去。
〔九〕蚊音文。虻音盲。言蚊虻之暫過，未以爲害。
〔一〇〕左傳曰，子產謂子皮曰：「人心不同，其如面焉，吾豈敢謂子面如吾面乎？」
〔一一〕鑪，累土爲之，以居酒瓮，四邊隆起，一面高如鍛鑪，故名鑪。字或作「壚」。韓子曰：「宋人有沽酒者，斗槩甚平，遇客甚謹，爲酒甚美，而酒不售，酒酸(者)。怪其故，問所知閭長者楊倩。(二人)〔倩〕曰：『汝狗猛耶？』曰：『狗猛。』『何故不售？』曰：『人畏焉。』令孺子懷錢挈壺往沽，狗迎齕之，酒所以酸而不售。」
〔一二〕韓子曰：「齊有居士田仲，宋人屈穀往見之，曰：『穀聞先生之義，不恃仰人而食。今穀有樹瓠之法，堅如石，厚而無竅，願獻先生。』田仲曰：『夫子徒謂我也。凡貴於樹瓠者，爲可以盛也。今厚而無竅，則不可以盛物，而任堅如石，則不可以剖而斟，吾無以此瓠爲也。』〔曰：『然，穀〕將弃之。』今仲不恃仰人而食，亦無益人國，亦堅瓠之類。」
〔一三〕左傳，晉文公謀元帥，趙衰曰：「郤穀可。」乃使郤穀將中軍。
〔一四〕公叔文子，衞大夫，其家臣名僎，行與文子同，升之於公，與之並爲大夫。僎音士眷反，見論語。
〔一五〕言曹公與己同愛郗慮，故發於中心而訓誨。
〔一六〕禮記檀弓曰：「滕成公之喪，使子叔敬叔弔，子服惠伯爲介。及郊，爲懿伯之忌不入。惠伯曰：『政也，不可以叔父之私不將公事。』遂入。」鄭玄注曰：「懿伯，惠伯之叔父也。忌，怨也。」
〔一七〕賢吏謂慮也。

歲餘，復拜太中大夫。性寬容少忌，好士，喜誘益後進。及退閑職，〔一〕賓客日盈其門。常歎曰：「坐上客恆滿，尊中酒不空，吾無憂矣。」與蔡邕素善，邕卒後，有虎賁士貌類於邕，〔二〕融每酒酣，引與同坐，曰：「雖無老成人，且有典刑。」〔三〕融聞人之善，若出諸己，言有可採，必演而成之，面告其短，而退稱所長，薦達賢士，多所獎進，知而未言，以爲己過，故海內英俊皆信服之。

〔一〕太中大夫職在言議，故云閑職。
〔二〕漢官典職儀曰：「虎賁中郎將，主武賁千五百人。」
〔三〕詩大雅曰「雖無老成人，尚有典刑」也。

曹操既積嫌忌，而郗慮復構成其罪，遂令丞相軍謀祭酒路粹〔一〕枉狀奏融曰：「少府孔融，昔在北海，見王室不靜，而招合徒衆，欲規不軌，云『我大聖之後，而見滅於宋，〔二〕有天下者，何必卯金刀』。及與孫權使語，謗訕朝廷。〔三〕又融爲九列，不遵朝儀，禿巾微行，〔四〕唐突宮掖。又前與白衣禰衡跌蕩放言，〔五〕云『父之於子，當有何親？論其本意，實爲情欲發耳。子之於母，亦復奚爲？譬如寄物缾中，〔六〕出則離矣』。既而與衡更相贊揚。衡謂融曰：『仲尼不死。』融荅曰：『顏回復生。』大逆不道，宜極重誅。」書奏，下獄弃市。時年五十六。妻子皆被誅。

〔一〕典略曰：「粹字文蔚，陳留人，少學於蔡邕。建安初，以高第擢拜尚書郎，後爲軍謀祭酒，與陳琳、阮瑀等典記室。融誅之後，人覩粹所作，無不嘉其才而忌其筆也。」
〔二〕史記曰，魯大夫孟釐子曰：「孔丘，聖人之後，滅於宋。」服虔注曰：「聖人謂商湯也。孔子六代祖孔父嘉爲宋華督所殺，其子奔魯也。」
〔三〕訕音所諫反。訕謂謗毀也。蒼頡篇曰：「訕，非也。」
〔四〕謂不加幘。

〔五〕跌蕩，無儀檢也。放，縱也。

〔六〕說文曰：「瓴，缶也。」字書曰：「瓴似缶而高。」

初，女年七歲，男年九歲，以其幼弱得全，寄它舍。二子方弈棊，融被收而不動。左右曰：「父執而不起，何也？」答曰：「安有巢毀而卵不破乎！」主人有遺肉汁，男渴而飲之。女曰：「今日之禍，豈得久活，何賴知肉味乎？」兄號泣而止。或言於曹操，遂盡殺之。及收至，謂兄曰：「若死者有知，得見父母，豈非至願！」乃延頸就刑，顏色不變，莫不傷之。

初，京兆人脂習元升，與融相善，每戒融剛直。〔一〕及被害，許下莫敢收者，習往撫尸曰：「文舉舍我死，吾何用生爲？」操聞大怒，將收習殺之，後得赦出。

〔一〕魏略曰：「曹操爲司空，威德日盛，融故以舊意書疏倨傲，習常責融令改節，融不從之。」

魏文帝深好融文辭，每歎曰：「楊、班儔也。」募天下有上融文章者，輒賞以金帛。所著詩、頌、碑文、論議、六言、策文、表、檄、教令、書記凡二十五篇。文帝以習有欒布之節，加中散大夫。〔一〕

〔一〕前書曰：「欒布，梁人也，爲梁王彭越大夫，使於齊，未反。漢誅越，梟首雒陽下，布還，奏事越頭下，祠而哭之。」

論曰：昔諫大夫鄭昌有言：「山有猛獸者，藜藿爲之不採。」〔一〕是以孔父正色，不容弒

虐之謀；〔二〕平仲立朝，有紓盜齊之望。〔三〕若夫文舉之高志直情，其足以動義槩而忤雄心。〔四〕故使移鼎之迹，事隔於人存；〔五〕代終之規，啓機於身後也。〔六〕夫嚴氣正性，覆折而已。豈有員園委屈，可以每其生哉！〔七〕懍懍焉，皜皜焉，其與琨玉秋霜比質可也。〔八〕

〔一〕宣帝時，司隸校尉蓋寬饒以直言得罪，鄭昌愍傷寬饒忠直憂國，以言事不當意，而爲文吏所詆挫，故上書訟之。

〔二〕公羊傳曰：「孔父正色而立于朝，則人莫敢過而致難於其君者，孔父可謂義形於色矣。」

〔三〕紓音舒，解也，緩也。盜齊謂田常也。莊子曰：「田成子一旦弒齊君而盜其國。」左傳，齊景公坐於路寢。公歎曰：「美哉室！其誰有此乎？」晏子對曰：「如君之言，其陳氏乎？」公曰：「是可若何？」對曰：「唯禮可以已之。」

〔四〕忤，逆也。

〔五〕移鼎謂遷漢之鼎也。人存謂曹操身在不得篡位也。左傳曰：「桀有昏德，鼎遷於商；商紂暴虐，鼎遷於周。」

〔六〕代終謂代漢祚之終也。身後謂曹丕受禪也。

〔七〕「園」即「刓」字，音五丸反。前書音義曰：「刓謂刓團無稜角也。」每，貪也。言寧正直以傾覆摧折，不能委曲以貪生也。賈誼云：「品庶每生。」

〔八〕懍懍言勁烈如秋霜也。皜皜言堅貞如白玉也。皜音古老反。

荀彧字文若，〔一〕潁川潁陰人，朗陵令淑之孫也。〔二〕父緄，爲濟南相。〔三〕緄畏憚宦

官，乃爲彧娶中常侍唐衡女。〔四〕彧以少有才名，故得免於譏議。南陽何顒名知人，見彧而異之，曰：「王佐才也。」

〔一〕袁宏漢紀「彧」作「郁」。

〔二〕朗陵，縣，屬汝南郡，故城在今豫州朗山縣西南。

〔三〕緄音古本反。

〔四〕典略曰：「衡欲以女妻汝南傅公明，公明不取，轉以妻郁。」

中平六年，舉孝廉，再遷亢父令。〔一〕董卓之亂，弃官歸鄉里。同郡韓融時將宗親千餘家，避亂密西山中。〔二〕彧謂父老曰：「潁川，四戰之地也。〔三〕天下有變，常爲兵衝。密雖小固，不足以扞大難，宜亟避之。」〔四〕鄉人多懷土不能去。會冀州牧同郡韓馥遣騎迎之，彧乃獨將宗族從馥，留者後多爲董卓將李傕所殺略焉。

〔一〕亢父，（縣），屬梁國，故城在今兗州任城縣南。亢音剛，父音甫。

〔二〕密縣西山也。

〔三〕四面通也。

〔四〕亟音紀力反。

彧比至冀州，而袁紹已奪馥位，紹待彧以上賓之禮。彧明有意數，〔一〕見漢室崩亂，每懷匡佐之義。時曹操在東郡，彧聞操有雄略，而度紹終不能定大業。初平二年，乃去紹從

操。操與語大悅，曰：「吾子房也。」〔二〕以爲奮武司馬，時年二十九。明年，又爲操鎮東司馬。

〔一〕數，計數也。

〔二〕比之張良。

興平元年，操東擊陶謙，使彧守甄城，〔一〕任以留事。會張邈、陳宮以兗州反操，〔二〕而潛迎呂布。布既至，諸城悉應之。邈乃使人譎彧〔三〕曰：「呂將軍來助曹使君擊陶謙，宜亟供軍實。」彧知邈有變，即勒兵設備，故邈計不行。豫州刺史郭貢率兵數萬來到城下，求見彧。彧將往，東郡太守夏侯惇等止之。〔四〕曰：「何知貢不與呂布同謀，而輕欲見之。今君爲一州之鎮，往必危也。」彧曰：「貢與邈等分非素結，今來速者，計必未定，及其猶豫，宜時說之，縱不爲用，可使中立。〔五〕若先懷疑嫌，彼將怒而成謀，不如往也。」貢既見彧無懼意，知城不可攻，遂引而去。彧乃使程昱說范、東阿，〔六〕使固其守，卒全三城以待操焉。〔七〕

〔一〕縣名，屬濟陰郡，今濮州縣也。「甄」今作「鄄」，音絹。

〔二〕典略「宮字公臺，東郡人。剛直烈壯，少與海內知名之士皆相連結」也。

〔三〕譎，詐也。

〔四〕魏志曰：「惇字元讓，沛國人。」

〔五〕不令其有去就也。
〔六〕魏志：「昱字仲德，東郡東阿人。」范，縣，屬東郡，今濮陽縣也。東阿，縣，屬東郡，今濟州縣也。
〔七〕三城謂甄、范、東阿也。

二年，陶謙死，操欲遂取徐州，還定呂布。彧諫曰：「昔高祖保關中，〔一〕光武據河內，皆深根固本，以制天下。進可以勝敵，退足以堅守，故雖有困敗，而終濟大業。將軍本以兖州首事，故能平定山東，〔二〕此實天下之要地，而將軍之關河也。若不先定之，根本將何寄乎？宜急分討陳宮，使虜不得西顧，乘其閒而收熟麥，約食稸穀，以資一舉，則呂布不足破也。今舍之而東，未見其便。多留兵則力不勝敵，少留兵則後不足固。布乘虛寇暴，震動人心，縱數城或全，其餘非復已有，則將軍尚安歸乎？且前討徐州，威罰實行，其子弟念父兄之恥，必人自爲守。就能破之，尚不可保。彼若懼而相結，共爲表裏，堅壁清野，以待將軍，將軍攻之不拔，掠之無獲，不出一旬，則十萬之衆未戰而自困矣。夫事固有弃彼取此，以權一時之埶，願將軍慮焉。」操於是大收孰麥，復與布戰。布敗走，因分定諸縣，兖州遂平。

〔一〕高祖距項羽，常留蕭何守關中。
〔二〕曹操初從東郡守鮑信等迎領兖州牧，遂進兵破黃巾等，故能平定山東也。

建安元年，獻帝自河東還洛陽，操議欲奉迎車駕，徙都於許。衆多以山東未定，韓暹、楊奉負功恣睢，〔一〕未可卒制。彧乃勸操曰：「昔晉文公納周襄王，而諸侯景從；〔二〕漢高祖爲義帝縞素，而天下歸心。〔三〕自天子蒙塵，〔四〕將軍首唱義兵，徒以山東擾亂，未遑遠赴，雖禦難於外，乃心無不在王室。〔五〕今鑾駕旋軫，〔六〕東京榛蕪，義士有存本之思，兆人懷感舊之哀。誠因此時奉主上以從人望，大順也；秉至公以服天下，大略也；扶弘義以致英俊，大德也。四方雖有逆節，其何能爲？韓暹、楊奉，安足恤哉！若不時定，使豪桀生心，後雖爲慮，亦無及矣。」操從之。

〔一〕恣睢，肆怒貌。睢音火季反，又火隹反。史記：「盜跖日殺不辜，暴戾恣睢。」
〔二〕左傳，卜偃言於晉侯曰：「求諸侯莫如勤王，諸侯信之，且大義也。」晉侯以左師逆王，王入于王城，取太叔於溫，殺之於隰城，遂定霸業，天下服從也。
〔三〕項羽殺義帝於郴，高祖爲義帝發喪。高祖大哭，發使告諸侯曰：「天下共立義帝，北面事之。今項羽放殺義帝，大逆無道，寡人親爲發喪，兵皆縞素。」
〔四〕蒙，冒也。左傳臧文仲曰：「天子蒙塵於外，敢不奔問官守。」
〔五〕尙書曰：「雖爾身在外，乃心無不在王室。」乃，汝也。
〔六〕鄭玄注周禮曰：「軫，輿後橫木也。」

及帝都許，以彧爲侍中，守尙書令。操每征伐在外，其軍國之事，皆與彧籌焉。彧又進操計謀之士從子攸，〔一〕及鍾繇、郭嘉、〔二〕陳羣、杜襲、〔三〕司馬懿、戲志才等，〔四〕皆稱其舉。唯嚴象爲楊州，〔五〕韋康爲涼州，後並負敗焉。〔六〕

〔一〕魏志，荀攸字公達。太祖素聞攸名，與語大悅，謂彧曰：「公達非常人，吾得與計事，天下當何憂哉？」
〔二〕魏志，嘉字奉孝，潁川人也。戲志才，籌畫士也，太祖甚器之，早卒。太祖與彧書曰：「自志才亡後，莫可與計事者。汝、潁固多奇士，誰可以繼之？」彧薦嘉，召見論天下事，太祖曰：「使孤成大業者，必此人也。」
〔三〕襲字子緒，潁川人。荀彧薦襲，太祖以爲丞相軍謀祭酒，魏國建，爲侍中。
〔四〕懿字仲達，卽晉宣帝。
〔五〕三輔決錄曰：「象字文則，京兆人。少聰博有膽智，爲楊州刺史。後爲孫策廬江太守李術所殺。」
〔六〕康字元將，京兆人。父端，從涼州牧徵爲太僕，康代爲涼州刺史，時人榮之。後爲馬超所圍，堅守歷時，救軍不至，遂爲超所殺。

袁紹既兼河朔之地，有驕氣。而操敗於張繡，〔一〕紹與操書甚倨。〔二〕操大怒，欲先攻之，而患力不敵，以謀於彧。彧量紹雖彊，終爲操所制，乃說先取呂布，然後圖紹，操從之。三年，遂擒呂布，定徐州。

〔一〕魏志，張繡在南陽降，旣而悔之，而復反。操與戰，軍敗爲流矢所中。
〔二〕陳琳爲紹作檄書曰：「操祖父騰饕餮放橫，父嵩乞匄攜養，操贅閹遺醜。」並倨慢之詞也。

五年，袁紹率大衆以攻許，操與相距。紹甲兵甚盛，議者咸懷惶懼。少府孔融謂彧曰：

「袁紹地廣兵彊，田豐、許攸智計之士爲其謀，〔一〕審配、逢紀盡忠之臣任其事，〔二〕顏良、文醜勇冠三軍，統其兵，殆難克乎？」彧曰：「紹兵雖多而法不整，田豐剛而犯上，許攸貪而不正，審配專而無謀，逢紀果而自用，顏良、文醜匹夫之勇，可一戰而擒也。」後皆如彧之籌，事在袁紹傳。

〔一〕先賢行狀：「豐字元皓，鉅鹿人。天姿瓌傑，權略多奇。」許攸字子遠。
〔二〕配字正南，魏郡人。忠烈慷慨，有不可犯之色。紹領冀州，委配腹心之任。英雄記曰：「紀字元圖。初，紹去董卓，與許攸及紀俱詣冀州，紹以紀聰達有計策，甚信之。」

操保官度，〔一〕與紹連戰，雖勝而軍糧方盡，〔書〕與彧議，欲還許以致紹師。〔二〕彧報曰：「今穀食雖少，未若楚漢在滎陽、成皋閒也。是時劉項莫肯先退者，以爲先退則埶屈也。〔三〕公以十分居一之衆，〔四〕畫地而守之，〔五〕搤其喉而不得進，已半年矣。〔六〕情見埶竭，必將有變，此用奇之時，不可失也。」操從之，乃堅壁持之。遂以奇兵破紹，紹退走。封彧萬歲亭侯，邑一千戶。

〔一〕官度，卽古之鴻溝也。於滎陽下引河東南流，其所保處在今鄭州中牟縣北官度口是也。
〔二〕致猶至也。兵法曰：「善戰者，致人不致於人。」
〔三〕高祖與項羽於滎陽、成皋閒，久相持不決，後羽請鴻溝以西爲漢而退，高祖遂乘羽，敗之垓下，追殺之。

〔四〕言與紹衆寡相懸也。

〔五〕言畫地作限隔也。鄒陽曰：「畫地而不敢犯。」

〔六〕搤音厄。搤謂捉持之也。

六年，操以紹新破，未能爲患，但欲留兵衞之，自欲南征劉表，以計問彧。彧對曰：「紹既新敗，衆懼人擾，今不因而定之，而欲遠兵江漢，若紹收離糾散，〔一〕乘虛以出，則公之事去矣。」操乃止。

〔一〕糾，合也。

九年，操拔鄴，自領冀州牧。有說操宜復置九州者，以爲冀部所統既廣，則天下易服。操將從之。彧言曰：「今若依古制，是爲冀州所統，悉有河東、馮翊、扶風、西河、幽、并之地也。公前屠鄴城，海內震駭，各懼不得保其土宇，守其兵衆。今若一處被侵，必謂以次見奪，人心易動，若一旦生變，天下未可圖也。願公先定河北，然後脩復舊京，南臨楚郢，責王貢之不入。天下咸知公意，則人人自安。須海內大定，乃議古制，此社稷長久之利也。」操報曰：「微足下之相難，所失多矣！」遂寢九州議。

十二年，操上書表彧曰：「昔袁紹作逆，連兵官度，時衆寡糧單，圖欲還許。尚書令荀彧深建宜住之便，遠恢進討之略，〔一〕起發臣心，革易愚慮，堅營固守，徼其軍實，〔二〕遂摧撲大

寇，濟危以安。紹既破敗，臣糧亦盡，將舍河北之規，改就荊南之策。彧復備陳得失，用移臣議，故得反旆冀土，〔三〕克平四州。〔四〕向使臣退軍官度，紹必鼓行而前，〔五〕敵人懷利以自百，〔六〕臣衆怯沮以喪氣，〔七〕有必敗之形，無一捷之埶。〔八〕復若南征劉表，委弃兗、豫，飢軍深入，踰越江、沔，〔九〕利既難要，將失本據。而彧建二策，以亡爲存，以禍爲福，謀殊功異，臣所不及。是故先帝貴指縱之功，薄搏獲之賞；〔一〇〕古人尚帷幄之規，下攻拔之力。〔一一〕原其績効，足享高爵。而海內未喻其狀，所受不侔其功，〔一二〕臣誠惜之。乞重平議，增疇戶邑。」〔一三〕彧深辭讓。操譬之曰：「昔介子推有言：『竊人之財，猶謂之盜。』〔一四〕況君奇謨拔出，興亡所係，可專有之邪？〔一五〕雖慕魯連冲高之迹，〔一六〕將爲聖人達節之義乎！」〔一七〕於是增封千戶，并前二千戶。又欲授以正司，〔一八〕彧使荀攸深自陳讓，至于十數，乃止。操將伐劉表，問彧所策。彧曰：「今華夏以平，荊、漢知亡矣，可聲出宛、葉而閒行輕進，以掩其不意。」操從之。會表病死。〔一九〕

〔一〕恢，大也。

〔二〕徼，邀也，音古堯反。

〔三〕左傳：「南轅反旆。」杜預曰：「軍門前大旆。」

〔四〕謂冀、青、幽、并也。

〔五〕鼓行謂鳴鼓而行，言無所畏也。

〔六〕各規利，人百其勇也。

〔七〕沮，止也。

〔八〕捷，勝也。

〔九〕沔即漢水也。孔安國曰：「漢上爲沔。」

〔一〇〕搏，擊也。高祖既殺項羽，論功行封，以蕭何爲最，功臣多不服。高祖曰：「諸君知獵乎？夫獵追殺獸者，狗也，而發縱指示獸者，人也。諸君徒能追得獸耳，功狗也。至如蕭何，發（縱）指示，功人也。」「縱」或作「蹤」，兩通。

〔一一〕張良未嘗有戰鬬功，高帝曰：「運策帷幄中，決勝千里外，子房功也。」自擇齊三萬戶以封之。

〔一二〕侔，等也。

〔一三〕前書曰：「復其後代，疇其爵邑。」晉義曰：「疇，等也，使其後常與先人等也。」

〔一四〕左傳介子推，晉文公臣。

〔一五〕操不專功，欲分之於彧也。

〔一六〕史記曰，趙欲尊秦爲帝，魯連止之，平原君乃欲封魯連。連笑曰：「所貴於天下之士，爲人排患釋難解紛而無取也。卽有取者，是商賈之士也，而連不忍爲也。」

〔一七〕左傳曰：「聖達節，次守節。」

〔一八〕彧先守尚書令，今欲正除也。

〔一九〕魏志，操如彧計，表子琮以州逆降。

十七年，董昭等〔一〕欲共進操爵國公，九錫備物，〔二〕密以訪彧。彧曰：「曹公本興義兵，以匡振漢朝，雖勳庸崇著，猶秉忠貞之節。君子愛人以德，不宜如此。」事遂寢。〔三〕操心不能平。會南征孫權，表請彧勞軍于譙，因表留彧曰：「臣聞古之遺將，上設監督之重，下建副二之任，〔四〕所以尊嚴國命，謀而鮮過者也。〔五〕臣今當濟江，奉辭伐罪，宜有大使肅將王命。文武並用，自古有之。使持節侍中守尚書令萬歲亭侯彧，國之（望）〔重〕臣，德洽華夏，既停軍所次，便宜與臣俱進，宣示國命，威懷醜虜。軍禮尚速，不及先請，臣輒留彧，依以爲重。」書奏，帝從之，遂以彧爲侍中、光祿大夫，持節，參丞相軍事。至濡須，〔六〕彧病留壽春，〔七〕操饋之食，發視，乃空器也，於是飲藥而卒。時年五十。〔八〕帝哀惜之，祖日爲之廢讌樂。〔九〕謚曰敬侯。明年，操遂稱魏公云。

〔一〕昭字公仁，濟陰人也。

〔二〕禮含文嘉曰：「九錫一曰車馬，二曰衣服，三曰樂器，四曰朱戶，五曰納陛，六曰虎賁百人，七曰斧鉞，八曰弓矢，九曰秬鬯，謂之九錫。錫，與也，九錫皆如其德。」左傳曰：「分魯公以大路大旂，夏后氏之璜，封父之繁弱，祝宗卜史，備物典策。」

〔三〕禮記曰「君子之愛人也以德，細人之愛人也以姑息」也。

〔四〕史記，齊景公以田穰苴爲將軍，扞燕。苴曰：「臣素卑賤，擢之閭伍之中，加之大夫之上，士卒未附，百姓不信，權

輕,願得君之寵臣,國之所尊,以監軍,乃可。」景公許之,使莊賈往。卽監督之義也。

〔五〕左傳曰:「謀而鮮過,惠訓不倦。」

〔六〕濡須,水名也,在今和州歷陽縣西南。吳錄曰:「孫權聞操來,夾水立塢,狀如偃月,以相拒,月餘乃退。」

〔七〕壽春,縣,屬淮南郡,今壽州郡也。

〔八〕獻帝春秋,董承之誅,伏后與父完書,言司空殺董承,帝方爲報怨。完得書以示彧,彧惡之,隱而不言。完以示其妻弟樊普,普封以呈太祖,太祖陰爲之備。彧恐事覺,欲自發之,因求使至鄴,勸太祖以女配帝。太祖曰:「今朝廷有伏后,吾女何得配上?」彧曰:「伏后無子,性又凶邪,往嘗與父書,言詞醜惡,可因此廢也。」太祖曰:「卿昔何不道之?」彧陽驚曰:「昔已嘗爲公言也。」太祖曰:「此豈小事,而吾忘之!」太祖以此恨彧,而外含容之。至董昭建魏公議,彧意不同,欲言之於太祖,乃齎璽書犒軍,飲饗禮畢,彧請閒,太祖知彧欲言,揖而遣之,遂不得。留之,卒於壽春。

〔九〕祖日謂祭祖神之日,因爲讌樂也。風俗通曰:「共工氏子曰脩,好遠遊,祀以爲祖神。漢以午日祖。」

論曰:自遷帝西京,山東騰沸,〔一〕天下之命倒縣矣。〔二〕荀君乃越河、冀,閒關以從曹氏。〔三〕察其定舉措,立言策,〔四〕崇明王略,以急國艱,豈云因亂假義,以就違正之謀乎?〔五〕誠仁爲己任,期紓民於倉卒也。〔六〕及阻董昭之議,以致非命,豈數也夫!世言荀君者,通塞或過矣。常以爲中賢以下,道無求備,智筭有所研疎,原始未必要末,斯理之不

可全詰者也。夫以衞賜之賢,一說而斃兩國。〔七〕彼非薄於仁而欲之,蓋有全必有喪也,斯又功之不兼者也。〔八〕方時運之屯邅,〔九〕非雄才無以濟其溺,功高埶彊,則皇器自移矣。〔一〇〕此又時之不可並也。蓋取其歸正而已,亦殺身以成仁之義也。

〔一〕詩曰:「百川沸騰。」

〔二〕趙岐注孟子曰:「倒縣猶困苦也。」

〔三〕閒關猶展轉也。

〔四〕措,置也。

〔五〕言彧本心不背漢也。

〔六〕紓,緩也,音舒。

〔七〕兩國謂齊與吳也。端木賜字子貢,衞人也。田常欲伐魯,仲尼令出使勸田常伐吳,常許之。賜又至吳,請夫差伐齊。又之越,說句踐將兵助吳。又之晉,說以兵待吳伐齊之弊。吳旣勝齊,與晉爭彊,晉果敗吳,越襲其後,遂殺夫差。故子貢一出,存魯,亂齊,破吳,彊晉,霸越。

〔八〕子貢不欲違仁義而致晉,但其事不兼濟也。言彧豈願彊曹氏令代漢哉?事不得已也。

〔九〕易曰:「屯如邅如。」邅音竹連反。

〔一〇〕謂魏太祖功業大而神器自歸也。

贊曰:公業稱豪,駿聲升騰。權詭時偪,〔一〕揮金僚朋。〔二〕北海天逸,音情頓挫。〔三〕越俗易驚,孤音少和。直轡安歸,高謀誰佐?〔四〕彧之有弼,誠感國疾。功申運改,迹疑心一。〔五〕

〔一〕謂詭辭以對卓。

〔二〕揮,散也。

〔三〕逸,縱也。頓挫猶抑揚也。

〔四〕直轡,直道也。言其道無所歸,謀謨之高欲誰佐也。

〔五〕迹若可疑,心如一也。

校勘記

二二五七頁三行 司農衆之曾孫也 按:「曾孫」當作「玄孫」。泰弟渾,魏志有傳,云高祖父衆,則泰乃衆之玄孫也。

二二五八頁二行 將各(碁)〔棊〕峙 刊誤謂案文「碁」當作「棊」,謂如棊不動。按:王先謙謂魏志鄭渾傳注引張璠漢紀作「棊峙」。今據改。

二二五八頁三行 婦女猶戴戟操矛 按:王先謙謂戟不能戴,魏志鄭渾傳注引張璠漢紀作「載戟」。

二二五八頁一三行 百姓所畏者有幷涼之人 按:刊誤謂案文多一「有」字。

二二五九頁一五行 說苑曰 汲本、殿本「苑」作「苑」。按:菀苑通。

二二五九頁一五行 聲響動天 按:「響」原譌「嚮」,逕改正。

二二六〇頁一〇行 景帝(二)〔三〕年反 據殿本改。

二二六〇頁一四行 年四十一 汲本、殿本作「四十二」。按:魏志鄭渾傳注作「四十一」,盧弼校云宋本作「四十二」。

二二六一頁三行 霸字文(播)〔儒〕 據汲本、殿本改,與前書合。

二二六一頁四行 年十歲隨父詣京師時河南尹李膺 集解引洪頤煊說,謂獻帝紀建安十三年八月,曹操殺孔融,傳云時年五十六,融當生於永興元年。今按:據李膺傳,膺於延熹二年爲河南尹,坐輸左校,則是時融年七歲也,「十」乃「七」之譌。

二二六一頁七行 太中大夫陳煒 按:袁紀「煒」作「褘」。

二二六一頁九行 將不早惠乎 殿本「惠」作「慧」,册府元龜七七三卷同。按:惠慧通。

二二六一頁九行 高明必爲偉器 按:王先謙謂世說注引續漢書,「高明」上有「長大」二字,似不可少。

二二六三頁一行 年十三喪父 按:校補引沈銘彝說,謂融父宙卒於桓帝延熹六年正月己未,見孔宙碑,以融卒年計之,則宙卒時,融年十一,非十三也。

二二六三頁三行 時融年十六 按:校補引侯康說,謂詔捕張儉事在建寧二年,融年十七矣。

二二六三頁六行　拜中軍候　刊誤謂漢官無中軍候，惟有北軍中候耳，明字有脫誤。按：校補引錢大昭說，謂魏志崔琰傳注云「累遷北軍中候」，此作「中軍候」，誤。

二二六五頁一六行　（及）〔反〕魯衞之侵地　刊誤謂案公羊傳本文，「及」當作「反」。今據改。按：以下注所引公羊傳文與今本多不合，然意義無大出入。

二二六六頁一〇行　善否不別　按：御覽六四八引續漢書，「不別」作「區別」。

二二六六頁一三行　是下常有千八百紂也　按：刊誤謂「是」下少一「天」字。

二二六八頁七行　軍乍至　刊誤謂案史記，彼文更有他語，故末云「軍乍至」，今既節取，不宜長此三字。今按：史記作「兵法，百里而趣利者蹶上將，五十里而趣利者軍半至」。

二二六八頁一〇行　於是令齊軍曰　按：史記無「曰」字。

二二六八頁一〇行　期日莫見火舉而俱發　按：史記「日」作「曰」。

二二七〇頁九行　苞茅不入　汲本、殿本「苞」作「包」。按：阮元謂「包茅不入」之「包」，原從艸作「苞」，自石經始去艸頭，後人往往從之。

二二七〇頁九行　包裹束也　按：「裹」原譌「裏」，逕改正。

二二七一頁八行　並獻帝子　按：校補謂以融所對聖恩敦睦及同產昆弟之說證之，實皆獻帝之諸弟，而靈帝子耳。疑此注本作「並靈帝子」，淺人妄改爲「獻」。

二二七三頁一〇行　單于徙北海上　按：張森楷校勘記謂「徙」下疑有「之」字。

二二七四頁二行　獻帝嘗時見慮　按：刊誤謂案文「時」當作「特」。

二二七四頁一五行　令宗欽馮愔守栒邑　按：集解引周壽昌說，謂案鄧禹傳，「宗欽」作「宗歆」。

二二七六頁一三行　令信出跨下　汲本、殿本「跨」作「胯」。按：跨胯同。

二二七七頁一行　酒酸（者）　據今本韓非子刪。

二二七七頁一一行　（二人）〔倩〕曰汝狗猛耶　據今本韓非子改。

二二七七頁一五行　〔曰然穀〕將弃之　按：韓非子作「曰然穀將棄之」，此脫「曰然穀」三字，今據補。

二二七八頁八行　譬如寄物瓴中　按：殿本「瓴」作「瓶」。

二二七九頁二行　瓴缶也　按：沈家本謂按說文，缾，罋也，瓶缾或從瓦。此注言缶也，疑傳寫奪㸚其半耳。「瓶」字本或作「瓴」者誤，說文無瓴字也。

二二八〇頁三行　豈有員園委屈可以每其生哉　汲本「有員」作「其負」。校補謂負，恃也，恃員道以爲委屈也。園可通員，作「員園」於義爲窒，似誤。今按：員園委屈，相對成文，古人自有複語耳，作「負」者譌，校補說非。

二二八一頁二行　亢父〔縣〕屬梁國　據汲本、殿本補。

二二八一頁一五行　彧明有意數　按：刊誤謂「明」上當有一「聰」字。

二二八二頁一行　明年又爲操鎮東司馬　按：集解引錢大昕說，謂此初平二年之明年也。據魏志，操爲鎮東將軍在建安元年，則初平三年安得便稱鎮東司馬乎？魏志彧傳本云明年太祖領兗州牧，後爲鎮東將軍，常以司馬從。然則領兗州在此年，而除鎮東不在此年也。范史刪去領兗州句，遂誤以鎮東司馬爲是年事矣。

二二八二頁六行　宜亟供軍實　按：集解引惠棟說，謂「實」魏志作「食」。

二二八三頁六行　而將軍之關河也　按：集解引錢大昕說，謂「關河」當依魏志彧傳作「關中河內」，蓋上言高祖保關中，光武據河內，皆深根固本，以制天下，故以兗州比關中、河內。范史刪去二字，未當。

二二八三頁一五行　東郡守　按：刊誤謂案文少一「太」字。

二二八六頁八行　〔書〕與彧議　據殿本補。按：下文云「彧報曰」，則此當有「書」字。

二二八九頁二行　各規利人百其勇也　按：「各」原譌「名」，逕改正。

二二八九頁七行　發（縱）〔縱〕指示功人也　據汲本補。

二二九〇頁五行　國之（望）〔重〕臣　據汲本、殿本改。

二二九二頁五行　趙岐注孟子曰　按：「岐」原譌「歧」，逕改正。

後漢書卷七十一

皇甫嵩朱儁列傳第六十一

皇甫嵩字義眞，安定朝那人，度遼將軍規之兄子也。父節，鴈門太守。嵩少有文武志介，好詩書，習弓馬。初舉孝廉、茂才。〔一〕太尉陳蕃、大將軍竇武連辟，並不到。靈帝公車徵爲議郎，遷北地太守。

〔一〕續漢書曰：「舉孝廉爲郎中，遷霸陵、臨汾令，以父喪遂去官。」

初，鉅鹿張角自稱「大賢良師」，〔一〕奉事黃老道，畜養弟子，跪拜首過，〔二〕符水呪說以療病，病者頗愈，百姓信向之。角因遣弟子八人使於四方，以善道教化天下，轉相誑惑。十餘年閒，衆徒數十萬，連結郡國，自青、徐、幽、冀、荆、楊、兖、豫八州之人，莫不畢應。遂置三十六方。方猶將軍號也。大方萬餘人，小方六七千，各立渠帥。訛言「蒼天已死，黃天當立，歲在甲子，天下大吉」。以白土書京城寺門及州郡官府，皆作「甲子」字。中平元年，大方馬元義等先收荆、楊數萬人，期會發於鄴。元義數往來京師，以中常侍封諝、徐奉等爲內

應，約以三月五日內外俱起。未及作亂，而張角弟子濟南唐周上書告之，於是車裂元義於洛陽。靈帝以周章下三公、司隸，使鉤盾令周斌將三府掾屬，案驗宮省直衞及百姓有事角道者，誅殺千餘人，推考冀州，逐捕角等。角等知事已露，晨夜馳敕諸方，一時俱起。皆著黃巾爲摽幟，〔三〕時人謂之「黃巾」，亦名爲「蛾賊」。〔四〕殺人以祠天。角稱「天公將軍」，角弟寶稱「地公將軍」，寶弟梁稱「人公將軍」。所在燔燒官府，劫略聚邑，州郡失據，長吏多逃亡。旬日之閒，天下嚮應，京師震動。

〔一〕「良」或作「郎」。

〔二〕首音式受反。

〔三〕幟音尺志反，又音試。

〔四〕蛾音魚綺反，即「蟻」字也。論賊衆多，故以爲名。

詔敕州郡修理攻守，簡練器械，自函谷、大谷、廣城、伊闕、轘轅、旋門、孟津、小平津諸關，並置都尉。〔一〕召羣臣會議。嵩以爲宜解黨禁，益出中藏錢、西園廄馬，以班軍士。帝從之。於是發天下精兵，博選將帥，以嵩爲左中郎將，持節，與右中郎將朱儁，共發五校、三河騎士及募精勇，合四萬餘人，嵩、儁各統一軍，共討潁川黃巾。

〔一〕大谷、轘轅在洛陽東南，旋門在汜水之西。

儁前與賊波才戰，戰敗，嵩因進保長社。波才引大衆圍城，嵩兵少，軍中皆恐，乃召軍吏謂曰：「兵有奇變，不在衆寡。〔一〕今賊依草結營，易爲風火。若因夜縱燒，必大驚亂。吾出兵擊之，四面俱合，田單之功可成也。」〔二〕其夕遂大風，嵩乃約敕軍士皆束苣乘城，〔三〕使銳士閒出圍外，縱火大呼，城上舉燎應之，嵩因鼓而奔其陳，賊驚亂奔走。會帝遣騎都尉曹操將兵適至，嵩、操與朱儁合兵更戰，大破之，斬首數萬級。封嵩都鄉侯。嵩、儁乘勝進討汝南、陳國黃巾，追波才於陽翟，擊彭脫於西華，並破之。〔四〕餘賊降散，三郡悉平。

〔一〕孫子兵法曰：「凡戰者，以正合，以奇勝者也。故善出奇，無窮如天地，無竭如江海。戰勢不過奇正。奇正之變，不可勝也。」

〔二〕田單爲齊將，守卽墨城。燕師攻城，田單取牛千頭，衣以五采，束矛盾於其角，繫火於其尾，穿城而出，城上大譟，燕師大敗。事見史記。

〔三〕苣音巨。說文云：「東葦燒之。」

〔四〕西華，縣，屬汝南。

又進擊東郡黃巾卜已於倉亭，生禽卜已，斬首七千餘級。時北中郎將盧植及東中郎將董卓討張角，並無功而還，乃詔嵩進兵討之。嵩與角弟梁戰於廣宗。〔一〕梁衆精勇，嵩不能剋。明日，乃閉營休士，以觀其變。知賊意稍懈，乃潛夜勒兵，雞鳴馳赴其陳，戰至晡時，大

破之，斬梁，獲首三萬級，赴河死者五萬許人，焚燒車重三萬餘兩，悉虜其婦子，繫獲甚衆。角先已病死，乃剖棺戮屍，傳首京師。

〔一〕今貝州宗城縣。

嵩復與鉅鹿太守馮翊郭典攻角弟寶於下曲陽，又斬之。首獲十餘萬人，築京觀於城南。〔一〕卽拜嵩爲左車騎將軍，領冀州牧，封槐里侯，食槐里、美陽兩縣，〔二〕合八千戶。

〔一〕杜元凱注左傳曰：「積尸封土於其上，謂之京觀。」

〔二〕並屬扶風。

以黃巾既平，故改年爲中平。嵩奏請冀州一年田租，以贍飢民，帝從之。百姓歌曰：「天下大亂兮市爲墟，母不保子兮妻失夫，賴得皇甫兮復安居。」嵩溫卹士卒，甚得衆情，每軍行頓止，須營幔修立，然後就舍帳。軍士皆食，(爾)〔己〕乃嘗飯。吏有因事受賂者，嵩更以錢物賜之，吏懷慙，或至自殺。

嵩既破黃巾，威震天下，而朝政日亂，海內虛困。故信都令漢陽閻忠干說嵩曰：〔一〕「難得而易失者，時也；時至不旋踵者，幾也。故聖人順時以動，智者因幾以發。今將軍遭難得之運，蹈易駭之機，而踐運不撫，臨機不發，將何以保大名乎？」嵩曰：「何謂也？」忠曰：「天道無親，百姓與能。今將軍受鉞於暮春，收功於末冬。〔二〕兵動若神，謀不再計，摧強易於

折枯，消堅甚於湯雪，旬月之閒，神兵電埽，封尸刻石，南向以報，威德震本朝，風聲馳海外，雖湯武之舉，未有高將軍者也。今身建不賞之功，體兼高人之德，而北面庸主，何以求安乎？」嵩曰：「夙夜在公，心不忘忠，何故不安？」忠曰：「不然。昔韓信不忍一餐之遇，而弃三分之業，利劒已揣其喉，方發悔毒之歎者，機失而謀乖也。〔三〕今主上埶弱於劉、項，將軍權重於淮陰，指撝足以振風雲，叱咤可以興雷電。〔四〕赫然奮發，因危抵穨，〔五〕崇恩以綏先附，振武以臨後服，徵冀方之士，動七州之衆，羽檄先馳於前，大軍響振於後，蹈流漳河，飲馬孟津，誅閹官之罪，除羣凶之積，雖僮兒可使奮拳以致力，女子可使褰裳以用命，況厲熊羆之卒，因迅風之埶哉！功業已就，天下已順，然後請呼上帝，示以天命，混齊六合，南面稱制，移寶器於將興，〔六〕推亡漢於已墜，實神機之至會，風發之良時也。夫既朽不雕，衰世難佐。若欲輔難佐之朝，雕朽敗之木，是猶逆坂走丸，迎風縱棹，豈云易哉？且今豎宦羣居，同惡如市，〔七〕上命不行，權歸近習，昏主之下，難以久居，〔八〕不賞之功，讒人側目，如不早圖，後悔無及。」嵩懼曰：「非常之謀，不施於有常之埶。創圖大功，豈庸才所致。黃巾細孽，敵非秦、項，新結易散，難以濟業。且人未忘主，天不祐逆。若虛造不冀之功，以速朝夕之禍，孰與委忠本朝，守其臣節。雖云多讒，不過放廢，猶有令名，死且不朽。〔九〕反常之論，所不敢聞。」忠知計不用，因亡去。〔10〕

〔一〕干謂冒進。

〔二〕老子曰：「天道無親，常與善人。」易曰：「人謀鬼謀，百姓與能。」淮南子曰：「凡命將，主親授鉞，曰：『從此上至天，將軍制之。』」

〔三〕前書，項羽使武涉說韓信，信曰：「漢王解衣衣我，推食食我，背之不祥。」又蒯通說信，令信背漢，參分天下，鼎足而立。信曰：「漢王遇我厚，豈可背之哉？」後信謀反，爲呂后所執，歎曰：「吾不用蒯通計，爲女子所詐，豈非天哉！」

〔四〕「撝」即「麾」字，古通用。叱咤，怒聲也。

〔五〕抵音紙。抵，擊也。

〔六〕寶器猶神器也，謂天位也。

〔七〕左氏傳韓宣子曰：「同惡相求，如市賈焉。」

〔八〕史記范蠡曰：「大名之下，難以久居。」

〔九〕二句皆左傳之辭。

〔10〕英雄記曰：「梁州賊王國等起兵，劫忠爲主，統三十六（都）〔部〕，號『車騎將軍』。忠感慨發病死。」

會邊章、韓遂作亂隴右，明年春，詔嵩迴鎭長安，以衞園陵。章等遂復入寇三輔，使嵩因討之。

初，嵩討張角，路由鄴，見中常侍趙忠舍宅踰制，乃奏沒入之。又中常侍張讓私求錢五千萬，嵩不與，二人由此爲憾，奏嵩連戰無功，所費者多。其秋徵還，收左車騎將軍印綬，削戶六千，更封都鄉侯，二千戶。

五年，（梁）〔涼〕州賊王國圍陳倉，復拜嵩爲左將軍，督前將軍董卓，各率二萬人拒之。卓欲速進赴陳倉，嵩不聽。卓曰：「智者不後時，勇者不留決。速救則城全，不救則城滅，全滅之埶，在於此也。」嵩曰：「不然。百戰百勝，不如不戰而屈人之兵。是以先爲不可勝，以待敵之可勝。不可勝在我，可勝在彼。彼守不足，我攻有餘。〔一〕有餘者動於九天之上，不足者陷於九地之下。〔二〕今陳倉雖小，城守固備，非九地之陷也。王國雖強，而攻我之所不救，非九天之埶也。夫埶非九天，攻者受害；陷非九地，守者不拔。國今已陷受害之地，而陳倉保不拔之城，我可不煩兵動衆，而取全勝之功，將何救焉！」遂不聽。王國圍陳倉，自冬迄春，八十餘日，城堅守固，竟不能拔。賊衆疲敝，果自解去。嵩進兵擊之。卓曰：「不可。兵法，窮寇勿(追)〔追〕，歸衆勿(追)〔追〕。〔三〕今我追國，是追歸衆，追窮寇也。困獸猶鬭，蜂蠆有毒，〔四〕況大衆乎！」嵩曰：「不然。前吾不擊，避其銳也。今而擊之，待其衰也。所擊疲師，非歸衆也。國衆且走，莫有鬭志。以整擊亂，非窮寇也。」遂獨進擊之，使卓爲後拒。連戰大破之，斬首萬餘級，國走而死。卓大慙恨，由是忌嵩。

〔一〕孫子之文。

〔二〕孫子兵法曰：「善守者藏於九地之下，善攻者動於九天之上。」玄女三宮戰法曰：「行兵之道，天地之寶。九天九地，各有表裏。九天之上，六甲子也。九地之下，六癸酉也。子能順之，萬全可保。」

〔三〕司馬兵法之言。

〔四〕皆左氏傳文。

明年，卓拜爲幷州牧，詔使以兵委嵩，卓不從。嵩從子酈〔一〕時在軍中，說嵩曰：「本朝失政，天下倒懸，能安危定傾者，唯大人與董卓耳。今怨隙已結，埶不俱存。卓被詔委兵，而上書自請，此逆命也。又以京師昏亂，躊躇不進，此懷姦也。且其凶戾無親，將士不附。大人今爲元帥，杖國威以討之，上顯忠義，下除凶害，此桓文之事也。」嵩曰：「專命雖罪，專誅亦有責也。〔二〕不如顯奏其事，使朝廷裁之。」於是上書以聞。帝讓卓，卓又增怨於嵩。及後秉政，初平元年，乃徵嵩爲城門校尉，因欲殺之。嵩將行，長史梁衍說曰：「漢室微弱，閹豎亂朝，董卓雖誅之，而不能盡忠於國，遂復寇掠京邑，廢立從意。今徵將軍，大則危禍，小則困辱。今卓在洛陽，天子來西，以將軍之衆，精兵三萬，迎接至尊，奉令討逆，發命海內，徵兵羣帥，袁氏逼其東，將軍迫其西，此成禽也。」嵩不從，遂就徵。有司承旨，奏嵩下吏，將遂誅之。

〔一〕酈音歷。

〔三〕春秋左氏傳曰：「稟命則不威，專命則不孝。」

嵩子堅壽與卓素善，自長安亡走洛陽，歸投於卓。卓方置酒歡會，堅壽直前質讓，責以大義，〔一〕叩頭流涕。坐者感動，皆離席請之。卓乃起，牽與共坐。使免嵩囚，復拜嵩議郎，遷御史中丞。及卓還長安，公卿百官迎謁道次。卓風令御史中丞已下皆拜以屈嵩，〔二〕既而抵手言曰：「義眞犕未乎？」〔三〕嵩笑而謝之，卓乃解釋。〔四〕

〔一〕質，正也。

〔二〕風音諷，謂諷勸也。

〔三〕犕音服。說文曰：「犕牛乘馬。」「犕」，即古「服」字也，今河朔人猶有此言，音備。

〔四〕獻帝春秋曰：「初卓爲前將軍，嵩爲左將軍，俱征邊章、韓遂，爭雄。及嵩拜車下，卓曰：『可以服未？』嵩曰：『安知明公乃至於是？』卓曰：『鴻鵠固有遠志，但燕雀自不知耳。』嵩曰：『昔與明公俱爲鴻鵠，但明公今日變爲鳳皇耳。』」

及卓被誅，以嵩爲征西將軍，又遷車騎將軍。其年秋，拜太尉，冬，以流星策免。〔一〕復拜光祿大夫，遷太常。尋李傕作亂，嵩亦病卒，贈驃騎將軍印綬，拜家一人爲郎。

〔一〕續漢書曰以日有重珥免。

嵩爲人愛慎盡勤，前後上表陳諫有補益者五百餘事，皆手書毀草，不宣於外。又折節下士，門無留客。〔一〕時人皆稱而附之。

〔一〕言汲引之速。

堅壽亦顯名，後爲侍中，辭不拜，病卒。

朱儁字公偉，會稽上虞人也。少孤，母嘗販繒爲業。儁以孝養致名，爲縣門下書佐，好義輕財，鄉閭敬之。時同郡周規辟公府，當行，假郡庫錢百萬，以爲冠幘費，而後倉卒督責，規家貧無以備，儁乃竊母繒帛，爲規解對。〔一〕母既失產業，深恚責之。儁曰：「小損當大益，初貧後富，必然理也。」

〔一〕規被錄占對，儁爲備錢以解其事。

本縣長山陽度尚見而奇之，薦於太守韋毅，稍歷郡職。後太守尹端以儁爲主簿。熹平二年，端坐討賊許昭失利，爲州所奏，罪應弃市。儁乃羸服閒行，輕齎數百金到京師，賂主章吏，遂得刊定州奏，故端得輸作左校。端喜於降免而不知其由，儁亦終無所言。

後太守徐珪舉儁孝廉，再遷除蘭陵令，政有異能，爲東海相所表。會交阯部羣賊並起，牧守輭弱不能禁。又交阯賊梁龍等萬餘人，與南海太守孔芝反叛，攻破郡縣。光和元年，即拜儁交阯刺史，令過本郡簡募家兵及所調，〔一〕合五千人，分從兩道而入。既到州界，按甲不前，先遣使詣郡，觀賊虛實，宣揚威德，以震動其心；既而與七郡兵俱進逼之，遂斬梁龍，降者數萬人，旬月盡定。以功封都亭侯，千五百戶，賜黃金五十斤，徵爲諫議大夫。

〔一〕家兵，僮僕之屬。調謂調發之。

及黃巾起，公卿多薦儁有才略，拜爲右中郎將，持節，與左中郎將皇甫嵩討潁川、汝南、陳國諸賊，悉破平之。嵩乃上言其狀，而以功歸儁，於是進封西鄉侯，遷鎮賊中郎將。

時南陽黃巾張曼成起兵，稱「神上使」，衆數萬，殺郡守褚貢，屯宛下百餘日。後太守秦頡擊殺曼成，賊更以趙弘爲帥，衆浸盛，遂十餘萬，據宛城。儁與荊州刺史徐璆及秦頡合兵萬八千人圍弘，自六月至八月不拔。有司奏欲徵儁。司空張溫上疏曰：「昔秦用白起，燕任樂毅，皆曠年歷載，乃能克敵。〔一〕儁討潁川，以有功效，引師南指，方略已設，臨軍易將，兵家所忌，宜假日月，責其成功。」靈帝乃止。儁因急擊弘，斬之。賊餘帥韓忠復據宛拒儁。儁兵少不敵，乃張圍結壘，起土山以臨城內，因鳴鼓攻其西南，賊悉衆赴之。儁自將精卒五千，掩其東北，乘城而入。忠乃退保小城，惶懼乞降。司馬張超及徐璆、秦頡皆欲聽之。儁曰：「兵有形同而埶異者。昔秦項之際，民無定主，故賞附以勸來耳。今海內一統，唯黃巾造寇，納降無以勸善，討之足以懲惡。今若受之，更開逆意，賊利則進戰，鈍則乞降，縱敵長寇，非良計也。」因急攻，連戰不剋。儁登土山望之，顧謂張超曰：「吾知之矣。賊今外圍周

固，內營逼急，乞降不受，欲出不得，所以死戰也。萬人一心，猶不可當，況十萬乎！其害甚矣。不如徹圍，幷兵入城。忠見圍解，埶必自出，出則意散，易破之道也。」既而解圍，忠果出戰，儁因擊，大破之。乘勝逐北數十里，斬首萬餘級。忠等遂降。而秦頡積忿忠，遂殺之。餘衆懼不自安，復以孫夏爲帥，還屯宛中。儁急攻之。夏走，追至西鄂精山，又破之。〔二〕復斬萬餘級，賊遂解散。明年春，遣使者持節拜儁右車騎將軍，振旅還京師，以爲光祿大夫，增邑五千，更封錢塘侯，〔三〕加位特進。以母喪去官，起家，復爲將作大匠，轉少府、太僕。

〔一〕史記曰，白起，郿人也，善用兵，事秦昭王爲大良造。攻魏，拔之。後五年，攻趙，拔光狼城。後七年，攻楚，拔鄢、鄧五城。明年，拔郢，燒夷陵，遂東至竟陵。樂毅，趙人也，賢而好兵，燕昭王以爲亞卿，後爲上將軍。伐齊，入臨淄，狥齊五歲，下齊七十餘城。

〔二〕西鄂故城在今鄧州向城縣南，精山在其南。

〔三〕錢塘，今杭州縣也。錢塘記云：「昔郡議曹華信（義）〔議〕立此塘，以防海水。始開募，有能致土石一斛，與錢一千，旬日之閒，來者雲集。塘未成而譎不復取，皆遂弃土石而去，塘以之成也。」

自黃巾賊後，復有黑山、黃龍、白波、左校、郭大賢、于氐根、青牛角、張白騎、劉石、左髭丈八、平漢、大計、司隸、掾哉、〔一〕雷公、浮雲、飛燕、白雀、楊鳳、于毒、五鹿、李大目、白

繞、眭固、苦蝤之徒，〔二〕並起山谷閒，不可勝數。其大聲者稱雷公，騎白馬者爲張白騎，輕便者言飛燕，多髭者號于氐根，〔三〕大眼者爲大目，如此稱號，各有所因。大者二三萬，小者六七千。

〔一〕九州春秋「大計」作「大洪」，「掾哉」作「緣城」。

〔二〕九州春秋「蝤」作「蝤」，音才由反。

〔三〕左氏傳曰：「于思于思，弃甲復來。」杜預注云：「于思，多須之貌也。」

賊帥常山人張燕，輕勇趫捷，故軍中號曰飛燕。善得士卒心，乃與中山、常山、趙郡、上黨、河內諸山谷寇賊更相交通，衆至（伯）〔百〕萬，號曰黑山賊。河北諸郡縣並被其害，朝廷不能討。燕乃遣使至京師，奏書乞降，遂拜燕平難中郎將，使領河北諸山谷事，歲得舉孝廉、計吏。

燕後漸寇河內，逼近京師，於是出儁爲河內太守，將家兵擊却之。其後諸賊多爲袁紹所定，事在紹傳。復拜儁爲光祿大夫，轉屯騎，尋拜城門校尉、河南尹。

時董卓擅政，以儁宿將，外甚親納而心實忌之。及關東兵盛，卓懼，數請公卿會議，徙都長安，儁輒止之。卓雖惡儁異己，然貪其名重，乃表遷太僕，以爲己副。使者拜，儁辭不肯受。因曰：「國家西遷，必孤天下之望，以成山東之釁，臣不見其可也。」使者詰曰：「召君

受拜而君拒之，不問徙事而君陳之，其故何也？」儁曰：「副相國，非臣所堪也；遷都計，非事所急也。辭所不堪，言所非急，臣之宜也。」使者曰：「遷都之事，不聞其計，就有未露，何所承受？」儁曰：「相國董卓具爲臣說，所以知耳。」使人不能屈，由是止不爲副。

卓後入關，留儁守洛陽，而儁與山東諸將通謀爲內應。既而懼爲卓所襲，乃弃官奔荆州。卓以弘農楊懿爲河南尹，守洛陽。儁聞，復進兵還洛，懿走。儁以河南殘破無所資，乃東屯中牟，移書州郡，請師討卓。徐州刺史陶謙遣精兵三千，餘州郡稍有所給，謙乃上儁行車騎將軍。董卓聞之，使其將李傕、郭汜等數萬人屯河南拒儁。儁逆擊，爲傕、汜所破。儁自知不敵，留關下不敢復前。

及董卓被誅，傕、汜作亂，儁時猶在中牟。陶謙以儁名臣，數有戰功，可委以大事，乃與諸豪桀共推儁爲太師，因移檄牧伯，同討李傕等，奉迎天子。乃奏記於儁曰：「徐州刺史陶謙、前楊州刺史周乾、琅邪相陰德、東海相劉馗、〔一〕彭城相汲廉、北海相孔融、沛相袁忠、太山太守應劭、汝南太守徐璆、前九江太守服虔、博士鄭玄等，敢言之行車騎將軍河南尹莫府：〔二〕國家既遭董卓，重以李傕、郭汜之禍，幼主劫執，忠良殘敵，長安隔絕，不知吉凶。是以臨官尹人，搢紳有識，莫不憂懼，以爲自非明哲雄霸之士，曷能剋濟禍亂！自起兵已來，于茲三年，州郡轉相顧望，未有奮擊之功，而互爭私變，更相疑惑。謙等並共諮諏，議消國

難。僉曰：『將軍君侯，既文且武，應運而出，凡百君子，靡不顒顒。』故相率厲，簡選精悍，堪能深入，直指咸陽，多持資糧，足支半歲，謹同心腹，委之元帥。」會李傕用太尉周忠、尚書賈詡策，徵儁入朝。軍吏皆憚入關，欲應陶謙等。儁曰：「以君召臣，義不俟駕，〔三〕況天子詔乎！且傕、汜小豎，樊稠庸兒，無他遠略，又埶力相敵，變難必作。吾乘其閒，大事可濟。」遂辭謙議而就傕徵，復爲太僕，謙等遂罷。

〔一〕馗音巨眉反。

〔二〕蔡質典職儀曰：「諸州刺史上郡并列卿府，言『敢言之』。」

〔三〕論語曰：「君命召，不俟駕行矣。」俟，待也。

初平四年，代周忠爲太尉，錄尚書事。明年秋，以日食免，復行驃騎將軍事，持節鎭關東。未發，會李傕殺樊稠，而郭汜又自疑，與傕相攻，長安中亂，故儁止不出，留拜大司農。獻帝詔儁與太尉楊彪等十餘人譬郭汜，令與李傕和。汜不肯，遂留質儁等。儁素剛，卽日發病卒。

子晧，亦有才行，官至豫章太守。

論曰：皇甫嵩、朱儁並以上將之略，受脤倉卒之時。〔一〕及其功成師剋，威聲滿天下。值

弱主蒙塵，獷賊放命，斯誠葉公投袂之幾，翟義鞠旅之日，〔二〕故梁衍獻規，山東連盟，而舍格天之大業，蹈匹夫之小諒，卒狼狽虎口，爲智士笑。〔三〕豈天之長斯亂也？何智勇之不終甚乎！前史晉平原華嶠，稱其父光祿大夫表，〔四〕每言其祖魏太尉歆〔五〕稱「時人說皇甫嵩之不伐，汝豫之戰，歸功朱儁，張角之捷，本之於盧植，收名斂策，而己不有焉。〔六〕蓋功名者，世之所甚重也。誠能不爭天下之所甚重，則怨禍不深矣」。如皇甫公之赴履危亂，而能終以歸全者，其致不亦貴乎！故顏子願不伐善爲先，斯亦行身之要與！〔七〕

〔一〕春秋左氏傳曰：「國之大事在祀與戎。祀有執膰，戎有受脤。」脤，宜社之肉也。爾雅曰：「舉大事，動大衆，必先有事於社然後出，謂之宜。」

〔二〕新序曰：「楚白公勝旣殺令尹、司馬，欲立王子閭爲王。王子閭不肯，劫之以刃。王子閭曰：『吾聞辭天下者，非輕其利以明其德也。不爲諸侯者，非惡其位以絜其行也。今子告我以利，威我以兵，吾不爲也。』白公強之，不可，遂殺之。葉公子高率楚衆以誅白公，而反惠王於國。」投袂，奮袂也，言其怒也。左氏傳曰：「楚子聞之，投袂而起。」翟義，方進之子，舉兵將誅王莽，事見前書。詩曰：「陳師鞠旅。」鄭玄注云：「鞠，告也。」

〔三〕山東連盟謂上云羣帥及袁氏也。書稱「伊尹格于皇天」。論語曰：「豈若匹夫匹婦之爲諒也。」莊子云，孔子見盜跖，退曰：「吾幾不免虎口。」

〔四〕華嶠譜敍曰：「表字偉容，歆之子也。年二十餘，爲散騎常侍。」

〔五〕魏志曰：「歆字子魚。」

〔七〕論語曰，顏回曰：「願無伐善，無施勞。」

贊曰：黃妖衝發，嵩乃奮鉞。孰是振旅，不居不伐。〔一〕儁捷陳、潁，亦弭（于）〔於〕越。〔二〕言肅王命，並遘屯蹙。〔三〕

〔一〕老子曰：「功成而不居。」

〔二〕謂平許昭也。（于）〔於〕，語辭，猶云「句吳」之類矣。

〔三〕蹙猶蹙也。

校勘記

二二九九頁二行　皇甫嵩朱儁列傳第六十一　按：汲本「朱儁」作「朱㑺」，正文同。

二二九九頁九行　遂置三十六方　按：集解引惠棟說，謂袁紀「方」作「坊」。

二三〇〇頁五行　竇弟梁　按：集解引惠棟說，謂袁紀「梁」作「良」。通鑑考異據九州春秋云「角弟梁，梁弟寶」。

二三〇〇頁一一行　廣城　按：殿本「城」作「成」，通鑑同。

二三〇〇頁一五行　旋門在汜水之西　殿本、集解本「汜」作「氾」。按：此水漢書作「氾水」，如淳音祀，水經

始作「汜水」，後多從水經。

二三〇二頁一行　緊獲甚衆　按：殿本「緊」作「擊」。

二三〇三頁一〇行　（爾）〔己〕乃嘗飯　據殿本改。按：王先謙謂作「己」是。

二三〇四頁二行　主親授鉞　按：汲本「主」作「王」。

二三〇四頁一三行　統三十六（郡）〔部〕　集解引惠棟說，謂「郡」當作「部」，今據改。按：董卓傳注引此亦作「部」。

二三〇五頁三行　（梁）〔涼〕州賊王國圍陳倉　集解引洪頤煊說，謂靈帝紀作「涼州賊王國」，此「梁」字誤。今據改。

二三〇五頁一一行　窮寇勿（迫）〔追〕歸衆勿（追）〔迫〕　據汲本、殿本改。按：下云「是迫歸衆，追窮寇也」，明當作「窮寇勿追，歸衆勿迫」。

二三〇六頁五行　嵩從子酈　按：集解引惠棟說，謂袁紀「酈」作「邐」，又作「麗」。

二三〇六頁八行　專命雖罪專誅亦有責也　按：集解引王補說，謂通鑑作「違命雖罪」，故胡注卓不釋兵爲違命，嵩擅討卓爲專誅。

二三〇七頁一五行　嵩爲人愛慎盡勤　按：刊誤謂當作「愛畏勤肅」。

二三〇八頁四行　同郡周規　按：集解引汪文臺說，謂御覽八一四引張璠漢紀，「規」作「起」。

二三〇九頁六行　殺郡守褚貢　按：殿本「貢」作「㝩」。

二三〇九頁九行　以有功效　殿本「以」作「已」。按：以已古通作。

二三一〇頁三行　昔郡議曹華信（義）〔議〕立此塘　刊誤謂案文「義」當作「議」。今據改。按：御覽八三六引錢塘記，作「郡議曹華信象家富，乃議立此塘」。又七四引錢塘記，作「往時郡議曹華家信富，乃議立此塘」。御覽引文亦有譌，然「義」當作「議」，固無疑也。

二三一〇頁一四行　青牛角　按：袁紹傳注引九州春秋及三國魏志袁紹傳，並作「張牛角」。

二三一〇頁一四行　左髭丈八　按：魏志張燕傳注引張璠漢紀，云「又有左校郭大賢左髭丈八三部也」。趙一清謂郭大賢疑是左校之帥，故下云三部。潘眉則謂蓋左校一部，郭大賢一部，左髭丈八一部也。如趙說，則左校郭大賢爲一部，左髭爲一部，丈八爲一部。如潘說，則左髭與丈八各爲一部。通鑑作「左髭文八」，胡注云朱儁傳「左髭文八」作「左髭丈八」，是胡氏亦以左髭丈八連讀，今從潘說。

二三一〇頁一五行　掾哉　按：通鑑作「緣城」。

二三一〇頁一五行　于毒　汲本作「干毒」。按：袁紹傳亦作「干毒」，通鑑作「于毒」。

二三一一頁一行　眭固　按：集解引惠棟說，謂通鑑作「睢固」。

二三一一頁四行　掾哉作緣城　按：汲本「緣城」作「緣哉」，殿本作「緣成」。

二三一二頁八行　衆至（伯）〔百〕萬　據殿本改。

二三一三頁二行　不聞其計　按：「計」原譌「討」，逕據汲本、殿本改正。

二三一三頁七行　諸州刺史上郡幷列卿府　按：刊誤謂案刺史在郡上，何緣有「上郡」之文，蓋本言「刺史並郡上列卿府」云云。

二三一五頁三行　亦弭（于）〔於〕越　據殿本改。注同。按：王念孫謂於于古雖通用，而「於越」之「於」，不當作「于」。

後漢書卷七十二

董卓列傳第六十二

董卓字仲穎，(一)隴西臨洮人也。性麤猛有謀。少嘗遊羌中，盡與豪帥相結。後歸耕於野，諸豪帥有來從之者，卓爲殺耕牛，與共宴樂，豪帥感其意，歸相斂得雜畜千餘頭以遺之，由是以健俠知名。爲州兵馬掾，常徼守塞下。(二)卓膂力過人，雙帶兩鞬，左右馳射，(三)爲羌胡所畏。

(一)卓別傳曰：「卓父君雅爲潁川輪氏尉，生卓及弟旻，故卓字仲穎，旻字叔穎。」

(二)說文曰：「徼，巡也。」前書曰：「中尉巡徼京師。」音義曰：「所謂遊徼，備盜賊。」

(三)方言曰：「所以藏箭謂之服，藏弓謂之鞬。」左氏傳云：「右屬櫜鞬。」

桓帝末，以六郡良家子爲羽林郎，從中郎將張奐爲軍司馬，共擊漢陽叛羌，破之，拜郎中，賜縑九千匹。卓曰：「爲者則己，有者則士。」(一)乃悉分與吏兵，無所留。稍遷西域戊己校尉，坐事免。後爲并州刺史，河東太守。

(一)爲功者雖己，共有者乃士。

中平元年，拜東中郎將，持節，代盧植擊張角於下曲陽，軍敗抵罪。其冬，北地先零羌及枹罕河關羣盜反叛，遂共立湟中義從胡北宮伯玉、李文侯爲將軍，殺護羌校尉泠徵。伯玉等乃劫致金城人邊章、韓遂，(一)使專任軍政，共殺金城太守陳懿，攻燒州郡。明年春，將數萬騎入寇三輔，侵逼園陵，托誅宦官爲名。詔以卓爲中郎將，副左車騎將軍皇甫嵩征之。嵩以無功免歸，而邊章、韓遂等大盛。朝廷復以司空張溫爲車騎將軍，假節，執金吾袁滂爲副。(二)拜卓破虜將軍，與盪寇將軍周慎並統於溫。并諸郡兵步騎合十餘萬，屯美陽，(三)以衞園陵。章、遂亦進兵美陽。溫、卓與戰，輒不利。十一月，夜有流星如火，光長十餘丈，照章、遂營中，驢馬盡鳴。賊以爲不祥，欲歸金城。卓聞之喜，明日，乃與右扶風鮑鴻等并兵俱攻，大破之，斬首數千級。章、遂敗走榆中，(四)溫乃遣周慎將三萬人追討之。溫參軍事孫堅(五)說慎曰：「賊城中無穀，當外轉糧食。堅願得萬人斷其運道，將軍以大兵繼後，賊必困乏而不敢戰。若走入羌中，并力討之，則涼州可定也。」慎不從，引軍圍榆中城。而章、遂分屯葵園狹，反斷慎運道。慎懼，乃弃車重而退。溫時亦使卓將兵三萬討先零羌，卓於望垣北(六)爲羌胡所圍，糧食乏絕，進退逼急。乃於所度水中偽立隔，以爲捕魚，而潛從隔下過軍。(七)比賊追之，决水已深，不得度。時衆軍敗退，唯卓全師而還，屯於扶風，封斄鄉侯，邑千戶。(八)

(一)獻帝春秋曰：「涼州義從宋建、王國等反，詐金城郡降，求見涼州大人故新安令邊允、從事韓約。約不見，太守陳懿勸之使(王)〔往〕，國等便劫質約等數十人。金城亂，懿出，國等扶以到護羌營，殺之，而釋約、允等。隴西以愛憎露布，冠約、允名以爲賊，州購約、允各千戶侯。約、允被購，『約』改爲『遂』，『允』改爲『章』。」

(二)袁宏漢紀曰：「滂字公熙。純素寡欲，終不言人短。當權寵之盛，或以同異致禍，滂獨中立於朝，故愛憎不及焉。」

(三)美陽故城在今雍州武功縣北。

(四)榆中，縣，屬金城郡，故城在今蘭州金城縣中。

(五)堅字文臺，吳郡富春人，卽孫權之父也。見吳志。

(六)望垣，縣，屬天水郡。

(七)續漢書「隔」字作「堰」，其字義則同，但異體耳。

(八)斄，縣，故城在今雍州武功縣。字或作「邰」，音台。

三年春，遣使者持節就長安拜張溫爲太尉。三公在外，始之於溫。其冬，徵溫還京師，韓遂乃殺邊章及伯玉、文侯，擁兵十餘萬，進圍隴西。太守李相如反，與遂連和，共殺涼州刺史耿鄙。而鄙司馬扶風馬騰，(一)亦擁兵反叛，又漢陽王國，自號「合衆將軍」，皆與韓遂合。共推王國爲主，悉令領其衆，寇掠三輔。五年，圍陳倉。乃拜卓前將軍，與左將軍皇甫嵩擊破之。韓遂等復共廢王國，而劫故信都令漢陽閻忠，(二)使督統諸部。忠恥爲衆所

脅，感恚病死。遂等稍爭權利，更相殺害，其諸部曲並各分乖。

(一)典略曰：「騰字壽成，扶風茂陵人，馬援後也。長八尺餘，身體洪大，面鼻雄異，而性賢厚，人多敬之。」

(二)漢靈紀曰：「王國等起兵，劫忠爲主，統三十六部，號『車騎將軍』。」

六年，徵卓爲少府，不肯就，上書言：「所將湟中義從及秦胡兵皆詣臣曰：『牢直不畢，稟賜斷絕，(一)妻子飢凍。』牽挽臣車，使不得行。羌胡敝腸狗態，(二)臣不能禁止，輒將順安慰。增異復上。」(三)朝廷不能制，頗以爲慮。及靈帝寢疾，璽書拜卓爲并州牧，令以兵屬皇甫嵩。卓復上書言曰：「臣既無老謀，又無壯事，天恩誤加，掌戎十年。士卒大小相狎彌久，戀臣畜養之恩，爲臣奮一旦之命。乞將之北州，效力邊垂。」於是駐兵河東，以觀時變。

(一)前書音義曰：「牢，稟食也。古者名稟爲牢。」

(二)言羌胡心腸敝惡，情態如狗也。續漢書「敝」作「憋」。方言云：「憋，惡也。」郭璞曰：「憋怤，急性也。」憋音芳烈反，怤音芳于反。

(三)如其更增異志，當復聞上。

及帝崩，大將軍何進、司隸校尉袁紹謀誅閹宦，而太后不許，乃私呼卓將兵入朝，以脅太后。卓得召，卽時就道。並上書(一)曰：「中常侍張讓等竊倖承寵，濁亂海內。臣聞揚湯止沸，莫若去薪；(二)潰癰雖痛，勝於內食。昔趙鞅興晉陽之甲，以逐君側之惡人。(三)今臣

輒鳴鍾鼓如洛陽，〔四〕請收讓等，以清姦穢。」卓未至而何進敗，虎賁中郎將袁術乃燒南宮，欲討宦官，而中常侍段珪等〔五〕劫少帝及陳留王夜走小平津。卓遠見火起，引兵急進，未明到城西，聞少帝在北芒，因往奉迎。帝見卓將兵卒至，恐怖涕泣。〔六〕卓與言，不能辭對；與陳留王語，遂及禍亂之事。卓以王爲賢，且爲董太后所養，卓自以與太后同族，有廢立意。

〔一〕並猶兼也。

〔二〕前漢枚乘上書曰：「欲湯之滄，一人吹之，百人揚之，無益也。不如絕薪止火而已。」滄音測亮反，寒也。

〔三〕公羊傳曰：「晉趙鞅取晉陽之甲以逐荀寅與士吉射。〔荀寅與士吉射〕者曷爲〔者也〕？君側之惡人也。此逐君側之惡人，曷爲以叛言之？無君命也。」

〔四〕鳴鍾鼓者，聲其罪也。論語曰：「小子鳴鼓而攻之。」典略載卓表曰：「張讓等怙慢天常，擅操王命，父子兄弟並據州郡，一書出門，髙獲千金，下數百萬膏腴美田，皆屬讓等。使變氣上蒸，妖賊蜂起。」

〔五〕山陽公載記「段」字作「殷」。

〔六〕典略曰：「帝望見卓涕泣，羣公謂卓有詔却兵。卓曰：『公諸人爲國大臣，不能匡正王室，至使國家播蕩，何却兵之有？』遂俱入城。」

初，卓之入也，步騎不過三千，自嫌兵少，恐不爲遠近所服，率四五日輒夜潛出軍近營，明旦乃大陳旌鼓而還，以爲西兵復至，洛中無知者。尋而何進及弟苗先所領部曲皆歸於

卓，卓又使呂布殺執金吾丁原而并其衆，〔一〕卓兵士大盛。乃諷朝廷策免司空劉弘而自代之。〔二〕因集議廢立。百僚大會，卓乃奮首而言曰：「大者天地，其次君臣，所以爲政。皇帝闇弱，不可以奉宗廟，爲天下主。今欲依伊尹、霍光故事，更立陳留王，何如？」公卿以下莫敢對。卓又抗言〔三〕曰：「昔霍光定策，延年案劍。有敢沮大議，皆以軍法從之。」坐者震動。〔四〕尚書盧植獨曰：「昔太甲既立不明，〔五〕昌邑罪過千餘，故有廢立之事。〔六〕今上富於春秋，行無失德，非前事之比也。」卓大怒，罷坐。明日復集羣僚於崇德前殿，遂脅太后，策廢少帝。曰：「皇帝在喪，無人子之心，威儀不類人君，今廢爲弘農王。」乃立陳留王，是爲獻帝。又議太后〔七〕蹴迫永樂太后，〔八〕至令憂死，逆婦姑之禮，無孝順之節，〔九〕遷於永安宮，遂以弒崩。

〔一〕英雄記曰：「原字建陽。爲人麤略有勇，善射，受使不辭，有警急，追寇虜輒在前。」

〔二〕魏志曰：「以久不雨策免。」漢官儀曰：「弘字子高，安衆人。」

〔三〕抗，高也。

〔四〕前書，昭帝崩，霍光迎立昌邑王賀，卽位二十七日，行淫亂，光召丞相已下會議，莫敢發言。田延年前，離席桉劒曰：「羣臣有後應者請斬之。」

〔五〕太甲，湯孫，太丁子也。尚書曰「太甲既立，不明，伊尹放諸桐宮」也。

〔六〕昌邑王凡所徵發一千一百二十七事。

〔七〕靈帝何皇后。

〔八〕孝仁董皇后，靈帝之母。

〔九〕左傳曰：「婦，養姑者也。虧姑以成婦，逆莫大焉。」

卓遷太尉，領前將軍事，加節傳斧鉞虎賁，更封郿侯。〔一〕卓乃與司徒黃琬、司空楊彪，俱帶鈇鑕詣闕上書，追理陳蕃、竇武及諸黨人，以從人望。於是悉復蕃等爵位，擢用子孫。

〔一〕傳音陟戀反。郿，今岐州縣。

尋進卓爲相國，入朝不趨，劒履上殿。封母爲池陽君，置〔丞〕令〔丞〕。

是時洛中貴戚室第相望，金帛財產，家家殷積。卓縱放兵士，突其廬舍，淫略婦女，剽虜資物，謂之「搜牢」。〔一〕人情崩恐，不保朝夕。及何后葬，開文陵，〔二〕卓悉取藏中珍物。又姦亂公主，妻略宮人，虐刑濫罰，睚眦必死，羣僚內外莫能自固。卓嘗遣軍至陽城，時人會於社下，悉令就斬之，駕其車重，載其婦女，以頭繫車轅，歌呼而還。又壞五銖錢，更鑄小錢，悉取洛陽及長安銅人、鍾虡、飛廉、銅馬之屬，以充鑄焉。〔三〕故貨賤物貴，穀石數萬。又錢無輪郭文章，不便人用。〔四〕時人以爲秦始皇見長人於臨洮，乃鑄銅人。〔五〕卓，臨洮人

也，而今毀之。雖成毀不同，凶暴相類焉。

〔一〕言牢固者皆搜索取之也。一曰牢，漉也。二字皆從去聲，今俗有此言。

〔二〕靈帝陵。

〔三〕鍾虡以銅爲之，故賈山上書云「懸石鑄鍾虡」。前書音義曰：「虡，鹿頭龍身，神獸也。」說文：「鍾鼓之跗，以猛獸爲飾也。」武帝置飛廉館。音義云：「飛廉，神禽，身似鹿，頭如爵，有角，虵尾，文如豹文。」明帝永平五年，長安迎取飛廉及銅馬置上西門外，名平樂館。銅馬則東門京所作，致於金馬門外者也。張璠紀曰：「太史靈臺及永安候銅蘭楯，卓亦取之。」

〔四〕魏志曰：「卓鑄小錢，大五分，無文章，肉好無輪郭，不磨鑢。」

〔五〕三輔舊事曰：「秦王立二十六年，初定天下，稱皇帝。大人見臨洮，身長五丈，迹長六尺，作銅人以厭之，立在阿房殿前。漢徙長樂宮中大夏殿前。」史記曰：「始皇鑄天下兵器爲十二金人。」

卓素聞天下同疾閹官誅殺忠良，及其在事，雖行無道，而猶忍性矯情，擢用羣士。乃任吏部尚書漢陽周珌、侍中汝南伍瓊、〔一〕尚書鄭公業、〔二〕長史何顒等。以處士荀爽爲司空。其染黨錮者陳紀、韓融之徒，皆爲列卿。幽滯之士，多所顯拔。以尚書韓馥爲冀州刺史，〔三〕侍中劉岱爲兗州刺史，〔四〕陳留孔伷爲豫州刺史，〔五〕潁川張咨爲南陽太守。〔六〕卓所親愛，並不處顯職，但將校而已。初平元年，馥等到官，與袁紹之徒十餘人，各興義兵，同盟討卓，而伍瓊、周珌陰爲內主。

〔一〕英雄記「瑤」作「毖」，字仲遠，武威人。瓊字德瑜。瑤音祕。
〔二〕公業名泰。餘人皆書名，范曄父名泰，避其諱耳。
〔三〕英雄記馥字文節，潁川人。
〔四〕吳志曰：「劉岱字公山，東萊牟平人。」
〔五〕英雄記伷字公緒。九州春秋「伷」為「冑」。
〔六〕獻帝春秋「咨」作「資」。後為孫堅所殺。

初，靈帝末，黃巾餘黨郭太等復起西河白波谷，轉寇太原，遂破河東，百姓流轉三輔，號為「白波賊」，衆十餘萬。卓遣中郎將牛輔擊之，不能却。及聞東方兵起，懼，乃鴆殺弘農王，欲徙都長安。會公卿議，太尉黃琬、司徒楊彪廷爭不能得，而伍瓊、周珌又固諫之。卓因大怒曰：「卓初入朝，二子勸用善士，故相從，而諸君到官，舉兵相圖。此二君賣卓，卓何用相負！」遂斬瓊、珌。而彪、琬恐懼，詣卓謝曰：「小人戀舊，非欲沮國事也，請以不及為罪。」卓既殺瓊、珌，旋亦悔之，故表彪、琬為光祿大夫。於是遷天子西都。

初，長安遭赤眉之亂，宮室營寺焚滅無餘，是時唯有高廟、京兆府舍，遂便時幸焉。〔一〕後移未央宮。於是盡徙洛陽人數百萬口於長安，步騎驅蹙，更相蹈藉，飢餓寇掠，積尸盈路。卓自屯留畢圭苑中，悉燒宮廟官府居家，二百里內無復孑遺。又使呂布發諸帝陵，及

公卿已下冢墓，收其珍寶。

〔一〕便時謂時日吉便。

時長沙太守孫堅亦率豫州諸郡兵討卓。卓先遣將徐榮、李蒙四出虜掠。榮遇堅於梁，〔一〕與戰，破堅，生禽潁川太守李旻，亨之。卓所得義兵士卒，皆以布纏裹，倒立於地，熱膏灌殺之。

〔一〕故城在今汝州梁縣西南。

時河內太守王匡〔一〕屯兵河陽津，將以圖卓。卓遣疑兵挑戰，而潛使銳卒從小平津過津北，破之，死者略盡。明年，孫堅收合散卒，進屯梁縣之陽人。〔二〕卓遣將胡軫、呂布攻之。布與軫不相能，軍中自驚恐，士卒散亂。〔三〕堅追擊之，軫、布敗走。卓遣將李傕詣堅求和，堅拒絕不受，進軍大谷，距洛九十里。〔四〕卓自出與堅戰於諸陵墓閒，卓敗走，却屯黽池，聚兵於陝。堅進洛陽宣陽城門，〔五〕更擊呂布，布復破走。堅乃埽除宗廟，平塞諸陵，分兵出函谷關，至新安、黽池閒，以截卓後。卓謂長史劉艾曰：「關東諸將數敗矣，無能為也。唯孫堅小戇，〔六〕諸將軍宜慎之。」乃使東中郎將董越屯黽池，中郎將段煨屯華陰，〔七〕中郎將牛輔屯安邑，其餘中郎將、校尉布在諸縣，以禦山東。

〔一〕英雄記曰：「匡字公節，泰山人。輕財好施，以任俠聞。」
〔二〕梁縣屬河南郡，今汝州縣也。陽人，聚，故城在梁縣西。
〔三〕九州春秋曰：「卓以東郡太守胡軫為大督，呂布為騎督。軫性急，豫宣言『今此行也，要當斬一青綬，乃整齊耳』。布等惡之，宣言相警云『賊至』，軍衆大亂奔走。」
〔四〕大谷口在故嵩陽西北三十五里，北出對洛陽故城。張衡東京賦云「盟津達其後，大谷通其前」是也。距，至也。
〔五〕洛陽記洛陽城南面有四門，從東第三門。
〔六〕說文曰：「戇，愚也。」音都降反。
〔七〕典略曰：「煨在華陰，特修農事。天子東還，煨迎，（貢）〔齎〕饋周急。」魏志曰：「武威人也。」煨音壹回反。

卓諷朝廷使光祿勳宣璠〔一〕持節拜卓為太師，位在諸侯王上。乃引還長安。百官迎路拜揖，卓遂僭擬車服，乘金華青蓋，爪畫兩轓，時人號「竿摩車」，言其服飾近天子也。〔二〕以弟旻為左將軍，封鄠侯，兄子璜為侍中、中軍校尉，皆典兵事。於是宗族內外，並居列位。其子孫雖在髫齓，男皆封侯，女為邑君。

〔一〕璠音煩，又音甫袁反。
〔二〕金華，以金為華飾車也。爪者，蓋弓頭為爪形也。轓音甫袁反。廣雅云：「車箱也。」畫為文彩。續漢志曰：「轓長六尺，下屈，廣八寸。」又云：「皇太子青蓋金華蚤畫轓。」竿摩謂相逼近也。今俗以事干人者，謂之「相竿摩」。

數與百官置酒宴會，淫樂縱恣。乃結壘於長安城東以自居。又築塢於郿，高厚七丈，號曰「萬歲塢」。〔一〕積穀為三十年儲。自云：「事成，雄據天下；不成，守此足以畢老。」嘗至

郿行塢，公卿卿下祖道於橫門外。〔二〕卓施帳幔飲設，誘降北地反者數百人，於坐中殺之。先斷其舌，次斬手足，次鑿其眼目，以鑊煑之。未及得死，偃轉（柸）〔杯〕案閒。會者戰慄，亡失匕箸，而卓飲食自若。諸將有言語蹉跌，便戮於前。又稍誅關中舊族，陷以叛逆。

〔一〕今案：塢舊基高一丈，周迴一里一百步。
〔二〕橫音光。

時太史望氣，言當有大臣戮死者。卓乃使人誣衞尉張溫與袁術交通，遂笞溫於市，殺之，以塞天變。前溫出屯美陽，令卓與邊章等戰無功，溫召又不時應命，既到而辭對不遜。時孫堅為溫參軍，勸溫陳兵斬之。溫曰：「卓有威名，方倚以西行。」堅曰：「明公親帥王師，威振天下，何恃於卓而賴之乎？堅聞古之名將，杖鉞臨衆，未有不斷斬以示威武者也。故穰苴斬莊賈，〔一〕魏絳戮楊干。〔二〕今若縱之，自虧威重，後悔何及！」溫不能從，而卓猶懷忌恨，故及於難。

〔一〕史記齊景公時，晉伐阿、鄄而燕侵河上，以司馬穰苴為將軍，使寵臣莊賈監軍。賈期後至，穰苴斬以徇三軍。鄄音絹。
〔二〕魏絳，晉大夫。楊干，晉公弟。會諸侯於曲梁，楊干亂行，魏絳戮其僕。事在左傳。

溫字伯慎，〔一〕少有名譽，累登公卿，亦陰與司徒王允共謀誅卓，事未及發而見害。越

騎校尉汝南伍孚〔二〕忿卓凶毒，志手刃之，乃朝服懷佩刀以見卓。孚語畢辭去，卓起送至閤，以手撫其背，孚因出刀刺之，不中。卓自奮得免，急呼左右執殺之，而大詬〔三〕曰：「虜欲反耶！」孚大言曰：「恨不得磔裂姦賊於都市，〔四〕以謝天地！」言未畢而斃。

〔一〕漢官儀曰：「溫，穰人。」

〔二〕謝承書曰：「孚字德瑜，汝南吳房人。質性剛毅，勇壯好義，力能兼人。」

〔三〕詬，罵也，音許豆反。

〔四〕磔，車裂之也，音丁格反。獻帝春秋「磔」作「車」。

時王允與呂布及僕射士孫瑞謀誅卓。〔一〕有人書「呂」字於布上，負而行於市，歌曰：「布乎！」有告卓者，卓不悟。〔二〕三年四月，帝疾新愈，大會未央殿。卓朝服升車，既而馬驚墯泥，還入更衣。其少妻止之，卓不從，遂行。乃陳兵夾道，自壘及宮，左步右騎，屯衞周帀，令呂布等扞衞前後。王允乃與士孫瑞密表其事，使瑞自書詔以授布，令騎都尉李肅〔三〕與布同心勇士十餘人，僞著衞士服於北掖門內以待卓。卓將至，馬驚不行，怪懼欲還。呂布勸令進，遂入門。肅以戟刺之，卓衷甲不入，傷臂墯車，顧大呼曰：「呂布何在？」布曰：「有詔討賊臣。」卓大罵曰：「庸狗敢如是邪！」布應聲持矛刺卓，趣兵斬之。〔四〕主簿田儀〔五〕及卓倉頭前赴其尸，布又殺之。馳齎赦書，以令宮陛內外。士卒皆稱萬歲，百姓歌舞於道。

長安中士女賣其珠玉衣裝市酒肉相慶者，塡滿街肆。使皇甫嵩攻卓弟旻於郿塢，殺其母妻男女，盡滅其族。〔六〕乃尸卓於市。天時始熱，卓素充肥，脂流於地。守尸吏然火置卓臍中，光明達曙，如是積日。諸袁門生又聚董氏之尸，焚灰揚之於路。塢中珍藏有金二三萬斤，銀八九萬斤，錦綺繢縠紈素奇玩，積如丘山。

〔一〕三輔決錄曰：「瑞字君榮，扶風人，博達無不通。天子都許，追論瑞功，封子萌澹津亭侯。萌字文始，有才學，與王粲善，粲作詩贈萌。」

〔二〕英雄記曰：「有道士書布爲『呂』字，將以示卓，卓不知其爲呂布也。」

〔三〕獻帝紀曰：「肅，呂布同郡人也。」

〔四〕趣音促。九州春秋曰：「布素使秦誼、陳衞、李黑等僞作宮門衞士，持長戟。卓到宮門，黑等以長戟俠叉卓車，或叉其馬。卓驚呼布，布素施鎧於衣中，持矛，卽應聲刺卓，墜於車。」

〔五〕九州春秋「儀」字作「景」。

〔六〕英雄記曰：「卓母年九十，走至塢門，曰：『乞脫我死。』卽時斬首。」

初，卓以牛輔子壻，素所親信，使以兵屯陝。輔分遣其校尉李傕、郭汜、張濟〔一〕將步騎數萬，擊破河南尹朱儁於中牟。因掠陳留、潁川諸縣，殺略男女，所過無復遺類。呂布乃使李肅以詔命至陝討輔等，輔等逆與肅戰，肅敗走弘農，布誅殺之。其後牛輔營中無故大驚，輔懼，乃齎金寶踰城走。左右利其貨，斬輔，送首長安。〔二〕

〔一〕英雄記：「傕，北地人。」劉艾獻帝紀曰：「傕字稚然。汜，張掖人。」

〔二〕獻帝紀曰：「輔帳下支胡赤兒等，素待之過急，盡以家寶與之，自帶二十餘餅金、大白珠瓔。胡謂輔曰：『城北已有馬，可去也。』以繩繫輔腰，踰城懸下之，未及地丈許放之，輔傷腰不能行，諸胡共取其金幷珠，斬首詣長安。」

傕、汜等以王允、呂布殺董卓，故忿怒幷州人，幷州人其在軍者男女數百人，皆誅殺之。牛輔旣敗，衆無所依，欲各散去。傕等恐，乃先遣使詣長安，求乞赦免。王允以爲一歲不可再赦，不許之。傕等益懷憂懼，不知所爲。武威人賈詡時在傕軍，說之〔一〕曰：「聞長安中議欲盡誅涼州人，諸君若弃軍單行，則一亭長能束君矣。不如相率而西，以攻長安，爲董公報仇。事濟，奉國家以正天下；若其不合，走未後也。」傕等然之，各相謂曰：「京師不赦我，我當以死決之。若攻長安剋，則得天下矣；不剋，則鈔三輔婦女財物，西歸鄉里，尚可延命。」衆以爲然，於是共結盟，率軍數千，晨夜西行。王允聞之，乃遣卓故將胡軫、徐榮擊之於新豐。〔二〕榮戰死，軫以衆降。傕隨道收兵，比至長安，已十餘萬，與卓故部曲樊稠、李蒙等合，〔三〕圍長安。城峻不可攻，守之八日，呂布軍有叟兵內反，〔四〕引傕衆得入。城潰，放兵虜掠，死者萬餘人。殺衞尉种拂等。呂布戰敗出奔。王允奉天子保宣平城門樓上。〔五〕於是大赦天下。李傕、郭汜、樊稠等皆爲將軍。〔六〕遂圍門樓，共表請司徒王允出，問「太師何罪」？允窮蹙乃下，後數日見殺。傕等葬董卓於郿，幷收董氏所焚尸之灰，合斂一棺而葬

之。葬日，大風雨，霆震卓墓，流水入藏，漂其棺木。〔七〕

〔一〕魏志曰：「卓之入洛陽，詡以太尉掾爲平津尉，遷討虜校尉。」牛輔屯陝，詡在輔軍。輔旣死，故詡在傕軍。

〔二〕九州春秋曰：「胡文才、楊整脩皆涼州人，王允素所不善也。及李傕之叛，乃召文才、整脩，使東曉喻之。不假借以溫顏，謂曰：『關東鼠子欲何爲乎？卿往曉之。』於是二人往，實召兵而還。」

〔三〕袁宏紀曰：「蒙後爲傕所殺。」

〔四〕叟兵卽蜀兵也。漢代謂蜀爲叟。

〔五〕三輔黃圖曰：「長安城東面北頭門號宣平門。」

〔六〕袁山松書曰「允謂傕等曰：『臣無作威作福，將軍乃放縱，欲何爲乎？』傕等不應。自拜署傕爲揚烈將軍，樊稠等皆爲中郎將」也。

〔七〕獻帝起居注曰：「冢戶開，大風暴雨，水土流入，抒出之。棺向入，輒復風雨，水溢郭戶，如此者三四。冢中水半所，稠等共下棺，天風雨益暴甚，遂閉戶。戶閉，大風復破其冢。」

傕又遷車騎將軍，開府，領司隸校尉，假節。汜後將軍，稠右將軍，張濟爲鎭東將軍，並封列侯。傕、汜、稠共秉朝政。濟出屯弘農。以賈詡爲左馮翊，欲侯之。詡曰：「此救命之計，何功之有！」固辭乃止。更以爲尚書典選。

明年夏，大雨晝夜二十餘日，漂沒人庶，又風如冬時。帝使御史裴茂訊詔獄，原繫者二百餘人。其中有爲傕所枉繫者，傕恐茂赦之，乃表奏茂擅出囚徒，疑有姦故，請收之。詔曰：

「災異屢降，陰雨爲害，使者銜命宣布恩澤，原解輕微，庶合天心。欲釋冤結而復罪之乎！一切勿問。」

初，卓之入關，要韓遂、馬騰共謀山東。〔一〕遂、騰見天下方亂，亦欲倚卓起兵。興平元年，馬騰從隴右來朝，進屯霸橋。時騰私有求於傕，不獲而怒，遂與侍中馬宇、右中郎將劉範、〔二〕前涼州刺史种劭、中郎將杜稟〔三〕合兵攻傕，連日不決。韓遂聞之，乃率衆來欲和騰、傕，既而復與騰合。傕使兄子利共郭汜、樊稠與騰等戰於長平觀下。〔四〕遂、騰敗，斬首萬餘級，种劭、劉範等皆死。遂、騰走還涼州，稠等又追之。韓遂使人語稠曰：「天下反覆未可知，相與州里，今雖小違，要當大同，欲共一言。」乃駢馬交臂相加，〔五〕笑語良久。軍還，利告傕曰：「樊、韓駢馬笑語，不知其辭，而意愛甚密。」於是傕、稠始相猜疑。猶加稠及郭汜開府，與三公合爲六府，皆參選舉。〔六〕

〔一〕獻帝傳曰：「騰父平，扶風人。爲天水蘭干尉，失官，遂留隴西，與羌雜居。家貧無妻，遂取羌女，生騰。」

〔二〕焉之子。

〔三〕獻帝紀曰：「稟與賈詡有隙，脅扶風吏人爲騰守槐里，欲共攻傕。傕令樊稠及兄子利數萬人攻圍槐里，夜梯城，城陷，斬稟梟首。」

〔四〕前書音義曰：「長平，坂名也，在池陽南。有長平觀，去長安五十里。」

〔五〕駢，並也。

〔六〕獻帝起居注曰：「傕等各欲用其所舉，若壹違之，便忿憤恚怒。主者患之，乃以次第用其所舉，先從傕起，汜次之，稠次之。三公所舉，終不見用。」

時長安中盜賊不禁，白日虜掠，傕、汜、稠乃參分城內，各備其界，猶不能制，而其子弟縱橫，侵暴百姓。是時穀一斛五十萬，豆麥二十萬，人相食啖，〔一〕白骨委積，臭穢滿路。帝使侍御史侯汶〔二〕出太倉米豆爲飢人作糜，經日而死者無降。帝疑賦卹有虛，〔三〕乃親於御前自加臨檢。既知不實，使侍中劉艾出讓有司。於是尚書令以下皆詣省閤謝，奏收侯汶考實。詔曰：「未忍致汝于理，可杖五十。」自是後多得全濟。

〔一〕啖音徒敢反。

〔二〕音問。

〔三〕賦，布也。卹，憂也。

明年春，傕因會刺殺樊稠於坐，〔一〕由是諸將各相疑異，傕、汜遂復理兵相攻。〔二〕安西將軍楊定者，故卓部曲將也。懼傕忍害，乃與汜合謀迎天子幸其營。傕知其計，即使兄子暹〔三〕將數千人圍宮。以車三乘迎天子、皇后。太尉楊彪謂暹曰：「古今帝王，無在人臣家者。諸君舉事，當上順天心，柰何如是！」暹曰：「將軍計決矣。」帝於是遂幸傕營，彪等皆徒從。亂兵入殿，掠宮人什物，傕又徙御府金帛乘輿器服，而放火燒宮殿官府居人悉盡。帝使楊彪與司空張喜等十餘人和傕、汜，汜不從，遂質留公卿。彪謂汜曰：「將軍達人閒事，柰何君臣分爭，一人劫天子，一人質公卿，此可行邪？」汜怒，欲手刃彪。彪曰：「卿尚不奉國家，吾豈求生邪！」左右多諫，汜乃止。遂引兵攻傕，矢及帝前，〔四〕又貫傕耳。傕將楊奉本白波賊帥，乃將兵救傕，於是汜衆乃退。

〔一〕獻帝紀曰：「傕見稠果勇而得衆心，疾害之，醉酒，潛使外生騎都尉胡封於坐中拉殺稠。」

〔二〕袁宏紀曰「李傕數設酒請汜，或留汜止宿。汜妻懼與傕婢妾私而奪己愛，思有以離間之。會傕送饋，汜妻乃以豉爲藥。汜將食，妻曰：『食從外來，儻或有故？』遂摘藥示之，曰：『一栖不兩雄，我固疑將軍之信李公也。』他日傕請汜，大醉，汜疑傕藥之，絞糞汁飲之乃解，於是遂相猜疑」也。

〔三〕晉纖。

〔四〕獻帝紀曰：「汜與傕將張苞、張龍謀誅傕，汜將兵夜攻傕門。候開門內汜兵，苞等燒屋，火不然。汜兵弓弩並發，矢及天子樓帷簾中。」

是日，傕復移帝幸其北塢，唯皇后、宋貴人俱。傕使校尉監門，隔絕內外。〔一〕尋復欲徙帝於池陽黃白城，〔二〕君臣惶懼。司徒趙溫深解譬之，乃止。詔遣謁者僕射皇甫酈和傕、汜。酈先譬汜，汜即從命。又詣傕，傕不聽。曰：「郭多，盜馬虜耳，何敢欲與我同邪！必誅之。君觀我方略士衆，足辦郭多不？多又劫質公卿。所爲如是，而君苟欲左右之邪！」〔三〕汜一名多。酈曰：「今汜質公卿，而將軍脅主，誰輕重乎？」傕怒，呵遣酈，因令虎賁王昌追殺之。昌僞不及，酈得以免。傕乃自爲大司馬。〔四〕與郭汜相攻連月，死者以萬數。

〔一〕獻帝紀曰：「傕令門設反關，校尉守察。盛夏炎暑，不能得冷水，飢渴流離。上以前移宮人及侍臣，不得以穀米自隨，入門有禁防，不得出市，困乏，使就傕索粳米五斛，牛骨五具，欲爲食賜宮人左右。傕不與米，取久牛肉牛骨給，皆已臭蟲，不可啖食。」

〔二〕池陽，縣，故城在今涇陽縣西北。

〔三〕左右，助也，音佐又。

〔四〕獻帝起居注曰：「傕性喜鬼怪左道之術，常有道人及女巫歌謳擊鼓下神祭，六丁符劾厭勝之具，無所不爲。又於朝廷省門外爲董卓作神坐，數以牛羊祠之。天子使左中郎將李國持節拜傕爲大司馬，在三公之右。傕自以爲得鬼神之助，乃厚賜諸巫。」

張濟自陝來和解二人，仍欲遷帝權幸弘農。帝亦思舊京，因遣使敦請傕求東歸，十反乃許。〔一〕車駕即日發邁。〔二〕李傕出屯曹陽。以張濟爲驃騎將軍，復還屯陝。遷郭汜車騎將軍，楊定後將軍，楊奉興義將軍。又以故牛輔部曲董承爲安集將軍。〔三〕汜等並侍送乘輿。汜遂復欲脅帝幸郿，定、奉、承不聽。汜恐變生，乃弃軍還就李傕。車駕進至華陰。〔四〕寧輯將軍段煨乃具服御及公卿以下資儲，請帝幸其營。初，楊定與煨有隙，遂誣煨欲反，乃攻其營，十餘日不下。〔五〕而煨猶奉給御膳，稟贍百官，終無二意。

〔一〕袁宏紀曰：「濟使太官令孫篤、校尉張式宣諭十反。」

〔二〕獻帝起居注曰：「初，天子出，到宣平門，當度橋，汜兵數百人遮橋曰：『是天子非？』車不得前。傕兵數百人皆持大戟在乘輿車前，侍中劉艾大呼云：『是天子也！』使侍中楊琦高舉車帷。帝言諸兵：『汝卻，何敢迫近至尊邪！』汜等兵乃卻。既度橋，士衆咸稱萬歲。」

〔三〕蜀志曰：「承，獻帝舅也。」裴松之注曰：「承，靈帝母太后之姪。」

〔四〕帝王紀曰：「帝以尚書郎郭溥喻汜，汜以屯部未定，乞須留之。溥因罵汜曰：『卿眞庸人賤夫，爲國上將，今天子有命，何須留之？吾不忍見卿所行，請先殺我，以章卿惡。』汜得溥言切，意乃少喻。」

〔五〕袁宏紀曰：「煨與楊定有隙，煨迎乘輿，不敢下馬，揖馬上。侍中种輯素與定親，乃言曰：『段煨欲反。』上曰：『煨屬來迎，何謂反？』對曰：『迎不至界，拜不下馬，其色變，必有異心。』太尉楊彪等曰：『煨不反，臣等敢以死保，車駕可幸其營。』董承、楊定言曰：『郭汜今且將七百騎來入煨營。』天子信之，遂露次於道南，奉、承、定等攻也。」

李傕、郭汜既悔令天子東，乃來救段煨，因欲劫帝而西。楊定爲汜所遮，亡奔荆州。而張濟與楊奉、董承不相平，乃反合傕、汜，共追乘輿，大戰於弘農東澗。承、奉軍敗，百官士卒死者不可勝數，皆弃其婦女輜重，御物符策典籍，略無所遺。〔一〕射聲校尉沮儁被創墜馬。李傕謂左右曰：「尚可活不？」儁罵之曰：「汝等凶逆，逼迫天子，亂臣賊子，未有如汝者！」傕

使殺之。〔二〕天子遂露次曹陽。承、奉乃譎傕等與連和，而密遣閒使至河東，招故白波帥李樂、韓暹、胡才及南匈奴右賢王去卑，並率其衆數千騎來，與承、奉共擊傕等，大破之，斬首數千級，乘輿乃得進。董承、李樂擁衞左右，胡才、楊奉、韓暹、去卑爲後距。傕等復來戰，奉等大敗，死者甚於東澗。自東澗兵相連綴四十里中，方得至陝，乃結營自守。時殘破之餘，虎賁羽林不滿百人，皆有離心。承、奉等夜乃潛議過河，〔三〕使李樂先度具舟舡，舉火爲應。帝步出營，臨河欲濟，岸高十餘丈，乃以絹縋而下。〔四〕餘人或匍匐岸側，或從上自投，死亡傷殘，不復相知。爭赴舡者，不可禁制，董承以戈擊披之，斷手指於舟中者可掬。同濟唯皇后、宋貴人、〔五〕楊彪、董承及后父執金吾伏完等數十人。其宮女皆爲傕兵所掠奪，凍溺死者甚衆。既到大陽，止於人家，〔六〕然後幸李樂營。百官飢餓，河內太守張楊〔七〕使數千人負米貢餉。帝乃御牛車，因都安邑。河東太守王邑奉獻綿帛，悉賦公卿以下。封邑爲列侯，〔八〕拜胡才征東將軍，張楊爲安國將軍，皆假節、開府。其壘壁羣豎，競求拜職，刻印不給，至乃以錐畫之。或齎酒肉就天子燕飲。〔九〕又遣太僕韓融至弘農，與傕、汜等連和。傕乃放遣公卿百官，頗歸宮人婦女，及乘輿器服。

〔一〕獻帝傳曰：「掠婦女衣被，遲違不時解，即斫刺之。有美髮者斷取。凍死及嬰兒隨流而浮者塞水。」

〔二〕袁山松書曰：「儁年二十五，其督戰訾𥌈負其屍而瘞之。」

〔三〕袁宏紀曰：「傕、汜繞營叫呼，吏士失色，各有分散意。李樂懼，欲令車駕御舡過砥柱，出盟津。楊彪曰：『臣弘農人也。自此以東，有三十六難，非萬乘所當登。』宗正劉艾亦曰：『臣前爲陝令，知其危險。舊故（有）河師，猶時有傾危，況今無師。太尉所慮是也。』」

〔四〕縋音直類反。

〔五〕宋貴人名都，常山太守泓之女也。見獻帝起居注。

〔六〕大陽，縣，屬河東郡。前書音義曰「在大河之陽」也。即今陝州河北縣是也。十三州記曰：「傅巖在其界，今住穴尚存。」

〔七〕魏志曰：「楊字稚叔，雲中人。」

〔八〕邑字文都，北地涇陽人，鎭北將軍。見同歲名。

〔九〕魏（志）〔書〕曰「乘輿時居棘籬中，門戶無關閉，天子與羣臣會，兵士伏籬上觀，互相鎭壓以爲笑。諸將或遣婢詣省閤，或齎酒啖天子，侍中不通，喧呼罵詈」也。

初，帝入關，三輔戶口尚數十萬，自傕汜相攻，天子東歸後，長安城空四十餘日，彊者四散，羸者相食，二三年閒，關中無復人跡。建安元年春，諸將爭權，韓暹遂攻董承，承奔張楊，楊乃使承先繕修洛宮。七月，帝還至洛陽，幸楊安殿。張楊以爲己功，故因以「楊」名殿。〔一〕乃謂諸將曰：「天子當與天下共之，朝廷自有公卿大臣，楊當出扞外難，何事京師？」遂還野王。楊奉亦出屯梁。乃以張楊爲大司馬，楊奉爲車騎將軍，韓暹爲大將軍，領司隸

校尉，皆假節鉞。暹與董承並留宿衞。

〔一〕獻帝起居注曰：「舊時宮殿悉壞，倉卒之際，拾撫故瓦材木，工匠無法度之制，所作並無足觀也。」

暹矜功恣睢，〔一〕干亂政事，董承患之，潛召兗州牧曹操。操乃詣闕貢獻，稟公卿以下，因奏韓暹、張楊之罪。暹懼誅，單騎奔楊奉。帝以暹、楊有翼車駕之功，詔一切勿問。於是封衞將軍董承、輔國將軍伏完等十餘人爲列侯，贈沮儁爲弘農太守。〔二〕曹操以洛陽殘荒，遂移帝幸許。楊奉、韓暹欲要遮車駕，不及，曹操擊之，〔三〕奉、暹奔袁術，遂縱暴楊、徐閒。明年，左將軍劉備誘奉斬之。暹懼，走還幷州，道爲人所殺。〔四〕胡才、李樂留河東，才爲怨家所害，樂自病死。張濟飢餓，出至南陽，攻穰，戰死。郭汜爲其將伍習所殺。

〔一〕恣睢，自任用之貌。睢音火季反。

〔二〕袁宏紀曰：「誅議郎侯祈、尚書馮碩、侍中（壼）〔臺〕崇，討有罪也。封衞將軍董承、輔國將軍伏完、侍中丁沖、种輯、尚書僕射鍾繇、尚書郭溥、御史中丞董芬、彭城相劉艾、馮翊韓斌、東郡太守楊衆、議郎羅邵、伏德、趙蕤爲列侯，賞有功也。贈射聲校尉沮儁爲弘農太守，旌死節也。」

〔三〕獻帝春秋曰：「車駕出洛陽，自轘轅而東，楊奉、韓暹引軍追之。輕騎既至，操設伏兵要於陽城山峽中，大敗之。」

〔四〕九州春秋曰：「暹失奉，孤特，與千餘騎欲歸幷州，爲張宣所殺。」

三年，使謁者僕射裴茂詔關中諸將段煨等討李傕，夷三族。〔一〕以段煨爲安南將軍，封

中華書局

閿鄉侯。〔二〕

〔一〕典略曰：「傕頭至，有詔高縣之。」

〔二〕閿鄉，今虢州縣也。說文「閿」，今作「闅」，流俗誤也。

四年，張楊爲其將楊醜所殺。〔一〕以董承爲車騎將軍，開府。

〔一〕魏志曰：「楊素與呂布善。曹公之圍布，楊欲救之不能，乃出兵東市，遙爲之埶。其將楊醜殺楊以應曹公。」

自都許之後，權歸曹氏，天子總己，百官備員而已。帝忌操專偪，乃密詔董承，使結天下義士共誅之。承遂與劉備同謀，未發，會備出征，承更與偏將軍王服、長水校尉种輯、議郎吳碩結謀。事泄，承、服、輯、碩皆爲操所誅。

韓遂與馬騰自還涼州，更相戰爭，乃下隴據關中。操方事河北，慮其乘閒爲亂，七年，乃拜騰征南將軍，遂征西將軍，並開府。後徵段煨爲大鴻臚，病卒。復徵馬騰爲衞尉，封槐里侯。騰乃應召，而留子超領其部曲。十六年，超與韓遂舉關中背曹操，操擊破之，遂、超敗走，騰坐夷三族。超攻殺涼州刺史韋康，〔一〕復據隴右。十九年，天水人楊阜破超，〔二〕超奔漢中，降劉備。〔三〕韓遂走金城羌中，爲其帳下所殺。初，隴西人宗建在枹罕，自稱「河首平漢王」，〔四〕署置百官三十許年。曹操因遣夏侯淵擊建，斬之，涼州悉平。〔五〕

〔一〕太僕端之子也。弟誕，魏光祿大夫。

〔二〕魏志曰：「阜字義山，天水冀人也。韋康以爲別駕。馬超率萬餘人攻冀城，阜率國士大夫及宗族子弟勝兵者千餘人，使弟岳於城上作偃月營，與超接戰。自正月至八月拒守，而救兵不至。超入，拘岳於冀，殺刺史太守。阜內有報超之志，而未得其便。外兄姜敍屯歷城，阜少長(諳)敍家，見敍母，說前在冀中時事，歔欷悲甚。敍曰：『何爲爾？』阜曰：『守城不能完，君亡不能死，亦何面目以視息天下？』時敍母慨然勑從阜計。超聞阜等兵起，自將出襲歷城，得敍母。〔敍母〕罵之曰：『若背父之逆子，殺君之桀賊，天地豈久容，敢以面目視人乎！』超怒，殺之。阜與戰，身被五創，宗族昆季死者七人，超遂南奔張魯。」

〔三〕蜀志曰：「超字孟起。既奔漢中，聞備圍劉璋於成都，密書請降。備遣迎超，將兵徑到城下。漢中震怖，璋即稽首。」

〔四〕建以居河上流，故稱「河首」也。

〔五〕魏志曰：「泉字妙才，沛國人也，爲征西護軍。魏太祖使帥諸將討建，拔之。」

論曰：董卓初以虓闞爲情，〔一〕因遭崩剝之埶，〔二〕故得蹈藉彝倫，毀裂畿服。〔三〕夫以刳肝斮趾之性，〔四〕則羣生不足以厭其快，然猶折意縉紳，遲疑陵奪，〔五〕尚有盜竊之道焉。〔六〕及殘寇乘之，倒山傾海，〔七〕崑岡之火，自茲而焚，〔八〕版蕩之篇，於焉而極。〔九〕嗚呼，人之生也難矣！〔一〇〕天地之不仁甚矣！〔一一〕

〔一〕詩大雅曰：「闞如虓虎。」毛傳曰：「虎怒之貌也。」

〔二〕剝猶亂也。左傳曰：「天實剝亂。」

〔三〕彝，常也。倫，理也。書云：「我不知其彝倫攸敍。」左傳曰：「裂冠毀冕。」畿謂王畿也。服，九服也。

〔四〕刳，剖也。斮，斬也。紂刳剔孕婦，剖比干之心，斮朝涉之脛。

〔五〕折，屈也。謂忍性屈情，擢用鄭泰、蔡邕、何顒、荀爽等。

〔六〕莊子曰：「跖之徒問於跖曰：『盜亦有道乎？』跖曰：『何適無有邪？夫妄意室中之藏，聖也；入先，勇也；出後，義也；知可否，智也；分均，仁也：五者不備而能成大盜者，天下未之有也。』」

〔七〕殘寇謂傕、汜等。

〔八〕書曰：「火炎崑岡，玉石俱焚。」

〔九〕詩大雅曰：「上帝版版，下人卒癉。」毛萇注：「版，反也。癉，病也。言厲王爲政，反先王之道，下人盡病也。」又蕩之什曰：「蕩蕩上帝，下人之辟，疾威上帝，其命多辟。」鄭玄注云：「蕩蕩，法度廢壞之貌。」

〔一〇〕左傳曰：「人生實難，其有不獲死乎？」

〔一一〕老子曰：「天地不仁，以萬物爲芻狗。」

贊曰：百六有會，〔一〕過、剝成災。〔二〕董卓滔天，干逆三才。〔三〕方夏崩沸，〔四〕皇京烟埃。無禮雖及，餘祲遂廣。〔五〕矢延王輅，兵纏魏象。〔六〕區服傾回，人神波蕩。

〔一〕前書音義曰：「四千五百歲爲一元，一元之中有九厄，陽厄五，陰厄四。陽爲旱，陰爲水。」初入元百六歲有陽厄，故曰「百六之會」。

〔二〕易曰大過：「棟撓，本末弱也。」剝：「不利有攸往，小人長也。」

〔三〕滔，漫也。書曰：「象龔滔天。」

〔四〕方，四方；夏，華夏也。詩小雅云：「百川沸騰，山冢崒崩。」

〔五〕左傳曰：「多行無禮，必自及。」

〔六〕周禮巾車氏掌王之五輅。纏，遶也。魏象，闕也。

校勘記

二三二九頁三行　董卓字仲穎　按：刊誤謂依注則「穎」當作「潁」。

二三三〇頁三行　殺護羌校尉泠徵　按：沈家本謂靈紀「泠」作「伶」。

二三三一頁二行　涼州義從宋建王國等反　「涼」原譌「梁」，各本同，逕改正。按：种暠傳「後涼州羌動，以暠爲涼州刺史」，汲本、殿本「涼」並譌「梁」，集解引陳景雲說，謂「梁」當作「涼」，漢無梁州，至晉始置耳。

二三三二頁二行　太守陳懿勸之使(王)〔往〕　按：刊誤謂此「王」當作「往」，陳懿勸約使往也。今據改。

二三三二頁三行　國等扶以到護羌營　按：校補謂作「扶」無義，當是「挾」之譌。

二三三二頁七行　又無壯事　按：殿本「事」作「士」，疑譌。

二三三三頁一四行　濁亂海內　按：集解引王補說，謂袁紀「濁」作「汩」。

二三二二頁二行　中常侍段珪　「段」原譌「叚」，逕改正。下同，不悉出校記。

二三二二頁八行　晉趙鞅取晉陽之甲以逐荀寅與士吉射〔荀寅與士吉射〕者曷爲〔者也〕　注有脫文，不可句讀，今據公羊傳補。

二三二三頁一一行　下數百萬膏腴美田　按：沈家本謂「下」字不可解，當依魏志董卓傳注作「京畿諸郡」四字。

二三二五頁八行　今岐州縣　按：「岐」原譌「歧」，逕改正。

二三二五頁九行　置（丞）令〔丞〕　刊誤謂漢書內皆言「令丞」，此不合倒之。今據改。按：魏志卓傳作「置家令丞」。

二三二六頁三行　漢陽周珌　按：集解引錢大昕說，謂章懷注引英雄記，云周毖武威人，此與蜀志許靖傳俱云「漢陽」，未知孰是。又引惠棟說，謂袁宏紀云「侍中周毖」，魏志亦作「毖」。

二三二六頁一三行　侍中汝南伍瓊　按：集解引惠棟說，謂魏志云「城門校尉汝南伍瓊」。

二三二七頁六行　獻帝春秋咨作資　按：魏志亦作「資」。

二三二七頁一五行　悉燒宮廟官府居家　按：集解引惠棟說，謂魏志引續漢書「居家」作「民家」。

二三二八頁一一行　聚兵於陜　「陜」原譌「陝」，逕改正。下同。

二三二九頁五行　從東第三門　按：刊誤謂案文少「名宣陽」三字。

二三二九頁七行　（賁）〔賫〕饋周急　據殿本改。按：王先謙謂作「賫」是。

二三二九頁一四行　今俗以事干人者謂之相竿摩　汲本「相竿摩」之「竿」作「干」。按：校補謂注本通竿於干，承上「干人」來，作「干」爲長。

二三三〇頁一行　卓施帳幔飲設　按：校補謂案魏志原文本無「設」字，此「飲設」當作「設飲」。

二三三〇頁二行　偃轉（柸）〔杯〕案閒　按：「柸」非「杯」字，各本並譌，今改正。

二三三一頁一一行　騎都尉李肅　按：通鑑考異謂袁紀作「李順」。

二三三一頁一四行　主簿田儀　按：魏志作「田景」。

二三三二頁五行　瑞字君榮　殿本考證謂何焯校本「榮」改「策」。按：王允傳作「策」。

二三三二頁五行　封子萌津亭侯　按：殿本「津」作「車」。

二三三二頁九行　俠叉卓車　汲本「俠」作「挾」。按：俠與挾通。

二三三三頁一三行　衞尉种拂　按：集解引錢大昕說，謂案獻帝紀、种拂傳皆云「太常」，非「衞尉」也。

二三三四頁五行　袁宏紀曰　「紀」原作「記」，逕改正。按：注中紀記互誤，各本多有，以後逕改正，不出校記。

二三三五頁四行　右中郎將劉範　集解引惠棟說，謂本紀及种劭傳皆云「左中郎將」。按：沈家本謂魏志卓傳、蜀志劉焉傳並作「左中郎將」。

二三三五頁五行　前涼州刺史种劭　按：「劭」原譌「邵」，各本並譌，逕改正。

二三三六頁二行　便忿憤恚怒　按：「恚」原譌「喜」，逕據汲本、殿本改正。

二三三六頁七行　皆詣省閤謝　按：刊誤謂案文「閤」當作「閣」。

二三三七頁一三行　尋復欲徙帝於池陽黄白城　按：「徙」原譌「徒」，逕改正。

二三三八頁九行　歌謳擊鼓下神祭　按：沈家本謂魏志裴注引獻帝起居注，「祭」上有「祠」字，此奪。

二三三八頁一〇行　左中郎將李國持節拜傕爲大司馬　按：沈家本謂魏志注「李國」作「李固」。又按：「持」原譌「特」，逕改正。

二三三九頁二行　濟使太官令孫篤校尉張式　按：校補引柳從辰說，謂袁紀作「太官令孤篤、綏民校尉張裁」。

二三三九頁三行　是天子非　按：袁紀作「此天子非也」。沈家本謂魏志注「非」作「邪」。

二三四〇頁一一行　拜胡才征東將軍　按：校補謂案照下文「征」上亦應有「爲」字。

二三四〇頁一五行　偁年二十五　按：「偁」原譌「俊」，逕據汲本、殿本改正。

二三四〇頁一五行　其督戰訾寶　按：校補引柳從辰說，謂袁紀「訾寶」作「訾置」。

二三四一頁二行　有三十六難　按：袁紀同。汲本、殿本「難」作「灘」，魏志注引獻帝紀同。

二三四一頁二行　舊故〔有〕河師猶時有傾危　「舊故河師」不成文理，今據袁紀補一「有」字。按：魏志注作「有師猶有傾覆」。

二三四一頁五行　按：校補謂此注當在上文「唯皇后、宋貴人俱」下。

二三四一頁一〇行　魏（志）〔書〕曰　據惠棟補注改。按：注所引乃王沈魏書文，魏志董卓傳裴注亦引之。

二三四一頁一〇行　諸將或遣婢詣省問　刊誤謂「問」當作「閤」。今按：魏志董卓傳裴注引正作「閤」。集解引周壽昌說，謂此時天子居棘籬中，尚有何省閤可詣乎？省問即存問，恐魏書本如是，不必作「閤」字也。

二三四二頁七行　明年左將軍劉備誘奉斬之　按：李慈銘謂案三國志先主傳，是時尚爲鎮東將軍，未拜左將軍也。

二三四二頁一〇行　侍中（壺）〔臺〕崇　集解引惠棟說，謂「壺」當作「臺」，詳見獻帝紀。今據改。

二三四三頁四行　四年張楊爲其將楊醜所殺　集解引錢大昕說，謂案獻帝紀，在三年十二月。按：校補謂袁紀亦屬之三年，與獻紀合。又「楊醜」袁紀作「眭固」，亦異。

二三四三頁一五行　太僕端之子也　按：殿本「端」作「瑞」。

二三四四頁二行　使弟岳於城上作偃月營　按：「岳」原作「嶽」，而下文又作「岳」，今據汲本、殿本逕改爲「岳」，俾前後一致，與魏志亦合。

二三四四頁三行　阜少長（詣）鈸家　刊誤謂此言阜自少長於鈸家，後人不曉，妄加一「詣」字。按：魏志楊皁傳亦作「皁少長敍家」，今據刪。

二三四四頁五行　得敍母〔敍母〕罵之曰　按：不重「敍母」二字，則文意不明，今據魏志楊皁傳補。

二三四四頁一〇行　泉字妙才　汲本、殿本「泉」作「淵」。按：此避唐諱，漏未追改。

二三四六頁五行　掌王之五輅　按：「王」原譌「主」，逕改正。

後漢書卷七十三

劉虞公孫瓚陶謙列傳第六十三

劉虞字伯安，東海郯人也。〔一〕祖父嘉，光祿勳。虞初舉孝廉，稍遷幽州刺史，民夷感其德化，自鮮卑、烏桓、夫餘、穢貊之輩，皆隨時朝貢，無敢擾邊者，百姓歌悅之。公事去官。中平初，黄巾作亂，攻破冀州諸郡，拜虞甘陵相，綏撫荒餘，以蔬儉率下。遷宗正。

〔一〕謝承書曰：「虞父舒，丹陽太守。虞通五經，東海（王）恭〔王〕之後。」

後車騎將軍張溫討賊邊章等，發幽州烏桓三千突騎，而牢稟逋懸，皆畔還本國。〔二〕前中山相張純私謂前太山太守張舉曰：「今烏桓既畔，皆願爲亂，涼州賊起，朝廷不能禁。又洛陽人妻生子兩頭，此漢祚衰盡，天下有兩主之徵也。子若與吾共率烏桓之衆以起兵，庶幾可定大業。」舉因然之。四年，純等遂與烏桓大人共連盟，攻薊下，燔燒城郭，虜略百姓，殺護烏桓校尉箕稠、右北平太守劉政、遼東太守陽終等，衆至十餘萬，屯肥如。〔三〕舉稱「天子」，純稱「彌天將軍安定王」，移書州郡，云舉當代漢，告天子避位，勑公卿奉迎。純又使烏

桓峭王等〔三〕步騎五萬，入青冀二州，攻破清河、平原，殺害吏民。朝廷以虞威信素著，恩積北方，明年，復拜幽州牧。虞到薊，罷省屯兵，務廣恩信。遣使告峭王等以朝恩寬弘，開許善路。又設賞購舉、純。舉、純走出塞，餘皆降散。純爲其客王政所殺，送首詣虞。靈帝遣使者就拜太尉，封容丘侯。〔四〕

〔一〕前書音義曰：「牢，賈直也。」稟，食也。言軍糧不續也。

〔二〕肥如，縣，屬遼西郡，故城在今平州。

〔三〕峭音七笑反。

〔四〕容丘，縣，屬東海郡。

及董卓秉政，遣使者授虞大司馬，進封襄賁侯。初平元年，復徵代袁隗爲太傅。道路隔塞，王命竟不得達。舊幽部應接荒外，資費甚廣，歲常割青、冀賦調二億有餘，以給足之。時處處斷絶，委輸不至，而虞務存寬政，勸督農植，開上谷胡市之利，通漁陽鹽鐵之饒，民悅年登，穀石三十。青、徐士庶避黄巾之難歸虞者百餘萬口，皆收視溫恤，爲安立生業，流民皆忘其遷徙。虞雖爲上公，天性節約，敝衣繩履，食無兼肉，遠近豪俊夙僭奢者，莫不改操而歸心焉。〔一〕

〔一〕夙猶舊也。

初，詔令公孫瓚討烏桓，受虞節度。瓚但務會徒衆以自強大，而縱任部曲，頗侵擾百姓，而虞爲政仁愛，念利民物，由是與瓚漸不相平。二年，冀州刺史韓馥、勃海太守袁紹及山東諸將議，以朝廷幼沖，逼於董卓，〔一〕遠隔關塞，不知存否，以虞宗室長者，欲立爲主。乃遣故樂浪太守張岐等齎議，上虞尊號。虞見岐等，厲色叱之曰：「今天下崩亂，主上蒙塵。〔二〕吾被重恩，未能清雪國恥。諸君各據州郡，宜共勠力，〔三〕盡心王室，而反造逆謀，以相垢誤邪！」固拒之。馥等又請虞領尚書事，承制封拜，復不聽。遂收斬使人。於是選掾右北平田疇、從事鮮于銀〔四〕蒙險閒行，奉使長安。獻帝既思東歸，見疇等大悅。時虞子和爲侍中，因此遣和潛從武關出，告虞將兵來迎。道由南陽，後將軍袁術聞其狀，遂質和，使報虞遣兵俱西。虞乃使數千騎就和奉迎天子，而術竟不遣之。

〔一〕時獻帝年十歲。

〔二〕左傳曰，周襄王出奔于鄭，魯臧文仲曰：「天子蒙塵于外。」

〔三〕說文曰：「勠力，幷力也。」左傳曰：「勠力同心。」音力凋反，又音六。

〔四〕魏志曰：「疇字子春，右北平無終人。好讀書，善擊劒。劉虞署爲從事。太祖北征烏桓，令疇將衆(止)〔上〕徐無，出盧龍，歷平剛，登白狼堆。去柳城二百餘里，虜乃驚，太祖與戰，大斬獲，論功封疇。疇上疏自陳，太祖令夏侯惇喻之。疇曰：『豈可賣盧龍塞以易賞祿哉？』」

初，公孫瓚知術詐，固止虞遣兵，虞不從，瓚乃陰勸術執和，使奪其兵，自是與瓚仇怨益深。和尋得逃術還北，復爲袁紹所留。瓚既累爲紹所敗，而猶攻之不已，虞患其黷武，〔一〕且慮得志不可復制，固不許行，而稍節其稟假。瓚怒，屢違節度，又復侵犯百姓。虞所賚賞典當胡夷，〔二〕瓚數抄奪之。積不能禁，乃遣驛使奉章陳其暴掠之罪，瓚亦上虞稟糧不周，二奏交馳，互相非毀，朝廷依違而已。瓚乃築京於薊城以備虞。〔三〕虞數請瓚，輒稱病不應。虞乃密謀討之，以告東曹掾右北平魏攸。攸曰：「今天下引領，以公爲歸，謀臣爪牙，不可無也。瓚文武才力足恃，雖有小惡，固宜容忍。」虞乃止。

〔一〕黷猶慢也，數也。尚書曰「黷于祭祀」也。

〔二〕當音丁浪反。

〔三〕京，高丘也，言高築丘壘以備虞焉。解見獻帝紀。

頃之攸卒，而積忿不已。四年冬，遂自率諸屯兵衆合十萬人以攻瓚。將行，從事代郡程緒免胄而前曰：「公孫瓚雖有過惡，而罪名未正。明公不先告曉使得改行，而兵起蕭牆，非國之利。加勝敗難保，不如駐兵，以武臨之，瓚必悔禍謝罪，所謂不戰而服人者也。」虞以緒臨事沮議，遂斬之以徇。戒軍士曰：「無傷餘人，殺一伯珪而已。」時州從事公孫紀者，瓚以同姓厚待遇之。紀知虞謀而夜告瓚。瓚時部曲放散在外，倉卒自懼不免，乃掘東城欲走。虞兵不習戰，又愛人廬舍，勑不聽焚燒，急攻圍不下。瓚乃簡募銳士數百人，因風縱火，直衝突之。虞遂大敗，與官屬北奔居庸縣。〔一〕瓚追攻之，三日城陷，遂執虞幷妻子還薊，猶使領州文書。會天子遣使者段訓增虞封邑，督六州事；拜瓚前將軍，封易侯，假節督幽、幷、(司)〔青〕、冀。瓚乃誣虞前與袁紹等欲稱尊號，脅訓斬虞於薊市。先坐而呪曰：「若虞應爲天子者，天當風雨以相救。」時旱埶炎盛，遂斬焉。傳首京師，故吏尾敦於路劫虞首歸葬之。〔二〕瓚乃上訓爲幽州刺史。虞以恩厚得衆，懷被北州，百姓流舊，莫不痛惜焉。

〔一〕居庸縣屬上谷郡，有關。

〔二〕尾敦，姓名。

初，虞以儉素爲操，冠敝不改，乃就補其穿。及遇害，瓚兵搜其內，而妻妾服羅紈，盛綺飾，時人以此疑之。和後從袁紹報瓚云。

公孫瓚字伯珪，遼西令支人也。〔一〕家世二千石。瓚以母賤，遂爲郡小吏。爲人美姿貌，大音聲，言事辯慧。〔二〕太守奇其才，以女妻之。〔三〕後從涿郡盧植學於緱氏山中，略見書傳。舉上計吏。太守劉君坐事檻車徵，官法不聽吏下親近，瓚乃改容服，詐稱侍卒，身執

徒養，御車到洛陽。太守當徙日南，瓚具豚酒於北芒上，祭辭先人，酹觴祝曰：「昔爲人子，今爲人臣，當詣日南。日南多瘴氣，恐或不還，便當長辭墳塋。」慷慨悲泣，再拜而去，觀者莫不歎息。既行，於道得赦。

〔一〕令音力定反。支音巨移反。

〔二〕典略曰：「瓚性辯慧，每白事，常兼數曹，無有忘誤。」

〔三〕魏志曰：「侯太守妻之以女。」

瓚還郡，舉孝廉，除遼東屬國長史。嘗從數十騎出行塞下，卒逢鮮卑數百騎。瓚乃退入空亭，約其從者曰：「今不奔之，則死盡矣。」乃自持兩刃矛，馳出衝賊，殺傷數十人，瓚左右亦亡其半，遂得免。

中平中，以瓚督烏桓突騎，車騎將軍張溫討涼州賊。〔一〕會烏桓反畔，與賊張純等攻擊薊中，瓚率所領追討純等有功，遷騎都尉。張純復與畔胡丘力居等寇漁陽、河閒、勃海，入平原，多所殺略。瓚追擊戰於屬國石門，〔二〕虜遂大敗，弃妻子踰塞走，悉得其所略男女。瓚深入無繼，反爲丘力居等所圍於遼西管子城，二百餘日，糧盡食馬，馬盡煮弩楯，力戰不敵，乃與士卒辭訣，各分散還。時多雨雪，隊阬死者十五六，虜亦飢困，遠走柳城。詔拜瓚降虜校尉，封都亭侯，復兼領屬國長史。職統戎馬，連接邊寇。每聞有警，瓚輒厲色憤怒，如

赴讎敵，望塵奔逐，或繼之以夜戰。虜識瓚聲，憚其勇，莫敢抗犯。

〔一〕賊即邊章等。
〔二〕石門，山名，在今營州柳城縣西南。
瓚常與善射之士數十人，皆乘白馬，以爲左右翼，自號「白馬義從」。烏桓更相告語，避白馬長史。乃畫作瓚形，馳騎射之，中者咸稱萬歲。虜自此之後，遂遠竄塞外。瓚志埽滅烏桓，而劉虞欲以恩信招降，由是與虞相忤。初平二年，青、徐黃巾三十萬衆入勃海界，欲與黑山合。瓚率步騎二萬人，逆擊於東光南，大破之，〔一〕斬首三萬餘級。賊弃其車重數萬兩，奔走度河。瓚因其半濟薄之，賊復大破，死者數萬，流血丹水，收得生口七萬餘人，車甲財物不可勝筭，威名大震。拜奮武將軍，封薊侯。

〔一〕東光，今滄州縣。

瓚既諫劉虞遣兵就袁術，而懼術知怨之，乃使從弟越將千餘騎詣術自結。術遣越隨其將孫堅，擊袁紹將周昕，越爲流矢所中死。瓚因此怒紹，遂出軍屯槃河，將以報紹。〔一〕乃上疏曰：「臣聞皇羲已來，君臣道著，張禮以導人，設刑以禁暴。今車騎將軍袁紹，託承先軌，爵任崇厚，而性本淫亂，情行浮薄。昔爲司隸，值國多難，太后承攝，何氏輔朝。〔二〕紹不能舉直措枉，而專爲邪媚，招來不軌，疑誤社稷，至令丁原焚燒孟津，〔三〕董卓造爲亂始。紹

罪一也。卓既無禮，帝主見質。紹不能開設權謀，以濟君父，而弃置節傳，〔四〕迸竄逃亡。忝辱爵命，背違人主，紹罪二也。紹爲勃海，當攻董卓，而默選戎馬，不告父兄，至使太傅一門，纍然同斃。不仁不孝，紹罪三也。〔五〕紹既興兵，涉歷二載，不恤國難，廣自封植。乃多引資糧，專爲不急，割刻無方，考責百姓，其爲痛怨，莫不咨嗟。紹罪四也。逼迫韓馥，竊奪其州，矯刻金玉，以爲印璽，每有所下，輒皁囊施檢，文稱詔書。〔六〕昔亡新僭侈，漸以即眞。〔七〕觀紹所擬，將必階亂。〔八〕紹罪五也。紹令星工伺望祥妖，〔九〕賂遺財貨，與共飲食，尅會期日，攻鈔郡縣。此豈大臣所當施爲？紹罪六也。紹與故虎牙都尉劉勳，首共造兵，勳降服張楊，累有功効，而以小忿枉加酷害。信用讒慝，濟其無道，紹罪七也。故上谷太守高焉，故甘陵相姚貢，紹以貪惏，〔一〇〕橫責其錢，錢不備畢，二人并命。紹罪八也。春秋之義，子以母貴。〔一一〕紹母親爲傅婢，地實微賤，據職高重，享福豐隆。有苟進之志，無虛退之心，紹罪九也。又長沙太守孫堅，前領豫州刺史，遂能驅走董卓，埽除陵廟，忠勤王室，其功莫大。紹遣小將盜居其位，斷絕堅糧，不得深入，使董卓久不服誅。紹罪十也。昔姬周政弱，王道陵遲，天子遷徙，諸侯背畔，故齊桓立柯（會）〔亭〕之盟，〔一二〕晉文爲踐土之會，〔一三〕伐荊楚以致菁茅，〔一四〕誅曹、衞以章無禮。〔一五〕臣雖闒茸，名非先賢，〔一六〕蒙被朝恩，負荷重任，職在鈇鉞，奉辭伐罪，〔一七〕輒與諸將州郡共討紹等。若大事克捷，罪人斯得，〔一八〕庶續桓文忠誠之

効。」遂舉兵攻紹，於是冀州諸城悉畔從瓚。

〔一〕般即爾雅九河鉤盤之河也。其枯河在今滄州樂陵縣東南。
〔二〕謂何進也。
〔三〕續漢書曰：「何進欲誅中常侍趙忠等，進乃詐令武猛都尉丁原放兵數千人，爲賊於河內，稱『黑山伯』，上事以誅忠等爲辭，燒平陰、河津莫府人舍，以怖動太后。」
〔四〕傳音丁戀反。
〔五〕左傳曰：「兩釋纍囚。」杜預曰：「纍，繫也。」前書音義曰：「諸不以罪死曰纍。」斃，踣也。董卓恨紹起兵山東，乃誅紹叔父太傅隗，及宗族在京師者，盡誅滅之。
〔六〕漢官儀曰：「凡章表皆啓封，其言密事得皁囊。」說文曰：「檢，書署也。」今俗謂之排，其字從「木」。
〔七〕亡新，王莽。
〔八〕階，梯也。詩曰：「職爲亂階。」
〔九〕星工，善星者。
〔一〇〕惏音力含反。
〔一一〕公羊傳曰「桓公幼而貴，隱公長而卑，子以母貴，母以子貴」也。
〔一二〕春秋：「公會齊侯盟于柯。」公羊傳曰：「齊桓公之信著于天下，自柯之盟始也。」
〔一三〕踐土，鄭地也。左傳，周襄王出居於鄭，晉文公重耳爲踐土之會，率諸侯朝天子，以成霸功。
〔一四〕菁茅，靈茅，以供祭祀也。左傳曰僖四年，齊桓伐楚，責之曰：「爾貢苞茅不入，王祭不供，無以縮酒，寡人是徵。」

〔一五〕左傳僖二十八年，晉侯伐曹，假道于衞，衞人不許，還自河南濟，侵曹伐衞，責其無禮也。
〔一六〕闒猶下也。茸，細也。闒音吐盇反。茸音人勇反。
〔一七〕鈇音方于反。垄，刃也。鉞，斧也。
〔一八〕尙書：「周公東征，三年，罪人斯得。」

紹懼，乃以所佩勃海太守印綬授瓚從弟範，遣之郡，欲以相結。而範遂背紹，領勃海兵以助瓚。瓚乃自署其將帥爲青、冀、兗三州刺史，又悉置郡縣守令，與紹大戰於界橋。〔一〕瓚軍敗還薊。紹遣將崔巨業將兵數萬攻圍故安不下，退軍南還。瓚將步騎三萬人追擊於巨馬水，〔二〕大破其衆，死者七八千〔人〕。乘勝而南，攻下郡縣，遂至平原，乃遣其青州刺史田揩據有齊地。紹復遣兵數萬與揩連戰二年，糧食並盡，士卒疲困，互掠百姓，野無青草。〔三〕紹乃遣子譚爲青州刺史，揩與戰，敗退還。

〔一〕橋名。解見獻帝紀。
〔二〕水在幽州歸義縣界，自易州遒縣界流入。
〔三〕左傳齊侯伐魯，語展喜曰：「室如懸罄，野無青草，何恃而不恐？」

是歲，瓚破禽劉虞，盡有幽州之地，猛志益盛。前此有童謠曰：「燕南垂，趙北際，中央不合大如礪，唯有此中可避世。」瓚自以爲易地當之，遂徙鎮焉。〔一〕乃盛修營壘，樓觀數

十，臨易河，通遼海。

〔一〕前書易縣屬涿郡，續漢志曰屬河閒。瓚所居易京故城在今幽州歸義縣南十八里。

劉虞從事漁陽鮮于輔等，合率州兵，欲共報瓚。輔以燕國閻柔素有恩信，推爲烏桓司馬。柔招誘胡漢數萬人，與瓚所置漁陽太守鄒丹戰于潞北，斬丹等四千餘級。烏桓峭王感虞恩德，率種人及鮮卑七千餘騎，共輔南迎虞子和，與袁紹將麴義合兵十萬，共攻瓚。興平二年，破瓚於鮑丘，〔一〕斬首二萬餘級。瓚遂保易京，開置屯田，稍得自支。相持歲餘，麴義軍糧盡，士卒飢困，餘衆數千人退走。瓚徼破之，盡得其車重。

〔一〕鮑丘，水名也，又名路水，在今幽州漁陽縣。

是時旱蝗穀貴，民相食。瓚恃其才力，不恤百姓，記過忘善，睚眦必報，州里善士名在其右者，必以法害之。常言「衣冠皆自以職分富貴，不謝人惠」。故所寵愛，類多商販庸兒。所在侵暴，百姓怨之。於是代郡、廣陽、上谷、右北平各殺瓚所置長吏，復與輔、和兵合。瓚慮有非常，乃居於高京，以鐵爲門。斥去左右，男人七歲以上不得入易門。專侍姬妾，其文簿書記皆汲而上之。令婦人習爲大言聲，使聞數百步，以傳宣教令。疎遠賓客，無所親信，故謀臣猛將，稍有乖散。自此之後，希復攻戰。或問其故。瓚曰：「我昔驅畔胡於塞表，埽黃巾於孟津，當此之時，謂天下指麾可定。〔一〕至於今日，兵革方始，觀此非我所決，不如休兵

力耕，以救凶年。兵法百樓不攻。今吾諸營樓樐千里，〔二〕積穀三百萬斛，食此足以待天下之變。」

〔一〕九州春秋曰：「瓚曰：『始天下兵起，我謂唾掌而決。』」

〔二〕「樐」即「櫓」字，見說文。釋名曰：「櫓，露也。上無覆屋。」

建安三年，袁紹復大攻瓚。瓚遣子續請救於黑山諸帥，而欲自將突騎直出，傍西山以斷紹後。長史關靖諫曰：「今將軍將士，莫不懷瓦解之心，所以猶能相守者，顧戀其老小，而恃將軍爲主故耳。堅守曠日，或可使紹自退。若舍之而出，後無鎮重，易京之危，可立待也。」瓚乃止。紹漸相攻逼，瓚衆日蹙，乃却，築三重營以自固。

四年春，黑山賊帥張燕與續率兵十萬，三道來救瓚。未及至，瓚乃密使行人齎書告續曰：「昔周末喪亂，僵屍蔽地，以意而推，猶爲否也。不圖今日親當其鋒。袁氏之攻，狀若鬼神，梯衝舞吾樓上，鼓角鳴於地中，日窮月急，不遑啓處。鳥厄歸人，滀水陵高，〔一〕汝當碎首於張燕，馳驟以告急。父子天性，不言而動。〔二〕且厲五千鐵騎於北隰之中，〔三〕起火爲應，吾當自內出，奮揚威武，決命於斯。不然，吾亡之後，天下雖廣，不容汝足矣。」紹候得其書，〔四〕如期舉火，瓚以爲救至，遂便出戰。紹設伏，瓚遂大敗，復還保中小城。自計必無全，乃悉縊其姊妹妻子，然後引火自焚。紹兵趣登臺斬之。

〔一〕滀音丑六反，喻急也。

〔二〕言相感也。

〔三〕下溼曰隰。

〔四〕獻帝春秋「候者得書，紹使陳琳易其詞」，即此書。

關靖見瓚敗，歎恨曰：「前若不止將軍自行，未必不濟。吾聞君子陷人於危，必同其難，豈可以獨生乎！」乃策馬赴紹軍而死。續爲屠各所殺。〔一〕田揩與袁紹戰死。

〔一〕屠各，胡號。

鮮于輔將其衆歸曹操，操以輔爲度遼將軍，封都亭侯。閻柔將部曲從曹操擊烏桓，拜護烏桓校尉，封關內侯。

張燕既爲紹所敗，人衆稍散。曹操將定冀州，乃率衆詣鄴降，拜平北將軍，封安國亭侯。

論曰：自帝室王公之冑，皆生長脂腴，不知稼穡，其能厲行飭身，卓然不羣者，或未聞焉。〔一〕劉虞守道慕名，以忠厚自牧。〔二〕美哉乎，季漢之名宗子也！若虞、瓚無閒，同情共力，糾人完聚，稸保燕、薊之饒，〔三〕繕兵昭武，〔四〕以臨羣雄之隙，舍諸天運，徵乎人文，則古

之休烈，何遠之有！〔五〕

〔一〕前書班固曰：「夫唯大雅，卓爾不羣者，河閒獻王之謂與？」故論引焉。

〔二〕牧，養也。易曰：「卑以自牧。」

〔三〕糾，收也。

〔四〕繕，修也。左傳曰：「繕甲兵。」

〔五〕天運猶天命也。人文猶人事也。易曰「觀乎人文，以化成天下」。

陶謙字恭祖，丹陽人也。〔一〕少爲諸生，仕州郡，〔二〕四遷爲車騎將軍張溫司馬，西討邊章。會徐州黃巾起，以謙爲徐州刺史，擊黃巾，大破走之，境內晏然。

〔一〕丹陽郡丹陽縣人也。吳書曰：「陶謙父，故餘姚長。謙少孤，始以不羈聞於縣中。年十四，猶綴帛爲幡，乘竹馬而戲，邑中兒童皆隨之。故倉梧太守同縣甘公出遇之，見其容貌，異而呼之，與語甚悅，許妻以女。甘夫人怒曰：『陶家兒遨戲無度，於何以女許之？』甘公曰：『彼有奇表，長必大成。』遂與之。」

〔二〕吳書曰：「陶謙察孝廉，拜尚書郎，除舒令。郡太守張磐，同郡先輩，與謙父友，謙恥爲之屈。嘗〔以〕舞屬謙，謙不爲起，固強之乃舞，舞又不轉。磐曰：『不當轉邪？』曰：『不可轉，轉則勝人。』」

時董卓雖誅，而李傕、郭汜作亂關中。是時四方斷絕，謙每遣使閒行，奉貢西京。詔遷

爲徐州牧，加安東將軍，封溧陽侯。〔一〕是時徐方百姓殷盛，穀實甚豐，流民多歸之。而謙信用非所，刑政不理。別駕從事趙昱，知名士也，而以忠直見疏，出爲廣陵太守。〔二〕曹宏等讒慝小人，謙甚親任之，良善多被其害。由斯漸亂。下邳（闕）〔闕〕宣自稱「天子」，謙始與合從，後遂殺之而并其衆。

〔一〕溧陽今宣州縣也。溧音栗。

〔二〕謝承書曰：「謙奏昱茂才，遷爲太守。」

初，曹操父嵩避難琅邪，時謙別將守陰平，〔一〕士卒利嵩財寶，遂襲殺之。初平四年，曹操擊謙，破彭城傅陽。〔二〕謙退保郯，操攻之不能克，乃還。過拔取慮、睢陵、夏丘，皆屠之。〔三〕凡殺男女數十萬人，雞犬無餘，泗水爲之不流，自是五縣城保，無復行迹。初三輔遭李傕亂，百姓流移依謙者皆殲。〔四〕

〔一〕縣名，屬東海國，故城在沂州承縣西南。

〔二〕縣名，屬彭城國，本春秋時偪陽也。楚宣王滅宋，改曰傅陽，故城在今沂州承縣南。

〔三〕取慮音秋閭，縣名，屬下邳郡，故城在今泗州下邳縣西南。睢陵，縣，在下邳縣東南。夏丘，縣，屬沛郡，故城今泗州虹縣是。

〔四〕殲，盡也。左傳曰：「門官殲焉。」

興平元年，曹操復擊謙，略定琅邪、東海諸縣，謙懼不免，欲走歸丹陽。會張邈迎呂布據兗州，操還擊布。是歲，謙病死。

初，同郡人笮融，〔一〕聚衆數百，往依於謙，謙使督廣陵、下邳、彭城運糧。遂斷三郡委輸，大起浮屠寺。〔二〕上累金盤，下爲重樓，又堂閣周回，可容三千許人，作黃金塗像，衣以錦綵。每浴佛，輒多設飲飯，布席於路，其有就食及觀者且萬餘人。〔三〕及曹操擊謙，徐方不安，融乃將男女萬口、馬三千匹走廣陵。廣陵太守趙昱待以賓禮。融利廣陵資貨，遂乘酒酣殺昱，放兵大掠，因以過江，南奔豫章，殺郡守朱皓，入據其城。後爲楊州刺史劉繇所破，走入山中，爲人所殺。

〔一〕笮音側格反。

〔二〕浮屠，佛也。解見西羌傳。

〔三〕獻帝春秋曰：「融敷席方四五里，費以巨萬。」

昱字元達，琅邪人。清己疾惡，潛志好學，雖親友希得見之。爲人耳不邪聽，目不妄視。太僕种拂舉爲方正。

贊曰：襄賁勵德，維城燕北。〔一〕仁能洽下，忠以衞國。伯珪疏獷，武才趫猛。〔二〕虞好無終，紹埶難並。徐方殲耗，實謙爲梗。

〔一〕勵，勉也。

〔二〕趫音去驕反。

校勘記

二三五三頁六行　東海（王）恭〔王〕之後　刊誤謂「王恭」當作「恭王」。按：魏志公孫瓚傳裴注引吳書亦作「東海恭王」，今據改。

二三五三頁七行　前中山相張純　集解引錢大昕說，謂南匈奴、烏桓傳俱作「前中山太守」。按：張森楷校勘記謂中山是國，兩漢初未爲郡，不應有太守，作「相」是也，兩傳自誤耳。

二三五五頁一三行　疇字子春　按：魏志「春」作「泰」，袁紀同。

二三五五頁一三行　令疇將衆（止）〔上〕徐無　據殿本改。按：王先謙謂作「上」是。

二三五五頁一四行　歷平剛　按：魏志「剛」作「岡」。

二三五七頁三行　使者段訓　「段」原譌「叚」，逕改正。按：校補引柳從辰說，謂袁紀「段」作「殷」。

二三五七頁三行　假節督幽幷（司）〔青〕冀　據汲本、殿本改。

二三五八頁一〇行　以瓚督烏桓突騎車騎將軍張溫討涼州賊　按：沈家本謂「突騎」下疑有奪字，或是「從」字，或是「屬」字。

二三五八頁一四行　遠走柳城　按：刊誤謂「遠」當作「還」。

二三五九頁四行　善射之士數十人　按：集解引惠棟說，謂依英雄記「十」當作「千」，數十人安能爲左右翼也？

二三五九頁三行　擊袁紹將周昕　按：殿本考證謂「昕」魏志作「昂」。

二三五九頁三行　遂出軍屯槃河　魏志「槃」作「磐」。按：槃磐通作。

二三六〇頁一三行　故齊桓立柯（會）〔亭〕之盟　集解引錢大昕說，謂「會」當作「亭」。按：魏志裴注引典略作「亭」，今據改。

二三六一頁二行　般卽爾雅九河鉤槃之河也　汲本、殿本「槃」作「般」。按：般、槃、磐三字通作。趙一清謂磐河卽般河，水經河水注所謂「東入般縣爲般河」也。

二三六二頁八行　死者七八千〔人〕　據汲本、殿本補。

二三六二頁八行　乃遣其青州刺史田揩　按：校補謂「揩」魏志作「楷」，通鑑從之。

二三六四頁三行　我謂唾掌而決　按：汲本、殿本「掌」作「手」。

二三六五頁一四行　糾人完聚稸保燕薊之饒　刊誤謂「人」下當有一「衆」字。集解引周壽昌說，謂以「糾人完聚」爲句，「稸」字屬下讀亦可，稸卽畜字。校補謂「人」下蓋本有「民」字，乃「糾人民」

句，「完聚稸」句，「保燕、薊之饒」句，唐本避諱，省去「民」字，遂乖文法耳。按：諸說皆言之成理，今依周說，以「稸」字屬下讀爲句。

二三六五頁一四行　舍諸天運　按：殿本考證王會汾謂案文義「舍」當作「合」。

二三六六頁七行　爲車騎將軍張溫司馬　按：集解引惠棟說，謂魏志云參車騎將軍張溫軍事也。

二三六六頁一二行　嘗〔以〕舞屬謙　沈家本謂「嘗」下奪「以」字，當據魏志注補。今據補。

二三六七頁三行　下邳（闕）〔闕〕宣自稱天子　刊誤謂案紀作「闕宣」，仍云闕黨童子之後，此作「闕」，誤。又集解引惠棟說，謂魏志作「闕」。今據改。

二三六七頁八行　謙退保郯　按：「郯」原譌「剡」，逕據汲本、殿本改正。

二三六八頁七行　殺郡守朱皓　按：集解本「皓」作「晧」，引惠棟說，謂晧字文淵，見獻帝春秋，俗作「皓」。

後漢書

宋　范　曄　撰
唐　李　賢等注

第　九　冊
卷七四至卷八一（傳八）

中　華　書　局

後漢書卷七十四上

袁紹劉表列傳第六十四上 紹子譚

袁紹字本初，汝南汝陽人，司徒湯之孫。父成，五官中郎將，〔一〕（紹）壯健好交結，大將軍梁冀以下莫不善之。

〔一〕袁山松書曰：「紹，司空逢之孽子，出後伯父成。」魏書亦同。英雄記：「成字文開，與梁冀結好，言無不從。京師諺曰：『事不諧，問文開。』」

紹少爲郎，除濮陽長，遭母憂去官。三年禮竟，追感幼孤，又行父服。〔一〕服闋，徙居洛陽。紹有姿貌威容，愛士養名。〔二〕既累世台司，賓客所歸，加傾心折節，莫不爭赴其庭，士無貴賤，與之抗禮，輜輧柴轂，填接街陌。〔三〕內官皆惡之。中常侍趙忠言於省內曰：「袁本初坐作聲價，好養死士，不知此兒終欲何作。」叔父太傅隗聞而呼紹，以忠言責之，紹終不改。

〔一〕英雄記曰，凡在冢廬六年。

〔二〕英雄記曰：「紹不妄通賓客，非海內知名不得相見。又好游俠，與張孟卓、何伯求、吳子卿、許子遠皆爲奔走之友。」

〔三〕說文曰：「輧車，衣車也。」鄭玄注周禮曰：「輧猶屏也，取其自蔽隱。」柴轂，賤者之車。

後辟大將軍何進掾，爲侍御史、虎賁中郎將。中平五年，初置西園八校尉，以紹爲佐軍校尉。〔一〕

〔一〕樂資山陽公載記曰：「小黃門蹇碩爲上軍校尉，虎賁中郎將袁紹爲中軍校尉，屯騎校尉鮑鴻爲下軍校尉，議郎曹操爲典軍校尉，趙融爲助軍左校尉，馮芳爲助軍右校尉，諫議大夫夏牟爲左校尉，淳于瓊爲右校尉：凡八人，謂之西園軍，皆統於碩。」此云「佐軍」，與彼文不同。

靈帝崩，紹勸何進徵董卓等衆軍，脅太后誅諸宦官，轉紹司隸校尉。語已見何進傳。及卓將兵至，騎都尉太山鮑信說紹曰：〔一〕「董卓擁制強兵，將有異志，今不早圖，必爲所制。及其新至疲勞，襲之可禽也。」紹畏卓，不敢發。頃之，卓議欲廢立，謂紹曰：「天下之主，宜得賢明，每念靈帝，令人憤毒。〔二〕董侯似可，今當立之。」紹曰：「今上富於春秋，未有不善宣於天下。若公違禮任情，廢嫡立庶，恐衆議未安。」卓案劒叱紹曰：「豎子敢然！天下之事，豈不在我？我欲爲之，誰敢不從！」紹詭對曰：「此國之大事，請出與太傅議之。」卓復言「劉氏種不足復遺」。紹勃然曰：「天下健者，豈惟董公！」橫刀長揖徑出。〔三〕懸節於上東門，〔四〕而奔冀州。

〔一〕魏書曰：「信，太山（陽）平〔陽〕人也。少有大節，寬厚愛人，沈毅有謀。說紹不從，乃引軍還鄉里。」

〔二〕毒，恨也。

〔三〕英雄記曰：「紹揖卓去，坐中驚愕。卓新至，見紹大家，故不敢害。」

〔四〕洛陽城東面北頭門也。山陽公載記曰：「卓以袁紹弃節，改第一葆爲赤旄。」

董卓購募求紹。時侍中周珌、城門校尉伍瓊爲卓所信待，瓊等陰爲紹說卓曰：「夫廢立大事，非常人所及。袁紹不達大體，恐懼出奔，非有它志。今急購之，埶必爲變。袁氏樹恩四世，門生故吏徧於天下，若收豪傑以聚徒衆，英雄因之而起，則山東非公之有也。不如赦之，拜一郡守，紹喜於免罪，必無患矣。」卓以爲然，乃遣授紹勃海太守，封邟鄉侯。〔一〕紹猶稱兼司隸。

〔一〕前書潁川有周承休侯國，元帝置。元始二年更名邟，音口浪反。

初平元年，紹遂以勃海起兵，（以）〔與〕從弟後將軍術、冀州牧韓馥、〔一〕豫州刺史孔伷、兗州刺史劉岱、陳留太守張邈、廣陵太守張超、河內太守王匡、山陽太守袁遺、東郡太守橋瑁、〔二〕濟北相鮑信等同時俱起，衆各數萬，以討卓爲名。紹與王匡屯河內，伷屯潁川，馥屯鄴，餘軍咸屯酸棗，約盟，遙推紹爲盟主。紹自號車騎將軍，領司隸校尉。

〔一〕馥字文節，潁川人也。

〔二〕英雄記曰，孔伷字公緒，陳留人也。王匡字公節，泰山人也。袁遺字伯業，紹從弟術字公路，汝南汝陽人也。橋瑁字元瑋，橋玄族子，先爲兗州刺史，甚有威惠。魏氏春秋云劉岱惡而殺之。

董卓聞紹起山東，乃誅紹叔父隗，及宗族在京師者，盡滅之。〔一〕卓乃遣大鴻臚韓融、少府陰循、執金吾胡母班、將作大匠吳循、越騎校尉王瓌譬解紹等諸軍。紹使王匡殺班、瓌、吳循等，〔二〕袁術亦執殺陰循，惟韓融以名德免。

〔一〕獻帝春秋曰：「太傅袁隗，太僕袁基，術之母兄，卓使司隸宣璠（尺）〔盡〕口收之，母及姊妹嬰孩以上五十餘人下獄死。」卓別傳曰：「悉埋青城門外東都門內，而加書焉。又恐有盜取者，復以屍送郿藏之。」

〔二〕海內先賢傳曰：「韓融字元長，潁川人。」楚國先賢傳曰：「陰循字元基，南陽新野人也。」漢末名士錄曰：「胡母班字季友，泰山人，名在八廚。」謝承書曰：「班，王匡之妹夫。匡受紹旨，收班繫獄，欲殺以徇軍。班與匡書，略曰：『足下拘僕於獄，欲以釁鼓，此何悖暴無道之甚者也？僕與董卓何親戚？義豈同惡？足下張虎狼之口，吐長蛇之毒，恚卓遷怒，何其酷哉！死者人之所難，然恥爲狂夫所害。若亡者有靈，當訴足下於皇天。夫婚姻者禍福之幾，今日著矣。曩爲一體，今爲血讎，亡人二女，則君之甥，身沒之後，慎勿令臨僕尸骸。』匡得書，抱班二子哭，班遂死於獄。」

是時豪傑既多附紹，且感其家禍，人思爲報，州郡蜂起，莫不以袁氏爲名。韓馥見人情歸紹，忌（方）〔其〕得衆，恐將圖己，常遣從事守紹門，不聽發兵。橋瑁乃詐作三公移書，傳驛州郡，說董卓罪惡，天子危逼，企望義兵，以釋國難。馥於是方聽紹舉兵。乃謀於衆曰：「助袁氏乎？助董氏乎？」治中劉惠勃然曰：「興兵爲國，安問袁、董？」〔一〕馥意猶深疑於紹，每貶節軍糧，欲使離散。

〔一〕英雄記曰：「劉子惠，中山人。兗州刺史劉岱與其書，道『卓無道，天下所共攻，死在旦暮，不足爲憂。但卓死之後，當復回師討文節。擁強兵，何凶逆，寧可得置』。封書與馥，馥得此大懼，歸咎子惠，欲斬之。別駕從事耿武等排閤伏子惠上，願并見斬，得不死，作徒，被赭衣，埽除宮門外。」

明年，馥將麴義反畔，馥與戰失利。紹既恨馥，乃與義相結。紹客逢紀謂紹曰：〔二〕「夫舉大事，非據一州，無以自立。今冀部強實，而韓馥庸才，可密要公孫瓚將兵南下，馥聞必駭懼。并遣辯士爲陳禍福，馥迫於倉卒，必可因據其位。」紹然之，益親紀，即以書與瓚。瓚遂引兵而至，外託〔討〕董卓，而陰謀襲馥。紹乃使外甥陳留高幹及潁川荀諶等〔三〕說馥曰：「公孫瓚乘勝來南，而諸郡應之。袁車騎引軍東向，其意未可量也。竊爲將軍危之。」馥懼，曰：「然則爲之柰何？」諶曰：「君自料寬仁容衆，爲天下所附，孰與袁氏？」馥曰：「不如也。」「臨危吐決，智勇邁於人，又孰與袁氏？」馥曰：「不如也。」「世布恩德，天下家受其惠，又孰與袁氏？」馥曰：「不如也。」諶曰：「勃海雖郡，其實州也。〔三〕今將軍資三不如之埶，久處其上，袁氏一時之傑，必不爲將軍下也。且公孫提燕、代之卒，其鋒不可當。夫冀州天下之重資，若兩軍并力，兵交城下，危亡可立而待也。夫袁氏將軍之舊，且爲同盟。當

今之計，莫若舉冀州以讓袁氏，必厚德將軍，公孫瓚不能復與之爭矣。是將軍有讓賢之名，而身安於太山也。願勿有疑。」馥素性恇怯，因然其計。馥長史耿武、別駕閔純、騎都尉沮授聞而諫曰：〔四〕「冀州雖鄙，帶甲百萬，穀支十年。袁紹孤客窮軍，仰我鼻息，譬如嬰兒在股掌之上，絕其哺乳，立可餓殺。柰何欲以州與之？」馥曰：「吾袁氏故吏，且才不如本初。度德而讓，古人所貴，諸君獨何病焉？」先是，馥從事趙浮、程渙將強弩萬人屯孟津，聞之，率兵馳還，請以拒紹，馥又不聽。〔五〕乃避位，出居中常侍趙忠故舍，遣子送印綬以讓紹。

〔一〕英雄記曰：「紀字元圖。初，紹去董卓，與許攸及紀俱詣冀州，以紀聰達有計策，甚親信之。」逢音龐。

〔二〕魏志云諶，荀彧之弟。

〔三〕言土廣也。

〔四〕獻帝傳曰：「沮授，廣平人。少有大志，多謀略。」英雄記曰：「耿武字文威。閔純字伯典。後袁紹至，馥從事十人棄馥去，唯恐在後，獨武、純杖刀拒，兵不能禁，紹後令田豐殺此二人。」

〔五〕英雄記曰：「紹在朝歌清水口，浮等從後來，船數百艘，衆萬餘人，整兵駭鼓過紹營，紹甚惡之。浮等到，謂馥曰：『袁本初軍無斗糧，各欲離散，旬日之閒，必土崩瓦解。明將軍但閉戶高枕，何憂何懼？』」

紹遂領冀州牧，承制以馥爲奮威將軍，而無所將御。引沮授爲別駕，因謂授曰：「今賊臣作亂，朝廷遷移。吾歷世受寵，志竭力命，興復漢室。然齊桓非夷吾不能成霸，句踐非范

蠡無以存國。今欲與卿戮力同心，共安社稷，將何以匡濟之乎？」授進曰：「將軍弱冠登朝，播名海內。值廢立之際，忠義奮發，單騎出奔，董卓懷懼，濟河而北，勃海稽服。〔一〕擁一郡之卒，撮冀州之衆，〔二〕威陵河朔，名重天下。若舉軍東向，則黃巾可埽；還討黑山，則張燕可滅；〔三〕回師北首，則公孫必禽；震脅戎狄，則匈奴立定。橫大河之北，合四州之地，〔四〕收英雄之士，擁百萬之衆，迎大駕於長安，復宗廟於洛邑，號令天下，誅討未服。以此爭鋒，誰能御之！比及數年，其功不難。」紹喜曰：「此吾心也。」〔五〕即表授爲奮武將軍，使監護諸將。

〔一〕稽音啓。

〔二〕廣雅曰：「撮，持也。」

〔三〕黑山在今衞州衞縣西北。九州春秋曰「燕本姓褚。黃巾賊起，燕聚少年爲羣盜，博陵張牛角亦起與燕合。燕推牛角爲帥，俱攻廮陶。牛角爲飛矢所中，被創且死，大會其衆，告曰：『必以燕爲帥。』牛角死，衆奉燕，故改姓張。燕性剽悍，捷速過人，故軍中號曰『飛燕』。其後人衆寖廣，常山、趙郡、中山、上黨、河內諸山谷皆相通，號曰『黑山』」也。

〔四〕四州見下。

〔五〕左傳秦伯曰：「是吾心也。」

魏郡審配，鉅鹿田豐，〔一〕並以正直不得志於韓馥。紹乃以豐爲別駕，配爲治中，甚見

器任。馥自懷猜懼，辭紹索去，〔二〕往依張邈。後紹遣使詣邈，有所計議，因共耳語。馥時在坐，謂見圖謀，無何，如廁自殺。〔三〕

〔一〕先賢行狀曰：「配字正南。少忠烈慷慨，有不可犯之節。紹領冀州，委腹心之任。豐字元皓。天姿瓌傑，權略多奇。紹軍之敗也，土崩奔走，徒衆略盡，軍將皆撫膝啼泣曰：『向使田豐在此，不至於是。』」

〔二〕英雄記曰：「紹以河內朱漢爲都官從事。漢先時爲馥所不禮，內懷忿恨，且欲徼迎紹意，擅發城郭兵圍守馥第，拔刃登屋，馥走上樓，收得馥大兒，搥折兩脚。紹亦立收漢殺之。馥猶憂怖，故報紹索去。」

〔三〕九州春秋曰：「至廁，因以書刀自殺。」

其冬，公孫瓚大破黃巾，還屯槃河，〔一〕威震河北，冀州諸城無不望風響應。紹乃自擊之。瓚兵三萬，列爲方陳，分突騎萬匹，翼軍左右，其鋒甚銳。紹先令麴義領精兵八百，強弩千張，以爲前登。瓚輕其兵少，縱騎騰之，義兵伏楯下，一時同發，瓚軍大敗，斬其所置冀州刺史嚴綱，獲甲首千餘級。麴義追至界橋，〔二〕瓚斂兵還戰，義復破之，遂到瓚營，拔其牙門，〔三〕餘衆皆走。紹在後十數里，聞瓚已破，發鞌息馬，唯衞帳下強弩數十張，大戟士百許人。瓚散兵二千餘騎卒至，圍紹數重，射矢雨下。田豐扶紹，使却入空垣。紹脫兜鍪抵地，曰：「大丈夫當前鬬死，而反逃垣牆閒邪？」促使諸弩競發，多傷瓚騎。衆不知是紹，頗稍引却。會麴義來迎，騎乃散退。三年，瓚又遣兵至龍湊挑戰，紹復擊破之。瓚遂還幽州，不敢

復出。

〔一〕爾雅有九河，鉤槃是其一也。故河道在今德州昌平縣界，入滄州樂陵縣，今名枯槃河。

〔二〕九州春秋曰：「還屯廣宗界橋。」今貝州宗城縣東有古界城，此城近枯漳水，則界橋盖當在此之側也。

〔三〕眞人水鏡經曰：「凡軍始出，立牙竿必令完堅；若有折，將軍不利。」牙門旗竿，軍之精也。即周禮司常職云「軍旅會同置旌門」是也。

四年初，天子遣太僕趙岐和解關東，使各罷兵。瓚因此以書譬紹曰：「趙太僕以周、邵之德，銜命來征，宣揚朝恩，示以和睦，曠若開雲見日，何喜如之！昔賈復、寇恂爭相危害，遇世祖解紛，遂同輿並出。釁難既釋，時人美之。自惟邊鄙，得與將軍共同斯好，此誠將軍之（羞）〔眷〕，而瓚之願也。」紹於是引軍南還。

三月上巳，大會賓徒於薄落津。〔一〕聞魏郡兵反，與黑山賊干毒等數萬人共覆鄴城，殺郡守。〔二〕坐中客家在鄴者，皆憂怖失色，或起而啼泣，紹容貌自若，不改常度。〔三〕賊有陶升者，自號「平漢將軍」，〔四〕獨反諸賊，將部衆踰西城入，閉府門，具車重，〔五〕載紹家及諸衣冠在州內者，身自扞衞，送到斥丘。〔六〕紹還，因屯斥丘，以陶升爲建義中郎將。六月，紹乃出軍，入朝歌鹿腸山蒼巖谷口，〔七〕討干毒。圍攻五日，破之，斬毒及其衆萬餘級。紹遂尋山北行，進擊諸賊左髭丈八等，皆斬之，又擊劉石、青牛角、黃龍、左校、郭大賢、李大目、于

氐根等，復斬數萬級，皆屠其屯壁。遂與黑山賊張燕及四營屠各、鴈門烏桓戰於常山。燕精兵數萬，騎數千匹，連戰十餘日，燕兵死傷雖多，紹軍亦疲，遂各退。麴義自恃有功，驕縱不軌，紹召殺之，而幷其衆。

〔一〕曆法三月建辰，已卯退除，可以拂除災也。韓詩曰：「溱與洧，方洹洹兮。」薛君注云：「鄭國之俗，三月上巳之辰，兩水之上招魂續魄，拂除不祥，故詩人願與所說者俱往也。」酈元水經注曰：「漳水經鉅鹿故城西，謂之（薄）落津。」續漢志癭陶縣有薄落亭。

〔二〕管子曰，齊桓公築五鹿、中牟、鄴，以禦諸侯。

〔三〕獻帝春秋曰：「紹勸督引滿投壺，言笑容貌自若。」

〔四〕英雄記曰：「升故爲內黃小吏。」

〔五〕重，輜重也。

〔六〕斥丘，縣，屬鉅鹿郡，故城在今相州成安縣東南。十三州志云：「土地斥鹵，故曰斥丘。」

〔七〕朝歌故城在今衞縣西。續漢志曰：「朝歌有鹿腸山。」

興平二年，拜紹右將軍。其冬，車駕爲李傕等所追於曹陽，沮授說紹曰：「將軍累葉台輔，世濟忠義。今朝廷播越，宗廟殘毀，觀諸州郡，雖外託義兵，內實相圖，未有憂存社稷卹人之意。且今州城粗定，兵強士附，西迎大駕，卽宮鄴都，挾天子而令諸侯，稸士馬以討不庭，誰能禦之？」〔一〕紹將從其計。潁川郭圖、淳于瓊曰：〔二〕「漢室陵遲，爲日久矣，今欲興之，不亦難乎？且英雄並起，各據州郡，連徒聚衆，動有萬計，所謂秦失其鹿，先得者王。〔三〕今迎天子，動輒表聞，從之則權輕，違之則拒命，非計之善者也。」授曰：「今迎朝廷，於義爲得，於時爲宜。若不早定，必有先之者焉。夫權不失幾，功不厭速，願其圖之。」帝立既非紹意，竟不能從。

〔一〕左傳，周襄王出奔於鄭，狐偃言於晉文公曰：「求諸侯莫如勤王，諸侯信之，且大義也。繼文之業而信宜於諸侯，今爲可矣。」文公從之，納襄王，遂成霸業。

〔二〕九州春秋圖字公則。

〔三〕史記曰，蒯通曰：「秦失其鹿，天下共追之，高才者先得焉。」

紹有三子：譚字顯思，熙字顯雍，尙字顯甫。譚長而惠，尙少而美。紹後妻劉有寵，而偏愛尙，數稱於紹，紹亦奇其姿容，欲使傳嗣。乃以譚繼兄後，出爲青州刺史。沮授諫曰：「世稱萬人逐兔，一人獲之，貪者悉止，分定故也。〔一〕且年均以賢，德均則卜，古之制也。〔二〕願上惟先代成（則）〔敗〕之誡，下思逐兔分定之義。若其不改，禍始此矣。」紹曰：「吾欲令諸子各據一州，以視其能。」於是以中子熙爲幽州刺史，外甥高幹爲幷州刺史。

〔一〕愼子曰：「兔走於街，百人追之，貪人具存，人莫之非者，以兔爲未定分也。積兔滿市，過不能顧，非不欲兔也，分定之後，雖鄙不爭。」子思子、商君書並載，其詞略同。

〔二〕左傳曰：「王后無嫡則擇立長，年鈞以德，德鈞以卜。」

建安元年，曹操迎天子都許，乃下詔書於紹，責以地廣兵多而專自樹黨，不聞勤王之師而但擅相討伐。紹上書曰：

臣聞昔有哀歎而霜隕，〔一〕悲哭而崩城者。〔二〕每讀其書，謂爲信然，於今況之，乃知妄作。何者？臣出身爲國，破家立事，至乃懷忠獲釁，抱信見疑，晝夜長吟，剖肝泣血，曾無崩城隕霜之應，故鄒衍、杞婦何能感徹。

〔一〕淮南子曰：「鄒衍事燕惠王盡忠，左右譖之，仰天而哭。夏五月，天爲降霜。」

〔二〕齊莊公攻莒，爲五乘之賓，而杞梁獨不預。歸而不食，其母曰：「食！汝生而無義，死而無名，則雖非五乘，孰不汝笑？生而有義，死而有名，則五乘之賓盡汝下也。」及與莒戰，梁遂鬬殺二十七人而死。妻聞而哭，城爲之阤而隅爲之崩。見說苑。

臣以負薪之資，〔一〕拔於陪隸之中，〔二〕奉職憲臺，擢授戎校。常侍張讓等滔亂天常，侵奪朝威，賊害忠德，扇動姦黨。故大將軍何進忠國疾亂，義心赫怒，以臣頗有一介之節，可責以鷹犬之功，故授臣以督司，諮臣以方略。臣不敢畏憚強禦，避禍求福，與進合圖，事無違異。忠策未盡而元帥受敗，〔三〕太后被質，宮室焚燒，陛下聖德幼沖，親遭厄困。時進既被害，師徒喪沮，臣獨將家兵百餘人，抽戈承明，竦劒翼室，〔四〕虎叱

羣司，奮擊凶醜，曾不浹辰，罪人斯殄。〔五〕此誠愚臣效命之一驗也。

〔一〕負薪謂賤人也。禮記曰：「問士之子長幼，長曰能負薪矣，幼曰未能負薪。」
〔二〕陪，重也。左傳曰：「王臣公，公臣卿，卿臣大夫，大夫臣士，士臣皁，皁臣隸，隸臣僚，僚臣僕，僕臣臺。」又曰：「是無陪臺也。」陪隸猶陪臺。
〔三〕元帥謂何進。
〔四〕山陽公載記曰：「紹與王匡等并力入端門，於承明堂上格殺中常侍高望等二人。」尚書曰：「延入翼室。」孔安國注：「翼，明也。室謂路寢。」
〔五〕浹，帀也。左傳曰：「浹辰之閒。」杜預曰：「十二日也。」

會董卓乘虛，所圖不軌。臣父兄親從，並當大位，〔一〕不憚一室之禍，苟惟寧國之義，故遂解節出奔，創謀河外。〔二〕時卓方貪結外援，招悅英豪，故即臣勃海，申以軍號，〔三〕則臣之與卓，未有纖芥之嫌。若使苟欲滑泥揚波，偷榮求利，〔四〕則進可以享竊祿位，退無門戶之患。然臣愚所守，志無傾奪，故遂引會英雄，興師百萬，飲馬孟津，歃血漳河。〔五〕會故冀州牧韓馥懷挾逆謀，欲專權埶，絕臣軍糧，不得踵係，至使猾虜肆毒，害及一門，尊卑大小，同日并戮。鳥獸之情，猶知號呼。〔六〕臣所以蕩然忘哀，貌無隱戚者，〔七〕誠以忠孝之節，道不兩立，顧私懷己，不能全功。斯亦愚臣破家徇國之二

驗也。

〔一〕謂叔隗爲太傅，從兄基爲太僕。
〔二〕河外，河南。
〔三〕即謂就拜也。山陽公載記曰：「董卓以紹爲前將軍，封邟鄉侯。紹受侯，不受前將軍。」
〔四〕滑，混也。楚詞：「滑其泥，揚其波。」
〔五〕獻帝春秋曰：「紹合冀州十郡守相，衆數十萬，登壇歃血，盟曰：『賊臣董卓，承漢室之微，負兵甲之衆，陵越帝城，跨蹈王朝，幽鴆太后，戮殺弘農，提挈幼主，越遷秦地，殘害朝臣，斬刈忠良，焚燒宮室，蒸亂宮人，發掘陵墓，虐及鬼神，過惡烝皇天，濁穢薰后土。神祇怨恫，無所憑恃，兆人泣血，無所控告，仁賢之士，痛心疾首，義士奮發，雲興霧合，咸欲奉辭伐罪，躬行天誅。凡我同盟之後，畢力致命，以伐凶醜，同奬王室，翼戴天子。有渝此盟，神明是殛，俾墜其師，無克祚國！』」
〔六〕禮記曰：「凡生天地之閒者，有血氣之屬必有知，有知之屬莫不知愛其類。今是（夫）〔大〕鳥獸則失喪其羣匹，越月踰時焉，則必反巡過其故鄉，翔回焉，鳴號焉，蹢躅焉，踟蹰焉，然後乃能去之。小者至於燕爵，猶有啁噍之頃焉，然後乃能去之。」
〔七〕隱，憂也。

又黃巾十萬焚燒青、兗，黑山、張楊蹈藉冀域。臣乃旋師，奉辭伐畔。金鼓未震，狡敵知亡，故韓馥懷懼，謝咎歸土，張楊、黑山同時乞降。臣時輒承制，竊比竇融，以議郎曹操權領兗州牧。〔一〕會公孫瓚師旅南馳，陸掠北境，臣即星駕席卷，與瓚交鋒。假天之威，每戰輒克。臣備公族子弟，生長京輦，頗聞俎豆，不習干戈；加自乃祖先臣以來，世作輔弼，咸以文德盡忠，得免罪戾。臣非與瓚角戎馬之埶，爭戰陣之功者也。誠以賊臣不誅，春秋所貶，〔二〕苟云利國，專之不疑。〔三〕故冒踐霜雪，不憚劬勤，實庶一捷之福，以立終身之功。社稷未定，臣誠恥之。太僕趙岐銜命來征，宣明陛下含弘之施，蠲除細故，與下更新，奉詔之日，引師南轅。〔四〕是臣畏怖天威，不敢怠慢之三驗也。

〔一〕竇融行西河五郡大將軍事，以梁統爲武威太守。
〔二〕公羊傳曰：「趙盾弒其君夷皋。弒者趙穿也，曷爲加之趙盾？不討賊也。趙盾曰：『天乎！予無辜。』史曰：『爾爲仁爲義，人弒爾君，而復國不討賊，非弒如何？』」
〔三〕左傳曰：「苟利社稷，專之可也。」
〔四〕左傳曰：「令尹南轅反旆。」杜預曰：「回軍南向。」

又臣所上將校，率皆清英宿德，令名顯達，登鋒履刃，死者過半，勤恪之功，不見書列。而州郡牧守，競盜聲名，懷持二端，優游顧望，皆列土錫圭，跨州連郡，是以遠近狐疑，議論紛錯者也。臣聞守文之世，德高者位尊；倉卒之時，功多者賞厚。陛下播越非所，洛邑乏祀，海內傷心，志士憤惋。是以忠臣肝腦塗地，肌膚橫分而無悔心者，義

之所感故也。今賞加無勞，以攜有德；〔一〕杜黜忠功，以疑衆望。斯豈腹心之遠圖？將乃讒慝之邪說使之然也？臣爵爲通侯，位二千石。殊恩厚德，臣既叨之，豈敢闚覬重禮，以希彤弓玈矢之命哉？〔二〕誠傷偏裨列校，勤不見紀，盡忠爲國，翻成重愆。斯蒙恬所以悲號於邊獄，〔三〕白起歔欷於杜郵也。〔四〕太傅日磾位爲師保，任配東征，而耗亂王命，〔五〕寵任非所，凡所舉用，皆衆所捐弃。而容納其策，以爲謀主，令臣骨肉兄弟，還爲讎敵，交鋒接刃，搆難滋甚。臣雖欲釋甲投戈，事不得已。誠恐陛下日月之明，有所不照，四聰之聽有所不聞，乞下臣章，咨之羣賢，使三槐九棘，議臣罪戾。〔六〕若以臣今行權爲釁，則桓、文當有誅絕之刑；〔七〕若以衆不討賊爲賢，則趙盾可無書弒之貶矣。臣雖小人，志守一介。若使得申明本心，不愧先帝，則伏首歐刀，褰衣就鑊，臣之願也。惟陛下垂尸鳩之平，〔八〕絕邪諂之論，無令愚臣結恨三泉。〔九〕

〔一〕攜，離也。
〔二〕左氏傳曰：「王命尹氏策晉文公爲侯伯，賜之大路之服，戎路之服，彤弓一，彤矢百，玈弓十，玈矢千。」
〔三〕史記曰，胡亥遣使者殺蒙恬，恬不肯死，使者即以屬吏，繫於陽周。恬喟然太息曰：「恬罪當死矣。起臨洮屬之遼東，城萬餘里，此其中不能無絕地脈，此乃恬之罪也！」遂吞藥自殺。
〔四〕史記曰，秦王免白起爲士伍，遷之陰密。白起既行，出咸陽西門十里，至杜郵，秦王乃使使者賜之劍，自裁。

〔四〕三輔決錄注曰：「馬日磾字翁叔，馬融之族子。少傳融業，以才學進，歷位九卿，遂登台輔。」獻帝春秋曰：「日磾假節東征，循撫州郡。術在壽春，不肅王命，侮慢日磾，借節觀之，因奪不還，從術求去，而術不遣，旣以失節屈辱，憂恚而死。」

〔五〕周官曰：「三槐，三公（匹）〔位〕焉。左九棘，孤卿大夫位焉。右九棘，公侯伯子男位焉。」鄭玄注曰：「槐之言懷也，言懷來人於此欲與謀也。樹棘以爲位者，取其赤心而外刺，象以赤心有刺也。」

〔七〕齊桓、晉文時，周室弱，諸侯不朝，桓、文權行征伐，率諸侯以朝天子。

〔八〕尸鳩，鴶鵴也。詩國風曰：「尸鳩在桑，其子七兮，叔人君子，其儀一兮。」毛萇注曰：「尸鳩之養其子，旦從上下，暮從下上，平均如一。言善人君子執義亦如此。」

〔九〕三者，數之小終，言深也。前書曰：「下錮三泉。」

於是以紹爲太尉，封鄴侯。〔一〕時曹操自爲大將軍，紹恥爲之下，〔二〕僞表辭不受。操大懼，乃讓位於紹。二年，使將作大匠孔融持節拜紹大將軍，錫弓矢節鉞，虎賁百人，〔三〕兼督冀、青、幽、并四州，然後受之。

〔一〕獻帝春秋曰：「使將作大匠孔融持節之鄴，拜太尉紹爲大將軍，改封鄴侯。」

〔二〕太尉位在大將軍上。初，武帝以衞青征伐有功，以爲大將軍，欲尊寵之，故置大司馬官號以冠之。其後霍光、王鳳等皆然。明帝以弟東平王蒼有賢材，以爲驃騎大將軍，以王故，位公上。和帝以舅竇憲征匈奴，還遷大將軍，在公上，以勳戚者不拘常例焉。

〔三〕禮含文嘉曰：「九錫一曰車馬，二曰衣服，三曰樂器，四曰朱戶，五曰納陛，六曰虎賁之士百人，七曰斧鉞，八曰弓矢，九曰秬鬯。」春秋元命苞曰「賜虎賁得專征伐，賜斧鉞得誅」也。

紹每得詔書，患有不便於己，乃欲移天子自近，使說操以許下埤〔一〕溼，洛陽殘破，宜徙都甄城，〔二〕以就全實。操拒之。田豐說紹曰：「徙都之計，旣不克從，宜早圖許，奉迎天子，動託詔令，響號海內，此筭之上者。不爾，終爲人所禽，雖悔無益也。」紹不從。四年春，擊公孫瓚，遂定幽土，事在瓚傳。

〔一〕埤亦下也。音婢。

〔二〕甄音絹。

紹旣并四州之地，衆數十萬，而驕心轉盛，貢御稀簡。主簿耿包密白紹曰：「赤德衰盡，袁爲黃胤，宜順天意，〔一〕以從民心。」紹以包白事示軍府僚屬，議者以包妖妄宜誅。紹知衆情未同，不得已乃殺包以弭其迹。於是簡精兵十萬，騎萬匹，欲出攻許，以審配、逢紀統軍事，田豐、荀諶及南陽許攸爲謀主，顏良、文醜爲將帥。沮授進說曰：「近討公孫，師出歷年，百姓疲敝，倉庫無積，賦役方殷，此國之深憂也。宜先遣使獻捷天子，務農逸人。若不得通，乃表曹操隔我王路，然後進屯黎陽，漸營河南，益作舟船，繕修器械，分遣精騎，抄其邊鄙，令彼不得安，我取其逸。如此可坐定也。」郭圖、審配曰：「兵書之法，十圍五攻，敵則能戰。〔二〕今以明公之神武，連河朔之強衆，以伐曹操，（兵）〔其〕埶譬若覆手。〔三〕今不時取，後難圖也。」授曰：「蓋救亂誅暴，謂之義兵；恃衆憑強，謂之驕兵。義者無敵，驕者先滅。〔四〕曹操奉迎天子，建宮許都。今舉師南向，於義則違。且廟勝之策，不在彊弱。〔五〕曹操法令旣行，士卒精練，非公孫瓚坐受圍者也。今弃萬安之術，而興無名之師，〔六〕竊爲公懼之。」圖等曰：「武王伐紂，不爲不義；況兵加曹操，而云無名！且公師徒精勇，將士思奮，而不及時早定大業，所謂『天與不取，反受其咎』。〔七〕此越之所以霸，吳之所以滅也。監軍之計，在於（將軍）〔持牢〕，而非見時知幾之變也。」紹納圖言。圖等因是譖沮授曰：「授監統內外，威震三軍，若其浸盛，何以制之！夫臣與主同者（昌，主與臣同者）亡，此黃石之所忌也。〔八〕且御衆於外，不宜知內。」〔九〕紹乃分授所統爲三都督，使授及郭圖、淳于瓊各典一軍，未及行。

〔一〕獻帝春秋曰：「袁，舜後。黃應代赤，故包有此言。」

〔二〕十倍則圍之，五倍則攻之。

〔三〕前書陸賈謂南越王曰：「越殺王降漢，如反覆手耳。」

〔四〕前書魏相上書曰：「救亂誅暴，謂之義兵。兵義者王。敵加於己，不得已而起者，謂之應兵。兵應者勝。爭恨小故，不勝憤怒者，謂之忿兵。兵忿者敗。利人土地貨寶者，謂之貪兵。兵貪者破。恃國家之大，矜人庶之衆，欲

見威於敵者，謂之驕兵。兵驕者滅。此非但人事，乃天道也。」

〔五〕淮南子曰：「運籌於廟堂之中，決勝乎千里之外。」

〔六〕前書曰，新城三老說高祖曰：「順德者昌，逆德者亡。兵出無名，事故不成。」晉義曰：「有名，伐有罪也。」

〔七〕史記范蠡謂句踐曰：「天與不取，反受其咎。」

〔八〕臣與主同者，權在於主也。主與臣同者，權在臣也。黃石者，卽張良於下邳圯上所得者，三略也。圯音以之反。

〔九〕淮南子曰：「國不可從外理，軍不可從中御。」

五年，左將軍劉備殺徐州刺史車胄，據沛以背曹操。操懼，乃自將征備。田豐說紹曰：「與公爭天下者，曹操也。操今東擊劉備，兵連未可卒解，今舉軍而襲其後，可一往而定。兵以幾動，斯其時也。」紹辭以子疾，未得行。豐舉杖擊地曰：「嗟乎，事去矣！夫遭難遇之幾，而以嬰兒病失其會，惜哉！」紹聞而怒之，從此遂疏焉。

曹操畏紹過河，乃急擊備，遂破之。備奔紹，紹於是進軍攻許。田豐以旣失前幾，不宜便行，諫紹曰：「曹操旣破劉備，則許下非復空虛。且操善用兵，變化無方，衆雖少，未可輕也。今不如久持之。將軍據山河之固，擁四州之衆，外結英雄，內修農戰，然後簡其精銳，分爲奇兵，〔一〕乘虛迭出，以擾河南，救右則擊其左，救左則擊其右，使敵疲於奔命，人不得安業，我未勞而彼已困，不及三年，可坐剋也。今釋廟勝之策而決成敗於一戰，若不如志，

悔無及也。」紹不從。豐強諫忤紹，紹以爲沮衆，遂械繫之。乃先宣檄曰：

〔一〕孫子兵法曰：「凡戰者以正合，以奇勝也。」注云：「正者當敵，奇者擊其不備。」

蓋聞明主圖危以制變，忠臣慮難以立權。曩者強秦弱主，趙高執柄，專制朝命，威福由己，終有望夷之禍，汙辱至今。〔一〕及臻呂后，祿、產專政，擅斷萬機，決事禁省，下陵上替，海內寒心。於是絳侯、朱虛興威奮怒，誅夷逆暴，尊立太宗，故能道化興隆，光明融顯。此則大臣立權之明表也。〔二〕

〔一〕始皇崩，胡亥立，趙高爲丞相。胡亥夢白虎齧其左驂馬，殺之，心不樂。問占夢，卜涇水爲祟，胡亥乃齋望夷宮。趙高令其壻閻樂逼胡亥使自殺。張華云：「望夷之宮在長陵西北長平觀，東臨涇水，作之以望北夷。」事見史記。

〔二〕呂后專制，以兄子祿爲趙王、上將軍，產爲梁王、相國，各領南北軍。呂后崩，欲爲亂，絳侯周勃、朱虛侯劉章等共誅之，立文帝，廟稱太宗。左傳閔子馬曰：「下陵上替，能無亂乎？」

司空曹操祖父騰，故中常侍，與左悺、徐璜並作妖孽，饕餮放橫，傷化虐人。〔一〕父嵩，乞匄攜養，〔二〕因贓買位，輿金輦寶，輸貨權門，竊盜鼎司，傾覆重器。操（赘）〔贅〕閹遺醜，本無令德，僄狡鋒俠，好亂樂禍。〔三〕幕府董統鷹揚，埽夷凶逆，〔四〕續遇董卓侵官暴國，〔五〕於是提劒揮鼓，發命東夏，廣羅英雄，弃瑕錄用，故遂與操參咨策略，謂其鷹犬之才，爪牙可任。至乃愚佻短慮，輕進易退，傷夷折衄，數喪師徒。〔六〕幕府輒復分

兵命銳，修完補輯，表行東郡太守、兗州刺史，被以虎文，〔七〕授以偏師，奬就威柄，冀獲秦師一克之報。〔八〕而遂乘資跋扈，肆行酷烈，割剝元元，殘賢害善。〔九〕故九江太守邊讓，英才儁逸，以直言正色，論不阿諂，身被梟懸之戮，妻孥受灰滅之咎。自是士林憤痛，人怨天怒，一夫奮臂，舉州同聲，故躬破於徐方，地奪於呂布，〔一〇〕彷徨東裔，蹈據無所。幕府惟強幹弱枝之義，且不登畔人之黨，〔一一〕故復援旍擐甲，席卷赴征，金鼓響震，布衆破沮，〔一二〕拯其死亡之患，復其方伯之任。是則幕府無德於兗土，而有大造於操也。〔一三〕

〔一〕貪財爲饕，貪食爲餮。悺音烏板反。

〔二〕續漢志曰：「嵩字巨高。靈帝時賣官，嵩以貨得拜大司農、大鴻臚，代崔烈爲太尉。」魏志曰：「嵩，騰養子，莫能審其生出本末。」曹瞞傳及郭頒代語並云嵩，夏侯氏子，惇之叔父。魏太祖於惇爲從父兄弟也。「匄」亦「乞」也。

〔三〕方言曰：「僄，輕也。」魏志曰：「操少機警有權數，而任俠放蕩，不修行業。」鋒俠言如其鋒之利也。僄音方妙反。或作「剽」，劫財物也，音同。

〔四〕謂紹誅諸閹人，無少長皆斬之。

〔五〕左傳：「侵官冒也。」

〔六〕字書曰：「佻，輕也。」魏志曰：「操引兵西，將據成皋，到滎陽汴水，遇卓將徐榮，戰不利，士卒死傷多，操爲流矢所中，所乘馬被創。曹洪以馬與操，得夜遁，又爲呂布所敗。」

〔七〕續漢志曰：「虎賁將，冠鶡冠，虎文單衣。襄邑歲獻織成虎文衣。」

〔八〕秦穆公使孟明視、西乞術、白乙丙伐鄭，晉襄公敗諸殽，執孟明等。文嬴請而舍之，歸於秦。穆公復用孟明伐晉，晉人不敢出，封殽尸而還。事見左傳。

〔九〕太公金匱曰：「天道無親，常與善人。今海內陸沈於殷久矣，何乃急於元元哉？」

〔一〇〕魏志曰：「陶謙爲徐州牧，操初征之，下十餘城。後復征謙，收五城，遂略地至東海。還過郯，會張邈與陳宮畔迎呂布，郡縣皆應。布西屯濮陽而操攻之，布出兵戰，操兵奔，陣亂，馳突火出，墜馬燒左手掌，司馬樓異扶操上馬，遂得引去。」

〔一一〕強幹弱枝，解見班固傳。左傳宋大夫魚石等以宋彭城畔屬楚，經書「宋彭城」，傳曰「非宋地，追書也，且不登畔人也」。杜預注曰：「登，成也。」

〔一二〕左傳曰：「擐甲執兵。」杜預注曰：「擐，貫也。」前書楊雄曰：「雲徹席卷，後無餘災。」魏志曰：「操襲定陶未拔，會布至，擊破之。布將薛蘭、李封屯鉅野，操攻之。布救蘭敗，布走。布復與陳宮將萬餘人（乘）〔來〕戰，操時兵少，設伏縱奇兵擊，大破之。布夜走，東奔劉備。」

〔一三〕左傳使呂相絕秦曰：「秦師克還無害，則是我有大造於西也。」杜預注曰：「造，成也。」

會後鑾駕東反，羣虜亂政。時冀州方有北鄙之警，匪遑離局，〔一〕故使從事中郎徐勳就發遣操，使繕修郊廟，翼衞幼主。而便放志專行，威劫省禁，卑侮王僚，敗法亂紀，坐召三臺，專制朝政，〔二〕爵賞由心，刑戮在口，所愛光五宗，所怨滅三族，〔三〕羣談者受

顯誅，腹議者蒙隱戮，〔四〕道路以目，百辟鉗口，〔五〕尚書記期會，公卿充員品而已。〔六〕

〔一〕北鄙之儆謂公孫瓚攻紹也。左傳曰：「局部也。」杜預注曰：「遠其部曲爲離局。」

〔二〕晉書曰：「漢官尚書爲中臺，御史爲憲臺，謁者爲外臺，是謂三臺。」

〔三〕五宗謂上至高祖，下及孫。三族謂父族、母族、妻族。

〔四〕大農顏異與張湯有隙，人告異，湯推異與客言詔令下有不便者，異不言，微反脣。湯遂奏，異九卿，見令不便，不入言而腹非，論死。見前書。

〔五〕國語曰：「厲王虐，國人謗王。邵公告王曰：『人不堪命矣。』王怒，得衞巫，使監謗，以告則殺之。國人莫敢言，道路以目。」周書曰：「賢哲鉗口，小人鼓舌。」何休注公羊傳曰：「柑，以木銜其口也。」「鉗」或作「柑」，音渠廉反。

〔六〕前書賈誼曰：「大臣特以簿書不報，期會之閒，以爲大故。」

故太尉楊彪，歷典二司，元綱極位。〔一〕操因睚眦，被以非罪，搒楚并兼，五毒俱至，〔二〕觸情放慝，不顧憲章。又議郎趙彥，忠諫直言，議有可納，故聖朝含聽，改容加錫。操欲迷奪時明，杜絕言路，擅收立殺，不俟報聞。又梁孝王先帝母弟，墳陵尊顯，松栢桑梓，猶宜恭肅。操率將吏士，親臨發掘，破棺裸尸，掠取金寶，至令聖朝流涕，士民傷懷。〔三〕又署發丘中郎將、摸金校尉，所過毀突，無骸不露。身處三公之官，而行桀虜之態，汙國虐民，毒施人鬼。加其細政苛慘，科防互設，矰繳充蹊，阬穽塞路，舉手挂網羅，動足蹈機陷，是以兗、豫有無聊之人，帝都有呼嗟之怨。〔四〕

〔一〕續漢書曰：「彪代董卓爲司空，又代黃琬爲司徒。時袁術僭亂，操託彪與術婚姻，誣以欲圖廢置，奏收下獄，劾以大逆。」
〔二〕獻帝春秋曰：「收彪下獄考實，遂以策罷。」
〔三〕前書曰，孝文皇帝竇皇后生孝景帝、梁孝王武。
〔四〕管子曰：「天下無道，人在爵位者皆不自聊生。」

歷觀古今書籍所載，貪殘虐烈無道之臣，於操爲甚。莫府方詰外姦，未及整訓，加意含覆，冀可彌縫。〔一〕而操豺狼野心，潛包禍謀，〔二〕乃欲橈折棟梁，孤弱漢室，〔三〕除忠害善，專爲梟雄。往歲伐鼓北征，討公孫瓚，強禦桀逆，拒圍一年。操因其未破，陰交書命，欲託助王師，以見掩襲，故引兵造河，方舟北濟。會行人發露，瓚亦梟夷，故使鋒芒挫縮，厥圖不果。屯據敖倉，阻河爲固，〔四〕乃欲運螳蜋之斧，禦隆車之隧。〔五〕莫府奉漢威靈，折衝宇宙，長戟百萬，胡騎千羣，奮中黃、育、獲之士，〔六〕騁良弓勁弩之埶，〔七〕并州越太行，〔八〕青州涉濟、漯，〔九〕大軍汎黃河以角其前，荆州下宛、葉而掎其後。〔一〇〕雷震虎步，並集虜廷，若舉炎火以焚飛蓬，〔一一〕覆滄海而注熛炭，〔一二〕有何不消滅者哉？

〔一〕左傳曰：「彌縫敝邑。」杜預注曰：「彌縫猶補合。」

〔二〕左傳曰，楚司馬子良生子越椒，令尹子文曰：「必殺之。是子也，熊虎之狀而豺狼之聲，弗殺必滅若敖氏。諺曰『狼子野心』，是乃狼也，其可畜乎！」
〔三〕周易「棟橈之凶，不可有以輔」也。
〔四〕獻帝春秋曰：「操引軍造河，託言助紹，實圖襲鄴，以爲瓚援。會瓚破滅，紹亦覺之，以軍退，屯于敖倉。」
〔五〕韓詩外傳曰：「齊莊公獵，有螳蜋舉足將持其輪，問其御曰：『此何蟲？』對曰：『此螳蜋也。此蟲知進而不知退，不量其力而輕就敵。』公曰：『此爲天下勇士矣。』迴車避之，勇士歸焉。」亦見淮南子。又莊子曰：「螳蜋怒臂以當車轍，不知其不勝任也。」隧，道也。
〔六〕尸子曰：「〔中〕黃伯曰：『我左執太行之獶，右執彫虎，唯象未試。』」史記范雎說秦昭王「烏獲、任鄙之力，慶忌、夏育之勇」也。
〔七〕文子曰：「狡兔得而獵犬烹，高鳥盡而良弓藏。」史記蘇秦說韓王曰：「天下之強弓勁弩，皆從韓出。」
〔八〕紹甥高幹爲并州刺史，故言越太行山而來助。
〔九〕紹長子譚爲青州刺史。濟，漯，二水名，在今齊州界。漯音他合反。
〔一〇〕賈逵注國語曰：「從後牽曰掎。」音居蟻反。左傳曰「晉人角之，諸戎掎之」是也。荆州謂劉表也。與紹交，故云下宛、葉。
〔一一〕楚詞曰：「離憂患而乃寤，若縱火於秋蓬。」
〔一二〕黃石公三略曰：「夫以義而討不義，若決河而沈熒火，其剋必也。」

當今漢道陵遲，綱弛網絕，操以精兵七百，圍守宮闕，外稱陪衞，內以拘質，懼篡逆之禍，因斯而作。乃忠臣肝腦塗地之秋，烈士立功之會也。可不勗哉！〔一〕

〔一〕據陳琳集，此檄陳琳之詞也。魏志曰：「琳字孔璋，廣陵人，避難冀州，袁紹使典文章。紹敗，歸太祖。太祖謂曰：『卿昔爲本初移書，但可罪狀孤而已，惡惡止其身，何乃上及父祖邪？』琳謝罪。太祖愛其才而不咎也。」流俗本此下有「陳琳之辭」者，非也。

乃先遣顏良攻曹操別將劉延於白馬，〔一〕紹自引兵至黎陽。沮授臨行，會其宗族，散資財以與之。曰：「埶存則威無不加，埶亡則不保一身。哀哉！」其弟宗曰：「曹操士馬不敵，君何懼焉？」授曰：「以曹兗州之明略，又挾天子以爲資，我雖剋伯珪，衆實疲敝，而主驕將忲，軍之破敗，在此舉矣。楊雄有言：『六國蚩蚩，爲嬴弱姬。』今之謂乎！」〔二〕曹操遂救劉延，擊顏良斬之。〔三〕紹乃度河，壁延津南。〔四〕沮授臨船歎曰：「上盈其志，下務其功，悠悠黃河，吾其濟乎！」遂以疾退，紹不許而意恨之，復省其所部，并屬郭圖。

〔一〕白馬，縣，屬東郡，今滑州縣也，故城在今縣東。
〔二〕法言之文也。嬴，秦姓也。姬，周姓。方言：「蚩，悖也。」六國悖惑，侵弱周室，終爲秦所併也。
〔三〕蜀志曰：「曹公使張遼及關羽爲先鋒，羽望見良麾蓋，策馬刺良萬衆之中，斬其首還，諸將莫能當，遂解白馬圍。」
〔四〕酈元水經注曰：「漢孝文時河決酸棗，東潰金堤，大發卒塞之，武帝作瓠子之歌，皆謂此口也。」又東北謂之延津。杜預注左傳：「陳留酸棗縣北有延津。」

紹使劉備、文醜挑戰，曹操又擊破之，斬文醜。再戰而禽二將，紹軍中大震。操還屯官

度，〔一〕紹進保陽武。〔二〕沮授又說紹曰：「北兵雖衆，而勁果不及南軍；南軍穀少，而資儲不如北。南幸於急戰，北利在緩師。宜徐持久，曠以日月。」紹不從。連營稍前，漸逼官度，遂合戰。操軍不利，〔三〕復還堅壁。紹爲高櫓，起土山，射營中，〔四〕〔營中〕皆蒙楯而行。〔五〕操乃發石車擊紹樓，皆破，軍中呼曰「霹靂車」。〔六〕紹爲地道欲襲操，操輒於內爲長塹以拒之。又遣奇兵襲紹運車，大破之，盡焚其穀食。

〔一〕官度在今鄭州中牟縣北。酈元水經云：「莨蕩渠經曹公壘北，有高臺謂之官度臺，在中牟城北，俗謂之中牟臺。」
〔二〕陽武，今鄭州縣。
〔三〕魏志曰：「連營稍進，前依沙埠，東西數十里爲屯。操亦分營與相當。」
〔四〕釋名曰：「樓櫓者，露上無覆屋也。」今官度臺北土山猶在，臺之東，紹舊營遺基並存焉。
〔五〕楯，今之旁排也。楊雄羽獵賦曰：「蒙楯負羽。」獻帝春秋曰：「紹令軍中各持三尺繩，曹操誠禽，但當縛之。」
〔六〕以其發石聲震烈，呼爲霹靂，即今之拋車也。拋音普孝反。

相持百餘日，河南人疲困，多畔應紹。紹遣淳于瓊等將兵萬餘人北迎糧運。沮授說紹可遣蔣奇別爲支軍於表，以絕曹操之鈔。〔一〕紹不從。許攸進曰：「曹操兵少而悉師拒我，許下餘守埶必空弱。若分遣輕軍，星行掩襲，許拔則操(爲)成禽。如其未潰，可令首尾奔命，破之必也。」紹又不能用。會攸家犯法，審配收繫之，攸不得志，遂奔曹操，而說使襲取

淳于瓊等。瓊等時宿在烏巢，〔二〕去紹軍四十里。操自將步騎五千人，夜往攻破瓊等，悉斬之。〔三〕

〔一〕以支軍爲瓊等表援。

〔二〕烏巢，地名，在滑州酸棗城東。

〔三〕曹瞞傳曰：「公聞許攸來，跣出迎之。攸勸公襲瓊等，公大喜，乃選精銳步騎，皆執袁軍旗幟，銜枚縛馬口，夜從閒道出，人把束薪。所歷道問者，語之曰：『袁公恐曹操鈔掠後軍，遣兵以益備。』問者信以爲然。既至，圍屯，大放火，營中驚亂，大破之，盡燔其糧穀寶貨，斬督將(睢)〔眭〕元進等，割得將軍淳于仲簡鼻，殺士卒千餘人，皆取鼻，牛馬割唇舌，以示紹軍。將士皆恟懼。」

初，紹聞操擊瓊，謂長子譚曰：「就操破瓊，吾拔其營，彼固無所歸矣。」乃使高覽、張郃等攻操營，不下。〔一〕二將聞瓊等敗，遂奔操。於是紹軍驚擾，大潰。紹與譚等幅巾乘馬，與八百騎度河，至黎陽北岸，入其將軍蔣義渠營。至帳下，把其手曰：「孤以首領相付矣。」義渠避帳而處之，使宣令焉。衆聞紹在，稍復集。餘衆僞降，曹操盡阬之，前後所殺八萬人。

〔一〕魏志曰：「張郃字儁乂，河閒鄚人也。郃說紹曰：『曹公精兵往，必破瓊等，則事去矣。』郭圖曰：『郃計非也，不如攻其本營。』郃曰：『曹公營固，攻之必不拔。若瓊等見禽，吾屬盡爲虜矣。』紹但遣輕騎救瓊，而以重兵攻太祖營，不能下。太祖果破瓊等。紹軍潰，圖慙，又更譖郃快軍敗，郃懼，歸太祖。」

沮授爲操軍所執，乃大呼曰：「授不降也，爲所執耳。」操見授謂曰：「分野殊異，遂用圮絕，不圖今日乃相得也。」授對曰：「冀州失策，自取奔北。授知力俱困，宜其見禽。」操曰：「本初無謀，不相用計。今喪亂過紀，〔一〕國家未定，方當與君圖之。」授曰：「叔父、母、弟懸命袁氏，若蒙公靈，速死爲福。」操歎曰：「孤早相得，天下不足慮也。」遂赦而厚遇焉。授尋謀歸袁氏，乃誅之。

〔一〕十二年曰紀。

紹外寬雅有局度，憂喜不形於色，而性矜愎自高，〔一〕短於從善，故至於敗。及軍還，或謂田豐曰：「君必見重。」豐曰：「公貌寬而內忌，不亮吾忠，而吾數以至言迕之。若勝而喜，必能赦我，戰敗而怨，內忌將發。若軍出有利，當蒙全耳，今既敗矣，吾不望生。」紹還，曰：「吾不用田豐言，果爲所笑。」遂殺之。〔二〕

〔一〕愎音平逼反。

〔二〕先賢行狀曰：「紹謂逢紀曰：『冀州人聞吾軍敗，皆當念吾；唯田別駕前諫止吾，與衆不同，吾亦慙之。』紀復曰：『豐聞將軍之退，拍手大笑，喜其言之中也。』紹於是有害豐之意。初，太祖聞豐不從戎，喜曰：『紹必敗矣。』及紹奔遁，復曰：『向使紹用其別駕計，尚未可知也。』」

官度之敗，審配二子爲曹操所禽。孟岱與配有隙，因蔣奇言於紹曰：「配在位專政，族

大兵強，且二子在南，必懷反畔。」郭圖、辛評亦爲然。紹遂以岱爲監軍，代配守鄴。護軍逢紀與配不睦，〔一〕紹以問之，紀對曰：「配天性烈直，每所言行，慕古人之節，不以二子在南爲不義也，公勿疑之。」紹曰：「君不惡之邪？」紀曰：「先所爭者私情，今所陳者國事。」紹曰「善」。乃不廢配，配、〔紀〕由是更協。

〔一〕英雄記曰：「審配任用，與紀不睦，辛評、郭圖皆比於譚。」評，辛毗兄也。見魏志。

冀州城邑多畔，紹復擊定之。自軍敗後發病，七年夏，薨。〔一〕未及定嗣，逢紀、審配宿以驕侈爲譚所病，辛評、郭圖皆比於譚而與配、紀有隙。衆以譚長，欲立之。配等恐譚立而評等爲害，遂矯紹遺命，奉尚爲嗣。

〔一〕魏志曰：「紹自軍破後，發病歐血死。」獻帝春秋曰：「紹爲人政寬，百姓德之。河北士女莫不傷怨，市巷揮淚，如或喪親。」典論曰：「袁紹妻劉氏性酷妒，紹死，僵尸未殯，寵妾五人盡殺之，爲死者有知，當復見紹於地下，乃髡頭墨面，以毀其形。尚又爲盡殺死者之家。」

校勘記

二三七三頁三行　父成五官中郎將　按：集解引錢大昕說，謂華嶠漢書作「左中郎將」，見三國志注。袁安傳云「左中郎」，似失之。

二三七三頁三行　(紹)壯健好交結　殿本考證引何焯說，謂此指其父成，衍「紹」字。今據刪。

二三七三頁七行　除濮陽長　按：集解引錢大昕說，謂許劭傳稱紹爲濮陽令。

二三七四頁三行　以紹爲佐軍校尉　集解引洪頤煊說，謂何進傳作「中軍校尉」，蓋勳傳、五行志俱作「佐軍校尉」。按：沈家本謂注引山陽公載記作「中軍」，獻紀注引亦同，魏志亦作「中軍」，案時有上軍、下軍，則作「中軍」是也。

二三七四頁六行　淳于瓊爲右校尉　按：何進傳作「左軍校尉」。

二三七四頁二行　未有不善宣於天下　按：校補引柳從辰說，謂袁紀「宣」作「害」。

二三七五頁一行　信太山(陽)平〔陽〕人也　洪亮吉謂「陽平」應如魏志鮑勳傳作「平陽」。今據改。

二三七五頁一行　乃引軍還鄉里　按：刊誤謂「軍」當作「歸」，或云「軍」字衍。

二三七五頁二行　(以)〔與〕從弟後將軍術　據刊誤改。

二三七六頁三行　少府陰循至將作大匠吳循　按：集解引錢大昕說，謂獻帝紀「循」皆作「脩」，魏志亦作「吳脩」，當以「脩」爲正。

二三七六頁六行　卓使司隸宣璠(尺)〔盡〕口收之　據汲本、殿本改。

二三七六頁八行　胡母班字季友　三國魏志注「季友」作「季皮」。風俗通卷三作「胡母季皮」。今按：作「皮」是。沈家本謂漢書敍傳，楚人謂虎班。名班字季皮，猶春秋時鄭罕虎字子皮也。

二三七六頁三行　亡人二女　按：沈家本謂魏志注作「亡人子二人」，案下文云「匡抱班二子哭」，則作「二女」者非也。

二三七六頁一五行　忌（方）〔其〕得衆　刊誤謂「方」字無義，當是「其」字。按：通志正作「其」，今據改。

二三七七頁四行　何凶逆　刊誤謂「何」當作「阿」。按：嚴可均全後漢文注「何，負也」。依嚴說，則「何」字不譌。

二三七七頁六行　紹客逢紀　按：何進傳作「龐紀」。

二三七七頁九行　外託〔討〕董卓　刊誤謂案文少一「討」字。按：通志正作「託討董卓」，今據補。

二三七八頁二行　騎都尉沮授　按：集解引王補說，謂魏志言諫者耿、閔外，有治中李歷，而無沮授，通鑑從之。

二三七八頁五行　程渙　按：集解引惠棟說，謂魏志「渙」作「奐」。

二三七九頁一五行　秦伯曰　按：「秦」原譌「泰」，逕據汲本、殿本改。

二三八一頁八行　此誠將軍之（羞）〔眷〕　集解引惠棟說，謂「羞」字誤，當依英雄記作「眷」。今據改。按：三國志袁紹傳注引英雄記作「眷」。

二三八一頁一〇行　大會賓徒於薄落津　校補謂「徒」當作「從」。按：魏志注引英雄記，作「方與賓客諸將共會」。

袁紹劉表列傳第六十四上　二四〇五

後漢書卷七十四上　二四〇六

二三八一頁一〇行　黑山賊干毒　殿本「干」作「于」，下同。按：朱儁傳亦作「于」。

二三八一頁一四行　紹遂尋山北行　按：張森楷校勘記謂「尋」字無義，疑當作「循」。

二三八一頁一五行　左髭丈八　按：殿本「丈」作「文」。

二三八二頁五行　謂之〔薄〕落津　校補引柳從辰說，謂通鑑注引此作「謂之薄落津」，此脫「薄」字。今據補，與今本水經注合。

二三八二頁一三行　拜紹右將軍　按：集解引惠棟說，謂袁宏紀作「後將軍」。

二三八三頁九行　熙字顯雍　集解引惠棟說，謂「顯雍」當從魏志注作「顯奕」。按：潘眉三國志考證謂雍熙字相應，作「奕」誤。

二三八三頁一三行　願上惟先代成（則）〔敗〕之誡　集解引惠棟說，謂「則」依九州春秋當作「敗」。今據改。

二三八六頁九行　凡我同盟之後　按：刊誤謂案文當云「同盟之人，既盟之後」，此盟書常文也，誤脫四字。

二三八六頁九行　神明是殛　按：「殛」原譌「亟」，逕據汲本、殿本改正。

二三八六頁一一行　今是（夭）〔大〕鳥獸則失喪其羣匹　據殿本改，與今禮記文合。

二三八六頁一六行　張楊黑山同時乞降　按：「楊」原作「揚」，前後互歧，逕改正。

二三八七頁五行　太僕趙岐　按：「岐」原譌「歧」，逕改正。

二三八九頁四行　三槐三公（匹）〔位〕焉　據汲本、殿本改。

二三八九頁一五行　以爲驃騎大將軍　按：張森楷校勘記謂案明帝紀及東平王傳並云爲驃騎將軍，「大」字蓋衍。

二三九一頁一行　（兵）〔其〕埶譬若覆手　據汲本改。

二三九一頁五行　且公師徒精勇　按：校補引柳從辰說，謂閩本「公」作「今」。

二三九一頁七行　在於（將軍）〔持牢〕　據殿本改。按：殿本考證李良裘謂　按三國志注中載獻帝傳作「在於持牢」，「將軍」二字傳寫之誤。又集解引王補說，謂通鑑亦作「持牢」，胡注猶今南人言「把穩」也。

二三九一頁八行　夫臣與主同者〔昌主與臣同者〕亡　集解引惠棟說，謂獻帝傳云「臣與主同者昌，主與臣同者亡」，傳漏「昌主與臣同者」六字。今據補。

二三九三頁三行　因臧買位　集解引惠棟說，謂「買」陳琳集作「假」。今按：文選亦作「假」。

二三九三頁一三行　操（姦）〔贅〕閹遺醜　集解引錢大昕說，謂「姦」當作「贅」，三國志注及文選並是「贅」字。今據改。

二三九四頁一行　奬就威柄　集解引惠棟說，謂文選及魏志注皆作「奬蹴」，蹴，成也，就亦訓成，與蹴同義。按：殿本「就」譌「蹴」。

袁紹劉表列傳第六十四上　二四〇七

後漢書卷七十四上　二四〇八

二三九四頁三行　身被梟懸之戮　文選「身」下有「首」字，「戮」作「誅」。按：下云「妻孥受灰滅之咎」，「身首」「妻孥」相對成文，疑此脫「首」字。

二三九五頁一一行　布復與陳宮將萬餘人（乘）〔來〕戰　據汲本、殿本改。

二三九八頁八行　〔中〕黃伯曰　據刊誤補。

二四〇〇頁三行　〔營中〕皆蒙楯而行　李慈銘謂「皆」字上當疊「營中」二字，三國志袁紹傳作「營中皆蒙楯，衆大懼」。今據補。

二四〇〇頁一〇行　曹操誠禽　按：刊誤謂「誠」案文當作「成」。

二四〇〇頁一四行　許攸則操（爲）成禽　據刊誤刪。

二四〇一頁六行　還兵以益備　按：校補謂魏志注引曹瞞傳，「還兵」作「遣兵」。

二四〇一頁七行　斬督將（睢）〔眭〕元進等　集解引惠棟說，謂「睢」當作「眭」，即眭固也。今據改。

二四〇三頁四行　配〔紀〕由是更協　據集解引蘇輿說補。

二四〇三頁六行　七年夏薨　按：魏志袁紹傳「夏薨」作「憂死」。

後漢書卷七十四下

袁紹劉表列傳第六十四下

紹子譚

譚自稱車騎將軍，出軍黎陽。尙少與其兵，而使逢紀隨之。譚求益兵，審配等又議不與。譚怒，殺逢紀。

曹操度河攻譚，譚告急於尙，尙乃留審配守鄴，自將助譚，與操相拒於黎陽。自九月至明年二月，大戰城下，〔一〕譚、尙敗退。操將圍之，乃夜遁還鄴。操進軍，尙逆擊破操，操軍還許。譚謂尙曰：「我鎧甲不精，故前爲曹操所敗。今操軍退，人懷歸志，及其未濟，出兵掩之，可令大潰，此策不可失也。」尙疑而不許，既不益兵，又不易甲。譚大怒，郭圖、辛評因此謂譚曰：「使先公出將軍爲兄後者，皆是審配之所構也。」譚然之。遂引兵攻尙，戰於外門。〔二〕譚敗，乃引兵還南皮。〔三〕

〔一〕郭緣生述征記曰：「黎陽城西袁譚城，城南又有一城，是曹公攻譚之所築。」

〔二〕鄴郭之門。

〔三〕南皮，今滄州縣也。章武有北皮亭，故此曰南皮。

別駕王脩率吏人自青州往救譚，譚還欲更攻尙，問脩曰：「計將安出？」脩曰：「兄弟者，左右手也。譬人將鬭而斷其右手，曰『我必勝若』，如是者可乎？夫弃兄弟而不親，天下其誰親之？屬有讒人交鬭其閒，以求一朝之利，願塞耳勿聽也。若斬佞臣數人，復相親睦，以御四方，可横行於天下。」譚不從。尙復自將攻譚，譚戰大敗，嬰城固守。〔一〕尙圍之急，譚奔平原，而遣潁川辛毗詣曹操請救。〔二〕

〔一〕前書蒯通曰：「必將嬰城固守。」音義曰：「嬰謂以城自繞也。」

〔二〕魏志曰：「辛毗，潁川陽翟人也。譚使毗詣太祖求和，毗見太祖致譚意。太祖悅，謂毗曰：『譚可信，尙必可克不？』毗對曰：『明公無問信與詐也，直(言)當論其埶耳。袁氏本兄弟相伐，非謂他人能閒其閒，乃謂天下可定於己也。一旦求救於明公，此可知也。』」

劉表以書諫譚曰：

天降災害，禍難殷流，初交殊族，卒成同盟，使王室震蕩，彝倫攸斁。〔一〕是以智達之士，莫不痛心入骨，傷時人不能相忍也。然孤與太公，志同願等，〔二〕雖楚魏絕邈，山河迥遠，〔三〕戮力乃心，共奬王室，〔四〕使非族不干吾盟，異類不絕吾好，此孤與太公無貳之所致也。功績未卒，太公殂隕，賢胤承統，以繼洪業。宣奕世之德，履丕顯之祚，〔五〕擢巖敵於鄴都，揚休烈於朔土，顧定疆宇，虎視河外，凡我同盟，莫不景附。何悟青蠅飛於竿旌，無忌游於二壘，〔六〕使股肱分成二體，匈膂絕爲異身。初聞此問，尙謂不然，定聞信來，乃知閼伯、實沈之忿已成，弃親卽讎之計已決，〔七〕旃旆交於中原，暴尸累於城下。聞之哽咽，若存若亡。昔三王、五伯，下及戰國，君臣相弑，父子相殺，兄弟相殘，親戚相滅，蓋時有之。然或欲以成王業，〔八〕或欲以定霸功，〔九〕皆所謂逆取順守，而徼富強於一世也。未有弃親卽異，兀其根本，而能全於長世者也。

〔一〕左傳曰：「震蕩播越。」書曰：「彝倫攸斁。」彝，常也。倫，理也。攸，所也。斁，敗也。

〔二〕言太公者尊之，謂紹也。

〔三〕楚，荆州也。魏，冀州也。

〔四〕左傳曰：「同好惡，奬王室。」杜預曰：「奬，助也。」

〔五〕奕，重也，國語曰「奕代載德」。

〔六〕詩小雅曰：「營營青蠅，止于榛。讒人罔極，構我二人。」史記，費無忌得寵於楚平王，爲太子建少傅，無寵於太子，日夜讒太子於王，欲誅太子。太子亡奔宋。左傳作「無極」。竿旌、二壘者，謂譚、尙也。

〔七〕左傳子產曰：「高辛氏有二子，伯曰閼伯，季曰實沈，居於曠林，不相能也，日尋干戈，以相征討。」

〔八〕若周公誅管、蔡之類。

〔九〕若齊桓公殺子糾也。

昔齊襄公報九世之讎，〔一〕士匄卒荀偃之事，是故春秋美其義，君子稱其信。夫伯游之恨於齊，未若太公之忿於曹也；宣子之臣承業，未若仁君之繼統也。〔二〕且君子違難不適讎國，交絕不出惡聲，〔三〕況忘先人之讎，弃親戚之好，而爲萬世之戒，遺同盟之恥哉！蠻夷戎狄將有誚讓之言，況我族類，而不痛心邪！

〔一〕公羊傳曰：「紀侯大去其國。大去者何？滅之也。孰滅之也？齊滅之。曷爲不言齊滅之？爲襄公諱也。春秋爲賢者諱。何賢於襄公？復讎也。何讎爾？遠祖也。哀公亨於周，紀侯譖之。遠祖者幾代？九代矣。」史記曰，紀侯譖齊哀公於周，周夷王烹哀公。其弟靜立，是爲胡公。弟獻公立，子武公立，子厲公立，子文公立，子成公立，子莊公立，子釐公立，子襄公八年，紀遷去其邑，是爲九代也。

〔二〕荀偃，晉大夫也。左傳曰，荀偃將中軍，士匄佐之，伐齊。濟河，病目出，及卒，而視不可唅。欒盈曰：「其爲未卒事於齊故也？」士匄撫之曰：「主苟終，所不嗣事於齊有如河！」乃瞑受含。伯游，荀偃字也。宣子卽士匄也，士燮之子，士會之孫。

〔三〕左傳曰，公山不狃曰：「君子違難不適讎國。」杜預曰：「違，奔亡也。」史記樂毅遺燕惠王書曰：「臣聞古之君子，交絕不出惡聲。」

夫欲立竹帛於當時，全宗祀於一世，豈宜同生分謗，爭校得失乎？若冀州有不弟之慠，〔一〕無慙順之節，仁君當降志辱身，以濟事爲務。事定之後，使天下平其曲直，不亦爲高義邪？今仁君見憎於夫人，未若鄭莊之於姜氏；昆弟之嫌，未若重華之於象敖。

然莊公卒崇大隧之樂，象敖終受有鼻之封。願捐弃百痾，追攝舊義，復爲母子昆弟如初。〔二〕今整勒士馬，瞻望鵠立。

〔一〕左傳曰：「段不弟，故不言弟。」

〔二〕鄭武公娶於申，曰武姜，生莊公及叔段。莊公寤生，驚姜氏，遂惡之，愛叔段，欲立之，武公弗許。及莊公立，姜氏爲請京，使居之。段繕甲兵，將襲鄭，夫人將啓之。莊公遂寘姜氏于城潁，而誓之曰：「不及黃泉，無相見也。」既而悔之。潁考叔曰：「君何患焉？若闕地及泉，隧而相見，其誰曰不然！」從之。公入而賦：「大隧之中，其樂也融融。」姜出而賦：「大隧之外，其樂也洩洩。」遂爲母子如初。事見左傳。史記曰，舜名重華。父瞽叟盲而舜母死，瞽叟更娶妻，生象。瞽叟愛後妻子，常欲殺舜。舜踐帝位，封弟象爲諸侯。孟子曰：「象至不仁，封諸有鼻。仁人之於其弟也，不藏怒焉，不宿怨焉，親愛之而已矣。」鼻國在永州營道縣北，今猶謂之鼻亭。

又與尚書諫之，並不從。〔一〕

〔一〕魏氏春秋載表遺尚書曰：「知變起辛、郭，禍結同生，追閼伯、實沈之蹤，忘常棣死喪之義，親尋干戈，僵尸流血，聞之哽咽，若存若亡。昔軒轅有涿鹿之戰，周公有商、奄之師，皆所以翦除穢害而定王業，非強弱之爭，喜怒之忿也。故雖滅親不尤，誅兄不傷。今二君初承洪業，纂繼前軌，進有國家傾危之慮，退有先公遺恨之負。當唯曹是務，唯國是康。何者？金木水火剛柔相濟，然後克得其和，能爲人用。今青州天性峭急，迷於曲直。仁君度數弘廣，綽然有餘，當以大苞小，以優容劣，先除曹操，以平先公之恨，事定之後，乃議曲直之評，不亦善乎！若留神遠圖，剋己復禮，當振旆長驅，共奬王室。若迷而不返，遂而無改，則胡夷將有誚讓之言，況我同盟，復能戮力仁君

之役哉！此韓盧、東郭自困於前，而遺田父之獲者也。憤躍鶴望，冀聞和同之聲。若其泰也，則袁族其與漢升降乎！如其否也，則同盟永無望矣。」表二書並見王粲集。

曹操遂還救譚，十月至黎陽。尚聞操度河，乃釋平原還鄴。尚將呂曠、高翔畔歸曹氏，譚復陰刻將軍印，以假曠、翔。操知譚詐，乃以子整娉譚女以安之，〔一〕而引軍還。

〔一〕魏志曰，整建安二十二年封郿侯，二十三年薨，無子。黃初二年，追進爵，謚曰戴公。

九年三月，尚使審配守鄴，復攻譚於平原。配獻書於譚曰：「配聞良藥苦口而利於病，忠言逆耳而便於行。〔一〕願將軍緩心抑怒，終省愚辭。蓋春秋之義，國君死社稷，忠臣死君命。〔二〕苟圖危宗廟，剝亂國家，親疎一也。〔三〕是以周公垂涕以(斃)〔蔽〕管、蔡之獄，〔四〕季友歔欷而行叔牙之誅。〔五〕何則？義重人輕，事不獲已故也。昔先公廢黜將軍以續賢兄，立我將軍以爲嫡嗣，上告祖靈，下書譜牒，海內遠近，誰不備聞！何意凶臣郭圖，妄畫蛇足，〔六〕曲辭諂媚，交亂懿親。至令將軍忘孝友之仁，襲閼、沈之迹，放兵鈔突，屠城殺吏，冤魂痛於幽冥，創痍被於草棘。又乃圖獲鄴城，許賞賜秦胡，其財物婦女，豫有分數。又云：『孤雖有老母，趣使身體完具而已。』聞此言者，莫不悼心揮涕，使太夫人憂哀憤隔，我州君臣監寐悲歎。誠拱默以聽執事之圖，則懼違春秋死命之節，詒太夫人不測之患，損先公不世之業。我將軍辭不獲命，以及館陶之役。〔七〕伏惟將軍至孝蒸蒸，發於岐嶷，友于之性，生於自然，章之以聽明，行之以敏達，覽古今之舉措，覩興敗之徵符，輕榮財於糞土，貴名(高)〔位〕於丘岳。何意奄然迷沈，墮賢哲之操，〔八〕積怨肆忿，取破家之禍！翹企延頸，待望讎敵，委慈親於虎狼之牙，以逞一朝之志，豈不痛哉！若乃天啓尊心，革圖易慮，則我將軍匍匐悲號於將軍股掌之上，配等亦當敷躬布體以聽斧鑕之刑。如又不悛，禍將及之。願熟詳吉凶，以賜環玦。」〔九〕譚不納。

〔一〕孔子家語曰：「忠言逆耳而利於行。」

〔二〕左傳晏嬰曰：「君爲社稷死則死之，爲社稷亡則亡之。」又晉解楊曰：「受命以出，有死無隕。死而成命，臣之祿也。」

〔三〕左傳曰「天實剝亂」也。

〔四〕左傳曰，鄭子太叔曰：「周公殺管叔，放蔡叔。夫豈不愛？王室故也。」

〔五〕公羊傳曰：「公子牙卒。何以不稱弟？殺也，爲季子諱殺也。莊公病，叔牙曰：『魯一生一及，君以知之。慶父存也。』季子曰：『夫何敢？是將爲亂！』和藥而飲之，曰：『公子從吾言而飲此，則可以無爲天下戮笑，必有後於魯國。』」誅不避兄弟，君臣之義也。」

〔六〕戰國策曰：「楚有祠者，賜其舍人酒一卮，相謂曰：『數人飲之不足，一人飲之有餘，請各畫地爲蛇，先成者飲酒。』一人蛇先成，引酒且飲，乃左手持酒，右手畫蛇，曰：『吾能爲之足。』未成，一人蛇成，奪其卮，曰：『蛇固無足，子安能爲足？』遂飲酒。爲蛇足者終亡其酒。」

〔七〕詒，遺也。不世猶言非常也。獻帝春秋曰：「譚尚遂尋干戈，以相征討。譚軍不利，保于平原，尚乃軍于館陶。譚擊之敗，尚走保險。譚追攻之，尚設奇伏大破譚軍，僵屍流血不可勝計。譚走還平原。」

〔八〕墮音許規反。

〔九〕孫卿子曰：「絕人以玦，反人以環。」

曹操因此進攻鄴，審配將馮(札)〔禮〕爲內應，開突門內操兵三百餘人。〔一〕配覺之，從城上以大石擊門，門閉，入者皆死。操乃鑿塹圍城，周回四十里，初令淺，示若可越。配望見，笑而不出爭利。操一夜濬之，廣深二丈，引漳水以灌之。自五月至八月，城中餓死者過半。尚聞鄴急，將軍萬餘人還救城，操逆擊破之。尚走依曲漳爲營，〔二〕操復圍之，未合，尚懼，遣陰夔、陳琳求降，不聽。尚還走藍口，〔三〕操復進，急圍之。尚將馬延等臨陣降，衆大潰，尚奔中山。盡收其輜重，得尚印綬節鉞及衣物，以示城中，城中崩沮。審配令士卒曰：「堅守死戰，操軍疲矣。幽州方至，何憂無主！」操出行圍，配伏弩射之，幾中。〔四〕以其兄子榮爲東門校尉，榮夜開門內操兵，配拒戰城中，生獲配。操謂配曰：「吾近行圍，弩何多也？」配曰：「猶恨其少。」操曰：「卿忠於袁氏，亦自不得不爾。」意欲活之。配意氣壯烈，終無撓辭，見者莫不歎息，遂斬之。〔五〕全尚母妻子，還其財寶。高幹以并州降，復爲刺史。

〔一〕墨子備突篇曰「城百步，一突門。突門用車兩輪，以木束之塗其上，維置突門內。度門廣狹之，令人入門四尺，中置窰突，門旁爲橐，充竈狀，又置艾。寇即入，下輪而塞之，鼓橐熏之」也。
〔二〕漳水之曲。
〔三〕相州安（楊）〔陽〕縣界有藍嵯山，與鄴相近，蓋藍山之口。
〔四〕幾音祈。中音竹仲反。
〔五〕先賢行狀曰：「是日先縛配將詣帳下，辛毗等逆以馬鞭擊其頭，罵之曰：『奴，汝今日真死矣。』配顧曰：『狗輩！由汝曹破冀州，恨不得殺汝。』太祖既有意活配，配無撓辭，辛毗等號哭不已，乃殺之。」

曹操之圍鄴也，譚復背之，因略取甘陵、安平、勃海、河間，攻尚於中山。尚敗，走故安從熙，而譚悉收其衆，還屯龍湊。

十二月，曹操討譚，軍其門。譚夜遁（奔）〔走〕南皮，臨清河而屯。明年正月，急攻之。譚欲出戰，軍未合而破。譚被髮驅馳，追者意非恒人，趨奔之。〔一〕譚墯馬，顧曰：「咄，兒過我，我能富貴汝。」言未絕口，頭已斷地。於是斬郭圖等，戮其妻子。

〔一〕趨音促。

熙、尚爲其將焦觸、張南所攻，奔遼西烏桓。觸自號幽州刺史，驅率諸郡太守令長背袁向曹，陳兵數萬。殺白馬盟，令曰：「違者斬！」衆莫敢仰視，各以次歃。至別駕代郡韓珩，〔一〕曰：「吾受袁公父子厚恩，今其破亡，智不能救，勇不能死，於義闕矣。若乃北面曹

氏，所不能爲也！」一坐爲珩失色。觸曰：「夫舉大事，當立大義。事之濟否，不待一人，可卒珩志，以厲事君。」〔二〕曹操聞珩節，甚高之，屢辟不至，卒於家。

〔一〕珩音行。
〔二〕先賢行狀曰「珩字子佩，代郡人，淸粹有雅量。少喪父母，奉養兄姊，宗族稱悌」也。

高幹復叛，執上黨太守，舉兵守壺口關。〔一〕十一年，曹操自征幹，幹乃留其將守城，自詣匈奴求救，不得，獨與數騎亡，欲南奔荊州。上洛都尉捕斬之。〔二〕

〔一〕潞州上黨縣有壺山口，因其險而置關焉。
〔二〕典論曰：「上洛都尉王琰獲高幹，以功封侯。其妻哭於室，以爲琰富貴將更娶妾媵故也。」

十二年，曹操征遼西，擊烏桓。尚、熙與烏桓逆操軍，戰敗走，乃與親兵數千人奔公孫康於遼東。尚有勇力，先與熙謀曰：「今到遼東，康必見我，我獨爲兄手擊之，且據其郡，猶可以自廣也。」康亦心規取尚以爲功，乃先置精勇於廄中，然後請尚、熙。熙疑不欲進，尚彊之，遂與俱入。未及坐，康叱伏兵禽之，坐於凍地。尚謂康曰：「未死之閒，寒不可忍，可相與席。」康曰：「卿頭顱方行萬里，何席之爲！」遂斬首送之。

康，遼東人。父度，初避吏爲玄菟小吏，稍仕。中平元年，還爲本郡守。在職敢殺伐，郡中名豪與己夙無恩者，遂誅滅百餘家。因東擊高句驪，西攻烏桓，威行海畔。時王室方亂，度恃其地遠，陰獨懷幸。會襄平社生大石丈餘，下有三小石爲足，度以爲己瑞。〔一〕初平元年，乃分遼東爲遼西、中遼郡，並置太守，越海收東萊諸縣，爲營州刺史，〔二〕自立爲遼東侯、平州牧，追封父延爲建義侯。立漢二祖廟。承制設壇墠於襄平城南，郊祀天地，藉田理兵，乘鸞輅九旒旄頭羽騎。建安九年，司空曹操表爲奮威將軍，封永寧鄉侯。度死，康嗣，故遂據遼土焉。

〔一〕襄平，縣，屬遼東郡，故城在今平州盧龍縣西南。魏志曰：「時襄平延里社生大石，或謂度曰：『此漢宣帝冠石祥也，里名與先君同。社主土地，明當有土地，有三公輔也。』度益喜。」
〔二〕爲猶置也。

劉表字景升，山陽高平人，魯恭王之後也。〔一〕身長八尺餘，姿貌溫偉。與同郡張儉等俱被訕議，號爲「八顧」。詔書捕案黨人，表亡走得免。黨禁解，辟大將軍何進掾。

〔一〕恭王，景帝子，名餘。

初平元年，長沙太守孫堅殺荊州刺史王叡，〔一〕詔書以表爲荊州刺史。時江南宗賊大盛，〔二〕又袁術阻兵屯魯陽，表不能得至，乃單馬入宜城，〔三〕請南郡人蒯越、襄陽人蔡瑁與

共謀畫。〔四〕表謂越曰：「宗賊雖盛而衆不附，若袁術因之，禍必至矣。吾欲徵兵，恐不能集，其策焉出？」對曰：「理平者先仁義，理亂者先權謀。兵不在多，貴乎得人。袁術驕而無謀，宗賊率多貪暴。越有所素養者，使人示之以利，必持衆來。使君誅其無道，施其才用，威德既行，襁負而至矣。兵集衆附，南據江陵，北守襄陽，荊州八郡〔五〕可傳檄而定。公路雖至，無能爲也。」表曰：「善。」乃使越遣人誘宗賊帥，至者十五人，皆斬之而襲取其衆。唯江夏賊張虎、陳坐擁兵據襄陽城，表使越與龐季往譬之，乃降。江南悉平。諸守令聞表威名，多解印綬去。表遂理兵襄陽，以觀時變。

〔一〕王氏譜曰：「叡字通曜，晉太保祥之伯父也。」吳錄曰：「叡見執，驚曰：『我何罪？』堅曰：『坐無所知。』叡窮迫，刮金飲之而死。」
〔二〕宗黨共爲賊。
〔三〕宜城，縣，屬南郡，本鄢，惠帝三年改名宜城。
〔四〕傅子曰：「越字異度，魏太祖平荊州，與荀彧書曰：『不喜得荊州，喜得異度耳。』」
〔五〕漢官儀曰，荊州管長沙、零陵、桂陽、南陽、江（陵）〔夏〕、武陵、南郡、章陵等是也。

袁術與其從兄紹有隙，而紹與表相結，故術共孫堅合從襲表。表敗，堅遂圍襄陽。會表將黃祖救至，堅爲流箭所中死，餘衆退走。〔一〕及李傕等入長安，冬，表遣使奉貢。傕以

表爲鎮南將軍、荊州牧，封成武侯，假節，以爲己援。

〔二〕典略曰：「劉表夜遣將黃祖潛出兵，堅逆與戰，祖敗走，竄峴山中。堅乘勝夜追祖，祖部兵從竹木閒射堅，殺之。」英雄記：「劉表將呂介將兵緣山向堅，堅輕騎尋山討介，介下兵射中堅頭，應時物故。」與此不同。

建安元年，驃騎將軍張濟自關中走南陽，因攻穰城，中飛矢而死。荊州官屬皆賀。表曰：「濟以窮來，主人無禮，至於交鋒，此非牧意，牧受弔不受賀也。」使人納其衆，衆聞之喜，遂皆服從。〔一〕三年，長沙太守張羨率零陵、桂陽三郡畔表，表遣兵攻圍，破羨，平之。〔二〕於是開土遂廣，南接五領，〔三〕北據漢川，地方數千里，帶甲十餘萬。初，荊州人情好擾，加四方駭震，寇賊相扇，處處麋沸。表招誘有方，威懷兼洽，其姦猾宿賊更爲效用，萬里肅清，大小咸悅而服之。關西、兗、豫學士歸者蓋有千數，表安慰賑贍，皆得資全。遂起立學校，博求儒術，綦母闓、宋忠等〔四〕撰立五經章句，謂之後定。愛民養士，從容自保。

〔一〕獻帝春秋曰：「濟引衆入荊州，賈詡隨之歸劉表。襄陽城守不受，濟因攻之，爲流矢所中。濟從子繡收衆而退。劉表自責，以爲己無賓主禮，遣使招繡，繡遂屯襄陽，爲表北藩。」

〔二〕英雄記曰：「張羨，南陽人。先作零陵、桂陽守，甚得江湘閒心。然性屈彊不順，表薄其爲人，不甚禮也。羨因是懷恨，遂畔表。」

〔三〕裴氏廣州記云：「大庾、始安、臨賀、桂陽、揭陽，是謂五領。」鄧德明南康記曰：「大庾一也，桂陽甲騎二也，九眞都龐三也，臨賀萌渚四也，始安越城五也。」

〔四〕闓音開。

及曹操與袁紹相持於官度，紹遣人求助，表許之，不至，亦不援曹操，且欲觀天下之變。從事中郎南陽韓嵩、〔一〕別駕劉先說表〔二〕曰：「今豪桀並爭，兩雄相持，天下之重在於將軍。若欲有爲，起乘其敝可也；如其不然，固將擇所宜從。豈可擁甲十萬，坐觀成敗，求援而不能助，見賢而不肯歸！此兩怨必集於將軍，恐不得中立矣。曹操善用兵，且賢俊多歸之，其埶必舉袁紹，然後移兵以向江漢，恐將軍不能禦也。今之勝計，莫若舉荊州以附曹操，操必重德將軍，長享福祚，垂之後嗣，此萬全之策也。」蒯越亦勸之。表狐疑不斷，乃遣嵩詣操，觀望虛實。謂嵩曰：「今天下未知所定，而曹操擁天子都許，君爲我觀其釁。」嵩對曰：「嵩觀曹公之明，必得志於天下。將軍若欲歸之，使嵩可也；如其猶豫，嵩至京師，天子假嵩一職，不獲辭命，則成天子之臣，將軍之故吏耳。在君爲君，不復爲將軍死也。惟加重思。」表以爲憚使，強之。至許，果拜嵩侍中、零陵太守。及還，盛稱朝廷曹操之德，勸遣子入侍。表大怒，以爲懷貳，陳兵詬嵩，將斬之。〔三〕嵩不爲動容，徐陳臨行之言。表妻蔡氏知嵩賢，諫止之。表猶怒，乃考殺從行者。知無它意，但囚嵩而已。〔四〕

〔一〕先賢行狀曰：「嵩字德高，義陽人，少好學，貧不改操。」

〔二〕零陵先賢傳曰：「先字始宗。博學強記，尤好黃老，明習漢家典故。」

〔三〕詬，罵也。

〔四〕傅子曰：「表妻蔡氏諫之曰：『韓嵩，楚國之望，且其言直，誅之無辭。』表乃不誅而囚之。」

六年，劉備自袁紹奔荊州，表厚相待結而不能用也。十三年，曹操自將征表，未至。八月，表疽發背卒。〔一〕在荊州幾二十年，家無餘積。

〔一〕代語曰「表死後八十餘年，晉太康中，冢見發，表及妻身形如生，芬香聞數里」也。

二子：琦，琮。表初以琦貌類於己，甚愛之，後爲琮娶其後妻蔡氏之姪，蔡氏遂愛琮而惡琦，毀譽之言日聞於表。表寵耽後妻，每信受焉。又妻弟蔡瑁及外甥張允並得幸於表，又睦於琮。而琦不自寧，嘗與琅邪人諸葛亮謀自安之術。亮初不對。後乃共升高樓，因令去梯，謂亮曰：「今日上不至天，下不至地，言出子口而入吾耳，可以言未？」亮曰：「君不見申生在內而危，重耳居外而安乎？」〔一〕琦意感悟，陰規出計。會表將江夏太守黃祖爲孫權所殺，琦遂求代其任。

〔一〕申生，晉獻公之太子。爲驪姬所譖，自縊死。重耳，申生之弟。懼驪姬之讒，出奔。獻公卒，重耳入，是爲文公，遂爲霸主。見左氏傳。

及表病甚，琦歸省疾，素慈孝，允等恐其見表而父子相感，更有託後之意，乃謂琦曰：「將軍命君撫臨江夏，其任至重。今釋衆擅來，必見譴怒。傷親之歡，重增其疾，非孝敬之

道也。」遂遏于戶外，使不得見。琦流涕而去，人衆聞而傷焉。遂以琮爲嗣。琮以侯印授琦。琦怒，投之地，將因奔喪作難。會曹操軍至新野，琦走江南。蒯越、韓嵩及東曹掾傅巽等說琮歸降。〔一〕琮曰：「今與諸君據全楚之地，守先君之業，以觀天下，何爲不可？」巽曰：「逆順有大體，強弱有定埶。以人臣而拒人主，逆道也；以新造之楚而禦中國，必危也；以劉備而敵曹公，不當也。三者皆短，欲以抗王師之鋒，必亡之道也。將軍自料何與劉備？」琮曰：「不若也。」巽曰：「誠以劉備不足禦曹公，則雖全楚不能以自存也。誠以劉備足禦曹公，則備不爲將軍下也。願將軍勿疑。」

〔一〕傅子曰：「巽字公悌，瓌瑋博達，有知人監識。」

及操軍到襄陽，琮舉州請降，劉備奔夏口。〔一〕操以琮爲青州刺史，封列侯。蒯越等侯者十五人。乃釋嵩之囚，以其名重，甚加禮待，使條品州人優劣，皆擢而用之。以嵩爲大鴻臚，以交友禮待之。蒯越光祿勳，劉(光)〔先〕尚書令。初，表之結袁紹也，侍中從事鄧義諫不聽。義以疾退，終表世不仕，操以爲侍中。其餘多至大官。

〔一〕夏口，城，今之鄂州也。左傳：「吳伐楚，楚沈尹戌奔命於夏汭。」杜預注曰：「漢水入(口)〔江〕，今夏口也。」

操後敗於赤壁，〔二〕劉備表琦爲荊州刺史。明年卒。

〔二〕赤壁，山名也，在今鄂州蒲圻縣。

論曰：袁紹初以豪俠得衆，遂懷雄霸之圖，天下勝兵舉旗者，莫不假以爲名。及臨場決敵，則悍夫爭命；〔一〕深籌高議，則智士傾心。盛哉乎，其所資也！韓非曰：「佷剛而不和，愎過而好勝，嫡子輕而庶子重，斯之謂亡徵。」〔二〕劉表道不相越，而欲臥收天運，擬蹤三分，其猶木禺之於人也。〔三〕

〔一〕悍，勇也。

〔二〕韓非亡徵篇曰：「佷剛而不和，愎諫而好勝，不顧社稷而輕爲信者，可亡也。」又曰：「太子輕，庶子伉，可亡也。」又曰：「太子卑而庶子尊，可亡也。」

〔三〕言其如刻木爲人，無所知也。前書：「有木禺龍一。」音義曰：「禺，寄也。寄龍形於木。」

贊曰：紹姿弘雅，表亦長者。稱雄河外，擅強南夏。魚儷漢舳，雲屯冀馬。〔一〕闚圖訊鼎，禋天類社。〔二〕既云天工，亦資人亮。〔三〕矜彊少成，坐談奚望。〔四〕回皇冢孌，身穨業喪。〔五〕

〔一〕魚儷猶相次比也。左傳曰：「奉公爲魚麗之陳。」前書音義曰：「舳，船後持柂處也。」左傳曰：「冀之北土，馬之所生。」

〔二〕闚圖謂若劉歆圖書改名秀。訊鼎謂楚子問王孫滿鼎輕重也。國語曰：「精意以享謂之禋。」爾雅曰：「是類是禡，

師祭也。」社者陰類，將興師，故祭之。

〔三〕工者，官也。亮，信也。尚書曰：「天工人其代之。」又曰：「惟時亮天工。」

〔四〕九州春秋曰：「曹公征烏桓，諸將曰：『今深入遠征，萬一劉表使備襲許，悔無及也。』郭嘉曰：『劉表坐談客耳，自知才不足以御備，重任之則恐不能制，輕之則備不爲用。雖虛國遠征，無憂矣。』公遂征之。」

〔五〕冢，嫡也。孌，愛也。

校勘記

二四〇九頁五行　自九月至明年二月　按：沈家本謂案魏志武紀，操破譚尙在三月。

二四〇九頁九行　皆是審配之所構也　按：「構」原譌「搆」，各本同，逕改正。

二四一〇頁九行　直（言）當論其埶耳　據刊誤刪。按：魏志辛毗傳無「言」字。

二四一〇頁一五行　宣奕世之德　按：「奕」原譌「弈」，逕據汲本、殿本改正。注同。

二四一一頁六行　而能全於長世者也　校補謂「於」字誤，當作「族」。按：魏志注引魏氏春秋作「而能崇業濟功，垂祚後世者也」。

二四一一頁一三行　構我二人　按：「構」原譌「搆」，逕據殿本改正。

二四一二頁七行　其弟靜立　汲本、殿本「靜」作「靖」。按：靜靖古多通作。

二四一三頁三行　段不弟　「段」原譌「叚」，逕改正。下同，不悉出校記。

二四一三頁一三行　故雖滅親不尤誅兄不傷　按：魏志注「尤」上有「爲」字，「傷」下有「義」字。

二四一三頁一三行　當唯曹是務　按：集解引惠棟說，謂曹，衆也，魏氏春秋作「義」。王粲集云「唯曹氏是務」，此後人妄加也。

二四一三頁一六行　遵而無改　按：魏志注「遵」作「違」。

二四一四頁三行　尙將呂曠高翔　魏志「高翔」作「呂翔」，惠棟補注從之。按：潘眉謂作「高翔」是。

二四一四頁八行　是以周公垂涕以（斃）〔蔽〕管蔡之獄　集解引惠棟說，謂「斃」當作「弊」，斷也。或作「蔽」，義同。今據改。按：魏志注作「是以周公垂泣而蔽管蔡之獄」。

二四一五頁一行　貴名（高）〔位〕於丘岳　據殿本改。按：校補引錢大昭說，謂閩本「高」作「位」。

二四一五頁三行　匍匐悲號　按：「匍匐」二字原倒，逕乙正。

二四一五頁一二行　慶父存也　按：刊誤謂案公羊云「慶父也存」。

二四一六頁五行　審配將馮（札）〔禮〕　集解引錢大昭說，謂閩本「馮札」作「馮禮」。又魏志亦作「馮禮」。今據改。按：禮字古作「礼」，形近譌「札」。

二四一七頁四行　相州安（楊）〔陽〕縣界有藍嵯山　據殿本改。

二四一七頁一〇行　譚夜遁（奔）〔走〕南皮　據汲本改。按：校補謂奔者逃亡之辭，譚時尙有軍，作「奔」非。

二四一八頁八行　典論曰　按：校補引錢大昭說，謂魏志注引此作「典略」。

二四一八頁一四行　初避吏爲玄菟小吏　按：刊誤謂「玄菟」按郡名皆作「菟」。

二四一九頁四行　司空曹操表爲奮威將軍　按：沈家本謂魏志公孫度傳「奮」作「武」。

二四二〇頁五行　至者十五人　按：集解引惠棟說，謂司馬彪戰略云「五十五人」。

二四二〇頁六行　唯江夏賊張虎陳坐擁兵據襄陽城　按：殿本考證謂何焯校本「坐」改「生」。又集解引惠棟說，謂戰略作「陳生」。

二四二〇頁一三行　江（陵）〔夏〕　集解引洪亮吉說，謂「江陵」應作「江夏」，表傳凡言江夏者三，漢官儀作「江陵」，誤。今據改。

二四二一頁三行　劉表將呂介至應時物故　按：校補謂吳志注引英雄記「介」作「公」，「介下兵射中堅頭」作「公兵下石中堅頭」，「應時」下多「腦出」二字。

二四二一頁一〇行　綦母闓　按：殿本「綦母」作「綦毋」。

二四二三頁一〇行　不獲辭命　按：刊誤謂案文當云「辭不獲命」。

二四二三頁五行　代語曰　按：校補引錢大昭說，謂代語卽世語，唐人避諱改。世語晉郭頒撰，隋書經籍志作「魏晉世語」。

二四二四頁一行　琦流涕而去人衆聞而傷焉　汲本、殿本「人」作「之」，屬上讀。按：魏志注引典論，作「琦流涕而去」，無「之」字。

二四二四頁八行　有知人監識　汲本、殿本「監」作「鑒」。按：監與鑒通。

二四二四頁一二行　劉(光)〔先〕尙書令　按：集解引惠棟說，謂「光」魏志作「先」，卽上別駕劉先也。零陵先賢傳亦作「先」。今據改。

二四二五頁一二行　侍中從事鄧義　按：集解引陳景雲說，謂「侍」當作「治」。又引錢大昕說，謂章懷諱「治」爲「持」，此「治中」改「持中」，校書者妄易爲「侍」耳。又按：集解引惠棟說，謂魏志「鄧義」作「鄧羲」。

二四二五頁一三行　漢水入(口)〔江〕　據刊誤改，與左傳杜注合。

後漢書卷七十五

劉焉袁術呂布列傳第六十五

劉焉字君郎，江夏竟陵人也，〔一〕魯恭王後也。〔二〕肅宗時，徙竟陵。焉少任州郡，以宗室拜郎中。去官居陽城山，精學教授。舉賢良方正，稍遷南陽太守、宗正、太常。

〔一〕竟陵今復州縣。

〔二〕恭王，景帝子，名餘。

時靈帝政化衰缺，四方兵寇，焉以爲刺史威輕，旣不能禁，且用非其人，輒增暴亂，乃建議改置牧伯，鎭安方夏，淸選重臣，以居其任。焉乃陰求爲交阯，以避時難。議未卽行，會益州刺史郗儉在政煩擾，謠言遠聞，而幷州刺史張懿、涼州刺史耿鄙並爲寇賊所害，故焉議得用。出焉爲監軍使者，領益州牧，〔一〕太僕黃琬爲豫州牧，宗正劉虞爲幽州牧，皆以本秩居職。州任之重，自此而始。

〔一〕前書任安爲監北軍使者。

是時益州賊馬相亦自號「黃巾」，合聚疲役之民數千人，先殺綿竹令，〔一〕進攻雒縣，〔二〕殺郗儉，又擊蜀郡、犍爲，旬月之閒，破壞三郡。〔三〕馬相自稱「天子」，衆至十餘萬人，遣兵破巴郡，殺郡守趙部。州從事賈龍，先領兵數百人在犍爲，遂糾合吏人攻相，破之，龍乃遣吏卒迎焉。焉到，以龍爲校尉，徙居綿竹。(龍)撫納離叛，務行寬惠，而陰圖異計。

〔一〕綿竹故城在今益州綿竹縣東。

〔二〕今益州雒縣。

〔三〕綿竹及雒屬廣漢郡，幷蜀郡、犍爲郡。

沛人張魯，母有姿色，兼挾鬼道，往來焉家，遂任魯以爲督義司馬，(遂)與別部司馬張脩將兵掩殺漢中太守蘇固，斷絕斜谷，殺使者。魯旣得漢中，遂復殺張脩而幷其衆。

焉欲立威刑以自尊大，乃託以佗事，殺州中豪彊十餘人，〔一〕士民皆怨。初平二年，犍爲太守任岐及賈龍並反，攻焉。焉擊破，皆殺之。自此意氣漸盛，遂造作乘輿車重千餘乘。〔二〕焉四子，範爲左中郎將，誕治書御史，璋奉車都尉，〔三〕並從獻帝在長安，唯別部司馬瑁隨焉在益州。朝廷使璋曉譬焉，焉留璋不復遣。興平元年，征西將軍馬騰與範謀誅李傕，焉遣叟兵五千助之，戰敗，〔四〕範及誕並見殺。焉旣痛二子，又遇天火燒其城府車重，延及民家，館邑無餘，於是徙居成都，遂(疽)發背(疽)卒。〔五〕

〔一〕蜀志曰，殺王咸、李權等。

〔二〕重，輜重也。

〔三〕蜀志曰：「璋字季玉。」

〔四〕漢世謂蜀爲叟。孔安國注尚書云：「蜀，叟也。」

〔五〕說文曰：「疽，久癰。」

州大吏趙韙等貪璋溫仁，立爲刺史。詔書因以璋爲監軍使者，領益州牧，以韙爲征東中郎將。先是荆州牧劉表表焉僭擬乘輿器服，韙以此遂屯兵朐䏰備表。〔一〕

〔一〕朐音蠢。䏰音如尹反。屬巴郡，故城在今夔州雲安縣西也。

初，南陽、三輔民數萬戶流入益州，焉悉收以爲衆，名曰「東州兵」。璋性柔寬無威略，東州人侵暴爲民患，不能禁制，舊士頗有離怨。趙韙之在巴中，甚得衆心，璋委之以權。韙因人情不輯，〔一〕乃陰結州中大姓。建安五年，還共擊璋，蜀郡、廣漢、犍爲皆反應。東州人畏見誅滅，乃同心并力，爲璋死戰，遂破反者，進攻韙於江州，〔二〕斬之。

〔一〕輯，和也。

〔二〕江州，縣名，屬巴郡，今渝州巴縣。

張魯以璋闇懦，不復承順。璋怒，殺魯母及弟，而遣其將龐羲等攻魯，數爲所破。魯部曲多在巴土，故以羲爲巴郡太守。魯因襲取之，遂雄於巴漢。

十三年，曹操自將征荆州，璋乃遣使致敬。操加璋振威將軍，兄瑁平寇將軍。璋因遣別駕從事張松詣操，而操不相接禮。松懷恨而還，勸璋絕曹氏，而結好劉備。璋從之。

十六年，璋聞曹操當遣兵向漢中討張魯，內懷恐懼，松復說璋迎劉備以拒操。璋卽遣法正將兵迎備。〔一〕璋主簿巴西黃權諫曰：〔二〕「劉備有梟名，〔三〕今以部曲遇之，則不滿其心，以賓客待之，則一國不容二主，此非自安之道。」從事廣漢王累自倒懸於州門以諫。璋一無所納。

〔一〕蜀志曰：「法正字孝直，扶風郿人也。祖眞，字喬卿。父衍，字季謀。」

〔二〕蜀志曰：「權字公衡，閬中人也。先主取益州，諸縣望風景附，權閉城堅守。須璋稽服，乃詣先主。〔先〕主稱尊號，將東伐吳，權諫，先主不從，以權爲鎭北將軍，督江北軍，先主自在江南。吳將陸議乘虛斷圍，南軍敗績，先主引退，而道隔，權不得還，故率所領降于魏。有司執法白收權妻子。先主曰：『孤負黃權，權不負孤也。』待之如初。魏文帝謂權曰：『君舍逆效順，欲追蹤陳、韓邪？』權對曰：『臣過受劉氏厚遇，降吳不可，還蜀無路，是以歸命。且敗軍之將，免死爲幸，何古人之可慕？』」

〔三〕梟卽驍也。

備自江陵馳至涪城，〔一〕璋率步騎數萬與備會。〔二〕張松勸備於會襲璋，備不忍。明年，出屯葭萌。松兄廣漢太守肅懼禍及己，乃以松謀白璋，收松斬之，〔三〕敕諸關戍勿復通。備大怒，還兵擊璋，所在戰剋。十九年，進圍成都，數十日，城中有精兵三萬人，穀支一年，吏民咸欲拒戰。璋言：「父子在州二十餘歲，無恩德以加百姓，而攻戰三載，肌膏草野者，以璋故也。何心能安！」遂開城出降，羣下莫不流涕。備遷璋於公安，〔四〕歸其財寶，後以病卒。〔五〕

〔一〕涪城故城今綿州城。

〔二〕蜀志曰：「是歲建安十六年。」

〔三〕益郡耆舊傳曰：「張肅有威儀，容貌甚偉。松爲人短小放蕩，不持節操，然識理精果，有才幹。劉璋遣詣曹公，公不甚禮。楊脩深器之，白公辟松，不納。脩以公所撰兵書示松，飲宴之閒，一省卽便闇誦，以此異之。」

〔四〕公安，今荆州縣。

〔五〕蜀志曰：「先主遷璋于公安南，猶佩振威將軍印綬。孫權破關羽，取荆州，以璋爲益州牧，留（住）〔駐〕秭歸。」

明年，曹操破張魯，定漢中。

魯字公旗。初，祖父陵，順帝時客於蜀，學道鶴鳴山中，〔一〕造作符書，以惑百姓。受其道者輒出米五斗，故謂之「米賊」。陵傳子衡，衡傳於魯，魯遂自號「師君」。其來學者，初名爲「鬼卒」，後號「祭酒」。祭酒各領部衆，衆多者名曰「理頭」。皆校以誠信，不聽欺妄，有病但令首過而已。〔二〕諸祭酒各起義舍於路，同之亭傳，〔三〕縣置米肉以給行旅。食者量腹取

足，過多則鬼能病之。犯法者先加三原，〔四〕然後行刑。不置長吏，以祭酒爲理，民夷信向。〔五〕朝廷不能討，遂就拜魯鎭夷中郎將，領漢寧太守，〔六〕通其貢獻。

〔一〕山在今益州晉原縣西。

〔二〕魏志曰：「大抵與黃巾相似。」首音式（救）〔救〕反。

〔三〕傳音陟戀反。

〔四〕原，免也。

〔五〕典略曰：「初，熹平中，妖賊大起，〔三輔有駱曜〕。光和中，東方有張角，漢中有張脩。〔駱曜教民緬匿法，角〕爲太平道，（張角）〔脩〕爲五斗米道。太平道師持九節杖，爲符祝，敎病人叩頭思過，因以符水飲之。病或自愈者，則云此人信道，其或不愈，則云不信道。脩法略與角同，加施淨室，使病人處其中思過。又使人爲姦令祭酒，主以老子五千文，使都習，號『姦令』。爲鬼吏，主爲病者請禱。〔請禱〕之法，書病人姓字，說服罪之意。作三通，其一上之天，著山上，其一埋之地，其一沈之水，謂之『三官手書』。使病者家出米五斗以爲常，故號『五斗米師』也。實無益於療病，〔但爲淫妄〕，小人昏愚，競共事之。後角被誅，脩亦亡。及魯自在漢中，因其人信行脩業，遂增飾之。敎使起義舍，以米〔肉〕置其中，以止行人。又〔敎〕使自隱，有小過者，當循道百步，則罪除。又依月令，春夏禁殺。又禁酒。流移寄在其地者，不敢不奉也。」

〔六〕袁山松書，建安二十年置漢寧郡。

韓遂、馬超之亂，關西民奔魯者數萬家。時人有地中得玉印者，羣下欲尊魯爲漢寧王。

魯功曹閻圃諫曰：「漢川之民，戶出十萬，四面險固，財富土沃，上匡天子，則爲桓文，次方竇融，不失富貴。今承制署置，執足斬斷。遽稱王號，必爲禍先。」魯從之。

魯自在漢川垂三十年，聞曹操征之，至陽平，〔一〕欲舉漢中降。其弟衞不聽，率衆數萬，拒關固守。〔二〕操破衞，斬之。魯聞陽平已陷，將稽顙歸降。閻圃說曰：「今以急往，其功爲輕，不如且依巴中，然後委質，功必多也。」於是乃奔南山。左右欲悉焚寶貨倉庫。魯曰：「本欲歸命國家，其意未遂。今日之走，以避鋒銳，非有惡意。」遂封藏而去。操入南鄭，甚嘉之。又以魯本有善意，遣人慰安之。魯卽與家屬出逆，拜鎭南將軍，封閬中侯，邑萬戶，〔三〕將還中國，待以客禮。封魯五子及閻圃等皆爲列侯。

〔一〕周地圖記曰：「褒谷西北有古陽平關。」其地在今梁州褒城縣西北也。

〔二〕魏志曰：「太祖征魯至陽平關，衞拒關堅守。」

〔三〕閬中屬巴郡，今隆州縣。

魯卒，謚曰原侯。子富嗣。

論曰：劉焉覩時方艱，先求後亡之所，〔一〕庶乎見幾而作。〔二〕夫地廣則驕尊之心生，財衍則僭奢之情用，〔三〕固亦恆人必至之期也。璋能閉隘養力，守案先圖，尚可與歲時推移，

而遽輸利器，靜受流斥，〔四〕所謂羊質虎皮，見豺則恐，吁哉！〔五〕

〔一〕左傳曰，鄭公孫黑肱有疾，歸邑于公，曰：「吾聞之，生於亂代，貴而能貧，人無求焉，可以後亡。」

〔二〕易曰：「君子見幾而作，不俟終日。」又曰：「幾者動之微，吉之先見。」

〔三〕衍，饒也。

〔四〕老子曰：「國之利器，不可以示人。」

〔五〕楊子法言曰：「羊質虎皮，見草而悅，見豺而戰。」

袁術字公路，汝南汝陽人，司空逢之子也。少以俠氣聞，數與諸公子飛鷹走狗，後頗折節。舉孝廉，累遷至河南尹、虎賁中郎將。

時董卓將欲廢立，以術爲後將軍。術畏卓之禍，出奔南陽。會長沙太守孫堅殺南陽太守張咨，〔一〕引兵從術。劉表上術爲南陽太守，術又表堅領豫州刺史，使率荆、豫之卒，擊破董卓於陽人。

〔一〕英雄記曰：「咨字子議，潁川人。」吳曆曰：「孫堅至南陽，咨不給軍糧，又不肯見。堅欲進兵，恐爲後害，乃詐得急疾，舉軍震惶，迎呼巫醫，禱祀山川，遣所親人說咨，言病困欲以兵付咨。咨聞之，心利其兵，卽將步騎五六百人入營看堅。堅與相見，無何，卒然而起，案劍罵咨，遂執斬之。」

術從兄紹因堅討卓未反，遠，遣其將會稽周昕奪堅豫州。術怒，擊昕走之。紹議欲立劉虞爲帝，術好放縱，憚立長君，託以公義不肯同，積此釁隙遂成。乃各外交黨援，以相圖謀，術結公孫瓚，而紹連劉表。豪桀多附於紹，術怒曰：「羣豎不吾從，而從吾家奴乎！」又與公孫瓚書，云紹非袁氏子，紹聞大怒。初平三年，術遣孫堅擊劉表於襄陽，堅戰死。公孫瓚使劉備與術合謀共逼紹，紹與曹操會擊，皆破之。四年，術引軍入陳留，屯封丘。黑山餘賊及匈奴於扶羅等佐術，與曹操戰於匡亭，大敗。術退保雍丘，又將其餘衆奔九江，殺楊州刺史陳溫而自領之，又兼稱徐州伯。李傕入長安，欲結術爲援，乃授以左將軍，假節，封陽翟侯。

初，術在南陽，戶口尚數十百萬，而不修法度，以鈔掠爲資，奢恣無猒，百姓患之。又少見讖書，言「代漢者當塗高」，自云名字應之。〔一〕又以袁氏出陳爲舜後，以黃代赤，德運之次，〔二〕遂有僭逆之謀。又聞孫堅得傳國璽，〔三〕遂拘堅妻奪之。興平二年冬，天子播越，敗於曹陽。術大會羣下，因謂曰：「今海內鼎沸，劉氏微弱。吾家四世公輔，〔四〕百姓所歸，欲應天順民，於諸君何如？」衆莫敢對。主簿閻象進曰：「昔周自后稷至于文王，積德累功，參分天下，猶服事殷。〔五〕明公雖奕世克昌，〔六〕孰若有周之盛？漢室雖微，未至殷紂之敝也。」術嘿然，使召張範。範辭疾，遣弟承往應之。術問曰：「昔周室陵遲，則有桓文之霸；〔七〕秦

失其政，漢接而用之。今孤以土地之廣，士人之衆，欲徼福於齊桓，擬迹於高祖，可乎？」承對曰：「在德不在衆。苟能用德以同天下之欲，雖云匹夫，霸王可也。若陵僭無度，干時而動，衆之所弃，誰能興之！」〔八〕術不說。

〔一〕當塗高者，魏也。然術自以「術」及「路」皆是「塗」，故云應之。

〔二〕陳大夫轅濤塗，袁氏其後也。五行火生土，故云以黃代赤。

〔三〕韋昭吳書曰：「漢室大亂，天子北詣河上，六璽不自隨，掌璽者以投井中。孫堅北討董卓，頓軍城南，甄官署有井，每旦有五色氣從井中出，使人浚井，得漢〔傳〕國玉璽，其文曰『受命于天，既壽永昌』。」

〔四〕袁安爲司空，子敞及京，京子湯，湯子逢並爲司空。

〔五〕國語曰：「后稷勤周，十五代而王。」毛詩國風序曰：「國君積行累功，以致爵位。」論語孔子曰：「三分天下有二，猶服事殷。」

〔六〕奕猶重也。詩云：「不顯奕代。」又曰：「克昌厥後。」

〔七〕王肅注家語曰：「言若丘陵之漸迤遲。」

〔八〕魏志曰，範字公儀。承字公先，河內人，司徒歆之孫也。

自孫堅死，子策復領其部曲，術遣擊楊州刺史劉繇，破之，策因據江東。策聞術將欲僭號，與書諫曰：「董卓無道，陵虐王室，禍加太后，暴及弘農，天子播越，〔一〕宮廟焚毀，是以豪桀發憤，沛然俱起。〔二〕元惡既斃，幼主東顧，乃使王人奉命，宣明朝恩，偃武修文，與之

更始。然而河北異謀於黑山，〔三〕曹操毒被於東徐，劉表僭亂於南荆，公孫叛逆於朔北，正禮阻兵，〔四〕玄德爭盟，〔五〕是以未獲從命，櫜弓戢戈。當謂使君與國同規，而舍是弗恤，完然有自取之志，〔六〕懼非海內企望之意也。成湯討桀，稱『有夏多罪』；〔七〕武王伐紂，曰『殷有重罰』。〔八〕此二王者，雖有聖德，假使時無失道之過，無由逼而取也。今主上非有惡於天下，徒以幼小脅於彊臣，異於湯武之時也。又聞幼主明智聰敏，有夙成之德，〔九〕天下雖未被其恩，咸歸心焉。若輔而興之，則旦、奭之美，率土所望也。使君五世相承，〔一〇〕爲漢宰輔，榮寵之盛，莫與爲比，宜効忠守節，以報王室。時人多惑圖緯之言，妄牽非類之文，苟以悅主爲美，不顧成敗之計，古今所慎，可不孰慮！忠言逆耳，駮議致憎，〔一一〕苟有益於尊明，無所敢辭。」術不納，策遂絕之。

〔一〕左傳曰，王子朝云「茲不穀震盪播越」。播，遷也。越，逸也。言失其所居。

〔二〕沛然，自恣縱皃也。沛音片害反。

〔三〕謂袁紹爲冀州牧，與黑山賊相連。

〔四〕劉繇也。

〔五〕劉備也。

〔六〕完然，自得皃。

〔七〕尚書湯誓曰：「有夏多罪，天命殛之。」

〔八〕史記曰：「武王徧告諸侯曰：『殷有重罰，不可不伐。』」

〔九〕夙，早也。

〔一〇〕安生京，京生湯，湯生逢，逢生術，凡五代。

〔一一〕駮，雜也，議不同也。前書張良曰：「忠言逆耳利於行，良藥苦口利於病。」

建安二年，因河內張炯符命，遂果僭號，自稱「仲家」。〔一〕以九江太守爲淮南尹，置公卿百官，郊祀天地。乃遣使以竊號告呂布，并爲子娉布女。布執術使送許。〔二〕術大怒，遣其將張勳、橋蕤攻布，大敗而還。術又率兵擊陳國，誘殺其王寵及相駱俊，曹操乃自征之。術聞大駭，卽走度淮，留張勳、橋蕤於蘄陽，〔三〕以拒操。〔操〕擊破斬蕤，而勳退走。術兵弱，大將死，衆情離叛。加天旱歲荒，士民凍餒，江、淮閒相食殆盡。時舒仲應爲術沛相，術以米十萬斛與爲軍糧，仲應悉散以給飢民。術聞怒，陳兵將斬之。仲應曰：「知當必死，故爲之耳。寧可以一人之命，救百姓於塗炭。」術下馬牽之曰：「仲應，足下獨欲享天下重名，不與吾共之邪？」

〔一〕「仲」或作「沖」。

〔二〕時獻帝在許。

〔三〕水經曰：「蘄水出江夏蘄春縣北山。」酈元注云：「卽蘄山也。西南流經蘄山，又南對蘄陽，注于大江，亦謂之蘄陽口。」

術雖矜名尚奇，而天性驕肆，尊己陵物。及竊僞號，淫侈滋甚，媵御數百，無不兼羅紈，厭粱肉，〔一〕自下飢困，莫之簡卹。於是資實空盡，不能自立。四年夏，乃燒宮室，奔其部曲陳簡、雷薄於灊山。〔二〕復爲簡等所拒，遂大困窮，士卒散走。憂懣不知所爲，遂歸帝號於紹，曰：「祿去漢室久矣，天下提挈，政在家門。豪雄角逐，分割疆宇。此與周末七國無異，唯彊者兼之耳。袁氏受命當王，符瑞炳然。今君擁有四州，〔三〕人戶百萬，以彊則莫與爭大，以位則無所比高。曹操雖欲扶衰奬微，安能續絕運，起已滅乎！謹歸大命，君其興之。」紹陰然其計。

〔一〕九州春秋曰：「司隸馮方女，國色也，避亂揚州。袁術登城，見而悅之，遂納焉，甚愛幸。諸婦害其寵，紿之曰：『將軍貴人有志節，當時時涕泣憂愁，必長見敬重。』馮氏以爲然，後見術輒垂涕，術果以有心志，益哀之。諸婦因是共絞殺之，懸之廁梁，術誠以爲不得志而死也，厚加殯斂焉。」

〔二〕灊縣之山也。灊，今壽州霍山縣也。灊音潛。

〔三〕青、冀、幽、并。

術因欲北至青州從袁譚，曹操使劉備徼之，不得過，復走還壽春。六月，至江亭。坐簀牀而歎曰：〔一〕「袁術乃至是乎！」因憤慨結病，歐血死。妻子依故吏廬江太守劉勳。〔二〕孫策破勳，復見收視，術女入孫權宮，子曜仕吳爲郎中。

〔一〕簀，第也，謂無茵席也。

〔二〕魏志曰「勳字子臺，琅邪人，與太祖有舊，爲孫策破後，自歸太祖，封列侯。勳自恃與太祖有宿，日驕慢，數犯法，又誹謗，遂免其官」也。

論曰：天命符驗，可得而見，未可得而言也。然大致受大福者，歸於信順乎！〔一〕夫事不以順，雖彊力廣謀，不能得也。謀不可得之事，日失忠信，變詐妄生矣。況復苟肆行之，其以欺天乎！雖假符僭稱，歸將安所容哉！

〔一〕易曰：「天之所助者，順也；人之所助者，信也。履信思順，自天祐之。」

呂布字奉先，五原九原人也。以弓馬驍武給并州。刺史丁原爲騎都尉，(原)屯河內，以布爲主簿，甚見親待。靈帝崩，原受何進召，將兵詣洛陽，爲執金吾。會進敗，董卓誘布殺原而并其兵。

卓以布爲騎都尉，誓爲父子，甚愛信之。稍遷至中郎將，封都亭侯。卓自知凶恣，每懷猜畏，行止常以布自衞。嘗小失卓意，卓拔手戟擲之。布拳捷得免，而改容顧謝，卓意亦解。布由是陰怨於卓。卓又使布守中閤，而私與傅婢情通，益不自安。因往見司徒王允，自陳卓幾見殺之狀。〔一〕時允與尚書僕射士孫瑞密謀誅卓，因以告布，使爲內應。布曰：「如父子何？」曰：「君自姓呂，本非骨肉。今憂死不暇，何謂父子？擲戟之時，豈有父子情也？」布遂許之，乃於門刺殺卓，事已見卓傳。允以布爲奮威將軍，假節，儀同三司，封溫侯。

〔一〕幾音祈。

允既不赦涼州人，由是卓將李傕等遂相結，還攻長安。布與傕戰，敗，乃將數百騎，以卓頭繫馬鞌，走出武關，奔南陽。袁術待之甚厚。布自恃殺卓，有德袁氏，遂恣兵鈔掠。術患之。布不安，復去從張楊於河內。時李傕等購募求布急，楊下諸將皆欲圖之。布懼，謂楊曰：「與卿州里，今見殺，其功未必多。不如生賣布，可大得傕等爵寵。」楊以爲然。有頃，布得走投袁紹，紹與布擊張燕於常山。燕精兵萬餘，騎數千匹。布常御良馬，號曰赤菟，能馳城飛塹，〔一〕與其健將成廉、魏越等數十騎馳突燕陣，一日或至三四，皆斬首而出。連戰十餘日，遂破燕軍。布既恃其功，更請兵於紹，紹不許，而將士多暴橫，紹患之。布不自安，因求還洛陽。紹聽之，承制使領司隸校尉，遣壯士送布而陰使殺之。布疑其圖己，乃使人鼓箏於帳中，潛自遁出。夜中兵起，而布已亡。紹聞，懼爲患，募遣追之，皆莫敢逼，遂歸張

楊。道經陳留，太守張邈遣使迎之，相待甚厚，臨別把臂言誓。

〔一〕曹瞞傳曰：「時人語曰：『人中有呂布，馬中有赤菟。』」

邈字孟卓，東平人，少以俠聞。初辟公府，稍遷陳留太守。董卓之亂，與曹操共舉義兵。及袁紹爲盟主，有驕色，邈正義責之。紹既怨邈，且聞與布厚，乃令曹操殺邈。操不聽，然邈心不自安。興平元年，曹操東擊陶謙，令其將武陽人陳宮屯東郡。〔一〕宮因說邈曰：「今天下分崩，雄桀並起。君擁十萬之衆，當四戰之地，〔二〕撫劒顧眄，亦足以爲人豪，而反受制，不以鄙乎！今州軍東征，其處空虛，呂布壯士，善戰無前，迎之共據兗州，觀天下形埶，俟時事變通，此亦從橫一時也。」邈從之，遂與弟超及宮等迎布爲兗州牧，據濮陽，郡縣皆應之。

〔一〕典略曰：「陳宮字公臺，東郡人也。剛直烈壯，少與海內知名之士皆連結。及天下亂，始隨太祖。後自疑，乃從呂布。爲布畫策，布每不從。」

〔二〕陳留地平，四面受敵，故謂之四戰之地也。

曹操聞而引軍擊布，累戰，相持百餘日。是時旱蝗少穀，百姓相食，布移屯山陽。二年間，操復盡收諸城，破布於鉅野，布東奔劉備。邈詣袁術求救，留超將家屬屯雍丘。操圍超數月，屠之，滅其三族。邈未至壽春，爲其兵所害。

時劉備領徐州，居下邳，與袁術相拒於淮上。術欲引布擊備，乃與布書曰：「術舉兵詣闕，未能屠裂董卓。將軍誅卓，爲術報恥，功一也。〔一〕昔金元休南至封丘，爲曹操所敗。〔二〕將軍伐之，令術復明目於遐邇，功二也。術生年以來，不聞天下有劉備，備乃舉兵與術對戰。憑將軍威靈，得以破備，功三也。將軍有三大功在術，術雖不敏，奉以死生。將軍連年攻戰，軍糧苦少，今送米二十萬斛。非唯此止，當駱驛復致。凡所短長亦唯命。」布得書大悅，即勒兵襲下邳，獲備妻子。備敗走海西，〔三〕飢困，請降於布。布又恚術運糧不復至，乃具車馬迎備，以爲豫州刺史，遣屯小沛。〔四〕布自號徐州牧。術懼布爲己害，爲子求婚，布復許之。

〔一〕董卓殺隗及術兄基等男女二十餘人。

〔二〕典略曰「元休名尚，京兆人。同郡韋休甫、第五文休俱著名，號爲『三休』。尚，獻帝初爲兗州刺史，東之郡，而太祖已臨兗州。尚依袁術，術僭號，欲以尚爲太尉，不敢顯言，私使諷之，術亦不敢強也。建安初，尚逃還，爲術所害」也。

〔三〕海西，縣，屬廣陵郡，故屬東海。

〔四〕高祖本泗水郡沛縣人。及得天下，改泗水爲沛郡，小沛即沛縣。

術遣將紀靈等步騎三萬以攻備，備求救於布。諸將謂布曰：「將軍常欲殺劉備，今可假

手於術。」布曰：「不然。術若破備，則北連太山，吾爲在術圍中，不得不救也。」便率步騎千餘，馳往赴之。靈等聞布至，皆斂兵而止。布屯沛城外，遣人招備，并請靈等與共饗飲。布謂靈曰：「玄德，布弟也，爲諸君所困，故來救之。布性不喜合鬭，但喜解鬭耳。」乃令軍候植戟於營門，布彎弓顧曰：「諸君觀布射（戟）小支，〔一〕中者當各解兵，不中可留決鬭。」布即一發，正中戟支。靈等皆驚，言「將軍天威也」。明日復歡會，然後各罷。

〔一〕周禮考工記曰：「爲戟博二寸，內倍之，胡參之，援四之。」鄭注云：「援，直刃；胡，其孑也。」小支謂胡也。即今之戟傍曲支。

術遣韓胤以僭號事告布，因求迎婦，布遣女隨之。沛相陳珪恐術報布成姻，則徐楊合從，爲難未已。於是往說布曰：「曹公奉迎天子，輔贊國政，將軍宜與協同策謀，共存大計。今與袁術結姻，必受不義之名，將有累卵之危矣。」〔一〕布亦素怨術，而女已在塗，乃追還絕婚，執胤送許，曹操殺之。

〔一〕說苑曰：「晉靈公造九層臺，費用千億，謂左右曰：『敢有諫者斬。』孫息求見。靈公張弩持矢見之，謂之曰：『子欲諫邪？』孫息曰：『臣不敢諫也。臣能累十二博棊，加九雞子於其上。』公曰：『吾未嘗見也，子爲寡人作之。』孫息即正顏色，定志意，以棊子置下，加雞子其上。左右慴息。靈公曰：『危哉！』孫息曰：『復有危於此者。』公曰：『願復見之。』息曰：『九層之臺，三年不成，男不得耕，女不得織，國用空虛，戶口減少，吏人叛亡，隣國謀議將興

兵。』公乃壞臺。」

陳珪欲使子登詣曹操，布固不許，會使至，拜布爲左將軍，布大喜，卽聽登行，并令奉章謝恩。登見曹操，因陳布勇而無謀，輕於去就，宜早圖之。操曰：「布狼子野心，誠難久養，〔一〕非卿莫究其情僞。」卽增珪秩中二千石，拜登廣陵太守。臨別，操執登手曰：「東方之事，便以相付。」令陰合部衆，以爲內應。始布因登求徐州牧，不得。登還，布怒，拔戟斫机曰：「卿父勸吾協同曹操，絕婚公路。今吾所求無獲，而卿父子並顯重，但爲卿所賣耳。」登不爲動容，徐對之曰：「登見曹公，言養將軍譬如養虎，當飽其肉，不飽則將噬人。公曰：『不如卿言。譬如養鷹，飢卽爲用，飽則颺去。』其言如此。」布意乃解。

〔一〕左傳曰：「伯石之生也，叔向之母䚕之，曰：『是豺狼之聲也，狼子野心。』」

袁術怒布殺韓胤，遣其大將張勳、橋蕤等與韓暹、楊奉連執，步騎數萬，七道攻布。布時兵有三千，馬四百匹，懼其不敵，謂陳珪曰：「今致術軍，卿之由也，爲之柰何？」珪曰：「暹、奉與術，卒合之師耳。〔一〕謀無素定，〔二〕不能相維。子登策之，比於連雞，埶不俱棲，〔三〕立可離也。」布用珪策，與暹、奉書曰：「二將軍親拔大駕，而布手殺董卓，俱立功名，當垂竹帛。今袁術造逆，宜共誅討，柰何與賊還來伐布？可因今者同力破術，爲國除害，建功天下，此時不可失也。」又許破術兵，悉以軍資與之。暹、奉大喜，遂共擊勳等於下邳，大破

之，生禽橋蕤，餘衆潰走，其所殺傷、墯水死者殆盡。

〔一〕卒音千忽反。

〔二〕素，舊也。

〔三〕戰國策曰：「秦惠王謂寒泉子曰：『蘇秦欺弊邑，欲以一人之知，反覆山東之君。夫諸侯之不可一，猶連雞之不能俱上於棲。』」

時太山臧霸等攻破莒城，許布財幣以相結，而未及送，布乃自往求之。其督將高順諫止〔一〕曰：「將軍威名宣播，遠近所畏，何求不得，而自行求賂。萬一不剋，豈不損邪？」布不從。既至莒，霸等不測往意，固守拒之，無獲而還。順爲人清白有威嚴，少言辭，將衆整齊，每戰必剋。布性決易，所爲無常。順每諫曰：「將軍舉動，不肯詳思，忽有失得，動輒言誤。誤事豈可數乎？」布知其忠而不能從。

〔一〕英雄記曰「順爲人不飲酒，不受饋。所將七百餘兵，號爲千人，名『陷陣營』。布後疏順，奪順所將兵，亦無恨意」也。

建安三年，布遂復從袁術，遣順攻劉備於沛，破之。曹操遣夏侯惇救備，〔一〕爲順所敗。操乃自將擊布，至下邳城下。遺布書，爲陳禍福。布欲降，而陳宮等自以負罪於操，深沮其計，而謂布曰：「曹公遠來，埶不能久。將軍若以步騎出屯於外，宮將餘衆閉守於內。若向將軍，宮引兵而攻其背；若但攻城，則將軍救於外。不過旬月，軍食畢盡，擊之可破也。」布然之。布妻曰：「昔曹氏待公臺如赤子，猶舍而歸我。今將軍厚公臺不過於曹氏，而欲委全城，捐妻子，孤軍遠出乎？若一旦有變，妾豈得爲將軍妻哉！」布乃止。而潛遣人求救於袁術，自將千餘騎出。戰敗走還，保城不敢出。術亦不能救。

〔一〕魏志曰：「夏侯惇字元讓，沛國譙人。年二十四，就師學，人有辱其師者，惇殺之。後從征呂布，爲流矢傷左目。領陳留、濟陰太守，加建武將軍。太祖常同輿載，特見親重，出入臥內，諸將莫之比。」

曹操壍圍之，壅沂、泗以灌其城，三月，上下離心。其將侯成使客牧其名馬，而客策之以叛。成追客得馬，諸將合禮以賀成。成分酒肉，先入詣布而言曰：「蒙將軍威靈，得所亡馬，諸將齊賀，未敢嘗也，故先以奉貢。」布怒曰：「布禁酒而卿等醞釀，爲欲因酒共謀布邪？」成忿懼，乃與諸將共執陳宮、高順，率其衆降。布與麾下登白門樓。〔一〕兵圍之急，令左右取其首詣操。左右不忍，乃下降。布見操曰：「今日已往，天下定矣。」操曰：「何以言之？」布曰：「明公之所患不過於布，今已服矣。令布將騎，明公將步，天下不足定也。」顧謂劉備曰：「玄德，卿爲坐上客，我爲降虜，繩縛我急，獨不可一言邪？」操笑曰：「縛虎不得不急。」乃命緩布縛。劉備曰：「不可。明公不見呂布事丁建陽、董太師乎？」操領之。〔二〕布目備曰：「大耳兒最叵信！」〔三〕操謂陳宮曰：「公臺平生自謂智有餘，今意何如？」宮指布

曰：「是子不用宮言，以至於此。若見從，未可量也。」操又曰：「柰卿老母何？」宮曰：「老母在公，不在宮也。夫以孝理天下者，不害人之親。」操復曰：「柰卿妻子何？」宮曰：「宮聞霸王之主，不絕人之祀。」〔四〕固請就刑，遂出不顧，操爲之泣涕。布及宮、順皆縊殺之，傳首許市。

〔一〕宋武北征記曰：「下邳城有三重，大城（之門）周四里，呂布所守也。魏武禽布於白門。白門，大城之門也。」酈元水經注曰：「南門謂之白門，魏武禽陳宮於此。」

〔二〕杜預注左傳曰：「領，搖頭也。」音五感反。

〔三〕蜀志曰：「備顧自見其耳。」

〔四〕左傳曰：「齊桓公存三亡國。」

贊曰：焉作庸牧，以希後福。〔一〕曷云負荷？地墮身逐。術既叨貪，布亦翻覆。

〔一〕王莽改益州曰庸部。

校勘記

二四三一頁三行　劉焉字君郎　按：校補引柳從辰說，謂蜀志同，華陽國志作「字君朗」。

二四三一頁八行　淸選重臣　按：「淸」原譌「請」，逕據汲本、殿本改正。

二四三一頁九行　益州刺史郗儉　按：集解引惠棟說，謂蜀志「郗」作「郤」。

二四三一頁九行　幷州刺史張懿　集解引錢大昕說，謂蜀志劉二牧傳作「張益」。又引惠棟說，謂一作「張壹」。按：王先謙謂「懿」作「壹」或作「益」，避晉諱也。

二四三二頁三行　州從事賈龍先領兵數百人在犍爲遂糾合吏人攻相破之　按：李慈銘謂案三國志作「在犍爲東界」，華陽國志曰，賈龍素領家兵在犍爲之青衣，則三國志云在東界者是也。時犍爲已爲黃巾所破，此傳省文，非是。「人」當作「民」。「破之」華陽國志作「破滅之」。

二四三二頁三行　龍乃遣吏卒迎焉　按：「遣」原譌「選」，逕據汲本、殿本改正。

二四三二頁四行　（龍）撫納離叛　校補謂「龍」字誤衍，各本皆未去，此敍焉事，與龍無涉，彙係蜀志原文，原文固無「龍」字也。今據刪。

二四三二頁八行　（遂）與別部司馬張脩　據刊誤刪。

二四三三頁一五行　遂（疽）發背（疽）卒　據殿本改。

二四三四頁七行　祖眞字喬卿　按：蜀志法正傳裴注引三輔決錄「喬」作「高」。

二四三四頁八行　〔先〕主稱尊號　據汲本補。

二四三五頁一行　穀支一年　按：集解引惠棟說，謂蜀志云「穀帛支二年」。

二四三五頁一〇行　先主遷璋于公安南　按：「遷」原譌「還」，逕改正。

劉焉袁術呂布列傳第六十五　二四五三

後漢書卷七十五　二四五四

二四三五頁一〇行　留（住）〔駐〕秭歸　據汲本改。

二四三五頁一三行　魯字公旗　按：殿本考證謂魏志作「公祺」。

二四三五頁一四行　衆多者名曰「理頭」　按：魏志張魯傳「理」作「治」。補注引何焯說，謂「理」本「治」字，避唐諱改。

二四三六頁二行　遂就拜魯鎭夷中郎將　按：魏志「夷」作「民」。

二四三六頁四行　首音式（殺）〔救〕反　據殿本改。

二四三六頁七行　妖賊大起〔三輔有駱曜光和中東方有張角〕　殿本考證謂何焯校本于「妖賊大起」下增「三輔有駱曜光和中東方有張角」十三字。今據補，與魏志裴注引典略合。

二四三六頁七行　〔駱曜敎民緬匿法角〕爲太平道（張角）〔脩〕爲五斗米道　殿本考證謂何焯校本于「漢中有張脩」句下增「駱曜敎民緬匿法角」八字，「張脩爲五斗米道」滅去「張」字，改「角」爲「脩」。今據補改，與魏志裴注引典略合。

二四三六頁一〇行　主爲病者請禱〔請禱〕之法　殿本考證謂何焯校本「請禱」下復增「請禱」二字。今據補，與魏志裴注引典略合。

二四三六頁一三行　實無益於療病〔但爲淫妄〕　殿本考證謂何焯校本「實無益於療病」下增「但爲淫妄」四字。今據補，與魏志裴注引典略合。

二四三六頁一三行　以米（內）〔肉〕置其中　殿本考證謂何焯校本「米」字下增「肉」字。今據補，與魏志裴注引典略合。

二四三六頁一三行　又〔敎〕使自隱　殿本考證謂何焯校本「使」字上增「敎」字。今據補，與魏志裴注引典略合。

二四三六頁一三行　當循道百步　按魏志裴注引典略「循」作「治」。補注引何焯說，謂避唐諱改。

二四三八頁六行　楊子法言曰　「楊」字原作「揚」，逕據汲本、殿本改。

二四三九頁一行　遣其將會稽周昕　按：校補謂「周昕」據吳錄作「周喁」，昕之弟也。

二四三九頁五行　黑山餘賊及匈奴於扶羅等佐術　按：「及」原譌「反」，逕據汲本、殿本改正。

二四三九頁八行　陽翟侯　按：「陽」原譌「楊」，逕據汲本、殿本改正。

二四三九頁一三行　參分天下　魏志作「參分天下有其二」，此脫「有其二」三字。按：校補謂去此三字，則文義不屬，當由轉寫脫誤耳。若范氏刪節，胡不云「三分有二」乎？

二四三九頁一四行　明公雖奕世克昌　按：「奕」原譌「弈」，逕據汲本、殿本改。注同。

二四四〇頁七行　得漢（傳）國玉璽　殿本考證謂何焯校本「漢」字下添「傳」字，今據補。

二四四〇頁九行　三分天下有二猶服事殷　按：汲本「有」下有「其」字。殿本「猶」作「以」。

二四四一頁二行　當謂使君與國同規　殿本「當」作「嘗」。按：袁紀作「當」。

劉焉袁術呂布列傳第六十五　二四五五

後漢書卷七十五　二四五六

二四四二頁九行　留張勳橋蕤於蘄陽　集解引通鑑胡注，謂此蓋沛國之蘄縣，范史衍「陽」字。按：校補謂胡說是。前志沛郡蘄縣字本作「鄿」，从邑，鄿陽蓋即鄿北地名，亦非衍「陽」字。此與江夏之鄿春本無涉也。章懷雖誤注，當仍未改字，故毛本注中猶閒雜从邑之字，後人並改爲从斤，遂無別耳。

二四四二頁九行　（操）擊破斬蕤　據汲本、殿本補。

二四四三頁三行　奔其部曲陳簡　按：集解引惠棟說，謂「陳簡」魏志作「陳蘭」。

二四四三頁一四行　坐簀牀而歎曰　按：魏志袁術傳裴注引吳書，「簀牀」作「欐牀」。

二四四四頁九行　（原）屯河內　魏志呂布傳無「原」字，今據刪。

二四四五頁一三行　布不自安　按：原作「布自不安」，逕據汲本、殿本改。

二四四六頁一〇行　剛直烈壯　按：「烈」原作「列」，逕改正。

二四四八頁四行　諸君觀布射（戟）小支　據汲本、殿本補。

二四四八頁八行　恐術報布成姻　汲本「姻」作「婚」。按：魏志亦作「婚」。

二四五〇頁一三行　建安三年　按：「三」原譌「二」，逕改正。

二四五一頁一五行　今意何如　按：刊誤謂「意」當作「竟」。

二四五三頁五行　大城（之門）周四里　據刊誤刪。

後漢書卷七十六

循吏列傳第六十六

初，光武長於民間，頗達情僞，〔一〕見稼穡艱難，百姓病害，至天下已定，務用安靜，解王莽之繁密，還漢世之輕法。〔二〕身衣大練，色無重綵，耳不聽鄭衞之音，手不持珠玉之玩，宮房無私愛，左右無偏恩。建武十三年，異國有獻名馬者，日行千里，又進寶劍，賈兼百金，詔以馬駕鼓車，劍賜騎士。損上林池籞之官，廢騁望弋獵之事。其以手迹賜方國者，皆一札十行，細書成文。〔三〕勤約之風，行于上下。數引公卿郎將，列于禁坐。〔四〕廣求民瘼，觀納風謠。故能內外匪懈，百姓寬息。自臨宰邦邑者，競能其官。若杜詩守南陽，號爲「杜母」，任延、錫光移變邊俗，斯其績用之最章章者也。〔五〕又第五倫、宋均之徒，亦足有可稱談。然建武、永平之閒，吏事刻深，亟以謠言單辭，轉易守長。故朱浮數上諫書，箴切峻政，鍾離意等亦規諷殷勤，以長者爲言，而不能得也。〔六〕所以中興之美，蓋未盡焉。自章、和以後，其有善績者，往往不絕。如魯恭、吳祐、劉寬及潁川四長，〔七〕並以仁信篤誠，使人不欺；王

堂、陳寵委任賢良，而職事自理：〔八〕斯皆可以感物而行化也。邊鳳、延篤先後爲京兆尹，時人以輩前世趙、張。〔九〕又王渙、任峻之爲洛陽令，明發姦伏，吏端禁止，然導德齊禮，有所未充，亦一時之良能也。今綴集殊聞顯迹，以爲循吏篇云。

〔一〕左傳楚子曰：「晉侯在外十九年矣，人之情僞盡知之矣。」

〔二〕前書曰：「莽春夏斬人於市，一家鑄錢，保伍人沒入爲官奴婢，男子檻車，女子步，鐵鎖琅鐺其頸，愁苦死者十七八。」輕法謂高祖約法三章，孝文除肉刑也。

〔三〕說文曰：「札，牒也。」

〔四〕禁坐猶御坐也。

〔五〕章章，明也。前書班固曰：「章章尤著者也。」

〔六〕時明帝性褊察，好以耳目隱發爲明，又引杖撞郎，朝廷竦慄，爭爲苛刻，唯意獨敢諫爭，數封還詔書。見意傳也。

〔七〕謂荀淑爲當塗長，韓韶爲嬴長，陳寔爲太丘長，鍾皓爲林慮長。淑等皆潁川人也。

〔八〕王堂任陳蕃、應嗣，陳寵任王渙、鐔顯也。

〔九〕輩，類也。趙謂趙廣漢，張謂張敞者也。

衞颯字子產，〔一〕河內脩武人也。家貧好學問，隨師無糧，常傭以自給。王莽時，仕郡歷州宰。

〔一〕颯音立。

建武二年，辟大司徒鄧禹府。舉能案劇，除侍御史，襄城令。政有名迹，遷桂陽太守。郡與交州接境，頗染其俗，不知禮則。颯下車，修庠序之教，設婚姻之禮。朞年閒，邦俗從化。

先是含洭、湞陽、曲江三縣，越之故地，〔一〕武帝平之，內屬桂陽。民居深山，濱溪谷，習其風土，不出田租。去郡遠者，或且千里。吏事往來，輒發民乘船，名曰「傳役」。每一吏出，傜及數家，百姓苦之。颯乃鑿山通道五百餘里，列亭傳，置郵驛。於是役省勞息，姦吏杜絕。流民稍還，漸成聚邑，使輸租賦，同之平民。又耒陽縣(山)〔出〕鐵石，〔二〕佗郡民庶常依因聚會，私爲冶鑄，遂招來亡命，多致姦盜。颯乃上起鐵官，罷斥私鑄，歲所增入五百餘萬。颯理卹民事，居官如家，其所施政，莫不合於物宜。視事十年，郡內清理。

〔一〕含洭故城在今廣州含洭縣東。湞陽，今廣州縣也。曲江，韶州縣也。

〔二〕續漢志耒陽縣有鐵官也。

二十五年，徵還。光武欲以爲少府，會颯被疾，不能拜起，〔一〕敕以桂陽太守歸家，須後詔書。〔二〕居二歲，載病詣闕，自陳困篤，乃收印綬，賜錢十萬，後卒于家。

〔一〕東觀記曰「颯到即引見，賜食於前。從吏二人，賜冠幘，錢人五千」也。

〔二〕須，待也。

南陽茨充代颯爲桂陽。〔一〕亦善其政，教民種殖桑柘麻紵之屬，〔二〕勸令養蠶織屨，民得利益焉。〔三〕

〔一〕東觀記曰「充字子河，宛人也。初舉孝廉，之京師，同侶馬死，充到前亭，輒舍車持馬還相迎，鄉里號之曰『一馬兩車茨子河』」也。

〔二〕禮記曰：「禁人無伐桑柘。」鄭玄注云：「愛蠶食也。」

〔三〕東觀記曰：「元和中，荊州刺史上言：臣行部入長沙界，觀者皆徒跣。臣問御佐曰：『人無履亦苦之否？』御佐對曰：『十二月盛寒時並多剖裂血出，燃火燎之，春溫或膿潰。建武中，桂陽太守茨充教人種桑蠶，人得其利，至今江南頗知桑蠶織履，皆充之化也。』」

任延字長孫，南陽宛人也。年十二，爲諸生，學於長安，明詩、易、春秋，顯名太學，學中號爲「任聖童」。值倉卒，避兵之隴西。時隗囂已據四郡，遣使請延，延不應。

更始元年，以延爲大司馬屬，拜會稽都尉。時年十九，迎官驚其壯。〔一〕及到，靜泊無爲，唯先遣饋禮祠延陵季子。〔二〕時天下新定，道路未通，避亂江南者皆未還中土，會稽頗稱

多士。延到，皆聘請高行如董子儀、嚴子陵等，敬待以師友之禮。掾吏貧者，輒分奉祿以賑給之。省諸卒，令耕公田，以周窮急。每時行縣，輒使慰勉孝子，就餐飯之。〔三〕

〔一〕壯，少也。

〔二〕季子，吳王壽夢之少子札也，封於延陵也。

〔三〕飯音符晚反。

吳有龍丘萇者，隱居太末，〔一〕志不降辱。王莽時，四輔三公連辟，不到。〔二〕掾史白請召之。延曰：「龍丘先生躬德履義，有原憲、伯夷之節。〔三〕都尉埽洒其門，猶懼辱焉，召之不可。」遣功曹奉謁，修書記，致醫藥，吏使相望於道。積一歲，萇乃乘輂詣府門，願得先死備錄。〔四〕延辭讓再三，遂署議曹祭酒。萇尋病卒，延自臨殯，不朝三日。是以郡中賢士大夫爭往宦焉。

〔一〕太末，縣，屬會稽郡，今婺州龍丘縣也。東陽記云：「秦時改爲太末，有龍丘山在東，有九石特秀，色丹，遠望如蓮華。萇之隱處有一巖穴如窗牖，中有石牀，可寢處。」

〔二〕四輔謂太師、太傅、國師、國將。三公謂大司馬、司徒、司空也，並莽時官。見前書也。

〔三〕原憲，孔子弟子，魯人也。子貢結駟連騎，排藜藿過謝，原憲攝敝衣冠見子貢。伯夷，孤竹君之子，讓其國，餓死於首陽山也。

〔四〕請編名錄於郡職也。

建武初，延上書願乞骸骨，歸拜王庭。詔徵爲九眞太守。光武引見，賜馬雜繒，令妻子留洛陽。九眞俗以射獵爲業，不知牛耕，〔一〕民常告糴交阯，每致困乏。延乃令鑄作田器，教之墾闢。田疇歲歲開廣，百姓充給。又駱越之民無嫁娶禮法，各因淫好，無適對匹，〔二〕不識父子之性，夫婦之道。延乃移書屬縣，各使男年二十至五十，女年十五至四十，皆以年齒相配。其貧無禮娉，令長吏以下各省奉祿以賑助之。同時相娶者二千餘人。是歲風雨順節，穀稼豐衍。其產子者，始知種姓。咸曰：「使我有是子者，任君也。」多名子爲「任」。於是徼外蠻夷夜郎等慕義保塞，延遂止罷偵候戍卒。〔三〕

〔一〕東觀漢記曰：「九眞俗燒草種田。」前書曰「搜粟都尉趙過教人牛耕」也。

〔二〕適音丁歷反。

〔三〕偵，伺也，音丑政反。

初，平帝時，漢中錫光爲交阯太守，教導民夷，漸以禮義，化聲侔於延。〔一〕王莽末，閉境拒守。建武初，遣使貢獻，封鹽水侯。領南華風，始於二守焉。

〔一〕侔，等也。

延視事四年，徵詣洛陽，以病稽留，左轉睢陽令，九眞吏人生爲立祠。拜武威太守，帝親見，戒之曰：「善事上官，無失名譽。」延對曰：「臣聞忠臣不私，私臣不忠。履正奉公，臣子之節。上下雷同，非陛下之福。善事上官，臣不敢奉詔。」帝歎息曰：「卿言是也。」

既之武威，時將兵長史田紺，郡之大姓，其子弟賓客爲人暴害。延收紺繫之，父子賓客伏法者五六人。紺少子尙乃聚會輕薄數百人，自號將軍，夜來攻郡。延卽發兵破之。自是威行境內，吏民累息。〔一〕

〔一〕累息，累氣。

郡北當匈奴，南接種羌，民畏寇抄，多廢田業。延到，選集武略之士千人，明其賞罰，令將雜種胡騎休屠黃石屯據要害，〔一〕其有警急，逆擊追討。虜恒多殘傷，遂絕不敢出。

〔一〕黃石，雜種號也。

河西舊少雨澤，乃爲置水官吏，修理溝渠，皆蒙其利。又造立校官，〔一〕自掾（吏）〔史〕子孫，皆令詣學受業，復其傜役。章句既通，悉顯拔榮進之。郡遂有儒雅之士。

〔一〕校，學也。

後坐擅誅羌不先上，左轉召陵令。顯宗卽位，拜潁川太守。永平二年，徵會辟雍，因以爲河內太守。視事九年，病卒。少子愷，官至太常。

王景字仲通，樂浪諵邯人也。〔一〕八世祖仲，本琅邪不其人。好道術，明天文。諸呂作亂，齊哀王襄謀發兵，而數問於仲。及濟北王興居反，欲委兵師仲，〔二〕仲懼禍及，乃浮海東奔樂浪山中，因而家焉。父閎，爲郡三老。更始敗，土人王調殺郡守劉憲，自稱大將軍、樂浪太守。建武六年，光武遣太守王遵將兵擊之。至遼東，閎與郡決曹史楊邑等共殺調迎遵，皆封爲列侯，閎獨讓爵。帝奇而徵之，道病卒。

〔一〕諵音諾甘反，邯音下甘反，縣名。

〔二〕襄及興居並高祖孫，齊悼惠王肥之子也。

景少學易，遂廣闚衆書，又好天文術數之事，沈深多伎藝。辟司空伏恭府。時有薦景能理水者，顯宗詔與將作謁者王吳共修作浚儀渠。吳用景墕流法，水乃不復爲害。

初，平帝時，河、汴決壞，未及得修。建武十年，陽武令張汜上言：「河決積久，日月侵毁，濟渠所漂數十許縣。〔一〕脩理之費，其功不難。宜改脩堤防，以安百姓。」書奏，光武卽爲發卒。方營河功，而浚儀令樂俊復上言：「昔元光之閒，〔二〕人庶熾盛，緣隄墾殖，而瓠子河決，尙二十餘年，不卽擁塞。〔三〕今居家稀少，田地饒廣，雖未脩理，其患猶可。且新被兵革，方興役力，勞怨既多，民不堪命。宜須平靜，更議其事。」光武得此遂止。後汴渠東侵，日月弥廣，而水門故處，皆在河中，兗、豫百姓怨歎，以爲縣官恒興佗役，不先民急。永平十二年，議修汴渠，乃引見景，問以理水形便。景陳其利害，應對敏給，帝善之。又以嘗修浚儀，功業有成，乃賜景山海經、河渠書、〔四〕禹貢圖，及錢帛衣物。夏，遂發卒數十萬，遣景與王吳脩渠築隄，自滎陽東至千乘海口千餘里。景乃商度地埶，鑿山阜，破砥績，〔五〕直截溝澗，防遏衝要，疏決壅積，十里立一水門，令更相洄注，〔六〕無復潰漏之患。景雖簡省役費，然猶以百億計。〔七〕明年夏，渠成。帝親自巡行，詔濱河郡國置河堤員吏，如西京舊制。〔八〕景由是知名。王吳及諸從事掾史皆增秩一等。景三遷爲侍御史。十五年，從駕東巡狩，至無鹽，帝美其功績，拜河堤謁者，賜車馬縑錢。

〔一〕濟水出今洛州濟源縣西北，東流經溫縣入河，度河東南入鄭州，又東入滑、曹、鄆、濟、齊、青等州入海，卽此渠也。王莽末，旱，因枯涸，但入河內而已。
〔二〕武帝年。
〔三〕瓠子堤在今滑州白馬縣。武帝元光中，河決於瓠子，東南注鉅野，通於淮、泗，至元封二年塞之也。
〔四〕山海經，禹所作。河渠書，太史公史記也。
〔五〕尚書曰：「原隰底績。」注：「底，致也。績，功也。」言破禹所致功之處也。或云砥礦，山名也。
〔六〕爾雅曰：「逆流而上曰洄。」郭璞注云：「旋流也。」

〔七〕十萬曰億也。
〔八〕十三州志曰：「成帝時河堤大壞，汎濫青、徐、兗、豫四州略徧，乃以校尉王延代領河堤謁者，秩千石，或名其官爲護都水使者。中興，以三府掾屬爲之。」

建初七年，遷徐州刺史。先是杜陵杜篤奏上論都〔賦〕，欲令車駕遷還長安。耆老聞者，皆動懷土之心，莫不眷然佇立西望。景以宮廟已立，恐人情疑惑，會時有神雀諸瑞，〔一〕乃作金人論，頌洛邑之美，天人之符，文有可採。

〔一〕章帝時有神雀、鳳皇、白鹿、白烏等瑞也。

明年，遷廬江太守。先是百姓不知牛耕，致地力有餘而食常不足。郡界有楚相孫叔敖所起芍陂稻田。〔一〕景乃驅率吏民，修起蕪廢，教用犂耕，由是墾闢倍多，境內豐給。遂銘石刻誓，令民知常禁。又訓令蠶織，爲作法制，皆著于鄉亭，廬江傳其文辭。卒於官。

〔一〕陂在今壽州安豐縣東。陂徑百里，灌田萬頃。芍音鵲。

初，景以爲六經所載，皆有卜筮，作事舉止，質於蓍龜，而衆書錯糅，吉凶相反，乃參紀衆家數術文書，冢宅禁忌，〔一〕堪輿日相之屬，〔二〕適於事用者，集爲大衍玄基云。〔三〕

〔一〕葬送造宅之法，若黃帝、青烏之書也。
〔二〕前書蓺文志，堪輿金匱十四卷。許慎云：「堪，天道也。輿，地道也。」日相謂日辰王相之法也。
〔三〕易曰「大衍之數五十，其用四十有九」也。

秦彭字伯平，扶風茂陵人也。自漢興之後，世位相承。六世祖襲，爲潁川太守，與羣從同時爲二千石者五人，故三輔號曰「萬石秦氏」。彭同產女弟，顯宗時入掖庭爲貴人，有寵。永平七年，以彭貴人兄，隨四姓小侯擢爲開陽城門候。〔一〕十五年，拜騎都尉，副駙馬都尉耿秉北征匈奴。

〔一〕續漢志：「城門候一人，六百石。」〔開陽〕，城南面東頭第一門也。漢官儀云「開陽門始成，未有名，夜有一柱來止樓上。琅邪開陽縣上言南門一柱飛去，因以名門」也。

建初元年，遷山陽太守。以禮訓人，不任刑罰。崇好儒雅，敦明庠序。每春秋饗射，輒修升降揖讓之儀。乃爲人設四誡，以定六親長幼之禮。〔一〕有遵奉教化者，擢爲鄉三老，常以八月致酒肉以勸勉之。吏有過咎，罷遣而已，不加恥辱。百姓懷愛，莫有欺犯。興起稻田數千頃，每於農月，親度頃畝，分別肥塉，差爲三品，各立文簿，藏之鄉縣。於是姦吏跼蹐，無所容詐。彭乃上言，宜令天下齊同其制。詔書以其所立條式，班令三府，並下州郡。

〔一〕六親謂父子兄弟夫婦也。

在職六年，轉潁川太守，仍有鳳皇、麒麟、嘉禾、甘露之瑞，集其郡境。肅宗巡行，再幸潁

川，輒賞賜錢穀，恩寵甚異。章和二年卒。

彭弟惇、褒，並爲射聲校尉。

王渙字稚子，廣漢郪人也。〔一〕父順，安定太守。渙少好俠，尚氣力，數通剽輕少年。〔二〕晚而改節，敦儒學，習尚書，讀律令，略舉大義。爲太守陳寵功曹，當職割斷，不避豪右。寵風聲大行，入爲大司農。和帝問曰：「在郡何以爲理？」寵頓首謝曰：「臣任功曹王渙以簡賢選能，主簿鐔顯拾遺補闕，臣奉宣詔書而已。」帝大悅。渙由此顯名。

〔一〕郪，縣，故城在今梓州郪縣西南也。
〔二〕剽，劫奪也。

州舉茂才，除溫令。縣多姦猾，積爲人患。渙以方略討擊，悉誅之。境內清夷，商人露宿於道。其有放牛者，輒云以屬稚子，終無侵犯。在溫三年，遷兗州刺史，繩正部郡，〔一〕風威大行。後坐考妖言不實論。歲餘，徵拜侍御史。

〔一〕繩，直也。

永元十五年，從駕南巡，還爲洛陽令。以平正居身，得寬猛之宜。其冤嫌久訟，歷政所

不斷，法理所難平者，莫不曲盡情詐，壓塞羣疑。又能以譎數發擿姦伏。〔一〕京師稱歎，以爲渙有神筭。〔二〕元興元年，病卒。百姓市道莫不咨嗟。男女老壯皆相與賦斂，致奠醊以千數。〔三〕

〔一〕譎，詐；數，術也。
〔二〕智筭若神也。
〔三〕醊音張芮反。說文曰：「祭餟也。」

渙喪西歸，道經弘農，民庶皆設槃桉於路。吏問其故，咸言平常持米到洛，爲卒司所鈔，〔一〕恆亡其半。自王君在事，不見侵枉，故來報恩。其政化懷物如此。民思其德，爲立祠安陽亭西，每食輒弦歌而薦之。〔二〕

〔一〕鈔，掠也。
〔二〕古樂府歌曰：「孝和帝在時，洛陽令王君，本自益州廣漢蜀人，少行（官）〔宦〕學，通五經論。明知法令，歷代衣冠，從溫補洛陽令，化行致賢。外行猛政，內懷慈仁，移惡子姓名五，篇著里端。無妄發賦，念在理冤。清身苦體，宿夜勞勤，化有能名，遠近所聞。天年不遂，早就奄昏，爲君作祠安陽亭西，欲令後代莫不稱傳」也。

永初二年，鄧太后詔曰：「夫忠良之吏，國家所以爲理也。求之甚勤，得之至寡。故孔子曰：『才難不其然乎！』昔大司農朱邑、〔一〕右扶風尹翁歸，〔二〕政迹茂異，令名顯聞，孝宣

皇帝嘉歎愍惜，而以黃金百斤策賜其子。故洛陽令王渙，秉清脩之節，蹈羔羊之義，〔三〕盡心奉公，務在惠民，功業未遂，不幸早世，百姓追思，爲之立祠。自非忠愛之至，孰能若斯者乎！今以渙子石爲郎中，以勸勞勤。」延熹中，桓帝事黃老道，悉毀諸房祀，唯特詔密縣存故太傅卓茂廟，洛陽留王渙祠焉。

〔一〕前書曰，邑字仲卿，廬江舒人。爲北海太守，以理行第一，入爲大司農。性公正，不可交以私，天子器之，朝廷敬焉。神爵元年卒，宣帝下詔賜其子黃金百斤，奉其祭祀。
〔二〕前書云，翁歸字子況，河東平陽人。拜東海太守，以高第入守右扶風。元康四年卒。宣帝制詔：「御史右扶風翁歸，廉平鄉正，早夭不遂，朕甚憐之。其賜翁歸子黃金百斤，以奉其祭祀。」
〔三〕韓詩羔羊曰：「羔羊之皮，素絲五紽。」薛君章句曰：「小者曰羔，大者曰羊。素喻潔白，絲喻屈柔。紽，數名也。詩人賢仕爲大夫者，言其德能，稱有潔白之性，屈柔之行，進退有度數也。」

鐔顯後亦知名，安帝時爲豫州刺史。時天下飢荒，競爲盜賊，州界收捕且萬餘人。顯愍其困窮，自陷刑辟，輒擅赦之，因自劾奏。有詔勿理。後位至長樂衞尉。

自渙卒後，連詔三公特選洛陽令，皆不稱職。永和中，以劇令勃海任峻補之。〔一〕峻擢用文武吏，皆盡其能，糾剔姦盜，不得旋踵，〔二〕一歲斷獄，不過數十。威風猛於渙，而文理不及之。峻字叔高，終於太山太守。

〔一〕劇，縣名，屬北海郡也。
〔二〕左傳天王策命晉文侯曰：「糾逖王慝。」杜預注云：「逖，遠也。」「剔」與「逖」通。

許荊字少張，〔一〕會稽陽羨人也。〔二〕祖父武，太守第五倫舉爲孝廉。武以二弟晏、普未顯，欲令成名，乃請之曰：「禮有分異之義，家有別居之道。」〔三〕於是共割財產以爲三分，武自取肥田廣宅奴婢強者，二弟所得並悉劣少。鄉人皆稱弟克讓而鄙武貪婪，晏等以此並得選舉。武乃會宗親，泣曰：「吾爲兄不肖，盜聲竊位，二弟年長，未豫榮祿，所以求得分財，自取大譏。今理產所增，三倍於前，悉以推二弟，一無所留。」於是郡中翕然，遠近稱之。位至長樂少府。

〔一〕謝承書曰：「荊字子張。家貧爲吏。無有船車，休假常單步荷擔上下。」
〔二〕陽羨故城在今常州義興縣也。
〔三〕儀禮曰「父子一體也，夫婦一體也，昆弟一體也。故父子手足也，夫婦判合也，昆弟四體也。昆弟之義無分焉，而有分者，則避子之私也。子不私其父，則不成爲子。故有東宮，有西宮，有南宮，有北宮。異居而同財，有餘則歸之宗，不足則資之宗」也。

荊少爲郡吏，兄子世嘗報讎殺人，怨者操兵攻之。荊聞，乃出門逆怨者，跪而言曰：「世前無狀相犯，咎皆在荊不能訓導。兄既早沒，一子爲嗣，如令死者傷其滅絕，願殺身代之。」怨家扶荊起，曰：「許掾郡中稱賢，吾何敢相侵？」因遂委去。荊名譽益著。太守黃兢舉孝廉。

和帝時，稍遷桂陽太守。郡濱南州，風俗脃薄，〔一〕不識學義。荊爲設喪紀婚姻制度，使知禮禁。嘗行春到耒陽縣，人有蔣均者，兄弟爭財，互相言訟。荊對之歎曰：「吾荷國重任，而教化不行，咎在太守。」乃顧使吏上書陳狀，乞詣廷尉。均兄弟感悔，各求受罪。〔二〕在事十二年，父老稱歌。以病自上，徵拜諫議大夫，卒於官。桂陽人爲立廟樹碑。

〔一〕脃薄猶輕薄也。
〔二〕謝承書曰「鄰人謝弘等不養父母，兄弟分析，因此皆還供養者千有餘人」也。

荊孫馘，靈帝時爲太尉。

孟嘗字伯周，會稽上虞人也。其先三世爲郡吏，並伏節死難。嘗少脩操行，仕郡爲戶曹史。上虞有寡婦至孝養姑。姑年老壽終，夫女弟先懷嫌忌，乃誣婦厭苦供養，加鴆其母，

列訟縣庭。郡不加尋察，遂結竟其罪。當先知枉狀，備言之於太守，太守不爲理。當哀泣外門，因謝病去，婦竟冤死。自是郡中連旱二年，禱請無所獲。後太守殷丹到官，訪問其故，當詣府具陳寡婦冤誣之事。因曰：「昔東海孝婦，感天致旱，于公一言，甘澤時降。〔一〕宜戮訟者，以謝冤魂，庶幽枉獲申，時雨可期。」丹從之，即刑訟女而祭婦墓，天應澍雨，穀稼以登。

〔一〕解見霍諝傳也。

當後策孝廉，舉茂才，拜徐令。州郡表其能，遷合浦太守。郡不產穀實，而海出珠寶，與交阯比境，常通商販，貿糴糧食。〔一〕先時宰守並多貪穢，詭人採求，不知紀極，〔二〕珠遂漸徙於交阯郡界。於是行旅不至，人物無資，貧者餓死於道。當到官，革易前敝，求民病利。〔三〕曾未踰歲，去珠復還，百姓皆反其業，商貨流通，稱爲神明。

〔一〕貿，易也。

〔二〕詭，責也。

〔三〕人所病苦及利益之（甚）〔事〕也。

以病自上，被徵當還，吏民攀車請之。當既不得進，乃載鄉民船夜遁去。隱處窮澤，身自耕傭。鄰縣士民慕其德，就居止者百餘家。

桓帝時，尚書同郡楊喬上書薦當曰：〔一〕「臣前後七表言故合浦太守孟當，而身輕言微，終不蒙察。區區破心，徒然而已。當安仁弘義，耽樂道德，清行出俗，能幹絕羣。前更守宰，移風改政，去珠復還，飢民蒙活。且南海多珍，財產易積，掌握之內，價盈兼金，而當單身謝病，躬耕壟次，匿景藏采，不揚華藻。實羽翮之美用，非徒腹背之毛也。〔二〕而沈淪草莽，好爵莫及，〔三〕廊廟之寶，弃於溝渠。〔四〕且年歲有訖，桑榆行盡，〔五〕而忠貞之節，永謝聖時。臣誠傷心，私用流涕。夫物以遠至爲珍，〔六〕士以稀見爲貴。槃木朽株，爲萬乘用者，左右爲之容耳。〔七〕王者取士，宜拔衆之所貴。臣以斗筲之姿，趨走日月之側。〔八〕思立微節，不敢苟私鄉曲。竊感禽息，亡身進賢。」〔九〕當竟不見用。年七十，卒于家。

〔一〕謝承書曰「喬字聖達，烏傷人也。前後數上書陳政事」也。

〔二〕說苑曰：「趙簡子游於西河而樂之，歎曰：『安得賢士而與處焉？』舟人古桑曰：『此是吾君不好之也。』簡子曰：『吾門左右客千人，朝食不足，暮收市征，暮食不足，朝收市征，吾可謂不好士乎？』古桑曰：『鴻鵠高飛遠翔，其所恃者六翮也。背上之毛，腹下之毳，無尺寸之數，加之滿把，飛不能爲之益高。不知門下左右客千人者，六翮之用乎？將盡毛毳也？』」新序云晉平公，餘並同也。

〔三〕易曰：「我有好爵，吾與爾縻之。」

〔四〕尚書顧命曰：「赤刀、大訓、弘璧、琬琰在西序，大玉、夷玉、天球、河圖在東序。」周禮大宗伯曰：「天府掌祖廟之守藏，凡國之玉鎮大寶器藏焉。」

〔五〕謂日將夕，在桑榆間，言晚暮也。

〔六〕若珠翠之屬也。

〔七〕前書鄒陽曰：「蟠木根柢，輪囷離奇，而爲萬乘器者，左右爲之先容耳。」

〔八〕日月喻人君也。易曰：「懸象著明莫大乎日月，崇高莫大乎富貴。」

〔九〕禽息，秦大夫，薦百里奚而不見納。繆公出，當車以頭擊闑，腦乃播出，曰：「臣生無補於國，不如死也。」繆公感寤，而用百里奚，秦以大化。見韓詩外傳。

第五訪字仲謀，京兆長陵人，司空倫之族孫也。少孤貧，常傭耕以養兄嫂。有閑暇，則以學文。〔一〕仕郡爲功曹，察孝廉，補新都令。〔二〕政平化行，三年之閒，鄰縣歸之，戶口十倍。

〔一〕文謂道蓺者也。

〔二〕新都，縣，屬蜀郡，故城在今益州新都縣東。

遷張掖太守。歲飢，粟石數千，訪乃開倉賑給以救其敝。吏懼譴，〔一〕爭欲上言。訪曰：「若上須報，是弃民也。〔二〕太守樂以一身救百姓！」遂出穀賦人。順帝璽書嘉之。由是

一郡得全。歲餘，官民並豐，界無姦盜。

〔一〕譴，責也。

〔二〕上音時掌反。須，待也。

遷南陽太守，去官。拜護羌校尉，邊境服其威信。卒於官。

劉矩字叔方，沛國蕭人也。叔父光，順帝時爲司徒。矩少有高節，以（叔）父〔叔〕遼未得仕進，遂絕州郡之命。太尉朱寵、太傅桓焉嘉其志義，故叔遼以此爲諸公所辟，拜議郎，矩乃舉孝廉。

稍遷雍丘令，以禮讓化之，其無孝義者，皆感悟自革。民有爭訟，矩常引之於前，提耳訓告，〔一〕以爲忿恚可忍，縣官不可入，使歸更尋思。訟者感之，輒各罷去。其有路得遺者，皆推尋其主。在縣四年，以母憂去官。

〔一〕毛詩曰：「匪面命之，言提其耳。」

後太尉胡廣舉矩賢良方正，四遷爲尚書令。矩性亮直，不能諧附貴埶，以是失大將軍梁冀意，出爲常山相，以疾去官。時冀妻兄孫祉爲沛相，矩懼爲所害，不敢還鄉里，乃投彭

誠友人家。歲餘，寃意少悟，乃止。補從事中郎，復爲尚書令，遷宗正、太常。

延熹四年，代黃瓊爲太尉。瓊復爲司空，矩與瓊及司徒种暠同心輔政，號爲賢相。時運有災異，司隸校尉以劾三公。尚書朱穆上疏，稱矩等良輔，及言殷湯、高宗不罪臣下之義。〔一〕帝不省，竟以蠻夷反叛免。後復拜太中大夫。

〔一〕尚書湯誥曰：「余一人有罪，無以爾萬方。萬方有罪，在余一人。」尚書高宗誠傳說曰：「一夫不獲，則曰時予之辜。」

靈帝初，代周景爲太尉。矩再爲上公，所辟召皆名儒宿德。不與州郡交通。順辭默諫，〔一〕多見省用。復以日食免。因乞骸骨，卒於家。

〔一〕順辭，不忤旨。默諫，不顯揚也。

劉寵字祖榮，東萊牟平人，齊悼惠王之後也。〔一〕悼惠王子孝王將閭，將閭少子封牟平侯，子孫家焉。父丕，博學，號爲通儒。

〔一〕悼惠王肥，高祖子也。

寵少受父業，以明經舉孝廉，除東平陵令，〔一〕以仁惠爲吏民所愛。母疾，弃官去。百姓將送塞道，車不得進，乃輕服遁歸。

〔一〕東平陵，縣名，屬濟南郡也。

後四遷爲豫章太守，又三遷拜會稽太守。山民愿朴，乃有白首不入市井者，〔一〕頗爲官吏所擾。寵簡除煩苛，禁察非法，郡中大化。徵爲將作大匠。山陰縣有五六老叟，尨眉皓髮，〔二〕自若邪山谷閒出，〔三〕人齎百錢以送寵。寵勞之曰：「父老何自苦？」對曰：「山谷鄙生，未嘗識郡朝。它守時吏發求民閒，至夜不絕，或狗吠竟夕，民不得安。自明府下車以來，狗不夜吠，民不見吏。年老遭值聖明，今聞當見棄去，故自扶奉送。」寵曰：「吾政何能及公言邪？勤苦父老！」爲人選一大錢受之。

〔一〕愿，謹也。風俗通曰「俗說市井者，言至市（當）有所鬻賣，當於井上先濯，乃到市也。謹案春秋井田記，人年三十，受田百畝，以食五口。五口爲一戶，父母妻子也。公田十畝，廬舍五畝，成田一頃十五畝。八家而九頃二十畝，共爲一井。廬舍在內，貴人也。公田次之，重公也。私田在外，賤私也。井田之義，一曰無洩地氣，二曰無費一家，三曰同風俗，四曰合巧拙，五曰通財貨。因井爲市，交易而退，故稱市井」也。

〔二〕尨，雜也。老者眉雜白黑也。

〔三〕若邪，在今越州會稽縣東南也。

轉爲宗正、大鴻臚。延熹四年，代黃瓊爲司空，以陰霧愆陽免。頃之，拜將作大匠，復爲宗正。建寧元年，代王暢爲司空，頻遷司徒、太尉。二年，以日食策免，歸鄉里。

寵前後歷宰二郡，累登卿相，而（准）〔清〕約省素，家無貨積。嘗出京師，欲息亭舍，亭吏止之，曰：「整頓洒埽，以待劉公，不可得（也）〔止〕。」寵無言而去，時人稱其長者。以老病卒于家。

弟方，官至山陽太守。方有二子：岱字公山，繇字正禮。兄弟齊名稱。〔一〕

〔一〕吳志曰：「平原陶丘洪薦繇，欲令舉茂才。刺史曰：『前年舉公山，柰何復舉正禮？』洪曰：『若（使）明（使）君用公山於前，擢正禮於後，所謂御二龍於長塗，騁騏驥於千里，不亦可乎？』」

董卓入洛陽，岱從侍中出爲兗州刺史。虛己愛物，爲士人所附。初平三年，青州黃巾賊入兗州，殺任城相鄭遂，轉入東平。岱擊之，戰死。

興平中，繇爲楊州牧、振威將軍。時袁術據淮南，繇乃移居曲阿。值中國喪亂，士友多南奔，繇攜接收養，與同優劇，甚得名稱。袁術遣孫策攻破繇，因奔豫章，病卒。

仇覽字季智，一名香，陳留考城人也。〔一〕少爲書生淳默，鄉里無知者。年四十，縣召補吏，選爲蒲亭長。勸人生業，爲制科令，至於果菜爲限，雞豕有數，農事既畢，乃令子弟羣居，還就黌學。其剽輕游恣者，皆役以田桑，嚴設科罰。躬助喪事，賑恤窮寡。朞年稱大化。覽初到亭，人有陳元者，獨與母居，而母詣覽告元不孝。覽驚曰：「吾近日過舍，廬落整頓，〔二〕耕耘以時。此非惡人，當是教化未及至耳。母守寡養孤，苦身投老，柰何肆忿於一朝，欲致子以不義乎？」母聞感悔，涕泣而去。覽乃親到元家，與其母子飲，因爲陳人倫孝行，譬以禍福之言。元卒成孝子。〔三〕鄉邑爲之諺曰：「父母何在在我庭，化我鳲梟哺所生。」〔四〕

〔一〕續漢志：「考城故菑。」陳留風俗傳曰「章帝惡其名，改爲考城」也。

〔二〕廣雅曰：「落，居也。」案今人謂院爲落也。

〔三〕謝承書曰「覽爲縣陽遂亭長，好行教化。人羊元凶惡不孝，其母詣覽言元。覽呼元，誚責元以子道，與一卷孝經，使誦讀之。元深改悔，到母牀下，謝罪曰：『元少孤，爲母所驕。諺曰：「孤犢觸乳，驕子罵母。」乞今自改。』母子更相向泣，於是元遂修孝道，後成佳士」也。

〔四〕鳲梟即鴟梟也。

時考城令河內王渙，政尚嚴猛，聞覽以德化人，署爲主簿。謂覽曰：「主簿聞陳元之過，不罪而化之，得無少鷹鸇之志邪？」〔一〕覽曰：「以爲鷹鸇，不若鸞鳳。」渙謝遣曰：「枳棘非鸞鳳所棲，百里豈大賢之路？〔二〕今日太學曳長裾，飛名譽，皆主簿後耳。以一月奉爲資，

勉卒景行。」〔三〕

〔一〕左傳季孫行父曰：「見無禮於君者誅之，如鷹鸇之逐鳥雀。」

〔二〕時渙爲縣令，故自稱百里也。

〔三〕卒，終也。

覽入太學。時諸生同郡符融有高名，與覽比宇，賓客盈室。覽常自守，不與融言。融觀其容止，心獨奇之，乃謂曰：「與先生同郡壤，鄰房牖。今京師英雄四集，志士交結之秋，雖務經學，守之何固？」覽乃正色曰：「天子脩設太學，豈但使人游談其中！」高揖而去，不復與言。後融以告郭林宗，林宗因與融齎刺就房謁之，遂請留宿。林宗嗟歎，下牀爲拜。

覽學畢歸鄉里，州郡並請，皆以疾辭。雖在宴居，〔一〕必以禮自整。妻子有過，輒免冠自責。妻子庭謝，候覽冠，乃敢升堂。家人莫見喜怒聲色之異。後徵方正，遇疾而卒。

〔一〕宴，安也。論語曰：「子之宴居。」

三子皆有文史才，少子玄，最知名。

童恢字漢宗，〔一〕琅邪姑幕人也。〔二〕父仲玉，遭世凶荒，傾家賑卹，九族鄉里賴全者以百數。仲玉早卒。

〔一〕謝承書「童」作「僮」，「恢」作「种」也。

〔二〕姑幕故城在今密州莒縣東北也。

恢少仕州郡爲吏，司徒楊賜聞其執法廉平，乃辟之。及賜被劾當免，掾屬悉投刺去，恢獨詣闕爭之。及得理，掾屬悉歸府，恢杖策而逝。由是論者歸美。

復辟公府，除不其令。吏人有犯違禁法，輒隨方曉示。若吏稱其職，人行善事者，皆賜以酒肴之禮，以勸勵之。耕織種收，皆有條章。一境清靜，牢獄連年無囚。比縣流人歸化，徙居二萬餘戶。民嘗爲虎所害，乃設檻捕之，生獲二虎。恢聞而出，呪虎曰：「天生萬物，唯人爲貴。虎狼當食六畜，〔一〕而殘暴於人。王法殺人者死，傷人則論法。汝若是殺人者，當垂頭服罪；自知非者，當號呼稱冤。」一虎低頭閉目，狀如震懼，卽時殺之。其一視恢鳴吼，踴躍自奮，遂令放釋。吏人爲之歌頌。青州舉尤異，遷丹陽太守，暴疾而卒。

〔一〕杜預注左傳云：「六畜，馬牛羊豕犬雞也。」

弟翊字漢文，名高於恢，宰府先辟之。翊陽喑不肯仕，〔一〕及恢被命，乃就孝廉，除須昌長。化有異政，吏人生爲立碑。聞舉將喪，弃官歸。後舉茂才，不就。卒於家。

〔一〕喑，疾不能言也。

贊曰：政畏張急，〔一〕理善亨鮮。〔二〕推忠以及，衆瘼自蠲。〔三〕一夫得情，千室鳴弦。〔四〕懷我風愛，永載遺賢。〔五〕

〔一〕韓詩外傳曰：「水濁則魚喁，令苛則人亂。理國者譬若張琴然，大弦急則小絃絕矣。故急轡銜者，非千里之御也。」

〔二〕老子曰「理大國者若亨小鮮」也。

〔三〕推忠恕以及於人，則衆病自蠲除。

〔四〕一夫謂守長也。千室謂黎庶。言上得化下之情，則其下鳴弦而安樂也。

〔五〕沈約宋書載曄與其姪及甥書，論撰書之意曰：「吾觀史書，恆覺其不可解。既造後漢，轉得統緒。詳觀古今著述及評論，殆少可得意者。班氏最有高名，既任情無例，不可甲乙。博贍不可及之，整理未必愧也。吾雜傳論皆有精意深旨，至於循吏已下及六夷諸序論，筆勢縱放，實天下之奇作，其中合者，往往不減過秦篇。嘗比方班氏所作，非但不愧之而已。又欲因事發論，以正一代得失，意復未果。贊自是吾文之傑思，殆無一字空設。此書行，故應有賞音者。紀傳例爲舉其大略耳。諸細意甚多，自古體大而思精，未有此也。恐俗人不能盡之，多貴古賤今，所以稱情狂言耳。」

校勘記

二四五八頁五行　保伍人沒入爲官奴婢　按：汲本「伍」作「五」。

二四五八頁一〇行　又引杖擂郎朝廷竦慄　按：「擂」原譌「檑」，「慄」原譌「慓」，逕改正。

二四五九頁九行　又耒陽縣（山）〔出〕鐵石　據汲本、殿本改。

二四六二頁一五行　臣聞忠臣不私私臣不忠　按：兩「私」字通鑑皆作「和」。考異謂案高峻小史作「忠臣不和，和臣不忠」，意思爲長，又與上語相應，今從之。又按：御覽四二七引，兩「私」字並作「和」。

二四六三頁九行　又造立校官　按：汲本「造」作「遣」。

二四六三頁九行　自掾（吏）〔史〕子孫　據刊誤改。按：何焯校本「吏」改「史」。

二四六四頁四行　郡決曹史楊邑等　按：「楊」原譌「揚」，逕改正。

二四六五頁三行　遣景與王吳脩渠築隄　按：集解引惠棟說，謂「王吳」水經注作「王昊」。

二四六六頁四行　杜陵杜篤奏上論都〔賦〕　據刊誤補，與杜篤傳合。按：汲本、殿本「論」下衍「還」字。

二四六七頁一行　秦彭字伯平　按：集解引惠棟說，謂「伯平」東觀記作「國平」。

二四六七頁五行　〔開陽〕城南面東頭第一門也　據刊誤補。

二四六九頁二行　百姓市道莫不咨嗟　殿本「市」作「巿」。按：校補謂巿道猶言繞道，義亦可通。

二四六九頁一二行　本自益州廣漢蜀人　宋書樂志作「本自益州廣漢民」。按：沈家本謂章懷避「民」作「人」，衍「蜀」字。又謂此注所載歌辭不全，全篇宋書樂志載之。

二四六九頁一二行　少行（官）〔宦〕學　集解引惠棟說，謂「官」當作「宦」。按：宋志作「宦」，今據改。

二四七三頁九行　貧者餓死於道　按：「餓死」，原作「死餓」，各本同，御覽二百六十引作「餓死」，今乙正。

二四七三頁一三行　人所病苦及利益之（甚）〔事〕也　據汲本、殿本改。

二四七六頁五行　叔父光順帝時爲司徒　按：「司徒」乃「太尉」之譌。集解引錢大昕說，謂案順帝紀，永建二年七月，太常劉光爲太尉，四年八月免，未嘗爲司徒也。

二四七六頁五行　以（叔）父（叔）遼未得仕進　集解引錢大昕說，謂當云「父叔遼」，傳寫偶倒耳，見風俗通十反篇。李慈銘說同。今據改。

二四七六頁八行　以禮讓化之　刊誤謂「之」當作「人」。今按：化本治字，避唐諱改，謂以禮讓治之也，劉說未諦。

二四七六頁一三行　時冀妻兄孫祉　按：殿本「祉」作「祉」。集解引惠棟說，謂「祉」風俗通作「禮」。

二四七七頁五行　無以爾萬方　按：「爾」原譌「令」，逕據汲本、殿本改正。

二四七七頁一二行　父丕　按：集解引惠棟說，謂「丕」一作「本」。

二四七八頁五行　山谷鄙生未嘗識郡朝　按：袁宏紀作「山谷鄙老生未嘗到郡縣」。集解引王補說，謂通鑑從范書，無「老」字。按如范書，則「生」字句絶，袁紀則「生」字當屬下句讀。

二四七八頁九行　言至市（當）有所鬻賣　刊誤謂多一「當」字。按：詩陳風疏與御覽卷一九一、八二七引，皆無「當」字，今據删。

二四七九頁二行　而（淮）〔清〕約省素　據汲本改。

二四七九頁三行　整頓洒埽以待劉公不可得（也）〔止〕　校補引錢大昭說，謂「也」當從吳志注作「止」。今據改。按：吳志裴注引續漢書作「整頓傳舍，以待劉公，不可得止」。

二四七九頁六行　若（使）明〔使〕君用公山於前　集解引陳景雲說，謂「使明君」當作「明使君」，漢代人稱州將如此。今據改。按：吳志正作「明使君」。

二四七九頁一三行　選爲蒲亭長　按：殿本考證謂謝承書作「陽遂亭長」。

二四八〇頁二行　人有陳元者　按：集解引惠棟說，謂汝南先賢行狀作「孫元」。

二四八〇頁九行　人羊元凶惡不孝　按：殿本「羊」作「陳」。

二四八〇頁一三行　河內王渙　按：集解引錢大昕說，謂「渙」當作「奐」，河內武德人，非廣漢之王渙。

二四八一頁一三行　童恢　按：集解引惠棟說，謂案不其令董君闕，董字從廾從童，董與董通，恢蓋姓董也。又引汪文臺說，謂御覽九百二十二、事類賦注十九引謝承書作「董仲」，類聚九十九作「董种」。

二四八二頁二行　謝承書童作僮　按：汲本「僮」作「憧」。

二四八三頁八行　博瞻不可及之　按：「不可」原作「可不」，逕據宋書、南史乙正。

後漢書卷七十七

酷吏列傳第六十七

漢承戰國餘烈，多豪猾之民。其并兼者則陵橫邦邑，桀健者則雄張閭里。〔一〕且宰守曠遠，戶口殷大。〔二〕故臨民之職，專事威斷，族滅姦軌，先行後聞。〔三〕肆情剛烈，成其不橈之威。〔四〕違衆用己，表其難測之智。〔五〕至於重文橫入，爲窮怒之所遷及者，亦何可勝言。〔六〕故乃積骸滿穽，漂血十里。〔七〕致溫舒有虎冠之吏，〔八〕延年受屠伯之名，豈虛也哉！〔九〕若其揣挫彊埶，摧勒公卿，碎裂頭腦而不顧，亦爲壯也。〔一〇〕

〔一〕橫音胡孟反。張音知亮反。

〔二〕前書曰，成帝戶一千二百二十三萬三千六十，口五千九百五十九萬四千九百七十八，漢極盛矣。

〔三〕先行刑而後聞奏也。

〔四〕橈，屈也。前書甯成爲濟南都尉，而郅都爲守。始前數都尉，步入府，因吏謁守如縣令，其畏都如此。及成往，直陵都出其上。都素聞其聲，善遇之，與結驩。

〔五〕前書嚴延年爲河南太守，衆人所謂當死者一朝出之，所謂當生者詭殺之，吏人莫能測其用意深淺也。

〔六〕重猶深也。橫猶枉也。窮，極也。言遷怒於無罪之人。

〔七〕穽，阬也。前書尹賞守長安令，得一切以便宜從事。賞至，修理長安獄，穿地方深各數丈，名爲虎穴。乃部戶曹掾史，雜舉長安中輕薄少年惡子，無市籍商販作務，而鮮衣凶服者，得數百人，盡以次內穴中，覆以大石，皆相枕藉死。又王溫舒爲河內太守，捕郡中豪猾論報，流血十餘里也。

〔八〕王溫舒爲中尉，窮案姦猾，盡糜爛獄中。其爪牙吏，虎而冠者也。音義云「言其殘虐之甚」也。

〔九〕前書嚴延年爲河南太守，所誅殺血流數里。河南號曰「屠伯」，言若屠人之殺六畜也。

〔一〇〕前書濟南瞷氏，宗人三百餘家，豪猾，二千石莫能制。郅都爲濟南守，至則誅瞷氏首惡，郡中路不拾遺，都後竟坐斬。又趙廣漢爲京兆尹，侵犯貴戚大臣，將吏卒入丞相魏相府，召其夫人（跳）〔跪〕庭下受辭，責以殺婢事。司直蕭望之劾奏廣漢摧辱大臣，傷化不道，坐要斬。破碎頭腦言不避誅戮也。

自中興以後，科網稍密，吏人之嚴害者，方於前世省矣。而閹人親婭，侵虐天下。〔一〕至使陽球磔王甫之屍，張儉剖曹節之墓。若此之類，雖厭快衆憤，亦云酷矣！儉知名，故附黨人篇。〔二〕

〔一〕爾雅曰：「兩壻相謂曰婭。」

〔二〕劉淑、李膺等傳也。

董宣字少平，陳留圉人也。初爲司徒侯霸所辟，舉高第，累遷北海相。到官，以大姓公孫丹爲五官掾。丹新造居宅，而卜工以爲當有死者，丹乃令其子殺道行人，置屍舍內，以塞其咎。宣知，卽收丹父子殺之。丹宗族親黨三十餘人，操兵詣府，稱冤叫號。宣以丹前附王莽，慮交通海賊，乃悉收繫劇獄，〔一〕使門下書佐水丘岑盡殺之。〔二〕青州以其多濫，奏宣考岑，宣坐徵詣廷尉。在獄，晨夜諷誦，無憂色。及當出刑，官屬具饌送之，宣乃厲色曰：「董宣生平未曾食人之食，況死乎！」升車而去。時同刑九人，次應及宣，光武馳使騶騎特原宣刑，且令還獄。遣使者詰宣多殺無辜，宣具以狀對，言水丘岑受臣旨意，罪不由之，願殺臣活岑。使者以聞，有詔左轉宣懷令，令青州勿案岑罪。岑官至司隸校尉。

〔一〕劇縣之獄。

〔二〕姓水丘，名岑也。

後江夏有劇賊夏喜等寇亂郡境，以宣爲江夏太守。到界，移書曰：「朝廷以太守能禽姦賊，故辱斯任。今勒兵界首，檄到，幸思自安之宜。」喜等聞，懼，卽時降散。外戚陰氏爲郡都尉，宣輕慢之，坐免。

後特徵爲洛陽令。時湖陽公主蒼頭白日殺人，因匿主家，吏不能得。及主出行，而以

奴驂乘，宣於夏門亭候之，乃駐車叩馬，以刀畫地，大言數主之失，叱奴下車，因格殺之。主卽還宮訴帝，帝大怒，召宣，欲箠殺之。宣叩頭曰：「願乞一言而死。」帝曰：「欲何言？」宣曰：「陛下聖德中興，而縱奴殺良人，將何以理天下乎？臣不須箠，請得自殺。」卽以頭擊楹，流血被面。帝令小黃門持之，使宣叩頭謝主，宣不從，彊使頓之，宣兩手據地，終不肯俯。主曰：「文叔爲白衣時，臧亡匿死，吏不敢至門。今爲天子，威不能行一令乎？」帝笑曰：「天子不與白衣同。」因勑彊項令出。〔一〕賜錢三十萬，宣悉以班諸吏。由是搏擊豪彊，莫不震慄。京師號爲「臥虎」。歌之曰：「枹鼓不鳴董少平。」〔二〕

〔一〕謝承書曰：「勑令詣太官賜食。宣受詔出，飯盡，覆杯食机上。太官以狀聞。上問宣，宣對曰：『臣食不敢遺餘，如奉職不敢遺力。』」

〔二〕枹，擊鼓杖也，音浮，其字從木也。

在縣五年。年七十四，卒於官。詔遣使者臨視，唯見布被覆屍，妻子對哭，有大麥數斛、敝車一乘。〔一〕帝傷之，曰：「董宣廉絜，死乃知之！」以宣嘗爲二千石，賜艾綬，葬以大夫禮。拜子並爲郎中，後官至齊相。〔二〕

〔一〕謝承書曰「有白馬一匹，蘭輿一乘」也。

〔二〕諸本此下有說蔡茂事二十五字，亦有無者。案：茂自有傳也。

樊曄字仲華，南陽新野人也。與光武少游舊。建武初，徵爲侍御史，遷河東都尉，引見雲臺。初，光武微時，嘗以事拘於新野，曄爲市吏，餽餌一笥，〔一〕帝德之不忘，仍賜曄御食，及乘輿服物。因戲之曰：「一笥餌得都尉，何如？」曄頓首辭謝。及至郡，誅討大姓馬適匡等。〔二〕盜賊清，吏人畏之。數年，遷楊州牧，教民耕田種樹理家之術。視事十餘年，坐法左轉軹長。〔三〕

〔一〕蒼頡篇曰：「餽，饟也。」說文曰：「餌，餅也。笥，竹器也。」

〔二〕馬適，姓也。前書有馬適建。俗本「匡」上有「王」字者，誤也。

〔三〕軹，縣，屬河（南）〔內〕郡，故城在今洛州濟源縣東南也。

隗囂滅後，隴右不安，乃拜曄爲天水太守。政嚴猛，好申韓法，〔一〕善惡立斷。人有犯其禁者，率不生出獄，吏人及羌胡畏之。道不拾遺。行旅至夜，聚衣裝道傍，曰「以付樊公」。涼州爲之歌曰：「游子常苦貧，力子天所富。〔二〕寧見乳虎穴，〔三〕不入冀府寺。〔四〕大笑期必死，忿怒或見置。嗟我樊府君，安可再遭值！」視事十四年，卒官。

〔一〕申不害、韓非之法也。

〔二〕勤力之子。

〔三〕乳，產也。猛獸產乳護其子，則搏噬過常，故以喻也。諸本「穴」字或作「六」，誤也。

〔四〕冀，天水縣也。

永平中，顯宗追思曄在天水時政能，以爲後人莫之及，詔賜家錢百萬。子融，有俊才，好黃老，不肯爲吏。

李章字第公，河內懷人也。五世二千石。章習嚴氏春秋，〔一〕經明教授，歷州郡吏。光武爲大司馬，平定河北，召章置東曹屬，數從征伐。

〔一〕宣帝時博士嚴彭祖也。

光武卽位，拜陽平令。〔一〕時趙、魏豪右往往屯聚，清河大姓趙綱遂於縣界起塢壁，繕甲兵，爲在所害。章到，乃設饗會，而延謁綱。綱帶文劍，被羽衣，〔二〕從士百餘人來到。章與對讌飲，有頃，手劒斬綱，伏兵亦悉殺其從者，因馳詣塢壁，掩擊破之，吏人遂安。

〔一〕陽平，縣，屬東郡，故城今魏州莘縣也。

〔二〕緝鳥羽以爲衣也。前書欒大爲五利將軍，服羽衣也。

遷千乘太守，坐誅斬盜賊過濫，徵下獄免。歲中拜侍御史，出爲琅邪太守。時北海安丘大姓夏長思等反，遂囚太守處興，〔一〕而據營陵城。〔二〕章聞，卽發兵千人，馳往擊之。掾（吏）〔史〕止章曰：「二千石行不得出界，兵不得擅發。」〔三〕章按劍怒曰：「逆虜無狀，囚劫郡守，此何可忍！若坐討賊而死，吾不恨也。」遂引兵安丘城下，募勇敢燒城門，與長思戰，斬之，獲三百餘級，得牛馬五百餘頭而還。興歸郡，以狀上帝，悉以所得班勞吏士。後坐度人田不實徵，以章有功，但司寇論。月餘免刑歸。復徵，會病卒。

〔一〕風俗通曰：「史記趙有辯士處子，故有處姓也。」

〔二〕營陵，縣，屬北海郡也。

〔三〕前書杜欽奏記王鳳曰「二千石守千里之地，任兵馬之重，不宜去郡」也。

周紆字文通，下邳徐人也。爲人刻削少恩，好韓非之術。少爲廷尉史。

永平中，補南行唐長。到官，曉吏人曰：「朝廷不以長不肖，使牧黎民，而性讎猾吏，志除豪賊，且勿相試！」遂殺縣中尤無狀者數十人，吏人大震。遷博平令。〔一〕收考姦臧，無出獄者。以威名遷齊相，亦頗嚴酷，專任刑法，而善爲辭案條教，〔二〕爲州內所則。後坐殺無、

辜，復左轉博平令。

〔一〕博平，縣，故城在今博州博平縣東也。

〔二〕辭案猶今案牘也。

建初中，爲勃海太守。每赦令到郡，輒隱閉不出，先遣使屬縣盡決刑罪，乃出詔書。坐徵詣廷尉，免歸。

紆廉絜無資，常筴擊以自給。肅宗聞而憐之，復以爲郎，再遷召陵侯相。廷掾憚紆嚴明，欲損其威，〔一〕乃晨取死人斷手足，立寺門。紆聞，便往至死人邊，若與死人共語狀。陰察視口眼有稻芒，乃密問守門人曰：「悉誰載藁入城者？」〔二〕門者對：「唯有廷掾耳。」又問鈴下：〔三〕「外頗有疑令與死人語者不？」對曰：「廷掾疑君。」乃收廷掾考問，具服「不殺人，取道邊死人」。後人莫敢欺者。

〔一〕續漢志每郡有五官掾，縣爲廷掾也。

〔二〕悉猶知也。

〔三〕漢官儀曰：「鈴下、侍閤、辟車，此皆以名自定者也。」

徵拜洛陽令。下車，先問大姓主名，吏數閭里豪彊以對。紆厲聲怒曰：「本問貴戚若馬、竇等輩，豈能知此賣菜傭乎？」於是部吏望風旨，爭以激切爲事。貴戚跼蹐，京師肅清。皇后弟黃門郎竇篤從宮中歸，夜至止姦亭，亭長霍延遮止篤，篤蒼頭與爭，延遂拔劍擬篤，而肆詈恣口。篤以表聞。詔召司隸校尉、河南尹詣尚書譴問，遣劍戟士收紆送廷尉詔獄。數日貰出。〔一〕帝知紆奉法疾姦，不事貴戚，然苛慘失中，〔二〕數爲有司所奏，八年，遂免官。

〔一〕貰，赦也，音市夜反。

〔二〕慘，虐也。

後爲御史中丞。和帝卽位，太傅鄧彪奏紆在任過酷，不宜典司京輦。〔一〕免歸田里。後竇氏貴盛，篤兄弟秉權，睚眦宿怨，無不僵仆。〔二〕紆自謂無全，乃柴門自守，以待其禍。然篤等以紆公正，而怨隙有素，遂不敢害。

〔一〕漢官儀曰：「御史中丞，外督部刺史，內領侍御史，糾察百司。」故云典司京輦。

〔二〕僵，偃也。仆，踣也。

永元五年，復徵爲御史中丞。諸竇雖誅，而夏陽侯瓌猶尚在朝。紆疾之，乃上疏曰：「臣聞臧文仲之事君也，見有禮於君者，事之如孝子之養父母；見無禮於君者，誅之如鷹鸇之逐鳥雀。〔一〕案夏陽侯瓌，本出輕薄，志在邪僻，學無經術，而妄搆講舍，外招儒徒，實會姦桀。輕忽天威，侮慢王室，又造作巡狩封禪之書，惑衆不道，當伏誅戮，而主者營私，不爲國計。夫涓流雖寡，浸成江河；爝火雖微，卒能燎野。〔二〕履霜有漸，可不懲革？〔三〕宜尋

呂產專竊之亂，〔四〕永惟王莽篡逆之禍，上安社稷之計，下解萬夫之惑。」會瓌歸國，紆還司隸校尉。

〔一〕左氏傳季孫行父稱臧文仲教行父事君之辭也。

〔二〕莊子曰：「日月出矣，而爝火不息。」爝火，小火也。

〔三〕易曰：「履霜堅冰至，其所由來者漸矣。」

〔四〕呂產，呂太后之兄子，封爲梁王，太后崩，與弟祿作亂也。

六年夏旱，車駕自幸洛陽錄囚徒，二人被掠生蟲，坐左轉騎都尉。七年，遷將作大匠。九年，卒於官。

黃昌字聖眞，會稽餘姚人也。〔一〕本出孤微。居近學官，數見諸生修庠序之禮，因好之，遂就經學。又曉習文法，仕郡爲決曹。〔二〕刺史行部，見昌，甚奇之，辟從事。

〔一〕餘姚，今越州縣也。

〔二〕續漢志曰：「決曹主罪法事。」

後拜宛令，政尚嚴猛，好發姦伏。人有盜其車蓋者，昌初無所言，後乃密遣親客至門下賊曹家掩取得之，〔一〕悉收其家，一時殺戮。大姓戰懼，皆稱神明。

〔二〕續漢志曰：「賊曹主盜賊事。」

朝廷舉能，遷蜀郡太守。先太守李根年老多悖政，〔一〕百姓侵冤。及昌到，吏人訟者七百餘人，悉爲斷理，莫不得所。密捕盜帥一人，脅使條諸縣彊暴之人姓名居處，乃分遣掩討，無有遺脫。宿惡大姦，皆奔走它境。

〔一〕悖，亂也。

初，昌爲州書佐，其婦歸寧於家，遇賊被獲，遂流轉入蜀爲人妻。其子犯事，乃詣昌自訟。昌疑母不類蜀人，因問所由。對曰：「妾本會稽餘姚戴次公女，州書佐黃昌妻也。妾嘗歸家，爲賊所略，遂至於此。」昌驚，呼前謂曰：「何以識黃昌邪？」對曰：「昌左足心有黑子，常自言當爲二千石。」〔一〕昌乃出足示之。因相持悲泣，還爲夫婦。

〔一〕相書曰：「足心有黑子者二千石。」

視事四年，徵，再遷陳相。縣人彭氏舊豪縱，造起大舍，高樓臨道。昌每出行縣，彭氏婦人輒升樓而觀。昌不喜，遂勑收付獄，案殺之。

又遷爲河內太守，又再遷潁川太守。永和五年，徵拜將作大匠。漢安元年，進補大司農，左轉太中大夫，卒於官。

陽球字方正，漁陽泉州人也。〔一〕家世大姓冠蓋。球能擊劒，習弓馬。性嚴厲，好申韓之學。郡吏有辱其母者，球結少年數十人，殺吏，滅其家，由是知名。初舉孝廉，補尚書侍郎，閑達故事，其章奏處議，〔二〕常爲臺閣所崇信。出爲高唐令，以嚴苛過理，郡守收舉，〔三〕會赦見原。

〔一〕泉州故城在今幽州雍奴縣南也。

〔二〕處，斷也。

〔三〕收繫舉劾之也。

辟司徒劉寵府，舉高第。九江山賊起，連月不解。三府上球有理姦才，拜九江太守。球到，設方略，凶賊殄破，收郡中姦吏盡殺之。

遷平原相。出教曰：「相前莅高唐，志埽姦鄙，遂爲貴郡所見枉舉。昔桓公釋管仲射鉤之讎，高祖赦季布逃亡之罪。雖以不德，敢忘前義。況君臣分定，而可懷宿昔哉！今一蠲往愆，期諸來效。若受教之後而不改姦狀者，不得復有所容矣。」郡中咸畏服焉。時天下大旱，司空張顥條奏長吏苛酷貪汙者，皆罷免之。球坐嚴苦，徵詣廷尉，當免官。靈帝以球九江時有功，拜議郎。

遷將作大匠，坐事論。頃之，拜尚書令。奏罷鴻都文學，曰：「伏承有詔勑中尚方爲鴻都文學樂松、江覽等三十二人圖象立贊，以勸學者。臣聞傳曰：『君舉必書。書而不法，後嗣何觀！』〔一〕案松、覽等皆出於微蔑，斗筲小人，依憑世戚，附託權豪，俛眉承睫，徼進明時。或獻賦一篇，或鳥篆盈簡，〔二〕而位升郎中，形圖丹青。亦有筆不點牘，辭不辯心，假手請字，妖僞百品，莫不被蒙殊恩，蟬蛻滓濁。〔三〕是以有識掩口，天下嗟歎。臣聞圖象之設，以昭勸戒，欲令人君動鑒得失。未聞豎子小人，詐作文頌，而可妄竊天官，垂象圖素者也。今太學、東觀足以宣明聖化。願罷鴻都之選，以消天下之謗。」書奏不省。

〔一〕左傳曹（翽）〔劌〕諫魯莊公之辭也。

〔二〕八體書有鳥篆，象形以爲字也。

〔三〕說文曰：「蛻，蟬蛇所解皮也。」蛻音式銳反。楚詞曰：「濟江海兮蟬蛻。」或音它外反。

時中常侍王甫、曹節等姦虐弄權，扇動外內，球嘗拊髀發憤曰：「若陽球作司隸，此曹子安得容乎？」光和二年，遷爲司隸校尉。王甫休沐里舍，球詣闕謝恩，奏收甫及中常侍淳于登、袁赦、封䫻、〔一〕中黃門劉毅、小黃門龐訓、朱禹、齊盛等，及子弟爲守令者，姦猾縱恣，罪合滅族。太尉段熲諂附佞倖，宜並誅戮。於是悉收甫、熲等送洛陽獄，及甫子永樂少府萌、沛相吉。球自臨考甫等，五毒備極。萌謂球曰：「父子既當伏誅，少以楚毒假借老父。」

球曰：「若罪惡無狀，〔二〕死不滅責，乃欲求假借邪？」萌乃罵曰：「爾前奉事吾父子如奴，奴敢反汝主乎！今日困吾，行自及也！」球使以土窒萌口，箠朴交至，父子悉死杖下。熲亦自殺。乃僵磔甫尸於夏城門，大署牓曰「賊臣王甫」。盡沒入財產，妻子皆徙比景。

〔一〕䫻音吐壼反。

〔二〕若，汝也。

球既誅甫，復欲以次表曹節等，乃勑中都官從事曰：「且先去大猾，當次案豪右。」權門聞之，莫不屏氣。諸奢飾之物，皆各緘縢，不敢陳設。〔一〕京師畏震。

〔一〕說文曰：「緘，束篋也。」孔安國注尚書曰：「縢，緘也。」

時順帝虞貴人葬，百官會喪還，曹節見磔甫尸道次，慨然抆淚曰：「〔一〕我曹自可相食，何宜使犬舐其汁乎？」語諸常侍，今且俱入，勿過里舍也。節直入省，白帝曰：「陽球故酷暴吏，前三府奏當免官，以九江微功，復見擢用。愆過之人，好爲妄作，不宜使在司隸，以騁毒虐。」帝乃徙球爲衞尉。時球出謁陵，節勑尚書令召拜，不得稽留尺一。球被召急，因求見帝，叩頭曰：「臣無清高之行，橫蒙鷹犬之任。前雖糾誅王甫、段熲，蓋簡落狐狸，未足宣示天下。願假臣一月，必令豺狼鴟梟，各服其辜。」叩頭流血。殿上呵叱曰：「衞尉扞詔邪！」至於再三，乃受拜。

〔一〕抆，拭也，音亡粉反。

其冬，司徒劉郃與球議收案張讓、曹節，節等知之，共誣白郃等。語已見陳球傳。遂收球送洛陽獄，誅死，妻子徙邊。

王吉者，陳留浚儀人，中常侍甫之養子也。甫在宦者傳。吉少好誦讀書傳，喜名聲，而性殘忍。以父秉權寵，年二十餘，爲沛相。曉達政事，能斷察疑獄，發起姦伏，多出衆議。課使郡內各舉姦吏豪人諸常有微過酒肉爲臧者，雖數十年猶加貶棄，注其名籍。專選剽悍吏，擊斷非法。若有生子不養，卽斬其父母，合土棘埋之。凡殺人皆磔屍車上，隨其罪目，宣示屬縣。〔一〕夏月腐爛，則以繩連其骨，周徧一郡乃止，見者駭懼。視事五年，凡殺萬餘人。其餘慘毒刺刻，不可勝數。郡中惴恐，〔二〕莫敢自保。及陽球奏甫，乃就收執，死於洛陽獄。

〔一〕目，罪名也。

〔二〕惴，懼也，音之瑞反。

論曰：古者敦厖，善惡易分。〔一〕至於畫衣冠，異服色，而莫之犯。〔二〕叔世偷薄，〔三〕上下相蒙，〔四〕德義不足以相洽，化導不能以懲違，遂乃嚴刑痛殺，隨而繩之，致刻深之吏，以暴理姦，倚疾邪之公直，濟忍苛之虐情。漢世所謂酷能者，蓋有聞也。皆以敢捍精敏，巧附文理，風行霜烈，威譽諠赫。與夫斷斷守道之吏，何工否之殊乎！〔五〕故嚴君蚩黃霸之術，〔六〕密人笑卓茂之政，〔七〕猛旣窮矣，而猶或未勝。然朱邑不以笞辱加物，〔八〕袁安未嘗鞫人臧罪，〔九〕而猾惡自禁，人不欺犯。何者？以爲威辟旣用，而苟免之行興；〔一〇〕仁信道孚，故感被之情著。〔一一〕苟免者威隙則姦起，感被者人亡而思存。〔一二〕由一邦以言天下，則刑訟繁措，可得而求乎！

〔一〕左傳申叔時曰：「人生敦厖，和同以聽。」杜預注云：「敦厖，厚大也。」

〔二〕白虎通曰：「畫象者，其衣服象五刑也。犯墨者蒙巾，犯劓者以赭著其衣，犯髕者以墨蒙其髕處而畫之，犯宮者雜屝，犯大辟者布衣無領。」墨，黥面也。

〔三〕左傳曰：「叔向曰：『三辟之興，皆叔世也。』」叔代猶末代也。偷，苟且也。本或作「渝」。渝，變也。

〔四〕左傳介之推曰：「下義其罪，上賞其姦，上下相蒙，難與處矣。」蒙，欺也。

〔五〕尚書曰：「如有一介臣，斷斷猗。」孔安國注云：「斷斷猗然專一之臣也。」

〔六〕前書嚴延年爲河南太守，嚴刑峻罰。時黃霸爲潁川太守，以寬恕爲化，郡中亦平，屢蒙豐年，鳳皇屢集。上下詔稱揚其行，加金爵之賞。延年素輕霸爲人，及比郡爲守，褒賞反在己前，心內不服。河南界中又有蝗，府丞狐義出行蝗，還見延年。延年曰：「此蝗豈鳳皇食邪？」

〔七〕漢傳曰：「初茂到縣，有所廢置，吏人笑之。」

〔八〕前書曰：「朱邑以愛利爲行，未嘗笞辱人。」

〔九〕安傳曰「安爲河南尹，政號嚴明，然未曾以臧罪鞫人」也。

〔一〇〕辟，法也，音頻亦反。

〔一一〕左傳曰：「小信未孚。」杜預注云：「孚，大信也。」此言仁信之道，大信於人。

〔一二〕若子產卒，仲尼聞之，曰「古之遺愛也」。

贊曰：大道旣往，刑禮爲薄。〔一〕斯人散矣，機詐萌作。〔二〕去殺由仁，濟寬非虐。〔三〕末暴雖勝，崇本或略。〔四〕

〔一〕老子曰：「大道廢，有仁義。」又曰：「禮者，忠信之薄而亂之始。」

〔二〕論語曾子曰「上失其道，人散久矣，如得其情，則哀矜而勿喜」也。

〔三〕論語曰：「善人爲邦百年，亦可以勝殘去殺。」此言用仁德化人，人知禮節，可以無殺戮也。左傳曰：「寬以濟猛，猛以濟寬。」言政寬則人慢，故須以猛濟之，非故爲暴虐也。

〔四〕春秋繁露曰：「君者，國之本也。夫爲國（本），其化莫大於崇本。崇本則君化若神，不崇本則無以兼人。」此言酷暴爲政化之末，雖得勝殘，而崇本之道尙爲略也。

校勘記

二四八八頁九行　召其夫人（跣）〔跪〕庭下受辭　據汲本改。

二四八八頁一三行　張儉剖曹節之墓　按：集解引何焯說，謂以黨錮、宦者二傳參考，乃侯覽，非曹節也，所當刊正。

二四九〇頁八行　覆杯食机上　按：「杯」原譌「柸」，逕改正。

二四九一頁四行　遷楊州牧　按：「楊」原作「揚」，各本同。以前後皆作「楊」，逕改。

二四九一頁八行　軹縣屬河（南）〔內〕郡　據集解引洪亮吉說改。

二四九一頁一一行　寧見乳虎穴　按：校補謂「見」或「覓」之譌。

二四九一頁一一行　不入冀府寺　按：集解引惠棟說，謂「府」一作「城」。

二四九二頁六行　李章字第公　「第」原作「弟」，逕據汲本、殿本改。按：弟第古通作。

二四九三頁二行　掾（吏）〔史〕止章　據刊誤改。

二四九七頁一三行　又遷爲河內太守又再遷潁川太守　按：刊誤謂案文多二「又」字。

二四九八頁一〇行　遷平原相　按：校補引柳從辰說，謂袁紀作「甘陵相」。

二四九八頁一三行　司空張顥　按：集解引惠棟說，謂考異云案顥光和元年爲太尉，未嘗爲司空。

二四九九頁八行　曹（翻）〔詡〕諫魯莊公之辭也　據殿本改。

二四九九頁三行　朱禹　按：殿本考證謂何焯校本「禹」改「瑀」。

二四九九頁一四行　太尉段熲　按：「段」原誤「叚」，逕改正。下同。

二五〇〇頁一行　乃欲求假借邪　按：集解引王補說，謂此句通鑑「乃欲」下多「論先後」三字。

二五〇〇頁一三行　簡落狐狸　按：集解引王補說，謂袁紀作「狐狸小醜」。

二五〇二頁一〇行　白武通曰　按：汲本、殿本「武」作「虎」，此避唐諱而未回改也。

二五〇三頁一四行　夫爲國（本）其化莫大於崇本　據刊誤刪。

後漢書卷七十八

宦者列傳第六十八

易曰：「天垂象，聖人則之。」〔一〕宦者四星，在皇位之側，故周禮置官，亦備其數。閽者守中門之禁，〔二〕寺人掌女宮之戒。〔三〕又云「王之正內者五人」。〔四〕月令：「仲冬，命閹尹審門閭，謹房室。」〔五〕詩之小雅，亦有巷伯刺讒之篇。〔六〕然宦人之在王朝者，其來舊矣。將以其體非全氣，情志專良，通關中人，易以役養乎？〔七〕然而後世因之，才任稍廣。其能者，則勃貂、管蘇有功於楚、晉，〔八〕景監、繆賢著庸於秦、趙。〔九〕及其敝也，則豎刁亂齊，伊戾禍宋。〔一〇〕

〔一〕易繫辭之文也。

〔二〕周禮曰：「閽人掌守王宮中門之禁。」鄭玄注云：「中門，於外內爲中也。閽即刖足者。」

〔三〕周禮曰：「寺人掌王宮之內人及女宮之戒命」也。

〔四〕周禮曰：「寺人掌王之正內五人。」注云：「正內，路寢也。」

〔五〕鄭玄注月令云：「奄尹，主領奄豎之官者也。於周（禮）則爲內宰，掌理王之內政、宮令，譏出入開閉之屬也。」

〔六〕毛詩序曰：「巷伯，刺幽王也。寺人傷於讒，而作是詩也。」毛萇注云：「巷伯，內之小臣也。」

〔七〕關，涉也。中人，內人也。

〔八〕勃貂即寺人披也。一名勃鞮，字伯楚。左傳曰，呂、郤畏偪，將焚公宮，殺晉文公。寺人披見公，以難告，遂殺呂、郤。新序曰：「楚恭王有疾，告諸大夫曰：『管蘇犯我以義，違我以禮，與處不安，不見不思，然而有得焉，吾死之後，爵之於朝』」也。

〔九〕史記曰，商君入秦，因孝公寵臣景監以求見。又曰，藺相如爲趙宦者令繆賢舍人，趙求人使報秦者，未得，繆賢曰：「臣舍人藺相如可使也。」著庸謂薦鞅及相如也。

〔一〇〕左傳曰，齊桓公卒，易牙入，與寺人貂因內寵以殺羣吏而立公子無虧，孝公奔宋。杜預注曰：「寺人即閹官。」「刁」即「貂」也，音彫。又曰，楚客聘于晉，過宋，太子知之，請野享之，公使往。寺人伊戾請從之。至則坎用牲，加書徵之，而馳告公曰：「太子將爲亂。」公使視之，則信有焉。太子死，公徐聞其無罪，乃亨伊戾也。

漢興，仍襲秦制，置中常侍官。然亦引用士人，以參其選，皆銀璫左貂，給事殿省。及高后稱制，乃以張卿爲大謁者，出入臥內，受宣詔命。〔一〕文帝時，有趙談、北宮伯子，頗見親倖。至於孝武，亦愛李延年。〔二〕帝數宴後庭，或潛游離館，故請奏機事，多以宦人主之。至元帝之世，史游爲黃門令，勤心納忠，有所補益。〔三〕其後弘恭、石顯以佞險自進，卒有蕭、周之禍，損穢帝德焉。〔四〕

〔一〕前書曰，齊人田生求事呂后所幸大謁者張釋卿。晉灼曰：「奄人也。」仲長統昌言曰：「宦豎傅近房臥之內，交錯婦人之間。」
〔二〕前書曰，孝文時宦者則趙談、北宮伯子，孝武時宦者李延年也。
〔三〕前書曰，急就一篇，元帝黃門令史游作。董巴輿服志曰「禁門曰黃闥，中人主之，故曰黃門」也。
〔四〕前書曰，前將軍蕭望之及光祿大夫周堪建白，以爲宜罷中常侍官，應古不近刑人，由是大與石顯忤，後皆害焉。望之自殺，堪廢錮不得復進用也。

中興之初，宦官悉用閹人，不復雜調它士。至永平中，始置員數，中常侍四人，小黃門十人。和帝即祚幼弱，而竇憲兄弟專總權威，內外臣僚，莫由親接，所與居者，唯閹宦而已。故鄭衆得專謀禁中，終除大憝，〔一〕遂享分土之封，超登宮卿之位。〔二〕於是中官始盛焉。

〔一〕憝，惡也，音大對反。謂誅竇憲也。
〔二〕宮卿謂爲大長秋也。

自明帝以後，迄乎延平，委用漸大，而其員稍增，中常侍至有十人，小黃門二十人，改以金璫右貂，兼領卿署之職。鄧后以女主臨政，而萬機殷遠，朝臣國議，無由參斷帷幄，稱制下令，不出房闈之閒，〔一〕不得不委用刑人，寄之國命。手握王爵，口含天憲，非復掖廷永巷之職，閨牖房闥之任也。〔二〕其後孫程定立順之功，曹騰參建桓之策，續以五侯合謀，梁冀

受鉞，迹因公正，恩固主心，故中外服從，上下屏氣。或稱伊、霍之勳，無謝於往載；或謂良、平之畫，復興於當今。雖時有忠公，而竟見排斥。〔三〕舉動回山海，呼吸變霜露。阿旨曲求，則光寵三族；〔四〕直情忤意，則參夷五宗。〔五〕漢之綱紀大亂矣。

〔一〕爾雅曰「宮中（小）〔之〕門謂之闈」也。
〔二〕永巷及掖廷，並署名也。爾雅曰：「小閨謂之閤。」
〔三〕謂皇甫嵩、蔡雍等並被排也。
〔四〕父族、母族、妻族也。
〔五〕夷，滅也。參夷，夷三族也。五宗，五服內親故也。

若夫高冠長劍，紆朱懷金者，布滿宮闈；〔一〕苴茅分虎，南面臣人者，蓋以十數。〔二〕府署第館，棊列於都鄙；〔三〕子弟支附，過半於州國。南金、和寶、冰紈、霧縠之積，盈仞珍藏；〔四〕嬙媛、侍兒、歌童、舞女之玩，充備綺室。〔五〕狗馬飾雕文，土木被緹繡。〔六〕皆剝割萌黎，競恣奢欲。搆害明賢，專樹黨類。其有更相援引，希附權彊者，皆腐身熏子，以自衒達。〔七〕同敝相濟，故其徒有繁，敗國蠹政之事，不可單書。〔八〕所以海內嗟毒，志士窮棲，寇劇緣閒，搖亂區夏。〔九〕雖忠良懷憤，時或奮發，而言出禍從，旋見孥戮。因復大考鉤黨，轉相誣染。〔一〇〕凡稱善士，莫不離被災毒。竇武、何進，位崇戚近，乘九服之囂怨，協羣英之埶力，〔一一〕而以疑留不斷，至於殄敗。斯亦運之極乎！雖袁紹龔行，芟夷無餘，然以暴易亂，亦何云及！〔一二〕自曹騰說梁冀，竟立昏弱。〔一三〕魏武因之，遂遷龜鼎。〔一四〕所謂「君以此始，必以此終」，信乎其然矣！〔一五〕

〔一〕楚辭曰：「高余冠之岌岌。」又曰：「撫長劍兮玉珥。」楊雄法言曰：「或問使我紆朱懷金，其樂不可量也。」李軌注曰：「朱，朱紱也。金，金印也。」
〔二〕封諸侯各以其方色土，苴以白茅，而分銅虎符也。
〔三〕棊列，如棊之布列。史記曰：「往往棊置。」
〔四〕詩頌曰：「大路南金。」鄭玄注云：「荆、楊之州，貢金三品。」和謂卞和也。
〔五〕左傳曰：「夫差宿有妃嬙嬪御焉。」杜預注曰：「妃嬙，貴者。」嬙音牆。前書曰：「初，爰盎爲吳相時，從史盜私盎侍兒。」昌言曰：「爲音樂則歌兒舞女，千曹而迭起。」左傳晏子曰：「高臺深池，撞鍾舞女。」綺室，室之綺麗者。
〔六〕前書東方朔曰：「土木衣綺繡，狗馬被繢罽。」緹，厚繒也。
〔七〕前書曰：「史遷熏胥以刑。」韋昭曰：「古者腐刑必熏合之。」
〔八〕單，盡也。
〔九〕寇盜劇賊緣閒隙而起也。
〔一〇〕鉤黨謂李膺、杜密等。
〔一一〕九服已見上。羣英謂劉猛、朱寓之屬，見竇武傳。

〔一二〕尚書曰：「龔行天罰。」左傳曰：「芟夷蘊崇之。」史記曰「以暴易亂兮，不知其非」也。
〔一三〕謂立桓帝也。
〔一四〕龜鼎，國之守器，以諭帝位也。尚書曰：「寧王遺我大寶龜。」左傳曰「鼎遷于商」也。
〔一五〕此謂宦官也。言漢家初寵用宦官，其後終爲宦官所滅。左傳楚屈瑕曰「君以此始，必以此終」也。

鄭衆字季產，南陽犨人也。爲人謹敏有心幾。永平中，初給事太子家。肅宗即位，拜小黃門，遷中常侍。和帝初，加位鉤盾令。時竇太后秉政，后兄大將軍憲等並竊威權，朝臣上下莫不附之，而衆獨一心王室，不事豪黨，帝親信焉。及憲兄弟圖作不軌，衆遂首謀誅之，以功遷大長秋。策勳班賞，每辭多受少。由是常與議事。〔一〕中官用權，自衆始焉。

〔一〕與音預。

十四年，帝念衆功美，封爲鄛鄉侯，食邑千五百戶。〔一〕永初元年，和熹皇后益封三百戶。

〔一〕鄛音士交反。說文曰：「南（鄛）〔陽〕棘陽縣有鄛鄉。」

元初元年卒，養子閎嗣。閎卒，子安嗣。後國絕。桓帝延熹二年，紹封衆曾孫石讎爲關內侯。

蔡倫字敬仲，桂陽人也。以永平末始給事宮掖，建初中，爲小黃門。及和帝卽位，轉中常侍，豫參帷幄。

倫有才學，盡心敦慎，數犯嚴顏，匡弼得失。每至休沐，輒閉門絕賓，暴體田野。後加位尚方令。永元九年，監作祕劍及諸器械，莫不精工堅密，爲後世法。

自古書契多編以竹簡，其用縑帛者謂之爲紙。縑貴而簡重，並不便於人。倫乃造意，用樹膚、麻頭及敝布、魚網以爲紙。元興元年奏上之，帝善其能，自是莫不從用焉，故天下咸稱「蔡侯紙」。〔一〕

〔一〕湘州記曰：「耒陽縣北有漢黃門蔡倫宅，宅西有一石臼，云是倫舂紙臼也。」

元初元年，鄧太后以倫久宿衞，封爲龍亭侯，〔一〕邑三百戶。後爲長樂太僕。四年，帝以經傳之文多不正定，乃選通儒謁者劉珍及博士良史詣東觀，各讎校（漢）家法，令倫監典其事。

〔一〕龍亭，縣，故城在今洋州興勢縣東，明月池在其側。

倫初受竇后諷旨，誣陷安帝祖母宋貴人。及太后崩，安帝始親萬機，勑使自致廷尉。倫恥受辱，乃沐浴整衣冠，飲藥而死。國除。

孫程字稚卿，涿郡新城人也。〔一〕安帝時，爲中黃門，給事長樂宮。

〔一〕東觀記曰：「北新城人，衞康叔之胄孫林父之後。」東觀自此已下十九人，與程同功者皆敍其所承本系。蓋當時史官懼程等威權，故曲爲文飾。

時鄧太后臨朝，帝不親政事。小黃門李閏與帝乳母王聖常共譖太后兄執金吾悝等，言欲廢帝，立平原王（德）〔翼〕，帝每忿懼。及太后崩，遂誅鄧氏而廢平原王，封閏雍鄉侯；又小黃門江京以讒諂進，初迎帝於邸，以功封都鄉侯，食邑各三百戶。閏、京並遷中常侍，江京兼大長秋，與中常侍樊豐、黃門令劉安、鉤盾令陳達及王聖、聖女伯榮扇動內外，競爲侈虐。又帝舅大將軍耿寶、皇后兄大鴻臚閻顯更相阿黨，遂枉殺太尉楊震，廢皇太子爲濟陰王。

明年帝崩，立北鄉侯爲天子。顯等遂專朝爭權，乃諷有司奏誅樊豐，廢耿寶、王聖，及黨與皆見死徙。

十月，北鄉侯病篤。程謂濟陰王謁者長興渠曰：〔一〕「王以嫡統，本無失德，先帝用讒，遂至廢黜。若北鄉疾不起，共斷江京、閻顯，事乃可成。」渠等然之。又中黃門南陽王康，先爲太子府史，自太子之廢，常懷歎憤。又長樂太官丞京兆王國，並附同於程。至二十七日，北鄉侯薨。閻顯白太后，徵諸王子簡爲帝嗣。未及至。十一月二日，程遂與王康等十八人聚謀於西鍾下，皆截單衣爲誓。四日夜，程等共會崇德殿上，因入章臺門。時江京、劉安及李閏、陳達等俱坐省門下，程與王康共就斬京、安、達，以李閏權執積爲省內所服，欲引爲主，因舉刃脅閏曰：「今當立濟陰王，無得搖動。」閏曰：「諾。」於是扶閏起，俱於西鍾下迎濟陰王立之，是爲順帝。召尚書令、僕射以下，從輦幸南宮雲臺，程等留守省門，遮扞內外。

〔一〕興姓，渠名。

閻顯時在禁中，憂迫不知所爲，小黃門樊登勸顯發兵，以太后詔召越騎校尉馮詩、虎賁中郎將閻崇，屯朔平門，以禦程等。誘詩入省，太后使授之印，曰：「能得濟陰王者封萬戶侯，得李閏者五千戶侯。」顯以詩所將衆少，使與登迎吏士于左掖門外。詩因格殺登，歸營屯守。顯弟衞尉景遽從省中還外府，收兵至盛德門。程傳召諸尚書使收景。尚書郭鎭時臥病，聞之，卽率直宿羽林出南止車門，逢景從吏士，拔白刃，呼曰：「無干兵。」鎭卽下車，持節詔之。景曰：「何等詔？」因斫鎭，不中。鎭引劍擊景墮車，左右以戟叉其匈，遂禽之，送

廷尉獄，卽夜死。旦日，令侍御史收顯等送獄，於是遂定。下詔曰：「夫表功錄善，古今之通義也。故中常侍長樂太僕江京、黃門令劉安、鉤盾令陳達與故車騎將軍閻顯兄弟謀議惡逆，傾亂天下。中黃門孫程、王康、長樂太官丞王國、中黃門黃龍、彭愷、孟叔、李建、王成、張賢、史汎、馬國、王道、李元、楊佗、〔一〕陳予、趙封、李剛、魏猛、苗光等，〔二〕懷忠憤發，勠力協謀，遂埽滅元惡，以定王室。詩不云乎：『無言不讎，無德不報。』〔三〕程爲謀首，康、國協同。其封程爲浮陽侯，食邑萬戶；康爲華容侯，國爲酈侯，各九千戶；黃龍爲湘南侯，五千戶；彭愷爲西平昌侯，〔四〕孟叔爲中廬侯，〔五〕李建爲復陽侯，各四千二百戶；王成爲廣宗侯，張賢爲祝阿侯，史汎爲臨沮侯，〔六〕馬國爲廣平侯，王道爲范縣侯，李元爲褒信侯，楊佗爲山都侯，〔七〕陳予爲下雋侯，〔八〕趙封爲析縣侯，李剛爲枝江侯，各四千戶；魏猛爲夷陵侯，二千戶；苗光爲東阿侯，千戶。」是爲十九侯。加賜車馬金銀錢帛各有差。李閏以先不豫謀，故不封。遂擢拜程騎都尉。

〔一〕佗音駝。

〔二〕東觀記曰「程賦棗脯，又（分）與光，曰：『以爲信，今暮其當著矣。』漏盡，光爲尚席直事通燈，解劍置外，持燈入章臺門，程等適入。光走出門，欲取劍，王康呼還，光不應。光得劍，欲還入，門已閉，光便守宜秋門，會李閏來，出光，因與俱迎濟陰王幸南宮雲臺。詔書錄功臣，令康疏名，康詐疏光入章臺門。光謂康曰：『緩急有問者當相

證也。』詔書封光東阿侯，食邑四千戶，未受符策，光心不自安，詣黃門令自告。有司奏康、光欺詐主上，詔書勿問，遂封東阿侯，邑千戶」也。

〔三〕詩大雅也。

〔四〕西平昌，（諸）縣，屬平原郡。

〔五〕中廬，縣，屬南郡。

〔六〕臨沮，縣，屬南郡。

〔七〕褒信，山都並屬南陽郡也。

〔八〕下雋，縣，（屬）長沙郡，音似兗反。

永建元年，程與張賢、孟叔、馬國等爲司隸校尉虞詡訟罪，懷表上殿，呵叱左右。帝怒，遂免程官，因悉遣十九侯就國，後徙封程爲宜城侯。程既到國，怨恨恚懟，〔一〕封還印綬、符策，亡歸京師，〔二〕往來山中。詔書追求，復故爵土，賜車馬衣物，遣還國。

〔一〕懟，怨也，音直季反。

〔二〕續漢書曰：「程到宜城，怨恨恚懟，刻瓦爲印，封還印綬。」

三年，帝念程等功勳，悉徵還京師。程與王道、李元皆拜騎都尉，餘悉奉朝請。陽嘉元年，程病甚，卽拜奉車都尉，位特進。及卒，使五官（中）郎將追贈車騎將軍印綬，賜諡剛侯。侍御史持節監護喪事，乘輿幸北部尉傳，〔一〕瞻望車騎。

〔一〕北部尉之傳舍也。傳音陟戀反。

程臨終，遺言上書，以國傳弟美。帝許之，而分程半，封程養子壽爲浮陽侯。後詔書錄微功，封興渠爲高望亭侯。四年，詔宦官養子悉聽得爲後，襲封爵，定著乎令。

王康、王國、彭愷、王成、趙封、魏猛六人皆早卒。黃龍、楊佗、孟叔、李建、張賢、史汎、王道、李元、李剛九人與阿母山陽君宋娥更相貨賂，求高官增邑，又誣罔中常侍曹騰、孟賁等。永和二年，發覺，並遣就國，減租四分之一。宋娥奪爵歸田舍。唯馬國、陳予、苗光保全封邑。

初，帝見廢，監太子家小黃門籍建、傅高梵、長秋長趙熹、丞良賀、藥長夏珍皆以無過獲罪，建等坐徙朔方。及帝卽位，並擢爲中常侍。梵坐臧罪，減死一等。建後封東鄉侯，三百戶。

賀淸儉退厚，〔一〕位至大長秋。陽嘉中，詔九卿舉武猛，賀獨無所薦。帝引問其故，對曰：「臣生自草茅，長於宮掖，旣無知人之明，又未嘗交知士類。昔衞鞅因景監以見，有識知其不終。〔二〕今得臣舉者，匪榮伊辱。」固辭之。及卒，帝思賀忠，封其養子爲都鄉侯，三百戶。

〔一〕謙退而厚重也。

〔二〕史記趙良謂商君曰：「君之見秦王也，因嬖人景監，非所以爲名也。」商君竟爲秦惠所車裂也。

曹騰字季興，沛國譙人也。安帝時，除黃門從官。順帝在東宮，鄧太后以騰年少謹厚，使侍皇太子書，特見親愛。及帝卽位，騰爲小黃門，遷中常侍。桓帝得立，騰與長樂太僕州輔等七人，以定策功，皆封亭侯，騰爲費亭侯，遷大長秋，加位特進。

騰用事省闥三十餘年，奉事四帝，未嘗有過。其所進達，皆海內名人，陳留虞放、邊韶、南陽延固、張溫、弘農張奐、潁川堂谿典等。時蜀郡太守因計吏賂遺於騰，益州刺史种暠於斜谷關搜得其書，上奏太守，幷以劾騰，請下廷尉案罪。帝曰：「書自外來，非騰之過。」遂寢暠奏。騰不爲纖介，常稱暠爲能吏，時人嗟美之。

騰卒，養子嵩嗣。种暠後爲司徒，告賓客曰：「今身爲公，乃曹常侍力焉。」

嵩靈帝時貨賂中官及輸西園錢一億萬，故位至太尉。〔一〕及子操起兵，不肯相隨，乃與少子疾避亂琅邪，爲徐州刺史陶謙所殺。

〔一〕嵩具袁紹傳。

單超，河南人；徐璜，下邳良城人；具瑗，魏郡元城人；左悺，河南平陰人；〔一〕唐衡，潁川郾人也。桓帝初，超、璜、瑗爲中常侍，悺、衡爲小黃門史。

〔一〕悺音工奐反，又音綰。

初，梁冀兩妹爲順桓二帝皇后，冀代父商爲大將軍，再世權戚，威振天下。冀自誅太尉李固、杜喬等，驕橫益甚，皇后乘埶忌恣，多所鴆毒，上下鉗口，〔一〕莫有言者。帝逼畏久，恆懷不平，恐言泄，不敢謀之。延熹二年，皇后崩，帝因如廁，獨呼衡問：「左右與外舍不相得者皆誰乎？」〔二〕衡對曰：「單超、左悺前詣河南尹不疑，禮敬小簡，不疑收其兄弟送洛陽獄，二人詣門謝，乃得解。徐璜、具瑗常私忿疾外舍放橫，口不敢道。」於是帝呼超、悺入室，謂曰：「梁將軍兄弟專固國朝，迫脅外內，公卿以下從其風旨。今欲誅之，於常侍意何如？」超等對曰：「誠國姦賊，當誅日久。臣等弱劣，未知聖意何如耳。」帝曰：「審然者，常侍密圖之。」對曰：「圖之不難，但恐陛下復中狐疑。」〔三〕帝曰：「姦臣脅國，當伏其罪，何疑乎！」於是更召璜、瑗等五人，遂定其議，帝齧超臂出血爲盟。於是詔收冀及宗親黨與悉誅之。悺、衡遷中常侍，封超新豐侯，二萬戶，璜武原侯，瑗東武陽侯，各萬五千戶，賜錢各千五百萬；悺上蔡侯，衡汝陽侯，各萬三千戶，賜錢各千三百萬。五人同日封，故世謂之「五侯」。又封小黃門劉普、趙忠等八人爲鄉侯。自是權歸宦官，朝廷日亂矣。

〔一〕周書曰：「賢智鉗口。」謂不言也。拑與鉗古字通，音其炎反。
〔二〕外舍謂皇后家也。
〔三〕中音丁仲反。

超病，帝遣使者就拜車騎將軍。明年薨，賜東園祕器，棺中玉具，贈侯將軍印綬，使者理喪。及葬，發五營騎士，（將軍）侍御史護喪，將作大匠起冢塋。

其後四侯轉横，天下爲之語曰：「左回天，具獨坐，〔一〕徐臥虎，唐兩墮。」〔二〕皆競起第宅，樓觀壯麗，窮極伎巧。金銀罽毦，施於犬馬。〔三〕多取良人美女以爲姬妾，皆珍飾華侈，擬則宮人。其僕從皆乘牛車而從列騎。又養其疏屬，或乞嗣異姓，或買蒼頭爲子，並以傳國襲封。兄弟姻戚皆宰州臨郡，辜較百姓，與盜賊無異。

〔一〕獨坐言驕貴無偶也。
〔二〕兩墮謂隨意所爲不定也。今人謂持兩端而任意爲兩墮。諸本「兩」或作「雨」也。
〔三〕毦，以毛羽爲飾，音如志反。

超弟安爲河東太守，弟子匡爲濟陰太守，璜弟盛爲河內太守，悺弟敏爲陳留太守，瑗兄恭爲沛相，皆爲所在蠹害。璜兄子宣爲下邳令，暴虐尤甚。先是求故汝南太守下邳李暠女不能得，及到縣，遂將

吏卒至暠家，載其女歸，戲射殺之，埋著寺內。時下邳縣屬東海，汝南黄浮爲東海相，有告言宣者，浮乃收宣家屬，無少長悉考之。掾史以下固諫爭。浮曰：「徐宣國賊，今日殺之，明日坐死，足以瞑目矣。」即案宣罪棄市，暴其尸以示百姓，郡中震慄。璜於是訴怨於帝，帝大怒，浮坐髡鉗，輸作右校。五侯宗族賓客虐徧天下，民不堪命，起爲寇賊。七年，衡卒，亦贈車騎將軍，如超故事。璜卒，賻贈錢布，賜冢塋地。

明年，司隸校尉韓演因奏悺罪惡，及其兄太僕南鄉侯稱請託州郡，聚斂爲姦，賓客放縱，侵犯吏民。悺、稱皆自殺。演又奏瑗兄沛相恭臧罪，徵詣廷尉。瑗詣獄謝，上還東武侯印綬，詔貶爲都鄉侯，卒於家。超及璜、衡襲封者，並降爲鄉侯，租入歲皆三百萬，子弟分封者，悉奪爵土。劉普等貶爲關內侯。

侯覽者，山陽防東人。桓帝初爲中常侍，以佞猾進，倚埶貪放，受納貨遺以巨萬計。延熹中，連歲征伐，府帑空虛，乃假百官奉祿，王侯租稅。覽亦上縑五千匹，賜爵關內侯。又託以與議誅梁冀功，進封高鄉侯。

小黄門段珪家在濟陰，與覽並立田業，近濟北界，僕從賓客侵犯百姓，劫掠行旅。濟北

相滕延一切收捕，殺數十人，陳尸路衢。覽、珪大怨，以事訴帝，延坐多殺無辜，徵詣廷尉，免。延字伯行，北海人，後爲京兆尹，有理名，世稱爲長者。

覽等得此愈放縱。覽兄參爲益州刺史，民有豐富者，輒誣以大逆，皆誅滅之，沒入財物，前後累億計。太尉楊秉奏參，檻車徵，於道自殺。京兆尹袁逢於旅舍閱參車三百餘兩，皆金銀錦帛珍玩，不可勝數。覽坐免，旋復復官。〔一〕

〔一〕復，上音房又反。

建寧二年，喪母還家，大起塋冢。督郵張儉因舉奏覽貪侈奢縱，前後請奪人宅三百八十一所，田百一十八頃。起立第宅十有六區，皆有高樓池苑，堂閣相望，飾以綺畫丹漆之屬，制度重深，僭類宮省。又豫作壽冢，〔一〕石椁雙闕，高廡百尺，〔二〕破人居室，發掘墳墓。虜奪良人，妻略婦子，及諸罪釁，請誅之。而覽伺候遮截，章竟不上。儉遂破覽冢宅，藉沒資財，具言罪狀。又奏覽母生時交通賓客，干亂郡國。復不得御。〔三〕覽遂誣儉爲鉤黨，及故長樂少府李膺、太僕杜密等，皆夷滅之。遂代曹節領長樂太僕。

〔一〕生而自爲冢，爲壽冢。
〔二〕廡，廊下周屋也。
〔三〕御，進也。

熹平元年，有司舉奏覽專權驕奢，策收印綬，自殺。阿黨者皆免。

曹節字漢豐，南陽新野人也。其本魏郡人，世吏二千石。順帝初，以西園騎遷小黄門。桓帝時，遷中常侍，奉車都尉。建寧元年，持節將中黄門虎賁羽林千人，北迎靈帝，陪乘入宮。及即位，以定策封長安鄉侯，六百戶。

時竇太后臨朝，后父大將軍武與太傅陳蕃謀誅中官，節與長樂五官史朱瑀、從官史共普、張亮、〔一〕中黄門王尊、長樂謁者騰是等十七人，共矯詔以長樂食監王甫爲黄門令，將兵誅武、蕃等，事已具蕃、武傳。節遷長樂衞尉，封育陽侯，增邑三千戶；甫遷中常侍，黄門令如故；瑀封都鄉侯，千五百戶；普、亮等五人各三百戶；餘十一人皆爲關內侯，歲食租二千斛。

〔一〕共音恭。

先是瑀等陰於明堂中禱皇天曰：「竇氏無道，請皇天輔皇帝誅之，令事必成，天下得寧。」既誅武等，詔令太官給塞具，〔一〕賜瑀錢五千萬，餘各有差，後更封華容侯。二年，節病困，詔拜爲車騎將軍。有頃疾瘳，上印綬，罷，復爲中常侍，位特進，秩中二千石，尋轉大

長秋。

[一]塞，報祠也，音蘇代反。字當爲「賽」，通也。

熹平元年，竇太后崩，有何人書朱雀闕，[一]言「天下大亂，曹節、王甫幽殺太后，常侍侯覽多殺黨人，公卿皆尸祿，無有忠言者。」於是詔司隸校尉劉猛逐捕，十日一會。猛以誹書言直，不肯急捕，月餘，主名不立。[二]猛坐左轉諫議大夫，以御史中丞段熲代猛，乃四出逐捕，及太學游生，繫者千餘人。節等怨猛不已，使熲以它事奏猛，抵罪輸左校。朝臣多以爲言，乃免刑，復公車徵之。

[一]何人，不知何人也。

[二]不得書闕主名。

節遂與王甫等誣奏桓帝弟勃海王悝謀反，誅之。以功封者十二人。甫封冠軍侯。節亦增邑四千六百戶，并前七千六百戶。父兄子弟皆爲公卿列校、牧守令長，布滿天下。節弟破石爲越騎校尉，越騎營五百妻有美色，[一]破石從求之，五百不敢違，妻執意不肯行，遂自殺。其淫暴無道，多此類也。

[一]韋昭辯釋名曰：「五百字本爲『伍』。伍，當也。伯，道也。使之導引當道陌中以驅除也。」案：今俗呼行杖人爲五百也。

光和二年，司隸校尉陽球奏誅王甫及子長樂少府萌、沛相吉，皆死獄中。時連有災異，郎中梁人審忠以爲朱瑀等罪惡所感，乃上書曰：「臣聞理國得賢則安，失賢則危，故舜有臣五人而天下理，[一]湯舉伊尹不仁者遠。[二]陛下即位之初，未能萬機，皇太后念在撫育，權時攝政，[三]故中常侍蘇康、管霸應時誅殄。[四]太傅陳蕃、大將軍竇武考其黨與，志清朝政。華容侯朱瑀知事覺露，禍及其身，遂興造逆謀，作亂王室，撞蹋省闥，[五]執奪璽綬，迫脅陛下，聚會羣臣，離閒骨肉母子之恩，遂誅蕃、武及尹勳等。因共割裂城社，自相封賞。父子兄弟被蒙尊榮，素所親厚布在州郡，或登九列，或據三司。不惟祿重位尊之責，而苟營私門，多蓄財貨，繕修第舍，連里竟巷。盜取御水以作魚釣，[六]車馬服玩擬於天家。羣公卿士杜口吞聲，莫敢有言。州牧郡守承順風旨，辟召選舉，釋賢取愚。故蟲蝗爲之生，夷寇爲之起。天意憤盈，積十餘年。故頻歲日食於上，地震於下，所以譴戒人主，欲令覺悟，誅鉏無狀。昔高宗以雉雊之變，故獲中興之功。[七]近者神祇啓悟陛下，發赫斯之怒，故王甫父子應時馘截，[八]路人士女莫不稱善，若除父母之讎。誠怪陛下復忍孽臣之類，不悉殄滅。[九]昔秦信趙高，以危其國；吳使刑人，身遘其禍。[一〇]虞公抱寶牽馬，魯昭見逐乾侯，以不用宮之奇、子家駒以至滅辱。[一一]今以不忍之恩，赦夷族之罪，姦謀一成，悔亦何及！臣爲郎十五年，皆耳目聞見，瑀之所爲，誠皇天所不復赦。願陛下留漏刻之聽，裁省臣表，埽滅醜類，以荅天怒。與瑀考驗，有不如言，願受湯鑊之誅，妻子并徙，以絕妄言之路。」章寢不報。節遂領尚書令。四年，卒，贈車騎將軍。後瑀亦病卒，皆養子傳國。

[一]五臣謂禹、稷、契、咎陶、伯益也。

[二]論語文也。

[三]桓思竇后。

[四]竇后傳誅康及霸。

[五]撞音直江反。

[六]水入宮苑爲御水。

[七]高宗祭，有雉升鼎耳而雊，高宗修德，殷以中興。見尚書也。

[八]詩魯頌曰：「在泮獻馘。」音古獲反。鄭玄注云：「謂所殺者之左耳。」

[九]謂復任用曹節等也。

[一〇]左傳曰，吳伐越獲俘焉，以爲閽，使守舟。吳子餘祭觀舟，閽人以刀殺之。

[一一]公羊傳曰，晉大夫荀息請以屈產之乘與垂棘之璧，假道於虞以伐虢，宮之奇諫，不聽。後晉滅虞，虞公抱寶牽馬而至，荀息見曰：「臣之謀何如？」又曰，昭公將殺季氏，告子家駒曰：「季氏爲無道，僭于公室久矣。吾欲殺之，何如？」子家駒曰：「諸侯僭於天子，大夫僭於諸侯，久矣，君無多辱焉。」昭公不從其言，後逐季氏，昭公奔于乾侯，遂死焉。

審忠字公誠，宦官誅後，辟公府。

呂強字漢盛，河南成皋人也。少以宦者爲小黃門，再遷中常侍。爲人清忠奉公。靈帝時，例封宦者，以強爲都鄉侯。強辭讓懇惻，固不敢當，帝乃聽之。因上疏陳事曰：

臣聞諸侯上象四七，下裂王土，高祖重約非功臣不侯，所以重天爵明勸戒也。伏聞中常侍曹節、王甫、張讓等，及侍中許相，並爲列侯。節等宦官祐薄，品卑人賤，讒諂媚主，佞邪徼寵，放毒人物，疾妒忠良，有趙高之禍，未被轘裂之誅，[一]掩朝廷之明，成私樹之黨。而陛下不悟，妄授茅土，開國承家，小人是用。[二]又并及家人，重金兼紫，[三]相繼爲蕃輔。受國重恩，不念爾祖，述脩厥德，[四]而交結邪黨，下比羣佞。陛下或其瑣才，[五]特蒙恩澤。又授位乖越，賢才不升，素餐私倖，必加榮擢。陰陽乖剌，稼穡荒蔬，[六]人用不康，罔不由茲。臣誠知封事已行，言之無逮，所以冒死干觸陳愚忠者，實願陛下損改既謬，從此一止。

[一]趙高指鹿爲馬，而殺胡亥。轘裂，以車裂也。

[二]易曰：「開國承家，小人勿用。」

[三]金印紫綬。重，叠，言累積也。

[四]詩大雅云：「無念爾祖，聿脩厥德。」聿，述也。

[五]瑣，小也。

[六]鄭玄注周禮云：「蔬，草有實者。」

臣又聞後宮綵女數千餘人，衣食之費，日數百金。比穀雖賤，而戶有飢色。案法當貴而今更賤者，由賦發繁數，以解縣官，[一]寒不敢衣，飢不敢食。民有斯戹，而莫之卹。宮女無用，塡積後庭，天下雖復盡力耕桑，猶不能供。昔楚女悲愁，則西宮致災，[二]況終年積聚，豈無憂怨乎！夫天生蒸民，立君以牧之。君道得，則民戴之如父母，仰之猶日月，[三]雖時有征稅，猶望其仁恩之惠。易曰：「悅以使民，民忘其勞；悅以犯難，民忘其死。」[四]儲君副主，宜諷誦斯言；南面當國，宜履行其事。[五]

[一]縣官調發既多，故賤糶穀以供之。

[二]公羊傳曰：「西宮災，何以書？記災也。」何休注云：「是時僖公爲齊桓公所脅，以齊媵爲嫡，楚女廢居西宮而不見恤，悲愁怨曠所生也。」

[三]左傳師曠對晉侯曰：「君養人如子，蓋之如天，容之如地。人奉其君，愛之如父母，仰之如日月，敬之如神明，畏之如雷霆。天生人而立之君，使司牧之，勿使失其性」也。

[四]易兌卦彖辭。

[五]易曰：「聖人南面，嚮明而化。」杜預注左傳曰：「當國，執政也。」

又承詔書，當於河閒故國起解瀆之館。陛下龍飛卽位，雖從藩國，然處九天之高，豈宜有顧戀之意。[一]且河閒疏遠，解瀆邈絕，而當勞民單力，未見其便。又今外戚四姓貴倖之家，及中官公族無功德者，造起館舍，凡有萬數，樓閣連接，丹青素堊，[二]雕刻之飾，不可單言。喪葬踰制，奢麗過禮，競相放效，莫肯矯拂。[三]穀梁傳曰：「財盡則怨，力盡則懟。」尸子曰：[四]「君如杅，民如水，杅方則水方，杅圓則水圓。」[五]上之化下，猶風之靡草。今上無去奢之儉，下有縱欲之敝，至使禽獸食民之甘，木土衣民之帛。昔師曠諫晉平公曰：「梁柱衣繡，民無褐衣；池有弃酒，士有渴死；廐馬秣粟，民有飢色。近臣不敢諫，遠臣不得暢。」此之謂也。[六]

[一]楚辭曰：「圜則九重，孰營度之？」圜謂天也。

[二]郭璞注山海經曰：「堊似土，白色，音惡。」

[三]矯，正也。拂，戾也，音扶弗反。

[四]尸子，晉人也，名佼，秦相衞鞅客也。鞅謀計，未嘗不與佼規也。商君被刑，恐幷誅，乃亡逃入蜀，作書二十篇，十九篇陳道德仁義之紀，一篇言九州險阻，水泉所起也。

[五]杅，椀屬也，音于。字亦作盂。

[六]說苑咎犯諫晉文公之辭也。

又聞前召議郎蔡邕對問於金商門，而令中常侍曹節、王甫等以詔書喻旨。邕不敢懷道迷國，而切言極對，毀刺貴臣，譏呵豎宦。陛下不密其言，至令宣露，羣邪項領，膏脣拭舌，[一]競欲咀嚼，造作飛條。[二]陛下回受誹謗，致邕刑罪，室家徙放，老幼流離，豈不負忠臣哉！今羣臣皆以邕爲戒，上畏不測之難，下懼劒客之害，[三]臣知朝廷不復得聞忠言矣。故太尉段熲，武勇冠世，習於邊事，垂髮服戎，功成皓首，[四]歷事二主，[五]勳烈獨昭。陛下既已式序，位登台司，而爲司隸校尉陽球所見誣脅，一身既斃，而妻子遠播。天下惆悵，功臣失望。宜徵邕更授任，反熲家屬，則忠貞路開，衆怨以弭矣。

[一]毛詩曰：「駕彼四牡，四牡項領。」注云：「項，大也。四牡者人所駕，今但養大其領，不肯爲用。諭大臣自恣，王不能使也。」膏脣拭舌謂欲讒毀故也。

[二]飛條，飛書也。

[三]謂蔡邕徙朔方時，陽球使刺客追刺邕也。

[四]垂髮謂童子也。

[五]謂桓帝、靈帝也。

帝知其忠而不能用。

時帝多稸私臧，收天下之珍，每郡國貢獻，先輸中署，名爲「導行費」。[一]強上疏諫曰：

[一]中署，內署也。導，引也。貢獻外別有所入，以爲所獻希之導引也。

天下之財，莫不生之陰陽，歸之陛下。[一]歸之陛下，豈有公私？而今中尚方歛諸郡之寶，中御府積天下之繒，西園引司農之臧，中廐聚太僕之馬，而所輸之府，輒有導行之財。調廣民困，費多獻少，姦吏因其利，百姓受其敝。又阿媚之臣，好獻其私，容諂姑息，自此而進。

[一]萬物稟陰陽而生。

舊典選舉委任三府，三府有選，參議掾屬，咨其行狀，度其器能，[一]受試任用，責以成功。若無可察，然後付之尚書。尚書舉劾，請下廷尉，覆案虛實，行其誅罰。今但任尚書，或復敕用。如是，三公得免選舉之負，尚書亦復不坐，責賞無歸，豈肯空自苦勞乎！

[一]咨，謀也。

夫立言無顯過之咎，明鏡無見玼之尤。如惡立言以記過，則不當學也；不欲明鏡之見玼，則不當照也。[一]願陛下詳思臣言，不以記過見玼爲責。

[一]韓子曰：「古人之目短於自見，故以鏡觀面。智短於自規，故以道正己。鏡無見疵之罪，道無明過之惡。目失鏡

則無以正釁眉，身失道則無以知迷惑。」 毦與㲲同也。

書奏不省。

中平元年，黄巾賊起，帝問强所宜施行。强欲先誅左右貪濁者，大赦黨人，料簡刺史、二千石能否。帝納之，乃先赦黨人。於是諸常侍人人求退，又各自徵還宗親子弟在州郡者。中常侍趙忠、夏惲等遂共搆强，云「與黨人共議朝廷，數讀霍光傳。〔一〕强兄弟所在並皆貪穢」。帝不悦，使中黄門持兵召强。强聞帝召，怒曰：「吾死，亂起矣。丈夫欲盡忠國家，豈能對獄吏乎！」遂自殺。忠、惲復譖曰：「强見召未知所問，而就外草自屏，有姦明審。」〔二〕遂收捕宗親，沒入財產焉。

〔一〕言其欲謀廢立也。

〔二〕外草自屏謂在外野草中自殺也。

時宦者濟陰丁肅、下邳徐衍、南陽郭耽、汝陽李巡、北海趙祐等五人稱爲清忠，皆在里巷，不爭威權。巡以爲諸博士試甲乙科，爭弟高下，更相告言，至有行賂定蘭臺漆書經字，以合其私文者，乃白帝，與諸儒共刻五經文於石，於是詔蔡邕等正其文字。自後五經一定，爭者用息。趙祐博學多覽，著作校書，諸儒稱之。又小黄門甘陵吳伉，善爲風角，博達有奉公稱。知不得用，常託病還寺舍，從容養志云。

張讓者，潁川人；趙忠者，安平人也。少皆給事省中，桓帝時爲小黄門。忠以與誅梁冀功封都鄉侯。〔一〕延熹八年，黜爲關(中)〔內〕侯，食本縣租千斛。

〔一〕與音預。

靈帝時，讓、忠並遷中常侍，封列侯，與曹節、王甫等相爲表裏。節死後，忠領大長秋。讓有監奴典任家事，交通貨賂，威形諠赫。扶風人孟佗，〔一〕資產饒贍，與奴朋結，傾竭饋問，無所遺愛。奴咸德之，問佗曰：「君何所欲？力能辦也。」曰：「吾望汝曹爲我一拜耳。」時賓客求謁讓者，車恆數百千兩，佗時詣讓，後至，不得進，監奴乃率諸倉頭迎拜於路，遂共轝車入門。賓客咸驚，謂佗善於讓，皆爭以珍玩賂之。佗分以遺讓，讓大喜，遂以佗爲涼州刺史。〔二〕

〔一〕佗音駝。

〔二〕三輔決錄注曰：「佗字伯郎。以蒲陶酒一斗遺讓，讓即拜佗爲涼州刺史。」

是時讓、忠及夏惲、郭勝、孫璋、畢嵐、栗嵩、段珪、高望、張恭、韓悝、宋典十二人，皆爲中常侍，封侯貴寵，父兄子弟布列州郡，所在貪殘，爲人蠹害。黄巾既作，盜賊糜沸，郎中中山張鈞上書曰：「竊惟張角所以能興兵作亂，萬人所以樂附之者，其源皆由十常侍多放父兄、子弟、婚親、賓客典據州郡，辜榷財利，侵掠百姓，百姓之冤無所告訴，故謀議不軌，聚爲盜賊。宜斬十常侍，縣頭南郊，以謝百姓，又遣使者布告天下，可不須師旅，而大寇自消。」天子以鈞章示讓等，皆免冠徒跣頓首，乞自致洛陽詔獄，並出家財以助軍費。有詔皆冠履視事如故。帝怒鈞曰：「此眞狂子也。十常侍固當有一人善者不？」鈞復重上，猶如前章，輒寢不報。詔使廷尉、侍御史考爲張角道者，御史承讓等旨，遂誣奏鈞學黄巾道，收掠死獄中。而讓等實多與張角交通。後中常侍封諝、徐(奉)〔奉〕事獨發覺坐誅，帝因怒詰讓等曰：「汝曹常言黨人欲爲不軌，皆令禁錮，或有伏誅。今黨人更爲國用，汝曹反與張角通，爲可斬未？」皆叩頭云：「故中常侍王甫、侯覽所爲。」帝乃止。

明年，南宮災。讓、忠等說帝令斂天下田畝稅十錢，以修宮室。發太原、河東、狄道諸郡材木及文石，每州郡部送至京師，黄門常侍輒令譴呵不中者，因强折賤買，十分雇一，〔一〕因復貨之於宦官，復不爲即受，材木遂至腐積，宮室連年不成。刺史、太守復增私調，百姓呼嗟。凡詔所徵求，皆令西園騶密約勑，〔二〕號曰「中使」，恐動州郡，多受賕賂。刺史、二千石及茂才孝廉遷除，皆責助軍修宮錢，大郡至二三千萬，餘各有差。當之官者，皆先至西園

諧價，然後得去。〔三〕有錢不畢者，或至自殺。其守清者，乞不之官，皆迫遣之。

〔一〕雇謂讎其價也。

〔二〕騶，養馬人。

〔三〕諧謂平論定其價也。

時鉅鹿太守河內司馬直新除，以有清名，減責三百萬。直被詔，悵然曰：「爲民父母，而反割剝百姓，以稱時求，吾不忍也。」辭疾，不聽。行至孟津，上書極陳當世之失，古今禍敗之戒，即吞藥自殺。書奏，帝爲暫絕修宮錢。

又造萬金堂於西園，引司農金錢繒帛，仞積其中。〔一〕又還河閒買田宅，起第觀。帝本侯家，宿貧，每歎桓帝不能作家居，故聚爲私臧，復(臧)寄小黄門常侍錢各數千萬。常云：「張常侍是我公，趙常侍是我母。」宦官得志，無所憚畏，並起第宅，擬則宮室。帝常登永安侯臺，〔二〕宦官恐其望見居處，乃使中大人尚但諫曰：〔三〕「天子不當登高，登高則百姓虛散。」自是不敢復升臺榭。〔四〕

〔一〕仞，滿也。

〔二〕永安，宮也。

〔三〕尙姓，但名。

〔四〕春秋潛潭巴曰：「天子無高臺榭，高臺榭，則下畔之。」蓄因此以訴帝也。

明年，遂使鉤盾令宋典繕修南宮玉堂。又使掖庭令畢嵐鑄銅人四列於倉龍、玄武闕。〔一〕又鑄四鐘，皆受二千斛，縣於玉堂及雲臺殿前。又鑄天祿蝦蟇，吐水於平門外橋東，轉水入宮。又作翻車渴烏，〔二〕施於橋西，用灑南北郊路，以省百姓灑道之費。又鑄四出文錢，錢皆四道。識者竊言侈虐已甚，形象兆見，此錢成，必四道而去。及京師大亂，錢果流布四海。復以忠爲車騎將軍，百餘日罷。

〔一〕倉龍，東闕。玄武，北闕。

〔二〕翻車，設機車以引水。渴烏，爲曲筒，以氣引水上也。

六年，帝崩。中軍校尉袁紹說大將軍何進，令誅中官以悅天下。謀泄，讓、忠等因進入省，遂共殺進。而紹勒兵斬忠，捕宦官無少長悉斬之。讓等數十人劫質天子走河上。追急，讓等悲哭辭曰：「臣等殄滅，天下亂矣。惟陛下自愛！」皆投河而死。

論曰：自古喪大業絕宗禋者，其所漸有由矣。三(世)〔代〕以嬖色取禍，〔一〕嬴氏以奢虐致災，〔二〕西京自外戚失祚，東都緣閹尹傾國。成敗之來，先史商之久矣。〔三〕至於釁起宦夫，其略猶或可言。何者？刑餘之醜，理謝全生，聲榮無暉於門閥，肌膚莫傳於來體，推情

未鑒其敝，即事易以取信，加漸染朝事，頗識典物，故少主憑謹舊之庸，女君資出內之命，顧訪無猜憚之心，恩狎有可悅之色。亦有忠厚平端，懷術糾邪；〔四〕或敏才給對，飾巧亂實；〔五〕或借譽貞良，先時薦譽。〔六〕非直苟恣凶德，止於暴橫而已。然真邪並行，情貌相越，〔七〕故能回惑昏幼，迷瞀視聽，蓋亦有其理焉。〔八〕詐利既滋，朋徒日廣，直臣抗議，必漏先言之閒，〔九〕至戚發憤，方啓專奪之隙，〔一〇〕斯忠賢所以智屈，社稷故其爲墟。易曰：「履霜堅冰至。」云所從來久矣。今迹其所以，亦豈一朝一夕哉！〔一一〕

〔一〕夏以末嬉，殷以妲己，周以褒姒。

〔二〕秦始皇，嬴姓也。

〔三〕商謂商略。

〔四〕謂呂強也。

〔五〕若良賀對順帝不舉人也。

〔六〕曹騰進邊韶、延固等也。

〔七〕越，違也。謂貌雖似忠而情實姦邪。

〔八〕瞀，亂也，音茂。

〔九〕謂蔡邕對詔，王甫、曹節竊觀之，乃宣布於外，而邕下獄也。

〔一〇〕謂竇武謀誅宦者，反爲宦者所殺也。

〔一一〕易曰：「非一朝一夕之故，其所由來者漸矣，由辨之不早辨也。」易曰：「履霜堅冰至。」蓋言愼也。言初履霜而堅冰至者，以喻物漸而至大也。

贊曰：任失無小，過用則違。況乃巷職，遠參天機。〔一〕舞文巧態，作惠作威。凶家害國，夫豈異歸！〔二〕

〔一〕毛詩曰：「寺人巷伯，作爲此詩。」巷職即寺人之職也。

〔二〕尙書曰：「臣無作威作福。臣有作威作福，其害于而家，凶于而國。」又曰：「爲惡不同，同歸於亂。」

校勘記

二五〇七頁四行　王之正內者五人　按：刊誤謂多一「者」字。

二五〇七頁三行　寺人掌王之正內五人　按：周禮天官職云「寺人王之正內五人」，無「掌」字。

二五〇八頁一行　於周(禮)則爲內宰　按：殿本考證引何焯說，謂月令呂不韋作，故鄭注云「於周則爲內宰」，「禮」字不學者所增，文選注中尙無「禮」字。今據刪。

二五〇八頁五行　然而有得焉　校補謂文選注引「得」作「德」。今按：得德古通作。

二五〇九頁七行　宦官悉用閹人　按：刊誤謂「宦」字當作「內」，謂省內官不用他士也。

二五〇九頁一四行　朝臣國議　按：文選「國」作「圖」。

二五一〇頁四行　宮中(小)〔之〕門謂之閨　據校補改，與爾雅合。

二五一〇頁八行　五服內親故也　按：汲本作「五服內之親故也」，殿本作「五服內之親也」，王先謙謂殿本是。

二五一一頁八行　荆楊之州　「楊」原譌「陽」，逕改正。

二五一一頁一一行　土木衣綺繡　按：前書東方朔傳「土木」作「木土」。

二五一二頁一六行　羣英謂劉猛朱寓之屬　按：「寓」原譌「寓」，逕據汲本、殿本改正。

二五一二頁一三行　鄖音士交反　按：汲本、殿本作「七交反」。

二五一二頁一三行　南(郡)〔陽〕棘陽縣有鄖鄉　集解引洪亮吉說，謂棘陽屬南陽，非南郡也。又校補引柳從辰說，謂今說文注本作「南陽」，惟「棘」誤爲「棗」，段玉裁已訂之。今據改。

二五一三頁一一行　鄧太后以倫久宿衞　按：汲本、殿本「久」下有「在」字。

二五一三頁一三行　各讎校(漢)家法　刊誤謂諸儒各謂其師說爲家法，後人不知，妄加一「漢」字。今據刪。

二五一四頁八行　立平原王(德)〔翼〕　據殿本考證引何焯說改。

二五一五頁一一行　屯朔平門　按：集解引惠棟說，謂袁宏紀云「平朔門」。

二五一六頁一三行　又〔分〕與光　據汲本、殿本補。

二五一七頁四行　西平昌(諸)縣屬平原郡　據殿本刪。按：王先謙謂殿本無「諸」字是。

二五一七頁七行　褒信山都並屬南陽郡也　按：集解引錢大昕說，謂案郡國志，褒信屬汝南，不屬南陽。

二五一七頁八行　下雋縣〔屬〕長沙郡　校補謂案注「縣」下脫「屬」字。今據補。

二五一七頁一五行　五官〔中〕郎將　據殿本補。按：刊誤謂「五官」下少一「中」字。

二五一八頁二行　而分程牛　按：校補謂案文「程」下少一「國」字。

二五一八頁一二行　陽嘉中詔九卿舉武猛　按：校補引侯康說，謂陽嘉中無此詔，永和三年有之。通鑑考異謂此傳誤以永和爲陽嘉，是也。

二五一九頁六行　益州刺史种暠於斜谷關搜得其書　按：「斜谷關」汲本、殿本作「斜谷閒」，魏志裴注引續漢書作「函谷關」。

二五一九頁一〇行　乃與少子疾避亂琅邪　按：殿本考證謂魏志嵩少子德。

二五二一頁五行　（將軍）侍御史護喪　刊誤謂按超贈將軍爾，不可使將軍護喪，明衍二字。今據刪。按：張森楷校勘記謂治要無「將軍」二字。

二五二三頁四行　輸作右校　按：張森楷校勘記謂案輸作者皆左校，此獨右校，待考。

二五二三頁四行　京兆尹袁逢於旅舍閱參車三百餘兩　按：李慈銘謂治要「車」下有「重」字。

二五二四頁二行　其本魏郡人　按：校補引錢大昭說，謂「其」下疑脫「先」字。

二五二四頁七行　增邑三千戶　按：校補謂「邑」下蓋脫「至」字。此并前六百戶合爲三千戶也，否則下文

增邑四千六百戶，并前不止七千六百戶矣。

二五二八頁五行　節等宦官祐薄　按：集解引周壽昌說，謂「祐薄」之「祐」，恐應作「祜」，蓋呂強原疏避安帝諱也。

二五二八頁八行　陛下或其瑣才　汲本、殿本「或」作「惑」。按：或與惑通。

二五三二頁二行　以爲所獻希之導引也　按：「希」字無義，必有誤，刊誤謂當作「物」。

二五三二頁一二行　下邳徐衍　按：集解引惠棟說，謂袁宏紀「衍」作「演」。

二五三三頁一二行　汝陽李巡　按：集解引惠棟說，謂「汝陽」經典序錄作「汝南」。

二五三三頁一二行　北海趙祐　按：集解引惠棟說，謂袁宏紀「祐」作「裕」。

二五三四頁三行　黜爲關（中）〔內〕侯　按：殿本考證謂何焯校本「中」改「內」。今據改。

二五三五頁一行　郎中中山張鈞　按：集解引惠棟說，謂袁宏紀「郎中」作「中郎將」，「鈞」作「均」。

二五三五頁八行　後中常侍封諝徐（奏）〔奉〕事獨發覺　按：「徐奏」當依皇甫嵩傳作「徐奉」，通鑑亦作「徐奉」，各本皆未正，今改。

二五三五頁一二行　狄道諸郡　按：集解引錢大昕說，謂狄道非郡名，當云「隴西」。

二五三六頁九行　故聚爲私臧復（臧）寄小黃門常侍錢各數千萬　據李慈銘說刪。按：李云治要無下「臧」字，是也，當據刪。

二五三六頁九行　張常侍是我公　汲本、殿本「公」作「父」。按：通鑑作「公」。

二五三七頁五行　形象兆見　按：「形」原譌「刑」，逕據汲本、殿本改正。

二五三七頁一三行　三（世）〔代〕以嬖色取禍　據汲本改。

二五三八頁一行　故少主遻謹舊之庸　按：「主」原譌「王」，逕改正。

二五三九頁一行　由辨之不早辨也　按：兩「辨」字原並譌「辯」，逕改正。

二五三九頁一行　蓋言慎也　按：「慎」原譌「順」，逕改正。

後漢書卷七十九上

儒林列傳第六十九上

昔王莽、更始之際，天下散亂，禮樂分崩，典文殘落。及光武中興，愛好經術，未及下車，而先訪儒雅，採求闕文，補綴漏逸。〔一〕先是四方學士多懷協圖書，遁逃林藪。自是莫不抱負墳策，雲會京師，范升、陳元、鄭興、杜林、衞宏、劉昆、桓榮之徒，繼踵而集。於是立五經博士，各以家法教授，易有施、孟、梁丘、京氏，尚書歐陽、大小夏侯，詩齊、魯、韓，禮大小戴，春秋嚴、顏，凡十四博士，太常差次總領焉。

〔一〕禮記曰：「武王克殷反商，未及下車，而封黃帝之後於薊。」

建武五年，乃修起太學，稽式古典，籩豆干戚之容，備之於列，〔一〕服方領習矩步者，委它乎其中。〔二〕中元元年，初建三雍。明帝即位，親行其禮。天子始冠通天，〔三〕衣日月，〔四〕備法物之駕，〔五〕盛清道之儀，〔六〕坐明堂而朝羣后，登靈臺以望雲物，〔七〕袒割辟雍之上，尊養三老五更。饗射禮畢，帝正坐自講，諸儒執經問難於前，冠帶縉紳之人，圜橋門而觀聽者

蓋億萬計。〔八〕其後復爲功臣子孫、四姓末屬別立校舍，搜選高能以受其業，自期門羽林之士，悉令通孝經章句，匈奴亦遣子入學。濟濟乎，洋洋乎，盛於永平矣！

〔一〕籩豆，禮器也。竹謂之籩，木謂之豆。干，盾也。戚，鉞也。舞者所執。

〔二〕方領，直領也。委它，行貌也。委音於危反。它音以支反。

〔三〕徐廣輿服雜注曰：「天子朝，冠通天冠，高九寸，黑介幘，金薄山，所常服也。」

〔四〕續漢志曰「乘輿備文日月星辰」也。

〔五〕胡廣漢制度曰「天子出，有大駕、法駕、小駕。大駕則公卿奉引，大將軍驂乘，太僕御，屬車八十一乘，備千乘萬騎。法駕，公不在鹵簿，唯河南尹、執金吾、洛陽令奉引，侍中驂乘，奉車郎御，屬車三十六乘。小駕，太僕奉駕，侍御史整車騎」也。

〔六〕漢官儀曰「清道以旄頭爲前驅」也。

〔七〕雲物，解見明紀。

〔八〕漢官儀曰：「辟雍四門外有水，以節觀者。」門外皆有橋，觀者水外，故云圜橋門也。圜，遶也。

建初中，大會諸儒於白虎觀，考詳同異，連月乃罷。肅宗親臨稱制，如石渠故事，〔一〕顧命史臣，著爲通義。〔二〕又詔高才生受古文尚書、毛詩、穀梁、左氏春秋，雖不立學官，然皆擢高第爲講郎，給事近署，所以網羅遺逸，博存衆家。孝和亦數幸東觀，覽閱書林。及鄧后稱制，學者頗懈。時樊準、徐防並陳敦學之宜，又言儒職多非其人，於是制詔公卿妙簡其

選，三署郎能通經術者，皆得察舉。自安帝覽政，薄於藝文，博士倚席不講，〔三〕朋徒相視怠散，學舍頹敝，鞠爲園蔬，〔四〕牧兒蕘豎，至於薪刈其下。順帝感翟酺之言，乃更脩黌宇，〔五〕凡所造構二百四十房，千八百五十室。試明經下第補弟子，增甲乙之科員各十人，除郡國耆儒皆補郎、舍人。本初元年，梁太后詔曰：「大將軍下至六百石，悉遣子就學，每歲輒於鄉射月一饗會之，以此爲常。」〔六〕自是遊學增盛，至三萬餘生。然章句漸疏，而多以浮華相尚，儒者之風蓋衰矣。黨人既誅，其高名善士多坐流廢，後遂至忿爭，更相言告，亦有私行金貨，定蘭臺桼書經字，以合其私文。熹平四年，靈帝乃詔諸儒正定五經，刊於石碑，爲古文、篆、隸三體書法以相參檢，樹之學門，〔七〕使天下咸取則焉。

〔一〕石渠見章紀。

〔二〕即白武通（議）〔義〕是。

〔三〕禮記曰：「凡侍坐於大司成者，遠近間三席。」又曰：「若非飲食之客則布席，席閒函丈。」注云：「謂講問客也。」倚席言不施講坐也。

〔四〕詩小雅曰：「鞠爲茂草。」注云：「鞠，窮也。」

〔五〕說文曰：「黌，學也。」黌與橫同。

〔六〕漢官儀曰：「春三月，秋九月，習鄉射禮，禮生皆使太學學生。」

〔七〕古文謂孔子壁中書。篆書，秦始皇使程邈所作也。隸書亦程邈所獻也，主於徒隸，從簡易也。謝承書曰：「碑立太

學門外，瓦屋覆之，四面欄障，開門於南，河南郡設吏卒視之。」楊龍驤洛陽記載朱超石與兄書云：「石經文都似碑，高一丈許，廣四尺，駢羅相接。」

初，光武遷還洛陽，其經牒祕書載之二千餘兩，自此以後，參倍於前。及董卓移都之際，吏民擾亂，自辟雍、東觀、蘭臺、石室、宣明、鴻都諸藏典策文章，競共剖散，其縑帛圖書，大則連爲帷蓋，小乃制爲縢囊。〔一〕及王允所收而西者，裁七十餘乘，道路艱遠，復弃其半矣。後長安之亂，一時焚蕩，莫不泯盡焉。

〔一〕縢亦幐也，音徒恒反。說文曰：「幐，囊也。」

東京學者猥衆，難以詳載，今但錄其能通經名家者，以爲儒林篇。其自有列傳者，則不兼書。若師資所承，〔一〕宜標名爲證者，乃著之云。

〔一〕老子曰：「善人者，不善人之師也。不善人者，善人之資也。」故因曰師資。

前書云：田何傳易授丁寬，〔一〕丁寬授田王孫，王孫授沛人施讎、東海孟喜、琅邪梁丘賀，〔二〕由是易有施、孟、梁丘之學。又東郡京房受易於梁國焦延壽，〔三〕別爲京氏學。又有東萊費直，〔四〕傳易，授琅邪王橫，爲費氏學。〔五〕本以古字，號古文易。又沛人高相傳易，

授子康及蘭陵毋將永，爲高氏學。〔六〕施、孟、梁丘、京氏四家皆立博士，費、高二家未得立。

〔一〕前書寬字子襄。
〔二〕前書讎字長卿，喜字長卿，賀字長翁。
〔三〕前書延壽名贛。
〔四〕前書直字長翁。
〔五〕前書「橫」作「璜」，字平仲。
〔六〕毋將姓也，毋讀曰無。

劉昆字桓公，陳留東昏人，〔一〕梁孝王之胤也。少習容禮。〔二〕平帝時，受施氏易於沛人戴賓。能彈雅琴，知清角之操。〔三〕

〔一〕東昏屬陳留郡，東緡屬山陽郡，諸本作「緡」者誤。
〔二〕容，儀也。前書魯徐生善爲容，孝文時，以容爲禮官大夫。
〔三〕劉向別錄曰：「雅琴之意，事皆出龍德諸琴雜事中。」前書藝文志曰：「雅琴，龍氏名德，趙氏名定。」韓子曰：「師曠對晉平公曰：『昔黃帝合鬼神，駕象車，交龍畢，方並轄，蚩尤居前，風伯進埽，雨師灑道，作爲清角。今君德薄，不足以聽之。』」

儒林列傳第六十九上　　二五四九
後漢書卷七十九上　　二五五〇

王莽世，教授弟子恆五百餘人。每春秋饗射，常備列典儀，以素木瓠葉爲俎豆，桑弧蒿矢，以射「菟首」。〔一〕每有行禮，縣宰輒率吏屬而觀之。王莽以昆多聚徒衆，私行大禮，有僭上心，乃繫昆及家屬於外黃獄。尋莽敗得免。既而天下大亂，昆避難河南負犢山中。〔二〕

〔一〕詩小雅瓠葉詩序曰：「刺幽王弃禮而不能行，故思古之人，不以微薄廢禮焉。」詩曰：「幡幡瓠葉，采之亨之。君子有酒，酌言嘗之。有菟斯首，炰之燔之。君子有酒，酌言獻之。」昆僱禮之廢，故引以瓠葉爲俎實，射則歌「菟首」之詩而爲節也。
〔二〕郡國志河南郡有負犢山。

建武五年，舉孝廉，不行，遂逃，教授於江陵。光武聞之，卽除爲江陵令。時縣連年火災，昆輒向火叩頭，多能降雨止風。徵拜議郎，稍遷侍中、弘農太守。

先是崤、黽驛道多虎災，行旅不通。昆爲政三年，仁化大行，虎皆負子度河。帝聞而異之。二十二年，徵代杜林爲光祿勳。詔問昆曰：「前在江陵，反風滅火，後守弘農，虎北度河，行何德政而致是事？」昆對曰：「偶然耳。」左右皆笑其質訥。帝歎曰：「此乃長者之言也。」顧命書諸策。乃令入授皇太子及諸王小侯五十餘人。二十七年，拜騎都尉。三十年，以老乞骸骨，詔賜洛陽第舍，以千石祿終其身。中元二年卒。

子軼，字君文，傳昆業，門徒亦盛。永平中，爲太子中庶子。建初中，稍遷宗正，卒官，遂世掌宗正焉。

洼丹字子玉，〔一〕南陽育陽人也。世傳孟氏易。王莽時，常避世教授，專志不仕，徒衆數百人。建武初，爲博士，稍遷，十一年，爲大鴻臚。作易通論七篇，世號洼君通。丹學義研深，易家宗之，稱爲大儒。十七年，卒於官，年七十。

〔一〕風俗通「洼」音「圭」。

時中山觟陽鴻，字孟孫，〔一〕亦以孟氏易教授，有名稱，永平中爲少府。

〔一〕姓觟陽，名鴻也。觟音胡瓦反。其字從「角」字，或作「鮭」。從「魚」者，音胡佳反。

任安字定祖，廣漢綿竹人也。少遊太學，受孟氏易，兼通數經。又從同郡楊厚學圖讖，究極其術。時人稱曰：「欲知仲桓問任安。」又曰：「居今行古任定祖。」學終，還家教授，諸生自遠而至。初仕州郡。後太尉再辟，除博士，公車徵，皆稱疾不就。州牧劉焉表薦之，時王塗隔塞，詔命竟不至。年七十九，建安七年，卒于家。

楊政字子行，京兆人也。少好學，從代郡范升受梁丘易，善說經書。京師爲之語曰：「說經鏗鏗楊子行。」教授數百人。

儒林列傳第六十九上　　二五五一
後漢書卷七十九上　　二五五二

范升嘗爲出婦所告，坐繫獄，政乃肉袒，以箭貫耳，抱升子潛伏道傍，候車駕，而持章叩頭大言曰：「范升三娶，唯有一子，今適三歲，孤之可哀。」武騎虎賁懼驚乘輿，舉弓射之，猶不肯去；旄頭又以戟叉政，傷胷，政猶不退。哀泣辭請，有感帝心，詔曰：「乞楊生師。」〔一〕卽尺一出升。政由是顯名。

〔一〕乞讀曰（氣）〔气〕。

爲人嗜酒，不拘小節，果敢自矜，然篤於義。時帝壻梁松，皇后弟陰就，皆慕其聲名，而請與交友。政每共言論，常切磋懇至，不爲屈撓。嘗詣楊虛侯馬武，武難見政，稱疾不爲起。政入戶，徑升牀排武，把臂責之曰：「卿蒙國恩，備位藩輔，不思求賢以報殊寵，而驕天下英俊，此非養身之道也。今日動者刀入脅。」武諸子及左右皆大驚，以爲見劫，操兵滿側，政顏色自若。會陰就至，責數武，令爲交友。其剛果任情，皆如此也。建初中，官至左中郎將。

張興字君上，潁川鄢陵人也。習梁丘易以教授。建武中，舉孝廉爲郎，謝病去，復歸聚徒。後辟司徒馮勤府，勤舉爲孝廉，稍遷博士。永平初，遷侍中祭酒。十年，拜太子少傅。

顯宗數訪問經術。既而聲稱著聞，弟子自遠至者，著錄且萬人，爲梁丘家宗。〔一〕十四年，卒於官。

〔一〕著於籍錄。

子魴，傳興業，位至張掖屬國都尉。

戴憑字次仲，汝南平與人也。習京氏易。年十六，郡舉明經，徵試博士，拜郎中。時詔公卿大會，羣臣皆就席，憑獨立。光武問其意。憑對曰：「博士說經皆不如臣，而坐居臣上，是以不得就席。」帝卽召上殿，令與諸儒難說，憑多所解釋。帝善之，拜爲侍中，數進見問得失。帝謂憑曰：「侍中當匡補國政，勿有隱情。」憑對曰：「陛下嚴。」帝曰：「朕何用嚴？」憑曰：「伏見前太尉西曹掾蔣遵，清亮忠孝，學通古今，陛下納膚受之訴，遂致禁錮，〔一〕世以是爲嚴。」帝怒曰：「汝南子欲復黨乎？」憑出，自繫廷尉，有詔勑出。後復引見，憑謝曰：「臣無謇諤之節，而有狂瞽之言，不能以尸伏諫，〔二〕偷生苟活，誠慙聖朝。」帝卽勑尚書解遵禁錮，拜憑虎賁中郎將，以侍中兼領之。

〔一〕論語孔子曰：「膚受之訴。」注云：「謂受人之訴辭，〔在〕皮膚之〔外〕，不深知其情核也。」

〔二〕韓詩外傳曰：「昔衞大夫史魚病且死，謂其子曰：『我數知蘧伯玉之賢而不能進，彌子瑕不肖而不能退，死不當居

喪正堂，殯我於側室足矣。』衞君問其故，子以父言聞於君，君乃召蘧伯玉而貴之，彌子瑕退之，徙殯於正堂，成禮而後去。」

正旦朝賀，百僚畢會，帝令羣臣能說經者更相難詰，義有不通，輒奪其席以益通者，憑遂重坐五十餘席。故京師爲之語曰：「解經不窮戴侍中。」在職十八年，卒於官，詔賜東園梓器，錢二十萬。

時南陽魏滿字叔牙，亦習京氏易，教授。永平中，至弘農太守。

孫期字仲彧，濟陰成武人也。少爲諸生，習京氏易、古文尚書。家貧，事母至孝，牧豕於大澤中，以奉養焉。遠人從其學者，皆執經壟畔以追之，里落化其仁讓。黃巾賊起，過期里陌，相約不犯孫先生舍。郡舉方正，遣吏齎羊酒請期，期驅豕入草不顧。司徒黃琬特辟，不行，終於家。

建武中，范升傳孟氏易，以授楊政，而陳元、鄭衆皆傳費氏易，其後馬融亦爲其傳。融授鄭玄，玄作易注，荀爽又作易傳，自是費氏興，而京氏遂衰。

前書云：濟南伏生〔一〕傳尚書，授濟南張生及千乘歐陽生，〔二〕歐陽生授同郡兒寬，寬授歐陽生之子，世世相傳，至曾孫歐陽高，〔三〕爲尚書歐陽氏學；張生授夏侯都尉，〔四〕都尉授族子始昌，始昌傳族子勝，爲大夏侯氏學；勝傳從兄子建，建別爲小夏侯氏學：三家皆立博士。又魯人孔安國傳古文尚書授都尉朝，〔五〕朝授膠東庸譚，爲尚書古文學，未得立。

〔一〕名勝。

〔二〕前書字和伯。

〔三〕高字子陽。

〔四〕都尉名。

〔五〕姓都尉名朝。

歐陽歙字正思，樂安千乘人也。自歐陽生傳伏生尚書，至歙八世，皆爲博士。歙既傳業，而恭謙好禮讓。王莽時，爲長社宰。〔一〕更始立，爲原武令。世祖平河北，到原武，見歙在縣脩政，遷河南都尉，後行太守事。世祖卽位，始爲河南尹，封被陽侯。〔二〕建武五年，坐事免官。明年，拜揚州牧，遷汝南太守。推用賢俊，政稱異迹。九年，更封夜侯。〔三〕

〔一〕長社，今許州縣也。

〔二〕被陽故城在今淄州高苑縣西南。

〔三〕夜，今萊州掖縣。

歙在郡，教授數百人，視事九歲，徵爲大司徒。坐在汝南臧罪千餘萬發覺下獄。諸生守闕爲歙求哀者千餘人，至有自髠剔者。平原禮震，〔一〕年十七，聞獄當斷，馳之京師，行到河內獲嘉縣，自繫，上書求代歙死。曰：「伏見臣師大司徒歐陽歙，學爲儒宗，八世博士，而以臧咎當伏重辜。歙門單子幼，未能傳學，身死之後，永爲廢絕，上令陛下獲殺賢之譏，下使學者喪師資之益。乞殺臣身以代歙命。」書奏，而歙已死獄中。歙掾陳元上書追訟之，言甚切至，帝乃賜棺木，贈印綬，賻縑三千匹。

〔一〕謝承書曰：「震字仲威。光武嘉其仁義，拜震郎中，後以公事左遷淮陽王廏長。」

子復嗣。復卒，無子，國除。

濟陰曹曾字伯山，從歙受尚書，門徒三千人，位至諫議大夫。子祉，河南尹，傳父業教授。

又陳留陳弇，字叔明，亦受歐陽尚書於司徒丁鴻，仕爲蘄長。〔一〕

〔一〕續漢書曰：「弇以尚書教授，躬自耕種，常有黃雀飛來，隨弇翺翔。」

牟長字君高，樂安臨濟人也。其先封牟，春秋之末，國滅，因氏焉。長少習歐陽尚書，不仕王莽世。建武二年，大司空弘〔一〕特辟，拜博士，稍遷河內太守，坐墾田不實免。

〔一〕宋弘也。

長自爲博士及在河內，諸生講學者常有千餘人，著錄前後萬人。著尚書章句，皆本之歐陽氏，俗號爲牟氏章句。復徵爲中散大夫，賜告一歲，卒於家。子紆，又以隱居教授，門生千人。肅宗聞而徵之，欲以爲博士，道物故。〔一〕

〔一〕在路死也。案：魏臺訪〔議〕問物故之義，高堂隆荅曰：「聞之先師，物，無也，故，事也。言死者無復所能於事也。」

宋登字叔陽，京兆長安人也。父由，爲太尉。

登少傳歐陽尚書，教授數千人。爲汝陰令，政爲明能，號稱「神父」。遷趙相，入爲尚書僕射。順帝以登明識禮樂，使持節臨太學，奏定典律，轉拜侍中。數上封事，抑退權臣，由是出爲潁川太守。市無二價，道不拾遺。病免，卒于家，汝陰人配社祠之。

張馴字子儁，濟陰定陶人也。少遊太學，能誦春秋左氏傳。以大夏侯尚書教授。辟公府，舉高第，拜議郎。與蔡邕共奏定六經文字。擢拜侍中，典領祕書近署，甚見納異。多因便宜陳政得失，朝廷嘉之。遷丹陽太守，化有惠政。光和七年，徵拜尚書，遷大司農。初平中，卒於官。

尹敏字幼季，南陽堵陽人也。〔一〕少爲諸生。初習歐陽尚書，後受古文，兼善毛詩、穀梁、左氏春秋。

〔一〕堵音者。

建武二年，上疏陳洪範消灾之術。時世祖方草創天下，未遑其事，命敏待詔公車，拜郎中，辟大司空府。

帝以敏博通經記，令校圖讖，使蠲去崔發所爲王莽著錄次比。〔一〕敏對曰：「讖書非聖人所作，其中多近鄙別字，頗類世俗之辭，恐疑誤後生。」帝不納。敏因其闕文增之曰：「君無口，爲漢輔。」帝見而怪之，召敏問其故。敏對曰：「臣見前人增損圖書，敢不自量，竊幸萬一。」帝深非之，雖竟不罪，而亦以此沈滯。

〔一〕前書王莽居攝三年，廣饒侯劉京、車騎將軍千人扈雲、太保屬臧鴻奏符命。京言齊郡新井，雲言巴郡石牛，鴻言扶風雍石，莽皆迎受。十一月甲子，莽上奏太后曰：「巴郡石牛，雍石文，皆到未央宮之前殿，臣與太保安陽侯舜等視。天風起塵冥，風止，得銅章帛圖於石前，文曰：『天告帝符，獻者封侯，承天命，用神說。』」騎都尉崔發等視說，其後莽封發爲說符侯。

與班彪親善，每相遇，輒日旰忘食，夜分不寢，〔一〕自以爲鍾期伯牙、莊周惠施之相得也。〔二〕

〔一〕旰，晚也。

〔二〕說苑曰，伯牙子鼓琴，其友鍾子期聽之，志在於山水，子期皆知之。子期死，伯牙屛琴絕絃，終身不復鼓琴。莊子曰，莊子送葬過惠子之墓，顧謂從者曰：「郢人堊漫其鼻端若蠅翼，使匠石斲之，匠石運斤成風，聽而斲之，盡堊而鼻不傷，郢人立不失容。元君聞之，召匠石曰：『嘗爲寡人爲之。』匠石曰：『臣則嘗斲之。雖然，臣之質死久矣。自惠子之死，吾無以爲質矣，吾無與言之。』」堊墁，有泥墁之也。堊音於各反。墁音莫干反。蠅翼薄也。

後三遷長陵令。永平五年，詔書捕男子周慮。慮素有名稱，而善於敏，敏坐繫免官。及出，歎曰：「瘖聾之徒，眞世之有道者也，何謂察察而遇斯患乎？」十一年，除郎中，遷諫議大夫。卒於家。

周防字偉公，汝南汝陽人也。父揚，少孤微，常脩逆旅，〔一〕以供過客，而不受其報。

〔一〕杜預注左傳曰：「逆旅，客舍也。」

防年十六，仕郡小吏。世祖巡狩汝南，召掾史試經，防尤能誦讀，拜爲守丞。防以未冠，謁去。〔一〕師事徐州刺史蓋豫，受古文尚書。經明，舉孝廉，拜郎中。撰尚書雜記三十二篇，四十萬言。太尉張禹薦補博士，稍遷陳留太守，坐法免。年七十八，卒於家。

〔一〕禮男子二十而冠。自以年未成人，故請去。謁，請也。

子舉，自有傳。

孔僖字仲和，魯國魯人也。自安國以下，世傳古文尚書、毛詩。曾祖父子建，少遊長安，與崔篆友善。及篆仕王莽爲建新大尹，〔一〕嘗勸子建仕。對曰：「吾有布衣之心，子有袞冕之志，各從所好，不亦善乎！道既乖矣，請從此辭。」遂歸，終於家。

〔一〕莽改千乘國曰建信，又改曰建新；郡守曰大尹。

僖與崔篆孫駰復相友善，同遊太學，習春秋。因讀吳王夫差時事，僖廢書歎曰：「若是，所謂畫龍不成反爲狗者。」〔一〕駰曰：「然。昔孝武皇帝始爲天子，年方十八，崇信聖道，師則先王，五六年閒，號勝文、景。〔二〕及後恣己，忘其前之爲善。」〔三〕僖曰：「書傳若此多矣！」鄰房生梁郁儳和之曰：〔四〕「如此，武帝亦是狗邪？」僖、駰默然不對。郁怒恨之，陰上書告駰、僖誹謗先帝，刺譏當世。事下有司，駰詣吏受訊。僖以吏捕方至，恐誅，乃上書肅宗自訟曰：「臣之愚意，以爲凡言誹謗者，謂實無此事而虛加誣之也。至如孝武皇帝，政之美惡，顯在漢史，坦如日月。是爲直說書傳實事，非虛謗也。夫帝者爲善，則天下之善咸歸焉；其不善，則天下之惡亦萃焉。斯皆有以致之，故不可以誅於人也。〔五〕且陛下卽位以來，政教未過，而德澤有加，〔六〕天下所具也，臣等獨何譏刺哉？假使所非實是，則固應悛改；儻其不當，亦宜含容，又何罪焉？陛下不推原大數，深自爲計，徒肆私忿，以快其意。臣等受戮，死卽死耳，顧天下之人，必回視易慮，以此事闚陛下心。自今以後，苟見不可之事，終莫復言者矣。臣之所以不愛其死，猶敢極言者，誠爲陛下深惜此大業。陛下若不自惜，則臣何賴焉？齊桓公親揚其先君之惡，以唱管仲，〔七〕然後羣臣得盡其心。今陛下乃欲以十世之武帝，遠諱實事，豈不與桓公異哉？臣恐有司卒然見構，銜恨蒙枉，不得自敍，使後世論者，擅以陛下有所方比，寧可復使子孫追掩之乎？謹詣闕伏待重誅。」帝始亦無罪僖等意，及書奏，立詔勿問，拜僖蘭臺令史。

〔一〕夫差伐越，敗之，越王句踐乃以甲兵五千人棲於會稽，使大夫種因吳太宰嚭而行成。吳王將許之，伍子胥諫曰：「今不滅，後必悔之。」吳王不聽。後句踐滅吳。吳王曰：「吾悔不用子胥之言！」遂自剄死。

〔二〕前書，武帝年十七卽位。卽位一年，議立明堂，安車蒲輪徵魯申公。六年，舉賢良。班固贊曰「以武帝之雄才大略，不改文、景之恭儉，以濟斯人，雖詩書所稱，何以加茲」也。

〔三〕謂武帝末年好神仙祭祀之事，征伐四夷，連兵三十餘年，又信巫蠱，天下戶口減半，人相食，筭及舟車，官賣鹽鐵也。

〔四〕儳謂不與之言而傍對也。禮記曰：「無儳言。」儳音仕鑒反。

〔五〕誅，責也。

〔六〕言政教未有過失也。

〔七〕國語曰，魯莊公束縛管仲以與齊桓公，公親迎於郊，而與之坐，問焉。曰：「昔吾先君襄公，築臺以爲高位，田狩畢弋，不聽國政，卑聖侮士，而唯女是崇，九妃六嬪，陳妾數百，食必粱肉，衣必文繡，戎士凍餒，是以國家不日引，不月長。恐宗廟不埽除，社稷不血食，敢問爲此若何？」管子曰：「昔者聖王之理天下，定人之居，成人之事，而愼用其六柄焉。四人者勿使雜處，雜處則其言哤，其事易」也。

元和二年春，帝東巡狩，還過魯，幸闕里，以太牢祠孔子及七十二弟子，〔一〕作六代之樂，〔二〕大會孔氏男子二十以上者六十三人，命儒者講論〔語〕。僖因自陳謝。帝曰：「今日之會，寧於卿宗有光榮乎？」對曰：「臣聞明王聖主，莫不尊師貴道。今陛下親屈萬乘，辱臨敝里，此乃崇禮先師，增輝聖德。至於光榮，非所敢承。」帝大笑曰：「非聖者子孫，焉有斯言乎！」遂拜僖郎中，賜襃成侯損及孔氏男女錢帛，詔僖從還京師，使校書東觀。

〔一〕案史記達者七十二人。

〔二〕黃帝曰雲門，堯曰咸池，舜曰大韶，禹曰大夏，湯曰大護，周曰大武。

冬，拜臨晉令，崔駰以家林筮之，〔一〕謂爲不吉，止僖曰：「子盍辭乎？」僖曰：「學不爲人，仕不擇官，凶吉由己，而由卜乎？」在縣三年，卒官，遺令卽葬。

〔一〕崔篆所作易林也。

二子長彥、季彥，並十餘歲。蒲坂令許君然勸令反魯。對曰：「今載柩而歸，則違父令；舍墓而去，心所不忍。」遂留華陰。

長彥好章句學，季彥守其家業，門徒數百人。延光元年，河西大雨雹，大者如斗。安帝詔有道術之士極陳變眚，乃召季彥見於德陽殿，帝親問其故。對曰：「此皆陰乘陽之徵也。今貴臣擅權，母后黨盛，陛下宜脩聖德，慮此二者。」帝默然，左右皆惡之。舉孝廉，不就。三年，年四十七，終於家。

初，平帝時王莽秉政，乃封孔子後孔均爲襃成侯，追謚孔子爲襃成宣尼。及莽敗，失國。建武十三年，世祖復封均子志爲襃成侯。志卒，子損嗣。永元四年，徙封褒亭侯。損卒，子曜嗣。曜卒，子完嗣。世世相傳，至獻帝初，國絕。〔一〕

〔一〕臣賢案：獻帝後至魏，封孔子二十一葉孫羨爲崇聖侯。晉封二十三葉孫震爲奉聖亭侯。後魏封二十七葉孫乘爲崇聖大夫。太和十九年，孝文幸魯，親祠孔子廟，又改封二十八葉孫珍爲崇聖侯。北齊改封三十一葉孫爲恭聖侯，周武帝平齊，改封鄒國公，隋文帝仍舊封鄒國公，惰煬帝改封爲紹聖侯。貞觀十一年，封夫子裔孫子德倫爲

襃聖侯，倫今見存。

楊倫字仲理，陳留東昏人也。少爲諸生，師事司徒丁鴻，習古文尚書。爲郡文學掾。更歷數將，志乖於時，以不能人閒事，遂去職，不復應州郡命。講授於大澤中，弟子至千餘人。元初中，郡禮請，三府並辟，公車徵，皆辭疾不就。

後特徵博士，爲清河王傅。是歲，安帝崩，倫輒弃官奔喪，號泣闕下不絕聲。閻太后以其專擅去職，坐抵罪。

順帝卽位，詔免倫刑，遂留行喪于恭陵。服闋，徵拜侍中。是時邵陵令任嘉在職貪穢，因遷武威太守，後有司奏嘉臧罪千萬，徵考廷尉，其所牽染將相大臣百有餘人。倫乃上書曰：「臣聞春秋誅惡及本，本誅則惡消；振裘持領，領正則毛理。今任嘉所坐狼藉，未受辜戮，猥以垢身，改典大郡，自非案坐舉者，無以禁絕姦萌。往者湖陸令張疊、蕭令駟賢、徐州刺史劉福等，釁穢既章，咸伏其誅，而豺狼之吏至今不絕者，豈非本舉之主不加之罪乎？昔齊威之霸，殺姦臣五人，并及舉者，以弭謗讟。當斷不斷，黃石所戒。〔一〕夫聖王所以聽僮夫匹婦之言者，猶塵加嵩岱，霧集淮海，雖未有益，不爲損也。惟陛下留神省察。」奏御，有司以倫言切直，辭不遜順，下之。尚書奏倫探知密事，激以求直。坐不敬，結鬼薪。〔二〕詔書

以倫數進忠言，特原之，免歸田里。

〔一〕黃石公三略曰：「當斷不斷，反受其亂。」

〔二〕結，正其罪也。鬼薪，取薪以給宗廟，三歲刑也。

陽嘉二年，徵拜太中大夫。大將軍梁商以爲長史。諫諍不合，出補常山王傅，病不之官。詔書勑司隸催促發遣，倫乃留河內朝歌，以疾自上，曰：「有留死一尺，無北行一寸。刎頸不易，九裂不恨。〔一〕匹夫所執，彊於三軍。〔二〕固敢有辭。」帝乃下詔曰：「倫出幽升高，〔三〕寵以藩傅，稽留王命，擅止道路，託疾自從，苟肆狷志。」〔四〕遂徵詣廷尉，有詔原罪。

〔一〕裂，死也。楚詞曰「雖九死其猶未悔」也。

〔二〕論語曰：「三軍可奪帥，匹夫不可奪志。」

〔三〕詩曰：「出于幽谷，升于喬木。」

〔四〕狷，狂狷也，音絹。

倫前後三徵，皆以直諫不合。既歸，閉門講授，自絕人事。公車復徵，遜遁不行，卒於家。〔一〕

〔一〕遁，逃也。

儒林列傳第六十九上　二五六五

後漢書卷七十九上　二五六六

中興，北海牟融習大夏侯尚書，東海王良習小夏侯尚書，沛國桓榮習歐陽尚書。榮世習相傳授，東京最盛。扶風杜林傳古文尚書，林同郡賈逵爲之作訓，馬融作傳，鄭玄注解，由是古文尚書遂顯于世。

校勘記

二五四五頁四行　懷協圖書　汲本、殿本改「協」作「挾」。按：方術傳序「天下懷協道藝之士」，惠棟補注引孔平仲云，後漢「懷挾」字都作「懷協」。

二五四五頁六行　詩齊魯韓　按：汲本、殿本「韓」下衍「毛」字。

二五四七頁二行　牧兒蕘豎　按：「豎」原譌「竪」，逕據汲本改正。

二五四七頁一〇行　卽白武通（議）〔義〕　據汲本、殿本改。按：汲本、殿本作「白虎通義」，此避唐諱，改「虎」爲「武」也。

二五四九頁一行　蘭陵毋將永　按：「毋」原譌「母」，逕改正。注同。

二五四九頁九行　劉昆　按：集解引惠棟說，謂論衡「昆」作「琨」。

二五五二頁六行　乞讀曰（氣）〔气〕　據集解引惠棟說改。按：惠氏謂「氣」當作「气」。气，匃也。

二五五三頁一三行　〔在〕皮膚之〔外〕　據刊誤補。按：論語何晏集解引馬融云「膚受之愬，皮膚外語，非其內實」。

二五五四頁七行　孫期字仲彧　按：集解引惠棟說，謂經典序錄「彧」作「奇」。

二五五四頁一一行　范升傳孟氏易　按：集解引錢大昭說，謂范升傳云習梁丘易，又上疏云「臣與博士梁恭、山陽太守呂羌俱修梁丘易」，此傳亦云楊政從升受梁丘易，則此云「孟氏易」誤。

二五五四頁一一行　以授楊政　按：「楊」原譌「揚」，逕改正。

二五五四頁一三行　而京氏遂衰　按：集解引何焯說，謂「京氏」上疑當有「孟氏」二字。

二五五五頁一〇行　歐陽歙字正思　按：「正」原譌「王」，逕據汲本改正。

二五五六頁一〇行　按：此注原在「書奏而歙已死獄中」下，今據集解本移正。

二五五七頁八行　魏壽訪〔議〕　按：史記匈奴傳索隱、藝文類聚歲時部、初學記歲時部及服食部、御覽時序部並引魏壽訪議，此脫「議」字，今補。

二五五八頁一行　張馴　按：集解引惠棟說，謂「馴」一作「訓」，古文通。

二五六〇頁六行　孔僖字仲和　按：集解引惠棟說，謂連叢子作「子和」。

二五六〇頁六行　世傳古文尚書毛詩　按：集解引李良裘說，謂安國未聞受毛詩，「毛詩」疑「魯詩」之誤。

二五六〇頁一一行　所謂畫龍不成反爲狗者　按：刊誤謂「龍」字乃「虎」字之誤。補注引王懋說，謂唐避

儒林列傳第六十九上　二五六七

後漢書卷七十九上　二五六八

「虎」字，改「虎」爲「龍」，非誤也。

二五六一頁四行　天下所具也　按：集解謂袁宏紀云「天下所共見也」。

二五六二頁一一行　命儒者講論〔語〕　按：校補引錢大昭說，謂閩本「論」下有「語」字。校補謂閩本是，各本皆脫一字。今據補。

二五六三頁九行　年四十七終於家　按：集解引惠棟說，謂連叢子云年四十有九，延光三年十一月丁丑卒。

二五六三頁一〇行　追諡孔子爲褒成宣尼　按：刊誤謂案文此少一「公」字。

二五六三頁一一行　建武十三年世祖復封均子志爲褒成侯　按：集解引洪亮吉說，謂案紀在十四年四月，注引古今注，云志時爲密令。此云「十三年」，似誤。

二五六四頁二行　楊倫字仲理　按：集解引洪頤煊說，謂楊震傳「震舉薦明經陳留楊倫等」。李注「字仲桓」。謝承書薦楊仲桓等五人，各從家拜博士」。與此字仲理不同。又按：「楊」原譌「揚」，逕改正。

後漢書卷七十九下

儒林列傳第六十九下

前書魯人申公受詩於浮丘伯，爲作詁訓，是爲魯詩；齊人轅固生亦傳詩，是爲齊詩；燕人韓嬰亦傳詩，是爲韓詩：三家皆立博士。趙人毛萇傳詩，是爲毛詩，未得立。

高詡字季回，平原般人也。〔一〕曾祖父嘉，以魯詩授元帝，仕至上谷太守。父容，少傳嘉學，哀平閒爲光祿大夫。

〔一〕般音卜滿反。

詡以父任爲郎中，世傳魯詩。以信行清操知名。王莽篡位，父子稱盲，逃，不仕莽世。光武卽位，大司空宋弘薦詡，徵爲郎，除符離長。〔二〕去官，後徵爲博士。建武十一年，拜大司農。在朝以方正稱。十三年，卒官，賜錢及冢田。

〔二〕符離，縣，故城在今徐州符離縣東也。

包咸字子良，會稽曲阿人也。〔一〕少爲諸生，受業長安，師事博士右師細君，〔二〕習魯詩、論語。王莽末，去歸鄉里，於東海界爲赤眉賊所得，遂見拘執。十餘日，咸晨夜誦經自若，賊異而遣之。因住東海，立精舍講授。光武卽位，乃歸鄉里。太守黃讜署戶曹史，欲召咸入授其子。咸曰：「禮有來學，而無往敎。」〔三〕讜遂遣子師之。

〔一〕曲阿今潤州縣。

〔二〕姓右師。

〔三〕禮記曰「禮聞來學，不聞往敎」也。

舉孝廉，除郎中。建武中，入授皇太子論語，又爲其章句。拜諫議大夫、侍中、右中郎將。永平五年，遷大鴻臚。每進見，錫以几杖，入屏不趨，贊事不名。經傳有疑，輒遣小黃門就舍卽問。

顯宗以咸有師傅恩，而素清苦，常特賞賜珍玩束帛，奉祿增於諸卿，咸皆散與諸生之貧者。病篤，帝親輦駕臨視。八年，年七十二，卒於官。

子福，拜郎中，亦以論語入授和帝。

魏應字君伯，任城人也。少好學。建武初，詣博士受業，習魯詩。閉門誦習，不交僚黨，京師稱之。後歸爲郡吏，舉明經，除濟陰王文學。以疾免官，教授山澤中，徒衆常數百人。永平初，爲博士，再遷侍中。十三年，遷大鴻臚。十八年，拜光祿大夫。建初四年，拜五官中郎將，詔入授千乘王伉。

應經明行修，弟子自遠方至，著錄數千人。肅宗甚重之，數進見，論難於前，特受賞賜。時會京師諸儒於白虎觀，講論五經同異，使應專掌難問，侍中淳于恭奏之，帝親臨稱制，如石渠故事。明年，出爲上黨太守，徵拜騎都尉，卒於官。

伏恭字叔齊，琅邪東武人，司徒湛之兄子也。湛弟黯，字稚文，以明齊詩，改定章句，作解說九篇，位至光祿勳，無子，以恭爲後。

恭性孝，事所繼母甚謹，少傳黯學，以任爲郎。建武四年，除劇令。視事十三年，以惠政公廉聞。青州舉爲尤異，太常試經第一，拜博士，遷常山太守。敦脩學校，教授不輟，由是北州多爲伏氏學。永平二年，代梁松爲太僕。四年，帝臨辟雍，於行禮中拜恭爲司空，儒者以爲榮。

初，父黯章句繁多，恭乃省減浮辭，定爲二十萬言。在位九年，以病乞骸骨罷，詔賜千

石奉以終其身。十五年，行幸琅邪，引遇如三公儀。建初二年冬，肅宗行饗禮，以恭爲三老。年九十，元和元年卒，賜葬顯節陵下。

子壽，官至東郡太守。

任末字叔本，蜀郡繁人也。〔一〕少習齊詩，遊京師，教授十餘年。友人董奉德於洛陽病亡，末乃躬推鹿車，載奉德喪致其墓所，由是知名。爲郡功曹，辭以病免。後奔師喪，於道物故。臨命，勑兄子造曰：「必致我尸於師門，使死而有知，魂靈不慙；如其無知，得土而已。」造從之。

〔一〕繁，縣，故城在今益州新繁縣北。

景鸞字漢伯，廣漢梓潼人也。少隨師學經，涉七州之地。能理齊詩、施氏易，兼受河洛圖緯，作易說及詩解，文句兼取河洛，以類相從，名爲交集。又撰禮內外記，號曰禮略。又抄風角雜書，列其占驗，作興道一篇。及作月令章句。凡所著述五十餘萬言。數上書陳救災變之術。州郡辟命不就。以壽終。

薛漢字公子，淮陽人也。世習韓詩，父子以章句著名。漢少傳父業，尤善說災異讖緯，教授常數百人。建武初，爲博士，受詔校定圖讖。當世言詩者，推漢爲長。永平中，爲千乘太守，政有異迹。後坐楚事辭相連，下獄死。弟子犍爲杜撫、會稽澹臺敬伯、鉅鹿韓伯高最知名。

杜撫字叔和，犍爲武陽人也。少有高才。受業於薛漢，定韓詩章句。後歸鄉里教授。沈靜樂道，舉動必以禮。弟子千餘人。後爲驃騎將軍東平王蒼所辟，及蒼就國，掾史悉補王官屬，未滿歲，皆自劾歸。時撫爲大夫，不忍去，蒼聞，賜車馬財物遣之。辟太尉府。建初中，爲公車令，數月卒官。其所作詩題約義通，學者傳之，曰杜君法云。

召馴字伯春，九江壽春人也。曾祖信臣，元帝時爲少府。〔一〕父建武中爲卷令，〔二〕假儻不拘小節。

〔一〕前書信臣字翁卿，爲南陽太守，吏人親愛，號曰「召父」。

〔二〕卷，縣，屬滎陽郡。卷音丘圓反。

馴少習韓詩，博通書傳，以志義聞，鄉里號之曰「德行恂恂召伯春」。累仕州郡，辟司徒府。建初元年，稍遷騎都尉，侍講肅宗。拜左中郎將，入授諸王。帝嘉其義學，恩寵甚崇。

出拜陳留太守，賜刀劍錢物。元和二年，入爲河南尹。章和二年，代任隗爲光祿勳，卒於官，賜冢塋陪園陵。

孫休，位至青州刺史。

楊仁字文義，巴郡閬中人也。建武中，詣師學習韓詩，數年歸，靜居教授。仕郡爲功曹，舉孝廉，除郎。太常上仁經中博士，〔一〕仁自以年未五十，不應舊科，〔二〕上府讓選。

〔一〕上音時掌反，下同。

〔二〕漢官儀曰：「博士限年五十以上。」

顯宗特詔補北宮衞士令，〔一〕引見，問當世政迹。仁對以寬和任賢，抑黜驕戚爲先。又上便宜十二事，皆當世急務。帝嘉之，賜以縑錢。

〔一〕漢官儀曰：「北宮衞士令一人，秩六百石。」

及帝崩，時諸馬貴盛，各爭欲入宮。仁被甲持戟，嚴勒門衞，莫敢輕進者。肅宗既立，諸馬共譖仁刻峻，帝知其忠，愈善之，拜什邡令。〔一〕寬惠爲政，勸課掾史弟子，悉令就學。其有通明經術者，顯之右署，〔二〕或貢之朝，由是義學大興。墾田千餘頃。行兄喪去官。

〔一〕今益州什邡縣也，音十方。

〔二〕右署，上司。

後辟司徒桓虞府。掾有宋章者，貪奢不法，仁終不與交言同席，時人畏其節。後爲閬中令，卒於官。

趙曄字長君，會稽山陰人也。少嘗爲縣吏，奉檄迎督郵，曄恥於斯役，遂弃車馬去。到犍爲資中，〔一〕詣杜撫受韓詩，究竟其術。積二十年，絕問不還，家爲發喪制服。（曄）〔撫〕卒（業）乃歸。州召補從事，不就。舉有道。卒于家。

〔一〕資中，縣名，今資州資陽縣。

曄著吳越春秋、詩細歷神淵。蔡邕至會稽，讀詩細而歎息，以爲長於論衡。邕還京師，傳之，學者咸誦習焉。

時山陽張匡，字文通。亦習韓詩，作章句。後舉有道，博士徵，不就。卒於家。

衞宏字敬仲，東海人也。少與河南鄭興俱好古學。初，九江謝曼卿善毛詩，乃爲其訓。宏從曼卿受學，因作毛詩序，善得風雅之旨，于今傳於世。後從大司空杜林更受古文尚書，爲作訓旨。時濟南徐巡師事宏，後從林受學，亦

以儒顯，由是古學大興。光武以爲議郎。

宏作漢舊儀四篇，以載西京雜事；又著賦、頌、誄七首，皆傳於世。

中興後，鄭衆、賈逵傳毛詩，後馬融作毛詩傳，鄭玄作毛詩箋。〔一〕

〔一〕箋，薦也，薦成毛義也。張華博物志曰：「鄭注毛詩曰箋，不解此意。或云毛公嘗爲北海相，玄是郡人，故以爲敬云。」

前書魯高堂生，漢興傳禮十七篇。後瑕丘蕭奮以授同郡后蒼，蒼授梁人戴德及德兄子聖、沛人慶普。〔一〕於是德爲大戴禮，聖爲小戴禮，普爲慶氏禮，三家皆立博士。孔安國所獻禮古經五十六篇及周官經六篇，前世傳其書，未有名家。中興已後，亦有大、小戴博士，雖相傳不絕，然未有顯於儒林者。建武中，曹充習慶氏學，傳其子褒，遂撰漢禮，事在褒傳。

〔一〕德字近君。聖字次君。普字孝公。

董鈞字文伯，犍爲資中人也。習慶氏禮。事大鴻臚王臨。元始中，舉明經，遷廩犧令，〔一〕病去官。建武中，舉孝廉，辟司徒府。

〔一〕前書平帝元始五年，舉明經。漢官儀曰：「廩犧令一人，秩六百石。」

鈞博通古今，數言政事。永平初，爲博士。時草創五郊祭祀，〔一〕及宗廟禮樂，威儀章服，輒令鈞參議，多見從用，當世稱爲通儒。累遷五官中郎將，常教授門生百餘人。後坐事左轉騎都尉。年七十餘，卒於家。

〔一〕續漢志曰：「永平中，以禮儀讖及月令有五郊迎氣，因採元(和)〔始〕中故事，兆五郊于洛陽四方，中兆在未，壇皆三尺。」

中興，鄭衆傳周官經，後馬融作周官傳，授鄭玄，玄作周官注。玄本習小戴禮，後以古經校之，取其義長者，故爲鄭氏學。玄又注小戴所傳禮記四十九篇，通爲三禮焉。

前書齊胡母子都傳公羊春秋，授東平嬴公，嬴公授東海孟卿，孟卿授魯人眭孟，眭孟授東海嚴彭祖、魯人顏安樂。彭祖爲春秋嚴氏學，安樂爲春秋顏氏學，〔一〕又瑕丘江公傳穀梁春秋，三家皆立博士。梁太傅賈誼爲春秋左氏傳訓詁，授趙人貫公。

〔一〕前書彭祖字公子。安樂字翁孫。安樂即眭孟姊子也。

丁恭字子然，山陽東緡人也。〔一〕習公羊嚴氏春秋。恭學義精明，教授常數百人，州郡請召不應。建武初，爲諫議大夫、博士，封關內侯。十一年，遷少府。諸生自遠方至者，著錄數千人，當世稱爲大儒。太常樓望、侍中承宮、長水校尉樊(條)〔儵〕等皆受業於恭。二十年，拜侍中祭酒、騎都尉，與侍中劉昆俱在光武左右，每事諮訪焉。卒於官。

〔一〕東緡，今兗州金鄉縣。

周澤字穉都，北海安丘人也。少習公羊嚴氏春秋，隱居教授，門徒常數百人。建武末，辟大司馬府，署議曹祭酒。數月，徵試博士。中元元年，遷黽池令。奉公剋己，矜恤孤羸，吏人歸愛之。永平五年，遷右中郎將。十年，拜太常。

澤果敢直言，數有據爭。後北地太守廖信〔一〕坐貪穢下獄，沒入財產，顯宗以信臧物班諸廉吏，唯澤及光祿勳孫堪、大司農常沖特蒙賜焉。是時京師翕然，在位者咸自勉勵。

〔一〕廖音力弔反。

堪字子穉，河南緱氏人也。明經學，有志操，清白貞正，愛士大夫，然一毫未嘗取於人，以節介氣勇自行。王莽末，兵革並起，宗族老弱在營保間，堪常力戰陷敵，無所回避，數被創刃，宗族賴之，郡中咸服其義勇。

建武中，仕郡縣。公正廉絜，奉祿不及妻子，皆以供賓客。及爲長吏，所在有迹，爲吏人所敬仰。喜分明去就。嘗爲縣令，謁府，趨步遲緩，門亭長譴堪御吏，堪便解印綬去，不之官。後復仕爲左馮翊，坐遇下促急，司隸校尉舉奏免官。數月，徵爲侍御史，再遷尚書令。永平十一年，拜光祿勳。

堪清廉，果於從政，數有直言，多見納用。十八年，以病乞身，爲侍中騎都尉，卒於官。堪行類於澤，故京師號曰「二穉」。

十二年，以澤行司徒事，如眞。澤性簡，忽威儀，頗失宰相之望。數月，復爲太常。清絜循行，盡敬宗廟。常臥疾齋宮，其妻哀澤老病，闚問所苦。澤大怒，以妻干犯齋禁，遂收送詔獄謝罪。當世疑其詭激。時人爲之語曰：「生世不諧，作太常妻，一歲三百六十日，三百五十九日齋。」〔一〕十八年，拜侍中騎都尉。後數爲三老五更。建初中致仕，卒於家。

〔一〕漢官儀此下云「一日不齋醉如泥」。

鍾興字次文，汝南汝陽人也。少從少府丁恭受嚴氏春秋。恭薦興學行高明，光武召見，問以經義，應對甚明。帝善之，拜郎中，稍遷左中郎將。詔令定春秋章句，去其復重，〔一〕以授皇太子。又使宗室諸侯從興受章句。封關內侯。興自以無功，不敢受爵。帝

曰：「生教訓太子及諸王侯，非大功邪？」興曰：「臣師丁恭。」於是復封恭，而興遂固辭不受爵，卒於官。

〔一〕復音複。重音直容反。

甄宇字長文，北海安丘人也。清靜少欲。習嚴氏春秋，教授常數百人。建武中，爲州從事，徵拜博士，〔一〕稍遷太子少傅，卒於官。

〔一〕東觀記曰：「建武中每臘，詔書賜博士一羊。羊有大小肥瘦。時博士祭酒議欲殺羊分肉，又欲投鉤，宇復恥之。宇因先自取其最瘦者，由是不復有爭訟。後召會，問『瘦羊博士』所在，京師因以號之。」

傳業子普，普傳子承。承尤篤學，未嘗視家事，講授常數百人。諸儒以承三世傳業，莫不歸服之。建初中，舉孝廉，卒於梁相。子孫傳學不絕。

樓望字次子，陳留雍丘人也。少習嚴氏春秋。操節清白，有稱鄉閭。建武中，趙節王栩〔一〕聞其高名，遣使齎玉帛請以爲師，望不受。後仕郡功曹。永平初，爲侍中、越騎校尉，入講省內。十六年，遷大司農。十八年，代周澤爲太常。建初五年，坐事左轉太中大夫，後爲左中郎將。教授不倦，世稱儒宗，諸生著錄九千餘人。年八十，永元十二年，卒於官，門生

會葬者數千人，儒家以爲榮。

〔一〕光武叔父趙王良之子，謚曰節。

程曾字秀升，豫章南昌人也。受業長安，習嚴氏春秋，積十餘年，還家講授。會稽顧奉等數百人常居門下。著書百餘篇，皆五經通難，又作孟子章句。建初三年，舉孝廉，遷海西令，卒於官。

張玄字君夏，河內河陽人也。少習顏氏春秋，兼通數家法。建武初，舉明經，補弘農文學，遷陳倉縣丞。清淨無欲，專心經書，方其講問，乃不食終日。及有難者，輒爲張數家之說，令擇從所安。諸儒皆伏其多通，著錄千餘人。

玄初爲縣丞，嘗以職事對府，不知官曹處，吏白門下責之。時右扶風琅邪徐業，亦大儒也，聞玄諸生，試引見之，與語，大驚曰：「今日相遭，眞解矇矣！」〔一〕遂請上堂，難問極日。

〔一〕遭，逢也。

後玄去官，舉孝廉，除爲郎。會顏氏博士缺，玄試策第一，拜爲博士。居數月，諸生上言玄兼說嚴氏、〔宣〕〔冥〕氏，不宜專爲顏氏博士。光武且令還署，未及遷而卒。

李育字元春，扶風漆人也。〔一〕少習公羊春秋。沈思專精，博覽書傳，知名太學，深爲同郡班固所重。固奏記薦育於驃騎將軍東平王蒼，由是京師貴戚爭往交之。州郡請召，育到，輒辭病去。

〔一〕漆，縣，今豳州新平縣。

常避地教授，門徒數百。頗涉獵古學。嘗讀左氏傳，雖樂文采，然謂不得聖人深意，以爲前世陳元、范升之徒更相非折，〔一〕而多引圖讖，不據理體，於是作難左氏義四十一事。

〔一〕折，難也，音之舌反。

建初元年，衞尉馬廖舉育方正，爲議郎。後拜博士。四年，詔與諸儒論五經於白虎觀，育以公羊義難賈逵，往返皆有理證，最爲通儒。再遷尚書令。及馬氏廢，〔一〕育坐爲所舉免歸。歲餘復徵，再遷侍中，卒於官。

〔一〕建初八年，順陽侯馬廖子豫爲步兵校尉，坐投書怨謗，豫免，廖歸國。見馬援傳。

何休字邵公，任城樊人也。〔一〕父豹，少府。休爲人質朴訥口，而雅有心思，精研六經，世儒無及者。以列卿子詔拜郎中，非其好也，辭疾而去。不仕州郡。進退必以禮。

〔一〕樊，縣，故城在今兖州瑕丘縣西南。

太傅陳蕃辟之，與參政事。蕃敗，休坐廢錮，乃作春秋公羊解詁，〔二〕覃思不闚門，十有七年。又注訓孝經、論語、風角七分，皆經緯典謨，不與守文同說。又以春秋駮漢事六百餘條，妙得公羊本意。休善歷筭，與其師博士羊弼，追述李育意以難二傳，作公羊墨守、〔三〕左氏膏肓、穀梁廢疾。

〔二〕博物志曰：「何休注公羊云『何氏學』，有不解者，或荅曰『休謙辭受學於師，乃宣此義不出於已』。」此言爲允也。

〔三〕言公羊之義不可攻，如墨翟之守城也。

黨禁解，又辟司徒。羣公表休道術深明，宜侍帷幄，倖臣不悅之，乃拜議郎，屢陳忠言。再遷諫議大夫，年五十四，光和五年卒。

服虔字子愼，初名重，又名祇，後改爲虔，河南滎陽人也。少以淸苦建志，入太學受業。有雅才，善著文論，作春秋左氏傳解，行之至今。又以左傳駮何休之所駮漢事六十條。舉孝廉，稍遷，中平末，拜九江太守。免，遭亂行客，病卒。所著賦、碑、誄、書記、連珠、九憤，凡十餘篇。

潁容字子嚴，陳國長平人也。〔一〕博學多通，善春秋左氏，師事太尉楊賜。郡舉孝廉，州辟，公車徵，皆不就。初平中，避亂荆州，聚徒千餘人。劉表以爲武陵太守，不肯起。著春秋左氏條例五萬餘言，建安中卒。

〔一〕長平，縣，故城在今陳州西北。

謝該字文儀，南陽章陵人也。善明春秋左氏，爲世名儒，門徒數百千人。建安中，河東人樂詳條左氏疑滯數十事以問，該皆爲通解之，名爲謝氏釋，行於世。〔一〕

〔一〕魏略曰：「詳字文載，少好學，聞謝該善左氏傳，乃從南陽步涉詣許，從該問〔疑〕難諸要。今左氏〔樂氏〕問七十二事，詳所撰也。杜畿爲太守，署詳文學祭酒。黄初中，徵拜博士。〔時有博士〕十餘人，學多褊〔狹〕，又不熟悉，唯詳五業並授。其或質難不解，詳無愠色，以杖畫地，牽譬引類，至忘寢食也。」

仕爲公車司馬令，以父母老，託疾去官。欲歸鄉里，會荆州道斷，不得去。少府孔融上書薦之曰：「臣聞高祖創業，韓、彭之將征討暴亂，陸賈、叔孫通進說詩書。〔一〕光武中興，吳、耿佐命，范升、衞宏脩述舊業，故能文武並用，成長久之計。陛下聖德欽明，同符二祖，勞謙戹運，三年乃讙。〔二〕今尙父鷹揚，方叔翰飛，〔三〕王師電驚，羣凶破殄，始有櫜弓臥鼓之次，〔四〕宜得名儒，典綜禮紀。竊見故公車司馬令謝該，體曾、史之淑性，〔五〕兼商、偃之文學，〔六〕博通羣藝，周覽古今，物來有應，事至不惑，清白異行，敦悅道訓。求之遠近，少有疇匹。若乃巨骨出吳，〔七〕隼集陳庭，〔八〕黃能入寢，〔九〕亥有二首，〔一〇〕非夫洽聞者，莫識其端也。雋不疑定北闕之前，〔一一〕夏侯勝辯常陰之驗，然後朝士益重儒術。〔一二〕今該實卓然比跡前列，間以父母老疾，弃官欲歸，道路險塞，無由自致。猥使良才抱樸而逃，踰越山河，沈淪荆楚，所謂往而不反者也。〔一三〕後日當更饋樂以釣由余，剋像以求傳說，豈不煩哉？〔一四〕臣愚以爲可推錄所在，召該令還。楚人止孫卿之去國，〔一五〕漢朝追匡衡於平原，〔一六〕尊儒貴學，惜失賢也。」書奏，詔即徵還，拜議郎。以壽終。

〔一〕陸賈爲太中大夫，時時前說稱詩書，著書十二篇，每奏一篇，高祖未嘗不稱善。叔孫通爲高祖制禮儀。並見前書。

〔二〕史記：「高宗諒闇，三年不言，言乃讙。」時靈帝崩後，獻帝居諒闇，初釋服也。

〔三〕尚父，太公也。毛詩曰：「維師尚父，時惟鷹揚。」又曰：「方叔涖止，其車三千。鴥彼飛隼，翰飛戾天。」注云：「方叔，卿士，命爲將也。涖，臨也。鴥，急疾之貌也。飛乃至天，喻士卒至勇，能深入攻敵。」

〔四〕毛詩曰：「載櫜弓矢。」櫜所以盛弓。言今太平，櫜弓臥鼓，不用征伐，故須賢人也。

〔五〕曾參、史魚。

〔六〕卜商，言偃也。論語曰：「文學則子游、子夏。」

〔七〕史記曰：「吳伐越，隳會稽，得骨節專車。吳使使問仲尼：『骨何者最大？』仲尼曰：『禹致羣神於會稽山，防風氏後

至，禹殺而僇之，其節專車，此爲大也。』」

〔八〕史記曰：「有隼集于陳庭而死，楛矢貫之，石砮矢長尺有咫。陳湣公使問仲尼，仲尼曰：『隼來遠矣，此肅慎之矢也。昔武王克商，通道九夷百蠻，使各以其方賄來貢，於是肅慎貢楛矢石砮，長尺有咫。先王以分大姬，配虞胡公而封諸陳。』試求之故府，果得之。」

〔九〕左傳曰：「鄭子產聘于晉，晉侯有疾，韓宣子曰：『寡君寢疾，於今三月矣。今夢黃能入於寢門，其何厲鬼邪？』對曰：『昔堯殛鯀于羽山，其神化爲黃能，以入羽泉，實爲夏郊，三代祀之。晉爲盟主，其或者未之祀也？』韓子祀夏郊，晉侯有閒。」

〔一〇〕左傳：「晉悼夫人食輿人之城杞者，絳縣人或年長矣，無子，而往與於食。有與疑年，使之年，曰：『臣小人也，不知紀年。臣生之歲，正月甲子朔，四百有四十五甲子矣。其季於今，三之一也。』吏走問諸朝。師曠曰：『魯叔仲惠伯會郤成子于承匡之歲也，七十三年矣。』史趙曰：『亥有二首六身，下二如身，是其日數也。』士文伯曰：『然則二萬六千六百有六旬也。』」杜注云：「『亥』字二畫在上，併三六爲身，如筭之六也。」

〔一一〕前書昭帝時，有男子成方遂詣北闕，自稱衞太子。丞相、御史、二千石至者，(立)〔並〕莫敢發言，京兆尹雋不疑後到，叱從吏收縛。或曰：「是非未可知？」不疑曰：「諸君何患於衞太子？昔蒯聵違命出奔，輒距而不納，春秋是之。衞太子得罪先帝，亡不即死，今來自詣，此罪人也。」遂送(下)詔獄。天子與大將軍霍光聞而嘉之，曰「公卿大臣當用經術，明於大義」也。

〔一二〕前書曰，昌邑王嗣立，數出，勝當乘輿車前諫曰：「天久陰不雨，臣下有謀上者，陛下欲何之？」王怒，謂勝爲妖言，縛以屬吏。吏白霍光。是時光與張子孺謀欲廢王，光讓子孺，以爲泄，子孺實不泄，召問勝，對言「在洪範」。光、子孺以此益重儒術士。

〔一三〕韓詩外傳曰：「山林之士爲名，故往而不能反也。朝廷之士爲祿，故入而不能出。」

〔一四〕史記曰：「由余，其先晉人也，亡入戎，能晉言。〔戎王〕聞繆公賢，故使由余觀秦。秦繆公示以宮室積聚。由余曰：『使鬼爲之，則勞神矣；使人爲之，亦苦人矣。』繆公退而問內史廖曰：『孤聞鄰國有聖人，敵國之憂也。今由余賢，寡人之害，將柰何？』廖曰：『戎王處僻，未聞中國之聲，君試遺以女樂，以奪其志；爲由余請，以疏其閒；留而莫遣，以失其期。戎王怪之，必疑由余。君臣有閒，乃可虜也。』乃令內史廖以女樂二八遺戎王，戎王受而說之。由余數諫不聽，繆公又數使人閒要由余，由余遂去降秦。」

〔一五〕劉向孫卿子後序所論孫卿事曰：「卿名況，趙人也。楚相春申君以爲蘭陵令。或謂春申君曰：『湯以七十里，文王以百里。孫卿賢者，今與之百里地，楚其危乎！』春申君謝之。孫卿去之趙，後客或謂春申君曰：『伊尹去夏入殷，殷王而夏亡，管仲去魯入齊，魯弱而齊彊，故賢者所在，君尊國安。今孫卿天下賢人，所去之國其不安乎？』春申君使人聘孫卿，乃還，復爲蘭陵令。」

〔一六〕前書匡衡爲平原文學，長安令楊興薦之於車騎將軍史高，曰：「衡材智有餘，經學絕倫，但以無階朝廷，故隨牒在遠方。將軍試召置幕府，貢之朝廷，必爲國器。」高然其言，辟衡爲議曹(吏)〔史〕，薦衡於帝，帝以爲郎中。

建武中，鄭興、陳元傳春秋左氏學。時尚書令韓歆上疏，欲爲左氏立博士，范升與歆爭之未決，陳元上書訟左氏，遂以魏郡李封爲左氏博士。後羣儒蔽固者數廷爭之。及封卒，光武重違衆議，而因不復補。

許慎字叔重，汝南召陵人也。性淳篤，少博學經籍，馬融常推敬之，時人爲之語曰：「五經無雙許叔重。」爲郡功曹，舉孝廉，再遷除洨長。卒于家。〔一〕

〔一〕洨音侯交反。

初，慎以五經傳說臧否不同，於是撰爲五經異義，又作說文解字十四篇，皆傳於世。

蔡玄字叔陵，汝南南頓人也。學通五經，門徒常千人，其著錄者萬六千人。徵辟並不就。順帝特詔徵拜議郎，講論五經異同，甚合帝意。遷侍中，出爲弘農太守，卒官。

論曰：自光武中年以後，干戈稍戢，專事經學，自是其風世篤焉。其服儒衣，稱先王，〔一〕遊庠序，聚横〔二〕塾者，蓋布之於邦域矣。若乃經生所處，不遠萬里之路，〔三〕精廬暫建，嬴糧動有千百，〔四〕其耆名高義開門受徒者，編牒不下萬人，皆專相傳祖，莫或訛雜。至有分爭王庭，樹朋私里，繁其章條，穿求崖穴，以合一家之說。故楊雄曰：「今之學者，非獨爲

之華藻，又從而繡其鞶帨。」〔五〕夫書理無二，義歸有宗，而碩學之徒，莫之或徙，〔六〕故通人鄙其固焉，又雄所謂「譊譊之學，各習其師」也。〔七〕且觀成名高第，終能遠至者，蓋亦寡焉，而迂滯若是矣。然所談者仁義，所傳者聖法也。故人識君臣父子之綱，家知違邪歸正之路。

〔一〕儒服爲章甫之冠，縫掖之衣也。禮記曰：「言必則古昔，稱先王。」

〔二〕「横」又作「黌」。

〔三〕經生謂博士也。就之者不以萬里爲遠而至也。

〔四〕精廬，講讀之舍。贏，擔負也。

〔五〕揚雄法言之文也。喻學者文煩碎也。鞶，帶也，字或作「幋」。說文曰：「幋，覆衣巾也。」音盤。帨，佩巾也，音稅。

〔六〕無二，專一也。

〔七〕亦法言之文也。譊譊，讙也，音奴交反。

自桓、靈之閒，君道秕僻，〔一〕朝綱日陵，國隙屢啓，〔二〕自中智以下，靡不審其崩離；而權彊之臣，息其闚盜之謀，〔三〕豪俊之夫，屈於鄙生之議者，〔四〕人誦先王言也，下畏逆順埶也。〔五〕至如張溫、皇甫嵩之徒，功定天下之半，聲馳四海之表，俯仰顧眄，則天業可移，猶鞠躬昏主之下，狼狽折札之命，散成兵，就繩約，而無悔心。〔六〕暨乎剝橈自極，人神數盡，〔七〕然後羣英乘其運，世德終其祚。〔八〕跡衰敝之所由致，而能多歷年所者，斯豈非學之

效乎？〔九〕故先師垂典文，褒勵學者之功，篤矣切矣。不循春秋，至乃比於殺逆，其將有意乎！〔一〇〕

〔一〕秕，穀不成也。以喻政化之惡也。

〔二〕陵，陵遲也。

〔三〕謂閻忠勸皇甫嵩，令推亡漢而自立，嵩不從其言。

〔四〕謂董卓欲大起兵，鄭泰止之，卓從其言。

〔五〕言政化雖壞，而朝久不傾危者，以經籍道行，下人懼逆順之埶。

〔六〕昏主謂獻帝也。札，簡也。折簡而召，言不勞重命也。繩約猶拘制也。謂溫及嵩並被徵而就拘制也。

〔七〕易大過卦曰：「棟橈凶。」橈，折也。極，終也。言漢祚自終，人神之數盡。橈音女教反。

〔八〕羣英謂袁術、曹操之屬。代德終其祚謂曹丕即位，廢獻帝爲山陽公，自廢至薨十四年，以壽終。

〔九〕跡猶尋也。言由有儒學，故能長久也。

〔一〇〕史記曰「爲人君父而不通春秋之義者，必蒙首惡之名。爲人臣子〔而〕不通春秋之義者，必陷簒弒誅死之罪」也。

贊曰：斯文未陵，亦各有承。〔一〕塗分流別，專門並興。精疏殊會，通閡相徵。千載不作，淵原誰澂？〔二〕

〔一〕論語曰：「天之將喪斯文也。」言斯文未陵遲，故學者分門，各自承襲其家業也。

〔二〕說經者，各自是其一家，或精或疏，或通或閡，去聖既久，莫知是非。若千載一聖，不復作起，則泉原混濁，誰能澂之。

校勘記

二五七〇頁一三行　年七十二　按：汲本、殿本「二」作「一」。

二五七三頁四行　犍爲武陽人也　集解引惠棟說，謂華陽國志作「資中人」。按：張森楷校勘記謂案下趙長君傳，言到犍爲資中詣杜撫受韓詩，疑「資中」爲是，「武陽」非也。

二五七三頁七行　杜君法　按：汲本、殿本並作「杜君注」。

二五七三頁八行　召馴　按：集解引惠棟說，謂桓郁傳作「召訓」，訓馴古文通。

二五七三頁一二行　卷縣屬滎陽郡　按：集解引洪亮吉說，謂漢無滎陽郡，當屬河南。

二五七四頁一行　章和二年代任隗爲光祿勳　按：集解引洪頤煊說，謂章帝紀章和元年光祿勳任隗爲司空，則馴之代隗，當在章和元年。

二五七五頁五行　（嗶）〔撫〕卒（業）乃歸　據殿本改。按：集解引惠棟說，謂會稽典錄云「撫卒，嗶經營葬之，然後歸」。

二五七五頁一二行　衞宏字敬仲　按：集解引惠棟說，謂「宏」書斷作「宻」。鄭康成自序云「字次仲」。書斷亦云。

二五七六頁五行　魯高堂生　按：汲本、殿本此下有注「高堂生名隆」五字，殿本考證李良裘謂高堂隆乃三國時人，此注疑誤，前書注中亦不記其名。

二五七六頁五行　後瑕丘蕭奮以授同郡后蒼　按：沈家本謂按前書瑕丘蕭奮以禮至淮陽太守，孟卿事蕭奮，以授后蒼，是奮授卿，卿授蒼，此云奮授蒼，誤。

二五七六頁九行　德字近君　按：沈家本謂前書「近君」作「延君」，釋文敍錄同。此作「近」，形近而譌。

二五七七頁二行　永平初　按：汲本、殿本「初」作「中」。

二五七七頁五行　因採元（和）〔始〕中故事　據集解本改。

二五七八頁三行　長水校尉樊（儵）〔鯈〕等　據殿本改。

二五七九頁三行　坐遇下促急　按：汲本、殿本「遇」作「御」。

二五七九頁七行　十二年以澤行司徒事　按：通鑑作「十四年」。考異謂澤傳云「十二年」，按十二年不闕司徒，當是虞延免後，邢穆未至閒，澤行司徒事耳，故云數月。

二五八〇頁八行　傳業子普　按：校補引柳從辰說，謂東觀記「普」作「晉」，書鈔引同。

二五八〇頁一三行　永元十二年　按：汲本、殿本「二」作「三」。

二五八一頁六行　少習顏氏春秋　按：原作「春秋顏氏」，逕據汲本、殿本乙正。

二五八一頁一三行　玄稱說嚴氏（宣）〔冥〕氏　按：集解引惠棟說，謂前書春秋有冥氏學，「宣氏」當作「冥

氏」。今據改。

二五八三頁二行　作春秋左氏傳解　按：隋書經籍志「解」下有「誼」字。

二五八四頁一行　頴容　按：「頴」原作「穎」，逕據汲本改。

二五八四頁七行　從該問〔疑〕難諸要　殿本考證謂何焯校本「問」字下添「疑」字，今據補。按：以下並據何焯校本，於「今左氏」今下補「樂氏」二字，「徵拜博士」下補「時有博士」四字，「學多徧」下補「狹」字。

二五八六頁二行　（立）〔並〕莫敢發言　王念孫漢書雜志謂「立」當作「並」，漢紀孝昭紀作「並不敢言」，是其證。王先謙漢書補注謂通鑑亦作「並」。今據改。

二五八六頁一四行　遂送（下）詔獄　據刊誤删。按：漢書無「下」字。

二五八七頁三行　〔戎王〕聞繆公賢　據汲本、殿本補。

二五八七頁一三行　將軍試召置幕府　按：校補引柳從辰說，謂注引前書，據今本「試」作「誠」。

二五八七頁一三行　辟衡爲議曹（吏）〔史〕　張森楷校勘記謂「吏」當依前書匡衡傳作「史」，今據改。

二五九〇頁二行　爲人臣子〔而〕不通春秋之義者　據汲本補。

後漢書卷八十上

文苑列傳第七十上

杜篤字季雅，京兆杜陵人也。高祖延年，宣帝時爲御史大夫。〔一〕篤少博學，不修小節，不爲鄉人所禮。居美陽，與美陽令遊，數從請託，不諧，頗相恨。令怒，收篤送京師。會大司馬吳漢薨，光武詔諸儒誄之，篤於獄中爲誄，辭最高，帝美之，賜帛免刑。

〔一〕前書延年字幼公，周之子也，爲御史大夫。延年居父官府，不敢當舊位，臥坐皆易其處也。

篤以關中表裏山河，先帝舊京，不宜改營洛邑，乃上奏論都賦曰：

臣聞知而復知，是爲重知。〔一〕臣所欲言，陛下已知，故略其梗槪，〔二〕不敢具陳。昔般庚去奢，行儉於亳，〔三〕成周之隆，乃卽中洛。〔四〕遭時制都，不常厥邑。〔五〕賢聖之慮，蓋有優劣；霸王之姿，明知相絕。守國之埶，同歸異術：或弃去阻阨，務處平易；〔六〕或據山帶河，并吞六國；〔七〕或富貴思歸，不顧見襲；或掩空擊虛，自蜀漢出；〔八〕卽日車駕，策由一卒；〔九〕或知而不從，久都墝埆。〔一〇〕臣不敢有所據。竊見司

馬相如、楊子雲作辭賦以諷主上，臣誠慕之，伏作書一篇，名曰論都，謹并封奏如左。

〔一〕韓詩外傳曰：「知者知其所知，乃爲知矣。」

〔二〕梗槪猶粗略也。

〔三〕帝王紀曰：「般庚以耿在河北，迫近山川，自祖辛以來，奢淫不絕，般庚乃南度河，徙都於亳。人咨嗟相怨，不欲徙，乃作書三篇以告之。」

〔四〕周成王就土中都洛陽也。

〔五〕尚書曰：「不常厥邑，于今五遷。」

〔六〕淮南子曰：「武王克殷，欲築宮於五行之山。周公曰：『不可。夫五行之山，固塞險阻之地。使我德能覆之，則天下納其貢職者固矣；使我有暴亂之行，則天下之伐我難也。』」高誘注云：「明周公恃德不恃險也。」

〔七〕謂秦也。

〔八〕韓生勸項羽都關中，羽曰：「富貴不歸故鄉，如衣錦夜行。」乃歸都彭城，而高祖自蜀漢出襲擊之也。見前書。

〔九〕前書戍卒婁敬說高祖都關中，卽日車駕西都長安。

〔一〇〕謂光武久都洛陽也。墝埆，薄地也。前書張良曰：「洛陽田地薄，四面受敵。」墝音苦交反。埆音苦角反。

皇帝以建武十八年二月甲辰，升輿洛邑，巡于西岳。〔一〕推天時，順斗極，〔二〕排閶闔，入函谷，〔三〕觀阸於崤、黽，圖險於隴、蜀。〔四〕其三月丁酉，行至長安。經營宮室，傷愍舊京，卽詔京兆，迺命扶風，齋肅致敬，告覲園陵。悽然有懷祖之思，〔五〕喟乎以思諸

夏之隆。〔六〕遂天旋雲遊，造舟于渭，北杭涇流。〔七〕千乘方轂，萬騎駢羅，衍陳於岐、梁，東橫乎大河。〔八〕瘞后土，〔九〕禮郊郊。〔一〇〕其歲四月，反于洛都。明年，有詔復函谷關，作大駕宮、〔一一〕六王邸、高車廄於長安，脩理東都城門，〔一二〕橋涇、渭。往往繕離觀，東臨霸、滻，西望昆明，北登長平，〔一三〕規龍首，撫未央，覛平樂，儀建章。〔一四〕

〔一〕光武紀曰：「甲寅西巡狩。」

〔二〕楊雄長楊賦曰：「順斗極，運天關。」極，北極星也，言順斗建及北極之星運轉而行也。

〔三〕閶闔，天門也。函谷故關在今洛州新安縣也。

〔四〕圖猶規度也。

〔五〕懷，思也。

〔六〕喟，歎聲。

〔七〕爾雅曰：「天子造舟。」造，並也。以舟相並而濟也。杭，舟度也，音胡郎反。方言：「關而東或謂舟爲杭。」說文「杭」字在方部，今流俗不解，遂與「杭」字相亂者，誤也。

〔八〕衍，布也。橫，絕流度也。楚辭曰「橫大江兮揚舲」也。

〔九〕瘞，埋也，謂埋牲幣也。爾雅曰：「祭地曰瘞埋。」后土祠在今蒲州汾陰縣北也。

〔一〇〕甘泉祭天所也，在郊地之郊。

〔一一〕大駕見儒林傳。大駕宮即天子行幸也。

〔一二〕長安外城門，東面北頭第一門也。

〔一三〕長平，坂名也，在池陽宮南也。

〔一四〕龍首，山名，蕭何於其上作未央宮。撫，巡也。或云「撫」亦「模」，其字從「木」。覛，視也，音麥。平樂，觀名，建章，宮名，並在城西。謂光武規模而修理也。

是時山東翕然狐疑，意聖朝之西都，懼關門之反拒也。〔一〕客有爲篤言：「彼埳井之潢汙，固不容夫吞舟；〔二〕且洛邑之渟瀯，曷足以居乎萬乘哉？〔三〕咸陽守國利器，不可久虛，以示姦萌。」〔四〕篤未甚然其言也，故因爲述大漢之崇，〔五〕世據廱州之利，而今國家未暇之故，以喻客意。〔六〕曰：

〔一〕恐西都置關，所以拒外山東也。

〔二〕埳井喻小也。莊子曰：「埳井之蛙。」潢汙，停水也。吞舟，大魚也。賈誼曰：「彼尋常之汙瀆，豈容夫吞舟之魚。」

〔三〕楊雄甘泉賦曰：「梁弱水之濎濴。」濎濴，小貌也。渟音天鼎反。瀯音烏迴反。

〔四〕老子曰：「國之利器，不可以示人。」

〔五〕崇，高盛也。

〔六〕喻，曉也。

昔在強秦，爰初開畔，〔一〕霸自岐、廱，國富人衍，卒以并兼，桀虐作亂。〔二〕天命有聖，託之大漢。大漢開基，高祖有勳，斬白蛇，屯黑雲，〔三〕聚五星於東井，提干將而呵暴秦。〔四〕蹈滄海，跨崑崙，〔五〕奮彗光，埽項軍，〔六〕遂濟人難，蕩滌於泗、沂。〔七〕劉敬建策，初都長安。〔八〕太宗承流，守之以文。〔九〕躬履節儉，側身行仁，食不二味，衣無異采，賑人以農桑，率下以約己，曼麗之容不悅於目，鄭衞之聲不過於耳，〔一〇〕佞邪之臣不列於朝，巧僞之物不鬻於市，〔一一〕故能理升平而刑幾措。富衍於孝景，功傳於後嗣。〔一二〕

〔一〕畔，疆界也。

〔二〕衍，饒也，音以戰反。桀虐，如桀之無道也。

〔三〕前書高祖斬大蛇，有一老嫗夜哭，曰：「吾子，白帝子，今赤帝子斬之。」故曰白蛇。又呂后曰：「季所居上常有雲氣。」

〔四〕高祖初至霸上，五星聚東井。干將，劍名也。高祖曰：「吾提三尺劍取天下。」

〔五〕楊雄長楊賦曰：「横亘海，（票）〔漂〕昆崙。」此言蹈跨，喻遠大也。

〔六〕彗星者，所以除舊布新也，故曰埽。

〔七〕項羽都彭城。泗水、沂水近彭城地也。蕩滌謂誅之也。

〔八〕解見班固傳。

〔九〕太宗，文帝也。繼體之君，以文德守之。

〔一〇〕曼，美也。

〔一一〕禮記曰「用器不中度，不鬻於市。布帛精麤不中數，廣狹不中量，不鬻於市。姦色亂正色，不鬻於市」也。

〔一二〕前書景帝時，太倉之粟紅腐而不可食，都內之錢貫朽而不可校也。

是時孝武因其餘財府帑之蓄，始有鉤深圖遠之意，探冒頓之罪，〔一〕校平城之讎。〔二〕遂命票騎，〔三〕勤任衞青，〔四〕勇惟鷹揚，軍如流星，〔五〕深之匈奴，割裂王庭，〔六〕席卷漠北，叩勒祁連，〔七〕橫分單于，屠裂百蠻。〔八〕燒罽帳，〔九〕繫閼氏，〔一〇〕燔康居，灰珍奇，〔一一〕椎鳴鏑，〔一二〕釘鹿蠡，〔一三〕馳阬岸，獲昆彌，〔一四〕虜傲侲，〔一五〕驅騾驢，馭宛馬，〔一六〕鞭駃騠。〔一七〕拓地萬里，威震八荒。肇置四郡，據守敦煌。〔一八〕并域屬國，一郡領方。〔一九〕立候隅北，建護西羌。〔二〇〕捶驅氐、僰，寥狼卭、莋。〔二一〕東攡烏桓，蹂轔濊貊。〔二二〕南羈鉤町，水劍強越。〔二三〕殘夷文身，海波沫血。〔二四〕郡縣日南，漂槩朱崖。〔二五〕部尉東南，兼有黃支。〔二六〕連緩耳，瑣雕題，〔二七〕摧天督，〔二八〕牽象犀，椎蜯蛤，碎瑠璃，甲瑇瑁，戕觜觿。〔二九〕於是同穴裘褐之域，〔三〇〕共川鼻飲之國，〔三一〕莫不祖跣稽顙，失氣虜伏。〔三二〕非夫大漢之盛，世藉廱土之饒，得御外理內之術，孰能致功若斯！故創業於高祖，嗣傳於孝惠，德隆於太宗，財衍於孝景，威盛於聖武，政行於宣、元，侈極於成、哀，祚缺於孝平。傳世十一，歷載三百，〔三三〕德衰而復盈，道微而復章，〔三四〕皆莫能遷於廱州，而背於咸陽。宮室寢廟，山陵相望，高顯弘麗，可思可榮，羲、農已來，無茲著明。

〔一〕前書冒頓殺其父頭曼單于，又爲書使遺高后曰：「孤僨之君，生於沮澤之中，長於平野牛馬之域，數至邊境，願游中國。陛下獨立，孤僨獨居，兩主不樂，無以自娛，願以所有，易其所無。」

〔二〕校，報也。冒頓單于圍高祖於平城七日，故報之也。

〔三〕票騎將軍霍去病也。

〔四〕青爲大將軍霍去病舅也。

〔五〕毛詩曰：「時惟鷹揚。」注云：「如鷹之飛揚也。」長楊賦曰：「疾如奔星。」

〔六〕匈奴王庭也。長楊賦曰：「遂獵乎王庭。」

〔七〕漠，沙漠也。祁連，匈奴中山名也。叩，擊也。勒謂銜勒也。

〔八〕百蠻，夷狄之總稱也。

〔九〕罽，毛布也。

〔一〇〕單于妻號也。

〔一一〕康居，西域國也。居音渠。

〔一二〕前書曰：「冒頓作鳴鏑。」今之髇箭也。

〔一三〕蠡音離。匈奴有左右鹿蠡王。前書作「谷蠡」。

〔一四〕昆彌，西域國也。

〔一五〕方言：「侲，養馬人也。」字書侲音眞。字書無「傲」字。諸家並音數侲爲粟犢，西域國名也。傳讀如此，不知所

出。今有驩特國，恐是也。

〔一六〕大宛，國名，出汗血馬。

〔一七〕駿馬也。駃音決。騠音啼。生七日而超其母也。

〔一八〕四郡謂酒泉、武威、張掖、敦煌也。

〔一九〕幷西域，以屬國都尉主之，以敦煌一郡部領西方也。

〔二〇〕楊雄解嘲曰：「西北一候。」孟康注云：「敦煌玉門關候也。」置護羌校尉，以主西羌。

〔二一〕捶，擊也。寥狼猶摩援也。氐、僰、邛、筰並西南夷號。

〔二二〕字書「攦」亦「𪊨」字也，音摩。方言云：「摩，滅也。」蹂，踐也。轢，轢也，音吝。濊貊，東夷號也。

〔二三〕羈，係也。鉤町，西南夷也。水劍謂戈船將軍等下水誅南越也。鉤町音劬挺。

〔二四〕穀梁傳曰：「越人被髮文身。」沫血，水沫如血。

〔二五〕武帝元鼎六年，平南越，以爲南海、蒼梧、鬱林、合浦、交阯、九眞、日南、珠崖、儋耳九郡。漂槩謂摩近之也。前書音義曰：「珠崖言珠若崖也。」此作「朱」，古字通。茂陵書曰：「珠崖郡都郎噿，去長安七千三百里。」噿音窘。

〔二六〕楊雄解嘲曰：「東南一尉。」孟康注云：「會稽東部都尉也。」前書曰「自都盧國船行可二月餘，有黃支國，俗與珠崖相類」也。

〔二七〕緌耳，耳下垂，卽儋耳也。禮記曰：「南方曰蠻，雕題交阯。」鄭玄注曰：「謂刻其身以丹青涅之也。」王逸注楚詞曰：「雕，畫也。題，額也。」

〔二八〕卽天竺國也。

〔二九〕郭義恭廣志曰：「瑇瑁形似龜，出南海。」甲謂取其甲也。戕，殘也。觜觿，大龜，亦瑇瑁之屬。觜音子期反。觿音以規反。

〔三〇〕同穴，挹婁之屬也。衣裘褐，北狄也。

〔三一〕前書賈捐之曰「駱越之俗，父子同川而浴，相習以鼻飲」也。

〔三二〕稽，止也。方言曰：「顙，額顙也。」以額至地而稽止也。宋玉高唐賦曰：「虎豹豺兕，失氣恐喙。」言其恐懼如奴虜之伏也。

〔三三〕高祖至平帝十一代。歷，涉也。合二百十四年，此言「三百」者，謂出二百年，涉三百年也。

〔三四〕謂呂氏亂而文帝立，昌邑廢而宣帝中興也。

夫雍州本帝皇所以育業，〔一〕霸王所以衍功，戰士角難之場也。〔二〕禹貢所載，厥田惟上。〔三〕沃野千里，原隰彌望。保殖五穀，桑麻條暢。濱據南山，帶以涇、渭，號曰陸海，蠢生萬類。〔四〕楩柟檀柘，蔬果成實。畎瀆潤淤，水泉灌溉，〔五〕漸澤成川，粳稻陶遂。〔六〕厥土之膏，畝價一金。〔七〕田田相如，鐇钁株林。〔八〕火耕流種，功淺得深。〔九〕既有蓄積，阸塞四臨：西被隴、蜀，南通漢中，北據谷口，東阻嶔巖。〔一〇〕關函守嶢，山東道窮；〔一一〕置列汧、隴，雍偃西戎；〔一二〕拒守褒斜，嶺南不通；杜口絕津，朔方無從。〔一三〕鴻、渭之流，徑入于河；大船萬艘，轉漕相過；東綜滄海，西綱流沙；朔南暨聲，諸夏是和。〔一四〕城池百尺，阸塞要害。關梁之險，多所衿帶。〔一五〕一卒舉礧，千夫沈

滯；〔一六〕一人奮戟，三軍沮敗。〔一七〕地埶便利，介胄剽悍，可與守近，利以攻遠。〔一八〕士卒易保，人不肉袒。〔一九〕肇十有二，是爲贍腴。〔二〇〕用霸則兼幷，〔二一〕先據則功殊；〔二二〕修文則財衍，行武則士要；〔二三〕爲政則化上，篡逆則難誅；〔二四〕進攻則百克，退守則有餘：斯固帝王之淵囿，而守國之利器也。

〔一〕周始祖后稷封邰，公劉居豳，大王居岐，文王居酆，武王居鎬，並在關中，故曰育業也。

〔二〕衍，廣也。秦都關中也。

〔三〕尙書：「雍州厥田上上。」

〔四〕濱，近也。前書東方朔曰「漢都涇、渭之南，此謂天下陸海之地」也。

〔五〕說文曰：「淤，澱滓也。」顧野王曰：「今水中泥草也。」

〔六〕薛君注韓詩曰：「陶，暢也。」爾雅曰：「遂，生也。」

〔七〕前書東方朔曰：「酆鎬之閒，號爲土膏，其價畝一金。」一金，一斤金也。

〔八〕相如言地皆沃美相類也。廣雅曰：「鐇，（推）〔椎〕也。」音甫袁反。埤蒼云：「鐇，鏟也。」謂以鏟钁去林木之株蘖也。

〔九〕以火燒所伐林株，引水溉之而布種也。

〔一〇〕谷口在今雲陽縣。穀梁傳秦襲鄭，蹇叔送其子而戒之曰：「汝必死於崤之巖唫之下。」嶔巖謂崤也。嶔音吟。

〔一一〕函，函谷關也。嶢謂嶢山之關也，在藍田南，故武關之西。嶢音堯。

〔一二〕應音擁。
〔一三〕杜塞谷口，絕黃河之津。
〔一四〕尚書曰：「朔南暨聲教。」注云：「朔，北方也。」
〔一五〕衿帶，衣服之要，故以喻之。
〔一六〕礧，石也。前書：「匈奴乘隅下礧石。」音力對反。
〔一七〕淮南子曰「狹路津關，大山石塞，龍蛇蟠，簦笠居，羊腸道，魚笱門，一人守險，千人弗敢過」也。
〔一八〕剽，急疾也。悍，勇也。所據險要，故可守近；士卒勇疾，故可攻遠也。
〔一九〕左傳鄭伯肉袒牽羊以降楚，言關中士卒易與保守不降下也。
〔二〇〕尚書曰「肇十有二州」，謂雍、梁、荆、豫、徐、揚、青、兗、冀、幽、并、營也。雍州田第一，故曰膽腴。今流俗比地之良沃者爲膽者也。
〔二一〕謂秦并六國也。
〔二二〕高祖先入關，功爲諸侯最也。
〔二三〕修文德，則財產富衍。若用武，則士皆奮勵而要功也。
〔二四〕地險固，故難誅也。

逮及亡新，時漢之衰，偷忍淵囿，篡器慢違，〔一〕徒以埶便，莫能卒危。〔二〕假之十八，誅自京師。〔三〕天畀更始，不能引維，〔四〕慢藏招寇，復致赤眉。〔五〕海內雲擾，諸夏

文苑列傳第七十上　二六〇五

後漢書卷八十上　二六〇六

滅微；羣龍並戰，未知是非。〔六〕于時聖帝，赫然申威。荷天人之符，秉不世之姿。〔七〕受命於皇上，獲助於靈祇。〔八〕立號高邑，搴旗四麾。〔九〕首策之臣，運籌出奇；〔一〇〕虓怒之旅，如虎如螭。〔一一〕師之攸向，無不靡披。蓋夫燔魚剸蛇，莫之方斯。〔一二〕大呼山東，響動流沙。要龍淵，首鏌鎁，〔一三〕命騰太白，親發狼、弧。〔一四〕南禽公孫，北背強胡，西平隴、冀，東據洛都。乃廓平帝宇，濟蒸人於塗炭，成兆庶之亹亹，遂興復乎大漢。〔一五〕

〔一〕偷忍猶盜竊也。淵囿謂秦中也。
〔二〕卒音倉忽反。
〔三〕莽居攝篡位十八年，公賓就始斬之也。
〔四〕畀，與也。言更始不能持其綱維，故致敗亡。
〔五〕易曰：「慢藏誨盜。」又曰：「負且乘，致寇至。」言更始爲赤眉所破也。
〔六〕赤伏符曰：「四夷雲擾，龍鬭于野。」易曰：「龍戰于野。」謂更始敗後，劉永、張步等並起，未知受命者爲誰也。
〔七〕聖帝，光武也。天人符謂彊華自關中持赤伏符也。前書曰王吉上疏曰：「欲化之主不代出。」言有時而出，難常遇也。
〔八〕皇上謂天也。尚書曰：「惟皇上帝降衷於下人。」靈祇謂呼池冰及白衣老父等也。
〔九〕搴，拔也。
〔一〇〕前書高祖曰：「運籌帷幄之中，決勝千里之外，子房是也。」出奇謂陳平從高祖定天下，凡六出奇計，以比鄧禹、馮異、吳漢、耿弇等也。
〔一一〕詩曰：「闞如虓虎。」注云：「虎之怒虓然也。」史記周武王誓衆曰：「如虎如羆，如豺如螭。」杜預注左傳曰：「螭，山神，獸形也。」虓音呼交反。
〔一二〕尚書今文太誓篇曰：「太子發升舟，中流，白魚入於王舟，王跪取出，以燎。羣公咸曰『休哉』。」鄭玄注云：「燔魚以祭，變禮也。」剸，割也，音之兗反，謂高祖斬蛇也。
〔一三〕龍淵，劍，解見韓稜傳。說文：「鏌鎁，大戟也。」音莫邪。首謂建之於首也。吳越春秋有莫邪劍，義與此不同也。
〔一四〕騰，馳也。太白，天之將軍。狼、弧，並星名也。史記曰：「天苑東有大星曰天狼，下有四星曰弧。」宋均注演孔圖曰：「狼爲野將，用兵象也。」合誠圖曰：「弧主司兵，兵弩象。」
〔一五〕爾雅曰：「亹亹，勉也。」易曰：「成天下之亹亹。」

今天下新定，矢石之勤始瘳，〔一〕而主上方以邊垂爲憂，忿葭萌之不柔，〔二〕未遑於論都而遺思雍州也。〔三〕方躬勞聖思，以率海內，厲撫名將，略地疆外，信威於征伐，展武乎荒裔。〔四〕若夫文身鼻飲緩耳之主，椎結左衽鐻鍝之君，〔五〕東南殊俗不羈之國，西北絕域難制之鄰，靡不重譯納貢，請爲藩臣。上猶謙讓而不伐勤。〔六〕意以爲獲無用之虜，不如安有益之民；略荒裔之地，不如保殖五穀之淵；〔七〕遠救於已亡，不若近而存存也。〔八〕今國家躬脩道德，吐惠含仁，湛恩沾洽，時風顯宣。〔九〕徒垂意於持平守實，務在愛育元元，苟有便於王政者，聖主納焉。何則？物罔挹而不損，道無隆而不

文苑列傳第七十上　二六〇七

後漢書卷八十上　二六〇八

移，陽盛則運，陰滿則虧，〔一〇〕故存不忘亡，安不諱危，雖有仁義，猶設城池也。〔一一〕

〔一〕瘳，差也。
〔二〕楊子雲長楊賦曰：「遐萌爲之不安。」謂遠人也。案：篤此賦每取子雲甘泉、長楊賦事，意此「葭」即「遐」也。時蜀郡守將史歆及交阯徵側反，盧芳亡入匈奴，故云忿其不柔也。
〔三〕遺猶留也。
〔四〕信讀曰申。
〔五〕結音髻。前書：「尉佗椎結箕踞。」注云：「如今兵士椎頭髻也。」孔子曰：「微管仲吾其被髮左衽矣。」鐻音渠呂反。山海經曰：「神武羅穿耳以鐻。」郭璞注云：「金銀器之名，未詳形制。」鍝音牛于反。埤蒼曰：「鍝，鍇也。」案今夷狄好穿耳以垂金寶等，此並謂夷狄之君長也。
〔六〕前書司馬相如曰：「上猶謙讓而未俞也。」
〔七〕左傳曰：「吾將略地焉。」略，取也。
〔八〕易曰「成性存存」也。
〔九〕前書司馬相如難蜀父老曰：「湛恩汪濊。」湛音沈。易通卦驗曰「巽氣退則時風不至，萬物不成。冬至廣莫風至，立春條風至，春分明庶風至，立夏清明風至，夏至景風至，立秋涼風至，秋分閶闔風至，立冬不周風至」也。
〔一〇〕淮南子曰：「孔子觀桓公之廟，有器焉謂之宥坐。孔子曰：『善哉乎，得見此器！』顧曰：『弟子取水。』水至灌之，其中則正，其盈則覆。孔子造然革容曰：『善哉持盈者乎！』子貢在側，曰：『請問持盈？』曰：『挹而損之。』曰：『何謂挹而損之？』曰：『夫物盛而衰，樂極而悲；日中而移，月盈而虧。是故聰明睿智，守之以愚；多聞博辯，守之以

儉；武力毅勇，守之以畏；富貴廣大，守之以陋；德施天下，守之以讓：此五者，先王所以守天下而弗失也。』」

〔二〕易曰「君子存不忘亡，安不忘危」也。

客以利器不可久虛，而國家亦不忘乎西都，何必去洛邑之渟瀯與？

篤後仕郡文學掾，以目疾，二十餘年不闚京師。

篤之外高祖破羌將軍辛武賢，以武略稱。〔一〕篤常歎曰：「杜氏文明善政，而篤不任爲吏；〔二〕辛氏秉義經武，而篤又怯於事。外內五世，至篤衰矣！」

〔一〕前書武賢，狄道人，爲破羌將軍，以勇武稱，左將軍慶忌之父。

〔二〕謂杜周及延年並以文法著名也。

女弟適扶風馬氏。建初三年，車騎將軍馬防擊西羌，請篤爲從事中郎，戰沒於射姑山。所著賦、誄、弔、書、讚、七言、女誡及雜文，凡十八篇。又著明世論十五篇。子碩，豪俠，以貨殖聞。

王隆字文山，馮翊雲陽人也。王莽時，以父任爲郎，後避難河西，爲竇融左護軍。建武中，爲新汲令。〔一〕能文章，所著詩、賦、銘、書凡二十六篇。

〔一〕新汲，縣，屬潁川郡，故城在今許州扶溝縣西也。

初，王莽末，沛國史岑子孝亦以文章顯，莽以爲謁者，著頌、誄、復神、說疾凡四篇。〔一〕

〔一〕岑一字孝山，著出師頌。

夏恭字敬公，梁國蒙人也。習韓詩、孟氏易，講授門徒常千餘人。王莽末，盜賊從橫，攻沒郡縣，恭以恩信爲衆所附，擁兵固守，獨安全。光武即位，嘉其忠果，召拜郎中，再遷太山都尉。和集百姓，甚得其歡心。恭善爲文，著賦、頌、詩、勵學凡二十篇。年四十九卒官，諸儒共謚曰宣明君。子牙，少習家業，著賦、頌、讚、誄凡四十篇。舉孝廉，早卒，鄉人號曰文德先生。

傅毅字武仲，扶風茂陵人也。少博學。永平中，於平陵習章句，因作迪志詩曰：

咨爾庶士，迨時斯勗。〔一〕日月逾邁，豈云旋復！〔二〕哀我經營，旅力靡及。〔三〕在茲弱冠，靡所庶立。〔四〕

〔一〕迨，及也。勗，勉也。

〔二〕尚書曰：「日月逾邁。」逾，過。邁，行。言日月之過往，不可復還也。

〔三〕旅，陳也。言已欲經營仁義之道，然非陳力之所能及也。

〔四〕禮記曰年二十曰弱冠。言已在弱冠之歲，無所庶幾成立也。

於赫我祖，顯于殷國。〔一〕二迹阿衡，克光其則。〔二〕武丁興商，伊宗皇士。〔三〕爰作股肱，萬邦是紀。奕世載德，迄我顯考。〔四〕保膺淑懿，纘脩其道。〔五〕漢之中葉，俊乂式序。秩彼殷宗，光此勳緒。〔六〕

〔一〕謂傅說也。

〔二〕阿，倚；衡，平也。言依倚之以取平也。謂伊尹也。高宗命傅說曰：「爾尚明保〔予〕，罔俾阿衡專美有商。」故曰二迹也。言傅說功比伊尹，而能光大其法則也。

〔三〕武丁，殷王高宗也。伊，惟；宗，尊也。詩曰：「思皇多士。」皇，美也。言武丁所以能興殷者，惟尊皇美之士，謂傅說。

〔四〕易曰：「德積載。」載，重也。

〔五〕纘，繼也。

〔六〕中葉謂宣帝中興。秩，序也。言漢代序殷高宗用傅說之事，光大其勳功，而用其緒胤也。謂傅介子以軍功封義陽侯；傅喜論議正直，爲大司馬，封高武侯；傅晏爲孔鄉侯；傅商爲汝昌侯；建武中傅俊爲昆陽侯也。

伊余小子，穢陋靡逮。懼我世烈，自茲以墜。誰能革濁，清我濯溉？〔一〕誰能昭闇，啓我童昧？先人有訓，我訊我誥。訓我嘉務，誨我博學。爰率朋友，尋此舊則。契闊夙夜，庶不懈忒。〔二〕

〔一〕毛詩曰：「誰能執熱，逝不以濯。」此言誰能革易我之濁，而以清泉洗濯我也？

〔二〕詩云：「與子契闊。」契闊謂辛苦也。懈，惰也。忒，差也。

秩秩大猷，紀綱庶式。匪勤匪昭，匪壹匪測。〔一〕農夫不怠，越有黍稷，〔二〕誰能云作，考之居息？〔三〕二事敗業，多疾我力。〔四〕如彼遵衢，則罔所極。〔五〕二志靡成，聿勞我心。如彼兼聽，則溷於音。〔六〕

〔一〕詩大雅曰：「秩秩大猷，聖人謨之。」秩秩，美也。猷，道也。庶，衆也。式，法也。言美哉乎大道，可以綱紀衆法。若不勤勵，則不能昭明其道；不專一，則不能深測。

〔二〕尚書曰「若農服田力穡，乃亦有秋。惰農自安，乃其罔有黍稷」也。

〔三〕考，成也。言誰能有所作，而居息閑暇可能成者？言必須勤之也。

〔四〕二事謂事不專一也。疾，害也。言爲事不專，則多害其力也。

〔五〕遵，循也。如循長路，則不知所終極也。

〔六〕聿，辭也。溷，亂也。志不專一，徒煩勞於我心。兼聽衆聲則音亂。

於戲君子，無恆自逸。徂年如流，鮮茲暇日。〔一〕行邁屢稅，胡能有迄。〔二〕密勿朝

夕，聿同始卒。〔三〕

〔一〕人當自勉脩德義，專志勤學，不可自放逸。年之過往如流，冒其速也。少有閑暇之日也。

〔二〕行邁之人，屢稅駕停止，何能有所至也？冒當自勗，不可中廢也。

〔三〕（毛）〔韓〕詩曰：「密勿從事。」密勿，黽勉也。聿，循也。卒，終也。言朝夕黽勉，終始如一也。

毅以顯宗求賢不篤，士多隱處，故作七激以爲諷。

建初中，肅宗博召文學之士，以毅爲蘭臺令史，拜郎中，與班固、賈逵共典校書。毅追美孝明皇帝功德最盛，而廟頌未立，乃依清廟作顯宗頌十篇奏之，〔一〕由是文雅顯於朝廷。車騎將軍馬防，外戚尊重，請毅爲軍司馬，待以師友之禮。及馬氏敗，免官歸。

〔一〕清廟，詩周頌篇名，序文王之德也。

永元元年，車騎將軍竇憲復請毅爲主記室，崔駰爲主簿。及憲遷大將軍，復以毅爲司馬，班固爲中護軍。憲府文章之盛，冠於當世。

毅早卒，著詩、賦、誄、頌、祝文、七激、連珠凡二十八篇。

黃香字文彊，江夏安陸人也。年九歲，失母，思慕憔悴，殆不免喪，〔一〕鄉人稱其至孝。

年十二，太守劉護聞而召之，署門下孝子，甚見愛敬。香家貧，內無僕妾，躬執苦勤，盡心奉養。遂博學經典，究精道術，能文章，京師號曰「天下無雙江夏黃童」。

〔一〕免喪，終喪。

初除郎中，元和元年，肅宗詔香詣東觀，讀所未嘗見書。香後告休，及歸京師，時千乘王冠，〔一〕帝會中山邸，乃詔香殿下，顧謂諸王曰：「此『天下無雙江夏黃童』者也。」左右莫不改觀。後召詣安福殿言政事，拜尚書郎，數陳得失，賞賚增加。常獨止宿臺上，晝夜不離省闥，帝聞善之。

〔一〕千乘貞王伉，章帝子也。冠謂二十加冠也。

永元四年，拜左丞，功滿當遷，和帝留，增秩。六年，累遷尚書令。後以爲東郡太守，香上疏讓曰：「臣江淮孤賤，愚曚小生，經學行能，無可筭錄。遭值太平，先人餘福，〔一〕得以弱冠特蒙徵用，連階累任，遂極臺閣。訖無纖介稱，報恩効死，誠不意悟，卒被非望，顯拜近郡，尊位千里。臣聞量能授官，則職無廢事；因勞施爵，則賢愚得宜。臣香小醜，少爲諸生，典郡從政，固非所堪，誠恐矇頓，孤忝聖恩。又惟機密端首，至爲尊要，〔二〕復非臣香所當久奉。承詔驚惶，不知所裁。臣香年在方剛，適可驅使。〔三〕願乞餘恩，留備冗官，賜以督責小職，任之宮臺煩事，以畢臣香螻蟻小志，誠瞑目至願，土灰極榮。」帝亦惜香幹用，久習舊事，復留爲尚書令，增秩二千石，賜錢三十萬。是後遂管樞機，甚見親重，而香亦祗勤物務，憂公如家。

〔一〕謝承書：「香代爲冠族，葉令況之子也。」

〔二〕謂尚書令。

〔三〕論語曰：「及其壯也，血氣方剛。」言少壯也。

十二年，東平清河奏訞言卿仲遼等，所連及且千人。香科別據奏，全活甚衆。每郡國疑罪，輒務求輕科，愛惜人命，每存憂濟。又曉習邊事，均量軍政，皆得事宜。帝知其精勤，數加恩賞，疾病存問，賜醫藥。在位多所薦達，寵遇甚盛，議者譏其過倖。

延平元年，遷魏郡太守。郡舊有內外園田，常與人分種，收穀歲數千斛。香曰：「田令『商者不農』，王制『仕者不耕』，〔一〕伐冰食祿之人，不與百姓爭利。」〔二〕乃悉以賦人，課令耕種。時被水年飢，乃分奉祿及所得賞賜班贍貧者，於是豐富之家各出義穀，助官稟貸，荒民獲全。後坐水潦事免，數月，卒於家。

〔一〕王制曰：「上農夫食九人，下士視上農夫，祿足以代耕也。」

〔二〕伐冰解見馮衍傳。

所著賦、牋、奏、書、令凡五篇。子瓊，自有傳。

劉毅，北海敬王子也。初封平望侯，〔一〕永元中，坐事奪爵。毅少有文辯稱，元初元年，上漢德論幷憲論十二篇。時劉珍、鄧耽、尹兌、馬融共上書稱其美，安帝嘉之，賜錢三萬，拜議郎。

〔一〕平望，縣，屬北海郡。

李尤字伯仁，廣漢雒人也。少以文章顯。和帝時，侍中賈逵薦尤有相如、楊雄之風，召詣東觀，受詔作賦，拜蘭臺令史。稍遷，安帝時爲諫議大夫，受詔與謁者僕射劉珍等俱撰漢記。後帝廢太子爲濟陰王，尤上書諫爭。順帝立，遷樂安相。年八十三卒。所著詩、賦、銘、誄、頌、七歎、哀典凡二十八篇。

尤同郡李勝，亦有文才，爲東觀郎，著賦、誄、頌、論數十篇。

蘇順，字孝山，京兆霸陵人也。和安閒以才學見稱。好養生術，隱處求道。晚乃仕，拜郎中，卒於官。所著賦、論、誄、哀辭、雜文凡十六篇。時三輔多士，扶風曹衆伯師亦有才學，著誄、書、論四篇。〔一〕

〔一〕三輔決錄注曰：「衆與鄉里蘇孺文、竇伯向、馬季長並遊宦，唯衆不遇，以壽終于家。」

又有曹朔，不知何許人，作漢頌四篇。

劉珍字秋孫，〔一〕一名寶，南陽蔡陽人也。少好學。永初中，爲謁者僕射。鄧太后詔使與校書劉騊駼、馬融及五經博士，校定東觀五經、諸子傳記、百家藝術，整齊脫誤，是正文字。永寧元年，太后又詔珍與騊駼作建武已來名臣傳，遷侍中、越騎校尉。延光四年，拜宗正。明年，轉衞尉，卒官。著誄、頌、連珠凡七篇。又撰釋名三十篇，以辯萬物之稱號云。

〔一〕諸本時有作「秘孫」者，其人名珍，與「秘」義相扶，而作「秋」者多也。

葛龔字元甫，梁國寧陵人也。和帝時，以善文記知名。〔一〕性慷慨壯烈，勇力過人。安

帝永初中，舉孝廉，爲太官丞，上便宜四事，拜蕩陰令。〔二〕辟太尉府，病不就。州舉茂才，爲臨汾令。居二縣，皆有稱績。著文、賦、碑、誄、書記凡十二篇。

〔一〕龔善爲文奏。或有請龔奏以干人者，龔爲作之，其人寫之，忘自載其名，因幷寫龔名以進之。故時人爲之語曰：「作奏雖工，宜去葛龔。」事見笑林。

〔二〕蕩陰，縣名，今相州縣也。蕩音湯。

王逸字叔師，南郡宜城人也。元初中，舉上計吏，爲校書郎。順帝時，爲侍中。著楚辭章句行於世。其賦、誄、書、論及雜文凡二十一篇。又作漢詩百二十三篇。子延壽，字文考，有儁才。少遊魯國，作靈光殿賦。後蔡邕亦造此賦，未成，及見延壽所爲，甚奇之，遂輟翰而已。曾有異夢，意惡之，乃作夢賦以自厲。後溺水死，時年二十餘。〔一〕

〔一〕張華博物志曰：「王子山與父叔師到泰山從鮑子眞學筭，到魯賦靈光殿，歸度湘水溺死。」文考一字子山也。

崔琦字子瑋，涿郡安平人，濟北相瑗之宗也。少遊學京師，以文章博通稱。初舉孝廉，爲郎。河南尹梁冀聞其才，請與交。冀行多不軌，〔一〕琦數引古今成敗以戒之，冀不能受。乃作外戚箴。其辭曰：

〔一〕軌，法也。

赫赫外戚，華寵煌煌。昔在帝舜，德隆英、皇。〔一〕周興三母，〔二〕有莘崇湯。〔三〕宣王晏起，姜后脫簪。〔四〕齊桓好樂，衞姬不音。〔五〕皆輔主以禮，扶君以仁，達才進善，以義濟身。

〔一〕帝舜妃娥皇、女英，帝堯之女，聰明貞仁。事舜於畎畝之中，事瞽叟謙讓恭儉，思盡婦道也。

〔二〕列女傳曰：「太姜者，太王之妃，賢而有色。生太伯、仲雍、王季，化導三子，皆成賢德。太王有事，必諮謀焉。太姙者，王季之妃。端懿誠莊，唯德之行。及其有身，目不覩惡色，耳不聽淫聲，而生文王。大姒者，文王之妃，號曰文母。思媚大姜、大姙，旦夕勤勞，以進婦道。文王理外，文母理內，生十男」也。

〔三〕列女傳曰「湯娶有莘氏女，德高而明，伊尹爲之媵臣，佐湯致王，訓正後宮，嬪御有序，咸無嫉妒」也。

〔四〕列女傳曰：「周宣王嘗夜臥而晏起，姜后乃脫簪珥待罪於永巷，使其傅母通言王曰：『妾不才，妾之淫心見矣，至使君王失禮而晏朝，以見君王樂色而忘德也。敢請婢子之罪。』王乃勤於政，早朝晏罷，卒成中興焉。」

〔五〕列女傳曰：「齊桓公好淫樂，衞姬不聽鄭衞之音。」

爰暨末葉，漸已穨虧。貫魚不叙，九御差池。〔一〕晉國之難，禍起於麗。〔二〕惟家之索，牝雞之晨。〔三〕專權擅愛，顯己蔽人。陵長閒舊，圮剝至親。〔四〕並后匹嫡，〔五〕淫女斃陳。〔六〕匪賢是上，番爲司徒。〔七〕荷爵負乘，采食名都。〔八〕詩人是刺，德用不憮。〔九〕暴辛惑婦，拒諫自孤。〔一〇〕蝠蛇其心，縱毒不辜。〔一一〕諸父是殺，孕子是刳。天怒地忿，人謀鬼圖。甲子昧爽，身首分離。〔一二〕初爲天子，後爲人螭。〔一三〕

〔一〕易曰：「貫魚以宮人寵。」謂王者之御宮人，如貫魚之有次敍，不偏愛也。禮后夫人已下進御之法云：「凡天子進御之儀，從后而下，十五日徧。自下始，以象月之初生，漸進至盛，法陰道之義也。」其法，九嬪已下皆九九而御，則女御八十一人爲九夕也，世婦二十七人爲三夕，九嬪爲一夕，夫人爲一夕，凡十四夕，后當一夕。故曰十五日一徧也。

〔二〕獻公麗姬也。

〔三〕尚書曰：「牝雞無晨。牝雞之晨，惟家之索。」孔安國注云「索，盡也。雌代雄鳴則家盡，婦奪夫政則國亡」也。

〔四〕左傳曰：「少陵長，新閒舊。」言其亂政也。圮，毀也。

〔五〕左傳曰，辛伯諗周桓公曰：「並后匹嫡，亂之本也。」

〔六〕陳夏姬通於孔寧、儀行父，又通於靈公。夏姬之子徵舒弒靈公，楚伐陳，滅之。見左傳。

〔七〕詩小雅也。番，幽王之后親黨也。幽王淫色，不尙賢德之人，寵其后親，而以番爲司徒之官。

〔八〕易曰：「負且乘。」負也者，小人之事也。乘也者，君子之器也。以小人而乘君子之器，寇必至也。毛詩曰：「皇父孔聖，作都于向。」皇父，幽王后之親黨也。向，邑也。以向爲皇父食采邑也。

〔九〕憮，大也，音呼。謂詩人刺番爲司徒及皇父都向，用其后親黨，是以其德不大也。

〔一〇〕暴，虐也。紂字受德，名辛。以其暴虐，故曰暴辛。惑婦謂惑妲己也。紂智足以拒諫。祖伊諫紂，紂不從。自孤謂紂爲獨夫也。

〔一一〕字書蝠音福，即蝙蝠也。此當作「蝮」，音芳福反。不辜謂葅梅伯，脯鬼侯之類也。

〔一二〕王子比干，紂之諸父也，紂殺之。尚書曰，紂刳剔孕婦，爲周武王所伐。甲子日，紂衣其寶衣赴火而死，武王乃斬以輕呂之劍也。

〔一三〕左傳曰：「螭魅魍魎。」杜預注云：「螭，山神，獸形。」故以比紂之惡也。

非但耽色，母后尤然。不相率以禮，而競奬以權。先笑後號，卒以辱殘。〔一〕家國泯絕，宗廟燒燔。末嬉喪夏，〔二〕褒姒斃周，〔三〕妲己亡殷，趙靈沙丘。〔四〕戚姬人豕，呂宗以敗。〔五〕陳后作巫，卒死於外。〔六〕霍欲鴆子，身乃罹廢。〔七〕

〔一〕母后不能循用禮法，爭競相勸，以擅權柄也。易曰：「旅人先笑而後號咷。」言初雖恃權執而笑，後競罹禍而號哭也。

〔二〕末喜，桀妃，有施氏女。美於色，薄於德，女子行丈夫心。桀嘗置末喜於膝上，聽用其言，昏亂失道。湯伐之，遂死於南巢。見列女傳。

〔三〕周幽王嬖褒姒，爲犬戎所殺也。

〔四〕趙武靈王以長子章爲太子，後得吳娃，愛之，生子何，乃廢章而立何。後自號主父，立何爲王。吳娃死，何愛弛，

主父憐章北面臣詘於其弟，欲分趙王章於代。計未決，主父及王遊於沙丘宮，公子章以其徒作亂，公子成與李兌自國起兵，公子章敗，往走主父，主父開之，成、兌因圍主父宮，章死。成、兌謀曰：「以章故圍主父，即解兵，吾屬夷矣。」乃遂圍主父，令宮人後出者夷。宮中人悉出，主父欲出不得，飢探雀鷇而食之，三月餘，死沙丘宮。見史記。

〔五〕解見皇后紀。

〔六〕孝武帝陳皇后以巫蠱廢。

〔七〕孝宣帝霍皇后，霍光之女，欲謀毒太子被廢也。

故曰：無謂我貴，天將爾摧；無恃常好，色有歇微；無怙常幸，愛有陵遲；無曰我能，天人爾違。患生不德，福有慎機。〔一〕日不常中，月盈有虧。履道者固，杖埶者危。微臣司戚，敢告在斯。

〔一〕無德而貴寵者，患害之所生也。左傳曰：「無德而祿，殃也。」若慎其機事，則有福也。

琦以言不從，失意，復作白鵠賦以爲風。〔一〕梁冀見之，呼琦問曰：「百官外內，各有司存，天下云云，豈獨吾人之尤，君何激刺之過乎？」琦對曰：「昔管仲相齊，樂聞機諫之言；蕭何佐漢，乃設書過之吏。今將軍累世台輔，任齊伊、公，〔二〕而德政未聞，黎元塗炭，不能結納貞良，以救禍敗，反復欲鉗塞士口，杜蔽主聽，將使玄黃改色，馬鹿易形乎？」〔三〕冀無以對，因遣琦歸。

〔一〕風讀曰諷。

〔二〕伊尹、周公。

〔三〕史記趙高欲爲亂，恐羣臣不聽，乃先設驗，持鹿獻胡亥，曰「馬也」。胡亥笑曰：「丞相誤邪？」問左右，或默，或言馬以阿順高。或言鹿，高因陰中諸言鹿者以法。後羣臣畏高，高遂作亂也。

後除爲臨濟長，不敢之職，解印綬去。冀遂令刺客陰求殺之。客見琦耕於陌上，懷書一卷，息輒偃而詠之。客哀其志，以實告琦，曰：「將軍令吾要子，今見君賢者，情懷忍忍，〔一〕可亟自逃，吾亦於此亡矣。」琦得脫走，冀後竟捕殺之。所著賦、頌、銘、誄、箴、弔、論、九咨、七言，凡十五篇。

〔一〕忍忍猶不忍也。

邊韶字孝先，陳留浚儀人也。以文章知名，教授數百人。韶口辯，曾晝日假臥，〔一〕弟子私謿之曰：「邊孝先，腹便便。〔二〕嬾讀書，但欲眠。」韶潛聞之，應時對曰：「邊爲姓，孝爲字。腹便便，五經笥。但欲眠，思經事。寐與周公通夢，靜與孔子同意。師而可謿，出何典記？」謿者大慙。韶之才捷皆此類也。

〔一〕左傳：「趙盾坐而假寐。」杜注云：「不脫衣冠而睡也。」

〔二〕便音蒲堅反。

桓帝時，爲臨潁侯相，徵拜太中大夫，著作東觀。再遷北地太守，入拜尚書令。後爲陳相，卒官。著詩、頌、碑、銘、書、策凡十五篇。

校勘記

二五九五頁三行　即日車駕策由一卒　按：校補謂案文「即」上亦應有「或」字。高帝非自蜀漢出即都關中，則二語自另爲一事也。

二五九七頁六行　言順斗建及北極之星運轉而行也　按：殿本作「言順斗建及斗極北星運轉而行也」。

二五九九頁二行　（乘）〔漂〕昆崙　據殿本改。按：校補謂殿本注「乘」作「漂」，與文選合，前書作「票」。

二六〇三頁八行　攡亦𪎊字也音𪎊　按：汲本作「攡亦摩字也，音𪎊」。殿本作「攡亦摩字，音摩」。

二六〇四頁五行　大王居岐　按：「岐」原誤「歧」，逕改正。

二六〇四頁十三行　鐇（推）〔椎〕也　據殿本改。

二六〇五頁九行　今流俗比地之良沃者爲膽者也　按：汲本、殿本「比」作「北」，刊誤謂案文「北」當作「以」，又衍一「者」字。

二六〇六頁十四行　呼沲　按：汲本、殿本作「滹沱」。

二六一一頁六行　奕世戴德　按：「奕」原譌「弈」，逕改正。

二六一一頁九行　爾尙明保〔予〕　據殿本、集解本補。

二六一二頁十三行　二事謂專不專一也　按：「二事」之「專」原譌「十」，逕改正。

二六一三頁四行　(毛)〔韓〕詩曰密勿從事　據殿本改。

二六一四頁二行　遂博學經典　按：校補謂此句上當有脫文，蓋盡心奉養下必接敍其父事，奉養乃有所屬，亦必有所藉，乃得博學經典也。

二六一四頁十二行　連階累任　按：「階」原譌「偕」，逕據汲本、殿本改正。

二六一五頁三行　謝承書　按：「承」原譌「丞」，逕據汲本改正。

二六一五頁八行　賜醫藥　按：「醫」原作「毉」，逕據汲本、殿本改。

二六一五頁九行　田令商者不農　按：錢大昭謂「田」字疑誤，或是「甲」字。校補謂錢所見甚是。前書敍傳述景紀云「匪怠匪荒，務在農桑，著于甲令，民用寧康」。顏注「甲令卽景紀令甲也」。

二六一八頁二行　凡十二篇　按：汲本作「二十篇」。

二六一九頁八行　事瞽叟謙讓恭儉　按：汲本、殿本「儉」作「敬」。

二六二〇頁二行　番爲司徒　按：「爲」依詩當作「唯」。

二六二二頁十三行　湯伐之遂死於南巢　按：殿本作「湯遂放桀於南巢」。

二六二二頁十四行　乃設書過之吏　按：刊誤謂「吏」當作「史」。

二六二三頁二行　伊尹〔周〕公　校補謂「公」上明脫一「周」字，張森楷校勘記則謂「公」字下脫一「旦」字。今依校補補「周」字。

二六二三頁八行　七言　按：集解引王補說，謂御覽、初學記、藝文類聚引崔琦七蠲凡六處，卽文選劉峻辨命論、曹植王仲宣誄、王康琚反招隱詩注，皆引作「七蠲」，獨傳作「七言」，殆言蠲音近而訛與？當從蠲爲是。

後漢書卷八十下

文苑列傳第七十下

張升字彥眞，陳留尉氏人，富平侯放之孫也。〔一〕升少好學，多關覽，而任情不羈。〔二〕其意相合者，則傾身交結，不問窮賤；如乖其志好者，雖王公大人，終不屈從。〔三〕常歎曰：「死生有命，富貴在天。其有知我，雖胡越可親；苟不相識，從物何益？」〔四〕

〔一〕放，湯六代孫也。

〔二〕關，涉也。不羈謂超絕等倫，不可羈束也。鄒陽上書曰：「使不羈之士與牛驥同皁。」

〔三〕杜預注左傳曰「大人謂在位者」也。

〔四〕前書鄒陽上書曰「意合則胡越爲兄弟」也。

仕郡爲綱紀，以能出守外黃令。吏有受賕者，卽論殺之。或譏升守領一時，何足趣明威戮乎？〔一〕對曰：「昔仲尼暫相，誅齊之侏儒，手足異門而出，故能威震強國，反其侵地。〔二〕君子仕不爲己，職思其憂，〔三〕豈以久近而異其度哉？」遇黨錮去官，後竟見誅，年四十九。

〔一〕趣，急也，讀曰促。

〔二〕侏儒，短人，能爲俳優也。穀梁傳曰：「魯定公與齊侯會于頰谷，兩君就壇，齊人鼓譟而起，欲以執魯君。孔子歷階而上，不盡一等。曰：『兩君合好，夷狄之人何爲來？』齊侯逡巡而謝曰：『寡人之過也。』罷會，齊人使優施舞於魯君之幕下。孔子曰：『笑國君者罪當死！』使司馬行法焉，首足異門而出。齊人乃歸魯鄆、讙、龜陰之田。」

〔三〕詩唐風曰：「無以太康，職思其憂。」職，主也。君子之居位，當思盡忠，不爲己身。

著賦、誄、頌、碑、書，凡六十篇。

趙壹字元叔，漢陽西縣人也。體貌魁梧，〔一〕身長九尺，美須豪眉，望之甚偉。而恃才倨傲，爲鄉黨所擯，乃作解擯。〔二〕後屢抵罪，幾至死，友人救得免。壹乃貽書謝恩曰：

〔一〕魁梧，壯大之貌。

〔二〕擯，斥也。

昔原大夫贖桑下絕氣，傳稱其仁；〔一〕秦越人還虢太子結脈，世著其神。〔二〕設曩之二人不遭仁遇神，則結絕之氣竭矣。然而糒脯出乎車軨，〔三〕鍼石運乎手爪。〔四〕今所賴者，非直車軨之糒脯，手爪之鍼石也。乃收之於斗極，還之於司命，〔五〕使乾皮復

含血,枯骨復被肉,允所謂遭仁遇神,眞所宜傳而著之。余畏禁,不敢班班顯言,〔六〕竊爲窮鳥賦一篇。其辭曰:

〔一〕原大夫謂趙衰之子盾,謚曰宣。呂氏春秋曰:「趙宣孟將之絳,見骫桑之下有臥餓人,宣孟與脯二朐,拜受之,不敢食,問其故,曰:『臣有母,持以遺之。』宣孟更賜之脯二束,遂去。」贖卽續也。骫,古委字也。

〔二〕扁鵲姓秦,名越人。過虢,虢太子死。扁鵲曰:「臣能生之。若太子病,所謂尸蹷也。」乃使弟子子陽厲鍼砥石,以取三陽五會。有閒,太子蘇。見史記。

〔三〕說文:「軨,車轖閒橫木。」

〔四〕古者以砭石爲鍼。凡鍼之法,右手象天,左手法地,彈而怒之,搔而下之,此運手爪也。砭音必廉反。

〔五〕禮記曰:「祭司命。」鄭玄注云:「文昌中星。」

〔六〕班班,明貌。

有一窮鳥,戢翼原野。罼網加上,機穽在下,〔一〕前見蒼隼,後見驅者,繳彈張右,〔二〕羿子彀左,〔三〕飛丸激矢,交集于我。思飛不得,欲鳴不可,舉頭畏觸,搖足恐墮。內獨怖急,乍冰乍火。幸賴大賢,我矜我憐,昔濟我南,今振我西。〔四〕鳥也雖頑,猶識密恩,內以書心,外用告天。天乎祚賢,歸賢永年,且公且侯,子子孫孫。

〔一〕禮記曰:「羅網畢翳。」鄭玄注云:「小而柄長謂之畢。」機,捕獸機檻也。穽,穿地陷獸。

〔二〕繳,以縷係箭而射者也。

〔三〕羿子謂羿也。淮南子曰:「堯時十日並出,命羿仰射十日,中其九烏,皆死,墮其羽翼。」彀,引弓也。

〔四〕西,協韻音先。

又作刺世疾邪賦,以舒其怨憤。曰:

伊五帝之不同禮,三王亦又不同樂,數極自然變化,非是故相反駮。〔一〕德政不能救世溷亂,賞罰豈足懲時淸濁?春秋時禍敗之始,戰國愈復增其荼毒。〔二〕秦、漢無以相踰越,乃更加其怨酷。寧計生民之命,唯利己而自足。

〔一〕禮記曰:「五帝殊時,不相沿樂;三王異代,不相襲禮。樂極則憂,禮粗則偏矣。」

〔二〕尚書曰:「罹其凶害,不忍荼毒。」孔注云:「荼毒,苦也。」

于茲迄今,情僞萬方。佞諂日熾,剛克消亡。舐痔結駟,正色徒行。〔一〕嫗㛑名埶,撫拍豪強。〔二〕偃蹇反俗,立致咎殃。〔三〕捷懾逐物,日富月昌。〔四〕渾然同惑,孰溫孰涼。邪夫顯進,直士幽藏。

〔一〕莊子曰:「宋有曹商者,爲宋王使秦,秦王悅之,益車百乘。」見莊子,莊子曰:「秦王有病,召醫舐痔者,得車五乘,子豈舐痔邪?何得車之多乎?」

〔二〕嫗㛑猶傴僂也。嫗音衣宇反。㛑音丘矩反。撫拍,相親狎也。

〔三〕偃蹇,驕傲也。

〔四〕捷,疾也。懾,懼也。急懼逐物,則致富昌。

原斯瘼之攸興,寔執政之匪賢。女謁掩其視聽兮,近習秉其威權。所好則鑽皮出其毛羽,所惡則洗垢求其瘢痕。雖欲竭誠而盡忠,路絕嶮而靡緣。九重既不可啓,又羣吠之狺狺。〔一〕安危亡於旦夕,肆嗜慾於目前。奚異涉海之失柂,積薪而待燃。〔二〕榮納由於閃揄,孰知辨其蚩姸。〔三〕故法禁屈撓於埶族,恩澤不逮於單門。寧飢寒於堯舜之荒歲兮,不飽暖於當今之豐年。乘理雖死而非亡,違義雖生而匪存。

〔一〕楚辭曰:「豈不思夫君兮?君之門以九重。猛犬狺狺以迎吠,關梁閉而不通。」狺音銀。

〔二〕柂可以正船也,音徒我反。前書賈誼曰:「措火積薪之下而寢其上,火未及燃而謂之安。當今之埶,何以異此?」

〔三〕閃揄,傾佞之貌也。行傾佞者則享榮寵而見納用。揄音輸。

有秦客者,乃爲詩曰:河淸不可俟,人命不可延。〔一〕順風激靡草,富貴者稱賢。文籍雖滿腹,不如一囊錢。伊優北堂上,抗髒倚門邊。〔二〕

〔一〕左傳曰:「俟河之淸,人壽幾何?」言人壽促,河淸遲也。

〔二〕伊優,屈曲佞媚之貌。抗髒,高亢婞直之貌也。佞媚者見親,故昇堂;婞直者見弃,故倚門。髒音葬。

魯生聞此辭,繫而作歌曰:〔一〕埶家多所宜,欬唾自成珠。被褐懷金玉,蘭蕙化爲芻。〔二〕賢者雖獨悟,所困在羣愚。且各守爾分,勿復空馳驅。哀哉復哀哉,此是命矣夫!

〔一〕秦客、魯生,皆寓言也。

〔二〕老子曰:「被褐懷玉。」言處卑賤而懷德義也。楚辭曰「蘭芷變而不芳,荃蕙化而爲茅」也。

光和元年,舉郡上計到京師。是時司徒袁逢受計,計吏數百人皆拜伏庭中,莫敢仰視,壹獨長揖而已。逢望而異之,令左右往讓之,曰:「下郡計(史)〔吏〕而揖三公,何也?」對曰:「昔酈食其長揖漢王,今揖三公,何遽怪哉?」〔一〕逢則斂衽下堂,執其手,延置上坐,因問西方事,大悅,顧謂坐中曰:「此人漢陽趙元叔也。朝臣莫有過之者,吾請爲諸君分坐。」〔二〕坐者皆屬觀。既出,往造河南尹羊陟,不得見。壹以公卿中非陟無足以託名者,乃日往到門,陟自強許通,〔三〕尚臥未起,壹遥入上堂,遂前臨之,曰:「竊伏西州,承高風舊矣,〔四〕乃今方遇而忽然,〔五〕柰何命也!」因舉聲哭,門下驚,皆奔入滿側。陟知其非常人,乃起,延與語,大奇之。謂曰:「子出矣。」陟明旦大從車騎奉謁造壹。〔六〕時諸計吏多盛飾車馬帷幕,而壹獨柴車草屏,〔七〕露宿其傍,延陟前坐於車下,左右莫不歎愕。陟遂與言談,至熏夕,極歡而去,執其手曰:「良璞不剖,必有泣血以相明者矣!」〔八〕陟乃與袁逢共稱薦之。名動京師,士大夫想望其風采。

〔一〕前書酈食其初見高祖,長揖不拜,因說高祖,高祖引之上坐。左傳曰:「豈不遽止。」杜預注曰:「遽,長懼。」

〔二〕分坐,別坐也。

〔三〕陟意未許通壹，以壹歎至門，故自勉強許通之。
〔四〕前書雋不疑見暴勝之曰：「竊伏海濱，承暴公子舊矣。」舊，久也。
〔五〕謂死也。
〔六〕奉謁，通名也。
〔七〕韓詩外傳曰，周子高對齊景公：「臣賴君之賜，疏食惡肉可得而食，駑馬柴車可得而乘。」柴車，弊惡之車也。
〔八〕琴操曰：「卞和得玉璞，以獻楚懷王。使樂正子占之，言非玉。以其欺謾，斬其一足。懷王死，子平王立，和復抱其璞而獻之。平王復以爲欺，斬其一足。平王死，和復獻，恐復見斷，乃抱其玉而哭荆山之中，晝夜不止，涕盡繼之以血。」

及西還，道經弘農，過候太守皇甫規，門者不卽通，壹遂遁去。門吏懼，以白之。規聞壹名大驚，乃追書謝曰：「蹉跌不面，企德懷風，虛心委質，爲日久矣。側聞仁者愍其區區，冀承清誨，以釋遙悚。今旦外白有一尉兩計吏，不道屈尊門下，〔一〕更啓乃知已去。如印綬可投，夜豈待旦。惟君明叡，平其夙心。寧當慢傲，加於所天。〔二〕事在悖惑，不足具責。儻可原察，追脩前好，則何福如之！謹遣主簿奉書。下筆氣結，汗流竟趾。」壹報曰：「君學成師範，縉紳歸慕，仰高希驥，歷年滋多。〔三〕旋轅兼道，渴於言侍，沐浴晨興，昧旦守門，實望仁兄，昭其懸遲。〔四〕以貴下賤，握髮垂接，〔五〕高可敷翫墳典，起發聖意，下則抗論當世，消弭時災。豈悟君子，自生怠倦，失恂恂善誘之德，同亡國驕惰之志！〔六〕蓋見機而作，不俟

終日，〔七〕是以夙退自引，畏使君勞。〔八〕昔人或歷說而不遇，或思士而無從，皆歸之於天，不尤於物。〔九〕今壹自譴而已，豈敢有猜！仁君忽一匹夫，於德何損？而遠辱手筆，追路相尋，誠足愧也。壹之區區，曷云量已，其嗟可去，謝也可食，〔一〇〕誠則頑薄，實識其趣。但關節疢動，膝灸（塊）〔壞〕潰，〔一一〕請俟它日，乃奉其情。輒誦來貺，永以自慰。」遂去不顧。

〔一〕尊謂壹也，敬之故號爲尊。
〔二〕平，怨也。尊敬壹，故謂爲所天。
〔三〕詩曰：「高山仰止，景行行止。」法言曰：「希驥之馬，亦驥之乘；希顏之人，亦顏之徒。」希，慕也。
〔四〕懸心遲仰之。
〔五〕易曰：「以貴下賤，大得人也。」史記曰：「周公一沐三握髮，以接天下之士。」
〔六〕論語曰：「夫子恂恂然善誘人。」恂恂，恭順貌。
〔七〕易繫辭曰：「君子見機而作，不俟終日。」
〔八〕詩曰：「大夫夙退，無使君勞。」蓋斷章以取義。
〔九〕歷說謂孔丘也。論語孔子曰：「不怨天，不尤人，下學而上達，知我者其天乎！」馬融注云：「孔子不用於時，而不怨天；人不知己，亦不尤人也。」思士謂孟軻也。孟軻欲見魯平公，臧倉譖之。孟軻曰：「余之不遇魯侯，天也，臧氏之子焉能令余不遇哉？」見孟子。
〔一〇〕曷，何也。言區區之心，不量己而至君門。禮記曰：「齊大飢，黔敖爲食於路以待餓者，有蒙袂戢屨貿貿而來。曰：『嗟來食。』曰：『余唯不食嗟來之食，以至於斯。』從而謝之，不食而死。仲尼曰：『其嗟也可去，其謝也可食。』」
〔一一〕人有四關十二節。

州郡爭致禮命，十辟公府，並不就，終於家。初，袁逢使善相者相壹，云「仕不過郡吏」，竟如其言。

著賦、頌、箴、誄、書、論及雜文十六篇。

劉梁字曼山，一名岑，東平寧陽人也。〔一〕梁宗室子孫，而少孤貧，賣書於市以自資。常疾世多利交，以邪曲相黨，乃著破羣論。時之覽者，以爲「仲尼作春秋，亂臣知懼，〔二〕今此論之作，俗士豈不愧心」。其文不存。

〔一〕寧陽，縣，故城在今兗州龔丘縣南。
〔二〕孟子曰「孔子成春秋，亂臣賊子懼」也。

又著辯和同之論。其辭曰：

夫事有違而得道，有順而失義，有愛而爲害，有惡而爲美。其故何乎？蓋明智之所得，闇僞之所失也。是以君子之於事也，無適無莫，必考之以義焉。〔一〕

〔一〕論語曰：「君子之於天下也，無適也，無莫也，義之與比。」

得由和興，失由同起，故以可濟否謂之和，好惡不殊謂之同。春秋傳曰：「和如羹焉，酸苦以劑其味，〔一〕君子食之以平其心。同如水焉，若以水濟水，誰能食之？琴瑟之專一，誰能聽之？」〔二〕是以君子之行，周而不比，和而不同，〔三〕以救過爲正，以匡惡爲忠。經曰：「將順其美，匡救其惡，則上下和睦能相親也。」

〔一〕左傳「劑」作「齊」。爾雅曰：「劑，剪齊也。」音子隨反。今人相傳劑音在計反。
〔二〕左傳晏子對齊景公辭也。
〔三〕忠信爲周，阿黨爲比。

昔楚恭王有疾，召其大夫曰：「不穀不德，少主社稷。〔一〕失先君之緒，覆楚國之師，〔二〕不穀之罪也。若以宗廟之靈，得保首領以歿，請爲靈若厲。」大夫許諾。〔三〕及其卒也，子囊曰：「不然。〔四〕夫事君者，從其善，不從其過。赫赫楚國，而君臨之，撫正南海，訓及諸夏，其寵大矣。〔五〕有是寵也，而知其過，可不謂恭乎！」大夫從之。〔六〕此違而得道者也。及靈王驕淫，暴虐無度，芋尹申亥從王之欲，以殯於乾溪，殉之二女。此順而失義者也。〔七〕鄢陵之役，晉楚對戰，陽穀獻酒，子反以斃。此愛而害之者也。〔八〕臧武仲曰：「孟孫之惡我，藥石也；季孫之愛我，美疢也。疢毒滋厚，石猶生

我。」此惡而爲美者也。〔九〕孔子曰：「智之難也！有臧武仲之智，而不容於魯國。抑有由也，作不順而施不恕也。」〔一〇〕蓋善其知義，譏其違道也。

〔一〕楚恭王名審。左傳楚王曰：「生十年而喪先君。」故云少主社稷。

〔二〕緒，業也。謂鄢陵之戰，爲晉所敗。

〔三〕謚法：「亂而不損曰靈，殺戮不辜曰厲。」左傳曰：「『大夫擇焉。』莫對，及五命，乃許之。」諸，之也。

〔四〕子囊，楚令尹，名(也)〔午〕。

〔五〕寵，榮也。

〔六〕謚法：「既過能改曰恭。」案：此楚語之文。

〔七〕國語楚靈王子圍爲章華之臺，伍舉對曰：「君爲此臺，國人罷焉，財用盡焉，年穀敗焉，數年乃成。」左傳芋尹申亥，申無宇之子也。乾溪之役，申亥曰：「吾父再干王命，王不誅，惠孰大焉。」乃求王，遇諸棘闈，以王歸。王縊，申亥以其二女殉而葬之也。

〔八〕淮南子云，楚恭王與晉人戰於鄢陵，戰酣，恭王傷。司馬子反渴而求飲，豎陽穀奉酒而進之。子反之爲人也，嗜酒，而甘之，不能絕於口，遂醉而臥。恭王欲復戰，使人召子反，子反辭以疾。王駕而往之，入幄中而聞酒臭，恭王大怒，斬子反以爲戮。

〔九〕武仲，臧孫紇也。左傳孟孫死，臧孫入哭甚哀，多涕。出，其御曰：「孟孫之惡子也而哀如是，季孫若死，其若之何？」臧孫曰：「季孫之愛我，疾疢也，孟孫之惡我，藥石也。美疢不如惡石。夫石猶生我，疢之美，其毒滋多。」言石能除己疾也。

〔一〇〕季武子無適子，公彌長，悼子少，武子愛悼子，欲立之。訪於申豐，曰：「不可。」訪於臧紇，曰：「飲我酒，吾爲子立之。」季氏飲大夫酒，臧紇爲客，既獻，臧孫命北面重席，新罇絜之，召悼子降逆之，大夫皆起，悼子乃立。季氏以公彌爲馬正。其後公彌立，孟孫羯與共構臧紇於季氏，臧紇奔齊。齊侯將與臧紇田，臧孫聞之，見齊侯，與之言伐晉。對曰：「多則多矣，抑君似鼠。鼠晝伏夜動，不穴於寢廟，畏人故也。今君聞晉之亂而後作焉，寧將事之，非鼠如何？」乃不與田。注曰「紇知齊侯將敗，不欲受其邑，故以比鼠，欲使怒而止」也。見左傳。

夫知而違之，僞也；不知而失之，闇也。闇與僞焉，其患一也。患之所在，非徒在智之不及，又在及而違之者矣。故曰「智及之仁不能守之，雖得之，必失之」也。〔一〕夏書曰：「念茲在茲，庶事恕施。」忠智之謂矣。〔二〕

〔一〕論語之文。

〔二〕茲，此也。念此事也，在此身也。言行事當常念如在己身也。庶，衆也。言衆事恕己而施行，斯可謂忠而有智矣。

故君子之行，動則思義，不爲利回，不爲義疚，〔一〕進退周旋，唯道是務。苟失其道，則兄弟不阿；苟得其義，雖仇讎不廢。故解狐蒙祁奚之薦，二叔被周公之害，〔二〕勃鞮以逆文爲成，〔三〕傅瑕以順厲爲敗，〔四〕管蘇以憎忤取進，申侯以愛從見退，考之以義也。〔五〕故曰：「不在逆順，以義爲斷；不在憎愛，以道爲貴。」禮記曰：「愛而知其惡，憎而知其善。」考義之謂也。

〔一〕左傳曰：「君子動則思禮，行則思義，不爲利回，不爲義疚。」杜預注云：「回，邪也。疚，病也。」

〔二〕左傳曰，晉祁奚請老，晉侯問嗣焉，稱解狐，其讎也。

〔三〕勃鞮，晉寺人，名披。左傳晉獻公使寺人披伐公子重耳於蒲，披斬其袪。及文公歸國，呂甥、郤芮將焚公宮而殺文公，寺人披以呂、郤之難告之。言初雖逆文公，後竟成之也。

〔四〕左傳言鄭厲公爲祭仲所逐，後侵鄭及大陵，獲鄭大夫傅瑕。傅瑕曰：「苟舍我，吾請納子。」厲公與之盟而赦之。傅瑕殺鄭子而納厲公，(厲公)遂殺傅瑕也。

〔五〕新序曰：「楚恭王有疾，告諸大夫曰：『管蘇犯我以義，違我以禮，與處不安，不見不思，然而有得焉。吾死之後，爵之於朝。申侯伯順吾所欲，行吾所樂，與處則安，不見則思，然未嘗有得焉。必速遣之。』」

桓帝時，舉孝廉，除北新城長。〔一〕告縣人曰：「昔文翁在蜀，道著巴漢，〔二〕庚桑瑣隸，風移碨𥗋。〔三〕吾雖小宰，猶有社稷，〔四〕苟赴期會，理文墨，豈本志乎！」乃更大作講舍，延聚生徒數百人，朝夕自往勸誡，身執經卷，試策殿最，儒化大行。此邑至後猶稱其教焉。

〔一〕北新城屬涿縣。

〔二〕前書文翁爲蜀郡太守，興起學校，比於(齊)〔魯〕、魯(衞)也。

〔三〕瑣，碎也。莊子曰：「老聃之(後)〔役〕有庚桑楚者，偏得老聃之道，以北居碨𥗋之山，居三年，碨壘大穰。碨壘之人相與言曰：『庚桑子之始來，吾洒然異之；今吾日計之不足，歲計之有餘，庶幾其聖人乎！』」碨音猥。𥗋音盧罪反。

〔四〕論語曰：「子路將使子羔爲費宰，曰：『有民人焉，有社稷焉。』」

特召入拜尚書郎，累遷。後爲野王令，未行。光和中，病卒。

孫楨，亦以文才知名。〔一〕

〔一〕魏志楨字公幹，爲司空軍謀祭酒，五官郎將文學，與徐幹、陳琳、阮瑀、應瑒俱以文章知名，轉爲平原侯庶子。

邊讓字文禮，陳留浚儀人也。少辯博，能屬文。作章華賦，雖多淫麗之辭，而終之以正，亦如相如之諷也。〔一〕其辭曰：

〔一〕章華臺，解見馮衍傳。楊雄曰：「詞人之賦麗以淫。」司馬相如作上林賦「發倉廩以救貧窮，補不足，恤鰥寡，存孤獨，出德號，省刑罰」，此爲諷也。

楚靈王既遊雲夢之澤，息於荆臺之上。前方淮之水，左洞庭之波，〔一〕右顧彭蠡之隩，南眺巫山之阿。〔二〕延目廣望，騁觀終日。顧謂左史倚相曰：「盛哉斯樂，可以遺老而忘死也！」〔三〕於是遂作章華之臺，築乾谿之室，〔四〕窮木土之技，單珍府之實，舉國營之，數年乃成。〔五〕設長夜之淫宴，作北里之新聲。〔六〕於是伍舉知夫陳、蔡之將生謀也。〔七〕乃作斯賦以諷之：

〔一〕洞庭湖在今岳州西南。
〔二〕說苑曰：「楚昭王欲之荆臺遊，司馬子綦進諫曰：『荆臺之遊，左洞庭之波，右彭蠡之水，南望獵山，下臨方淮，其地使人遺老而忘死也。王不可遊也。』」巫山在夔州巫山縣東。
〔三〕說苑，此並司馬子綦諫昭王之言。
〔四〕史記曰，靈王次於乾谿，樂乾谿不能去。
〔五〕技，巧也。單，盡也。國語楚靈王爲章華之臺，與伍舉升焉。曰：「臺美夫！」對曰：「國君安人以爲樂，今君爲此臺也，國人罷焉，財用盡焉，年穀敗焉，百姓煩焉，軍國苦之，數年乃成。」
〔六〕史記曰，紂爲酒池肉林，使男女倮而相逐其閒，爲長夜之飲。使師涓作新聲，北里之舞，靡靡之樂也。
〔七〕陳蔡二國，先爲楚所滅也。

胄高陽之苗胤兮，承聖祖之洪澤。〔一〕建列藩於南楚兮，等威靈於二伯。〔二〕超有商之大彭兮，越隆周之兩虢。〔三〕達皇佐之高勳兮，馳仁聲之顯赫。〔四〕惠風春施，神武電斷，華夏肅清，五服攸亂。〔五〕旦垂精於萬機兮，夕回輦於門館。設長夜之歡飲兮，展中情之嬿婉。〔六〕竭四海之妙珍兮，盡生人之秘玩。

〔一〕胄，胤也。高陽，帝顓頊也。帝系曰：「顓頊娶於滕隍氏女而生老童，是爲楚先。」楚詞曰：「帝高陽之苗裔兮。」
〔二〕老童之後鬻熊，事周文王，早卒。至孫熊繹，周成王時封於楚。其後子孫隆盛，與齊、晉(爭)強。二伯，齊桓、晉文

也。
〔三〕國語曰：「商伯大彭、豕韋。」左傳曰「虢仲、虢叔，王季之穆」也。
〔四〕皇佐謂鬻熊佐文王也。左傳曰：「楚自克庸以來，其君無日不討國人而訓之，于人生之不易，禍至之無日，戒懼之不可以怠。」此馳仁聲也。
〔五〕謂靈王承先世仁惠之風，如春普施。神武威稜，如電雷之斷決也。五服，甸、侯、綏、要、荒也。亂，理也。
〔六〕嬿，安也。婉，美也。婉，協韻音於願反。

爾乃攜窈窕，從好仇，〔一〕徑肉林，登糟丘，〔二〕蘭肴山竦，椒酒淵流。〔三〕激玄醴於清池兮，靡微風而行舟。登瑤臺以回望兮，冀彌日而消憂。〔四〕於是招宓妃，命湘娥，〔五〕齊倡列，鄭女羅。〔六〕揚激楚之清宮兮，展新聲而長歌。〔七〕繁手超於北里，妙舞麗於陽阿。〔八〕金石類聚，絲竹羣分。被輕袿，曳華文，〔九〕羅衣飄颻，組綺繽紛。〔一〇〕縱輕軀以迅赴，若孤鵠之失羣；振華袂以逶迤，若遊龍之登雲。於是歡嬿既洽，長夜向半，琴瑟易調，繁手改彈，清聲發而響激，微音逝而流散。振弱支而紆繞兮，若綠繁之垂幹，忽飄颻以輕逝兮，似鸞飛於天漢。舞無常態，鼓無定節，尋聲響應，修短靡跌。〔一一〕長袖奮而生風，清氣激而繞結。〔一二〕爾乃妍媚遞進，巧弄相加，俯仰異容，忽兮神化。〔一三〕體迅輕鴻，榮曜春華，進如浮雲，退如激波。雖復柳惠，能不咨嗟！〔一四〕於是天河既回，淫樂未終，清籥發徵，激楚揚風。〔一五〕於是音氣發於絲竹兮，飛響軼於雲中。比目應節而雙躍兮，〔一六〕孤雌感聲而鳴雄。〔一七〕美繁手之輕妙兮，嘉新聲之彌隆。於是衆變已盡，羣樂既考。〔一八〕歸乎生風之廣夏兮，脩黃軒之要道。〔一九〕攜西子之弱腕兮，援毛嬙之素肘。〔二〇〕形便娟以嬋媛兮，若流風之靡草。〔二一〕美儀操之姣麗兮，忽遺生而忘老。

〔一〕窈窕，幽閑也。仇，匹也。毛詩曰：「窈窕淑女，君子好仇。」
〔二〕史記紂作糟丘酒池，懸肉以爲林也。
〔三〕蘭肴，芳若蘭也。椒酒，置椒酒中也。楚詞曰：「蕙肴兮蘭藉，桂酒兮椒漿。」
〔四〕彌，終也。楚辭曰：「望瑤臺而偃蹇。」
〔五〕宓妃，洛水之神女也。湘娥，堯之二女娥皇、女英，湘水之神也。
〔六〕楚辭曰：「二八齊容起鄭舞。」
〔七〕激楚，曲名也。淮南子曰：「激楚結風。」
〔八〕左傳曰：「繁手淫聲，慆堙心耳，乃忘和平。」陽阿，解見馬融傳。
〔九〕方言曰：「袿謂之裾。」釋名曰：「婦人上服謂之袿。」
〔一〇〕組，綬也。綺，綾也。
〔一一〕跌，蹉也。

〔一二〕歌聲激發，縈繞纏結。
〔一三〕化，協韻音花。
〔一四〕柳下惠，展季也。家語曰：「柳下惠嫗不逮門之女，國人不稱其亂，言其貞也。」
〔一五〕籥如笛，六孔。
〔一六〕比目魚一名鰈，一名王餘，不比不行，今江東呼爲板魚。韓詩外傳曰：「伯牙鼓琴，游魚出聽。」
〔一七〕枚乘七發曰：「暮則羈雌迷鳥宿焉。」羈雌，孤雌也。
〔一八〕考，成也。
〔一九〕黃帝軒轅氏得房中之術於玄女，握固吸氣，還精補腦，可以長生。說苑雍門周說孟嘗君曰：「廣夏邃房下，羅帷來清風。」
〔二〇〕西子，西施也。越絕書曰：「越王句踐得採薪二女西施、鄭旦，以獻吳王。」毛嬙，毛嬙也。莊子曰：「毛嬙麗姬，人之美者。」
〔二一〕淮南子曰：「今舞者便娟若秋葯被風。」葯，白芷也。

爾乃清夜晨，妙技單，收尊俎，徹鼓盤。〔一〕惘焉若醒，撫劒而歎。〔二〕慮理國之須才，悟稼穡之艱難。美呂尚之佐周，善管仲之輔桓。將超世而作理，焉沈湎於此歡！於是罷女樂，墮瑤臺。思夏禹之卑宮，慕有虞之土階。〔三〕舉英奇於仄陋，拔髦秀於蓬萊。〔四〕君明哲以知人，官隨任而處能。〔五〕百揆時敍，庶績咸熙。諸侯慕義，不召同

期。〔六〕繼高陽之絕軌，崇成、莊之洪基。〔七〕雖齊桓之一匡，豈足方於大持？〔八〕爾乃育之以仁，臨之以明。致虔報於鬼神，盡肅恭乎上京。〔九〕馳淳化於黎元，永歷世而太平。

〔一〕張衡七盤賦曰「歷七盤而屣躡」也。
〔二〕酲，酒病也。
〔三〕墨子曰：「虞舜土階三尺，茅茨不剪。」
〔四〕蓬蒿草萊之閒也。爾雅曰：「髦，俊也。」
〔五〕能，協韻音乃來反。
〔六〕尚書武王伐紂，八百諸侯不期而至。
〔七〕史記楚成王布德施惠，結舊好於諸侯，使人獻於天子。莊王，成王孫也。納伍舉、蘇縱之諫，罷淫樂，聽國政，所誅數百人，所進數百人，國人大悅。
〔八〕穀梁傳曰：「齊桓公爲陽穀之會，一匡天下。」匡，正也。
〔九〕晉楚尊事周室。

大將軍何進聞讓才名，欲辟命之，恐不至，詭以軍事徵召。既到，署令史，〔一〕進以禮見之。讓善占（謝）〔射〕，能辭對，時賓客滿堂，莫不羨其風。府掾孔融、王朗並修刺候焉。〔二〕

〔一〕續漢志曰：「大將軍下有令史及御史屬三十一人。」

文苑列傳第七十下　二六四五

後漢書卷八十下　二六四六

〔二〕朗字景興，魏志有傳。

議郎蔡邕深敬之，以爲讓宜處高任，乃薦於何進曰：「伏惟幕府初開，博選清英，華髮舊德，並爲元龜。〔一〕雖振鷺之集西雍，濟濟之在周庭，無以或加。〔二〕竊見令史陳留邊讓，天授逸才，聰明賢智。髫齓夙孤，不盡家訓。〔三〕及就學廬，便受大典。初涉諸經，見本知義，授者不能對其問，章句不能逮其意。心通性達，口辯辭長。非禮不動，非法不言。若處狐疑之論，定嫌審之分，經典交至，撿括參合，衆夫寂焉，莫之能奪也。使讓生在唐、虞，則元、凱之次，運值仲尼，則顏、冉之亞，豈徒俗之凡偶近器而已者哉！階級名位，亦宜超然。若復隨輩而進，非所以章瓌偉之高價，昭知人之絕明也。傳曰：『函牛之鼎以亨雞，多汁則淡而不可食，少汁則熬而不可熟。』〔四〕此言大器之於小用，固有所不宜也。邕竊悁邑，〔五〕怪此寶鼎未受犧牛大羹之和，久在煎熬臠割之閒。願明將軍回謀垂慮，裁加少納，貢之機密，展之力用。〔六〕若以年齒爲嫌，則顏回不得貫德行之首，子奇終無理阿之功。〔七〕苟堪其事，古今一也。」

〔一〕華髮，白首也。元龜所以知吉凶。尚書曰：「格人元龜。」
〔二〕韓詩曰：「振鷺于飛，于彼西雍。」薛君章句曰：「鷺，絜白之鳥也。西雍，文王（之）〔辟〕雍也。言文王之時，辟雍學士皆絜白之人也。」又曰：「濟濟多士，文王以寧。」
〔三〕髫，鬄髮爲髻也。齓，毁齒也。
〔四〕莊子曰：「函牛之鼎沸，蟻不得措一足焉。」呂氏春秋曰，白圭對魏王曰「市丘之鼎以亨雞，多洎之則淡不可食，少洎之則焦而不熟」也。函，容也。洎，汁也。
〔五〕悁邑，憂憤也。
〔六〕展，陳也。
〔七〕說苑曰：「子奇年十八爲阿宰，有善績。」

讓後以高才擢進，屢遷，出爲九江太守，不以爲能也。初平中，王室大亂，讓去官還家。恃才氣，不屈曹操，多輕侮之言。建安中，其鄉人有搆讓於操，操告郡就殺之。文多遺失。

酈炎字文勝，范陽人，酈食其之後也。炎有文才，解音律，言論給捷，多服其能理。〔一〕靈帝時，州郡辟命，皆不就。有志氣，作詩二篇曰：

〔一〕給，敏也。

文苑列傳第七十下　二六四七

大道夷且長，窘路狹且促。脩翼無（與）〔卑〕栖，遠趾不步局。〔一〕舒吾陵霄羽，奮此

後漢書卷八十下　二六四八

千里足。超邁絕塵驅，倏忽誰能逐。賢愚豈常類，稟性在清濁。富貴有人籍，貧賤無天錄。〔二〕通塞苟由己，志士不相卜。〔三〕陳平敖里社，〔四〕韓信釣河曲。〔五〕終居天下宰，食此萬鍾祿。〔六〕德音流千載，功名重山岳。

〔一〕窘，迫也。
〔二〕富貴者爲人所載於典籍也，貧賤者不載於天錄。天錄謂若蕭、曹見名於圖書。
〔三〕言通塞苟若由己，則志士不須相卜也。故蔡澤謂唐舉曰：「富貴吾自取之，所不知者壽也。」
〔四〕陳平爲里社宰，分肉均。里中曰：「善哉陳孺子之爲宰也！」曰：「使平宰天下亦猶是。」見前書。
〔五〕韓信家貧無行，不得爲吏，釣於淮陰城下。河者，水之總名也。
〔六〕大斛四斗曰鍾。

靈芝生河洲，動搖因洪波。蘭榮一何晚，嚴霜瘁其柯。哀哉二芳草，不植太山阿。文質道所貴，遭時用有嘉。絳、灌臨衡宰，謂誼崇浮華。賢才抑不用，遠投荆南沙。〔一〕抱玉乘龍驥，不逢樂與和。〔二〕安得孔仲尼，爲世陳四科！〔三〕

〔一〕賈誼欲革漢士德，改定律令，絳侯周勃及灌嬰共毁之，文帝以誼爲長沙太傅。見前書。
〔二〕伯樂、卞和。
〔三〕謂德行、政事、文學、言語也。

炎後風病慌忽。性至孝，遭母憂，病甚發動。妻始產而驚死，妻家訟之，收繫獄。炎病

不能理對，熹平六年，遂死獄中，時年二十八。尚書盧植爲之誄讚，以昭其懿德。

侯瑾字子瑜，敦煌人也。少孤貧，依宗人居。性篤學，恆傭作爲資，暮還輒爇柴以讀書。〔一〕常以禮自牧，〔二〕獨處一房，如對嚴賓焉。州郡累召，公車有道徵，並稱疾不到。作矯世論以譏切當時。而徙入山中，覃思著述。〔三〕以莫知於世，故作應賓難以自寄。又案漢記撰中興以後行事，爲皇德傳三十篇，行於世。餘所作雜文數十篇，多亡失。〔四〕河〔西〕人敬其才而不敢名之，皆稱爲侯君云。

〔一〕爇，古「然」字。
〔二〕易曰：「卑以自牧。」牧，養也。
〔三〕覃，靜也。

高彪字義方，吳郡無錫人也。〔一〕家本單寒，至彪爲諸生，遊太學。有雅才而訥於言。嘗從馬融欲訪大義，融疾不獲見，乃覆刺遺融書曰：「承服風問，從來有年，〔二〕故不待介者

而謁大君子之門，冀一見龍光，以敍腹心之願。〔三〕不圖遭疾，幽閉莫啓。昔周公旦父文兄武，九命作伯，以尹華夏，猶揮沐吐餐，垂接白屋，〔四〕故周道以隆，天下歸德。公今養痾傲士，故其宜也。」融省書慙，追謝還之，彪逝而不顧。

〔一〕無錫，今常州縣。
〔二〕風問，風猷令問。
〔三〕毛詩曰：「既見君子，爲龍爲光。」龍，寵也。
〔四〕白屋，匹夫也。

後郡舉孝廉，試經第一，除郎中，校書東觀，數奏賦、頌、奇文，因事諷諫，靈帝異之。時京兆第五永爲督軍御史，使督幽州，百官大會，祖餞於長樂觀。議郎蔡邕等皆賦詩，彪乃獨作箴曰：「文武將墜，乃俾俊臣。〔一〕整我皇綱，董此不虔。〔二〕古之君子，即戎忘身。〔三〕明其果毅，尚其桓桓。〔四〕呂尚七十，氣冠三軍，詩人作歌，如鷹如鸇。〔五〕天有太一，五將三門；〔六〕地有九變，丘陵山川；〔七〕人有計策，六奇五閒：〔八〕總茲三事，謀則咨詢。〔九〕無曰己能，務在求賢，淮陰之勇，廣野是尊。〔一〇〕周公大聖，石碏純臣，以威克愛，以義滅親。〔一一〕勿謂時險，不正其身。勿謂無人，莫識己眞。忘富遺貴，福祿乃存。枉道依合，復無所觀。〔一二〕先公高節，越可永遵。佩藏斯戒，以厲終身。」邕等甚美其文，以爲莫尚也。

〔一〕俾，使也。
〔二〕董，正也。
〔三〕易曰：「不利即戎。」司馬穰苴曰：「將受命之日忘其家，援枹鼓即忘其身。」
〔四〕左傳曰：「殺敵爲果，致果爲毅。」尚書曰：「勖哉夫子，尚桓桓。」桓桓，武貌。
〔五〕太公年七十遇文王。毛詩曰：「惟師尚父，時惟鷹揚。」
〔六〕太一式：「凡舉事皆欲發三門，順五將。」發三門者，開門、休門、生門。五將者，天目、文昌等。
〔七〕孫子九變篇曰：「用兵有散地，有輕地，有爭地，有交地，有衢地，有重地，有汜地，有圍地，有死地。諸侯自戰其地，爲散地。入人之地而不深，爲輕地。我得則利，彼得亦利者，爲爭地。我可以往，彼可以來，爲交地。諸侯之地三屬，先至而得衆，爲衢地。入人地深，倍城邑多，爲重地。行山林，阻沮澤，難行之道，爲汜地。所由入者隘，所從歸者少，彼寡可以擊吾衆者，爲圍地。疾戰則存，不疾戰則亡，爲死地。通九變之利，知用兵矣。」
〔八〕陳平凡六出奇策。孫子曰：「用閒有五，有因閒，有內閒，有反閒，有死閒，有生閒。五閒俱起，莫知其道，是謂神紀，人君之寶也。因閒者，因其鄉人而用之也。內閒者，因其官人而用之也。反閒者，因其敵閒而用之也。死閒者，爲誑事於外，令吾閒知之而得於敵者也。生閒者，反報者也。」
〔九〕總天、地、人之事而詢謀於衆。
〔一〇〕臣賢案：前書韓信破趙，得廣武君李左車，解其縛而師事之。而此作「廣野」。案廣野君酈食其，無韓信師事處，蓋誤也。
〔一一〕周公誅管、蔡，石碏殺其子厚也。剋，勝也。前書孫寶曰：「周公上聖，邵公大賢。」尚書曰：「威克厥愛，允濟。」

左傳曰：「石碏純臣也。大義滅親，其是之謂乎！」
〔一二〕曲道以合時者，不足觀也。

後遷(內)〔外〕黃令，帝敕同僚臨送，祖於上東門，〔一〕詔東觀畫彪像以勸學者。彪到官，有德政，上書薦縣人申徒蟠等。病卒於官，文章多亡。

子岱，亦知名。

〔一〕洛陽城東面北頭門。

張超字子並，河閒鄚人也，〔一〕留侯良之後也。有文才。靈帝時，從車騎將軍朱儁征黃巾，爲別部司馬。著賦、頌、碑文、薦、檄、牋、書、謁文、嘲，凡十九篇。超又善於草書，妙絕時人，世共傳之。

〔一〕今瀛州鄚縣。

禰衡字正平，平原般人也。〔一〕少有才辯，而尚氣剛傲，好矯時慢物。興平中，避難荆

州。建安初，來遊許下。始達潁川，乃陰懷一刺，既而無所之適，至於刺字漫滅。是時許都新建，賢士大夫四方來集。或問衡曰：「盍從陳長文、司馬伯達乎？」[一]對曰：「吾焉能從屠沽兒耶！」又問：「荀文若、趙稚長云何？」[二]衡曰：「文若可借面弔喪，稚長可使監廚請客。」[三]唯善魯國孔融及弘農楊脩。常稱曰：「大兒孔文舉，小兒楊德祖。餘子碌碌，莫足數也。」融亦深愛其才。

[一]般，縣，故城在今德州平昌縣東。般音卜滿反。

[二]陳羣字長文。司馬朗字伯達，河內溫人。

[三]趙爲盪寇將軍，見魏志。

[四]典略曰：「衡見荀儀容但有貌耳，故可弔喪。趙有腹大，健啖肉，故可監廚也。」

衡始弱冠，而融年四十，遂與爲交友。上疏薦之曰：「臣聞洪水橫流，帝思俾乂，[一]旁求四方，以招賢俊。[二]昔孝武繼統，將弘祖業，疇咨熙載，羣士響臻。[三]陛下叡聖，纂承基緒，遭遇厄運，勞謙日昃。[四]惟岳降神，異人並出。[五]竊見處士平原禰衡，年二十四，字正平，淑質貞亮，英才卓礫。初涉藝文，升堂覩奧，目所一見，輒誦於口，耳所暫聞，不忘於心。性與道合，思若有神。[六]弘羊潛計，安世默識，以衡準之，誠不足怪。[七]忠果正直，志懷霜雪，見善若驚，疾惡若讎。[八]任座抗行，史魚厲節，殆無以過也。[九]鷙鳥累伯，不如一

鶚。[一〇]使衡立朝，必有可觀。飛辯騁辭，溢氣坌涌，解疑釋結，臨敵有餘。昔賈誼求試屬國，詭係單于；[一一]終軍欲以長纓，牽致勁越。[一二]弱冠慷慨，前世美之。近日路粹、嚴象，亦用異才擢拜臺郎，衡宜與爲比。如得龍躍天衢，振翼雲漢，揚聲紫微，垂光虹蜺，足以昭近署之多士，增四門之穆穆。[一三]鈞天廣樂，必有奇麗之觀；[一四]帝室皇居，必蓄非常之寶。若衡等輩，不可多得。激楚、楊阿，至妙之容，臺牧者之所貪；[一五]飛兔、騕褭，絕足奔放，良、樂之所急。[一六]臣等區區，敢不以聞。」

[一]孟子曰：「堯時洪水橫流，氾濫於天下。」尚書帝曰：「咨，湯湯洪水方割，有能俾乂。」俾，使也。乂，理也。

[二]尚書曰：「旁求天下。」

[三]尚書帝堯曰：「疇咨若時登庸。」又曰：「有能奮庸熙帝之載。」疇，誰也。熙，廣也。載，事也。

[四]易曰：「勞謙君子有終吉。」尚書敘文王德曰：「自朝至于日中昃，不遑〔暇〕食。」言不敢懈怠也。

[五]毛詩曰：「惟岳降神，生甫及申。」公孫弘傳贊曰：「異人並出。」

[六]淮南子曰：「所謂眞人者，性合於道也。」

[七]前書曰：「桑弘羊，雒陽賈人子，以心計，年十三爲侍中。」又曰：「張安世字子孺，爲郎。上行幸河東，嘗亡書三篋，詔問莫能知，唯安世識之，具作其事。後購求得書，以相校，無所遺失。」

[八]國語楚藍尹亹謂子西曰：「夫闔廬，聞一善言若驚，得一士若賞。」

[九]呂氏春秋魏文侯飲，問諸大夫曰：「寡人何如主也？」任座曰：「君不肖君也。克中山，不以封君之弟，而以封君之子，是以知君不肖君也。」論語孔子曰「直哉史魚，邦有道如矢，邦無道如矢」也。

[一〇]鄒陽上書之言也。鶚，大鵰也。

[一一]前書賈誼曰：「何不試以臣爲屬國之官，以主匈奴。行臣之計，請必繫單于之頸而制其命。」

[一二]前書終軍曰「願受長纓，必羈南越王而致之闕下」也。

[一三]尚書曰：「賓於四門，四門穆穆。」

[一四]史記曰，趙簡子疾，五日不知人，大夫皆懼。醫扁鵲曰：「血脈理也。昔秦穆公如此，七日寤，寤而曰：『我之帝所甚樂。』今主君之疾與之同，不出三日必閒，閒必有言也。」居二日，果寤，語大夫曰「我之帝所甚樂，與百神遊於鈞天，廣樂九奏，其聲動心」也。

[一五]諸本並作「臺牧」，未詳其義。融集作「掌伎」。

[一六]呂氏春秋曰：「飛兔、騕褭，古駿馬也。」高誘注曰：「日行萬里。」王良、伯樂，善御人也。

融既愛衡才，數稱述於曹操。操欲見之，而衡素相輕疾，自稱狂病，不肯往，而數有恣言。操懷忿，而以其才名，不欲殺之。聞衡善擊鼓，乃召爲鼓史，因大會賓客，閱試音節。諸史過者，皆令脫其故衣，更著岑牟單絞之服。[一]次至衡，衡方爲漁陽參撾，蹀躐而前，[二]容態有異，聲節悲壯，聽者莫不慷慨。衡進至操前而止，吏訶之曰：「鼓史何不改裝，而輕敢進乎？」衡曰：「諾。」於是先解衵衣，[三]次釋餘服，裸身而立，徐取岑牟、單絞而著之，畢，復參撾而去，顏色不怍。[四]操笑曰：「本欲辱衡，衡反辱孤。」

[一]文士傳曰：「魏太祖欲辱衡，乃令人錄用爲鼓史。後至八月朝會大閱試鼓節，作三重閣，列坐賓客，以帛絹制作衣，一岑牟，一單絞及小褌。」通史志曰：「岑牟，鼓角士胄也。」鄭玄注禮記曰：「絞，蒼黃之色也。」

[二]文士傳曰：「衡擊鼓作漁陽參撾，蹋地來前，躡馺足腳，容態不常，鼓聲甚悲，易衣畢，復擊鼓參撾而去。至今有漁陽參撾，自衡始也。」臣賢案：撾及撾並擊鼓杖也。參撾是擊鼓之法，而王僧孺詩云：「散度廣陵音，參寫漁陽曲。」而於其詩自音云：「參音七紺反。」後諸文人多同用之。據此詩意，則參曲奏之名，則撾字入於下句，全不成文。下云「復參撾而去」，足知「參撾」二字當相連而讀。參字音爲去聲，不知何所憑也。參七甘反。

[三]杜預注左傳曰：「衵，近身衣也。」音女一反。

[四]怍，羞也。

孔融退而數之曰：「正平大雅，固當爾邪？」[一]因宣操區區之意。衡許往。融復見操，說衡狂疾，今求得自謝。操喜，勑門者有客便通，待之極晏。衡乃著布單衣、疏巾，手持三尺梲杖，[二]坐大營門，以杖捶地大罵。吏白：「外有狂生，坐於營門，言語悖逆，請收案罪。」操怒，謂融曰：「禰衡豎子，孤殺之猶雀鼠耳。顧此人素有虛名，遠近將謂孤不能容之，今送與劉表，視當何如。」於是遣人騎送之。臨發，衆人爲之祖道，先供設於城南，乃更相戒曰：「禰衡勃虐無禮，今因其後到，咸當以不起折之也。」及衡至，衆人莫肯興，衡坐而大號。衆問其故，衡曰：「坐者爲冢，臥者爲屍，屍冢之閒，能不悲乎！」

[一]雅，正也。言大雅君子不當爾。

中華書局

〔三〕說文曰：「梲，大杖也。」音佗結反。

劉表及荊州士大夫先服其才名，甚賓禮之，文章言議，非衡不定。表嘗與諸文人共草章奏，並極其才思。時衡出，還見之，開省未周，因毁以抵地。〔一〕表憮然爲駭。〔二〕衡乃從求筆札，須臾立成，辭義可觀。表大悅，益重之。

〔一〕抵，擲也。

〔二〕憮然，怪之也，音撫。

後復侮慢於表，表恥不能容，以江夏太守黃祖性急，故送衡與之，祖亦善待焉。衡爲作書記，輕重疎密，各得體宜。祖持其手曰：「處士，此正得祖意，如祖腹中之所欲言也。」祖長子射〔一〕爲章陵太守，尤善於衡。嘗與衡俱遊，共讀蔡邕所作碑文，射愛其辭，還恨不繕寫。衡曰：「吾雖一覽，猶能識之，〔二〕唯其中石缺二字爲不明耳。」因書出之，射馳使寫碑還校，如衡所書，莫不歎伏。射時大會賓客，人有獻鸚鵡者，射舉卮於衡曰：「願先生賦之，以娛嘉賓。」衡（覽）〔攬〕筆而作，文無加點，辭采甚麗。

〔一〕射音亦。

〔二〕識，記也，音志。

後黃祖在蒙衝船上，〔一〕大會賓客，而衡言不遜順，祖慙，乃訶之，衡更熟視曰：「死

公！云等道？」〔二〕祖大怒，令五百將出，〔三〕欲加箠，衡方大罵，祖恚，遂令殺之。祖主簿素疾衡，卽時殺焉。射徒跣來救，不及。祖亦悔之，乃厚加棺斂。衡時年二十六，其文章多亡云。

〔一〕釋名曰：「外狹而長曰蒙衝，以衝突敵船。」

〔二〕死公，罵言也。等道，猶今言何勿語也。

〔三〕五百猶今之問事也。解見宦者傳。

贊曰：情志既動，篇辭爲貴。〔一〕抽心呈貌，非彫非蔚。〔二〕殊狀共體，同聲異氣。言觀麗則，永監淫費。〔三〕

〔一〕毛詩序云：「情發於中而形於言。詩者志之所之，故情志動而篇辭作，斯文章之爲貴。」

〔二〕彫，斲也。易曰：「君子豹變，其文蔚。」

〔三〕楊雄曰：「詩人之賦麗以則，辭人之賦麗以淫。」禮記曰：「不辭費。」

校勘記

二六二七頁二行　富平侯放之孫也　按：集解引洪亮吉說，謂案升傳，升以黨錮事誅，年四十九，以升生年計之，放卒已一百三十餘年，范言升放之孫，未識何據。又引李賡芸說，謂「孫」上疑有脫字。

二六二七頁一二行　手足異門而出　殿本「手」作「首」。王先謙謂「手」字誤，當依注作「首」。今按：史記孔子世家云「手足異處」，與穀梁傳異。

二六二八頁三行　兩君就壇　汲本、殿本此下有「兩相相揖」四字。今按：注引經傳多刪節，此或後人據穀梁傳補也。

二六二九頁二行　後見驅者　按：集解引惠棟說，謂「見」集作「遏」。

二六二九頁一三行　羿子轂左　按：集解引惠棟說，謂「羿子」集作「羿弓」。

二六二九頁一五行　小而柄長謂之畢　按：「畢」原譌「畢」，逕改正。

二六三二頁三行　是時司徒袁逢受計　按：集解引洪頤煊說，謂靈帝紀光和元年二月，光祿勳袁滂爲司徒，二年三月，司徒袁滂免，元年受計者非袁逢也。

二六三三頁四行　下郡計（史）〔吏〕而揖三公　據汲本、殿本改。

二六三三頁一四行　實望仁兄　按：刊誤謂「兄」當作「君」。兩漢未嘗相呼爲「仁兄」，下文亦有「仁君」。

二六三四頁四行　膝灸（塊）〔壞〕潰　據汲本改。按：「灸」原譌「炙」，逕改正。

二六三四頁一四行　臧倉譖之　按：「倉」原譌「蒼」，逕據汲本、殿本改正。

二六三五頁六行　一名岑　按：集解引何焯說，謂魏志注中作「一名恭」。

二六三六頁一三行　芋尹申亥　汲本「芋」作「芊」，注同。按：校補引柳從辰說，謂此字左傳注疏本作「芊」，郝在田金壺字攷云「芊音千，芊尹，複姓也」。案芊、芋、芓三字形近易譌，以音求形，作「芋」爲是。至郝氏作「芊」，以芊尹爲複姓，則汲本之從千，可知亦別有所據，自不妨兩存之。

二六三七頁六行　子囊楚令尹名（也）〔午〕　據殿本改。

二六三七頁九行　楚靈王子圍　按：刊誤謂案文多一「子」字。

二六三九頁四行　伐公子重耳於蒲　按：「蒲」原譌「蒱」，逕據汲本、殿本改正。

二六三九頁七行　傅瑕殺鄭子而納厲公（厲公）遂殺傅瑕也　王先謙謂「遂」上當更有「厲公」二字。今據補。

二六三九頁一四行　比於（齊）魯（衞）也　按：集解引惠棟說，謂依前書「魯衞」當作「齊魯」。今據改。

二六三九頁一五行　老聃之（後）〔役〕有庚桑楚者　據汲本改。

二六四一頁三行　馳仁聲之顯赫　按：集解引王補說，謂文選曹植贈丁儀王粲詩注「馳」作「飛」。

二六四一頁一六行　與齊晉（爭）強　據刊誤補。

二六四二頁三行　楚自克庸以來　按：「庸」原譌「廣」，逕改正。

二六四三頁二行　若孤鵠之失羣　按：集解引王補說，謂文選洛神賦注「孤」作「離」。

二六四二頁一三行　忽飄颻以輕逝兮　按：集解引王補說，謂文選陸機日出東南隅行注「飄颻」作「飄然」。

二六四三頁一行　淫樂未終　按：集解引王補說，謂文選謝惠連詠牛女詩注「淫」作「歡」。

二六四三頁一三行　慆堙心耳　按：「慆」原譌「惂」，逕改正。

二六四四頁五行　游魚出聽　按：「游」原譌「淫」，逕改正。

二六四四頁八行　說苑　按：「苑」原譌「宛」，逕改正。

二六四五頁一五行　讓善占（謝）〔射〕　據殿本改。

二六四六頁四行　不盡家訓　按：集解引惠棟說，謂「盡」邕集作「墮」。

二六四六頁五行　章句不能逮其意　按：集解引惠棟說，謂「逮」邕集作「遂」。

二六四六頁七行　豈徒俗之凡偶近器而已者哉　按：刊誤謂案文多一「者」字。

二六四六頁七行　若復隨輩而進　按：集解引惠棟說，謂邕集云「若復從此郡選舉」云云。

二六四六頁一〇行　願明將軍回謀垂慮裁加少納　按：集解引惠棟說，謂邕集云「願明將軍回謀守慮，思垂采納」。又引蘇輿說，謂「裁加少納」疑當作「少加裁納」。

二六四六頁一四行　文王（之）〔辟〕雍也　據殿本改。

二六四七頁一三行　脩翼無（與）〔卑〕栖　據汲本、殿本改。

二六四九頁五行　（西）河〔西〕人敬其才　集解引陳景雲說，謂「西河」當作「河西」。瑾敦煌人，河西四郡

之一也。今據改。

二六五〇頁九行　祖餞於長樂觀　按：集解引惠棟說，謂「長樂」當作「平樂」。

二六五一頁三行　援枹鼓卽忘其身　按：「枹」原譌「抱」，逕改正。

二六五一頁七行　有汜地　按：刊誤謂案孫子「汜」當作「圮」。

二六五二頁三行　後還（內）〔外〕黃令　按：集解引錢大昕說，謂「內黃」當作「外黃」，惠棟說同，今據改。

按：御覽一七九引亦作「外黃」。

二六五二頁六行　殷晉卜滿反　按：「卜」原譌「十」，逕改正。

二六五二頁八行　妙絕時人　按：「時」原譌「府」，逕據汲本、殿本改正。

二六五三頁九行　趙有腹大　刊誤謂「腹大」舊作「腹尺」。按：魏志荀彧傳裴注引典略作「腹尺」。

二六五三頁一一行　昔孝武繼統　按：校補謂文選「孝武」作「世宗」，此皆章懷避改。

二六五三頁一三行　英才卓礫　按：文選「礫」作「躒」，校補謂作「躒」是。

二六五三頁一三行　耳所瞽聞　按：文選「瞽」作「暫」，校補謂作「暫」是。

二六五三頁一五行　驚鳥累伯　汲本「伯」作「百」。按：古伯百通用。

二六五四頁五行　激楚楊阿　汲本、殿本「楊」作「揚」，文選作「陽」。按：作「陽」是。

二六五四頁五行　臺牧者之所貪　按：集解引錢大昕說，謂文選載此表作「掌技」。

二六五四頁一〇行　不遑（暇）食　據汲本、殿本補。

二六五五頁九行　融集作掌伎　「掌伎」汲本作「掌牧」，殿本作「堂牧」。按：皆「掌伎」之譌。

二六五六頁一行　後至八月朝普天閱試鼓節　按：校補謂「朝普天」語不明。魏志注引文士傳作「後至八月朝大宴賓客並會」，疑卽「朝會大宴」四字之譌脫。

二六五七頁一三行　衡（覽）〔攬〕筆而作　據汲本改。

二六五八頁一二行　楊雄曰　按：「楊」原作「揚」，逕據汲本、殿本改。

後漢書卷八十一

獨行列傳第七十一

孔子曰：「與其不得中庸，必也狂狷乎！」〔一〕又云：「狂者進取，狷者有所不爲也。」〔二〕此蓋失於周全之道，而取諸偏至之端者也。然則有所不爲，亦將有所必爲者矣；既云進取，亦將有所不取者矣。如此，性尙分流，爲否異適矣。〔三〕

〔一〕庸，常也。中和可常行之道，謂之中庸。言若不得中庸之人與之居，必也須得狂狷之人。

〔二〕此是錄論語者，因夫子之言而釋狂狷之人也。

〔三〕人之好尙不同，或爲或否，各有所適。

中世偏行一介之夫，能成名立方者，蓋亦衆也。或志剛金石，而剋扞於強禦。〔一〕或意嚴冬霜，而甘心於小諒。〔二〕亦有結朋協好，幽明共心；〔三〕蹈義陵險，死生等節。〔四〕雖事非通圓，良其風軌有足懷者。而情迹殊雜，難爲條品；片辭特趣，不足區別。措之則事或有遺，〔五〕載之則貫序無統。以其名體雖殊，而操行俱絕，故總爲獨行篇焉。庶備諸闕文，紀志漏脫云爾。

〔一〕謂劉茂、衞福也。

〔二〕戴就、陸續也。

〔三〕范式、張劭也。

〔四〕繆肜、李善也。

〔五〕措，置也。

譙玄字君黃，巴郡閬中人也。少好學，能說易、春秋。仕於州郡。成帝永始二年，有日食之災，乃詔舉敦樸遜讓有行義者各一人。州舉玄，詣公車，對策高第，拜議郎。

帝始作期門，數爲微行。〔一〕立趙飛燕爲皇后，后專寵懷忌，皇（太）子多橫夭。玄上書諫曰：「臣聞王者承天，繼宗統極，保業延祚，莫急胤嗣，故易有幹蠱之義，詩詠衆多之福。〔二〕今陛下聖嗣未立，天下屬望，而不惟社稷之計，專念微行之事，愛幸用於所惑，曲意留於非正。竊聞後宮皇子產而不育。〔三〕臣聞之怛然，痛心傷剝，竊懷憂國，不忘須臾。此爲夫警衞不脩，則患生非常。忽有醉酒狂夫，分爭道路，既無尊嚴之儀，豈識上下之別。此爲胡狄起於轂下，而賊亂發於左右也。願陛下念天下之至重，愛金玉之身，均九女之施，〔四〕存無窮之福，天下幸甚。」

〔一〕前書武帝微行，常與侍中、常侍、武騎及待詔北地良家子能騎射者期諸殿門，故有期門之號，自此始也。成帝微行亦然，故言始也。

〔二〕易曰：「幹父之蠱。」注云：「蠱，事也。」毛詩曰：「螽斯，后妃之德也。后妃不妬忌，則子孫衆多也。」其詩曰：「螽斯羽，詵詵兮，宜爾子孫，振振兮。」

〔三〕前書成帝宮人曹偉能及許美人皆生子，趙昭儀皆令殺之。

〔四〕九女，解見崔琦傳。

時數有災異，玄輒陳其變。既不省納，故久稽郎官。後遷太常丞，以弟服去職。平帝元始元年，日食，又詔公卿舉敦朴直言。大鴻臚左咸舉玄詣公車對策，復拜議郎，遷中散大夫。四年，選明達政事能班化風俗者八人。時並舉玄，爲繡衣使者，〔一〕持節，與太僕（任）〔王〕惲等分行天下，觀覽風俗，所至專行誅賞。事未及終，而王莽居攝，玄於是縱使者車，〔二〕變易姓名，閒竄歸家，〔三〕因以隱遁。

〔一〕前書御史大夫領繡衣直指，出討姦猾，理大獄。武帝所制，不常置。

〔二〕縱，捨也。

〔三〕閒，私也。

後公孫述僭號於蜀，連聘不詣。述乃遣使者備禮徵之；若玄不肯起，（使陽）〔便賜〕以毒藥。太守乃自齎璽書至玄廬，曰：「君高節已著，朝廷垂意，誠不宜復辭，自招凶禍。」玄仰天歎曰：「唐堯大聖，許由恥仕；周武至德，伯夷守餓。彼獨何人，我亦何人。保志全高，死亦奚恨！」遂受毒藥。玄子瑛泣血叩頭於太守曰：「方今國家東有嚴敵，兵師四出，國用軍資或不常充足，願奉家錢千萬，以贖父死。」太守爲請，述聽許之。玄遂隱藏田野，終述之世。

時兵戈累年，莫能脩尙學業，玄獨訓諸子勤習經書。建武十一年卒。明年，天下平定，玄弟慶以狀詣闕自陳。光武美之，策詔本郡祠以中牢，勑所在還玄家錢。

時亦有犍爲費貽，不肯仕述，乃漆身爲厲，陽狂以避之，退藏山藪十餘年。述破後，仕至合浦太守。

瑛善說易，以授顯宗，爲北宮衞士令。〔一〕

〔一〕漢官儀曰：「北宮衞士令一人，秩六百石。」

李業字巨游，廣漢梓潼人也。少有志操，介特。習魯詩，師博士許晃。元始中，舉明經，

中華書局

除爲郎。〔一〕

〔一〕元始，平帝年也。

會王莽居攝，業以病去官，杜門不應州郡之命。太守劉咸强召之，業乃載病詣門。咸怒，出教曰：「賢者不避害，譬猶(彀)〔彀〕弩射市，薄命者先死。聞業名稱，故欲與之爲治，而反託疾乎？」令詣獄養病，欲殺之。客有說咸曰：「趙殺鳴犢，孔子臨河而逝。〔一〕未聞求賢而脅以牢獄者也。」咸乃出之，因舉方正。王莽以業爲酒士，〔二〕病不之官，遂隱藏山谷，絕匿名迹，終莽之世。

〔一〕史記曰「孔子既不得用於衞，將西見趙簡子。至於河而聞竇鳴犢、舜華之死也，臨河而歎曰：『美哉河水，洋洋乎！丘之不濟，命也夫！』子貢進曰：『敢問何謂也？』孔子曰：『竇鳴犢，舜華，晉國之賢大夫也。趙簡子未得志之時，須此兩人而後從政。丘聞之也，刳胎殺夭則麒麟不至，竭澤而漁則蛟龍不合陰陽，覆巢毁卵則鳳凰不翔。何則？君子諱傷其類。夫鳥獸之於不義也，尙知避之，而況乎丘哉！』乃還」也。

〔二〕王莽時官酤酒，故置酒士也。

及公孫述僭號，素聞業賢，徵之，欲以爲博士，業固疾不起。數年，述羞不致之，乃使大鴻臚尹融持毒酒奉詔命以劫業：若起，則受公侯之位；不起，賜之以藥。融譬旨曰：「方今天下分崩，孰知是非，而以區區之身，試於不測之淵乎！朝廷貪慕名德，曠官缺位，于今七

年，四時珍御，不以忘君。宜上奉知己，下爲子孫，身名俱全，不亦優乎！今數年不起，猜疑寇心，凶禍立加，非計之得者也。」業乃歎曰：「危國不入，亂國不居。〔一〕親於其身爲不善者，義所不從。君子見危授命，〔二〕何乃誘以高位重餌哉？」融見業辭志不屈，復曰：「宜呼室家計之。」業曰：「丈夫斷之於心久矣，何妻子之爲？」遂飲毒而死。述聞業死，大驚，又恥有殺賢之名，乃遣使弔祠，賻贈百匹。業子翬逃辭不受。

〔一〕論語孔子曰：「危邦不入，亂邦不居。天下有道則見，無道則隱。」

〔二〕論語曰：「親於其身爲不善者，君子不入。」又曰：「君子見危授命，見得思義。」

蜀平，光武下詔表其閭，益部紀載其高節，圖畫形象。

初，平帝時，蜀郡王皓爲美陽令，王嘉爲郎。王莽篡位，並弃官西歸。及公孫述稱帝，遣使徵皓、嘉，恐不至，遂先繫其妻子。使者謂嘉曰：「速裝，妻子可全。」對曰：「犬馬猶識主，況於人乎！」王皓先自刎，以首付使者。述怒，遂誅皓家屬。王嘉聞而歎曰：「後之哉！」乃對使者伏劍而死。

是時犍爲任永(君)〔及〕業同郡馮信，並好學博古。公孫述連徵命，待以高位，皆託青盲以避世難。永妻淫於前，匿情無言；見子入井，忍而不救。信侍婢亦對信姦通。及聞述誅，皆盥洗更視曰：「世適平，目卽清。」淫者自殺。光武聞而徵之，並會病卒。

劉茂字子衞，太原晉陽人也。少孤，獨侍母居。家貧，以筋力致養，孝行著於鄉里。及長，能習禮經，教授常數百人。哀帝時，察孝廉，再遷五原屬國候，遭母憂去官。服竟後爲沮陽令。〔一〕會王莽篡位，茂弃官，避世弘農山中教授。

〔一〕沮陽，縣，屬上谷郡，故城在今嬀州東。沮音阻。

建武二年，歸，爲郡門下掾。時赤眉二十餘萬衆攻郡縣，殺長吏及府掾史。茂負太守孫福踰牆藏空穴中，得免。其暮，俱奔盂縣。〔一〕晝則逃隱，夜求糧食。積百餘日，賊去，乃得歸府。明年，詔書求天下義士。福言茂曰：「臣前爲赤眉所攻，吏民壞亂，奔走趣山，臣爲賊所圍，命如緜髮，賴茂負臣踰城，出保盂縣。茂與弟觸冒兵刃，緣山負食，臣及妻子得度死命，節義尤高。宜蒙表擢，以厲義士。」詔書卽徵茂拜議郎，遷宗正丞。〔二〕後拜侍中，卒官。

〔一〕今并州盂縣也。

〔二〕續漢書宗正丞一人，比千石也。

(元初)〔延平〕中，鮮卑數百餘騎寇漁陽，太守張顯率吏士追出塞，遙望虜營烟火，急趣

之。兵馬掾嚴授慮有伏兵，苦諫止，不聽。顯蹙令進，授不獲已，前戰，伏兵發，授身被十創，歿於陣。顯拔刃追散兵，不能制，虜射中顯，主簿衞福、功曹徐咸遽(起)〔赴〕之，顯遂墮馬，福以身擁蔽，虜幷殺之。朝廷愍授等節，詔書褒歎，厚加賞賜，各除子一人爲郎中。

永初二年，劇賊畢豪等入平原界，縣令劉雄將吏士乘船追之。至厭次河，〔一〕與賊合戰。雄敗，執雄，以矛刺之。時小吏所輔〔二〕前叩頭求哀，願以身代雄。豪等縱雄而刺輔，貫心洞背卽死。東郡太守捕得豪等，具以狀上。詔書追傷之，賜錢二十萬，除父奉爲郎中。

〔一〕厭次縣之河也。

〔二〕所，姓也。風俗通曰：「宋大夫華所事之後也。漢有所忠，爲諫大夫。」

溫序字次房，太原祁人也。仕州從事。建武二年，騎都尉弓里戍〔一〕將兵平定北州，到太原，歷訪英俊大人，問以策謀。戍見序奇之，上疏薦焉。於是徵爲侍御史，遷武陵都尉，病免官。

〔一〕弓里，姓也。

六年，拜謁者，遷護羌校尉。序行部至襄武，爲隗囂別將苟宇所拘劫。宇謂序曰：「子

若與我并威同力，天下可圖也。」序曰：「受國重任，分當效死，義不貪生苟背恩德。」宇等復曉譬之。序素有氣力，大怒，叱宇等曰：「虜何敢迫脅漢將！」因以節檛殺數人。賊衆爭欲殺之。宇止之曰：「此義士死節，可賜以劒。」序受劒，銜鬚於口，顧左右曰：「既爲賊所迫殺，無令鬚汙土。」遂伏劒而死。

序主簿韓遵，從事王忠持屍歸斂。光武聞而憐之，命忠送喪到洛陽，賜城傍爲冢地，賻穀千斛，縑五百匹，除三子爲郎中。長子壽，服竟爲鄴平侯相。夢序告之曰：「久客思鄉里。」壽卽弃官，上書乞骸骨歸葬。帝許之，乃反舊塋焉。〔一〕

〔一〕序墓在今并州祁縣西北。

彭脩字子陽，會稽毗陵人也。〔一〕年十五時，父爲郡吏，得休，〔二〕與脩俱歸，道爲盜所劫。脩困迫，乃拔佩刀前持盜帥曰：「父辱子死，卿不顧死邪？」盜相謂曰：「此童子義士也，不宜逼之。」遂辭謝而去。鄉黨稱其名。

〔一〕毗陵，今常州晉陵縣也。吳地記曰：「本名延陵，吳王諸樊封季札。漢改曰毗陵。」

〔二〕休，假也。

後仕郡爲功曹。時西部都尉宰鼂行太守事，〔一〕以微過收吳縣獄吏，將殺之，主簿鍾離意爭諫甚切，鼂怒，使收縛意，欲案之，掾（吏）〔史〕莫敢諫。脩排閤直入，拜於庭，曰：「明府發雷霆於主簿，請聞其過。」鼂曰：「受敎三日，初不奉行，廢命不忠，豈非過邪？」脩因拜曰：「昔任座面折文侯，〔二〕朱雲攀毀欄檻，〔三〕自非賢君，焉得忠臣？今慶明府爲賢君，主簿爲忠臣。」鼂遂原意罰，貰獄吏罪。

〔一〕應劭漢官曰：「都尉，秦官也。本名郡尉。掌佐太守典其武職，秩比二千石。孝景時更名都尉。」

〔二〕解見文苑禰衡傳。

〔三〕前書成帝時，朱雲上書，請以尚方斬馬劒斬張禹。上欲殺之，雲攀折殿檻。西京雜記云：「攀折玉檻。」

後州辟從事。時賊張子林等數百人作亂，郡言州，請脩守吳令。脩與太守俱出討賊，賊望見車馬，競交射之，飛矢雨集。脩障扞太守，而爲流矢所中死，太守得全。賊素聞其恩信，卽殺弩中脩者，餘悉降散。言曰：「自爲彭君故降，不爲太守服也。」

索盧放字君陽，〔一〕東郡人也。以尚書敎授千餘人。初署郡門下掾。更始時，使者督行郡國，太守有事，當就斬刑。放前言曰：「今天下所以苦毒王氏，歸心皇漢者，實以聖政寬仁故也。而傳車所過，未聞恩澤。太守受誅，誠不敢言，但恐天下惶懼，各生疑變。夫使功者不如使過，〔二〕願以身代太守之命。」遂前就斬。使者義而赦之，由是顯名。

〔一〕索盧，姓也。

〔二〕若秦穆赦孟明而用之，霸西戎。

建武六年，徵爲洛陽令，政有能名。以病乞身，徙諫議大夫，數納忠言，後以疾去。

建武末，復徵不起，光武使人輿之，見於南宮雲臺，賜穀二千斛，遣歸，除子爲太子中庶子。卒於家。〔一〕

〔一〕續漢書曰：「太子中庶子，秩六百石。」

周嘉字惠文，汝南安城人也。高祖父燕，宣帝時爲郡決曹掾。太守欲枉殺人，燕諫不聽，遂殺囚而黜燕。囚家守闕稱冤，詔遣覆考，燕見太守曰：「願謹定文書，皆著燕名，府君但言時病而已。」出謂掾史曰：「諸君被問，悉當以罪推燕。如有一言及於府君，燕手劒相刃。」使（者）乃收燕繫獄。屢被掠楚，辭無屈橈。當下蠶室，乃歎曰：「我平王之後，正公玄孫，〔一〕豈可以刀鋸之餘下見先君？」遂不食而死。燕有五子，皆至刺史、太守。

〔一〕謝承書曰：「燕字少卿，其先出自周平王之後。漢興，紹嗣封爲正公，食采於汝墳」也。

嘉仕郡爲主簿。王莽末，羣賊入汝陽城，嘉從太守何敞討賊，敞爲流矢所中，郡兵奔北，賊圍繞數十重，白刃交集，嘉乃擁敞，以身扞之。因呵賊曰：「卿曹皆人隸也。爲賊既逆，豈有還害其君者邪？嘉請以死贖君命。」因仰天號泣。羣賊於是兩兩相視，曰：「此義士也！」給其車馬，遣送之。

後太守寇恂舉爲孝廉，拜尚書侍郎。光武引見，問以遭難之事。嘉對曰：「太守被傷，命懸寇手，臣實駑怯，不能死難。」帝曰：「此長者也。」詔嘉尚公主，嘉稱病篤，不肯當。

稍遷零陵太守，視事七年，卒。零陵頌其遺愛，吏民爲立祠焉。

嘉從弟暢，字伯持，性仁慈，爲河南尹。永初二年，夏旱，久禱無應，暢因收葬洛城傍客死骸骨凡萬餘人，應時澍雨，歲乃豐稔。位至光祿勳。

范式字巨卿，山陽金鄉人也，一名氾。少遊太學，爲諸生，與汝南張劭爲友。劭字元伯。二人並告歸鄉里。式謂元伯曰：「後二年當還，將過拜尊親，見孺子焉。」〔一〕乃共剋期日。後期方至，元伯具以白母，請設饌以候之。母曰：「二年之別，千里結言，爾何相信之審邪？」對曰：「巨卿信士，必不乖違。」母曰：「若然，當爲爾醖酒。」至其日，巨卿果到，升堂拜飲，盡歡而別。

〔一〕見其子也。孺子，稚子也。

式仕爲郡功曹。後元伯寢疾篤，同郡郅君章、殷子徵晨夜省視之。元伯臨盡，歎曰：「恨不見吾死友！」子徵曰：「吾與君章盡心於子，是非死友，復欲誰求？」元伯曰：「若二子者，吾生友耳。山陽范巨卿，所謂死友也。」尋而卒。式忽夢見元伯玄冕垂纓屣履而呼曰：「巨卿，吾以某日死，當以爾時葬，永歸黃泉。子未我忘，豈能相及？」式怳然覺寤，悲歎泣下，具告太守，請往奔喪。太守雖心不信而重違其情，許之。式便服朋友之服，〔一〕投其葬日，馳往赴之。式未及到，而喪已發引，既至壙，將窆，〔二〕而柩不肯進。其母撫之曰：「元伯，豈有望邪？」遂停柩移時，乃見有素車白馬，號哭而來。其母望之曰：「是必范巨卿也。」巨卿既至，叩喪言曰：「行矣元伯！死生路異，永從此辭。」會葬者千人，咸爲揮涕。式因執紼而引，柩於是乃前。式遂留止冢次，爲脩墳樹，然後乃去。

〔一〕儀禮喪服記曰：「朋友在他國，袒免，歸則已。」注云：「謂無親者爲之主喪服。」又曰：「朋友麻。」注云：「朋友雖無親，有同道之恩，相爲服緦之絰帶。」

〔二〕窆，下棺也。

後到京師，受業太學。時諸生長沙陳平子亦同在學，與式未相見，而平子被病將亡，謂其妻曰：「吾聞山陽范巨卿，烈士也，可以託死。吾歿後，但以屍埋巨卿戶前。」乃裂素爲書，以遺巨卿。既終，妻從其言。時式出行適還，省書見瘞，愴然感之，向墳揖哭，以爲死友。乃營護平子妻兒，身自送喪於臨湘。未至四五里，乃委素書於柩上，哭別而去。其兄弟聞之，尋求不復見。長沙上計掾史到京師，上書表式行狀，三府並辟，不應。

舉州茂才，四遷荆州刺史。友人南陽孔嵩，家貧親老，乃變名姓，傭爲新野縣阿里街卒。〔一〕式行部到新野，而縣選嵩爲導騎迎式。〔二〕式見而識之，呼嵩，把臂謂曰：「子非孔仲山邪？」對之歎息，語及平生。曰：「昔與子俱曳長裾，遊(集)〔息〕帝學，吾蒙國恩，致位牧伯，而子懷道隱身，處於卒伍，不亦惜乎！」嵩曰：「侯嬴長守於賤業，〔三〕晨門肆志於抱關。〔四〕子欲居九夷，不患其陋。〔五〕貧者士之宜，豈爲鄙哉！」式勑縣代嵩，嵩以爲先傭未竟，不肯去。

〔一〕阿里，里名也。

〔二〕導引之騎。

〔三〕史記曰，侯嬴年七十，家貧，爲大梁夷門卒。魏公子聞之，往請，欲厚遺之，不肯受，曰：「臣脩身潔行數十年，終不以監門困故受公子財。」

〔四〕解見張晧傳也。

〔五〕論語曰：「孔子欲居九夷。或曰：『陋，如之何？』子曰：『君子居之，何陋之有。』」

嵩在阿里，正身厲行，街中子弟皆服其訓化。遂辟公府。之京師，道宿下亭，盜共竊其馬，尋問知其嵩也，乃相責讓曰：「孔仲山善士，豈宜侵盜乎！」於是送馬謝之。嵩官至南海太守。

式後遷廬江太守，有威名，卒於官。

李善字次孫，南陽淯陽人，本同縣李元蒼頭也。建武中疫疾，元家相繼死沒，唯孤兒續始生數旬，而貲財千萬，諸奴婢私共計議，欲謀殺續，分其財產。善深傷李氏而力不能制，乃潛負續逃去，隱山陽瑕丘界中，親自哺養，乳爲生湩，〔一〕推燥居溼，備嘗艱勤。續雖在孩抱，奉之不異長君，有事輒長跪請白，然後行之。閭里感其行，皆相率脩義。續年十歲，善與歸本縣，脩理舊業。告奴婢於長吏，悉收殺之。時鍾離意爲瑕丘令，上書薦善行狀。光武詔拜善及續並爲太子舍人。

〔一〕湩，乳汁也。音竹用反。

善，顯宗時辟公府，以能理劇，再遷日南太守。從京師之官，道經淯陽，過李元冢。未至一里，乃脫朝服，持鉏去草。及拜墓，哭泣甚悲，身自炊爨，執鼎俎以脩祭祀。垂泣曰：「君夫人，善在此。」盡哀，數日乃去。到官，以愛惠爲政，懷來異俗。遷九江太守，未至，道病卒。

續至河閒相。

王忳字少林，〔一〕廣漢新都人也。忳嘗詣京師，於空舍中見一書生疾困，愍而視之。書生謂忳曰：「我當到洛陽，而被病，命在須臾，腰下有金十斤，願以相贈，死後乞藏骸骨。」未及問姓名而絕。忳卽鬻金一斤，營其殯葬，餘金悉置棺下，人無知者。後歸數年，縣署忳大度亭長。初到之日，有馬馳入亭中而止。其日，大風飄一繡被，復墮忳前，卽言之於縣，縣以歸忳。忳後乘馬到雒縣，馬遂奔走，牽忳入它舍。主人見之喜曰：「今禽盜矣。」問忳所由得馬，忳具說其狀，并及繡被。主人悵然良久，乃曰：「被隨旋風與馬俱亡，卿何陰德而致此二物？」忳自念有葬書生事，因說之，并道書生形貌及埋金處。主人大驚號曰：「是我子也。姓金名彥。前往京師，不知所在，何意卿乃葬之。大恩久不報，天以此章卿德耳。」忳悉以被馬還之，彥父不取，又厚遺忳，忳辭讓而去。時彥父爲州從事，因告新都令，假忳休，自與俱迎彥喪，餘金俱存。忳由是顯名。

〔一〕忳音純。

仕郡功曹，州治中從事。舉茂才，除郿令。到官，至斄亭。〔一〕亭長曰：「亭有鬼，數殺過客，不可宿也。」忳曰：「仁勝凶邪，德除不祥，何鬼之避！」即入亭止宿。夜中聞有女子稱冤之聲。忳呪曰：「有何枉狀，可前求理乎？」女子曰：「無衣，不敢進。」忳便投衣與之。女子乃前訴曰：「妾夫爲涪令，之官過宿此亭，亭長無狀，賊殺妾家十餘口，埋在樓下，悉取財貨。」忳問亭長姓名。女子曰：「即今門下游徼者也。」忳曰：「汝何故數殺過客？」對曰：「妾不得白日自訴，每夜陳冤，客輒眠不見應，不勝感恚，故殺之。」忳曰：「當爲汝理此冤，勿復殺良善也。」因解衣於地，忽然不見。明旦召游徼詰問，具服罪，即收繫，及同謀十餘人悉伏辜，遣吏送其喪歸鄉里，於是亭遂清安。

〔一〕斄音台。

張武者，吳郡由拳人也。〔一〕父業，郡門下掾，送太守妻子還鄉里，至河內亭，盜夜劫之，業與賊戰死，遂亡〔失〕屍〔骸〕。武時年幼，不及識父。後之太學受業，每節，常持父遺劍，至亡處祭醊，〔泣〕而還。太守第五倫嘉其行，舉孝廉。遭母喪過毀，傷父魂靈不返，因哀慟絕命。

〔一〕由拳，縣，故城在今蘇州嘉興縣南。

陸續字智初，會稽吳人也。世爲族姓。祖父閎，字子春，建武中爲尚書令。美姿貌，喜著越布單衣，光武見而好之，自是常勑會稽郡獻越布。

續幼孤，仕郡戶曹史。時歲荒民飢，太守尹興使續於都亭賦民饘粥。續悉簡閱其民，訊以名氏。事畢，興問所食幾何？續因口說六百餘人，皆分別姓字，無有差謬。興異之，刺史行部，見續，辟爲別駕從事。以病去，還爲郡門下掾。

是時楚王英謀反，陰疏天下善士，及楚事覺，顯宗得其錄，有尹興名，乃徵興詣廷尉獄。續與主簿梁宏、功曹史駟勳及掾史五百餘人詣洛陽詔獄就考，諸吏不堪痛楚，死者大半，唯續、宏、勳掠考五毒，肌肉消爛，終無異辭。續母遠至京師，覘候消息，獄事特急，無緣與續相聞，母但作饋食，付門卒以進之。續雖見考苦毒，而辭色慷慨，未嘗易容，唯對食悲泣，不能自勝。使者怪而問其故。續曰：「母來不得相見，故泣耳。」使者大怒，以爲門卒通傳意氣，召將案之。續曰：「因食餉羹，識母所自調和，故知來耳，非人告也。」使者問：「何以知母所作乎？」續曰：「母嘗截肉未嘗不方，斷葱以寸爲度，是以知之。」使者問諸謁舍，〔一〕續母果來，於是陰嘉之，上書說續行狀。帝即赦興等事，還鄉里，禁錮終身。續以老病卒。

〔一〕謁舍（所）謂（所）停主人之舍也。

長子稠，廣陵太守，有理名。中子逢，樂安太守。少子褒，力行好學，不慕榮名，連徵不就。褒子康，已見前傳。

戴封字平仲，濟北剛人也。〔一〕年十五，詣太學，師事鄮令東海申君。申君卒，送喪到東海，道當經其家。父母以封當還，豫爲娶妻。封暫過拜親，不宿而去。還京師卒業。時同學石敬平溫病卒，封養視殯斂，以所齎糧市小棺，送喪到家。家更斂，見敬平行時書物皆在棺中，乃大異之。封後遇賊，財物悉被略奪，唯餘縑七匹，賊不知處，封乃追以與之，曰：「知諸君乏，故送相遺。」賊驚曰：「此賢人也。」盡還其器物。

〔一〕剛，縣，故城在今兗州龔丘縣東北。

後舉孝廉，光祿主事，遭伯父喪去官。詔書求賢良方正直言之士，有至行能消災伏異者，公卿郡守各舉一人。郡及大司農俱舉封。公車徵，陛見，對策第一，擢拜議郎。遷西華令。時汝、潁有蝗災，獨不入西華界。時督郵行縣，蝗忽大至，督郵其日即去，蝗亦頓除，一境奇之。其年大旱，封禱請無獲，乃積薪坐其上以自焚。火起而大雨暴至，於是遠近歎服。

遷中山相。時諸縣囚四百餘人，辭狀已定，當行刑。封哀之，皆遣歸家，與剋期日，皆無違者。詔書策美焉。

永元十二年，徵拜太常，卒官。

李充字大遜，陳留人也。家貧，兄弟六人同食遞衣。妻竊謂充曰：「今貧居如此，難以久安，妾有私財，願思分異。」充僞酬之曰：「如欲別居，當醞酒具會，請呼鄉里內外，共議其事。」婦從充置酒讌客。充於坐中前跪白母曰：「此婦無狀，而教充離間母兄，罪合遣斥。」便呵叱其婦，逐令出門，婦銜涕而去。坐中驚肅，因遂罷散。充後遭母喪，行服墓次，人有盜其墓樹者，充手自殺之。服闋，立精舍講授。

太守魯平請署功曹，不就。平怒，乃援充以捐溝中，因謫署縣都亭長。不得已，起親職役。後和帝公車徵，不行。延平中，詔公卿、中二千石各舉隱士大儒，務取高行，以勸後進，特徵充爲博士。時魯平亦爲博士，每與集會，常歎服焉。

充遷侍中。大將軍鄧騭貴戚傾時，無所下借，〔一〕以充高節，每卑敬之。嘗置酒請充，賓客滿堂，酒酣，騭跪曰：「幸託椒房，位列上將，幕府初開，欲辟天下奇偉，以匡不逮，惟諸君博求其器。」充乃爲陳海內隱居懷道之士，頗有不合。騭欲絕其說，以肉啖之。充抵肉於地，曰：「說士猶甘於肉！」遂出，徑去。騭甚望之。同坐汝南張孟舉往讓充曰：「一日聞足下與鄧將軍說士未究，〔二〕激刺面折，不由中和，出言之責，非所以光祚子孫者也。」充曰：「大丈夫居世，貴行其意，何能遠爲子孫計哉！」由是見非於貴戚。

遷左中郎將，年八十八，爲國三老。安帝常特進見，賜以几杖。卒於家。

〔一〕下音假。借音子夜反。

〔二〕一日猶昨日也。

繆肜字豫公，汝南召陵人也。少孤，兄弟四人，皆同財業。及各娶妻，諸婦遂求分異，

又數有鬬爭之言。肜深懷憤歎，乃掩戶自撾曰：「繆肜，汝脩身謹行，學聖人之法，將以齊整風俗，柰何不能正其家乎！」弟及諸婦聞之，悉叩頭謝罪，遂更爲敦睦之行。

仕縣爲主簿。時縣令被章見考，吏皆畏懼自誣，而肜獨證據其事，掠考苦毒，至乃體生蟲蛆，因復傳換五獄，踰涉四年，令卒以自免。

太守隴西梁湛召爲決曹史。安帝初，湛病卒官，肜送喪還隴西。始葬，會西羌反叛，湛妻子悉避亂它郡，肜獨留不去，爲起墳冢，乃潛穿井旁以爲窟室，晝則隱竄，夜則負土，及賊平而墳已立。其妻子意肜已死，還見大驚。關西咸稱傳之，共給車馬衣資，肜不受而歸鄉里。

辟公府，舉尤異，遷中牟令。縣近京師，多權豪，肜到，誅諸姦吏及託名貴戚賓客者百有餘人，威名遂行。卒於官。

陳重字景公，豫章宜春人也。〔一〕少與同郡雷義爲友，俱學魯詩、顏氏春秋。太守張雲舉重孝廉，重以讓義，前後十餘通記，〔二〕雲不聽。義明年舉孝廉，重與俱在郎署。

〔一〕宜春，今袁州縣。

〔二〕記，書也。

有同署郎負息錢數十萬，責主日至，詭求無已，〔一〕重乃密以錢代還。郎後覺知而厚辭謝之。重曰：「非我之爲，將有同姓名者。」終不言惠。又同舍郎有告歸寧者，誤持鄰舍郎絝以去。主疑重所取，重不自申說，而市絝以償之。後寧喪者歸，以絝還主，其事乃顯。

〔一〕說文曰：「詭，責也。」

重後與義俱拜尚書郎，義代同時人受罪，以此黜退，重見義去，亦以病免。後舉茂才，除細陽令。政有異化，舉尤異，當遷爲會稽太守，遭姊憂去官。後爲司徒所辟，拜侍御史，卒。

雷義字仲公，豫章鄱陽人也。〔一〕初爲郡功曹，（皆）〔嘗〕擢舉善人，不伐其功。義嘗濟人死罪，罪者後以金二斤謝之，義不受，金主伺義不在，默投金於承塵上。後葺理屋宇，乃得之，金主已死，無所復還，義乃以付縣曹。

〔一〕鄱陽，縣，城在今饒州鄱陽縣東。

後舉孝廉，拜尚書侍郎，有同時郎坐事當居刑作，義默自表取其罪，以此論司寇。同臺

郎覺之，委位自上，乞贖義罪。順帝詔皆除刑。

義歸，舉茂才，讓於陳重，刺史不聽，義遂陽狂被髮走，不應命。鄉里爲之語曰：「膠漆自謂堅，不如雷與陳。」三府同時俱辟二人。義遂爲守灌謁者。〔一〕使持節督郡國行風俗，太守令長坐者凡七十人。旋拜侍御史，除南頓令，卒官。

〔一〕漢官儀曰：「謁者三十五人，以郎中秩滿歲稱給事，未滿歲稱灌謁者。」胡廣云：「明章二帝服勤園陵，謁者灌桓，後遂稱云。」馬融以爲「灌者，習所職也」。應奉云：「如胡公之言，則吉凶異制。馬云『灌，習也』，字又非也。高祖承秦，灌嬰服事七年，號大謁者，後人掌之，以姓灌章，豈其然乎？」

子授，官至蒼梧太守。

范冉字史雲，〔一〕陳留外黃人也。少爲縣小吏，年十八，奉檄迎督郵，冉恥之，乃遁去。到南陽，受業於樊英。又遊三輔，就馬融通經，歷年乃還。

〔一〕「冉」或作「丹」。

冉好違時絕俗，爲激詭之行。常慕梁伯鸞、閔仲叔之爲人。與漢中李固、河內王奐親善，而鄙賈偉節、郭林宗焉。〔一〕奐後爲考城令，境接外黃，屢遣書請冉，冉不至。及奐遷漢

陽太守，將行，冉乃與弟協步齎麥酒，於道側設壇以待之。冉見奐車徒駱驛，遂不自聞，惟與弟共辯論於路。奐識其聲，即下車與相揖對。奐曰：「行路倉卒，非陳〔契〕闊之所，可共到前亭宿息，以敘分隔。」冉曰：「子前在考城，思欲相從，以賤質自絕豪友耳。今子遠適千里，會面無期，故輕行相候，以展訣別。如其相追，將有慕貴之譏矣。」便起告違，拂衣而去。奐瞻望弗及，冉長逝不顧。

〔一〕謝承書曰：「奐字子昌，河內武德人。明五經，負笈追業，常賃灌園，恥交勢利。爲考城令，遷漢陽太守，徵拜議郎，卒。」

桓帝時，以冉爲萊蕪長，〔一〕遭母憂，不到官。後辟太尉府，以狷急不能從俗，常佩韋於朝。〔二〕議者欲以爲侍御史，因遁身逃命於梁沛之閒，徒行敝服，賣卜於市。

〔一〕萊蕪，縣，屬泰山郡，故城在今淄川縣東南。

〔二〕史記曰，西門豹性急，佩韋以自緩。

遭黨人禁錮，遂推鹿車，載妻子，捃拾自資，〔一〕或寓息客廬，或依宿樹蔭。如此十餘年，乃結草室而居焉。所止單陋，有時粮粒盡，窮居自若，言貌無改，閭里歌之曰：「甑中生塵范史雲，釜中生魚范萊蕪。」

〔一〕袁山松書曰：「冉去官，嘗使兒捃麥，得五斛。鄰人尹臺遺之一斛，囑兒莫道。冉後知，即令并送六斛，言麥已雜矣，遂誓不敢受。」

及黨禁解，爲三府所辟，乃應司空命。是時西羌反叛，黃巾作難，制諸府掾屬不得妄有去就。〔一〕冉首自劾退，詔書特原不理罪。又辟太尉府，以疾不行。

〔一〕制，制書也。

中平二年，年七十四，卒於家。臨命遺令勑其子曰：「吾生於昏闇之世，值乎淫侈之俗，生不得匡世濟時，死何忍自同於世！氣絕便斂，斂以時服，衣足蔽形，棺足周身，斂畢便穿，穿畢便埋。其明堂之奠，〔一〕干飯寒水，飲食之物，勿有所下。墳封高下，令足自隱。〔二〕知我心者李子堅、王子炳也。〔三〕今皆不在，制之在爾，勿令鄉人宗親有所加也。」於是三府各遣令史奔弔。大將軍何進移書陳留太守，累行論謚，僉曰宜爲貞節先生。〔四〕會葬者二千餘人，刺史郡守各爲立碑表墓焉。

〔一〕禮送死者衣曰明衣，器曰明器。鄭玄注云：「明者，神明之也。」此言明堂，亦神明之堂，謂壙中也。

〔二〕前書劉向曰：「延陵季子葬子，其高可隱。」晉義云：「謂人立可隱肘也。」隱音於靳反。

〔三〕李子堅，李固也。

〔四〕謚法「清白守節曰貞，好廉自剋曰節」也。

戴就字景成，會稽上虞人也。仕郡倉曹掾，楊州刺史歐陽參奏太守成公浮臧罪，遣部從事薛安案倉庫簿領，收就於錢唐縣獄。幽囚考掠，五毒參至。就慷慨直辭，色不變容。又燒鋘斧，使就挾於肘腋。〔一〕就語獄卒：「可熟燒斧，勿令冷。」每上彭考，〔二〕因止飯食不肯下，肉焦毀墯地者，掇而食之。〔三〕主者窮竭酷慘，無復餘方，乃臥就覆船下，以馬通薰之。〔四〕一夜二日，皆謂已死，發船視之，就方張眼大罵曰：「何不益火，而使滅絕！」又復燒地，以大鍼刺指爪中，使以把土，爪悉墯落。主者以狀白安，安呼見就，謂曰：「太守罪穢狼藉，受命考實，君何故以骨肉拒扞邪？」就據地荅言：「太守剖符大臣，當以死報國。卿雖銜命，固宜申斷冤毒，柰何誣枉忠良，強相掠理，令臣謗其君，子證其父！薛安庸騃，忸行無義，〔五〕就考死之日，當白之於天，與羣鬼殺汝於亭中。如蒙生全，當手刃相裂！」安深奇其壯節，即解械，更與美談，表其言辭，解釋郡事。徵浮還京師，免歸鄉里。

〔一〕鋘從「吳」。毛詩云：「不吳不敖。」何承天纂文曰：「臿，今之鋘也。」張揖字詁云：「臿，刃也。」鋘音華。案說文、字林、三蒼並無「鋘」字。

〔二〕彭即〔旁〕〔篣〕也。

〔三〕掇，拾也，丁活反。

〔四〕本草經曰：「馬通，馬矢也。」

〔五〕忸，伏也，猶言慣習。騃音吾楷反。

太守劉寵舉就孝廉，光祿主事，病卒。〔一〕

〔一〕風俗通曰：「光祿奉盼上就爲主事。」

趙苞字威豪，甘陵東武城人。〔一〕從兄忠，爲中常侍，苞深恥其門族有宦官名埶，不與忠交通。

〔一〕今貝州武城縣。

初仕州郡，舉孝廉，再遷廣陵令。視事三年，政教清明，郡表其狀，遷遼西太守。抗厲威嚴，名振邊俗。以到官明年，遣使迎母及妻子，垂當到郡，道經柳城，〔一〕值鮮卑萬餘人入塞寇鈔，苞母及妻子遂爲所劫質，載以擊郡。苞率步騎二萬，與賊對陣。賊出母以示苞，苞悲號謂母曰：「爲子無狀，欲以微祿奉養朝夕，不圖爲母作禍。昔爲母子，今爲王臣，義不得顧私恩，毀忠節，唯當萬死，無以塞罪。」母遙謂曰：「威豪，人各有命，何得相顧，以虧忠義！昔王陵母對漢使伏劍，以固其志，爾其勉之。」苞即時進戰，賊悉摧破，其母妻皆爲所害。

苞殯斂母畢，自上歸葬。靈帝遣策弔慰，封鄃侯。〔二〕

〔一〕柳城，縣，屬遼西郡，故城在今營州南。

〔二〕鄃，今貝州縣也，音式榆反。

苞葬訖，謂鄉人曰：「食祿而避難，非忠也；殺母以全義，非孝也。如是，有何面目立於天下！」遂歐血而死。

向栩字甫興，河內朝歌人，向長之後也。〔一〕少爲書生，性卓詭不倫。恒讀老子，狀如學道。又似狂生，好被髮，著絳綃頭。〔二〕常於竈北坐板牀上，如是積久，板乃有膝踝足指之處。不好語言而喜長嘯。賓客從就，輒伏而不視。有弟子，名爲「顏淵」、「子貢」、「季路」、「冉有」之輩。或騎驢入市，乞匃於人。或悉要諸乞兒俱歸止宿，爲設酒食。時人莫能測之。郡禮請辟，舉孝廉、賢良方正、有道，公府辟，皆不到。又與彭城姜肱、京兆韋著並徵，栩不應。

〔一〕高士傳向長，「向」字作「尙」也。

〔二〕說文：「綃，生絲也，從糸肖聲。」音消。案：此字當作「幧」，音此消反，其字從「巾」。古詩云：「少年見羅敷，脫巾

著幧頭。」鄭玄注儀禮云：「如今著幓頭，自項中而前，交額上，却繞髻也。」

後特徵，到，拜趙相。及之官，時人謂其必當脫素從儉，〔一〕而栩更乘鮮車，御良馬，世疑其始僞。及到官，略不視文書，舍中生蒿萊。

〔一〕脫易簡素。

徵拜侍中，每朝廷大事，侃然正色，百官憚之。會張角作亂，栩上便宜，頗譏刺左右，不欲國家興兵，但遣將於河上北向讀孝經，賊自當消滅。中常侍張讓讒栩不欲令國家命將出師，疑與角同心，欲爲內應。收送黃門北寺獄，殺之。

諒輔字漢儒，廣漢新都人也。仕郡爲五官掾。〔一〕時夏大旱，太守自出祈禱山川，連日而無所降。輔乃自暴庭中，慷慨呪曰：「輔爲股肱，不能進諫納忠，薦賢退惡，和調陰陽，承順天意，至令天地否隔，萬物焦枯，百姓喁喁，無所訴告，咎盡在輔。今郡太守改服責己，爲民祈福，精誠懇到，未有感徹。輔今敢自祈請，若至〔日〕中不雨，乞以身塞無狀。」於是積薪柴聚茭茅以自環，〔二〕搆火其傍，將自焚焉。未及日中時，而天雲晦合，須臾澍雨，一郡沾潤。世以此稱其至誠。

〔一〕百官志曰：「每州皆置諸曹掾史。有功曹史，主選署功勞。有五官掾，署功曹及諸曹事。」

〔二〕茭，乾草也。

劉翊字子相，潁川潁陰人也。家世豐產，常能周施而不有其惠。曾行於汝南界中，有陳國張季禮遠赴師喪，遇寒冰車毀，頓滯道路。翊見而謂曰：「君慎終赴義，行宜速達。」卽下車與之，不告姓名，自策馬而去。季禮意其子相也，後故到潁陰，還所假乘。翊閉門辭行，不與相見。

常守志臥疾，不屈聘命。河南种拂臨郡，引爲功曹，翊以拂名公之子，〔一〕乃爲起焉。拂以其擇時而仕，甚敬任之。陽翟黃綱恃程夫人權力，求占山澤以自營植。拂召翊問曰：「程氏貴盛，在帝左右，不聽則恐見怨，與之則奪民利，爲之柰何？」翊曰：「名山大澤不以封，蓋爲民也。〔二〕明府聽之，則被佞倖之名矣。若以此獲禍，貴子申甫，則自以不孤也。」〔三〕拂從翊言，遂不與之。乃舉翊爲孝廉，不就。

〔一〕拂，暠之子也。

〔二〕禮記曰：「名山大澤不以封。」

〔三〕申甫，拂之子。

後黃巾賊起，郡縣饑荒，翊救給乏絕，資其食者數百人。鄉族貧者，死亡則爲具殯葬，嫠獨則助營妻娶。〔一〕

〔一〕寡婦爲嫠，無夫曰獨。

獻帝遷都西京，翊舉上計掾。是時寇賊興起，道路隔絕，使驛稀有達者。翊夜行晝伏，乃到長安。詔書嘉其忠勤，特拜議郎，遷陳留太守。翊散所握珍玩，唯餘車馬，自載東歸。出關數百里，見士大夫病亡道次，翊以馬易棺，脫衣斂之。又逢知故困餒於路，不忍委去，因殺所駕牛，以救其乏。衆人止之，翊曰：「視沒不救，非志士也。」遂俱餓死。

王烈字彥方，〔一〕太原人也。少師事陳寔，以義行稱。鄉里有盜牛者，主得之，盜請罪曰：「刑戮是甘，乞不使王彥方知也。」烈聞而使人謝之，遺布一端。或問其故，烈曰：「盜懼吾聞其過，是有恥惡之心。既懷恥惡，必能改善，故以此激之。」後有老父遺劒於路，行道一人見而守之，至暮，老父還，尋得劒，怪而問其姓名，以事告烈。烈使推求，乃先盜牛者也。諸有爭訟曲直，將質之於烈，或至塗而反，或望廬而還。其以德感人若此。

〔一〕魏志烈字彥考。

察孝廉，三府並辟，皆不就。遭黃巾、董卓之亂，乃避地遼東，夷人尊奉之。太守公孫度接以昆弟之禮，〔一〕訪酬政事。欲以爲長史，烈乃爲商賈自穢，得免。曹操聞烈高名，遣徵不至。建安二十四年，終於遼東，年七十八。

〔一〕魏志曰：「公孫度字（叔）〔升〕濟，本遼東襄平人。度父延，避吏居玄菟，任爲郡吏。時玄菟太守公孫（域）〔琙〕子豹，年十八，早死，度少時名豹，又與（域）〔琙〕子同年，（域）〔琙〕見親哀之，遣就師學，爲娶妻。後舉有道，除尚書郎，遼東太守。」

贊曰：乘方不忒，臨義罔惑。〔一〕惟此剛絜，果行育德。〔二〕

〔一〕忒，差也。言獨行之人，乘履方正，不差二也。

〔二〕易蒙卦象曰「君子以果行育德」也。

校勘記

二六六五頁六行 庸常也 按：「常」原譌「當」，逕據汲本、殿本改正。

二六六六頁九行 皇（太）子多橫夭 集解引何焯說，謂案文當作「皇子」，衍「太」字。今據删。

二六六七頁二行 遷中散大夫 按：集解引惠棟說，謂華陽國志作「太中大夫」。

二六六七頁二行 持節與太僕（任）〔王〕惲等分行天下 前書平帝紀、恩澤侯表、王莽傳並作「王惲」，今據改。按：沈家本謂「王惲」作「任惲」，乃傳寫之譌。

二六六八頁一行 （使陽）〔便賜〕以毒藥 據汲本、殿本改。

二六六八頁九行 時亦有犍爲費貽不肯仕述 按：刊誤謂案文「亦」字乃合在「不」字上。

二六七〇頁一行 猜疑寇心 按：集解引沈欽韓說，謂袁紀作「阻疑衆心」。

二六七〇頁三行 犍爲任永（君）〔及〕業同郡馮信 殿本「君」作「及」，校補謂作「及」非。今按：永字君業，范書名與字常並舉，故校補云然。然下云「同郡馮信」，信字季誠，何不與「任永君業」同例，作「馮信季誠」？且馮信廣漢郪人，與李業同郡，足證「君」當作「及」，校補說非也。今據殿本改。

二六七一頁三行 （元初）〔延平〕中鮮卑數百餘騎寇漁陽 集解引錢大昭說，謂「元初」應依鮮卑傳作「延平」。又引錢大昕說，謂本紀此事亦載於延平元年。今按：下文稱「永初二年」，永初在延平後，元初前，則二錢之說是，今據改。

二六七二頁二行 功曹徐咸遽（起）〔赴〕之 據殿本改。

二六七三頁五行 小吏所輔 按：何焯謂「小吏」疑當作「小史」。

二六七三頁三行 弓里姓也 按：「里」原譌「理」，逕據汲本、殿本改正。

二六七三頁三行 遷護羌校尉 按：通鑑止作「校尉」。考異謂檢西羌傳，建武九年方置護羌校尉，牛邯爲之，邯卒即省，溫序無緣作「護羌」，今但云「校尉」。

二六七四頁二行 掾（吏）〔史〕莫敢諫 據汲本、殿本改。

二六七五頁三行 使（者）乃收燕繫獄 刊誤謂「使」下少一「者」字。今據補。

二六七六頁二行 一名汜 按：「汜」原譌「氾」，逕據殿本、集解本改正。

二六七七頁一行 升堂拜飲 按：御覽四三〇引作「升堂拜母」。

二六七八頁八行 遊（集）〔息〕帝學 殿本「集」作「息」。集解引惠棟說，謂禮學記「息焉遊焉」，當作「息」。今據改。

二六七九頁七行 本同縣李元蒼頭也 按：李慈銘謂案日本新出琱玉集引孝子傳，「李元」作「李文」。

二六八〇頁一〇行 牽忳入它舍 按：集解引惠棟說，謂華陽國志「它舍」作「宅舍」。

二六八一頁一行 假忳休 按：殿本「休」下有「息」字。

二六八一頁七行 賊殺妾家十餘口 汲本無「賊」字，殿本「賊」作「枉」。按：集解引惠棟說，謂華陽國志云「大小二十口」。

二六八二頁一行 遂亡（失）屍（骸） 據汲本、殿本補。

二六八二頁二行 至亡處祭醊（泣）而還 據殿本補。

二六八二頁七行 時歲荒民飢 按：汲本、殿本「飢」下有「困」字。

二六八二頁八行 皆分別姓字 按：「姓字」汲本作「姓氏」，殿本作「姓名」。

二六八二頁三行 獄事特急 殿本「特」作「持」。按：作「持」義較長。

二六八三頁一行 以爲門卒通傳意氣 按：殿本「門卒」作「獄門吏卒」。

二六八三頁三行 母嘗截肉未嘗不方 刊誤謂案文上「嘗」字當作「常」。今按：上「嘗」字當衍。

二六八三頁四行 帝即赦興等事 按：王先謙謂「事」字下疑奪文。

二六八三頁五行 謁舍（所）謂〔所〕停主人之舍也 集解王先謙謂「所謂」當作「謂所」。今據改。

二六八四頁八行 永元十二年徵拜太常 按：集解引惠棟說，謂水經注云「十三年」。

二六八四頁九行 兄弟六人同食遞衣 按：御覽四八四、五一五、五二一引，並作「同衣遞食」。

二六八五頁一行 太守魯平 集解引惠棟說，謂平，魯恭弟，本傳作「丕」。按：沈家本謂下云延平中，特徵充爲博士，時魯平亦爲博士。據魯丕傳，延平中丕不在朝，安得與李充同爲博士，恐此傳魯平別是一人。

二六八五頁七行 張孟舉 按：集解引惠棟說，謂袁宏紀云「侍中張孟」。

二六八五頁三行 年八十八爲國三老 按：汲本作「年八十八以爲國三老」，殿本作「年八十以爲國三老」。校補謂據袁紀載充卒年亦無八十八，則下「八」字或衍。

二六八七頁九行 雷義字仲公 按：張熷讀史舉正謂「仲公」文選廣絕交論注引作「仲預」。又按：御覽四二〇引作「仲翁」。

二六八七頁九行 (皆)〔嘗〕擢舉善人 據汲本、殿本改。

二六八七頁九行 義嘗濟人死罪 按：校補謂案文「義」當作「又」，疑「又」譌「乂」，「乂」復譌「義」。

二六八八頁五行 謁者灌桓 按：「桓」汲本作「旦」。校補謂「灌旦」「灌桓」皆無義可詮，且應奉謂吉凶異制，疑本作「灌神」，墓祭非吉祭，朝夕上食，不灌也。

二六八八頁六行 字又非也 按：汲本、殿本「又」作「義」。

二六八九頁二行 非陳〔契〕闊之所 據汲本、殿本補。

二六九〇頁七行 干飯寒水 按：御覽五五四引「干」作「盂」。

二六九一頁三行 彭卽(旁)〔篣〕也 據汲本改。

二六九三頁六行 向栩字甫興 按：御覽六一〇引「甫興」作「輔興」。

二六九四頁二行 若至〔日〕中不雨 據殿本補。

二六九五頁七行 引爲功曹 按：集解引惠棟說，謂「功曹」謝承書作「主簿」。

二六九六頁四行 無夫曰獨 按：集解引周壽昌說，謂「夫」當作「妻」。校補謂「夫」當作「子」。

二六九七頁五行 公孫度字(叔)〔升〕濟 據集解引惠棟說改，與魏志合。

二六九七頁五行 公孫(域)〔琙〕 據集解引惠棟說改，與魏志合。

後漢書

宋 范曄 撰

唐 李賢等注

第一〇册

卷八二至卷九〇（傳九）

中華書局

中華書局

後漢書卷八十二上

方術列傳第七十二上

仲尼稱易有君子之道四焉，曰「卜筮者尚其占」。〔一〕占也者，先王所以定禍福，決嫌疑，幽贊於神明，遂知來物者也。〔二〕若夫陰陽推步之學，往往見於墳記矣。〔三〕然神經怪牒，玉策金繩，關扃於明靈之府，封縢於瑤壇之上者，靡得而闚也。至乃河洛之文，龜龍之圖，〔四〕箕子之術，〔五〕師曠之書，〔六〕緯候之部，〔七〕鈐決之符，〔八〕皆所以探抽冥賾，參驗人區，時有可聞者焉。〔九〕其流又有風角、遁甲、七政、元氣、六日七分、逢占、日者、挺專、須臾、孤虛之術，〔一〇〕及望雲省氣，推處祥妖，時亦有以效於事也。〔一一〕而斯道隱遠，玄奧難原，故聖人不語怪神，罕言性命。〔一二〕或開末而抑其端，〔一三〕或曲辭以章其義，〔一四〕所謂「民可使由之，不可使知之」。〔一五〕

〔一〕易繫辭曰：「以言者尚其辭，以動者尚其變，以制器者尚其象，以卜筮者尚其占。」

〔二〕易說卦曰：「聖人之作易也，幽贊於神明而生蓍。」繫辭曰：「無有遠近幽深，遂知來物。」

〔三〕左傳曰：「履端於始，舉正於中，歸餘於終。」尚書曰「歷象日月星辰」也。

〔四〕尚書中候曰：「堯沈璧於洛，玄龜負書，背中赤文朱字，止壇。舜禮壇于河畔，沈璧，禮畢，至于下昃，黃龍負卷舒圖，出水壇畔。」

〔五〕箕子說洪範五行陰陽之術也。

〔六〕占災異之書也。今書七志有師曠六篇。

〔七〕緯，七經緯也。候，尚書中候也。

〔八〕兵法有玉鈐篇及玄女六韜要決，曰：「太公對武王曰：『主將有陰符，有大勝得敵之符，符長一尺；有破軍禽敵之符，符長九寸；有降城得邑之符，符長八寸；有却敵執遠之符，符長七寸；有交兵驚中堅守之符，符長六寸；有請粮食益兵之符，符長五寸；有敗軍亡將之符，符長四寸；有失亡吏卒之符，符長三寸。諸奉使行符稽留，若符事聞，聞符所告者皆誅。』」

〔九〕小爾雅曰：「賾，深也。區，域也。」

〔一〇〕風角、六日七分，解並見郎顗傳。遁甲，推六甲之陰而隱遁也，今書七志有遁甲經。七政，日、月、五星之政也。元氣者，謂開闢陰陽之書也。河圖曰：「元氣闓陽爲天。」前書班固曰：「東方朔之逢占，覆射。」音義云：「逢人所問而占之也。」日者，卜筮掌日之術也，史記司馬季主爲日者。挺專，折竹卜也。楚辭曰：「索瓊茅以筳篿。」注云：「筳，八段竹也。楚人名結草折竹曰篿。」挺音大寧反。須臾，陰陽吉凶立成之法也。今書七志有武王須臾一卷。孤虛者，孤謂六甲之孤辰，若甲子旬中，戌亥無干，是爲孤也，對孤爲虛。前書藝文志有風后孤虛二十卷。

〔一一〕望雲，解見明帝紀。省氣者，觀城郭人畜氣以占之也。

〔一二〕論語曰：「子不語怪力亂神。」又曰：「子罕言利與命與仁。」

〔一三〕論語曰：「孔子有疾，子路請禱。子曰：『丘之禱久矣。』」鄭玄注云：「明素恭肅於鬼神，且順子路之言也。」

〔一四〕易曰「探賾索隱，鉤深致遠，定天下之吉凶，成天下之亹亹者，莫善於蓍龜」也。

〔一五〕論語孔子之言也。鄭玄注云：「由，從也。言王者設教，務使人從之，若皆知其本末，則愚者或輕而不行。」

漢自武帝頗好方術，天下懷協道藝之士，莫不負策抵掌，順風而屆焉。〔一〕後王莽矯用符命，及光武尤信讖言，士之赴趣時宜者，皆騁馳穿鑿，爭談之也。故王梁、孫咸名應圖籙，越登槐鼎之任，〔二〕鄭興、賈逵以附同稱顯，桓譚、尹敏以乖忤淪敗，〔三〕自是習爲內學，尚奇文，貴異數，不乏於時矣。〔四〕是以通儒碩生，忿其姦妄不經，奏議慷慨，以爲宜見藏擯。〔五〕子長亦云：「觀陰陽之書，使人拘而多忌。」蓋爲此也。〔六〕

〔一〕前書武帝時（李）少翁、欒大等並以方術見。少翁拜文成將軍，欒大拜五利將軍，貴震天下，而海上燕、齊之士，莫不搤腕而自言有禁方矣。抵，側擊也。

〔二〕光武以赤伏符文拜梁爲大司空，又以讖文拜孫咸爲大司馬，見景丹傳。

〔三〕各見本傳。

〔四〕內學謂圖讖之書也。其事祕密，故稱內。

〔五〕謂桓譚、賈逵、張衡之流也。各見本傳。

〔六〕司馬遷字子長，其父太史公論六家之要曰：「觀陰陽之術，太詳而衆忌，使人拘而多畏。」見史記也。

夫物之所偏，未能無蔽，雖云大道，其礙或同。〔一〕若乃詩之失愚，書之失誣，然則數術之失，至於詭俗乎？如令溫柔敦厚而不愚，斯深於詩者也；疏通知遠而不誣，斯深於書者也；〔二〕極數知變而不詭俗，斯深於數術者也。〔三〕故曰：「苟非其人，道不虛行。」〔四〕意者多迷其統，取遣頗偏，甚有雖流宕過誕亦失也。〔五〕

〔一〕礙音五愛反。

〔二〕禮記曰：「其爲人也，溫柔敦厚，詩教也；疏通知遠，書教也。詩之失愚，書之失誣。」鄭玄注「詩敦厚，近愚；書知遠，近誣」也。

〔三〕易曰：「極數知來之謂占。」又曰：「知變化之道者，其知神之所爲乎？」

〔四〕易繫辭之文也。

〔五〕取遣謂信與不信也。陰陽之術，或信或不信，各有所執，故偏頗也。以爲甚有者雖流宕失中，過稱虛誕者，亦爲失也。

中世張衡爲陰陽之宗，郎顗咎徵最密，餘亦班班名家焉。〔一〕其徒亦有雅才偉德，未必體極藝能。今蓋糾其推變尤長，可以弘補時事，因合表之云。〔二〕

〔一〕謂襄楷、蔡邕、楊厚等也。

〔二〕表，顯也。

任文公，巴郡閬中人也。〔一〕父文孫，明曉天官風角祕要。文公少修父術，州辟從事。哀帝時，有言越巂太守欲反，刺史大懼，遣文公等五從事檢行郡界，潛伺虛實。共止傳舍，時暴風卒至，文公遽趣白諸從事促去，當有逆變來害人者，因起駕速驅。諸從事未能自發，郡果使兵殺之，文公獨得免。

〔一〕閬中，今隆州縣。

後爲治中從事。時天大旱，白刺史曰：「五月一日，當有大水，其變已至，不可防救，宜令吏人豫爲其備。」刺史不聽，文公獨儲大船，百姓或聞，頗有爲防者。到其日旱烈，文公急命促載，使白刺史，刺史笑之。日將中，天北雲起，須臾大雨，至晡時，湔水涌起十餘丈，〔一〕突壞廬舍，所害數千人。文公遂以占術馳名。辟司空掾。平帝即位，稱疾歸家。

〔一〕酈元水經注云「湔水出綿道玉壘山」，在今益州。湔音子延反。

王莽篡後，文公推數，〔一〕知當大亂，乃課家人負物百斤，環舍趨走，日數十，時人莫知其故。後兵寇並起，其逃亡者少能自脫，惟文公大小負糧捷步，〔二〕悉得完免。遂奔子公山，十餘年不被兵革。

〔一〕推歷運之數也。

〔二〕捷，健也。

公孫述時，蜀武擔石折。〔一〕文公曰：「噫！西州智士死，我乃當之。」自是常會聚子孫，設酒食。後三月果卒。故益部爲之語曰：「任文公，智無雙。」

〔一〕武擔，山，在今益州成都縣北百二十步。楊雄蜀王本紀云：「武都丈夫化爲女子，顏色美絕，蓋山精也。蜀王納以爲妃，無幾物故，乃發卒之武都擔土，葬於成都郭中，號曰武擔。以石作鏡一枚表其墓。」華陽國志曰：「王哀念之，遣五丁之武都擔土爲妃作冢，蓋地數畝，高七丈。其石俗今名爲石笋。」

郭憲字子橫，汝南宋人也。〔一〕少師事東海王仲子。時王莽爲大司馬，召仲子，仲子欲往。憲諫曰：「禮有來學，無有往教之義。〔二〕今君賤道畏貴，竊所不取。」仲子曰：「王公至重，不敢違之。」憲曰：「今正臨講業，且當訖事。」仲子從之，日晏乃往。莽問：「君來何遲？」仲子具以憲言對，莽陰奇之。及後篡位，拜憲郎中，賜以衣服。憲受衣焚之，逃于東海之濱。莽深忿恚，討逐不知所在。

〔一〕續漢志汝南郡有宋公國，周名郪丘，漢改爲新郪，章帝建初四年，徙宋公於此。

〔二〕禮記曰：「禮聞來學，不聞往教。」

光武即位，求天下有道之人，乃徵憲拜博士。再遷，建武七年，代張堪爲光祿勳。從駕南郊。憲在位，忽回向東北，含酒三潠。〔一〕執法奏爲不敬。〔二〕詔問其故。憲對曰：「齊國失火，故以此厭之。」後齊果上火災，與郊同日。

〔一〕埤蒼曰：「潠，噴也。」音巽。

〔二〕執法，糺劾之官也。

八年，車駕西征隗囂，憲諫曰：「天下初定，車駕未可以動。」憲乃當車拔佩刀以斷車靷。〔一〕帝不從，遂上隴。其後潁川兵起，乃回駕而還。帝歎曰：「恨不用子橫之言。」

〔一〕靷在馬胷，音胤。

時匈奴數犯塞，帝患之，乃召百僚廷議。憲以爲天下疲敝，不宜動衆。諫爭不合，乃伏地稱眩瞀，不復言。〔一〕帝令兩郎扶下殿，憲亦不拜。帝曰：「常聞『關東觥觥郭子橫』，竟不虛也。」〔二〕憲遂以病辭退，卒於家。

〔一〕瞀，亂也。

〔二〕觥觥，剛直之貌，音古橫反。

許楊字偉君，汝南平輿人也。少好術數。王莽輔政，召爲郎，稍遷酒泉都尉。及莽篡位，楊乃變姓名爲巫醫，逃匿它界。莽敗，方還鄉里。

汝南舊有鴻郤陂，〔一〕成帝時，丞相翟方進奏毀敗之。建武中，太守鄧晨欲修復其功，聞楊曉水脈，召與議之。楊曰：「昔成帝用方進之言，〔二〕尋而自夢上天，天帝怒曰：『何故敗我濯龍淵？』是後民失其利，多致飢困。時有謠歌曰：『敗我陂者翟子威，飴我大豆，亨我芋魁。〔三〕反乎覆，陂當復。』昔大禹決江疏河以利天下，明府今興立廢業，富國安民，童謠之言，將有徵於此。誠願以死效力。」晨大悅，因署楊爲都水掾，使典其事。楊因高下形埶，起塘四百餘里，數年乃立。〔四〕百姓得其便，累歲大稔。

〔一〕陂在今豫州汝陽縣東。

〔二〕前書翟方進奏壞鴻郤陂。

〔三〕方進字子威。芋魁，芋根也。前書「飴」作「飯」，「亨」作「羹」。

〔四〕塘，堤堰水也。

初，豪右大姓因緣陂役，競欲辜較在所，楊一無聽，遂共譖楊受取賕賂。晨遂收楊下獄，而械輒自解。獄吏恐，遽白晨。晨驚曰：「果濫矣。太守聞忠信可以感靈，今其效乎！」即夜出楊，遣歸。時天大陰晦，道中若有火光照之，時人異焉。後以病卒。晨於都(官)〔宮〕

爲楊起廟，圖畫形像，百姓思其功績，皆祭祀之。

高獲字敬公，汝南新息人也。爲人尼首方面。〔一〕少遊學京師，與光武有舊。師事司徒歐陽歙。歙下獄當斷，獲冠鐵冠，帶鈇鑕，詣闕請歙。帝雖不赦，而引見之。謂曰：「敬公，朕欲用子爲吏，宜改常性。」獲對曰：「臣受性於父母，不可改之於陛下。」出便辭去。

〔一〕尼首，首象尼丘山，中下四方高也。

三公爭辟不應。後太守鮑昱請獲，既至門，令主簿就迎，主簿（曰）但使騎吏迎之，獲聞之，即去。昱遣追請獲，獲顧曰：「府君但爲主簿所欺，不足與談。」遂不留。時郡境大旱。獲素善天文，曉遁甲，能役使鬼神。昱自往問何以致雨，獲曰：「急罷三部督郵，〔一〕明府當自北出，到三十里亭，雨可致也。」昱從之，果得大雨。每行縣，輒軾其閭。〔二〕獲遂遠遁江南，卒於石城。〔三〕石城人思之，共爲立祠。

〔一〕續漢書曰：「監屬縣有三部，每部督郵書掾一人。」

〔二〕軾，所以禮之。禮記曰「軾視馬尾」也。

〔三〕石城在今蘇州西南。

王喬者，河東人也。顯宗世，爲葉令。喬有神術，每月朔望，常自縣詣臺朝。帝怪其來數，而不見車騎，密令太史伺望之。言其臨至，輒有雙鳧從東南飛來。於是候鳧至，舉羅張之，但得一隻舄焉。乃詔尚方詠視，〔一〕則四年中所賜尚書官屬履也。每當朝時，葉門下鼓不擊自鳴，聞於京師。後天下玉棺於堂前，吏人推排，終不搖動。喬曰：「天帝獨召我邪？」乃沐浴服飾寢其中，蓋便立覆。宿昔葬於城東，土自成墳。其夕，縣中牛皆流汗喘乏，而人無知者。百姓乃爲立廟，號葉君祠。牧守每班錄，皆先謁拜之。〔二〕吏人祈禱，無不如應。若有違犯，亦立能爲祟。帝乃迎取其鼓，置都亭下，略無復聲焉。或云此即古仙人王子喬也。〔三〕

〔一〕說文曰，詠亦視也。音眞吝反。

〔二〕王喬墓在今葉縣東。

〔三〕劉向列仙傳曰：「王子喬，周靈王太子晉也。好吹笙，作鳳鳴。遊伊洛閒，道士浮丘公接上嵩山。（二）〔三〕十餘年後，來於山上，告桓良曰：『告我家，七月七日待我緱氏山頭。』果乘白鶴駐山頭，望之不得到，舉手謝時人而去。」

謝夷吾字堯卿，會稽山陰人也。少爲郡吏，學風角占候。太守第五倫擢爲督郵。時烏程長有臧釁，倫使收案其罪。夷吾到縣，無所驗，但望閤伏哭而還。一縣驚怪，不知所爲。及還，白倫曰：「竊以占候，知長當死。近三十日，遠不過六十日，遊魂假息，非刑所加，故不收之。」倫聽其言，至月餘，果有驛馬齎長印綬，上言暴卒。倫以此益禮信之。〔一〕

〔一〕謝承書曰「倫甚崇其道德，轉署主簿，使子從受春秋，夷吾待之如師弟子之禮。時或遊戲，不肯讀書，便白倫行罰，遂成其業」也。

舉孝廉，爲壽張令，〔一〕稍遷荆州刺史，〔二〕遷鉅鹿太守。所在愛育人物，有善績。及倫作司徒，令班固爲文薦夷吾曰：「臣聞堯登稷、契，政隆太平；舜用臯陶，政致雍熙。殷、周雖有高宗、昌、發之君，猶賴傅說、呂望之策，故能克崇其業，允協大中。〔三〕竊見鉅鹿太守會稽謝夷吾，出自東州，厥土塗泥，而英姿挺特，奇偉秀出。才兼四科，行包九德，〔四〕仁足濟時，知周萬物。加以少膺儒雅，韜含六籍，推考星度，綜校圖錄，探賾聖祕，觀變歷徵，占天知地，與神合契，據其道德，以經王務。昔爲陪隸，與臣從事，奮忠毅之操，躬史魚之節，董臣嚴綱，勖臣懦弱，〔五〕得以免戾，寔賴厥勳。及其應選作宰，惠敷百里，降福彌異，流化若神，爰牧荆州，威行邦國。奉法作政，有周、召之風；居儉履約，紹公儀之操。〔六〕尋功簡

能，爲外臺之表；聽聲察實，爲九伯之冠。〔七〕遷守鉅鹿，政合時雍。德量績謀，有伊、呂、管、晏之任；闡弘道奧，同史蘇、京房之倫。〔八〕雖密勿在公，而身出心隱，不殉名以求譽，不馳騖以要寵，念存遜遁，演志箕山。方之古賢，實有倫序；採之於今，超焉絕俗。誠社稷之元龜，大漢之棟甍。〔九〕宜當拔擢，使登鼎司，上令三辰順軌於歷象，下使五品咸訓于嘉時，〔一〇〕必致休徵克昌之慶，非徒循法奉職而已。臣以頑駑，器非其疇，〔一一〕尸祿負乘，夕惕若厲。〔一二〕願乞骸骨，更授夷吾，上以光七曜之明，下以厭率土之望，庶令微臣塞咎免悔。」

〔一〕謝承書曰：「縣人女子張雨，早喪父母，年五十，不肯嫁，留養孤弟二人，教其學問，各得通經。雨皆爲娉娶，皆成善士。夷吾薦於州府，使各選舉，表復雨門戶。永平十五年，蝗發泰山，流徙郡國，荐食五穀，過壽張界，飛逝不集。」

〔二〕謝承書曰：「夷吾雅性明遠，能決斷罪疑。行部始到南陽縣，遇孝章皇帝巡狩，駕幸魯陽，有詔勑荆州刺史入傳錄見囚徒，誡長吏『勿廢舊儀，朕將覽焉』。上臨西廂南面，夷吾處東廂，分帷隔中央。夷吾所決正一縣三百餘事，事與上合。而朝廷歎息曰：『諸州刺史盡如此者，朕不憂天下。』常以勵羣臣。」

〔三〕尚書洪範曰：「皇建其有極。」孔安國注云：「皇，大；極，中也。」

〔四〕四科，見文苑傳。尚書咎繇陳九德，曰「寬而栗，愿而恭，亂而敬，柔而立，擾而毅，直而溫，簡而廉，剛而塞，強而義」也。

〔五〕董，督也。勖，勵也。

〔六〕史記公儀休相魯，拔園葵，去織婦，不與人爭利。
〔七〕左傳曰：「五侯九伯。」杜預注云：「九州之伯也。」
〔八〕左傳史蘇，晉太史，善筮者。京房字君明，善陰陽占候，見前書。
〔九〕尚書曰：「格人元龜，罔敢知吉。」元，大也。葵亦楝也。
〔一〇〕五品，五常之敎也，謂父義，母慈，兄友，弟恭，子孝也。訓，順也。
〔一一〕疇，類也。
〔一二〕易曰：「負且乘，致寇至。」又曰：「夕惕若厲。」言君子終日乾乾，至于夕，猶怵惕戒懼，若危厲。

後以行春乘柴車，從兩吏，〔一〕冀州刺史上其儀序失中，有損國典，左轉下邳令。豫剋死日，如期果卒。勑其子曰：「漢末當亂，必有發掘露骸之禍。」使懸棺下葬，墓不起墳。〔二〕

〔一〕柴車，賤車也。
〔二〕墓謂塋域。墳謂築土。

時博士勃海郭鳳亦好圖讖，善說災異，吉凶占應。先自知死期，豫令弟子市棺歛具，至其日而終。〔一〕

〔一〕棺音古亂反。

楊由字哀侯，蜀郡成都人也。少習易，幷七政、元氣、風雲占候。爲郡文學掾。時有大雀夜集於庫樓上，太守廉范以問由。由對曰：「此占郡內當有小兵，然不爲害。」後二十餘日，廣柔縣蠻夷反，殺傷長吏，〔一〕郡發庫兵擊之。又有風吹削哺，〔二〕太守以問由。由對曰：「方當有薦木實者，其色黃赤。」頃之，五官掾獻橘數包。

〔一〕廣柔縣屬蜀郡，故城在今茂州汶川縣西。
〔二〕「哺」當作「柿」，音孚廢反。顏氏家訓曰：「削則札也。左傳曰『削而投之』是也。史家假借爲『肝肺』字，今俗或作『脯』，或作爲『反哺』之『哺』，學士因云『是屏障之名』，非也。風角書曰『庶人之風揚塵轉削』，若是屏障，何由可轉。」

由嘗從人飲，勑御者曰：「酒若三行，便宜嚴駕。」既而趣去。後主人舍有鬬相殺者，人請問何以知之。由曰：「向社中木上有鳩鬬，此兵賊之象也。」其言多驗。著書十餘篇，名曰其平。終于家。

李南字孝山，丹陽句容人也。〔一〕少篤學，明於風角。和帝永元中，太守馬棱坐盜賊事被徵，當詣廷尉，吏民不寧，南特通謁賀。棱意有恨，謂曰：「太守不德，今當即罪，而君反相賀邪？」南曰：「旦有善風，明日中時應有吉問，故來稱慶。」旦日，棱延望景晏，以爲無徵；至晡，乃有驛使齎詔書原停棱事。南問其遲留之狀。使者曰：「向度宛陵浦里抗，〔二〕馬踠足，是以不得速。」〔三〕棱乃服焉。後舉有道，辟公府，病不行，終於家。

〔一〕句容，今潤州縣也。近句曲山有所容，因名焉。
〔二〕宛陵，縣，屬丹陽郡。抗，以舟濟水也。
〔三〕踠，屈損也。

南女亦曉家術，爲由拳縣人妻。晨詣爨室，卒有暴風，婦使上堂從姑求歸，辭其二親。姑不許，乃跪而泣曰：「家世傳術，疾風卒起，先吹竈突及井，此禍爲婦女主爨者，妾將亡之應。」因著其亡日。乃聽還家，如期病卒。

李郃字孟節，漢中南鄭人也。父頡，以儒學稱，官至博士。郃襲父業，遊太學，通五經。善河洛風星，外質朴，人莫之識。縣召署幕門候吏。和帝即位，分遣使者，皆微服單行，各至州縣，觀採風謠。使者二人當到益部，投郃候舍。時夏夕露坐，郃因仰觀，問曰：「二君發京師時，寧知朝廷遣二使邪？」二人默然，驚相

視曰：「不聞也。」問何以知之。郃指星示云：「有二使星向益州分野，故知之耳。」〔一〕

〔一〕前書觜觿、參，益州之分野也。

後三年，其使者一人拜漢中太守，郃猶爲吏，太守奇其隱德，召署戶曹史。時大將軍竇憲納妻，天下郡國皆有禮慶，郡亦遣使。郃進諫曰：「竇將軍椒房之親，不修禮德，而專權驕恣，危亡之禍可翹足而待，願明府一心王室，勿與交通。」太守固遣之，郃不能止，請求自行，許之。郃遂所在留遲，以觀其變。行至扶風，而憲就國自殺，支黨悉伏其誅，凡交通憲者，皆爲免官，唯漢中太守不豫焉。

郃歲中舉孝廉，五遷尚書令，又拜太常。元初四年，代袁敞爲司空，數陳得失，有忠臣節。在位四年，坐請託事免。

安帝崩，北鄉侯立，復爲司徒。及北鄉侯病，郃陰與少府河南陶範、步兵校尉趙直謀立順帝，會孫程等事先成，故郃功不顯。明年，坐吏民疾病，仍有災異，賜策免。將作大匠翟酺上郃「潛圖大計，以安社稷」，於是錄陰謀之功，封郃涉都侯，辭讓不受。年八十餘，卒於家。門人上黨馮胄獨制服，心喪三年，時人異之。〔一〕

〔一〕家語曰「仲尼既葬，弟子皆家于墓，行心喪之禮。三年喪畢，或去或留」也。

胄字世威，奉世之後也。〔一〕常慕周伯況、閔仲叔之爲人，隱處山澤，不應徵辟。

〔一〕奉代字子明，宣帝時爲前將軍，見前書也。

郃子固，已見前傳。弟子歷，字季子。清白有節，博學善交，與鄭玄、陳紀等相結。爲新城長，政貴無爲。亦好方術。時天下旱，縣界特雨。官至奉車都尉。

段翳字元章，廣漢新都人也。習易經，明風角。時有就其學者，雖未至，必豫知其姓名。嘗告守津吏曰：「某日當有諸生二人，荷擔問翳舍處者，幸爲告之。」後竟如其言。又有一生來學，積年，自謂略究要術，辭歸鄉里。翳爲合膏藥，并以簡書封於筒中，告生曰：「有急發視之。」生到葭萌，與吏爭度，津吏檛破從者頭。生開筒得書，言到葭萌，與吏鬬頭破者，以此膏裹之。生用其言，創者卽愈。生歎服，乃還卒業。翳遂隱居竄跡，終于家。

廖扶字文起，〔一〕汝南平輿人也。習韓詩、歐陽尚書，教授常數百人。父爲北地太守，永初中，坐羌沒郡下獄死。扶感父以法喪身，憚爲吏。及服終而歎曰：「老子有言：『名與身孰親？』吾豈爲名乎！」遂絕志世外。專精經典，尤明天文、讖緯，風角、推步之術。州郡公

府辟召皆不應。就問災異，亦無所對。

〔一〕廖，音力弔反，又音力救反。

扶逆知歲荒，乃聚穀數千斛，悉用給宗族姻親，又斂葬遭疫死亡不能自收者。常居先人冢側，未曾入城市。太守謁煥，〔一〕先爲諸生，從扶學，後臨郡，未到，先遣吏脩門人之禮，又欲擢扶子弟，固不肯，當時人因號爲北郭先生。年八十，終于家。

〔一〕謁姓也。

二子，孟舉、偉舉，並知名。

折像字伯式，廣漢雒人也。其先張江者，封折侯，曾孫國爲鬱林太守，徙廣漢，因封氏焉。國生像。

國有貲財二億，家僮八百人。像幼有仁心，不殺昆蟲，不折萌牙。能通京氏易，好黃老言。及國卒，感多藏厚亡之義，〔一〕乃散金帛資產，周施親疏。或諫像曰：「君三男兩女，孫息盈前，當增益產業，何爲坐自殫竭乎？」像曰：「昔鬬子文有言：『我乃逃禍，非避富也。』〔二〕吾門戶殖財日久，盈滿之咎，道家所忌。〔三〕今世將衰，子又不才。不仁而富，謂之不幸。〔四〕牆隙而高，其崩必疾也。」智者聞之咸服焉。

〔一〕老子曰「多藏必厚亡」也。

〔二〕國語曰：「楚成王每出子文之祿，必逃，王止而後復。人謂子文曰：『人生求富而子逃之，何也？』子文曰：『夫從政者，以庇人也。人多曠者，而我取富，是勤人以自封也，死無日矣。我逃死，不逃富。』」

〔三〕老子曰：「持而盈之，不如其已。金玉滿堂，莫之能守。」

〔四〕左傳曰：「善人富謂之幸，淫人富謂之殃。」

自知亡日，召賓客九族飲食辭訣，忽然而終。時年八十四。家無餘資，諸子衰劣如其言云。

樊英字季齊，南陽魯陽人也。少受業三輔，習京氏易，兼明五經。又善風角、星筭，河洛七緯，推步災異。〔一〕隱於壺山之陽，〔二〕受業者四方而至。州郡前後禮請不應；公卿舉賢良方正、有道，皆不行。

〔一〕七緯者，易緯稽覽圖、乾鑿度、坤靈圖、通卦驗、是類謀、辨終備也；書緯璇機鈐、考靈耀、刑德放、帝命驗、運期授也；詩緯推度災、記歷樞、含神務也；禮緯含文嘉、稽命徵、斗威儀也；樂緯動聲儀、稽耀嘉、汁圖徵也；孝經緯援神契、鉤命決也；春秋緯演孔圖、元命包、文耀鉤、運斗樞、感精符、合誠圖、考異郵、保乾圖、漢含孶、佑助期、

握誠圖、潛潭巴、說題辭也。

〔二〕山在今鄧州新城縣北，卽張衡南都賦云「天封大狐」是也。

嘗有暴風從西方起，英謂學者曰：「成都市火甚盛。」因含水西向漱之，乃令記其日時。客後有從蜀都來，云「是日大火，有黑雲卒從東起，須臾大雨，火遂得滅」。於是天下稱其術藝。

安帝初，徵爲博士。至建光元年，復詔公車賜策書，徵英及同郡孔喬、〔一〕李昺、〔二〕北海郎宗、〔三〕陳留楊倫、〔四〕東平王輔六人，〔五〕唯郎宗、楊倫到洛陽，英等四人並不至。

〔一〕謝承書曰「喬字子松，宛人也，學古文尚書、春秋左氏傳。常幽居修志，銳意典籍，至乃歷年身不出門，鄉里莫得瞻見。公車徵不行，卒於家」也。

〔二〕謝承書曰「昺字子然，鄧人也，篤行好學，不羨榮祿。習魯詩、京氏易。室家相待如賓。州郡前後禮請不應。舉茂才，除召陵令，不到官。公車徵不行，卒」也。

〔三〕謝承書曰：「宗字仲綏，安丘人也，善京氏易、風角、星筭，推步吉凶。常負笈荷擔賣卜給食，痱服閒行，人莫得知。安帝詔公車徵，策文曰：『郎宗、李昺、孔喬等前比徵命，未肯降意。恐主者玩弄，禮意不備，使難進易退之人龍潛不屈其身。各致嘉禮，遣詣公車，將以補察國政，輔朕之不逮。』青州被詔書，遣宗詣公車，對策陳災異，而爲諸儒之表。拜議郎，除吳令。到官一月，時卒暴風，宗占以爲京師有大火，定火發時，果如宗言。諸公聞之，表上，博士徵。宗恥以占事就徵，文書未到，夜縣印綬置廳上遁去，終於家。子顗，自有傳。」

〔四〕見儒林傳。

〔五〕謝承書曰：「輔字公助，平陸人也。學公羊傳、援神契。常隱居野廬，以道自娛。辟公府，舉有道，對策拜郎中。陳災異，甄吉凶有驗，拜議郎，以病遜。安帝公車徵，不行，卒於家。」

永建二年，順帝策書備禮，玄纁徵之，復固辭疾篤。乃詔切責郡縣，駕載上道。英不得已，到京，稱病不肯起。乃強輿入殿，猶不以禮屈。帝怒，謂英曰：「朕能生君，能殺君；能貴君，能賤君；能富君，能貧君。君何以慢朕命？」英曰：「臣受命於天。生盡其命，天也；死不得其命，亦天也。陛下焉能生臣，焉能殺臣！臣見暴君如見仇讎，立其朝猶不肯，可得而貴乎？雖在布衣之列，環堵之中，〔一〕晏然自得，不易萬乘之尊，又可得而賤乎？陛下焉能貴臣，焉能賤臣！臣非禮之祿，雖萬鍾不受；若申其志，雖簞食不厭也。〔二〕陛下焉能富臣，焉能貧臣！」帝不能屈，而敬其名，使出就太醫養疾，月致羊酒。

〔一〕環堵，面一堵也。莊子曰「原憲居環堵之中」也。

〔二〕簞，笥也。論語曰，顏回在陋巷之中，一簞食，一瓢飲。

至四年三月，天子乃爲英設壇席，令公車令導，尚書奉引，賜几杖，待以師傅之禮，延問得失。英不敢辭，拜五官中郎將。數月，英稱疾篤，詔以爲光祿大夫，賜告歸。令在所送穀千斛，常以八月致牛一頭，酒三斛；如有不幸，祠以中牢。英辭位不受，有詔譬旨勿聽。

英初被詔命，僉以爲必不降志，及後應對，又無奇謨深策，談者以爲失望。〔一〕初，河南張楷與英俱徵，既而謂英曰：「天下有二道，出與處也。吾前以子之出，能輔是君也，濟斯人也。而子始以不訾之身，怒萬乘之主；及其享受爵祿，又不聞匡救之術，進退無所據矣。」

〔一〕謝承書曰「南郡王逸素與英善，因與其書，多引古譬喻，勸使就聘。英順逸議，談者失望」也。

英既善術，朝廷每有災異，詔輒下問變復之效，所言多驗。〔一〕

〔一〕變災異復於常也。

初，英著易章句，世名樊氏學，以圖緯教授。潁川陳寔少從英學。嘗有疾，妻遣婢拜問，英下牀荅拜。寔怪而問之。英曰：「妻，齊也，共奉祭祀，禮無不荅。」〔一〕其恭謹若是。年七十餘，卒於家。

〔一〕禮記曰：「凡非弔喪非見國君，無不荅拜。」

孫陵，靈帝時以諂事宦人爲司徒。

陳郡郤巡學傳英業，官至侍中。

論曰：漢世之所謂名士者，其風流可知矣。雖弛張趣舍，時有未純，於刻情修容，依倚道蓺，以就其聲價，非所能通物方，弘時務也。〔一〕及徵樊英、楊厚，朝廷若待神明，至竟無它異。英名最高，毀最甚。李固、朱穆等以爲處士純盜虛名，無益於用，故其所以然也。然而後進希之以成名，世主禮之以得衆，原其無用亦所以爲用，則其有用或歸於無用矣。何以言之？夫煥乎文章，時或乖用；本乎禮樂，適末或疏。〔二〕及其陶搢紳，藻心性，使由之而不知者，豈非道邈用表，乖之數跡乎？〔三〕而或者忽不踐之地，賒無用之功，〔四〕至乃誚謨遠術，賤斥國華，〔五〕以爲力詐可以救淪敝，文律足以致寧平，智盡於猜察，道足於法令，雖濟萬世，其將與夷狄同也。〔六〕孟軻有言曰：「以夏變夷，不聞變夷於夏。」況有未濟者乎！

〔一〕易曰：「方以類聚，物以羣分。」

〔二〕文章雖美，時敝則不用也。禮樂誠貴，代末則廢。

〔三〕言文章禮樂，其道邈遠，出於常用之表，不可以數跡求也。

〔四〕莊子曰：「惠子謂莊子曰：『子言無用。』莊子曰：『知無用而始可與言用矣。夫地非不廣且大也，人之所用容足耳。然則側足而墊之，致黃泉，人尚有用乎？』惠子曰：『無用。』莊子曰：『然則無用之爲用也亦明矣。』」墊猶掘也。

〔五〕遠術謂禮樂，國華謂懷道隱逸之士也。

〔六〕前書大人賦曰：「雖濟萬代，不足以喜。」

校勘記

二七〇四頁二行　背中赤文朱字　按：集解引惠棟說，謂案中候握河紀作「背甲赤文成字」。

二七〇五頁二行　(李)少翁　校補謂案前書郊祀志拜文成將軍者齊人少翁，史不言何姓，「李」字衍。今據刪。按：殿本作「李少君」，誤。

二七〇六頁五行　甚有雖流宕過誕亦失　按：刊誤謂案此不成文理，注亦不明，蓋非范本真。

二七〇七頁一行　父文孫　集解引惠棟說，謂案華陽國志，文公爲文孫弟。今按：父名「文孫」，子不當名「文公」，必有誤。

二七〇七頁三行　文公遽趣白諸從事促去　按：汲本、殿本「趣」作「起」。

二七〇七頁一〇行　湔水出綿道玉壘山　按：王先謙謂「綿道」當作「綿虒道」。

二七〇七頁一一行　日數十　按：刊誤謂舊本有一「到」字，不合刊去。

二七〇九頁二行　忽回向東北　按：殿本「回」作「面」。

二七一〇頁一行　許楊　按：校補引柳從辰說，謂御覽七十二引謝承書及本書，「楊」均作「陽」。

二七一〇頁六行　反乎覆陂當復　按：殿本考證王會汾謂案前書翟方進傳，此下有「誰云者兩黃鵠」六字。

二七一〇頁一五行　晨於都(官)〔宮〕爲楊起廟　據汲本、殿本改。

二七一一頁二行　高獲字敬公　按：集解引汪文臺說，謂御覽十一引謝承書作「周獲」。

二七二一頁六行　主簿(日)但使騎吏迎之　據刊誤删。

二七二二頁二行　(二)〔三〕十餘年後　據殿本改。按：御覽三九、六六二引，並作「三十餘年」。

二七二三頁八行　政隆太平　按：下云「政致雍熙」，刊誤謂案文勢不當駢用兩「政」字，蓋本是「治」，避唐諱作「化」，後人不知，誤改爲「政」。

二七二六頁一行　楊由字哀侯　按：古人名與字相應，「哀」疑「衷」之譌。

二七二六頁六行　哺當作柹　「柹」原作「栜」，逕據殿本、集解本改。按：校補謂木柹之「柹」本从朩，果柹之「柹」本从市，俗作「栜」，从朩，今皆譌作「柹」，从市，俗遂皆寫从朩，辯之不勝辯矣。

二七二九頁一行　奉代字子明　按：汲本、殿本「代」作「世」，此避唐諱，未回改也。

二七三〇頁八行　其先張江者封折侯　按：集解引惠棟說，謂華陽國志云江爲武威太守，封南陽折侯，因氏焉。案南陽有析縣，前漢屬宏農，酈元音持益反，顔籀音先歷反，字從木，不從手。

二七三二頁六行　善人富謂之幸　集解引惠棟說，謂左傳「幸」作「賞」。今按：賞與殃韻，作「幸」非也。

二七三二頁九行　樊英字季齊　按：集解引惠棟說，謂「季齊」一作「季高」，見抱朴子。

二七三四頁二行　孫陵靈帝時以諂事宦人爲司徒　按：集解引錢大昭說，謂案靈帝紀，陵爲太尉，非司徒。

後漢書卷八十二下

方術列傳第七十二下

唐檀字子產，豫章南昌人也。少遊太學，習京氏易、韓詩、顔氏春秋，尤好灾異星占。後還鄉里，教授常百餘人。

元初七年，郡界有芝草生，太守劉祗欲上言之，以問檀。檀對曰：「方今外戚豪盛，陽道微弱，斯豈嘉瑞乎？」祗乃止。永寧元年，南昌有婦人生四子，祗復問檀變異之應。檀以爲京師當有兵氣，其禍發於蕭牆。〔一〕至延光四年，中黃門孫程揚兵殿省，〔二〕誅皇后兄車騎將軍閻顯等，立濟陰王爲天子，果如所占。

〔一〕論語孔子曰：「吾恐季孫之憂，不在顓臾而在蕭牆之內。」蕭，肅也。謂屏牆也。言人臣至屏，無不肅敬。

〔二〕揚，舉也。

永建五年，舉孝廉，除郎中。是時白虹貫日，檀因上便宜三事，陳其咎徵。書奏，弃官去。著書二十八篇，名爲唐子。卒於家。

公沙穆字文乂，北海膠東人也。家貧賤。自爲兒童不好戲弄，長習韓詩、公羊春秋，尤銳思河洛推步之術。居建成山中，依林阻爲室，獨宿無侶。時暴風震雷，有聲於外呼穆者三，穆不與語。有頃，呼者自牖而入，音狀甚怪，穆誦經自若，終亦無它妖異，時人奇之。後遂隱居東萊山，學者自遠而至。

有富人王仲，致產千金。謂穆曰：「方今之世，以貨自通，吾奉百萬與子爲資，何如？」對曰：「來意厚矣。夫富貴在天，得之有命，以貨求位，吾不忍也。」〔一〕

〔一〕謝承書曰「穆嘗養豬，豬有病，使人賣之於市。語之(言)〔云〕『如售，當告買者言病，賤取其直；不可言無病，欺人取貴價』也。賣豬者到市即售，亦不言病，其直過價。穆怪之，問其故。齎半直追以還買豬人。告語(言)〔云〕『豬實病，欲賤賣，不圖賣者人相欺，乃取貴直。』買者言賣買私約，亦復辭錢不取。穆終不受錢而去」也。

後舉孝廉，以高第爲主事，遷繒相。〔一〕時繒侯劉敞，東海恭王之後也，所爲多不法，廢嫡立庶，傲很放恣。穆到官，謁曰：「臣始除之日，京師咸謂臣曰『繒有惡侯』，以弔小相。明侯何因得此醜聲之甚也？幸承先人之支體，傳茅土之重，不戰戰兢兢，而違越法度，故朝廷使臣爲輔。願改往修來，自求多福。」乃上沒敞所侵官民田地，廢其庶子，還立嫡嗣。其蒼頭兒客犯法，皆收考之。因苦辭諫敞。敞涕泣爲謝，多從其所規。

〔一〕繒，縣，屬琅邪郡，故城在今沂州承縣東北也。

遷弘農令。縣界有螟蟲食稼，百姓惶懼。穆乃設壇謝曰：「百姓有過，罪穆之由，請以身禱。」於是暴雨，既霽而螟蟲自銷，百姓稱曰神明。永壽元年，霖雨大水，三輔以東莫不湮沒。穆明曉占候，乃豫告令百姓徙居高地，故弘農人獨得免害。

遷遼東屬國都尉，善得吏人歡心。年六十六卒官。六子皆知名。〔一〕

〔一〕謝承書曰「穆子孚，字允慈。亦爲善士，舉孝廉，尚書侍郎，召陵令，上谷太守」也。

許曼者，汝南平輿人也。祖父峻，字季山，善卜占之術，多有顯驗，時人方之前世京房。自云少嘗篤病，三年不愈，乃謁太山請命，〔一〕行遇道士張巨君，授以方術。所著易林，至今行於世。

〔一〕太山主人生死，故詣請命也。

曼少傳峻學。桓帝時，隴西太守馮緄始拜郡，開綬笥，有兩赤蛇分南北走。緄令曼筮之。卦成，曼曰：「三歲之後，君當爲邊將，官有東名，當東北行三千里。復五年，更爲大將軍，

南征。」延熹元年，緄出爲遼東太守，討鮮卑，至五年，復拜車騎將軍，擊武陵蠻賊，皆如占。其餘多此類云。

趙彥者，琅邪人也。少有術學。延熹三年，琅邪賊勞丙與太山賊叔孫無忌殺都尉，攻沒琅邪屬縣，殘害吏民。朝廷以南陽宗資爲討寇中郎將，杖鉞將兵，督州郡合討無忌。彥爲陳孤虛之法，以賊屯在莒，莒有五陽之地，〔一〕宜發五陽郡兵，〔二〕從孤擊虛以討之。資具以狀上，詔書遣五陽兵到。彥推遁甲，教以時進兵，一戰破賊，燔燒屯塢，徐兗二州一時平夷。

〔一〕謂城陽、南武陽、開陽、陽都、安陽，並近莒。

〔二〕郡名有「陽」，謂山陽、廣陽、漢陽、南陽、丹陽郡之類也。

樊志張者，漢中南鄭人也。博學多通，隱身不仕。嘗遊隴西，時破羌將軍段熲出征西羌，請見志張。其夕，熲軍爲羌所圍數重，因留軍中，三日不得去。夜謂熲曰：「東南角無復羌，宜乘虛引出，住百里，還師攻之，可以全勝。」熲從之，果以破賊。於是以狀表聞。又說其人既有梓慎、焦、董之識，〔一〕宜翼聖朝，咨詢奇異。於是有詔特徵，會病終。

〔一〕焦延壽，董仲舒。

單颺字武宣，山陽湖陸人也。以孤特清苦自立，善明天官、筭術。舉孝廉，稍遷太史令，侍中。出爲漢中太守，公事免。後拜尚書，卒於官。

初，熹平末，黃龍見譙，光祿大夫橋玄問颺：「此何祥也？」颺曰：「其國當有王者興。不及五十年，龍當復見，此其應也。」魏郡人殷登密記之。至建安二十五年春，黃龍復見譙，其冬，魏受禪。

韓說字叔儒，會稽山陰人也。博通五經，尤善圖緯之學。舉孝廉。與議郎蔡邕友善。數陳災眚，及奏賦、頌、連珠。稍遷侍中。光和元年十月，說言於靈帝，云其晦日必食，乞百官嚴裝。帝從之，果如所言。中平二年二月，又上封事，剋期宮中有災。至日南宮大火。

遷說江夏太守，公事免。年七十，卒於家。

董扶字茂安，廣漢綿竹人也。少遊太學，與鄉人任安齊名，俱事同郡楊厚，學圖讖。還家講授，弟子自遠而至。前後宰府十辟，公車三徵，再舉賢良方正、博士、有道，皆稱疾不就。

靈帝時，大將軍何進薦扶，徵拜侍中，甚見器重。扶私謂太常劉焉曰：「京師將亂，益州分野有天子氣。」焉信之，遂求出爲益州牧，扶亦爲蜀郡屬國都尉，相與入蜀。去後一歲，帝崩，天下大亂，乃去官還家。年八十二卒。

後劉備稱天子於蜀，皆如扶言。蜀丞相諸葛亮問廣漢秦密，董扶及任安所長。密曰「董扶褒秋毫之善，貶纖介之惡。任安記人之善，忘人之過」云。〔一〕

〔一〕蜀志曰：「密字子勑，廣漢綿竹人也。少有才學，州郡辟命，稱疾不往。或謂密曰：『足下欲自比巢、許、四皓，何故揚文藻，見瓌穎乎？』密荅曰：『僕文不能盡言，言不能盡意，何文藻之有揚乎？虎生而文炳，鳳生而五色，豈以采自飾畫哉，性自然也。』先主既定益州，廣漢太守夏侯纂請密爲師友祭酒，領五官掾，稱曰仲父。密稱疾，臥在第舍，尋拜左中郎將，長水校尉。吳使張溫大敬服密之文辯，遷大司農而卒。」

郭玉者，廣漢雒人也。初，有老父不知何出，常漁釣於涪水，因號涪翁。乞食人閒，見有疾者，時下針石，輒應時而效，乃著針經、診脉法傳於世。〔一〕弟子程高尋求積年，翁乃授之。高亦隱跡不仕。玉少師事高，學方診六微之技，陰陽隱側之術。和帝時，爲太醫丞，多有效應。帝奇之，仍試令嬖臣美手腕者與女子雜處帷中，使玉各診一手，問所疾苦。玉曰：「左陽右陰，脉有男女，狀若異人。臣疑其故。」帝歎息稱善。

〔一〕診，候也，音直忍反。

玉仁愛不矜，雖貧賤厮養，必盡其心力，而醫療貴人，時或不愈。帝乃令貴人羸服變處，一針卽差。召玉詰問其狀。對曰：「醫之爲言意也。腠理至微，〔一〕隨氣用巧，針石之閒，毫芒卽乖。神存於心手之際，可得解而不可得言也。夫貴者處尊高以臨臣，臣懷怖懾以承之。其爲療也，有四難焉：自用意而不任臣，一難也；將身不謹，二難也；骨節不彊，不能使藥，三難也；好逸惡勞，四難也。針有分寸，時有破漏，〔二〕重以恐懼之心，加以裁慎之志，臣意且猶不盡，何有於病哉！此其所爲不愈也。」帝善其對。年老卒官。

〔一〕腠理，皮膚之閒也。韓子曰，扁鵲見晉桓侯，曰「君有病，在腠理」也。

〔二〕分寸，浅深之度。破漏，日有衝破者也。

華佗字元化，〔一〕沛國譙人也，一名旉。〔二〕遊學徐土，兼通數經。曉養性之術，年且百歲而猶有壯容，時人以爲仙。沛相陳珪舉孝廉，太尉黃琬辟，皆不就。

〔一〕佗音徒何反。

〔二〕音孚。

精於方藥，處齊不過數種，〔一〕心識分銖，不假稱量。針灸不過數處。若疾發結於內，針藥所不能及者，乃令先以酒服麻沸散，既醉無所覺，因刳破腹背，抽割積聚。若在腸胃，則斷截湔洗，除去疾穢，既而縫合，傅以神膏，四五日創愈，一月之閒皆平復。〔二〕

〔一〕齊音才計反。

〔二〕佗別傳曰「人有見山陽太守廣陵劉景宗，說數見華佗，見其療病平脉之候，其驗若神。琅邪劉勳爲河內太守，有女年幾二十，左脚膝裏上有瘡，癢而不痛。創發數十日愈，愈已復發，如此七八年。迎佗使視，佗曰：『易療之。當得稻糠色犬一頭，好馬二匹。』以繩繫犬頸，使走馬牽犬。馬極輒易，計馬走犬三十餘里，犬不能行，復令步人拖曳，計向五十餘里。乃以藥飲女，女卽安臥不知人。因取犬斷腹近後脚之前，所斷之處，向創口令去二三寸，停之須臾，有若蛇者從創中出，便以鐵錐橫貫蛇頭，蛇在皮中搖動良久，須臾不動，牽出，長三尺所，純是蛇，但有眼處而無童子，又逆鱗耳。以膏散著創中，七日愈。又有人苦頭眩，頭不得舉，目不得視，積年。佗使悉解衣倒懸，令頭去地一二寸，濡布拭身體，令周帀，候視諸脉，盡出五色。佗令弟子數人以鈹刀決脉五色血盡，視赤血出乃下，以膏摩，被覆，汗出周帀，飲以亭歷犬血散，立愈。又有婦人長病經年，世謂寒熱注病者也。冬十一月中，佗令坐石槽中，（且）〔旦〕用寒水汲灌，云當滿百。始七八灌，戰欲死，灌者懼，欲止，佗令滿數。至將八十灌，熱氣乃蒸出，囂囂高二三尺。滿百灌，佗乃然火溫牀，厚覆良久，汗洽出著粉，汗燥便愈。又有人病腹中半切痛，十餘日中，須眉墮落。佗曰：『是脾半腐，可刳腹養療也。』佗便飲藥令臥，破腹視，脾半腐壞。刮去惡肉，以膏傅創，飲之藥，百日平復」也。

佗嘗行道，見有病咽塞者，〔一〕因語之曰：「向來道隅有賣餅人，蓱齏甚酸，〔二〕可取三升飲之，病自當去。」卽如佗言，立吐一蛇，乃懸於車而候佗。時佗小兒戲於門中，逆見，自相謂曰：「客車邊有物，必是逢我翁也。」及客進，顧視壁北，懸蛇以十數，乃知其奇。〔三〕

〔一〕咽，喉也。

〔二〕詩義疏曰：「蘋，澇水上浮萍（者）。麤大（者）謂之蘋，小者爲萍。季春始生，可糝蒸爲茹，又可苦酒淹就酒也。」魏志及本草並作「蒜齏」也。

〔三〕魏志曰「故甘陵相夫人有身六月，腹痛不安。佗視脉，曰：『胎已死。』使人手摸知所在，在左則男，在右則女。云『在左』。於是爲湯下之，果下男形，卽愈。縣吏尹代苦四支煩，口中乾，不欲聞人聲，小便不利。佗曰：『試作熱食，得汗卽愈，不汗後三日死。』卽作熱食，而不汗出。佗曰：『藏氣已絕於內，當啼泣而絕。』果如佗言。府吏

倪尋、李延共止，俱頭痛身熱，所苦正同。佗曰：『尋當下之，延當發汗。』或難其異。佗曰：『尋外實，延內實，故療之宜殊。』卽各與藥，明旦並起」者也。

又有一郡守篤病久，佗以爲盛怒則差。乃多受其貨而不加功。無何弃去，又留書罵之。太守果大怒，令人追殺佗，不及，因瞋恚，吐黑血數升而愈。

又有疾者，詣佗求療，佗曰：「君病根深，應當剖破腹。然君壽亦不過十年，病不能相殺也。」病者不堪其苦，必欲除之，佗遂下療，應時愈，十年竟死。

廣陵太守陳登忽患匈中煩懣，面赤，不食。佗脉之，曰：「府君胃中有蟲，欲成內疽，腥物所爲也。」卽作湯二升，再服，須臾，吐出三升許蟲，頭赤而動，半身猶是生魚膾，所苦便愈。佗曰：「此病後三朞當發，遇良醫可救。」登至期疾動，時佗不在，遂死。

曹操聞而召佗，常在左右。操積苦頭風眩，佗針，隨手而差。

有李將軍者，妻病，呼佗視脉。佗曰：「傷身而胎不去。」將軍言閒實傷身，胎已去矣。佗曰：「案脉，胎未去也。」將軍以爲不然。妻稍差，百餘日復動，更呼佗。佗曰：「脉理如前，是兩胎。先生者去，血多，故後兒不得出也。胎既已死，血脉不復歸，必燥著母脊。」乃爲下針，并令進湯。婦因欲產而不通。佗曰：「死胎枯燥，埶不自生。」使人探之，果得死胎，人形可識，但其色已黑。佗之絕技，皆此類也。〔一〕

〔一〕佗別傳曰：「有人病脚躄不能行，佗切脉，便使解衣，點背數十處，相去一寸或五寸，從邪不相當，言灸此各七壯，灸創愈即行也。後灸愈，灸處夾脊一寸上下，行端直均調如引繩」也。

爲人性惡，難得意，且恥以醫見業，又去家思歸，乃就操求還取方，因託妻疾，數期不反。操累書呼之，又勑郡縣發遣，佗恃能厭事，猶不肯至。操大怒，使人廉之，〔一〕知妻詐疾，乃收付獄訊，考驗首服。荀彧請曰：「佗方術實工，人命所懸，宜加全宥。」操不從，竟殺之。佗臨死，出一卷書與獄吏，曰：「此可以活人。」吏畏法不敢受，佗不強與，索火燒之。

〔一〕廉，察也。

初，軍吏李成苦欬，晝夜不寐。佗以爲腸癰，與散兩錢服之，即吐二升膿血，於此漸愈。乃戒之曰：「後十八歲，疾當發動，若不得此藥，不可差也。」復分散與之。後五六歲，有里人如成先病，請藥甚急，成愍而與之，乃故往譙更從佗求，適值見收，意不忍言。後十八年，成病發，無藥而死。

廣陵吳普、彭城樊阿皆從佗學。普依準佗療，多所全濟。佗語普曰：「人體欲得勞動，但不當使極耳。動搖則穀氣得銷，血脉流通，病不得生，譬猶戶樞，終不朽也。是以古之仙者爲導引之事，熊經鴟顧，〔一〕引挽腰體，動諸關節，以求難老。吾有一術，名五禽之戲：一曰虎，二曰鹿，三曰熊，四曰猨，五曰鳥。〔二〕亦以除疾，兼利

蹏足，以當導引。體有不快，起作一禽之戲，怡而汗出，因以著粉，身體輕便而欲食。」普施行之，年九十餘，耳目聰明，齒牙完堅。

〔一〕熊經，若熊之攀枝自懸也。鴟顧，身不動而迴顧也。莊子曰：「吐故納新，熊經鳥申，此導引之士，養形之人也。」

〔二〕佗別傳曰：「吳普從佗學，微得其方。魏明帝呼之，使爲禽戲，普以年老，手足不能相及，粗以其法語諸醫。普今年將九十，耳不聾，目不冥，牙齒完堅，飲食無損。」

阿善針術。凡醫咸言背及匈藏之閒不可妄針，針之不可過四分，而阿針背入一二寸，巨闕匈藏乃五六寸，而病皆瘳。阿從佗求方可服食益於人者，佗授以漆葉青䵍散：〔一〕漆葉屑一斗，青䵍十四兩，以是爲率。言久服，去三蟲，利五藏，輕體，使人頭不白。阿從其言，壽百餘歲。漆葉處所而有。青䵍生於豐、沛、彭城及朝歌閒。

〔一〕佗別傳曰：「青䵍者，一名地節，一名黃芝，主理五藏，益精氣。本出於迷入山者，見仙人服之，以告佗。佗以爲佳，語阿，阿又秘之。近者人見阿之壽，而氣力強盛，怪之，遂責所服食，因醉亂，誤道之。法一施，人多服者，皆有大驗。」本字書無「䵍」字，相傳音女廉反，然今人無識此者，甚可恨惜。

漢世異術之士甚衆，雖云不經，而亦有不可誣，故簡其美者列于傳末：

泠壽光、唐虞、魯女生三人者，皆與華佗同時。壽光年可百五六十歲，行容成公御婦人法，〔一〕常屈頸鷮息，〔二〕須髮盡白，而色理如三四十時，死於江陵。唐虞道赤眉、張步家居里落，若與相及，死於鄉里不其縣。魯女生數說顯宗時事，甚明了，議者疑其時人也。董卓亂後，莫知所在。〔三〕

〔一〕列仙傳曰：「容成公者，能善補導之事，取精於玄牝。其要谷神不死，守生養氣者也。髮白復黑，齒落復生。」御婦人之術，謂握固不寫，還精補腦也。

〔二〕鷮音居妖反。毛詩曰：「有集唯鷮。」毛萇注曰：「鷮，雉也。」山海經曰：「女几之山多白鷮。」郭璞曰：「似雉長尾，走且鳴也。」

〔三〕漢武內傳曰「魯女生，長樂人。初餌胡麻及朮，絕穀八十餘年，日少壯，色如桃花，日能行三百里，走及麞鹿。傳世見之，云三百餘年。後采藥嵩高山，見一女人，曰：『我三天太上侍官也。』以五岳眞形〔圖〕與之，并告其施行。女生道成，一旦與知友故人別，云入華山。去後五十年，先相識者逢女生華山廟前，乘白鹿，從玉女三十人，并令謝其鄉里親故人」也。

徐登者，閩中人也。〔一〕本女子，化爲丈夫。善爲巫術。又趙炳，字公阿，東陽人，能爲越方。〔二〕時遭兵亂，疾疫大起，二人遇於烏傷溪水之上，〔三〕遂結言約，共以其術療病。各相謂曰：「今既同志，且可各試所能。」登乃禁溪水，水爲不流，炳復次禁枯樹，樹即生荑，〔四〕二人相視而笑，共行其道焉。

〔一〕閩中地，今泉州也。

〔二〕東陽，今婺州也。抱朴子曰：「道士趙炳，以氣禁人，人不能起。禁虎，虎伏地，低頭閉目，便可執縛。以大釘釘柱，入尺許，以氣吹之，釘即躍出射去，如弩箭之發。」異苑云：「趙侯以盆盛水，吹氣作禁，魚龍立見。」越方，善禁呪也。

〔三〕酈元注水經曰：「吳寧溪出吳寧縣，經烏傷，謂之烏傷溪。」在今婺州義烏縣東也。

〔四〕易曰：「枯楊生荑。」王弼注云：「荑者，楊之秀也。」

登年長，炳師事之。貴尚清儉，禮神唯以東流水爲酌，削桑皮爲脯。但行禁架，所療皆除。〔一〕

〔一〕禁架即禁術也。

後登物故，炳東入章安，〔一〕百姓未之知也。炳乃故升茅屋，梧鼎而爨，主人見之驚懅，〔二〕炳笑不應，既而爨孰，屋無損異。又嘗臨水求度，船人不和之，〔三〕炳乃張蓋坐其中，長嘯呼風，亂流而濟。於是百姓神服，從者如歸。章安令惡其惑衆，收殺之。人爲立祠室於永康，至今蚊蚋不能入也。〔四〕

〔一〕縣名，屬會稽郡。本名回浦，光武改爲章安。故城在今台州臨海縣東南。

〔二〕梧，支也。懅，忙也。

〔三〕和猶許也。俗本作「知」者誤也。

〔四〕汭故祠在今黎州永康縣東，俗呼爲趙侯祠，至今蚊蚋不入祠所。江南猶傳趙侯禁法以療疾云。

費長房者，汝南人也。曾爲市掾。市中有老翁賣藥，懸一壺於肆頭，及市罷，輒跳入壺中。市人莫之見，唯長房於樓上覩之，異焉，因往再拜奉酒脯。翁知長房之意其神也，謂之曰：「子明日可更來。」長房旦日復詣翁，翁乃與俱入壺中。唯見玉堂嚴麗，旨酒甘肴盈衍其中，共飲畢而出。翁約不聽與人言之。後乃就樓上候長房曰：「我神仙之人，以過見責，今事畢當去，子寧能相隨乎？樓下有少酒，與卿爲別。」長房使人取之，不能勝，又令十人扛之，猶不舉。〔一〕翁聞，笑而下樓，以一指提之而上。視器如一升許，而二人飲之終日不盡。

〔一〕說文曰：「兩人對舉爲扛。」音江。

長房遂欲求道，而顧家人爲憂。〔一〕翁乃斷一青竹，度與長房身齊，使懸之舍後。家人見之，即長房形也，以爲縊死，大小驚號，遂殯葬之。長房立其傍，而莫之見也。於是遂隨從入深山，踐荊棘於羣虎之中。留使獨處，長房不恐。又臥於空室，以朽索懸萬斤石於心上，衆蛇競來齧索且斷，長房亦不移。翁還，撫之曰：「子可教也。」復使食糞，糞中有三蟲，

臭穢特甚，長房意惡之。翁曰：「子幾得道，恨於此不成，如何！」

〔一〕顧，念也。

長房辭歸，翁與一竹杖，曰：「騎此任所之，則自至矣。既至，可以杖投葛陂中也。」〔一〕又爲作一符，曰：「以此主地上鬼神。」長房乘杖，須臾來歸，自謂去家適經旬日，而已十餘年矣。即以杖投陂，顧視則龍也。家人謂其久死，不信之。長房曰：「往日所葬，但竹杖耳。」乃發冢剖棺，杖猶存焉。遂能醫療衆病，鞭笞百鬼，及驅使社公。或在它坐，獨自恚怒，人問其故，曰：「吾責鬼魅之犯法者耳。」

〔一〕陂在今豫州新蔡縣西北。

汝南歲歲常有魅，僞作太守章服，詣府門椎鼓者，郡中患之。時魅適來，而逢長房謁府君，惶懼不得退，便前解衣冠，叩頭乞活。長房呵之云：「便於中庭正汝故形！」即成老鼈，大如車輪，頸長一丈。長房復令就太守服罪，付其一札，以勑葛陂君。魅叩頭流涕，持札植於陂邊，以頸繞之而死。

後東海君來見葛陂君，因淫其夫人，於是長房劾繫之三年，而東海大旱。長房至海上，見其人請雨，乃謂之曰：「東海君有罪，吾前繫於葛陂，今方出之使作雨也。」於是雨立注。

長房曾與人共行，見一書生黃巾被裘，無鞍騎馬，下而叩頭。長房曰：「還它馬，赦汝死罪。」人問其故，長房曰：「此狸也，盜社公馬耳。」又嘗坐客，而使至宛市鮓，須臾還，乃飯。或一日之閒，人見其在千里之外者數處焉。

後失其符，爲衆鬼所殺。

薊子訓者，不知所由來也。建安中，客在濟陰宛句。〔一〕有神異之道。嘗抱鄰家嬰兒，故失手墯地而死，其父母驚號怨痛，不可忍聞，而子訓唯謝以過誤，終無它說，遂埋藏之。後月餘，子訓乃抱兒歸焉。父母大恐，曰：「死生異路，雖思我兒，乞不用復見也。」兒識父母，軒渠笑悅，欲往就之，母不覺攬取，乃實兒也。雖大喜慶，心猶有疑，乃竊發視死兒，但見衣被，方乃信焉。於是子訓流名京師，士大夫皆承風向慕之。

〔一〕今曹州縣。句音劬。

後乃駕驢車，與諸生俱詣許下。道過滎陽，止主人舍，而所駕之驢忽然卒僵，蛆蟲流出，主遽白之。子訓曰：「乃爾乎？」方安坐飯，食畢，徐出以杖扣之，驢應聲奮起，行步如初，即復進道。其追逐觀者常有千數。既到京師，公卿以下候之者，坐上恆數百人，皆爲設酒脯，終日不匱。

後因遁去，遂不知所止。初去之日，唯見白雲騰起，從旦至暮，如是數十處。時有百歲翁，自說童兒時見子訓賣藥於會稽市，顏色不異於今。後人復於長安東霸城見之，與一老公共摩挲銅人，〔一〕相謂曰：「適見鑄此，已近五百歲矣。」〔二〕顧視見人而去，猶駕昔所乘驢車也。見者呼之曰：「薊先生小住。」並行應之，〔三〕視若遲徐，而走馬不及，於是而絕。

〔一〕酈元水經注曰，魏文帝黃初元年，徙長安金狄，重不可致，因留霸城南。
〔二〕史記秦始皇二十六年，於咸陽鑄金人十二，重各千斤，至此四百二十餘年。
〔三〕並猶且也，音蒲朗反。

劉根者，潁川人也。隱居嵩山中。諸好事者自遠而至，就根學道，太守史祈以根爲妖妄，乃收執詣郡，數之曰：「汝有何術，而誣惑百姓？若果有神，可顯一驗事。不爾，立死矣。」根曰：「實無它異，頗能令人見鬼耳。」祈曰：「促召之，使太守目覩，爾乃爲明。」根於是左顧而嘯，有頃，祈之亡父祖近親數十人，皆反縛在前，向根叩頭曰：「小兒無狀，分當萬坐。」顧而叱祈曰：「汝爲子孫，不能有益先人，而反累辱亡靈！可叩頭爲吾陳謝。」祈驚懼悲哀，頓首流血，請自甘罪坐。根嘿而不應，忽然俱去，不知在所。

左慈字元放，廬江人也。少有神道。嘗在司空曹操坐，操從容顧衆賓曰：「今日高會，珍羞略備，所少吳松江鱸魚耳。」〔一〕放於下坐應曰：「此可得也。」因求銅盤貯水，以竹竿餌釣於盤中，須臾引一鱸魚出。操大拊掌笑，會者皆驚。操曰：「一魚不周坐席，可更得乎？」放乃更餌鉤沈之，須臾復引出，皆長三尺餘，生鮮可愛。操使目前鱠之，周浹會者。操又謂曰：「既已得魚，恨無蜀中生薑耳。」放曰：「亦可得也。」操恐其近即所取，因曰：「吾前遣人到蜀買錦，可過敕使者，增市二端。」語頃，即得薑還，并獲操使報命。後操使蜀反，驗問增錦之狀及時日早晚，若符契焉。

〔一〕松江在今蘇州東南，首受太湖。神仙傳云：「松江出好鱸魚，味異它處。」

後操出近郊，士大夫從者百許人，慈乃爲齎酒一升，脯一斤，手自斟酌，百官莫不醉飽。操怪之，使尋其故，行視諸鑪，悉亡其酒脯矣。〔一〕操懷不喜，〔二〕因坐上收，欲殺之，慈乃卻入壁中，霍然不知所在。或見於市者，又捕之，而市人皆變形與慈同，莫知誰是。後人逢慈於陽城山頭，因復逐之，遂入走羊羣。操知不可得，乃令就羊中告之曰：「不復相殺，本試君術耳。」忽有一老羝屈前兩膝，人立而言曰：「遽如許。」〔三〕即競往赴之，而羣羊數百皆變爲羝，並屈前膝人立，云「遽如許」，遂莫知所取焉。〔四〕

〔一〕鑪，酒肆也。

〔二〕喜音許吏反。

〔三〕言何遽如許爲事。

〔四〕魏文帝典論論郤儉等事曰：「潁川郤儉能辟穀，餌伏苓。甘陵甘始亦善行氣，老有少容。廬江左慈知補導之術，並爲軍吏。初，儉至之所，伏苓價暴貴數倍。議郎安平李覃學其辟穀，食伏苓，飲寒水，水寒中泄利，殆至殞命。後始來，衆人無不鴟視狼顧，呼吸吐納。軍祭酒弘農董芬爲之過差，氣閉不通，良久乃蘇。左慈到，又競受其補導之術，至寺人嚴峻往從問受，奄豎真無事於斯術也。人之逐聲，乃至於是」也。

計子勳者，不知何郡縣人，皆謂數百歲，行來於人閒。一旦忽言日中當死，主人與之葛衣，子勳服而正寢，至日中果死。

上成公者，（彪）〔密〕縣人也。其初行久而不還，後歸，語其家云：「我已得仙。」因辭家而去。家人見其舉步稍高，良久乃沒云。陳寔、韓韶同見其事。

解奴辜、張貂者，亦不知是何郡國人也。皆能隱淪，出入不由門戶。奴辜能變易物形，以誑幻人。

又河南有麴聖卿，善爲丹書符劾，厭殺鬼神而使命之。

又有編盲意，亦與鬼物交通。〔一〕

〔一〕編，姓也。盲意，名。

初，章帝時有壽光侯者，〔一〕能劾百鬼衆魅，令自縛見形。其鄉人有婦爲魅所病，侯爲劾之，得大蛇數丈，死於門外。又有神樹，人止者輒死，鳥過者必墜，侯復劾之，樹盛夏枯落，見大蛇長七八丈，懸死其閒。帝聞而徵之。乃試問之：「吾殿下夜半後，常有數人絳衣被髮，持火相隨，豈能劾之乎？」侯曰：「此小怪，易銷耳。」帝僞使三人爲之，侯劾三人，登時仆地無氣。帝大驚曰：「非魅也，朕相試耳。」解之而蘇。

〔一〕壽，姓也。風俗通曰：「壽於姚，吳大夫。」

甘始、東郭延年、〔一〕封君達三人者，皆方士也。率能行容成御婦人術，或飲小便，或自倒懸，愛嗇精氣，不極視大言。甘始、元放、延年皆爲操所錄，問其術而行之。〔二〕君達號「青牛師」。〔三〕凡此數人，皆百餘歲及二百歲也。

〔一〕漢武內傳曰：「延年字公游。」

〔二〕曹植辯道論曰：「甘始者，老而有少容，自諸術士咸共歸之。然始辭繁寡實，頗切怪言。余嘗辟左右獨與之言，問其所行。溫顏以誘之，美辭以導之。始語余：『吾本師姓韓字雅。嘗與師於南海作金，前後數四，投數萬斤金於海。』又言：『諸梁時，西域胡來獻香罽腰帶割玉刀，時悔不取也。』又言：『車師之西國，兒生擘背出脾，欲其食少而怒行也。』又言：『取鯉魚五寸一雙，令其一著藥投沸膏中，有藥者奮尾鼓鰓，遊行沈浮，有若處淵，其一者已孰而可噉。』余時問言：『寧可試不？』言：『是藥去此踰萬里，當出塞，始不自行不能得也。』言不盡於此，頗難悉載，故粗舉其巨怪者。始若遭秦始皇、漢武帝，則復徐市、欒大之徒也。」

〔三〕漢武帝內傳曰：「封君達，隴西人。初服黃連五十餘年，入鳥舉山，服水銀百餘年，還鄉里，如二十者。常乘青牛，故號『青牛道士』。聞有病死者，識與不識，便以要閒竹管中藥與服，或下針，應手皆愈。不以姓名語人。聞魯女生得五岳圖，連年請求，女生未見授。并告節度。二百餘歲乃入玄丘山去。」

王眞、郝孟節者，皆上黨人也。王眞年且百歲，視之面有光澤，似未五十者。自云：「周流登五岳名山，悉能行胎息胎食之方，嗽舌下泉咽之，不絕房室。」〔一〕孟節能含棗核，不食可至五年十年。又能結氣不息，身不動搖，狀若死人，可至百日半年。亦有室家。爲人質謹不妄言，似士君子。曹操使領諸方士焉。

〔一〕漢武內傳曰：「王眞字叔經，上黨人。習閉氣而吞之，名曰『胎息』；習嗽舌下泉而咽之，名曰『胎食』。眞行之，斷穀二百餘日，肉色光美，力並數人。」抱朴子曰：「胎息者，能不以鼻口噓噏，如在胎之中。」嗽音朔。

北海王和平，性好道術，自以當仙。濟南孫邕少事之，從至京師。會和平病歿，邕因葬之東陶。有書百餘卷，藥數囊，悉以送之。後弟子夏榮言其尸解，邕乃恨不取其寶書仙藥焉。〔一〕

〔一〕尸解者，言將登仙，假託爲尸以解化也。

贊曰：幽貺罕徵，明數難校。不探精遠，曷感靈效？如或遷訛，實乖玄奥。

校勘記

二七三〇頁七行　語之（言）〔云〕　據校補說改。下「告語（言）〔云〕」同。

二七三〇頁九行　不圖賣者人相欺　刊誤謂案文多一「人」字。今按：上文言「買猪人」，則此當云「賣猪人」，疑「者」本作「猪」，版刻譌脫犭旁耳。

二七三一頁六行　六子皆知名　按：集解引沈欽韓說，謂「六」當作「五」，羣輔錄云穆之五子，並有令名，京師號曰「公沙五龍，天下無雙」。

二七三四頁二行　俱事同郡楊厚　按：「楊」原譌「揚」，逕改正。

二七三四頁八行　諸葛亮問廣漢秦宓　按：集解引錢大昕說，謂蜀志「宓」作「宻」。宻字子勑，當取謐宻之宻，世俗借用堂宻字。

二七三五頁一行　郭玉者廣漢雒人也　按：集解引惠棟說，謂華陽國志云新都人。

二七三五頁五行　左陽右陰　按：汲本、殿本作「左陰右陽」。

二七三六頁六行　針灸不過數處　按：「灸」原譌「炙」，逕據集解本改正。

二七三七頁四行　（且）〔旦〕用寒水汲灌　刊誤謂案文「且」當作「旦」。按：魏志華佗傳注引作「平旦用寒水汲灌」，劉說是，今據改正。

二七三七頁八行　蓱齏甚酸　按：「齏」原作「虀」，依注文改。

二七三七頁一三行　蘋澹水上浮蓱（者）麤大〔者〕謂之蘋　據汲本改。

二七三八頁五行　應當剖破腹　按：汲本「應」作「因」。

二七三九頁六行　佗不強與　按：殿本作「佗亦不強」，與魏志同。

二七三九頁一三行　普依準佗療　按：刊誤謂「療」下當有一「病」字。

二七四〇頁七行　漆葉屑一斗　按：集解引錢大昕說，謂「斗」當依魏志作「升」，漢隸斗字與升字相似，故易混耳。

二七四一頁八行　以五岳眞形（圖）與之　據集解引惠棟說補。

二七四一頁一一行　趙炳　集解引惠棟說，謂搜神記及水經注皆作「趙昞」。按：炳昞同字。

二七四三頁一〇行　梧鼎而爨　按：集解引惠棟說，謂水經注「梧鼎」作「支鼎」。

二七四五頁一行　而使至宛市鮓　刊誤謂「使」當作「往」。今按：「使」字疑衍。

二七四六頁五行　魏文帝黃初元年　按：殿本考證謂三國志注作「明帝景初元年」。集解引惠棟說，謂案搜神記，乃正始中事也。

二七四七頁二行　放於下坐　按：刊誤謂「放」當作「慈」，下同。

二七四七頁二行　以竹竿餌釣於盤中　按：刊誤謂案文多一「竹」字。

二七四七頁三行　操大拊掌笑　按：刊誤謂案文當作「拊掌大笑」。

二七四七頁四行　皆長三尺餘　按：校補引柳從辰說，謂「三尺」疑「三寸」之誤。松江四腮鱸魚長者不盈五寸，李時珍本草亦云長數寸，安得皆長三尺餘乎？銅盆注水而引出三尺餘大魚，於說亦窒。

二七四七頁六行　後操使蜀反　按：刊誤謂案文「使」下少一「自」字。

二七四七頁一一行　遂入走羊羣　按：刊誤謂「入走」當作「走入」。

二七四八頁一一行　（宓）〔密〕縣人也　據刊誤改。

二七四九頁六行　有壽光侯者　按：集解引錢大昕說，謂壽光國名，光武封更始子鯉爲壽光侯，又北海王普初封壽光侯是也。此侯失其姓名，故舉其爵，下云「侯爲劾之」，「侯復劾之」，可證注以壽爲姓之誤。

二七五〇頁六行　吾本師姓韓字雅　按：集解引錢大昕說，謂裴松之注魏志引辯道論云「姓韓字世雄」。

二七五〇頁一三行　連年請求女生未見授　刊誤謂案文當云「連年請於女生，求見授」。補校謂「女生」二字連下爲文，但「未」字譌耳，或卽「末」字也。今按：錢熙祚校本漢武內傳附錄邵載之續談助鈔內傳「未」作「後」。

後漢書卷八十三

逸民列傳第七十三

易稱「遯之時義大矣哉」。又曰：「不事王侯，高尚其事。」是以堯稱則天，不屈潁陽之高；〔一〕武盡美矣，終全孤竹之絜。〔二〕自茲以降，風流彌繁，長往之軌未殊，而感致之數匪一。或隱居以求其志，或回避以全其道，〔三〕或靜己以鎮其躁，〔四〕或去危以圖其安，〔五〕或垢俗以動其槩，〔六〕或疵物以激其清。〔七〕然觀其甘心畎畝之中，憔悴江海之上，〔八〕豈必親魚鳥樂林草哉，亦云性分所至而已。〔九〕故蒙恥之賓，屢黜不去其國；〔一〇〕蹈海之節，千乘莫移其情。〔一一〕適使矯易去就，則不能相爲矣。〔一二〕彼雖硜硜有類沽名者，〔一三〕然而蟬蛻囂埃之中，自致寰區之外，異夫飾智巧以逐浮利者乎！荀卿有言曰，「志意脩則驕富貴，道義重則輕王公」也。〔一四〕

〔一〕潁陽謂巢、許也。

〔二〕孤竹謂夷、齊也。

〔三〕論語孔子曰：「隱居以求其志，行義以達其道。」求志謂長沮、桀溺，全道若薛方詭對王莽也。

〔四〕謂逢萌之類也。

〔五〕四皓之類也。

〔六〕謂申徒狄、鮑焦之流也。

〔七〕梁鴻、嚴光之流。

〔八〕莊子曰：「舜以天下讓北人無擇。無擇曰：『異哉，后之爲人也！居於畎畝之中而遊堯之門，不若是而已。』」又曰：「就藪澤，處閑曠，此江海之士，避代之人，閑暇者之所好也。」

〔九〕分音符問反。

〔一〇〕列女傳曰：「柳下惠死，其妻誄之曰：『蒙恥救人，德彌大兮。雖遇三黜，終不蔽兮。』」

〔一一〕史記曰，魯連謂新垣衍曰：「秦卽爲帝，則魯連蹈東海死耳。」魯連下聊城，田單爵之，魯連逃隱於海上也。

〔一二〕人各有所尙，不能改其志。孔子聞長沮、桀溺之言，乃告子路曰：「天下有道，丘不與易也。」

〔一三〕論語曰：「孔子擊磬於衞，有荷蕢而過孔氏之門者。曰：『有心哉！擊磬乎？』旣而曰：『鄙哉！硜硜乎，莫己知也。』」又「子貢曰：『有美玉於斯，韞櫝而藏諸？求善價而沽諸？』孔子曰：『沽之哉！沽之哉！我待價者也。』」沽謂衒賣也。

〔一四〕荀卿子之文也。

漢室中微，王莽篡位，士之蘊藉義憤甚矣。是時裂冠毀冕，相攜持而去之者，蓋不可勝數。〔一〕楊雄曰：「鴻飛冥冥，弋者何篡焉。」言其違患之遠也。〔二〕光武側席幽人，求之若不及，〔三〕旌帛蒲車之所徵賁，相望於巖中矣。〔四〕若薛方、逢萌聘而不肯至，〔五〕嚴光、周黨、王霸至而不能屈。羣方咸遂，志士懷仁，斯固所謂「舉逸民天下歸心」者乎！〔六〕肅宗亦禮鄭均而徵高鳳，以成其節。自後帝德稍衰，邪孽當朝，處子耿介，羞與卿相等列，至乃抗憤而不顧，多失其中行焉。蓋錄其絕塵不反，〔七〕同夫作者，列之此篇。〔八〕

〔一〕左傳曰：「王使詹桓伯辭於晉曰：『伯父若裂冠毀冕，拔本塞原。』」毛詩序曰：「百姓莫不相攜持而去之。」

〔二〕「篡」字諸本或作「慕」，法言作「篡」。宋衷曰：「篡，取也。鴻高飛冥冥薄天，雖有弋人，何施巧而取也。喻賢者隱處，不離暴亂之害也。」然今人謂以計數取物爲篡，篡亦取也。

〔三〕國語曰：「越王夫人去笄側席而坐。」韋昭注云：「側猶特也。禮，憂者側席而坐。」前書公孫弘贊曰：「上方欲用文武，求之如弗及。」

〔四〕毛詩序曰：「干旄，美好善也。」其詩曰：「孑孑干旟，在浚之城。」易賁卦六五曰：「賁于丘園，束帛戔戔。」蒲車，以蒲裹輪，取其安也。前書武帝以蒲車徵魯申公也。

〔五〕前書薛方字子容。

〔六〕論語文也。

〔七〕莊子曰：「顏回問於仲尼曰：『夫子步亦步，夫子趨亦趨，夫子馳亦馳，夫子奔（繳）〔軼〕絕塵，則回瞠若乎後矣。』」司馬彪注云：「言不可及也。」韓詩外傳曰：「山林之士，往而不能反。」

〔八〕論語曰：「賢者避代，其次避地，其次避色，其次避言。子曰：『作者七人矣。』」

野王二老者，不知何許人也。初，光武貳於更始，會關中擾亂，遣前將軍鄧禹西征，送之於道。旣反，因於野王獵，路見二老者卽禽。〔一〕光武問曰：「禽何向？」並舉手西指，言「此中多虎，臣每卽禽，虎亦卽臣，大王勿往也」。光武曰：「苟有其備，虎亦何患。」父曰：「何大王之謬邪！昔湯卽桀於鳴條，而大城於亳；〔二〕武王亦卽紂於牧野，而大城於郟鄏。〔三〕彼二王者，其備非不深也。是以卽人者，人亦卽之，雖有其備，庸可忽乎！」光武悟其旨，顧左右曰：「此隱者也。」將用之，辭而去，莫知所在。

〔一〕卽，就也。易曰「卽鹿無虞」也。

〔二〕帝王紀曰：「案孟子，桀卒於鳴條，乃在東夷之地。或言陳留平丘今有鳴條亭也。唯（是）〔孔〕安國注尙書云，鳴條在安邑西。考三說之驗，孔爲近之。」

〔三〕杜預注左傳曰：「今河南也。河南縣西有郟鄏陌。」

向長字子平，〔一〕河內朝歌人也。隱居不仕，性尙中和，好通老、易。貧無資食，好事者更饋焉，受之取足而反其餘。王莽大司空王邑辟之，連年乃至，欲薦之於莽，固辭乃止。潛隱於家。讀易至損、益卦，喟然歎曰：「吾已知富不如貧，貴不如賤，但未知死何如生耳。」〔二〕建武中，男女娶嫁既畢，勑斷家事勿相關，當如我死也。於是遂肆意，與同好北海禽慶〔三〕俱遊五嶽名山，竟不知所終。

〔一〕高士傳「向」字作「尚」。
〔二〕易損卦曰：「二簋可用享。損益盈虛，與時偕行。」益卦曰「損上益下，人說無疆」也。
〔三〕前書慶字子夏。

逢萌字子康，北海都昌人也。家貧，給事縣爲亭長。時尉行過亭，萌候迎拜謁，既而擲楯歎曰：〔一〕「大丈夫安能爲人役哉！」遂去之長安學，通春秋經。時王莽殺其子宇，〔二〕萌謂友人曰：「三綱絕矣！〔三〕不去，禍將及人。」卽解冠挂東都城門，〔四〕歸，將家屬浮海，客於遼東。

〔一〕亭長主捕盜賊，故執楯也。
〔二〕前書莽隔絕平帝外家衞氏，宇恐帝大後見怨，以爲莽不可諫而好鬼神，卽夜持血灑莽第門。吏發覺之，莽執宇送

獄，飲藥而死。
〔三〕謂君臣、夫婦、父子。
〔四〕漢宮殿名：「東都門今名靑門也。」前書音義曰：「長安東郭城北頭第一門。」

萌素明陰陽，知莽將敗，有頃，乃首戴瓦盎，〔一〕哭於市曰：「新乎新乎！」〔二〕因遂潛藏。

〔一〕盎，盆也。
〔二〕王莽爲新都侯，及簒，號新室，故哭之。

及光武卽位，乃之琅邪勞山，〔一〕養志脩道，人皆化其德。

〔一〕在今萊州卽墨縣東南，有大勞、小勞山。

北海太守素聞其高，遣吏奉謁致禮，萌不荅。太守懷恨而使捕之。吏叩頭曰：「子康大賢，天下共聞，所在之處，人敬如父，往必不獲，祇自毀辱。」太守怒，收之繫獄，更發它吏。行至勞山，人果相率以兵弩捍禦，吏被傷流血，奔而還。後詔書徵萌，託以老耄，迷路東西，語使者云：「朝廷所以徵我者，以其有益於政，尚不知方面所在，安能濟時乎？」卽便駕歸。連徵不起，以壽終。

初，萌與同郡徐房、平原李子雲、王君公相友善，並曉陰陽，懷德穢行。房與子雲養徒各千人，君公遭亂獨不去，儈牛自隱。〔一〕時人謂之論曰：「避世牆東王君公。」〔二〕

〔一〕儈謂平會兩家賣買之價。
〔二〕嵇康高士傳曰「君公明易，爲郎。數言事不用，乃自汙與官婢通，免歸。詐狂儈牛，口無二價」也。

周黨字伯況，太原廣武人也。家產千金。少孤，爲宗人所養，而遇之不以理，及長，又不還其財。黨詣鄉縣訟，主乃歸之。既而散與宗族，悉免遺奴婢，遂至長安遊學。

初，鄉佐嘗衆中辱黨，黨久懷之。〔一〕後讀春秋，聞復讎之義，〔二〕便輟講而還，與鄉佐相聞，期剋鬬日。既交刃，而黨爲鄉佐所傷，困頓。鄉佐服其義，輿歸養之，數日方蘇，既悟而去。自此勑身脩志，州里稱其高。

〔一〕續漢志鄉佐主收賦稅者。
〔二〕春秋經書「紀侯大去其國」。公羊傳曰：「大去者何？滅也。孰滅之？齊滅之。曷爲不言齊滅之？爲襄公諱也。齊襄公九世祖哀公亨於周，紀侯譖之也，故襄公讎於紀。九世猶可復讎乎？雖百世可也。」

及王莽竊位，託疾杜門。自後賊暴從橫，殘滅郡縣，唯至廣武，過城不入。建武中，徵爲議郎，以病去職，遂將妻子居黽池。復被徵，不得已，乃著短布單衣，穀皮綃頭，待見尚書。〔一〕及光武引見，黨伏而不謁，自陳願守所志，帝乃許焉。

〔一〕以穀樹皮爲綃頭也。綃頭，解見向栩傳。黨服此〔詣〕尚書，以待見也。

博士范升奏毀黨曰：「臣聞堯不須許由、巢父，而建號天下；周不待伯夷、叔齊，而王道以成。伏見太原周黨、東海王良、山陽王成等，蒙受厚恩，使者三聘，乃肯就車。及陛見帝廷，黨不以禮屈，伏而不謁，偃蹇驕悍，同時俱逝。黨等文不能演義，武不能死君，釣采華名，庶幾三公之位。臣願與坐雲臺之下，考試圖國之道。不如臣言，伏虛妄之罪。而敢私竊虛名，誇上求高，皆大不敬。」書奏，天子以示公卿。詔曰：「自古明王聖主必有不賓之士。伯夷、叔齊不食周粟，太原周黨不受朕祿，亦各有志焉。其賜帛四十匹。」黨遂隱居黽池，著書上下篇而終。邑人賢而祠之。

初，黨與同郡譚賢伯升、鴈門殷謨君長，俱守節不仕王莽世。建武中，徵並不到。

王霸字儒仲，太原廣武人也。少有清節。及王莽簒位，弃冠帶，絕交宦。建武中，徵到尚書，拜稱名，不稱臣。有司問其故。霸曰：「天子有所不臣，諸侯有所不友。」〔一〕司徒侯霸讓位於霸。閻陽毀之曰：「太原俗黨，儒仲頗有其風。」遂止。〔二〕以病歸。隱居守志，茅屋蓬戶。連徵不至，以壽終。

〔一〕禮記曰：「儒有上不臣天子，下不事諸侯。」
〔二〕皇甫謐高士傳曰「故梁令閻陽」也。前書曰：「太原多晉公族子孫，以詐力相傾，矜夸功名，報仇過直。漢興，號爲難化，常擇嚴猛將，或任殺伐爲威。父兄被誅，子弟怨憤，至告訐刺史、二千石。」

嚴光字子陵，一名遵，會稽餘姚人也。少有高名，與光武同遊學。及光武即位，乃變名姓，隱身不見。帝思其賢，乃令以物色訪之。〔一〕後齊國上言：「有一男子，披羊裘釣澤中。」帝疑其光，乃備安車玄纁，遣使聘之。三反而後至。舍於北軍，給牀褥，太官朝夕進膳。

〔一〕以其形貌求之。

司徒侯霸與光素舊，遣使奉書。〔一〕使人因謂光曰：「公聞先生至，區區欲即詣造，迫於典司，是以不獲。願因日暮，自屈語言。」光不荅，乃投札與之，口授曰：「君房足下：位至鼎足，甚善。懷仁輔義天下悅，阿諛順旨要領絕。」霸得書，封奏之。帝笑曰：「狂奴故態也。」車駕即日幸其館。光臥不起，帝即其臥所，撫光腹曰：「咄咄子陵，不可相助爲理邪？」光又眠不應，良久，乃張目熟視，曰：「昔唐堯著德，巢父洗耳。士故有志，何至相迫乎！」帝曰：「子陵，我竟不能下汝邪？」於是升輿歎息而去。

〔一〕皇甫謐高士傳曰：「霸使西曹屬侯子道奉書，光不起，於牀上箕踞抱膝發書讀訖，問子道曰：『君房素癡，今爲三公，寧小差否？』子道曰：『位已鼎足，不癡也。』光曰：『遣卿來何言？』子道傳霸言。光曰：『卿言不癡，是非癡語也？天子徵我三乃來。人主尚不見，當見人臣乎？』子道求報。光曰：『我手不能書。』乃口授之。使者嫌少，可更足。光曰：『買菜乎？求益也？』」

復引光入，論道舊故，相對累日。帝從容問光曰：「朕何如昔時？」對曰：「陛下差增於往。」因共偃臥，光以足加帝腹上。明日，太史奏客星犯御坐甚急。帝笑曰：「朕故人嚴子陵共臥耳。」

除爲諫議大夫，不屈，乃耕於富春山，〔一〕後人名其釣處爲嚴陵瀨焉。〔二〕建武十七年，復特徵，不至。年八十，終於家。帝傷惜之，詔下郡縣賜錢百萬、穀千斛。

〔一〕今杭州富陽縣也。本漢富春縣，避晉簡文帝鄭太后諱，改曰富陽。
〔二〕顧野王輿地志曰「七里瀨在東陽江下，與嚴陵瀨相接，有嚴山。桐廬縣南有嚴子陵漁釣處，今山邊有石，上平，可坐十人，臨水，名爲嚴陵釣壇」也。

井丹字大春，扶風郿人也。少受業太學，通五經，善談論，故京師爲之語曰：「五經紛綸井大春。」〔一〕性清高，未嘗脩刺候人。

〔一〕紛綸猶浩博也。

建武末，沛王輔等五王居北宮，皆好賓客，更遣請丹，不能致。信陽侯陰就，光烈皇后弟也，以外戚貴盛，乃詭說五王，求錢千萬，約能致丹，而別使人要劫之。丹不得已，既至，就故爲設麥飯葱葉之食，丹推去之，曰：「以君侯能供甘旨，故來相過，何其薄乎？」更置盛饌，乃食。及就起，左右進輦。丹笑曰：「吾聞桀駕人車，豈此邪？」〔一〕坐中皆失色。就不得已而令去輦。自是隱閉不關人事，以壽終。

〔一〕帝王紀曰：「桀以人駕車。」

梁鴻字伯鸞，扶風平陵人也。父讓，王莽時爲城門校尉，封脩遠伯，使奉少昊後，寓於北地而卒。〔一〕鴻時尚幼，以遭亂世，因卷席而葬。

〔一〕前書莽改允吾爲脩遠。少昊，金天氏之號，次黃帝者。北地，今寧州也。

後受業太學，家貧而尚節介，博覽無不通，而不爲章句。學畢，乃牧豕於上林苑中。曾誤遺火延及它舍，鴻乃尋訪燒者，問所去失，〔一〕悉以豕償之。其主猶以爲少。鴻曰：「無它財，願以身居作。」主人許之。因爲執勤，不懈朝夕。鄰家耆老見鴻非恒人，乃共責讓主人，而稱鴻長者。於是始敬異焉，悉還其豕。鴻不受而去，歸鄉里。

〔一〕去，亡也。

埶家慕其高節，多欲女之，〔一〕鴻並絕不娶。同縣孟氏有女，狀肥醜而黑，力舉石臼，擇對不嫁，至年三十。父母問其故。女曰：「欲得賢如梁伯鸞者。」鴻聞而娉之。女求作布衣、麻屨，織作筐緝績之具。及嫁，始以裝飾入門。七日而鴻不荅。妻乃跪牀下請曰：「竊聞夫子高義，簡斥數婦，〔二〕妾亦偃蹇數夫矣。今而見擇，敢不請罪。」鴻曰：「吾欲裘褐之人，可與俱隱深山者爾。今乃衣綺縞，傅粉墨，豈鴻所願哉？」妻曰：「以觀夫子之志耳。妾自有隱居之服。」乃更爲椎髻，著布衣，操作而前。鴻大喜曰：「此眞梁鴻妻也。能奉我矣！」字之曰德曜，〔名〕孟光。

〔一〕以女妻人曰女，音尼慮反。
〔二〕斥，遠也。

居有頃，妻曰：「常聞夫子欲隱居避患，今何爲默默？無乃欲低頭就之乎？」鴻曰：「諾。」乃共入霸陵山中，以耕織爲業，詠詩書，彈琴以自娛。仰慕前世高士，而爲四皓以來二十四人作頌。

因東出關，過京師，作五噫之歌曰：「陟彼北芒兮，噫！顧覽帝京兮，噫！宮室崔嵬兮，噫！人之劬勞兮，噫！遼遼未央兮，噫！」肅宗聞而非之，求鴻不得。乃易姓運期，名燿，字侯光，與妻子居齊魯之閒。

有頃，又去適吳。將行，作詩曰：「逝舊邦兮遐征，將遙集兮東南。心惙怛兮傷悴，志菲菲兮升降。〔一〕欲乘策兮縱邁，疾吾俗兮作讒。競舉枉兮措直，咸先佞兮唌唌。〔二〕（聊）固靡慚兮獨建，冀異州兮尚賢。〔三〕聊逍搖兮遨嬉，纘仲尼兮周流。儻云覩兮我悅，遂舍車兮即浮。〔四〕過季札兮延陵，求魯連兮海隅。雖不察兮光貌，幸神靈兮與休。〔五〕惟季春兮華阜，麥含含兮方秀。哀茂時兮逾邁，愍芳香兮日臭。〔六〕悼吾心兮不獲，長委結兮焉究！〔七〕口囂囂兮余訕，嗟恇恇兮誰留？」〔八〕

〔一〕爾雅注：「惙怛，憂也。菲菲，高下不定也。」惙音丁劣反。降音下江反。詩曰：「我心則降。」

〔二〕論語曰：「舉直措諸枉則人服，舉枉措諸直則人不服。」唌音延，讒言捷急之皃。

〔三〕建，立也。言己無慙於獨立，所以適吳者，冀異州之人貴尚賢德。

〔四〕舍其車而就舟船。

〔五〕光貌，光儀也。言雖不察見季札及魯連，然冀幸其神靈與之同美也。

〔六〕茂，盛也。臭，敗也。

〔七〕委結，懷恨也。究，窮也。

〔八〕訕，謗也。鄭玄注禮記曰：「恇恇，恐也。」

遂至吳，依大家皐伯通，居廡下，〔一〕爲人賃舂。每歸，妻爲具食，不敢於鴻前仰視，舉案齊眉。伯通察而異之，曰：「彼傭能使其妻敬之如此，非凡人也。」乃方舍之於家。鴻潛閉著書十餘篇。疾且困，告主人曰：「昔延陵季子葬子於嬴博之閒，不歸鄉里，慎勿令我子持喪歸去。」及卒，伯通等爲求葬地於吳要離冢傍。咸曰：「要離烈士，而伯鸞清高，可令相近。」〔二〕葬畢，妻子歸扶風。

〔一〕說文曰：「廡，堂下周屋也。」釋名：「大屋曰廡。」

〔二〕要離，刺吳王僚子慶忌者，冢在今蘇州吳縣西。伯鸞墓在其北。

初，鴻友人京兆高恢，少好老子，隱於華陰山中。及鴻東遊思恢，作詩曰：「鳥嚶嚶兮友之期，〔一〕念高子兮僕懷思，想念恢兮爰集茲。」二人遂不復相見。恢亦高抗，終身不仕。〔二〕

〔一〕毛詩曰：「伐木丁丁，鳥鳴嚶嚶。出自幽谷，遷于喬木。嚶其鳴矣，求其友聲。」

〔二〕高士傳曰：「恢字伯通。」

高鳳字文通，南陽葉人也。少爲書生，家以農畝爲業，而專精誦讀，晝夜不息。妻嘗之田，曝麥於庭，令鳳護雞。時天暴雨，而鳳持竿誦經，不覺潦水流麥。妻還怪問，鳳方悟之。其後遂爲名儒，乃教授業於西唐山中。〔一〕

〔一〕山在今唐州湖陽縣西北。酈元注水經云，即高鳳所隱之西唐山也。

鄰里有爭財者，持兵而鬬，鳳往解之，不已，乃脫巾叩頭，固請曰：「仁義遜讓，柰何弃之！」於是爭者懷感，投兵謝罪。

鳳年老，執志不倦，名聲著聞。太守連召請，恐不得免，自言本巫家，不應爲吏，又詐與寡嫂訟田，遂不仕。建初中，將作大匠任隗舉鳳直言，到公車，託病逃歸。推其財產，悉與孤兄子。隱身漁釣，終於家。

論曰：先大夫宣侯〔一〕嘗以講道餘隙，寓乎逸士之篇。至高文通傳，輟而有感，以爲隱者也，因著其行事而論之曰：「古者隱逸，其風尚矣。潁陽洗耳，恥聞禪讓；〔二〕孤竹長飢，羞食周粟。〔三〕或高棲以違行，或疾物以矯情，雖軌迹異區，其去就一也。若伊人者，志陵青雲之上，身晦泥汙之下，心名且猶不顯，況怨累之爲哉！與夫委體淵沙，鳴弦揆日者，不其遠乎！」〔四〕

〔一〕沈約宋書曰：「范泰字伯倫。祖汪。父甯，宋高祖受命，拜金紫光祿大夫，加散騎常侍，領國子祭酒，多所陳諫。

泰博覽篇籍，好爲文章，愛獎後生，孜孜無倦。薨謚宣侯。」即曄之父也。

〔二〕許由隱於潁陽，聞堯欲禪，乃臨潁而洗耳。

〔三〕伯夷、叔齊，孤竹君之子，不食周粟。

〔四〕委體泉沙謂屈原懷沙礫而自沈也。鳴弦揆日謂嵇康臨刑顧日影而彈琴也。論者以事迹相明，故引康爲喻。

臺佟字孝威，〔一〕魏郡鄴人也。隱於武安山，〔二〕鑿穴爲居，采藥自業。建初中，州辟不就。刺史行部，乃使從事致謁。佟載病往謝。刺史乃執贄見佟曰：〔三〕「孝威居身如是，甚苦，如何？」佟曰：「佟幸得保終性命，存神養和。如明使君奉宣詔書，夕惕庶事，反不苦邪？」遂去，隱逸，終不見。

〔一〕佟音大冬反。

〔二〕武安縣之山也。

〔三〕嵇康高士傳曰：「刺史執棗栗之贄往。」

韓康字伯休，一名恬休，京兆霸陵人。家世著姓。常采藥名山，賣於長安市，口不二價，三十餘年。時有女子從康買藥，康守價不移。女子怒曰：「公是韓伯休邪？〔一〕乃不二價乎？」康歎曰：「我本欲避名，今小女子皆知有我，何用藥爲？」乃遯入霸陵山中。博士公車連徵不至。桓帝乃備玄纁之禮，以安車聘之。使者奉詔造康，康不得已，乃許諾。辭安車，自乘柴車，冒晨先使者發。至亭，亭長以韓徵君當過，方發人牛脩道橋。及見康柴車幅巾，以爲田叟也，使奪其牛。康即釋駕與之。有頃，使者至，奪牛翁乃徵君也。使者欲奏殺亭長。康曰：「此自老子與之，亭長何罪！」乃止。康因〔中〕道逃遯，以壽終。

〔一〕邪，語餘聲也，音乃賀反。

矯愼字仲彥，〔一〕扶風茂陵人也。少好黃老，隱遯山谷，因穴爲室，仰慕松、喬導引之術。與馬融、蘇章鄉里並時，融以才博顯名，章以廉直稱，然皆推先於愼。

〔一〕風俗通曰：「晉大夫矯父之後也。」

汝南吳蒼甚重之，因遺書以觀其志曰：「仲彥足下：勤處隱約，雖乘雲行泥，棲宿不同，每有西風，何嘗不歎！〔二〕蓋聞黃老之言，乘虛入冥，藏身遠遯，亦有理國養人，施於爲政。〔三〕至如登山絕迹，神不著其證，人不覩其驗。吾欲先生從其可者，於意何如？昔伊尹

不懷道以待堯舜之君。〔三〕方今明明，四海開闢，巢許無爲箕山，夷齊悔入首陽。足下審能騎龍弄鳳，翔嬉雲閒者，〔四〕亦非狐兔燕雀所敢謀也。」愼不荅。年七十餘，竟不肯娶。後忽歸家，自言死日，及期果卒。後人有見愼於敦煌者，故前世異之，或云神僊焉。

〔一〕汝南在扶風之東。

〔二〕老子曰：「致虛極，守靜篤。」又曰：「窈兮冥兮，其中有精。」又曰：「理大國若亨小鮮。」又曰「非所以愛人治國」也。

〔三〕孟子曰，湯使人以幣聘伊尹。伊尹曰：「我何以湯之幣〔聘〕爲哉？」既而幡然改曰：「與我〔豈若〕處畎畝之中，由是以樂堯舜之道，吾豈若使是君爲堯舜之君〔哉〕？豈若使是人爲堯舜之人哉？」

〔四〕列僊傳曰：「簫史，秦繆公時。善吹簫，公女弄玉好之，以妻之，遂敎弄玉作鳳鳴。居數十年，吹鳳皇聲，鳳來止其屋。爲作鳳臺，夫婦止〔在〕〔其〕上。一旦皆隨鳳皇飛去。」又曰「陶安公，六安冶師。數行火，火一旦散上，紫色衝天。須臾赤雀止冶上，曰：『安公，安公，冶與天通。七月七日，迎汝以赤龍。』至時，安公騎之而去」也。

愼同郡馬瑤，隱於汧山，以兔罝爲事。〔一〕所居俗化，百姓美之，號馬牧先生焉。

〔一〕罝，兔網也。毛詩序曰：「兔罝，后妃之化也。關雎之化行，則莫不好德，賢人衆多。」故〔愼〕〔瑤〕以爲事焉。

戴良字叔鸞，汝南愼陽人也。曾祖父遵，字子高，平帝時，爲侍御史。王莽篡位，稱病

歸鄉里。家富，好給施，尙俠氣，食客常三四百人。時人爲之語曰：「關東大豪戴子高。」

良少誕節，母憙驢鳴，〔一〕良常學之以娛樂焉。及母卒，兄伯鸞居廬啜粥，非禮不行，良獨食肉飲酒，哀至乃哭，而二人俱有毀容。或問良曰：「子之居喪，禮乎？」良曰：「然。禮所以制情佚也，情苟不佚，何禮之論！夫食旨不甘，故致毀容之實。若味不存口，食之可也。」論者不能奪之。

〔一〕憙音虛記反。

良才既高達，而論議尙奇，多駭流俗。同郡謝季孝問曰：「子自視天下孰可爲比？」良曰：「我若仲尼長東魯，大禹出西羌，〔一〕獨步天下，誰與爲偶！」

〔一〕帝王紀曰：「夏禹生於石紐，長於西羌，西夷之人也。」

舉孝廉，不就。再辟司空府，彌年不到，州郡迫之，乃遯辭詣府，〔一〕悉將妻子，既行在道，因逃入江夏山中。優遊不仕，以壽終。

〔一〕遯，遁也。

初，良五女並賢，每有求姻，輒便許嫁，疎裳布被，竹笥木屐以遣之。五女能遵其訓，皆有隱者之風焉。

法眞字高卿，〔一〕扶風郿人，南郡太守雄之子也。好學而無常家，博通內外圖典，爲關西大儒。弟子自遠方至者，陳留范冉等數百人。

〔一〕高一作喬。

性恬靜寡欲，不交人閒事。太守請見之，眞乃幅巾詣謁。太守曰：「昔魯哀公雖爲不肖，而仲尼稱臣。太守虛薄，欲以功曹相屈，光贊本朝，何如？」眞曰：「以明府見待有禮，故敢自同賓末。若欲吏之，眞將在北山之北，南山之南矣。」太守戄然，不敢復言。〔一〕

〔一〕戄音紀具反。

辟公府，舉賢良，皆不就。同郡田弱薦眞曰：「處士法眞，體兼四業，〔一〕學窮典奧，幽居恬泊，樂以忘憂，將蹈老氏之高蹤，不爲玄纁屈也。臣願聖朝就加衮職，〔二〕必能唱清廟之歌，致來儀之鳳矣。」〔三〕會順帝西巡，弱又薦之。帝虛心欲致，前後四徵。眞曰：「吾既不能遯形遠世，豈飲洗耳之水哉？」遂深自隱絕，終不降屈。友人郭正稱之曰：「法眞名可得聞，身難得而見，逃名而名我隨，避名而名我追，可謂百世之師者矣！」乃共刊石頌之，號曰玄德先生。年八十九，中平五年，以壽終。

〔一〕謂詩、書、禮、樂也。

〔二〕毛詩曰：「袞職有闕。」謂三公也。
〔三〕詩清廟曰：「於穆清廟，肅雍顯相，濟濟多士，秉文之德。」尚書曰：「簫韶九成，鳳皇來儀。」

漢陰老父者，不知何許人也。桓帝延熹中，幸竟陵，過雲夢，臨沔水，百姓莫不觀者，有老父獨耕不輟。尚書郎南陽張溫異之，使問曰：「人皆來觀，老父獨不輟，何也？」老父笑而不對。溫下道百步，自與言。老父曰：「我野人耳，不達斯語。請問天下亂而立天子邪？理而立天子邪？立天子以父天下邪？役天下以奉天子邪？昔聖王宰世，茅茨采椽，而萬人以寧。〔一〕今子之君，勞人自縱，逸遊無忌。吾爲子羞之，子何忍欲人觀之乎！」溫大慚。問其姓名，不告而去。

〔一〕韓子曰：「堯舜采椽不刮，茅茨不翦。」

陳留老父者，不知何許人也。桓帝世，黨錮事起，守外黃令陳留張升去官歸鄉里，道逢友人，共班草而言。〔一〕升曰：「吾聞趙殺鳴犢，仲尼臨河而反；覆巢竭淵，龍鳳逝而不

至。〔二〕今宦豎日亂，陷害忠良，賢人君子其去朝乎？夫德之不建，人之無援，〔三〕將性命之不免，柰何？」因相抱而泣。老父趨而過之，植其杖，太息言曰：「吁！二大夫何泣之悲也？夫龍不隱鱗，鳳不藏羽，網羅高縣，去將安所？雖泣何及乎！」〔四〕二人欲與之語，不顧而去，莫知所終。

〔一〕班，布也。
〔二〕解在獨行傳。
〔三〕左傳曰，臧文仲聞六與蓼滅，曰：「皐陶廷堅不祀忽諸。德之不建，人之無援，哀哉！」
〔四〕毛詩曰：「啜其泣矣，何嗟及矣。」言雖泣而無所及也。

龐公者，南郡襄陽人也。居峴山之南，〔一〕未嘗入城府。夫妻相敬如賓。荆州刺史劉表數延請，不能屈，乃就候之。謂曰：「夫保全一身，孰若保全天下乎？」龐公笑曰：「鴻鵠巢於高林之上，暮而得所栖；黿鼉穴於深淵之下，夕而得所宿。夫趣舍行止，亦人之巢穴也。且各得其栖宿而已，天下非所保也。」因釋耕於壟上，而妻子耘於前。表指而問曰：「先生苦居畎畝而不肯官祿，後世何以遺子孫乎？」〔二〕龐公曰：「世人皆遺之以危，今獨遺之以安，雖所遺不同，未爲無所遺也。」表歎息而去。後遂攜其妻子登鹿門山，因采藥不反。〔三〕

〔一〕峴山在今襄陽縣東。襄陽記曰：「諸葛孔明每至德公家，獨拜牀下，德公初不令止。司馬德操嘗詣德公，值其渡沔上先人墓，德操徑入其堂，呼德公妻子，使速作黍，『徐元直向云當來就我與德公談』。其妻子皆羅拜於堂下，奔走供設。須臾德公還，直入相就，不知何者是客也。德操年小德公十歲，兄事之，呼作龐公，故俗人遂謂龐公是德公名，非也。」
〔二〕襄陽記曰：「德公子字山人，亦有令名，娶諸葛孔明姊，爲魏黃門吏部郎。子渙，晉太康中爲牂柯太守。」
〔三〕襄陽記曰：「鹿門山舊名蘇嶺山，建武中，襄陽侯習郁立神祠於山，刻二石鹿，夾神道口，俗因謂之鹿門廟，遂以廟名山也。」

贊曰：江海冥滅，山林長往。遠性風疎，逸情雲上。道就虛全，事違塵枉。〔一〕

〔一〕違，遠也。

校勘記

二七五五頁七行　亦云性分所至而已　按：文選「性分」作「介性」。

二七五六頁一七行　弋者何篡焉　按：校補謂文選「者」作「人」。案袁本、茶陵本仍作「者」，見文選考異。

二七五七頁四行　蓋錄其絕塵不反　按：文選「反」作「及」。

二七五七頁一四行　夫子奔(轍)〔軼〕絕塵　據汲本改。

二七五八頁八行　桀卒於鳴條　按：校補謂「桀」當作「舜」。注引書專辯鳴條地所在，不妨及舜事，此淺人妄改耳。

二七五八頁八行　唯(是)〔孔〕安國注尚書云　據汲本、殿本改。

二七五九頁八行　逢萌字子康　舊目「逢」作「逄」，汲本同。刊誤謂案萌北海人，則當是「逄」，非「逢」也。今按：逄，薄江切，姓，出北海，見廣韻。又按：萌字汲本、殿本皆作「子慶」，此作「子康」，乃避清河孝王諱改。東觀記同。

二七五九頁一〇行　不去禍將及人　按：校補謂上言「不去」，則下不合言「及人」，「人」當作「我」，否則衍字。

二七五九頁一〇行　即解冠挂東都城門　按：校補謂言掛冠，則是萌時已拜官矣，傳疑有脫誤。

二七六〇頁一五行　時人謂之論曰　刊誤謂「謂」當作「爲」，「論」當作「語」。王先謙謂爲謂古通，不須改，「論」亦不勞改作「語」。今按：御覽一八七引作「時人語曰」。

二七六一頁一三行　乃著短布單衣穀皮綃頭待見尚書　按：集解引惠棟說，謂「尚書」二字衍文，范因舊史失刪耳。東觀記云「建武中徵，黨著短布單衣穀皮幓頭待見。尚書欲令更服，黨曰：『本以是徵之，安可復更。』遂以見」也。

二七六二頁一行　黨服此(諧)尚書以待見也　據刊誤補。

二七六三頁一〇行　王霸字儒仲　按：校補引柳從辰說，謂今聚珍本東觀記及御覽五百一引本書「儒」作「孺」。惟唐書宰相世系表仍作「儒」。

二七六三頁一一行　不可相助爲理邪　按：集解引惠棟說，謂御覽引作「何不出相助爲治邪」。

二七六五頁四行　麥飯葱葉之食　按：「飯」原譌「飲」，逕據汲本、殿本改正。又按：集解引惠棟說，謂御覽引「葉」作「菜」。

二七六五頁八行　梁鴻字伯鸞　按：集解引沈欽韓說，謂列女傳「伯鸞」作「伯淳」。

二七六五頁八行　父讓　按：集解引惠棟說，謂王莽傳「讓」作「護」，趙咨傳注亦作「護」，護讓字相似，疑傳寫譌也。

二七六六頁三行　同縣孟氏有女　按：校補引柳從辰說，謂東觀記亦作孟氏女，獨袁紀作「趙氏有女」。

二七六六頁九行　字之曰德曜〔名〕孟光　惠棟補注引田藝衡說，謂多一「孟」字。張森楷校勘記謂本傳作孟氏女，復名「孟光」，則「孟孟光」矣，非詞也，據此可見孟光確姓趙氏。今按：御覽五百二及袁紀均無「名」字，不成文理，疑本作「字之曰德曜，名光」，後人習見「孟光」字，妄改「名」字爲「孟」字耳　今據汲本、殿本補一「名」字，而錄田、張兩家說備考。

二七六七頁七行　麥含含兮方秀　按：東觀記作「麥含金兮方秀」，類聚卷三引東觀記同。

二七六九頁二行　乃教授業於西唐山中　按：刊誤謂「教授業」不成文理，明衍一「業」字，若存「業」，則可去「教」字。

二七七〇頁五行　釆藥自業　汲本、殿本「業」作「給」。按：御覽五百一、元龜八百九並作「業」。

二七七一頁六行　康因〔中〕道逃遯　御覽五百一「因」下有「中」字，惠棟謂當從御覽增。今據補。

二七七二頁七行　我何以湯之幣〔聘〕爲哉　據汲本、殿本補。

二七七二頁七行　與我（豈若）處畎畝之中　據汲本、殿本刪。

二七七二頁八行　吾豈若使是君爲堯舜之君〔哉〕　據汲本、殿本補。

二七七二頁一〇行　夫婦止（在）〔其〕上　據汲本、殿本改。

二七七三頁一三行　故（傜）〔瑤〕以爲事焉　據殿本、集解本改。

二七七三頁一三行　疎裳布被　按：何焯校本「疎」改「揀」。

二七七四頁八行　同郡田弱　汲本、殿本「弱」作「羽」，下同。按：集解引惠棟說，謂通鑑作「田弱」。

二七七五頁三行　漢陰老父　集解引惠棟說，謂御覽作「漢濱」。按：本書舊目亦作「漢濱」。

二七七五頁七行　子何忍欲人觀之乎　按：御覽五百二引作「又何忍與人觀之乎」。

二七七六頁二行　二大夫何泣之悲也　汲本「大」作「丈」。按：御覽五百一引作「丈」，元龜八百九卷作「大」。

二七七六頁三行　先生苦居畎畝而不肯官祿　按：刊誤謂「苦」上當補一「良」字。

後漢書卷八十四

列女傳第七十四

詩書之言女德尚矣。〔一〕若夫賢妃助國君之政，哲婦隆家人之道，高士弘清淳之風，貞女亮明白之節，則其徽美未殊也，而世典咸漏焉。故自中興以後，綜其成事，述爲列女篇。如馬、鄧、梁后別見前紀，梁嫕、李姬各附家傳，〔二〕若斯之類，並不兼書。餘但搜次才行尤高秀者，不必專在一操而已。

〔一〕詩謂「關雎，后妃之德也」。書稱「釐降二女于嬀汭，嬪于虞」。尚，遠也。

〔二〕嫕，梁竦女。李姬，李固女也。

勃海鮑宣妻者，桓氏之女也，字少君。宣嘗就少君父學，父奇其清苦，故以女妻之，裝送資賄甚盛。宣不悅，謂妻曰：「少君生富驕，習美飾，而吾實貧賤，不敢當禮。」妻曰：「大

人以先生脩德守約，故使賤妾侍執巾櫛。既奉承君子，唯命是從。」宣笑曰：「能如是，是吾志也。」妻乃悉歸侍御服飾，更著短布裳，與宣共挽鹿車歸鄉里。拜姑禮畢，提甕出汲。脩行婦道，鄉邦稱之。

宣，哀帝時官至司隸校尉。子永，中興初爲魯郡太守。永子昱從容問少君曰：「太夫人寧復識挽鹿車時不？」對曰：「先姑有言：〔一〕『存不忘亡，安不忘危。』〔二〕吾焉敢忘乎！」永、昱已見前傳。

〔一〕爾雅曰：「舅姑在則曰君舅、君姑，沒則曰先舅、先姑。」

〔二〕易繫辭之言也。

太原王霸妻者，不知何氏之女也。霸少立高節，光武時，連徵不仕。霸已見逸人傳。妻亦美志行。初，霸與同郡令狐子伯爲友，後子伯爲楚相，而其子爲郡功曹。子伯乃令子奉書於霸，車馬服從，雍容如也。霸子時方耕於野，聞賓至，投耒而歸，〔一〕見令狐子，沮怍不能仰視。〔二〕霸目之，有愧容，客去而久臥不起。妻怪問其故，始不肯告，妻請罪，而後言曰：「吾與子伯素不相若，向見其子容服甚光，舉措有適，而我兒曹蓬髮歷齒，未知禮則，〔三〕

中華書局

見客而有慙色。父子恩深，不覺自失耳。」妻曰：「君少修清節，不顧榮祿。今子伯之貴孰與君之高？柰何忘宿志而慙兒女子乎！」霸屈起而笑曰：〔四〕「有是哉！」遂共終身隱遯。

〔一〕鄭玄注禮記云：「耒，耜之上曲者也。」說文曰：『耒，手耕曲木。』」
〔二〕沮，喪也。怍，慙也。
〔三〕曹，輩也。
〔四〕屈音渠勿反。

廣漢姜詩妻者，同郡龐盛之女也。詩事母至孝，妻奉順尤篤。母好飲江水，水去舍六七里，妻常泝流而汲。後值風，不時得還，母渴，詩責而遣之。妻乃寄止鄰舍，晝夜紡績，市珍羞，使鄰母以意自遺其姑。如是者久之，姑怪問鄰母，鄰母具對。姑感慙呼還，恩養愈謹。其子後因遠汲溺死，妻恐姑哀傷，不敢言，而託以行學不在。姑嗜魚鱠，又不能獨食，夫婦常力作供鱠，呼鄰母共之。舍側忽有涌泉，味如江水，每旦輒出雙鯉魚，常以供二母之膳。赤眉散賊經詩里，弛兵而過，曰：「驚大孝必觸鬼神。」時歲荒，賊乃遺詩米肉，受而埋之，比落蒙其安全。〔一〕

〔一〕比，近也。落，藩也。

永平三年，察孝廉，顯宗詔曰：「大孝入朝，凡諸舉者一聽平之。」由是皆拜郎中。詩尋除江陽令，卒于官。所居治，鄉人爲立祀。

沛郡周郁妻者，同郡趙孝之女也，字阿。少習儀訓，閑於婦道，而郁驕淫輕躁，多行無禮。郁父偉謂阿曰：「新婦賢者女，當以道匡夫。郁之不改，新婦過也。」阿拜而受命，退謂左右曰：「我無樊衞二姬之行，〔一〕故君以責我。我言而不用，君必謂我不奉教令，則罪在我矣。若言而見用，是爲子違父而從婦，則罪在彼矣。生如此，亦何聊哉！」乃自殺。莫不傷之。

〔一〕列女傳曰，楚莊王好田獵，樊姬故不食鮮禽以諫王。齊桓公好音樂，衞姬不聽五音以諫公。並解具文苑傳也。

扶風曹世叔妻者，同郡班彪之女也，名昭，字惠班，一名姬。博學高才。世叔早卒，有節行法度。兄固著漢書，其八表及天文志未及竟而卒，和帝詔昭就東觀臧書閣踵而成之。〔一〕帝數召入宮，令皇后諸貴人師事焉，號曰大家。每有貢獻異物，輒詔大家作賦頌。及鄧太后臨朝，與聞政事。以出入之勤，特封子成關內侯，官至齊相。時漢書始出，多未能通者，同郡馬融伏於閣下，從昭受讀，後又詔融兄續繼昭成之。〔二〕

〔一〕踵，繼也。
〔二〕融兄名續，見馬援傳。

永初中，太后兄大將軍鄧騭以母憂，上書乞身，太后不欲許，以問昭。昭因上疏曰：「伏惟皇太后陛下，躬盛德之美，隆唐虞之政，闢四門而開四聰，采狂夫之瞽言，納芻蕘之謀慮。〔一〕妾昭得以愚朽，身當盛明，敢不披露肝膽，以效萬一。妾聞謙讓之風，德莫大焉，故典墳述美，神祇降福。〔二〕昔夷齊去國，天下服其廉高；〔三〕太伯違邠，孔子稱爲三讓。〔四〕所以光昭令德，揚名于後者也。論語曰：『能以禮讓爲國，於從政乎何有。』〔五〕由是言之，推讓之誠，其致遠矣。今四舅深執忠孝，引身自退，〔六〕而以方垂未靜，拒而不許；如後有毫毛加於今日，〔七〕誠恐推讓之名不可再得。緣見逮及，故敢昧死竭其愚情。自知言不足采，以示蟲螘之赤心。」太后從而許之。於是騭等各還里第焉。

〔一〕前書曰：「狂夫之言，明主擇焉。」詩曰：「先人有言，詢于芻蕘。」
〔二〕易曰：「謙尊而光。」又曰：「鬼神害盈而福謙。」左傳曰：「謙讓者，德之基也。」

〔三〕孟子曰：「聞伯夷之風者，貪夫廉，懦夫有立志。」
〔四〕周太王有疾，太伯欲讓季歷，託採藥於吳。時已居周，此言邠者，蓋本其始而言之也。
〔五〕論語孔子之言也。何有言若無有。
〔六〕四舅謂騭、悝、弘、閶也。
〔七〕謂有纖微之過，則推讓之美失也。

作女誡七篇，有助內訓。其辭曰：

鄙人愚暗，受性不敏，蒙先君之餘寵，賴母師之典訓。〔一〕年十有四，執箕帚於曹氏，〔二〕于今四十餘載矣。戰戰兢兢，常懼黜辱，以增父母之羞，以益中外之累。〔三〕夙夜劬心，勤不告勞，而今而後，乃知免耳。吾性疏頑，教道無素，〔四〕恒恐子穀負辱清朝。〔五〕聖恩橫加，猥賜金紫，〔六〕實非鄙人庶幾所望也。男能自謀矣，吾不復以爲憂也。但傷諸女方當適人，而不漸訓誨，不聞婦禮，懼失容它門，取恥宗族。吾今疾在沈滯，性命無常，念汝曹如此，每用惆悵。閒作女誡七章，願諸女各寫一通，庶有補益，裨助汝身。去矣，其勗勉之！〔七〕

〔一〕母，傅母也。師，女師也。左傳曰：「宋伯姬卒，待姆也。」毛詩曰：「言告師氏，言告言歸。」
〔二〕前書呂公謂高祖曰：「臣有息女，願爲箕帚妾。」言執箕帚主賤役，以事舅姑。
〔三〕中，內也。

〔四〕素，先也。

〔五〕三輔決錄曰：「齊相子穀，頗隨時俗。」注云：「曹成，壽之子也。司徒掾察孝廉，爲長垣長。母爲太后師，徵拜中散大夫。」子穀即成之字也。

〔六〕漢官儀曰「二千石金印紫綬」也。

〔七〕去矣猶言從今已往。

卑弱第一：古者生女三日，臥之牀下，弄之瓦塼，而齋告焉。〔一〕臥之牀下，明其卑弱，主下人也。弄之瓦塼，明其習勞，主執勤也。齋告先君，明當主繼祭祀也。〔二〕三者蓋女人之常道，禮法之典教矣。謙讓恭敬，先人後己，有善莫名，〔三〕有惡莫辭，忍辱含垢，常若畏懼，是謂卑弱下人也。晚寢早作，勿憚夙夜，〔四〕執務私事，不辭劇易，〔五〕所作必成，手迹整理，是謂執勤也。正色端操，以事夫主，清靜自守，無好戲笑，絜齊酒食，以供祖宗，〔六〕是謂繼祭祀也。三者苟備，而患名稱之不聞，黜辱之在身，未之見也。三者苟失之，何名稱之可聞，黜辱之可遠哉！

〔一〕詩小雅曰：「乃生女子，載寢之地，載弄之瓦。」毛萇注云：「瓦，紡塼也。」箋云：「臥之於地，卑之也。紡塼，習其所有事也。」

〔二〕毛詩傳曰：「采蘋，大夫妻能循法度也。能循法度，則可以承先祖供祭祀矣。」「于以采蘋，南澗之濱。于以采藻，于彼行潦。于以盛之，惟筐及筥。于以湘之，惟錡及釜。于以（大）〔奠〕之，宗室牖（戶）〔下〕。誰其尸之？有齊

季女。」

〔三〕不自名己之善也。

〔四〕作，起也。

〔五〕劇猶難也。

〔六〕絜，清也，謂食也。左傳曰「絜粢豐盛」也。

夫婦第二：夫婦之道，參配陰陽，通達神明，信天地之弘義，人倫之大節也。是以禮貴男女之際，詩著關雎之義。〔一〕由斯言之，不可不重也。夫不賢，則無以御婦；婦不賢，則無以事夫。夫不御婦，則威儀廢缺；婦不事夫，則義理墮闕。〔二〕方斯二事，其用一也。察今之君子，徒知妻婦之不可不御，威儀之不可不整，故訓其男，檢以書傳，殊不知夫主之不可不事，禮義之不可不存也。但教男而不教女，不亦蔽於彼此之數乎！禮，八歲始教之書，十五而至於學矣。〔三〕獨不可依此以爲則哉！

〔一〕禮記曰：「昏禮者，將合二姓之好，上以事宗廟，而下以繼後世也，故君子重之。」詩關雎，樂得賢女，以配君子也。

〔二〕墮音許規反。墮，廢也。

〔三〕禮記曰：「八歲入小學。」

敬慎第三：陰陽殊性，男女異行。陽以剛爲德，陰以柔爲用，男以彊爲貴，女以弱爲美。故鄙諺有云：「生男如狼，猶恐其尫；生女如鼠，猶恐其虎。」然則修身莫若敬，避彊莫若順。故曰敬順之道，婦人之大禮也。夫敬非它，持久之謂也。夫順非它，寬裕之謂也。持久者，知止足也。寬裕者，尚恭下也。夫婦之好，終身不離。房室周旋，遂生媟黷。媟黷既生，語言過矣。語言既過，縱恣必作。縱恣既作，則侮夫之心生矣。此由於不知止足者也。夫事有曲直，言有是非。直者不能不爭，曲者不能不訟。訟爭既施，則有忿怒之事矣。此由於不尚恭下者也。侮夫不節，譴呵從之；忿怒不止，楚撻從之。夫爲夫婦者，義以和親，恩以好合，楚撻既行，何義之存？譴呵既宣，何恩之有？恩義俱廢，夫婦離矣。

婦行第四：女有四行，一曰婦德，二曰婦言，三曰婦容，四曰婦功。〔一〕夫云婦德，不必才明絕異也；婦言，不必辯口利辭也；婦容，不必顏色美麗也；婦功，不必工巧過人也。清閑貞靜，守節整齊，行己有恥，動靜有法，是謂婦德。擇辭而說，不道惡語，時然後言，不厭於人，是謂婦言。盥浣塵穢，服飾鮮絜，沐浴以時，身不垢辱，是謂婦容。專心紡績，不好戲笑，絜齊酒食，以奉賓客，是謂婦功。此四者，女人之大德，而不可乏之者也。然爲之甚易，唯在存心耳。古人有言：「仁遠乎哉？我欲仁，而仁斯至矣。」〔二〕此之謂也。

〔一〕禮記文也。

〔二〕論語孔子之言也。

專心第五：禮，夫有再娶之義，〔一〕婦無二適之文，故曰夫者天也。〔二〕天固不可逃，夫固不可離也。行違神祇，天則罰之；禮義有愆，夫則薄之。故女憲曰：「得意一人，是謂永畢；失意一人，是謂永訖。」由斯言之，夫不可不求其心。然所求者，亦非謂佞媚苟親也，固莫若專心正色。禮義居絜，耳無塗聽，目無邪視，出無冶容，入無廢飾，無聚會羣輩，無看視門戶，此則謂專心正色矣。若夫動靜輕脫，視聽陝輸，〔三〕入則亂髮壞形，出則窈窕作態，〔四〕說所不當道，觀所不當視，此謂不能專心正色矣。

〔一〕儀禮曰：「父在爲母，何以朞？至尊在，不敢伸也。父必三年而後娶，達子志也。」

〔二〕儀禮曰：「夫者，妻之天也。婦人不二斬者，猶曰不二天也。」

〔三〕陝輸，不定貌也。

〔四〕窈窕，妖冶之貌也。

曲從第六：夫得意一人，是謂永畢；失意一人，是謂永訖。欲人定志專心之言也。舅姑之心，豈當可失哉？物有以恩自離者，亦有以義自破者也。夫雖云愛，舅姑云非，此所謂以義自破者也。然則舅姑之心柰何？固莫尚於曲從矣。姑云不爾而是，固宜從令；〔一〕姑云爾而非，猶宜順命。勿得違戾是非，爭分曲直。此則所謂曲從矣。故

女憲曰：「婦如影響，焉不可賞。」〔二〕

〔一〕不爾猶不然也。

〔二〕影響言順從也。

和叔妹第七：婦人之得意於夫主，由舅姑之愛己也；舅姑之愛己，由叔妹之譽己也。由此言之，我臧否譽毀，一由叔妹，叔妹之心，復不可失也。皆莫知叔妹之不可失，而不能和之以求親，其蔽也哉！自非聖人，鮮能無過。故顏子貴於能改，仲尼嘉其不貳，〔一〕而況婦人者也！雖以賢女之行，聰哲之性，其能備乎！是故室人和則謗掩，外內離則惡揚。此必然之埶也。易曰：「二人同心，其利斷金。同心之言，其臭如蘭。」此之謂也。〔二〕夫嫂妹者，體敵而尊，恩疏而義親。若淑媛謙順之人，〔三〕則能依義以篤好，崇恩以結援，使徽美顯章，而瑕過隱塞，舅姑矜善，而夫主嘉美，聲譽曜于邑鄰，休光延於父母。若夫惷愚之人，於嫂則託名以自高，於妹則因寵以驕盈。驕盈既施，何和之有！恩義既乖，何譽之臻！是以美隱而過宣，姑忿而夫慍，毀訾布於中外，恥辱集于厥身，進增父母之羞，退益君子之累。〔四〕斯乃榮辱之本，而顯否之基也。可不慎哉！然則求叔妹之心，固莫尚於謙順矣。謙則德之柄，〔五〕順則婦之行。凡斯二者，足以和矣。詩云：「在彼無惡，在此無射。」其斯之謂也。〔六〕

〔一〕論語孔子曰：「顏回不貳過。」易曰「顏氏之子，其殆庶幾乎！有不善未嘗不知，知之未嘗復行也。」

〔二〕金，物之堅者。若二人同心，則其利可以斷之。二人既同心，其芳馨如蘭也。古人通謂氣爲臭也。

〔三〕淑，善也。美女曰媛也。

〔四〕君子謂夫也。詩曰：「未見君子，憂心忡忡。」

〔五〕易繫辭之文也。

〔六〕韓詩周頌之言也。射，厭也。射音亦。毛詩「射」作「斁」也。

馬融善之，令妻女習焉。

昭女妹曹豐生，〔一〕亦有才惠，爲書以難之，辭有可觀。

〔一〕昭壻之妹也。

昭年七十餘卒，皇太后素服舉哀，使者監護喪事。所著賦、頌、銘、誄、問、注、哀辭、書、論、上疏、遺令，凡十六篇。子婦丁氏爲撰集之，又作大家讚焉。

河南樂羊子之妻者，不知何氏之女也。羊子嘗行路，得遺金一餅，還以與妻。妻曰：「妾聞志士不飲盜泉之水，〔一〕廉者不受嗟來之食，〔二〕況拾遺求利，以汚其行乎！」羊子大慙，乃捐金於野，而遠尋師學。一年來歸，妻跪問其故。羊子曰：「久行懷思，無它異也。」妻乃引刀趨機而言曰：「此織生自蠶繭，成於機杼，一（絲）〔絲〕而累，以至於寸，累寸不已，遂成丈匹。今若斷斯織也，則捐失成功，稽廢時月。夫子積學，當日知其所亡，〔三〕以就懿德。若中道而歸，何異斷斯織乎？」羊子感其言，復還終業，遂七年不反。妻常躬勤養姑，又遠饋羊子。

〔一〕論語撰考讖曰：「水名盜泉，仲尼不漱。」

〔二〕解見文苑傳也。

〔三〕論語孔子曰：「君子日知其所亡，月無忘其所能。」亡，無也。

嘗有它舍雞謬入園中，姑盜殺而食之，妻對雞不餐而泣。姑怪問其故。妻曰：「自傷居貧，使食有它肉。」姑竟棄之。

後盜欲有犯妻者，乃先劫其姑。妻聞，操刀而出。盜人曰：「釋汝刀從我者可全，不從我者，則殺汝姑。」妻仰天而歎，舉刀刎頸而死。盜亦不殺其姑。太守聞之，卽捕殺賊盜，而賜妻縑帛，以禮葬之，號曰「貞義」。

漢中程文矩妻者，同郡李法之姊也，字穆姜。有二男，而前妻四子。文矩爲安衆令，喪於官。〔一〕四子以母非所生，憎毀日積，而穆姜慈愛溫仁，撫字益隆，衣食資供皆兼倍

所生。或謂母曰：「四子不孝甚矣，何不別居以遠之？」對曰：「吾方以義相導，使其自遷善也。」及前妻長子興遇疾困篤，母惻隱自然，親調藥膳，恩情篤密。興疾久乃瘳，於是呼三弟謂曰：「繼母慈仁，出自天受。吾兄弟不識恩養，禽獸其心。雖母道益隆，我曹過惡亦已深矣！」遂將三弟詣南鄭獄，陳母之德，狀己之過，乞就刑辟。縣言之於郡，郡守表異其母，蠲除家徭，遣散四子，許以脩革，自後訓導愈明，並爲良士。

〔一〕安衆，縣，屬南陽郡。

穆姜年八十餘卒。臨終敕諸子曰：「吾弟伯度，智達士也。所論薄葬，其義至矣。又臨亡遺令，賢聖法也。〔一〕令汝曹遵承，勿與俗同，增吾之累。」諸子奉行焉。

〔一〕前書孝文帝、楊王孫、龔勝臨亡，並有遺令。

孝女曹娥者，會稽上虞人也。父盱，能絃歌，爲巫祝。漢安二年五月五日，於縣江泝濤（迎）婆娑〔迎〕神，溺死，不得屍骸。娥年十四，乃沿江號哭，晝夜不絕聲，旬有七日，遂投江而死。〔一〕至元嘉元年，縣長度尚改葬娥於江南道傍，爲立碑焉。〔二〕

〔一〕娥投衣於水，祝曰：「父屍所在衣當沉。」衣隨流至一處而沈，娥遂隨衣而沒。「衣」字或作「瓜」。見項原列女

傳也。

〔三〕會稽典錄曰：「上虞長度尚弟子邯鄲淳，字子禮。時甫弱冠，而有異才。尚先使魏朗作曹娥碑，文成未出，會朗見尚，尚與之飲宴，而子禮方至督酒。尚問朗碑文成未？朗辭不才，因試使子禮爲之，操筆而成，無所點定。朗嗟歎不暇，遂毀其草。其後蔡邕又題八字曰：『黃絹幼婦，外孫齏臼。』」

吳許升妻者，呂氏之女也，字榮。升少爲博徒，不理操行，榮嘗躬勤家業，以奉養其姑。數勸升修學，每有不善，輒流涕進規。榮父積忿疾升，乃呼榮欲改嫁之。榮歎曰：「命之所遭，義無離貳！」終不肯歸。升感激自厲，乃尋師遠學，遂以成名。尋被本州辟命，行至壽春，道爲盜所害。刺史尹耀捕盜得之。榮迎喪於路，聞而詣州，請甘心讎人。耀聽之。榮乃手斷其頭，以祭升靈。後郡遭寇賊，賊欲犯之，榮踰垣走，賊拔刀追之。賊曰：「從我則生，不從我則死。」榮曰：「義不以身受辱寇虜也！」遂殺之。是日疾風暴雨，雷電晦冥，賊惶懼叩頭謝罪，乃殯葬之。

汝南袁隗妻者，扶風馬融之女也，字倫。隗已見前傳。倫少有才辯。融家世豐豪，裝遣甚盛。及初成禮，隗問之曰：「婦奉箕箒而已，何乃過珍麗乎？」對曰：「慈親垂愛，不敢逆命。君若欲慕鮑宣、梁鴻之高者，妾亦請從少君、孟光之事矣。」隗又曰：「弟先兄舉，世以爲笑。今處姊未適，先行可乎？」對曰：「妾姊高行殊邈，未遭良匹，不似鄙薄，苟然而已。」又問曰：「南郡君學窮道奧，文爲辭宗，〔一〕而所在之職，輒以貨財爲損，何邪？」對曰：「孔子大聖，不免武叔之毀；子路至賢，猶有伯寮之愬。〔二〕家君獲此，固其宜耳。」隗默然不能屈，帳外聽者爲慙。隗既寵貴當時，倫亦有名於世。年六十餘卒。

〔一〕融爲南郡太守。

〔二〕論語曰，叔孫武叔毀仲尼，子貢曰：「無以爲也。它人之賢者猶丘陵焉，猶可踰也。仲尼如日月也，無得而踰焉。」公伯寮愬子路於季孫。孔子曰：「道之將行也與？命也。道之將廢也與？命也。公伯寮其如命何！」

倫妹芝，亦有才義。少喪親長而追感，乃作申情賦云。

酒泉龐淯母者，趙氏之女也，字娥。父爲同縣人所殺，而娥兄弟三人，時俱病物故，讎乃喜而自賀，以爲莫己報也。娥陰懷感憤，乃潛備刀兵，常帷車以候讎家。十餘年不能得。後遇於都亭，刺殺之。因詣縣自首。曰：「父仇已報，請就刑戮。」〔福〕祿〔福〕長尹嘉義之，解印綬欲與俱亡。娥不肯去。曰：「怨塞身死，妾之明分；結罪理獄，君之常理。何敢苟生，以枉公法！」後遇赦得免。州郡表其閭。太常張奐嘉歎，以束帛禮之。

沛劉長卿妻者，同郡桓鸞之女也。鸞已見前傳。生一男五歲而長卿卒，妻防遠嫌疑，不肯歸寧。兒年十五，晚又夭歿。妻慮不免，乃豫刑其耳以自誓。宗婦相與愍之，共謂曰：「若家殊無它意；假令有之，猶可因姑姊妹以表其誠，何貴義輕身之甚哉！」對曰：「昔我先君五更，學爲儒宗，尊爲帝師。五更已來，歷代不替，男以忠孝顯，女以貞順稱。詩云：『無忝爾祖，聿脩厥德。』是以豫自刑翦，以明我情。」沛相王吉上奏高行，顯其門閭，號曰「行義桓釐」，〔一〕縣邑有祀必膰焉。〔二〕

〔一〕寡婦曰釐。

〔二〕膰，祭餘肉也。尊敬之，故有祭祀必致其餘也。左傳曰：「天子有事膰焉。」

安定皇甫規妻者，不知何氏女也。規初喪室家，後更娶之。妻善屬文，能草書，時爲規荅書記，衆人怪其工。及規卒時，妻年猶盛，而容色美。後董卓爲相國，承其名，娉以軿輜百乘，馬二十匹，奴婢錢帛充路。妻乃輕服詣卓門，跪自陳請，辭甚酸愴。卓使傅奴侍者悉拔刀圍之，而謂曰：「孤之威教，欲令四海風靡，何有不行於一婦人乎！」妻知不免，乃立罵卓曰：「君羌胡之種，毒害天下猶未足邪！妾之先人，清德奕世。皇甫氏文武上才，爲漢忠臣。君親非其趣使走吏乎？敢欲行非禮於爾君夫人邪！」卓乃引車庭中，以其頭縣軛，鞭撲交下。〔一〕妻謂持杖者曰：「何不重乎？速盡爲惠。」遂死車下。後人圖畫，號曰「禮宗」云。

〔一〕周禮考工記曰：「軛長六尺。」鄭衆曰：「謂轅端壓牛領者。」

南陽陰瑜妻者，潁川荀爽之女也，名采，字女荀。聰敏有才蓺。年十七，適陰氏。十九產一女，而瑜卒。采時尚豐少，常慮爲家所逼，自防禦甚固。後同郡郭奕喪妻，爽以采許之，〔一〕因詐稱病篤，召采。既不得已而歸，懷刃自誓。爽令傅婢執奪其刃，扶抱載之，猶憂致憤激，勑衞甚嚴。女既到郭氏，乃僞爲歡悅之色，謂左右曰：「我本立志與陰氏同穴，而不免逼迫，遂至於此，素情不遂，柰何？」乃命使建四燈，盛裝飾，請奕入相見，共談，言辭不轂。（亦）〔奕〕敬憚之，遂不敢逼，至曙而出。𥡴因勑令左右辨浴。既入室而掩戶，權令侍人避之，以粉書扉上曰：「尸還陰。」「陰」字未及成，懼有來者，遂以衣帶自縊。左右翫之不爲意，比視，已絕，時人傷焉。

〔一〕魏書奕字伯益，（𢘽）〔嘉〕之子也，爲太子文學，早卒。

犍爲盛道妻者，同郡趙氏之女也，字媛姜。建安五年，益部亂，道聚衆起兵，事敗，夫妻執繫，當死。媛姜夜中告道曰：「法有常刑，必無生望，君可速潛逃，建立門戶，妾自留獄，代君塞咎。」道依違未從。媛姜便解道桎梏，爲齎糧貨。子翔時年五歲，使道攜持而走。媛姜代道持夜，應對不失。度道已遠，乃以實告吏，應時見殺。道父子會赦得歸。道感其義，終身不娶焉。

孝女叔先雄者，犍爲人也。父泥和，永建初爲縣功曹。縣長遣泥和拜檄謁巴郡太守，乘船墮湍水物故，尸喪不歸。雄感念怨痛，號泣晝夜，心不圖存，常有自沈之計。所生男女

二人，並數歲，雄乃各作囊，盛珠環以繫兒，數爲訣別之辭。家人每防閑之，經百許日後稍懈，雄因乘小船，於父墮處慟哭，遂自投水死。弟賢，其夕夢雄告之：「卻後六日，當共父同出。」至期伺之，果與父相持，浮於江上。郡縣表言，爲雄立碑，圖象其形焉。

陳留董祀妻者，同郡蔡邕之女也，名琰，字文姬。〔一〕博學有才辯，又妙於音律。〔二〕適河東衞仲道。夫亡無子，歸寧于家。興平中，天下喪亂，文姬爲胡騎所獲，沒於南匈奴左賢王，在胡中十二年，生二子。曹操素與邕善，痛其無嗣，乃遣使者以金璧贖之，而重嫁於祀。

〔一〕列女後傳，琰字昭姬也。

〔二〕劉昭幼童傳曰：「邕夜鼓琴，絃絕。琰曰：『第二絃。』邕曰：『偶得之耳。』故斷一絃問之，琰曰：『第四絃。』並不差謬。」

祀爲屯田都尉，犯法當死，文姬詣曹操請之。時公卿名士及遠方使驛坐者滿堂，操謂賓客曰：「蔡伯喈女在外，今爲諸君見之。」及文姬進，蓬首徒行，叩頭請罪，音辭清辯，旨甚酸哀，衆皆爲改容。操曰：「誠實相矜，然文狀已去，柰何？」文姬曰：「明公廐馬萬匹，虎士

成林，何惜疾足一騎，而不濟垂死之命乎！」操感其言，乃追原祀罪。時且寒，賜以頭巾履襪。操因問曰：「聞夫人家先多墳籍，猶能憶識之不？」文姬曰：「昔亡父賜書四千許卷，流離塗炭，罔有存者。今所誦憶，裁四百餘篇耳。」操曰：「今當使十吏就夫人寫之。」文姬曰：「妾聞男女之別，禮不親授。〔一〕乞給紙筆，真草唯命。」於是繕書送之，文無遺誤。

〔一〕禮記曰：「男女不親授。」

後感傷亂離，追懷悲憤，作詩二章。其辭曰：

漢季失權柄，董卓亂天常。志欲圖篡弒，先害諸賢良。逼迫遷舊邦，擁主以自彊。海內興義師，欲共討不祥。卓衆來東下，金甲耀日光。平土人脆弱，來兵皆胡羌。獵野圍城邑，所向悉破亡。斬截無孑遺，尸骸相掌拒。〔一〕馬邊縣男頭，馬後載婦女。長驅西入關，迥路險且阻。還顧邈冥冥，肝脾爲爛腐。所略有萬計，不得令屯聚。或有骨肉俱，欲言不敢語。失意機微閒，輒言斃降虜。要當以亭刃，我曹不活汝。豈復惜性命，不堪其詈罵。或便加棰杖，毒痛參幷下。旦則號泣行，夜則悲吟坐。欲死不能得，欲生無一可。彼蒼者何辜，乃遭此戹禍！邊荒與華異，人俗少義理。處所多霜雪，胡風春夏起。翩翩吹我衣，肅肅入我耳。感時念父母，哀歎無窮已。有客從外來，聞之常歡喜。迎問其消息，輒復非鄉里。邂逅徼時願，骨肉來迎己。己得自解免，當復

棄兒子。天屬綴人心，念別無會期。存亡永乖隔，不忍與之辭。兒前抱我頸，問母欲何之。「人言母當去，豈復有還時。阿母常仁惻，今何更不慈？我尚未成人，柰何不顧思！」見此崩五內，恍惚生狂癡。號泣手撫摩，當發復回疑。兼有同時輩，相送告離別。慕我獨得歸，哀叫聲摧裂。馬爲立踟躕，車爲不轉轍。觀者皆歔欷，行路亦嗚咽。去去割情戀，遄征日遐邁。悠悠三千里，何時復交會？念我出腹子，匈臆爲摧敗。既至家人盡，又復無中外。城郭爲山林，庭宇生荊艾。白骨不知誰，從橫莫覆蓋。出門無人聲，豺狼號且吠。煢煢對孤景，怛咤糜肝肺。登高遠眺望，魂神忽飛逝。奄若壽命盡，旁人相寬大。爲復彊視息，雖生何聊賴！託命於新人，竭心自勗厲。流離成鄙賤，常恐復捐廢。人生幾何時，懷憂終年歲！

〔一〕掌音直庚反。

其二章曰：

嗟薄（祜）〔祐〕兮遭世患，宗族殄兮門戶單。身執略兮入西關，歷險阻兮之羌蠻。山谷眇兮路曼曼，眷東顧兮但悲歎。冥當寢兮不能安，〔一〕飢當食兮不能餐，常流涕兮眥不乾，薄志節兮念死難，雖苟活兮無形顏。惟彼方兮遠陽精，〔二〕陰氣凝兮雪夏零。沙漠壅兮塵冥冥，有草木兮春不榮。人似禽兮食臭腥，言兜離兮狀窈停。〔三〕歲聿暮兮時

邁征，夜悠長兮禁門扃。不能寐兮起屏營，登胡殿兮臨廣庭。玄雲合兮翳月星，北風厲兮肅泠泠。胡笳動兮邊馬鳴，孤雁歸兮聲嚶嚶。樂人興兮彈琴箏，音相和兮悲且清。心吐思兮匈憤盈，欲舒氣兮恐彼驚，含哀咽兮涕沾頸。家既迎兮當歸寧，臨長路兮捐所生。兒呼母兮號失聲，我掩耳兮不忍聽。追持我兮走煢煢，頓復起兮毀顏形。還顧之兮破人情，心怛絕兮死復生。

〔一〕冥音暝。

〔二〕北方近陰遠陽。

〔三〕兜離，匈奴言語之貌。

贊曰：端操有蹤，幽閑有容。區明風烈，昭我管彤。〔一〕

〔一〕婦人之正其節操有蹤迹可紀者，及幽都閑婉有禮容者，區別其遺風餘烈，以明女史之所記也。管彤，赤管筆，解見皇后紀。

校勘記

二七八二頁五行　梁嫕　按：「嫕」原作「嫕」，不成字，逕據殿本改，與梁竦傳合。注同。

二七八三頁二行　赤眉散賊經詩里　集解引惠棟說，謂赤眉散賊不當至蜀，當依華陽國志作「東精」。按：華陽國志云公孫述平後，東精爲賊，掠害，不敢入詩里。東精，人姓名也。

二七八四頁一〇行　字惠班一名姬　集解引沈欽韓說，謂陸龜蒙小名錄班昭字惠姬，文選李善注引范書正作「惠姬」，此誤衍「班一名」三字。

二七八七頁一六行　于以(大)〔奠〕之宗室牖(戶)〔下〕　據汲本、殿本改。

二七八八頁八行　方斯二事　按：汲本、殿本「事」作「者」。

二七八八頁一三行　詩關雎樂得賢女　按：殿本「賢」作「淑」。

二七九〇頁五行　耳無塗聽　按：汲本、殿本「塗」作「淫」。

二七九〇頁六行　視聽陝輸　汲本、殿本「陝」作「陝」。集解引惠棟說，謂「陝」本作「嫛」，从女陝聲。今按：馬敍倫讀兩漢書記謂「陝」字乃陝隘之「陝」，右方「夾」字从兩人，不从兩入。說文「陝，傳也」。傳者，三輔謂輕財者爲傳。然則陝有輕義也。輸借爲婾，陝輸亦輕脫也。

二七九三頁一行　一(絲)〔絲〕而累　據汲本改。集解引沈欽韓說，謂說文「絲，織絹以糸貫杼也」。類篇「絲，古還切」。

二七九三頁一三行　漢中程文矩妻者　按：汲本、殿本「程」作「陳」。原本正文作「程」，目則作「陳」。又按：集解引惠棟說，謂華陽國志云「穆姜，安衆令程祇妻」，祇似文矩名，以「程」爲「陳」，未詳孰是。

二七九四頁二行　出自天受　按：汲本「受」作「愛」，殿本作「授」。

二七九四頁一〇行　於縣江泝濤(迎)婆娑(迎)神　按：殿本考證引困學紀聞謂曹娥碑云「盱能撫節安歌，婆娑樂神，以五月五日迎伍君」，傳云「婆娑神」，誤也。王先謙謂案文義是「婆娑迎神」，寫本誤倒。今據改。

二七九四頁一三行　父屍所在衣當沈　按：「父」原譌「人」，逕據汲本、殿本改正。

二七九四頁二三行　衣字或作瓜　按：「瓜」原作「爪」，逕據汲本、殿本改正。

二七九七頁一行　(福)祿〔福〕長尹嘉義之　錢大昕謂「福祿」當作「祿福」，詳見郡國志。今據改。

二七九七頁八行　號曰行義桓釐　汲本、殿本「釐」作「嫠」，注同。按：釐嫠古通。

二七九八頁三行　跪自陳請　按：汲本、殿本「請」作「情」。

二七九九頁一行　(亦)〔奕〕敬憚之　據汲本改。按：殿本譌「弈」。

二七九九頁一行　采因勑令左右辨浴　汲本、殿本「辨」作「辦」。按：辨辦古通。

二七九九頁四行　(壽)〔嘉〕之子也　集解本「壽」作「嘉」，校補謂各本皆譌，依魏志改。今據改。

二七九九頁一〇行　孝女叔先雄者　按：集解引錢大昕說，謂華陽國志云「符有先絡，僰道有張帛」，絡與帛協韻，則其名當爲「絡」不爲「雄」矣。「雄」當是「雒」之譌，雒與絡同音。

二七九九頁一〇行　父泥和　按：集解引惠棟說，謂「泥」一作「沈」，一作「江」，見益部耆舊傳。又華陽國志云先尼和，以先爲姓。

二八〇〇頁八行　按：此注原錯在傳末，各本同，今依校補說移正。

二八〇一頁一一行　要當以亭刃　按：集解引沈欽韓說，謂「亭」蓋「事」之誤。前書蒯通傳「事刃於公之腹」。作亭止解，不可通。

二八〇三頁一三行　嗟薄(祜)〔祜〕兮遭世患　據王先謙說改。按：沈欽韓後漢書疏證謂「祜」當作「祜」，馮惟訥詩紀正作「祜」。

後漢書卷八十五

東夷列傳第七十五

王制云：「東方曰夷。」夷者，柢也，言仁而好生，萬物柢地而出。〔一〕故天性柔順，易以道御，至有君子、不死之國焉。〔二〕夷有九種，〔三〕曰畎夷、于夷、方夷、黃夷、白夷、赤夷、玄夷、風夷、陽夷。〔四〕故孔子欲居九夷也。

〔一〕事見風俗通。

〔二〕山海經曰：「君子國衣冠帶劍，食獸，使二文虎在旁。」外國圖曰：「去琅邪三萬里。」山海經又曰：「不死人在交脛東，其爲人黑色，壽不死。」並在東方也。

〔三〕竹書紀年曰「后芬發即位三年，九夷來御」也。

〔四〕竹書紀年曰「后泄二十一年，命畎夷、白夷、赤夷、玄夷、風夷、陽夷。后相即位二年，征黃夷。七年，于夷來賓，後少康即位，方夷來賓」也。

昔堯命羲仲宅嵎夷，曰暘谷，蓋日之所出也。〔一〕夏后氏太康失德，夷人始畔。〔二〕自

少康已後，世服王化，遂賓於王門，獻其樂舞。〔三〕桀爲暴虐，諸夷內侵，殷湯革命，伐而定之。至于仲丁，藍夷作寇。〔四〕自是或服或畔，三百餘年。武乙衰敝，東夷寖盛，遂分遷淮、岱，漸居中土。〔五〕

〔一〕孔安國尚書注曰「東方之地曰嵎夷。暘谷，日之所出也」。

〔二〕太康，啓之子也。槃于游田，十旬不反，不恤人事，爲羿所逐也。

〔三〕少康，帝仲康之孫，帝相子也。竹書紀年曰：「后發即位元年，諸夷賓于王門，諸夷入舞。」

〔四〕仲丁，殷大戊之子也。竹書紀年曰「仲丁即位，征于藍夷」也。

〔五〕武乙，帝庚丁之子，無道，爲革囊盛血，仰而射之，命曰「射天」也。

及武王滅紂，肅慎來獻石砮、楛矢。管、蔡畔周，乃招誘夷狄，周公征之，遂定東夷。〔一〕康王之時，肅慎復至。後徐夷僭號，乃率九夷以伐宗周，西至河上。穆王畏其方熾，乃分東方諸侯，命徐偃王主之。〔二〕偃王處潢池東，地方五百里，〔三〕行仁義，陸地而朝者三十有六國。穆王後得驥騄之乘，〔四〕乃使造父御以告楚，令伐徐，一日而至。〔五〕於是楚文王大舉兵而滅之。偃王仁而無權，不忍鬬其人，故致於敗。乃北走彭城武原縣東山下，百姓隨之者以萬數，因名其山爲徐山。〔六〕厲王無道，淮夷入寇，王命虢仲征之，不克，宣王復命召公伐而平之。〔七〕及幽王淫亂，四夷交侵，至齊桓修霸，攘而卻焉。及楚靈會申，亦來豫盟。〔八〕後越遷琅邪，與共征戰，遂陵暴諸夏，侵滅小邦。

〔一〕尚書武王崩，三監及淮夷畔，周公征之，作大誥。又曰，成王既伐管叔、蔡叔，滅淮夷。

〔二〕博物志曰：「徐君宮人娠而生卵，以爲不祥，棄於水濱。孤獨母有犬名鵠倉，(持)〔得〕所棄卵，銜以歸母，母覆煖之，遂成小兒，生而偃，故以爲名。宮人聞之，乃更錄取。長襲爲徐君。」尸子曰「偃王有筋而無骨，故曰偃」也。

〔三〕水經注曰，黃水一名汪水，與泡水合，至沛入泗。自山陽以東，海陵以北，其地當之也。

〔四〕史記曰：「造父以善御幸於周繆王，得赤驥、盜驪、驊騮、騄耳之駟，西巡狩，樂而忘歸。」

〔五〕造父，解見蔡邕傳。

〔六〕武原，縣，故城在今泗州下邳縣北。徐山在其東。博物志曰「徐王妖異不常。武原縣東十里，見有徐山石室祠處。偃王溝通陳蔡之間，得朱弓朱矢，以已得天瑞，自稱偃王。穆王聞之，遣使乘駟，一日至楚，伐之。偃王仁，不忍鬬，爲楚所敗，北走此山」也。

〔七〕毛詩序曰：「江漢，尹吉甫美宣王也。能興衰撥亂，命召公平淮夷。」其詩曰：「江漢浮浮，武夫滔滔。匪安匪游，淮夷來求。王命召虎，式辟四方，徹我土疆。」

〔八〕左傳楚靈王、蔡侯、陳侯、鄭伯、許男、淮夷會于申。

秦并六國，其淮、泗夷皆散爲民戶。陳涉起兵，天下崩潰，燕人衞滿避地朝鮮，〔一〕因王其國。百有餘歲，武帝滅之，於是東夷始通上京。王莽篡位，貊人寇邊。〔二〕建武之初，復來朝貢。時遼東太守祭肜威讋北方，聲行海表，於是濊、貊、倭、韓萬里朝獻，故章、和已後，

使聘流通。逮永初多難，始入寇鈔；桓、靈失政，漸滋曼焉。

〔一〕前書曰「朝鮮王滿，燕人。自始全燕時，嘗略屬眞番、朝鮮，爲置吏築障。漢興屬(燕)，燕王盧綰反入匈奴，滿亡命東走，渡浿水，居秦故空地，稍役屬朝鮮蠻夷及故燕、齊亡(任)〔在〕者，王之，都王險」也。

〔二〕前書莽發高句麗兵當伐胡，不欲行，郡縣彊迫之，皆亡出塞，因犯(法)〔法〕爲寇。州郡歸咎於高句麗侯騶，嚴尤奏言貉人犯法，不從騶起，宜慰安之。

自中興之後，四夷來賓，雖時有乖畔，而使驛不絕，故國俗風土，可得略記。東夷率皆土著，憙飲酒歌舞，或冠弁衣錦，器用俎豆。所謂中國失禮，求之四夷者也。〔一〕凡蠻、夷、戎、狄總名四夷者，猶公、侯、伯、子、男皆號諸侯云。

〔一〕左傳曰，仲尼學鳥名(官)於郯子，既而告人曰：「吾聞之，天子失官，學在四夷，其信也。」

夫餘國，在玄菟北千里。南與高句驪，東與挹婁，西與鮮卑接，北有弱水。地方二千里，本濊地也。

初，北夷索離國王出行，〔一〕其侍兒於後姙身，〔二〕王還，欲殺之。侍兒曰：「前見天上有氣，大如雞子，來降我，因以有身。」王囚之，後遂生男。王令置於豕牢，〔三〕豕以口氣噓之，不死。復徙於馬蘭，〔四〕馬亦如之。王以爲神，乃聽母收養，名曰東明。東明長而善射，王

忌其猛，復欲殺之。東明奔走，南至掩淲水，〔五〕以弓擊水，魚鼈皆聚浮水上，東明乘之得度，因至夫餘而王之焉。於東夷之域，最爲平敞，土宜五穀。出名馬、赤玉、貂豽，〔六〕大珠如酸棗。以員柵爲城，有宮室、倉庫、牢獄。其人麤大彊勇而謹厚，不爲寇鈔。以弓矢刀矛爲兵。以六畜名官，有馬加、牛加、狗加，其邑落皆主屬諸加。食飲用俎豆，會同拜爵洗爵，揖讓升降。以臘月祭天，大會連日，飲食歌舞，名曰「迎鼓」。是時斷刑獄，解囚徒。有軍事亦祭天，殺牛，以蹏占其吉凶。〔七〕行人無晝夜，好歌吟，音聲不絕。其俗用刑嚴急，被誅者皆沒其家人爲奴婢。盜一責十二。男女淫皆殺之，尤治惡妒婦，既殺，復尸於山上。兄死妻嫂。死則有椁無棺。殺人殉葬，多者以百數。其王葬用玉匣，漢朝常豫以玉匣付玄菟郡，王死則迎取以葬焉。

〔一〕「索」或作「橐」，音度洛反。
〔二〕妟音人爲反。
〔三〕牢，圈也。
〔四〕闌卽欄也。
〔五〕今高麗中有蓋斯水，疑此水是也。
〔六〕豽似豹，無前足，音奴八反。
〔七〕魏志曰：「牛蹏解者爲凶，合者爲吉。」

建武中，東夷諸國皆來獻見。二十五年，夫餘王遣使奉貢，光武厚荅報之，於是使命歲通。至安帝永初五年，夫餘王始將步騎七八千人寇鈔樂浪，殺傷吏民，後復歸附。永寧元年，乃遣嗣子尉仇台(印)〔詣〕闕貢獻，天子賜尉仇台印綬金綵。順帝永和元年，其王來朝京師，帝作黃門鼓吹、角抵戲以遣之。桓帝延熹四年，遣使朝賀貢獻。永康元年，王夫台將二萬餘人寇玄菟，玄菟太守公孫域擊破之，斬首千餘級。至靈帝熹平三年，復奉章貢獻。夫餘本屬玄菟，獻帝時，其王求屬遼東云。

挹婁，古肅愼之國也。在夫餘東北千餘里，東濱大海，南與北沃沮接，不知其北所極。土地多山險。人形似夫餘，而言語各異。有五穀、麻布，出赤玉、好貂。無君長，其邑落各有大人。處於山林之閒，土氣極寒，常爲穴居，以深爲貴，大家至接九梯。好養豕，食其肉，衣其皮。冬以豕膏塗身，厚數分，以禦風寒。夏則裸袒，以尺布蔽其前後。其人臭穢不絜，作廁於中，圜之而居。自漢興已後，臣屬夫餘。種衆雖少，而多勇力，處山險，又善射，發能入人目。弓長四尺，力如弩。矢用楛，長一尺八寸，青石爲鏃，鏃皆施毒，中人卽死。便乘船，好寇盜，鄰國畏患，而卒不能服。東夷夫餘飲食類(此)皆用俎豆，唯挹婁獨無，法俗最無綱紀者也。

高句驪，在遼東之東千里，南與朝鮮、濊貊，東與沃沮，北與夫餘接。地方二千里，多大山深谷，人隨而爲居。少田業，力作不足以自資，故其俗節於飲食，而好修宮室。東夷相傳以爲夫餘別種，故言語法則多同，而跪拜曳一腳，行步皆走。凡有五族，有消奴部，絕奴部，順奴部，灌奴部，桂婁部。〔一〕本消奴部爲王，稍微弱，後桂婁部代之。其置官，有相加、對盧、沛者、古鄒大加、〔二〕主簿、優台、使者、帛衣先人。武帝滅朝鮮，以高句驪爲縣，〔三〕使屬玄菟，賜鼓吹伎人。其俗淫，皆絜淨自憙，暮夜輒男女羣聚爲倡樂。好祠鬼神、社稷、零星，〔四〕以十月祭天大會，名曰「東盟」。其國東有大穴，號隧神，亦以十月迎而祭之。其公會衣服皆錦繡，金銀以自飾。大加、主簿皆著幘，如冠幘而無後；其小加著折風，形如弁。無牢獄，有罪，諸加評議便殺之，沒入妻子爲奴婢。其昏姻皆就婦家，生子長大，然後將還，便稍營送終之具。金銀財幣盡於厚葬，積石爲封，亦種松柏。其人性凶急，有氣力，習戰鬭，好寇鈔，沃沮、東濊皆屬焉。

〔一〕案今高驪五部：一曰內部，一名黃部，卽桂婁部也；二曰北部，一名後部，卽絕奴部也；三曰東部，一名左部，卽順奴部也；四曰南部，一名前部，卽灌奴部也；五曰西部，一名右部，卽消奴部也。
〔二〕古鄒大加，高驪掌(賀)〔賓〕客之官，如鴻臚也。

〔三〕前書元封中，定朝鮮爲眞番、臨屯、樂浪、玄菟四(部)〔郡〕。
〔四〕前書音義：「龍星左角曰天田，則農祥也。辰日祠以牛，號曰零星。」風俗通曰「辰之神爲靈星」，故以辰日祠於東南也。

句驪一名貊(耳)，有別種，依小水爲居，因名曰小水貊。出好弓，所謂「貊弓」是也。〔一〕

〔一〕魏氏春秋曰：「遼東郡西安平縣北，有小水南流入海，句驪別種因名之小水貊。」

王莽初，發句驪兵以伐匈奴，其人不欲行，彊迫遣之，皆亡出塞爲寇盜。遼西大尹田譚追擊，戰死。莽令其將嚴尤擊之，誘句驪侯騶入塞，斬之，傳首長安。莽大說，更名高句驪王爲下句驪侯，於是貊人寇邊愈甚。建武八年，高句驪遣使朝貢，光武復其王號。二十三年冬，句驪蠶支落大加戴升等萬餘口詣樂浪內屬。二十五年春，句驪寇右北平、漁陽、上谷、太原，而遼東太守祭肜以恩信招之，皆復款塞。

後句驪王宮生而開目能視，國人懷之，及長勇壯，數犯邊境。和帝元興元年春，復入遼東，寇略六縣，太守耿夔擊破之，斬其渠帥。安帝永初五年，宮遣使貢獻，求屬玄菟。元初五年，復與濊貊寇玄菟，攻華麗城。〔一〕建光元年春，幽州刺史馮煥、玄菟太守姚光、遼東太守蔡諷等將兵出塞擊之，捕斬濊貊渠帥，獲兵馬財物。宮乃遣嗣子遂成將二千餘人逆光等，遣使詐降；光等信之，遂成因據險阸以遮大軍，而潛遣三千人攻玄菟、遼東，焚城郭，殺傷二千餘人。於是發廣陽、漁陽、右北平、涿郡屬國三千餘騎同救之，而貊人已去。夏，復與遼東鮮卑八千餘人攻遼隊，〔二〕殺略吏人。蔡諷等追擊於新昌，戰歿，功曹耿耗、兵曹掾龍端、兵馬掾公孫酺以身扞諷，俱沒於陳，死者百餘人。秋，宮遂率馬韓、濊貊數千騎圍玄菟。夫餘王遣子尉仇台將二萬餘人，與州郡幷力討破之，斬首五百餘級。

〔一〕華麗，縣，屬樂浪郡。

〔二〕縣名，屬遼東郡也。

是歲宮死，子遂成立。姚光上言欲因其喪發兵擊之，議者皆以爲可許。尚書陳忠曰：「宮前桀黠，光不能討，死而擊之，非義也。宜遣弔問，因責讓前罪，赦不加誅，取其後善。」安帝從之。明年，遂成還漢生口，詣玄菟降。詔曰：「遂成等桀逆無狀，當斬斷葅醢，以示百姓，幸會赦令，乞罪請降。鮮卑、濊貊連年寇鈔，驅略小民，動以千數，而裁送數十百人，非向化之心也。自今已後，不與縣官戰鬬而自以親附送生口者，皆與贖直，縑人四十匹，小口半之。」

遂成死，子伯固立。其後濊貊率服，東垂少事。順帝陽嘉元年，置玄菟郡屯田六部。質、桓之閒，復犯遼東西安平，殺帶方令，〔一〕掠得樂浪太守妻子。建寧二年，玄菟太守耿臨討之，斬首數百級，伯固降服，乞屬玄菟云。

〔一〕郡國志西安平、帶方，縣，並屬遼東郡。

東沃沮在高句驪蓋馬大山之東，〔一〕東濱大海；北與挹婁、夫餘，南與濊貊接。其地東西夾，南北長，〔二〕可折方千里。土肥美，背山向海，宜五穀，善田種，有邑落長帥。人性質直彊勇，便持矛步戰。言語、食飲、居處、衣服有似句驪。其葬，作大木椁，長十餘丈，開一頭爲戶，新死者先假埋之，令皮肉盡，乃取骨置椁中。家人皆共一椁，刻木如(主)〔生〕，隨死者爲數焉。

〔一〕蓋馬，縣名，屬玄菟郡。其山在今平壤城西。平壤卽王險城也。

〔二〕夾音狹。

武帝滅朝鮮，以沃沮地爲玄菟郡。後爲夷貊所侵，徙郡於高句驪西北，更以沃沮爲縣，屬樂浪東部都尉。至光武罷都尉官，後皆以封其渠帥，爲沃沮侯。其土迫小，介於大國之閒，遂臣屬句驪。句驪復置其中大人(遂)爲使者，以相監領，(貴)〔責〕其租稅，貂布魚鹽，海中食物，發美女爲婢妾焉。

又有北沃沮，一名置溝婁，去南沃沮八百餘里。其俗皆與南同。界南接挹婁。挹婁人憙乘船寇抄，北沃沮畏之，每夏輒臧於巖穴，至冬船道不通，乃下居邑落。其耆老言，嘗於海中得一布衣，其形如中人衣，而兩袖長三丈。又於岸際見一人乘破船，項中復有面，與語不通，不食而死。又說海中有女國，無男人。或傳其國有神井，闚之輒生子云。〔一〕

〔一〕魏志曰，毌丘儉遣王頎追句驪王宮，窮沃沮東界，問其耆老所傳云。

濊北與高句驪、沃沮，南與辰韓接，東窮大海，西至樂浪。濊及沃沮、句驪，本皆朝鮮之地也。昔武王封箕子於朝鮮，箕子教以禮義田蠶，又制八條之教。〔一〕其人終不相盜，無門戶之閉。婦人貞信。飲食以籩豆。其後四十餘世，至朝鮮侯準，自稱王。漢初大亂，燕、齊、趙人往避地者數萬口，而燕人衞滿擊破準而自王朝鮮，傳國至孫右渠。元朔元年，〔二〕濊君南閭等畔右渠，率二十八萬口詣遼東內屬，武帝以其地爲蒼海郡，數年乃罷。至元封三年，滅朝鮮，分置樂浪、臨屯、玄菟、眞番四(部)〔郡〕。〔三〕至昭帝始元五年，罷臨屯、眞番，以幷樂浪、玄菟。玄菟復徙居句驪。自單單大領已東，沃沮、濊貊悉屬樂浪。後以境土廣遠，復分領東七縣，置樂浪東部都尉。自內屬已後，風俗稍薄，法禁亦浸多，至有六十餘條。建武六年，省都尉官，遂棄領東地，悉封其渠帥爲縣侯，皆歲時朝賀。

〔一〕前書曰，箕子教以八條者，相殺者以當時償殺，相傷者以穀償，相盜者男沒入爲其家奴，女子爲婢，欲自贖者人五十萬。音義曰：「八條不具見也。」

〔二〕武帝年也。

〔三〕番音潘。

無大君長，其官有侯、邑君、三老。耆舊自謂與句驪同種，言語法俗大抵相類。其人性愚愨，少嗜欲，不請匄。男女皆衣曲領。其俗重山川，山川各有部界，不得妄相干涉。同姓不昏。多所忌諱，疾病死亡，輒捐棄舊宅，更造新居。知種麻，養蠶，作緜布。曉候星宿，豫知年歲豐約。常用十月祭天，晝夜飲酒歌舞，名之爲「舞天」。又祠虎以爲神。邑落有相侵犯者，輒相罰，責生口牛馬，名之爲「責禍」。殺人者償死。少寇盜。能步戰，作矛長三丈，或數人共持之。樂浪檀弓出其地。又多文豹，有果下馬，〔一〕海出班魚，使來皆獻之。

〔一〕高三尺，乘之可於果樹下行。

韓有三種：一曰馬韓，二曰辰韓，三曰弁辰。馬韓在西，有五十四國，其北與樂浪，南與倭接。辰韓在東，十有二國，其北與濊貊接。弁辰在辰韓之南，亦十有二國，其南亦與倭接。凡七十八國，伯濟是其一國焉。大者萬餘戶，小者數千家，各在山海閒，地合方四千餘里，東西以海爲限，皆古之辰國也。馬韓最大，共立其種爲辰王，都目支國，盡王三韓之地。其諸國王先皆是馬韓種人焉。

馬韓人知田蠶，作緜布。出大栗如梨。有長尾雞，尾長五尺。邑落雜居，亦無城郭。作土室，形如冢，開戶在上。不知跪拜。無長幼男女之別。不貴金寶錦罽，不知騎乘牛馬，唯重瓔珠，以綴衣爲飾，及縣頸垂耳。大率皆魁頭露紒，〔一〕布袍草履。其人壯勇，少年有築室作力者，輒以繩貫脊皮，縋以大木，嚾呼爲健。常以五月田竟祭鬼神，晝夜酒會，羣聚歌舞，舞輒數十人相隨蹋地爲節。十月農功畢，亦復如之。諸國邑各以一人主祭天神，號爲「天君」。又立蘇塗，〔二〕建大木以縣鈴鼓，事鬼神。其南界近倭，亦有文身者。

〔一〕魁頭猶科頭也，謂以髮縈繞成科結也。紒音計。
〔二〕魏志曰：「諸國各有別邑，爲蘇塗，諸亡逃至其中，皆不還之。蘇塗之義，有似浮屠。」

辰韓，耆老自言秦之亡人，避苦役，適韓國，馬韓割東界地與之。其名國爲邦，弓爲弧，賊爲寇，行酒爲行觴，相呼爲徒，有似秦語，故或名之爲秦韓。有城柵屋室。諸小別邑，各有渠帥，大者名臣智，次有儉側，次有樊秖，次有殺奚，次有邑借。〔一〕土地肥美，宜五穀。知蠶桑，作縑布。乘駕牛馬。嫁娶以禮。行者讓路。國出鐵，濊、倭、馬韓並從市之。凡諸(貨)〔貿〕易，皆以鐵爲貨。俗憙歌舞飲酒鼓瑟。兒生欲令其頭扁，皆押之以石。〔二〕

〔一〕皆其官名。
〔二〕扁音補典反。

弁辰與辰韓雜居，城郭衣服皆同，言語風俗有異。其人形皆長大，美髮，衣服絜清。而刑法嚴峻。其國近倭，故頗有文身者。

初，朝鮮王準爲衞滿所破，乃將其餘衆數千人走入海，攻馬韓，破之，自立爲韓王。準後滅絕，馬韓人復自立爲辰王。建武二十年，韓人廉斯人蘇馬諟等詣樂浪貢獻。〔一〕光武封蘇馬諟爲漢廉斯邑君，使屬樂浪郡，四時朝謁。靈帝末，韓、濊並盛，郡縣不能制，百姓苦亂，多流亡入韓者。

〔一〕廉斯，邑名也。諟音是。

馬韓之西，海島上有州胡國。其人短小，髡頭，衣韋衣，有上無下。好養牛豕。乘船往來貨市韓中。

倭在韓東南大海中，依山㠀爲居，凡百餘國。自武帝滅朝鮮，使驛通於漢者三十許國，國皆稱王，世世傳統。其大倭王居邪馬臺國。〔一〕樂浪郡徼，去其國萬二千里，去其西北界拘邪韓國七千餘里。其地大較在會稽東冶之東，與朱崖、儋耳相近，故其法俗多同。

〔一〕案：今名邪摩(惟)〔堆〕，音之訛也。

土宜禾稻、麻紵、蠶桑，知織績爲縑布。出白珠、青玉。其山有丹土。氣溫腝，冬夏生

菜茹。無牛馬虎豹羊鵲。〔一〕其兵有矛、楯、木弓，竹矢或以骨爲鏃。男子皆黥面文身，以其文左右大小別尊卑之差。其男衣皆橫幅結束相連。女人被髮屈紒，衣如單被，貫頭而著之；並以丹朱坋身，〔二〕如中國之用粉也。有城柵屋室。父母兄弟異處，唯會同男女無別。飲食以手，而用籩豆。俗皆徒跣，以蹲踞爲恭敬。人性嗜酒。多壽考，至百餘歲者甚衆。國多女子，大人皆有四五妻，其餘或兩或三。女人不淫不妒。又俗不盜竊，少爭訟。犯法者沒其妻子，重者滅其門族。其死停喪十餘日，家人哭泣，不進酒食，而等類就歌舞爲樂。灼骨以卜，用決吉凶。行來度海，令一人不櫛沐，不食肉，不近婦人，名曰「持衰」。若在塗吉利，則雇以財物；如病疾遭害，以爲持衰不謹，便共殺之。

〔一〕「鵲」或作「雞」。
〔二〕說文曰：「坋，塵也。」音蒲頓反。

建武中元二年，倭奴國奉貢朝賀，使人自稱大夫，倭國之極南界也。光武賜以印綬。安帝永初元年，倭國王帥升等獻生口百六十人，願請見。

桓、靈閒，倭國大亂，更相攻伐，歷年無主。有一女子名曰卑彌呼，年長不嫁，事鬼神道，能以妖惑衆，於是共立爲王。侍婢千人，少有見者，唯有男子一人給飲食，傳辭語。居處宮室樓觀城柵，皆持兵守衞。法俗嚴峻。

自女王國東度海千餘里至拘奴國，雖皆倭種，而不屬女王。自女王國南四千餘里至朱儒國，人長三四尺。自朱儒東南行船一年，至裸國、黑齒國，使驛所傳，極於此矣。

會稽海外有東鯷人，〔一〕分爲二十餘國。又有夷洲及澶洲。傳言秦始皇遣方士徐福將童男女數千人入海，〔二〕求蓬萊神仙不得，徐福畏誅不敢還，遂止此洲，世世相承，有數萬家。人民時至會稽市。會稽東冶縣人有入海行遭風，流移至澶洲者。所在絕遠，不可往來。〔三〕

〔一〕鯷音達奚反。
〔二〕事見史記。
〔三〕沈瑩臨海水土志曰：「夷洲在臨海東南，去郡二千里。土地無霜雪，草木不死。四面是山谿。人皆髡髮穿耳，女人不穿耳。土地饒沃，既生五穀，又多魚肉。有犬，尾短如麕尾狀。此夷舅姑子婦臥息共一大牀，略不相避。地有銅鐵，唯用鹿格爲矛以戰鬬，摩礪青石以作(弓)矢〔鏃〕。取生魚肉雜貯大瓦器中，以鹽鹵之，歷月所日，乃啖食之，以爲上肴」也。

論曰：昔箕子違衰殷之運，避地朝鮮。始其國俗未有聞也，及施八條之約，使人知禁，遂乃邑無淫盜，門不夜扃，〔一〕回頑薄之俗，就寬略之法，行數百千年，故東夷通以柔謹爲

風，異乎三方者也。苟政之所暢，則道義存焉。仲尼懷憤，以爲九夷可居。或疑其陋。子曰：「君子居之，何陋之有！」亦徒有以焉爾。其後遂通接商賈，漸交上國。而燕人衞滿擾雜其風，〔三〕於是從而澆異焉。老子曰：「法令滋章，盜賊多有。」若箕子之省簡文條而用信義，其得聖賢作法之原矣！

〔一〕扃，闕也。

〔二〕擾，亂也。

贊曰：宅是嵎夷，曰乃暘谷。巢山潛海，厥區九族。嬴末紛亂，燕人違難。〔一〕雜華澆本，遂通有漢。〔二〕眇眇偏譯，或從或畔。〔三〕

〔一〕謂衞滿也。

〔二〕衞滿入朝鮮，旣雜華夏之風，又澆薄其本化，以至通於漢也。

〔三〕偏，遠也。

校勘記

二八〇七頁九行　后芬發卽位三年　按：殿本無「發」字。汲本「三」作「二」。

二八〇九頁三行　(持)〔得〕所棄卵　按：校補引柳從辰說，謂「持」乃「得」之譌，博物志及御覽九百四引

東夷列傳第七十五　二八二三

後漢書卷八十五　二八二四

徐偃王志可證，各本注失正。今據改。

二八一〇頁二行　漢興屬(燕)　據前書朝鮮傳補。

二八一〇頁三行　及故燕齊亡(任)〔在〕者　據汲本、殿本改。

二八一〇頁四行　因犯(法)爲寇　據前書王莽傳補。

二八一〇頁六行　而使驛不絕　按：刊誤謂「驛」當作「譯」。郵驛中國可有之，不可通於四夷，自前書皆言「使譯」，使卽使者，譯則譯人。

二八一〇頁九行　仲尼學鳥名(官)於郯子　汲本、殿本「鳥」作「官」。按：仲尼學鳥名官於郯子，見左傳昭公十七年，今補一「官」字。

二八一一頁四行　有馬加牛加狗加　校補謂魏志作「有馬加、牛加、豬加、狗加、犬使」。今按：魏志「犬使」之「犬」，宋本皆作「大」。

二八一一頁七行　尤治惡妒婦　按：校補謂通志作「尤憎妒婦」，此「治」字亦當作「憎」，蓋後人回改之失。

二八一一頁八行　死則有椁無棺　校補謂魏志作「有棺無椁」，通志同，此誤。今按：百衲本三國志亦作「有椁無棺」，不誤，校補說非。

二八一一頁一五行　豽似豹　按：原作「貂似豽」，譌，逕據汲本、殿本改正。

二八一二頁五行　玄菟太守公孫域　按：集解引惠棟說，謂東觀記、魏志公孫度傳「域」皆作「琙」。

二八一二頁一三行　東夷夫餘飲食類(此)皆用俎豆　據刊誤刪。

二八一三頁三行　有消奴部　按：集解引惠棟說，謂「消」魏志作「涓」。

二八一三頁五行　古鄒大加　按：魏志作「古雛加」。

二八一三頁五行　優台使者　按：補注謂魏志「使者」上有「丞」字。

二八一三頁五行　帛衣先人　補注謂魏志「帛」作「阜」。今按：阜帛形近易混。趙一清三國志注補引賓字記，「阜衣頭大兄，東夷相傳所謂阜衣先人也」，字亦作「阜」。

二八一三頁七行　其國東有大穴號襚神　按：校補謂「襚」魏志、通志並作「隧」。

二八一三頁一四行　古鄒大加高顯掌(賀)〔賓〕客之官　據汲本、殿本改。

二八一四頁一行　定朝鮮爲眞番臨屯樂浪玄菟四(部)〔郡〕　按：張森楷校勘記謂「部」字當依前書作「郡」。今據改。

二八一四頁四行　句驪一名貊(耳)有別種　集解引沈欽韓說，謂案文當云「句驪有別種，一名貊耳」。按：校補謂通志但云「名貊」，無「耳」字，此「耳」字衍。今據刪。

二八一四頁七行　誘句驪侯騶入塞　按：集解引惠棟說，謂魏志「騶」作「騊」，前書王莽傳作「騶」。

二八一四頁一二行　國人懷之　殿本考證謂魏志「懷」作「惡」。按：校補謂「懷」當爲「恎」之譌，古「懷」字多混爲「怀」，故轉寫易譌。

東夷列傳第七十五　二八二五

後漢書卷八十五　二八二六

二八一四頁一三行　遼東太守蔡諷　集解引惠棟說，謂魏志、北史「諷」作「風」。今按：安帝紀作「諷」，通鑑同。

二八一五頁四行　尉仇台　按：集解引惠棟說，謂「台」一作「治」。

二八一六頁五行　刻木如(主)〔生〕　校補謂魏志作「刻木如生形」，則「主」乃「生」之譌，作主不須言刻也。今據改。

二八一六頁一一行　句驪復置其中大人(遂)爲使者　集解引何焯說，謂以魏志參校，衍「遂」字。今據刪。

二八一六頁一一行　(責)〔責〕其租稅　據汲本、殿本改。

二八一七頁九行　分置樂浪臨屯玄菟眞番四(部)〔郡〕　據殿本改。

二八一八頁四行　山川各有部界　按：校補謂魏志「界」作「分」。

二八一八頁一〇行　三日弁辰　殿本考證王會汾謂晉、梁二書皆作「弁韓」，當從改。今按：魏志亦作「弁韓」。

二八一八頁一三行　都目支國　魏志作「治月支國」。校補謂魏志及通志「目」均作「月」，附載五十餘國亦作「月支國」，則此作「目支」誤也。今按：月支乃西域國名，魏志及通志之作「月支」，或後人習見「月支」之名而臆改與？當考。

二八一九頁一〇行　相呼爲徒　按：王先謙謂魏志「爲」上有「皆」字。

二八一九頁二行　次有樊秖　按：集解引惠棟說，謂魏志「秖」作「穢」。

二八一九頁三行　凡諸(貨)〔貿〕易皆以鐵為貨　據殿本改。按：汲本「貿易」作「質易」。

二八二〇頁八行　其人短小　按：集解引沈欽韓說，謂魏志「人」下有「差」字。

二八二〇頁一〇行　使驛通於漢者三十許國　刊誤謂「驛」當作「譯」，說已見上。按：魏志作「譯」。

二八二〇頁一一行　其大倭王居邪馬臺國　按：集解引惠棟說，謂魏志「臺」作「堆」。

二八二〇頁一三行　邪摩(惟)〔堆〕　按：汲本、殿本作「邪摩推」，此作「惟」，形近而譌。又集解引惠棟說，謂梁北史「推」當作「堆」。今據改。

二八二二頁一行　其兵有矛楯木弓竹矢或以骨為鏃　汲本「竹」作「其」。校補謂傳本以「其兵」「其矢」相次成文，作「其矢」於義為長。今按：御覽七百八十二引作「竹矢」。魏志亦云「兵用矛、楯、木弓，木弓短下長上，竹箭或鐵鏃或骨鏃」，似以作「竹矢」為是。

二八二二頁七行　名曰持衰　校補謂魏志「衰」作「哀」。今按：百衲本三國志亦作「衰」。

二八二二頁八行　便共殺之　按：校補謂魏志「共」作「欲」。

二八二三頁二行　使驛所傳極於此矣　按：此「驛」字亦當作「譯」。

二八二三頁三行　分為二十餘國　按：校補引錢大昭說，謂閩本「二」作「三」。

二八二三頁二行　摩礪青石以作(弓)矢〔鏃〕　據御覽七百八十引改。

後漢書卷八十六

南蠻西南夷列傳第七十六

昔高辛氏有犬戎之寇，〔一〕帝患其侵暴，而征伐不剋。乃訪募天下，有能得犬戎之將吳將軍頭者，購黃金千鎰，邑萬家，又妻以少女。時帝有畜狗，其毛五采，名曰槃瓠。〔二〕下令之後，槃瓠遂銜人頭造闕下，羣臣怪而診之，乃吳將軍首也。〔三〕帝大喜，而計槃瓠不可妻之以女，又無封爵之道，議欲有報而未知所宜。女聞之，以為帝皇下令，不可違信，因請行。帝不得已，乃以女配槃瓠。槃瓠得女，負而走入南山，止石室中。所處險絕，人跡不至。〔四〕於是女解去衣裳，為僕鑒之結，著獨力之衣。〔五〕帝悲思之，遣使尋求，輒遇風雨震晦，使者不得進。經三年，生子一十二人，六男六女。槃瓠死後，因自相夫妻。織績木皮，染以草實，好五色衣服，製裁皆有尾形。〔六〕其母後歸，以狀白帝，於是使迎致諸子。衣裳班蘭，語言侏離，〔七〕好入山壑，不樂平曠。帝順其意，賜以名山廣澤。其後滋蔓，號曰蠻夷。外癡內黠，安土重舊。以先父有功，母帝之女，田作賈販，無關梁符傳，租稅之賦。〔八〕有邑君長，皆賜印綬，冠用獺皮。名渠帥曰精夫，相呼為姎徒。〔九〕今長沙武陵蠻是也。

〔一〕高辛，帝嚳。

〔二〕魏略曰：「高辛氏有老婦，居(正)〔王〕室，得耳疾，挑之，乃得物大如繭。婦人盛瓠中，覆之以槃，俄頃化為犬，其文五色，因名槃瓠。」

〔三〕診，候視也。

〔四〕今辰州盧溪縣西有武山。黃閔武陵記曰：「山高可萬仞。山半有槃瓠石室，可容數萬人。中有石牀，槃瓠行跡。」今案：山窟前有石羊、石獸，古跡奇異尤多。望石窟大如三間屋，遙見一石仍似狗形，蠻俗相傳，云是槃瓠像也。

〔五〕僕鑒、獨力，皆未詳。流俗本或有改「鑒」字為「豎」者，妄穿鑿也。結音髻。

〔六〕干寶晉紀曰：「武陵、長沙、廬江郡夷，槃瓠之後也。雜處五溪之內。槃瓠憑山阻險，每每常為害。糅雜魚肉，叩槽而號，以祭槃瓠。俗稱『赤髀橫裙』，即其子孫。」

〔七〕侏離，蠻夷語聲也。

〔八〕優寵之，故蠲其賦役也。荆州記曰：「沅陵縣居酉口，有上就、武陽二鄉，唯此是槃瓠子孫，狗種也。二鄉在武溪之北。」

〔九〕說文曰：「姎，女人自稱，我也。」音烏朗反。此已上並見風俗通也。

其在唐虞，與之要質，故曰要服。夏商之時，漸為邊患。逮于周世，黨衆彌盛。宣王中興，乃命方叔南伐蠻方，詩人所謂「蠻荆來威」者也。又曰：「蠢爾蠻荆，大邦為讎。」〔一〕明其

中華書局

黨衆繁多，是以抗敵諸夏也。

〔一〕毛詩小雅序曰「采芑，宣王南征也」。「薄言采芑，于彼新田。顯允方叔，振旅闐闐。蠢爾蠻荆，大邦爲讎」。注云：「方叔卿士，命而爲將也。」

平王東遷，蠻遂侵暴上國。晉文侯輔政，乃率蔡共侯擊破之。〔一〕至楚武王時，蠻與羅子共敗楚師，殺其將屈瑕。〔二〕莊王初立，〔三〕民飢兵弱，復爲所寇。楚師既振，然後乃服，自是遂屬於楚。鄢陵之役，蠻與恭王合兵擊晉。〔四〕及吳起相悼王，南并蠻越，遂有洞庭、蒼梧。秦昭王使白起伐楚，略取蠻夷，始置黔中郡。漢興，改爲武陵。〔五〕歲令大人輸布一匹，小口二丈，是謂賨布。〔六〕雖時爲寇盜，而不足爲郡國患。

〔一〕晉文侯仇也。

〔二〕左傳「楚屈瑕伐羅及鄢，亂次以濟，其水遂無次，且不設備，羅與盧戎兩軍之，大敗之。莫敖縊于荒谷，羣帥囚于冶父」也。

〔三〕莊王名旅，穆王之子。

〔四〕左傳晉楚戰于鄢陵。晉郤至曰「楚二卿相惡，王卒以舊，鄭陳而不整，蠻軍而不陳」也。

〔五〕黔中故城在今辰州沅陵縣西。

〔六〕說文曰：「南蠻賦也。」〔賓〕〔賨〕，胙多反。

光武中興，武陵蠻夷特盛。建武二十三年，精夫相單程等據其險隘，大寇郡縣。遣武

威將軍劉尚發南郡、長沙、武陵兵萬餘人，乘船泝沅水入武谿擊之。〔一〕尚輕敵入險，山深水疾，舟船不得上。蠻氏知尚糧少入遠，又不曉道徑，遂屯聚守險。尚食盡引還，蠻緣路徼戰，尚軍大敗，悉爲所沒。二十四年，相單程等下攻臨沅，遣謁者李嵩、中山太守馬成擊之，不能剋。明年春，遣伏波將軍馬援、中郎將劉匡、馬武、孫永等，將兵至臨沅，擊破之。單程等飢困乞降，會援病卒，謁者宗均聽悉受降。爲置吏司，羣蠻遂平。

〔一〕沅水出牂柯故且蘭東北，經辰州、潭州、岳州，經洞庭湖入江也。

肅宗建初元年，武陵澧中蠻陳從等反叛，入零陽蠻界。〔一〕其冬，零陽蠻五里精夫爲郡擊破從，從等皆降。三年冬，漊中蠻覃兒健等復反，〔二〕攻燒零陽、作唐、孱陵界中。〔三〕明年春，發荆州七郡及汝南、潁川（施）〔弛〕刑徒吏士五千餘人，拒守零陽，募充中五里蠻精夫不叛者四千人，擊澧中賊。〔四〕五年春，覃兒健等請降，不許。郡因進兵與戰於宏下，大破之，斬兒健首，餘皆弃營走還漊中，復遣乞降，乃受之。於是罷武陵屯兵，賞賜各有差。

〔一〕零陽，縣，屬武陵郡。

〔二〕漊，水名，源出今澧州崇義縣也。

〔三〕作唐，縣，屬武陵郡。孱陵，縣，故城在今荆州公安縣西南。孱音仕顏反。

〔四〕充，縣，屬武陵郡。充音衝。

和帝永元四年冬，漊中、澧中蠻潭戎等反，燔燒郵亭，殺略吏民，郡兵擊破降之。安帝元初二年，澧中蠻以郡縣徭稅失平，懷怨恨，遂結充中諸種二千餘人，攻城殺長吏。州郡募五里蠻六亭兵追擊破之，皆散降。賜五里、六亭渠帥金帛各有差。明年秋，漊中、澧中蠻四千人並爲盜賊。又零陵蠻羊孫、陳湯等千餘人，〔一〕著赤幘，稱將軍，燒官寺，抄掠百姓。州郡募善蠻討平之。

〔一〕零陵，縣，屬（武）〔零〕陵郡也。

順帝永和元年，武陵太守上書，以蠻夷率服，可比漢人，增其租賦。議者皆以爲可。尚書令虞詡獨奏曰：「自古聖王不臣異俗，非德不能及，威不能加，知其獸心貪婪，難率以禮。是故羈縻而綏撫之，附則受而不逆，叛則弃而不追。先帝舊典，貢稅多少，所由來久矣。今猥增之，必有怨叛。計其所得，不償所費，必有後悔。」帝不從。其冬，澧中、漊中蠻果爭貢布非舊約，遂殺鄉吏，舉種反叛。明年春，蠻二萬人圍充城，八千人寇夷道。遣武陵太守李進討破之，斬首數百級，餘皆降服。進乃簡選良吏，得其情和。在郡九年，梁太后臨朝，下詔增進秩二千石，賜錢二十萬。桓帝元嘉元年秋，武陵蠻詹山等四千餘人反叛，拘執縣令，屯結深山。至永興元年，太守應奉以恩信招誘，皆悉降散。

永壽三年十一月，長沙蠻反叛，屯益陽。至延熹三年秋，遂抄掠郡界，衆至萬餘人，殺

傷長吏。又零陵蠻入長沙。冬，武陵蠻六千餘人寇江陵，荆州刺史劉度、謁者馬睦、南郡太守李肅皆奔走。肅主簿胡爽扣馬首諫曰：「蠻夷見郡無儆備，故敢乘閒而進。明府爲國大臣，連城千里，舉旄鳴鼓，應聲十萬，柰何委符守之重，而爲逋逃之人乎！」肅拔刃向爽曰：「掾促去！太守今急，何暇此計。」爽抱馬固諫，肅遂殺爽而走。帝聞之，徵肅弃市，度、睦減死一等，復爽門閭，拜家一人爲郎。於是以右校令度尚爲荆州刺史，討長沙賊，平之。又遣車騎將軍馮緄討武陵蠻，並皆降散。軍還，賊復寇桂陽，太守廖析奔走。〔一〕武陵蠻亦更攻其郡，太守陳奉率吏人擊破之，斬首三千餘級，降者二千餘人。至靈帝中平三年，武陵蠻復叛，寇郡界，州郡擊破之。

〔一〕廖音力弔反。

禮記稱「南方曰蠻，雕題交阯」。其俗男女同川而浴，故曰交阯。〔一〕其西有噉人國，生首子輒解而食之，謂之宜弟。味旨，則以遺其君，君喜而賞其父。取妻美，則讓其兄。今烏滸人是也。〔二〕

〔一〕題，額也。雕之，謂刻其肌以丹青涅也。

〔二〕萬震南州異物志曰：「烏滸，地名也。在廣州之南，交州之北。恒出道閒伺候行旅，輒出擊之。利得人食之，不貪

其財貨，並以其肉爲肴葅，又取其髑髏破之以飲酒。以人掌趾爲珍異，以食長老。」

交阯之南有越裳國。周公居攝六年，制禮作樂，天下和平，越裳以三象重譯而獻白雉，曰：「道路悠遠，山川岨深，音使不通，故重譯而朝。」成王以歸周公。公曰：「德不加焉，則君子不饗其質；[一]政不施焉，則君子不臣其人。吾何以獲此賜也！」其使請曰：「吾受命吾國之黃耇[二]曰：『久矣，天之無烈風雷雨，[三]意者中國有聖人乎？有則盍往朝之。』」周公乃歸之於王，[四]稱先王之神致，以薦于宗廟。周德既衰，於是稍絕。

[一]質亦贄也。
[二]爾雅曰：「黃髮，鮐背，耇老，壽也。」
[三]尚書大傳作「別風淮雨」。
[四]事見尚書大傳。

及楚子稱霸，朝貢百越。秦幷天下，威服蠻夷，始開領外，置南海、桂林、象郡。漢興，尉佗自立爲南越王，傳國五世。[一]至武帝元鼎五年，遂滅之，分置九郡，交阯刺史領焉。其珠崖、儋耳二郡在海洲上，東西千里，南北五百里。其渠帥貴長耳，皆穿而縋之，垂肩三寸。武帝末，珠崖太守會稽孫幸調廣幅布獻之，蠻不堪役，遂攻郡殺幸。幸子豹合率善人還復破之，自領郡事，討擊餘黨，連年乃平。豹遣使封還印綬，上書言狀，制詔卽以豹爲珠崖太守。[二]威政大行，獻命歲至。中國貪其珍賂，漸相侵侮，故率數歲一反。元帝初元三年，遂罷之。凡立郡六十五歲。

[一]前書南粵王趙佗，眞定人也。秦時爲南海尉。佗孫胡，胡子嬰齊，嬰齊子興也。
[二]卽，就也。

逮王莽輔政，元始二年，日南之南黃支國來獻犀牛。凡交阯所統，雖置郡縣，而言語各異，重譯乃通。人如禽獸，長幼無別。項髻徒跣，[一]以布貫頭而著之。後頗徙中國罪人，使雜居其閒，乃稍知言語，漸見禮化。

[一]爲髻於項上也。

光武中興，錫光爲交阯，任延守九眞，於是教其耕稼，制爲冠履，初設媒娉，始知姻娶，建立學校，導之禮義。

建武十二年，九眞徼外蠻里張游，[一]率種人慕化內屬，封爲歸漢里君。明年，南越徼外蠻夷獻白雉、白菟。至十六年，交阯女子徵側及其妹徵貳反，攻郡。徵側者，麊冷縣雒將之女也。[二]嫁爲朱䳒人詩索妻，甚雄勇。交阯太守蘇定以法繩之，側忿，故反。於是九眞、日南、合浦蠻里皆應之，凡略六十五城，自立爲王。交阯刺史及諸太守僅得自守。光武乃詔長沙、合浦、交阯具車船，修道橋，通障谿，儲糧穀。十八年，遣伏波將軍馬援、樓船將軍段志，發長沙、桂陽、零陵、蒼梧兵萬餘人討之。明年夏四月，援破交阯，斬徵側、徵貳等，餘皆降散。進擊九眞賊都陽等，破降之。徙其渠帥三百餘口於零陵。於是領表悉平。

[一]里，蠻之別號，今呼爲俚人。
[二]麊音莫支反。泠音零。

肅宗元和元年，日南徼外蠻夷究不事人[一]邑豪獻生犀、白雉。和帝永元十二年夏四月，日南、象林蠻夷二千餘人寇掠百姓，燔燒官寺，郡縣發兵討擊，斬其渠帥，餘衆乃降。於是置象林將兵長史，以防其患。安帝永初元年，九眞徼外夜郎蠻夷舉土內屬，開境千八百四十里。元初二年，蒼梧蠻夷反叛，明年，遂招誘鬱林、合浦蠻漢數千人攻蒼梧郡。鄧太后遣侍御史任逴[二]奉詔赦之，賊皆降散。延光元年，九眞徼外蠻貢獻內屬。三年，日南徼外蠻復來內屬。順帝永建六年，日南徼外葉調王使遣使貢獻，帝賜調便金印紫綬。

[一]究不事人，蠻夷別號也。
[二]逴音卓。

永和二年，日南、象林徼外蠻夷區憐等數千人攻象林縣，燒城寺，殺長吏。交阯刺史樊演發交阯、九眞二郡兵萬餘人救之。兵士憚遠役，遂反，攻其府。二郡雖擊破反者，而賊埶轉盛。會侍御史賈昌使在日南，卽與州郡幷力討之，不利，遂爲所攻。圍歲餘而兵穀不繼，

帝以爲憂。明年，召公卿百官及四府掾屬，問其方略，皆議遣大將，發荆、楊、兗、豫四萬人赴之。大將軍從事中郎李固駮曰：「若荆、楊無事，發之可也。今二州盜賊槃結不散，武陵、南郡蠻夷未輯，長沙、桂陽數被徵發，如復擾動，必更生患。其不可一也。又兗、豫之人卒被徵發，遠赴萬里，無有還期，詔書迫促，必致叛亡。其不可二也。南州水土溫暑，加有瘴氣，致死亡者十必四五。其不可三也。遠涉萬里，士卒疲勞，比至領南，不復堪鬬。其不可四也。軍行三十里爲程，而去日南九千餘里，三百日乃到，計人稟五升，[一]用米六十萬斛，不計將吏驢馬之食，但負甲自致，費便若此。其不可五也。設軍到所在，死亡必衆，既不足禦敵，當復更發，此爲刻割心腹以補四支。其不可六也。九眞、日南相去千里，發其吏民，猶尚不堪，何況乃苦四州之卒，以赴萬里之艱哉！其不可七也。前中郎將尹就討益州叛羌，益州諺曰：『虜來尚可，尹來殺我。』後就徵還，以兵付刺史張喬。喬因其將吏，旬月之閒，破殄寇虜。此發將無益之效，州郡可任之驗也。宜更選有勇略仁惠任將帥者，以爲刺史、太守，悉使共住交阯。今日南兵單無穀，守既不足，戰又不能。可一切徙其吏民北依交阯，事靜之後，又命歸本。還募蠻夷，使自相攻，轉輸金帛，以爲其資。有能反閒致頭首者，許以封侯列土之賞。故幷州刺史長沙祝良，性多勇決，又南陽張喬，前在益州有破虜之功，皆可任用。昔太宗就加魏尙爲雲中守，[二]哀帝卽拜龔舍爲太山太守。[三]宜卽拜良

等，便道之官。」四府悉從固議，卽拜祝良爲九眞太守，張喬爲交阯刺史。喬至，開示慰誘，並皆降散。良到九眞，單車入賊中，設方略，招以威信，降者數萬人，皆爲良築起府寺。由是嶺外復平。

〔一〕古升小，故曰五升也。
〔二〕前書曰，槐里人魏尙爲雲中守，以斬首捕虜上功不實免。馮唐言之於文帝，帝令唐持節赦尙，復以爲雲中守。
〔三〕前書曰，舍字君倩。初徵爲諫大夫，病免；復徵爲博士，又病去。頃之，哀帝遣使卽楚拜舍爲太山太守也。

建康元年，日南蠻夷千餘人復攻燒縣邑，遂扇動九眞，與相連結。交阯刺史九江夏方開恩招誘，賊皆降服。時梁太后臨朝，美方之功，遷爲桂陽太守。桓帝永壽三年，居風令貪暴無度，縣人朱達等及蠻夷相聚，攻殺縣令，衆至四五千人，進攻九眞，九眞太守兒式戰死。〔一〕詔賜錢六十萬，拜子二人爲郎。遣九眞都尉魏朗討破之，斬首二千級，渠帥猶屯據日南，衆轉彊盛。延熹三年，詔復拜夏方爲交阯刺史。方威惠素著，日南宿賊聞之，二萬餘人相率詣方降。靈帝建寧三年，鬱林太守谷永以恩信招降烏滸人十餘萬內屬，皆受冠帶，開置七縣。熹平二年冬十二月，日南徼外國重譯貢獻。光和元年，交阯、合浦烏滸蠻反叛，招誘九眞、日南，合數萬人，攻沒郡縣。四年，刺史朱儁擊破之。六年，日南徼外國復來貢獻。

〔一〕兒音五兮反。

巴郡南郡蠻，本有五姓：巴氏、樊氏、瞫〔一〕氏、相氏、鄭氏。皆出於武落鍾離山。〔二〕其山有赤黑二穴，巴氏之子生於赤穴，四姓之子皆生黑穴。未有君長，俱事鬼神，乃共擲劍於石穴，約能中者，奉以爲君。巴氏子務相乃獨中之，衆皆歎。又令各乘土船，約能浮者，當以爲君。餘姓悉沈，唯務相獨浮。因共立之，是爲廩君。乃乘土船，從夷水至鹽陽。〔三〕鹽水有神女，謂廩君曰：「此地廣大，魚鹽所出，願留共居。」廩君不許。鹽神暮輒來取宿，旦卽化爲蟲，與諸蟲羣飛，掩蔽日光，天地晦冥。積十餘日，廩君（思）〔伺〕其便，因射殺之，天乃開明。〔四〕廩君於是君乎夷城，〔五〕四姓皆臣之。廩君死，魂魄世爲白虎。巴氏以虎飲人血，遂以人祠焉。

〔一〕音審。
〔二〕代本曰「廩君之先，故出巫誕」也。
〔三〕荆州圖（副）曰：「（副）夷（陵）縣西有溫泉。古老相傳，此泉元出鹽，于今水有鹽氣。縣西一獨山有石穴，有二大石並立穴中，相去可一丈，俗名爲陰陽石。陰石常濕，陽石常燥。」盛弘之荆州記曰：「昔廩君浮夷水，射鹽神于陽石之上。案今施州清江縣水一名鹽水，源出清江縣西都亭山。」水經云：「夷水（別出）巴郡魚復縣。」注云：「水色清，照十丈，分沙石。蜀人見澄清，因名清江也。」
〔四〕代本曰「廩君使人操青縷以遺鹽神，曰：『嬰此卽相宜，云與女俱生，（弗）宜將去。』鹽神受縷而嬰之，廩君卽立陽石上，應青縷而射之，中鹽神，鹽神死，天乃大開」也。
〔五〕此已上並見代本也。

及秦惠王幷巴中，以巴氏爲蠻夷君長，世尙秦女，其民爵比不更，有罪得以爵除。其君長歲出賦二千一十六錢，三歲一出義賦千八百錢。其民戶出幏布八丈二尺，雞羽三十鍭。〔一〕漢興，南郡太守靳彊請一依秦時故事。

〔一〕說文：「幏，南郡蠻夷布也。」音公亞反。毛詩：「四鍭旣均。」儀禮：「矢鍭一乘。」鄭玄曰：「鍭猶候也，候物而射之也。」三十鍭，一百四十九。俗本「幏」作「蒙」，「鍭」作「鏃」者，並誤也。

至建武二十三年，南郡潳山蠻雷遷等始反叛，〔一〕寇掠百姓，遣武威將軍劉尙將萬餘人討破之，徙其種人七千餘口置江夏界中，今沔中蠻是也。和帝永元十三年，巫蠻許聖等〔二〕以郡收稅不均，懷怨恨，遂屯聚反叛。明年夏，遣使者督荆州諸郡兵萬餘人討之。聖等依憑阻隘，久不破。諸軍乃分道並進，或自巴郡、魚復數路攻之，蠻乃散走，斬其渠帥，乘勝追之，大破聖等。聖等乞降，復悉徙置江夏。靈帝建寧二年，江夏蠻叛，州郡討平之。光和三年，江夏蠻復反，與廬江賊黃穰相連結，十餘萬人，攻沒四縣，寇患累年。廬江太守陸康討破之，餘悉降散。

〔一〕潳音屠。
〔二〕巫，縣，屬南郡。

板楯蠻夷者，秦昭襄王時有一白虎，常從羣虎數遊秦、蜀、巴、漢之境，傷害千餘人。昭王乃重募國中有能殺虎者，賞邑萬家，金百鎰。時有巴郡閬中夷人，能作白竹之弩，乃登樓射殺白虎。〔一〕昭王嘉之，而以其夷人，不欲加封，乃刻石盟要，復夷人頃田不租，十妻不筭，〔二〕傷人者論，殺人者得以倓錢贖死。〔三〕盟曰：「秦犯夷，輸黃龍一雙；夷犯秦，輸清酒一鍾。」夷人安之。

〔一〕華陽國志曰「巴夷廖仲等射殺之」也。
〔二〕優寵之，故一戶免其一頃田之稅，雖有十妻，不輸口筭之錢。復音福。
〔三〕何承天纂文曰：「倓，蠻夷贖罪貨也。」音徒濫反。

至高祖爲漢王，發夷人還伐三秦。秦地旣定，乃遣還巴中，復其渠帥羅、朴、督、鄂、度、夕、龔七姓，不輸租賦，餘戶乃歲入賨錢，口四十。世號爲板楯蠻夷。閬中有渝水，其人多居水左右。天性勁勇，初爲漢前鋒，數陷陳。俗喜歌舞，〔一〕高祖觀之，曰：「此武王伐紂之歌也。」乃命樂人習之，所謂巴渝舞也。遂世世服從。

〔一〕喜音虛記反。

至于中興，郡守常率以征伐。桓帝之世，板楯數反，太守蜀郡趙溫以恩信降服之。靈帝光和(三)〔二〕年，巴郡板楯復叛，寇掠三蜀及漢中諸郡。靈帝遣御史中丞蕭瑗督益州兵討之，連年不能剋。帝欲大發兵，乃問益州計吏，考以征討方略。漢中上計程包對曰：「板楯七姓，射殺白虎立功，先世復爲義人。其人勇猛，善於兵戰。昔永初中，羌入漢川，郡縣破壞，得板楯救之，羌死敗殆盡，故號爲神兵。羌人畏忌，傳語種輩，勿復南行。至建和二年，羌復大入，實賴板楯連摧破之。前車騎將軍馮緄南征武陵，雖受丹陽精兵之銳，〔一〕亦倚板楯以成其功。近益州郡亂，太守李顒亦以板楯討而平之。忠功如此，本無惡心。長吏鄉亭，更賦至重，僕役箠楚，過於奴虜，亦有嫁妻賣子，或乃至自(頸)〔剄〕割。雖陳冤州郡，而牧守不爲通理。闕庭悠遠，不能自聞。含怨呼天，叩心窮谷。愁苦賦役，困罹酷刑。故邑落相聚，以致叛戾。非有謀主僭號，以圖不軌。今但選明能牧守，自然安集，不煩征伐也。」帝從其言，遣太守曹謙宣詔赦之，即皆降服。至中平五年，巴郡黃巾賊起，板楯蠻夷因此復叛，寇掠城邑，遣西園上軍別部司馬趙瑾討平之。

〔一〕史記曰，周成王封楚熊繹，始居丹陽。今歸州秭歸縣東南故城是也。至楚文王，始自丹陽遷於郢。續漢志云南郡枝江縣有丹陽聚也。

西南夷者，在蜀郡徼外。有夜郎國，東接交阯，西有滇國，北有邛都國，各立君長。其人皆椎結左衽，邑聚而居，能耕田。其外又有巂、昆明諸落，西極同師，東北至葉榆，〔一〕地方數千里。無君長，辮髮，隨畜遷徙無常。自巂東北有莋都國，東北有冉駹國，或土著，或隨畜遷徙。自冉駹東北有白馬國，氐種是也。此三國亦有君長。

〔一〕葉榆，縣，屬益州郡。「葉」或作「楪」。臣賢案：前書曰：「西自同師以東，北至楪榆，名爲巂、昆明。」今流俗諸本並作「布蒨昆明」，蓋「楪」字誤分爲「布蒨」也。

夜郎者，初有女子浣於遯水，有三節大竹流入足閒，聞其中有號聲，剖竹視之，得一男兒，歸而養之。及長，有才武，自立爲夜郎侯，以竹爲姓。〔一〕武帝元鼎六年，平南夷，爲牂柯郡，夜郎侯迎降，天子賜其王印綬。後遂殺之。夷獠咸以竹王非血氣所生，甚重之，求爲立後。牂柯太守吳霸以聞，天子乃封其三子爲侯。死，配食其父。今夜郎縣有竹王三郎神是也。〔二〕

〔一〕見華陽國志。

〔二〕前書地理志曰：「夜郎縣有遯水，東至廣鬱。」華陽國志云：「遯水通鬱林，有三郎祠，皆有靈響。」又云：「竹王所捐破竹於野，成竹林，今王祠竹林是也。王嘗從人止大石上，命作羹，從者白無水，王以劍擊石出水，今竹王水是也。」

初，楚頃襄王時，遣將莊豪從沅水伐夜郎，軍至且蘭，椓船於岸而步戰。既滅夜郎，因留王滇池。以且蘭〔有〕椓船牂柯處，乃改其名爲牂柯。〔一〕牂柯地多雨潦，俗好巫鬼禁忌，寡畜生，又無蠶桑，故其郡最貧。句町縣有桄根木，可以爲麪，百姓資之。〔二〕公孫述時，大姓龍、傅、尹、董氏，與郡功曹謝暹保境爲漢，乃遣使從番禺江奉貢。〔三〕光武嘉之，並加褒賞。桓帝時，郡人尹珍自以生於荒裔，不知禮義，乃從汝南許慎、應奉受經書圖緯，學成，還鄉里教授，於是南域始有學焉。珍官至荆州刺史。〔四〕

〔一〕異物志曰：「牂柯，繫船杙也。」

〔二〕臨海異物志曰：「桄根木外皮有毛，似栟櫚而散生。其木剛，作鋘鋤利如鐵，中石更利，唯中焦根乃致敗耳。皮中有似搗稻米片，又似麥麪，中作餅餌。」廣志曰「桄根樹大四五圍，長五六丈，洪直，旁無枝條，其顚生葉不過數十，似欙葉，破其木肌堅難傷，入數寸得麪，赤黃密緻，可食」也。

〔三〕南越志曰：「番禺縣之西，有江浦焉。」

〔四〕華陽國志曰：「尹珍字道真，毋斂縣人也。」

滇王者，莊蹻之後也。元封二年，武帝平之，以其地爲益州郡，割牂柯、越巂各數縣配之。後數年，復并昆明地，皆以屬之此郡。有池，周回二百餘里，水源深廣，而末更淺狹，有似倒流，故謂之滇池。河土平敞，多出鸚鵡、孔雀，有鹽池田漁之饒，金銀畜產之富。人俗豪忲。〔一〕居官者皆富及累世。

〔一〕忲，奢侈也。

及王莽政亂，益州郡夷棟蠶、若豆等起兵殺郡守，越巂姑復夷人大牟亦皆叛，殺略吏人。莽遣寧始將軍廉丹，發巴蜀吏人及轉兵穀卒徒十餘萬擊之。吏士飢疫，連年不能剋而還。以廣漢文齊爲太守，造起陂池，開通溉灌，墾田二千餘頃。率厲兵馬，修障塞，降集羣夷，甚得其和。及公孫述據益土，齊固守拒險，述拘其妻子，許以封侯，齊遂不降。聞光武即位，乃閒道遣使自聞。蜀平，徵爲鎮遠將軍，封成義侯。〔一〕於道卒，詔爲起祠堂，郡人立廟祀之。

〔一〕取其嘉名。

建武十八年，夷渠帥棟蠶與姑復、楪榆、梇棟、連然、滇池、建(怜)〔伶〕、昆明諸種反叛，殺長吏。〔一〕益州太守繁勝與戰而敗，退保朱提。〔二〕十九年，遣武威將軍劉尚等發廣漢、犍爲、蜀郡人及朱提夷，合萬三千人擊之。尚軍遂度瀘水，入益州界。〔三〕羣夷聞大兵至，皆弃壘奔走，尙獲其羸弱、穀畜。二十年，進兵與棟蠶等連戰數月，皆破之。明年正月，追至不韋，〔四〕斬棟蠶帥，凡首虜七千餘人，得生口五千七百人，馬三千疋，牛羊三萬餘頭，諸夷悉平。

〔一〕姑復，縣，屬越巂郡，餘六縣並屬益州郡也。
〔二〕縣，屬犍爲郡。朱音殊。提音匙。
〔三〕瀘水一名若水，出旄牛徼外，經朱提至僰道入江，在今巂州南。特有瘴氣，三月四月經之必死。五月以後，行者得無害。故諸葛〔亮〕表云「五月度瀘」，言其艱苦也。
〔四〕孫盛蜀譜曰：「初，秦徙呂不韋子弟宗族於蜀，漢武帝開西南夷，置郡縣，徙呂氏以充之，因置不韋縣。」華陽國志曰「武帝通博南，置不韋縣，徙南越相呂嘉子孫宗族資之。因名不韋，以章其先人之惡行」也。

肅宗元和中，蜀郡王追爲太守，政化尤異，有神馬四匹出滇池河中，甘露降，白烏見，始興起學校，漸遷其俗。靈帝熹平五年，諸夷反叛，執太守雍陟。遣御史中丞朱龜討之，不能剋。朝議以爲郡在邊外，蠻夷喜叛，勞師遠役，不如弃之。太尉掾巴郡李顒建策討伐，乃拜顒益州太守，與刺史龐芝發板楯蠻擊破平之，還得雍陟。顒卒後，夷人復叛，以廣漢景毅爲太守，討定之。毅初到郡，米斛萬錢，漸以仁恩，少年閒，米至數十云。〔一〕

〔一〕少年，未多年也。

哀牢夷者，其先有婦人名沙壹，居于牢山。嘗捕魚水中，觸沈木若有感，因懷妊，十月，產子男十人。後沈木化爲龍，出水上。沙壹忽聞龍語曰：「若爲我生子，今悉何在？」九子見龍驚走，獨小子不能去，背龍而坐，龍因舐之。其母鳥語，謂背爲九，謂坐爲隆，因名子曰九隆。及後長大，諸兄以九隆能爲父所舐而黠，遂共推以爲王。後牢山下有一夫一婦，復生十女子，九隆兄弟皆娶以爲妻，後漸相滋長。種人皆刻畫其身，象龍文，衣皆著尾。〔一〕九隆死，世世相繼。〔二〕乃分置小王，往往邑居，散在谿谷。絕域荒外，山川阻深，生人以來，未嘗交通中國。

〔一〕自此以上並見風俗通也。
〔二〕哀牢傳曰：「九隆代代相傳，名號不可得而數，至於禁高，乃可記知。禁高死，子吸代；吸死，子建非代；建非死，子哀牢代；哀牢死，子桑藕代；桑藕死，子柳承代；柳承死，子柳貌代；柳貌死，子扈（粟）〔栗〕代。」

建武二十三年，其王賢栗遣兵乘箄船，〔一〕南下江、漢，擊附塞夷鹿茤。〔二〕鹿茤人弱，爲所禽獲。於是震雷疾雨，南風飄起，水爲逆流，翻涌二百餘里，箄船沈沒，哀牢之衆，溺死數千人。賢栗復遣其六王將萬人以攻鹿茤，鹿茤王與戰，殺其六王。哀牢耆老共埋六王，夜虎復出其尸而食之，餘衆驚怖引去。賢栗惶恐，謂其耆老曰：「我曹入邊塞，自古有之，今攻鹿茤，輒被天誅，中國其有聖帝乎？天祐助之，何其明也！」二十七年，賢栗等遂率種人戶二千七百七十，口萬七千六百五十九，詣越巂太守鄭鴻降，求內屬。光武封賢栗等爲君長。自是歲來朝貢。

〔一〕箄音蒲佳反。縛竹木爲箄，以當船也。
〔二〕茤音多。其種今見在。

永平十二年，哀牢王柳貌遣子率種人內屬，其稱邑王者七十七人，戶五萬一千八百九十，口五十五萬三千七百一十一。西南去洛陽七千里，顯宗以其地置哀牢、博南二縣，割益州郡西部都尉所領六縣，〔一〕合爲永昌郡。始通博南山，度蘭倉水，〔二〕行者苦之。歌曰：「漢德廣，開不賓。度博南，越蘭津。度蘭倉，爲它人。」

〔一〕古今注曰：「永平十年，置益州西部都尉，居巂唐。」續漢志六縣謂不韋、巂唐、比蘇、楪榆、邪龍、雲南也。
〔二〕華陽國志曰「博南縣西山，高三十里，越之度蘭滄水」也。

哀牢人皆穿鼻儋耳，其渠帥自謂王者，耳皆下肩三寸，庶人則至肩而已。土地沃美，宜五穀、蠶桑。知染采文繡，罽毲〔一〕帛疊，〔二〕蘭干細布，〔三〕織成文章如綾錦。有梧桐木華，績以爲布，〔四〕幅廣五尺，絜白不受垢汙。先以覆亡人，然後服之。其竹節相去一丈，名曰濮竹。〔五〕出銅、鐵、鉛、錫、金、銀、光珠、〔六〕虎魄、〔七〕水精、瑠璃、軻蟲、蚌珠、〔八〕孔雀、翡翠、犀、象、猩猩、貊獸。〔九〕雲南縣有神鹿兩頭，能食毒草。〔一〇〕

〔一〕罽，解見李恂傳。毲，未詳。
〔二〕外國傳曰：「諸薄國女子織作白疊花布。」
〔三〕華陽國志曰：「蘭干，獠言紵。」
〔四〕廣志曰：「梧桐有白者，剽國有桐木，其華有白毳，取其毳淹漬，緝織以爲布」也。
〔五〕見華陽國志。
〔六〕華陽國志曰：「蘭滄水有金沙，洗取融爲金。有光珠穴。」博物志曰：「光珠卽江珠也。」
〔七〕廣（雅）〔志〕曰：「虎魄生地中，其上及旁不生草，深者八九尺，大如斛，削去皮，成虎魄如斗，初時如桃膠，凝堅乃成。」博物志曰：「松脂淪入地千年化爲伏苓，伏苓千歲化爲虎魄。今太山有伏苓而無虎魄，永昌有虎魄而無伏苓。」
〔八〕徐衷南方草物狀曰：「凡採珠常三月，用五牲祈禱，若祠祭有失，則風攪海水，或有大魚在蚌左右。蚌珠長三寸半，凡二品珠」也。
〔九〕酈元水經注曰：「猩猩形若狗而人面，頭顏端正，善與人言，音聲妙麗，如婦人對語，聞之無不酸楚。」南中志曰：「猩猩在山谷中，行無常路，百數爲羣。土人以酒若糟設於路；又喜屩子，土人織草爲屩，數十量相連結。猩猩在山谷見酒及屩，知其設張者，卽知張者先祖名字，乃呼其名而罵云『奴欲張我』，捨之而去。去而又還，相呼試共嘗酒。初嘗少許，又取屩子著之，若進兩三升，便大醉，人出收之，屩子相連不得去，執還內牢中。人欲取者，到牢遴語云：『猩猩，汝可自相推肥者出之。』既擇肥竟，相對而泣。卽左思賦云『猩猩啼而就禽』者也。昔有人以猩猩餉封溪令，令問餉何物，猩猩自於籠中曰：『但有酒及僕耳，無它飲食。』」廣志曰：「貊色蒼白，其皮溫煖。」南中八郡志曰：「貊大如驢，狀頗似熊，多力，食鐵，所觸無不拉。」

〔一〇〕見華陽國志也。

先是，西部都尉廣漢鄭純爲政清絜，化行夷貊，君長感慕，皆獻土珍，頌德美。天子嘉之，卽以爲永昌太守。純與哀牢夷人約，邑豪歲輸布貫頭衣二領，鹽一斛，以爲常賦，夷俗安之。純自爲都尉、太守，十年卒官。建初元年，哀牢王類牢與守令忿爭，遂殺守令而反叛，攻（越）嶲唐城。太守王尋奔楪榆。哀牢三千餘人攻博南，燔燒民舍。肅宗募發越嶲、益州、永昌夷漢九千人討之。明年春，邪龍縣〔一〕昆明夷鹵承等應募，率種人與諸郡兵擊類牢於博南，大破斬之。傳首洛陽，賜鹵承帛萬匹，封爲破虜傍邑侯。

〔一〕郡國志曰屬永昌郡也。

永元六年，郡徼外敦忍乙王莫延慕義，遣使譯獻犀牛、大象。九年，徼外蠻及撣國王雍由調〔一〕遣重譯奉國珍寶，和帝賜金印紫綬，小君長皆加印綬、錢帛。

〔一〕撣音擅。東觀記作壇字。

永初元年，徼外僬僥種夷陸類等三千餘口舉種內附，獻象牙、水牛、封牛。永寧元年，撣國王雍由調復遣使者詣闕朝賀，獻樂及幻人，能變化吐火，自支解，易牛馬頭。又善跳丸，數乃至千。自言我海西人。海西卽大秦也，撣國西南通大秦。明年元會，安帝作樂於庭，封雍由調爲漢大都尉，賜印綬、金銀、綵繒各有差也。

邛都夷者，武帝所開，以爲邛都縣。無幾而地陷爲汙澤，因名爲邛池，南人以爲邛河。〔一〕後復反叛。元鼎六年，漢兵自越嶲水伐之，以爲越嶲郡。〔二〕其土地平原，有稻田。青蛉縣禺同山有碧鷄金馬，光景時時出見。〔三〕俗多游蕩，而喜謳歌，略與牂柯相類。豪帥放縱，難得制御。

〔一〕在今嶲州越嶲縣東南。南中八郡志曰：「邛河縱廣岸二十里，深百餘丈。多大魚，長一二丈，頭特大，遙視如戴鐵釜狀。」李膺益州記云：「邛都縣下有一老姥，家貧孤獨，每食，輒有小蛇頭上戴角在牀閒，姥憐之飴之。後稍長大，遂長丈餘。令有駿馬，蛇遂吸殺之。令因大忿（姥）恨，責（姥）出蛇。姥云在牀下。令卽掘地，愈深愈大，而無所見。令又遷怒殺姥。蛇乃感人以靈言瞋令：『何殺我母？當爲母報讎。』此後每夜輒聞若雷若風，四十許日，百姓相見咸驚語：『汝頭那忽戴魚？』是夜方四十里與城一時俱陷爲湖，土人謂之爲『陷河』。唯姥宅無恙，訖今猶存。漁人採捕，必依止宿，每有風浪，輒居宅側，恬靜無它。風靜水清，猶見城郭樓櫓叟然。今水淺時，彼土人沒水取得舊木，堅貞，光黑如漆，今好事人以爲枕相贈。」叟音洩。

〔二〕嶲水源出今嶲州邛部縣西南嶲山下。前書地理志曰，言其越嶲水以置郡，故名焉。

〔三〕禺同山在今褎州楊波縣。王褒碧鷄頌曰：「持節使王褒謹拜南崖，敬移金精神馬縹碧之鷄，處南之荒。深谿回谷，非土之鄉。歸來歸來，漢德無疆。（廉乎）〔兼乎〕唐虞，澤配三皇。」華陽國志曰：「碧鷄光景，人多見之。」前書音義曰：「金形似馬，碧形似鷄也。」

王莽時，郡守枚根調邛人長貴，以爲軍候。更始二年，長貴率種人攻殺枚根，自立爲邛穀王，領太守事。又降於公孫述。述敗，光武封長貴爲邛穀王。建武十四年，長貴遣使上三年計，天子卽授越嶲太守印綬。十九年，武威將軍劉尚擊益州夷，路由越嶲。長貴聞之，疑尚既定南邊，威法必行，已不得自放縱，卽聚兵起營臺，招呼諸君長，多釀毒酒，欲先以勞軍，因襲擊尚。尚知其謀，卽分兵先據邛都，遂掩長貴誅之，徙其家屬於成都。

永平元年，姑復夷復叛，益州刺史發兵討破之，斬其渠帥，傳首京師。後太守巴郡張翕，政化清平，得夷人和。在郡十七年，卒，夷人愛慕，如喪父母。蘇祈叟二百餘人，〔一〕齎牛羊送喪，至翕本縣安漢，〔二〕起墳祭祀。詔書嘉美，爲立祠堂。

〔一〕續漢（書）志曰，蘇祈，縣，屬越嶲郡。

〔二〕安漢，縣，屬巴郡。

安帝元初三年，郡徼外夷大羊等八種，戶三萬一千，口十六萬七千六百二十，慕義內屬。時郡縣賦斂煩數，五年，卷夷大牛種封離等反畔，殺遂久令。〔一〕明年，永昌、益州及蜀郡夷皆叛應之，衆遂十餘萬，破壞二十餘縣，殺長吏，燔燒邑郭，剽略百姓，骸骨委積，千里無人。詔益州刺史張喬選堪能從事討之。喬乃遣從事楊竦將兵至楪榆擊之，賊盛未敢進，先以詔書告示三郡，密徵求武士，重其購賞。乃進軍與封離等戰，大破之，斬首三萬餘級，獲

生口千五百人，資財四千餘萬，悉以賞軍士。封離等惶怖，斬其同謀渠帥，詣竦乞降，竦厚加慰納。其餘三十六種皆來降附。竦因奏長吏姦猾侵犯蠻夷者九十人，皆減死。州中論功未及上，會竦病創卒，張喬深痛惜之，乃刻石勒銘，圖畫其像。天子以張翕有遺愛，乃拜其子湍爲太守。夷人懽喜，奉迎道路。曰：「郎君儀貌類我府君。」後湍頗失其心，有欲叛者，諸夷者老相曉語曰：「當爲先府君故。」遂以得安。後順桓閒，廣漢馮顥爲太守，政化尤多異迹云。

〔一〕遂久故縣在今嶲州界。

莋都夷者，武帝所開，以爲莋都縣。其人皆被髮左衽，言語多好譬類，居處略與汶山夷同。土出長年神藥，仙人山圖所居焉。〔一〕元鼎六年，以爲沈黎郡。至天漢四年，并蜀爲西部，置兩都尉，一居旄牛，主徼外夷，一居青衣，主漢人。

〔一〕劉向列仙傳曰「山圖，隴西人。好乘馬，馬蹋折腳，山中道士敎服地黃、當歸、羌活、玄參，服一年，不嗜食，病愈身輕。追道士問之，自云：『五岳使人，之名山採藥。能隨吾，汝便不死。』山圖追隨，人不復見。六十餘年，一旦歸來，行母服於冢閒。朞年復去，莫知所之」也。

永平中，益州刺史梁國朱輔，好立功名，慷慨有大略。〔一〕在州數歲，宣示漢德，威懷遠

夷。自汶山以西，前世所不至，正朔所未加。白狼、槃木、唐菆等百餘國，戶百三十餘萬，口六百萬以上，舉種奉貢，稱爲臣僕。輔上疏曰：「臣聞詩云：『彼徂者岐，有夷之行。』〔一〕傳曰：『岐道雖僻，而人不遠。』〔二〕詩人誦詠，以爲符驗。今白狼王唐菆等慕化歸義，作詩三章。路經邛來大山零高坂，〔四〕峭危峻險，百倍岐道。〔五〕繈負老幼，若歸慈母。遠夷之語，辭意難正。草木異種，鳥獸殊類。有犍爲郡掾田恭與之習狎，頗曉其言，臣輒令訊其風俗，譯其辭語。今遣從事史李陵與恭護送詣闕，并上其樂詩。昔在聖帝，舞四夷之樂；〔六〕今之所上，庶備其一。」帝嘉之，事下史官，錄其歌焉。〔七〕

〔一〕東觀記「輔」作「酺」。梁國寧陵人也。

〔二〕詩周頌也。

〔三〕韓詩薛君傳曰：「徂，往也。夷，易也。行，道也。彼百姓歸文王者，皆曰岐有易道，可往歸矣。易道謂仁義之道而易行，故岐道阻險而人不難。」

〔四〕山海經曰：「崍山，江水出焉。」郭璞曰：「中江所出也。」華陽國志曰：「邛來山本名邛莋，故邛人、莋人界也。嚴阻峻回，曲折乃至。山上凝冰夏結，冬則劇寒，王陽行部至此而退者也。有長貧、苦採、八度之難。陽母、閔峻並坂名。」

〔五〕言詩人雖歎岐道之阻，但以文王之道，人以爲夷易，今邛來峭危，甚於岐。

〔六〕解見陳禪傳。

〔七〕東觀記載其歌，并載夷人本語，並重譯訓詁爲華言，今范史所載者是也。今錄東觀夷言，以爲此注也。

遠夷樂德歌詩曰：

大漢是治，堤官隗搆。與天合意。魏冒踰糟。吏譯平端，罔驛劉脾。不從我來。旁莫支留。聞風向化，徵衣隨旅。所見奇異。知唐桑艾。多賜（贈）〔繒〕布，邪毗𦅾𦄠。甘美酒食。推潭僕遠。昌樂肉飛，拓拒蘇（使）〔便〕。屈申悉備。局後仍離。蠻夷貧薄，僂讓龍洞。無所報嗣。莫支度由。願主長壽，陽雒僧鱗。子孫昌熾。莫穉角存。

遠夷慕德歌詩曰：

蠻夷所處，僂讓皮尼。日入之部。且交陵悟。慕義向化，繩動隨旅。歸日出主。路旦揀雒。聖德深恩，聖德渡諾。與人富厚。魏菌度洗。冬多霜雪，綜邪流藩。夏多和雨。莋邪尋螺。寒溫時適，藐潯瀘灕。部人多有。菌補邪推。涉危歷險，辟危歸險。不遠萬里。莫受萬柳。去俗歸德，術疊附德。心歸慈母。仍路孳摸。

遠夷懷德歌曰：

荒服之外，荒服之儀。土地墝埆。犂籍憐憐。食肉衣皮，阻蘇邪犁。不見鹽穀。莫碭𪊲沐。吏譯傳風，罔譯傳微。大漢安樂。是漢夜拒。攜負歸仁，蹤優路仁。觸冒險陜。雷折險龍。高山岐峻，倫狼藏幢。緣崖磻石。扶路側祿。木薄發家，息落服淫。百宿到洛。理歷髭雒。父子同賜，捕莅菌毗。懷抱匹帛。懷稾匹漏。傳告種人，傳室呼敕。長願臣僕。陵陽臣僕。

肅宗初，輔坐事免。是時郡尉府舍皆有雕飾，畫山神海靈奇禽異獸，以眩燿之，夷人益畏憚焉。和帝永元十二年，旄牛徼外白狼、樓薄蠻夷王唐繒等，遂率種人十七萬口，歸義內屬。詔賜金印紫綬，小豪錢帛各有差。

安帝永初元年，蜀郡三襄種夷與徼外汙衍種并兵三千餘人反叛，攻蠶陵城，殺長吏。二年，青衣道夷邑長令田，〔一〕與徼外三種夷三十一萬口，齎黃金、旄牛毦，〔二〕舉土內屬。安帝增令田爵號爲奉通邑君。延光二年春，旄牛夷叛，攻零關，〔三〕殺長吏，益州刺史張喬與西部都尉擊破之。於是分置蜀郡屬國都尉，領四縣如太守。桓帝永壽二年，蜀郡夷叛，殺略吏民。延熹二年，蜀郡三襄夷寇蠶陵，殺長吏。四年，犍爲屬國夷寇郡界，益州刺史山昱擊破之，斬首千四百級，餘皆解散。靈帝時，以（屬）〔蜀〕郡（蜀）〔屬〕國爲漢嘉郡。

〔一〕令姓，田名。

〔二〕顧野王曰：「毦，結毛爲飾也，即今馬及弓槊上纓毦也。」

〔三〕郡國志零關道屬越巂郡。

冉駹夷者，武帝所開。元鼎六年，以爲汶山郡。至地節三年，〔一〕夷人以立郡賦重，宣帝乃省并蜀郡爲北部都尉。其山有六夷七羌九氐，各有部落。其王侯頗知文書，而法嚴重。貴婦人，黨母族。死則燒其尸。土氣多寒，在盛夏冰猶不釋，故夷人冬則避寒，入蜀爲傭，夏則違暑，反其（衆）〔聚〕邑。皆依山居止，累石爲室，高者至十餘丈，爲邛籠。〔二〕又土地剛鹵，不生穀粟麻菽，唯以麥爲資，而宜畜牧。有旄牛，無角，一名童牛，肉重千斤，毛可爲毦。出名馬。有靈羊，可療毒。〔三〕又有食藥鹿，鹿麑有胎者，其腸中糞亦療毒疾。又有五角羊、麝香、輕毛毼雞、牲牲。〔四〕其人能作旄氈、班罽、青頓、毞毲、羊羧之屬。〔五〕特多雜藥。地有鹹土，煑以爲鹽，麝羊牛馬食之皆肥。〔六〕

〔一〕宣帝年也。

〔二〕按今彼土夷人呼爲「雕」也。

〔三〕本草經曰「零羊角味鹹無毒，主療青盲、蠱毒，去惡鬼，安心氣，彊筋骨」也。

〔四〕郭璞注山海經曰：「毼雞似雉而大，青色，有毛角，鬬敵死乃止。」

〔五〕青頓，毞毲，並未詳，字書無此二字。周書：「伊尹爲四方獻令曰：『正西昆侖、狗國、鬼親、枳已、闟耳、貫匈、雕題、離丘、漆齒，請令以丹青、白旄、紕罽、龍角、神龜爲獻。』湯曰：『善。』」何承天纂文曰：「紕，氐罽也。」音卑疑反。毞即紕也。

〔六〕麢即麢狼也。異物志：「狀似鹿而角觸前向，入林樹掛角，故恆在平淺草中。肉肥脆香美，逐入林則搏之，皮可作履韈，角正四據，南人因以爲牀。」音子兮反。

其西又有三河、槃于虜，北有黃石、北地、盧水胡，其表乃爲徼外。靈帝時，復分蜀郡北部爲汶山郡云。

白馬氐者，武帝元鼎六年開，分廣漢西部，合以爲武都。土地險阻，有麻田，出名馬、牛、羊、漆、蜜。氐人勇戇抵冒，貪貨死利。居於河池，一名仇池，方百頃，四面斗絶。〔一〕數爲邊寇，郡縣討之，則依固自守。元封三年，氐人反叛，遣兵破之，分徙酒泉郡。昭帝元鳳元年，氐人復叛，遣執金吾馬適建、〔二〕龍頟侯韓增、大鴻臚田廣明，將三輔、太常徒討破之。

〔一〕仇池，山，在今成州上祿縣南。三秦記曰：「仇池縣界，本名仇維，山上有池，故曰仇池。山在倉洛二谷之閒，常爲水所衝激，故下石而上土，形似覆壺。」仇池記曰：「仇池百頃，周回九千四十步，天形四方，壁立千仞。自然樓櫓卻敵，分置調均，竦起數丈，有踰人功。仇池凡二十一道，可攀緣而上。東西二門。盤道下至上，凡有七里。上則崗阜低昂，泉流交灌。」酈元注水經云「羊腸盤道三十六回，開山圖謂之仇夷，所謂『積石峨嵯，嶔岑隱阿』者也。上有平田百頃，煮土成鹽，因以百頃爲號」也。

〔二〕姓馬適，名建也。

及王莽篡亂，氐人亦叛。建武初，氐人悉附隴蜀。及隗囂滅，其酋豪乃背公孫述降漢，隴西太守馬援上復其王侯君長，賜以印綬。後囂族人隗茂反，殺武都太守。氐人大豪齊鍾

留爲種類所敬信，威服諸豪，與郡丞孔奮擊茂，破斬之。後亦時爲寇盜，郡縣討破之。

論曰：漢氏征伐戎狄，有事邊遠，蓋亦與王業而終始矣。至於傾沒疆垂，喪師敗將者，不出時歲，卒能開四夷之境，款殊俗之附。若乃文約之所沾漸，風聲之所周流，幾將日所出入處也。〔一〕著自山經、水志者，亦略及焉。雖服叛難常，威澤時曠，及其化行，則緩耳雕腳之倫，獸居鳥語之類，〔二〕莫不舉種盡落，回面而請吏，陵海越障，累譯以內屬焉。故其錄名中郎、校尉之署，〔三〕編數都護、部守之曹，動以數百萬計。若乃藏山隱海之靈物，沈沙棲陸之瑋寶，〔四〕莫不呈表怪麗，雕被宮幄焉。又其賨幏火毳馴禽封獸之賦，軨積於內府；〔五〕夷歌巴舞殊音異節之技，列倡於外門。豈柔服之道，必足於斯？然亦云致遠者矣。蠻夷雖附阻巖谷，而類有土居，連涉荆、交之區，布護巴、庸之外，不可量極。然其凶勇狡筭，薄於羌狄，故陵暴之害，不能深也。西南之徼，尤爲劣焉。故闕守永昌，肇自遠離，啓土立人，至今成都焉。〔六〕

〔一〕文約謂文書要約也。

〔二〕緩耳，儋耳也。獸居謂穴居。

〔三〕謂護匈奴中郎將及戊己校尉等。

〔四〕珠玉、金碧、珊瑚、虎魄之類。

〔五〕火毳卽火浣布也。馴禽，鸚鵡也。封獸，象也。神異經曰：「南方有火山，長四十里，廣四五里。生不燼之木，晝夜火然，得烈風不猛，暴雨不滅。火中有鼠，重百斤，毛長二尺餘，細如絲，恆居火中，時時出外，而色白，以水逐沃之卽死。績其毛，織以作布。用之若汙，以火燒之，則淸潔也。」傅子曰「長老說漢桓時，梁冀作火浣布單衣，會賓客，行酒公卿朝臣前，佯爭酒失杯而汙之，冀僞怒，解衣而燒之，布得火，煒然而熾，如燒凡布，垢盡火滅，粲然絜白，如水澣」也。

〔六〕哀牢夷伐鹿茤不得，乃歸中國，故言肇自遠離。

贊曰：百蠻蠢居，仞彼方徼。鏤體卉衣，憑深阻峭。〔一〕亦有別夷，屯彼蜀表。參差聚落，紆餘岐道。往化既孚，改襟輸寶。〔二〕俾建永昌，同編億兆。

〔一〕蠢，小貌也。鏤體，文身也。卉衣，草服也。

〔二〕孚，信也。襟，衽也。

校勘記

二八二九頁七行　負而走入南山　按：校補謂通志作「負而走入南武山」，多「武」字，以注引武山證之，似今本脫「武」字。

二八三〇頁三行　居(正)〔王〕室　據汲本、殿本改。按：御覽七百八十五引魏略亦作「王」。

二八三〇頁八行　流俗本或有改鑒字爲竪者　御覽七百八十五引此注「竪」作「堅」。按：「鑒」原作「監」，逕改正。又按：本卷原本譌字特多，凡極明顯之譌字，皆逕予改正，不出校記。

二八三一頁一〇行　亂夾以濟其水遂無夾　按：張森楷校勘記謂據左傳，無「其水」字，當有「師」字。

二八三一頁一五行　(賨)胖冬反　據汲本、殿本補。

二八三三頁五行　謁者宗均　集解引惠棟說，謂宗均卽宋均。按：參閱宋均傳校勘記。

二八三三頁九行　(施)〔弛〕刑徒　據汲本改。

二八三三頁一一行　和帝永元四年冬至郡兵擊破降之　按：沈家本謂和紀郡兵破蠻在五年。

二八三三頁一六行　零陵縣屬(武)〔零〕陵郡也　據集解引洪亮吉說改。

二八三四頁一行—六行　冬武陵蠻六千餘人寇江陵至又遣車騎將軍馮緄討武陵蠻　按：此爲延熹三年之冬。沈家本謂按桓紀，延熹三年冬武陵蠻寇江陵，車騎將軍馮緄討，皆降散，荆州刺史度尚討長沙蠻，平之，與此傳相合。而五年又書冬十月武陵蠻叛，寇江陵，以太常馮緄爲車騎將軍討之。馮緄傳亦云延熹五年武陵蠻夷悉反，寇掠江陵間，拜緄爲車騎將軍，將兵十萬討之。度尚傳亦稱延熹五年，擢爲荆州刺史，進擊長沙賊，大破之。則是延熹五年事。緄傳既不言兩討武陵蠻，紀書五年事又與二傳吻合，疑此傳「三年」乃「五年」之譌，而桓紀三年事乃史駁文，而未及刪正者也。

〔二八三四頁六行〕太守廖析　按：汲本、殿本「析」作「沂」。

〔二八三五頁九行〕尚書大傳作別風注雨　按：集解引惠棟說，謂今尚書大傳作「別風淮雨」。

〔二八三七頁一〇行〕帝賜調便金印紫綬　按：刊誤謂國名葉調，其王名便，此作「調便」，衍一「調」字。

〔二八三七頁一三行〕違音卓　汲本、殿本無「違」字。按：此注卽在正文「違」字下，例不重出「違」字，無「違」字是。

〔二八四〇頁七行〕廩君（思）〔伺〕其便　殿本考證謂「思」當依文獻通考作「伺」。又集解引惠棟說，謂「思」當作「伺」，水經注云「廩君因伺便」也。今據改。

〔二八四〇頁一〇行〕按：此注原在「瞫氏」下，依汲本移正。

〔二八四〇頁一三行〕荆州圖（副）曰（副）夷（陵）縣西有溫泉　集解引惠棟說，謂依御覽所引，當云「荆州圖副曰夷陵縣」云云，乙「曰副」字，脫「陵」字。今據改。按：宋刊本御覽無「副」字。

〔二八四〇頁一四行〕夷水〔別出〕巴郡魚復縣　按：集解引惠棟說，謂當依御覽補「別出」二字。今據補。

〔二八四一頁一行〕云與女俱生　按：李慈銘越縵堂日記謂「云」疑當作「子」。

〔二八四一頁一行〕（弗）宜將去　集解引惠棟說，謂世本云「弗宜將去」，去猶藏也，言弗宜藏而不嬰也。今據補。

〔二八四一頁八行〕三十鍭一百四十九　按：刊誤謂鍭三羽當九十，若四矢爲一鍭，則三百六十，無緣得一百四十九，未詳。

〔二八四二頁一二行〕復其渠帥羅朴督鄂度夕龔七姓　按：校補引柳從辰說，謂華陽國志「督」作「昝」。廣韻昝七感反，姓也，出蜀都。

〔二八四三頁二行〕靈帝光和（三）〔二〕年巴郡板楯復叛　按：紀在二年，華陽國志同，今據改。

〔二八四三頁五行〕羌入漢川　按：集解引惠棟說，謂華陽國志「漢川」作「漢中」。

〔二八四三頁六行〕至建和二年　按：集解引惠棟說，謂華陽國志「建和」作「建寧」。

〔二八四三頁九行〕或乃至自（頸）〔剄〕割　校補謂「頸」乃「剄」之譌，通志可證，各本皆未正。今據改。

〔二八四四頁二行〕西極同師　按：集解引惠棟說，謂華陽國志「同」作「桐」。今按：前書亦作「桐師」。

〔二八四五頁四行〕楚頃襄王時　按：「頃」原譌「傾」，逕據殿本、集解本改正。

〔二八四五頁五行〕以且蘭（有）椓船牂柯處　據汲本、殿本補。

〔二八四五頁一四行〕番禺縣之西有江浦焉　按：集解引沈欽韓說，謂「番禺」當爲「牂柯」之譌。

〔二八四六頁七行〕寧始將軍廉丹　按：「始」原譌「姑」，逕改正。

〔二八四六頁一三行〕建（伶）〔伶〕　據集解本改。按：汲本作「建憐」，校補謂殿本及通志皆作「伶」，故書以伶爲憐之俗體，故又轉寫作「憐」，但華陽國志及前、續志均作「伶」，案前志益州郡建伶，應劭曰音鈴，則作「伶」作「憐」皆誤也。

〔二八四七頁七行〕故諸葛（亮）表云　據汲本、殿本補。

〔二八四七頁九行〕置不韋縣徙南越相呂嘉子孫宗族資之　按：「置」字原誤分爲「出直」二字，逕據汲本、殿本改正。又按：刊誤謂「資」當作「實」。沈家本謂案郡國志注作「居」，則「資」乃「居」之譌，不當作「實」。

〔二八四七頁一〇行〕蜀郡王追爲太守　按：集解引惠棟說，謂「追」字乃「阜」字之誤。

〔二八四八頁一行〕其先有婦人名沙壹　按：集解引惠棟說，謂「壹」華陽國志作「壺」，水經注作「壺」。

〔二八四八頁三行〕背龍而坐　按：集解引惠棟說，謂「背」一作「陪」。

〔二八四八頁一〇行〕子屆（粟）〔栗〕代　據殿本、集解本改。

〔二八四八頁一二行〕其王賢栗遣兵乘箄船　按：王先謙謂華陽國志「賢栗」作「屆栗」。又集解引惠棟說，謂水經注「箄船」作「革船」。

〔二八四八頁一二行〕南下江漢擊附塞夷鹿茤　按：集解引沈欽韓說，謂「江漢」字誤，當爲「瀾滄」。又引惠棟說，謂水經注「鹿茤」作「鹿崩」。

〔二八四九頁五行〕哀牢王柳貌　集解引惠棟說，謂華陽國志「柳貌」作「抑狼」。按：校補引柳從辰說，謂通鑑亦作「柳貌」，與傳同，御覽七八六引乃作「柳邈」。惠氏據華陽國志作「抑狼」，與漢魏叢書本合，廖寅本又作「柳狠」。柳、抑與貌、狼、邈均形近易譌，無從確定也。

〔二八五〇頁七行〕廣（雅）〔志〕曰　據集解引惠棟說改。

〔二八五〇頁一四行〕執還內牢中　按：校補謂通志注「中」作「土」，連下爲句。

〔二八五一頁四行〕攻（越）巂唐城　集解引惠棟說，謂續書天文志云「攻巂唐城」，衍「越」字。今據刪。

〔二八五一頁九行〕敦忍乙王莫延　按：通志「敦」作「郭」。殿本「莫」作「慕」，校補謂通志作「莫」，與毛本合。

〔二八五二頁六行〕姥憐之餄之　按：校補謂通志注上「之」字作「而」。

〔二八五二頁七行〕令因大忿（姥）恨責〔姥〕出蛇　據汲本、殿本改。按：校補謂通志作「令因大忿姥，限責出蛇」。

〔二八五二頁一四行〕（廉平）〔飛乎〕唐虞　按：校補謂案通志注，「廉平」乃「飛乎」之譌，各本皆失正。今據改。

〔二八五三頁一行〕郡守枚根　按：集解引惠棟說，謂風俗通「枚根」作「牧稂」。

〔二八五三頁一行〕邛人長貴　按：集解引惠棟說，謂案前書西南夷傳及袁宏紀，乃任貴也，岑彭傳亦云「邛穀王任貴」，誤「長」字，脫「任」字。下倣此。

〔二八五三頁九行〕續漢（書）志曰蘇祈縣屬越巂郡　按：「書」字衍，今刪。續志「蘇祈」作「蘇示」。

〔二八五四頁一四行〕益州刺史梁國朱輔　按：集解引惠棟說，謂馬嚴傳「輔」作「酺」。

〔二八五五頁五行〕犍爲郡掾田恭　集解引惠棟說，謂「田恭」通鑑作「由恭」。今按：通鑑胡注，由，姓也，秦有由余，或曰楚王孫由子之後。

二八五五頁八行　梁國寧陵人也　按：「人」字原脫，逕據汲本、殿本補。

二八五六頁三行　堤官隗搆　汲本作「提官傀搆」，殿本作「提官隗搆」。按：校補謂通志作「提宮隗搆」。

二八五六頁三行　與天合意　汲本、殿本作「與天意合」。按：集解引惠士奇說，謂「合」當作「會」。

二八五六頁三行　罔驛劉脾　殿本、集解本「驛」作「譯」。按：校補謂通志作「譯」。

二八五六頁三行　旁莫支留　按：校補謂通志「莫」作「草」。

二八五六頁四行　多賜(贈)〔繒〕布　據汲本、殿本改。

二八五六頁四行　邪毗𦅾𦀖　按：校補謂通志「𦅾」作「堪」。

二八五六頁五行　拓拒蘇(使)〔便〕　據汲本、殿本及通志改。

二八五六頁八行　僂讓皮尼　汲本「皮」作「彼」。按：校補謂通志作「屢讓被尼」。

二八五六頁八行　路旦𢱧雒　汲本作「路且揀雒」，殿本作「路且倲雒」。按：校補謂通志作「路且倲雒」。

二八五六頁九行　魏菌度洗　按：汲本「度」作「渡」。

二八五六頁一二行　遠夷懷德歌　按：校補謂樂德、慕德二章皆言「歌詩」，獨懷德一章僅言「歌」，不言「詩」，明脫一「詩」字。

二八五六頁一三行　莫碭麤沐　按：校補謂通志作「莫楊麤水」。

二八五六頁一四行　罔譯傳微　按：校補謂通志「微」作「徽」。

二八五六頁一五行　倫狼藏幢　汲本「幢」作「幡」。按：校補謂通志作「隥」。

二八五六頁一五行　理歷髟雒　按：汲本、殿本「歷」作「癧」，通志同。

二八五七頁一行　傳室呼敕　汲本、殿本「室」作「言」。按：校補謂通志作「室」。又按：校補謂以上異字，方言轉譯難明，聲讀今古有異，東觀記又僅存輯本，無從定其得失矣。

二八五七頁三行　旄牛徼外白狼樓薄蠻夷王唐繒等　按：沈家本謂和帝紀「樓薄」作「褸薄」。

二八五七頁一〇行　以(屬)〔蜀〕郡(蜀)〔屬〕國爲漢嘉郡　據汲本、殿本改。

二八五八頁三行　反其(衆)〔聚〕邑　據元龜九百六十改。按：汲本、殿本作「反其邑」，無「衆」字，而下「皆依山居止」句上則有「衆」字，疑邑衆二字譌倒也。

二八五八頁一〇行　零羊角味鹹無毒　汲本、殿本「零」作「靈」。按：零靈通作。御覽七九一引作「羺」。

二八五九頁一二行　姓馬適名建也　按御覽七九一引原注作「姓馬名適建」。

二八六〇頁六行　編數都護部守之曹　按：刊誤謂「部」字合作「郡」。

二八六〇頁七行　軨積於內府　按：刊誤謂「軨」字誤，當作「駢」字。

後漢書卷八十七

西羌傳第七十七

西羌之本，出自三苗，姜姓之別也。其國近南岳。〔一〕及舜流四凶，徙之三危，〔二〕河關之西南羌地是也。〔三〕濱於賜支，至乎河首，緜地千里。賜支者，禹貢所謂析支者也。南接蜀、漢徼外蠻夷，西北(接)鄯善、車師諸國。所居無常，依隨水草。地少五穀，以產牧爲業。其俗氏族無定，或以父名母姓爲種號。十二世後，相與婚姻，父沒則妻後母，兄亡則納釐嫂，〔四〕故國無鰥寡，種類繁熾。不立君臣，無相長一，強則分種爲酋豪，弱則爲人附落，更相抄暴，以力爲雄。殺人償死，無它禁令。其兵長在山谷，短於平地，不能持久，而果於觸突，以戰死爲吉利，病終爲不祥。堪耐寒苦，同之禽獸。雖婦人產子，亦不避風雪。性堅剛勇猛，得西方金行之氣焉。〔五〕

〔一〕衡山也。

〔二〕三危，山，在今沙州敦煌縣東南，山有三峯，故曰三危也。

〔三〕河關，縣，屬金城郡。已上並續漢書文。

〔四〕寡婦曰釐，力之反。

〔五〕黃帝素問曰：「西方者，金(玉)〔王〕之域，沙石之處，其人山居而多風，水土剛強。」

王政脩則賓服，德教失則寇亂。昔夏后氏太康失國，〔一〕四夷背叛。及后相即位，乃征畎夷，〔二〕七年然後來賓。至于后泄，始加爵命，由是服從。〔三〕后桀之亂，畎夷入居邠岐之閒，〔四〕成湯既興，伐而攘之。及殷室中衰，諸夷皆叛。至于武丁，征西戎、鬼方，三年乃克。〔五〕故其詩曰：「自彼氐羌，莫敢不來王。」〔六〕

〔一〕太康，夏啓之子，盤于游田，不恤人事，爲羿所逐，不得反國也。

〔二〕后相即太康孫，仲康之子。

〔三〕泄，啓八代孫，帝芒之子也。

〔四〕邠，今豳州也。岐即岐州也。

〔五〕武丁，殷王也。易曰：「高宗伐鬼方。」前書音義曰：「鬼方，遠方也。」

〔六〕殷頌之文。

及武乙暴虐，犬戎寇邊，〔一〕周古公踰梁山而避于岐下。〔二〕及子季歷，遂伐西落鬼戎。〔三〕太丁之時，季歷復伐燕京之戎，戎人大敗周師。〔四〕後二年，周人克余無之戎，於是太丁命季歷爲牧師。〔五〕自是之後，更伐始呼、翳徒之戎，皆克之。〔六〕及文王爲西伯，西有

昆夷之患，北有獫狁之難，遂攘戎狄而戍之，莫不賓服。〔七〕乃率西戎，征殷之叛國以事紂。〔八〕

〔一〕帝武乙卽武丁（五）〔三〕代孫。無道，爲偶人像，謂之天神，與之博，令人代之行，天神不勝，而僇辱之。又爲革囊盛血，仰而射之，命曰「射天」。遂被雷震而死。
〔二〕梁山在今雍州好畤縣西北。古公，文王之祖也。岐山在扶風郡也。
〔三〕竹書紀年「武乙三十五年，周王季伐西落鬼戎，俘二十翟王」也。
〔四〕太丁，武（丁）〔乙〕子也。竹書紀年曰：「太丁二年，周人伐燕京之戎，周師大敗」也。
〔五〕季歷，文王之父也。竹書紀年曰：「太丁四年，周人伐余無之戎，克之。周王季命爲殷牧師也。」
〔六〕竹書紀年曰「太丁七年，周人伐始呼之戎，克之。十一年，周人伐翳徒之戎，捷其三大夫」也。
〔七〕見詩小雅采薇篇。
〔八〕左傳晉韓獻子曰：「文王率殷之叛國以事紂，惟知時。」

及武王伐商，羌、髳率師會于牧野。〔一〕至穆王時，戎狄不貢，王乃西征犬戎，獲其五王，又得四白鹿，四白狼，〔二〕王遂遷戎于太原。夷王衰弱，〔三〕荒服不朝，乃命虢公率六師伐太原之戎，至于俞泉，獲馬千匹。〔四〕厲王無道，戎狄寇掠，乃入犬丘，殺秦仲之族，〔五〕王命伐戎，不克。及宣王立四年，使秦仲伐戎，爲戎所殺，王乃召秦仲子莊公，與兵七千人，伐戎破之，由是少卻。後二十七年，王遣兵伐太原戎，不克。後五年，王伐條戎、奔戎，王師敗

績。後二年，晉人敗北戎于汾隰，〔六〕戎人滅姜侯之邑。明年，王征申戎，破之。後十年，幽王命伯士伐六濟之戎，軍敗，伯士死焉。〔七〕其年，戎圍犬丘，虜秦襄公之兄伯父。時幽王昏虐，四夷交侵，遂廢申后而立襃姒。申侯怒，與戎寇周，殺幽王於酈山，周乃東遷洛邑，秦襄公攻戎救周。後二年，邢侯大破北戎。

〔一〕尚書曰：「庸、蜀、羌、髳、微、盧、彭、濮人。」孔安國注曰：「皆蠻夷戎狄也。」
〔二〕見史記。
〔三〕夷王，穆王孫，名燮也。
〔四〕見竹書紀年。
〔五〕犬丘，縣名，秦曰廢丘，漢曰槐里也。
〔六〕二水名。
〔七〕並見竹書紀年。

及平王之末，周遂陵遲，戎逼諸夏，自隴山以東，及乎伊、洛，往往有戎。於是渭首有狄、䝠、邽、冀之戎，〔一〕涇北有義渠之戎，〔二〕洛川有大荔之戎，〔三〕渭南有驪戎，伊、洛閒有楊拒、泉皋之戎，〔四〕潁首以西有蠻氏之戎。〔五〕當春秋時，閒在中國，與諸夏盟會。魯莊公伐秦取邽、冀之戎。後十餘歲，晉滅驪戎。是時，伊、洛戎強，東侵曹、魯，〔六〕後十九年，遂入王城，於是秦、晉伐戎以救周。〔七〕後二年，又寇京師，齊桓公徵諸侯戍周。後九年，陸渾戎自瓜州遷于伊川，〔八〕允姓戎遷于渭汭，〔九〕東及轘轅。在河南山北者號曰陰戎，陰戎之種遂以滋廣。〔一〇〕晉文公欲脩霸業，乃賂戎狄通道，以匡王室。秦穆公得戎人由余，遂霸西戎，開地千里。〔一一〕及晉悼公，又使魏絳和諸戎，復脩霸業。〔一二〕是時楚、晉強盛，威服諸戎，陸渾、伊、洛、陰戎事晉，而蠻氏從楚。後陸渾叛晉，晉令荀吳滅之。〔一三〕後四十四年，楚執蠻氏而盡囚其人。是時義渠、大荔最強，築城數十，皆自稱王。

〔一〕狄卽狄道，䝠卽䝠道，邽卽上邽縣，冀卽冀縣也。
〔二〕義渠，縣，屬北地郡也。
〔三〕洛川卽洛水。大荔，古戎國，秦獲之，改曰臨晉，今同州城是也。
〔四〕杜預注左傳云：「楊拒，戎邑也。」
〔五〕左傳曰：「單浮餘（國）〔圍〕蠻氏。」杜預注云：「梁南有霍陽山，皆蠻子之邑。」
〔六〕左傳莊公十八年，公追戎于濟西。杜預注，戎侵魯，魯人不知，去乃追之。二十四年戎侵曹也。
〔七〕事並見左傳僖公十〔二〕〔一〕年。
〔八〕瓜州，今瓜州也。事見僖〔公〕二十二年。
〔九〕允姓，陰戎之祖，與三苗俱放三危。見左傳。
〔一〇〕左傳哀公四年：「蠻子赤奔晉陰地。」杜預注曰：「陰地，河南山北，自上雒以東至陸渾。」

〔一一〕由余，其先晉人也，亡入戎。戎王聞穆公賢，使由余觀秦，秦穆公以客禮待之。秦遺戎王以女樂，由余諫，不聽，由余乃降秦，爲謀伐戎。
〔一二〕魏絳，晉大夫。見左傳襄公十一年。
〔一三〕荀吳，晉大夫中行穆子也。見左傳昭公元年。

至周貞王八年，秦厲公滅大荔，取其地。趙亦滅代戎，卽北戎也。韓、魏復共稍并伊、洛、陰戎，滅之。其遺脫者皆逃走，西踰汧、隴。〔一〕自是中國無戎寇，唯餘義渠種焉。至貞王二十五年，秦伐義渠，虜其王。〔二〕後十四年，義渠侵秦至渭陰。後百許年，義渠敗秦師于洛。後四年，義渠國亂，秦惠王遣庶長操將兵定之，〔三〕義渠遂臣於秦。後八年，秦伐義渠，取郁郅。〔四〕後二年，義渠敗秦師于李伯。〔五〕明年，秦伐義渠，取徒涇二十五城。〔六〕及昭王立，義渠王朝秦，遂與昭王母宣太后通，生二子。至王赧四十三年，宣太后誘殺義渠王於甘泉宮，因起兵滅之，始置隴西、北地、上郡焉。

〔一〕汧山、隴山之閒也，在今隴州汧源縣。
〔二〕卽厲公二十三年伐也。
〔三〕操，名也。庶長，秦爵也。事見史記。
〔四〕縣名，屬北地郡。

〔五〕李伯，地名，未詳。

〔六〕徒涇，縣名，屬西河郡。

戎本無君長，夏后氏末及商周之際，或從侯伯征伐有功，天子爵之，以爲藩服。春秋時，陸渾、蠻氏戎稱子，戰國世，大荔、義渠稱王，及其衰亡，餘種皆反舊爲酋豪云。

羌無弋爰劒者，秦厲公時爲秦所拘執，以爲奴隸。不知爰劒何戎之別也。後得亡歸，而秦人追之急，藏於巖穴中得免。羌人云爰劒初藏穴中，秦人焚之，有景象如虎，爲其蔽火，得以不死。既出，又與劓女遇於野，〔一〕遂成夫婦。女恥其狀，被髮覆面，羌人因以爲俗，遂俱亡入三河閒。〔二〕諸羌見爰劒被焚不死，怪其神，共畏事之，推以爲豪。河湟閒少五穀，多禽獸，以射獵爲事，〔三〕爰劒敎之田畜，遂見敬信，廬落種人依之者日益衆。羌人謂奴爲無弋，以爰劒嘗爲奴隸，故因名之。其後世世爲豪。

〔一〕劓，截鼻也。

〔二〕續漢書曰：「遂俱亡入河湟閒。」今此言三河，卽黃河、賜支河、湟河也。

〔三〕湟水出金城郡臨羌縣。

至爰劒曾孫忍時，秦獻公初立，欲復穆公之迹，〔一〕兵臨渭首，滅狄豲戎。〔二〕忍季父卬

畏秦之威，將其種人附落而南，出賜支河曲西數千里，與衆羌絕遠，不復交通。其後子孫分別，各自爲種，任隨所之。或爲氂牛種，越嶲羌是也；或爲白馬種，廣漢羌是也；或爲參狼種，武都羌是也。忍及弟舞獨留湟中，並多娶妻婦。忍生九子爲九種，舞生十七子爲十七種，羌之興盛，從此起矣。

〔一〕穆公霸有西戎，公今欲復之。

〔二〕豲音丸。

及忍子研立，時秦孝公雄強，威服羌戎。孝公使太子駟率戎狄九十二國朝周顯王。研至豪健，故羌中號其後爲研種。及秦始皇時，務并六國，以諸侯爲事，兵不西行，故種人得以繁息。秦既兼天下，使蒙恬將兵略地，西逐諸戎，北卻衆狄，築長城以界之，衆羌不復南度。

至于漢興，匈奴冒頓兵強，破東胡，走月氏，威震百蠻，臣服諸羌。景帝時，研種留何率種人求守隴西塞，於是徙留何等於狄道、安故，至臨洮、氐道、羌道縣。〔一〕及武帝征伐四夷，開地廣境，北卻匈奴，西逐諸羌，乃度河、湟，築令居塞；〔二〕初開河西，列置四郡，〔三〕通道玉門，隔絕羌胡，使南北不得交關。於是障塞亭燧出長城外數千里。時先零羌與封養牢姐種解仇結盟，〔四〕與匈奴通，合兵十餘萬，共攻令居、安故，遂圍枹罕。〔五〕漢遣將軍李息、郎中令徐自爲將兵十萬人擊平之。始置護羌校尉，持節統領焉。羌乃去湟中，依西海、鹽池左右。〔六〕漢遂因山爲塞，河西地空，稍徙人以實之。

〔一〕氐音丁令反。五縣並屬隴西郡。

〔二〕令居，縣，屬金城郡。令音零。

〔三〕酒泉、武威、張掖、敦煌也。

〔四〕姐音紫。

〔五〕安故，縣，屬隴西郡。枹罕，縣，屬金城郡。枹音鈇。

〔六〕金城郡臨羌縣有鹽池也。

至宣帝時，遣光祿大夫義渠安國〔一〕覘行諸羌，其先零種豪言：「願得度湟水，逐人所不田處以爲畜牧。」安國以事奏聞，後將軍趙充國以爲不可聽。後因緣前言，遂度湟水，郡縣不能禁。至元康三年，先零乃與諸羌大共盟誓，將欲寇邊。帝聞，復使安國將兵觀之。安國至，召先零豪四十餘人斬之，因放兵擊其種，斬首千餘級。於是諸羌怨怒，遂寇金城。乃遣趙充國與諸將將兵六萬人擊破平之。至研十三世孫燒當立。元帝時，彡姐等七種羌寇隴西，〔二〕遣右將軍馮奉世擊破降之。從爰劒種五世至研，研最豪健，自後以研爲種號。十三世至燒當，復豪健，其子孫更以燒當爲種號。自彡姐羌降之後數十年，四夷賓服，邊塞無

事。至王莽輔政，欲燿威德，以懷遠爲名，乃令譯諷旨諸羌，使共獻西海之地，初開以爲郡，築五縣，邊海亭燧相望焉。〔三〕

〔一〕義渠，姓也。

〔二〕彡音先廉反，又所廉反。姐音紫。

〔三〕燧，烽也。

滇良者，燒當之玄孫也。時王莽末，四夷內侵，及莽敗，衆羌遂還據〔西海〕爲寇。更始、赤眉之際，羌遂放縱，寇金城、隴西。隗囂雖擁兵而不能討之，乃就慰納，因發其衆與漢相拒。建武九年，隗囂死，司徒掾班彪上言：「今涼州部皆有降羌，羌胡被髮左衽，而與漢人雜處，習俗既異，言語不通，數爲小吏黠人所見侵奪，窮恚無聊，故致反叛。夫蠻夷寇亂，皆爲此也。舊制益州部置蠻夷騎都尉，幽州部置領烏桓校尉，涼州部置護羌校尉，皆持節領護，理其怨結，歲時循行，問所疾苦。又數遣使驛通動靜，使塞外羌夷爲吏耳目，州郡因此可得儆備。今宜復如舊，以明威防。」光武從之，卽以牛邯爲護羌校尉，持節如舊。及邯卒而職省。十年，先零豪與諸種相結，復寇金城、隴西，遣中郎將來歙等擊之，大破。事已具歙傳。十一年夏，先零種復寇臨洮，隴西太守馬援破降之。後悉歸服，徙置天水、隴西、扶

風三郡。明年，武都參狼羌反，援又破降之。事已具援傳。

自燒當至滇良，世居河北大允谷，種小人貧。而先零、卑湳並皆強富，數侵犯之。〔一〕滇良父子積見陵易，憤怒，而素有恩信於種中，於是集會附落及諸雜種，乃從大榆入，掩擊先零、卑湳，大破之，殺三千人，掠取財畜，奪居其地大榆中，由是始強。

〔一〕湳音乃感反。

滇良子滇吾立。中元元年，武都參狼羌反，殺略吏人，太守與戰不勝，隴西太守劉盱遣從事辛都、監軍掾李苞，將五千人赴武都，與羌戰，斬其酋豪，首虜千餘人。時武都兵亦更破之，斬首千餘級，餘悉降。時滇吾附落轉盛，常雄諸羌，每欲侵邊者，滇吾轉教以方略，爲其渠帥。二年秋，燒當羌滇吾與弟滇岸率步騎五千寇隴西塞，劉盱遣兵於枹罕擊之，不能克，又戰於允街，〔一〕爲羌所敗，殺五百餘人。於是守塞諸羌皆復相率爲寇。遣謁者張鴻領諸郡兵擊之，戰於允吾、唐谷，〔二〕軍敗，鴻及隴西長史田颯皆沒。又天水兵爲牢姐種所敗於白石，死者千餘人。〔三〕

〔一〕允音鈆。街音階。縣名，屬金城郡。

〔二〕允音鈆。吾音牙。縣名，屬金城郡。唐谷故城在今鄯州湟水縣西也。

〔三〕白石，縣名，屬金城郡，有白石山。

時燒何豪有婦人比銅鉗者，年百餘歲，多智筭，爲種人所信向，皆從取計策。時爲盧水胡所擊，比銅鉗乃將其衆來依郡縣。種人頗有犯法者，臨羌長收繫比銅鉗，而誅殺其種六七百人。顯宗憐之，乃下詔曰：「昔桓公伐戎而無仁惠，故春秋貶曰『齊人』。〔一〕今國家無德，恩不及遠，羸弱何辜，而當并命！夫長平之暴，非帝者之功，〔二〕咎由太守長吏妄加殘戮。比銅鉗尚生者，所在致醫藥養視，令招其種人，若欲歸故地者，厚遣送之。其小種若束手自詣，欲効功者，皆除其罪。若有逆謀爲吏所捕，而獄狀未斷，悉以賜有功者。」

〔一〕春秋莊公三十年：「齊人伐山戎。」公羊傳曰：「此齊侯也。其稱人何？貶也。」何休注云：「戎亦天地之所生，乃迫殺之，惡不仁也。」

〔二〕言帝王好生惡殺，故不以爲功也。史記曰，白起，昭王時爲上將軍，擊趙，趙不利，將軍趙括與六十萬人請降，起乃盡阬之，遺其小者二百四十人。

永平元年，復遣中郎將竇固、捕虜將軍馬武等擊滇吾於西邯，大破之。事已具武等傳。滇吾遠引去，餘悉散降，徙七千口置三輔。以謁者竇林領護羌校尉，居狄道。林爲諸羌所信，而滇岸遂詣林降。林爲下吏所欺，謬奏上滇岸以爲大豪，承制封爲歸義侯，加號漢大都尉。明年，滇吾復降，林復奏其第一豪，與俱詣闕獻見。帝怪一種兩豪，疑其非實，以事詰林。林辭窘，〔一〕乃僞對曰：「滇岸卽滇吾，隴西語不正耳。」帝窮驗知之，怒而免林官。會涼州刺史又奏林臧罪，遂下獄死。謁者郭襄代領校尉事，到隴西，聞涼州羌盛，還詣闕，抵罪，於是復省校尉官。滇吾子東吾立，以父降漢，乃入居塞內，謹愿自守。而諸弟迷吾等數爲寇盜。

〔一〕窘，窮也。

肅宗建初元年，安夷縣吏略妻卑湳種羌婦，吏爲其夫所殺，安夷長宗延追之出塞，〔一〕種人恐見誅，遂共殺延，而與勒姐及吾良二種相結爲寇。隴西太守孫純遣從事李睦及金城兵會和羅谷，與卑湳等戰，斬首虜數百人。復拜故度遼將軍吳棠領護羌校尉，居安夷。二年夏，迷吾遂與諸衆聚兵，欲叛出塞。金城太守郝崇追之，戰於荔谷，崇兵大敗，崇輕騎得脫，死者二千餘人。於是諸種及屬國盧水胡悉與相應，吳棠不能制，坐徵免。武威太守傅育代爲校尉，移居臨羌。迷吾又與封養種豪布橋等五萬餘人共寇隴西、漢陽，於是遣行車騎將軍馬防、長水校尉耿恭副，討破之。於是臨洮、索西、迷吾等悉降。防乃築索西城，〔二〕徙隴西南部都尉戍之，悉復諸亭候。至元和三年，迷吾復與弟號吾諸雜種反叛。秋，號吾先輕入寇隴西界，郡督烽掾李章追之，生得號吾，將詣郡。號吾曰：「獨殺我，無損於羌。誠得生歸，必悉罷兵，不復犯塞。」隴西太守張紆權宜放遣，羌卽爲解散，各歸故地，迷吾退居河北歸義城。傅育不欲失信伐之，乃募人鬬諸羌胡，羌胡不肯，遂復叛出塞，更依迷吾。

〔一〕安夷，縣名，屬金城郡。

〔二〕故城在今洮州。

章和元年，育上請發隴西、張掖、酒泉各五千人，諸郡太守將之，育自領漢陽、金城五千人，合二萬兵，與諸郡剋期擊之，令隴西兵據河南，張掖、酒泉兵遮其西。並未及會，育軍獨進。迷吾聞之，徙廬落去。育選精騎三千窮追之，夜至建威南三兜谷，去虜數里，須旦擊之，不設備。迷吾乃伏兵三百人，夜突育營，營中驚壞散走，育下馬手戰，殺十餘人而死，死者八百八十人。及諸郡兵到，羌遂引去。育，北地人也。顯宗初，爲臨羌長，與捕虜將軍馬武等擊羌滇吾，功冠諸軍；及在武威，威聲聞於匈奴。食祿數十年，秩奉盡贍給知友，妻子不免操井臼。肅宗下詔追褒美之。封其子毅爲明進侯，七百戶。以隴西太守張紆代爲校尉，將萬人屯臨羌。

迷吾既殺傅育，狃（忕）〔忲〕邊利。〔一〕章和元年，復與諸種步騎七千人入金城塞。張紆遣從事司馬防將千餘騎及金城兵會戰於木乘谷，迷吾兵敗走，因譯使欲降，紆納之。遂將種人詣臨羌縣，紆設兵大會，施毒酒中，羌飲醉，紆因自擊，伏兵起，誅殺酋豪八百餘人。斬迷吾等五人頭，以祭育冢。復放兵擊在山谷閒者，斬首四百餘人，得生口二千餘人。迷吾子迷唐及其種人向塞號哭，與燒何、當煎、當闐等相結，以子女及金銀娉納諸種，解仇交質，將五千人寇隴西塞，太守寇盱與戰於白石，迷唐不利，引還大、小榆谷，北招屬國諸胡，會集附落，種衆熾盛，張紆不能討。永元元年，紆坐徵，以張掖太守鄧訓代爲校尉，稍以賞賂離閒之，由是諸種少解。

〔一〕狃（伏）〔忕〕，慣習也。狃音女九反。（伏）〔忕〕音時制反。

東吾子東號立。是時號吾將其種人降。校尉鄧訓遣兵擊迷唐，迷唐去大、小榆谷，徙居頗巖谷。和帝永元四年，訓病卒，蜀郡太守聶尚代爲校尉。尚見前人累征不克，欲以文德服之，乃遣驛使招呼迷唐，使還居大、小榆谷。迷唐既還，遣祖母卑缺詣尚，尚自送至塞下，爲設祖道，令譯田汜等五人護送至廬落。迷唐因而反叛，遂與諸種共生屠裂汜等，以血盟詛，復寇金城塞。五年，尚坐徵免，居延都尉貫友代爲校尉。友以迷唐難用德懷，終於叛亂，乃遣驛使搆離諸種，誘以財貨，由是解散。友乃遣兵出塞，攻迷唐於大、小榆谷，獲首虜八百餘人，收麥數萬斛，遂夾逢留大河築城塢，作大航，造河橋，欲度兵擊迷唐。迷唐乃率部落遠依賜支河曲。至八年，友病卒，漢陽太守史充代爲校尉。充至，遂發湟中羌胡出塞擊迷唐，而羌迎敗充兵，殺數百人。明年，充坐徵，代郡太守吳祉代爲校尉。其秋，迷唐率八千人寇隴西，殺數百人，乘勝深入，脅塞內諸種羌共爲寇盜，衆羌復悉與相應，合步騎三萬人，擊破隴西兵，殺大夏長。〔一〕遣行征西將軍劉尚、越騎校尉趙代副，將北軍五營、黎陽、

雍營、三輔積射及邊兵羌胡三萬人討之。〔二〕尚屯狄道，代屯枹罕。尚遣司馬寇盱監諸郡兵，四面並會。迷唐懼，弃老弱奔入臨洮南。尚等追至高山。迷唐窮迫，率其精強大戰。盱斬虜千餘人，得牛馬羊萬餘頭。迷唐引去。漢兵死傷亦多，不能復追，乃還入塞。明年，尚、代並坐畏懦徵下獄，免。謁者王信領尚營屯枹罕，謁者耿譚領代營屯白石。譚乃設購賞，諸種頗來內附。迷唐恐，乃請降。信、譚遂受降罷兵，遣迷唐詣闕。其餘種人不滿二千，飢窘不立，入居金城。和帝令迷唐將其種人還大、小榆谷。迷唐以爲漢作河橋，兵來無常，故地不可復居，辭以種人飢餓，不肯遠出。吳祉等乃多賜迷唐金帛，令糴穀市畜，促使出塞，種人更懷猜驚。十二年，遂復背叛，乃脅將湟中諸胡，寇鈔而去。王信、耿譚、吳祉皆坐徵，以酒泉太守周鮪代爲校尉。明年，迷唐復還賜支河曲。

〔一〕大夏，縣名，屬隴西郡。

〔二〕五營即五校也。雍營即扶風都尉屯也。黎陽營解見南匈奴傳也。

初，累姐種附漢，迷唐怨之，遂擊殺其酋豪，由是與諸種爲讎，黨援益疎。其秋，迷唐復將兵向塞，周鮪與金城太守侯霸，及諸郡兵、屬國湟中月氏諸胡、隴西牢姐羌，合三萬人，出塞至允川，與迷唐戰。周鮪還營自守，唯侯霸兵陷陳，斬首四百餘級。羌衆折傷，種人瓦解，降者六千餘口，分徙漢陽、安定、隴西。迷唐遂弱，其種衆不滿千人，遠踰賜支河首，依

發羌居。明年，周鮪坐畏懦徵，侯霸代爲校尉。安定降羌燒何種脅諸羌數百人反叛，郡兵擊滅之，悉沒入弱口爲奴婢。

時西海及大、小榆谷左右無復羌寇。隃麋相曹鳳上言：〔一〕「西戎爲害，前世所患，臣不能紀古，且以近事言之。自建武以來，其犯法者，常從燒當種起。所以然者，以其居大、小榆谷，土地肥美，又近塞內，諸種易以爲非，難以攻伐。南得鍾存以廣其衆，北阻大河因以爲固，又有西海魚鹽之利，緣山濱水，以廣田蓄，故能彊大，常雄諸種，恃其權勇，招誘羌胡。今者衰困，黨援壞沮，親屬離叛，餘勝兵者不過數百，亡逃棲竄，遠依發羌。臣愚以爲宜及此時，建復西海郡縣，規固二榆，廣設屯田，隔塞羌胡交關之路，遏絕狂狡窺欲之源。又殖穀富邊，省委輸之役，國家可以無西方之憂。」於是拜鳳爲金城西部都尉，將徙士屯龍耆。〔二〕後金城長史上官鴻上開置歸義、建威屯田二十七部，侯霸復上置東西邯屯田五部，〔三〕增留、逢二部，帝皆從之。列屯夾河，合三十四部。其功垂立。至永初中，諸羌叛，乃罷。迷唐失衆，病死。有一子來降，戶不滿數十。

〔一〕隃麋，縣名，屬右扶風。

〔二〕龍耆即龍支也，今鄯州縣。

〔三〕邯，水名。邯分流左右，在今廓州。

東號子麻奴立。初隨父降，居安定。時諸降羌布在郡縣，皆爲吏人豪右所徭役，積以愁怨。安帝永初元年夏，遣騎都尉王弘發金城、隴西、漢陽羌數百千騎征西域，弘迫促發遣，羣羌懼遠屯不還，行到酒泉，多有散叛。諸郡各發兵徼遮，或覆其廬落。於是勒姐、當煎大豪東岸等愈驚，遂同時奔潰。麻奴兄弟因此遂與種人俱西出塞。

先零別種滇零與鍾羌諸種大爲寇掠，斷隴道。時羌歸附既久，無復器甲，或持竹竿木枝以代戈矛，或負板案以爲楯，或執銅鏡以象兵，郡縣畏懦不能制。冬，遣車騎將軍鄧騭、征西校尉任尚副，將五營及三河、三輔、汝南、南陽、潁川、太原、上黨兵合五萬人，屯漢陽。明年春，諸郡兵未及至，鍾羌數千人先擊敗騭軍於冀西，殺千餘人。校尉侯霸坐衆羌反叛徵免，以西域都護段禧代爲校尉。其冬，騭使任尚及從事中郎司馬鈞率諸郡兵與滇零等數萬人戰於平襄，〔一〕尚軍大敗，死者八千餘人。於是滇零等自稱「天子」於北地，招集武都、參狼、上郡、西河諸雜種，衆遂大盛，東犯趙、魏，南入益州，殺漢中太守董炳，遂寇鈔三輔，斷隴道。湟中諸縣粟石萬錢，百姓死亡不可勝數。朝廷不能制，而轉運難劇，遂詔騭還師，留任尚屯漢陽，爲諸軍節度。朝廷以鄧太后故，迎拜騭爲大將軍，封任尚樂亭侯，食邑三百戶。

〔一〕縣名，屬漢陽郡。

三年春，復遣騎都尉任仁督諸郡屯兵救三輔。仁戰每不利，衆羌乘勝，漢兵數挫。當煎、勒姐種攻沒破羌縣，鍾羌又沒臨洮縣，生得隴西南部都尉。明年春，滇零遣人寇褒中，〔一〕燔燒郵亭，大掠百姓。於是漢中太守鄭勤移屯褒中。軍營久出無功，有廢農桑，乃詔任尚將吏兵還屯長安，罷遣南陽、潁川、汝南吏士，置京兆虎牙都尉於長安，扶風都尉於雍，如西京三輔都尉故事。〔二〕時羌復攻褒中，鄭勤欲擊之。主簿段崇諫，以爲虜乘勝，鋒不可當，宜堅守待之。勤不從，出戰，大敗，死者三千餘人，段崇及門下史王宗、原展以身扞刃，與勤俱死。於是徙金城郡居襄武。〔三〕任仁戰累敗，而兵士放縱，檻車徵詣廷尉詔獄死。段禧病卒，復以前校尉侯霸代之，遂移居張掖。五年春，任尚坐無功徵免。羌遂入寇河東，至河內，百姓相驚，多奔南度河。使北軍中候朱寵將五營士屯孟津，詔魏郡、趙國、常山、中山繕作塢候六百一十六所。

〔一〕縣名，屬漢中郡。
〔二〕西京左輔都尉都高陵，右輔都尉都郿也。
〔三〕襄武，縣名，屬隴西郡。

羌既轉盛，而二千石、令、長多內郡人，並無守戰意，皆爭上徙郡縣以避寇難。朝廷從

之，遂移隴西徙襄武，〔一〕安定徙美陽，〔二〕北地徙池陽，〔三〕上郡徙衙。〔四〕百姓戀土，不樂去舊，遂乃刈其禾稼，發徹室屋，夷營壁，破積聚。時連旱蝗飢荒，而驅蹙劫略，流離分散，隨道死亡，或弃捐老弱，或爲人僕妾，喪其太半。復以任尚爲侍御史，擊衆羌於上黨羊頭山，破之，〔五〕誘殺降者二百餘人，乃罷孟津屯。其秋，漢陽人杜琦及弟季貢、同郡王信等與羌通謀，聚衆入上邽城，琦自稱安漢將軍。於是詔購募得琦首者，封列侯，賜錢百萬，羌胡斬琦者賜金百斤，銀二百斤。漢陽太守趙博遣刺客杜習刺殺琦，封習討姦侯，賜錢百萬。而杜季貢、王信等將其衆據樗泉營。侍御史唐喜領諸郡兵討破之，斬王信等六百餘級，沒入妻子五百餘人，收金(錢)〔銀〕綵帛一億已上。杜〔季〕貢亡從滇零。六年，任尚復坐徵免。滇零死，子零昌代立，年尚幼少，同種狼莫爲其計策，以杜〔季〕貢爲將軍，別居丁奚城。七年夏，騎都尉馬賢與侯霸掩擊零昌別部牢羌於安定，首虜千人，得驢騾駱駝馬牛羊二萬餘頭，以畀得者。〔六〕

〔一〕縣名，屬隴西郡。
〔二〕縣名，屬右扶風。
〔三〕縣名，屬左馮翊。
〔四〕縣名，屬馮翊。衙音牙。
〔五〕羊頭山在上黨郡穀遠縣。
〔六〕畀音必四反。

元初元年春，遣兵屯河內，通谷衝要三十三所，皆作塢壁，設鳴鼓。零昌遣兵寇雍城，又號多與當煎、勒姐大豪共脅諸種，分兵鈔掠武都、漢中。巴郡板楯蠻將兵救之，漢中五官掾程信率壯士與蠻共擊破之。號多退走，還斷隴道，與零昌通謀。侯霸、馬賢將湟中吏人及降羌胡於枹罕擊之，斬首二百餘級。涼州刺史皮楊擊羌於狄道，大敗，死者八百餘人，楊坐徵免。侯霸病卒，漢陽太守龐參代爲校尉。參以恩信招誘之。二年春，號多等率衆七千餘人詣參降，遣詣闕，賜號多侯印綬遣之。參始還居令居，通河西道。而零昌種衆復分寇益州，遣中郎將尹就將南陽兵，因發益部諸郡屯兵擊零昌黨呂叔都等。至秋，蜀人陳省、羅橫應募，刺殺叔都，皆封侯賜錢。又使屯騎校尉班雄屯三輔，遣左馮翊司馬鈞行征西將軍，督右扶風仲光、安定太守杜恢、北地太守盛包、京兆虎牙都尉耿溥、右扶風都尉皇甫旗等，合八千餘人，又龐參將羌胡兵七千餘人，與鈞分道並北擊零昌。參兵至勇士東，爲杜季貢所敗，〔一〕於是引退。鈞等獨進，攻拔丁奚城，大克獲。杜季貢率衆僞逃。鈞令光、恢、包等收羌禾稼，光等違鈞節度，散兵深入，羌乃設伏要擊之。鈞在城中，怒而不救，光〔等〕並沒，死者三千餘人。鈞乃遁還，坐徵自殺。龐參以失期軍敗抵罪，以馬賢代領校尉事。後遣任尚

爲中郎將，將羽林、緹騎、五營子弟三千五百人，代班雄屯三輔。尚臨行，懷令虞詡說尚曰：「使君頻奉國命討逐寇賊，三州屯兵二十餘萬人，弃農桑，疲苦徭役，而未有功效，勞費日滋。若此出不克，誠爲使君危之。」尚曰：「憂惶久矣，不知所如。」詡曰：「兵法弱不攻強，走不逐飛，自然之埶也。今虜皆馬騎，日行數百，來如風雨，去如絕弦，以步追之，埶不相及，所以曠而無功也。爲使君計者，莫如罷諸郡兵，各令出錢數千，二十人共市一馬，如此，可捨甲冑，馳輕兵，以萬騎之衆，逐數千之虜，追尾掩截，〔二〕其道自窮。便人利事，大功立矣。」尚大喜，卽上言用其計。乃遣輕騎鈔擊杜季貢於丁奚城，斬首四百餘級，獲牛馬羊數千頭。

〔一〕勇士，縣名，屬天水郡。
〔二〕尾猶尋也。

明年夏，度遼將軍鄧遵率南單于及左鹿蠡王須沈萬騎，擊零昌於靈州，〔一〕斬首八百餘級，封須沈爲破虜侯，金印紫綬，賜金帛各有差。任尚遣兵擊破先零羌於丁奚城。秋，築馮翊北界候塢五百所。任尚又遣假司馬募陷陳士，擊零昌於北地，殺其妻子，得牛馬羊二萬頭，燒其廬落，斬首七百餘級，得僭號文書及所沒諸將印綬。

〔一〕縣名，屬北地郡。

四年春，尙遣當闐種羌榆鬼等五人刺殺杜季貢，封榆鬼爲破羌侯。其夏，尹就以不能定益州，坐徵抵罪，以益州刺史張喬領尹就軍屯。招誘叛羌，稍稍降散。秋，任尙復募效功種號封刺殺零昌，封號封爲羌王。冬，任尙將諸郡兵與馬賢並進北地擊狼莫，賢先至安定青石岸，狼莫逆擊敗之。會尙兵到高平，〔一〕因合埶俱進，狼莫等引退，乃轉營迫之，至北地，相持六十餘日，戰於富平〔上〕河（上），大破之，〔二〕斬首五千級，還得所略人男女千餘人，牛馬驢羊駱駝十餘萬頭，狼莫逃走，於是西河虔人種羌萬一千口詣鄧遵降。

〔一〕縣名，屬安定郡。

〔二〕富平，縣，屬北地郡。

五年，鄧遵募上郡全無種羌雕何等刺殺狼莫，賜雕何爲羌侯，封遵武陽侯，三千戶。遵以太后從弟故，爵封優大。任尙與遵爭功，又詐增首級，受賕枉法，臧千萬已上，檻車徵弃市，沒入田廬奴婢財物。自零昌、狼莫死後，諸羌瓦解，三輔、益州無復寇儆。

自羌叛十餘年閒，兵連師老，不暫寧息。軍旅之費，轉運委輸，用二百四十餘億，府帑空竭。延及內郡，邊民死者不可勝數，幷涼二州遂至虛耗。

六年春，勒姐種與隴西種羌號良等通謀欲反，馬賢逆擊之於安故，斬號良及種人數百級，皆降散。

永寧元年春，上郡沈氏種羌五千餘人復寇張掖。其夏，馬賢將萬人擊之。初戰失利，死者數百人，明日復戰，破之，斬首千八百級，獲生口千餘人，馬牛羊以萬數，餘虜悉降。時當煎種大豪飢〔五〕等，以賢兵在張掖，乃乘虛寇金城，賢還軍追之出塞，斬首數千級而還。燒當、燒何種聞賢軍還，率三千餘人復寇張掖，殺長吏。初，飢五同種大豪盧怱、忍良等千餘戶別留允街，而首施兩端。〔一〕建光元年春，馬賢率兵召盧怱斬之，因放兵擊其種人，首虜二千餘人，掠馬牛羊十萬頭，忍良等皆亡出塞。璽書封賢安亭侯，食邑千戶。忍良等以麻奴兄弟本燒當世嫡，而賢撫恤不至，常有怨心。秋，遂相結共脅將諸種步騎三千人寇湟中，攻金城諸縣。賢將先零種赴擊之，戰於牧苑，兵敗，死者四百餘人。麻奴等又敗武威、張掖郡兵於令居，因脅將先零、沈氐諸種四千餘戶，緣山西走，寇武威。賢追到鸞鳥，招引之，〔二〕諸種降者數千，麻奴南還湟中。延光元年春，賢追到湟中，麻奴出塞度河，賢復追擊戰破之，種衆散遁，詣涼州刺史宗漢降。麻奴等孤弱飢困，其年冬，將種衆三千餘戶詣漢陽太守耿种降。安帝假金印紫綬，賜金銀綵繒各有差。是歲，虔人種羌與上郡胡反，攻穀羅城，度遼將軍耿夔將諸郡兵及烏桓騎赴擊破之。三年秋，隴西郡始還狄道焉。麻奴弟犀苦立。

〔一〕首施猶首鼠也。

〔二〕鸞鳥，縣名，屬武威郡，（鸞）〔鳥〕音爵。

順帝永建元年，隴西鍾羌反，校尉馬賢將七千餘人擊之，戰於臨洮，斬首千餘級，皆率種人降。進封賢都鄉侯。自是涼州無事。

至四年，尙書僕射虞詡上疏曰：「臣聞子孫以奉祖爲孝，君上以安民爲明，此高宗、周宣所以上配湯、武也。禹貢雍州之域，厥田惟上。且沃野千里，穀稼殷積，又有龜茲鹽池以爲民利。〔一〕水草豐美，土宜產牧，牛馬銜尾，羣羊塞道。北阻山河，乘阸據險。因渠以溉，水舂河漕。〔二〕用功省少，而軍糧饒足。故孝武皇帝及光武築朔方，開西河，置上郡，皆爲此也。而遭元元無妄之災，衆羌內潰，〔三〕郡縣兵荒二十餘年。夫弃沃壤之饒，損自然之財，不可謂利；離河山之阻，守無險之處，難以爲固。今三郡未復，園陵單外，〔四〕而公卿選懦，容頭過身，〔五〕張解設難，但計所費，不圖其安。宜開聖德，考行所長。」書奏，帝乃復三郡。使謁者郭璜督促徙者，各歸舊縣，繕城郭，置候驛。既而激河浚渠爲屯田，省內郡費歲一億計。遂令安定、北地、上郡及隴西、金城常儲穀粟，令周數年。

〔一〕上郡龜茲縣有鹽官，即雍州之域也。

〔二〕水舂，即水碓也。

〔三〕前書音義曰：「無妄者，無所望也。萬物無所望於天，災異之大也。」

〔四〕園陵謂長安諸陵園也。單外謂無守固。

〔五〕前書音義曰：「選懦，柔怯也。」懦音而掾反。

馬賢以犀苦兄弟數背叛，因繫質於令居。〔一〕其冬，賢坐徵免，右扶風韓皓代爲校尉。明年，犀苦詣皓自言求歸故地，皓復不遣。因轉湟中屯田，置兩河閒，以逼羣羌。皓復坐徵，張掖太守馬續代爲校尉。兩河閒羌以屯田近之，恐必見圖，乃解仇詛盟，各自儆備。續欲先示恩信，乃上移屯田還湟中，羌意乃安。至陽嘉元年，以湟中地廣，更增置屯田五部，幷爲十部。二年夏，復置隴西南部都尉如舊制。〔二〕

〔一〕令音零。

〔二〕前書南部都尉都隴西郡臨洮縣。

三年，鍾羌良封等復寇隴西、漢陽，詔拜前校尉馬賢爲謁者，鎭撫諸種。馬續遣兵擊良封，斬首數百級。四年，馬賢亦發隴西吏士及羌胡兵擊殺良封，斬首千八百級，獲馬牛羊五萬餘頭，良封親屬並詣（賓）〔賢〕降。賢復進擊鍾羌且昌，且昌等率諸種十餘萬詣涼州刺史降。永和元年，馬續遷度遼將軍，復以馬賢代爲校尉。初，武都塞上白馬羌攻破屯官，反叛連年。二年春，廣漢屬國都尉擊破之，斬首六百餘級，馬賢又擊斬其渠帥飢指累祖等三百級，於是隴右復平。明年冬，燒當種那離等三千餘騎寇金城塞，馬賢將兵赴擊，斬首四百餘級，獲馬千四百匹。那離等復西招羌胡，殺傷吏民。

四年，馬賢將湟中義從兵及羌胡萬餘騎掩擊那離等，斬之，獲首虜千二百餘級，得馬騾羊十萬餘頭。徵賢爲弘農太守，以來機爲并州刺史，劉秉爲涼州刺史，並當之職。大將軍梁商謂機等曰：「戎狄荒服，蠻夷要服，〔一〕言其荒忽無常。而統領之道，亦無常法，臨事制宜，略依其俗。今三君素性疾惡，欲分明白黑。孔子曰：『人而不仁，疾之已甚，亂也。』〔二〕況戎狄乎！其務安羌胡，防其大故，忍其小過。」機等天性虐刻，遂不能從。〔三〕到州之日，多所擾發。

〔一〕荒服，在九州之外也，言其荒忽無常。要服，在九州之內，侯衞之外，言以文德要來之。

〔二〕論語文也。鄭玄注云：「不仁之人，當以風化之，疾之已甚，是又使之爲亂行。」

〔三〕「虐」或作「庸」。庸，薄也。

五年夏，且凍、傅難種羌等遂反叛，攻金城，與西塞及湟中雜種羌胡大寇三輔，殺害長吏。機、秉並坐徵。於是發京師近郡及諸州兵討之，拜馬賢爲征西將軍，以騎都尉耿叔副，將左右羽林、五校士及諸州郡兵十萬人屯漢陽。又於扶風、漢陽、隴道作塢壁三百所，置屯兵，以保聚百姓。且凍分遣種人寇武都，燒隴關，掠苑馬。六年春，馬賢將五六千騎擊之，到射姑山，〔一〕賢軍敗，賢及二子皆戰歿。順帝愍之，賜布三千匹，穀千斛，封賢孫光爲舞陽亭

侯，租入歲百萬。遣侍御史督錄征西營兵，存恤死傷。

〔一〕射音夜。

於是東西羌遂大合。鞏唐種三千餘騎寇隴西，又燒園陵，掠關中，殺傷長吏，郃陽令任頵追擊，戰死。〔一〕遣中郎將龐浚募勇士千五百人頓美陽，爲涼州援。武威太守趙沖追擊鞏唐羌，斬首四百餘級，得馬牛羊驢萬八千餘頭，羌二千餘人降。詔沖督河西四郡兵爲節度。罕種羌千餘寇北地，北地太守賈福與趙沖擊之，不利。秋，諸種八九千騎寇武威，涼部震恐。於是復徙安定居扶風，北地居馮翊。遣行車騎將軍執金吾張喬將左右羽林、五校士及河內、南陽、汝南兵萬五千屯三輔。漢安元年，以趙沖爲護羌校尉。沖招懷叛羌，罕種乃率邑落五千餘戶詣沖降。於是罷張喬軍屯。唯燒何種三千餘落據參䜌北界。〔二〕三年夏，趙沖與漢陽太守張貢掩擊之，斬首千五百級，得牛羊驢十八萬頭。冬，沖擊諸種，斬首四千餘級。詔沖一子爲郎。沖復追擊於阿陽，斬首八百級。〔三〕於是諸種前後三萬餘戶詣涼州刺史降。

〔一〕郃陽，（今）同州縣也。頵音於筠反。

〔二〕參䜌，縣名，屬安定郡。䜌音力全反。

〔三〕阿陽，縣，屬漢陽郡。

建康元年春，護羌從事馬玄遂爲諸羌所誘，將羌衆亡出塞，領護羌校尉衞瑤追擊玄等，斬首八百餘級，得牛馬羊二十餘萬頭。趙沖復追叛羌到建威鸇陰河。〔一〕軍度（未）竟，所將降胡六百餘人叛走，沖將數百人追之，遇羌伏兵，與戰歿。沖雖身死，而前後多所斬獲，羌由是衰耗。永嘉元年，封沖子愷義陽亭侯。以漢陽太守張貢代爲校尉。左馮翊梁並稍以恩信招誘之，於是離湳、狐奴等五萬餘戶詣並降，隴右復平。並，大將軍冀之宗人。封爲鄠侯，邑二千戶。

〔一〕續漢書「建威」作「武威」。鸇陰，縣名，屬安定郡。

自永和羌叛，至乎是歲，十餘年閒，費用八十餘億。諸將多斷盜牢稟，私自潤入，〔一〕皆以珍寶貨賂左右，上下放縱，不恤軍事，士卒不得其死者，白骨相望於野。

〔一〕前書音義曰：「牢，價直。」

桓帝建和二年，白馬羌寇廣漢屬國，殺長吏。是時西羌及湟中胡復畔爲寇，益州刺史率板楯蠻討破之，斬首招降二十萬人。

永壽元年，校尉張貢卒，以前南陽太守第五訪代爲校尉，甚有威惠，西垂無事。延熹二年，訪卒，以中郎將段熲代爲校尉。時燒當八種寇隴右，熲擊大破之。四年，零吾復與先零及上郡沈氏、牢姐諸種并力寇并、涼及三輔。會段熲坐事徵，以濟南相胡閎代爲校尉。閎

無威略，羌遂陸梁，覆沒營塢，寇患轉盛，中郎將皇甫規擊破之。五年，沈氏諸種復寇張掖、酒泉，皇甫規招之，皆降。事已具規傳。鳥吾種復寇漢陽，隴西、金城諸郡兵共擊破之，各還降附。至冬，滇那等五六千人復攻武威、張掖、酒泉，燒民廬舍。六年，隴西太守孫羌擊破之，斬首溺死三千餘人。胡閎疾，復以段熲爲校尉。

永康元年，東羌岸尾等脅同種連寇三輔，中郎將張奐追破斬之，事已具奐傳。當煎羌寇武威，破羌將軍段熲復破滅之，餘悉降散。事已具熲傳。靈帝建寧三年，燒當羌奉使貢獻。中平元年，北地降羌先零種因黃巾大亂，乃與（漢）〔湟〕中羌、義從胡北宮伯玉等反，寇隴右。事已具董卓傳。興平元年，馮翊降羌反，寇諸縣，郭汜、樊稠擊破之，斬首數千級。

自爰劒後，子孫支分凡百五十種。其九種在賜支河首以西，及在蜀、漢徼北，前史不載口數。唯參狼在武都，勝兵數千人。其五十二種衰少，不能自立，分散爲附落，或絕滅無後，或引而遠去。其八十九種，唯鍾最強，勝兵十餘萬。其餘大者萬餘人，小者數千人，更相鈔盜，盛衰無常，無慮順帝時勝兵合可二十萬人。〔一〕發羌、唐旄等絕遠，未嘗往來。氂牛、白馬羌在蜀、漢，其種別名號，皆不可紀知也。建武十三年，廣漢塞外白馬羌豪樓登等率種人五千餘戶內屬，光武封樓登爲歸義君長。至和帝永元六年，蜀郡徼外大牂夷種羌豪造頭等率種人五十餘萬口內屬，拜造頭爲邑君長，賜印綬。至安帝永初元年，蜀郡徼外羌龍

橋等六種萬七千二百八十口內屬。明年，蜀郡徼外羌薄申等八種三萬六千九百口復舉土內屬。冬，廣漢塞外參狼種羌二千四百口復來內屬。桓帝建和二年，白馬羌千餘人寇廣漢屬國，殺長吏，益州刺史率板楯蠻討破之。

〔一〕無慮猶都凡也。

湟中月氏胡，其先大月氏之別也，舊在張掖、酒泉地。月氏王爲匈奴冒頓所殺，餘種分散，西踰葱領。其羸弱者南入山阻，依諸羌居止，遂與共婚姻。及驃騎將軍霍去病破匈奴，取西河地，開湟中，於是月氏來降，與漢人錯居。雖依附縣官，而首施兩端。其從漢兵戰鬬，隨埶強弱。被服飲食言語略與羌同，亦以父名母姓爲種。其大種有七，勝兵合九千餘人，分在湟中及令居。又數百戶在張掖，號曰義從胡。中平元年，與北宮伯玉等反，殺護羌校尉泠徵、金城太守陳懿，遂寇亂隴右焉。

論曰：羌戎之患，自三代尚矣。漢世方之匈奴，頗爲衰寡，而中興以後，邊難漸大。朝規失綏御之和，戎帥騫然諾之信。其內屬者，或倥傯於豪右之手，或屈折於奴僕之勤。塞候時清，則憤怒而思禍；桴革暫動，則屬鞬以鳥驚。〔一〕故永初之閒，羣種蜂起。遂解仇

嫌，結盟詛，招引山豪，轉相嘯聚，揭木爲兵，負柴爲械。（穀）〔轂〕馬揚埃，陸梁於三輔；建號稱制，恣睢於北地。〔二〕東犯趙、魏之郊，南入漢、蜀之鄙，塞湟中，斷隴道，燒陵園，剽城市，傷敗踵係，羽書日聞。〔三〕幷、涼之士，特衝殘斃，壯悍則委身於兵場，女婦則徽纆而爲虜，〔四〕發冢露胔，死生塗炭。〔五〕自西戎作逆，未有陵斥上國若斯其熾也。和熹以女君親政，威不外接。朝議憚兵力之損，情存苟安。或以邊州難援，宜見捐弃；或懼疽食浸淫，莫知所限。謀夫回遑，猛士疑慮，遂徙西河四郡之人，雜寓關右之縣。發屋伐樹，塞其戀土之心；燔破貲積，以防顧還之思。於是諸將鄧騭、任尚、馬賢、皇甫規、張奐之徒，爭設雄規，更奉征討之命，徵兵會衆，以圖其隙。馳騁東西，奔救首尾，搖動數州之境，日耗千金之資。至於假人增賦，借奉侯王，引金錢縑綵之珍，徵糧粟鹽鐵之積。所以賂遺購賞，轉輸勞來之費，前後數十巨萬。或梟剋酋健，摧破附落，降俘載路，牛羊滿山。軍書未奏其利害，而離叛之狀已言矣。〔六〕故得不酬失，功不半勞。暴露師徒，連年而無所勝。官人屈竭，烈士憤喪。段熲受事，專掌軍任，資山西之猛性，練戎俗之態情，窮武思盡飇銳以事之。被羽前登，身當百死之陳，〔七〕蒙沒冰雪，經履千折之道，始殄西種，卒定東寇。若乃陷擊之所殲傷，追走之所崩籍，頭顱斷落於萬丈之山，支革判解於重崖之上，不可校計。〔八〕其能穿竄草石，自脫於鋒鏃者，百不一二。而張奐盛稱「戎狄一氣所生，不宜誅盡，流血汙野，傷和致妖」。是何言之迂乎！羌雖外患，實深內疾，若攻之不根，是養疾疴於心腹也。〔九〕惜哉寇敵略定矣，而漢祚亦衰焉。嗚呼！昔先王疆理九土，判別畿荒，知夷貊殊性，難以道御，故斥遠諸華，薄其貢職，唯與辭要而已。若二漢御戎之方，失其本矣。何則？先零侵境，趙充國遷之內地；〔一〇〕（當）煎〔當〕作寇，馬文淵徙之三輔。貪其暫安之埶，信其馴服之情，計日用之權宜，忘經世之遠略，豈夫識微者之爲乎？故微子垂泣於象箸，〔一一〕辛有浩歎於伊川也。〔一二〕

〔一〕桴，擊鼓椎也。革，甲也。鞬，箭服也。左傳晉文公曰：「右屬（櫜）〔櫜〕鞬。」鞬音紀言反。

〔二〕前書班固曰：「乃始恣睢，奮其威詐。」恣睢，肆怒之貌也。睢音火季反。

〔三〕羽書卽檄書也。魏武奏事曰「邊有警急，卽插羽以示急」也。

〔四〕說文曰：「徽，糾繩也。纆，索也。」

〔五〕胔音才賜反。

〔六〕奏猶上也。

〔七〕前書楊雄曰「蒙盾負羽」也。

〔八〕顱音盧。廣雅曰：「顱，顒顙也。」支謂四支。革，皮也。

〔九〕根謂盡其根本。

〔一〇〕宣帝時，後將軍趙充國擊先零，還，於金城郡置屬國，以處降羌。

〔一一〕帝王紀曰：「紂作象箸，箕子爲父師，歎曰：『象箸不施於土簋，不盛於菽藿，必須犀玉之杯，食熊蹯豹胎。』」臣賢

案：史記及韓子並云「箕子」，今云「微子」，蓋誤。

〔一二〕左傳曰：「周平王之東遷也，大夫辛有適伊川，見被髮而祭於野者，曰：『不及百年，此其戎乎！』」後秦遷陸渾戎于伊川。言中國之地不宜從戎狄居之，後將爲患也。

贊曰：金行氣剛，播生西羌。氐豪分種，遂用殷彊。虔劉隴北，假僭涇陽。〔一〕朝勞內謀，兵憊外攘。〔二〕

〔一〕涇陽，縣，屬安定郡。

〔二〕憊，疾亟也，音白拜反。

校勘記

二八六九頁五行　西北〔接〕鄯善車師諸國　據通志補。

二八七〇頁三行　金（玉）〔王〕之域　據汲本改，與今本素問合。

二八七二頁三行　帝武乙卽武丁（五）〔三〕代孫　按：武丁子爲祖庚，祖庚弟爲祖甲，祖甲子爲廩辛，廩辛弟爲庚丁，庚丁子爲武乙，則武乙乃武丁三世孫，「五」當作「三」，各本皆未正，今改。

二八七二頁六行　西落鬼戎　按：「戎」原誤「戍」，逕改正。

二八七二頁七行　太丁武（丁）〔乙〕子也　據殿本、集解本改。按：殿本考證王會汾謂武丁三世孫爲武乙，

武乙子爲太丁，諸本俱誤，今改正。

二八七二頁一行　晉人敗北戎于汾隰　按：王念孫讀書雜志餘編謂汾隰謂汾水旁下溼之地，李注以爲二水名，非也。並舉左桓三年「逐翼侯于汾隰」，杜注「汾隰，汾水邊」爲證。今依王說標點，「隰」字不加標號，「汾」與「隰」之間不加頓號。

二八七三頁一一行　單浮餘（國）〔圍〕蠻氏　按：左傳哀公四年「單浮餘圍蠻氏」。「圍」作「國」，形近而譌，各本皆未正，今據改。

二八七三頁一三行　事並見左傳僖公十（二）〔一〕年　據汲本改。

二八七三頁一四行　事見僖〔公〕二十二年　據殿本補。

二八七三頁一五行　見左傳　按：汲本注末無此三字。又按：注「允姓陰戎之祖」云云，語見左傳杜預注。

二八七四頁七行　義渠侵秦至渭陰　按：沈家本謂史記表作「渭陽」，紀作「渭南」。

二八七四頁一三行　卽厲公二十三年伐也　按：據史記秦本紀及六國年表，「二十三」當「三十三」。

二八七四頁一四行　事見史記　按「史記」原作「左傳」。秦惠王時事不得見於左傳，事見史記六國年表，據改。

二八七五頁二行　徒涇縣名屬西河郡　王先謙謂「涇」當作「經」。按：校補引柳從辰說，謂正文所謂「徒涇二十五城」，疑卽在今甘肅涇州境，非前漢西河郡之徒經。

二八七六頁六行　衆羌遂還據〔西海〕爲寇　據汲本、殿本補。

二八七六頁一一行　又數遣使驛通動靜　按：殿本「驛」作「譯」。校補謂通志作「驛」，與汲本同，或作「譯」者，當是依劉攽說改之耳。然東夷傳序「使驛不絕」，何義門雖以劉說爲正，並未改其字，則此亦不須改字。且譯驛古通作，孝經注「越裳重譯」，釋文「譯」本作「驛」是也。又按：校補引錢大昭說，謂閩本「通」下有「導」字。

二八七九頁一四行　屬金城郡　按：「郡」原譌「鄉」，逕據殿本、集解本改。

二八八一頁七行　故度遼將軍吳棠　按：集解引惠棟說，謂袁紀作「吳裳」。

二八八一頁八行　迷吾遂與諸衆聚兵　按：張森楷校勘記謂諸卽是衆，不當緟有，疑「衆」字當作「種」。

二八八一頁一三行　秋號吾先輕入寇隴西界　按：沈家本謂紀在冬十月。

二八八二頁一一行　狃（伏）〔忕〕邊利　據汲本改。注同。

二八八二頁一三行　紆因自擊伏兵起　按：刊誤謂案文當云「自擊鼓起伏兵」。

二八八三頁六行　和帝永元四年　按：集解引錢大昕說，謂上文已有永元元年，此又舉永元，詞之贅也。以傳例推之，「和帝」二字應移前文「永元元年」之上。

二八八三頁七行　乃遣驛使招呼迷唐　按：汲本、殿本「驛」作「譯」，下「乃遣驛使搆離諸種」同。

二八八三頁一五行　越騎校尉趙代　集解引惠棟說，謂代，趙憙子，和帝紀作「趙世」。又來歷傳有侍中趙代，別是一人。

二八八四頁一三行　累姐種附漢　按：汲本無「種」字，通志同。

二八八五頁六行　恃其權勇　通志、通鑑「權」並作「拳」，通鑑胡注引毛詩「無拳無勇」釋之。今按：權拳通。

二八八五頁一三行　戶不滿數十　按：汲本、殿本「十」並作「千」，通志同。

二八八六頁五行　先零別種　按：集解引惠棟說，謂通典此下有「歸南瀍」三字。

二八八六頁一〇行　戰於平襄　按：集解引惠棟說，謂「襄」一作「壤」。

二八八七頁四行　漢中太守鄭勤　按：集解引惠棟說，謂華陽國志「勤」作「廑」，晉灼云廑古勤字。

二八八七頁一三行　右輔都尉都郿也　按：下「都」字當作「治」，此避唐諱改。

二八八八頁六行　刺客杜習　按：集解引惠棟說，謂東觀記云「故吏杜習」。

二八八八頁八行　收金（錢）〔銀〕綵帛一億已上　據汲本、殿本改。

二八八八頁八行　杜〔季〕貢亡從滇零　據汲本、殿本補。下同。

二八八八頁九行　七年夏騎都尉馬賢與侯霸掩擊零昌別部牢羌於安定　按：沈家本謂紀在秋。

二八八九頁一〇行　督右扶風仲光　按：集解引惠棟說，謂東觀記作「种光」，見段熲傳注，袁紀云「扶風太守种暠」。

二八八九頁一一行　安定太守杜恢　按：集解引惠棟說，謂袁紀云「南安太守杜佐」。

二八八九頁一四行　光〔等〕並沒　校補引錢大昭說，謂閩本「光」下有「等」字。今據補。

二八九〇頁四行　日行數百　按：通鑑「百」下有「里」字，是，此脫。

二八九一頁五行　戰於富平〔上〕河（上）　按：殿本考證謂以本紀參校，「河上」應作「上河」。今據改。

二八九一頁九行　封遵武陽侯　按：集解引惠棟說，謂鄧騭傳作「舞陽」。

二八九二頁一行　上郡沈氏種羌　按：汲本無「氏」字，通志亦作「沈種羌」，安紀則作「沈氏羌」。校補謂「種」字或卽「氏」字之誤，作「沈氏種羌」，乃別增一字矣。

二八九二頁三行　大豪飢〔五〕等　據汲本、殿本補。

二八九二頁一一行　詣涼州刺史宗漢降　按：集解引惠棟說，謂宗漢卽宋漢。

二八九三頁一行　（鷰）〔烏〕音爵　按：惠棟謂段熲傳云「烏音爵」，通鑑胡注「烏讀曰雀」。今據改。

二八九四頁一一行　馬賢亦發隴西吏士及羌胡兵擊殺良封　汲本「亦」作「以」，通志同。按：校補謂疑皆「因」字之譌。如作「亦」，則下當云「擊良封殺之」，不當云「擊殺良封」。

二八九四頁一三行　良封親屬並詣（賓）〔賢〕降　據殿本改。

二八九五頁三行　劉秉爲涼州刺史　按：集解引惠棟說，謂袁紀「劉秉」作「劉康」。

二八九五頁五行　今三君素性疾惡　刊誤謂時與二人語，何緣得三，明是「二」字。按：集解引惠棟說，謂袁紀作「二君」。

二八九五頁一三行　又於扶風漢陽隴道作塢壁三百所　按：校補引錢大昭說，謂本紀作「令扶風、漢陽築隴道塢三百所」，據此則「作」字當在「隴道」上。

二八九六頁四行　武威太守趙沖　按：「沖」原作「冲」，逕據汲本改，下同。

二八九六頁六行　罕種羌千餘寇北地　按：集解引惠棟說，謂順帝紀作「鞏唐羌」。

二八九六頁九行　三年夏　集解引惠棟說，謂帝紀「二年夏四月」。按：張森楷謂漢安三年夏四月改元建康，未改以前，得稱「三年」，然不得有「夏」，「三」當依帝紀作「二」。

二八九六頁一三行　郃陽〔令〕同州縣也　據集解引洪亮吉說補。

二八九六頁一四行　參䜌縣名屬安定郡　按：校補謂續志參䜌屬北地，云故屬安定。此在順帝末年，應已改屬，則「安定」當作「北地」。

二八九七頁一行　護羌校尉衞瑤　集解引錢大昕說，謂順帝紀作「衞琚」。按：通鑑亦作「衞琚」。

二八九七頁二行　軍度〔未〕竟　據汲本、殿本補。

二八九七頁七行　鶉陰縣名屬安定郡　集解引惠棟說，謂前志「鶉陰」作「鶉陰」。按：校補謂續志鶉陰屬武威，云故屬安定。此在順帝末年，應已改屬，則「安定」當作「武威」。

二八九八頁七行　乃與(漢)〔湟〕中羌義從胡北宮伯玉等反　錢大昭云「漢中」當作「湟中」。校補謂錢說是，各本皆失正。今據改。

二八九九頁九行　護羌校尉泠徵　集解引惠棟說，謂帝紀「泠」作「伶」，古文泠伶通。

二九〇〇頁一行　(毅)〔毅〕馬揚埃　據汲本改。

二九〇〇頁七行　燔破貲積　按：汲本、殿本「貲」譌「貲」。李慈銘謂當作「燔貲破積」，破貲二字誤倒。

二九〇〇頁七行　於是諸將鄧騭　按：李慈銘謂「鄧騭」當是「鄧遵」。騭出師不久卽還，且非諸將伍也。

二九〇一頁四行　(當)煎〔當〕作寇　據集解引惠棟說改。

二九〇一頁六行　右屬(素)〔橐〕鞬　據汲本、殿本改。

二九〇一頁一六行　紂作象箸　按：「箸」原譌「著」，逕改正。注同。

後漢書卷八十八

西域傳第七十八

武帝時，西域內屬，有三十六國。漢爲置使者、校尉領護之。〔一〕宣帝改曰都護。〔二〕元帝又置戊己二校尉，屯田於車師前王庭。〔三〕哀平閒，自相分割爲五十五國。王莽篡位，貶易侯王，由是西域怨叛，〔四〕與中國遂絕，並復役屬匈奴。匈奴斂稅重刻，諸國不堪命，建武中，皆遣使求內屬，願請都護。光武以天下初定，未遑外事，竟不許之。會匈奴衰弱，莎車王賢誅滅諸國，賢死之後，遂更相攻伐。小宛、精絕、戎盧、且末爲鄯善所幷。〔五〕渠勒、皮山爲于窴所統，悉有其地。郁立、單桓、孤胡、烏貪訾離爲車師所滅。後其國並復立。永平中，北虜乃脅諸國共寇河西郡縣，城門晝閉。十六年，明帝乃命將帥，北征匈奴，取伊吾盧地，〔六〕置宜禾都尉以屯田，遂通西域，于窴諸國皆遣子入侍。西域自絕六十五載，乃復通焉。明年，始置都護、戊己校尉。及明帝崩，焉耆、龜茲〔七〕攻沒都護陳睦，悉覆其衆，匈奴、車師圍戊己校尉。建初元年春，酒泉太守段彭大破車師於交河城。章帝不欲疲敝中國

以事夷狄，乃迎還戊己校尉，不復遣都護。二年，復罷屯田伊吾，匈奴因遣兵守伊吾地。時軍司馬班超留于窴，綏集諸國。和帝永元元年，大將軍竇憲大破匈奴。二年，憲因遣副校尉閻槃將二千餘騎掩擊伊吾，破之。三年，班超遂定西域，因以超爲都護，居龜茲。復置戊己校尉，領兵五百人，居車師前部高昌壁，又置戊部候，居車師後部候城，相去五百里。六年，班超復擊破焉耆，於是五十餘國悉納質內屬。其條支、安息諸國至于海瀕四萬里外，皆重譯貢獻。九年，班超遣掾甘英窮臨西海而還。〔八〕皆前世所不至，山經所未詳，莫不備其風土，傳其珍怪焉。於是遠國蒙奇、兜勒皆來歸服，遣使貢獻。

〔一〕前書曰，自李廣利征討大宛之後，屯田渠犂，置使者領護營田，以供使外國也。

〔二〕宣帝時，鄭吉以侍郎田渠犂，發兵攻車師，遷衞司馬，使護鄯善以西南道。其後匈奴日逐王降吉，漢以吉前破車師，後降日逐，遂幷令護車師以西北道，號曰都護。都護之置，始自於吉也。

〔三〕漢官儀曰：「戊己中央，鎭覆四方，又開渠播種，以爲厭勝，故稱戊己焉。」車師有前王、後王國也。

〔四〕前書曰，莽卽位，改匈奴單于印璽爲章，和親遂絕，西域亦瓦解焉。

〔五〕且音子余反。

〔六〕在今伊州伊吾縣也。

〔七〕龜茲讀曰丘慈，下並同。

〔八〕續漢書「甘英」作「甘菟」。

及孝和晏駕，西域背畔。安帝永初元年，頻攻圍都護任尚、段禧等，〔一〕朝廷以其險遠，難相應赴，詔罷都護。自此遂弃西域。北匈奴卽復收屬諸國，共爲邊寇十餘歲。敦煌太守曹宗患其暴害，元初六年，乃上遣行長史索班，將千餘人屯伊吾以招撫之，於是車師前王及鄯善王來降。數月，北匈奴復率車師後部王共攻沒班等，遂擊走其前王。鄯善逼急，求救於曹宗，宗因此請出兵擊匈奴，報索班之恥，復欲進取西域。鄧太后不許，但令置護西域副校尉，居敦煌，復部營兵三百人，羈縻而已。其後北虜連與車師入寇河西，朝廷不能禁，議者因欲閉玉門、陽關，以絕其患。〔二〕

〔一〕禧音喜基反。

〔二〕玉門、陽關，二關名也，在敦煌西界。

延光二年，敦煌太守張璫上書陳三策，以爲「北虜呼衍王常展轉蒲類、秦海之閒，〔一〕專制西域，共爲寇鈔。今以酒泉屬國吏士二千餘人集昆侖塞，〔二〕先擊呼衍王，絕其根本，因發鄯善兵五千人脅車師後部，此上計也。若不能出兵，可置軍司馬，將士五百人，四郡供其犂牛、穀食，出據柳中，此中計也。〔三〕如又不能，則宜弃交河城，收鄯善等悉使入塞，此下計也」。朝廷下其議。尚書陳忠上疏曰：「臣聞八蠻之寇，莫甚北虜。漢興，高祖窘平城之圍，太宗屈供奉之恥。〔四〕故孝武憤怒，深惟久長之計，命遣虎臣，浮河絕漠，窮破虜庭。〔五〕

當斯之役，黔首隕於狼望之北，財幣縻於盧山之壑，〔六〕府庫單竭，杼柚空虛，筭至舟車，貲及六畜。〔七〕夫豈不懷，慮久故也。〔八〕遂開河西四郡，以隔絕南羌，〔九〕收三十六國，斷匈奴右臂。是以單于孤特，鼠竄遠藏。至於宣、元之世，遂備蕃臣，〔一〇〕關徼不閉，羽檄不行。由此察之，戎狄可以威服，難以化狎。西域內附日久，區區東望扣關者數矣，此其不樂匈奴慕漢之效也。今北虜已破車師，埶必南攻鄯善，弃而不救，則諸國從矣。若然，則虜財賄益增，膽埶益殖，〔一一〕威臨南羌，與之交連。如此，河西四郡危矣。河西既危，不得不救，則百倍之役興，不訾之費發矣。議者但念西域絕遠，卹之煩費，不見先世苦心勤勞之意也。方今邊境守禦之具不精，內郡武衞之備不脩，敦煌孤危，遠來告急，復不輔助，內無以慰勞吏民，外無以威示百蠻。蹙國減土，經有明誡。〔一二〕臣以爲敦煌宜置校尉，案舊增四郡屯兵，以西撫諸國。庶足折衝萬里，震怖匈奴。」〔一三〕帝納之，乃以班勇〔一四〕爲西域長史，將弛刑士五百人，西屯柳中。勇遂破平車師。自建武至于延光，西域三絕三通。順帝永建二年，勇復擊降焉耆。於是龜茲、疏勒、于窴、莎車等十七國皆來服從，而烏孫、葱領已西遂絕。六年，帝以伊吾舊膏腴之地，傍近西域，匈奴資之，以爲鈔暴，復令開設屯田如永元時事，置伊吾司馬一人。自陽嘉以後，朝威稍損，諸國驕放，轉相陵伐。元嘉二年，長史王敬爲于窴所沒。永興元年，車師後王復反攻屯營。雖有降首，〔一五〕曾莫懲革，自此浸以疏慢矣。班固記諸國風土人俗，皆已詳備前書。今撰建武以後其事異於先者，以爲西域傳，皆安帝末班勇所記云。

〔一〕大秦國在西海西，故曰秦海也。

〔二〕前書敦煌郡廣至縣有昆侖障也，宜禾都尉居也。廣至故城在今瓜州常樂縣東。

〔三〕武帝初置酒泉、武威、張掖、敦煌，列四郡，據兩關焉。柳中，今西州縣也。

〔四〕窘，困也。高帝自擊匈奴至平城，爲冒頓單于圍於白登，七日乃得解。太宗，文帝也。賈誼上疏曰：「匈奴嫚侮侵掠，而漢歲致金絮繒綵以奉之。夷狄徵令，〔是〕人主之操。天子供貢，是臣下之禮。」故云恥也。

〔五〕沙土曰漠，直度曰絕也。

〔六〕狼望，匈奴中地名也。前書揚雄曰：「前代豈樂無量之費，快心於狼望之北，填盧山之壑，而不悔也。」

〔七〕武帝時國用不足，筭至車舟，租及六畜，言皆計其所得以出筭。軺車一筭，商賈車二筭，船五丈以上一筭。六畜無文。以此言之，無物不筭。

〔八〕懷，思也。

〔九〕前書云起敦煌、酒泉、張掖，以隔婼羌，裂匈奴之右臂也。

〔一〇〕宣帝、元帝時，呼韓邪單于數入朝，稱臣奉貢。

〔一一〕殖，生也。

〔一二〕毛詩曰「昔先王受命，有如邵公，日辟國百里，今也日蹙國百里」也。

〔一三〕淮南子曰「修政於廟堂之上，而折衝千里之外」也。

〔一四〕班勇，班超之子。

〔一五〕首猶服也，晉式救反。

西域內屬諸國，東西六千餘里，南北千餘里，東極玉門、陽關，西至葱領。其東北與匈奴、烏孫相接。南北有大山，中央有河。其南山東出金城，與漢南山屬焉。其河有兩源，一出葱領東流，〔一〕一出于窴南山下北流，與葱領河合，東注蒲昌海。蒲昌海一名鹽澤，去玉門三百餘里。

〔一〕葱領，山名也。西河舊事云：「其山高大，生葱，故名。」

自敦煌西出玉門、陽關，涉鄯善，北通伊吾千餘里，自伊吾北通車師前部高昌壁千二百里，自高昌壁北通後部金滿城五百里。此其西域之門戶也，故戊己校尉更互屯焉。伊吾地宜五穀、桑麻、蒲萄。其北又有柳中，皆膏腴之地。故漢常與匈奴爭車師、伊吾，以制西域焉。

自鄯善踰葱領出西諸國，有兩道。傍南山北，陂河西行〔一〕至莎車，爲南道。南道西踰葱領，則出大月氏、安息之國也。自車師前王庭隨北山，陂河西行至疏勒，爲北道。北道西踰葱領，出大宛、康居、奄蔡焉（耆）。

〔一〕循河曰陂，音彼義反。次下亦同。史記曰：「陂山通道。」

出玉門，經鄯善、且末、精絕三千餘里至拘彌。

拘彌國居寧彌城，去長史所居柳中四千九百里，〔一〕去洛陽萬二千八百里。領戶二千一百七十三，口七千二百五十一，勝兵千七百六十人。

〔一〕續漢書曰：「寧彌國王本名拘彌。」

順帝永建四年，于窴王放前殺拘彌王興，自立其子爲拘彌王，而遣使者貢獻於漢。敦煌太守徐由上求討之，帝赦于窴罪，令歸拘彌國，放前不肯。陽嘉元年，徐由遣疏勒王臣槃發二萬人擊于窴，破之，斬首數百級，放兵大掠，更立興宗人成國爲拘彌王而還。至靈帝熹平四年，于窴王安國攻拘彌，大破之，殺其王，死者甚衆，戊己校尉、西域長史各發兵輔立拘彌侍子定興爲王。時人衆裁有千口。其國西接于窴三百九十里。

于窴國居西城，去長史所居五千三百里，去洛陽萬一千七百里。領戶三萬二千，口八萬三千，勝兵三萬餘人。建武末，莎車王賢強盛，攻幷于窴，徙其王俞林爲驪歸王。明帝永平中，于窴將休莫霸

反莎車，自立爲于窴王。休莫霸死，兄子廣德立，後遂滅莎車，其國轉盛。從精絕西北至疏勒十三國皆服從。而鄯善王亦始強盛。自是南道自葱領以東，唯此二國爲大。

順帝永建六年，于窴王放前遣侍子詣闕貢獻。元嘉元年，長史趙評在于窴病癰死，評子迎喪，道經拘彌。拘彌王成國與于窴王建素有隙，乃語評子云：「于窴王令胡醫持毒藥著創中，故致死耳。」評子信之，還入塞，以告敦煌太守馬達。明年，以王敬代爲長史，達令敬隱覈其事。敬先過拘彌，成國復說云：「于窴國人欲以我爲王，今可因此罪誅建，于窴必服矣。」敬貪立功名，且受成國之說，前到于窴，設供具請建，而陰圖之。或以敬謀告建，建不信，曰：「我無罪，王長史何爲欲殺我？」旦日，建從官屬數十人詣敬。坐定，建起行酒，敬叱左右執之，吏士並無殺建意，官屬悉得突走。時成國主簿秦牧隨敬在會，持刀出曰：「大事已定，何爲復疑？」卽前斬建。于窴侯將輸僰等遂會兵攻敬，敬持建頭上樓宣告曰：「天子使我誅建耳。」于窴侯將輸僰遂焚營舍，燒殺吏士，上樓斬敬，懸首於市。輸僰欲自立爲王，國人殺之，而立建子安國焉。馬達聞之，欲將諸郡兵出塞擊于窴，桓帝不聽，徵達還，而以宋亮代爲敦煌太守。亮到，開募于窴，令自斬輸僰。時輸僰死已經月，乃斷死人頭送敦煌，而不言其狀。亮後知其詐，而竟不能出兵。于窴恃此遂驕。

自于窴經皮山，至西夜、子合、德若焉。

西夜國一名漂沙，去洛陽萬四千四百里。戶二千五百，口萬餘，勝兵三千人。地生白草，有毒，國人煎以爲藥，傳箭鏃，所中卽死。漢書中誤云西夜、子合是一國，今各自有王。〔一〕

〔一〕前書云西夜國王號子合王。

子合國居呼鞬谷。〔一〕去疏勒千里。領戶三百五十，口四千，勝兵千人。

〔一〕鞬音九言反。

德若國領戶百餘，口六百七十，勝兵三百五十人。東去長史居三千五百三十里，去洛陽萬二千一百五十里，與子合相接。其俗皆同。

自皮山西南經烏秅，〔一〕涉懸度，歷罽賓，六十餘日行至烏弋山離國，地方數千里，時改名排持。

〔一〕前書音義音鷃拏。又云：「烏音一加反，秅音直加反，急言之如鷃拏（反）〔也〕。」

復西南馬行百餘日至條支。

條支國城在山上，周回四十餘里。臨西海，海水曲環其南及東北，三面路絕，唯西北隅通陸道。土地暑溼，出師子、犀牛、封牛、孔雀、大雀。大雀其卵如甕。

轉北而東，復馬行六十餘日至安息。後役屬條支，爲置大將，監領諸小城焉。

安息國居和櫝城，去洛陽二萬五千里。北與康居接，南與烏弋山離接。地方數千里，小城數百，戶口勝兵最爲殷盛。其東界木鹿城，號爲小安息，去洛陽二萬里。

章帝章和元年，遣使獻師子、符拔。符拔形似麟而無角。和帝永元九年，都護班超遣甘英使大秦，抵條支。臨大海欲度，而安息西界船人謂英曰：「海水廣大，往來者逢善風三月乃得度，若遇遲風，亦有二歲者，故入海人皆齎三歲糧。海中善使人思土戀慕，數有死亡者。」英聞之乃止。十三年，安息王滿屈復獻師子及條支大鳥，時謂之安息雀。

自安息西行三千四百里至阿蠻國。從阿蠻西行三千六百里至斯賓國。從斯賓南行度河，又西南至于羅國九百六十里，安息西界極矣。自此南乘海，乃通大秦。其土多海西珍奇異物焉。

大秦國一名犂鞬，以在海西，亦云海西國。地方數千里，有四百餘城。小國役屬者數十。以石爲城郭。列置郵亭，皆堊塈之。〔一〕有松柏諸木百草。人俗力田作，多種樹蠶桑。皆髡頭而衣文繡，乘輜軿白蓋小車，出入擊鼓，建旌旗幡幟。

〔一〕塈，飾也，音火旣反。郭璞曰：「堊，白土也，音惡。」

所居城邑，周圜百餘里。城中有五宮，相去各十里。宮室皆以水精爲柱，食器亦然。其王日游一宮，聽事五日而後徧。常使一人持囊隨王車，人有言事者，卽以書投囊中，王至宮發省，理其枉直。各有官曹文書。置三十六將，皆會議國事。其王無有常人，皆簡立賢者。國中災異及風雨不時，輒廢而更立，受放者甘黜不怨。其人民皆長大平正，有類中國，故謂之大秦。

土多金銀奇寶，有夜光璧、明月珠、駭鷄犀、〔一〕珊瑚、虎魄、琉璃、琅玕、朱丹、青碧。刺金縷繡，織成金縷罽、雜色綾。作黃金塗、火浣布。又有細布，或言水羊毳，野蠶繭所作也。合會諸香，煎其汁以爲蘇合。凡外國諸珍異皆出焉。

〔一〕抱朴子曰：「通天犀有一白理如綖者，以盛米，置羣雞中，雞欲往啄米，至輒驚卻，故南人名爲『駭雞』。」

以金銀爲錢，銀錢十當金錢一。與安息、天竺交市於海中，利有十倍。其人質直，市無二價。穀食常賤，國用富饒。鄰國使到其界首者，乘驛詣王都，至則給以金錢。其王常欲

通使於漢，而安息欲以漢繒綵與之交市，故遮閡不得自達。〔一〕至桓帝延熹九年，大秦王安敦遣使自日南徼外獻象牙、犀角、瑇瑁，始乃一通焉。其所表貢，並無珍異，疑傳者過焉。

〔一〕閡音五代反。

或云其國西有弱水、流沙，近西王母所居處，幾於日所入也。漢書云「從條支西行二百餘日，近日所入」，則與今書異矣。前世漢使皆自烏弋以還，莫有至條支者也。又云「從安息陸道繞海北行出海西至大秦，人庶連屬，十里一亭，三十里一置，〔一〕終無盜賊寇警。而道多猛虎、師子，遮害行旅，不百餘人，齎兵器，輒爲所食」。又言「有飛橋數百里可度海北」。諸國所生奇異玉石諸物，譎怪多不經，故不記云。〔二〕

〔一〕置，驛也。

〔二〕魚豢魏略曰：「大秦國俗多奇幻，口中出火，自縛自解，跳十二丸，巧妙非常。」

大月氏國〔一〕居藍氏城，〔二〕西接安息，四十九日行，東去長史所居六千五百三十七里，去洛陽萬六千三百七十里。戶十萬，口四十萬，勝兵十餘萬人。

〔一〕氏音支。下並同。

〔二〕前書「藍氏」作「監氏」。

初，月氏爲匈奴所滅，遂遷於大夏，分其國爲休密、雙靡、貴霜、肹頓、都密，凡五部翖侯。後百餘歲，貴霜翖侯丘就卻攻滅四翖侯，自立爲王，國號貴霜（王）。侵安息，取高附地。又滅濮達、罽賓，悉有其國。丘就卻年八十餘死，子閻膏珍代爲王。復滅天竺，置將一人監領之。月氏自此之後，最爲富盛，諸國稱之皆曰貴霜王。漢本其故號，言大月氏云。

高附國在大月氏西南，亦大國也。其俗似天竺，而弱，易服。善賈販，內富於財。所屬無常，天竺、罽賓、安息三國強則得之，弱則失之，而未嘗屬月氏。漢書以爲五翖侯數，非其實也。後屬安息。及月氏破安息，始得高附。

天竺國一名身毒，在月氏之東南數千里。俗與月氏同，而卑溼暑熱。其國臨大水。乘象而戰。其人弱於月氏，脩浮圖道，不殺伐，遂以成俗。〔一〕從月氏、高附國以西，南至西海，東至磐起國，皆身毒之地。身毒有別城數百，城置長。別國數十，國置王。雖各小異，而俱以身毒爲名，其時皆屬月氏。月氏殺其王而置將，令統其人。土出象、犀、瑇瑁、金、銀、銅、鐵、鉛、錫，西與大秦通，有大秦珍物。又有細布、好毾㲪、〔二〕諸香、石蜜、胡椒、薑、黑鹽。

〔一〕浮圖卽佛也。

〔二〕毾音它闔反。㲪音登。埤蒼曰：「毛席也。」釋名曰：「施之承大牀前小榻上，登以上牀也。」

和帝時，數遣使貢獻，後西域反畔，乃絕。至桓帝延熹二年、四年，頻從日南徼外來獻。世傳明帝夢見金人，長大，項有光明，以問羣臣。或曰：「西方有神，名曰佛，其形長丈六尺而黃金色。」帝於是遣使天竺問佛道法，遂於中國圖畫形像焉。楚王英始信其術，中國因此頗有奉其道者。後桓帝好神，數祀浮圖、老子，百姓稍有奉者，後遂轉盛。

東離國居沙奇城，在天竺東南三千餘里，大國也。其土氣、物類與天竺同。列城數十，皆稱王。大月氏伐之，遂臣服焉。男女皆長八尺，而怯弱。乘象、駱駝，往來鄰國。有寇，乘象以戰。

栗弋國屬康居。出名馬牛羊、蒲萄衆果，其土水美，故蒲萄酒特有名焉。

嚴國在奄蔡北，屬康居，出鼠皮以輸之。

奄蔡國改名阿蘭聊國，居地城，屬康居。土氣溫和，多楨松、白草。〔一〕民俗衣服與康居同。

〔一〕前書音義曰：「白草，草之白者。」又云：「似莠而細，熟時正白，牛馬所食焉。」

莎車國西經蒲犂、無雷至大月氏，東去洛陽萬九百五十里。

匈奴單于因王莽之亂，略有西域，唯莎車王延最強，不肯附屬。元帝時，嘗爲侍子，長於京師，慕樂中國，亦復參其典法。常勑諸子，當世奉漢家，不可負也。天鳳五年，延死，謚忠武王，子康代立。

光武初，康率傍國拒匈奴，擁衞故都護吏士妻子千餘口，檄書河西，問中國動靜，自陳思慕漢家。建武五年，河西大將軍竇融乃承制立康爲漢莎車建功懷德王、西域大都尉，五十五國皆屬焉。

九年，康死，謚宣成王。弟賢代立，攻破拘彌、西夜國，皆殺其王，而立其兄康兩子爲拘彌、西夜王。十四年，賢與鄯善王安並遣使詣闕貢獻，於是西域始通。葱領以東諸國皆屬賢。十七年，賢復遣使奉獻，請都護。天子以問大司空竇融，以爲賢父子兄弟相約事漢，款誠又至，宜加號位以鎮安之。帝乃因其使，賜賢西域都護印綬，及車旗黃金錦繡。敦煌太守

裴遵上言：「夷狄不可假以大權，又令諸國失望。」詔書收還都護印綬，更賜賢以漢大將軍印綬。其使不肯易，遵迫奪之，賢由是始恨。而猶詐稱大都護，移書諸國，諸國悉服屬焉，號賢爲單于。賢浸以驕橫，重求賦稅，數攻龜茲諸國，諸國愁懼。

二十一年冬，車師前王、鄯善、焉耆等十八國俱遣子入侍，獻其珍寶。及得見，皆流涕稽首，願得都護。天子以中國初定，北邊未服，皆還其侍子，厚賞賜之。是時賢自負兵強，欲并兼西域，攻擊益甚。諸國聞都護不出，而侍子皆還，大憂恐，乃與敦煌太守檄，願留侍子以示莎車，言侍子見留，都護尋出，冀且息其兵。裴遵以狀聞，天子許之。二十二年，賢知都護不至，遂遺鄯善王安書，令絕通漢道。安不納而殺其使。賢大怒，發兵攻鄯善。安迎戰，兵敗，亡入山中。賢殺略千餘人而去。其冬，賢復攻殺龜茲王，遂兼其國。鄯善、焉耆諸國侍子久留敦煌，愁思，皆亡歸。鄯善王上書，願復遣子入侍，更請都護。都護不出，誠迫於匈奴。天子報曰：「今使者大兵未能得出，如諸國力不從心，東西南北自在也。」於是鄯善、車師復附匈奴，而賢益橫。

嬀塞王自以國遠，遂殺賢使者，賢擊滅之，立其國貴人駟鞬爲嬀塞王。賢又自立其子則羅爲龜茲王。賢以則羅年少，乃分龜茲爲烏壘國，徙駟鞬爲烏壘王，又更以貴人爲嬀塞王。數歲，龜茲國人共殺則羅、駟鞬，而遣使匈奴，更請立王。匈奴立龜茲貴人身毒爲龜茲

王，龜茲由是屬匈奴。

賢以大宛貢稅減少，自將諸國兵數萬人攻大宛，大宛王延留迎降，賢因將還國，徙拘彌王橋塞提爲大宛王。而康居數攻之，橋塞提在國歲餘，亡歸，賢復以爲拘彌王，而遣延留還大宛，使貢獻如常。賢又徙于寘王俞林爲驪歸王，立其弟位侍爲于寘王。歲餘，賢疑諸國欲畔，召位侍及拘彌、姑墨、子合王，盡殺之，不復置王，但遣將鎮守其國。位侍子戎亡降漢，封爲守節侯。

莎車將君得在于寘暴虐，百姓患之。明帝永平三年，其大人都末出城，見野豕，欲射之。豕乃言曰：「無射我，我乃爲汝殺君得。」都末因此卽與兄弟共殺君得。而大人休莫霸復與漢人韓融等殺都末兄弟，自立爲于寘王，復與拘彌國人攻殺莎車將在皮山者，引兵歸。於是賢遣其太子、國相，將諸國兵二萬人擊休莫霸，霸迎與戰，莎車兵敗走，殺萬餘人。賢復發諸國數萬人，自將擊休莫霸，霸復破之，斬殺過半，賢脫身走歸國。休莫霸進圍莎車，中流矢死，兵乃退。

于寘國相蘇榆勒等共立休莫霸兄子廣德爲王。匈奴與龜茲諸國共攻莎車，不能下。廣德承莎車之敝，使弟輔國侯仁將兵攻賢。賢連被兵革，乃遣使與廣德和。先是廣德父拘在莎車數歲，於是賢歸其父，而以女妻之，結爲昆弟，廣德引兵去。明年，莎車相且運等〔一〕

患賢驕暴，密謀反城降于寘。〔二〕于寘王廣德乃將諸國兵三萬人攻莎車。賢城守，使使謂廣德曰：「我還汝父，與汝婦，汝來擊我何爲？」廣德曰：「王，我婦父也，久不相見，願各從兩人會城外結盟。」賢以問且運，且運曰：「廣德女壻至親，宜出見之。」賢乃輕出，廣德遂執賢。而且運等因內于寘兵，虜賢妻子而并其國。鎖賢將歸，歲餘殺之。

〔一〕且音子余反。下同。

〔二〕反音番。

匈奴聞廣德滅莎車，遣五將發焉耆、尉黎、龜茲十五國兵三萬餘人圍于寘，廣德乞降，以其太子爲質，約歲給罽絮。冬，匈奴復遣兵將賢質子不居徵立爲莎車王，廣德又攻殺之，更立其弟齊黎爲莎車王，章帝元和三年〔也〕。時長史班超發諸國兵擊莎車，大破之，由是遂降漢。事已具班超傳。

莎車東北至疏勒。

疏勒國去長史所居五千里，去洛陽萬三百里。領戶二萬一千，勝兵三萬餘人。

明帝永平十六年，龜茲王建攻殺疏勒王成，自以龜茲左侯兜題爲疏勒王。冬，漢遣軍司馬班超劫縛兜題，而立成之兄子忠爲疏勒王。忠後反畔，超擊斬之。事已具超傳。

安帝元初中，疏勒王安國以舅臣磐有罪，徙於月氏，月氏王親愛之。後安國死，無子，母持國政，與國人共立臣磐同產弟子遺腹爲疏勒王。臣磐聞之，請月氏王曰：「安國無子，種人微弱，若立母氏，我乃遺腹叔父也，我當爲王。」月氏乃遣兵送還疏勒。國人素敬愛臣磐，又畏憚月氏，卽共奪遺腹印綬，迎臣磐立爲王，更以遺腹爲磐槀城侯。後莎車〔連〕畔于寘，屬疏勒，疏勒以強，故得與龜茲、于寘爲敵國焉。

順帝永建二年，臣磐遣使奉獻，帝拜臣磐爲漢大都尉，兄子臣勳爲守國司馬。五年，臣磐遣侍子與大宛、莎車使俱詣闕貢獻。陽嘉二年，臣磐復獻師子、封牛。至靈帝建寧元年，疏勒王漢大都尉於獵中爲其季父和得所射殺，和得自立爲王。(五)〔三〕年，涼州刺史孟佗遣從事任涉將敦煌兵五百人，與戊(己)司馬曹寬、西域長史張晏，將焉耆、龜茲、車師前後部，合三萬餘人，討疏勒，攻楨中城，四十餘日不能下，引去。其後疏勒王連相殺害，朝廷亦不能禁。

東北經尉頭、溫宿、姑墨、龜茲至焉耆。

焉耆國王居南河城，北去長史所居八百里，東去洛陽八千二百里。戶萬五千，口五萬二千，勝兵二萬餘人。其國四面有大山，與龜茲相連，道險阸易守。有海水曲入四山之內，周匝其城三十餘里。

永平末，焉耆與龜茲共攻沒都護陳睦、副校尉郭恂，殺吏士二千餘人。至永元六年，都護班超發諸國兵討焉耆、危須、尉黎、山國，遂斬焉耆、尉黎二王首，傳送京師，縣蠻夷邸。〔一〕超乃立焉耆左(侯)〔候〕元孟爲王，尉黎、危須、山國皆更立其王。至安帝時，西域背畔。延光中，超子勇爲西域長史，復討定諸國。元孟與尉黎、危須不降。永建二年，勇與敦煌太守張朗擊破之，元孟乃遣子詣闕貢獻。

〔一〕蠻夷皆置邸以居之，若今鴻臚寺也。

蒲類國居天山西疏榆谷，東南去長史所居千二百九十里，去洛陽萬四百九十里。戶八百餘，口二千餘，勝兵七百餘人。廬帳而居，逐水草，頗知田作。有牛、馬、駱駞、羊畜。能作弓矢。國出好馬。

蒲類本大國也，前西域屬匈奴，而其王得罪單于，單于怒，徙蒲類人六千餘口，內之匈奴右部阿惡地，因號曰阿惡國。南去車師後部馬行九十餘日。人口貧羸，逃亡山谷閒，故留爲國云。

移支國居蒲類地。戶千餘，口三千餘，勝兵千餘人。其人勇猛敢戰，以寇鈔爲事。皆被髮，隨畜逐水草，不知田作。所出皆與蒲類同。

東且彌國東去長史所居八百里，去洛陽九千二百五十里。戶三千餘，口五千餘，勝兵二千餘人。廬帳居，逐水草，頗田作。其所出有亦與蒲類同。所居無常。

車師前王居交河城。河水分流繞城，故號交河。去長史所居柳中八十里，東去洛陽九千一百二十里。領戶千五百餘，口四千餘，勝兵二千人。

後王居務塗谷，去長史所居五百里，去洛陽九千六百二十里。領戶四千餘，口萬五千餘，勝兵三千餘人。

前後部及東且彌、卑陸、蒲類、移支，是爲車師六國，北與匈奴接。前部西通焉耆北道，後部西通烏孫。

建武二十一年，與鄯善、焉耆遣子入侍，光武遣還之，乃附屬匈奴。明帝永平十六年，漢取伊吾盧，通西域，車師始復內屬。匈奴遣兵擊之，復降北虜。和帝永元二年，大將軍竇憲破北匈奴，車師震慴，前後王各遣子奉貢入侍，並賜印綬金帛。八年，戊己校尉索頵欲廢

後部王涿鞮，立破虜侯細致。涿鞮忿前王尉卑大賣己，因反擊尉卑大，獲其妻子。明年，漢遣將兵長史王林，發涼州六郡兵及羌(虜)胡二萬餘人，以討涿鞮，獲首虜千餘人。涿鞮入北匈奴，漢軍追擊，斬之，立涿鞮弟農奇爲王。至永寧元年，後王軍就及母沙麻反畔，殺後部司馬及敦煌行事。〔一〕至安帝延光四年，長史班勇擊軍就，大破，斬之。

〔一〕司馬卽屬戊校尉所統也。和帝時，置戊己校尉，鎭車師後部。行事謂前行長史索班。

順帝永建元年，勇率後王農奇子加特奴及八滑等，發精兵擊北虜呼衍王，破之。勇於是上立加特奴爲後王，八滑爲後部親漢侯。陽嘉三年夏，車師後部司馬率加特奴等千五百人，掩擊北匈奴於閶吾陸谷，壞其廬落，斬數百級，獲單于母、季母及婦女數百人，〔一〕牛羊十餘萬頭，車千餘兩，兵器什物甚衆。四年春，北匈奴呼衍王率兵侵後部，帝以車師六國接近北虜，爲西域蔽扞，乃令敦煌太守發諸國兵，及玉門關候、伊吾司馬，合六千三百騎救之，掩擊北虜於勒山，漢軍不利。秋，呼衍王復將二千人攻後部，破之。桓帝元嘉元年，呼衍王將三千餘騎寇伊吾，伊吾司馬毛愷遣吏兵五百人於蒲類海東與呼衍王戰，悉爲所沒，呼衍王遂攻伊吾屯城。夏，遣敦煌太守司馬達將敦煌、酒泉、張掖屬國吏士四千餘人救之，出塞至蒲類海，呼衍王聞而引去，漢軍無功而還。

〔一〕季母，叔母也。

永興元年，車師後部王阿羅多與戊部候嚴皓不相得，遂忿戾反畔，攻圍漢屯田且固城，殺傷吏士。後部候炭遮領餘人畔阿羅多詣漢吏降。阿羅多迫急，將其母妻子從百餘騎亡走北匈奴中，敦煌太守宋亮上立後部故王軍就質子卑君爲後部王。後阿羅多復從匈奴中還，與卑君爭國，頗收其國人。戊校尉閻詳慮其招引北虜，將亂西域，乃開信告示，許復爲王，阿羅多乃詣詳降。於是收奪所賜卑君印綬，更立阿羅多爲王，仍將卑君還敦煌，以後部人三百帳別屬役之，食其稅。帳者，猶中國之戶數也。

論曰：西域風土之載，前古未聞也。漢世張騫懷致遠之略，〔一〕班超奮封侯之志，〔二〕終能立功西遐，羈服外域。自兵威之所肅服，財賂之所懷誘，莫不獻方奇，納愛質，露頂肘行，東向而朝天子。故設戊己之官，分任其事；建都護之帥，總領其權。先馴則賞籝金而賜龜綬，〔三〕後服則繫頭顙而釁北闕。立屯田於膏腴之野，列郵置於要害之路。馳命走驛，不絕於時月；商胡販客，日款於塞下。其後甘英乃抵條支而歷安息，臨西海以望大秦，拒玉門、陽關者四萬餘里，靡不周盡焉。若其境俗性智之優薄，產載物類之區品，川河領障之基源，氣節涼暑之通隔，梯山棧谷繩行沙度之道，身熱首痛風災鬼難之域，〔四〕莫不備寫情形，審求根實。至於佛道神化，興自身毒，而二漢方志莫有稱焉。張騫但著地多暑溼，乘象而戰，

班勇雖列其奉浮圖，不殺伐，而精文善法導達之功靡所傳述。余聞之後說也，其國則殷乎中土，玉燭和氣，〔五〕靈聖之所〔降〕集，賢懿之所挺生，〔六〕神迹詭怪，則理絕人區，〔七〕感驗明顯，則事出天外。〔八〕而騫、超無聞者，豈其道閉往運，數開叔葉乎？不然，何誣異之甚也！漢自楚英始盛齋戒之祀，桓帝又修華蓋之飾。將徵義未譯，而但神明之邪？詳其清心釋累之訓，空有兼遣之宗，道書之流也。〔九〕且好仁惡殺，蠲敝崇善，所以賢達君子多愛其法焉。然好大不經，奇譎無已，〔一〇〕雖鄒衍談天之辯，莊周蝸角之論，〔一一〕尚未足以槩其萬一。又精靈起滅，因報相尋，若曉而昧者，故通人多惑焉。〔一二〕蓋導俗無方，適物異會，取諸同歸，措夫疑說，則大道通矣。

〔一〕前書張騫，漢中人，爲博望侯。武帝時，上言大夏及安息、大宛之屬，大國奇物，誠得而以義屬之，則地廣萬里。帝從之。

〔二〕超少時家貧，投筆歎曰：「丈夫當如傅介子、張騫，立功西域，以取封侯，安能久事筆硯乎！」語見超傳。

〔三〕龜謂印文也。漢舊儀曰：「銀印皆龜紐，其文刻曰『某官之章』。」

〔四〕前書杜欽曰：「罽賓本漢所立，殺漢使者，今悔過來順，使者送至懸度，歷大頭痛、小頭痛之山，赤土身熱之阪，臨峥嶸不測之深，行者騎步相持，繩索相引。」釋法顯游天竺記云：「西度流沙，屢有熱風惡鬼，過之必死。葱領冬夏有雪。有毒龍，若犯之，則風雨晦冥，飛砂揚礫。（過）〔遇〕此難者，萬無一全也。」

〔五〕天竺國記云：「中天竺人殷樂無戶籍，耕王地者輸地利。又其土和適，無冬夏之異，草木常茂，種田無時節。」爾雅曰：「四時和謂之玉燭。」

〔六〕本行經曰：「釋迦菩薩在兜率陁天，爲諸天無量無邊諸衆說法。又觀我今何處成道，利益衆生。乃觀見宜於南閻浮提生有大利益。」又云「誰中與我爲父母者。觀見宜於天竺刹利種迦毗羅城白淨王摩耶夫人，可爲父母」。又云「四生之中，何生利益。觀見同衆生、胎生、我若化生，諸外道等卽誹謗我是幻術也。爾時菩薩觀已，示同諸天五衰相現。命諸同侶，波斯匿王等諸王中生，皆作國王，與我爲檀越。命阿難及諸人等，同生爲弟子。命舍利弗等，外道中生我，成道時當受我化，回邪入正。又有無量衆生，同隨菩薩於天竺受生，多所利益」也。

〔七〕維摩經曰：「以四大海水入一毛孔，不撓魚鼈等，而彼大海本相如故。又舍利弗住不思議菩薩，斷取三千大千國界，如陶家輪著右掌中，擲過恆河沙國界之外，其中衆生不覺不知，又復還本處，都不使人有往來相。」

〔八〕涅槃經曰：「阿闍王令醉象蹋佛，佛以慈善根力，舒其五指，遂爲五師子見，爾時醉象惶懼而退。又五百羣賊劫奪人庶，波斯匿王收捉，剜其兩目，弃入坑中。爾時羣賊苦痛不已，同時發聲念南無佛。陁達摩佛以慈善根力，雪山吹藥，令入賊眼，皆悉平復如本。」

〔九〕清心謂忘思慮也。釋累謂去貪欲也。不執著爲空，執著爲有。兼遣謂不空不有，虛實兩忘也。維摩詰云：「我及涅槃，此二皆空。」老子云：「常無，欲觀其妙；常有，欲觀其徼。」故曰道書之流也。

〔一〇〕維摩經曰：「爾時毗邪離有長者子名曰寶積。與五百長者子，俱持七寶蓋來詣佛所，頭面禮足，各以其蓋共供養佛。佛威神力令諸寶蓋合成一蓋，徧覆三千大千國界諸須彌山，乃至日月星宿，并十方諸佛說法，皆現於寶蓋中。」又維摩詰三萬二千師子坐，高八萬四千由旬，高廣嚴淨，來入維摩方丈室，包容無所妨礙。又四大海水入毛孔，須彌山入芥子等也。

〔一一〕史記曰：「談天衍。」劉向別錄曰：「鄒衍之所言五德終始，天地廣大，其書言天事，故曰談天。」莊子曰：「有國於蝸之左角者曰觸氏，有國於蝸之右角者曰蠻氏，相與爭地而戰，伏尸數萬，逐北旬有五日而後反。」郭璞注爾雅云：「蝸牛，音瓜。」談天言大，蝸角喻小也。

〔一二〕精靈起滅謂生死輪回無窮已。因報相尋謂行有善惡，各緣業報也。

贊曰：逷矣西胡，天之外區。〔一〕土物琛麗，人性淫虛。不率華禮，莫有典書。若微神道，何恤何拘。〔二〕

〔一〕逷，遠也，音乇狄反。尚書曰：「逷矣西土之人。」

〔二〕言無神道以制胡人，則匈猛之性，何所憂懼，何所拘忌也。

校勘記

二九〇九頁八行　孤胡　「胡」原作「湖」，逕據汲本、殿本改正。按：本卷原本譌字特多，以下凡極明顯之譌字，皆逕改正，不出校記。

二九〇九頁一一行　都護陳睦　按：集解引惠棟說，謂袁紀作「陳穆」。

二九一〇頁二行　副校尉閻槃　集解引惠棟說，謂「槃」和紀作「磐」，竇憲傳作「盤」，字通。今按：通鑑作「磐」；一本又作「礬」，則形近而譌。

二九一一頁四行　求救於曹宗　按：集解引惠棟說，謂通典作「曹崇」。

二九一三頁一行　財幣縻於廬山之壑　按：王先謙謂「縻」是「糜」之誤字，謂腐爛也。

二九一三頁四行　由此察之　按：集解引惠棟說，謂「察」一作「覩」。

二九一三頁四行　東望扣關　按：集解引惠棟說，謂「望」一作「向」。

二九一三頁四行　宜禾都尉居也　按：刊誤謂「也」當作「之」。

二九一三頁七行　〔是〕人主之操　據汲本、殿本補。

二九一四頁五行　去玉門三百餘里　按：王先謙謂「玉門」下奪「陽關」二字。「三百餘里」據水經河水注當作「千三百餘里」，前、後書皆脫去「千」字。

二九一四頁八行　北通伊吾千餘里　按：集解引惠棟說，謂袁紀云「五千里」。

二九一四頁九行　金滿城　按：集解引惠棟說，謂「滿」一作「蒲」。

二九一四頁一三行　北道西踰葱領出大宛康居奄蔡焉(耆)　王先謙謂由疏勒而西爲大宛，在大月氏北，亦葱嶺西國，其北爲康居，爲奄蔡，又極西北爲條支，是爲葱嶺西北諸國。焉耆在葱嶺東，明「耆」字衍。今據刪。

二九一五頁二行　至拘彌　按：王先謙謂前書「拘彌」作「杅彌」，此更名。

二九一五頁六行　敦煌太守徐由　集解引惠棟說，謂續漢志作「徐白」。今按：見續天文志。

二九一五頁一三行　勝兵三萬餘人　按：王先謙謂「萬」爲「千」之誤。前書勝兵二千四百人，新唐書勝兵四

西域傳第七十八　二九三五

後漢書卷八十八　二九三六

千人，後漢時何得獨有三萬餘。

二九一七頁二行　漢書中誤云西夜子合是一國　刊誤謂「漢」當作「前」。按：如刊誤言，則下二九二〇頁四行「漢書云」及二九二一頁六行「漢書以爲」之「漢」字皆當作「前」。

二九一七頁五行　子合國居呼鞬谷　按：王先謙謂前書「鞬」作「犍」。

二九一七頁九行　自皮山西南經烏秅　「秅」原作「秏」，逕據前書改正。注同。按：前書劉攽刊誤云「秅」當作「秏」，秏無拏音，劉說非。

二九一七頁一一行　急言之如鷃拏(反)〔也〕　據殿本改。

二九一八頁八行　海中善使人思土戀慕數有死亡者　按：校補謂通志作「海中善使人悲懷思土，故數有死亡者」。此下復有「若漢使不戀父母妻子者可入」十二字。

二九一九頁一行　大秦國一名犂鞬　集解引惠棟說，謂魏略作「犂軒」，案此卽前漢犂軒國也。今按：袁紀作「黎軒」。

二九二〇頁一行　大秦王安敦　按：集解引惠棟說，謂袁紀「安敦」作「安都」。

二九二二頁二行　國號貴霜(王)　據刊誤刪。

二九二二頁一〇行　東至磐起國　按：校補謂通志「起」作「越」。

二九二三頁七行　東離國　按：校補謂通志作「車離國」，東車易譌，未詳孰是。

二九二三頁七行　列城數十　按：校補謂通志「列」作「別」。

二九二四頁一一行　東西南北自在也　按：王先謙謂疑「在」爲「任」之譌，言任所歸向也。

二九二五頁七行　欲射之　按：類聚九十四引張璠漢紀，「射」作「搏」。

二九二五頁八行　無射我　按：類聚九十四、御覽九百三引張璠漢紀，「射」並作「殺」。

二九二六頁七行　尉黎　按：王先謙謂前書鄭吉傳作「尉黎」，餘皆作「尉犂」。

二九二六頁九行　章帝元和三年〔也〕　據刊誤補。

二九二六頁一一行　莎車東北至疏勒　按：丁謙後漢書西域傳地理考證謂前書言西至疏勒，疏勒傳作南至莎車，兩傳互證，則當云西北至疏勒，此作「東北」，誤。

二九二六頁一三行　領戶二萬一千　按：「戶」原譌「兵」，逕改正。又按：王先謙謂下脫口數。

二九二六頁一三行　左侯　按：王先謙謂據前書，疏勒但有左右將、左右騎君，而無左侯，此「左侯」疑「左將」之誤。若以焉耆傳例之，或亦當作「左候」。

二九二七頁四行　後莎車(連)畔于窴　據汲本、殿本補。按：通志亦有「連」字。

二九二七頁八行　(五)〔三〕年　據汲本、殿本改。

二九二七頁九行　與戊(己)司馬曹寬　據刊誤刪。按：集解引惠棟說，謂據曹全碑，全字景完，拜西域戊部司馬，討疏勒，無「己」字，與劉說合。王先謙謂其名是「全」，碑有塙證。范去漢二百

西域傳第七十八　二九三七

後漢書卷八十八　二九三八

餘年，而傳錄文字脫落，完寬字形相似，故「完」誤爲「寬」也。

二九二七頁一三行　王居南河城　按：集解引惠棟說，謂前書云治員渠城，袁紀作「河南城」。

二九二八頁三行　超乃立焉耆左(侯)〔候〕元孟爲王　王先謙謂當據班超傳作「候」，今據改。

二九三〇頁一行　涿鞮忿前王尉卑大賣己　集解引惠棟說，謂「尉卑大」通鑑作「尉畢大」。通鑑異字，大要本袁宏紀也。

二九三〇頁二行　發涼州六郡兵及羌(虜)胡二萬餘人　據王先謙說刪。按：通志無「虜」字。

二九三〇頁二行　以討涿鞮　「鞮」原譌「韃」，逕改正。

二九三〇頁一三行　敦煌太守司馬達　按：張森楷校勘記謂案于窴傳無「司」字，疑此衍文。

二九三一頁一〇行　馳命走驛　按：刊誤謂「驛」當作「譯」。

二九三三頁二行　靈聖之所〔降〕集　據汲本、殿本補。

二九三三頁一三行　臨峥嶸不測之深　按：殿本「深」作「淵」，校補謂係後人回改。

二九三三頁一五行　(過)〔遇〕此難者　據刊誤改。

二九三五頁九行　涅槃經曰　按：「涅槃」之「槃」原皆作「盤」，逕據汲本、殿本改。

後漢書卷八十九

南匈奴列傳第七十九

前書直言匈奴傳，不言南北，今稱南者，明其爲北生義也。以南單于向化尤深，故舉其順者以冠之。東觀記稱匈奴南單于列傳，范曄因去其「單于」二字。

南匈奴醢落尸逐鞮單于比者，〔一〕呼韓邪單于之孫，〔二〕烏珠留若鞮單于之子也。〔三〕自呼韓邪後，諸子以次立，至比季父孝單于輿時，以比爲右薁鞬日逐王，部領南邊及烏桓。〔四〕

〔一〕醢音火兮反。

〔二〕前書曰：「單于者，廣大之貌也，言其象天單于然也。」呼韓邪卽冒頓單于八代孫，虛閭權渠單于〔子〕也，名稽侯𤝞。𤝞音山諫反。東觀記曰：「單于比，匈奴頭曼十八代孫。」臣賢案：頭曼卽冒頓單于父，自頭曼單于至比，父子相承十代，以單于相傳乃十八代也。

〔三〕匈奴謂孝爲若鞮。自呼韓邪單于降後，與漢親密，見漢帝謚常爲孝，慕之。至其子復珠累單于以下皆稱若鞮，南單于比以下直稱鞮也。

〔四〕薁音於六反。鞬音九言反。下並同。

建武初，彭寵反畔於漁陽，單于與共連兵，因復權立盧芳，使入居五原。〔一〕光武初，方平諸夏，未遑外事。〔二〕至六年，始令歸德侯劉颯使匈奴，匈奴亦遣使來獻，漢復令中郎將韓統報命，賂遺金幣，以通舊好。〔三〕而單于驕踞，自比冒頓，〔四〕對使者辭語悖慢，〔五〕帝待之如初。初，使命常通，而匈奴數與盧芳共侵北邊。九年，遣大司馬吳漢等擊之，經歲無功，而匈奴轉盛，鈔暴日增。十三年，遂寇河東，州郡不能禁。於是漸徙幽、并邊人於常山關、居庸關已東，〔六〕匈奴左部遂復轉居塞內。朝廷患之，增緣邊兵郡數千人，大築亭候，修烽火。匈奴聞漢購求盧芳，貪得財帛，乃遣芳還降，望得其賞。而芳以自歸爲功，不稱匈奴所遣，單于復恥言其計，故賞遂不行。由是大恨，入寇尤深。二十年，遂至上黨、扶風、天水。二十一年冬，復寇上谷、中山，殺略鈔掠甚衆，北邊無復寧歲。〔七〕

〔一〕東觀記：「芳，安定人。屬國胡數千畔，在參蠻，芳從之，詐姓劉氏，自稱西平王。會匈奴句林王將兵來降參蠻胡，芳因隨入匈奴，留數年。單于以中國未定，欲輔立之，遣毋樓且王求入五原，與假號將軍李興等結謀，興北至單于庭迎芳。芳外倚匈奴，內因興等，故能廣略邊郡。」

〔二〕遑，暇也。

〔三〕舊好謂宣帝、元帝之代與國和親。

〔四〕冒頓，匈奴單于頭曼之子也，卽夏后氏之苗裔也，其先曰淳維。自淳維至頭曼千有餘歲。冒頓當始皇之時，爲鳴鏑弑頭曼，代立，控絃三十餘萬，強盛，與諸夏爲敵國，踞嫚無禮，奢尼高祖，戲侮呂后。事具前書。

〔五〕前書：「更始二年冬，遣中郎將歸德侯颯、大司馬護軍陳遵使匈奴，授單于漢舊制璽綬。單于輿驕，謂遵、颯曰：『匈奴本與漢爲兄弟。匈奴中亂，孝宣帝輔立呼韓邪單于，故稱臣以尊漢。今漢亦大亂，爲王莽篡位，匈奴亦出擊莽，空其邊境。今天下騷動思漢，莽卒以敗而漢復興，亦我力也，當復尊我。』遵與相撐距，單于終持此論。」語詞悖慢，卽此類也。

〔六〕前書代郡有常山關，上谷郡居庸縣有關。

〔七〕謂緣邊之郡無安寧之歲。

初，單于弟右谷蠡王伊屠知牙師〔一〕以次當〔爲〕左賢王。左賢王卽是單于儲副。單于欲傳其子，遂殺知牙師。知牙師者，王昭君之子也。昭君字嬙，南郡人也。〔二〕初，元帝時，以良家子選入掖庭。時呼韓邪來朝，帝敕以宮女五人賜之。昭君入宮數歲，不得見御，積悲怨，乃請掖庭令求行。呼韓邪臨辭大會，帝召五女以示之。昭君豐容靚飾，光明漢宮，顧景裴回，竦動左右。帝見大驚，意欲留之，而難於失信，遂與匈奴。生二子。及呼韓邪死，其前閼氏子代立，欲妻之，昭君上書求歸，成帝敕令從胡俗，遂復爲後單于閼氏焉。

〔一〕谷音鹿。蠡音離。

〔二〕前書曰：「南郡秭歸人。」

比見知牙師被誅，出怨言曰：「以兄弟言之，右谷蠡王次當立；以子言之，我前單于長子，我當立。」遂內懷猜懼，庭會稀闊。單于疑之，乃遣兩骨都侯監領比所部兵。二十二年，單于輿死，子左賢王烏達鞮侯立爲單于。復死，弟左賢王蒲奴立爲單于。比不得立，既懷憤恨。而匈奴中連年旱蝗，赤地數千里，草木盡枯，人畜飢疫，死耗太半。〔一〕單于畏漢乘其敝，乃遣使詣漁陽求和親。於是遣中郎將李茂報命。而比密遣漢人郭衡奉匈奴地圖，二十三年，詣西河太守求內附。兩骨都侯頗覺其意，會五月龍祠，〔二〕因白單于，言薁鞬日逐夙來欲爲不善，若不誅，且亂國。時比弟漸將王在單于帳下，聞之，馳以報比。比懼，遂斂所主南邊八部衆四五萬人，待兩骨都侯還，欲殺之。骨都侯且到，知其謀，皆輕騎亡去，以告單于。單于遣萬騎擊之，見比衆盛，不敢進而還。

〔一〕三分損二爲太半。

〔二〕前書曰：「匈奴法，歲正月諸長小會單于庭祠，五月大會龍城，祭其先天地鬼神，八月大會蹛林，課校人畜計。」蹛音帶，又音多。

二十四年春，八部大人共議立比爲呼韓邪單于，以其大父嘗依漢得安，故欲襲其號。於是款五原塞，願永爲蕃蔽，扞禦北虜。帝用五官中郎將耿國議，乃許之。其冬，比自立爲呼韓邪單于。〔一〕

〔一〕東觀記曰：「十二月癸丑，匈奴始分爲南北單于。」

二十五年春，遣弟左賢王莫將兵萬餘人擊北單于弟薁鞬左賢王，生獲之；又破北單于帳下，并得其衆合萬餘人，馬七千匹、牛羊萬頭。北單于震怖，却地千里。初，帝造戰車，可駕數牛，上作樓櫓，置於塞上，以拒匈奴。〔一〕時人見者或相謂曰：「讖言漢九世當却北狄地千里，豈謂此邪？」及是，果拓地焉。北部薁鞬骨都侯與右骨都侯率衆三萬餘人來歸南單于，南單于復遣使詣闕，奉藩稱臣，獻國珍寶，求使者監護，遣侍子，修舊約。

〔一〕櫓卽樓也。釋名曰：「樓無屋爲櫓也。」

二十六年，遣中郎將段郴、〔一〕副校尉王郁使南單于，立其庭，去五原西部塞八十里。單于乃延迎使者。使者曰：「單于當伏拜受詔。」單于顧望有頃，乃伏稱臣。拜訖，令譯曉使者曰：「單于新立，誠慙於左右，願使者衆中無相屈折也。」骨都侯等見，皆泣下。郴等反命，詔乃聽南單于入居雲中。遣使上書，獻駱駞二頭，文馬十匹。〔二〕夏，南單于所獲北虜薁鞬左賢王將其衆及南部五骨都侯合三萬餘人畔歸，去北庭三百餘里，共立薁鞬左賢王爲單于。月餘日，更相攻擊，五骨都侯皆死，左賢王遂自殺，諸骨都侯子各擁兵自守。秋，南單于遣子入侍，奉奏詣闕。詔賜單于冠帶、衣裳、黃金璽、盭緺綬，〔三〕安車羽蓋，華藻駕駟，寶劍弓箭，黑節三，駙馬二，黃金、錦繡、繒布萬匹，絮萬斤，樂器鼓車，棨戟甲兵，飲食什

器。〔四〕又轉河東米糒二萬五千斛，牛羊三萬六千頭，以贍給之。令中郎將置安集掾（吏）〔史〕將弛刑五十人，持兵弩隨單于所處，參辭訟，察動靜。單于歲盡輒遣奉奏，送侍子入朝，中郎將從事一人將領詣闕。漢遣謁者送前侍子還單于庭，交會道路。元正朝賀，拜祠陵廟畢，漢乃遣單于使，令謁者將送，賜綵繒千匹，錦四端，金十斤，太官御食醬及橙、橘、龍眼、荔支；賜單于母及諸閼氏、單于子及左右賢王、左右谷蠡王、骨都侯有功善者，繒綵合萬匹。歲以爲常。

〔一〕丑吟反。
〔二〕杜預注左傳曰：「文馬，畫馬爲文也。」
〔三〕盭音戾，草名。以戾草染綬，因以爲名，則漢諸侯王制。戾，綠色。緺，古蛙反。又說文曰「紫青色」也。
〔四〕有衣之戟曰棨。

匈奴俗，歲有三龍祠，常以正月、五月、九月戊日祭天神。南單于既內附，兼祠漢帝，因會諸部，議國事，走馬及駱駞爲樂。其大臣貴者左賢王，次左谷蠡王，次右賢王，次右谷蠡王，謂之四角；次左右日逐王，次左右溫禺鞮王，次左右漸將王，是爲六角：皆單于子弟，次第當爲單于者也。異姓大臣左右骨都侯，次左右尸逐骨都侯，其餘日逐、且渠、當戶諸官號，〔一〕各以權力優劣、部衆多少爲高下次第焉。單于姓虛連題。〔二〕異姓有呼衍氏、須卜

氏、丘林氏、蘭氏〔三〕四姓，爲國中名族，常與單于婚姻。呼衍氏爲左，蘭氏、須卜氏爲右，主斷獄聽訟，當決輕重，口白單于，無文書簿領焉。

〔一〕且音子余反。
〔二〕前書曰：「單于姓攣鞮氏，其國稱之曰『撐犂孤屠』。匈奴謂天爲撐犂，謂子爲孤屠。」與此不同也。
〔三〕前書冒頓單于時，大姓有呼衍氏、蘭氏、須卜氏三姓，貴種也。

冬，前畔五骨都侯子復將其衆三千人歸南部，北單于使騎追擊，悉獲其衆。南單于遣兵拒之，逆戰不利。於是復詔單于徙居西河美稷，因使中郎將段郴及副校尉王郁留西河擁護之，爲設官府、從事、掾史。令西河長史歲將騎二千，弛刑五百人，助中郎將衞護單于，冬屯夏罷。自後以爲常，及悉復緣邊八郡。

南單于既居西河，亦列置諸部王，助爲扞戍。使韓氏骨都侯屯北地，右賢王屯朔方，當于骨都侯屯五原，呼衍骨都侯屯雲中，郎氏骨都侯屯定襄，左南將軍屯鴈門，栗籍骨都侯屯代郡，皆領部衆爲郡縣偵羅耳目。〔一〕北單于惶恐，頗還所略漢人，以示善意。鈔兵每到南部下，還過亭候，輒謝曰：「自擊亡虜薁鞬日逐耳，非敢犯漢人也。」

〔一〕偵音丑政反。羅音力賀反。猶今言探候偵羅也。

二十七年，北單于遂遣使詣武威求和親，天子召公卿廷議，不決。皇太子言曰：「南單

于新附，北虜懼於見伐，故傾耳而聽，爭欲歸義耳。今未能出兵，而反交通北虜，臣恐南單于將有二心，北虜降者且不復來矣。」帝然之，告武威太守勿受其使。

二十八年，北匈奴復遣使詣闕，貢馬及裘，更乞和親，并請音樂，又求率西域諸國胡客與俱獻見。帝下三府議酬荅之宜。司徒掾班彪奏曰：

臣聞孝宣皇帝敕邊守尉曰：「匈奴大國，多變詐。交接得其情，則却敵折衝；應對入其數，則反爲輕欺。」今北匈奴見南單于來附，懼謀其國，故數乞和親，又遠驅牛馬與漢合市，重遣名王，多所貢獻，斯皆外示富強，以相欺誕也。臣見其獻益重，知其國益虛，歸親愈數，爲懼愈多。然今既未獲助南，則亦不宜絕北，羈縻之義，禮無不荅。謂可頗加賞賜，略與所獻相當，明加曉告以前世呼韓邪、郅支行事。〔一〕

〔一〕呼韓單于稱臣受賞，郅支單于背德被誅，以此二者行事曉告之也。郅支卽呼韓兄，名呼屠吾斯，自立爲單于，擊走呼韓邪單于者也。

報荅之辭，令必有適。〔一〕今立稾草并上，曰：「單于不忘漢恩，追念先祖舊約，欲修和親，以輔身安國，計議甚高，爲單于嘉之。往者，匈奴數有乖亂，呼韓邪、郅支自相讎隙，並蒙孝宣皇帝垂恩救護，故各遣侍子稱藩保塞。其後郅支忿戾，自絕皇澤，而呼韓附親，忠孝彌著。及漢滅郅支，〔二〕遂保國傳嗣，子孫相繼。今南單于攜衆南向，款

塞歸命。自以呼韓嫡長，次第當立，而侵奪失職，猜疑相背，數請兵將，歸埽北庭，策謀紛紜，無所不至。惟念斯言不可獨聽，又以北單于比年貢獻，欲修和親，故拒而未許，將以成單于忠孝之義。漢秉威信，總率萬國，日月所照，皆爲臣妾。殊俗百蠻，義無親疎，服順者褒賞，畔逆者誅罰，善惡之効，呼韓、郅支是也。今單于欲修和親，款誠已達，何嫌而欲率西域諸國俱來獻見？西域國屬匈奴，與屬漢何異？單于數連兵亂，國內虛耗，貢物裁以通禮，何必獻馬裘？今齎雜繒五百匹，弓鞬韥丸一，矢四發，遣遺單于。〔三〕又賜獻馬左骨都侯、右谷蠡王雜繒各四百匹，斬馬劍各一。〔四〕單于前言先帝時所賜呼韓邪竽、瑟、空侯皆敗，願復裁〔賜〕。〔五〕念單于國尚未安，方厲武節，以戰攻爲務，竽瑟之用不如良弓利劍，故未以齎。〔六〕朕不愛小物於單于，便宜所欲，遣驛以聞。」

〔一〕適猶所也，言報荅之辭必令得所也。
〔二〕元帝時，郅支坐殺使者谷吉，都護甘延壽與副陳湯發西域兵誅斬之。
〔三〕鞬音居言反。方言云：「臧弓爲鞬，臧箭爲韥。」韥丸即箭箙也。矢十二曰發，見漢書音義。
〔四〕尚方，少府屬官。作供御器物，故有斬馬劍。言劍利可以斬馬。
〔五〕言更請裁賜也。

〔六〕言不齎，持往遺也。

帝悉納從之。二十九年，賜南單于羊數萬頭。三十一年，北匈奴復遣使如前，乃璽書報荅，賜以綵繒，不遣使者。

單于比立九年薨，中郎將段郴將兵赴弔，祭以酒米，分兵衞護之。比弟左賢王莫立，帝遣使者齎璽書鎮慰，拜授璽綬，遺冠幘，絳單衣三襲，童子佩刀、緄帶各一，〔一〕又賜繒綵四千匹，令賞賜諸王、骨都侯已下。其後單于薨，弔祭慰賜，以此爲常。〔二〕

〔一〕童子刀謂小刀也。說文曰：「緄，織成帶也。」音古本反。
〔二〕弔祭其薨者，慰其新立者。

丘浮尤鞮單于莫，中元元年立，一年薨，弟汗立。

伊伐於慮鞮單于汗，中元二年立。永平二年，北匈奴護于丘率衆千餘人來降。南部單于汗立二年薨，單于比之子適立。

醢僮尸逐侯鞮單于適，永平二年立。五年冬，北匈奴六七千騎入于五原塞，遂寇雲中至原陽，南單于擊却之，〔一〕西河長史馬襄赴救，虜乃引去。

〔一〕原陽，縣名，屬雲中郡。

單于適立四年薨，單于莫子蘇立，是爲丘除車林鞮單于。數月復薨，單于適之弟長立。

胡邪尸逐侯鞮單于長，永平六年立。時北匈奴猶盛，數寇邊，朝廷以爲憂。會北單于欲合市，遣使求和親，顯宗冀其交通，不復爲寇，乃許之。

八年，遣越騎司馬鄭衆北使報命，而南部須卜骨都侯等知漢與北虜交使，懷嫌怨欲畔，密因北使，令遣兵迎之。鄭衆出塞，疑有異，伺候果得須卜使人，乃上言宜更置大將，以防二虜交通。由是始置度遼營，以中郎將吳棠行度遼將軍事，副校尉來苗、左校尉閻章、右校尉張國將黎陽虎牙營士屯五原曼柏。〔一〕又遣騎都尉秦彭將兵屯美稷。其年秋，北虜果遣二千騎候望朔方，作馬革船，欲度迎南部畔者，以漢有備，乃引去。復數寇鈔邊郡，焚燒城邑，殺略甚衆，河西城門晝閉。帝患之。

〔一〕漢官儀曰：「光武以幽、冀、并兵克定天下，故於黎陽立營，以謁者監領兵騎千人。」

十六年，乃大發緣邊兵，遣諸將四道出塞，北征匈奴。南單于遣左賢王信隨太僕祭肜及吳棠出朔方高闕，攻皋林溫禺犢王於涿邪山。虜聞漢兵來，悉度漠去。肜、棠坐不至涿邪山免，以騎都尉來苗行度遼將軍。其年，北匈奴入雲中，遂至漁陽，太守廉范擊卻之。詔遣使者高弘發三郡兵追之，無所得。

建初元年，來苗遷濟陰太守，以征西（大）將軍耿秉行度遼將軍。時皋林溫禺犢王復將衆還居涿邪山，南單于聞知，遣輕騎與緣邊郡及烏桓兵出塞擊之，斬首數百級，降者三四千

人。其年，南部苦蝗，大飢，肅宗稟給其貧人三萬餘口。七年，耿秉遷執金吾，以張掖太守鄧鴻行度遼將軍。八年，北匈奴三木樓訾大人稽留斯等率三萬八千人、馬二萬匹、牛羊十餘萬，款五原塞降。

元和元年，武威太守孟雲上言北單于復願與吏人合市，詔書聽雲遣驛使迎呼慰納之。北單于乃遣大且渠伊莫訾王等，〔一〕驅牛馬萬餘頭來與漢賈客交易。諸王大人或前至，所在郡縣爲設官邸，賞賜待遇之。南單于聞，乃遣輕騎出上郡，遮略生口，鈔掠牛馬，驅還入塞。

〔一〕且音子余反。下並同。

二年正月，北匈奴大人車利、涿兵等亡來入塞，凡七十三輩。時北虜衰耗，黨衆離畔，南部攻其前，丁零寇其後，鮮卑擊其左，西域侵其右，不復自立，乃遠引而去。

單于長立二十三年薨，單于汗之子宣立。

伊屠於閭鞮單于宣，元和二年立。其歲，單于遣兵千餘人獵至涿邪山，卒與北虜溫禺犢王遇，〔一〕因戰，獲其首級而還。冬，孟雲上言：「北虜以前既和親，而南部復往鈔掠，北單于謂漢欺之，謀欲犯塞，謂宜還南所掠生口，以慰安其意。」肅宗從太僕袁安議，許之。乃下詔曰：「昔獫狁、獯粥之敵中國，其所由來尚矣。〔二〕往者雖有和親之名，終無絲髮之効。

中華書局

境埆之人，屢嬰塗炭，〔三〕父戰於前，子死於後。弱女乘於亭障，孤兒號於道路。老母寡妻設虛祭，飲泣淚，想望歸魂於沙漠之表，豈不哀哉！〔四〕傳曰：『江海所以能長百川者，以其下之也。』〔五〕少加屈下，尚何足病？況今與匈奴君臣分定，辭順約明，貢獻累至，豈宜違信，自受其曲。其勑度遼及領中郎將龐奮倍雇南部所得生口，以還北虜。〔六〕其南部斬首獲生，計功受賞如常科。」於是南單于復令薁鞬日逐王師子將輕騎數千出塞掩擊北虜，復斬獲千人。北虜衆以南部爲漢所厚，又聞取降者歲數千人。

〔一〕卒音七忽反。
〔二〕周曰獫狁，堯曰熏粥，秦曰匈奴。
〔三〕墝埆謂險要之地。荼，苦也。墝音苦交反。埆音苦角反。
〔四〕「父戰於前」已下，前書賈捐之之辭，詔增損用之也。
〔五〕老子曰：「江海所以能爲百谷王者，以其善下也。」
〔六〕雇，賞報也。

章和元年，鮮卑入左地擊北匈奴，大破之，斬優留單于，取其匈奴皮而還。北庭大亂，屈蘭、儲卑、胡都須等五十八部，口二十萬，勝兵八千人，詣雲中、五原、朔方、北地降。

單于宣立三年薨，單于長之弟屯屠何立。

休蘭尸逐侯鞮單于屯屠何，章和二年立。時北虜大亂，加以飢蝗，降者前後而至。南單于將并北庭，會肅宗崩，竇太后臨朝。其年七月，單于上言：「臣累世蒙恩，不可勝數。孝章皇帝聖思遠慮，遂欲見成就，故令烏桓、鮮卑討北虜，斬單于首級，破壞其國。今所新降虛渠等詣臣自言：『去歲三月中發虜庭，北單于創刈南兵，又畏丁令、鮮卑，〔一〕遯逃遠去，依安侯河西。今年正月，骨都侯等復共立單于異母兄右賢王爲單于，其人以兄弟爭立，並各離散。』臣與諸王骨都侯及新降渠帥雜議方略，皆曰宜及北虜分爭，出兵討伐，破北成南，并爲一國，令漢家長無北念。又今月八日，新降右須日逐鮮堂輕從虜庭遠來詣臣，言北虜諸部多欲內顧，但恥自發遣，故未有至者。若出兵奔擊，必有響應。今年不往，恐復并壹。臣伏念先父歸漢以來，被蒙覆載，嚴塞明候，大兵擁護，積四十年。臣等生長漢地，開口仰食，歲時賞賜，動輒億萬，雖垂拱安枕，慙無報効之（義）〔地〕。願發國中及諸部故胡新降精兵，遣左谷蠡王師子、左呼衍日逐王須訾將萬騎出朔方，左賢王安國、右大且渠王交勒蘇將萬騎出居延，期十二月同會虜地。臣將餘兵萬人屯五原、朔方塞，以爲拒守。臣素愚淺，又兵衆單少，不足以防內外。願遣執金吾耿秉、度遼將軍鄧鴻及西河、雲中、五原、朔方、上郡太守并力而北，令北地、安定太守各屯要害，冀因聖帝威神，一舉平定。臣國成敗，要在今年。已勑諸部嚴兵馬，訖九月龍祠，悉集河上。唯陛下裁哀省察！」太后以示耿秉。秉上言：

「昔武帝單極天下，欲臣虜匈奴，未遇天時，事遂無成。宣帝之世，會呼韓來降，故邊人獲安，中外爲一，生人休息六十餘年。及王莽篡位，變更其號，〔二〕耗擾不止，單于乃畔。光武受命，復懷納之，緣邊壞郡得以還復。烏桓、鮮卑咸脅歸義，威鎮（西）〔四〕夷，其效如此。今幸遭天授，北虜分爭，以夷伐夷，國家之利，宜可聽許。」秉因自陳〔受〕恩，分當出命效用。太后從之。

〔一〕令音零。
〔二〕漢賜單于印文曰「匈奴單于璽」，無「漢」字。王莽改曰「新匈奴單于章」。

永元元年，以秉爲征西將軍，與車騎將軍竇憲率騎八千，與度遼兵及南單于衆三萬騎，出朔方擊北虜，大破之。北單于奔走，首虜二十餘萬人。事已具竇憲傳。

二年春，鄧鴻還大鴻臚，以定襄太守皇甫稜行度遼將軍。南單于復上求滅北庭，於是遣左谷蠡王師子等將左右部八千騎出雞鹿塞，〔一〕中郎將耿譚遣從事將護之。至涿邪山，乃留輜重，分爲二部，各引輕兵兩道襲之。左部北過西海至河雲北，〔二〕右部從匈奴河水西繞天山，南度甘微河，二軍俱會，夜圍北單于。〔單于〕大驚，率精兵千餘人合戰。單于被創，墯馬復上，將輕騎數十遁走，僅而免脫。得其玉璽，獲閼氏及男女五人，斬首八千級，生虜數千口而還。是時南部連剋獲納降，黨衆最盛，領戶三萬四千，口二十三萬七千三百，勝兵

五萬一百七十。故（從）事中郎將置從事二人，耿譚以新降者多，上增從事十二人。

〔一〕塞在朔方郡窳渾縣北。窳音愈。
〔二〕河雲，匈奴中地名也。

三年，北單于復爲右校尉耿夔所破，逃亡不知所在。其弟右谷蠡王於除鞬自立爲單于，將右溫禺鞬王、骨都侯已下衆數千人，止蒲類海，遣使款塞。大將軍竇憲上書，立於除鞬爲北單于，朝廷從之。四年，遣耿夔即授璽綬，賜玉劒四具，羽蓋一駟，使中郎將任尚持節衞護屯伊吾，如南單于故事。方欲輔歸北庭，會竇憲被誅。五年，於除鞬自畔還北，帝遣將兵長史王輔以千餘騎與任尚共追誘將還斬之，破滅其衆。

單于屯屠何立六年薨，單于宣弟安國立。

單于安國，永元五年立。安國初爲左賢王而無稱譽。左谷蠡王師子素勇黠多知，前單于宣及屯屠何皆愛其氣決，故數遣將兵出塞，掩擊北庭，還受賞賜，天子亦加殊異。是以國中盡敬師子，而不附安國。〔安國〕由是疾師子，欲殺之。其諸新降胡初在塞外，數爲師子所驅掠，皆多怨之。安國因是委計降者，與同謀議。安國既立爲單于，師子以次轉爲左賢王，覺單于與新降者有謀，乃別居五原界。單于每龍會議事，師子輒稱病不往。皇甫稜知之，亦擁護不遣，單于懷憤益甚。

六年春，皇甫棱免，以執金吾朱徽行度遼將軍。時單于與中郎將杜崇不相平，迺上書告崇，崇諷西河太守令斷單于章，無由自聞。而崇因與朱徽上言：「南單于安國疏遠故胡，親近新降，欲殺左賢王師子及左臺且渠劉利等。又右部降者謀共迫脅安國，起兵背畔，請西河、上郡、安定爲之儆備。」和帝下公卿議，皆以爲「蠻夷反覆，雖難測知，然大兵聚會，必未敢動搖。今宜遣有方略使者之單于庭，與杜崇、朱徽及西河太守并力，觀其動靜。如無它變，可令崇等就安國會其左右大臣，責其部衆橫暴爲邊害者，共平罪誅。若不從命，令爲權時方略，事畢之後，裁行客賜，〔一〕亦足以威示百蠻」。帝從之。於是徽、崇遂發兵造其庭。安國夜聞漢軍至，大驚，棄帳而去，因舉兵及將新降者欲誅師子。師子先知，乃悉將廬落入曼柏城。安國追到城下，門閉不得入。朱徽遣吏曉譬和之，安國不聽。城既不下，乃引兵屯五原。崇、徽因發諸郡騎追赴之急，衆皆大恐，安國舅骨都侯喜爲等慮并被誅，乃格殺安國。

〔一〕言以主客之體裁量賜物，不多與也。

安國立一年，單于適之子師子立。

亭獨尸逐侯鞮單于師子，永元六年立。降胡五六百人夜襲師子，安集掾王恬將衞護士與戰，破之。於是新降胡遂相驚動，十五部二十餘萬人皆反畔，脅立前單于屯屠何子薁鞬

日逐王逢侯爲單于，遂殺略吏人，燔燒郵亭廬帳，將車重向朔方，欲度漠北。於是遣行車騎將軍鄧鴻、越騎校尉馮柱、行度遼將軍朱徽將左右羽林、北軍五校士及郡國積射、緣邊兵，〔一〕烏桓校尉任尚將烏桓、鮮卑，合四萬人討之。時南單于及中郎將杜崇屯牧師城，逢侯將萬餘騎攻圍之，未下。冬，鄧鴻等至美稷，逢侯乃乘冰度隘，向滿夷谷。南單于遣子將萬騎，及杜崇所領四千騎，與鄧鴻等追擊逢侯於大城塞，斬首三千餘級，得生口及降者萬餘人。馮柱復分兵追擊其別部，斬首四千餘級。任尚率鮮卑大都護蘇拔廆、〔二〕烏桓大人勿柯八千騎，要擊逢侯於滿夷谷，復大破之。前後凡斬萬七千餘級。逢侯遂率衆出塞，漢兵不能追。七年正月，軍還。

〔一〕漢有迹射士，言尋迹而射之。積亦與迹同，古字通也。

〔二〕胡罪反。

馮柱將虎牙營留屯五原，罷遣鮮卑、烏桓、羌胡兵，封蘇拔廆爲率衆王，又賜金帛。鄧鴻還京師，坐逗留失利，下獄死。〔一〕後帝知朱徽、杜崇失胡和，又禁其上書，以致反畔，皆徵下獄死，以鴈門太守龐奮行度遼將軍。逢侯於塞外分爲二部，自領右部屯涿邪山下，左部屯朔方西北，相去數百里。八年冬，左部胡自相疑畔，還入朔方塞，龐奮迎受慰納之。其勝兵四千人，弱小萬餘口悉降，以分處北邊諸郡。南單于以其右溫禺犢王烏居戰〔二〕始與安國同謀，欲考問之。烏居戰將數千人遂復反畔，出塞外山谷閒，爲吏民害。秋，龐奮、馮柱與諸郡兵擊烏居戰，其衆降，於是徙烏居戰衆及諸還降者二萬餘人於安定、北地。馮柱還，遷將作大匠。逢侯部衆飢窮，又爲鮮卑所擊，無所歸，竄逃入塞者駱驛不絕。

〔一〕按軍法，逗留畏懦者斬。逗音豆。

〔二〕溫禺犢王名烏居戰也。

單于師子立四年薨，單于長之子檀立。

萬氏尸逐鞮單于檀，永元十年立。十二年，龐奮遷河南尹，以朔方太守王彪行度遼將軍。南單于比歲遣兵擊逢侯，多所虜獲，收還生口前後以千數，逢侯轉困迫。十六年，北單于遣使詣闕貢獻，願和親，脩呼韓邪故約。和帝以其舊禮不備，未許之，而厚加賞賜，不荅其使。元興元年，重遣使詣敦煌貢獻，辭以國貧未能備禮，願請大使，當遣子入侍。〔一〕時鄧太后臨朝，亦不荅其使，但加賜而已。

〔一〕天子降大使至國，即遣子隨大使入侍。

永初三年〔一〕夏，漢人韓琮隨南單于入朝，既還，說南單于云：「關東水潦，人民飢餓死盡，可擊也。」單于信其言，遂起兵反畔，攻中郎將耿种於美稷。秋，王彪卒。冬，遣行車騎將軍何熙、副中郎〔將〕龐雄擊之。四年春，檀遣千餘騎寇常山、中山，以西域校尉梁慬行度

遼將軍，〔二〕與遼東太守耿夔擊破之。事已具慬、夔傳。單于見諸軍並進，大恐怖，顧讓韓琮曰：「汝言漢人死盡，今是何等人也？」〔三〕乃遣使乞降，許之。單于脫帽徒跣，對龐雄等拜陳，道死罪。於是赦之，遇待如初，乃還所鈔漢民男女及羌所略轉賣入匈奴中者合萬餘人。〔四〕五年，梁慬免，以雲中太守耿夔行度遼將軍。

〔一〕安帝即位之三年也。

〔二〕慬音勤。

〔三〕顧，反也。讓，責也。反顧責韓琮也。

〔四〕南單于檀信韓琮之言，起兵反，既被擊敗，陳謝死罪，還所鈔之男女。

元初元年，〔一〕夔免，以烏桓校尉鄧遵爲度遼將軍。遵，皇太后之從弟，故始爲眞將軍焉。〔二〕

〔一〕安帝永初〔六〕〔八〕年，改爲元初元年。

〔二〕自置度遼將軍以來，皆權行其事，今始以鄧遵爲正度遼將軍，此後更無行者也。

四年，逢侯爲鮮卑所破，部衆分散，皆歸北虜。五年春，逢侯將百餘騎亡還，詣朔方塞降，鄧遵奏徙逢侯於潁川郡。〔一〕

〔一〕逢侯本是前單于屯屠何子，右薁鞬日逐王諸降胡餘萬人，脅立爲單于。既被鮮卑所破，部衆分散，若留在匈奴，或恐更相招引，故徙於潁川郡也。

建光元年，〔一〕鄧遵免，復以耿夔代爲度遼將軍。時鮮卑寇邊，夔與溫禺犢王呼尤徽將新降者連年出塞，討擊鮮卑。還，復各令屯列衝要。〔二〕而耿夔徵發煩劇，新降者皆悉恨謀畔。

〔一〕安帝元初七年改爲永寧元年，永寧二年改爲建光元年。

〔二〕還使新降者屯列衝要。

單于檀立二十七年薨，弟拔立。耿夔復免，以太原太守法度代爲將軍。

單于拔，延光三年立。夏，新降一部大人阿族等遂反畔，脅呼尤徽欲與俱去。呼尤徽曰：「我老矣，受漢家恩，寧死不能相隨！」衆欲殺之，有救者，得免。阿族等遂將妻子輜重亡去，中郎將馬翼遣兵與胡騎追擊，破之，斬首及自投河死者殆盡，〔一〕獲馬牛羊萬餘頭。冬，法度卒。四年，漢陽太守傅衆代爲將軍。其冬，傅衆復卒。永建元年，〔二〕以遼東太守龐參代爲將軍。

〔一〕殆，近也。欲死盡，所餘無幾。

〔二〕順帝即位之年。

先是朔方以西障塞多不脩復，鮮卑因此數寇南部，殺漸將王。〔一〕單于憂恐，上言求復障塞，順帝從之。乃遣黎陽營兵出屯中山北界，〔二〕增置緣邊諸郡兵，列屯塞下，教習戰射。

〔一〕匈奴有左右漸將王。

〔二〕黎陽先置營兵，以南單于求復障塞，恐入侵擾亂，置屯兵於中山北界。舊中山郡，今之定州是也。定州者，則在河北也。

單于拔立四年薨，弟休利立。

去特若尸逐就單于休利，永建三年立。四年，龐參遷大鴻臚，以東平相宋漢代爲度遼將軍。陽嘉二年，漢遷太僕，以烏桓校尉耿曄代爲度遼將軍。永和元年，〔一〕曄病徵，以護羌校尉馬續代爲度遼將軍。

〔一〕陽嘉五年，改爲永和元年。

五年夏，南匈奴左部句龍王吾斯、車紐等背畔，率三千餘騎寇西河，因復招誘右賢王，合七八千騎圍美稷，殺朔方、代郡長史。馬續與中郎將梁並、烏桓校尉王元發緣邊兵及烏桓、鮮卑、羌胡合二萬餘人，掩擊破之。吾斯等遂更屯聚，攻沒城邑。天子遣使責讓單于，開以恩義，令相招降。單于本不豫謀，乃脫帽避帳，詣並謝罪。並以病徵，五原太守陳龜代爲中郎將。龜以單于不能制下，〔一〕逼迫之，單于及其弟左賢王皆自殺。單于休利立十三年。龜又欲徙單于近親於內郡，而降者遂更狐疑。龜坐下獄免。〔二〕大將軍梁商以羌胡新反，黨衆初合，難以兵服，宜用招降，乃上表曰：「匈奴寇畔，自知罪極，窮鳥困獸，皆知救死，況種類繁熾，不可單盡。〔三〕今轉運日增，三軍疲苦，虛內給外，非中國之利。竊見度遼將軍馬續素有謀謨，且典邊日久，深曉兵要，每得續書，與臣策合。宜令續深溝高壁，以恩信招降，宣示購賞，明其期約。如此，則醜類可服，〔四〕國家無事矣。」帝從之，乃詔續招降畔虜。商又移書續等曰：「中國安寧，忘戰日久。良騎野合，交鋒接矢，決勝當時，戎狄之所長，而中國之所短也。強弩乘城，堅營固守，以待其衰，中國之所長（也），而戎狄之所短也。〔五〕宜務先所長，以觀其變，設購開賞，宣示反悔，勿貪小功，以亂大謀。」續及諸郡並各遵行。於是右賢王部抑鞮等萬三千口詣續降。

〔一〕吾斯等攻沒城邑，單于雖不預謀，然不能制下，即是不堪其任。

〔二〕陳龜逼迫單于及弟皆令自殺，又欲徙其近親者，遂致狐疑，此則陳龜之由也。

〔三〕單亦盡也。猶書云「謨謀」。孔安國曰：「謨亦謀也。」即是古書之重語。

〔四〕醜，等也，言等類可服也。

〔五〕若夫平原易地，輕車突騎，則匈奴之衆易橈亂也。勁弩長戟，射疏及遠，則匈奴之弓不能格也。堅甲利刃，長短相雜，游弩往來，什伍俱前，（則）匈奴之兵不能當也。材官騶發，矢道同的，則匈奴之革笥木薦不能支也。下馬地鬬，劍戟相接，去就相薄，則匈奴之足不能給也。此中國之長技也。以此觀之，匈奴之長技三，中國之長技五。並具朝錯三章之兵體。因梁商論其長短，故備錄之。此乃兵家之要。

秋，句龍吾斯等立句龍王車紐爲單于。東引烏桓，西收羌戎及諸胡等數萬人，攻破京

兆虎牙營，〔一〕殺上郡都尉及軍司馬，遂寇掠幷、涼、幽、冀四州。乃徙西河治離石，〔二〕上郡治夏陽，朔方治五原。〔三〕冬，遣中郎將張耽將幽州烏桓諸郡營兵，擊畔虜車紐等，戰於馬邑，斬首三千級，獲生口及兵器牛羊甚衆。車紐等將諸豪帥骨都侯乞降，而吾斯猶率其部曲與烏桓寇鈔。六年春，馬續率鮮卑五千騎到穀城擊之，斬首數百級。張耽性勇銳，而善撫士卒，軍中皆爲用命。遂繩索相懸，上通天山，大破烏桓，悉斬其渠帥，還得漢民，獲其畜生財物。夏，馬續復免，以城門校尉吳武代爲將軍。

〔一〕虎牙營即京兆虎牙都尉也。西羌傳云：「置虎牙都尉於長安，扶風都尉於雍。」漢官儀曰「涼州近羌，數犯三輔，京兆虎牙、扶風都尉將兵衞護園陵」也。

〔二〕離石即西河之屬縣也。

〔三〕移朔方就五原郡。

漢安元年〔一〕秋，吾斯與薁鞬臺耆、且渠伯德等復掠幷部。〔二〕

〔一〕順帝永和七年改爲漢安元年也。

〔二〕薁鞬或作「薁犍」，前書兩字通，今依前書不改也。

呼蘭若尸逐就單于兜樓儲先在京師，漢安二年立之。天子臨軒，大鴻臚持節拜授璽綬，引上殿。賜青蓋駕駟、鼓車、安車、駙馬騎、玉具刀劍、什物，〔一〕給綵布二千匹。賜單于

閼氏以下金錦錯雜具，軿車馬二乘。遣行中郎將持節護送單于歸南庭。詔太常、大鴻臚與諸國侍子於廣陽城門外〔二〕祖會，饗賜作樂，角抵百戲。〔三〕順帝幸胡桃宮臨觀之。冬，中郎將馬寔募刺殺句龍吾斯，送首洛陽。建康元年，〔四〕進擊餘黨，斬首千二百級。烏桓七十萬餘口皆詣寔降，車重牛羊不可勝數。

〔一〕玉具，摽首鐔衞盡用玉爲之。

〔二〕廣陽，洛陽城西面南頭門。

〔三〕角抵之戲則魚龍爵馬之屬。言兩兩相當，亦角而爲抵對，即今之鬭（用）〔朋〕，古之角抵也。

〔四〕漢安三年改爲建康元年。

單于兜樓儲立五年薨。

伊陵尸逐就單于居車兒，建和元年立。〔一〕至永壽元年，〔二〕匈奴左薁鞬臺耆、且渠伯德等復畔，寇鈔美稷、安定，屬國都尉張奐擊破降之。事已具奐傳。

〔一〕桓帝即位之年。

〔二〕桓帝永興三年改爲永壽元年。

延熹元年，〔一〕南單于諸部並畔，遂與烏桓、鮮卑寇緣邊九郡，以張奐爲北中郎將討之，單于諸部悉降。奐以單于不能統理國事，乃拘之，上立左谷蠡王。〔二〕桓帝詔曰：「春秋大

居正，〔三〕居車兒一心向化，何罪而黜！其遣還庭。」

〔一〕桓帝之年。

〔二〕張奐上書請立左谷蠡王爲單于也。

〔三〕春秋法五始之要，故經曰「元年春王正月」。言王者即位之年，宜大開恩宥。其居車兒即是桓帝即位之建和元年立，自立以來，一心向化，宜寬宥之。

單于居車兒立二十五年薨，子某立。〔一〕

〔一〕凡言「某」者，史失其名，故稱「某」以記之。夷狄無字，既無與諱，故某者即是其名。

屠特若尸逐就單于某，熹平元年立。〔一〕六年，單于與中郎將臧旻出鴈門擊鮮卑檀石槐，大敗而還。是歲，單于薨，子呼徵立。

〔一〕熹平，靈帝之元年。

單于呼徵，光和元年〔一〕立。二年，中郎將張脩與單于不相能，脩擅斬之，更立右賢王羌渠爲單于。脩以不先請而擅誅殺，檻車徵詣廷尉抵罪。〔二〕

〔一〕靈帝熹平七年改爲光和元年。

〔二〕前書注曰：「抵，至也。」殺人者死。張脩擅斬單于呼徵，故至其罪也。

單于羌渠，光和二年立。中平四年，〔一〕前中山太守張純反畔，遂率鮮卑寇邊郡。靈帝詔發南匈奴兵，配幽州牧劉虞討之。單于遣左賢王將騎詣幽州。國人恐單于發兵無已，五年，右部醢落與休著各胡白馬銅等十餘萬人反，攻殺單于。

〔一〕靈帝光和七年改爲中平。

單于羌渠立十年，子右賢王於扶羅立。〔一〕

〔一〕於扶羅即是前趙劉元海之祖也。其元海爲亂晉之首。

持至尸逐侯單于於扶羅，中平五年立。國人殺其父者遂畔，共立須卜骨都侯爲單于，而於扶羅詣闕自訟。會靈帝崩，天下大亂，單于將數千騎與白波賊合兵寇河內諸郡。時民皆保聚，鈔掠無利，而兵遂挫傷。復欲歸國，國人不受，乃止河東。〔一〕須卜骨都侯爲單于一年而死，南庭遂虛其位，以老王行國事。

〔一〕遂止河東平陽也。

單于於扶羅立七年死，弟呼廚泉立。〔一〕

〔一〕於扶羅即劉元海之祖。呼廚泉即元海之叔祖。

單于呼廚泉，興平二年〔一〕立。以兄被逐，不得歸國，數爲鮮卑所鈔。建安元年，獻帝自長安東歸，右賢王去卑與白波賊帥韓暹等侍衞天子，拒擊李傕、郭汜。及車駕還洛陽，又徙遷許，然後歸國。〔二〕二十一年，單于來朝，曹操因留於鄴，〔三〕而遣去卑歸監其國焉。

〔一〕獻帝初平五年改爲興平元年。

〔二〕謂歸河東平陽也。

〔三〕留呼廚泉於鄴，而遣去卑歸平陽，監其五部國。

論曰：漢初遭冒頓凶黠，種眾強熾。高祖威加四海，而窘平城之圍。〔一〕太宗政鄰刑措，不雪憤辱之恥。〔二〕逮孝武亟興邊略，有志匈奴，赫然命將，戎旗星屬，〔三〕候列郊甸，火通甘泉，〔四〕而猶鳴鏑揚塵，出入畿內，〔五〕至於窮竭武力，單用天財，〔六〕歷紀歲以攘之。寇雖頗折，而漢之疲耗略相當矣。〔七〕宣帝值虜庭分爭，呼韓邪來臣，乃權納懷柔，因爲邊衞，〔八〕罷關徼之儆，息兵民之勞。〔九〕龍駕帝服，鳴鍾傳鼓於清渭之上，〔一〇〕南面而朝單于，朔、易無復匹馬之蹤，〔一一〕六十餘年矣。後王莽陵篡，擾動戎夷，〔一二〕續以更始之亂，方夏幅裂。〔一三〕自是匈奴得志，狼心復生，乘閒侵佚，害流傍境。及中興之初，更通舊好，〔一四〕報命連屬，金幣載道，〔一五〕而單于驕踞益橫，內暴滋深。〔一六〕世祖以用事諸華，未遑沙塞之外，〔一七〕忍愧思難，徒報謝而已。〔一八〕因徙幽、并之民，增邊屯之卒。〔一九〕及關東稍定，隴、蜀已清，其猛夫扞將，莫不頓足攘手，爭言衞、霍之事。〔二〇〕帝方厭兵，閒脩文政，未之許也。〔二一〕其後匈奴爭立，日逐來奔，願脩呼韓之好，以禦北狄之衝，〔二二〕奉藩稱臣，永爲外扞。天子總攬羣策，和而納焉。〔二三〕乃詔有司開北鄙，擇肥美之地，量水草以處之。馳中郎之使，盡法度以臨

之。制衣裳，備文物，加璽紱之綬，正單于之名。於是匈奴分破，始有南北二庭焉。讎釁既深，互伺便隙，控弦抗戈，覘望風塵，雲屯鳥散，更相馳突，至於陷潰創傷者，靡歲或寧，而漢之塞地晏然矣。〔二三〕後亦頗爲出師，并兵窮討，命竇憲、耿夔之徒，前後並進，皆用果譎，設奇數，異道同會，究掩其窟穴，躡北追奔〔二四〕三千餘里，〔二五〕遂破龍祠，焚罽幕，阬十角，梏閼氏，〔二七〕銘功封石，倡呼而還。〔二八〕單于震懾屛氣，蒙氈遁走於烏孫之地，而漠北空矣。〔二九〕若因其時埶，及其虛曠，還南虜於陰山，歸（河）西〔河〕於內地，〔三〇〕上申光武權宜之略，下防戎羯亂華之變，〔三一〕使耿國之筭不謬於當世，〔三二〕袁安之議見從於後王，〔三三〕平易正直，若此其弘也。〔三四〕而竇憲矜三捷之効，忽經世之規，狠戾不端，專行威惠。〔三五〕遂復更立北虜，反其故庭，〔三六〕並恩兩護，以私己福，弃蔑天公，〔三七〕坐樹大鯁。永言前載，何恨憤之深乎！〔三八〕自後經綸失方，畔服不一，其爲疢毒，胡可單言！〔三九〕降及後世，翫爲常俗，終於吞噬神鄉，丘墟帝宅。嗚呼！千里之差，興自毫端，失得之源，百世不磨矣。〔四〇〕

〔一〕前書云，高祖自將兵三十二萬擊韓王信，先至平城，冒頓縱兵三十萬騎圍帝於白登，七日，漢兵中外不得相救餉。故歌曰：「平城之事甚大苦，七日不得食，不能彎弓弩。」得陳平祕計，然後得免也。

〔二〕前書贊曰：「斷獄四百，幾致刑措。」幾，近也。今言「政鄰刑措」，鄰亦近也。

〔三〕如衆星之相連屬，言其多。

〔四〕列置候兵於近郊畿，天子在甘泉宮，而烽火時到甘泉宮也。

〔五〕鳴鏑即匈奴之箭也。謂匈奴、白羊、樓煩王在河南，去京師一千餘里，古者王畿千里，言匈奴寇邊即出入畿內。世宗逐樓煩、白羊，始得河南之地以築朔方，今夏州是也。按夏州去京師一千二百里。

〔六〕單，盡也。言盡用天下之財。

〔七〕漢武好征，戶口減半，即是死亡與殺匈奴相當也。

〔八〕虜庭分爭謂五單于(爭)國，呼韓邪遂來臣服，因請款關，永爲邊衞。前書云日逐王薄胥堂爲屠耆單于，呼揭王爲呼揭單于，薁鞬王爲車犂單于，烏籍都尉爲烏籍單于，并呼韓邪凡五單于也。

〔九〕匈奴既降，北庭不儆備，勞者並得休息也。

〔一〇〕案前書，宣帝甘露二年正月，呼韓邪朝甘泉宮，漢寵以殊禮，位在諸侯王上。贊謁(者)稱臣而不名。禮畢，使者導單于宿長平。上自甘泉宿池陽宮，詔單于毋謁。左右當戶及羣臣皆列觀，及諸蠻夷君長〔王〕侯數萬人，咸迎於渭橋下，夾道陳。上登渭橋，咸稱萬歲。

〔一一〕匈奴既降，朔方、易水之地更無匈奴匹馬之蹤也。

〔一二〕自宣帝甘露二年至平帝末年，北邊無匈奴之盜。王莽陵篡之後，狼心復生。前書贊曰：「三世稱〔藩〕，賓於漢庭。是時邊城晏閉，牛馬布野，三世無犬吠之警，黎庶忘干戈之役。後六十餘歲之閒，遭王莽篡位，始開邊隙。」三世謂元帝、成帝各爲一世，哀平二帝皆元帝之孫，共爲一世，故三世也。王莽執政，始開邊隙也。

〔一三〕更始無道，擾亂方內，諸夏如布帛之裂也。

〔一四〕及光武中興，更通宣、元之舊好。

〔一五〕報命相屬，言其往來不絕。金帛常軷於道，言其賞遺常行。

〔一六〕世祖二年，令中郎將韓統報命，賂遺金帛以通舊好。而單于驕踞，自比冒頓，對使者辭語悖慢也。

〔一七〕遑，暇也。

〔一八〕雖得驕踞悖慢之詞，而忍其羞愧，思其患難，但以善言報謝而已。徒，但也。

〔一九〕移徙幽、并之人，增益邊屯之戍卒。

〔二〇〕爭言衞青、霍去病，世宗之代北伐匈奴之事也。

〔二一〕帝厭其用兵，欲脩文政，未許猛夫扞將之事。

〔二二〕比季父孝單于輿以比爲右薁鞬日逐王，日逐即南匈奴單于比也。

〔二三〕總覽羣臣之策，善均從衆，與之和同，而納其降款也。

〔二四〕由南北二庭自相馳突，而漢之塞地晏然無事矣。

〔二五〕軍走曰北也。

〔二六〕北虜(烏孫)遂奔〔烏孫〕，漠北乃空，其地三千餘里也。

〔二七〕械在手曰梏，音古督反。

〔二八〕爲刻石立銘於燕然山，猶前書霍去病登臨瀚海，封狼居胥山也。

〔二九〕漠北既空，宜即還南虜以居之。

〔三〇〕河西虜衆居之，于時遂爲邊境，若還南虜於陰山，即爲內地也。

〔三一〕戎羯之亂，興於永嘉之年；即勒燕然，乃居永元之歲。中人以上，始可預其將來；竇憲庸才，寧可責其謀慮。

〔三二〕建武二十四年，八部大人共立比爲呼韓邪單于，款五原塞，願永爲蕃蔽，扞禦北方。帝用五官中郎將耿國議，乃許之也。

〔三三〕竇憲欲立北單于，安議不許也。

〔三四〕若從耿國、袁安之議，即言平易正直之道如此之弘遠也。

〔三五〕三捷言勝也。自矜功伐，專行威惠，爲臣不忠，即其人也。又章和二年，竇太后臨朝。單于屯屠何上言：「宜及北虜分爭，出兵討伐，破北成南，并爲一國，令漢家長無北念。」既威北邊，即宜獎成南部，更請存立，其何惑哉。

〔三六〕永元三年，將軍竇憲上書，請立於除鞬爲北單于，朝廷從之。四年即授璽綬，方欲輔歸北庭，會竇憲被誅。五年，於除鞬自畔還北，帝遣將兵長史王輔誘誅之。

〔三七〕言竇憲斬日逐，刊石紀功，即宜滅其北庭，以資南部。重存胤緒，滋生孽栽。南北俱存，即是並恩兩護。以私己福，乃招其禍。斯則弃蔑天公之事也。天公謂天子也。前書云「共禿翁何爲首鼠兩端」，禿翁即乃翁也。高祖云「幾敗乃公事」，乃公即汝公也。惇史直筆，時復存其質言也。

〔三八〕由竇憲請立北庭，遂使匈奴滋蔓，即是坐樹大鯁，永言前事，深可恨哉。載，事也。

〔三九〕單，盡也。單與殫同也。

〔四〇〕既勒燕然之後，若復南虜於漠北，引侍子於京師，混并匈奴之區，使得專爲一部，則荒服無忿爭之跡，邊服息征戍之勤。此之不行，遂爲巨蠹。自單于比入居西河美稷之後，種類繁昌，難以驅逼。魏武雖分其衆爲五部，然大率皆居晉陽。暨乎左賢王豹之子劉元海，假稱天號，縱盜中原，吞噬神鄉，丘墟帝宅。愍懷二帝沈沒虜庭，差之毫端，一至於此。百代無滅，誠可痛心也。

贊曰：匈奴既分，〔一〕羽書稀聞。〔二〕野心難悔，終亦紛紜。〔三〕

〔一〕謂分爲南北庭也。
〔二〕檄書有急，即插鳥羽其上也。
〔三〕紛紜之事，具如上解。

校勘記

二九三九頁六行　至比季父孝單于輿時　汲本、殿本無「孝」字。按前書匈奴傳云：「單于咸立五歲，天鳳五年死，弟左賢王輿立，爲呼都而尸道皋若鞮單于。匈奴謂孝曰若鞮。」范書意譯爲「孝單于」，後人不曉，滅去此「孝」字耳。下「以禦北狄之衝」注亦稱「孝單于」。

二九三九頁九行　虛閭權渠單于〔子〕也　據汲本、殿本補。

二九三九頁一二行　以單于相傳乃十八代也　按：李慈銘謂「相傳」上當脫「兄弟」二字。

二九四〇頁四行　路遺金幣　汲本「幣」作「帛」。按：通志亦作「帛」。

二九四〇頁一〇行　殺略鈔掠甚衆　按：校補謂掠即略，不當殺略鈔掠並言，通志無「鈔掠」二字可證，二字當衍。

二九四一頁九行　以次當〔爲〕左賢王　據校補引錢大昭說補。按：通志有「爲」字。

南匈奴列傳第七十九　二九七一

後漢書卷八十九　二九七二

二九四二頁七行　時比弟漸將王在單于帳下　殿本改「漸」作「斬」。按：通鑑胡注謂「漸」當作「斬」，傳寫誤加水旁耳。校補謂匈奴言語文字不與華同，其王號非譯不曉，漸將亦未嘗無義。觀晉書作「左漸尙王」、「右漸尙王」，將尙一音之轉，安知「斬」不正當作「漸」耶？

二九四四頁一行　令中郎將置安集掾〔吏〕〔史〕　據汲本、殿本改。

二九四四頁二行　單于歲盡輒遣奉奏　按：刊誤謂案文少一「使」字。

二九四四頁一四行　且渠　按：集解引惠棟說，謂史記作「且居」。

二九四五頁九行　及悉復緣邊八郡　按：張森楷校勘記謂「及」字於此義無所施，蓋當爲「又」。

二九四七頁八行　願復裁〔賜〕　據汲本、殿本補。

二九四七頁九行　遣驛以聞　按：殿本「驛」作「譯」。

二九四七頁一三行　矢十二日發見漢書音義　按：汲本、殿本作「發四矢曰發，見儀禮也」。

二九四八頁四行　中郎將段郴　按：「郴」原譌「彬」，逕據汲本、殿本改正。

二九四九頁一行　胡邪尸逐侯鞮單于長　按：「胡」原作「湖」，逕據汲本、殿本改。

二九四九頁五行　中郎將吳棠　按：校補謂袁紀「棠」作「常」。

二九四九頁一〇行　隨太僕祭肜　按：「肜」原作「彤」，逕據汲本、殿本改。

二九四九頁一一行　皋林溫禺犢王　按：丁謙南匈奴傳地理考證謂「溫禺犢王」前書作「溫偶駼王」，上加「皋林」字者，似分數部也，故下有右溫禺犢王。

二九四九頁一三行　北匈奴入雲中遂至漁陽太守廉范擊卻之　按：集解引錢大昕說，謂范爲雲中太守，「太守」上當有「雲中」二字。

二九四九頁一四行　征西〔大〕將軍耿秉　刊誤謂案秉傳不爲大將軍，此多一「大」字。今據刪。

二九五〇頁四行　詔書聽雲遣驛使迎呼慰納之　按：刊誤謂「驛」當作「譯」。

二九五〇頁五行　大且渠伊莫訾王　按：「大」原譌「夫」，逕改正。

二九五一頁五行　蔥鞮日逐王　按：汲本、殿本「鞮」作「鞬」。

二九五一頁六行　又聞取降者歲數千人　按：王先謙謂語氣不了，疑奪文。

二九五一頁九行　荼苦也　殿本「荼」作「塗」，集解本從之，然塗不訓苦。張森楷校勘記謂疑本作「塗炭言苦也」，「塗」下脫「炭言」二字。按：張說亦言之成理。此殆後人以塗不訓苦，遂改「塗」爲「荼」耳。又按：注與正文不相應。校補謂此傳之注複沓紕繆，至於不可究詰，疑章懷本皆無注，而妄人附益之，且又不出一手也。

二九五一頁一三行　取其匈奴皮而還　按：刊誤謂匈奴一種，安能盡取其皮，明多「匈奴」二字，或云取其膂皮。

二九五一頁一四行　屈蘭儲卑胡都須等　按：集解引錢大昕說，謂章帝紀「屈」作「屋」。

南匈奴列傳第七十九　二九七三

後漢書卷八十九　二九七四

二九五二頁五行　依安侯河西　按：校補引錢大昭說，謂魯恭傳作「史侯河西」，安侯史侯未知孰是。

二九五二頁一〇行　慙無報効之〔義〕〔地〕　據殿本改。按：錢大昭謂閩本作「地」。校補謂通志亦作「地」。

二九五三頁三行　威鎭〔西〕〔四〕夷　據殿本改。

二九五三頁四行　秉因自陳〔受〕恩　據汲本、殿本補。

二九五三頁九行　首虜二十餘萬人　按：刊誤謂案文多一「人」字。

二九五三頁一二行　匈奴河　刊誤謂「奴」字衍。按：匈奴河或省稱匈河耳，「奴」字非衍，參閱竇融傳校記。

二九五三頁一三行　夜圍北單于〔單于〕大驚　據刊誤補。

二九五三頁一四行　獲閼氏　按：校補謂據和紀，此閼氏，單于母也。紀亦言「獲」，而耿秉傳獨言「斬」。

二九五四頁一行　故〔從〕事中郎將置從事二人　刊誤謂案文多一「從」字，言故事如此。今據刪。

二九五四頁四行　右校尉耿夔　按：集解引錢大昕說，謂「右」當作「左」。

二九五四頁六行　賜玉劒四具羽蓋一駟　按：刊誤謂當云「玉具劒四」，又衍一「駟」字。

二九五四頁一三行　而不附安國〔安國〕由是疾師子　據通志補。

二九五七頁一五行　副中郎〔將〕龐雄　據刊誤補。

二九五八頁五行　安帝即位之二年也　按：安帝於殤帝延平元年即位，至永初三年，即位已四年矣，「二」乃「四」之譌。

二九五八頁一二行　安帝永初(六)〔八〕年　據集解引洪亮吉說改。
二九五八頁一五行　諸降胡餘萬人　按：汲本、殿本「餘萬人」作「萬餘人」。
二九五九頁一行　部衆分散　按：「散」原譌「明」，逕改正。
二九五九頁六行　溫禺犢王呼尤徽　按：校補謂通志「徽」作「徵」，下並同。
二九五九頁六行　弟拔立　集解引惠棟說，謂凡單于立皆載號謚。下云「烏稽侯尸逐鞮單于」，乃拔號謚也。「弟拔立」已下當接此文，今錯出「耿夔復免」以下十五字，未知所屬，當有脫誤。按：校補謂案通志「耿夔復免」以下十五字在「烏稽侯尸逐鞮單于拔延光三年立」下，「耿夔」上並有「是歲」二字，知今本皆涉上「立」字誤倒，又脫二字也。
二九五九頁七行　以太原太守法度代爲將軍　按：刊誤謂一傳中處處皆云「度遼將軍」，惟三處沒「度遼」字，以後又復舉之，明此三處脫漏也。
二九六〇頁九行　新降一部大人阿族等遂反畔　按：集解引錢大昕說，謂安帝紀云南匈奴左日逐王叛。
二九六一頁五行　句龍王　按：順帝紀作「句龍大人」。錢大昕謂王與大人皆匈奴尊稱，譯語小異。
二九六一頁九行　中國之所長(也)　據殿本刪。按：校補謂錢校本據閩本亦無「也」字，通志同。
二九六一頁九行　此則陳龜之由也　按：據張元濟校勘記「由」原作「同」，然今商務影印本亦作「由」，殆依殿本描改。又按：「同」字當誤。「之由」上疑脫「獲罪」二字。

南匈奴列傳第七十九　二九七五

後漢書卷八十九　二九七六

二九六一頁一〇行　猶書云謨謀　汲本「謨謀」作「謀謨」。按：校補謂今案尚書，無「謀謨」「謨謀」連文之處，疑皆「謀猷」之誤，猷本亦訓謀也。注或涉下文「謀謨」而誤。又按：注「猶書云」至「古書之重語」應在正文「馬續素有謀謨」句下，然各本皆同，故不改。
二九六一頁一三行　〔則〕匈奴之兵不能當也　據殿本補。
二九六一頁一三行　下馬地鬭　按：殿本「地」作「步」。
二九六一頁一四行　去就相簿　汲本、殿本「簿」作「薄」。按：薄簿通。
二九六二頁一三行　薁鞬或作奧鞬　按：沈家本謂順帝紀作「薁鞬」。
二九六三頁七行　卽今之鬭(用)〔朋〕　據刊誤改。
二九六三頁一四行　延熹元年　按：「元」原譌「九」，逕改正。
二九六四頁七行　夷狄無字　按：刊誤謂此上當有「一說」二字。
二九六四頁一〇行　熹平靈帝之元年　按：校補引柳從辰說，謂應作「靈帝建寧五年改爲熹平元年」。
二九六四頁一二行　單于呼徵　按：集解引惠棟說，謂袁紀作「呼演」。
二九六四頁一五行　單于羌渠　按：集解引惠棟說，謂袁紀作「羌深」。
二九六五頁一行　休著各　按：集解引錢大昕說，謂靈帝紀作「休屠各」。屠音儲，而著亦音直慮切，譯語有重輕，其實一也。烏桓鮮卑傳俱云「休著屠各」，此必讀范史者音著爲屠，後遂攙入正文耳。
二九六五頁一三行　又徙遷許　按：張森楷校勘記謂「徙」當作「從」。
二九六七頁四行　究掩其窟穴　按：校補謂究掩二字各一義，不能連文，疑衍一字。
二九六七頁六行　歸(河)西〔河〕於內地　集解引陳景雲說，謂「河西」當作「西河」，時南單于屯西河美稷縣也，正與上句「南虜」相對。今據改。
二九六八頁六行　虜庭分爭謂五單于(爭)〔爭〕國　據校補補。
二九六八頁九行　贊謁(者)稱臣而不名　據刊誤刪。
二九六八頁一〇行　及諸蠻夷君長〔王〕侯數萬人　據汲本、殿本補。
二九六八頁一二行　匈奴既降　按：「既」原譌「卽」，逕改正。
二九六八頁一三行　三世稱〔藩〕　據前書贊補。
二九六八頁一四行　是時邊城晏閉　汲本「閉」作「閑」。按：校補謂晏閑卽安閒，以後文「塞地晏然」證之，說亦可通。
二九六九頁二行　世祖二年令中郎將韓統報命　按：沈家本謂韓統報命乃六年事，云「二年」，誤。
二九六九頁一二行　北虜(烏孫)遂奔〔烏孫〕　據校補改。
二九六九頁一七行　卽勒燕然　汲本、殿本「卽」作「績」。按：疑原作「既勒燕然」，「既」與「卽」形近而譌，下文注有「既勒燕然之後」云云，可證也。

南匈奴列傳第七十九　二九七七

後漢書卷八十九　二九七八

二九七〇頁六行　卽宜獎成南部　按：汲本「獎」作「權」，殿本作「搆」。
二九七〇頁九行　滋生孽栽　按：「栽」原作「栽」，逕據汲本、殿本改。
二九七〇頁一〇行　共禿翁何爲首鼠兩端　汲本、殿本「共」作「老」。今按：前書云「與長孺共一禿翁，何爲首鼠兩端」，史記則作「與長孺共一老禿翁，何爲首鼠兩端」，此注「共」下脫一「一」字，而「共」作「老」，或後人依史記改也。
二九七〇頁一〇行　禿翁卽乃翁也　殿本、集解本「乃翁」作「天翁」。按：王應麟困學紀聞卷十三，略謂劉贛父東漢刊誤謂列傳第七十九注最淺陋，章懷注書，分與諸臣，疑其將終篇，故特草草耳。今觀注引前書，謂禿翁卽天翁，其謬甚矣。是王氏所見本亦作「天翁」也。

後漢書卷九十

烏桓鮮卑列傳第八十

烏桓者，本東胡也。漢初，匈奴冒頓滅其國，餘類保烏桓山，因以爲號焉。俗善騎射，弋獵禽獸爲事。隨水草放牧，居無常處。以穹廬爲舍，東開向日。食肉飲酪，以毛毳爲衣。〔一〕貴少而賤老，其性悍塞。〔二〕怒則殺父兄，而終不害其母，以母有族類，父兄無相仇報故也。有勇健能理決鬬訟者，推爲大人，無世業相繼。邑落各有小帥，數百千落自爲一部。大人有所召呼，則刻木爲信，雖無文字，而部衆不敢違犯。氏姓無常，以大人健者名字爲姓。大人以下，各自畜牧營產，不相傜役。其嫁娶則先略女通情，〔三〕或半歲百日，然後送牛馬羊畜，以爲娉幣。壻隨妻還家，妻家無尊卑，旦旦拜之，而不拜其父母。爲妻家僕役，一二年閒，妻家乃厚遣送女，居處財物一皆爲辦。其俗妻後母，報寡嫂，死則歸其故夫。計謀從用婦人，唯鬬戰之事乃自決之。父子男女相對踞蹲。以髡頭爲輕便。婦人至嫁時乃養髮，分爲髻，著句決，飾以金碧，猶中國有簂步搖。〔四〕婦人能刺韋作文繡，織氀毼。〔五〕

男子能作弓矢鞍勒，〔六〕鍛金鐵爲兵器。其土地宜穄及東牆。東牆似蓬草，實如穄子，至十月而熟。見鳥獸孕乳，以別四節。

〔一〕鄭玄注周禮曰：「毛之縟細者爲毳也。」

〔二〕說文曰：「悍，勇也。」塞謂不通。

〔三〕杜預注左傳曰：「不以道取爲略。」

〔四〕簂音（吉）〔古〕誨反。字或爲「幗」，婦人首飾也。續漢輿服志曰：「公卿列侯夫人紺繒幗。」釋名云「皇后首飾，上有垂珠，步則搖之」也。

〔五〕廣雅曰：「氀毼，罽也。」氀音力于反。毼音胡達反。

〔六〕勒，馬銜也。

俗貴兵死，斂屍以棺，有哭泣之哀，至葬則歌舞相送。肥養一犬，以彩繩纓牽，并取死者所乘馬衣物，皆燒而送之，言以屬累犬，〔一〕使護死者神靈歸赤山。赤山在遼東西北數千里，如中國人死者魂神歸岱山也。〔二〕敬鬼神，祠天地日月星辰山川及先大人有健名者。祠用牛羊，畢皆燒之。其約法：違大人言者，罪至死；若相賊殺者，令部落自相報，不止，詣大人告之，聽出馬牛羊以贖死；其自殺父兄則無罪；若亡畔爲大人所捕者，邑落不得受之，皆徙逐於雍狂之地，沙漠之中。其土多蝮蛇，在丁令西南，烏孫東北焉。〔三〕

〔一〕屬累猶付託也。屬音之欲反。累音力瑞反。

〔二〕博物志：「泰山，天帝孫也，主召人魂。東方萬物始，故知人生命。」

〔三〕前書音義曰：「丁令，匈奴別種也。令音零。」

烏桓自爲冒頓所破，衆遂孤弱，常臣伏匈奴，歲輸牛馬羊皮，過時不具，輒沒其妻子。及武帝遣驃騎將軍霍去病擊破匈奴左地，因徙烏桓於上谷、漁陽、右北平、遼西、遼東五郡塞外，爲漢偵察匈奴動靜。〔一〕其大人歲一朝見，於是始置護烏桓校尉，秩二千石，擁節監領之，使不得與匈奴交通。

〔一〕偵，覘也，音丑政反。

昭帝時，烏桓漸強，乃發匈奴單于冢墓，以報冒頓之怨。匈奴大怒，乃東擊破烏桓。大將軍霍光聞之，因遣度遼將軍范明友將二萬騎出遼東邀匈奴，而虜已引去。明友乘烏桓新敗，遂進擊之，斬首六千餘級，獲其三王首而還。由是烏桓復寇幽州，明友輒破之。宣帝時，乃稍保塞降附。

及王莽篡位，欲擊匈奴，興十二部軍，使東域將嚴尤領烏桓、丁令兵屯代郡，皆質其妻子於郡縣。烏桓不便水土，懼久屯不休，數求謁去。莽不肯遣，遂自亡畔，還爲抄盜，而諸郡盡殺其質，由是結怨於莽。匈奴因誘其豪帥以爲吏，餘者皆羈縻屬之。

光武初，烏桓與匈奴連兵爲寇，代郡以東尤被其害。居止近塞，朝發穹廬，暮至城郭，五郡民庶，家受其辜，至於郡縣損壞，百姓流亡。其在上谷塞外白山者，最爲強富。

建武二十一年，遣伏波將軍馬援將三千騎出五阮關掩擊之。〔一〕烏桓逆知，悉相率逃走，追斬百級而還。烏桓復尾擊援後，援遂晨夜奔歸，比入塞，馬死者千餘匹。

〔一〕關在代郡。

二十二年，匈奴國亂，烏桓乘弱擊破之，匈奴轉北徙數千里，漠南地空，帝乃以幣帛賂烏桓。二十五年，遼西烏桓大人郝旦等九百二十二人率衆向化，詣闕朝貢，獻奴婢牛馬及弓虎豹貂皮。

是時四夷朝賀，絡驛而至，天子乃命大會勞饗，賜以珍寶。烏桓或願留宿衞，於是封其渠帥爲侯王君長者八十一人，皆居塞內，布於緣邊諸郡，令招來種人，給其衣食，遂爲漢偵候，助擊匈奴、鮮卑。時司徒掾班彪上言：「烏桓天性輕黠，好爲寇賊，若久放縱而無總領者，必復侵掠居人，但委主降掾史，〔一〕恐非所能制。臣愚以爲宜復置烏桓校尉，誠有益於附集，省國家之邊慮。」帝從之。於是始復置校尉於上谷甯城，〔二〕開營府，并領鮮卑，賞賜質子，歲時互市焉。

〔一〕蓋當時權置也。下兵馬掾亦同也。

〔二〕甯城，縣名。前書甯縣作「寧」，史記甯城亦作「寧」，寧甯兩字通也。

及明、章、和三世，皆保塞無事。安帝永初三年夏，漁陽烏桓與右北平胡千餘寇代郡、上谷。秋，鴈門烏桓率衆王無何（允），與鮮卑大人丘倫等，及南匈奴骨都侯，合七千騎寇五原，與太守戰於九原高渠谷，〔一〕漢兵大敗，殺郡長吏。乃遣車騎將軍何熙、度遼將軍梁慬等擊，大破之。無何乞降，鮮卑走還塞外。是後烏桓稍復親附，拜其大人戎朱廆爲親漢都尉。〔二〕

〔一〕九原，縣名，屬五原郡。

〔二〕廆音胡罪反。

順帝陽嘉四年冬，烏桓寇雲中，遮截道上商賈車牛千餘兩，度遼將軍耿曄率二千餘人追擊，不利，又戰於沙南，斬首五百級。〔一〕烏桓遂圍曄於蘭池城，於是發積射士二千人，度遼營千人，配上郡屯，以討烏桓，烏桓乃退。永和五年，烏桓大人阿堅、羌渠等與南匈奴左部句龍吾斯反畔，中郎將張耽擊破斬之，餘衆悉降。桓帝永壽中，朔方烏桓與休著屠各並畔，中郎將張奐擊平之。延熹九年夏，烏桓復與鮮卑及南匈奴（鮮卑）寇緣邊九郡，俱反，張奐討之，皆出塞去。

〔一〕沙南，縣，屬雲中郡，有蘭池城。

靈帝初，烏桓大人上谷有難樓者，衆九千餘落，遼西有丘力居者，衆五千餘落，皆自稱王；又遼東蘇僕延，衆千餘落，自稱峭王；〔一〕右北平烏延，衆八百餘落，自稱汗魯王：並勇健而多計策。中平四年，前中山太守張純畔，入丘力居衆中，自號彌天安定王，遂爲諸郡烏桓元帥，寇掠青、徐、幽、冀四州。五年，以劉虞爲幽州牧，虞購募斬純首，北州乃定。

〔一〕峭音七笑反。

獻帝初平中，丘力居死，子樓班年少，從子蹋頓有武略，代立，〔一〕總攝三郡，衆皆從其號令。建安初，冀州牧袁紹與前將軍公孫瓚相持不決，蹋頓遣使詣紹求和親，遂遣兵助擊瓚，破之。紹矯制賜蹋頓、難樓、蘇僕延、烏延等，皆以單于印綬。後難樓、蘇僕延率其部衆奉樓班爲單于，蹋頓爲王，然蹋頓猶秉計策。廣陽人閻柔，少沒烏桓、鮮卑中，爲其種人所歸信，柔乃因鮮卑衆，殺烏桓校尉邢舉而代之。袁紹因寵慰柔，以安北邊。及紹子尚敗，奔蹋頓。時幽、冀吏人奔烏桓者十萬餘戶，尚欲憑其兵力，復圖中國。會曹操平河北，閻柔率鮮卑、烏桓歸附，操卽以柔爲校尉。建安十二年，曹操自征烏桓，大破蹋頓於柳城，斬之，首虜二十餘萬人。袁尚與樓班、烏延等皆走遼東，遼東太守公孫康並斬送之。其餘衆萬餘落，悉徙居中國云。

〔一〕蹋音大蠟反。

鮮卑者，亦東胡之支也，別依鮮卑山，故因號焉。其言語習俗與烏桓同。唯婚姻先髡頭，以季春月大會於饒樂水上，〔一〕飲讌畢，然後配合。又禽獸異於中國者，野馬、原羊、角端牛，以角爲弓，俗謂之角端弓者。〔二〕又有貂、豽、鼲子，皮毛柔蝡，〔三〕故天下以爲名裘。

〔一〕水在今營州北。

〔二〕郭璞注爾雅曰：「原羊似吳羊而大角，出西方。」前書音義曰：「角端似牛，角可爲弓。」

〔三〕豽音女滑反。鼲音胡昆反。貂、鼲並鼠屬。豽，猴屬也。

漢初，亦爲冒頓所破，遠竄遼東塞外，與烏桓相接，未常通中國焉。光武初，匈奴強盛，率鮮卑與烏桓寇抄北邊，殺略吏人，無有寧歲。建武二十一年，鮮卑與匈奴入遼東，遼東太守祭肜擊破之，斬獲殆盡，事已具肜傳，由是震怖。及南單于附漢，北虜孤弱，二十五年，鮮卑始通驛使。

其後都護偏何等詣祭肜求自効功，因令擊北匈奴左伊育訾部，斬首二千餘級。其後偏何連歲出兵擊北虜，還輒持首級詣遼東受賞賜。三十年，鮮卑大人於仇賁、滿頭等率種人詣闕朝賀，慕義內屬。帝封於仇賁爲王，滿頭爲侯。時漁陽赤山烏桓歆志賁等數寇上谷。

永平元年，祭肜復賂偏何擊歆志賁，破斬之，於是鮮卑大人皆來歸附，並詣遼東受賞賜，青徐二州給錢歲二億七千萬爲常。明章二世，保塞無事。

和帝永元中，大將軍竇憲遣右校尉耿夔擊破匈奴，北單于逃走，鮮卑因此轉徙據其地。匈奴餘種留者尚有十餘萬落，皆自號鮮卑，鮮卑由此漸盛。九年，遼東鮮卑攻肥如縣，〔一〕太守祭參坐沮敗，下獄死。十三年，遼東鮮卑寇右北平，因入漁陽，漁陽太守擊破之。延平元年，鮮卑復寇漁陽，太守張顯率數百人出塞追之。兵馬掾嚴授諫曰：「前道險阻，賊埶難量，宜且結營，先令輕騎偵視之。」顯意甚銳，怒欲斬之。因復進兵，遇虜伏發，士卒悉走，唯授力戰，身被十創，手殺數人而死。顯中流矢，主簿衞福、功曹徐咸皆自投赴顯，俱歿於陣。鄧太后策書褒歎，賜顯錢六十萬，以家二人爲郎；授、福、咸各錢十萬，除一子爲郎。

〔一〕肥如縣，故城在今平州也。

安帝永初中，鮮卑大人燕荔陽詣闕朝賀，鄧太后賜燕荔陽王印綬，赤車參駕，令止烏桓校尉所居甯城下，通胡市，因築南北兩部質館。〔一〕鮮卑邑落百二十部，各遣入質。是後或降或畔，與匈奴、烏桓更相攻擊。

〔一〕築館以受降質。

元初二年秋，遼東鮮卑圍無慮縣，〔一〕州郡合兵固保清野，鮮卑無所得。〔二〕復攻扶黎營，殺長吏。[三] 四年，遼西鮮卑連休等遂燒塞門，寇百姓。烏桓大人於秩居等與連休有宿怨，共郡兵奔擊，大破之，斬首千三百級，悉獲其生口牛馬財物。五年秋，代郡鮮卑萬餘騎遂穿塞入寇，分攻城邑，燒官寺，殺長吏而去。乃發緣邊甲卒、黎陽營兵，屯上谷以備之。冬，鮮卑入上谷，攻居庸關，復發緣邊諸郡、黎陽營兵、積射士步騎二萬人，屯列衝要。六年秋，鮮卑入馬城塞，殺長吏，[四] 度遼將軍鄧遵發積射士三千人，及中郎將馬續率南單于，與遼西、右北平兵馬會，出塞追擊鮮卑，大破之，獲生口及牛羊財物甚衆。又發積射士三千人，馬三千匹，詣度遼營屯守。

[一] 無慮縣屬遼東郡。

[二] 淸野謂收斂積聚，不令寇得之也。

[三] 扶黎，縣，屬遼東屬國，故城在今營州東〔南〕。

[四] 馬城，縣名，屬代郡也。

永寧元年，遼西鮮卑大人烏倫、其至鞬率衆詣鄧遵降，奉貢獻。詔封烏倫爲率衆王，其至鞬爲率衆侯，賜綵繒各有差。

建光元年秋，其至鞬復畔，寇居庸，雲中太守成嚴擊之，兵敗，功曹楊穆以身捍嚴，與俱戰歿。鮮卑於是圍烏桓校尉徐常於馬城。度遼將軍耿夔與幽州刺史龐參發廣陽、漁陽、

涿郡甲卒，分爲兩道救之；常夜得潛出，與夔等幷力並進，攻賊圍，解之。鮮卑旣累殺郡守，膽意轉盛，控弦數萬騎。延光元年冬，復寇鴈門、定襄，遂攻太原，掠殺百姓。二年冬，其至鞬自將萬餘騎入東領侯，分爲數道，攻南匈奴於曼柏，[一] 薁鞬日逐王戰死，殺千餘人。三年秋，復寇高柳，擊破南匈奴，殺漸將王。

[一] 縣名，屬五原郡也。

順帝永建元年秋，鮮卑其至鞬寇代郡，太守李超戰死。明年春，中郎將張國遣從事將南單于兵步騎萬餘人出塞，擊破之，獲其資重二千餘種。時遼東鮮卑六千餘騎亦寇遼東玄菟，烏桓校尉耿曄發緣邊諸郡兵及烏桓率衆王出塞擊之，斬首數百級，大獲其生口牛馬什物，鮮卑乃率種衆三萬人詣遼東乞降。三年，四年，鮮卑頻寇漁陽、朔方。六年秋，耿曄遣司馬將胡兵數千人，出塞擊破之。冬，漁陽太守又遣烏桓兵擊之，斬首八百級，獲牛馬生口。烏桓豪人扶漱官勇健，[一] 每與鮮卑戰，輒陷敵，詔賜號「率衆君」。

[一] 漱音所救反。

陽嘉元年冬，耿曄遣烏桓親漢都尉戎朱廆率衆王侯咄歸等，出塞抄擊鮮卑，大斬獲而還，賜咄歸等已下爲率衆王、侯、長，賜綵繒各有差。鮮卑後寇遼東屬國，於是耿曄乃移屯遼東無慮城拒之。二年春，匈奴中郎將趙稠遣從事將南匈奴骨都侯夫沈等，出塞擊鮮卑，破之，斬獲甚衆，詔賜夫沈金印紫綬及縑綵各有差。秋，鮮卑穿塞入馬城，代郡太守擊之，不能克。後其至鞬死，鮮卑抄盜差稀。

桓帝時，鮮卑檀石槐者，其父投鹿侯，初從匈奴軍三年，其妻在家生子。投鹿侯歸，怪欲殺之。妻言嘗晝行聞雷震，仰天視而雹入其口，因吞之，遂妊身，十月而產，此子必有奇異，且宜長視。投鹿侯不聽，遂弃之。妻私語家令收養焉，名檀石槐。年十四五，勇健有智略。異部大人抄取其外家牛羊，檀石槐單騎追擊之，所向無前，悉還得所亡者，由是部落畏服。乃施法禁，平曲直，無敢犯者，遂推以爲大人。檀石槐乃立庭於彈汗山歠仇水上，[一] 去高柳北三百餘里，兵馬甚盛，東西部大人皆歸焉。因南抄緣邊，北拒丁零，東卻夫餘，西擊烏孫，盡據匈奴故地，東西萬四千餘里，南北七千餘里，網羅山川水澤鹽池。

[一] 歠音昌悅反。

永壽二年秋，檀石槐遂將三四千騎寇雲中。延熹元年，鮮卑寇北邊。冬，使匈奴中郎將張奐率南單于出塞擊之，斬首二百級。二年，復入鴈門，殺數百人，大抄掠而去。六年夏，千餘騎寇遼東屬國。九年夏，遂分騎數萬人入緣邊九郡，並殺掠吏人，於是復遣張奐擊之，鮮卑乃出塞去。朝廷積患之，而不能制，遂遣使持印綬封檀石槐爲王，欲與和親。檀石槐不肯受，而寇抄滋甚。乃自分其地爲三部，從右北平以東至遼東，接夫餘、濊貊二十餘邑

爲東部，從右北平以西至上谷十餘邑爲中部，從上谷以西至敦煌、烏孫二十餘邑爲西部，各置大人主領之，皆屬檀石槐。

靈帝立，幽、幷、涼三州緣邊諸郡無歲不被鮮卑寇抄，殺略不可勝數。熹平三年冬，鮮卑入北地，太守夏育率休著屠各追擊破之。遷育爲護烏桓校尉。五年，鮮卑寇幽州。六年夏，鮮卑寇三邊。秋，夏育上言：「鮮卑寇邊，自春以來，三十餘發，請徵幽州諸郡兵出塞擊之，一冬二春，必能禽滅。」朝廷未許。先是護羌校尉田晏坐事論刑被原，欲立功自効，乃請中常侍王甫求得爲將，甫因此議遣兵與育幷力討賊。帝乃拜晏爲破鮮卑中郎將。大臣多有不同，乃召百官議朝堂。議郎蔡邕議曰：

書戒猾夏，易伐鬼方，[一] 周有獫狁、蠻荆之師，[二] 漢有闐顏、瀚海之事。[三] 征討殊類，所由尚矣。然而時有同異，埶有可否，故謀有得失，事有成敗，不可齊也。

[一] 尚書舜典曰：「蠻夷猾夏，寇賊姦宄。」猾，亂也。易旣濟九三爻辭曰：「高宗伐鬼方，三年而克之。」前書淮南王安曰：「鬼方，小蠻夷也。」晉義曰：「鬼方，遠方也。」

[二] 詩小雅曰：「顯允方叔，征伐獫狁，蠻荆來威。」

[三] 武帝使大將軍衞青擊匈奴，至闐顏山，斬首萬餘級。使霍去病擊匈奴，封狼居胥山，登臨瀚海也。

武帝情存遠略，志闢四方，南誅百越，北討強胡，西伐大宛，東幷朝鮮。因文、景之

蓄，藉天下之饒，數十年閒，官民俱匱。乃興鹽鐵酒榷之利，設告緡重稅之令，〔一〕民不堪命，起爲盜賊，關東紛擾，道路不通。〔二〕繡衣直指之使，奮鈇鉞而並出。〔三〕既而覺悟，乃息兵罷役，〔封〕丞相爲富民侯。〔四〕故主父偃曰：「夫務戰勝，窮武事，未有不悔者也。」〔五〕夫以世宗神武，將相良猛，財賦充實，所拓廣遠，猶有悔焉。況今人財並乏，事劣昔時乎！

〔一〕武帝使東郭咸陽等領天下鹽鐵，敢私鑄錢賣鹽者鈦左趾。榷，專也。官自賣酒，人不得賣也。又筭緡錢，率緡錢二千而筭一，令各以其物自占。占不悉，聽人告緡，以半與之。音義曰：「緡，絲也。用以貫錢，故曰緡錢。一筭百二十也。」

〔二〕武帝天漢二年，泰山、琅邪羣賊徐勃等阻山攻城，道路不通。

〔三〕武帝使直指使者暴勝之等衣繡杖斧，分部逐捕也。

〔四〕封丞相車千秋爲富民侯，以明休息，思富養人。

〔五〕武帝時，齊相主父偃諫伐匈奴之辭。

自匈奴遁逃，鮮卑強盛，據其故地，稱兵十萬，才力勁健，意智益生。加以關塞不嚴，禁網多漏，精金良鐵，皆爲賊有；漢人逋逃，爲之謀主，兵利馬疾，過於匈奴。昔段熲良將，習兵善戰，有事西羌，猶十餘年。今育、晏才策，未必過熲，鮮卑種衆，不弱于

曩時。而虛計二載，自許有成，若禍結兵連，豈得中休？當復徵發衆人，轉運無已，是爲耗竭諸夏，幷力蠻夷。夫邊垂之患，手足之蚧搔；中國之困，胷背之瘭疽。〔一〕方今郡縣盜賊尚不能禁，況此醜虜而可伏乎！

〔一〕蚧音介。搔音新到反。埤蒼曰：「瘭音必燒反。」杜預注左傳曰：「疽，惡創也。」

昔高祖忍平城之恥，呂后弃慢書之詬，〔一〕方之於今，何者爲甚？

〔一〕詬，恥也，音許豆反。

天設山河，秦築長城，漢起塞垣，所以別內外，異殊俗也。苟無蹙國內侮之患則可矣，〔一〕豈與蟲螘（校）〔狡〕寇計爭往來哉！雖或破之，豈可殄盡，而方（今）〔令〕本朝爲之旰食乎？〔二〕

〔一〕蹙國，解見西域傳。

〔二〕旰，晚也。左傳伍子胥曰：「楚君大夫，其旰食乎！」

夫專勝者未必克，挾疑者未必敗，衆所謂危，聖人不任，朝議有嫌，明主不行也。昔淮南王安諫伐越曰：「天子之兵，有征無戰。言其莫敢校也。〔一〕如使越人蒙死以逆執事廝輿之卒，〔二〕有一不備而歸者，雖得越王之首，而猶爲大漢羞之。」而欲以齊民易醜虜，皇威辱外夷，就如其言，猶已危矣，況乎得失不可量邪！昔珠崖郡反，孝元皇

帝納賈捐之言，而下詔曰：「珠崖背畔，今議者或曰可討，或曰弃之。朕日夜惟思，羞威不行，則欲誅之；通于時變，復憂萬民。夫萬民之飢與遠蠻之不討，何者爲大？宗廟之祭，凶年猶有不備，況避不嫌之辱哉！今關東大困，無以相贍，又當動兵，非但勞民而已。其罷珠崖郡。」此元帝所以發德音也。夫卹民救急，雖成郡列縣，尚猶弃之，況障塞之外，未嘗爲民居者乎！守邊之術，李牧善其略，〔三〕保塞之論，嚴尤申其要，〔四〕遺業猶在，文章具存，循二子之策，守先帝之規，臣曰可矣。

〔一〕校，報也。

〔二〕前書音義曰：「廝，微也。輿，衆也。」

〔三〕史記曰，李牧，趙之北邊良將也。常居代、鴈門備匈奴，以便宜置吏，市租不入幕府，爲士卒費，謹烽火，邊無失亡也。

〔四〕前書王莽發三十萬衆，十道出擊匈奴。莽將嚴尤諫曰：「匈奴爲害，所從來久，未聞上代有征之者也。後世三家周、秦、漢征之，然皆未有得上策者也。周宣王時獫狁內侵，至于涇陽，命將出征之，盡境而還，是得中策。武帝選將練兵，深入遠戍，兵連禍結三十餘年，是爲下策。秦始皇不忍小恥，築長城之固，以喪社稷，是爲無策。」班固曰：「若乃征伐之功，秦、漢行事，嚴尤論之當也。」

帝不從。〔一〕遂遣夏育出高柳，田晏出雲中，匈奴中郎將臧旻率南單于出鴈門，各將萬騎，三道出塞二千餘里。檀石槐命三部大人各帥衆逆戰，育等大敗，喪其節傳輜重，各將數十

騎奔還，死者十七八。三將檻車徵下獄，贖爲庶人。冬，鮮卑寇遼西。光和元年冬，又寇酒泉，緣邊莫不被毒。種衆日多，田畜射獵不足給食，檀石槐乃自徇行，見烏侯秦水廣從數百里，水停不流，〔二〕其中有魚，不能得之。聞倭人善網捕，於是東擊倭人國，得千餘家，徙置秦水上，令捕魚以助糧食。

〔一〕左傳曰，楚大夫薳啓彊對楚靈王曰：「晉之事君，臣曰可矣。」

〔二〕從音子用反。

光和中，檀石槐死，時年四十五，子和連代立。和連才力不及父，亦數爲寇抄，性貪淫，斷法不平，衆畔者半。後出攻北地，廉人善弩射者〔一〕射中和連，卽死。其子騫曼年小，兄子魁頭立。後騫曼長大，與魁頭爭國，衆遂離散。魁頭死，弟步度根立。自檀石槐後，諸大人遂世相傳襲。

〔一〕廉，縣名，屬北地郡。

論曰：四夷之暴，其埶互彊矣。匈奴熾於隆漢，西羌猛於中興。而靈獻之閒，二虜迭盛，石槐驍猛，盡有單于之地，蹋頓凶桀，公據遼西之土。其陵跨中國，結患生人者，靡世而寧焉。然制御上略，歷世無聞；周、漢之策，僅得中下。將天之冥數，以至於是乎？

贊曰：二虜首施，鯁我北垂。道暢則馴，時薄先離。

校勘記

二九七九頁三行　烏桓者本東胡也　按：魏志「桓」皆作「丸」。

二九七九頁五行　其性悍塞　按：集解引惠棟說，謂魏書「悍塞」作「悍驁」。

二九七九頁一三行　鑯步搖　按：三國志注引魏書作「冠步搖」。

二九八〇頁一行　實如穄子　按：三國志注引魏書「穄」作「葵」。

二九八〇頁六行　鑯音(吉)〔古〕誨反　按：張森楷校勘記謂吉鑯不同母，不得用爲反切。據廣韻古對切，集韻古獲切，疑此「吉」字亦「古」字之誤。今據改。

二九八一頁一四行　遂自亡畔　「自」原作「皆」，逕據汲本、殿本改。按：通志亦作「自」。

二九八二頁七行　郝旦等九百二十二人率衆向化詣闕朝貢至於是封其渠帥爲侯王君長者八十一人　按：魏志烏丸傳注引魏書，云「烏丸大人郝且等九千餘人，率衆詣闕，封其渠帥爲侯王者八十餘人」，與此異。「郝旦」作「郝且」，旦且形近，未知孰是。

二九八三頁三行　鴈門烏桓率衆王無何(允)　據刊誤刪。按：校補謂通志亦無「允」字。

二九八三頁五行　拜其大人戎朱廆爲親漢都尉　集解引惠棟說，謂續漢書及魏書「朱」作「末」。按：校補謂通志亦作「末」。

二九八三頁一三行　朔方烏桓與休著屠各並畔　按：「休著屠各」靈帝紀作「休屠各」，南匈奴傳作「休著各」，此作「休著屠各」者，錢大昕謂乃讀范史者音著爲屠，後遂攙入正文耳。參閱南匈奴傳校勘記。

二九八三頁一三行　延熹九年夏烏桓復與鮮卑及南匈奴(鮮卑)寇緣邊九郡　按：校補引錢大昭說，謂下「鮮卑」二字疑衍。本紀是年六月南匈奴及烏桓、鮮卑寇緣邊九郡。今刪。

二九八四頁一三行　建安十二年曹操自征烏桓　集解引惠棟說，謂魏書作「十一年」。今按魏志武紀在建安十二年夏，魏志烏丸傳作「十一年」，誤。

二九八五頁二行　原羊　按：殿本考證謂何焯校本「原」改「羱」。

二九八五頁九行　鮮卑始通驛使　按：刊誤謂「驛」當作「譯」。

二九八五頁一二行　北匈奴左伊育訾部　按：集解引惠棟說，謂祭肜傳「育」作「秩」。

二九八五頁一三行　三十年　按：集解引惠棟說，謂袁紀作「三十一年」。

二九八五頁一三行　歆志賁　按：殿本考證謂魏志注「歆」作「欽」。

二九八六頁五行　延平元年　按：集解引王補說，謂「延平」上應有「殤帝」二字。

二九八七頁一〇行　故城在今營州東〔南〕　據汲本、殿本補。

二九八八頁四行　殺漸將王　按：殿本「漸」作「斬」。參閱南匈奴傳校勘記。

二九八八頁七行　獲其資重二千餘種　按：校補謂「種」疑當作「輛」。

二九八八頁八行　牛馬什物　按：殿本作「牛羊財物」。

二九八八頁一三行　耿曄遣烏桓親漢都尉戎朱廆率衆王侯咄歸等　按：刊誤謂魏志此「衆」字作「將」字，言率將胡王等出塞，後乃封爲率衆王侯長也。

二九八八頁一五行　匈奴中郎將趙稠　按：沈家本謂「趙稠」紀作「王稠」。「匈奴」上奪「使」字。

二九八九頁七行　彈汗山　按：集解引惠棟說，謂「汗」通鑑作「汙」。

二九九一頁三行　〔封〕丞相爲富民侯　據汲本、殿本補。

二九九一頁四行　夫以世宗神武　張森楷校勘記謂羣書治要「世宗」作「武帝」，是知范書原文作「武帝」，後人妄以武帝本是世宗，唐避諱改，遂回改爲「世宗」，而不知非也。今按：邕集作「世宗」。

二九九一頁四行　將相良猛　按：汲本、殿本「相」作「帥」。

二九九一頁六行　鈇左趾　按：「鈇」原作「鈥」，逕據殿本、集解本改。

二九九二頁七行　天設山河　按：校補謂通志「山河」作「沙漠」。

二九九二頁八行　豈與蟲螘(校)〔狡〕寇計爭往來哉　校補謂「校」爲「狡」之譌。並引柳從辰說，謂蔡邕集「校」作「狡」。今據改。

二九九二頁八行　而方(今)〔令〕本朝爲之旰食乎　刊誤謂「今」當作「令」。張森楷校勘記謂治要作「令」。今據改。

二九九三頁三行　況避不嫌之辱哉　按：校補謂柳從辰云蔡邕集「嫌」作「遜」，今案前書本作「嫌」。

二九九三頁三行　又當動兵　集解引惠棟說，謂邕集「當」作「議」。今按：前書作「以」。

二九九三頁五行　守邊之術李牧善其略　按：校補謂通志「守」作「備」，「略」作「宜」。

二九九三頁一六行　各將數十騎奔還　汲本、殿本「數十」作「數千」。按：殿本考證謂「數千」通鑑作「數十」爲是。

二九九四頁三行　聞倭人善網捕於是東擊倭人國　按：魏志鮮卑傳注引魏書「倭」作「汗」。

二十四史

晉　司馬彪　撰
梁　劉　昭　注補

後漢書志

第　一　一　册

第一至第一八(志一)

中　華　書　局

後漢書志第一

律曆上

律準　候氣

古之人論數也，曰「物生而後有象，象而後有滋，滋而後有數」。然則天地初形，人物既著，則筭數之事生矣。記稱大橈作甲子，〔一〕隸首作數。〔二〕二者既立，以比日表，〔三〕以管萬事。夫一、十、百、千、萬，所同用也；律、度、量、衡、曆，其別用也。故體有長短，檢以度；〔四〕物有多少，受以量；〔五〕量有輕重，平以權衡；〔六〕聲有清濁，協以律呂；三光運行，紀以曆數：然後幽隱之情，精微之變，可得而綜也。〔七〕

〔一〕呂氏春秋曰：「黃帝師大橈。」博物記曰：「容成氏造曆，黃帝臣也。」月令章句：「大橈探五行之情，占斗綱所建，於是始作甲乙以名日，謂之幹，作子丑以名(日)〔月〕，謂之枝，枝幹相配，以成六旬。」

〔二〕博物記曰：「隸首，黃帝之臣。」一說，隸首，善筭者也。

〔三〕表即晷景。

〔四〕說苑曰：「以粟生之，(十)〔一〕粟爲一分，十分爲一寸，十寸爲一尺，十尺爲一丈。」

〔五〕說苑曰：「千二百粟爲一籥，十籥爲一合，十合爲一升，十升爲一斗，十斗爲一斛。」

〔六〕說苑曰：「十粟重一圭，十圭重一銖，二十四銖重一兩，十六兩重一斤，三十斤重一鈞，四鈞重一石。」

〔七〕前志曰：「夫推曆生律，制器規圓矩方，權重衡平，準繩嘉量，探賾索隱，鉤深致遠，莫不用焉。度長短者不失毫氂，量多少者不失圭撮，權輕重者不失黍絫。紀於一，協於十，長於百，大於千，廣於萬。」

漢興，北平侯張蒼首治律曆。孝武正樂，置協律之官。至元始中，博徵通知鍾律者，考其意義，羲和劉歆典領條奏，前史班固取以爲志。而元帝時，郎中京房(房字君明)知五聲之音，六律之數。上使太子太傅(韋)玄成、(字少翁)諫議大夫章，雜試問房於樂府。房對：「受學故小黃令焦延壽。六十律相生之法：以上生下，皆三生二，以下生上，皆三生四，陽下生陰，陰上生陽，終於中呂，而十二律畢矣。中呂上生執始，執始下生去滅，上下相生，終於南事，六十律畢矣。夫十二律之變至於六十，猶八卦之變至於六十四也。宓羲作易，紀陽氣之初，以爲律法。建日冬至之聲，以黃鍾爲宮，太族爲商，姑洗爲角，林鍾爲徵，南呂爲羽，應鍾爲變宮，蕤賓爲變徵。〔一〕此聲氣之元，五音之正也。故各(終)〔統〕一日。其餘以次運行，當日者各自爲宮，而商徵以類從焉。〔二〕禮運篇曰『五聲、六律、十二管還相爲宮』，此之謂也。〔三〕以六十律分朞之日，黃鍾自冬至始，及冬至而復，陰陽寒燠風雨之占生焉。於以檢攝羣音，考其高下，苟非(草)〔革〕木之聲，則無不有所合。虞書曰『律和聲』，此之謂也。」房又曰：

中華書局

「竹聲不可以度調，故作準以定數。準之狀如瑟，長丈而十三弦，隱閒九尺，以應黃鍾之律九寸；中央一弦，下有畫分寸，以爲六十律清濁之節。」房言律詳於歆所奏，其術施行於史官，候部用之。文多不悉載。故總其本要，以續前志。

〔一〕月令章句曰：「以姑洗爲角，南呂爲羽，則徵濁也。」

〔二〕月令章句曰：「律，率也，聲之管也。上古聖人本陰陽，別風聲，審清濁，而不可以文載口傳也。於是始鑄金作鍾，以主十二月之聲，然後以效升降之氣。鍾難分別，乃截竹爲管，謂之律。律者，清濁之率法也。聲之清濁，以〔制〕〔律〕長短爲制。」

〔三〕鄭玄曰：「宮數八十一，黃鍾長九寸，九九八十一也。三分宮去一生徵，徵數五十四，林鍾長六寸，六九五十四也。三分徵益一生商，商數七十二，太蔟長八寸，八九七十二也。三分商去一生羽，羽數四十八，南呂長五寸三分寸之一，五九四十五又三分寸之一，爲四十八也。三分羽益一生角，角數六十四，姑洗長七寸九分寸之一，七九六十三又九分寸之一，爲六十四也。三分角去一生變宮，三分變宮益一生變徵。自此已後，則隨月而變，所謂『還相爲宮』。」

律術曰：陽以圓爲形，其性動。陰以方爲節，其性靜。動者數三，靜者數二。以陽生陰，倍之；以陰生陽，四之：皆三而一。陽生陰曰下生，陰生陽曰上生。上生不得過黃鍾之〔清〕濁，下生不得及黃鍾之〔數實〕〔清〕。皆參天兩地，圓蓋方覆，六耦承奇之道也。黃鍾，律呂之首，而生十一律者也。〔一〕其相生也，皆三分而損益之。是故十二律之，得十七萬七千一百四十

七，是爲黃鍾之實。〔二〕又以二乘而三約之，是爲下生林鍾之實。又以四乘而三約之，是爲上生太蔟之實。推此上下，以定六十律之實。以九三之，〔數〕〔得〕萬九千六百八十三爲法。〔於〕律爲寸，於準爲尺。不盈者十之，所得爲分。又不盈十之，所得爲小分。以其餘正其強弱。

〔一〕前書曰：「黃帝使伶倫，自大夏之西，崑崙之陰，取竹之嶰谷生，其竅厚均者，斷兩節閒而吹之，以爲黃鍾之管。制十二箭以聽鳳之鳴，其雄鳴爲六，雌鳴亦六，比黃鍾之晉，而皆可以生之，是爲律本。至治之世，天地之氣合以生風。天地之風氣正，十二律乃定。」

〔二〕前書曰：「太極元氣，含三爲一。極，中也。元，始也。行於十二辰，始動於子。參之於丑，得三。又參之於寅，得九。又參之於卯，得二十七。又參之於辰，得八十一。又參之於巳，得二百四十三。又參之於午，得七百二十九。又參之於未，得二千一百八十七。又參之於申，得六千五百六十一。又參之於酉，得萬九千六百八十三。又參之於戌，得五萬九千四十九。又參之於亥，得十七萬七千一百四十七。此陰陽合德，氣鍾於子，化生萬物者也。故滋萌於子，紐牙於丑，引達於寅，冒茆於卯，振羨於辰，巳盛於巳，咢布於午，昧曖於未，申堅於申，留孰於酉，畢入於戌，該閡於亥，出甲於甲，奮軋於乙，明炳於丙，大成於丁，豐茂於戊，理紀於己，斂更於庚，悉新於辛，懷任於壬，陳揆於癸。故陰陽之施化，萬物之終始，既類旅於律呂，又經歷於日辰，而變化之情則可見矣。」

黃鍾，十七萬七千一百四十七。

下生林鍾。黃鍾爲宮，太蔟商，林鍾徵。

一日。律，九寸。準，九尺。

色育，十七萬六千七百七十六。

下生謙待。色育爲宮，未知商，謙待徵。

六日。律，八寸九分小分八微強。準，八尺九寸萬五千九百七十三。

執始，十七萬四千七百六十二。

下生去滅。執始爲宮，時息商，去滅徵。

六日。律，八寸八分小分七大強。準，八尺八寸萬五千五百一十六。

丙盛，十七萬二千四百一十。

下生安度。丙盛爲宮，屈齊商，安度徵。

六日。律，八寸七分小分六微弱。準，八尺七寸萬一千六百七十九。

分動，十七萬八十九。

下生歸嘉。分動爲宮，隨期商，歸嘉徵。

六日。律，八寸六分小分四強。準，八尺六寸八千一百五十二。

質末，十六萬七千八百。

下生否與。質末爲宮，形晉商，否與徵。

六日。律，八寸五分小分二〔半〕強。準，八尺五寸四千九百四十五。

大呂，十六萬五千八百八十八。

下生夷則。大呂爲宮，夾鍾商，夷則徵。

八日。律，八寸四分小分三弱。準，八尺四寸五千五百八。

分否，十六萬三千六百五十四。

下生解形。分否爲宮，開時商，解形徵。

八日。律，八寸三分小分一強。準，八尺三寸二千八百五十一。

淩陰，十六萬一千四百五十二。

下生去南。淩陰爲宮，族嘉商，去南徵。

八日。律，八寸二分小分一弱。準，八尺二寸五百一十四。

少出，十五萬九千二百八十。

下生分積。少出爲宮，爭南商，分積徵。

六日。律，八寸小分九強。準，八尺萬八千一百六十。

太蔟，十五萬七千四百六十四。

下生南呂。太蔟爲宮，姑洗商，南呂徵。

一日。律，八寸。準，八尺。

未知，十五萬七千一百三十四。
下生白呂。　未知爲宮，南授商，白呂徵。
六日。　律，七寸九分小分八強。　準，七尺九寸萬六千三百八十三。
時息，十五萬五千三百四十四。
下生結躬。　時息爲宮，變虞商，結躬徵。
六日。　律，七寸八分小分九少強。　準，七尺八寸萬八千一百六十六。
屈齊，十五萬三千二百五十三。
下生歸期。　屈齊爲宮，路時商，歸期徵。
六日。　律，七寸七分小分九弱。　準，七尺七寸萬六千九百三十九。
隨期，十五萬一千一百九十。
下生未卯。　隨期爲宮，形始商，未卯徵。
六日。　律，七寸六分小分八強。　準，七尺六寸萬五千九百九十二。
形晉，十四萬九千一百五十（五）〔六〕。
下生夷汗。　形晉爲宮，依行商，夷汗徵。
六日。　律，七寸五分小分八弱。　準，七尺五寸萬五千三百（二）〔三〕十五。

夾鍾，十四萬七千四百五十六。
下生無射。　夾鍾爲宮，中呂商，無射徵。
六日。　律，七寸四分小分九強。　準，七尺四寸萬八千一十八。
開時，十四萬五千四百七十。
下生閉掩。　開時爲宮，南中商，閉掩徵。
八日。　律，七寸三分小分九徵（弱）〔強〕。　準，七尺三寸萬七千八百四十一。
族嘉，十四萬三千五百一十三。
下生鄰齊。　族嘉爲宮，內負商，鄰齊徵。
八日。　律，七寸二分小分九徵強。　準，七尺二寸萬七千九百五十四。
爭南，十四萬一千五百八十二。
下生期保。　爭南爲宮，物應商，期保徵。
八日。　律，七寸一分小分九強。　準，七尺一寸萬八千三百二十七。
姑洗，十三萬九千九百六十八。
下生應鍾。　姑洗爲宮，蕤賓商，應鍾徵。
一日。　律，七寸一分小分一徵強。　準，七尺一寸二千一百八十七。

南授，十三萬九千六百七十〔四〕。
下生分烏。　南授爲宮，南事商，分烏徵。
六日。　律，七寸小分九大強。　準，七尺萬八千九百三十。
變虞，十三萬八千八十四。
下生遲內。　變虞爲宮，盛變商，遲內徵。
六日。　律，七寸小分一半強。　準，七尺三千三十。
路時，十三萬六千二百二十五。
下生未育。　路時爲宮，離宮商，未育徵。
六日。　律，六寸九分小分二徵強。　準，六尺九寸四千一百二十三。
形始，十三萬四千三百九十二。
下生遲時。　形始爲宮，制時商，遲時徵。
五日。　律，六寸八分小分三弱。　準，六尺八寸五千四百七十六。
依行，十三萬二千五百八十二。
上生色育。　依行爲宮，謙待商，色育徵。
七日。　律，六寸七分小分三（大）〔半〕強。　準，六尺七寸七千五十九。

中呂，十三萬一千七十二。
上生執始。　中呂爲宮，去滅商，執始徵。
八日。　律，六寸六分小分六弱。　準，六尺六寸萬一千六百四十二。
南中，十二萬九千三百八。
上生丙盛。　南中爲宮，安度商，丙盛徵。
七日。　律，六寸五分小分七徵弱。　準，六尺五寸萬三千六百八十五。
內負，十二萬七千五百六十七。
上生分動。　內負爲宮，歸嘉商，分動徵。
八日。　律，六寸四分小分八〔徵〕強。　準，六尺四寸萬五千九百五十八。
物應，十二萬五千八百五十。
上生質末。　物應爲宮，否與商，質末徵。
七日。　律，六寸三分小分九強。　準，六尺三寸萬八千四百七十一。
蕤賓，十二萬四千四百一十六。
上生大呂。　蕤賓爲宮，夷則商，大呂徵。
一日。　律，六寸三分小分二徵強。　準，六尺三寸四千一百三十一。

南事，十二萬四千一百五十四。

（下）〔不〕生。　南事窮，無商、徵，不爲宮。

七日。　律，六寸三分小分一弱。　準，六尺三寸一千五百（三）〔一〕十一。

盛變，十二萬二千七百四十一。

上生分否。　盛變爲宮，解形商，分否徵。

七日。　律，六寸二分小分三（大）〔半〕強。　準，六尺二寸七千六十四。

離宮，十二萬一千八（百一）十九。

上生淩陰。　離宮爲宮，去南商，淩陰徵。

七日。　律，六寸一分小分五微強。　準，六尺一寸萬二百二十七。

制時，十一萬九千四百六十。

上生少出。　制時爲宮，分積商，少出徵。

八日。　律，六寸小分七弱。　準，六尺萬三千六百二十。

林鍾，十一萬八千九十八。

上生太族。　林鍾爲宮，南呂商，太族徵。

一日。　律，六寸。　準，六尺。

謙待，十一萬七千八百五十一。

上生未知。　謙待爲宮，白呂商，未知徵。

五日。　律，五寸九分小分九弱。　準，五尺九寸萬七千二百一十三。

去滅，十一萬六千五百八。

上生時息。　去滅爲宮，結躬商，時息徵。

七日。　律，五寸九分小分二弱。　準，五尺九寸三千七百八十三。

安度，十一萬四千九百四十。

上生屈齊。　安度爲宮，歸期商，屈齊徵。

六日。　律，五寸八分小分四（徵）弱。　準，五尺八寸七千七百八十六。

歸嘉，十一萬三千三百九十三。

上生隨期。　歸嘉爲宮，未卯商，隨期徵。

六日。　律，五寸七分小分六微強。　準，五尺七寸萬一千九百九十九。

否與，十一萬一千八百六十七。

上生形晉。　否與爲宮，夷汙商，形晉徵。

五日。　律，五寸六分小分八強。　準，五尺六寸萬六千四百二十二。

夷則，十一萬五百九十二。

上生夾鍾。　夷則爲宮，無射商，夾鍾徵。

八日。　律，五寸六分小分二弱。　準，五尺六寸三千六百七十二。

解形，十（一）萬九千一百三。

上生開時。　解形爲宮，閉掩商，開時徵。

八日。　律，五寸五分小分四強。　準，五尺五寸八千四百六十五。

去南，十萬七千六百三十五。

上生族嘉。　去南爲宮，鄰齊商，族嘉徵。

八日。　律，五寸四分小分六大強。　準，五尺四寸萬三千四百六十八。

分積，十萬六千一百八十（八）〔七〕。

上生爭南。　分積爲宮，期保商，爭南徵。

七日。　律，五寸三分小分九半強。　準，五尺三寸萬八千六百（八）〔七〕十一。

南呂，十萬四千九百七十六。

上生姑洗。　南呂爲宮，應鍾商，姑洗徵。

一日。　律，五寸三分小分三強。　準，五尺三寸六千五百六十一。

白呂，十萬四千七百五十六。

上生南授。　白呂爲宮，分烏商，南授徵。

五日。　律，五寸三分小分二強。　準，五尺三寸四千三百（七）〔六〕十一。

結躬，十萬三千五百六十三。

上生變虞。　結躬爲宮，遲內商，變虞徵。

六日。　律，五寸二分小分六（少）強。　準，五尺二寸萬二千一百一十四。

歸期，十萬二千一百六十九。

上生路時。　歸期爲宮，未育商，路時徵。

六日。　律，五寸一分小分九微強。　準，五尺一寸萬七千八百五十七。

未卯，十萬七百九十四。

上生形始。　未卯爲宮，遲時商，形始徵。

六日。　律，五寸一分小分二微強。　準，五尺一寸四千（八十）〔一百〕七。

夷汙，九萬九千四百三十七。

上生依行。　夷汙爲宮，色育商，依行徵。

七日。　律，五寸小分五強。　準，五尺萬二百二十。

無射，九萬八千三百四。
上生中呂。無射爲宮，執始商，中呂徵。
八日。律，四寸九分小分九強。準，四尺九寸萬八千五百七十三。
閉掩，九萬六千九百八十。
上生南中。閉掩爲宮，丙盛商，南中徵。
八日。律，四寸九分小分三弱。準，四尺九寸五千三百三十三。
鄰齊，九萬五千六百七十五。
上生內負，鄰齊爲宮，分動商，內負徵。
七日。律，四寸八分小分六微強。準，四尺八寸萬一千九百六十六。
期保，九萬四千三百八十八。
上生物應。期保爲宮，質末商，物應徵。
八日。律，四寸七分小分九（微）〔半〕強。準，四尺七寸萬八千七百七十九。
應鍾，九萬三千三百一十二。
上生蕤賓。應鍾爲宮，大呂商，蕤賓徵。
一日。律，四寸七分小分四微強。準，四尺七寸八千十九。

分烏，九萬三千一百一十（七）〔六〕。
上生南事。分烏窮次，無徵，不爲宮。
七日。律，四寸七分小分三微強。準，四尺七寸六千五十九。
遲內，九萬二千五十六。
上生盛變。遲內爲宮，分否商，盛變徵。
八日。律，四寸六分小分八弱。準，四尺六寸萬五千一百四十二。
未育，九萬八百一十七。
上生離宮。未育爲宮，凌陰商，離宮徵。
八日。律，四寸六分小分一少強。準，四尺六寸二千七百五十二。
遲時，八萬九千五百九十五。
上生制時。遲時爲宮，少出商，制時徵。
六日。律，四寸五分小分五強。準，四尺五寸萬二百一十五。

截管爲律，吹以考聲，列以物氣，道之本也。〔一〕術家以其聲微而體難知，其分數不明，故作準以代之。準之聲，明暢易達，分寸又粗。然弦以緩急清濁，非管無以正也。均其中弦，令與黃鍾相得，案畫以求諸律，無不如數而應者矣。

〔一〕前書注曰：「章帝時，零陵文學奚景於泠道縣舜祠下得白玉琯。古以玉爲琯。」

音聲精微，綜之者解。元和元年，待詔候鍾律殷肜上言：「官無曉六十律以準調音者。故待詔嚴崇具以準法教子男宣，宣通習。願召宣補學官，主調樂器。」詔曰：「崇子學審曉律，別其族，協其聲者，審試。不得依託父學，以聾爲聰。聲微妙，獨非莫知，獨是莫曉。以律錯吹，能知命十二律不失一，方爲能傳崇學耳。」太史丞弘試十二律，其二中，其四不中，其六不知何律，宣遂罷。自此律家莫能爲準施弦，候部莫知復見。〔一〕熹平六年，東觀召典律者太子舍人張光等問準意。光等不知，歸閱舊藏，乃得其器，形制如房書，猶不能定其弦緩急，音不可書以（時）〔曉〕人，知之者欲教而無從，心達者體知而無師，故史官能辨清濁者遂絕。其可以相傳者，唯大推常數及候氣而已。

〔一〕蔡邕書曰，上以太常樂丞鮑鄴等上樂事，下車騎將軍馬防。防奏言：「建初二年七月，鄴上言：『王者飲食，必道須四時五味，故有食舉之樂，所以順天地，養神明，求福應也。移風易俗，莫善於樂。樂者天地之和，不可久廢。今官樂但有太蔟，皆不應（日）〔月〕律。可作十二月均，各應其月氣，乃能順天地，和氣宜應。明帝始令靈臺六律候，而未設其門。樂經曰十二月行之，所以宣氣豐物也。月開斗建之門，而奏歌其律。誠宜施行。願與待詔嚴崇及能作樂器者共作治，考工給所當。』詔下太常。太常上言：『作樂器直錢百四十六萬，請太僕作成上。』奏寢。今明詔下臣防，臣輒問鄴及待詔知音律者，皆言聖人作樂，所以宣氣致和，順陰陽也。臣愚以爲可順上天之明

（待）〔時〕，因歲首令正，發太蔟之律，奏雅頌之音，以立太平，以迎和氣。其條貫甚備。」詔書以防言下三公。

夫五音生於陰陽，分爲十二律，轉生六十，皆所以紀斗氣，效物類也。天效以景，地效以響，即律也。陰陽和則景至，律氣應則灰除。是故天子常以日冬夏至御前殿，合八能之士，陳八音，聽樂均，度晷景，候鍾律，權土（灰）〔炭〕，（放）〔效〕陰陽。冬至陽氣應，則樂均清，景長極，黃鍾通，土（灰）〔炭〕輕而衡仰。夏至陰氣應，則樂均濁，景短極，蕤賓通，土（灰）〔炭〕重而衡低。〔一〕進退於先後五日之中，八能各以候狀聞，太史封上。效則和，否則占。〔二〕候氣之法，爲室三重，戶閉，塗釁必周，密布緹縵。室中以木爲案，每律各一，內庳外高，從其方位，加律其上，以葭莩灰抑其內端，〔三〕案曆而候之。氣至者灰（去）〔動〕。其爲氣所動者其灰散，人及風所動者其灰聚。殿中候，用玉律十二。惟二至乃候靈臺，用竹律六十。候日如其曆。〔四〕

〔一〕淮南子曰：「水勝故夏至濕，火勝故冬至燥。燥故（灰）〔炭〕輕，濕故（灰）〔炭〕重。」

〔二〕易緯曰：「冬至人主不出宮，寢兵，從樂五日，擊黃鍾之磬。公卿大夫列士之意得，則陰陽之晷如度數。夏至之日，如冬至之禮。冬至之日，樹八尺之表，日中視其晷。晷如度者其歲美，人民和順。晷不如度者則歲惡，人民多譌言，政令爲之不平。晷進則水，晷退則旱。進一尺則日食，退一尺則月食。月食則正臣下之行，日食則正人主之道。」

〔三〕葭莩出河內。

〔四〕月令章句曰：「古之爲鍾律者，以耳齊其聲。後不能，則假數以正其度，度數正則音亦正矣。鍾以斤兩尺寸中所

容受升斗之數爲法，律亦以寸分長短爲度。故曰黃鍾之管長九寸，〔孔〕徑三分，圍九分，其餘皆（稍）〔漸〕短，（雖）〔惟〕大小圍數無增減。以度量者可以文載口傳，與衆共知，然不如耳決之明也。」

校勘記

二九九九頁一〇行　作子丑以名（日）〔月〕　集解引盧文弨說，謂「日」當爲「月」。案子丑等亦謂十二辰，則當繫於月明矣。後人因下有枝幹相配，以成六旬，遂改爲「日」，泥甚。今據改。

二九九九頁一三行　以粟生之（十）〔一〕粟爲一分　集解引盧文弨說，謂「以粟」說苑作「以黍」，無「十粟」二字。按：校補謂「十」當作「一」，粟猶黍也。雖說苑亦無「一黍」二字，然不別出數，即是就一黍言。前書律曆志云「一黍之廣，度之九十分，黃鍾之長。一爲一分」。夫黃鍾長九寸，一黍之廣當之長九十分之一，亦即是一黍爲一分，故知此一粟爲一分矣。今據校補說改。

三〇〇〇頁二行　十粟重一圭十圭重一銖　按：集解引盧文弨說，謂說苑「十粟」作「十六黍」，「十圭」作「六圭」。

三〇〇〇頁四行　廣於萬　按：集解引盧文弨說，謂前志「廣」作「衍」。

三〇〇〇頁六行　郎中京房（房字君明）知五聲之音六律之數　「房字君明」四字據集解引盧文弨說刪，盧說見下。又集解引盧文弨說，謂「五聲之音，六律之數」通典作「五音六十律之數」。王先謙謂晉、宋志並作「五音六十律」，此文譌也。今按：「六律」一詞於此泛用作律呂解亦可通，今不改。

三〇〇〇頁七行　上使太子太傅（韋）玄成（字少翁）　按：集解引盧文弨說，謂甄鸞五經算術無「韋」字，與下王章亦不書姓名。下「字少翁」三字亦無。蓋閱者偶作旁記，而誤寫入正文，與上「房字君明」並當刪去，不可以史記有「解揚字子虎」相比例。今據刪。

三〇〇〇頁一二行　故各（終）〔統〕一日　按：集解引惠棟說，謂「終」禮記正義引作「統」，北史牛宏傳同。又引盧文弨說，謂算術亦作「統」。今據改。

三〇〇〇頁一五行　苟非（草）〔革〕木之聲　集解引盧文弨說，謂「草」當依算術作「革」。今據改。按：王先謙謂晉志作「草」。

三〇〇一頁六行　以（制）〔律〕長短爲制　據汲本改。

三〇〇一頁一四行　上生不得過黃鍾之（清）濁下生不得及黃鍾之（數實）〔清〕　集解引盧文弨說，謂「淸」字衍。「之數實」當作「之淸」，依算術改正。今據改。盧又謂「及」上脫「不」字。今按：上生不得過黃鍾之濁者，意卽所生之音不得低於黃鍾本律，下生不得及黃鍾之淸者，意卽所生之音不得高於或等於黃鍾半律，「過」與「及」字異而義同，非有脫字也。今不改。

三〇〇一頁一六行　而生十一律者也　「十一」汲本、殿本作「十二」。集解引盧文弨說，謂通鑑注引「十二」作「十一」。今按：作「十二」者譌，參閱下條校記自明。

三〇〇一頁一六行　是故十二律之得十七萬七千一百四十七　按：「十二律之」語意不明，疑有脫譌。依文當作「十一三之」，蓋以三自乘十一次，所得之數爲十七萬七千一百四十七也。

三〇〇二頁二行　（數）〔得〕萬九千六百八十三爲法　據集解引盧文弨說改。

三〇〇二頁二行　〔於〕律爲寸　集解引盧文弨說，謂「律」上脫「於」字，算術有。今據補。

三〇〇二頁四行　以爲黃鍾之管　按：集解引盧文弨說，謂前志「管」作「宮」。

三〇〇二頁五行　比黃鍾之音　按：集解引盧文弨說，謂前志「音」作「宮」。

三〇〇二頁一一行　故滋萌於子　按：王先謙謂前志「滋」作「孳」。

三〇〇二頁一二行　振羨於辰　前志「羨」作「美」。按：王念孫謂「美」當爲「羨」，字之譌也。

三〇〇二頁一二行　昧曖於未　按：王先謙謂前志「曖」作「薆」。

三〇〇二頁一三行　大成於丁　按：集解引盧文弨說，謂前志「成」作「盛」。

三〇〇二頁一三行　豐茂於戊　按：王先謙謂前志「茂」作「楙」。

三〇〇二頁一三行　而變化之情則可見矣　按：王先謙謂前志無「則」字

三〇〇三頁一行　色育　集解引盧文弨說，謂「色」隋志及律呂新書俱作「包」，當是也。算術、禮記正義並作「色」。

三〇〇三頁二行　下生謙待　按：隋志「謙待」作「謙侍」。下同。

三〇〇三頁六行　律八寸八分小分七大強　集解引惠棟說，謂「七大強」一作「八弱」。今按：禮記正義作「小分八弱」。又按：集解引盧文弨說，謂「大」當作「太」。

三〇〇三頁一〇行　分動　集解引惠棟說，謂「動」一作「勳」。今按：隋志作「勳」。下同。

三〇〇三頁一三行　質末　集解引盧文弨說，謂隋志、禮運正義「末」作「未」。按：殿本作「未」。下同。

三〇〇三頁一四行　形晉　按：隋志「形」作「刑」。下同。

三〇〇三頁一五行　小分二〔半〕強　集解引盧文弨說，謂算術「強」上有「半」字，是。今據補。

三〇〇四頁五行　下生解形　按：隋志「解形」作「解刑」。下同。

三〇〇四頁七行　凌陰　按：集解引盧文弨說，謂隋志、正義「凌」俱作「陵」。

三〇〇四頁八行　族嘉　按：隋志作「佚喜」。下同。

三〇〇五頁二行　下生未卯　按：隋志「未卯」作「未卬」。

三〇〇五頁一三行　十四萬九千一百五十（五）〔六〕　集解引盧文弨說，謂「五十五」算術作「五十六」，是。今據改。

三〇〇五頁一四行　下生夷汗　按：隋志「夷汗」作「夷汙」。下同。又按：「夷」原譌「無」，逕改正。

三〇〇五頁一五行　七尺五寸萬五千三百(二)〔三〕十五　按：各本並作「二十五」，今據算理改。

三〇〇六頁五行　下生閉掩　按：隋志「閉掩」作「閉奄」。下同。

三〇〇六頁六行　小分九徵(彊)〔強〕　按：集解引盧文弨說，謂算術作「徵強」，是。今據改。

三〇〇六頁八行　內負　按：隋志「負」作「貞」。下同。

三〇〇七頁一行　十三萬九千六百七十〔四〕　集解引錢大昕說，謂當作「七十四」，脫「四」字。又引盧文弨說，謂算術有「四」字。今據補。

三〇〇七頁二行　下生分烏　按：隋志「分烏」作「分焉」。下同。

三〇〇七頁一〇行　形始　按：隋志「形」作「刑」。

三〇〇七頁一五行　小分三(大)〔半〕強　集解引盧文弨說，謂算術作「半強」，是。今據改。

三〇〇八頁九行　小分八〔徵〕強　集解引盧文弨說，謂算術作「徵強」，是。今據補。

三〇〇九頁二行　(下)〔不〕生　集解引錢大昕說，謂十二律之變窮於南事，安得云下生乎？疑「下」爲「不」字之譌。又引盧文弨說，謂「下生」當作「不生」。今據改。

三〇〇九頁三行　六尺三寸一千五百(三)〔二〕十一　按：各本作「三十一」，今據算理改。

三〇〇九頁六行　小分三(大)〔半〕強　集解引盧文弨說，謂算術作「半強」，是。今據改。

三〇〇九頁七行　十二萬一千八(百)〔一〕十九　集解引錢大昕說，謂當云「一千八十九」。又引盧文弨說，

謂「百一」二字誤衍，算術無。今據刪。

三〇一〇頁九行　小分四〔徵〕弱　集解引盧文弨說，謂算術作「徵弱」，是。今據補。

三〇一一頁四行　十(一)萬九千一百三　集解引錢大昕說，謂當云「十萬」。又引盧文弨說，謂「十」下「一」字衍，算術無。今據刪。

三〇一一頁一〇行　十萬六千一百八十(八)〔七〕　集解引錢大昕說，謂當云「八十七」。又引盧文弨說，謂「八」譌，算術「七」。今據改。

三〇一一頁一三行　小分九半強　集解引盧文弨說，謂算術無「半」字，當作「少強」。今按：依算理當作「半弱」。

三〇一一頁一三行　五尺三寸萬八千六百(八)〔七〕十一　按：各本作「八十一」，今據算理改。

三〇一二頁三行　五尺三寸四千三百(七)〔六〕十一　按：各本作「七十一」，今據算理改。

三〇一二頁六行　小分六(少)強　集解引盧文弨說，謂算術作「徵強」，案止當作「強」。今據刪。

三〇一二頁一三行　五尺一寸四千(八十)〔一百〕七　按：各本作「四千八十七」，今據算理改。

三〇一三頁三行　小分九(徵)〔半〕強　集解引盧文弨說，謂算術作「半強」，是。今據改。

三〇一四頁一行　九萬三千一百一十(七)〔六〕　集解引錢大昕說，謂當作「一十六」。又引盧文弨說，謂算術作「六」。今據改。

三〇一四頁一三行　列以物氣　集解引惠棟說，謂晉志「物」作「效」。今按：作「效」似合。

三〇一四頁一四行　然弦以緩急清濁　集解引張文虎說，謂「弦以」之「以」疑當作「之」，或「緩急」下脫「爲」字。

三〇一五頁一行　泠道縣　按：「泠」原譌「冷」，逕改正。

三〇一五頁三行　故待詔嚴崇　按：晉、宋志「崇」並作「嵩」，魏志亦作「嵩」。集解引錢大昕說，謂古文崇嵩通，漢武帝改嵩高山爲「崇高」。

三〇一五頁五行　方爲能傳崇學耳　「方」原譌「力」，逕改正。按：晉、宋志並作「乃」。

三〇一五頁八行　音不可書以(時)〔曉〕人　王先謙謂晉志作「音不可書以曉」，宋志作「音不可以書曉」，蓋「書以」誤倒，明「時」字誤。按：王氏以「曉」字爲句，「人」字連下讀。今依晉志改「時」爲「曉」，而以「人」字屬上讀。

三〇一五頁一三行　皆不應(日)〔月〕律　據汲本、殿本改。

三〇一五頁一三行　乃能順天地　按：汲本、殿本「順」作「感」。

三〇一五頁一五行　可順上天之明(待)〔時〕　隋書音樂志下引「待」作「時」。今據改。

三〇一六頁二行　皆所以紀斗氣　按：「斗」字疑有誤，或當作「卦」。

三〇一六頁四行　權土(灰)〔炭〕　集解引惠棟說，謂晉灼引蔡邕律曆記作「土炭」，漢書律曆志亦云「懸土

炭」。今據改，下同。

三〇一六頁四行　(放)〔效〕陰陽　集解引惠棟說，謂「放」一作「效」，晉志作「效」。今據改。

三〇一六頁八行　氣至者灰(去)〔動〕　集解引錢大昭說，謂閩本作「動」。王先謙謂殿本作「動」，晉志作「去」。今按：下云「其爲氣所動者其灰散」，則作「去」者非，今據改。

三〇一七頁一行　〔孔〕徑三分　據御覽十六補。

三〇一七頁一行　其餘皆(補)〔漸〕短　集解引惠棟說，謂李氏本「補」作「漸」。今據改。按：御覽十六「補」作「稍」。

三〇一七頁一行　(雖)〔惟〕大小圍數無增減　集解引惠棟說，謂李氏本「雖」作「惟」。今據改。按：御覽十六作「唯」。

後漢書志第二

律曆中

賈逵論曆　永元論曆　延光論曆　漢安論曆　熹平論曆　論月食

自太初元年始用三統曆，施行百有餘年，曆稍後天，朔先〔於〕曆，朔或在晦，月〔或朔〕見。考其行，日有退無進，月有進無退。建武八年中，太僕朱浮、太中大夫許淑等數上書，言曆〔朔〕不正，宜當改更。時分度覺差尚微，上以天下初定，未遑考正。至永平五年，官曆署七月十六日〔月〕食。待詔楊岑見時月食多先曆，即縮用筭上爲日，〔因〕上言「月當十五日食，官曆不中」。詔書令岑普〔候〕，與官〔曆〕課。起七月，盡十一月，弦望凡五，官曆皆失，岑皆中。庚寅，詔〔書〕令岑署弦望月食官，復令待詔張盛、景防、鮑鄴等以四分法與岑課。歲餘，盛等所中多岑六事。十二年十一月丙子，詔書令盛、防代岑署弦望月食加時。四分之術，始頗施行。是時盛、防等未能分明曆元，綜校分度，故但用其弦望而已。

先是，九年，太史待詔董萌上言曆不正，事下三公、太常知曆者雜議，訖十年四月，無能

分明據者。至元和二年，太初失天益遠，日、月宿度相覺浸多，而候者皆知冬至之日日在斗二十一度，未至牽牛五度，而以爲牽牛中星，(從)〔後〕天四分日之三，晦朔弦望差天一日，宿差五度。章帝知其謬錯，以問史官，雖知不合，而不能易，故召治曆編訢、李梵等綜校其狀。〔一〕二月甲寅，遂下詔曰：「朕聞古先聖王，先天而天不違，後天而奉天時。河圖曰：『赤九會昌，十世以光，十一以興。』又曰：『九名之世，帝行德，封刻政。』朕以不德，奉承大業，夙夜祗畏，不敢荒寧。予末小子，託在於數終，曷以續興，崇弘祖宗，拯濟元元？尚書琁璣鈐曰：『述堯世，放唐文。』帝命驗曰：『〔順〕堯考德，(顧)〔題〕期立象。』且三、五步驟，優劣殊軌，況乎頑陋，無以克堪，雖欲從之，末由也已。每見圖書，中心恧焉。閒者以來，政治不得，陰陽不和，災異不息，癘疫之氣，流傷於牛，農本不播。夫庶徵休咎，五事之應，咸在朕躬，信有闕矣，將何以補之？書曰：『惟先假王正厥事。』又曰：『歲二月，東巡狩，至岱宗，柴，望秩于山川。遂覲東后，叶時月正日。』祖堯岱宗，同律度量，考在璣衡，以正曆象，庶乎有益。春秋保乾圖曰：『三百年斗曆改憲。』史官用太初鄧平術，有餘分一，在三百年之域，行度轉差，浸以謬錯。琁璣不正，文象不稽。冬至之日日在斗二十(二)〔一〕度，而曆以爲牽牛中星。先立春一日，則四分數之立春日也。以折獄斷大刑，於氣已迕；用望平和隨時之義，蓋亦遠矣。今改行四分，以遵於堯，以順孔聖奉天之文。冀百君子越有民，同心敬授，〔儻〕

獲咸(喜)〔熙〕，以明予祖之遺功。」於是四分施行。而訢、梵猶以爲元首十一月當先大，欲以合耦弦望，命有常日，而十九歲不得七閏，晦朔失實。行之未期，章帝復發聖思，考之經讖，使左中郎將賈逵問治曆者衞承、李崇、太尉屬梁鮪、司徒〔掾〕嚴勗、太子舍人徐震、鉅鹿公乘蘇統及訢、梵等十人。以爲月當先小，據春秋經書朔不書晦者，朔必有明晦，不朔必在其月也。即先大，則一月再朔，後月無朔，是明不可必。梵等以爲當先大，無文正驗，取欲諧耦十六日〔望〕，月朓昏，晦當滅而已。又晦與合同時，不得異日。又上知訢、梵穴見，勑毋拘曆已班，天元始起之月(常)〔當〕小。定，後年曆數遂正。永元中，復令史官以九道法候弦望，驗無有差跌。逵論集狀，後之議者，用得折衷，故詳錄焉。

〔一〕蔡邕議云：「梵，清河人。」

逵論曰：「太初曆冬至日在牽牛初者，牽牛中星也。古黃帝、夏、殷、周、魯冬至日在建星，建星即今斗星也。太初曆斗二十六度三百八十五分，牽牛八度。案行事史官注，冬、夏至日常不及太初曆五度，冬至日在斗(一)〔二〕十一度四分度之一。石氏星經曰：『黃道規牽牛初直斗二十度，去極二十五度。』於赤道，斗二十一度也。四分法與行事候注天度相應。尚書考靈曜『斗二十二度，無餘分，冬至在牽牛所起』。又編訢等據今日所在〔未至〕牽牛中星五度，於斗二十一度四分一，與考靈曜相近，即以明事。元和二年八月，詔書曰『石不可

離』，令兩候，上得筭多者。太史令玄等候元和二年至永元元年，五歲中課日行及冬(夏)至斗(一)〔二〕十一度四分一，合古曆建星考靈曜日所起，其星閒距度皆如石氏故事。他術以爲冬至日在牽牛初者，自此遂黜也。」

逵論曰：「以太初曆考漢元盡太初元年日(朔)〔食〕二十三事，其十七得朔，四得晦，二得二日；新曆七得朔，十四得晦，二得(三)〔二〕日。以太初曆考太初元年盡更始二年二十四事，十得晦；以新曆十六得朔，七得二日，一得晦。以太初曆考建武元年盡永元元年二十三事，五得朔，十八得晦；以新曆十七得朔，三得晦，三得二日。又以新曆上考春秋中有日朔者二十四事，失不中者二十三事。天道參差不齊，必有餘，餘又有長短，不可以等齊。治曆者方以七十六歲斷之，則餘分(稍)〔消〕長，稍得一日。故易金火相革之卦象曰：『君子以治曆明時。』又曰：『湯、武革命，順乎天應乎人。』言聖人必曆象日月星辰，明數不可貫數千萬歲，其閒必改更，先距求度數，取合日月星辰所在而已。故求度數，取合日月星辰，有異世之術。太初曆不能下通於今，新曆不能上得漢元。一家曆法必在三百年之閒。故讖文曰『三百年斗曆改憲』。漢興，當用太初而不改，下至太初元年百二歲乃改。故其前有先晦一日合朔，下至成、哀，以二日爲朔，故合朔多在晦，此其明效也。」

逵論曰：「臣前上傅安等用黃道度日月弦望多近。史官一以赤道度之，不與日月同，於

今曆弦望至差一日以上，輒奏以爲變，至以爲日却縮退行。於黃道，自得行度，不爲變。願請太史官日月宿簿及星度課，與待詔星象考校。奏可。臣謹案：前對言冬至日去極一百一十五度，夏至日去極六十七度，春秋分日去極九十一度。洪範『日月之行，則有冬夏』。五紀論『日月循黃道，南至牽牛，北至東井，率日日行一度，月行十三度十九分度七』也。今史官一以赤道爲度，不與日月行同，其斗、牽牛、（東井）、輿鬼，赤道得十五，而黃道得十三度半；行東壁、奎、婁、軫、角、亢，赤道（十）〔七〕度，黃道八度；或月行多而日月相去反少，謂之日却。案黃道值牽牛，出赤道南二十五度，其直東井、輿鬼，出赤道北〔二十〕五度。赤道者爲中天，去極俱九十度，非日月道，而以遙準度日月，失其實行故也。以今太史官候注考元和二年九月已來月行牽牛、東井四十九事，無行十一度者；行婁、角三十七事，無行十五六度者，如安言。問典星待詔姚崇、井畢等十二人，皆曰『星圖有規法，日月實從黃道，官無其器，不知施行』。案甘露二年大司農中丞耿壽昌奏，以圖儀度日月行，考驗天運狀，日月行至牽牛、東井，日過〔一〕度，月行十五度，至婁、角，日行一度，月行十三度，赤道使然，此前世所共知也。如言黃道有驗，合天，日無前却，弦望不差一日，比用赤道密近，宜施用。上中多臣校。」案逵論，永元四年也。至十五年七月甲辰，詔書造太史黃道銅儀，以角爲十三度，亢十，氐十六，房五，心五，尾十八，箕十，斗二十四四分度之一，牽

牛七，須女十一，虛十，危十六，營室十八，東壁十，奎十七，婁十二，胃十五，昴十二，畢十六，觜三，參八，東井三十，輿鬼四，柳十四，星七，張十七，翼十九，軫十八，凡三百六十五度四分度之一。冬至日在斗十九度四分度之一。史官以（郭）〔部〕日月行，參弦望，雖密近而不爲注日。儀，黃道與度轉運，難以候，是以少循其事。

逵論曰：「又今史官推合朔、弦、望、月食加時，率多不中，在於不知月行遲疾意。永平中，詔書令故太史待詔張隆以四分法署弦、望、月食加時。隆言能用易九、六、七、八（支）〔爻〕知月行多少。今案隆所署多失。臣使隆逆推前手所署，不應，或異日，不中天乃益遠，至十餘度。梵、統以史官候注考校，月行當有遲疾，不必在牽牛、東井、婁、角之閒，又非所謂朓、側匿，乃由月所行道有遠近出入所生，率一月移故所疾處三度，九歲九道一復，凡九章，百七十一歲，復十一月合朔旦冬至，合春秋、三統九道終數，可以知合朔、弦、望、月食加時。據官注天度爲分率，以其術法上考建武以來月食凡三十八事，差密近，有益，（宣）〔宜〕課試上。」

案史官舊有九道術，廢而不修。熹平中，故治曆郎梁國宗整上九道術，詔書下太史，以參舊術，相應。部太子舍人馮恂課校，恂亦復作九道術，增損其分，與整術並校，差爲近。太史令颺上以恂術參弦、望。然而加時猶復先後天，遠則十餘度。〔一〕

〔一〕杜預長曆曰：「書稱『朞三百六旬有六日，以閏月定四時成歲，允釐百工，庶績咸熙』。是以天子必置日官，諸侯必置日御，世修其業，以考其術。舉全數而言，故曰六日，其實五日四分之一。日日行一度，而月日行十三度十九分度之〔七〕有畸。日官當會集此之遲疾，以考成晦朔，錯綜以設閏月。閏月無中氣，而北斗邪指兩辰之閒，所以異於他月也。積此以相通，四時八節無違，乃得成歲。其微密至矣。得其精微，以合天道，事敍而不悖。故傳曰：『閏以正時，時以作事，事以厚生，生民之道，於是乎在。』然陰陽之運，隨動而差，差而不已，遂與曆錯。故仲尼、丘明每於朔閏發文，蓋矯正得失，因以宣明曆數也。桓十七年，日食得朔，而史闕其日，單書朔。僖十五年，日食〔亦得朔〕，而史闕朔與日。故傳因其得失，並起時史之謬，兼以明其餘日食，或曆失其正也。莊二十五年，經書『六月辛未朔，日有食之，鼓用牲于社』。周之六月，夏之四月，所謂正陽之月也。而時曆誤，實是七月之朔，非六月。故傳云：『非常也。唯正月之朔，慝未作，日有食之，於是乎有用幣于社，伐鼓于朝。』（明）此（食）非用幣伐鼓常月，因變而起，曆誤也。文十五年經文皆同，而更復發，傳曰『非禮』。明前傳欲以審正陽之月，後傳發例，欲以明諸侯之禮也。此乃聖賢之微旨，〔而〕先儒所未喻也。昭十七年夏六月，日有食之，而平子言非正陽之月，以誣一朝，近於指鹿爲馬。故傳曰『不君君』，且因以明此月爲得天正也。劉子駿造三統曆，以修春秋。春秋日食有甲乙者三十四，而三統曆唯〔得〕一食，曆術比諸家既最疏。又六千餘歲輒益一日。凡歲當累日爲次，而無故益之，此不可行之甚者。班固前代名儒，而謂之最密。非徒班固也，自古以來，諸論春秋者，多述謬誤，或造家術，或用黃帝以來諸曆，以推經傳朔日，皆不（得）諧合。日食於朔，此乃天驗，經傳又書其朔食，可謂得天，而劉、賈諸儒說，皆以爲月二日或三日，公違聖人明文。其蔽在於守一元，不與天消息也。余感春秋之事，嘗著曆論，極言曆之通理。其大指曰：天行不息，日月星辰，各運其舍，皆動物也。物動則不一，雖行度大量，可得而限。累日爲月，〔累月爲歲〕，以新故相序，不得不有毫毛之差，此自然〔之〕理也。故春秋日有頻月而食者，〔有〕

曠年不食者，理不得一，而算守（從）〔恆〕數，故曆無不有差失也。始失於毫毛，而尚未可覺，積而成多，以失弦望朔晦，則不得不改憲以從之。書所謂『欽若昊天，曆象日月星辰』，易所謂『治曆明時』，言當順天以求合，非爲合以驗天（者）也。推此論之，春秋二百餘年，其治曆變通多矣。雖數術絕滅，還尋經傳微旨，大量可知。時之違謬，則經傳有驗。學者固當曲循經傳月日日食，以考朔晦（也），以推時驗。而〔見〕皆不然，各據其學以推春秋。此無異度己之跡，而欲削他人之足也。余爲曆論之後，至咸寧中，善算李修、夏顯，依論體爲術，名乾度曆，表上朝廷。其術合日行四分之數，而微增月行。用三百歲改憲之意，二元相推，七十餘歲，承以強弱，強弱之差蓋少，而適足以遠通盈縮。時尚書及史官以乾度與（太）〔泰〕始曆參校古今記注，乾度曆殊勝〔泰始曆，上勝官曆四十五事〕，今〔其〕術具存。時又并考古今十曆，以驗春秋，知三統曆之最疏也。今具列其（時）得失之數，又據經傳微旨（證據及失閏旨），考日辰朔晦，以相發明，爲經傳長曆。諸經傳證據，及失閏〔違〕時，文字謬誤，皆甄發之。雖未必其得天，蓋〔是〕春秋當時之曆也。學者覽焉。」

永元十四年，待詔太史霍融上言：「官漏刻率九日增減一刻，不與天相應，或時差至二刻半，不如夏曆密。」詔書下太常，令史官與融以儀校天，課度遠近。太史令舒、承、梵等對：「案官所施漏法令甲第六常符漏品，孝宣皇帝三年十二月乙酉下，建武十年二月壬午詔書施行。漏刻以日長短爲數，率日南北二度四分而增減一刻。一氣俱十五日，日去極各有多少。今官漏率九日移一刻，不隨日進退。夏曆漏〔刻〕隨日南北爲長短，密近於官漏，分明

可施行。」其年十一月甲寅，詔曰：「告司徒、司空：漏所以節時分，定昏明。昏明長短，起於日去極遠近，日道周〔圜〕，不可以計率分，當據儀度，下參晷景。今官漏以計率分昏明，九日增減一刻，違失其實，至為疏數以耦法。太史待詔霍融上言，不與天相應。太常史官運儀下水，官漏失天者至三刻。以晷景為刻，少所違失，密近有驗。今下晷景漏刻四十八箭，立成斧官府當用者，計吏到，班予四十八箭。」文多，故魁取二十四氣日所在，并黃道去極、晷景、漏刻、昏明中星刻于下。

昔太初曆之興也，發謀於元封，啓定於（天）〔元〕鳳，積（百）三十年，是非乃審。及用四分，亦於建武，施於元和，訖於永元，七十餘年，然后儀式備立，司候有準。天事幽微，若此其難也。中興以來，圖讖漏泄，而考靈曜、命曆序皆有甲寅元。其所起在四分庚申元後百一十四歲，朔差却二日。學士修之於草澤，信向以為得正。及太初曆以後（大）〔天〕為疾，而修之者云「百四十四歲而太歲超一（表）〔辰〕，百七十一歲當棄朔餘六十三，中餘千一百九十七，乃可常行」。自太初元年至永平十一年，百七十一，當去分而不去，故令益有疏闊。此二家常挾其術，庶幾施行，每有訟者，百寮會議，羣儒騁思，論之有方，益於多聞識之，故詳錄焉。

安帝延光二年，中謁者亶誦言當用甲寅元，河南梁豐言當復用太初。尚書郎張衡、周興皆能曆，數難誦、豐，或不對，或言失誤。衡、興參案儀注（者），考往校今，以為九道法最密。詔書下公卿詳議。太尉愷等上侍中施延等議：「太初過天，日一度，弦望失正，月以晦見西方，食不與天相應；元和改從四分，四分雖密於太初，復不正，皆不可用。甲寅元與天相應，合圖讖，可施行。」博士黃廣、大行令任僉議，如九道。河南尹祉、太子舍人李泓等四十人議：「即用甲寅元，當除元命苞天地開闢獲麟中百一十四歲，推閏月六直其日，或朔、晦、弦、望，二十四氣宿度不相應者非一。用九道為朔，月有比三大二小，皆疏遠。元和變曆，以應保乾圖『三百歲斗曆改憲』之文。四分曆本起圖讖，最得其正，不宜易。」愷等八十四人議，宜從太初。尚書令忠上奏：「諸從太初者，皆無他效驗，徒以世宗攘夷廓境，享國久長為辭。或云孝章改四分，災異卒甚，未有善應。臣伏惟聖王興起，各異正朔，以通三統。漢祖受命，因秦之紀，十月為年首，閏常在歲後。不稽先代，違於帝典。太宗遵修，三階以平，黃龍以至，刑犴以錯，五是以備。〔一〕哀平之際，同承太初，而妖孽累仍，痾禍非一。議者不以成數相參，考眞求實，而汎采妄說，歸福太初，致咎四分。太初曆衆賢所立，是非已定，永平不審，復革其弦望。四分有謬，不可施行。元和鳳鳥不當應曆而翔集。遠嘉前造，則（襃）〔表〕其休；近譏後改，則隱其福。漏見曲論，未可為是。臣輒復重難衡、興，以為

五紀論推步行度，當時比諸術為近，然猶未稽於古。及向子歆欲以合春秋，橫斷年數，損夏益周，考之表紀，差謬數百。兩曆相課，六千一百五十六歲，而太初多一日。冬至日直斗，而云在牽牛。迂闊不可復用，昭然如此。史官所共見，非獨衡、興。前以為九道密近，今議者以為有闕，及甲寅元復多違失，皆未可取正。昔仲尼順假馬之名，以崇君之義。況天之曆數，不可任疑從虛，以非易是。」上納其言，遂〔寑〕改曆事。

〔一〕洪範：「庶徵，曰雨，曰暘，曰燠，曰寒，曰風。五者來備，各以其敘。」

順帝漢安二年，尚書侍郎邊韶上言：「世微於數虧，道盛於得常。數虧則物衰，得常則國昌。孝武皇帝攄發聖思，因元封七年十一月甲子朔旦冬至，乃詔太史令司馬遷、治曆鄧平等更建太初，改元易朔，行夏之正，乾鑿度八十〔一〕分之四十三為日法。設清臺之候，驗六異，課效觕密，太初為最。其後劉歆研機極深，驗之春秋，參以易道，以河圖帝覽嬉、雒書（甄）〔乾〕曜度推廣九道，百七十一歲進退六十三分，百四十四歲一超次，與天相應，少有闕謬。從太初至永平十一年，百七十〔一〕歲，進退餘分六十三，治曆者不知處之。推得十二度弦望不效，挾廢術者得竄其說。至（永）〔元〕和二年，小終之數寖過，餘分稍增，月不用晦朔而先見。孝章皇帝以保乾圖『三百年斗曆改憲』，就用四分。以太白復樞甲子為癸亥，引天從筭，耦之目前。更以庚申為元，既無明文；託之於獲麟之歲，又不與感精符單閼之歲

同。史官相代，因成習疑，少能鉤深致遠；案弦望足以知之。」詔書下三公、百官雜議。太史令虞恭、治曆宗訢等議：「建曆之本，必先立元，元正然後定日法，法定然後度周天以定分至。三者有程，則曆可成也。四分曆仲紀之元，起於孝文皇帝後元三年，歲在庚辰。上四十五歲，歲在乙未，則漢興元年也。又上二百七十五歲，歲在庚申，則孔子獲麟。二百七十六萬歲，尋之上行，復得庚申。歲歲相承，從下尋上，其執不誤。此四分曆元明文圖讖所著也。太初元年歲在丁丑，上極其元，當在庚戌，而曰丙子，言百四十四歲超一辰，凡九百九十三超，歲有空行八十二周有奇，乃得丙子。案歲所超，於天元十一月甲子朔旦冬至，日月俱超。日行一度，積三百六十五度四分度一而周天一帀，名曰歲。歲從一辰，日不得空周天，則歲無由超辰。案百七十〔一〕歲二蔀一章，小餘六十三，自然之數也。夫數出於杪曶，以成毫氂，毫氂積累，以成分寸。兩儀既定，日月始離。初行生分，積分成度。日行一度，一歲而周，故為術者，各生度法，或以九百四十，或以八十一。法有細觕，以生兩科，其歸一也。日法者，日之所行分也。日垂令明，行有常節，日法所該，通遠無已，損益毫氂，差以千里。自此言之，數無緣得有虧棄之意也。今欲飾平之失，斷法垂分，恐傷大道。以步日月行度，終數不同，四章更不得朔餘一。雖言九道去課進退，恐不足以補其闕。且課曆之法，晦朔變弦，以月食天驗，昭著莫大焉。今以去六十三分之法為曆，驗章和元年以來日變二

十事，〔二〕月食二十八事，與四分曆更失，定課相除，四分尚得多，而又便近。孝章皇帝曆度審正，圖儀晷漏，與天相應，不可復尚。文曜鉤曰：『高辛受命，重黎說文。唐堯即位，羲和立(禪)〔渾〕。夏后制德，昆吾列神。成周改號，萇弘分官。』運斗樞曰：『常占有經，世史所明。』洪範五紀論曰：『民閒亦有黃帝諸曆，不如史官記之明也。』自古及今，聖帝明王，莫不取言於羲和、常占之官，定精微於晷儀，正衆疑，祕藏中書，改行四分之原。及光武皇帝數下詔書，草創其端，孝明皇帝課校其實，孝章皇帝宣行其法。君更三聖，年歷數十，信而徵之，舉而行之。其元則上統開闢，其數則復古四分。宜如甲寅詔書故事。」奏可。

〔一〕案五行志，章和元年訖漢安二年日變二十三事，古今注又長一。

靈帝熹平四年，五官郎中馮光、沛相上計掾陳晃言：「曆元不正，故妖民叛寇益州，盜賊相續爲〔害〕。曆(當)用甲寅爲元而用庚申，圖緯無以庚〔申〕爲元者。近秦所用代周之元。太史治曆郎中郭香、劉固意造妄說，乞(與)本庚申元經緯(有)明〔文〕，受虛欺重誅。」乙卯，詔書下三府，與儒林明道者詳議，務得道眞。以羣臣會司徒府議。〔一〕

〔一〕蔡邕集載：「三月九日，百官會府公殿下，東面，校尉南面，侍中、郎將、大夫、千石、六百石重行北面，議郎、博士西面。戶曹令史當坐中而讀詔書，公議。蔡邕前坐侍中西北，近公卿，與光、晃相難問是非焉。」

議郎蔡邕議，以爲：

曆數精微，去聖久遠，得失更迭，術(術)無常是。〔漢興〕(以)承秦，曆用顓頊，元用乙卯。〔一〕百有二歲，孝武皇帝始改正朔，曆用太初，元用丁丑，行之百八十九歲。孝章皇帝改從四分，元用庚申。今光、晃各以庚申爲非，甲寅爲是。案曆法，黃帝、顓頊、夏、殷、周、魯，凡六家，各自有元。光、晃所據，則殷曆元也。他元雖不明於圖讖，各〔自一〕家(之)〔之〕術，皆當有效於(其)當時。(黃)〔武〕帝始用太初丁丑之元，(有)六家紛錯，爭訟是非。太史令張壽王挾甲寅元以非漢曆，雜候清臺，課在下第，卒以疏闊，連見劾奏，太初效驗，無所漏失。是則雖非圖讖之元，而有效於前者也。及用四分以來，考之行度，密於太初，是又新元〔有〕效於今者也。延光元年，中謁者亶誦亦非四分庚申，上言當用命曆序甲寅元。公卿百寮參議正處，竟不施行。且三光之行，遲速進退，不必若一。術家以筭追而求之，取合於當時而已。故有古今之術。今〔術〕之不能上通於古，亦猶古術之不能下通於今也。元命苞、乾鑿度皆以爲開闢至獲麟二百七十六萬歲；及命曆序積獲麟至漢，起庚(子)〔午〕蔀之二十三歲，竟己酉、戊子及丁卯蔀六十九歲，合爲二百七十五歲。漢元年歲在乙未，上至獲麟則歲在庚申。推此以上，上極開闢，則(不)〔元〕在庚申。讖雖無文，其數見存。而光、晃以爲開闢至獲麟二百七十五萬九千八百八十六歲，獲麟至漢百六十(二)〔一〕歲，轉差少一百一十四歲。云當滿足，則上違乾鑿度、元命苞，中使

獲麟不得在哀公十四年，下不及命曆序獲麟〔至〕漢相去四蔀年數，與奏記譜注不相應。

〔一〕蔡邕(命)〔月令〕論曰：「顓頊曆術曰：『天元正月己巳朔旦立春，俱以日月起於天廟營室五度。』今月令孟春之月，日在營室。」

當今曆正月癸亥朔，光、晃以爲乙丑朔。乙丑之與癸亥，無題勒款識可與衆共別者，須以弦望晦朔光魄虧滿可得而見者，考其符驗。而光、晃曆以考靈曜〔爲本〕，二十八宿度數及冬至日所在，與今史官甘、石舊文錯異，不可考校；以今渾天圖儀檢天文，亦不合於考靈曜。光、晃誠能自依其術，更造望儀，以追天度，遠有驗於圖書，近有效於三光，可以易奪甘、石，窮服諸術者，實宜用之。難問光、晃，但言圖讖，所言不服。元和二年二月甲寅制書曰：『朕聞古先聖王，先天而天不違，後天而奉天時。史官用太初鄧平術，冬至之日，日在斗二十(二)〔一〕度，而曆以爲牽牛中星，先立春一日，則四分數之立春也，而以折獄斷大刑，於氣已迕，用望平和，蓋亦遠矣。今改行四分，以遵於堯，以順孔聖奉天之文。』是始用四分曆庚申元之詔也。深引河雒圖讖以爲符驗，非史官私意獨所興構。而光、晃以爲〔香〕、固意造妄說，違反經文，謬之甚者。昔堯命羲和曆象日月星辰，舜叶時月正日，湯、武革命，治曆明時，可謂正矣，且猶遇水遭旱，戒以『蠻夷猾夏，寇賊姦宄』。而光、晃以爲陰陽不和，姦臣盜賊，皆元之咎，誠非其理。元和二年乃用庚申，

至今九十二歲，而光、晃言秦所用代周之元，不知從秦來，漢三易元，不常庚申。光、晃區區信用所學，亦妄虛無造欺語之愆。至於改朔易元，往者壽王之術已課不效，亶誦之議不用，元和詔書文備義著，非羣臣議者所能變易。

太尉耽、司徒隗、司空訓以邕議劾光、晃不敬，正鬼薪法。詔書勿治罪。〔一〕

〔一〕臣昭曰：不有君子，其能國乎？觀蔡邕之議，可以言天機矣。賢明在朝，弘益遠哉！公卿結正，足懲淺妄之徒，詔書勿治，亦深「盃各」之致。

太初曆推月食多失。四分因太初法，以河平癸巳爲元，施行五年。永元元年，天以七月後閏食，術以八月。其(十)二年正月十二日，蒙公乘宗紺上書言：「今月十六日月當食，而曆以二月。」至期如紺言。太史令巡上紺有益官用，除待詔。甲辰，詔書以紺法署。施行五十六歲。至本初元年，天以十二月食，曆以後年正月，於是始差。到熹平三年，二十九年之中，先曆食者十六事。常山長史劉洪上作七曜術。甲辰詔屬太史部郎中劉固、舍人馮恂等課效，復作八元術，固等作月食術，並已相參。固術與七曜術同。月食所失，皆以歲在己未當食四月，恂術以三月，官曆以五月。太史上課，到時施行中者。丁巳，詔書報可。其四年，紺孫誠上書言：「受紺法術，當復改，今年十二月當食，而官曆以後年正月。」到

期如言，拜誠爲舍人。丙申，詔書聽行誠法。

光和二年歲在己未，三月、五月皆陰，太史令修、部舍人張恂等推計行度，以爲三月近，四月遠。誠以四月。奏廢誠術，施用恂術。其三年，誠兄整前後上書言：「去年三月不食，當以四月。史官廢誠正術，用恂不正術。」整所上(五)〔正〕屬太史，太史主者終不自言三月近，四月遠。食當以見爲正，無遠近。詔書下太常：「其詳案注記，平議術之要，效驗虛實。」太常就耽上選侍中韓説、博士蔡較、穀城門候劉洪、右郎中陳調於太常府，覆校注記，平議難問。恂、誠各對。恂術以五千六百四十(日)〔月〕有九百六十一食爲法，而除成分，空加縣法，推建武以來，俱得三百二十七食，其十五食錯。案其官素注，天見食九十八，與兩術相應，其錯辟二千一百。誠術以百三十五月二十三食爲法，乘除成月，從建康以上減四十一，建康以來減三十五，以其俱不食。恂術改易舊法，誠術中復減損，論其長短，無以相踰。各引書緯自證，文無義要，取追天而已。夫日月之術，日循黃道，月從九道。以赤道儀，日冬至去極俱一百一十五度。其入宿也，赤道在斗二十一，而黃道在斗十九。兩儀相參，日月之行，曲直有差，以生進退。故月行井、牛，十四度以上；其在角、婁，十二度以上。皆不應率不行。以是言之，則術不差不改，不驗不用。天道精微，度數難定，術法多端，曆紀非一，未驗無以知其是，未差無以知其失。失然後改之，是然後用之，此謂允執其中。今誠術未

有差錯之謬，恂術未有獨中之異，以無驗改未失，是以檢將來爲是者也。誠術百三十五月二十三食，其文在書籍，學者所修，施行日久，官守其業，經緯日月，厚而未愆，信於天文，述而不作。恂久在候部，詳心善意，能揆儀度，定立術數，推前校往，亦與見食相應。然協曆正紀，欽若昊天，宜率舊章，如甲辰、丙申詔書，以見食爲比。今宜施用誠術，棄放恂術，史官課之，後有效驗，乃行其法，以審術數，以順改易。耽以説等議奏聞，詔書可。恂、整、誠各復上書，恂言不當施誠術，整言不當復(棄)恂術。爲洪議所侵，事下永安臺覆實，皆不如恂、誠等言。劾奏謾欺。詔書報，恂、誠各以二月奉贖罪，整適作左校二月。遂用洪等，施行誠術。

光和二年，萬年公乘王漢上月食注。自章和元年到今年凡九十三歲，合百九十六食，與官曆河平元年月錯，以己巳爲元。事下太史令修，上言「漢所作注不與見食相應者二事，以同爲異者二十九事」。尚書召穀城門候劉洪。敕曰：「前郎中馮光、司徒掾陳晃各訟曆，故議郎蔡邕共補續其志。今洪其詣修，與漢相參，推元(謂)〔課〕分，考校月食。審己巳元密近，有師法，洪便從漢受；不能，對。」洪上言：「推(元)漢己巳元，則考靈曜旃蒙之歲乙卯元也，與光、晃甲寅元相經緯。於以追天作曆，校三光之步，今爲疏闊。孔子緯一事見二端者，明曆興廢，隨天爲節。甲寅曆於孔子時效；己巳顓頊秦所施用，漢興草創，因而不易，至元封中，迂闊不審，更用太初，應期三百改憲之節。甲寅、己巳讖雖有文，略其年數，是以學人各傳所聞，至於課校，罔得厥正。夫甲寅元天正正月甲子朔旦冬至，七曜之起，始於牛初。乙卯之元人正己巳朔旦立春，三光聚天廟五度。課兩元端，閏餘差(自)〔百〕五十(二)〔一〕分(二)之三，朔三百四，中節之餘二十九。以效信難聚，漢不解説，但言先人有書而已。漢成注參官施行，術不同二十九事，不中見食二事。案漢習書，見己巳元，謂朝不聞，不知聖人獨有興廢之義，史官有附天密術。甲寅、己巳，前已施行，效後格而(已)不用。河平疏闊，史官已廢之，而漢以去事分爭，殆非其意。雖有師法，與無同。課又不近密。其説蔀數，術家所共知，無所采取。」遣漢歸鄉里。〔一〕

〔一〕袁山松書曰：「劉洪字元卓，泰山蒙陰人也。魯王之宗室也。延熹中，以校尉應太史徵，拜郎中，遷常山長史，以父憂去官。後爲上計掾，拜郎中，檢東觀著作律曆記，遷謁者，穀城門候，會稽東部都尉。徵還，未至，領山陽太守，卒官。洪善筭，當世無偶，作七曜術。及在東觀，與蔡邕共述律曆記，考驗天官。及造乾象術，十餘年，考驗日月，與象相應，皆傳于世。」博物記曰：「洪篤信好學，觀乎六藝羣書意，以爲天文數術，探賾索隱，鉤深致遠，遂專心銳思。爲曲城侯相，政教清均，吏民畏而愛之，爲州郡之所禮異。」

校勘記

三〇二五頁四行　朔先〔於〕曆　集解引盧文弨説，謂「先」下脫「於」字，依御覽補。今據補。

三〇二五頁四行　月〔或朔〕見　集解引盧文弨説，謂「月」下脫「或朔」二字，依御覽補。今據補。

三〇二五頁五行　建武八年中　按：集解引惠棟説，謂北宋本無「中」字。

三〇二五頁六行　曆〔朔〕不正　集解引盧文弨説，謂「言」下脫「朔」字，依御覽補。今據補。

三〇二五頁六行　官曆署七月十六日〔月〕食　集解引盧文弨説，謂「日」下脫「月」字，依御覽補。王先謙謂以下文證之，當有「月」字。今據補。按：印影宋本御覽「月」譌「日」。

三〇二五頁七行　〔因〕上言月當十五日食　集解引盧文弨説，謂御覽「上言」上有「因」字。今據補。

三〇二五頁八行　詔書令岑普〔候〕與官〔曆〕課　集解引盧文弨説，謂「普」下脫「候」字，「官」下脫「曆」字，御覽有。今據補。

三〇二五頁九行　詔〔書〕令岑署弦望月食官　集解引盧文弨説，謂「詔」下脫「書」字，依御覽補。今據補。

三〇二六頁二行　(從)〔後〕天四分日之三　集解引李銳説，謂「後天」誤「從天」，當改。今據改。

三〇二六頁七行　〔順〕堯考德(顧)〔題〕期立象　集解引惠棟説，謂「顧」一作「題」。又引盧文弨説，謂緯書所載作「順堯考德，題期立象」。按：曹褒傳作「順堯考德，題期立象」，今據以補改。

三〇二六頁一三行　日在斗二十(二)〔一〕度　據集解引盧文弨説改。

三〇二六頁一五行　〔儻〕獲成(喜)〔熙〕　集解引惠棟説，謂「獲」上一有「儻」字，「喜」作「熙」，宋志同。又引

盧文弨說，謂南宋本有「儻」字。今據以補改。

三〇二七頁三行 司徒〔掾〕屬昺　集解引錢大昕說，謂此屬昺亦司徒之掾屬，非司徒也，史脫文。今據補。

三〇二七頁四行 朔必有明晦不朔必在其月也　按：集解引盧文弨說，謂「明」字衍，「不朔」當作「朔不」。

三〇二七頁五行 是明不可必　按：集解引盧文弨說，謂唐一行大衍曆議引「明」作「朔」。

三〇二七頁六行 十六日〔望〕　按各本俱無「望」字，今依曆理及文義補。

三〇二七頁七行 天元始起之月(常)〔當〕小　據汲本、殿本改。

三〇二七頁三行 冬至日在斗(二)〔二〕十一度四分度之一　據汲本、殿本改。

三〇二七頁一四行 日所在〔未至〕牽牛中星五度　集解引盧文弨說，謂「在」下當脫「未至」二字。今據補。

三〇二八頁一行 五歲中課日行及冬(夏)至斗(一)〔二〕十一度四分一　集解引惠棟說，謂李本「一十」作「二十」。按：上屢見冬至日在斗二十一度，明作「一十」者譌，今據改。又按文義「夏」字當衍，今刪。

三〇二八頁四行 日(朔)〔食〕二十三事　據集解引盧文弨說改。

三〇二八頁五行 二得(三)〔二〕日　按：各本並作「三日」，於曆理爲舛，今改正。

三〇二八頁八行 治曆者方以七十六歲斷之　按：集解引盧文弨說，謂「方」疑當作「乃」。

律曆中　三〇四五

後漢書志第二　三〇四六

三〇二八頁九行 則餘分(稍)〔消〕長　集解引惠棟說，謂「稍」李本作「消」。今按：依文義作「消」是，各本作「稍」，蓋涉下「稍」字而誤，今據改。

三〇二九頁五行 其斗牽牛〔東井〕輿鬼　集解引錢塘說，謂「牽牛」下脫「東井」二字。斗、牽牛冬至日所在，東井、輿鬼夏至日所在也。今據補。

三〇二九頁六行 行東壁　按：於文義「行」字當衍。

三〇二九頁六行 赤道(十)〔七〕度　集解引李光地說，謂「十」當作「七」。今按：壁、奎、婁、軫、亢閒在黃道斜交赤道之附近，以赤道標準度之，則赤道得度多而黃道得度少，其大較爲七與八之比，李說是，今據改。

三〇二九頁七行 出赤道南二十五度　按：「五」當作「四」，說詳下。

三〇二九頁七行 出赤道北〔二十〕五度　據集解引李光地說補。按：當作「二十四度」，說詳下。

三〇二九頁八行 去極俱九十度　當作「九十一度」，脫「一」字。按：四分曆以周天爲三百六十五度又四分一，赤道去極爲其四分之一，約爲九十一度。張衡渾儀謂「赤道横帶渾天之腹，去極九十一度十六分之五，黃道斜帶其腹，出赤道表裏各二十四度，故夏至去極六十七度而強，冬至去極百一十五度亦強也」。上文亦言「冬至日去極一百十五度，夏至日去極六十七度，春秋分日去極九十一度」。並足證當時以赤道去極爲九十一度，黃道於牽牛及東井各距赤道南北二十四度也。

三〇二九頁三行 日過〔一〕度　據殿本考證補。

三〇三〇頁三行 史官以(郭)〔部〕日月行參弦望　按：集解引齊召南說，謂「郭」當作「部」。今據改。

三〇三〇頁六行 能用易九六七八(支)〔爻〕知月行多少　據集解引盧文弨說改。

三〇三〇頁二行 (宜)〔宜〕課試上　據集解引盧文弨說改。

三〇三一頁一行 而月日行十三度十九分度之〔七〕有畸　據集解引盧文弨說補。

三〇三一頁三行 事敍而不悖　按：集解引惠棟說，謂杜集「事」上有「則」字，「悖」作「僁」。

三〇三一頁六行 日食〔亦得朔〕　據集解引盧文弨說補。

三〇三一頁八行 〔明〕此〔食〕非用幣伐鼓常月　據集解引盧文弨說補。

三〇三一頁一〇行 〔而〕先儒所未喻也　據集解引盧文弨說補。

三〇三一頁三行 而三統曆唯〔得〕一食　據集解引盧文弨說補。

三〇三一頁一四行 皆不(得)諧合　據集解引盧文弨說刪。

三〇三一頁一七行 累日爲月〔累月爲歲〕　據集解引盧文弨說補。

三〇三一頁一七行 以新故相序不得不有毫毛之差此自然〔之〕理也　集解引惠棟說，謂「序」原作「涉」，「毫毛」作「末」，「然」下有「之」字。按：晉志引長曆與惠校同，今以「相序」與「相涉」，「毫毛」與「毫末」，文異而義同，故但補一「之」字。

律曆中　三〇四七

後漢書志第二　三〇四八

三〇三一頁一七行 〔有〕曠年不食者　據集解引盧文弨說補。

三〇三二頁一行 而筭守(從)〔恆〕數　據汲本、殿本改。

三〇三二頁二行 非爲合以驗天(者)也　據集解引盧文弨說刪。

三〇三二頁四行 以考朔晦(也)　據集解引盧文弨說刪。

三〇三二頁四行 而〔見〕皆不然　據集解引盧文弨說補。

三〇三二頁五行 善筭李修夏顯　按：集解引盧文弨說，謂「善筭」本作「有善筭者」。又引惠棟說，謂「夏」杜集作「卜」。

三〇三二頁七行 以乾度與(太)〔泰〕始曆參校古今記注　據盧文弨羣書拾補校改。

三〇三二頁七行 乾度曆殊勝〔泰始曆上勝官曆四十五事〕　集解引盧文弨說，謂「勝」下脫「泰始曆上勝官曆四十五事」十一字，依晉志補。今據補。

三〇三二頁八行 今〔其〕術具存　據汲本、殿本補。

三〇三二頁八行 今具列其(時)得失之數　據集解引盧文弨說刪。

三〇三二頁八行 又據經傳微旨(證據及失閏旨)考日辰朔晦　據集解引盧文弨說刪。

三〇三二頁九行 及失閏〔違〕時　據集解引盧文弨說補。

三〇三二頁一〇行　蓋〔是〕春秋當時之曆也　據集解引盧文弨說補。按：「之」原譌「文」，逕改正。

三〇三二頁一五行　夏曆漏〔刻〕隨日南北爲長短　集解引惠棟說，謂「漏」下脫「刻」字，當依隋志增。今據補。

三〇三三頁二行　日道周〔圜〕　集解引惠棟說，謂「周」下宋志有「圜」字。今據補。

三〇三三頁五行　立成斧官府當用者計吏到班予四十八箭文多故魁取二十四氣日所在　集解引盧文弨說，謂「立成」至「魁取」二十二字宋志無。今按：文有譌奪，難句讀。疑詔書至「班予四十八箭」止，下爲史官敍述之文。「魁」字衍。言文多，故僅取二十四氣日所在等刻於下也。

三〇三三頁七行　發謀於元封啓定於〔天〕〔元〕鳳積〔百〕三十年是非乃審　集解引李銳說，謂前志云「自漢曆初起，至元鳳六年，而是非堅定」。案自太初元年至元鳳六年，正得三十年，此文「天鳳」當作「元鳳」，「百」字衍。今據改。按：依前書則「啓」當作「堅」。

三〇三三頁八行　亦於建武施於元和　按：集解引張文虎說，謂「亦」下疑脫一字，謂始於建武，而施行於元和也。

三〇三三頁一〇行　及太初曆以後〔大〕〔天〕爲疾　據集解引李銳說改。

三〇三三頁一二行　百四十四歲而太歲超一〔衰〕〔辰〕　據集解引錢大昕說改。

三〇三四頁二行　或不對　按：集解引惠棟說，謂「不」下宋志有「能」字。

三〇三四頁二行　衡興參案儀注（者）　集解引惠棟說，謂「者」字衍，從宋志刪。今據刪。

三〇三四頁五行　太子舍人李泓　按：殿本「泓」作「弘」。

三〇三四頁六行　推閏月六直其日　按：尋文義，疑「六」爲「不」之譌，「日」爲「月」之譌。

三〇三四頁一〇行　災異卒甚　汲本、殿本「卒」作「率」。按：盧文弨云北宋本作「卒」。

三〇三四頁一三行　五是以備　按：汲本、殿本「是」作「者」。集解引錢大昕說，謂洪範「五者來備」一作「五是」，蓋漢儒傳本異也。閩本、汲古閣本作「五者」，則後人據今本尚書易之。李雲傳「五氏來備」，氏古是字。荀爽傳「五韙來備」，韙亦訓是。

三〇三四頁一五行　則（喪）〔表〕其休　集解引盧文弨說，謂錢氏改「喪」爲「表」。按：詳文義當作「表」，表與喪形近，今據改。

三〇三五頁五行　遂〔寢〕改曆事　集解引錢大昕說，謂詳文義，是安帝納尚書令忠言，仍用四分，不復議改。宋志亦云「寬等遂寢」。此文「遂」下當有「罷」字，或是「寢」字。今據錢說並參宋志，補一「寢」字。

三〇三五頁九行　乾鑿度八十〔一〕分之四十三爲日法　據集解引錢大昕說補。

三〇三五頁一〇行　雒書（甄）〔乾〕曜度　據殿本改。按：集解引惠棟說，謂「乾」作「甄」，當是避太子承乾諱改。

三〇三五頁一二行　從太初至永平十一年百七十〔一〕歲　據集解引錢大昕說補。

三〇三五頁一三行　至（永）〔元〕和二年　據集解引錢大昕說改。

三〇三六頁九行　案百七十〔一〕歲二蔀一章　據集解引錢大昕說補。

三〇三七頁二行　羲和立（禪）〔渾〕　集解引盧文弨說，謂「禪」乃「渾」之譌，渾謂渾儀，與韻協。今據改。

三〇三七頁九行　盜賊相續爲〔害〕　王先謙謂「爲」下疑有「害」字。宋志作「曆元不正，故盜賊爲害」。今據王說參宋志，補一「害」字。

三〇三七頁一〇行　曆〔當〕用甲寅爲元而用庚申　王先謙謂宋志作「曆當以甲寅爲元，不用庚申」。今依宋志補一「當」字。

三〇三七頁一〇行　圖緯無以庚〔申〕爲元者　據集解引盧文弨說補。

三〇三七頁一一行　乞（與）本庚申元經緯（有）明〔文〕　據集解引盧文弨說刪補。

三〇三七頁一一行　受虛欺重誅　按：集解引盧文弨說，謂此句上亦有脫文。

三〇三八頁一行　術（術）無常是　據集解引惠棟說刪。

三〇三八頁一行　〔漢興〕（以）承秦　集解引惠棟說，謂「以」字誤，宋志作「漢興承秦」。今據宋志改。按：盧文弨羣書拾補改作「漢承秦正」。

三〇三八頁四行　各〔自一〕家〔之〕術皆當有效於（其）當時　據集解引盧文弨說補刪。今按：御覽卷十六引作「各自一家之說，皆當有效於當時」。

三〇三八頁五行　（黃）〔武〕帝始用太初丁丑之元（有）六家紛錯　據盧文弨羣書拾補校改。按：宋志作「昔始用太初丁丑之後」。御覽一六引作「昔太初始用丁丑之後」。

三〇三八頁八行　是又新元〔有〕效於今者也　據宋志及御覽一六補。

三〇三八頁一〇行　今〔術〕之不能上通於古　集解引惠棟說，謂「今」下宋志有「術」字。今據補。

三〇三八頁一二行　起庚（子）〔午〕蔀之二十三歲　據集解引錢大昕說改。

三〇三八頁一三行　則（不）〔元〕在庚申　集解引錢大昕說，謂自獲麟至開闢二百七十六萬歲，以六十除之，恰盡獲麟之歲，既是庚申，則開闢之始亦必庚申矣。當云「元在庚申」，「不」乃「元」字之譌。又引李銳說，謂上文云二百七十六萬歲，尋之上行，復得庚申，「不」當作「復」。按：錢、李兩家之說並是，今從錢說改「不」字爲「元」字。

三〇三八頁一四行　獲麟至漢百六十（二）〔一〕歲　集解引李銳說，謂邕於甲寅元開闢至漢元年數內減去庚申元開闢至獲麟年數，餘一百六十一爲獲麟至漢元年數，因謂光、晃差少一百一十四歲。今按：甲寅元開闢至獲麟積年二百七十五萬九千八百八十歲，獲麟至漢二百七十五歲，共二百七十六萬一百六十一歲，邕以庚申元開闢至獲麟積年二百七十六萬歲減之，則獲麟至漢爲百六十一歲，明「百六十二歲」之「二」字當作「一」，今據改。

三〇三九頁一行 下不及命曆序獲麟〔至〕漢相去四蔀年數 據集解引盧文弨說補。

三〇三九頁二行 蔡邕(命)〔月令〕論曰 集解引惠棟說，謂「命論」未詳。案邕明堂月令論有之，「令」誤「命」，落「月」字也。今據改。

三〇三九頁五行 而光晃曆以考靈曜〔爲本〕 集解引惠棟說，謂「曜」下宋志有「爲本」二字。今據補。

三〇三九頁一〇行 日在斗二十(二)〔一〕度 按：三〇二六頁一三行「日在斗二十二度」，已據盧文弨說改「二十二」爲「二十一」，此與上同。

三〇三九頁一三行 而光晃以爲〔香〕固意造妄說 據集解引盧文弨說補。

三〇四〇頁二行 亦妄虛無造欺語之愆 按：集解引盧文弨說，謂「亦」下文有譌。

三〇四〇頁八行 其(十)二年正月十二日 集解引李銳說，謂「十二年」當作「二年」，與下「十二日」相涉，誤衍「十」字。案下文云「以紺法署施行五十六歲」，自永元二年至本初元年，正得五十六年，故知「十」字衍也。今據删。

三〇四一頁二行 部舍人張恂 按：「張恂」疑當作「馮恂」。上文言「熹平中，故治曆郎梁國宗整上九道術，詔書下太史，以參舊術，相應。部太子舍人馮恂課校，恂亦復作九道術，增損其分，與整術並校，差爲近。太史令颺上以恂術參朔望」。此處雖言課校恂、誠二術，整爲誠

兄，且先後上書爲誠術辨，則所謂整術、誠術實同爲一事，而參與推計行度者爲馮恂也。

三〇四一頁四行 整所上(五)〔正〕屬太史 據汲本改。按：「五屬太史」不可解，尋文義以「正屬太史」爲長。

三〇四一頁七行 恂術以五千六百四十(日)〔月〕有九百六十一食爲法 據集解引錢大昕說改。按：「法」原譌「注」，逕改正。

三〇四二頁六行 恂言不當施誠術整言不當復(棄)恂術 按：整、恂各挾己術相攻訐，恂言不當施誠術，整言不當復恂術，「棄」字當涉上「棄放恂術」而譌衍，今删。

三〇四二頁七行 整適作左校二月 殿本「適」作「輸」。按：適同讁，原不譌，殿本以意改也。

三〇四二頁七行 遂用洪等 按：下疑脫一「議」字。

三〇四二頁一二行 推元(謂)〔課〕分 據集解引盧文弨說改。

三〇四二頁一三行 推(元)漢己巳元 集解引盧文弨說，謂「推」下「元」字衍，漢即王漢。今據删。

三〇四三頁三行 閏餘差(自)〔百〕五十〔二〕分(二)之三 集解盧文弨說，謂「自」當作「百」，又引李銳說，謂當作「百五十二分之三」。今據改。

三〇四三頁六行 後格而(已)不用 據集解引盧文弨說删。

後漢書志第三

律曆下

曆法

昔者聖人之作曆也，觀琁璣之運，三光之行，道之發斂，景之長短，斗綱(之)〔所〕建，青龍所躔，參伍以變，錯綜其數，而制術焉。

天之動也，一晝一夜而運過周，星從天而西，日違天而東。日之所行與運周，在天成度，在曆成日。居以列宿，終于四七，受以甲乙，終于六旬。日月相推，日舒月速，當其同〔所〕，謂之合朔。舒先速後，近一遠三，謂之弦。相與爲衡，分天之中，謂之望。以速及舒，光盡體伏，謂之晦。晦朔合離，斗建移辰，謂之(月)。日月之(術)〔行〕，則有冬有夏；冬夏之閒，則有春有秋。是故日行北陸謂之冬，西陸謂之春，南陸謂之夏，東陸謂之秋。日道發南，去極彌遠，其景彌長，遠長乃極，冬乃至焉。日道斂北，去極彌近，其景彌短，近短乃極，夏乃至焉。二至之中，道齊景正，春秋分焉。

日周于天，一寒一暑，四時備成，萬物畢改，攝提遷次，青龍移辰，謂之歲。歲首至也，月首朔也。至朔同日謂之章，同在日首謂之蔀，蔀終六旬謂之紀，歲朔又復謂之元。是故日以實之，月以閏之，時以分之，歲以周之，章以明之，蔀以部之，紀以記之，元以原之。然後雖有變化萬殊，贏朒無方，莫不結系于此而稟正焉。

極建其中，道營于外，琁衡追日，以察〔發〕斂，光道生焉。孔壺爲漏，浮箭爲刻，下漏數刻，以考中星，昏明生焉。日有光道，月有九行，九行出入而交生焉。朔會望衡，鄰於所交，虧薄生焉。月有晦朔，星有合見，月有弦望，星有留逆，其歸一也，步術生焉。金、水承陽，先後日下，速則先日，遲而後留，留而後逆，逆與日違，違而後速，速與日競，競又先日，遲速順逆，晨夕生焉。日、月、五緯各有終原，而七元生焉。見伏有日，留行有度，而率數生焉。參差齊之，多少均之，會終生焉。引而伸之，觸而長之，探賾索隱，鉤深致遠，無幽辟潛伏，而不以其精者然。故陰陽有分，寒暑有節，天地貞觀，日月貞明。

若夫祐術開業，淳燿天光，重黎其上也。〔一〕承聖帝之命若昊天，典曆象三辰，以授民事，立閏定時，以成歲功，羲和其隆也。〔二〕取象金火，革命創制，治曆明時，應天順民，湯、武其盛也。〔三〕及王德之衰也，無道之君亂之於上，頑愚之史失之於下。夏后之時，羲和淫湎，廢時亂日，胤乃征之。紂作淫虐，喪其甲子，武王誅之。夫能貞而明之者，其興也勃焉；回

而敗之者，其亡也忽焉。巍巍乎若道天地之綱紀，帝王之壯事，是以聖人寶焉，君子勤之。

〔一〕顓頊曰重黎。

〔二〕唐、虞、夏、商曰羲和。

〔三〕月令章句曰：「帝舜叶時月正日，湯、武革命，治曆明時。言承平者叶之，承亂者革之。」

夫曆有聖人之德六焉：以本氣者尚其體，以綜數者尚其文，以考類者尚其象，以作事者尚其時，以占往者尚其源，以知來者尚其流。大業載之，吉凶生焉，是以君子將有興焉，咨焉而以從事，受命而莫之違也。若夫用天因地，揆時施教，頒諸明堂，以爲民極者，莫大乎月令。帝王之大司備矣，天下之能事畢矣。過此而往，羣忌苟禁，君子未之或知也。

斗之二十一度，去極至遠也，日在焉而冬至，羣物於是乎生。故律首黃鍾，曆始冬至，月先建子，時平夜半。當漢高皇帝受命四十有五歲，陽在上章，陰在執徐，冬十有一月甲子夜半朔旦冬至，日月閏積之數皆自此始，立元正朔，謂之漢曆。又上兩元，而月食五星之元，並發端焉。

曆數之生也，乃立儀、表，以校日景。景長則日遠，天度之端也。日發其端，周而爲歲，然其景不復，四周千四百六十一日，而景復初，是則日行之終。以周除日，得三百六十五四分度之一，爲歲之日數。日日行一度，亦爲天度。察日月俱發度端，〔一〕日行十九周，月行

二百五十四周，復會于端，是則月行之終也。以日周除月周，得一歲周天之數。以日一周減之，餘十二十九分之七，則月行過周及日行之數也，爲一歲之月。以除一歲日，爲一月之數。月之餘分積滿其法，得一月，月成則其歲（大）。月（大）四時推移，故置十二中以定月位。有朔而無中者爲閏月。中之始（日）〔曰〕節，與中爲二十四氣。以除一歲日，爲一氣之日數也。其分積而成日爲沒，并歲氣之分，如法爲一歲沒。沒分于終中，中終于冬至，冬至之分積如其法得一日，四歲而終。月分成閏，閏七而盡，其歲十九，名之曰章。章首分盡，四之俱終，名之曰蔀。以一歲日乘之，爲蔀之日數也。以甲子命之，二十而復其初，是以二十蔀爲紀。紀歲青龍未終，三終歲後復青龍爲元。

〔一〕即是起舍合朔。

元法，四千五百六十。〔一〕

〔一〕樂叶圖徵曰：「天元以甲子朔旦冬至，日月起於牽牛之初，右行二十八宿，以考王者終始。或盡一，其曆數或不能盡一，以四千五百六十爲紀，甲寅窮。」宋均曰：「紀即元也。四千五百六十者，五行相代，一終之大數也。王者即位，或遇其統，或不盡其數，故一（共）〔元〕以四千五百六十爲甲寅之終也。王者起，必易元，故不復沿前而終言之也。」韓子曰：「四千五百六十歲爲一元，元中有厄，故聖人有九歲之畜以備之也。」

紀法，千五百二十。〔一〕

〔一〕月令章句曰：「紀，還復故曆。」

紀月，萬八千八百。

蔀法，七十六。〔一〕

〔一〕月令章句曰：「七十六歲爲蔀首。」

蔀月，九百四十。

章法，十九。

章月，二百三十五，〔一〕

〔一〕月令章句曰：「十九歲七閏月爲一章。」

周天，千四百六十一。

日法，四。

蔀日，二萬七千七百五十九。

沒數，二十一。（爲章閏）

通法，四百八十七。

沒法，七，因爲章閏。

日餘，百六十八。

中法，（四）〔三〕十二。

大周，三十四萬三千三百三十五。

月周千一十六。

月食數之生也，乃記月食之既者。率二十三食而復既，其月（食）百三十五，率之相除，得五（百）（月）二十三之二十而一食。以除一歲之月，得歲有再食五百一十三分之五十〔五〕也。分終其法，因以與蔀相約，得四與二十七，互之，會二千五十二，二十而與元會。

元會，四萬一千四十。

蔀會，（三）〔二〕千五十（三）〔二〕。

歲數，五百一十三。

食數，千八十一。

月數，百（三）〔三〕十五。

食法，二十（三）〔三〕。

推入蔀術曰：以元法除去上元，其餘以紀法除之，所得數從天紀，筭外則所入紀也。不滿紀法者，入紀年數也。以蔀法除之，所得數從甲子蔀起，筭外，所入紀歲名命之，筭上，即所求年太歲所在。

推月食所入蔀會年，以元會除去上元，其餘以蔀會除之，所得以（七）〔一〕十（二）〔七〕乘

之，滿六十除去之，餘以二十除所得數，從天紀，筭(之起)外，所(以)入紀，不滿二十者，數從甲子蔀起，筭外，所入蔀會也。其初不滿蔀會者，入蔀會年數也，各以(不)〔所〕入紀歲名命之，筭上，卽所求年(蔀)〔太歲所在〕。

天紀歲名	地紀歲名	人紀歲名	蔀首
庚辰	庚子	庚申	甲子一
丙申	丙辰	丙子	癸卯二
壬子	壬申	壬辰	壬午三
戊辰	戊子	戊申	辛酉四
甲申	甲辰	甲子	庚子五
庚子	庚申	庚辰	己卯六
丙辰	丙子	丙申	戊午七
壬申	壬辰	壬子	丁酉八
戊子	戊申	戊辰	丙子九
甲辰	甲子	甲申	乙卯十
庚申	庚辰	庚子	甲午十一

丙子	丙申	丙辰	癸酉十二
壬辰	壬(午)〔子〕	壬申	壬子十三
戊申	戊辰	戊子	辛卯十四
甲子	甲申	甲辰	庚午十五
庚辰	庚子	庚申	(乙)〔己〕酉十六
丙申	丙辰	丙子	戊子十七
壬子	壬申	壬辰	丁卯十八
戊辰	戊子	戊申	丙午十九
甲申	甲辰	甲子	乙酉二十

推天正術，置入蔀年減一，以章月乘之，滿章法得一，名爲積月，不滿爲閏餘，十二以上，其歲有閏。

推天正朔日，置入蔀積月，以蔀日乘之，滿蔀月得一，名爲積日，不滿爲小餘，積日以六十除去之，其餘爲大餘，以所入蔀名命之，筭盡之外，則前年天正十一月朔日也。小餘四百四十一以上，其月大。求後月朔，加大餘二十九，小餘四百九十(九)，小餘滿蔀月得一，上加大餘，命之如前。

一術，以大周乘年，周天乘(閏餘)減之，餘滿蔀(日)〔月〕，則天正朔日也。

推二十四氣術曰：置入蔀年減一，以(月)〔日〕餘乘之，滿中法得一，名曰大餘，不滿爲小餘，大餘滿六十除去之，其餘以蔀名命之，筭盡之外，則前年冬至之日也。

求次氣，加大餘十五，小餘七，除命之如前，小寒日也。

推閏月所在，以閏餘減章法，餘以十二乘之，滿章閏數得一，滿四以上亦得一筭之數，從前年十一月起，筭盡之外，閏月也。或進退，以中氣定之。

推弦、望日，因其月朔大小餘之數，皆加大餘七，小餘三百五十九四分三，小餘滿蔀月得一，加大餘，大餘命如法，得上弦。又加得望，次下弦，又後月朔。其弦、望小餘二百六十以下，每以百刻乘之，滿蔀月得一刻，不滿其(數)〔所〕近節氣夜漏之半者，以筭上爲日。

推沒滅術，置入蔀年減一，以沒數乘之，滿日法得一，名爲積沒，不盡爲沒餘。以通法乘積沒，滿沒法得一，名爲大餘，不盡爲小餘。大餘滿六十除去之，其餘以蔀名命之，筭盡之外，前年冬至前沒日也。求後沒，加大餘六十九，小餘四，小餘滿沒法，從大餘，命之如前，無分爲滅。

一術，以(爲)〔十〕五乘冬至小餘，以減通法，餘滿沒法得一，則天正後沒也。

推合朔所在度，置入蔀積(月)〔日〕以(日)〔蔀月〕乘之，滿大周除去之，其餘滿蔀月得一，

名爲積度，不盡爲餘分。積度加斗二十一度，加二百三十五分，以宿次除之，不滿宿，則日月合朔所在星度也。求後合朔，加度二十九，加分四百九十九，分滿蔀月得一度，經斗除二百三十五分。

一術，以閏餘乘周天，以減大周餘，滿蔀月得一，合以斗二十一度四分一，則天正合朔日月所在度。

推日所在度，置入蔀積日之數，以蔀法乘之，滿蔀日除去之，其餘滿蔀法得一，爲積度，不盡爲餘分。積度加斗二十一度，加十九分，以宿次除去之，則夜半日所在宿度也。

求次日，加一度。求次月，大加三十度，小加二十九度，經斗除十(九)分。

一術，以朔小餘減合(朔)度分，卽日夜半所在。其分(三)〔二〕百(二)〔三〕十五約之，十九乘之。

推月所在度，置入蔀積日之數，以月周乘之，滿蔀日除去之，其餘滿蔀法得一，爲積度，不盡爲餘分。積度加斗二十一十(九)分，除如上法，則所求之日夜半月所在宿度也。

求次日，加十三度二十八分。求次月，大加三十五度六十一分，月小二十二度三十三分，分滿法得一度，經斗除十九分。其冬下旬月在張、心署之，謂(盡)〔晝〕漏分後盡漏盡也。

一術，以蔀法除朔小餘，所得以減日半度也。餘以減分，卽月夜半所在度也。

推日明所入度分術曰：置其月節氣夜漏之數，以蔀法乘之，二百除之，得一分，即夜半到明所行分也。以增夜半日所在度分，爲明所在度分也。

求昏日所入度，以夜半到明日所行分(分)減蔀法，其餘即夜半到昏所行分也。以加夜半所在度分，爲昏日所在度也。

推月明所入度分術曰：置其節氣夜(半)〔漏〕之數，以月周乘之，以二百除之，爲積分。積分滿蔀法得一，以增夜半度，即(明)月〔明〕所在度也。

求昏月所入度：以明積分減月周，其餘滿蔀法得一度，加夜半，則昏月所在度也。

推弦、望日所入星度術曰：置合朔度分之數，加七度三百五十九分四分(之)三，〔以〕宿次除之，即得上弦日所入宿度分也。

求望、下弦，加除如前法，小分〔滿〕四從大分，〔大分〕滿蔀月從度。

推弦、望月所入星度術曰：置月合朔度分之數，加度九十八，加分六百五十三半，以宿次除之，即上弦月所入宿度分也。

求望、下弦，加除如前分，滿蔀月從度。

推月食術曰：置入蔀會年數，減一，以食數乘之，滿歲數得一，名曰積食，不滿爲食餘。以月數乘積(食)，滿食法得一，名爲積月，不滿爲月餘分。積月以章月除去之，其餘爲入章月數。當先除入章閏，乃以十二除去之，不滿者命以十一月，筭盡之外，則前年十一月前食月也。求入章閏者，置入章月，以章閏乘之，滿章月得一，則入章閏數也。餘分滿二百二十四以上至二百三十一，爲食在閏月。閏或進退，以朔日定之。求後食，加五(百)〔月〕二十分，滿法得一月數，命之如法，其分盡食筭上。

推月食朔日術曰：置食積月之數，以二十九乘之，爲積日。又以四百九十〔九〕乘積月，滿蔀月得一，以并積日，以六十除之，其餘以所會蔀名命之，筭盡之外，則前年天正前食月朔日也。

求食日，加大餘十四，小餘七百一十九半，小餘滿蔀月爲大餘，大餘命如前，則食日也。

求後食朔及日，皆加大餘二十七，小餘六百一十五。其月餘分不滿二十者，又加大餘二十九，小餘四百九十九。其食小餘者，當以漏刻課之，夜漏未盡，以筭上爲日。

一術，以歲數去上元，餘以爲積月，以百一十二乘之，滿月數去之，餘滿食法得一，則天正後食。

推諸加時，以十二乘小餘，先減如法之半，得一時，其餘乃以法除之，所得筭之數從夜半子起，筭盡之外，則所加時也。

推諸上水漏刻：以百乘其小餘，滿其法得一刻；不滿法(法)什之，滿法得一分。積刻先減所入節氣夜漏之半，其餘爲晝上水之數。過晝漏去之，餘爲夜上水數。其刻不滿夜漏半者，乃減之，餘爲昨夜未(晝)〔盡〕，其弦望其日。

五星數之生也，各記於日，與周天度相約而爲率。以章法乘周率爲(用)〔月〕法，章月乘日率，如月法，爲積月月餘。以月之(月)〔日〕乘積〔月〕，爲朔大小餘。乘爲入月日餘。以日法乘周率爲日度法，以〔周〕率去日率，餘以乘周天，如日度法，爲〔積〕度(之)〔度〕餘也。日率相約取之，得二千九百九十萬一千六百二十一億五十八萬二千三百，而五星終，如蔀之數，與元通。

木，周率，四千三百二十七。日率，四千七百二十五。合積月，十三。月餘，四萬一千六百六。月法，八萬二千二百一十三。大餘，二十三。小餘，八百四十七。虛分，九十三。入月日，十五。日餘，萬四千六百四十(七)〔一〕。日度法，萬七千三百八。積度，三十三。度餘，萬三百一十四。

火，周率，八百七十九。日率，千八百七十六。合積月，二十六。月餘，六千六百三十四。月法，萬六千七百一。大餘，四十七。小餘，七百五十四。虛分，一百八十六。入月日，十(二)〔一〕。日餘，千八百七十二。日度法，三千五百一十六。積度，四十九。度餘，一百一十四。

土，周率，九千九百一十六。日率，九千四百一十五。合積月，十二。月餘，十三萬八千六百三十七。月法，十七萬二千八百二十四。大餘，五十四。小餘，三百四十八。虛分，五百九十二。入月日，二十(三)〔四〕。日餘，二千一百六十三。日度法，三萬六千三百八十四。積度，十二。度餘，二萬九千四百五十一。

金，周率，五千八百三十。日率，四千六百六十一。合積月，九。月餘，九萬八千四百五。月法，十(一)〔一〕萬七百七十。大餘，二十五。小餘，七百三十一。虛分，二百九。入月日，二十六。日餘，二百八十一。日度法，二萬三千三百二十。積度，二百九十二。度餘，二百八十一。

水，周率，萬一千九百八。日率，千八百八十九。合積月，一。月餘，二十一萬七千六百六十(三)〔三〕。月法，二十二萬六千二百五十二。大餘，二十九。小餘，四百九十九。虛分，四百四十(九)〔一〕。入月日，二十(七)〔八〕。日餘，四萬四千八百五。日度法，四萬七千六百三十(一)〔二〕。積度，五十七。度餘四萬四千八百五。

推五星術，置上元以來，盡所求年，以周率乘之，滿日率得一，名爲積合；不盡名(爲)合餘。〔合〕餘以周率除之，不得爲退歲；無所得，星合其年，得一合前年，二合前二年。金、水積合奇爲晨，偶爲夕。其不滿周率者反減之，餘爲度分。

推星合月，以合積月乘積合爲小積，又以月餘乘積合，滿其月法得一，從小積〔爲積月，不盡〕爲月餘。積月滿紀月去之，餘爲入紀月。每以章閏乘之，滿章月得一爲閏；不盡爲閏餘。以閏減入紀月，其餘以十二去之，餘爲入歲月數，從天正十一月起，筭外，星合所在之月也。其閏〔餘〕滿二百二十四以上至二百三十一星合閏月。閏或進退，以朔制之。

推朔日，以蔀日乘〔之〕入紀月，滿蔀月得一爲積日，不盡爲小餘。積日滿六十去之，餘爲大餘，命以甲子，筭外，星合月朔日。

推入月日，以蔀日乘月餘，以其月法乘朔小餘，從之，以四千四百六十五約之，所得〔得〕滿日度法得一，爲入月日，不盡爲日餘。以朔命入月日，筭外，星合日也。

推合度，以周天乘度分，滿日度法得一爲積度，不盡爲度餘。以斗二十一四分一命度，筭外，星合所在度也。

一術，加退歲一，以減上元，滿八十除去之，餘以沒數乘之，滿日法得一，爲大餘，不盡爲小餘。以甲子命大餘，則星合歲天正冬至日也。以周率〔乘〕小餘，幷度餘，餘滿日度法從度，卽〔正〕〔至〕後星合日數也，命以冬至。求後合月，加合積月於入歲月，加月餘於月餘，滿其月法得一，從入歲月。入歲月滿十二去之，有閏計焉，餘命如前，筭外，後合月也。〔餘

一〕〔金、水〕加晨得夕，加夕得晨。

求朔日，以大小餘加今所得，其月餘得一月者，又〔加大〕餘二十九，〔小餘四百九十九，〕小餘滿蔀月得一，〔如〕〔加〕大餘，大餘命如前。

求入月日，以入月日〔日〕餘加今所得，餘滿日度法得一，從日。其前合月朔小餘〔不〕滿其虛分者，空加一日。日滿月先去二十九，其後合月朔小餘不滿四百九十九，又減一日，其餘命如前。

求合度，以積度度餘加今所得，餘滿日度法得一從度，命如前，經斗除如周率矣。

木，晨伏，十六日七千〔二〕〔三〕百二十分半，行二度萬三千八百一十一分，在日後十三度有奇，而見東方。見順，日行五十八分度之十一，五十八日行十一度。微遲，日行九分，五十八日行九度。留不行，二十五日。旋逆，日行七分度之一，八十四日〔進〕〔退〕十二度。復留，二十五日。復順，五十八日行九度，又五十八日行十一度，在日前十三度有奇，而夕伏西方。除伏逆，一見三百六十六日，行二十八度。伏復十六日七千〔二〕〔三〕百二十分半，行二度萬三千八百一十一分，而與日合。凡一終，三百九十八日有萬四千六百四十一分，行星三十〔二〕〔三〕度與萬三百一十四分，通率日行四千七百二十五分之三百九十八。

火，晨伏，七十一日二千六百九十四分，行五十五度二千二百五十四分半，在日後十六度有奇，而見東方。見順，日行二十三分度之十四，〔百〕八十四日行〔百〕一十二度。微遲，日行十二分，九十二日行四十八度。留不行，十一日。旋逆，日行六十二分度之十七，六十二日退十七度。復留，十一日。復順，九十二日，行四十八度，又百八十四日行百一十二度，在日前十六度有奇，而夕伏西方。除伏逆，一見六百三十六日，行〔三〕百三度。伏復，七十一日二千六百九十四分，行五十五度二千二百五十四分半，而與日合。凡一終，七百七十九日有千八百七十二分，行星四百一十四度與九百九十三分。通率日行千八百七十六分之九百九十七。

土，晨伏，十九日千八十一分半，行三度萬四千七百二十五分半，在日後十五度有奇，而見東方。見順，日行四十三分度之三，八十六日行六度。留不行，三十三日。旋逆，日行十七分度之一百二，日退六度。復留，三十三日。復順，八十六日，行六度，在日前十五度有奇，而夕伏西方。除伏逆，〔一〕見三百四十日，行六度。伏復，十九日千八十一分半，行三度萬四千七百二十五分半，與日合。凡一終，三百七十八日有二千一百六十三分，行星十二度與二萬九千四百五十一分。通率日行九千四百一十五分之三百一十九。

金，晨伏，五日，退四度，在日後九度，而見東方。見逆，日行五分度之三，十日，退六度。留不行，八日。〔旋〕順，日行〔行〕四十六分度之三十三，四十六日行三十三度。而〔疾〕，日行一度九十〔一〕分度之十五，九十一日行百六度。益疾，日行一度二十二分，九十一日行百一十三度，在日後九度，而晨伏東方。除伏逆，一見二百四十六日，行二百四十六度。伏四十一日二百八十一分，行五十度二百八十一分，而與日合。一合二百九十二日〔二〕百八十一分，行星如之。

金，夕伏，四十一日二百八十一分，行五十度二百八十一分，在日前九度，而見西方。見順，疾，日行一度九十一分度之二十二，九十一日行百一十三度。微遲，日行一度十五分，九十一日行百六度。而〔進〕〔遲〕，日行四十六分度之三十三，四十六日行三十三度。留不行，八日。旋逆，日行五分度之三，十日退六度，在日前九度，而夕伏西方。除伏逆，一見二百四十六日，行二百四十六度，伏五日，退四度而〔後〕〔復〕合。凡〔三〕〔再〕合一終，五百八十四日有五百六十二分，行星如之。通率日行一度。

水，晨伏，九日，退七度，在日後十六度，而見東方。見逆，一日退一度。留不行，二日。旋順，日行九分度之八，九日行八度。而疾，日行一度四分度之一，二十日行二十五度，在日後十六度，而晨伏東方。除伏逆，一見，三十二日，行三十二度，伏十六日四萬四千八百五分，而與日合。一合五十七日有四萬四千八百五分，行星如之。

水，夕伏，十六日四萬四千八百五分，行三十二度四萬四千八百五分，在日前十六度，而

中華書局

見西方。見順，疾，日行一度四分度之一，二十日行二十五度。而遲，日行九分度之八，九日行八度。留不行，二日。（旋）逆，一日退一度，在日前十六度，而夕伏西方。除伏逆，一見三十二日，行三十〔二〕度，伏九日，退七度而復合。凡再合一終，百一十五日有四萬一千九百七十八分，行星如之。通率日行一度。

步術，以步法伏日度分，（如）〔加〕星合日度餘，命之如前，得星見日度也。（術）〔行〕分母乘之，分（日）如〔日〕度法而一，分不盡如（法）半〔法〕以上，亦得一，而日加所行分，滿其母得一度。逆順母不同，以當行之母乘故分，如故母，如一也。留者承前，逆則減之，伏不書度。經斗除如行母，四分具一。其分有損益，前後相放。其以赤道命度，進加退減之。其步以黃道。

（日）〔月〕名

天正十一月　十二月　正月　二月　三月　四月　五月　六月

冬至　大寒　雨水　春分　穀雨　小滿　夏至　大暑

七月　八月　九月　十月

處暑　秋分　霜降　小雪〔一〕

〔一〕月令章句：「孟春以立春爲節，驚蟄爲中。中必在其月，節不必在其月。據孟春之驚蟄在十六日以後，立春在正月；驚蟄在十五日以前，立春在往年十二月。」

斗二十六四分〔一〕退二　牛八　女十二進〔二〕〔一〕　虛十進〔三〕〔二〕

危十（六）〔七〕進二　室十六進〔三〕〔三〕　壁（十）〔九〕進〔三〕〔二〕

北方九十八度四分一

奎十六　婁十二（進）〔退〕一　胃十四（進二）〔退一〕　昴十一（進）〔退〕二

畢十六（進）〔退〕三　觜二退三　參九退四

西方八十度

井三十三退三　鬼四　柳十五　星七進一

張十八進一　翼十八進〔一〕〔二〕　軫十七進一

南方百一十二度

角十二　亢九退一　氐十五退二　房五退三

心五退三　尾十八（進）〔退〕三　箕十一退三

東方七十五度

右赤道度周天三百六十五度四分一

斗二十四（進一）〔四分一〕　牛七　女十一　虛十

危十六　室十八　壁十

北方九十六度四分一

奎十七　婁十二　胃十五　昴十二

畢十六　觜三　參八

西方八十三度

井三十　鬼四　柳十四　星七

張十七　翼十九　軫十八

南方百九度

角十三　亢十　氐十六　房五

心五　尾十八　箕十

東方七十七度

右黃道度三百六十五四分一

黃道去極，日景之生，據儀、表也。漏刻之生，以去極遠近差乘節氣之差。如遠近而差

一刻，以相增損。昏明之生，以天度乘晝漏，夜漏減（三）〔之，二〕百而一，爲定度。以減天度，餘爲明；加定度一爲昏。其餘四之，如法爲少。〔二爲半，三爲太，〕不盡，三之，如法爲強，餘半法以上以成強。強三爲少，少四爲度，其強二爲少弱也。又以日度餘爲少強，而各加焉。〔一〕

〔一〕張衡渾儀曰：「赤道橫帶渾天之腹，去極九十一度十（六）分之五。黃道斜帶其腹，出赤道表裏各二十四度。故夏至去極六十七度而強，冬至去極百一十五度亦強也。然則黃道斜截赤道者，則春分、秋分之去極也。今此春分去極九十少，秋分去極九十一少者，就夏曆景去極之法以爲率也。上頭橫行第一行者，黃道進退之數也。本當以銅儀日月度之，則可知也。以儀一歲乃竟，而中閒又有陰雨，難卒成也。是以作小渾，盡赤道黃道，乃各調賦三百六十五度四分之一，從冬至所在始起，令之相當値也。取北極及衡各（誠）〔鍼〕㯳之爲軸，取薄竹篾，穿其兩端，令兩穿中閒與渾半等，以貫之，令察之與渾相切摩也。乃從減半起，以爲（百）八十二度八分之五，盡衡減之半焉。又中分其篾，拗去其半，令其半之際正直，與兩端減半相直，令篾半之際從冬至起，一度一移之，視篾之半際（夕）多〔少〕黃赤道幾也。其所多少，則進退之數也。從（此）〔北〕極數之，則（無）〔去〕極之度也。各分赤道黃道爲二十四氣，一氣相去十五度十六分之七，每一氣者，黃道進退一度焉。所以然者，黃道直時，去南北極近，其處地小，而横行與赤道且等，故以篾度之，於赤道多也。設一氣令十六日者，皆常率四日差少半也。令一氣十五日不能半耳，故使中道三日之中（者）〔差〕少半也。三氣一節，故四十六日而差今三度也。至於差三之時，而五日同率者一，其實節之閒不能四十六日也。今殘日居其策，故五日同率也。其率雖同，先之皆強，後之皆弱，不

可勝計。取至於三而復有進退者，黃道稍斜，於橫行不得度故也。春分、秋分所以退者，黃道始起更斜矣，於橫行不得度故也。亦每一氣一度焉，三氣一節，亦差三度也。至三氣之後，稍遠而直，故橫行得度而稍進也。立春、立秋橫行稍退矣，而度猶云進者，以其所退減其所進，猶有盈餘，未盡故也。立夏、立冬橫行稍進矣，而度猶〔云〕退者，以其所進，增其所退，猶有不足，未畢故也。以此論之，日行非有進退，而以赤道（重廣）〔量度〕黃道使之然也。本二十八宿相去度數，以赤道爲（強）〔距〕耳，故於黃道亦〔有〕進退也。冬至在斗二十一度少半，最遠時也，而此曆斗二十度，俱百一十五，強矣，冬至宜與之同率焉。夏至在井二十一度半強，最近時也，而此曆井二十三度，俱六十七度，強矣，夏至宜與之同率焉。」

二十四氣	日所在	黃道去極	晷景	晝漏刻	夜漏刻	昏中星〔一〕	旦中星
冬至〔二〕	斗二十一度八分退二	百一十五度	丈三尺	四十五	五十五	奎六弱	亢二少強退一
小寒	女二度七分進一	百一十三強	丈二尺三寸	四十五八分	五十四二分	婁六半強退一	氐七少弱退二
大寒	虛五度十四分進二	百一十大弱	丈一尺	四十六八分	五十三八分	胃十一半強退一	心半退三
立春	危十度二十一分進二	百六少強	九尺六寸	四十八六分	五十一四分	畢五少弱退三	尾七半弱退三
雨水	室八度二十八分進三	百一強	七尺九寸五分	五十八分	四十九二分	參六半弱退四	箕大弱退三
驚蟄	壁八度三分進一	九十五強	六尺五寸	五十三三分	四十六七分	井十七少弱退三	斗少退二

春分	奎十四度十分	八十九強	五尺二寸五分	五十五八分	四十四二分	鬼四	斗十一弱退二
清明	胃一度十七分退一	八十三少弱	四尺一寸五分	五十八三分	四十一七分	星四大進一	斗二十一半退二
穀雨	昴二度二十四分退二	七十七大強	三尺二寸	六十五分	三十九五分	張七進一	牛六半
立夏	畢六度三十一分退三	七十三少弱	二尺五寸二分	六十二四分	三十七六分	翼七大進二	女十少進一
小滿	參四度六分退四	六十九大弱	尺九寸八分	六十三九分	三十六一分	角大弱	危大弱進二
芒種	井十度十三分退三	六十七少弱	尺六寸八分	六十四九分	三十五一分	亢五大退一	危十四強進二
夏至〔三〕	井二十五度二十分退三	六十七強	尺五寸	六十五	三十五	氐十二少弱退二	室十二少弱進三
小暑	柳三度二十七分	六十七大強	尺七寸	六十四七分	三十五三分	尾一大強退三	奎二大強
大暑	星四度二分進一	七十	二尺	六十三八分	三十六二分	尾十五半弱退三	婁三大退一
立秋	張十二度九分進一	七十三半強	二尺五寸五分	六十二三分	三十七七分	箕九大強退三	胃九大弱退一
處暑	翼九度十六分進二	七十八半強	三尺三寸三分	六十二分	三十九八分	斗十少退二	畢三大退三
白露	軫六度二十三分進一	八十四少強	四尺三寸五分	五十七八分	四十二二分	斗二十一強退二	參五半弱退四
秋分	角四度三十分	九十半強	五尺五寸	五十五二分	四十四八分	牛五少	井十六少強退三
寒露	亢八度五分退一	九十六大強	六尺八寸五分	五十二六分	四十七四分	女七大進一	鬼三少強

霜降	氐十四度十二分退二	百三少強	八尺四寸	五十三分	四十九七分	虛六大進二	星三大強進一
立冬	尾四度十九分退三	百七少強	丈	四十八二分	五十一八分	危八強進二	張十五大強進一
小雪	箕一度二十六分退三	百一十一弱	丈一尺四寸	四十六七分	五十三三分	室三半強進三	翼十五大強進二
大雪	斗六度一分退二	百一十三大強	丈二尺五寸六分〔四〕	四十五五分	五十四五分	壁半強進一	軫十五弱進一

〔一〕月令章句曰：「中星當中而不中，日行遲也。未當中而中，日行疾也。」

〔二〕月令章句曰：「冬至之爲極有三意焉：晝漏極短，去極極遠，晷景極長。極者，至而還之辭也。」

〔三〕月令章句曰：「夏至之爲極有三意焉：晝漏極長，去極極近，晷景極短。」

〔四〕易緯所稱晷景長短，不與相應，今列之于後，并至與不至各有所候，以參廣異同。冬至，晷長一丈三尺。當至不至，則旱，多溫病。未當至而至，則多病暴逆心痛，應在夏至。小寒，晷長一丈二尺四分。當至不至，先小旱，後小水，丈夫多病喉痺。未當至而至，多病身熱，來年麻不爲耳。大寒，晷長一丈一尺八分。當至不至，先大旱，後大水，麥不成，病厥逆。未當至而至，多病上氣、嗌腫。立春，晷長一丈一寸六分。當至不至，兵起，麥不成，民疲瘵。未當至而至，多病熛、疾疫。雨水，晷長九尺一寸六分。當至不至，早麥不成，多病心痛。未當至而至，多病癰。驚蟄，晷長八尺二寸。當至不至，則霧，稚禾不成，老人多病嚏。未當至而至，多病癰疽、脛腫。春分，晷長七尺二寸四分。當至不至，先旱後水，歲惡，米不成，多病耳痒。清明，晷長六尺二寸八分。當至不至，菽豆不熟，多病嚏、振寒（溫）、〔洞〕泄。未當至而至，多溫病、暴死。穀雨，晷長五尺三寸六分。當至不至，水物雜稻等不爲，多病疾瘧、振寒、霍亂。未當至而至，老人多病氣腫。立夏，

晷長四尺三寸六分。當至不至，旱，五穀傷，牛畜疾。未當至而至，多病頭痛、腫嗌、喉痺。小滿，晷長三尺四寸。當至不至，凶言，〔國〕有大喪，先水後旱，多病筋急、痺痛。未當至而至，多病燥、嗌腫。芒種，晷長二尺四寸四分。當至不至，凶言，國有狂令。未當至而至，多病厥眩、頭痛。夏至，晷長一尺四寸八分。當至不至，國有大殃，旱，陰陽並傷，草木夏落，有大寒。未當至而至，病眉腫。小暑，晷長二尺四寸四分。當至不至，前小水，後小旱，有兵，多病泄注、腹痛。未當至而至，病臚腫。大暑，晷長三尺四寸。當至不至，外兵作，來年飢，多病筋痺、胷痛。未當至而至，多病脛痛、惡氣。立秋，晷長四尺三寸六分。當至不至，暴風爲災，來年黍不爲。未當至而至，多病欬上氣、咽腫。處暑，晷長五尺三寸二分。當至不至，國多浮令，兵起，來年麥不爲。未當至而至，病眼，耳熱不出行。白露，晷長六尺二寸八分。當至不至，多病痤、疽、泄。未當至而至，多病水、腹閉疝瘕。秋分，晷長七尺二寸四分。當至不至，草木復榮，多病溫，悲心痛。未當至而至，多病胷鬲痛。寒露，晷長八尺二寸。當至不至，來年穀不成，六畜鳥獸被殃，多病疝瘕、膂痛。未當至而至，多病疢熱中。霜降，晷長九尺一寸六分。當至不至，萬物大耗，年多大風，人病膂痛。未當至而至，多病胷脇支滿。立冬，晷長丈一寸二分。當至不至，地氣不藏，來年立夏反寒，早旱，晚水，萬物不成。未當至而至，多病臂掌痛。小雪，晷長一丈一尺八分。當至不至，來年蠶麥不成，多病脚腕痛。未當至而至，亦爲多肘腋痛。大雪，晷長一丈二尺四分。當至不至，溫氣泄，夏蝗蟲生，大水，多病少氣、五疸、水腫。未當至而至，多病癰疽痛，應在芒種。月令章句曰：「周天三百六十五度四分度之一，分爲十二次，日月之所躔也。地有十二分，王侯之所國也。每次三十〔二〕度三十〔三〕〔二〕分之十四，日至其初爲節，至其中爲中氣。自危十度至壁（八）〔九〕度謂之豕韋之次，立春、驚蟄居之，衞之分野。自壁（八）〔九〕度至胃一度，謂之降婁之次，雨

水、春分居之，魯之分野。 自胃一度至畢六度，謂之大梁之次，清明、穀雨居之，趙之分野。 自畢六度至井十度，謂之實沈之次，立夏、小滿居之，晉之分野。 自井十度至柳三度，謂之鶉首之次，芒種、夏至居之，秦之分野。 自柳三度至張十二度，謂之鶉火之次，小暑、大暑居之，周之分野。 自張十二度至軫六度，謂之鶉尾之次，立秋、處暑居之，楚之分野。 自軫六度至亢八度，謂之壽星之次，白露、秋分居之，鄭之分野。 自亢八度至尾四度，謂之大火之次，寒露、霜降居之，宋之分野。 自尾四度至斗六度，謂之析木之次，立冬、小雪居之，燕之分野。 自斗六度至須女二度，謂之星紀之次，大雪、冬至居之，越之分野。 自須女二度至危十度，謂之玄枵之次，小寒、大寒居之，齊之分野。」 蔡邕分星次度數與皇甫謐不同，兼明氣節所在，故載焉。謐所列在郡國志。

中星以日所在爲正，日行四歲乃終，置所求年二十四氣小餘四之，如法爲少、大，餘不盡，三之，如法爲強、弱，以減節氣昏明中星，而各定矣。 強，正；弱，(直)〔負〕也。 其強弱相減，同名相去，異名從之。 從強進少爲弱，從弱退少而強。 從上元太歲在庚辰以來，盡熹平三年，歲在甲寅，積九千四百五十五歲也。〔一〕

〔一〕宋世治曆何承天曰：「曆數之術，若心所不達，雖復通人前識，無救其弊。是以多歷年歲，猶未能有定。四分於天，出三百年而盈一日，積世不悟，徒云建曆之本必先立元，假託讖緯，遂開治亂。此之爲弊，亦以甚矣。劉歆三統法尤復疏闊，方於四分，六千餘年又益一日。楊雄心惑其說，採爲太玄，班固謂之最密，著于漢志。司馬彪曰：『自太初元年始用三統曆，施行百有餘年。』曾不憶劉歆之生不逮太初，二三君子爲曆，幾乎不知而妄言者歟！

元和中穀城門候劉洪始悟四分於天疏闊，更以五百八十九爲紀法，百四十五爲斗分，而造乾象法，又制遲疾曆以步月行，方於太初、四分，轉精密矣。」

論曰：易有太極，是生兩儀。 兩儀之分尙矣，乃有皇犧。 皇犧之有天下也，未有書計。 歷載彌久，暨於黃帝，班示文章，重黎記註，象應著名，始終相驗，準度追元，乃立曆數。 天難諶斯，是以五、三迄于來今，各有改作，不通用。 故黃帝造曆，元起辛卯，而顓頊用乙卯，虞用戊午，夏用丙寅，殷用甲寅，周用丁巳，魯用庚子。 漢興承秦，初用乙卯，至武帝元封，不與天合，乃會術士作太初曆，元以丁丑。 王莽之際，劉歆作三統，追太初前(世)〔卅〕一元，得五星會庚戌之歲，以爲上元。 太初曆到章帝元和，旋復疏闊，徵能術者課校諸曆，定朔稽元，追漢(三)〔四〕十五年庚辰之歲，追朔一日，乃與天合，以爲四分曆元。 加六百五元一紀，上得庚申。 有近於緯，而歲不攝提，以辨曆者得開其說，而其元尠與緯同，同則或不得於天。 然曆之興廢，以疏密課，固不主於元。 光和元年中，議郎蔡邕、郎中劉洪補續律曆志，邕能著文，清濁鍾律，洪能爲筭，述敍三光。 今考論其業，義指博通，術數略舉，是以集錄爲上下篇，放續前志，以備一家。〔一〕

〔一〕蔡邕戍邊上章曰：「朔方髡鉗徒臣邕稽首再拜上書皇帝陛下：臣邕被受陛下尤異大恩，初由宰府備數典城，以叔父故衛尉質時爲尙書，召拜郎中，受詔詣東觀著作，遂與羣儒並拜議郎。 沐浴恩澤，承荅聖問，前後六年。 質奉機密，趨走目下，遂竟端右，出相好藩，還尹輦轂，旬日之中，登躡上列。 父子一門，兼受恩寵，不能輸寫心力，以效絲髮之功，一旦(拔)〔被〕章，陷沒辜戮。 陛下天地之德，不忍刀鋸截臣首領，得就平罪，父子家屬徙充邊方，完全軀命，喘息相隨。 非臣無狀所敢(復)望，非臣罪惡所當復蒙，非臣辭筆所能復陳。 臣初決罪雒陽詔獄，生出牢戶，顧念元初中故尙書郎張俊，坐漏泄事，當伏重刑，已出穀門，復聽讀鞫，詔書馳救，(減罪)一等，輸作左校。 俊上書謝恩，遂以轉徙。〔邕爲〕郡縣促遣，徧於吏手，不得頃息，含辭抱悲，無由上達。旣到徙所，乘塞守烽，職在候望，憂怖焦灼，無心復能操筆成草，致章闕庭。 誠知聖朝不責臣謝，但(懷)愚心，有所不竟。 臣自在布衣，常以爲漢書十志，下盡王莽，而世祖以來，唯有紀傳，無續志者。 臣所師事故太傅胡廣，知臣頗識其門戶，略以所有舊事〔與臣〕，雖未備悉，粗見首尾，積累思惟，二十餘年。 不在其位，非外吏庶人所得擅述。 天誘其衷，得備著作郎，建言十志皆當撰錄，遂與議郎張華等分受之，(所使元順)〔其〕難者皆以付臣。 先治律曆，以籌筭爲本，天文爲驗，請太(師)〔史〕舊注，考校連年，往往頗有差舛，當有增損，乃可施行，爲無窮法。道至深微，不敢獨議。 郎中劉洪，密於用筭，故臣表上洪，與共參思圖牒。 尋繹適有頭角，會臣被罪，(遂)〔逐〕放邊野。 臣竊自痛，一爲不善，使史籍所闕，(故)〔胡〕廣所校，二十年之思，中道廢絕，不得究竟。 慺慺之情，猶以結心，不能違望。 臣初欲須刑竟，乃因縣道，具以狀聞。 今年七月九日，匈奴始攻郡鹽池縣，其時鮮卑連犯雲中、五原，一月之中，烽火不絕。 不(言四)〔意西〕夷相與合謀，所圖廣遠，恐遂爲變，不知所濟。 郡縣咸懼，不守朝且。 臣所在孤危，懸命鋒鏑，湮滅土灰，呼吸無期。 誠恐所懷隨軀腐朽，抱恨黃泉，遂不設施，謹先顚踣。 科條諸志，臣欲(制)删定者一，所當接續者四，前志所無，臣欲著者(三)〔五〕，及經典羣書所宜捃摭，本奏詔書所當依據，分別首目，并書章左。 臣初被

考，妻子迸竄，亡失文書，無所案請。 加以惶怖愁恐，思念荒散，十分不得識一，所識者又恐謬誤。 觸冒死罪，披(散)〔瀝〕愚情，願下東觀，推求諸奏，參以璽書，以補綴遺闕，昭明國體。 章聞之後，雖肝腦流離，白骨剖破，無所復恨。 惟陛下省察。 謹因臨戎長霍圉封上。 臣頓首死罪稽首再拜以聞。」 其所論志，志家未以成書，如有異同，今隨事注之于本志也。

贊曰：象因物生，數本杪智。 律均前起，準調後發。 該覈衡琁，檢會日月。

校勘記

三〇五五頁四行 斗綱(之)〔所〕建 集解引盧文弨說，謂「之」御覽作「所」。按：與下「青龍所繼」相對成文，作「所」是，今據改。又按：「綱」原譌「剛」，逕改正。

三〇五五頁七行 當其同〔所〕 集解引盧文弨說，謂「同」下脫「所」字，御覽有。今據補。

三〇五五頁九行 斗建移辰謂之〔月〕 據集解引李銳說補。

三〇五五頁九行 日月之(術)〔行〕 據集解引李銳說改。按：殿本作「行」。

三〇五六頁五行 以察〔發〕斂 據集解引錢大昕說補。

三〇五七頁一三行 乃立儀表 按：集解引李銳說，謂儀謂渾儀，表謂圭表。今於儀表之閒加頓號。

三〇五八頁二行 爲一月之數 按：依文義當云「爲一月之日數」，疑脫「日」字。

三〇五八頁三行 月成則其歲〔大〕月(大)四時推移 集解引張文虎說，謂「月大」二字譌倒，「大」字絕

句，「月」字當屬下。此謂有閏之年爲大歲也。歲之餘分滿月法而置閏謂之大歲，與月之餘分滿日法而成日謂之大月正同。然閏月四時推移或有進退，故置中氣以定之。今據改。

三〇五八頁四行　中之始(日)〔曰〕節　據集解本改。

三〇五八頁一三行　故一(共)〔元〕以四千五百六十爲甲寅之終也　據汲本改。

三〇五九頁二行　沒數二十一(爲章閏)　據集解引李銳說删。

三〇五九頁一五行　中法(四)〔三〕十二　據集解引錢大昕說改。

三〇六〇頁三行　其月(食)百三十五　據集解引錢大昕說删。

三〇六〇頁四行　得五(百)〔月〕二十三之二十而一食　據集解引錢大昕說改。

三〇六〇頁四行　得歲有再食五百一十三分之五十〔五〕也　據集解引錢大昕說補。

三〇六〇頁五行　得四與二十七互之會二千五十二　按：「互」殿本作「五」。集解引錢大昕說，謂「五之」兩字難解，閩本、汲古閣本作「互」，亦非是。當云「名之曰蔀會」，傳寫脫譌耳。又引李銳說，謂「互之」者互乘之也。四爲七十六約數，以乘五百一十三，得二千五十二；二十七爲五百一十三約數，以乘七十六，亦得二千五十二，爲蔀會。

三〇六〇頁七行　蔀會(三)〔二〕千五十(三)〔二〕　據集解引錢大昕說改。

三〇六〇頁一〇行　月數百(二)〔三〕十五　據集解引錢大昕說改。

三〇六〇頁一一行　食法二十(二)〔三〕　據集解引錢大昕說改。

三〇六〇頁一三行　筭外所入紀歲名命之筭上即所求年太歲所在　集解引李銳說，謂「筭外」下有脫文，當云「筭外，所入蔀也。不滿蔀法者，入蔀年數也，各以所入紀歲名命之，筭上，即所求年太歲所在」。按：如李說，則「筭外」下當補「所入蔀也不滿蔀法者入蔀年數也各以」十六字。

三〇六〇頁一五行　所得以(七)〔二〕十(二)〔七〕乘之　據集解引李銳說改。

三〇六一頁一行　筭(之起)外所(以)入紀　集解引錢大昕說，謂「之」「起」「以」三字皆衍文。今據删。

三〇六一頁二行　各以(不)〔所〕入紀歲名命之　據集解引錢大昕說改。

三〇六一頁三行　即所求年(蔀)〔太歲所在〕　據集解引李銳說删補。

三〇六一頁四行　紀蔀表　張文虎舒蓺室隨筆云：「案此表首行序題，各本誤以『天紀歲名』對蔀名『甲子』『癸卯』爲第一列，『地紀歲名』對『庚辰』『丙申』爲第二列，『人紀歲名』對『庚子』『丙辰』爲第三列，『蔀首』二字對『庚申一』『丙子二』爲第四列。李尙之四分術注依錢少詹說更正，以天、地、人三紀序題各降一列，而以『蔀首』二字獨對一、二、三、四數目，今局中新刊本從之。其實蔀名『甲子』、『癸卯』一列當移末列，與數目字相屬，王氏太歲攷改如此。或移蔀首數目爲第一列，與蔀名相屬，庶爲明白。」今依張說移正。

三〇六二頁二行　壬(午)〔子〕　據集解引盧文弨說改。

三〇六二頁五行　(乙)〔己〕酉　據集解引盧文弨說改。

三〇六二頁一四行　小餘四百九十〔九〕　據集解引錢大昕、李銳說補。

三〇六三頁一行　以大周乘年周天乘〔閏餘〕減之餘滿蔀(日)〔月〕則天正朔日也　據集解引錢大昕說補改。

三〇六三頁二行　以(月)〔日〕餘乘之　據集解引錢大昕說改。

三〇六三頁九行　不滿其(數)〔所〕近節氣夜漏之半者　集解引李銳說，謂「數」當作「所」，聲之譌。今據改。

三〇六三頁一四行　以(爲)〔十〕五乘冬至小餘　據集解引錢大昕說改。

三〇六三頁一五行　置入蔀積(月)〔日〕以(日)〔蔀月〕乘之　據集解引錢大昕說改。

三〇六四頁八行　經斗除十〔九〕分　據集解引錢大昕說補。

三〇六四頁九行　以朔小餘減合〔朔〕度分　據集解引盧文弨說補。

三〇六四頁九行　其分(三)〔二〕百(二)〔三〕十五約之　據汲本、殿本改。

三〇六四頁一三行　積度加斗二十一十〔九〕分　據集解引錢大昕說補。

三〇六四頁一四行　謂(盡)〔晝〕漏分後盡漏盡也　集解引李銳說，謂「謂盡漏」當作「謂晝漏」。晝漏分後者，晝漏與夜漏分之後，謂自夜上水後至夜漏盡，月在張、心，則注於術。今據改。

三〇六五頁三行　以夜半到明日所行分(分)減蔀法　據集解引李銳說删。

三〇六五頁五行　置其節氣夜(半)〔漏〕之數　據集解引錢大昕說改。

三〇六五頁六行　即(明)月〔明〕所在度也　據集解引盧文弨說改。

三〇六五頁八行　加七度三百五十九分四分(之)三　據集解引盧文弨說删。

三〇六五頁八行　〔以〕宿次除之　據集解引盧文弨說補。

三〇六五頁一〇行　小分〔滿〕四從大分〔大分〕滿蔀月從度　據集解引李銳說補。

三〇六五頁一五行　以月數乘積〔食〕　據集解引錢大昕說補。

三〇六六頁三行　加五(百)〔月〕二十分　據集解引錢大昕說改。

三〇六六頁五行　又以四百九十〔九〕乘積月　據集解引錢大昕說補。

三〇六六頁一一行　餘以爲積月　按：集解引李銳說，謂此省文也。以術爲之，當以章月乘餘年，滿章法得一爲積月，不滿爲閏餘。

三〇六六頁一五行　不滿法(法)什之　據集解引錢大昕說删。

三〇六七頁二行　餘爲昨夜未(晝)〔盡〕　據集解引李銳說改。

三〇六七頁三行　以章法乘周率爲(用)〔月〕法　據集解引錢大昕說改。

三〇六七頁四行　以月之(月)〔日〕乘積〔月〕爲朔大小餘　據集解引李銳說改。

三〇六七頁四行　乘爲入月日餘　按：集解引錢大昕說，謂此處有脫譌。今以算術求之，當以蔀日乘積月，如蔀月而一，爲積日，不盡爲小餘；積日滿六十去之，餘爲大餘也。又以蔀日乘月餘，以月法乘朔小餘，併之，以四千四百六十五約之，所得如日度法而一，爲入月日，不盡爲日餘也。又引李銳說，謂以算求之，當以蔀日乘月餘，以月法乘朔小餘，從之，章法乘章月，得數約之，如日度法，爲入月日、日餘。

三〇六七頁五行　以〔周〕率去日率　據集解引錢大昕說補。

三〇六七頁五行　如日度法爲〔積〕度(之)〔度〕餘也　集解引錢大昕說，謂「爲度之餘」當云「爲積度度餘」。又引李銳說，謂「如日度法，爲度之餘也」，當云「如日度法爲積度，不盡爲度之餘也」。今按：錢、李二氏之說皆合理，局本依錢說改，今從之。

三〇六七頁一〇行　日餘萬四千六百四十(七)〔一〕　據集解引錢大昕說改。

三〇六七頁一四行　入月日十(一)〔二〕　據集解引錢大昕說改。

三〇六八頁四行　入月日二十(三)〔四〕　據集解引錢大昕說改。

三〇六八頁七行　月法十〔一〕萬七百七十　據汲本、殿本補。

三〇六八頁一〇行　月餘二十一萬七千六百六十〔三〕　據集解引錢大昕說補。

三〇六八頁一二行　虛分四百四十(九)〔一〕　據集解引錢大昕說改。

三〇六八頁一三行　入月日二十(七)〔八〕　據集解引錢大昕說改。

三〇六八頁一三行　日度法四萬七千六百三十(一)〔二〕　據集解引錢大昕說改。

三〇六八頁一四行　不盡名〔爲〕合餘　集解引惠棟說，謂「名」下乾象曆有「爲」字，應增入。今據補。

三〇六八頁一五行　〔合〕餘以周率除之　據集解引李銳說補。

三〇六九頁二行　從小積〔爲積月不盡〕爲月餘　據集解引李銳說補。

三〇六九頁五行　其閏〔餘〕滿二百二十四以上　據集解引李銳說補。

三〇六九頁六行　以蔀日乘(之)入紀月　據集解引錢大昕說刪。

三〇六九頁八行　所得(得)滿日度法得一　據集解引錢大昕說刪。

三〇六九頁一三行　以周率〔乘〕小餘　據集解引盧文弨說補。

三〇六九頁一四行　即(正)〔至〕後星合日數也　據集解引李銳說改。

三〇六九頁一五行　(餘一)〔金水〕加晨得夕　據集解引錢大昕說改。

三〇七〇頁二行　又〔加大〕餘二十九〔小餘四百九十九〕　集解引錢大昕說，謂「又」下疑有脫文，當云「加大餘二十九，小餘四百九十九」。今據補。按：此即上求後合月中所謂「加月餘於月餘，滿其月法得一」也，故應再加大餘二十九，小餘四百九十九。

三〇七〇頁三行　(如)〔加〕大餘　據集解引錢大昕說改。

三〇七〇頁四行　以入月日〔日〕餘加今所得　據集解引盧文弨說補。

三〇七〇頁四行　其前合月朔小餘(不)滿其虛分者　據集解引李銳說刪。

三〇七〇頁八行　木晨伏十六日七千(二)〔三〕百二十分半　據集解引錢大昕說改。

三〇七〇頁一〇行　八十四日(進)〔退〕十二度　據集解引錢大昕說改。

三〇七〇頁一三行　伏復十六日七千(二)〔三〕百二十分半　據集解引錢大昕說改。

三〇七〇頁一四行　行星三十(二)〔三〕度與萬三百一十四分　據集解引錢大昕說改。

三〇七一頁一行　〔百〕八十四日行〔百〕一十二度　據集解引錢大昕說補。

三〇七一頁四行　行(三)百三度　據集解引錢大昕說補。

三〇七一頁六行　通率日行千八百七十六分之九百九十七　「九十七」原譌「九十六」，據張元濟校勘記謂「六」字原作「大」，影印上板時描改也。

三〇七一頁一一行　〔一〕見三百四十日　據集解引盧文弨說補。

三〇七一頁一五行　〔旋〕順　按：依文義當脫一「旋」字，今補。

三〇七一頁一五行　日行(行)四十六分度之三十三　據集解引錢大昕說刪。

三〇七一頁一五行　而〔疾〕日行一度九十〔一〕分度之十五　據集解引錢大昕說補。

三〇七二頁三行　一合二百九十二日〔二〕百八十一分　據集解引錢大昕說補。

三〇七二頁七行　而(進)〔遲〕　據集解引錢大昕說改。

三〇七二頁九行　退四度而(後)〔復〕合　據集解引錢大昕說改。

三〇七二頁九行　凡(三)〔再〕合一終　據集解引錢大昕說改。

三〇七三頁二行　〔旋〕逆　據集解引錢大昕說補。

三〇七三頁三行　行三十〔二〕度　據集解引錢大昕說補。

三〇七三頁五行　(如)〔加〕星合日度餘　據集解引錢大昕說改。

三〇七三頁五行　(術)〔行〕分母乘之　據集解引李銳說改。

三〇七三頁六行　分(日)如〔日〕度法而一　據集解引李銳說改。

三〇七三頁六行　不盡如(法)半〔法〕以上　據集解引盧文弨說改。

三〇七三頁一〇行　(日)〔月〕名　據集解引李銳說改。按：下表排列依李銳漢四分術改定。

三〇七四頁三行　斗二十六四分〔一〕退二　據集解引李銳說補。

三〇七四頁三行　女十二進(二)〔一〕　據集解引李銳說改。

三〇七四頁三行　虛十進(三)〔二〕　據集解引李銳說改。

三〇七四頁四行　危十(六)〔七〕　據集解引李銳說改。

三〇七四頁四行　室十六進(二)〔三〕　據集解引李銳說改。

三〇七四頁四行　壁(十)〔九〕進(三)〔二〕　汲本、殿本「進三」作「進二」。集解引李銳說，謂「壁十」當作「壁九」，「進二」作「進一」。今據改。按：集解引李銳說，謂案此赤道度卽太初星距見於三統術者是也。自漢以後相沿承用，至唐大衍術始改畢、觜、參、鬼四宿，後漢施行四分，未嘗改測，則二宿度數不得與三統術異。今本作「危十六」「壁十」者，與下文黃道度相涉而誤也。

三〇七四頁六行　婁十二(進)〔退〕一　汲本、殿本「進一」作「進二」。集解引李銳說，謂當作「退一」。今據改。

三〇七四頁六行　胃十四(進二)〔退一〕　據集解引李銳說改。

三〇七四頁六行　昴十一(進)〔退〕二　據集解引李銳說改。

三〇七四頁七行　畢十六(進)〔退〕三　汲本、殿本「進三」作「進二」。集解引李銳說，謂當作「退三」。今據改。

三〇七四頁一〇行　翼十八進(一)〔二〕　據集解引李銳說改。

三〇七四頁一三行　尾十八(進)〔退〕三　據集解引李銳說改。

三〇七五頁二行　斗二十四(進一)〔四分一〕　據集解引李銳說改。

三〇七六頁一行　夜漏減(三)〔之二〕百而一　據集解引李銳說改。

律曆下　三〇九三

後漢書志第三　三〇九四

三〇七六頁二行　如法爲少〔二爲半三爲太〕　據集解引李銳說補。

三〇七六頁五行　赤道橫帶渾天之腹去極九十一度十〔六〕分之五　御覽無「渾」字。又「分」上原無「六」字；占經、御覽作「十九分」，亦非是。今依算理補。

三〇七六頁七行　就夏曆景去極之法以爲率也　按：「夏曆景」開元占經作「夏至曆景」，影印宋本御覽引作「夏曆晷景」，鮑刻本作「夏至晷景」。

三〇七六頁九行　取北極及衡各(誠)〔鍼〕椓之爲軸　據嚴可均輯全後漢文改。

三〇七六頁一〇行　以爲〔百〕八十二度八分之五　據開元占經補。

三〇七六頁一一行　視籛之半際(夕)多〔少〕黃赤道幾也　集解引盧文弨說，謂「夕」字衍。今按：「夕」乃「少」字之形譌，又顚倒其文耳。下云「其所多少」，可證也。開元占經引作「視籛半之際多少黃赤道幾何也」。

三〇七六頁一三行　從(此)〔北〕極數之　據汲本、殿本改。

三〇七六頁一三行　則(無)〔去〕極之度也　據開元占經引改。

三〇七六頁一五行　故使中道三日之中(著)〔差〕少半也　據開元占經改。

三〇七七頁三行　而度猶〔云〕退者　集解引盧文弨說，謂「猶」下當有「云」字。今據補。

三〇七七頁四行　而以赤道(重廣)〔量度〕黃道　據開元占經引改。

三〇七七頁五行　以赤道爲(強)〔距〕耳　據開元占經引改。

三〇七七頁五行　故於黃道亦〔有〕進退也　據開元占經補。

三〇七七頁九行　斗二十一度八分退二　原作斗二十度百一十分八分退二，譌，逕據集解引錢大昕說改正。按：錢云因下有「百一十五」之文而重出耳。此以三十二爲度法，分滿法卽進爲度，無有過三十一分者。

三〇七七頁一〇行　女二度七分進一　「進」下原脫「一」字，王先謙謂李本作「進一」，今逕補。

三〇七七頁一一行　百一十　原作「百一十一」，譌。王先謙謂李本作「百一十」，逕據改。

三〇七七頁一二行　危十度　原作「危七度」，譌，逕據集解引錢大昕說改正。

三〇七七頁一二行　百六少強　「少強」原作「少弱」，譌。王先謙謂李本作「少強」，逕據改。

三〇七七頁一二行　畢五少弱退三　「少弱」原作「少強」，譌，逕據汲本改正。

三〇七七頁一三行　室八度二十八分進三　「進三」原作「退三」，譌。王先謙謂李本「退」作「進」，逕據改。

三〇七七頁一三行　箕大弱退三　「箕」下原有大字「六」，譌。王先謙謂李本無「六」字，逕據刪。

三〇七八頁一行　八十九強　「強」原作「少強」，譌。王先謙謂李本無「少」字，逕據刪。

三〇七八頁一行　斗十一弱退二　「弱」原作「強」，譌。王先謙謂李本作「弱」，逕據改。

三〇七八頁二行　胃一度十七分退一　「退一」原作「退二」，譌。王先謙謂李本作「退一」，逕據改。

律曆下　三〇九五

後漢書志第三　三〇九六

三〇七八頁二行　星四大進一　「進」下原脫「一」字，王先謙謂李本「進」下有「一」字，逕據補。

三〇七八頁三行　張十七進一　「進一」原譌「進二」，逕據汲本改正。按：王先謙謂李本作「大進一」。

三〇七八頁四行　畢六度　「六」原作「八」，譌，逕據汲本改正。

三〇七八頁四行　女十少進一　「進」原作「弱」，譌。王先謙謂李本「弱」作「進」，逕據改。

三〇七八頁五行　角大弱　「大」原作「六」，大字，譌。王先謙謂李本「六」作「大」，小字，逕據改。

三〇七八頁七行　室十二少弱進三　「進三」原作「退三」，譌。王先謙謂李本作「進三」，逕據改。

三〇七八頁九行　星四度二分進一　「二分進一」原作「三分進二」，譌。王先謙謂李本作「二分進一」，逕據改。

三〇七八頁一〇行　胃九大弱退一　「退一」原作「退二」，譌。王先謙謂李本作「退一」，逕據改。

三〇七八頁一一行　翼九度十六分進二　「進二」原作「退二」，譌。李本作「進一」，亦誤。依算理應爲「進二」，今逕改。

三〇七八頁一一行　斗十少退二　「退」下原脫「二」字，王先謙謂李本作「退二」，逕據補。

三〇七八頁一三行　軫六度二十三分進一　「進一」原作「退一」，譌。王先謙謂李本作「進一」，逕據改。

三〇七八頁一三行　斗二十一強退二　「退」下原脫一字。汲本、殿本作「退一」，譌。王先謙謂李本作「退二」，逕據補。

三〇七八頁一四行　亢八度五分退一　「退一」原作「退三」，譌。王先謙謂李本作「退一」，逕據改。

三〇七八頁一四行　九十六大強　「大強」原作「少強」，譌。王先謙謂李本作「大強」，逕據改。

三〇七九頁一行　氐十四度十二分退二　「十二分」原作「十三分」，譌。錢大昕謂「三」當作「二」，王先謙謂李本作「十二分」，逕據改。

三〇七九頁一行　虛六大進二　「進二」原作「進一」，譌。王先謙謂李本作「進二」，逕據改。

三〇七九頁二行　尾四度　「尾」原作「房」，譌。王先謙謂李本作「尾」，逕據改。

三〇七九頁二行　丈　「丈」下原有「四寸二分」四字。集解引李銳說，謂案祖沖之術二至晷景與此同。其至前後各氣晷景，以此至前後晷景兩兩相加，折半得之。如此術大雪景丈二尺五寸六分，小寒景二尺三寸，相加半之，得沖之術大雪、小寒景一丈二尺四寸三分是也。覆檢此文，惟立冬一氣不合。案祖沖之稱四分志立冬中景長一丈，立春中景九尺六寸，相加半之，得九尺八寸，與沖之術立春、立冬景正合。然則此文立冬晷景丈四寸二分，誤衍「四寸二分」四字耳。今逕據删。

三〇七九頁二行　張十五大強進一　「進一」原作「進二」，汲本無「進一」二字。王先謙謂李本多「進一」二字，殿本同，逕據改。

三〇七九頁三行　室三　原作「室二」，譌。王先謙謂李本「室二」作「室三」，逕據改。

三〇七九頁四行　斗六度一分退二　「退二」原作「退三」，譌。王先謙謂李本作「退二」，逕據改。

三〇七九頁四行　軫十五弱進一　「弱」原作「少強」，譌。李本作「少弱」，亦譌。依算理應作「弱」，逕改。

三〇七九頁一五行　振寒(溫)〔洞〕泄　據汲本、殿本改。

三〇八〇頁二行　〔國〕有大喪　據汲本、殿本補。

三〇八〇頁一四行　五疽　「疽」原譌「疸」，逕據殿本、集解本改正。

三〇八〇頁一六行　每次三十(二)度三十(三)〔二〕分之十四　據集解引錢大昕說删改。

三〇八〇頁一六行　自危十度至壁(八)〔九〕度　據集解引錢大昕說改。下「自壁八度至胃一度」同。

三〇八〇頁一七行　立春驚蟄居之　按：殿本「驚蟄」作「雨水」，下「雨水」作「驚蟄」。集解引錢大昕說，謂此以驚蟄爲正月中氣，雨水爲二月節，依古法也。四分術以雨水爲正月中氣。

三〇八一頁一行　清明穀雨居之　集解引盧文弨說，謂清明穀雨當互易。今按：證以月令問答，惟驚蟄、雨水用三統，餘皆用四分，易之非是。

三〇八二頁一〇行　強正弱(直)〔負〕也　集解引李銳說，謂「直」當作「負」，負猶背也。今據改。

三〇八二頁七行　追太初前(世)〔卅〕一元　據集解引盧文弨說改。按：前志謂太初元年距上元十四萬三千一百二十七歲，正爲太初前卅一元，「卅」與「世」形近而譌。

三〇八二頁九行　追漢(三)〔四〕十五年庚辰之歲　據集解引錢大昕說改。

三〇八三頁二行　趨走目下遂竟端右出相好藩　按：集解引惠棟說，謂邕集「目」作「陛」，「竟」作「由」，「好」作「外」。

三〇八三頁三行　一旦(拔)〔被〕章　據汲本、殿本改。

三〇八三頁四行　非臣無狀所敢(復)〔復〕望　據汲本、殿本補。

三〇八三頁五行　〔滅罪〕一等　「一等」上疑有脫文，今據嚴可均輯全後漢文補「滅罪」二字。

三〇八三頁六行　〔邕爲〕郡縣促遣　集解引盧文弨說，謂脫「邕爲」二字。今據補。按：惠棟補注謂「郡縣」上邕集有「邕爲」二字。

三〇八三頁六行　偏於吏手　按：集解引惠棟說，謂「偏」邕集作「迫」。

三〇八三頁七行　但〔懷〕愚心　據集解引盧文弨說補。

三〇八三頁八行　略以所有舊事〔與臣〕　據集解引盧文弨說補。

三〇八三頁一〇行　(所使元順)〔其〕難者皆以付臣　集解引惠棟說，謂邕集無「所使元順」四字，有「其」字。今據改。

三〇八三頁一二行　請太(師)〔史〕舊注　據集解引盧文弨說改。

三〇八三頁一三行　尋繹適有頭角　集解引盧文弨說，謂「尋繹」下脫「度數」二字。按：如盧說增「度數」二字，則當於「尋繹度數」絕句。

三〇八三頁一三行　(遂)〔逐〕放邊野　集解引惠棟說，謂邕集「遂」作「逐」。今據改。

三〇八三頁一三行　(故)〔胡〕廣所校　據汲本、殿本改。

三〇八三頁一三行　不能達望　按：集解引盧文弨說，謂「達望」一作「自達」。

三〇八三頁一五行　不(言四)〔意西〕夷相與合謀　據集解引盧文弨說改。

三〇八三頁一六行　護先顛踣　按：集解引惠棟說，謂「護」邕集作「恐」。

三〇八三頁一六行　臣欲(制)删定者一　據集解引盧文弨說删。

三〇八三頁一七行　臣欲著者(三)〔五〕　集解引惠棟說，謂「三」邕集作「五」。盧文弨亦謂「三」當作「五」。今據改。

三〇八四頁一行　拔(散)〔澀〕愚情　集解引惠棟說，謂「散」邕集作「澀」。盧文弨亦謂「散」當作「澀」。今據改。

後漢書志第四

禮儀上

合朔　立春　五供　上陵　冠　夕牲　耕　高禖　養老　先蠶　祓禊

夫威儀，所以與君臣，序六親也。若君亡君之威，臣亡臣之儀，上替下陵，此謂大亂。大亂作，則羣生受其殃，可不慎哉！故記施行威儀，以爲禮儀志。〔一〕

〔一〕謝沈書曰：「太傅胡廣博綜舊儀，立漢制度，蔡邕依以爲志，譙周後改定以爲禮儀志。」

禮威儀，每月朔旦，太史上其月曆，有司、侍郎、尚書見讀其令，奉行其政。朔前後各二日，皆牽羊酒至社下以祭日。日有變，割羊以祠社，用救日（日）變。執事者冠長冠，衣皁單衣，絳領袖（緣）〔緣〕中衣，絳袴袜，以行禮，如故事。〔一〕

〔一〕公羊傳曰：「日有食之，鼓，用牲于社，求乎陰之道也。以朱絲縈社，或曰脅之，或曰爲闇。恐人犯之，故縈之也。」何休曰：「脅之與責求同義。社者，土地之主也。月者，土地之精也。上繫於天而犯日，故鳴鼓而攻之，脅其本

也。朱絲縈之，助陽抑陰也。或曰爲闇者，社者土地之主尊也，爲日光盡，天闇冥，恐人犯歷之，故縈之。然此說非也。先言鼓，後言用牲者，明先以尊者命責之，後以臣子禮接之，所以爲順也。」白虎通曰：「日食必救之，陰侵陽也。鼓攻之，以陽責陰也。故春秋『日食，鼓，用牲于社』。所以必用牲者，（土）〔社〕地別神也，尊之，不敢虛責也。日食、大水則鼓，用牲，大旱則雩祭求雨，非虛言也。助陽責下，求陰之道也。」決疑要注曰：「凡救日食，皆著赤幘，以助陽也。日將食，天子素服避正殿，內外嚴。日有變，伐鼓聞音，侍臣著赤幘，帶劍入侍，三臺令史已（下）〔上〕皆持劍立其戶前，衞尉卿驅馳繞宮，察巡守備，周而復始。日復常，乃皆罷（之）。」

立春之日，夜漏未盡五刻，京師百官皆衣青衣，郡國縣道官下至斗食令史皆服青幘，立青幡，施土牛耕人于門外，以示兆民，至立夏。唯武官不。立春之日，下寬大書曰：「制詔三公：方春東作，敬始慎微，動作從之。罪非殊死，且勿案驗，皆須麥秋。退貪殘，進柔良，下當用者，如故事。」〔一〕

〔一〕月令曰：「命相布德和令。」蔡邕曰：「即此詔之謂也。」獻帝起居注曰：「建安二十二年二月壬申，詔書絕，立春寬緩詔書不復行。」

正月上丁，祠南郊。〔一〕禮畢，次北郊，明堂，高廟，世祖廟，謂之五供。五供畢，以次上陵。

〔一〕白虎通曰：「春秋傳曰『以正月上辛』；尚書曰『丁巳，用牲于郊，牛二』。先甲三日，辛也，後甲三日，丁也，皆可接事昊天之日。」

西都舊有上陵。東都之儀，百官、四姓親家婦女、公主、諸王大夫、〔二〕外國朝者侍子、郡國計吏會陵。晝漏上水，大鴻臚設九賓，隨立寢殿前。〔三〕鍾鳴，謁者治禮引客，羣臣就位如儀。乘輿自東廂下，太常導出，西向拜，（止）〔折〕旋升阼階，拜神坐。退坐東廂，西向。侍中、尚書、陛者皆神坐後。公卿羣臣謁神坐，太官上食，太常樂奏食舉，〔舞〕文始、五行之舞。〔三〕（禮）樂闋，（君）〔羣〕臣受賜食畢，郡國上計吏以次前，當神軒占其郡〔國〕穀價，民所疾苦，欲神知其動靜。孝子事親盡禮，敬愛之心也。周徧如禮。〔四〕最後親陵，遣計吏，賜之帶佩。八月飲酎，上陵，禮亦如之。〔五〕

〔一〕蔡邕獨斷曰：「凡與先后有瓜葛者。」

〔二〕薛綜曰：「九賓謂王、侯、公、卿、二千石、六百石下及郎、吏、匈奴侍子，凡九等。」

〔三〕前書志曰：「文始舞者，本韶舞也，高祖六年更名文始，以示不相襲也。五行舞者，本周舞也，秦始皇二十六年更名五行之舞也。」

〔四〕謝承書曰：「建寧五年正月，車駕上原陵，蔡邕爲司徒掾，從公行，到陵，見其儀，愾然謂同坐者曰：『聞古不墓祭。朝廷有上陵之禮，始（爲）〔謂〕可損。今見（威）〔其〕儀，察其本意，乃知孝明皇帝至孝惻隱，不可易舊。』或曰：『本

意云何？』『昔京師在長安時，其禮不可盡得聞也。光武即世，始葬于此。明帝嗣位踰年，羣臣朝正，感先帝不復聞見此禮，乃帥公卿百僚，就園陵而創焉。尚書（陛）〔階〕西（陛爲）〔祭設〕神坐，天子事亡如事存之意。苟先帝有瓜葛之屬，男女畢會，王、侯、大夫、郡國計吏，各向神坐而言，庶幾先帝神魂聞之。今者日月久遠，後生非時，人但見其禮，不知其哀。以明帝聖孝之心，親服三年，久在園陵，初興此儀，仰察几筵，下顧羣臣，悲切之心，必不可堪。』邕見太傅胡廣曰：『國家禮有煩而不可省者，不知先帝用心周密之至於此也。』廣曰：『然。子宜載之，以示學者。』邕退而記焉。」魚豢曰：「孝明以正月旦，百官及四方來朝者，上原陵朝禮，是謂甚違古不墓祭之義。」臣昭以爲邕之言然。

〔五〕丁孚漢儀曰：「酎金律，文帝所加，以正月旦作酒，八月成，名酎酒。因（合）〔令〕諸侯助祭貢金。」漢律金布令曰：「皇帝齋宿，親帥羣臣承祠宗廟，羣臣宜分奉請。諸侯、列侯各以民口數，率千口奉金四兩，奇不滿千口至五百口亦四兩，皆會酎，少府受。又大鴻臚食邑九眞、交阯、日南者，用犀角長九寸以上若瑇瑁甲一，鬱林用象牙長三尺以上若翡翠各二十，準以當金。」漢舊儀曰：「皇帝惟八月酎，車駕夕牲，牛以絳衣之。皇帝暮視牲，以鑑燧取水於月，以火燧取火於日，爲明水火。左袒，以水沃牛右肩，手執鸞刀，以切牛毛薦之，而即更衣，（巾）侍〔中〕上熟，乃祀（之）。」

凡齋，天地七日，宗廟、山川五日，小祠三日。齋日內有汙染，解齋，副倅行禮。先齋一日，有汙穢災變，齋祀如儀。大喪，唯天郊越紼而齋，地以下皆百日後乃齋，如故事。〔一〕

〔一〕魏文帝詔曰：「漢氏不拜日於東郊，而旦夕常於殿下東面拜日，煩褻似家人之事，非事天交神之道也。」於是朝日東門之外，將祭必先夕牲，其儀如郊。

中華書局

正月甲子若丙子爲吉日，可加元服，儀從冠禮。乘輿初（加）緇布進賢，次爵弁，次武弁，次通天。（以據）〔冠訖〕，皆於高祖廟如禮謁。〔一〕王公以下，初加進賢而已。〔二〕

〔一〕冠禮曰：「成王冠，周公使祝雍（祝王），曰：『辭達而勿多也。』祝雍曰：『（使王）近於民，遠於年，遠於佞，近於義，嗇於（時，惠於）財，任賢使能。』」博物記曰：「孝昭帝冠辭曰：『陛下摛顯先帝之光耀，以承皇天之嘉祿，欽奉仲春之吉辰，普尊大道之郊域，秉率百福之休靈，始加昭明之元服。推遠沖孺之幼志，蘊積文武之就德，肅勤高祖之清廟，六合之內，靡不蒙德，永永與天無極。』」獻帝傳曰「興平元年正月甲子，帝加元服，司徒淳于嘉爲賓，加賜玄纁駟馬，（賜）貴人、（公主）〔王、公〕、卿、司隸（校尉）、城門五校及侍中、尚書、給事黃門侍郎各一人爲太子舍人」也。

〔二〕獻帝起居注曰：「建安十八年正月壬子，濟北王加冠戶外，以見父母。給事黃門侍郎劉瞻兼侍中，假貂蟬加濟北王，給之。」

正月，天郊，夕牲。〔一〕晝漏未盡十八刻初納，夜漏未盡八刻初納，〔二〕進熟獻，太祝送，旋，皆就燎位，宰祝舉火燔柴，火然，天子再拜，興，有司告事畢也。明堂、五郊、宗廟、太社稷、六宗夕牲，皆以晝漏（未盡）十四刻初納，夜漏未盡七刻初納，進熟獻，送神，還，有司告事畢。六宗燔燎，火大然，有司告事畢。

〔一〕周禮「展牲」，干寶曰「若今夕牲」。又郊儀，先郊日未晡五刻夕牲，公卿京尹衆官悉至壇東就位，太祝吏牽牲入，到榜，廪犧令跪曰：「請省牲。」舉手曰：「腯。」太祝令繞牲，舉手曰：「充。」太史令牽牲就庖，（以二陶）豆酌毛血，其一奠天神坐前，其一奠太祖坐前。今之郊祀然也。

〔二〕干寶周官注曰：「納，亨納。牲將告殺，謂向祭之（辰）〔晨〕也。」

正月始耕。〔一〕晝漏上水初納，執事告祠先農，已享。〔二〕耕時，有司請行事，就耕位，天子、三公、九卿、諸侯、百官以次耕。〔三〕力田種各耰訖，有司告事畢。〔四〕是月令曰：「郡國守相皆勸民始耕，如儀。諸行出入皆鳴鍾，皆作樂。其有災眚，有他故，若請雨、止雨，皆不鳴鍾，不作樂。」〔五〕

〔一〕月令曰：「天子親載耒耜，措之參保介之御閒，帥三公、九卿，躬耕帝藉。」盧植注曰：「帝，天也。藉，耕也。」

〔二〕賀循藉田儀曰：「漢耕日，以太牢祭先農於田所。」春秋傳曰：「耕藉之禮，唯齋三日。」左傳曰：「鄘人藉稻。」杜預注曰：「藉稻，履行之。」薛綜注二京賦曰：「爲天神借民力於此田，故名曰帝藉。田在國之辰地。」干寶周禮注曰：「古之王者，貴爲天子，富有四海，而必私置藉田，蓋其義有三焉：一曰，以奉宗廟，親致其孝也；二曰，以訓于百姓在勤，勤則不匱也；三曰，聞之子孫，躬知稼穡之艱難無（違）〔逸〕也。」

〔三〕鄭玄注周禮曰：「天子三推，公五推，卿、諸侯九推，庶人終於千畝。庶人謂徒三百人也。」月令章句曰：「卑者殊勞，故三公五推。禮，自上以下，降殺以兩，勞事反之。諸侯上當有孤卿七推，大夫十二，士終畝，可知也。」盧植

注禮記曰：「天子耕藉，一發九推耒。周禮，二耜爲耦，一耜之伐，廣尺深尺。伐，發也。天子及三公，坐而論道，參五職事，故三公以五爲數。卿、諸侯當究成天子之職事，故以九爲數。伐皆三者，禮以三爲文。」

〔四〕史記曰：漢文帝詔云：「農，天下之本。其開藉田，朕躬耕，以給宗廟粢盛。」應劭曰：「古者天子耕藉田千畝，爲天下先。藉者，帝王典藉之常也。」而應劭風俗通又曰：「古者使民如借，故曰藉田。」鄭玄曰：「藉之言借也。王一耕之，使庶人耘芓終之。」盧植曰：「藉，耕也。春秋傳曰『鄘人藉稻』，故知藉爲耕也。」韋昭曰：「借民力以治之，以奉宗廟；且以勸率天下，使務農也。」瓚曰：「藉，蹈藉也。本以躬親爲義，不得以假借爲稱也。」漢舊儀曰：「春始東耕於藉田，官祠先農。先農即神農炎帝也。祠以一太牢，百官皆從，大賜三輔二百里孝悌、力田、三老帛。種百穀萬斛，爲立藉田倉，置令、丞。穀皆以給祭天地、宗廟、羣神之祀，以爲粢盛。皇帝躬秉耒耜而耕，古爲甸師官。」賀循曰：「所種之穀，黍、稷、穜、稑。稑，早也。穜，晚也。」干寶周禮注曰：「穜，晚〔穀〕，秔稻之屬。稑，（陵）〔早〕穀，黍稷之屬。」

〔五〕春秋釋痾曰：「漢家郡守行大夫禮，鼎俎籩豆，工歌縣。」何休曰：「漢家法陳師，置守相，故行其樂也。」

仲春之月，立高禖祠于城南，祀以特牲。〔一〕

〔一〕月令：「玄鳥至之日，以太牢祠。」詩曰：「克禋克祀，以弗無子。」毛萇傳曰：「弗，去無子求有子。古者必立郊禖焉。玄鳥至之日，以太牢祀于郊禖，天子親往，后妃帥九嬪御，乃禮天子所御，帶以弓韣，授以弓矢，于郊禖之前。」鄭玄注云：「弗之言祓也。禋祀上帝于郊禖，以祓無子之疾而得福也。」月令章句曰：「高，尊也。禖，祀也。吉事先見之象也。蓋爲人所以祈子孫之祀。玄鳥感陽而至，其來主爲孚乳蕃滋，故重其至日，因以用事。契母簡狄，

蓋以玄鳥至日有事高禖而生契焉。故詩曰：『天命玄鳥，降而生商。』韣，弓衣也。祀以高禖之命，飲之以醴，帶以弓衣，尚使得男也。」離騷曰：「簡狄在臺嚳何宜？玄鳥致（胎）〔貽〕女何嘉？」王逸曰：「言簡狄侍帝嚳於臺上，有飛燕墮其卵，喜而吞之，因生契。」鄭玄注禮記曰：「後王以爲禖官嘉祥，而立其祠。」盧植注云：「玄鳥至時，陰陽中，萬物生，故於是以三牲請子於高禖之神。居明顯之處，故謂之高。因其求子，故謂之禖。以爲古者有媒氏之官，因以爲神。」晉元康中，高禖壇上石破，詔問出何經典，朝士莫知。博士束晳荅曰：「漢武帝晚得太子，始爲立高禖之祠。高禖者，人之先也。故立石爲主，祀以太牢。」

明帝永平二年三月，上始帥羣臣躬養三老、五更于辟雍。〔一〕行大射之禮。〔二〕郡、縣、道行鄉飲酒于學校，皆祀聖師周公、孔子，牲以犬。〔三〕於是七郊禮樂三雍之義備矣。

〔一〕孝經援神契曰：「尊三老者，父象也。謁者奉几，安車輭輪，供綏執〔授，兄〕事五更，寵以度，接禮交容，謙恭順貌。」宋均曰：「三老，老人知天、地、人事者。奉几，授三老也。安車，坐乘之車。輭輪，蒲裹輪。供綏，三老就車，天子親執綏授之。五更，老人知五行更代之事者。度，法也。度以寵異之也。」鄭玄注禮記曰：「皆年老更事致仕者也。名三五者，取象三辰五星，天所因以照明天下者。」玄又一注：「皆老人更知三德五事者也。」應劭漢官儀曰：「三老、五更，三代所尊也。安車輭輪，送迎至家，天子獨拜于屏。三者，道成於天、地、人。老者，久也，舊也。五者，訓於五品。更者，五世長子，更更相代，言其能以善道改更己也。三老、五更皆取有首妻，男女完具。」臣昭案：桓榮五更，後除兄子二人補四百石，則榮非長子矣。蔡邕曰：「五更，長老之稱也。」

〔二〕袁山松書曰：「天子皮弁素積，親射大侯。」

〔三〕鄭玄注儀禮曰「狗取擇人」，孟冬亦如之。石渠論曰：「鄉射合樂，而大射不，何也？韋玄成曰：『鄉人本無樂，故於歲時合樂以同其意。諸侯故自有樂，故不復合樂。』」鄭玄注鄉飲酒禮曰：「今郡國十月行鄉飲酒禮，黨正每歲邦索鬼神而祭祀，則以禮屬民而飲酒于序，以正齒位之禮。凡鄉黨飲酒，必於民聚之時，欲其見化知尙賢尊長也。玄冠衣皮弁服，與禮異。」服虔、應劭曰，漢家郡縣饗射祭祀，皆假士禮而行之。樂縣笙磬籩俎，皆如士制。

養三老、五更之儀，先吉日，司徒上太傅若講師故三公人名，用其德行年耆高者一人爲老，次一人爲更也。〔一〕皆服都紵大袍單衣，皁緣領袖中衣，冠進賢，扶（玉）〔王〕杖。五更亦如之，不杖。皆齋于太學講堂。〔二〕其日，乘輿先到辟雍禮殿，御坐東廂，遣使者安車迎三老、五更。天子迎于門屛，交禮，道自阼階，三老升自賓階。至階，天子揖如禮。三老升，東面，三公設几，九卿正履，天子親袒割牲，執醬而饋，執爵而酳，祝鯁在前，祝饐在後。〔三〕五更南面，公進供禮，亦如之。〔四〕明日皆詣闕謝恩，以見禮遇大尊顯故也。〔五〕

〔一〕盧植禮記注曰：「選三公老者爲三老，卿大夫中之老者爲五更，亦參五之也。」

〔二〕月令章句曰：「三老，國老也。五更，庶老也。」

〔三〕禮記曰：「天子適饌省醴，養老之珍具，遂發詠焉。退，脩之以孝養；反，升歌淸廟。」孝養之詩也。

〔四〕譙周五經然否曰：「漢初或云三老荅天子拜，遭王莽之亂，法度殘缺。漢中興，定禮儀，羣臣欲令三老荅拜。城門校尉董鈞駮曰：『養三老，所以敎事父之道也。若荅拜，是使天下荅子拜也。』詔從鈞議。」譙周論之曰：「禮，尸服上服，猶以非親之故荅子拜，士見異國君亦荅拜，是皆不得視猶子也。」虞喜曰：「且據漢儀，於門屛交禮，交禮即

荅拜。中興謬從鈞議，後革之，深得其意。」

〔五〕前書禮樂志曰：「顯宗（因）〔宗〕祀光武皇帝於明堂，養三老、五更於辟雍，威儀既盛矣；德化未流洽者，以其禮樂未具，羣下無所誦說，而庠序尙未設之故也。孔子曰：『譬如爲山，未成一簣，止，吾止也。』」

是月，皇后帥公卿諸侯夫人蠶。〔一〕祠先蠶，禮以少牢。〔二〕

〔一〕丁孚漢儀曰：「皇后出，乘鸞輅，靑羽蓋，駕駟馬，龍旂九旒，大將軍妻參乘，太僕妻御，前鸞旂車，皮軒闟戟，雒陽令奉引，亦千乘萬騎。車府令設鹵簿駕，公、卿、五營校尉、司隸校尉、河南尹妻皆乘其官車，帶夫本官綬，從其官屬導從皇后。置虎賁、羽林騎，戎頭，黃門鼓吹，五帝車，女騎夾轂，執法御史在前後，亦有金鉦黃鉞，五將導。桑于蠶宮，手三盆于繭館，畢，還宮。」月令曰：「禁婦人無觀。」案谷永對稱「四月壬子，皇后躬桑之日也」，則漢桑亦用四月。

〔二〕漢舊儀曰：「春桑生而皇后（親）〔親〕桑於菀中。蠶室養蠶千薄以上。祠以中牢羊豕，（令）〔祭〕蠶神曰菀窳婦人、寓氏公主，凡二神。羣臣妾從桑還，獻於繭觀，皆賜從桑者（樂）〔絲〕。皇后自行。凡蠶絲絮，織室以作祭服。祭服者，冕服也。天地宗廟羣（臣）〔神〕五時之服。其皇帝得以作縷縫衣，（皇后）得以作巾絮而已。置蠶官令、丞，諸天下官（下法）皆詣蠶室，（亦）〔與〕婦人從事，故舊有東西織室作（法）〔治〕。」晉后祠先蠶。先蠶壇高一丈，方二丈，爲四出陛，陛廣五尺，在采桑壇之東南。

是月上巳，官民皆絜於東流水上，曰洗濯祓除去宿垢疢爲大絜。絜者，言陽氣布暢，萬物訖出，始絜之矣。〔一〕

〔一〕謂之禊也。風俗通曰：「周禮『女巫掌歲時以祓除疾病』。禊者，絜也。春者，蠢也，蠢（蠢）搖動也。尙書『以殷仲春，厥民析』，言人解析也。」蔡邕曰：「論語『暮春者，春服既成，冠者五六人，童子六七人，浴乎沂，風乎舞雩，詠而歸』。自上及下，古有此禮。今三月上巳，祓禊於水濱，蓋出於此。」杜篤祓禊賦曰「巫咸之徒，秉火祈福」，則巫祝也。一說云，後漢有郭虞者，三月上巳產二女，二日中並不育，俗以爲大忌，至此月日諱止家，皆於東流水上爲祈禳自絜濯，謂之禊祠。引流行觴，遂成曲水。韓詩曰：「鄭國之俗，三月上巳，之溱、洧兩水之上，招魂續魄，秉蘭草，祓除不祥。」漢書「八月祓灞水」，亦斯義也。後之良史，亦據爲正。臣昭曰：郭虞之說，良爲虛誕。假有庶民旬內夭其二女，何足驚彼風俗，稱爲世忌乎？杜篤乃稱「王、侯、公主暨于富商，用事伊、雒，帷幔玄黃」。本傳大將軍梁商，亦歌泣於雒禊也。自魏不復用三日水宴者焉。

校勘記

三一〇一頁六行 蔡邕依以爲志 按：汲本、殿本「依」作「因」。

三一〇一頁八行 用救日（日）變 據盧文弨羣書拾補下簡稱「盧校」刪。按：晉志不重「日」字。

三一〇一頁九行 絳領袖（緣）〔緣〕中衣 據盧校改。

三一〇一頁一〇行 或曰爲闇 按：「闇」原譌「閭」，逕改正。

三一〇一頁一一行 脅之與責求同義 按：「責」原譌「賣」，逕改正。

三一〇二頁二行 上繫於天而犯日 按：「而」原譌「陌」，逕改正。

三一〇二頁二行 日食必救之陰侵陽也 按：盧云此下本書云「鼓，用牲於社。社者衆陰之主，以朱絲縈之，鳴鼓攻之，以陽責陰也」。今刪去十七字，欠分析。

三一〇二頁三行 （土）〔社〕地別神也 據盧校改。按：今白虎通作「社」。

三一〇二頁五行 三臺令史已（下）〔上〕 據盧校改。按：晉志引決疑作「上」。

三一〇二頁六行 日復常乃皆罷（之） 據盧校刪。按：晉志引決疑無「之」字。

三一〇三頁五行 太常導出西向拜（止）〔折〕旋升阼階 據盧校改。按：通典「止」作「折」，無「阼」字。

三一〇三頁六行 〔舞〕文始五行之舞 據盧校補。按：通典有「舞」字。

三一〇三頁七行 （禮）樂闋（君）〔羣〕臣受賜食畢 據盧校改，與通典合。

三一〇三頁七行 當神軒占其郡〔國〕穀價 據盧校補。按：通典有「國」字，「占」作「告」。

三一〇三頁一五行 始（爲）〔謂〕可損 據盧校改。按：通典亦作「爲」，謂爲古通。

三一〇三頁一五行 今見（威）〔其〕儀 據盧校改。按：通典作「其」。

三一〇三頁一五行 或曰本意云何 盧云此下應有一「曰」字，古或可省。今按：袁紀有「曰」字。

三一〇四頁二行 就園陵而創焉 集解引惠棟說，謂「創」宋本作「朝」。今按：袁紀作「朝」。

三一〇四頁二行 尙書（陛）〔階〕西（陛爲）〔祭設〕神坐 據盧校改。按：盧以通典校，通志無「祭」字。

三一〇四頁四行　久在園陵　集解引惠棟說，謂「久」宋本作「又」。今按：通典作「久」。

三一〇四頁八行　因（合）〔令〕諸侯助祭貢金　據盧校改。按：通典作「令」。

三一〇四頁一一行　牛以絳衣之　按：御覽二十五引「絳」作「繡」。

三一〇四頁一一行　以鑑燧取水於月以火燧取火於日　按：御覽引「鑑燧」作「陰燧」，「火燧」作「陽燧」。

三一〇四頁一二行　以切牛毛薦之　按：「以切牛毛」殿本作「以切牛尾」，通志同。御覽引及孫輯漢舊儀並作「以切牛毛血」，通典引作「以切牛尾之毛」。

三一〇四頁一三行　而郎更衣（巾）侍〔中〕上熟乃祀（之）　據盧校補刪。按：盧云從通典、通志。

三一〇四頁一六行　漢氏不拜日於東郊　按：汲本「氏」作「時」。

三一〇五頁一行　乘輿初〔加〕緇布進賢　據盧校補。按：通典、通志並有「加」字。

三一〇五頁二行　次通天（以據）〔冠訖〕　據盧校改。按：通典、通志並作「冠訖」，惠棟亦謂當從五禮新儀作「冠訖」。

三一〇五頁三行　周公使祝雍〔祝王〕　據盧校補。按：盧以大戴禮、家語校。

三一〇五頁三行　〔使王〕近於民遠於年　據盧校補。按：盧以大戴禮、家語校。

三一〇五頁三行　遠於佞近於義　按：盧云文不類，又韻不諧，大戴禮及家語皆無，疑妄增也。

三一〇五頁四行　嗇於〔時惠於〕財　據盧校補。按：盧以大戴禮、家語校。

三一〇五頁五行　普尊大道之郊域　汲本「尊」作「遵」。按：遵尊同。

三一〇五頁六行　靡不蒙德　按：盧云通典「德」作「福」。

三一〇五頁六行　永永與天無極　按：盧云通典作「承天無極」。

三一〇五頁七行　〔賜〕貴人（公主）〔王公〕卿司隸〔校尉〕城門五校　據盧校補改。按：盧以通典、通志校。

三一〇五頁一三行　皆以晝漏〔未盡〕十四刻初納　據盧校補。按：盧云依文義當有「未盡」二字。

三一〇六頁一行　周禮展牲干寶曰若今夕牲　按：盧云此乃鄭康成注周禮之言，曰今，正指漢時，取以證漢制極合。干寶乃晉人，夕牲不始於晉，何云今邪？此援引之失。

三一〇六頁一行　太祝吏牽牲入到榜　按：盧云宋志「吏」作「史」。

三一〇六頁二行　太史令牽牲就庖〔以二陶〕豆酌毛血　據盧校補。按：盧云宋志有「以二陶」三字，「史」作「祝」。

三一〇六頁四行　謂向祭之（辰）〔晨〕也　據盧校改。按：盧云亦康成注。

三一〇六頁一三行　躬知稼穡之艱難無（逵）〔逸〕也　據盧校改。按：黃山謂此本尙書無逸爲說也。在勤以訓百姓，無逸以示子孫，義各有當。

三一〇七頁一〇行　種晚〔穀〕秔稻之屬稑（陵）〔早〕穀黍稷之屬　據盧校補改。

三一〇七頁一一行　漢家法陳師　按：盧云疑有脫譌。

三一〇七頁一三行　弗去無子求有子　按：應作「弗，去也。去無子求有子」。「去」下脫「也去」二字。

三一〇七頁一六行　其來主爲孚乳蕃滋　按：汲本「孚」作「字」。

三一〇八頁二行　玄鳥致（胎）〔貽〕女何嘉　據盧校改。按：今本楚辭天問「嘉」一作「喜」。

三一〇八頁九行　供綏執〔授兄〕事五更　據盧校補。

三一〇九頁六行　扶（玉）〔王〕杖　集解引惠棟說，謂「玉杖」當作「王杖」，惠說是，今據改。以下逕改。

三一〇九頁八行　至階　按：集解引惠棟說，謂「至」下應有「陴」字。

三一〇九頁一〇行　公進供禮　按：校補引錢大昭說，謂「公」本又作「三公」。

三一一〇頁二行　顯宗（因）〔宗〕祀光武皇帝於明堂　據盧校改，與前志合。

三一一〇頁二行　威儀既盛矣　按：前志「盛」下有「美」字。

三一一〇頁五行　丁孚漢儀　按：「儀」原譌「義」，逕改正。

三一一〇頁一〇行　春桑生而皇后（觀）〔親〕桑於菀中　據汲本改。按：「菀」各本作「苑」，苑與菀同。

三一一〇頁一〇行　（今）〔祭〕蠶神曰菀窳婦人寓氏公主　據盧校改，與孫星衍校漢舊儀合。

三一一〇頁一一行　皆賜從桑者（樂）〔絲〕　據盧校改，與孫校漢舊儀合。

三一一〇頁一三行　天地宗廟羣（臣）〔神〕五時之服　據盧校改，與孫校漢舊儀合。

三一一〇頁一三行　〔皇后〕得以作巾絮而已　孫校漢舊儀及御覽布帛部、服用部引並有「皇后」二字，今據補。按：御覽服用部引作「皇后得以作絮巾」，布帛部作「皇后聞以作巾絮而已」。

三一一〇頁一三行　諸天下官（下法）皆詣蠶室（亦）〔與〕婦人從事故舊有東西織室作（法）〔治〕　據盧校補改，與孫校漢舊儀合。

三一一一頁二行　鬵（蠶）搖動也　據今本風俗通補。

三一一一頁五行　後漢有郭虞者　按：盧云案晉書束皙傳云武帝嘗問摯虞三日曲水之義，虞對曰：「漢章帝時，平原徐肇以三月初生三女，至三日俱亡」云云，皙以爲起自周公。今此云郭虞，得無因摯虞致誤邪？

三一一一頁五行　三月上巳產二女　按：通典作「三月三日上辰產二女，上巳日產一女」。通志同。

三一一一頁七行　八月祓灞水　按：通典、通志「水」作「上」。

三一一一頁八行　旬內夭其二女　按：通典、通志「二」作「三」。

三一一一頁八行　何足驚彼風俗　按：通典、通志「驚」作「警」。

後漢書志第五

禮儀中

立夏　請雨　拜皇太子　拜王公　桃印　黃郊　立秋　貙劉　案戶
祠星　立冬　冬至　臘　大儺　土牛　遣衞士　朝會

立夏之日，夜漏未盡五刻，京都百官皆衣赤，至季夏衣黃，郊。其禮：祠特，祭竈。

自立春至立夏盡立秋，郡國上雨澤。若少，（府）郡縣各掃除社稷；其旱也，公卿官長以次行雩禮求雨。〔一〕閉諸陽，衣皁，興土龍，〔二〕立土人舞僮二佾，七日一變如故事。〔三〕反拘朱索（縈）社，伐朱鼓。〔四〕禱賽以少牢如禮。〔五〕

〔一〕公羊傳曰：「大雩，旱祭也。」何休注曰：「君親之南郊，以六事謝過自責曰：『政不善與？民失職與？宮室崇與？婦謁盛與？苞苴行與？讒夫倡與？』使童男女各八人舞而呼雩，故謂之雩。」春秋繁露曰：「大旱雩祭而請雨，大水鳴鼓而攻社，天地之所爲，陰陽之所起也。或請焉，或（怒）〔攻〕焉，何（如）也？曰：大旱，陽滅陰也。陽滅陰者，尊厭卑也。固其義也，雖大甚，拜請之而已，敢有加也？大水者，陰滅陽也。陰滅陽者，卑勝尊也。以賤陵貴者

逆節，故鳴鼓而攻之，朱絲而脅之，爲其不義，此亦春秋之不畏強禦也。變天地之位，正陰陽之序，（貞）〔直〕行其道而不（忘）〔忌〕其難，義之至也。」又仲舒奏江都王云：「求雨之方，損陽益陰。願大王無收廣陵女子爲人祝者一月租，賜諸巫者；諸巫毋大小皆相聚於郭門，爲小壇，以脯酒祭；女獨擇寬大便處移市，市使無內丈夫，丈夫無得相從飲食；令吏妻各往視其夫，皆到即起，雨注而已。」服虔注左傳曰：「大雩，夏祭天名。雩，遠也，遠爲百穀求膏雨也。龍見而雩。龍，角、亢也。謂四月昬，龍星體見，萬物始盛，待雨而大，故雩祭以求雨也。」一說，大雩者，祭於帝而祈雨也。一說，郊，祀天祈農事；雩，祭山川而祈雨也。漢舊儀：「求雨，太常禱天地、宗廟、社稷、山川以賽，各如其常牢，禮也。四月立夏旱，乃求雨禱雨而已；後旱，復重禱而已；訖立秋，雖旱不得禱求雨也。」

〔二〕山海經曰：「大荒東北隅有山，名曰凶犂土丘。應龍處南極，殺蚩尤與夸父，不得復上，故下數旱。旱而爲應龍之狀，乃得大雨。」郭璞曰：「今之土龍，本此氣應，自然冥感，非人所能爲也。」董仲舒云：「春旱求雨，令縣邑以水日令民禱社稷，家人祠戶。毋伐名木，毋斬山林。暴巫聚蛇八日。於邑東門之外爲四通之壇，方八尺，植蒼繒八。其神共工。祭之以生魚八，玄酒，具清酒（搏）〔膊〕脯。擇巫之絜清辯口利辭者以爲祝。祝齋三日，服蒼衣。先再拜，乃跪陳，陳已，復再拜，乃起。祝曰：『昊天生五穀以養人。今五穀病旱，恐不成。敬進清酒（搏）〔膊〕脯，再拜請雨。雨幸大澍，奉牲禱。』以甲、乙日爲大青龍一，長八丈，居中央；爲小龍七，各長四丈，於東方，皆東鄉，其間相去八尺。小僮八人，皆齋三日，服青衣舞之。田嗇夫亦齋三日，服青衣而立之。（諸里）〔鑿〕社通之於閭外之溝。取五蝦蟇，錯置社之中。池方八尺，深一尺，置水蝦蟇焉。具清酒（搏）〔膊〕脯。祝齋三日，服蒼衣，拜跪、陳祝如初。取三歲雄雞與三歲豭豬，皆燔之於四通神宇。令民闔邑里南門，置水其外，開里北門。具老豭豬一，置之里北門之外。市中亦置一豭豬。聞（彼）鼓聲，皆燒豬尾，取死人骨埋之，開山淵積薪而焚之。決通道橋之壅塞不行者決瀆之。幸而得雨，報以豚一，酒、鹽、黍財足。以茅爲席，毋斷。夏求雨，令縣邑以水日家人祀竈，毋舉土功。更大浚井。暴釜於壇，杵臼于術，七日。爲四通之壇於邑南門之外，方七尺，植赤繒七。其神蚩尤。祭之以赤雄雞七，玄酒，具清酒（搏）〔膊〕脯。祝齋三日，服赤衣，拜跪、陳祝如春。以丙、丁日爲赤大龍一，長七丈，居中；又爲小龍六，〔各〕長三丈五尺，於南方，皆南鄉，其間相去七尺。壯者七人，皆齋三日，服赤衣而舞之。司空嗇夫亦齋三日，服赤衣而立之。鑿社而通之閭外之溝。取五蝦蟇，錯置社之中。池方七尺，深一尺。酒脯祭。齋衣赤，拜跪、陳祝如初。取三歲雄雞、豭豬，燔之四通神宇。開陰閉陽如春也。季夏，禱山陵以助之。令縣邑一徙市於邑南門之外，五日，禁男子無得行入市。家人祠中霤。毋舉土功。聚巫市旁，爲之結蓋。爲四通之壇於中央，植黃繒五。其神后稷。祭之以（母）〔母〕䱉五，玄酒，具清酒（搏）〔膊〕脯。令各爲祝齋三日，衣黃衣，皆如春祠。以戊、已日爲大黃龍一，長五丈，居中央；又爲小龍四，各長二丈五尺，於中央，皆南鄉，其間相去五尺。丈夫五人，皆齋三日，服黃衣而舞之。老者亦齋三日，衣黃衣而立之。亦通社中於閭外溝。蝦蟇池方五尺，深一尺。他皆如前。秋，暴巫尫至九日。毋舉火事，煎金器。家人祠門。爲四通之壇於邑西門之外，方九尺，植白繒九。其神（太）〔少〕昊。祭之桐木魚九，玄酒，具清酒（搏）〔膊〕脯。衣白衣。他如春。以庚、辛日爲大白龍一，長九丈，居中央；爲小龍八，各長四丈五尺，於西方，皆西鄉，其間相去九尺。鰥者九人，皆齋三日，服白衣而舞之。司馬亦齋三日，衣白衣而立之。蝦蟇池方九尺，深一尺。他如前。冬，舞龍六日，禱於名山以助之。家人祠井。毋壅水。爲四通之壇於邑北門之外，方六尺，植黑繒六。其神玄冥。祭之以黑狗子六，玄酒，具清酒（搏）〔膊〕脯。祝齋三日，衣玄衣。祝禮如春。以壬、癸日爲大黑龍一，長六丈，居中央；又爲小龍五，各長三丈，於北方，皆北鄉，其間相去六尺。老者六人，皆齋三日，衣黑衣而舞之。尉亦齋三日，服黑衣而立之。蝦蟇池皆如春。

四時皆庚子日，令吏民夫婦皆偶處。凡求雨，大體丈夫欲藏而居，女子欲和而樂。」應龍有翼。法言曰：「象龍之致雨。艱矣哉，龍乎！龍乎！」新論曰：「劉歆致雨，具作土龍，吹律，及諸方術，無不備設。譚問：『求雨所以爲土龍，何也？』曰：『龍見者，輒有風雨興起，以迎送之，故緣其象類而爲之。』」

〔三〕周禮曰：「雩舞，帥而舞旱暵之事。」鄭玄曰：「雩，赤皁染羽爲之也。」旱暵，注：「陽也，用假色者，欲其有時而去之。」

〔四〕漢舊儀曰：「成帝三年六月，始命諸官止雨，朱繩反縈社，擊鼓攻之，是後水旱常不和。」干寶曰：「朱絲縈社。社，太陰也。朱，火色也。絲，（維）〔離〕屬。天子伐鼓於社，責羣陰也；諸侯用幣於社，請上公也；伐鼓於朝，退自攻也。此聖人之厭勝之法也。」

〔五〕漢舊儀曰：「武帝元封日到七月畢賽之，秋冬春不求雨。」古今注曰：「武帝元封六年五月旱，女及巫丈夫不入市也。」

拜皇太子之儀：百官會，位定，謁者引皇太子當御坐殿下，北面；司空當太子西北，東面立。讀策書畢，中常侍持皇太子璽綬東向授太子。太子再拜，三稽首。謁者贊皇太子臣某，（甲）〔中〕謁者稱制曰「可」。三公升階上殿，賀壽萬歲。因大赦天下。供賜禮畢，罷。

拜諸侯王公之儀：百官會，位定，謁者引光祿勳前。〔一〕謁者引當拜（者）〔者〕前，當坐伏殿

下。光祿勳前，一拜，舉手曰：「制詔其以某爲某。」〔二〕讀策書畢，謁者稱臣某再拜。尚書郎以璽印綬付侍御史。侍御史前，東面立，授璽印綬。王公再拜頓首三〔下〕。贊謁者曰：「某王臣某新封，某公某初〔除〕，謝。」中謁者報謹謝。贊者立曰：「〔謝〕皇帝爲公興。」〔皆冠〕〔重坐，受策者拜〕謝，起就位。供賜禮畢，罷。〔三〕

〔一〕丁孚漢儀曰「太常住盖下，東向讀文」，與此異也。

〔二〕丁孚漢儀有夏勤策文，曰：「維元初六年三月甲子，制詔以大鴻臚勤爲司徒。曰：『朕承天序惟稽古，建爾于位爲漢輔。往率舊職，敬敷五敎，五敎在寬。左右朕躬，宣力四表，保乂皇家。於戲！實惟秉國之均，旁祗厥緒，時亮天工，可不慎與！勤〔而〕〔其〕戒之！』」

〔三〕臣昭曰：漢立皇后，國禮之大，而志無其儀，良未可了。案蔡質所記立宋皇后儀，今取以備闕。云：「尚書令臣嚻、僕射臣鼎、尚書臣旭、臣乘、臣滂、臣謨、臣詣稽首言：『伏惟陛下履乾則坤，動合陰陽。羣臣大小咸以長秋宮未定，遵舊依典，章表仍聞，歷時乃聽。令月吉日，以宋貴人爲皇后，應期正位，羣生兆庶莫不式舞。易稱「受茲介祉」，詩云「干祿百福，子孫千億」，萬方幸甚。今吉日以定，臣請太傅、太尉、司徒、司空、太常條列禮儀正處上，羣臣妾無得上壽，如故事。臣嚻、臣鼎、臣旭、臣乘、臣滂、臣謨、臣詣愚闇不達大義，誠惶誠恐，頓首死罪，稽首再拜以聞。』制曰：『可。』維建寧四年七月乙未，制詔：『皇后之尊，與帝齊體，供奉天地，祗承宗廟，母臨天下。故有莘興殷，姜任母周，二代之隆，蓋有內德。長秋宮闕，中宮曠位，宋貴人〔乘〕〔秉〕淑媛之懿，體河山之儀，威容

昭曜，德冠後庭。羣寮所咨，〔入〕〔僉〕曰宜哉。卜之蓍龜，卦得承乾。有司奏議，宜稱紱組，以〔臨〕〔母〕兆民。今使太尉襲使持節奉璽綬，宗正祖爲副，立貴人爲皇后。后其往踐爾位，敬宗禮典，肅慎中饋，無替朕命，永終天祿。』皇后初即位章德殿，太尉使持節奉璽綬，天子臨軒，百官陪位。皇后北面，太尉住盖下，東向，宗正、大長秋西向。宗正讀策文畢，皇后拜，稱臣妾，畢，住位。太尉襲授璽綬，中常侍長〔樂〕〔秋〕太僕高鄉侯覽長跪受璽綬，奏於殿前，女史授婕好，婕好長跪受，以授昭儀，昭儀受，長跪以帶皇后。皇后伏，起拜，稱臣妾。訖，黃門鼓吹三通。鳴鼓畢，羣臣以次出。后即位，大赦天下。皇后秩比國王，即位威儀，赤紱玉璽。」

仲夏之月，萬物方盛。日夏至，陰氣萌作，恐物不楙。其禮：以朱索連葷菜，彌牟〔朴〕蠱鍾。以桃印長六寸，方三寸，五色書文如法，以施門戶。代以所尚爲飾。夏后氏金行，作葦茭，言氣交也。〔一〕殷人水德，以螺首，慎其閉塞，使如螺也。周人木德，以桃爲更，言氣相更也。漢兼用之，故以五月五日，朱索五色印爲門戶飾，以難止惡氣。〔二〕日夏至，禁舉大火，止炭鼓鑄，消石冶皆絕止。至立秋，如故事。是日浚井改水，日冬至，鑽燧改火云。

〔一〕風俗通曰：「傳曰『萑葦有叢』。呂氏春秋曰『〔湯〕始得伊尹，祓之於廟，薰以萑葦』。周禮『卿大夫之子名曰門子』。論語曰『誰能出不由戶〔者〕』。故用葦者，欲人之子孫蕃〔植〕〔殖〕，不失其類，有如萑葦。茭者交易，陰陽代興者也。」

〔二〕桃印本漢制，所以輔卯金，魏除之也。

先立秋十八日，郊黃帝。是日夜漏未盡五刻，京都百官皆衣黃。至立秋，迎氣於黃郊，樂奏黃鍾之宮，歌帝臨，冕而執干戚，舞雲翹、育命，所以養時訓也。

立秋之日，夜漏未盡五刻，京都百官皆衣白，施皁領緣中衣，迎氣〔於〕白郊。禮畢，皆衣絳，至立冬。

立秋之日，〔自〕〔白〕郊禮畢，始揚威武，斬牲於郊東門，以薦陵廟。其儀：乘輿御戎路，白馬朱鬣，躬執弩射牲。牲以鹿麛。〔一〕太宰令、謁者各一人，載〔以〕獲車，馳〔駟〕送陵廟。〔於是乘輿〕還宮，遣使者齎束帛以賜武官。〔二〕武官肄兵，習戰陣之儀、斬牲之禮，名曰貙劉。兵、官皆肄孫、吳兵法六十四陣，名曰乘之。〔三〕立春，遣使者齎束帛以賜文官。〔四〕貙劉之禮：祠先虞，執事告先虞已，烹鮮時，有司〔告〕，乃逡巡射牲。獲車畢，有司告事畢。〔五〕

〔一〕月令曰：「天子乃厲〔飭〕〔飾〕，執弓挾矢以獵。」月令章句曰：「親執弓以射禽，所以敎兆民〔戴〕戰事也。四時閑習，以救無辜，以伐有罪，所以強兵保民，安不忘危也。」

〔二〕漢官名秩曰：「賜太尉、將軍各六十四，執金吾、諸校尉各三十四，武官倍於文官。」

〔三〕月令，孟冬天子講武，習射御，角力。盧植注曰：「角力，如漢家乘之，引〔闕〕〔關〕蹋踘之屬也。」今月令，季秋天子乃敎田獵，以習五戎。月令章句曰：「寄戎事之敎於田獵。武事不可空設，必有以誡，故寄敎於田獵，閑肄五兵。

天子、諸侯無事而不田爲不敬，田不以禮爲暴天物。」周禮：「司馬以旗致民，平列陣，如戰之陣。王執路鼓，諸侯執賁鼓，軍將執晉鼓，師帥執提，旅帥執鼙，卒長執鐃，兩司馬執鐸，公司馬執鐲，以敎坐作進退疾徐疏數之節。」士卒聽聲視旗，隨而前却，故曰師之耳目，在吾旗鼓。春敎振旅以蒐田，夏敎茇舍以苗田，秋敎治兵以獮田，冬敎大閱以狩田。春夏示行禮，取禽供事而已。秋者殺時，田獵之正，其禮盛。獨斷曰：「巡狩〔校〕獵還，公卿以下陳雒陽都亭前街上，乘輿到，公卿以下拜，天子下車，公卿〔親〕識顏色，然後還宮。古語曰『在車爲下』，唯此時施行。」魏書曰：「建安二十一年三月，曹公親耕藉田。有司奏：『四時講武於農隙。漢承秦制，三時不講，唯十月車駕幸長安水南門，會五營士，爲八陣進退，名曰乘之。今金革未偃，士民素習，可無四時講武，但以立秋擇吉日大朝車騎，號曰治兵。上合禮名，下承漢制也。』」

〔四〕漢官名秩曰：「賜司徒、司空帛四十匹，九卿十五匹。」古今注曰：「建武八年立春，賜公十五匹，卿十匹。」

〔五〕古今注曰：「永平元年六月乙卯，初令百官貙膢，白幕皆霜。」風俗通稱「韓子書山居谷汲者，膢臘而賨水。楚俗常以十二月祭飲食也。又曰〔嘗〕〔嘗〕新始殺〔也〕。食〔新〕曰貙膢。」

仲秋之月，縣道皆案戶比民。年始七十者，授之以王杖，餔之糜粥。八十九十，禮有加賜。王杖長〔九〕尺，端以鳩鳥爲飾。鳩者，不噎之鳥也。欲老人不噎。是月也，祀老人星于國都南郊老人廟。

季秋之月，祠星于城南壇心星廟。

立冬之日，夜漏未盡五刻，京都百官皆衣皁，迎氣於黑郊。禮畢，皆衣絳，至冬至絕事。

冬至前後，君子安身靜體，百官絕事，不聽政，擇吉辰而後省事。絕事之日，夜漏未盡五刻，京都百官皆衣絳，至立春。諸五時變服，執事者先後其時皆一日。

日冬至、夏至，陰陽晷景長短之極，微氣之所生也。〔一〕故使八能之士八人，或吹黃鍾之律閒竽；或撞黃鍾之鍾；或度晷景，權水輕重，水一升，冬重十三兩；或擊黃鍾之磬；或鼓黃鍾之瑟，軫閒九尺，二十五絃，宮處于中，左右爲商、徵、角、羽；或擊黃鍾之鼓。先之三日，太史謁之。至日，夏時四孟，冬則四仲，其氣至焉。

〔一〕白虎通曰：「至日所以休兵，不興事，閉關，商旅不行何？此日陰陽氣微，王者承天理物，故率天下靜，不復行役，以扶助微氣，成萬物也。夏至陰氣始動，冬至陽氣始萌。易曰：『先王以至日閉關，商旅不行。』夏至陰始起，反大熱何？陰氣始起，陽氣推而上，故大熱也。冬至陽始起，陰氣推而上，故大寒也。」

先氣至五刻，太史令與八能之士（郎）〔卽〕坐于端門左塾。（太子）〔大予〕具樂器，夏赤冬黑，列前殿之前西上，鍾爲端。守宮設席于器南，北面東上，正德席，鼓南西面，令晷儀東

北。三刻，中黃門持兵，引太史令、八能之士入自端門，就位。二刻，侍中、尚書、御史、謁者皆陛。一刻，乘輿親御臨軒，安體靜居以聽之。太史令前，當軒溜北面跪。舉手曰：「八能之士以備，請行事。」制曰「可」。太史令稽首曰「諾」。起立少退，顧令正德曰：「可行事。」正德曰「諾」。皆旋復位。正德立，命八能士曰：「以次行事，閒音以竽。」八能曰「諾」。五音各三十爲闋。正德曰：「合五音律。」先唱，五音並作，二十五闋，皆音以竽。〔二〕訖，正德曰：「八能士各言事。」八能士各書板言事。文曰：「臣某言，今月若干日甲乙日冬至，黃鍾之音調，君道得，孝道褒。」商臣，角民，徵事，羽物，各一板。否則召太史令各板書，封以皁囊，送西陛，跪授尚書，施當軒，北面稽首，拜上封事。尚書授侍中常侍迎受，報聞。以小黃門幡麾節度。太史令前（日）〔白〕禮畢。制曰「可」。太史令前稽首曰「諾」。太史命八能士詣太官受賜。陛者以次罷。日夏至禮亦如之。〔二〕

〔一〕樂叶圖徵曰：「夫聖人之作樂，不可以自娛也，所以觀得失之效者也。故聖人不取備於一人，必從八能之士。故撞鐘者當知鐘，擊鼓者當知鼓，吹管者當知管，吹竽者當知竽，擊磬者當知磬，鼓琴者當知琴。故八士（日）或調陰陽，或調律曆，或調五音。故撞鐘者以知法度，鼓琴者以知四海，擊磬者以知民事。鐘音調，則君道得；君道得，則黃鍾、蕤賓之律應。君道不得，則鐘音不調；鐘音不調，則黃鍾、蕤賓之律不應。鼓音調，則臣道得；臣道得，則太蔟之律應。管音調，則律曆正；律曆正，則夷則之律應。磬音調，則民道得；民道得，則林鍾之律應。竽音調，則法度得；法度得，則無射之律應。琴音調，則四海合歲氣，百川一合德。鬼神之道行，祭祀之道得，如

此，則姑洗之律應。五樂皆得，則應鍾之律應。天地以和氣至，則和氣應；和氣不至，則天地和氣不應。鍾音調，下臣以法賀主。鼓音調，主以法賀臣。磬音調，主以德施於百姓。琴音調，主以德及四海。八能之士常以日冬至成天文，日夏至成地理。作陰樂以成天文，作陽樂以成地理。」

〔二〕蔡邕獨斷曰：「冬至陽氣始動，夏至陰氣始起，麋鹿角解，故寢兵鼓。身欲寧，志欲靜，故不聽事，迎送（凡田獵）〔五日。臘〕者，歲終大祭，縱吏民宴飲。非迎氣，故但送不迎。正月歲首，亦如臘儀。冬至陽氣起，君道長，故賀。夏至陰氣起，君道衰，故不賀。鼓以動衆，鍾以止衆，故夜漏盡，鼓鳴則起；晝漏盡，鍾鳴則息。」

季冬之月，星迴歲終，陰陽以交，勞農大享臘。〔一〕

〔一〕高堂隆曰：「帝王各以其行之盛而祖，以其終而臘。火生於寅，盛於午，終於戌，故火家以午祖，以戌臘。」秦靜曰：「古禮，出行有祖祭，歲終有蜡臘，無正月必祖之祀。漢氏以午祖，以戌臘。午南方，故以祖。冬者，歲之終，物畢成，故以戌臘。而小數之學者，因爲之說，非典文也。」

先臘一日，大儺，〔一〕謂之逐疫。〔二〕其儀：選中黃門子弟年十歲以上，十二以下，百二十人爲侲子。皆赤幘皁製，執大鼗。〔三〕方相氏黃金四目，蒙熊皮，玄衣朱裳，執戈揚盾。十二獸有衣毛角。中黃門行之，冗從僕射將之，以逐惡鬼于禁中。夜漏上水，朝臣會，侍中、尚書、御史、謁者、虎賁、羽林郎將執事，皆赤幘陛衞。乘輿御前殿。黃門令奏曰：「侲子備，

請逐疫。」於是中黃門倡，侲子和，曰：「甲作食殉，胇胃食虎，雄伯食魅，騰簡食不祥，攬諸食咎，伯奇食夢，強梁、祖明共食磔死寄生，委隨食觀，錯斷食巨，窮奇、騰根共食蠱。凡使十二神追惡凶，赫女軀，拉女幹，節解女肉，抽女肺腸。女不急去，後者爲糧！」〔四〕因作方相與十二獸儛。嚾呼，周徧前後省三過，持炬火，送疫出端門；〔五〕門外騶騎傳炬出宮，司馬闕門門外五營騎士傳火棄雒水中。〔六〕百官官府各以木面獸能爲儺人師訖，設桃梗、鬱櫑、葦茭畢，執事陛者罷。〔七〕葦戟、桃杖以賜公、卿、將軍、特侯、諸侯云。〔八〕

〔一〕譙周論語注曰：「儺，却之也。」

〔二〕漢舊儀曰：「顓頊氏有三子，生而亡去爲疫鬼。一居江水，是爲（虎）〔虐鬼〕；一居若水，是爲罔兩蜮鬼；一居人宮室區隅（漚庾），善驚人小兒。」月令章句曰：「日行北方之宿，北方大陰，恐爲所抑，故命有司大儺，所以扶陽抑陰也。」盧植禮記注云：「所以逐衰而迎新。」

〔三〕漢舊儀曰：「方相帥百隸及童（女）〔子〕，以桃弧、棘矢、土鼓，鼓且射之，以赤丸、五穀播灑之。」譙周論語注曰：「以葦矢射之。」薛綜曰：「侲之言善，善童幼子也。」

〔四〕東京賦曰：「（捎）〔捎〕魑魅，斮獝狂。斬委蛇，腦方良。囚耕父於清泠，溺女魃於神潢。殘夔魖與罔象，殪壄仲而殲游光。」注曰：「魑魅，山澤之神。獝狂，惡鬼。委蛇，大如車轂。方良，草澤神。耕父、女魃皆旱鬼。惡水，故囚溺於水中，使不能爲害。夔魖、罔象，木石之怪。壄仲、游光，兄弟八人，恒在人閒作怪害也。」孔子曰：「木石之怪夔、罔兩，水之怪龍、罔象。」（臣）〔韋〕昭曰：「木石〔謂〕山（怪）也。夔一足，越人謂〔之〕山繅。罔兩，山精，好學

人鑿，而迷惑人。 龍，神物也，非所常見，故曰怪。 罔象，食人，一名沐腫。」 埤蒼曰：「獝狂，無頭鬼。」

〔五〕東京賦曰：「煌火馳而星流，逐赤疫於四裔。」注曰：「煌，火光。 逐，驚走。 煌然火光如星馳。 赤疫，疫鬼惡者也。」 侲子合三行，從東序上，西序下。

〔六〕東京賦注曰：「衞士千人在端門外，五營千騎在衞士外，爲三部，更送至雒水，凡三輩，逐鬼投雒水中。 仍上天池，絕其橋梁，使不復度還。」

〔七〕山海經曰：「東海中有度朔山，上有大桃樹，蟠屈三千里，其卑枝門曰東北鬼門，萬鬼出入也。 上有二神人，一曰神荼，一曰鬱櫑，主閱領衆鬼之惡害人者，執以葦索，而用食虎。」 於是黃帝法而象之。 歐除畢，因立桃梗於門戶上，畫鬱櫑持葦索，以御凶鬼，畫虎於門，當食鬼也。 史記曰：「東至於蟠木。」風俗通曰：「黃帝〔書〕『上古之時，有神荼與鬱櫑兄弟二人，性能執鬼。』 桃梗，梗者更也，歲終更始，受介祉也。 蘇秦說孟嘗君曰：『土偶人語桃梗，今子東國之桃木，削子爲人。』 虎者陽物，百獸之長，能擊鷙牲食魑魅者也。」

〔八〕漢官名秩曰：「大將軍、三公，臘賜錢各三十萬，牛肉二百斤，粳米二百斛；特侯十五萬；卿十萬；校尉五萬；尚書丞、郎各萬五千；千石、六百石各七千；侍御史、謁者、議郎、尚書令各五千；郎官、蘭臺令史三千；中黃門、羽林、虎賁士二人共三千；以爲當祠門戶直，各隨多少受也。」

是月也，立土牛六頭於國都郡縣城外丑地，以送大寒。〔一〕

〔一〕月令章句曰：「是月之(會)〔昏〕建丑，丑爲牛。 寒將極，是故出其物類形象，以示送達之，且以升陽也。」

禮儀中 三一二九

後漢書志第五 三一三〇

饗遣故衞士儀：百官會，位定，謁者持節引故衞士入自端門。 衞司馬執幡鉦護行。 行定，侍御史持節慰勞，以詔恩問所疾苦，受其章奏所欲言。 畢饗，賜作樂，觀以角抵。 樂闋罷遣，勸以農桑。〔一〕

〔一〕周禮(曰)府史以下，則有胥有徒。 鄭玄注曰：「此謂民給徭役，若今衞(士)矣。」 蔡邕曰：「見客平樂，饗衞士，瑰偉壯觀也。」

每(月朔)歲首〔正月〕，爲大朝受賀。 其儀：夜漏未盡七刻，鍾鳴，受賀。 及贄，公、侯璧，中二千石、二千石羔，千石、六百石鴈，四百石以下雉。〔一〕 百官賀正月。〔二〕 二千石以上上殿稱萬歲。〔三〕 舉觴御坐前。 司空奉羹，大司農奉飯，奏食舉之樂。 百官受賜宴饗，大作樂。〔四〕 其每朔，唯十月旦從故事者，高祖定秦之月，元年歲首也。〔五〕

〔一〕獻帝起居注曰：「舊典，市長執鴈，建安八年始令執雉。」

〔二〕決疑要注曰：「古者朝會皆執贄，侯、伯執圭，子、男執璧，孤執皮帛，卿執羔，大夫執鴈，士執雉。 漢、魏粗依其制，正旦大會，諸侯執玉璧，薦以鹿皮，公卿已下所執如古禮。 古者衣皮，故用皮帛爲幣。 玉以象德，璧以稱事。 不以貨瀆禮，庶羞不踰牲，宴衣不踰祭服，輕重之宜也。」

〔三〕蔡邕獨斷曰：「三公奉璧上殿，向御坐，北面，太常贊曰：『皇帝爲君興。』三公伏，皇帝坐，乃進璧。 古語曰『御坐則起』，此之謂也。」

〔四〕蔡質漢儀曰：「正月旦，天子幸德陽殿，臨軒。 公、卿、將、大夫、百官各陪〔位〕朝賀。 蠻、貊、胡、羌朝貢畢，見屬郡計吏，皆〔陛〕覲，庭燎。 宗室諸劉(雜)〔親〕會，萬人以上，立西面。 位(公納薦太官賜食酒西入東出)既定，上壽。〔臺〕計吏中庭北面立，太官上食，賜羣臣酒食，〔西入東出〕。(貢事)御史四人執法殿下，虎賁、羽林(張)〔弧〕弓(撮)〔挾〕矢，陛戟左右，戎頭偪脛陪前向後，左右中郎將(住)〔位〕東(西)〔南〕，羽林、虎賁將(住)〔位〕東北，五官將(住)〔位〕中央，悉坐就賜。 作九賓(徹)〔散〕樂。 舍利(獸)從西方來，戲於庭極，乃畢入殿前，激水化爲比目魚，跳躍嗽水，作霧鄣日。 畢，化成黃龍，長八丈，出水遨戲於庭，炫燿日光。 以兩大絲繩繫兩柱(中頭)間，相去數丈，兩倡女對舞，行於繩上，對面道逢，切肩不傾，又蹋局出身，藏形於斗中。 鍾磬並作，(倡)樂畢，作魚龍曼延。 小黃門吹三通，謁者引公卿羣臣以次拜，微行出，罷。 卑官在前，尊官在後。 德陽殿周旋容萬人。 陛高二丈，皆文石作壇。 激沼水於殿下。 畫屋朱梁，玉階金柱，刻鏤作宮掖之好，廁以青翡翠，一柱三帶，韜以赤緹。 天子正旦節，會朝百僚於此。 自到偃師，去宮四十三里，望朱雀五闕、德陽，其上鬱律與天連。」 雒陽宮閣簿云：「德陽宮殿南北行七丈，東西行三十七丈四尺。」

〔五〕蔡邕曰：「羣臣朝見之儀，視不晚朝十月朔之故，以問胡廣。 廣曰：『舊儀，公卿以下每月常朝，先帝以其頻，故省，唯六月、十月朔朝。 後復以六月朔盛暑，省之。』」 蔡邕禮樂志曰：「漢樂四品：一曰大予樂，典郊廟、上陵、殿諸食舉之樂。 郊樂，易所謂『先王以作樂崇德，殷薦上帝』，周官『若樂六變，則天神皆降，可得而禮也』。 宗廟樂，虞書所謂『琴瑟以詠，祖考來假』，詩云『肅雍和鳴，先祖是聽』。 食舉樂，王制謂『天子食舉以樂』，周官『王大食則令奏鍾鼓』。 二曰周頌雅樂，典辟雍、饗射、六宗、社稷之樂。 辟雍、饗射，孝經所謂『移風易俗，莫善於樂』，禮記曰『揖讓而治天下者，禮樂之謂也』。 社稷，(詩)所謂『琴瑟擊鼓，以御田祖』者也。 禮記曰『夫樂施於金石，越於聲音，

禮儀中 三一三一

後漢書志第五 三一三二

用乎宗廟、社稷，事乎山川、鬼神』，此之謂也。 三曰黃門鼓吹，天子所以宴樂羣臣，詩所謂『坎坎鼓我，蹲蹲舞我』者也。 其短簫、鐃歌，軍樂也。 其傳曰『黃帝、岐伯所作，以建威揚德，風勸士』也。 蓋周官所謂『王(師)大(捷)〔獻〕則令凱樂，軍大獻則令凱歌』也。 孝章皇帝親著歌詩四章，列在食舉，又制雲臺十二門詩，各以其月祀而奏之。 熹平四年正月中，出雲臺十二門新詩，下大予樂官習誦，被聲，與舊詩並行者，皆當撰錄，以成樂志。」

校勘記

三一二七頁六行 郡國上雨澤若少(府)郡縣各掃除社稷 校補引侯康說，謂「府」字衍。 按：通典無「府郡縣」三字，通志無「府」字。 盧校幷删「郡縣」二字，則下「各」字無所屬。 今依侯康說，删「府」字。

三一二七頁七行 皮拘朱索〔縈〕社 據盧校補。 按：通典有「縈」字。

三一二七頁九行 政不善與民失職與 按：今本公羊傳何注「善」作「一」，與「職」叶韻。

三一二七頁二行 或(怒)〔攻〕焉何(如)也 據盧校改删。 按：通典作「或攻焉」。 御覽五百二十五引「何如也」作「何也」。 盧云「如」字可省。

三一二八頁一行 (貞)〔直〕行其道而不(忘)〔忌〕其難 據盧校改，與通典合。

三一二八頁三行 女獨擇寬大便處移市 按：盧云「女」字疑衍。 又按：「大」原譌「太」，逕改正。

三一二八頁四行 大雩夏祭天名 按：「大」原譌「天」，逕改正。

三二八頁一〇行　家人祠戶　按：「戶」原譌「同」，逕改正。

三二八頁一一行　具清酒(撢)〔膊〕脯　據盧校改，下同。按：通考作「摶」，通典作「膊」。校補謂摶與膊通，說文作「脯膊」。

三二八頁一四行　(諧里)〔鑿〕社通之於閭外之溝　據盧校改。

三二八頁一五行　置水蝦蟇焉　按：蘇輿春秋繁露義證云通典無此五字，疑衍文。

三二八頁一七行　聞(彼)鼓聲　據盧校刪。按：通考有「彼」字，通典作「聞鼓」，無「彼」字、「聲」字。

三二八頁一七行　取死人骨埋之　按：通考「人」作「灰」。

三二八頁一七行　決通道橋之壅塞不行者決瀆之　按：蘇輿云疑當作「決瀆之不行者」，通典作「通橋道之壅塞」。

三二九頁二行　更大浚井　按：「大」一本作「火」。蘇輿云藝文類聚「火」作「水」，疑是。

三二九頁四行　〔各〕長三丈五尺　據盧校補。按：通典有「各」字。

三二九頁七行　令縣邑一徙市　按：通典「令縣邑」下有「十日」二字。

三二九頁八行　祭之以(毋)〔母〕䬳五　據汲本改。按：通考作「母」，注云「母音模，禮謂之淳母」。

三二九頁一三行　其神(太)〔少〕昊　據盧校改。按：盧依通典改。

三三〇頁四行　堊赤皁染羽爲之也　汲本「皁」作「草」。按：盧云此注全是後人妄補綴。考地官舞師

禮儀中　三一三三

後漢書志第五　三一三四

「皇舞」，康成不從故書作「堊」，又春官樂師注亦作「皇」。惟考工記「鍾氏染羽，以朱湛丹秫」，鄭司農云「丹秫，赤粟」，今此注作康成，亦是誤記。「皁」毛本作「草」，是古皁字，然亦誤，當作「粟」。

三三〇頁六行　成帝三年六月始命諸官止雨　汲本、殿本「三」作「二」。按：惠棟謂北宋本作「五」。盧云通典、通志皆作「五」，但成帝屢改元，無五年。

三三〇頁七行　絲(維)〔離〕屬　據盧校改。按：盧云通典、通志俱作「屬離」。

三三〇頁一三行　謁者贊皇太子臣某(甲)〔中〕謁者稱制曰可　據汲本改。按：盧云「謁者贊皇太子臣某」句，「甲」乃「中」之譌。又校補引柳從辰說，謂成帝建始四年罷中書官，以中書爲中謁者令，見漢舊儀，作「甲」非。

三三〇頁一四行　謁者引當拜〔者〕前　據盧校補。按：通典有「者」字。

三三一頁二行　王公再拜頓首三(下)　據盧校刪。按：盧云通典「王公」作「當受策者」。

三三一頁三行　某公某初〔除〕謝　據盧校補。按：通典有「除」字。

三三一頁三行　贊者立曰(謝)皇帝爲公興(皆冠)〔重坐受策者拜〕謝起就位　據盧校刪補，與通典合。

三三一頁六行　丁孚漢儀有夏勤策文　按：「勤」原譌「動」，逕改正。

三三一頁六行　維元初六年三月　按：盧云案安帝紀，永初三年四月丙寅大鴻臚夏勤爲司徒。若元初時，劉愷乃代勤者。

三三一頁八行　勤(而)〔其〕戒之　據盧校改，與通典合。

三三一頁一四行　制曰可　按：「可」下原衍「之」字，逕刪。

三三一頁一四行　維建寧四年七月乙未　集解引錢大昕說，謂靈帝紀作「七月癸丑」。今按：靈帝建寧四年七月己未朔，無乙未、癸丑。

三三一頁一五行　宋貴人(乘)〔秉〕淑媛之懿　據汲本改。

三三一頁一六行　(人)〔僉〕曰宜哉　據汲本改，與通典合。

三三一頁一六行　以(臨)〔母〕兆民　據盧校改，與通典合。

三三二頁一行　今使太尉襲使持節奉璽綬　按：集解引錢大昕說，謂案靈帝紀，太尉聞人襲以三月免官，此立后乃在七月，或紀所書月日誤。

三三二頁二行　太尉住蓋下　「住」原譌「注」，逕據汲本、殿本改正。按：通典作「太尉立階下」。

三三二頁三行　長(樂)〔秋〕太僕　據盧校改。按：盧云通典「樂」作「秋」，是。

三三二頁六行　彌牟〔朴〕蟲鍾　據汲本、殿本補。按：集解引錢大昕說，謂彌牟五字未詳。

三三二頁七行　以桃印長六寸方三寸　按：盧云宋志「印」作「卯」。

三三二頁八行　愼其閉塞　按：「塞」原譌「寒」，逕改正。

禮儀中　三一三五

後漢書志第五　三一三六

三三二頁一〇行　消石冶皆絶止　按：「冶」原譌「治」，逕改正。

三三二頁一一行　〔湯〕始得伊尹　據汲本、殿本補。

三三二頁一三行　誰能出不由戶(者)　據汲本、殿本刪。

三三二頁一三行　欲人之子孫蕃(植)〔殖〕　據殿本改。

三三二頁三行　迎氣〔於〕白郊　據汲本、殿本補。

三三三頁五行　立秋之日(自)〔白〕郊禮畢　據盧校改。按：盧云通典同，今從宋志。

三三三頁六行　載〔以〕獲車馳(駟)送陵廟　據盧校補刪。按：盧云通典有「以」字，此脫。「駟」字衍，宋志無。

三三三頁七行　〔於是乘輿〕還宮　據集解引惠棟說補。

三三三頁九行　烹鮮時有司〔告〕　據盧校改。

三三三頁一〇行　天子乃厲(鞠)〔飾〕　盧云「鞠」當作「飾」，月令正義云俗本作「飭」，此又轉譌。今據改。

三三三頁一〇行　所以敎兆民(載)戰事也　據盧校刪。

三三三頁一三行　引(鬪)〔關〕蹋鞠之屬也　據盧校改。

三三四頁四行　巡狩〔校〕獵還　據汲本、殿本補。

三一二四頁五行　公卿〔親〕識顏色　據汲本、殿本補。

三一二四頁一〇行　膢臘而賓水　按：校補謂今風俗通「賓」作「買」，今韓非子「賓水」作「相遺以水」。

三一二四頁一一行　又曰(嘗)〔嘗〕新始殺〔也〕食〔新〕曰貙膢　據盧校删補，與今風俗通合。

三一二四頁一三行　王杖長〔九〕尺　據盧校補。按：盧云據御覽七百十補。

三一二五頁一三行　(郾)〔郎〕坐于端門左塾　據汲本改。

三一二五頁二三行　(太子)〔大予〕具樂器　據盧校改。按：集解引錢大昕說，謂「太子」當作「大予」，又引惠棟說，謂當作「太常」。覩下文引蔡邕禮樂志，漢樂四品，一曰大予樂，則錢說是。

三一二六頁五行　皆音以竽　按：集解引黃山說，謂此承上「閒音以竽」言，「皆」下當脫「閒」字。

三一二六頁七行　否則召太史令各板書　按：校補引錢大昭說，謂「板書」閩本作「書板」。

三一二六頁八行　施當軒北面稽首　按：盧云「施」疑「旋」之譌。

三一二六頁九行　太史令前(曰)〔白〕禮畢　據盧校改。按：集解引惠棟說，謂北宋本作「白」。

三一二六頁一三行　故八士(曰)或調陰陽　據盧校删。

三一二六頁一六行　琴音調則四海合歲氣百川一合德　按：盧云「一」或作「以」。

三一二七頁四行　迎送(凡田獵)〔五日臘〕者歲終大祭　據殿本改，與盧校本獨斷合。

三一二七頁八行　秦靜曰　按：「秦」原譌「泰」，逕改正。

禮儀中　三一三七

後漢書志第五　三一三八

三一二八頁四行　司馬闕門門外　按：集解引黃山說，謂秦蕙田據舊本，「門外」作「之外」。

三一二八頁五行　鬱櫑　汲本、殿本「櫑」作「儡」，注同。文選東京賦作「壘」。按：鬱儡之「儡」或作「壘」，無作「櫑」者，疑此誤。

三一二八頁八行　是爲(虎)〔虐鬼〕　據盧校改。按：虐卽瘧字，虎與虐形近而譌。文選東京賦注正作「瘧鬼」。

三一二八頁八行　一居人宮室區隅(漚庾)　按：文選東京賦注無「漚庾」二字，當卽「區隅」之音注，而誤入正文者，今删。

三一二八頁一二行　方相帥百隸及童(女)〔子〕　據盧校改。按：文選注作「子」。

三一二八頁一三行　(捐)〔捎〕魑魅　據盧校改。按：文選注作「捎」。

三一二八頁一六行　(臣)〔韋〕昭曰木石〔謂〕山(怪)也　據盧校改。按：此劉昭引韋昭注國語文，「臣」當作「韋」。「木石山怪也」今國語韋昭注作「木石謂山也」，盧依韋注改。

三一二八頁一六行　越人謂〔之〕山獠　據汲本、殿本補。按：「獠」今國語韋注作「繅」。

三一二八頁一六行　好學人聲　按：今國語韋注「學」作「斅」。

三一二九頁一行　一名沐腫　按：汲本、殿本「腫」作「䐈」，盧文弨依國語韋注改爲「腫」。

三一二九頁一三行　尙書令各五千　按：盧云「令」下疑脫「史」字。

三一二九頁一三行　以爲當祠門戶直　按：「當」原譌「富」，逕據汲本、殿本改正。

三一二九頁一五行　是月之(會)〔昏〕建丑　據盧校改。

三一三〇頁四行　周禮(曰)府史以下　據盧校删。

三一三〇頁六行　每(月朔)歲首〔正月〕　據盧校改。按：盧云「每月朔歲首」譌，今從通典。

三一三一頁一行　百官各陪〔位〕朝賀　據盧校補，與通典合。

三一三一頁二行　皆〔陛〕覲　據汲本、殿本補。

三一三一頁二行　宗室諸劉(雜)〔親〕會萬人以上　據盧校改，與通典合。

三一三一頁二行　位(公納薦太官賜食酒西入東出)既定　據盧校删，與通典合。

三一三一頁三行　〔羣〕計吏中庭北面立　據盧校補。按：通典無「立」字。

三一三一頁三行　太官上食賜羣臣酒食〔西入東出〕　據盧校補。按：通典作「太官賜酒食，西入東出」。

三一三一頁三行　(賁事)御史四人執法殿下　據盧校删。

三一三一頁三行　虎賁羽林〔張〕(弧)弓(撮)〔挾〕矢　據盧校改，與通典合。

三一三一頁四行　左右中郎將(住)〔位〕東(西)〔南〕　據盧校改，與通典合。

三一三一頁五行　作九賓(徹)〔散〕樂　據盧校改，與通典合。

三一三一頁五行　舍利〔獸〕從西方來　據盧校補，與通典合。

禮儀中　三一三九

後漢書志第五　三一四〇

三一三一頁六行　以兩大絲繩繫兩柱(中頭)閒　按：通典作「又以絲繩繫兩柱閒」，無「中頭」二字，今據删。

三一三一頁七行　〔倡〕樂畢作魚龍曼延　據盧校補，與通典合。

三一三一頁八行　陛高二丈　按：通典「二丈」作「一丈」。

三一三一頁九行　激沼水於殿下　按：盧云此六字衍，通典無。

三一三一頁九行　玉階金柱　按：通典「階」作「陛」。

三一三一頁一七行　〔詩〕所謂琴瑟擊鼓　據殿本補。

三一三二頁二行　王〔師〕大(捷)〔獻〕則令凱樂　據盧校改。按：周禮「令」下有「奏」字。

三一三二頁三行　軍大獻則令凱歌也　按：周禮「令」作「敎」。

後漢書志第六

禮儀下

大喪　諸侯王列侯始封貴人公主薨

不豫，太醫令丞將醫入，就進所宜藥。嘗藥監、近臣中常侍、小黃門皆先嘗藥，過量十二。公卿朝臣問起居無閒。太尉告請南郊，司徒、司空告請宗廟，告五嶽、四瀆、羣祀，並禱求福。疾病，公卿復如禮。

登遐，皇后詔三公典喪事。百官皆衣白單衣，白幘不冠。閉城門、宮門。近臣中黃門持兵，虎賁、羽林、郎中署皆嚴宿衞，宮府各警，北軍五校繞宮屯兵，黃門令、尚書、御史、謁者晝夜行陳。三公啓手足色膚如禮。皇后、皇太子、皇子哭踊如禮。沐浴如禮。守宮令兼東園匠將女執事，黃緜、緹繒、金縷玉柙如故事。〔一〕飯晗珠玉如禮。〔二〕槃冰如禮。〔三〕百官哭臨殿下。是日夜，下竹使符告郡國二千石、諸侯王。〔四〕竹使符到，皆伏哭盡哀。〔五〕小斂如禮。東園匠、考工令奏東園祕器，表裏洞赤，虡文畫日、月、鳥、龜、龍、虎、連璧、偃月，牙檜

梓宮如故事。大斂于兩楹之閒。五官、左右虎賁、羽林五將，各將所部，執虎賁戟，屯殿端門陛左右廂，中黃門持兵陛殿上。夜漏，羣臣入。晝漏上水，大鴻臚設九賓，隨立殿下。謁者引諸侯王立殿下，西面北上；宗室諸侯、四姓小侯在後，西面北上。治禮引三公就位，殿下北面；特進次中二千石；列侯次二千石；六百石、博士在後；羣臣陪位者皆重行，西上。位定，大鴻臚言具，謁者以聞。皇后東向，貴人、公主、宗室婦女以次立後；皇太子、皇子在東，西向；皇子少退在南，北面：皆伏哭。大鴻臚傳哭，羣臣皆哭。三公升自阼階，安梓宮內珪璋諸物，近臣佐如故事。嗣子哭踊如禮。〔六〕東園匠、武士下釘衽，截去牙。〔七〕太常上太牢奠，太官食監、中黃門、尚食次奠，執事者如禮。太常、大鴻臚傳哭如儀。

〔一〕漢舊儀曰：「帝崩，唅以珠，纏以緹繒十二重。以玉爲襦，如鎧狀，連縫之，以黃金爲縷。腰以下以玉爲札，長一尺，〔廣〕二寸半，爲柙，下至足，亦縫以黃金縷。（請）諸衣衿斂之。凡乘輿衣服，已御，輒藏之，崩皆以斂。」

〔二〕禮稽命徵曰：「天子飯以珠，唅以玉。諸侯飯以珠，唅以（珠）〔璧〕。卿大夫、士飯以珠，唅以貝。」

〔三〕周禮：「凌人，天子喪，供夷槃冰。」鄭玄曰：「夷之言尸也，實冰於槃中，置之尸牀之下，所以寒尸也。」漢禮器制度：「大槃廣八尺，長一丈二尺，深三尺，漆赤中。」

〔四〕應劭曰：「凡與郡國守相竹使符，皆以竹箭五枚，長五寸，鐫刻篆書第一至第五。」張晏曰：「符以代古之珪璋，從簡易也。」此下大喪符，亦猶斯比。

〔五〕漢舊制，發兵皆以銅虎符，其餘徵調，竹使而已。符第合會爲大信，見杜詩傳。

〔六〕周禮：「駔珪、璋、璧、琮、琥、璜之渠眉，疏璧、琮以斂尸。」鄭司農曰：「駔，外有捷盧也。謂珪、璋、璧、琮、琥、璜皆爲開渠，爲眉瑑，沙除以斂尸，令汁得流去也。」鄭玄曰：「以斂尸者，以大斂焉加之也。渠眉，玉飾之溝瑑也，以組穿聯六玉溝瑑之中以斂尸。珪在左，璋在首，琥在右，璜在足，璧在背，琮在腹，蓋取象方明神之也。疏璧、琮者，通於天地。」

〔七〕喪大記曰：「君蓋用漆，三衽三束。」鄭玄注曰：「衽，小腰。」

三公奏尚書顧命，太子即日即天子位于柩前，請太子即皇帝位，皇后爲皇太后。奏可。羣臣皆出，吉服入會如儀。太尉升自阼階，當柩御坐北面稽首，讀策畢，以傳國玉璽綬東面跪授皇太子，即皇帝位。中黃門掌兵以玉具、隨侯珠、斬蛇寶劒授太尉，告令羣臣，羣臣皆伏稱萬歲。或大赦天下。遣使者詔開城門、宮門，罷屯衞兵。羣臣百官罷，入成喪服如禮。兵官戎。〔一〕三公、太常如禮。

〔一〕文帝遺詔：「無布車及兵器。」應劭曰：「不施輕車介士。」

故事：百官五日一會臨，故吏二千石、刺史、在京都郡國上計掾史皆五日一會。天下吏民發喪臨三日。〔二〕先葬二日，皆旦晡臨。既葬，釋服，無禁嫁娶、祠祀。〔三〕佐史以下，布衣冠幘，經帶無過三寸，臨庭中。〔三〕武吏布幘大冠。大司農出見錢穀，給六丈布直。以葬，大紅十五日，小紅十四日，纖七日，釋服。〔四〕部刺史、二千石、列侯在國者及關內侯、宗

室長吏及因郵奉奏，諸侯王遣大夫一人奉奏，弔臣請驛馬露布，奏可。

〔一〕文帝遺詔：「其令天下吏民，令到，出臨三日，釋服。」

〔二〕文帝遺詔文有「飲酒食肉自當給，喪事服臨者皆無踐」。踐，徒跣也。

〔三〕文帝遺詔：「殿中當臨者，以旦夕各十五舉音，禮畢罷。非旦夕臨時，禁無得擅哭臨。」

〔四〕應劭曰：「紅者，（中）〔小〕祥、大祥以紅爲領緣（也）。纖（者），禫也。凡三十六日而釋（服）。」

以木爲重，高九尺，廣容八歷，裹以葦席。巾門、喪帳皆以簟。車皆去輴輴，疏布惡輪。走卒皆布褠幘。太僕（駕）四輪輴爲賓車，大練爲屋幰。中黃門、虎賁各二十人執紼。司空擇土造穿。太史卜日。謁者二人，中謁者僕射、中謁者副將作，油緹帳以覆坑。方石治黃腸題湊便房如禮。〔一〕

〔一〕漢舊儀略載前漢諸帝壽陵曰：「天子即位明年，將作大匠營陵地，用地七頃，方中用地一頃。深十三丈，堂壇高三丈，墳高十二丈。武帝墳高二十丈，明中高一丈七尺，四周二丈，內梓棺柏黃腸題湊，以次百官藏畢。其設四通羨門，容大車六馬，皆藏之內方，外陟車石。外方立，先閉劒戶，戶設夜龍、莫邪劒、伏弩，設伏火。已營陵，餘地爲西園后陵，餘地爲婕妤以下，次賜親屬功臣。」漢書音義曰：「題，頭也。湊，以頭向內，所以爲固也。便房，藏中便坐也。」皇覽曰：「漢家之葬，方中百步，已穿築爲方城。其中開四門，四通，足放六馬，然後錯渾雜物，扞漆繒綺金寶米穀，及埋車馬虎豹禽獸。發近郡卒徒，置將軍尉候，以後宮貴幸者皆守園陵。元帝葬，乃不用車馬禽獸等物。」

大駕，太僕御。方相氏黃金四目，蒙熊皮，玄衣朱裳，執戈揚楯，立乘四馬先驅。〔一〕旂

之制，長三仞，十有二游，曳地，畫日、月、升龍，書旐曰「天子之柩」。謁者二人立乘六馬爲次。大駕甘泉鹵簿，金根容車，蘭臺法駕。喪服大行載飾如金根車。皇帝從送如禮。太常上啓奠。夜漏二十刻，太尉冠長冠，衣齋衣，乘高車，詣殿止車門外。使者到，南向立，太尉進伏拜受詔。太尉詣南郊。未盡九刻，大鴻臚設九賓隨立，羣臣入位，太尉行禮。執事皆冠長冠，衣齋衣。太祝令跪讀謚策，太尉再拜稽首。治禮告事畢。太尉奉謚策，還詣殿端門。太常上祖奠，中黃門尙衣奉衣登容根車。東園武士載大行，司徒却行道立車前。治禮引太尉入就位，大行車西少南，東面奉〔謚〕策，太史令奉哀策立後。太常跪曰「進」，皇帝進。太尉讀謚策，藏金匱。皇帝次科藏于廟。太史奉哀策葦篋詣陵。太尉旋復公位，再拜立（哭）。太常跪曰「哭」，大鴻臚傳哭，十五舉音，止哭。太常行遣奠皆如禮。請哭止哭如儀。

〔一〕周禮曰：「方相氏，大喪先柩，及墓入壙，以戈擊四隅，（毆）〔敺〕方良。」鄭玄曰：「方相，放想也，可畏怖之貌。壙，穿地中也。方良，罔兩也。天子之椁，柏，黃腸爲裏，表以石焉。國語曰『木石之怪夔、罔兩』。」

晝漏上水，請發。司徒、河南尹先引車轉，太常跪曰「請拜送」。載車著白系參繆紼，長三十丈，大七寸爲輓，六行，行五十人。公卿以下子弟凡三百人，皆素幘委貌冠，衣素裳。校尉三〔百〕人，皆赤幘不冠，絳科單衣，持幢幡。候司馬丞爲行首，皆銜枚。羽林孤兒、巴俞擢歌者六十人，爲六列。鐸司馬八人，執鐸先。大鴻臚設九賓，隨立陵南羨門道東，北面；

諸侯、王公、特進道西，北面東上；中二千石、二千石、列侯（宜）〔直〕九賓東，北面西上。皇帝白布幕素裏，夾羨道東，西向如禮。容車幄坐羨道西，南向，車當坐，南向，中黃門尙衣奉衣就幄坐。車少前，太祝進醴獻如禮。司徒跪曰「大駕請舍」，太史令自車南，北面讀哀策，掌故在後，已哀哭。太常跪曰「哭」，大鴻臚傳哭如儀。司徒跪曰「請就下位」，東園武士奉下車。司徒跪曰「請就下房」，都導東園武士奉車入房。司徒、太史令奉謚、哀策。〔一〕

〔一〕晉時有人嵩高山下得竹簡一枚，上有兩行科斗書之，臺中外傳以相示，莫有知者。司空張華以問博士束晳。晳曰：「此明帝顯節陵中策也。」檢校果然。是知策用此書也。

東園武士執事下明器。〔一〕筲八盛，容三升，〔二〕黍一，稷一，麥一，粱一，稻一，麻一，菽一，小豆一。甕三，容三升，醯一，醢一，屑一。〔三〕黍飴。載以木桁，覆以功布。瓦鐙一。彤矢四，軒輖中，亦短衛。彤矢四，骨，短衛。〔四〕彤弓一。卮八，牟八，〔五〕豆八，籩八，形方酒壺八。槃匜一具。〔六〕杖、几各一。蓋一。鍾十六，無虡。鎛四，無虡。〔七〕磬十六，無虡。〔八〕壎一，簫四，笙一，箎一，柷一，敔一，瑟六，琴一，竽一，筑一，坎侯一。〔九〕干、戈各一，笮一，甲一，胄一。〔一〇〕輓車九乘，芻靈三十六匹。〔一一〕瓦竈二，瓦釜二，瓦甑一。瓦鼎十二，容五升。匏勺一，容一升。瓦案九。瓦大杯十六，容三升。瓦小杯二十，容二升。瓦飯槃十。瓦酒樽二，容五斗。匏勺二，容一升。

〔一〕禮記曰：「明器，神明之也。孔子謂爲明器知喪道矣，備物而不可用也。」鄭玄注既夕曰：「陳明器，以西行南端爲上。」

〔二〕鄭玄注既夕曰：「筲，畚種類也，其容蓋與簋同。」

〔三〕鄭玄注既夕曰：「屑，薑桂之屑。」

〔四〕既夕曰：「翭矢一乘，骨鏃短衛。」鄭玄曰：「翭猶候也，候物而射之矢也。四矢曰乘。骨鏃短衛，亦示不用也。生時翭矢金鏃，凡爲矢，五分笴長而羽其一。」通俗文曰：「細毛翭也。」

〔五〕鄭玄注既夕曰：「牟，盛湯漿。」

〔六〕鄭玄注既夕曰：「槃匜，盥器也。」

〔七〕爾雅曰：「大鍾謂之鏞。」郭璞注曰：「書曰『笙鏞以閒』。亦名鎛。」

〔八〕禮記曰：「有鍾磬而無簨虡。」鄭玄曰：「不懸之也。」

〔九〕禮記曰：「琴瑟張而不平，竽笙備而不和。」

〔一〇〕既夕謂之役器。鄭玄曰：「笮，矢箙。」

〔一一〕鄭玄注禮記曰：「芻靈，束茅爲人馬，謂之芻靈，神之類。」

祭服衣送皆畢，東園匠曰「可哭」，在房中者皆哭。太常、大鴻臚請哭止（哭）如儀。司徒曰「百官事畢，臣請罷」，從入房者皆再拜，出，就位。太常導皇帝就贈位。司徒跪曰「請進贈」，侍中奉持鴻洞。贈玉珪長尺四寸，薦以紫巾，廣袤各三寸，緹裏，赤纁周緣；贈幣，玄三

纁二，各長尺二寸，廣充幅。皇帝進跪，臨羨道房戶，西向，手下贈，投鴻洞中，三。東園匠奉封入藏房中。太常跪曰「皇帝敬再拜，請哭」，大鴻臚傳哭如儀。太常跪曰「贈事畢」，皇帝促就位。〔一〕容根車游載容衣。司徒至便殿，并騶騎皆從容車玉帳下。司徒跪曰「請就幄」，導登。尙衣奉衣，以次奉器衣物，藏於便殿。太祝進醴獻。凡下，用漏十刻。禮畢，司空將校復土。

〔一〕續漢書曰：「明帝崩，司徒鮑昱典喪事，葬日，三公入安梓宮，還，至羨道半，逢上欲下，昱前叩頭言：『禮，天子鴻洞以贈，所以重郊廟也。陛下柰何冒危險，不以義割哀？』上卽還。」

皇帝、皇后以下皆去麤服，服大紅，還宮反廬，立主如禮。桑木主尺二寸，不書謚。虞禮畢，祔於廟，如禮。〔一〕

〔一〕漢舊儀曰：「高帝崩三日，小斂室中牖下。作栗木主，長八寸，前方後圓，圍一尺，置牖中，望外，內張緜絮以鄣外，以皓木大如指，長三尺，四枚，纏以皓皮四方置牖中，主居其中央。七日大斂棺，以黍飯羊舌祭之牖中。已葬，收主。爲木函，藏廟太室中西牆壁埳中，望內，外不出室堂之上。坐爲五時衣、冠、履，几、杖、竹籠。爲俑人，無頭，坐起如生時。皇后主長七寸，圍九寸，在皇帝主右旁。高皇帝主長九寸。上林給栗木，長安祠廟作神主，東園祕器作梓棺，素木長丈三尺，崇廣四尺。」

先大駕日游冠衣于諸宮諸殿，羣臣皆吉服從會如儀。皇帝近臣喪服如禮。醳大紅，服小紅，十一升都布練冠。醳小紅，服纖。醳纖，服留黃，冠常冠。近臣及二千石以下皆服留

黃冠。百官衣皁。每變服，從哭詣陵會如儀。祭以特牲，不進毛血首。司徒、光祿勳備三爵如禮。〔一〕

〔一〕古今注具載帝陵丈尺頃畝，今附之後焉。光武原陵，山方三百二十三步，高六丈六尺。垣四出司馬門。寢殿、鍾虡皆在周垣內。隄封田十二頃五十七畝八十五步。帝王世記曰：「在臨平亭之南，西望平陰，東南去雒陽十五里。」明帝顯節陵，山方三百步，高八丈。無周垣，爲行馬，四出司馬門。石殿、鍾虡在行馬內。寢殿、園省在東。園寺吏舍在殿北。隄封田七十四頃五畝。帝王世記曰：「故富壽亭也，西北去雒陽三十七里。」章帝敬陵，山方三百步，高六丈二尺。無周垣，爲行馬，四出司馬門。石殿、鍾虡在行馬內。寢殿、園省在東。園寺吏舍在殿北。隄封田二十五頃五十五畝。帝王世記曰：「在雒陽東南，去雒陽三十九里。」和帝愼陵，山方三百八十步，高十丈。無周垣，爲行馬，四出司馬門。石殿、鍾虡在行馬內。寢殿、園省在東。園寺吏舍在殿北。隄封田三十一頃二十畝二百步。帝王世記曰：「在雒陽東南，去雒陽四十一里。」殤帝康陵，山周二百八步，高五丈五尺。行馬四出司馬門。寢殿、鍾虡在行馬中。因寢殿爲廟。園吏寺舍在殿北。隄封田十三頃十九畝二百五十步。帝王世記曰：「高五丈四尺。去雒陽四十八里。」安帝恭陵，山周二百六十步，高十五丈。無周垣，爲行馬，四出司馬門。石殿、鍾虡在行馬內。寢殿、園吏舍在殿北。隄封田一十四頃五十六畝。帝王世記曰：「高十一丈。在雒陽西北，去雒陽十五里。」順帝憲陵，山方三百步，高八丈四尺。無周垣，爲行馬，四出司馬門。石殿、鍾虡在司馬門內。寢殿、園省寺吏舍在殿東。隄封田十八頃十九畝三十步。帝王世記曰：「在雒陽西北，去雒陽十五里。」沖帝懷陵，山方百八十三步，高四丈六尺。爲寢殿行馬，四出門。園寺吏舍在殿東。隄封田五頃八十畝。帝王世記曰：「〔在雒陽〕西北，去雒陽十五里。」質帝靜陵，山方百三十六步，高五丈五

尺，爲行馬，四出〔司馬〕門。寢殿、鍾虡在行馬中，園寺吏舍在殿北。隄封田十二頃五十四畝。因寢爲廟。帝王世記曰：「在雒陽東，去雒陽三十二里。」桓帝宣陵，帝王世記曰：「山方三百步，高十二丈。在雒陽東南，去雒陽三十里。」靈帝文陵，帝王世記曰：「山方三百步，高十二丈。在雒陽西北，去雒陽二十里。」獻帝禪陵，帝王世記曰：「不起墳，深五丈，前堂方一丈八尺，後堂方一丈五尺，角廣六尺。在河內山陽之濁城西北，去濁城直行十一里，斜行七里，去懷陵百一十里，去山陽五十里，南去雒陽三百一十里。」蔡質漢儀曰：「十二陵令見河南尹無敬也。」魏文帝終制略曰：「漢文帝之不發霸陵，無求也。光武之掘原陵，封樹也。霸陵之完，功在釋之；原陵之掘，罪在明帝。是釋之忠以利君，明帝愛以害親也。忠臣孝子，宜思釋之之言，察明帝之戒，存於所以安君定親，使魂靈萬載無危，斯則賢聖之忠孝矣。自古及今，未有不亡之國，亦無不掘之墓也。喪亂以來，漢氏諸陵無不發掘，至乃燒取玉柙金縷，骸骨并盡，是焚如之刑也，豈不重痛哉。禍由乎厚葬封樹，桑、霍爲我戒，不亦明乎！」臣昭案：董卓傳：「卓使呂布發諸帝陵及公卿以下冢墓，收其珍寶。」卓別傳曰：「發成帝陵，解金縷，探含璣焉。」呂氏春秋略曰：「審知生，聖人之要也；審知死，聖人之極也。知生者，不以物害生；知死者，不以物害死。凡生於天地之閒，其必有死。孝子之重其親者，若親之愛其子，不棄於溝壑，故有葬送之義。葬者，藏也。以生人心爲之慮，則莫如無動，無動莫如無利。葬淺則狐貍掘之，深則及水泉，故必高陵之上，以避二害。然而忘姦寇之變，豈不惑哉！民之於利也，犯白刃，涉危難以求之；忍親戚，欺知交以求之。今無此危，無此醜，而爲利甚厚，固難禁也。國彌大，家彌富，其葬彌厚，珠玉金銅，不可勝計。姦人聞之，轉以相告，雖有嚴刑重罪，不能止也。且死者彌久，生者彌疏，彌疏則守之彌怠。藏器如故而守之有怠，其勢固必掘矣。世〔至〕〔主〕爲丘隴，其高若山陵，樹之若林藪，或設闕庭、都邑。以此示富則可矣，以此爲死者則惑矣！大凡死者，其視萬世猶一〔暝〕

〔瞚〕也。人之壽，久者不過百，中者六十。以百與六十爲無窮者慮，其情固不相當矣。必以無窮爲慮，然後爲可。今有銘其墓曰，『此中有金寶甚厚，不可掘也』，必爲世笑矣。而爲之闕庭以自表，此何異彼哉！自古及今，未有不亡之國也。無不亡之國，是無不掘之墓。以耳目之所聞見，則齊、荆、燕嘗亡矣；宋、中山已亡矣；趙、韓、魏皆失其故國矣。自此以上，亡國不可勝數，故其大墓無不掘也。而猶皆爭爲之，豈不悲哉！今夫君之不令民，父之不〔敎〕〔孝〕子，兄之不悌弟，皆鄉邑之所遺，而憚耕耒之勞者也。仍不事耕農，而好鮮衣侈食。智巧窮匱，則合黨連衆，而謀名丘大墓。上嘗不能禁也，此有葬自表之禍也。昔堯葬穀林，通樹之；舜葬紀市，不變肆；禹葬會稽，不變人徒。非愛其費，以爲死者〔慮〕也。先王之所惡，惡死者之辱。以爲儉則不發，不發則不辱，故必以儉而合乎山原也。宋未亡而東冢掘，齊未亡而莊公〔冢〕掘。國存而乃若此，又況滅名之後乎！此愛而厚葬之故也。欲愛而反害之，欲安而反危之，忠臣孝子亦不可以厚葬矣。昔季孫以璵璠斂，孔子歷級而止之，爲無窮慮也。」

太皇太后、皇太后崩，司空以特牲告謚于祖廟如儀。長樂太僕、少府、大長秋典喪事，三公奉制度，他皆如禮儀。〔一〕

〔一〕丁孚漢儀曰：「永平七年，陰太后崩，晏駕詔曰：『柩將發於殿，羣臣百官陪位，黃門鼓吹三通，鳴鍾鼓，天子舉哀。女侍史官三百人皆著素，參以白素，引棺挽歌，下殿就車，黃門宦者引以出宮省。太后魂車，鸞路，青羽蓋，駟馬，龍旂九旒，前有方相，鳳皇車，大將軍妻參乘，太僕妻御，〔女騎夾轂〕悉道。公卿百官如天子郊鹵簿儀。』後和熹鄧后葬，案以爲儀，自此皆降損於前事也。」

合葬：羨道開通，皇帝謁便房，太常導至羨道，去杖，中常侍受，至柩前，謁，伏哭止如儀。辭，太常導出，中常侍授杖，升車歸宮。已下，反虞立主如禮。諸郊廟祭服皆下便房。五時朝服各一襲在陵寢，其餘及宴服皆封以篋笥，藏宮殿後閤室。

諸侯王、列侯、始封貴人、公主薨，皆令贈印璽、玉柙銀縷；大貴人、長公主銅縷。諸侯王、貴人、公主、公、將軍、特進皆賜器，官中二十四物。使者治喪，穿作，柏椁，百官會送，如故事。諸侯王、公主、貴人皆樟棺，洞朱，雲氣畫。公、特進樟棺黑漆。中二千石以下坎侯漆。〔一〕朝臣中二千石、將軍，使者弔祭，郡國二千石、六百石以至黃綬，皆賜常車驛牛贈祭。宜自佐史以上達，大斂皆以朝服。君臨弔若遣使者，主人免絰去杖望馬首如禮。免絰去杖，不敢以戚凶服當尊者。〔二〕自王、主、貴人以下至佐史，送車騎導從吏卒，各如其官府。載飾以蓋，龍首魚尾，華布牆，纁上周，交絡前後，雲氣畫帷裳。中二千石以上有輜，左龍右虎，朱鳥玄武；公侯以上加倚鹿伏熊。千石以下，緇布蓋牆，魚龍首尾而已。二百石黃綬以下至于處士，皆以簟席爲牆蓋。其正妃、夫人、妻皆如之。諸侯王，傅、相、中尉、內史典喪事，大鴻臚奏謚，天子使者贈璧帛，載日命謚如禮。下陵，羣臣醳纁服如儀，主人如禮。

〔一〕丁孚漢儀曰：「孝靈帝葬馬貴人，贈步搖、赤紱葬，青羽蓋、駟馬。柩下殿，女侍史二百人著素衣挽歌，引木下就車，

黃門宦者引出宮門。」

〔二〕前書賈山上書曰：「古之賢君於臣也，尊其爵祿而親之，疾則臨視之無數，死則往弔哭之，臨其小斂、大斂。已棺塗而後爲之服，錫衰絰而三臨其喪。未斂而不飲酒食肉，未葬不舉樂。當可謂盡禮矣。服法服，端容貌，正顏色，然後見之。故臣下莫敢不竭力盡死以報其上，功德立於世，而令問不忘也。」晉起居注曰：「太尉賈充薨，皇太子妃之父，又太保也，有司奏依漢元明二帝親臨師保故事，皇太子素服爲發哀，又臨其喪。」

贊曰：大禮雖簡，鴻儀則容。天尊地卑，君莊臣恭。質文通變，哀敬交從。元序斯立，家邦迺隆。

校勘記

三一四三頁一〇行 〔廣〕二寸半 據盧校補，與通典合。

三一四三頁一〇行 （請）諸衣衿斂之 盧云「請」字衍。今據刪。

三一四三頁一一行 諸侯飯以珠唅以（珠）〔璧〕 據盧校改。按：盧依禮檀弓正義引改，錢大昭亦謂當作「璧」。

三一四三頁一〇行 兵官戎 按：盧云此三字衍，通典無。集解引黃山說，謂此三字爲文既不可得解，合下「三公太常」爲文，辭亦不相屬，注何以涉及車器介士，知此文必有誤脫矣。

三一四四頁一行 及因郵奉奏 按：集解引黃山說，謂「及」乃「各」形近之誤，謂皆得不遣人奉奏也。

三一四四頁三行 文帝遺詔文 按：盧校下「文」字改「又」。

三一四四頁五行 紅者（中）〔小〕祥大祥以紅爲領緣〔也〕 據盧校改「中」爲「小」。據惠棟說補「也」字。

三一四四頁五行 纖「者」禫也凡三十六日而釋〔服〕 據集解引惠棟說補。

三一四四頁七行 太僕〔駕〕四輪輈爲賓車 集解引錢大昕說，謂「僕」下脫「駕」字，當依獻帝紀注增。今據補。

三一四五頁一行 長三仞 按：「仞」原譌「刃」，逕據汲本、殿本改正。

三一四五頁七行 東面奉〔謚〕策 據盧校補。

三一四五頁八行 再拜立（哭） 據盧校刪。按：盧云「哭」字衍，下方云太常跪曰哭。

三一四五頁一〇行 （毆）〔歐〕方良 據殿本改。

三一四五頁一三行 載車著白系參繆紼 按：盧云通典「系」作「絲」。

三一四五頁一四行 校尉三〔百〕人 集解引錢大昕說，謂「三」下脫「百」，當依獻帝紀注增。今據補。

三一四五頁一四行 巴俞擢歌者六十人 按：盧云巴俞擢即巴渝擢，何焯校本改「櫂」。古樂府有櫂歌行。櫂，徒了切。錢大昕云獻帝紀注作「擢」，音徒了反。又按：「六十人」原譌「六十九」，逕改正。

三一四六頁一行 列侯（宜）〔直〕九賓東北面西上 據盧校改。

三一四六頁一三行 瑟六琴一 按：盧云通典作「琴六瑟一」，似是。

三一四七頁一四行 太常大鴻臚請哭止（哭）如儀 據盧校補。

三一四八頁一〇行 小斂室中牖下 按：「牖」原譌「墉」，逕據汲本、殿本改正。下同。

三一四九頁四行 隄封 按：汲本、殿本「隄」皆作「提」

三一四九頁四行 帝王世記 汲本、殿本「記」作「紀」，下同。按：諸志劉昭注所引帝王世紀之「紀」字，紹興本皆作「記」。

三一四九頁一七行 〔在雒陽〕西北 據集解引黃山說補。

三一五〇頁一行 四出〔司馬〕門 據集解引黃山說補。

三一五〇頁九行 至乃燒取玉柙金縷 按：汲本、殿本作「鏤」，誤。

三一五〇頁一六行 世（至）〔主〕爲丘隴 盧校依呂覽改「至」爲「之」。校補謂「至」當作「主」。今按：呂覽作「世之」，就大概言也，就本文文勢，作「世主」亦得。且至與主形近易譌，疑劉昭注本作「主」也。今依校補改爲「主」

三一五〇頁一七行 其親萬世猶一（瞑）〔瞚〕也 據盧校改。按：盧云瞚同瞬，作「瞑」譌。又校補引錢大昭說，謂今呂覽「瞑」作「瞚」。

三一五一頁四行 父之不（敎）〔孝〕子 據盧校改，與呂覽合。

三一五一頁七行 以爲死者〔慮〕也 據盧校補，與呂覽合。

三一五一頁八行 齊未亡而莊公〔冢〕掘 據盧校補，與呂覽合。

三一五一頁八行 國存而乃若此 按：「乃」原譌「力」，逕改正。

三一五一頁一五行 太僕妻御〔女騎夾轂〕悉道 據集解引惠棟說補。按：盧校改「道」爲「導」，今以道導通，故不改。

三一五二頁二行 千石以下緇布蓋牆 按：「緇」原譌「輜」，逕據汲本、殿本改正。

後漢書志第七

祭祀上

光武即位告天　郊　封禪

祭祀之道，自生民以來則有之矣。豺獺知祭祀，而況人乎！故人知之至於念想，猶豺獺之自然也，顧古質略而後文飾耳。自古以來王公所爲羣祀，至於王莽，漢書郊祀志既著矣，故今但列自中興以來所修用者，以爲祭祀志。〔一〕

〔一〕謝沈書曰「蔡邕引中興以來所修者爲祭祀〔意〕，此〕志即邕之意也。

建武元年，光武即位于鄗，爲壇營於鄗之陽。〔一〕祭告天地，采用元始中郊祭故事。六宗羣神皆從，未以祖配。天地共犢，餘牲尚約。〔二〕其文曰：「皇天上帝，后土神祇，睠顧降命，屬秀黎元，爲民父母，秀不敢當。羣下百僚，不謀同辭。咸曰王莽篡弒竊位，秀發憤興義兵，破王邑百萬衆於昆陽，誅王郎、銅馬、赤眉、青犢賊，平定天下，海內蒙恩，上當天心，

下爲元元所歸。讖記曰：『劉秀發兵捕不道，卯金修德爲天子。』秀猶固辭，至于再，至于三。羣下曰：『皇天大命，不可稽留。』敢不敬承。」

〔一〕春秋保乾圖曰：「建天子於鄗之陽，名曰行皇。」

〔二〕黃圖載元始儀最悉，曰：「元始四年，宰衡莽奏曰：『帝王之義，莫大承天；承天之序，莫重於郊祀。祭天於南，就陽位；祠地於北，主陰義。圓丘象天，方澤則地。圓方因體，南北從位。燔燎升氣，瘞埋就類。牲欲繭栗，味尚清玄。器成匏勺，貴誠因質。天地神所統，故類乎上帝，禋于六宗，望秩山川，班於羣神。皇天后土，隨王所在而事祐焉。甘泉太陰，河東少陽，咸失厥位，不合禮制。聖王之制，必上當天心，下合地意，中考人事。故曰：「愷悌君子，求福不回。」回而求福，厥路不通。(正月)〔在易〕泰卦，乾坤合體，天地交通，萬物聚出，其律太蔟。天子親郊天地。先祖配天，先妣配地，陰陽之別。以日冬至祀天，夏至祀后土，君不省方而使有司。六宗，日、月、星、山、川、海，星則北辰，川即河，山岱宗，三光衆明山阜百川衆流渟汙皐澤，以類相屬，各數秩望相序。』於是定郊祀，祀長安南北郊，罷甘泉、河東祀。」　上帝壇圓八觚，徑五丈，高九尺。茅營去壇十步，竹宮徑三百步，土營徑五百步。神靈壇各於其方面三丈，去茅營二十步，廣(坐)〔三〕十五步。合祀神靈以璧琮。用辟神道(以)〔八〕通，廣各三十步。竹宮內道廣三丈，有闕，各九十一步。壇方三丈，拜位壇亦如之。　爲周道郊營之外，廣九步。列營(六甘泉)北辰于南門之外，日、月、海東門之外，河北門之外，岱宗西門之外。　爲周道前望之外，廣九步。列望(遂)〔道〕乃近前望道外，徑六十二步。壇方二丈五尺，高三尺五寸。　爲周道列望之外，徑九步。卿望亞列望外，徑四十步。壇廣三丈，高二尺。　爲周道卿望之外，徑九步。大夫望亞卿望道外，徑二十步。壇廣一丈五尺，高一尺五寸。　爲周道大夫望之外，徑九步。士望亞大夫望道外，徑十五步。壇廣一丈，高一尺。　爲周道士望之外，徑九步。庶望亞士望道外，徑九步。壇廣五尺，高五寸。　爲周道庶望之外，徑九步。凡天宗上帝宮壇營，徑三里，周九里。營三重，通八方。　后土壇方五丈六尺。茅營去壇十步外，土營方二百步限之。其五零壇(土)〔去〕茅營，如上帝五神去營步數，神道四通，廣各十步。宮內道廣各二丈，有闕。　爲周道后土宮外，徑九步。營岱宗西門之外，河北門之外，海東門之外，徑各六十步。壇方二丈，高二尺。　爲周道前望之外，徑六步。列望亞前望道外，〔徑〕三十六步。壇廣一丈五尺，高一尺五寸。　爲周道列望之外，徑六步。卿望亞列望道外，徑三十五步。壇廣〔一〕丈，高一尺。　爲周道卿望之外，徑六步。大夫望亞卿望道(之)外，徑十九步。壇廣八尺，高八寸。　爲周道大夫望之外，徑(九)〔六〕步。士望亞大夫望道外，徑十二步。壇廣六尺，高六寸。　爲周道士望之外，徑六步。凡地宗后土宮壇營，方二里，周八里。營再重，道四通。常以歲之孟春正月上辛若丁，親郊祭天南郊，以地配，望秩山川，徧于羣神。天地位皆南鄉同席，地差在東，共牢而食。太祖高皇帝、高后配于壇上，西鄉，后在北，亦同席，共牢而食。日冬至，使有司奉祭天神于南郊，高皇帝配而望羣陽。夏至，使有司奉祭地祇于北郊，高皇后配而望羣陰。天地用牲二，燔燎瘞埋用牲一，先祖先妣用牲一。天以牲左，地以牲右，皆用黍稷及樂。

二年正月，初制郊兆於雒陽城南七里，依鄗。采元始中故事。爲圓壇八陛，中又爲重壇，天地位其上，皆南鄉，西上。其外壇上爲五帝位。青帝位在甲寅之地，赤帝位在丙巳之地，黃帝位在丁未之地，白帝位在庚申之地，黑帝位在壬亥之地。其外爲壝，重營皆紫，以像紫宮；有四通道以爲門。日月在中營內南道，日在東，月在西，北斗在北道之西，皆別位，

不在羣神列中。八陛，陛五十八醊，合四百六十四醊。五帝陛郭，帝七十二醊，合三百六十醊。中營四門，門五十四神，合二百一十六神。外營四門，門百八神，合四百三十二神。皆背營內鄉。中營四門，門封神四，外營四門，門封神四，合三十二神。凡千五百一十四神。營即壝也。封，封土築也。背中營神，五星也，及中(宮)〔官〕宿五官神及五嶽之屬也。背外營神，二十八宿外(宮)〔官〕星，雷公、先農、風伯、雨師、四海、四瀆、名山、大川之屬也。

至七年五月，詔三公曰：「漢當郊堯。其與卿大夫、博士議。」時侍御史杜林上疏，以爲「漢起不因緣堯，與殷周異宜，而舊制以高帝配。方軍師在外，且可如元年郊祀故事」。上從之。語在林傳。〔一〕

〔一〕東觀書載杜林上疏，悉於本傳。曰：「臣聞營河、雒以爲民，刻肌膚以爲刑，封疆畫界以建諸侯，井田什一以供國用，三代之所同。及至漢興，因時宜，趨世務，省煩苛，取實事，不苟貪高亢之論。是以去土中之京師，就關內之遠都。除肉刑之重律，用髠鉗之輕法。郡縣不置世祿之家，農人三十而稅一。政卑易行，禮簡易從。民無愚智，思仰漢德，樂承漢祀。基業特起，不因緣堯。堯遠於漢，民不曉信，言提其耳，終不悅諭。后稷近於周，民戶知之。世據以興，基由其祚，本與漢異。郊祀高帝，誠從民望，得萬國之歡心，天下福應，莫大於此。民奉種祀，且猶世主，不失先俗。羣臣僉薦鼭，考績不成，九載乃殛。宗廟至重，衆心難違，不可卒改。詩云『不愆不忘，率由舊章』，明當尊用祖宗之故文章也。宜如舊制，以解天下之惑，合於易之所謂『先天而天不違，後天而奉天時』義。方軍師在外，祭可且如元年郊祭故事。」

隴、蜀平後，乃增廣郊祀，高帝配食，位在中壇上，西面北上。〔一〕天、地、高帝、黃帝各用犢一頭，青帝、赤帝共用犢一頭，白帝、黑帝共用犢一頭，凡用犢六頭。〔二〕日、月、北斗共用牛一頭，四營羣神共用牛四頭，凡用牛五頭。凡樂奏青陽、朱明、西皓、玄冥，及雲翹、育命舞。中營四門，門用席十八枚，外營四門，門用席三十六枚，凡用席二百一十六枚，皆莞簟，率一席三神。日、月、北斗無陛郭醊。既送神，（瘞）〔燎〕俎實於壇南巳地。〔三〕

〔一〕漢舊儀曰：「祭天（祭）〔居〕紫壇幄帷。高皇帝（祭）〔配〕天，居堂下西向，紺帷帳，紺席。」鉤命決曰：「自外至者，无主不止；自內出者，无匹不行。」

〔二〕漢舊儀曰：「祭天，養牛五歲，至三千斤。」案：禮記曰「天地之牛角繭栗」，而此云五歲，本志用犢是也。

〔三〕周禮：「凡以神仕者，掌三辰之法，以猶鬼神祇之居，辨其名物。」鄭玄曰：「猶，圖也。居謂坐也。天者羣神之精，日月星辰其著位也。以此圖天神人鬼地祇之坐者，謂布祭衆寡，與其居句。孝經說郊祀之禮曰：『燔燎掃地，祭牲繭栗，或象天酒旗坐星，廚倉具黍稷布席，極敬心也。』言郊之布席，象五帝坐。禮祭宗廟，序昭穆，亦有似虛、危，則祭天圓丘象北極，祭地方澤象后妃，及社稷之席，皆有明法焉。」

建武三十年二月，羣臣上言，卽位三十年，宜封禪泰山。〔一〕詔書曰：「卽位三十年，百姓怨氣滿腹，吾誰欺，欺天乎？曾謂泰山不如林放，何事汙七十二代之編錄！〔二〕桓公欲封，管仲非之。若郡縣遠遣吏上壽，盛稱虛美，必髡，兼令屯田。」從此羣臣不敢復言。三

月，上幸魯，〔三〕過泰山，告太守以上過故，承詔祭山及梁父。時虎賁中郎將梁松等議：「記曰『齊將有事泰山，先有事配林』，蓋諸侯之禮也。河嶽視公侯，王者祭焉。宜無卽事之漸，不祭配林。」〔四〕

〔一〕服虔注漢書曰：「封者，增天之高，歸功於天。」張晏注云：「天高不可及，於泰山上立封，禪而祭之，冀近神靈也。」項威注曰：「封泰山，告太平，升中和之氣於天。祭土爲封，謂負土於泰山爲壇而祭也。」禮記曰：「因名山升中于天。」盧植注曰：「封泰山，告太平，升中和之氣於天也。」東觀書載太尉趙憙上言曰：「自古帝王，每世之隆，未嘗不封禪。陛下聖德洋溢，順天行誅，撥亂中興，作民父母，修復宗廟，救萬姓命，黎庶賴福，海內清平。功成治定，羣司禮官咸以爲宜登封告成，爲民報德。百王所同，當仁不讓。宜登封岱宗，正三雍之禮，以明靈契，望秩羣神，以承天心也。」

〔二〕莊子曰：「易姓而王，封於泰山，禪於梁父者，七十有二代。其有形兆垠堮勒石，凡千八百餘處。」許慎說文序曰：「蒼頡之初作書，蓋依類象形，故謂之文。其有形聲相益，卽謂之字。字者，言孳乳而浸多也。著於竹帛謂之書，書者如也。以迄五帝、三王之世，改易殊體，封於泰山者七十有二代，靡有同焉。」

〔三〕漢祀令曰：「天子行有所之，出河，沈用白馬珪璧各一，衣以繒緹五尺，祠用脯二束，酒六升，鹽一升。涉渭、灞、涇、雒佗名水如此者，沈珪璧各一。律，在所給祠具；及行，沈祠佗川水，先驅投石，少府給珪璧。不滿百里者不沈。」

〔四〕盧植注曰：「配林，小山林麓配泰山者也。謂諸侯不郊天，泰山巡省所考五嶽之宗，故有事將祀之，先卽其漸。天子則否矣。」泰山廟在博縣。風俗通曰：「博縣十月祀岱宗，名曰合凍，十二月涸凍，正月解凍。太守絜齋，親自執事，作脯廣一尺，長五寸。既祀訖，取泰山君夫人坐前脯三十朐，太守拜章，縣次驛馬，傳送雒陽。」

三十二年正月，上齋，夜讀河圖會昌符，曰「赤劉之九，會命岱宗。不慎克用，何益於承。誠善用之，姦僞不萌」。感此文，乃詔松等復案索河雒讖文言九世封禪事者。松等列奏，乃許焉。〔一〕

〔一〕東觀書曰：「羣臣奏言：『登封告成，爲民報德，百王所同。陛下輒拒絕不許，臣下不敢頌功述德業。河雒讖書，赤漢九世，當巡封泰山，凡三十六事，傅奏左帷。陛下遂以仲月令辰，遵岱嶽之正禮，奉圖雒之明文，以和靈瑞，以爲兆民。』上曰：『至泰山乃復議。國家德薄，災異仍至，圖讖蓋如此！』」

初，孝武帝欲求神仙，以扶方者言黃帝由封禪而後僊，於是欲封禪。封禪不常，時人莫知。元封元年，上以方士言作封禪器，以示羣儒，多言不合古，於是罷諸儒不用。三月，上東上泰山，〔一〕乃上石立之泰山顛。〔二〕遂東巡海上，求僊人，無所見而還。四月，封泰山。〔三〕恐所施用非是，乃祕其事。語在漢書郊祀志。〔四〕

〔一〕郭璞注山海經曰：「泰山從山下至頭，四十八里二百步。」

〔二〕風俗通曰：「石高二丈一尺，刻之曰『事天以禮，立身以義，事父以孝，成民以仁。四海之內，莫不爲郡縣，四夷八蠻，咸來貢職。與天无極，人民蕃息，天祿永得』。」

〔三〕風俗通曰：「封廣丈二尺，高九尺，下有玉牒書也。」

〔四〕東觀書曰：「上至泰山，有司復奏河、雒圖記表章赤漢九世尤著明者，前後凡三十六事。與博士充等議，以爲『殷統未絕，黎庶繼命，高宗久勞，猶爲中興。武王因父，受命之列，據三代郊天，因孔子甚美其功，後世謂之聖王。漢統中絕，王莽盜位，一民莫非其臣，尺土靡不其有，宗廟不祀，十有八年。陛下無十室之資，奮振於匹夫，除殘去賊，興復祖宗，集就天下，海內治平，夷狄慕義，功德盛於高宗、（宣）〔武〕王。宜封禪爲百姓祈福。請親定刻石紀號文，太常奏儀制』。詔曰：『許。昔小白欲封，夷吾難之；季氏欲旅，仲尼非焉。蓋齊諸侯，季氏大夫，皆無事於泰山。今予末小子，巡祭封禪，德薄而任重，一則以喜，一則以懼。喜於得承鴻業，帝堯善及子孫之餘賞，蓋應圖籙，當得是當。懼於過差，執德不弘，信道不篤，爲議者所誘進，後世知吾罪深矣。』」

上許梁松等奏，乃求元封時封禪故事，議封禪所施用。有司奏當用方石再累置壇中，皆方五尺，厚一尺，用玉牒書藏方石。牒厚五寸，長尺三寸，廣五寸，有玉檢。又用石檢十枚，列於石傍，東西各三，南北各二，皆長三尺，廣一尺，厚七寸。檢中刻三處，深四寸，方五寸，有蓋。檢用金縷五周，以水銀和金以爲泥。玉璽一方寸二分，一枚方五寸。方石四角又有距石，皆再累。枚長一丈，厚一尺，廣二尺，皆在圓壇上。其下用距石十八枚，皆高三尺，厚一尺，廣二尺，如小碑，環壇立之，去壇三步。距石下皆有石跗，入地四尺。又用石碑，高九尺，廣三尺五寸，厚尺二寸，立壇丙地，去壇三丈以上，以刻書。上以用石功難，又欲及二月封，故詔松欲因故封石空檢，更加封而已。〔一〕松上疏爭之，以爲「登封之禮，告功

皇天，垂後無窮，以爲萬民也。承天之敬，尤宜章明。奉圖書之瑞，尤宜顯著。今因舊封，竄寄玉牒故石下，恐非重命之義。受命中興，宜當特異，以明天意」。遂使泰山郡及魯趣石工，宜取完青石，無必五色。時以印工不能刻玉牒，欲用丹漆書之；會求得能刻玉者，遂書。書祕刻方石中，命容玉牒。

二月，上至奉高，〔一〕遣侍御史與蘭臺令史，將工先上山刻石。文曰：「維建武三十有二年二月，皇帝東巡狩，至于岱宗，柴，〔二〕望秩於山川，〔三〕班于羣神，〔四〕遂覲東后。從臣太尉憙、行司徒事特進高密侯禹等。漢賓二王之後在位。孔子之後褒成侯，序在東后，蕃王十二，咸來助祭。河圖赤伏符曰：『劉秀發兵捕不道，四夷雲集龍鬭野，四七之際火爲主。』河圖會昌符曰：『赤帝九世，巡省得中，治平則封，誠合帝道孔矩，則天文靈出，地祇瑞興。帝劉之九，會命岱宗，誠善用之，姦僞不萌。赤漢德興，九世會昌，巡岱皆當。天地扶九，崇經之常。漢大興之，道在九世之王。封于泰山，刻石著紀，禪于梁父，退省考五。』河圖合古篇曰：『帝劉之秀，九名之世，帝行德，封刻政。』河圖提劉予曰：『九世之帝，方明聖，持衡拒，九州平，天下予。』雒書甄曜度曰：『赤三德，昌九世，會修符，合帝際，勉刻封。』孝經鉤命決曰：『予誰行，赤劉用帝，三建孝，九會修，專茲竭行封岱青。』河雒命后，經讖所傳。昔在帝堯，聰明密微，讓與舜庶，後裔握機。王莽以舅后之家，三司鼎足冢宰之權勢，依託周公、霍光輔幼歸政之義，遂以篡叛，僭號自立。宗廟墮壞，社稷喪亡，不得血食，十有八年。楊、徐、青三州首亂，兵革橫行，延及荆州，豪傑并兼，百里屯聚，往往僭號。北夷作寇，千里無煙，無雞鳴狗吠之聲。皇天睠顧皇帝，以匹庶受命中興，年二十八載興兵，（起是）以（中）次誅討，十有餘年，罪人（則）斯得。黎庶得居爾田，安爾宅。書同文，車同軌，人同倫。舟輿所通，人迹所至，靡不貢職。建明堂，立辟雍，起靈臺，設庠序。同律、度、量、衡。〔五〕修五禮，〔六〕五玉，〔七〕三帛，〔八〕二牲，〔九〕一死，〔一〇〕贄。〔一一〕吏各修職，復于舊典。在位三十有二年，年六十二。乾乾日昃，不敢荒寧，涉危歷險，親巡黎元，恭肅神祇，惠恤耆老，理庶遵古，聰允明恕。皇帝唯慎河圖、雒書正文，是月辛卯，柴，登封泰山。甲午，禪于梁陰。以承靈瑞，以爲兆民，永茲一宇，垂于後昆。百寮從臣，郡守師尹，咸蒙祉福，永永無極。秦相李斯燔詩書，樂崩禮壞。建武元年已前，文書散亡，舊典不具，不能明經文，以章句細微相況八十一卷，明者爲驗，又其十卷，皆不昭晳。子貢欲去告朔之餼羊，子曰：『賜也，爾愛其羊，我愛其禮。』後有聖人，正失誤，刻石記。」〔一二〕

〔一〕欲及二月者，虞書「歲二月，東巡狩，至于岱宗，柴」。范甯曰：「巡狩者，巡行諸侯所守。二月直卯，故以東巡狩也。祭山曰燔柴，積柴加牲於其上而燔之也。」

〔一〕應劭漢官馬第伯封禪儀記曰：「車駕正月二十八日發雒陽宮，二月九日到魯，遣守謁者郭堅伯將徒五百人治泰山道。十日，魯遣宗室諸劉及孔氏、瑕丘丁氏上壽受賜，皆詣孔氏宅，賜酒肉。十一日發，十二日宿奉高。是日遣虎賁郎將先上山，三案行。還，益治道徒千人。十五日，始齋。國家居太守府舍，諸王居府中，諸侯在縣庭中齋。諸卿、校尉、將軍、大夫、黃門郎、百官及宋公、衞公、褒成侯、東方諸侯、雒中小侯齋城外汶水上。太尉、太常齋山虞。馬第伯自云，某等七十人先之山虞，觀祭山壇及故明堂宮郎官等郊肆處。入其幕府，觀治石。石二枚，狀博平，圓九尺，此壇上石也。其一石，武帝時石也。時用五車不能上也，因置山下爲屋，號五車石。四維距石長丈二（尺），廣二尺，厚尺半所，四枚。檢石長三尺，廣六寸，狀如封篋。長檢十枚。一紀號石，高丈二尺，廣三尺，厚尺二寸，名曰立石。一枚，刻文字，紀功德。是朝上山騎行，往往道峻峭，（不）〔下〕騎，步牽馬，乍步乍騎，且相半，至中觀留馬。去平地二十里，南向極望無不覩。仰望天關，如從谷底仰觀抗峰。其爲高也，如視浮雲。其峻也，石壁窅窱，如無道徑。遙望其人，端如行朽兀，或爲白石或雪，久之白者移過樹，乃知是人也。殊不可上，四布僵臥石上，有頃復蘇。亦賴齎酒脯，處處有泉水，目輒爲之明。復勉強相將行，到天關，自以已至也，問道中人，言尚十餘里。其道旁山脅，大者廣八九尺，狹者五六尺。仰視巖石松樹，鬱鬱蒼蒼，若在雲中。俛視谿谷，碌碌不可見丈尺。遂至天門之下。仰視天門，窔遼如從穴中視天。直上七里，賴其羊腸逶迤，名曰環道，往往有絙索，可得而登也。兩從者扶挾，前人相牽，後人見前人履底，前人見後人頂，如畫重累人矣，所謂磨胷捍石，捫天之難也。初上此道，行十餘步一休，稍疲，咽脣燋，五六步一休。牒牒據頓，地不避濕暗，前有燥地，目視而兩脚不隨。早食上，（脯）〔晡〕後到天門。郭使者得銅物。銅物形狀如鍾，又方柄有孔，莫能識也，疑封禪具也。得之者汝南召陵人，姓楊名通。東上一里餘，得木甲。木甲者，武帝時神也。東北百餘步，得封所，始皇立石及闕在南方，漢武在其北。二十餘步得北垂圓臺，高九尺，方圓三丈所，有兩陛。人不得從，上從東陛上。臺上有壇，方一

丈二尺所，上有方石，四維有距石，四面有闕。鄉壇再拜謁，人多置錢物壇上，亦不掃除。國家上見之，則詔書所謂酢梨酸棗狼藉，散錢處數百，幣帛具，道是武帝封禪至泰山下，未及上，百官爲先上跪拜，置梨棗錢于道以求福，卽此也。東山名曰日觀，日觀者，雞一鳴時，見日始欲出，長三丈所。秦觀者望見長安，吳觀者望見會稽，周觀者望見（齊西）〔嵩山〕。北有石室。壇以南有玉盤，中有玉龜。山南脅神泉，飲之極清美利人。日入下去，行數環。日暮時頗雨，不見其道，一人居其前，先知蹈有人，乃舉足隨之。比至天門下，夜人定矣。」

〔二〕風俗通曰：「岱者，胎也。宗者，長也。萬物之始，陰陽之交，〔雲〕觸石〔而出〕，膚寸而合，不崇朝而徧雨天下，惟泰山乎！故爲五嶽之長耳。」

〔三〕孔安國書注曰：「九州名山、大川、五嶽、四瀆之屬，皆一時望祭之。」安國又曰：「喻以尊卑祭之也。五嶽視三公，四瀆視諸侯，其餘小者或卿、大夫、伯、子、男。」

〔四〕孔安國曰：「羣神謂丘陵墳衍，古之聖賢皆祭之矣。」

〔五〕孔安國書注曰：「同（陰）〔音〕律也。」度，丈尺；量，斗斛；衡，斤兩也。

〔六〕孔安國曰：「公、侯、伯、子、男朝聘之禮。」范甯曰：「吉、凶、賓、軍、嘉也。」

〔七〕范甯曰：「五等諸侯之瑞，珪璧也。」

〔八〕孔安國曰：「諸侯世子執纁，公之孤執玄，附庸之君執黃。」范甯曰：「玄、纁、黃，三孤所執。」

〔九〕范甯曰：「羔，鴈也。卿執羔，大夫執鴈。」

〔一〇〕雉也，士所執。

〔一一〕范甯曰：「總謂上所執之以爲贄者也。」

〔三〕封禪儀曰：「車駕十九日之山虞，國家居亭，百官（布）〔列〕野。此日山上雲氣成宮闕，百官並見之。二十一日夕牲時，白氣廣一丈，東南極望致濃厚。時天清和無雲。瑞命篇『岱嶽之瑞，以日爲應』也。」

二十二日辛卯晨，燎祭天於泰山下南方，羣神皆從，用樂如南郊。〔一〕諸王、王者後二公、孔子後襃成君，皆助祭位事也。〔二〕事畢，將升封。或曰：「泰山雖已從食於柴祭，今親升告功，宜有禮祭。」於是使謁者以一特牲於常祠泰山處，告祠泰山，如親耕、貙劉、先祠、先農、先虞故事。至食時，御輦升山，〔三〕日中後到山上更衣，〔四〕早晡時即位于壇，北面。羣臣以次陳後，西上，畢位升壇。〔五〕尚書令奉玉牒檢，皇帝以寸二分璽親封之，訖，太常命人發壇上石，〔六〕尚書令藏玉牒已，復石覆訖，尚書令以五寸印封石檢。〔七〕事畢，皇帝再拜，羣臣稱萬歲。〔八〕命人立所刻石碑，乃復道下。〔九〕

〔一〕封禪儀曰：「晨祭也。日高三丈所，燔燎（燔燎）煙正北（也）〔向〕。」

〔二〕封禪儀曰：「百官各以次上。郡儲輦三百，爲貴臣、諸公、王、侯、卿、大夫、百官皆步上，少用輦。」輦者，干寶周禮注曰「對轝曰輦」。

〔三〕封禪儀曰：「國家御首輦，人輓升山，至中觀休，須臾復上。」

〔四〕封禪儀曰：「須臾，羣臣畢就位。」

〔五〕封禪儀曰：「國家臺上北面，虎賁陛戟臺下。」

〔六〕封禪儀曰：「騶騎三千餘人發壇上方石。」

〔七〕封禪儀曰：「以金爲繩，以石（三）〔爲〕檢。東方西方各三檢。檢中石泥及壇土，色赤白黑，各依如其方色。」

〔八〕封禪儀曰：「稱萬歲，音動山谷。有氣屬天，遙望不見山巔，山巔人在氣中，不知也。」

〔九〕封禪儀曰：「封畢有頃，詔百官以次下，國家隨後。數百人維持行，相逢推，百官連延二十餘里。道迫小，深谿高岸數百丈。步從匍匐邪上，起近炬火，止亦駱驛。步從觸擊大石，石聲正讙，但讙石无相應和者。腸不能已，口不能默。夜半後到，百官明旦乃訖。其中老者氣劣不行，正臥巖石下。明日，太醫令復遣問起居。國家云：『昨上下山，欲行迫前人，欲休則後人所蹈，道峻危險，恐不能度。國家不勞，百官已下露臥水飲，無一人蹉跌，無一人疾病，豈非天邪！』泰山率多暴雨，如今上直下柴祭封登，清晏溫和。明日上壽，賜百官省事。事畢發，暮宿奉高三十里。明日發，至梁甫九十里夕牲。」

二十五日甲午，禪，祭地于梁陰，以高后配，山川羣神從，如元始中北郊故事。〔一〕

〔一〕服虔曰：「禪，廣土地。」項威曰：「除地爲墠。後改墠曰禪，神之矣。」封禪儀曰：「功效如彼，天應如此，羣臣上壽，國家不聽。」

四月己卯，大赦天下，以建武三十二年爲建武中元元年，復博、奉高、嬴勿出元年租、芻稾。以吉日刻玉牒書函藏金匱，璽印封之。乙酉，使太尉行事，以特告至高廟。〔一〕太尉奉匱以告高廟，藏于廟室西壁石室高主室之下。〔二〕

〔一〕尚書虞典曰：「歸格于藝祖，用特。」

〔二〕袁宏曰：「夫天地者，萬物之官府；山川者，雲雨之丘墟。萬物生遂，則官府之功大；雲雨施潤，則丘墟之德厚。故化洽天下，則功配於天地；澤流一國，則德合於山川。是以王者經略，必以天地爲本；諸侯述職，必以山川爲主。體而象之，取其陶育；禮而告之，歸其宗本。書曰：『東巡狩，至于岱宗，柴。』傳曰：『郊祀后稷，以祈農事。』夫巡狩觀化之常事，祈農撫民之定業，猶絜誠殷薦，以告昊天，況創制改物，人神易聽者乎！夫揖讓受終，必有至德於天下；征伐革命，則有大功於萬物。是故王者初基，則有封禪之事，蓋以其成功告於神明者也。夫東方者，萬物之所始；山嶽者，靈氣之所宅。故求之物本，必於其始；取其所通，必於所宅。崇其壇場，則謂之封；明其代興，則謂之禪。然則封禪者，王者開務之大禮也。德不周洽，不得輒議斯事；功不弘濟，不得髣髴斯禮。曠代一有，其道至高。故自黃帝、堯、舜至三代，各一得封禪，未有中修其禮者也。雖繼（職）〔體〕之君，時有功德，此蓋率復舊業，增修其前政，不得仰齊造國，同符改物者也。夫神道貞一，其用不煩；天地易簡，其禮尚質。故藉用白茅，貴其誠素；器用陶匏，取其易從。然封禪之禮，簡易可也。若夫（白）〔石〕函玉牒，非天地之性也。」

校勘記

三一五七頁七行　蔡邕引中興以來所修者爲祭祀〔意此〕志即邕之意也　盧云案本傳，邕撰十意，必補二字，語方明。今據補。

三一五八頁八行　（正月）〔在易〕泰卦　據汲本、殿本改。

三一五八頁一三行　廣（坐）〔三〕十五步　據殿本改。

三一五八頁一三行　辟神道（以）〔八〕通　據盧校改。按：盧據史記封禪書索隱引改。

三一五八頁一四行　營（六甘泉）北辰于南門之外　據盧校刪。

三一五八頁一四行　列望（遂）〔道〕乃近前望道外　據盧校改。

三一五九頁三行　其五零壇（土）〔去〕茅營　據汲本改。按：盧云「零」疑「帝」之譌。校補謂零與靈同，即神靈壇也。

三一五九頁五行　列望亞前望道外〔徑〕三十六步　按：依文義當脫一「徑」字，今補。

三一五九頁六行　卿望亞列望道外徑三十五步　按：汲本、殿本「三十五步」作「二十五步」。

三一五九頁六行　壇廣〔一〕丈　據汲本、殿本補。

三一五九頁六行　大夫望亞卿望道（之）外徑十九步　據校補說刪。

三一五九頁七行　爲周道大夫望之外徑（九）〔六〕步　據盧校改。

三一六〇頁四行　及中（宮）〔官〕宿五官神　據集解引錢大昕說改，說詳下。

三一六〇頁五行　二十八宿外（宮）〔官〕星　集解引錢大昕說，謂「外宮」當作「外官」。漢書天文志「經星常宿中外官凡百一十八名」。今據改。

三一六〇頁一五行　先天而天不違　按：汲本、殿本「不」作「弗」。

三一六一頁五行　（燔）〔燎〕俎實於壇南巳地　據盧校改。按：通典作「燎」。

三一六一頁六行　祭天（祭）〔居〕紫壇幄帷高皇帝（祭）〔配〕天居堂下西向紺帷帳紺席　據盧校改。按：

校補引柳從辰說，謂孫輯本漢舊儀「祭天」作「配天」，御覽五百二十六、書鈔九十，初學記十三、類聚三十八同。又按：「幄帷」之「帷」通典作「帳」，「帷幄」之「帳」通典作「幄」。

三一六三頁七行　傳奏左帷　盧云「帷」字疑當作「惟」。今按：如盧說改「帷」爲「惟」，則「惟」字當屬下讀。

三一六三頁一〇行　多言不合古　按：汲本、殿本「古」上有「於」字。

三一六四頁四行　功德盛於高宗（宣）〔武〕王　據殿本、集解本改。

三一六四頁五行　許昔小白欲封　按：聚珍本東觀記「許」作「在」。或謂許卽可，謂可其奏也，當時之體如此。

三一六四頁九行　用玉牒書藏方石　按：集解引黃山說，謂後文梁松疏言「竊寄玉牒故石下」，是此文當作「用玉牒書藏方石下」，奪「下」字。

三一六五頁一四行　河圖提劉予　汲本、殿本「予」作「子」。

三一六五頁一五行　天下予　汲本「予」作「子」，殿本考證謂「予」本或作「子」。按：張森楷校勘記謂上有「持衡拒」，拒予爲韻，作「子」不叶，非也。

三一六六頁五行　年二十八載興兵（起是）以（中）次誅討　據盧校刪。

三一六六頁六行　罪人（則）斯得　據盧校刪。

三一六七頁五行　四維距石長丈二〔尺〕　據盧校補。按：通典有「尺」字。

三一六七頁七行　（不）〔下〕騎步牽馬　據盧校改。按：通典、通考並作「下」。

三一六七頁一五行　（脯）〔晡〕後到天門　據殿本改。又「天」原譌「大」，逕改正。

三一六七頁一六行　姓陽名通　按：汲本、殿本「陽」作「楊」。

三一六八頁四行　望見（齊西）〔嵩山〕　據盧校改。

三一六八頁六行　岱者胎也　按：盧云諸書引多作「始也」，下云「萬物之始」，則「始」字是。

三一六八頁六行　〔雲〕觸石〔而出〕　據盧校補。

三一六八頁九行　其餘小者或卿大夫伯子男　汲本無「或」字。按：僞孔傳無「或卿大夫」四字。

三一六八頁一一行　同（陰）〔音〕律也　據汲本、殿本改。按：注引僞孔傳多刪節。今僞孔傳作「律法制及尺丈斛斗斤兩皆均同」。

三一六九頁一行　百官（布）〔列〕野　據惠棟補注改。

三一六九頁一〇行　燔燎（燔燎）嚮正北（也）〔向〕　校補引柳從辰說，謂孫輯本漢官儀引此「燔燎」二字不重，書鈔九十一引此亦不重，「也」作「鄉」。黃山謂「正北也」當作「正北向」，祀天本北面。今據刪補。

三一六九頁一一行　百官各以次上　按：校補引柳從辰說，謂書鈔引此下有「國家時御輦，人挽升車也」二句，詳文義，與下「郡儲御輦三百」正相接。

三一七〇頁一行　以石（三）〔爲〕檢　校補謂案通考注「三」作「爲」，是。今據改。

三一七〇頁五行　其中老者氣劣不行正臥巖石下　按：汲本、殿本作「其中老者氣劣不能行，臥巖石下」。

三一七〇頁五行　明日太醫令復遵問起居　按：汲本「明日」下有「早」字。

三一七〇頁一〇行　禪廣土地　按：盧校改「地」爲「也」。

三一七一頁七行　雖繼（職）〔體〕之君　據盧校改。據：集解引王補說，謂「職」袁紀作「體」。

三一七一頁九行　若夫（白）〔石〕函玉牒　據盧校改。按：通典作「石函玉牒」。汲本、殿本作「金函玉牒」，誤。此作「白函玉牒」者，白與石形近而譌也。

後漢書志第八

祭祀中

北郊　明堂　辟雍　靈臺　迎氣　增祀　六宗　老子

是年初營北郊，明堂、〔一〕辟雍、〔二〕靈臺未用事。〔三〕遷呂太后于園。上薄太后尊號曰高皇后，當配地郊高廟。語在光武紀。〔四〕

〔一〕周禮考工記曰：「周人明堂，度九尺之筵，東西九筵，南北七筵，堂崇一筵，五室，凡室二筵。」鄭玄曰：「明堂者，明政教之堂。周度以筵，亦王者相改。周堂高九尺，殷三尺，則夏一尺矣。相參之數也。」孝經援神契曰：「明堂上圓下方，八窻四達，布政之宮，在國之陽。」晏子春秋曰：「明堂之制，下之溫濕不能及也，上之寒暑不能入也。木工不鏤，示民知節也。」呂氏春秋曰：「周明堂茅茨蒿柱，土階三等，以見儉節也。」前志武帝欲治明堂奉高旁，未明其制度。濟南人公玉帶上黃帝時明堂圖，圖中有一殿，四面無壁，以茅蓋，通水，水圜宮垣爲復道；上有樓，從西南入，名曰崑崙，以拜禮上帝。於是作明堂汶上，如帶圖。」新論曰：「天稱明，故命曰明堂。上圓法天，下方法地，八窻法八風，四達法四時，九室法九州，十二坐法十二月，三十六戶法三十六雨，七十二牖法七十二風。」東京賦曰：「復廟重屋，八達九房。」薛綜注曰：「八達謂室有八窻也。堂後有九室，所以異於周制也。」王隆漢官篇

曰：「是古者清廟茅屋。」胡廣曰：「古之清廟，以茅蓋屋，所以示儉也。今之明堂，茅蓋之，乃加瓦其上，不忘古也。」

〔二〕白虎通曰：「辟雍，所以行禮樂，宣德化也。辟者，象璧圓，以法天也。雍者，壅之以水，象教化流行也。辟之爲言積也，積天下之道德；雍之爲言壅也，壅天下之儀則：故謂辟雍也。王制曰：『天子辟雍，諸侯泮宮。』外圓者，欲使觀者平均也。又欲言外圓內方，明德當圓，行當方也。」

〔三〕禮含文嘉曰：「禮，天子靈臺，所以觀天人之際，陰陽之會也。揆星度之驗，徵六氣之端，應神明之變化，覩日氣之所驗，爲萬物獲福於無方之原，招太極之清泉，以與稼穡之根。倉廩實，知禮節；衣食足，知榮辱。天子得靈臺之〔禮〕，則五車三柱，明制可行，不失其常。水泉川流，無滯寒暴暑之災，陸澤山陵，禾盡豐穰。」故東京賦曰：「左制辟雍，右立靈臺。」薛綜注曰：「於（之）〔上〕班教曰明堂，大合樂射饗者辟雍，司曆記候節氣者曰靈臺。」蔡邕明堂論曰：「明堂者，天子太廟，所以崇禮其祖，以配上帝者也。夏后氏曰世室，殷人曰重屋，周人曰明堂。東曰青陽，南曰明堂，西曰總章，北曰玄堂，中曰太室。易曰離也者，明也，南方之卦也。聖人南面而聽天下，嚮明而治。人君之位，莫正於此焉，故雖有五名而主以明堂也。其正中（焉）皆曰太廟。謹承天隨時之令，昭令德宗祀之禮，明前功百辟之勞，起尊老敬長之義，顯教幼誨稚之學。朝諸侯選造士於其中，以〔明〕制度。生者乘其能而至，死者論其功而祭。故爲大教之宮，而四學具焉，官司備焉。譬如北辰，居其所而衆星拱之，萬象翼之。〔政〕教之所由生（專），（受作）〔變化〕之所（自）〔由〕來，明一統也。故言明堂，事之大，義之深也。取其宗祀之清貌，則曰清廟。取其正室之貌，則曰太廟。取其尊崇（矣），則曰太室。取其（堂）〔向明〕，則曰明堂。取其四門之學，則曰太學。取其四面周水圜如璧，則曰辟雍。異名而同事，其實一也。春秋因魯取宋之姦賂，則顯之太廟，以明聖王建清廟明堂之義。經曰：『取郜大鼎于宋，納于太廟。』傳曰：『非禮也。君人者，將昭德塞違，故昭令德以示子孫。是以清廟茅屋，昭其儉也。夫德，儉而有度，升降有數，文物以紀之，聲明以發之，以臨照百官，百官於是戒懼，而不敢易紀律。』所以（大）明〔大〕教也。以周清廟論（曰）〔之〕，魯太廟皆明堂也。魯禘祀周公於太廟明堂，猶周宗祀文王於清廟明堂也。禮記檀弓曰『王齋禘於清廟明堂』也。孝經曰：『宗祀文王於明堂。』禮記明堂位曰：『太廟，天子曰明堂。』又曰：『成王幼弱，周公踐天子位以治天下，朝諸侯於明堂，制禮作樂，頒度量，而天下大服。成王以周公爲有勳勞於天下，命魯公世（曰）〔世〕禘祀周公於太廟，以天子禮樂，升歌清廟，下管象舞，所以異魯於天下〔也〕。』取周清廟之歌歌於魯太廟，明（堂）魯之〔太〕廟猶周清廟也，皆所以昭文王、周公之德，以示子孫者也。易傳太初篇曰：『天子旦入東學，晝入南學，暮入西學。在中央曰太學，天子之所自學也。』禮記保傅篇曰：『帝入東學，上親而貴仁；入西學，上賢而貴德；入南學，上齒而貴信；入北學，上貴而尊爵；入太學，承師而問道。』與易傳同。魏文侯孝經傳曰：『太學者，中學明堂之位也。』禮記古大明堂之禮曰：『膳夫是相禮，日中出南闈，見九侯門子。日側出西闈，視五國之事。日闇出北闈，視帝節猶。』爾雅曰：『宮中之門謂之闈。』王居明堂之禮，又別陰陽門，〔東〕南（門）稱門，西（門）〔北〕稱闈，故周官有門闈之學。師氏教以三德守王門，保氏教以六藝守王闈。然則師氏居東門、南門，保氏居西門、北門也。知掌教國子，與易傳、保傅王居明堂之禮參相發明，爲四學焉。文王世子篇曰：『凡大合樂，則遂養老。天子至，乃命有司行事，興秩節，祭先師、先聖焉。始之養也，適東序，釋奠於先老，遂設三老、〔五更之席〕位焉。〔言教學始之於養老，由東方歲始也。又〕春夏學干戈，秋冬學羽籥，皆於東序。凡祭與養老、乞言、合語之禮，皆小樂正詔之於東序。』又曰：『大司成論說在東序。』然則詔學皆在東序。東序，東之堂也，學者詔焉，故稱太學。仲夏之月，令祀百辟卿士之有德於民者。禮記

太學志曰：『禮，士大夫學于聖人、善人，祭于明堂，其無位者祭於太學。』禮記昭穆篇曰：『祀先賢于西學，所以教諸侯之德也。』即所以顯行國禮之處也。太學，明堂之東序也，皆在明堂辟雍之內。月令記曰：『明堂者，所以明天氣，統萬物。』明堂上通於天，象日辰，故下十二宮象日辰也。水環四周，言王者動作法天地，德廣及四海，方此水也。〔禮記盛德篇曰：『明堂九室，以茅蓋屋，上圓下方，此水〕名曰辟雍。』王制曰：『天子出征，執有罪，反舍奠於學，以訊馘告。』樂記曰：『武王伐殷，（爲）〔薦〕俘馘于京太室。』詩魯頌云：『矯矯虎臣，在泮獻馘。』京，鎬京也。太室，辟雍之中明堂太室也。與諸侯泮宮俱獻馘焉，即王制所謂『以訊馘告』者也。禮記曰：『祀乎明堂，所以教諸侯之孝也。』孝經曰：『孝悌之至，通於神明，光于四海，無所不通。』詩云：『自西自東，自南自北，無思不服。』』言行孝者則曰明堂，行悌者則曰太學，故孝經合以爲一義，而稱鎬京之詩以明之。凡此皆明堂、太室、辟雍、太學事通〔文〕合之義也。其制度數各有所法。堂方百四十四尺，坤之策也。屋圓屋徑二百一十六尺，乾之策也。太廟明堂方三十六丈，通天屋徑九丈，陰陽九六之變（且）〔也〕。圜蓋方載，（六）九〔六〕之道也。八闥以象八卦，九室以象九州，十二宮以應辰。三十六戶七十二牖，以四戶（九）〔八〕牖乘九室之數也。戶皆外設而不閉，示天下不藏也。通天屋高八十一尺，黃鍾九九之實也。二十八柱列於四方，亦七宿之象也。堂高三丈，（亦）〔以〕應三統。四鄉五色者，象其行。外廣二十四丈，應一歲二十四氣。四周以水，象四海。王者之大禮也。」

〔四〕袁宏紀曰：「夫越人而臧否者，非憎於彼也。親戚而加譽者，非優於此也。處情之地殊，故公私之心異也。聖人知其如此，故明彼此之理，開公私之塗，則隱諱之義著，而親尊之道長矣。古之人以爲先君之體，猶今君之體，推近以知遠，則先後義鈞也。而況彰其大惡，以爲貶黜者乎！」

北郊在雒陽城北四里，爲方壇四陛。〔一〕三十三年正月辛未，郊。別祀地祇，位南面西上，高皇后配，西面北上，皆在壇上，地理羣神從食，皆在壇下，如元始中故事。中嶽在未，四嶽各在其方孟辰之地，中營內。海在東；四瀆河西，濟北，淮東，江南；他山川各如其方，皆在外營內。四陛醊及中外營門封神如南郊。地祇、高后用犢各一頭，五嶽共牛一頭，海、四瀆共牛一頭，羣神共二頭。奏樂亦如南郊。既送神，瘞俎實于壇北。

〔一〕張（璠）〔璠〕記云：「城北六里。」袁山松書曰：「行夏之時，殷祭之日，犧牲尚黑耳。」

明帝卽位，永平二年正月辛未，初祀五帝於明堂，光武帝配。〔一〕五帝坐位堂上，各處其方。黃帝在未，皆如南郊之位。光武帝位在青帝之南少退，西面。牲各一犢，奏樂如南郊。卒事，遂升靈臺，以望雲物。〔二〕

〔一〕孝經云「宗祀文王於明堂以配上帝」，故鄭玄曰「上帝者，天之別名。神無二主，故異其處，避后稷也」。

〔二〕杜預注傳曰：「雲物，氣色災變也。素察妖祥，逆爲之備。」

迎時氣，五郊之兆。自永平中，以禮讖及月令有五郊迎氣服色，因采元始中故事，兆五郊于雒陽四方。中兆在未，壇皆三尺，階無等。

立春之日，迎春于東郊，祭青帝句芒。〔一〕車旗服飾皆青。歌青陽，八佾舞雲翹之舞。

及因賜文官太傅、司徒以下縑各有差。

〔一〕月令章句曰：「東郊去邑八里，因木數也。」

立夏之日，迎夏于南郊，祭赤帝祝融。〔一〕車旗服飾皆赤。歌朱明，八佾舞雲翹之舞。

〔一〕月令章句曰：「南郊七里，因火數也。」

先立秋十八日，迎黃靈于中兆，祭黃帝后土。〔一〕車旗服飾皆黃。歌朱明，八佾舞雲翹、育命之舞。〔二〕

〔一〕月令章句曰：「去邑五里，因土數也。」

〔二〕魏氏繆襲議曰：「漢有雲翹、育命之舞，不知所出。舊以祀天，今可兼以雲翹祀圓丘，兼以育命祀方澤。」

立秋之日，迎秋于西郊，祭白帝蓐收。〔一〕車旗服飾皆白。歌西皓，八佾舞育命之舞。使謁者以一特牲先祭先虞于壇，有事，天子入囿射牲，以祭宗廟，名曰貙劉。語在禮儀志。

〔一〕月令章句曰：「西郊九里，因金數也。」

立冬之日，迎冬于北郊，祭黑帝玄冥。〔一〕車旗服飾皆黑。歌玄冥，八佾舞育命之舞。〔二〕

〔一〕月令章句曰：「北郊六里，因水數也。」

〔二〕獻帝起居注曰：「建安八年，公卿迎氣北郊，始復用八佾。」皇覽曰：「迎禮春、夏、秋、冬之樂，又順天道，是故距冬至日四十六日，則天子迎春於東堂，距邦八里，堂高八尺，堂階（三）〔八〕等。青稅八乘，旗旄尚青，田車載矛，號曰助天生。唱之以角，舞之以羽翟，此迎春之樂也。自春分數四十六日，則天子迎夏於南堂，距邦七里，堂高七尺，堂階（二）〔七〕等。赤稅七乘，旗旄尚赤，田車載戟，號曰助天養。唱之以徵，舞之以鼓鞉，此迎夏之樂也。自夏至數四十六日，則天子迎秋於西堂，距邦九里，堂高九尺，堂階九等。白稅九乘，旗旄尚白，田車載兵，號曰助天收。唱之以商，舞之以干戚，此迎秋之樂也。自秋分數四十六日，則天子迎冬於北堂，距邦六里，堂高六尺，堂階六等。黑稅六乘，旗旄尚黑，田車載甲鐵鍪，號曰助天誅。唱之以羽，舞之以干戈，此迎冬之樂也。」

章帝卽位，元和二年正月，詔曰：「山川百神，應祀者未盡。其議增修羣祀宜享祀者。」〔一〕

〔一〕東觀書，詔曰：「經稱『秩元祀，咸秩無文』。祭法『功施於民則祀之，以死勤事則祀之，以勞定國則祀之，能禦大災則祀之。〔以〕日月星辰，民所瞻仰也；山林川谷丘陵，民所取財用也。非此族也，不在祀典』。傳曰：『聖王先成民而致力於神。』又曰：『山川之神，則水旱癘疫之災，於是乎禜之。日月星辰之神，則雪霜風雨之不時，於是乎禜之。』孝文十二年令曰：『比年五穀不登，欲有以增諸神之祀。』王制曰：『山川神祇有不舉者，爲不敬。』今恐山川百神應典祀者尚未盡秩，其議增修羣祀宜享祀者，以祈豐年，以致嘉福，以蕃兆民。詩不云乎：『懷柔百神，及河喬嶽。』有年報功，不私幸望，豈嫌同辭，其義一焉。」

二月，上東巡狩，將至泰山，道使使者奉一太牢祠帝堯於濟陰成陽靈臺。上至泰山，修光武山南壇兆。辛未，柴祭天地羣神如故事。壬申，宗祀五帝於孝武所作汶上明堂，光武帝配，如雒陽明堂（祀）〔禮〕。癸酉，更告祀高祖、太宗、世宗、中宗、世祖、顯宗於明堂，各一太牢。卒事，遂覲東后，饗賜王侯羣臣。因行郡國，幸魯，祠東海恭王，及孔子、七十二弟子。〔一〕四月，還京都。庚申，告至，祠高廟、世祖，各一特牛。又爲靈臺十二門作詩，各以其月祀而奏之。和帝無所增改。

〔一〕漢晉春秋曰：「闕里者，仲尼之故宅也。在魯城中。帝升廟西面；羣臣中庭北面，皆再拜。帝進爵而後坐。」東觀書曰：「祠禮畢，命儒者論難。」

安帝卽位，元初六年，以尚書歐陽家說，謂六宗者，在天地四方之中，爲上下四方之宗。以元始中故事，謂六宗易六子之氣日、月、雷公、風伯、山、澤者爲非是。三月庚辰，初更立六宗，祀於雒陽西北戌亥之地，禮比太社也。〔一〕

〔一〕月令：「孟冬祈于天宗。」盧植注曰：「天宗，六宗之神。」李氏家書曰：「司空李郃侍祠南郊，不見六宗祠，奏曰：『案尚書「肆類于上帝，禋于六宗」。六宗者，上不及天，下不及地，傍不及四方，在六合之中，助陰陽，化成萬物。漢初甘泉、汾陰天地亦禋六宗。孝成之時，匡衡奏立南北郊祀，復祠六宗。及王莽謂六宗，易六子也。建武都雒陽，制祀不道祭六宗，由是廢不血食。今宜復舊制度。』制曰：『下公卿議。』五官將行弘等三十一人議可祭，大鴻臚龐雄等二十四人議不（可）當祭。上從郃議，由是遂祭六宗。」六宗之義，自伏生及乎後代，各有不同，今並抄集以證其論云。虞書曰：「肆類于上帝，禋于六宗，望于山川。」伏生、馬融曰：「萬物非天不覆，非地不載，非春不生，非夏不長，非秋不收，非冬不藏。禋于六宗，此之謂也。」歐陽和伯、夏侯建曰：「六宗上不謂天，下不謂地，傍不謂四方，在六者之閒，助陰陽變化者也。」孔安國曰：「精意以享謂之禋。宗，尊也。所尊祭其祀有六：埋少牢于太昭，祭時也；相近於坎壇，祭寒暑也；王宮，祭日也；夜明，祭月也；幽禜，祭星也；雩禜，祭水旱也。禋于六宗，此之謂也。」孔叢曰，宰我問六宗於夫子，夫子荅如安國之說。臣昭以此解若果是夫子所說，則後儒無復紛然。文秉案劉歆曰：「六宗謂水、火、雷、風、山、澤也。」賈逵曰：「六宗謂日宗、月宗、星宗、岱宗、海宗、河宗也。」鄭玄曰：「六宗，星、辰、司中、司命、風伯、雨師也。星，五緯也。辰謂日月所會十二次也。司中、司命，文昌第五、第四星也。風師，箕也。雨師，畢也。」晉武帝初，司馬紹統表駮之曰：「臣以爲帝在于類，則禋者非天。山川屬望，則海岱非宗。宗猶包山，則望何秩焉？伏與歆、逵失其義也。六合之閒，非制典所及；六宗之數，非一位之名。陰陽之說，又非義也。并五緯以爲一，分文昌以爲二，箕、畢既屬於辰，風師、雨師復特爲位，玄之失也。安國案祭法爲宗，而除其天地於上，遺其四方於下，取其中以爲六宗。四時寒暑日月衆星并水旱，所宗者八，非但六也。傳曰：『山川之神，則水旱癘疫之災，於是乎禜之。日月星辰之神，則雪霜風雨之不時，於是乎禜之。』又曰：『龍見而雩。』如此，禜者，祀日月星辰山川之名；雩者，周人四月祭天求雨之稱也。雪霜之災，非夫禜之所禳；雩祭之禮，非正月之所祈。周人之後說有虞之典，故於學者未盡喻也。且類于上帝，即禮天也。望于山川，禜所及也。案周禮云，昊天上帝，日月星辰，司中司命，風師雨師，社稷五祀五嶽，山林川澤，四方百物。又曰：『兆五帝於四郊，四類四望亦如之。』無六宗之兆。祭法之祭天，祭地，祭時，祭寒暑日月星，祭水旱，祭四方，及山林川谷丘陵能出雲爲風雨、見怪物，皆是。有天下者祭百神，非此族也，不在祀典，復無六宗之文。明六宗所禋，即祭法之所及，周禮之所祀，即虞書之所宗，不宜特復立六宗之祀也。春官大宗伯之職，掌玉作六器，以禮天地四

方。以蒼璧禮天，以黃琮禮地，以青圭禮東方，以赤璋禮南方，以白琥禮西方，以玄璜禮北方。天宗，日月星辰寒暑之屬也；地宗，社稷五祀之屬也；四方之宗者，四時五帝之屬也。如此，則羣神咸秩而無廢，百禮徧修而不瀆，於理爲通。」幽州秀才張髦又上疏曰：「禋於六宗，(禮)〔祀〕祖考所尊者六也。何以考之？周禮及禮記王制，天子將出，類于上帝，宜於社，造于禰。巡狩四方，覲諸侯，歸格於祖禰，用特。堯典亦曰：『肆類于上帝，禋于六宗，望于山川，徧於羣神，班瑞于羣后，肆覲東后。叶時月正日，同律度量衡。』巡狩一歲以周，爾乃『歸格于藝祖，用特』。臣以尚書與禮王制，同事一義，符契相合。禋于六宗，正謂祀祖考宗廟也。文祖之廟六宗，即三昭三穆也。若如十家之說，既各異義，上下違背，且沒乎祖之禮。考之禮，考之祀典，尊卑失序。若但類于上帝，不禋祖禰而行，去時不(吉)〔告〕，歸何以格？以此推之，較然可知也。禮記曰：『夫政必本於天，殽以降命。命降于社之謂殽地，降於祖廟之謂仁義，降於山川之謂興作，降於五祀之謂制度。』又曰：『祭帝於郊，所以定天位也；祀社於國，所以列地利也；祭祖於廟，所以本仁也；山川所以儐鬼神也；五祀所以本事也。』又曰：『禮行於郊，而百神受職焉；禮行於社，而百貨可極焉；禮行於祖廟，而孝慈服焉；禮行於五祀，而正法則焉。故自郊、社、祖廟、五祀，義之修而禮之藏也。』凡此皆孔子所以祖述堯舜，紀三代之教，著在祀典。首尾相證，皆先天地，次祖宗，而後山川羣神耳。故禮祭法曰：『七代之所更變者，禘郊宗祖。』明舜受終文祖之廟，察琁璣，考七政，審已天命之定，遂上郊廟，當義合堯典，則周公其人也。郊祀后稷以配天，宗祀文王於明堂以配上帝，是以四海之內各以其職來祭者也。居其位，攝其事，郊天地，供羣神之禮，巡狩天下而遺其祖宗，恐非有虞之志也。五嶽視三公，四瀆視諸侯，皆以案先儒之說，而以水旱風雨先五嶽四瀆，後祖考而次上帝，錯於肆類而亂祀典，臣以十一家皆非也。」太學博士吳商，以爲「禋之言煙也。三祭皆積柴而實牲體焉，以升煙而報陽，非祭宗廟之名也。鄭所以不從諸儒之說者，將欲據周禮禋祀皆天神也。日、月、星、辰、司中、司命、風師、雨師凡八，而日、月并從郊，故其餘爲六宗也。以書『禋于六宗』，與周禮事相符，故據以爲說也。且文昌雖有大體，而星名異，其日不同，故隨事祭之。而言文昌七星，不得偏祭其第四第五，此爲周禮。復不知文昌之體，而又妄引以爲司中，司命。箕、畢二星，既不係於辰，且同是隨事而祭之例，又無嫌於所係者」。范甯注虞書曰：「考觀衆議，各有說難。鄭氏證據最詳，是以附之。案六宗衆議，未知孰是。」虞喜別論云：「地有五色，太社象之。總五爲一則成六，六爲地數。推校經句，闕無地祭，則祭地。」臣昭曰：六宗紛紜，衆釋互起，竟無全通，亦難偏折。歷辨碩儒，終未挺正。康成見宗，是多附焉。盍各爾志，宣尼所許，顯其一說，亦何傷乎！竊以爲祭祀之敬，莫大天地，虞典首載，彌久彌盛，此宜學者各盡所求。臣昭謂虞喜以祭地，近得其實。而分彼五色，合五爲六，又不通禋，更成疑昧。尋虞書所稱「肆類于上帝」，是祭天。天不言天而曰上帝，帝是天神之極，舉帝則天神斯盡，日月星辰從可知也。「禋於六宗」，是實祭地。地不言地而曰六宗，〔六〕是地數之中，舉中是以該數，社稷等祀從可知也。天稱神上，地表數中，仰觀俯察，所以爲異。宗者，崇尊之稱，斯亦盡敬之謂也。禋也者，埋祭之言也，實瘞埋之異稱，非周煙之祭也。夫置字涉神，必以今之示，今之示即古之神，所以社稷諸字，莫不以神爲體。虞書不同，祀名斯隔。周禮改煙，音形兩異。虞書改土，正元祭義。此焉非疑，以爲可了，豈六置宗更爲傍祭乎？風俗通曰：「周禮以爲槱燎，祀司(命)〔中〕、司命，文昌上六星也。槱者，積薪燔柴也。今民猶祠司命耳，刻木長尺二寸爲人像，行者署篋中，居者別作小居。齊地大尊重之，汝南諸郡亦多有者，皆祀以豬，率以春秋之月。」

延光三年，上東巡狩，至泰山，柴祭，及祠汶上明堂，如元和(三)〔二〕年故事。順帝即

位，修奉常祀。

桓帝即位十八年，好神僊事。延熹八年，初使中常侍之陳國苦縣祠老子。九年，親祠老子於濯龍。文罽爲壇，飾淳金釦器，設華蓋之坐，用郊天樂也。

校勘記

三一七六頁七行　天子得靈臺之〔禮〕　據漢學堂輯本禮含文嘉補。

三一七六頁九行　於(之)〔上〕班敎曰明堂　據殿本改。按：文選注作「謂於其上班敎令曰靈臺」。

三一七六頁一二行　其正中(焉)皆曰太廟　據盧校刪。

三一七六頁一三行　以〔明〕制度　據盧校補。

三一七六頁一四行　〔政〕敎之所由生(焉)　據殿本補刪。

三一七六頁一五行　(受作)〔變化〕之所(自)〔由〕來　據盧校改。

三一七六頁一六行　取其尊崇(矣)則曰太室　據殿本刪，與盧校合。

三一七六頁一六行　取其(堂)〔向明〕則曰明堂　據殿本改，與盧校合。

三一七九頁三行　所以(大)明〔大〕敎也　據盧校乙。

三一七九頁三行　以周清廟論(曰)〔之〕　據殿本改。

三一七九頁六行　命魯公世(曰)〔世〕禘祀周公於太廟　據汲本、殿本改。

三一七九頁六行　所以異魯於天下〔也〕　據殿本補。按：禮明堂位「異」作「廣」。

三一七九頁七行　明(堂)魯之〔太〕廟猶周清廟也　據殿本改。按：殿本考證謂「明」下衍「堂」字，「之」下脫「太」字，俱依宋本改。

三一七九頁八行　天子旦入東學　按：汲本、殿本「天」作「太」。

三一七九頁一二行　見九侯門子　按：殿本作「見九侯反問於相」。

三一七九頁一二行　覲帝餰猶　按：今本蔡邕集無「餰」字，「猶」作「猷」。文選王融曲水詩序注引蔡邕月令論作「覲帝猷」。

三一七九頁一三行　〔東〕南(門)稱門西(門)〔北〕稱闈　據盧校改。

三一七九頁一五行　遂設三老〔五更之席〕位焉〔言敎學始之於養老由東方歲始也又〕春夏學干戈　據殿本補。

三一八〇頁一行　禮記昭穆篇　按：盧校改「昭」爲「政」。

三一八〇頁四行　〔禮記盛德篇曰明堂九室以茅蓋屋上圓下方此水〕名曰辟雍　據殿本補。

三一八〇頁五行　(爲)〔廌〕俘馘于京太室　據殿本改。

三一八〇頁九行　事通〔文〕合之義也　據殿本補。

三一八〇頁一〇行　陰陽九六之變(且)〔也〕　據殿本改。

三一八〇頁一〇行　(六)九〔六〕之道也　據盧校乙。按：殿本考證謂「六九」何焯校本改「九六」。

三一八〇頁一一行　以四戶(九)〔八〕牖乘九室之數也　據盧校改。

三一八〇頁一三行　(亦)〔以〕應三統　據盧校改。

三一八一頁一六行　張(瑫)〔璠〕記云　據殿本改。

三一八二頁四行　南郊七里　汲本、殿本「南郊」作「去邑」。按：下「祭黃帝后土」注云「去邑五里」，汲本、殿本「去邑」作「南郊」。

三一八二頁五行　車旗服飾皆黃歌朱明　盧校從禮儀志改「朱明」爲「帝臨」。按：黃山謂武帝樂歌本別有帝臨一篇，祀中央黃帝。王莽始作五郊迎氣之祭，中兆迎氣祭黃帝，不歌帝臨而歌朱明，蓋別有用意，明帝不察，妄仍之耳。說詳集解。

三一八二頁九行　歌西皓　集解引錢大昕說，謂明帝紀注引此文云歌白藏，以上下文青陽、朱明、玄冥例之，則作「白藏」爲是。按：黃山謂青陽、朱明、西顥、玄冥本武帝所造郊祀樂歌，全載前書禮樂志。王莽援爾雅「秋爲白藏」之文，改稱西顥爲白藏，後漢仍之，此特依班志用其原名耳。說詳集解。

三一八二頁一六行　堂階(三)〔八〕等　據盧校改。按：集解引惠棟說，謂尚書大傳作「八等」。

三一八三頁二行　堂階(二)〔七〕等　據盧校改。按：集解引惠棟說，謂尚書大傳作「七等」。

三一八三頁二行　赤稅七乘　按：「七」原譌「十」，逕據汲本、殿本改正。

三一八三頁六行　元和二年正月　按：集解引錢大昕說，謂章帝紀作「二月」。

三一八三頁九行　〔以〕日月星辰民所瞻仰也　據汲本、殿本補。

三一八三頁一〇行　於是乎禜之　按：「禜」原譌「榮」，逕改正，下同。

三一八四頁一行　如雒陽明堂(祀)〔禮〕　據盧校改。按：通典、通志並作「禮」。

三一八四頁一四行　議不(可)當祭　據盧校刪。

三一八六頁三行　禮於六宗(禮)〔祀〕祖考所尊者六也　據殿本改。按：張森楷校勘記謂下文亦云「祀祖考」，則「禮」字非也，當改。又按：「禮」原譌「禮」，逕改正。

三一八六頁五行　巡狩一歲以周　按：「一」原譌「萬」，逕改正。

三一八六頁八行　去時不(吉)〔告〕　據汲本、殿本改。

三一八七頁六行　推校經句　按：汲本、殿本「校」作「案」。

三一八七頁六行　衆釋互起　按：「互」原譌「玄」，逕改正。

三一八七頁六行　亦難偏折　按：殿本「偏」作「徧」。

三一八七頁一〇行　〔六〕是地數之中　據盧校補。

三一八七頁一〇行　舉中是以該數　按：殿本「是」作「足」。

三一八七頁一一行　非周禋之祭也　汲本「禋」作「禮」。

三一八七頁一四行　司(命)〔中〕司命　據汲本、殿本改。

三一八七頁一四行　行者署篋中　按：殿本「署」作「置」。

三一八七頁一六行　如元和(三)〔二〕年故事　「三」當作「二」，各本皆未正，今從盧校改。

後漢書志第九

祭祀下

宗廟　社稷　靈星　先農　迎春

光武帝建武二年正月，立高廟于雒陽。〔一〕四時祫祀，高帝爲太祖，文帝爲太宗，武帝爲世宗，如舊。餘帝四時春以正月，夏以四月，秋以七月，冬以十月及臘，一歲五祀。三年正月，立親廟雒陽，祀父南頓君以上至舂陵節侯。時寇賊未夷，方務征伐，祀儀未設。至十九年，盜賊討除，戎事差息，於是五官中郎將張純與太僕朱浮奏議：「禮，爲人子事大宗，降其私親。禮之設施，不授之與自得之異意。當除今親廟四。孝宣皇帝以孫後祖，爲父立廟於奉明，曰皇考廟，獨羣臣侍祠。願下有司議先帝四廟當代親廟者及皇考廟事。」下公卿、博士、議郎。大司徒涉等議：「宜奉所代，立平帝、哀帝、成帝、元帝廟，代今親廟。兄弟以下，使有司祠。宜爲南頓君立皇考廟，祭上至舂陵節侯，羣臣奉祠。」時議有異，不著。上可涉等議，詔曰：「以宗廟處所未定，且祫祭高廟。其成、哀、平且祠祭長安故高廟。其南陽舂陵

歲時各且因故園廟祭祀。〔二〕園廟去太守治所遠者，在所令長行太守事侍祠。〔三〕惟孝宣帝有功德，其上尊號曰中宗。」於是雒陽高廟四時加祭孝宣、孝元，凡五帝。其西廟成、哀、平三帝主，四時祭於故高廟。東廟京兆尹侍祠，冠衣車服如太常祠陵廟之禮。南頓君以上至節侯，皆就園廟。南頓君稱皇考廟，鉅鹿都尉稱皇祖考廟，鬱林太守稱皇曾祖考廟，節侯稱皇高祖考廟，在所郡縣侍祠。

〔一〕漢舊儀曰：「故孝武廟。」古今注曰：「於雒陽校官立之。」

〔二〕古今注曰：「建武十八年七月，使中郎將耿遵治皇祖廟舊廬稻田。」

〔三〕如淳曰：「宗廟在章陵，南陽太守稱使者往祭。不使侯王祭者，諸侯不得祖天子，凡臨祭宗廟，皆爲侍祠。」

二十六年，有詔問張純，禘祫之禮不施行幾年。純奏：「禮，三年一祫，五年一禘。毀廟之主，陳於太祖；未毀廟之主，皆升合食太祖；五年再殷祭。舊制，三年一祫，毀廟主合食高廟，存廟主未嘗合。元始五年，始行禘禮。父爲昭，南嚮；子爲穆，北嚮。父子不並坐，而孫從王父。〔一〕禘之爲言諦。諦諟昭穆，尊卑之義。以夏四月陽氣在上，陰氣在下，故正尊卑之義。祫以冬十月，五穀成熟，故骨肉合飲食。祖宗廟未定，且合祭。今宜以時定。」語在純傳。上難復立廟，遂以合祭高廟爲常。後以三年冬祫五年夏禘之時，但就陳祭毀廟主而已，謂之殷。太祖東面，惠、文、武、元帝爲昭，景、宣帝爲穆。惠、景、昭三帝非殷祭時不祭。〔二〕光武皇帝崩，明帝即位，以光武帝撥亂中興，更爲起廟，尊號曰世祖廟。〔三〕以元帝於光武爲穆，故雖非宗，不毀也。後遂爲常。

〔一〕決疑要注曰：「凡昭穆，父南面，故曰昭。昭，明也。子北面，故曰穆。穆，順也。始祖特於北，其後以次夾始祖而南，昭在西，穆在東，相對。」

〔二〕漢舊儀曰：「宗廟三年大祫祭，子孫諸帝以昭穆坐於高廟，諸隳廟神皆合食，設左右坐。高祖南面，幄繡帳，望堂上西北隅。帳中坐長一丈，廣六尺，繡絪厚一尺，著之以絮四百斤。曲几，黃金釦器。高后右坐，亦幄帳，却六寸。白銀釦器。每牢中分之，左辨上帝，右辨上后。俎餘委肉積於前數千斤，名曰（傕）〔堆〕俎。子爲昭，孫爲穆。昭西面，曲屏風，穆東面，皆曲几，如高祖。饌陳其右，各配其左，坐如祖妣之法。太常導皇帝入北門。羣臣陪者，皆舉手班辟抑首伏。大鴻臚、大行令、九儐傳曰：『起。』復位。（而）皇帝上堂盥，侍中以巾奉觶酒從。帝進拜謁。贊饗曰：『嗣曾孫皇帝敬再拜。』前上酒。却行，至昭穆之坐次上酒。子爲昭，孫爲穆，各父子相對也。畢，却西面坐，坐如乘輿坐。贊饗奉高祖賜壽，皇帝起再拜，即席以太牢之左辨賜皇帝，如祠。其夜半入行禮，平明上九巵，畢，羣臣皆拜，因賜胙。皇帝出，即更衣（中）〔巾〕，詔罷，當從者奉承。」丁孚漢儀有桓帝祠恭懷皇后祝文曰：「孝曾孫皇帝志，使有司臣太常撫，夙興夜處，小心畏忌，不墮其身，一不寧。敢用絜牲一元大武，柔毛剛鬣，商祭明視，薌萁嘉薦，普淖鹹鹺，豐本明粢，醪用薦酎，事于恭懷皇后。尙饗。」嘏辭賜皇帝福：「恭懷皇后命工祝承致多福無疆于爾孝曾孫皇帝，使爾受祿于天，宜稼于田，眉壽萬年。介爾景福，俾守爾民，勿替引之。」太牢左辨以致皇帝。

〔三〕蔡邕表志曰：「孝明立世祖廟，以明再受命祖有功之義，後嗣遵儉，不復改立，皆藏主其中。聖明所制，一王之法也。自執事之吏，下至學士，莫能知其所以兩廟之意，誠宜具錄本事。建武乙未、元和丙寅詔書，下宗廟儀及齋令，宜入郊祀志，永爲典式。」東觀書曰：「永平三年八月丁卯，公卿奏議世祖廟登歌八佾舞（功）名。東平王蒼議，以爲『漢制舊典，宗廟各奏其樂，不皆相襲，以明功德。秦爲無道，殘賊百姓，高皇帝受命誅暴，元元各得其所，萬國咸熙，作武德之舞。孝文皇帝躬行節儉，除誹謗，去肉刑，澤施四海，孝景皇帝制昭德之舞。孝武皇帝功德茂盛，威震海外，開地置郡，傳之無窮，孝宣皇帝制盛德之舞。光武皇帝受命中興，撥亂反正，武暢方外，震服百蠻，戎狄奉貢，宇內治平，登封告成，修建三雍，肅穆典祀，功德巍巍，比隆前代。以兵平亂，武功盛大。歌所以詠德，舞所以象功，世祖廟樂名宜曰大武之舞。元命包曰：「緣天地之所雜樂爲之文典。」文王之時，民樂其興師征伐，而詩人稱其武功。（樞）〔璇〕機鈐曰：「有帝漢出，德洽作樂。」各與虞韶、禹夏、湯護、周武無異，不宜以名舞。叶圖徵曰：「大樂必易。」詩傳曰：「頌言成也，一章成篇，宜列德，故登歌清廟一章也。」漢書曰：「百官頌所登御者，一章十四句。」依書文始、五行、武德、昭眞修之舞，節損益前後之宜，六十四節爲舞，曲副八佾之數。十月烝祭始御，用其文始、五行之舞如故。（勿）進武德舞歌詩曰：「於穆世廟，肅雍顯清，俊乂翼翼，秉文之成。越序上帝，駿奔來寧，建立三雍，封禪泰山，章明圖讖，放唐之文。休矣惟德，罔射協同，本支百世，永保厥功。」』詔書曰：『驃騎將軍議可。』進武德之舞如故。」

明帝臨終遺詔，遵儉無起寢廟，藏主於世祖廟更衣。孝章即位，不敢違，以更衣有小別，上尊號曰顯宗廟，閒祠於更衣，四時合祭於世祖廟。語在章紀。〔一〕章帝臨崩，遺詔無

起寢廟，廟如先帝故事。和帝即位不敢違，上尊號曰肅宗。後帝承尊，皆藏主于世祖廟，積多無別，是後顯宗但爲陵寢之號。永元中，和帝追尊其母梁貴人曰恭懷皇后，陵〔曰西陵〕。以竇后配食章帝，恭懷后別就陵寢祭之。和帝崩，上尊號曰穆宗。殤帝生三百餘日而崩，鄧太后攝政，以尚嬰（孫）〔孩〕，故不列于廟，就陵寢祭之而已。安帝以清河孝王子即位，建光元年，追尊其祖母宋貴人曰敬隱后，陵曰敬北陵。亦就陵寢祭，太常領如西陵。追尊父清河孝王曰孝德皇，母曰孝德后，清河嗣王奉祭而已。安帝以讒害大臣，廢太子，及崩，無上宗之奏。後以自建武以來無毁者，故遂常祭，因以其陵號稱恭宗。順帝即位，追尊其母曰恭愍后，陵曰恭北陵。就陵寢祭，如敬北陵。順帝崩，上尊號曰敬宗。〔二〕沖、質帝皆小崩，梁太后攝政，以殤帝故事，就陵寢祭。凡祠廟訖，三公分祭之。桓帝以河閒孝王孫蠡吾侯即位，亦追尊祖考，王國奉祀。語在章和八王傳。帝崩，上尊號曰威宗，無嗣。靈帝以河閒孝王曾孫解犢侯即位，亦追尊祖考。語在章和八王傳。靈帝時，京都四時所祭高廟五主，世祖廟七主，少帝三陵，追尊后三陵，凡牲用十八太牢，皆有副倅。故高廟三主親毁之後，亦但殷祭之歲奉祠。〔三〕靈帝崩，獻帝即位。初平中，相國董卓、左中郎將蔡邕等以和帝以下，功德無殊，而有過差，不應爲宗，及餘非宗者追尊三后，皆奏毁之。〔四〕四時所祭，高廟一祖二宗，及近帝四，凡七帝。

〔一〕東觀書曰：「章帝初即位，賜東平憲王蒼書曰：『朕夙夜伏思，念先帝躬履九德，對於八政勞謙克己終始之度，比放三宗誠有其美。今迫遺詔，誠不起寢廟，臣子悲結，僉以爲雖於更衣，猶宜有所宗之號，以克配功德。宗廟至重，朕幼無知，寤寐憂懼。先帝每有著述典義之事，未嘗不延問王，以定厥中。願王悉明處，乃敢安之。公卿議駁，今皆并送。及有可以持危扶顚，宜勿隱。思有所承，公無困哉。』太尉憙等奏：『禮，祖有功，宗有德。孝明皇帝功德茂盛，宜上尊號曰顯宗，四時祫食於世祖廟，如孝文皇帝在高廟之禮，奏武德、文始、五行之舞。』蒼上言：『昔者孝文廟樂曰昭德之舞，孝武廟樂曰盛德之舞，今皆祫食於高廟，昭德、盛德之舞不進，與高廟同樂。今孝明皇帝主在世祖廟，當同樂，盛德之樂無所施；如自立廟當作舞樂者，不當與世（祖）〔宗〕廟盛德之舞同名，即不改作舞樂，當進武德之舞。臣愚戇鄙陋，廟堂之論，誠非所當聞所宜言。陛下體純德之妙，奮至謙之意，猥歸美於載列之臣，故不敢隱蔽愚情，披露腹心。誠知愚鄙之言，不可以仰四門賓于之議。伏惟陛下以至德當成康之隆，天下乂安刑措之時也。百性盛歌元首之德，股肱貞良，庶事寧康。臣欽仰聖化，嘉羨盛德，危顚之備，非所宜稱。』上復報曰：『有司奏上尊號曰顯宗，藏主更衣，不敢違詔。祫食世祖，廟樂皆如王議。以正月十八日始祠。仰見榱桷，俯視几筵，眇眇小子，哀懼戰慄，無所奉承。愛而勞之，所望於王也。』」謝沈書曰：「上以公卿所奏明德皇后在世祖廟坐位駁議示蒼，上言：『文、武、宣、元祖祫食高廟，皆以配，先帝所制，典法設張。大雅曰：「昭哉來御，愼其祖武。」又曰：「不愆不忘，帥由舊章。」明德皇后宜配孝明皇帝於世祖廟，同席而供饌。』」

〔二〕東觀書曰：「有司奏言：『孝順皇帝弘秉聖哲，龍興統業，稽乾則古，欽奉鴻烈。寬裕晏晏，宣恩以極，躬自菲薄，以崇玄默。遺詔貽約，顧念萬國。衣無製新，玩好不飾。塋陵損狹，不起寢廟，遵履前制，敬勑愼終，有始有卒。孝經曰：「愛敬盡於事親，而德教加於百姓。」詩云：「敬愼威儀，惟民之則。」臣請上尊號曰敬宗廟。天子世世獻奉，藏主祫祭，進武德之舞，如祖宗故事。』靈布奏可。」

〔三〕決疑要注曰：「毁廟主藏廟外戶之外，西牖之中。有石函，名曰宗祏。函中有笥，以盛主。親盡則廟毁，毁廟之主藏于始祖之廟。一世爲祧，祧猶四時祭之。二世爲壇，三世爲墠，四世爲鬼，祫乃祭之，有禱亦祭之。祫於始祖之廟，禱則迎主出，陳於壇墠而祭之，事訖還藏故室。迎送皆蹕，禮也。」

〔四〕袁山松書載邕議曰：「漢承亡秦滅學之後，宗廟之制，不用周禮。每帝即（位）世，輒立一廟，不止於七，不列昭穆，不定迭毁。〔孝〕元皇帝時，丞相匡衡、御史大夫貢禹始建大議，請依典禮。孝文、孝武、孝宣皆以功德茂盛，爲宗不毁。孝宣尊崇孝武，（屢）〔廟〕稱世宗。中正大臣夏侯勝等猶執異議，不應爲宗。至孝成皇帝，議猶不定。太僕王舜、中壘校尉劉歆據不可毁，上從其議。古人據正重順，不敢私其君〔父〕，若此其至也。後遭王莽之亂，光武皇帝受命中興，廟稱世祖。孝明皇帝聖德聰明，政參文、宣，廟稱顯宗。孝章皇帝至孝烝烝，仁恩博大，廟稱肅宗。（皆）〔比〕方前世，得禮之宜。自此以下，政事多釁，權移臣下，嗣帝殷勤，各欲褒崇至親而已。臣下懦弱，莫能執夏侯之直。今聖朝尊古復禮，以求厥中，誠合（禮議）〔事宜〕。元帝世在第八，光武世在第九，故以元帝爲考廟，尊而奉之。孝明遵述，亦不敢毁。孝和以下，穆宗、（恭宗、敬宗）、威宗之號皆〔宜〕省去。五年而再殷，合食于太祖，以遵先典。」議遂施行。

古不墓祭，漢諸陵皆有園寢，承秦所爲也。說者以爲古宗廟前制廟，後制寢，以象人之居前有朝，後有寢也。月令有「先薦寢廟」，詩稱「寢廟奕奕」，言相通也。廟以藏主，以四時祭。寢有衣冠几杖象生之具，以薦新物。秦始出寢，起於墓側，漢因而弗改，故陵上稱寢殿，起居衣服象生人之具，古寢之意也。建武以來，關西諸陵以轉久遠，但四時特牲祠；帝每幸長安謁諸陵，乃太牢祠。自雒陽諸陵至靈帝，皆以晦望二十四氣伏臘及四時祠。廟日上飯，太官送用物，園令、食監典省，其親陵所宮人隨鼓漏理被枕，具盥水，陳嚴具。〔一〕

〔一〕蔡邕表志曰：「宗廟迭毁議奏，國家〔大〕體，班固錄漢書，乃置韋賢傳末。臣以問胡廣，廣以爲實宜在郊祀志，去中鬼神仙道之語，取賢傳宗廟事實其中，既合孝明旨，又使祀事以類相從。」臣昭曰：國史明乎得失者也。至如孝武皇帝淫祀妄祭，舉天下而從焉，疲耗蒼生，費散國畜，後王深戒，來世宜懲，志之所取，於焉斯允。不先宗廟，誠如廣論；悉去仙道，未或易冏也。

建武二年，立太社稷于雒陽，在宗廟之右，〔一〕方壇，〔二〕無屋，有牆門而已。〔三〕二月八月及臘，一歲三祠，皆太牢具，使有司祠。〔四〕孝經援神契曰：「社者，土地之主也。稷者，五穀之長也。」〔五〕禮記及國語皆謂共工氏之子曰句龍，爲后土官，能平九土，故祀以爲社。烈山氏之子曰柱，能植百穀疏，自夏以上祀以爲稷，至殷以柱久遠，而堯時棄爲后稷，亦植百穀，故廢柱，祀棄爲稷。〔六〕大司農鄭玄說，古者官有大功，則配食其神。故句龍配食於社，棄配食於稷。〔七〕郡縣置社稷，太守、令、長侍祠，牲用羊豕。唯州所治有社無稷，以其使官。古者師行平有載社主，不載稷也。〔八〕國家亦有五祀之祭，有司掌之，其禮簡於社稷

云。〔九〕

〔一〕馬融周禮注曰：「社稷在右，宗廟在左。或曰，王者五社，太社在中門之外，惟松；東社八里，惟柏；西社九里，惟栗；南社七里，惟梓；北社六里，惟槐。」禮郊特牲曰：「社，祭土而主陰氣也。」王肅注曰：「五行之主也，能吐生百穀者也。」馬昭曰：「列爲五官，直一行之名耳，自不專主陰氣。陰氣地可以爲之主，曰五行之主也；若社則爲五行之主，何復言社稷五祀乎？土自列於五祀，社亦自復有祀，不得同也。」昭又曰：「土地同也，焉得有二。書曰『禹敷土』。又曰『句龍能平九土』。九土，九州之土。地官是五行土官之名耳。」

〔二〕白虎通曰：「春秋文義，天子社廣五丈，諸侯半之。其色東方青，南方赤，西方白，北方黑，上冒以黃土。故將封東方諸侯，取青土，苴以白茅，各取其面以爲封社，明土謹敬絜淨也。祭社有樂乎？禮記曰：『樂之施於金石，越於聲音，用於宗廟社稷。』」獨斷曰：「天子太社，封諸侯者取其土，苞以白茅授之，以立社其國，故謂之受茅土。漢興，唯皇子封爲王者得茅土，其他功臣以戶數租入爲節，不受茅土，不立社也。」

〔三〕禮記曰：「天子太社，必受霜露風雨，以達天地之氣也。」盧植曰：「謂無屋。」

〔四〕禮記曰：「地載萬物，天垂象。取財於地，取法於天，是以尊天而親地，故教民美報焉。家主中霤而國主社，示本也。」盧植曰：「諸主祭以土地爲本也。中霤，其神后土，卽句龍也。既祀於社，又祀中霤。」古今注曰：「建武二十一年二月乙酉，徙立社稷上東門內。」漢舊儀「使者監祠，南向立，不拜」也。

〔五〕月令章句曰：「稷秋夏乃熟，（熱）歷四時，備陰陽，穀之貴者。」

〔六〕秦前志，立官社以夏（爲）〔禹〕配，王莽奏立官稷，后稷配也。

〔七〕白虎通曰：「王者所以有社稷何？爲天下求福報功。人非土不立，非穀不食。土地廣博，不可徧敬；五穀衆多，

不可一一而祭。故封土立社，示有土也。稷，五穀之長，故立稷而祭之也。稷者，得陰陽中和之氣，而用又多，故稷爲長也。歲再祭之何？春求秋報也。祭社稷以三牲，重功也。天子社稷皆太牢，諸侯社稷皆少牢。王者諸侯所以俱兩社何？俱有土之君也。故禮三正記曰：『王者二社，爲天下立社曰太社，自爲立社曰王社。諸侯爲百姓立社曰國社，自爲立社曰侯社。太社爲天下報功，王社爲京師報功也。』」孔鼂云：「周祀一社一稷，漢及魏初亦一社一稷，至景初中，既立帝社二社，二社到于今是祀，而後諸儒論之，其文衆矣。」

〔八〕自漢諸儒論句龍卽是社主，或云是配，其議甚衆。後荀或問仲長統以社所祭者何神也？統荅所祭者土神也。侍中鄧義以爲不然而難之，或令統荅焉。統荅（或且以）義曰：「前見逮及，敢不敬對。退熟惟省，郊社之祭，國之大事，誠非學淺思薄者所宜興論重復，亦以鄧君難，事有先漸，議則既行，可謂辭而不可得，因而不可已者也。屯有經綸之義，睽有同異之辭，歸乎建國立家，通志斷類也。意則欲廣其微以宗實，備其論以求眞，先難而後易，出異而歸同乎？難曰：社祭土，主陰氣，正所謂句龍土行之官，爲社則主陰明矣，不與記說有違錯也？荅曰：今記之言社，輒與郊連，體有本末，辭有上下，謂之不錯不可得。禮運曰：『政必本於天，殺以降命，命降于社之謂殺地，參於天地，並於鬼神。』又曰：『祭帝於郊，所以定天位也；祀社於國，所以列地利也。』郊特牲曰：『社所以神，地之道也。地載萬物，天垂象。取財於地，取法於天，是以尊天而親地。家主中霤，國主社，示本也。』相此之類，元尙不道配食者也。主以爲句龍，無乃失歟？難曰：信（而）〔如〕此，所言土尊，故以爲首，在於上宗伯之體，所當列上下之敍。上句當言天神、地祇、人鬼，何反先人而後地？上文如此，至下何以獨不可，而云社非句龍，當爲地哉？荅曰：此形成著體，數自上來之次言之耳，豈足（懷）〔據〕使從人鬼之例邪？三科之祭，各指其體。今獨擿出社稷，以爲但句龍有烈山氏之子，恐非其本意也。案記言社土，而云何得之爲句龍，則傳雖言祀句龍爲社，亦何嫌，反獨不可謂之配食乎？祭法曰：『周人禘嚳，郊稷，祖文王，宗武王。』皆以爲配食者，若復可須，謂之不祭天乎？備讀傳者則眞土，獨據記者則疑句龍，未若交錯參伍，致其義以相成之爲善也。難曰：再特于郊牛者，后稷配故也。『社于新邑，牛一羊一豕一』。所以用二牲者，立社位祀句龍，緣人事之也。如此，非祀地明矣。以宮室新成，故立社耳。又曰『軍行載社』者，當行賞罰，明不自專，故告祖而行賞，造社而行戮。二主明皆人鬼，人鬼故以告之。必若所云，當言載地主於齋車，又當言用命賞于天，不用命戮于地，非其謂也。所以有死社稷之義者，凡賜命受國，造建宮室，無不立社。是奉言所受立，不可棄捐苟免而去，當死之也。易句龍爲其社，傳有見文；今欲易神之相，令記附食，宜明其徵。祀國大事，不可不重。據經依傳，庶無咎悔。荅曰：郊特牲者，天至尊，無物以稱專誠，而社稷太牢者，土於天爲卑，緣人事以牢祭也。社禮今亡，并特之義未可得明也。昭告之文，皆於天地，（可）〔何〕獨人鬼？此言則未敢取者也。郊社之次，天地之序也。今使句龍載冒其名，耦文於天，以度言之，不可謂安矣。土者，人所依以（國）〔固〕而最近者也。故立以爲守祀，居則事之時，軍則告之以行戮，自順義也。何爲當平於社，不言用命賞于天乎？帝王兩儀之參，宇中之莫尊者也。而盛一官之臣，以爲土之貴神，置之宗廟之上，接之郊禘之次，俾守之者有死無失，何聖人制法之參差，用禮之偏頗？其列在先王人臣之位，其於四官，爵侔班同，比之司徒，於數居二。縱復令王者不同，禮儀相變，或有尊之，則不過當。若五卿之與冢宰，此坐之上下，行之先後耳。不得同祖與社，言俱坐處尊位也。周禮爲禮之經，而禮記爲禮之傳，案經傳求索見文，在於此矣。鈞之兩者未知孰是。去本神而不祭，與貶句龍爲土配，比其輕重，何謂爲甚？經有條例，記有明義，先儒未能正，不可稱是。（鈞）〔鉤〕校典籍，論本考始，矯前易故，不從常說，不可謂非。孟軻曰：『予豈好辯哉，乃不得已也。』鄭司農之正，此之謂也。」

〔九〕五祀：門、戶、井、竈、中霤也。韋昭曰：「古者穴居，故名室中爲中霤也。」

漢興八年，有言周興而邑立后稷之祀，於是高帝令天下立靈星祠。〔一〕言祠后稷而謂之靈星者，以后稷又配食星也。舊說，星謂天田星也。一曰，龍左角爲天田官，主穀。〔二〕祀用壬辰位祠之。壬爲水，辰爲龍，就其類也。牲用太牢，縣邑令長侍祠。〔三〕舞者用童男十六人。〔四〕舞者象教田，初爲芟除，次耕種、芸耨、驅爵及穫刈、舂簸之形，象其功也。〔五〕

〔一〕三輔故事：「長安城東十里有靈星祠。」

〔二〕張晏曰：「農祥晨見而祭也。」

〔三〕漢舊儀曰：「古時歲再祠靈星，（靈星）春秋（之太）〔用少〕牢禮也。」

〔四〕服虔、應劭曰：「十六人，卽古之二羽也。」

〔五〕古今注曰：「元和三年，初爲郡國立（社）稷，及祠（社）靈星禮（器）也。」

縣邑常以乙未日祠先農於乙地，以丙戌日祠風伯於戌地，以己丑日祠雨師於丑地，用羊豕。

立春之日，皆青幡幘，迎春于東郭外。令一童男冒青巾，衣青衣，先在東郭外野中。迎

春至者，自野中出，則迎者拜之而還，弗祭。三時不迎。

論曰：臧文仲祀爰居，而孔子以爲不知。漢書郊祀志著自秦以來迄于王莽，典祀或有未修，而爰居之類衆焉。世祖中興，蠲除非常，修復舊祀，方之前事邈殊矣。嘗聞儒言，三皇無文，結繩以治，自五帝始有書契。至於三王，俗化彫文，詐僞漸興，始有印璽以檢姦萌，然猶未有金玉銀銅之器也。〔一〕自上皇以來，封泰山者，至周七十二代。封者，謂封土爲壇，柴祭告天，代興成功也。禮記所謂「因名山升中于天」者也。易姓則改封者，著一代之始，明不相襲也。繼世之王巡狩，則修封以祭而已。自秦始皇、孝武帝封泰山，本由好僊信方士之言，造爲石檢印封之事也。所聞如此。雖誠天道難可度知，然其大較猶有本要。天道質誠，約而不費者也。故牲(有)〔用〕犢，器用陶匏，殆將無事於檢封之閒，而樂難攻之石也。〔二〕且唯封爲改代，故曰岱宗。夏康、周宣，由廢復興，不聞改封。世祖欲因孝武故封，實繼祖宗之道也。而梁松固爭，以爲必改。乃當夫既封之後，未有福，而松卒被誅死。雖罪由身，蓋亦誣神之咎也。且帝王所以能大顯于後者，實在其德加於民，不聞其在封矣。〔三〕言天地者莫大於易，易無六宗在中之象。若信爲天地四方所宗，是至大也。而比太社，又爲失所，難以爲誠矣！

〔一〕臣昭曰：禹會羣臣於塗山，執玉帛者萬國。故已嘗不同，圓方異等。周禮天地四方，璧、琮、琥、璋各有其玉，而云未有其器，斯亦何哉？

〔二〕臣昭曰：玉貴五德，金存不朽。有告有文，何敗題刻。告厥成功，難可知者。

〔三〕臣昭曰：功成道懋，天下被化，德敷世治，所以登封。封由德興，興封所以成德。昭告師天，遐以相感。若此論可通，非乎七十二矣。

贊曰：天地禋郊，宗廟享祀，咸秩無文，山川具止。淫乃國紊，典惟皇紀。肇自盛敬，孰崖厥始？

校勘記

三一九三頁九行　下公卿博士議郎　按：盧文弨謂下當有「議」字。

三一九五頁七行　名曰(惟)〔堆〕俎　按：盧校「惟」改「帷」，孫星衍校漢舊儀作「堆」，今據孫校改。

三一九五頁八行　各配其左　按：殿本「左」作「祖」。

三一九五頁九行　復位(而)皇帝上堂盟　據盧校刪。

三一九五頁一三行　卽更衣(中)〔巾〕　據孫校漢舊儀改。

三一九六頁三行　公卿奏議世祖廟登歌八佾舞(功)名　據盧校刪。

三一九六頁八行　元命包曰緣天地之所雜樂爲之文典　按：盧文弨謂文有誤，案御覽五百六十六引云「作樂者必反天下之始樂於己爲本」。

三一九六頁八行　文王之時　按：盧云「文」疑當作「武」。

三一九六頁九行　(樞)〔琁〕機鈐曰　按：錢大昕謂「樞」當作「琁」。盧文弨謂當作「旋」，李善注文選東都賦引作「璇」。今依錢說改。

三一九六頁一一行　依書文始五行武德昭眞修之舞　按：盧校刪「昭眞修」三字，謂此三字疑衍。聚珍本東觀漢記作「依書文始五行武德昭德盛德修之舞」。

三一九六頁一三行　(勿)進武德舞歌詩曰　盧云「勿」字疑衍。今據刪。

三一九六頁一四行　進武德之舞如故　按：盧云似有脫文，「故」下疑當有「事」字。

三一九七頁二行　陵〔曰西陵〕　集解引錢大昕說，謂當云「陵曰西陵」，史脫去三字。今據補。

三一九七頁四行　以尙嬰(孫)〔孩〕　據盧校改。按：袁紀作「孩」。

三一九八頁七行　不當與世(祖)〔宗〕廟盛德之舞同名　據盧校改。按：盧云「祖」字譌，世宗謂武帝也。

三一九八頁一〇行　百姓盛歌元首之德　汲本「百姓」作「陛下」。按：黃山謂書稱「帝庸作歌」，歌本自帝倡之，而羣臣和之。盛歌元首之德謂章帝之倡德於上，同符帝舜也。作「百姓」轉似未合。

三一九八頁一三行　昭哉來御愼其祖武　按：殿本考證杭世駿謂「昭茲來許，繩其祖武」，大雅文也。以「茲」爲「哉」，漢碑有之。以「許」爲「御」，以「繩」爲「愼」，非有避諱，不知何自。

三一九九頁五行　每帝卽(位)世輒立一廟　據盧校刪。按：王先謙謂袁紀無「位」字，是。

三一九九頁六行　〔孝〕元皇帝時　王先謙謂邕集有「孝」字，是。今據補。

三一九九頁六行　始建大議請依典禮　惠棟依邕集校正爲「始建斯議，罷黜典禮」。王先謙亦謂集作「始建斯議，罷黜典禮」。又謂袁紀「議」作「義」。按：海原閣本蔡中郎集不僅無此兩句，且自「孝元皇帝時」至「不應爲宗」一段文字亦與此注多異同。

三一九九頁七行　孝宣尊崇孝武(壓)〔廟〕稱世宗　據盧校改。

三一九九頁八行　據不可毀　王先謙謂袁紀作「據經傳義，謂不可毀」。今按：海原閣本蔡中郎集亦作「據經傳義，謂不可毀」。

三一九九頁八行　古人據正重順　王先謙謂邕集「順」作「愼」，袁紀作「古人考據愼重」。按：海原閣本蔡中郎集亦作「古人考據愼重」。

三一九九頁八行　不敢私其君〔父〕若此其至也　據盧校補。王先謙謂袁紀「君」下有「父」字，邕集「若」作「如」，「至」下有「者」字。按：海原閣本蔡中郎集亦作「不敢私其君父若此其至也」。

三一九九頁一〇行　(皆)〔比〕方前世　據盧校改。王先謙謂袁紀「皆」作「比」。按：海原閣本蔡中郎集作「比方前事」。

三一九九頁一〇行　莫能執夏侯之直　王先謙謂邕集作「莫能執正夏侯之義，故遂僭濫，無有防限」。按：海原閣本蔡中郎集作「莫能執夏侯之直，故遂衍溢，無有方限」。

三一九九頁一一行　尊古復禮　王先謙謂邕集作「遵復古禮」。

三一九九頁一二行　誠合(禮議)〔事宜〕　據盧校改。王先謙謂邕集「禮議」作「事宜」。

三一九九頁一三行　孝明遵述　王先謙謂袁紀「遵」作「尊」，邕集「遵述」作「因循」。今按：海原閣本蔡中郎集作「孝明遵制」。

三一九九頁一三行　穆宗〔恭宗敬宗〕威宗之號皆〔宜〕省去　據盧校補。按：海原閣本蔡中郎集作「穆宗、敬宗、恭宗之號皆宜省去」，脫威宗，恭宗、敬宗誤倒。又按：通典、通考並作「穆宗、威宗之號皆宜省去」。

三一九九頁一三行　合食于太祖　按：汲本、殿本「合」作「祫」。

三二〇〇頁二行　廟日上飯　按：校補謂「廟」疑「朝」之誤。

三二〇〇頁三行　陳嚴具　惠棟謂「嚴」漢官儀作「莊」。今按：東漢諱莊爲嚴。錢大昕謂裴古文本作莊，陳嚴具卽陳裝具也。

三二〇〇頁四行　國家〔大〕體　據汲本、殿本補。

三二〇〇頁四行　乃置牟賢傳末　按：「乃」原譌「及」，逕改正。

三二〇〇頁四行　臣以問胡廣　按：「問」原譌「聞」，逕改正。

三二〇〇頁八行　立太社稷于雒陽　按：汲本、殿本「太」作「大」。

三二〇一頁四行　馬昭曰　殿本考證謂諸本皆作「馬眙」，何焯校本改「臣昭」。按：汲本亦作「馬昭」，何改「臣昭」，不知何據。

三二〇一頁七行　春秋文義　通典引作「春秋大義」。按：陳立白虎通疏證謂案漢志亦無春秋大義，未知出何書，盧文弨疑爲亦出尙書逸篇，御覽引作「佚禮」，或可從也。

三二〇一頁一五行　稷秋夏乃熟(熟)　據汲本、殿本刪。

三二〇一頁一六行　立官社以夏(爲)〔禹〕配　據汲本、殿本改。

三二〇二頁七行　統荅(或且以)義曰　據汲本、殿本刪。

三二〇二頁一四行　信(而)〔如〕此　據汲本、殿本改。

三二〇二頁一六行　豈足(懷)〔據〕使從人鬼之例邪　據汲本、殿本改。

三二〇三頁八行　(可)〔何〕獨人鬼　據汲本、殿本改。

三二〇三頁一〇行　人所依以(國)〔固〕而最近者也　據殿本、集解本改。

三二〇三頁一二行　接之郊禘之次　按：「郊禘」原倒，逕據汲本、殿本乙正。

三二〇三頁一六行　(鉤)〔鉤〕校典籍　據汲本、殿本改。

三二〇四頁八行　古時歲再祠靈星(靈星)春秋(之太)〔用少〕牢禮也　據盧校刪改。

三二〇四頁一〇行　初爲郡國立〔社〕稷及祠(社)靈星禮(器)也　據盧校改。

三二〇五頁五行　然猶未有金玉銀銅之器也　按：汲本、殿本「猶」作「而」。

三二〇五頁九行　故牲(有)〔用〕犢　據盧校改。

三二〇六頁三行　何敗題刻　汲本、殿本「敗」作「敢」。按：疑「取」字之譌。

後漢書志第十

天文上

王莽三　光武十二

易曰：「天垂象，聖人則之。庖犧氏之王天下，仰則觀象於天，俯則觀法於地。」觀象於天，謂日月星辰。觀法於地，謂水土州分。形成於下，象見于上。故曰天者北辰星，合元垂燿建帝形，運機授度張百精。三階九列，二十七大夫，八十一元士，斗、衡、太微、攝提之屬百二十官，二十八宿各布列，下應十二子。天地設位，星辰之象備矣。〔一〕

〔一〕星經曰：「歲星主泰山，徐州、青州、兗州。熒惑主霍山，揚州、荆州、交州。鎮星主嵩高山，豫州。太白主華陰山，涼州、雍州、益州。辰星主恆山，冀州、幽州、并州。歲星主角、亢、氐、房、心、尾、箕。熒惑主輿鬼、柳、七星、張、翼、軫。鎮星主東井。太白主奎、婁、胃、昴、畢、觜、參。辰星主斗、牛、女、虛、危、室、壁。璇、璣者，謂北極星也。玉衡者，謂斗九星也。玉衡第一星主徐州，常以五子日候之，甲子爲東海，丙子爲琅邪，戊子爲彭城，庚子爲下邳，壬子爲廣陵，凡五郡。第二星主益州，常以五亥日候之，乙亥爲漢中，丁亥爲永昌，己亥爲巴郡、蜀郡、牂牁，辛亥爲

廣漢，癸亥爲犍爲，凡七郡。第三星主冀州，常以五戊日候之，甲戌爲魏郡、勃海，丙戌爲安平，戊戌爲鉅鹿、河間，庚戌爲清河、趙國，壬戌爲恆山，凡八郡。第四星主荆州，常以五卯日候之，乙卯爲南陽，己卯爲零陵，辛卯爲桂陽，癸卯爲長沙，丁卯爲武陵，凡五郡。第五星主兗州，常以五辰日候之，甲辰爲東郡、陳留，丙辰爲濟北，戊辰爲山陽、泰山，庚辰爲濟陰，壬辰爲東平、任城，凡八郡。第六星主揚州，常以五巳日候之，乙巳爲豫章，辛巳爲丹陽，己巳爲廬江，丁巳爲吳郡、會稽，癸巳爲九江，凡六郡。第七星爲豫州，常以五午日候之，甲午爲潁川，壬午爲梁國，丙午爲汝南，戊午爲沛國，庚午爲魯國，凡五郡。第八星主幽州，常以五寅日候之，甲寅爲玄菟，丙寅爲遼東、遼西、漁陽，庚寅爲上谷、代郡，壬寅爲廣陽，戊寅爲涿郡，凡八郡。第九星主并州，常以五申日候之，甲申爲五原、鴈門，丙申爲朔方、雲中，戊申爲西河，庚申爲太原、定襄，壬申爲上黨，凡八郡。璇、璣、玉衡占色，春青黃，夏赤黃，秋白黃，冬黑黃。此是常明；不如此者，所向國有兵殃起。凡有六十郡，九州所領，自有分而名焉。」

三皇邁化，協神醇朴，謂五星如連珠，日月若合璧。化由自然，民不犯慝。至於書契之興，五帝是作。軒轅始受河圖鬭苞授，規日月星辰之象，故星官之書自黃帝始。至高陽氏，使南正重司天，北正黎司地。唐、虞之時羲仲、和仲，〔二〕夏有昆吾，湯則巫咸，周之史佚、萇弘，宋之子韋，楚之唐蔑，魯之梓慎，鄭之裨竈，魏石申夫，〔三〕齊國甘公，皆掌天文之官。仰占俯視，以佐時政，步變擿微，通洞密至，採禍福之原，覩成敗之勢。秦燔詩書，以愚百姓，六經典籍，殘爲灰炭，星官之書，全而不毀。故秦史書始皇之時，彗孛大角，大角以亡，有大星與小星鬬于宮中，是其廢亡之徵。至漢興，景、武之際，司馬談，談子遷，以世黎氏之後，爲太史令，遷著史記，作天官書。成帝時，中壘校尉劉向，廣洪範災條作五紀皇極之論，以參往行之事。孝明帝使班固敍漢書，而馬續述天文志。〔三〕今紹漢書作天文志，起王莽居攝元年，迄孝獻帝建安二十五年，二百一十五載。言其時星辰之變，表象之應，以顯天戒，明王事焉。〔四〕

〔一〕尚書曰：「帝在璇璣玉衡，以齊七政。」孔安國曰：「在，察也。璇，美玉也。璣衡，王者正天文之器，可運轉者。七政，日月五星各異政。舜察天文，齊七政也。」

〔二〕或云石申父。

〔三〕謝沈書曰：「蔡邕撰建武已後，星驗著明，以續前志，譙周接繼其下者。」

〔四〕臣昭以張衡天文之妙，冠絕一代。所著靈憲、渾儀，略具辰燿之本，今寫載以備其理焉。靈憲曰：「昔在先王，將步天路，用(之)〔定〕靈軌，尋緒本元。先準之于渾體，是爲正儀立度，而皇極有逌建也，樞運有逌稽也。乃建乃稽，斯經天常。聖人無心，因茲以生心，故靈憲作興。曰：太素之前，幽清玄靜，寂漠冥默，不可爲象，厥中惟虛，厥外惟無。如是者永久焉，斯謂溟涬，蓋乃道之根也。道根既建，自無生有。太素始萌，萌而未兆，并氣同色，渾沌不分。故道志之言云：『有物渾成，先天地生。』其氣體固未可得而形，其遲速固未可得而紀也。如是者又永久焉，斯爲庬鴻，蓋乃道之幹也。道幹既育，有物成體。於是元氣剖判，剛柔始分，清濁異位。天成於外，地定於內。天體於陽，故圓以動；地體於陰，故平以靜。動以行施，靜以合化，堙鬱構精，時育庶類，斯謂太元，蓋乃道之實也。在天成象，在地成形。天有九位，地有九域；天有三辰，地有三形；有象可效，有形可度。情性萬

殊，旁通感薄，自然相生，莫之能紀。於是人之精者作聖，實始紀綱而經緯之。八極之維，徑二億三萬二千三百里，南北則短減千里，東西則廣增千里。自地至天，半於八極，則地之深亦如之。通而度之，則是渾已。將覆其數，用重鉤股，懸天之景，薄地之義，皆移千里而差一寸得之。過此而往者，未之或知也。未之或知者，宇宙之謂也。宇之表無極，宙之端無窮。天有兩儀，以儛道中。其可覩，樞星是也，謂之北極。在南者不著，故聖人弗之名焉。其世之遂，九分而減二。陽道左迴，故天運左行。有驗於物，則人氣左羸，形左繚也。天以陽迴，地以陰淳。是故天致其動，稟氣舒光；地致其靜，承施候明。天以順動，不失其中，則四序順至，寒暑不減，致生有節，故品物用生。地以靈靜，作合承天，清化致養，四時而後育，故品物用成。凡至大莫如天，至厚莫若地。(地)至質者曰地而已。至多莫若水，水精爲漢，漢用於天而無列焉，思次質也。地有山嶽，以宣其氣，精種爲星。星也者，體生於地，精成於天，列居錯跱，各有逌屬。紫宮爲皇極之居，太微爲五帝之廷。明堂之房，大角有席，天市有坐。蒼龍連蜷於左，白虎猛據於右，朱雀奮翼於前，靈龜圈首於後，黃神軒轅於中。六擾既畜，而狼蚖魚鼈罔有不具。在野象物，在朝象官，在人象事，於是備矣。懸象著明，莫大乎日月。其徑當天周七百三十六分之一，地廣二百四十二分之一。日者，陽精之宗。積而成鳥，象烏而有三趾。陽之類，其數奇。月者，陰精之宗。積而成獸，象兔。陰之類，其數耦。其後有馮焉者。羿請無死之藥於西王母，姮娥竊之以奔月。將往，枚筮之於有黃，有黃占之曰：『吉。翩翩歸妹，獨將西行，逢天晦芒，毋驚毋恐，後其大昌。』姮娥遂託身于月，是爲蟾蠩。夫日譬猶火，月譬猶水，火則外光，水則含景。故月光生於日之所照，魄生於日之所蔽，當日則光盈，就日則光盡也。衆星被燿，因水轉光。當日之衝，光常不合者，蔽於(他)〔地〕也。是謂闇虛。在星星微，月過則食。日之薄地，其明也。繇暗視明，明無所屈，是以望之若火。方於中天，天地同明。繇明瞻暗，暗還自奪，故

望之若水。火當夜而揚光，在晝則不明也。月之於夜，與日同而差微。星則不然，強弱之差也。衆星列布，其以神著，有五列焉，是爲三十五名。一居中央，謂之北斗。動變挺占，寔司王命。四布於方，爲二十八宿。日月運行，歷示吉凶，五緯經次，用告禍福，則天心於是見矣。中外之官，常明者百有二十四，可名者三百二十，爲星二千五百，而海人之占未存焉。微星之數，蓋萬一千五百二十。庶物蠢蠢，咸得繫命。不然，何以總而理諸！夫三光同形，有似珠玉，神守精存，麗其職而宣其明；及其衰，神歇精斁，於是乎有隕星。然則奔星之所墜，至〔地〕則石〔矣〕。文曜麗乎天，其動者七，日、月、五星是也。周旋右回。天道者，貴順也。近天則遲，遠天則速，行則屈，屈則留回，留回則逆，逆則遲，迫於天也。行遲者覿于東，覿于東屬陽，行速者覿于西，覿于西屬陰，日與月此配合也。攝提、熒惑、地候見晨，附于日也。太白、辰星見昏，附于月也。二陰三陽，參天兩地，故男女取焉。方星巡鎮，必因常度，苟或盈縮，不逾於次。故有列司作使，曰老子四星，周伯、王逢、芮各一，錯乎五緯之閒，其見無期，其行無度，寔妖經星之所，然後吉凶宣周，其祥可盡。」蔡邕表志曰：「言天體者有三家：一曰周髀，二曰宣夜，三曰渾天。宣夜之學絕無師法。周髀數術具存，考驗天狀，多所違失，故史官不用。唯渾天者近得其情，今史官所用候臺銅儀，則其法也。立八尺圓體之度，而具天地之象，以正黃道，以察發斂，以行日月，以步五緯。精微深妙，萬世不易之道也。官有其器而無本書，前志亦闕而不論。臣求其舊文，連年不得。在東觀，以治律未竟，未及成書，案略求索。竊不自量，卒欲寢伏儀下，思惟精意，案度成數，扶以文義，潤以道術，著成篇章。罪惡無狀，投畀有北，灰滅雨絕，世路無由。宜博問羣臣，下及巖穴，知渾天之意者，使述其義，以裨天文志。撰建武以來星變彗孛占驗著明者續其後。」

王莽地皇三年十一月，有星孛于張，東南行五日不見。孛星者，惡氣所生，爲亂兵，〔一〕其所以孛德。孛德者，亂之象，不明之表。又參然孛焉，兵之類也，故名之曰孛。孛之爲言，猶有所傷害，有所妨蔽。或謂之彗星，所以除穢而布新也。〔二〕張爲周地。星孛于張，東南行即翼、軫之分。翼、軫爲楚，是周、楚地將有兵亂。後一年正月，光武起兵舂陵，會下江、新市賊張卬、王常及更始之兵亦至，俱攻破南陽，斬莽前隊大夫甄阜、屬正梁丘賜等，殺其士衆數萬人。更始爲天子，都雒陽，西入長安，敗死。光武興於河北，復都雒陽，居周地，除穢布新之象。

〔一〕星占曰：「其國內外用兵也。」

〔二〕宋均注鉤命決曰「彗，五彗也。蒼則王侯破，天子苦兵。赤則賊起，強國恣。黃則女害色，權奪於后妃。白則將軍逆，二年兵大作。黑則水精賊，江河決，賊處處起」也。韓揚占曰：「其象若竹彗、樹木條，長短無常。其長大見久，災深；短小見不久，災狹。」晏子春秋曰：「齊景公睹彗星，使伯常騫攘之。晏子曰：『不可。此天教也。日月之氣，風雨不時，彗星之出，天爲民之亂見之。』又一曰：「景公彗星出而泣，晏子問之。公曰：『寡人聞之，彗星出，其所向之國君當之。今彗星出而向吾國，我是以悲。』晏子曰：『君之行義（回應）〔回邪〕，無德於國。穿（開）〔陂〕池，則欲其深以廣也，爲臺榭則欲其高且大也。賦斂如撝奪，誅戮如仇讎。自是觀之，孛又將出。彗星之出，庸何（巨）〔懼〕乎？』」案：如晏子之言，孛之與彗，如似匪同。

四年六月，漢兵起南陽，至昆陽。莽使司徒王尋、司空王邑將諸郡兵，號曰百萬衆，已至者四十二萬人；能通兵法者六十三家，皆爲將帥，持其圖書器械。軍出關東，牽從羣象虎狼猛獸，放之道路，以示富強，用怖山東。至昆陽山，作營百餘，圍城數重，或爲衝車以撞城，爲雲車高十丈以瞰城中，弩矢雨集，城中負戶而汲。求降不聽，請出不得。二公之兵自以必克，不恤軍事，不協計慮。莽有覆敗之變見焉。晝有雲氣如壞山，墮軍上，軍人皆厭，所謂營頭之星也。占曰：「營頭之所墮，其下覆軍，流血三千里。」〔一〕是時光武將兵數千人赴救昆陽，奔擊二公兵，并力猋發，號呼聲動天地，虎豹驚怖敗振。會天大風，飛屋瓦，雨如注水。二公兵亂敗，自相賊，就死者數萬人。競赴滍水，死者委積，滍水爲之不流。殺司徒王尋。軍皆散走歸本郡。王邑還長安，莽敗，俱誅死。營頭之變，覆軍流血之應也。

〔一〕袁山松書曰：「怪星晝行，名曰營頭，行振大誅也。」

四年秋，太白在太微中，燭地如月光。太白爲兵，太微爲天廷。太白贏而北入太微，是大兵將入天子廷也。是時莽遣二公之兵至昆陽，已爲光武所破。莽又拜九人爲將軍，皆以虎爲號。九虎將軍至華陰，皆爲漢將鄧曄、李松所破。進攻京師，倉將軍韓臣至長門。十月戊申，漢兵自宣平城門入。二日己酉，城中少年朱弟、張魚等數千人起兵攻莽，燒作室〔門〕，斧敬法闥。商人杜吳殺莽漸臺之上，校尉公賓就斬莽首。大兵蹈藉宮廷之中。仍以更始入長安，赤眉賊立劉盆子爲天子，皆以大兵入宮廷，是其應也。

光武〔一〕建武九年七月乙丑，金犯軒轅大星。十一月乙丑，金又犯軒轅。〔二〕軒轅者，後宮之官，大星爲皇后，金犯之爲失勢。是時郭后已失勢見疏，後廢爲中山太后，陰貴人立爲皇后。

〔一〕古今注曰：「建武六年九月丙戌，月犯太微西藩。十一月辛亥，月犯軒轅。七年九月庚子，土入鬼中。」漢史：「鎮星逆行輿鬼，女主貴親有憂。」巫咸曰：「有土功事。」是歲太白經太微。八年四月辛未，月犯房第二星，光芒不見。九年正月乙卯，金犯婁南星。甲子，月犯軒轅第二星，壬寅，犯心大星。七月戊辰，月並犯昴。黃帝星占：「土犯鬼，皇后有憂，失亡其勢。」河圖：「月犯房，天子有憂，四足之蟲多死。」漢史曰：「其國有憂，將軍死。」又案嚴光傳，光與帝臥，足加帝腹上，太史奏客星犯帝坐甚急。

〔二〕孟康曰：「犯，七寸以內光芒相及也。」韋昭曰：「自下往觸之曰犯。」

十年三月癸卯，流星如月，從太微出，入北斗魁第六星，色白。旁有小星射者十餘枚，滅則有聲如雷，食頃止。〔一〕流星爲貴使，星大者使大，星小者使小。太微天子廷，北斗魁主殺。星從太微出，抵北斗魁，是天子大使將出，有所伐殺。〔二〕十二月己亥，大流星如缶，出柳西南行入軫。且滅時，分爲十餘，如遺火狀。須臾有聲，隱隱如雷。柳爲周，軫爲秦、蜀。大流星出柳入軫者，是大使從周入蜀。是時光武帝使大司馬吳漢發南陽卒三萬人，乘船泝江而上，擊蜀白帝公孫述。〔三〕又命將軍馬武、劉尙、郭霸、岑彭、馮駿平武都、巴郡。十二年十月，漢進兵擊述從弟衞尉永，遂至廣都，殺述女壻史興。威虜將軍馮駿拔江州，斬述將田戎。吳漢又擊述大司馬謝豐，斬首五千餘級。臧宮破涪，殺述弟大司空恢。十一月丁丑，漢護軍將軍高午刺述洞智，其夜死。明日，漢入屠蜀城，誅述大將公孫晃、延岑等，所殺數萬人，夷滅述妻宗族萬餘人以上。是大將出伐殺之應也。其小星射者，及如遺火分爲十餘，皆小將隨從之象。有聲如雷隱隱者，兵將怒之徵也。

〔一〕孟康曰：「流星，光跡相連也，絕跡而去爲飛也。」

〔二〕古今注曰：「正月壬戌，月犯心後星。閏月庚辰，火入輿鬼，過軫北。庚申，月在斗，赤如丹者也。」

〔三〕臣昭曰：述雖以白承黃，而此遂號爲白帝，於文繁長，書例未通。

十二年正月〔一〕己未，小星流百枚以上，或西北，或正北，或東北，二夜止。〔二〕六月戊戌晨，小流星百枚以上，四面行。小星者，庶民之類。流行者，移徙之象也。或西北，或東北，或四面行，皆小民流移之徵。是時西北討公孫述，北征盧芳。匈奴助芳侵邊，漢遣將軍馬武、騎都尉劉納、閻興軍下曲陽、臨平、呼沱，以備胡。匈奴入河東，中國未安，米穀荒貴，民或流散。後三年，吳漢、馬武又徙鴈門、代郡、上谷、關西縣吏民六萬餘口，置常〔山〕關、居庸關以東，以避胡寇。是小民流移之應。〔三〕

〔一〕古今注曰：「丁丑，月乘軒轅大星。」

〔二〕古今注曰：「二月辛亥，月入氐，暈珥圍角、亢、房。」

〔三〕古今注曰：「其年七月丁丑，月犯昴頭兩星。八月辛酉，水見東方翼分。九月甲午，火犯輿鬼。十月丁卯，大星流，有光，發東井西行，聲隆隆。十三年二月乙卯，火犯輿鬼西北。」黃帝占曰：「熒惑守輿鬼，大人憂。」一日貴人當之。巫咸曰：「水見翼，多火災。」石氏曰：「爲旱。」郗萌占曰：「流星出東井，所之國大水。」

十五年正月丁未，彗星見昴，〔一〕稍西北行入營室，犯離宮，〔二〕三月乙未，至東壁滅，見四十九日。彗星爲兵入除穢，昴爲邊兵，彗星出之爲有兵至。十一月，定襄都尉陰承反，太守隨誅之。盧芳從匈奴入居高柳，至十六年十月降，上璽綬。一日，昴星爲獄事。是時大司徒歐陽歙以事繫獄，踰歲死。營室，天子之常宮；離宮，妃后之所居。彗星入營室，犯離宮，是除宮室也。是時郭皇后已疏，至十七年十月，遂廢爲中山太后，立陰貴人爲皇后，除宮之象也。〔三〕

〔一〕炎長三丈。韓揚占曰：「在昴，大國起兵也。」

〔二〕韓揚占曰：「彗出營室、東壁之閒，爲兵起也。」

〔三〕古今注曰：「十六年四月，土星逆行。十七年三月乙未，火逆行，從東門入太微，到執法星東，己酉，南出端門。十八年十二月壬戌，月犯木星。十九年閏月戊申，火逆，從氐到亢。二十一年七月辛酉，月入畢。二十三年三月癸未，月食火星。」郗萌曰：「熒惑逆行氐爲失火。」

三十年閏月甲午，水在東井二十度，生白氣，東南指，炎長五尺，爲彗，東北行，至紫宮西藩止，五月甲子不見，凡見三十一日。水常以夏至放於東井，閏月在四月，尙未當見而見，是嬴而進也。東井爲水衡，水出之爲大水。是歲五月及明年，郡國大水，壞城郭，傷禾稼，殺人民。白氣爲喪，有炎作彗，彗所以除穢。紫宮，天子之宮，彗加其藩，除宮之象。〔一〕後三年，光武帝崩。

〔一〕荆州星經曰：「彗在東井，國大人死。七十日主當之，五十日相當之，三十日兵將當之。」

三十一年七月〔一〕戊午，火在輿鬼一度，入鬼中，出尸星南半度，十月己亥，犯軒轅大星。又七〔日〕〔星〕閒有客星，炎二尺所，西南行，至明年二月二十二日，在輿鬼東北六尺所滅，凡見百一十三日。〔二〕熒惑爲凶衰，輿鬼尸星主死亡，熒惑入之爲大喪。軒轅爲後宮。七星，周地。客星居之爲死喪。其後二年，光武崩。

〔一〕古今注曰：「戊申，月犯心後星。」

〔二〕輿鬼五星，天府也。黃帝占曰：「輿鬼，天目也，朱雀頭也，中央星如粉絮，鬼爲變售，故冒。一名天尸，斧鉞，或以病亡，或以誅斬。火尅金，天以制法。其西南一星，主積布帛；西北一星，主積金玉；東北一星，主積馬；東南一星，主積兵，一日主領珠璣。」郗萌曰：「輿鬼者，參之尸也，弧射狼，誤中參左肩，舉尸之東井治，留尸輿鬼，故日天尸。鬼之爲言歸也。」又占：「月、五星有入輿鬼，大臣誅，有干〔鉞〕〔鉞〕乘質者，君貴人憂，金玉用，民人多疾，從南入爲男子，從北入爲女，從西入爲老人，從東入爲丁壯。棺木倍價。」

中元〔一〕二年八月丁巳，火犯太微西南角星，相去二寸。十月戊子，大流星從西南東北行，聲如雷。火犯太微西南角星，爲將相。後太尉趙憙、司徒李訢坐事免官。大流星爲使。中郎將竇固、揚虛侯馬武、揚鄉侯王賞將兵征西也。

〔一〕古今注曰：「元年三月甲寅，月犯心後星。」

校勘記

三二二三頁七行 下應十二子 按：校補謂「子」疑「野」之譌。

三二二四頁一行 軒轅始受河圖闓苞授規日月星辰之象 按：集解引惠棟說，謂闓苞受，河圖篇名，見李善注文選。「闓」當作「闓」，「授」當作「受」，「規」字屬下讀。羅泌以「闓苞」爲黃帝臣名，非也。

三二二五頁一〇行 用〔之〕〔定〕靈軌 據汲本改。按：校補謂張衡傳注作「定」，「之」字誤。

三二二五頁一一行 厥中惟虛 按：汲本、殿本「虛」作「靈」。

三二二六頁三行 用重鉤股 按：嚴可均輯全後漢文「重」下有「差」字，此脫。

三二二六頁五行 地以陰淳 按：開元占經「淳」作「浮」，是。嚴輯全後漢文同。

三二二六頁六行 承施候明 嚴輯全後漢文作「承候施明」。按：上言「稟氣舒光」，承候與稟氣相對成文，似以作「承候施明」爲是。

三二二六頁六行　寒暑不滅　按：開元占經「滅」作「忒」，是。嚴輯全後漢文同。

三二二六頁七行　（地）至質者曰地而已　據開元占經及嚴輯全後漢文刪。

三二二六頁八行　漢用於天而無列焉　按：開元占經「用」作「周」，是。嚴輯全後漢文同。

三二二六頁一〇行　白虎猛據於右　按：「白」原譌「召」，逕據汲本、殿本改正。

三二二六頁一三行　姮娥竊之以奔月　按：「姮」原譌「恒」，逕改正。

三二二六頁一六行　蔽於（他）〔地〕也　據汲本改。

三二二六頁一七行　日之薄地其明也　按：隋書天文志、開元占經及嚴輯全後漢文「其」上並有「暗」字。

三二二六頁一七行　是以望之若火　按：隋書天文志及嚴輯全後漢文「火」並作「大」。

三二二六頁一七行　故望之若水　按：隋書天文志及嚴輯全後漢文「水」並作「小」。

三二二七頁三行　五緯經次　按：盧校謂晉志及史記正義「經次」皆作「躔次」。

三二二七頁五行　至〔地〕則石〔矣〕　據開元占經及嚴輯全後漢文補。

三二二七頁七行　逆則遲　按：「則」原譌「時」，逕據汲本、殿本改正。

三二二七頁七行　日與月此配合也　按：開元占經「此」作「以」，嚴輯全後漢文作「共」。

三二二七頁八行　地候見晨　按：「候」原譌「侯」，逕改正。

三二二七頁一五行　灰滅雨絕世路無由　按：殿本「雨」作「兩」。盧校謂宋志「世」作「勢」。

三二二八頁五行　張卬　「卬」原譌「卯」，逕改正。按：惠棟補注本出「張卬」二字，謂劉玄傳注引續漢書「卬」作「印」。張森楷校刊記謂案光武紀作「張卬」，袁紀、通鑑亦是「卬」字，疑卬字是。然劉玄傳注引續漢書「卬」作「印」，則范書自作「卬」，本志自作「印」也。

三二二八頁一二行　使伯常纔攘之　汲本「攘」作「禳」，殿本作「穰」。按：攘可通禳，穰則譌字也。

三二二八頁一三行　君之行義（固應）〔回邪〕　按：盧校云「固應」譌，據本書改「回邪」。今據改。

三二二八頁一三行　穿（開）〔陂〕池　據汲本、殿本改。

三二二八頁一四行　庸何（巨）〔懼〕乎　據汲本、殿本改。

三二二九頁二行　或爲衝車以擂城　按：「擂」原譌「檑」，逕改正。

三二二九頁一三行　燒作室〔門〕　校補謂案前書莽傳作「燒作室門」，此脫「門」字。今據補。

三二二九頁一四行　校尉公賓就斬莽首　按：校補引柳從辰說，謂袁紀及荀悅漢紀皆作「公孫賓就斬莽首」，與班、范、本志異。

三二三〇頁四行　建武六年九月丙戌　按：是年九月丁酉朔，無丙戌，當有譌。

三二三〇頁六行　壬寅犯心大星　按：盧校謂上有甲子，此當是「丙寅」。

三二三〇頁一〇行　十年三月癸卯　按：建武十年三月丁未朔，無癸卯，志文有譌。

三二三〇頁一三行　出柳西南行入軫　按：「軫」當作「井」，詳下條。

三二三〇頁一三行　軫爲秦蜀　按：集解引惠棟說，謂李殿學云，軫安得爲秦、蜀，蓋「井」字也，吳越音訛譌寫耳，觀上文西南行可見。

三二三一頁二行　威虜將軍馮駿拔江州　按：殿本考證齊召南謂公孫述傳作「破虜將軍」，光武紀又作「威虜將軍馮峻」。

三二三一頁四行　公孫晃　按：集解引惠棟說，謂「晃」一作「光」，述弟也。

三二三一頁五行　夷滅述妻宗族萬餘人以上　按：「妻」下疑脫「子」字。

三二三一頁八行　閏月庚辰火入輿鬼過軫北庚申月在斗　按：此注繫於建武十年三月之後，查建武十年無閏，十一年閏三月，辛未朔，有庚辰、庚寅而無庚申，注有譌。

三二三一頁一〇行　十二年正月己未　按：建武十二年正月丙寅朔，無己未，志文有譌。

三二三一頁一三行　是時西北討公孫述　按：集解引張永祚說，謂公孫述在西南，「北」字疑譌。

三二三一頁一四行　置常〔山〕關居庸關以東　據盧校補。

三二三二頁三行　九月甲午火犯輿鬼十月丁卯大星流　按：建武十二年九月壬戌朔，無甲午，十月壬辰朔，無丁卯，注有譌。

三二三二頁一〇行　是除宮室也　按：「除」原譌「際」，逕改正。

三二三二頁一四行　十七年三月乙未　按：建武十七年三月丙申朔，乙未爲二月晦，注有譌。

三二三三頁六行　七十日主當之　按：殿本「主」作「王」。

三二三三頁八行　又七（日）〔星〕間有客星　據盧校改。按：盧云「日」譌，李殿學據下文改。

三二三三頁一三行　火尅金　按：「尅」原爲「剋」，逕據汲本、殿本改正。

三二三三頁一五行　有干（鉞）〔鉞〕乘質者　據汲本、殿本改。

三二三四頁一行　十月戊子　按：建武中元二年十月庚寅朔，無戊子，志有譌。

三二三四頁一三行　將兵征西也　按：盧云通考「征西」作「西征」。

後漢書志第十一

天文中

明十二　章五　和三十三　殤一　安四十六　順二十三　質三

孝明永平元年四月丁酉，流星大如斗，起天市樓，西南行，光照地。流星爲外兵，西南行爲西南夷。是時益州發兵擊姑復蠻夷大牟替滅陵，斬首傳詣雒陽。〔一〕

〔一〕古今注曰：「閏九月辛未，火在太微左執法星所，光芒相及。十一月辛未，土逆行，乘東井北軒轅第二星。二年十二月戊辰，月食火星。」黃帝星經曰：「出入井，爲人主。一曰（陽）〔賜〕爵祿事。」

三年六月丁卯，彗星出天船北，長二尺所，稍北行至亢南，（百）〔見〕三十五日去。天船爲水，彗出之爲大水。是歲伊、雒水溢，到津城門，壞伊橋；郡七縣三十二皆大水。

四年八月辛酉，客星出梗河，西北指貫索，七十日去。梗河爲胡兵。至五年十一月，北匈奴七千騎入五原塞，十二月又入雲中，至原陽。貫索，貴人之牢。其十二月，陵鄉侯梁松坐怨望懸飛書誹謗朝廷下獄死，妻子家屬徙九眞。

七年正月戊子，流星大如杯，從織女西行，光照地。織女，天之眞女，流星出之，女主憂。其月癸卯，光烈皇后崩。〔一〕

〔一〕古今注曰：「三月庚戌，客星光氣二尺所，在太微左執法南端門外，凡見七十五日。」

八年六月壬午，長星出柳、張三十七度，犯軒轅，刺天船，陵太微，氣至上階，凡見五十六日去。柳，周地。是歲多雨水，郡十四傷稼。〔一〕

〔一〕古今注曰：「十二月戊子，客星出東方。」

九年正月戊申，客星出牽牛，長八尺，歷建星至房南，〔一〕滅見至五十日。〔二〕牽牛主吳、越，房、心爲宋。後廣陵王荆與沈涼，楚王英與顏忠各謀逆，事覺，皆自殺。廣陵屬吳，彭城古宋地。〔三〕

〔一〕古今注曰：「歷斗、建、箕、房，過角、亢至翼，芒東指。」

〔二〕郗明占曰：「客星舍房，左右羣臣有吞藥死者。」又占「有奪地」。

〔三〕古今注曰：「十年七月甲寅，月犯歲星。十一年六月壬辰，火犯土星。」

十三年閏月丁亥，火犯輿鬼，爲大喪，質星爲大臣誅戮。〔一〕其十二月，楚王英與顏忠等造作妖〔書〕謀反，事覺，英自殺，忠等皆伏誅。〔二〕

〔一〕晉灼曰：「鬼五星，其中白者爲質。」

〔二〕古今注曰：「十一月，客星出軒轅四十八日。十二月戊午，月犯木星。」

十四年正月戊子，客星出昴，六十日，在軒轅右角稍滅。昴主邊兵。後一年，漢遣奉車都尉顯親侯竇固、駙馬都尉耿秉、騎都尉耿忠、開陽城門候秦彭、太僕祭肜，將兵擊匈奴。一曰，軒轅右角爲貴相，昴爲獄事，客星守之爲大獄。是時考楚事未訖，司徒虞延與楚王英黨與黃初、公孫弘等交通，皆自殺，或下獄伏誅。

十五年十一月乙丑，太白入月中，爲大將戮，人主亡，不出三年。後三年，孝明帝崩。

十六年正月丁丑，歲星犯房右驂，北第一星不見，辛巳乃見。〔一〕房右驂爲貴臣，歲星犯之爲見誅。是後司徒邢穆，坐與阜陵王延交通知逆謀自殺。四月癸未，太白犯畢。畢爲邊兵。後北匈奴寇（邊）〔邊〕，入雲中，至（咸）〔漁〕陽。使者高弘發三郡兵追討，無所得。太僕祭肜坐不進下獄。

〔一〕石氏星經曰：「歲星守房，良馬出廐。」古今注曰：「正月丁未，月犯房。」

十八年六月己未，彗星出張，長三尺，轉在郎將，南入太微，皆屬張。張，周地，爲東都。太微，天子廷。彗星犯之爲兵喪。其八月壬子，孝明帝崩。

孝章建初元年，正月丁巳，太白在昴西一尺。八月庚寅，彗星出天市，長二尺所，稍行

入牽牛三度，積四十日稍滅。太白在昴爲邊兵，彗星出天市爲外軍，牽牛爲吳、越。是時蠻夷陳縱等及哀牢王類（牢）反，攻（蕉）〔巂〕唐城。永昌太守王尋走奔楪楡，安夷長宋延爲羌所殺。以武威太守傅育領護羌校尉，馬防行車騎將軍，征西羌。又阜陵王延與子男魴謀反，大逆無道，得不誅，廢爲侯。

二（月）〔年〕九（日）〔月〕〔一〕甲寅，流星過紫宮中，長數丈，散爲三，滅。十二月戊寅，彗星出婁三度，長八九尺，稍入紫宮中，百六日稍滅。流星過，入紫宮，皆大人忌。後四年六月癸丑，明德皇后崩。〔二〕

〔一〕古今注曰：「甲申，金入斗魁。」

〔二〕古今注曰：「五年二月戊辰，木、火俱在參，五月戊寅，木、水在東井。六年七月丁酉，夜有流星起軒轅，大如拳，歷文昌，餘氣正白句曲，西如文昌，久久乃滅。」黃帝星經曰：「木守東井，有土功之事。一曰大水。」郗萌曰：「歲星守參，后當之。熒惑守，大人當之。」

元和（元）〔二〕年四月丁巳，客星晨出東方，在胃八度，長三尺，歷閣道入紫宮，留四十日滅。閣道、紫宮，天子之宮也。客星犯入留久爲大喪。後四年，孝章帝崩。

孝和永元元年正月辛卯，有流星起參，長四丈，〔一〕有光，色黃白。〔二〕二月，流星起天

棓，東北行三丈所滅，色青白。壬申，夜有流星起太微東蕃，長三丈。三月〔三〕丙辰，流星起天津。〔四〕壬戌，有流星起天將軍，東北行。〔五〕參爲邊兵，天棓爲兵，太微天廷，天津爲水，天將軍爲兵，流星起之皆爲兵。其六月，漢遣車騎將軍竇憲、執金吾耿秉，與度遼將軍鄧鴻出朔方，並進兵臨私渠北鞮海，斬虜首萬餘級，獲生口牛馬羊百萬頭。日逐王等八十一部降，凡三十餘萬人。追單于至西海。是歲七月，又雨水漂人民，是其應。〔六〕

〔一〕古今注曰：「大如拳，起參東南。」
〔二〕古今注曰：「癸亥，鎮在參。又有流星大如桃，色赤，起太微東蕃。」石氏曰：「鎮守參，有土功事。」
〔三〕古今注曰：「戊子，土在參。」
〔四〕古今注曰：「星大如桃，起天津，東至斗，黃白頻有光。」
〔五〕古今注曰：「色黃，無光。」
〔六〕古今注曰：「十一月壬申，鎮星在東井。」石氏曰：「天下水，其大出，流殺人。」

二年正月乙卯，金、木俱在奎，丙寅，水又在奎。〔一〕奎主武庫兵，三星會又爲兵喪。辛未，水、金、木在婁，亦爲兵，又爲匿謀。〔二〕二月丁酉，有流星大如桃，起紫宮東蕃，西北行五丈稍滅。〔三〕四月丙辰，有流星大如瓜，起文昌東北，西南行至少微西滅。有頃音如雷聲，已而金在軒轅大星東北二尺所。〔四〕八月丁未，有流星如雞子，起太微西，東南行四丈

所消。十月癸未，有流星大如桃，起天津，西行六丈所消。十一月辛酉，有流星大如拳，起紫宮，西行到胃消。

〔一〕巫咸曰：「辰守奎，多水火災，亦爲旱。」古今注曰：「土在東井。」
〔二〕郗萌曰：「辰守婁，有兵兵罷，〔無兵〕兵起。」巫咸、石氏云：「多火災。」古今注曰：「丙寅，水在奎，土在東井，金在婁，木、火在昴。」
〔三〕古今注曰：「三月甲子，火在亢南端門第一星南。乙亥，金在東井。」
〔四〕古今注曰：「丁丑，火在氐東南星東南。」

三年九月丁卯，有流星大如雞子，起紫宮，西南至北斗柄閒消。〔一〕紫宮天子宮，文昌、少微爲貴臣，天津爲水，北斗主殺。流星起，歷紫宮、文昌、少微、天津，文昌爲天子使，出有兵誅也。竇憲爲大將軍，憲弟篤、景等皆卿、校尉，憲女弟壻郭舉爲侍中、射聲校尉，與衞尉鄧疊母元俱出入宮中，謀爲不軌。至四年六月丙〔寅〕〔辰〕發覺，和帝幸北宮，詔執金吾、五校勒兵屯南、北宮，閉城門，捕舉。舉父長樂少府璜及疊，疊弟步兵校尉磊，母元，皆下獄誅。憲弟篤、景等皆自殺。金犯軒轅，女主失勢。竇氏被誅，太后失勢。

〔一〕星紫宮占曰：「有流星出紫宮，天子使也。色赤言兵，色白言〔義〕〔喪〕，色黃言吉，色青言憂，色黑言水。出皆以所之野命東、西、南、北。」

五年〔一〕四月癸巳，太白、熒惑、辰星俱在東井。〔二〕七月壬午，歲星犯軒轅大星。九月，金在南斗魁中。〔三〕火犯房北第一星。東井，秦地，爲法。三星合，內外有兵，又爲法令及水。金入斗口中，爲大將將死。火犯房北第一星，爲將相。其六年正月，司徒丁鴻薨。〔四〕七月水，大漂殺人民，傷五穀。許侯馬光有罪自殺。九月，行車騎將軍事鄧鴻、越騎校尉馮柱發左右羽林、北軍五校士及八郡跡射、烏桓、鮮卑，合四萬騎，與度遼將軍朱徽、護烏桓校尉任尚、中郎將杜崇征叛胡。十二月，車騎將軍鴻坐追虜失利，下獄死；度遼將軍徽、中郎將崇皆抵罪。

〔一〕古今注曰：「正月甲戌，月乘歲星。」
〔二〕巫咸曰：「太白守井，五穀不成。」黃帝經曰：「五星及客星守井，皆爲水。」石氏曰：「爲旱。」又曰：「太白入東井，留一日以上乃占，大臣當之，期三月，若一年，遠五年。」古今注曰：「木在輿鬼。」
〔三〕爲水。石氏曰：「爲旱。」
〔四〕古今注曰：「六年六月丁亥，金在東井。閏月己丑，流星大如桃，起參北，西至參肩南，稍有光。」

七年正月丁未，有流星起天津，入紫宮中滅。色青黃，有光。二月癸酉，金、火俱在參。〔一〕戊寅，金、火俱在東井。〔二〕八月甲寅，水、土、金俱在軫。〔三〕十一月甲戌，金、火俱在心。〔四〕十二月己卯，有流星起文昌，入紫宮消。丙辰，火、金、水俱在斗。流星入紫宮，金、火在心，皆爲大喪。三星合軫爲白衣之會，金、火俱在參、東井，皆爲外兵，有死將。三星俱在

斗，有戮將，若有死相。八年四月樂成王黨，七月樂成王宗皆薨。將兵長史吳棽坐事徵下獄誅。〔五〕十月，北海王威自殺。十二月，陳王羨薨。其九年閏月，皇太后竇氏崩。遼東鮮卑〔反〕，太守祭參不追虜，徵下獄誅。九月，司徒劉方坐事免官，自殺。隴西羌反，遣執金吾劉尚行征西將軍事，越騎校尉趙世發北軍五校、黎陽、雍營及邊胡兵三萬騎，征西羌。

〔一〕巫咸占曰：「熒惑守參，多火災。」海中占曰：「爲旱。太白守參，國有反臣。」郗萌曰「有攻戰伐國」也。
〔二〕郗萌曰：「熒惑守井，百川皆滿。太白又從舍，蓋二十日流國。」又曰：「雜糴貴。又將相死。」
〔三〕春秋緯曰：「五星有入軫者，皆爲兵大起。」巫咸占曰：「五星入軫者，司其出日而數之，期二十日皆爲兵發。司始入處之率一日期，十日軍罷。」石氏星經曰：「辰星守軫，歲水。」郗萌曰：「鎮星出入留舍軫六十日不下，必有大喪。」春秋緯曰：「太白入軫，兵大起。」郗萌曰：「太白守軫，必有死王。」
〔四〕雒書曰：「太白守心，後九年大飢。」
〔五〕古今注曰：「八年九月辛丑，夜有流星，大如拳，起婁。」

十一年五月丙午，流星大如瓜，起氐，西南行，稍有光，白色。〔一〕占曰：「流星白，爲有使客，大爲大使，小亦小使。疾期疾，遲亦遲。大如瓜爲近小，行稍有光爲遲也。又正王日，邊方有受王命者也。」明年二月，蜀郡旄牛徼外夷白狼樓薄種王唐繒等率種人口十七萬歸義內屬，賜金印紫綬錢帛。

〔一〕古今注曰：「六月庚辰，月入畢中。」

中華書局

十二年十一月癸酉，夜有蒼白氣，長三丈，起天園，東北指軍市，見積十日。占曰：「兵起，十日期歲。」明年十一月，遼東鮮卑二千餘騎寇右北平。十三年〔一〕十一月乙丑，軒轅第四星閒有小客星，色青黃。軒轅爲後宮，星出之，爲失勢。其十四年六月辛卯，陰皇后廢。〔二〕

〔一〕古今注曰：「正月辛未，水乘輿鬼。十二月癸巳，犯軒轅大星。」

〔二〕古今注曰：「十四年正月乙卯，月犯軒轅，在太微中。二月十日丁酉，水入太微西門。十一月丁丑，有流星大如拳，起北斗魁中，北至閣道，稍有光，色赤黃，須臾西北有雷聲。」

十六年四月丁未，紫宮中生白氣如粉絮。戊午，客星出紫宮西行至昴，五月壬申滅。七月庚午，水在輿鬼中。〔一〕十月辛亥，流星起鉤陳，北行三丈，有光，色黃。白氣生紫宮中爲喪。客星從紫宮西行至昴爲趙。輿鬼爲死喪。鉤陳爲皇后，流星出之爲中使。後一年，元興元年十〔二〕月（二日），和帝崩，殤帝卽位一年又崩，無嗣，鄧太后遣使者迎清河孝王子卽位，是爲孝安皇帝，是其應也。清河，趙地也。

〔一〕黃帝占曰：「辰星犯鬼，大臣誅，國有憂。」郗萌曰：「多蝗蟲。」

元興元年二月庚辰，有流星起角、亢五丈所。四月辛亥，有流星起斗，東北行到須女。七月己巳，有流星起天市五丈所，光色赤。閏月辛亥，水、金俱在氐。〔一〕流星起斗，東北行至須女。須女，燕地。天市爲外軍。水、金會爲兵誅。其年，遼東貊人反，鈔六縣，發上谷、漁陽、右北平、遼西烏桓討之。

〔一〕巫咸曰：「辰星守氐，多水災。」海中占曰：「天下大旱，所在不收。」荆州星占曰：「太白守氐，國君大哭。」

孝殤帝延平元年正月丁酉，金、火在婁。金、火合爲爍，爲大人憂。〔一〕是歲八月辛亥，孝殤帝崩。

〔一〕古今注曰：「七月甲申，月在南斗中。」

孝安永初元年五月戊寅，熒惑逆行守心前星。〔一〕八月戊申，客星在東井、弧星西南。心爲天子明堂，熒惑逆行守之，爲反臣。〔二〕客星在東井，爲大水。〔三〕是時，安帝未臨朝，鄧太后攝政，鄧騭爲車騎將軍，弟弘、悝、閶皆以校尉封侯，秉國勢。司空周章意不平，與王尊、叔元茂等謀，欲閉宮門，捕將軍兄弟，誅常侍鄭衆、蔡倫，劫刺尚書，廢皇太后，封皇帝爲遠國王。事覺，章自殺。東井、弧皆秦地。是時羌反，斷隴道，漢遣騭將左右羽林、北軍五校及諸郡兵征之。是歲郡國四十一縣三百一十五雨水。四瀆溢，傷秋稼，壞城郭，殺人民，是其應也。

〔一〕韓楊占曰：「多火災。一曰地震。」檢其年十八郡地震，明年漢陽火。

〔二〕雒書曰：「熒惑守心，逆臣起。」黃帝占曰：「逆行守心二十日，大臣亂。」

〔三〕荆州經曰：「客星干犯東井，則大臣誅。」

二年正月戊子，太白晝見。〔一〕

〔一〕古今注曰：「四月乙亥，月入南斗魁中。八月己亥，熒惑出入太微端門。」

三年正月庚戌，月犯心後星。〔一〕己亥，太白入斗中。〔二〕十二月，彗星起天苑南，東北指，長六七尺，色蒼白。太白晝見，爲強臣。〔三〕是時鄧氏方盛，月犯心後星，不利子。心爲宋。五月丁酉，沛王（牙）〔正〕薨。太白入斗中，爲貴相凶。〔四〕天苑爲外軍，彗星出其南爲外兵。是後使羌、氐討賊李貴，又使烏桓擊鮮卑，又使中郎將任尚、護羌校尉馬賢擊羌，皆降。

〔一〕河圖曰：「亂臣在旁。」

〔二〕古今注曰：「三月壬寅，熒惑入輿鬼中。五月丙寅，太白入畢中。」石氏經曰：「太白守畢，國多任刑也。」

〔三〕前志曰：「太白晝見，強國弱，小國強，女主昌。」

〔四〕臣昭案：楊厚對曰「以爲諸王子多在京師，容有非常，宜亟發遣還本國」，太后從之，星尋滅不見。以斯而言，太白入之，災在貴相。

四年〔一〕六月甲子，客星大如李，蒼白，芒氣長二尺，西南指上階星。癸酉，太白入輿鬼。指上階，爲三公。後太尉〔張禹、司空〕張敏〔皆〕免官。太白入輿鬼，爲將凶。後中郎將任尚坐贓千萬，檻車徵，棄市。〔二〕

〔一〕古今注曰：「二月丙寅，月犯軒轅大星。」

〔二〕韓楊占曰：「太白入輿鬼，亂臣在內。」臣昭以占爲明（常），豈任尚所能感也。

五年六月辛丑，太白晝見，經天。〔一〕元初元年三月癸酉，熒惑入輿鬼。二年九月辛酉，熒惑入輿鬼中。三年三月，熒惑入輿鬼中。五月丙寅，太白入畢口。〔二〕七月甲寅，歲星入輿鬼。閏月己未，太白犯太微左執法。十一月甲午，客星見西方，己亥在虛、危，南至胃、昴。〔三〕四年正月丙戌，歲星留輿鬼中。〔四〕乙未，太白晝見丙上。四月壬戌，太白入輿鬼中。〔五〕己巳，辰星入輿鬼中。〔六〕五月己卯，辰星犯歲星。六月丙申，熒惑入輿鬼中，戊戌，犯輿鬼大星。九月辛巳，太白入南斗口中。〔七〕五年三月丙申，鎭星犯東井鉞星。五月庚午，辰星犯輿鬼質星。丙戌，太白犯鉞星。六年四月癸丑，太白入輿鬼。〔八〕六月丙戌，熒惑在輿鬼中。〔九〕丁卯，鎭星在輿鬼中。〔一〇〕辛巳，太白犯左執法。自永初五年到永寧，十年之中，太白一晝見經天，再入輿鬼，一守畢，再犯左執法，入南斗，犯鉞星。熒惑五入輿鬼。鎭星一犯東井鉞星，一入輿鬼。歲星、辰星再入輿鬼。凡五星入輿鬼中，皆爲死喪。熒惑、太白甚犯鉞、質星爲誅戮。斗爲貴將。執法爲近臣。客星在虛、危爲喪，爲哭泣。〔一一〕昴、畢爲邊兵，又爲獄事。至建光元年三月癸巳，鄧太后崩；五月庚辰，太后兄車騎將軍騭等七侯皆免官，自殺，是其應也。

〔一〕春秋漢含孳曰：「陽弱，辰逆，太白經天。」注云：「陽弱，君柔不堪。」鉤命決曰：「天失仁，太白經天。」

〔二〕黃帝占曰：「火攻，近期十五日，遠期四十日。」又曰：「大臣當之，亂國易主。」

〔三〕郗萌曰：「客星入虛，大人當之。」又曰：「客星守危，強臣執國命，在后族。又且大風，有危敗。」黃帝星經曰：「客星入守若出危，大飢，民食貴。」

〔四〕石氏經曰：「歲星入留輿鬼五十日不下，民有大喪；百日不下，民半死。」黃帝經曰：「守鬼十日，金錢散諸侯。」郗萌曰：「五穀多傷，民以飢死者無數。」

〔五〕石氏占：「太白入鬼，一曰病在女主，一曰將戮死。」

〔六〕郗萌曰：「以罪誅大臣。一曰后疾。一曰大人憂。」

〔七〕黃帝經曰：「大人當之，國易政。」

〔八〕郗萌曰：「太白守輿鬼，疾在女主。」

〔九〕黃帝經曰：「熒惑犯守鬼，國有大喪，有女喪，大將有死者。」荆州星占曰：「熒惑犯鬼，忠臣戮死，不出一年中。」

〔一〇〕黃帝經曰：「鎮入鬼中，大臣誅。」海中、石氏曰：「大人憂。」

〔一一〕星占曰：「不一年，遠期二年。」

延光〔一〕二年八月己亥，熒惑出太微端門。三年二月辛未，太白犯昴。〔二〕五月癸丑，太白入畢。〔三〕九月壬寅，鎮星犯左執法。四年，太白入輿鬼中。〔四〕六月壬辰，太白出太

微。九月甲子，太白入斗口中。十一月，客星見天市。熒惑出太微，爲亂臣。太白犯昴、畢，爲(近)〔邊〕兵，一曰大人當之。鎮星犯左執法，有誅臣。太白入輿鬼中，爲大喪。太白出太微，爲中宮有兵；入斗口，爲貴將相有誅者。客星見天市中，爲貴喪。是時大將軍耿寶、中常侍江京、樊豐、小黃門劉安與阿母王聖、聖子女永等并構譖太子保，并惡太子乳母男、廚監邴吉。三年九月丁酉，廢太子爲濟陰王，以北鄉侯懿代。殺男、吉，徙其父母妻子日南。四年三月丁卯，安帝巡狩，從南陽還，道寢疾，至葉崩，閻后與兄衞尉顯、中常侍江京等共隱匿，不令羣臣知上崩，遣司徒劉熹等分詣郊廟，告天請命，載入北宮。庚午夕發喪，尊閻氏爲太后。北鄉侯懿病薨，京等又不欲立保，白太后，更徵諸王子擇所立。中黃門孫程、王國、王康等十九人，共合謀誅顯、京等，立保爲天子，是爲孝順皇帝。皆姦人強臣狂亂王室，其於死亡誅戮，兵起宮中，是其應。〔五〕

〔一〕古今注曰：「元年四月丙午，太白晝見。」

〔二〕石氏星占：「太白守昴，兵從門闕入，主人走。」郗萌曰：「不有亡國，必有誅主。」又云：「入昴，大赦。」

〔三〕郗萌曰：「太白入畢口，馬馳人走。」又曰：「有中喪。」

〔四〕古今注曰：「四月甲辰入。」

〔五〕古今注曰：「永建元年二月甲午，客星入太微。五月甲子，月入斗。」李氏家書曰：「時天有變氣，李郃上書諫曰：『臣聞天不言，縣象以示吉凶，挺災變異以爲譴誡。昔齊桓公遭虹貫牛、斗之變，納管仲之謀，令齊去婦，無近妃宮。桓公聽用，齊以大安。趙有尹史，見月生齒，齕畢大星，占有兵變。趙君曰：「天下共一畢，知爲何國也？」下史於獄。其後公子牙謀弒君，血釁端門，如史所言。乃月十三日，有客星氣象彗孛，歷天市、梗河、招搖、槍、棓，十六日入紫宮，迫北辰，十七日復過文昌、泰陵，至天船、積水閒，稍微不見。客星一占曰：「彗星歷天市者爲穀貴，梗河三星備非常，泰陵八星爲凶喪，紫宮、北辰爲至尊。」如占，恐宮廬之內有兵喪之變，千里之外有非常暴逆之憂。彗星不得過歷尊宿，行度從疾，應非一端，恐復有如王阿母母子賤妾之欲居帝旁耗亂政事者。誠令有之，宜當抑遠，饒足以財。王者權柄及爵祿，人天所重慎，誠非阿妾所宜干豫，天故挺變，明以示人。如不承慎，禍至變成，悔之靡及也。』」

孝順永建二年二月癸未，太白晝見三十九日。〔一〕閏月乙酉，太白晝見東南維四十一日。八月乙巳，熒惑入輿鬼。太白晝見，爲強臣。熒惑爲凶。輿鬼爲死喪。質星爲誅戮。是時中常侍高梵、張防、將作大匠翟酺、尚書令高堂芝、僕射張敦、尚書尹就、郎姜述、楊鳳等，及兗州刺史鮑就、使匈奴中郎(將)張國、金城太守張篤、敦煌太守張朗，相與交通，漏泄，就、述棄市，梵、防、酺、芝、敦、鳳、就、國皆抵罪。又定遠侯班始尚陰城公主堅得，鬭爭殺堅得，坐要斬馬市，同產皆棄市。〔二〕

〔一〕古今注曰：「丁巳，月犯心，七月丁酉，犯昴。」

〔二〕古今注曰：「其年九月戊寅，有白氣，廣三尺，長十餘丈，從北落師門南至斗。三年二月癸未，月犯心後星。六月甲子，太白晝見。四年二月癸丑，月犯心後星。五年閏月庚子，太白晝見。六年，彗星出於斗、牽牛，滅於虛、危。虛、危爲齊，牽牛吳、越，故海賊浮於會稽，山賊擾於濟南。五年夏，熒惑守氐，諸侯有斬者，是冬班始胥斬馬市。」

六年四月，熒惑入太微中，犯左、右執法西北方六寸所。十月乙卯，太白晝見。十二月壬申，客星芒氣長二尺餘，西南指，色蒼白，在牽牛六度。客星芒氣白爲兵。牽牛爲吳、越。後一年，會稽海賊曾於等千餘人燒句章，殺長吏，又殺鄞、鄮長，取官兵，拘殺吏民，攻東部都尉；揚州六郡逆賊章何等稱將軍，犯四十九縣，大攻略吏民。陽嘉元年閏月戊子，〔一〕客星氣白，廣二尺，長五丈，起天苑西南。主馬牛，爲外軍，色白爲兵。是時，敦煌太守徐白使疏勒王盤等兵二萬人入于窴界，虜掠斬首三百餘級。烏桓校尉耿曄使烏桓親漢都尉戎末瘣等出塞，鈔鮮卑，斬首，獲生口財物；鮮卑怨恨，鈔遼東、代郡，殺傷吏民。是後，西戎、北狄爲寇害，以馬牛起兵，馬牛亦死傷於兵中，至十餘年乃息。〔二〕

〔一〕臣昭案：郎顗表云「十七日己丑」。

〔二〕臣昭案：郎顗傳，陽嘉元年，太白與歲星合於房、心。二年，熒惑失度，盈縮往來，涉歷輿鬼，環繞軒轅。古今注曰：「二年四月壬寅，太白晝見，五月癸巳，又晝見，十一月辛未，又晝見。十二月壬寅，月犯太白。三年十二月辛未，

太白晝見。四月乙卯，太白、熒惑入輿鬼。永和元年正月丁卯，太白犯牽牛大星。」

永和二年五月戊申，太白晝見。八月庚子，熒惑犯南斗。斗爲吳。〔一〕明年五月，吳郡太守行丞事羊珍與越兵弟葉、吏民吳銅等二百餘人起兵反，殺吏民，燒官亭民舍，攻太守府。太守王衡距守，吏兵格殺珍等。又〔九〕江賊蔡伯流等數百人攻廣陵、九江，燒城郭，殺〔江〕都長。

〔一〕黄帝經曰：「不恭年，國有亂，有憂。」海中占：「爲多火災。一曰旱。」古今注曰：「九月壬午，月入畢口中。」

三年二月辛巳，太白晝見，戊子，在熒惑西南，光芒相犯。辛丑，有流星大如斗，從西北東行，長八九尺，色赤黄，有聲隆隆如雷。三月壬子，太白晝見。六月丙午，太白晝見。八月〔一〕乙卯，太白晝見。閏月甲寅，辰星入輿鬼。己酉，熒惑入太微。乙卯，太白晝見。〔二〕太白者，將軍之官，又爲西州。晝見，陰盛，與君爭明。熒惑與太白相犯，爲兵喪。流星爲使，聲隆隆，怒之象也。辰星入輿鬼，爲大臣有死者。熒惑入太微，亂臣在廷中。是時，大將軍梁商父子秉勢，故太白常晝見也。其四年正月，祀南郊，夕牲，中常侍張逵、蘧政、（陽）〔楊〕定、內者令石光、尚方令傅福等與中常侍曹騰、孟賁爭權，白帝言騰、賁與商謀反，矯詔命收騰、賁，賁自解說，順帝寤，解騰、賁縛。逵等自知事不從，各奔走，或自刺，解貂蟬投草中逃亡，皆得免。其六年，征西將軍馬賢擊西羌於北地（謝）〔射〕姑山下，父子爲羌所沒

殺，是其應也。

〔一〕古今注曰：「己酉，熒惑入太微。」

〔二〕古今注曰：「十二月丁卯，月犯軒轅大星。」

四年七月壬午，熒惑入南斗犯第三星。五年四月戊午，太白晝見。八月己酉，熒惑入太微。斗爲貴相，爲揚州，熒惑犯入之爲兵喪。其六年，大將軍商薨。九江、丹陽賊周生、馬勉等起兵攻沒郡縣。梁氏又專權於天廷中。

六年二月丁巳，彗星見東方，長六七尺，色青白，西南指營室及墳墓星。〔一〕丁丑，彗星在奎一度，長六尺，癸未昏見，〔二〕西北歷昴、畢，甲申，在東井，遂歷輿鬼、柳、七星、張，光炎及三台，至軒轅中滅。〔三〕營室者，天子常宮。墳墓主死。彗星起而在營室、墳墓，不出五年，天下有大喪。後四年，孝順帝崩。昴爲邊兵，又爲趙。羌周馬父子後遂爲寇。又劉文刦清河相射暠，欲立王蒜爲天子，暠不聽，殺暠，王閉門距文，官兵捕誅文，蒜以惡人所刦，廢爲尉氏侯，又徙爲犍陽都鄉侯，薨，國絕。歷東井、輿鬼爲秦，皆羌所攻鈔。炎及三台，爲三公。是時，太尉杜喬及故太尉李固爲梁冀所陷入，坐文書死。及至注、張爲周，滅於軒轅中爲後宮。其後懿獻后以憂死，梁氏被誅，是其應也。

〔一〕郗萌占曰：「彗星出而中營室，天下亂，易政，以五色占之吉凶。」

〔二〕河圖曰：「彗星出貫奎，庫兵悉出，禍在強侯、外夷，胡應逆首謀也。」

〔三〕古今注曰：「五月庚寅，太白晝見。十一月甲午，太白晝見。」

漢安〔一〕二年，正月己亥，太白晝見。五月丁亥，辰星犯輿鬼。〔二〕六月乙丑，熒惑光芒犯鎮星。七月甲申，太白晝見。辰星犯輿鬼爲大喪。熒惑犯鎮星爲大人忌。明年八月，孝順帝崩，孝沖〔三〕明年正月又崩。

〔一〕古今注曰：「元年二月壬午，歲星在太微中。八月癸丑，月犯南斗，入魁中。」

〔二〕古今注曰：「丙辰，月入斗中。」

〔三〕古今注曰：「建康元年九月己亥，太白晝見。」韓揚占曰：「天下有喪。一曰有白衣之會。」

孝質本初元年，〔一〕三月癸丑，熒惑入輿鬼，四月辛巳，太白入輿鬼，皆爲大喪。五月庚戌，太白犯熒惑，爲逆謀。閏月一日，孝質帝爲梁冀所鴆，崩。

〔一〕古今注曰：「（三）〔二〕月丁丑，月入南斗。」

校勘記

三二三九頁六行　閏九月辛未　按：此注繫永平元年下，查永平元年無閏，是年九月乙卯朔，有辛未，「閏」字當衍。

三二三九頁七行　（陽）〔賜〕爵祿事　盧校謂「陽」疑「賜」字之譌。按：今輯本開元占經作「賜」。今據改。

三二三九頁八行　（百）〔見〕三十五日去　按：校補引錢大昭說，謂本紀章懷注引伏侯古今注作「彗長三尺許，見三十五日乃去」。此「百」字疑當作「見」。今據改。

三二四〇頁三行　其十二月楚王英與顏忠等造作妖〔書〕謀反　據盧校補。按：集解引洪亮吉說，謂「十二月」宜作「十一月」。

三二四一頁九行　後北匈奴寇〔邊〕入雲中至（咸）〔漁〕陽　據盧校補改。按：盧云「寇」下當有「邊」字。「咸」當作「漁」，何焯以南匈奴傳校改。

三二四二頁一行　是時蠻夷陳縱等及哀牢王類〔牢〕反　按：南蠻傳「陳縱」作「陳從」。又按：西南夷傳「類」下有「牢」字，今據補。

三二四二頁二行　攻（蕉）〔巂〕唐城　殿本考證齊召南謂按文當作「巂唐城」，巂唐，永昌郡屬縣也。又集解引惠棟說，謂「焦」西南夷傳作「巂」，當從傳。今據改。

三二四二頁二行　安夷長宋延　按：西南夷傳「宋延」作「宗延」。

三二四二頁五行　二（月）〔年〕九（日）〔月〕　殿本考證李良裘謂案書日例惟甲子，此兼言「九日」，訛也。上書「八月庚寅彗星出天市」，此不應更紀二月事。且上書「元年正月丁巳」，則二月九日安得爲甲寅乎？下云「十二月戊寅彗星出」，考章帝紀在建初二年，此「二月九日」

乃「二年九月」之譌也。又集解引洪亮吉說略同。今據改。

三二三〇頁八行 甲申金入斗魁　按：建初二年九月乙未朔，無甲申，注有譌。

三二三〇頁九行 五年二月戊辰　按：建初五年二月庚辰朔，無戊辰，注有譌。

三二三一頁九行 五月戊寅　按：汲本、殿本「五月」作「三月」。

三二三二頁三行 元和(元)〔二〕年四月丁巳　據盧校改。按：章帝崩於章和二年，下云「後四年章帝崩」，自元和二年至章和二年，相距恰四年也。

三二三三頁二行 壬戌有流星起天將軍　按：永元元年三月丁亥朔，無壬戌，志文有譌。

三二三三頁四行 並進兵臨私渠北鞮海　按：「北」當依范書竇憲傳作「比」。

三二三三頁七行 癸亥鎮在參　按：注繫永元元年正月之後，查是年正月戊子朔，無癸亥，注有譌。

三二三三頁一四行 四月丙辰　按：永元二年四月辛巳朔，無丙辰，志文有譌。

三二三四頁四行 有兵兵罷〔無兵〕兵起　盧校謂「兵起」上脫「無兵」二字，通考有。今據補。

三二三四頁七行 丁丑火在氐東南星東南　按：注繫於永元二年四月之後，查是年四月辛巳朔，無丁丑，注有譌。

三二三四頁一〇行 憲女弟壻郭擧爲侍中射聲校尉　按：竇憲傳作「憲女壻」，通鑑同，此云「憲女弟壻」，未詳孰是。

三二三四頁一二行 至四年六月丙(寅)〔辰〕發覺　集解引洪亮吉說，謂案和帝紀云庚申幸北宮，詔收捕憲黨，則此志「丙寅」應作「丙辰」爲是。又案下五行志，丙辰地震，後五日詔收憲，丙辰至庚申正五日。今據改。

三二三四頁一四行 色白言(義)〔喪〕　據汲本、殿本改。

三二三五頁三行 七月水大漂殺人民傷五穀許侯馬光有罪自殺　按：校補謂案本書和紀，永元六年七月有旱無水，五行志亦不載是年七月水。又馬光自殺，紀屬二月，亦不在七月。

三二三五頁四行 與度遼將軍朱徽　按：集解引錢大昕說，謂和帝紀、匈奴傳俱作「朱徽」。

三二三五頁一三行 十一月甲戌　按：永元七年十一月戊寅朔，無甲戌，志文有譌。

三二三五頁一四行 十二月己卯　按：永元七年十二月戊申朔，無己卯。下云丙辰，則「己卯」乃「乙卯」之譌。

三二三六頁一行 樂成王宗　按：校補引錢大昭說，謂「宗」傳作「崇」。

三二三六頁二行 遼東鮮卑〔反〕太守祭參不追虜徵下獄誅　集解引錢大昕說，謂參考鮮卑傳，當作「鮮卑寇肥如，遼東太守祭參不追虜，徵下獄誅」。按：校補謂此「卑」下脫「反」字耳。遼東鮮卑者，鮮卑之種別。本書鮮卑傳載參沮敗事，亦原作「遼東鮮卑」。上已言遼東，則「太守」上自不必更出「遼東」字，史例然也。今依校補補「反」字。

三二三六頁七行 司其出日而數之　按：校補謂司讀爲伺。又按：汲本「日」作「入」。

三二三六頁一四行 白狼樓薄種王　按：集解引惠棟說，謂「樓」和紀作「貗」。

三二三七頁六行 二月十日丁酉　按：「十日」二字當衍。既書丁酉，不當更書某日，且永元十四年二月壬申朔，丁酉爲二十六日，非十日也。

三二三七頁六行 十一月丁丑　按：永元十四年十一月戊戌朔，無丁丑，注有譌。

三二三七頁一二行 元興元年十(二)〔二〕月(二日)和帝崩　據集解引錢大昕、洪亮吉說改。

三二三七頁一四行 元興元年二月庚辰　按：是月乙酉朔，無庚辰，志文有譌。

三二三七頁一五行 閏月辛亥　按：元興元年閏九月辛巳朔，無辛亥，志文有譌。

三二三八頁九行 與王尊叔元茂等謀　按：汲本「王尊」作「王遵」。

三二三八頁一〇行 刲刺尙書　按：「刺」疑「敕」之譌。

三二三九頁五行 四月乙亥　按：注繫永初二年下，查永初二年四月丙申朔，無乙亥，注有譌。

三二三九頁五行 八月己亥　按：是年八月甲子朔，無己亥，注有譌。

三二三九頁八行 沛王(牙)〔正〕薨　集解引惠棟說，謂「牙」當作「正」，傳寫誤也。今據改。按：沛王正，沛獻王輔之孫，謚節。

三二三九頁一二行 五月丙寅　按：注繫永初三年下，查永初三年五月庚寅朔，無丙寅，注有譌。

三二三九頁一五行 國多任刑也　按：汲本、殿本「任」作「淫」。

三二三九頁一六行 四年六月甲子　按：汲本、殿本作「丙子」。

三二四〇頁三行 後太尉(張禹司空)張敏〔皆〕免官　據盧校依御覽八七五補。

三二四〇頁八行 臣昭以占爲明(堂)豈任尙所能感也　據盧校補。按：殿本有「堂」字，脫「豈」字。

三二四〇頁一二行 六月丙申至戊戌　按：元初四年六月癸卯朔，無丙申、戊戌，志文有譌。

三二四一頁三行 自永初五年到永寧十年之中　按：「十」原譌「七」，逕改正。

三二四二頁一行 黃帝占曰火攻　按：盧校謂「火攻」通考作「大敗」。

三二四二頁七行 太白犯昴畢爲(近)〔邊〕兵　據盧校改。

三二四二頁一二行 遣司徒劉喜等　按：集解引惠棟說，謂「喜」范書作「熹」。

三二四三頁九行 元年四月丙午　按：延光元年四月乙亥朔，無丙午，注有譌。

三二四三頁一三行 閏月乙酉　按：永建二年閏六月乙巳朔，無乙酉，志文有譌。

三二四三頁一五行 使匈奴中郎(將)張國　據盧校補。

三二四四頁一行 丁巳月犯心　按：注繫永建二年二月下，查永元二年二月丁丑朔，無丁巳，注有譌。

三二四四頁九行 三年二月癸未　按：永建三年二月辛丑朔，無癸未，注有譌。

三二四四頁九行 敦煌太守徐白　按：集解引惠棟說，謂西域傳「白」作「由」。

三二四四頁一〇行　使烏桓親漢都尉戎末瘣等出塞　按：集解引惠棟說，謂鮮卑傳「末」作「朱」。

三二四四頁一五行　二年四月壬寅　按：陽嘉二年四月辛未朔，無壬寅，注有譌。

三二四四頁一五行　五月癸巳　按：陽嘉二年五月庚子朔，無癸巳，注有譌。

三二四四頁一五行　十一月辛未　按：陽嘉二年十一月戊戌朔，無辛未，注有譌。

三二四四頁一五行　十二月壬寅　按：陽嘉二年十二月丁卯朔，無壬寅，注有譌。

三二四五頁一行　四月乙卯　按：「四月乙卯」不當置於「十二月辛未」之後，或「四月」上脫「四年」二字，然陽嘉三年四月乙丑朔，四年四月庚申朔，皆無乙卯，注顯有譌。

三二四五頁一行　永和元年正月丁卯　按：汲本、殿本「正月」作「五月」。

三二四五頁二行　吳郡太守行丞事羊珍與越兵弟葉吏民吳銅等　按：順帝紀作「吳郡丞羊珍」，「太守」字當衍。

三二四五頁四行　又〔九〕江賊蔡伯流等數百人攻廣陵九江　集解引錢大昕說，謂順帝紀作「九江賊」，此脫「九」字。今據補。按：盧文弨云文法不順，紀云「攻郡界及廣陵」，得之。

三二四五頁四行　殺〔江〕都長　據集解引錢大昕說補。按：順帝紀有「江」字。

三二四五頁六行　九月壬午　按：注繫於永和二年下，查永和二年九月丙午朔，無壬午，注有譌。

三二四五頁一三行　（陽）〔楊〕定　據集解引錢大昕說改。

三二四五頁一五行　擊西羌於北地（謝）〔射〕姑山下　據順帝紀及西羌傳改。

三二四六頁三行　廢爲尉氏侯又徙爲犍陽都鄉侯蒜　按：清河王蒜坐貶爲尉氏侯，不得云廢，文有譌。集解引洪頤煊說，謂桓帝紀、清河孝王傳並云蒜坐貶爲尉氏侯，徙桂陽，自殺。

三二四七頁六行　元年二月壬午　按：漢安元年二月庚戌朔，無壬午，注有譌。

三二四七頁七行　丙辰月入斗中　按：注繫於漢安二年五月之後，查漢安二年五月癸酉朔，無丙辰，注有譌。

三二四七頁一二行　（三）〔二〕月丁丑　據盧校依通鑑目錄改。按：是年二月丁巳朔，有丁丑，三月丙戌朔，無丁丑。

後漢書志第十二

天文下

桓三十八　靈二十　獻九　隕石

孝桓建和元年八月壬寅，熒惑犯輿鬼質星。二年二月辛卯，熒惑行在輿鬼中。三年五月己丑，太白行入太微右掖門，留十五日，出端門。丙申，熒惑入東井。八月己亥，鎮星犯輿鬼中南星。乙丑，彗星芒長五尺，見天市中，東南指，色黃白，九月戊辰不見。熒惑犯輿鬼爲死喪，質星爲戮臣，入太微爲亂臣。鎮星犯輿鬼爲喪。彗星見天市中爲（質）貴人。至和平元年（十）二月甲寅，梁太后崩，梁冀益驕亂矣。

元嘉元年二月戊子，太白晝見。永興二年閏月丁酉，太白晝見。時上幸後宮采女鄧猛，明年，封猛兄演爲南頓侯。後四歲，梁皇后崩，梁冀被誅，猛立爲皇后，恩寵甚盛。

永壽元年三月丙申，鎮星逆行入太微中，七十四日去左掖門。七月己未，辰星入太微中，八十日去左掖門。八月己巳，熒惑入太微，二十一日出端門。太微，天子廷也。鎮星爲

貴臣妃后，逆行爲匿謀。辰星入太微爲大水，一曰後宮有憂。是歲雒水溢至津門，南陽大水。熒惑留入太微中，又爲亂臣。是時梁氏專政。九月己酉，晝有流星長二尺所，色黃白。癸巳，熒惑犯歲星，爲姦臣謀，大將戮。

二年六月甲寅，辰星入太微，遂伏不見。辰星爲水，爲兵，爲妃后。八月戊午，太白犯軒轅大星，爲皇后。其三年四月戊寅，熒惑入東井口中，爲大臣有誅者。其七月丁丑，太白犯心前星，爲大臣。後二年（四）〔七〕月，懿獻皇后以憂死。大將軍梁冀使太倉令秦宮刺殺議郎邴尊，又欲殺鄧后母宣，事覺，桓帝收冀及妻壽襄城君印綬，皆自殺。誅諸梁及孫氏宗族，或徙邊。是其應也。

延熹四年三月甲寅，熒惑犯輿鬼質星。五月辛酉，客星在營室，稍順行，生芒長五尺所，至心一度，轉爲彗。熒惑犯輿鬼質星，大臣有戮死者。五年十月，南郡太守李肅坐蠻夷賊攻盜郡縣，取財物一億以上，入府取銅虎符，肅背敵走，不救城郭；又監黎陽謁者燕喬坐贓，重泉令彭良殺無辜，皆棄市。京兆虎牙都尉宋謙坐贓，下獄死。客星在營室至心作彗，爲大喪。後四年，鄧后以憂死。

六年十一月丁亥，太白晝見。是時鄧后家貴盛。

七年七月戊辰，辰星犯歲星。八月庚戌，熒惑犯輿鬼質星。庚申，歲星犯軒轅大星。

十月丙辰，太白犯房北星。丁卯，辰星犯太白。十二月乙丑，熒惑犯軒轅第二星。辰星犯歲星爲兵。熒惑犯質星有戮臣。歲星犯軒轅爲女主憂。太白犯房北星爲後宮。其八年二月，太僕南鄉侯左勝以罪賜死，勝弟中常侍上蔡侯愔、北鄉侯黨皆自殺。癸亥，皇后鄧氏坐執左道廢，遷于(祠)〔桐〕宮死，宗親侍中沘陽侯鄧康、河南尹鄧萬、越騎校尉鄧弼、虎賁中郎將安(鄉)〔陽〕侯鄧(鲁)〔會〕、侍中監羽林左騎鄧德、右騎鄧壽、昆陽侯鄧統、淯陽侯鄧秉、議郎鄧循皆繫暴室，萬、(鲁)〔會〕死，康等免官。又荆州刺史芝、交阯刺史葛祗皆爲賊所拘略，桂陽太守任胤背敵走，皆弃市，熒惑犯輿鬼質星之應也。

八年五月癸酉，太白犯輿鬼質星。壬午，熒惑入太微右執法。閏月己未，太白犯心前星。十月癸酉，歲星犯左執法。十一月戊午，歲星入太微，犯左執法。九年正月壬辰，歲星入太微中，五十八日出端門。六月壬戌，太白行入輿鬼。七月乙未，熒惑行輿鬼中，犯質星。九月辛亥，熒惑入太微西門，積五十八日。永康元年正月庚寅，熒惑逆行入太微東門，留太微中，百一日出端門。七月丙戌，太白晝見經天。太白犯心前星，太白犯輿鬼質星有戮臣。熒惑入太微爲賊臣。太白犯心前星爲兵喪。歲星入太微犯左執法，將相有誅者。歲星入守太微五十日，占爲人主。太白、熒惑入輿鬼，皆爲死喪，又犯質星爲戮臣。熒惑留太微中百一日，占爲人主。太白晝見經天爲兵，憂在大人。其九年十一月，太原太守劉瓆、

南陽太守成瑨皆坐殺無辜，荆州刺史李隗爲賊所拘，尚書郎孟璫坐受金漏言，皆弃市。永康元年十二月丁丑，桓帝崩，太傅陳蕃，大將軍竇武、尚書令尹勳、黃門令山冰等皆枉死，太白犯心，熒惑留守太微之應也。

孝靈帝建寧元年六月，太白在西方，入太微，犯西蕃南頭星。太微，天廷也。太白行其中，宮門當閉，大將被甲兵，大臣伏誅。其八月，太傅陳蕃、大將軍竇武謀欲盡誅諸宦者；其九月辛亥，中常侍曹節、長樂五官史朱瑀覺之，矯制殺蕃、武等，家屬徙日南比景。

熹平元年十月，熒惑入南斗中。占曰：「熒惑所守爲兵亂。」斗爲吳。其十一月，會稽賊許昭聚衆自稱大將軍，昭父生爲越王，攻破郡縣。

二年四月，有星出文昌，入紫宮，蛇行，有首尾無身，赤色，有光炤垣牆。八月丙寅，太白犯心前星。辛未，白氣如一匹練，衝北斗第四星。占曰：「文昌爲上將貴相。太白犯心前星，爲大臣。」後六年，司徒劉(鞏)〔郃〕爲中常侍曹節所譖，下獄死。白氣衝北斗爲大戰。明年冬，揚州刺史臧旻、丹陽太守陳寅，攻盜賊苴康，斬首數千級。

光和元年四月癸丑，流星犯軒轅第二星，東北行入北斗魁中。八月，彗星出亢北，入天市中，長數尺，稍長至五六丈，赤色，經歷十餘宿，八十餘日，乃消於天苑中。流星爲貴使，軒轅爲內宮，北斗魁主殺。流星從軒轅出抵北斗魁，是天子大使將出，有伐殺也。至中平元年，黃巾賊起，上遣中郎將皇甫嵩、朱儁等征之，斬首十餘萬級。彗除天市，天帝將徙，帝將易都。至初平元年，獻帝遷都長安。

三年冬，彗星出狼、弧，東行至于張乃去。張爲周地，彗星犯之爲兵亂。後四年，京都大發兵擊黃巾賊。

五年四月，熒惑在太微中，守屏。七月，彗星出三台下，東行入太微，至太子、幸臣，二十餘日而消。十月，歲星、熒惑、太白三合於虛，相去各五六寸，如連珠。占曰：「熒惑在太微爲亂臣。」是時中常侍趙忠、張讓、郭勝、孫璋等，並爲姦亂。彗星入太微，天下易主。至中平六年，宮車晏駕。歲星、熒惑、太白三合於虛爲喪。虛，齊(也)〔地〕。明年，琅邪王據薨。

光和中，國皇星東南角去地一二丈，如炬火狀，十餘日不見。占曰：「國皇星爲內亂，外內有兵喪。」其後黃巾賊張角燒州郡，朝廷遣將討平，斬首十餘萬級。中平六年，宮車晏駕，大將軍何進令司隸校尉袁紹私募兵千餘人，陰跱雒陽城外，竊呼幷州牧董卓使將兵至京都，共誅中官，對戰南、北宮闕下，死者數千人，燔燒宮室，遷都西京。及司徒王允與將軍呂布誅卓，卓部曲將郭汜、李傕旋兵攻長安，公卿百官吏民戰死者且萬人。天下之亂，皆自內發。

中平二年十月癸亥，客星出南門中，大如半筵，五色喜怒稍小，至後年六月消。占曰：「爲兵。」至六年，司隸校尉袁紹誅滅中官，大將軍部曲將吳匡攻殺車騎將軍何苗，死者數千人。

三年四月，熒惑逆行守心後星。十月戊午，月食心後星。占曰：「爲大喪。」後三年而靈帝崩。

五年二月，彗星出奎，逆行入紫宮，後三出，六十餘日乃消。六月丁卯，客星如三升椀，出貫索，西南行入天市，至尾而消。占曰：「彗除紫宮，天下易主。客星入天市，爲貴人喪。」明年四月，宮車晏駕。中平中夏，流星赤如火，長三丈，起河鼓，入天市，抵觸宦者星，色白，長二三丈，後尾再屈，食頃乃滅，狀似枉矢。占曰：「枉矢流發，其宮射，所謂矢當直而枉者，操矢者邪枉人也。」中平六年，大將軍何進謀盡誅中官，(中官覺)，於省中殺進，俱兩破滅，天下由此遂大壞亂。

六年八月丙寅，太白犯心前星，戊辰犯心中大星。其日未冥四刻，大將軍何進於省中爲諸黃門所殺。己巳，車騎將軍何苗爲進部曲將吳匡所殺。

孝獻初平(三)〔二〕年九月，蚩尤旗見，長十餘丈，色白，出角、亢之南。占曰：「蚩尤旗見，

則王征伐四方。」其後丞相曹公征討天下且三十年。

四年十月，孛星出兩角閒，東北行入天市中而滅。占曰：「彗除天市，天帝將徙，帝將易都。」是時上在長安，後二年東遷，明年七月，至雒陽，其八月，曹公迎上都許。

建安五年十月辛亥，有星孛于大梁，冀州分也。時袁紹在冀州。其年十一月，紹軍爲曹公所破。七年夏，紹死，後曹公遂取冀州。

九年十一月，有星孛于東井輿鬼，入軒轅太微。十一年正月，星孛于北斗，首在斗中，尾貫紫宮，及北辰。占曰：「彗星掃太微宮，人主易位。」其後魏文帝受禪。

十二年十月辛卯，有星孛于鶉尾。荆州分也，時荆州牧劉表據荆州，（時）益州從事周羣以〔爲〕荆州牧將死而失土。明年秋，表卒，以小子琮自代。曹公將伐荆州，琮懼，舉軍詣公降。

十七年十二月，有星孛于五諸侯。周羣以爲西方專據土地者，皆將失土。是時益州牧劉璋據益州，漢中太守張魯別據漢中，韓遂據涼州，（宋）〔宗〕建別據枹罕。明年冬，曹公遣偏將擊涼州。十九年，獲（宋）〔宗〕建；韓遂逃于羌中，病死。其年秋，璋失益州。二十年秋，〔曹〕公攻漢中，魯降。

十八年秋，歲星、鎭星、熒惑俱入太微，逆行留守帝坐百餘日。占曰：「歲星入太微，人主改。」

二十三年三月，孛星晨見東方二十餘日，夕出西方，犯歷五車、東井、五諸侯、文昌、軒轅、后妃、太微，鋒炎指帝坐。占曰：「除舊布新之象也。」

殤帝延平元年九月乙亥，隕石陳留四。春秋僖公十六年，隕石于宋五，傳曰隕星也。董仲舒以爲從高反下之象。或以爲庶人惟星，隕，民困之象也。

桓帝延熹七年三月癸亥，隕石右扶風一，鄠又隕石二，皆有聲如雷。

校勘記

三二五五頁七行　彗星見天市中爲（賀）〔貴〕人　據盧校改。

三二五五頁七行　至和平元年（十）二月甲寅梁太后崩　集解引錢大昕說，謂桓帝紀在二月，此衍「十」字。今據删。

三二五六頁四行　二年六月甲寅　按：永壽二年六月丁巳朔，無甲寅，志文有譌。

三二五六頁六行　後二年（四）〔七〕月懿獻皇后以憂死　集解引洪亮吉說，謂「四月」應作「七月」，志譌。今據改。

三二五六頁九行　延熹四年三月甲寅　按：延熹四年三月己未朔，無甲寅，志文有譌。

三二五六頁一三行　京兆虎牙都尉宋謙　按：集解引錢大昕說，謂桓帝紀「宋謙」作「宗謙」。

三二五六頁一五行　七年七月戊辰　按：延熹七年七月庚午朔，無戊辰，志文有譌。

三二五七頁三行　太僕南鄉侯左勝　按：集解引錢大昕說，謂「左勝」桓帝紀、宦者傳俱作「左稱」。趙岐傳作「左勝」，與此同。

三二五七頁三行　皇后鄧氏坐執左道廢遷于（祠）〔桐〕宮死　集解引陳景雲說，謂「祠」當作「桐」，和帝陰皇后廢遷桐宮事見皇后紀，可互證也。今據改。

三二五七頁四行　河南尹鄧萬　按：集解引錢大昕說，謂「萬」下脫「世」字，蓋唐人避諱去之。

三二五七頁四行　虎賁中郎將安（鄉）〔陽〕侯鄧（魯）〔會〕　集解引錢大昕說，謂據皇后紀，「安鄉」當作「安陽」。據桓帝紀及皇后紀，「魯」當作「會」。今據改。

三二五八頁六行　其九月辛亥　按：集解引洪亮吉說，謂「辛亥」靈紀作「丁亥」。

三二五八頁九行　八月丙寅至辛未　按：熹平二年八月丁丑朔，無丙寅、辛未，志文有譌。

三二五八頁一一行　後六年司徒劉（羣）〔郃〕爲中常侍曹節所譖下獄死　集解引錢大昕說，謂案熹平之世，司徒無下獄死者。惟光和二年劉郃以謀誅宦官下獄死，「羣」當爲「郃」之譌也。自熹平二年至光和二年，相距恰六載。又引惠棟說，謂「羣」本紀作「郃」。今據改。

三二五八頁一三行　丹陽太守陳寅　按：集解引惠棟說，謂靈帝紀「寅」作「夤」。

三二五九頁八行　郭勝　按：集解引惠棟說，謂袁紀「勝」作「脈」。

三二六〇頁一〇行　大將軍何進謀盡誅中官〔中官覺〕　盧校謂脫「中官覺」三字，通考有。今據補。按：汲本重「中官」二字，脫「覺」字。

三二六〇頁一四行　孝獻初平（三）〔二〕年九月蚩尤旗見　據汲本、殿本改。按：獻紀作「二年」。

三二六一頁六行　九年十一月有星孛于東井輿鬼　按：集解引洪亮吉說，謂獻紀作「十月」。

三二六一頁八行　（時）益州從事周羣以〔爲〕荆州牧將死而失土　校補謂案文「時」字衍，「以」下脫「爲」字。今據删補。

三二六一頁一二行　（宋）〔宗〕建別據枹罕　殿本考證謂何焯校本「宋」改「宗」。今據改。

三二六一頁一三行　二十年秋〔曹〕公攻漢中　據汲本、殿本補。

三二六二頁三行　鋒炎指帝坐　按：集解引惠棟說，謂「指」一作「刺」。

三二六二頁六行　延熹七年三月癸亥　按：延熹七年三月壬申朔，無癸亥，志文有譌。

後漢書志第十三

五行一

貌不恭　淫雨　服妖　雞禍　青眚　屋自壞　訛言　旱　謠　狼食人

五行傳説及其占應，漢書五行志錄之詳矣。故泰山太守應劭、給事中董巴、散騎常侍譙周〔一〕並撰建武以來災異。今合而論之，以續前志云。

〔一〕蜀志曰：「周字允南，巴西西充國人也。治尚書，兼通諸經及圖緯。州郡辟請皆不應。耽古篤學，誦讀典籍，欣然獨笑，以忘寢食。蜀亡，魏徵不至。」

五行傳曰：「田獵不宿，〔一〕飲食不享，〔二〕出入不節，〔三〕奪民農時，〔四〕及有姦謀，〔五〕則木不曲直。」〔六〕謂木失其性而爲災也。又曰：「貌之不恭，是謂不肅。〔七〕厥咎狂，〔八〕厥罰恒雨，〔九〕厥極惡。〔一〇〕時則有服妖，〔一一〕時則有龜孽，〔一二〕時則有雞禍，〔一三〕時則有下體生上之痾，〔一四〕時則有青眚、青祥，〔一五〕惟金沴木。」〔一六〕説云：氣之相傷謂之沴。〔一七〕

〔一〕鄭玄注尚書大傳曰：「不宿，不宿禽也。角主天兵。周禮四時習兵，因以田獵。禮志曰：『天子不合圍，諸侯不掩羣，過此則暴天物，爲不宿禽。』角南有天庫、將軍、騎官。」漢書音義曰：「遊田馳騁，不反宮室。」

〔二〕鄭玄曰：「享，獻也。禮志曰：『天子諸侯，無事則歲三田：一爲乾豆，二爲賓客，三爲充君之庖。』周禮獸人，冬獻狼，夏獻麋，春秋獻獸物，此獻禮之大略也。」注五行稱「鄭玄曰」，皆出注大傳也。漢書音義曰：「無獻享之禮。」

〔三〕鄭玄曰：「角爲天門，房有三道，出入之象也。」

〔四〕鄭玄曰：「房、心，農時之候也。季冬之月，命農師計耦耕事，是時房、心晨中。春秋傳曰：『辰爲農祥，后稷之所經緯也。』」

〔五〕鄭玄曰：「亢爲朝廷，房、心爲明堂，謀事出政之象。」

〔六〕鄭玄曰：「君行此五者，爲逆天東宮之政。東宮於地爲木，木性或曲或直，人所用爲器也。無故生不暢茂，多折槁，是爲木不曲直。木、金、水、火、土謂之五材，春秋傳曰：『天生五材，民並用之。』其政逆則神怒，神怒則材失性，不爲民用。其他變異皆屬沴，沴亦神怒。凡神怒者，日、月、五星既見適于天矣。」洪範：「木曰曲直。」孔安國曰：「木可以揉曲直。」

〔七〕鄭玄曰：「肅，敬也。君貌不恭，則是不能敬其事也。」洪範曰：「貌曰恭。」

〔八〕鄭玄曰：「君臣不敬，則倨慢如狂。」方儲對策曰：「君失制度，下不恭承，臣恣淫慢。」

〔九〕鄭玄曰：「貌曰木，木主春，春氣生；生氣失則踰其節，故常雨也。」管子曰：「冬作土功，發地藏，則夏多暴雨，秋雨霖不止。」淮南子曰：「金不收則多淫雨。」

〔一〇〕孔安國曰：「醜陋。」

〔一一〕鄭玄曰：「服，貌之飾也。」

〔一二〕鄭玄曰：「龜蟲之生於水而游於春者，屬木。」

〔一三〕鄭玄曰：「雞畜之有冠翼者也，屬貌。」洪範傳曰：「妖者，敗胎也，少小之類，言其事之尚微也。至孽，則牙孽也，至乎禍則著矣。」

〔一四〕鄭玄曰：「痾，病也，貌氣失之病也。」漢書音義曰：「若梁孝王之時，牛足反出背上也。此下欲伐上之禍。」

〔一五〕鄭玄曰：「青，木色也。眚生於此，祥自外來也。」

〔一六〕鄭玄曰：「沴，殄也。凡貌、言、視、聽、思、心，一事失，則逆人之心，人心逆則怨，木、金、水、火、土氣爲之傷。傷則衝勝來乘殄之，於是神怒人怨，將爲禍亂。故五行先見變異，以譴告人也。及妖、孽、禍、痾、眚、祥皆其氣類，暴作非常，爲時怪者也。各以物象爲之占也。」

〔一七〕尚書大傳曰：「凡六沴之作，歲之朝，月之朝，日之朝，則后王受之。歲之中，月之中，日之中，則正卿受之。歲之夕，月之夕，日之夕，則庶民受之。」鄭玄曰：「自正月盡四月爲歲之朝，自五月盡八月爲歲之中，自九月盡十二月爲歲之夕。上旬爲月之朝，中旬爲月之中，下旬爲月之夕。平旦至食時爲日之朝，隅中至日跌爲日之中，晡時至黃昏爲日之夕。受之，受其凶咎也。」大傳又云：「其二辰以次相將，其次受之。」鄭玄曰：「二辰謂日、月也。假令歲之朝也，日、月中則上公受之，日、月夕則下公受之；歲之中也，日、月朝則孤卿受之，日、月夕則大夫受之；歲之夕也，日、月朝則上士受之，日、月中則下士受之。其餘差以尊卑多少，則悉矣。」管子曰：「明王有四禁：春無殺伐，無割大陵，伐大木，斬大山，行大火，誅大臣，收穀賦錢；夏無遏水，達名川，塞大谷，動土功，射鳥獸；秋無赦過，釋罪，緩刑；冬無爵賞祿，傷伐五藏。故春政不禁，則五穀不成；夏政不禁，則草木不榮；秋政不禁，則

姦邪不勝；冬政不禁，則地氣不藏。四者俱犯，則陰陽不和，風雨不時，火流邑，大風飄屋，折樹木，地草夭，冬雷，草木夏落，而秋蟲不藏，宜死者生，宜蟄者鳴，多螣蟇蟲也。六畜不蕃，民多夭死，國貧法亂，逆氣下生。故曰臺榭相望者，亡國之廡也；馳車充國者，追寇之馬也；翠羽朱飾者，斬生之斧也；五采纂組者，蕃功之窒也。明主知其然，故遠而不近，能去此取彼，則王道備也。」續漢書曰：「建武二年，尹敏上疏曰：『六沴作見，若是供御，帝用不差，神則大喜，五福乃降，用章于下。若不供御，六罰既侵，六極其下。明供御則天報之福，不供御則禍災至。欲尊六事之體，則貌、言、視、聽、思、心之用，合六事之揆以致乎太平，而消除轗軻孽害也。』」

建武元年，赤眉賊率樊崇、逄安等共立劉盆子爲天子。然崇等視之如小兒，百事自由，初不恤錄也。後正旦至，君臣欲共饗，既坐，酒食未下，羣臣更起，亂不可整。時大司農楊音案劒怒曰：「小兒戲尚不如此！」其後遂破壞，崇、安等皆誅死。唯音爲關內侯，以壽終。

光武崩，山陽王荆哭不哀，作飛書與東海王，勸使作亂。明帝以荆同母弟，太后在，故隱之。後徙王廣陵，荆遂坐復謀反自殺也。

章帝時，竇皇后兄憲以皇后甚幸於上，故人人莫不畏憲。憲於是強請奪沁水長公主田，公主畏憲，與之，憲乃賤顧之。後上幸公主田，覺之，問憲，憲又上言借之。上以后故，但譴敕之，不治其罪。後章帝崩，竇太后攝政，憲秉機密，忠直之臣與憲忤者，憲多害之，其後憲兄弟遂皆被誅。

桓帝時，梁冀秉政，兄弟貴盛自恣，好驅馳過度，至於歸家，猶馳驅入門，百姓號之曰「梁氏滅門驅馳」。後遂誅滅。

和帝永元十年，十三年，十四年，十五年，皆淫雨傷稼。〔一〕

〔一〕古今注曰：「光武建武六年九月，大雨連月，苗稼更生，鼠巢樹上。十七年，雒陽暴雨，壞民廬舍，壓殺人，傷害禾稼。」

安帝元（年）〔初〕四年秋，郡國十淫雨傷稼。〔一〕

〔一〕方儲對策曰：「雨不時節，妄賞賜也。」

永寧元年，郡國三十三淫雨傷稼。

建光元年，京都及郡國二十九淫雨傷稼。是時羌反久未平，百姓屯戍，不解愁苦。

延光元年，郡國二十七淫雨傷稼。〔一〕

〔一〕案本傳陳忠奏，以爲王侯二千石爲女使伯榮獨拜車下，柄在臣妾。

二年，郡國五連雨傷稼。

順帝永建四年，司隸、荆、豫、兗、冀部淫雨傷稼。

六年，冀州淫雨傷稼。

桓帝延熹二年夏，霖雨五十餘日。是時，大將軍梁冀秉政，謀害上所幸鄧貴人母宣，冀又擅殺議郎邴尊。上欲誅冀，懼其持權日久，威勢強盛，恐有逆命，害及吏民，密與近臣中常侍單超等圖其方略。其年八月，冀卒伏罪誅滅。〔一〕

〔一〕案公沙穆傳，永壽元年霖雨，大水，三輔以東莫不湮沒。

靈帝建寧元年夏，霖雨六十餘日。是時大將軍竇武謀變廢中官。其年九月，長樂五官史朱瑀等共與中常侍曹節起兵，先誅武，交兵闕下，敗走，追斬武兄弟，死者數百人。〔一〕

〔一〕案武死無兄弟，有兄子。

熹平元年夏，霖雨七十餘日。是時中常侍曹節等，共誣（曰）〔白〕勃海王悝謀反，其十月誅悝。

中平六年夏，霖雨八十餘日。是時靈帝新棄羣臣，大行尚在梓宮，大將軍何進與佐軍校尉袁紹等共謀欲誅廢中官。下文陵畢，中常侍張讓等共殺進，兵戰京都，死者數千。

更始諸將軍過雒陽者數十輩，皆幘而衣婦人衣繡擁䯰。時智者見之，以爲服之不中，身之災也，乃奔入邊郡避之。是服妖也。其後更始遂爲赤眉所殺。

桓帝元嘉中，京都婦女作愁眉、啼粧、墮馬髻、折要步、齲齒笑。所謂愁眉者，細而曲折。啼粧者，薄拭目下，若啼處。墮馬髻者，作一邊。〔一〕折要步者，足不在體下。齲齒笑者，若齒痛，樂不欣欣。始自大將軍梁冀家所爲，京都歙然，諸夏皆放效。此近服妖也。梁冀二世上將，婚媾王室，大作威福，將危社稷。天誡若曰：兵馬將往收捕，婦女憂愁，踧眉啼泣，吏卒掣頓，折其要脊，令髻傾邪，雖強語笑，無復氣味也。到延熹二年，舉宗誅夷。

〔一〕梁冀別傳曰：「冀婦女又有不聊生髻。」

延熹中，梁冀誅後，京都幘顏短耳長，短上長下。時中常侍單超、左悺、徐璜、具瑗、唐衡在帝左右，縱其姦慝。海內慍曰：一將軍死，五將軍出。家有數侯，子弟列布州郡，賓客雜襲騰翥，上短下長，與梁冀同占。到其八年，桓帝因日蝕之變，乃拜故司徒韓寅爲司隸校尉，以次誅鉏，京都正清。〔一〕

〔一〕臣昭案：本傳，寅誅左悺貶具瑗，雖剋折姦首，靈閹相豪，京都未爲正淸。

延熹中，京都長者皆著木屐；婦女始嫁，至作漆畫五采爲系。此服妖也。到九年，黨事始發，傳黄門北寺，臨時惶惑，不能信天任命，多有逃走不就考者，九族拘繫，及所過歷，長少婦女皆被桎梏，應木屐之象也。

靈帝建寧中，京都長者皆以葦方笥爲粧具，下士盡然。時有識者竊言：葦方笥，郡國讞篋也；今珍用之，此天下人皆當有罪讞於理官也。到光和三年癸丑赦令詔書，吏民依黨禁錮者赦除之，有不見文，他以類比疑者讞。於是諸有黨郡皆讞廷尉，人名悉入方笥中。

靈帝好胡服、胡帳、胡牀、胡坐、胡飯、胡空侯、胡笛、胡舞，京都貴戚皆競爲之。此服妖也。其後董卓多擁胡兵，填塞街衢，虜掠宮掖，發掘園陵。

靈帝於宮中西園駕四白驢，躬自操轡，驅馳周旋，以爲大樂。於是公卿貴戚轉相放效，至乘輜軿以爲騎從，互相侵奪，賈與馬齊。案易曰：「時乘六龍以御天。」行天者莫若龍，行地者莫如馬。詩云：「四牡騤騤，載是常服。」「檀車煌煌，四牡彭彭。」夫驢乃服重致遠，上下山谷，野人之所用耳，何有帝王君子而驂服之乎！遲鈍之畜，而今貴之。天意若曰：國且大亂，賢愚倒植，凡執政者皆如驢也。其後董卓陵虐王室，多援邊人以充本朝，胡夷異種，跨蹈中國。

熹平中，省內冠狗帶綬，以爲笑樂。有一狗突出，走入司徒府門，或見之者，莫不驚怪。〔一〕京房易傳曰：「君不正，臣欲篡，厥妖狗冠出。」後靈帝寵用便嬖子弟，永樂賓客、鴻都羣小，傳相汲引，公卿牧守，比肩是也。又遣御史於西（鄉）〔邸〕賣官，關內侯顧五百萬者，賜與金紫；詣闕上書占令長，隨縣好醜，豐約有賈。強者貪如豺虎，弱者略不類物，實狗而冠者也。司徒古之丞相，壹統國政。天戒若曰：宰相多非其人，尸祿素餐，莫能據正持重，阿意曲從；今在位者皆如狗也，故狗走入其門。〔二〕

〔一〕袁山松書曰：「光和四年，又於西園弄狗以配人也。」

〔二〕應劭曰：「靈帝數以車騎將軍過拜孽臣內嬖，又贈亡人，顯號加於頑凶，印綬汙於腐屍。昔辛有睹被髮之祥，知其爲戎，今假號雲集，不亦宜乎！」

靈帝數遊戲於西園中，令後宮采女爲客舍主人，身爲商賈服。行至舍，采女下酒食，因共飲食以爲戲樂。此服妖也。其後天下大亂。〔一〕

〔一〕風俗通曰：「時京師賓婚嘉會，皆作魁櫑，酒酣之後，續以挽歌。」魁櫑，喪家之樂。挽歌，執紼相偶和之者。天戒若曰：國家當急殄悴，諸貴樂皆死亡也。自靈帝崩後，京師壞滅，戶有兼屍，蟲而相食，魁櫑、挽歌，斯之效乎？

獻帝建安中，男子之衣，好爲長躬而下甚短，女子好爲長裾而上甚短。時益州從事莫嗣以爲服妖，是陽無下而陰無上也，天下未欲平也。後還，遂大亂。〔一〕

〔一〕袁山松〔書〕曰：「禪位於魏。」

靈帝光和元年，南宮侍中寺雌雞欲化雄，一身毛皆似雄，但頭冠尚未變。詔以問議郎蔡邕。邕對曰：「貌之不恭，則有雞禍。宣帝黃龍元年，未央宮雌雞化爲雄，不鳴無距。是歲元帝初即位，立王皇后。至初元元年，丞相史家雌雞化爲雄，冠距鳴將。是歲后父禁爲(平)陽〔平〕侯，女立爲皇后。至哀帝晏駕，后攝政，王莽以后兄子爲大司馬，由是爲亂。臣竊推之，頭，元首，人君之象；今雞一身已變，未至於頭，而上知之，是將有其事而不遂成之象也。若應之不精，政無所改，頭冠或成，爲患茲大。」是後張角作亂稱黃巾，遂破壞。四方疲於賦役，多叛者。上不改政，遂至天下大亂。

桓帝永興二年四月丙午，光祿勳吏舍壁下夜有青氣，視之，得玉鉤、玦各一。鉤長七寸二分，(玦)周五寸四分，身中皆雕鏤。此青祥也。玉，金類也。七寸二分，商數也。五寸四分，徵數也。商爲臣，徵爲事，蓋爲人臣引決事者不肅，將有禍也。是時梁冀秉政專恣，後四歲，梁氏誅滅也。

延熹五年，太學門無故自壞。襄楷以爲太學前疑所居，〔一〕其門自壞，文德將喪，教化廢也。是後天下遂至喪亂。

〔一〕本傳楷書無「前疑」之言也。

永康元年十月壬戌，南宮平城門內屋自壞。金沴木，木動也。其十二月，宮車晏駕。

靈帝光和元年，南宮平城門內屋、武庫屋及外東垣屋前後頓壞。蔡邕對曰：「平城門，正陽之門，與宮連，郊祀法駕所由從出，門之最尊者也。武庫，禁兵所藏。東垣，庫之外障。易傳曰：『小人在位，上下咸悖，厥妖城門內崩。』潛潭巴曰：『宮瓦自墮，諸侯強陵主。』此皆小人顯位亂法之咎也。」其後黃巾賊先起東方，庫兵大動。皇后同父兄何進爲大將軍，同母弟苗爲車騎將軍，兄弟並貴盛，皆統兵在京都。其後進欲誅廢中官，爲中常侍張讓、段珪等所殺，兵戰宮中闕下，更相誅滅，天下兵大起。

三年二月，公府駐駕廡自壞，南北三十餘閒。

中平二年二月癸亥，廣陽城門外上屋自壞也。

獻帝初平二年三月，長安宣平城門外屋無故自壞。至三年夏，司徒王允使中郎將呂布殺太師董卓，夷三族。〔一〕

〔一〕袁山松〔書〕曰：「李傕等攻破長安城，害允等。」

興平元年十月，長安市門無故自壞。至二年春，李傕、郭汜鬬長安中，傕迫劫天子，移置傕塢，盡燒宮殿、城門、官府、民舍，放兵寇鈔公卿以下。冬，天子東還雒陽，傕、汜追上到曹陽，虜掠乘輿輜重，殺光祿勳鄧淵、廷尉宣璠、少府田邠等數十人。

五行傳曰：「好攻戰，〔一〕輕百姓，〔二〕飾城郭，〔三〕侵邊境，〔四〕則金不從革。」〔五〕謂金失其性而爲災也。又曰：「言之不從，是謂不乂。〔六〕厥咎僭，〔七〕厥罰恒陽，〔八〕厥極憂。〔九〕

時則有詩妖，〔一〇〕時則有介蟲之孽，〔一一〕時則有犬禍，〔一二〕時則有口舌之痾，〔一三〕時則有白眚、白祥，惟木沴金。」介蟲，劉歆傳以爲毛蟲。乂，治也。

〔一〕鄭玄注曰：「參、伐爲武府，攻戰之象。」

〔二〕鄭玄注曰：「輕之者，不重民命。春秋傳曰：『師出不正反，戰不正勝也。』」

〔三〕鄭玄注曰：「昴、畢閒爲天街。甘氏經曰：『天街保塞，孔塗道衝。』保塞，城郭之象也。月令曰：『四鄙入保。』」

〔四〕鄭玄曰：「畢主邊兵。」

〔五〕鄭玄注曰：「君行此四者，爲逆天西宮之政。西宮於地爲金，金性從刑，而革人所用爲器者也，無故(治)〔冶〕之不銷，或入火飛亡，或鑄之裂形，是爲不從革。其他變異，皆屬沴也。」洪範曰：「從革作辛。」馬融曰：「金之性，從(人)〔火〕而更，可銷鑠也。」漢書音義曰：「言人君言不見從，則金鐵亦不從人意。」

〔六〕鄭玄曰：「乂，治也。君言不從，則是不能治其事也。」

〔七〕鄭玄曰：「君臣不治，則僭差矣。」

〔八〕鄭玄曰：「金主秋，秋氣殺，殺氣失，故常陽也。」春秋考異郵曰：「君行非是，則言不見從；言不見從，則下不治；下不治，則僭差過制度，奢侈驕泰。天子僭天，大夫僭人主，諸侯僭上，陽無以制。從心之喜，上憂下，則常陽從之。推設其跡，考之天意，則大旱不雨，而民庶大災傷。」淮南子曰：「殺不辜則國赤地。」

〔九〕鄭玄曰：「殺氣失，故於人爲憂。」

〔一〇〕鄭玄曰：「詩之言志也。」

〔一一〕鄭玄曰：「蟓、螽、蜩、蟬之類，生於火而藏於秋者也，屬金。」

〔三〕鄭玄曰：「犬畜之以口吠守者，屬言。」

〔四〕鄭玄曰：「言氣失之病。」

安帝永初元年十一月，民訛言相驚，司隸、并、冀州民人流移。時鄧太后專政。婦人以順爲道，故禮「夫死從子」之命。今專（王）〔主〕事，此不從而僭也。〔一〕

〔一〕古今注曰：「章帝建初五年，東海、魯國、東平、山陽、濟陰、陳留民訛言相驚有賊，捕至京師，民皆入城也。」

世祖建武〔一〕五年夏，旱。京房傳曰：「欲德不用，茲謂張，厥災荒，其旱陰雲不雨，變而赤因四陰。衆出過時，茲謂廣，其旱不生。上下皆蔽，茲謂隔，其旱天赤三月，時有雹殺飛禽。上緣求妃，茲謂僭，其旱三月大溫亡雲。君高臺府，茲謂犯，陰侵陽，其旱萬物根死，有火災。庶位踰節，茲謂僭，其旱澤物枯，爲火所傷。」〔二〕是時天下僭逆者未盡誅，軍多過時。〔三〕

〔一〕古今注曰：「建武三年七月，雒陽大旱，帝至南郊求雨，即日雨。」

〔二〕春秋考異郵曰：「國大旱，冤獄結。旱者，陽氣移，精不施，君上失制，奢淫僭差，氣亂感天，則旱徵見。」又云：「陰厭陽移，君淫民惡，陰精不舒，陽偏不施。」又云：「陽偏，民怨徵也。在所以感之者，上奢則求多，求多則下竭，下竭則潰，君不仁。」管子曰：「春不收枯骨伐枯木而去之，則夏旱。」方儲對策曰：「百姓苦，士卒煩碎，賨租稅失中，暴師外營，經歷三時，內有怨女，外有曠夫。王者熟惟其祥，揆合於天，圖之事情，旱災可除。夫旱者過日，天

王無意於百姓，恩德不行，萬民煩擾，故天應以無澤。」

〔三〕古今注曰：「建武六年六月，九年春，十二年五月，二十一年六月，明帝永平元年五月，八年冬，十一年八月，十五年八月，十八年三月，並旱。」

章帝章和二年夏，旱。時章帝崩後，竇太后兄弟用事奢僭。〔一〕

〔一〕古今注曰：「建初二年夏，雒陽旱。四年夏，元和元年春，並旱。」案楊終傳，建初元年大旱，穀貴，終以爲廣陵、楚、淮陽、濟南之獄徙者數萬人，吏民怨曠，上疏云久旱。孔叢曰：「建初元年大旱，天子憂之，侍御史孔子豐乃上疏曰：『臣聞爲不善而災報，得其應也；爲善而災至，遭時運也。陛下即位日淺，視民如傷，而不幸耗旱，時運之會耳，非政教所致也。昔成湯遭旱，因自責，省畋散積，減御損食，而大有年。意者陛下未爲成湯之事焉。』天子納其言而從之，三日雨即降。轉拜黃門郎，典東觀事。」

和帝永元六年秋，京都旱。時雒陽有冤囚，和帝幸雒陽寺，錄囚徒，理冤囚，（牧）〔收〕令下獄抵罪。行未還宮，澍雨降。〔一〕

〔一〕古今注曰：「永元二年，郡國十四旱。十五年，（丹）〔雒〕陽郡國二十二並旱，或傷稼。」

安帝〔一〕永初六年夏，旱。〔二〕

〔一〕古今注曰：「永初元年，郡國八旱，分遣議郎請雨。」案本紀二年五月，旱，皇太后幸雒陽寺，錄囚徒，即日降雨。六月，京都及郡國四十大水。雖去旱得水，無救爲災。

〔二〕古今注曰：「三年，郡國八，四年、五年夏，並旱。」

七年夏，旱。

元初元年夏，旱。

二年夏，旱。〔一〕

〔一〕三年夏旱，時西羌寇亂，軍屯相繼，連十餘年。

六年夏，旱。〔一〕

〔一〕古今注曰：「建光元年，郡國四旱。延光元年，郡國五並旱，傷稼。」

順帝永建三年夏，旱。

五年夏，旱。

陽嘉二年夏，旱。時李固對策，以爲奢僭所致也。〔一〕

〔一〕臣昭案：本紀元年二月，京師旱。郎顗傳：「人君恩澤不施於民，祿去公室，臣下專權所致也。」又周舉傳：「三年，河南、三輔大旱，五穀傷災，天子親自露坐德陽殿東廂請雨。」

沖帝永（嘉）〔憙〕元年夏，旱。時沖帝幼崩，太尉李固勸太后（及）兄梁冀立嗣帝，擇年長有德者，天下賴之，則功名不朽。年幼未可知，如後不善，悔無所及。時太后及冀貪立年幼，欲久自專，遂立質帝，八歲。此不用德。〔一〕

〔一〕古今注曰：「本初元年二月，京師旱。」

桓帝元嘉元年夏，旱。是時梁冀秉政，妻子並受封，寵踰節。

延熹元年六月，旱。〔一〕

〔一〕京房占曰：「人君無施澤惠利於下，則致旱也。不救，必蝗蟲害穀；其救也，貰諸罰，行寬大，惠兆民，勞功吏，賜鰥寡，稟不足。」案陳蕃上疏：「宮女多聚不御，憂悲之感，以致水旱之困也。」

靈帝熹平五年夏，旱。〔一〕

〔一〕蔡邕作伯夷叔齊碑曰「熹平五年，天下大旱，禱請名山，求獲荅應。時處士平陽蘇騰，字玄成，夢陟首陽，有神馬之使在道。明覺而思之，以其夢陟狀上聞。天子開三府請雨使者，與郡縣戶曹掾吏登山升祠。手書要曰：『君況我聖主以洪澤之福。』天尋興雲，即降甘雨」也。

六年夏，旱。

光和五年夏，旱。

六年夏，旱。是時常侍、黃門僭作威福。

獻帝興平元年秋，長安旱。是時李傕、郭汜專權縱肆。〔一〕

〔一〕獻帝起居注曰：「建安十九年夏四月，旱。」

更始時，南陽有童謠曰：「諧不諧，在赤眉。得不得，在河北。」是時更始在長安，世祖爲大司馬平定河北。更始大臣並僭專權，故謠妖作也。後更始遂爲赤眉所殺，是更始之不

諸在赤眉也。世祖自河北興。

世祖建武六年，蜀童謠曰：「黃牛白腹，五銖當復。」是時公孫述僭號於蜀，時人竊言王莽稱黃，述欲繼之，故稱白；五銖，漢家貨，明當復也。述遂誅滅。王莽末，天水童謠曰：「出吳門，望緹羣。見一蹇人，言欲上天；令天可上，地上安得民！」時隗囂初起兵於天水，後意稍廣，欲爲天子，遂破滅。囂少病蹇。吳門，冀郭門名也。緹羣，山名也。

順帝之末，京都童謠曰：「直如弦，死道邊。曲如鉤，反封侯。」案順帝即世，孝質短祚，大將軍梁冀貪樹疏幼，以爲己功，專國號令，以贍其私。太尉李固以爲清河王雅性聰明，敦詩悅禮，加又屬親，立長則順，置善則固。而冀建白太后，策免固，徵蠡吾侯，遂卽至尊。固是日幽斃于獄，暴尸道路，而太尉胡廣封安樂鄉侯、司徒趙戒廚亭侯、司空袁湯安國亭侯云。

桓帝之初，天下童謠曰：「小麥青青大麥枯，誰當穫者婦與姑。丈人何在西擊胡，吏買馬，君具車，請爲諸君鼓嚨胡。」案元嘉中涼州諸羌一時俱反，南入蜀、漢，東抄三輔，延及并、冀，大爲民害。命將出衆，每戰常負，中國益發甲卒，麥多委棄，但有婦女穫刈之也。吏買馬，君具車者，言調發重及有秩者也。請爲諸君鼓嚨胡者，不敢公言，私咽語。

桓帝之初，京都童謠曰：「城上烏，尾畢逋。公爲吏，子爲徒。一徒死，百乘車。車班

班，入河閒。河閒姹女工數錢，以錢爲室金爲堂。石上慊慊舂黃粱。梁下有懸鼓，我欲擊之丞卿怒。」案此皆謂爲政貪也。城上烏，尾畢逋者，處高利獨食，不與下共，謂人主多聚斂也。公爲吏，子爲徒者，言蠻夷將畔逆，父旣爲軍吏，其子又爲卒徒往擊之也。一徒死，百乘車者，言前一人往討胡旣死矣，後又遣百乘車往。〔一〕車班班，入河閒者，言上將崩，乘輿班班入河閒迎靈帝也。〔二〕河閒姹女工數錢，〔三〕以錢爲室金爲堂者，靈帝旣立，其母永樂太后好聚金以爲堂也。石上慊慊舂黃粱者，言永樂雖積金錢，慊慊常苦不足，使人舂黃粱而食之也。梁下有懸鼓，我欲擊之丞卿怒者，言永樂主教靈帝，使賣官受錢，所祿非其人，天下忠篤之士怨望，欲擊懸鼓以求見，丞卿主鼓者，亦復諂順，怒而止我也。

〔一〕臣昭曰：志家此釋豈未盡乎？往徒一死，何用百乘？其後驗竟爲靈帝作。此言一徒，似斥桓帝，帝貴任羣閹，參委機政，左右前後莫非刑人，有同囚徒之長，故言寄一徒也。且又弟則廢黜，身無嗣，魁然單獨，非一而何？百乘車者，乃國之君。解犢後徵，正膺斯數，繼以班班，尤得以類焉。

〔二〕應劭釋此句云：「徵靈帝者，輪班擁節入河閒也。」

〔三〕一本作「妖女」。

桓帝之初，京都童謠曰：「游平賣印自有平，不辟豪賢及大姓。」案到延熹之末，鄧皇后以譴自殺，乃以竇貴人代之，其父名武字游平，拜城門校尉。及太后攝政，爲大將軍，與太

傅陳蕃合心戮力，惟德是建，印綬所加，咸得其人，豪賢大姓，皆絕望矣。

桓帝之末，京都童謠曰：「茅田一頃中有井，四方纖纖不可整。嚼復嚼，今年尚可後年鐃。」〔一〕案易曰：「拔茅茹以其彙，征吉。」茅喻羣賢也。井者，法也。于時中常侍管霸、蘇康憎疾海內英哲，與長樂少府劉囂、太常許詠、尚書柳分、〔二〕尋穆、史佟、〔三〕司隸唐珍等，代作脣齒。河內牢川詣闕上書：「汝、潁、南陽，上采虛譽，專作威福；甘陵有南北二部，三輔尤甚。」由是傳考黃門北寺，始見廢閣。茅田一頃者，言羣賢衆多也。中有井者，言雖阨窮，不失其法度也。四方纖纖不可整者，言姦慝大熾，不可整理。嚼復嚼者，京都飲酒相強之辭也。言食肉者鄙，不恤王政，徒耽宴飲歌呼而已也。今年尚可者，言但禁錮也。後年鐃者，陳、竇被誅，天下大壞。

〔一〕風俗通作「饒」。

〔二〕袁山松書曰，柳分權豪之黨，爲范滂所奏者。

〔三〕佟後亦爲司隸。應劭曰，史佟，左官婾進者也。

桓帝之末，京都童謠曰：「白蓋小車何延延。河閒來合諧，河閒來合諧！」案解犢亭屬饒陽河閒縣也。〔一〕居無幾何而桓帝崩，使者與解犢侯皆白蓋車從河閒來。延延，衆貌也。是時御史劉儵建議立靈帝，以儵爲侍中，中常侍侯覽畏其親近，必當閒己，白拜儵泰山太

守，因令司隸迫促殺之。朝廷（必）〔少〕長，思其功效，乃拔用其弟郃，致位司徒，此爲合諧也。

〔一〕臣昭案：郡國志饒陽本屬涿，後屬安平。靈帝旣是河閒王曾孫，謠言自是有徵，無俟〔明〕河閒之縣爲驗。

靈帝之末，京都童謠曰：「侯非侯，王非王，千乘萬騎上北芒。」案到中平六年，史侯登躡至尊，獻帝未有爵號，爲中常侍段珪等數十人所執，公卿百官皆隨其後，到河上，乃得來還。此爲非侯非王上北芒者也。〔一〕

〔一〕英雄記曰：「京師謠歌咸言『河臘叢進』，獻帝臘日生也。風俗通曰：『烏臘烏臘。』」案逆臣董卓滔天虐民，窮凶極惡，關東舉兵欲共誅之，轉相顧望，莫肯先進，處處停兵數十萬，若烏臘蟲，相隨橫取之矣。

靈帝中平中，京都歌曰：「承樂世董逃，遊四郭董逃，蒙天恩董逃，帶金紫董逃，行謝恩董逃，整車騎董逃，垂欲發董逃，與中辭董逃，出西門董逃，瞻宮殿董逃，望京城董逃，日夜絕董逃，心摧傷董逃。」〔一〕案「董」謂董卓也，言雖跋扈，縱其殘暴，終歸逃竄，至於滅族也。〔二〕

〔一〕楊孚卓傳曰：「卓改爲董安。」

〔二〕風俗通曰：「卓以董逃之歌主爲己發，大禁絕之，死者千數。」靈帝之末，禮樂崩壞，賞刑失中，毀譽無驗，競飾僞服，以邀典制，遠近翕然，咸名後生放聲者爲時人。有識者竊言：昔曰世人，次曰俗人，今更曰時人，此天促其期也。其閒無幾，天下大壞也。

獻帝踐祚之初，京都童謠曰：「千里草，何青青。十日卜，不得生。」案千里草爲董，十日卜爲卓。凡別字之體，皆從上起，左右離合，無有從下發端者也。今二字如此者，天意若曰：卓自下摩上，以臣陵君也。青青者，暴盛之貌也。不得生者，亦旋破亡。〔一〕

〔一〕獻帝初童謠曰：「燕南垂，趙北際，中央不合大如礪，唯有此中可避世。」公孫瓚以爲易地當之，遂徙鎮焉，乃修城積穀，以待天下之變。建安三年，袁紹攻瓚，瓚大敗，縊其姊妹妻子，引火自焚，紹兵趣登臺斬之。初，瓚破黃巾，殺劉虞，乘勝南下，侵據齊地。雄威大振，而不能開廓遠圖，欲以堅城觀時，坐聽圍戮，斯亦自易地而去世也。

建安初，荆州童謠曰：「八九年閒始欲衰，至十三年無孑遺。」言自中興以來，荆州無破亂，及劉表爲牧，〔民〕又豐樂，至此逮八九年。當始衰者，謂劉表妻當死，諸將並零落也。十三年無孑遺者，言十三年表又當死，民當移詣冀州也。〔一〕

〔一〕干寶搜神記曰：「是時華容有女子忽啼呼云：『〔荆州將〕有大喪！』言語過差，縣以爲妖言，繫獄百餘日，忽於獄中哭曰：『劉荆州今日死。』華容去州數〔日〕〔百里〕，即遣馬吏驗視，〔而劉〕表果死。縣乃出之。續又歌吟曰：『不意李立爲貴人。』後無幾，曹公平荆州，以涿郡李立，字建賢，爲荆州刺史。」

順帝陽嘉元年十月中，望都蒲陰狼殺童兒九十七人。時李固對策，引京房易傳曰「君將無道，害將及人，去之深山〔以〕全身，厥（災）〔妖〕狼食人」。陛下覺寤，比求隱滯，故狼災

息。〔一〕

〔一〕東觀書曰：「中山相朱遂到官，不出奉祠北嶽。詔曰：『災暴緣類，符驗不虛，政失厥中，狼災爲應，至乃殘食孩幼，朝廷愍悼，思惟咎徵，博訪其故。山嶽尊靈，國所望秩，而遂比不奉祠，怠慢廢典，不務懇惻，淫刑放濫，害加孕婦，毒流未生，感和致災。其詳思改救，追復所失。有不遵憲，舉正以聞。』」

靈帝建寧中，羣狼數十頭入晉陽南城門齧人。〔一〕

〔一〕袁山松書曰：「光和三年正月，虎見平樂觀，又見憲陵上，齧衞士。蔡邕封事曰：『政有苛暴，則虎狼食人。』」

校勘記

三二六六頁一四行　方儲對策　校補謂方儲對策蓋本儲所箸書名，因對策而論次成編者，非皆臨時條對之辭也。按：校補說是，今加書名號。

三二六七頁一三行　隅中至日跌爲日之中　按：殿本「跌」作「昳」。校補謂案周禮司市疏「昳者，差昳之言也」。左氏昭五年傳疏「日昳謂蹉跌而下也」。是差昳即是蹉跌，昳跌固通作矣。

三二六八頁三行　明主知其然　按：「主」原譌「王」，下「則王道備也」之「王」字原譌「主」，並逕改正。

三二六八頁一一行　荆遂坐復謀反自殺也　按：「復」原譌「後」，逕據汲本、殿本改正。

三二六九頁四行　苗稼更生　按：「苗」原譌「昔」，逕改正。

三二六九頁六行　安帝元（年）〔初〕四年秋郡國十淫雨傷稼　校補謂「元年」乃「元初」之譌，各本皆失正。蓋譌沿上和帝永元十年、十三年、十四年、十五年迭舉之例，不覺其譌。然自孝武建元以下，史無書元不著年號者。況安帝屢改元，不書年號，何以辨之？且據本書安紀，亦惟元初四年秋七月京師及郡國十雨水，而由元初元年秋上溯永初元年秋，皆無此異，是其爲譌亦顯而易見也。今據改。

三二七〇頁八行　共誣（日）〔白〕勃海王悝謀反　據汲本改。

三二七〇頁一三行　皆幘而衣婦人衣繡擁䯰　按：集解引錢大昕說，謂光武紀作「繡䙝」。又引惠棟說，謂「䯰」依續漢書當作「掘」。

三二七一頁八行　乃拜故司徒韓寅爲司隸校尉　按：殿本考證謂「寅」當作「演」。

三二七二頁六行　四牡彭彭　按：校補引柳從辰說，謂今毛詩大明卒章作「駟騵彭彭」。

三二七三頁一〇行　袁山松〔書〕曰　據汲本補。

三二七三頁一三行　后父禁爲（平）陽〔平〕侯　據集解引錢大昕說改。

三二七四頁四行　視之得玉鉤玦各一　按：集解引惠棟說，謂「視」東觀記作「掘」。

三二七四頁五行　〔玦〕周五寸四分　據東觀記及宋書符瑞志補。

三二七四頁一三行　靈帝光和元年南宮平城門內屋武庫屋及外東垣屋前後頓壞　按：集解引惠棟說，謂靈帝紀以爲熹平六年二月事。

三二七五頁五行　南北三十餘閒　按：集解引洪亮吉說，謂案靈帝紀注引此志又云「四十餘閒」，未知誰誤。

三二七五頁七行　獻帝初平二年三月長安宣平城門外屋無故自壞　按：校補謂本書獻紀書長安宣平城門外屋自壞事在初平四年三月。

三二七五頁九行　袁山松〔書〕曰　據汲本補。

三二七五頁一四行　厥罰恆陽　按：殿本「陽」作「暘」。

三二七六頁七行　金性從刑　按：今尚書大傳引鄭注「刑」作「形」。

三二七六頁七行　無故（治）〔冶〕之不銷　據汲本改。

三二七六頁八行　從（人）〔火〕而更　據集解引惠棟說改。

三二七六頁一三行　故常陽也　按：殿本「陽」作「暘」。下「則常陽從之」，同。

三二七七頁四行　今專（王）〔主〕事　據汲本、殿本改。

三二七七頁一四行　王者熟惟其祥　按：汲本、殿本「惟」作「推」。

三二七八頁六行　上疏云久旱　按：此下有脫文。

三二七八頁六行　侍御史孔子豐　汲本、殿本「孔子豐」作「孔豐」。按：孔豐字子豐，太常孔臧之後也。

三二七六頁一〇行　（牧）〔收〕令下獄抵罪　據汲本、殿本改。

三二七六頁一二行　（丹）〔雒〕陽郡國二十二並旱　校補謂案古今注京師皆稱雒陽，此「丹陽」乃「雒陽」之譌，各本皆未正。今據改。

三二七六頁一三行　安帝永初六年夏旱　按：此「安帝」二字原誤作注文，與下注「古今注曰」云云六十字並雜入上條注文下，今據校補說移正。

三二七六頁一六行　三年郡國八　按：殿本「八」下有「旱」字。

三二七九頁四行　三年夏旱　按：校補謂劉昭補注之例，非引他書，則云「臣昭案」，亦有省言「案」者。若既不引書，又不言案，則明是轉寫脫誤。「三年夏旱」上當有「臣昭案本紀」五字。

三二七九頁一二行　沖帝永（嘉）〔熹〕元年夏旱　集解引何焯說，謂「嘉」當作「熹」。今據改。

三二七九頁一三行　太尉李固勸太后（及）兄梁冀立嗣帝　校補謂「太后及兄」不成文，且固時不能親言於太后，固傳亦無固親勸太后立長君事，當作「太后兄」，去「及」字。今據刪。

三二八〇頁六行　平陽蘇騰　按：集解引惠棟說，謂案水經注，蘇騰河南平縣人，非平陽也。蔡邕集作「平原」，尤誤。

三二八一頁八行　固是日幽斃于獄　按：張森楷校勘記謂案本紀，固以本初元年免官，建和元年下獄死，而云「是日」，非也。

五行一　三二八九

後漢書志第十三　三二九〇

三二八二頁六行　慊慊常苦不足　按：汲本、殿本「苦」作「若」。

三二八三頁五行　河內牢川詣闕上書　按：集解引錢大昕說，謂「牢川」黨錮傳作「牢修」。

三二八三頁七行　嚼復嚼者京都飲酒相強之辭也　按：王先謙謂既云飲酒相強之詞，則「嚼」當爲「釂」，言飲酒盡也。此自漢世俗傳，以雙聲致誤。其正字須知，否則不可通矣。

三二八四頁一行　朝廷（必）〔少〕長思其功效　據汲本、殿本改。

三二八四頁三行　無佞（明）河閒之縣爲驗　據汲本、殿本補。按：「河」原譌「何」，逕改正。

三二八五頁八行　及劉表爲牧（民）又豐樂　據集解引惠棟說補。

三二八五頁八行　至此逮八九年　集解引惠棟說，謂「此」字衍，「逮」爲「建」之譌，脫「安」字。張森楷校勘記謂案八安字形不近，且是釋上「八九年」文，「八」字不當去，疑「八」上有「安」字，誤奪。按：如惠說，當作「至建安九年」；如張說，當作「至建安八九年」。張說較長。

三二八五頁一〇行　〔荆州將〕有大喪　據集解引惠棟說補。

三二八五頁一二行　華容去州數（日）〔百里〕　據集解引惠棟說改。

三二八五頁一二行　〔而劉〕表果死　據集解引惠棟說補。

三二八五頁一四行　去之深山〔以〕全身　據集解引惠棟說補。

三二八五頁一四行　厥（災）〔妖〕狼食人　據集解引惠棟說改。

後漢書志第十四

五行二

災火　草妖　羽蟲孽　羊禍

五行傳曰：「棄法律，〔一〕逐功臣，〔二〕殺太子，〔三〕以妾爲妻，〔四〕則火不炎上。」〔五〕謂火失其性而爲災也。又曰：「視之不明，是謂不悊。〔六〕厥咎舒，〔七〕厥罰常燠，〔八〕厥極疾。〔九〕時則有草妖，〔一〇〕時則有羸蟲之孽，〔一一〕時則有羊禍，〔一二〕時則有赤眚、赤祥，惟水沴火。」羸蟲，劉歆傳以爲羽蟲。

〔一〕鄭玄注尚書大傳曰：「東井主法令也。」

〔二〕鄭玄曰：「功臣制法律者也。或曰，喙主尙食、七星主衣裳，張爲食廚，翼主天倡。經曰：『帝曰：臣作朕股肱耳目，予欲左右有民，汝翼。予欲觀古人之象，日、月、星辰、山、龍、華蟲，作績宗彝，藻、火、粉、米、黼、黻，絺繡，以五采章施于五色作服，汝明。予欲聞六律、五聲、八音，在治忽，以出納五言，汝聽。』是則食與服樂，臣之所用爲大功也。七星北有酒旗，南有天廚，翼南有器府。」

五行二　三二九一

後漢書志第十四　三二九二

〔三〕鄭玄曰：「五行火生土，天文以參繼東井，四時以秋代夏，殺太子之象也。春秋傳曰：『夫千乘之主，將廢正而立不正，必殺正也。』」

〔四〕鄭玄曰：「軒轅爲后妃，屬南宮。其大星女主之位。女御在前，妾爲妻之象也。」

〔五〕鄭玄曰：「君行此四者，爲逆天南宮之政。南宮於地爲火，火性炎上，然行人所用烹飪者也，無故因見作熱，燔熾爲害，是爲火不炎上。其他變異，皆屬沴。」春秋考異郵曰：「火者，陽之精也。人合天氣五行陰陽，極陰反陽，極陽生陰，故應人行以災不祥，在所以感之，萌應轉旋，從逆殊心也。」

〔六〕鄭玄曰：「視，瞭也。君視不明，則是不能瞭其事也。」洪範曰：「視曰明。」

〔七〕讖曰：「君舒怠，臣下有倦，白黑不別，賢不肖並，不能憂民急，氣爲之舒緩，草不搖。」鄭玄曰：「君臣不瞭則舒緩矣。」

〔八〕鄭玄曰：「視曰火，火主夏。夏氣長，長氣失，故常燠。」

〔九〕鄭玄曰：「長氣失，故於人爲疾。」

〔一〇〕鄭玄曰：「草，視之物可見者，莫衆於草。」

〔一一〕鄭玄曰：「蠶螟蟲之類。蟲之生於火而藏於秋者也。」

〔一二〕鄭玄曰：「羊畜之遠視者也，屬視。」

建武中，漁陽太守彭寵被徵。書至，明日潞縣火，災起城中，飛出城外，燔千餘家，殺人。京房易傳曰：「上不儉，下不節，盛火數起，燔宮室。」儒說火以明爲德而主禮。時寵

與幽州牧朱浮有隙，疑浮見浸譖，故意狐疑，其妻勸無應徵，遂反叛攻浮，卒誅滅。〔一〕

〔一〕古今注曰：「建武六年十二月，雒陽市火。二十四年正月戊子，雷雨霹靂，火災高廟北門。明帝永平元年六月己亥，桂陽見火飛來，燒城寺。章帝建初元年十二月，北宮火燒壽安殿，延及右掖門。元和三年六月丙午，雷雨，火燒北宮朱爵西闕。」

和帝永元八年十二月丁巳，南宮宣室殿火。是時和帝幸北宮，竇太后在南宮。明年，竇太后崩。

十三年八月己亥，北宮盛饌門閣火。是時和帝幸鄧貴人，陰后寵衰怨恨，上有欲廢之意。明年，會得陰后挾僞道事，遂廢遷于桐宮，以憂死，立鄧貴人爲皇后。

十五年六月辛酉，漢中城固南城門災。此孝和皇帝將絕世之象也。其後二年，宮車晏駕，殤帝及平原王皆早夭折，和帝世絕。

安帝〔一〕永初二年四月甲寅，漢陽（河）〔阿〕陽城中失火，燒殺三千五百七十人。先是和帝崩，有皇子二人，皇子勝長，鄧皇后貪殤帝少，欲自養長立之。延平元年，殤帝崩。勝有厥疾不篤，羣臣咸欲立之，太后以前既不立勝，遂更立清河王子，是爲安帝。司空周章等心不（掩）〔厭〕服，謀欲誅鄧氏，廢太后、安帝，而更立勝。元年十一月，事覺，章等被誅。其後涼州叛羌爲害大甚，涼州諸郡寄治馮翊、扶風界。及太后崩，鄧氏被誅。

〔一〕古今注曰：「永初元年十二月，河南郡縣火，燒殺百五人。二年，河南郡縣又失火，燒五百八十四人。」

四年三月戊子，杜陵園火。

元初四年二月壬戌，武庫火。〔一〕是時羌叛，大爲寇害，發天下兵以攻禦之，積十餘年未已，天下厭苦兵役。

〔一〕東觀書曰：「燒兵物百（一）〔二〕十五種，直千萬以上。」

延光元年八月戊子，陽陵園寢殿火。凡災發于先陵，此太子將廢之象也。若曰：不當廢太子以自翦，如火不當害先陵之寢也。明年，上以讒言廢皇太子爲濟陰王。後二年，宮車晏駕。中黃門孫程等十九人起兵殿省，誅賊臣，立濟陰王。

四年秋七月乙丑，漁陽城門樓災。

順帝永建三年七月丁酉，茂陵園寢災。〔一〕

〔一〕古今注曰：「二年五月戊辰，守宮失火，燒宮藏財物盡。四年，河南郡縣失火，燒人六畜。」

陽嘉元年，恭陵廡災，及東西莫府火。〔一〕太尉李固以爲奢僭所致。陵之初造，禍及枯骨，規廣治之尤飾。又上欲更造宮室，益臺觀，故火起莫府，燒材木。

〔一〕古今注曰「十二月，河南郡國火燒廬舍，殺人」也。

永和元年十月丁未，承福殿火。〔一〕先是爵號阿母宋娥爲山陽君；后父梁商本國侯，又多益商封；商長子冀當繼商爵，以商生在，復更封冀爲襄邑侯；追號后母爲開封君：皆過差非禮。〔二〕

〔一〕臣昭案楊厚傳是災。

〔二〕古今注曰：「六年十二月，雒陽酒市失火，燒肆，殺人。」

漢安元年三月甲午，雒陽劉漢等百九十七家爲火所燒，〔一〕後四年，宮車比三晏駕，建和元年君位乃定。

〔一〕東觀書曰：「其九十家不自存，詔賜錢廩穀。」古今注曰：「火或從室屋間物中，不知所從起，數月乃止。十二月，雒陽失火。」

桓帝建和二年五月癸丑，北宮掖庭中德陽殿火，及左掖門。先是梁太后兄冀挾姦枉，以故太尉李固、杜喬正直，恐害其事，令人誣奏固、喬而誅滅之。是後梁太后崩，而梁氏誅滅。

延熹四年正月辛酉，南宮嘉德殿火。戊子，丙署火。二月壬辰，武庫火。五月丁卯，原陵長壽門火。先是亳后因賤人得幸，號貴人，爲后。上以后母宣爲長安君，封其兄弟，愛寵隆崇，又多封無功者。去年春，白馬令李雲坐直諫死。至此彗除心、尾，火連作。

五年正月壬午，南宮丙署火。四月乙丑，恭北陵東闕火。戊辰，虎賁掖門火。五月，康

陵園寢火。甲申，中藏府承祿署火。、七月己未，南宮承善闥內火。

六年四月辛亥，康陵東署火。七月甲申，平陵園寢火。

八年二月己酉，南宮嘉德署、黃龍、千秋萬歲殿皆火。四月甲寅，安陵園寢火。閏月，南宮長秋、和歡殿後鉤盾、掖庭朔平署各火。十一月壬子，德陽前殿西閤及黃門北寺火，殺人。〔一〕

〔一〕袁山松書曰：「是時連月有火災，諸（官）〔宮〕寺或一日再三發。又夜有訛言，擊鼓相驚。陳蕃、劉（智）〔矩〕、劉茂上疏諫曰：『古之火皆君弱臣強，極陰之變也。前始春而獄刑慘，故火不炎上。前入春節連寒，木冰，暴風折樹，又八九州郡並言隕霜殺菽。春秋晉執季孫行父，木爲之冰。夫氣弘則景星見，化錯則五星開，日月蝕。災爲已然，異爲方來，恐卒有變，必於三朝，唯善政可以已之。願察臣前言，不棄愚忠，則元元幸甚。』書奏不省。」

九年三月癸巳，京都夜有火光轉行，民相驚譟。〔一〕

〔一〕袁山松書曰：「是時宮豎專朝，鉤黨事起，上尋無嗣，陳蕃、竇武爲曹節等所害，天下無復紀綱。」

靈帝熹平四年五月，延陵園災。

光和四年閏月辛酉，北宮東掖庭永巷署災。〔一〕

〔一〕陳蕃諫云：「楚女悲而西宮災，不御宮女，怨之所致也。」

五年五月庚申，德陽前殿西北入門內永樂太后宮署火。

中平二年二月己酉，南宮雲臺災。庚戌，樂（城）〔成〕門災，〔一〕延及北闕，〔度〕道西燒嘉德、和歡殿。案雲臺之災自上起，榱題數百，同時並然，若就縣華鐙，其日燒盡，延及白虎、威興門，尚書、符節、蘭臺。夫雲臺者，乃周家之所造也，圖書、術籍、珍玩、寶怪皆所藏在也。京房易傳曰：「君不思道，厥妖火燒宮。」是時黃巾作慝，變亂天常，七州二十八郡同時俱發，命將出衆，雖頗有所禽，然宛、廣宗、曲陽尚未破壞，役起負海，杼柚空懸，百姓死傷已過半矣。而靈帝曾不克己復禮，虐侈滋甚，尺一雨布，騶騎電激，官非其人，政以賄成，內嬖鴻都，並受封爵。京都爲之語曰：「今茲諸侯歲也。」天戒若曰：放賢賞淫，何以舊典爲？故焚其臺門祕府也。其後三年，靈帝暴崩，續以董卓之亂，火三日不絕，京都爲丘墟矣。〔二〕

〔一〕南宮中門。

〔二〕魏志曰：「魏明帝青龍二年，崇華殿災，詔問太史令高堂隆：『此何咎？於禮寧有祈禳之義乎？』對曰：『夫災變之發，皆所以明教誡也，唯率禮修德可以勝之。易傳曰：「上不儉，下不節，孽火燒其室。」又曰：「君高其臺，天火爲災。」此人君苟飾宮室，不知百姓空竭，故天應之以旱，火從高殿起也。上天降鑒，故譴告陛下，陛下宜增崇人道，以答天意。昔太戊有桑穀生於朝，武丁有雊雉登於鼎，皆聞災恐懼，側身修德，三年之後，遠夷朝貢，故號曰中宗、高宗。此則前代之明鑒也。今案舊占，災火之發，皆以臺榭宮室爲誡。然今宮室之所以充廣者，實由宮人猥多之故，宜簡擇留其淑懿，如周之制，罷省其餘。此則祖己之所以訓高宗，高宗之所以享遠號也。』詔問隆：『吾聞漢武帝時柏梁災，而起宮殿以厭之，其義云何？』對曰：『臣聞西京柏梁既災，越巫陳方，建章是營，以厭

火祥，乃夷越之巫所爲，非聖賢之明訓也。五行志曰：「柏梁災，其後有江充巫蠱衞太子事。」如志之言，越巫建章無所厭也。孔子曰：「災者，修類應行，精祲相感，以戒人君。」是以聖主覩災責躬，退以修德，以消復之。今宜罷散民役，宮室之制務從約節，內足以待風雨，外足以講禮儀，清掃所災之處，不敢於此有所立作，萐莆嘉禾，必生此地，以報陛下虔恭之德。疲民之力，竭民之財，實非所以致符瑞而懷遠人也。』」臣昭曰：高堂隆之言災，其得天心乎！雖與本志所明不同，靈帝之時有焉，故載其言，廣災異也。

獻帝初平元年八月，霸橋災。其後三年，董卓見殺。〔一〕

〔一〕臣昭案：劉焉傳，興平元年，天火燒其城府輜重，延及民家，館邑無餘也。

庶徵之恒燠，漢書以冬溫應之。中興以來，亦有冬溫，而記不錄云。〔一〕

〔一〕越絕范蠡曰：「春燠而不生者，王者德不完也。夏寒而不長者，臣下不奉主令也。秋暑而復榮者，百官刑不斷也。冬溫而泄者，發府庫賞無功也。此四者，邦之禁也。」管子曰：「臣乘君威，則陰侵陽，盛夏雪降，冬不冰也。」

安帝元初三年，有瓜異本共生，（一）〔八〕瓜同蔕，時以爲嘉瓜。或以爲瓜者外延，離本而實，女子外屬之象也。是時閻皇后初立，後閻后與外親耿寶等共譖太子，廢爲濟陰王，更外迎濟北王子犢立之，草妖也。〔一〕

〔一〕古今注曰：「和帝永元七年三月，江夏縣民舍柱生兩枝，其一長尺五寸，分爲八枝，其一長尺六寸，分爲五枝，皆青也。」

桓帝延熹九年，雒陽城局竹柏葉有傷者。占曰：「天子凶。」

靈帝熹平三年，右校別作中有兩樗樹，皆高四尺所，其一株宿夕暴長，長丈餘，大一圍，作胡人狀，頭目鬢鬚髮備具。京房易傳曰：「王德衰，下人將起，則有木生人狀。」〔一〕

〔一〕臣昭以木生人狀，下人將起，京房之占雖以證驗，貌類胡人，猶未辨了。董卓之亂，實擁胡兵，傕、汜之時，充斥尤甚，遂闚閱宮嬪，剽虐百姓。鮮卑之徒，踐藉畿封，胡之害深，亦已毒矣。

五年十月壬午，御所居殿後槐樹，皆六七圍，自拔，倒豎根在上。〔一〕

〔一〕臣昭曰：「槐是三公之象，貴之也。靈帝授位，不以德進，貪愚是升，清賢斯黜，槐之倒植，豈以斯乎？」

中平元年夏，東郡，陳留濟陽、長垣，濟陰冤句、離狐縣界，〔一〕有草生，其莖靡纍腫大如手指，狀似鳩雀龍蛇鳥獸之形，五色各如其狀，毛羽頭目足翅皆具。〔二〕近草妖也。是歲黃巾賊始起。皇后兄何進，異父兄朱苗，皆爲將軍，領兵。後苗封濟陽侯，進、苗遂秉威權，持國柄，漢遂微弱，自此始焉。〔三〕

〔一〕風俗通曰：「西及城皇陽武城郭路邊。」

〔二〕風俗通曰：「亦作人狀，操持兵弩，萬萬備具，非但仿佛，類良熟然也。」

〔三〕應劭曰：「關東義兵先起於宋、衞之郊，東郡太守橋瑁負衆怙亂，陵蔑同盟，忿嫉同類，以殞厥命。陳留、濟陰迎助，謂爲離德，棄好即戎，吏民殲之。草妖之興，豈不或信！」

中平中，長安城西北六七里空樹中，有人面生鬢。〔一〕

〔一〕魏志曰：「建安二十五年正月，曹公在雒陽，起建始殿，伐濯龍樹而血出。又掘徙梨，根傷而血出。曹公惡之，遂寢疾，是月薨。」

獻帝興平元年九月，桑復生椹，可食。〔一〕

〔一〕臣昭曰：桑重生椹，誠是木異，必在濟民，安知非瑞乎？時蒼生死敗，周、秦殲盡，餓魂餒鬼，不可勝言，食此重椹，大拯危命，雖連理附枝，亦不能及。若以爲怪，則建武野穀旅生，麻菽尤盛，復是草妖邪？

安帝延光三年二月戊子，有五色大鳥集濟南臺，十月，又集新豐，時以爲鳳皇。或以爲鳳皇陽明之應，故非明主，則隱不見。凡五色大鳥似鳳者，多羽蟲之孽。是時安帝信中常侍樊豐、江京、阿母王聖及外屬耿寶等讒言，免太尉楊震，廢太子爲濟陰王，不悊之異也。章帝末，號鳳皇百四十九見。時直臣何敞以爲羽孽似鳳，翺翔殿屋，不察也。〔一〕記者以爲其後章帝崩，以爲驗。案宣帝、明帝時，五色鳥羣翔殿屋，賈逵以爲胡降徵也。帝多善政，雖有過，不及至衰缺，末年胡降二十萬口，（兩）〔是〕其驗也。帝之時，羌胡外叛，讒慝內興，羽孽之時也。樂叶圖徵說五鳳皆五色，爲瑞者一，爲孽者四。〔二〕

〔一〕臣昭曰：已論之於敞傳。

〔三〕叶圖徵曰：「似鳳有四，並爲妖：一曰鷫鷞，鳩喙，圓目，身義戴信嬰禮膺仁負智，至則旱役之感也；二曰發明，烏喙，大頸，大翼，大脛，身仁戴智嬰義膺信負禮，至則喪之感也；三曰焦明，長喙，疏翼，圓尾，身義戴信嬰仁膺智負禮，至則水之感也；四曰幽昌，兌目，小頭，大身，細足，脛若鱗葉，身智戴信負禮膺仁，至則旱之感也。」國語曰：「周之興也，鸑鷟鳴岐。」說文曰：「五方神鳥：東方曰發明，南方曰焦明，西方曰鷫鷞，北方曰幽昌，中央曰鳳皇。」

桓帝元嘉元年十一月，五色大鳥見濟陰己氏。時以爲鳳皇。此時政治衰缺，梁冀秉政阿枉，上幸亳后，皆羽孽時也。〔一〕

〔一〕臣昭案：魏朗對策，桓帝時雉入太常、宗正府。朗說見本傳注。

靈帝光和四年秋，五色大鳥見于新城，衆鳥隨之，時以爲鳳皇。時靈帝不恤政事，常侍、黄門專權，羽孽之時也。衆鳥之性，見非常班駮，好聚觀之，至於小爵希見梟者，融見猶聚。

中平三年八月中，懷陵上有萬餘爵，先極悲鳴，已因亂鬬相殺，皆斷頭，懸著樹枝枳棘。到六年，靈帝崩，大將軍何進以内寵外嬖，積惡日久，欲悉糾黜，以隆更始冗政，而太后持疑，事久不決。進從中出，於省内見殺，因是有司盪滌虔劉，後祿而尊厚者無餘矣。夫陵者，高大之象也。天戒若曰：諸懷爵祿而尊厚者，還自相害至滅亡也。〔一〕

〔一〕古今注曰：「建武九年，六郡八縣鼠食稼。」張璠紀曰：「初平元年三月，獻帝初入未央宫，翟雉飛入未央宫，獲之。」獻帝春秋曰：「建安七年，五色大鳥集魏郡，衆鳥數千隨之。」魏志曰：「二十三年，秃鶖集鄴宫文昌殿後池。」

桓帝建和三年秋七月，北地廉雨肉似羊肋，〔一〕或大如手。近赤祥也。是時梁太后攝政，兄梁冀專權，枉誅漢良臣故太尉李固、杜喬，天下冤之。其後梁氏誅滅。

〔一〕說文曰：「肋，脅骨也。」

校勘記

三二九一頁五行　厥咎舒　按：集解引惠棟說，謂「舒」一作「荼」。

三二九二頁一行　漢陽(河)〔阿〕陽城中失火　據集解引錢大昕說改。

三二九二頁三行　司空周章等心不(掩)〔厭〕服　據汲本、殿本改。

三二九四頁五行　燒兵物百(一)〔二〕十五種　據汲本、殿本改，與聚珍版東觀記合。

三二九四頁一五行　永和元年十月丁未　按：校補謂紀作「丁亥」。

三二九五頁一三行　先是亳后因賤人得幸　按：集解引錢大昕說，謂桓帝鄧皇后初冒姓梁氏，帝惡梁氏，改姓爲薄。而李雲傳云「立掖庭民女亳氏爲皇后」，此志亦云「亳后」，蓋古文亳與薄通。

三二九五頁一三行　愛寵隆崇　按：校補謂案文「愛」當作「爵」。

三二九六頁六行　諸(官)〔宫〕寺或一日再三發　據汲本、殿本改。

三二九六頁六行　陳蕃劉(智)〔矩劉〕茂上疏諫　按：時無劉智茂其人。集解引惠棟說，謂當是劉矩、劉茂。矩爲司徒，茂爲司空，陳蕃時爲太尉也。今據改。

三二九六頁一五行　永樂太后宫署火　按：校補謂本書靈紀「火」作「災」，章懷注引志亦作「災」，疑此作「火」誤。

三二九七頁一行　中平二年二月己酉南宫雲臺災庚戌樂(城)〔成〕門災　按：本書靈紀書「二月己酉，南宫大災」。章懷注引志云「時燒靈臺殿、樂成殿」。何焯以爲此「雲臺」似當爲「靈臺」。惠棟謂御覽八百三十三卷正作「靈臺」。校補則謂靈臺在北郊，與南宫雲臺無涉，紀注引續志文有譌，御覽文字轉鈔多謬，更不足證。惟「樂城」之「城」，應從章懷注作「成」。志注既明言南宫中門，而紀注以爲樂成殿，蓋門係於殿，以殿言，則知是宫中之門，非城門，或紀注「殿」下原有「門」字，轉寫脱去耳。今據改。

三二九七頁一行　延及北闕(度)道西燒嘉德和歡殿　集解引惠棟說，謂「闕」下御覽有「度」字。按：靈紀章懷注引亦有「度」字，今據補。

三二九八頁二行　(一)〔八〕瓜同蔕　集解引惠棟說，謂符瑞志云「東平陵有瓜異處共生，八瓜同蔕」。「一」當作「八」。今據改。

三二九九頁二行　皇后兄何進異父兄朱苗皆爲將軍　按：集解引錢大昕說，謂案靈帝紀及何后紀皆稱何苗，苗本姓朱，惟見于此。此稱異父兄，而前卷稱同母弟，亦小異。

三三〇〇頁二行　又掘徙梨　按：「徙」原譌「徒」，逕改正。

三三〇〇頁三行　(爾)〔是〕其驗也　據汲本、殿本改。

三三〇一頁二行　大翼　原作「翼大」，逕據汲本、殿本乙正。

三三〇一頁四行　後祿而尊厚者無餘矣　按：校補謂據下文，「後」當作「懷」。

後漢書志第十五

五行三

大水　水變色　大寒　雹　冬雷　山鳴　魚孽　蝗

五行傳曰：「簡宗廟，不禱祠，〔一〕廢祭祀，〔二〕逆天時，〔三〕則水不潤下。」〔四〕謂水失其性而爲災也。〔五〕又曰：「聽之不聰，是謂不謀。〔六〕厥咎急，〔七〕厥罰恆寒，〔八〕厥極貧。〔九〕時則有鼓妖，〔一〇〕時則有魚孽，〔一一〕時則有豕禍，〔一二〕時則有耳痾，〔一三〕時則有黑眚、黑祥，惟火沴水。」魚孽，劉歆傳以爲介蟲之孽，謂蝗屬也。〔一四〕

〔一〕鄭玄注曰：「虛、危爲宗廟。」

〔二〕鄭玄曰：「牽牛主祭祀之牲。」

〔三〕鄭玄曰：「月在星紀，周以爲正，月在玄枵，殷以爲正，皆不得四時之正，逆天時之象也。春秋定十五年『夏五月辛(卯)〔亥〕郊』，譏運卜三正，以至失時，是其類也。」

〔四〕鄭玄曰：「君行此四者，爲逆天北宮之政也。北宮於地爲水。水性浸潤下流，人所用灌溉者也。無故源流竭絕，

川澤以涸，是爲不潤下。其他變異皆屬沴。」

〔五〕太公六韜曰：「人主好破壞名山，壅塞大川，決通名水，則歲多大水，五穀不成也。」

〔六〕鄭玄曰：「君聽不聰，則是不能謀其事也。」洪範曰：「聰作謀。」孔安國曰：「所謀必成當。」馬融曰：「上聰則下進其謀。」

〔七〕鄭玄曰：「君臣不謀則急矣。」易傳曰：「誅罰絕理，不云下也；顓事有知，不云謀也。」

〔八〕鄭玄曰：「聽曰水，水主冬，冬氣藏，藏氣失，故常寒。」

〔九〕鄭玄曰：「藏氣失，故於人爲貧。」

〔一〇〕鄭玄曰：「鼓聽之應也。」

〔一一〕鄭玄曰：「魚，蟲之生水而游於水者也。」

〔一二〕鄭玄曰：「豕，畜之居閑衞而聽者也，屬聽。」

〔一三〕鄭玄曰：「聽氣失之病。」

〔一四〕月令章句：「介者，甲也。謂龜蟹之屬也。」古今注曰：「光武建武四年，東郡以北傷水。七年六月戊辰，雒水盛，溢至津城門，帝自行水，弘農都尉治(折)〔析〕爲水所漂殺，民溺，傷稼，壞廬舍。二十四年六月丙申，沛國睢水逆流，一日一夜止。章帝建初八年六月癸巳，東昏城下池水變赤如血。」臣昭案：諸史光武之時，郡國亦嘗有水災，而志不載。本紀「八年秋大水」，又云「是歲大水」，今據杜林之傳，列之孝和之前。東觀書曰：「建武八年間，郡國比大水，涌泉盈溢。杜林以爲倉卒時兵擅權作威，張氏雖皆降散，猶尚有遺脫，長吏制御無術，令得復熾，元元侵陵之所致也。上疏曰：『臣聞先王無二道，明聖用而治。見惡如農夫之務去草焉，芟夷蘊崇之，絕其本根，勿使能殖，長其易也。古今通道，傳其法於有根。狼子野心，奔馬善驚。成王深知其終卒之患，故以殷氏六族分伯禽，七族分康叔，懷姓九宗分唐叔，檢押其姦宄，又遷其餘於成周，舊地雜俗，且夕拘錄，所以挫其強御之力，詘其驕恣之節也。及漢初興，上稽舊章，合符重規，徙齊諸田，楚昭、屈、景，燕、趙、韓、魏之後，以稍弱六國強宗。邑里無營利之家，野澤無兼井之民，萬里之統，海內賴安。後輒因衰麤之痛，脅以送終之義，故遂相率而陪園陵，無反顧之心。追觀往法，政皆神道設教，強幹弱枝，本支百世之要也。是以皆永享康寧之福，無怵惕之憂，繼嗣承業，恭己而治，蓋此助也。其被災害民輕薄無累重者，兩府遣吏護送饒穀之郡。或懼死亡，卒爲傭賃，亦所以消散其口救，贍全其性命也。昔魯隱有賢行，將致國於桓公，乃留連貪位，不能早退。況草創兵長，卒無德能，直以擾亂，乘時擅權，作威玉食，(狃)〔狙〕猱之意，徼幸之望，蔓延無足，張步之計是也。小民負縣官不過身死，負兵家滅門殄世。陛下昭然獨見成敗之端，或屬諸侯官府，元元少得舉首仰視，而尚遺脫，二千石失制御之道，令得復昌熾從橫。比年大雨，水潦暴長，涌泉盈溢，災壞城郭官寺，吏民廬舍，潰徙離處，潰成坑坎。臣聞水，陰類也。易卦「地上有水比」，言性不相害，故曰樂也。而猥相毀墊淪失，常敗百姓安居。殆陰下相爲蠹賊，有小大勝負不齊，均不得其所，侵陵之象也。詩云：「畏天之威，于時保之。」唯陛下留神明察，往來懼思，天下幸甚。』」謝承書曰：「陳宣子興，沛國蕭人也。剛猛性毅，博學，明魯詩。遭王莽篡位，隱處不仕。光武即位，徵拜諫議大夫。建武十年，雒水出造津，城門校尉欲奏塞之，宣曰：『昔周公卜雒以安宗廟，爲萬世基，水不當入城門。如爲災異，人主過而不可辭，塞之無益。昔東郡金堤大決，水欲沒郡，令、吏、民散走；太守王尊亡身勑以住立不動，水應時自消。尊人臣，倘修正弭災，豈況朝廷中興聖主，天所挺授，水必不入。』言未絕，水去。上善其言。後乘輿出，宣列引在前，行遲，乘輿欲驅，鉤宣車蓋使疾行，御者墮車下。宣前諫曰：『王者承天統地，動有法度，車則和鑾，步則

佩玉，動靜應天。昔孝文時，邊方有獻千里馬者，還而不受。陛下宜上稽唐虞，下以文帝爲法。』上納其言，遂徐行按轡。遷爲河堤謁者，以病免，卒於家。」

和帝永元元年七月，郡國九大水，傷稼。〔一〕京房易傳曰：「顓事有知，誅罰絕理，厥災水。其水也，(而)〔雨〕殺人，隕霜，大風，天黃。飢而不損，茲謂泰，厥水水殺人。辟遏有德，茲謂狂，厥水水流殺人，已水則地生蟲。歸獄不解，茲謂追非，厥水寒殺人。追誅不解，茲謂不理，厥水五穀不收。大敗不解，茲謂皆陰，厥水流入國邑，隕霜殺穀。」〔二〕是時和帝幼，竇太后攝政，其兄竇憲幹事，及憲諸弟皆貴顯，並作威虐，嘗所怨恨，輒任客殺之。其後竇氏誅滅。〔三〕

〔一〕穀梁傳曰：「高下有水災曰大水。」

〔二〕春秋考異郵曰「陰盛臣逆，民悲情發，則水出河決」也。

〔三〕東觀書曰：「十年五月丁巳，京師大雨，南山水流出至東郊，壞民廬舍。」

十二年六月，潁川大水，傷稼。是時和帝幸鄧貴人，陰有欲廢陰后之意，陰后亦懷恚怨。一日，先是恭懷皇后葬禮有闕，竇太后崩後，乃改殯梁后，葬西陵，徵舅三人皆爲列侯，位特進，賞賜累千金。〔一〕

〔一〕廣州先賢傳曰：「和帝時策問陰陽不和，或水或旱，方正鬱林布衣養奮，字叔高，對曰：『天有陰陽，陰陽有四時，四時有政令。春夏則予惠布施寬仁，秋冬則剛猛盛威行刑。賞罰殺生各應其時，則陰陽和，四時調，風雨時，五穀升。今則不然，長吏多不奉行時令，爲政舉事干逆天氣，上不卹下，下不忠上，百姓困乏而不卹哀，衆怨鬱積，故陰陽不和，風雨不時，災害緣類。水者陰盛，小人居位，依公營私，讒言誦上。雨漫溢者，五穀有不升而賦稅不爲減，百姓虛竭，家有愁心也。』」

殤帝延平元年五月，郡國三十七大水，傷稼。董仲舒曰：「水者，陰氣盛也。」是時帝在襁抱，鄧太后專政。〔一〕

〔一〕臣昭案：本紀是年九月，六州大水。袁山松書曰：「六州河、濟、渭、雒、洧水盛長，泛溢傷秋稼。」

安帝永初元年冬十月辛酉，河南新城山水虣出，突壞民田，壞處泉水出，深三丈。是時司空周章等以鄧太后不立皇太子勝而立清河王子，故謀欲廢置。十一月，事覺，章等被誅。是年郡國四十一水出，漂沒民人。〔二〕讖曰：「水者，純陰之精也。陰氣盛洋溢者，小人專制擅權，妒疾賢者，依公結私，侵乘君子，小人席勝，失懷得志，故涌水爲災。」

〔二〕謝沈書曰：「死者以千數。」

二年，大水。〔一〕

〔一〕臣昭案：本紀京師及郡國四十(有)〔大〕水。周嘉傳是夏旱，嘉收葬客死骸骨，應時澍雨，歲乃豐稔，則水不爲災也。

三年，大水。〔一〕

〔一〕臣昭案：本紀京師及郡國四十一雨水。

四年，大水。〔一〕

〔一〕臣昭案：本紀云三郡。

五年，大水。〔一〕

〔一〕臣昭案：本紀郡國八。

六年，河東池水變色，皆赤如血。〔一〕是時鄧太后猶專政。〔二〕

〔一〕水變。占曰：「水化爲血者，好任殘賊，殺戮不辜，延及親戚，水當爲血。」

〔二〕古今注曰：「元初二年，潁川襄城(臨)〔流〕水化爲血，〔不流〕。」京房占曰：「流水化爲血，兵且起，以日辰占與其色。」博物記曰：「江河水赤。占曰，泣血道路，涉蘇於何以處。」

延光三年，大水，流殺民人，傷苗稼。是時安帝信江京、樊豐及阿母王聖等讒言，免太尉楊震，廢皇太子。〔一〕

〔一〕臣昭案：左雄傳順帝永建四年，司冀二州大水，傷禾稼。楊厚傳永和元年夏，雒陽暴水，殺(十)〔千〕餘人。

質帝本初元年五月，海水溢樂安、北海，溺殺人物。是時帝幼，梁太后專政。〔一〕

〔一〕春秋漢含孳曰：「九卿阿黨，擠排正直，驕奢僭害，則江河潰決。」方儲對策曰：「民悲怨則陰類強，河決海潰，地動土涌。」

桓帝建和二年七月，京師大水。去年冬，梁冀枉殺故太尉李固、杜喬。

三年八月，京都大水。是時梁太后猶專政。

永興元年秋，河水溢，漂害人物。〔一〕

〔一〕臣昭案：朱穆傳云「漂害數(千)〔十〕萬戶」。京房占曰：「江河溢者，天有制度，地有里數，懷容水澤，浸漑萬物。今溢者，明在位者不勝任也，三公之禍不能容也，率執法者利刑罰，不用常法。」

二年六月，彭城泗水增長，逆流。〔一〕

〔一〕梁冀別傳曰：「冀之專政，天爲見異，衆災並湊，蝗蟲滋生，河水逆流，五星失次，太白經天，人民疾疫，出入六年，羌戎叛戾，盜賊略平〔民〕，皆冀所致。」敦煌實錄張衡對策曰：「水者，五行之首，滯而逆流者，人君之恩不能下及而教逆也。」潛潭巴曰：「水逆者，反命也，宜修德以應之。」

永壽元年六月，雒水溢至津陽城門，漂流人物。〔一〕是時梁皇后兄冀秉政，疾害忠直，威權震主。後遂誅滅。

〔一〕臣昭案：本紀又南陽大水。

延熹八年四月，濟北〔河〕水清。九年四月，濟陰、東郡、濟北、平原河水清。襄楷上言：「河者諸侯之象，清者陽明之徵，豈獨諸侯有規京都計邪？」其明年，宮車晏駕，徵解犢亭侯爲漢嗣，卽尊位，是爲孝靈皇帝。

永康元年八月，六州大水，勃海海溢，沒殺人。是時桓帝奢侈淫祀，其十一月崩，無嗣。

靈帝建寧四年二月，河水清。〔一〕五月，山水大出，漂壞廬舍五百餘家。〔二〕

〔一〕袁山松書曰：「禱于龍堁。」

〔二〕袁山松書曰是河東水暴出也。

熹平二年六月，東萊、北海海水溢出，漂沒人物。

三年秋，雒水出。

四年夏，郡國三水，傷害秋稼。

光和六年秋，金城河溢，水出二十餘里。

中平五年，郡國六水大出。〔一〕

〔一〕臣昭案：袁山松書曰「山陽、梁、沛、彭城、下邳、東海、琅邪」，則是七郡。

獻帝建安二年九月，漢水流，害民人。是時天下大亂。〔一〕

〔一〕袁山松書曰：「曹操專政。十七年七月，大水，洧水溢。」

十八年六月，大水。〔一〕

〔一〕獻帝起居注曰：「七月，大水，上親避正殿；八月，以雨不止，且還殿。」

二十四年八月，漢水溢流，害民人。〔一〕

〔一〕袁山松書曰「明年禪位于魏」也。

庶徵之恆寒。

靈帝光和六年冬，大寒，北海、東萊、琅邪井中冰厚尺餘。〔一〕

〔一〕袁山松書曰：「是時羣賊起，天下始亂。讖曰：『寒者，小人暴虐，專權居位，無道有位，適罰無法，又殺無罪，其寒必暴殺。』」

獻帝初平四年六月，寒風如冬時。〔一〕

〔一〕袁山松書曰：「時帝流遷失政。」襄楷對策曰：「當溫而寒，刑罰慘也。」

和帝永元五年六月，郡國三雨雹，大如雞子。〔一〕是時和帝用酷吏周紆爲司隸校尉，刑誅深刻。〔二〕

〔一〕春秋考異郵曰：「陰氣之專精凝合生雹。雹之爲言合也。以妾爲妻，大奪重，九女之妃闕而不御，坐不離前，無由相去之心，同輿參駟，房衽之內，歡欣之樂，專政夫人，施而不博，陰精凝而見(滅)〔成〕。」易讖曰：「凡雹者，過由人君惡聞其過，抑賢不揚，內與邪人通，取財利，蔽賢，施之，並當雨不雨，故反雹下也。」

〔二〕古今注曰：「光武建武十年十月戊辰，樂浪、上谷雨雹，傷稼。十二年，河南平陽雨雹，大如杯，壞敗吏民廬舍。十五年十二月乙卯，鉅鹿雨雹，傷稼。永平三年八月，郡國十二雨雹，傷稼。十年，郡國十八或雨雹，蝗。」易緯曰：

「夏雹者，治道煩苛，繇役急促，斂令數變，無有常法。不救爲兵，強臣逆謀，蝗蟲傷穀。救之，舉賢良，爵有功，務寬大，無誅罰，則災除。」

安帝永初元年，雨雹。二年，雨雹，大如雞子。三年，雨雹，大如鴈子，傷稼。劉向以爲雹，陰脅陽也。是時鄧太后以陰專陽政。

元初四年六月戊辰，郡國三雨雹，大如杅杯及雞子，殺六畜。〔一〕

〔一〕古今注曰：「樂安雹如杅，殺人。」京房占曰：「夏雨雹，天下兵大作。」

延光元年四月，郡國二十一雨雹，大如雞子，傷稼。是時安帝信讒，無辜死者多。〔一〕

〔一〕臣昭案：伊敏傳是歲河西大雨雹，如斗。安帝見孔季彥，問其故，對曰「此皆陰乘陽之徵也。今貴臣擅權，母后黨盛，陛下宜修聖德，慮此二者」也。

三年，雨雹，大如雞子。〔一〕

〔一〕古今注曰：「順帝永建五年，郡國十二雨雹。六年，郡國十二雨雹，傷秋稼。」

桓帝延熹四年五月己卯，京都雨雹，大如雞子。是時桓帝誅殺過差，又寵小人。

七年五月己丑，京都雨雹。是時皇后鄧氏僭侈，驕恣專幸。明年廢，以憂死，其家皆誅。

靈帝建寧二年四月，雨雹。

四年五月，河東雨雹。

光和四年六月，雨雹，大如雞子。是時常侍、黃門用權。

中平二年四月庚戌，雨雹，傷稼。

獻帝初平四年六月，右扶風雹如斗。〔一〕

〔一〕袁山松書曰：「雹殺人。前後雨雹，此最爲大，時天下潰亂。」

和帝元興元年冬十一月壬午，郡國四冬雷。是時皇子數不遂，皆隱之民閒。是歲，宮車晏駕，殤帝生百餘日，立以爲君；帝兄有疾，封爲平原王，卒，皆夭無嗣。〔一〕

〔一〕古今注曰：「光武建武七年，遼東冬雷，草木實。」

殤帝延平元年九月乙亥，陳留雷，有石隕地四。〔一〕

〔一〕臣昭案：天文志末已載石隕，未解此篇所以重記。石(以)〔與〕雷隕俱者，九月雷未爲異，桓帝亦有此隕，後不令載，於是爲(長)〔常〕。古今注曰：「章帝建初四年五月戊寅，潁陰石從天墜，大如鐵鑕，色黑，始下時聲如雷。」

安帝永初六年十月丙戌，郡六冬雷。〔一〕

〔一〕京房占曰：「天冬雷，地必震。」又曰：「敎令擾。」又曰：「雷以十一月起黃鍾，二月大壯，八月闔藏。此以春夏殺無辜，不須冬刑致災。蟄蟲出行，不救之，則多溫風，以其來年疾病。其救也，恤幼孤，振不足，議獄刑，貰謫罰，

災則消矣。」古今注曰：「明帝永平七年十月丙子，越嶲雷。」

七年十月戊子，郡國三冬雷。

元初元年十月癸巳，郡國三冬雷。

三年十月辛亥，汝南、樂浪冬雷。

四年十月辛酉，郡國五冬雷。

六年十月丙子，郡國五冬雷。

永寧元年十月，郡國七冬雷。

建光元年十月，郡國七冬雷。

延光四年，郡國十九冬雷。是時太后攝政，上無所與。太后既崩，阿母王聖及皇后兄閻顯兄弟更秉威權，上遂不親萬機，從容寬仁任臣下。〔一〕

〔一〕古今注曰：「順帝永和四年四月戊午，雷震擊高廟、世祖廟外槐樹。」

桓帝建和三年六月乙卯，雷震憲陵寢屋。先是梁太后聽兄冀枉殺李固、杜喬。

靈帝熹平六年冬十月，東萊冬雷。

中平四年十二月晦，雨水，大雷電，雹。

獻帝初平三年五月丙申，無雲而雷。

四年五月癸酉，無雲而雷。

建安七八年中，長沙醴陵縣有大山常大鳴如牛呴聲，積數年。後豫章賊攻沒醴陵縣，殺略吏民。〔一〕

〔一〕干寶曰：「論語摘輔像曰：『山（亡）〔土〕崩，川閉塞，漂淪移，山鼓哭，閉衡夷，庶桀合，兵王作。』時天下尚亂，豪桀並爭：曹操事二袁於河北；孫吳創基於江外；劉表阻亂衆於襄陽，南招零、桂，北割漢川，又以黃祖爲爪牙，而祖與孫氏爲深讎，兵革歲交。十年，曹操破袁譚於南皮；十一年，走袁尙於遼東。十三年，吳禽黃祖。是歲，劉表死。曹操略荊州，逐劉備於當陽。十四年，吳破曹操於赤壁。是三雄者，卒共參分天下，成帝王之業，是所謂『庶桀合，兵王作』者也。十六年，劉備入蜀，與吳再爭荊州，於時戰爭四分五裂之地，荊州爲劇，故山鳴之異作其域也。」

靈帝熹平二年，東萊海出大魚二枚，長八九丈，高二丈餘。明年，中山王暢、任城王博並薨。〔一〕

〔一〕京房易傳曰：「海出巨魚，邪人進，賢人疏。」臣昭謂此占符靈帝之世，巨魚之出，於是爲徵，寧獨二王之妖也。

和帝永元四年，蝗。〔一〕

〔一〕臣昭案：本紀光武建武六年詔稱「往歲水旱蝗蟲爲災」。古今注曰：「建武二十二年三月，京師、郡國十九蝗。二十三年，京師、郡國十八大蝗，旱，草木盡。二十八年三月，郡國八十蝗。二十九年四月，武威、酒泉、清河、京兆、魏郡、弘農蝗。三十年六月，郡國十二大蝗。三十一年，郡國大蝗。中元元年三月，郡國十六大蝗。永平四年十二月，酒泉大蝗，從塞外入。」謝承書曰：「永平十五年，蝗起泰山，彌行兗、豫。」謝沈書鍾離意譏起北宮表云：「未數年，豫章遭蝗，穀不收。民飢死，縣數千百人。」

八年五月，河內、陳留蝗。九月，京都蝗。九年，蝗從夏至秋。先是西羌數反，遣將軍將北軍五校征之。

安帝永初四年夏，蝗。是時西羌寇亂，軍衆征距，連十餘年。〔一〕

〔一〕讖曰：「主失禮煩苛，則旱之，魚螺變爲蝗蟲。」

五年夏，九州蝗。〔一〕

〔一〕京房占曰：「天生萬物百穀，以給民用。天地之性人爲貴。今蝗蟲四起，此爲國多邪人，朝無忠臣，蟲與民爭食，居位食祿如蟲矣。不救，致兵起；其救也，舉有道置於位，命諸侯試明經，此消災也。」

六年三月，去蝗處復蝗子生。〔一〕

〔一〕古今注曰：「郡國四十八蝗。」

七年夏，蝗。

元初元年夏，郡國五蝗。

二年夏，郡國二十蝗。

延光元年六月，郡國蝗。

順帝永建五年，郡國十二蝗。是時鮮卑寇朔方，用衆征之。

永和元年秋七月，偃師蝗。去年冬，烏桓寇沙南，用衆征之。

桓帝永興元年七月，郡國三十二蝗。是時梁冀秉政無謀憲，苟貪權作虐。〔一〕

〔一〕春秋考異郵曰：「貪擾生蝗。」

二年六月，京都蝗。

永壽三年六月，京都蝗。

延熹元年五月，京都蝗。〔一〕

〔一〕臣昭案：劉歆傳「皆逆天時，聽不聽之禍也」。養奮對策曰：「佞邪以不正食祿饕所致。」謝沈書曰「九年，揚州六郡連水、旱、蝗害」也。

靈帝熹平六年夏，七州蝗。先是鮮卑前後三十餘犯塞，是歲護烏桓校尉夏育、破鮮卑中郎將田晏、使匈奴中郎將臧旻將南單于以下，三道並出討鮮卑。大司農經用不足，殷斂郡國，以給軍糧。三將無功，還者少半。

光和元年詔策問曰：「連年蝗蟲至冬踊，其咎焉在？」蔡邕對曰：「臣聞易傳曰：『大作

不時，天降災，厥咎蝗蟲來。』河圖祕徵篇曰：『帝貪則政暴而吏酷，酷則誅深必殺，主蝗蟲。』蝗蟲，貪苛之所致也。」是時百官遷徙，皆私上禮西園以爲府。〔一〕

〔一〕蔡邕對曰：「蝗蟲出，息不急之作，省賦斂之費，進清仁，黜貪虐，分損承安，（居）〔屈〕省別藏，以贍國用，則其救也。易曰『得臣無家』，言有天下者何私家之有！」

獻帝興平元年夏，大蝗。是時天下大亂。

建安二年五月，蝗。

校勘記

三三〇五頁一〇行　夏五月辛（卯）〔亥〕郊　據汲本、殿本改。

三三〇六頁三行　東郡以北傷水　按：「東」原譌「來」，逕改正。

三三〇六頁一三行　弘農都尉治（折）〔析〕爲水所漂殺　據集解本改。按：校補謂據前書地理志音義正。又校補引錢大昭說，謂前志弘農有析縣，續志析屬南陽，然前志弘農無都尉，析下亦不言都尉治，建武六年已省諸郡都尉，不應弘農獨存。且本紀但云「是夏連雨水」，亦無車駕親往行水之事。疑古今注誤。又按：「所」原譌「沂」，逕改正。

三三〇六頁一五行　建武八年閒郡國比大水　按：汲本、殿本「比」皆作「七」。

三三〇七頁一行　傳其法於有根　按：「根」疑當作「漢」，然各本皆作「根」，聚珍本東觀記亦作「根」，惟嚴可均輯全後漢文作「漢」，殆嚴氏以意改也。

三三〇七頁一一行　故以殷氏六族分伯禽　按：左傳「氏」作「民」。校補謂「殷氏」與下「懷姓」對文，自屬傳本之異。

三三〇七頁四行　邑里無營利之家　按：「營」原譌「管」，逕改正。

三三〇七頁五行　追觀往法　按：「觀」原譌「卽」，逕改正。

三三〇七頁五行　是以皆永享康寧之福　按：「以皆」原譌倒，逕乙正。

三三〇七頁六行　亦所以消散其口救　按：「救」疑「數」之譌。

三三〇七頁八行　(狙)〔狃〕猱之意　據何焯校改。

三三〇七頁八行　曼延無足　按：校補謂案文「足」當作「定」。

三三〇七頁九行　令得復昌熾從橫　按：「令」原譌「合」，逕改正。

三三〇七頁一〇行　潰徙離處　按：「徙」原譌「從」，逕改正。

三三〇七頁一一行　言性不相害　按：「相」原譌「用」，逕改正。

三三〇七頁一六行　侚修正弭災　殿本「正」作「政」。按：正政通。

三三〇八頁四行　其水也(而)〔雨〕殺人　校補謂以前志校之，「而」乃「雨」之譌，各本皆未正。今據改。

三三〇九頁六行　郡國三十七大水　按：校補謂紀「大水」作「雨水」。

三三〇九頁一〇行　不立皇太子勝　按：張森楷校勘記謂皇子勝未嘗爲太子，「太」字衍，下卷大風條同訛。

三三〇九頁一三行　妒疾賢者　按：「妒」原譌「治」，逕據汲本、殿本改正。

三三〇九頁一五行　京師及郡國四十(有)〔大〕水　校補謂「有」乃「大」之譌，本紀可證，各本皆失正。今據改。

三三〇九頁一五行　嘉收葬客死骸骨　集解引惠棟說，謂案范書周嘉傳，乃嘉弟暢也，注所據乃司馬書。按：校補謂詳觀此注，實卽約舉本書獨行傳周嘉傳文，「收葬」上「嘉」字蓋本是「因」字，後人妄改，未見本傳耳。旣係約舉，原不必定詳收葬者何人。惠氏補注因此一字之疑，遂謂注所據爲司馬書。然注先舉本紀，卽范書本紀也；次舉周嘉傳，又未別言，是本傳也。

三三一〇頁九行　(臨)〔流〕水化爲血〔不流〕　「臨」汲本、殿本作「流」。今據改。又集解引惠棟說，謂「血」下脫「不流」二字。今據補。

三三一〇頁一〇行　占曰泣血道路涉蘇於何以處　按：「占」殿本作「名」。「何」汲本作「河」。校補謂「涉蘇於何以處」，亦屬譔文，不可強通。

三三一〇頁一三行　殺(十)〔千〕餘人　據汲本、殿本改。

三三一一頁四行　漂害數(千)〔十〕萬戶　校補引錢大昭說，謂朱穆傳、桓帝紀並云數十萬戶，「千」當作「十」。今據改。

三三一二頁四行　懷容水澤　按：「懷」原譌「壞」，逕改正。

三三一二頁七行　太白經天　按：「經」原譌「絕」，逕據汲本、殿本改正。

三三一二頁八行　盜賊略平〔民〕　校補謂案文「平」下當有「民」字，或亦唐人因避諱去之。今據補。

三三一二頁一三行　濟北〔河〕水清　集解引錢大昕說，謂「濟北」下脫「河」字。又校補引錢大昭說，謂據本紀作「濟陰、東郡、濟北河水清」，是「濟北」上亦脫四字。今按：紀志所記，容有不同；「濟北」下則明脫「河」字，今補。

三三一二頁七行　四年夏郡國三水　按：校補謂紀作「七大水」。

三三一二頁九行　中平五年郡國六水大出　按：集解引惠棟說，謂帝紀作「七大水」。

三三一三頁八行　和帝永元五年六月郡國三雨雹大如雞子　按：聚珍本東觀記作「郡國大雨雹，大如雁子」。

三三一三頁一二行　房祇之內　按：「祇」原作「任」，逕依汲本、殿本改。

三三一三頁一二行　施而不博　按：「博」原譌「傳」，逕改正。

三三一三頁二二行　陰精凝而見(滅)〔成〕　據汲本、殿本改。

三三一三頁二三行　抑賢不揚　按：「揚」原譌「昜」，逕改正。

三三一四頁三行　三年雨雹　按：集解引惠棟說，謂紀作「京師及郡國四十一雨水雹」。

三三一四頁五行　大如杅杯　按：集解引惠棟說，謂「杅杯」東觀記作「芋魁」。

三三一四頁八行　尹敏傳是歲河西大雨雹如斗安帝見孔季彥問其故　按：集解引錢大昕說，謂季彥事今在孔僖傳，或司馬彪書以季彥附尹敏傳。校補謂此注引季彥事，亦明爲范書孔僖傳文，當由尹敏同列儒林傳，遂至誤載。

三三一四頁一二行　順帝永建五年郡國十二雨雹　按：汲本、殿本「五」作「三」。

三三一五頁八行　光武建武七年遼東冬雷　按：汲本、殿本「七」作「十」。

三三一五頁一〇行　石(以)〔與〕雷隕俱者　據汲本、殿本改。

三三一五頁一二行　於是爲(長)〔常〕　據汲本、殿本改。

三三一五頁一四行　恤幼孤　按：「恤」原譌「卹」，逕據汲本、殿本改正。

三三一六頁九行　延光四年郡國十九冬雷是時太后攝政　按：和熹崩于建光元年，安得延光四年復言太后攝政？「是時」疑是「先是」之誤。

三三一六頁一三行　東萊冬雷　按：汲本、殿本「冬」作「大」。

三三一七頁四行　山(七)〔土〕崩　據汲本、殿本改。

三三一八頁二行　二十八年三月郡國八十蝗　按：校補謂光武時郡國九十三，如八十蝗，蝗幾徧全國矣。桓、靈之末，無此奇災，況中興盛時，何宜有此。「八十」蓋是「十八」誤倒。

三三一九頁五行　是時梁冀秉政無謀憲　按：校補謂「憲」疑是「慮」之譌。

三三一九頁一〇行　聽不聰之禍也　按：汲本、殿本「禍」作「過」。

三三二〇頁三行　(居)〔屈〕省別藏　據汲本、殿本改。

後漢書志第十六

五行四

地震　山崩　地陷　大風拔樹　螟　牛疫

五行傳曰：「治宮室，飾臺榭，內淫亂，犯親戚，侮父兄，則稼穡不成。」謂土失其性而爲災也。又曰：「思心不容，是謂不聖。厥咎霿，厥罰恆風，厥極凶短折。時則有脂夜之妖，時則有華孽，時則有牛禍，時則有心腹之痾，時則有黃眚、黃祥，惟金、水、木、火沴土。」華孽，劉歆傳爲贏蟲之孽，謂螟屬也。

世祖建武二十二年九月，郡國四十二地震，南陽尤甚，地裂壓殺人。其後武谿蠻夷反，爲寇害，至南郡，發荊州諸郡兵，遣武威將軍劉尚擊之，爲夷所圍，復發兵赴之，尚遂爲所沒。

章帝建初元年三月甲(申)〔寅〕，山陽、東平地震。

和帝永元四年六月丙辰，郡國十三地震。春秋漢含孳曰：「女主盛，臣制命，則地動坼，畔震起，山崩淪。」是時竇太后攝政，兄竇憲專權，將以是受禍也。後五日，詔收憲印綬，兄弟就國，逼迫皆自殺。

五年二月戊午，隴西地震。儒說民安土者也，將大動，行大震。九月，匈奴單于於除(鞬)鞬叛，遣使發邊郡兵討之。

七年九月癸卯，京都地震。儒說奄官無陽施，猶婦人也。是時和帝與中常侍鄭衆謀奪竇氏權，德之，因任用之，及幸常侍蔡倫，二人始並用權。

九年三月庚辰，隴西地震。閏月，塞外羌犯塞，殺略吏民，使征西將軍劉尚擊之。

安帝永初元年，郡國十八地震。李固曰：「地者陰也，法當安靜。今乃越陰之職，專陽之政，故應以震動。」是時鄧太后攝政專事，訖建光中，太后崩，安帝乃得制政，於是陰類並勝，西羌亂夏，連十餘年。

二年，郡國十二地震。

三年十二月辛酉，郡國九地震。

四年三月癸巳，郡國四地震。

五年正月丙戌，郡國十地震。

七年正月壬寅，二月丙午，郡國十八地震。

元初元年，郡國十五地震。

二年十一月庚申，郡國十地震。

三年二月，郡國十地震。十一月癸卯，郡國九地震。

四年，郡國十三地震。

五年，郡國十四地震。

六年二月乙巳，京都、郡國四十二地震，或地坼裂，涌水，壞敗城郭、民室屋，壓人。冬，郡國八地震。

永寧元年，郡國二十三地震。

建光元年九月己丑，郡國三十五地震，或地坼裂，壞城郭室屋，壓殺人。是時安帝不能明察，信宮人及阿母聖等讒(云)〔言〕，破壞鄧太后家，於是專聽信聖及宦者，中常侍江京、樊豐等皆得用權。

延光元年七月癸卯，京都、郡國十三地震。九月戊申，郡國二十七地震。

二年，京都、郡國三十二地震。

三年，京都、郡國二十三地震。是時以讒免太尉楊震，廢太子。

四年十(一)月丁巳，京都、郡國十六地震。時安帝既崩，閻太后攝政，兄弟閻顯等並用事，遂斥安帝子，更徵諸國王子，未至，中黃門遂誅顯兄弟。

順帝永建三年正月丙子，京都、漢陽地震。漢陽屋壞殺人，地坼涌水出。是時順帝阿母宋娥及中常侍張昉等用權。

陽嘉二年四月己亥，京都地震。是時爵號宋娥爲山陽君。

四年十二月甲寅，京都地震。

永和二年四月(庚)〔丙〕申，京都地震。是時宋娥構姦誣罔，五月事覺，收印綬，歸田里。十一月丁卯，京都地震。是時太尉王龔以中常侍張昉等專弄國權，欲奏誅之，時龔宗親有以楊震行事諫之止云。

三年二月乙亥，京都、金城、隴西地震裂，城郭、室屋多壞，壓殺人。閏月己酉，京都地震。十月，西羌二千餘騎入金城塞，爲涼州害。

四年三月乙亥，京都地震。

五年二月戊申，京都地震。

建康元年正月，涼州(都)〔部〕郡六，地震。從去年九月以來至四月，凡百八十(日)〔地〕震，山谷坼裂，壞敗城寺，傷害人物。三月，護羌校尉趙沖爲叛胡所殺。九月丙午，京都地

震。是時順帝崩，梁太后攝政，欲爲順帝作陵，制度奢廣，多壞吏民冢。尚書欒巴諫事，太后怒，癸卯，詔書收巴下獄，欲殺之。丙午地震，於是太后乃出巴，免爲庶人。

桓帝建和元年四月庚寅，京都地震。九月丁卯，京都地震。是時梁太后攝政，兄冀持權。至和平元年，太后崩，然冀猶秉政事，至延熹二年，乃誅滅。

三年九月己卯，地震，庚寅又震。

元嘉元年十一月辛巳，京都地震。

二年正月丙辰，京都地震。十月乙亥，京都地震。

永興二年二月癸卯，京都地震。

永壽二年十二月，京都地震。

延熹四年，京都、右扶風、涼州地震。

五年五月乙亥，京都地震。是時桓帝與中常侍單超等謀誅除梁冀，聽之，並使用事專權。又鄧皇后本小人，性行無恒，苟有顏色，立以爲后，後卒坐執左道廢，以憂死。

八年九月丁未，京都地震。

靈帝建寧四年二月癸卯，地震。是時中常侍曹節、王甫等皆專權。

熹平二年六月，地震。

六年十月辛丑，地震。

光和元年二月辛未，地震。四月丙辰，地震。靈帝時宦者專恣。

二年三月，京兆地震。

三年自秋至明年春，酒泉表氏地八十餘動，涌水出，城中官寺民舍皆頓，縣易處，更築城郭。

獻帝初平二年六月丙戌，地震。

興平元年六月丁丑，地震。

和帝永元元年七月，會稽南山崩。會稽，南方大名山也。京房易傳曰：「山崩，陰乘陽，弱勝強也。」劉向以爲山陽，君也；水陰，民也；君道崩壞，百姓失所也。劉歆以爲崩猶(地)〔弛〕也。是時竇太后攝政，兄竇憲專權。

七年七月，趙國易陽地裂。京房易傳曰：「地裂者，臣下分離，不肯相從也。」是時南單于衆乖離，漢軍追討。

十二年夏，閏四月戊辰，南郡秭歸山高四百丈，崩填谿，殺百餘人。明年冬，(至)〔巫〕蠻夷反，遣使募荊州吏民萬餘人擊之。

元興元年五月癸酉，右扶風雍地裂。是後西羌大寇涼州。

殤帝延平元年五月壬辰，河東（恒）〔垣〕山崩。是時鄧太后專政。秋八月，殤帝崩。

安帝永初元年六月丁巳，河東楊地陷，東西百四十步，南北百二十步，深三丈五尺。

六年六月壬辰，豫章員谿原山崩，各六十三所。

元初元年三月己卯，日南地坼，長百八十二里。其後三年正月，蒼梧、鬱林、合浦盜賊羣起，劫略吏民。

二年六月，河南雒陽新城地裂。

延光二年七月，丹陽山崩四十七所。

三年六月庚午，巴郡閬中山崩。

四年十月丙午，蜀郡越巂山崩，殺四百餘人。丙午，天子會日也。是時閻太后攝政。其十一月，中黃門孫程等殺江京，立順帝，誅閻后兄弟，明年，閻后崩。

順帝陽嘉二年六月丁丑，雒陽宣德亭地坼，長八十五丈，近郊地。時李固對策，以爲「陰類專恣，將有分離之象，所以附郊城者，（事）〔是〕上帝示象以誡陛下也」。是時宋娥及中常侍各用權分爭，後中常侍張逵、蘧政與大將軍梁商爭權，爲商作飛語，欲陷之。

桓帝建和元年四月，郡國六地裂，水涌出，井溢，壞寺屋，殺人。時梁太后攝政，兄冀枉

殺李固、杜喬。

三年，郡國五山崩。

和平元年七月，廣漢梓潼山崩。

永興二年六月，東海朐山崩。冬十二月，泰山、琅邪盜賊羣起。

永壽三年七月，河東地裂，時梁皇后兄冀秉政，桓帝欲自由，內患之。

延熹元年七月乙巳，左馮翊雲陽地裂。

三年五月（戊申）〔甲戌〕，漢中山崩。是時上寵恣中常侍單超等。

四年六月庚子，泰山、博尤來山判解。

八年六月丙辰，緱氏地裂。

永康元年五月丙午，雒陽高平永壽亭、上黨泫〔一〕氏地各裂。是時朝臣患中常侍王甫等專恣。冬，桓帝崩。明年，竇氏等欲誅常侍、黃門，不果，更爲所誅。

〔一〕工玄反。

靈帝建寧四年五月，河東地裂十二處，裂合長十里百七十步，廣者三十餘步，深不見底。

和帝永元五年五月戊寅，南陽大風，拔樹木。

安帝永初元年，大風拔樹。是時鄧太后攝政，以清河王子年少，號精耳，故立之，是爲安帝。不立皇太子勝，以爲安帝賢，必當德鄧氏也；後安帝親讒，廢免鄧氏，令郡縣迫切，死者八九人，家至破壞。此爲瞉霧也，是後西羌亦大亂涼州十有餘年。

二年六月，京都及郡國四十大風拔樹。

三年五月癸酉，京都大風，拔南郊道梓樹九十六枚。

七年八月丙寅，京都大風拔樹。

元初二年二月癸亥，京都大風拔樹。

六年夏四月，沛國、勃海大風，拔樹三萬餘枚。

延光二年三月丙申，河東、潁川大風拔樹。六月壬午，郡國十一大風拔樹。是時安帝親讒，曲直不分。

三年，京都及郡國三十六大風拔樹。

靈帝建寧二年四月癸巳，京都大風雨雹，拔郊道樹十圍已上百餘枚。其後晨迎氣黃郊，道於雒水西橋，逢暴風雨，道鹵簿車或發蓋，百官霑濡，還不至郊，使有司行禮。迎氣西郊，亦壹如此。

中平五年六月丙寅，大風拔樹。

獻帝初平四年六月，右扶風大風，發屋拔木。

中興以來，脂夜之妖無錄者。

章帝七八年閒，郡縣大螟傷稼，語在魯恭傳，而紀不錄也。是時章帝用竇皇后讒，害宋、梁二貴人，廢皇太子。

靈帝熹平四年六月，弘農、三輔螟蟲爲害。是時靈帝用中常侍曹節等讒言，禁錮海內清英之士，謂之黨人。

中平二年七月，三輔螟蟲爲害。

明帝永平十八年，牛疫死。是歲遣竇固等征西域，置都護、戊己校尉。固等適還而西域叛，殺都護陳睦、戊己校尉關寵。於是大怒，欲復發興討，會秋明帝崩，是思心不容也。

章帝建初四年冬，京都牛大疫。是時竇皇后以宋貴人子爲太子，寵幸，令人求伺貴人過隙，以讒毀之。章帝不知竇太后不善，厥咎霧也。或曰，是年六月馬太后崩，土功非時

興故也。

校勘記

三三二七頁二行　章帝建初元年三月甲（申）〔寅〕　校補謂帝紀作「甲寅」。按：是年三月癸卯朔，無甲申，今依帝紀改。

三三二八頁四行　匈奴單于於除（鞬）鞬叛　集解引錢大昕說，謂「鞬」字衍。又引惠棟說，謂紀無「鞬」字。今據删。

三三二八頁八行　使征西將軍劉尚擊之　按：集解引錢大昕說，謂此又一劉尚，乃南陽宗室，襲封朝陽侯者。又引周壽昌說，謂袁紀作「執金吾劉尚」。非建武二十二年之武威將軍，彼前以擊夷而敗沒矣。本紀作「行征西將軍」，此無「行」字。

三三二八頁一四行　郡國四地震　按：集解引洪亮吉說，謂安紀「四」作「九」。

三三二九頁一行　七年正月壬寅二月丙午郡國十八地震　錢大昭云本紀但有二月丙午之事，此「正月壬寅」四字疑衍。按：校補謂當衍者乃「二月丙午」四字。是年四月丙申晦，日有食之，紀、志並同。四月晦爲丙申，則二月不得有丙午。紀本有誤，而此志「二月丙午」四字，疑後人據紀妄增也。

三三二九頁七行　壞敗城郭　按：汲本、殿本「壞敗」作「敗壞」。

三三二九頁一〇行　建光元年九月己丑　按：集解引洪亮吉說，謂安紀作「十一月己丑」。

三三二九頁一二行　信宮人及阿母聖等譏（云）〔言〕　據何焯校改。

三三二九頁一三行　皆得用權　校補引錢大昭說，謂「用」閩本作「擅」。今案：殿本亦作「擅」。

三三二九頁一四行　京都郡國三十二地震　按：集解引錢大昕說，謂安帝紀無「十二」字。

三三三〇頁一行　四年十（二）月丁巳　集解引錢大昕說，謂順帝紀作「十一月」。按：延光四年十月乙酉朔，無丁巳，今依紀改。

三三三〇頁一行　兄弟閻顯等並用事　按：「兄弟」原作「弟兄」，逕乙正。

三三三〇頁七行　永和二年四月（庚）〔丙〕申　集解引錢大昕說，謂順帝紀作「丙申」。按：是年四月戊寅朔，無庚申，今從帝紀改。

三三三〇頁一四行　涼州（郗）〔部〕郡六地震　據集解引陳景雲說改。

三三三〇頁一四行　凡百八十（日）〔地〕震　集解引洪亮吉說，謂「日」字衍。又引惠棟說，謂紀云「地百八十震」，非百八十日也。按：校補謂「日」乃「地」之譌。言震不言地，則無以明其確爲地震，故紀亦必云「地百八十震」也。今據校補說改。

三三三一頁一行　尙書欒巴諫事　按：集解王先謙謂「事」疑「爭」之誤。

三三三一頁一一行　鬷之　按：疑當作「德之」，與上文和帝永元七年「和帝與中常侍鄭衆謀奪竇氏權，德之」同。

三三三二頁二行　光和元年二月辛未　按：集解引錢大昕說，謂靈帝紀作「己未」。

三三三二頁四行　酒泉表氏地八十餘動　按：集解引惠棟說，謂「氐」紀作「是」，古字通。

三三三二頁九行　劉歆以爲崩猶（地）〔弛〕也　校補謂「地」乃「弛」之譌，前志引劉歆說「崩，弛崩也」可證，各本皆失正。今據改。

三三三二頁一三行　明年冬（至）〔巫〕蠻夷反　校補謂據紀「至」乃「巫」之譌。今據改。

三三三三頁二行　河東（恒）〔垣〕山崩　集解引洪亮吉說，謂恒山在上曲陽，不屬河東，應如殤紀作「垣山」爲是。今據改。

三三三三頁五行　元初元年三月己卯　校補謂紀作「二月己卯」。按：是年二月壬辰朔，無己卯，紀譌。

三三三三頁六行　劫略吏民　按：「吏民」原作「民吏」，逕據汲本、殿本乙正。

三三三三頁一三行　（事）〔是〕上帝示象以誡陛下也　據汲本、殿本改。

三三三四頁六行　延熹元年七月乙巳　按：集解引洪亮吉說，謂案桓紀作「己巳」，下云「甲子，太尉黃瓊免」，則宜以續志「乙巳」爲是。

三三三四頁七行　三年五月（戊申）〔甲戌〕　集解引洪亮吉說，謂桓紀「戊申」作「甲戌」。按：是年五月甲子朔，有甲戌，無戊申，今據紀改。

三三三四頁八行　泰山博尤來山判解　按：校補謂紀作「岱山及博尤來山並頹裂」。就志言之，泰山郡名，博縣名，尤來山名，判解是從中分裂，特指尤來一山。自紀言之，則岱山亦言山，與尤來山並頹裂，明是兩山矣。

三三三四頁一〇行　永康元年五月丙午　按：集解引洪亮吉說，謂桓紀作「丙申」。

三三三四頁一二行　竇氏等欲誅常侍黃門　按：「氏」疑當作「武」。

三三三五頁二行　以清河王子年少號精耳　校補謂「精耳」疑當作「精敏」。今按：「耳」疑「聰」字之譌，聰字脫其右半，遂成「耳」字也。

三三三五頁一三行　其後晨迎氣黃郊　按：汲本、殿本「黃」作「東」，譌，此與禮儀志合。

三三三六頁一〇行　於是大怒　按：「於是」下疑脫「帝」字。

三三三六頁一三行　章帝不知竇太后不善　按：張森楷校勘記謂竇后在章帝世不應稱太后，「太」疑當作「皇」。

後漢書志第十七

五行五

射妖　龍蛇孽　馬禍　人痾　人化　死復生　疫　投蜺

五行傳曰：「皇之不極，是謂不建。[一]厥咎眊，[二]厥罰恆陰，[三]厥極弱。[四]時則有射妖，[五]時則有龍蛇之孽，[六]時則有馬禍，[七]時則有下人伐上之痾，[八]時則有日月亂行，星辰逆行。」[九]皇，君也。極，中也。眊，不明也。說云：此沴天也。不言沴天者，至尊之辭也。春秋「王師敗績」，以自敗爲文。

[一]尚書大傳「皇」作「王」。鄭玄曰：「王，君也。不名體而言王者，五事象五行，則王極象天也。天變化爲陰爲陽，覆成五行。經曰：『曆象日月星辰，敬授民時。』論語曰：『爲政以德，譬如北辰。』是則天之道於人政也。孔子說春秋曰：『政以不由王出，不得爲政。』則王君出政之號也。極，中也。建，立也。王象天，以情性覆成五事，爲中和之政也。王政不中和，則是不能立其事也。」古文尚書：「皇極，皇建其有極。」孔安國曰：「大中之道，大立其有中，謂行九疇之義。」馬融對策曰：「大中之道，在天爲北辰，在地爲人君。」

[二]尚書大傳作「瞀」。鄭玄曰：「瞀與思心之咎同耳，故(子駿)傳曰眊。眊，亂也。君臣不立，則上下亂矣。」字林曰：「目少精曰眊。」

[三]鄭玄曰：「王極象天，天陰養萬物，陰氣失，故常陰。」

[四]鄭玄曰：「天爲剛德，剛氣失，故於人爲弱。易說亢龍之行曰：『貴而無位，高而無民，賢人在下位而無輔。』此之謂弱。或云懦，不(敬)〔毅〕也。」

[五]鄭玄曰：「射，王極之度也。射人將發矢，必先於此儀之，發則中於彼矣。君將出政，亦先於朝廷度之，出則應於民心。射，其象也。」

[六]鄭玄曰：「龍，蟲之生於淵，行(於)無形，遊於天者也，屬天。蛇，龍之類也，或曰龍無角者曰蛇。」

[七]鄭玄曰：「天行健。馬，畜之疾行者也，屬王極。」

[八]鄭玄曰：「夏侯勝說『伐』宜爲『代』，書亦或作『代』。陰陽之神曰精氣，情性之神曰魂魄，君行不由常，侜張無度，則是魂魄傷也，王極氣失之病也。天於不中之人，恆耆其(味，厚其)毒，增以爲病，將以開賢代之也，春秋傳所謂『奪伯有魄』者是也。不名病者，病不著於身體也。」

[九]鄭玄曰：「亂謂薄食鬬並見，逆謂(贏)縮反明，經天守舍之類也。」太公六韜曰：「人主好武事兵革，則日月薄蝕，太白失行。」

恆陰，中興以來無錄者。[一]

[一]臣昭案：本傳陽嘉二年，郎顗上書云：「正月以來，陰闇連日。久陰不雨，亂氣也。得賢不用，猶久陰不雨也。」

靈帝光和中，雒陽男子夜龍以弓箭射北闕，吏收考問，辭「居貧負責，無所聊生，因買弓箭以射」。近射妖也。[一]其後車騎將軍何苗，與兄大將軍進部兵還相猜疑，對相攻擊，戰於闕下。苗死兵敗，殺數千人，雒陽宮室內人燒盡。[二]

[一]風俗通曰：「龍從兄陽求臘錢，龍假取繁數，頗厭患之，陽與錢千，龍意不滿，欲破陽家，因持弓矢射玄武東闕，三發，吏士呵縛首服。因是遣中常侍、尙書、御史中丞、直事御史、謁者、衞尉、司隸、河南尹、雒陽令悉會發所。劭時爲太尉議曹掾，白公鄧盛：『夫禮設闕觀，所以飾門，章於至尊，懸諸象魏，示民禮法也。故車過者下，步過者趨。今龍乃敢射闕，意慢事醜，次於大逆。宜遣主者參問變狀。』公曰：『府不主盜賊，當與諸府相候。』劭曰：『丞相邴吉以爲道路死傷，既往之事，京兆、長安職所窮逐，而住車問牛喘吐舌者，豈輕人而貴畜哉，頗念陰陽不和，必有所害。掾史爾乃悅服，漢書嘉其達大體。令龍所犯，然中外奔波，邴吉防患大豫，況於已形昭晰者哉！明公既處宰相大任，加掌兵戎之職，凡在荒裔，謂之大事，何有近目下而致逆節之萌者？孔子攝魯司寇，非常卿也。折僭溢之端，消纖介之漸，從政三月，惡人走境，邑門不闔，外收強齊侵地，內虧三桓之威。區區小國，尙於趣舍，大漢之朝，焉可無乎？明公恬然謂非己。詩云：「儀刑文王，萬國作孚。」當爲人制法，何必取法於人！』於是公意大悟，遣令史謝，申以鈴下規應掾自行之，還具條奏。時靈帝詔報，惡惡止其身，龍以重論之，陽不坐。」

[二]應劭曰：「龍者陽類，君之象也。夜者，不明之應也。此其象也。」

安帝延光三年，濟南言黃龍見歷城，琅邪言黃龍見諸。是時安帝聽讒，免太尉楊震，震自殺。又帝獨有一子，以爲太子，信讒廢之。是皇不中，故有龍孽，是時多用佞媚，故以爲瑞應。明年正月，東郡又言黃龍二見濮陽。

桓帝[一]延熹七年六月壬子，河內野王山上有龍死，長可數十丈。[二]襄楷以爲夫龍者爲帝王瑞，易論大人。天鳳中，黃山宮有死龍，漢兵誅莽而世祖復興，此易代之徵也。至建安二十五年，魏文帝代漢。[三]

[一]干寶搜神記曰「桓帝即位，有大蛇見德陽殿上，雒陽市令淳于翼曰：『蛇有鱗，甲兵之象也。見於省中，將有椒房大臣受甲兵之誅也。』乃棄官遁去。到延熹二年，誅大將軍梁冀，捕治宗屬，揚兵京師」也。

[二]袁山松書曰：「長可百餘丈。」

[三]臣昭曰：夫屈申躍見，變化無方，非顯死之體，橫強之畜。湯況大聖，實類君道。野王之異，豈桓帝將崩之喪乎？妖等占殊，其例斯衆。苟欲附會以同天鳳，則帝涉三主，年踰五十，此爲迂闊，將恐非徵矣。

永康元年八月，巴郡言黃龍見。時吏傅堅以郡欲上言，內白事以爲走卒戲語，不可。太守不聽。嘗見堅語云：「時民以天熱，欲就池浴，見池水濁，因戲相恐『此中有黃龍』，語遂行人閒。聞郡，欲以爲美，故言。」時史以書帝紀。桓帝時政治衰缺，而在所多言瑞應，皆此類也。又先儒言：瑞興非時，則爲妖孽，而民訛言生龍語，皆龍孽也。

熹平元年四月甲午，青蛇見御坐上。是時靈帝委任宦者，王室微弱。〔一〕

〔一〕楊賜諫曰：「皇極不建，則有龍蛇之孽。詩云：『惟虺惟蛇，女子之祥。』宜抑皇甫之權，割豔妻之愛，則蛇變可消者也。」案張奐傳，建寧二年夏，青蛇見御坐軒前。奐上疏：「陳蕃、竇氏未被明宥，妖眚之來，皆爲此也。」敦煌實錄曰：「蛇長六尺，夜於御前當軒而見。」

更始二年二月，發雒陽，欲入長安，司直李松奉引，車奔，觸北宮鐵柱門，三馬皆死。馬禍也。時更始失道，將亡。

桓帝延熹五年四月，驚馬與逸象突入宮殿。近馬禍也。是時桓帝政衰缺。

靈帝光和元年，司徒長史馮巡馬生人。〔一〕京房易傳曰：「上亡天子，諸侯相伐，厥妖馬生人。」後馮巡遷甘陵相，黃巾初起，爲所殘殺，而國家亦四面受敵。其後關東州郡各舉義兵，卒相攻伐，天子西移，王政隔塞。其占與京房同。

〔一〕風俗通曰：「巡馬生胡子，問養馬胡蒼頭，乃好此馬以生子。」

光和中，雒陽水西橋民馬逸走，遂齧殺人。是時公卿大臣及左右數有被誅者。

安帝永初元年十一月戊子，民轉相驚走，棄什物，去廬舍。

靈帝建寧三年春，河內婦食夫，河南夫食婦。〔一〕

〔一〕臣昭曰：案此二食，夫妻不同，在河南北，每見死異，斯豈怪妖復有徵乎？河者，經天亙地之水也。河內，河之陽也。夫婦參配陰陽，判合成體。今以夫之尊，在河之陽，而陰承體卑，吞食尊陽，將非君道昏弱，無居剛之德，遂爲陰細之人所能消毀乎？河南，河之陰。河視諸侯，夫亦惟家之主，而自食正內之人。時宋皇后將立，而靈帝一聽閹官，無所厝心。夫以宮房之愛惡，亦不全中懷抱，宋后終廢，王甫挾姦，陰中列侯，實應厥位。天戒若曰，徒隨嬖豎之意，夫噉其妻乎？

熹平二年六月，雒陽民訛言虎賁寺東壁中有黃人，形容鬚眉良是，觀者數萬，省內悉出，道路斷絕。〔一〕到中平元年二月，張角兄弟起兵冀州，自號黃天，三十六方，四面出和，將帥星布，吏士外屬，因其疲餧，牽而勝之。〔二〕

〔一〕應劭時爲郎。風俗通曰：「劭故往視之，何在其有人也！走漏汙處，膩赭流漉，壁有他剝數寸曲折耳。劭又通之曰：季夏土黃，中行用事，又在壁中，壁亦土也。以見於虎賁寺者，虎賁國之祕兵，扞難禦侮。必（是）〔示〕於東，東者動也，言當出師行將，天下搖動也。天之以類告人，甚於影響也。」

〔二〕物理論曰：「黃巾被服純黃，不將尺兵，肩長衣，翔行舒步，所至郡縣無不從，是日天大黃也。」

光和元年五月壬午，何人白衣欲入德陽門，辭「我梁伯夏，教我上殿爲天子」。中黃門桓賢等呼門吏僕射，欲收縛何人，吏未到，須臾還走，求索不得，不知姓名。時蔡邕以成帝時男子王褒絳衣入宮，上前殿非常室，曰「天帝令我居此」，後王莽篡位。今此與成帝時相似而有異，被服不同，又未入雲龍門而覺，稱梁伯夏，皆輕於言。以往況今，將有狂狡之人，欲爲王氏之謀，其事不成。其後張角稱黃天作亂，竟破壞。〔一〕

〔一〕風俗通曰：「光和四年四月，南宮中黃門寺有一男子，長九尺，服白衣。中黃門解步呵問：『汝何等人？白衣妄入宮掖。』曰：『我梁伯夏後，天使我爲天子。』步欲前收取，因忽不見。劭曰：尚書、春秋左傳曰，伯益佐禹治水，封於梁。飂叔安有裔子曰董父，實甚好龍，龍多歸之，帝舜嘉之，賜姓董氏。董氏之祖，與梁同焉。到光熹元年，董卓自外入，因閒乘釁，廢帝殺后，百官總己，號令自由，殺戮決前，威重於主。梁本安定，而卓隴西人，俱涼州也。天戒若曰，卓不當專制奪矯，如白衣無宜闌入宮也。白衣見黃門寺，及卓之末，中黃門誅滅之際，事類如此，可謂無乎？」袁山松曰：「案張角一時狡亂，不足致此大妖，斯乃曹氏滅漢之徵也。」案劭所述，與志或有不同，年月舛異，故俱載焉。臣昭注曰：檢觀前通，各有未直。尋梁即魏地之名，伯夏明於中夏，非溥天之稱，以內臣孫（夫）〔未〕得稱王，徵驗有應，有若符契。復云「伯夏教我爲天子」，後曹公曰「若天命在吾，吾爲周文王矣」，此乃魏文帝受我成策而陟帝位也。風俗通云「見中黃門寺曹騰之家」，尤見其證。

二年，雒陽上西門外女子生兒，兩頭，異肩共胷，俱前向，以爲不祥，墮地棄之。自此之後，朝廷霿亂，政在私門，上下無別，二頭之象。後董卓戮太后，被以不孝之名，放廢天子，後復害之。漢元以來，禍莫踰此。

四年，魏郡男子張博送鐵盧詣太官，博上書室殿山居屋後宮禁，落屋讙呼。上收縛考問，辭「忽不自覺知」。〔一〕

〔一〕臣昭曰：魏人入宮，既奪漢之徵，至後宮而讙呼，終亦禍廢母后。

中平元年六月壬申，雒陽男子劉倉居上西門外，妻生男，兩頭共身。

靈帝時，江夏黃氏之母，浴而化爲黿，入于深淵，其後時出見。初浴簪一銀釵，及見，猶在其首。〔一〕

〔一〕臣昭曰：黃者，代漢之色。女人，臣妾之體。化爲黿，黿者元也。入于深淵，水實制火。夫君德尊陽，利見九五，飛在于天，乃備光盛。俯等龜黿，有愧潛躍；首從戴釵，卑弱未盡。後帝者（三）〔王〕，不專權極，天德雖謝，蜀猶傍纘。推求斯異，女爲曉著矣。

獻帝初平中，長沙有人姓桓氏，死，棺斂月餘，其母聞棺中聲，發之，遂生。占曰：「至陰爲陽，下人爲上。」其後曹公由庶士起。

建安四年二月，武陵充縣女子李娥，年六十餘，物故，以其家杉木槥斂，瘞於城外數里上，已十四日，有行聞其家中有聲，便語其家。家往視聞聲，便發出，遂活。〔一〕

〔一〕干寶搜神記曰：「武陵充縣女子李娥，年六十餘，病死，埋於城外，已十四日。娥比舍有蔡仲，聞娥富，謂殯當有金寶，盜發冢剖棺。斧數下，娥於棺中言曰：『蔡仲，汝護我頭。』仲驚遽，便出走。會爲吏所見，遂收治，依法當棄市。娥見聞，來迎出娥將去。武陵太守聞娥死復生，召見問事狀。娥對曰：『聞謬爲司命所召，到得遣出，過西門，適見外兄劉伯文，爲相勞問，涕泣悲哀。娥語曰：「伯文，一日誤見召，今得遣歸，旣不知道，又不能獨行，爲我得一伴不？又我見召在此，已十餘日，形體又當見埋藏，歸當那得自出？」伯文曰：「當爲問之。」卽遣門卒與戶曹相問：「司命一日誤召武陵大女李娥，今得遣還。娥在此積日，尸喪又當殯斂，當作何等得出？又女弱獨行，豈當有伴邪？是吾外妹，幸爲便安之。」荅曰：「今武陵西男民李黑，亦得遣還，便可爲伴。」輒令黑過，勑娥比舍蔡仲，令發出娥也。於是娥遂得出，與伯文別。伯文曰：「書一封以與兒佗。」娥遂與黑俱歸，事狀如此。』太守慨然歎曰：『天下事眞不可知也！』乃表以爲『蔡仲雖發冢，爲鬼神所使，雖欲無發，勢不得已。宜加寬宥。』詔書報可。太守欲驗語虛實，卽遣馬吏於西界推問李黑得之。黑語協，乃致伯文書與佗。佗識其紙，乃是父亡時送箱中文書也。表文字猶在也，而書不可曉。乃請費長房讀之，曰：『告佗：當從府君出案行，當以八月八日日中時，武陵城南溝水畔頓，汝是時必往。』到期，悉將大小於城南待之。須臾果至，但聞人馬隱隱之聲，詣溝水，便聞有呼聲曰：『佗來！汝得我所寄李娥書不邪？』曰：『卽得之，故來至此。』伯文以次呼家中大小問之，悲傷斷絕。曰：『死生異路，不能數得汝消息。吾亡後，兒孫乃爾許人！』良久謂佗曰：『來春大病，與此一丸藥，以塗門戶，則辟來年妖厲矣。』言訖忽去，竟不得見其形。至前春，武陵果大病，白日見鬼，唯伯文之家，鬼不敢向。費長房視藥曰：『此方相臨也。』」博物記曰：「漢末關中大亂，有發前漢宮人冢者，宮人猶活。旣出，平復如舊。魏郭后愛念之，錄置宮內，常在左右。問漢時宮中事，說之了了，皆有次緒。郭后崩，哭泣哀過，遂死。漢末，發范明友奴冢，奴猶活。明友，霍光女婿。說光家事，廢立之際，多與漢書相應。此奴常（且）〔遊〕走居民閒，無（正）〔止〕住處，遂不知所在。」

七年，越巂有男化爲女子。時周羣上言，哀帝時亦有此異，將有易代之事。至二十五年，獻帝封于山陽。

建安中，女子生男，兩頭共身。

安帝元初六年夏四月，會稽大疫。〔一〕

〔一〕公羊傳曰：「大災者何？大瘠也。大瘠者何？痢也。」何休曰：「民疾疫也，邪亂之氣所生。」古今注曰：「光武建武十三年，揚徐部大疾疫，會稽江左甚。」案傳，鍾離意爲督郵，建武十四年會稽大疫。案此則頻歲也。古今注曰：「二十六年，郡國七大疫。」

延光四年冬，京都大疫。〔一〕

〔一〕張衡明年上封事：「臣竊見京師爲害兼所及，民多病死，（上并猥）死有滅戶。人人恐懼，朝廷燋心，以爲至憂。臣官在於考變禳災，思（在）〔任〕防救，未知所由，夙夜征營。臣聞國之大事在祀，祀莫大於郊天奉祖。方今道路流言，僉曰『孝安皇帝南巡路崩，從駕左右行慝之臣欲徵諸國王子，故不發喪，衣車還宮，（僞）〔僞〕遣大臣，並禱請命』。臣處外官，不知其審，然尊靈見罔，豈能無怨！且凡（夫私）〔大祀〕小有不蠲，猶爲譴譴，況以大穢，用禮郊廟？孔子曰：『曾謂泰山不如林放乎！』天地明察，降禍見災，乃其理也。又聞者，有司正以冬至之後，奏開恭陵神道。陛下至（孝）〔孝〕，不忍距逆，或發冢移尸。月令：『仲冬土事無作，愼無發蓋，及起大衆，以固而閉。地氣上泄，是謂發天地之房，諸蟄則死，（民必）疾疫，又隨以喪。』厲氣未息，恐其殆此二（年）〔事〕，欲使知過改悔。五行傳曰：『六沴作見，若時共禦，帝用不差，神則不怒，五福乃降，用章于下。』臣愚以爲可使公卿處議，所以陳術改過，取媚神祇，自求多福也。」

桓帝元嘉元年正月，京都大疫。二月，九江、廬江又疫。

延熹四年正月，大疫。〔一〕

〔一〕太公六韜曰：「人主好重賦役，大宮室，多臺遊，則民多病溫也。」

靈帝建寧四年三月，大疫。

熹平二年正月，大疫。

光和二年春，大疫。

五年二月，大疫。

中平二年正月，大疫。

獻帝建安二十二年，大疫。〔一〕

〔一〕魏文帝書與吳質曰：「昔年疾疫，親故多離其災。」魏陳思王常說疫氣云：「家家有強尸之痛，室室有號泣之哀，或闔門而殪，或舉族而喪者。」

靈帝光和元年六月丁丑，有黑氣墮北宮溫明殿東庭中，黑如車蓋，起奮訊，身五色，有頭，體長十餘丈，形貌似龍。上問蔡邕，對曰：「所謂天投蜺者也。不見足尾，不得稱龍。易傳曰：『蜺之比無德，以色親也。』潛潭巴曰：『虹出，后妃陰脅王者。』又曰：『五色迭至，照

于宮殿，有兵革之事。』演孔圖曰：『天子外苦兵，威內奪，臣無忠，則天投蜺。』」〔一〕變不空生，占不空言。」〔二〕先是立皇后何氏，皇后每齋，當謁祖廟，輒有變異不得謁。中平元年，黃巾賊張角等立三十六方，起兵燒郡國，山東七州處處應角。遣兵外討角等，內使皇后二兄爲大將統兵。其年，宮車宴駕，皇后攝政，二兄秉權。譴讓帝母永樂后，令自殺。陰呼幷州牧董卓欲共誅中官，中官逆殺大將軍進，兵相攻討，京都戰者塞道。皇太后母子遂爲太尉卓等所廢黜，皆死。天下之敗，兵先興於宮省，外延海內，二三十歲，其殃禍起自何氏。〔三〕

〔一〕案邕集稱曰：「演孔圖曰：『蜺者，斗之精也。失度投蜺見態，主惑於毀譽。』合誠圖曰：『天子外苦兵者也。』」

〔二〕邕對又曰：「意者陛下樞機之內，衽席之上，獨有以色見進，陵尊踰制，以昭變象。若羣臣有所毀譽，聖意低迴，未知誰是。兵戎未息，威權漸移，忠言不聞，則虹蜺所在生也。抑內寵，任中正，決毀譽，分直邪，各得其所；勤守衞，整武備，威權之機不以假人，則其救也。」

〔三〕袁山松書曰：「是年七月，虹晝見御坐玉堂後殿前庭中，色青赤也。」

校勘記

三三四一頁八行　則王極象天也　校補引柳從辰說，謂今尙書大傳此下有「人法天，元氣純，則不可以一

體而言之也」，凡十六字。

三三四二頁九行　譬如北辰是則天之道於人政也　今大傳「道」作「通」。按：校補引柳從辰說，謂則天之道於人政，所謂「唯天爲大，唯堯則之」，則卽法也。此正譬如之義。作「通」誤。

三三四三頁一行　故〔子駿〕傳曰眊　據文獻通考補。按：皮錫瑞尙書大傳疏證引陳壽祺說，謂鄭注引劉子駿五行傳以眊釋眊，續漢志此注脫「子駿」二字。

三三四三頁三行　陰氣失　按：今大傳「陰」作「養」。

三三四三頁五行　懦不(敬)〔毅〕也　據今大傳鄭注改。按：陳壽祺謂續漢志引此注「毅」作「敬」，誤。

三三四三頁八行　行〔於〕無形　據今大傳鄭注補。

三三四三頁一〇行　夏侯勝說伐宜爲代　按：王先謙謂前書夏侯勝傳作「伐」，鄭說未詳所出。

三三四三頁一二行　恆耆其〔味厚其〕毒　據今大傳鄭注補。按：通考郊祀考亦有此三字。

三三四三頁一三行　逆謂〔羸〕縮反明經天守舍之類也　校補引柳從辰說，謂據大傳鄭注，「縮」上脫「羸」字。今據補。

三三四四頁九行　令龍所犯然中外奔波邴吉防患大豫　汲本、殿本「令」作「今」，「大」作「太」。按：文有脫譌，不可強通。

三三四四頁一〇行　何有近目下而致逆節之萌者　按：「目下」疑「日下」之譌，日下謂京都也。

三三四四頁一三行　明公恬然謂非己　按：「己」下疑脫一字。

三三四五頁一行　熹平元年四月甲午青蛇見御坐上　按：集解引錢大昕說，謂青蛇事張奐傳作「建寧二年」，謝弼傳同，此志及楊賜傳並作「熹平元年」，非也。或云當作「建寧元年」，然蕃、武之被害在建寧元年九月，而奐、弼之言災異俱有誅陳、竇事，則非建寧元年之夏可知。從張、謝傳是。

三三四五頁三行　陳蕃竇氏未被明宥　按：本書張奐傳作「武、蕃忠貞，未被明宥」。又汲本、殿本「氏」作「武」。

三三四五頁一二行　乃好此馬以生子　汲本、局本「好」作「奸」。按：好與奸形近，疑作「奸」是。

三三四六頁四行　而靈帝一聽閹官　按：汲本、殿本「官」作「宦」。

三三四六頁五行　徒隨嬖豎之意　按：殿本「嬖」作「閹」。

三三四六頁一二行　必(是)〔示〕於東　據汲本、殿本改。

三三四六頁一四行　中黃門桓賢　按：殿本「桓」作「相」，疑形近而譌。袁紀作「桓覽」，賢覽亦形似易譌。

三三四七頁七行　如白衣無宜蘭入宮也　殿本「蘭」作「闌」。按：闌蘭古通作。

三三四七頁九行　以內臣孫(夫)〔未〕得稱王　按：「夫」字不可解，何焯以北宋殘本校，「夫」作「未」，當是。今據改。

三三四七頁一三行　朝廷霿亂　按：汲本「霿」作「瞀」。

三三四八頁六行　後帝者(三)〔王〕　據汲本、殿本改。

三三四八頁一二行　冢中有聲　按：集解引惠棟說，謂北宋本「有」下有「人」字。

三三四八頁一四行　聞謬爲司命所召　按：校補謂案文「聞」當是「閉」。

三三四九頁一行　今得遣歸　按：「今」原譌「令」，逕改正。

三三四九頁一二行　兒孫乃爾許人　按：校補謂案文「人」當是「大」。

三三四九頁一五行　此奴常(且)〔遊〕走居民閒無(正)〔止〕住處　據汲本、殿本改。

三三五〇頁七行　臣竊見京師爲害彙所及民多病死　按：校補謂「害彙」二字當作「厲氣」。

三三五〇頁七行　(上并猥)死有滅戶　據汲本、殿本刪。

三三五〇頁八行　恩(在)〔任〕防救　據汲本、殿本改。

三三五〇頁九行　(優)〔僞〕遣大臣　據殿本、集解本改。按：錢大昭云閩本作「僞」。又按：閻后紀云「僞云帝疾甚，詐遣司徒劉熹詣郊廟社稷告天請命」，則作「僞」者是也。

三三五〇頁一〇行　且凡(夫私)〔大祀〕小有不蠲　校補謂案文「夫私」二字當作「大祀」。今據改。

三三五〇頁一二行　陛下至〔孝〕　據汲本、殿本補。

三三五〇頁一三行　〔民必〕疾疫　據汲本、殿本補。

三三五〇頁一三行　悉其殆此二(年)〔事〕　校補謂案文「年」當作「事」。今據改。

三三五〇頁一四行　五福乃降　按：汲本、殿本「五」作「萬」。

三三五一頁三行　則民多病溫也　按汲本、殿本「溫」作「瘟」。

後漢書志第十八

五行六

日蝕　日抱　日赤無光　日黃珥　日中黑　虹貫日　月蝕非其月

光武帝〔一〕建武二年正月甲子朔，日有蝕之。在危八度。〔二〕日蝕說曰：「日者，太陽之精，人君之象。君道有虧，爲陰所乘，故蝕。蝕者，陽不克也。」其候雜說，漢書五行志著之必矣。〔三〕儒說諸侯專權，則其應多在日所宿之國。〔四〕諸象附從，則多爲王者事。人君改修其德，則咎害除。〔五〕是時世祖初興，天下賊亂未除。虛、危，齊也。賊張步擁兵據齊，上遣伏隆諭步，許降，旋復叛稱王，至五年中乃破。

〔一〕古今注曰：「建武元年正月庚午朔，日有蝕之。」即更始三年。

〔二〕杜預曰：「曆家之說，謂日光以望時遙奪月光，故月蝕。日月同會，月奄日，故日蝕。蝕有上下者，行有高下。日光輪存而中食者，相奄密，故日光溢出。皆既者，正相當而相奄閒疏也。然聖人不言月食日，而以自蝕爲文，闕於所不見。」春秋潛潭巴云：「甲子蝕，有兵敵強。」臣昭案：春秋緯六旬之蝕，各以甲子爲說，此偏舉一隅，未爲

通證，故於事驗不盡相符。今依日例注，以廣其候耳。京房占曰：「北夷侵，忠臣有謀，後大水在東方。」

〔三〕春秋緯曰：「日之將蝕，則斗第二星變色，微赤不明，七日而蝕。」

〔四〕春秋漢含孳曰：「臣子謀，日乃蝕。」孝經鉤命決曰：「失義不德，白虎不出禁，或逆枉矢射，山崩日蝕。」管子曰：「日掌陽，月掌陰，星掌和。陽爲德，陰爲刑，和爲事。是故日蝕，則失德之國惡之；月蝕，則失刑之國惡之；彗星見，則失和之國惡之。是故聖王日蝕則修德，月蝕則修刑，彗星見則修和。」

〔五〕孝經鉤命決曰：「日蝕修孝，山崩理惑。」

三年五月乙卯晦，日有蝕之，〔一〕在柳十四度。柳，河南也。時世祖在雒陽，赤眉降賊樊崇謀作亂，其七月發覺，皆伏誅。〔二〕

〔一〕潛潭巴曰：「乙卯蝕，雷不行，雪殺草不長，姦人入宮。」

〔二〕古今注曰：「四年五月乙卯晦，日有蝕之。」

六年九月丙寅晦，日有蝕之。〔一〕史官不見，郡以聞。〔二〕在尾八度。〔三〕

〔一〕潛潭巴曰：「丙寅蝕，久旱，多有徵。」京房曰：「有小旱災。」

〔二〕本紀「郡尉詡以聞」。

〔三〕朱浮上疏，以郡縣數代，羣陽騷動所致，見浮傳。

七年三月癸亥晦，日有蝕之，〔一〕在畢五度。畢爲邊兵。秋，隗囂反，侵安定。冬，盧芳所置朔方、雲中太守各舉郡降。〔二〕

〔一〕潛潭巴曰：「癸亥日蝕，天人崩。」鄭興曰：「頃年日蝕，每多在晦，〔皆月〕行疾也。君亢急，臣下促迫。」

〔二〕古今注曰：「九年七月丁酉，十一年六月癸丑，十二月辛亥，並日有蝕之。」

十六年三月辛丑晦，日有蝕之，〔一〕在昴七度。昴爲獄事。時諸郡太守坐度田不實，世祖怒，殺十餘人，然後深悔之。

〔一〕潛潭巴曰：「辛丑蝕，主疑〔王〕〔臣〕。」

十七年二月乙未晦，日有蝕之，〔一〕在胃九度。胃爲廩倉。時諸郡新坐租之後，天下憂怖，以穀爲言，故示象。或曰：胃，供養之官也。其十月，廢郭皇后，詔曰「不可以奉供養」。

〔一〕潛潭巴曰：「乙未蝕，天下多邪氣，鬱鬱蒼蒼。」京房曰：「君實衆庶暴害之。」

二十二年五月乙未晦，日有蝕之，在柳七度，京都宿也。柳爲上倉，祭祀穀也。近輿鬼，輿鬼爲宗廟。十九年中，有司奏請立近帝四廟以祭之，有詔「廟處所未定，且就高廟祫祭之」。至此三年，遂不立廟。有簡墮心，奉祖宗之道有闕，故示象也。

二十五年三月戊申晦，日有蝕之，〔一〕在畢十五度。畢爲邊兵。其冬十月，以武谿蠻夷爲寇害，伏波將軍馬援將兵擊之。〔二〕

〔一〕潛潭巴曰：「戊申蝕，地動搖，侵兵強。一曰：主兵弱，諸侯〔爭〕〔強〕。」

〔二〕古今注曰：「二十六年二月戊子，日有蝕之，盡。」

二十九年二月丁巳朔，日有蝕之，〔一〕在東壁五度。東壁爲文章，一名娵訾之口。先是皇子諸王各招來文章談說之士，去年中，有人上奏：「諸王所招待者，或眞僞雜，受刑罰者子孫，宜可分別。」於是上怒，詔捕諸王客，皆被以苛法，死者甚多。世祖不早爲明設刑禁，一時治之過差，故天示象。世祖於是改悔，遣使悉理侵枉也。

〔一〕潛潭巴曰：「丁巳蝕，下有敗兵。」

三十一年五月癸酉晦，日有蝕之，〔一〕在柳五度，京都宿也。自二十一年示象至此十年，後二年，宮車晏駕。

〔一〕潛潭巴曰：「癸酉蝕，連陰不解，淫雨毀山，有兵。」

中元元年十一月甲子晦，日有蝕之，在斗二十度。斗爲廟，主爵祿。儒說十一月甲子，時王日也，又爲星紀，主爵祿，其占重。

明帝永平三年八月壬申晦，日有蝕之，〔一〕在氐二度。氐爲宿宮。是時明帝作北宮。〔二〕

〔一〕潛潭巴曰：「壬申蝕，水〔滅〕〔盛〕，陽潰陰欲翔。」

〔二〕古今注曰：「四年八月丙寅，時加未，日有蝕之。五年二月乙未朔，日有蝕之，京師候者不覺，河南尹、郡國三十一上。六年六月庚辰晦，日有蝕之，時雒陽候者不見。」

八年十月〔一〕壬寅晦，日有蝕之，既，〔二〕在斗十一度。斗，吳也。廣陵於天文屬吳。後二年，廣陵王荆坐謀反自殺。

〔一〕古今注曰十二月。

〔二〕潛潭巴曰：「壬寅蝕，天下苦兵，大臣驕橫。」

十三年十月〔一〕甲辰晦，日有蝕之，〔二〕在尾十七度。〔三〕

〔一〕古今注曰閏八月。

〔二〕潛潭巴曰：「甲辰蝕，四騎脅大水。」

〔三〕京房占曰：「主后壽命絕，後有大水。」

十六年五月戊午晦，日有蝕之，〔一〕在柳十五度。儒說五月戊午，猶十一月甲子也，又宿在京都，其占重。後二歲，宮車晏駕。

〔一〕潛潭巴曰：「戊午蝕，久旱穀不傷。」

十八年十一月甲辰晦，日有蝕之，在斗二十一度。是時明帝既崩，馬太后制爵祿，故陽不勝。

章帝建初五年二月庚辰朔，日有蝕之，〔一〕在東壁八度。例在前建武二十九年。是時羣臣爭經，多相非毀者。〔二〕

〔一〕潛潭巴曰：「庚辰蝕，彗星東至，有寇兵。」

〔二〕又別占云：「庚辰蝕，大旱。」

六年六月辛未晦，日有蝕之，〔一〕在翼六度。翼主遠客。冬，東平王蒼等來朝，明年正月，蒼薨。〔二〕

〔一〕潛潭巴曰：「辛未蝕，大水。」

〔二〕古今注曰：「元和元年九月乙未，日有蝕之。」

(元)〔章〕和元年八月乙未晦，日有蝕之。史官不見，佗官以聞。日在氐四度。〔一〕

〔一〕星占曰：「天下災，期三年。」

和帝永元二年二月壬午，日有蝕之。〔一〕史官不見，涿郡以聞。日在奎八度。〔二〕

〔一〕潛潭巴曰：「壬午蝕，久雨，旬望。」

〔二〕京房占曰：「三公與諸侯相賊，弱其君王，天應而日蝕。三公失國，後旱且水。」臣昭以爲三公宰輔之位，即竇憲。

四年六月戊戌朔，日有蝕之，〔一〕在七星二度，主衣裳。又曰行近軒轅，在左角，爲太后族。是月十九日，〔二〕上免太后兄弟竇憲等官，遣就國，選嚴能相，於國蹙迫自殺。

〔一〕潛潭巴曰：「戊戌蝕，有土殃，主后死，天下諒陰。」京房占曰：「婚嫁家欲戮。」

〔二〕案本紀：庚申幸北宮，詔捕憲等。庚申是二十三日。

七年四月辛亥朔，日有蝕之，〔一〕在觜觿，爲葆旅，主收斂。儒說葆旅宮中之象，收斂貪妬之象。是歲鄧貴人始入。明年三月，陰皇后立，鄧貴人有寵，陰后妬忌之，後遂坐廢。一日是將入參，參、伐爲斬刈。明年七月，越騎校尉馮柱捕斬匈奴溫禺犢王烏居戰。

〔一〕潛潭巴曰：「辛亥蝕，子爲雄。」

十二年秋七月辛亥朔，日有蝕之，在翼八度，荆州宿也。明年冬，南郡蠻夷反爲寇。

十五年四月甲子晦，日有蝕之，在東井二十二度。東井，主酒食之宿也。婦人之職，無非無儀，酒食是議。去年冬，鄧皇后立，有丈夫之性，與知外事，故天示象。是年水，雨傷稼。

安帝永初元年三月二日癸酉，日有蝕之，在胃二度。胃主廩倉。是時鄧太后專政，去年大水傷稼，倉廩爲虛。〔一〕

〔一〕古今注曰：「三年三月，日有蝕之。」

五年正月庚辰朔，日有蝕之，在虛八度。正月，王者統事之正日也。虛，空名也。是時鄧太后攝政，安帝不得行事，俱不得其正，若王者位虛，故於正月陽不克，示象也。於是陰預乘陽，故夷狄並爲寇害，西邊諸郡皆至虛空。

七年四月丙申晦，日有蝕之，〔一〕在東井一度。

〔一〕潛潭巴曰：「丙申蝕，諸侯相攻。」京房占曰：「君臣暴虐，臣下橫恣，上下相賊，後有地動。」

元初元年十月戊子朔，日有蝕之，〔一〕在尾十度。尾爲後宮，繼嗣之宮也。是時上甚幸閻貴人，將立，故示不善，將爲繼嗣禍也。明年四月，遂立爲后。後遂與江京、耿寶等共讒太子廢之。

〔一〕潛潭巴曰：「戊子蝕，宮室內婬，雌必成雄。」京房占曰：「妻欲害夫，九族夷滅，後有大水。」

二年九月壬午晦，日有蝕之，在心四度。心爲王者，明久失位也。

三年三月二日辛亥，日有蝕之，在婁五度。史官不見，遼東以聞。

四年二月乙(亥)〔巳〕朔，日有蝕之，〔一〕在奎九度。史官不見，七郡以聞。奎主武庫兵。其(月)十(月)八日壬戌，武庫火，燒兵器也。

〔一〕潛潭巴曰：「乙亥蝕，東國(發)兵。」京房占曰：「諸侯上侵以自益，近臣盜竊以爲積，天子未知，日爲之蝕。」

五年八月丙申朔，日有蝕之，在翼十八度。史官不見，張掖以聞。〔一〕

〔一〕潛潭巴曰：「丙申蝕，夷狄內擾。」石氏占曰：「王者失禮，宗廟不親，其歲旱。」

六年十二月戊午朔，日有蝕之，幾盡，地如昏狀。〔一〕在須女十一度，女主惡之。後二歲三月，鄧太后崩。〔二〕

〔一〕古今注曰：「星盡見。」春秋緯曰：「日蝕既，君行無常，公輔不修德，夷狄強侵，萬事錯。」

〔二〕李氏家書，司空李郃上書曰：「陛下祗畏天威，懼天變，克己責躬，博訪羣下。咎皆在臣，力小任重，招致咎徵。去

〔年〕二月，京師地震，今月戊午日蝕。夫至尊莫過乎天，天之變莫大乎日蝕，地之戒莫重乎震動。今一歲之中，大異兩見，日蝕之變，既爲尤深，地動之戒，搖宮最醜。日者陽精，君之象也。戊者土主，任在中宮。午者火德，漢之所承。地道安靜，法當(坤)〔由〕陽，今乃專恣，搖動宮闕。禍在蕭牆之內，臣恐宮中必有陰謀其陽，下圖其上，造爲逆也。災變終不虛生，推原二異，日辰行度，甚爲較明，譬猶指掌。宜察宮闕之內，如有所疑，急摧破其謀，無令得成。修政恐懼，以荅天意。十月辛卯，日有蝕之，周家所忌，乃爲亡徵，是時妃后用事，七子朝令。戊午之災，近相似類。宜貶退諸后兄弟羣從內外之寵，求賢良，徵逸士，下德令，施恩惠，澤及山海。」時度遼將軍遵多與師重賦出塞妄攻之事，上深納其言。建光元年，鄧〔太〕后崩。上收考中人趙任等，辭言地震日蝕，任(在)中(官)〔宮〕，竟有廢(立)之謀，卻乃自知其言驗也。

永寧元年七月乙酉朔，日有蝕之，〔一〕在張十五度。史官不見，酒泉以聞。〔二〕

〔一〕潛潭巴曰：「乙酉蝕，仁義不明，賢人消。」京房占曰：「君弱臣強，司馬將兵，反征其王。」

〔二〕石氏占曰：「日蝕張，王者失禮。」

延光三年九月庚(寅)〔申〕晦，日有食之，〔一〕在氐十五度。氐爲宿宮。宮，中宮也。時上聽中常侍江京、樊豐及阿母王聖等讒言，廢皇太子。

〔一〕京房占曰：「骨肉相賊，後有水。」

四年三月戊午朔，日有蝕之，在胃十二度。隴西、酒泉、朔方各以狀上，史官不覺。〔一〕

〔一〕案馬融集，是時融爲許令，其四月庚申，自縣上書曰：「伏讀詔書，陛下深惟禹、湯罪己之義，歸咎自責。寅畏天

戒，詳延百僚，博問公卿，知變所自，審得厥故，修復往術，以荅天命。臣子遠近，莫不延頸企踵，苟有隙空一介之知，事願自效，貢納聖聽。臣伏見日蝕之占，自昔典籍『十月之交』，春秋傳記、漢注所載，史官占候，羣臣密對，陛下所觀覽，左右所諷誦，可謂詳悉備矣。雖復廣問，(陷)〔昭〕在前志，無以復加。乃者茀氣干參，臣前得敦朴之(人)〔徵〕，後三年二月，對策北宮端門。以爲參者西方之位，其於分野，并州是也，殆謂西戎、北狄。其後種羌叛戾，烏桓犯上郡，并、涼動兵，驗略效〔矣〕。今復見大異，申誡重(諱)〔譴〕，於此二城，海內莫見。三月一日，合辰在婁。婁又西方之宿，衆占顯明者。羌及烏桓有悔過之辭，將吏策勳之名。臣恐受任典牧者，苟脫目前，皆粗圖(身)〔伸〕一時之權，不顧爲國百世之利。論者美近功，忽其遠，則各相(不大)〔美其〕狹病。伏惟天象不虛。老子曰：『圖難於其易也，爲大於其細也。』消災復異，宜在於今。詩曰：『日月告凶，不用其行。四國無政，不用其良。』傳曰：『國無政，不用善，則自取謫于日月之災，故政不可不慎也。務三而已：一曰擇人，二曰安民，三曰從時。』臣融伏惟方今有道之世，漢典設張，候旬采衞，司民之吏，案繩循墨，雖有殿最，所差無幾。其陷罪辟，身自取禍，百姓未被其大傷。至邊郡牧御失和，吉之與凶，敗之與成，優劣相懸，不誡不可。審擇其人，上以應天變，下以安民隸。竊見列將子孫，生長京師，食仰租奉，不知稼穡之艱，又希遭阨困，故能果毅輕財，施與孤弱，以獲死生之用，此其所長也。不拘法禁，奢泰無度，功勞足以宣威，踰濫足以傷化，此其所短也。州郡之士，出自貧苦，長於撿押，雖專賞罰，不敢越溢，此其所長也。拘文守法，遭遇非常，狐疑無斷，長首畏尾，威恩纖薄，外內離心，士卒不附，此其所短也。必得將兼有二長之才，無二短之累，參以吏事，任以兵法。有此數姿，然後能折衝厭難，致其功實，轉災爲福。孔子曰：『十室之邑，必有忠信如丘者焉。』以天下之大，四海之衆，云無若人，臣以爲誣矣。宜特選詳譽，審得其真，鎭守二方，以應用良擇人之義，以塞大異也。」

順帝永建二年七月甲戌朔，日有蝕之，〔一〕在翼九度。

〔一〕潛潭巴曰：「甲戌蝕，草木不滋，王命不行。」京房占曰：「近臣欲戮，身及戮辱，後小旱。」

陽嘉四年閏月丁亥朔，日有蝕之，〔一〕在角五度。史官不見，零陵以聞。〔二〕

〔一〕潛潭巴曰：「丁亥蝕，匿謀滿玉堂。」京房占曰：「君臣無別。」

〔二〕案張衡爲太史令，表奏云：「今年三月朔方覺日蝕，此郡懼有兵患。臣愚以爲可勑北邊須塞郡縣，明烽火，遠斥候，深藏固閉，無令穀畜外露。」不詳是何年三月。

永和三年十二月戊戌朔，日有蝕之，在須女十一度。史官不見，會稽以聞。明年，中常侍張逵等謀譖皇后父梁商欲作亂，推考，逵等伏誅也。

五年五月己丑晦，日有蝕之，〔一〕在東井三十三度。東井，三輔宿。又近輿鬼，輿鬼爲宗廟。其秋，西羌爲寇，至三輔陵園。

〔一〕潛潭巴曰：「日蝕己丑，天下唱之。」

六年九月辛亥晦，日有蝕之，在尾十一度。尾主後宮，繼嗣之宮也。以爲繼嗣不興之象。

桓帝建和元年正月辛亥朔，日有蝕之，在營室三度。史官不見，郡國以聞。是時梁太后攝政。

三年四月丁卯晦，日有蝕之，〔一〕在東井二十三度。例在永元十五年。東井主法，梁太后又聽兄冀枉殺公卿，犯天法也。明年，太后崩。

〔一〕潛潭巴曰：「丁卯蝕，有旱有兵。」京房占曰：「諸侯欲戮，後有裸蟲之殃。」

元嘉二年七月二日庚辰，日有蝕之，在翼四度。史官不見，廣陵以聞。〔一〕翼主倡樂。時上好樂過。〔二〕

〔一〕京房占曰：「庚辰蝕，君易賢以剛，卒以自傷，後有水。」

〔二〕阮籍樂論曰：「桓帝聞琴，悽愴傷心，倚扆而悲，慷慨長息曰：『善乎哉！爲琴若此，一而足矣。』」

永興二年九月丁卯朔，日有蝕之，在角五度。角，鄭宿也。十一月，泰山盜賊羣起，劫殺長吏。泰山於天文屬鄭。

永壽三年閏月庚辰晦，日有蝕之，在七星二度。史官不見，郡國以聞。例在永元四年。後二歲，梁皇后崩，冀兄弟被誅。

延熹元年五月甲戌晦，日有蝕之，在柳七度，京都宿也。〔一〕

〔一〕梁冀別傳曰：「常侍徐璜白言：『臣切見道術家常言，漢死在戌亥。今太歲在丙戌，五月甲戌，日蝕柳宿。朱雀，漢家之貴國，宿分周地，今京師是也。史官上占，去重見輕。』璜召太史陳授詰問，乃以實對。冀恐授不爲隱諱，使人陰求其短，發摘上聞。上以亡失候儀不肅，有司奏收殺獄中。」

八年正月丙申晦，日有蝕之，在營室十三度。營室之中，女主象也。其二月癸亥，鄧皇后坐酗，上送暴室，令自殺，家屬被誅。呂太后崩時亦然。

九年正月辛卯朔，日有蝕之，〔一〕在營室三度。史官不見，郡國以聞。谷永以爲三朝尊者惡之。其明年，宮車晏駕。

〔一〕潛潭巴曰：「辛卯蝕，臣代其主。」

永康元年五月壬子晦，日有蝕之，〔一〕在輿鬼一度。儒說壬子淳水日，而陽不克，將有水害。其八月，六州大水，勃海（盜賊）〔海溢〕。

〔一〕潛潭巴曰：「壬子蝕，妃后專恣，女謀主。」

靈帝建寧元年五月丁未朔，日有蝕之。〔一〕冬十月甲辰晦，日有蝕之。

〔一〕潛潭巴曰：「丁未蝕，王者崩。」

二年十月戊戌晦，日有蝕之。右扶風以聞。

三年三月丙寅晦，日有蝕之。梁相以聞。

四年三月辛酉朔，日有蝕之。〔一〕

〔一〕潛潭巴曰：「辛酉蝕，女謀主。」谷永上書：「飲酒無節，君臣不別，姦邪欲起。」傳曰：「酒無節，茲謂荒，厥異日蝕，厥咎亡。」靈帝好爲商估，飲於宮人之肆也。

熹平二年十二月癸酉晦，日有蝕之，在虛二度。是時中常侍曹節、王甫等專權。〔一〕

〔一〕蔡邕上書曰：「四年正月朔，日體微傷，羣臣服赤幘，赴宮門之中，無救，乃各罷歸。天有大異，隱而不宜求御過，是已事之甚者。」

六年十月癸丑朔，日有蝕之。趙相以聞。〔一〕

〔一〕谷永上書：「賦斂滋重，不顧黎民，百姓虛竭，則日蝕，將有潰叛之變。」

光和元年二月辛亥朔，日有蝕之。十月丙子晦，日有蝕之，在箕四度。箕爲後宮口舌。是月，上聽讒廢宋皇后。〔一〕

〔一〕案：本傳盧植上書，丙子蝕自巳過午，既蝕之後，雲霧晻曖，陳八事以諫。蔡邕對問曰：「詔問踐阼以來，災眚屢見，頻歲日蝕、地動，風雨不時，疫癘流行，勁風折樹，河、雒盛溢。臣聞陽微則日蝕，陰盛則地震，思亂則風，貌失則雨，視闇則疾，簡宗廟，（上）〔水〕不潤下，川流滿溢。明君臣，正上下，抑陰尊陽，修五事於聖躬，致精慮於共御，其救之也。」

二年四月甲戌朔，日有蝕之。

四年九月庚寅朔，日有蝕之，〔一〕在角六度。

〔一〕潛潭巴曰：「庚寅蝕，將相誅，大水，多死傷。」

中平三年五月壬辰晦，日有蝕之。〔一〕

〔一〕潛潭巴曰：「壬辰蝕，河決海〔溢〕，久霧連陰。」

六年四月丙午朔，日有蝕之。其月淚辰，宮車晏駕。

獻帝初平四年正月甲寅朔，日有蝕之，在營室四度。〔一〕是時李傕、郭汜專政。〔二〕

〔一〕潛潭巴曰：「甲寅蝕，雷電擊殺，骨肉相攻。」

〔二〕袁宏紀曰：「未蝕八刻，太史令王立奏曰：『日晷過度，無有變也。』於是朝臣皆賀。帝密令尚書候焉，未晡一刻而蝕。尚書賈詡奏曰：『立伺候不明，疑誤上下；太尉周忠，職所典掌，請皆治罪。』詔曰：『天道遠，事驗難明，且災異應政而至，雖探道知機，焉能無失，而欲歸咎史官，益重朕之不德也。』弗從。於是避正殿，寢兵，不聽事五日。」

興平元年六月乙巳晦，日有蝕之。

建安五年九月庚午朔，日有蝕之。〔一〕

〔一〕潛潭巴曰：「庚午蝕，後火燒官兵。」

六年（十月癸未）〔二月丁卯〕朔，日有蝕之。

十三年十月癸未朔，日有蝕之，〔一〕在尾十二度。

〔一〕潛潭巴曰：「癸未蝕，仁義不明。」

十五年二月乙巳朔，日有蝕之。

十七年六月庚寅晦，日有蝕之。

二十一年五月己亥朔，日有蝕之。〔一〕

〔一〕潛潭巴曰：「己亥蝕，小人用事，君子縶。」

二十四年二月壬子晦，日有蝕之。

凡漢中興十二世，百九十六年，日蝕七十二，朔三十二，晦三十七，月二日三。

光武建武七年四月丙寅，日有暈抱，白虹貫暈，在畢八度。〔一〕畢爲邊兵。秋，隗囂反，侵安定。〔二〕

〔一〕古今注曰：「時日加卯，西面東面有抱，須臾成暈，中有兩鉤，（征）〔在〕南北面，有白虹貫暈，在西北南面，有背在暈，加巳皆解也。」

〔二〕皇德傳史曰：「白虹貫，下破軍，晉分也。」古今注曰：「章帝建初元年正月壬申，白虹貫日。五年七月甲寅，夜白虹出乙丑地西北曲入。七年四月丙寅，日加卯，西面有抱，須臾成暈，有白虹貫日。殤帝延平元年六月丁未，日暈上有半暈，暈中外有僪，背兩珥。十二月丙寅，日暈再重，中有背僪。順帝永建二年正月戊午，白虹貫日。三年正月丁酉，日有白虹貫交暈中。六年正月丁卯，日暈兩珥，白虹貫珥中。永和六年正月己卯，暈兩珥，中赤外青，白虹貫暈中。」案郎顗傳，陽嘉二年正月乙卯，白虹貫日。又唐檀傳，永建五年，白虹貫日，檀上便宜三事，陳其咎徵。春秋元命苞曰：「陰陽之氣，聚爲雲氣，立爲虹蜺，離爲倍僪，分爲抱珥。」考異郵曰：「臣謀反，偪刺日。」巫咸占曰：「臣不知則日月僪。」如淳曰：「蝃蝀謂之虹，雌謂之蜺，向外曰倍，刺日曰僪，在傍如半環向日曰抱，在傍直對曰珥。」孟康曰：「僪如僪也。」宋均曰：「黃氣抱日，輔臣納忠。」

靈帝時，日數出東方，正赤如血，無光，高二丈餘乃有景。且入西方，去地二丈，亦如之。〔一〕其占曰，事天不謹，則日月赤。是時月出入去地二三丈，皆赤如血者數矣。〔二〕

〔一〕京房占曰：「國有佞讒，朝有殘臣，則日不光，闇冥不明。」孟康曰：「日月無光曰薄。」

〔二〕春秋感精符曰：「日無光，主勢奪，羣臣以讒術。色赤如炭，以急見伐，又兵馬發。」禮斗威儀曰：「日月赤，君喜怒無常，輕殺不辜，戮於無罪，不事天地，忽於鬼神。時則天雨，土風常起，日蝕無光，地動雷降。其時不救，兵從外來，爲賊戮而不葬。」京房占曰：「日無故日夕無光，天下變枯，社稷移（亡）〔主〕。」

光和四年二月己巳，黃氣抱日，黃白珥在其表。〔一〕

〔一〕春秋感精符曰：「日朝珥則有喪孽。」又云：「日已出，若其入，而雲皆赤黃，名曰日空，不出三年，必有移民而去者也。」

中平四年三月丙申，黑氣大如瓜，在日中。〔一〕

〔一〕春秋感精符曰：「日黑則水淫溢。」

五年正月，日色赤黃，中有黑氣如飛鵲，數月乃銷。

六年二月乙未，白虹貫日。〔一〕

〔一〕春秋感精符曰：「虹貫日，天下悉極，文法大擾，百官殘賊，酷法橫殺，下多相告，刑用及族，世多深刻，獄多怨宿，吏皆慘毒。」又曰：「國多死孽，天子命絕，大臣爲禍，主將見殺。」星占曰：「虹蜺主內婬，土精塡星之變。」易讖

曰：「聽明蔽塞，政在臣下，婚戚干朝，君不覺悟，虹蜺貫日。」

獻帝初平元年二月壬辰，白虹貫日。〔一〕

〔一〕袁山松書曰：「三年十月丁卯，日有重兩倍。」吳書載韓馥與袁術書曰：「凶出於代郡。」

桓帝永壽三年十二月壬戌，月蝕非其月。〔一〕

〔一〕古今注曰：「光武建武八年三月庚子夜，月暈五重，紫微宮黃似虹，有黑氣如雲，月星不見，丙夜乃解。中元元年十一月甲辰，月中星齒，往往出入。」

延熹八年正月辛巳，月蝕非其月。〔一〕

〔一〕袁山松書曰：「興平二年十二月，月在太微端門中重暈二珥，兩白氣廣八九寸，貫月東西南北。」

贊曰：皇極惟建，五事剋端。罰咎入沴，逆亂浸干。火下水騰，木弱金酸。妖豈或妄，氣炎以觀。

校勘記

三三五七頁四行　在危八度　按：校補引錢大昭說，謂後漢紀作「十度」。

三三五七頁七行　虛危齊也　按：集解引惠棟說，謂「也」一作「地」。

三三五七頁一三行　有兵敵強　按：集解引錢大昕說，謂開元占經引作「有兵狄強起」。

三三五八頁三行　或逆枉矢射　按：「矢」原譌「失」，逕改正。

三三五八頁四行　陰爲刑　按：「刑」原譌「則」，逕改正。

三三五八頁九行　雷不行雪殺草不長姦人入宮　按：集解引錢大昕說，謂占經作「雷不行，霜不殺草，長人入宮」。

三三五八頁一〇行　四年五月乙卯晦日有蝕之　按：依當時行用之曆，後簡稱時曆。建武四年五月庚戌晦，非乙卯。今推是年六月合朔在庚戌晨夜，日蝕不能見。古今注誤。

三三五八頁一三行　丙寅蝕久旱多有徵　按：集解引錢大昕說，謂占經作「丙寅日蝕，蟲，久旱，多水徵」。

三三五八頁一三行　本紀都尉翻以聞　按：校補謂此本紀當是續漢書本紀。

三三五九頁一行　天人崩　按：集解引錢大昕說，謂占經引作「大人崩，王者憂之」。

三三五九頁一行　（皆月）行疾也　據集解引惠棟說補。

三三五九頁二行　九年七月丁酉十一年六月癸丑十二月辛亥並日有蝕之　按：依時曆，建武九年七月辛亥朔，無丁酉。今推是年八月合朔己卯，即時曆七月晦，日蝕可見。十一年六月己亥朔，癸丑非朔日。今推是年七月合朔戊辰，即時曆六月晦晨夜，日蝕不能見。又是年十二月丁酉朔，辛亥亦非朔日。今推是月合朔丙申，時曆十一月晦，日蝕可見。此處古

今注皆誤。

三三五九頁五行　主疑（王）〔臣〕　按：「主疑王」不詞，集解引錢大昕說，謂占經引作「主疑臣，三公有免黜者」。今據改。

三三五九頁一五行　地動搖侵兵強　按：集解引錢大昕說，謂占經引作「地動搖，宮室摧，侵兵強」。

三三五九頁一五行　主兵弱諸侯（爭）〔強〕　據汲本、殿本改。

三三六〇頁一行　二十六年二月戊子日有蝕之　按：依時曆，建武二十六年二月甲辰朔，無戊子。今推是年二、三月均無日蝕，古今注誤。

三三六〇頁六行　下有敗兵　按：集解引錢大昕說，謂占經引「敗」作「聚」。

三三六〇頁九行　淫雨毀山有兵　按：集解引錢大昕說，謂占經「毀山」作「數出」。又按：校補謂占經「兵」下有「起」字。

三三六〇頁一二行　其占重　按：集解引惠棟說，謂此下當有闕文。下永平十六年，日蝕，儒說其占重，後二歲，宮車晏駕。此條下當云「明年，宮車晏駕」。或蒙三十一年之占，不重出也？

三三六〇頁一三行　水（減）〔盛〕陽潰陰欲翔　集解引錢大昕說，謂占經「減」作「盛」，是。今據改。

三三六〇頁一五行　六年六月庚辰晦日有蝕之　按：依時曆，永平六年丁巳朔，丙戌晦，庚辰二十四日。今

推是年七月合朔丙戌，卽時曆六月晦晨夜，日蝕不能見，古今注誤。

三三六一頁三行　古今注曰十二月　按：志文作「八年十月壬寅晦」，明帝紀同。今推永平八年十月壬寅晦日蝕，與志、紀合，古今注譌。

三三六一頁四行　天下苦兵大臣驕橫　按：集解引錢大昕說，謂占經作「天下苦兵大起」。

三三六一頁五行　十三年十月甲辰晦日有蝕之　明帝紀作「十月壬辰晦」，注引古今注作「閏八月」。按：依時曆，是年閏七月，十月甲辰爲朔，非晦，亦無壬辰。今推是年八月合朔甲辰，卽時曆閏七月晦，日蝕可見。紀、志與古今注皆譌。

三三六一頁七行　四騎脅大水　按：集解引錢大昕說，謂占經無「大水」二字，「脅」作「爵」。

三三六一頁八行　主后壽命絕　按：「主」原譌「王」，逕改正。

三三六一頁九行　日有蝕之　「蝕」原作「食」，以前後皆作「蝕」，今改歸一律。

三三六二頁一行　彗星東至有寇兵　按：集解引錢大昕說，謂占經作「彗星東出，有寇兵，旱」。

三三六二頁五行　辛未蝕大水　按：集解引錢大昕說，謂占經「大水」下有「湯湯」二字。

三三六二頁七行　(元)〔章〕和元年八月乙未晦日有蝕之　校補引錢大昭說，謂「元和」當作「章和」，閩本亦失正。按：推章和元年八月乙未晦日蝕，章帝紀亦書於章和元年，錢說是，今據改。

三三六二頁一四行　有土殃　按：集解引錢大昕說，謂占經引無「土」字。

三三六三頁三行　子爲雄　按：王先謙謂占經引「雄」下有「近臣憂」三字。

三三六三頁五行　無非無儀　殿本「儀」作「議」。按：此與毛詩合。校補引柳從辰說，謂列女傳引詩正作「議」，蓋本魯詩。

三三六三頁一〇行　三年三月日有蝕之　按：今推是年三月合朔辛卯，無日蝕，古今注誤。

三三六三頁一五行　丙申蝕諸侯相攻　集解引錢大昕說，謂占經引作「丙申日蝕，諸侯相攻，夷狄內侵，旱」。案本書注例，日名同者不更注，乃此引「諸侯相攻」句，後元初五年八月丙申朔下引「夷狄內攘」句，同日異占，不可曉。今按：校補謂錢氏以後注引「夷狄內攘」句爲卽「夷狄內侵」之異文，其說亦誤。蓋注所引潛潭巴丙申占驗，本闕「夷狄內侵旱」五字，說另詳後。

三三六四頁一行　元初元年十月戊子朔日有蝕之　集解引惠棟說，謂本紀三月癸酉朔日蝕。今按：元初元年三月合朔壬戌，無日蝕，紀誤。

三三六四頁四行　雌必成雄　按：集解引錢大昕說，謂占經引作「必成雄，有憂」。

三三六四頁七行　四年二月乙(亥)〔巳〕朔　集解引洪亮吉說，謂案安紀作「乙巳」，下云乙卯、壬戌，則日辰當以本紀爲是。又引周壽昌說，謂下云「其月十八日壬戌，武庫火」，與紀同。計乙巳朔至壬戌正十八日，若是乙亥朔，則下不得有壬戌，宜從本紀。今按：推是年二月合朔乙巳，日蝕可見，洪、周說是，今據改。又按：劉注引春秋讖潛潭巴「乙亥」云云，足證所見本原作「乙亥」。

三三六四頁八行　其(月)十(月)八日　據集解引周壽昌說改，與安紀合，說詳上。

三三六四頁九行　乙亥蝕東國(發)兵　集解引錢大昕說，謂占經引作「乙亥日蝕，陽不明，冬無水，東國兵」。按：張森楷校勘記謂「東國」下無「發」字是，若有「發」字則與乙巳占同，非也。今據張說删「發」字。

三三六四頁一二行　潛潭巴曰丙申蝕夷狄內攘　按：校補謂案占經作「庚申日蝕，夷狄內攘」，是「丙申蝕」乃「庚申蝕」之誤。而此引「潛潭巴曰」十一字應在後「延光三年九月庚申晦日有蝕之」下，因「庚申」誤爲「庚寅」，故注文亦誤移於此。錢大昕氏偶忘「夷狄內攘」四字本爲庚申蝕占驗，故雖知前注所引潛潭巴丙申蝕占驗有誤，而仍不免誤說也。

三三六四頁一五行　去〔年〕二月京師地震　據汲本、殿本補。

三三六五頁三行　法當(坤)〔由〕陽　據汲本、殿本改。按：「法當坤陽」不可解，由有從義，當不誤，今據改。

三三六五頁七行　建光元年鄧〔太〕后崩　據汲本補。按：「元年」汲本、殿本並譌「二年」。

三三六五頁七行　辭言地震日蝕任〔在〕中(官)〔宮〕　汲本、殿本作「辭言地震日蝕在中宮」。按：上文言「戊者土主，任在中宮」，足證原本「任」下脫「在」字，「宮」誤「官」，而汲本、殿本則「在」上脫一「任」字也。今據以改正。

三三六五頁八行　覓有廢〔立〕之謀　據汲本、殿本補。

三三六五頁九行　永寧元年七月乙酉朔日有蝕之　安帝紀同。按：今推是年七月合朔乙酉，無日蝕。

三三六五頁一〇行　賢人消　按：集解引錢大昕說，謂占經引「消」上有「退」字。

三三六五頁一三行　延光三年九月庚(寅)〔申〕晦　集解引洪亮吉說，謂案安紀作「庚申」，上云丁酉、乙巳，則日辰當以本紀爲是。今據改。

三三六五頁一六行　案馬融集是時融爲許令　按：「馬」原譌「焉」，「時」原譌「蝕」，逕改正。

三三六六頁二行　(蹈)〔昭〕在前志　據張森楷校勘記改。

三三六六頁三行　茀氣干參　按：「干」原譌「于」，逕改正。

三三六六頁三行　臣前得敦朴之(人)〔徵〕　校補謂「人」當作「徵」，今據改。按：融於順帝陽嘉二年以敦樸徵。

三三六六頁四行　殆謂西戎北狄　按：「北」原譌「此」，逕改正。

三三六六頁五行　驗略效〔矣〕　據汲本、殿本補。

三三六六頁五行　申誡重(譴)〔譴〕　據汲本、殿本改。

三三六六頁六行　將吏策勳之名　按：「勳」原譌「動」，逕據汲本、殿本改正。
三三六六頁六行　皆組圖(身)〔伸〕一時之權　據校補說改。
三三六六頁七行　則各相(不大)〔美其〕疾病　據校補說改。
三三六六頁一三行　施與孤弱　按：「孤」原譌「不」，逕據汲本、殿本改正。
三三六六頁一四行　狐疑無斷　按：「狐」原譌「孤」，逕據汲本、殿本改正。
三三六七頁三行　王命不行　按：集解引錢大昕說，謂占經「王命」作「主命」。
三三六七頁一二行　日蝕己丑天下唱之　按：錢大昕考異謂占經引作「己丑日蝕，臣伐其主，天下皆亡」。又按：「日蝕己丑」汲本作「己丑蝕」。
三三六八頁三行　有旱有兵　按：集解引錢大昕說，謂占經「旱」上無「有」字。
三三六八頁四行　元嘉二年七月二日庚辰日有蝕之　桓帝紀同。按今推是年七月合朔己卯，無日蝕。
三三六八頁七行　悽愴傷心　按：「悽」原譌「連」，逕改正。
三三六八頁一四行　太史陳援　按：集解引惠棟說，謂梁冀傳「援」作「授」。
三三六九頁三行　九年正月辛卯朔　按：集解引洪亮吉說，謂案桓紀作「辛亥」，下云己酉，則日辰當以續志爲是。
三三六九頁五行　臣代其主　按：殿本「代」作「伐」，與占經合。校補謂桓帝崩，靈帝由外藩入繼而代其

位，則作「代」亦自可通。
三三六九頁七行　勃海(盜賊)〔海溢〕　按：集解引惠棟說，謂「盜賊」誤，案紀云「勃海海溢」也。今據改。
三三六九頁八行　壬子蝕妃后專恣女謀主　按：集解引錢大昕說，謂占經作「壬子日蝕，女謀王，女主憂」。
三三六九頁一三行　三年三月丙寅晦日有蝕之　靈帝紀同。按今推是年四月合朔丁卯晨夜，日蝕不能見。
三三六九頁一四行　辛酉蝕女謀主　按：集解引錢大昕說，謂占經作「辛酉日蝕，女謁且興，姦邪欲起」。
三三六九頁一四行　谷永上書　按：「谷」原譌「公」，逕改正。
三三七〇頁一行　熹平二年十二月癸酉晦日有蝕之　靈帝紀同。按：是年十二月乙巳朔，晦爲甲戌而非癸酉。今推三年正月合朔甲戌，卽時曆上年十二月晦，日蝕可見，紀、志俱譌。
三三七〇頁二行　天有大異　按：「天」原作「夫」，逕據汲本、殿本改正。
三三七〇頁六行　光和元年二月辛亥朔日有蝕之　靈帝紀同。按：今推是年二月合朔辛亥，無日蝕，紀、志俱譌。
三三七〇頁一〇行　簡宗廟(上)〔水〕不潤下　據汲本、殿本改。按：「簡宗廟」下疑脫一「則」字。
三三七〇頁一一行　其救之也　按：海原閣校刊本蔡中郎集作「則其救也」。

三三七〇頁一六行　河決海〔溢〕久霧連陰　集解引錢大昕說，謂占經作「河決海溢，久霧連陰」。今按：「河決海」不成語，據錢說補一「溢」字。
三三七一頁三行　雷電擊殺骨肉相攻　按：集解引錢大昕說，謂占經作「雷擊殺人，骨肉爭功」。
三三七一頁一〇行　後火燒官兵　按：集解引錢大昕說，謂占經作「火燒後宮」。
三三七一頁一一行　六年(十月癸未)〔二月丁卯〕朔　獻帝紀作「三月丁卯」。集解引洪亮吉說，謂「十月癸未」應作「三月丁卯」，此因下文十三年而誤。今按：建安六年三月丁酉朔，無丁卯，十月甲子朔，非癸未，推是年二月合朔丁卯，八月合朔甲子，卽時曆七月晦，均有日蝕可見。足證志月日俱誤，獻帝紀「三月」則爲「二月」之譌，今據以改正。
三三七二頁七行　(征)〔在〕南北面　據汲本、殿本改。
三三七二頁九行　皇德傳史　按：汲本「皇」作「星」。
三三七二頁一四行　偏剌日　按：汲本作「偏周日」，殿本作「偏剌日」。
三三七三頁六行　時則天雨　按：汲本、殿本「天」作「大」。
三三七四頁七行　社稷移(亡)〔主〕　據汲本、殿本改。

後漢書志

晉 司馬彪 撰
梁 劉 昭注補

第 一 二 册

第一九至第三〇（志二）

中 華 書 局

後漢書志第十九

郡國一

河南 河內 河東 弘農 京兆 馮翊 扶風

右司隸

漢書地理志記天下郡縣本末，及山川奇異，風俗所由，至矣。今但錄中興以來郡縣改異，及春秋、三史會同征伐地名，〔一〕以爲郡國志。〔二〕凡前志有縣名，今所不載者，皆世祖所幷省也。前無今有者，後所置也。凡縣名先書者，郡所治也。〔三〕

〔一〕臣昭案：志猶有遺闕，今衆書所載，不可悉記。其春秋土地，通儒所據而未備者，皆先列焉。

〔二〕本志唯郡縣名爲大書，其山川地名悉爲細注，今進爲大字。新注證發，臣劉昭採集。

〔三〕帝王世記曰：「自天地設闢，未有經界之制。三皇尙矣。諸子稱神農之王天下也，地東西九十萬里，南北八十五萬里。及黃帝受命，始作舟車，以濟不通。乃推分星次，以定律度。自斗十一度至婺女七度，一名須女，曰星紀之次，於辰在丑，謂之赤奮若，於律爲黃鐘，斗建在子，今吳、越分野。自婺女八度至危十六度，曰玄枵之次，一名

天黿，於辰在子，謂之困敦，於律爲大呂，斗建在丑，今齊分野。自危十七度至奎四度，曰豕韋之次，一名娵訾，於辰在亥，謂之大淵獻，於律爲太蔟，斗建在寅，今衞分野。自奎五度至胃六度，曰降婁之次，於辰在戌，謂之閹茂，於律爲夾鍾，斗建在卯，今魯分野。自胃七度至畢十一度，曰大梁之次，於辰在酉，謂之作噩，於律爲姑洗，斗建在辰，今趙分野。自畢十二度至東井十五度，曰實沈之次，於辰在申，謂之涒灘，於律爲中呂，斗建在巳，今晉、魏分野。自井十六度至柳八度，曰鶉首之次，於辰在未，謂之叶洽，於律爲蕤賓，斗建在午，今秦分野。自柳九度至張十七度，曰鶉火之次，於辰在午，謂之敦牂，一名大律，於律爲林鍾，斗建在未，今周分野。自張十八度至軫十一度，曰鶉尾之次，於辰在巳，謂之大荒落，於律爲夷則，斗建在申，今楚分野。自軫十二度至氐四度，曰壽星之次，於辰在辰，謂之執徐，於律爲南呂，斗建在酉，今韓分野。自氐五度至尾九度，曰大火之次，於辰在卯，謂之單閼，於律爲無射，斗建在戌，今宋分野。自尾十度至斗十度百三十五分而終，曰析木之次，於辰在寅，謂之攝提格，於律爲應鍾，斗建在亥，今燕分野。凡天有十二次，日月之所躔也；地有十二分，王侯之所國也。故四方方七宿，四七二十八宿，合百八十二星。東方蒼龍三十二星，七十五度；北方玄武三十五星，九十八度（四分度之一）；西方白虎五十一星，八十度；南方朱雀六十四星，百一十二度。周天三百六十五度四分度之一。一度二千九百三十二里，分爲十二次，一次三十度三十二分度之十四，各以附其七宿閒。距周天積百七萬九百一十三里，徑三十五萬六千九百七十一里。陽道左行，故太歲右轉，凡中外官常明者百二十四，可名者三百二十，合二千五百星。微星之數，凡萬一千五百二十星，萬物所受，咸系命焉。此黃帝創制之大略也。而佗說稱日月所照三十五萬里。考諸子所載，神農之地，過日月之表，近爲虛誕。及少昊氏之衰，九黎亂德，其制無聞矣。洎顓頊之所建，帝嚳受定，則孔子稱其地北至幽陵，南暨交阯，西蹈流沙，東極蟠木，日月所照，莫不底焉，是以建萬國而

制九州。至堯遭洪水，分爲十二州，今虞書是也。及禹平水土，還爲九州，今禹貢是也。是以其時九州之地，凡二千四百三十萬八千二十四頃，定墾者九百(一)〔三〕十萬(八)〔六〕千二十四頃，不墾者千五百萬二千頃，民口千三百五十五萬三千九百二十三人。至于塗山之會，諸侯承唐虞之盛，執玉帛亦有萬國。是以山海經稱禹使大章步自東極，至于西垂，二億三萬三千五百里七十一步。又使豎亥步(自)南極，(北)盡於北垂，二億三萬三千五百里七十五步。四海之內，則東西二萬八千里，南北二萬六千里，出水者八千里，受水者八千里，(經)名山五千三百五十，(經)六萬四千五十六里。出銅之山四百六十七，出鐵之山三千六百九。以供財用，儉則有餘，奢則不足。以男女耕織，不奪其時，故公家有三十年之積，私家有九年之儲。及夏之衰，棄稷弗務，有窮之亂，少康中興，乃復禹迹。孔甲之至桀行暴，諸侯相兼，逮湯受命，其能存者三千餘國，方於塗山，十損其七。民離毒政，將亦如之。殷因於夏，六百餘載，其間損益，書策不存，無以考之。又遭紂亂，至周剋商，制五等之封，凡千七百七十三國，又減湯時千三百矣。民衆之損，將亦如之。及周公相成王，致治刑錯，民口千三百七十一萬四千九百二十三人，多禹十六萬一千人，周之極盛也。其後七十餘歲，天下無事，民彌以息。及昭王南征不反，穆王失荒，加以幽、厲之亂，平王東遷，三十餘載，至齊桓公二年，周莊王之十三年，五千里內，非天王九賓之御，自世子公侯以下至於庶民，凡千一百八十四萬七千人，除有土老疾，定受田者九百萬四千人。其後諸侯相并，當春秋時，尚有千二百國。二百四十二年之中，殺君三十六，亡國五十二，諸侯奔走不得保社稷者，不可勝數。至于戰國，存者十餘。於是從橫短長之說，相奪於時，殘民詐力之兵，動以萬計。故崤有匹馬之禍，宋有易子之急，晉陽之(國)〔圍〕，縣釜而炊，長平之戰，血流漂鹵。周之列國，唯有燕、衞、秦、楚而已。齊及三晉，皆以篡亂，南面稱王。衞雖得存，不絕若綫。然考蘇、張之說，計秦及山東六國，戎卒尚存五百餘萬，推民口數，尚當千餘萬。及秦兼諸侯，置

三十六郡，其所殺傷，三分居二；猶以餘力，行參夷之刑，收太半之賦，北築長城四十餘萬，南戍五嶺五十餘萬，阿房、驪山七十餘萬，十餘年閒，百姓死沒，相踵于路。陳、項又肆其餘烈，故新安之坑，二十餘萬，彭城之戰，睢水不流。至漢祖定天下，民之死傷，亦數百萬。是以平城之卒，不過三十萬，方之六國，五損其二。自孝惠至文、景，與民休息，六十餘歲，民衆大增，是以太倉有不食之粟，都內有朽貫之錢。武帝乘其資畜，軍征三十餘歲，地廣萬里，天下之衆亦減半矣。及霍光秉政，乃務省役，至于孝平，六世相承，雖時征行，不足大害，民戶又息。元始二年，郡、國百三，縣、邑千(四)〔五〕百八十七，地東西九千三百二里，南北萬三千三百六十八里，定墾田八百二十七萬五百三十六頃，民戶千三百二十三萬三千六百一十二，口五千九百一十九萬四千九百七十八人，多周成王四千五百四十八萬五十五人，漢之極盛也。及王莽篡位，續以更始、赤眉之亂，至光武中興，百姓虛耗，十有二存。中元二年，民戶四百二十七萬千六百三十四，口(三)〔二〕千一百萬七千八百二十人。永平、建初之際，天下無事，務在養民，迄于孝和，民戶滋殖。及孝安永初、元初之閒，兵飢之苦，民人復損。至于孝桓，頗增於前。永壽二年，戶千六百七萬九百六，口五千六萬六千八百五十六人，墾田亦多，單師屢征。及靈帝遭黃巾，獻帝即位而董卓興亂，大焚宮廟，劫御西遷，京師蕭條，豪桀並爭，郭汜、李傕之屬，殘害又甚，是以興平、建安之際，海內凶荒，天子奔流，白骨盈野，故陜津之難，以箕撮指，安邑之東，后裳不完，遂有寇戎，雄雌未定，割剝庶民，三十餘年。及魏武皇帝剋平天下，文帝(授)〔受〕禪，人衆之損，萬有一存。景元四年，與蜀通計民戶九十四萬三千四百二十三，口五百三十七萬二千八百九十一人。又案正始五年，揚威將軍朱照日所上吳之所領兵戶凡十三萬二千，推其民數，不能多蜀矣。昔漢永和五年，南陽戶五十餘萬，汝南戶四十餘萬，方之於今，三帝鼎足，不踰二郡，加有食祿復除之民，凶年飢疾之難，見可供役，裁若一郡。以一郡之人，供三帝之用，斯亦勤矣。自禹至今二千餘載，

六代損益，備於茲焉。」臣昭案：謚記云春秋時有千二百國，未知所出。班固云周之始，爵五而土三，蓋千八百國。轉相吞滅，數百年閒，列國耗盡，至春秋時，尚有數十。

河南尹秦三川郡，高帝更名。世祖都雒陽，建武十五年改曰河南尹。〔一〕二十一城，永和五年戶二十萬八千四百八十六，口百一萬八百二十七。

〔一〕應劭漢官曰：「尹，正也。郡府聽事壁諸尹畫贊，肇自建武，訖于陽嘉，注其清濁進退，所謂不隱過，不虛譽，甚得述事之實。後人是瞻，足以勸懼，雖春秋采毫毛之善，罰纖釐之惡，不避王公，無以過此，尤著明也。」

雒陽〔一〕周時號成周。〔二〕有狄泉，在城中。〔三〕有唐聚。〔四〕有上程聚。〔五〕有士鄉聚。〔六〕有褚氏聚。〔七〕有滎錡澗。〔八〕有前亭。〔九〕有圉鄉。〔一〇〕有大解城。〔一一〕 **河南**〔一二〕周公時所城雒邑也，春秋時謂之王城。〔一三〕東城門名鼎門，〔一四〕北城門名乾祭。〔一五〕又有甘城，〔一六〕有蒯鄉。〔一七〕 **梁**故國，伯翳後。〔一八〕有霍陽山。〔一九〕有注城。〔二〇〕 **滎陽**有鴻溝水。〔二一〕有廣武城。〔二二〕有虢亭，虢叔國。有隴城。〔二三〕有薄亭。有敖亭。〔二四〕有(費)〔滎〕澤。〔二五〕 **卷**〔二六〕有長城，經陽武到密。〔二七〕有垣雝城，或曰古衡雍。〔二八〕有扈城亭。〔二九〕 **原武** **陽武**〔三〇〕 **中牟**〔三一〕有圃田澤。〔三二〕有清口水。〔三三〕有管城。〔三四〕有曲遇聚。〔三五〕有蔡亭。 **開封**〔三六〕 **苑陵**有棐林。〔三七〕

有制澤。〔三八〕有瑣侯亭。〔三九〕 **平陰** **穀城**瀍水出。〔四〇〕有函谷關。〔四一〕 **緱氏**〔四二〕有鄔聚。〔四三〕有轘轅關。〔四四〕 **鞏**〔四五〕有尋谷水。〔四六〕有東訾聚，今名訾城。〔四七〕有坎埳聚。〔四八〕有黃亭。有湟水。〔四九〕有明谿泉。〔五〇〕 **成皋**〔五一〕有旃然水。〔五二〕有瓶丘聚。有漫水。有汜水。〔五三〕 **京**〔五四〕 **密**〔五五〕有大騩山。〔五六〕有梅山。〔五七〕有陘山。〔五八〕 **新城**〔五九〕有高都城。〔六〇〕有廣成聚。〔六一〕有鄤聚，古鄤氏，今名蠻中。〔六二〕 **偃師**〔六三〕有尸鄉，〔六四〕春秋時曰尸氏。〔六五〕 **新鄭**詩鄭國，祝融墟。〔六六〕 **平**

〔一〕摯虞曰：「古之周南，今之雒陽。」魏氏春秋曰：「有委粟山，在陰鄉，魏時營爲圜丘。」皇覽曰：「縣東北山萇弘冢，縣北芒山道西呂不韋冢。」

〔二〕公羊傳曰：「成周者何？東周也。」何休曰：「周道始成，王之所都也。」帝王世記曰：「城東西六里十一步，南北九里一百步。」晉元康地道記曰：「城內南北九里七十步，東西六里十步，爲地三百(里)〔頃〕一十二畝有三十六步。城東北隅周威烈王冢。」

〔三〕左傳僖二十九年「盟于狄泉」，杜預曰城內太倉西南池水。或曰本在城外，定元年城成周乃繞之。案：此水晉時在東(官)〔宮〕西北。帝王世記曰：「狄泉本殷之墓地，在成周東北，今城中有殷王冢是也。又太倉中大冢，周景王也。」

〔四〕左傳昭二十三年「尹辛敗劉師于唐」。

〔五〕古程國，史記曰重黎之後，伯休甫之國也。關中更有程地。帝王世記曰「文王居程，徙都豐」，故此加爲上程。

〔六〕馮異斬武勃(也)(地)。

〔七〕左傳昭二十六年「王宿褚氏」，杜預曰縣南有褚氏亭。

〔八〕左傳周景王「崩于榮錡氏」，杜預曰鞏縣西。

〔九〕杜預曰縣西南有泉亭。即泉戎也。

〔一〇〕左傳昭二十二年單氏「伐東圉」，杜預曰縣東南有圉鄉。又西南有戎城，伊雒之戎。

〔一一〕左傳昭二十三年晉師次于解，杜預曰縣西南有大解、小解。

〔一二〕帝王世記曰：「城西有郟鄏陌，太康畋于有雒之表，今河之南。」本傳有(員)(負)犢山。

〔一三〕鄭玄詩譜曰：「周公攝政五年，成王宅雒邑，使邵公先相宅，旣成，謂之王城。」博物記曰：「王城方七百二十丈，郛方(七)(一)十里，南望雒水，北至陝山。」地道記曰去雒城四十里。左傳定八年「單子伐穀城」，杜預曰在縣西。

〔一四〕帝王世記曰：「東南門九鼎所從入。」又曰：「武王定鼎雒陽西南，雒水北鼎中觀是也。」

〔一五〕左傳昭二十四年「士伯立於乾祭」。皇覽曰：「城西南柏亭西周山上周靈王冢，民祠之不絕。」

〔一六〕杜預曰縣西南有甘泉。

〔一七〕左傳昭二十三年尹辛攻蒯。晉地道記曰：「在縣西南，有蒯亭。」

〔一八〕有陽人聚。史記曰：「秦滅東周，不絕其祀，以陽人地(賜周君)。」

〔一九〕左傳哀四年「楚爲一昔之期，襲梁及霍」。

〔二〇〕史記曰魏文侯(四)(三)十二年敗秦于注。博物記曰：「梁伯好土功，今梁多有城。」

〔二一〕文穎曰：「於滎陽下引河東南爲鴻溝，卽官度水也。」

〔二二〕西征記曰：「有三皇山，或謂三室山。山上有二城，東者曰東廣武，西者曰西廣武，各在山一頭，相去二百餘步，其閒隔深澗，漢祖與項籍語處。」

〔二三〕左傳文(三)(二)年「盟于垂隴」。

〔二四〕周宣王狩于敖。左傳宣十二年「晉師在敖、鄗之閒」。秦立爲敖倉。

〔二五〕左傳宣十二年楚潘黨逐魏錡及熒，杜預曰縣東熒澤也。

〔二六〕左傳成十年晉鄭盟脩澤，杜預曰縣東有脩武亭。

〔二七〕史記蘇秦說襄王曰：「大王之地，西有長城之界。」

〔二八〕史記无忌謂魏王曰「王有鄭地，得垣雍」者也。杜預曰卽是衡雍。又今縣所治城。

〔二九〕左傳莊二十三年「盟于扈」，杜預曰在縣西北。

〔三〇〕有武彊城。史記曰曹參攻武彊。秦始皇東遊至陽武博浪沙中，爲盜所驚。

〔三一〕左傳宣元年諸侯救鄭，遇于北林，杜預曰縣西南有林亭，在鄭北。

〔三二〕左傳閔二年遇于淸，杜預曰縣有淸陽亭。

〔三三〕左傳曰原圃。爾雅十藪，鄭有圃田。

〔三四〕杜預曰管國也，在京縣東北。漢書音義曰：「故管叔邑。」

〔三五〕前書曹參破楊熊。

〔三六〕左傳哀十四年「逢澤有介麇」，杜預曰在縣東北，遠，疑(非)。徐廣曰逢池也。

〔三七〕左傳宣元年諸侯會于棐林，杜預曰縣東(南)有林鄉。徐齊民北征記曰：「縣東南有大隧澗，鄭莊公所闕。又大城東臨溱水，水東溱水注于洧，城西臨洧水。」

〔三八〕左傳(宣)(成)十(六)年諸侯遷於制田，杜預曰縣東有制(城)(澤)。

〔三九〕左傳襄十一年諸侯之師次于瑣，杜預曰縣西有瑣侯亭。

〔四〇〕博物記曰：「出潛亭山。」

〔四一〕西征記曰：「函谷左右絕岸十丈，中容車而已。」

〔四二〕左傳曰呂相絕秦伯，「殄滅我費、滑」，杜預曰滑國都於費，今緱氏縣。案本紀，縣有百坏山。干寶搜神記曰：「縣有延壽城。」

〔四三〕左傳王取鄔、劉，杜預曰鄔在縣西南。

〔四四〕瓚曰：「險道名，在縣東南。」

〔四五〕鞏伯國。左傳曰「商湯有景亳之命」，杜預曰縣西南有湯亭。帝王世記曰：「湯亭(在)偃師。」又曰：「夏太康五弟，須于雒汭，在縣東北三十里。」

〔四六〕左傳昭二十三年王師、晉師圍郊中。史記(日)張儀(曰)「下兵三川，塞什谷之口」，徐廣曰縣有尋口。

〔四七〕左傳昭二十三年「單子取訾」，杜預曰在縣西南。晉地道記曰在縣之東。

〔四八〕左(氏)(傳)，周襄王出，國人納之坎埳，杜預曰在縣東。地道記在南。

〔四九〕左傳昭二十二年「王子猛居于皇」，杜預曰有黃亭，在縣西(北)(南)。

〔五〇〕左傳昭二十(三)(二)年「賈辛軍于谿泉」。

〔五一〕史記曰，成皋北門名(王)(玉)門。左傳「破燕師于北制」，杜預曰「北制，一名虎牢」，亦卽此縣也。穆天子傳曰：「七萃之士，生捕虎而獻天子，命爲柙，而畜之東虢，是曰虎牢。」左傳曰鄭子皮勞晉韓宣子于索氏，杜預曰縣東有大索城。尚書禹貢「至于大伾」，張揖云成皋縣山。又有旋門坂，縣西南十里，見東京賦(日)。

〔五二〕左傳襄十八年楚伐鄭，次旃然。

〔五三〕左傳曰周襄王處鄭地氾。

〔五四〕鄭共叔所居，左傳云「謂之京城大叔」。應劭曰：「有索亭。楚漢戰京、索。」北征記又有索水。

〔五五〕春秋時曰新城，傳曰新密。僖六年諸侯圍新城，杜預曰一名密縣。

〔五六〕山海經曰：「大騩之山，其陰多鐵，多美堊。有草焉，狀如蓍而毛，靑華而白實，其名曰(蒗)(蕷)，服者不夭。」

〔五七〕左傳曰襄十八年楚伐鄭，右迴梅山，在縣西北。

〔五八〕史記魏襄王六年伐楚，敗之陘山。秦破魏華陽，地亦在縣。杜預遺令曰：「山上有冢，或曰子產，邪東北向新鄭城，不忘本也。」

〔五九〕左傳曰文十七年周敗戎于邥垂，杜預曰縣北有垂亭。史記秦遷西周公於憲狐，徐廣曰「與陽人聚相近，在雒陽南百五十里梁、新城之閒」。

〔六〇〕史記蘇代說韓相國以高都與周者。

〔六一〕有廣成菀。

〔六二〕左傳昭十六年楚殺鄤子，杜預曰縣東南有蠻城。又祭遵獲張滿也。

〔六三〕帝王世記曰：「帝嚳所都，殷盤庚復南亳，是爲西亳。」皇覽曰「北有嚳縣祠」，又曰「有湯亭，有湯祠」。

〔六四〕帝王世記曰：「尸鄉在縣西二十里。」

〔六五〕左傳昭二十六年劉人敗子朝之師于尸氏。前書田橫自殺處。
〔六六〕皇甫謐曰：「古有熊國，黃帝之所都。」

河內郡高帝置。雒陽北百二十里。十八城，戶十五萬九千七百七十，口八十萬一千五百五十八。

懷有隰城。〔一〕**河陽**〔二〕有湛城。**軹**〔三〕有原鄉。〔四〕有湨梁。〔五〕**波**有絺城。〔六〕**沁水**〔七〕**野王**有太行山。〔八〕有射犬聚。〔九〕有邘城。〔一〇〕**溫**蘇子所都。濟水出，王莽時大旱，遂枯絕。〔一一〕**州**　**平睾**有邢丘，故邢國，周公子所封。〔一二〕有李城。〔一三〕**山陽邑**。有雍城。〔一四〕有蔡城。〔一五〕**武德**　**獲嘉**侯國。**脩武**故南陽，秦始皇更名。有南陽城，〔一六〕陽樊、攢茅田。〔一七〕有小脩武聚。〔一八〕有隤城。〔一九〕**共**本國。淇水出。〔二〇〕有汎亭。〔二一〕**汲**〔二二〕**朝歌**〔二三〕紂所都居，〔二四〕南有牧野，〔二五〕北有邶國，南有寧鄉。〔二六〕**蕩陰**有羑里城。〔二七〕**林慮**故隆慮，殤帝改。有鐵。〔二八〕

〔一〕左傳曰王取鄭隰城，杜預曰在縣西南。傳又曰郤至與周爭鄇田，杜預曰縣西南有鄇人亭。
〔二〕左傳曰王與鄭盟，杜預曰縣南孟津。
〔三〕左傳曰王以蘇忿生田向與鄭，杜預曰縣西北地名向上。
〔四〕左傳曰王與鄭原，杜預曰沁水西北有原城。

〔五〕左傳曰襄十六年諸侯會溴梁。
〔六〕左傳曰王與鄭絺，杜預曰在野王縣西南。
〔七〕山海經曰沁水出井陘東。
〔八〕山海經曰：「其上有金玉，下有碧。有獸焉，其狀如麢而四角，馬尾而有距，其名曰驒逼。」酈食其說曰「杜太行之道」，韋昭曰在縣北。
〔九〕世祖破青犢也。
〔一〇〕史記曰紂以文王、九侯、鄂侯爲三公，徐廣曰「鄂」一作「邘」。武王子封在縣西北。
〔一一〕皇覽曰：「縣郭東濟水南有虢公冢。」
〔一二〕臣瓚曰：「丘名也，非國，在襄國西。」
〔一三〕史記曰邯鄲李同𨻳秦兵，趙封其父李侯，徐廣曰卽此城。
〔一四〕杜預曰古雍國，在縣西。
〔一五〕蔡叔邑此，猶鄭管城之類乎？
〔一六〕左傳僖四年晉文公圍南陽。史記曰：「白起攻韓南陽，太行道絕之。」山海經曰：「太行之山，淸水出焉。」郭璞曰：「脩武縣北黑山亦出淸水。」
〔一七〕服虔曰：「樊仲山之所居，故名陽樊。」杜預曰縣西北有（𦯬）〔攢〕城。左傳曰定元年魏獻子田大陸，杜預曰西北吳澤也。
〔一八〕春秋曰寧。史記曰高祖得韓信軍小脩武，晉灼曰在城東。
〔一九〕左傳隱十一年「以隤與鄭」。
〔二〇〕前志注曰水出北山。博物記曰：「有奧水，流入淇水，有綠竹草。」
〔二一〕凡伯邑。
〔二二〕晉地道記曰有銅關。
〔二三〕有鹿腹山。
〔二四〕帝王世記曰紂糟丘、酒池、肉林在城西。前書注曰鹿臺在城中。
〔二五〕去縣十七里。
〔二六〕史記无忌說魏安僖王曰「通韓上黨於共寧」，徐廣曰有寧鄉。左傳曰襄二十三年「救晉，次雍楡」，杜預曰縣東有雍城是也。
〔二七〕韋昭曰：「羑音酉。文王所拘處。」
〔二八〕徐廣曰：「洹水所出。蘇秦合諸侯盟處。」班叔皮遊居賦亦曰「瀄余馬乎洹泉，嗟西伯於牖城」。

河東郡秦置，雒陽西北五百里。〔一〕二十城，戶九萬三千五百四十三，口五十七萬八百三。

〔一〕博物記曰：「有山澤近鹽。沃土之民不才，漢興少有名人，大衣冠三世皆衰絕也。」

安邑〔一〕有鐵，有鹽池。〔二〕**楊**有高梁亭。〔三〕**平陽**侯國。〔四〕有鐵。堯都此。〔五〕**臨汾**〔六〕有董亭。〔七〕**汾陰**〔八〕有介山。〔九〕**蒲坂**有雷首山。〔一〇〕有沙丘亭。〔一一〕**大陽**有吳山，上有虞城，〔一二〕有下陽城，〔一三〕有茅津。〔一四〕有顚軨

坂。〔一五〕**解**〔一六〕有桑泉城。〔一七〕有臼城。〔一八〕有解城。〔一九〕有瑕城。〔二〇〕**皮氏**有耿鄉。〔二一〕有鐵。有冀亭。〔二二〕**聞喜邑**，〔二三〕本曲沃。〔二四〕有董池陂，古董澤。〔二五〕有稷山亭。〔二六〕有涑水。〔二七〕有洮水。**絳邑**。〔二八〕有翼城。〔二九〕**永安**故彘，〔三〇〕陽嘉二年更名。〔三一〕有霍大山。〔三二〕**河北**詩魏國。有韓亭。**猗氏**〔三三〕**垣**有王屋山，兗水出。〔三四〕有壺丘亭。〔三五〕有邵亭。〔三六〕**襄陵**〔三七〕**北屈**〔三八〕有壺口山。〔三九〕有采桑津。〔四〇〕**蒲子**〔四一〕**濩澤**侯國。有（祁）〔析〕城山。〔四二〕**端氏**〔四三〕

〔一〕帝王世記曰：「縣西有鳴條陌。湯伐桀，戰昆吾亭。左傳昆吾與桀同日亡。」地道記（巫）咸山在南。
〔二〕前志曰池在縣西南。魏都賦注曰在猗氏六十四里。楊佺期雒陽記曰：「河東鹽池長七十里，廣七里，水氣紫色。有別御鹽，四面刻如印齒文章，字妙不可述。」
〔三〕左傳曰僖（九）〔二十四〕年晉懷公死高梁，杜預曰在縣西南。地道記有梁城，去縣五十里，叔嚮邑也。
〔四〕左傳曰成七年諸侯盟馬陵，杜預曰衞地也，平陽東南地名馬陵。又說在魏郡元城。
〔五〕晉地道記曰有堯城。
〔六〕博物記曰有賈鄉，賈伯邑。
〔七〕左傳曰晉改蒐于董，杜預曰縣有董亭。
〔八〕博物記曰：「古之綸，少康邑。」
〔九〕縣西北有狐谷亭。郭璞爾雅注曰：「縣有水口，如車輪許，濆沸涌出，其深無限，名之爲瀵。」

〔一〇〕史記曰趙盾田首山，息桑下，有餓人祇瀰明。縣南二十里有歷山，舜所耕處。又伯夷、叔齊隱於首陽山，馬融曰在蒲坂華山之北，河曲之中。

〔一一〕左傳曰文十二年秦晉戰河曲，杜預曰在縣南。湯伐桀，孔安國曰河曲之南。

〔一二〕杜預曰虞國也。帝王世記曰：「舜嬪于虞，虞城是也。」亦謂吳城，史記秦昭王伐魏取吳城，即此城也。皇覽曰：「盜跖冢臨河〔曲〕。」博物記曰傅巖在縣北。

〔一三〕絨邑，左傳僖二年虞、晉所滅。縣東北三十里。

〔一四〕左傳曰「秦伐晉，遂自茅津濟」，杜預曰在縣西。南有茅亭，即茅戎。

〔一五〕左傳曰「入自顛軨」。博物記曰在縣鹽池東，吳城之北，今之吳坂。杜預曰在縣東北。

〔一六〕左傳曰郤犯與秦晉大夫盟於郇，杜預曰縣西北有郇城。博物記曰有智邑。

〔一七〕左傳僖二十四年晉文公入桑泉，杜預曰在縣西二十里。

〔一八〕左傳曰晉文公入取臼衰者也。杜預曰在縣東南。博物記曰：「臼季邑。縣西北卑耳山。縣西南齊桓公西伐所登。」

〔一九〕左傳僖十五年晉侯賂秦，內及解梁城。

〔二〇〕左傳文十二年秦侵晉及瑕，杜預曰猗氏縣東北有瑕城。

〔二一〕尚書祖乙徙耿。左傳閔元年晉滅耿，杜預曰縣東南有耿鄉。博物記曰有耿城。

〔二二〕左傳僖二年，晉荀息曰「冀爲不道」，杜預曰國，在縣東北。史記蘇代說燕王曰：「下南陽，封冀。」

〔二三〕博物記曰縣治涑之川。史記曰伐韓到乾河。郭璞曰：「縣東北有乾河口，但有故溝處，無復水。」左傳曰僖三十

一年「晉蒐清原」，杜預曰在縣北。

〔二四〕曲沃在縣東北數里，與晉相去六七百里。見毛詩譜注。

〔二五〕左傳曰「改蒐于董」，「董澤之蒲」。

〔二六〕縣西五十里。左傳曰宣十五年「晉侯治兵于稷」。

〔二七〕左傳呂相絕秦，曰「伐我涑川」。

〔二八〕縣西有絳邑城，杜預曰故絳也。

〔二九〕左傳隱五年曲沃伐翼，杜預曰在縣東八十里。

〔三〇〕史記曰周穆王封造父趙城，徐廣曰在永安。博物記曰有呂鄉，呂甥邑也。

〔三一〕杜預曰縣東北有㚤城。

〔三二〕爾雅曰：「西南之美者，有霍山之多珠玉焉。」左傳曰閔元年晉滅霍，杜預曰「縣東北有霍大山」。史記曰原過受神人書，稱「余霍大山山陽侯天吏也」。又蜚廉於山得石椁，仍葬也。

〔三三〕地道記曰：「左傳文十三年『詹嘉處瑕』，在縣東北。」

〔三四〕史記曰：「魏武侯二年，城王垣。」博物記曰：「山在東，狀如垣。」

〔三五〕左傳襄元年晉討宋五大夫，寘諸瓠丘，杜預曰縣東南有壺丘亭。

〔三六〕博物記曰：「縣東九十里有郫邵之阨，賈季迎公子樂于陳，趙孟殺諸郫邵。」

〔三七〕晉地道記曰晉武公(自)曲沃徙此。

〔三八〕左傳曰「二屆」，杜預曰「二」當爲「北」。傳曰「屈產之乘」，有駿馬。

〔三九〕禹貢曰：「壺口治梁及岐。」

〔四〇〕左傳僖八年晉敗狄于采桑，杜預曰縣西南有采桑津。

〔四一〕左傳曰晉文公居蒲城，杜預曰今蒲子縣。

〔四二〕前志曰在縣西南。

〔四三〕史記曰，趙、韓、魏分晉，封晉端氏。

弘農郡武帝置。其二縣，建武十五年屬。雒陽西南四百五十里。九城，戶四萬六千八百一十五，口十九萬九千一百一十三。

弘農故秦函谷關，〔一〕燭水出。〔二〕有桔梎山。〔三〕有桃丘聚，故桃林。〔四〕有務鄉。〔五〕有曹陽亭。〔六〕　**陝**〔七〕本虢仲國。〔八〕有焦城。〔九〕有陝陌。〔一〇〕　**黽池**穀水出。〔一一〕有二崤。　**新安**澗水出。〔一二〕　**宜陽**〔一三〕　**陸渾**西有虢略地。〔一四〕　**盧氏**有熊耳山，〔一五〕伊水、清水出。〔一六〕　**湖**故屬京兆。〔一七〕有閿鄉。〔一八〕　**華陰**故屬京兆。〔一九〕有太華山。〔二〇〕

〔一〕左傳曰「虢公敗戎于桑田」，杜預曰在縣東北桑田亭。

〔二〕前志出(衙)〔衙〕(山)嶺下谷。

〔三〕本傳赤眉立盆子於鄭北，古今注曰在此山下。

〔四〕左傳曰守桃林之塞，博物記曰在湖縣休與之山。

〔五〕赤眉破李松處。

〔六〕史記曰，章邯殺周章于曹陽，晉灼曰縣東十三里。又獻帝東歸敗處，曹公改曰好陽。

〔七〕史記曰：「自陝以西，邵公主之；自陝以東，周公主之。」

〔八〕杜預曰虢都上陽，在縣東(南)。有虢城。

〔九〕故焦國，史記曰武王封神農之後於焦。

〔一〇〕博物記：「二伯所分。」

〔一一〕前志曰出穀陽谷。

〔一二〕博物記曰：「西漢水出新安入雒。」又有孝水，見潘岳西征賦。

〔一三〕有金門山，山竹爲律管。

〔一四〕左傳僖十五年晉侯賂秦，東盡虢略，杜預曰從河曲南行，而東盡故虢。

〔一五〕山海經曰：「其上多漆，其下多椶。浮豪之水出焉，西北流注于雒，其中多美玉，多人魚。」

〔一六〕晉地道記：「伊東北入雒。」

〔一七〕前志有鼎湖。

〔一八〕皇覽曰：「戾太子南出，葬在閿鄉南。」秦又改曰寧秦。

〔一九〕史記曰魏文侯三十六年齊侵陰晉。前志曰高帝改曰華陰。呂氏春秋九藪云「秦之陽華」，高誘曰「或在華陰西」。誘又曰「桃林縣西長城是也」。晉地道記曰「潼關是也」。

〔二〇〕左傳晉賂秦，南及華山。山海經曰：「太華之山，削成而四方，其高五千仞，其廣十里，鳥獸莫居。有蛇焉，名曰肥

遺，六足四翼，見則天下大旱。」武王放馬牛於桃林墟，孔安國曰在華山東。晉地道記山在縣西南。

京兆尹秦內史，武帝改。其四縣，建武十五年屬。雒陽西九百五十里。〔一〕十城，戶五萬三千二百九十九，口二十八萬五千五百七十四。

〔一〕決錄注曰：「京，大也。天子曰兆民。」

長安高帝所都。〔一〕鎬在上林苑中。〔二〕有細柳聚。〔三〕有蘭池。〔四〕有曲郵。〔五〕有杜郵。〔六〕霸陵有枳道亭。〔七〕有長門亭。〔八〕杜陵〔九〕鄠在西南。〔一〇〕鄭〔一一〕新豐有驪山，〔一二〕東有鴻門亭〔一三〕及戲亭。〔一四〕有(嚴)〔撖〕城。藍田出美玉。〔一五〕長陵故屬馮翊。〔一六〕商故屬弘農。〔一七〕上雒侯國。有冢領山，雒水出。故屬弘農。〔一八〕有菟和山。〔一九〕有蒼野聚。〔二〇〕陽陵故屬馮翊。

〔一〕漢舊儀曰：「長安城方(亦)〔六〕十三里，經緯各長十五里，十二城門，九百七十三頃。城中皆屬長安令。」辛氏三秦記曰：「長安地皆黑壤，城中今赤如火，堅如石。父老所傳，盡鑿龍首山爲城。」皇覽曰：「衞思后葬城東南桐(松)〔柏〕園，今千人聚是。」

〔二〕孟康曰：「長安西南有鎬池。秦始皇江神反璧曰：『爲吾遺鎬池君。』」古史考曰：「武王遷鎬，長安豐亭鎬池也。」皇覽曰：「文王、周公冢皆在鎬聚東杜中。」

〔三〕前書周亞夫所屯處。

〔四〕史記曰秦始皇微行夜出，逢盜蘭池。三秦記曰：「始皇引渭水爲長池，東西二百里，南北三十里，刻石爲鯨魚二百

丈。」

〔五〕前書高帝征黥布，張良送至曲郵。

〔六〕史記曰白起死處。三秦記曰：「長安城西有九嵕山，西有杜山。」杜預曰：「畢國在西北。」

〔七〕前書秦王子嬰降於軹道旁，地道記曰霸水西。

〔八〕前書文帝出長門，若見五人於道北，立五帝壇。

〔九〕杜預曰古唐杜氏也。

〔一〇〕杜預曰：「在鄠縣東。」決錄注曰：「鎬在酆水東，酆在鎬水西，相去二十五里。」

〔一一〕史記殺商君鄭黽池。鄭桓公封於此。黃圖云：「下邽縣並鄭，桓帝西巡復之。」

〔一二〕杜預曰：「古驪戎國。」韋昭曰：「戎來居此山，故號驪戎。」三秦記曰：「始皇墓在山北，有始皇祠。不齋戒往，即疾風暴雨。人理欲上，則杳冥失道。縣西有白鹿原，周平王時白鹿出。」案關中圖，縣南有新豐原，白鹿在霸陵。

〔一三〕前書高帝見項羽處，孟康曰「在縣東七十里，舊大道北下坂口名」。關中記云始皇陵北十餘里有謝聚。

〔一四〕周幽王死處，蘇林曰縣東南四十里。

〔一五〕三秦記曰：「有川，方三十里，其水北流。出玉、銅、鐵、石。」地道記有虎候山。

〔一六〕蔡邕作樊陵頌云：「前漢戶五萬，口有十七萬，王莽後十不存一。永初元年，羌戎作虐。至光和，領戶不盈四千。園陵蕃衞粢盛之供，百役出焉。民用匱乏，不堪其事。」

〔一七〕帝王世記曰：「契所封也。」左傳哀四年「將通於少習」，杜預曰少習，縣東之武關。

〔一八〕山海經曰雒水出(讙)〔讙〕舉之山。案(衆)〔史〕記云雒水出熊耳。山海經曰雒出王城南，至相谷西，東北流，去虎牢城西四十里，注河口，謂之雒汭。

〔一九〕左傳哀四年，楚司馬軍于菟和。

〔二〇〕左傳曰(昭)〔哀〕四年楚(左)〔右〕師軍蒼野，杜預曰在縣南。

左馮翊秦屬內史，武帝分，改名。雒陽西六百八十八里。〔一〕十三城，戶三萬七千九十，口十四萬五千一百九十五。〔二〕

〔一〕決錄注曰：「馮，馮也。翊，明也。」

〔二〕潘岳關中記曰：「三輔舊治長安城中，長吏各在其縣治民。光武東都之後，扶風出治槐里，馮翊出治高陵。」

高陵　池陽〔一〕　雲陽〔二〕　祋祤永元九年復。　頻陽　萬年〔三〕　蓮勺　重泉　臨晉本大荔。有河水祠。有芮鄉。〔四〕有王城。〔五〕郃陽永平二年復。　夏陽有梁山、〔六〕龍門山。〔七〕　衙〔八〕　粟邑永元九年復。

〔一〕爾雅十藪，周有焦穫，郭璞曰縣瓠中是也。地道記「有巀嶭山，在北。有鬼谷，生三所氏」。案：史記鬼谷在潁川陽城，與地記不同。

〔二〕有荆山。帝王世記曰：「禹鑄鼎於荆山，在馮翊懷德之南，今其下荆渠也。」

〔三〕帝王世記曰「秦獻公都櫟陽」是也。

〔四〕古芮國，與虞相讓者。

〔五〕史記曰秦厲恭公伐大荔，取其王城，即此城也。左傳晉陰飴甥與秦伯盟王城，杜預曰後改爲武鄉，在縣東。

〔六〕詩云：「奕奕梁山。」在縣西北。公羊傳曰河上之山也。杜預曰古梁國。史記曰本少梁。爾雅曰梁山，晉望也。

〔七〕書曰導河積石，歷龍門。太史公曰「遷生龍門」，韋昭曰在縣北。博物記曰：「有韓原，韓武子采邑。」

〔八〕左傳文二年晉敗秦于彭衙。皇覽曰：「有蒼頡冢，在利陽亭南，墳高六丈。」

右扶風秦屬內史，武帝分，改名。〔一〕十五城，戶萬七千三百五十二，口九萬三千九十一。

〔一〕決錄曰：「扶風，化也。」

槐里周曰犬丘，〔一〕高帝改。　安陵〔二〕　平陵　茂陵　鄠〔三〕豐水出。〔四〕有甘亭。〔五〕　郿有邰亭。〔六〕　武功永平八年復。有太一山，本終南。垂山，本敦物。〔七〕有斜谷。〔八〕　陳倉〔九〕　汧〔一〇〕有吳嶽山，〔一一〕本名汧，汧水出。有回城，名回中。〔一二〕　渝麋侯國。　雍〔一三〕有鐵。〔一四〕　栒邑有豳鄉。〔一五〕　美陽有岐山，〔一六〕有周城。〔一七〕　漆有漆水。〔一八〕有鐵。〔一九〕　杜陽永和二年復。〔二〇〕

〔一〕又名廢丘，周懿王、章邯所都。

〔二〕皇覽曰：「縣西北畢陌，秦武王冢。」

〔三〕古扈國。

〔四〕左傳曰「康有酆宮之朝」，杜預曰有靈臺，康王於是朝諸侯。

〔五〕帝王世記曰在縣南。夏啓伐扈，大戰于甘。又南山有王季冢。

〔六〕史記曰封棄於邰，徐廣曰今斄鄉。又案王忳傳，郿之斄亭，爲寃鬼報戮故亭長者也。秦是棨縣，後省。帝王世記

二十四史

曰：「秦出公徙平陽。」新論曰：「郃在漆縣，其民有會日，以相與夜中市，如不爲，則有災咎。」

〔七〕前志在縣東。

〔八〕西征賦注曰：「褒斜谷，在長安西南。南口褒，北口斜，長百七十里。其水南流。」

〔九〕三秦記曰：「秦武公都雍，陳倉城是也。有石鼓山。將有兵，此山則鳴。」

〔一〇〕爾雅（曰）十藪，秦有楊紆，郭璞曰在縣西。

〔一一〕郭璞曰：「別名吳山，周禮所謂嶽山者。」

〔一二〕來歙開道處。

〔一三〕左傳邵穆公采邑，史記有鴻冢。

〔一四〕帝王世記曰秦德公徙都。

〔一五〕鄭玄詩譜曰：「豳者，公劉自邰而出，所徙戎狄之地名。」又有劉邑。

〔一六〕左傳椒舉曰：「成王有岐陽之蒐。」山海經曰：「其上多白金，其下多鐵，城水出焉，東南流注于江。」

〔一七〕杜預曰城在縣西北。帝王世記曰：「周太王所徙，南有周原。」

〔一八〕山海經曰：「（輸）〔揄〕次之山，漆水出焉。」郭璞曰：「漆水出岐山。詩云『自土沮、漆』。」地道記曰水在縣西。皇覽曰：「有師曠冢，名師曠山。」

〔一九〕杜預曰豳國在東北。帝王世記曰有豳亭。

〔二〇〕詩譜曰：「周原者，岐山陽，地屬杜陽，地形險阻而原田肥美。」

右司隸校尉部，郡七，縣、邑、侯國百六。〔一〕

〔一〕漢（書）舊儀曰：「司隸治所，故孝武廟。」魏（志）略曰：「曹公分關中置漢興郡，（國）〔用〕游楚爲太守。」獻帝起居注曰：「中平六年，省扶風都尉置漢安郡，領雍、渝麋、杜陽、陳倉、汧五縣也。」

校勘記

三三八五頁九行　其山川地名悉爲細注今進爲大字　按：細注既進爲大字，則山川地名與郡縣名同爲大字，殊欠分曉，今郡縣名悉用黑體字以別之。

三三八五頁一〇行　新注證發　汲本「新」作「細」。錢大昭謂閩本亦作「新」。

三三八五頁一一行　帝王世記　按：別本「記」皆作「紀」，今悉依原本。

三三八五頁一二行　自斗十一度　按：集解引惠棟說，謂費直周易分野壽星起斗十度，蔡邕月令章句壽星起斗六度，陳卓云斗十二度。

三三八五頁一三行　自婺女八度　按：惠棟謂費直起女六度，蔡邕起女二度。

三三八五頁一三行　至危十六度　按：惠棟謂陳卓云十五度。

三三八六頁一行　自危十七度　按：惠棟謂費直起危十四度，蔡邕起危十度，陳卓云十六度。

三三八六頁二行　自奎五度　按：惠棟謂費直起奎二度，蔡邕起奎八度。

三三八六頁三行　自胃七度　按：惠棟謂費直起婁十度，蔡邕起胃一度。

三三八六頁四行　自畢十二度　按：惠棟謂費直起畢九度，蔡邕起畢六度。

三三八六頁五行　自井十六度　按：惠棟謂費直起井十二度，蔡邕起井十度。

三三八六頁五行　自柳九度　按：惠棟謂費直起柳五度，蔡邕起柳三度。

三三八六頁五行　至張十七度　按：惠棟謂陳卓云十六度。

三三八六頁六行　斗建在未　按：「斗」原譌「中」，逕改正。

三三八六頁六行　自張十八度　按：惠棟謂費直起張十三度，蔡邕起張十二度，陳卓起張十七度。

三三八六頁七行　自軫十二度　按：惠棟謂費直起軫七度，蔡邕起軫六度。

三三八六頁八行　今韓分野　惠棟謂陳卓云鄭之分野，鄭玄案堪輿書，壽星，鄭也，作「韓」者誤。按：王先謙謂韓滅鄭，故亦稱鄭，竹書可證，惠以「韓」爲誤字，非。

三三八六頁八行　自氐五度　按：惠棟謂費直起氐十一度，蔡邕起亢八度。

三三八六頁九行　自尾十度　按：惠棟謂費直起尾九度，蔡邕起尾四度。

三三八六頁九行　至斗十度　汲本、殿本「十」作「七」。按：惠棟謂陳卓云斗十一度。

三三八六頁一二行　北方玄武三十五星九十八度（四分度之一）　按：殿本考證齊召南謂蒼龍、玄武、白虎、朱雀各言星度之數，下言周天三百六十五度四分度之一，不應於北方星度獨言四分度之一也，「四分度之一」五字自是衍文。今據刪。

三三八七頁二行　定墾者九百（一）〔三〕十萬（八）〔六〕千二十四頃　據殿本改。按：以下不墾者之數合計九州之地數，殿本是。

三三八七頁二行　不墾者千五百萬二千頃　按：「千」原譌「午」，逕改正。

三三八七頁三行　是以山海經稱禹使大章步自東極至于西垂　按：惠棟謂「垂」一作「極」，下「北垂」同。又按：惠棟謂自「禹使大章」至下「二億三萬三千五百里七十五步」，山海經無此文，淮南子墬形訓有之。

三三八七頁四行　二億三萬三千五百里七十一步　惠棟補注本「三千」作「二千」，注云「二」一作「三」。汲本、殿本及惠棟補注本「五百里」皆作「三百里」。今按：淮南子墬形訓作「二億三萬三千五百里七十五步」。

三三八七頁四行　又使豎亥步（自）南極（北）盡於北垂　王先謙謂以上文例之，「南極」上奪一「自」字，「北」字衍。今據刪補。按：淮南子作「步自北極，至于南極」。

三三八七頁五行　出水者　按：惠棟謂一作「出水之山者」。

三三八七頁五行　〔經〕名山五千三百五十（經）六萬四千五十六里　惠棟謂「經」字當在「名山」上。今據改。

三三八七頁六行　出鐵之山三千六百九　按：惠棟謂自「東西二萬八千里」至此，皆山海經中山經之文，

中華書局

彼文「九」下有「十」字。

三三八七頁一三行　平王東遷三十餘載至齊桓公二年　張森楷校勘記謂案東遷至齊桓公二年七十九年，非三十餘載，文有訛。今案：「三」疑「七」之譌。

三三八七頁一五行　晉陽之(國)〔圍〕　據殿本改。

三三八八頁三行　不過三十萬　按：「三」字原譌「二」，逕改正。

三三八八頁四行　武帝乘其資畜　按：汲本、殿本「乘」作「承」。

三三八八頁六行　縣邑千(四)〔五〕百八十七　殿本考證齊召南謂按前漢書地理志，縣、邑千三百一十四，道三十二，侯國二百四十一，然則合計千五百八十七也，本文「四百」應是「五百」之訛。今據改。

三三八八頁七行　民戶千三百二十三萬三千六百一十二　按：前志作「千二百二十三萬三千六十二」。

三三八八頁七行　口五千九百一十九萬四千九百七十八人　按：前志作「五千九百五十九萬四千九百七十八」。

三三八八頁九行　口(三)〔二〕千一百萬七千八百二十八人　據汲本、殿本改。按：惠棟補注引李心傳說，謂西漢戶口至盛之時，率以十戶爲四十八口有奇，東漢戶口率以十戶爲五十二口。此上云「民戶四百二十七萬千六百三十四」，以十戶爲五十二口計之，祇二千一百萬餘，則

原作「三千一百萬」，譌也。

三三八八頁一四行　文帝(授)〔受〕禪　據殿本改。

三三八九頁二行　尚有數十　按：「十」字原空白，據汲本、殿本補。

三三八九頁五行　郡府聽事壁諸尹畫贊　按：「郡」字原空白，據汲本、殿本補。「畫」原譌「盡」，逕改正。

三三八九頁六行　罰纖釐之惡　按：汲本、殿本「罰」作「貶」，「釐」作「介」。

三三八九頁一二行　熒陽　汲本、殿本「熒」作「滎」。按：段玉裁謂熒澤、熒陽，古無作「滎」者，淺人任意竄易，以爲水名當作「滎」，不知泲水名熒，自有本義，於絕小水之義無涉也。

三三八九頁一三行　有(費)〔熒〕澤　集解引惠棟說，謂「費澤」無攷，案注及濟水注當作「熒澤」。今據改。

三三九〇頁一行　轂城　前志作「轂成」。按：集解引惠棟說，謂古字通以「城」爲「成」，見劉寬碑陰及韓勑別碑。

三三九〇頁三行　成睾　汲本「睾」作「睪」，殿本作「皐」，注同。按：集解引錢大昕說，謂「睪」當作「皐」，字形相涉而譌。校補引柳從辰說，謂睾爲皐之或體字，作「睪」者，蓋偶譌缺一筆，未可概指爲譌。黄山謂睪亦可通「皐」。

三三九〇頁五行　新城　按：集解引惠棟說，謂前志「城」作「成」，古字通。

三三九〇頁五行　今名蠻中　集解引惠棟說，謂說文「新城䜌中」，古蠻䜌字或相通。按：黄山謂䜌䜌相通，蓋古本名䜌中，故說文作「䜌中」耳，非蠻䜌字相通也。說詳校補。

三三九〇頁六行　匽師　按：集解引惠棟說，謂前書「匽」作「偃」。

三三九〇頁一〇行　爲地三百(里)〔頃〕　據汲本、殿本改。

三三九〇頁一三行　在東(官)〔宮〕西北　據汲本、殿本改。

三三九〇頁一六行　伯休甫之國也　按：「甫」原譌「川」，逕改正。

三三九一頁一行　馮異斬武勃(也)〔地〕　據汲本、殿本改。

三三九一頁四行　卽泉戎也　按：殿本「戎」作「城」。

三三九一頁五行　單氏伐東圉　按：「圉」原譌「圍」，逕改正。

三三九一頁六行　昭二十三年晉師次于解　按：依左傳「三」當作「二」，「晉」當作「王」。

三三九一頁七行　本傳有(員)〔負〕犢山　集解引馬與龍說，謂本書劉昆傳，昆避難河南負犢山中，彼注云「郡國志河南郡有負犢山」。作「員」者，形近致訛，李賢所見本尚不誤。今據改。按：「本」原譌「才」，逕改正。

三三九一頁八行　郛方(七)〔一〕十里　據汲本、殿本改。

三三九一頁一四行　以陽人地(賜周君)　據殿本考證齊召南說補，與史記秦本紀合。

三三九一頁一六行　魏文侯(四)〔三〕十二年敗秦于注　按：魏文侯立三十八年卒，無四十二年。敗秦于注，

乃三十二年事。各本皆未正，今據史記改。

三三九一頁一七行　於熒陽下引河東南爲鴻溝　汲本、殿本「熒」作「滎」。按：熒陽之「熒」本從火，作「滎」者後人妄改，見前「熒陽」條校記。

三三九二頁三行　左傳文(三)〔二〕年盟于垂隴　據汲本、殿本改。

三三九二頁一三行　左傳閔二年遇于清　「二」原作「一」，逕據汲本、殿本改。按：左傳閔二年無此文。

三三九二頁一六行　在縣東北遠疑(非)　據殿本補，與杜注合。

三三九二頁一七行　縣東(南)有林鄉　惠棟謂諸本皆脫「南」字。今據補，與杜注合。

三三九三頁二行　左傳(宣)〔成〕十(六)年諸侯遷於制田　集解引惠棟說，謂諸侯遷制田，成十六年事，注誤。今據改。

三三九三頁二行　縣東有制(城)〔澤〕　據集解引惠棟說改，與杜注合。

三三九三頁一〇行　湯亭(在)偃師　據集解引惠棟說補。

三三九三頁一三行　史記(曰)張儀〔曰〕　按：注所引乃張儀說秦惠王之辭，「曰」字當在「張儀」下，今乙正。

三三九三頁一四行　左(氏)〔傳〕　王先謙謂「氏」例當作「傳」，此駁文。今據改。

三三九三頁一四行　地道記在南　按：集解引惠棟說，謂依水經注「南」當作「西」。

三三九三頁一五行 左傳昭二十二年王子猛居于皇 按：「二十二年」原譌「一十二年」，逕改正。

三三九三頁一五行 在縣西(北)〔南〕 集解引惠棟說，謂「西北」今左傳注云「西南」。今據改。

三三九三頁一六行 昭二十(三)〔二〕年 惠棟謂「三」當作「二」。今據改，與左傳合。

三三九三頁一七行 成皐北門名(王)〔玉〕門 據殿本改。按：前書及通鑑並作「玉」。

三三九四頁二行 見東京賦(曰) 汲本「曰」作「云」。按文此字當衍，殿本無，今據删。

三三九四頁四行 周襄王處鄭地汜 按：集解引錢大昕說，謂襄王所處在潁川之襄城，注文重出，當去此存彼。

三三九四頁六行 一名密縣 按：今左傳杜注作「新鄭，鄭新密，今滎陽密縣」。惠棟云注文有脫誤。

三三九四頁七行 多美堊 按：集解引惠棟說，謂今山海經云「多美玉青堊」。

三三九四頁七行 其名曰(復)〔復〕 據汲本、殿本改。

三三九四頁八行 在縣西北 按：「在」上當脫「杜預曰」三字。又按：左傳杜注「西北」作「東北」。

三三九四頁一五行 楚殺鄭子 校補引柳從辰說，謂今左昭十六年經傳「鄭」均作「蠻」，注誤。

三三九五頁五行 有絺城 按：集解引惠棟說，謂「絺」說文作「郗」。

三三九五頁一三行 王取鄭隰城 按：「取」疑「與」之誤。左隱十一年王以蘇忿生田與鄭，有隰郕，杜注「在懷縣西南」。僖二十五年傳「隰郕」作「隰城」。

三三九六頁一三行 左傳僖四年晉文公圍南陽 按：注有誤。僖四年重耳方出亡，安有所謂「晉文公圍南陽」事？

三三九六頁一三行 太行之山 按：「行」原譌「時」，逕改正。

三三九六頁一五行 縣西北有(賛)〔攢〕城 據汲本、殿本改。

三三九七頁一二行 洹水所出 按：校補引柳從辰說，謂水經「洹水出上黨泫氏縣」，注云「出洹山，在長子縣也」。又「東過隆慮縣北」，注云「縣北有隆慮山」。是隆慮非即洹水所出。

三三九七頁一三行 少有名人大衣冠三世皆衰絕也 按：張森楷校勘記謂「大衣冠」不詞，疑「大」下有「族」字，「衣冠」屬下爲句。

三三九七頁一五行 蒲坂 按：前志「坂」作「反」。

三三九八頁五行 兗水出 集解引惠棟說，謂「兗」當作「沇」。又引錢大昕說，謂兗即沇字，古人從水字或横寫，沇作兗，亦是以立水爲横水，隸省爲六爾。兗州本以沇水得名，非兩字也。按：說文「沇」下段注云，古文作㕣，小篆作沇，隸變作兗，此同義而古今異形。

三三九八頁六行 有(祁)〔析〕城山 據殿本改。按：錢大昕謂「祁」當作「析」。

三三九八頁七行 〔巫〕咸山在南 王先謙謂「咸」上脫「巫」字，班志可證。今據補。

三三九八頁一〇行 僖(九)〔二十四〕年晉懷公死高粱 殿本考證齊召南謂注引左傳紀年多訛，晉文公入國而後殺懷公於高粱，是僖二十四年事。今據改。

三三九八頁一二行 衞地也平陽東南地名馬陵 按：注引杜注有誤。春秋成七年杜注作「馬陵，衞地。陽平元城有地名馬陵」。又按：王先謙謂「衞」當作「魏」。

三三九八頁一四行 縣有董亭 按：校補謂今左傳注作「汾陰縣有董亭」。考晉志無汾陰縣，此或據魏舊言之，而其時亭地已改隸汾陰耳。

三三九八頁一五行 古之綸少康邑 按：集解引惠棟說，謂案梁國虞縣有綸城，少康邑，注失考。

三三九九頁五行 盜跖冢臨河〔曲〕 集解引惠棟說，謂案皇覽，冢臨河曲，直宏農華陰山潼鄉，注脫「曲」字也。今據補。

三三九九頁一〇行 在縣西二十里 按今左傳杜注作「在河東解縣西」，不言「二十里」。

三三九九頁一四行 杜預曰猗氏縣東北有瑕城 按：今左傳僖十二年無此注。僖三十年「許君焦、瑕」，杜注「晉河外五城之二邑」，即此，然不云「猗氏縣東北」也。

三四〇〇頁七行 在縣東八十里 按：左傳杜注云「在平陽絳邑縣東」，不言「八十里」。

三四〇〇頁一二行 得石椁 按：汲本、殿本「椁」作「棺」。

三四〇〇頁一六行 晉武公(自)曲沃徙此 據集解引馬與龍說補。按：馬與龍謂注「曲沃」上脫「自」字。漢書地理志「河東郡絳，晉武公自曲沃徙此」。注地道記說蓋即本班志，當在前「絳邑」下，不知何以置此。地道記不應若是之誤，劉昭亦不應誤引若是，當由後人傳寫誤脫，因妄竄耳。

三四〇一頁八行 有務鄉 集解引錢大昕說，謂劉聖公傳作「務鄉」，音莫老反。

三四〇一頁一三行 按：殿本考證齊召南謂此注錯簡，當在下「陝有陝陌」之下。杜預左傳注云「桑田，虢地，在弘農陝縣東北」。蓋舊志陝有桑田亭，而劉昭引此文爲注也。又按：注「桑田亭」原譌「桑里亭」，逕改正。

三四〇一頁一四行 出(衡)〔衙〕(山)嶺下谷 按：前志「衡」作「衙」，水經河水注及開山圖亦作「衙」。集解引錢大昕說，謂「衡」當作「衙」。又前書補注引段玉裁說，謂「嶺」誤析爲「山領」，古「嶺」祇作「領」字。王先謙謂段云「山」字衍，是。今據以改删。

三四〇二頁四行 虢都上陽在縣東〔南〕 按：左傳僖五年「晉侯圍上陽」，杜注「上陽，虢國都，在弘農陝縣東南」。今據補。

三四〇二頁一〇行 從河曲南行而東盡故虢 按：今左傳杜注作「從河南而東盡虢界也」。

三四〇二頁一四行 秦又改曰寧秦 按：齊召南謂此注六字亦錯簡，當在下華陰注「高帝改曰華陰」之上，證以前志自明。

三四〇二頁一七行 名曰肥遺 殿本「遺」作「�」，與今山海經合。按：校補謂蟺後起字，疑本通作「遺」。

三四〇三頁七行　有（嚴）〔揻〕城　按：集解引洪頤煊說，謂本書劉玄傳注引續志作「揻城」，「嚴」是「揻」字之訛。今據改。

三四〇三頁一〇行　長安城方（亦）〔六〕十三里　據校補引錢大昭說改。按：史記呂后紀索隱引亦作「六十三里」。

三四〇三頁一二行　葬城東南桐（松）〔柏〕園　據集解引惠棟說改。

三四〇四頁一七行　雒水出（讙）〔讙〕舉之山　集解引惠棟說，謂「讙舉」山海經作「讙舉」。校補引柳從辰說，謂水經亦作「讙舉」。今據改。

三四〇四頁一七行　（衆）〔史〕記云　據汲本、殿本改。

三四〇五頁三行　左傳曰（昭）〔哀〕四年楚（左）〔右〕師軍蒼野　據左傳改。

三四〇五頁三行　杜預曰在縣南　按：今左傳杜注云「在上雒縣」，不言「南」。

三四〇六頁一行　杜預曰古梁國　按：左傳文公十年，晉伐秦，取少梁，杜注「少梁，馮翊夏陽縣」。與此異。

三四〇七頁五行　爾雅（曰）十藪　按文「曰」字當衍，今删。

三四〇八頁一行　漢（書）舊儀　按：「書」字衍，今删。

三四〇八頁一行　魏（志）〔略〕曰　集解引陳景雲說，謂今本魏志無此文，疑出魏略，「志」字偶誤。按：游楚事見魏志張既傳注，正引魏略，今據改。

三四〇八頁一行　（國）〔用〕游楚爲太守　集解引錢大昕說，謂「國」當作「以」。今按：何焯以宋殘本校，「國」作「用」，國用形近易誤，今從何校改。

後漢書志第二十

郡國二

潁川　汝南　梁國　沛國　陳國　魯國

右豫州

魏郡　鉅鹿　常山　中山　安平　河閒　清河　趙國　勃海

右冀州

潁川郡秦置。雒陽東南五百里。十七城，戶二十六萬三千四百四十，口百四十三萬六千五百一十三。

陽翟禹所都。〔一〕有鈞臺。〔二〕有高氏亭。〔三〕有雍氏城。〔四〕　襄有養陰里。

襄城〔五〕有西不羹。〔六〕有汜城。〔七〕有汾丘。〔八〕有魚齒山。〔九〕　昆陽有湛水。〔一〇〕

定陵有東不羹。〔一一〕　舞陽邑。　郾　臨潁　潁陽　潁陰〔一二〕有狐宗鄉，或曰古狐人亭。有岸亭。〔一三〕　許〔一四〕　新汲〔一五〕　鄢陵春秋時曰鄢。〔一六〕　長社有長葛城。〔一七〕有向鄉。〔一八〕有蜀城，有蜀津。〔一九〕　陽城〔二〇〕有嵩高山，〔二一〕洧水、潁水出。〔二二〕有鐵。有負黍聚。〔二三〕　父城有應鄉。〔二四〕　輪氏建初四年置。

〔一〕汲冢書：「禹都陽城。」古史考曰「鄭厲公入櫟」，即此也。晉地道記曰去雒陽二百八十六里，屬河南。

〔二〕左傳曰「夏啓有鈞臺之享」，杜預曰有鈞臺陂。帝王世紀云在縣西。

〔三〕左傳成十七年衞侵鄭，至高氏，杜預曰縣西南。

〔四〕左傳襄十八年楚伐鄭，侵雍梁，杜預曰在縣東北。史記齊湣王十二年攻魏，楚圍雍氏。

〔五〕左傳定四年「盟皐鼬」，杜預曰縣東南有城皐亭。

〔六〕杜預曰有不羹城。

〔七〕杜預曰在縣南。周襄王所處。

〔八〕左傳襄十八年楚治兵於汾，杜預曰縣東北有汾丘城。

〔九〕左傳謂魚陵，杜預曰魚齒山也，在犨縣北。

〔一〇〕左傳襄十六年，楚公子格與晉戰於湛阪。

〔一一〕杜預曰縣西北有不羹亭。地道記曰：「高陵山，汝水所出。」

〔一二〕左傳文九年楚伐鄭，師於狼淵，杜預曰縣西有狼陂。獻帝遣御史大夫張音奉皇帝璽綬策書，禪帝位於魏，是文帝

軻冢焉。」

〔七〕左傳襄四年戰狐台，杜預曰縣東南有目台亭。

〔八〕地道記曰：「夏車正奚仲所封，冢在城南二十里山上。」皇覽曰：「靖郭君冢在城中東南陬。孟嘗君冢在城中向門東北邊。」

〔九〕史記曰齊宣王九年與魏襄王會徐州而相王。

〔一〇〕左傳文公七年城郚，杜預曰縣南有郚鄉城。隱元年盟于蔑，杜預曰蔑，地名，縣南有姑城。襄十七年齊圍桃，杜預曰縣東南有桃墟。

〔一一〕左傳桓十二年盟曲池，杜預曰縣北有曲水亭。地道記「臨淄縣西南門曰曲門，其側有池」。案：魯桓與杞、莒盟，不往齊地，地道爲妄。

右豫州刺史部，郡、國六，縣、邑、〔公〕、侯國九十九。

魏郡高帝置。雒陽東北七百里。〔一〕十五城，戶十二萬九千三百一十，口六十九萬五千六百六。

〔一〕魏志曰：「建安十七年，割河內之蕩陰、朝歌、林慮，東郡之衞國、頓丘、東武陽、發干，鉅鹿之廮陶、曲(陽)〔周〕、南和、(廣平之)廣平、任(城)，趙國之襄國、邯鄲、易陽，以益魏郡。十八年，分置東西都尉。」

鄴〔一〕有故大河。有滏水。〔二〕有汙水，有汙城。〔三〕有平陽城。〔四〕有武城。有九侯城。〔五〕 繁陽 內黃〔六〕清河水出。有羛陽聚。〔七〕有黃澤。〔八〕 魏

元城〔九〕(五鹿)墟，故沙鹿，〔一〇〕有沙亭。〔一一〕 黎陽〔一二〕 陰安邑。 館陶 清淵 平恩 沙侯國。〔一三〕 斥丘有葛。〔一四〕 武安有鐵。〔一五〕 曲梁侯國，〔一六〕故屬廣平。有雞澤。〔一七〕 梁期

〔一〕帝王世記曰：「縣西南有上司馬，殷太甲常居焉。」魏都賦注曰：「縣西北有鼓山，時時自鳴，鳴則兵。」又交谷水在縣南。案：本傳有西唐山。又鄴北太行山，西北去，亦不知山所極處，亦如東海不知水所窮盡也。

〔二〕魏都賦曰：「北臨漳、滏，則冬夏異沼。」注云：「水經鄴西北。滏水熱，故名滏口。」

〔三〕史記曰項羽破秦軍汙水上。

〔四〕史記曰靳歙別下平陽。

〔五〕徐廣曰一作「鬼侯」。與文王爲紂三公。

〔六〕左傳襄十九年會于柯，杜預曰縣東北有柯城。昭九年荀盈卒于戲陽，杜預曰縣北有戲陽城。

〔七〕世祖破五校處。

〔八〕前志曰在縣西。

〔九〕左傳成七年會馬陵，杜預曰縣東南有地名馬陵。史記曰龐涓死處。

〔一〇〕左傳：「沙鹿崩。」穀梁傳曰：「林屬於山曰鹿。沙，山名也。」

〔一一〕左傳定七年盟于沙(亭)，杜預曰〔沙亭〕在縣東南。七年盟于瑣，晉地道記曰縣南有瑣陽城。

〔一二〕左傳定十四年會于牽，杜預曰縣東北有牽城。

〔一三〕魏都賦注曰有龍山。

〔一四〕杜預曰有乾侯。魯昭公所處。

〔一五〕卽臺孝威隱于縣山。

〔一六〕左傳宣十五年敗赤狄于曲梁。

〔一七〕左傳襄三年諸侯會雞澤，杜預曰在縣西南。

鉅鹿郡秦置。建武十三年省廣平國，以其縣屬。雒陽北千一百里。十五城，戶十萬九千五百一十七，口六十萬二千九十六。

廮陶有薄落亭。 鉅鹿故大鹿，有大陸澤。〔一〕 楊氏 鄡 下曲陽有鼓聚，故翟鼓子國。〔二〕有昔陽亭。〔三〕 任 南和 廣平 斥章 廣宗 曲周 列人 廣年 平鄉 南䜌

〔一〕有廣阿澤。呂氏春秋九藪趙之鉅鹿，高誘注云廣阿澤也，山海經曰大陸之水。史記紂盈鉅橋之粟。許愼云：「鉅鹿之大橋也。」鉅鹿南有棘原，章邯所軍處。前書曰沙丘臺在縣東北七十里。

〔二〕杜預曰縣西南有肥累城。古肥國，白狄別種。

〔三〕左傳昭十二年晉荀吳入昔陽，杜預曰沾縣東有昔陽城。(取)〔肥〕故都也。

常山國高帝置。建武十三年省眞定國，以其縣屬。十三城，戶九萬七千五百，口六十三萬一千一百八十四。

元氏〔一〕 高邑故鄗，光武更名。刺史治。〔二〕有千秋亭、五成陌，〔三〕光武卽位於此矣。 都鄉侯國。有鐵。 南行唐有石臼谷。 房子贊皇山，〔四〕濟水所出。〔五〕 平棘有塞。 欒城〔六〕 九門〔七〕 靈壽衞水出。 蒲吾〔八〕 井陘 眞定 上艾故屬太原。

〔一〕晉地道記有石塞、三公塞。

〔二〕漢官曰去雒陽一千里。

〔三〕縣南七里。

〔四〕在縣西南六十里。

〔五〕晉地道記有礫塞、中谷塞。

〔六〕(在平棘)縣西北四十里。

〔七〕史記趙武靈王出九門，如野臺以望齊、中山之境。碣石山，戰國策云在縣界。

〔八〕史記番吾君。杜預曰晉之蒲邑也。古今注曰：「永平十年，作常山呼沱河蒲吾渠，通漕船也。」

中山國高祖置。雒陽北一千四百里。十三城，戶九萬七千四百一十二，口六十五萬八千一百九十五。

盧奴 北平有鐵。 (母)〔毋〕極 新市有鮮虞亭，故國，子姓。〔一〕 望都〔二〕 唐有中人亭，〔三〕有左人鄉。〔四〕 安國 安憙本安險，章帝更名。

漢昌本苦陘，章帝更名。　蠡吾侯國，故屬涿。　上曲陽故屬常山。恒山在西北。〔五〕　蒲陰本曲逆，章帝更名。有陽城。〔六〕　廣昌故屬代郡。

〔一〕杜預曰白狄別種。
〔二〕左傳晉伐鮮虞及中人，杜預曰縣西北有中人城。晉地道記有馬安關。
〔三〕博物記曰：「堂闕在中人西北百里，中人在縣西四十里。」列子曰：「趙襄子使新稺穆子攻翟，取左人、中人。」
〔四〕帝王世記曰：「堯封唐。堯山在北，唐水西入河，南有望都山，即堯母慶都所居，相去五十里。都山一名豆山。」博物記曰：「左人，唐西北四十里。」
〔五〕有泉水，于吉得神書。晉地道記：「自縣北行四百二十五里，恒多山坂，名飛狐口。」
〔六〕晉地道記曰：「有陽安關。陽城。蒲陽山，蒲水出也。」

安平國故信都，高帝置。明帝名樂成，延光元年改。雒陽北二千里。十三城，戶九萬一千四百四十，口六十五萬五千一百一十八。

信都有絳水、呼沱河。　扶柳　下博　武邑　阜城故昌城。　南宮　觀津〔一〕　經西有漳水，津名薄落津。〔二〕　堂陽故屬鉅鹿。　武遂故屬河間。　饒陽故名饒，屬涿。有無蔞亭。〔三〕　安平故屬涿。　南深（國）〔澤〕故屬涿。

〔一〕本清河下縣。決錄注曰：「孝文竇皇后父隱身漁釣，墜淵而卒。景帝立，后爲太后，遣使者更填父所墜淵而葬，起

大墳于縣城南，民號曰竇氏青山。」
〔二〕史記曰，趙武靈王曰：「吾國東有河、薄落之水。」
〔三〕馮異進豆粥光武。案：志有解犢侯，靈帝封。

河閒國文帝置，世祖省屬信都，和帝永元（三）〔二〕年復故。雒陽北二千五百里。十一城，戶九萬三千七百五十四，口六十三萬四千四百二十一。

樂成　弓高　易故屬涿。　武垣故屬涿。　中水故屬涿。　鄚故屬涿。　高陽故屬涿。有葛城。　文安故屬勃海。　束州故屬勃海。　成平故屬勃海。　東平舒故屬勃海。

清河國高帝置。桓帝建和二年改爲甘陵。雒陽北千二百八十里。七城，戶十二萬三千九百六十四，口七十六萬四百一十八。

甘陵故厝，安帝更名。　貝丘　東武（成）〔城〕　鄃　靈和帝永元九年復。〔一〕　繹幕　廣川故屬信都。有棘津城。〔二〕

〔一〕地道記曰有鳴犢河。
〔二〕太公呂尙困於棘津城，琅邪海曲，非此城也。案：永初元年鄧太后分置廣川王國，後王薨，國除。太后崩，還益清河。

趙國秦邯鄲郡，高帝改名。雒陽北千一百里。五城，戶三萬二千七百一十九，口十八萬八千三百八十一。

邯鄲〔一〕有叢臺。〔二〕　易陽〔三〕　襄國本邢國，秦爲信都，項羽更名。有檀臺。〔四〕　有蘇人亭。　柏人　中丘〔五〕

〔一〕張華曰：「趙奢冢在邯鄲西山上，謂之馬服山。」
〔二〕有洪波臺。
〔三〕魏都賦曰：「溫泉毖涌而自浪。」注曰：「溫泉在易陽，世以治疾，洗百病。」
〔四〕史記曰趙成侯，魏獻榮椽，因以爲檀臺。
〔五〕晉地道記曰有石門塞、撓梁關。

勃海郡高帝置。雒陽北千六百里。八城，戶十三萬二千三百八十九，口百一十萬六千五百。

南皮　高城侯國。　重合侯國。　浮陽侯國。　東光〔一〕　章武　陽信　延光元年復。　脩故屬信都。

〔一〕有胡蘇亭。胡蘇河之名見爾雅。

右冀州刺史部，郡、國九，縣、邑、侯國百。

校勘記

三四二二頁一〇行　有氾城　按：「氾」原譌「汜」，逕改正。

三四二二頁一二行　臨潁　按：集解引錢大昕說，謂和帝女封臨潁公主，志似脫「邑」字。桓帝時，邊韶爲臨潁侯相，蓋公主之子襲封爲侯也。

三四二三頁一行　隱陵　按：前志「隱」作「傿」。

三四二三頁三行　輪氏　按：前志作「綸氏」。

三四二三頁五行　建初四年置　殿本考證齊召南謂按前志潁川郡有綸氏，疑縣不自建初置也。今按：漢書補注王先謙謂「置」疑「復」之誤。

三四二三頁一五行　高陵山汝水所出　按：張森楷校勘記謂案前志，潁川、汝南俱有定陵，此定陵下但云「有東不羹」，其高陵云云在汝南定陵下，今於此處注之，非是。

三四二三頁一六行　是文帝繼王位　按：張森楷校勘記謂案上下文義，「是」字頗不相屬，疑當作「時」，否則下有「時」字脫去。

三四二四頁五行　徐廣曰岸亭　集解引惠棟說，謂當作「岸門亭」，諸本缺「門」字。今按：史記魏世家裴駰集解引作「岸亭」，小司馬索隱引作「岸門亭」。

三四二四頁六行　獻帝徙都改許昌　按：集解引周壽昌說，謂考獻帝改都許在建安二年八月，改許縣爲

許昌縣在魏文帝黃初二年，非獻帝徙都時改名也。注誤。

三四二三頁七行　成十七年伐〔齊〕〔鄭〕至曲洧　按：據左傳「齊」當作「鄭」，各本皆未正，今改。

三四二三頁九行　克段於鄢　按：「段」原譌「叚」，逕改正。

三四二三頁一三行　伐魏蜀澤　按：殿本考證謂魏世家作「濁澤」，六國年表又作「涿澤」。

三四二三頁一七行　史記曰周敬王十九年鄭伐負黍　按：殿本考證齊召南謂按周本紀無此文。年表是周威烈王十九年鄭敗韓於負黍，時鄭繻公十六年，韓景侯二年也。又按：「伐」原譌「代」，逕改正。

三四二三頁一七行　遇許由於負黍〔山〕　據集解引惠棟說刪。

三四二四頁五行　新息〔侯〕國　集解引錢大昕說，謂「國」上當有「侯」字，馬援所封。今據補。按：集解又引馬與龍說，謂光武封朱浮爲侯，在馬援前，見浮傳。

三四二四頁六行　㶏強　按：集解引惠棟說，謂說文「㶏」作「瀷」，云「瀷水出陽城少室山，東入潁」。

三四二四頁六行　〔有〕道亭故國　張森楷校勘記謂「道」上當有「有」字，各本皆脫，蓋道是國，道亭非國也。按：張說是，今據補。

三四二四頁七行　安城侯國　按：前志作「安成」。錢大昕謂銚期封安成侯，卽此安城也。光武又封劉賜爲安成侯。

三四二四頁八行　慎陽　集解引惠棟說，謂索隱、路史引司馬志皆作「滇陽」。前志作「慎陽」，闞駰云合作「滇」。今按：前書師古注謂「慎」字本作「滇」，音眞，後誤爲「慎」耳。

三四二五頁一行　有〔摯〕〔鞶〕亭見說文　集解引錢大昕說，謂「鞶」當作「摯」。說文「汝南平輿縣有摯亭」，讀若晉。今據改。

三四二五頁六行　縣有葛陂鄉　按：集解引惠棟說，謂「葛陂」一作「葛陵」。

三四二五頁六行　民謂之楚王岑　按：集解引惠棟說，謂水經汝水注作「楚王琴」，云楚人謂冢曰琴也。

三四二五頁七行　輒顈壞〔塡〕厭　集解引惠棟說，謂諸本脫「塡」字。今據補。

三四二五頁九行　縣東有桑里亭　按：今杜注云「朗陵縣東南有桑里」，不言「亭」。

三四二五頁一三行　无忌說魏安僖王　按：「无」原譌「元」，逕改正。

三四二五頁一三行　鮦陽南有繁陽亭　按：今杜注云「繁陽，楚地，在汝南鮦陽縣南」，不言「亭」。

三四二五頁一四行　史記楚封王孫勝白公　按：下引杜注，「史記」疑「左傳」之誤。杜注見左哀十六年。

三四二五頁一四行　褒信縣有白亭　按：左傳哀十六年杜注「褒信縣」下有「西南」二字。

三四二六頁七行　轂熟　按：集解引惠棟說，謂「熟」當作「孰」。

三四二六頁七行　隔　按：前志作「傿」。

三四二六頁八行　薄故屬山陽〔湯〕所都　殿本考證齊召南謂案「山陽」下脫「湯」字。薄與亳通，前書臣瓚注「薄，湯所都」是也。今據改。

三四二六頁一四行　郕人懸公冑於魚門　按：殿本考證齊召南謂睢陽宋國，不應有郕城門事。此亦錯簡，當在「魯國騶本郕國」下。

三四二六頁一五行　杜預曰有梁亭　按：今杜注云「睢陽縣東有地名揚梁」。

三四二七頁四行　左傳宋萬殺宋閔公於蒙澤　按：柳從辰云左傳「殺」作「弑」，無「宋」字。校補謂今案注引左傳文往往有增損字句處，章懷注亦然。「弑」多改「殺」，則有所避忌也。

三四二七頁八行　〔左傳〕〔杜預〕曰在縣東北　集解王先謙謂「左傳」二字應作「杜預」，見桓十三年注，諸本皆誤。今據改。

三四二七頁九行　杜預曰蒙縣西北有薄城　按：杜注見莊十二年，「薄」作「亳」。

三四二七頁一〇行　秦泗〔川〕〔水〕郡　殿本考證謂「川」何焯校本改「水」。集解引惠棟說，謂「川」當作「水」。今據改。

三四二七頁一五行　公丘本〔滕〕〔縢〕國　據殿本改。按：前志亦云「故滕國」。

三四二七頁一六行　虹　按：汲本作「紅」。前志作「虹」，音貢。

三四二八頁三行　左傳定八年鄭伐許　按：定八年無鄭伐許事，疑有誤。

三四二八頁一七行　襄二十年盟於澶淵　按：集解引錢大昕說，謂春秋之澶淵，杜云在頓丘縣南，劉昭以杼

秋之澶淵當之，非也。

三四二九頁一行　戶十一萬二千六百五十三口百五十四萬七千五百七十二　張森楷校勘記謂每戶十三四人，戶少口多，毋乃不倫？今按：惠棟補注前引李心傳云，西漢戶口至盛之時，率以十戶爲四十八口有奇，東漢戶口率以十戶爲五十二口，此必有誤。

三四二九頁六行　〔卭〕〔邛〕有旨酒　據集解本改。

三四二九頁七行　〔楚〕〔追〕項籍至固陵　據汲本、殿本改。

三四二九頁七行　晉灼漢書注云　按：「灼」原譌「卿」，逕據汲本、殿本改正。

三四二九頁七行　汝南固始縣　按：集解引惠棟說，謂前志淮陽有固始縣，云「汝南」者，非也。

三四二九頁一五行　魯國〔古〕奄國　據殿本補。按：汲本亦脫「古」字，王先謙謂大注「奄國」上缺「古」字，各本皆有。

三四二九頁一六行　六國時曰徐州　按：此「徐」非禹貢徐州之「徐」。司馬貞謂「徐」字從「人」，說文作「郐」，並音舒。何焯校本定作「徐」。說詳補注。

三四三〇頁二行　黃帝生於壽丘　按：「生」原譌「主」，逕據汲本、殿本改正。

三四三〇頁七行　亂吾書董仲舒　按：校補謂本書鍾離意傳章懷注引意別傳「亂」作「修」，未詳孰是。

三四三〇頁八行　壁有七　按：此「壁」字及下兩「壁」字原皆譌「壁」，逕改正。

三四三〇頁一〇行　及護几席(嗣)〔劒〕履　據汲本、殿本改。

三四三〇頁一三行　與孔子冢併　汲本、殿本「併」作「近」。按：併，相並也，作「併」義長。

三四三〇頁一四行　宋伐鄭取牛首　按：集解引錢大昕說，謂左傳之牛首，杜元凱以爲鄭邑，劉昭以魯之牛首亭當之，非也。

三四三〇頁一六行　劉薈騶山記　按：汲本「薈」作「會」。

三四三一頁六行　縣南有郚鄉城　按：今杜注作「有郚城」，無「鄉」字。

三四三一頁一〇行　縣邑〔公〕侯國九十九　校補引錢大昭說，謂兗州作「縣、邑、公、侯國八十」，以有東郡衞公國也。今豫州汝南郡有宋公國，則此「侯」上亦當有「公」字。今據補。

三四三一頁一三行　鉅鹿之廮陶曲(陽)〔周〕　集解引馬與龍說，謂「陽」當作「周」，諸本皆誤。今據改。

三四三一頁一三行　(廣平之)廣平任(城)　錢大昭謂閩本無「廣平之」三字，據建武十三年省廣平國入鉅鹿，則不得云「廣平之廣平」。今據刪。又集解引馬與龍說，謂謝鍾英云任城屬東平，任縣屬鉅鹿，志衍「城」字。今據刪。

三四三二頁一行　〔五鹿〕墟故沙鹿　集解引惠棟說，謂水經河水注引郡國志，云「五鹿墟故沙鹿，有沙亭」。案前書元后傳云「元城東有五鹿之墟，卽沙鹿地也」。應脫「五鹿」二字。今據補。

三四三二頁三行　梁期　按：集解引惠棟說，謂史記作「梁淇」。

三四三二頁一三行　前志曰在縣西　前書地理志魏郡內黃注：「應劭曰，今黃澤在西。」按文「前志」當作「應劭」。

三四三二頁一五行　盟于沙(亭)杜預曰〔沙亭〕在縣東南　集解引惠棟說，謂左傳云「盟于沙」，衍「亭」字。杜注云「沙亭在縣東南」，脫「沙亭」二字。今據以刪補。

三四三二頁一五行　七年盟于瑣　按：杜注云「瑣卽沙也」。

三四三三頁八行　鄎　案：集解引惠棟說，謂前志作「鄎」，古字通。

三四三三頁一四行　(取)〔肥〕故都也　據殿本改。

三四三四頁一〇行　〔在平棘〕縣西北四十里　按：汲本、殿本作「在縣西四十里」。集解引惠棟說，謂哀四年，國夏伐晉，取欒，杜預云「欒城在平棘縣西北」。此脫「在平棘」三字。今據補。

三四三四頁一五行　(毋)〔毋〕極　據殿本改。按：校補謂作「母」者誤，通典作「無極」，可證。

三四三五頁四行　晉地道記有馬安關　按：集解引惠棟說，謂水經滱水注引地道記作「馬溺關」，又引中山記，云「人渡馬溺，是山之要害也」。

三四三五頁五行　堂關在中人西北百里　按：汲本、殿本「堂」作「唐」。

三四三五頁九行　有陽安關　按：「關」原譌「闕」，逕改正。

三四三五頁一三行　阜城故昌城　按：集解引錢大昕說，謂前志昌城縣屬信都郡，而勃海郡卻有阜城縣。又引惠棟說，謂宋書州郡志云前漢勃海有阜城縣，續志云故昌城，信都有昌城，未詳孰是。

三四三五頁一四行　南深(國)〔澤〕故屬涿　據殿本改。按：集解引錢大昕說，謂「國」當作「澤」。案前志，涿郡、中山皆有深澤縣，而涿郡加「南」字，續志有南深澤，無深澤。

三四三六頁四行　和帝永元(三)〔二〕年復故　據殿本改。按：集解引洪亮吉說，謂「三年」應作「二年」。

三四三六頁一一行　東武(成)〔城〕　據汲本、殿本改。

三四三七頁四行　中丘　按：集解引錢大昕說，謂當云「故屬常山」。

三四三七頁一一行　高城侯國　按：前志作「高成」。

後漢書志第二十一

郡國三

陳留 東郡 東平 任城 泰山 濟北 山陽 濟陰

右兗州

東海 琅邪 彭城 廣陵 下邳

右徐州

陳留郡武帝置。雒陽東五百三十里。十七城，戶十七萬七千五百二十九，口八十六萬九千四百三十三。

陳留有鳴鴈亭。〔一〕 **浚儀**本大梁。〔二〕 **尉氏**〔三〕 **雍丘**本杞國。〔四〕 **襄邑**有滑亭。〔五〕有承匡城。〔六〕 **外黃**〔七〕有葵丘聚，齊桓公會此。城中有曲棘里。〔八〕有繁陽城。 **小黃**〔九〕 **東昬**〔一〇〕 **濟陽**〔一一〕 **平丘**有臨濟亭，田儋死此。有匡。〔一二〕有黃池亭。〔一三〕 **封丘**〔一四〕有桐牢亭，或曰古蟲牢。〔一五〕 **酸棗**〔一六〕 **長垣**侯國。有匡城。〔一七〕有蒲城。〔一八〕有祭城。〔一九〕 **己吾**有大棘鄉。〔二〇〕有首鄉。〔二一〕 **考城**故菑，〔二二〕章帝更名。故屬梁。〔二三〕 **圉**故屬淮陽。有高陽亭。〔二四〕 **扶溝**故屬淮陽。

〔一〕左傳成十六年衞伐鄭鳴鴈，杜預曰在（雍丘）縣西北。陳留志曰：「有桐陵亭，古桐丘。」

〔二〕帝王世記曰：「禹避商均浚儀。」晉地道記：「儀封人，此縣也。」通俗文曰：「渠在浚儀，曰莨蕩」也。

〔三〕陳留志曰：「有陵樹鄉，北有澤，澤有天子苑囿，有秦樂厩，漢諸帝以馴養猛獸。」

〔四〕陳留志曰：「城內有神井，能興霧雹。」案：徐齊民北征記曰：「有呂祿臺，高七丈。有酈生祠。」曹植禹廟讚曰：「有禹祠，植移于其城，城本名杞城。」

〔五〕左傳莊三年次于滑，杜預曰在縣西北。

〔六〕地道記曰在縣西。左傳文十一年會晉郤缺于承匡。有桐門亭，有黃門亭。襄元年會鄫，杜預曰縣東南有鄫城。

〔七〕左傳「惠公季年，敗宋師于黃」，杜預曰宋邑，縣東有黃城。

〔八〕左傳昭二十五年「宋公佐卒曲棘」。

〔九〕漢舊儀曰：「高祖母起兵時死縣北，為作陵廟於小黃。」

〔一〇〕陳留志曰：「故戶牖鄉有陳平祠。」

〔一一〕有武父鄉。左傳桓十二年「盟于武父」，杜預曰縣東北有武父城。縣東南有戎城。縣都鄉有行宮，光武生。

〔一二〕匡人之亭，曹公破袁術處。

〔一三〕陳留志云：「黃亭在封丘。」左傳哀十三年盟黃池，杜預曰在（封邱）縣南。傳曰「吳囚子服景伯以還，及戶牖」，然即黃池在戶牖西。或以為外黃縣東溝，非也。

〔一四〕博物記有狄溝，即敗狄于長丘是也。

〔一五〕左傳成五年諸侯會蟲牢。陳留志：「有鞠亭，古鞠居。」

〔一六〕左傳鄭太叔至于廩延，杜預曰縣北有延津。襄五年會城棣，杜預曰縣西南有棣城。東有地烏巢，曹公破袁紹處。陳留志曰：「城內有韓王故宮闕。」

〔一七〕陳留志曰：「孔子（囚）〔圍〕此。」北征記城周三里。左傳僖十五年會牡丘，次于匡，杜預曰匡在縣西南。昭十三年會平丘，杜預曰縣西南有平丘城。

〔一八〕左傳成九年會于蒲，杜預曰在縣西南。史記曰孔子自匡過蒲。陳留志云「有子路祠。」

〔一九〕杜預曰鄭祭封人仲邑。陳留志曰：「有遽伯玉墓及祠。」又西南有宛亭。左傳僖二十八年衞人盟宛濮，杜預曰近濮水。

〔二〇〕左傳宣二年鄭破宋師大棘，杜預曰在襄邑縣南。

〔二一〕左傳（桓八）〔僖五〕年齊侯（師）〔會〕于首止，杜預曰在襄邑東南，有首（止城）〔鄉〕。

〔二二〕陳留志曰：「古戴國地名。」杜預曰：「戴在外黃東南。」爾雅曰：「木立死曰菑。」呂氏春秋：「草鬱卽為菑。」

〔二三〕陳留志曰：「有箕子祠。有穀亭。古句瀆之丘。」案本傳有蒲亭。

〔二四〕陳留志曰：「有萬人聚，王邑破翟義積尸處。」前書「今高陽」。文穎曰：「高陽，聚邑名，在縣西。」

東郡秦置。去雒陽八百餘里。十五城，戶十三萬六千八十八，口六十萬三千三百九十三。

濮陽古昆吾國，〔一〕春秋時曰濮。有鹹城，或曰古鹹國。〔二〕有清丘。〔三〕有鉏城。 **燕**本南燕國。有雍鄉。〔四〕有胙城，古胙國。有平陽亭。〔五〕有瓦亭。〔六〕有桃城。〔七〕 **白馬**有韋鄉。〔八〕 **頓丘**〔九〕 **東阿**〔一〇〕有清亭。〔一一〕 **東武陽**濕水出。 **范**有秦亭。〔一二〕 **臨邑**有（沛）〔泲〕廟。 **博平** **聊城**有夷儀聚。〔一三〕有聶（成）〔城〕。〔一四〕 **發干** **樂平**侯國。故清，章帝更名。 **陽平**侯國。有莘亭。〔一五〕有岡成城。〔一六〕 **衞**公國。本觀故國，姚姓，光武更名。有河牧城。〔一七〕有竿城。〔一八〕 **穀城**春秋時小穀。〔一九〕有蕎下聚。〔二〇〕

〔一〕杜預曰古衞也。帝王世記曰：「顓頊自窮桑徙商丘。」左傳曰「衞，顓頊之墟」，杜預曰帝丘，昆吾氏因之，故曰昆吾之墟，縣城內有顓頊冢。皇覽曰：「冢在城門外廣陽里中。」博物記曰：「桑中在其中。」

〔二〕左傳僖十三年同會于鹹。

〔三〕左傳曰宣十二年盟清丘，杜預曰縣東南。

〔四〕謝沈書曰，赤眉攻雍鄉。

〔五〕左傳哀十六年「衞侯飲孔悝酒於平陽」。

〔六〕左傳曰定八年會于瓦，杜預曰縣東北。

〔七〕史記曰春申君說秦曰「王又舉甲拔桃入邢」是也。

〔八〕杜預曰：「縣東南有章城。古豕韋氏之國」。
〔九〕(白虎通)〔皇覽〕曰「帝嚳冢在城(南)臺陰野〔中〕」是也。
〔一〇〕左傳桓十年會于桃丘，杜預曰縣東南有桃城。襄十四年孫林父敗衞侯于阿澤，杜預曰縣西南大澤。魏志有渠丘山。
〔一一〕左傳隱四年「遇于清」是也。
〔一二〕左傳莊三十一年「築臺于秦」。地道記在縣西北。
〔一三〕左傳僖元年「邢遷于夷儀」。
〔一四〕左傳曰「聊攝以東」。
〔一五〕杜預注傳曰衞作新臺在縣北。衞殺公子伋之地，故曰「待諸莘」。
〔一六〕秦封蔡澤爲岡成君，未詳。
〔一七〕左傳文元年會于戚，鄭救晉中行氏，晉敗鄭鐵，杜預曰戚城南有鐵丘。
〔一八〕前書故發干(縣)〔城〕。
〔一九〕左傳莊三十二年「城小穀」，杜預曰城中有管仲井。又傳曰埋長狄榮如首於周首之北門，杜預曰縣東北有周首亭。
〔二〇〕左傳僖二十六年追齊師至酅，杜預曰縣西有地名酅下。皇覽曰：「縣東十五里有項羽冢。」

東平國故梁，景帝分爲濟東國，宣帝改。雒陽東九百七十五里。七城，戶七萬九千一十二，口四十四萬八千二百七十。

無鹽本宿國，任姓。〔一〕有章城。〔二〕東平陸六國時曰平陸。有闞亭。〔三〕有堂陽亭。〔四〕富成 章 壽張春秋曰良，漢曰壽良，光武改曰壽張。有堂聚，故聚屬東郡。〔五〕須昌故屬東郡。〔六〕有致密城，古中都。有陽穀城。〔七〕寧陽故屬泰山。

〔一〕左傳昭二十五年臧會奔郈，杜預曰縣東南有郈鄉亭。
〔二〕古國。左傳莊三十年，齊取鄣。
〔三〕左傳桓十一年會于闞，杜預曰在須昌縣東南。有闞城，博物記云即此亭是。
〔四〕故縣，後省。
〔五〕地道記曰：「有蚩尤祠，狗城。」皇覽曰：「蚩尤冢在縣闞〔鄉〕城中，高七丈。」
〔六〕杜預曰：「須句，古國，在西北。」
〔七〕左傳僖三年會陽穀，杜預曰在縣北。

任城國章帝元和元年，分東平爲任城。雒陽東千一百里。三城，戶三萬六千四百四十二，口十九萬四千一百五十六。

任城本任國。有桃聚。〔一〕亢父〔二〕樊

〔一〕光武破龐萌於桃鄉。
〔二〕左傳襄十三年「取邿」，杜預曰縣有邿亭。哀六年「城邾瑕」，杜預曰縣北有邾瑕城。

泰山郡高帝置。雒陽東千四百里。十二城，戶八千九百二十九，口四十三萬七千三百一十七。

奉高有明堂，武帝造。〔一〕博有泰山廟。岱山在西北。有龜山。〔二〕有龍鄉城。〔三〕嬴有鐵。梁甫侯國。有菟裘聚。〔四〕鉅平侯國。有亭禪山。〔五〕有陽關亭。〔六〕南武陽侯國。有顓臾城。山茌侯國。萊蕪有原山，淄水出。〔七〕蓋沂水出。〔八〕南城故屬東海。有東陽城。〔九〕費侯國，〔一〇〕故屬東海。有祊亭。〔一一〕有台亭。〔一二〕牟故國。

〔一〕前書曰在縣西南四里。左傳昭八年「大蒐于紅，至于商、衞」。紅亭在縣西北，杜預曰接宋、衞也。
〔二〕左傳定十年齊歸龜陰之田，杜預曰田在山北。琴操孔子作龜山之操。
〔三〕左傳成二年齊圍龍，杜預曰在縣西南。史記作「隆」。又楚有蜀之役，杜預曰縣西北有蜀亭。
〔四〕左傳隱公「使營菟裘，吾將老焉」，杜預曰縣南有菟裘城。
〔五〕即古所禪亭亭者也。
〔六〕左傳襄十七年「師自陽關」。桓六年會于成，杜預曰縣東南。成城即孟孫之邑。
〔七〕杜預曰汶水出。
〔八〕左傳會于防，杜預曰在縣東南，有防城。
〔九〕呂氏春秋夏孔甲遊田于東陽萯山。左傳哀八年「克東陽」。襄十九年城武城，杜預曰南城縣。哀十四年司馬〔牛〕葬丘輿，杜預曰縣西北有輿城。

〔一〇〕曹騰封費是鄪縣費亭，非此國。
〔一一〕左傳隱八年鄭歸祊，杜預曰在縣東南。閔二年莒人歸共仲及密，杜預曰縣有密如亭。
〔一二〕左傳襄十二年莒圍台，杜預曰縣南有台亭。

濟北國和帝永元二年，分泰山置。〔一〕雒陽東千一百五十里。五城，戶四萬五千六百八十九，口二十三萬五千八百九十七。

〔一〕臣昭案：濟北，前漢之舊國，此是經并泰山復分。

盧〔一〕有平陰城。有防門。〔二〕有光里。有景茲山。〔三〕有敖山。〔四〕有清亭。〔五〕有長城至東海。〔六〕蛇丘有遂鄉。〔七〕有下讙亭。〔八〕有鑄鄉城。〔九〕成本國。〔一〇〕茌平本屬東郡。剛。〔一一〕

〔一〕左傳隱三年齊鄭尋盧之盟，杜預曰今縣故城。有邿山，在縣北。成二年封銳司徒女石窌，杜預曰縣東有地名石窌。
〔二〕左傳襄十八年齊禦晉平陰，塹防門，杜預曰在縣北。又齊登巫山以望晉師，杜預曰在縣東北。
〔三〕杜預曰在縣東南。
〔四〕左傳曰「先君獻、武廢二山」，即敖山、具山。
〔五〕左傳哀十〔一〕年，齊伐魯及清是也。
〔六〕史記蘇代說燕王曰「齊有長城、巨防」。巨防即防門。

〔七〕古遂國，左傳莊十三年齊人滅遂。
〔八〕左傳桓三年送姜氏于讙。
〔九〕周武王未及下車，封堯後於鑄。左傳有棘地，成公三年叔孫僑如所圍。杜預曰汶水北地有棘鄉。東觀書有芳陘山。
〔一〇〕左傳「衞師入郕」，杜預曰東平剛父縣西南有郕鄉。
〔一一〕左傳哀八年齊取闡，杜預曰在縣北，有闡鄉。

山陽郡故梁，景帝分置。雒陽東八百一十里。十城，戶十萬九千八百九十八，口六十萬六千九十一。

昌邑刺史治。有梁丘城。〔一〕有甲父亭。〔二〕 **東緡**春秋時曰緡。〔三〕 **鉅野**〔四〕有大野澤。〔五〕 **高平**侯國。故橐，章帝更名。〔六〕有茅鄉城。〔七〕 **湖陸**故湖陵，章帝更名。〔八〕 **南平陽**侯國。有漆亭。〔九〕有閭丘亭。〔一〇〕 **方與**有武唐亭，〔一一〕魯侯觀魚臺。〔一二〕有泥母亭，或曰古甯母。〔一三〕 **瑕丘** **金鄉**〔一四〕 **防東**

〔一〕左傳莊三十二年遇于梁丘，杜預曰梁丘鄉在縣西南。
〔二〕杜預曰甲父，古國名，在縣東南。左傳隱十年「取防」，杜預曰縣西有防城。
〔三〕左傳僖二十三年齊圍緡。

〔四〕左傳桓七年「焚咸丘」，杜預曰縣西有咸亭。
〔五〕春秋西狩獲麟之所。爾雅十藪，魯有大野。杜預曰縣西南有（郜）〔郚〕亭。定十三年齊伐晉之所。
〔六〕前漢志莽改曰高平，章帝復莽此號。左傳隱（九）〔元〕年費伯城郎，杜預曰縣東南有郁郎亭。
〔七〕杜預曰茅鄉在昌邑西南。
〔八〕前漢志王莽改曰湖陸，章帝復其號。博物記曰荷水出。地道記縣西有費亭城，魏武帝初所封。
〔九〕左傳城漆。
〔一〇〕左傳襄二十一年「邾庶其以漆、閭丘來奔」，杜預曰縣東北有漆鄉，西北有顯閭亭。哀七年囚邾子負瑕，杜預曰縣西北有瑕丘城。
〔一一〕左傳桓二年盟于唐，杜預曰在西南。
〔一二〕春秋經隱五年矢魚于棠。
〔一三〕左傳僖七年盟甯母，杜預曰在縣東。三十一年臧文仲宿重館，杜預曰縣西北有重鄉城。
〔一四〕晉地道記曰：「縣多山，所治名金山。山北有鑿石爲冢，深十餘丈，隧長三十丈，傍却入爲堂三方，云得白兔不葬，更葬南山，鑿而得金，故曰金山。故冢今在。或云漢昌邑所作，或云秦時。」

濟陰郡故梁，景帝分置。雒陽東八百里。十一城，戶十三萬三千七百一十五，口六十五萬七千五百五十四。

定陶本曹國，〔一〕古陶，堯所居。〔二〕有三鬷亭。〔三〕 **冤句**有煑棗城。〔四〕 **成陽**有堯冢、靈臺，有雷澤。〔五〕 **乘氏**侯國。〔六〕有泗水。有鹿城鄉。 **句陽**有垂亭。〔七〕 **鄄城** **離狐**故屬東郡。 **廩丘**故屬東郡。有高魚城。有運城。〔八〕 **單父**侯國，故屬山陽。 **成武**故屬山陽。〔九〕有郜城。〔一〇〕 **己氏**故屬梁。〔一一〕

〔一〕郭璞曰：「城中有陶丘。」皇覽曰：「伯樂冢縣東南一里所，高四五丈。」
〔二〕帝王世記曰：「舜陶河濱，縣西南陶丘亭是。」
〔三〕湯伐三鬷，孔安國曰今定陶。
〔四〕史記蘇秦說魏襄王曰：「大王之地，東有淮、潁、煑棗。」
〔五〕禹貢曰：「雷夏旣澤。」帝王世記曰：「舜耕歷山，漁雷澤，濟陰有歷山。」
〔六〕博物記曰古乘丘。
〔七〕左傳隱八年遇于垂。史記无忌說魏安僖王曰：「文臺墮，垂都焚。」徐廣曰：「縣有垂亭。」
〔八〕左傳襄二十六年「齊烏餘以廩丘奔晉」，杜預曰今縣故城是。又「襲衞羊角取之」，杜預曰今縣所治城。又襲我高魚，杜預曰在縣東北。
〔九〕左傳隱七年「戎執凡伯於楚丘」，杜預曰在縣西南。
〔一〇〕左傳隱十年「取郜」，杜預曰縣東南有郜城。地道記有秺城。
〔一一〕皇覽曰有平和鄉，鄉有伊尹冢。

右兗州刺史部，郡、國八，縣、邑、公、侯國八十。

東海郡高帝置。雒陽東千五百里。十三城，戶十四萬八千七百八十四，口七十萬六千四百一十六。

郯本國，刺史治。〔一〕 **蘭陵**有次室亭。〔二〕 **戚** **朐**〔三〕有鐵。有伊盧鄉。〔四〕 **襄賁** **昌慮**有藍鄉。〔五〕 **承** **陰平** **利城** **合（城）〔鄉〕**〔六〕 **祝其**有羽山。〔七〕春秋時曰祝其，夾谷地。〔八〕 **厚丘**〔九〕 **贛榆**本屬琅邪，建初五年復。〔一〇〕

〔一〕博物記曰：「有勇（王）〔士〕亭，即勇士（萬）〔菑〕丘欣。」
〔二〕地道記曰：「故魯次室邑。」列女傳有漆室之女，或作「次室」。
〔三〕山海經曰：「都州在海中，一曰郁州。」郭璞曰：「在縣界。世俗傳此山在蒼梧徙來，上皆有南方樹木。」博物記：「縣東北海邊植石，秦所立之東門。」
〔四〕史記曰，鍾離味（冢）〔家〕在伊盧。
〔五〕左傳昭三十一年邾黑肱以濫來奔，杜預曰縣所治，城東北有郳城。郳，小邾國也。
〔六〕鄫水自此南至湖陵。
〔七〕殛鯀之山。杜預曰在縣西南。博物記曰：「東北獨居山，西南有淵水，即羽泉也，俗謂此山爲懲父山。」

〔八〕左傳定十年會齊侯夾谷，孔子相。
〔九〕左傳成九年「城中城」，杜預曰在縣西南，有中鄉城。
〔一〇〕左傳「齊伐莒，莒子奔紀鄣」，杜預曰縣東北有紀城。地道記曰：「海中去岸百五十步，有秦始皇碑，長一丈八尺，廣五尺，厚八尺三寸；一行十二字。潮水至加其上三丈，去則三尺見也。」

琅邪國秦置。建武中省城陽國，以其縣屬。〔一〕雒陽東一千五百里。十三城，戶二萬八百四，口五十七萬九百六十七。

〔一〕案本紀，永壽元年置，都尉治。

開陽〔一〕故屬東海，建初五年屬。　**東武**　**琅邪**〔二〕　**東莞**有郓亭。〔三〕有邳鄉。有公來山，或曰古浮來。〔四〕　**西海**〔五〕　**諸**〔六〕　**莒**本國，故屬城陽。〔七〕有鐵。有崢嶸谷。　**東安**故屬城陽。　**陽都**故屬城陽。有牟臺。〔八〕　**臨沂**故屬東海。有叢亭。〔九〕　**即丘**侯國，故屬東海，春秋曰祝丘。　**繒**侯國，故屬東海。有概亭。〔一〇〕　**姑幕**〔一一〕

〔一〕杜預曰古鄅。左傳哀三年城啓陽，杜預曰開陽。
〔二〕山海經云有琅邪臺，在勃海閒，琅邪之東。郭璞曰：「琅邪臨海邊，有山嶕嶢特起，狀如高臺。此即琅邪臺。」齊景公曰：「吾循海而南，放乎琅邪。」越絕曰：「句踐徙琅邪，起觀臺，臺周七里，以望東海。」史記曰秦始皇徙黔首三萬戶琅邪臺下。傳有勞山。

〔三〕左傳曰「公處鄆」。
〔四〕左傳隱八年盟浮來，杜預曰邳來山之閒，號曰邳來。莊九年鮑叔受管仲，及堂阜而脫之。杜預曰：「東莞蒙陰縣西北有夷吾亭，或曰鮑叔解夷吾縛於此，因以爲名。」即古堂阜也，東莞後爲(名)〔郡〕。
〔五〕東觀書曰有勝山。博物記：「太公呂望所出，今有東呂鄉。又釣於棘津，其浦今存。」
〔六〕左傳莊二十九年「城諸」，杜預曰諸縣在城陽郡。又隱四年「莒人伐杞，取牟婁」，杜預曰縣東北有婁鄉。
〔七〕左傳成八年申公巫臣會渠丘公，杜預曰縣有蘧丘里。
〔八〕左傳宣元年會于平州，杜預曰在縣西。
〔九〕左傳隱六年盟于艾，杜預曰縣東南有艾山。七年「城中丘」，杜預曰縣東北有中丘亭。博物記曰：「縣東界次睢有大叢社，民謂之食人社，即次睢之社。」
〔一〇〕左傳莊九年盟于蔇，杜預曰在縣北。
〔一一〕左傳昭五年「莒牟夷以牟婁及防茲來奔」，杜預曰縣東北有茲亭。博物記曰淮水入。城東南五里有公冶長墓。

彭城國高祖置爲楚，章帝改。雒陽東千二百二十里。八城，戶八萬六千一百七十，口四十九萬三千二十七。

彭城〔一〕有鐵。　**武原**　**傅陽**有柤水。〔二〕　**呂**　**留**〔三〕　**梧**　**菑丘**　**廣戚**故屬沛(國)。

〔一〕古大彭邑。北征記城西二十里有山，山有楚元王墓。伏滔北征記曰：「城北六里有山，臨泗，有宋桓魋石槨，皆青石，隱起龜龍鱗鳳之象。」
〔二〕左傳襄十年滅偪陽，杜預曰即此縣也。
〔三〕西征記曰城中有張良廟。

廣陵郡景帝置爲江都，武帝更名。建武中省泗水國，以其縣屬。雒陽東一千六百四十里。十一城，戶八萬三千九百七，口四十一萬百九十。

廣陵〔一〕有東陵亭。〔二〕　**江都**有江水祠。　**高郵**　**平安**　**淩**故屬泗水。　**東陽**故屬臨淮。有長洲澤，吳王濞太倉在此。〔三〕　**射陽**故屬臨淮。〔四〕　**鹽瀆**故屬臨淮。　**輿**侯國，故屬臨淮。　**堂邑**故屬臨淮。有鐵。春秋時曰堂。　**海西**故屬東海。

〔一〕吳王濞所都，城周十四里半。
〔二〕博物記曰：「女子杜姜，左道通神，縣以爲妖，閉獄桎梏，卒變形莫知所極。以狀上，因以其處爲廟祠，號曰東陵聖母。」
〔三〕縣多麋。博物記曰：「千千爲羣，掘食草根，其處成泥，名曰麋畯。民人隨此畯種稻，不耕而穫，其收百倍。」又扶海洲上有草名蒒，其實食之如大麥，從七月稔熟，民斂穫至冬乃訖，名曰自然穀，或曰禹餘糧。
〔四〕有梁湖。地道記曰有博支湖。

下邳國武帝置爲臨淮郡，永平十五年更爲下邳國。雒陽東千四百里。十七城，戶十三萬六千三

百八十九，口六十一萬一千八十三。

下邳本屬東海。〔一〕葛嶧山，本嶧陽山。〔二〕有鐵。　**徐**本國。有樓亭，或曰古蔞林。〔三〕　**僮**侯國。　**睢陵**　**下相**　**淮陰**〔四〕　**淮浦**　**盱台**　**高山**　**潘旌**　**淮陵**　**取慮**有蒲姑陂。〔五〕　**東成**　**曲陽**侯國，故屬東海。　**司吾**侯國，故屬東海。　**良成**故屬東海。春秋時曰良。〔六〕　**夏丘**故屬沛。

〔一〕戴延之西征記曰：「有沂水，自城西西南注泗，別下迴城南，亦注泗。舊有橋處，張良與黃石公會此橋。」
〔二〕山出名桐，伏滔北征記曰今槃根往往而存。
〔三〕杜預曰在僮縣東南。伏滔北征記曰：「縣北有大冢，徐君墓，延陵解劍之處。」
〔四〕下鄉有南昌亭，韓信寄食處。
〔五〕左傳昭十六年齊師至蒲隧，杜預曰縣東有蒲姑陂。
〔六〕左傳昭十三年晉會吳於良。

右徐州刺史部，郡、國五，縣、邑、侯國六十二。〔一〕

〔一〕魏氏春秋曰：「初平三年，分琅邪、東海爲城陽、(新)〔利〕城、昌慮郡。建安十一年，省昌慮并東海。」

校勘記

三四四八頁二行　有大棘鄉有首鄉　按：殿本考證齊召南謂大注此二鄉皆應在上文襄邑「有承匡城」之

下。大棘、首鄉皆襄邑地，非己吾地也，不知何以脫入於此。

三四四八頁五行　杜預曰在〔雍丘〕縣西北　左傳杜注作「在陳留雍丘縣西北」。按：晉泰始元年封魏廢帝爲陳留王，治小黄，省陳留入之，晉無陳留縣，此「雍丘」二字不可省，今據補。

三四四八頁一六行　縣東南有戎城　按：此亦杜注，見隱二年。

三四四九頁二行　在〔封邱〕縣南　集解引惠棟說，謂案杜注在封邱縣南，注脫「封邱」二字。今據補。

三四四九頁八行　孔子(囚)〔圍〕此　按：校補謂「囚」當是「圍」之譌。今據改。

三四四九頁一四行　(桓八)〔僖五〕年齊侯(師)〔會〕于首止　據殿本考證齊召南說改。

三四四九頁一四行　有首(止城)〔鄉〕　據殿本考證齊召南說改。

三四五〇頁四行　濕水出　按：集解引惠棟說，謂前志及水經皆作「漯」。說文作「濕」，從水㬎聲。

三四五〇頁五行　有(泲)〔沛〕廟　按：前志作「沛」。集解引惠棟說，謂案風俗通云「濟出常山房子贊皇山，東入泜，廟在東郡臨邑縣」，則是濟瀆之廟也。尚書古文「濟」作「沛」，當從「沛」。今據改。

三四五〇頁五行　有聶(威)〔城〕　集解引惠棟說，謂京相璠云「聊城縣東北三十里有故攝城」，當作「聶城」。今據改。

三四五〇頁七行　有岡成城　按：集解引惠棟說，謂水經注引作「岡成亭」。

郡國三　三四六三

後漢書志第二十一　三四六四

三四五一頁二行　(白虎通)〔皇覽〕曰帝嚳冢在城〔南〕臺陰野〔中〕是也　按：集解引惠棟說，謂「在城」下諸本脫「南」字，「野」下脫「中」字。語見皇覽，云「白虎通」者誤也。今據改。

三四五一頁九行　杜預注傳曰衞作新臺在縣北　按：「新臺」疑「莘亭」之譌。左桓十六年「公使諸齊使盜待諸莘，將殺之」，杜注「莘，衞地，陽平縣西北有莘亭」。

三四五一頁一二行　晉敗鄭鐵　按：晉敗鄭鐵乃哀二年事，注繫文元年下，疑有脫誤。

三四五一頁一三行　前書故發干(縣)〔城〕　據汲本改。按：校補謂不曰「前志」而曰「前書」，則固非指前志之發干，蓋前志之發干所治已非故地，而竿城即前漢故發干城，其地至後漢已併入於衞也。如即前志之發干城，則既言「前」，不必改言「故」矣。前書衞青傳封青子登爲發干侯，或即在此。是則故發干乃侯國城，一作「縣」，非也。

三四五一頁一六行　雒陽東九百七十五里　按：汲本作「六百七十二里」。

三四五二頁一行　有闞亭　按：校補謂前志東平陸，應劭云「古厥國，今有厥亭是」，與此言有闞亭，即春秋「會于闞」之闞不符，未詳孰是。

三四五二頁二行　富成　按：前志作「富城」。

三四五二頁五行　杜預曰縣東南有郈鄉亭　按：今杜注云「郈在東平無鹽縣東南」，不言「郈鄉亭」。

三四五二頁八行　故縣後省　按：集解引洪頤煊說，謂前志堂陽屬鉅鹿郡，東漢省，與此絕遠，注誤證。

三四五二頁九行　狗城　按：前志東郡壽良縣有朐城。此作「狗城」，「狗」與「朐」疑形近而誤，當從前志。

三四五二頁九行　蚩尤冢在縣闞〔鄉〕城中　集解引惠棟說，謂注「闞鄉城中」，諸本脫「鄉」字。今據補。

三四五二頁一六行　杜預曰縣北有郲瑕城　按：今杜注作「郲叟城」。

三四五三頁一行　十二城戶八千九百二十九口四十三萬七千三百一十七　按：張森楷校勘記謂十二城而祇八千餘戶，城不及八百戶，太少。八千餘戶而有四十三萬餘口，太多。以李心傳東漢戶口率十戶爲五十二口準之，「八千」之「千」當作「萬」，各本並誤。又按：「口四十三萬七千三百一十七」末「七」字，汲本作「一」。

三四五三頁四行　梁甫　按：前志作「梁父」。

三四五三頁四行　有亭禪山　按：前志「禪」作「亭」，當從前志。

三四五三頁四行　山茌　按：各本「山」字皆連上爲句。錢大昕謂「山」字當連下句，山茌，縣名也。又王先謙謂前志作「茬」，通鑑胡注後漢改曰山茌。又按：集解引惠棟說，謂此與濟北之茌平，皆當作「茬」。

三四五三頁四行　潘水出　按：集解引惠棟說，謂潘水無攷，或淄水之誤，前志作「甾」。

郡國三　三四六五

後漢書志第二十一　三四六六

三四五三頁五行　南城　按：前志作「南成」。

三四五三頁一四行　杜預曰在縣東南有防城　按：隱九年經「公會齊侯于防」，杜注「防，魯地，在琅邪華縣東南」。

三四五三頁一五行　杜預曰南城縣　今杜注「南城」作「南武城」。按：南城晉志作「南武城」。

三四五三頁一五行　司馬〔牛〕葬丘輿　集解引惠棟說，謂諸本脫「牛」字。今據補。

三四五四頁七行　有景茲山　按：左傳「景」作「京」。

三四五四頁八行　成　集解引錢大昕說，謂前志泰山郡有式縣，無成縣。按：前志補注引李賡芸說，謂前志泰山郡有式無成，後漢分置濟北，有成而皆無式，蓋東都省式置成也。

三四五四頁一三行　杜預曰在縣北　按：今杜注作「平陰城在濟北盧縣東北，其城南有防，防有門」。

三四五五頁五行　杜預曰在縣東南　按：今杜注作「在平陰城東南」，此「縣」字疑當作「城」。

三四五五頁五行　東平剛父縣西南有郕鄉　按：集解引羅革說，謂郡有剛縣，晉爲東平國之剛平，無剛父。

三四五五頁一〇行　故槖　汲本、殿本「槖」作「橐」。按：集解引惠棟說，謂前志作「橐」，州郡志作「槖」，案東平王傳亦作「槖」。

三四五六頁二行　縣西南有(郥)〔郥〕亭　據汲本、殿本改。按：集解引惠棟說，謂郥古閒字。

三四五六頁三行　左傳隱（九）〔元〕年費伯城郎　據左傳改。按：九年亦書「城郎」，但無杜注。

三四五六頁五行　苟水出　按：張森楷校勘記謂諸書無苟水，前志引禹貢「通于河」，「河」當作「菏」。菏苟形近，此蓋亦「菏水出」之誤。

三四五六頁七行　哀七年四邾子負瑕　按：集解引惠棟說，謂當注「瑕丘」下。

三四五六頁九行　左傳桓二年盟于唐杜預曰在西南　按：隱二年經「公及戎盟于唐」，杜注「高平方與縣北有武唐亭」。劉昭注引經傳及杜注多删節，若此注則有脫誤矣。

三四五七頁一四行　戎執凡伯於楚丘　按：春秋經「執」作「伐」，傳亦云「戎伐之於楚丘」。

三四五七頁一六行　有平和鄉　按：集解引惠棟說，謂皇覽作「平利」。

三四五八頁四行　伊盧鄉　按：集解引惠棟說，謂史記作「廬」，韋昭曰今廬中縣。

三四五八頁五行　利城　按：前志作「利成」。

三四五八頁五行　合（城）〔鄉〕　集解引錢大昕說，謂前志有合鄉，無合城，晉書地理志東海亦祇有合鄉縣，此「城」字必「鄉」之訛。又引惠棟說，謂案前志及水經泗水注皆作「合鄉」。又引馬與龍說，謂泗水注漷水出東海合鄉縣，漢安帝永初七年封馬光子朗爲侯國，亦見馬防傳。今據改。

三四五八頁八行　有勇（王）〔士〕亭卽勇士（萬）〔菑〕丘欣　殿本「萬」作「菑」，王先謙謂作「菑」是，「王」乃

「士」之譌。今據改。

三四五八頁一〇行　都州在海中　按：「州」原作「洲」，逕據汲本、殿本改，與今山海經合。

三四五八頁一三行　鍾離昧（家）〔家〕在伊盧　據殿本改，與史記淮陰侯列傳合。

三四五八頁一三行　左傳昭三十一年邾小邾國也　按：昭三十一年經「黑肱以濫來奔」，杜預注「黑肱，邾大夫；濫，東海昌慮縣」。又莊五年經「郳犂來來朝」，杜注「東海昌慮縣東北有郳城；犂來，名」。釋文「郳，五兮反，國名，後爲小邾」。此注節引杜注錯亂，驟睹之幾不可解。

三四五八頁一五行　卽羽泉也　按：校補謂「羽泉」當作「羽淵」，見左傳，此回改未盡者。

三四五九頁二行　在縣西南有中鄉城　按：今杜注云「在東海廩丘縣西南」，不言有中鄉城。

三四五九頁三行　海中去岸百五十步　按：汲本、殿本「五」作「九」。

三四五九頁四行　一行十二字　按：汲本、殿本「二」作「三」。

三四五九頁四行　潮水至加其上三丈　按：何焯校本「丈」改「尺」。

三四五九頁五行　琅邪國秦置　按：殿本考證齊召南謂此注不明，郡與國亦略有別，秦置琅邪郡，前漢因之，光武改爲國，省城陽國來屬，此其始末也。「秦置」之下當有「郡」字。

三四五九頁五行　十三城戶二萬八百四口五十七萬九百六十七　按：張森楷校勘記謂若如此文，則一城

祇千餘戶，太少，一戶凡三十口，太多，殊不近情，疑「戶」下脫去一「十」字。

三四五九頁九行　西海　按：集解引錢大昕說，謂前志無西海，蓋「海曲」之譌。劉盆子傳「琅邪海曲有呂母」，注「海曲，縣名，故城在密州莒縣東」。又引惠棟說，謂何焯云疑「海曲」之譌。

三四五九頁一〇行　有崢嶸谷　按：集解引惠棟說，謂說文作「崝嶸」，徐鍇云俗作「崢」，非。

三四五九頁一二行　繒　按：集解引惠棟說，謂春秋傳僖十四年，鄫子來朝，杜預云「今鄫縣」，陸氏云本或作「繒」。又按：校補謂穀梁「鄫」皆作「繒」。

三四六〇頁一行　邳來山之閒號曰邳來　殿本考證謂案杜注原文云「邳鄉西有公來山，號曰邳來閒」。今案：杜注「邳鄉」上有「縣北有」三字，劉注錯謬，攷證引亦不全。

三四六〇頁三行　東莞後爲（名）〔郡〕　據集解引惠棟說改。

三四六〇頁六行　縣有邁丘里　按：今杜注云「莒縣有邁里」，無「丘」字。

三四六〇頁七行　杜預曰在縣西　按：今杜注云「在泰山牟縣西」，不云在陽都西。

三四六〇頁八行　縣東南有艾山　按：集解引惠棟說，謂案杜氏注云「泰山牟縣東南有艾山」，不云在臨沂，未詳。

三四六〇頁八行　縣東北有中丘亭　按：今杜注云「中丘在琅邪臨沂縣東北」，不言亭。

三四六〇頁一四行　有柤水　按：集解引惠棟說，謂「柤」一作「祖」。京相璠云縣西北有祖水溝，去偪陽八

十里。

三四六〇頁一五行　故屬沛（國）　集解引惠棟說，謂「國」字衍，前志爲沛郡也。今據删。

三四六一頁四行　建武中省泗水國　按：「省」原譌「有」，逕據汲本、殿本改正。

三四六一頁八行　堂邑　按：集解引惠棟說，謂玉篇「堂」作「鄞」。

三四六二頁三行　盱台　按：前志「台」作「眙」。

三四六二頁四行　潘旌　按：前志「潘」作「播」。

三四六二頁一〇行　縣東有蒲姑陂　按：今杜注「姑」作「如」。

三四六二頁一三行　初平三年分琅邪東海爲城陽（新）〔利〕城昌慮郡　集解引馬與龍說，謂徐州無新城郡，「新」當作「利」，形近而訛。今據改。按：錢大昕謂魏志太祖紀，建安三年分琅邪、東海、北海爲城陽、利城、昌慮郡，以臧霸傳考之，蓋禽呂布後所置，魏氏春秋以爲初平三年分者，誤。

後漢書志第二十二

郡國四

濟南　平原　樂安　北海　東萊　齊國

右青州

南陽　南郡　江夏　零陵　桂陽　武陵　長沙

右荆州

九江　丹陽　廬江　會稽　吳郡　豫章

右揚州

濟南國故齊，文帝分。雒陽東千八百里。十城，戶七萬八千五百四十四，口四十五萬三千三百八。

東平陵有鐵。有譚城。〔一〕有天山。　著　於陵〔二〕　臺　菅有賴亭。〔三〕

土鼓　梁鄒　鄒平　東朝陽〔四〕　歷城有鐵。有巨里聚。〔五〕

〔一〕故譚國。

〔二〕杜預曰縣西北有于亭。陳桓子以封齊公子周。

〔三〕左傳哀六年公如賴。

〔四〕杜預曰縣西有崔城。

〔五〕耿弇破費敢處。皇覽曰：「太甲有冢，在歷山上。」

平原郡高帝置。雒陽北一千三百里。九城，戶十五萬五千五百八十八，口百萬二千六百五十八。

平原〔一〕　高唐漯水出。　般　鬲侯國。夏時有鬲君，滅浞立少康。〔二〕　祝阿春秋時曰祝柯。〔三〕有野井亭。〔四〕　樂陵　濕陰　安德侯國。　厭次本富平，明帝更名。

〔一〕地道記曰有篤馬河。

〔二〕魏都賦注曰縣有鬲節淵。三齊記曰：「城南有蒲臺，高八十尺，秦始皇所頓處。在臺下縈蒲繫馬，今蒲猶縈者。」

〔三〕左傳哀十年「取犂及轅」，杜預曰縣西有轅城。故縣，省。

〔四〕左傳昭二十五年「齊侯唁公于野井」，杜預曰在縣東。

樂安國高帝西平昌置，為千乘，永元七年更名。雒陽東千五百二十里。九城，戶七萬四千四百，口四十二萬四千七十五。

臨濟本狄，安帝更名。〔一〕　千乘　高菀　樂安　博昌有薄姑城。〔二〕有貝中聚。〔三〕有時水。〔四〕　蓼城侯國。〔五〕　利故屬齊。　益侯國，故屬北海。　壽光故屬北海。有灌亭。〔六〕

〔一〕地道記曰：「狄伐衞懿公。」

〔二〕古蒲姑氏，杜預曰薄姑地。

〔三〕左傳齊侯田于貝丘，杜預曰縣南有地名貝(中)〔丘〕。

〔四〕左傳莊九年「戰于乾時」，杜預曰時水在縣界，岐流，旱則竭涸，故曰乾時。

〔五〕杜預曰縣東北有攝城。

〔六〕古灌國。

北海國景帝置。建武十三年(有)〔省〕菑川、高密、膠東三國，以其縣屬。十八城，戶十五萬八千六百四十一，口八十五萬三千六百四。

劇有紀亭，古紀國。　營陵　平壽有斟城。〔一〕有寒亭，古寒國，浞封此。　都昌〔二〕　安丘有渠丘亭。〔三〕　淳于永元九年復。有密鄉。〔四〕　平昌侯國，故屬琅邪。有蔞鄉。〔五〕　朱虛侯國，故屬琅邪，永初元年屬。〔六〕　東安平故屬

菑川。六國時曰安平。有酅亭。〔七〕　高密侯國。　昌安侯國，安帝復。　夷安侯國，安帝復。　膠東侯國。　即墨侯國。有棠鄉。〔八〕　壯武安帝復。〔九〕　下密安帝復。　(拒)〔挺〕〔一〇〕　觀陽

〔一〕杜預曰有斟亭。古斟國，故縣，後省。

〔二〕左傳莊元年齊遷紀之郚城。地道記曰郚城在縣西。

〔三〕地道記曰有渠丘城。

〔四〕左傳隱二年紀莒盟密。故密鄉，在縣東北，後省。

〔五〕左傳昭五年「莒牟夷以牟婁及防、茲來奔」，杜預曰縣西南有防亭。

〔六〕左傳莊元年齊遷紀郚，杜預曰朱虛縣東南有郚城。郡志曰：「有小泰山，公玉帶曰岐伯令黃帝封東泰山，即此山也。」

〔七〕故兆。左傳莊三年「紀季以酅入於齊」。地道紀有羌頭山。

〔八〕左傳襄六年圍棠，杜預曰棠國也。

〔九〕故夷國。左傳隱元年紀伐夷。

〔一〇〕地道記曰：「(奚)養澤在西，幽州藪。有萊山，萊王祠。」

東萊郡高帝置。雒陽東三千一百二十八里。十三城，戶十萬四千二百九十七，口四十八萬四千三百九十三。

黃〔一〕　牟平　惤侯國。〔二〕　曲成侯國。〔三〕　掖侯國。有過鄉。〔四〕　當利侯國。　東牟侯國。　昌陽　盧鄉　長廣故屬琅邪。　黔陬侯國，故屬琅邪。有介亭。〔五〕　葛盧有尤涉亭。　不(期)〔其〕侯國，故屬琅邪。〔六〕

〔一〕地道記曰：「縣東二百三十里至海中，連岑有土道，秦始皇登此山，列二碑，東二百三十里有始皇、漢武帝二碑。」

〔二〕地道記曰有百枝萊君祠。三齊記曰：「南有蹲犬山，山似犬蹲，有神，劉寵出西都，經此山，山犬吠之，寵曰『山神謂我人也』。」

〔三〕前書藭萬里沙，在縣。

〔四〕故過國。

〔五〕左傳襄二十四年「伐莒，侵介根」，杜預曰縣東北計基城。號介國。

〔六〕三齊記曰：「鄭玄教授不(期)〔其〕山，山下生草大如韰，葉長一尺餘，堅刃異常，士人名曰康成書帶。」

齊國秦置。雒陽東千八百里。六城，戶六萬四千四百一十五，口四十九萬一千七百六十五。

臨菑本齊，刺史治。〔一〕　西安有棘里亭。〔二〕有蘧丘里，古渠丘。　昌國　臨朐有三亭，古邢邑。〔三〕　廣　般陽故屬濟南。

〔一〕爾雅十藪，齊有海隅，郭璞曰海濱廣斥。左傳齊戍葵丘，杜預曰在縣西。皇覽曰：「呂尙冢在縣城南，去縣十餘里，在齊桓公冢南。菑水南桓公冢西北有晏嬰冢。」孟子注曰：「南小山，曰牛山。」博物記曰縣西有袁婁。

〔二〕杜預曰在縣東。陳桓子封于山。

〔三〕左傳莊元年齊所徙，杜預曰在縣東南。應劭曰伯氏邑也。地道記曰有石高山。

右青州刺史部，郡、國六，縣六十五。

南陽郡秦置。雒陽南七百里。三十七城，戶五十二萬八千五百五十一，口二百四十三萬九千六百一十八。

宛本申伯國。〔一〕有南就聚。有瓜里津。〔二〕有夕陽聚。〔三〕有東武亭。　冠軍邑。　葉有長山，曰方城。〔四〕有卷城。〔五〕　新野有東鄉，故新都。〔六〕有黃郵聚。〔七〕　章陵故春陵，世祖更名。〔八〕有上唐鄉。〔九〕　西鄂〔十〕　雉〔十一〕　魯陽有魯山。〔十二〕有牛蘭累亭。〔十三〕　犨　堵陽　博望　舞陰邑。　比陽　復陽侯國。有杏聚。　平氏桐柏大復山，淮水出。〔十四〕有宜秋聚。〔十五〕　棘陽〔十六〕有藍鄉。〔十七〕有黃淳聚。〔十八〕　湖陽邑。〔十九〕　隨〔二十〕西有斷蛇丘。〔二十一〕　育陽邑。有小長安。〔二十二〕有東陽聚。〔二十三〕　涅陽　陰　酇　鄧有鄾聚。〔二十四〕　山都侯國。　酈侯國。〔二十五〕　穰　朝陽〔二十六〕　蔡陽侯國。〔二十七〕　安眾侯國。〔二十八〕　筑陽侯國。有涉都鄉。〔二十九〕　武當有和成聚。〔三十〕　順陽侯國，故博山。有須聚。　成都　襄鄉　南鄉　丹水故屬弘農。〔三十一〕有章密鄉。有三戶亭。〔三十二〕　析故屬弘農，故楚白羽邑。〔三十三〕有武關，在縣西。〔三十四〕有豐鄉城。〔三十五〕

〔一〕荆州記曰：「郡城周三十六里。」博物記有申亭。南都賦注曰有玉池、澤陂。

〔二〕東觀書鄧奉拒光武瓜里。

〔三〕袁山松書曰：「賈復從擊鄧奉，追至夕陽聚。」

〔四〕杜預曰方城山在縣南。屈完曰「楚國方城以爲城」。皇覽曰：「縣西北去城三里葉公諸梁冢，近縣祠之，曰葉君丘。」

〔五〕左傳昭二十五年楚子使季然郭卷。

〔六〕王莽封也。

〔七〕吳漢破秦豐地。

〔八〕古今注曰：「建武十八年，使中郎將耿遵築城。」

〔九〕前志曰故唐國。下江兵，荆州軍。

〔十〕有精山，朱儁破孫夏。山海經曰：「有豐山，神耕父處之，常遊清泠之淵，出入有光，見卽其國爲敗。有九鍾焉，是知霜鳴。」郭璞曰：「淸泠水在西鄂縣山上，神來時水赤光耀，今有屋祠也。霜降則鍾鳴，故言知也。物有自然感應，而不可爲也。」南都賦注：「耕父，旱鬼也。」皇覽曰王子朝冢在縣西。

〔十一〕博物記曰滍水出。

〔十二〕前志曰古魯縣。南都賦注：「有堯山，封劉累，立堯祠。」

〔十三〕謝沈書云牛蘭山也。

〔十四〕前書曰在縣南。荆州記曰：「桐柏淮源涌發，其中潛流三十里，東出大復山南，山南有淮源廟。」博物記曰：「有陽山，出紫草。」

〔十五〕伯升見下江兵。

〔十六〕荆州記曰東北百里有謝城。

〔十七〕伯升襲甄阜(也)〔處〕。

〔十八〕又伯升攻梁丘賜。杜預曰蓼國在東南。前志蓼國湖陽是。

〔十九〕荆州記曰：「樊重母畏雷，爲石室避之，悉以文石爲階，今存。」

〔二十〕古隨國。

〔二十一〕卽銜珠之蛇也。杜預曰有穨亭。左傳僖十五年齊伐厲，在縣北。帝王世記曰：「神農氏起列山，謂列山氏，今隨厲鄉是也。」荆州記曰：「縣北界有重山，山有一穴，云是神農所生。又有周迴一頃二十畝地，外有兩重塹，中有九井。相傳神農既育，九井自穿，汲一井則衆井動，卽此地爲神農社，年常祠之。」

〔二十二〕漢軍爲甄阜所破處。

〔二十三〕朱祐破張成處。

〔二十四〕左傳桓九年楚師圍鄾。

〔二五〕荊州記曰：「縣北八里有菊水，其源旁悉芳菊，水極甘馨。又中有三十家，不復穿井，仰飲此水，上壽百二十三十，中壽百餘，七十者猶以爲夭。漢司空王暢、太傅袁隗爲南陽令，縣月送三十餘石，飲食澡浴悉用之。太尉胡廣父患風羸，南陽恆汲飲此水，疾遂瘳。此菊莖短花大，食之甘美，異於餘菊。廣又收其實，種之京師，遂處處傳植之。」

〔二六〕南都賦陂澤有鉗盧，注曰在縣。

〔二七〕襄陽耆舊傳曰：「有松子亭，下有神陂，中多魚，人捕不可得。」南都賦所稱。

〔二八〕博物記曰：「有土魯山，出紫石英。」

〔二九〕杜預曰穀國在縣北。博物記曰今穀亭。荊州記曰：「縣北四里有開林山，西北有蠻山。」

〔三〇〕荊州記曰：「縣有女思山，南二百里。有武當。」

〔三一〕南鄉、丹水二縣有商城，張儀與楚商於之地。

〔三二〕左傳哀四年晉執蠻子畀楚師。

〔三三〕左傳昭十八年「許遷于白羽。」

〔三四〕南都賦曰武關在其西，文穎曰去縣百七十里。

〔三五〕左傳哀四年「司馬起豐、析」。荊州記曰：「縣有龍淵，深不測。縣北有馬頭山。」

南郡秦置。雒陽南一千五百里。十七城，戶十六萬二千五百七十，口七十四萬七千六百四。

江陵〔一〕有津鄉。〔二〕　巫西有白帝城。〔三〕　秭歸本（歸）國。〔四〕　中盧侯

國。〔五〕　編有藍口聚。〔六〕　當陽〔七〕　華容侯國。雲夢澤在南。〔八〕　鄀侯國。　襄陽有阿頭山。〔九〕　邔侯國。有犁丘城。〔一〇〕　宜城侯國。〔一一〕　鄀侯國，永平元年復。〔一二〕　臨沮侯國。有荊山。〔一三〕　枝江侯國。本羅國。有丹陽聚。〔一四〕　夷道〔一五〕　夷陵有荊門，〔一六〕虎牙山。〔一七〕　州陵〔一八〕　很山故屬武陵。

〔一〕史記曰楚熊渠立長子康爲句亶王，張瑩曰今江陵也。臯覽曰：「孫叔敖冢在城中白土里。」

〔二〕左傳莊十九年楚子大敗於津。荊州記曰：「縣東三里餘有三湖，湖東有水，名萇谷，又西北有小城名曰冶父，左傳曰：『莫敖縊于荒谷，羣帥囚于冶父。』縣北十餘里有紀南城，楚王所都。東南有郢城，子囊所城。」史記蘇秦說楚威王：「楚東有夏州。」左傳楚莊伐陳，鄉取一人以歸，謂之夏州。今夏口城有洲，名夏口。

〔三〕郭璞曰有巫山。

〔四〕杜預曰夔國。荊州記曰：「縣北一百里有屈平故宅，方七頃，累石爲屋基，今其地名樂平。宅東北六十里有女須廟。」

〔五〕襄陽耆舊傳曰：「古盧戎也。縣西山中有一道，漢時常有數百匹馬出其中，馬形皆小，似巴、滇馬。三國時陸遜攻襄陽，又値（比）〔此〕穴中有數十匹馬出，遜載還建業。蜀使來，有五部兵家滇池者，識其馬色，云亡父所乘，對之流涕。」荊州記云：「是析縣馬頭山。又縣南十五里有疎水，東流注沔。水中有物如馬，甲如鯪鯉，〔射〕不可入。七八月中好在磧上自曝，膝頭似虎掌爪。小兒不知，欲取弄戲，便殺人。或曰，生得者，摘其鼻，厭可小，小便名爲木廬。」

〔六〕下江兵所據。左傳鬬緡以權叛，楚遷於那處，杜預曰：縣東南有那口城。

〔七〕杜預曰縣東（南）有權城。楚武王所剋。荊州記曰：「縣東南有麥城，城東有驢城，沮水西有磨城，伍子胥造此二城以攻麥城。」

〔八〕杜預曰州國在縣東（南）。枝江縣有雲夢城，江夏安陸縣東南有雲夢城，或曰華容縣東南亦有雲夢。巴丘湖，江南之雲夢也。爾雅十藪，楚有雲夢，郭璞曰巴丘湖是也。

〔九〕岑彭破張楊。襄陽耆舊傳曰：「縣西九里有（萬）〔方〕山，父老傳云交甫所見游女處，此山之下曲隈是也。」荊州記曰：「襄陽舊楚之北津，從襄陽渡江，經南陽，出方關，是周、鄭、晉、衞之道，其東津經江夏，出平睾關，是通陳、蔡、齊、宋之道。」

〔一〇〕朱祜禽秦豐蘇嶺山。

〔一一〕杜預曰縣西舊羅國，後徙枝江。

〔一二〕左傳楚文王伐黃，還及湫，杜預曰縣東南有湫城。

〔一三〕山海經曰：「其陽多鐵，其陰多赤金，其（東）〔中〕多牛。」荊州記曰：「西北三十里有清谿，谿北即荊山，首曰景山，卽卞和抱璞之處。」南都賦注曰：「漢水至荊山，東別流，爲滄浪之水。」

〔一四〕史記曰秦、齊破楚屈匄，遂取丹陽。

〔一五〕荊州記曰縣西北有宜陽山，東南有羊腸山。

〔一六〕岑彭破田戎處。

〔一七〕荊州記曰：「荊門，江南；虎牙，江北。虎牙有文如齒牙，荊門上合下開。」

〔一八〕史記楚考烈王納州于秦。

江夏郡高帝置。雒陽南千五百里。十四城，戶五萬八千四百三十四，口二十六萬五千四百六十四。

西陵　西陽　軑侯國。〔一〕　鄳〔二〕　竟陵侯國。有鄖鄉。〔三〕（立）〔有〕章山，本內方。〔四〕　雲杜〔五〕　沙羨　邾〔六〕　下雉　鄂　平春侯國。　南新市侯國。〔七〕　安陸　蘄春侯國。

〔一〕杜預曰：「古邾國，在東南，有邾城。」

〔二〕史記曰无忌說魏安僖王曰「秦不敢攻冥阨之塞」，徐廣云卽此縣也。

〔三〕左傳桓十一年「鄖人軍蒲騷」。

〔四〕荊州記曰：「山高三十丈，周迴百餘里。」縣東有（申）〔臼〕水。左傳楚公子比爲王次魚陂，杜預曰在縣西北。

〔五〕杜預曰縣東南有鄖城，故國。

〔六〕地道記曰：「楚滅邾，徙其君此城。」

〔七〕案本傳有離鄉聚、綠林。

零陵郡武帝置。雒陽南三千三百里。十三城，戶二十一萬二千二百八十四，口百萬一千五百七十八。

泉陵 零陵陽朔山，湘水出。〔一〕 營道南有九疑山。〔二〕 營浦〔三〕 泠道〔四〕 洮陽 都梁有路山。 夫夷侯國（故屬長沙）。 始安侯國。〔五〕 重安侯國，故鍾武，永建三年更名。 湘鄉 昭陽侯國。〔六〕 烝陽侯國，故屬長沙。

〔一〕羅含湘中記曰：「有營水，有洮水，有灌水，有祁水，有宜水，有（春）〔舂〕水，有烝水，有耒水，有米水，有淥水，有連水，有（倒）〔劉〕水，有（僞）〔溈〕水，有（伯）〔汨〕水，有資水，皆注湘。」

〔二〕舜之所葬。郭璞山海經注曰：「其山九谿皆相似，故曰九疑。」湘州營陽郡記曰：「山下有舜祠，故老相傳，舜登九疑。」

〔三〕營陽郡記曰：「縣南三里餘有舜南巡止宿處，今立廟。」

〔四〕有（春）〔舂〕陵鄉。

〔五〕始安郡記曰縣東有駮樂山，東有遼山。

〔六〕荆州記，縣東有余水，傍有漁父廟。

桂陽郡高帝置。上領山。在雒陽南三千九百里。十一城，戶十三萬五千二十九，口五十萬一千四百三。

郴有客嶺山。〔一〕 便 耒陽有鐵。 陰山 南平 臨武 桂陽 含洭 湞陽有茬領山。〔二〕 曲江〔三〕 漢寧永和元年置。

〔一〕湘中記曰：「項籍徙義帝於郴而害之，今有義陵祠。又縣南十數里有馬嶺山，山有仙人蘇耽壇。」荆州記曰：「城南六里縣西北有溫泉，其下流有數十畝田，常十二月下種，明年三月新穀便登，一年三熟。」

〔二〕始興郡記有吳山。

〔三〕始興郡記縣北有臨沅山。

武陵郡秦昭王置，名黔中郡，高帝五年更名。雒陽南二千一百里。〔一〕十二城，戶四萬六千六百七十二，口二十五萬九百一十三。

〔一〕先賢傳曰：「晉代太守趙厥問主簿潘京曰：『貴郡何以名武陵？』京曰：『鄙郡本名義陵，在辰陽縣界，與夷相接，爲所攻破，光武時移東出，遂得見全，先識易號。傳曰「止戈爲武，高平曰陵」，於是改名焉。』」臣昭案：前書本名武陵，不知此對何據而出。荆州記曰：「郡社中木蘽樹，是光武種至今也。」

臨沅〔一〕 漢壽故索，陽嘉三年更名，刺史治。〔二〕 孱陵〔三〕 零陽 充 沅陵先有壺頭山。〔四〕 辰陽 酉陽 遷陵 鐔成 沅南建武二十六年置。 作唐

〔一〕荆州記曰：「縣南臨沅水，水源出牂柯且蘭縣，至郡界分爲五谿，故云五谿蠻。」

〔二〕漢官儀曰去雒陽三千里。

〔三〕魏氏春秋曰：「劉備在荆州所都，改曰公安。」

〔四〕馬援軍度處。有松梁山，山有石，開處數十丈，其上名曰天門。

長沙郡秦置。雒陽南二千八百里。十三城，戶二十五萬五千八百五十四，口百五萬九千三百七十二。

臨湘 攸 茶陵 安城 酃〔一〕 湘南侯國。衡山在東南。〔二〕 連道 昭陵 益陽〔三〕 下雋 羅〔四〕 醴陵〔五〕 容陵

〔一〕荆州記曰：「有酃湖，周迴三里。取湖水爲酒，酒極甘美。」湘東記曰：「縣西南母山，周迴四百里。」

〔二〕郭璞曰：「山別名岣嶁。」湘中記曰：「衡山有玉牒，禹案其文以治水。遙望衡山如陣雲，沿湘千里，九向九背，迺不復見。」

〔三〕荆州記曰：「縣南十里有平岡，岡有金井數百，淺者四五尺，深者不測。俗傳云有金人以杖撞地，輒便成井。」

〔四〕帝王世記曰：「有黃陵亭。」（洞）〔湘〕中記亦云二妃之神。劉表爲之立碑。

〔五〕荆州記曰：「縣東四十里有大山，山有三石室，室中有石牀石臼。父老相傳，昔有道士學仙此室，即合金沙之臼。」

右荆州刺史部，郡七，縣、邑、侯國百一十七。〔一〕

〔一〕魏氏春秋：「建安二十四年，吳分巫、秭歸爲固陵郡。二十五年，分南郡之巫、秭歸、夷陵、臨沮並房陵、上庸、西城七縣爲新城郡。」

九江郡秦置。雒陽東一千五百里。十四城，戶八萬九千四百三十六，口四十三萬二千四百二十六。

陰陵 壽春〔一〕 浚遒〔二〕 成德 西曲陽 合肥侯國。 歷陽侯國，刺史治。 當塗有馬丘聚，徐鳳反於此。〔三〕 全椒 鍾離侯國。 阜陵 下蔡故屬沛。〔四〕 平阿故屬沛。有塗山。〔五〕 義成故屬沛。

〔一〕漢官云刺史治，去雒陽千三百里，與志不同。

〔二〕左傳哀十二年會吳于橐皋，杜預曰在縣東南。案宋均傳，縣有唐后二山。

〔三〕帝王世記曰：「禹會諸侯塗山。」皇覽曰：「楚大夫子思冢在縣東山鄉西，去縣四十里。子思造芍陂。」

〔四〕左傳成七年吳入州來，杜預曰下蔡縣。

〔五〕應劭云山在當塗。左傳「穆有塗山之會」。

丹陽郡秦鄣郡，武帝更名。雒陽東二千一百六十里。建安十三年，孫權分新都郡。十六城，戶十三萬六千五百一十八，口六十三萬五百四十五。

宛陵 溧陽 丹陽 故鄣〔一〕 於潛 涇 歙〔二〕 黟〔三〕 陵陽〔四〕 蕪湖中江在西。〔五〕 秣陵〔六〕南有牛渚。 湖熟侯國。 句容 江乘 春穀 石城

〔一〕秦鄣郡所治。吳興記曰：「中平〔二〕年，分縣南置安吉縣。光和末，張角亂，此鄉守險助國，漢嘉之，故立縣。中平二年，又分立原鄉縣。」

〔二〕山海經曰三天子鄣山在閩西海北，郭璞曰在縣東，今謂之玉山。魏氏春秋有安勒烏邪山。

〔三〕魏氏春秋有林歷山。
〔四〕陵陽子明得仙於此縣山，故以爲名。
〔五〕左傳襄三年楚子伐吳，剋鳩茲，杜預曰在縣之東。
〔六〕其地本名金陵，秦始皇改。建安十六年，孫權改曰建業。十七年，城石頭。

廬江郡文帝分淮南置。建武十〔三〕年省六安國，以其縣屬。雒陽東一千七百里。十四城，戶十萬一千三百九十二，口四十二萬四千六百八十三。

舒有桐鄉。〔一〕　雩婁侯國。　尋陽〔二〕南有九江，東合爲大江。〔三〕　灊〔四〕

臨湖侯國。　龍舒侯國。　襄安　晥有鐵。　居巢侯國。〔五〕

六安國。〔六〕　蓼侯國。　安豐有大別山。〔七〕　陽泉侯國。〔八〕　安風侯國。

〔一〕古桐國。左傳昭五年吳敗楚鵲岸，杜預曰縣有鵲尾渚。
〔二〕有疊馬亭，劉勳士衆散處。
〔三〕釋慧遠廬山記略曰：「山在尋陽南，南濱宮亭湖，北對小江，山去小江三十餘里。有匡俗先生者，出殷周之際，隱遯潛居其下，受道於仙人而共嶺，時謂所止爲仙人之廬而命焉。其山大嶺凡七重，圓基，周迴垂五百里。其南嶺臨宮亭湖，下有神廟。七嶺會同，莫升之者。東南有香爐山，其上氣氳若香煙。西南中石門前有雙闕，壁立千餘仞，而瀑布流焉。其中鳥獸草木之美，靈藥芳林之奇，所稱名代。」豫章舊志：「匡俗字君平，夏禹之苗裔也。」

〔四〕左傳曰昭三十一年「吳人侵楚伐夷，侵潛、六，楚沈尹戌帥師救潛」是也。潛有天柱山。
〔五〕皇覽曰：「范增冢在郭東。又庭中亞父井，吏民皆祭亞父於居巢庭上，長吏初（親）〔視〕事，皆祭而後從政，後更造祠於東。」廣志曰有二大湖。
〔六〕皇覽曰臯陶冢在縣。
〔七〕左傳昭二十三年吳敗諸侯之師于雞父，杜預曰縣南有雞備亭。
〔八〕廣志曰有陽泉湖。

會稽郡秦置。本治吳，立郡吳，乃移山陰。雒陽東三千八百里。十四城，戶十二萬三千九十，口四十八萬一千一百九十六。

山陰〔一〕會稽山在南，上有禹冢。〔二〕有浙江。〔三〕　鄮　烏傷〔四〕　諸暨〔五〕

餘暨〔六〕　太末〔七〕　上虞〔八〕　剡　餘姚　句章〔九〕　鄞　章安故（治）〔冶〕，閩越地，光武更名。〔一〇〕　永寧永和三年以章安縣東甌鄉爲縣。

東部侯國。

〔一〕越絕曰：「句踐小城山陰是也。稷山者，句踐（齊戎）〔齋戒〕臺。」吳越春秋曰：「句踐築城已成，怪山自至。怪山者，琅耶海中山也。一夕自來，故名怪山。」
〔二〕山海經曰：「會稽之山四方，上多金玉，下多（玞）〔砆〕石。」郭璞曰有禹井。越絕曰有重山，句踐葬大夫種。
〔三〕郭璞注山海經曰江出歙縣玉山。

〔四〕越絕曰：「有常山，古聖所采藥，高且神。」英雄交爭記曰：「初平三年，分縣南鄉爲長山縣。」
〔五〕越絕曰，興平二年分立吳寧縣。
〔六〕越絕曰西施之所出。謝承書有涉屋山。魏都賦注有蕭山，潘水出焉。
〔七〕左傳謂姑蔑。初平三年，分立新安縣。建安四年，孫氏分立豐安縣。二十三年，立遂昌縣。東陽記：「縣龍丘山有九石，特秀林表，色丹白，遠望盡如蓮花。龍丘（長）〔萇〕隱居於此，因以爲名。其峯際復有巖穴，外如牕牖，中有石林。巖前有一桃樹，其實甚甘，非山中自有，莫知誰植。」
〔八〕漢末分南鄉立始寧縣。
〔九〕山海經曰：「餘句之山，無草木，多金玉。」郭璞曰：「山在餘姚南，句章北，故二縣因以爲名。」句踐欲遷吳王於甬東，韋昭曰縣東洲。
〔一〇〕晉（元）〔太〕康記曰本鄞縣南之迴浦鄉，章帝章和元年立。未詳。

吳郡順帝分會稽置。雒陽東三千二百里。十三城，戶十六萬四千一百六十四，口七十萬七百八十二。

吳本國。〔一〕震澤在西，後名具區澤。〔二〕　海鹽〔三〕　烏程〔四〕　餘杭〔五〕

毗陵季札所居。北江在北。〔六〕　丹徒〔七〕　曲阿　由拳〔八〕　安〔九〕

富春　陽羨邑。〔一〇〕　無錫侯國。〔一一〕　婁

〔一〕越絕曰：「吳大城，闔閭所造，周四十七里二百一十步二尺。又有伍子胥城，居巢城。昌門外闔閭冢虎丘。穹隆，

赤松子所取赤石脂也，去縣二十里。有（鹿）〔麋〕湖，欐谿城。又石城，闔閭置美〔人〕山。虞山，巫咸山。」皇覽曰：「縣東門外孫武冢。又要離冢，縣西南。」
〔二〕爾雅十藪，吳越之間有具區，郭璞曰縣南太湖也。中有包山，山下有洞庭，穴道潛行水底，去無所不通，號爲地脈。越絕書曰「湖周三萬六千頃」。又有大雷山，小雷山，周處風土記曰舜漁澤之所。臣昭案：此僻在成陽是也。又吳伐越，敗之夫椒，杜預曰太湖中椒山是也。
〔三〕案今計偕簿，縣之故治，順帝時陷而爲湖，今謂爲當湖。大旱湖竭，城郭之處可識。
〔四〕左傳襄三年楚伐吳至於衡山，杜預曰在縣南。或云丹陽縣之橫山，去鳩茲不遠，子重所至也。吳興記曰：「縣西北（其）〔卞〕山有項籍祠。興平二年，太守許貢奏分縣爲永縣。」
〔五〕顧夷曰：「秦始皇至會稽經此，立爲縣。」史記曰，始皇臨浙江，水波惡，乃西百二十里，從狹中渡。徐廣曰餘杭也。臣昭案：始皇所過乃在錢塘、富春，豈近餘杭之界乎？
〔六〕越絕曰：「縣南城，（在荒）〔古淹〕地。上湖中冢者，季子冢也。名延陵墟。」皇覽曰暨陽鄉。
〔七〕春秋曰朱方。
〔八〕左傳曰越敗吳於檇李，杜預曰縣南醉李城也。干寶搜神記曰：「秦始皇東巡，望氣者云『五百年後，江東有天子氣』。始皇至，令囚徒十萬人掘汙其地，表以惡名，故改之曰由拳縣。」
〔九〕越絕曰：「有西岑冢，越王孫開所立，以備春申君，使其子守之，子死遂葬城中。」
〔一〇〕郭璞曰：「縣有張公山，洞密有二堂。」
〔一一〕史記曰：「春申君城故吳墟，以自爲都邑。」城在無錫。皇覽曰：「吳王太伯冢在吳縣北梅里聚，去城十里。太伯

始所居地名句吳。」臣昭案：無錫縣東皇山有太伯冢，民世修敬焉。去墓十里有舊宅，井猶存。臣昭以爲卽宅爲置廟，不如皇覽所說也。越絕曰：「縣西龍尾陵道，春申君初封吳所造。」臣昭案：今見在，自是山名，非築陵道。

豫章郡高帝置。雒陽南二千七百里。二十一城，戶四十萬六千四百九十六，口百六十六萬八千九百六。〔一〕

南昌〔二〕　建城〔三〕　新淦　宜春　廬陵〔三〕　贛有豫章水。　雩都

南野有臺領山。　南城　鄱陽有鄱水。黃金采。〔四〕　歷陵有傅易山。

餘汗　鄡陽　彭澤彭蠡澤在西。　柴桑　艾〔五〕　海昏侯國。〔六〕

平都侯國，故安平。　石陽　臨汝永元八年置。　建昌永元十六年分海昏置。

〔一〕豫章記曰：「新吳、上蔡、永脩縣，並中平〔中〕立。豫章縣，建安立。上蔡民分徙此地，立名上蔡。」

〔一〕豫章記曰：「江、淮唯此縣及吳、臨湘三縣是令。」

〔二〕此地立名上蔡者。豫章記曰：「縣有葛鄉，有石炭二頃，可燃以爨。」

〔三〕興平元年，孫策分立廬陵郡。

〔四〕建安十五年，孫權分立鄱陽郡，治縣。

〔五〕左傳哀二十年吳公子慶忌所居。

〔六〕在昌邑城。豫章記曰：「城東十三里，縣列江邊，名慨口，出豫章大江之口也。昌邑王每乘流東望，輒憤慨而還，

故謂之慨口。」

右揚州刺史部，郡六，縣、邑、侯國九十二。

校勘記

三四七二頁四行　左傳哀六年公如賴　按：集解引錢大昕說，謂案左傳云「使胡姬以安孺子如賴」，此云「公」，誤也。

三四七二頁五行　縣西有崔城　按：襄二十七年杜注云「朝陽縣西北有崔氏城」。

三四七二頁七行　平原郡九城　按：錢大昕謂「九」當作「十」。說見下。

三四七二頁九行　濕水出　按：集解引惠棟說，謂前志及水經注「濕」作「漯」，說文從水㬎聲。

三四七二頁一〇行　濕陰　按：集解引惠棟說，謂前志亦作「漯陰」，說見上。杜預注左傳，又作「隰」也。

三四七二頁一四行　杜預曰縣西有轅城　按：集解引惠棟說，謂案地理志轅縣屬平原，水經作「援」，酈元引杜預釋地，云轅卽援也，濟南祝阿縣有援城。

三四七二頁一六行　高帝西平昌置　按：集解引錢大昕說，謂案文當云「高帝置」，不應有「西平昌」三字，其爲衍字無疑。後讀宦者傳，彭愷爲西平昌侯，注云西平昌縣屬平原郡，乃悟此三字當屬上文平原郡，而平原郡九城當爲十城，因此三字錯入樂安注中，校書者遂改「十」爲「九」，以合見成之數耳。又按：張森楷謂錢說致確，但前志平原有平昌縣，當卽此西平昌，漏未引及。

三四七三頁二行　高菀　殿本「菀」作「苑」。按：前志作「宛」，菀、苑、宛三字古通作。

三四七三頁三行　有薄姑城　按：集解引惠棟說，謂尙書大傳作「蒲姑」。

三四七三頁六行　古薄姑氏　按：汲本作「左傳姑氏」。惠棟謂當作「古薄姑氏」，「蒲姑」諸本皆訛作「薄姑」，或脫「蒲」字。

三四七三頁七行　縣南有地名貝（中）〔丘〕　據殿本改，與杜注合。

三四七三頁九行　杜預曰縣東北有攝城　按：集解引洪頤煊說，謂左昭二十年傳「聊、攝以東」，杜注「聊、攝，齊西界也，平原聊城縣東北有攝城」。蓼城非聊城，注誤證。

三四七三頁一一行　景帝置　按：張森楷校勘記謂案前志爲北海郡，故注云「景帝置」，此國爲世祖所立，不得依用其文，當云「景帝置郡」，下接「建武」云云，乃爲可通。

三四七三頁一二行　(有)〔省〕菑川高密膠東三國　按：校補謂「有」乃「省」之譌，各本皆未正。今據改。

三四七四頁三行　(拒)〔挻〕　集解引錢大昕說，謂「拒」當作「挻」。宋書州郡志注挻令，前漢屬膠東，後漢屬北海。或以琅邪之柜當之，琅邪之柜從木不從手，志不言故屬琅邪，字形偏旁亦異，故知非也。王先謙謂錢說是，今據改。

三四七四頁一二行　故兆　按：集解引陳景雲說，謂注「故兆」未詳，疑「故紀邑」之訛。

三四七四頁一三行　杜預曰棠國也　按：殿本考證齊召南謂案左傳注原文「棠，萊邑也。北海卽墨縣有棠鄉」。此作「棠國也」，非是。

三四七四頁一四行　地道記曰（奚）養澤在西　據集解引錢大昕說補。按：錢氏謂注所引地道記，卽前志琅邪長廣注文，「養澤」上當有「奚」字。後漢長廣改屬東萊，劉氏不注於東萊之長廣，而注於北海之拒，未詳其故。

三四七四頁一五行　雒陽東三千一百二十八里　按：汲本、殿本「一」作「二」。

三四七五頁一行　惤侯國　張森楷校勘記謂案說文，從心之「惤」是河南密縣亭，從巾之「幨」是東萊縣，則此當從巾而從心，誤也。今按：張說是。前志作「幨」，王先謙謂說文「幨布出東萊，從巾弦聲」，是作「幨」爲正，縣蓋以布得名也。

三四七五頁一行　掖　按：集解引惠棟說，謂前志作「夜」，夜音亦，又音掖。

三四七五頁三行　不(期)〔其〕　按：前志作「不其」，惠棟、齊召南皆謂作「不期」誤，今據改。注同。

三四七五頁五行　列二碑　按：汲本、殿本「列」作「刻」。

三四七五頁一三行　秦置　按：張森楷校勘記謂齊古建國，非秦置，秦置齊郡耳。前志亦是齊郡。此當詳其沿革之由，第云「秦置」，殊疏。或「置」下有「郡」字，誤奪去。

三四七五頁一三行　臨菑　按：前志作「臨淄」。

三四七五頁一四行　有三亭古邦邑　按：校補引錢大昭說，謂「三」字誤，或是「邦」字。

三四七六頁七行　有長山曰方城　按：前志作「有長城號曰方城」。惠棟補注引水經注、晉志及盛宏之荆州記，證「長山」當作「長城」。

三四七六頁一三行　涅陽　按：集解引錢大昕說，謂安帝妹涅陽公主食邑，當有「邑」字。

三四七六頁一四行　有和成聚　按：汲本、殿本「成」作「城」。

三四七七頁一行　有章密鄉　按：集解引惠棟說，謂前志及水經丹水注皆作「密陽鄉」。

三四七七頁七行　杜預曰方城山在縣南屈完曰楚國方城以爲城　按：殿本考證謂推尋文義，當云「左傳屈完曰『楚國方城以爲城』，杜預曰方城山在縣南」。今此文誤倒。

三四七七頁一二行　吴漢破秦豐地　按：「地」原譌「也」。逕據汲本、殿本改正。

三四七八頁一行　博物記曰潕水出　按：校補引柳從辰說，謂此引博物記疑當在「魯陽」下。說文潕水出南陽魯陽堯山，東北入汝。澧水出南陽雉衡山，東入汝。前志亦云魯陽有魯山，潕水所出，東北至定陵入汝。雉衡山澧水所出，東至郾入汝。水經說同。明此注誤。

三四七八頁八行　伯升襲甄阜(也)〔處〕　據汲本、殿本改。按：「也」疑爲「地」字之譌。

三四七九頁一行　上壽百二十三十　按：汲本無「三十」二字。

郡國四　三四九五

後漢書志第二十二　三四九六

三四七九頁三行　此菊莖短花大　按：汲本、殿本「花」作「葩」。

三四七九頁一六行　秭歸本(歸)國　據汲本刪。按：殿本考證謂推尋文義，「國」上衍一「歸」字，注杜預曰夔國，非歸國明矣。

三四八〇頁二行　中盧　按：殿本「盧」作「廬」。

三四八〇頁四行　鄀　按：前志作「若」。

三四八〇頁七行　很山　汲本、殿本「很」作「佷」。按：前志作「佷」，惠棟謂宋書州郡志作「很」。

三四八〇頁一四行　湖東有水名萇谷　按：汲本、殿本「萇」作「長」。

三四八〇頁一五行　又値(比)〔此〕穴中有數十四馬出　據汲本、殿本改。

三四八〇頁一五行　甲如鮮鯉　按：汲本「鮮」作「鮫」。王先謙謂水經沔水注作「鯪」。

三四八〇頁一六行　〔射〕不可入　何焯據宋殘本校，補一「射」字。今據補。

三四八一頁三行　摘其鼻厭可小小便名爲木盧　按：水經沔水注作「摘其皐厭可小小使名爲水虎者也」。王先謙謂「厭字屬下，卽厭勝之厭」。又按：何焯據殘宋本校，改「木」爲「水」。

三四八一頁三行　縣東〔南〕有權城　惠棟補注依杜注增「南」字，今據補。

三四八一頁三行　城東有廬城　按：汲本「廬」作「盧」。王先謙謂水經沮水注作「驢」，諺云「東驢西磨，麥城自破」。

三四八一頁五行　州國在縣東〔南〕　惠棟補注依杜注增「南」字，今據補。

三四八一頁七行　縣西九里有(萬)〔方〕山　據汲本、殿本改。按：疑「方」原譌「万」，傳寫譌爲「萬」也。

三四八一頁八行　出平皐關　按：汲本、殿本「皐」作「澤」。

三四八一頁一三行　其(東)〔中〕多牛　據殿本、集解本改。按：今山海經作「其中多犛牛」。

三四八二頁五行　軑　原譌「軚」，逕據集解本改。按：前志作「軑」，孟康曰音怢。補注引周壽昌曰：「說文軑，車輨也，從車大聲。今從犬者，誤。」

三四八二頁五行　(立)〔有〕章山　集解引惠棟說，謂案前志及晉志，「立」字衍。校補謂「立」當作「有」，涉下「章」字而譌。今據改。

三四八二頁一一行　縣東有(申)〔臼〕水　集解引錢大昭說，謂「申」當作「臼」，左傳定五年，「涉于成臼」，杜注「竟陵縣有臼水，出聊屈山，西南入漢」。今據改。

三四八二頁一二行　杜預曰在縣西北　按：今杜注作「竟陵縣西北有甘魚陂」。

三四八三頁一行　陽朔山　按：校補謂案前志作「陽海山」，說文同。水經注謂陽海山卽陽朔山。

三四八三頁二行　夫夷侯國(故屬長沙)　集解引惠棟說，謂案前志，夫夷本屬零陵，長沙無是縣，此四字衍文。今據刪。

三四八三頁三行　烝陽　按：集解引惠棟說，謂前志作「承陽」，承音烝。

郡國四　三四九七

後漢書志第二十二　三四九八

三四八三頁五行　有(眷)〔春〕水　據校補引柳從辰說改。

三四八三頁六行　有(劉)〔瀏〕水有(瀉)〔潙〕水　據校補引柳從辰說改。

三四八三頁六行　有(伯)〔汨〕水　據集解本改。按：汲本、殿本譌「泊」。

三四八三頁一〇行　有(眷)〔春〕陵鄉　據汲本、殿本改。

三四八三頁一三行　高帝置上領山在雒陽南三千九百里　按：張森楷校勘記謂「上領山」三字于上下文皆不屬，不知何縣下山脫攛于此，俟詳攷之。

三四八四頁七行　晉代太守趙厥　按：集解引錢大昕說，謂晉書「厥」作「廞」。又引周壽昌說，謂延江水注引先賢傳同，惟「趙厥」作「趙偉」。

三四八四頁一四行　去雒陽三千里　按：汲本、殿本「三」作「二」。

三四八五頁一行　雒陽南二千八百里　按：汲本「二」作「三」。

三四八五頁三行　攸　前志作「收」。按：攸，孟康音收，前志因譌「收」，詳漢書補注。

三四八五頁三行　荼陵　汲本、殿本「荼」作「茶」。今按前志，殿本作「荼陵」，補注本據汲本作「茶陵」。王先謙據說文，謂荼與茶通。

三四八五頁三行　安城　按：集解引惠棟說，謂前志及州郡志皆作「安成」。王先謙謂城成通作。

三四八五頁九行　(洞)〔湘〕中記　據汲本、殿本改。

三四八六頁一行　浚遒　按：集解引惠棟說，謂「浚」一作「逡」。

三四八六頁一行　西曲陽　按：前志作「曲陽」，惠棟謂下邳有曲陽，故加「西」。

三四八六頁四行　去雒陽千三百里　按：汲本「三」作「二」。

三四八六頁五行　有唐后二山　按：集解引惠棟說，謂風俗通作「唐居山」。

三四八六頁九行　丹陽郡　殿本考證謂「陽」當作「楊」。今按：前志作「揚」。補注引宋祁說，謂當作「陽」。又引王鳴盛說，謂「揚」字从手，其屬縣丹陽則从自，而南監本俱作「陽」，晉志或作「揚」，或作「陽」，而屬縣則作「楊」，且注云「丹楊山，多赤柳，在西」，然則縣名从木甚明，而郡亦當以此得名，凡从手从自，皆傳寫誤也。

三四八六頁一一行　丹陽　集解引惠棟說，謂案晉志「陽」當作「楊」。今按：前志作「陽」。

三四八六頁一二行　於潛　按：前志「潛」作「𢞐」，音潛。

三四八六頁一二行　黝　按：集解引惠棟說，謂一作「黟」，見說文。

三四八六頁一三行　湖熟　按：前志作「湖孰」。

三四八六頁一四行　秦鄣郡所治　按：集解引惠棟說，謂「秦」當作「故」。

三四八六頁一四行　中平〔二〕年　集解引惠棟說，謂沈約、歐陽忞皆云中平二年，諸本脫「二」字。今據補。

三四八六頁一六行　今謂之玉山　殿本作「今謂之三王山」。按：今山海經郭注亦作「三王山」，然歙縣玉山

並見會稽郡注，則作「玉山」爲是，何焯校本亦作「玉山」，殿本殆據今山海經改也。

三四八七頁五行　建武十〔三〕年省六安國　殿本考證齊召南謂應作「十三年」。後章帝元和二年，復改廬江爲六安國，至章和二年，和帝卽位，復省六安入廬江，此注未明。今據齊說，補一「三」字。

三四八七頁八行　睆　前志作「睆」，殿本作「皖」。按：睆晥皖並通。

三四八七頁九行　六安　按：前志六，屬六安國，無「安」字。

三四八八頁二行　長吏初〔親〕〔視〕事　據汲本、殿本改。

三四八八頁五行　縣南有雞備亭　殿本考證謂何焯校本「備」改「人」。今按：今杜注亦作「備」，何氏殆據殘宋本改也。

三四八八頁七行　立郡吳　殿本考證謂當改「吳立郡」。今按：校補謂立郡吳，謂縣升爲郡也，改之於說反窒。

三四八八頁一〇行　太末　按：前志「太」作「大」，孟康曰「大音如闥」。

三四八八頁一〇行　章安故〔治〕〔冶〕閩越地光武更名　殿本「治」作「冶」，王先謙謂作「冶」是，今據改。今按：通鑑胡注引洪氏隸釋，謂中有脫文，當作「章安故回浦，章帝更名，東侯官故冶，閩越地，光武更名」，於文乃足。此郡之末有「東部侯國」四字，却是衍文。說詳通鑑漢獻帝建安元年注。又按：集解引惠棟說，謂「閩越地」宋書州郡志作「閩中地」。又按：集解引錢大昕說，謂案鄭宏傳，舊交阯七郡，貢獻轉運皆從東冶汎海而至。所云東冶，卽會稽之冶縣。宏以章帝建初八年爲大司農，其時尚稱東冶，則非光武更名明矣。

三四八八頁一三行　東部侯國　集解引錢大昕說，謂案宋書州郡志侯官，前漢無，後漢曰東侯官，屬會稽。此「東部侯國」當卽「東侯官」之譌，漢時未見有封東部侯者也。今按：錢說是，然此四字却是衍文，說見上。

三四八八頁一三行　稷山者句踐〔齊戎〕〔齋戒〕臺　殿本「者」作「有」。汲本、殿本「齊戎臺」皆作「齋戒臺」。按：越絕書作「齋戒臺」，寶慶會稽縣志云「稷山在縣東五十三里，亦名齋臺山」，則以作「齋戒」爲是，今據汲本、殿本改。

三四八八頁一五行　下多〔珐〕〔玞〕石　據殿本改。按：今山海經作「玞」，注云「砆武，大石似玉」。

三四八八頁一五行　有重山　按：今本越絕書「重」作「種」。

三四八八頁一六行　江出歙縣玉山　按：今山海經郭注云「按地理志，浙江出新安黟縣南蠻中，東入海，今錢唐浙江是也。黟卽歙也」。

三四八九頁三行　有涉屋山　按：汲本、殿本「屋」作「皇」。

三四八九頁三行　潘水出焉　汲本、殿本「潘」作「潛」。按：前書補注王先謙謂潛水卽潘水也。

三四八九頁四行　建安四年孫氏分立豐安縣二十三年立遂昌縣　按：集解引錢大昕說，謂宋書州郡志與此異，未知孰是。

三四八九頁五行　龍丘〔長〕〔萇〕隱居於此　殿本考證謂「長」當作「萇」。按：集解引馬與龍云，龍丘萇見任延傳。今據改。

三四八九頁五行　中有石林　按：汲本「林」作「𣏟」。

三四八九頁八行　餘句之山　按：集解引惠棟說，謂依山海經當作「句餘」。

三四八九頁一〇行　晉〔元〕〔太〕康記曰本鄮縣南之迴浦鄉　錢大昕謂「元康」當作「太康」，今據改。集解引錢大昕說，謂攷班志冶與回浦本是二縣，意者東漢初嘗省迴浦入鄮縣，故有「回浦鄉」之稱。今按：洪氏隸釋謂鄮及回浦皆西漢縣名，謂西漢割郡而置縣，或未可知。至章帝時，回浦已非鄉矣。太康所紀，亦誤也。說詳通鑑漢獻帝建安元年胡注引。

三四八九頁一一行　十三城　按：據錢大昕考證，當作「十二城」，詳下安縣條校勘記。

三四八九頁一四行　安　按：集解引錢大昕說，謂前漢、晉、宋志皆無此縣，本志又不言何年所置，前無所承，後無所併，疑卽「婁」之訛，因「婁」脫其中而爲「安」，校者不能是正，疑有脫漏，又增「婁」於「無錫」後，並改「十二」城爲「十三」。

三四八九頁一五行　婁　殿本考證謂監本脫此一縣，依宋本添。按：前安縣卽婁縣之誤，後人不曉，增此一

縣，說見上。

三四八九頁一六行　昌門外闔閭冢　按：殿本「昌」作「閶」，與今本越絕書合。

三四九〇頁一行　有(鹿)〔麋〕湖　據殿本改，與今本越絕書合。

三四九〇頁一行　又石城闔閭置美〔人〕山　集解引惠棟說，謂「美山」無攷，案越紐錄曰「石城，闔閭置美人山」，脫「人」字也。今據補。

三四九〇頁一行　虞山巫咸山　按：「巫咸山」之「山」，疑當作「出」。今本越絕書作「虞山者，巫咸所出也」。寰宇記九十一作「巫咸所居」。

三四九〇頁六行　順帝時陷而爲湖　按：集解引洪亮吉說，謂水經注「順帝」作「安帝」。

三四九〇頁八行　(其)〔下〕山有項籍祠　據何焯校本改。

三四九〇頁一二行　縣南城(在荒)〔古淹〕地上湖中冢者季子冢也　汲本「在荒地」作「在荒遠」，此據殿本改。按：今越絕書云「毗陵縣南城，故古淹君地也」。又云「毗陵上湖中冢者，延陵季子冢也，去縣七十里，上湖通上洲」。殿本殆據越絕書改也。

三四九〇頁一七行　吳王太伯冢　按：張森楷校勘記謂太伯非吳王，疑此文有衍誤。

三四九一頁五行　永脩縣　按：汲本「脩」作「修」。

三四九一頁五行　並中平〔中〕立　集解引惠棟說，謂諸本脫「中」字。今據補。

三四九一頁六行　建城　按：前志作「建成」。

三四九一頁七行　南野　按：前志作「南埜」。

三四九一頁一三行　此地立名上蔡者　按：殿本考證齊召南謂案上文豫章郡戶口下分注「豫章記曰」一條三十二字，應在此文之下。偏檢本志，引書必有所指。上文豫章記言「上蔡民分徙此地」，即「此地立名上蔡者」之注解也。不知何以將「豫章記」一條移置於前，後人遂無糾正者。

後漢書志第二十三

郡國五

漢中　巴郡　廣漢　蜀郡　犍爲　牂牁　越巂　益州　永昌

廣漢屬國　蜀郡屬國　犍爲屬國

右益州

隴西　漢陽　武都　金城　安定　北地　武威　張掖　酒泉　敦煌

張掖屬國　張掖居延屬國

右涼州

上黨　太原　上郡　西河　五原　雲中　定襄　鴈門　朔方

右并州

涿郡　廣陽　代郡　上谷　漁陽　右北平　遼西　遼東　玄菟

樂浪　遼東屬國

右幽州

南海　蒼梧　鬱林　合浦　交趾　九眞　日南

右交州

漢中郡秦置。雒陽西千九百九十里。九城，戶五萬七千三百四十四，口二十六萬七千四百二。

南鄭〔一〕　**成固**嫣墟在西北。〔二〕　**西城**〔三〕　**褒中**〔四〕　**沔陽**有鐵。〔五〕

安陽　**錫**有錫，春秋時曰錫穴。〔六〕　**上庸**本庸國。　**房陵**〔七〕

〔一〕華陽國志曰：「有池水，從旱山來。」

〔二〕前書云在西城。帝王世記亦云姚墟在西北，有舜祠。

〔三〕巴漢志云漢末以爲西城郡。

〔四〕華陽國志曰有唐公(防)〔房〕祠。

〔五〕華陽國志曰有定軍山。博物記曰縣北有丙穴。巴漢志曰：「縣有度水，水有二原，一曰清檢，二曰濁檢。」

〔六〕左傳文十一年，楚伐麇，至于錫穴。

〔七〕巴漢志曰：「建安十三年別屬新城郡。有維山，維水所出，東入瀘。」

中華書局

巴郡秦置。雒陽西三千七百里。〔一〕十四城，戶三十一萬六百九十一，口百八萬六千四十九。

〔一〕譙周巴記曰：「初平〔六〕〔元〕年，趙穎分巴爲二郡，欲得巴舊名，故郡以墊江爲治，安漢以下爲永寧郡。建安六年，劉（綽）〔璋〕分巴，以永寧爲巴東郡，以墊江爲巴西郡。」蜀都賦注云：「銅梁山在巴東。」干寶搜神記曰：「有澤水，民謂神龍，不可鳴鼓其傍，即使大雨。」蜀都賦曰：「潛龍蟠於沮澤，應鳴鼓而興雨。」

江州〔一〕　宕渠有鐵。　朐忍〔二〕　閬中〔三〕　魚復〔四〕扞水有扞關。〔五〕　臨江　枳〔六〕　涪陵出丹。〔七〕　墊江　安漢　平都〔八〕　充國永元二年分閬中置。〔九〕　宣漢〔一〇〕　漢昌永元中置。〔一一〕

〔一〕杜預曰巴國也。有塗山，禹娶塗山。華陽國志曰：「帝禹之廟銘存焉。有清水穴，巴人以此爲粉，則膏（暉）〔澤〕鮮芳，貢粉京師，因名粉水。」

〔二〕巴漢志曰：「山有大小石城（勢者）。」

〔三〕案本傳有俞水。巴漢志曰：「有彭池、大澤、名山、靈臺，見孔子內讖。」

〔四〕古庸國，左傳文十〔六〕年魚人逐楚師是也。

〔五〕史記曰，楚肅王爲扞關以拒蜀。

〔六〕史記蘇代曰：「楚得枳而國亡。」華陽國志有明月峽、廣德嶼者是也。

〔七〕巴記曰：「靈帝分涪陵置永寧縣。」巴漢志曰：「涪陵，巴郡之南鄙，從枳南入折丹涪水，本與楚商於之地接。漢時赤（田）〔甲〕軍常取其民。」

〔八〕巴記曰：「和帝分枳置。」

〔九〕巴記曰：「初平四年，復分爲南充國縣。」

〔一〇〕巴漢記曰：「和帝分宕渠之東置。」

〔一一〕巴記曰：「分宕渠之北而置之。」

廣漢郡高帝置。雒陽西三千里。十一城，戶十三萬九千八百六十五，口五十萬九千四百三十八。

雒（州）刺史治。　新都〔一〕　緜竹〔二〕　什邡　涪〔三〕　梓潼〔四〕　白水〔五〕　葭萌〔六〕　郪　廣漢有沈水。　德陽〔七〕

〔一〕華陽國志曰：「有金堂山，水通巴（漢）。」

〔二〕地道記曰：「有紫巖山，緜水之所出焉。」

〔三〕巴漢志曰：「孱水出孱山。」

〔四〕地道記「五婦山，馳水出」。建安二十二年，劉備以爲郡。

〔五〕山海經曰白水出蜀而東南入江，郭璞曰今在縣。

〔六〕華陽國志「有水通于漢川，有金銀鑛，民洗取之」。

〔七〕華陽國志曰：「有劍閣道，三十里，至險。」

蜀郡秦置。雒陽西三千一百里。十一城，戶三十萬四百五十二，口百三十五萬四百七十六。

成都〔一〕　郫　江原　繁　廣都〔二〕　臨邛〔三〕有鐵。　湔氐道〔四〕岷山在西徼外。〔五〕　汶江道〔六〕　八陵　廣柔〔七〕　緜虒道〔八〕

〔一〕蜀都賦注曰：「武帝元鼎二年，立成都郭十八門。」

〔二〕任豫益州記曰：「縣有望川源，鑿石二十里，引取郫江水灌廣都田，云後漢所穿鑿者。」

〔三〕博物記曰：「有火井，深二三丈，在縣南百里。以竹木投取火，後人以火燭投井中，火即滅絕，不復然。」蜀都賦注曰：「火井欲出其火，先以家火投之，須臾許隆隆如雷聲，爛然通天，光耀十里，以竹筒盛之，接其光而無炭也。取井火還，煮井水，一斛水得四五斗鹽，家火煮之，不過二三斗鹽耳。」

〔四〕蜀王本紀曰：「縣前有兩石對如闕，號曰彭門。」

〔五〕山海經曰：「岷山，江水出焉，東北注于海。中多良龜，其上多金玉，其下多白珉，其獸多犀、象、夔。」郭璞曰：「今蜀山中有大牛，重數千斤，曰夔。」蜀都賦注曰：「岷山特多藥，其椒特多好者，絕異於天下之好者。」

〔六〕華陽國志曰：「濊水、駹水出焉，多冰寒，盛夏凝凍不釋。孝安延光三年復立之以爲郡。」

〔七〕帝王世記曰禹生石紐。縣有石紐邑。華陽國志曰：「夷人營其地，方百里，不敢居牧。有過，逃其野中不敢追，云畏禹神；能藏三年，爲人所得，則共原之，云禹神靈祐之。」

〔八〕華陽國志曰：「有玉壘山，出璧玉，湔水所出。」

犍爲郡武帝置。雒陽西三千二百七十里。劉璋分立江陽郡。九城，戶十三萬七千七百一十三，口四十一萬一千三百七十八。

武陽有彭亡聚。〔一〕　資中　牛鞞　南安〔二〕有魚（泣）〔涪〕津。〔三〕　僰道〔四〕　江陽〔五〕　（荷）〔符〕節　南廣　漢安

〔一〕岑彭死處。南中志曰：「縣南二十里彭望山。」益州記曰：「縣有王喬仙處。王喬祠今在縣，下有彭祖冢，上有彭祖祠。」

〔二〕蜀都賦注曰：「縣之南有五屼山，一山而五里，在越巂界。」

〔三〕蜀都賦注曰：「魚符津數百步，在縣北三十里。縣臨大江，岸便山嶺相連，經益州郡，有道廣四五尺，深或百丈，斬鑿之跡今存，昔唐蒙所造。」博物記：「縣西百里有牙門山。」華陽國志曰：「縣西有熊耳峽，南有峨眉山，去縣八十餘里。」

〔四〕華陽國志曰：「治馬湖江會，水通越巂。舊本有僰人。有荔枝、薑蒟。有（蜀）王（岳）〔兵〕蘭。李冰燒之崖有五色，赤白映水玄黃。魚從楚來，至此而止，畏崖映其水故也。」

〔五〕華陽國志曰：「江、雒會，有方（山）蘭祀，江中有大闕小闕。」蜀都賦注云：「沱、潛既道，從縣南流至漢嘉縣入大穴，中通岡山下，因南潛出，今名復出水是也。」

牂牁郡武帝置。雒陽西五千七百里。十六城，戶三萬一千五百二十三，口二十六萬七千二百五十三。

故且蘭〔一〕　平夷　鄨〔二〕　毋斂　談指出丹。〔三〕　夜郎出雄黃、雌黃。〔四〕　同並　談稾　漏江　毋單　宛溫〔五〕　鐔封〔六〕　漏臥

句町〔七〕　進乘　西隨〔八〕

〔一〕地道記曰：「有(沘)〔沅〕水。」

〔二〕地道記曰：「不狼山，鄨水所出。」

〔三〕南中志曰：「有不津江，江有瘴氣。」

〔四〕案本傳有竹王三郎祠。

〔五〕南中志曰：「縣北三百里有盤江，廣數百步，深十餘丈。此江有毒氣。」

〔六〕華陽國志曰：「有溫水。」

〔七〕案本傳有桄榔木。地道記有文象水。

〔八〕地道記曰：「麋水，西受徼外，東至麋泠，入尙龍谿。」

越巂郡武帝置。雒陽西四千八百里。十四城，戶十三萬一百二十，口六十二萬三千四百一十八。

邛都南山出銅。〔一〕　遂久〔二〕　靈關道〔三〕　臺登出鐵。〔四〕　青蛉有禺同山，俗謂有金馬碧雞。〔五〕　卑水〔六〕　三縫〔七〕　會無出鐵。〔八〕　定莋〔九〕　闡〔一〇〕　蘇示　大莋　莋秦　姑復〔一一〕

〔一〕南中志曰：「縣東南數里有水名邛廣都河，從廣二十里，深百餘丈，有魚長一二丈，頭特大，遙視如戴鐵釜狀。」華陽國志曰：「河有嗱巂山，又有溫水穴，冬夏常熱。」

〔二〕華陽國志曰：「有繩水。」廣志曰：「有縹碧石，有綠碧。」

〔三〕華陽國志曰：「有銅山，又有利慈。」

〔四〕華陽國志曰：「有孫水，一曰白沙江。山有砮，火燒成鐵。」

〔五〕華陽國志曰：「有鹽官。濮水出。」

〔六〕華陽國志曰：「水通馬湖。」

〔七〕華陽國志曰：「通道寧州，度瀘得〔蜻〕蛉縣。有長谷石時坪，中有石豬，子母數千頭，長老傳言夷昔牧豬於此，一朝豬化爲石，迄今夷不敢往牧。」

〔八〕郭璞曰，山海經稱縣東山出碧，亦玉類。華陽國志曰：「故濮人邑也。今有濮人冢，冢不閉戶，其中多珠，人不可取，取之不祥。有(元)〔天〕馬河。(元)〔天〕馬日行千里。縣有(元)〔天〕馬祠。民居家馬牧山下，或產駿駒，云(元)〔天〕馬子也。今(其)有(元)〔天〕馬逕，厥迹存焉。河中有銅船，今在，祠以羊可取也。河中見(于)〔存〕。土地特產好(犛)〔犀〕牛。東山出青碧。」

〔九〕華陽國志：「縣在郡西。度瀘水，賓岡徼白摩沙夷有鹽坑，積薪，以齊水灌而後焚之，成白鹽，漢末夷等皆錮之。」

〔一〇〕華陽國志曰：「故邛人邑，治邛都城。」

〔一一〕地道記：鹽池澤在南。

益州郡武帝置。故滇王國。雒陽西五千六百里。諸葛亮表有耽文山、澤山、司彌瘞山、婁山、辟龍山，此等並皆未詳所在縣。十七城，戶二萬九千三十六，口十一萬八百二。

滇池出鐵。有池澤。〔一〕北有黑水祠。〔二〕　勝休〔三〕　俞元裝山出銅。〔四〕　律高石室山出錫。監町山出銀、鉛。　賁古采山出銅、錫。〔五〕羊山出銀、鉛。〔六〕　(母掇)〔毋棳〕〔七〕　建伶　穀昌　牧靡〔八〕　昧　昆澤　同瀨〔九〕　同勞　雙柏出銀。　連然　梇棟〔一〇〕　秦臧

〔一〕澤在縣西，見前書。南中志曰：「池周二百五十里。」

〔二〕華陽國志曰水是溫泉。又有白蛸山，(淮)〔惟〕有蛸。

〔三〕南中志曰：「有大河，從廣百四十里，深數十丈。」地道記曰：「水東至(毋掇)〔毋棳〕，入橋水。」

〔四〕華陽國志在河中洲上。

〔五〕前書曰在縣北。

〔六〕在縣西。地道記曰：「南烏山，出錫。」

〔七〕地道記曰：「有橋水，出橋山。」

〔八〕李奇曰：「靡音麻。」出升麻。

〔九〕地道記曰：「銅虜山，米水所出。」

〔一〇〕地道記：「連山，無血水所出。」

永昌郡明帝永平(十)二年分益州置。雒陽西七千二百六十里。〔一〕八城，戶二十三萬一千八百九十七，口百八十九萬七千三百四十四。

〔一〕廣志曰：「永昌一郡，見龍之燿，日月相屬。」

不韋出鐵。〔一〕　嶲唐〔二〕　比蘇　楪榆〔三〕　邪龍　雲南〔四〕　哀牢永平中置，故牢王國。　博南永平中置。南界出金。〔五〕

〔一〕華陽國志曰：「孝武置不韋縣，徙南越相呂嘉子孫宗族居之，因名不韋，以章其先人之惡。」

〔二〕本西南夷，史記曰古爲嶲、昆明。古今注曰：「永平十年置益州西部都尉，治嶲唐，鎭尉哀牢人楪榆蠻夷。」華陽國志曰：「有(同)〔周〕水從徼外來。」

〔三〕有河。廣志曰：「有弔鳥山，縣西北八十里，在阜山，衆鳥千百羣共會，鳴呼啁哳，每歲七月、八月晦望至，集六日則止，歲凡六至。雉雀來弔，特悲。其方人夜然火伺取，無嗉不食者以爲義鳥，則不取也。俗言鳳皇死於此山，故衆鳥來弔。」地道記有澤，在縣東。

〔四〕南中志曰：「縣西高山相連，有大泉水，周旋萬步，名馮河。縣西北百數十里有山，衆山之中特高大，狀如扶風太一，鬱然高峻，與雲氣相連結，因視之不見。其山固陰沍寒，雖五月盛暑不熱。」廣志曰：「五月霜雪皓然。」

〔五〕華陽國志曰：「西山高三十里，越(山)得蘭滄水，有金沙，洗取融爲金。有光珠穴。」廣志曰：「有虎魄生地中，其上及旁不生草，深者四五八九尺，大者如斛，削去外皮，中成虎魄如升，初如桃膠凝堅成也。」

廣漢屬國(都尉)故北部都尉，屬(蜀)〔廣漢〕郡，安帝時以爲屬國都尉，別領三城。戶三萬七千一百一十，口二十萬五千六百五十二。

陰平道　甸氐道〔一〕　剛氐道〔二〕

〔一〕華陽國志曰：「有白水，出徼外，入漢。」
〔二〕華陽國志曰：「涪水所出，有金銀鑛。」

蜀郡屬國故屬西部都尉，延光元年以爲屬國都尉，別領四城。戶十一萬一千五百六十八，口四十七萬五千六百二十九。

漢嘉故青衣，陽嘉二年改。有蒙山。〔一〕　**嚴道**有邛僰九折坂者，邛(郲)〔郵〕置。〔二〕
徙〔三〕　**旄牛**〔四〕

〔一〕華陽國志曰：「有沬水，從邛來出岷江，又從岷山西來入江，合郡下青衣江入大江，土地多山。」蜀都賦曰「廓靈關而爲門」，注曰山名也。地在縣南。
〔二〕山海經曰「崍山，江水出焉」，郭璞曰「中江所出也」。華陽國志曰：「道至險，有長嶺若棟，八渡之難，楊母閣之峻，昔楊氏倡造作閣，故名焉。邛崍山本名邛莋，故邛人、莋人界也。巖阻峻，迴曲九折，乃至山上，凝冰夏結，冬則劇寒，王陽行部至此退。」
〔三〕華陽國志曰：「出丹砂、雄雌黃、空青、青碧。」
〔四〕華陽國志曰：「旄，地也，在邛崍山表。邛人自蜀入，度此山甚險難，南人毒之，故名邛崍。有鮮水、若水，一名洲江。」

犍爲屬國故郡南部都尉，永初元年以爲屬國都尉，別領二城。戶七千九百三十八，口三萬七千一百八十七。

朱提〔一〕山出銀、銅。〔二〕　**漢陽**

〔一〕南中志曰：「縣有大淵池水，名千頃池。西南二里有堂狼山，多毒草，盛夏之月，飛鳥過之，不能得去。」蜀都賦注曰：「有靈池在縣南數十里，周四十七里。」
〔二〕案前書，朱提銀重八兩爲一流，直一千五百八十，他銀一流直一千。南中志曰：「舊有銀窟數處。」諸葛亮書云：「漢嘉金，朱提銀，採之不足以自食。」

右益州刺史部，郡、國十二，縣、道〔一〕百一十八。〔一〕

〔一〕本梁州。袁山松書曰：「建安二十年復置漢寧郡，漢中之安陽、西城郡，分錫、上庸爲上庸郡，置都尉。」

隴西郡秦置。雒陽西二千二百二十里。十一城，戶五千六百二十八，口二萬九千六百三十七。

狄道　**安故**　**氐道**養水出此。〔一〕　**首陽**有鳥鼠同穴山，〔二〕渭水出。〔三〕
大夏　**襄武**有五雞聚。　**臨洮**有西頃山。〔四〕　**枹罕**故屬金城。　**白石**故屬金城。　**鄣**　**河關**故屬金城。積石山在西南，河水出。

〔一〕巴漢志曰：「漢水二源，東源出縣之養山，名養。」南都賦注曰：「漢水源出隴西，經武都至武關山，歷南陽界，出沔口入江。」巴漢志曰：「西漢，隴西嶓冢山，會白水經葭萌入漢。始源曰沔，故曰漢沔。」
〔二〕爾雅曰：「其鳥爲鵌，其鼠爲鼵，如人家鼠而短尾。鵌似鵽而小，黃黑色。穴地入三四尺，鼠在內，鳥在外。」孔安國尚書傳曰：「共爲雌雄。」張氏地理記云不爲牝牡。山海經曰：「山多白虎、白玉。」
〔三〕地道記曰：「有三危，三苗所處。」
〔四〕前志曰在縣西。本傳(縣)馬防築索西城。

漢陽郡武帝置，爲天水，永平十七年更名。在雒陽西二千里。〔一〕十三城，戶二萬七千四百二十三，口十三萬一百三十八。

〔一〕秦州記曰：「中平五年，分置南安郡。」獻帝起居注曰：「初平四年十二月，已分漢陽、上郡爲永陽，以鄉亭爲屬縣。」

冀〔一〕有朱圄山。〔二〕有緹羣山。有雒門聚。〔三〕　**望恒**　**阿陽**　**略陽**有街泉亭。〔四〕　**勇士**　**成紀**〔五〕　**隴**(州)刺史治。〔六〕有大坂名隴坻。〔七〕豲坻聚有秦亭。〔八〕　**豲道**〔九〕　**蘭干**　**平襄**　**顯親**　**上邽**故屬隴西。〔一〇〕　**西**故屬隴西。有嶓冢山，西漢水〔一一〕。

〔一〕史記曰：「秦武公伐冀戎，縣。」
〔二〕前志曰在縣南。
〔三〕來歙破隗囂處。
〔四〕街(水)〔泉〕故縣，省。
〔五〕帝王世記曰：「庖犧氏生於成紀。」

〔六〕漢官云：「去雒陽二千一百里。」
〔七〕三秦記：「其坂九迴，不知高幾許，欲上者七日乃越。高處可容百餘家，清水四注下。」郭仲產秦州記曰：「隴山東西百八十里。登山嶺，東望秦川四五百里，極目泯然。山東人行役升此而顧瞻者，莫不悲思。故歌曰：『隴頭流水，分離四下。念我行役，飄然曠野。登高遠望，涕零雙墮。』度汧、隴，無蠶桑，八月乃麥，五月乃凍解。」
〔八〕秦之先封起於此。
〔九〕史記秦孝公西斬戎王。
〔一〇〕秦州記曰：「縣北有利山，川中平地有土堆，高五丈，生細竹，翠茂殊常。二棫樹大數十圍，百姓祀之。」
〔一一〕史記曰：「申命和仲居西土。」徐廣曰：「今之西縣。」鄭玄曰：「西在隴西(之)西，今謂之(人)〔八〕充山。」

武都郡武帝置。雒陽西一千九百六十里。七城，戶二萬一百二，口八萬一千七百二十八。

下辨〔一〕　**武都道**〔二〕　**上祿**　**故道**〔三〕　**河池**〔四〕　沮沔水出東狼谷。
羌道

〔一〕有赤亭。
〔二〕華陽國志曰：「有天池澤。」
〔三〕干寶搜神記曰：「有(奴)〔怒〕特祠，秦置旄頭騎起此。」
〔四〕地道記曰：「有泉街水。」

金城郡昭帝置。雒陽西二千八百里。十城，戶三千八百五十八，口萬八千九百四十七。

允吾〔一〕　浩亹〔二〕　令居　枝陽　金城　榆中　臨羌有昆崙山。

破羌　安夷　允街

〔一〕西羌傳有唐谷。秦州有牢北山，傍有三窟。

〔二〕有雒都谷，馬武破羌處。

安定郡武帝置。雒陽西千七百里。八城，戶六千九十四，口二萬九千六十。

臨涇〔一〕　高平有第一城。〔二〕　朝那〔三〕　烏枝有瓦亭，〔四〕出薄落谷。〔五〕

三水〔六〕　陰盤〔七〕　彭陽　鶉觚故屬北地。

〔一〕謝承書曰「宣仲爲長史，民扳留，改曰宣民」，見李固傳，而志無此改，豈承之妄乎？

〔二〕高峻所據。

〔三〕有湫淵，方四十里，停不流，冬夏不增減，不生草木。郭璞注山海經曰：「涇水出縣西（丹）〔幵〕頭山，入渭。」

〔四〕牛邯軍處。

〔五〕本傳有龍池山，地道記曰烏水出。

〔六〕有左谷，盧芳所居。

〔七〕舊有陰密縣，未詳所并。杜預曰：「定安陰密縣，古密須國。」史記曰，秦遷白起于陰密。山海經曰：「涇水出崆峒山，在臨汾南入河，雍陽北。」郭璞曰：「水常煖。」

北地郡秦置。雒陽西千一百里。六城，戶三千一百二十二，口萬八千六百三十七。

富平　泥陽有五柞亭。〔一〕　弋居有鐵。　廉〔二〕　參䜌故屬安定。〔三〕

靈州

〔一〕地道記曰：「泥水出郁郅北蠻中。」

〔二〕前志卑移山在西北。

〔三〕有青山。謝沈書：「屬國降羌胡數千人，居山田畜。」

武威郡故匈奴休屠王地，武帝置。雒陽西三千五百里。十四城，戶萬四十二，口三萬四千二百二十六。

姑臧〔一〕　張掖　武威　休屠　揟次　鸞鳥　樸劗　媪圍　宣威

倉松〔二〕　鸇陰故屬安定。　祖厲故屬安定。　顯美故屬張掖。　左騎

千人官。

〔一〕地道記：「南山，谷水所出。」

〔二〕地道記曰：「南山，松陝水所出。」

張掖郡故匈奴昆邪王地，武帝置。雒陽西四千二百里。獻帝分置西郡。八城，戶六千五百五十二，口二萬六千四十。

觻得　昭武　删丹弱水出。　氐池　屋蘭　日勒　驪靬　番和

酒泉郡武帝置。雒陽西四千七百里。九城，戶萬二千七百六。

福祿　表氏　樂涫　玉門　會水　沙頭　安彌故曰（綏）〔綏〕彌。

乾齊　延壽〔一〕

〔一〕博物記曰：「縣南有山，石出泉水，大如筥篆，注地爲溝。其水有肥，如煮肉洎，羕羕永永，如不凝膏，然之極明，不可食，縣人謂之石漆。」

敦煌郡武帝置。雒陽西五千里。〔一〕六城，戶七百四十八，口二萬九千一百七十。

敦煌古瓜州，出美瓜。　冥安　效穀　拼泉　廣至　龍勒有玉門關。

〔一〕耆舊記曰：「國當乾位，地列艮墟，水有縣泉之神，山有鳴沙之異，川無蛇虺，澤無兕虎，華戎所交，一都會也。」

張掖屬國武帝置屬國都尉，以主蠻夷降者。安帝時，別領五城。戶四千六百五十六，口萬六千九百五十二。

候官　左騎　千人　司馬官　千人官。

張掖居延屬國故郡都尉，安帝別領一（郡）〔城〕。戶一千五百六十，口四千七百三十三。

居延有居延澤，古流沙。〔一〕

〔一〕獻帝建安末，立爲西海郡。

右涼州刺史部，郡（國）十二，縣、道、候官九十八。〔一〕

〔一〕袁山松書曰：「興平元年，分安定鶉觚、右扶風之漆置新平郡。」

上黨郡秦置。雒陽北千五百里。十三城，戶二萬六千二百二十二，口十二萬七千四百三。

長子〔一〕　屯留絳水出。〔二〕　銅鞮〔三〕　沾〔四〕　涅有閼與聚。〔五〕　襄垣〔六〕　壺關有黎亭，故黎國。〔七〕　泫氏有長平亭。〔八〕　高都〔九〕　潞本國。〔一〇〕　猗氏〔一一〕　陽阿侯國。　穀遠〔一二〕

〔一〕山海經曰：「有發鳩之山，（章）〔漳〕水出焉。」上黨記曰：「闕城，都尉所治。令狐徵君隱城東山中，去郡六十里，即壺關三老令狐茂上書訟戾太子者也，茂即葬其山。」

〔二〕上黨記曰：「有鹿谷山，濁漳所出。有余吾城，在縣西北三十里。」

〔三〕上黨記曰：「晉別宮墟關猶存，有北城，去晉宮二十里，羊舌所邑。」左傳成九年晉執鄭伯於此。

〔四〕山海經曰：「有少山，其上有金玉，其下有銅。」郭璞云在沾。

〔五〕史記曰，趙奢破秦兵閼與。山海經云：「謁戾之山有金玉，沁水出焉，南流注于河。」郭璞曰在涅。

〔六〕上黨記曰：「邑滯山林，茂松生焉。」

〔七〕文王戡黎即此也。上黨記曰：「東山在城東南，晉申生所伐，今名平皋。」

〔八〕史記曰，白起破趙長平。上黨記曰：「城在郡南山中百二十里。」

〔九〕前志曰有天井關。戰國策曰桀居天井，即天門也。博物記曰：「縣南地名即垂。」

〔一〇〕左傳哀四年齊伐晉壺口，杜預曰：「（路）〔潞〕縣東有壺口關。」上黨記曰：「潞，濁漳也。縣城臨潞。晉荀林父伐曲梁，在城西十里，今名石梁。又東北八十里有黎城，臨壺口關，至建安十一年，從洵河口鑿入潞河，名泉州梁，以通于海。」

〔一一〕漢書晉義縣出鵠。

〔一二〕上黨記曰：「有羊頭山，沁水所出。」

太原郡秦置。十六城，戶三萬九百二，口二十萬一百二十四。

晉陽本唐國。〔一〕有龍山，晉水所出。〔二〕刺史治。〔三〕　**界休**有界山，有緜上聚。〔四〕有千畝聚。〔五〕　**榆次**〔六〕有鑿壺。〔七〕　**中都**〔八〕　**于離**　**茲氏**　**狼孟**　**鄔**〔九〕　**盂**〔一〇〕　**平陶**　**京陵**春秋時九京。〔一一〕　**陽曲**　**大陵**有鐵。〔一二〕　**祁**　**慮虒**　**陽邑**有箕城。〔一三〕

〔一〕毛詩譜曰堯始都於此，後遷河東平陽。

〔二〕山海經曰：「有懸甕之山，其上多玉，其下多銅，其獸多閭麋，晉水出焉，東南注汾。」郭璞曰在縣。左傳曰：「遷實沈于大夏。」賈逵曰：「陶唐之胤劉累也。」杜元凱曰：「今晉陽縣。」

〔三〕漢官曰：「南有梗陽城，中行獻子見巫皋。」

〔四〕左傳曰晉文公以緜上爲介之推田。界山，推焚死之山，故太原俗有寒食。

〔五〕左傳曰「晉爲千畝之戰」，在縣南。

〔六〕左傳謂塗水。

〔七〕史記曰，韓魏殺智伯，埋於鑿壺之下。

〔八〕左傳昭二年執陳無宇於中都，杜預曰界休縣南中都城是也。

〔九〕史記韓信破夏說於鄔〔東〕，徐廣曰音於庶反。

〔一〇〕晉大夫（孟）〔盂〕丙邑。

〔一一〕禮記曰趙武從先大夫於九京，鄭玄曰「晉卿大夫之墓地。『京』，字之誤，當爲『九原』」。

〔一二〕史記曰趙肅侯游大陵，出於鹿門。即大陵。

〔一三〕左傳僖三十三年晉敗狄于箕。

上郡秦置。十城，戶五千一百六十九，口二萬八千五百九十九。

膚施　**白土**　**漆垣**　**奢延**　**雕陰**　**楨林**　**定陽**　**高奴**　**龜茲屬國**　**候官**

西河郡武帝置。雒陽北千二百里也。十三城，戶五千六百九十八，口二萬八百三十八。

離石　**平定**　**美稷**　**樂街**　**中陽**　**皐狼**　**平周**　**平陸**　**益蘭**　**圜陰**　**藺**　**圜陽**　**廣衍**

五原郡秦置爲九原，武帝更名。十城，戶四千六百六十七，口二萬二千九百五十七。

九原　**五原**　**臨沃**　（父）〔**文**〕**國**　**河**（除）〔**陰**〕　**武都**　**宜梁**　**曼柏**

成宜　**西安陽**北有陰山。〔一〕

〔一〕徐廣曰：「陰山在河南，陽山在河北。」史記曰，蒙恬築長城臨洮，延袤萬里餘，度河據陽山。

雲中郡秦置。十一城，戶五千三百五十一，口二萬六千四百三十。

雲中　**咸陽**　**箕陵**　**沙陵**　**沙南**〔一〕　**北輿**　**武泉**　**原陽**　**定襄**故屬定襄。　**成樂**故屬定襄。　**武進**故屬定襄。

〔一〕案：烏桓有蘭池城，烏桓之函耿嘩處。

定襄郡高帝置。五城，戶三千一百五十三，口萬三千五百七十一。

善無故屬鴈門。　**桐過**　**武成**　**駱**　**中陵**故屬鴈門。

鴈門郡秦置。雒陽北千五百里。十四城，戶三萬一千八百六十二，口二十四萬九千。

陰館〔一〕　**繁時**　**樓煩**　**武州**〔二〕　**汪陶**　**劇陽**　**崞**　**平城**〔三〕　**埒**　**馬邑**〔四〕　**鹵城**故屬代郡。〔五〕　**廣武**故屬太原。有夏屋山。〔六〕　**原平**故屬太原。〔七〕　**彊陰**

〔一〕史記曰漢蘇意軍句注，應劭曰山險名也，在縣。爾雅八陵西隃鴈門是也。郭璞曰即鴈門山。山海經曰，鴈門山者，鴈飛出於其閒。

〔二〕前書武帝誘匈奴入武州塞。

〔三〕前書高帝被圍白登，服虔曰去縣七里。

〔四〕干寶搜神記曰：「昔秦人築城於武州塞內以備胡，城成而崩者數矣。有馬馳走一地，周旋反覆，父老異之，因依以築城，城乃不崩，遂名之爲馬邑。」

〔五〕山海經曰：「（秦）〔泰〕戲之山，無草木，多金玉，呼沱之水出焉。」郭璞曰，今呼沱河（出）縣武夫山。周禮：「幷州，其川呼沱。」魏志曰：「建安十年鑿渠自呼沱入汾，名平虜渠。」

〔六〕史記曰，趙襄子北登夏屋山，以銅斗殺代王。郭璞曰，爾雅山中有獸，形如菟，相負共行，土俗名之蟨。

〔七〕古史考曰：「趙衰居原，今原平縣。」

朔方郡武帝置。六城，戶千九百八十七，口七千八百四十三。

臨戎　**三封**　**朔方**　**沃野**　**廣牧**　**大城**故屬西河。

右幷州刺史部，郡九，縣、邑、侯國九十八。〔一〕

〔一〕古今注曰：「建武十一年十月，西河上郡屬（魏）。」魏志曰：「建安二十年省雲中、定襄、五原、朔方，置一縣領其民，合以爲新興郡。」

涿郡高帝置。雒陽東北千八百里。七城，戶十萬二千二百一十八，口六十三萬三千七百五十四。

涿　**迺**侯國。〔一〕　**故安**易水出，雹水出。〔二〕　**范陽**侯國。　**良鄉**　**北**

新城有汾水門。〔三〕　方城故屬廣陽。　有臨鄉。〔四〕　有督亢亭。〔五〕

〔一〕史記漢武帝至鳴澤，服虔曰在縣北界。

〔二〕案本紀，永元十五年復置縣鐵官。

〔三〕史記曰，趙與燕汾門。

〔四〕故縣，後省。惠文王與燕臨樂。

〔五〕劉向別錄曰：「督亢，膏腴之地。」史記荊軻奉督亢圖入秦。

廣陽郡高帝置，爲燕國，昭帝更名爲郡。世祖省并上谷，永(平)〔元〕八年復。五城，戶四萬四千五百五十，口二十八萬六百。

薊本燕國。刺史治。〔一〕　廣陽　昌平故屬上谷。　軍都故屬上谷。　安次故屬勃海。

〔一〕漢官曰：「雒陽東北二千里。」

代郡秦置。雒陽東北二千五百里。〔一〕十一城，戶二萬一百二十三，口十二萬六千一百八十八。

〔一〕古今注曰：「建武二十七年七月屬幽州。」

高柳　桑乾　道人　當城　馬城　班氏　狋氏　北平邑永元八年復。　東安陽　平舒　代〔一〕

〔一〕干寶搜神記曰：「代城始築，立板幹，一旦亡西南板，四五十里於澤中自立，結葦爲外門，因就營築焉，故其城周圓三十五丈，爲九門，故城處呼之以爲東城。」

上谷郡秦置。雒陽東北三千二百里。八城，戶萬三百五十二，口五萬一千二百四。

沮陽　潘永元十一年復。　寧　廣寧　居庸　雊瞀　涿鹿〔一〕　下落

〔一〕帝王世記曰：「黃帝所都，有蚩尤城、阪泉地、黃帝祠。」世本云在(鼓)〔彭〕城南，張晏曰在上谷。于瓚案禮五帝位云黃帝與赤帝戰于阪泉之野，不在涿鹿，是伐蚩尤之地。

漁陽郡秦置。雒陽東北二千里。九城，戶六萬八千四百五十六，口四十三萬五千七百四十。

漁陽有鐵。　狐奴　潞　雍奴　泉州有鐵。　平谷　安樂　傂奚　獷平

右北平郡秦置。雒陽東北二千三百里。四城，戶九千一百七十，口五萬三千四百七十五。

土垠　徐無　俊靡　無終

遼西郡秦置。雒陽東北三千三百里。五城，戶萬四千一百五十，口八萬一千七百一十四。

陽樂　海陽　令支有孤竹城。〔一〕　肥如　臨渝〔二〕

〔一〕伯夷、叔齊本國。

〔二〕山海經曰：「碣石之山，(繩)〔繩〕水出焉，其上有玉，其下多青碧。」水經曰在縣南。郭璞曰：「或曰在右北平驪(城)〔成〕縣海邊山也。」

遼東郡秦置。雒陽東北三千六百里。〔一〕十一城，戶六萬四千一百五十八，口八萬一千七百一十四。

〔一〕案本紀，和帝永元十六年郡復置西部都尉官。

襄平　新昌　無慮　望平　候城　安市　平郭有鐵。　西安平〔一〕　汶　番汗　沓氏

〔一〕魏氏春秋曰：「縣北有小水，南流入海，句驪別種，因名之小水貊。」

玄菟郡武帝置。雒陽東北四千里。六城，戶一千五百九十四，口四萬三千一百六十三。

高句驪遼山，遼水出。〔一〕　西蓋(烏)〔馬〕　上殷台　高顯故屬遼東。　候城故屬遼東。　遼陽故屬遼東。〔二〕

〔一〕山海經曰：「遼水出白平東。」郭璞曰：「出塞外(衡)〔衞〕白平山。遼山，小遼水所出。」

〔二〕東觀書安帝即位之年，分三縣來屬。

樂浪郡武帝置。雒陽東北五千里。十八城，戶六萬一千四百九十二，口二十五萬七千五十。

朝鮮　䛁邯　浿水　含資　占蟬　遂城　增地　帶方　駟望　海冥　列口〔一〕　長岑　屯有　昭明　鏤方　提奚　渾彌　樂都

〔一〕郭璞注山海經曰：「列，水名。列水在遼東。」

遼東屬國故邯鄉，西部都尉，安帝時以爲屬國都尉，別領六城。雒陽東北三千二百六十里。

昌遼故天遼，屬遼西。〔一〕　賓徒故屬遼西。　徒河故屬遼西。　無慮有醫無慮山。　險瀆〔二〕　房

〔一〕何法盛晉書有青城山。

〔二〕史記曰，王險，衞滿所都。

右幽州刺史部，郡、國十一，縣、邑、侯國九十。

南海郡武帝置。雒陽南七千一百里。七城，戶七萬一千四百七十七，口二十五萬二百八十二。

番禺〔一〕　博羅〔二〕　中宿　龍川　四會　揭陽　增城有勞領山。

〔一〕山海經(注)「桂林八樹，在賁禺東」，郭璞云今番禺。

〔二〕有羅浮山，自會稽浮往博(羅)山，故置博羅縣。

蒼梧郡武帝置。雒陽南六千四百一十里。十一城，戶十一萬一千三百九十五，口四十六萬六

千九百七十五。

廣信〔一〕　謝沐　高要　封陽　臨賀　端谿　馮乘　富川　荔浦　猛陵〔二〕　鄣平〔三〕

〔一〕漢官曰：「刺史治，去雒陽九千里。」
〔二〕地道記曰：「龍山，合水所出。」
〔三〕永平十四年置。

鬱林郡秦桂林郡，武帝更名。雒陽南六千五百里。十一城。

布山　安廣　阿林　廣鬱　中溜　桂林　潭中　臨塵　定周　增食　領方

合浦郡武帝置。雒陽南九千一百九十一里。五城，戶二萬三千一百二十一，口八萬六千六百一十七。

合浦　徐聞〔一〕　高涼〔二〕　臨元　朱崖

〔一〕交州記曰：「出大吳公，皮以冠鼓。」
〔二〕建安二十五年，孫權立高梁郡。

交趾郡武帝置，即安陽王國。雒陽南萬一千里。十二城。

龍編〔一〕　嬴𨻻〔二〕　（定）安〔定〕〔三〕　苟漏〔四〕　麊泠　曲陽　北帶　稽徐　西于　朱䳒　封谿建武十九年置。〔五〕　望海建武十九年置。

〔一〕交州記曰：「縣西帶江，有仙山數百里，有三湖，有注、沆二水。」
〔二〕地道記曰：「南越侯織在此。」
〔三〕交州記曰：「越人鑄銅爲船，在江湖退時見。」
〔四〕交州記曰：「有潛水牛上岸共鬬，角軟，還復出。」
〔五〕交州記曰：「有隄防龍門，水深百尋，大魚登此門化成龍，不得過，曝鰓點額，血流此水，恆如丹池。有秦潛江，出嘔山，分爲九十九，流三百餘里，共會於一口。」

九眞郡武帝置。雒陽南萬一千五百八十里。五城，戶四萬六千五百一十三，口二十萬九千八百九十四。

胥浦　居風〔一〕　咸懽　無功　無編

〔一〕交州記曰：「有山出金牛，往往夜見，光曜十里。山有風門，常有風。」

日南郡秦象郡，武帝更名。雒陽南萬三千四百里。五城，戶萬八千二百六十三，口十萬六百七十六。

西卷　朱吾〔一〕　盧容〔二〕　象林〔三〕　比景〔四〕

〔一〕交州記曰：「其民依海際居，不食米，止資魚。」
〔二〕交州記曰：「有採金浦。」
〔三〕今之林邑國。
〔四〕博物記曰：「日南出野女，羣行不見夫，其狀皛且白，裸袒無衣襦。」

右交州刺史部，郡七，縣五十六。〔一〕

〔一〕王範交廣春秋曰：「交州治羸𨻻縣，元封五年移治蒼梧廣信縣，建安十五年治番禺縣。詔書以州邊遠，使持節，并七郡皆授鼓吹，以重威鎭。」

漢書地理志承秦三十六郡，縣邑數百，後稍分析，至于孝平，凡郡、國百三，縣、邑、道、侯國千五百八十七。世祖中興，惟官多役煩，乃命并合，省郡、國十，縣、邑、道、侯國四百餘所。〔一〕至明帝置郡一，章帝置郡、國二，和帝置三，安帝又命屬國別領比郡者六，又所省縣漸復分置，至于孝順，凡郡、國百五，縣、邑、道、侯國千一百八十，〔二〕民戶九百六十九萬八千六百三十，口四千九百一十五萬二百二十。〔三〕

〔一〕應劭漢官曰：「世祖中興，海內人民可得而數，裁十二三。邊陲蕭條，靡有孑遺，鄣塞破壞，亭隊絕滅。建武二十一年，始遣中郎將馬援、謁者，分築烽候，堡壁稍興，立郡縣十餘萬戶，或空置太守、令、長，招還人民。上笑曰：『今邊無人而設長吏治之，難如春秋素王矣。』乃建立三營，屯田殖穀，弛刑謫徒以充實之。」
〔二〕東觀書曰：「永興元年，鄉三千六百八十二，亭萬二千四百四十二。」

〔三〕應劭漢官儀曰：「永和中，戶至千七十八萬，口五千三百八十六萬九千五百八十八。」又帝王世記，永嘉〔二〕〔元〕年戶則多九十七萬八千七百七十一，口七百二十一萬六千六百三十六。應載極盛之時，而所殊甚衆，舍永嘉多，取永和少，良不可解。皇甫謐校覈精審，復非謬記，未詳孰是。豈此是順朝時書，後史即爲本乎？伏无忌所記，每帝崩，輒最戶口及墾田大數，今列于後，以見滋減之差焉。光武中元二年，戶四百二十七萬九千六百三十四，口二千一百萬七千八百二十。明帝永平十八年，戶五百八十六萬五百七十三，口三千四百一十二萬五千二十一。章帝章和二年，戶七百四十五萬六千七百八十四，口四千三百三十五萬六千三百六十七。和帝元興元年，戶九百二十三萬七千一百一十二，口五千三百二十五萬六千二百二十九，墾田七百三十二萬一百七十頃八十畝百四十步。安帝延光四年，戶九百六十四萬七千八百三十八，口四千八百六十九萬七百八十九，墾田六百九十四萬二千八百九十二頃一十三畝八十五步。順帝建康元年，戶九百九十四萬六千九百一十九，口四千九百七十三萬五百五十，墾田六百八十九萬六千二百七十一頃五十六畝一百九十四步。沖帝永嘉元年，戶九百九十三萬七千六百八十，口四千九百五十二萬四千一百八十三，墾田六百九十五萬七千六百七十六頃二十畝百八步。質帝本初元年，戶九百三十四萬八千二百二十七，口四千七百五十六萬六千七百七十二，墾田六百九十三萬一百二十三頃三十八畝。

贊曰：衆安后載，政洽區分；侯髃守列，民無常君。稱號遷隔，封割糾紛；略存減益，多證前聞。

校勘記

三五〇六頁八行　錫　按：前志作「鍚」，應劭曰音陽。王先謙補注謂應劭後漢人，時尚有此縣，應音必不誤，當以作「鍚」爲正。三五一六頁七行同。

三五〇六頁三行　有唐公(防)〔房〕祠　集解引錢大昕說，謂「防」當作「房」，漢人隸書「房」或作「防」，因譌爲自旁。今據改。

三五〇六頁一四行　至于錫穴　按：左傳「錫」作「鍚」。

三五〇七頁二行　初平(六)〔元〕年　惠棟補注謂初平無六年，當依華陽國志作「初平元年」。今據改。

三五〇七頁二行　趙穎分巴爲二郡　三國志劉焉傳「趙穎」作「趙韙」。張森楷校勘記謂案沈約所引譙周巴記元文及通鑑並作「韙」，疑「穎」字誤。

三五〇七頁二行　故郡以墊江爲治安漢以下爲永寧郡　按：錢大昕考異謂案華陽國志，趙穎建議以墊江以上爲巴郡，治安漢，江州至臨江爲永寧郡，是安漢、墊江同在巴郡之內，而安漢且爲郡治，穎爲安漢人，故欲移巴郡之名於安漢也。此文似有誤。

三五〇七頁三行　劉(綽)〔瑋〕分巴　據殿本改。按：殿本亦有作「綽」者，故考證齊召南謂「劉綽」當作「劉瑋」，瑋分巴東、巴西二郡，蜀志可考。

三五〇七頁八行　則膏(嘽)〔澤〕鮮芳　據汲本、殿本改。

三五〇七頁一〇行　山有大小石城(勢者)　據集解引惠棟說刪。

三五〇七頁一三行　左傳文十(六)年　據殿本考證補。

三五〇七頁一五行　從枳南入折丹涪水本與楚商於之地接　殿本「水」上有「陵」字，「與」上無「本」字。考證齊召南謂按析、丹水皆縣名，與涪陵相接，注當云「從枳南入析、丹水、涪陵，與商於之地接」。「析」譌作「折」，「丹涪陵水」又倒其字，遂不可解。今按：集解引馬與龍說，謂析、丹水二縣屬南陽郡，與商於地接，然與涪陵南北懸隔，又非可從枳南入也。商於未嘗屬楚。今考華陽國志，涪陵，巴之南郡，從枳縣南入，泝舟涪水，秦司馬錯由之以取黔中。據此，疑注「折」當作「泝」，「丹」當作「舟」，「商於」當改「黔中」，於地望方合。

三五〇七頁一五行　漢時赤(田)〔甲〕軍　集解引惠棟說，謂「赤田」當依華陽國志作「赤甲」。今據改。

三五〇八頁七行　(州)刺史治　殿本考證齊召南謂各州刺史治例無「州」字，此「州」字衍。今據刪。

三五〇八頁七行　什邡　按：前志作「汁方」，功臣表作「汁防」，晉志又作「什方」，諸本不一。

三五〇八頁九行　水通巴(漢)　集解引惠棟說，謂案華陽國志云水通于巴，注衍「漢」字。今據刪。

三五〇九頁二行　汶江道　按：前志無「道」字。

三五〇九頁二行　八陵　按：集解引錢大昕說，謂前志有蠶陵，無八陵，晉志亦作「蠶陵」。又引惠棟說，

謂靈帝以汶江、蠶陵、廣柔三縣置汶山郡，「八陵」當作「蠶陵」。

三五〇九頁二行　緜虒道　按：前志無「道」字。

三五一〇頁一行　有魚(泣)〔涪〕津　集解引錢大昭說，謂「泣」當作「涪」。吳漢傳漢與公孫述將魏黨、公孫永戰於魚涪津，注云在南安縣，北臨大江。蜀都賦注作「魚符津」，符涪聲相近也。今據改。

三五一〇頁二行　(苻)〔符〕節　集解引錢大昕說，謂前志有符，無苻節，疑「苻」乃「符」之譌，而衍一「節」字也。今按：符節長王士，見蜀志楊戲傳，是東漢改名符節，三國蜀因之，「節」字當非衍文，苻與符則形近而譌也。今改「苻」字，不刪「節」字。

三五一〇頁五行　縣之南有五屼山一山而五里在越巂界　按：集解引惠棟說，謂今蜀都賦注曰「一山有五重，在縣南」也。

三五一〇頁九行　有〔蜀〕王(岳)〔兵〕蘭　集解引惠棟說，謂江水注云「縣有蜀王兵蘭」，蘭與闌古字通。今據惠說補改。按：華陽國志亦云「棘道有故蜀王兵蘭」。

三五一〇頁九行　李冰燒之崖有五色赤白映水玄黃　按：「燒」上疑脫「所」字。今華陽國志作「其崖嶃峻不可鑿，乃積薪燒之，故其處懸崖有赤白五色」。又云「李冰所燒之崖有五色，赤白映水玄黃」。

三五一〇頁一二行　有方〔山〕蘭祀　集解引惠棟說，謂各本脫「山」字。今據補。

三五一一頁一行　進乘　按：前志作「進桑」，水經葉楡水注亦作「進桑」。

三五一一頁二行　有(沈)〔沅〕水　據王先謙說改。按：水經注「沅水出牂牁且蘭縣」。

三五一一頁八行　有文象水　按：王先謙謂班志、酈注並作「文象水」。

三五一一頁九行　東至麋泠　按：殿本、集解本「麋」作「麊」。

三五一一頁一三行　臺登　按：補注引何焯說，謂前志臺登，應劭云今曰臺高，則「登」當作「高」也。

三五一一頁一三行　三縫　前志作「三絳」。按：華陽國志作「三縫」。

三五一一頁一四行　闌　按：前志作「闌」。補注王先謙謂「闌」續志及華陽國志作「闌」，案宋志沈黎郡領蘭縣，漢舊縣作「闌」，然則作「闌」是也。

三五一一頁一六行　又有溫水穴　按：集解引惠棟說，謂「溫水」一作「溫泉」。

三五一二頁六行　度瀘得〔蜻〕蛉縣　集解引惠棟說，謂今華陽國志云蜻蛉縣。今據補。

三五一二頁九行　有(元)〔天〕馬河　集解引惠棟說，謂「元馬河」華陽國志及水經注皆作「天馬河」。隸書天字有似元者，見無極山碑。今據改，下同。

三五一二頁一〇行　今(其)有(元)〔天〕馬逕　集解引惠棟說，謂「其」字衍。今據刪。按：華陽國志無「其」字。

三五二二頁一〇行　河中有銅船　校補引柳從辰說，謂華陽國志廖寅本「船」作「胎」，蓋據水經注作「胎銅」校改。惟交州記「越人鑄銅爲船，在江潮退時見」，此「銅船」似不誤，故惠氏正誤亦不及「船」字也。

三五二二頁一〇行　今在祠以羊　按：惠棟補注謂一作「今以羊祠之」，案下文又云「河中見存」，文不應重出，當有舛誤。

三五二二頁一〇行　河中見(子)〔存〕　惠棟補注謂「子」字誤，今華陽國志作「存」。今據改。

三五二二頁一〇行　土地特產好(犂)〔犀〕牛　惠棟補注謂今華陽國志云「土地特產犀牛」也。按：犀與犂形近而譌，今據改。

三五二三頁一行　勝休　按：惠棟補注謂沈約作「騰休」，晉志作「滕休」。

三五二三頁一行　裝山　按：集解引惠棟說，謂前志作「懷山」。

三五二三頁三行　(母掇)〔毋棳〕　據前志改。按：殿本作「毋」，不誤。又按：集解引錢大昕說，謂說文棳從木，此從手，誤，前志亦作「棳」。

三五二三頁三行　牧靡　按：集解引惠棟說，謂前志作「收靡」，華陽國志作「升麻」，云出好升麻，晉書作「牧靡」，按靡與麻古字通，山海經有「壽麻之國」，呂覽作「壽靡」是也。又按：漢書補注引段玉裁說，云收升牧三字同紐。

三五二三頁三行　同瀨　按：前志作「銅瀨」。

三五二三頁四行　梇棟　按：前志作「弄棟」。

三五二三頁六行　(淮)〔惟〕有蝟　集解引惠棟說，謂華國陽志曰「山無石，惟有蝟」，「淮」當作「惟」。今據改。按：御覽九百十二引「惟有」作「而多」。

三五二三頁七行　水東至(母掇)〔毋棳〕　據前志改，詳前「毋棳」條校記。

三五二三頁一三行　銅虜山米水所出　按：集解引錢大昕說，謂前志云「談虜山，迷水所出」。銅談聲相近，米卽迷也，縣蓋以山得名。瀨虜聲亦相近。

三五二三頁一五行　明帝永平〔十〕二年　殿本考證齊召南謂按本書，永平十二年以益州徼外夷哀牢王內附，置永昌郡，是「二年」上脫「十」字。今據補。

三五二三頁一五行　戶二十三萬一千八百九十七口百八十九萬七千三百四十四　按：張森楷校勘記謂永昌僻郡，而戶口繁庶如此，且以除法計之，每十戶過八十餘口，逾恆率矣，疑口數有譌。

三五二四頁二行　楪榆　按：前志作「葉榆」。

三五二四頁六行　有(同)〔周〕水從徼外來　據前志及華陽國志改。按：王先謙謂同周形近而誤，錢坫以爲今怒江也。

三五二四頁一三行　越〔山〕得蘭滄水　據華陽國志補。

三五二四頁一四行　廣漢屬國(都尉)　據集解引錢大昕說刪。

三五二四頁一四行　屬(蜀)〔廣漢〕郡　殿本考證齊召南謂注「蜀郡」應是「廣漢郡」之訛。陰平、甸氐、剛氐三道舊屬廣漢，陰平道卽廣漢北部都尉治也，前書可證。今據改。

三五二五頁五行　有邛僰九折坂者邛(刻)〔郵〕置　集解引惠棟說，謂案司馬相如傳「嚴道邛郵」，徐廣云「嚴道有邛僰九折坂，又有邛郵」。「刻」當作「郵」。又引洪頤煊說，謂前書淮南厲王傳注，張晏曰「邛郵，置名也」。「刻」是「郵」之誤。今據改。

三五二五頁七行　有洙水　按：集解引惠棟說，謂「洙水」華陽國志作「沫水」，音妹，又音末。

三五二五頁七行　從邛來出岷江　按：校補引柳從辰說，謂華陽國志「來」作「崍」。

三五二六頁二行　有堂狼山　按：集解引惠棟說，謂華陽國志作「堂蜋山」。

三五二六頁六行　縣道〔一〕百一十八　據汲本、殿本補。

三五二七頁三行　本傳(縣)馬防築索西城　據殿本考證刪。

三五二七頁六行　秦州記曰　按：「州」原作「川」，逕據汲本、殿本改。

三五二七頁六行　已分漢陽上郡爲永陽　按：集解引馬與龍說，謂上郡與漢陽地望懸隔，不得並以分郡，此注有誤。疑「上郡」爲「上邽」之譌，「已」字爲「郡」字之譌，當云「分漢陽上邽爲永陽郡」。觀注言以鄉亭爲屬縣，必以縣爲郡明矣。

三五二七頁八行　有雒門聚　按：集解引惠棟說，謂來歙傳「雒門」皆作「落門」，縣有落門山，故名。

三五二七頁八行　望恒　按：前志作「望垣」。此作「望恒」，蓋恒與垣形近而譌。

三五二七頁八行　略陽　按：前志作「略陽道」。

三五二七頁九行　隴(州)　集解引惠棟說，謂「州」字衍。今據刪。

三五二七頁一五行　街(水)〔泉〕故縣省　據殿本考證改。

三五二八頁三行　山東人行役升此而顧瞻者　按：「役」原譌「投」，逕改正。

三五二八頁八行　西在隴西〔之〕西　據集解引惠棟說補。

三五二八頁八行　今謂之(人)〔八〕充山　據汲本、殿本改。按：集解引惠棟說，謂「八充山」一作「兗山」，見裴駰史記注，北宋本作「人充山」，誤。

三五二八頁一〇行　下辨　前志「辨」下有「道」字。按：集解引惠棟說，謂洪适云李翕碑題名有下辨道長任詩，則志闕一「道」字。又按：本書光武紀作「下辯」，辨辯古字通。

三五二八頁一〇行　武都道　前志無「道」字。按：「下辨道」作「下辨」，「武都」作「武都道」，疑上下誤寫。

三五二八頁一〇行　沔水出東狼谷　集解引惠棟說，謂前志云「沮水」，華陽國志云「河池水」。今按：水經注「沔水一名沮水」，華陽國志作「河池水」，誤。

三五二八頁一一行　羌道　按：前志屬隴西。集解引錢大昕說，謂下脫「故屬隴西」四字。

三五一八頁一三行　有天池澤　汲本、殿本「天」作「大」。按：廖刻華陽國志顧校謂「天池」原譌「天地」。又按：前志云「天池大澤」，王先謙謂卽仇池。

三五一八頁一四行　有（奴）〔怒〕特祠　集解引惠棟說，謂注「奴特」史記注及魏文帝列異傳皆作「怒特」。今據改。

三五一九頁六行　烏枝　集解引錢大昕說，謂前志作「烏氏」，師古讀氏爲枝，梁統傳亦作「烏氏」。又引惠棟說，謂史記、漢書作「烏氏」，音枝，本傳亦作「氏」，作「枝」者非也。

三五一九頁六行　有瓦亭出薄落谷　殿本「出」作「山」。惠棟補注出「有瓦亭山」四字，云一作「出」，誤。今按：瓦亭非山名，注文在「瓦亭」下可證也，惠說誤。疑「出薄落谷」四字乃側注，當在注文「烏水出」下。

三五一九頁七行　陰盤　按：前志作「陰槃」。

三五一九頁七行　鶉觚　按：前志作「鶉孤」。

三五一九頁一〇行　涇水出縣西（丹）〔幵〕頭山　殿本考證齊召南謂「丹頭」當作「幵頭」，各本俱誤。集解引惠棟說，謂依前志及山海經，皆作「幵頭」，傳寫誤作「丹」也。今據改。

三五一九頁一三行　有左谷　集解引惠棟說，謂盧芳傳注引續漢志曰「三水有左右谷」。今按：此三字疑是正文，當連正文「三水」下。

三五二〇頁六行　戶萬四十二　按：汲本、殿本「四十二」作「四十三」。

三五二〇頁九行　倉松　殿本「倉」作「蒼」。按：前志亦作「蒼」。

三五二〇頁九行　鸇陰　按：前志作「鶉陰」。

三五二〇頁九行　租厲　按：集解引惠棟說，謂前書武紀及志皆作「祖厲」，案司農夫人碑，其字作「祖」，今誤「租」。

三五二〇頁九行　左騎千人官　按：集解引錢大昕說，謂此蓋別居一城，幷姑臧等十三縣數之爲十四也。至張掖屬國則領五城，以左騎、千人各一城，與此互異。又王先謙謂李兆洛云今地闕。

三五二一頁一行　戶萬二千七百六　按：張森楷校勘記謂此下當有口數，脫去。

三五二一頁二行　福祿　集解引錢大昕說，謂前志作「祿福」。魏志龐淯傳及皇甫謐列女傳載龐娥事，云「祿福趙君安之女」，又云「祿福長尹嘉」，曹全碑亦云「拜酒泉祿福長」，則知作「福祿」者誤也。又引惠棟說，謂晉志亦作「福祿」，誤。今按：漢書補注引吳卓信說，謂漢魏之閒猶稱「祿福」，其改爲「福祿」，當自晉始。又按：本書列女傳云「福祿長尹嘉」，則其誤不自續志始也。

三五二二頁二行　表氏　按：集解引錢大昕說，謂前志作「表是」，是氏古通用也。

三五二二頁二行　沙頭　按：前志作「池頭」。

三五二二頁二行　故曰（綏）〔緩〕彌　前志作「緩彌」，王先謙謂「綏」乃「緩」之譌。今據改。

三五二二頁六行　戶七百四十八口二萬九千一百七十　按：張森楷校勘記謂此戶數有譌誤，否則戶有四十許人，太不近情矣。

三五二二頁八行　拼泉　按：前志作「淵泉」。

三五二二頁九行　別領五城　按：殿本考證齊召南謂按下有候官、左騎、千人、司馬官、千人官，皆官名，非城名也。前志張掖領十城，後志領八城，其居延別爲居延屬國，顯美改屬武威郡，未知張掖屬國所領之五城爲何名也。又集解引錢大昕說，謂張掖屬國別領五城，以志考之，惟有候官、左騎、千人、司馬官、千人官，而不領縣，以左騎、千人各一城，又別有千人官一城，與候官、司馬官爲五城，與武威郡之左騎千人官爲一城者互異。

三五二二頁一三行　安帝別領一（郡）〔城〕　殿本考證謂「郡」字何焯校本改作「城」。今據改。

三五二二頁一三行　口四千七百三十三　按：殿本「三十三」作「三十二」。

三五二二頁一四行　獻帝建安末立爲西海郡　按：集解引錢大昕說，謂案獻帝起居注，建安十八年復禹貢九州，雍州部已有西海郡，是立郡不在建安末也。

三五二二頁一五行　郡（國）十二　據汲本刪。

三五二三頁五行　猗氏　前志作「陭氏」。按：集解引洪亮吉說，謂應如前志作「陭」，與河東所屬者有別。又按：說文「踦，上黨踦氏阪也，從邑奇聲」，則當以「陭」爲正。

三五二三頁六行　（章）〔漳〕水出焉　據惠棟補注改。

三五二三頁七行　壺關三老　按：「三」原譌「二」，逕改正。

三五二三頁一行　（路）〔潞〕縣東有壺口關　據汲本、殿本改。按：今左傳杜注亦譌「路」。

三五二三頁六行　秦置　按：下脫洛陽北里數，下上郡、五原郡、雲中郡、定襄郡、朔方郡同。

三五二三頁八行　有鑿壺　集解引惠棟說，謂史記、戰國策、水經汾水注皆作「鑿臺」。今按：壺與臺疑形近而譌。

三五二三頁一五行　界山推焚死之山　按：殿本「界」作「介」。

三五二四頁一行　左傳謂塗水　按：注有脫誤，當云「左傳知徐吾爲塗水大夫，杜預曰榆次有塗水鄉」。

三五二四頁三行　杜預曰界休縣南中都城是也　按：左傳杜注作「界休縣東南」。

三五二四頁四行　韓信破夏說於鄔（東）　據集解引惠棟說改。

三五二四頁五行　晉大夫（盂）〔孟〕丙邑　據汲本改。按：前志亦作「孟丙」，補注引段玉裁說，謂「盂」或作「孟」，廣韻「左傳晉有孟丙」，則是以邑爲氏。王先謙謂作「孟」是。並引顧炎武說，謂以其爲孟大夫而謂之孟丙，猶魏大夫之爲魏壽餘。

二十四史

三五二四頁一〇行　雕陰　按：前志有「道」字。

三五二四頁一三行　益蘭　按：前志作「益闌」。

三五二四頁一六行　(父)〔文〕國　據殿本改。按：前志作「文國」，王先謙謂續志後漢因「文」或譌「父」。

三五二四頁一六行　河(除)〔陰〕　據殿本改。按：前志作「河陰」。集解引錢大昕說，謂當作「河陰」。

三五二五頁四行　箕陵　集解引惠棟說，謂何焯云前志有楨陵，無箕陵。今按：李兆洛以箕陵卽前漢楨陵縣地。

三五二五頁八行　武成　按：前志作「武城」。

三五二五頁九行　戶三萬一千八百六十二口二十四萬九千　按：張森楷校勘記謂案大計，此十戶幾八十口矣，疑「三」當爲「五」字。

三五二五頁一〇行　汪陶　前志作「涅陶」。按：「涅」卽「汪」之本字。

三五二五頁一二行　有夏屋山　按：前志作「賈屋山」。補注引錢坫說，謂夏屋卽賈屋，如淮陽國陽夏縣，應劭、如淳音夏爲賈是矣。

三五二六頁四行　(桼)〔泰〕戲之山　據汲本、殿本改，與今山海經合。

三五二六頁四行　今呼沱河〔出〕縣武夫山　集解引惠棟說，謂諸本脫「出」字。今據補。

三五二六頁九行　大城　按：前志作「大成」。殿本考證謂何焯校本「城」字去土旁。

三五二六頁一二行　建武十一年十月西河上郡屬(魏)　集解引錢大昕說，謂「魏」字譌。按光武記，建武十一年省朔方牧，幷幷州，此西河上郡必朔方刺史所部，至此始屬幷州耳。班史馮野王爲上郡太守，朔方刺史蕭育奏封事薦之，是上郡屬朔方部之證也。注文當有脫漏，又因下引魏志而衍一「魏」字耳。今據錢說，刪一「魏」字，但注文有脫漏，「西河上郡屬」亦不成句。

三五二六頁一五行　北新城　集解引錢大昕說，謂當云「故屬中山」。今按：前志中山國北新成，王先謙謂志末論十二國分域，北新成屬涿郡。

三五二七頁一行　有督〔亢〕亭　按：集解王先謙謂據水經巨馬水注引，此「督」下奪「亢」字。今據補。

三五二七頁七行　昭帝更名爲郡　按：殿本考證齊召南謂下俠「宣帝復爲國」五字，蓋本始元年更爲廣陽國，至光武始入上谷郡耳。

三五二七頁七行　永(平)〔元〕八年復　錢大昕考異謂據和帝紀，永元八年九月復，此「永平」當爲「永元」之譌。殿本考證齊召南說同。今據改。

三五二七頁一五行　北平邑　前志無「北」字。按：集解引錢大昕說，謂章帝女平邑公主，章懷注「平邑屬代郡」。

三五二八頁五行　甯　前志作「寧」，惠棟謂古書寧與甯通。又按：「甯」原作「寗」，卽甯之俗寫。下「廣甯」同。

三五二八頁六行　下落　按：惠棟補注本作「下洛」，王先謙漢書補注謂水經㶟水注「落」作「洛」。

三五二八頁七行　在(鼓)〔彭〕城南　集解引惠棟說，謂前書刑法志云黃帝有涿鹿之戰，鄭德云在彭城南，小顏云彭城者上谷別有彭城，非宋之彭城也。「鼓」當作「彭」。今據改。

三五二八頁七行　于瓚　按：惠棟補注本作「干瓚」，云漢書注有「臣瓚」，莫知姓氏，酈元謂之薛瓚，或謂之傅瓚，劉孝標、姚察皆曰干瓚，未詳孰是。

三五二八頁一〇行　漁陽有鐵　按：前書作「有鐵官」。

三五二八頁一〇行　潞　按：前志作「路」。

三五二八頁一〇行　泉州有鐵　按：前志作「有鹽官」。

三五二八頁一〇行　傂奚　按：前志作「厗奚」，補注引王念孫說，謂「厗」當作「虒」。

三五二八頁一三行　土垠　按：「土」原譌「上」，逕據殿本、集解本改正。

三五二八頁一三行　俊靡　按：集解引惠棟說，謂依說文「俊」當作「浚」。又校補引錢大昭說，謂耿弇傳作「浚靡」。

三五二八頁一五行　有孤竹城　按：集解引惠棟說，謂爾雅作「觚竹」，四荒之一也。

三五二九頁二行　(緺)〔繩〕水出焉　汲本、殿本作「緺水」，集解引惠棟說，謂「緺」一作「繩」。今據改，與山海經合。

三五二九頁二行　右北平驪(城)〔成〕縣　據集解本改。按：前志作「驪成」。

三五二九頁四行　戶六萬四千一百五十八口八萬一千七百一十四　按：張森楷校勘記謂案如此文，則戶不能二口矣，非情理也，疑「八萬」上有脫漏。

三五二九頁七行　無慮　集解引錢大昕說，謂此下當有「有醫無慮山」五字。今按：後遼東屬國「無慮」下「有醫巫慮山」五字當移此。

三五二九頁七行　候城　按：集解引錢大昕說，謂玄菟郡有候城，云故屬遼東，則此「候城」爲衍文矣。王先謙謂錢說是。

三五二九頁八行　汶　前志作「文」。按：殿本考證謂何焯校本減去氵。

三五二九頁一〇行　戶一千五百九十四口四萬三千一百六十三　按：張森楷校勘記謂案如此文，則戶幾四十許人矣，亦非情理也，疑「一千」之「千」字當爲「萬」字。

三五二九頁一一行　西蓋(鳥)〔馬〕　據殿本考證齊召南說改。按：前志作「西蓋馬」，縣以蓋馬山得名，「馬」作「鳥」，乃形近而譌。

三五二九頁一三行　候城故屬遼東　按：殿本考證齊召南引顧炎武說，謂候城改屬玄菟，而遼東復出一候城，無慮改屬遼東屬國，而遼東復出一無慮，必有一焉宜刪者，然則天下郡國少二

中華書局

城矣。

三五二九頁一三行　出塞外(銜)〔衙〕白平山　按：汲本、殿本「銜」作「御」，殿本考證謂「御」當作「銜」，此正作「銜」，與考證說合，然王先謙謂考證之「銜」字當作「衙」，山海經、水經並作「衙」，今據改。又按：集解引惠棟說，謂案今山海經云「遼水出衛皐東」，衛皐山名，轉寫既久，因析「皐」爲「白平」，復誤「衛」爲「銜」，遂令此字義無所附。桑欽水經亦作「白平」。

三五三〇頁一行　占蟬　按：前志作「黏蟬」。

三五三〇頁一行　遂城　按：前志作「遂成」。

三五三〇頁四行　遼東屬國　按：殿本考證杭世駿謂案此郡獨無戶口。

三五三〇頁五行　昌遼故天遼　集解引惠棟說，謂案闞駰十三州志云遼東屬國都尉治昌黎道，又前志遼西郡交黎縣，應劭云今昌黎，然則「昌遼」當作「昌黎」，「天遼」當作「交黎」。又通鑑注云昌黎，漢交黎縣，屬遼西，後漢屬遼東屬國都尉，則知胡氏所見本尚未舛謬也。又引錢大昕說，謂黎遼聲相近，故「昌黎」亦作「昌遼」，猶「烏氏」爲「烏枝」，「厗奚」爲「傂奚」也。

三五三〇頁五行　賓徒　按：前志「徒」作「從」，補注王先謙謂作「從」誤。

三五三〇頁五行　無慮　按：無慮已見前遼東郡，此當作「扶黎」，後人傳寫之誤。說詳惠棟補注。

三五三〇頁五行　有醫無慮山　按：此五字當移於前遼東郡「無慮」之下。說詳前。

三五三〇頁一〇行　戶七萬一千四百七十七口二十五萬二百八十二　按：張森楷校勘記謂「二十」之「二」當作「三」，乃合李心傳東漢戶約五口之率，若如此文，則戶不能四口矣，非情理也。

三五三〇頁一二行　博羅　按：集解引惠棟說，謂沈約云「博羅」，二漢皆作「傅」字，晉太康地志作「博」。案此則班、馬本書皆作「傅羅」，後人誤爲「博」也。

三五三〇頁一三行　山海經(注)　按：下所引乃山海經海內南經正文，「注」字衍，今刪。

三五三〇頁一三行　自會稽浮往博(羅)山　集解引惠棟說，謂何焯云「羅」字衍。今據刪。

三五三〇頁一四行　雒陽南六千四百一十里　按：張森楷校勘記謂案蒼梧去雒陽較南海遠，上南海云七千一百里，此祇六千餘里，殊非事實，且郡首縣廣信，是廣信卽郡治也，廣信下注云去雒陽九千里，則非六千餘里矣。「六」字疑誤。下鬱林同。

三五三一頁七行　鬱林郡十一城　按：集解引馬與龍說，謂此郡與交趾及幽州之遼東屬國，皆闕戶口之數。

三五三一頁八行　中溜　按：前志作「中留」。

三五三二頁一三行　臨元　前志作「臨允」。按：漢書補注王先謙謂「元」乃「允」字之譌。

三五三二頁一三行　朱崖　按：前志作「朱盧」。

三五三三頁一行　羸𨻳　殿本考證謂「羸」應作「蠃」，前書孟康曰蠃音連，則作「羸」字非也。今按：漢書補注王先謙謂地道記作「蠃𨻳」，蓋後人因孟音而製「蠃」字，廣韻載之，皆誤。

三五三三頁一行　(定)安〔定〕　據殿本改。按：前志作「安定」，王先謙補注謂續志後漢因，或誤「定安」。

三五三三頁一行　䴉泠　集解引惠棟說，謂「䴉」說文作「𪇰」，從米尼聲。按：漢書補注引王鳴盛說，亦謂作「𪇰」是。

三五三三頁一行　曲陽　前志作「曲昜」。按：昜陽古今字。

三五三三頁三行　有注沅二水　按：汲本、殿本「沅」作「沅」。

三五三三頁六行　角軟還復出　按：張森楷校勘記謂案上言上岸共鬬，已是出矣，不當云復出，疑是「入」字之誤。

三五三三頁一二行　咸懽　前志作「咸驩」。按：驩懽古今字。

三五三三頁一二行　無功　按：前志作「無切」。

三五三三頁一五行　西卷　按：前志作「西捲」。

三五三三頁一五行　鄉三千六百八十二　按：汲本、殿本「八十二」作「八十一」。

三五三三頁一五行　亭萬二千四百四十二　汲本、殿本「四十二」作「四十三」。按：聚珍本東觀漢記亦作「三」。

三五三四頁一行　永嘉(二)〔元〕年　集解引何焯說，謂永嘉無二年，「二」當作「元」。今據改。

三五三四頁八行　口四千八百六十九萬七百八十九　按：張森楷校勘記謂案和帝之世，口五千三百餘萬，戶祇九百二十餘萬，此戶已九百六十餘萬，而口祇四千餘萬，反更少之，殊非情理，疑「四」是「五」之訛。下順帝口數同。

後漢書志第二十四

百官一

太傅　太尉　司徒　司空　將軍

漢之初興，承繼大亂，兵不及戢，法度草創，略依秦制，後嗣因循。至景帝，感吳楚之難，始抑損諸侯王。及至武帝，多所改作，然而奢廣，民用匱乏。世祖中興，務從節約，幷官省職，費減億計，所以補復殘缺，及身未改，而四海從風，中國安樂者也。

昔周公作周官，分職著明，法度相持，王室雖微，猶能久存。今其遺書，所以觀周室牧民之德既至，又其有益來事之範，殆未有所窮也。故新汲令王隆作小學漢官篇，諸文倜說，較略不究。〔一〕唯班固著百官公卿表，記漢承秦置官本末，訖于王莽，差有條貫；然皆孝武奢廣之事，又職分未悉。世祖節約之制，宜爲常憲，故依其官簿，粗注職分，以爲百官志。〔二〕凡置官之本，及中興所省，無因復見者，既在漢書百官表，不復悉載。

〔一〕案：胡廣注隆此篇，其論之注曰：「前安帝時，越騎校尉劉千秋校書東觀，好事者樊長孫與書曰：『漢家禮儀，叔孫

通等所草創，皆隨律令在理官，藏於几閣，無記錄者，久令二代之業，闇而不彰。誠宜撰次，依擬周禮，定位分職，各有條序，令人無愚智，入朝不惑。君以公族元老，正丁其任，焉可以已！』劉君甚然其言，與邑子通人郎中張平子參議未定，而劉君遷爲宗正、衞尉，平子爲尚書郎、太史令，各務其職，未暇恤也。至順帝時，平子爲侍中典校書，方作周官解說，乃欲以（漢）〔漸〕次述漢事，會復遷河閒相，遂莫能立也。述作之功，獨不易矣。既感斯言，顧見故新汲令王文山小學爲漢官篇，略道公卿外內之職，旁及四夷，博物條暢，多所發明，足以知舊制儀品。蓋法有成易，而道有因革，是以聊集所宜，爲作詁解，各隨其下，綴續後事，令世施行，庶明厥旨，廣前後憤盈之念，增助來哲多聞之覽焉。」

〔二〕臣昭曰：本志既久是注曰百官簿，今昭又採異同，俱爲細字，如或相冒，衆應注本注，尤須分顯，故凡是舊注，通爲大書，稱「本注曰」，以表其異。

太傅，上公一人。〔一〕本注曰：掌以善導，無常職。世祖以卓茂爲太傅，薨，因省。其後每帝初卽位，輒置太傅錄尚書事，薨，輒省。〔二〕

〔一〕大戴記曰：「傅，傅之德義也。」應劭漢官儀曰：「傅者，覆也。」賈生曰：「天子不喻於先聖之德，不知君民之道，不見禮義之正，詩書無宗，學業不法，此太師之責也，古者齊太公職之。天子不惠於庶民，不禮於大臣，不中於折獄，無經於百官，不哀於喪，不敬於祭，不戒於齊，不信於事，此太傅之責也，古者周公職之。天子處位不端，受業不敬，言語不敍，音聲不中，進退升降不以禮，俯仰周旋無節，此太保之責也，古者燕召公職之。天子燕業反其學，左右之習詭其師，荅諸侯，遇大臣，不知文雅之辭，已語之適，簡聞小誦，不博不習，此少師之責也。天子居處出入不以禮，衣服冠帶不以制，御器列側不以度，采服從好不以章，忿悅不以義，與奪不以節，此少傅之責也。天子居處燕私，安而易，樂而耽，飲食不時，醉飽不節，寢起早晏無常，玩好器弄無制，此少保之責也。此古天子自輔弼之禮也，自爲天子而賢智維之，故能慮無失計，舉無過事，終身得中。」

〔二〕胡廣注曰：「猶古冢宰總己之義也。」案：靈帝之初，以陳蕃爲太傅，蕃誅，以胡廣代，始不止一人也。董卓在長安，又自尊爲太師，位在太傅上。應劭漢官儀曰：「太師，古官也。平帝元年，孔光以太傅見，授詔，太師無朝，十日一賜餐，賜靈壽杖，省中施坐置几。太師入省中用杖，自是而闕。」又漢官云：「太傅長史一人，秩千石，掾屬二十四人，令史、御屬二十二人。」荀綽晉百官表注曰：「漢太傅置掾屬十人，御屬一人，令史十二人，置長史，與漢異。」

太尉，公一人。〔一〕本注曰：掌四方兵事功課，歲盡卽奏其殿最而行賞罰。凡郊祀之事，掌亞獻；大喪則告謚南郊。凡國有大造大疑，則與司徒、司空通而論之。國有過事，則與二公通諫爭之。世祖卽位，爲大司馬。〔二〕建武二十七年，改爲太尉。〔三〕

〔一〕應劭曰：「自上安下曰尉，武官悉以爲稱。」前書曰「秦官」，鄭玄注月令亦曰「秦官」。尚書中候云舜爲太尉，束晳據非秦官，以此追難玄焉。臣昭曰：緯候衆書，宗貴神詭，出沒隱顯，動挾誕怪。該覈陰陽，徵迎起伏，或有先徵，時能後驗，故守寄構思，雜稱曉輔，通儒達好，時略文滯。公輸、益州，具於張衡之詰；無口漢輔，炳乎尹敏之諷。圖讖紛僞，其俗多矣。太尉官實司天，虞舜作宰，璇衡賦政，將是據後位以書前，非唐官之實號乎？太尉所職，卽

舜所掌，遂以同掌追稱太尉，乃中候之妄，蓋非官之爲謬。康成淵博，自注中候，裁及注禮而忘舜位，豈其實哉！此是不發譏於中候，而正之於月令也。廣徵之誚，未探碩意。說堯曰「當堯之時，舜爲司徒」。新論曰「昔堯試於大麓者，領錄天子事，如今尚書官矣」。古史考曰「舜居百揆，總領百事」。說者以百揆堯初別置，於周更名冢宰，斯其然矣。

〔二〕漢官儀曰：「元狩六年罷太尉，法周制置司馬。時議者以爲漢軍有官候、千人、司馬，故加『大』爲大司馬，所以別異大小司馬之號。」

〔三〕蔡質漢儀曰：「府開闕，王莽初起大司馬，後篡盜神器，故遂貶去其闕。」漢官儀曰：「張衡云：『明帝以（爲）司馬、司空府（已榮）欲（復）更（治）太尉府。時公趙憙也。西曹掾安衆鄭均，素好名節，以爲朝廷新造北宮，整飭官寺，旱魃爲虐，民不堪命，曾無殷湯六事，周宣雲漢之辭。今府本館陶公主第舍，員職既少，自足相受。憙表陳之，卽（見）聽許。其冬，〔帝〕臨辟雍，歷二府，光觀壯麗，而太尉〔府〕獨卑陋（云）。顯宗東顧歎息曰：「椎牛縱酒，勿令乞兒爲宰。」時憙子世爲侍中，驂乘，歸具白之，憙以爲恨，頻譴責均，均自劾去，道發病亡。』」古今注曰「永平十五年，更作太尉、司徒、司空府開陽城門內」，與此不同。臣昭案：劉虞爲大司馬，而與太尉並置焉。

長史一人，千石。〔一〕本注曰：署諸曹事。

〔一〕盧植禮注曰：「如周小宰。」

掾史屬二十四人。本注曰：漢舊注東西曹掾比四百石，餘掾比三百石，屬比二百石，故曰公府掾，比古元士三命者也。或曰，漢初掾史辟，皆上言之，故有秩比命士。其所不言，

則爲百石屬。其後皆自辟除，故通爲百石云。〔一〕西曹主府史署用。東曹主二千石長吏遷除及軍吏。戶曹主民戶、祠祀、農桑。奏曹主奏議事。辭曹主辭訟事。法曹主郵驛科程事。尉曹主卒徒轉運事。賊曹主盜賊事。決曹主罪法事。兵曹主兵事。金曹主貨幣、鹽、鐵事。倉曹主倉穀事。黃閤主簿錄省衆事。〔二〕

〔一〕漢書音義曰：「正曰掾，副曰屬。」

〔二〕應劭漢官儀曰：「世祖詔：『方今選舉，賢佞朱紫錯用。丞相故事，四科取士。一曰德行高妙，志節清白；二曰學通行修，經中博士；三曰明達法令，足以決疑，能案章覆問，文中御史；四曰剛毅多略，遭事不惑，明足以決，才任三輔令：皆有孝悌廉公之行。自今以後，審四科辟召，及刺史、二千石察茂才尤異孝廉之吏，務盡實覈，選擇英俊、賢行、廉絜、平端於縣邑，務授試以職。有非其人，臨計過署，不便習官事，書疏不端正，不如詔書，有司奏罪名，并正舉者。』又舊河隄謁者，世祖改以三府掾屬爲謁者領之，遷超御史中丞、刺史，或爲小郡。監察黎陽謁者，世祖以幽、并州兵騎定天下，故於黎陽立營，以謁者監之，兵騎千人，復除甚重。謁者任輕，多放情態，順帝改用公府掾有清名威重者，遷超牧守焉。」漢官目錄曰：「建武十二年八月乙未詔書，三公舉茂才各一人，廉吏各二人；光祿歲舉茂才四行各一人，察廉吏三人；中二千石歲察廉吏各一人，廷尉、大司農各二人；將兵將軍歲察廉吏各二人；監察御史、司隸、州牧歲舉茂才各一人。」

令史及御屬二十三人。本注曰：漢舊注公令史百石，自中興以後，注不說石數。御屬主爲公御。〔一〕閤下令史主閤下威儀事。記室令史主上章表報書記。門令史主府門。其

餘令史，各典曹文書。〔二〕

〔一〕荀綽晉百官表注曰：「御屬如錄事也。」

〔二〕應劭漢官儀有官騎三十人。

司徒，公一人。〔一〕本注曰：掌人民事。凡教民孝悌、遜順、謙儉，養生送死之事，則議其制，建其度。凡四方民事功課，歲盡則奏其殿最而行賞罰。凡郊祀之事，掌省牲視濯，大喪則掌奉安梓宮。凡國有大疑大事，與太尉同。世祖卽位，爲大司徒，〔二〕建武二十七年，去「大」。〔三〕

〔一〕孔安國曰：「主徒衆，敎以禮義。」

〔二〕漢官儀曰：「王莽時，議以漢無司徒官，故定三公之號曰大司馬、大司徒、大司空。世祖卽位，因而不改。」蔡質漢儀曰：「司徒府與蒼龍闕對，厭於尊者，不敢號府。」應劭曰：「此不然。丞相舊位在長安時，府有四出門，隨時聽事，明帝本欲依之，迫於太尉、司空，但爲東西門耳。國每有大議，天子車駕親幸其殿。殿西王侯以下更衣并存。每歲州郡聽採長吏臧否，民所疾苦，還條奏之，是爲之舉謠言者也。頃者舉謠言者，掾屬令史都會殿上，主者大言某州郡行狀云何，善者同聲稱之，不善者各爾銜枚。大較皆取無名勢，其中或有愛憎微裁黜陟之闇昧也。若乃中山祝恬，踐周、召之列，當軸處中，忘謇諤之節，憚首尾之譏，縣囊捉撮，無能清澄，其與申屠須責鄧通，王嘉封還詔書，邈矣乎！」周禮有外朝，干寶注曰：「禮，司徒府中有百官朝會殿，天子與丞相決大事，是外朝之存者。」

〔三〕漢舊儀曰：「哀帝元壽二年，以丞相爲大司徒。郡國守長史上計事竟，遣公出庭，上親問百姓所疾苦。記室掾史一人大音讀敕畢，遣敕曰：『詔書殿下禁吏無苛暴。丞史歸告二千石，順民所疾苦。急去殘賊，審擇良吏，無任苛刻。治獄決訟，務得其中。明詔憂百姓困於衣食，二千石帥勸農桑，思稱厚恩，有以賑贍之，無煩撓奪民時。今日公卿以下，務飭儉恪，奢侈過制度以益甚，二千石身帥有以化之。民冗食者請謹以法，養視疾病，致醫藥務治之。詔書無飾廚養，至今未變，又更過度，甚不稱。歸告二千石，務省約如法。且案不改者，長吏以〔聞〕。官寺鄉亭漏敗，牆垣阤壞不治，無辦護者，不勝任，先自劾不應法。歸告二千石聽。』十年，更名相國。」案獻帝初，董卓自太尉進爲相國，而司徒不省。及建安末，曹公爲丞相，郗慮爲御史大夫，則罷三公官。荀綽晉百官表注曰：「漢丞相府門無闌，不設鈴，不警鼓，言其深大闊遠，無節限也。」

長史一人，千石。掾屬三十一人。〔一〕令史及御屬三十六人。本注曰：世祖卽位，以武帝故事，置司直，居丞相府，助督錄諸州，建武十八年省也。〔二〕

〔一〕漢官目錄曰三十人。

〔二〕（漢）〔獻〕帝起居注曰：「建安八年十二月，復置司直，不屬司徒，掌督中都官，不領諸州。九年十一月，詔司直比司隸校尉，坐同席在上，假傳置，從事三人，書佐四人。」

司空，公一人。〔一〕本注曰：掌水土事。凡營城起邑、浚溝洫、修墳防之事，則議其利，

建其功。凡四方水土功課，歲盡則奏其殿最而行賞罰。凡郊祀之事，掌掃除樂器，大喪則掌將校復土。凡國有大造大疑，諫爭，與太尉同。〔二〕世祖卽位，爲大司空，〔三〕建武二十七年，去「大」。〔四〕

〔一〕馬融曰：「掌營城郭，主司空土以居民。」

〔二〕韓詩外傳曰：「三公之得者何？曰司馬、司空、司徒也。司馬主天，司空主土，司徒主人。故陰陽不和，四時不節，星辰失度，災變非常，則責之司馬。山陵崩阤，川谷不通，五穀不植，草木不茂，則責之司空。君臣不正，人道不和，國多盜賊，民怨其上，則責之司徒。故三公典其職，憂其分，舉其辨，明其得，此之謂三公之事。」

〔三〕應劭漢官儀曰：「綏和元年，罷御史大夫官，法周制，初置司空。議者又以縣道官獄司空，故覆加『大』，爲大司空，亦所以別大小之文。」

〔四〕漢舊儀曰：「御史大夫敕上計丞長史曰：『詔書殿下布告郡國：臣下承宣無狀，多不究，百姓不蒙恩被化，守長史到郡，與二千石同力爲民興利除害，務有以安之，稱詔書。郡國有茂才不顯者言〔上〕。殘民貪污煩擾之吏，百姓所苦，務勿任用。方察不稱者，刑罰務於得中，惡惡止其身。選舉民侈過度，務有以化之。問今歲善惡孰與往年，對上。問今年盜賊孰與往年，得無有羣輩大賊，對上。』」臣昭案：獻帝建安十三年，又罷司空，置御史大夫。御史大夫郗慮，慮免，不得補。荀綽晉百官表注曰：「獻帝置御史大夫，職如司空，不領侍御史。」

屬長史一人，千石。掾屬二十九人。〔一〕令史及御屬四十二人。

〔一〕漢官目錄云二十四人。

將軍，不常置。本注曰：掌征伐背叛。比公者四：第一大將軍，次驃騎將軍，次車騎將軍，次衞將軍。又有前、後、左、右將軍。〔一〕

〔一〕蔡質漢儀曰：「漢興，置大將軍、驃騎，位次丞相，車騎、衞將軍、左、右、前、後，皆金紫，位次上卿。典京師兵衞，四夷屯警。」

初，武帝以衞青數征伐有功，以爲大將軍，欲尊寵之。以古尊官唯有三公，皆將軍始自秦、晉，以爲卿號，故置大司馬官號以冠之。其後霍光、王鳳等皆然。成帝綏和元年，賜大司馬印綬，罷將軍官。世祖中興，吳漢以大將軍爲大司馬，景丹爲驃騎大將軍，位在公下，及前、後、左、右雜號將軍衆多，皆主征伐，事訖皆罷。〔一〕明帝初卽位，以弟東平王蒼有賢才，以爲驃騎將軍；以王故，位在公上，數年後罷。章帝卽位，西羌反，故以舅馬防行車騎將軍征之，還後罷。和帝卽位，以舅竇憲爲車騎將軍，征匈奴，位在公下；還復有功，遷大將軍，位在公上；復征西羌，還免官，罷。安帝卽位，西羌寇亂，復以舅鄧騭爲車騎將軍征之，還遷大將軍，位如憲，數年復罷。自安帝政治衰缺，始以嫡舅耿寶爲大將軍，常在京都。順帝卽位，又以皇后父、兄、弟相繼爲大將軍，如三公焉。〔二〕

〔一〕魏略曰：「曹公置都護軍中尉，置護軍將軍，亦皆比二千石，旋軍並止罷。」

〔二〕梁冀別傳曰：「元嘉二年，又加冀禮儀。大將軍朝，到端門若龍門，謁者將引。增掾屬、舍人、令史、官騎、鼓吹各十人。」

長史、司馬皆一人，千石。〔一〕本注曰：司馬主兵，如太尉。從事中郎二人，六百石。本注曰：職參謀議。〔二〕掾屬二十九人。〔三〕令史及御屬三十一人。本注曰：此皆府員職也。又賜官騎三十人，及鼓吹。〔四〕

〔一〕東觀書曰：「竇憲作大將軍，置長史、司馬員吏官屬，位次太傅。」

〔二〕東觀書曰：「大將軍出征，置中護軍一人。」

〔三〕案本傳，東平王作驃騎，掾史四十人。

〔四〕應劭漢官儀曰：「鼓吹二十人，非常員。舍人十人。」

其領軍皆有部曲。大將軍營五部，部校尉一人，比二千石；軍司馬一人，比千石。部下有曲，曲有軍候一人，比六百石。曲下有（純）〔屯〕，（純）〔屯〕長一人，比二百石。其不置校尉部，但軍司馬一人。又有軍假司馬、假候，皆爲副貳。其別營領屬爲別部司馬，其兵多少各隨時宜。門有門候。其餘將軍，置以征伐，無員職，亦有部曲、司馬、軍候以領兵。其職吏部集各一人，總知營事。兵曹掾史主兵事器械。稟假掾史主稟假禁司。又置外刺、刺姦，主罪法。

明帝初置度遼將軍，以衞南單于衆新降有二心者，後數有不安，遂爲常守。〔一〕

〔一〕應劭漢官儀曰：「度遼將軍，孝武皇帝初用范明友。明帝（十）〔永平〕八年，行度遼將軍事；安帝元初元年，置眞。銀印青綬，秩二千石。長史、司馬六百石。」東觀書云司馬二人。

校勘記

三五五五頁一三行　劉千秋　按：集解引惠棟說，謂劉千秋卽劉珍。文苑傳云珍字秋孫，疑傳誤。

三五五六頁四行　乃欲以（漢）〔漸〕次逃漢事　校補引柳從辰說，謂孫星衍輯漢官解詁，「以漢」作「以漸」，是。今據改。

三五五六頁六行　爲作詁解　按：校補引柳從辰說，謂孫輯本「詁解」作「解詁」。

三五五六頁一六行　已語之適　按：「語」當作「諾」，已諾猶言然否或許與不許也。今賈誼新書傳職篇正作「不知已諾之適」。大戴禮作「不知已諾之正」。汲本、殿本作「言語之道」，乃後人臆改。

三五五七頁六行　自是而闕　按：「自是而」下有闕文。孫星衍校輯漢官儀，此「闕」字代之以□，云今本作「闕」，乃校者所記，而後來誤入正文也。今據孫校，「闕」字用小一號字排。

三五五八頁二行　說苑曰　汲本、殿本「苑」作「苑」。按：菀苑通。

三五五八頁五行　元狩六年罷太尉　按：校補謂案前書百官公卿表，太尉武帝建元二年省，元狩四年初置大司馬，漢官儀誤也。又按：下文「官候」應「候官」，見前三五二一頁。

三五五八頁七行　明帝以（爲）司馬司空府（已榮）欲（復）更（治）太尉府　據御覽卷二百七職官部五引補刪。

三五五八頁九行　員職既少自足相受　按：汲本、殿本「受」作「容」，孫輯本同。御覽「旣」作「鮮」，「受」作「授」。

三五五八頁九行　卽（見）聽許　據御覽補。

三五五八頁一〇行　（帝）臨辟雍　據御覽補。

三五五八頁一〇行　而太尉（府）獨卑陋（云）　按：汲本、殿本「太尉」下有「府」字，「卑陋」下無「云」字，孫輯本同，御覽同。今據以補刪。

三五五九頁一一行　世祖以幽并州兵騎定天下　按：竇憲傳注引作「光武中興，以幽、冀、并州兵騎克定天下」。

三五六〇頁三行　有官騎三十人　校補引柳從辰說，謂孫輯本作「二十二人」。今按：孫云輯自續漢志補注，則所據本不同。

三五六〇頁一四行　縣囊捉撮　集解引惠棟說，謂「捉」當作「括」，淮南子「燭營指天」，高誘注「燭營讀曰括撮，傴僂之象，喻容悅之臣」。

三五六〇頁一四行　其與中居須責鄧通　校補引陳景雲說，謂「須」當作「顯」，或作「頓」。按：黄山云當據嘉傳作「坐責」爲是，不必於字之形似求之。

三五六一頁二行　郡國守長史上計　按：孫星衍輯漢舊儀「守」下有「丞」字。

三五六一頁二行　遣公出庭　按：孫輯漢舊儀「公」作「君侯」，「出」下有「坐」字。

三五六一頁二行　記室掾史　按：孫輯漢舊儀「史」作「吏」。

三五六一頁三行　丞史歸告二千石　按：孫輯漢舊儀「史」上有「長」字。

三五六一頁四行　無煩撓奪民時　按：孫輯漢舊儀「撓」作「擾」。

三五六一頁五行　今日公卿以下　按：孫輯漢舊儀無「今日」二字。

三五六一頁五行　奢侈過制度以益甚二千石身帥　按：孫輯漢舊儀「奢」上有「今俗」二字，「以」上有「日」字，「身」上有「務以」二字。

三五六一頁五行　請謹以法　汲本、殿本「謹」作「諭」。按：孫輯漢舊儀亦作「諭」，云本作「謹」，從續漢志補注引改。

三五六一頁六行　無飾廚養　按：孫輯漢舊儀作「無飾廚傳增養食」。

三五六一頁六行　又更過度　按：孫輯漢舊儀作「或更尤過度」。

三五六一頁六行　長吏以〔聞〕　據汲本、殿本補。

三五六一頁七行　牆垣陁壞不治　孫輯漢舊儀「不」作「所」。按：如依孫輯本改「不」爲「所」，則「所治」二字應連下讀。

三五六一頁七行　無辦護者　汲本、殿本「辦」作「辨」。按：孫輯本作「辦」。

三五六一頁七行　不勝任　按：孫輯漢舊儀「勝」作「稱」。

三五六一頁七行　歸告二千石聽　按：孫輯漢舊儀「聽」上有「勿」字。

三五六一頁七行　十年更名相國　按：校補引陳景雲說，謂「十年」上有脫文。

三五六一頁九行　漢丞相府門無闌　汲本、殿本「闌」作「闌」。按：闌蘭通。

三五六一頁一一行　建武十八年省也　按：集解引周壽昌說，謂光武紀十一年夏四月省大司徒司直官，獻帝紀注亦作十一年，「八」字誤。

三五六一頁一三行　（漢）〔獻〕帝起居注曰　據汲本、殿本改。

三五六一頁一三行　九年十一月　按：汲本、殿本作「十二月」。

三五六二頁一〇行　守長史到郡　按：孫輯漢舊儀「守」下有「丞」字。

三五六三頁二行　郡國有茂才不顯者言〔上〕　據孫輯漢舊儀補。

三五六三頁五行　以古尊官唯有三公皆將軍始自秦晉　按：沈家本謂「皆」字疑誤。

三五六四頁八行　案本傳東平王作驃騎掾史四十人　按：校補謂范書東平王傳文不載驃騎掾史，劉昭所引蓋是續漢書本傳文。

三五六四頁一一行　曲下有（純）〔屯〕（純）〔屯〕長一人　據汲本、殿本改。按：純屯二字古每不分，亦猶「屯留」之作「純留」矣。

三五六五頁二行　明帝（十）〔永平〕八年　校補引柳從辰說，謂據紀，事在永平八年，故志以爲明帝初，「十」字衍。黄山謂案史無紀年不著年號者，蓋注實闕「永」字，「平」字亦殘其半，遂譌爲「十」字也。今據黄說改。

後漢書志第二十五

百官二

太常　光祿勳　衞尉　太僕　廷尉　大鴻臚

太常，卿一人，中二千石。〔一〕本注曰：掌禮儀祭祀。每祭祀，先奏其禮儀；及行事，常贊天子。〔二〕每選試博士，奏其能否。大射、養老、大喪，皆奏其禮儀。每月前晦，察行陵廟。〔三〕丞一人，比千石。〔四〕本注曰：掌凡行禮及祭祀小事，總署曹事。〔五〕其署曹掾史，隨事爲員，諸卿皆然。

〔一〕盧植禮注曰：「如大樂正。」

〔二〕漢舊儀曰：「贊饗一人，秩六百石，掌贊天子。」

〔三〕漢官曰：「員吏八十五人，其十二人四科，十五人佐，五人假佐，十三人百石，十五人騎吏，九人學事，十六人守學事。」臣昭曰：凡漢官所載列職人數，今悉以注，雖頗爲繁，蓋周禮列官，陳人役(放)〔於〕前，以爲民極，寔觀國制，此則宏模不可闕者也。

〔四〕盧植禮注曰：「如小樂正。」

〔五〕漢舊儀曰：「丞舉廟中非法者。」

太史令一人，六百石。本注曰：掌天時、星曆。凡歲將終，奏新年曆。凡國祭祀、喪、娶之事，掌奏良日及時節禁忌。凡國有瑞應、災異，掌記之。〔一〕丞一人。明堂及靈臺丞一人，二百石。本注曰：二丞，掌守明堂、靈臺。靈臺掌候日月星氣，皆屬太史。〔二〕

〔一〕漢官(儀)曰：「太史待詔三十七人，其六人治曆，三人龜卜，三人廬宅，四人日時，三人易筮，二人典禳，九人籍氏、許氏、典昌氏，各三人，嘉法、請雨、解事各二人，醫一人。」

〔二〕漢官曰：「靈臺待詔四十(二)〔一〕人，其十四人候星，二人候日，三人候風，十二人候氣，三人候晷景，七人候鍾律。一人舍人。」

博士祭酒一人，六百石。本僕射，中興轉爲祭酒。〔一〕博士十四人，比六百石。本注曰：易四，施、孟、梁丘、京氏。尚書三，歐陽、大小夏侯氏。詩三，魯、齊、韓氏。禮二，大小戴氏。春秋二，公羊嚴、顏氏。掌教弟子。國有疑事，掌承問對。本四百石，宣帝增秩。〔二〕

〔一〕胡廣曰：「官名祭酒，皆一位之元長者也。古禮，賓客得主人饌，則老者一人舉酒以祭於地，舊說以爲示有先。」

〔二〕本紀桓帝延熹二年，置祕書監。

太祝令一人，六百石。本注曰：凡國祭祀，掌讀祝，及迎送神。〔一〕丞一人。本注曰：掌祝小神事。

〔一〕漢舊儀曰：「廟祭，太祝令主席酒。」漢官曰：「員吏四十一人，其二人百石，二人斗食，二十二人佐，二人學事，四人守學事，九人有秩。百五十人祝人，宰二百四十二人，屠者六十人。」

太宰令一人，六百石。本注曰：掌宰工鼎俎饌具之物。凡國祭祀，掌陳饌具。〔一〕丞一人。

〔一〕漢官曰：「明堂丞一人，二百石。員吏四十二人，其二人百石，二人斗食，二十三人佐，九人有秩，二人學事，四人守學事。宰二百四十二人，屠者七十三人，衞士一十五人。」

大(子)〔予〕樂令一人，六百石。本注曰：掌伎樂。凡國祭祀，掌請奏樂，及大饗用樂，掌其陳序。〔一〕丞一人。〔二〕

〔一〕漢官曰：「員吏二十五人，其二人百石，二人斗食，七人佐，十人學事，四人守學事。樂人八佾舞三百八十人。」盧植禮注曰：「大(子)〔予〕令如古大胥。漢大樂律，卑者之子不得舞宗廟之酎。除吏二千石到六百石，及關內侯到五大夫子，取適子高五尺已上，年十二到三十，顏色和，身體修治者，以爲舞人。」

〔二〕盧植禮注曰：「大樂丞如古小胥。」

高廟令一人，六百石。本注曰：守廟，掌案行掃除。無丞。〔一〕

〔一〕漢官曰：「員吏四人，衞士一十五人。」

世祖廟令一人，六百石。本注曰：如高廟。〔一〕

〔一〕漢官曰：「員吏六人，衞士二十人。」

先帝陵，每陵園令各一人，六百石。本注曰：掌守陵園，案行掃除。丞及校長各一人。本注曰：校長，主兵戎盜賊事。〔一〕

〔一〕應劭漢官名秩曰：「丞皆選孝廉郎年少薄伐者，遷補府長史、都官令、候、司馬。」

先帝陵，每陵食官令各一人，六百石。本注曰：掌望晦時節祭祀。〔一〕

〔一〕漢官曰：「每陵食監一人，秩六百石。監丞一人，三百石。中黃門八人，從官二人。」案：食監即是食官令號。

右屬太常。本注曰：有祠祀令一人，後轉屬少府。有太卜令，六百石，後省并太史。中興以來，省前凡十官。〔一〕

〔一〕案前書，十官者，太宰、均官、都水、雍太祝、五時各一尉也。東觀書曰：「章帝又置祀令、丞，延平元年省。」

光祿勳，卿一人，中二千石。本注曰：掌宿衞宮殿門戶，典謁署郎更直執戟，宿衞門戶，考其德行而進退之。〔一〕郊祀之事，掌三獻。〔二〕丞一人，比千石。

〔一〕胡廣曰：「勳猶閽也，易曰『爲閽寺』。(官)〔宦〕寺，主殿宮門戶之職。」

〔二〕漢官曰：「員吏四十四人，其十八人四科，三人百石，一人斗食，二人佐，六人騎吏，八人學事，十三人守學事，一人官醫。衞士八十一人。」

五官中郎將一人，比二千石。本注曰：主五官郎。〔一〕五官中郎，比六百石。本注曰：無員。五官侍郎，比四百石。本注曰：無員。五官郎中，比三百石。本注曰：無員。凡無員。〔二〕

郎官皆主更直執戟，宿衞諸殿門，出充車騎。唯議郎不在直中。〔三〕

〔一〕蔡質漢儀曰：「中郎解，其府對太學。」

〔二〕郎年五十以屬五官，故曰六百石。

〔三〕蔡質漢儀曰：「三署郎見光祿勳，執板拜；見五官左右將，執板不拜。於三公諸卿無敬。」

左中郎將，比二千石。本注曰：主左署郎。〔一〕中郎，比六百石。侍郎，比四百石。郎中，比三百石。〔二〕本注曰：皆無員。

〔一〕蔡質漢儀曰：「（郎）中（郎）解，其府（府）次五官（府）。」

〔二〕三郎。

右中郎將，比二千石。本注曰：主右署郎。中郎，比六百石。侍郎，比四百石。郎中，比三百石。本注曰：皆無員。〔一〕

〔一〕三郎，並無員。

虎賁中郎將，比二千石。本注曰：主虎賁宿衞。〔一〕左右僕射、左右陛長各一人，比六百石。本注曰：僕射，主虎賁郎習射。陛長，主直虎賁，朝會在殿中。〔二〕虎賁中郎，比六百石。虎賁侍郎，比四百石。虎賁郎中，比三百石。〔三〕節從虎賁，比二百石。〔四〕本注曰：皆無員。掌宿衞侍從。自節從虎賁久者轉遷，才能差高至中郎。

〔一〕前書武帝置期門，平帝更名虎賁。蔡質漢儀曰：「主虎賁千五百人，無常員，多至千人。戴鶡冠，次右將府。」又

虎賁舊作「虎奔」，言如虎之奔也，王莽以古有勇士孟賁，故名焉。孔安國曰「若虎賁獸」，言其甚猛。

〔二〕漢官曰：「陛長，墨綬銅印。」

〔三〕荀綽晉百官表注曰：「虎賁諸郎，皆父死子代，漢制也。」

〔四〕四郎。

羽林中郎將，比二千石。本注曰：主羽林郎。〔一〕羽林郎，比三百石。本注曰：無員。掌宿衞侍從。常選漢陽、隴西、安定、北地、上郡、西河凡六郡良家補。本武帝以便馬從獵，還宿殿陛巖下室中，故號巖郎。〔二〕

〔一〕案：漢末又有四中郎將，皆帥師征伐，不知何時置。董卓爲東中郎將，盧植爲北中郎將，獻帝以曹（操）〔植〕爲南中郎將。

〔二〕前書曰初置名建章營騎，後更名。出補三百石丞、尉。荀綽晉百官表注曰：「言其嚴厲整銳也。」案此則爲巖郎，與志不同。蔡質漢儀曰：「羽林郎百（一）〔二〕十八人，無常員，府次虎賁府。」

羽林左監一人，六百石。本注曰：主羽林左騎。〔一〕丞一人。

〔一〕漢官曰：「孝廉郎作，主羽林九百人。二監官屬史吏，皆自出羽林中，有材者作。」

羽林右監一人，六百石。本注曰：主羽林右騎。丞一人。

奉車都尉，比二千石。本注曰：無員。〔一〕掌御乘輿車。

〔一〕漢官曰三人。

駙馬都尉，比二千石。本注曰：無員。〔一〕掌駙馬。

〔一〕漢官曰五人。

騎都尉，比二千石。本注曰：無員。〔一〕本監羽林騎。

〔一〕漢官曰一十人。

光祿大夫，比二千石。本注曰：無員。〔一〕凡大夫、議郎皆掌顧問應對，無常事，唯詔令所使。凡諸國嗣之喪，則光祿大夫掌弔。

〔一〕漢官曰三人。

太中大夫，千石。本注曰：無員。〔一〕

〔一〕漢官曰：「二十人，秩比二千石。」

中散大夫，六百石。本注曰：無員。〔一〕

〔一〕漢官曰：「三十人，秩比二千石。」

諫議大夫，六百石。本注曰：無員。〔一〕

〔一〕胡廣曰：「光祿大夫，本爲中大夫，武帝元狩五年置諫大夫爲光祿大夫，世祖中興，以爲諫議大夫。又有太中、中散大夫。此四等於古皆爲天子之下大夫，視列國之上卿。」漢官曰三十人。

議郎，六百石。本注曰：無員。〔一〕

〔一〕漢官曰：「五十人，無常員。」

謁者僕射一人，比千石。本注曰：爲謁者臺率，主謁者，天子出，奉引。古重習武，有主射以督錄之，故曰僕射。〔一〕常侍謁者五人，比六百石。本注曰：主殿上時節威儀。〔二〕謁者三十人。其給事謁者，四百石。其灌謁者郎中，比三百石。本注曰：掌賓贊受事，及上章報問。將、大夫以下之喪，掌使弔。本員七十人，中興但三十人。〔三〕初爲灌謁者，滿歲爲給事謁者。〔四〕

〔一〕蔡質漢儀曰：「見尚書令，對揖無敬。謁者見，執板拜之。」

〔二〕漢官曰：「謁者三十人，其二人公府掾，六百石（特）〔持〕使也。」

〔三〕荀綽晉百官表注曰：「漢皆用孝廉年五十，威容嚴恪能賓者爲之。明帝詔曰：『謁者乃堯之尊官，所以試舜賓于四門，四門穆穆者也。』昔燕太子使荊軻劫始皇，變起兩楹之閒，其後謁者持匕首刺肱，高祖偃武行文，故易之以板。」

〔四〕蔡質漢儀曰：「出府丞、長史、陵令，皆選儀容端正，任奉使者。」

右屬光祿勳。本注曰：職屬光祿者，自五官將至羽林右監，凡七署。自奉車都尉至謁者，以文屬焉。舊有左右曹，秩以二千石，上殿中，主受尚書奏事，平省之。世祖省，使小黃門郎受事，車駕出，給黃門郎兼。有請室令，車駕出，在前請所幸，徼車迎白，示重愼。中興但以郎兼，事訖罷，又省車、戶、騎凡三將，〔一〕及羽林令。

〔一〕如淳曰：「主車曰車郎，主戶衞曰戶郎。」

衞尉，卿一人，中二千石。本注曰：掌宮門衞士，宮中徼循事。〔一〕丞一人，比千石。

〔一〕漢官曰：「員吏四十一人，其九人四科，二人二百石，文學三人百石，十二人斗食，二人佐，十二人學事，一人官醫。衞士六十人。」

公車司馬令一人，六百石。本注曰：掌宮南闕門，凡吏民上章，四方貢獻，及徵詣公車者。〔一〕丞、尉各一人。本注曰：丞選曉諱，掌知非法。尉主闕門兵禁，戒非常。〔二〕

〔一〕獻帝起居注曰：「建安八年，議郎衞林爲公車司馬令，位隨將、大夫。舊公車令與都官、長史位從將、大夫，自林始。」

〔二〕胡廣曰：「諸門部各陳屯夾道，其旁當兵，以示威武，交戟，以遮妄出入者。」

南宮衞士令一人，六百石。本注曰：掌南宮衞士。〔一〕丞一人。

〔一〕漢官曰：「員吏九十五人，衞士五百三十七人。」

北宮衞士令一人，六百石。本注曰：掌北宮衞士。〔一〕丞一人。

〔一〕漢官曰：「員吏七十二人，衞士四百七十一人。」

左右都候各一人，六百石。〔一〕本注曰：主劍戟士，徼循宮，及天子有所收考。〔二〕丞各一人。

〔一〕周禮司寤氏有夜士，干寶注曰：「今都候之屬。」

〔二〕漢官曰：「右都候員吏二十二人，衞士四百一十六人。左都候員吏二十八人，衞士三百八十三人。」蔡質漢儀曰：「宮中諸有劾奏罪，左都候執戟戲車縛送付詔獄，在官大小各付所屬。以馬皮覆。見尚書令、尚書僕射、尚書皆執板拜，見丞、郎皆揖。」

宮掖門，每門司馬一人，比千石。本注曰：南宮南屯司馬，主平城門；〔一〕(北)宮門蒼龍司馬，主東門；〔二〕玄武司馬，主玄武門；〔三〕北屯司馬，主北門；〔四〕北宮朱爵司馬，主南掖門；〔五〕東明司馬，主東門；〔六〕朔平司馬，主北門：〔七〕凡七門。〔八〕凡居宮中者，皆有口籍於門之所屬。宮名兩字，爲鐵印文符，案省符乃內之。〔九〕若外人以事當入，本(宮)〔官〕長史爲封棨傳；其有官位，出入令御者言其官。

〔一〕漢官曰：「員吏九人，衞士百二人。」古今注曰建武十三年九月，初開此門。

〔二〕案雒陽宮門名爲蒼龍闕門。漢官曰：「員吏六人，衞士四十人。」

〔三〕漢官曰：「員吏二人，衞士三十八人。」

〔四〕漢官曰：「員吏二人，衞士三十八人。」

〔五〕漢官曰：「員吏四人，衞士百二十四人。」古今注曰：「永平二年十一月，初作北宮朱爵南司馬門。」

〔六〕漢官曰：「員吏十三人，衞士百八十人。」

〔七〕漢官曰：「員吏五人，衞士百一十七人。」

〔八〕漢官曰：「凡員吏皆隊長佐。」

〔九〕胡廣曰：「符用木，長(司)〔尺〕二寸，鐵印以符之。」

右屬衞尉。本注曰：中興省旅賁令，衞士一人丞。〔一〕

〔一〕漢官目錄曰：「右三卿，太尉所部。」

太僕，卿一人，中二千石。本注曰：掌車馬。天子每出，奏駕上鹵簿用；大駕則執馭。〔一〕丞一人，比千石。

〔一〕漢官曰：「員吏七十人，其七人四科，一人二百石，文學八人百石，六人斗食，七人佐，六人騎吏，三人假佐，三十一人學事，一人官醫。」

考工令一人，六百石。本注曰：主作兵器弓弩刀鎧之屬，成則傳執金吾入武庫，及主織綬諸雜工。〔一〕左右丞各一人。

〔一〕漢官曰：「員吏百九人。」

車府令一人，六百石。本注曰：主乘輿諸車。〔一〕丞一人。

〔一〕漢官曰：「員吏二十四人。」

未央廄令一人，六百石。本注曰：主乘輿及廄中諸馬。〔一〕長樂廄丞一人。〔二〕

〔一〕漢官曰：「員吏七十人，卒騶二十人。」

〔二〕漢官曰：「員吏十五人，卒騶二十人。苜蓿苑官田所一人守之。」

右屬太僕。本注曰：舊有六廄，皆六百石令，〔一〕中興省約，但置一廄。後置左駿令、廄，別主乘輿御馬，後或并省。又有牧師菀，皆令官，主養馬，分在河西六郡界中，中興皆省，唯漢陽有流馬菀，但以羽林郎監領。〔二〕

〔一〕前書曰，有大廄、未央、家馬三令，各五丞一尉。又車府、路軨、騎馬、駿馬四令丞。晉灼曰：「六廄名也，主馬萬匹。」

〔二〕古今注曰：「漢安元年七月，置承華廄令，秩六百石。」

廷尉，卿一人，中二千石。〔一〕本注曰：掌平獄，奏當所應。凡郡國讞疑罪，皆處當以報。〔二〕正、左監各一人。〔三〕左平一人，六百石。本注曰：掌平決詔獄。

〔一〕應劭曰：「兵獄同制，故稱廷尉。」

〔二〕胡廣曰：「讞，質也。」漢官曰：「員吏百四十人，其十一人四科，十六人二百石廷(史)〔吏〕，文學十六人百石，十三人獄史，二十七人佐，二十六人騎吏，三十人假佐，一人官醫。」

〔三〕前漢有左右監平，世祖省右而猶曰左。

右屬廷尉。本注曰：孝武帝以下，置中都官獄二十六所，各令長名世祖中興皆省，唯廷尉及雒陽有詔獄。〔一〕

〔一〕蔡質漢儀曰：「正月旦，百官朝賀，光祿勳劉嘉、廷尉趙世各辭不能朝，高賜舉奏：『皆以被病篤困，空文武之位，闕上卿之贊，既無忠信斷金之用，而有敗禮傷化之尤，不謹不敬！請廷尉治嘉罪，河南尹治世罪。」議以世掌廷尉，故轉屬他官。」

大鴻臚，卿一人，中二千石。〔一〕本注曰：掌諸侯及四方歸義蠻夷。其郊廟行禮，贊導，請行事，既可，以命羣司。諸王入朝，當郊迎，典其禮儀。及郡國上計，匡四方來，亦屬焉。〔二〕皇子拜王，贊授印綬。及拜諸侯、諸侯嗣子及四方夷狄封者，臺下鴻臚召拜之。王薨則使弔之，及拜王嗣。丞一人，比千石。

〔一〕周禮「象胥」，干寶注曰今鴻臚。

〔二〕漢官曰：「員吏五十五人，其六人四科，二人二百石，文學六人百石，一人斗食，十四人佐，六人騎吏，十五人學事，五人官醫。」永元十年，大匠應順上言：「百郡計吏，觀國之光，而舍逆旅，崎嶇私館，直裝衣物，敝朽暴露，朝會邈遠，事不肅給。昔〔晉〕，霸國盟主耳，舍諸侯於隸人，子產以爲大譏。況今四海之大，而（百）〔可〕無乎？」和帝嘉納其言，即創業焉。

大行令一人，六百石。本注曰：主諸郎。〔一〕丞一人。治禮郎四十七人。〔二〕

〔一〕漢官曰：「員吏四十人。」

〔二〕漢官曰：「其四人四科，五人二百石，文學五人百石，九人斗食，六人佐，六人學事，十二人守學事。」東觀書曰：「主齋祠儐贊九賓。又有公室，主調中都官斗食以下，功次相補。」案盧植禮注曰：「大行郎亦如謁者，兼舉形

貌。」

右屬大鴻臚。本注曰：承秦有典屬國，別主四方夷狄朝貢侍子，成帝時省并大鴻臚。中興省驛官、別火二令、丞，〔一〕及郡邸長、丞，但令郎治郡邸。〔二〕

〔一〕如淳曰：「漢儀注：『別火，獄令官，主治改火事。』」

〔二〕漢官目錄曰：「右三官，司徒所部。」

校勘記

三五七一頁四行　常贊天子　按：集解引惠棟說，謂「常」依注及袁山松百官志當作「掌」。

三五七二頁二行　陳人役（放）〔於〕前　據汲本、殿本改。

三五七二頁六行　漢官（儀）曰　據汲本刪。

三五七二頁七行　醫一人　汲本、殿本「一」作「二」。按：醫一人，正符三十七人之數。又按：上「三人易筮」，惠棟云北宋本「三」作「二」。若依北宋本，則「醫一人」當作「醫二人」，方符三十七人之數。

三五七二頁八行　靈臺待詔四十（二）〔一〕人　校補引柳從辰說，謂「四十二」孫輯本作「四十一」，是。今按：舍人一人不在待詔之列，是「四十二」當作「四十一」也。今據改。

三五七二頁一〇行　博士祭酒一人六百石本僕射　按：集解引錢大昕說，謂「本僕射」上當有「本注曰」三字。

三五七三頁三行　春秋二公羊嚴顏氏　按：錢大昭續漢書辨疑謂「公羊」二字疑衍，徐防傳注引漢官儀亦無「公羊」。

三五七三頁七行　大（子）〔予〕樂令　按：汲本、殿本「大」譌「太」。集解引錢大昕說，謂「太子」當爲「大予」。明帝紀永平三年改大樂爲大予樂，注引漢官儀云大予樂令一人，秩六百石。又引惠棟說，謂「子」依北宋本當作「予」，注同。今據改。

三五七四頁二行　（官）〔宦〕寺主殿宮門戶之職　據汲本改。按：孫輯漢官解詁無「宦寺」二字。

三五七五頁七行　（郎）中〔郎〕解其府（府）次五官〔府〕　按：「中郎」二字譌倒，據汲本、殿本乙。又孫星衍謂「府次五官」當作「次五官府」，譌倒。今據改。

三五七六頁八行　獻帝以曹（操）〔植〕爲南中郎將　校補引陳景雲說，謂「操」當作「植」，見魏志植傳。今據改。

三五七六頁一〇行　言其嚴厲整銳也　按：「銳」原譌「說」，逕改正。

三五七六頁一二行　羽林郎百（一）〔二〕十八人　汲本「一」作「二」，孫輯本同。今據改。

三五七七頁五行　唯詔令所使　按：汲本、殿本「令」作「命」。

三五七八頁七行　六百石（特）〔持〕使也　據汲本、殿本改。

三五七九頁五行　戒非常　按：「常」原譌「掌」，逕據汲本、殿本改。

三五七九頁一三行　衞士四百七十一人　按：汲本、殿本「七十一」作「七十二」。

三五八〇頁二行　在官大小各付所屬　按：汲本「官」作「候」，通典注引作「宮」，未詳孰是。

三五八〇頁二行　以馬皮覆　汲本、殿本「皮」作「被」。校補謂「以馬被覆」四字不知何指，通典注省。今按：蓋以宮中之人，故以馬皮覆之，不欲人見。各本「皮」譌「被」，遂令人不知何指矣。

三五八〇頁四行　（北）宮門蒼龍司馬主東門　據汲本刪。按：校補謂北宮三門，另列在後，此皆南宮門，不應有「北」字。

三五八〇頁七行　若外人以事當入本（宮）〔官〕長史爲封棨傳　據殿本改。按：校補謂外人謂無官位者，受本官所遣，當封棨傳爲信也。作「官」是。

三五八一頁一行　長（可）〔尺〕二寸　據汲本、殿本改。

三五八二頁一行　後置左騣令騣　按：校補引錢大昭說，謂「令騣」二字當乙。黃山謂今案承上「但置一騣」言，重在騣，疑令、騣本同時置，彙言之也。

三五八二頁一〇行　十六人二百石廷（史）〔吏〕　據汲本、殿本改。按：孫輯漢官作「吏」。

三五八二頁一五行　蔡質漢儀曰　按：「質」原譌「賀」，逕改正。

三五八三頁一〇行　昔(晉)〔晉〕霸國盟主耳舍諸侯於隸人　按：事見左襄三十一年，此脫「晉」字，遂不知所指矣。今依何焯校本補一「晉」字。

三五八三頁一〇行　而(百)〔可〕無乎　據汲本改。

三五八四頁三行　中興省驛官別火二令丞　按：沈家本謂「驛」當作「譯」。

後漢書志第二十六

百官三

宗正　大司農　少府

宗正，卿一人，中二千石。本注曰：掌序錄王國嫡庶之次，及諸宗室親屬遠近，郡國歲因計上宗室名籍。若有犯法當髡以上，先上諸宗正，宗正以聞，乃報決。〔一〕丞一人，比千石。

〔一〕胡廣曰：「又歲一治諸王世譜差序秩第。」漢官曰：「員吏四十一人，其六人四科，一人二百石，四人百石，三人佐，六人騎吏，二人法家，十八人學事，一人官醫。」

諸公主，每主家令一人，六百石。丞一人，三百石。本注曰：其餘屬吏增減無常。〔一〕

〔一〕漢官曰：「主簿一人，秩六百石。僕一人，秩六百石。私府長一人，秩六百石。家丞一人，三百石。直吏三人，從官二人。」東觀書曰：「其主薨無子，置傅一人守其家。」

右屬宗正。本注曰：中興省都司空令、丞。〔一〕

〔一〕如淳曰：「主罪人。」

大司農，卿一人，中二千石。本注曰：掌諸錢穀金帛諸貨幣。郡國四時上月旦見錢穀簿，其逋未畢，各具別之。邊郡諸官請調度者，皆爲報給，損多益寡，取相給足。〔一〕丞一人，比千石。部丞一人，六百石。本注曰：部丞主帑藏。〔二〕

〔一〕漢(書)〔官〕曰：「員吏百六十四人，其十八人四科，九人斗食，十六人二百石，文學二十人百石，二十五人佐，七十五人學事，一人官醫。」

〔二〕古今注曰「建初七年七月，爲大司農置丞一人，秩千石，別主帑藏」，則部丞應是而秩不同。應劭漢官秩亦云二千石。

太倉令一人，六百石。本注曰：主受郡國傳漕穀。〔一〕丞一人。

〔一〕漢官曰：「員吏九十九人。」

平準令一人，六百石。本注曰：掌知物賈，主練染，作采色。〔一〕丞一人。

〔一〕漢官曰：「員吏百九十人。」

導官令一人，六百石。本注曰：主舂御米，及作乾糒。導，擇也。〔一〕丞一人。

〔一〕漢官曰：「員吏百一十二人。」

右屬大司農。本注曰：郡國鹽官、鐵官本屬司農，中興皆屬郡縣。〔一〕又有廩犧令，六百石，掌祭祀犧牲鴈鶩之屬。〔二〕及雒陽市長、〔三〕滎陽敖倉官，中興皆屬河南尹。

餘均輸等皆省。〔四〕

〔一〕魏志曰：「曹公置典農中郎將，秩二千石。典農都尉，秩六百石，或四百石。典農校尉，秩比二千石。所主如中郎。部分別而少，爲校尉丞。」

〔二〕漢官曰：「丞一人，三百石。員吏四十人，其十一人斗食，十七人佐，七人學事，五人守學事，皆河南屬縣給吏者。」

〔三〕漢官曰：「市長一人，秩四百石。丞一人，二百石，明法補。員吏三十六人，十三人百石嗇夫，十一人斗食，十二人佐。又有槐欄丞，三百石，別治中水官，主水渠，在馬市東，有員吏六人。」

〔四〕均輸者，前書孟康注曰：「謂諸當所有輸於官者，皆令輸其土地所饒，平其所在時賈，官更於他處貨之。輸者既便，而官有利。」鹽鐵論：「大夫曰：『往者郡國諸侯，各以其物貢輸，往來煩雜，物多苦惡，或不償其費，故郡置輸官以相給運，而便遠方之貢，故曰均輸。開委府于京師，以籠貨物，賤則買，貴則賣，是以縣官不失實，商賈無所利，故曰平準。準平則民不失職，均輸則民不劬勞，故平準、均輸，所以平萬物而便百姓也。』文學曰：『古之賦稅於民也，因其所工，不求所拙。農人納其穫，工女效其織。今釋其所有，責其所無，百姓賤賣貨物以便上求。閒者郡國或令民作布絮，吏留難與之爲市。吏之所入非獨齊、陶之縑，蜀、漢之布也，亦民閒之所爲耳。行姦賣平，農民重苦，女工再稅，未見輸之均也。縣官猥發，闔門擅市，即萬民並收。並收則物騰躍，騰躍則商賈利。自市則吏容姦，豪吏富商，積貨儲物，以待其急，輕賈姦吏，收以取貴，未見準之平也。蓋古之均輸，所以齊勞逸而便貢輸，非以爲利而賈萬物也。』」王隆小學漢官篇曰：「調均報度，輸漕委輸。」胡廣注曰：「邊郡諸官請調者，皆爲調均報給之也。以水通輸曰漕。委，積也。郡國所積聚金帛貨賄，隨時輸送諸司農，曰委輸，以供國用。」前書又有都內籍田令，丞，斡官、鐵市兩長、丞，郡國諸倉農監六十五官長、丞，皆屬之。

少府，卿一人，中二千石。本注曰：掌中服御諸物，衣服寶貨珍膳之屬。〔一〕丞一人，比千石。

〔一〕漢官曰：「員吏三十四人，其一人四科，一人二百石，五人百石，四人斗（石）〔食〕，三人佐，六人騎吏，十三人學事，一人官醫。少者小也，小故稱少府。王者以租稅爲公用，山澤陂池之稅以供王之私用。古皆作小府」。漢官儀曰：「田租、芻稾以給經用，凶年，山澤魚鹽市稅少府以給私用也。」

太醫令一人，六百石。本注曰：掌諸醫。〔一〕藥丞、方丞各一人。本注曰：藥丞主藥。方丞主藥方。

〔一〕漢官曰：「員醫二百九十三人，員吏十九人。」

太官令一人，六百石。本注曰：掌御飲食。〔一〕左丞、甘丞、湯官丞、果丞各一人。本注曰：左丞主飲食。甘丞主膳具。湯官丞主酒。果丞主果。〔二〕

〔一〕漢官曰：「員吏六十九人，衞士三十八人。」荀綽晉百官表注曰「漢制，太官令秩千石。丞四人，秩四百石」，不與志同。

〔二〕荀綽云：「甘丞掌諸甘肥。果丞別在外諸果菜茹。」

守宮令一人，六百石。本注曰：主御紙筆墨，及尚書財用諸物及封泥。〔一〕丞一人。〔二〕

〔一〕漢官曰：「員吏六十九人。」

〔二〕漢官曰：「外官丞二百石，公府吏府也。」

上林苑令一人，六百石。本注曰：主苑中禽獸。頗有民居，皆主之。捕得其獸送太官。〔一〕丞、尉各一人。

〔一〕漢官曰：「員吏五十八人。」案桓帝又置鴻德苑令。

侍中，比二千石。〔一〕本注曰：無員。掌侍左右，贊導衆事，顧問應對。法駕出，則多識者一人參乘，餘皆騎在乘輿車後。本有僕射一人，中興轉爲祭酒，或置或否。〔二〕

〔一〕漢官秩云千石。周禮「太僕」，干寶注曰：「若漢侍中。」

〔二〕蔡質漢儀曰：「侍中、常伯，選舊儒高德，博學淵懿。仰占俯視，切問近對，喻旨公卿，上殿稱制，參乘佩璽秉劍。員本八人，陪見舊在尚書令、僕射下，尚書上；今官出入禁中，更在尚書下。司隸校尉見侍中，執板揖，河南尹亦如之。又侍中舊與中官俱止禁中，武帝時，侍中莽何羅挾刃謀逆，由是侍中出禁外，有事乃入，畢即出。王莽秉政，侍中復入，與中官共止。章帝元和中，侍中郭舉與後宮通，拔佩刀驚上，舉伏誅，侍中由是復出外。」

中常侍，千石。本注曰：宦者，無員。後增秩比二千石。掌侍左右，從入內宮，贊導內衆事，顧問應對給事。

黃門侍郎，六百石。本注曰：無員。掌侍從左右，給事中，關通中外。及諸王朝見於殿上，引王就坐。〔一〕

〔一〕漢舊儀曰：「黃門郎屬黃門令，日暮入對青瑣門拜，名曰夕郎。」宮閣簿青瑣門在南宮。衞（瓘）〔權〕注吳都賦

曰：「青瑣，戶邊青鏤也。一曰天子門內有眉，格再重，裏青畫曰瑣。」獻帝起居注曰：「帝初即位，初置侍中、給事黃門侍郎，員各六人，出入禁中，近侍帷幄，省尚書事。改給事黃門侍郎爲侍中侍郎，去給事黃門之號，旋復復故。舊侍中、黃門侍郎以在中宮者，不與近密交政。誅黃門後，侍中、侍郎出入禁闈，機事頗露，由是王允乃奏比尚書，不得出入，不通賓客，自此始也。」又曰：「諸奄人官，悉以議郎、郎中稱，秩如故。諸署令兩梁冠，陛殿上，得召都官從事已下。」

小黃門，六百石。（本注曰）：宦者，無員。掌侍左右，受尚書事。上在內宮，關通中外，及中宮已下衆事。諸公主及王太妃等有疾苦，則使問之。

黃門令一人，六百石。〔一〕本注曰：宦者。主省中諸宦者。〔二〕丞、從丞各一人。本注曰：宦者。從丞主出入從。

〔一〕董巴曰：「禁門曰黃闥，以中人主之，故號曰黃門令。」

〔二〕漢官曰：「員吏十八人。」

黃門署長、畫室署長、玉堂署長各一人。丙署長七人。皆四百石，黃綬。本注曰：宦者。各主中宮別處。

中黃門冗從僕射一人，六百石。本注曰：宦者。主中黃門冗從。居則宿衞，直守門戶；出則騎從，夾乘輿車。

中黃門，比百石。本注曰：宦者，無員。後增比三百石。掌給事禁中。

掖庭令一人，六百石。本注曰：宦者。掌後宮貴人采女事。〔一〕左右丞、暴室丞各一人。本注曰：宦者。暴室丞主中婦人疾病者，就此室治；其皇后、貴人有罪，亦就此室。

〔一〕漢官曰：「吏從官百六十七人，待詔五人，員吏十人。」

永巷令一人，六百石。本注曰：宦者。典官婢侍使。〔一〕丞一人。本注曰：宦者。〔二〕

〔一〕漢官曰：「員吏六人，吏從官三十四人。」

〔二〕漢官曰：「右丞一人，暴室一人。」

御府令一人，六百石。本注曰：宦者。典官婢作中衣服及補浣之屬。〔一〕丞、織室丞各一人。本注曰：宦者〔二〕。

〔一〕漢官曰：「員吏七人，吏從官三十人。」

〔二〕漢官曰：「右丞一人。」

祠祀令一人，六百石。本注曰：典中諸小祠祀。〔一〕丞一人。本注曰：宦者。

〔一〕漢官曰：「從官吏八人，騶僕射一人，家巫八人。」

鉤盾令一人，六百石。本注曰：宦者。典諸近池苑囿遊觀之處〔一〕。丞、永安丞各一人，三百石。本注曰：宦者。永安，北宮東北別小宮名，有園觀。苑中丞、果丞、鴻池丞、南園丞各一人，二百石。本注曰：苑中丞主苑中離宮。果丞主果園。鴻池，池名，在雒陽東二

十里。南園在雒水南。〔二〕濯龍監、〔三〕直里監各一人，四百石。本注曰：濯龍亦園名，近北宮。直里亦園名也，在雒陽城西南角。

〔一〕漢官曰：「吏從官四十人，員吏四十八人。」

〔二〕漢官曰：「又有署一人，胡熟監一人。」案本紀，桓帝又置顯陽苑丞。

〔三〕應劭漢官秩曰：「秩六百石。」

中藏府令一人，六百石。本注曰：掌中幣帛金銀諸貨物。〔一〕丞一人。

〔一〕漢官曰：「員吏十三人，吏從官六人。」

內者令一人，六百石。本注曰：掌〔宮〕中布張諸（衣）〔褻〕物。〔一〕左右丞各一人。

〔一〕漢官曰：「從官錄事一人，員吏十九人。」

尚方令一人，六百石。本注曰：掌上手工作御刀劍諸好器物。〔一〕丞一人。

〔一〕漢官曰：「員吏十三人，吏從官六人。」

尚書令一人，千石。本注曰：承秦所置，〔一〕武帝用宦者，更爲中書謁者令，成帝用士人，復故。掌凡選署及奏下尚書曹文書衆事。〔二〕

〔一〕荀綽晉百官表注曰：「唐、虞官也。詩云『仲山甫王之喉舌』，蓋謂此人。」

〔二〕蔡質漢儀曰：「故公爲之者，朝會（不）〔下〕陛奏事，增秩二千石，故自佩銅印墨綬。」

尚書僕射一人，六百石。本注曰：署尚書事，令不在則奏下衆事。〔一〕

〔一〕蔡質漢儀曰：「僕射主封門，掌授廩假錢穀。凡三公、列卿、將、大夫、五營校尉行復道中，遇尚書僕射、左右丞郎、御史中丞、侍御史，皆避車豫相迴避。衞士傳不得迕臺官，臺官過後乃得去。」臣昭案：獻帝分置左、右僕射，建安四年以榮邵爲尚書左僕射是也。獻帝起居注曰：「邵卒官，贈執金吾。」

尚書六人，六百石。本注曰：成帝初置尚書四人，〔一〕分爲四曹：〔二〕常侍曹尚書主公卿事；〔三〕二千石曹尚書主郡國二千石事；〔四〕民曹尚書主凡吏上書事；〔五〕客曹尚書主外國夷狄事。〔六〕世祖承遵，後分二千石曹，又分客曹爲南主客曹、北主客曹，〔七〕凡六曹。〔八〕左右丞各一人，四百石。本注曰：掌錄文書期會。左丞主吏民章報及騶伯史。〔九〕右丞假署印綬，及紙筆墨諸財用庫藏。〔一〇〕侍郎三十六人，四百石。本注曰：一曹有六人，主作文書起草。〔一一〕令史十八人，二百石。本注曰：曹有三，主書。後增劇曹三人，合二十一人。〔一二〕

〔一〕韋昭曰：「尚，奉也。」

〔二〕漢舊儀曰：「初置五曹，有三公曹，主斷獄。」蔡質漢儀曰：「典天下歲盡集課事。三公尚書二人，典三公文書。吏曹尚書典選舉齋祀，屬三公曹。靈帝末，梁鵠爲選部尚書。」

〔三〕蔡質漢儀曰：「主常侍黃門御史事，世祖改曰吏曹。」

〔四〕漢舊儀曰：「亦云主刺史。」蔡質漢儀曰：「掌中（郎）〔都〕官水火、盜賊、辭訟、罪眚。」

〔五〕蔡質漢舊儀曰：「典繕治功作，監池、苑、囿、盜賊事。」

〔六〕尚書：「龍作納言，出入帝命。」應劭曰：「今尚書官，王之喉舌。」

〔七〕蔡質漢儀曰：「天子出獵，駕，御府曹郎屬之。」

〔八〕周禮天官有司會，鄭玄曰「若今尚書」。

〔九〕蔡質漢儀曰：「總典臺中綱紀，無所不統。」

〔一〇〕蔡質漢儀曰：「右丞與僕射對掌授廩假錢穀，與左丞無所不統。凡中宮漏夜盡，鼓鳴則起，鐘鳴則息。衞士甲乙徼相傳，甲夜畢，傳乙夜，相傳盡五更。衞士傳言五更，未明三刻後，雞鳴，衞士踵丞郎趨嚴上臺，不畜宮中雞，汝南出雞鳴，衞士候朱爵門外，專傳雞鳴於宮中。」應劭曰：「楚歌，今雞鳴歌也。」晉太康地道記曰：「後漢固始、鮦陽、公安、細陽四縣衞士，習此曲於闕下歌之，今雞鳴是也。」

〔一一〕蔡質漢儀曰：「尚書郎初從三署詣臺試，初上臺稱守尚書郎，中歲滿稱尚書郎，三年稱侍郎。客曹郎主治羌胡事，劇遷二千石或刺史，其公遷爲縣令，秩滿自占縣去，詔書賜錢三萬與三臺祖餞，餘官則否。治嚴一月，準謁公卿陵廟乃發。御史中丞遇尚書丞、郎，避車執板住揖，丞、郎坐車舉手禮之，車過遠乃去。尚書言左右丞，敢告知如詔書律令。郎見左右丞，對揖無敬，稱曰左右君。丞、郎見尚書，執板對揖，稱曰明時。見令、僕射，執板拜，朝賀對揖。」

〔一二〕古今注曰：「永元三年七月，增尚書令史員。功滿未嘗犯禁者，以補小縣，墨綬。」蔡質曰：「皆選蘭臺、符節上稱簡精練有吏能爲之。」決錄注曰：「故事尚書郎以令史久缺補之，世祖始改用孝廉爲郎，以孝廉丁邯補焉。邯稱病不就。詔問：『實病？羞爲郎乎？』對曰：『臣實不病，恥以孝廉爲令史職耳！』世祖怒曰：『虎賁滅頭杖之數十。』詔問：『欲爲郎不？』邯曰：『能殺臣者陛下，不能爲郎者臣。』中詔遣出，竟不爲郎。邯字叔春，京兆陽陵人也。有

高節，正直不撓，後拜汾陰令，治有名迹，遷漢中太守。妻弟爲公孫述將，收妻送南鄭獄，免冠徒跣自陳。詔曰：『漢中太守妻乃繫南鄭獄，誰當搔其背垢者？懸牛頭，賣馬脯，盜跖行，孔子語。以郤服罪，且邯一妻，冠履勿謝。』治有異，卒於官。」

符節令一人，六百石。本注曰：爲符節臺率，主符節事。凡遣使掌授節。尚符璽郎中四人。本注曰：舊二人在中，主璽及虎符、竹符之半者。〔一〕符節令史，二百石。本注曰：掌書。〔二〕

〔一〕漢官曰：「當得明法律郎。」周禮掌節有虎節、龍節，皆金也。干寶注曰：「漢之銅虎符，則其制也。」周禮又曰：「以英蕩輔之。」干寶曰：「英，刻書也。蕩，竹箭也。刻而書其所使之事，以助三節之信，則漢之竹使符者，亦取則於故事也。」

〔二〕魏氏春秋曰：「中平六年，始復節上赤葆。」

御史中丞一人，千石。本注曰：御史大夫之丞也。舊別監御史在殿中，密舉非法。〔一〕及御史大夫轉爲司空，因別留中，爲御史臺率，〔二〕後又屬少府。治書侍御史二人，六百石。本注曰：掌選明法律者爲之。凡天下諸讞疑事，掌以法律當其是非。〔三〕侍御史十五人，六百石。本注曰：掌察舉非法，受公卿羣吏奏事，有違失舉劾之。凡郊廟之祠及大朝會、大封拜，則〔一〕〔二〕人監威儀，有違失則劾奏。〔四〕

〔一〕周禮：「〔小宰〕掌建邦之宮刑，以主治王宮之政令。」干寶注曰：「若御史中丞。」

〔二〕風俗通曰：「尚書、御史臺，皆以官蒼頭爲吏，主賦舍，凡守其門戶。」蔡質漢儀曰：「丞，故二千石爲之，或選侍御史高第，執憲中司，朝會獨坐，內掌蘭臺，督諸州刺史，糾察百寮，出爲二千石。」魏志曰：「建安置御史大夫，不領中丞，置長史一人。」

〔三〕蔡質漢儀曰：「選御史高第補之。」胡廣曰：「孝宣感路溫舒言，秋季後請讞。時帝幸宣室，齋居而決事，令侍御史二人治書，御史起此。後因別置，冠法冠，秩百石，有印綬，與符節郎共平廷尉奏事，罪當輕重。」荀綽晉百官表注曰：「惠帝以後，無所平治，備位而已。」

〔四〕蔡質漢儀曰：「其二人者更直。執法省中者，皆糾察百官，督州郡。公法府掾屬高第補之。初稱守，滿歲拜真，出治劇爲刺史、二千石，平遷補令。見中丞，執板揖。」

蘭臺令史，六百石。本注曰：掌奏及印工文書。

右屬少府。本注曰：職屬少府者，自太醫、上林凡四官。自侍中至御史，皆以文屬焉。承秦，凡山澤陂池之稅，名曰禁錢，屬少府。世祖改屬司農，考工轉屬太僕，都水屬郡國。孝武帝初置水衡都尉，秩比二千石，別主上林苑有離宮燕休之處，世祖省之，并其職於少府。每立秋貙劉之日，輒暫置水衡都尉，事訖乃罷之。少府本六丞，省五。又省湯官、織室令，置丞。又省上林十池監，胞人長丞，宦者、昆臺、〔一〕佽飛〔二〕三令，二十一丞。又省水衡屬官令、長、丞、尉二十餘人。章和以下，中官稍廣，加嘗藥、太官、御者、鉤盾、尚方、考工、別作監，皆六百石，宦者爲之，轉爲兼副，或省，故錄本官。〔三〕

〔一〕昆臺本名甘泉居室，武帝改。

〔二〕佽飛本名左弋，武帝改。

〔三〕蔡質漢儀曰：「少府符著出見都官從事，持板。都官從事入少府見符著，持板。」漢官目錄曰：「右三卿，司空所部。」

校勘記

三五八九頁九行　從官二人　按：汲本「二」作「三」，孫輯本漢官同。

三五九〇頁四行　漢(書)〔官〕曰　校補引柳從辰說，謂「書」當作「官」，諸本皆未正。今據改。

三五九〇頁六行　亦云二千石　按：此承上文「秩千石」而言，「二」字疑衍。

三五九〇頁一三行　導官令　宋書百官志「導官令」下引司馬相如封禪書「導一莖六穗於庖」，史記司馬相如傳「導」作「䆃」。按：說文云「䆃，䆃米也，從禾道聲。司馬相如曰『䆃一莖六穗』也」。是「導官令」之「導」當從禾作「䆃」。

三五九一頁一〇行　準平則民不失職　按：校補謂「準平」殿本注作「平準」，與今本鹽鐵論合。

三五九一頁一三行　必苦女工繭稅　按：校補謂「繭稅」今本鹽鐵論作「再稅」。

三五九一頁一七行　斡官鐵市兩長丞　汲本、殿本「斡」作「幹」。按：漢書百官表作「斡」，注如淳曰：「斡音莞，或作『幹』，幹，主也。」

三五九二頁三行　四人斗(石)〔食〕　據汲本、殿本改。

三五九三頁二行　上林苑令一人　按：此與下「主苑中禽獸」兩「苑」字，原皆作「菀」，菀苑本通，然以下「苑中丞」等之「苑」，皆不作「菀」，今改歸一律。注同。

三五九三頁五行　本注曰無員　按：集解引錢大昕說，謂案朱穆傳，言漢家舊典，置侍中、中常侍各一人，黃門侍郎一人。宦者傳永平中始置員數，中常侍四人，小黃門十人，自明帝迄乎延平，其員稍增，中常侍至有十人，小黃門二十人。此志於侍中、中常侍、黃門侍郎、小黃門皆云無員，亦未深考耳。

三五九三頁一三行　顧問應對給事　按：「給事」二字應移入下行「黃門侍郎」上，說詳下。

三五九三頁一四行　黃門侍郎　按：沈家本謂應作「給事黃門侍郎」。「給事」二字誤在前一行之末。宋志云「漢東京曰給事黃門侍郎」，此其證也。隋煬帝時始去「給事」之名，見隋志。

三五九三頁一四行　朝見於殿上　按：汲本、殿本「上」作「中」。

三五九四頁六行　〔本注曰〕宦者無員　據殿本補。

三五九四頁一三行　皆四百石黃綬　按：集解引錢大昕說，謂「黃綬」二字疑衍，公卿以下綬制已見輿服志，不應單出此條。

三五九五頁四行　典官婢侍使　按：校補謂「侍使」當依周禮酒人注作「侍史」。

三五九六頁八行　掌(宮)中布張諸(衣)〔褻〕物　據漢書宣帝紀注引續漢書志補改。按：集解引惠棟說，謂黃圖引續漢書曰「掌宮中步帳褻物」，宣帝紀亦引作「褻物」，誤作「衣」也。校補引錢大昕說，謂宣帝紀注亦引作「掌宮中」，知志文「掌」下亦脫「宮」字。

三五九六頁九行　從官錄事一人　按：汲本、殿本「錄事」作「祿士」，孫輯漢官同。

三五九六頁一三行　奏下尚書曹文書衆事　按：汲本無「曹」字。

三五九六頁一五行　朝會(不)〔下〕陛奏事　集解引惠棟說，謂以漢官儀、漢官典職校之，乃下陛奏事，「下」訛「不」。今據改。

三五九七頁四行　成帝初置尚書四人　按：集解引惠棟說，謂「成帝」當作「武帝」。應劭漢官儀云尚書四員，武帝置，成帝加一爲五。有三公曹，主斷獄。世祖分爲六曹，幷一令一僕，謂之八座。又引李祖楙說，謂前書成帝建武四年，初置尚書五人，中以一人爲僕射。注云四人，別僕射言。

三五九七頁七行　左右丞各一人　按：左右丞與下侍郎原皆提行，校補謂左右丞、侍郎皆尚書官屬，不應提行。今從之。

三五九七頁八行　侍郎三十六人　按：集解引惠棟說，謂一作「三十五人」，一作「三十四人」。

三五九七頁一五行　掌中(郎)〔都〕官水火盜賊辭訟罪眚　按：集解本據通典改「郎」爲「都」，今從之。

三五九九頁七行　于寶注曰　按：「于」原作「干」，逕據集解本改，下同。

三五九九頁七行　以英蕩輔之　按：「蕩」周禮作「簜」。

三五九九頁一五行　則(二)〔二〕人監威儀　據汲本、殿本改。

三五九九頁一六行　周禮(小宰)掌建邦之宮刑　據集解引惠棟說補。

三六〇〇頁一行　主賦舍　按：汲本「賦」作「賊」。

三六〇〇頁一行　或選侍御史高第　按：汲本、殿本「選」作「遷」，疑誤，下注引漢儀「選御史高第補之」，可證。

三六〇〇頁四行　令侍御史二人治書御史起此　按：「御史起此」上疑脫「治書」二字。

後漢書志第二十七

百官四

執金吾　太子太傅　大長秋　太子少傅　將作大匠　城門校尉

北軍中候　司隸校尉

執金吾一人，中二千石。〔一〕本注曰：掌宮外戒司非常水火之事。〔二〕月三繞行宮外，及主兵器。吾猶禦也。〔三〕丞一人，比千石。〔四〕緹騎二百人。本注曰：無秩，比吏食奉。〔五〕

〔一〕漢官秩云比二千石。

〔二〕胡廣曰：「衞尉巡行宮中，則金吾徼於外，相爲表裏，以擒姦討猾。」

〔三〕應劭曰：「執金革以禦非常。」漢官曰：「員吏二十九人，其十人四科，一人二百石，文學三人百石，二人斗食，十三人佐學事，主緹騎。」

〔四〕漢官秩云六百石。

〔五〕漢官曰：「執金吾緹騎二百人，(持戟)五百二十人，輿服導從，光滿道路，羣僚之中，斯最壯矣。世祖歎曰：『仕宦當作執金吾。』」

武庫令一人，六百石。本注曰：主兵器。丞一人。

右屬執金吾。本注曰：本有式道、左右中候三人，六百石。車駕出，掌在前清道，還持麾至宮門，宮門乃開。中興但一人，又不常置，每出，以郎兼式道候，事已罷，不復屬執金吾。又省中壘、寺互、都船令、丞、尉及左右京輔都尉。

太子太傅一人，中二千石。本注曰：職掌輔導太子。禮如師，不領官屬。〔一〕

〔一〕荀綽晉百官表注曰：「唐、虞官。」

大長秋一人，二千石。本注曰：承秦將行，宦者。景帝更爲大長秋，或用士人。中興常用宦者，職掌奉宣中宮命。凡給賜宗親，及宗親當謁見者關通之，中宮出則從。〔一〕丞一人，六百石。本注曰：宦者。

〔一〕張晏曰：「皇后卿。」

中宮僕一人，千石。本注曰：宦者。主馭。本注曰：太僕，秩二千石，中興省「太」，減秩千石，以屬長秋。

中宮謁者令一人，六百石。本注曰：宦者。中宮謁者三人，四百石。本注曰：宦者。主報中章。

中宮尚書五人，六百石。本注曰：宦者。主中文書。

中宮私府令一人，六百石。本注曰：宦者。主中藏幣帛諸物，裁衣被補浣者皆主之。〔一〕丞一人。本注曰：宦者。

〔一〕丁孚漢儀曰：「中宮藏府令，秩千石，儀比御府令。」

中宮永巷令一人，六百石。本注曰：宦者。主宮人。丞一人。本注曰：宦者。

中宮黃門冗從僕射一人，六百石。本注曰：宦者。主中黃門冗從。〔一〕

〔一〕丁孚漢儀曰：「給事中宮侍郎六人，比尚書郎，宦者爲之。給事黃門四人，比黃門侍郎。給事羽林郎一人，比羽林將虎賁官騎下。」

中宮署令一人，六百石。本注曰：宦者。主中宮請署天子數。女騎六人，丞、復道丞各一人。本注曰：宦者。復道丞主中閣道。

中宮藥長一人，四百石。本注曰：宦者。

右屬大長秋。本注曰：承秦，有詹事一人，位在長秋上，亦宦者，主中諸官。成帝省

之，以其職并長秋。是後皇后當法駕出，則中謁、中宦者職吏權兼詹事奉引，訖罷。宦者誅後，尚書選兼職吏一人奉引云。其中長信、長樂宮者，置少府一人，職如長秋，及餘吏皆以宮名爲號，員數秩次如中宮。〔一〕本注曰：帝祖母稱長信宮，故有長信少府，長樂少府，位在長秋上，及職吏皆宦者，秩次如中宮。長樂又有衞尉，僕爲太僕，皆二千石，在少府上。〔二〕其崩則省，不常置。

〔一〕長樂五官史，朱瑀之類是也。

〔二〕丁孚漢儀曰：「丞，六百石。」

太子少傅，二千石。本注曰：亦以輔導爲職，悉主太子官屬。〔一〕

〔一〕漢官曰：「員吏十二人。」

太子率更令一人，千石。本注曰：主庶子、舍人更直，職似光祿。

太子庶子，四百石。本注曰：無員，如三署中郎。

太子舍人，二百石。本注曰：無員，更直宿衞，如三署郎中。〔一〕

〔一〕漢官曰：「十三人，選良家子孫。」

太子家令一人，千石。本注曰：主倉穀飲食，職似司農、少府。

太子倉令一人，六百石。本注曰：主倉穀。

太子食官令一人，六百石。本注曰：主飲食。

太子僕一人，千石。本注曰：主車馬，職如太僕。

太子廄長一人，四百石。本注曰：主車馬。

太子門大夫，六百石。〔一〕本注曰：舊注云職比郎將。舊有左右戶將，別主左右戶直郎，建武以來省之。

〔一〕漢官曰：「門大夫二人，選四府掾屬。」

太子中庶子，六百石。本注曰：員五人，職如侍中。

太子洗馬，比六百石。本注曰：舊注云員十六人，職如謁者。太子出，則當直者在前導威儀。〔一〕

〔一〕漢官曰：「選郎中補也。」

太子中盾一人，四百石。本注曰：主周衞徼循。

太子衞率一人，四百石。本注曰：主門衞士。

右屬太子少傅。本注曰：凡初卽位，未有太子，官屬皆罷，唯舍人不省，領屬少府。

將作大匠一人，二千石。〔一〕本注曰：承秦，曰將作少府，景帝改爲將作大匠。掌修作宗廟、路寢、宮室、陵園木土之功，并樹桐梓之類列于道側。〔二〕丞一人，六百石。

〔一〕蔡質漢儀曰：「位次河南尹，光武中元二年省，謁者領之，章帝建初元年復置。」

〔二〕漢官篇曰「樹栗、漆、梓、桐」，胡廣曰：「古者列樹以表道，並以爲林囿。四者皆木名，治宮室並主之。」毛詩傳曰：「椅，梓屬也。」陸（機）〔璣〕草木疏曰：「梓實桐皮曰椅，今（民）〔人〕云梧桐是也。梓，今人所謂梓楸者是也。」

左校令一人，六百石。本注曰：掌左工徒。丞一人。〔一〕

〔一〕安帝復也。

右校令一人，六百石。本注曰：掌右工徒。丞一人。〔一〕

〔一〕安帝復也。

右屬將作大匠。〔一〕

〔一〕前書曰屬官又有左、右中候，（右）〔石〕庫、東園主章、左右前後中校七令丞，成帝省。

城門校尉一人，比二千石。本注曰：掌雒陽城門十二所。〔一〕

〔一〕周禮：「司門。」干寶注曰：「如今校尉。」

司馬一人，千石。本注曰：主兵。城門每門候一人，〔二〕六百石。〔三〕本注曰：雒陽城十二門，其正南一門曰平城門，〔三〕北宮門，屬衞尉。其餘上西門，〔四〕雍門，〔五〕廣陽門，〔六〕津門，〔七〕

小苑門，開陽門，〔八〕秏門，〔九〕中東門，〔一〇〕上東門，〔一一〕穀門，〔一二〕夏門，〔一三〕凡十二門。〔一四〕

〔一〕周禮每門下士二人。干寶曰：「如今門候。」

〔二〕蔡質漢儀曰：「門候見校尉，執板不拜。」

〔三〕漢官秩曰：「平城門爲宮門，不置候，置屯司馬，秩千石。」李尤銘曰：「平城司午，厥位處中。」古今注曰：「建武十四年九月開平城門。」

〔四〕應劭漢官曰：「上西所以不純白者，漢家初成，故丹（漆）鏤之。」李尤銘曰：「上西在季，位月惟戌。」

〔五〕銘曰：「雍門處中，位月在酉。」

〔六〕銘曰：「廣陽位孟，厥月在申。」

〔七〕銘曰：「津名自定，位季月未。」

〔八〕應劭漢官曰：「開陽門始成未有名，宿昔有一柱來在樓上，琅邪開陽縣上言，縣南城門一柱飛去。光武皇帝使來識視，悵然，遂堅縛之，刻記其年月，因以名焉。」銘曰：「開陽在孟，位月惟巳。」

〔九〕銘曰：「秏門值季，月位在辰。」

〔一〇〕銘曰：「中東處仲，月位當卯。」

〔一一〕銘曰：「上東少陽，厥位在寅。」

〔一二〕銘曰：「穀門北中，位當于子。」

〔一三〕銘曰：「夏門值孟，位月在亥。」

〔一四〕蔡質漢儀曰：「雒陽二十四街，街一亭；十二城門，門一亭。」

右屬城門校尉。

北軍中候一人，六百石。本注曰：掌監五營。〔一〕

〔一〕漢官曰：「員吏七人，候自得辟召，通大鴻臚一人，斗食。」

屯騎校尉一人，比二千石。本注曰：掌宿衞兵。〔一〕司馬一人，千石。〔二〕

〔一〕漢官曰：「員吏百二十八人，領士七百人。」

〔二〕蔡質漢儀曰：「五營司馬見校尉，執板不拜。」

越騎校尉一人，比二千石。〔一〕本注曰：掌宿衞兵。〔二〕司馬一人，千石。

〔一〕如淳曰：「越人內附以爲騎也。」晉灼曰：「取其才力超越也。」案紀，光武改青巾（右）〔左〕校尉爲越騎校尉。臣昭曰：越人非善騎所出，晉灼爲允。

〔二〕蔡質漢儀亦曰掌越騎。漢官曰：「員吏百二十七人，領士七百人。」

步兵校尉一人，比二千石。〔一〕本注曰：掌宿衞兵。〔二〕司馬一人，千石。

〔一〕初置掌上林苑門屯兵，見前書。

〔二〕漢官曰：「員吏七十三人，領士七百人。」

長水校尉一人，比二千石。〔一〕本注曰：掌宿衞兵。〔二〕司馬、胡騎司馬各一人，千石。本注曰：掌宿衞，主烏桓騎。

〔一〕如淳曰：「長水，胡名也。」韋昭曰：「長水校尉典胡騎，廄近長水，（胡）〔故〕以爲名。」長水蓋〔關〕中小水名。

〔二〕蔡質漢儀曰：「主長水、宣曲胡騎。」漢官曰：「員吏百五十七人，烏桓胡騎七百三十六人。」

射聲校尉一人，比二千石。〔一〕本注曰：掌宿衞兵。〔二〕司馬一人，千石。

〔一〕服虔曰：「工射也。冥冥中聞聲則射中之，故以爲名。」

〔二〕蔡質漢儀曰：「掌待詔射聲士。」漢官曰：「員吏百二十九人，領士七百人。」

右屬北軍中候。本注曰：舊有中壘校尉，領北軍營壘之事。有胡騎、虎賁校尉，皆武帝置。中興省中壘，但置中候，以監五營。胡騎幷長水。虎賁主輕車，幷射聲。〔一〕

〔一〕案大駕鹵簿，五校在前，各有鼓吹一部。

凡中二千石，丞比千石。眞二千石，丞、長史六百石。比二千石，丞比六百石。令、相千石，丞、尉四百石；其六百石，丞、尉三百石。長、相四百石及三百石，丞、尉皆二百石。諸侯、公主家丞，秩皆比百石。諸邊鄣塞尉、諸陵校尉長，皆二百石。有常例者不署秩。

司隸校尉一人，比二千石。〔一〕本注曰：孝武帝初置，〔二〕持節，掌察舉百官以下，及京師近郡犯法者。〔三〕元帝去節，成帝省，建武中復置，幷領一州。〔四〕從事史十二人。本注曰：都官從事，主察舉百官犯法者。〔五〕功曹從事，主州選署及衆事。別駕從事，校尉行部則奉引，錄衆事。簿曹從事，主財穀簿書。其有軍事，則置兵曹從事，主兵事。其餘部郡國從事，每郡國各一人，主督促文書，察舉非法，皆州自辟除，故通爲百石云。假佐二十五人。本注曰：主簿錄閤下事，省文書。門亭長主州正。門功曹書佐主選用。孝經師主監試經。月令師主時節祠祀。律令師主平法律。簿曹書佐主簿書。其餘都官書佐及每郡國，各有典郡書佐一人，各主一郡文書，以郡吏補，歲滿一更。司隸所部郡七。

〔一〕蔡質漢儀曰：「職在典京師，外部諸郡，無所不糾。封侯、外戚、三公以下，無尊卑。入宮，開中道稱使者。每會，後到先去。」

〔二〕荀綽晉百官表注曰：「司隸校尉，周官也。征和中，陽石公主巫蠱之獄起，乃依周置司隸。」臣昭曰：周無司隸，豈卽司寇乎？

〔三〕前書曰：「置從中都官徒千二百人，捕巫蠱，督大姦猾，後罷其兵。」

〔四〕蔡質漢儀曰：「司隸詣臺廷議，處九卿上，朝賀處公卿下陪卿上。初除，謁大將軍、三公，通謁持板揖。公儀、朝賀無敬。臺召入宮對。見尚書持板，朝賀揖。」

〔五〕蔡質漢儀曰：「都官主雒陽百官朝會，與三府掾同。」博物記曰：「中興以來，都官從事多出之河內，掊擊貴戚。」

河南尹一人，主京都，特奉朝請。其京兆尹、左馮翊、右扶風三人，漢初都長安，皆秩中二千石，謂之三輔。中興都雒陽，更以河南郡爲尹，以三輔陵廟所在，不改其號，但減其秩。其餘弘農、河內、河東三郡。其置尹，馮翊、扶風及太守丞奉之本位，在地理志。

校勘記

三六〇五頁六行　無秩比吏食奉　按：「吏」原譌「史」，逕據汲本、殿本改正。

三六〇六頁一行　〔持戟〕五百二十人　據北堂書鈔設官部引應劭漢官儀補。按：五百卽伍伯。集解引李祖楙說，謂古今注云五百，一伍之伯也。五人曰伍，五長曰伯，一曰戶伯。又校補謂宦者傳注引韋昭辨釋名，說五百義與古今注異。

三六〇八頁九行　員吏十二人　按：汲本、殿本「十二」作「十三」，孫輯漢官同。

三六〇八頁一〇行　太子率更令至職似光祿　按：御覽二百四十七引作「率更令秩千石，與庶子舍人更直，職似光祿勳，掌宮殿門戶之禁，郎將屯衞之士」。校補謂此御覽所據本異也。通典亦作「似光祿勳」，多「勳」字。

三六〇九頁九行　太子洗馬　按：集解引李祖楙說，謂前書「洗」作「先」。

三六〇九頁九行　太子出則當直者在前導威儀　按：御覽二百四十六引「者」作「一人」二字。

三六一〇頁四行　樹栗漆梓桐　按：汲本、殿本作「樹栗、椅、桐、梓」。

三六一〇頁五行　陸(機)〔璣〕　據汲本、殿本改。

三六一〇頁五行　今(民)〔人〕云梧桐是也　張森楷校勘記謂「民」當作「人」，疑是後人轉改唐本而誤者，觀下文猶稱「今人」可見。按：張說是，今據改。

三六一〇頁一一行　(右)〔石〕庫　據前志改。

三六一一頁一行　秏門　按：御覽一八三引李尤旄城門銘作「旄門」。沈家本謂門不當以秏名，作「旄」是。

三六一一頁六行　故丹(漆)〔漆〕鏤之　據集解引惠棟說補。

三六一一頁九行　位季月未　按：「未」原譌「木」，逕改正。

三六一二頁二行　秏門值季月位在辰　按：御覽一八三引作「旄門直季，位月在辰」。

三六一二頁三行　中東處仲月位當卯　按：御覽引作「東處仲月，厥位當卯」。

三六一二頁八行　青巾(右)〔左〕校尉　集解引惠棟說，謂「右」當作「左」，青巾左校尉建武九年置，十五年改也。今據改。

三六一三頁一行　廄近長水(胡)〔故〕以爲名　據汲本、殿本改。

三六一三頁一行　長水蓋〔闕〕中小水名　集解引惠棟說，謂沈約引辨釋名云蓋闕中小水名也。王先謙謂韋注「中」上奪「闕」字。今據補。

後漢書志第二十八

百官五

州郡　縣鄉　亭里　匈奴中郎將　烏桓校尉　護羌校尉　王國　宋衞國　列侯　關內侯　四夷國　百官奉

外十二州，每州刺史一人，六百石。本注曰：秦有監御史，監諸郡，漢興省之，但遣丞相史分刺諸州，無常官。孝武帝初置刺史十三人，秩六百石。〔一〕成帝更爲牧，秩二千石。建武十八年，復爲刺史，十二人各主一州，其一州屬司隸校尉。〔二〕諸州常以八月巡行所部郡國，〔三〕錄囚徒，〔四〕考殿最。〔五〕初歲盡詣京都奏事，〔六〕中興但因計吏。〔七〕

〔一〕古今注曰：「常以春分行部，郡國各遣一吏迎界上。」諸書不同也。

〔二〕蔡質漢儀曰：「詔書舊典，刺史班宣，周行郡國，省察治政，黜陟能否，斷理冤獄，以六條問事，非條所問，卽不省。一條，強宗豪右，田宅踰制，以強陵弱，以衆暴寡。二條，二千石不奉詔書，遵承典制，倍公向私，旁詔守利，侵漁百姓，聚斂爲姦。三條，二千石不卹疑獄，風厲殺人，怒則任刑，喜則任賞，煩擾苛暴，剝戮黎元，爲百姓所疾，山

崩石裂，妖祥訛言。四條，二千石選署不平，苟阿所愛，蔽賢寵頑。五條，二千石子弟怙恃榮勢，請託所監。六條，二千石違公下比，阿附豪強，通行貨賂，割損政令。諸州刺史初除，比諸持板拜不拜。」獻帝起居注曰：「建安十八年三月庚寅，省州并郡，復禹貢之九州。冀州得魏郡、安平、鉅鹿、河閒、清河、博陵、常山、趙國、勃海、甘陵、平原、太原、上黨、西河、定襄、鴈門、雲中、五原、朔方、河東、河內、涿郡、漁陽、廣陽、右北平、上谷、代郡、遼東、遼東屬國、遼西、玄菟、樂浪，凡三十二郡。省司隸校尉，以司隸部分屬豫州、冀州、雍州。省涼州刺史，以并雍州部，郡得弘農、京兆、左馮翊、右扶風、上郡、安定、隴西、漢陽、北地、武都、武威、金城、西平、西郡、張掖、張掖屬國、酒泉、敦煌、西海、漢興、永陽、東安南，凡二十二郡。省交州，以其郡屬荊州。荊州得交州之蒼梧、南海、九眞、交阯、日南，與其舊所部南陽、章陵、南郡、江夏、武陵、長沙、零陵、桂陽，凡十三〔郡〕。益州本部郡有廣漢、漢中、巴郡、犍爲、蜀郡、牂牁、越嶲、益州、永昌、犍爲屬國、蜀郡屬國、廣漢屬國，今并得交州之鬱林、合浦，凡十四〔郡〕。豫州部郡本有潁川、陳國、汝南、沛國、梁國、魯國，今并得河南、滎陽都尉，凡八郡。徐州部郡得下邳、廣陵、彭城、東海、琅邪、利城、城陽、東莞，凡八郡。青州得齊國、北海、東萊、濟南、樂安，凡五郡。」獻帝春秋曰：「孫權以步騭行交州刺史。」東觀書曰：「交阯刺史，持節。」

〔三〕胡廣注曰：「巡謂驛馬也。縣次傳餐之，以走疾，猶古言附遞。」

〔四〕胡廣曰：「縣邑囚徒，皆閱錄視，參考辭狀，實其眞僞。有侵冤者，卽時平理也。」

〔五〕胡廣曰：「課第長吏不稱職者爲殿，舉免之。其有治能者爲最。察上尤異州，又狀州中吏民茂才異等，歲舉一人。」

〔六〕胡廣曰：「所察有條應繩異者，輒覆問之，不茹柔吐剛也。歲盡，寫所狀納京師，名奏事，差其遠近，各有常會。」

〔七〕胡廣曰：「不復自詣京師，其所道皆如舊典。」東觀書曰：「和帝初，張酺上言：『臣聞王者法天，熒惑奏事太微，故州牧剌史入奏事，所以通下問知外事也。數十年以來，重其道歸煩擾，故時止勿奏事，今因以爲故事。臣愚以爲刺史視事滿歲，可令奏事如舊典，問州中風俗，恐好惡過所道，事所聞見，考課衆職，下章所告，及所自舉有意者賞異之，其尤無狀，逆詔書，行罪法，冀勑戒其餘，令各敬慎所職，於以衰滅貪邪便佞。』」韓詩外傳曰：「王者必立牧，方三人，所以使闚遠牧衆也。遠方之民，有飢寒而不得衣食，獄訟而冤失，職賢而不舉者，入告天子。天子於其君之朝也，揖而進之曰：『意朕之政教，有不得爾者邪？如何乃有飢寒而不得衣食，獄訟而冤失，職賢而不舉？』然後其君退而與其卿大夫謀之。遠方之民聞，皆曰『誠天子也』。夫我居之辟，見我之近也；我居之幽，見我之明也。可欺乎哉！可欺乎哉！故牧者所以開四目，通四聰。」

皆有從事史、假佐。本注曰：員職略與司隸同，無都官從事，其功曹從事爲治中從事。豫州部郡國六，冀州部九，兖州部八，徐州部五，青州部六，荆州部七，揚州部六，益州部十二，涼州部十二，并州部九，幽州部十一，交州部七，凡九十八。其二十七王國相，其七十一郡太守。其屬國都尉。屬國，分郡離遠縣置之，如郡差小，置本郡名。世祖并省郡縣四百餘所，後世稍復增之。〔一〕

〔一〕臣昭曰：昔在先代，列爵殊等，九服不同，畿荒制異。雖連帥相司，牧伯分長，而封疆置限，兼庸有數，如身之使臂，手之使指，故能高卑相固，遠近維緝，羣后克穆，共康兆庶。爰及周衰，稍競吞廣，邦國侵爭，遞懷貪略，猶歷數百年，乃能成其并一，豈非樹之有本，使其然乎？秦兼天下，開設郡縣，孤立獨王，即以顚亡。漢祖因循，雖不

頓革，分置子弟，終釁諸呂之難，漸剖列郡，以減大都之權。後嚴安之徒，猶忼慨發憤，謂千里之威，即古之强國，慮非安本無窮之計也。孝武之末，始置刺史，監糾非法，不過六條，傳車周流，匪有定鎭，秩裁數百，威望輕寡，得有察舉之勤，未生陵犯之釁。成帝改牧，其萌始大，旣非識治之主，故無取焉爾。世祖中興，監乎政本，復約其職，還遵舊制，斷親奏事，省入惜煩，漸得自重之路。因玆以降，彌於歲年，母后當朝，多以弱守，六合危動，四海潰弊，財盡力竭，綱維撓毀，而八方不能內侵，諸侯莫敢入伐，豈非幹强枝弱，控制素重之所致乎？至孝靈在位，橫流旣及，劉焉徼僞，自爲身謀，非有憂國之心，專懷狼據之策，抗論昏世，薦議愚主，盛稱宜重牧伯，謂足鎭壓萬里，挾姦樹算，苟罔一時，豈可永爲國本，長期勝術哉？夫聖主御世，莫不大庇生民，承其休謀，傳其典制。猶云事久弊生，無或通貫，故變改正服，革異質文，分爵三五，參差不一。況在豎騃之君，挾姦詐之臣，共所創置，焉可仍因？大建尊州之規，竟無一日之治。故焉牧益土，造帝服於岷、峨；袁紹取冀，下制書於燕、朔；劉表荆南，郊天祀地；魏祖據兖，遂構皇業：漢之殄滅，禍源乎此。及臻後代，任寄彌廣，委之邦宰之命，授之斧鉞之重，假之都督之威，開之征討之略。晉太康之初，武帝亦疑其然，乃詔曰：「上古及中代，或置州牧，或置刺史，置監御史，皆總綱紀，而不賦政，治民之事，任之諸侯郡守。昔漢末四海分崩，因以吳、蜀自擅，自是刺史內親民事，外領兵馬，此一時之宜爾。今賴宗廟之靈，士大夫之力，江表平定，天下合之爲一，當韜戢干戈，與天下休息。諸州無事者罷其兵，刺史分職，皆如漢氏故事，出頒詔條，入奏事京城。二千石專治民之重，監司淸峻於上，此經久之體也。其便省州牧。」晉武帝又見其弊矣，雖有其言，不卒其事，後嗣纘繼，牧鎭愈重，據地分爭，竟覆天下。昔王畿之大，不過千里，州之所司，廣袤兼遠。爭强虎視之辰，遷鼎革終之日，未嘗不藉蕃兵之權，挾董司之力，逼迫伺隙，陵奪沖幼。其甚者臣主揚兵，骨肉戰野，昆弟梟懸，伯叔屠裂。末壯披心，尾大不掉，旣用此始，亦病以終。傾輈愈騁，莫或遂改，致雒京有銜璧之痛，秦塞有不守之酷。胡、羌遞興，氐、鮮更起，靡滅羣黎，流禍百世。堅冰所漸，兼緣玆釁。嗚呼！後之聖王，必不久滯斯迹，靈長之緒，當有神筭。不然，則雄捍反拒之事，懼甚於此心，遝强作害之謀，方盛於後意。

凡州所監都爲京都，置尹一人，二千石，丞一人。每郡置太守一人，二千石，丞一人。郡當邊戍者，丞爲長史。〔一〕王國之相亦如之。每屬國置都尉一人，比二千石，丞一人。本注曰：凡郡國皆掌治民，進賢勸功，決訟檢姦。常以春行所主縣，勸民農桑，振救乏絕。秋冬遣無害吏案訊諸囚，平其罪法，論課殿最。〔二〕歲盡遣吏上計。〔三〕并舉孝廉，郡口二十萬舉一人。〔尉一人〕，典兵禁，備盜賊，景帝更名都尉。武帝又置三輔都尉各一人，譏出入。邊郡置農都尉，主屯田殖穀。又置屬國都尉，主蠻夷降者。中興建武六年，省諸郡都尉，并職太守，無都試之役。〔四〕省關都尉，唯邊郡往往置都尉及屬國都尉，稍有分縣，治民比郡。安帝以羌犯法，三輔有陵園之守，乃復置右扶風都尉、京兆虎牙都尉。〔五〕皆置諸曹掾史。〔六〕本注曰：諸曹略如公府曹，無東西曹。〔七〕有功曹史，主選署功勞。有五官掾，署功曹及諸曹事。其監屬縣，有五部督郵，曹掾一人。正門有亭長一人。主記室史，主錄記書，催期會。無令史。閤下及諸曹各有書佐，幹主文書。〔八〕

〔一〕古今注曰：「建武六年三月，令郡太守、諸侯相病，丞、長史行事。十四年，罷邊郡太守丞，長史領丞職。」

〔二〕案律有無害都吏，如今言公平吏。漢書音義曰：「文無所枉害。」蕭何以文無害爲沛主吏掾。

〔三〕盧植禮注曰：「計斷九月，因秦以十月爲正故。」

〔四〕古今注曰：「六年八月，省都尉官。」應劭曰：「每有劇(職)〔賊〕，郡臨時置都尉，事訖罷之。」

〔五〕應劭漢官曰：「蓋天生五材，民並用之，廢一不可，誰能去兵？兵之設尙矣。易稱『弦木爲弧，剡木爲矢，弧矢之利，以威天下』。春秋『三時務農，一時講武』。詩美公劉『匪居匪康，入耕出戰，乃裹餱糧，干戈戚(錫)〔揚〕，四方莫當』。自郡國罷材官騎士之後，官無警備，實啓寇心。一方有難，三面救之，發興雷震，煙蒸電激，一切取辨，黔首囂然。不及講其射御，用其戒誓，一旦驅之以卽强敵，猶鳩鵲捕鷹鸇，豚羊弋豺虎，是以每戰常負，王旅不振。張角懷挾妖僞，遐邇搖蕩，八州并發，煙炎絳天，牧守梟裂，流血成川。爾乃遠徵三邊殊俗之兵，非我族類，忿鷙縱橫，多僵良善，以爲己功，財貨糞土。哀夫民氓遷流之咎，見出在玆，不教而戰，是謂棄之，跡其禍敗，豈虛也哉！春秋家不藏甲，所以一國威抑私力也。今雖四海殘壞，王命未洽，可折衝壓難，若指於掌，故置右扶風。」

〔六〕新論曰：「王莽時置西海郡，令其吏皆百石親事。」一日爲四百石，二歲而遷補。

〔七〕蔡質漢儀曰：「河南(府)〔尹〕掾出考案，與從事同。」

〔八〕漢官曰：「河南尹員吏九百二十七人，十二人百石。諸縣有秩三十五人，官屬掾史五人，四部督郵(史)〔吏〕部掾二十六人，案獄仁恕三人，監津渠漕水掾二十五人，百石卒吏二百五十人，文學守助掾六十人，書佐五十人，(循)〔脩〕行二百三十人，幹小史二百三十一人。」

屬官，每縣、邑、道，大者置令一人，千石；其次置長，四百石；小者置長，三百石；侯國之相，秩次亦如之。〔一〕本注曰：皆掌治民，顯善勸義，禁姦罰惡，理訟平賊，恤民時務，秋

冬集課，上計於所屬郡國。〔二〕

〔一〕應劭漢官曰：「前書百官表云，萬戶以上爲令，萬戶以下爲長。三邊始孝武皇帝所開，縣戶數百而或爲令。荆揚江南七郡，唯有臨湘、南昌、吳三令爾。及南陽穰中，土沃民稠，四五萬戶而爲長。桓帝時，以（江）〔汝〕南陽安爲女公主邑，改號爲令，主薨復復其故。若此爲繫其本。俗說令長以水土爲之，及秩高下，皆無明文。班固通儒，述一代之書，斯近其眞。」

〔二〕胡廣曰：「秋冬歲盡，各計縣戶口墾田，錢穀入出，盜賊多少，上其集簿。丞尉以下，歲詣郡，課校其功。功多尤爲最者，於廷尉勞勉之，以勸其後。負多尤爲殿者，於後曹別責，以糾怠慢也。諸對辭窮尤困，收主者，掾史關白太守，使取法，丞尉縛責，以明下轉相督敕，爲民除害也。明帝詔書不得僇辱黃綬，以別小人吏也。」

凡縣主蠻夷曰道。公主所食湯沐曰（國）〔邑〕。縣萬戶以上爲令，不滿爲長。侯國爲相。皆秦制也。〔一〕丞各一人。尉大縣二人，小縣一人。本注曰：丞署文書，典知倉獄。尉主盜賊。凡有賊發，主名不立，則推索行尋，案察姦宄，以起端緒。〔二〕各署諸曹掾史。本注曰：諸曹略如郡員，五官爲廷掾，監鄉五部，春夏爲勸農掾，秋冬爲制度掾。〔三〕

〔一〕史記秦併天下，夷郡縣，銷兵刃，示不復用。

〔二〕應劭漢官曰：「大縣丞左右尉，所謂命卿三人。小縣一尉一丞，命卿二人。」

〔三〕漢官曰：「雒陽令秩千石，丞三人四百石，孝廉左尉四百石，孝廉右尉四百石。員吏七百九十六人，十三人四百

石。鄉有秩、獄史五十六人，佐史、鄉佐七十七人，斗食、令史、嗇夫、假五十人，官掾史、幹小史二百五十人，書佐九十人，（循）〔脩〕行二百六十人。」

鄉置有秩、三老、游徼。本注曰：有秩，郡所署，秩百石，〔一〕掌一鄉人；〔二〕其鄉小者，縣置嗇夫一人〔三〕。皆主知民善惡，爲役先後，知民貧富，爲賦多少，平其差品。三老掌教化。凡有孝子順孫，貞女義婦，讓財救患，及學士爲民法式者，皆扁表其門，以興善行。游徼掌徼循，禁司姦盜。又有鄉佐，屬鄉，主民收賦稅。〔四〕

〔一〕漢官曰：「鄉戶五千，則置有秩。」

〔二〕風俗通曰：「秩則田閒大夫，言其官裁有秩耳。」

〔三〕風俗通曰：「嗇者，省也。夫，賦也。言消息百姓，均其役賦。」

〔四〕風俗通曰：「國家制度，大率十里一鄉。」

亭有亭長，以禁盜賊。本注曰：亭長，主求捕盜賊，承望都尉。〔一〕

〔一〕漢官儀曰：「民年二十三爲正，一歲以爲衞士，一歲爲材官騎士，習射御騎馳戰陣。八月，太守、都尉、令、長、相、丞、尉會都試，課殿最。水家爲樓船，亦習戰射行船。（過）〔邊〕郡太守各將萬騎，行障塞烽火追虜。置長史一人，丞一人，治兵民。當兵行長領。置部尉、千人、司馬、候、農都尉，皆不治民，不給衞士。材官、樓船年五十六老衰，乃得免爲民就田。應合選爲亭長。亭長課徼巡。尉、游徼、亭長皆習設備五兵。五兵：弓弩，戟，楯，刀劍，甲鎧。鼓吏赤幘行縢，帶劍佩刀，持楯被甲，設矛戟，習射。設十里一亭，亭長、亭候；五里一郵，郵間相去二里半，司姦盜。亭長持二尺板以劾賊，索繩以收執賊。」風俗通曰：「漢家因秦，大率十里一亭。亭，留也，蓋行旅宿會之所館。亭吏舊名負弩，改爲長，或謂亭父。」

里有里魁，民有什伍，善惡以告。本注曰：里魁掌一里百家。什主十家，伍主五家，以相檢察。民有善事惡事，以告監官。〔一〕

〔一〕風俗通曰：「周禮五家爲鄰，四鄰爲里。里者，止也。里有司，司五十家，共居止，同事舊欣，通其所也。」

邊縣有障塞尉。本注曰：掌禁備羌夷犯塞。〔一〕其郡有鹽官、鐵官、工官、都水官者，隨事廣狹置令、長及丞，秩次皆如縣、道，無分士，給均本吏。本注曰：凡郡縣出鹽多者置鹽官，主鹽稅。出鐵多者置鐵官，主鼓鑄。〔二〕有工多者置工官，主工稅物。有水池及魚利多者置水官，主平水收漁稅。在所諸縣均差吏更給之，置吏隨事，不具縣員。

〔一〕太公陰符曰：「武王問太公：『願聞治亂之要。』太公曰：『其本在吏。』武王曰：『吏者治也，所以爲治，其亂者何？』太公曰：『故吏重罪有十。』武王問『吏之重罪』。太公曰：『一、吏苛刻；二、吏不平；三、吏貪汚；四、吏以威力迫脅於民；五、吏與吏合姦；六、吏與人亡情；七、吏作盜賊，使人爲耳目；八、吏賤買貴賣於民；九、吏增易於民；十、吏振懾於民。夫治者有三罪，則國亂而民愁；盡有之，則民流亡而君失其國。』武王曰：『民亦有罪乎？』太公曰：『民有十大於此，除者則國治而民安。』武王曰：『十大何如？』太公曰：『民勝吏，厚大臣，一大也。民宗強，侵陵羣下，二大也。民甚富，傾國家，三大也。民尊親其君，天下歸慕，四大也。衆暴寡，五大也。民有百里之譽，千里之交，六大也。民以吏威爲權，七大也。恩行於吏，八大也。民服信，以少爲多，奪人田宅，贅人妻

子，九大也。民之基業畜產爲人所苦，十大也。所謂一家害一里，一里害諸侯，諸侯害天下。』武王曰：『絕吏之罪，塞民之大，奈何？』太公曰：『察民之暴吏，明其賞，審其誅，則吏不敢犯罪，民不敢大也。』武王曰：『是民吏相伺，上下不和而結其讎。』太公曰：『爲君守成，爲吏守職，爲民守事。如此，各居其道則國治，國治則都治，都治則里治，里治則家治，家治則善惡分明，善惡分明則國無事，國無事則吏民外不懷怨，內不徵事。』」

〔二〕胡廣曰：「鹽官掊坑而得鹽，或有鑿井煮海水而以得之者。鑄銅爲器械，當鑄冶之時，扇熾其火，謂之鼓鑄。」

使匈奴中郎將一人，比二千石。本注曰：主護南單于。置從事二人，有事隨事增之，掾隨事爲員。護羌、烏桓校尉所置亦然。〔一〕

〔一〕應劭漢官曰：「擁節，屯中步南，設官府掾（吏）〔史〕。單于歲遣侍子來朝，謁者常送迎焉，得賂弓馬毾㲪他物百餘萬。謁者事訖，還具表付帑藏，詔書敕自受。」

護烏桓校尉一人，比二千石。本注曰：主烏桓胡。〔一〕

〔一〕應劭漢官曰：「擁節。長史一人，司馬二人，皆六百石。并領鮮卑。客賜質子，歲時胡市焉。」晉書曰：「漢置東夷校尉，以撫鮮卑。」

護羌校尉一人，比二千石。本注曰：主西羌。〔一〕

〔一〕應劭漢官曰：「擁節。長史、司馬二人，皆六百石。」

皇子封王，其郡爲國，每置傅一人，相一人，皆二千石。本注曰：傅主導王以善，禮如師，不臣也。相如太守。有長史，如郡丞。

漢初立諸王，因項羽所立諸王之制，地既廣大，且至千里。又其官職傅爲太傅，相爲丞相，又有御史大夫及諸卿，皆秩二千石，百官皆如朝廷。國家唯爲置丞相，其御史大夫以下皆自置之。〔一〕至景帝時，吳、楚七國恃其國大，遂以作亂，幾危漢室。及其誅滅，景帝懲之，遂令諸王不得治民，令內史主治民，改丞相曰相，省御史大夫、廷尉、少府、宗正、博士官。武帝改漢內史、中尉、郎中令之名，〔二〕而王國如故，員職皆朝廷爲署，不得自置。至（漢）成帝省內史治民，更令相治民，〔三〕太傅但曰傅。〔四〕

〔一〕胡廣曰：「後漢妾數無限別，乃制設正適，曰妃，取小夫人不得過四十人。」

〔二〕前書曰：「改漢內史爲京兆尹，中尉爲執金吾，郎中令爲光祿勳。」

〔三〕漢舊儀曰：「大司空何武奏罷內史，相如太守，中尉如都尉，參職。是後中尉爭權，與王相奏，常不和也。」

〔四〕臣昭曰：觀夫高祖之創業也，豈直鴻勳碩德，大庇羣生，蕩其毒虐，厝之和泰而已哉！至於謀深慮久，封建子弟，蕃維盤固，規謀弘遠。及於三趙不終，燕靈夭絕，齊、代、淮、楚皆爲外重，故宋昌曰「外畏齊、楚、淮南」，斯非效與？事過則弊，孰或通之？全國之難，誠固財物之富，作衞之益，亦既得之於前矣，故賜以几杖，用息姦謀。嗣隕局下，怨生有以，逮連師構亂，兵交梁闕，禦侮摧寇，肇自密戚。景帝遂削蕃國之權，剟骨肉之援，封爲君而不聽治其民，僅爲主而稍賤其臣，矯枉過甚，遂臻于此。呂、霍之危朝，后族愈貴於來寵，吳、楚之叛奔，侯王恒借以受

詬，故賈誼欲衆建以少其力，列虛以侯其生，此乃達觀深識，監于親陪之要者也。家嗣必傳萬里之地，分支欲使動搖不得，於經維遠筭，且已疑矣。復哀平之際，劉氏徧於四海，宗正著錄，遂以萬數。及乎後漢，彌循前迹，光武十子，並列畿外近郡，孝明八國，不能開庇遠民。國近則不可以大，不大則不足爲強，此所以本枝之援，終以少固。若使漢分兩越，置二三親國，剖吳、楚樹數四列蕃，劃遼海而分皇枝，開隴蜀而王子弟，使主尊顯，依漢初之貴，民無定限，許滋養之富；若有昏虐之嗣，可得廢而不得劊，必傳劉氏。民信所奉，發其侵伐兼并之釁，峻其他族篡殺之科，制其入貢輕重之法，疏其來朝往復之數。君君臣臣，永許百世之期，一國之民，長無遷動之志，四方得志，聽離官列封，懷賢抱智，隨所適樂土。強弱相伴，遠近相推，舉其大歸，略其小滯，與其畫一，班之海內。天子之朝，自非異姓僭奪，不得興勤王之師。諸蕃國，自非雜互篡主，不降討伐之詔。犬牙相經，共爲嚴國，雖王莽善盜，將何因而敢竊，曹操雄勇，亦安能以得士。斯無俟極聖然克行，明賢粗識亦足立。故父子首足也，昆弟四支也，當使筋骨髓血，動靜足以相勝，長短大小，幹用足以相衞。豈有劊脛致腹，取肯肉以增頭，劃背露骨，剣膂腴以裨領，而謂顧類魁岸，可得比壽松、晉，喉咽擁腫，必能長生久視哉？漢氏得之微，猶能四百載，魏人失之甚，不滿數十年。爰自晉世，矯枉太過，入列皇朝，非簡賢之授，唯親是貴，無愚智之辨。不能勝衣冠，早據公相之尊，童蒙幼子，溢登槐嶽之位。職應論道，而未離保母之養，績侯賦政，而服二三尺衣。英賢大度，稟彼昏稚，高才碩儒，恭承窺識。公餗覆而不愛，美錦碎而愈裁。兼授若流，迴還競路，才鶩任重，功勘釁多。曉比名於公旦，夕同罪於盜跖，褒稱無位，可以充德，貶退刑輟，不足以塞咎。（或）〔威〕力強濟，聲實隆重，嫌猜畏逼，身受其弊。覆滅分體，若梟仇寇，（鬱）〔竊〕粉同氣，有過他逆。忠貞之士，橫羅其凶，志節之人，狼狽其禍。閼伯、實沈，繼踵史筆，顯思顯甫，比有國書。趙倫以（惷）〔惷〕愚排天，齊攸以賢明謝世，枉鬱殄夷，冤孫就盡，不可勝載矣。豈周、漢之君多孝悌之性，晉、宋之主稟豺狼之情，蓋事勢使之然也。朝行斯術，夕窮崩亂，未能革悛，來事愈甚。蒼生爲此將盡矣，四海爲此構賊矣！聖帝英君，欲反斯敗，必當更開同姓之國，置不增之約，罷阜胤入宮之禍，守盟牲礪河之篤，乃可還喻壄之路，反乎全安之轍也。

中尉一人，比二千石。本注曰：職如郡都尉，主盜賊。〔一〕郎中令一人，僕一人，皆千石。本注曰：郎中令掌王大夫、郎中宿衞，官如光祿勳。自省少府，職皆并焉。僕主車及馭，如太僕。本（注）曰太僕，比二千石，武帝改，但曰僕，又皆減其秩。治書，比六百石。本注曰：治書本尚書更名。大夫，比六百石。本注曰：無員。掌奉王使至京都，奉璧賀正月，及使諸國。本皆持節，後去節。謁者，比四百石。本注曰：掌冠長冠。本員十六人，後減。禮樂長。本注曰：主樂人。衞士長。本注曰：主衞士。醫工長。本注曰：主醫藥。永巷長。本注曰：宦者，主宮中婢使。祠祀長。本注曰：主祠祀。皆比四百石。〔二〕郎中，二百石。本注曰：無員。

〔一〕東觀書曰：「其紹封削絀者，中尉、內史官屬亦以率減。」

〔二〕自禮樂長至此，皆四百石。

衞公、宋公。本注曰：建武二年，封周後姬常爲周承休公；五年，封殷後孔安爲殷紹

嘉公。十三年，改常爲衞公，安爲宋公，以爲漢賓，在三公上。〔一〕

〔一〕五經通義：「二王之後不考功，有誅無絕。」鄭玄曰：「王者存二代而封及五，郊天用天子禮以祭其始祖，行其正朔，此謂通三統也。三恪者，敬其先聖，封其後而已，無殊異者也。」

列侯，所食縣爲侯國。本注曰：承秦爵二十等，爲徹侯，金印紫綬，以賞有功。功大者食縣，小者食鄉、亭，得臣其所食吏民。後避武帝諱，爲列侯。武帝元朔二年，令諸王得推恩分衆子土，國家爲封，亦爲列侯。舊列侯奉朝請在長安者，位次三公。中興以來，唯以功德賜位特進者，次車騎將軍；〔一〕賜位朝侯，次五校尉；賜位侍祠侯，次大夫。其餘以肺附及公主子孫奉墳墓於京都者，亦隨時見會，位在博士、議郎下。〔二〕

〔一〕胡廣漢制度曰：「功德優盛，朝廷所敬異者，賜特進，在三公下，不在車騎下。」

〔二〕胡廣制度曰：「是爲猥諸侯。」

諸王封者受茅土，歸以立社稷，禮也。〔一〕列土、特進、朝侯賀正月執璧云。

〔一〕胡廣曰：「諸王受封，皆受茅土，歸立社稷。本朝爲宮室，自有制度。至於列侯歸國者，不受茅土，不立宮室，各隨貧富，裁制黎庶，以守其寵。」

每國置相一人，其秩各如本縣。本注曰：主治民，如令、長，不臣也。但納租于侯，以

戶數爲限。其家臣，置家丞、庶子各一人。本注曰：主侍侯，使理家事。列侯舊有行人、洗馬、門大夫，凡五官。中興以來，食邑千戶已上置家丞、庶子各一人，不滿千戶不置家丞，又悉省行人、洗馬、門大夫。

關內侯，〔一〕承秦賜爵十九等，爲關內侯，無土，寄食在所縣，民租多少，各有戶數爲限。〔二〕

〔一〕如淳曰：「列侯出關就國，侯但爵身，其有家累者與之關內之邑，食其租稅也。」古今注曰：「建武六年，初令關內侯食邑者俸月二十五斛。」

〔二〕荀綽晉百官表注曰：「時六國未平，將帥皆家關中，故以爲號。」劉劭爵制曰：「春秋傳有庶長鮑。商君爲政，備其法品爲十八級，合關內侯、列侯凡二十等，其制因古義。古者天子寄軍政於六卿，居則以田，警則以戰，所謂入使治之，出使長之，素信者與衆相得也。故啓伐有扈，乃召六卿，大夫之在軍爲將者也。及周之六卿，亦以居軍，在國也則以比長、閭胥、族師、黨正、州長、卿大夫爲稱，其在軍也則以卒伍、司馬、將軍爲號，所以異在國之名也。秦依古制，其在軍賜爵爲等級，其帥人皆更卒也，有功賜爵，則在軍吏之例。自一爵以上至不更四等，皆士也。大夫以上至五大夫五等，比大夫也。九等，依九命之義也。自左庶長以上至大庶長，九卿之義也。關內侯者，依古圻內子男之義也。秦都山西，以關內爲王畿，故曰關內侯也。列侯者，依古列國諸侯之義也。然則卿大夫士下之品，皆放古，比朝之制而異其名，亦所以殊軍國也。古者以車戰，兵車一乘，步卒七十二人，分翼左右。車，

大夫在左，御者處中，勇士居右，凡七十五人。一爵曰公士者，步卒之有爵爲公士者。二爵曰上造。造，成也。古者成士升於司徒曰造士，雖依此名，皆步卒也。三爵曰簪褭，御駟馬者。要褭，古之名馬也。駕駟馬者其形似簪，故曰簪褭也。四爵曰不更。不更者，爲車右，不復與凡更卒同也。五爵曰大夫。大夫者，在車左者也。六爵爲官大夫，七爵爲公大夫，八爵爲公乘，九爵爲五大夫，皆軍吏也。吏民爵不得過公乘者，得貰與子若同產。然則公乘者，軍吏之爵最高者也。雖非臨戰，得公卒車，故曰公乘也。十爵爲左庶長，十一爵爲右庶長，十二爵爲左更，十三爵爲中更，十四爵爲右更，十五爵爲少上造，十六爵爲大上造，十七爵爲駟車庶長，十八爵爲大庶長，十九爵爲關內侯，二十爵爲列侯。自左庶長已上至大庶長，皆卿大夫，皆軍將也。所將皆庶人、更卒也，故以庶更爲名。大庶長即大將軍也，左右庶長即左右偏裨將軍也。」古今注曰：「成帝鴻嘉三年，令吏民得買爵，級千錢。」

四夷國王，率衆王，歸義侯，邑君，邑長，皆有丞，比郡、縣。

百官受奉例：〔一〕大將軍、三公奉，月三百五十斛。中二千石奉，月百八十斛。二千石奉，月百二十斛。比二千石奉，月百斛。千石奉，月八十斛。六百石奉，月七十斛。比六百石奉，月五十斛。四百石奉，月四十五斛。比四百石奉，月四十斛。三百石奉，月四十斛。比三百石奉，月三十七斛。二百石奉，月三十斛。比二百石奉，月二十七斛。一百石奉，月十六斛。斗食奉，月十一斛。〔二〕佐史奉，月八斛。〔三〕凡諸受奉，皆半錢半穀。〔四〕

〔一〕古今注曰，建武二十六年四月戊戌，增吏奉如此，志例以明也。

〔二〕漢書音義曰：「斗食祿，日以斗爲計。」

〔三〕古今注曰：「永和三年，初與河南尹及雒陽員吏四百二十七人奉，月四十五斛。」臣昭曰：此言豈其妄乎？若人人奉四十五斛，則四百石秩爲太優而無品，若共進奉者人不過一斗，亦非義理。

〔四〕荀綽晉百官表注曰：「漢延平中，中二千石奉錢九千，米七十二斛。眞二千石月錢六千五百，米三十六斛。比二千石月錢五千，米三十四斛。一千石月錢四千，米三十斛。六百石月錢三千五百，米二十一斛。四百石月錢二千五百，米十五斛。三百石月錢二千，米十二斛。二百石月錢一千，米九斛。百石月錢八百，米四斛八斗。」獻帝起居注曰：「帝在長安，詔書以三輔地不滿千里，而軍師用度非一，公卿已下不得奏除。其若公田，以秩石爲奉，賦（輿）〔與〕令各自收其租稅。」

贊曰：帝道淵默，冢帥修德。寡以御衆，分職乃克。不置不監，無驕無忒。程是師徒，寧民康國。

校勘記

三六一七頁五行 外十二州 按：汲本、殿本「十」下有「有」字。

三六一七頁一〇行 省察治政 按：前表顏注引「治政」作「治狀」。孫星衍輯本同，孫云光武紀注引「治狀」作「政教」。

三六一七頁一三行 喜則任賞 按：前表顏注引「任」作「淫」，孫輯本同。

三六一七頁一三行 煩擾苛暴 按：前表顏注引「苛」作「刻」，通典注同。

三六一七頁一三行 剝戮黎元 按：前表顏注引「戮」作「截」，通典注同。

三六一八頁一行 怙恃榮勢 按：前表顏注引「怙恃」作「恃怙」，孫輯本同，通典注同。

三六一八頁二行 比諸持板揖不拜 按：孫云「諸」下當有脫文。

三六一八頁七行 東安南 按：集解引錢大昕說，謂東安南郡無可攷。秦中記中平五年分漢陽置南安郡，晉志南安郡領獂道、新興、中陶三縣。疑此本作「南安」，而衍「東」字耳。

三六一八頁八行 凡十三〔郡〕 據汲本、殿本補。

三六一八頁九行 凡十四〔郡〕 據汲本、殿本補。

三六一九頁一六行 雖不頓革 按：「頓」原譌「頼」，逕改正。

三六二〇頁七行 夫聖主御世 按：「主」原作「王」，逕據汲本、殿本改。

三六二〇頁八行 共所創置焉可仍因 汲本、殿本「置」下有「哉」字。今按：「共」疑當作「其」，「其」既譌「共」，後人遂於「置」下增一「哉」字。

三六二一頁四行　凡州所監都爲京都置尹一人　集解引錢大昕說，謂「都」爲「部」字之譌，又顛倒其文，「凡州所監都爲」當作「凡州所監爲部」，此六字乃注文，「京都置尹一人」，則志正文也。黃山校補則謂「都」爲「郡」字之譌，凡郡爲京師則置尹，兩漢皆如此。按：錢、黃兩說似均未諦，姑仍其舊。

三六二一頁八行　〔尉一人〕典兵禁備盜賊　王先謙謂「典」上疑當有「尉一人」三字而奪之。今據何焯校本補「尉一人」三字。

三六二一頁一一行　安帝以羌犯法三輔有陵園之守　按：「法」字疑衍，「三輔」二字疑當屬上讀，本書西羌傳可證。

三六二二頁三行　每有劇(職)〔賊〕　據汲本改。按：校補謂都尉本以備盜賊，作「職」非也。觀順帝紀置太山、琅邪都尉，卽是因有劇賊置。

三六二二頁五行　乃裹餱糧　按：「餱」原作「糇」，逕改正。

三六二二頁五行　干戈載(鍚)〔揚〕　據汲本、殿本改。按：「載」當作「戚」。

三六二二頁一〇行　故置右扶風　按：孫星衍謂此下當脫文。

三六二二頁一二行　河南(府)〔尹〕掾出考案　據汲本、殿本改。

三六二二頁一三行　四部督郵(史)〔吏〕部掾　據汲本、殿本改。

三六二二頁一四行　(循)〔脩〕行二百三十人　集解引惠棟說，謂據北海相景君碑陰及王充論衡，「循行」當作「脩行」無疑。今據改。下同。

三六二三頁三行　以(江)〔汝〕南陽安爲女公主邑　集解引惠棟說，謂「江」當作「汝」，陽安，汝南縣也。今據改。

三六二三頁九行　公主所食湯沐曰(國)〔邑〕　據集解引錢大昕說改。按：前表列侯所食縣曰國，皇后公主所食曰邑。

三六二三頁一三行　銷兵刃　按：「銷」原譌「鑄」，逕據汲本、殿本改正。

三六二四頁一行　鄉有秩獄史五十六人　按：汲本「史」作「吏」。

三六二四頁一〇行　大率十里一鄉　按：校補謂此當是「十里一亭，十亭一鄉」，注有脫誤。

三六二四頁一三行　(過)〔邊〕郡太守　據殿本考證改。按：孫校本漢官舊儀亦作「邊」。

三六二五頁一三行　六吏與人亡情七吏作盜賊使人爲耳目　按：校補謂以上二「人」字亦當是「民」字。唐時功令，習後漢書者兼習八志，「民」字幷經避改，此亦回改未盡者。

三六二五頁一三行　吏賤買賣貴於民　按：集解引惠棟說，謂「賣貴」當作「貴賣」。

三六二六頁八行　設官府掾(吏)〔史〕　據汲本、殿本改。

三六二六頁一一行　客賜質子歲時胡市焉　汲本、殿本「焉」作「馬」。按：本書烏桓傳云「於是始復置烏桓校尉於上谷甯城，開營府，幷領鮮卑，賞賜質子，歲時互市焉」，則「客」當作「賞」，「胡」當作「互」，「焉」字不譌。

三六二七頁七行　至(漢)成帝省內史治民　按：「成帝」上不當有「漢」字，今刪。

三六二七頁一四行　全國之難誠固財物之宮　按：「全國之難」以下文有脫誤。「固」疑「因」字之譌。

三六二八頁一五行　(或)〔戚〕力強濟　據汲本改。

三六二八頁一六行　(竇)〔齊〕粉同氣　據汲本改。

三六二八頁一六行　橫羅其凶　按：汲本、殿本作「羅」。「羅」「羅」字通。

三六二八頁一七行　趙倫以(惷)〔惷〕悬排天　據集解本改。

三六二九頁六行　本(注)曰太僕　集解引錢大昕說，謂「注」字衍。此言王國之僕其初亦稱太僕，武帝時始去「太」字耳。今據刪。

三六二九頁八行　本注曰掌冠長冠本員十六人後減　集解引錢大昕說，謂此句疑有脫誤。漢朝謁者掌賓贊受事及上章報問，則王國之謁者所掌亦宜如之。或云掌官長別是一官，如禮樂長、衞士長之類，則員不得若是之多也。校補據輿服志「唯長冠諸王國謁者以爲常服」，謂「掌」當作「常」。今按：凡「本注曰」云云，皆說明其職掌，改「掌」爲「常」，於例不合，校補之說亦未諦也。

三六二九頁一四行　封周後姬常爲周承休公　按：集解引惠棟說，「姬常」當作「姬武」。參見光武帝紀六一頁校勘記。

三六三三頁六行　中二千石奉錢九千　按：殿本「奉」作「奉」。校補謂此注下文皆以月計，似「奉」「奉」皆「月」之譌，否則「奉」下脫「月」字。

三六三三頁一〇行　賦(興)〔與〕令各自收其租稅　據汲本、殿本改。

後漢書志第二十九

輿服上

玉輅　乘輿　金根　安車　立車　耕車　戎車　獵車　軿車　青蓋車
綠車　皁蓋車　夫人安車　大駕　法駕　小駕　輕車　大使車　小
使車　載車　導從車　車馬飾

書曰：「明試以功，〔一〕車服以庸。」〔二〕言昔者聖人興天下之大利，除天下之大害，躬親其事，身履其勤，憂之勞之，不避寒暑，使天下之民物，各得安其性命，無夭昏暴陵之災。是以天下之民，敬而愛之，若親父母；則而養之，若仰日月。夫愛之者欲其長久，不憚力役，相與起作宮室，上棟下宇，以雍覆之，欲其長久也；敬之者欲其尊嚴，不憚勞煩，相與起作輿輪旌旗章表，以尊嚴之。斯愛之至，敬之極也。苟心愛敬，雖報之至，情由未盡。或殺身以爲之，盡其情也；弈世以祀之，明其功也。是以流光與天地比長。後世聖人，知恤民之憂思深大者，必饗其樂；勤仁毓物使不夭折者，必受其福。故爲之制禮以節之，使夫上仁繼

天統物，不伐其功，民物安逸，若道自然，莫知所謝。老子曰：「聖人不仁，以百姓爲芻狗。」此之謂也。

〔一〕孔安國曰：「效試其居國爲政，以差其功。」

〔二〕孔安國曰：「賜以車服，以旌其德，用所任也。」又一通：「諸侯四朝，各使陳進治化之言，明試其言，以要其功。功成則錫車服，以表顯其能用。」

夫禮服之興也，所以報功章德，尊仁尚賢。故禮尊〔尊〕貴貴，不得相踰，所以爲禮也。非其人不得服其服，所以順禮也。順則上下有序，德薄者退，德盛者縟。故聖人處乎天子之位，服玉藻邃延，日月升龍，山車金根飾，黃屋左纛，所以副其德，章其功也。賢仁佐聖，封國〔愛〕〔受〕民，黼黻文繡，降龍路車，所以顯其仁，光其能也。及其季末，聖人不得其位，賢者隱伏，是以天子微弱，諸侯脅矣。於此相貴以等，相讓以貨，相賂以利，天下之禮亂矣。至周夷王下堂而迎諸侯，此天子失禮，微弱之始也。自是諸侯宮縣樂食，祭以白牡，擊玉磬，朱干設錫，冕而儛大武。〔一〕大夫臺門旅樹反坫，繡黼丹朱中衣，鏤簋朱紘，此大夫之僭諸侯禮也。〔二〕詩刺「彼己之子，不稱其服」，傷其敗化。易譏「負且乘，致寇至」，言小人乘君子器，盜思奪之矣。自是禮制大亂，兵革並作；上下無法，諸侯陪臣，山楶藻梲。降及戰國，奢僭益熾，削滅禮籍，蓋惡有害己之語。競修奇麗之服，飾以輿馬，文鬬玉纓，象鑣金犖，以相夸上。爭錐刀之利，殺人若刈草然，其宗祀亦旋夷滅。榮利在己，雖死不悔。及秦并天下，攬其輿服，上選以供御，其次以錫百官。漢興，文學既缺，時亦草創，承秦之制，後稍改定，參稽六經，近於雅正。孔子曰：「其或繼周者，行夏之正，乘殷之輅，服周之冕，樂則韶舞。」故撰輿服著之于篇，以觀古今損益之義云。

〔一〕鄭玄注禮記曰：「此皆天子之禮也。宮縣，四面縣也。干，盾也。錫，傅其背如龜也。武，萬舞也。白牡，大路，殷天子之禮也。白牡，殷牲。」

〔二〕鄭玄曰：「此皆諸侯之禮也。旅，道也。屏謂之樹，樹所以蔽行道。管氏樹塞門，塞猶蔽也。禮，天子外屏，諸侯內屏，大夫以簾，士以帷。反坫，反爵之坫也，蓋在樽南。兩君相見，主君既獻，於〔此〕反爵焉。繡黼丹朱以爲中衣領緣也。繡讀爲綃。綃，繒名也。詩云：『素衣朱綃。』又曰：『素衣朱襮。』襮，黼領也。鏤簋謂刻而飾之也。大夫刻之爲龜耳，諸侯飾以象，天子飾以玉。朱紘，天子冕之紘也。諸侯青組，大夫士當緇組，紘纁邊。」

上古聖人，見轉蓬始知爲輪。輪行可載，因物知生，復爲之輿。輿輪相乘，流運罔極，任重致遠，天下獲其利。後世聖人觀於天，視斗周旋，魁方杓曲，〔一〕以攜龍、角爲帝車，於是迺曲其輈，乘牛駕馬，登險赴難，周覽八極。故易震乘乾，謂之大壯，言器莫能有上之者也。〔二〕自是以來，世加其飾。至奚仲爲夏車正，建其斿旐，尊卑上下，各有等級。〔三〕周室

大備，官有六職，百工與居一焉。〔四〕一器而羣工致巧者，車最多，是故具物以時，六材皆良。〔五〕輿方法地，蓋圓象天；三十輻以象日月；〔六〕蓋弓二十八以象列星；龍旂九斿，七仞齊軫，〔七〕以象大火；〔八〕鳥旟七斿，五仞齊較，〔九〕以象鶉火；〔一〇〕熊旗六斿，五仞齊肩，以象參、伐；〔一一〕龜旐四斿，四仞齊首，以象營室；〔一二〕弧旌枉矢，以象弧也；〔一三〕此諸侯以下之所建者也。〔一四〕

〔一〕春秋緯曰：「瑤光第一至第四爲魁，第五至第七爲杓，合爲斗。」

〔二〕孝經援神契曰：「斗曲杓橈，象成車。房爲龍馬，華蓋覆鉤。天理入魁，神不獨居，故驂駕陪乘，以道踟蹰。」宋均注曰：「房星既體蒼龍，又象駕駟馬，故兼言之也。覆鉤，既覆且鉤曲似蓋也。天理入魁，又似御陪乘。」

〔三〕世本云：「奚仲始作車。」古史考曰：「黃帝作車，引重致遠，其後少昊時駕牛，禹時奚仲駕馬。」臣昭案：服牛乘馬，以利天下，其所起遠矣，豈奚仲爲始？世本之誤，史考所說是也。

〔四〕周禮曰：「審曲面勢，以飭五材，以辨民器，謂之百工。」

〔五〕鄭玄曰：「取幹以冬，取角以秋，絲漆以夏，筋膠未聞。」自此至弧旌枉矢，皆出周禮，「鄭玄曰」即是周禮注。

〔六〕鄭玄曰：「輪象日月者，以其運行也。日月三十日而合宿。」

〔七〕鄭玄曰：「軫謂車後橫木。」

〔八〕鄭玄曰：「交龍爲旂，諸侯之所建也。大火，蒼龍宿之心，其屬有尾，尾九星。」

〔九〕鄭玄曰：「較者，車𨏥槛木也。」

〔10〕鄭玄曰：「鳥隼爲旟，州里之所建。鶉火，朱鳥宿之柳，其屬有七星。」

〔11〕鄭玄曰：「熊虎爲旗，師都之所建。伐屬白虎宿，與參連體而六星。」

〔12〕鄭玄曰：「龜蛇爲旐，縣鄙之所建。營室，玄武宿，與東壁連體而四星。」

〔13〕鄭玄曰：「覲禮曰『侯氏載龍旂弧韣』，則旌旗之屬皆有弧也。弧以張縿之幅，有衣謂之韣，又爲設矢，象弧星有矢也。妖星有枉矢者，蛇行有尾，因此云枉矢，蓋畫之。」玄注禮含文嘉曰：「畫旗有九名：日月爲常，交龍爲旂，通帛爲旃，雜帛爲物，熊虎爲旗，鳥隼爲旟，龜蛇爲旐，（垂）〔全〕羽爲旞，析羽爲旌。」盧植注禮記曰：「有鈴曰旂。」干寶注周禮曰：「枉矢象妖星，非其義也。枉蓋應爲枉直，謂枉矢於弧。」

〔14〕白虎通曰：「居車中，不內顧也。仰即觀天，俯即察地，前聞和鸞之聲，旁見四方之運，此車教之道。論語曰：『升車必正立，執綏，車中不內顧。』所以有和鸞以正威儀，節行舒疾也。鸞者在衡，和者在軾，馬動則鸞鳴，鸞鳴則和應。其聲鳴曰和敬。舒則不鳴，疾則失音，明得其和也。故詩云『和鸞雍雍，萬福攸同』。」魯訓曰：『和，設軾者也。鸞，設衡者也。』」許愼曰「詩云八鸞鎗鎗」，則一馬二鸞也。又曰「輪車鸞鑣」，知非衡也。毛詩傳曰：「在軾曰和，在鑣曰鸞。」杜預注左傳亦云「鸞在鑣，和在衡」。傅玄乘輿馬賦注曰：「鸞在馬勒鑣。」干寶周禮注曰：「和鸞皆以金爲鈴。」史記曰：「前有錯衡，所以養目也。步中武象，驟中韶（護）〔濩〕，所以養耳也。龍旂九斿，所以養信也。寢兕持虎，蛟韅彌龍，所以養威也。故大路之馬，必信至敎順然後乘之，所以養安也。」

天子（五）〔玉〕路，〔一〕以玉爲飾，〔二〕（錫）〔鍚〕樊纓十有再就，〔三〕建太常，十有二斿，九仞曳地，〔四〕日月升龍，象天明也。〔五〕夷王以下，周室衰弱，諸侯大路。秦幷天下，閱三代之禮，或曰殷瑞山車，金根之色。〔六〕漢承秦制，御爲乘輿，所謂孔子乘殷之路者也。

〔一〕周禮王之五路，一曰玉路，二曰金路，三曰象路，四曰革路，五曰木路。釋名曰：「天子所乘曰路，路亦車事也，謂之路，言行路也。」

〔二〕古文尙書曰：「大路在賓階面，綴路在阼階面。」孔安國曰：「大路，玉；綴路，金也。」服虔曰：「大路，總名也，如今駕駟高車矣。尊卑俱乘之，其采飾有差。」鄭玄曰：「王在焉曰路，以玉飾諸末也。」傅玄乘輿馬賦注曰：「玉路，重較也。」韻集曰：「軛前横木曰軨。」

〔三〕鄭玄曰：「（錫）〔鍚〕面當盧刻金爲之，所謂鏤（錫）〔鍚〕也。樊讀如鞶帶之鞶，謂今馬大帶也。」鄭衆曰：「纓謂當胷。士喪禮曰：『馬纓三就，以削革爲之。』三就，三重三帀也。」鄭玄曰：「纓，今馬鞅。玉路之樊及纓，皆以五采罽飾之。十二就，就，成也。」杜預曰：「纓在馬膺前，如索帬。」乘輿馬賦注曰：「繁纓飾以旄尾，金塗十二重。」

〔四〕鄭衆曰：「太常九旗之畫日月者。」鄭玄曰：「七尺爲仞，天子之旗高六丈三尺。」

〔五〕崔駰東巡頌曰：「登天靈之威路，駕太一之象車。」

〔六〕殷人以爲大路，於是始皇作金根之車。殷曰（乘）〔桑〕根，秦改曰金根。乘輿馬賦注曰：「金根，以金爲飾。」

乘輿、金根、安車、立車，〔一〕輪皆朱班重牙，〔二〕貳轂兩轄，〔三〕金薄繆龍，爲輿倚較，〔四〕文虎伏軾，〔五〕龍首銜軛，左右吉陽筩，鸞雀立衡，〔六〕櫙文畫輈，羽蓋華蚤，〔七〕建大旂，十有二斿，畫日月升龍，駕六馬，〔八〕象鑣鏤（錫）〔鍚〕，金（鑁）〔錽〕方釳，插翟尾，〔九〕朱兼樊纓，赤罽易茸，金就十有二，左纛以氂牛尾爲之，在左騑馬軛上，大如斗，〔10〕是爲德車。五時車，安、立亦皆如之。各如方色，馬亦如之。白馬者，朱其髦尾爲朱鬣云。所御駕六，餘皆駕四，後從爲副車。〔11〕

〔一〕蔡邕曰：「五安五立。」徐廣曰：「立乘曰高車，坐乘曰安車。」

〔二〕周禮曰：「牙也者，以爲固抱也。」鄭衆曰：「牙謂輪輮也，世閒或謂之輞。」

〔三〕蔡邕曰：「轂外復有一轂抱轄，其外乃復設轄，抱銅置其中。」東京賦曰：「重輪貳轄，疏轂飛軨。」

〔四〕徐廣曰：「繆，交錯之形也。較在箱上。」說文曰：「櫙文畫蕃。」蕃，箱也。通俗文曰：「車箱爲較。」

〔五〕魏都賦注曰：「軾，車横覆膝，人所馮止者也。」

〔六〕徐廣曰：「置金鳥於衡上。」

〔七〕徐廣曰：「翠羽蓋黃裏，所謂黃屋車也。金華施橑末，有二十八枚，卽蓋弓也。」東京賦曰：「樹翠羽之高蓋。」薛綜曰：「樹翠羽爲蓋，如雲龍矣。金作華形，莖皆低曲。」

〔八〕東京賦云：「六玄虯之奕奕。」

〔九〕獨斷曰：「金（鑁）〔錽〕者，馬冠也。高廣各五寸，上如（三）〔玉〕華形，在馬鬉前。方釳，鐵也。廣數寸，在馬（鑁）〔錽〕後。後有三孔，插翟尾其中。」薛綜曰：「釳中央（低）〔低〕，兩頭高，如山形，而貫中翟尾結著之。」顏延之幼誥曰：「釳，乘輿馬頭上防釳，角所以防罔羅，釳以翟尾鐵翮象之也。」徐廣曰：「金爲馬（义）〔文〕髦。」

〔10〕徐廣曰：「馬在中曰服，在外曰騑。」騑亦名驂。蔡邕曰：「在最後左騑馬頭上。」

〔11〕古文尙書曰：「予臨兆民，懍乎若朽索之馭六馬。」逸禮王度記曰：「天子駕六馬，諸侯駕四，大夫三，士二，庶人一。」周禮四馬爲乘。毛詩天子至大夫同駕四，士駕二。易京氏、春秋公羊說皆云天子駕六。許愼以爲天子駕六，諸侯及卿駕四，大夫駕三，士駕二，庶人駕一。史記曰，秦始皇以水數制乘六馬。鄭玄以爲天子四馬，周禮乘

馬有四圉，各養一馬也。諸侯亦四馬，顧命，時諸侯皆獻乘黃朱，乘亦四馬也。今帝者駕六，此自漢制，與古異耳。蔡邕表志曰：「以文義不著之故，俗人多失其名。五時副車曰五帝車，鸞旗曰雞翹，耕根曰三蓋，其比非一也。」

耕車，其飾皆如之。有三蓋。一曰芝車，置轘耒耜之箙，上親耕所乘也。〔一〕

〔一〕新論桓譚謂揚雄曰：「君之爲黃門郎，居殿中，數見輿輦，玉蚤、華芝及鳳皇、三蓋之屬，皆玄黃五色，飾以金玉、翠羽、珠絡、錦繡、茵席者也。」東京賦曰：「立戈迆戛，農輿路木。」薛綜曰：「戈，句孑戟。戛，長矛。置車上者邪柱之。迆，邪也。是謂戈路。農輿三蓋，所謂耕根車也。東耕于藉，乘馬無飾，故稱木也。」賀循曰：「漢儀，親耕青衣幘。」東京賦說親耕，亦云「鸞路蒼龍」。賀循曰：「車必有鸞，而春獨鸞路者，鸞鳳類而色青，故以名春路也。」賦又曰：「介御閒以剡耜。」薛綜曰：「耜，耒金也。廣五寸，著耒耜而載之。天子車參乘，帝在左，御在中，介處右，以耒置御之右。」

戎車，其飾皆如之。蕃以矛麾金鼓羽析幢翳，轘胄甲弩之箙。〔一〕

〔一〕漢制度曰：「戎，立車，以征伐。」周官「其矢箙」。通俗文曰：「箭箙謂之步义。」干寶亦曰：「今謂之步义。」鄭玄注既夕曰：「服，車箱也。」顏延之幼誥云：「弩，矢也。」

獵車，其飾皆如之。重輞縵輪，繆龍繞之。一曰闟豬車，親校獵乘之。〔一〕

〔一〕魏文帝改曰闟虎車。

太皇太后、皇太后法駕，皆御金根，〔一〕加交（路）〔絡〕帳裳。〔二〕非法駕，則乘紫罽軿車，〔三〕雲櫐文畫輈，黃金塗五末、〔四〕蓋蚤。左右騑，駕三馬。長公主赤罽軿車。大貴人、貴人、公主、王妃、封君油畫軿車。大貴人加節畫輈。皆右騑而已。

〔一〕重翟羽蓋者也。

〔二〕徐廣曰：「青交（路）〔絡〕，青帷裳。」

〔三〕字林曰：「軿車有衣蔽，無後轅者謂之輜也。」釋名：「軿，屛也。四屛蔽，婦人乘牛車也。有邸曰輜，無邸曰軿。」傅子曰：「周曰輜車，即輦也。」

〔四〕徐廣曰：「未詳。疑謂前一轅及衡端轂頭也。」

皇太子、皇子皆安車，朱班輪，青蓋，金華蚤，黑櫐文，畫轓文輈，金塗五末。皇子爲王，錫以乘之，故曰王青蓋車。〔一〕皇孫（則）綠車以從。皆左右騑，駕三。〔二〕公、列侯安車，朱班輪，倚鹿較，伏熊軾，皁繒蓋，黑轓，右騑。〔三〕

〔一〕徐廣曰：「旂旗九旒，畫降龍。」魏武帝令問東平王：「有金路何意？爲是特賜非？」侍中鄭稱對曰：「天子五路，金以封同姓，諸侯得乘金路，與天子同。此自得有，非特賜也。」

〔二〕獨斷曰：「綠車名曰皇孫車，天子有孫乘之。」

〔三〕車有轓者謂之軒。

中二千石、二千石皆皁蓋，朱兩轓。其千石、六百石，朱左轓。轓長六尺，下屈廣八寸，

上業廣尺二寸，九文，十二初，後謙一寸，若月初生，示不敢自滿也。〔一〕景帝中元五年，始詔六百石以上施車轓，得銅五末，軛有吉陽筩。中二千石以上右騑，三百石以上皁布蓋，千石以上皁繒覆蓋，二百石以下白布蓋，皆有四維杠衣。賈人不得乘馬車。除吏赤畫杠，其餘皆青云。〔二〕

〔一〕案本傳，舊典，傳車驂駕乘赤帷裳，唯郭賀爲（冀）〔荆〕州，勑去襜帷。謝承書曰：「孔恂字巨卿，新淦人。州別駕從事車前舊有屛星，如刺史車曲翳儀式。是時刺史行部，發去日晏，刺史怒，欲去別駕車屛星。恂諫曰：『明使君傳車自發晚，而欲徹去屛星，毁國舊儀，此不可行。別駕可去，屛星不可省。』即投傳去。刺史追辭謝請，不肯還，於是遂不去屛星。」說文曰：「車當謂之屛星。」

〔二〕古今注曰：「武帝天漢四年，令諸侯王大國朱輪，特虎居前，（處）〔左〕兕右麋。小國朱輪畫，特熊居前，寢麋居左右，卿車者也。」

公、列侯、中二千石、二千石夫人，會朝若蠶，各乘其夫之安車，右騑，加交（路）〔絡〕帷裳，皆皁。非公會，不得乘朝車，得乘漆布輜軿車，銅五末。

乘輿大駕，公卿奉引，太僕御，大將軍參乘。屬車八十一乘，〔一〕備千乘萬騎。西都行祠天郊，甘泉備之。官有其注，名曰甘泉鹵簿。〔二〕東都唯大行乃大駕。大駕，太僕校駕；法駕，黃門令校駕。

〔一〕薛綜曰：「屬之言相連屬也，皆在後，爲三行。」

〔二〕蔡邕表志曰：「國家舊章，而幽僻藏蔽，莫之得見。」

乘輿法駕，（八）〔公〕卿不在鹵簿中。河南尹、執金吾、雒陽令奉引，奉車郎御，侍中參乘。屬車（四）〔三〕十六乘。前驅有九斿雲罕，〔一〕鳳皇闟戟，〔二〕皮軒鸞旗，〔三〕皆大夫載。〔四〕鸞旗者，編羽旄，列繫幢旁。〔五〕民或謂之雞翹，非也。〔六〕後有金鉦黃鉞，〔七〕黃門鼓車。

〔一〕徐廣曰：「斿車有九乘。」前史不記形也。武王剋紂，百夫荷罕旗以先驅。東京賦曰：「雲罕九斿。」薛綜曰：「旌旗名。」

〔二〕薛綜曰：「闟之言函也，取四戟函車邊。」

〔三〕應劭漢官鹵簿圖曰：「乘輿大駕，則御鳳皇車，以金根爲列。」

〔四〕胡廣曰：「皮軒，以虎皮爲軒。」郭璞曰：「皮軒革車」，或曰即曲禮「前有士師，則載虎皮」。

〔五〕胡廣曰：「建蓋在中。」

〔六〕胡廣曰：「鸞旗，以銅作鸞鳥車衡上。」與本志不同。

〔七〕說文曰：「鉞，大斧也。」司馬法曰：「夏執玄鉞，殷執白鉞，周杖黃鉞。」

古者諸侯貳車九乘。秦滅九國，兼其車服，故大駕屬車八十一乘，法駕半之。屬車皆皁蓋赤裏，（木）〔朱〕轓，戈矛弩箙，尚書、御史所載。最後一車懸豹尾，〔一〕豹尾以前比省中。〔二〕

〔一〕薛綜曰：「侍御史載之。」

〔二〕小學漢官篇曰：「豹尾過後，罷屯解圍。」胡廣曰：「施於道路，豹尾之內爲省中，故須過後，屯圍乃得解，皆所以戒不虞也。淮南子曰『軍正執豹皮，所以制正其衆』，禮記『前載虎皮』，亦此之義類。」

行祠天郊以法駕，祠地、明堂省什三，祠宗廟尤省，謂之小駕。每出，太僕奉駕上鹵簿，中常侍、小黃門副；尚書主者，郎令史副；侍御史，蘭臺令史副。皆執注，以督整車騎，謂之護駕。春秋上陵，尤省於小駕，直事尚書一人從，其餘令以下，皆先行後罷。

輕車，古之戰車也。洞朱輪輿，不巾不蓋，建矛戟幢麾，輣輒弩服。〔一〕藏在武庫。大駕、法駕出，射聲校尉、司馬（史）〔吏〕士載，以次屬車，在鹵簿中。諸車有矛戟，其飾幡斿旗幟皆五采，制度從周禮。吳孫兵法云：「有巾有蓋，謂之武剛車。」武剛車者，爲先驅。又爲屬車輕車，爲後殿焉。

〔一〕徐廣曰：「置弩於軾上，駕兩馬也。」

大使車，立乘，駕駟，赤帷。持節者，重導從：賊曹車、斧車、督車、功曹車皆兩；大車，伍伯璅弩十二人；辟車四人；〔一〕從車四乘。無節，單導從，減半。

〔一〕周禮滌狼氏干寶注曰：「今卒辟車之屬。」

小使車，不立乘，有騑，赤屏泥油，重絳帷。導無斧車。

近小使車，蘭輿赤轂，白蓋赤帷。從騶騎四十人。此謂追捕考案，有所敕取者之所乘也。

諸使車皆朱班輪，四輻，赤衡軛。其送葬，白堊已下，洒車而後還。公、卿、中二千石、二千石，郊廟、明堂、祠陵，法出，皆大車，立乘，駕駟。他出，乘安車。

大行載車，其飾如金根車，加施組連璧交絡四角，金龍首銜璧，垂五采，析羽流蘇前後，雲氣畫帷裳，虡文畫曲轓，長懸車等。太僕御，駕六布施馬。布施馬者，淳白駱馬也，以黑藥灼其身爲虎文。既下，馬斥賣，車藏城北祕宮，皆不得入城門。當用，太僕考工乃內飾治，禮吉凶不相干也。

公卿以下至縣三百石長導從，置門下五吏、賊曹、督盜賊功曹，皆帶劍，三車導；主簿、主記，兩車爲從。縣令以上，加導斧車。公乘安車，則前後并馬立乘。長安、雒陽令及王國都縣加前後兵車，亭長，〔一〕設右騑，駕兩。璅弩車前伍伯，公八人，中二千石、二千石、六百石皆四人，自四百石以下至二百石皆二人。黃綬，武官伍伯，文官辟車。鈴下、侍閤、門蘭、部署、街里走卒，皆有程品，多少隨所典領。驛馬三十里一置，〔二〕卒皆赤幘絳韝云。

〔一〕纂要，雒陽亭長，車前吹管。

〔二〕臣昭案：東晉猶有郵驛共置，承受傍郡縣文書。有郵有驛，行傳以相付。縣置屋二區。有承驛吏，皆條所受書，每月言上州郡。風俗通曰：「今吏郵書掾、府督郵，職掌此。」

古者軍出，師旅皆從；秦省其卒，取其師旅之名焉。公以下至二千石，騎吏四人，千石以下至三百石，縣長二人，皆帶劍，持棨戟爲前列，揵弓韣九鞬。〔一〕諸侯王法駕，官屬傳相以下，皆備鹵簿，似京都官騎，張弓帶鞬，遮迾出入稱(課)促。列侯，家丞、庶子導從。若會耕祠，主縣假給辟車鮮明卒，備其威儀。導從事畢，皆罷所假。

〔一〕通俗文曰：「弓藏謂之鞬。」

諸車之文：乘輿，倚龍伏虎，虡文畫輈，龍首鸞衡，重牙班輪，升龍飛軨。〔一〕皇太子、諸侯王，倚虎伏鹿，虡文畫輈轓，吉陽筩，朱班輪，鹿文飛軨，旂旗九斿降龍。公、列侯，倚鹿伏熊，黑轓，朱班輪，鹿文飛軨，九斿降龍。卿，朱兩轓，五斿降龍。二千石以下各從科品。諸轓車以上，軛皆有吉陽筩。

〔一〕薛綜曰：「飛軨，以緹油廣八寸，長注地，畫左蒼龍右白虎，繫軸頭。二千石亦然，但無畫耳。」盧植禮記注曰：「軨，轄頭（靼）也。」楚辭云「倚結軨兮太息」，王逸注曰「軨，重較也」。李尤小車銘曰：「軨之嗛虛，疏達開通。」案二家之言，不如綜注所記。

諸馬之文：案乘輿，金(鍐)〔鋄〕方釳，插翟象鑣，〔一〕龍畫總，沬升龍，赤扇汗，〔二〕青兩翅，鷰尾。駙馬，左右赤珥流蘇，飛鳥節，赤膺兼。皇太子或亦如之。王、公、列侯，鏤(錫乂)〔錫文〕髦，朱鑣朱鹿，朱文，絳扇汗，青翅鷰尾。卿以下有騑者，緹扇汗，青翅尾，當盧(乂)〔文〕髦，上下皆通。中二千石以上及使者，乃有騑駕云。

〔一〕爾雅注曰：「鑣，馬勒旁鐵也。」此用象牙。

〔二〕詩云：「朱幩鑣鑣。」毛傳曰：「人君以朱纏鑣扇汗，且以爲鑣飾。」

校勘記

三六三九頁五行　導從車　按：「車」原作「卒」，據汲本、殿本改。

三六四〇頁三行　效試其居國爲政　按：汲本、殿本「效」作「攷」。汲本「居」作「君」。

三六四〇頁六行　故禮尊(尊)貴貴　據汲本、殿本補。

三六四〇頁九行　封國(愛)〔受〕民　據汲本改。

三六四〇頁一〇行　於此相貴以等　按：汲本、殿本「此」作「是」。

三六四〇頁一三行　冕而儛大武　按：集解引黃山說，謂此下應有「此諸侯之僭天子禮也」一句。志本據禮郊特牲爲說，彼文作「諸侯之僭禮也」，與下「大夫之僭禮也」一律，此亦當與下「此大夫之僭諸侯禮也」一律，明有奪誤。

三六四一頁八行　於(此)反爵焉　據汲本、殿本補。

三六四二頁七行　天理入魁　按：汲本、殿本「理」作「罡」，下同。又按：古微書「入」作「八」。

三六四三頁六行　(奎)〔全〕羽爲燧　據汲本、殿本改。

三六四三頁一〇行　其聲鳴曰和敬　按：「和」下疑脫「和則」二字。大戴禮保傅篇作「聲曰和，和則敬」，是其證。

三六四三頁一三行　驟中韶(護)〔濩〕　據汲本、殿本改。

三六四三頁一五行　天子(五)〔玉〕路　集解引黃山說，謂「五路」乃「玉路」之譌。周禮巾車鄭注，玉路以玉飾諸末，金路以金飾諸末，象路以象飾諸末，革路輓之以革而漆之，無他飾，木路不輓以革，漆之而已。今作「天子五路」，下接「以玉爲飾」，不可通。此涉注文「五」字而譌也。各本皆失正。今據改。

三六四三頁一五行　(錫)〔鍚〕樊纓十有再就　據汲本改，與周禮合。

三六四三頁一七行　所謂孔子乘殷之路者也　按：殿本「所謂」二字在「孔子」二字下，「路」作「輅」。

三六四四頁五行　軛前橫木曰軨　按：汲本、殿本「軨」作「路」。

三六四四頁六行　(鍚)〔錫〕面當盧刻金爲之　據汲本改，與周禮巾車鄭注合。

三六四四頁一二行　殷曰(乘)〔桑〕根　集解引惠棟說，謂禮記「大輅，殷輅也」。鄭玄云「大輅，木輅也。漢祭天乘殷之輅，今謂之桑根車」。然則「乘」當作「桑」也。今據改。

三六四四頁一三行　金薄繆龍　按：集解引惠棟說，謂「繆」禮書作「璆」。

三六四四頁一三行　建大旂　按：集解引惠棟說，謂「旂」徐廣作「常」。

三六四四頁一四行　象鑣鏤(鍚)〔錫〕　據汲本改。

三六四四頁一四行　金(鑁)〔錽〕方釳　據文選東京賦及李善注引獨斷改，注同。按：盧文弨校獨斷謂錽，亡犯切，馬頭飾也，舊譌從叕。段注說文引此文亦作「錽」。

三六四五頁四行　轂外復有一轂抱轄至抱銅置其中　集解引惠棟說，謂二「抱」字皆當作「施」，禮志可證。今按：邕說見獨斷，今獨斷「抱」作「施」，「轄」作「輂」。

三六四五頁六行　人所馮止者也　按：「止」原譌「上」，逕改正。

三六四五頁七行　置金鳥於衡上　按：殿本「鳥」作「烏」。

三六四五頁一二行　上如(三)〔玉〕華形　汲本、殿本作「三」作「五」。集解引惠棟說，謂文選注引「五華」作「玉華」。按：今獨斷亦作「玉華」，「三」與「五」疑皆形近而譌，今據改。又按：「上」原譌「匕」，逕改正。

三六四五頁一二行　在馬(鑁)〔錽〕後　殿本考證謂「錽」當作「騣」。按：今本獨斷作「騣」，盧校改爲「錽」，今從盧校改。

三六四五頁一三行　釳中央〔低〕兩頭高　集解引陳景雲說，謂「中央」下脫「低」字，見文選注。今據補。

三六四五頁一三行　金爲馬(乂)〔文〕髦　據汲本、殿本改。按：殿本考證謂「馬文髦」一本作「馬文尾」，何焯校本作「馬叉髦」。集解引惠棟說，謂「文」北宋本作「乂」。校補引柳從辰說，謂晉輿服志「金叉以鐵爲之，以金爲文施」，則作「叉」作「乂」皆非。黃山謂柳說是。通典亦載以黃金爲文髦，作「文」自不誤。「髦」之作「尾」，亦形近而譌。

三六四五頁一五行　諸侯駕四　按：集解引惠棟說，謂案王度記曰「諸侯駕五，卿駕四」也。

三六四六頁四行　置轙耒耜之箙　按：黃山謂「之」乃「弩」字之訛，當以「置轙耒耜弩箙」爲文，耒耜與弩箙皆逼置車中，卽月令所謂介御閒也。

三六四七頁一行　太皇太后皇太后　按：集解引陳景雲說，謂當有「皇后」二字。

三六四七頁一行　加交(路)〔絡〕帳裳　集解引陳景雲說，謂「路」當作「絡」，劉盆子傳引此文正作「絡」。王先謙謂陳說是，後大行載車仍作「絡」，不誤。今據改。

三六四七頁五行　青交(路)〔絡〕　據陳景雲說改。

三六四七頁九行　朱班輪　按：集解引惠棟說，謂「班」一作「斑」。

三六四七頁一〇行　皇孫〔則〕綠車以從　按：本書安帝紀李注引作「至皇孫則綠車」。集解引黃山說，謂「則」字直貫「以從」爲句，李注引志省「以從」二字，此文乃並删「則」字，非也。今據補。

三六四七頁一三行　魏武帝令問東平王　按：汲本無「令」字。

三六四八頁一行　後謙一寸　按：殿本「一」作「二」。

三六四八頁三行　除吏赤畫杠　按：集解引惠棟說，謂徐廣車服注「畫」作「蓋」。

三六四八頁五行　郭賀爲(冀)〔荆〕州　按：郭賀拜荆州刺史，見本書蔡茂傳。校補謂注誤，當據傳改，今從之。

三六四八頁九行　(虛)〔左〕兒右麋　據汲本、殿本改。

三六四八頁一二行　會朝若鸞　按：集解引惠棟說，謂「朝」一作「廟」。

三六四八頁一二行　加交(路)〔絡〕帷裳　據陳景雲說改。按：本書劉盆子傳李注引正作「絡」。

三六四九頁四行　(八)〔公〕卿不在鹵簿中　校補引錢大昭說，謂「八卿」獨斷作「公卿」，儒林傳注作「公」，脫「卿」字。今據改。

三六四九頁四行　奉車郎御　按：百官志奉車無郎，「郎」字疑譌。集解引惠棟說，謂百官春秋云奉車都尉執轡。

三六四九頁五行　屬車(四)〔三〕十六乘　集解引惠棟說，謂「四」宋志作「三」。又引錢大昕說，謂當作「三十六乘」。按：今獨斷亦作「三十六乘」，盧校云續漢輿服志作「四十六乘」，誤。今據改。

三六四九頁一〇行　以金根爲列　按：集解引惠棟說，謂「列」當作「副」。

三六四九頁一六行　(木)〔朱〕轓　按：集解引惠棟說，謂北宋本「木」作「朱」。今據改。

三六五〇頁七行　洞朱輪輿　按：集解引惠棟說，謂「洞」顏師古注引作「彫」。

三六五〇頁七行　建矛戟幢麾轙輒弩服　按：集解引惠棟、黃山說，謂前書張安世傳顏注引「建」作「萯」，「轙」作「璀」，無「輒箙」二字。又按：汲本「服」作「箙」。

三六五〇頁八行　司馬(史)〔吏〕士　據汲本、殿本改。

三六五〇頁九行　吳孫兵法　殿本「吳孫」作「孫吳」。按：校補謂本書皇甫規傳「勤明吳孫，未若奉法」，是作「吳孫」不誤也。惟章懷注以爲指吳起、孫武，而通典注則作孫子兵法，而不及吳起。夫二子不共爲書，其書又不皆言武剛車制，志文何爲並舉？疑「吳孫」云者，專指吳孫武也。

三六五〇頁一三行　辟車四人　按：集解引惠棟說，謂「車」北宋本作「居」。

三六五〇頁一四行　周禮滌狼氏　按：殿本「滌」作「條」，與今本周禮合。

三六五一頁六行　長縣車等　按：集解引惠棟說，謂「縣」徐廣作「與」。

三六五一頁九行　三車導　按：汲本、殿本「導」上有「從」字。

三六五一頁一〇行　則前後并馬立乘　按：殿本「後」作「從」。

三六五二頁三行　每月言上州郡　按：殿本「言」作「吉」。

三六五二頁六行　出入稱(課)促　集解引陳景雲說，謂「課」字衍。「促」一作「娖」。中山簡王傳「官騎百人，稱娖前行」，注「稱娖猶整齊也」。今據刪。

三六五二頁九行　皇太子諸侯王倚虎伏鹿　按：校補引柳從辰說，謂下既有列侯，則此「侯」字當衍。

三六五二頁一一行　朱兩轓　按：汲本、殿本「轓」作「輪」。

三六五二頁一四行　軨轄頭〔軛〕也　集解引黄山說，謂曲禮「僕展軨效駕」，釋文引盧注「軨，轄頭靼也」，此奪「靼」字。今據補。

三六五三頁一四行　倚結軨兮太息　按：楚辭「太息」上有「長」字，此脫。

三六五三頁一四行　重較也　汲本「較」作「軨」。按：今本楚辭王逸注作「伏車重軾而涕泣也」。

三六五四頁二行　金(鍰)〔鋄〕方釳　按：「鍰」當作「鋄」，前已出校記。

三六五四頁三行　鏤(錫乂)〔鍚文〕髦　按：「錫」當作「鍚」，「乂」當作「文」，前已出校記。下「當盧(乂)〔文〕髦」，同。

後漢書志第三十

輿服下

冕冠　長冠　委貌冠　皮弁冠　爵弁冠　通天冠　遠遊冠　高山冠　進賢冠　法冠　武冠　建華冠　方山冠　巧士冠　却非冠　却敵冠　樊噲冠　術氏冠　鶡冠　幘　佩　刀　印　黄赤綬　赤綬　綠綬　紫綬　青綬　黑綬　黄綬　青紺綸　后夫人服

上古穴居而野處，衣毛而冒皮，未有制度。後世聖人易之以絲麻，觀翬翟之文，榮華之色，乃染帛以效之，始作五采，成以爲服。見鳥獸有冠角頓胡之制，遂作冠冕纓蕤，以爲首飾。凡十二章。故易曰：「庖犧氏之王天下也，仰觀象於天，俯觀法於地，觀鳥獸之文，與地之宜，近取諸身，遠取諸物，於是始作八卦，以通神明之德，以類萬物之情。」黄帝堯舜垂衣裳而天下治，蓋取諸乾巛。乾巛有文，故上衣玄，下裳黄。日月星辰，山龍華蟲，〔一〕作繢宗彝，〔二〕藻火粉米，〔三〕黼黻絺繡，〔四〕以五采章施于五色作服。〔五〕天子備章，〔六〕公自山以

下，矦伯自華蟲以下，子男自藻火以下，卿大夫自粉米以下。至周而變之，以三辰爲旂旗。王祭上帝，則大裘而冕；〔七〕公侯卿大夫之服用九章以下。〔八〕秦以戰國卽天子位，滅去禮學，郊祀之服皆以袀玄。漢承秦故。至世祖踐祚，都于土中，始修三雍，正兆七郊。顯宗遂就大業，初服旒冕，衣裳文章，赤舄絇屨，以祠天地，養三老五更於三雍，于時致治平矣。

〔一〕孔安國注尚書曰：「華，象草華；蟲，雉也。」

〔二〕古文尚書「繢」作「會」。孔安國曰：「以五采成此畫焉。」宗廟彝樽，亦以山、龍、華蟲爲飾。

〔三〕孔安國曰：「藻，水草有文者。火爲火字，粉若粟(米)〔冰〕，米若聚米。」

〔四〕孔安國曰：「黼若斧形。黻爲兩己相背。葛之精者曰絺。五色備曰繡。」杜預注左傳曰：「白與黑謂之黼，黑與青謂之黻。」

〔五〕孔安國曰：「以五采明施于五色，作尊卑之服。」

〔六〕鄭玄周禮注曰：「此古天子冕服十二章。」

〔七〕鄭衆曰：「大裘，羔裘。服以祀天，示質也。」

〔八〕鄭玄曰：「華蟲，五色之蟲。周禮繢人職曰『鳥獸蛇雜四時五色之位以章之』，謂是也。王者相變，至周而以日月星辰畫於旌旗，所謂三辰旂旗，昭其明也。而冕服九章，初一曰龍，次二曰山，次三曰華蟲，次四曰火，次五曰宗彝，皆畫以爲繢；次六曰藻，次七曰粉米，次八曰黼，次九曰黻，皆絺以爲繡。則袞之衣五章，裳四章，凡九也。鷩畫以雉，謂華蟲也。其衣三章，裳四章，凡七也。毳畫虎蜼，謂宗彝也。其衣三章，裳二章，凡五也。絺刺粉米無

璧也。其衣一章，裳二章，凡三也。」法言曰：「聖人文質者也，車服以彰之，藻色以明之，聲音以揚之，詩書以光之。籩豆不陳，玉帛不分，琴瑟不鏗，鐘鼓不耾，吾無以見乎聖也！」

天子、三公、九卿、特進侯、侍祠侯，祀天地明堂，皆冠旒冕，衣裳玄上纁下。〔一〕乘輿備文，日月星辰十二章，三公、諸侯用山龍九章，九卿以下用華蟲七章，皆備五采，大佩，赤舄絇履，以承大祭。百官執事者，冠長冠，皆祗服。五嶽、四瀆、山川、宗廟、社稷諸沾秩祠，皆袀玄長冠，五郊各如方色云。百官不執事，各服常冠袀玄以從。

〔一〕東觀書曰：「永平二年正月，公卿議春南北郊，東平王蒼議曰：『孔子曰：「行夏之時，乘殷之路，服周之冕。」爲漢制法。高皇帝始受命創業，制長冠以入宗廟。光武受命中興，建明堂，立辟雍。陛下以聖明奉遵，以禮服龍袞，祭五帝。禮缺樂崩，久無祭天地冕服之制。（接）〔按〕尊事神（禮）〔祇〕，絜齋盛服，敬之至也。日月星辰，山龍華藻，天王袞冕十有二旒，以則天數；旂有龍章日月，以備其文。今祭明堂宗廟，圓以法天，方以則地，服以華文，象其物宜，以降神（明），肅雍備思，博其類也。天地之禮，冕冠裳衣，宜如明堂之制。』」

冕冠，垂旒，前後邃延，〔一〕玉藻。〔二〕孝明皇帝永平二年，初詔有司采周官、禮記、尚書皋陶篇，乘輿服從歐陽氏說，公卿以下從大小夏侯氏說。冕皆廣七寸，長尺二寸，前圓後方，朱綠裏，玄上，前垂四寸，後垂三寸，係白玉珠爲十二旒，以其綬采色爲組纓。〔三〕三公諸侯七旒，青玉爲珠；卿大夫五旒，黑玉爲珠。〔四〕皆有前無後，各以其綬采色爲組纓，旁垂黈

纊。〔五〕郊天地，宗祀，明堂，則冠之。〔六〕衣裳玉佩備章采，乘輿刺（史）〔繡〕，公侯九卿以下皆織成，陳留襄邑獻之云。

〔一〕邃，垂也。延，冕上覆。

〔二〕周禮曰：「五采繅十有二就，皆五采玉，十有二，玉笄朱紘。」鄭玄注曰：「繅，雜文之名也。合五采絲爲之繩，垂於延之前後，各十二，所謂邃延也。就，成也。繩之每一帀而貫五采玉，十有二旒則十二玉也。每就閒蓋一寸。朱紘，以朱組爲紘也。紘一條屬兩端於武，此爲袞衣之冕。十二旒則用玉二百八十八。鷩衣之冕，繅九旒，用玉二百一十六。毳衣之冕，七旒，用玉百六十八。絺衣之冕，五旒，用玉百二十。玄衣之冕，三旒，用玉七十二。」

〔三〕說文曰：「組，綬屬也，小者以爲冕纓焉。」禮記曰「玄冠朱組（綬）〔纓〕，天子之服」是也。

〔四〕獨斷曰「三公諸侯九旒，卿七旒」，與此不同。

〔五〕呂忱曰：「黈，黃色也。黃緜爲之。」禮緯曰：「旒垂目，纊塞耳，王者示不聽讒，不視非也。」薛綜曰：「以珩玉爲充耳也。詩云：『充耳琇瑩。』毛萇傳曰：『充耳謂之瑱。天子玉瑱。琇瑩，美石也。諸侯以石。』」

〔六〕蔡邕曰：「鄙人不識，謂之平天冠。」

長冠，一曰齋冠，高七寸，廣三寸，促漆纚爲之，制如板，以竹爲裏。初，高祖微時，以竹皮爲之，謂之劉氏冠，楚冠制也。民謂之鵲尾冠，非也。祀宗廟諸祀則冠之。皆服袀玄，〔一〕絳緣領袖爲中衣，絳絝袜，示其赤心奉神也。五郊，衣幘絝袜各如其色。此冠高祖所造，故以爲祭服，尊敬之至也。

〔一〕獨斷曰：「袀，紺繒也。」吳都賦（注）曰：「袀，阜服也。」

委貌冠、皮弁冠同制，長七寸，高四寸，制如覆杯，前高廣，後卑銳，所謂夏之（毋）〔毋〕追，殷之章甫者也。委貌以阜絹爲之，皮弁以鹿皮爲之。行大射禮於辟雍，公卿諸侯大夫行禮者，冠委貌，衣玄端素裳。〔一〕執事者冠皮弁，衣緇麻衣，阜領袖，下素裳，所謂皮弁素積者也。〔二〕

〔一〕鄭衆周禮傳曰：「衣有襦裳者爲端。」鄭玄曰：「謂之端，取其正也。正者，士之衣。袂皆二尺二寸而屬幅，是廣袤等也。其袪尺二寸。大夫以上侈之。侈之者，蓋半而益一焉。半而益一，則其袂三尺三寸，袪尺八寸。」

〔二〕皮弁，質也。石渠論玄冠朝服。戴聖曰：「玄冠，委貌也。朝服布上素下，緇帛帶，素韋韠。」白虎通曰：「三王共皮弁素積。素積者，積素以爲裳也，言要中辟積也。」

爵弁，一名冕。廣八寸，長尺二寸，如爵形，前小後大，繒其上似爵頭色，有收持笄，所謂夏收殷冔者也。〔一〕祠天地五郊明堂，雲翹舞樂人服之。禮曰：「朱干玉鍼，〔二〕冕而舞大夏。」此之謂也。

〔一〕獨斷曰：「殷黑而微白，前大而後小；夏純黑，亦前小而後大，皆以三十六升漆布爲之。詩云：『常服黼冔。』書曰：『王與大夫盡弁。』上古皆以布，中古以絲。孔子曰：『麻冕，禮也，今也純，儉。』」

〔二〕鄭玄曰：「朱干，赤大盾也。鍼，斧也。」

通天冠，高九寸，正豎，頂少邪却，乃直下爲鐵卷梁，前有山，展筩爲述，乘輿所常

服。〔一〕服衣，深衣制，有袍，隨五時色。袍者，或曰周公抱成王宴居，故施袍。禮記「孔子衣逢掖之衣」。縫掖其袖，合而縫大之，近今袍者也。今下至賤更小史，皆通制袍，單衣，阜緣領袖中衣，爲朝服云。

〔一〕獨斷曰：「漢受之秦，禮無文。」

遠遊冠，制如通天，有展筩橫之於前，無山述，諸王所服也。〔一〕

〔一〕獨斷曰：「禮無文。」

高山冠，一曰側注。制如通天，（頂）不邪却，直豎，無山述展筩，〔一〕中外官、謁者、僕射所服。太傅胡廣說曰：「高山冠，蓋齊王冠也。秦滅齊，以其君冠賜近臣謁者服之。」〔二〕

〔一〕獨斷曰：「鐵爲卷梁，高九寸。」漢書音義曰：「其體側立而曲注。」

〔二〕史記酈生初見高祖，儒衣而冠側注。漢舊儀曰：「乘輿冠高山冠，飛月之纓，幘耳赤，丹紈裏衣，帶七尺斬蛇劍，履虎尾絇履。」案此則亦通于天子。

進賢冠，古緇布冠也，文儒者之服也。前高七寸，後高三寸，長八寸。公侯三梁，〔一〕中二千石以下至博士兩梁，自博士以下至小史私學弟子，皆一梁。宗室劉氏亦兩梁冠，示加服也。〔二〕

〔一〕胡廣曰：「車駕巡狩幸其國者，侯衣玄端之衣，冠九旒之冕，其盛法服以就位也。今列侯自不奉朝請侍祠祭者，不得服此，皆常三梁冠，阜單衣，其歸國流黃衣阜云。」晉公卿禮秩曰：「太傅、司空、司徒著進賢三梁冠，黑介幘。」

〔二〕獨斷曰：「漢制禮無文。」荀綽晉百官表注曰：「建光中，尙書陳忠以爲『令史質堪上言，太官宜著兩梁，尙書孟（希）〔布〕奏，太官職在鼎俎，不列陛位，堪欲令比大夫兩梁冠，不宜許。臣伏惟太官令職在典掌王饔，統六清之飲，列八珍之饌，正百品之羞，納四方之貢，所奉尤重，用思又勤。明詔愼口實之御，防有敗之姦，增崇其選。侍御史主捕案，太醫令奉方藥供養，符節令掌幡信金虎，故位從大夫，車有軺沂，冠有兩梁，所以殊親疏，別內外也。太官令以供養言之，爲最親近，以職事言之，爲最煩多，令又高選，又執法比太醫令，科同服等，而冠二人殊，名實不副。又博士秩卑，以其傳先王之訓，故尊而異之，令服大夫之冕。猶此言之，兩梁冠非必列於陛位也。建初中，太官令兩梁冠。春秋之義，大於復古。如堪言合典，可施行。克厭帝心，即聽用之』。」獻帝起居注曰：「中平六年，令三府長史兩梁冠，五時衣袍，事位從千石、六百石。」

法冠，一曰柱後。〔一〕高五寸，以纚爲展筩，〔二〕鐵柱卷，〔三〕執法者服之，侍御史、廷尉正監平也。或謂之獬豸冠。獬豸神羊，能別曲直，楚王嘗獲之，故以爲冠。〔四〕胡廣說曰：「春秋左氏傳有南冠而縶者，則楚冠也。秦滅楚，以其君服賜執法近臣御史服之。」

〔一〕獨斷曰：「柱後惠文。」

〔二〕前書注曰：「纚，今之縰。」通俗文：「帾裹曰纚。」

〔三〕荀綽晉百官表注曰：「鐵柱，言其厲直不曲橈。」

〔四〕異物志曰：「東北荒中有獸名獬豸，一角，性忠，見人鬭，則觸不直者；聞人論，則咋不正者。楚執法者所服也。今冠兩角，非象也。」臣昭曰：或謂獬豸迺非定名，在兩角未足斷正，安不存其豎飾，令兩爲冠乎？

武冠，〔一〕一曰武弁大冠，諸武官冠之。〔二〕侍中、中常侍加黃金璫，附蟬爲文，貂尾爲飾，謂之「趙惠文冠」。〔三〕胡廣說曰：「趙武靈王效胡服，以金璫飾首，前插貂尾，爲貴職。秦滅趙，以其君冠賜近臣。」〔四〕建武時，匈奴內屬，世祖賜南單于衣服，以中常侍惠文冠，中黃門童子佩刀云。

〔一〕一云古緇布冠之象也。或曰繁冠。

〔二〕晉公卿禮秩曰：「大司馬、將軍、尉、驃騎、車騎、衞軍、諸大將軍開府從公者，著武冠，平上幘。」

〔三〕又名鵔鸃冠。

〔四〕應劭漢官曰：「說者以金取堅剛，百鍊不耗。蟬居高飲絜，口在掖下。貂內勁捍而外溫潤。」此因物生義也。徐廣曰：「趙武靈王胡服有此，秦即趙而用之。」說者蟬取其清高，飲露而不食，貂紫蔚（采）〔柔〕潤，而毛采不彰灼，故於義亦取。胡廣又曰：「意謂北方寒涼，本以貂皮暖額，附施於冠，因遂變成首飾。」

建華冠，以鐵爲柱卷，貫大銅珠九枚，制似縷鹿。〔一〕記曰：「知天者冠述，知地者履絇。」春秋左傳曰：「鄭子臧好鷸冠。」前圓，以爲此則是也。〔二〕天地、五郊、明堂，育命舞樂人服之。

〔一〕獨斷曰：「其狀若婦人縷鹿。」薛綜曰：「下輪大，上輪小。」

〔二〕說文曰：「鷸，知天將雨鳥也。」

方山冠，似進賢，以五采縠爲之。祠宗廟，大予、八佾、四時、五行樂人服之，冠衣各如其行方之色而舞焉。

巧士冠，〔前〕高七寸，要後相通，直豎。不常服，唯郊天，黃門從官四人冠之，在鹵簿中，次乘輿車前，以備宦者四星云。〔一〕

〔一〕獨斷曰：「禮無文。」

却非冠，制似長冠，下促。宮殿門吏僕射冠之。負赤幡，青翅燕尾，諸僕射幡皆如之。〔一〕

〔一〕獨斷曰：「禮無文。」

却敵冠，前高四寸，通長四寸，後高三寸，制似進賢，衞士服之。〔一〕

〔一〕獨斷曰：「禮無文。」

樊噲冠，漢將樊噲造次所冠，以入項羽軍。廣九寸，高七寸，前後出各四寸，制似冕。司馬殿門大難衞士服之。或曰，樊噲常持鐵楯，聞項羽有意殺漢王，噲裂裳以裹楯，冠之入軍門，立漢王旁，視項羽。

術氏冠，前圓，吳制，差池邐迤四重。趙武靈王好服之。今不施用，官有其圖注。〔一〕

〔一〕淮南子曰楚莊王所（復）〔服〕觟冠者是。蔡邕曰：「其說未聞。」

諸冠皆有纓蕤，執事及武吏皆縮纓，垂五寸。

武冠，俗謂之大冠，環纓無蕤，以青系爲緄，加雙鶡尾，豎左右，爲鶡冠云。〔一〕五官、左右虎賁、羽林、五中郎將、羽林左右監皆冠鶡冠，紗縠單衣。虎賁將虎文絝，白虎文劒佩刀。虎賁武騎皆鶡冠，虎文單衣。襄邑歲獻織成虎文云。鶡者，勇雉也，其鬭對一死乃止，故趙武靈王以表武士，秦施之焉。〔二〕

〔一〕莊子曰「縵胡之纓，武士之服」是也。

〔二〕徐廣曰：「鶡似黑雉，出於上黨。」荀綽晉百官表注曰：「冠插兩鶡，鷙鳥之暴疏者也。每所攫撮，應爪摧衂，天子武騎故以冠焉。」傅玄賦注曰：「羽騎，騎者戴鶡。」

安帝立皇太子，太子謁高祖廟、世祖廟，門大夫從，冠兩梁進賢；洗馬冠高山。罷廟，侍御史任方奏請非乘從時，皆冠一梁，不宜以爲常服。事下有司。尙書陳忠奏：「門大夫職如諫大夫，洗馬職如謁者，故皆服其服，先帝之舊也。方言可寢。」奏可。謁者，古者一名洗馬。〔一〕

〔一〕古今注曰：「建武十三年，初令令長皆小冠。」獨斷曰：「公卿侍中尙書衣皁而朝者曰朝臣。諸營校尉將大夫以下，不爲朝臣。」

古者有冠無幘，其戴也，加首有頍，所以安物。故詩曰「有頍者弁」，此之謂也。三代之世，法制滋彰，下至戰國，文武並用。秦雄諸侯，乃加其武將首飾爲絳袙，以表貴賤，其後稍稍作顏題。漢興，續其顏，却摞之，施巾連題，却覆之，今喪幘是其制也。名之曰幘。幘者，賾也，頭首嚴賾也。至孝文乃高顏題，續之爲耳，崇其巾爲屋，合後施收，上下羣臣貴賤皆服之。文者長耳，武者短耳，稱其冠也。尚書幘收，方三寸，名曰納言，示以忠正，顯近職也。迎氣五郊，各如其色，從章服也。皁衣羣吏春服青幘，立夏乃止，助微順氣，尊其方也。武吏常赤幘，成其威也。未冠童子幘無屋者，示未成人也。入學小童幘也句卷屋者，示尚幼少，未遠冒也。喪幘却摞，反本禮也。升數如冠，與冠偕也。期喪起耳有收，素幘亦如之，禮輕重有制，變除從漸，文也。〔一〕

〔一〕獨斷曰：「幘，古者卑賤執事不冠者之所服也。董仲舒止雨書曰『執事者皆赤幘』，知不冠者之所服也。元帝額有壯髮，不欲使人見，始進幘服之，羣臣皆隨焉。然尚無巾，故言『王莽禿，幘施屋』。冠進賢者宜長耳，冠惠文者宜短耳，各隨其宜。」漢舊儀曰：「凡齋，紺幘；耕，青幘；秋貙劉，服緗幘。」

古者君臣佩玉，尊卑有度；上有韍，〔一〕貴賤有殊。佩，所以章德，服之衷也。韍，所以執事，禮之共也。故禮有其度，威儀之制，三代同之。五霸迭興，戰兵不息，佩非戰器，韍非兵旗，於是解去韍佩，留其係璲，〔二〕以爲章表。故詩曰「鞙鞙佩璲」，此之謂也。〔三〕韍佩既廢，秦乃以采組連結於璲，光明章表，轉相結受，故謂之綬。漢承秦制，用而弗改，故加之以

雙印佩刀之飾。至孝明皇帝，乃爲大佩，衝牙雙瑀璜，皆以白玉。〔四〕乘輿落以白珠，公卿諸侯以采絲，其〔玉〕視冕旒，爲祭服云。

〔一〕徐廣曰：「韍如(巾)〔今〕蔽膝。」

〔二〕徐廣曰：「今名璲爲繸。」

〔三〕鞙鞙，佩玉貌。璲，瑞也。鄭玄箋曰：「佩璲者，以瑞玉爲佩，佩之鞙鞙然。」

〔四〕詩云：「雜佩以贈之。」毛萇曰：「珩、璜、琚、瑀，衝牙之類。」月令章句曰：「佩上有雙衡，下有雙璜，琚瑀以雜之，衝牙蠙珠以納其閒。」玉藻曰：「右徵角，左宮羽，進則揖之，退則揚之，然後玉瑲鳴焉。」纂要曰：「琚瑀所以納閒，在玉之閒，今白珠也。」

佩刀，乘輿黃金通身貂錯，半鮫魚鱗，金漆錯，雌黃室，五色罽隱室華。諸侯王黃金錯，環挾半鮫，黑室。公卿百官皆純黑，不半鮫。小黃門雌黃室，中黃門朱室，童子皆虎爪文，虎賁黃室虎文，其將白虎文，皆以白珠鮫爲鏢口之飾。〔一〕乘輿者，加翡翠山，紆嬰其側。〔二〕

〔一〕通俗文曰：「刀鋒曰鏢。」

〔二〕左傳曰：「藻率鞞鞛。」杜預曰：「鞞，佩刀削上飾。鞛，下飾也。」鄭玄詩箋曰：「既爵命賞賜，而加賜容刀有飾，顯其能制斷也。」春秋繁露曰：「劍之在左，青龍之象也。刀之在右，白虎之象也。韍之在前，朱鳥之象也。冠之在首，玄武之象也。四者，人之盛飾也。」臣昭案：自天子至于庶人，咸皆帶劍。劍之與刀，形制不同，名稱各異，故蕭何劍履上殿，不稱爲刀，而此志言不及劍，如爲未備。

佩雙印，長寸二分，方六分。乘輿、諸侯王、公、列侯以白玉，中二千石以下至四百石皆以黑犀，二百石以至私學弟子皆以象牙。上合絲，乘輿以縢貫白珠，赤罽蕤，諸侯王以下以綔赤絲蕤，縢綔各如其印質。刻書文曰：「正月剛卯既決，靈殳四方，赤青白黃，四色是當。帝令祝融，以教夔龍，庶疫剛癉，莫我敢當。疾日嚴卯，帝令夔化，慎爾周伏，化茲靈殳。既正既直，既觚既方，庶疫剛癉，莫我敢當。」凡六十六字。〔一〕

〔一〕前書注云：「以正月卯日作。」

乘輿黃赤綬，四采，黃赤(紺)縹〔紺〕，淳黃圭，長〔二〕丈九尺九寸，五百首。〔一〕

〔一〕漢舊儀曰：「璽皆白玉螭虎紐，文曰『皇帝行璽』、『皇帝之璽』、『皇帝信璽』、『天子行璽』、『天子之璽』、『天子信璽』，凡六璽。皇帝行璽，凡封之璽賜諸侯王書；信璽，發兵徵大臣；天子行璽，策拜外國，事天地鬼神。璽皆以武都紫泥封，青囊白素裏，兩端無縫，尺一板中約署。皇帝帶綬，黃地六采，不佩璽。璽以金銀縢組，侍中組負以從。秦以前民皆佩綬，金、玉、銀、銅、犀、象爲方寸璽，各服所好。奉璽書使者乘馳傳。其驛騎也，三騎行，晝夜千里爲程。」吳書曰：「漢室之亂，天子北詣河上，六璽不自隨，掌璽者投井中。孫堅北討董卓，頓軍城南，官署有井，每旦有五色氣從井出。堅使人浚得傳國璽。其文曰『受命于天，既壽永昌』。方圜四寸，上有紐文槃五龍，瑨七寸管，龍上一角缺。」獻帝起居注曰：「時六璽不自隨，及還，於閣上得。」晉陽秋曰：「冉閔大將軍蔣幹以傳國璽付河南太守戴施，施獻之，百僚皆賀。璽光照洞徹，上蟠螭文隱起，書曰『(旻)〔昊〕天之命，皇帝壽昌』。秦舊璽也。」徐廣曰：「傳國璽文曰『受天之命，皇帝壽昌』。」

諸侯王赤綬，〔一〕四采，赤黃縹紺，淳赤圭，長二丈一尺，三百首。〔二〕

〔一〕徐廣曰：「太子及諸王金印，龜紐，纁朱綬。」

〔二〕荀綽晉百官表注曰：「皇太子朱綬，三百二十首。」

太皇太后、皇太后，其綬皆與乘輿同，皇后亦如之。

長公主、天子貴人與諸侯王同綬者，加特也。

諸國貴人、相國皆綠綬，三采，綠紫紺，淳綠圭，長二丈一尺，二百四十首。〔一〕

〔一〕前書曰：「相國、丞相皆秦官，金印紫綬。高帝相國綠綬。」徐廣曰：「金印綠綟綬。」綟音戾，草名也。以染似綠，又云似紫。紫綬名緺綬，(緺)音瓜，其色青紫。綟字亦(盭)〔盭〕，音同也，傳寫者誤作「紫」。公加殊禮，皆服之。何承天云：「緺音媧。青紫色綬。綟，紫色也。」

公、侯、將軍紫綬，二采，紫白，淳紫圭，長丈七尺，百八十首。〔一〕公主封君服紫綬。

〔一〕前書曰：「太尉金印紫綬。御史大夫位上卿，銀印青綬，成帝更名大司空，金印紫綬。將軍亦金印。」漢官儀曰：「馬防爲車騎將軍，銀印青綬，在卿上，絕席。和帝以竇憲爲車騎將軍，始加金紫，次司空。」

九卿、中二千石、二千石青綬，三采，青白紅，淳青圭，長丈七尺，百二十首。〔一〕自青綬以上，縌皆長三尺二寸，與綬同采而首半之。縌者，古佩璲也。佩綬相迎受，故曰縌。紫綬以上，縌綬之閒得施玉環鐍云。〔二〕

〔一〕一號青緺綬。

千石、六百石黑綬，三采，青赤紺，淳青圭，長丈六尺，八十首。四百石、三百石長同。〔二〕

〔二〕通俗文曰：「缺環曰鐍。」漢舊儀曰「其斷獄者印爲章」也。

〔一〕漢官曰：「尚書僕射，銅印青綬。」

四百石、三百石、二百石黃綬，〔一采〕，淳黃圭，（一采）長丈五尺，六十首。自黑綬以下，縌綬皆長三尺，與綬同采而首半之。

百石青紺（綸）〔綬〕，一采，宛轉繆織〔圭〕，長丈二尺。〔一〕

〔一〕丁孚漢儀載太僕、太中大夫襄言：「乘輿綬，黃地冒白羽，青絳綠五采，四百首，長二丈三尺。詔所下王綬，冒亦五采，上下無差。諸王綬四采，絳地冒白羽，青黃去（綠）〔緣〕，二百六十首，長二丈一尺。公主綬如王。侯，絳地，紺縹三采，百二十首，長丈八尺。二千石綬，羽青地，桃華縹三采，百二十首，長丈八尺。黑綬，羽青地，絳二采，八十首，長一丈七尺。黃綬一采，八十首，長丈七尺。以爲常式。民織綬不如式，沒入官，犯者爲不敬。二千石綬以上，禁民無得織以粉組。」皇太后詔可，王綬如所下。

凡先合單紡爲一系，四系爲一扶，五扶爲一首，五首成一文，文采淳爲一圭。首多者系細，少者系麤，皆廣尺六寸。〔一〕

〔一〕東觀書曰：「建武元年，復設諸侯王金璽綟綬，公侯金印紫綬。九卿、執金吾、河南尹秩皆中二千石，大長秋、將作

大匠、度遼諸將軍、郡太守、國傅相皆秩二千石，校尉、中郎將、諸郡都尉、諸國行相、中尉、內史、中護軍、司直秩皆二千石，以上皆銀印青綬。中外官尚書令、御史中丞、治書侍御史、公將軍長史、中二千石丞、正、平、諸司馬、中宮王家僕、雒陽令秩皆千石，尚書、中謁者、謁者、黃門冗從、四僕射、諸都監、中外諸都官令、都候、司農部丞、郡國長史、丞、候、司馬、千人秩皆六百石，家令、侍、僕秩皆六百石，雒陽市長秩四百石，主家長秩皆四百石，以上皆銅印黑綬。諸署長楫櫂丞秩三百石，諸秩千石者，其丞、尉皆秩四百石，秩六百石者，丞、尉秩三百石，四百石者，其丞、尉秩二百石，縣國丞、尉亦如之，縣、國三百石長相，丞、尉亦二百石，明堂、靈臺丞、諸陵校長秩二百石，丞、尉、校長以上皆銅印黃綬。縣國守宮令、相或千石或六百石，長相或四百石或三百石，長相皆以銅印黃綬。而有秩者侍中、中常侍、光祿大夫秩皆二千石，太中大夫秩皆比二千石，尚書、諫議大夫、侍御史、博士皆六百石，議郎、中謁者秩皆比六百石，小黃門、黃門侍郎、中黃門秩皆比四百石，郎中秩皆比三百石，太子舍人秩二百石。」

太皇太后、皇太后入廟服，紺上皁下，蠶，青上縹下，皆深衣制，〔一〕隱領袖緣以絛。翦氂蔮，簪珥。珥，耳璫垂珠也。簪以瑇瑁爲擿，長一尺，端爲華勝，上爲鳳皇爵，以翡翠爲毛羽，下有白珠，垂黃金鑷。左右一橫簪之，以安蔮結。諸簪珥皆同制，其擿有等級焉。

〔一〕徐廣曰：「即單衣。」

皇后謁廟服，紺上皁下，蠶，青上縹下，皆深衣制，隱領袖緣以絛。假結，步搖，簪珥。步搖以黃金爲山題，貫白珠爲桂枝相繆，一爵九華，熊、虎、赤羆、天鹿、辟邪、南山豐大特六獸，詩所謂「副笄六珈」者。〔一〕諸爵獸皆以翡翠爲毛羽。金題，白珠璫繞，以翡翠爲華云。

〔一〕毛詩傳曰：「副者，后夫人之首飾，編髮爲之。笄，衡笄也。珈，笄飾之最盛者，所以別尊卑。」鄭玄曰：「珈之言加也。副既笄而加飾，如今步搖上飾，古之制所未聞。」

貴人助蠶服，純縹上下，深衣制。大手結，墨瑇瑁，又加簪珥。長公主見會衣服，加步搖，公主大手結，皆有簪珥，衣服同制。自公主封君以上皆帶綬，以采組爲緄帶，各如其綬色。黃金辟邪，首爲帶鐍，飾以白珠。

公、卿、列侯、中二千石、二千石夫人，紺繒蔮，黃金龍首銜白珠，魚須擿，長一尺，爲簪珥。入廟佐祭者皁絹上下，助蠶者縹絹上下，皆深衣制，緣。自二千石夫人以上至皇后，皆以蠶衣爲朝服。

公主、貴人、妃以上，嫁娶得服錦綺羅縠繒，采十二色，重緣袍。特進、列侯以上錦繒，采十二色。六百石以上重練，采九色，禁丹紫紺。三百石以上五色采，青絳黃紅綠。二百石以上四采，青黃紅綠。賈人，緗縹而已。〔一〕

〔一〕博物記曰：「交州南有蟲，長減一寸，形似白英，不知其名，視之無色，在陰地多細色，則赤黃之色也。」

公、列侯以下皆單緣襈，制文繡爲祭服。自皇后以下，皆不得服諸古麗圭襂閨緣加上之服。〔一〕建武、永平禁絕之，建初、永元又復中重，於是世莫能有制其裁者，乃遂絕矣。〔二〕

〔一〕司馬相如大人賦曰：「垂旬始以爲幓。」注云：「葆下旒也。」則幓之容如旌旒也。

〔二〕蔡邕表志曰：「永平初，詔書下車服制度，中宮皇太子親服重繒厚練，浣已復御，率下以儉化起機。諸侯王以下至于士庶，嫁娶被服，各有秩品。當傳萬世，揚光聖德。臣以爲宜集舊事儀注本奏，以成志也。」

凡冠衣諸服，旒冕、長冠、委貌、皮弁、爵弁、建華、方山、巧士，衣裳文繡，赤舄，服絇履，大佩，皆爲祭服，其餘悉爲常用朝服。唯長冠，諸王國謁者以爲常朝服云。宗廟以下，祠祀皆冠長冠，皁繒袍單衣，絳緣領袖中衣，絳絝袜，五郊各從其色焉。

贊曰：車輅各庸，旌旂異局。冠服致美，佩紛璽玉。敬敬報情，尊尊下欲。孰夸華文，匪豪麗縟。

校勘記

三六六一頁八行　遂作冠冕纓蕤　按：集解引惠棟說，謂「蕤」北宋本作「緌」。

三六六二頁七行　粉若粟（米）〔冰〕　集解引李良裘說，按孔傳本作「粉若粟冰」，作「米」，譌也。此志北宋本亦作「粟冰」。今據改。

三六六三頁一行　裳二章　按：「二」原譌「一」，逕據汲本、殿本改正。

三六六三頁九行　（捼）〔按〕尊事神（禮）〔祇〕　據汲本、殿本改。按：聚珍本東觀漢紀同。通典卷六十一引

三六六三頁一二行　以降神〔明〕　據汲本、殿本及通典補。

作「接尊事神」，無「禮」字。

三六六四頁一行　乘輿刺（史）〔繡〕　校補謂案對下「織成」言，「刺史」蓋「刺繡」之譌。書益稷鄭注「刺者爲繡」。前書賈誼傳「美者黼繡，是古天子之服」，師古注「繡者，刺爲衆文」。今作「刺史」，列乘輿上，公侯下，明誤。今據改。

三六六四頁八行　玄冠朱組（綬）〔纓〕　據汲本改，與今禮記合。

三六六五頁一行　吳都賦〔注〕曰　按：下所引乃文選吳都賦注文，明脫一「注」字，今補。

三六六五頁二行　委貌冠皮弁冠同制　按：集解引惠棟說，謂北宋本作「委貌與皮弁冠同制」。

三六六五頁二行　夏之（毋）〔毋〕追　據集解本改。按：校補引柳從辰說，謂白虎通「毋追，言其追大也」。字一作「無」，周禮追師鄭注作「牟」，釋名同。

三六六五頁三行　委貌以皁絹爲之　按：集解引惠棟說，謂「絹」一作「繒」。

三六六五頁一六行　展筩爲述　按：集解引惠棟說，謂此下脫「筩綫犀簪導」五字。

三六六六頁七行　〔貢〕不邪卻　集解引惠棟說，謂「不」上宜從董巴輿服志及三禮圖增「貢」字。今據補。

三六六六頁八行　太傅胡廣說曰　按：集解引惠棟說，謂「胡廣」上脫「南郡」二字。

三六六七頁一行　尙書孟（希）〔布〕奏　集解引惠棟說，謂「希」當作「布」，漢隸希卽布字，故誤作「希」也。今據改。按：尙書孟布見本書陳忠傳。

三六六七頁五行　名實不副　按：「副」原譌「嗣」，逕據汲本、殿本改正。

三六六八頁九行　秦卽趙而用之　按：「趙」原譌「漢」，逕據汲本、殿本改正。

三六六八頁九行　貂紫蔚（采）〔柔〕潤　據殿本、集解本改。

三六六八頁一六行　方山冠似進賢　按：集解引惠棟說，謂下脫「前高七寸後高三寸纓長八寸」十二字，當從三禮圖增。

三六六九頁二行　巧士冠〔前〕高七寸　集解引惠棟說，謂「高」上脫「前」字。今據補。

三六六九頁二行　黃門從官四人冠之　按：集解引惠棟說，謂「官」北宋本作「宦者」。

三六六九頁一四行　楚莊王所（復）〔服〕𪓐冠者是　據殿本改。按：殿本考證謂「服」字監本誤作「復」，依宋本改。

三六七〇頁二行　紗縠單衣　集解引惠棟說，謂「紗」上脫「著」字。

三六七〇頁四行　秦施之焉　按：殿本「之焉」作「安焉」。惠棟云「安焉」一作「用之」。

三六七〇頁五行　縵胡之纓武士之服　按：集解引黃山說，謂今莊子說劍篇無「武士之服」四字。

三六七一頁五行　入學小童幘也句卷屋者　按：殿本考證謂「也」疑作「施」。

三六七一頁一〇行　服細幘　按：汲本、殿本「細」作「緋」。

三六七一頁一三行　解去韍佩　按：「韍」原譌「紱」，逕據汲本、殿本改正。下「韍佩旣廢」同。

三六七一頁一三行　留其係璲　按：北堂書鈔儀飾部引董巴輿服志「係璲」作「絲縫」，初學記二十六、御覽六百八十二引董志作「絲縌」。下「連結於璲」同。

三六七一頁一四行　轉相結受　按：御覽引董巴志「受」作「授」。

三六七二頁一行　乘輿落以白珠　御覽六百九十二引董巴輿服志「落」作「絡」。按：落絡通。

三六七二頁二行　其〔玉〕䙅冕旒　校補引柳從辰說，謂御覽六百九十二引董巴輿服志作「其玉䙅冕旒」，此脫「玉」字。今據補。

三六七二頁三行　如（巾）〔今〕蔽膝　據殿本改。按：集解引惠棟說，謂「巾」當作「今」。

三六七三頁三行　正月剛卯旣決　按：「決」當依前書莽傳注作「央」，與下「靈殳四方」叶韻。

三六七三頁四行　愼爾周伏　按：前書注「周」作「固」。

三六七三頁七行　乘輿黃赤綬四采　集解引惠棟說，謂「四」當依董巴輿服志作「五」。今按：北堂書鈔服飾部及宋本御覽六百八十二引董志並作「四」，惟初學記二十六引董志作「五」。下云「黃赤縹紺」，明衹四采，不當作「五」。

三六七三頁七行　黃赤（紺）縹〔紺〕　集解引惠棟說，謂「紺縹」當從董志作「縹紺」。今據以乙正。

三六七三頁七行　長〔二〕丈九尺九寸　集解引惠棟說，謂「丈」上當從三禮圖增「二」字。今據補。按：北堂書鈔、初學記及御覽引董志，並作「長二丈九尺」。

三六七三頁一五行　（旻）〔昊〕天之命　據汲本、殿本改。按：北堂書鈔服飾部引晉陽秋亦作「旻」，王石華校改「旻」爲「昊」。

三六七四頁一行　長二丈一尺三百首　集解引惠棟說，謂董志「一」作「八」，博物志仍作「一」。今按：北堂書鈔服飾部引應劭漢官作「長二丈一尺」。

三六七四頁八行　紫綬名緺綬〔緺〕香瓜　據汲本補。按：汲本脫「綬」字，殿本「綬」下脫「緺」字。

三六七四頁八行　綟字亦（盭）〔盭〕　據汲本改。按：「亦」下當脫「作」字。

三六七四頁一四行　古佩璲也　集解引惠棟說，謂「璲」北宋本作「䍁」。今按：御覽六百八十二引董志亦作「䍁」。

三六七四頁一四行　佩綬相迎受　按：集解引惠棟說，謂董志「綬」作「䍁」。

三六七四頁一五行　縌綬之間得施玉環鐍云　集解引惠棟說，謂「鐍」北宋本作「玦」。今按：御覽六百八十二引董志亦作「玦」。

三六七五頁六行　黃綬〔一采〕淳黃圭（一采）長丈五尺六十首　集解引惠棟說，謂董巴輿服志曰「皆黃綬，一采，淳黃圭，長一丈五尺，六十首」，崔豹古今注同。今據以乙正。

三六七五頁八行　百石青紺（綸）〔綬〕　據集解引惠棟說改。按：惠云「綬」譌「綸」，當從董巴輿服志改。

三六七五頁八行　宛轉繆織〔圭〕長丈二尺　集解引惠棟說，謂「長」上脫「圭」字，當從董巴輿服志增。今據補。

三六七五頁一〇行　青黃去（綠）〔緣〕　據殿本改。按：集解引惠棟說，謂漢官儀「去緣」作「赤綵」。

三六七五頁一〇行　長二丈一尺　按：汲本作「長一丈二尺」，殿本作「長二丈二尺」。惠棟云北宋本作「二丈一尺」。

三六七五頁一一行　長丈八尺　集解引惠棟說，謂漢官儀作「二丈八尺」。今按：孫星衍校漢官儀云「二」當作「一」。

三六七五頁一一行　黑綬羽青地　集解引惠棟說，謂漢官儀作「黑綬白羽青地」。今按：孫校云「白」字當衍。

三六七六頁六行　其丞尉秩二百石　按：集解引惠棟說，謂北宋本「二」作「三」。

三六七六頁一一行　簪以瑇瑁爲擿　按：集解引惠棟說，謂「擿」一作「擿」，又作「擿」。錢大昕謂擿卽揥字。

三六七六頁一五行　一爵九華　按：集解引惠棟說，謂「一爵」當依徐廣輿服雜志作「八爵」，三禮圖引作「一爵」，訛。

三六七七頁八行　助蠶者縹絹上下皆深衣制緣　按：集解引惠棟說，謂「縹」一作「青」。

三六七七頁一五行　又復中重　按：集解引黃山說，謂明紀永平十二年詔云「有司其申明科禁」，和紀永元

十一年詔云「但且申明憲綱」，凡詔書遵用舊章，未有不言申者。易稱「重巽以申命」，荀子富國篇「爵服慶賞，以申重之」，王霸篇「案申重之，以貴賤殺生」。「中」當卽「申」形近之訛。

三六七八頁一行　垂旬始以爲襂　集解引惠棟說，謂「襂」當作「幓」。今按：史記司馬相如傳作「幓」。

三六七八頁三行　各有秩品　集解引惠棟說，謂「秩」北宋本作「科」。

三六七八頁六行　絳緣領袖中衣　按：集解引惠棟說，謂「袖」下脫「爲」字。

三六七八頁六行　絳袴袜　按：集解引惠棟說，謂下脫「示赤心」三字。

獄中與諸甥姪書

范曄

吾狂釁覆滅，豈復可言，汝等皆當以罪人棄之。然平生行己在懷，猶應可尋，至於能不，意中所解，汝等或不悉知。

吾少嬾學問，晚成人，年三十許政始有向耳。自爾以來，轉爲心化，推老將至者，亦當未已也。往往有微解，言乃不能自盡。爲性不尋注書，心氣惡，小苦思便憒悶，口機又不調利，以此無談功。至於所通解處，皆自得之於胸懷耳。文章轉進，但才少思難，所以每於操筆，其所成篇，殆無全稱者。

常恥作文士。文患其事盡於形，情急於藻，義牽其旨，韻移其意。雖時有能者，大較多不免此累，政可類工巧圖繢，竟無得也。常謂情志所託，故當以意爲主，以文傳意。以意爲主，則其旨必見；以文傳意，則其詞不流。然後抽其芬芳，振其金石耳。此中情性旨趣，千條百品，屈曲有成理。自謂頗識其數，嘗爲人言，多不能賞，意或異故也。

性別宮商，識清濁，斯自然也。觀古今文人，多不全了此處；縱有會此者，不必從根本中來。言之皆有實證，非爲空談。年少中謝莊最有其分，手筆差易，文不拘韻故也。吾思

乃無定方，特能濟難適輕重，所稟之分，猶當未盡，但多公家之言，少於事外遠致，以此爲恨，亦由無意於文名故也。本未關史書，政恒覺其不可解耳。

既造後漢，轉得統緒。詳觀古今著述及評論，殆少可意者。班氏最有高名，既任情無例，不可甲乙辨，後贊於理近無所得，唯志可推耳。博贍不可及之，整理未必愧也。吾雜傳論，皆有精意深旨，既有裁味，故約其詞句。至於循吏以下及六夷諸序論，筆勢縱放，實天下之奇作。其中合者，往往不減過秦篇。嘗共比方班氏所作，非但不愧之而已。欲徧作諸志，前漢所有者悉令備。雖事不必多，且使見文得盡；又欲因事就卷內發論，以正一代得失，意復未果。贊自是吾文之傑思，殆無一字空設，奇變不窮，同含異體，乃自不知所以稱之。此書行，故應有賞音者。紀傳例爲舉其大略耳，諸細意甚多。自古體大而思精，未有此也。恐世人不能盡之，多貴古賤今，所以稱情狂言耳。

吾於音樂，聽功不及自揮，但所精非雅聲爲可恨。然至於一絕處，亦復何異邪！其中體趣，言之不盡。弦外之意，虛響之音，不知所從而來。雖少許處，而旨態無極。亦嘗以授人，士庶中未有一豪似者。此永不傳矣！

吾書雖小小有意，筆勢不快。餘竟不成就。每愧此名。

後漢書注補志序

劉昭

臣昭曰：昔司馬遷作史記，爰建八書；班固因廣，是曰十志。天人經緯，帝政紘維，區分源奥，開廓著述，創藏山之祕寶，肇刊石之遐貫，誠有繫於春秋，亦自敏於改作。

至乎永平，執簡東觀，紀傳雖顯，書志未聞。推檢舊記，先有地理，張衡欲存炳發，未有成功。靈憲精遠，天文已煥。自蔡邕大弘鳴條，寔多紹宣。協妙元卓，律曆以詳；承洽伯始，禮儀克舉；郊廟社稷，祭祀該明；輪騑冠章，車服贍列。於是應、譙纘其業，董巴襲其軌。司馬續書揔爲八志，律曆之篇仍乎洪、邕所構，車服之本即依董、蔡所立，儀祀得於往制，百官就乎故簿，並籍據前修，以濟一家者也。王教之要，國典之源，粲然略備，可得而知矣。既接繼班書，通其流貫，體裁淵深雖難踰等，序致膚約有傷懸越，後之名史，弗能罷意。叔駿之書，是爲十典，矜綴殺青，竟亦不成。二子平業，俱稱麗富，華轍亂亡，典則偕泯，雅言邃義，於是俱絕。沈、松因循，尤解功創，時改見句，非更搜求，加藝文以矯前棄，流書品採自近錄，初平、永嘉圖籍焚喪，塵消煙滅，焉識其限，借南晉之新虛，爲東漢之故實，是以學者亦無取焉。

范曄後漢，良誠跨衆氏，序或未周，志遂全闕。國史鴻曠，須寄勤閑，天才富博，猶俟改具。若草昧厥始，無相憑據，窮其身世，少能已畢。遷有承考之言，固深資父之力，太初以前，班用馬史，十志所因，實多往制，升入校部，出二十載，續志昭表，以助其閒，成父述者，夫何易哉！況曄思雜風塵，心橈成毁，弗克員就，豈以兹乎？夫辭潤婉贍，可得起改，覈求見事，必應寫襲，故序例所論，備精與奪，及語八志，頗褒其美，雖出拔前羣，歸相沿也。又尋本書當作禮樂志，其天文、五行、百官、車服，爲名則同。此外諸篇，不著紀傳，律曆、郡國，必依往式。曄遺書自序，應徧作諸志，前漢有者，悉欲備製，卷中發論，以正得失，書雖未明，其大旨也。曾臺雲構，所缺過乎榱桷，爲山霞高，不終踰乎一墤，鬱絕斯作，吁可痛哉！徒懷纘緝，理慙鉤遠，迺借舊志，注以補之。狹見寡陋，匪同博遠，及其所值，微得論列。分爲三十卷，以合范史。求於齊工，孰曰文類；比兹闕恨，庶賢乎已。

昔褚生補子長之削少，馬氏接孟堅之不畢，相成之義，古有之矣。引彼先志，又何猜焉！而歲代逾邈，立言湮散，義存廣求，一隅未覿，兼鍾律之妙，素揖校讎，參曆筭之微，有慙證辨，星候祕阻，圖緯藏嚴，是須甄明，每用疑略，時或有見，頗邀傍遇，非覽正部，事乖詳密。今令行禁止，此書外絕，其有疏漏，諒不足誚。

〔晋〕陳　壽　撰
〔宋〕裴松之　注

三國志

中華書局

三國志

晉 陳壽 撰
宋 裴松之 注

第一册

卷一至卷九（魏書一）

中華書局

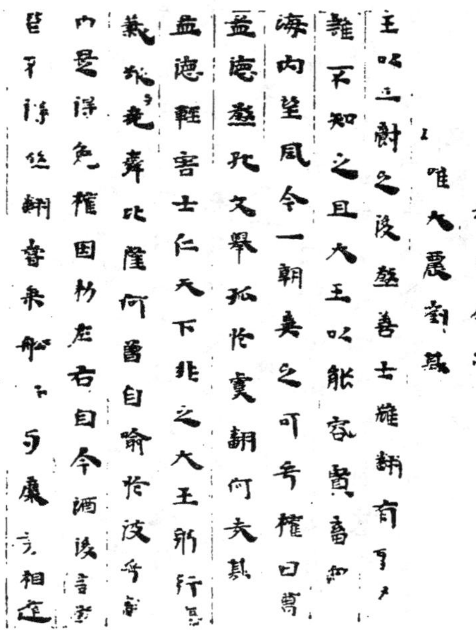

書影一 東晉寫本吳志殘卷（一九二四年新疆鄯善縣出土） 之一

東晉寫本吳志殘卷 之二

中華書局

陀門後　子論語國語
訓注皆傳於世初山陰丁覽太末徐
陵在縣吏之中或衆所未識翻一
見與之交善然成顯名在南十餘年
七十卒歸葬舊墓妻子得還有子十一
人第四子汜最知名永安初從選
曹郎為散騎中常侍後為監軍使者
討扶嚴病卒汜弟忠宜都太守竦越
騎校尉累遷廷尉
陸績字公紀吳郡吳人也父康漢末

東晉寫本吳志殘卷　之四

為廬江　績年六　於九江見袁術
出橘績懷三枚去拜　地術謂
陸郎作賓客而懷橘乎績跪答曰
歸遺母術大奇之孫策在吳張昭
紘秦松為上賓共論四海未泰唯當
用武治而平之績年少末坐遙大聲言
曰昔管夷吾相齊桓公九合諸侯一
匡天下不用兵車孔子曰遠人不服
文德以來之今論者不務道德懷取
之術而惟尚武績雖童蒙竊所未安

東晉寫本吳志殘卷　之五

也昭等異之　績容貌雄博學多識星
曆算數無不該覽虞翻舊齒名龐
荊州令士年亦差長皆與績友善孫權
統事辟為奏曹掾以直道見憚出為
鬱林太守加偏將軍給兵二千人績既有
躄疾又意存儒雅非其志也雖有軍
事著述不廢作渾天圖注易釋玄皆
傳於世豫自知亡日乃為辭曰有漢
志士吳郡陸績幼敦詩書長玩禮易
受命南　遘疾遇厄　命不永嗚呼

東晉寫本吳志殘卷　之六

悲隔又曰從今以去六十年之外車同軌
書同文恨不及見也年　卒長子
會稽南部都尉次子叡長水校尉
張溫字惠恕吳郡吳人也父允以輕財
重士名顯州郡為孫權東曹掾卒溫
少脩節操容貌奇偉權聞之以問公卿
曰溫當今與誰為比大司農劉基曰可
與全琮為輩太常顧雍曰基未詳其
為人也溫當今無輩權曰如是張允不
死也徵　延見文辭　對觀者傾竦

東晉寫本吳志殘卷

權改容加禮罷出張昭執其手曰老
夫託意君宜明之拜議郎選曹尚書徙
太子太傅甚見信重時年卅二以輔義中
郎將使蜀權謂溫曰卿不宜遠出恐諸
葛孔明不知吾所以與曹氏通意故屈
卿行若山越都除便欲大構於蜀行人
之義受命不受辭也溫對曰臣入無腹
心之規出無專對之用懼無張老延譽
之功又無子產陳事之效然諸葛亮達
見計數必知神慮屈申之宜加受朝廷

之七

東晉寫本吳志殘卷

天覆之惠推亮之心必無疑貳溫至蜀
詣闕拜章曰昔高宗以諒闇昌殷祚於
再興成王以幼沖隆周德於太平功冒
溥天聲貫罔極今陛下以聰明之姿
等契往古總百揆於良佐參列精之炳
耀遐邇望風莫不欣賴吳國勤任旅力
清澄江滸願與有道平壹宇內委心
視有如河水軍事興煩使弘之少是
以忍鄙倍之羞……溫通致情好
陛下……忽臣自遠境

之八

出版說明

一

魏文帝黃初元年到晉武帝太康元年（公元二二〇——二八〇），是中國歷史上魏、蜀、吳三國鼎立的時期。記載這六十年歷史的比較完整的史書，是西晉初年陳壽著的這部三國志。

唐代以前，本以史記、漢書、東觀記爲三史，後來東觀記失傳（現存的東觀漢記是後人輯佚書），就稱史記、漢書、後漢書爲三史，後人推重陳壽的史學和文筆，於是又加上三國志，稱爲四史。三國志繼承史記、漢書而作，成書遠在後漢書以前。司馬遷的史記是通史體，班固的漢書是斷代史體，三國志把三國分成三書——魏書三十卷，蜀書十五卷，吳書二十卷，共六十五卷，在斷代史中別創一格。

陳壽成書的年代雖然不能確定，但知他死在晉惠帝元康七年（公元二九七），這時候魏的最後一個君主陳留王尚未死去。當時魏、吳兩國已先有史，官修的有王沈魏書、韋昭吳書，私撰的有魚豢魏略，這三種書是陳壽所根據的基本材料。惟蜀國無史，必須由陳壽直

接採集資料。陳壽是蜀人，又是史學家譙周的弟子，在蜀未亡時即注意蜀事，他所採集的雖然不及魏、吳官史那樣豐富，也終於完成蜀書，與魏、吳兩書並列。總的來說，因爲陳壽見到的史料有限，所以三書的內容都還不够充實。三國志没有志表，正是因爲材料不足，後來裴松之所以要給它作注，也是要補救這個缺陷。

魏、蜀、吳三書曾各自爲書。舊唐書經籍志以魏書入正史類，蜀書、吳書入編年類，這種分類法，固然錯誤可笑，但由此可以知道三書在宋以前曾經是獨立流傳的。三國志最早的刻本——北宋咸平六年（公元一〇〇三）國子監刻本，吳志分上下兩帙，前有刻吳志牒文。後來紹熙的重刻本裏，也保留着一頁咸平國子監刻蜀志的牒文。可知咸平刻書時雖已合併，但三書還是分別發刻。

二

陳壽死後約一百三十餘年，裴松之爲三國志作注，至宋文帝元嘉六年（公元四二九）告成。

東晉以後，史料的發現已經漸漸多起來，裴松之廣泛地搜輯，利用這些資料來補充陳書，正像他自己所說「繪事以衆色成文，蜜蜂以兼採爲味」。裴注的體例，在他的進書表裏提到有以下四個方面：一、「壽所不載，事宜存録者，則罔不畢取以補其闕」；二、「同說一事

事而辭有乖離，或出事本異疑不能判，並皆抄納以備異聞」；三、「紕繆顯然，言不附理，則隨違矯正以懲其妄」；四、「時事當否及壽之小失，頗以愚意有所論辨」。按隋書經籍志著錄裴注三國志，除本書六十五卷外，還有敍錄一卷。可惜唐以後敍錄失傳，使我們對於作者的意旨不能得到更深刻的瞭解。

一般注釋古書，大都專門注意訓詁，裴注的重點則放在事實的增補和考訂上，對於原文的音切和解釋並不詳備。四庫提要稱：「其初意似亦欲如應劭之注漢書，考究訓詁，引證故實。……欲爲之而未竟，又惜所已成，不欲删棄，故或詳或略，或有或無。」這話毫無證據，只能認爲撰提要者的臆測之辭罷了。

裴注多過陳壽本書數倍，明以前人若王通、劉知幾都譏其繁蕪，葉適至認爲「注之所載，皆壽書之棄餘」（文獻通考一九一）。清代學者雖然推重裴注，但也有人指責他有的應注而不注，有的不應注而注，引書有改字等等（見趙翼陔餘叢考六、四庫提要四五及盧文弨的批注）。其實這些都是小缺點，並不能因此掩沒它的長處。裴注引用的魏、晉人著作，多至二百十種，著錄在隋書經籍志中的已經不到四分之三，唐、宋以後就十不存一了。而且裴注所引的材料，都首尾完整，儘管說它「繁蕪」，說它「壽之棄餘」，單就保存古代資料這一點說，也是值得重視的。

作後漢書的范曄和裴松之同時，以年齡論，裴比范長二十歲，范死在宋文帝元嘉二二年（公元四四五），裴死更比范後六年。兩人雖然生在同一時期，同樣搜集史料，但他們運用史料的方法不同，范曄組織所得的史料編成後漢書，裴松之則用來注陳壽的三國志。試取陳壽、范曄兩書中篇目相同的十六篇列傳比較，范書比陳書篇幅增多約一倍，那些多出來的材料，大多是和裴注相同的。

三

現在最通行的三國志刻本有四種：一、百衲本，據宋紹興、紹熙兩種刻本配合影印；二、清武英殿刻本，據明北監本校刻（鉛印石印各本都據武英殿本翻印）；三、金陵活字本，據明南監馮夢禎本校印；四、江南書局刻本，據毛氏汲古閣本校刻。這四種刻本，除百衲本影印外，其餘三種雖然在重刻時還不免增加了一些錯字，但都經過認眞校勘，並改正了原本的不少錯誤。我們的校點工作，就用這四種通行本互相勘對，擇善而從。

清代學者對於三國志的校勘考訂工作，曾經作了很大的努力。自顧炎武、何焯以下約二十餘家，都能根據本書前後文互證，並參考它書，對於宋、元以來各種版本相沿未改的錯誤，分別提出意見，或批注書眉，或成爲專門著作刊布。後來梁章鉅三國志旁證及盧弼三

國志集解，先後彙集諸家校語，作了兩次總結。我們利用了梁、盧兩家的成果，又取他們所據原書覆勘，並加採蔣杲、翁同書、楊通、吳承仕諸家之說，對本書作進一步的整理。處理辦法，分成兩類：

甲、屬於編排上的錯誤，依前人校語逕改。例如：

一、卷四陳留王傳「復除租賦之半五年」，各本都以五年兩字另行起，與下文連接，成爲「五年乙卯，以征西將軍鄧艾爲太尉，鎭西將軍鍾會爲司徒；皇太后崩」。按鄧艾爲太尉，鍾會爲司徒，「皇太后崩」，都是景元四年十二月裏的事，已見本書卷五明元郭皇后傳及卷二十八鄧艾、鍾會傳。且「皇太后崩」之後，又緊接着「咸熙元年春正月」。景元五年卽是咸熙元年，下文既然有咸熙元年，前面就不應該再有景元五年了（此條據翁同書說）。

二、卷三十七法正傳注「先主與曹公爭」一段六十七字，乃裴氏因諸葛亮有「法孝直若在」之歎，故引此事爲證。應該列在傳末諸葛亮語下，各本都誤列在陳評之後（此條據陳景雲說）。

乙、本書中可疑及難解的字句，經前人校改者很多，我們採取了比較重要的。這類改字，校改者雖然言之成理，但可能還有其它的看法。我們把它改了，不敢說改的一定對，所

以加上圓括弧（表示删的）和方括弧（表示增的）兩種符號，表明原本的字和校改的字。讀者如果認爲校改不妥當，可以仍照原文讀下去。校改的根據，另有「校記」說明。

舊刻本三國志還保留着一些古體字，亦卽當時通行的字，意義和現代不同。我們原想一律改成現代通行的字，以便利讀者，但又覺得讀古書應該瞭解那時候所用的字，從此舉一反三，對於讀其它古書還有些方便，所以保留這些古體字，不加更改。爲了便於讀者檢查起見，把這些字擇要摘出，並附注現代通行的字。

不（否）　內（納）　由（猶）　見（現）　邪（耶）　拊（撫）　罔（網）　要（腰）

匪（非）　振（賑）　旅（膂）　陳（陣）　禽（擒）　童（僮）　絜（潔）　解（懈）

閒（間）　辟（避）　寤（悟）　稟（廩）　摹（摸）　領（嶺）　歐（嘔）　適（嫡）

縣（懸）　疇（儔）　離（罹）

至於像「以」字和「已」字，「置」字和「致」字，是互相通用的，也沒有改。「丹陽」有寫作「丹楊」的，「滎陽」有寫作「熒陽」的，前後頗不一致。爲什麼寫法不同，清人曾經做過很多考據，但終究沒有定論。現在本書中統一改爲丹楊和滎陽。

舊刻本的目錄，正傳姓名作大字，附傳姓名作小注，現在一律用大字，附傳的姓名較正傳低一格，在每一行姓名下加注頁碼。但有個別的幾行例外，如董卓傳所附的李傕、郭汜，

他們兩人的事蹟分散在董卓傳中，沒有明確的起訖，因此就不注頁碼了。目錄和正書有不符之處，如婁圭、孔融等有目無傳，霍弋、黃崇等有傳無目，今分別加上方圓兩種括弧的符號，表示應增和應刪。

三國志過去還沒有過標點本。我們限於水平，可能有很多錯誤的地方，希望讀者隨時指正，以便再版時修改。

中華書局編輯部一九五九年十二月

三國志目錄

卷一　魏書一

武帝操……一

卷二　魏書二

文帝丕……五七

卷三　魏書三

明帝叡……九一

卷四　魏書四三少帝

齊王芳……一一七

高貴鄉公髦……一三一

陳留王奐……一四七

卷五　魏書五后妃

武宣卞皇后……一五六

文昭甄皇后……一五九

文德郭皇后……一六四

明悼毛皇后……一六七

明元郭皇后……一六八

卷六　魏書六

董卓……一七一

李傕

郭汜

袁紹……一八八

子譚

子尚……二〇一

袁術……二〇七

劉表……二一〇

卷七　魏書七

呂布……二一九

張邈……二二一

陳登……二二九

臧洪……二三一

陳容……二三六

卷八　魏書八

公孫瓚……二三九

陶謙……二四七

張楊……二五〇

公孫度……二五二

子康……二五三

康弟恭（康子晃）……二五三

康子淵……二五三

張燕……二六一

張繡……二六二

張魯……二六三

卷九　魏書九

夏侯惇……二六七

韓浩

史渙……二六九

夏侯淵……二七〇

曹仁……二七四

弟純……二七六

曹洪……二七七

曹休……二七九

子肇……二八〇

曹眞……二八〇

子爽……二八二
羲
訓
何晏
鄧颺
丁謐
畢軌
李勝
桓範……二八七
夏侯尚……二九三
子玄……二九五
卷十 魏書十
荀彧……三〇七
子惲……三一九
孫虨……三一九
孫寓……三一九
荀攸……三二一
賈詡……三二六
卷十一 魏書十一
袁渙……三三三
張範……三三六
弟承
涼茂……三三八
國淵……三三九
田疇……三四〇
王脩……三四五
邴原……三五〇
管寧……三五四
王烈……三五五
張𧻓……三六一

胡昭……三六二
（焦先）
卷十二 魏書十二
崔琰……三六七
（婁圭）
（孔融）
（許攸）
毛玠……三七四
徐奕……三七七
何夔……三七八
邢顒……三八二
鮑勛……三八三
司馬芝……三八六
（子岐）……三八九
卷十三 魏書十三
鍾繇……三九一
子毓……三九九
華歆……四〇一
王朗……四〇六
子肅……四一四
（孫叔然）……四一九
（周生烈）
（董遇）
（隗禧）
卷十四 魏書十四
程昱……四二五
孫曉……四二九
郭嘉……四三一
董昭……四三六
劉曄……四四三

蔣濟……四五〇
劉放……四五六
孫資……四五七
卷十五 魏書十五
劉馥……四六三
司馬朗……四六五
梁習……四六九
張既……四七一
溫恢……四七八
賈逵……四七九
（李孚）
（楊沛）
卷十六 魏書十六
任峻……四八九
蘇則……四九〇
杜畿……四九三
子恕……四九八
（孫預）
鄭渾……五〇八
倉慈……五一二
卷十七 魏書十七
張遼……五一七
樂進……五二一
于禁……五二二
張郃……五二四
徐晃……五二七
（朱靈）……五三〇
卷十八 魏書十八
李典……五三三
李通……五三四

臧霸……五三六
孫觀
文聘……五三九
呂虔……五四〇
許褚……五四二
典韋……五四三
龐悳……五四五
龐淯……五四七
母娥……五四八
閻溫……五五〇
張恭……五五〇
恭子就……五五〇
卷十九 魏書十九
任城威王彰……五五五
陳思王植……五五七
蕭懷王熊……五七七
卷二十 魏書二十 武文世王公
豐愍王昂……五七九
相殤王鑠……五七九
鄧哀王沖……五八〇
彭城王據……五八一
燕王宇……五八二
沛穆王林……五八二
中山恭王袞……五八三
濟陽懷王玹……五八四
陳留恭王峻……五八五
范陽閔王矩……五八五
趙王幹……五八五
臨邑殤公子上……五八六
楚王彪……五八六

剛殤公子勤……五八八
穀城殤公子乘……五八八
郿戴公子整……五八八
靈殤公子京……五八八
樊安公均……五八八
廣宗殤公子棘……五八八
東平靈王徽……五八九
樂陵王茂……五八九
以上武帝子
贊哀王協……五九〇
北海悼王蕤……五九〇
東武陽懷王鑒……五九〇
東海定王霖……五九〇
元城哀王禮……五九一
邯鄲懷王邕……五九一
清河悼王貢……五九一
廣平哀王儼……五九一
以上文帝子
卷二十一　魏書二十一
王粲……五九七
徐幹……五九九
陳琳……五九九
阮瑀……五九九
應瑒……五九九
劉楨……五九九
（邯鄲淳）
（繁欽）
（路粹）
（丁儀）
（丁廙）

（楊修）
（荀緯）
應璩……六〇四
應貞……六〇四
阮籍……六〇四
嵇康……六〇五
桓威……六〇七
吳質……六〇七
衞覬……六一〇
潘勖……六一二
王象……六一二
劉廙……六一三
劉劭……六一七
繆襲……六二〇
仲長統……六二〇
蘇林……六二〇
韋誕……六二〇
夏侯惠……六二〇
孫該……六二〇
杜摯……六二一
傅嘏……六二三
卷二十二　魏書二十二
桓階……六三一
陳羣……六三三
子泰……六三八
陳矯……六四三
徐宣……六四五
衞臻……六四七
盧毓……六五〇
卷二十三　魏書二十三

和洽……六五五
常林……六五八
楊俊……六六三
杜襲……六六四
趙儼……六六八
裴潛……六七一
（子秀）
卷二十四　魏書二十四
韓暨……六七七
崔林……六七九
高柔……六八二
孫禮……六九一
王觀……六九三
卷二十五　魏書二十五
辛毗……六九五
楊阜……七〇〇
高堂隆……七〇八
棧潛……七一八
卷二十六　魏書二十六
滿寵……七二一
田豫……七二六
牽招……七三〇
郭淮……七三三
卷二十七　魏書二十七
徐邈……七三九
胡質……七四一
子威……七四三
王昶……七四三
王基……七五〇
卷二十八　魏書二十八

王淩……七五七
令狐愚……七五八
毌丘儉……七六一
諸葛誕……七六九
唐咨
鄧艾……七七五
州泰……七八三
鍾會……七八四
王弼……七九五
卷二十九　魏書二十九方技
華佗……七九九
吳普……八〇四
樊阿……八〇四
杜夔……八〇六
朱建平……八〇八
周宣……八一〇
管輅……八一一
卷三十　魏書三十
烏丸……八三二
鮮卑……八三五
東夷……八四〇
夫餘……八四一
高句麗……八四三
東沃沮……八四六
挹婁……八四七
濊……八四八
韓……八四九
倭……八五四
卷三十一　蜀書一二牧
劉焉……八六五

劉璋……八六六
卷三十二　蜀書二
先主備……八七一
卷三十三　蜀書三
後主禪……八九三
卷三十四　蜀書四二主妃子
先主甘后……九〇五
先主穆后……九〇六
後主敬哀張后……九〇七
後主張后……九〇七
劉永……九〇七
劉理……九〇八
後主太子璿……九〇八
卷三十五　蜀書五
諸葛亮……九一一
子喬……九三一
瞻……九三二
董厥……九三三
樊建……九三三
卷三十六　蜀書六
關羽……九三九
張飛……九四三
馬超……九四四
黃忠……九四八
趙雲……九四八
卷三十七　蜀書七
龐統……九五三
法正……九五七
卷三十八　蜀書八
許靖……九六三

麋竺……九六九
孫乾……九七〇
簡雍……九七〇
伊籍……九七一
秦宓……九七一
卷三十九　蜀書九
董和……九七九
劉巴……九八〇
馬良……九八二
弟謖……九八三
陳震……九八四
董允……九八五
黃皓……九八七
陳祗……九八七
呂乂……九八八
卷四十　蜀書十
劉封……九九一
彭羕……九九四
廖立……九九七
李嚴……九九八
劉琰……一〇〇一
魏延……一〇〇三
楊儀……一〇〇四
卷四十一　蜀書十一
霍峻……一〇〇七
〔子弋〕……一〇〇七
王連……一〇〇九
向朗……一〇一〇
兄子寵……一〇一一
張裔……一〇一一

楊洪……一〇一三
費詩……一〇一五
卷四十二　蜀書十二
杜微……一〇一九
周羣……一〇二〇
張裕……一〇二〇
杜瓊……一〇二一
許慈……一〇二二
孟光……一〇二三
來敏……一〇二五
尹默……一〇二六
李譔……一〇二六
譙周……一〇二七
郤正……一〇三四
卷四十三　蜀書十三
黃權……一〇四三
〔子崇〕……一〇四五
李恢……一〇四五
呂凱……一〇四六
馬忠……一〇四八
王平……一〇四九
〔句扶〕……一〇五一
張嶷……一〇五一
卷四十四　蜀書十四
蔣琬……一〇五七
子斌……一〇五九
斌弟顯……一〇五九
劉敏……一〇六〇
費禕……一〇六〇
姜維……一〇六二

卷四十五　蜀書十五
鄧芝……一〇七一
張翼……一〇七三
宗預……一〇七五
廖化……一〇七七
楊戲……一〇七七
〔王嗣〕
〔常播〕
〔衞繼〕
卷四十六　吳書一
孫堅……一〇九三
孫策……一一〇一
卷四十七　吳書二
吳主權……一一一五
卷四十八　吳書三三嗣主
孫亮……一一五一
孫休……一一五五
孫晧……一一六三
卷四十九　吳書四
劉繇……一一八三
子基……一一八六
太史慈……一一八六
士燮……一一九一
子徽
弟壹
䵋
壹子匡
卷五十　吳書五妃嬪
孫破虜吳夫人……一一九五
弟景

吳主權謝夫人……一一九六
權徐夫人……一一九七
（祖眞）
父琨
權步夫人……一一九八
權王夫人……一一九九
權王夫人……一一九九
權潘夫人……一一九九
孫亮全夫人……一二〇〇
孫休朱夫人……一二〇〇
孫和何姬……一二〇一
孫晧滕夫人……一二〇二
卷五十一　吳書六宗室
孫静……一二〇五
子瑜……一二〇六
皎……一二〇六
奐……一二〇八
孫賁……一二〇九
子鄰……一二一〇
孫輔……一二一一
孫翊……一二一二
（子松）……一二一二
孫匡……一二一三
孫韶……一二一四
孫桓……一二一七
卷五十二　吳書七
張昭……一二一九
弟子奮……一二二四
子承……一二二四
休……一二二五

顧雍……一二二五
子邵……一二二九
孫譚……一二三〇
孫承……一二三一
諸葛瑾……一二三一
子融……一二三五
步騭……一二三六
子闡……一二四〇
卷五十三　吳書八
張紘……一二四三
子玄……一二四六
孫尚……一二四六
嚴畯……一二四七
裴玄……一二四八
程秉……一二四八
（徵崇）
闞澤……一二四九
唐固……一二五〇
薛綜……一二五〇
子珝……一二五四
子瑩……一二五四
卷五十四　吳書九
周瑜……一二五九
魯肅……一二六七
呂蒙……一二七三
卷五十五　吳書十
程普……一二八三
黃蓋……一二八四
韓當……一二八五
蔣欽……一二八六

周泰……一二八七
陳武……一二八九
（子脩）……一二八九
子表……一二八九
董襲……一二九〇
甘寧……一二九二
淩統……一二九五
徐盛……一二九八
潘璋……一二九九
丁奉……一三〇〇
卷五十六　吳書十一
朱治……一三〇三
朱然……一三〇五
子績……一三〇八
呂範……一三〇九
子據……一三一三
朱桓……一三一三
子異……一三一五
卷五十七　吳書十二
虞翻……一三一七
子汜……一三一七
忠……一三一七
聳……一三一七
昺……一三一七
陸績……一三二八
張溫……一三二九
駱統……一三三四
陸瑁……一三三六
吾粲……一三三九
朱據……一三四〇

卷五十八　吳書十三
陸遜……一三四三
子抗……一三五四
卷五十九　吳書十四吳主五子
孫登……一三六三
孫慮……一三六七
孫和……一三六七
孫霸……一三七一
孫奮……一三七三
卷六十　吳書十五
賀齊……一三七七
全琮……一三八一
呂岱……一三八三
周魴……一三八七
鍾離牧……一三九二
卷六十一　吳書十六
潘濬……一三九七
陸凱……一三九九
弟胤……一四〇九
卷六十二　吳書十七
是儀……一四一一
胡綜……一四一三
徐詳……一四一八
卷六十三　吳書十八
吳範……一四二一
劉惇……一四二三
趙達……一四二四
卷六十四　吳書十九
諸葛恪……一四二九
（聶友）

滕胤……一四四三　　王蕃……一四五三
孫峻……一四四四　　樓玄……一四五四
（留贊）　　賀卲……一四五六
孫綝……一四四六　　韋曜……一四六〇
濮陽興……一四五一　　華覈……一四六四

卷六十五　吳書二十

裴松之：上三國志注表……一四七一
四庫全書總目提要……一四七三
華陽國志陳壽傳……一四七五
晉書陳壽傳……一四七七
宋書裴松之傳……一四七九
校記……一四八三

三國志卷一　魏書一

武帝紀第一

太祖武皇帝，沛國譙人也，姓曹，諱操，字孟德，漢相國參之後。〔一〕桓帝世，曹騰爲中常侍大長秋，封費亭侯。〔二〕養子嵩嗣，官至太尉，莫能審其生出本末。〔三〕嵩生太祖。

〔一〕曹瞞傳曰：太祖一名吉利，小字阿瞞。王沈魏書曰：其先出於黄帝。當高陽世，陸終之子曰安，是爲曹姓。周武王克殷，存先世之後，封曹俠於邾。春秋之世，與於盟會，逮至戰國，爲楚所滅。子孫分流，或家於沛。漢高祖之起，曹參以功封平陽侯，世襲爵土，絕而復紹，至今適嗣國於容城。

〔二〕司馬彪續漢書曰：騰父節，字元偉，素以仁厚稱。鄰人有亡豕者，與節豕相類，詣門認之，節不與爭；後所亡豕自還其家，豕主人大慚，送所認豕，并辭謝節，節笑而受之。由是鄉黨貴歎焉。長子伯興，次子仲興，次子叔興。騰字季興，少除黄門從官。永寧元年，鄧太后詔黄門令選中黄門從官年少溫謹者配皇太子書，騰應其選。太子特親愛騰，飲食賞賜與衆有異。順帝即位，爲小黄門，遷至中常侍大長秋。在省闥三十餘年，歷事四帝，未嘗有過。好進達賢能，終無所毁傷。其所稱薦，若陳留虞放、邊韶、南陽延固、張溫、弘農張奂、潁川堂谿典等，皆致位公

卿，而不伐其善。蜀郡太守因計吏修敬於騰，益州刺史种暠於函谷關搜得其牋，上太守，并奏騰内臣外交，所不當爲，請免官治罪。帝曰：「牋自外來，騰書不出，非其罪也。」乃寢暠奏。騰不以介意，常稱歎暠，以爲暠得事上之節。暠後爲司徒，語人曰：「今日爲公，乃曹常侍恩也。」騰之行事，皆此類也。桓帝即位，以騰先帝舊臣，忠孝彰著，封費亭侯，加位特進。太和三年，追尊騰曰高皇帝。

〔三〕續漢書曰：嵩字巨高。質性敦慎，所在忠孝。爲司隸校尉，靈帝擢拜大司農、大鴻臚，代崔烈爲太尉。黄初元年，追尊嵩曰太皇帝。吳人作曹瞞傳及郭頒世語並云：嵩，夏侯氏之子，夏侯惇之叔父。太祖於惇爲從父兄弟。

太祖少機警，有權數，而任俠放蕩，不治行業，故世人未之奇也；〔一〕惟梁國橋玄、南陽何顒異焉。玄謂太祖曰：「天下將亂，非命世之才不能濟也，能安之者，其在君乎！」〔二〕年二十，舉孝廉爲郎，除洛陽北部尉，遷頓丘令，〔三〕徵拜議郎。〔四〕

〔一〕曹瞞傳云：太祖少好飛鷹走狗，游蕩無度，其叔父數言之於嵩。太祖患之，後逢叔父於路，乃陽敗面喎口；叔父怪而問其故，太祖曰：「卒中惡風。」叔父以告嵩。嵩驚愕，呼太祖，太祖口貌如故。嵩問曰：「叔父言汝中風，已差乎？」太祖曰：「初不中風，但失愛於叔父，故見罔耳。」嵩乃疑焉。自後叔父有所告，嵩終不復信，太祖於是益得肆意矣。

〔二〕魏書曰：太尉橋玄，世名知人，覩太祖而異之，曰：「吾見天下名士多矣，未有若君者也！君善自持。吾老矣！願以妻子爲託。」由是聲名益重。

續漢書曰：玄字公祖，嚴明有才略，長於人物。

張璠漢紀曰：玄歷位中外，以剛斷稱，謙儉下士，不以王爵私親。光和中爲太尉，以久病策罷，拜太中大夫，卒，家貧乏產業，柩無所殯。當世以此稱爲名臣。

世語曰：玄謂太祖曰：「君未有名，可交許子將。」太祖乃造子將，子將納焉，由是知名。

孫盛異同雜語云：太祖嘗私入中常侍張讓室，讓覺之；乃舞手戟於庭，踰垣而出。才武絕人，莫之能害。博覽羣書，特好兵法，抄集諸家兵法，名曰接要，又注孫武十三篇，皆傳於世。嘗問許子將：「我何如人？」子將不答。固問之，子將曰：「子治世之能臣，亂世之姦雄。」太祖大笑。

〔三〕曹瞞傳曰：太祖初入尉廨，繕治四門。造五色棒，縣門左右各十餘枚，有犯禁者，不避豪彊，皆棒殺之。後數月，靈帝愛幸小黃門蹇碩叔父夜行，卽殺之。京師斂迹，莫敢犯者。近習寵臣咸疾之，然不能傷，於是共稱薦之，故遷爲頓丘令。

〔四〕魏書曰：太祖從妹夫㶏彊侯宋奇被誅，從坐免官。後以能明古學，復徵拜議郎。先是大將軍竇武、太傅陳蕃謀誅閹官，反爲所害。太祖上書陳武等正直而見陷害，姦邪盈朝，善人壅塞，其言甚切；靈帝不能用。是後詔書敕三府：舉奏州縣政理無效，民爲作謠言者免罷之。三公傾邪，皆希世見用，貨賂並行，彊者爲怨，不見舉奏，弱者守道，多被陷毀。太祖疾之。是歲以災異博問得失，因此復上書切諫，說三公所舉奏專回避貴戚之意。奏上，天子感悟，以示三府責讓之，諸以謠言徵者皆拜議郎。是後政教日亂，豪猾益熾，多所摧毀；太祖知不可匡正，遂不復獻言。

光和末，黃巾起。拜騎都尉，討潁川賊。遷爲濟南相，國有十餘縣，長吏多阿附貴戚，

贓汙狼藉，於是奏免其八；禁斷淫祀，姦宄逃竄，郡界肅然。〔一〕久之，徵還爲東郡太守；不就，稱疾歸鄉里。〔二〕

〔一〕魏書曰：長吏受取貪饕，依倚貴勢，歷前相不見舉；聞太祖至，咸皆舉免，小大震怖，姦宄遁逃，竄入他郡。政教大行，一郡清平。初，城陽景王劉章以有功於漢，故其國爲立祠，青州諸郡轉相倣效，濟南尤盛，至六百餘祠。賈人或假二千石輿服導從作倡樂，奢侈日甚，民坐貧窮，歷世長吏無敢禁絕者。太祖到，皆毀壞祠屋，止絕官吏民不得祠祀。及至秉政，遂除姦邪鬼神之事，世之淫祀由此遂絕。

〔二〕魏書曰：於是權臣專朝，貴戚橫恣。太祖不能違道取容，數數干忤，恐爲家禍，遂乞留宿衞。拜議郎，常託疾病，輒告歸鄉里；築室城外，春夏習讀書傳，秋冬弋獵，以自娛樂。

頃之，冀州刺史王芬、南陽許攸、沛國周旌等連結豪傑，謀廢靈帝，立合肥侯，以告太祖，太祖拒之。芬等遂敗。〔一〕

〔一〕司馬彪九州春秋曰：於是陳蕃子逸與術士平原襄楷會于芬坐，楷曰：「天文不利宦者，黃門、常侍（貴）〔眞〕族滅矣。」逸喜。芬曰：「若然者，芬願驅除。」於是與攸等結謀。靈帝欲北巡河閒舊宅，芬等謀因此作難，上書言黑山賊攻劫郡縣，求得起兵。會北方有赤氣，東西竟天，太史上言「當有陰謀，不宜北行」，帝乃止。敕芬罷兵，俄而徵之。芬懼，自殺。

魏書載太祖拒芬辭曰：「夫廢立之事，天下之至不祥也。古人有權成敗、計輕重而行之者，伊尹、霍光是也。伊尹懷至忠之誠，據宰臣之勢，處官司之上，故進退廢置，計從事立。及至霍光受託國之任，藉宗臣之位，內因太后秉

政之重，外有羣卿同欲之勢，昌邑卽位日淺，未有貴寵，朝乏讜臣，議出密近，故計行如轉圜，事成如摧朽。今諸君徒見曩者之易，未覩當今之難。諸君自度，結衆連黨，何若七國？合肥之貴，孰若吳、楚？而造作非常，欲望必克，不亦危乎！」

金城邊章、韓遂殺刺史郡守以叛，衆十餘萬，天下騷動。徵太祖爲典軍校尉。會靈帝崩，太子卽位，太后臨朝。大將軍何進與袁紹謀誅宦官，太后不聽。進乃召董卓，欲以脅太后，〔一〕卓未至而進見殺。卓到，廢帝爲弘農王而立獻帝，京都大亂。卓表太祖爲驍騎校尉，欲與計事。太祖乃變易姓名，間行東歸。〔二〕出關，過中牟，爲亭長所疑，執詣縣，邑中或竊識之，爲請得解。〔三〕卓遂殺太后及弘農王。太祖至陳留，散家財，合義兵，將以誅卓。冬十二月，始起兵於己吾，〔四〕是歲中平六年也。

〔一〕魏書曰：太祖聞而笑之曰：「閹豎之官，古今宜有，但世主不當假之權寵，使至于此。既治其罪，當誅元惡，一獄吏足矣，何必紛紛召外將乎？欲盡誅之，事必宣露，吾見其敗也。」

〔二〕魏書曰：太祖以卓終必覆敗，遂不就拜，逃歸鄉里。從數騎過故人成皋呂伯奢；伯奢不在，其子與賓客共劫太祖，取馬及物，太祖手刃擊殺數人。

世語曰：太祖過伯奢。伯奢出行，五子皆在，備賓主禮。太祖自以背卓命，疑其圖己，手劍夜殺八人而去。

孫盛雜記曰：太祖聞其食器聲，以爲圖己，遂夜殺之。既而悽愴曰：「寧我負人，毋人負我！」遂行。

〔三〕世語曰：中牟疑是亡人，見拘于縣。時掾亦已被卓書；唯功曹心知是太祖，以世方亂，不宜拘天下雄儁，因白令

釋之。

〔四〕世語曰：陳留孝廉衞茲以家財資太祖，使起兵，衆有五千人。

初平元年春正月，後將軍袁術、冀州牧韓馥、〔一〕豫州刺史孔伷、〔二〕兗州刺史劉岱、〔三〕河內太守王匡、〔四〕勃海太守袁紹、陳留太守張邈、東郡太守橋瑁、〔五〕山陽太守袁遺、〔六〕濟北相鮑信〔七〕同時俱起兵，衆各數萬，推紹爲盟主。太祖行奮武將軍。

〔一〕英雄記曰：馥字文節，潁川人。爲御史中丞。董卓舉爲冀州牧。于時冀州民人殷盛，兵糧優足。袁紹之在勃海，馥恐其興兵，遣數部從事守之，不得動搖。東郡太守橋瑁詐作京師三公移書與州郡，陳卓罪惡，云「見逼迫，無以自救，企望義兵，解國患難。」馥得移，請諸從事問曰：「今當助袁氏邪，助董卓邪？」治中從事劉子惠曰：「今興兵爲國，何謂袁、董！」馥自知言短而有慚色。子惠復言：「兵者凶事，不可爲首；今宜往視他州，有發動者，然後和之。冀州於他州不爲弱也，他人功未有在冀州之右者也。」馥然之。馥乃作書與紹，道卓之惡，聽其舉兵。

〔二〕英雄記曰：伷字公緒，陳留人。

張璠漢紀載鄭泰說卓云：「孔公緒能清談高論，噓枯吹生。」

〔三〕岱，劉繇之兄，事見吳志。

〔四〕英雄記曰：匡字公節，泰山人。輕財好施，以任俠聞。辟大將軍何進府進符使，匡於徐州發彊弩五百西詣京師。會進敗，匡還州里。起家，拜河內太守。

謝承後漢書曰：匡少與蔡邕善。其年爲卓軍所敗，走還泰山，收集勁勇得數千人，欲與張邈合。匡先殺執金吾胡

母班。班親屬不勝憤怒，與太祖并勢，共殺匡。

〔五〕英雄記曰：瑁字元偉，玄族子。先爲兗州刺史，甚有威惠。

〔六〕遺字伯業，紹從兄。爲長安令。河閒張超嘗薦遺于太尉朱儁，稱遺「有冠世之懿，幹時之量。其忠允亮直，固天所縱；若乃包羅載籍，管綜百氏，登高能賦，覩物知名，求之今日，邈焉靡儔。」事在超集。英雄記曰：紹後用遺爲揚州刺史，爲袁術所敗。太祖稱「長大而能勤學者，惟吾與袁伯業耳。」語在文帝典論。

〔七〕信事見子勛傳。

二月，卓聞兵起，乃徙天子都長安。卓留屯洛陽，遂焚宮室。是時紹屯河內，邈、岱、瑁、遺屯酸棗，術屯南陽，伷屯潁川，馥在鄴。卓兵彊，紹等莫敢先進。太祖曰：「舉義兵以誅暴亂，大衆已合，諸君何疑？向使董卓聞山東兵起，倚王室之重，據二周之險，東向以臨天下；雖以無道行之，猶足爲患。今焚燒宮室，劫遷天子，海內震動，不知所歸，此天亡之時也。一戰而天下定矣，不可失也。」遂引兵西，將據成皋。邈遣將衞茲分兵隨太祖。到滎陽汴水，遇卓將徐榮，與戰不利，士卒死傷甚多。太祖爲流矢所中，所乘馬被創，從弟洪以馬與太祖，得夜遁去。榮見太祖所將兵少，力戰盡日，謂酸棗未易攻也，亦引兵還。

太祖到酸棗，諸軍兵十餘萬，日置酒高會，不圖進取。太祖責讓之，因爲謀曰：「諸君聽吾計，使勃海引河內之衆臨孟津，酸棗諸將守成皋，據敖倉，塞轘轅、太谷，全制其險；使袁將軍率南陽之軍軍丹、析，入武關，以震三輔：皆高壘深壁，勿與戰，益爲疑兵，示天下形勢，

以順誅逆，可立定也。今兵以義動，持疑而不進，失天下之望，竊爲諸君恥之！」邈等不能用。

太祖兵少，乃與夏侯惇等詣揚州募兵，刺史陳溫、丹楊太守周昕與兵四千餘人。還到龍亢，士卒多叛。〔一〕至銍、建平，復收兵得千餘人，進屯河內。

〔一〕魏書曰：兵謀叛，夜燒太祖帳，太祖手劍殺數十人，餘皆披靡，乃得出營；其不叛者五百餘人。

劉岱與橋瑁相惡，岱殺瑁，以王肱領東郡太守。

袁紹與韓馥謀立幽州牧劉虞爲帝，太祖拒之。〔一〕紹又嘗得一玉印，於太祖坐中舉向其肘，太祖由是笑而惡焉。〔二〕

〔一〕魏書載太祖答紹曰：「董卓之罪，暴于四海，吾等合大衆、興義兵而遠近莫不響應，此以義動故也。今幼主微弱，制于姦臣，未有昌邑亡國之釁，而一旦改易，天下其孰安之？諸君北面，我自西向。」

〔二〕魏書曰：太祖大笑曰：「吾不聽汝也。」紹復使人說太祖曰：「今袁公勢盛兵彊，二子已長，天下羣英，孰踰於此？」太祖不應。由是益不直紹，圖誅滅之。

二年春，紹、馥遂立虞爲帝，虞終不敢當。

夏四月，卓還長安。

秋七月，袁紹脅韓馥，取冀州。

黑山賊于毒、白繞、眭固等眭，申隨反。十餘萬衆略魏郡、東郡，王肱不能禦，太祖引兵入

東郡，擊白繞于濮陽，破之。袁紹因表太祖爲東郡太守，治東武陽。

三年春，太祖軍頓丘，毒等攻東武陽。太祖乃引兵西入山，攻毒等本屯。〔一〕毒聞之，棄武陽還。太祖要擊眭固，又擊匈奴於夫羅於內黃，皆大破之。〔二〕

〔一〕魏書曰：諸將皆以爲當還自救。太祖曰：「孫臏救趙而攻魏，耿弇欲走西安攻臨菑。使賊聞我西而還，武陽自解也；不還，我能敗其本屯，虜不能拔武陽必矣。」遂乃行。

〔二〕魏書曰：於夫羅者，南單于子也。中平中，發匈奴兵，於夫羅率以助漢。會本國反，殺南單于，於夫羅遂將其衆留中國。因天下撓亂，與西河白波賊合，破太原、河內，抄略諸郡爲寇。

夏四月，司徒王允與呂布共殺卓。卓將李傕、郭汜等殺允攻布，布敗，東出武關。傕等擅朝政。

青州黃巾衆百萬入兗州，殺任城相鄭遂，轉入東平。劉岱欲擊之，鮑信諫曰：「今賊衆百萬，百姓皆震恐，士卒無鬬志，不可敵也。觀賊衆羣輩相隨，軍無輜重，唯以鈔略爲資，今不若畜士衆之力，先爲固守。彼欲戰不得，攻又不能，其勢必離散，後選精銳，據其要害，擊之可破也。」岱不從，遂與戰，果爲所殺。〔一〕信乃與州吏萬潛等至東郡迎太祖領兗州牧。遂進兵擊黃巾于壽張東。信力戰鬬死，僅而破之。〔二〕購求信喪不得，衆乃刻木如信形狀，祭而哭焉。追黃巾至濟北。乞降。冬，受降卒三十餘萬，男女百餘萬口，收其精銳者，號爲

青州兵。

〔一〕世語曰：岱既死，陳宮謂太祖曰：「州今無主，而王命斷絕，宮請說州中，明府尋往牧之，資之以收天下，此霸王之業也。」宮說別駕、治中曰：「今天下分裂而州無主；曹東郡，命世之才也，若迎以牧州，必寧生民。」鮑信等亦謂之然。

〔二〕魏書曰：太祖將步騎千餘人，行視戰地，卒抵賊營，戰不利，死者數百人，引還。賊尋前進。黃巾爲賊久，數乘勝，兵皆精悍。太祖舊兵少，新兵不習練，舉軍皆懼。太祖被甲嬰胄，親巡將士，明勸賞罰，衆乃復奮，承閒討擊，賊稍折退。賊乃移書太祖曰：「昔在濟南，毀壞神壇，其道乃與中黃太乙同，似若知道，今更迷惑。漢行已盡，黃家當立。天之大運，非君才力所能存也。」太祖見檄書，呵罵之，數開示降路；遂設奇伏，晝夜會戰，戰輒禽獲，賊乃退走。

袁術與紹有隙，術求援於公孫瓚，瓚使劉備屯高唐，單經屯平原，陶謙屯發干，以逼紹。太祖與紹會擊，皆破之。

四年春，軍鄄城。荊州牧劉表斷術糧道，術引軍入陳留，屯封丘，黑山餘賊及於夫羅等佐之。術使將劉詳屯匡亭。太祖擊詳，術救之，與戰，大破之。術退保封丘，遂圍之，未合，術走襄邑，追到太壽，決渠水灌城。走寧陵，又追之，走九江。夏，太祖還軍定陶。

下邳闕宣聚衆數千人，自稱天子；徐州牧陶謙與共舉兵，取泰山華、費，略任城。秋，太祖征陶謙，下十餘城，謙守城不敢出。

是歲，孫策受袁術使渡江，數年間遂有江東。

興平元年春，太祖自徐州還。初，太祖父嵩，去官後還譙，董卓之亂，避難瑯邪，爲陶謙所害，故太祖志在復讎東伐。〔一〕夏，使荀彧、程昱守鄄城，復征陶謙，拔五城，遂略地至東海。還過郯，謙將曹豹與劉備屯郯東，要太祖。太祖擊破之，遂攻拔襄賁，所過多所殘戮。〔二〕

〔一〕世語曰：嵩在泰山華縣。太祖令泰山太守應劭送家詣兗州，劭兵未至，陶謙密遣數千騎掩捕。嵩家以爲劭迎，不設備。謙兵至，殺太祖弟德于門中。嵩懼，穿後垣，先出其妾，妾肥，不時得出；嵩逃于廁，與妾俱被害，闔門皆死。劭懼，棄官赴袁紹。後太祖定冀州，劭時已死。韋曜吳書曰：太祖迎嵩，輜重百餘兩。陶謙遣都尉張闓將騎二百衞送，闓於泰山華、費間殺嵩，取財物，因奔淮南。太祖歸咎於陶謙，故伐之。

〔二〕孫盛曰：夫伐罪弔民，古之令軌；罪謙之由，而殘其屬部，過矣。

會張邈與陳宮叛迎呂布，郡縣皆應。荀彧、程昱保鄄城，范、東阿二縣固守，太祖乃引軍還。布到，攻鄄城不能下，西屯濮陽。太祖曰：「布一旦得一州，不能據東平，斷亢父、泰山之道乘險要我，而乃屯濮陽，吾知其無能爲也。」遂進軍攻之。布出兵戰，先以騎犯青州兵。青州兵奔，太祖陳亂，馳突火出，墜馬，燒左手掌。司馬樓異扶太祖上馬，遂引去。〔一〕未至營止，諸將未與太祖相見，皆怖。太祖乃自力勞軍，令軍中促爲攻具，進復攻之，與布相守百餘日。蝗蟲起，百姓大餓，布糧食亦盡，各引去。

〔一〕袁暐獻帝春秋曰：太祖圍濮陽，濮陽大姓田氏爲反間，太祖得入城。燒其東門，示無反意。及戰，軍敗。布騎得太祖而不知是，問曰：「曹操何在？」太祖曰：「乘黃馬走者是也。」布騎乃釋太祖而追黃馬者。門火猶盛，太祖突火而出。

秋九月，太祖還鄄城。布到乘氏，爲其縣人李進所破，東屯山陽。於是紹使人說太祖，欲連和。太祖新失兗州，軍食盡，將許之。程昱止太祖，太祖從之。冬十月，太祖至東阿。

是歲穀一斛五十餘萬錢，人相食，乃罷吏兵新募者。陶謙死，劉備代之。

二年春，襲定陶。濟陰太守吳資保南城，未拔。會呂布至，又擊破之。夏，布將薛蘭、李封屯鉅野，太祖攻之，布救蘭，蘭敗，布走，遂斬蘭等。布復從東緍與陳宮將萬餘人來戰，時太祖兵少，設伏，縱奇兵擊，大破之。〔一〕布夜走，太祖復攻，拔定陶，分兵平諸縣。布東奔劉備，張邈從布，使其弟超將家屬保雍丘。秋八月，圍雍丘。冬十月，天子拜太祖兗州牧。十二月，雍丘潰，超自殺。夷邈三族。邈詣袁術請救，爲其衆所殺，兗州平，遂東略陳地。

〔一〕魏書曰：於是兵皆出取麥，在者不能千人，屯營不固。太祖乃令婦人守陴，悉兵拒之。屯西有大隄，其南樹木幽深。布疑有伏，乃相謂曰：「曹操多譎，勿入伏中。」引軍屯南十餘里。明日復來，太祖隱兵隄裏，出半兵隄外。布益進，乃令輕兵挑戰，既合，伏兵乃悉乘隄，步騎並進，大破之，獲其鼓車，追至其營而還。

是歲，長安亂，天子東遷，敗于曹陽，渡河幸安邑。

建安元年春正月，太祖軍臨武平，袁術所置陳相袁嗣降。

太祖將迎天子，諸將或疑，荀彧、程昱勸之，乃遣曹洪將兵西迎，衞將軍董承與袁術將萇奴拒險，洪不得進。

汝南、潁川黃巾何儀、劉辟、黃邵、何曼等，衆各數萬，初應袁術，又附孫堅。二月，太祖進軍討破之，斬辟、邵等，儀及其衆皆降。天子拜太祖建德將軍，夏六月，遷鎭東將軍，封費亭侯。秋七月，楊奉、韓暹以天子還洛陽，〔一〕奉別屯梁。太祖遂至洛陽，衞京都，暹遁走。天子假太祖節鉞，錄尚書事。〔二〕洛陽殘破，董昭等勸太祖都許。九月，車駕出轘轅而東，以太祖爲大將軍，封武平侯。自天子西遷，朝廷日亂，至是宗廟社稷制度始立。〔三〕

〔一〕獻帝春秋曰：天子初至洛陽，幸城西故中常侍趙忠宅。使張楊繕治宮室，名殿曰揚安殿，八月，帝乃遷居。

〔二〕獻帝紀曰：又領司隸校尉。

〔三〕張璠漢紀曰：初，天子敗於曹陽，欲浮河東下。侍中太史令王立曰：「自去春太白犯鎭星於牛斗，過天津，熒惑又逆行守北河，不可犯也。」由是天子遂不北渡河，將自軹關東出。立又謂宗正劉艾曰：「前太白守天關，與熒惑會；金火交會，革命之象也。漢祚終矣，晉、魏必有興者。」立後數言于帝曰：「天命有去就，五行不常盛，代火者土也，承漢者魏也，能安天下者，曹姓也，唯委任曹氏而已。」公聞之，使人語立曰：「知公忠于朝廷，然天道深遠，幸勿多言。」

天子之東也，奉自梁欲要之，不及。冬十月，公征奉，奉南奔袁術，遂攻其梁屯，拔之。於是以袁紹爲太尉，紹恥班在公下，不肯受。公乃固辭，以大將軍讓紹。天子拜公司空，行車騎將軍。是歲用棗祗、韓浩等議，始興屯田。〔一〕

〔一〕魏書曰：自遭荒亂，率乏糧穀。諸軍並起，無終歲之計，飢則寇略，飽則棄餘，瓦解流離，無敵自破者不可勝數。袁紹之在河北，軍人仰食桑椹。袁術在江、淮，取給蒲蠃。民人相食，州里蕭條。公曰：「夫定國之術，在于彊兵足食，秦人以急農兼天下，孝武以屯田定西域，此先代之良式也。」是歲乃募民屯田許下，得穀百萬斛。於是州郡例置田官，所在積穀。征伐四方，無運糧之勞，遂兼滅羣賊，克平天下。

呂布襲劉備，取下邳。備來奔。程昱說公曰：「觀劉備有雄才而甚得衆心，終不爲人下，不如早圖之。」公曰：「方今收英雄時也，殺一人而失天下之心，不可。」

張濟自關中走南陽。濟死，從子繡領其衆。二年春正月，公到宛。張繡降，既而悔之，復反。公與戰，軍敗，爲流矢所中，長子昂、弟子安民遇害。〔一〕公乃引兵還舞陰，繡將騎來鈔，公擊破之。繡奔穰，與劉表合。公謂諸將曰：「吾降張繡等，失不便取其質，以至於此。

吾知所以敗。諸卿觀之，自今已後不復敗矣。」遂還許。〔二〕

〔一〕魏書曰：公所乘馬名絕影，爲流矢所中，傷頰及足，并中公右臂。世語曰：昂不能騎，進馬于公，公故免，而昂遇害。

〔二〕世語曰：舊制，三公領兵入見，皆交戟叉頸而前。初，公將討張繡，入覲天子，時始復此制。公自此不復朝見。

袁術欲稱帝於淮南，使人告呂布。布收其使，上其書。術怒，攻布，爲布所破。秋九月，術侵陳，公東征之。術聞公自來，棄軍走，留其將橋蕤、李豐、梁綱、樂就；公到，擊破蕤等，皆斬之。術走渡淮。公還許。

公之自舞陰還也，南陽、章陵諸縣復叛爲繡，公遣曹洪擊之，不利，還屯葉，數爲繡、表所侵。冬十一月，公自南征，至宛。〔一〕表將鄧濟據湖陽。攻拔之，生擒濟，湖陽降。攻舞陰，下之。

〔一〕魏書曰：臨淯水，祠亡將士，歔欷流涕，衆皆感慟。

三年春正月，公還許，初置軍師祭酒。三月，公圍張繡於穰。夏五月，劉表遣兵救繡，以絕軍後。〔一〕公將引還，繡兵來〔追〕，公軍不得進，連營稍前。公與荀彧書曰：「賊來追吾，雖日行數里，吾策之，到安衆，破繡必矣。」到安衆，繡與表兵合守險，公軍前後受敵。公乃夜鑿險爲地道，悉過輜重，設奇兵。會明，賊謂公爲遁也，悉軍來追。乃縱奇兵步騎夾攻，

大破之。秋七月，公還許。荀彧問公：「前以策賊必破，何也？」公曰：「虜遏吾歸師，而與吾死地戰，吾是以知勝矣。」

〔一〕獻帝春秋曰：袁紹叛卒詣公云：「田豐使紹早襲許，若挾天子以令諸侯，四海可指麾而定。」公乃解繡圍。

呂布復爲袁術使高順攻劉備，公遣夏侯惇救之，不利。備爲順所敗。九月，公東征布。冬十月，屠彭城，獲其相侯諧。進至下邳，布自將騎逆擊。大破之，獲其驍將成廉。追至城下，布恐，欲降。陳宮等沮其計，求救于術，勸布出戰，戰又敗，乃還固守，攻之不下。時公連戰，士卒罷，欲還，用荀攸、郭嘉計，遂決泗、沂水以灌城。月餘，布將宋憲、魏續等執陳宮，舉城降，生禽布、宮，皆殺之。太山臧霸、孫觀、吳敦、尹禮、昌豨各聚衆。布之破劉備也，霸等悉從布。布敗，獲霸等，公厚納待，遂割青、徐二州附於海以委焉，分琅邪、東海、北海爲城陽、利城、昌慮郡。

初，公爲兗州，以東平畢諶爲別駕。張邈之叛也，邈劫諶母弟妻子；公謝遣之，曰：「卿老母在彼，可去。」諶頓首無二心，公嘉之，爲之流涕。既出，遂亡歸。及布破，諶生得，衆爲諶懼，公曰：「夫人孝於其親者，豈不亦忠於君乎！吾所求也。」以爲魯相。〔二〕

〔二〕魏書曰：袁紹宿與故太尉楊彪、大長秋梁紹、少府孔融有隙，欲使公以他過誅之。公曰：「當今天下土崩瓦解，雄豪並起，輔相君長，人懷怏怏，各有自爲之心，此上下相疑之秋也，雖以無嫌待之，猶懼未信；如有所除，則誰不自危？且夫起布衣，在塵垢之間，爲庸人之所陵陷，可勝怨乎！高祖赦雍齒之讎而羣情以安，如何忘之？」紹以爲公外託公義，內實離異，深懷怨望。臣松之以爲楊彪亦曾爲魏武所困，幾至于死，孔融竟不免于誅滅，豈所謂先行其言而後從之哉！非知之難，其在行之，信矣。

四年春二月，公還至昌邑。張楊將楊醜殺楊，眭固又殺醜，以其衆屬袁紹，屯射犬。夏四月，進軍臨河，使史渙、曹仁渡河擊之。固使楊故長史薛洪、河內太守繆尚留守，自將兵北迎紹求救，與渙、仁相遇犬城。交戰，大破之，斬固。公遂濟河，圍射犬。洪、尚率衆降，封爲列侯，還軍敖倉。以魏种爲河內太守，屬以河北事。

初，公舉种孝廉。兗州叛，公曰：「唯魏种且不棄孤也。」及聞种走，公怒曰：「种不南走越、北走胡，不置汝也！」既下射犬，生禽种，公曰：「唯其才也！」釋其縛而用之。

是時袁紹既并公孫瓚，兼四州之地，衆十餘萬，將進軍攻許。諸將以爲不可敵，公曰：「吾知紹之爲人，志大而智小，色厲而膽薄，忌克而少威，兵多而分畫不明，將驕而政令不一，土地雖廣，糧食雖豐，適足以爲吾奉也。」秋八月，公進軍黎陽，使臧霸等入青州破齊、北海、東安，留于禁屯河上。九月，公還許，分兵守官渡。冬十一月，張繡率衆降，封列侯。十二月，公軍官渡。

袁術自敗於陳，稍困，袁譚自青州遣迎之。術欲從下邳北過，公遣劉備、朱靈要之。會術病死。程昱、郭嘉聞公遣備，言於公曰：「劉備不可縱。」公悔，追之不及。備之未東也，陰與董承等謀反，至下邳，遂殺徐州刺史車冑，舉兵屯沛。遣劉岱、王忠擊之，不克。〔一〕

〔一〕獻帝春秋曰：備謂岱等曰：「使汝百人來，其無如我何；曹公自來，未可知耳！」魏武故事曰：岱字公山，沛國人。以司空長史從征伐有功，封列侯。魏略曰：王忠，扶風人，少爲亭長。三輔亂，忠飢乏噉人，隨輩南向武關。值婁子伯爲荊州遣迎北方客人；忠不欲去，因率等仵逆擊之，奪其兵，聚衆千餘人以歸公。拜忠中郎將，從征討。五官將知忠嘗噉人，因從駕出行，令俳取冢間髑髏繫著忠馬鞍，以爲歡笑。

廬江太守劉勳率衆降，封爲列侯。

五年春正月，董承等謀泄，皆伏誅。公將自東征備，諸將皆曰：「與公爭天下者，袁紹也。今紹方來而棄之東，紹乘人後，若何？」公曰：「夫劉備，人傑也，今不擊，必爲後患。〔一〕袁紹雖有大志，而見事遲，必不動也。」郭嘉亦勸公，遂東擊備，破之，生禽其將夏侯博。備走奔紹，獲其妻子。備將關羽屯下邳，復進攻之，羽降。昌豨叛爲備，又攻破之。公還官渡，紹卒不出。

〔一〕孫盛魏氏春秋云：答諸將曰：「劉備，人傑也，將生憂寡人。」

臣松之以爲史之記言，既多潤色，故前載所述有非實者矣，後之作者又生意改之，于失實也，不亦彌遠乎！凡孫盛製書，多用左氏以易舊文，如此者非一。嗟乎，後之學者將何取信哉？且魏武方以天下勵志，而用夫差分死之言，尤非其類。

二月，紹遣郭圖、淳于瓊、顏良攻東郡太守劉延于白馬，紹引兵至黎陽，將渡河。夏四月，公北救延。荀攸說公曰：「今兵少不敵，分其勢乃可。公到延津，若將渡兵向其後者，紹必西應之，然後輕兵襲白馬，掩其不備，顏良可禽也。」公從之。紹聞兵渡，卽分兵西應之。公乃引軍兼行趣白馬，未至十餘里，良大驚，來逆戰。使張遼、關羽前登，擊破，斬良。遂解白馬圍，徙其民，循河而西。紹於是渡河追公軍，至延津南。公勒兵駐營南阪下，使登壘望之，曰：「可五六百騎。」有頃，復白：「騎稍多，步兵不可勝數。」公曰：「勿復白。」乃令騎解鞍放馬。是時，白馬輜重就道。諸將以爲敵騎多，不如還保營。荀攸曰：「此所以餌敵，如何去之！」紹騎將文醜與劉備將五六千騎前後至。諸將復白：「可上馬。」公曰：「未也。」有頃，騎至稍多，或分趣輜重。公曰：「可矣。」乃皆上馬。時騎不滿六百，遂縱兵擊，大破之，斬醜。良、醜皆紹名將也，再戰，悉禽，紹軍大震。公還軍官渡。紹進保陽武。關羽亡歸劉備。

八月，紹連營稍前，依沙埵爲屯，東西數十里。公亦分營與相當，合戰不利。〔一〕時公兵

不滿萬，傷者十二三。〔二〕紹復進臨官渡，起土山地道。公亦於內作之，以相應。紹射營中，矢如雨下，行者皆蒙楯，衆大懼。時公糧少，與荀彧書，議欲還許。彧以爲「紹悉衆聚官渡，欲與公決勝敗。公以至弱當至彊，若不能制，必爲所乘，是天下之大機也。且紹，布衣之雄耳，能聚人而不能用。夫以公之神武明哲而輔以大順，何向而不濟！」公從之。

〔一〕習鑿齒漢晉春秋曰：許攸說紹曰：「公無與操相攻也。急分諸軍持之，而徑從他道迎天子，則事立濟矣。」紹不從，曰：「吾要當先圍取之。」攸怒。

〔二〕臣松之以爲魏武初起兵，已有衆五千，自後百戰百勝，敗者十二三而已矣。但一破黃巾，受降卒三十餘萬，餘所吞幷，不可悉紀；雖征戰損傷，未應如此之少也。夫結營相守，異於摧鋒決戰。本紀云：「紹衆十餘萬，屯營東西數十里。」魏太祖雖機變無方，略不世出，安有以數千之兵，而得逾時相抗者哉？以理而言，竊謂不然。紹爲屯數十里，公能分營與相當，此兵不得甚少，一也。紹若有十倍之衆，理應當悉力圍守，使出入斷絕，而公使徐晃等擊其運車，公又自出擊淳于瓊等，揚旌往還，曾無抵閡，明紹力不能制，是不得甚少，二也。諸書皆云公坑紹衆八萬，或云七萬。夫八萬人奔散，非八千人所能縛，而紹之大衆皆拱手就戮，何緣力能制之？是不得甚少，三也。將記述者欲以少見奇，非其實錄也。按鍾繇傳云：「公與紹相持，繇爲司隸，送馬二千餘匹以給軍。」本紀及世語並云公時有騎六百餘匹，繇馬爲安在哉？

孫策聞公與紹相持，乃謀襲許，未發，爲刺客所殺。

汝南降賊劉辟等叛應紹，略許下。紹使劉備助辟，公使曹仁擊破之。備走，遂破辟屯。

袁紹運穀車數千乘至，公用荀攸計，遣徐晃、史渙邀擊，大破之，盡燒其車。公與紹相拒連月，雖比戰斬將，然衆少糧盡，士卒疲乏。公謂運者曰：「卻十五日爲汝破紹，不復勞汝矣。」冬十月，紹遣車運穀，使淳于瓊等五人將兵萬餘人送之，宿紹營北四十里。紹謀臣許攸貪財，紹不能足，來奔，因說公擊瓊等。左右疑之，荀攸、賈詡勸公。公乃留曹洪守，自將步騎五千人夜往，會明至。瓊等望見公兵少，出陳門外。公急擊之，瓊退保營，遂攻之。紹遣騎救瓊。左右或言「賊騎稍近，請分兵拒之」。公怒曰：「賊在背後，乃白！」士卒皆殊死戰，大破瓊等，皆斬之。〔一〕紹初聞公之擊瓊，謂長子譚曰：「就彼攻瓊等，吾攻拔其營，彼固無所歸矣！」乃使張郃、高覽攻曹洪。郃等聞瓊破，遂來降。紹衆大潰，紹及譚棄軍走，渡河。追之不及，盡收其輜重圖書珍寶，虜其衆。〔二〕公收紹書中，得許下及軍中人書，皆焚之。〔三〕冀州諸郡多舉城邑降者。

〔一〕曹瞞傳曰：公聞攸來，跣出迎之，撫掌笑曰：「(子卿遠)〔子遠，卿〕來，吾事濟矣！」既入坐，謂公曰：「袁氏軍盛，何以待之？今有幾糧乎？」公曰：「尚可支一歲。」攸曰：「無是，更言之！」又曰：「可支半歲。」攸曰：「足下不欲破袁氏邪，何言之不實也！」公曰：「向言戲之耳。其實可一月，爲之奈何？」攸曰：「公孤軍獨守，外無救援而糧穀已盡，此危急之日也。今袁氏輜重有萬餘乘，在故市、烏巢，屯軍無嚴備；今以輕兵襲之，不意而至，燔其積聚，不過三日，袁氏自敗也。」公大喜，乃選精銳步騎，皆用袁軍旗幟，銜枚縛馬口，夜從間道出，人抱束薪，所歷道有問者，語之曰：「袁公恐曹操鈔略後軍，遣兵以益備。」聞者信以爲然，皆自若。既至，圍屯，大放火，營中驚亂。

大破之，盡燔其糧穀寶貨，斬督將眭元進、騎督韓莒子、呂威璜、趙叡等首，割得將軍淳于仲簡鼻，未死，殺士卒千餘人，皆取鼻，牛馬割脣舌，以示紹軍。將士皆怛懼。時有夜得仲簡，將以詣麾下，公謂曰：「何爲如是？」仲簡曰：「勝負自天，何用爲問乎！」公意欲不殺。許攸曰：「明旦鑒于鏡，此益不忘人。」乃殺之。

〔二〕獻帝起居注曰：公上言「大將軍鄴侯袁紹前與冀州牧韓馥立故大司馬劉虞，刻作金璽，遣故任長畢瑜詣虞，爲說命錄之數。又紹與臣書云：『可都鄄城，當有所立。』擅鑄金銀印，孝廉計吏，皆往詣紹。從弟濟陰太守敍與紹書云：『今海內喪敗，天意實在我家，神應有徵，當在尊兄。南兄臣下欲使卽位，南兄言，以年則北兄長，以位則北兄重。便欲送璽，會曹操斷道。』紹宗族累世受國重恩，而凶逆無道，乃至于此。輒勒兵馬，與戰官渡，乘聖朝之威，得斬紹大將淳于瓊等八人首，遂大破潰。紹與子譚輕身迸走。凡斬首七萬餘級，輜重財物巨億。」

〔三〕魏氏春秋曰：公云：「當紹之彊，孤猶不能自保，而況衆人乎！」

初，桓帝時有黃星見于楚、宋之分，遼東殷馗馗，古逵字，見三蒼。善天文，言後五十歲當有眞人起于梁、沛之間，其鋒不可當。至是凡五十年，而公破紹，天下莫敵矣。

六年夏四月，揚兵河上，擊紹倉亭軍，破之。紹歸，復收散卒，攻定諸叛郡縣。九月，公還許。紹之未破也，使劉備略汝南，汝南賊共都等應之。遣蔡揚擊都，不利，爲都所破。公南征備。備聞公自行，走奔劉表，都等皆散。

七年春正月，公軍譙，令曰：「吾起義兵，爲天下除暴亂。舊土人民，死喪略盡，國中終日行，不見所識，使吾悽愴傷懷。其舉義兵已來，將士絕無後者，求其親戚以後之，授土田，

官給耕牛，置學師以教之。爲存者立廟，使祀其先人，魂而有靈，吾百年之後何恨哉！」遂至浚儀，治睢陽渠，遣使以太牢祀橋玄。〔一〕進軍官渡。

〔一〕褒賞令載公祀文曰：「故太尉橋公，誕敷明德，汎愛博容。國念明訓，士思令謨。靈幽體翳，邈哉晞矣！吾以幼年，逮升堂室，特以頑鄙之姿，爲大君子所納。增榮益觀，皆由獎助，猶仲尼稱不如顏淵，李生之厚歎賈復。士死知己，懷此無忘。又承從容約誓之言：『殂逝之後，路有經由，不以斗酒隻雞過相沃酹，車過三步，腹痛勿怪！』雖臨時戲笑之言，非至親之篤好，胡肯爲此辭乎？匪謂靈忿，能詒己疾，懷舊惟顧，念之悽愴。奉命東征，屯次鄉里，北望貴土，乃心陵墓。裁致薄奠，公其尚饗！」

紹自軍破後，發病歐血，夏五月死。小子尚代，譚自號車騎將軍，屯黎陽。秋九月，公征之，連戰。譚、尚數敗退，固守。

八年春三月，攻其郭，乃出戰，擊，大破之，譚、尚夜遁。夏四月，進軍鄴。五月還許，留賈信屯黎陽。

己酉，令曰：「司馬法『將軍死綏』，〔一〕故趙括之母，乞不坐括。是古之將者，軍破于外，而家受罪于內也。自命將征行，但賞功而不罰罪，非國典也。其令諸將出征，敗軍者抵罪，失利者免官爵。」〔二〕

〔一〕魏書曰：綏，卻也。有前一尺，無卻一寸。

〔二〕魏書載庚申令曰：「議者或以軍吏雖有功能，德行不足堪任郡國之選，所謂『可與適道，未可與權』。管仲曰：『使賢者食於能則上尊，鬭士食於功則卒輕于死，二者設於國則天下治。』未聞無能之人，不鬭之士，並受祿賞，而可以立功興國者也。故明君不官無功之臣，不賞不戰之士；治平尚德行，有事賞功能。論者之言，一似管窺虎歟！」

秋七月，令曰：「喪亂已來，十有五年，後生者不見仁義禮讓之風，吾甚傷之。其令郡國各脩文學，縣滿五百戶置校官，選其鄉之俊造而教學之，庶幾先王之道不廢，而有以益于天下。」

八月，公征劉表，軍西平。公之去鄴而南也，譚、尚爭冀州，譚爲尚所敗，走保平原。尚攻之急，譚遣辛毗乞降請救。諸將皆疑，荀攸勸公許之，〔一〕公乃引軍還。冬十月，到黎陽，爲子整與譚結婚。〔二〕尚聞公北，乃釋平原還鄴。東平呂曠、呂翔叛尚，屯陽平，率其衆降，封爲列侯。〔三〕

〔一〕魏書曰：公云：「我攻呂布，表不爲寇，官渡之役，不救袁紹，此自守之賊也，宜爲後圖。譚、尚狡猾，當乘其亂。縱譚挾詐，不終束手，使我破尚，偏收其地，利自多矣。」乃許之。

〔二〕臣松之案：紹死至此，過周五月耳。譚雖出後其伯，不爲紹服三年，而於再朞之內以行吉禮，悖矣。魏武或以權宜與之約言；今云結婚，未必便以此年成禮。

〔三〕魏書曰：譚之圍解，陰以將軍印綬假曠。曠受印送之，公曰：「我固知譚之有小計也。欲使我攻尚，得以其閒略民聚衆，尚之破，可得自彊以乘我弊也。尚破我盛，何弊之乘乎？」

九年春正月，濟河，遏淇水入白溝以通糧道。二月，尚復攻譚，留蘇由、審配守鄴。公進軍到洹水，由降。既至，攻鄴，爲土山、地道。武安長尹楷屯毛城，通上黨糧道。夏四月，留曹洪攻鄴，公自將擊楷，破之而還。尚將沮鵠守邯鄲，〔一〕又擊拔之。易陽令韓範、涉長梁岐舉縣降，賜爵關內侯。五月，毀土山、地道，作圍壍，決漳水灌城；城中餓死者過半。秋七月，尚還救鄴，諸將皆以爲「此歸師，人自爲戰，不如避之」。公曰：「尚從大道來，當避之；若循西山來者，此成禽耳。」尚果循西山來，臨滏水爲營。〔二〕夜遣兵犯圍，公逆擊破走之，遂圍其營。未合，尚懼，（遣）故豫州刺史陰夔及陳琳乞降，公不許，爲圍益急。尚夜遁，保祁山，追擊之。其將馬延、張顗等臨陳降，衆大潰，尚走中山。盡獲其輜重，得尚印綬節鉞，使尚降人示其家，城中崩沮。八月，審配兄子榮夜開所守城東門內兵。配逆戰，敗，生禽配，斬之，鄴定。公臨祀紹墓，哭之流涕；慰勞紹妻，還其家人寶物，賜雜繒絮，廩食之。〔三〕

〔一〕沮音菹，河朔閒今猶有此姓。鵠，沮授子也。

〔二〕曹瞞傳曰：遣候者數部前後參之，皆曰「定從西道，已在邯鄲」。公大喜，會諸將曰：「孤已得冀州，諸君知之乎？」皆曰：「不知。」公曰：「諸君方見不久也。」

〔三〕孫盛云：昔者先王之爲誅賞也，將以懲惡勸善，永彰鑒戒。紹因世艱危，遂懷逆謀，上議神器，下干國紀。荐社汙

宅，古之制也，而乃盡哀于逆臣之冢，加恩于饕餮之室，爲政之道，於斯躓矣。夫匿怨友人，前哲所恥，稅驂舊館，義無虛涕，苟道乖好絕，何哭之有！昔漢高失之於項氏，魏武遵謬於此舉，豈非百慮之一失也。

初，紹與公共起兵，紹問公曰：「若事不輯，則方面何所可據？」公曰：「足下意以爲何如？」紹曰：「吾南據河，北阻燕、代，兼戎狄之衆，南向以爭天下，庶可以濟乎？」公曰：「吾任天下之智力，以道御之，無所不可。」〔一〕

〔一〕傅子曰：太祖又云：「湯、武之王，豈同土哉？若以險固爲資，則不能應機而變化也。」

九月，令曰：「河北罹袁氏之難，其令無出今年租賦！」重豪彊兼并之法，百姓喜悅。〔一〕天子以公領冀州牧，公讓還兗州。

〔一〕魏書載公令曰：「有國有家者，不患寡而患不均，不患貧而患不安。袁氏之治也，使豪彊擅恣，親戚兼并；下民貧弱，代出租賦，衒鬻家財，不足應命；審配宗族，至乃藏匿罪人，爲逋逃主。欲望百姓親附，甲兵彊盛，豈可得邪！其收田租畝四升，戶出絹二匹、緜二斤而已，他不得擅興發。郡國守相明檢察之，無令彊民有所隱藏，而弱民兼賦也。」

公之圍鄴也，譚略取甘陵、安平、勃海、河間。尚敗，還中山。譚攻之，尚奔故安，遂并其衆。公遣譚書，責以負約，與之絕婚，女還，然後進軍。譚懼，拔平原，走保南皮。十二月，公入平原，略定諸縣。

十年春正月，攻譚，破之，斬譚，誅其妻子，冀州平。〔一〕下令曰：「其與袁氏同惡者，與之更始。」令民不得復私讎，禁厚葬，皆一之于法。是月，袁熙大將焦觸、張南等叛攻熙、尚，熙、尚奔三郡烏丸。觸等舉其縣降，封爲列侯。初討譚時，民亡椎冰，〔二〕令不得降。頃之，亡民有詣門首者，公謂曰：「聽汝則違令，殺汝則誅首，歸深自藏，無爲吏所獲。」民垂泣而去；後竟捕得。

〔一〕魏書曰：公攻譚，旦及日中不決；公乃自執桴鼓，士卒咸奮，應時破陷。

〔二〕臣松之以爲討譚時，川渠水凍，使民椎冰以通船，民憚役而亡。

夏四月，黑山賊張燕率其衆十餘萬降，封爲列侯。故安趙犢、霍奴等殺幽州刺史、涿郡太守。三郡烏丸攻鮮于輔於獷平。〔一〕秋八月，公征之，斬犢等，乃渡潞河救獷平，烏丸奔走出塞。

〔一〕續漢書郡國志曰：獷平，縣名，屬漁陽郡。

九月，令曰：「阿黨比周，先聖所疾也。聞冀州俗，父子異部，更相毀譽。昔直不疑無兄，世人謂之盜嫂；第五伯魚三娶孤女，謂之撾婦翁；王鳳擅權，谷永比之申伯，王商忠議，張匡謂之左道：此皆以白爲黑，欺天罔君者也。吾欲整齊風俗，四者不除，吾以爲羞。」冬十月，公還鄴。

初，袁紹以甥高幹領幷州牧，公之拔鄴，幹降，遂以爲刺史。幹聞公討烏丸，乃以州叛，執上黨太守，舉兵守壺關口。遣樂進、李典擊之，幹還守壺關城。十一年春正月，公征幹。幹聞之，乃留其別將守城，走入匈奴，求救於單于，單于不受。公圍壺關三月，拔之。幹遂走荆州，上洛都尉王琰捕斬之。

秋八月，公東征海賊管承，至淳于，遣樂進、李典擊破之，承走入海島。割東海之襄賁、郯、戚以益琅邪，省昌慮郡。〔一〕

〔一〕魏書載十月乙亥令曰：「夫治世御衆，建立輔弼，誡在面從，詩稱『聽用我謀，庶無大悔』，斯實君臣懇懇之求也。吾充重任，每懼失中，頻年已來，不聞嘉謀，豈吾開延不勤之咎邪？自今以後，諸掾屬治中、別駕，常以月旦各言其失，吾將覽焉。」

三郡烏丸承天下亂，破幽州，略有漢民合十餘萬戶。袁紹皆立其酋豪爲單于，以家人子爲己女，妻焉。遼西單于蹋頓尤彊，爲紹所厚，故尚兄弟歸之，數入塞爲害。公將征之，鑿渠，自呼沲入泒水，泒音孤。名平虜渠；又從泃河口泃音句。鑿入潞河，名泉州渠，以通海。

十二年春二月，公自淳于還鄴。丁酉，令曰：「吾起義兵誅暴亂，於今十九年，所征必克，豈吾功哉？乃賢士大夫之力也。天下雖未悉定，吾當要與賢士大夫共定之；而專饗其勞，吾何以安焉！其促定功行封。」於是大封功臣二十餘人，皆爲列侯，其餘各以次受封，及復死事之孤，輕重各有差。〔一〕

〔一〕魏書載公令曰：「昔趙奢、竇嬰之爲將也，受賜千金，一朝散之，故能濟成大功，永世流聲。吾讀其文，未嘗不慕其爲人也。與諸將士大夫共從戎事，幸賴賢人不愛其謀，羣士不遺其力，是以夷險平亂，而吾得竊大賞，戶邑三萬。追思竇嬰散金之義，今分所受租與諸將掾屬及故戍于陳、蔡者，庶以疇答衆勞，不擅大惠也。宜差死事之孤，以租穀及之。若年殷用足，租奉畢入，將大與衆人悉共饗之。」

將北征三郡烏丸，諸將皆曰：「袁尚，亡虜耳，夷狄貪而無親，豈能爲尚用？今深入征之，劉備必說劉表以襲許。萬一爲變，事不可悔。」惟郭嘉策表必不能任備，勸公行。夏五月，至無終。秋七月，大水，傍海道不通，田疇請爲鄉導，公從之。引軍出盧龍塞，塞外道絕不通，乃塹山堙谷五百餘里，經白檀，歷平岡，涉鮮卑庭，東指柳城。未至二百里，虜乃知之。尚、熙與蹋頓、遼西單于樓班、右北平單于能臣抵之等將數萬騎逆軍。八月，登白狼山，卒與虜遇，衆甚盛。公車重在後，被甲者少，左右皆懼。公登高，望虜陳不整，乃縱兵擊之，使張遼爲先鋒，虜衆大崩，斬蹋頓及名王已下，胡、漢降者二十餘萬口。遼東單于速僕丸及遼西、北平諸豪，棄其種人，與尚、熙奔遼東，衆尚有數千騎。初，遼東太守公孫康恃遠不服。及公破烏丸，或說公遂征之，尚兄弟可禽也。公曰：「吾方使康斬送尚、熙首，不煩兵矣。」九月，公引兵自柳城還，〔一〕康即斬尚、熙及速僕丸等，傳其首。諸將或問：「公還而康斬送

尚、熙，何也？」公曰：「彼素畏尚等，吾急之則幷力，緩之則自相圖，其勢然也。」十一月至易水，代郡烏丸行單于普富盧、上郡烏丸行單于那樓將其名王來賀。

〔一〕曹瞞傳曰：時寒且旱，二百里無復水，軍又乏食，殺馬數千匹以爲糧，鑿地入三十餘丈乃得水。既還，科問前諫者，衆莫知其故，人人皆懼。公皆厚賞之，曰：「孤前行，乘危以徼倖，雖得之，天所佐也，故不可以爲常。諸君之諫，萬安之計，是以相賞，後勿難言之。」

十三年春正月，公還鄴，作玄武池以肄舟師。〔一〕漢罷三公官，置丞相、御史大夫。夏六月，以公爲丞相。〔二〕

〔一〕肄，以四反。三蒼曰：「肄，習也。」

〔二〕獻帝起居注曰：使太常徐璆卽授印綬。御史大夫不領中丞，置長史一人。先賢行狀曰：璆字（孟平）〔孟玉〕，廣陵人。少履清爽，立朝正色。歷任城、汝南、東海三郡，所在化行。被徵當還，爲袁術所劫。術僭號，欲授以上公之位，璆終不爲屈。術死後，璆得術璽，致之漢朝，拜衞尉太常；公爲丞相，以位讓璆焉。

秋七月，公南征劉表。八月，表卒，其子琮代，屯襄陽，劉備屯樊。九月，公到新野，琮遂降，備走夏口。公進軍江陵，下令荆州吏民，與之更始。乃論荆州服從之功，侯者十五人，以劉表大將文聘爲江夏太守，使統本兵，引用荆州名士韓嵩、鄧義等。〔一〕益州牧劉璋始受徵役，遣兵給軍。十二月，孫權爲備攻合肥。公自江陵征備，至巴丘，遣張憙救合肥。權聞

憙至，乃走。公至赤壁，與備戰，不利。於是大疫，吏士多死者，乃引軍還。備遂有荆州、江南諸郡。〔三〕

〔一〕衞恆四體書勢序曰：上谷王次仲善隸書，始爲楷法。至靈帝好書，世多能者。而師宜官爲最，甚矜其能，每書，輒削焚其札。梁鵠乃益爲版而飲之酒，候其醉而竊其札，鵠卒以攻書至選部尚書。於是公欲爲洛陽令，鵠以爲北部尉。鵠後依劉表。及荆州平，公募求鵠，鵠懼，自縛詣門，署軍假司馬，使在祕書，以(勤)〔勒〕書自效。公嘗縣著帳中，及以釘壁玩之，謂勝宜官。鵠字孟黄，安定人。魏宫殿題署，皆鵠書也。

皇甫謐逸士傳曰：汝南王儁，字子文，少爲范滂、許章所識，與南陽岑晊善。公之爲布衣，特愛儁；儁亦稱公有治世之具。及袁紹與弟術喪母，歸葬汝南，儁與公會之，會者三萬人。公於外密語儁曰：「天下將亂，爲亂魁者必此二人也。欲濟天下，爲百姓請命，不先誅此二子，亂今作矣。」儁曰：「如卿之言，濟天下者，舍卿復誰？」相對而笑。儁爲人外靜而内明，不應州郡三府之命。公車徵，不到，避地居武陵，歸儁者一百餘家。帝之都許，復徵爲尚書，又不就。劉表見紹彊，陰與紹通，儁謂表曰：「曹公，天下之雄也，必能興霸道，繼桓、文之功者也。今乃釋近而就遠，如有一朝之急，遙望漠北之救，不亦難乎！」表不從。儁年六十四，以壽終于武陵，公聞而哀傷。及平荆州，自臨江迎喪，改葬于江陵，表爲先賢也。

〔二〕山陽公載記曰：公船艦爲備所燒，引軍從華容道步歸，遇泥濘，道不通，天又大風，悉使羸兵負草塡之，騎乃得過。羸兵爲人馬所蹈藉，陷泥中，死者甚衆。軍既得出，公大喜，諸將問之，公曰：「劉備，吾儔也。但得計少晚；向使早放火，吾徒無類矣。」備尋亦放火而無所及。

孫盛異同評曰：按吳志，劉備先破公軍，然後權攻合肥，而此記云權先攻合肥，後有赤壁之事。二者不同，吳志爲是。

十四年春三月，軍至譙，作輕舟，治水軍。秋七月，自渦入淮，出肥水，軍合肥。辛未，令曰：「自頃已來，軍數征行，或遇疫氣，吏士死亡不歸，家室怨曠，百姓流離，而仁者豈樂之哉？不得已也。其令死者家無基業不能自存者，縣官勿絶廩，長吏存恤撫循，以稱吾意。」置揚州郡縣長吏，開芍陂屯田。十二月，軍還譙。

十五年春，下令曰：「自古受命及中興之君，曷嘗不得賢人君子與之共治天下者乎！及其得賢也，曾不出閭巷，豈幸相遇哉？上之人不求之耳。今天下尚未定，此特求賢之急時也。『孟公綽爲趙、魏老則優，不可以爲滕、薛大夫』。若必廉士而後可用，則齊桓其何以霸世！今天下得無有被褐懷玉而釣于渭濱者乎？又得無盜嫂受金而未遇無知者乎？二三子其佐我明揚仄陋，唯才是舉，吾得而用之。」冬，作銅雀臺。〔一〕

〔一〕魏武故事載公十二月己亥令曰：「孤始舉孝廉，年少，自以本非巖穴知名之士，恐爲海内人之所見凡愚，欲爲一郡守，好作政教，以建立名譽，使世士明知之；故在濟南，始除殘去穢，平心選舉，違迕諸常侍。以爲彊豪所忿，恐致家禍，故以病還。去官之後，年紀尚少，顧視同歲中，年有五十，未名爲老，内自圖之，從此却去二十年，待天下清，乃與同歲中始舉者等耳。故以四時歸鄉里，於譙東五十里築精舍，欲秋夏讀書，冬春射獵，求底下之地，欲以泥水自蔽，絶賓客往來之望，然不能得如意。後徵爲都尉，遷典軍校尉，意遂更欲爲國家討賊立功，欲望封侯作征西將軍，然後題墓道言『漢故征西將軍曹侯之墓』，此其志也。而遭值董卓之難，興舉義兵。是時合兵能多得耳，然常自損，不欲多之；所以然者，多兵意盛，與彊敵爭，倘更爲禍始。故汴水之戰數千，後還到揚州更募，亦復不過三千人，此其本志有限也。後領兗州，破降黄巾三十萬衆。又袁術僭號于九江，下皆稱臣，名門曰建號門，衣被皆爲天子之制，兩婦預爭爲皇后。志計已定，人有勸術使遂即帝位，露布天下，答言『曹公尚在，未可也』。後孤討禽其四將，獲其人衆，遂使術窮亡解沮，發病而死。及至袁紹據河北，兵勢彊盛，孤自度勢，實不敵之，但計投死爲國，以義滅身，足垂於後。幸而破紹，梟其二子。又劉表自以爲宗室，包藏姦心，乍前乍却，以觀世事，據有當州，孤復定之，遂平天下。身爲宰相，人臣之貴已極，意望已過矣。今孤言此，若爲自大，欲人言盡，故無諱耳。設使國家無有孤，不知當幾人稱帝，幾人稱王。或者人見孤彊盛，又性不信天命之事，恐私心相評，言有不遜之志，妄相忖度，每用耿耿。齊桓、晉文所以垂稱至今日者，以其兵勢廣大，猶能奉事周室也。論語云『三分天下有其二，以服事殷，周之德可謂至德矣』，夫能以大事小也。昔樂毅走趙，趙王欲與之圖燕，樂毅伏而垂泣，對曰：『臣事昭王，猶事大王；臣若獲戾，放在他國，沒世然後已，不忍謀趙之徒隸，況燕後嗣乎！』胡亥之殺蒙恬也，恬曰：『自吾先人及至子孫，積信於秦三世矣；今臣將兵三十餘萬，其勢足以背叛，然自知必死而守義者，不敢辱先人之教以忘先王也。』孤每讀此二人書，未嘗不愴然流涕也。孤祖父以至孤身，皆當親重之任，可謂見信者矣，以及(子植)〔子桓〕兄弟，過于三世矣。孤非徒對諸君說此也，常以語妻妾，皆令深知此意。孤謂之言：『顧我萬年之後，汝曹皆當出嫁，欲令傳道我心，使他人皆知之。』孤此言皆肝鬲之要也。所以勤勤懇懇敍心腹者，見周公有金縢之書以自明，恐人不信之故。然欲孤便爾委捐所典兵衆以還執事，歸就武平侯國，實不可也。何者？誠恐己離兵爲人所禍也。既爲子孫計，又己敗則國家傾危，是以不得慕虚名而處實禍，此所不得爲也。前朝恩封三子爲侯，固辭不受，今更欲受之，非欲復以爲榮，欲以爲外援，爲萬安計。孤聞介推之避晉封，申胥之逃

楚賞，未嘗不舍書而歎，有以自省也。奉國威靈，仗鉞征伐，推弱以克彊，處小而禽大，意之所圖，動無違事，心之所慮，何向不濟，遂蕩平天下，不辱主命，可謂天助漢室，非人力也。然封兼四縣，食戶三萬，何德堪之！江湖未靜，不可讓位；至于邑土，可得而辭。今上還陽夏、柘、苦三縣戶二萬，但食武平萬戶，且以分損謗議，少減孤之責也。」

十六年春正月，〔一〕天子命公世子丕爲五官中郎將，置官屬，爲丞相副。太原商曜等以大陵叛，遣夏侯淵、徐晃圍破之。張魯據漢中，三月，遣鍾繇討之。公使淵等出河東與繇會。

〔一〕魏書曰：庚辰，天子報：減戶五千，分所讓三縣萬五千封三子，植爲平原侯，據爲范陽侯，豹爲饒陽侯，食邑各五千戶。

是時關中諸將疑繇欲自襲，馬超遂與韓遂、楊秋、李堪、成宜等叛。遣曹仁討之。超等屯潼關，公敕諸將：「關西兵精悍，堅壁勿與戰。」秋七月，公西征，〔一〕與超等夾關而軍。公急持之，而潛遣徐晃、朱靈等夜渡蒲阪津，據河西爲營。公自潼關北渡，未濟，超赴船急戰。校尉丁斐因放牛馬以餌賊，賊亂取牛馬，公乃得渡，〔二〕循河爲甬道而南。賊退，拒渭口，公乃多設疑兵，潛以舟載兵入渭，爲浮橋，夜，分兵結營于渭南。賊夜攻營，伏兵擊破之。超等屯渭南，遣信求割河以西請和，公不許。九月，進軍渡渭。〔三〕超等數挑戰，又不許；固請割地，求送任子，公用賈詡計，僞許之。韓遂請與公相見，公與遂父同歲孝廉，又與遂同時

儔輩，於是交馬語移時，不及軍事，但說京都舊故，拊手歡笑。既罷，超等問遂：「公何言？」遂曰：「無所言也。」超等疑之。〔四〕他日，公又與遂書，多所點竄，如遂改定者；超等愈疑遂。公乃與克日會戰，先以輕兵挑之，戰良久，乃縱虎騎夾擊，大破之，斬成宜、李堪等。遂、超等走涼州，楊秋奔安定，關中平。諸將或問公曰：「初，賊守潼關，渭北道缺，不從河東擊馮翊而反守潼關，引日而後北渡，何也？」公曰：「賊守潼關，若吾入河東，賊必引守諸津，則西河未可渡，吾故盛兵向潼關；賊悉衆南守，西河之備虛，故二將得擅取西河；然後引軍北渡，賊不能與吾爭西河者，以有二將之軍也。連車樹柵，爲甬道而南，〔五〕既爲不可勝，且以示弱。渡渭爲堅壘，虜至不出，所以驕之也；故賊不爲營壘而求割地。吾順言許之，所以從其意，使自安而不爲備，因畜士卒之力，一旦擊之，所謂疾雷不及掩耳，兵之變化，固非一道也。」始，賊每一部到，公輒有喜色。賊破之後，諸將問其故。公答曰：「關中長遠，若賊各依險阻，征之，不一二年不可定也。今皆來集，其衆雖多，莫相歸服，軍無適主，一舉可滅，爲功差易，吾是以喜。」

〔一〕魏書曰：議者多言「關西兵彊，習長矛，非精選前鋒，則不可以當也」。公謂諸將曰：「戰在我，非在賊也。賊雖習長矛，將使不得以刺，諸君但觀之耳。」

〔二〕曹瞞傳曰：公將過河，前隊適渡，超等奄至，公猶坐胡牀不起。張郃等見事急，共引公入船。河水急，比渡，流四

五里，超等騎追射之，矢下如雨。諸將見軍敗，不知公所在，皆惶懼，至見，乃悲喜，或流涕。公大笑曰：「今日幾爲小賊所困乎！」

〔三〕曹瞞傳曰：時公軍每渡渭，輒爲超騎所衝突，營不得立，地又多沙，不可築壘。婁子伯說公曰：「今天寒，可起沙爲城，以水灌之，可一夜而成。」公從之，乃多作縑囊以運水，夜渡兵作城，比明，城立，由是公軍盡得渡渭。或疑于時九月，水未應凍。臣松之按魏書：公軍八月至潼關，閏月北渡河，則其年閏八月也，至此容可大寒邪！

〔四〕魏書曰：公後日復與遂等會語，諸將曰：「公與虜交語，不宜輕脫，可爲木行馬以爲防遏。」公然之。賊將見公，悉于馬上拜，秦、胡觀者，前後重沓，公笑謂賊曰：「汝欲觀曹公邪？亦猶人也，非有四目兩口，但多智耳！」胡前後大觀。又列鐵騎五千爲十重陳，精光耀日，賊益震懼。

〔五〕臣松之案：漢高祖二年，與楚戰滎陽京、索之閒，築甬道屬河以取敖倉粟。應劭曰：「恐敵鈔輜重，故築垣牆如街巷也。」今魏武不築垣牆，但連車樹柵以扞兩面。

冬十月，軍自長安北征楊秋，圍安定。秋降，復其爵位，使留撫其民人。〔一〕十二月，自安定還，留夏侯淵屯長安。

〔一〕魏略曰：楊秋，黃初中遷討寇將軍，位特進，封臨涇侯，以壽終。

十七年春正月，公還鄴。天子命公贊拜不名，入朝不趨，劍履上殿，如蕭何故事。馬超餘衆梁興等屯藍田，使夏侯淵擊平之。割河內之蕩陰、朝歌、林慮，東郡之衞國、頓丘、東武陽、發干，鉅鹿之廮陶、曲周、南和，廣平之任城，趙之襄國、邯鄲、易陽以益魏郡。

冬十月，公征孫權。

十八年春正月，進軍濡須口，攻破權江西營，獲權都督公孫陽，乃引軍還。詔書并十四州，復爲九州。夏四月，至鄴。

五月丙申，天子使御史大夫郗慮持節策命公爲魏公〔一〕曰：

朕以不德，少遭愍凶，越在西土，遷於唐、衞。當此之時，若綴旒然，〔二〕宗廟乏祀，社稷無位；羣凶覬覦，分裂諸夏，率土之民，朕無獲焉，即我高祖之命將墜於地。朕用夙興假寐，震悼於厥心，曰「惟祖惟父，股肱先正，〔三〕其孰能恤朕躬」？乃誘天衷，誕育丞相，保乂我皇家，弘濟於艱難，朕實賴之。今將授君典禮，其敬聽朕命。

昔者董卓初興國難，羣后釋位以謀王室，〔四〕君則攝進，首啓戎行，此君之忠於本朝也。後及黃巾反易天常，侵我三州，延及平民，君又翦之以寧東夏，此又君之功也。韓暹、楊奉專用威命，君則致討，克黜其難，遂遷許都，造我京畿，設官兆祀，不失舊物，天地鬼神於是獲乂，此又君之功也。袁術僭逆，肆於淮南，懾憚君靈，用丕顯謀，蘄陽之役，橋蕤授首，稜威南邁，術以隕潰，此又君之功也。迴戈東征，呂布就戮，乘轅將返，張楊殂斃，眭固伏罪，張繡稽服，此又君之功也。袁紹逆亂天常，謀危社稷，憑恃其衆，稱兵內侮，當此之時，王師寡弱，天下寒心，莫有固志，君執大節，精貫白日，奮其

武怒，運其神策，致屆官渡，大殲醜類，〔五〕俾我國家拯于危墜，此又君之功也。濟師洪河，拓定四州，袁譚、高幹，咸梟其首，海盜奔迸，黑山順軌，此又君之功也。烏丸三種，崇亂二世，袁尚因之，逼據塞北，束馬縣車，一征而滅，此又君之功也。劉表背誕，不供貢職，王師首路，威風先逝，百城八郡，交臂屈膝，此又君之功也。馬超、成宜，同惡相濟，濱據河、潼，求逞所欲，殄之渭南，獻馘萬計，遂定邊境，撫和戎狄，此又君之功也。鮮卑、丁零，重譯而至，（單于）〔箄于〕、白屋，請吏率職，此又君之功也。君有定天下之功，重之以明德，班敘海內，宣美風俗，旁施勤教，恤慎刑獄，吏無苛政，民無懷慝；敦崇帝族，表繼絕世，舊德前功，罔不咸秩；雖伊尹格于皇天，周公光于四海，方之蔑如也。

朕聞先王並建明德，胙之以土，分之以民，崇其寵章，備其禮物，所以藩衞王室，左右厥世也。其在周成，管、蔡不靜，懲難念功，乃使邵康公賜齊太公履，東至於海，西至於河，南至於穆陵，北至於無棣，五侯九伯，實得征之，世祚太師，以表東海；爰及襄王，亦有楚人不供王職，又命晉文登爲侯伯，錫以二輅、虎賁、鈇鉞、秬鬯、弓矢，大啓南陽，世作盟主。故周室之不壞，繄二國是賴。今君稱丕顯德，明保朕躬，奉答天命，導揚弘烈，綏爰九域，莫不率俾，〔六〕功高於伊、周，而賞卑於齊、晉，朕甚恧焉。朕以眇眇之身，託於兆民之上，永思厥艱，若涉淵冰，非君攸濟，朕無任焉。今以冀州之河東、

河內、魏郡、趙國、中山、常山、鉅鹿、安平、甘陵、平原凡十郡，封君爲魏公。錫君玄土，苴以白茅；爰契爾龜，用建冢社。昔在周室，畢公、毛公入爲卿佐，周、邵師保出爲二伯，外內之任，君實宜之。其以丞相領冀州牧如故。又加君九錫，其敬聽朕命。以君經緯禮律，爲民軌儀，使安職業，無或遷志，是用錫君大輅、戎輅各一，玄牡二駟。君勸分務本，穡人昏作，〔七〕粟帛滯積，大業惟興，是用錫君袞冕之服，赤舃副焉。君敦尚謙讓，俾民興行，少長有禮，上下咸和，是用錫君軒縣之樂，六佾之舞。君翼宣風化，爰發四方，遠人革面，華夏充實，是用錫君朱戶以居。君研其明哲，思帝所難，官才任賢，羣善必舉，是用錫君納陛以登。君秉國之鈞，正色處中，纖毫之惡，靡不抑退，是用錫君虎賁之士三百人。君糾虔天刑，章厥有罪，〔八〕犯關干紀，莫不誅殛，是用錫君鈇鉞各一。君龍驤虎視，旁眺八維，掩討逆節，折衝四海，是用錫君彤弓一，彤矢百，玈弓十，玈矢千。君以溫恭爲基，孝友爲德，明允篤誠，感于朕思，是用錫君秬鬯一卣，珪瓚副焉。魏國置丞相已下羣卿百寮，皆如漢初諸侯王之制。往欽哉，敬服朕命！簡恤爾衆，時亮庶功，用終爾顯德，對揚我高祖之休命！〔九〕

〔一〕續漢書曰：慮字鴻豫，山陽高平人。少受業于鄭玄，建安初爲侍中。虞溥江表傳曰：獻帝嘗特見慮及少府孔融，問融曰：「鴻豫何所優長？」融曰：「可與適道，未可與權。」慮舉笏曰：

「融昔宰北海，政散民流，其權安在也！」遂與融互相長短，以至不睦。公以書和解之。慮從光祿勳遷爲大夫。

〔二〕公羊傳曰：「君若贅旒然。」何休云：「贅猶綴也。旒，旂旒也。以旒譬者，言爲下所執持東西也。」

〔三〕文侯之命曰：「亦惟先正。」鄭玄云：「先正，先臣，謂公卿大夫也。」

〔四〕左氏傳曰：「諸侯釋位以閒王政。」服虔曰：「言諸侯釋其私政而佐王室。」

〔五〕詩曰：「致天之届，于牧之野。」鄭玄云：「届，極也。」鴻範曰：「鯀則殛死。」

〔六〕盤庚曰：「綏爰有衆。」鄭玄曰：「爰，於也，安隱於其衆也。」君奭曰：「海隅出日，罔不率俾。」率，循也。俾，使也。四海之隅，日出所照，無不循度而可使也。

〔七〕盤庚曰：「墮農自安，不昏作勞。」鄭玄云：「昏，勉也。」

〔八〕「糾虔天刑」語出國語，韋昭注曰：「糾，察也。虔，敬也。刑，法也。」

〔九〕後漢尚書左丞潘勖之辭也。勖字元茂，陳留中牟人。

魏書載公令曰：「夫受九錫，廣開土宇，周公其人也。漢之異姓八王者，與高祖俱起布衣，剏定王業，其功至大，吾何可比之？」前後三讓。於是中軍師（王）陵樹亭侯荀攸、前軍師東武亭侯鍾繇、左軍師涼茂、右軍師毛玠、平虜將軍華鄉侯劉勳、建武將軍清苑亭侯劉若、伏波將軍高安侯夏侯惇、揚武將軍都亭侯王忠、奮威將軍樂鄉侯劉展、建忠將軍昌鄉亭侯鮮于輔、奮武將軍安國亭侯程昱、太中大夫都鄉侯賈詡、軍師祭酒千秋亭侯董昭、都亭侯薛洪、南鄉亭侯董蒙、關內侯王粲、傅巽、祭酒王選、袁渙、王朗、張承、任藩、杜襲、中護軍國明亭侯曹洪、中領軍萬歲亭侯韓浩、行驍騎將軍安平亭侯曹仁、領護軍將軍王圖、長史萬潛、謝奐、袁霸等勸進曰：「自古三代，胙臣以土，受命中興，封秩輔佐，皆所以褒功賞德，爲國藩衞也。往者天下崩亂，羣凶豪起，顚越跋扈之險，不可忍言。明公奮身出命以徇其難，誅二袁篡盜之逆，滅黃巾賊亂之類，殄夷首逆，芟撥荒穢，沐浴霜露二十餘年，書契已來，未有若此功者。昔周公承文、武之迹，受已成之業，高枕墨筆，拱揖羣后，商、奄之勤，不過二年，呂望因三分有二之形，據八百諸侯之勢，暫把旄鉞，一時指麾，然皆大啓土宇，跨州兼國。周公八子，並爲侯伯，白牡騂剛，郊祀天地，典策備物，擬則王室，榮章寵盛如此之弘也。此皆明君達主行之於上，賢臣聖宰受之於下，三代令典，漢帝明制。今比勞則周、呂逸，計功則張、吳面稱孤。逮至漢興，佐命之臣，張耳、吳芮，其功至薄，亦連城開地，南面稱孤。此皆明君達主行之於上，賢臣聖宰受之於下，三代令典，漢帝明制。今比勞則周、呂逸，計功則張、吳微，論制則齊、魯重，言地則長沙多；然則魏國之封，九錫之榮，況於舊賞，猶懷玉而被褐也。且列侯諸將，幸攀龍驥，得竊微勞，佩紫懷黃，蓋以百數，亦將因此傳之萬世，而明公獨辭賞於上，將使其下懷不自安，上違聖朝歎心，下失冠帶至望，忘輔弼之大業，信匹夫之細行，攸等所大懼也。」於是公敕外爲章，但受魏郡。攸等復曰：「伏見魏國初封，聖朝發慮，稽謀羣寮，然後策命；而明公久違上指，不即大禮。今既虔奉詔命，副順衆望，又欲辭多當少，讓九受一，是猶漢朝之賞不行，而攸等之請未許也。昔齊、魯之封，奄有東海，疆域井賦，四百萬家，基隆業廣，易以立功，故能成翼戴之勳，立一匡之績。今魏國雖有十郡之名，猶減于曲阜，計其戶數，不能參半，以藩衞王室，立垣樹屏，猶未足也。且聖上覽亡秦無輔之禍，懲曩日震蕩之艱，託建忠賢，廢墜是爲，願明公恭承帝命，無或拒違。」公乃受命。

魏略載公上書謝曰：「臣蒙先帝厚恩，致位郎署，受性疲怠，意望畢足，非敢希望高位，庶幾顯達。會董卓作亂，義當死難，故敢奮身出命，摧鋒率衆，遂值千載之運，奉役目下。當二袁炎沸侵侮之際，陛下與臣寒心同憂，顧瞻京師，進受猛敵，常恐君臣俱陷虎口，誠不自意能全首領。賴祖宗靈祐，醜類夷滅，得使微臣竊名其間。陛下加恩，

授以上相，封爵寵祿，豐大弘厚，生平之願，實不望也。口與心計，幸且待罪，保持列侯，遺付子孫，自託聖世，永無憂責。不意陛下乃發盛意，開國備錫，以貺愚臣，地比齊、魯，禮同藩王，非臣無功所宜膺據。歸情上聞，不蒙聽許，嚴詔切至，誠使臣心俯仰逼迫。伏自惟省，列在大臣，命制王室，身非己有，豈敢自私，遂其愚意，亦將黜退，令就初服。今奉疆土，備數藩翰，非敢遠期，慮有後世；至於父子相誓終身，灰軀盡命，報塞厚恩。天威在顏，悚懼受詔。」

秋七月，始建魏社稷宗廟。天子聘公三女爲貴人，少者待年于國。〔一〕九月，作金虎臺，鑿渠引漳水入白溝以通河。冬十月，分魏郡爲東西部，置都尉。十一月，初置尚書、侍中、六卿。〔二〕

〔一〕獻帝起居注曰：使使持節行太常大司農安陽亭侯王邑，齎璧、帛、玄纁、絹五萬匹之鄴納聘，介者五人，皆以議郎行大夫事，副介一人。

〔二〕魏氏春秋曰：以荀攸爲尚書令，涼茂爲僕射，毛玠、崔琰、常林、徐奕、何夔爲尚書，王粲、杜襲、衞覬、和洽爲侍中。

十九年春正月，始耕籍田。南安趙衢、漢陽尹奉等討超，梟其妻子，超奔漢中。韓遂徙金城，入氐王千萬部，率羌、胡萬餘騎與夏侯淵戰，擊，大破之，遂走西平。淵與諸將攻興國，屠之。省安東、永陽郡。

馬超在漢陽，復因羌、胡爲害，氐王千萬叛應超，屯興國。使夏侯淵討之。

安定太守毌丘興將之官，公戒之曰：「羌、胡欲與中國通，自當遣人來，愼勿遣人往。善

人難得，必將教羌、胡妄有所請求，因欲以自利；不從便爲失異俗意，從之則無益事。」興至，遣校尉范陵至羌中，陵果教羌，使自請爲屬國都尉。公曰：「吾預知當爾，非聖也，但更事多耳。」〔一〕

〔一〕獻帝起居注曰：使行太常事大司農安陽亭侯王邑與宗正劉艾，皆持節，介者五人，齎束帛駟馬，及給事黃門侍郎、掖庭丞、中常侍二人，迎二貴人于魏公國。二月癸亥，又於魏公宗廟授二貴人印綬。甲子，詣魏公宮延秋門，迎貴人升車。魏遣郎中令、少府、博士、御府乘黃廄令、丞相掾屬侍送貴人。癸酉，二貴人至洧倉中，遣侍中丹將冗從虎賁前後駱驛往迎之。乙亥，二貴人入宮，御史大夫、中二千石將大夫、議郎會殿中，魏國二卿及侍中、中郎二人，與漢公卿並升殿宴。

三月，天子使魏公位在諸侯王上，改授金璽、赤紱、遠遊冠。〔一〕

〔一〕獻帝起居注曰：使左中郎將楊宣、亭侯裴茂持節、印授之。

秋七月，公征孫權。〔一〕

〔一〕九州春秋曰：參軍傅幹諫曰：「治天下之大具有二，文與武也；用武則先威，用文則先德，威德足以相濟，而後王道備矣。往者天下大亂，上下失序，明公用武攘之，十平其九。今未承王命者，吳與蜀也，吳有長江之險，蜀有崇山之阻，難以威服，易以德懷。愚以爲可且按甲寢兵，息軍養士，分土定封，論功行賞，若此則內外之心固，有功者勸，而天下知制矣。然後漸興學校，以導其善性而長其義節。公神武震於四海，若脩文以濟之，則普天之下，無思不服矣。今舉十萬之衆，頓之長江之濱，若賊負固深藏，則士馬不能逞其能，奇變無所用其權，則大威有屈

而敵心未能服矣。唯明公思虞舜舞干戚之義，全威養德，以道制勝。」公不從，軍遂無功。幹字彥材，北地人，終於丞相倉曹屬。有子曰玄。

初，隴西宋建自稱河首平漢王，聚衆枹罕，改元，置百官，三十餘年。遣夏侯淵自興國討之。冬十月，屠枹罕，斬建，涼州平。

公自合肥還。

十一月，漢皇后伏氏坐昔與父故屯騎校尉完書，云帝以董承被誅怨恨公，辭甚醜惡，發聞，后廢黜死，兄弟皆伏法。〔一〕

〔一〕曹瞞傳曰：公遣華歆勒兵入宮收后，后閉戶匿壁中。歆壞戶發壁，牽后出。帝時與御史大夫郗慮坐，后被髮徒跣過，執帝手曰：「不能復相活邪？」帝曰：「我亦不自知命在何時也。」帝謂慮曰：「郗公，天下寧有是邪！」遂將后殺之，完及宗族死者數百人。

十二月，公至孟津。天子命公置旄頭，宮殿設鍾虡。乙未，令曰：「夫有行之士未必能進取，進取之士未必能有行也。陳平豈篤行，蘇秦豈守信邪？而陳平定漢業，蘇秦濟弱燕。由此言之，士有偏短，庸可廢乎！有司明思此義，則士無遺滯，官無廢業矣。」又曰：「夫刑，百姓之命也，而軍中典獄者或非其人，而任以三軍死生之事，吾甚懼之。其選明達法理者，使持典刑。」於是置理曹掾屬。

二十年春正月，天子立公中女爲皇后。省雲中、定襄、五原、朔方郡，郡置一縣領其民，合以爲新興郡。

三月，公西征張魯，至陳倉，將自武都入氐；氐人塞道，先遣張郃、朱靈等攻破之。夏四月，公自陳倉以出散關，至河池。氐王竇茂衆萬餘人，恃險不服，五月，公攻屠之。西平、金城諸將麴演、蔣石等共斬送韓遂首。〔一〕秋七月，公至陽平。張魯使弟衛與將楊昂等據陽平關，橫山築城十餘里，攻之不能拔，乃引軍還。賊見大軍退，其守備解散。公乃密遣解慓、高祚等乘險夜襲，大破之，斬其將楊任，進攻衛，衛等夜遁，魯潰奔巴中。公軍入南鄭，盡得魯府庫珍寶。〔二〕巴、漢皆降。復漢寧郡爲漢中；分漢中之安陽、西城爲西城郡，置太守；分錫、上庸郡，置都尉。

〔一〕典略曰：遂字文約，始與同郡邊章俱著名西州。章爲督軍從事。遂奉計詣京師，何進宿聞其名，特與相見。遂說進使誅諸閹人，進不從，乃求歸。會涼州宋揚、北宮玉等反，舉章、遂爲主，章尋病卒，遂爲揚等所劫，不得已，遂阻兵爲亂，積三十二年，至是乃死，年七十餘矣。劉艾靈帝紀曰：章，一名(元)〔允〕。

〔二〕魏書曰：軍自武都山行千里，升降險阻，軍人勞苦；公於是大饗，莫不忘其勞。

八月，孫權圍合肥，張遼、李典擊破之。

九月，巴七姓夷王朴胡、賨邑侯杜濩舉巴夷、賨民來附，〔一〕於是分巴郡，以胡爲巴東太守，濩爲巴西太守，皆封列侯。天子命公承制封拜諸侯守相。〔二〕

〔一〕孫盛曰：朴音浮。濩音戶。

〔二〕孔衍漢魏春秋曰：天子以公典任於外，臨事之賞，或宜速疾，乃命公得承制封拜諸侯守相，詔曰：「夫軍之大事，在茲賞罰，勸善懲惡，宜不旋時，故司馬法曰『賞不逾日』者，欲民速覩爲善之利也。昔在中興，鄧禹入關，承制拜軍祭酒李文爲河東太守，來歙又承制拜高峻爲通路將軍，察其本傳，皆非先請，明臨事刻印也，斯則世祖神明，權達損益，蓋所用速示威懷而著鴻勳也。其春秋之義，大夫出疆，有專命之事，苟所以利社稷安國家而已。況君秉任二伯，師尹九有，實征夷夏，軍行藩甸之外，失得在於斯須之間，停賞俟詔以滯世務，固非朕之所圖也。自今已後，臨事所甄，當加寵號者，其便刻印章假授，咸使忠義得相獎勵，勿有疑焉。」

冬十月，始置名號侯至五大夫，與舊列侯、關內侯凡六等，以賞軍功。〔一〕

〔一〕魏書曰：置名號侯爵十八級，關中侯爵十七級，皆金印紫綬；又置關內外侯十六級，銅印龜紐墨綬；五大夫十五級，銅印環紐，亦墨綬，皆不食租，與舊列侯關內侯凡六等。臣松之以爲今之虛封蓋自此始。

十一月，魯自巴中將其餘衆降。封魯及五子皆爲列侯。劉備襲劉璋，取益州，遂據巴中；遣張郃擊之。

十二月，公自南鄭還，留夏侯淵屯漢中。〔一〕

〔一〕是行也，侍中王粲作五言詩以美其事曰：「從軍有苦樂，但問所從誰。所從神且武，安得久勞師？相公征關右，赫怒振天威，一舉滅獯虜，再舉服羌夷，西收邊地賊，忽若俯拾遺。陳賞越山嶽，酒肉踰川坻，軍中多饒飫，人馬皆溢肥，徒行兼乘還，空出有餘資。拓土三千里，往反速如飛，歌舞入鄴城，所願獲無違。」

二十一年春二月，公還鄴。〔一〕三月壬寅，公親耕籍田。〔二〕夏五月，天子進公爵為魏王。〔三〕代郡烏丸行單于普富盧與其侯王來朝。天子命王女為公主，食湯沐邑。秋七月，匈奴南單于呼廚泉將其名王來朝，待以客禮，遂留魏，使右賢王去卑監其國。八月，以大理鍾繇為相國。〔四〕

〔一〕魏書曰：辛未，有司以太牢告至，策勳于廟，甲午始春祠，令曰：「議者以為祠廟上殿當解履。吾受錫命，帶劍不解履上殿。今有事於廟而解履，是尊先公而替王命，敬父祖而簡君主，故吾不敢解履上殿也。又臨祭就洗，以手擬水而不盥。夫盥以潔為敬，未聞擬(向)〔而〕不盥之禮，且『祭神如神在』，故吾親受水而盥也。又降神禮訖，下階就幕而立，須奏樂畢竟，似若不(愆)〔衎〕烈祖，遲祭(不)速訖也，故吾坐俟樂闋送神乃起也。受胙納(神)〔袖〕，以授侍中，此為敬恭不終實也，古者親執祭事，故吾親納于(神)〔袖〕，終抱而歸也。仲尼曰『雖違眾，吾從下』，誠哉斯言也。」

〔二〕魏書曰：有司奏：「四時講武於農隙。漢承秦制，三時不講，唯十月都試車馬，幸長水南門，會五營士為八陳進退，名曰乘之。今金革未偃，士民素習，自今已後，可無四時講武，但以立秋擇吉日大朝車騎，號曰治兵，上合禮名，下承漢制。」奏可。

〔三〕獻帝傳載詔曰：「自古帝王，雖號稱相變，爵等不同，至乎褒崇元勳，建立功德，光啓氏姓，延於子孫，庶姓之與親，豈有殊焉。昔我聖祖受命，剏業肇基，造我區夏，鑒古今之制，通爵等之差，盡封山川以立藩屏，使異姓親戚，並列土地，據國而王，所以保乂天命，安固萬嗣。歷世承平，臣主無事。世祖中興而時有難易，是以曠年數百，無異姓諸侯王之位。朕以不德，繼序弘業，遭率土分崩，羣兇縱毒，自西徂東，辛苦卑約。當此之際，唯恐溺入于難，以羞先帝之聖德。賴皇天之靈，俾君秉義奮身，震迅神武，捍朕于艱難，獲保宗廟，華夏遺民，含氣之倫，莫不蒙焉。君勤過稷、禹，忠侔伊、周，而掩之以謙讓，守之以彌恭，是以往者初開魏國，錫君土宇，懼君之違命，慮君之固辭，故且懷志屈意，封君為上公，欲以欽順高義，須俟勳績。韓遂、宋建，南結巴、蜀，羣逆合從，圖危社稷，君復命將，龍驤虎奮，梟其元首，屠其窟棲。暨至西征，陽平之役，親擐甲冑，深入險阻，芟夷蠢賊，殄其兇醜，盪定西陲，懸旌萬里，聲教遠振，寧我區夏。蓋唐、虞之盛，三后樹功，文、武之興，旦、奭作輔，二祖成業，英豪佐命；夫以聖哲之君，事為己任，猶錫土班瑞以報功臣，豈有如朕寡德，仗君以濟，而賞典不豐，將何以答神祇慰萬方哉？今進君爵為魏王，使使持節行御史大夫、宗正劉艾奉策璽玄土之社，苴以白茅，金虎符第一至第五，竹使符第一至十。君其正王位，以丞相領冀州牧如故。其上魏公璽綬符冊。敬服朕命，簡恤爾眾，克綏庶績，以揚我祖宗之休命。」魏王上書三辭，詔三報不許。又手詔曰：「大聖以功德為高美，以忠和為典訓，故剏業垂名，使百世可希，行道制義，使力行可效，是以勳烈無窮，休光茂著。稷、契載元首之聰明，周、邵因文、武之智用，雖經營庶官，仰歎俯思，其對豈有若君者哉？朕惟古人之功，美之如彼，思君忠勤之績，茂之如此，是以每將鏤符析瑞，陳禮命冊，寤寐慨然，自忘守文之不德焉。今君重違朕命，固辭懇切，非所以稱朕心而訓後世也。其抑志撙節，勿復固辭。」

四體書勢序曰：梁鵠以公為北部尉。曹瞞傳曰：為尚書右丞司馬建公所舉。及公為王，召建公到鄴，與歡飲，謂建公曰：「孤今日可復作尉否？」建公曰：「昔舉大王時，適可作尉耳。」王大笑。建公名防，司馬宣王之父。臣松之案司馬彪序傳，建公不為右丞，疑此不然，而王隱晉書云趙王篡位，欲尊祖為帝，博士馬平議稱京兆府君昔舉魏武帝為北部尉，賊不犯界，如此則為有徵。

〔四〕魏書曰：始置奉常宗正官。

冬十月，治兵，〔一〕遂征孫權，十一月至譙。

〔一〕魏書曰：王親執金鼓以令進退。

二十二年春正月，王軍居巢，二月，進軍屯江西郝谿。權在濡須口築城拒守，遂逼攻之，權退走。三月，王引軍還，留夏侯惇、曹仁、張遼等屯居巢。夏四月，天子命王設天子旌旗，出入稱警蹕。五月，作泮宮。六月，以軍師華歆為御史大夫。〔一〕冬十月，天子命王冕十有二旒，乘金根車，駕六馬，設五時副車，以五官中郎將丕為魏太子。

〔一〕魏書曰：初置衞尉官。秋八月，令曰：「昔伊摯、傅說出於賤人，管仲，桓公賊也，皆用之以興。蕭何、曹參，縣吏也，韓信、陳平負汙辱之名，有見笑之恥，卒能成就王業，聲著千載。吳起貪將，殺妻自信，散金求官，母死不歸，然在魏，秦人不敢東向，在楚則三晉不敢南謀。今天下得無有至德之人放在民間，及果勇不顧，臨敵力戰；若文俗之吏，高才異質，或堪為將守；負汙辱之名，見笑之行，或不仁不孝而有治國用兵之術：其各舉所知，勿有所

遺。」

劉備遣張飛、馬超、吳蘭等屯下辯；遣曹洪拒之。

二十三年春正月，漢太醫令吉本與少府耿紀、司直韋晃等反，攻許，燒丞相長史王必營，〔一〕必與潁川典農中郎將嚴匡討斬之。〔二〕

〔一〕魏武故事載令曰：「領長史王必，是吾披荊棘時吏也。忠能勤事，心如鐵石，國之良吏也。蹉跌久未辟之，捨騏驥而弗乘，焉遑遑而更求哉？故教辟之，已署所宜，便以領長史統事如故。」

〔二〕三輔決錄注曰：時有京兆金禕字德禕，自以世為漢臣，自日磾討莽何羅，忠誠顯著，名節累葉。覩漢祚將移，謂可季興，乃喟然發憤，遂與耿紀、韋晃、吉本、本子邈、邈弟穆等結謀。紀字季行，少有美名，為丞相掾，王甚敬異之，遷侍中，守少府。邈字文然，穆字思然，以禕慷慨有日磾之風，又與王必善，因以閒之，若殺必，欲挾天子以攻魏，南援劉備。時關羽彊盛，而王在鄴，留必典兵督許中事。文然等率雜人及家僮千餘人夜燒門攻必，禕遣人為內應，射必中肩。必不知攻者為誰，以素與禕善，走投禕，夜喚德禕，禕家不知是必，謂為文然等，錯應曰：「王長史已死乎？卿曹事立矣！」必乃更他路奔。一曰：必欲投禕，其帳下督謂必曰：「今日事竟知誰門而投入乎？」扶必奔南城。會天明，必猶在，文然等衆散，故敗。後十餘日，必竟以創死。

獻帝春秋曰：收紀、晃等，將斬之，紀呼魏王名曰：「恨吾不自生意，竟為羣兒所誤耳！」晃頓首搏頰，以至於死。

山陽公載記曰：王聞王必死，盛怒，召漢百官詣鄴，令救火者左，不救火者右。衆人以為救火者必無罪，皆附左；王以為「不救火者非助亂，救火乃實賊也」。皆殺之。

曹洪破吳蘭，斬其將任夔等。三月，張飛、馬超走漢中，陰平氐强端斬吳蘭，傳其首。

夏四月，代郡、上谷烏丸無臣氐等叛，遣鄢陵侯彰討破之。〔一〕

〔一〕魏書載王令曰：「去冬天降疫癘，民有凋傷，軍興於外，墾田損少，吾甚憂之。其令吏民男女：女年七十已上無夫子，若年十二已下無父母兄弟，及目無所見，手不能作，足不能行，而無妻子父兄產業者，廩食終身。幼者至十二止，貧窮不能自贍者，隨口給貸。老耄須待養者，年九十已上，復不事，家一人。」

六月，令曰：「古之葬者，必居瘠薄之地。其規西門豹祠西原上爲壽陵，因高爲基，不封不樹。周禮冢人掌公墓之地，凡諸侯居左右以前，卿大夫居後，漢制亦謂之陪陵。其公卿大臣列將有功者，宜陪壽陵，其廣爲兆域，使足相容。」

秋七月，治兵，遂西征劉備，九月，至長安。

冬十月，宛守將侯音等反，執南陽太守，劫略吏民，保宛。初，曹仁討關羽，屯樊城，是月使仁圍宛。

二十四年春正月，仁屠宛，斬音。〔一〕

〔一〕曹瞞傳曰：是時南陽閒苦繇役，音於是執太守（東里褎）〔東里衮〕，與吏民共反，與關羽連和。南陽功曹宗子卿往說音曰：「足下順民心，舉大事，遠近莫不望風；然執郡將，逆而無益，何不遣之。吾與子共勠力，比曹公軍來，關羽兵亦至矣。」音從之，即釋遣太守。子卿因夜踰城亡出，遂與太守收餘民圍音，會曹仁軍至，共滅之。

夏侯淵與劉備戰於陽平，爲備所殺。三月，王自長安出斜谷，軍遮要以臨漢中，遂至陽平。備因險拒守。〔一〕

〔一〕九州春秋曰：時王欲還，出令曰「雞肋」，官屬不知所謂。主簿楊脩便自嚴裝，人驚問脩：「何以知之？」脩曰：「夫雞肋，棄之如可惜，食之無所得，以比漢中，知王欲還也。」

夏五月，引軍還長安。

秋七月，以夫人卞氏爲王后。遣于禁助曹仁擊關羽。八月，漢水溢，灌禁軍，軍沒，羽獲禁，遂圍仁。使徐晃救之。

九月，相國鍾繇坐西曹掾魏諷反免。〔一〕

〔一〕世語曰：諷字子京，沛人，有惑衆才，傾動鄴都，鍾繇由是辟焉。大軍未反，諷潛結徒黨，又與長樂衞尉陳禕謀襲鄴。未及期，禕懼，告之太子，誅諷，坐死者數十人。

王昶家誡曰「濟陰魏諷」，而此云沛人，未詳。

冬十月，軍還洛陽。〔一〕孫權遣使上書，以討關羽自效。王自洛陽南征羽，未至，晃攻羽，破之，羽走，仁圍解。王軍摩陂。〔二〕

〔一〕曹瞞傳曰：王更脩治北部尉廨，令過于舊。

〔二〕魏略曰：孫權上書稱臣，稱說天命。王以權書示外曰：「是兒欲踞吾著爐火上邪！」侍中陳羣、尙書桓階奏曰：「漢自安帝已來，政去公室，國統數絕，至於今者，唯有名號，尺土一民，皆非漢有，期運久已盡，曆數久已終，非適今日也。是以桓、靈之間，諸明圖緯者，皆言『漢行氣盡，黃家當興』。殿下應期，十分天下而有其九，以服事漢，羣生注望，遐邇怨歎，是故孫權在遠稱臣，此天人之應，異氣齊聲。臣愚以爲虞、夏不以謙辭，殷、周不吝誅放，畏天知命，無所與讓也。」

魏氏春秋曰：夏侯惇謂王曰：「天下咸知漢祚已盡，異代方起。自古已來，能除民害爲百姓所歸者，即民主也。今殿下即戎三十餘年，功德著於黎庶，爲天下所依歸，應天順民，復何疑哉！」王曰：「『施于有政，是亦爲政』。若天命在吾，吾爲周文王矣。」

曹瞞傳及世語並云桓階勸王正位，夏侯惇以爲宜先滅蜀，蜀亡則吳服，二方既定，然後遵舜、禹之軌，王從之。及至王薨，惇追恨前言，發病卒。

孫盛評曰：夏侯惇恥爲漢官，求受魏印，桓階方惇，有義直之節；考其傳記，世語爲妄矣。

二十五年春正月，至洛陽。權擊斬羽，傳其首。

庚子，王崩于洛陽，年六十六。〔一〕遺令曰：「天下尙未安定，未得遵古也。葬畢，皆除服。其將兵屯戍者，皆不得離屯部。有司各率乃職。斂以時服，無藏金玉珍寶。」謚曰武王。二月丁卯，葬高陵。〔二〕

〔一〕世語曰：太祖自漢中至洛陽，起建始殿，伐濯龍祠而樹血出。

曹瞞傳曰：王使工蘇越徙美梨，掘之，根傷盡出血。越白狀，王躬自視而惡之，以爲不祥，還遂寢疾。

〔二〕魏書曰：太祖自統御海內，芟夷羣醜，其行軍用師，大較依孫、吳之法，而因事設奇，譎敵制勝，變化如神。自作兵書十萬餘言，諸將征伐，皆以新書從事。臨事又手爲節度，從令者克捷，違教者負敗。與虜對陳，意思安閑，如不欲戰，然及至決機乘勝，氣勢盈溢，故每戰必克，軍無幸勝。知人善察，難眩以僞，拔于禁、樂進於行陳之閒，取張遼、徐晃於亡虜之內，皆佐命立功，列爲名將；其餘拔出細微，登爲牧守者，不可勝數。是以刱造大業，文武並施，御軍三十餘年，手不捨書，晝則講武策，夜則思經傳，登高必賦，及造新詩，被之管絃，皆成樂章。才力絕人，手射飛鳥，躬禽猛獸，嘗于南皮一日射雉獲六十三頭。及造作宮室，繕治器械，無不爲之法則，皆盡其意。雅性節儉，不好華麗，後宮衣不錦繡，侍御履不二采，帷帳屏風，壞則補納，茵蓐取溫，無有緣飾。攻城拔邑，得美麗之物，則悉以賜有功，勳勞宜賞，不吝千金，無功望施，分毫不與，四方獻御，與羣下共之。常以送終之制，襲稱之數，繁而無益，俗又過之，故預自制終亡衣服，四篋而已。

傅子曰：太祖愍嫁娶之奢僭，公女適人，皆以皁帳，從婢不過十人。

張華博物志曰：漢世，安平崔瑗、瑗子寔、弘農張芝、芝弟昶並善草書，而太祖亞之。桓譚、蔡邕善音樂，馮翊山子道、王九眞、郭凱等善圍棊，太祖皆與埒能。又好養性法，亦解方藥，招引方術之士，廬江左慈、譙郡華佗、甘陵甘始、陽城郄儉無不畢至，又習啖野葛至一尺，亦得少多飲鴆酒。

傅子曰：漢末王公，多委王服，以幅巾爲雅，是以袁紹、（崔豹）〔崔鈞〕之徒，雖爲將帥，皆著縑巾。魏太祖以天下凶荒，資財乏匱，擬古皮弁，裁縑帛以爲帢，合于簡易隨時之義，以色別其貴賤，于今施行，可謂軍容，非國容也。

曹瞞傳曰：太祖爲人佻易無威重，好音樂，倡優在側，常以日達夕。被服輕綃，身自佩小鞶囊，以盛手巾細物，時或冠帢帽以見賓客。每與人談論，戲弄言誦，盡無所隱，及歡悅大笑，至以頭沒杯案中，肴膳皆沾汙巾幘，其輕易如此。然持法峻刻，諸將有計畫勝出己者，隨以法誅之，及故人舊怨，亦皆無餘。其所刑殺，輒對之垂涕嗟痛之，終無所活。初，袁忠爲沛相，嘗欲以法治太祖，沛國桓邵亦輕之，及在兗州，陳留邊讓言議頗侵太祖，太祖殺讓，族其家，忠、邵俱避難交州，太祖遣使就太守士燮盡族之。桓邵得出首，拜謝於庭中，太祖謂曰：「跪可解死邪！」遂殺之。常出軍，行經麥中，令「士卒無敗麥，犯者死」。騎士皆下馬，付麥以相持，於是太祖馬騰入麥中，勑主簿議罪；主簿對以春秋之義，罰不加於尊。太祖曰：「制法而自犯之，何以帥下？然孤爲軍帥，不可自殺，請自刑。」因援劍割髮以置地。又有幸姬常從晝寢，枕之臥，告之曰：「須臾覺我。」姬見太祖臥安，未卽寤，及自覺，棒殺之。常討賊，廩穀不足，私謂主者曰：「如何？」主者曰：「可以小斛以足之。」太祖曰：「善。」後軍中言太祖欺衆，太祖謂主者曰：「特當借君死以厭衆，不然事不解。」乃斬之，取首題徇曰：「行小斛，盜官穀，斬之軍門。」其酷虐變詐，皆此類也。

評曰：漢末，天下大亂，雄豪並起，而袁紹虎眎四州，彊盛莫敵。太祖運籌演謀，鞭撻宇內，擥申、商之法術，該韓、白之奇策，官方授材，各因其器，矯情任算，不念舊惡，終能總御皇機，克成洪業者，惟其明略最優也。抑可謂非常之人，超世之傑矣。

三國志卷二 魏書二

文帝紀第二

文皇帝諱丕，字子桓，武帝太子也。中平四年冬，生于譙。〔一〕建安十六年，爲五官中郎將、副丞相。二十二年，立爲魏太子。〔二〕太祖崩，嗣位爲丞相、魏王。〔三〕尊王后曰王太后。改建安二十五年爲延康元年。

〔一〕魏書曰：帝生時，有雲氣青色而圜如車蓋當其上，終日，望氣者以爲至貴之證，非人臣之氣。年八歲，能屬文。有逸才，遂博貫古今經傳諸子百家之書。善騎射，好擊劍。舉茂才，不行。獻帝起居注曰：建安十（五）〔三〕年，爲司徒趙溫所辟。太祖表「溫辟臣子弟，選舉故不以實」。使侍中守光祿勳郗慮持節奉策免溫官。

〔二〕魏略曰：太祖不時立太子，太子自疑。是時有高元呂者，善相人，乃呼問之，對曰：「其貴乃不可言。」問：「壽幾何？」元呂曰：「其壽，至四十當有小苦，過是無憂也。」後無幾而立爲王太子，至年四十而薨。

〔三〕袁宏漢紀載漢帝詔曰：「魏太子丕：昔皇天授乃顯考以翼我皇家，遂攘除羣凶，拓定九州，弘功茂績，光於宇宙，朕用垂拱負扆二十有餘載。天不憖遺一老，永保余一人，早世潛神，哀悼傷切。丕奕世宣明，宜秉文武，紹熙前緒。

今使使持節御史大夫華歆奉策詔授丕丞相印綬、魏王璽紱，領冀州牧。方今外有遺虜，遐夷未賓，旗鼓猶在邊境，干戈不得韜刃，斯乃播揚洪烈，立功垂名之秋也。豈得脩諒闇之禮，究曾、閔之志哉？其敬服朕命，抑弭憂懷，旁祗厥緒，時亮庶功，以稱朕意。於戲，可不勉與！」

元年二月〔一〕壬戌，以大中大夫賈詡爲太尉，御史大夫華歆爲相國，大理王朗爲御史大夫。置散騎常侍、侍郎各四人，其宦人爲官者不得過諸署令；爲金策著令，藏之石室。

〔一〕魏書載庚戌令曰：「關津所以通商旅，池苑所以禦災荒，設禁重稅，非所以便民；其除池籞之禁，輕關津之稅，皆復什一。」辛亥，賜諸侯王將相已下大將粟萬斛，帛千匹，金銀各有差等。遣使者循行郡國，有違理掊克暴虐者，舉其罪。

初，漢熹平五年，黃龍見譙，光祿大夫橋玄問太史令單颺：「此何祥也？」颺曰：「其國後當有王者興，不及五十年，亦當復見。天事恆象，此其應也。」內黃殷登默而記之。至四十五年，登尚在。三月，黃龍見譙，登聞之曰：「單颺之言，其驗茲乎！」〔一〕

〔一〕魏書曰：王召見登，謂之曰：「昔成風聞楚丘之繇而敬事季友，鄧晨信少公之言而自納光武。登以篤老，服膺占術，記識天道，豈有是乎！」賜登穀三百斛，遣歸家。

己卯，以前將軍夏侯惇爲大將軍。濊貊、扶餘單于、焉耆、于闐王皆各遣使奉獻。〔一〕

〔一〕魏書曰：丙戌，令史官奏修重、黎、羲、和之職，欽若昊天，曆象日月星辰以奉天時。臣松之案：魏書有是言而不聞其職也。丁亥令曰：「故尚書僕射毛玠、奉常王脩、涼茂、郎中令袁渙、少府謝奐、萬潛、中尉徐奕、國淵等，皆忠直在朝，履蹈仁義，並早卽世，而子孫陵遲，惻然愍之，其皆拜子男爲郎中。」

夏四月丁巳，饒安縣言白雉見。〔一〕庚午，大將軍夏侯惇薨。〔二〕

〔一〕魏書曰：賜饒安田租，勃海郡百戶牛酒，大酺三日；太常以太牢祠宗廟。

〔二〕魏書曰：王素服幸鄴東城門發哀。孫盛曰：在禮，天子哭同姓於宗廟門之外。哭於城門，失其所也。

五月戊寅，天子命王追尊皇祖太尉曰太王，夫人丁氏曰太王后，封王子叡爲武德侯。〔一〕是月，馮翊山賊鄭甘、王照率衆降，皆封列侯。〔二〕

〔一〕魏略曰：以侍中鄭稱爲武德侯傅，令曰：「龍淵、太阿出昆吾之金，和氏之璧由井里之田；礱之以砥礪，錯之以他山，故能致連城之價，爲命世之寶。學亦人之砥礪也。稱篤學大儒，勉以經學輔侯，宜旦夕入侍，曜明其志。」

〔二〕魏書曰：初，鄭甘、王照及盧水胡率其屬來降，王得降書以示朝曰：「前欲有令吾討鮮卑者，吾不從而降；又有欲使吾及今秋討盧水胡者，吾不聽，今又降。昔魏武侯一謀而當，有自得之色，見譏李悝。吾今說此，非自是也，徒以爲坐而降之，其功大於動兵革也。」

酒泉黃華、張掖張進等各執太守以叛。金城太守蘇則討進，斬之。華降。〔一〕

〔一〕華後爲兗州刺史，見王淩傳。

六月辛亥，治兵于東郊，〔一〕庚午，遂南征。〔二〕

〔一〕魏書曰：公卿相儀，王御華蓋，視金鼓之節。

〔二〕魏略曰：王將出征，度支中郎將新平霍性上疏諫曰：「臣聞文王與紂之事，是時天下括囊无咎，凡百君子，莫肯用訊。今大王體則乾坤，廣開四聰，使賢愚各建所規。伏惟先王功無與比，而今能言之類，不稱爲德。故聖人曰『得百姓之歡心』。兵書曰『戰，危事也』。是以六國力戰，彊秦承弊，豳王不爭，周道用興。愚謂大王且當委重本朝而守其雌，抗威虎臥，功業可成。而今枂基，便復起兵，兵者凶器，必有凶擾，擾則思亂，亂出不意。臣謂此危，危于累卵。昔夏啓隱神三年，易有『不遠而復』，論有『不憚改』。誠願大王揆古察今，深謀遠慮，與三事大夫算其長短。臣沐浴先王之遇，又初改政，復受重任，雖知言觸龍鱗，阿諛近福，竊感所誦，危而不持。」奏通，帝恕，遣刺奸就考，竟殺之。既而悔之，追原不及。

秋七月庚辰，令曰：「軒轅有明臺之議，放勛有衢室之問，皆所以廣詢於下也。〔一〕百官有司，其務以職盡規諫，將率陳軍法，朝士明制度，牧守申政事，縉紳考六藝，吾將兼覽焉。」

〔一〕管子曰：黃帝立明臺之議者，上觀於兵也；堯有衢室之問者，下聽於民也；舜有告善之旌，而主不蔽也；禹立建鼓於朝，而備訴訟也；湯有總街之廷，以觀民非也；武王有靈臺之囿，而賢者進也：此古聖帝明王所以有而勿失，得而勿忘也。

孫權遣使奉獻。蜀將孟達率衆降。武都氐王楊僕率種人內附，居漢陽郡。〔一〕

〔一〕魏略載王自手筆令曰：「(吾)〔日〕前遣使宣國威靈，而達卽來。吾惟春秋褒儀父，卽封拜達，使還領新城太守。近復有扶老攜幼首向王化者。吾聞夙沙之民自縛其君以歸神農，豳國之衆襁負其子而入豐、鎬，斯豈驅略迫脅之所致哉？乃風化動其情而仁義感其衷，歡心內發使之然也。以此而推，西南將萬里無外，權、備將與誰守死乎？」

甲午，軍次於譙，大饗六軍及譙父老百姓於邑東。〔一〕八月，石邑縣言鳳皇集。

〔一〕魏書曰：設伎樂百戲，令曰：「先王皆樂其所生，禮不忘其本。譙，霸王之邦，眞人本出，其復譙租稅二年。」三老吏民上壽，日夕而罷。丙申，親祠譙陵。孫盛曰：昔者先王之以孝治天下也，內節天性，外施四海，存盡其敬，亡極其哀，思慕諒闇，寄政冢宰，故曰「三年之喪，自天子達於庶人」；夫然，故在三之義惇，臣子之恩篤，雍熙之化隆，經國之道固，聖人之所以通天地，厚人倫，顯至教，敦風俗，斯萬世不易之典，百王服膺之制也。是故喪禮素冠，鄶人著庶見之譏，宰予降朞，仲尼發不仁之歎，子頹忘戚，君子以爲樂禍，魯侯易服，春秋知其不終，豈不以墜至痛之誠心，喪哀樂之大節者哉？故雖三季之末，七雄之弊，猶未有廢縗斬於旬朔之間，釋麻杖於反哭之日者也。逮於漢文，變易古制，人道之紀，一旦而廢，縗素奪於至尊，四海散其遏密，義感闕於羣后，大化墜於君親；雖心存貶約，慮在經綸，至於樹德垂聲，崇化變俗，固以道薄於當年，風頹於百代矣。且武王載主而牧野不陳，晉襄墨縗而三帥爲俘，應務濟功，服其焉害？魏王既追漢制，替其大禮，處莫重之哀而設饗宴之樂，居貽厥之始而墜王化之基，及至受禪，顯納二女，忘其至恤以誣先聖之典，天心喪矣，將何以終！是以知王齡之不遐，卜世之期促也。

冬十(一)月癸卯，令曰：「諸將征伐，士卒死亡者或未收斂，吾甚哀之；其告郡國給槥櫝殯斂，槥音衞。送致其家，官爲設祭。」〔一〕丙午，行至曲蠡。

〔一〕漢書高祖八月令曰：「士卒從軍死，爲槥。」應劭曰：「槥，小棺也，今謂之櫝。」應璩百一詩曰：「槥車在道路，征夫不得休。」陸機大墓賦曰：「觀細木而悶遲，覩洪櫝而念槥。」

漢帝以衆望在魏，乃召羣公卿士，〔一〕告祠高廟。使兼御史大夫張音持節奉璽綬禪位，册曰：「咨爾魏王：昔者帝堯禪位於虞舜，舜亦以命禹，天命不于常，惟歸有德。漢道陵遲，世失其序，降及朕躬，大亂茲昏，羣兇肆逆，宇內顚覆。賴武王神武，拯茲難於四方，惟清區夏，以保綏我宗廟，豈予一人獲乂，俾九服實受其賜。今王欽承前緒，光于乃德，恢文武之大業，昭爾考之弘烈。皇靈降瑞，人神告徵，誕惟亮采，師錫朕命，僉曰爾度克協于虞舜，用率我唐典，敬遜爾位。於戲！天之曆數在爾躬，允執其中，天祿永終；君其祗順大禮，饗茲萬國，以肅承天命。」〔二〕乃爲壇於繁陽。庚午，王升壇卽阼，百官陪位。事訖，降壇，視燎成禮而反。改延康爲黃初，大赦。〔三〕

〔一〕袁宏漢紀載漢帝詔曰：「朕在位三十有二載，遭天下蕩覆，幸賴祖宗之靈，危而復存。然仰瞻天文，俯察民心，炎精之數既終，行運在乎曹氏。是以前王既樹神武之績，今王又光曜明德以應其期，是曆數昭明，信可知矣。夫大道之行，天下爲公，選賢與能，故唐堯不私於厥子，而名播於無窮。朕羨而慕焉，今其追踵堯典，禪位于魏王。」

〔二〕獻帝傳載禪代衆事曰：左中郎將李伏表魏王曰：「昔先王初建魏國，在境外者聞之未審，皆以爲拜王。武都李庶、姜合羈旅漢中，謂臣曰：『必爲魏公，未便王也。定天下者，魏公子桓，神之所命，當合符讖，以應天人之位。』臣以合辭語鎭南將軍張魯，魯亦問合知書所出？合曰：『孔子玉版也。天子曆數，雖百世可知。』是後月餘，有亡人來，寫得册文，卒如合辭。合長于內學，關右知名。魯雖有懷國之心，沈溺異道變化，不果寤合之言。後密與臣議策質，國人不協，或欲西通，魯卽叛曰：『寧爲魏公奴，不爲劉備上客也。』言發惻痛，誠有由然。合先迎王師，往歲病亡於鄴。自臣在朝，每爲所親宣說此意，時未有宜，弗敢顯言。殿下卽位初年，禎祥衆瑞，日月而至，有命自天，昭然著見。然聖德洞達，符表豫明，實乾坤挺慶，萬國作孚。臣每慶賀，欲言合驗；事君盡禮，人以爲諂。況臣名行穢賤，入朝日淺，言爲罪尤，自抑而已。今洪澤被四表，靈恩格天地，海內翕習，殊方歸服，兆應並集，以揚休命，始終允臧。臣不勝喜舞，謹具表通。」王令曰：「以示外。薄德之人，何能致此，未敢當也；斯誠先王至德通於神明，固非人力也。」

魏王侍中劉廙、辛毗、劉曄、尙書令桓階、尙書陳矯、陳羣、給事黃門侍郎王毖、董遇等言：「臣伏讀左中郎將李伏上事，考圖緯之言，以效神明之應，稽之古代，未有不然者也。故堯稱曆數在躬，璇璣以明天道；周武未戰而赤烏銜書；漢祖未兆而神母告符；孝宣仄微，字成木葉；光武布衣，名已勒讖。是天之所命以著聖哲，非有言語之聲，芬芳之臭，可得而知也，徒縣象以示人，微物以效意耳。自漢德之衰，漸染數世，桓、靈之末，皇極不建，暨於大亂，二十餘年。天之不泯，誕生明聖，以濟其難，是以符讖先著，以彰至德。殿下踐阼未朞，而靈象變於上，羣瑞應於下，四方不羈之民，歸心向義，唯懼在後，雖典籍所傳，未若今之盛也。臣妾遠近，莫不鳧藻。」王令曰：「犂牛之駁似虎，莠之幼似禾，事有似是而非者，今日是已。覩斯言事，良重吾不德。」於是尙書僕射宣告官寮，咸使聞知。

辛亥，太史丞許芝條魏代漢見讖緯于魏王曰：「易傳曰：『聖人受命而王，黃龍以戊己日見。』七月四日戊寅，黃龍見，此帝王受命之符瑞最著明者也。又曰：『初六，履霜，陰始凝也。』又有積蟲大穴天子之宮，厥咎然，今蝗蟲見，應之也。又曰：『聖人以德親比天下，仁恩洽普，厥應麒麟以戊己日至，厥應聖人受命。』又曰：『聖人淸淨行

中正，賢人福至民從命，厥應麒麟來。』春秋漢含孳曰：『漢以魏，魏以徵。』春秋玉版讖曰：『代赤者魏公子。』春秋佐助期曰：『漢以許昌失天下。』故白馬令李雲上事曰：『許昌氣見于當塗高，當塗高者當昌於許。』當塗高者，魏也；象魏者，兩觀闕是也；當道而高大者魏。魏當代漢。今魏基昌于許，漢徵絕于許，乃今效見，如李雲之言，許昌相應也。佐助期又曰：『漢以蒙孫亡。』說者以蒙孫漢二十四帝，童蒙愚昏，以弱亡。或以雜文爲蒙其孫當失天下，以爲漢帝非正嗣，少時爲董侯，名不正，蒙亂之荒惑，其子孫以弱亡。孝經中黃讖曰：『日載東，絕火光。不橫一，聖聰明。四百之外，易姓而王。天下歸功，致太平，居八甲；共禮樂，正萬民，嘉樂家和雜。』此魏王之姓諱，著見圖讖。易運期讖曰：『言居東，西有午，兩日並光日居下。其爲主，反爲輔。五八四十，黃氣受，眞人出。』言午，許字。兩日，昌字。漢當以許亡，魏當以許昌。今際會之期在許，是其大效也。易運期又曰：『鬼在山，禾女連，王天下。』臣聞帝王者，五行之精；易姓之符，代興之會，以七百二十年爲一軌。有德者過之，至于八百，無德者不及，至四百載。是以周家八百六十七年，夏家四百數十年，漢行夏正，迄今四百二十六歲。又高祖受命，數雖起乙未，然其兆徵始于獲麟。獲麟以來七百餘年，天之曆數將以盡終。帝王之興，不常一姓。太微中，黃帝坐常明，而赤帝坐常不見，以爲黃家興而赤家衰，凶亡之漸。自是以來四十餘年，又熒惑失色不明十有餘年。建安十年，彗星先除紫微，二十三年，復掃太微。新天子氣見東南以來，二十三年，白虹貫日，月蝕熒惑，比年己亥、壬子、丙午日蝕，皆水滅火之象也。殿下卽位，初踐阼，德配天地，行合神明，恩澤盈溢，廣被四表，格于上下。是以黃龍數見，鳳皇仍翔，麒麟皆臻，白虎效仁，前後獻見于郊甸；甘露醴泉，奇獸神物，衆瑞並出。斯皆帝王受命易姓之符也。昔黃帝受命，風后受河圖；舜、禹有天下，鳳皇翔，洛出書；湯之王，白鳥爲符；文王爲西伯，赤鳥銜丹書；武王伐殷，白魚升舟；高祖始起，白蛇爲徵。巨跡瑞應，皆爲聖人興。觀漢前後之大

災，今茲之符瑞，察圖讖之期運，揆河洛之所甄，未若今大魏之最美也。夫得歲星者，道始興。昔武王伐殷，歲在鶉火，有周之分野也。高祖入秦，五星聚東井，有漢之分野也。今茲歲星在大梁，有魏之分野也。而天之瑞應，並集來臻，四方歸附，襁負而至，兆民欣戴，咸樂嘉慶。春秋大傳曰：『周公何以不之魯？蓋以爲雖有繼體守文之君，不害聖人受命而王。』周公反政，尸子以爲孔子非之，以爲周公不聖，不爲兆民也。京房作易傳曰：『凡爲王者，惡者去之，弱者奪之。易姓改代，天命應常，人謀鬼謀，百姓與能。』伏惟殿下體堯舜之盛明，膺七百之禪代，當湯武之期運，值天命之移受，河洛所表，圖讖所載，昭然明白，天下學士所共見也。臣職在史官，考符察徵，圖讖效見，際會之期，謹以上聞。」王令曰：「昔周文三分天下有其二，以服事殷，仲尼歎其至德；公旦履天子之籍，聽天下之斷，終然復子明辟，書美其人。吾雖德不及二聖，敢忘高山景行之義哉？若夫唐堯、舜、禹之蹟，皆以聖質茂德處之，故能上和靈祇，下寧萬姓，流稱今日。今吾德至薄也，人至鄙也，遭遇際會，幸承先王餘業，恩未被四海，澤未及天下，雖傾倉竭府以振魏國百姓，猶寒者未盡煖，飢者未盡飽。夙夜憂懼，弗敢遑寧，庶欲保全髮齒，長守今日，以沒於地，以全魏國，下見先王，以塞負荷之責。望狹志局，守此而已；雖屢蒙祥瑞，當之戰惶，五色無主。若芝之言，豈所聞乎？心慄手悼，書不成字，辭不宜心。吾聞作詩曰：『喪亂悠悠過紀，白骨縱橫萬里，哀哀下民靡恃，吾將佐時整理，復子明辟致仕。』庶欲守此辭以自終，卒不虛言也。宜宣示遠近，使昭赤心。」

於是侍中辛毗、劉曄、散騎常侍傅巽、衞臻、尙書令桓階、尙書陳矯、陳羣、給事中博士騎都尉蘇林、董巴等奏曰：「伏見太史丞許芝上魏國受命之符，令書懇切，允執謙讓，雖舜、禹、湯、文，義無以過。然古先哲王所以受天命而不辭者，誠急遵皇天之意，副兆民之望，弗得已也。且易曰：『觀乎天文以察時變，觀乎人文以化成天下。』又曰：『天垂象，見吉凶，聖人則之；河出圖，洛出書，聖人效之。』以爲天文因人而變，至于河洛之書，著于洪範，則

殷、周效而用之矣。斯言，誠帝王之明符，天道之大要也。是以由德應錄者代興于前，失道數盡者迭廢于後，傳襲弘欲支天之所壞，而說蔡墨『雷乘乾』之說，明神器之存亡，非人力所能建也。今漢室衰替，帝綱墮墜，天子之詔，歇滅無聞，皇天將捨舊而命新，百姓旣去漢而爲魏，昭然著明，是可知也。先王撥亂平世，將建洪基；至於殿下，以至德當曆數之運，卽位以來，天應人事，粲然大備，神靈圖籍，兼仍往古，休徵嘉兆，跨越前代；是芝所取中黃、運期姓緯之讖，斯文乃著於前世，與漢並見。由是言之，天命久矣，非殿下所得而拒之也。神明之意，候望禋享，兆民顒顒，咸注嘉願，惟殿下覽圖籍之明文，急天下之公義，輒宣令外內，布告州郡，使知符命著明，而殿下謙虛之意。」令曰：「下四方以明孤款心，是也。至于覽餘辭，豈余所謂哉？寧所堪哉？諸卿指論，未若孤自料之審也。夫虛談謬稱，鄙薄所弗當也。且聞比來東征，經郡縣，歷屯田，百姓面有飢色，衣或裋褐不完，罪皆在孤；是以上慚衆瑞，下愧士民。由斯言之，德尙未堪偏王，何言帝者也！宜止息此議，無重吾不德，使逝之後，不愧後之君子。」

癸丑，宣告羣寮。督軍御史中丞司馬懿、侍御史鄭渾、羊祕、鮑勛、武周等言：「令如左。伏讀太史丞許芝上符命事，臣等聞有唐世衰，天命在虞，虞氏世衰，天命在夏；然則天地之靈，曆數之運，去就之符，惟德所在。故孔子曰：『鳳鳥不至，河不出圖，吾已矣夫！』今漢室衰，自安、和、沖、質以來，國統屢絕，桓、靈荒淫，祿去公室，此乃天命去就，非一朝一夕，其所由來久矣。殿下踐阼，至德廣被，格于上下，天人感應，符瑞並臻，考之舊史，未有若今日之盛。夫大人者，先天而天弗違，後天而奉天時，天時已至而猶謙讓者，舜、禹所不爲也，故生民蒙救濟之惠，羣類受育長之施。今八方顒顒，大小注望，皇天乃眷，神人同謀，十分而九以委質，義過周文，所謂過恭也。臣妾上下，伏所不安。」令曰：「世之所不足者道義也，所有餘者苟妄也；常人之性，賤所不足，貴所有餘，故曰『不惠

無位，息所以立』。孤雖寡德，庶自免于常人之貴。夫『石可破而不可奪堅，丹可磨而不可奪赤』。丹石微物，尙保斯質，況吾託士人之末列，曾受教于君子哉？且於陵仲子以仁爲富，柏成子高以義爲貴，鮑焦感子貢之言，棄其蔬而槁死，薪者譏季札失辭，皆委重而弗視。吾獨何人？昔周武，大聖也，使叔旦盟膠鬲于四內，使召公約微子於共頭，故伯夷、叔齊相與笑之曰：『昔神農氏之有天下，不以人之壞自成，不以人之卑自高。』以爲周之伐殷以暴也。吾德非周武而義慚夷、齊，庶欲遠苟安之失道，立丹石之不奪，邁於陵之所富，蹈柏成之所貴，執鮑焦之貞至，遵薪者之清節。故曰：『三軍可奪帥，匹夫不可奪志。』吾之斯志，豈可奪哉？」

乙卯，册詔魏王禪代天下曰：「惟延康元年十月乙卯，皇帝曰，咨爾魏王：夫命運否泰，依德升降，三代卜年，著于春秋，是以天命不于常，帝王不一姓，由來尙矣。漢道陵遲，爲日已久，安、順已降，世失其序，沖、質短祚，三世無嗣，皇綱肇虧，帝典頹沮。曁于朕躬，天降之災，遭无妄厄運之會，值炎精幽昧之期。變興輦轂，禍由閹宦。董卓乘釁，惡甚澆、豷，劫遷省御，（太僕）〔火撲〕宮廟，遂使九州幅裂，彊敵虎爭，華夏鼎沸，蝮蛇塞路。當斯之時，尺土非復漢有，一夫豈復朕民？幸賴武王德膺符運，奮揚神武，芟夷兇暴，清定區夏，保乂皇家。今王纘承前緒，至德光昭，御衡不迷，布德優遠，聲教被四海，仁風扇鬼區，是以四方效珍，人神響應，天之曆數實在爾躬。昔虞舜有大功二十，而放勳禪以天下；大禹有疏導之績，而重華禪以帝位。漢承堯運，有傳聖之義，加順靈祇，紹天明命，釐降二女，以嬪于魏。使使持節行御史大夫事太常音，奉皇帝璽綬，王其永君萬國，敬御天威，允執其中，天祿永終，敬之哉！」於是尙書令桓階等奏曰：「漢氏以天子位禪之陛下，陛下以聖明之德，曆數之序，承漢之禪，允當天心。夫天命弗可得辭，兆民之望弗可得違，臣請會列侯諸將、羣臣陪隸，發璽書，順天命，具禮儀列奏。」令曰：「當議孤終不當承之意而已。猶獵，還方有令。」

尙書令等又奏曰：「昔堯、舜禪於文祖，至漢氏，以師征受命，畏天之威，不敢怠遑，便卽位行在所之地。今當受禪代之命，宜會百寮羣司，六軍之士，皆在行位，使咸覩天命。營中促狹，可於平敞之處設壇場，奉答休命。臣輒與侍中常侍會議禮儀，太史官擇吉日訖，復奏。」令曰：「吾殊不敢當之，外亦何豫事也！」

侍中劉廙、常侍衞臻等奏議曰：「漢氏遵唐堯公天下之議，陛下以聖德膺曆數之運，天人同歡，靡不得所，宜順靈符，速踐皇阼。問太史丞許芝，今月十七日己未直成，可受禪命，輒治壇場之處，所當施行別奏。」令曰：「屬出見外，便設壇場，斯何謂乎？今當辭讓不受詔也。但於帳前發璽書，威儀如常，且天寒，罷作壇士使歸。」旣發璽書，王令曰：「當奉還璽綬爲讓章。吾豈奉此詔承此貺邪？昔堯讓天下於許由、子州支甫，舜亦讓于善卷、石戶之農、北人無擇，或退而耕潁之陽，或辭以幽憂之疾，或遠入山林，莫知其處，或攜子入海，終身不反，或以爲辱，自投深淵；且顏燭懼太樸之不完，守知足之明分，王子搜樂丹穴之潛處，被熏而不出，柳下惠不以三公之貴易其介，曾參不以晉、楚之富易其仁：斯九士者，咸高節而尙義，輕富而賤貴，故書名千載，于今稱焉。求仁得仁，仁豈在遠？孤獨何爲不如哉？義有蹈東海而逝，不奉漢朝之詔也。亟爲上章還璽綬，宣之天下，使咸聞焉。」己未，宣告羣僚，下魏，又下天下。

輔國將軍清苑侯劉若等百二十人上書曰：「伏讀令書，深執克讓，聖意懇惻，至誠外昭，臣等有所不安。何者？石戶、北人，匹夫狂狷，行不合義，事不經見者，是以史遷謂之不然，誠非聖明所當希慕。且有虞不逆放勳之禪，夏禹亦無辭位之語，故傳曰：『舜陟帝位，若固有之。』斯誠聖人知天命不可逆，曆數弗可辭也。伏惟陛下應乾符運，至德發聞，升昭于天，是三靈降瑞，人神以和，休徵雜沓，萬國響應，雖欲勿用，將焉避之？而固執謙虛，違天逆衆，慕匹夫之微分，背上聖之所蹈，違經讖之明文，信百氏之穿鑿，非所以奉答天命，光慰衆望也。臣等昧死以

請，輒整頓壇場，至吉日受命，如前奏，分別寫令宣下。」王令曰：「昔柏成子高辭夏禹而匿野，顏闔辭魯幣而遠跡，夫以王者之重，諸侯之貴，而二子忽之，何則？其節高也。故烈士徇榮名，義夫高貞介，雖蔬食瓢飲，樂在其中。是以仲尼師王駘，而子產嘉申徒。今諸卿皆孤股肱腹心，足以明孤，而今咸若斯，則諸卿遊于形骸之內，而孤求爲形骸之外，其不相知，未足多怪。亟爲上章還璽綬，勿復紛紛也。」

輔國將軍等一百二十人又奏曰：「臣聞符命不虛見，衆心不可違，故孔子曰：『周公其爲不聖乎？以天下讓。是天地日月輕去萬物也。』是以舜嚮天下，不拜而受命。今火德氣盡，炎上數終，帝遷明德，祚隆大魏。符瑞昭晳，受命旣固，光天之下，神人同應，雖有虞儀鳳，成周躍魚，方今之事，未足以喩。而陛下違天命以飾小行，逆人心以守私志，上忤皇穹眷命之旨，中忘聖人達節之數，下孤人臣翹首之望，非所以揚聖道之高衢，乘無窮之懿勳也。臣等聞事君有獻可替否之道，奉上有逆鱗固爭之義，臣等敢以死請。」令曰：「夫古聖王之治也，至德合乾坤，惠澤均造化，禮教優乎昆蟲，仁恩洽乎草木，日月所照，戴天履地含氣有生之類，靡不被服清風，沐浴玄德；是以金革不起，苛慝不作，風雨應節，禎祥觸類而見。今百姓寒者未煖，飢者未飽，鰥者未室，寡者未嫁；權、備尙存，未可舞以干戚，方將整以齊斧；戎役未息於外，士民未安於內，耳未聞康哉之歌，目未覩擊壤之戲，嬰兒未可託於高巢，餘糧未可以宿於田畝：人事未備，至於此也。夜未曜景星，治未通眞人，河未出龍馬，山未出象車，蓂莢未植階庭，萐莆未生庖廚，王母未獻白環，渠搜未見珍裘：靈瑞未效，又如彼也。昔東戶季子、容成、大庭、軒轅、赫胥之君，咸得以此就功勒名。今諸卿獨不可少假孤精心竭慮，以和天人，以格至理，使彼衆事備，羣瑞效，然後安乃議此乎，何遽相愧相迫之如是也？速爲讓章，上還璽綬，無重吾不德也。」

侍中劉廙等奏曰：「伏惟陛下以大聖之純懿，當天命之曆數，觀天象則符瑞著明，考圖緯則文義煥炳，察人事則四

海齊心，稽前代則異世同歸；而固拒禪命，未踐尊位，聖意懇惻，臣等敢不奉詔？輒具章遣使者。」奉令曰：「泰伯三以天下讓，人無得而稱焉，仲尼歎其至德，孤獨何人？」

庚申，魏王上書曰：「皇帝陛下：奉被今月乙卯璽書，伏聽册命，五內驚震，精爽散越，不知所處。臣前上還相位，退守藩國，聖恩聽許。臣雖無古人量德度身自定之志，保己存性，實其私願。不寤陛下猥損過謬之命，發不世之詔，以加無德之臣。且聞堯禪重華，擧其克諧之德，舜授文命，采其齊聖之美，猶下咨四嶽，上觀璿璣。今臣德非虞、夏，行非二君，而承曆數之諮，應選授之命，內自揆撫，無德以稱。且許由匹夫，猶拒帝位，善卷布衣，而逆虞詔。臣雖鄙蔽，敢忘守節以當大命，不勝至願。謹拜章陳情，使行相國永壽少府糞土臣毛宗奏，并上璽綬。」

辛酉，給事中博士蘇林、董巴上表曰：「天有十二次以爲分野，王公之國，各有所屬，周在鶉火，魏在大梁。歲星行歷十二次國，天子受命，諸侯以封。周文王始受命，歲在鶉火，至武王伐紂十三年，歲星復在鶉火，故春秋傳曰：『武王伐紂，歲在鶉火；歲之所在，卽我有周之分野也。』昔光和七年，歲在大梁，武王始受命，（爲）〔於〕時將討黃巾。是歲改年爲中平元年。建安元年，歲復在大梁，始拜大將軍。十三年復在大梁，始拜丞相。今二十五年，歲復在大梁，陛下受命。此魏得歲與周文王受命相應。今年青龍在庚子，詩推度災曰：『庚者更也，子者滋也，聖命天下治。』又曰：『王者布德於子，治成於丑。』此言今年天更命聖人制治天下，布德於民也。魏以改制天下，與（時）〔詩〕協矣。顓頊受命，歲在豕韋，衞居其地，亦在豕韋，故春秋傳曰：『衞，顓頊之墟也。』今十月斗之建，則顓頊受命之分也，始魏以十月受禪，此同符始祖受命之驗也。魏之氏族，出自顓頊，與舜同祖，見于春秋世家。舜以土德承堯之火，今魏亦以土德承漢之火，於行運，會于堯舜授受之次。臣聞天之去就，固有常分，聖人當之，昭然不疑，故堯捐骨肉而禪有虞，終無恡色，舜發隴畝而君天下，若固有之，其相受授，間不替漏；天下已傳矣，

所以急天命，天下不可一日無君也。今漢期運已終，妖異絕之已審，陛下受天之命，符瑞告徵，丁寧詳悉，反覆備至，雖言語相喻，無以代此。今既發詔書，璽綬未御，固執謙讓，上逆天命，下違民望。臣謹案古之典籍，參以圖緯，魏之行運及天道所在，卽尊之驗，在于今年此月，昭晳分明。唯陛下遷思易慮，以時卽位，顯告天帝而告天下，然後改正朔，易服色，正大號，天下幸甚。」令曰：「凡斯皆宜聖德，故曰：『苟非其人，道不虛行。』天瑞雖彰，須德而光；吾德薄之人，胡足以當之？今讓，冀見聽許，外內咸使聞知。」

壬戌，册詔曰：「皇帝問魏王言：遣宗奉庚申書到，所稱引，聞之。朕惟漢家世踰二十，年過四百，運周數終，行祚已訖，天心已移，兆民望絕，天之所廢，有自來矣。今大命有所厎止，神器當歸聖德，違衆不順，逆天不祥。王其體有虞之盛德，應曆數之嘉會，是以禎祥告符，圖讖表錄，神人同應，受命咸宜。朕畏上帝，致位于王；天不可違，衆不可拂。且重華不逆堯命，大禹不辭舜位，若夫由、卷匹夫，不載聖籍，固非皇材帝器所當稱慕。今使音奉皇帝璽綬，王其陟帝位，無逆朕命，以祗奉天心焉。」

於是尚書令桓階等奏曰：「今漢使音奉璽書到，臣等以爲天命不可稽，神器不可瀆。周武中流有白魚之應，不待師期而大號已建，舜受大麓，桑蔭未移而已陟帝位，皆所以祗承天命，若此之速也。故無固讓之義，不以守節爲貴，必道信於神靈，符合於天地而已。易曰：『其受命如嚮，無有遠近幽深，遂知來物，非天下之至賾，其孰能與於此？』今陛下應期運之數，爲皇天所子，而復稽滯於辭讓，低回於大號，非所以則天地之道，副萬國之望。臣等敢以死請，輒敕有司修治壇場，擇吉日，受禪命，發璽綬。」令曰：「冀三讓而不見聽，何汲汲于斯乎？」

甲子，魏王上書曰：「奉今月壬戌璽書，重被聖命，伏聽册告，肝膽戰悸，不知所措。天下神器，禪代重事，故堯將禪舜，納于大麓，舜之命禹，玄圭告功；烈風不迷，九州攸平，詢事考言，然後乃命，而猶執謙讓于德不嗣。況臣

頑固，質非二聖，乃應天統，受終明詔；敢守微節，歸志箕山，不勝大願。謹拜表陳情，使并奉上璽綬。」

侍中劉廙等奏曰：「臣等聞聖帝不違時，明主不逆人，故易稱通天下之志，斷天下之疑。伏惟陛下體有虞之上聖，承土德之行運，當亢陽明夷之會，應漢氏祚終之數，合契皇極，同符兩儀。是以聖瑞表徵，天下同應，曆運去就，深切著明；論之天命，無所與議，比之時宜，無所與爭。故受命之期，時淸日晏，曜靈施光，休氣雲蒸。是乃天道悅懌，民心欣戴，而仍見閉拒，于禮何居？且羣生不可一日無主，神器不可以斯須無統，故臣有違君以成業，下有矯上以立事，臣等敢不重以死請。」王令曰：「天下重器，王者正統，以聖德當之，猶有懼心，吾何人哉？且公卿未至乏主，斯豈小事，且宜以待固讓之後，乃當更議其可耳。」

丁卯，册詔魏王曰：「天訖漢祚，辰象著明，朕祗天命，致位於王，仍陳曆數於詔册，喻符運於翰墨；神器不可以辭拒，皇位不可以謙讓，稽於天命，至於再三。且四海不可以一日曠主，萬機不可以斯須無統，故建大業者不拘小節，知天命者不繫細物，是以舜受大業之命而無遜讓之辭，聖人達節，不亦遠乎！今使音奉皇帝璽綬，王其欽承，以答天下嚮應之望焉。」

相國華歆、太尉賈詡、御史大夫王朗及九卿上言曰：「臣等被召到，伏見太史丞許芝、左中郎將李伏所上圖讖、符命，侍中劉廙等宣敍衆心，人靈同謀。又漢朝知陛下聖化通于神明，聖德參于虞、夏，因瑞應之備至，聽曆數之所在，遂獻璽綬，固讓尊號。能言之倫，莫不抃舞，河圖、洛書，天命瑞應，人事協于天時，民言協于天敍。而陛下性秉勞謙，體尙克讓，明詔懇切，未肯聽許，臣妾小人，莫不伊邑。臣等聞自古及今，有天下者不常在乎一姓；考以德勢，則盛衰在乎彊弱，論以終始，則廢興在乎期運。唐、虞曆數，不在厥子而在舜、禹。舜、禹雖懷克讓之意迫，羣后執玉帛而朝之，兆民懷欣戴而歸之，率土揚歌謠而詠之，故其守節之拘，不可得而常處，達節之權，不可得而

久避；是以或遜位而不悋，或受禪而不辭，不悋者未必厭皇寵，不辭者未必渴帝祚，各迫天命而不得以已。既禪之後，則唐氏之子爲賓于有虞，虞氏之胄爲客于夏代，然則禪代之義，非獨受之者實應天福，授之者亦與有餘慶焉。漢自章、和之後，世多變故，稍以陵遲，洎乎孝靈，不恆其心，虐賢害仁，聚斂無度，政在嬖豎，視民如讎，遂令上天震怒，百姓從風如歸；當時則四海鼎沸，旣沒則禍發宮庭，寵勢並竭，帝室遂卑，若在帝舜之末節，猶擇聖代而授之，荆人抱玉璞，猶思良工而刊之，況漢國旣往，莫之能匡，推器移君，委之聖哲，固其宜也。漢朝委質，旣願禮禪之速定也，天祚率土，必將有主；主率土者，非陛下其孰能任之？所謂論德無與爲比，考功無推讓矣。天命不可久稽，民望不可久違，臣等慺慺，不勝大願。伏請陛下割撝謙之志，脩受禪之禮，副人神之意，慰外內之願。」令曰：「以德則孤不足，以時則戎虜未滅。若以羣賢之靈，得保首領，終君魏國，於孤足矣。若孤者，胡足以辱四海？至乎天瑞人事，皆先王聖德遺慶，孤何有焉？是以未敢聞命。」

己巳，魏王上書曰：「臣聞舜有賓于四門之勳，乃受禪於陶唐，禹有存國七百之功，乃承祿於有虞。臣以蒙蔽，德非二聖，猥當天統，不敢聞命。敢屢抗疏，略陳私願，庶章通紫庭，得全微節，情達宸極，永守本志。而音重復銜命，申制詔臣，臣實戰惕，不發璽書，而音迫于嚴詔，不敢復命。願陛下馳傳騁驛，召音還臺。不勝至誠，謹使宗奉書。」

相國歆、太尉詡、御史大夫朗及九卿奏曰：「臣等伏讀詔書，於邑益甚。臣等聞易稱聖人奉天時，論語云君子畏天命，天命有去就，然後帝者有禪代。是以唐之禪虞，命在爾躬，虞之順唐，謂之受終；堯知天命去已，故不得不禪舜，舜知曆數在躬，故不敢不受；不得不禪，奉天時也，不敢不受，畏天命也。漢朝雖承季末陵遲之餘，猶務奉天命以則堯之道，是以願禪帝位而歸二女。而陛下正於大魏受命之初，抑虞、夏之達節，尚延陵之讓退，而所枉者

大，所直者小，所詳者輕，所略者重，中人凡士猶爲陛下陋之。沒者有靈，則重華必忿憤于蒼梧之神墓，大禹必鬱悒于會稽之山陰，武王必不悅于(商)〔高〕陵之玄宮矣。是以臣等敢以死請。且漢政在閹宦，祿去帝室七世矣，遂集矢石於其宮殿，而二京爲之丘墟。當是之時，四海蕩覆，天下分崩，武王親衣甲而冠胄，沐雨而櫛風，爲民請命，則活萬國，爲世撥亂，則致升平，鳩民而立長，築宮而置吏，元元無過，罔于前業，而始有造于華夏。陛下卽位，光昭文德，以翊武功，勤恤民隱，視之如傷，懼者寧之，勞者息之，寒者以煖，飢者以充，遠人以(恩復)〔德服〕，寇敵以恩降，邁恩種德，光被四表；稽古篤睦，茂于放勛，網漏吞舟，弘乎周文。是以布政未朞，人神並和，皇天則降甘露而臻四靈，后土則挺芝草而吐醴泉，虎豹鹿兔，皆素其色，雉鳩燕雀，亦白其羽，連理之木，同心之瓜，五采之魚，珍祥瑞物，雜遝於其間者，無不畢備。古人有言：『微禹，吾其魚乎！』微大魏，則臣等之白骨交横于曠野矣。伏省羣臣外內前後章奏，所以陳敍陛下之符命者，莫不條河洛之圖書，據天地之瑞應，因漢朝之款誠，宣萬方之景附，可謂信矣(省)〔著〕矣；三王無以及，五帝無以加。民命之懸於魏〔邦，民心之繫於魏〕政，三十有餘年矣，此乃千世時至之會，萬載一遇之秋；達節廣度，宜昭於斯際，拘牽小節，不施於此時。久稽天命，罪在臣等。輒營壇場，具禮儀，擇吉日，昭告昊天上帝，秩羣神之禮，須禋祭畢，會羣寮於朝堂，議年號、正朔、服色當施行，上。」復令曰：「昔者大舜飯糗茹草，將終身焉，斯則孤之前志也。及至承堯禪，被(珍)〔袗〕衣，妻二女，若固有之，斯則順天命也。羣公卿士誠以天命不可拒，民望不可違，孤亦曷以辭焉？」

庚午，册詔魏王曰：「昔堯以配天之德，秉六合之重，猶覩曆運之數，移於有虞，委讓帝位，忽如遺跡。今天既訖我漢命，乃眷北顧，帝皇之業，實在大魏。朕守空名以竊古義，顧視前事，猶有慚德，而王遜讓至于三四，朕用懼焉。夫不辭萬乘之位者，知命達節之數也，虞、夏之君，處之不疑，故勳烈垂于萬載，美名傳于無窮。今遣守尙書令侍

中〔頭〕〔覬〕喩，王其速陟帝位，以順天人之心，副朕之大願。」於是尚書令桓階等奏曰：「今漢氏之命已四至，而陛下前後固辭，臣等伏以爲上帝之臨聖德，期運之隆大魏，斯豈數載？傳稱周之有天下，非甲子之朝，殷之去帝位，非牧野之日也，故詩序商湯，追本玄王之至，述姬周，上錄后稷之生，是以受命既固，厥德不回。漢氏衰廢，行次已絕，三辰垂其徵，史官著其驗，耆老記先古之占，百姓協歌謠之聲。陛下應天受禪，當速即壇場，柴燎上帝，誠不宜久停神器，拒億兆之願。臣輒下太史令擇元辰，今月二十九日，可登壇受命，請詔王公羣卿，具條禮儀別奏。」令曰：「可。」

〔三〕獻帝傳曰：辛未，魏王登壇受禪，公卿、列侯、諸將、匈奴單于、四夷朝者數萬人陪位，燎祭天地、五嶽、四瀆，曰：「皇帝臣丕敢用玄牡昭告于皇皇后帝：漢歷世二十有四，踐年四百二十有六，四海困窮，三綱不立，五緯錯行，靈祥並見，推術數者，慮之古道，咸以爲天之曆數，運終茲世，凡諸嘉祥民神之意，比昭有漢數終之極，魏家受命之符。漢主以神器宜授於臣，憲章有虞，致位于丕。丕震畏天命，雖休勿休。羣公庶尹六事之人，外及將士，洎于蠻夷君長，僉曰：『天命不可以辭拒，神器不可以久曠，羣臣不可以無主，萬幾不可以無統。』丕祇承皇象，敢不欽承。卜之守龜，兆有大橫，筮之三易，兆有革兆，謹擇元日，與羣寮登壇受帝璽綬，告類于爾大神；唯爾有神，尚饗永吉，兆民之望，祚于有魏世享。」遂制詔三公：「上古之始有君也，必崇恩化以美風俗，然百姓順教而刑辟厝焉。今朕承帝王之緒，其以延康元年爲黃初元年，議改正朔，易服色，殊徽號，同律度量，承土行，大赦天下；自殊死以下，諸不當得赦，皆赦除之。」

魏氏春秋曰：帝升壇禮畢，顧謂羣臣曰：「舜、禹之事，吾知之矣。」

干寶搜神記曰：宋大夫邢史子臣明於天道，周敬王之三十七年，景公問曰：「天道其何祥？」對曰：「後五（十）年五

月丁亥，臣將死；死後五年五月丁卯，吳將亡；亡後五年，君將終；終後四百年，邾王天下。」俄而皆如其言。所云邾王天下者，謂魏之興也。邾，曹姓，魏亦曹姓，皆邾之後。其年數則錯，未知邢史失其數邪，將年代久遠，注記者傳而有謬也？

黃初元年十一月癸酉，以河內之山陽邑萬戶奉漢帝爲山陽公，行漢正朔，以天子之禮郊祭，上書不稱臣，京都有事于太廟，致胙；封公之四子爲列侯。追尊皇祖太王曰太皇帝，考武王曰武皇帝，尊王太后曰皇太后。賜男子爵人一級，爲父後及孝悌力田人二級。以漢諸侯王爲崇德侯，列侯爲關中侯。以潁陰之繁陽亭爲繁昌縣。封爵增位各有差。改相國爲司徒，御史大夫爲司空，奉常爲太常，郎中令爲光祿勳，大理爲廷尉，大農爲大司農。郡國縣邑，多所改易。更授匈奴南單于呼廚泉魏璽綬，賜靑蓋車、乘輿、寶劍、玉玦。十二月，初營洛陽宮，戊午幸洛陽。〔一〕

〔一〕臣松之案：諸書記是時帝居北宮，以建始殿朝羣臣，門曰承明，陳思王植詩曰「謁帝承明廬」是也。至明帝時，始於漢南宮崇德殿處起太極、昭陽諸殿。

魏書曰：以夏數爲得天，故即用夏正，而服色尚黃。

魏略曰：詔以漢火行也，火忌水，故「洛」去「水」而加「隹」。魏於行次爲土，土，水之牡也，水得土而乃流，土得水而柔，故除「隹」加「水」，變「雒」爲「洛」。

是歲，長水校尉戴陵諫不宜數行弋獵，帝大怒；陵減死罪一等。

二年春正月，郊祀天地、明堂。甲戌，校獵至原陵，遣使者以太牢祠漢世祖。乙亥，朝日于東郊。〔一〕初令郡國口滿十萬者，歲察孝廉一人；其有秀異，無拘戶口。辛巳，分三公戶邑，封子弟各一人爲列侯。壬午，復潁川郡一年田租。〔二〕改許縣爲許昌縣。以魏郡東部爲陽平郡，西部爲廣平郡。〔三〕

〔一〕臣松之以爲禮天子以春分朝日，秋分夕月；尋此年正月郊祀，有月無日，乙亥朝日，則有日無月，蓋文之脫也。案明帝朝日夕月，皆如禮文，故知此紀爲誤者也。

〔二〕魏書載詔曰：「潁川，先帝所由起兵征伐也。官渡之役，四方瓦解，遠近顧望，而此郡守義，丁壯荷戈，老弱負糧。昔漢祖以秦中爲國本，光武恃河內爲王基，今朕復於此登壇受禪，天以此郡翼成大魏。」

〔三〕魏略曰：改長安、譙、許昌、鄴、洛陽爲五都；立石表，西界宜陽，北循太行，東北界陽平，南循魯陽，東界郯，爲中都之地。令天下聽內徙，復五年，後又增其復。

詔曰：「昔仲尼資大聖之才，懷帝王之器，當衰周之末，無受命之運，在魯、衞之朝，教化乎洙、泗之上，悽悽焉，遑遑焉，欲屈己以存道，貶身以救世。于時王公終莫能用之，乃退考五代之禮，脩素王之事，因魯史而制春秋，就太師而正雅頌，俾千載之後，莫不宗其文以述作，仰其聖以成謀，咨！可謂命世之大聖，億載之師表者也。遭天下大亂，百祀墮壞，舊居之廟，毀而不脩，褒成之後，絕而莫繼，闕里不聞講頌之聲，四時不覩蒸嘗之位，斯豈所謂崇

禮報功，盛德百世必祀者哉！其以議郎孔羨爲宗聖侯，邑百戶，奉孔子祀。」令魯郡脩起舊廟，置百戶吏卒以守衞之，又於其外廣爲室屋以居學者。

（春）三月，加遼東太守公孫恭爲車騎將軍。初復五銖錢。夏四月，以車騎將軍曹仁爲大將軍。五月，鄭甘復叛，遣曹仁討斬之。六月庚子，初祀五嶽四瀆，咸秩羣祀。〔一〕丁卯，夫人甄氏卒。戊辰晦，日有食之，有司奏免太尉，詔曰：「災異之作，以譴元首，而歸過股肱，豈禹、湯罪己之義乎？其令百官各虔厥職，後有天地之眚，勿復劾三公。」

〔一〕魏書：甲辰，以京師宗廟未成，帝親祠武皇帝于建始殿，躬執饋奠，如家人之禮。

秋八月，孫權遣使奉章，并遣于禁等還。丁巳，使太常邢貞持節拜權爲大將軍，封吳王，加九錫。冬十月，授楊彪光祿大夫。〔一〕以穀貴，罷五銖錢。〔二〕己卯，以大將軍曹仁爲大司馬。十二月，行東巡。是歲築陵雲臺。

〔一〕魏書曰：己亥，公卿朝朔旦，并引故漢太尉楊彪，待以客禮，詔曰：「夫先王制几杖之賜，所以賓禮黃耇褒崇元老也。昔孔光、卓茂皆以淑德高年，受茲嘉錫。公故漢宰臣，乃祖已來，世著名節，年過七十，行不踰矩，可謂老成人矣，所宜寵異以章舊德。其賜公延年杖及馮几；謁請之日，便使杖入，又可使著鹿皮冠。」彪辭讓不聽，竟著布單衣、皮弁以見。

續漢書曰：彪見漢祚將終，自以累世爲三公，恥爲魏臣，遂稱足攣，不復行。積十餘年，帝即王位，欲以爲太尉，

令近臣宣旨。彪辭曰：「嘗以漢朝爲三公，值世衰亂，不能立尺寸之益，若復爲魏臣，於國之選，亦不爲榮也。」帝不奪其意。黃初四年，詔拜光祿大夫，秩中二千石，朝見位次三公，如孔光故事。彪上章固讓，帝不聽，又爲門施行馬，致吏卒，以優崇之。年八十四，以六年薨。子脩，事見陳思王傳。

〔三〕魏書曰：十一月辛未，鎮西將軍曹眞命衆將及州郡兵討破叛胡治元多、盧水、封賞等，斬首五萬餘級，獲生口十萬，羊一百一十萬口，牛八萬，河西遂平。帝初聞胡決水灌顯美，謂左右諸將曰：「昔隗囂灌略陽，而光武因其疲弊，進兵滅之。今胡決水灌顯美，其事正相似，破胡事今至不久。」旬日，破胡告檄到，上大笑曰：「吾策之於帷幕之內，諸將奮擊於萬里之外，其相應若合符節。前後戰克獲虜，未有如此也。」

三年春正月丙寅朔，日有蝕之。庚午，行幸許昌宮。詔曰：「今之計、(考)〔孝〕，古之貢士也；十室之邑，必有忠信，若限年然後取士，是呂尙、周晉不顯於前世也。其令郡國所選，勿拘老幼；儒通經術，吏達文法，到皆試用。有司糾故不以實者。」〔一〕

〔一〕魏書曰：癸亥，孫權上書，說：「劉備支黨四萬人，馬二三千匹，出秭歸，請往掃撲，以克捷爲效。」帝報曰：「昔隗囂之弊，禍發栒邑，子陽之禽，變起扞關，將軍其亢厲威武，勉蹈奇功，以稱吾意。」

二月，鄯善、龜茲、于闐王各遣使奉獻，詔曰：「西戎卽敍，氐、羌來王，詩、書美之。頃者西域外夷並款塞內附，〔一〕其遣使者撫勞之。」是後西域遂通，置戊己校尉。

〔一〕應劭漢書注曰：款，叩也；皆叩塞門來服從。

三月乙丑，立齊公叡爲平原王，帝弟鄢陵公彰等十一人皆爲王。初制封王之庶子爲鄉

公，嗣王之庶子爲亭侯，公之庶子爲亭伯。甲戌，立皇子霖爲河東王。甲午，行幸襄邑。夏四月戊申，立鄄城侯植爲鄄城王。癸亥，行還許昌宮。五月，以荆、揚、江表八郡爲荆州，孫權領牧故也；荆州江北諸郡爲郢州。

閏月，孫權破劉備于夷陵。初，帝聞備兵東下，與權交戰，樹柵連營七百餘里，謂羣臣曰：「備不曉兵，豈有七百里營可以拒敵者乎！『苞原隰險阻而爲軍者爲敵所禽』，此兵忌也。孫權上事今至矣。」後七日，破備書到。

秋七月，冀州大蝗，民饑，使尙書杜畿持節開倉廩以振之。八月，蜀大將黃權率衆降。〔一〕

〔一〕魏書曰：權及領南郡太守史郃等三百一十八人，詣荆州刺史奉上所假印綬、棨戟、幢麾、牙門、鼓車。權等詣行在所，帝置酒設樂，引見于承光殿。權、郃等人人前自陳，帝爲論說軍旅成敗去就之分，諸將無不喜悅。賜權金帛、車馬、衣裘、帷帳、妻妾，下及偏裨皆有差。拜權爲侍中鎭南將軍，封列侯，卽日召使驂乘；及封史郃等四十二人皆爲列侯，爲將軍郎將百餘人。

九月甲午，詔曰：「夫婦人與政，亂之本也。自今以後，羣臣不得奏事太后，后族之家不得當輔政之任，又不得橫受茅土之爵；以此詔傳後世，若有背違，天下共誅之。」〔二〕庚子，立皇后郭氏。賜天下男子爵人二級；鰥寡篤癃及貧不能自存者賜穀。

〔二〕孫盛曰：夫經國營治，必憑俊喆之輔，賢達令德，必居參亂之任，故雖周室之盛，有婦人與焉。然則坤道承天，南面罔二，三從之禮，謂之至順，至於號令自天子出，奏事專行，非古義也。昔在申、呂，實匡有周。苟以天下爲心，惟德是杖，則親疎之授，至公一也，何至后族而必斥遠之哉？二漢之季世，王道陵遲，故令外戚憑寵，職爲亂階。(於)此自時昏道喪，運祚將移，縱無王、呂之難，豈乏田、趙之禍乎？而後世觀其若此，深懷酖毒之戒也。至于魏文，遂發一概之詔，可謂有識之爽言，非帝者之宏議。

冬十月甲子，表首陽山東爲壽陵，作終制曰：「禮，國君卽位爲椑，椑音扶歷反。存不忘亡也。〔一〕昔堯葬穀林，通樹之，禹葬會稽，農不易畝，〔二〕故葬於山林，則合乎山林。封樹之制，非上古也，吾無取焉。壽陵因山爲體，無爲封樹，無立寢殿，造園邑，通神道。夫葬也者，藏也，欲人之不得見也。骨無痛痒之知，冢非棲神之宅，禮不墓祭，欲存亡之不黷也，爲棺槨足以朽骨，衣衾足以朽肉而已。故吾營此丘墟不食之地，欲使易代之後不知其處。無施葦炭，無藏金銀銅鐵，一以瓦器，合古塗車、芻靈之義。棺但漆際會三過，飯含無以珠玉，無施珠襦玉匣，諸愚俗所爲也。季孫以璵璠斂，孔子歷級而救之，譬之暴骸中原。宋公厚葬，君子謂華元、樂莒不臣，以爲棄君於惡。漢文帝之不發，霸陵無求也；光武之掘，原陵封樹也。霸陵之完，功在釋之；原陵之掘，罪在明帝。是釋之忠以利君，明帝愛以害親也。忠臣孝子，宜思仲尼、丘明、釋之之言，鑒華元、樂莒、明帝之戒，存於所以安君定親，使魂靈

萬載無危，斯則賢聖之忠孝矣。自古及今，未有不亡之國，亦無不掘之墓也。喪亂以來，漢氏諸陵無不發掘，至乃燒取玉匣金縷，骸骨幷盡，是焚如之刑，豈不重痛哉！禍由乎厚葬封樹。『桑、霍爲我戒』，不亦明乎？其皇后及貴人以下，不隨王之國者，有終沒皆葬澗西，前又以表其處矣。蓋舜葬蒼梧，二妃不從，延陵葬子，遠在嬴、博，魂而有靈，無不之也，一澗之閒，不足爲遠。若違今詔，妄有所變改造施，吾爲戮尸地下，戮而重戮，死而重死。臣子爲蔑死君父，不忠不孝，使死者有知，將不福汝。其以此詔藏之宗廟，副在尙書、祕書、三府。」

〔一〕臣松之按：禮，天子諸侯之棺，各有重數；棺之親身者曰椑。

〔二〕呂氏春秋：堯葬于穀林，通樹之；舜葬于紀，市廛不變其肆；禹葬會稽，不變人徒。

是月，孫權復叛。復郢州爲荆州。帝自許昌南征，諸軍兵並進，權臨江拒守。十一月辛丑，行幸宛。庚申晦，日有食之。是歲，穿靈芝池。

四年春正月，詔曰：「喪亂以來，兵革未戢，天下之人，互相殘殺。今海內初定，敢有私復讎者皆族之。」築南巡臺于宛。三月丙申，行自宛還洛陽宮。癸卯，月犯心中央大星。〔一〕丁未，大司馬曹仁薨。是月大疫。

〔一〕魏書載丙午詔曰：「孫權殘害民物，朕以寇不可長，故分命猛將三道並征。今征東諸軍與權黨呂範等水戰，則斬首四萬，獲船萬艘。大司馬據守濡須，其所禽獲亦以萬數。中軍、征南，攻圍江陵，左將軍張郃等舳艫直渡，擊其

南渚，賊赴水溺死者數千人，又爲地道攻城，城中外雀鼠不得出入，此几上肉耳！而賊中癘氣疾病，夾江塗地，恐相染汚。昔周武伐殷，旋師孟津，漢祖征隗囂，還軍高平，皆知天時而度賊情也。且成湯解三面之網，天下歸仁。今開江陵之圍，以綏成死之禽。且休力役，罷省繇戍，畜養士民，咸使安息。」

夏五月，有鵜鶘鳥集靈芝池，詔曰：「此詩人所謂汚澤也。曹詩『刺恭公遠君子而近小人』，今豈有賢智之士處於下位乎？否則斯鳥何爲而至？其博舉天下儁德茂才、獨行君子，以答曹人之刺。」〔一〕

〔一〕魏書曰：辛酉，有司奏造二廟，立太皇帝廟，大長秋特進侯與高祖合祭，親盡以次毀；特立武皇帝廟，四時享祀，爲魏太祖，萬載不毀也。

六月甲戌，任城王彰薨於京都。甲申，太尉賈詡薨。太白晝見。是月大雨，伊、洛溢流，殺人民，壞廬宅。〔二〕秋八月丁卯，以廷尉鍾繇爲太尉。〔三〕辛未，校獵于滎陽，遂東巡。論征孫權功，諸將已下進爵增戶各有差。九月甲辰，行幸許昌宮。〔三〕

〔一〕魏書曰：七月乙未，大軍當出，使太常以特牛一告祠于郊。

臣松之按：魏郊祀奏中，尚書盧毓議祀厲殃事云：「具犧牲祭器，如前後師出告郊之禮。」如此，則魏氏出師，皆告郊也。

〔二〕魏書曰：有司奏改漢氏宗廟安世樂曰正世樂，嘉至樂曰迎靈樂，武德樂曰武頌樂，昭容樂曰昭業樂，雲（翹）〔翹〕舞曰鳳翔舞，育命舞曰靈應舞，武德舞曰武頌舞，文（昭）〔始〕舞曰大（昭）〔韶〕舞，五行舞曰大武舞。

〔三〕魏書曰：十二月丙寅，賜山陽公夫人湯沐邑，公女曼爲長樂郡公主，食邑各五百戶。是冬，甘露降芳林園。

臣松之按：芳林園卽今華林園，齊王芳卽位，改爲華林。

五年春正月，初令謀反大逆乃得相告，其餘皆勿聽治；敢妄相告，以其罪罪之。三月，行自許昌還洛陽宮。夏四月，立太學，制五經課試之法，置春秋穀梁博士。五月，有司以公卿朝朔望日，因奏疑事，聽斷大政，論辨得失。秋七月，行東巡，幸許昌宮。八月，爲水軍，親御龍舟，循蔡、潁，浮淮，幸壽春。揚州界將吏士民，犯五歲刑已下，皆原除之。九月，遂至廣陵，赦青、徐二州，改易諸將守。冬十月乙卯，太白晝見。行還許昌宮。〔一〕十一月庚寅，以冀州饑，遣使者開倉廩振之。戊申晦，日有食之。

〔一〕魏書載癸酉詔曰：「近之不綏，何遠之懷？今事多而民少，上下相弊以文法，百姓無所措其手足。昔太山之哭者，以爲苛政甚于猛虎，吾備儒者之風，服聖人之遺教，豈可以目翫其辭，行違其誡者哉？廣議輕刑，以惠百姓。」

十二月，詔曰：「先王制禮，所以昭孝事祖，大則郊社，其次宗廟，三辰五行，名山大川，非此族也，不在祀典。叔世衰亂，崇信巫史，至乃宮殿之內，戶牖之閒，無不沃酹，甚矣其惑也。自今，其敢設非祀之祭，巫祝之言，皆以執左道論，著于令典。」是歲穿天淵池。

六年春二月，遣使者循行許昌以東盡沛郡，問民所疾苦，貧者振貸之。〔一〕三月，行幸召陵，通討虜渠。乙巳，還許昌宮。并州刺史梁習討鮮卑軻比能，大破之。辛未，帝爲舟師東征。五月戊申，幸譙。壬戌，熒惑入太微。

〔一〕魏略載詔曰：「昔軒轅建四面之號，周武稱『予有亂臣十人』，斯蓋先聖所以體國君民，亮成天工，多賢爲貴也。今內有公卿以鎮京師，外設牧伯以監四方，至於元戎出征，則軍中宜有柱石之賢帥，輜重所在，又宜有鎮守之重臣，然後車駕可以周行天下，無內外之慮。吾今當征賊，欲守之積年。其以尚書令潁鄉侯陳羣爲鎮軍大將軍，尚書僕射西鄉侯司馬懿爲撫軍大將軍。若吾臨江授諸將方略，則撫軍當留許昌，督後諸軍，錄後臺文書事；鎮軍隨車駕，當董督衆軍，錄行尚書事；皆假節鼓吹，給中軍兵騎六百人。吾欲去江數里，築宮室，往來其中，見賊可擊之形，便出奇兵擊之；若或未可，則當舒六軍以遊獵，饗賜軍士。」

六月，利成郡兵蔡方等以郡反，殺太守徐質。遣屯騎校尉任福、步兵校尉段昭與青州刺史討平之；其見脅略及亡命者，皆赦其罪。

秋七月，立皇子鑒爲東武陽王。八月，帝遂以舟師自譙循渦入淮，從陸道幸徐。九月，築東巡臺。冬十月，行幸廣陵故城，臨江觀兵，戎卒十餘萬，旌旗數百里。〔一〕是歲大寒，水道冰，舟不得入江，乃引還。十一月，東武陽王鑒薨。十二月，行自譙過梁，遣使以太牢祀故漢太尉橋玄。

〔一〕魏書載帝於馬上爲詩曰：「觀兵臨江水，水流何湯湯！戈矛成山林，玄甲耀日光。猛將懷暴怒，膽氣正從橫。誰云江水廣，一葦可以航？不戰屈敵虜，戢兵稱賢良。古公宅岐邑，實始翦殷商。孟獻營虎牢，鄭人懼稽顙。充國務耕植，先零自破亡。興農淮、泗閒，築室都徐方。量宜運權略，六軍咸悅康；豈如東山詩，悠悠多憂傷。」

七年春正月，將幸許昌，許昌城南門無故自崩，帝心惡之，遂不入。壬子，行還洛陽宮。三月，築九華臺。夏五月丙辰，帝疾篤，召中軍大將軍曹眞、鎮軍大將軍陳羣、征東大將軍曹休、撫軍大將軍司馬宣王，並受遺詔輔嗣主。遣後宮淑媛、昭儀已下歸其家。丁巳，帝崩于嘉福殿，時年四十。〔一〕六月戊寅，葬首陽陵。自殯及葬，皆以終制從事。〔二〕

〔一〕魏書曰：殯於崇華前殿。

〔二〕魏氏春秋曰：明帝將送葬，曹眞、陳羣、王朗等以暑熱固諫，乃止。

孫盛曰：夫窀穸之事，孝子之極痛也，人倫之道，於斯莫重。故天子七月而葬，同軌畢至。夫以義感之情，猶盡臨隧之哀，況乎天性發中，敦禮者重之哉！魏氏之德，仍世不基矣。昔華元厚葬，君子以爲棄君於惡，羣等之諫，棄孰甚焉！

鄄城侯植爲誄曰：「惟黃初七年五月七日，大行皇帝崩，嗚呼哀哉！于時天震地駭，崩山隕霜，陽精薄景，五緯錯行，百姓呼嗟，萬國悲傷，若喪考妣，（恩過慕）〔思慕過〕唐，擗踊郊野，仰想穹蒼，僉曰何辜，早世殞喪，嗚呼哀哉！悲夫大行，忽焉光滅，永棄萬國，雲往雨絕。承問荒忽，惛懵哽咽，袖鋒抽刃，歎自僵斃，追慕三良，甘心同穴。感惟南風，惟以鬱滯，終於偕沒，指景自誓。考諸先記，尋之哲言，生若浮寄，唯德可論，朝聞夕逝，孔志所存。皇雖一沒，天祿永延，何以述德？表之素旃。何以詠功？宣之管絃。乃作誄曰：皓皓太素，兩儀始分，中和產物，肇有人倫，爰暨三皇，實秉道眞，降逮五帝，繼以懿純，三代制作，踵武立勳。季嗣不維，網漏于秦，崩樂滅學，儒坑禮焚，二世而殲，漢氏乃因，弗求古訓，嬴政是遵，王綱帝典，闃爾無聞。末光幽昧，道究運遷，乾坤迴曆，簡聖授賢，乃眷大行，屬以黎元。龍飛啓祚，合契上玄，五行定紀，改號革年，明明赫赫，受命于天。仁風偃物，德以禮宣；祥惟聖質，嶷在幼妍。庶幾六典，學不過庭，潛心無罔，抗志青冥。才秀藻朗，如玉之瑩，聽察無擁，瞻覩未形。其剛如金，其貞如瓊，如冰之潔，如砥之平。爵公無私，戮違無輕，心鏡萬機，攬照下情。思良股肱，嘉昔伊、呂，搜揚側陋，舉湯代禹；拔才巖穴，取士蓬戶，唯德是縈，弗拘禰祖。宅土之表，道義是圖，弗營厥險，六合是虞。齊契共遵，下以純民，恢拓規矩，克紹前人。科條品制，褒貶以因。乘殷之輅，行夏之辰。金根黃屋，翠葆龍鱗，紼冕崇麗，衡紞維新，尊肅禮容，矚之若神。方牧妙舉，欽於恤民，虎將荷節，鎮彼四鄰；朱旗所剿，九壤被震，疇克不若？孰敢不臣？縣旌海表，萬里無塵。虜備凶徹，鳥殪江岷，權若涸魚，乾腊矯鱗，肅慎納貢，越裳效珍，條支絕域，侍子內賓。德儕先皇，功侔太古。上靈降瑞，黃初叔祜：河龍洛龜，淩波游下；平鈞應繩，神鸞翔舞；數荚階除，系風扇暑；皓獸素禽，飛走郊野；神鍾寶鼎，形自舊土；雲英甘露，瀸塗被宇；靈芝冒沼，朱華蔭渚。回回凱風，祁祁甘雨，稼穡豐登，我稷我黍。家佩惠君，戶蒙慈父。圖致太和，洽德全義。將登介山，先皇作儷。鐫石紀勳，兼錄衆瑞，方隆封禪，歸功天地，賓禮百靈，勳命視規，望祭四嶽，燎封奉柴，肅于南郊，宗祀上帝。三牲既供，夏禘秋嘗，元侯佐祭，獻璧奉璋。鸞輿幽藹，龍旂太常，爰迄太廟，鐘鼓鍠鍠，頌德詠功，八佾鏘鏘。皇祖既饗，烈考來享，神具醉止，降茲福祥。天地震盪，大行康之；三辰暗昧，大行光之；皇紘絕維，大行綱之；神器莫統，大行當之；禮樂廢弛，大行張之；仁義陸沈，大行揚之；潛龍隱鳳，大行翔之；疏狄遐康，大行匡之。在位七載，元功仍舉，將永太和，絕跡三五，宜作物師，長爲神主，壽終金石，等算東父，如何奄忽，摧身后土，俾我煢煢，靡瞻靡顧。嗟嗟皇穹，胡寧忍務？嗚呼哀哉！明監吉凶，體遠存亡，深垂典制，申之嗣皇。聖上虔奉，是順是將，乃剏玄宇，基爲首陽，擬迹穀林，追堯慕唐，合山同陵，不樹不疆，塗車芻靈，珠玉靡藏。百神警侍，來賓幽堂，

耕禽田獸，望魂之翔。於是，俟大隧之致功兮，練元辰之淑禎，潛華體於梓宮兮，馮正殿以居靈。顧望嗣之號咷兮，存臨者之悲聲，悼晏駕之既脩兮，感容車之速征。浮飛魂於輕霄兮，就黃壚以滅形，背三光之昭晰兮，歸玄宅之冥冥。嗟一往之不反兮，痛閟闥之長扃。咨遠臣之眇眇兮，感凶諱以怛驚，心孤絕而靡告兮，紛流涕而交頸。思恩榮以橫奔兮，閡闕塞之嶢崢，顧衰絰以輕舉兮，迫關防之我嬰。欲高飛而遙憩兮，憚天網之遠經，遙投骨於山足兮，報恩養於下庭。慨拊心而自悼兮，懼施重而命輕，嗟微軀之是效兮，甘九死而忘生，幾司命之役籍兮，先黃髮而隕零，天蓋高而察卑兮，冀神明之我聽。獨鬱伊而莫愬兮，追顧景而憐形，奏斯文以寫思兮，結翰墨以敷誠。嗚呼哀哉！」

初，帝好文學，以著述爲務，自所勒成垂百篇。又使諸儒撰集經傳，隨類相從，凡千餘篇，號曰皇覽。〔一〕

〔一〕魏書曰：帝初在東宮，疫癘大起，時人彫傷，帝深感歎，與素所敬者大理王朗書曰：「生有七尺之形，死唯一棺之土，唯立德揚名，可以不朽，其次莫如著篇籍。疫癘數起，士人彫落，余獨何人，能全其壽？」故論撰所著典論、詩賦，蓋百餘篇，集諸儒於肅城門內，講論大義，侃侃無倦。常嘉漢文帝之爲君，寬仁玄默，務欲以德化民，有賢聖之風。時文學諸儒，或以爲孝文雖賢，其於聰明，通達國體，不如賈誼。帝由是著太宗論曰：「昔有苗不賓，重華舞以干戚，尉佗稱帝，孝文撫以恩德，吳王不朝，錫之几杖以撫其意，而天下賴安；乃弘三章之教，愷悌之化，欲使曩時累息之民，得闊步高談，無危懼之心。若賈誼之才敏，籌畫國政，特賢臣之器，管、晏之姿，豈若孝文大人之量哉？」三年之中，以孫權不服，復頒太宗論于天下，明示不願征伐也。他日又從容言曰：「顧我亦有所不取于漢文帝者三：殺薄昭；幸鄧通；慎夫人衣不曳地，集上書囊爲帳帷。以爲漢文儉而無法，舅后之家，但當養育以恩而不當假借以權，既觸罪法，又不得不害矣。」其欲秉持中道，以爲帝王儀表者如此。胡沖吳曆曰：帝以素書所著典論及詩賦餉孫權，又以紙寫一通與張昭。

評曰：文帝天資文藻，下筆成章，博聞彊識，才藝兼該；〔一〕若加之曠大之度，勵以公平之誠，邁志存道，克廣德心，則古之賢主，何遠之有哉！

〔一〕典論帝自敍曰：初平之元，董卓殺主鴆后，蕩覆王室。是時四海既困中平之政，兼惡卓之凶逆，家家思亂，人人自危。山東牧守，咸以春秋之義，「衞人討州吁于濮」，言人人皆得討賊。於是大興義兵，名豪大俠，富室强族，飄揚雲會，萬里相赴；兗、豫之師戰于滎陽，河內之甲軍于孟津。卓遂遷大駕，西都長安。而山東大者連郡國，中者嬰城邑，小者聚阡陌，以還相吞滅。會黃巾盛於海、岱，山寇暴於并、冀，乘勝轉攻，席卷而南，鄉邑望煙而奔，城郭覩塵而潰，百姓死亡，暴骨如莽。余時年五歲，上以世方擾亂，教余學射，六歲而知射，又教余騎馬，八歲而能騎射矣。以時之多故，每征，余常從。建安初，上南征荊州，至宛，張繡降。旬日而反，亡兄孝廉子脩、從兄安民遇害。時余年十歲，乘馬得脫。夫文武之道，各隨時而用，生于中平之季，長于戎旅之間，是以少好弓馬，于今不衰；逐禽輒十里，馳射常百步，日多體健，心每不厭。建安十年，始定冀州，濊、貊貢良弓，燕、代獻名馬。時歲之暮春，勾芒司節，和風扇物，弓燥手柔，草淺獸肥，與族兄子丹獵于鄴西，終日手獲麞鹿九，雉兔三十。後軍南征次曲蠡，尚書令荀彧奉使犒軍，見余談論之末，彧言：「聞君善左右射，此實難能。」余言：「執事未覩夫項發口縱，俯馬蹄而仰月支也。」彧喜笑曰：「乃爾！」余曰：「埒有常徑，的有常所，雖每發輒中，非至妙也。若馳平原，赴豐

草，要狡獸，截輕禽，使弓不虛彎，所中必洞，斯則妙矣。」時軍祭酒張京在坐，顧彧拊手曰「善」。余又學擊劍，閱師多矣，四方之法各異，唯京師爲善。桓、靈之間，有虎賁王越善斯術，稱於京師。河南史阿言昔與越遊，具得其法，余從阿學之精熟。嘗與平虜將軍劉勳、奮威將軍鄧展等共飲，宿聞展善有手臂，曉五兵，又稱其能空手入白刃。余與論劍良久，謂言將軍法非也，余顧嘗好之，又得善術，因求與余對。時酒酣耳熱，方食芊蔗，便以爲杖，下殿數交，三中其臂，左右大笑。展意不平，求更爲之。余言吾法急屬，難相中面，故齊臂耳。展言願復一交，余知其欲突以取交中也，因僞深進，展果尋前，余卻腳鄛，正截其顙，坐中驚視。余還坐，笑曰：「昔陽慶使淳于意去其故方，更授以祕術，今余亦願鄧將軍捐棄故伎，更受要道也。」一坐盡歡。夫事不可自謂己長，余少曉持複，自謂無對；俗名雙戟爲坐鐵室，鑲楯爲蔽木戶；後從陳國袁敏學，以單攻複，每爲若神，對家不知所出，先日若逢敏於狹路，直決耳！余於他戲弄之事少所喜，唯彈棊略盡其巧，少爲之賦。昔京師先工有馬合鄉侯、東方安世、張公子，常恨不得與彼數子者對。上雅好詩書文籍，雖在軍旅，手不釋卷，每每定省從容，常言人少好學則思專，長則善忘，長大而能勤學者，唯吾與袁伯業耳。余是以少誦詩、論，及長而備歷五經、四部，史、漢、諸子百家之言，靡不畢覽。

博物志曰：帝善彈棊，能用手巾角。時有一書生，又能低頭以所冠著葛巾角撇棊。

中華書局

三國志卷三

魏書三

明帝紀第三

明皇帝諱叡，字元仲，文帝太子也。生而太祖愛之，常令在左右。〔一〕年十五，封武德侯，黃初二年爲齊公，三年爲平原王。以其母誅，故未建爲嗣。〔二〕七年夏五月，帝病篤，乃立爲皇太子。丁巳，卽皇帝位，大赦。尊皇太后曰太皇太后，皇后曰皇太后。諸臣封爵各有差。〔三〕癸未，追謚母甄夫人曰文昭皇后。壬辰，立皇弟蕤爲陽平王。

〔一〕魏書曰：帝生數歲而有岐嶷之姿，武皇帝異之，曰：「我基於爾三世矣。」每朝宴會同，與侍中近臣並列帷幄。好學多識，特留意於法理。

〔二〕魏略曰：文帝以郭后無子，詔使子養帝。帝以母不以道終，意甚不平。後不獲已，乃敬事郭后，旦夕因長御問起居。郭后亦自以無子，遂加慈愛。文帝始以帝不悅，有意欲以他姬子京兆王爲嗣，故久不拜太子。

魏末傳曰：帝常從文帝獵，見子母鹿。文帝射殺鹿母，使帝射鹿子，帝不從，曰：「陛下已殺其母，臣不忍復殺其子。」因涕泣。文帝卽放弓箭，以此深奇之，而樹立之意定。

〔三〕世語曰：帝與朝士素不接，卽位之後，羣下想聞風采。居數日，獨見侍中劉曄，語盡日。衆人側聽，曄旣出，問「何

如」？曄曰：「秦始皇、漢孝武之儔，才具微不及耳。」

八月，孫權攻江夏郡，太守文聘堅守。朝議欲發兵救之，帝曰：「權習水戰，所以敢下船陸攻者，幾掩不備也。今已與聘相持，夫攻守勢倍，終不敢久也。」先時遣治書侍御史荀禹慰勞邊方，禹到，於江夏發所經縣兵及所從步騎千人乘山舉火，權退走。

辛巳，立皇子冏爲清河王。吳將諸葛瑾、張霸等寇襄陽，撫軍大將軍司馬宣王討破之，斬霸，征東大將軍曹休又破其別將於尋陽。論功行賞各有差。冬十月，清河王冏薨。十二月，以太尉鍾繇爲太傅，征東大將軍曹休爲大司馬，中軍大將軍曹眞爲大將軍，司徒華歆爲太尉，司空王朗爲司徒，鎭軍大將軍陳羣爲司空，撫軍大將軍司馬宣王爲驃騎大將軍。

太和元年春正月，郊祀武皇帝以配天，宗祀文皇帝於明堂以配上帝。分江夏南部，置江夏南部都尉。西平麴英反，殺臨羌令、西都長，遣將軍郝昭、鹿磐討斬之。二月辛未，帝耕於籍田。辛巳，立文昭皇后寢廟於鄴。丁亥，朝日于東郊。夏四月乙亥，行五銖錢。甲申，初營宗廟。秋八月，夕月于西郊。冬十月丙寅，治兵于東郊。焉耆王遣子入侍。十一月，立皇后毛氏。賜天下男子爵人二級，鰥寡孤獨不能自存者賜穀。十二月，封后父毛嘉爲列侯。新城太守孟達反，詔驃騎將軍司馬宣王討之。〔一〕

〔一〕三輔決錄曰：伯郎，涼州人，名不令休。其註曰：伯郎姓孟，名他，扶風人。靈帝時，中常侍張讓專朝政，讓監奴典護家事。他仕不遂，乃盡以家財賂監奴，與共結親，積年家業爲之破盡。衆奴皆慚，問他所欲，他曰：「欲得卿曹拜耳。」奴被恩久，皆許諾。時賓客求見讓者，門下車常數百乘，或累日不得通。他最後到，衆奴伺其至，皆迎車而拜，徑將他車獨入。衆人悉驚，謂他與讓善，爭以珍物遺他。他得之，盡以賂讓，讓大喜。他又以蒲桃酒一斛遺讓，卽拜涼州刺史。他生達，少入蜀。其處蜀事迹在劉封傳。

魏略曰：達以延康元年率部曲四千餘家歸魏。文帝時初卽王位，旣宿知有達，聞其來，甚悅，令貴臣有識察者往觀之，還曰「將帥之才也」，或曰「卿相之器也」，王益欽達。逆與達書曰：「近日有命，未足達旨，何者？昔伊摯背商而歸周，百里去虞而入秦，樂毅感鵾夷以蟬蛻，王遵識逆順以去就，皆審興廢之符效，知成敗之必然，故丹青畫其形容，良史載其功勳。聞卿姿度純茂，器量優絕，當騁能明時，收名傳記。今者翻然濯鱗清流，甚相嘉樂，虛心西望，依依若舊，下筆屬辭，歡心從之。昔虞卿入趙，再見取相，陳平就漢，一觀參乘，孤今於卿，情過於往，故致所御馬物以昭忠愛。」又曰：「今者海內清定，萬里一統，三垂無邊塵之警，中夏無狗吠之虞，以是弛罔闊禁，與世無疑，保官空虛，初無(資)〔質〕任。卿來相就，當明孤意，愼勿令家人繽紛道路，以親駿疎也。若卿欲來相見，且當先安部曲，有所保固，然後徐徐輕騎來東。」達旣至譙，進見閑雅，才辯過人，衆莫不屬目。又王近出，乘小輦，執達手，撫其背戲之曰：「卿得無爲劉備刺客邪？」遂與同載。又加拜散騎常侍，領新城太守，委以西南之任。時衆臣或以爲待之太猥，又不宜委以方任。王聞之曰：「吾保其無他，亦譬以蒿箭射蒿中耳。」達旣爲文帝所寵，又與桓階、夏侯尚親善，及文帝崩，時桓、尚皆卒，達自以羈旅久在疆埸，心不自安。諸葛亮聞之，陰欲誘達，數書招之，達與相報答。魏興太守申儀與達有隙，密表達與蜀潛通，帝未之信也。司馬宣王遣參軍梁幾察之，又勸其入朝。達驚懼，遂反。

干寶晉紀曰：達初入新城，登白馬塞，歎曰：「劉封、申耽，據金城千里而失之乎！」

二年春正月，宣王攻破新城，斬達，傳其首。〔一〕分新城之上庸、武陵、巫縣爲上庸郡，錫縣爲錫郡。

〔一〕魏略曰：宣王誘達將李輔及達甥鄧賢，賢等開門納軍。達被圍旬有六日而敗，焚其首于洛陽四達之衢。

蜀大將諸葛亮寇邊，天水、南安、安定三郡吏民叛應亮。〔一〕遣大將軍曹眞都督關右，並進兵。右將軍張郃擊亮於街亭，大破之。亮敗走，三郡平。丁未，行幸長安。〔二〕夏四月丁酉，還洛陽宮。〔三〕赦繫囚非殊死以下。乙巳，論討亮功，封爵增邑各有差。五月，大旱。六月，詔曰：「尊儒貴學，王教之本也。自頃儒官或非其人，將何以宣明聖道？其高選博士，才任侍中常侍者。申敕郡國，貢士以經學爲先。」秋九月，曹休率諸軍至皖，與吳將陸議戰於石亭，敗績。乙酉，立皇子穆爲繁陽王。庚子，大司馬曹休薨。冬十月，詔公卿近臣舉良將各一人。十一月，司徒王朗薨。十二月，諸葛亮圍陳倉，曹眞遣將軍費曜等拒之。〔四〕遼東太守公孫恭兄子淵，劫奪恭位，遂以淵領遼東太守。

〔一〕魏書曰：是時朝臣未知計所出，帝曰：「亮阻山爲固，今者自來，旣合兵書致人之術；且亮貪三郡，知進而不知退，今因此時，破亮必也。」乃部勒兵馬步騎五萬拒亮。

〔二〕魏略載帝露布天下并班告益州曰：「劉備背恩，自竄巴蜀。諸葛亮棄父母之國，阿殘賊之黨，神人被毒，惡積身

滅。亮外慕立孤之名，而內貪專擅之實。劉升之兄弟守空城而已。亮又侮易益士，虐用其民，是以利狼、宕渠、高定、青羌莫不瓦解，爲亮仇敵。而亮反裘負薪，裏盡毛殫，刖趾適屨，刻肌傷骨，反更稱說，自以爲能。行兵於井底，游步於牛蹄。自朕即位，三邊無事，猶哀憐天下數遭兵革，且欲養四海之耆老，長後生之孤幼，先移風於禮樂，次講武於農隙，置亮畫外，未以爲虞。而亮懷李熊愚勇之(智)〔志〕，不思荆邯度德之戒，驅略吏民，盜利祁山。王師方振，膽破氣奪，馬謖、高詳，望旗奔敗。虎臣逐北，蹈尸涉血，亮也小子，震驚朕師。猛銳踊躍，咸思長驅。朕惟率土莫非王臣，師之所處，荆棘生焉，不欲使千室之邑忠信貞良，與夫淫昏之黨，共受塗炭。故先開示，以昭國誠，勉思變化，無滯亂邦。巴蜀將吏士民諸爲亮所劫迫，公卿已下皆聽束手。」

〔三〕魏略曰：是時譌言，云帝已崩，從駕羣臣迎立雍丘王植。京師自卞太后羣公盡懼。及帝還，皆私察顏色。卞太后悲喜，欲推始言者，帝曰：「天下皆言，將何所推？」

〔四〕魏略曰：先是，使將軍郝昭築陳倉城；會亮至，圍昭，不能拔。昭字伯道，太原人，爲人雄壯，少入軍爲部曲督，數有戰功，爲雜號將軍，遂鎮守河西十餘年，民夷畏服。亮圍陳倉，使昭鄉人靳詳於城外遙說之，昭於樓上應詳曰：「魏家科法，卿所練也；我之爲人，卿所知也。我受國恩多而門戶重，卿無可言者，但有必死耳。卿還謝諸葛，便可攻也。」詳以昭語告亮，亮又使詳重說昭，言人兵不敵，無爲空自破滅。昭謂詳曰：「前言已定矣。我識卿耳，箭不識也。」詳乃去。亮自以有衆數萬，而昭兵纔千餘人，又度東救未能便到，乃進兵攻昭，起雲梯衝車以臨城。昭於是以火箭逆射其雲梯，梯然，梯上人皆燒死。昭又以繩連石磨壓其衝車，衝車折。亮乃更爲井闌百尺以射城中，以土丸填塹，欲直攀城，昭又於內築重牆。亮又爲地突，欲踊出於城裏，昭又於城內穿地橫截之。晝夜相攻拒二十餘日，亮無計，救至，引退。詔嘉昭善守，賜爵列侯。及還，帝引見慰勞之，顧謂中書令孫資曰：「卿鄉里乃有爾曹快人，爲將灼如此，朕復何憂乎？」仍欲大用之。會病亡，遺令戒其子凱曰：「吾爲將，知將不可爲也。吾數發冢，取其木以爲攻戰具，又知厚葬無益於死者也。汝必斂以時服。且人生有處所耳，死復何在耶？今去本墓遠，東西南北，在汝而已。」

三年夏四月，元城王禮薨。六月癸卯，繁陽王穆薨。戊申，追尊高祖大長秋曰高皇帝，夫人吳氏曰高皇后。

秋七月，詔曰：「禮，王后無嗣，擇建支子以繼大宗，則當纂正統而奉公義，何得復顧私親哉！漢宣繼昭帝後，加悼考以皇號；哀帝以外藩援立，而董宏等稱引亡秦，惑誤時朝，既尊恭皇，立廟京都，又寵藩妾，使比長信，敍昭穆於前殿，並四位於東宮，僭差無度，人神弗祐，而非罪師丹忠正之諫，用致丁、傅焚如之禍。自是之後，相踵行之。昔魯文逆祀，罪由夏父；宋國非度，譏在華元。其令公卿有司，深以前世行事爲戒。後嗣萬一有由諸侯入奉大統，則當明爲人後之義；敢爲佞邪導諛時君，妄建非正之號以干正統，謂考爲皇，稱妣爲后，則股肱大臣，誅之無赦。其書之金策，藏之宗廟，著於令典。」

冬十月，改平望觀曰聽訟觀。帝常言「獄者，天下之性命也」，每斷大獄，常幸觀臨聽之。

初，洛陽宗廟未成，神主在鄴廟。十一月，廟始成，使太常韓暨持節迎高皇帝、太皇帝、武帝、文帝神主于鄴，十二月己丑至，奉安神主于廟。〔一〕

〔一〕臣松之按：黄初四年，有司奏立二廟，太皇帝大長秋與文帝之高祖共一廟，特立武帝廟，百世不毁。今此無高祖神主，蓋以親盡毁也。此則魏初唯立親廟，祀四室而已。至景初元年，始定七廟之制。孫盛曰：事亡猶存，祭如神在，迎遷神主，正斯宜矣。

癸卯，大月氏王波調遣使奉獻，以調爲親魏大月氏王。

四年春二月壬午，詔曰：「世之質文，隨教而變。兵亂以來，經學廢絶，後生進趣，不由典謨。豈訓導未洽，將進用者不以德顯乎？其郎吏學通一經，才任牧民，博士課試，擢其高第者，亟用；其浮華不務道本者，皆罷退之。」戊子，詔太傅三公：以文帝典論刻石，立于廟門之外。癸巳，以大將軍曹眞爲大司馬，驃騎將軍司馬宣王爲大將軍，遼東太守公孫淵爲車騎將軍。夏四月，太傅鍾繇薨。六月戊子，太皇太后崩。丙申，省上庸郡。秋七月，武宣卞后祔葬于高陵。詔大司馬曹眞、大將軍司馬宣王伐蜀。八月辛巳，行東巡，遣使者以特牛祠中嶽。〔一〕乙未，幸許昌宮。九月，大雨，伊、洛、河、漢水溢，詔眞等班師。冬十月乙卯，行還洛陽宮。庚申，令：「罪非殊死聽贖各有差。」十一月，太白犯歲星。十二月辛未，改葬文昭甄后于朝陽陵。丙寅，詔公卿舉賢良。

〔一〕魏書曰：行過繁昌，使執金吾臧霸行太尉事，以特牛祠受禪壇。

臣松之按：漢紀章帝元和三年，詔高邑縣祠即位壇，五成陌，比臘祠門戶。此雖前代已行故事，然爲壇以祀天，而壇非神也，今無事於上帝，而致祀於虛壇，求之義典，未詳所據。

五年春正月，帝耕于籍田。三月，大司馬曹眞薨。諸葛亮寇天水，詔大將軍司馬宣王拒之。自去冬十月至此月不雨，辛巳，大雩。夏四月，鮮卑附義王軻比能率其種人及丁零大人兒禪詣幽州貢名馬。復置護匈奴中郎將。秋七月丙子，以亮退走，封爵增位各有差。〔一〕乙酉，皇子殷生，大赦。

〔一〕魏書曰：初，亮出，議者以爲亮軍無輜重，糧必不繼，不擊自破，無爲勞兵；或欲自芟上邽左右生麥以奪賊食，帝皆不從。前後遣兵增宣王軍，又敕使護麥。宣王與亮相持，賴得此麥以爲軍糧。

八月，詔曰：「古者諸侯朝聘，所以敦睦親親協和萬國也。先帝著令，不欲使諸王在京都者，謂幼主在位，母后攝政，防微以漸，關諸盛衰也。朕惟不見諸王十有二載，悠悠之懷，能不興思！其令諸王及宗室公侯各將適子一人朝。後有少主、母后在宮者，自如先帝令，申明著于令。」冬十一月乙酉，月犯軒轅大星。戊戌晦，日有蝕之。十二月甲辰，月犯鎭星。戊午，太尉華歆薨。

六年春二月，詔曰：「古之帝王，封建諸侯，所以藩屏王室也。詩不云乎，『懷德維寧，宗子維城』。秦、漢繼周，或彊或弱，俱失厥中。大魏創業，諸王開國，隨時之宜，未有定制，非所以永爲後法也。其改封諸侯王，皆以郡爲國。」三月癸酉，行東巡，所過存問高年鰥寡孤獨，賜穀帛。乙亥，月犯軒轅大星。夏四月壬寅，行幸許昌宮。甲子，初進新果于廟。五月，皇子殷薨，追封謚安平哀王。秋七月，以衞尉董昭爲司徒。九月，行幸摩陂，治許昌宮，起景福、承光殿。冬十月，殄夷將軍田豫帥衆討吳將周賀於成山，殺賀。十一月丙寅，太白晝見。有星孛于翼，近太微上將星。庚寅，陳思王植薨。十二月，行還許昌宮。

青龍元年春正月甲申，青龍見郟之摩陂井中。二月丁酉，幸摩陂觀龍，於是改年；改摩陂爲龍陂，賜男子爵人二級，鰥寡孤獨無出今年租賦。三月甲子，詔公卿舉賢良篤行之士各一人。夏五月壬申，詔祀故大將軍夏侯惇、大司馬曹仁、車騎將軍程昱於太祖廟庭。〔一〕戊寅，北海王蕤薨。閏月庚寅朔，日有蝕之。丁酉，改封宗室女非諸王女皆爲邑主。詔諸郡國山川不在祠典者勿祠。六月，洛陽宮鞠室災。

〔一〕魏書載詔曰：「昔先王之禮，於功臣存則顯其爵祿，沒則祭於大蒸，故漢氏功臣，祀於廟庭。大魏元功之臣功勳優著，終始休明者，其皆依禮祀之。」於是以惇等配饗。

保塞鮮卑大人步度根與叛鮮卑大人軻比能私通，幷州刺史畢軌表，輒出軍以外威比能，內鎭步度根。帝省表曰：「步度根以爲比能所誘，有自疑心。今軌出軍，適使二部驚合爲一，何所威鎭乎？」促敕軌，以出軍者愼勿越塞過句注也。比詔書到，軌以進軍屯陰館，

遣將軍蘇尙、董弼追鮮卑。比能遣子將千餘騎迎步度根部落，與尙、弼相遇，戰於樓煩，二將〔敗〕沒。步度根部落皆叛出塞，與比能合寇邊。遣驍騎將軍秦朗將中軍討之，虜乃走漠北。

秋九月，安定保塞匈奴大人胡薄居姿職等叛，司馬宣王遣將軍胡遵等追討，破降之。冬十月，步度根部落大人戴胡阿狼泥等詣幷州降，朗引軍還。〔一〕

〔一〕魏氏春秋曰：朗字元明，新興人。獻帝傳曰：朗父名宜祿，爲呂布使詣袁術，術妻以漢宗室女。其前妻杜氏留下邳。布之被圍，關羽屢請於太祖，求以杜氏爲妻，太祖疑其有色，及城陷，太祖見之，乃自納之。宜祿歸降，以爲銍長。及劉備走小沛，張飛隨之，過謂宜祿曰：「人取汝妻，而爲之長，乃蚩蚩若是邪！隨我去乎？」宜祿從之數里，悔欲還，飛殺之。朗隨母氏畜于公宮，太祖甚愛之，每坐席，謂賓客曰：「世有人愛假子如孤者乎？」魏略曰：朗游遨諸侯間，歷武、文之世而無尤也。及明帝卽位，授以內官，爲驍騎將軍、給事中，每車駕出入，朗常隨從。時明帝喜發舉，數有以輕微而致大辟者，朗終不能有所諫止，又未嘗進一善人，帝亦以是親愛；每顧問之，多呼其小字阿蘇，數加賞賜，爲起大第於京城中。四方雖知朗無能爲益，猶以附近至尊，多賂遺之，富均公侯。

世語曰：朗子秀，勁厲能直言，爲晉武帝博士。

魏略以朗與孔桂俱在佞倖篇。桂字叔林，天水人也。建安初，數爲將軍楊秋使詣太祖，太祖表拜騎都尉。桂性便辟，曉博弈、蹹鞠，故太祖愛之，每在左右，出入隨從。桂察太祖意，喜樂之時，因言次曲有所陳，事多見從，數得賞賜，人多餽遺，桂由此侯服玉食。太祖既愛桂，五官將及諸侯亦皆親之。其後桂見太祖久不立太子，而有意於臨菑侯，因更親附臨菑侯而簡於五官將，將甚銜之。及太祖薨，文帝卽王位，未及致其罪。黃初元年，隨例轉拜駙馬都尉。而桂私受西域貨賂，許爲人事。事發，有詔收問，遂殺之。魚豢曰：爲上者不虛授，處下者不虛受，然後外無伐檀之歎，內無尸素之刺，雍熙之美著，太平之律顯矣。而佞倖之徒，但姑息人主，至乃無德而榮，無功而祿，如是焉得不使中正日朘，傾邪滋多乎！以武皇帝之愼賞，明皇帝之持法，而猶有若此等人，而況下斯者乎？

十二月，公孫淵斬送孫權所遣使張彌、許晏首，以淵爲大司馬樂浪公。〔一〕

〔一〕世語曰：幷州刺史畢軌送漢故度遼將軍范明友鮮卑奴，年三百五十歲，言語飲食如常人。奴云：「霍顯，光後小妻。明友妻，光前妻女。」

博物志曰：時京邑有一人，失其姓名，食噉兼十許人，遂肥不能動。其父曾作遠方長吏，官徙送彼縣，令故義傳供食之；一二年中，一鄉中輒爲之儉。

傅子曰：時太原發冢破棺，棺中有一生婦人，將出與語，生人也。送之京師，問其本事，不知也。視其冢上樹木可三十歲，不知此婦人三十歲常生於地中邪？將一朝欻生，偶與發冢者會也？

二年春二月乙未，太白犯熒惑。癸酉，詔曰：「鞭作官刑，所以糾慢怠也，而頃多以無辜死。其減鞭杖之制，著于令。」三月庚寅，山陽公薨，帝素服發哀，遣使持節典護喪事。己酉，大赦。夏四月，大疫。崇華殿災。丙寅，詔有司以太牢告祠文帝廟。追謚山陽公爲漢孝獻

皇帝，葬以漢禮。〔一〕

〔一〕獻帝傳曰：帝變服，率羣臣哭之，使使持節行司徒太常和洽弔祭，又使持節行大司空大司農崔林監護喪事。詔曰：「蓋五帝之事尙矣，仲尼盛稱堯、舜巍巍蕩蕩之功者，以爲禪代乃大聖之懿事也。山陽公深識天祿永終之運，禪位文皇帝以順天命。先帝命公行漢正朔，郊天祀祖以天子之禮，言事不稱臣，此舜事堯之義也。昔放勛殂落，四海如喪考妣，遏密八音，明喪葬之禮同於王者也。今有司奏喪禮比諸侯王，此豈古之遺制而先帝之至意哉？今謚公漢孝獻皇帝。」使太尉具以一太牢告祠文帝廟，曰：「叡聞夫禮也者，反本脩古，不忘厥初，是以先代之君，尊尊親親，咸有尙焉。今山陽公寢疾棄國，有司建言喪紀之禮視諸侯王。叡惟山陽公昔知天命永終於己，深觀曆數允在聖躬，傳祚禪位，尊我民主，斯乃陶唐懿德之事也。黃初受終，命公于國行漢正朔，郊天祀祖禮樂制度率乃漢舊，斯亦舜、禹明堂之義也。上考遂初，皇極攸建，允熙克讓，莫朗于茲。蓋子以繼志嗣訓爲孝，臣以配命欽述爲忠，故詩稱『匪棘其猶，聿追來孝』，書曰『前人受命，茲不忘大功』。叡敢不奉承徽典，以昭皇考之神靈。今追謚山陽公曰孝獻皇帝，册贈璽紱。命司徒、司空持節弔祭護喪，光祿、大鴻臚爲副，將作大匠、復土將軍營成陵墓，及置百官羣吏，車旗服章喪葬禮儀，一如漢氏故事；喪葬所供羣官之費，皆仰大司農。立其後嗣爲山陽公，以通三統，永爲魏賓。」於是贈册曰：「嗚呼，昔皇天降戾于漢，俾逆臣董卓，播厥凶虐，焚滅京都，劫遷大駕。于時六合雲擾，姦雄熛起。帝自西京，徂唯求定，臻茲洛邑。疇咨聖賢，聿改乘轅，又遷許昌，武皇帝是依。歲在玄枵，皇師肇征，迄于鶉尾，十有八載，羣寇殲殄，九域咸乂。惟帝念功，祚茲魏國，大啓土宇。爰及文皇帝，齊聖廣淵，仁聲旁流，柔遠能邇，殊俗向義，乾精承祚，坤靈吐曜，稽極玉衡，允膺曆數，度于軌儀，克厭帝心。乃仰欽七政，俯察五典，弗采四嶽之謀，不俟師錫之舉，幽贊神明，承天禪位。祚(建)〔逮〕朕躬，統承洪業。蓋聞昔帝堯，

元愷既舉，凶族未流，登舜百揆，然後百揆時序，內平外成，授位明堂，退終天祿，故能冠德百王，表功嵩嶽。自往迄今，彌歷七代，歲暨三千，而大運來復，庸命底績，纂我民主，作建皇極。念重光，紹咸池，繼韶夏，超羣后之遐蹤，邈商、周之慚德，可謂高朗令終，昭明洪烈之懿盛者矣。非夫漢、魏與天地合德，與四時合信，動和民神，格于上下，其孰能至於此乎？朕惟孝獻享年不永，欽若顧命，考之典謨，恭述皇考先靈遺意，闡崇弘諡，奉成聖美，以章希世同符之隆，以傳億載不朽之榮。魂而有靈，嘉茲弘休。嗚呼哀哉！」八月壬申，葬于山陽國，陵曰禪陵，置園邑。葬之日，帝制錫衰弁絰，哭之慟。適孫桂氏鄉侯康，嗣立爲山陽公。

是月，諸葛亮出斜谷，屯渭南，司馬宣王率諸軍拒之。詔宣王：「但堅壁拒守以挫其鋒，彼進不得志，退無與戰，久停則糧盡，虜略無所獲，則必走矣。走而追之，以逸待勞，全勝之道也。」〔一〕

〔一〕魏氏春秋曰：亮既屢遣使交書，又致巾幗婦人之飾，以怒宣王。宣王將出戰，辛毗杖節奉詔，勑宣王及軍吏已下，乃止。宣王見亮使，唯問其寢食及其事之煩簡，不問戎事。使對曰：「諸葛公夙興夜寐，罰二十已上，皆親覽焉；所噉食不過數升。」宣王曰：「亮體斃矣，其能久乎？」

五月，太白晝見。孫權入居巢湖口，向合肥新城，又遣將陸議、孫韶各將萬餘人入淮、沔。六月，征東將軍滿寵進軍拒之。寵欲拔新城守，致賊壽春，帝不聽，曰：「昔漢光武遣兵縣據略陽，終以破隗囂，先帝東置合肥，南守襄陽，西固祁山，賊來輒破於三城之下者，地有所必爭也。縱權攻新城，必不能拔。敕諸將堅守，吾將自往征之，比至，恐權走也。」秋七

月壬寅，帝親御龍舟東征，權攻新城，將軍張穎等拒守力戰，帝軍未至數百里，權遁走，議、韶等亦退。羣臣以爲大將軍方與諸葛亮相持未解，車駕可西幸長安。帝曰：「權走，亮膽破，大將軍以制之，吾無憂矣。」遂進軍幸壽春，錄諸將功，封賞各有差。八月己未，大曜兵，饗六軍，遣使者持節犒勞合肥、壽春諸軍。辛巳，行還許昌宮。

司馬宣王與亮相持，連圍積日，亮數挑戰，宣王堅壘不應。會亮卒，其軍退還。

冬十月乙丑，月犯鎮星及軒轅。戊寅，月犯太白。十一月，京都地震，從東南來，隱隱有聲，搖動屋瓦。十二月，詔有司刪定大辟，減死罪。

三年春正月戊子，以大將軍司馬宣王爲太尉。己亥，復置朔方郡。京都大疫。丁巳，皇太后崩。乙亥，隕石于壽光縣。三月庚寅，葬文德郭后，營陵于首陽陵澗西，如終制。〔一〕

〔一〕顧愷之啟蒙注曰：魏時人有開周王冢者，得殉葬女子，經數日而有氣，數月而能語；年可二十。送詣京師，郭太后愛養之。十餘年，太后崩，哀思哭泣，一年餘而死。

是時，大治洛陽宮，起昭陽、太極殿，築總章觀。百姓失農時，直臣楊阜、高堂隆等各數切諫，雖不能聽，常優容之。〔一〕

〔一〕魏略曰：是年起太極諸殿，築總章觀，高十餘丈，建翔鳳於其上；又於芳林園中起陂池，楫櫂越歌；又於列殿之北，立八坊，諸才人以次序處其中，貴人夫人以上，轉南附焉，其秩石擬百官之數。帝常游宴在內，乃選女子知書可付信者六人，以爲女尚書，使典省外奏事，處當畫可，自貴人以下至尚保，及給掖庭灑埽，習伎歌者，各有千數。通引穀水過九龍殿前，爲玉井綺欄，蟾蜍含受，神龍吐出。使博士馬均作司南車，水轉百戲。歲首建巨獸，魚龍曼延，弄馬倒騎，備如漢西京之制，築閶闔諸門闕外罘罳。太子舍人張茂以吳、蜀數動，諸將出征，而帝盛興宮室，留意於玩飾，賜與無度，帑藏空竭；又錄奪士女前已嫁爲吏民妻者，還以配士，既聽以生口自贖，又簡選其有姿色者內之掖庭，乃上書諫曰：「臣伏見詔書，諸士女嫁非士者，一切錄奪，以配戰士，斯誠權時之宜，然非大化之善者也。臣請論之。陛下，天之子也，百姓吏民，亦陛下之子也。禮，賜君子小人不同日，所以殊貴賤也。吏屬君子，士爲小人，今奪彼以與此，亦無以異於奪兄之妻妻弟也，於父母之恩偏矣。又詔書聽得以生口年紀、顏色與妻相當者自代，故富者則傾家盡產，貧者舉假貸貰，貴買生口以贖其妻；縣官以配士爲名而實內之掖庭，其醜惡者乃出與士。得婦者未必有懽心，而失妻者必有憂色，或窮或愁，皆不得志。夫君有天下而不得萬姓之懽心者，鮮不危殆。且軍師在外數千萬人，一日之費非徒千金，舉天下之賦以奉此役，猶將不給，況復有宮庭非員無錄之女，椒房母后之家，賞賜橫與，內外交引，其費半軍。昔漢武帝好神仙，信方士，掘地爲海，封土爲山，賴是時天下爲一，莫敢與爭者耳。自衰亂以來，四五十載，馬不捨鞍，士不釋甲，每一交戰，血流丹野，創痍號痛之聲，于今未已。猶彊寇在疆，圖危魏室。陛下不兢兢業業，念崇節約，思所以安天下者，而乃奢靡是務，中尚方純作玩弄之物，炫燿後園，建承露之盤，斯誠快耳目之觀，然亦足以騁寇讎之心矣。惜乎，舍堯舜之節儉，而爲漢武之侈事，臣竊爲陛下不取也。願陛下沛然下詔，萬機之事有無益而有損者悉除去之，以所除無益之費，厚賜將士父母妻子之饑寒者，問民所疾而除其所惡，實倉廩，繕甲兵，恪恭以臨天下。如是，吳賊面縛，蜀虜輿櫬，不待誅而自服，太平之路可計日而待也。陛下可無勞神思於海表，軍師高枕，戰士備員。今羣公皆結舌，而臣所以不敢

不獻瞽言者，臣昔上要言，散騎奏臣書，以聽諫篇爲善，詔曰『是也』，擢臣爲太子舍人；且臣作書譏爲人臣不能諫諍，今有可諫之事而臣不諫，此爲作書虛妄而不能言也。臣年五十，常恐至死無以報國，是以投軀沒命，冒昧以聞，惟陛下裁察。」書通，上顧左右曰：「張茂恃鄉里故也。」以事付散騎而已。茂字彥林，沛人。

秋七月，洛陽崇華殿災。八月庚午，立皇子芳爲齊王，詢爲秦王。丁巳，行還洛陽宮。命有司復崇華，改名九龍殿。冬十月己酉，中山王袞薨。壬申，太白晝見。十一月丁酉，行幸許昌宮。〔一〕

〔一〕魏氏春秋曰：是歲張掖郡刪丹縣金山玄川溢涌，寶石負圖，狀象靈龜，廣一丈六尺，長一丈七尺一寸，圍五丈八寸，立于川西。有石馬七，其一仙人騎之，其一羈絆，其五有形而不善成。有玉匣關蓋於前，上有玉字，玉玦二，璜一。麒麟在東，鳳鳥在南，白虎在西，犧牛在北，馬自中布列四面，色皆蒼白。其南有五字，曰「上上三天王」；又曰「述大金，大討曹，金但取之，金立中，大金馬一匹在中，大（吉）〔吉〕開壽，此馬甲寅述水」。凡「中」字六，「金」字十；又有若八卦及列宿孛彗之象焉。

世語曰：又有一雞象。

搜神記曰：初，漢元、成之世，先識之士有言曰，魏年有和，當有開石於西三千餘里，繫五馬，文曰「大討曹」。及魏之初興也，張掖之柳谷，有開石焉，始見於建安，形成於黃初，文備於太和，周圍七尋，中高一仞，蒼質素章，龍馬、麟鹿、鳳皇、仙人之象，粲然咸著，此一事者，魏、晉代興之符也。至晉泰始三年，張掖太守焦勝上言，以留郡本國圖校今石文，文字多少不同，謹具圖上。按其文有五馬象，其一有人平上幘，執戟而乘之，其一有若馬形而不成，

其字有「金」，有「中」，有「大司馬」，有「王」，有「大吉」，有「正」，有「開壽」，其一成行，曰「金當取之」。漢晉春秋曰：氐池縣大柳谷口夜激波涌溢，其聲如雷，曉而有蒼石立水中，長一丈六尺，高八尺，白石畫之，爲十三馬，一牛，一鳥，八卦玉玦之象，皆隆起，其文曰「大討曹，適水中，甲寅」。帝惡其「討」也，使鑿去爲「計」，以蒼石窒之，宿昔而白石滿焉。至晉初，其文愈明，馬象皆煥徹如玉焉。

四年春二月，太白復晝見，月犯太白，又犯軒轅一星，入太微而出。夏四月，置崇文觀，徵善屬文者以充之。五月乙卯，司徒董昭薨。丁巳，肅愼氏獻楛矢。

六月壬申，詔曰：「有虞氏畫象而民弗犯，周人刑錯而不用。朕從百王之末，追望上世之風，邈乎何相去之遠？法令滋章，犯者彌多，刑罰愈衆，而姦不可止。往者按大辟之條，多所蠲除，思濟生民之命，此朕之至意也。而郡國斃獄，一歲之中尚過數百，豈朕訓導不醇，俾民輕罪，將苛法猶存，爲之陷穽乎？有司其議獄緩死，務從寬簡，及乞恩者，或辭未出而獄以報斷，非所以究理盡情也。其令廷尉及天下獄官，諸有死罪具獄以定，非謀反及手殺人，亟語其親治，有乞恩者，使與奏當文書俱上，朕將思所以全之。其布告天下，使明朕意。」

秋七月，高句驪王宮斬送孫權使胡衞等首，詣幽州。甲寅，太白犯軒轅大星。冬十月己卯，行還洛陽宮。甲申，有星孛于大辰，乙酉，又孛于東方。十一月己亥，彗星見，犯宦者

天紀星。十二月癸巳，司空陳羣薨。乙未，行幸許昌宮。

景初元年春正月壬辰，山茌縣言黃龍見。茌音仕狸反。於是有司奏，以爲魏得地統，宜以建丑之月爲正。三月，定曆改年爲孟夏四月。〔一〕服色尚黃，犧牲用白，戎事乘黑首白馬，建大赤之旂，朝會建大白之旗。〔二〕改太和曆曰景初曆。其春夏秋冬孟仲季月雖與正歲不同，至於郊祀、迎氣、礿祠、蒸嘗、巡狩、蒐田、分至啓閉、班宣時令、中氣早晚、敬授民事，皆以正歲斗建爲曆數之序。

〔一〕魏書曰：初，文皇帝即位，以受禪于漢，因循漢正朔弗改。帝在東宮著論，以爲五帝三王雖同氣共祖，禮不相襲，正朔自宜改變，以明受命之運。及即位，優游者久之，史官復著言宜改，乃詔三公、特進、九卿、中郎將、大夫、博士、議郎、千石、六百石博議，議者或不同。帝據古典，甲子詔曰：「夫太極運三辰五星於上，元氣轉三統五行於下，登降周旋，終則又始。故仲尼作春秋，於三微之月，每月稱王，以明三正迭相爲首。今推三統之次，魏得地統，當以建丑之月爲正月。考之羣藝，厥義章矣。其改靑龍五年三月爲景初元年四月。」

〔二〕臣松之按：魏爲土行，故服色尚黃。行殷之時，以建丑爲正，故犧牲旂旗一用殷禮。禮記云：「夏后氏尚黑，故戎事乘驪，牲用玄；殷人尚白，戎事乘翰，牲用白；周人尚赤，戎事乘騵，牲用騂。」鄭玄云：「夏后氏以建寅爲正，物生色黑；殷以建丑爲正，物牙色白；周以建子爲正，物萌色赤。翰，白色馬也，易曰『白馬翰如』。」周禮巾車職「建大赤以朝」，大白以即戎，此則周以正色之旗以朝，先代之旗即戎。今魏用殷禮，變周之制，故建大白以朝，大赤即戎。

五月己巳，行還洛陽宮。己丑，大赦。六月戊申，京都地震。己亥，以尚書令陳矯爲司徒，尚書(左)〔右〕僕射衞臻爲司空。丁未，分魏興之魏陽、錫郡之安富、上庸爲上庸郡。省錫郡，以錫縣屬魏興郡。

有司奏：武皇帝撥亂反正，爲魏太祖，樂用武始之舞。文皇帝應天受命，爲魏高祖，樂用咸熙之舞。帝制作興治，爲魏烈祖，樂用章(武)〔斌〕之舞。三祖之廟，萬世不毀。其餘四廟，親盡迭毀，如周后稷、文、武廟祧之制。〔一〕

〔一〕孫盛曰：夫謚以表行，廟以存容，皆於既沒然後著焉，所以原始要終，以示百世也。未有當年而逆制祖宗，未終而豫自尊顯。昔華樂以厚斂致譏，周人以豫凶違禮，魏之羣司，於是乎失正。

秋七月丁卯，司徒陳矯薨。孫權遣將朱然等二萬人圍江夏郡，荆州刺史胡質等擊之，然退走。初，權遣使浮海與高句驪通，欲襲遼東。遣幽州刺史毌丘儉率諸軍及鮮卑、烏丸屯遼東南界，璽書徵公孫淵。淵發兵反，儉進軍討之，會連雨十日，遼水大漲，詔儉引軍還。右北平烏丸單于寇婁敦、遼西烏丸都督王護留等居遼東，率部衆隨儉內附。己卯，詔遼東將吏士民爲淵所脅略不得降者，一切赦之。辛卯，太白晝見。淵自儉還，遂自立爲燕王，置百官，稱紹漢元年。

詔靑、兗、幽、冀四州大作海船。九月，冀、兗、徐、豫四州民遇水，遣侍御史循行沒溺死

亡及失財產者，在所開倉振救之。庚辰，皇后毛氏卒。冬十月丁未，月犯熒惑。癸丑，葬悼毛后于愍陵。乙卯，營洛陽南委粟山爲圜丘。〔一〕十二月壬子冬至，始祀。丁巳，分襄陽臨沮、宜城、旍陽、邔邔音其己反。四縣，置襄陽南部都尉。己未，有司奏文昭皇后立廟京都。分襄陽郡之鄀葉縣屬義陽郡。〔二〕

〔一〕魏書載詔曰：「蓋帝王受命，莫不恭承天地以章神明，尊祀世統以昭功德，故先代之典既著，則禘郊祖宗之制備也。昔漢氏之初，承秦滅學之後，采摭殘缺，以備郊祀，自甘泉后土、雍宮五時，神祇兆位，多不見經，是以制度無常，一彼一此，四百餘年，廢無禘祀。古代之所更立者，遂有闕焉。曹氏系世，出自有虞氏，今祀圜丘，以始祖帝舜配，號圜丘曰皇皇帝天；方丘所祭曰皇皇后地，以舜妃伊氏配；天郊所祭曰皇天之神，以太祖武皇帝配；地郊所祭曰皇地之祇，以武宣后配；宗祀皇考高祖文皇帝於明堂，以配上帝。」至晉泰始二年，并圜丘、方丘二至之祀於南北郊。

〔二〕魏略曰：是歲，徙長安諸鐘簴、駱駝、銅人、承露盤。盤折，銅人重不可致，留于霸城。大發銅鑄作銅人二，號曰翁仲，列坐于司馬門外。又鑄黃龍、鳳皇各一，龍高四丈，鳳高三丈餘，置內殿前。起土山于芳林園西北陬，使公卿羣僚皆負土成山，樹松竹雜木善草於其上，捕山禽雜獸置其中。

漢晉春秋曰：帝徙盤，盤折，聲聞數十里，金狄或泣，因留霸城。

魏略載司徒軍議掾河東董尋上書諫曰：「臣聞古之直士，盡言于國，不避死亡。故周昌比高祖於桀、紂，劉輔譬趙后於人婢。天生忠直，雖白刃沸湯，往而不顧者，誠爲時主愛惜天下也。建安以來，野戰死亡，或門殫戶盡，雖有存

者，遣孤老弱。若今宮室狹小，當廣大之，猶宜隨時，不妨農務，況乃作無益之物，黃龍、鳳皇，九龍、承露盤，土山、淵池，此皆聖明之所不興也，其功參倍于殿舍。三公九卿侍中尚書，天下至德，皆知非道而不敢言者，以陛下春秋方剛，心畏雷霆。今陛下既尊羣臣，顯以冠冕，被以文繡，載以華輿，所以異于小人；而使穿方舉土，面目垢黑，沾體塗足，衣冠了鳥，毁國之光以崇無益，甚非謂也。孔子曰：『君使臣以禮，臣事君以忠。』無忠無禮，國何以立！故有君不君，臣不臣，上下不通，心懷鬱結，使陰陽不和，災害屢降，凶惡之徒，因間而起，誰當爲陛下盡言事者乎？又誰當干萬乘以死爲戲乎？臣知言出必死，而臣自比於牛之一毛，生既無益，死亦何損？秉筆流涕，心與世辭。臣有八子，臣死之後，累陛下矣！」將奏，沐浴。既通，帝曰：「董尋不畏死邪！」主者奏收尋，有詔勿問。後爲貝丘令，淸省得民心。

二年春正月，詔太尉司馬宣王帥衆討遼東。〔一〕

〔一〕干寶晉紀曰：帝問宣王：「度公孫淵將何計以待君？」宣王對曰：「淵棄城預走，上計也；據遼水拒大軍，其次也；坐守襄平，此爲成禽耳。」帝曰：「然則三者何出？」對曰：「唯明智審量彼我，乃預有所割棄，此既非淵所及，又謂今往縣遠，不能持久，必先拒遼水，後守也。」帝曰：「往還幾日？」對曰：「往百日，攻百日，還百日，以六十日爲休息，如此，一年足矣。」

魏名臣奏載散騎常侍何曾表曰：「臣聞先王制法，必於全愼，故建官授任，則置假輔，陳師命將，則立監貳，宜命遣使，則設介副，臨敵交刃，則參御右，蓋以盡謀思之功，防安危之變也。是以在險當難，則權足相濟，隕缺不預，則才足相代，其爲固防，至深至遠。及至漢氏，亦循舊章。韓信伐趙，張耳爲貳；馬援討越，劉隆副軍。前世之迹，著在篇志。今懿奉辭誅罪，步騎數萬，道路迴阻，四千餘里，雖假天威，有征無戰，寇或潛遁，消散日月，命無常

期，人非金石，遠慮詳備，誠宜有副。今北邊諸將及懿所督，皆爲僚屬，名位不殊，素無定分，卒有變急，不相鎮攝。存不忘亡，聖達所戒，宜選大臣名將威重宿著者，盛其禮秩，遣詣懿軍，進同謀略，退爲副佐。雖有萬一不虞之災，軍主有儲，則無患矣。」毌丘儉志記云，時以儉爲宣王副也。

二月癸卯，以大中大夫韓暨爲司徒。癸丑，月犯心距星，又犯心中央大星。夏四月庚子，司徒韓暨薨。壬寅，分沛國蕭、相、竹邑、符離、蘄、銍、龍亢、山桑、洨、虹洨音胡交反。虹音絳。十縣爲汝陰郡。宋縣、陳郡苦縣皆屬譙郡。以沛、杼秋、公丘、彭城豐國、廣戚，幷五縣爲沛王國。庚戌，大赦。五月乙亥，月犯心距星，又犯中央大星。〔一〕六月，省漁陽郡之狐奴縣，復置安樂縣。

〔一〕魏書載戊子詔曰：「昔漢高祖創業，光武中興，謀除殘暴，功昭四海，而墳陵崩頹，童兒牧豎踐蹈其上，非大魏尊崇所承代之意也。其表高祖、光武陵四面百步，不得使民耕牧樵採。」

秋八月，燒當羌王芒中、注詣等叛，涼州刺史率諸郡攻討，斬注詣首。癸丑，有彗星見張宿。〔一〕

〔一〕漢晉春秋曰：史官言於帝曰：「此周之分野也，洛邑惡之。」於是大脩禳禱之術以厭焉。

魏書曰：九月，蜀陰平太守廖惇反，攻守善羌侯宕蕈營。雍州刺史郭淮遣廣魏太守王贇、南安太守游奕將兵討惇。淮上書：「贇、奕等分兵夾山東西，圍落賊表，破在旦夕。」帝曰：「兵勢惡離。」促詔淮敕奕諸別營非要處者，還令據便地。詔敕未到，奕軍爲惇所破；贇爲流矢所中死。

丙寅，司馬宣王圍公孫淵於襄平，大破之，傳淵首于京都，海東諸郡平。冬十一月，錄討淵功，太尉宣王以下增邑封爵各有差。初，帝議遣宣王討淵，發卒四萬人。議臣皆以爲四萬兵多，役費難供。帝曰：「四千里征伐，雖云用奇，亦當任力，不當稍計役費。」遂以四萬人行。及宣王至遼東，霖雨不得時攻，羣臣或以爲淵未可卒破，宜詔宣王還。帝曰：「司馬懿臨危制變，擒淵可計日待也。」卒皆如所策。

壬午，以司空衞臻爲司徒，司隸校尉崔林爲司空。閏月，月犯心中央大星。十二月乙丑，帝寢疾不豫。辛巳，立皇后。賜天下男子爵人二級，鰥寡孤獨穀。以燕王宇爲大將軍，甲申免，以武衞將軍曹爽代之。〔一〕

〔一〕漢晉春秋曰：帝以燕王宇爲大將軍，使與領軍將軍夏侯獻、武衞將軍曹爽、屯騎校尉曹肇、驍騎將軍秦朗等對輔政。中書監劉放、令孫資久專權寵，爲朗等素所不善，懼有後害，陰圖間之，而宇常在帝側，故未得有言。甲申，帝氣微，宇下殿呼曹肇有所議，未還，而帝少間，惟曹爽獨在。放知之，呼資與謀。資曰：「不可動也。」放曰：「俱入鼎鑊，何不可之有？」乃突前見帝，垂泣曰：「陛下氣微，若有不諱，將以天下付誰？」帝曰：「卿不聞用燕王耶？」放曰：「陛下忘先帝詔敕，藩王不得輔政。且陛下方病，而曹肇、秦朗等便與才人侍疾者言戲。燕王擁兵南面，不聽臣等入，此卽豎刁、趙高也。今皇太子幼弱，未能統政，外有彊暴之寇，內有勞怨之民，陛下不遠慮存亡，而近係恩舊。委祖宗之業，付二三凡士，寢疾數日，外內壅隔，社稷危殆，而己不知，此臣等所以痛心也。」帝得放言，大怒曰：「誰可任者？」放、資乃舉爽代宇，又白「宜詔司馬宣王使相參」，帝從之。放、資出，曹肇入，泣

涕固諫，帝使肇敕停。肇出戶，放、資趨而往，復說止帝，帝又從其言。放曰：「宜爲手詔。」帝曰：「我困篤，不能。」放卽上牀，執帝手强作之，遂齎出，大言曰：「有詔免燕王宇等官，不得停省中。」於是宇、肇、獻、朗相與泣而歸第。

初，青龍三年中，壽春農民妻自言爲天神所下，命爲登女，當營衞帝室，蠲邪納福。飲人以水，及以洗瘡，或多愈者。於是立館後宮，下詔稱揚，甚見優寵。及帝疾，飲水無驗，於是殺焉。

三年春正月丁亥，太尉宣王還至河內，帝驛馬召到，引入臥內，執其手謂曰：「吾疾甚，以後事屬君，君其與爽輔少子。吾得見君，無所恨！」宣王頓首流涕。〔一〕卽日，帝崩于嘉福殿，〔二〕時年三十六。〔三〕癸丑，葬高平陵。〔四〕

〔一〕魏略曰：帝既從劉放計，召司馬宣王，自力爲詔，既封，顧呼宮中常所給使者曰：「辟邪來！汝持我此詔授太尉也。」辟邪馳去。先是，燕王爲帝畫計，以爲關中事重，宜便道遣宣王從河內西還，事以施行。宣王得前詔，斯須復得後手筆，疑京師有變，乃馳到，入見帝。勞問訖，乃召齊、秦二王以示宣王，別指齊王謂宣王曰：「此是也，君諦視之，勿誤也！」又敎齊王令前抱宣王頸。

魏氏春秋曰：時太子芳年八歲，秦王九歲，在于御側。帝執宣王手，目太子曰：「死乃復可忍，朕忍死待君，君其與爽輔此。」宣王曰：「陛下不見先帝屬臣以陛下乎？」

〔二〕魏書曰：殯于九龍前殿。

〔三〕臣松之按：魏武以建安九年八月定鄴，文帝始納甄后，明帝應以十年生，計至此年正月，整三十四年耳。時改正朔，以故年十二月爲今年正月，可彊名三十五年，不得三十六也。

〔四〕魏書曰：帝容止可觀，望之儼然。自在東宮，不交朝臣，不問政事，唯潛思書籍而已。即位之後，褒禮大臣，料簡功能，眞僞不得相貿，務絕浮華譖毀之端，行師動衆，論決大事，謀臣將相，咸服帝之大略。性特彊識，雖左右小臣官簿性行，名跡所履，及其父兄子弟，一經耳目，終不遺忘。含垢藏疾，容受直言，聽受吏民士庶上書，一月之中至數十百封，雖文辭鄙陋，猶覽省究竟，意無厭倦。

孫盛曰：聞之長老，魏明帝天姿秀出，立髮垂地，口吃少言，而沈毅好斷。初，諸公受遺輔導，帝皆以方任處之，政自己出。而優禮大臣，開容善直，雖犯顏極諫，無所摧戮，其君人之量如此之偉也。然不思建德垂風，不固維城之基，至使大權偏據，社稷無衞，悲夫！

評曰：明帝沉毅斷識，任心而行，蓋有君人之至概焉。于時百姓彫弊，四海分崩，不先聿脩顯祖，闡拓洪基，而遽追秦皇、漢武，宮館是營，格之遠猷，其殆疾乎！

三國志卷四　魏書四

三少帝紀第四

齊王諱芳，字蘭卿。明帝無子，養王及秦王詢；宮省事祕，莫有知其所由來者。〔一〕青龍三年，立爲齊王。景初三年正月丁亥朔，帝病甚，乃立爲皇太子。是日，卽皇帝位，大赦。尊皇后曰皇太后。大將軍曹爽、太尉司馬宣王輔政。詔曰：「朕以眇身，繼承鴻業，煢煢在疚，靡所控告。大將軍、太尉奉受末命，夾輔朕躬，司徒、司空、冢宰、元輔總率百寮，以寧社稷，其與羣卿大夫勉勗乃心，稱朕意焉。諸所興作宮室之役，皆以遺詔罷之。」官奴婢六十已上，免爲良人。」二月，西域重譯獻火浣布，詔大將軍、太尉臨試以示百寮。〔二〕

〔一〕魏氏春秋曰：或云任城王楷子。

〔二〕異物志曰：斯調國有火州，在南海中。其上有野火，春夏自生，秋冬自死。有木生于其中而不消也，枝皮更活，秋冬火死則皆枯瘁。其俗常冬采其皮以爲布，色小青黑；若塵垢汙之，便投火中，則更鮮明也。

傅子曰：漢桓帝時，大將軍梁冀以火浣布爲單衣，常大會賓客，冀陽爭酒，失杯而汙之，僞怒，解衣曰：「燒之。」布

得火，煒曄赫然，如燒凡布，垢盡火滅，粲然絜白，若用灰水焉。

搜神記曰：崐崘之墟，有炎火之山，山上有鳥獸草木，皆生於炎火之中，故有火浣布，非此山草木之皮枲，則其鳥獸之毛也。漢世西域舊獻此布，中間久絕；至魏初，時人疑其無有。文帝以爲火性酷烈，無含生之氣，著之典論，明其不然之事，絕智者之聽。及明帝立，詔三公曰：「先帝昔著典論，不朽之格言，其刊石於廟門之外及太學，與石經並，以永示來世。」至是西域使至而獻火浣布焉，於是刊滅此論，而天下笑之。

臣松之昔從征西至洛陽，歷觀舊物，見典論石在太學者尙存，而廟門外無之，問諸長老，云晉初受禪，卽用魏廟，移此石于太學，非兩處立也。竊謂此言爲不然。

又東方朔神異經曰：南荒之外有火山，長三十里，廣五十里，其中皆生不燼之木，晝夜火燒，得暴風不猛，猛雨不滅。火中有鼠，重百斤，毛長二尺餘，細如絲，可以作布。常居火中，色洞赤，時時出外而色白，以水逐而沃之卽死，績其毛，織以爲布。

丁丑詔曰：「太尉體道正直，盡忠三世，南擒孟達，西破蜀虜，東滅公孫淵，功蓋海內。昔周成建保傅之官，近漢顯宗崇寵鄧禹，所以優隆雋乂，必有尊也。其以太尉爲太傅，持節統兵都督諸軍事如故。」三月，以征東將軍滿寵爲太尉。夏六月，以遼東東沓縣吏民渡海居齊郡界，以故縱城爲新沓縣以居徙民。秋七月，上始親臨朝，聽公卿奏事。八月，大赦。冬十月，以鎭南將軍黃權爲車騎將軍。

十二月，詔曰：「烈祖明皇帝以正月棄背天下，臣子永惟忌日之哀，其復用夏正；雖違

先帝通三統之義，斯亦禮制所由變改也。又夏正於數爲得天正，其以建寅之月爲正始元年正月，以建丑月爲後十二月。」

正始元年春二月乙丑，加侍中中書監劉放、侍中中書令孫資爲左右光祿大夫。丙戌，以遼東汶、北豐縣民流徙渡海，規齊郡之西安、臨菑、昌國縣界爲新汶、南豐縣，以居流民。

自去冬十二月至此月不雨。丙寅，詔令獄官亟平寃枉，理出輕微；羣公卿士讜言嘉謀，各悉乃心。夏四月，車騎將軍黄權薨。秋七月，詔曰：「易稱損上益下，節以制度，不傷財，不害民。方今百姓不足而御府多作金銀雜物，將奚以爲？今出黄金銀物百五十種，千八百餘斤，銷冶以供軍用。」八月，車駕巡省洛陽界秋稼，賜高年力田各有差。

二年春二月，帝初通論語，使太常以太牢祭孔子於辟雍，以顏淵配。

夏五月，吳將朱然等圍襄陽之樊城，太傅司馬宣王率衆拒之。〔一〕六月辛丑，退。己卯，以征東將軍王淩爲車騎將軍。冬十二月，南安郡地震。

〔一〕干寶晉紀曰：吳將全琮寇芍陂，朱然、孫倫五萬人圍樊城，諸葛瑾、步騭寇柤中；琮已破走而樊圍急。宣王曰：「柤中民夷十萬，隔在水南，流離無主，樊城被攻，歷月不解，此危事也，請自討之。」議者咸言：「賊遠圍樊城不可拔，挫于堅城之下，有自破之勢，宜長策以御之。」宣王曰：「軍志有之：將能而御之，此爲縻軍；不能而任之，此爲覆軍。今疆埸騷動，民心疑惑，是社稷之大憂也。」六月，督諸軍南征，車駕送津陽城門外。宣王以南方暑溼，不宜

持久，使輕騎挑之，然不敢動。於是乃令諸軍休息洗沐，簡精鋭，募先登，申號令，示必攻之勢。然等聞之，乃夜遁。追至三州口，大殺獲。

三年春正月，東平王徽薨。三月，太尉滿寵薨。秋七月甲申，南安郡地震。乙酉，以領軍將軍蔣濟爲太尉。冬十二月，魏郡地震。

四年春正月，帝加元服，賜羣臣各有差。夏四月乙卯，立皇后甄氏，大赦。五月朔，日有食之，既。秋七月，詔祀故大司馬曹眞、曹休、征南大將軍夏侯尚、太常桓階、司空陳羣、太傅鍾繇、車騎將軍張郃、左將軍徐晃、前將軍張遼、右將軍樂進、太尉華歆、司徒王朗、驃騎將軍曹洪、征西將軍夏侯淵、後將軍朱靈、文聘、執金吾臧霸、破虜將軍李典、立義將軍龐德、武猛校尉典韋於太祖廟庭。冬十二月，倭國女王俾彌呼遣使奉獻。

五年春二月，詔大將軍曹爽率衆征蜀。夏四月朔，日有蝕之。五月癸巳，講尚書經通，使太常以太牢祀孔子於辟雍，以顏淵配；賜太傅、大將軍及侍講者各有差。丙午，大將軍曹爽引軍還。秋八月，秦王詢薨。九月，鮮卑內附，置遼東屬國，立昌黎縣以居之。冬十一月癸卯，詔祀故尚書令荀攸于太祖廟庭。〔一〕己酉，復秦國爲京兆郡。十二月，司空崔林薨。

〔一〕臣松之以爲故魏氏配饗不及荀彧，蓋以其末年異議，又位非魏臣故也。至于升程昱而遺郭嘉，先鍾繇而後荀攸，則未詳厥趣也。（徐佗）〔徐他〕謀逆而許褚心動，忠誠之至遠同于日磾，且潼關之危，非褚不濟，褚之功烈有過典韋，今祀韋而不及褚，又所未達也。

六年春二月丁卯，南安郡地震。丙子，以驃騎將軍趙儼爲司空；夏六月，儼薨。八月丁卯，以太常高柔爲司空。癸巳，以左光祿大夫劉放爲驃騎將軍，右光祿大夫孫資爲衞將軍。冬十一月，祫祭太祖廟，始祀前所論佐命臣二十一人。十二月辛亥，詔故司徒王朗所作易傳，令學者得以課試。乙亥，詔曰：「明日大會羣臣，其令太傅乘輿上殿。」

七年春二月，幽州刺史毌丘儉討高句驪，夏五月，討濊貊，皆破之。韓那奚等數十國各率種落降。秋八月戊申，詔曰：「屬到市觀見所斥賣官奴婢，年皆七十，或癃疾殘病，所謂天民之窮者也。且官以其力竭而復鬻之，進退無謂，其悉遣爲良民。若有不能自存者，郡縣振給之。」〔一〕

〔一〕臣松之案：帝初即位，有詔「官奴婢六十以上免爲良人」。既有此詔，則宜遂爲永制。七八年間，而復貨年七十者，且七十奴婢及癃疾殘病，並非可售之物，而鬻之於市，此皆事之難解。

己酉，詔曰：「吾乃當以十九日親祠，而昨出已見治道，得雨當復更治，徒棄功夫。每念百姓力少役多，夙夜存心。道路但當期于通利，聞乃撾捶老小，務崇脩飾，疲困流離，以至哀歎，吾豈安乘此而行，致馨德于宗廟邪？自今已後，明申勑之。」冬十二月，講禮記通，使太常以太牢祀孔子於辟雍，以顏淵配。〔一〕

〔一〕習鑿齒漢晉春秋曰：是年，吳將朱然入柤中，斬獲數千；柤中民吏萬餘家渡沔。司馬宣王謂曹爽曰：「若便令還，必復致寇，宜權留之。」爽曰：「今不脩守沔南，留民沔北，非長策也。」宣王曰：「不然。凡物置之安地則安，危地則危，故兵書曰，成敗，形也，安危，勢也，形勢御衆之要，不可不審。設令賊二萬人斷沔水，三萬人與沔南諸軍相持，萬人陸鈔柤中，君將何以救之？」爽不聽，卒令還。然後襲破之。袁淮言于爽曰：「吳楚之民脆弱寡能，英才大賢不出其土，比技量力，不足與中國相抗，然自上世以來常爲中國患者，蓋以江漢爲池，舟楫爲用，利則陸鈔，不利則入水，攻之道遠，中國之長技無所用之也。孫權自十數年以來，大畋江北，繕治甲兵，精其守禦，數出盜竊，敢遠其水，陸次平土，此中國所願聞也。夫用兵者，貴以飽待飢，以逸擊勞，師不欲久，行不欲遠，守少則固，力專則彊。當今宜捐淮、漢以南，退卻避之。若賊能入居中央，來侵邊境，則隨其所短，中國之長技得用矣。若不敢來，則邊境得安，無鈔盜之憂矣。使我國富兵彊，政脩民一，陵其國不足爲遠矣。今襄陽孤在漢南，賊循漢而上，則斷而不通，一戰而勝，則不攻而自服，故置之無益于國，亡之不足爲辱。自江夏已東，淮南諸郡，三后已來，其所亡幾何，以近賊疆界易鈔掠之故哉！若徙之淮北，遠絕其間，則民人安樂，何鳴吠之驚乎？」遂不從。

八年春二月朔，日有蝕之。夏五月，分河東之汾北十縣爲平陽郡。

秋七月，尚書何晏奏曰：「善爲國者必先治其身，治其身者慎其所習。所習正則其身正，其身正則不令而行；所習不正則其身不正，其身不正則雖令不從。是故爲人君者，所與游必擇正人，所觀覽必察正象，放鄭聲而弗聽，遠佞人而弗近，然後邪心不生而正道可弘也。季末闇主，不知損益，斥遠君子，引近小人，忠良疏遠，便辟褻狎，亂生近暱，譬之社

鼠；考其昏明，所積以然，故聖賢諄諄以爲至慮。舜戒禹曰『鄰哉鄰哉』，言慎所近也，周公戒成王曰『其朋其朋』，言慎所與也。(詩)〔書〕云：『一人有慶，兆民賴之。』可自今以後，御幸式乾殿及游豫後園，皆大臣侍從，因從容戲宴，兼省文書，詢謀政事，講論經義，爲萬世法。」冬十二月，散騎常侍諫議大夫孔乂奏曰：「禮，天子之宮，有斲礱之制，無朱丹之飾，宜循禮復古。今天下已平，君臣之分明，陛下但當不懈于位，平公正之心，審賞罰以使之。可絕後園習騎乘馬，出必御輦乘車，天下之福，臣子之願也。」晏、乂咸因闕以進規諫。

九年春二月，衞將軍中書令孫資，癸巳，驃騎將軍中書監劉放，三月甲午，司徒衞臻，各遜位，以侯就第，位特進。四月，以司空高柔爲司徒；光祿大夫徐邈爲司空，固辭不受。秋九月，以車騎將軍王淩爲司空。冬十月，大風發屋折樹。

嘉平元年春正月甲午，車駕謁高平陵。〔一〕太傅司馬宣王奏免大將軍曹爽、爽弟中領軍羲、武衞將軍訓、散騎常侍彥官，以侯就第。戊戌，有司奏收黃門張當付廷尉，考實其辭，爽與謀不軌。又尚書丁謐、鄧颺、何晏、司隸校尉畢軌、荆州刺史李勝、大司農桓範皆與爽通姦謀，夷三族。語在爽傳。丙午，大赦。丁未，以太傅司馬宣王爲丞相，固讓乃止。〔二〕

〔一〕孫盛魏世譜曰：高平陵在洛水南大石山，去洛城九十里。

〔二〕孔衍漢魏春秋曰：詔使太常王龎冊命太傅爲丞相，增邑萬戶，羣臣奏事不得稱名，如漢霍光故事。太傅上書辭讓

曰：「臣親受顧命，憂深責重，憑賴天威，摧弊姦凶，贖罪爲幸，功不足論。又三公之官，聖王所制，著之典禮。至于丞相，始自秦政。漢氏因之，無復變改。今三公之官皆備，橫復寵臣，違越先典，革聖明之經，襲秦漢之路，雖在異人，臣所宜正，況當臣身而不固爭，四方議者將謂臣何！」書十餘上，詔乃許之，復加九錫之禮。太傅又言：「太祖有大功大德，漢氏崇重，故加九錫，此乃歷代異事，非後代之君臣所得議也。」又辭不受。

夏四月乙丑，改年。丙子，太尉蔣濟薨。冬十二月辛卯，以司空王淩爲太尉。庚子，以司隸校尉孫禮爲司空。

二年夏五月，以征西將軍郭淮爲車騎將軍。冬十月，以特進孫資爲驃騎將軍。十一月，司空孫禮薨。十二月甲辰，東海王霖薨。乙未，征南將軍王昶渡江，掩攻吳，破之。

三年春正月，荆州刺史王基、新城太守(陳泰)〔州泰〕攻吳，破之，降者數千口。二月，置南郡之夷陵縣以居降附。三月，以尚書令司馬孚爲司空。四月甲申，以征南將軍王昶爲征南大將軍。壬辰，大赦。丙午，聞太尉王淩謀廢帝，立楚王彪，太傅司馬宣王東征淩。五月甲寅，淩自殺。六月，彪賜死。秋七月壬戌，皇后甄氏崩。辛未，以司空司馬孚爲太尉。戊寅，太傅司馬宣王薨，以衞將軍司馬景王爲撫軍大將軍，錄尚書事。乙未，葬懷甄后於太清陵。庚子，驃騎將軍孫資薨。十一月，有司奏諸功臣應饗食於太祖廟者，更以官爲次，太傅司馬宣王功高爵尊，最在上。十二月，以光祿勳鄭沖爲司空。

四年春正月癸卯，以撫軍大將軍司馬景王爲大將軍。二月，立皇后張氏，大赦。夏五月，魚二，見於武庫屋上。〔一〕冬十一月，詔征南大將軍王昶、征東將軍胡遵、鎮南將軍毌丘儉等征吳。十二月，吳大將軍諸葛恪拒戰，大破衆軍于東關。不利而還。〔二〕

〔一〕漢晉春秋曰：初，孫權築東興隄以遏巢湖。後征淮南，壞不復修。是歲諸葛恪帥軍更于隄左右結山，挾築兩城，使全端、留略守之，引軍而還。諸葛誕言於司馬景王曰：「致人而不致於人者，此之謂也。今因其內侵，使文舒逼江陵，仲恭向武昌，以羈吳之上流，然後簡精卒攻兩城，比救至，可大獲也。」景王從之。

〔二〕漢晉春秋曰：毌丘儉、王昶聞東軍敗，各燒屯走。朝議欲貶黜諸將，景王曰：「我不聽公休，以至於此。此我過也，諸將何罪？」悉原之。時司馬文王爲監軍，統諸軍，唯削文王爵而已。是歲，雍州刺史陳泰求敕并州併力討胡，景王從之。未集，而鴈門、新興二郡以爲將遠役，遂驚反。景王又謝朝士曰：「此我過也，非玄伯之責！」於是魏人愧悅，人思其報。

習鑿齒曰：司馬大將軍引二敗以爲己過，過消而業隆，可謂智矣。夫民忘其敗，而下思其報，雖欲不康，其可得邪？若乃諱敗推過，歸咎萬物，常執其功而隱其喪，上下離心，賢愚解體，是楚再敗而晉再克也，謬之甚矣！君人者，苟統斯理而以御國，則朝無秕政，身靡留愆，行失而名揚，兵挫而戰勝，雖百敗可也，況於再乎！

五年夏四月，大赦。五月，吳太傅諸葛恪圍合肥新城，詔太尉司馬孚拒之。〔一〕秋七月，恪退還。〔二〕

〔一〕漢晉春秋曰：是時姜維亦出圍狄道。司馬景王問虞松曰：「今東西有事，二方皆急，而諸將意沮，若之何？」松曰：

「昔周亞夫堅壁昌邑而吳楚自敗，事有似弱而彊，或似彊而弱，不可不察也。今恪悉其銳衆，足以肆暴，而坐守新城，欲以致一戰耳。若攻城不拔，請戰不得，師老衆疲，勢將自走，諸將之不徑進，乃公之利也。姜維有重兵而縣軍應恪，投食我麥，非深根之寇也。且謂我并力于東，西方必虛，是以徑進。今若使關中諸軍倍道急赴，出其不意，殆將走矣。」景王曰：「善！」乃使郭淮、陳泰悉關中之衆，解狄道之圍；敕毌丘儉等案兵自守，以新城委吳。姜維聞淮進兵，軍食少，乃退屯隴西界。

〔二〕是時，張特守新城。魏略曰：特字子產，涿郡人。先時領牙門，給事鎮東諸葛誕，誕不以爲能也，欲遣還護軍。會毌丘儉代誕，遂使特屯守合肥新城。及諸葛恪圍城，特與將軍樂方等三軍衆合有三千人，吏兵疾病及戰死者過半，而恪起土山急攻，城將陷，不可護。特乃謂吳人曰：「今我無心復戰也。然魏法，被攻過百日而救不至者，雖降，家不坐也。自受敵以來，已九十餘日矣。此城中本有四千餘人，而戰死者已過半，城雖陷，尚有半人不欲降，我當還爲相語之，條名別善惡，明日早送名，且持我印綬去以爲信。」乃投其印綬以與之。吳人聽其辭而不取印綬。不攻。頃之，特還，乃夜徹諸屋材柵，補其缺爲二重。明日，謂吳人曰：「我但有鬬死耳！」吳人大怒，進攻之，不能拔，遂引去。朝廷嘉之，加雜號將軍，封列侯，又遷安豐太守。

八月，詔曰：「故中郎西平郭脩，砥節厲行，秉心不回。乃者蜀將姜維寇鈔脩郡，爲所執略。往歲僞大將軍費禕驅率羣衆，陰圖闚闟，道經漢壽，請會衆賓，脩於廣坐之中手刃擊禕，勇過聶政，功逾介子，可謂殺身成仁，釋生取義者矣。夫追加褒寵，所以表揚忠義；祚

及後胤，所以奬勸將來。其追封脩爲長樂鄉侯，食邑千戶，謚曰威侯；子襲爵，加拜奉車都尉；賜銀千鉼，絹千匹，以光寵存亡，永垂來世焉。」〔一〕

〔一〕魏氏春秋曰：脩字孝先，素有業行，著名西州。姜維劫之，脩不爲屈。劉禪以爲左將軍，脩欲刺禪而不得親近，每因慶賀，且拜且前，爲禪左右所遏，事輒不克，故殺禪焉。

臣松之以爲古之舍生取義者，必有理存焉，或感恩懷德，投命無悔，或利害有機，奮發以應會，詔所稱聶政、介子是也。事非斯類，則陷乎妄作矣。魏之與蜀，雖爲敵國，非有趙襄滅智之仇，燕丹危亡之急；且劉禪凡下之主，費禕中才之相，二人存亡，固無關于興喪。郭脩在魏，西州之男子耳，始獲于蜀，既不能抗節不辱，于魏又無食祿之責，不爲時主所使，而無故規規然糜身于非所，義無所加，功無所立，可謂「折柳樊圃」，其狂也且，此之謂也。

自帝即位至于是歲，郡國縣道多所置省，俄或還復，不可勝紀。

六年春二月己丑，鎮東將軍毌丘儉上言：「昔諸葛恪圍合肥新城，城中遣士劉整出圍傳消息，爲賊所得，考問所傳，語整曰：『諸葛公欲活汝，汝可具服。』整罵曰：『死狗，此何言也！我當必死爲魏國鬼，不苟求活，逐汝去也。欲殺我者，便速殺之。』終無他辭。又遣士鄭像出城傳消息，或以語恪，恪遣馬騎尋圍跡索，得像還。四五人(的)〔靮〕頭面縛，將繞城表，勑語像，使大呼，言『大軍已還洛，不如早降。』像不從其言，更大呼城中曰：『大軍近在圍外，壯士努力！』賊以刀築其口，使不得言，像遂大呼，令城中聞知。整、像爲兵，能守義

執節，子弟宜有差異。」詔曰：「夫顯爵所以褒元功，重賞所以寵烈士。整、像召募通使，越蹈重圍，冒突白刃，輕身守信，不幸見獲，抗節彌厲，揚六軍之大勢，安城守之懼心，臨難不顧，畢志傳命。昔解楊執楚，有隕無貳，齊路中大夫以死成命，方之整、像，所不能加。今追賜整、像爵關中侯，各除士名，使子襲爵，如部曲將死事科。」

庚戌，中書令李豐與皇后父光祿大夫張緝等謀廢易大臣，以太常夏侯玄爲大將軍。事覺，諸所連及者皆伏誅。辛亥，大赦。三月，廢皇后張氏。夏四月，立皇后王氏，大赦。五月，封后父奉車都尉王夔爲廣明鄉侯、光祿大夫，位特進，妻田氏爲宣陽鄉君。秋九月，大將軍司馬景王將謀廢帝，以聞皇太后。〔一〕甲戌，太后令曰：「皇帝芳春秋已長，不親萬機，耽淫內寵，沈漫女德，日延倡優，縱其醜謔；迎六宮家人留止內房，毀人倫之敘，亂男女之節；恭孝日虧，悖傲滋甚，不可以承天緒，奉宗廟。使兼太尉高柔奉策，用一元大武告于宗廟，遣芳歸藩于齊，以避皇位。」〔二〕是日遷居別宮，年二十三。使者持節送衞，營齊王宮於河內〔之〕重門，制度皆如藩國之禮。〔三〕

〔一〕世語及魏氏春秋並云：此秋，姜維寇隴右。時安東將軍司馬文王鎮許昌，徵還擊維，至京師，帝於平樂觀以臨軍過。中領軍許允與左右小臣謀，因文王辭，殺之，勒其衆以退大將軍。已書詔于前。文王入，帝方食栗，優人雲午等唱曰：「青頭雞，青頭雞。」青頭雞者，鴨也。帝懼不敢發。文王引兵入城，景王因是謀廢帝。

臣松之案夏侯玄傳及魏略，許允此年春與李豐事相連。豐既誅，即出允爲鎮北將軍，未發，以放散官物收付廷尉，徙樂浪，追殺之。允此秋不得故爲領軍而建此謀。

〔二〕魏書曰：是日，景王承皇太后令，詔公卿中朝大臣會議，羣臣失色。景王流涕曰：「皇太后令如是，諸君其若王室何！」咸曰：「昔伊尹放太甲以寧殷，霍光廢昌邑以安漢，夫權定社稷以濟四海，二代行之于古，明公當之於今，今日之事，亦唯公命。」景王曰：「諸君所以望師者重，師安所避之？」於是乃與羣臣共爲奏永寧宮曰：「守尚書令太尉長社侯臣孚、大將軍武陽侯臣師、司徒萬歲亭侯臣柔、司空文陽亭侯臣沖、行征西安東將軍新城侯臣昭、光祿大夫關內侯臣邕、太常臣晏、衞尉昌邑侯臣偉、太僕臣嶷、廷尉定陵侯臣(繁)〔毓〕、大鴻臚臣芝、大司農臣祥、少府臣(褒)〔袤〕、永寧衞尉臣(禎)〔楨〕、永寧太僕臣(閎)〔閣〕、大長秋臣模、司隸校尉潁昌侯臣曾、河南尹蘭陵侯臣肅、城門校尉臣慮、中護軍永安亭侯臣望、武衞將軍安壽亭侯臣演、中堅將軍平原侯臣德、中壘將軍昌武亭侯臣廙、屯騎校尉關內侯臣陔、步兵校尉臨晉侯臣建、射聲校尉安陽鄉侯臣溫、越騎校尉睢陽侯臣初、長水校尉關內侯臣超、侍中臣小同、臣顗、臣酆、博平侯臣表、侍中中書監安陽亭侯臣誕、散騎常侍臣瓌、臣儀、關內侯臣芝、尚書僕射光祿大夫高樂亭侯臣毓、尚書關內侯臣觀、臣嘏、長合鄉侯臣亮、臣贊、臣騫、中書令臣康、御史中丞臣鈐、博士臣範、臣峻等稽首言：臣等聞天子者，所以濟育羣生，永安萬國，三祖勳烈，光被六合。皇帝即位，纂繼洪業，春秋已長，未親萬機，耽淫內寵，沈漫女色，廢捐講學，棄辱儒士，日延小優郭懷、袁信等於建始芙蓉殿前裸袒游戲，使與保林女尚等爲亂，親將後宮瞻觀。又於廣望觀上，使懷、信等於觀下作遼東妖婦，嬉褻過度，道路行人掩目，帝於觀上以爲讌笑。於陵雲臺曲中施帷，見九親婦女，帝臨宣曲觀，呼懷、信使入帷共飲酒。懷、信等更行酒，婦女皆醉，戲侮無別。使保林李華、劉勳等與懷、信等戲，清商令令狐景呵華、勳曰：『諸女，上左右人，各有官

職，何以得爾？』華、勳數讒毀景。帝常喜以彈彈人，以此恚景，彈景不避首目。景語帝曰：『先帝持門戶急，今陛下日將妃后游戲無度，至乃共觀倡優，裸袒爲亂，不可令皇太后聞。景不愛死，爲陛下計耳。』帝言：『我作天子，不得自在邪？太后何與我事！』使人燒鐵灼景，身體皆爛。甄后崩後，帝欲立王貴人爲皇后。太后更欲外求，帝恚語景等：『魏家前後立皇后，皆從所愛耳，太后必違我意，知我當往不也？』後卒待張皇后疏薄。太后遭(合)〔郃〕陽君喪，帝日在後園，倡優音樂自若，不數往定省。清商丞龐熙諫帝：『皇太后至孝，今遭重憂，水漿不入口，陛下當數往寬慰，不可但在此作樂。』帝言：『我自爾，誰能奈我何？』皇太后還北宮，殺張美人及禺婉，帝恚望，語景等：『太后橫殺我所寵愛，此無復母子恩。』數往至故處啼哭，私使暴室厚殯棺，不令太后知也。每見九親婦女有美色，或留以付清商。帝至後園竹間戲，或與從官攜手共行。熙白：『從官不宜與至尊相提挈。』帝怒，復以彈彈熙。日游後園，每有外文書入，帝不省，左右曰『出』，帝亦不索視。太后令帝常在式乾殿上講學，不欲，使行來，帝徑去；太后來問，輒詐令黃門答言『在』耳。景、熙等畏恐，不敢復止，更共諂媚。帝肆行昏淫，敗人倫之敘，亂男女之節，恭孝彌頹，凶德寖盛。臣等憂懼傾覆天下，危墜社稷，雖殺身斃命不足以塞責。今帝不可以承天緒，臣請依漢霍光故事，收帝璽綬。帝本以齊王踐祚，宜歸藩于齊。使司徒臣柔持節，與有司以太牢告祀宗廟。臣謹昧死以聞。」奏可。

〔三〕魏略曰：景王將廢帝，遣郭芝入白太后，太后與帝對坐。芝謂帝曰：「大將軍欲廢陛下，立彭城王據。」帝乃起去。太后不悅。芝曰：「太后有子不能教，今大將軍意已成，又勒兵于外以備非常，但當順旨，將復何言！」太后曰：「我欲見大將軍，口有所說。」芝曰：「何可見邪？但當速取璽綬。」太后意折，乃遣傍侍御取璽綬著坐側。芝出報景王，景王甚歡。又遣使者授齊王印綬，當出就西宮。帝受命，遂載王車，與太后別，垂涕，始從太極殿南出，

羣臣送者數十人，太尉司馬孚悲不自勝，餘多流涕。王出後，景王又使使者請璽綬。太后曰：「彭城王，我之季叔也，今來立，我當何之！且明皇帝當絕嗣乎？吾以爲高貴鄉公者，文皇帝之長孫，明皇帝之弟子，於禮，小宗有後大宗之義，其詳議之。」景王乃更召羣臣，以皇太后令示之，乃定迎高貴鄉公。是時太常已發二日，待璽綬於溫。事定，又請璽綬。太后令曰：「我見高貴鄉公，小時識之，明日我自欲以璽綬手授之。」

丁丑，令曰：「東海王霖，高祖文皇帝之子。霖之諸子，與國至親，高貴鄉公髦有大成之量，其以爲明皇帝嗣。」〔一〕

〔一〕魏書曰：景王復與羣臣共奏永寧宮曰：「臣等聞人道親親故尊祖，尊祖故敬宗。禮，大宗無嗣，則擇支子之賢者；爲人後者，爲之子也。東海定王子高貴鄉公，文皇帝之孫，宜承正統，以嗣烈祖明皇帝後。率土有賴，萬邦幸甚，臣請徵公詣洛陽宮。」奏可。使中護軍望、兼太常河南尹肅持節，與少府（褒）〔袤〕、尚書亮、侍中表等奉法駕，迎公于元城。魏世譜曰：晉受禪，封齊王爲邵陵縣公。年四十三，泰始十年薨，謚曰厲公。

高貴鄉公諱髦，字彥士，文帝孫，東海定王霖子也。正始五年，封郯縣高貴鄉公。少好學，夙成。齊王廢，公卿議迎立公。十月己丑，公至于玄武館，羣臣奏請舍前殿，公以先帝舊處，避止西廂；羣臣又請以法駕迎，公不聽。庚寅，公入于洛陽，羣臣迎拜西掖門南，公下輿將答拜，儐者請曰：「儀不拜。」公曰：「吾人臣也。」遂答拜。至止車門下輿。左右曰：

「舊乘輿入。」公曰：「吾被皇太后徵，未知所爲！」遂步至太極東堂，見于太后。其日卽皇帝位於太極前殿，百僚陪位者欣欣焉。〔一〕詔曰：「昔三祖神武聖德，應天受祚。齊王嗣位，肆行非度，顛覆厥德。皇太后深惟社稷之重，延納宰輔之謀，用替厥位，集大命于余一人。以眇眇之身，託于王公之上，夙夜祗畏，懼不能嗣守祖宗之大訓，恢中興之弘業，戰戰兢兢，如臨于谷。今羣公卿士股肱之輔，四方征鎮宣力之佐，皆積德累功，忠勤帝室；庶憑先祖先父有德之臣，左右小子，用保乂皇家，俾朕蒙闇，垂拱而治。蓋聞人君之道，德厚侔天地，潤澤施四海，先之以慈愛，示之以好惡，然後教化行於上，兆民聽於下。朕雖不德，昧於大道，思與宇內共臻茲路。書不云乎：『安民則惠，黎民懷之。』」大赦，改元。減乘輿服御，後宮用度，及罷尚方御府百工技巧靡麗無益之物。

〔一〕魏氏春秋曰：公神明爽儁，德音宣朗。罷朝，景王私曰：「上何如主也？」鍾會對曰：「才同陳思，武類太祖。」景王曰：「若如卿言，社稷之福也。」

正元元年冬十月壬辰，遣侍中持節分適四方，觀風俗，勞士民，察寃枉失職者。癸巳，假大將軍司馬景王黃鉞，入朝不趨，奏事不名，劍履上殿。戊戌，黃龍見于鄴井中。甲辰，命有司論廢立定策之功，封爵、增邑、進位、班賜各有差。

二年春正月乙丑，鎮東將軍毋丘儉、揚州刺史文欽反。（戊戌）〔戊寅〕，大將軍司馬景王征之。癸未，車騎將軍郭淮薨。閏月己亥，破欽于樂嘉。欽遁走，遂奔吳。甲辰，（安風淮津）〔安風津〕都尉斬儉，傳首京都。〔一〕壬子，復特赦淮南士民諸爲儉、欽所詿誤者。以鎮南將軍諸葛誕爲鎮東大將軍。司馬景王薨于許昌。二月丁巳，以衞將軍司馬文王爲大將軍，錄尚書事。

〔一〕世語曰：大將軍奉天子征儉，至項；儉旣破，天子先還。臣松之檢諸書都無此事，至諸葛誕反，司馬文王始挾太后及帝與俱行耳。故發詔引漢二祖及明帝親征以爲前比，知明帝已後始有此行也。案張璠、虞溥、郭頒皆晉之令史，璠、頒出爲官長，溥，鄱陽內史。璠撰後漢紀，雖似未成，辭藻可觀。溥著江表傳，亦粗有條貫。惟頒撰魏晉世語，蹇乏全無宮商，最爲鄙劣，以時有異事，故頗行於世。干寶、孫盛等多采其言以爲晉書，其中虛錯如此者，往往而有之。

甲子，吳大將孫峻等衆號十萬至壽春，諸葛誕拒擊破之，斬吳左將軍留贊，獻捷于京都。三月，立皇后卞氏，大赦。夏四月甲寅，封后父卞隆爲列侯。甲戌，以征南大將軍王昶爲驃騎將軍。秋七月，以征東大將軍胡遵爲衞將軍，鎮東大將軍諸葛誕爲征東大將軍。

八月辛亥，蜀大將軍姜維寇狄道，雍州刺史王經與戰洮西，經大敗，還保狄道城。辛未，以長水校尉鄧艾行安西將軍，與征西將軍陳泰并力拒維。戊辰，復遣太尉司馬孚爲後繼。九月庚子，講尚書業終，賜執經親授者司空鄭沖、侍中鄭小同等各有差。甲辰，姜維退還。冬十月，詔曰：「朕以寡德，不能式遏寇虐，乃令蜀賊陸梁邊陲。洮西之戰，至取負敗，

將士死亡，計以千數，或沒命戰場，寃魂不反，或牽掣虜手，流離異域，吾深痛愍，爲之悼心。其令所在郡典農及安撫夷二護軍各部大吏慰卹其門戶，無差賦役一年；其力戰死事者，皆如舊科，勿有所漏。」

十一月甲午，以隴右四郡及金城，連年受敵，或亡叛投賊，其親戚留在本土者不安，皆特赦之。癸丑，詔曰：「往者洮西之戰，將吏士民或臨陳戰亡，或沈溺洮水，骸骨不收，棄於原野，吾常痛之。其告征西、安西將軍，各令部人於戰處及水次鉤求屍喪，收斂藏埋，以慰存亡。」

甘露元年春正月辛丑，青龍見軹縣井中。乙巳，沛王林薨。〔一〕

〔一〕魏氏春秋曰：二月丙辰，帝宴羣臣於太極東堂，與侍中荀顗、尚書崔贊、袁亮、鍾毓、給事中中書令虞松等並講述禮典，遂言帝王優劣之差。帝慕夏少康，因問顗等曰：「有夏旣衰，后相殆滅，少康收集夏衆，復禹之績，高祖拔起隴畝，驅帥豪儁，芟夷秦、項，包舉寓內，斯二主可謂殊才異略，命世大賢者也。考其功德，誰宜爲先？」顗等對曰：「夫天下重器，王者天授，聖德應期，然後能受命創業。至於階緣前緒，興復舊績，造之與因，難易不同。少康功德雖美，猶爲中興之君，與世祖同流可也。至如高祖，臣等以爲優。」帝曰：「自古帝王，功德言行，互有高下，未必創業者皆優，紹繼者咸劣也。湯、武、高祖雖俱受命，賢聖之分，所覺縣殊。少康、殷宗中興之美，夏啓、周成守文之盛，論德較實，方諸漢祖，吾見其優，未聞其劣；顧所遇之時殊，故所名之功異耳。少康生於滅亡之後，降爲諸侯之隸，崎嶇逃難，僅以身免，能布其德而兆其謀，卒滅過、戈，克復禹績，祀夏配天，不失舊物，非至德弘仁，

豈濟斯勳？漢祖因土崩之勢，仗一時之權，專任智力以成功業，行事動靜，多違聖檢；爲人子則數危其親，爲人君則囚繫賢相，爲人父則不能衞子；身沒之後，社稷幾傾，若與少康易時而處，或未能復大禹之績也。推此言之，宜高夏康而下漢祖矣。諸卿具論詳之。」翌日丁巳，講業既畢，顗、亮等議曰：「三代建國，列土而治，當其衰弊，無土崩之勢，可懷以德，難屈以力。逮至戰國，强弱相兼，去道德而任智力。故秦之弊可以力爭。少康布德，仁者之英也；高祖任力，智者之儁也。仁智不同，二帝殊矣。詩、書述殷中宗、高宗，皆列大雅，少康功美過于二宗，其爲大雅明矣。少康爲優，宜如詔旨。」贊、毓、松等議曰：「少康雖積德累仁，然上承大禹遺澤餘慶，內有虞、仍之援，外有靡、艾之助，寒浞讒慝，不德于民，澆、豷無親，外內棄之，以此有國，蓋有所因。至於漢祖，起自布衣，率烏合之士，以成帝者之業。論德則少康優，課功則高祖多，語資則少康易，校時則高祖難。」帝曰：「諸卿論少康因資，高祖創造，誠有之矣，然未知三代之世，任德濟勳如彼之難，秦、項之際，任力成功如此之易。且太上立德，其次立功，漢祖功高，未若少康盛德之茂也。且夫仁者必有勇，誅暴必用武，少康武烈之威，豈必降于高祖哉？但夏書淪亡，舊文殘缺，故勳美闕而罔載，唯有伍員粗述大略，其言復禹之績，不失舊物，祖述聖業，舊章不愆，自非大雅兼才，孰能與於此，向令墳、典具存，行事詳備，亦豈有異同之論哉？」於是羣臣咸悅服。中書令松進曰：「少康之事，去世久遠，其文昧如，是以自古及今，議論之士莫有言者，德美隱而不宣。陛下既垂心遠鑒，考詳古昔，又發德音，贊明少康之美，使顯於千載之上，宜錄以成篇，永垂于後。」帝曰：「吾學不博，所聞淺狹，懼於所論，未獲其宜；縱有可采，億則屢中，又不足貴，無乃致笑後賢，彰吾闇昧乎！」於是侍郎鍾會退論次焉。

夏四月庚戌，賜大將軍司馬文王袞冕之服，赤舄副焉。

丙辰，帝幸太學，問諸儒曰：「聖人幽贊神明，仰觀俯察，始作八卦，後聖重之爲六十四，

立爻以極數，凡斯大義，罔有不備，而夏有連山，殷有歸藏，周曰周易，易之書，其故何也？」易博士淳于俊對曰：「包羲因燧皇之圖而制八卦，神農演之爲六十四，黃帝、堯、舜通其變，三代隨時，質文各繇其事。故易者，變易也，名曰連山，似山出內（雲）氣，連天地也；歸藏者，萬事莫不歸藏于其中也。」帝又曰：「若使包羲因燧皇而作易，孔子何以不云燧人氏沒包羲氏作乎？」俊不能答。帝又問曰：「孔子作彖、象，鄭玄作注，雖聖賢不同，其所釋經義一也。今彖、象不與經文相連，而注連之，何也？」俊對曰：「鄭玄合彖、象于經者，欲使學者尋省易了也。」帝曰：「若鄭玄合之，於學誠便，則孔子曷爲不合以了學者乎？」俊對曰：「孔子恐其與文王相亂，是以不合，此聖人以不合爲謙。」帝曰：「若聖人以不合爲謙，則鄭玄何獨不謙邪？」俊對曰：「古義弘深，聖問奧遠，非臣所能詳盡。」帝又問曰：「繫辭云『黃帝、堯、舜垂衣裳而天下治』，此包羲、神農之世爲無衣裳。但聖人化天下，何殊異爾邪？」俊對曰：「三皇之時，人寡而禽獸衆，故取其羽皮而天下用足，及至黃帝，人衆而禽獸寡，是以作爲衣裳以濟時變也。」帝又問：「乾爲天，而復爲金，爲玉，爲老馬，與細物並邪？」俊對曰：「聖人取象，或遠或近，近取諸物，遠則天地。」

講易畢，復命講尚書。帝問曰：「鄭玄曰『稽古同天，言堯同於天也』。王肅云『堯順考古道而行之』。二義不同，何者爲是？」博士庾峻對曰：「先儒所執，各有乖異，臣不足以定之。然洪範稱『三人占，從二人之言』。賈、馬及肅皆以爲『順考古道』。以洪範言之，肅義爲長。」帝曰：「仲尼言『唯天爲大，唯堯則之』。堯之大美，在乎則天，順考古道，非其至也。今發篇開義以明聖德，而舍其大，更稱其細，豈作者之意邪？」峻對曰：「臣奉遵師說，未喻大義，至于折中，裁之聖思。」次及四嶽舉鯀，帝又問曰：「夫大人者，與天地合其德，與日月合其明，思無不周，明無不照，今王肅云『堯意不能明鯀，是以試用』。如此，聖人之明有所未盡邪？」峻對曰：「雖聖人之弘，猶有所未盡，故禹曰『知人則哲，惟帝難之』，然卒能改授聖賢，緝熙庶績，亦所以成聖也。」帝曰：「夫有始有卒，其唯聖人。若不能始，何以爲聖？其言『惟帝難之』，然卒能改授，蓋謂知人，聖人所難，非不盡之言也。經云：『知人則哲，能官人。』若堯疑鯀，試之九年，官人失敍，何得謂之聖哲？」峻對曰：「臣竊觀經傳，聖人行事不能無失，是以堯失之四凶，周公失之二叔，仲尼失之宰予。」帝曰：「堯之任鯀，九載無成，汩陳五行，民用昏墊。至於仲尼失之宰予，言行之間，輕重不同也。至于周公、管、蔡之事，亦尚書所載，皆博士所當通也。」峻對曰：「此皆先賢所疑，非臣寡見所能究論。」次及『有鰥在下曰虞舜』，帝問曰：「當堯之時，洪水爲害，四凶在朝，宜速登賢聖濟斯民之時也。舜年在既立，聖德光明，而久不進用，何也？」峻對曰：「堯咨嗟求賢，欲遜己位，嶽曰『否德忝帝位』。堯復使嶽揚舉仄陋，然後薦舜。薦舜之本，實由於堯，此蓋聖人欲盡衆心

也。」帝曰：「堯既聞舜而不登用，又時忠臣亦不進達，乃使嶽揚仄陋而後薦舉，非急於用聖恤民之謂也。」峻對曰：「非臣愚見所能逮及。」

於是復命講禮記。帝問曰：「『太上立德，其次務施報』。爲治何由而教化各異，皆脩何政而能致于立德，施而不報乎？」博士馬照對曰：「太上立德，謂三皇五帝之世以德化民，其次報施，謂三王之世以禮爲治也。」帝曰：「二者致化薄厚不同，將主有優劣邪？時使之然乎？」照對曰：「誠由時有樸文，故化有薄厚也。」〔一〕

〔一〕帝集載帝自敍始生禎祥曰：「昔帝王之生，或有禎祥，蓋所以彰顯神異也。惟予小子，支胤末流，謬爲靈祇之所相祐也，豈敢自比于前喆，聊記錄以示後世焉。其辭曰：惟正始三年九月辛未朔，二十五日乙未直成，予生。于時也，天氣清明，日月輝光，爰有黃氣，煙熅于堂，照曜室宅，其色煌煌。相而論之曰：未者爲土，魏之行也；厥日直成，應嘉名也；烟熅之氣，神之精也；無災無害，蒙神靈也。齊王不弔，顚覆厥度，羣公受予，紹繼祚皇。以眇眇之身，質性頑固，未能涉道，而遵大路，臨深履冰，涕泗憂懼。古人有云，懼則不亡。伊予小子，曷敢怠荒？庶不忝辱，永奉烝嘗。」

傅暢晉諸公贊曰：帝常與中護軍司馬望、侍中王沈、散騎常侍裴秀、黃門侍郎鍾會等講宴於東堂，并屬文論。名秀爲儒林丈人，沈爲文籍先生，望、會亦各有名號。帝性急，請召欲速。秀等在內職，到得及時，以望在外，特給追鋒車，虎賁卒五人，每有集會，望輒奔馳而至。

五月，鄴及（上谷）〔上洛〕並言甘露降。夏六月丙午，改元爲甘露。乙丑，青龍見元城縣

界井中。秋七月己卯，衞將軍胡遵薨。

癸未，安西將軍鄧艾大破蜀大將姜維于上邽，詔曰：「兵未極武，醜虜摧破，斬首獲生，動以萬計，自頃戰克，無如此者。今遣使者犒賜將士，大會臨饗，飲宴終日，稱朕意焉。」

八月庚午，命大將軍司馬文王加號大都督，奏事不名，假黃鉞。癸酉，以太尉司馬孚爲太傅。九月，以司徒高柔爲太尉。冬十月，以司空鄭沖爲司徒，尚書左僕射盧毓爲司空。

二年春二月，青龍見溫縣井中。三月，司空盧毓薨。

夏四月癸卯，詔曰：「玄菟郡高顯縣吏民反叛，長鄭熙爲賊所殺。民王簡負擔熙喪，晨夜星行，遠致本州，忠節可嘉。其特拜簡爲忠義都尉，以旌殊行。」

甲子，以征東大將軍諸葛誕爲司空。

五月辛未，帝幸辟雍，會命羣臣賦詩。侍中和逌、尚書陳騫等作詩稽留，有司奏免官，詔曰：「吾以暗昧，愛好文雅，廣延詩賦，以知得失，而乃爾紛紜，良用反仄。其原逌等。主者宜敕自今以後，羣臣皆當玩習古義，脩明經典，稱朕意焉。」

乙亥，諸葛誕不就徵，發兵反，殺揚州刺史樂綝。丙子，赦淮南將吏士民爲誕所詿誤者。丁丑，詔曰：「諸葛誕造爲凶亂，盪覆揚州。昔黥布逆叛，漢祖親戎，隗囂違戾，光武西伐，及烈祖明皇帝躬征吳、蜀，皆所以奮揚赫斯，震耀威武也。今宜皇太后與朕暫共臨戎，

速定醜虜，時寧東夏。」己卯，詔曰：「諸葛誕造構逆亂，迫脅忠義，平寇將軍臨渭亭侯龐會、騎督偏將軍路蕃，各將左右，斬門突出，忠壯勇烈，所宜嘉異。其進會爵鄉侯，蕃封亭侯。」

六月乙巳，詔：「吳使持節都督夏口諸軍事鎮軍將軍沙羨侯孫壹，賊之枝屬，位爲上將，畏天知命，深鑒禍福，翻然舉衆，遠歸大國，雖微子去殷，樂毅遁燕，無以加之。其以壹爲侍中車騎將軍、假節、交州牧、吳侯，開府辟召儀同三司，依古侯伯八命之禮，袞冕赤舄，事從豐厚。」〔一〕

〔一〕臣松之以爲壹畏逼歸命，事無可嘉，格以古義，欲蓋而名彰者也。當時之宜，未得遠遵式典，固應量才受賞，足以醻其來情而已。至乃光錫八命，禮同台鼎，不亦過乎！於招攜致遠，又無取焉。何者？若使彼之將守，與時無嫌，終不悅于殊寵，坐生叛心，以叛而愧，辱孰甚焉？如其憂危將及，非奔不免，則必逃死苟存，無希榮利矣，然則高位厚祿何爲者哉？魏初有孟達、黃權，在晉有孫秀、孫楷；達、權爵賞，比壹爲輕，秀、楷禮秩，優異尤甚。及至吳平，而降黜數等，不承權輿，豈不緣在始失中乎？

甲子，詔曰：「今車駕駐項，大將軍恭行天罰，前臨淮浦。昔相國大司馬征討，皆與尚書俱行，今宜如舊。」乃令散騎常侍裴秀、給事黃門侍郎鍾會咸與大將軍俱行。秋八月，詔曰：「昔燕刺王謀反，韓誼等諫而死，漢朝顯登其子。諸葛誕創造凶亂，主簿宣隆、部曲督秦絜秉節守義，臨事固爭，爲誕所殺，所謂無比干之親而受其戮者。其以隆、絜子爲騎都尉，

加以贈賜，光示遠近，以殊忠義。」

九月，大赦。冬十二月，吳大將全端、全懌等率衆降。

三年春二月，大將軍司馬文王陷壽春城，斬諸葛誕。三月，詔曰：「古者克敵，收其屍以爲京觀，所以懲昏逆而章武功也。漢孝武元鼎中，改桐鄉爲聞喜，新鄉爲獲嘉，以著南越之亡。大將軍親總六戎，營據丘頭，內夷羣凶，外殄寇虜，功濟兆民，聲振四海。克敵之地，宜有令名，其改丘頭爲武丘，明以武平亂，後世不忘，亦京觀二邑之義也。」

夏五月，命大將軍司馬文王爲相國，封晉公，食邑八郡，加之九錫，文王前後九讓乃止。

六月丙子，詔曰：「昔南陽郡山賊擾攘，欲劫質故太守東里袞，功曹應余獨身捍袞，遂免於難。余顛沛殞斃，殺身濟君。其下司徒，署余孫倫吏，使蒙伏節之報。」〔一〕

〔一〕楚國先賢傳曰：余字子正，天姿方毅，志尚仁義，建安二十三年爲郡功曹。是時吳、蜀不賓，疆埸多虞。宛將侯音扇動山民，保城以叛。余與太守東里袞當擾攘之際，迸竄得出。音即遣騎追逐，去城十里相及，賊便射袞，飛矢交流。余前以身當箭，被七創，因謂追賊曰：「侯音狂狡，造爲凶逆，大軍尋至，誅夷在近。謂卿曹本是善人，素無惡心，當思反善，何爲受其指揮？我以身代君，以被重創，若身死君全，隕沒無恨。」因仰天號哭泣涕，血淚俱下。賊見其義烈，釋袞不害。賊去之後，余亦命絕。征南將軍曹仁討平音，表余行狀，幷脩祭醊。太祖聞之，嗟歎良久，下荊州復表門閭，賜穀千斛。袞後爲于禁司馬，見魏略游說傳。

辛卯，大論淮南之功，封爵行賞各有差。

秋八月甲戌，以驃騎將軍王昶爲司空。丙寅，詔曰：「夫養老興教，三代所以樹風化垂不朽也，必有三老、五更以崇至敬，乞言納誨，著在惇史，然後六合承流，下觀而化。宜妙簡德行，以充其選。關內侯王祥，履仁秉義，雅志淳固。關內侯鄭小同，溫恭孝友，帥禮不忒。其以祥爲三老，小同爲五更。」車駕親率羣司，躬行古禮焉。〔一〕

〔一〕漢晉春秋曰：帝乞言於祥，祥對曰：「昔者明王禮樂既備，加之以忠誠，忠誠之發，形于言行。夫大人者，行動乎天地；天且弗違，況於人乎？」祥事別見呂虔傳。小同，鄭玄孫也。玄別傳曰：「玄有子，爲孔融吏，舉孝廉。融之被圍，往赴，爲賊所害。有遺腹子，以丁卯日生；而玄以丁卯歲生，故名曰小同。」魏名臣奏載太尉華歆表曰：「臣聞勵俗宣化，莫先於表善，班祿敍爵，莫美於顯能，是以楚人思子文之治，復命其胤，漢室嘉江公之德，用顯其世。伏見故漢大司農北海鄭玄，當時之學，名冠華夏，爲世儒宗。文皇帝旌錄先賢，拜玄適孫小同以爲郎中，長假在家。小同年踰三十，少有令質，學綜六經，行著鄉邑。海、岱之人莫不嘉其自然，美其氣量。迹其所履，有質直不渝之性，然而恪恭靜默，色養其親，不治可見之美，不競人間之名，斯誠淸時所宜式敍，前後明詔所斟酌而求也。臣老病委頓，無益視聽，謹具以聞。」魏氏春秋曰：小同詣司馬文王，文王有密疏，未之屏也。如廁還，謂之曰：「卿見吾疏乎？」對曰：「否。」文王猶疑而鴆之，卒。

鄭玄注文王世子曰「三老、五更各一人，皆年老更事致仕者也」。注樂記曰「皆老人更知三德五事者也」。蔡邕明堂論云：「『更』應作『叟』。叟，長老之稱，字與『更』相似，書者遂誤以爲『更』。『嫂』字『女』傍『叟』，今亦以

爲「吏」，以此驗知應爲「叟」也。臣松之以爲邑謂「吏」爲「叟」，誠爲有似，而諸儒莫之從，未知孰是。

是歲，青龍、黃龍仍見頓丘、冠軍、陽夏縣界井中。

四年春正月，黃龍二，見寧陵縣界井中。〔一〕夏六月，司空王昶薨。秋七月，陳留王峻薨。冬十月丙寅，分新城郡，復置上庸郡。十一月癸卯，車騎將軍孫壹爲婢所殺。

〔一〕漢晉春秋曰：是時龍仍見，咸以爲吉祥。帝曰：「龍者，君德也。上不在天，下不在田，而數屈於井，非嘉兆也。」仍作潛龍之詩以自諷，司馬文王見而惡之。

五年春正月朔，日有蝕之。夏四月，詔有司率遵前命，復進大將軍司馬文王位爲相國，封晉公，加九錫。

五月己丑，高貴鄉公卒，年二十。〔二〕皇太后令曰：「吾以不德，遭家不造，昔援立東海王子髦，以爲明帝嗣，見其好書疏文章，冀可成濟，而情性暴戾，日月滋甚。吾數呵責，遂更忿恚，造作醜逆不道之言以誣謗吾，遂隔絕兩宮。其所言道，不可忍聽，非天地所覆載。吾卽密有令語大將軍，不可以奉宗廟，恐顚覆社稷，死無面目以見先帝。大將軍以其尙幼，謂當改心爲善，殷勤執據。而此兒忿戾，所行益甚，舉弩遙射吾宮，祝當令中吾項，箭親墮吾前。吾語大將軍，不可不廢之，前後數十。此兒具聞，自知罪重，便圖爲弒逆，賂遺吾左右人，令因吾服藥，密因酖毒，重相設計。事已覺露，直欲因際會舉兵入西宮殺吾，出取大將軍，呼

侍中王沈、散騎常侍王業、〔三〕尙書王經，出懷中黃素詔示之，言今日便當施行。吾之危殆，過于累卵。吾老寡，豈復多惜餘命邪？但傷先帝遺意不遂，社稷顚覆爲痛耳。賴宗廟之靈，沈、業卽馳語大將軍，得先嚴警，而此兒便將左右出雲龍門，雷戰鼓，躬自拔刃，與左右雜衞共入兵陳間，爲前鋒所害。此兒既行悖逆不道，而又自陷大禍，重令吾悼心不可言。昔漢昌邑王以罪廢爲庶人，此兒亦宜以民禮葬之，當令內外咸知此兒所行。又尙書王經，凶逆無狀，其收經及家屬皆詣廷尉。」

〔二〕漢晉春秋曰：帝見威權日去，不勝其忿。乃召侍中王沈、尙書王經、散騎常侍王業，謂曰：「司馬昭之心，路人所知也。吾不能坐受廢辱，今日當與卿〔等〕自出討之。」王經曰：「昔魯昭公不忍季氏，敗走失國，爲天下笑。今權在其門，爲日久矣，朝廷四方皆爲之致死，不顧逆順之理，非一日也。且宿衞空闕，兵甲寡弱，陛下何所資用，而一旦如此，無乃欲除疾而更深之邪！禍殆不測，宜見重詳。」帝乃出懷中版令投地，曰：「行之決矣。正使死，何所懼？況不必死邪！」於是入白太后，沈、業奔走告文王，文王爲之備。帝遂帥僮僕數百，鼓譟而出。文王弟屯騎校尉伷入，遇帝於東止車門，左右呵之，伷衆奔走。中護軍賈充又逆帝戰於南闕下，帝自用劍。衆欲退，太子舍人成濟問充曰：「事急矣。當云何？」充曰：「畜養汝等，正謂今日。今日之事，無所問也。」濟卽前刺帝，刃出於背。文王聞，大驚，自投于地曰：「天下其謂我何！」太傅孚奔往，枕帝股而哭，哀甚，曰：「殺陛下者，臣之罪也。」

臣松之以爲習鑿齒書，雖最後出，然述此事差有次第。故先載習語，以其餘所言微異者次其後。

世語曰：王沈、王業馳告文王，尙書王經以正直不出，因沈、業申意。

晉諸公贊曰：沈、業將出，呼王經。經不從，曰：「吾子行矣！」

干寶晉紀曰：成濟問賈充曰：「事急矣。若之何？」充曰：「公畜養汝等，爲今日之事也。夫何疑！」濟曰：「然。」乃抽戈犯蹕。

魏氏春秋曰：戊子夜，帝自將宂從僕射李昭、黃門從官焦伯等下陵雲臺，鎧仗授兵，欲因際會，自出討文王。會雨，有司奏卻日，遂見王經等出黃素詔於懷曰：「是可忍也，孰不可忍也！今日便當決行此事。」入白太后，遂拔劍升輦，帥殿中宿衞蒼頭官僮擊戰鼓，出雲龍門。賈充自外而入，帝師潰散，猶稱天子，手劍奮擊，衆莫敢逼。充帥厲將士，騎督成倅弟成濟以矛進，帝崩于師。時暴雨雷霆，晦冥。

魏末傳曰：賈充呼帳下督成濟謂曰：「司馬家事若敗，汝等豈復有種乎？何不出擊！」倅兄弟二人乃帥帳下人出，顧曰：「當殺邪？執邪？」充曰：「殺之。」兵交，帝曰：「放仗！」大將軍士皆放仗。濟兄弟因前刺帝，帝倒車下。

〔三〕世語曰：業，武陵人，後爲晉中護軍。

庚寅，太傅孚、大將軍文王、太尉柔、司徒沖稽首言：「伏見中令，故高貴鄉公悖逆不道，自陷大禍，依漢昌邑王罪廢故事，以民禮葬。臣等備位，不能匡救禍亂，式遏姦逆，奉令震悚，肝心悼慄。春秋之義，王者無外，而書『襄王出居于鄭』，不能事母，故絕之于位也。今高貴鄉公肆行不軌，幾危社稷，自取傾覆，人神所絕，葬以民禮，誠當舊典。然臣等伏惟殿下仁慈過隆，雖存大義，猶垂哀矜，臣等之心實有不忍，以爲可加恩以王禮葬之。」太后從之。〔一〕

〔一〕漢晉春秋曰：丁卯，葬高貴鄉公于洛陽西北三十里瀍澗之濱。下車數乘，不設旌旐，百姓相聚而觀之，曰：「是前日所殺天子也。」或掩面而泣，悲不自勝。

臣松之以爲若但下車數乘，不設旌旐，何以爲王禮葬乎？斯蓋惡之過言，所謂不如是之甚者。

使使持節行中護軍中壘將軍司馬炎北迎常道鄉公璜嗣明帝後。辛卯，羣公奏太后曰：「殿下聖德光隆，寧濟六合，而猶稱令，與藩國同。請自今殿下令書，皆稱詔制，如先代故事。」

癸卯，大將軍固讓相國、晉公、九錫之寵。太后詔曰：「夫有功不隱，周易大義，成人之美，古賢所尙，今聽所執，出表示外，以章公之謙光焉。」

戊申，大將軍文王上言：「高貴鄉公率將從駕人兵，拔刃鳴金鼓向臣所止；懼兵刃相接，卽勑將士不得有所傷害，違令以軍法從事。騎督成倅弟太子舍人濟，橫入兵陳傷公，遂至隕命；輒收濟行軍法。臣聞人臣之節，有死無二，事上之義，不敢逃難。前者變故卒至，禍同發機，誠欲委身守死，唯命所裁。然惟本謀乃欲上危皇太后，傾覆宗廟。臣忝當大任，義在安國，懼雖身死，罪責彌重。欲遵伊、周之權，以安社稷之難，卽駱驛申勑，不得迫近輦輿，而濟遽入陳間，以致大變。哀怛痛恨，五內摧裂，不知何地可以隕墜？科律大逆無道，父母妻子同產皆斬。濟凶戾悖逆，干國亂紀，罪不容誅。輒勑侍御史收濟家屬，付廷尉，結

正其罪。」(一)太后詔曰：「夫五刑之罪，莫大於不孝。夫人有子不孝，尚告治之，此兒豈復成人主邪？吾婦人不達大義，以謂濟不得便爲大逆也。然大將軍志意懇切，發言惻愴，故聽如所奏。當班下遠近，使知本末也。」(二)

(一)魏氏春秋曰：成濟兄弟不即伏罪，袒而升屋，醜言悖慢；自下射之，乃殪。

(二)世語曰：初，青龍中，石苞鬻鐵於長安，得見司馬宣王，宣王知焉。後擢爲尚書郎，歷青州刺史、鎭東將軍。甘露中入朝，當還，辭高貴鄉公，留中盡日。文王遣人要令過。文王問苞：「何淹留也？」苞曰：「非常人也。」明日發至滎陽，數日而難作。

六月癸丑，詔曰：「古者人君之爲名字，難犯而易諱。今常道鄉公諱字甚難避，其朝臣博議改易，列奏。」

陳留王諱奐，字景明，武帝孫，燕王宇子也。甘露三年，封安次縣常道鄉公。高貴鄉公卒，公卿議迎立公。六月甲寅，入于洛陽，見皇太后，是日卽皇帝位于太極前殿，大赦，改年，賜民爵及穀帛各有差。

景元元年夏六月丙辰，進大將軍司馬文王位爲相國，封晉公，增封二郡，幷前滿十，加九錫之禮，一如前(奏)〔詔〕；諸羣從子弟，其未有侯者皆封亭侯，賜錢千萬，帛萬匹，文王固讓乃止。己未，故漢獻帝夫人節薨，帝臨于華林園，使使持節追謚夫人爲獻穆皇后。及葬，

車服制度皆如漢氏故事。癸亥，以尚書右僕射王觀爲司空，冬十月，觀薨。

十一月，燕王上表賀冬至，稱臣。詔曰：「古之王者，或有所不臣，王將宜依此義。表不稱臣乎！又當爲報。夫後大宗者，降其私親，況所繼者重邪！若便同之臣妾，亦情所未安。其皆依禮典處，當務盡其宜。」有司奏，以爲「禮莫崇于尊祖，制莫大于正典。陛下稽德期運，撫臨萬國，紹大宗之重，隆三祖之基。伏惟燕王體尊戚屬，正位藩服，躬秉虔肅，率蹈恭德以先萬國；其于正典，闡濟大順，所不得制。聖朝誠宜崇以非常之制，奉以不臣之禮。臣等平議以爲燕王章表，可聽如舊式。中詔所施，或存好問，準之義類，則『(宴)〔燕〕覲之(族)〔敬〕』也，可少順聖敬，加崇儀稱，示不敢斥，宜曰『皇帝敬問大王侍御』。至于制書，國之正典，朝廷所以辨章公制，宜昭軌儀于天下者也，宜循法，故曰『制詔燕王』。凡詔命、制書、奏事、上書諸稱燕王者，可皆上平。其非宗廟助祭之事，皆不得稱王名，奏事、上書、文書及吏民皆不得觸王諱，以彰殊禮，加于羣后。上遵王典尊祖之制，俯順聖敬烝烝之心，二者不忒，禮實宜之，可普告施行。」

十二月甲申，黃龍見華陰縣井中。甲午，以司隸校尉王祥爲司空。

二年夏五月朔，日有食之。秋七月，樂浪外夷韓、濊貊各率其屬來朝貢。八月戊寅，趙王幹薨。甲寅，復命大將軍進爵晉公，加位相國，備禮崇錫，一如前詔；又固辭乃止。

三年春二月，青龍見于軹縣井中。夏四月，遼東郡言肅愼國遣使重譯入貢，獻其國弓三十張，長三尺五寸，楛矢長一尺八寸，石弩三百枚，皮骨鐵雜鎧二十領，貂皮四百枚。冬十月，蜀大將姜維寇洮陽，鎭西將軍鄧艾拒之，破維于侯和，維遁走。是歲，詔祀故軍祭酒郭嘉於太祖廟庭。

四年春二月，復命大將軍進位爵賜一如前詔，又固辭乃止。

夏五月，詔曰：「蜀，蕞爾小國，土狹民寡，而姜維虐用其衆，曾無廢志；往歲破敗之後，猶復耕種沓中，刻剝衆羌，勞役無已，民不堪命。夫兼弱攻昧，武之善經，致人而不致於人，兵家之上略。蜀所恃賴，唯維而已，因其遠離巢窟，用力爲易。今使征西將軍鄧艾督帥諸軍，趣甘松、沓中以羅取維，雍州刺史諸葛緒督諸軍趣武都、高樓，首尾蹴討。若擒維，便當東西並進，掃滅巴蜀也。」又命鎭西將軍鍾會由駱谷伐蜀。

秋九月，太尉高柔薨。冬十月甲寅，復命大將軍進位爵賜一如前詔。癸卯，立皇后卞氏，十一月，大赦。

自鄧艾、鍾會率衆伐蜀，所至輒克。是月，蜀主劉禪詣艾降，巴蜀皆平。十二月庚戌，以司徒鄭沖爲太保。壬子，分益州爲梁州。癸丑，特赦益州士民，復除租賦之半五年。乙卯，以征西將軍鄧艾爲太尉，鎭西將軍鍾會爲司徒。皇太后崩。

咸熙元年春正月壬戌，檻車徵鄧艾。甲子，行幸長安。壬申，使使者以璧幣祀華山。是月，鍾會反于蜀，爲衆所討；鄧艾亦見殺。二月辛卯，特赦諸在益土者。庚申，葬明元郭后。三月丁丑，以司空王祥爲太尉，征北將軍何曾爲司徒，尚書左僕射荀顗爲司空。己卯，進晉公爵爲王，封十郡，幷前二十。(一)丁亥，封劉禪爲安樂公。夏五月庚申，相國晉王奏復五等爵。甲戌，改年。癸未，追命舞陽宣文侯爲晉宣王，舞陽忠武侯爲晉景王。六月，鎭西將軍衞瓘上雍州兵于成都縣獲璧玉印各一，印文似「成信」字，依周成王歸禾之義，宣示百官，藏于相國府。(二)

(一)漢晉春秋曰：晉公既進爵爲王，太尉王祥、司徒何曾、司空荀顗並詣王。顗曰：「相王尊重，何侯與一朝之臣皆已盡敬，今日便當相率而拜，無所疑也。」祥曰：「相國位勢，誠爲尊貴，然要是魏之宰相，吾等魏之三公；公、王相去，一階而已，班列大同，安有天子三公可輒拜人者！損魏朝之望，虧晉王之德，君子愛人以禮，吾不爲也。」及入，顗遂拜，而祥獨長揖。王謂祥曰：「今日然後知君見顧之重！」

(二)孫盛曰：昔公孫述自以起成都，號曰成。二玉之文，殆述所作也。

初，自平蜀之後，吳寇屯逼永安，遣荆、豫諸軍掎角赴救。七月，賊皆遁退。八月庚寅，命中撫軍司馬炎副貳相國事，以同魯公拜後之義。

癸巳，詔曰：「前逆臣鍾會構造反亂，聚集征行將士，劫以兵威，始吐姦謀，發言桀逆，逼

脅衆人，皆使下議，倉卒之際，莫不驚慴。相國左司馬夏侯和、騎士曹屬朱撫時使在成都，中領軍司馬賈輔、郎中羊琇各參會軍事；和、琇、撫皆抗節不撓，拒會凶言，臨危不顧，詞指正烈。輔語散將王起，說『會姦逆凶暴，欲盡殺將士』，又云『相國已率三十萬衆西行討會』，欲以稱張形勢，感激衆心。起出，以輔言宣語諸軍，遂使將士益懷奮勵。宜加顯寵，以彰忠義。其進和、輔爵爲鄉侯，琇、撫爵關內侯。起宣傳輔言，告令將士，所宜賞異。其以起爲部曲將。」

癸卯，以衞將軍司馬望爲驃騎將軍。九月戊午，以中撫軍司馬炎爲撫軍大將軍。

辛未，詔曰：「吳賊政刑暴虐，賦斂無極。孫休遣使鄧句，勑交阯太守鎖送其民，發以爲兵。吳將呂興因民心憤怒，又承王師平定巴蜀，卽糾合豪傑，誅除句等，驅逐太守長吏，撫和吏民，以待國命。九眞、日南郡聞興去逆卽順，亦齊心響應，與興協同。興移書日南州郡，開示大計，兵臨合浦，告以禍福；遣都尉唐譜等詣進乘縣，因南中都督護軍霍弋上表自陳。又交阯將吏各上表，言『興創造事業，大小承命。郡有山寇，入連諸郡，懼其計異，各有攜貳。權時之宜，以興爲督交阯諸軍事、上大將軍、定安縣侯，乞賜褒獎，以慰邊荒』。乃心款誠，形于辭旨。昔儀父朝魯，春秋所美；竇融歸漢，待以殊禮。今國威遠震，撫懷六合，方包舉殊裔，混一四表。興首向王化，舉衆稽服，萬里馳義，請吏帥職，宜加寵遇，崇其爵位。

既使興等懷忠感悅，遠人聞之，必皆競勸。其以興爲使持節、都督交州諸軍事、南中大將軍，封定安縣侯，得以便宜從事，先行後上。」策命未至，興爲下人所殺。

冬十月丁亥，詔曰：「昔聖帝明王，靜亂濟世，保大定功，文武殊塗，勳烈同歸。是故或舞干戚以訓不庭，或陳師旅以威暴慢。至于愛民全國，康惠庶類，必先脩文教，示之軌儀，不得已然後用兵，此盛德之所同也。往者季漢分崩，九土顚覆，劉備、孫權乘間作禍。三祖綏寧中夏，日不暇給，遂使遺寇僭逆歷世。幸賴宗廟威靈，宰輔忠武，爰發四方，拓定庸、蜀，役不浹時，一征而克。自頃江表衰弊，政刑荒闇，巴、漢平定，孤危無援，交、荆、揚、越，靡然向風。今交阯僞將呂興已帥三郡，萬里歸命；武陵邑侯相嚴等糾合五縣，請爲臣妾；豫章廬陵山民舉衆叛吳，以助北將軍爲號。又孫休病死，主帥改易，國內乖違，人各有心。僞將施績，賊之名臣，懷疑自猜，深見忌惡。衆叛親離，莫有固志，自古及今，未有亡徵若此之甚。若六軍震曜，南臨江、漢，吳會之域必扶老攜幼以迎王師，必然之理也。然興動大衆，猶有勞費，宜告喻威德，開示仁信，使知順附和同之利。相國參軍事徐紹、水曹掾孫彧，昔在壽春，並見虜獲。紹本僞南陵督，才質開壯；彧，孫權支屬，忠良見事。其遣紹南還，以彧爲副，宣揚國命，告喻吳人，諸所示語，皆以事實，若其覺悟，不損征伐之計，蓋廟勝長算，自古之道也。其以紹兼散騎常侍，加奉車都尉，封都亭侯；彧兼給事黃門侍郎，賜爵關

內侯。紹等所賜妾及男女家人在此者，悉聽自隨，以明國恩，不必使還，以開廣大信。」

丙午，命撫軍大將軍新昌鄉侯炎爲晉世子。是歲，罷屯田官以均政役，諸典農皆爲太守，都尉皆爲令長；勸募蜀人能內移者，給廩二年，復除二十歲。安彌、福祿縣各言嘉禾生。

二年春二月甲辰，朐䏰縣獲靈龜以獻，歸之于相國府。庚戌，以虎賁張脩昔於成都馳馬至諸營言鍾會反逆，以至沒身，賜脩弟倚爵關內侯。夏四月，南深澤縣言甘露降。吳遣使紀陟、弘璆請和。

五月，詔曰：「相國晉王誕敷神慮，光被四海；震燿武功，則威蓋殊荒，流風邁化，則旁洽無外。愍卹江表，務存濟育，戢武崇仁，示以威德。文告所加，承風嚮慕，遣使納獻，以明委順，方寶纖珍，歡以效意。而王謙讓之至，一皆簿送，非所以慰副初附，從其款願也。孫晧諸所獻致，其皆還送，歸之于王，以協古義。」王固辭乃止。又命晉王冕十有二旒，建天子旌旗，出警入蹕，乘金根車、六馬，備五時副車，置旄頭雲罕，樂舞八佾，設鍾虡宮縣。進王妃爲王后，世子爲太子，王子、王女、王孫，爵命之號如舊儀。癸未，大赦。秋八月辛卯，相國晉王薨。壬辰，晉太子炎紹封襲位，總攝百揆，備物典册，一皆如前。是月，襄武縣言有大人見，〔長〕三丈餘，跡長三尺二寸，白髮，著黃單衣，黃巾，柱杖，呼民王始語云：「今當太

平。」九月乙未，大赦。戊午，司徒何曾爲晉丞相。癸亥，以驃騎將軍司馬望爲司徒，征東大將軍石苞爲驃騎將軍，征南大將軍陳騫爲車騎將軍。乙亥，葬晉文王。閏月庚辰，康居、大宛獻名馬，歸于相國府，以顯懷萬國致遠之勳。

十二月壬戌，天祿永終，曆數在晉。詔羣公卿士具儀設壇于南郊，使使者奉皇帝璽綬册，禪位于晉嗣王，如漢魏故事。甲子，使使者奉策。遂改次于金墉城，而終館于鄴，時年二十。〔一〕

〔一〕魏世譜曰：封帝爲陳留王。年五十八，太安元年崩，謚曰元皇帝。

評曰：古者以天下爲公，唯賢是與。後代世位，立子以適；若適嗣不繼，則宜取旁親明德，若漢之文、宣者，斯不易之常準也。明帝既不能然，情繫私愛，撫養嬰孩，傳以大器，託付不專，必參枝族，終于曹爽誅夷，齊王替位。高貴公才慧夙成，好問尚辭，蓋亦文帝之風流也；然輕躁忿肆，自蹈大禍。陳留王恭己南面，宰輔統政，仰遵前式，揖讓而禪，遂饗封國，作賓于晉，比之山陽，班寵有加焉。

三國志卷五

魏書五

后妃傳第五

易稱「男正位乎外，女正位乎內；男女正，天地之大義也」。古先哲王，莫不明后妃之制，順天地之德，故二妃嬪嬀，虞道克隆，任、姒配姬，周室用熙，廢興存亡，恒此之由。春秋說云天子十二女，諸侯九女，考之情理，不易之典也。而末世奢縱，肆其侈欲，至使男女怨曠，感動和氣，惟色是崇，不本淑懿，故風教陵遲而大綱毀泯，豈不惜哉！嗚呼，有國有家者，其可以永鑒矣！

漢制，帝祖母曰太皇太后，帝母曰皇太后，帝妃曰皇后，其餘內官十有四等。魏因漢法，母后之號，皆如舊制，自夫人以下，世有增損。太祖建國，始命王后，其下五等：有夫人，有昭儀，有倢伃，有容華，有美人。文帝增貴嬪、淑媛、脩容、順成、良人。明帝增淑妃、昭華、脩儀；除順成官。太和中始復命夫人，登其位於淑妃之上。自夫人以下爵凡十二等：貴嬪、夫人，位次皇后，爵無所視；淑妃位視相國，爵比諸侯王；淑媛位視御史大夫，爵比

縣公；昭儀比縣侯；昭華比鄉侯；脩容比亭侯；脩儀比關內侯；倢伃視中二千石；容華視眞二千石；美人視比二千石；良人視千石。

武宣卞皇后，琅邪開陽人，文帝母也。本倡家，〔一〕年二十，太祖於譙納后為妾。後隨太祖至洛。及董卓為亂，太祖微服東出避難。袁術傳太祖凶問，時太祖左右至洛者皆欲歸，后止之曰：「曹君吉凶未可知，今日還家，明日若在，何面目復相見也？正使禍至，共死何苦！」遂從后言。太祖聞而善之。建安初，丁夫人廢，遂以后為繼室。諸子無母者，太祖皆令后養之。〔二〕文帝為太子，左右長御賀后曰：「將軍拜太子，天下莫不歡喜，后當傾府藏賞賜。」后曰：「王自以丕年大，故用為嗣，我但當以免無教導之過為幸耳，亦何為當重賜遺乎！」長御還，具以語太祖。太祖悅曰：「怒不變容，喜不失節，故是最為難。」

〔一〕魏書曰：后以漢延熹三年十二月己巳生齊郡白亭，有黃氣滿室移日。父敬侯怪之，以問卜者王旦，旦曰：「此吉祥也。」

〔二〕魏略曰：太祖始有丁夫人，又劉夫人生子脩及清河長公主。劉早終，丁養子脩。子脩亡於穰，丁常言：「將我兒殺之，都不復念！」遂哭泣無節。太祖忿之，遣歸家，欲其意折。後太祖就見之，夫人方織，外人傳云「公至」，夫人踞機如故。太祖到，撫其背曰：「顧我共載歸乎！」夫人不顧，又不應。太祖卻行，立于戶外，復云：「得無尚可邪！」遂不應，太祖曰：「眞訣矣。」遂與絕，欲其家嫁之，其家不敢。初，丁夫人既為嫡，加有子脩，丁視后母子不足。后為繼室，不念舊惡，因太祖出行，常四時使人饋遺，又私迎之，延以正坐而己下之，迎來送去，有如昔日。丁謝曰：「廢放之人，夫人何能常爾邪！」其後丁亡，后請太祖殯葬，許之，乃葬許城南。後太祖病困，自慮不起，歎曰：「我前後行意，於心未曾有所負也。假令死而有靈，子脩若問『我母所在』，我將何辭以答！」

魏書曰：后性約儉，不尚華麗，無文繡珠玉，器皆黑漆。太祖常得名璫數具，命后自選一具，后取其中者，太祖問其故，對曰：「取其上者為貪，取其下者為偽，故取其中者。」

二十四年，拜為王后，策曰：「夫人卞氏，撫養諸子，有母儀之德。今進位王后，太子諸侯陪位，羣卿上壽，減國內死罪一等。」二十五年，太祖崩，文帝即王位，尊后曰王太后，及踐阼，尊后曰皇太后，稱永壽宮。〔一〕明帝即位，尊太后曰太皇太后。

〔一〕魏書曰：后以國用不足，減損御食，諸金銀器物皆去之。東阿王植，太后少子，最愛之。後植犯法，為有司所奏，文帝令太后弟子奉車都尉蘭持公卿議白太后，太后曰：「不意此兒所作如是，汝還語帝，不可以我故壞國法。」及自見帝，不以為言。

臣松之案：文帝夢磨錢，欲使文滅而更愈明，以問周宣。宣答曰：「此陛下家事，雖意欲爾，而太后不聽。」則太后用意，不得如此書所言也。

魏書又曰：太后每隨軍征行，見高年白首，輒住車呼問，賜與絹帛，對之涕泣曰：「恨父母不及我時也。」太后每見外親，不假以顏色，常言「居處當務節儉，不當望賞賜，念自佚也。外舍當怪吾遇之太薄，吾自有常度故也。吾事武帝四五十年，行儉日久，不能自變為奢，有犯科禁者，吾且能加罪一等耳，莫望錢米恩貸也。」帝為太后弟秉起第，第成，太后幸第請諸家外親，設下廚，無異膳。太后左右，菜食粟飯，無魚肉。其儉如此。

黃初中，文帝欲追封太后父母，尚書陳羣奏曰：「陛下以聖德應運受命，創業革制，當永為後式。案典籍之文，無婦人分土命爵之制。在禮典，婦因夫爵。秦違古法，漢氏因之，非先王之令典也。」帝曰：「此議是也，其勿施行。以作著詔下藏之臺閣，永為後式。」至太和四年春，明帝乃追謚太后祖父廣曰開陽恭侯，父遠曰敬侯，祖母周封陽都君及（恭）〔敬〕侯夫人，皆贈印綬。其年五月，后崩。七月，合葬高陵。

初，太后弟秉，以功封都鄉侯，黃初七年進封開陽侯，邑千二百戶，為昭烈將軍。〔一〕秉薨，子蘭嗣。少有才學，〔二〕為奉車都尉、游擊將軍，加散騎常侍。蘭薨，子暉嗣。〔三〕又分秉爵，封蘭弟琳為列侯，官至步兵校尉。蘭子隆女為高貴鄉公皇后，隆以后父為光祿大夫，位特進，封睢陽鄉侯，妻王為顯陽鄉君。追封隆前妻劉為順陽鄉君，后親母故也。琳女又為陳留王皇后，時琳已沒，封琳妻劉為廣陽鄉君。

〔一〕魏略曰：初，卞后弟秉，當建安時得為別部司馬，后常對太祖怨言，太祖答言：「但得與我作婦弟，不為多邪？」后又欲太祖給其錢帛，太祖又曰：「但汝盜與，不為足邪？」故訖太祖世，秉官不移，財亦不益。

〔二〕魏略曰：蘭獻賦贊述太子德美，太子報曰：「賦者，言事類之所附也，頌者，美盛德之形容也，故作者不虛其辭，受者必當其實。蘭此賦，豈吾實哉？昔吾丘壽王一陳寶鼎，何武等徒以歌頌，猶受金帛之賜，蘭事雖不諒，義足嘉也。今賜牛一頭。」由是遂見親敬。

〔三〕魏略曰：明帝時，蘭見外有二難，而帝留意於宮室，常因侍從，數切諫。帝雖不能從，猶納其誠款。後蘭苦酒消渴，時帝信巫女用水方，使人持水賜蘭，蘭不肯飲。詔問其意？蘭言治病自當以方藥，何信於此？帝爲變色，而蘭終不服。後渴稍甚，以至於亡。故時人見蘭好直言，謂帝面折之而蘭自殺，其實不然。

文昭甄皇后，中山無極人，明帝母，漢太保甄邯後也，世吏二千石。父逸，上蔡令。后三歲失父。〔一〕後天下兵亂，加以饑饉，百姓皆賣金銀珠玉寶物，時后家大有儲穀，頗以買之。后年十餘歲，白母曰：「今世亂而多買寶物，匹夫無罪，懷璧爲罪。又左右皆飢乏，不如以穀振給親族鄰里，廣爲恩惠也。」舉家稱善，即從后言。〔二〕

〔一〕魏書曰：逸娶常山張氏，生三男五女：長男豫，早終；次儼，舉孝廉，大將軍掾、曲梁長；次堯，舉孝廉；長女姜，次脫，次道，次榮，次即后。后以漢光和五年十二月丁酉生。每寢寐，家中髣髴見如有人持玉衣覆其上者，常共怪之。逸薨，加號慕，內外益奇之。後相者劉良相后及諸子，良指后曰：「此女貴乃不可言。」后自少至長，不好戲弄。年八歲，外有立騎馬戲者，家人諸姊皆上閣觀之，后獨不行。諸姊怪問之，后答言：「此豈女人之所觀邪？」年九歲，喜書，視字輒識，數用諸兄筆硯，兄謂后言：「汝當習女工。用書爲學，當作女博士邪？」后答言：「聞古者賢女，未有不學前世成敗，以爲己誡。不知書，何由見之？」

〔二〕魏略曰：后年十四，喪中兄儼，悲哀過制，事寡嫂謙敬，事處其勞，拊養儼子，慈愛甚篤。后母性嚴，待諸婦有常，后數諫母：「兄不幸早終，嫂年少守節，顧留一子，以大義言之，待之當如婦，愛之宜如女。」母感后言流涕，便令

后與嫂共止，寢息坐起常相隨，恩愛益密。

建安中，袁紹爲中子熙納之。熙出爲幽州，后留養姑。及冀州平，文帝納后于鄴，有寵，生明帝及東鄉公主。〔一〕延康元年正月，文帝即王位，六月，南征，后留鄴。黃初元年十月，帝踐阼。踐阼之後，山陽公奉二女以嬪于魏，郭后、李、陰貴人並愛幸，后愈失意，有怨言。帝大怒，二年六月，遣使賜死，葬于鄴。〔二〕

〔一〕魏略曰：熙出在幽州，后留侍姑。及鄴城破，紹妻及后共坐皇堂上。文帝入紹舍，見紹妻及后，后怖，以頭伏姑膝上，紹妻兩手自搏。文帝謂曰：「劉夫人云何如此？令新婦舉頭！」姑乃捧后令仰，文帝就視，見其顏色非凡，稱歎之。太祖聞其意，遂爲迎取。

世語曰：太祖下鄴，文帝先入袁尚府，有婦人被髮垢面，垂涕立紹妻劉後，文帝問之，劉答「是熙妻」，顧擥髮髻，以巾拭面，姿貌絕倫。既過，劉謂后「不憂死矣」！遂見納，有寵。

魏書曰：后寵愈隆而彌自挹損，後宮有寵者勸勉之，其無寵者慰誨之，每因閑宴，常勸帝，言「昔黃帝子孫蕃育，蓋由妾媵衆多，乃獲斯祚耳。所願廣求淑媛，以豐繼嗣。」帝心嘉焉。其後帝欲遣任氏，后請於帝曰：「任既鄉黨名族，德、色，妾等不及也，如何遣之？」帝曰：「任性狷急不婉順，前後忿吾非一，是以遣之耳。」后流涕固請曰：「妾受敬遇之恩，衆人所知，必謂任之出，是妾之由。上懼有見私之譏，下受專寵之罪，願重留意！」帝不聽，遂出之。

十六年七月，太祖征關中，武宣皇后從，留孟津，帝居守鄴。時武宣皇后體小不安，后不得定省，憂怖，晝夜泣涕；左右驟以差問告，后猶不信，曰：「夫人在家，故疾每動，輒歷時，今疾便差，何速也？此欲慰我意耳！」憂愈甚。後得武宣皇后還書，說疾已平復，后乃懽悅。十七年正月，大軍還鄴，后朝武宣皇后，望幄座悲喜，感動左右。武宣皇后見后如此，亦泣，且謂之曰：「新婦謂吾前病如昔時困邪？吾時小小耳，十餘日即差，不當視我顏色乎！」嗟歎曰：「此眞孝婦也。」二十一年，太祖東征，武宣皇后、文帝及明帝、東鄉公主皆從，時后以病留鄴。二十二年九月，大軍還，武宣皇后左右侍御見后顏色豐盈，怪問之曰：「后與二子別久，下流之情，不可爲念，而后顏色更盛，何也？」后笑答之曰：「（諱）〔叡〕等自隨夫人，我當何憂！」后之賢明以禮自持如此。

〔二〕魏書曰：有司奏建長秋宮，帝璽書迎后，詣行在所，后上表曰：「妾聞先代之興，所以饗國久長，垂祚後嗣，無不由后妃焉。故必審選其人，以興內教。今踐阼之初，誠宜登進賢淑，統理六宮。妾自省愚陋，不任粢盛之事，加以寢疾，敢守微志。」璽書三至而后三讓，言甚懇切。時盛暑，帝欲須秋涼乃更迎后。會后疾遂篤，夏六月丁卯，崩于鄴。帝哀痛咨嗟，策贈皇后璽綬。

臣松之以爲春秋之義，內大惡諱，小惡不書。文帝之不立甄氏，及加殺害，事有明審。魏史若以爲大惡邪，則宜隱而不言，若謂爲小惡邪，則不應假爲之辭，而崇飾虛文乃至於是，異乎所聞於舊史。推此而言，其稱卞、甄諸后言行之善，皆難以實論。陳氏刪落，良有以也。

明帝即位，有司奏請追謚，使司空王朗持節奉策以太牢告祠于陵，又別立寢廟。〔一〕太和元年三月，以中山魏昌之安城鄉戶千，追封逸，謚曰敬侯；適孫像襲爵。四月，初營宗廟，掘地得玉璽，方一寸九分，其文曰「天子羨思慈親」，明帝爲之改容，以太牢告廟。又嘗

夢見后，於是差次舅氏親疏高下，敍用各有差，賞賜累鉅萬；以像爲虎賁中郎將。是月，后母薨，帝制緦服臨喪，百僚陪位。四年十一月，以后舊陵庳下，使像兼太尉，持節詣鄴，昭告后土，十二月，改葬朝陽陵。像還，遷散騎常侍。青龍二年春，追謚后兄儼曰安城鄉穆侯。夏，吳賊寇揚州，以像爲伏波將軍，持節監諸將東征，還，復爲射聲校尉。三年薨，追贈衞將軍，改封魏昌縣，謚曰貞侯；子暢嗣。又封暢弟溫、韡、豔皆爲列侯。四年，改逸、儼本封皆曰魏昌侯，謚因故。封儼世婦劉爲東鄉君，又追封逸世婦張爲安喜君。

〔一〕魏書載三公奏曰：「蓋孝敬之道，篤乎其親，乃四海所以承化，天地所以明察，是謂生則致其養，歿則光其靈，誦述以盡其美，宣揚以顯其名者也。今陛下以聖懿之德，紹承洪業，至孝烝烝，通於神明，遭罹殷憂，每勞謙讓。先帝遷神山陵，大禮既備，至於先后，未有顯謚。伏惟先后恭讓著於幽微，至行顯於不言，化流邦國，德侔二南，故能膺神靈嘉祥，爲大魏世妃。雖夙年登遐，萬載之後，永播融烈，后妃之功莫得而尚也。案謚法：『聖聞周達曰昭。德明有功曰昭。』昭者，光明之至，盛久而不昧者也。宜上尊謚曰文昭皇后。」是月，三公又奏曰：「自古周人始祖后稷，又特立廟以祀姜嫄。今文昭皇后之於萬嗣，聖德至化，豈有量哉！夫以皇家世（祀）〔妃〕之尊，而克讓允恭，固推盛位，神靈遷化，而無寢廟以承享（禮）〔祀〕，非所以報顯德，昭孝敬也。稽之古制，宜依周禮，先妣別立寢廟。」並奏可之。

景初元年夏，有司議定七廟。冬，又奏曰：「蓋帝王之興，既有受命之君，又有聖妃協于神靈，然後克昌厥世，以成王業焉。昔高辛氏卜其四妃之子皆有天下，而帝摯、陶唐、商、周

中華書局

代興。周人上推后稷，以配皇天，追述王初，本之姜嫄，特立宮廟，世世享嘗，周禮所謂『奏夷則，歌中呂，舞大濩，以享先妣』者也。詩人頌之曰：『厥初生民，時維姜嫄。』言王化之本，生民所由。又曰：『閟宮有侐，實實枚枚，赫赫姜嫄，其德不回。』詩、禮所稱姬宗之盛，其美如此。大魏期運，繼于有虞，然崇弘帝道，三世彌隆，廟祧之數，實與周同。今武宣皇后、文德皇后各配無窮之祚，至於文昭皇后膺天靈符，誕育明聖，功濟生民，德盈宇宙，開諸後嗣，乃道化之所興也。寢廟特祀，亦姜嫄之閟宮也，而未著不毀之制，懼論功報德之義，萬世或闕焉，非所以昭孝示後世也。文昭廟宜世世享祀奏樂，與祖廟同，永著不毀之典，以播聖善之風。」於是與七廟議並勒金策，藏之金匱。

帝思念舅氏不已。暢尚幼，景初末，以暢爲射聲校尉，加散騎常侍，又特爲起大第，車駕親自臨之。又於其後園爲像母起觀廟，名其里曰渭陽里，以追思母氏也。嘉平三年正月，暢薨，追贈車騎將軍，謚曰恭侯；子紹嗣。太和六年，明帝愛女淑薨，追封謚淑爲平原懿公主，爲之立廟。取后亡從孫黃與合葬，追封黃列侯，以夫人郭氏從弟悳爲之後，承甄氏姓，封悳爲平原侯，襲公主爵。〔一〕青龍中，又封后從兄子毅及像弟三人，皆爲列侯。毅數上疏陳時政，官至越騎校尉。嘉平中，復封暢子二人爲列侯。后兄儼孫女爲齊王皇后，后父

已沒，封后母爲廣樂鄉君。

〔一〕孫盛曰：於禮，婦人既無封爵之典，況于孩末，而可建以大邑乎？悳自異族，援繼非類，匪功匪親，而襲母爵，違情背典，於此爲甚。陳羣雖抗言，楊阜引事比並，然皆不能極陳先王之禮，明封建繼嗣之義，忠至之辭，猶有闕乎！詩云：「赫赫師尹，民具爾瞻。」宰輔之職，其可略哉！

晉諸公贊曰：悳字彥孫。司馬景王輔政，以女妻悳。妻早亡，文王復以女繼室，即京兆長公主。景、文二王欲自結于郭后，是以頻繁爲婚。悳雖無才學，而恭謹謙順。甄溫字仲舒，與郭建及悳等皆后族，以事宜見寵。咸熙初，封郭建爲臨渭縣公，悳廣安縣公，邑皆千八百戶。溫本國侯，進爲輔國大將軍，加侍中，領射聲校尉，悳鎮軍大將軍。泰始元年，晉受禪，加建、悳、溫三人位特進。悳爲人貞素，加以世祖姊夫，是以遂貴當世。悳暮年官更轉爲宗正，遷侍中。太康中，大司馬齊王攸當之藩，悳與左衞將軍王濟共諫請，時人嘉之。世祖以此望悳，由此出悳爲大鴻臚，加侍中、光祿大夫，尋疾薨，贈中軍大將軍，開府侍中如故，謚恭公，子喜嗣。喜精粹有器美，歷中書郎、右衞將軍、侍中，位至輔國大將軍，加散騎常侍。喜與國姻親，而經趙王倫、齊王冏事故，能不豫際會，良由其才短，然亦以退靜免之。

文德郭皇后，安平廣宗人也。祖世長吏。〔一〕后少而父永奇之曰：「此乃吾女中王也。」遂以女王爲字。早失二親，喪亂流離，沒在銅鞮侯家。太祖爲魏公時，得入東宮。后有智數，時時有所獻納。文帝定爲嗣，后有謀焉。太子即王位，后爲夫人，及踐阼，爲貴嬪。甄后之死，由后之寵也。黃初三年，將登后位，文帝欲立爲后，中郎棧潛上疏曰：「在昔帝王之

治天下，不惟外輔，亦有內助，治亂所由，盛衰從之。故西陵配黃，英娥降嬀，並以賢明，流芳上世。桀奔南巢，禍階末喜；紂以炮烙，怡悅妲己。是以聖哲慎立元妃，必取先代世族之家，擇其令淑以統六宮，虔奉宗廟，陰教聿修。易曰：『家道正而天下定。』由內及外，先王之令典也。春秋書宗人釁夏云，無以妾爲夫人之禮。齊桓誓命于葵丘，亦曰『無以妾爲妻』。今後宮嬖寵，常亞乘輿。若因愛登后，使賤人暴貴，臣恐後世下陵上替，開張非度，亂自上起也。」文帝不從，遂立爲皇后。〔二〕

〔一〕魏書曰：父永，官至南郡太守，謚敬侯。母姓董氏，即堂陽君，生三男二女：長男浮，高唐令；次女昱，次即后，后弟都，弟成。后以漢中平元年三月乙卯生，生而有異常。

〔二〕魏書曰：后上表謝曰：「妾無皇、英釐降之節，又非姜、任思齊之倫，誠不足以假充女君之盛位，處中饋之重任。」後宮諸貴人時有過失，常彌覆之，有譴讓，輒爲帝言其本末，帝或大有所怒，至爲之頓首請罪，是以六宮無怨。性儉約，不好音樂，常慕漢明德馬后之爲人。

后早喪兄弟，以從兄表繼永後，拜奉車都尉。后外親劉斐與他國爲婚，后聞之，敕曰：「諸親戚嫁娶，自當與鄉里門戶匹敵者，不得因勢，彊與他方人婚也。」后姊子孟武還鄉里，求小妻，后止之。遂敕諸家曰：「今世婦女少，當配將士，不得因緣取以爲妾也。宜各自慎，無爲罰首。」〔一〕

〔一〕魏書曰：后常敕戒表、武等曰：「漢氏椒房之家，少能自全者，皆由驕奢，可不慎乎！」

五年，帝東征，后留許昌永始臺。時霖雨百餘日，城樓多壞，有司奏請移止。后曰：「昔楚昭王出游，貞姜留漸臺，江水至，使者迎而無符，不去，卒沒。今帝在遠，吾幸未有是患，而便移止，奈何？」羣臣莫敢復言。六年，帝東征吳，至廣陵，后留譙宮。時表留宿衞，欲遏水取魚。后曰：「水當通運漕，又少材木，奴客不在目前，當復私取官竹木作梁遏。今奉車所不足者，豈魚乎？」

明帝即位，尊后爲皇太后，稱永安宮。太和四年，詔封表安陽亭侯，又進爵鄉侯，增邑并前五百戶，遷中壘將軍。以表子詳爲騎都尉。其年，帝追謚太后父永爲安陽鄉敬侯，母董爲都鄉君。遷表昭德將軍，加金紫，位特進，表第二子訓爲騎都尉。及孟武母卒，欲厚葬，起祠堂，太后止之曰：「自喪亂以來，墳墓無不發掘，皆由厚葬也；首陽陵可以爲法。」青龍三年春，后崩于許昌，以終制營陵，三月庚寅，葬首陽陵西。〔一〕帝進表爵爲觀津侯，增邑五百，并前千戶。遷詳爲駙馬都尉。四年，追改封永爲觀津敬侯，世婦董爲堂陽君。追封謚后兄浮爲梁里亭戴侯，都爲武城亭孝侯，成爲新樂亭定侯，皆使使者奉策，祠以太牢。表薨，子詳嗣，又分表爵封詳弟述爲列侯。詳薨，子釗嗣。

〔一〕魏略曰：明帝既嗣立，追痛甄后之薨，故太后以憂暴崩。甄后臨沒，以帝屬李夫人。及太后崩，夫人乃說甄后見

譖之禍，不獲大斂，被髮覆面，帝哀恨流涕，命殯葬太后，皆如甄后故事。

漢晉春秋曰：初，甄后之誅，由郭后之寵，及殯，令被髮覆面，以糠塞口，遂立郭后，使養明帝。帝知之，心常懷忿，數泣問甄后死狀。郭后曰：「先帝自殺，何以責問我？且汝爲人子，可追讎死父，爲前母枉殺後母邪？」明帝怒，遂逼殺之，勑殯者使如甄后故事。

魏書載哀策曰：「維青龍三年三月壬申，皇太后梓宮啓殯，將葬于首陽之西陵。哀子皇帝叡親奉册祖載，遂親遣奠，叩心擗踊，號咷仰訴，痛靈魂之遷幸，悲容車之向路，背三光以潛翳，就黃壚而安厝。嗚呼哀哉！昔二女妃虞，帝道以彰，三母嬪周，聖善彌光，旣多受祉，享國延長。哀哀慈妣，興化閨房，龍飛紫極，作合聖皇，不虞中年，暴罹災殃。愍予小子，煢煢摧傷，魂雖永逝，定省曷望？嗚呼哀哉！」

明悼毛皇后，河內人也。黃初中，以選入東宮，明帝時爲平原王，進御有寵，出入與同輿輦。及卽帝位，以爲貴嬪。太和元年，立爲皇后。后父嘉，拜騎都尉，后弟曾，郎中。

初，明帝爲王，始納河內虞氏爲妃，帝卽位，虞氏不得立爲后，太皇卞太后慰勉焉。虞氏曰：「曹氏自好立賤，未有能以義舉者也。然后職內事，君聽外政，其道相由而成，苟不能以善始，未有能令終者也。殆必由此亡國喪祀矣！」虞氏遂絀還鄴宮。進嘉爲奉車都尉，曾騎都尉，寵賜隆渥。頃之，封嘉博平鄉侯，遷光祿大夫，曾駙馬都尉。嘉本典虞車工，卒暴富貴，明帝令朝臣會其家飲宴，其容止舉動甚蚩騃，語輒自謂「侯身」，時人以爲笑。〔一〕後

又加嘉位特進，曾遷散騎侍郎。青龍三年，嘉薨，追贈光祿大夫，改封安國侯，增邑五百，幷前千戶，謚曰節侯。四年，追封后母夏爲野王君。

〔一〕孫盛曰：古之王者，必求令淑以對揚至德，恢王化於關雎，致淳風于麟趾。及臻三季，並亂茲緒，義以情溺，位由寵昏，貴賤無章，下陵上替，興衰隆廢，皆是物也。魏自武王，暨于烈祖，三后之升，起自幽賤，本旣卑矣，何以長世？詩云：「絺兮綌兮，凄其以風。」其此之謂乎！

帝之幸郭元后也，后愛寵日弛。景初元年，帝游後園，召才人以上曲宴極樂。元后曰「宜延皇后」，帝弗許。乃禁左右，使不得宣。后知之，明日，帝見后，后曰：「昨日游宴北園，樂乎？」帝以左右泄之，所殺十餘人。賜后死，然猶加謚，葬愍陵。遷曾散騎常侍，後徙爲羽林虎賁中郎將、原武典農。

明元郭皇后，西平人也，世河右大族。黃初中，本郡反叛，遂沒入宮。明帝卽位，甚見愛幸，拜爲夫人。叔父立爲騎都尉，從父芝爲虎賁中郎將。帝疾困，遂立爲皇后。齊王卽位，尊后爲皇太后，稱永寧宮。追封謚太后父滿爲西都定侯，以立子建紹其爵。封太后母杜爲郃陽君。芝遷散騎常侍、長水校尉，〔一〕立，宣德將軍，皆封列侯。建兄悳，出養甄氏。悳及建俱爲鎭護將軍，皆封列侯，並掌宿衞。值三主幼弱，宰輔統政，與奪大事，皆先咨啓於太后而後施行。毌丘儉、鍾會等作亂，咸假其命而以爲辭焉。景元四年十二月崩，五年二月，葬高平陵西。〔二〕

〔一〕魏略曰：諸郭之中，芝最壯直。先時自以他功封侯。

〔二〕晉諸公贊曰：建字叔始，有器局而彊問，泰始中疾薨。子嘏嗣，爲給事中。

評曰：魏后妃之家，雖云富貴，未有若衰漢乘非其據，宰割朝政者也。鑒往易軌，於斯爲美。追觀陳羣之議，棧潛之論，適足以爲百王之規典，垂憲範乎後葉矣。

三國志卷六　　魏書六

董二袁劉傳第六

董卓字仲穎，隴西臨洮人也。〔一〕少好俠，嘗游羌中，盡與諸豪帥相結。後歸耕於野，而豪帥有來從之者，卓與俱還，殺耕牛與相宴樂。諸豪帥感其意，歸相斂，得雜畜千餘頭以贈卓。〔二〕漢桓帝末，以六郡良家子爲羽林郎。卓有才武，旅力少比，雙帶兩鞬，左右馳射。爲軍司馬，從中郎將張奐征并州有功，拜郎中，賜縑九千匹，卓悉以分與吏士。遷廣武令，蜀郡北部都尉，西域戊己校尉，免。徵拜并州刺史、河東太守，〔三〕遷中郎將，討黃巾，軍敗抵罪。韓遂等起涼州，復爲中郎將，西拒遂。于望垣硤北，爲羌、胡數萬人所圍，糧食乏絕。卓僞欲捕魚，堰其還道當所渡水爲池，使水渟滿數十里，默從堰下過其軍而決堰。比羌、胡聞知追逐，水已深，不得渡。時六軍上隴西，五軍敗績，卓獨全衆而還，屯住扶風。拜前將軍，封斄鄉侯，徵爲并州牧。〔四〕

〔一〕英雄記曰：卓父君雅，由微官爲潁川綸氏尉。有三子：長子擢，字孟高，早卒；次即卓；卓弟旻字叔穎。

〔二〕吳書曰：郡召卓爲吏，使監領盜賊。胡嘗出鈔，多虜民人，涼州刺史成就辟卓爲從事，使領兵騎討捕，大破之，斬獲千計。并州刺史段熲薦卓公府，司徒袁隗辟爲掾。

〔三〕英雄記曰：卓數討羌、胡，前後百餘戰。

〔四〕靈帝紀曰：中平五年，徵卓爲少府，敕以營吏士屬左將軍皇甫嵩，詣行在所。卓上言：「涼州擾亂，鯨鯢未滅，此臣奮發効命之秋。吏士踊躍，戀恩念報，各遮臣車，辭聲懇惻，未得即路也。輒且行前將軍事，盡心慰卹，効力行陳。」六年，以卓爲并州牧，又敕以吏兵屬皇甫嵩。卓復上言：「臣掌戎十年，士卒大小，相狎彌久，戀臣畜養之恩，樂爲國家奮一旦之命，乞將之州，效力邊陲。」卓再違詔敕，會爲何進所召。

靈帝崩，少帝即位。大將軍何進與司隸校尉袁紹謀誅諸閹官，太后不從。進乃召卓使將兵詣京師，并密令上書曰：「中常侍張讓等竊幸乘寵，濁亂海內。昔趙鞅興晉陽之甲，以逐君側之惡。臣輒鳴鐘鼓如洛陽，即討讓等。」欲以脅迫太后。卓未至，進敗。〔一〕中常侍段珪等劫帝走小平津，卓遂將其衆迎帝于北芒，還宮。〔二〕時進弟車騎將軍苗爲進衆所殺，〔三〕進、苗部曲無所屬，皆詣卓。卓又使呂布殺執金吾丁原，并其衆，故京都兵權唯在卓。〔四〕

〔一〕續漢書曰：進字遂高，南陽人，太后異母兄也。進本屠家子，父曰眞。眞死後，進以妹倚黃門得入掖庭，有寵，光和三年立爲皇后，進由是貴幸。中平元年，黃巾起，拜進大將軍。

典略載卓表曰：「臣伏惟天下所以有逆不止者，各由黃門常侍張讓等侮慢天常，操擅王命，父子兄弟並據州郡，一書出門，便獲千金，京畿諸郡數百萬膏腴美田皆屬讓等，至使怨氣上蒸，妖賊蠭起。臣前奉詔討於扶羅，將士飢乏，不肯渡河，皆言欲詣京師先誅閹豎以除民害，從臺閣求乞資直。臣隨慰撫，以至新安。臣聞揚湯止沸，不如滅火去薪，潰癰雖痛，勝于養肉，及溺呼船，悔之無及。」

〔二〕張璠漢紀曰：帝以八月庚午爲諸黃門所劫，步出穀門，走至河上。諸黃門既投河死，時帝年十四，陳留王年九歲，兄弟獨夜步行欲還宮，闇暝，逐螢火而行，數里，得民家以露車載送。辛未，公卿以下與卓共迎帝於北芒阪下。

獻帝春秋曰：先是童謠曰：「侯非侯，王非王，千乘萬騎走北芒。」卓時適至，屯顯陽苑。聞帝當還，率衆迎帝。

典略曰：帝望見卓兵涕泣。羣公謂卓曰：「有詔卻兵。」卓曰：「公諸人爲國大臣，不能匡正王室，至使國家播蕩，何卻兵之有！」遂俱入城。

獻帝紀曰：卓與帝語，語不可了。乃更與陳留王語，問禍亂由起；王答，自初至終，無所遺失。卓大喜，乃有廢立意。

英雄記曰：河南中部掾閔貢扶帝及陳留王上至雒舍止。帝獨乘一馬，陳留王與貢共乘一馬，從雒舍南行。公卿百官奉迎於北芒阪下，故太尉崔烈在前導。卓將步騎數千來迎，烈呵使避，卓罵烈曰：「晝夜三百里來，何云避，我不能斷卿頭邪？」前見帝曰：「陛下令常侍小黃門作亂乃爾，以取禍敗，爲負不小邪？」又趨陳留王，曰：「我董卓也，從我抱來。」乃於貢抱中取王。

英雄記曰：一本云王不就卓抱，卓與王併馬而行也。

〔三〕英雄記云：苗，太后之同母兄，先嫁朱氏之子。進部曲將吳匡，素怨苗不與進同心，又疑其與宦官通謀，乃令軍中曰：「殺大將軍者，車騎也。」遂引兵與卓弟旻共攻殺苗於朱爵闕下。

〔四〕九州春秋曰：卓初入洛陽，步騎不過三千，自嫌兵少，不爲遠近所服；率四五日，輒夜遣兵出四城門，明日陳旌鼓而入，宣言云「西兵復入至洛中」。人不覺，謂卓兵不可勝數。

先是，進遣騎都尉太山鮑信所在募兵，適至，信謂紹曰：「卓擁彊兵，有異志，今不早圖，將爲所制；及其初至疲勞，襲之可禽也。」紹畏卓，不敢發，信遂還鄉里。

於是以久不雨，策免司空劉弘而卓代之，俄遷太尉，假節鉞虎賁。遂廢帝爲弘農王。尋又殺王及何太后。立靈帝少子陳留王，是爲獻帝。〔一〕卓遷相國，封郿侯，贊拜不名，劍履上殿，又封卓母爲池陽君，置家令、丞。卓既率精兵來，適值帝室大亂，得專廢立，據有武庫甲兵，國家珍寶，威震天下。卓性殘忍不仁，遂以嚴刑脅衆，睚眦之隙必報，人不自保。〔二〕嘗遣軍到陽城。時適二月社，民各在其社下，悉就斷其男子頭，駕其車牛，載其婦女財物，以所斷頭繫車轅軸，連軫而還洛，云攻賊大獲，稱萬歲。入開陽城門，焚燒其頭，以婦女與甲兵爲婢妾。至于姦亂宮人公主。其凶逆如此。

〔一〕獻帝紀曰：卓謀廢帝，會羣臣於朝堂，議曰：「大者天地，次者君臣，所以爲治。今皇帝闇弱，不可以奉宗廟，爲天下主。欲依伊尹、霍光故事，立陳留王，何如？」尚書盧植曰：「案尚書太甲既立不明，伊尹放之桐宮。昌邑王立二十七日，罪過千餘，故霍光廢之。今上富於春秋，行未有失，非前事之比也。」卓怒，罷坐，欲誅植，侍中蔡邕勸之，得免。九月甲戌，卓復大會羣臣曰：「太后逼迫永樂太后，令以憂死，逆婦姑之禮，無孝順之節。天子幼質，軟弱不君。昔伊尹放太甲，霍光廢昌邑，著在典籍，僉以爲善。今太后宜如太甲，皇帝宜如昌邑。陳留王仁孝，宜即尊皇祚。」

獻帝起居注載策曰：「孝靈皇帝不究高宗眉壽之祚，早棄臣子。皇帝承紹，海內側望，而帝天姿輕佻，威儀不恪，在喪慢惰，衰如故焉；凶德既彰，淫穢發聞，損辱神器，忝汚宗廟。皇太后教無母儀，統政荒亂。永樂太后暴崩，衆論惑焉。三綱之道，天地之紀，而乃有闕，罪之大者。陳留王協，聖德偉茂，規矩邈然，豐下兌上，有堯圖之表；居喪哀戚，言不及邪，岐嶷之性，有周成之懿。休聲美稱，天下所聞，宜承洪業，爲萬世統，可以承宗廟。廢皇帝爲弘農王。皇太后還政。」尚書讀册畢，羣臣莫有言，尚書丁宮曰：「天禍漢室，喪亂弘多。昔祭仲廢忽立突，春秋大其權。今大臣量宜爲社稷計，誠合天人，請稱萬歲。」卓以太后見廢，故公卿以下不布服，會葬，素衣而已。

〔二〕魏書曰：卓所願無極，語賓客曰：「我相，貴無上也。」

英雄記曰：卓欲震威，侍御史擾龍宗詣卓白事，不解劍，立撾殺之，京師震動。發何苗棺，出其尸，枝解節棄於道邊。又收苗母舞陽君殺之，棄尸於苑枳落中，不復收斂。

初，卓信任尚書周毖，城門校尉伍瓊等，用其所舉韓馥、劉岱、孔伷、（張資）〔張咨〕、張邈等出宰州郡。而馥等至官，皆合兵將以討卓。卓聞之，以爲毖、瓊等通情賣己，皆斬之。〔一〕

〔一〕英雄記曰：毖字仲遠，武威人。瓊字德瑜，汝南人。

謝承後漢書曰：伍孚字德瑜，少有大節，爲郡門下書佐。其本邑長有罪，太守使孚出敎，敕曹下督郵收之。孚不肯受敎，伏地仰諫曰：「君雖不君，臣不可不臣，明府奈何令孚受敎，敕外收本邑長乎？更乞授他吏。」太守奇而

聽之。後大將軍何進辟爲東曹屬，稍遷侍中、河南尹、越騎校尉。董卓作亂，百僚震慄。孚著小鎧，於朝服裏挾佩刀見卓，欲伺便刺殺之。語闋辭去，卓送至閤中，孚因出刀刺之。卓多力，退却不中，即收孚。卓曰：「卿欲反邪？」孚大言曰：「汝非吾君，吾非汝臣，何反之有？汝亂國篡主，罪盈惡大，今是吾死日，故來誅姦賊耳，恨不車裂汝於市朝以謝天下。」遂殺孚。

謝承記孚字及本郡，則與瓊同，而致死事乃與孚異也，不知孚爲瓊之別名，爲別有伍孚也？蓋未詳之。

河內太守王匡，遣泰山兵屯河陽津，將以圖卓。卓遣疑兵若將於平陰渡者，潛遣銳衆從小平北渡，繞擊其後，大破之津北，死者略盡。卓以山東豪傑並起，恐懼不寧。初平元年二月，乃徙天子都長安。焚燒洛陽宮室，悉發掘陵墓，取寶物。〔一〕卓至西京，爲太師，號曰尚父。乘青蓋金華車，爪畫兩轓，時人號曰竿摩車。〔二〕卓弟旻爲左將軍，封鄠侯；兄子璜爲侍中中軍校尉典兵；宗族內外並列朝廷。〔三〕公卿見卓，謁拜車下，卓不爲禮。召呼三臺尚書以下自詣卓府啓事。〔四〕築郿塢，高與長安城埒，積穀爲三十年儲，〔五〕云事成，雄據天下，不成，守此足以畢老。嘗至郿行塢，公卿已下祖道於橫門外。橫音光。卓豫施帳幔飲，誘降北地反者數百人，於坐中先斷其舌，或斬手足，或鑿眼，或鑊煑之，未死，偃轉杯案閒，會者皆戰慄亡失匕箸，而卓飲食自若。太史望氣，言當有大臣戮死者。故太尉張溫時爲衞尉，素不善卓，卓心怨之，因天有變，欲以塞咎，使人言溫與袁術交關，遂笞殺之。〔六〕法令苛酷，愛憎淫刑，更相被誣，冤死者千數。百姓嗷嗷，道路以目。〔七〕悉椎破銅人、鍾虡，及壞五銖錢。更鑄爲小錢，大五分，無文章，肉好無輪郭，不磨鑢。于是貨輕而物貴，穀一斛至數十萬。自是後錢貨不行。

〔一〕華嶠漢書曰：卓欲還都長安，召公卿以下大議。司徒楊彪曰：「昔盤庚五遷，殷民胥怨，故作三篇以曉天下之民。(而)〔今〕海內安穩，無故移都，恐百姓驚動，麋沸蟻聚爲亂。」卓曰：「關中肥饒，故秦得幷吞六國。今徙西京，設令關東豪彊敢有動者，以我彊兵蹙之，可使詣滄海。」彪曰：「海內動之甚易，安之甚難。又長安宮室壞敗，不可卒復。」卓曰：「武帝時居杜陵南山下，有成瓦窰數千處，引涼州材木東下以作宮室，爲功不難。」卓意不得，便作色曰：「公欲沮我計邪？邊章、韓約有書來，欲令朝廷必徙都。若大兵(來)〔東〕下，我不能復相救，公便可與袁氏西行。」彪曰：「西方自彪道徑也，顧未知天下何如耳！」議罷。卓敕司隸校尉宣璠以災異劾奏，因策免彪。

續漢書曰：太尉黃琬、司徒楊彪、司空荀爽俱詣卓，卓言：「昔高祖都關中，十一世後中興，更都洛陽。從光武至今復十一世，案石苞室讖，宜復還都長安。」坐中皆驚愕，無敢應者。彪曰：「遷都改制，天下大事，皆當因民之心，隨時之宜。昔盤庚五遷，殷民胥怨，故作三篇以曉之。往者王莽篡逆，變亂五常，更始赤眉之時，焚燒長安，殘害百姓，民人流亡，百無一在。光武受命，更都洛邑，此其宜也。今方建立聖主，光隆漢祚，而無故捐宮廟，棄園陵，恐百姓驚愕，不解此意，必麋沸蟻聚以致擾亂。石苞室讖，妖邪之書，豈可信用？」卓作色曰：「楊公欲沮國家計邪？關東方亂，所在賊起。崤函險固，國之重防。又隴右取材，功夫不難。杜陵南山下有孝武故陶處，作塼瓦，一朝可辦。宮室官府，蓋何足言！百姓小民，何足與議。若有前卻，我以大兵驅之，豈得自在。」百寮皆恐怖失色。琬謂卓曰：「此大事。楊公之語，得無重思！」卓罷坐，即日令司隸奏彪及琬，皆免官。大駕即西。卓部兵燒

洛陽城外面百里。又自將兵燒南北宮及宗廟、府庫、民家，城內掃地殄盡。又收諸富室，以罪惡沒入其財物；無辜而死者，不可勝計。

獻帝紀曰：卓獲山東兵，以豬膏塗布十餘匹，用纏其身，然後燒之，先從足起。獲袁紹豫州從事李延，煑殺之。卓所愛胡，恃寵放縱，爲司隸校尉趙謙所殺。卓大怒曰：「我愛狗，尚不欲令人呵之，而況人乎！」乃召司隸都官撾殺之。

〔二〕魏書曰：言其逼天子也。

獻帝紀曰：卓既爲太師，復欲稱尚父，以問蔡邕。邕曰：「昔武王受命，太公爲師，輔佐周室，以伐無道，是以天下尊之，稱爲尚父。今公之功德誠爲巍巍，宜須關東悉定，車駕東還，然後議之。」乃止。京師地震，卓又問邕。邕對曰：「地動陰盛，大臣踰制之所致也。公乘青蓋車，遠近以爲非宜。」卓從之，更乘金華皂蓋車也。

〔三〕英雄記曰：卓侍妾懷抱中子，皆封侯，弄以金紫。孫女名白，時尚未笄，封爲渭陽君。於郿城東起壇，從廣二丈餘，高五六尺，使白乘軒金華青蓋車，都尉、中郎將、刺史二千石在郿者，各令乘軒簪筆，爲白導從，之壇上，使兄子璜爲使者授印綬。

〔四〕山陽公載記曰：初卓爲前將軍，皇甫嵩爲左將軍，俱征韓遂，各不相下。後卓徵爲少府幷州牧，兵當屬嵩，卓大怒。及爲太師，嵩爲御史中丞，拜於車下。卓問嵩：「義眞服未乎？」嵩曰：「安知明公乃至於是！」卓曰：「鴻鵠固有遠志，但燕雀自不知耳。」嵩曰：「昔與明公俱爲鴻鵠，不意今日變爲鳳皇耳。」卓笑曰：「卿早服，今日可不拜也。」

張璠漢紀曰：卓抵其手謂皇甫嵩曰：「義眞怖未乎？」嵩對曰：「明公以德輔朝廷，大慶方至，何怖之有？若淫刑以

遑，將天下皆懼，豈獨嵩乎？」卓默然，遂與嵩和解。

〔五〕英雄記曰：郿去長安二百六十里。

〔六〕傅子曰：靈帝時牓門賣官，於是太尉段熲、司徒崔烈、太尉樊陵、司空張溫之徒，皆入錢上千萬下五百萬以買三公。熲數征伐有大功，烈有北州重名，溫有傑才，陵能偶時，皆一時顯士，猶以貨取位，而況于劉囂、唐珍、張顥之黨乎！

風俗通曰：司隸劉囂，以黨諸常侍，致位公輔。

續漢書曰：唐珍，中常侍唐衡弟。張顥，中常侍張奉弟。

〔七〕魏書曰：卓使司隸校尉劉囂籍吏民有爲子不孝，爲臣不忠，爲吏不清，爲弟不順，有應此者皆身誅，財物沒官。於是愛憎互起，民多冤死。

三年四月，司徒王允、尚書僕射士孫瑞、卓將呂布共謀誅卓。是時，天子有疾新愈，大會未央殿。布使同郡騎都尉李肅等，將親兵十餘人，僞著衞士服守掖門。布懷詔書。卓至，肅等格卓。卓驚呼布所在。布曰「有詔」，遂殺卓，夷三族。主簿田景前趨卓尸，布又殺之；凡所殺三人，餘莫敢動。〔一〕長安士庶咸相慶賀，諸阿附卓者皆下獄死。〔二〕

〔一〕英雄記曰：時有謠言曰：「千里艸，何青青，十日卜，猶不生。」又作董逃之歌。又有道士書布爲「呂」字以示卓，卓不知其爲呂布也。卓當入會，陳列步騎，自營至宮，朝服導引行其中。馬躓不前，卓心怪欲止，布勸使行，乃衷甲而入。卓既死，當時日月清淨，微風不起。旻、璜等及宗族老弱悉在郿，皆還，爲其羣下所斫射。卓母年九十，走

至塢門曰「乞脫我死」，卽斬首。袁氏門生故吏，改殯諸袁死于郿者，斂聚董氏尸于其側而焚之。暴卓尸于市。卓素肥，膏流浸地，草爲之丹。守尸吏暝以爲大炷，置卓臍中以爲燈，光明達旦，如是積日。後卓故部曲收所燒者灰，幷以一棺棺之，葬于郿。卓塢中金有二三萬斤，銀八九萬斤，珠玉錦綺奇玩雜物皆山崇阜積，不可知數。

〔二〕謝承後漢書曰：蔡邕在王允坐，聞卓死，有歎惜之音。允責邕曰：「卓，國之大賊，殺主殘臣，天地所不祐，人神所同疾。君爲王臣，世受漢恩，國主危難，曾不倒戈，卓受天誅，而更嗟痛乎？」便使收付廷尉。邕謝允曰：「雖以不忠，猶識大義，古今安危，耳所厭聞，口所常玩，豈當背國而向卓也？狂瞽之詞，謬出患入，願黥首爲刑以繼漢史。」公卿惜邕才，咸共諫允。允曰：「昔武帝不殺司馬遷，使作謗書，流於後世。方今國祚中衰，戎馬在郊，不可令佞臣執筆在幼主左右，後令吾徒並受謗議。」遂殺邕。

臣松之以爲蔡邕雖爲卓所親任，情必不黨。寧不知卓之姦凶，爲天下所毒，聞其死亡，理無歎惜。縱復令然，不應反言于王允之坐。斯殆謝承之妄記也。史遷紀傳，博有奇功于世，而云王允謂孝武應早殺遷，此非識者之言。但遷爲不隱孝武之失，直書其事耳，何謗之有乎？王允之忠正，可謂內省不疚者矣，旣無懼于謗，且欲殺邕，當論邕應死與不，豈可慮其謗己而枉戮善人哉！此皆誣罔不通之甚者。

張璠漢紀曰：初，蔡邕以言事見徙，名聞天下，義動志士。及還，內寵惡之。邕恐，乃亡命海濱，往來依太山羊氏，積十年。卓爲太尉，辟爲掾，以高第爲侍御史治書，三日中遂至尙書。後遷巴東太守，卓上留拜侍中，至長安爲左中郎將。卓重其才，厚遇之，每有朝廷事，常令邕具草。及允將殺邕，時名士多爲之言，允悔欲止，而邕已死。

初，卓女壻中郎將牛輔典兵別屯陝，分遣校尉李傕、郭汜、張濟略陳留、潁川諸縣。卓死，呂布使李肅至陝，欲以詔命誅輔。輔等逆與肅戰，肅敗走弘農，布誅肅。〔一〕其後輔營兵有夜叛出者，營中驚，輔以爲皆叛，乃取金寶，獨與素所厚（友）〔支〕胡赤兒等五六人相隨，踰城北渡河，赤兒等利其金寶，斬首送長安。

〔一〕魏書曰：輔恇怯失守，不能自安。常把辟兵符，以鈇鑕致其旁，欲以自彊。見客，先使相者相之，知有反氣與不，又筮知吉凶，然後乃見之。中郎將董越來就輔，輔使筮之，得兑下離上，筮者曰：「火勝金，外謀內之卦也。」卽時殺越。

獻帝紀云：筮人常爲越所鞭，故因此以報之。

比傕等還，輔已敗，衆無所依，欲各散歸。既無赦書，而聞長安中欲盡誅涼州人，憂恐不知所爲。用賈詡策，遂將其衆而西，所在收兵，比至長安，衆十餘萬，〔一〕與卓故部曲樊稠、李蒙、王方等合圍長安城。十日城陷，與布戰城中，布敗走。傕等放兵略長安老少，殺之悉盡，死者狼籍。誅殺卓者，尸王允于市。〔二〕葬卓于郿，大風暴雨震卓墓，水流入藏，漂其棺槨。傕爲車騎將軍、池陽侯，領司隸校尉、假節。汜爲後將軍、美陽侯。稠爲右將軍、萬年侯。傕、汜、稠擅朝政。〔三〕濟爲驃騎將軍、平陽侯，屯弘農。

〔一〕九州春秋曰：傕等在陝，皆恐怖，急擁兵自守。胡文才、楊整脩皆涼州大人，而司徒王允素所不善也。及李傕之叛，允乃呼文才、整脩使東解釋之，不假借以溫顏，謂曰：「關東鼠子欲何爲邪？卿往呼之。」於是二人往，實召兵

而還。

〔二〕張璠漢紀曰：布兵敗，駐馬青瑣門外，謂允曰：「公可以去。」允曰：「安國家，吾之上願也，若不獲，則奉身以死。朝廷幼主恃我而已，臨難苟免，吾不爲也。努力謝關東諸公，以國家爲念。」傕、汜入長安城，屯南宮掖門，殺太僕魯馗、大鴻臚周奐、城門校尉崔烈、越騎校尉王頎。吏民死者不可勝數。司徒王允挾天子上宣平城門避兵，傕等於城門下拜，伏地叩頭。帝謂傕等曰：「卿無作威福，而乃放兵縱橫，欲何爲乎？」傕等曰：「董卓忠于陛下，而無故爲呂布所殺。臣等爲卓報讎，弗敢爲逆也。請事竟，詣廷尉受罪。」允窮逼出見傕，傕誅允及妻子宗族十餘人。長安城中男女大小莫不流涕。允字子師，太原祁人也。少有大節，郭泰見而奇之，曰：「王生一日千里，王佐之才也。」泰雖先達，遂與定交。三公並辟，歷豫州刺史，辟荀爽、孔融爲從事，遷河南尹、尙書令。及爲司徒，其所以扶持王室，甚得大臣之節，自天子以下，皆倚賴焉。卓亦推信之，委以朝廷。

華嶠曰：夫士以正立，以謀濟，以義成，若王允之推董卓而分其權，伺其間而弊其罪。當此之時，天下之難解矣，本之皆主於忠義也，故推卓不爲失正，分權不爲不義，伺間不爲狙詐，是以謀濟義成，而歸於正也。

〔三〕英雄記曰：傕，北地人。汜，張掖人，一名多。

是歲，韓遂、馬騰等降，率衆詣長安。以遂爲鎭西將軍，遣還涼州，騰征西將軍，屯郿。侍中馬宇與諫議大夫种邵、左中郎將劉範等謀，欲使騰襲長安，己爲內應，以誅傕等。騰引兵至長平觀，宇等謀泄，出奔槐里。稠擊騰，騰敗走，還涼州；又攻槐里，宇等皆死。時三輔民尙數十萬戶，傕等放兵劫略，攻剽城邑，人民飢困，二年閒相啖食略盡。〔一〕

〔一〕獻帝紀曰：是時新遷都，宮人多亡衣服，帝欲發御府繒以與之，李傕弗欲，曰：「宮中有衣，胡爲復作邪？」詔賣廄馬百餘匹，御府大司農出雜繒二萬匹，與所賣廄馬直，賜公卿以下及貧民不能自存者。李傕曰「我邸閣儲偫少」，乃悉載置其營。賈詡曰「此上意，不可拒」，傕不從之。

諸將爭權，遂殺稠，并其衆。〔一〕汜與傕轉相疑，戰鬬長安中。〔二〕傕質天子於營，燒宮殿城門，略官寺，盡收乘輿服御物置其家。〔三〕傕使公卿詣汜請和，汜皆執之。〔四〕相攻擊連月，死者萬數。〔五〕

〔一〕九州春秋曰：馬騰、韓遂之敗，樊稠追至陳倉。遂語稠曰：「天地反覆，未可知也。本所爭者非私怨，王家事耳。與足下州里人，今雖小違，要當大同，欲相與善語以別。邂逅萬一不如意，後可復相見乎！」俱卻騎前接馬，交臂相加，共語良久而別。傕兄子利隨稠，利還告傕，韓、樊交馬語，不知所道，意愛甚密。傕以是疑稠與韓遂私和而有異意。稠欲將兵東出關，從傕索益兵。因請稠會議，便於坐殺稠。

〔二〕典略曰：傕數設酒請汜，或留汜止宿。汜妻懼傕與汜婢妾而奪己愛，思有以離間之。會傕送饋，妻乃以豉爲藥，汜將食，妻曰：「食從外來，倘或有故！」遂摘藥示之，曰：「一栖不二雄，我固疑將軍之信李公也。」他日傕復請汜，大醉。汜疑傕藥之，絞糞汁飲之乃解。於是遂生嫌隙，而治兵相攻。

〔三〕獻帝起居注曰：初，汜謀迎天子幸其營，夜有亡告傕者，傕使兄子暹將數千兵圍宮，以車三乘迎天子。楊彪曰：「自古帝王無在人臣家者。舉事當合天下心，諸君作此，非是也。」暹曰：「將軍計定矣。」於是天子一乘，貴人伏氏一乘，賈詡、左靈一乘，其餘皆步從。是日，傕復移乘輿幸北塢，使校尉監塢門，內外隔絕。諸侍臣皆有飢色，

時盛暑熱，人盡寒心。帝求米五斛，牛骨五具以賜左右，傕曰：「朝餔上飯，何用米爲？」乃與腐牛骨，皆臭不可食。帝大怒，欲詰責之。侍中楊琦上封事曰：「傕，邊鄙之人，習于夷風，今又自知所犯悖逆，常有怏怏之色，欲輔車駕幸黃白城以紓其憤。臣願陛下忍之，未可顯其罪也。」帝納之。初，傕屯黃白城，故謀欲徙之。傕以司徒趙溫不與己同，乃內溫塢中。溫聞傕欲移乘輿，與傕書曰：「公前託爲董公報讎，然實屠陷王城，殺戮大臣，天下不可家見而戶釋也。今爭睚眥之隙，以成千鈞之讎，民在塗炭，各不聊生，曾不改寤，遂成禍亂。朝廷仍下明詔，欲令和解，詔命不行，恩澤日損，而復欲輈乘輿于黃白城，此誠老夫所不解也。於易，一過爲過，再爲涉，三而弗改，滅其頂，凶。不如早共和解，引兵還屯，上安萬乘，下全生民，豈不幸甚！」傕大怒，欲遣人害溫。其從弟應，溫故掾也，諫之數日乃止。帝聞溫與傕書，問侍中常洽曰：「傕弗知臧否，溫言太切，可爲寒心。」對曰：「李應已解之矣。」帝乃悅。

〔四〕華嶠漢書曰：汜饗公卿，議欲攻傕。楊彪曰：「羣臣共鬬，一人劫天子，一人質公卿，此可行乎？」汜怒，欲手刃之，中郎將楊密及左右多諫，汜乃歸之。

〔五〕獻帝起居注曰：傕性喜鬼怪左道之術，常有道人及女巫歌謳擊鼓下神，祠祭六丁，符劾厭勝之具，無所不爲。又於朝廷省門外，爲董卓作神坐，數以牛羊祠之，訖，過省閤問起居，求入見。傕帶三刀，手復與鞭合持一刃。侍中、侍郎見傕帶仗，皆惶恐，亦帶劍持刀，先入在帝側。傕對帝，或言「明陛下」，或言「明帝」，爲帝說郭汜無狀，帝亦隨其意答應之。傕喜，出言「明陛下眞賢聖主」，意遂自信，自謂良得天子歡心也。雖然，猶不欲令近臣帶劍在帝邊，謂人言「此曹子將欲圖我邪？而皆持刀也」。侍中李禎，傕州里，素與傕通，語傕「所以持刀者，軍中不可不爾，此國家故事」。傕意乃解。天子以謁者僕射皇甫酈涼州舊姓，有專對之才，遣令和傕、汜。酈先詣汜，汜受詔

命。詣傕，傕不肯，曰：「我有〔討〕呂布之功，輔政四年，三輔清靜，天下所知也。郭多，盜馬虜耳，何敢乃欲與吾等邪？必欲誅之。君爲涼州人，觀吾方略士衆，足辦多不？多又劫質公卿，所爲如是，而君苟欲利郭多，李傕有膽自知之。」酈答曰：「昔有窮后羿恃其善射，不思患難，以至于斃。近董公之强，明將軍目所見，內有王公以爲內主，外有董旻、承、璜以爲鯁毒，呂布受恩而反圖之，斯須之間，頭縣竿端，此有勇而無謀也。今將軍身爲上將，把鉞仗節，子孫握權，宗族荷寵，國家好爵而皆據之。今郭多劫質公卿，將軍脅至尊，誰爲輕重邪？張濟與郭多、楊定有謀，又爲冠帶所附。楊奉，白波帥耳，猶知將軍所爲非是，將軍雖拜寵之，猶不肯盡力也。」傕不納酈言，而呵之令出。酈出，詣省門，白傕不肯從詔，辭語不順。侍中胡邈爲傕所幸，呼傳詔者令飾其辭。又謂酈曰：「李將軍於卿不薄，又皇甫公爲太尉，李將軍力也。」酈答曰：「胡敬才，卿爲國家常伯，輔弼之臣也，語言如此，寧可用邪？」邈曰：「念卿失李將軍意，恐不易耳！我與卿何事者？」酈言：「我累世受恩，身又常在幃幄，君辱臣死，當坐國家，爲李傕所殺，則天命也。」天子聞酈答語切，恐傕聞之，便敕遣酈。酈裁出營門，傕遣虎賁王昌呼之。昌知酈忠直，縱令去，還答傕，言追之不及。天子使左中郎將李固持節拜傕爲大司馬，在三公之右。傕自以爲得鬼神之力，乃厚賜諸巫。

傕將楊奉與傕軍吏宋果等謀殺傕，事泄，遂將兵叛傕。傕衆叛，稍衰弱。張濟自陝和解之，天子乃得出，至新豐、霸陵閒。〔一〕郭汜復欲脅天子還都郿。天子奔奉營，奉擊汜破之。汜走南山，奉及將軍董承以天子還洛陽。傕、汜悔遣天子，復相與和，追及天子於弘農之曹陽。奉急招河東故白波帥韓暹、胡才、李樂等合，與傕、汜大戰。奉兵敗，傕等縱兵殺

公卿百官，略宮人入弘農。〔二〕天子走陝，北渡河，失輜重，步行，唯皇后貴人從，至大陽，止人家屋中。〔三〕奉、暹等遂以天子都安邑，御乘牛車。太尉楊彪、太僕韓融近臣從者十餘人。以暹爲征東、才爲征西、樂征北將軍，並與奉、承持政。遣融至弘農，與傕、汜等連和，還所略宮人公卿百官，及乘輿車馬數乘。是時蝗蟲起，歲旱無穀，從官食棗菜。〔四〕諸將不能相率，上下亂，糧食盡。奉、暹、承乃以天子還洛陽。出箕關，下軹道，張楊以食迎道路，拜大司馬。語在楊傳。天子入洛陽，宮室燒盡，街陌荒蕪，百官披荊棘，依丘牆閒。州郡各擁兵自衞，莫有至者。飢窮稍甚，尚書郎以下，自出樵采，或飢死牆壁閒。

〔一〕獻帝起居注曰：初，天子出到宣平門，當度橋，汜兵數百人遮橋問「是天子邪」？車不得前。傕兵數百人皆持大戟在乘輿車左右，侍中劉艾大呼云：「是天子也。」使侍中楊琦高舉車帷。帝言諸兵：「汝不卻，何敢迫近至尊邪？」汜等兵乃卻。旣度橋，士衆咸呼萬歲。

〔二〕獻帝紀曰：時尚書令士孫瑞爲亂兵所害。三輔決錄注曰：瑞字君榮，扶風人，世爲學門。瑞少傳家業，博達無所不通，仕歷顯位。卓旣誅，遷大司農，爲國三老。每三公缺，瑞常在選中。太尉周忠、皇甫嵩，司徒淳于嘉、趙溫，司空楊彪、張喜等爲公，皆辭拜讓瑞。天子都許，追論瑞功，封子萌澹津亭侯。萌字文始，亦有才學，與王粲善。臨當就國，粲作詩以贈萌，萌有答，在粲集中。

〔三〕獻帝紀曰：初，議者欲令天子浮河東下，太尉楊彪曰：「臣弘農人，從此已東，有三十六灘，非萬乘所當從也。」劉

艾曰：「臣前爲陝令，知其危險，有師猶有傾覆，況今無師，太尉謀是也。」乃止。及當北渡，使李樂具船。天子步行趣河岸，岸高不得下，董承等謀欲以馬羈相續以繫帝腰。時中宮僕伏德扶中宮，一手持十匹絹，乃取德絹連續爲輦。行軍校尉尚弘多力，令弘居前負帝，乃得下登船。其餘不得渡者甚衆，復遣船收諸不得渡者，皆爭攀船，船上人以刃櫟斷其指，舟中之指可掬。

〔四〕魏書曰：乘輿時居棘籬中，門戶無關閉。天子與羣臣會，兵士伏籬上觀，互相鎭壓以爲笑。諸將專權，或擅笞殺尚書。司隸校尉出入，民兵抵擲之。諸將或遣婢詣省閤，或自齎酒啖，過天子飲，侍中不通，喧呼罵詈，遂不能止。又競表拜諸營壁民爲部曲，求其禮遺。醫師、走卒，皆爲校尉，御史刻印不供，乃以錐畫，示有文字，或不時得也。

太祖乃迎天子都許。暹、奉不能奉王法，各出奔，寇徐、揚間，爲劉備所殺。〔一〕董承從太祖歲餘，誅。建安二年，遣謁者僕射裴茂率關西諸將誅傕，夷三族。〔二〕汜爲其將五習所襲，死于郿。濟飢餓，至南陽寇略，爲穰人所殺，從子繡攝其衆。才、樂留河東，才爲怨家所殺，樂病死。遂、騰自還涼州，更相寇。後騰入爲衞尉，子超領其部曲。十六年，超與關中諸將及遂等反，太祖征破之。語在武紀。遂奔金城，爲其將所殺。超據漢陽，騰坐夷三族。趙衢等舉義兵討超，超走漢中從張魯，後奔劉備，死于蜀。

〔一〕英雄記曰：備誘奉與相見，因於坐上執之。暹失奉勢孤，時欲走還幷州，爲杼秋屯帥張宣所邀殺。

〔二〕典略曰：傕頭至，有詔高縣。

袁紹字本初，汝南汝陽人也。高祖父安，爲漢司徒。自安以下四世居三公位，由是勢傾天下。〔一〕紹有姿貌威容，能折節下士，士多附之，太祖少與交焉。以大將軍掾爲侍御史，〔二〕稍遷中軍校尉，至司隸。

〔一〕華嶠漢書曰：安字邵公，好學有威重。明帝時爲楚郡太守，治楚王獄，所申理者四百餘家，皆蒙全濟，安遂爲名臣。章帝時至司徒，生蜀郡太守京。京弟敞爲司空。京子湯，太尉。湯四子：長子平，平弟成，左中郎將，並早卒；成弟逢，逢弟隗，皆爲公。

魏書曰：自安以下，皆博愛容衆，無所揀擇；賓客入其門，無賢愚皆得所欲，爲天下所歸。紹即逢之庶子，術異母兄也，出後成爲子。

英雄記曰：成字文開，壯健有部分，貴戚權豪自大將軍梁冀以下皆與結好，言無不從。故京師爲作諺曰：「事不諧，問文開。」

〔二〕英雄記曰：紹生而父死，二公愛之。幼使爲郎，弱冠除濮陽長，有清名。遭母喪，服竟，又追行父服，凡在冢廬六年。禮畢，隱居洛陽，不妄通賓客，非海內知名，不得相見。又好游俠，與張孟卓、何伯求、吳子卿、許子遠、伍德瑜等皆爲奔走之友。不應辟命。中常侍趙忠謂諸黃門曰：「袁本初坐作聲價，不應呼召而養死士，不知此兒欲何所爲乎？」紹叔父隗聞之，責數紹曰：「汝且破我家！」紹於是乃起應大將軍之命。

臣松之案：魏書云「紹，逢之庶子，出後伯父成」。如此記所言，則似實成所生。夫人追服所生，禮無其文，況於所後而可以行之！二書未詳孰是。

靈帝崩，太后兄大將軍何進與紹謀誅諸閹官，〔一〕太后不從。乃召董卓，欲以脅太后。常侍、黃門聞之，皆詣進謝，唯所錯置。時紹勸進便可於此決之，至于再三，而進不許。令紹使洛陽方略武吏檢司諸宦者。又令紹弟虎賁中郎將術選溫厚虎賁二百人，當入禁中，代持兵黃門陛守門戶。中常侍段珪等矯太后命，召進入議，遂殺之，宮中亂。〔二〕術將虎賁燒南宮嘉德殿青瑣門，欲以迫出珪等。珪等不出，劫帝及帝弟陳留王走小平津。紹既斬宦者所署司隸校尉許相，遂勒兵捕諸閹人，無少長皆殺之。或有無鬚而誤死者，至自發露形體而後得免。宦者或有行善自守而猶見及。其濫如此。死者二千餘人。急追珪等，珪等悉赴河死。帝得還宮。

〔一〕續漢書曰：紹使客張津說進曰：「黃門、常侍秉權日久，又永樂太后與諸常侍專通財利，將軍宜整頓天下，爲海內除患。」進以爲然，遂與紹結謀。

〔二〕九州春秋曰：初紹說進曰：「黃門、常侍累世太盛，威服海內，前竇武欲誅之而反爲所害，但坐言語漏泄，以五營士爲兵故耳。五營士生長京師，服畏中人，而竇氏反用其鋒，遂果叛走歸黃門，是以自取破滅。今將軍以元舅之尊，二府並領勁兵，其部曲將吏，皆英雄名士，樂盡死力，事在掌握，天贊其時也。今爲天下誅除貪穢，功勳顯著，垂名後世，雖周之申伯，何足道哉？今大行在前殿，將軍以詔書領兵衞守，可勿入宮。」進納其言，後更狐疑。紹懼進之改變，脅進曰：「今交搆已成，形勢已露，將軍何爲不早決之？事留變生，後機禍至。」進不從，遂敗。

董卓呼紹，議欲廢帝，立陳留王。是時紹叔父隗爲太傅，紹僞許之，曰：「此大事，出當與太傅議。」卓曰：「劉氏種不足復遺。」紹不應，橫刀長揖而去。〔一〕紹既出，遂亡奔冀州。侍中周毖、城門校尉伍瓊、議郎何顒等，皆名士也，卓信之，而陰爲紹，乃說卓曰：「夫廢立大事，非常人所及。紹不達大體，恐懼故出奔，非有他志也。今購之急，勢必爲變。袁氏樹恩四世，門生故吏徧於天下，若收豪傑以聚徒衆，英雄因之而起，則山東非公之有也。不如赦之，拜一郡守，則紹喜于免罪，必無患矣。」卓以爲然，乃拜紹勃海太守，封邟鄉侯。

〔一〕獻帝春秋曰：卓欲廢帝，謂紹曰：「皇帝沖闇，非萬乘之主。陳留王猶勝，今欲立之。人有少智，大或癡，亦知復何如，爲當且爾；卿不見靈帝乎？念此令人憤毒！」紹曰：「漢家君天下四百許年，恩澤深渥，兆民戴之來久。今帝雖幼沖，未有不善宣聞天下，公欲廢適立庶，恐衆不從公議也。」卓謂紹曰：「豎子！天下事豈不決我？我今爲之，誰敢不從？爾謂董卓刀爲不利乎！」紹曰：「天下健者，豈唯董公？」引佩刀橫揖而出。

臣松之以爲紹於時與卓未搆嫌隙，故卓與之諮謀。若但以言議不同，便罵爲豎子，而有推刃之心，及紹復答，屈彊爲甚，卓又安能容忍而不加害乎？且如紹此言，進非亮正，退違詭遜，而顯其競爽之旨，以觸哮闞之鋒，有志功業者，理豈然哉！此語，妄之甚矣。

紹遂以勃海起兵，將以誅卓。語在武紀。紹自號車騎將軍，主盟，與冀州牧韓馥立幽州牧劉虞爲帝，遣使奉章詣虞，虞不敢受。後馥軍安平，爲公孫瓚所敗。瓚遂引兵入冀州，以討卓爲名，內欲襲馥。馥懷不自安。〔一〕會卓西入關，紹還軍延津，因馥惶遽，使陳留高幹、潁川荀諶等說馥曰：「公孫瓚乘勝來向南，而諸郡應之。袁車騎引軍東向，此其意不可知，竊爲將軍危之。」馥曰：「爲之奈何？」諶曰：「公孫提燕、代之卒，其鋒不可當。袁氏一時之傑，必不爲將軍下。夫冀州，天下之重資也，若兩雄并力，兵交於城下，危亡可立而待也。夫袁氏，將軍之舊，且同盟也，當今爲將軍計，莫若舉冀州以讓袁氏。袁氏得冀州，則瓚不能與之爭，必厚德將軍。冀州入於親交，是將軍有讓賢之名，而身安於泰山也。願將軍勿疑！」馥素恇怯，因然其計。馥長史耿武、別駕閔純、治中李歷諫馥曰：「冀州雖鄙，帶甲百萬，穀支十年。袁紹孤客窮軍，仰我鼻息，譬如嬰兒在股掌之上，絕其哺乳，立可餓殺。奈何乃欲以州與之？」馥曰：「吾，袁氏故吏，且才不如本初，度德而讓，古人所貴，諸君獨何病焉！」從事趙浮、程奐請以兵拒之，馥又不聽。乃讓紹，〔二〕紹遂領冀州牧。

〔一〕英雄記曰：逢紀說紹曰：「將軍舉大事而仰人資給，不據一州，無以自全。」紹答云：「冀州兵彊，吾士飢乏，設不能辦，無所容立。」紀曰：「可與公孫瓚相聞，導使來南，擊取冀州。公孫必至而馥懼矣，因使說利害，爲陳禍福，馥必遜讓。於此之際，可據其位。」紹從其言而瓚果來。

〔二〕九州春秋曰：馥遣都督從事趙浮、程奐將彊弩萬張屯河陽。浮等聞馥欲以冀州與紹，自孟津馳東下。時紹尚在朝歌清水口，浮等從後來，船數百艘，衆萬餘人，整兵鼓夜過紹營，紹甚惡之。浮等到，謂馥曰：「袁本初軍無斗

糧，各已離散，雖有張楊、於扶羅新附，未肯爲用，不足敵也。小從事等請自以見兵拒之，旬日之間，必土崩瓦解；明將軍但當開閤高枕，何憂何懼！」馥不從，乃避位，出居趙忠故舍。遣子齎冀州印綬於黎陽與紹。

從事沮授沮音葅。說紹曰：「將軍弱冠登朝，則播名海內；值廢立之際，則忠義奮發；單騎出奔，則董卓懷怖；濟河而北，則勃海稽首。振一郡之卒，撮冀州之衆，威震河朔，名重天下。雖黃巾猾亂，黑山跋扈，舉軍東向，則青州可定；還討黑山，則張燕可滅；回衆北首，則公孫必喪；震脅戎狄，則匈奴必從。橫大河之北，合四州之地，收英雄之才，擁百萬之衆，迎大駕於西京，復宗廟於洛邑，號令天下，以討未復，以此爭鋒，誰能敵之？比及數年，此功不難。」紹喜曰：「此吾心也。」即表授爲監軍、奮威將軍。〔一〕卓遣執金吾胡母班、將作大匠吳脩齎詔書喻紹，紹使河內太守王匡殺之。〔二〕卓聞紹得關東，乃悉誅紹宗族太傅隗等。當是時，豪俠多附紹，皆思爲之報，州郡蠭起，莫不假其名。馥懷懼，從紹索去，往依張邈。〔三〕後紹遣使詣邈，有所計議，與邈耳語。馥在坐上，謂見圖構，無何起至溷自殺。〔四〕

〔一〕獻帝紀曰：沮授，廣平人，少有大志，多權略。仕州別駕，舉茂才，歷二縣令，又爲韓馥別駕，表拜騎都尉。袁紹得冀州，又辟焉。

英雄記曰：是時年號初平，紹字本初，自以爲年與字合，必能克平禍亂。

〔二〕漢末名士錄曰：班字季皮，太山人，少與山陽度尚、東平張邈等八人並輕財赴義，振濟人士，世謂之八廚。

謝承後漢書曰：班，王匡之妹夫，董卓使班奉詔到河內，解釋義兵。匡受袁紹旨，收班繫獄，欲殺之以徇軍。班與匡書云：「自古以來，未有下土諸侯舉兵向京師者。劉向傳曰『擲鼠忌器』，器猶忌之，況卓今處宮闕之內，以天子爲藩屏，幼主在宮，如何可討？僕與太傅馬公、太僕趙岐、少府陰脩俱受詔命。關東諸郡，雖實嫉卓，猶以銜奉王命，不敢玷辱。而足下獨囚僕于獄，欲以釁鼓，此悖暴無道之甚者也。僕與董卓有何親戚，義豈同惡？而足下張虎狼之口，吐長蛇之毒，恚卓遷怒，何甚酷哉！死，人之所難，然恥爲狂夫所害。若亡者有靈，當訴足下於皇天。夫婚姻者禍福之機，今日著矣。曩爲一體，今爲血讎。亡人子二人，則君之甥，身沒之後，慎勿令臨僕尸骸也。」匡得書，抱班二子而泣。班遂死於獄。班嘗見太山府君及河伯，事在搜神記，語多不載。

〔三〕英雄記曰：紹以河內朱漢爲都官從事。漢先時爲馥所不禮，內懷怨恨，且欲邀迎紹意，擅發城郭兵圍守馥第，拔刃登屋。馥走上樓，收得馥大兒，槌折兩腳。紹亦立收漢，殺之。馥猶憂怖，故報紹索去。

〔四〕英雄記曰：公孫瓚擊青州黃巾賊，大破之，還屯廣宗，改易守令，冀州長吏無不望風響應，開門受之。紹自往征瓚，合戰于界橋南二十里。瓚步兵三萬餘人爲方陳，騎爲兩翼，左右各五千餘匹，白馬義從爲中堅，亦分作兩校，左射右，右射左，旌旗鎧甲，光照天地。紹令麴義以八百兵爲先登，彊弩千張夾承之，紹自以步兵數萬結陳于後。義久在涼州，曉習羌鬭，兵皆驍銳。瓚見其兵少，便放騎欲陵蹈之。義兵皆伏楯下不動，未至數十步，乃同時俱起，揚塵大叫，直前衝突，彊弩雷發，所中必倒，臨陳斬瓚所署冀州刺史嚴綱甲首千餘級。瓚軍敗績，步騎奔走，不復還營。義追至界橋；瓚殿兵還戰橋上，義復破之，遂到瓚營，拔其牙門，營中餘衆皆復散走。紹在後，未到橋十數里，下馬發鞍，見瓚已破，不爲設備，惟帳下彊弩數十張，大戟士百餘人自隨。瓚部迸騎二千餘匹卒至，便圍紹數重，弓矢雨下。別駕從事田豐扶紹欲卻入空垣，紹以兜鍪撲地曰：「大丈夫當前鬭死，而入牆閒，豈可得活

乎？」彊弩乃亂發，多所殺傷。瓚騎不知是紹，亦稍引卻；會麴義來迎，乃散去。瓚每與虜戰，常乘白馬，追不虛發，數獲戎捷，虜相告云「當避白馬」。因虜所忌，簡其白馬數千匹，選騎射之士，號爲白馬義從；一曰胡夷健者常乘白馬，瓚有健騎數千，多乘白馬，故以號焉。紹既破瓚，引軍南到薄落津，方與賓客諸將共會，聞魏郡兵反，與黑山賊于毒共覆鄴城，遂殺太守栗成。賊十餘部，衆數萬人，聚會鄴中。坐上諸客有家在鄴者，皆憂怖失色，或起啼泣，紹容貌不變，自若也。賊陶升者，故內黃小吏也，有善心，獨將部衆踰西城入，閉守州門，不內他賊，以車載紹家及諸衣冠在州內者，身自扞衞，送到斥丘乃還。紹到，遂屯斥丘，以陶升爲建義中郎將。乃引軍入朝歌鹿場山蒼巖谷討于毒，圍攻五日，破之，斬毒及長安所署冀州牧壺壽。遂尋山北行，薄擊諸賊（左髮丈八）〔左髭丈八〕等，皆斬之。又擊劉石、青牛角、黃龍、左校、郭大賢、李大目、于氐根等，皆屠其屯壁，奔走得脫，斬首數萬級。紹復還屯鄴。初平四年，天子使太傅馬日磾、太僕趙岐和解關東。岐別詣河北，紹出迎於百里上，拜奉帝命。岐住紹營，移書告瓚。瓚遣使具與紹書曰：「趙太僕以周召之德，銜命來征，宣揚朝恩，示以和睦，曠若開雲見日，何喜如之？昔賈復、寇恂亦爭士卒，欲相危害，遇光武之寬，親俱陛見，同輿共出，時人以爲榮。自省邊鄙，得與將軍共同此福，此誠將軍之眷，而瓚之幸也。」麴義後恃功而驕恣，紹乃殺之。

初，天子之立非紹意，及在河東，紹遣潁川郭圖使焉。圖還說紹迎天子都鄴，紹不從。〔一〕會太祖迎天子都許，收河南地，關中皆附。紹悔，欲令太祖徙天子都鄄城以自密近，太祖拒之。天子以紹爲太尉，轉爲大將軍，封鄴侯，〔二〕紹讓侯不受。頃之，擊破瓚于易京，并其衆。〔三〕出長子譚爲青州，沮授諫紹：「必爲禍始。」紹不聽，曰：「孤欲令諸兒各據一州

中華書局

也。」〔四〕又以中子熙爲幽州，甥高幹爲并州。衆數十萬，以審配、逄紀統軍事，田豐、荀諶、許攸爲謀主，顔良、文醜爲將率，簡精卒十萬，騎萬匹，將攻許。〔五〕

〔一〕獻帝傳曰：沮授說紹云：「將軍累葉輔弼，世濟忠義。今朝廷播越，宗廟毀壞，觀諸州郡外託義兵，內圖相滅，未有存主恤民者。且今州城粗定，宜迎大駕，安宮鄴都，挾天子而令諸侯，畜士馬以討不庭，誰能禦之！」紹悅，將從之。郭圖、淳于瓊曰：「漢室陵遲，爲日久矣，今欲興之，不亦難乎！且今英雄據有州郡，衆動萬計，所謂秦失其鹿，先得者王。若迎天子以自近，動輒表聞，從之則權輕，違之則拒命，非計之善者也。」授曰：「今迎朝廷，至義也，又於時宜大計也，若不早圖，必有先人者也。夫權不失機，功在速捷，將軍其圖之！」紹弗能用。案此書稱（郭圖）〔沮授〕之計，則與本傳違也。

〔二〕獻帝春秋曰：紹恥班在太祖下，怒曰：「曹操當死數矣，我輒救存之，今乃背恩，挾天子以令我乎！」太祖聞，而以大將軍讓于紹。

〔三〕典略曰：自此紹貢御希慢，私使主簿耿苞密白曰：「赤德衰盡，袁爲黃胤，宜順天意。」紹以苞密白事示軍府將吏。議者咸以苞爲妖妄宜誅，紹乃殺苞以自解。

九州春秋曰：紹延徵北海鄭玄而不禮，趙融聞之曰：「賢人者，君子之望也。不禮賢，是失君子之望也。夫有爲之君，不敢失萬民之歡心，況於君子乎？失君子之望，難乎以有爲矣。」

英雄記載太祖作董卓歌，辭云：「德行不虧缺，變故自難常。鄭康成行酒，伏地氣絕，郭景圖命盡于園桑。」如此之文，則玄無病而卒。餘書不見，故載錄之。

〔四〕九州春秋載授諫辭曰：「世稱一兔走衢，萬人逐之，一人獲之，貪者悉止，分定故也。且年均以賢，德均則卜，古

之制也。願上惟先代成敗之戒，下思逐兔分定之義。」紹曰：「孤欲令四兒各據一州，以觀其能。」授出曰：「禍其始此乎！」譚始至青州，爲都督，未爲刺史，後太祖拜爲刺史。其土自河而西，蓋不過平原而已。遂北排田楷，東攻孔融，曜兵海隅，是時百姓無主，欣戴之矣。然信用羣小，好受近言，肆志奢淫，不知稼穡之艱難。華彥、孔順皆姦佞小人也，信以爲腹心；王脩等備官而已。然能接待賓客，慕名敬士。使婦弟領兵在內，至令草竊，市井而外，虜掠田野；別使兩將募兵下縣，有賂者見免，無者見取，貧弱者多，乃至於竄伏丘野之中，放兵捕索，如獵鳥獸。邑有萬戶者，著籍不盈數百，收賦納稅，參分不入一。招命賢士，不就；不趨赴軍期，安居族黨，亦不能罪也。

〔五〕世語曰：紹步卒五萬，騎八千。孫盛評曰：案魏武謂崔琰曰「昨案貴州戶籍，可得三十萬衆」。由此推之，但冀州勝兵已如此，況兼幽、并及青州乎？紹之大舉，必悉師而起，十萬近之矣。

獻帝傳曰：紹將南師，沮授、田豐諫曰：「師出歷年，百姓疲弊，倉庾無積，賦役方殷，此國之深憂也。宜先遣使獻捷天子，務農逸民；若不得通，乃表曹氏隔我王路。然後進屯黎陽，漸營河南，益作舟船，繕治器械，分遣精騎，鈔其邊鄙，令彼不得安，我取其逸。三年之中，事可坐定也。」審配、郭圖曰：「兵書之法，十圍五攻，敵則能戰。今以明公之神武，跨河朔之彊衆，以伐曹氏，譬若覆手，今不時取，後難圖也。」授曰：「蓋救亂誅暴，謂之義兵；恃衆憑彊，謂之驕兵。兵義無敵，驕者先滅。曹氏迎天子安宮許都，今舉兵南向，於義則違。且廟勝之策，不在彊弱。曹氏法令既行，士卒精練，非公孫瓚坐受圍者也。今棄萬安之術，而興無名之兵，竊爲公懼之！」圖等曰：「武王伐紂，不曰不義，況兵加曹氏而云無名！且公師武臣（竭）力，將士憤怒，人思自騁，而不及時早定大業，慮之失也。夫天與弗取，反受其咎，此越之所以霸，吳之所以亡也。監軍之計，計在持牢，而非見時知機之變也。」

紹從之。圖等因是譖授「監統內外，威震三軍，若其浸盛，何以制之？夫臣與主不同者昌，主與臣同者亡，此黃石之所忌也。且御衆于外，不宜知內」。紹疑焉，乃分監軍爲三都督，使授及郭圖、淳于瓊各典一軍，遂合而南。

先是，太祖遣劉備詣徐州拒袁術。術死，備殺刺史車胄，引軍屯沛。紹遣騎佐之。太祖遣劉岱、王忠擊之，不克。建安五年，太祖自東征備。田豐說紹襲太祖後，紹辭以子疾，不許。豐舉杖擊地曰：「夫遭難遇之機，而以嬰兒之病失其會，惜哉！」太祖至，擊破備；備奔紹。〔一〕

〔一〕魏氏春秋載紹檄州郡文曰：「蓋聞明主圖危以制變，忠臣慮難以立權。曩者彊秦弱主，趙高執柄，專制朝命，威福由己，終有望夷之禍，汙辱至今。及臻呂后，祿、產專政，擅斷萬機，決事省禁，下陵上替，海內寒心。於是絳侯、朱虛興威奮怒，誅夷逆亂，尊立太宗，故能道化興隆，光明顯融，此則大臣立權之明表也。司空曹操，祖父騰，故中常侍，與左悺、徐璜並作妖孽，饕餮放橫，傷化虐民。父嵩，乞匄攜養，因贓假位，輿金輦寶，輸貨權門，竊盜鼎司，傾覆重器。操贅閹遺醜，本無令德，僄狡鋒俠，好亂樂禍。幕府昔統鷹揚，掃夷凶逆。續遇董卓侵官暴國，於是提劍揮鼓，發命東夏。方收羅英雄，棄瑕錄用，故遂與操參咨策略，謂其鷹犬之才，爪牙可任。至乃愚佻短慮，輕進易退，傷夷折衄，數喪師徒。幕府輒復分兵命銳，修完補輯，表行東郡太守、兗州刺史，被以虎文，授以偏師，奬蹙威柄，冀獲秦師一克之報。而操遂乘資跋扈，肆行酷烈，割剝元元，殘賢害善。故九江太守邊讓，英才俊逸，天下知名，以直言正色，論不阿諂，身（首）被梟縣之戮，妻孥受灰滅之咎。自是士林憤痛，民怨彌重，一夫奮臂，舉州

同聲，故躬破於徐方，地奪於呂布，彷徨東裔，蹈據無所。幕府唯彊幹弱枝之義，且不登叛人之黨，故復援旌擐甲，席卷赴征，金鼓響震，布衆破沮，拯其死亡之患，復其方伯之任，是則幕府無德於兗土之民，而有大造於操也。後會鑾駕東反，羣虜亂政。時冀州方有北鄙之警，匪遑離局，故使從事中郎徐勛就發遣操，使繕修郊廟，翼衞幼主。而便放志專行，脅遷省禁，卑侮王官，敗法亂紀，坐召三臺，專制朝政，爵賞由心，刑戮在口，所愛光五宗，所惡滅三族，羣談者蒙顯誅，腹議者蒙隱戮，道路以目，百寮鉗口，尚書記朝會，公卿充員品而已。故太尉楊彪，歷典二司，享國極位，操因睚眦，被以非罪，榜楚并兼，五毒俱至，觸情放慝，不顧憲章。又議郎趙彥，忠諫直言，議有可納，故聖朝含聽，改容加錫，操欲迷奪時權，杜絕言路，擅收立殺，不俟報聞。又梁孝王，先帝母弟，墳陵尊顯，松柏桑梓，猶宜恭肅，而操率將校吏士親臨發掘，破棺裸尸，略取金寶，至令聖朝流涕，士民傷懷。又署發丘中郎將、摸金校尉，所過隳突，無骸不露。身處三公之官，而行桀虜之態，殄國虐民，毒流人鬼。加其細政苛慘，科防互設，繒繳充蹊，坑穽塞路，舉手挂網羅，動足蹈機陷，是以兗、豫有無聊之民，帝都有吁嗟之怨。歷觀古今書籍，所載貪殘虐烈無道之臣，於操爲甚。幕府方詰外姦，未及整訓，加意含覆，冀可彌縫。而操豺狼野心，潛包禍謀，乃欲摧撓棟梁，孤弱漢室，除滅中正，專爲梟雄。往歲伐鼓北征，討公孫瓚，彊寇桀逆，拒圍一年。操因其未破，陰交書命，欲託助王師，以相掩襲，故引兵造河，方舟北濟。會其行人發露，瓚亦梟夷，故使鋒芒挫縮，厥圖不果。屯據敖倉，阻河爲固，乃欲以螗蜋之斧，禦隆車之隧。幕府奉漢威靈，折衝宇宙，長戟百萬，胡騎千羣，奮中黃、育、獲之材，騁良弓勁弩之勢，并州越太行，青州涉濟、漯，大軍汎黃河以角其前，荊州下宛、葉而掎其後，雷震虎步，並集虜庭，若舉炎火以焫飛蓬，覆滄海而沃熛炭，有何不消滅者哉？當今漢道陵遲，綱弛紀絕。操以精兵七百，圍守宮闕，外稱陪衞，內以拘執，懼其篡逆之禍，因斯而作。乃忠臣肝腦塗地之秋，烈士立功之會也，可

不勸哉！」此陳琳之辭。

紹進軍黎陽，遣顏良攻劉延于白馬。沮授又諫紹：「良性促狹，雖驍勇不可獨任。」紹不聽。太祖救延，與良戰，破斬良。〔一〕紹渡河，壁延津南，使劉備、文醜挑戰。太祖擊破之，斬醜，再戰，禽紹大將。紹軍大震。〔二〕太祖還官渡。沮授又曰：「北兵數衆而果勁不及南，南穀虛少而貨財不及北；南利在於急戰，北利在於緩搏。宜徐持久，曠以日月。」紹不從。連營稍前，逼官渡，合戰，太祖軍不利，復壁。紹爲高櫓，起土山，射營中，營中皆蒙楯，衆大懼。太祖乃爲發石車，擊紹樓，皆破，紹衆號曰霹靂車。〔三〕紹爲地道，欲襲太祖營。太祖輒於內爲長塹以拒之，又遣奇兵襲擊紹運車，大破之，盡焚其穀。太祖與紹相持日久，百姓疲乏，多叛應紹，軍食乏。會紹遣淳于瓊等將兵萬餘人北迎運車，沮授說紹：「可遣將蔣奇別爲支軍於表，以斷曹公之鈔。」紹復不從。瓊宿烏巢，去紹軍四十里。太祖乃留曹洪守，自將步騎五千候夜潛往攻瓊。紹遣騎救之，敗走。破瓊等，悉斬之。太祖還，未至營，紹將高覽、張郃等率其衆降。紹衆大潰，紹與譚單騎退渡河。餘衆僞降，盡坑之。〔四〕沮授不及紹渡，爲人所執，詣太祖，〔五〕太祖厚待之。後謀還袁氏，見殺。

〔一〕獻帝傳曰：紹臨發，沮授會其宗族，散資財以與之曰：「夫勢在則威無不加，勢亡則不保一身，哀哉！」其弟宗曰：「曹公士馬不敵，君何懼焉！」授曰：「以曹兗州之明略，又挾天子以爲資，我雖克公孫，衆實疲弊，而將驕主忲，軍

之破敗，在此舉也。揚雄有言，『六國蚩蚩，爲嬴弱姬』，今之謂也。」

〔二〕獻帝傳曰：紹將濟河，沮授諫曰：「勝負變化，不可不詳。今宜留屯延津，分兵官渡，若其克獲，還迎不晚，設其有難，衆弗可還。」紹弗從。授臨濟歎曰：「上盈其志，下務其功，悠悠黃河，吾其不反乎！」遂以疾辭。紹恨之，乃省其所部兵屬郭圖。

〔三〕魏氏春秋曰：以古有矢石，又傳言「旝動而鼓」，說〔文〕曰「旝，發石也」，於是造發石車。

〔四〕張璠漢紀云：殺紹卒凡八萬人。

〔五〕獻帝傳云：授大呼曰：「授不降也，爲軍所執耳！」太祖與之有舊，逆謂授曰：「分野殊異，遂用圮絕，不圖今日乃相禽也！」授對曰：「冀州失策，以取奔北。授智力俱困，宜其見禽耳。」太祖曰：「本初無謀，不用君計，今喪亂過紀，國家未定，當相與圖之。」授曰：「叔父、母、弟，縣命袁氏，若蒙公靈，速死爲福。」太祖歎曰：「孤早相得，天下不足慮。」

初，紹之南也，田豐說紹曰：「曹公善用兵，變化無方，衆雖少，未可輕也，不如以久持之。將軍據山河之固，擁四州之衆，外結英雄，內脩農戰，然後簡其精銳，分爲奇兵，乘虛迭出，以擾河南，救右則擊其左，救左則擊其右，使敵疲於奔命，民不得安業；我未勞而彼已困，不及二年，可坐克也。今釋廟勝之策，而決成敗於一戰，若不如志，悔無及也。」紹不從。豐懇諫，紹怒甚，以爲沮衆，械繫之。紹軍既敗，或謂豐曰：「君必見重。」豐曰：「若軍有利，吾必全，今軍敗，吾其死矣。」紹還，謂左右曰：「吾不用田豐言，果爲所笑。」遂殺之。〔一〕紹外寬雅，有局度，憂喜不形于色，而內多忌害，皆此類也。

〔一〕先賢行狀曰：豐字元皓，鉅鹿人，或云勃海人。豐天姿瓌傑，權略多奇，少喪親，居喪盡哀，日月雖過，笑不至矧。博覽多識，名重州黨。初辟太尉府，舉茂才，遷侍御史。閹宦擅朝，英賢被害，豐乃棄官歸家。袁紹起義，卑辭厚幣以招致豐，豐以王室多難，志存匡救，乃應紹命，以爲別駕。勸紹迎天子，紹不納。紹後用豐謀，以平公孫瓚。逢紀憚豐亮直，數讒之於紹，紹遂忌豐。紹軍之敗也，土崩奔北，師徒略盡，軍皆拊膺而泣曰：「向令田豐在此，不至於是也。」紹謂逢紀曰：「冀州人聞吾軍敗，皆當念吾，惟田別駕前諫止吾，與衆不同，吾亦慚見之。」紀復曰：「豐聞將軍之退，拊手大笑，喜其言之中也。」紹於是有害豐之意。初，太祖聞豐不從戎，喜曰：「紹必敗矣。」及紹奔遁，復曰：「向使紹用田別駕計，尚未可知也。」

孫盛曰：觀田豐、沮授之謀，雖良、平何以過之？故君貴審才，臣尙量主；君用忠良，則伯王之業隆，臣奉闇后，則覆亡之禍至：存亡榮辱，常必由茲。豐知紹將敗，敗則己必死，甘冒虎口以盡忠規，烈士之於所事，慮不存己。夫諸侯之臣，義有去就，況豐與紹非純臣乎！詩云「逝將去汝，適彼樂土」，言去亂邦，就有道可也。

冀州城邑多叛，紹復擊定之。自軍敗後發病，七年，憂死。

紹愛少子尚，貌美，欲以爲後而未顯。〔一〕審配、逢紀與辛評、郭圖爭權，配、紀與尚比，評、圖與譚比。衆以譚長，欲立之。配等恐譚立而評等爲己害，緣紹素意，乃奉尚代紹位。譚至，不得立，自號車騎將軍。由是譚、尚有隙。太祖北征譚、尚。譚軍黎陽，尚少與譚兵，而使逢紀從譚。譚求益兵，配等議不與。譚怒，殺紀。〔二〕太祖渡河攻譚，譚告急於尚。尚

欲分兵益譚，恐譚遂奪其衆，乃使審配守鄴，尚自將兵助譚，與太祖相拒於黎陽。自〔二〕〔九〕月至〔九〕〔二〕月，大戰城下，譚、尚敗退，入城守。太祖將圍之，乃夜遁。追至鄴，收其麥，拔陰安，引軍還許。太祖南征荊州，軍至西平。譚、尚遂舉兵相攻，譚敗奔平原。尚攻之急，譚遣辛毗詣太祖請救。太祖乃還救譚，十月至黎陽。〔三〕尚聞太祖北，釋平原還鄴。其將呂曠、呂翔叛尚歸太祖，譚復陰刻將軍印假曠、翔。太祖知譚詐，與結婚以安之，乃引軍還。尚使審配、蘇由守鄴，復攻譚平原。太祖進軍將攻鄴，到洹水，去鄴五十里，由欲爲內應，謀泄，與配戰城中，敗，出奔太祖。太祖遂進攻之，爲地道，配亦於內作塹以當之。配將馮禮開突門，內太祖兵三百餘人，配覺之，從城上以大石擊突中柵門，柵門閉，入者皆沒。太祖遂圍之，爲塹，周四十里，初令淺，示若可越。配望而笑之，不出爭利。太祖一夜掘之，廣深二丈，決漳水以灌之，自五月至八月，城中餓死者過半。尚聞鄴急，將兵萬餘人還救之，依西山來，東至陽平亭，去鄴十七里，臨滏水，舉火以示城中，城中亦舉火相應。配出兵城北，欲與尚對決圍。太祖逆擊之，敗還，尚亦破走，依曲漳爲營，太祖遂圍之。未合，尚懼，遣陰夔、陳琳乞降，不聽。尚還走濫口，進復圍之急，其將馬延等臨陳降，衆大潰，尚奔中山。盡收其輜重，得尚印綬、節鉞及衣物，以示其家，城中崩沮。配兄子榮守東門，夜開門內太祖兵，與配戰城中，生禽配。配聲氣壯烈，終無撓辭，見者莫不歎息。遂斬之。〔四〕高

幹以并州降，復以幹爲刺史。

〔一〕典論曰：譚長而惠，尚少而美。紹妻劉氏愛尚，數稱其才，紹亦奇其貌，欲以爲後，未顯而紹死。劉氏性酷妒，紹死，僵尸未殯，寵妾五人，劉盡殺之。以爲死者有知，當復見紹於地下，乃髠頭墨面以毀其形。尚又爲盡殺死者之家。

〔二〕英雄記曰：紀字元圖。初，紹去董卓出奔，與許攸及紀俱詣冀州，紹以紀聰達有計策，甚親信之，與共舉事。後審配任用，與紀不睦。或有讒配于紹，紹問紀，紀稱「配天性烈直，古人之節，不宜疑之」。紹曰：「君不惡之邪？」紀答曰：「先日所爭者私情，今所陳者國事。」紹善之，卒不廢配。配由是更與紀爲親善。

〔三〕魏氏春秋載劉表遺譚書曰：「天篤降害，禍難殷流，尊公殂殞，四海悼心。賢胤承統，遐邇屬望，咸欲展布旅力，以投盟主，雖亡之日，猶存之願也。何寤青蠅飛於干旍，無極游於二壘，使股肱分爲二體，背膂絕爲異身！昔三王五伯，下及戰國，父子相殘，蓋有之矣；然或欲以成王業，或欲以定霸功，或欲以顯宗主，或欲以固冢嗣，未有棄親卽異，抗其本根，而能崇業濟功，垂祚後世者也。若齊襄復九世之讎，士匄卒荀偃之事，是故春秋美其義，君子稱其信。夫伯游之恨于齊，未若（文公）〔太公〕之忿曹；宣子之承業，未若仁君之繼統也。且君子之違難不適讎國，豈可忘先君之怨，棄至親之好，爲萬世之戒，遺同盟之恥哉！冀州不弟之慠，既已然矣；仁君當降志辱身，以匡國爲務；雖見憎於夫人，未若鄭莊之於姜氏，兄弟之嫌，未若重華之於象傲也。然莊公有大隧之樂，象受有鼻之封。願棄捐前忿，遠思舊義，復爲母子昆弟如初。」又遺尚書曰：「知變起辛、郭，禍結同生，追閼伯、實沈之蹤，忘常棣死喪之義，親尋干戈，僵尸流血，聞之哽咽，雖存若亡。昔軒轅有涿鹿之戰，周武有商、奄之師，皆所以翦除穢害而定王業，非彊弱之（事）爭，喜怒之忿也。故雖滅親不爲尤，誅兄不傷義。今二君初承洪業，纂繼前軌，進

有國家傾危之慮，退有先公遺恨之負，當唯義是務，唯國是康。何者？金木水火以剛柔相濟，然後克得其和，能爲民用。今青州天性峭急，迷于曲直。仁君度數弘廣，綽然有餘，當以大包小，以優容劣，先除曹操以卒先公之恨，事定之後，乃議曲直之計，不亦善乎！若留神遠圖，克己復禮，當振旆長驅，共獎王室，若迷而不反，違而無改，則胡夷將有誚讓之言，況我同盟，復能勠力爲君之役哉？此韓盧、東郭自困於前而遺田父之獲者也。憤踴鶴望，冀聞和同之聲。若其泰也，則袁族其與漢升降乎！如其否也，則同盟永無望矣。」譚、尚盡不從。

漢晉春秋載審配獻書於譚曰：「春秋之義，國君死社稷，忠臣死王命。苟有圖危宗廟，敗亂國家，王綱典律，親疏一也。是以周公垂泣而蔽管、蔡之獄，季友歔欷而行鍼叔之鴆。何則？義重人輕，事不得已也。昔衞靈公廢蒯聵而立輒，蒯聵爲不道，入戚以篡，衞師伐之。春秋傳曰：『以石曼姑之義，爲可以拒之。』是以蒯聵終獲叛逆之罪，而曼姑永享忠臣之名。父子猶然，豈況兄弟乎！昔先公廢絀將軍以續賢兄，立我將軍以爲適嗣，上告祖靈，下書譜牒，先公謂將軍爲兄子，將軍謂先公爲叔父，海內遠近，誰不備聞？且先公卽世之日，我將軍斬衰居廬，而將軍齋于堊室，出入之分，於斯益明。是時凶臣逢紀，妄畫蛇足，曲辭諂媚，交亂懿親，將軍奮赫然之怒，誅不旋時，〔我〕將軍亦奉命承旨，加以淫刑。自是之後，癰疽破潰，骨肉無絲髮之嫌，自疑之臣，皆保生全之福。故悉遣彊胡，簡命名將，料整器械，選擇戰士，殫府庫之財，竭食土之實，其所以供奉將軍，何求而不備？君臣相率，共衞旌麾，戰爲鴈行，賦爲幣主，雖傾倉覆庫，翦剝民物，上下欣戴，莫敢告勞。何則？推戀戀忠赤之情，盡家家肝腦之計，脣齒輔車，不相爲賜。謂爲將軍心合意同，混齊一體，必當并威偶勢，禦寇寧家。何圖凶險讒慝之人，造飾無端，誘導姦利，至令將軍翻然改圖，忘孝友之仁，聽豺狼之謀，誣先公廢立之言，違近者在喪之位，悖紀綱之理，不顧逆順之節，橫易冀州之主，欲當先公之繼。遂放兵鈔撥，屠城殺吏，交尸盈原，裸民滿野，或有髡剔髮膚，割截支體，冤魂痛於幽冥，創痍號於草棘。又乃圖獲鄴城，許賜秦、胡，財物婦女，豫有分界。或聞告令吏士云：『孤雖有老母，輒使身體完具而已。』聞此言者，莫不驚愕失氣，悼心揮涕，使太夫人憂哀憤懣于堂室，我州君臣士友假寐悲歎，無所措其手足；念欲靜師拱默以聽執事之圖，則懼違春秋死命之節，貽太夫人不測之患，隕先公高世之業。且三軍憤慨，人懷私怒，我將軍辭不獲已，以及館陶之役。是時外爲禦難，內實乞罪，既不見赦，而（屠辱谷）〔屠各〕二三其心，臨陳叛戾。我將軍進退無功，首尾受敵，引軍奔避，不敢告辭。亦謂將軍當少垂親親之仁，貺以緩追之惠，而乃尋蹤躡軌，無所逃命。困獸必鬬，以干嚴行，而將軍師旅土崩瓦解，此非人力，乃天意也。是後又望將軍改往修來，克己復禮，追還孔懷如初之愛；而縱情肆怒，趣破家門，企踵鶴立，連結外讎，散鋒放火，播增毒螫，烽煙相望，涉血千里，遺城厄民，引領悲怨，雖欲勿救，惡得已哉！故遂引軍東轅，保正疆埸，雖近郊壘，未侵境域，然望旌麾，能不永歎？配等備先公家臣，奉廢立之命。而圖等干國亂家，禮有常刑。故奮敝州之賦，以除將軍之疾，若乃天啓于心，早行其誅，則我將軍匍匐悲號于將軍股掌之上，配等亦袒躬布體以待斧鉞之刑。若必不悛，有以國斃，圖頭不縣，軍不旋踵。願將軍詳度事宜，錫以環玦。」典略曰：譚得書悵然，登城而泣。既劫于郭圖，亦以兵鋒累交，遂戰不解。

〔四〕先賢行狀曰：配字正南，魏郡人，少忠烈慷慨，有不可犯之節。袁紹領冀州，委以腹心之任，以爲治中別駕，并總幕府。初，譚之去，皆呼辛毗、郭圖家得出，而辛評家獨被收。及配兄子開城門內兵，時配在城東南角樓上，望見太祖兵入，忿辛、郭壞敗冀州，乃遣人馳詣鄴獄，指殺仲治家。是時，辛毗在軍，聞門開，馳走詣獄，欲解其兄家，兄家已死。是日生縛配，將詣帳下，辛毗等逆以馬鞭擊其頭，罵之曰：「奴，汝今日眞死矣！」配顧曰：「狗輩，正由汝曹破我冀州，恨不得殺汝也！且汝今日能殺生我邪？」有頃，公引見，謂配：「知誰開卿城門？」配曰：「不知

也。」曰：「自卿（文）〔子〕榮耳。」配曰：「小兒不足用乃至此！」公復謂曰：「曩日孤之行圍，何弩之多也？」配曰：「恨其少耳！」公曰：「卿忠于袁氏父子，亦自不得不爾也。」有意欲活之。配既無撓辭，而辛毗等號哭不已，乃殺之。初，冀州人張子謙先降，素與配不善，笑謂配曰：「正南，卿竟何如我？」配厲聲曰：「汝爲降虜，審配爲忠臣，雖死，豈若汝生邪！」臨行刑，叱持兵者令北向，曰：「我君在北。」

樂資山陽公載記及袁暐獻帝春秋並云太祖兵入城，審配戰于門中，既敗，逃于井中，於井獲之。臣松之以爲配一代之烈士，袁氏之死臣，豈當數窮之日，方逃身于井，此之難信，誠爲易了。不知資、暐之徒竟爲何人，未能識別然否，而輕弄翰墨，妄生異端，以行其書。如此之類，正足以誣罔視聽，疑誤後生矣。寔史籍之罪人，達學之所不取者也。

太祖之圍鄴也，譚略取甘陵、安平、勃海、河間，攻尚於中山。尚走故安從熙，譚悉收其衆。太祖將討之，譚乃拔平原，并南皮，自屯龍湊。十二月，太祖軍其門，譚不出，夜遁奔南皮，臨清河而屯。十年正月，攻拔之，斬譚及圖等。熙、尚爲其將焦觸、張南所攻，奔遼西烏丸。觸自號幽州刺史，驅率諸郡太守令長，背袁向曹，陳兵數萬，殺白馬盟，令曰：「違命者斬！」衆莫敢語，各以次歃。至別駕韓珩，曰：「吾受袁公父子厚恩，今其破亡，智不能救，勇不能死，於義闕矣；若乃北面於曹氏，所弗能爲也。」一坐爲珩失色。觸曰：「夫興大事，當立大義，事之濟否，不待一人，可卒珩志，以勵事君。」高幹叛，執上黨太守，舉兵守壺口關。遣樂進、李典擊之，未拔。十一年，太祖征幹。幹乃留其將夏昭、鄧升守城，自詣匈奴

單于求救，不得，獨與數騎亡，欲南奔荆州，上洛都尉捕斬之。〔一〕十一年，太祖至遼西擊烏丸。尚、熙與烏丸逆軍戰，敗走奔遼東，公孫康誘斬之，送其首。〔二〕太祖高韓珩節，屢辟不至，卒於家。〔三〕

〔一〕典略曰：上洛都尉王琰獲高幹，以功封侯；其妻哭于室，以爲琰富貴將更娶妾媵而奪己愛故也。

〔二〕典略曰：尚爲人有勇力，欲奪取康衆，與熙謀曰：「今到，康必相見，欲與兄手擊之，有遼東猶可以自廣也。」康亦心計曰：「今不取熙、尚，無以爲說於國家。」乃先置其精勇于廄中，然後請熙、尚。熙、尚入，康伏兵出，皆縛之，坐于凍地。尚寒，求席，熙曰：「頭顱方行萬里，何席之爲！」遂斬首。譚，字顯思。熙，字顯奕。尚，字顯甫。

吳書曰：尚有弟名買，與尚俱走遼東。曹瞞傳云：買，尚兄子。未詳。

〔三〕先賢行狀曰：珩字子佩，代郡人，清粹有雅量。少喪父母，奉養兄姊，宗族稱孝悌焉。

袁術字公路，司空逢子，紹之從弟也。以俠氣聞。舉孝廉，除郎中，歷職內外，後爲折衝校尉、虎賁中郎將。董卓之將廢帝，以術爲後將軍；術亦畏卓之禍，出奔南陽。會長沙太守孫堅殺南陽太守張咨，術得據其郡。南陽戶口數百萬，而術奢淫肆欲，徵斂無度，百姓苦之。既與紹有隙，又與劉表不平而北連公孫瓚；紹與瓚不和而南連劉表。其兄弟攜貳，舍近交遠如此。〔一〕引軍入陳留。太祖與紹合擊，大破術軍。術以餘衆奔九江，殺揚州刺史

陳溫，領其州。〔二〕以張勳、橋蕤等爲大將軍。李傕入長安，欲結術爲援，以術爲左將軍，封陽翟侯，假節，遣太傅馬日磾因循行拜授。術奪日磾節，拘留不遣。〔三〕

〔一〕吳書曰：時議者以靈帝失道，使天下叛亂，少帝幼弱，爲賊臣所立，又不識母氏所出。幽州牧劉虞宿有德望，紹等欲立之以安當時，使人報術。術觀漢室衰陵，陰懷異志，故外託公義以拒紹。紹復與術書曰：「前與韓文節共建永世之道，欲海內見再興之主。今西名有幼君，無血脉之屬，公卿以下皆媚事卓，安可復信！但當使兵往屯關要，皆自蹙死于西。東立聖君，太平可冀，如何有疑！又室家見戮，不念子胥，可復北面乎？違天不祥，願詳思之。」術答曰：「聖主聰叡，有周成之質。賊卓因危亂之際，威服百寮，此乃漢家小厄之會。亂尚未厭，復欲興之。乃云今主『無血脉之屬』，豈不誣乎！先人以來，奕世相承，忠義爲先。太傅公仁慈惻隱，雖知賊卓必爲禍害，以信徇義，不忍去也。門戶滅絕，死亡流漫，幸蒙遠近來相赴助，不因此時上討國賊，下刷家恥，而圖於此，非所聞也。又曰『室家見戮，可復北面』，此卓所爲，豈國家哉？君命，天也，天不可讎，況非君命乎！慺慺赤心，志在滅卓，不識其他。」

〔二〕臣松之案英雄記：「陳溫字元悌，汝南人。先爲揚州刺史，自病死。袁紹遣袁遺領州，敗散，奔沛國，爲兵所殺。袁術更用陳瑀爲揚州。瑀字公瑋，下邳人。瑀既領州，而術敗于封丘，南向壽春，瑀拒術不納。術退保陰陵，更合軍攻瑀，瑀懼走歸下邳。」如此，則溫不爲術所殺，與本傳不同。

〔三〕三輔決錄注曰：日磾字翁叔，馬融之族子。少傳融業，以才學進。與楊彪、盧植、蔡邕等典校中書，歷位九卿，遂登台輔。

獻帝春秋曰：術從日磾借節觀之，因奪不還，備軍中千餘人，使促辟之。日磾謂術曰：「卿家先世諸公，辟士云何，而言促之，謂公府掾可劫得乎！」從術求去，而術留之不遣；既以失節屈辱，憂恚而死。

時沛相下邳陳珪，故太尉球弟子也。術與珪俱公族子孫，少共交游，書與珪曰：「昔秦失其政，天下羣雄爭而取之，兼智勇者卒受其歸。今世事紛擾，復有瓦解之勢矣，誠英乂有爲之時也。與足下舊交，豈肯左右之乎？若集大事，子實爲吾心膂。」珪中子應時在下邳，術並脅質應，圖必致珪。珪答書曰：「昔秦末世，肆暴恣情，虐流天下，毒被生民，下不堪命，故遂土崩。今雖季世，未有亡秦苛暴之亂也。曹將軍神武應期，興復典刑，將撥平凶慝，清定海內，信有徵矣。以爲足下當勠力同心，匡翼漢室，而陰謀不軌，以身試禍，豈不痛哉！若迷而知反，尚可以免。吾備舊知，故陳至情，雖逆于耳，骨肉之惠也。欲吾營私阿附，有犯死不能也。」

興平二年冬，天子敗於曹陽。術會羣下謂曰：「今劉氏微弱，海內鼎沸。吾家四世公輔，百姓所歸，欲應天順民，於諸君意如何？」衆莫敢對。主簿閻象進曰：「昔周自后稷至于文王，積德累功，三分天下有其二，猶服事殷。明公雖奕世克昌，未若有周之盛；漢室雖微，未若殷紂之暴也。」術嘿然不悅。用河內張炯之符命，遂僭號。〔一〕以九江太守爲淮南尹。置公卿，祠南北郊。荒侈滋甚，後宮數百皆服綺縠，餘粱肉，〔二〕而士卒凍餒，江淮閒空盡，人民相食。術前爲呂布所破，後爲太祖所敗，奔其部曲雷薄、陳蘭于灊山，復爲所拒，憂

懼不知所出。將歸帝號於紹，欲至青州從袁譚，發病道死。〔三〕妻子依術故吏廬江太守劉勳，孫策破勳，復見收視。術女入孫權宮，子燿拜郎中，燿女又配於權子奮。

〔一〕典略曰：術以袁姓出陳，陳，舜之後，以土承火，得應運之次。又見讖文云：「代漢者，當塗高也。」自以名字當之，乃建號稱仲氏。

〔二〕九州春秋曰：司隸馮方女，國色也，避亂揚州，術登城見而悅之，遂納焉，甚愛幸。諸婦害其寵，語之曰：「將軍貴人有志節，當時時涕泣憂愁，必長見敬重。」馮氏以爲然，後見術輒垂涕，術以有心志，益哀之。諸婦人因共絞殺，懸之廁梁，術誠以爲不得志而死，乃厚加殯斂。

〔三〕魏書曰：術歸帝號于紹曰：「漢之失天下久矣，天子提挈，政在家門，豪雄角逐，分裂疆宇，此與周之末年七國分勢無異，卒彊者兼之耳。加袁氏受命當王，符瑞炳然。今君擁有四州，民戶百萬，以彊則無與比大，論德則無與比高。曹操欲扶衰拯弱，安能續絕命救已滅乎？」紹陰然之。

吳書曰：術既爲雷薄等所拒，留住三日，士衆絕糧，乃還至江亭，去壽春八十里。問廚下，尚有麥屑三十斛。時盛暑，欲得蜜漿，又無蜜。坐櫺牀上，歎息良久，乃大咤曰：「袁術至于此乎！」因頓伏牀下，嘔血斗餘而死。

劉表字景升，山陽高平人也。少知名，號八俊。〔一〕長八尺餘，姿貌甚偉。以大將軍掾爲北軍中候。靈帝崩，代王叡爲荆州刺史。是時山東兵起，表亦合兵軍襄陽。〔二〕袁術之在南陽也，與孫堅合從，欲襲奪表州，使堅攻表。堅爲流矢所中死，軍敗，術遂不能勝表。李

傕、郭汜入長安，欲連表爲援，乃以表爲鎭南將軍、荆州牧，封成武侯，假節。天子都許，表雖遣使貢獻，然北與袁紹相結。治中鄧義諫表，表不聽，〔三〕義辭疾而退，終表之世。張濟引兵入荆州界，攻穰城，爲流矢所中死。荆州官屬皆賀，表曰：「濟以窮來，主人無禮，至于交鋒，此非牧意，牧受弔，不受賀也。」使人納其衆；衆聞之喜，遂服從。長沙太守張羨叛表，〔四〕表圍之連年不下。羨病死，長沙復立其子懌，表遂攻幷懌，南收零、桂，北據漢川，地方數千里，帶甲十餘萬。〔五〕

〔一〕張璠漢紀曰：表與同郡人張隱、薛郁、王訪、宣靖、（公褚恭）〔公緒恭〕、劉祇、田林爲八交，或謂之八顧。漢末名士錄云：表與汝南陳翔字仲麟、范滂字孟博、魯國孔昱字世元、勃海苑康字仲眞、山陽檀敷字文友、張儉字元節、南陽岑晊字公孝爲八友。謝承後漢書曰：表受學於同郡王暢。暢爲南陽太守，行過乎儉。表時年十七，進諫曰：「奢不僭上，儉不逼下，蓋中庸之道，是故蘧伯玉恥獨爲君子。府君若不師孔聖之明訓，而慕夷齊之末操，無乃皎然自遺於世！」暢答曰：「以約失之者鮮矣。且以矯俗也。」

〔二〕司馬彪戰略曰：劉表之初爲荆州也，江南宗賊盛，袁術屯魯陽，盡有南陽之衆。吳人蘇代領長沙太守，貝羽爲華容長，各阻兵作亂。表初到，單馬入宜城，而延中廬人蒯良、蒯越、襄陽人蔡瑁與謀。表曰：「宗賊甚盛，而衆不附，袁術因之，禍今至矣！吾欲徵兵，恐不集，其策安出？」良曰：「衆不附者，仁不足也；附而不治者，義不足也；苟仁義之道行，百姓歸之如水之趣下，何患所至之不從而問興兵與策乎？」表顧問越，越曰：「治平者先仁義，治

亂者先權謀。兵不在多，在得人也。袁術勇而無斷，蘇代、貝羽皆武人，不足慮。宗賊帥多貪暴，爲下所患。越有所素養者，使示之以利，必以衆來。君誅其無道，撫而用之。一州之人，有樂存之心，聞君盛德，必襁負而至矣。兵集衆附，南據江陵，北守襄陽，荆州八郡可傳檄而定。術等雖至，無能爲也。」表曰：「子柔之言，雍季之論也。異度之計，臼犯之謀也。」遂使越遣人誘宗賊，至者五十五人，皆斬之。襲取其衆，或即授部曲。唯江夏賊張虎、陳生擁衆據襄陽，表乃使越與龎季單騎往說降之，江南遂悉平。

〔三〕漢晉春秋曰：表答義曰：「內不失貢職，外不背盟主，此天下之達義也。治中獨何怪乎？」

〔四〕英雄記曰：張羨，南陽人。先作零陵、桂陽長，甚得江、湘間心，然性屈強不順。表薄其爲人，不甚禮也。羨由是懷恨，遂叛表焉。

〔五〕英雄記曰：州界羣寇既盡，表乃開立學官，博求儒士，使綦毋闓、宋忠等撰五經章句，謂之後定。

太祖與袁紹方相持于官渡，紹遣人求助，表許之而不至，亦不佐太祖，欲保江漢間，觀天下變。從事中郎韓嵩、別駕劉先說表曰：「豪傑並爭，兩雄相持，天下之重，在於將軍。將軍若欲有爲，起乘其弊可也；若不然，固將擇所從。將軍擁十萬之衆，安坐而觀望。夫見賢而不能助，請和而不得，此兩怨必集於將軍，將軍不得中立矣。夫以曹公之明哲，天下賢俊皆歸之，其勢必舉袁紹，然後稱兵以向江漢，恐將軍不能禦也。故爲將軍計者，不若舉州以附曹公，曹公必重德將軍；長享福祚，垂之後嗣，此萬全之策也。」表大將蒯越亦勸表，表狐疑，乃遣嵩詣太祖以觀虛實。嵩還，深陳太祖威德，說表遣子入質。表疑嵩反爲太祖說，大怒，欲殺嵩，考殺隨嵩行者，知嵩無他意，乃止。〔一〕表雖外貌儒雅，而心多疑忌，皆此類也。

〔一〕傅子曰：初表謂嵩曰：「今天下大亂，未知所定，曹公擁天子都許，君爲我觀其釁。」嵩對曰：「聖達節，次守節。嵩，守節者也。夫事君爲君，君臣名定，以死守之；今策名委質，唯將軍所命，雖赴湯蹈火，死無辭也。以嵩觀之，曹公至明，必濟天下。將軍能上順天子，下歸曹公，必享百世之利，楚國實受其祐，使嵩可也；設計未定，嵩使京師，天子假嵩一官，則天子之臣，而將軍之故吏耳。在君爲君，則嵩守天子之命，義不得復爲將軍死也。唯將軍重思，無負嵩。」表遂使之，果如所言，天子拜嵩侍中，遷零陵太守，還稱朝廷、曹公之德也。表以爲懷貳，大會寮屬數百人，陳兵見嵩，盛怒，持節將斬之，數曰：「韓嵩敢懷貳邪！」衆皆恐，欲令嵩謝。嵩不動，謂表曰：「將軍負嵩，嵩不負將軍！」具陳前言。表怒不已，其妻蔡氏諫之曰：「韓嵩，楚國之望也；且其言直，誅之無辭。」表乃弗誅而囚之。

劉備奔表，表厚待之，然不能用。〔一〕建安十三年，太祖征表，未至，表病死。

〔一〕漢晉春秋曰：太祖之始征柳城，劉備說表使襲許，表不從。及太祖還，謂備曰：「不用君言，故失此大會也。」備曰：「今天下分裂，日尋干戈，事會之來，豈有終極乎？若能應之於後者，則此未足爲恨也。」

初，表及妻愛少子琮，欲以爲後，而蔡瑁、張允爲之支黨，乃出長子琦爲江夏太守，衆遂奉琮爲嗣。琦與琮遂爲讎隙。〔一〕越、嵩及東曹掾傅巽等說琮歸太祖，琮曰：「今與諸君據全楚之地，守先君之業，以觀天下，何爲不可乎？」巽對曰：「逆順有大體，彊弱有定勢。以人

臣而拒人主，逆也；以新造之楚而禦國家，其勢弗當也；以劉備而敵曹公，又弗當也。三者皆短，欲以抗王兵之鋒，必亡之道也。將軍自料何與劉備？」琮曰：「吾不若也。」巽曰：「誠以劉備不足禦曹公乎，則雖保楚之地，不足以自存也；誠以劉備足禦曹公乎，則備不爲將軍下也。願將軍勿疑。」太祖軍到襄陽，琮舉州降。備走奔夏口。〔二〕

〔一〕典略曰：表疾病，琦還省疾。琦性慈孝，瑁、允恐琦見表，父子相感，更有託後之意，謂曰：「將軍命君撫臨江夏，爲國東藩，其任至重；今釋衆而來，必見譴怒，傷親之歡心以增其疾，非孝敬也。」遂遏于戶外，使不得見，琦流涕而去。

〔二〕傅子曰：巽字公悌，瓌偉博達，有知人鑒。辟公府，拜尚書郎，後客荆州，以說劉琮之功，賜爵關內侯。文帝時爲侍中，太和中卒。巽在荆州，目龐統爲半英雄，證裴潛終以清行顯；統遂附劉備，見待次于諸葛亮，潛位至尚書令，並有名德。及在魏朝，魏諷以才智聞，巽謂之必反，卒如其言。巽弟子嘏，別有傳。

漢晉春秋曰：王威說劉琮曰：「曹操得將軍旣降，劉備已走，必解弛無備，輕行單進；若給威奇兵數千，徼之於險，操可獲也。獲操即威震天下，坐而虎步，中夏雖廣，可傳檄而定，非徒收一勝之功，保守今日而已。此難遇之機，不可失也。」琮不納。

搜神記曰：建安初，荆州童謠曰：「八九年間始欲衰，至十三年無孑遺。」言自（中興）〔中平〕以來，荆州獨全，及劉表爲牧，民又豐樂，至建安八年九年當始衰。始衰者，謂劉表妻死，諸將並零落也。十三年無孑遺者，表當又死，因以喪破也。是時，華容有女子忽啼呼云：「荆州將有大喪。」言語過差，縣以爲妖言，繫獄月餘，忽于獄中哭曰：

「劉荆州今日死。」華容去州數百里，卽遣馬吏驗視，而劉表果死，縣乃出之。續又歌吟曰：「不意李立爲貴人。」後無幾，太祖平荆州，以涿郡李立字建賢爲荆州刺史。

太祖以琮爲青州刺史、封列侯。〔一〕蒯越等侯者十五人。越爲光祿勳；〔二〕嵩，大鴻臚；〔三〕羲，侍中；〔四〕先，尚書令；其餘多至大官。〔五〕

〔一〕魏武故事載令曰：「楚有江、漢山川之險，後服先彊，與秦爭衡，荆州則其故地。劉鎮南久用其民矣。身沒之後，諸子鼎峙，雖終難全，猶可引日。青州刺史琮，心高志潔，智深慮廣，輕榮重義，薄利厚德，蔑萬里之業，忽三軍之衆，篤中正之體，敎令名之譽，上耀先君之遺塵，下圖不朽之餘祚；鮑永之棄并州，竇融之離五郡，未足以喻也。雖封列侯一州之位，猶恨此寵未副其人；而比有牋求還州。監史雖尊，秩祿未優。今聽所執，表琮爲諫議大夫，參同軍事。」

〔二〕傅子曰：越，蒯通之後也，深中足智，魁傑有雄姿。大將軍何進聞其名，辟爲東曹掾。越勸進誅諸閹官，進猶豫不決。越知進必敗，求出爲汝陽令，佐劉表平定境內，表得以彊大。詔書拜章陵太守，封樊亭侯。荆州平，太祖與荀彧書曰：「不喜得荆州，喜得蒯異度耳。」建安十九年卒。臨終，與太祖書，託以門戶。太祖報書曰：「死者反生，生者不愧。孤少所舉，行之多矣。魂而有靈，亦將聞孤此言也。」

〔三〕先賢行狀曰：嵩字德高，義陽人。少好學，貧不改操。知世將亂，不應三公之命，與同好數人隱居于酈西山中。黄巾起，嵩避難南方，劉表逼以爲別駕，轉從事中郎。表郊祀天地，嵩正諫不從，漸見違忤。奉使到許，事在前注。荆州平，嵩疾病，就在所拜授大鴻臚印綬。

〔四〕羲，章陵人。

〔五〕零陵先賢傳曰：先字始宗，博學彊記，尤好黄老言，明習漢家典故。爲劉表別駕，奉章詣許，見太祖。時賓客並會，太祖問先：「劉牧如何郊天也？」先對曰：「劉牧託漢室肺腑，處牧伯之位，而遭王道未平，羣凶塞路，抱玉帛而無所聘頫，修章表而不獲達御，是以郊天祀地，昭告赤誠。」太祖曰：「羣凶爲誰？」先曰：「舉目皆是。」太祖曰：「今孤有熊羆之士，步騎十萬，奉辭伐罪，誰敢不服？」先曰：「漢道陵遲，羣生憔悴，既無忠義之士，翼戴天子，綏寧海內，使萬邦歸德，而阻兵安忍，曰莫己若，卽蚩尤、智伯復見于今也。」太祖嘿然。拜先武陵太守。荆州平，先始爲漢尚書，後爲魏國尚書令。

先甥同郡周不疑，字元直，零陵人。先賢傳稱不疑幼有異才，聰明敏達，太祖欲以女妻之，不疑不敢當。太祖愛子倉舒，夙有才智，謂可與不疑爲儔。及倉舒卒，太祖心忌不疑，欲除之。文帝諫以爲不可，太祖曰：「此人非汝所能駕御也。」乃遣刺客殺之。

摯虞文章志曰：不疑死時年十七，著文論四首。

世語曰：表死後八十餘年，至晉太康中，表冢見發。表及妻身形如生，芬香聞數里。

評曰：董卓狼戾賊忍，暴虐不仁，自書契已來，殆未之有也。〔一〕袁術奢淫放肆，榮不終己，自取之也。〔二〕袁紹、劉表，咸有威容、器觀，知名當世。表跨蹈漢南，紹鷹揚河朔，然皆外寬內忌，好謀無決，有才而不能用，聞善而不能納，廢嫡立庶，舍禮崇愛，至于後嗣顚蹙，社稷傾覆，非不幸也。昔項羽背范增之謀，以喪其王業；紹之殺田豐，乃甚於羽遠矣！

〔一〕英雄記曰：昔大人見臨洮而銅人鑄，臨洮生卓而銅人毀；世有卓而大亂作，大亂作而卓身滅，抑有以也。

〔二〕臣松之以爲桀、紂無道，秦、莽縱虐，皆多歷年所，然後衆惡乃著。董卓自竊權柄，至于隕斃，計其日月，未盈三周，而禍崇山岳，毒流四海。其殘賊之性，寔豺狼不若。「書契未有」，斯言爲當。但評既曰「賊忍」，又云「不仁」，賊忍、不仁，於辭爲重。袁術無毫芒之功，纖介之善，而猖狂于時，妄自尊立，固義夫之所扼腕，人鬼之所同疾。雖復恭儉節用，而猶必覆亡不暇，而評但云「奢淫不終」，未足見其大惡。

三國志卷七

魏書七

呂布（張邈）臧洪傳第七

呂布字奉先，五原郡九原人也。以驍武給幷州。刺史丁原爲騎都尉，屯河內，以布爲主簿，大見親待。靈帝崩，原將兵詣洛陽。〔一〕與何進謀誅諸黃門，拜執金吾。進敗，董卓入京都，將爲亂，欲殺原，幷其兵衆。卓以布見信于原，誘布令殺原。布斬原首詣卓，卓以布爲騎都尉，甚愛信之，誓爲父子。

〔一〕英雄記曰：原字建陽。本出自寒家，爲人麤略，有武勇，善騎射。爲南縣吏，受使不辭難，有警急，追寇虜，輒在其前。裁知書，少有吏用。

布便弓馬，膂力過人，號爲飛將。稍遷至中郎將，封都亭侯。卓自以遇人無禮，恐人謀己，行止常以布自衞。然卓性剛而褊，忿不思難，嘗小失意，拔手戟擲布。布拳捷避之，〔一〕爲卓顧謝，卓意亦解。由是陰怨卓。卓常使布守中閤，布與卓侍婢私通，恐事發覺，心不自安。

〔一〕詩曰：「無拳無勇，職爲亂階。」注：「拳，力也。」

先是，司徒王允以布州里壯健，厚接納之。後布詣允，陳卓幾見殺狀。時允與僕射士孫瑞密謀誅卓，是以告布使爲內應。布曰：「奈如父子何！」允曰：「君自姓呂，本非骨肉。今憂死不暇，何謂父子？」布遂許之，手刃刺卓。語在卓傳。允以布爲（奮威）〔奮武〕將軍，假節，儀比三司，進封溫侯，共秉朝政。布自殺卓後，畏惡涼州人，涼州人皆怨。由是李傕等遂相結還攻長安城。〔一〕布不能拒，傕等遂入長安。卓死後六旬，布亦敗。〔二〕將數百騎出武關，欲詣袁術。

〔一〕英雄記曰：郭汜在城北。布開城門，將兵就汜，言「且卻兵，但身決勝負」。汜、布乃獨共對戰，布以矛刺中汜，汜後騎遂前救汜，汜、布遂各兩罷。

〔二〕臣松之案英雄記曰：諸書，布以四月二十三日殺卓，六月一日敗走，時又無閏，不及六旬。

布自以殺卓爲術報讎，欲以德之。術惡其反覆，拒而不受。北詣袁紹，紹與布擊張燕于常山。燕精兵萬餘，騎數千。布有良馬曰赤兔。〔一〕常與其親近成廉、魏越等陷鋒突陳，遂破燕軍。而求益兵衆，將士鈔掠，紹患忌之。布覺其意，從紹求去。紹恐還爲己害，遣壯士夜掩殺布，不獲。事露，布走河內，〔二〕與張楊合。紹令衆追之，皆畏布，莫敢逼近者。〔三〕

〔一〕曹瞞傳曰：時人語曰：「人中有呂布，馬中有赤兔。」

〔二〕英雄記曰：布自以有功于袁氏，輕傲紹下諸將，以爲擅相署置，不足貴也。布求還洛，紹假布領司隸校尉。外言當遣，內欲殺布。明日當發，紹遣甲士三十人，辭以送布。布使止于帳側，僞使人于帳中鼓箏。紹兵臥，布無何出帳去，而兵不覺。夜半兵起，亂斫布牀被，謂爲已死。明日，紹訊問，知布尚在，乃閉城門。布遂引去。

〔三〕英雄記曰：楊及部曲諸將，皆受傕、汜購募，共圖布。布聞之，謂楊曰：「布，卿州里也。卿殺布，於卿弱。不如賣布，可極得汜、傕爵寵。」楊於是外許汜、傕，內實保護布。汜、傕患之，更下大封詔書，以布爲潁川太守。

張邈字孟卓，東平壽張人也。少以俠聞，振窮救急，傾家無愛，士多歸之。太祖、袁紹皆與邈友。辟公府，以高第拜騎都尉，遷陳留太守。董卓之亂，太祖與邈首舉義兵。汴水之戰，邈遣衞茲將兵隨太祖。袁紹既爲盟主，有驕矜色，邈正議責紹。紹使太祖殺邈，太祖不聽，責紹曰：「孟卓，親友也，是非當容之。今天下未定，不宜自相危也。」邈知之，益德太祖。太祖之征陶謙，敕家曰：「我若不還，往依孟卓。」後還，見邈，垂泣相對。其親如此。

呂布之捨袁紹從張楊也，過邈臨別，把手共誓。紹聞之，大恨。邈畏太祖終爲紹擊己也，心不自安。興平元年，太祖復征謙，邈弟超，與太祖將陳宮、從事中郎許汜、王楷共謀叛太祖。宮說邈曰：「今雄傑並起，天下分崩，君以千里之衆，當四戰之地，撫劍顧眄，亦足以爲人豪，而反制于人，不以鄙乎！今州軍東征，其處空虛，呂布壯士，善戰無前，若權迎之，共牧兗州，觀天下形勢，俟時事之變通，此亦縱橫之一時也。」邈從之。太祖初使宮將兵留

屯東郡，遂以其衆東迎布爲兗州牧，據濮陽。郡縣皆應，唯鄄城、東阿、范爲太祖守。太祖引軍還，與布戰於濮陽，太祖軍不利，相持百餘日。是時歲旱、蟲蝗、少穀，百姓相食，布東屯山陽。二年間，太祖乃盡復收諸城，擊破布于鉅野。布東奔劉備。〔一〕邈從布，留超將家屬屯雍丘。太祖攻圍數月，屠之，斬超及其家。邈詣袁術請救未至，自爲其兵所殺。〔二〕

〔一〕英雄記曰：布見備，甚敬之，謂備曰：「我與卿同邊地人也。布見關東起兵，欲誅董卓。布殺卓東出，關東諸將無安布者，皆欲殺布耳。」請備于帳中坐婦牀上，令婦向拜，酌酒飲食，名備爲弟。備見布語言無常，外然之而內不說。

〔二〕獻帝春秋曰：袁術議稱尊號，邈謂術曰：「漢據火德，絕而復揚，德澤豐流，誕生明公。公居軸處中，入則享于上席，出則爲衆目之所屬，華、霍不能增其高，淵泉不能同其量，可謂巍巍蕩蕩，無與爲貳。何爲捨此而欲稱制？恐福不盈眥，禍將溢世。莊周之稱郊祭犧牛，養飼經年，衣以文繡，宰執鸞刀，以入廟門，當此之時，求爲孤犢不可得也！」

按本傳，邈詣術，未至而死。而此云諫稱尊號，未詳孰是。

備東擊術，布襲取下邳，備還歸布。布遣備屯小沛。布自稱徐州刺史。〔一〕術遣將紀靈等步騎三萬攻備，備求救于布。布諸將謂布曰：「將軍常欲殺備，今可假手於術。」布曰：「不然。術若破備，則北連太山諸將，吾爲在術圍中，不得不救也。」便嚴步兵千、騎二百，馳往赴備。靈等聞布至，皆斂兵不敢復攻。布於沛西南一里安屯，遣鈴下請靈等，靈等亦

爪牙。文帝追美登功，拜登息廣爲郎中。

臧洪字子源，廣陵射陽人也。父旻，歷匈奴中郎將、中山、太原太守，所在有名。〔一〕洪體貌魁梧，有異於人，舉孝廉爲郎。時選三署郎以補縣長；琅邪趙昱爲莒長，東萊劉繇下邑長，東海王朗菑丘長，洪即丘長。靈帝末，棄官還家，太守張超請洪爲功曹。

〔一〕謝承後漢書曰：旻有幹事才，達於從政，爲漢良吏。初從徐州從事辟司徒府，除盧奴令，冀州舉尤異，遷揚州刺史、丹楊太守。是時邊方有警，羌、胡出寇，三府舉能，遷旻匈奴中郎將。討賊有功，徵拜議郎，還京師。見太尉袁逢，逢問其西域諸國土地、風俗、人物、種數。旻具答言西域本三十六國，後分爲五十五，稍散至百餘國；其國大小，道里近遠，人數多少，風俗燥濕，山川、草木、鳥獸、異物名種，不與中國同者，悉口陳其狀，手畫地形。逢奇其才，歎息言：「雖班固作西域傳，何以加此？」旻轉拜長水校尉，終太原太守。

董卓殺帝，圖危社稷，洪說超曰：「明府歷世受恩，兄弟並據大郡，今王室將危，賊臣未梟，此誠天下義烈報恩效命之秋也。今郡境尚全，吏民殷富，若動枹鼓，可得二萬人，以此誅除國賊，爲天下倡先，義之大者也。」超然其言，與洪西至陳留，見兄邈計事。邈亦素有心，會于酸棗，邈謂超曰：「聞弟爲郡守，政教威恩，不由己出，動任臧洪，洪者何人？」超曰：「洪才略智數優超，超甚愛之，海內奇士也。」邈即引見洪，與語大異之。致之于劉兗州公

山、孔豫州公緒，皆與洪親善。乃設壇場，方共盟誓，諸州郡更相讓，莫敢當，咸共推洪。洪乃升壇操槃歃血而盟曰：「漢室不幸，皇綱失統，賊臣董卓乘釁縱害，禍加至尊，虐流百姓，大懼淪喪社稷，翦覆四海。兗州刺史岱、豫州刺史伷、陳留太守邈、東郡太守瑁、廣陵太守超等，糾合義兵，並赴國難。凡我同盟，齊心勠力，以致臣節，殞首喪元，必無二志。有渝此盟，俾墜其命，無克遺育。皇天后土，祖宗明靈，實皆鑒之！」洪辭氣慷慨，涕泣橫下，聞其言者，雖卒伍廝養，莫不激揚，人思致節。〔一〕頃之，諸軍莫適先進，而食盡衆散。

〔一〕臣松之案：于時此盟止有劉岱等五人而已。魏氏春秋橫內劉表等數人，皆非事實。表保據江、漢，身未嘗出境，何由得與洪同壇而盟乎？

超遣洪詣大司馬劉虞謀，值公孫瓚之難，至河間，遇幽、冀二州交兵，使命不達。而袁紹見洪，又奇重之，與結分合好。會青州刺史焦和卒，紹使洪領青州以撫其衆。〔一〕洪在州二年，羣盜奔走。紹歎其能，徙爲東郡太守，治東武陽。

〔一〕九州春秋曰：初平中，焦和爲青州刺史。是時英雄並起，黃巾寇暴，和務及同盟，俱入京畿，不暇爲民保障，引軍踰河而西。未久而袁、曹二公與卓將戰于滎陽，敗績。黃巾遂廣，屠裂城邑。和不能禦，然軍器尚利，戰士尚衆，而耳目偵邏不設，恐動之言妄至，望寇奔走，未嘗接風塵交旗鼓也。欲作陷冰丸沈河，令賊不得渡，禱祈羣神，求用兵必利，蓍筮常陳於前，巫祝不去於側；入見其清談干雲，出則渾亂，命不可知。州遂蕭條，悉爲丘墟也。

太祖圍張超于雍丘，超言：「唯恃臧洪，當來救吾。」衆人以爲袁、曹方睦，而洪爲紹所表用，必不敗好招禍，遠來赴此。超曰：「子源，天下義士，終不背本者，但恐見禁制，不相及逮耳。」洪聞之，果徒跣號泣，並勒所領兵，又從紹請兵馬，求欲救超，而紹終不聽許。超遂族滅。洪由是怨紹，絕不與通。紹興兵圍之，歷年不下。紹令洪邑人陳琳書與洪，喻以禍福，責以恩義。洪答曰：

隔闊相思，發于寤寐。幸相去步武之間耳，而以趣舍異規，不得相見，其爲愴恨，可爲心哉！前日不遺，比辱雅貺，述敍禍福，公私切至。所以不即奉答者，既學薄才鈍，不足塞詰；亦以吾子攜負側室，息肩主人，家在東州，僕爲仇敵。以是事人，雖披中情，墮肝膽，猶身疏有罪，言甘見怪，方首尾不救，何能恤人？且以子之才，窮該典籍，豈將闇于大道，不達余趣哉！然猶復云云者，僕以是知足下之言，信不由衷，將以救禍也。必欲算計長短，辯諮是非，是非之論，言滿天下，陳之更不明，不言無所損。又言傷告絕之義，非吾所忍行也，是以捐棄紙筆，一無所答。亦冀遙忖其心，知其計定，不復渝變也。重獲來命，援引古今，紛紜六紙，雖欲不言，焉得已哉！

僕小人也，本因行役，寇竊大州，恩深分厚，寧樂今日自還接刃！每登城勒兵，望主人之旗鼓，感故友之周旋，撫弦搦矢，不覺流涕之覆面也。何者？自以輔佐主人，無

以爲悔。主人相接，過絕等倫。當受任之初，自謂究竟大事，共尊王室。豈悟天子不悅，本州見侵，郡將遘牖里之厄，陳留克創兵之謀，謀計棲遲，喪忠孝之名，杖策攜背，虧交友之分。揆此二者，與其不得已，喪忠孝之名與虧交友之道，輕重殊塗，親疏異畫，故便收淚告絕。若使主人少垂故人，住者側席，去者克己，不汲汲于離友，信刑戮以自輔，則僕抗季札之志，不爲今日之戰矣。何以效之？昔張景明親登壇喢血，奉辭奔走，卒使韓牧讓印，主人得地；然後但以拜章朝主，賜爵獲傳之故，旋時之間，不蒙觀過之貸，而受夷滅之禍。〔一〕呂奉先討卓來奔，請兵不獲，告去何罪？復見斫刺，濱于死亡。劉子璜奉使踰時，辭不獲命，畏威懷親，以詐求歸，可謂有志忠孝，無損霸道者也；然輒僵斃麾下，不蒙虧除。〔二〕僕雖不敏，又素不能原始見終，覩微知著，竊度主人之心，豈謂三子宜死，罰當刑中哉？實且欲一統山東，增兵討讎，懼戰士狐疑，無以沮勸，故抑廢王命以崇承制，慕義者蒙榮，待放者被戮，此乃主人之利，非游士之願也。故僕鑒戒前人，困窮死戰。僕雖下愚，亦嘗聞君子之言矣。此實非吾心也，乃主人招焉。凡吾所以背棄國民，用命此城者，正以君子之違，不適敵國故也。是以獲罪主人，見攻踰時，而足下更引此義以爲吾規，無乃辭同趨異，非君子所爲休戚者哉！

吾聞之也，義不背親，忠不違君，故東宗本州以爲親援，中扶郡將以安社稷，一舉

二得以徵忠孝，何以爲非？而足下欲使吾輕本破家，均君主人。主人之於我也，年爲吾兄，分爲篤友，道乖告去，以安君親，可謂順矣。若子之言，則包胥宜致命於伍員，不當號哭於秦庭矣。苟區區於攘患，不知言乖乎道理矣。足下或者見城圍不解，救兵未至，感婚姻之義，惟平生之好，以屈節而苟生，勝守義而傾覆也。昔晏嬰不降志於白刃，南史不曲筆以求生，故身著圖象，名垂後世，況僕據金城之固，驅士民之力，散三年之畜，以爲一年之資，匡困補乏，以悅天下，何圖築室反耕哉！但懼秋風揚塵，伯珪馬首南向，張楊、飛燕，膂力作難，北鄙將告倒縣之急，股肱奏乞歸之誠耳。主人當鑒我曹輩，反旌退師，治兵鄴垣，何宜久辱盛怒，暴威於吾城下哉？足下譏吾恃黑山以爲救，獨不念黃巾之合從邪！加飛燕之屬悉以受王命矣。昔高祖取彭越于鉅野，光武創基兆于綠林，卒能龍飛中興，以成帝業，苟可輔主興化，夫何嫌哉！況僕親奉璽書，與之從事。

行矣孔璋！足下徼利於境外，臧洪授命於君親；吾子託身於盟主，臧洪策名於長安。子謂余身死而名滅，僕亦笑子生死而無聞焉，悲哉！本同而末離，努力努力，夫復何言！

〔一〕臣松之案英雄記云：「袁紹使張景明、郭公則、高元才等說韓馥，使讓冀州。」然〔則〕馥之讓位，景明亦有其功。

其餘之事未詳。

〔二〕臣松之案：公孫瓚表列紹罪過云：「紹與故虎牙將軍劉勳首共造兵，勳仍有效，而以小忿枉害于勳，紹罪七也。」疑此是子璜也。

紹見洪書，知無降意，增兵急攻。城中糧穀以盡，外無彊救，洪自度必不免，呼吏士謂曰：「袁氏無道，所圖不軌，且不救洪郡將。洪於大義，不得不死，念諸君無事空與此禍！可先城未敗，將妻子出。」將吏士民皆垂泣曰：「明府與袁氏本無怨隙，今爲本朝郡將之故，自致殘困，吏民何忍當舍明府去也！」初尚掘鼠煮筋角，後無可復食者。主簿啓內廚米三斗，請中分稍以爲饘粥，洪歎曰：「獨食此何爲！」使作薄粥，衆分歠之，殺其愛妾以食將士。將士咸流涕，無能仰視者。男女七八千人相枕而死，莫有離叛。

城陷，紹生執洪。紹素親洪，盛施幃幔，大會諸將見洪，謂曰：「臧洪，何相負若此！今日服未？」洪據地瞋目曰：「諸袁事漢，四世五公，可謂受恩。今王室衰弱，無扶翼之意，欲因際會，希冀非望，多殺忠良以立姦威。洪親見呼張陳留爲兄，則洪府君亦宜爲弟，同共勠力，爲國除害，何爲擁衆觀人屠滅！惜洪力劣，不能推刃爲天下報仇，何謂服乎！」紹本愛洪，意欲令屈服，原之；見洪辭切，知終不爲己用，乃殺之。〔一〕洪邑人陳容少爲書生，親慕洪，隨洪爲東郡丞；城未敗，洪遣出。紹令在坐，見洪當死，起謂紹曰：「將軍舉大事，欲爲天下除暴，而專先誅忠義，豈合天意！臧洪發舉爲郡將，奈何殺之！」紹慚，左右使人牽出，謂曰：「汝非臧洪儔，空復爾爲！」容顧曰：「夫仁義豈有常，蹈之則君子，背之則小人。今日寧與臧洪同日而死，不與將軍同日而生！」復見殺。在紹坐者無不歎息，竊相謂曰：「如何一日殺二烈士！」先是，洪遣司馬二人出，求救于呂布；比還，城已陷，皆赴敵死。

〔一〕徐衆三國評曰：洪敦天下名義，救舊君之危，其恩足以感人情，義足以勵薄俗。然袁亦知己親友，致位州郡，雖非君臣，且實盟主，既受其命，義不應貳。袁、曹方睦，夾輔王室，呂布反覆無義，志在逆亂，而邈、超擅立布爲州牧，其於王法，乃一罪人也。曹公討之，袁氏弗救，未爲非理也。洪本不當就袁請兵，又不當還爲怨讎。爲洪計者，苟力所不足，可奔他國以求赴救，若謀力未展以待事機，則宜徐更觀釁，效死於超。何必誓守窮城而無變通，身死殄民，功名不立，良可哀也！

評曰：呂布有虓虎之勇，而無英奇之略，輕狡反覆，唯利是視。自古及今，未有若此不夷滅也。昔漢光武謬於龐萌，近魏太祖亦蔽于張邈。知人則哲，唯帝難之，信矣！陳登、臧洪並有雄氣壯節，登降年夙隕，功業未遂，洪以兵弱敵彊，烈志不立，惜哉！

顙。汝當碎首於張燕，速致輕騎，到者當起烽火於北，吾當從內出。不然，吾亡之後，天下雖廣，汝欲求安足之地，其可得乎！」

獻帝春秋曰：瓚夢薊城崩，知必敗，乃遣閒使與續書。紹候者得之，使陳琳更其書曰：「蓋聞在昔衰周之世，僵尸流血，以爲不然，豈意今日身當其衝！」其餘語與典略所載同。

〔八〕英雄記曰：袁紹分部攻者掘地爲道，穿穴其樓下，稍稍施木柱之，度足達半，便燒所施之柱，樓輒傾倒。

〔九〕漢晉春秋曰：關靖曰：「吾聞君子陷人於危，必同其難，豈可獨生乎！」乃策馬赴紹軍而死。紹悉送其首於許。

鮮于輔將其衆奉王命。以輔爲建忠將軍，督幽州六郡。太祖與袁紹相拒於官渡，閻柔遣使詣太祖受事，遷護烏丸校尉。而輔身詣太祖，拜左度遼將軍，封亭侯，遣還鎮撫本州。〔一〕太祖破南皮，柔將部曲及鮮卑獻名馬以奉軍，從征三郡烏丸，以功封關內侯。〔二〕輔亦率其衆從。文帝踐阼，拜輔虎牙將軍，柔度遼將軍，皆進封縣侯，位特進。

〔一〕魏略曰：輔從太祖於官渡。袁紹破走，太祖喜，顧謂輔曰：「如前歲本初送公孫瓚頭來，孤自視忽然耳，而今克之。此既天意，亦二三子之力。」

〔二〕魏略曰：太祖甚愛閻柔，每謂之曰：「我視卿如子，亦欲卿視我如父也。」柔由此自託於五官將，如兄弟。

陶謙字恭祖，丹楊人。〔一〕少好學，爲諸生，仕州郡，舉茂才，除盧令，〔二〕遷幽州刺史，徵拜議郎，參車騎將軍張溫軍事，西討韓遂。〔三〕會徐州黃巾起，以謙爲徐州刺史，擊黃巾，破

走之。董卓之亂，州郡起兵，天子都長安，四方斷絕，謙遣使閒行致貢獻，遷安東將軍、徐州牧，封溧陽侯。是時，徐州百姓殷盛，穀米封贍，流民多歸之。而謙背道任情：廣陵太守琊邪趙昱，徐方名士也，以忠直見疏；〔四〕曹宏等，讒慝小人也，謙親任之。刑政失和，良善多被其害，由是漸亂。下邳闕宣自稱天子，謙初與合從寇鈔，後遂殺宣，并其衆。

〔一〕吳書曰：謙父，故餘姚長。謙少孤，始以不羈聞於縣中。年十四，猶綴帛爲幡，乘竹馬而戲，邑中兒童皆隨之。故蒼梧太守同縣甘公出遇之塗，見其容貌，異而呼之，住車與語，甚悅，因許妻以女。甘公夫人聞之，怒曰：「妾聞陶家兒敖戲無度，如何以女許之？」公曰：「彼有奇表，長必大成。」遂妻之。

〔二〕吳書曰：謙性剛直，有大節，少察孝廉，拜尚書郎，除舒令。郡守張磐，同郡先輩，與謙父友，意殊親之，而謙恥爲之屈。與衆還城，因以公事進見，坐罷，磐常私還入，與謙飲宴，或拒不爲留。常以舞屬謙，謙不爲起，固彊之；及舞，又不轉。磐曰：「不當轉邪？」曰：「不可轉，轉則勝人。」由是不樂，卒以搆隙。謙在官清白，無以糾舉，祠靈星，有贏錢五百，欲以臧之。謙委官而去。

〔三〕吳書曰：會西羌寇邊，皇甫嵩爲征西將軍，表請武將。召拜謙揚武都尉，與嵩征羌，大破之。後邊章、韓遂爲亂，司空張溫銜命征討；又請謙爲參軍事，接遇甚厚，而謙輕其行事，心懷不服。及軍罷還，百寮高會，溫屬謙行酒，謙衆辱溫。溫怒，徙謙於邊。或說溫曰：「陶恭祖本以材略見重於公，一朝以醉飲過失，不蒙容貸，遠棄不毛，厚德不終，四方人士安所歸望！不如釋憾除恨，克復初分，於以遠聞德美。」溫然其言，乃追還謙。謙至，或又謂謙曰：「足下輕辱三公，罪自己作，今蒙釋宥，德莫厚矣；宜降志卑辭以謝之。」謙曰：「諾。」又謂溫曰：「陶恭祖今深自罪責，思在變革。謝天子禮畢，必詣公門。公宜見之，以慰其意。」時溫于宮門見謙，謙仰曰：「謙自謝朝廷，豈爲公邪？」溫曰：「恭祖癡病尚未除邪？」遂爲之置酒，待之如初。

〔四〕謝承後漢書曰：昱年十三，母嘗病，經涉三月。昱慘戚消瘠，至目不交睫，握粟出卜，祈禱泣血，鄉黨稱其孝。就處士東莞綦母君受公羊傳，兼該羣業。至歷年潛志，不闚園圃，親疎希見其面。時入定省父母，須臾卽還。高絜廉正，抱禮而立，清英儼恪，莫干其志；旌善以興化，殫邪以矯俗。州郡請召，常稱病不應。國相檀謨、陳遵共召，不起；或興盛怒，終不迴意。舉孝廉，除莒長，宣揚五教，政爲國表。會黃巾作亂，陸梁五郡，郡縣發兵，以爲先辦。徐州刺史巴祇表功第一，當受遷賞，昱深以爲恥，委官還家。徐州牧陶謙初辟別駕從事，辭疾遜遁。謙重令揚州從事會稽吳範宣旨，昱守意不移；欲威以刑罰，然後乃起。舉茂才，遷廣陵太守。賊笮融從臨淮見討，迸入郡界，昱將兵拒戰，敗績見害。

初平四年，太祖征謙，攻拔十餘城，至彭城大戰。謙兵敗走，死者萬數，泗水爲之不流。謙退守郯。太祖以糧少引軍還。〔一〕興平元年，復東征，略定琅邪、東海諸縣。謙恐，欲走歸丹楊。會張邈叛迎呂布，太祖還擊布。是歲，謙病死。〔二〕

〔一〕吳書曰：曹公父於泰山被殺，歸咎於謙。欲伐謙而畏其彊，乃表令州郡一時罷兵。詔曰：「今海內擾攘，州郡起兵，征夫勞瘁，寇難未弭，或將吏不良，因緣討捕，侵侮黎民，離害者衆；風聲流聞，震蕩城邑，丘牆懼于橫暴，貞良化爲羣惡，此何異乎抱薪救焚，扇火止沸哉！今四民流移，託身他方，攜白首於山野，棄稚子於溝壑，顧故鄉而哀歎，向阡陌而流涕，饑厄困苦，亦已甚矣。雖悔往者之迷謬，思奉教於今日，然兵連衆結，鋒鏑布野，恐一朝解散，夕見係虜，是以阻兵屯據，欲止而不敢散也。詔書到，其各罷遣甲士，還親農桑，惟留常員吏以供官署，慰示遠

近，咸使聞知。」謙被詔，乃上書曰：「臣聞懷遠柔服，非德不集；克難平亂，非兵不濟。是以涿鹿、阪泉、三苗之野有五帝之師，有扈、鬼方、商、奄四國有王者之伐，自古在昔，未有不揚威以弭亂，震武以止暴者也。臣前初以黃巾亂治，受策長驅，匪遑啓處。雖憲章敕戒，奉宣威靈，敬行天誅，每伐輒克，然妖寇類衆，殊不畏死，父兄殲殪，子弟羣起，治屯連兵，至今爲患。若承命解甲，弱國自虛，釋武備以資亂，損官威以益寇，今日兵罷，明日難必至，上忝朝廷寵授之本，下令羣凶日月滋蔓，非所以彊幹弱枝遏惡止亂之務也。臣雖愚蔽，忠恕不昭，拘恩念報，所不忍行。輒勒部曲，申令警備。出芟彊寇，惟力是視，入宣德澤，躬奉職事，冀效微勞，以贖罪負。」又曰：「華夏沸擾，于今未弭，包茅不入，職貢多闕，寤寐憂歎，無日敢寧。誠思貢獻必至，薦羞獲通，然後銷鋒解甲，臣之願也。臣前調穀百萬斛，已在水次，輒敕兵衞送。」曹公得謙上事，知不罷兵。乃進攻彭城，多殺人民。謙引兵擊之，青州刺史田楷亦以兵救謙。公引兵還。

臣松之案：此時天子在長安，曹公尚未秉政。罷兵之詔，不得由曹氏出。

〔二〕吳書曰：謙死時，年六十三，張昭等爲之哀辭曰：「猗歟使君，君侯將軍，膺秉懿德，允武允文，體足剛直，守以溫仁。令舒及盧，遺愛于民；牧幽暨徐，甘棠是均。憬憬夷、貊，賴侯以清；蠢蠢妖寇，匪侯不寧。唯帝念績，爵命以章，既牧且侯，啓土溧陽。遂升上將，受號安東，將平世難，社稷是崇。降年不永，奄忽殂薨，喪覆失恃，民知困窮。曾不旬日，五郡潰崩，哀我人斯，將誰仰憑？追思靡及，仰叫皇穹。嗚呼哀哉！」謙二子：商、應，皆不仕。

張楊字稚叔，雲中人也。以武勇給并州，爲武猛從事。靈帝末，天下亂，帝以所寵小黃門蹇碩爲西園上軍校尉，軍京都，欲以御四方，徵天下豪傑以爲偏裨。太祖及袁紹等皆爲

校尉，屬之。〔一〕幷州刺史丁原遣楊將兵詣碩，爲假司馬。靈帝崩，碩爲何進所殺。楊復爲進所遣，歸本州募兵，得千餘人，因留上黨，擊山賊。進敗，董卓作亂。楊遂以所將攻上黨太守于壺關，不下，略諸縣，衆至數千人。山東兵起，欲誅卓。袁紹至河內，楊與紹合，復與匈奴單于於夫羅屯漳水。單于欲叛，紹、楊不從。單于執楊與俱去，紹使將麴義追擊於鄴南，破之。單于執楊至黎陽，攻破度遼將軍耿祉軍，衆復振。卓以楊爲建義將軍、河內太守。天子之在河東，楊將兵至安邑，拜安國將軍，封晉陽侯。楊欲迎天子還洛，諸將不聽；楊還野王。建安元年，楊奉、董承、韓暹挾天子還舊京，糧乏。楊以糧迎道路，遂至洛陽。謂諸將曰：「天子當與天下共之，幸有公卿大臣，楊當捍外難，何事京都？」遂還野王。即拜爲大司馬。〔二〕楊素與呂布善。太祖之圍布，楊欲救之，不能。乃出兵東市，遙爲之勢。其將楊醜，殺楊以應太祖。楊將眭固殺醜，將其衆，欲北合袁紹。太祖遣史渙邀擊，破之於犬城，斬固，盡收其衆也。〔三〕

〔一〕靈帝紀曰：以虎賁中郎將袁紹爲中軍校尉，屯騎校尉鮑鴻爲下軍校尉，議郎曹操爲典軍校尉，趙融、馮芳爲助軍校尉，夏牟、淳于瓊爲左右校尉。

〔二〕英雄記曰：楊性仁和，無威刑。下人謀反，發覺，對之涕泣，輒原不問。

〔三〕典略曰：固字白兔，既殺楊醜，軍屯射犬。時有巫誡固曰：「將軍字兔而此邑名犬，兔見犬，其勢必驚，宜急移去。」固不從，遂戰死。

公孫度字升濟，本遼東襄平人也。度父延，避吏居玄菟，任度爲郡吏。時玄菟太守公孫琙，子豹，年十八歲，早死。度少時名豹，又與琙子同年，琙見而親愛之，遣就師學，爲取妻。後舉有道，除尚書郎，稍遷冀州刺史，以謠言免。同郡徐榮爲董卓中郎將，薦度爲遼東太守。度起玄菟小吏，爲遼東郡所輕。先時，屬國公孫昭守襄平令，召度子康爲伍長。度到官，收昭，笞殺于襄平市。郡中名豪大姓田韶等宿遇無恩，皆以法誅，所夷滅百餘家，郡中震慄。東伐高句驪，西擊烏丸，威行海外。初平元年，度知中國擾攘，語所親吏柳毅、陽儀等曰：「漢祚將絕，當與諸卿圖王耳。」〔一〕時襄平延里社生大石，長丈餘，下有三小石爲之足。或謂度曰：「此漢宣帝冠石之祥，而里名與先君同。社主土地，明當有土地，而三公爲輔也。」度益喜。故河內太守李敏，郡中知名，惡度所爲，恐爲所害，乃將家屬入于海。度大怒，掘其父冢，剖棺焚屍，誅其宗族。〔二〕分遼東郡爲遼西中遼郡，置太守。越海收東萊諸縣，置營州刺史。自立爲遼東侯、平州牧，追封父延爲建義侯。立漢二祖廟，承制設壇墠於襄平城南，郊祀天地，藉田，治兵，乘鸞路，九旒，旄頭羽騎。太祖表度爲武威將軍，封永寧鄉侯，度曰：「我王遼東，何永寧也！」藏印綬武庫。度死，子康嗣位，以永寧鄉侯封弟恭。是歲建安九年也。

〔一〕魏書曰：度語毅、儀：「讖書云孫登當爲天子，太守姓公孫，字升濟，升卽登也。」

〔二〕晉陽秋曰：敏子追求敏，出塞，越二十餘年不娶。州里徐邈責之曰：「不孝莫大於無後，何可終身不娶乎！」乃娶妻，生子胤而遣妻，常如居喪之禮，不勝憂，數年而卒。胤生不識父母，及有識，蔬食哀戚亦如三年之喪。以祖父不知存亡，設主奉之。由是知名，仕至司徒。

臣松之案：本傳云敏將家入海，而復與子相失，未詳其故。

十二年，太祖征三郡烏丸，屠柳城。袁尚等奔遼東，康斬送尚首。語在武紀。封康襄平侯，拜左將軍。康死，子晃、淵等皆小，衆立恭爲遼東太守。文帝踐阼，遣使卽拜恭爲車騎將軍、假節，封平郭侯；追贈康大司馬。

初，恭病陰消爲閹人，劣弱不能治國。太和二年，淵脅奪恭位。明帝卽（位）拜淵揚烈將軍、遼東太守。淵遣使南通孫權，往來賂遺。〔一〕權遣使張彌、許晏等，齎金玉珍寶，立淵爲燕王。淵亦恐權遠不可恃，且貪貨物，誘致其使，悉斬送彌、晏等首，〔二〕明帝於是拜淵大司馬，封樂浪公，持節、領郡如故。〔三〕使者至，淵設甲兵爲軍陳，出見使者，又數對國中賓客出惡言。〔四〕景初元年，乃遣幽州刺史毌丘儉等齎璽書徵淵。淵遂發兵，逆於遼隧，與儉等戰。

儉等不利而還。淵遂自立爲燕王，置百官有司。遣使者持節，假鮮卑單于璽，封拜邊民，誘呼鮮卑，侵擾北方。〔五〕二年春，遣太尉司馬宣王征淵。六月，軍至遼東。〔六〕淵遣將軍卑衍、楊祚等步騎數萬屯遼隧，圍塹二十餘里。宣王軍至，令衍逆戰。宣王遣將軍胡遵等擊破之。宣王令軍穿圍，引兵東南向，而急東北，卽趨襄平。衍等恐襄平無守，夜走。諸軍進至首山，淵復遣衍等迎軍殊死戰。復擊，大破之，遂進軍造城下，爲圍塹。會霖雨三十餘日，遼水暴長，運船自遼口徑至城下。雨霽，起土山、脩櫓，爲發石連弩射城中。淵窘急。糧盡，人相食，死者甚多。將軍楊祚等降。八月丙寅夜，大流星長數十丈，從首山東北墜襄平城東南。壬午，淵衆潰，與其子脩將數百騎突圍東南走，大兵急擊之，當流星所墜處，斬淵父子。城破，斬相國以下首級以千數，傳淵首洛陽，遼東、帶方、樂浪、玄菟悉平。

〔一〕吳書載淵表權曰：「臣伏惟遭天地反易，遇无妄之運；王路未夷，傾側擾攘。自先人以來，歷事漢、魏，階緣際會，爲國效節，繼世享任，得守藩表，猶知符命未有攸歸。每感厚恩，頻辱顯使，退念人臣交不越境，是以固守所執，拒違前使。雖義無二信，敢忘大恩！陛下鎭撫，長存小國，前後裴校尉、葛都尉等到，奉被敕誡，聖旨彌密，重紈累素，幽明備著，所以申示之事，言提其耳。臣晝則謳吟，宵則發夢，終身誦之，志不知足。季末凶荒，乾坤否塞，兵革未戢，人民蕩析。仰此天命將有眷顧，私從一隅永瞻雲日。今魏家不能採錄忠善，褒功臣之後，乃令讒諂得行其志，聽幽州刺史、東萊太守誑誤之言，猥興州兵，圖害臣郡。臣不負魏，而魏絕之。蓋聞人臣有去就之分；

未有滿千戶者，而繡特多。從征烏丸于柳城，未至，薨，謚曰定侯。〔二〕子泉嗣，坐與魏諷謀反誅，國除。

〔一〕傅子曰：繡有所親胡車兒，勇冠其軍。太祖愛其驍健，手以金與之。繡聞而疑太祖欲因左右刺之，遂反。吳書曰：繡降，（凌統）用賈詡計，乞徙軍就高道，道出太祖屯中。繡又曰：「車少而重，乞得使兵各被甲。」太祖信繡，皆聽之。繡乃嚴兵入屯，掩太祖。太祖不備，故敗。

〔二〕魏略曰：五官將數因請會，發怒曰：「君殺吾兄，何忍持面視人邪！」繡心不自安，乃自殺。

張魯字公祺，沛國豐人也。祖父陵，客蜀，學道鵠鳴山中，造作道書以惑百姓，從受道者出五斗米，故世號米賊。陵死，子衡行其道。衡死，魯復行之。益州牧劉焉以魯爲督義司馬，與別部司馬張脩將兵擊漢中太守蘇固，魯遂襲脩殺之，奪其衆。焉死，子璋代立，以魯不順，盡殺魯母家室。魯遂據漢中，以鬼道教民，自號「師君」。其來學道者，初皆名「鬼卒」。受本道已信，號「祭酒」。各領部衆，多者爲治頭大祭酒。皆教以誠信不欺詐，有病自首其過，大都與黃巾相似。諸祭酒皆作義舍，如今之亭傳。又置義米肉，縣於義舍，行路者量腹取足；若過多，鬼道輒病之。犯法者，三原，然後乃行刑。不置長吏，皆以祭酒爲治，民夷便樂之。雄據巴、漢垂三十年。〔一〕漢末，力不能征，遂就寵魯爲鎮民中郎將，領漢寧太守，通貢

獻而已。民有地中得玉印者，羣下欲尊魯爲漢寧王。魯功曹巴西閻圃諫魯曰：「漢川之民，戶出十萬，財富土沃，四面險固；上匡天子，則爲桓、文，次及竇融，不失富貴。今承制署置，勢足斬斷，不煩於王。願且不稱，勿爲禍先。」魯從之。韓遂、馬超之亂，關西民從子午谷奔之者數萬家。

〔一〕典略曰：熹平中，妖賊大起，三輔有駱曜。光和中，東方有張角，漢中有張脩。駱曜教民緬匿法，角爲太平道，脩爲五斗米道。太平道者，師持九節杖爲符祝，教病人叩頭思過，因以符水飲之，得病或日淺而愈者，則云此人信道，其或不愈，則爲不信道。脩法略與角同，加施靜室，使病者處其中思過。又使人爲姦令祭酒，祭酒主以老子五千文，使都習，號爲姦令。爲鬼吏，主爲病者請禱。請禱之法，書病人姓名，說服罪之意。作三通，其一上之天，著山上，其一埋之地，其一沉之水，謂之三官手書。使病者家出米五斗以爲常，故號曰五斗米師。實無益于治病，但爲淫妄，然小人昏愚，競共事之。後角被誅，脩亦亡。及魯在漢中，因其民信行脩業，遂增飾之。教使作義舍，以米肉置其中以止行人；又教使自隱，有小過者，當治道百步，則罪除；又依月令，春夏禁殺；又禁酒。流移寄在其地者，不敢不奉。

臣松之謂張脩應是張衡，非典略之失，則傳寫之誤。

建安二十年，太祖乃自散關出武都征之，至陽平關。魯欲舉漢中降，其弟衞不肯，率衆數萬人拒關堅守。太祖攻破之，遂入蜀。〔一〕魯聞陽平已陷，將稽顙（歸降），圃又曰：「今以迫往，功必輕；不如依（杜灌）〔杜濩〕赴朴胡相拒，然後委質，功必多。」於是乃奔南山入巴中。左右欲悉燒寶貨倉庫，魯曰：「本欲歸命國家，而意未達。今之走，避銳鋒，非有惡意。寶貨倉庫，國家之有。」遂封藏而去。太祖入南鄭，甚嘉之。又以魯本有善意，遣人慰喻。魯盡將家出，太祖逆拜魯鎮南將軍，待以客禮，封閬中侯，邑萬戶。封魯五子及閻圃等皆爲列侯。〔二〕爲子彭祖取魯女。魯薨，謚之曰原侯。子富嗣。〔三〕

〔一〕魏名臣奏載董昭表曰：「武皇帝承涼州從事及武都降人之辭，說張魯易攻，陽平城下南北山相遠，不可守也，信以爲然。及往臨履，不如所聞，乃歎曰：『他人商度，少如人意。』攻陽平山上諸屯，既不時拔，士卒傷夷者多。武皇帝意沮，便欲拔軍截山而還，遣故大將軍夏侯惇、將軍許褚呼山上兵還。會前軍未還，夜迷惑，誤入賊營，賊便退散。侍中辛毗、劉曄等在兵後，語惇、褚，言『官兵已據得賊要屯，賊已散走』。猶不信之。惇前自見，乃還白武皇帝，進兵定之，幸而克獲。此近事，吏士所知。」又楊暨表曰：「武皇帝始征張魯，以十萬之衆，身親臨履，指授方略，因就民麥以爲軍糧。張衞之守，蓋不足言。地險守易，雖有精兵虎將，勢不能施。對兵三日，欲抽軍還，言『作軍三十年，一朝持與人，如何』。此計已定，天祚大魏，魯守自壞，因以定之。」世語曰：魯遣五官掾降，弟衞橫山築陽平城以拒，王師不得進。魯走巴中。軍糧盡，太祖將還。西曹掾東郡郭諶曰：「不可。魯已降，留使既未反，衞雖不同，偏攜可攻。縣軍深入，以進必克，退必不免。」太祖疑之。夜有野麋數千突壞衞營，軍大驚。夜，高祚等誤與衞衆遇，祚等多鳴鼓角會衆。衞懼，以爲大軍見掩，遂降。

〔二〕臣松之以爲張魯雖有善心，要爲敗而後降，今乃寵以萬戶，五子皆封侯，過矣。習鑿齒曰：魯欲稱王，而閻圃諫止之，今封圃爲列侯。夫賞罰者，所以懲惡勸善也，苟其可以明軌訓於物，無遠近

幽深矣。今閻圃諫魯勿王，而太祖追封之，將來之人孰不思順！塞其本源而末流自止，其此之謂與！若乃不明於此而重燋爛之功，豐爵厚賞止於死戰之士，則民利於有亂，俗競於殺伐，阻兵仗力，干戈不戢矣。太祖之此封，可謂知賞罰之本，雖湯武居之，無以加也。

魏略曰：黃初中，增圃爵邑，在禮請中。後十餘歲病死。

晉書云：西戎司馬閻纘，圃孫也。

〔三〕魏略曰：劉雄鳴者，藍田人也。少以采藥射獵爲事，常居覆車山下，每晨夜，出行雲霧中，以識道不迷，而時人因謂之能爲雲霧。郭、李之亂，人多就之。建安中，附屬州郡，州郡表薦爲小將。馬超等反，不肯從，超破之。後詣太祖，太祖執其手謂之曰：「孤方入關，夢得一神人，卽卿邪！」乃厚禮之，表拜爲將軍，遣令迎其部黨。部黨不欲降，遂劫以反，諸亡命皆往依之，有衆數千人，據武關道口。太祖遣夏侯淵討破之，雄鳴南奔漢中。漢中破，窮無所之，乃復歸降。太祖捉其鬚曰：「老賊，眞得汝矣！」復其官，徙勃海。時又有程銀、侯選、李堪，皆河東人也，興平之亂，各有衆千餘家。建安十六年，並與馬超合。超破走，堪臨陳死。銀、選南入漢中，漢中破，詣太祖降，皆復官爵。

評曰：公孫瓚保京，坐待夷滅。度殘暴而不節，淵仍業以載凶，秖足覆其族也。陶謙昏亂而憂死，張楊授首於臣下，皆擁據州郡，曾匹夫之不若，固無可論者也。燕、繡、魯舍羣盜，列功臣，去危亡，保宗祀，則於彼爲愈焉。

三國志卷九

魏書九

諸夏侯曹傳第九

夏侯惇字元讓，沛國譙人，夏侯嬰之後也。年十四，就師學，人有辱其師者，惇殺之，由是以烈氣聞。太祖初起，惇常爲裨將，從征伐。太祖行奮武將軍，以惇爲司馬，別屯白馬，遷折衝校尉，領東郡太守。太祖征陶謙，留惇守濮陽。張邈叛迎呂布，太祖家在鄄城，惇輕軍往赴，適與布會，交戰。布退還，遂入濮陽，襲得惇軍輜重。遣將僞降，共執持惇，責以寶貨，惇軍中震恐。惇將韓浩乃勒兵屯惇營門，召軍吏諸將，皆案甲當部不得動，諸營乃定。遂詣惇所，叱持質者曰：「汝等凶逆，乃敢執劫大將軍，復欲望生邪！且吾受命討賊，寧能以一將軍之故，而縱汝乎？」因涕泣謂惇曰：「當奈國法何！」促召兵擊持質者。持質者惶遽叩頭，言「我但欲乞資用去耳」！浩數責，皆斬之。惇既免，太祖聞之，謂浩曰：「卿此可爲萬世法。」乃著令，自今已後有持質者，皆當并擊，勿顧質。由是劫質者遂絕。〔一〕

〔一〕孫盛曰：案光武紀，建武九年，盜劫陰貴人母弟，吏以不得拘質迫盜，盜遂殺之也。然則合擊者，乃古制也。自

安、順已降，政教陵遲，劫質不避王公，而有司莫能遵奉國憲者，浩始復斬之，故魏武嘉焉。

太祖自徐州還，惇從征呂布，爲流矢所中，傷左目。〔一〕復領陳留、濟陰太守，加建武將軍，封高安鄉侯。時大旱，蝗蟲起，惇乃斷太壽水作陂，身自負土，率將士勸種稻，民賴其利。轉領河南尹。太祖平河北，爲大將軍後拒。鄴破，遷伏波將軍，領尹如故，使得以便宜從事，不拘科制。建安十二年，錄惇前後功，增封邑千八百戶，并前二千五百戶。二十一年，從征孫權還，使惇都督二十六軍，留居巢。賜伎樂名倡，令曰：「魏絳以和戎之功，猶受金石之樂，況將軍乎！」二十四年，太祖軍（擊破呂布軍）于摩陂，召惇常與同載，特見親重，出入臥內，諸將莫得比也。拜前將軍，〔二〕督諸軍還壽春，徙屯召陵。文帝即王位，拜惇大將軍，數月薨。

〔一〕魏略曰：時夏侯淵與惇俱爲將軍，軍中號惇爲盲夏侯。惇惡之，每照鏡恚怒，輒撲鏡于地。

〔二〕魏書曰：時諸將皆受魏官號，惇獨漢官，乃上疏自陳不當不臣之禮。太祖曰：「吾聞太上師臣，其次友臣。夫臣者，貴德之人也，區區之魏，而臣足以屈君乎？」惇固請，乃拜爲前將軍。

惇雖在軍旅，親迎師受業。性清儉，有餘財輒以分施，不足資之於官，不治產業。謚曰忠侯。子充嗣。帝追思惇功，欲使子孫畢侯，分惇邑千戶，賜惇七子二孫爵皆關內侯。惇弟廉及子楙素自封列侯。初，太祖以女妻楙，即清河公主也。楙歷位侍中尚書、安西鎮東將軍，假節。〔一〕充薨，子廙嗣。廙薨，子劭嗣。〔二〕

〔一〕魏略曰：楙字子林，惇中子也。文帝少與楙親，及即位，以爲安西將軍、持節，承夏侯淵處都督關中。楙性無武略，而好治生。至太和二年，明帝西征，人有白楙者，遂召還爲尚書。楙在西時，多畜伎妾，公主由此與楙不和。其後羣弟不遵禮度，楙數切責，弟懼見治，乃共搆楙以誹謗，令主奏之，有詔收楙。帝意欲殺之，以問長水校尉京兆段默，默以爲「此必清河公主與楙不睦，出于譖搆，冀不推實耳。且伏波與先帝有定天下之功，宜加三思」。帝意解，曰：「吾亦以爲然。」乃發詔推問爲公主作表者，果其羣弟子臧、子江所搆也。

〔二〕晉陽秋曰：泰始二年，高安鄉侯夏侯佐卒，惇之孫也，嗣絕。詔曰：「惇，魏之元功，勳書竹帛。昔庭堅不祀，猶或悼之，況朕受禪于魏，而可以忘其功臣哉！宜擇惇近屬劭封之。」

韓浩者，河內人。（及）沛國史渙與浩俱以忠勇顯。浩至中護軍，渙至中領軍，皆掌禁兵，封列侯。〔一〕

〔一〕魏書曰：韓浩字元嗣。漢末起兵，縣近山藪，多寇，浩聚徒衆爲縣藩衞。太守王匡以爲從事，將兵拒董卓于盟津。時浩舅杜陽爲河陰令，卓執之，使招浩，浩不從。袁術聞而壯之，以爲騎都尉。夏侯惇聞其名，請與相見，大奇之，使領兵從征伐。時大議損益，浩以爲當急田。太祖善之，遷護軍。太祖欲討柳城，領軍史渙以爲道遠深入，非完計也，欲與浩共諫。浩曰：「今兵勢彊盛，威加四海，戰勝攻取，無不如志，不以此時遂除天下之患，將爲後憂。且公神武，舉無遺策，吾與君爲中軍主，不宜沮衆。」遂從破柳城，改其官爲中護軍，置長史、司馬。從討張魯，魯降。議者以浩智略足以綏邊，欲留使都督諸軍，鎮漢中。太祖曰：「吾安可以無護軍？」乃與俱還。其見

親任如此。及薨，太祖愍惜之。無子，以養子榮嗣。史渙字公劉。少任俠，有雄氣。太祖初起，以客從，行中軍校尉，從征伐，常監諸將，見親信，轉拜中領軍。十四年薨。子靜嗣。

夏侯淵字妙才，惇族弟也。太祖居家，曾有縣官事，淵代引重罪，太祖營救之，得免。〔一〕太祖起兵，以別部司馬、騎都尉從，遷陳留、潁川太守。及與袁紹戰于官渡，行督軍校尉。紹破，使督兗、豫、徐州軍糧；時軍食少，淵傳饋相繼，軍以復振。昌豨反，遣于禁擊之，未拔，復遣淵與禁并力，遂擊豨，降其十餘屯，豨詣禁降。淵還，拜典軍校尉。〔二〕濟南、樂安黃巾徐和、司馬俱等攻城，殺長吏，淵將泰山、齊、平原郡兵擊，大破之，斬和，平諸縣，收其糧穀以給軍士。十四年，以淵爲行領軍。太祖征孫權還，使淵督諸將擊廬江叛者雷緒，緒破，又行征西護軍，督徐晃擊太原賊，攻下二十餘屯，斬賊帥商曜，屠其城。從征韓遂等，戰於渭南。又督朱靈平隃麋、汧氐。與太祖會安定，降楊秋。

〔一〕魏略曰：時兗、豫大亂，淵以饑乏，棄其幼子，而活亡弟孤女。

〔二〕魏書曰：淵爲將，赴急疾，常出敵之不意，故軍中爲之語曰：「典軍校尉夏侯淵，三日五百，六日一千。」

十七年，太祖乃還鄴，以淵行護軍將軍，督朱靈、路招等屯長安，擊破南山賊劉雄，降其衆。圍遂、超餘黨梁興於鄠，拔之，斬興，封博昌亭侯。馬超圍涼州刺史韋康於冀，淵救康，

曹休字文烈，太祖族子也。天下亂，宗族各散去鄉里。休年十餘歲，喪父，獨與一客擔喪假葬，攜將老母，渡江至吳。〔一〕以太祖舉義兵，易姓名轉至荆州，閒行北歸，見太祖。太祖謂左右曰：「此吾家千里駒也。」使與文帝同止，見待如子。常從征伐，使領虎豹騎宿衞。劉備遣將吳蘭屯下辯，太祖遣曹洪征之，以休爲騎都尉，參洪軍事。太祖謂休曰：「汝雖參軍，其實帥也。」洪聞此令，亦委事於休。備遣張飛屯固山，欲斷軍後。衆議狐疑，休曰：「賊實斷道者，當伏兵潛行。今乃先張聲勢，此其不能也。宜及其未集，促擊蘭，蘭破則飛自走矣。」洪從之，進兵擊蘭，大破之，飛果走。太祖拔漢中，諸軍還長安，拜休中領軍。文帝卽王位，爲領軍將軍，錄前後功，封東陽亭侯。夏侯惇薨，以休爲鎮南將軍，假節都督諸軍事，車駕臨送，上乃下輿執手而別。孫權遣將屯歷陽，休到，擊破之，又別遣兵渡江，燒賊蕪湖營數千家。遷征東將軍，領揚州刺史，進封安陽鄉侯。〔二〕帝征孫權，以休爲征東大將軍，假黃鉞，督張遼等及諸州郡二十餘軍，擊權大將呂範等於洞浦，破之。拜揚州牧。明帝卽位，進封長平侯。吳將審悳屯皖，休擊破之，斬悳首，吳將韓綜、翟丹等前後率衆詣休降。增邑四百，并前二千五百戶，遷大司馬，都督揚州如故。太和二年，帝爲二道征吳，遣司馬宣王從漢水下，（督休）〔休督〕諸軍向尋陽。賊將僞降，休深入，戰不利，退還宿石亭。軍夜

驚，士卒亂，棄甲兵輜重甚多。休上書謝罪，帝遣屯騎校尉楊暨慰諭，禮賜益隆。休因此癰發背薨，謚曰壯侯。子肇嗣。〔三〕

〔一〕魏書曰：休祖父嘗爲吳郡太守。休於太守舍，見壁上祖父畫像，下榻拜涕泣，同坐者皆嘉歎焉。

〔二〕魏書曰：休喪母至孝。帝使侍中奪喪服，使飲酒食肉，休受詔而形體益憔悴。乞歸譙葬母，帝復遣越騎校尉薛喬奉詔節其憂哀，使歸家治喪，一宿便葬，葬訖詣行在所。帝見，親自寬慰之。其見愛重如此。

〔三〕世語曰：肇字長思。

肇有當世才度，爲散騎常侍、屯騎校尉。明帝寢疾，方與燕王宇等屬以後事。帝意尋變，詔肇以侯歸第。正始中薨，追贈衞將軍。子興嗣。初，文帝分休戶三百封肇弟纂爲列侯，後爲殄吳將軍，薨，追贈前將軍。〔一〕

〔一〕張隱文士傳曰：肇孫攄，字顏遠，少厲志操，博學有才藻。仕晉，辟公府，歷洛陽令，有能名。大司馬齊王冏輔政，攄與齊人左思俱爲記室督。從中郎出爲襄陽太守、征南司馬。值天下亂，攄討賊向吳，戰敗死。

曹眞字子丹，太祖族子也。太祖起兵，眞父邵募徒衆，爲州郡所殺。〔一〕太祖哀眞少孤，收養與諸子同，使與文帝共止。常獵，爲虎所逐，顧射虎，應聲而倒。太祖壯其鷙勇，使將虎豹騎。討靈丘賊，拔之，封靈壽亭侯。以偏將軍將兵擊劉備別將於下辯，破之，拜中堅將

軍。從至長安，領中領軍。是時，夏侯淵沒於陽平，太祖憂之。以眞爲征蜀護軍，督徐晃等破劉備別將高詳於陽平。太祖自至漢中，拔出諸軍，使眞至武都迎曹洪等還屯陳倉。文帝卽王位，以眞爲鎮西將軍，假節都督雍、涼州諸軍事。錄前後功，進封東鄉侯。張進等反於酒泉，眞遣費曜討破之，斬進等。黃初三年還京都，以眞爲上軍大將軍，都督中外諸軍事，假節鉞。與夏侯尚等征孫權，擊牛渚屯，破之。轉拜中軍大將軍，加給事中。七年，文帝寢疾，眞與陳羣、司馬宣王等受遺詔輔政。明帝卽位，進封邵陵侯，〔二〕遷大將軍。

〔一〕魏略曰：眞本姓秦，養曹氏。或云其父伯南夙與太祖善。興平末，袁術部黨與太祖攻劫，太祖出，爲寇所追，走入秦氏，伯南開門受之。寇問太祖所在，答云：「我是也。」遂害之。由此太祖思其功，故變其姓。魏書曰：邵以忠篤有才智，爲太祖所親信。初平中，太祖興義兵，邵募徒衆，從太祖周旋。時豫州刺史黃琬欲害太祖，太祖避之而邵獨遇害。

〔二〕臣松之案：眞父名邵。封邵陵侯，若非書誤，則事不可論。

諸葛亮圍祁山，南安、天水、安定三郡反應亮。帝遣眞督諸軍軍郿，遣張郃擊亮將馬謖，大破之。安定民楊條等略吏民保月支城，眞進軍圍之。條謂其衆曰：「大將軍自來，吾願早降耳。」遂自縛出。三郡皆平。眞以亮懲於祁山，後出必從陳倉，乃使將軍郝昭、王生守陳倉，治其城。明年春，亮果圍陳倉，已有備而不能克。增邑，并前二千九百戶。四年，

朝洛陽，遷大司馬，賜劍履上殿，入朝不趨。眞以「蜀連出侵邊境，宜遂伐之，數道並入，可大克也」。帝從其計。眞當發西討，帝親臨送。眞以八月發長安，從子午道南入。司馬宣王泝漢水，當會南鄭。諸軍或從斜谷道，或從武威入。會大霖雨三十餘日，或棧道斷絕，詔眞還軍。

眞少與宗人曹遵、鄉人朱讚並事太祖。遵、讚早亡，眞愍之，乞分所食邑封遵、讚子。詔曰：「大司馬有叔向撫孤之仁，篤晏平久要之分。君子成人之美，聽分眞邑賜遵、讚子爵關內侯，各百戶。」眞每征行，與將士同勞苦，軍賞不足，輒以家財班賜，士卒皆願爲用。眞病還洛陽，帝自幸其第省疾。眞薨，謚曰元侯。子爽嗣。帝追思眞功，詔曰：「大司馬蹈履忠節，佐命二祖，內不恃親戚之寵，外不驕白屋之士，可謂能持盈守位，勞謙其德者也。其悉封眞五子羲、訓、則、彥、皚皆爲列侯。」初，文帝分眞邑二百戶，封眞弟彬爲列侯。

爽字昭伯，少以宗室謹重，明帝在東宮，甚親愛之。及卽位，爲散騎侍郎，累遷城門校尉，加散騎常侍，轉武衞將軍，寵待有殊。帝寢疾，乃引爽入臥內，拜大將軍，假節鉞，都督中外諸軍事，錄尙書事，與太尉司馬宣王並受遺詔輔少主。明帝崩，齊王卽位，加爽侍中，改封武安侯，邑萬二千戶，賜劍履上殿，入朝不趨，贊拜不名。丁謐畫策，使爽白天子，發詔轉宣王爲太傅，外以名號尊之，內欲令尙書奏事，先來由己，得制其輕重也。〔一〕爽弟羲爲中

領軍，訓武衞將軍，彥散騎常侍侍講，其餘諸弟，皆以列侯侍從，出入禁闥，貴寵莫盛焉。南陽何晏、鄧颺、李勝、沛國丁謐、東平畢軌咸有聲名，進趣於時，明帝以其浮華，皆抑黜之；及爽秉政，乃復進敍，任爲腹心。颺等欲令爽立威名於天下，勸使伐蜀，爽從其言，宣王止之不能禁。正始五年，爽乃西至長安，大發卒六七萬人，從駱谷入。是時，關中及氐、羌轉輸不能供，牛馬騾驢多死，民夷號泣道路。入谷行數百里，賊因山爲固，兵不得進。爽參軍楊偉爲爽陳形勢，宜急還，不然將敗。〔二〕颺與偉爭於爽前，偉曰：「颺、勝將敗國家事，可斬也。」爽不悅，乃引軍還。〔三〕

〔一〕魏書曰：爽使弟羲爲表曰：「臣亡父眞，奉事三朝，入備冢宰，出爲上將。先帝以臣肺腑遺緒，奬飭拔擢，典兵禁省，進無忠恪積累之行，退無羔羊自公之節。先帝聖體不豫，臣雖奔走，侍疾嘗藥，曾無精誠翼日之應，猥與太尉懿俱受遺詔，且慚且懼，靡所底告。臣聞虞舜序賢，以稷、契爲先，成湯褒功，以伊、呂爲首，審選博舉，優劣得所，斯誠輔世長民之大經，錄勳報功之令典，自古以來，未之或闕。今臣虛闇，位冠朝首，顧惟越次，中心愧惕，敢竭愚情，陳寫至實。夫天下之達道者三，謂德、爵、齒也。懿本以高明中正，處上司之位，名足鎭衆，義足率下，一也。包懷大略，允文允武，仍立征伐之勳，遐邇歸功，二也。萬里旋旆，親受遺詔，翼亮皇家，內外所向，三也。加之耆艾，紀綱邦國，體練朝政；論德則過於吉甫、樊仲，課功則踰於方叔、召虎：凡此數者，懿實兼之。臣抱空名而處其右，天下之人將謂臣以宗室見私，知進而不知退。陛下岐嶷，克明克類，如有以察臣之言，臣以爲宜以懿爲太傅、大司馬，上昭陛下進賢之明，中顯懿身文武之實，下使愚臣免於謗誚。」於是帝使中書監劉放令孫資爲

詔曰：「昔吳漢佐光武，有征定四方之功，爲大司馬，名稱于今。太尉體履正直，功蓋海內，先帝本以前後欲更其位者輒不彌久，是以遲遲不施行耳。今大將軍薦太尉宜爲大司馬，既合先帝本旨，又放推讓，進德尚勳，乃欲明賢良、辯等列、順長少也。雖旦、奭之屬，宗師呂望，念在引領以處其下，何以過哉！朕甚嘉焉。朕惟先帝固知君子樂天知命，纖芥細疑，不足爲忌，當顧柏人彭亡之文，故用低佪，有意未遂耳！斯亦先帝敬重大臣，恩愛深厚之至也。昔成王建保傅之官，近漢顯宗以鄧禹爲太傅，皆所以優崇儁乂，必有尊也。其以太尉爲太傅。」

〔二〕世語曰：偉字世英，馮翊人。明帝治宮室，偉諫曰：「今作宮室，斬伐生民墓上松柏，毀壞碑獸石柱，辜及亡人，傷孝子心，不可以爲後世之法則。」

〔三〕漢晉春秋曰：司馬宣王謂夏侯玄曰：「春秋責大德重，昔武皇帝再入漢中，幾至大敗，君所知也。今興平路勢至險，蜀已先據；若進不獲戰，退見徼絕，覆軍必矣。將何以任其責！」玄懼，言於爽，引軍退。費禕進兵據三嶺以截爽，爽爭嶮苦戰，僅乃得過。所發牛馬運轉者，死失略盡，羌、胡怨歎，而關右悉虛耗矣。

初，爽以宣王年德並高，恆父事之，不敢專行。及晏等進用，咸共推戴，說爽以權重不宜委之於人。乃以晏、颺、謐爲尚書，晏典選舉，軌司隸校尉，勝河南尹，諸事希復由宣王。宣王遂稱疾避爽。〔一〕晏等專政，共分割洛陽、野王典農部桑田數百頃，及壞湯沐地以爲產業，承勢竊取官物，因緣求欲州郡。有司望風，莫敢忤旨。晏等與廷尉盧毓素有不平，因毓吏微過，深文致毓法，使主者先收毓印綬，然後奏聞。其作威如此。爽飲食車服，擬於乘輿；尚方珍玩，充牣其家；妻妾盈後庭，又私取先帝才人七八人，及將吏、師工、鼓吹、良家子女三十三人，皆以爲伎樂。詐作詔書，發才人五十七人送鄴臺，使先帝倢伃教習爲伎。擅取太樂樂器，武庫禁兵。作窟室，綺疏四周，數與晏等會其中，飲酒作樂。羲深以爲大憂，數諫止之。又著書三篇，陳驕淫盈溢之致禍敗，辭旨甚切，不敢斥爽，託戒諸弟以示爽。爽知其爲己發也，甚不悅。羲或時以諫喻不納，涕泣而起。宣王密爲之備。九年冬，李勝出爲荆州刺史，往詣宣王。宣王稱疾困篤，示以羸形。勝不能覺，謂之信然。〔二〕

〔一〕初，宣王以爽魏之肺腑，每推先之，爽以宣王名重，亦引身卑下，當時稱焉。丁謐、畢軌等既進用，數言于爽曰：「宣王有大志而甚得民心，不可以推誠委之。」由是爽恆猜防焉。禮貌雖存，而諸所興造，皆不復由宣王。宣王力不能爭，且懼其禍，故避之。

〔二〕魏末傳曰：爽等令勝辭宣王，并伺察焉。宣王見勝，勝自陳無他功勞，橫蒙特恩，當爲本州，詣閤拜辭，不悟加恩，得蒙引見。宣王令兩婢侍邊，持衣，衣落；復上指口，言渴求飲，婢進粥，宣王持盃飲粥，粥皆流出沾胸。勝愍然，爲之涕泣，謂宣王曰：「今主上尚幼，天下恃賴明公。然衆情謂明公方舊風疾發，何意尊體乃爾！」宣王徐更寬言，才令氣息相屬，說：「年老沈疾，死在旦夕。君當屈并州，并州近胡，好善爲之，恐不復相見，如何！」勝曰：「當還忝本州，非并州也。」宣王乃復陽爲昏謬，曰：「君方到并州，努力自愛！」錯亂其辭，狀如荒語。勝復曰：「當忝荆州，非并州也。」宣王乃若微悟者，謂勝曰：「懿年老，意荒忽，不解君言。今還爲本州刺史，盛德壯烈，好建功勳。今當與君別，自顧氣力轉微，後必不更會，因欲自力，設薄主人，生死共別。令師、昭兄弟結君爲友，不可相舍去，副懿區區之心。」因流涕哽咽。勝亦長歎，答曰：「輒當承敎，須待敕命。」勝辭出，與爽等相見，說：

「太傅語言錯誤，口不攝杯，指南爲北。又云吾當作并州，吾答言當還爲荆州，非并州也。徐徐與語，有識人時，乃知當還爲荆州耳。又欲設主人祖送。不可舍去，宜須待之。」更向爽等垂淚云：「太傅患不可復濟，令人愴然。」

十年正月，車駕朝高平陵，爽兄弟皆從。〔一〕宣王部勒兵馬，先據武庫，遂出屯洛水浮橋。奏爽曰：「臣昔從遼東還，先帝詔陛下、秦王及臣升御牀，把臣臂，深以後事爲念。臣言『二祖亦屬臣以後事，(爲念)此自陛下所見，無所憂苦；萬一有不如意，臣當以死奉明詔』。黃門令董箕等，才人侍疾者，皆所聞知。今大將軍爽背棄顧命，敗亂國典，內則僭擬，外專威權；破壞諸營，盡據禁兵，羣官要職，皆置所親；殿中宿衞，歷世舊人皆復斥出，欲置新人以樹私計；根據槃互，縱恣日甚。外既如此，又以黃門張當爲都監，專共交關，看察至尊，候伺神器，離間二宮，傷害骨肉。天下洶洶，人懷危懼，陛下但爲寄坐，豈得久安！此非先帝詔陛下及臣升御牀之本意也。臣雖朽邁，敢忘往言？昔趙高極意，秦氏以滅；呂、霍早斷，漢祚永世。此乃陛下之大鑒，臣受命之時也。太尉臣濟、尚書令臣孚等，皆以爽爲有無君之心，兄弟不宜典兵宿衞，奏永寧宮。皇太后令敕臣如奏施行。臣輒敕主者及黃門令罷爽、羲、訓吏兵，以侯就第，不得逗留以稽車駕；敢有稽留，便以軍法從事。臣輒力疾，將兵屯洛水浮橋，伺察非常。」〔二〕

〔一〕世語曰：爽兄弟先是數俱出游，桓範謂曰：「總萬機，典禁兵，不宜並出，若有閉城門，誰復內入者？」爽曰：「誰敢

爾邪！」由此不復並行。至是乃盡出也。

〔二〕世語曰：初，宣王勒兵從闕下趨武庫，當爽門，人逼車住。爽妻劉怖，出至廳事，謂帳下守督曰：「公在外。今兵起，如何？」督曰：「夫人勿憂。」乃上門樓，引弩注箭欲發。將孫謙在後牽止之曰：「天下事未可知！」如此者三，宣王遂得過去。

爽得宣王奏事，不通，迫窘不知所爲。〔一〕大司農沛國桓範聞兵起，不應太后召，矯詔開平昌門，拔取劍戟，略將門候，南奔爽。宣王知，曰：「範畫策，爽必不能用範計。」範說爽使車駕幸許昌，招外兵。爽兄弟猶豫未決，範重謂羲曰：「當今日，卿門戶求貧賤復可得乎？且匹夫持質一人，尚欲望活；今卿與天子相隨，令於天下，誰敢不應者？」羲猶不能納。侍中許允、尚書陳泰說爽，使早自歸罪。爽於是遣允、泰詣宣王，歸罪請死，乃通宣王奏事。〔二〕遂免爽兄弟，以侯還第。〔三〕

〔一〕干寶晉紀曰：爽留車駕宿伊水南，伐木爲鹿角，發屯甲兵數千人以爲衞。

魏末傳曰：宣王語弟孚，陛下在外不可露宿，促送帳幔、太官食具詣行在所。

〔二〕干寶晉書曰：桓範出赴爽，宣王謂蔣濟曰：「智囊往矣。」濟曰：「範則智矣，駑馬戀棧豆，爽必不能用也。」

世語曰：宣王使許允、陳泰解語爽，蔣濟亦與書達宣王之旨，又使爽所信殿中校尉尹大目謂爽，唯免官而已，以洛水爲誓。爽信之，罷兵。

魏氏春秋曰：爽既罷兵，曰：「我不失作富家翁。」範哭曰：「曹子丹佳人，生汝兄弟，犢耳！何圖今日坐汝等族滅

矣！」

〔三〕魏末傳曰：爽兄弟歸家，敕洛陽縣發民八百人，使尉部圍爽第四角，角作高樓，令人在上望視爽兄弟舉動。爽計窮愁悶，持彈到後園中，樓上人便唱言「故大將軍東南行！」爽還廳事上，與兄弟共議，未知宣王意深淺，作書與宣王曰：「賤子爽哀惶恐怖，無狀招禍，分受屠滅。前遣家人迎糧，于今未反，數日乏匱，當煩見餉，以繼日夕。」宣王得書大驚，即答書曰：「初不知乏糧，甚懷踧踖。令致米一百斛，并肉脯、鹽豉、大豆。」尋送。爽兄弟不達變數，即便喜歡，自謂不死。

初，張當私以所擇才人張、何等與爽。疑其有姦，收當治罪。當陳爽與晏等陰謀反逆，並先習兵，須三月中欲發，於是收晏等下獄。會公卿朝臣廷議，以爲「春秋之義，『君親無將，將而必誅』。爽以支屬，世蒙殊寵，親受先帝握手遺詔，託以天下，而包藏禍心，蔑棄顧命，乃與晏、颺及當等謀圖神器，範黨同罪人，皆爲大逆不道」。於是收爽、羲、訓、晏、颺、謐、軌、勝、範、當等，皆伏誅，夷三族。〔一〕嘉平中，紹功臣世，封眞族孫熙爲新昌亭侯，邑三百戶，以奉眞後。〔二〕

〔一〕魏略曰：鄧颺字玄茂，鄧禹後也。少得士名於京師。明帝時爲尚書郎，除洛陽令，坐事免，拜中郎，又入兼中書郎。初，颺與李勝等爲浮華友，及在中書，浮華事發，被斥出，遂不復用。正始初，乃出爲潁川太守，轉大將軍長史，遷侍中尚書。颺爲人好貨，前在內職，許臧艾授以顯官，艾以父妾與颺，故京師爲之語曰：「以官易婦鄧玄茂。」每所薦達，多如此比。故何晏選舉不得人，頗由颺之不公忠，遂同其罪，蓋由交友非其才。

丁謐，字彥靖。父斐，字文侯。初，斐隨太祖，太祖以斐鄉里，特饒愛之。斐性好貨，數請求犯法，輒得原宥。爲典軍校尉，總攝內外，每所陳說，多見從之。建安末，從太祖征吳。斐隨行，自以家牛羸困，乃私易官牛，爲人所白，被收送獄，奪官。其後太祖問斐曰：「文侯，印綬所在？」斐亦知見戲，對曰：「以易餅耳。」太祖笑，顧謂左右曰：「東曹毛掾數白此家，欲令我重治，我非不知此人不清，良有以也。我之有斐，譬如人家有盜狗而善捕鼠，盜雖有小損，而完我囊貯。」遂復斐官，聽用如初。後數歲，病亡。謐少不肯交游，但博觀書傳。爲人沈毅，頗有才略。太和中，常住鄴，借人空屋，居其中。而諸王亦欲借之，不知謐已得，直開門入。謐望見王，交腳臥而不起，而呼其奴客曰：「此何等人？促呵使去。」王怒其無禮，還具上言。明帝收謐，繫鄴獄，以其功臣子，原出。後帝聞其有父風，召拜度支郎中。曹爽宿與相親，時爽爲武衞將軍，數爲帝稱其可大用。會帝崩，爽輔政，乃拔謐爲散騎常侍，遂轉尚書。謐爲人外似疏略，而內多忌。其在臺閣，數有所彈駮，臺中患之，事不得行。又其意輕貴，多所忽略，雖與何晏、鄧颺等同位，而皆少之，唯以勢屈於爽。爽亦敬之，言無不從。故于時謗書，謂「臺中有三狗，二狗崖柴不可當，一狗憑默作疽囊。」三狗，謂何、鄧、丁也。默者，爽小字也。其意言三狗皆欲嚙人，而謐尤甚也。奏使郭太后出居別宮，及遣樂安王使北詣鄴，又遣文欽令還淮南，皆謐之計。司馬宣王由是特深恨之。

畢軌，字昭先。父字子禮，建安中爲典農校尉。軌以才能，少有名聲。明帝在東宮時，軌在文學中。黃初末，出爲長史。明帝即位，入爲黃門郎，子尚公主，居處殷富。遷并州刺史。其在并州，名爲驕豪。時雜虜數爲暴，害吏民，軌輒出軍擊鮮卑軻比能，失利。中護軍蔣濟表曰：「畢軌前失，既往不咎，但恐是後難可以再。凡人材有長短，不可彊成。軌文雅志意，自爲美器。今失并州，換置他州，若入居顯職，不毀其德，於國事實善。此安危之要，唯聖恩察之。」至正始中，入爲中護軍，轉侍中尚書，遷司隸校尉。素與曹爽善，每言於爽，多見從之。

李勝字公昭。父休字子朗，有智略。張魯前爲鎭北將軍，休爲司馬，家南鄭。時漢中有甘露降，子朗見張魯精兵數萬人，有四塞之固，遂建言赤氣久衰，黃家當興，欲魯舉號，魯不聽。會魯破，太祖以其勸魯內附，賜爵關內侯，署散官騎從，詣鄴。至黃初中，仕歷上黨、鉅鹿二郡太守，後以年老還，拜議郎。勝少游京師，雅有才智，與曹爽善。明帝禁浮華，而人白勝堂有四窗八達，各有主名。用是被收，以其所連引者多，故得原，禁錮數歲。帝崩，曹爽輔政，勝爲洛陽令。夏侯玄爲征西將軍，以勝爲長史。玄亦宿與勝厚。駱谷之役，議從勝出，由是司馬宣王不悅於勝。累遷滎陽太守、河南尹。勝前後所宰守，未嘗不稱職，爲尹歲餘，廳事前屠蘇壞，令人更治之，小材一枚激墮，正撾受符吏石虎頭，斷之。後旬日，遷爲荆州刺史，未及之官而敗也。

桓範字元則，世爲冠族。建安末，入丞相府。延康中，爲羽林左監。以有文學，與王象等典集皇覽。明帝時爲中領軍尚書，遷征虜將軍、東中郎將，使持節都督青、徐諸軍事，治下邳。與徐州刺史鄒岐爭屋，引節欲斬岐，爲岐所奏，不直，坐免還。復爲兗州刺史，怏怏不得意。又聞當轉爲冀州牧。是時冀州統屬鎭北，而鎭北將軍呂昭才實仕進，本在範後。範謂其妻仲長曰：「我寧作諸卿，向三公長跪耳，不能爲呂子展屈也。」其妻曰：「君前在東，坐欲擅斬徐州刺史，衆人謂君難爲作下，今復羞爲呂屈，是復難爲作上也。」範忿其言觸實，乃以刀環撞其腹。妻時懷孕，遂墮胎死。範亦竟稱疾，不赴冀州。正始中拜大司農。範前在臺閣，號爲曉事，及爲司農，又以清省稱。範嘗抄撮漢書中諸雜事，自以意斟酌之，名曰世要論。蔣濟爲太尉，嘗與範會社下，羣卿列坐有數人，範懷其所撰，欲以示濟，謂濟當虛心觀之。範出其書以示左右，左右傳之示濟，濟不肯視，範心恨之。因論他事，乃發怒謂濟曰：「我祖薄德，公輩何似邪？」濟性雖彊毅，亦知範剛毅，睨而不應，各罷。範於沛郡，仕次在曹眞後。于時曹爽輔政，以範鄉里老宿，於九卿中特敬之，然不甚親也。及宣王起兵，閉城門，以範爲曉事，乃指召之，欲使領

中華書局

中領軍。範欲應召，而其子諫之，以爲車駕在外，不如南出。範疑有頃，兒又促之。範欲去而司農丞吏皆止範。範不從，乃突出至平昌城門，城門已閉。門候司蕃，故範舉吏也，範呼之，舉手中版以示之，矯曰：「有詔召我，卿促開門！」蕃欲求見詔書，範呵之，言「卿非我故吏邪，何以敢爾？」乃開之。範出城，顧謂蕃曰：「太傅圖逆，卿從我去！」蕃徒行不能及，遂避側。範南見爽，勸爽兄弟以天子詣許昌，徵四方以自輔。爽疑，羲又無言。範自謂羲曰：「事昭然，卿用讀書何爲邪！於今日卿等門戶倒矣！」俱不言。範又謂羲曰：「卿別營近在闕南，洛陽典農治在城外，呼召如意。今詣許昌，不過中宿，許昌別庫，足相被假；所憂當在穀食，而大司農印章在我身。」羲兄弟默然不從，中夜至五鼓，爽乃投刀于地，謂諸從駕羣臣曰：「我度太傅意，亦不過欲令我兄弟向己也。我獨有以不合于遠近耳！」遂進謂帝曰：「陛下作詔免臣官，報皇太后令。」範知爽首免而己必坐唱義也。範乃曰：「老子今茲坐卿兄弟族矣！」爽等既免，帝還宮，遂令範隨從。到洛水浮橋北，望見宣王，下車叩頭而無言。宣王呼範姓曰：「桓大夫何爲爾邪！」車駕入宮，有詔範還復位。範詣闕拜章謝，待報。會司蕃詣鴻臚自首，具說範前臨出所道。宣王乃忿然曰：「誣人以反，於法何應？」主者曰：「科律，反受其罪。」乃收範於闕下。時人持範甚急，範謂部官曰：「徐之，我亦義士耳。」遂送廷尉。

世語曰：初，爽夢二虎銜雷公，雷公若二升椀，放著庭中。爽惡之，以問占者，靈臺丞馬訓曰：「憂兵。」訓退，告其妻曰：「爽將以兵亡，不出旬日。」

漢晉春秋曰：安定皇甫謐以九年冬夢至洛陽，自廟出，見車騎甚衆，以物呈廟云：「誅大將軍曹爽。」寤而以告其邑人，邑人曰：「君欲作曹人之夢乎！朝無公孫彊如何？且爽兄弟典重兵，又權尙書事，誰敢謀之？」謐曰：「爽無叔振鐸之請，苟失天機則離矣，何恃于彊？昔漢之閻顯，倚母后之尊，權國威命，可謂至重矣，閹人十九人一旦

尸之，況爽兄弟乎？」

世語曰：初，爽出，司馬魯芝留在府，聞有事，將營騎斫津門出赴爽。爽誅，擢爲御史中丞。及爽解印綬，將出，主簿楊綜止之曰：「公挾主握權，捨此以至東市乎？」爽不從。有司奏綜導爽反，宣王曰：「各爲其主也。」宥之，以爲尙書郎。芝字世英，扶風人也。以後仕進至特進光祿大夫。綜字初伯，後爲安東將軍司馬文王長史。

臣松之案：夏侯湛爲芝銘及干寶晉紀並云爽既誅，宣王即擢芝爲幷州刺史，以綜爲安東參軍。與世語不同。

〔三〕干寶晉紀曰：蔣濟以曹眞之勳力，不宜絕祀，故以熙爲後。濟又病其言之失信于爽，發病卒。

晏，何進孫也。母尹氏，爲太祖夫人。晏長于宮省，又尙公主，少以才秀知名，好老莊言，作道德論及諸文賦著述凡數十篇。〔一〕

〔一〕晏字平叔。魏略曰：太祖爲司空時，納晏母并收養晏，其時秦宜祿兒阿蘇亦隨母在公家，並見寵如公子。蘇卽朗也。蘇性謹慎，而晏無所顧憚，服飾擬於太子，故文帝特憎之，每不呼其姓字，嘗謂之爲「假子」。晏尙主，又好色，故黃初時無所事任。及明帝立，頗爲冗官。至正始初，曲合于曹爽，亦以才能，故爽用爲散騎侍郎，遷侍中尙書。晏前以尙主，得賜爵爲列侯，又其母在內，晏性自喜，動靜粉白不去手，行步顧影。晏爲尙書，主選舉，其宿與之有舊者，多被拔擢。

魏末傳曰：晏婦金鄉公主，卽晏同母妹。公主賢，謂其母沛王太妃曰：「晏爲惡日甚，將何保身？」母笑曰：「汝得無妒晏邪！」俄而晏死。有一男，年五六歲，宣王遣人錄之。晏母歸藏其子王宮中，向使者搏頰，乞白活之，使者具以白宣王。宣王亦聞晏婦有先見之言，心常嘉之；且爲沛王故，特原不殺。

魏氏春秋曰：初，夏侯玄、何晏等名盛於時，司馬景王亦預焉。晏嘗曰：「唯深也，故能通天下之志，夏侯泰初是也；唯幾也，故能成天下之務，司馬子元是也；惟神也，不疾而速，不行而至，吾聞其語，未見其人。」蓋欲以神況諸己也。初，宣王使晏與治爽等獄。晏窮治黨與，冀以獲宥。宣王曰：「凡有八族。」晏疏丁、鄧等七姓。宣王曰：「未也。」晏窮急，乃曰：「豈謂晏乎！」宣王曰：「是也。」乃收晏。

臣松之案：魏末傳云晏取其同母妹爲妻，此搢紳所不忍言，雖楚王之妻（嫂）〔媦〕，不是甚也已。設令此言出于舊史，猶將莫之或信，況底下之書乎！案諸王公傳，沛王出自杜夫人所生。晏母姓尹，公主若與沛王同生，焉得言與晏同母？

皇甫謐列女傳曰：爽從弟文叔，妻譙郡夏侯文寧之女，名令女。文叔早死，服闋，自以年少無子，恐家必嫁己，乃斷髮以爲信。其後，家果欲嫁之，令女聞，卽復以刀截兩耳，居止常依爽。及爽被誅，曹氏盡死。令女叔父上書與曹氏絕婚，彊迎令女歸。時文寧爲梁相，憐其少，執義，又曹氏無遺類，冀其意沮，迺微使人諷之。令女歎且泣曰：「吾亦惟之，許之是也。」家以爲信，防之少懈。令女於是竊入寢室，以刀斷鼻，蒙被而臥。其母呼與語，不應；發被視之，血流滿牀席。舉家驚惶，奔往視之，莫不酸鼻。或謂之曰：「人生世間，如輕塵棲弱草耳，何至辛苦迺爾！且夫家夷滅已盡，守此欲誰爲哉？」令女曰：「聞仁者不以盛衰改節，義者不以存亡易心，曹氏前盛之時，尙欲保終，況今衰亡，何忍棄之！禽獸之行，吾豈爲乎？」司馬宣王聞而嘉之，聽使乞子字養，爲曹氏後，名顯于世。

夏侯尙字伯仁，淵從子也。文帝與之親友。〔一〕太祖定冀州，尙爲軍司馬，將騎從征伐，後爲五官將文學。魏國初建，遷黃門侍郎。代郡胡叛，遣鄢陵侯彰征討之，以尙參彰軍事，

定代地，還。太祖崩于洛陽，尙持節，奉梓宮還鄴。并錄前功，封平陵亭侯，拜散騎常侍，遷中領軍。文帝踐阼，更封平陵鄉侯，遷征南將軍，領荊州刺史，假節都督南方諸軍事。尙奏：「劉備別軍在上庸，山道險難，彼不我虞，若以奇兵潛行，出其不意，則獨克之勢也。」遂勒諸軍擊破上庸，平三郡九縣，遷征南大將軍。孫權雖稱藩，尙益脩攻討之備，權後果有貳心。黃初三年，車駕幸宛，使尙率諸軍與曹眞共圍江陵。權將諸葛瑾與尙軍對江，瑾渡入江中渚，而分水軍于江中。尙夜多持油船，將步騎萬餘人，於下流潛渡，攻瑾諸軍，夾江燒其舟船，水陸並攻，破之。城未拔，會大疫，詔敕尙引諸軍還。益封六百戶，并前千九百戶，假鉞，進爲牧。荊州殘荒，外接蠻夷，而與吳阻漢水爲境，舊民多居江南。尙自上庸通道，西行七百餘里，山民蠻夷多服從者，五六年間，降附數千家。五年，徙封昌陵鄉侯。尙有愛妾嬖幸，寵奪適室；適室，曹氏女也，故文帝遣人絞殺之。尙悲感，發病恍惚，既葬埋妾，不勝思見，復出視之。文帝聞而恚之曰：「杜襲之輕薄尙，良有以也。」然以舊臣，恩寵不衰。六年，尙疾篤，還京都，帝數臨幸，執手涕泣。尙薨，諡曰悼侯。〔二〕子玄嗣。又分尙戶三百，賜尙弟子奉爵關內侯。

〔一〕魏書曰：尙有籌畫智略，文帝器之，與爲布衣之交。

〔二〕魏書載詔曰：「尙自少侍從，盡誠竭節，雖云異姓，其猶骨肉，是以入爲腹心，出當爪牙。智略深敏，謀謨過人，不

幸早殞，命也奈何！贈征南大將軍、昌陵侯印綬。」

玄字太初。少知名，弱冠爲散騎黃門侍郎。嘗進見，與皇后弟毛曾並坐，玄恥之，不悅形之於色。明帝恨之，左遷爲羽林監。正始初，曹爽輔政。玄，爽之姑子也。累遷散騎常侍、中護軍。〔一〕

〔一〕世語曰：玄世名知人，爲中護軍，拔用武官，參戟牙門，無非俊傑，多牧州典郡。立法垂教，于今皆爲後式。

太傅司馬宣王問以時事，玄議以爲：「夫官才用人，國之柄也，故銓衡專於臺閣，上之分也，孝行存乎閭巷，優劣任之鄉人，下之敍也。夫欲清教審選，在明其分敍，不使相涉而已。何者？上過其分，則恐所由之不本，而干勢馳騖之路開；下踰其敍，則恐天爵之外通，而機權之門多矣。夫天爵下通，是庶人議柄也；機權多門，是紛亂之原也。自州郡中正品度官才之來，有年載矣，緬緬紛紛，未聞整齊，豈非分敍參錯，各失其要之所由哉！若令中正但考行倫輩，倫輩當行均，斯可官矣。何者？夫孝行著於家門，豈不忠恪於在官乎？仁恕稱於九族，豈不達於爲政乎？義斷行於鄉黨，豈不堪於事任乎？三者之類，取於中正，雖不處其官名，斯任官可知矣。行有大小，比有高下，則所任之流，亦渙然明別矣。奚必使中正干銓衡之機於下，而執機柄者有所委仗於上，上下交侵，以生紛錯哉？且臺閣臨下，考功校否，衆職之屬，各有官長，旦夕相考，莫究於此；閭閻之議，以意裁處，而使匠宰失位，衆人驅

駭，欲風俗清靜，其可得乎？天臺縣遠，衆所絕意。所得至者，更在側近，孰不脩飾以要所求？所求有路，則脩己家門者，已不如自達于鄉黨矣。自達鄉黨者，已不如自求之於州邦矣。苟開之有路，而患其飾眞離本，雖復嚴責中正，督以刑罰，猶無益也。豈若使各帥其分，官長則各以其屬能否獻之臺閣，臺閣則據官長能否之第，參以鄉閭德行之次，擬其倫比，勿使偏頗。中正則唯考其行迹，別其高下，審定輩類，勿使升降。臺閣總之，如其所簡，或有參錯，則其責負自在有司。官長所第，中正輩擬，比隨次率而用之，如其不稱，責負在外。然則內外相參，得失有所，互相形檢，孰能相飾？斯則人心定而事理得，庶可以靜風俗而審官才矣。」又以爲：「古之建官，所以濟育羣生，統理民物也，故爲之君長以司牧之。司牧之主，欲一而專，一則官任定而上下安，專則職業脩而事不煩。夫事簡業脩，上下相安而不治者，未之有也。先王建萬國，雖其詳未可得而究，然分疆畫界，各守土境，則非重累羈絆之體也。下考殷、周五等之敍，徒有小大貴賤之差，亦無君官臣民而有二統互相牽制者也。夫官統不一，則職業不脩；職業不脩，則事何得而簡？事之不簡，則民何得而靜？民之不靜，則邪惡並興，而姦僞滋長矣。先王達其如此，故專其職司而一其統業。始自秦世，不師聖道，私以御職，姦以待下；懼宰官之不脩，立監牧以董之，畏督監之容曲，設司察以糾之；宰牧相累，監察相司，人懷異心，上下殊務。漢承其緒，莫能匡改。魏室之隆，日不

暇及，五等之典，雖難卒復，可麤立儀準以一治制。今之長吏，皆君吏民，橫重以郡守，累以刺史。若郡所攝，唯在大較，則與州同，無爲再重。宜省郡守，但任刺史；刺史職存則監察不廢，郡吏萬數，還親農業，以省煩費，豐財殖穀，一也。大縣之才，皆堪郡守，是非之訟，每生意異，順從則安，直己則爭。夫和羹之美，在於合異，上下之益，在能相濟，順從乃安，此琴瑟一聲也，蕩而除之，則官省事簡，二也。又幹郡之吏，職監諸縣，營護黨親，鄉邑舊故，如有不副，而因公掣頓，民之困弊，咎生于此，若皆并合，則亂原自塞，三也。今承衰弊，民人彫落，賢才鮮少，任事者寡，郡縣良吏，往往非一，郡受縣成，其劇在下，而吏之上選，郡當先足，此爲親民之吏，專得底下，吏者民命，而常頑鄙，今如并之，吏多選清良者造職，大化宣流，民物獲寧，四也。制使萬戶之縣，名之郡守，五千以上，名之都尉，千戶以下，令長如故，自長以上，考課遷用，轉以能升，所牧亦增，此進才効功之敍也，若經制一定，則官才有次，治功齊明，五也。若省郡守，縣皆徑達，事不擁隔，官無留滯，三代之風，雖未可必，簡一之化，庶幾可致，便民省費，在於此矣。」又以爲：「文質之更用，猶四時之迭興也，王者體天理物，必因弊而濟通之，時彌質則文之以禮，時泰侈則救之以質。今承百王之末，秦漢餘流，世俗彌文，宜大改之以易民望。今科制自公、列侯以下，位從大將軍以上，皆得服綾錦、羅綺、紈素、金銀飾鏤之物，自是以下，雜綵之服，通于賤人，雖上下等級，各示有差，然朝臣

之制，已得侔至尊矣，玄黃之采，已得通於下矣。欲使市不鬻華麗之色，商不通難得之貨，工不作彫刻之物，不可得也。是故宜大理其本，準度古法，文質之宜，取其中則，以爲禮度。車輿服章，皆從質樸，禁除末俗華麗之事，使幹朝之家，有位之室，不復有錦綺之飾，無兼采之服，纖巧之物，自上以下，至于樸素之差，示有等級而已，勿使過一二之覺。若夫功德之賜，上恩所特加，皆表之有司，然後服用之。夫上之化下，猶風之靡草。樸素之教興於本朝，則彌侈之心自消於下矣。」

宣王報書曰：「審官擇人，除重官，改服制，皆大善。禮鄉閭本行，朝廷考事，大指如所示。而中間一相承習，卒不能改。秦時無刺史，但有郡守長吏。漢家雖有刺史，奉六條而已，故刺史稱傳車，其吏言從事，居無常治，吏不成臣，其後轉更爲官司耳。昔賈誼亦患服制，漢文雖身服弋綈，猶不能使上下如意。恐此三事，當待賢能然後了耳。」玄又書曰：「漢文雖身衣弋綈，而不革正法度，內外有僭擬之服，寵臣受無限之賜，由是觀之，似指立在身之名，非篤齊治制之意也。今公侯命世作宰，追蹤上古，將隆至治，抑末正本，若制定於上，則化行於衆矣。夫當宜改之時，留殷勤之心，令發之日，下之應也猶響尋聲耳，猶垂謙謙，曰『待賢能』，此伊周不正殷姬之典也。竊未喻焉。」

頃之，爲征西將軍，假節都督雍、涼州諸軍事。〔二〕與曹爽共興駱谷之役，時人譏之。

爽誅，徵玄爲大鴻臚，數年徙太常。玄以爽抑絀，內不得意。中書令李豐雖宿爲大將軍司馬景王所親待，然私心在玄，遂結皇后父光祿大夫張緝，謀欲以玄輔政。豐既內握權柄，子尚公主，又與緝俱馮翊人，故緝信之。豐陰令弟兗州刺史翼求入朝，欲使將兵入，并力起。會翼求朝，不聽。嘉平六年二月，當拜貴人，豐等欲因御臨軒，諸門有陛兵，誅大將軍，以玄代之，以緝爲驃騎將軍。豐密語黃門監蘇鑠、永寧署令樂敦、宂從僕射劉賢等曰：「卿諸人居內，多有不法，大將軍嚴毅，累以爲言，張當可以爲誡。」鑠等皆許以從命。〔二〕大將軍微聞其謀，請豐相見，豐不知而往，卽殺之。〔三〕事下有司，收玄、緝、鑠、敦、賢等送廷尉。〔四〕廷尉鍾毓奏：「豐等謀迫脅至尊，擅誅冢宰，大逆無道，請論如法。」於是會公卿朝臣廷尉議，咸以爲「豐等各受殊寵，典綜機密，緝承外戚椒房之尊，玄備世臣，並居列位，而包藏禍心，搆圖凶逆，交關閹豎，授以姦計，畏憚天威，不敢顯謀，乃欲要君脅上，肆其詐虐，謀誅良輔，擅相建立，將以傾覆京室，顚危社稷。毓所正皆如科律，報毓施行」。詔書：「齊長公主，先帝遺愛，原其三子死命。」於是豐、玄、緝、敦、賢等皆夷三族，〔五〕其餘親屬徙樂浪郡。玄格量弘濟，臨斬東市，顏色不變，舉動自若，時年四十六。〔六〕正元中，紹功臣世，封尚從孫本爲昌陵亭侯，邑三百戶，以奉尚後。

〔一〕魏略曰：玄既遷，司馬景王代爲護軍。護軍總統諸將，任主武官選舉，前後當此官者，不能止貨賂。故蔣濟爲護

軍時，有謠言「欲求牙門，當得千匹；百人督，五百匹」。宣王與濟善，閒以問濟，濟無以解之，因戲曰：「洛中市買，一錢不足則不行。」遂相對歡笑。玄代濟，故不能止絕人事。及景王之代玄，整頓法令，人莫犯者。

〔二〕魏書曰：玄素貴，以爽故廢黜，居常怏怏不得意。中書令李豐與玄及后父光祿大夫張緝陰謀爲亂。緝與豐同郡，傾巧人也，以東莞太守召，爲后家，亦不得意，故皆同謀。初，豐自以身處機密，息韜又以列侯給事中，尚齊長公主，有內外之重，心不自安。密謂韜曰：「玄既爲海內重人，加以當大任，年時方壯而永見廢，又親曹爽外弟，於大將軍有嫌。吾得玄書，深以爲憂。緝有才用，棄兵馬大郡，還坐家巷。各不得志，欲使汝以密計告之。」緝嘗病創臥，豐遣韜省病，韜屏人語緝曰：「韜尚公主，父子在機近，大將軍秉事，常恐不見明信，太常亦懷深憂。君侯雖有后父之尊，安危未可知，皆與韜家同慮者也，韜父欲與君侯謀之。」緝默然良久曰：「同舟之難，吾焉所逃？此大事，不捷卽禍及宗族。」韜於是往報豐。密語黃門監蘇鑠等，蘇鑠等答豐：「惟君侯計。」豐言曰：「今拜貴人，諸營兵皆屯門。陛下臨軒，因此便共迫脅，將羣寮人兵，就誅大將軍。卿等當共密白此意。」鑠等曰：「陛下儻不從人，奈何？」豐等曰：「事有權宜，臨時若不信聽，便當劫將去耳。那得不從？」鑠等許諾。豐曰：「此族滅事，卿等密之。事成，卿等皆當封侯常侍也。」豐復密以告玄、緝。緝遣子邈與豐相結，同謀起事。

世語曰：豐遣子韜以謀報玄，玄曰「宜詳之耳」，而不以告也。

〔三〕世語曰：大將軍聞豐謀，舍人王羕請以命請豐。「豐若無備，情屈勢迫，必來，若不來，羕一人足以制之；若知謀泄，以衆挾輪，長戟自衞，徑入雲龍門，挾天子登淩雲臺，臺上有三千人仗，鳴鼓會衆，如此，羕所不及也」。大將軍乃遣羕以車迎之。豐見劫迫，隨羕而至。

魏氏春秋曰：大將軍責豐，豐知禍及，遂正色曰：「卿父子懷姦，將傾社稷，惜吾力劣，不能相禽滅耳！」大將軍怒，使勇士以刀環築豐腰，殺之。

魏略曰：豐字安國，故衞尉李義子也。黃初中，以父任召隨軍。始爲白衣時，年十七八，在鄴下名爲清白，識別人物，海內翕然，莫不注意。後隨軍在許昌，聲稱日隆。其父不願其然，遂令閉門，敕使斷客。初，明帝在東宮，豐在文學中。及卽尊位，得吳降人，問「江東聞中國名士爲誰」？降人云：「聞有李安國者是。」時豐爲黃門郎，明帝問左右安國所在，左右以豐對。帝曰：「豐名乃被于吳越邪？」後轉騎都尉、給事中。帝崩後，爲永寧太僕，以名過其實，能用少也。正始中，遷侍中尚書僕射。豐在臺省，常多託疾，時臺制，疾滿百日當解祿，豐疾未滿數十日，輒暫起，已復臥，如是數歲。初，豐子韜以選尚公主，豐雖外辭之，內不甚憚也。豐弟翼及偉，仕數歲閒，並歷郡守。豐嘗於人中顯誡二弟，言當用榮位爲〔□〕。及司馬宣王久病，偉爲二千石，荒于酒，亂新平、扶風二郡而豐不召，衆人以爲恃寵。曹爽專政，豐依違二公閒，無有適莫，故于時有謗書曰：「曹爽之勢熱如湯，太傅父子冷如漿，李豐兄弟如游光。」其意以爲豐雖外示淸淨，而內圖事，有似於游光也。及宣王奏誅爽，住車闕下，與豐相聞，豐怖，遽氣索，足委地不能起。至嘉平四年宣王終後，中書令缺，大將軍諮問朝臣：「誰可補者？」或指向豐。豐雖知此非顯選，而自以連婚國家，思附至尊，因伏不辭，遂奏用之。豐爲中書二歲，帝比每獨召與語，不知所說。景王知其議己，請豐，豐不以實告，乃殺之。其事祕。豐前後仕歷二朝，不以家計爲意，仰俸廩而已。韜雖尚公主，豐常約敕不得有所侵取，時得賜錢帛，輒以外施親族；及得賜宮人，多與子弟，而豐皆以與諸外甥。及死後，有司籍其家，家無餘積。

魏氏春秋曰：夜送豐尸付廷尉，廷尉鍾毓不受，曰：「非法官所治也。」以其狀告，且敕之，乃受。帝怒，將問豐死意，太后懼，呼帝入，乃止。遣使收翼。

世語曰：翼後妻，散騎常侍荀廙姊，謂翼曰：「中書事發，可及書未至赴吳，何爲坐取死亡！左右可共同赴水火者誰？」翼思未答，妻曰：「君在大州，不知可與同死生者，去亦不免。」翼曰：「二兒小，吾不去。今但從坐，身死，二兒必免。」果如翼言。翼子斌，楊駿外甥也。晉惠帝初，爲河南尹，與駿俱死，見晉書。

〔四〕世語曰：玄至廷尉，不肯下辭。廷尉鍾毓自臨治玄。玄正色責毓曰：「吾當何辭？卿爲令史責人也，卿便爲吾作。」毓以其名士，節高不可屈，而獄當竟，夜爲作辭，令與事相附，流涕以示玄。玄視，頷之而已。毓弟會，年少於玄，玄不與交，是日於毓坐狎玄，玄不受。

孫盛雜語曰：玄在囹圄，會因欲狎而友玄，玄正色曰：「鍾君何相偪如此也！」

〔五〕魏書曰：豐子韜，以尚主，賜死獄中。

〔六〕魏略曰：玄自從西還，不交人事，不蓄華妍。

魏氏春秋曰：初，夏侯霸將奔蜀，呼玄欲與之俱。玄曰：「吾豈苟存自客於寇虜乎？」遂還京師。太傅薨，許允謂玄曰：「無復憂矣。」玄歎曰：「士宗，卿何不見事乎？此人猶能以通家年少遇我，子元、子上不吾容也。」玄嘗著樂毅、張良及本無肉刑論，辭旨通遠，咸傳于世。玄之執也，衞將軍司馬文王流涕請之，大將軍曰：「卿忘會趙司空葬乎？」先是，司空趙儼薨，大將軍兄弟會葬，賓客以百數，玄時後至，衆賓客咸越席而迎，大將軍由是惡之。

臣松之案：曹爽以正始五年伐蜀，時玄已爲關中都督，至十年，爽誅滅後，方還洛耳。案少帝紀，司空趙儼以六年亡，玄則無由得會儼葬，若云玄入朝，紀、傳又無其事。斯近妄不實。

初，中領軍高陽許允與豐、玄親善。先是有詐作尺一詔書，以玄爲大將軍，允爲太尉，

共錄尙書事。有何人天未明乘馬以詔版付允門吏，曰「有詔」，因便馳走。允即投書燒之，不以開呈司馬景王。後豐等事覺，徙允爲鎭北將軍，假節督河北諸軍事。未發，以放散官物，收付廷尉，徙樂浪，道死。〔一〕

〔一〕魏略曰：允字士宗，世冠族。父據，仕歷典農校尉、郡守。允少與同郡崔贊俱發名於冀州，召入軍。明帝時爲尙書選曹郎，與陳國袁侃對，同坐職事，皆收送獄，詔旨嚴切，當有死者，正直者爲重。允謂侃曰：「卿，功臣之子，法應八議，不憂死也。」侃知其指，乃爲受重。允刑竟復吏，出爲郡守，稍遷爲侍中尙書中領軍。允聞李豐等被收，欲往見大將軍，已出門，回遑不定，中道還取袴，豐等已收訖。大將軍聞允前遽，怪之曰：「我自收豐等，不知士大夫何爲怱怱乎？」是時朝臣遽者多耳，而衆人咸以爲意在允也。會鎭北將軍劉靜卒，朝廷以允代靜。已受節傳，出止外舍。大將軍與允書曰：「鎭北雖少事，而都典一方，念足下震華鼓，建朱節，歷本州，此所謂著繡晝行也。」允心甚悅，與臺中相聞，欲易其鼓吹旌旗。其兄子素頗聞衆人說允前見嫌意，戒允「但當趣耳」，用是爲邪」！允曰：「卿俗士不解，我以榮國耳，故求之。」帝以允當出，乃詔會羣臣，羣臣皆集，帝特引允以自近；允前爲侍中，顧當與帝別，涕泣歔欷。會訖，罷出，詔促允令去。會有司奏允前擅以廚錢穀乞諸俳及其官屬，故遂收送廷尉，考問竟，(故)減死徙邊。允以嘉平六年秋徙，妻子不得自隨，行道未到，以其年冬死。魏氏春秋曰：允爲吏部郎，選郡守。明帝疑其所用非次，召入，將加罪。允妻阮氏跣出，謂曰：「明主可以理奪，難以情求。」允頷之而入。帝怒詰之，允對曰：「某郡太守雖限滿，文書先至，年限在後，〔某守雖後〕，日限在前。」帝前取事視之，乃釋遣出。望其衣敗，曰：「淸吏也。」賜之。允之出爲鎭北也，喜謂其妻曰：「吾知免矣！」妻曰：「禍見於此，何免之有？」允善相印，將拜，以印不善，使更刻之，如此者三。允曰：「印雖始成而已被辱。」問送

印者，果懷之而墜于廁。相印書曰：「相印法本出陳長文，長文以語韋仲將，印工楊利從仲將受法，以語許士宗。利以法術占吉凶，十可中八九。仲將問長文『從誰得法』？長文曰：『本出漢世，有相印、相笏經，又有鷹經、牛經、馬經。印工宗養以法語程申伯，是故有一十二家相法傳于世。』」允妻阮氏賢明而醜，允始見愕然，交禮畢，無復入意。妻遣婢覘之，云「有客姓桓」，妻曰：「是必桓範，將勸使入也。」既而範果勸之。允入，須臾便起，妻捉裾留之。允顧謂婦曰：「婦有四德，卿有其幾？」婦曰：「新婦所乏唯容。士有百行，君有其幾？」許曰：「皆備。」婦曰：「士有百行，以德爲首，君好色不好德，何謂皆備？」允有慚色，知其非凡，遂雅相親重。生二子，奇、猛，少有令聞。允後爲景王所誅，門生走入告其婦，婦正在機，神色不變，曰：「早知爾耳。」門生欲藏其子，婦曰：「無預諸兒事。」後移居墓所，景王遣鍾會看之，若才藝德能及父，當收。兒以語母，母答：「汝等雖佳，才具不多，率胸懷與會語，便自無憂，不須極哀，會止便止。又可多少問朝事。」兒從之。會反命，具以狀對，卒免其禍，皆母之敎也。雖會之識鑒，而輸賢婦之智也。果慶及後嗣，追封子孫而已。世語曰：允二子：奇字子泰，猛字子豹，並有治理才學。晉元康中，奇爲司隸校尉，猛幽州刺史。傅暢晉諸公贊曰：猛禮樂儒雅，當時最優。奇子遐，字思祖，以淸尙稱，位至侍中。猛子式，字儀祖，有才幹，至濮陽內史、平原太守。

清河王經亦與允俱稱冀州名士。甘露中爲尙書，坐高貴鄉公事誅。始經爲郡守，經母謂經曰：「汝田家子，今仕至二千石，物太過不祥，可以止矣。」經不能從，歷二州刺史，司隸校尉，終以致敗。〔一〕允友人同郡崔贊，亦嘗以處世太盛戒允云。〔二〕

〔一〕世語曰：經字（彥偉）〔彥緯〕，初爲江夏太守。大將軍曹爽附絹二十匹令交市于吳，經不發書，棄官歸。母問歸

狀，經以實對。母以經典兵馬而擅去，對送吏杖經五十，爽聞，不復罪。經爲司隸校尉，辟河內向雄爲都官從事，王業之出，不申經（竟）〔意〕以及難。經刑於東市，雄哭之，感動一市。刑及經母，雍州故吏皇甫晏以家財收葬焉。漢晉春秋曰：經被收，辭母。母顏色不變，笑而應曰：「人誰不死？往所以不止汝者，恐不得其所也。以此并命，何恨之有哉？」晉武帝太始元年詔曰：「故尙書王經，雖身陷法辟，然守志可嘉。門戶堙沒，意常愍之，其賜經孫郎中。」

〔二〕荀綽冀州記曰：贊子洪，字良伯，淸恪有匪躬之志，爲晉吏部尙書、大司農。

評曰：夏侯、曹氏，世爲婚姻，故惇、淵、仁、洪、休、尙、眞等並以親舊肺腑，貴重于時，左右勳業，咸有效勞。爽德薄位尊，沈溺盈溢，此固大易所著，道家所忌也。玄以規格局度，世稱其名，然與曹爽中外繾綣；榮位如斯，曾未聞匡弼其非，援致良才。舉茲以論，焉能免之乎！

晉 陳壽 撰
宋 裴松之 注

三國志

第二冊
卷一〇至卷二〇（魏書二）

中華書局

三國志卷十

魏書十

荀彧荀攸賈詡傳第十

荀彧字文若，潁川潁陰人也。祖父淑，字季和，朗陵令。當漢順、桓之間，知名當世。有子八人，號曰八龍。彧父緄，濟南相。叔父爽，司空。〔一〕

〔一〕續漢書曰：淑有高才，王暢、李膺皆以爲師，爲朗陵侯相，號稱神君。張璠漢紀曰：淑博學有高行，與李固、李膺同志友善，拔李昭於小吏，友黃叔度于幼童。以賢良方正徵，對策譏切梁氏，出補朗陵侯相，卒官。八子：儉、緄、靖、燾、詵、爽、肅、旉。音敷。爽字慈明，幼好學，年十二，通春秋、論語，耽思經典，不應徵命，積十數年。董卓秉政，復徵爽，爽欲遁去，吏持之急。詔下郡，卽拜平原相。行至苑陵，又追拜光祿勳。視事三日，策拜司空。爽起自布衣，九十五日而至三公。淑舊居西豪里，縣令苑康曰昔高陽氏有才子八人，署其里爲高陽里。靖字叔慈，亦有至德，名幾亞爽，隱居終身。皇甫謐逸士傳：或問許子將，靖與爽孰賢？子將曰：「二人皆玉也，慈明外朗，叔慈內潤。」

彧年少時，南陽何顒異之，曰：「王佐才也。」〔二〕永漢元年，舉孝廉，拜守宮令。董卓之

亂，求出補吏。除亢父令，遂棄官歸，謂父老曰：「潁川，四戰之地也，天下有變，常爲兵衝，宜亟去之，無久留。」鄉人多懷土猶豫，會冀州牧同郡韓馥遣騎迎之，莫有隨者，彧獨將宗族至冀州。而袁紹已奪馥位，待彧以上賓之禮。彧弟諶及同郡辛評、郭圖，皆爲紹所任。彧度紹終不能成大事，時太祖爲奮武將軍，在東郡，初平二年，彧去紹從太祖。太祖大悅曰：「吾之子房也。」以爲司馬，時年二十九。是時，董卓威陵天下，太祖以問彧，彧曰：「卓暴虐已甚，必以亂終，無能爲也。」卓遣李傕等出關東，所過虜略，至潁川、陳留而還。鄉人留者多見殺略。明年，太祖領兗州牧，後爲鎭東將軍，彧常以司馬從。興平元年，太祖征陶謙，任彧留事。會張邈、陳宮以兗州反，潛迎呂布。布既至，邈乃使劉翊告彧曰：「呂將軍來助曹使君擊陶謙，宜亟供其軍食。」衆疑惑。彧知邈爲亂，卽勒兵設備，馳召東郡太守夏侯惇，而兗州諸城皆應布矣。時太祖悉軍攻謙，留守兵少，而督將大吏多與邈、宮通謀。惇至，其夜誅謀叛者數十人，衆乃定。豫州刺史郭貢帥衆數萬來至城下，或言與呂布同謀，衆甚懼。貢求見彧，彧將往。惇等曰：「君，一州鎭也，往必危，不可。」彧曰：「貢與邈等，分非素結也，今來速，計必未定；及其未定說之，縱不爲用，可使中立，若先疑之，彼將怒而成計。」貢見彧無懼意，謂鄄城未易攻，遂引兵去。又與程昱計，使說范、東阿，卒全三城，以待太祖。太祖自徐州還擊布濮陽，布東走。二年夏，太祖軍乘氏，大饑，人相食。

中華書局

〔一〕典略曰：中常侍唐衡欲以女妻汝南傅公明，公明不娶，轉以與彧。父緄慕衡勢，爲彧娶之。彧爲論者所譏。臣松之案：漢紀云唐衡以桓帝延熹七年死，計彧于時年始二歲，則彧婚之日，衡之沒久矣。慕勢之言爲不然也。臣松之又以爲緄八龍之一，必非苟得者也，將有逼而然，何云慕勢哉？昔鄭忽以違齊致譏，雋生以拒霍見美，致譏在於失援，見美嘉其慮遠，並無交至之害，故得各全其志耳。至於閹豎用事，四海屏氣，左悺、唐衡，殺生在口。故于時諺云「左迴天，唐獨坐」，言威權莫二也。順之則六親以安，忤違則大禍立至；斯誠以存易亡，蒙恥期全之日。昔蔣詡姻于王氏，無損清高之操，緄之此婚，庸何傷乎！

陶謙死，太祖欲遂取徐州，還乃定布。彧曰：「昔高祖保關中，光武據河內，皆深根固本以制天下，進足以勝敵，退足以堅守，故雖有困敗而終濟大業。將軍本以兗州首事，平山東之難，百姓無不歸心悅服。且河、濟，天下之要地也，今雖殘壞，猶易以自保，是亦將軍之關中、河內也，不可以不先定。今以破李封、薛蘭，若分兵東擊陳宮，宮必不敢西顧，以其閒勒兵收熟麥，約食畜穀，一舉而布可破也。破布，然後南結揚州，共討袁術，以臨淮、泗。若舍布而東，多留兵則不足用，少留兵則民皆保城，不得樵採。布乘虛寇暴，民心益危，唯鄄城、范、衞可全，其餘非己之有，是無兗州也。若徐州不定，將軍當安所歸乎？且陶謙雖死，徐州未易亡也。彼懲往年之敗，將懼而結親，相爲表裏。今東方皆以收麥，必堅壁清野以待將軍，將軍攻之不拔，略之無獲，不出十日，則十萬之衆未戰而自困耳。〔一〕前討徐州，威罰

實行，〔二〕其子弟念父兄之恥，必人自爲守，無降心，就能破之，尚不可有也。夫事固有棄此取彼者，以大易小可也，以安易危可也，權一時之勢，不患本之不固可也。今三者莫利，願將軍熟慮之。」太祖乃止。大收麥，復與布戰，分兵平諸縣。布敗走，兗州遂平。

〔一〕臣松之以爲于時徐州未平，兗州又叛，而云十萬之衆，雖是抑抗之言，要非寡弱之稱。益知官渡之役，不得云兵不滿萬也。

〔二〕曹瞞傳云：自京師遭董卓之亂，人民流移東出，多依彭城閒。遇太祖至，坑殺男女數萬口於泗水，水爲不流。陶謙帥其衆軍武原，太祖不得進。引軍從泗南攻取慮、睢陵、夏丘諸縣，皆屠之；雞犬亦盡，墟邑無復行人。

建安元年，太祖擊破黃巾。漢獻帝自河東還洛陽。太祖議奉迎都許，或以山東未平，韓暹、楊奉新將天子到洛陽，北連張楊，未可卒制。彧勸太祖曰：「昔晉文納周襄王而諸侯景從，高祖東伐爲義帝縞素而天下歸心。自天子播越，將軍首唱義兵，徒以山東擾亂，未能遠赴關右，然猶分遣將帥，蒙險通使，雖禦難于外，乃心無不在王室，是將軍匡天下之素志也。今車駕旋軫，東京榛蕪，義士有存本之思，百姓感舊而增哀。誠因此時，奉主上以從民望，大順也；秉至公以服雄傑，大略也；扶弘義以致英俊，大德也。天下雖有逆節，必不能爲累，明矣。韓暹、楊奉其敢爲害！若不時定，四方生心，後雖慮之，無及。」太祖遂至洛陽，奉迎天子都許。天子拜太祖大將軍，進彧爲漢侍中，守尚書令。常居中持重，〔一〕太

祖雖征伐在外，軍國事皆與彧籌焉。〔二〕太祖問彧：「誰能代卿爲我謀者？」彧言「荀攸、鍾繇」。先是，彧言策謀士，進戲志才。志才卒，又進郭嘉。太祖以彧爲知人，諸所進達皆稱職，唯嚴象爲揚州，韋康爲涼州，後敗亡。〔三〕

〔一〕典略曰：彧折節下士，坐不累席。其在臺閣，不以私欲撓意。彧有羣從一人，才行實薄，或謂彧：「以君當事，不可不以某爲議郎邪？」彧笑曰：「官者所以表才也，若如來言，衆人其謂我何邪！」其持心平正皆類此。

〔二〕典略曰：彧爲人偉美。又平原禰衡傳曰：衡字正平，建安初，自荊州北游許都，恃才傲逸，臧否過差，見不如己者不與語，人皆以是憎之。唯少府孔融高貴其才，上書薦之曰：「淑質貞亮，英才卓犖。初涉藝文，升堂覩奧；目所一見，輒誦於口，耳所暫聞，不忘於心。性與道合，思若有神。弘羊心計，安世默識，以衡準之，誠不足怪。」衡時年二十四。是時許都雖新建，尚饒人士。衡嘗書一刺懷之，字漫滅而無所適。或問之曰：「何不從陳長文、司馬伯達乎？」衡曰：「卿欲使我從屠沽兒輩也！」又問曰：「當今許中，誰最可者？」衡曰：「大兒有孔文舉，小兒有楊德祖。」又問：「曹公、荀令君、趙盪寇皆足蓋世乎？」衡稱曹公不甚多；又見荀有儀容，趙有腹尺，因答曰：「文若可借面弔喪，稚長可使監廚請客。」其意以爲荀但有貌，趙健啖肉也。於是衆人皆切齒。衡知衆不悅，將南還荊州。裝束臨發，衆人爲祖道，先設供帳於城南，自共相誡曰：「衡數不遜，今因其後到，以不起報之。」及衡至，衆人皆坐不起，衡乃號咷大哭。衆人問其故，衡曰：「行屍柩之間，能不悲乎？」衡南見劉表，表甚禮之。將軍黃祖屯夏口，祖子射與衡善，隨到夏口。祖嘉其才，每在坐，席有異賓，介使與衡談。後衡驕蹇，答祖言俳優饒言，祖以爲罵己也，大怒，顧伍伯捉頭出。左右遂扶以去，拉而殺之。

臣松之以本傳不稱彧容貌，故載典略與衡傳以見之。又潘勗爲彧碑文，稱彧「瓌姿奇表」。張衡文士傳曰：孔融數薦衡于太祖，欲與相見，而衡疾惡之，意常憤懣。因狂疾不肯往，而數有言論。太祖聞其名，圖欲辱之，乃錄爲鼓（吏）〔史〕。後至八月朝，大宴，賓客並會。時鼓（吏）〔史〕擊鼓過，皆當脫其故服，易着新衣。次衡，衡擊爲漁陽參撾，容態不常，音節殊妙。坐上賓客聽之，莫不慷慨。過不易衣，吏呵之，衡乃當太祖前，以次脫衣，裸身而立，徐徐乃著褌帽畢，復擊鼓參撾，而顏色不怍。太祖大笑，告四坐曰：「本欲辱衡，衡反辱孤。」至今有漁陽參撾，自衡造也。融深責數衡，并宣太祖意，欲令與太祖相見。衡許之，曰：「當爲卿往。」至十月朝，融先見太祖，說「衡欲求見」。至日晏，衡著布單衣、（疏巾）〔綀布〕履，坐太祖營門外，以杖捶地，數罵太祖。太祖敕外廏急具精馬三匹，并騎二人，謂融曰：「禰衡豎子，乃敢爾！孤殺之無異於雀鼠，顧此人素有虛名，遠近所聞，今日殺之，人將謂孤不能容。今送與劉表，視卒當何如？」乃令騎以衡置馬上，兩騎扶送至南陽。傅子曰：衡辯于言而剋于論，見荊州牧劉表日，所以自結于表者甚至，表悅之以爲上賓。衡稱表之美盈口，而論表左右不廢繩墨。於是左右因形而譖之，曰：「衡稱將軍之仁，西伯不過也，唯以爲不能斷；終不濟者，必由此也。」是言實指表智短，而非衡所言也。表不詳察，遂疏衡而逐之。衡以交絕于劉表，智窮于黃祖，身死名滅，爲天下笑者，譖之者有形也。

〔三〕三輔決錄〔注〕曰：象字文則，京兆人。少聰博，有膽智。以督軍御史中丞詣揚州討袁術，會術病卒，因以爲揚州刺史。建安五年，爲孫策廬江太守李術所殺，時年三十八。象同郡趙岐作三輔決錄，恐時人不盡其意，故隱其書，唯以示象。

康字元將，亦京兆人。孔融與康父端書曰：「前日元將來，淵才亮茂，雅度弘毅，偉世之器也。昨日仲將又來，懿

性貞實，文敏篤誠，保家之主也。不意雙珠，近出老蚌，甚珍貴之。」端從涼州牧徵爲太僕，康代爲涼州刺史，時人榮之。後爲馬超所圍，堅守歷時，救軍不至，遂爲超所殺。仲將名誕，見劉劭傳。

自太祖之迎天子也，袁紹內懷不服。紹既并河朔，天下畏其彊。太祖方東憂呂布，南拒張繡，而繡敗太祖軍於宛。紹益驕，與太祖書，其辭悖慢。太祖大怒，出入動靜變於常，衆皆謂以失利於張繡故也。鍾繇以問彧，彧曰：「公之聰明，必不追咎往事，殆有他慮。」則見太祖問之，太祖乃以紹書示彧，曰：「今將討不義，而力不敵，何如？」彧曰：「古之成敗者，誠有其才，雖弱必彊，苟非其人，雖彊易弱，劉、項之存亡，足以觀矣。今與公爭天下者，唯袁紹爾。紹貌外寬而內忌，任人而疑其心，公明達不拘，唯才所宜，此度勝也。紹遲重少決，失在後機，公能斷大事，應變無方，此謀勝也。紹御軍寬緩，法令不立，士卒雖衆，其實難用，公法令既明，賞罰必行，士卒雖寡，皆爭致死，此武勝也。紹憑世資，從容飾智，以收名譽，故士之寡能好問者多歸之，公以至仁待人，推誠心不爲虛美，行己謹儉，而與有功者無所悋惜，故天下忠正效實之士咸願爲用，此德勝也。夫以四勝輔天子，扶義征伐，誰敢不從？紹之彊其何能爲！」太祖悅。彧曰：「不先取呂布，河北亦未易圖也。」太祖曰：「然。吾所惑者，又恐紹侵擾關中，亂羌、胡，南誘蜀漢，是我獨以兗、豫抗天下六分之五也。爲將奈何？」彧曰：「關中將帥以十數，莫能相一，唯韓遂、馬超最彊。彼見山東方爭，必各擁衆自

保。今若撫以恩德，遣使連和，相持雖不能久安，比公安定山東，足以不動。鍾繇可屬以西事。則公無憂矣。」

三年，太祖既破張繡，東禽呂布，定徐州，遂與袁紹相拒。孔融謂彧曰：「紹地廣兵彊；田豐、許攸，智計之士也，爲之謀；審配、逢紀，盡忠之臣也，任其事；顏良、文醜，勇冠三軍，統其兵：殆難克乎！」彧曰：「紹兵雖多而法不整。田豐剛而犯上，許攸貪而不治。審配專而無謀，逢紀果而自用，此二人留知後事，若攸家犯其法，必不能縱也，不縱，攸必爲變。顏良、文醜，一夫之勇耳，可一戰而禽也。」五年，與紹連戰。太祖保官渡，紹圍之。太祖軍糧方盡，書與彧，議欲還許以引紹。彧曰：「今軍食雖少，未若楚、漢在滎陽、成皋閒也。是時劉、項莫肯先退，先退者勢屈也。公以十分居一之衆，畫地而守之，扼其喉而不得進，已半年矣。情見勢竭，必將有變，此用奇之時，不可失也。」太祖乃住。遂以奇兵襲紹別屯，斬其將淳于瓊等，紹退走。審配以許攸家不法，收其妻子，攸怒叛紹；顏良、文醜臨陣授首；田豐以諫見誅：皆如彧所策。

六年，太祖就穀東平之安民，糧少，不足與河北相支，欲因紹新破，以其閒擊討劉表。彧曰：「今紹敗，其衆離心，宜乘其困，遂定之；而背兗、豫，遠師江、漢，若紹收其餘燼，承虛以出人後，則公事去矣。」太祖復次于河上。紹病死。太祖渡河，擊紹子譚、尚，而高幹、郭

援侵略河東，關右震動，鍾繇帥馬騰等擊破之。語在繇傳。八年，太祖錄彧前後功，表封彧爲萬歲亭侯。〔一〕九年，太祖拔鄴，領冀州牧。或說太祖「宜復古置九州，則冀州所制者廣大，天下服矣」。太祖將從之，彧言曰：「若是，則冀州當得河東、馮翊、扶風、西河、幽、并之地，所奪者衆。前日公破袁尚，禽審配，海內震駭，必人人自恐不得保其土地，守其兵衆也；今使分屬冀州，將皆動心。且人多說關右諸將以閉關之計；今聞此，以爲必以次見奪。一旦生變，雖有(善守)〔守善〕者，轉相脅爲非，則袁尚得寬其死，而袁譚懷貳，劉表遂保江、漢之間，天下未易圖也。願公急引兵先定河北，然後修復舊京，南臨荊州，責貢之不入，則天下咸知公意，人人自安。天下大定，乃議古制，此社稷長久之利也。」太祖遂寢九州議。

〔一〕彧別傳載太祖表曰：「臣聞慮爲功首，謀爲賞本，野績不越廟堂，戰多不踰國勳。是故曲阜之錫，不後營丘，蕭何之土，先於平陽。珍策重計，古今所尚。侍中守尚書令彧，積德累行，少長無悔，遭世紛擾，懷忠念治。臣自始舉義兵，周游征伐，與彧勠力同心，左右王略，發言授策，無施不效。彧之功業，臣由以濟，用披浮雲，顯光日月。陛下幸許，彧左右機近，忠恪祗順，如履薄冰，研精極銳，以撫庶事。天下之定，彧之功也。宜享高爵，以彰元勳。」彧固辭無野戰之勞，不通太祖表。太祖與彧書曰：「與君共事已來，立朝廷，君之相爲匡弼，君之相爲舉人，君之相爲建計，君之相爲密謀，亦以多矣。夫功未必皆野戰也，願君勿讓。」彧乃受。

是時荀攸常爲謀主。彧兄衍以監軍校尉守鄴，都督河北事。太祖之征袁尚也，高幹密遣兵謀襲鄴，衍逆覺，盡誅之，以功封列侯。〔一〕太祖以女妻彧長子惲，後稱安陽公主。彧及攸並貴重，皆謙沖節儉，祿賜散之宗族知舊，家無餘財。十二年，復增彧邑千戶，合二千戶。〔二〕

〔一〕荀氏家傳曰：衍字休若，彧第三兄。彧第四兄諶，字友若，事見袁紹傳。陳羣與孔融論汝、潁人物，羣曰：「荀文若、公達、休若、友若、仲豫，當今並無對。」衍子紹，位至太僕。紹子融，字伯雅，與王弼、鍾會俱知名，爲洛陽令，參大將軍軍事，與弼、會論易、老義，傳於世。諶子閎，字仲茂，爲太子文學掾。時有甲乙疑論，閎與鍾繇、王朗、袁渙議各不同。文帝與繇書曰「袁、王國士，更爲脣齒，荀閎勁悍，往來銳師，眞君侯之勍敵，左右之深憂也。」終黃門侍郎。閎從孫(惲)〔煇〕字景文，太子中庶子，亦知名。與賈充共定音律，又作易集解。仲豫名悅，朗陵長儉之少子，彧從父兄也。張璠漢紀稱悅清虛沈靜，善於著述。建安初爲祕書監侍中，被詔刪漢書作漢紀三十篇，因事以明臧否，致有典要；其書大行于世。

〔二〕彧別傳曰：太祖又表曰：「昔袁紹侵入郊甸，戰於官渡。時兵少糧盡，圖欲還許，書與彧議，彧不聽臣。建宜住之便，恢進討之規，更起臣心，易其愚慮，遂摧大逆，覆取其衆。此彧睹勝敗之機，略不世出也。及紹破敗，臣糧亦盡，以爲河北未易圖也，欲南討劉表。彧復止臣，陳其得失，臣用反旆，遂吞凶族，克平四州。向使臣退於官渡，紹必鼓行而前，有傾覆之形，無克捷之勢。後若南征，委棄兗、豫，利既難要，將失本據。彧之二策，以亡爲存，以

禍致福，謀殊功異，臣所不及也。是以先帝貴指縱之功，薄搏獲之賞；古人尚帷幄之規，下攻拔之捷。前所賞錄，未副彧巍巍之勳，乞重平議，疇其戶邑。」彧深辭讓，太祖報之曰：「君之策謀，非但所表二事。前後謙沖，欲慕魯連先生乎？此聖人達節者所不貴也。昔介子推有言『竊人之財，猶謂之盜』。況君密謀安衆，光顯於孤者以百數乎！以二事相還而復辭之，何取謙亮之多邪！」太祖欲表彧爲三公，彧使荀攸深讓，至于十數，太祖乃止。

太祖將伐劉表，問彧策安出，彧曰：「今華夏已平，南土知困矣。可顯出宛、葉而閒行輕進，以掩其不意。」太祖遂行。會表病死，太祖直趨宛、葉如彧計，表子琮以州逆降。

十七年，董昭等謂太祖宜進爵國公，九錫備物，以彰殊勳，密以諮彧。彧以爲太祖本興義兵以匡朝寧國，秉忠貞之誠，守退讓之實；君子愛人以德，不宜如此。太祖由是心不能平。會征孫權，表請彧勞軍于譙，因輒留彧，以侍中光祿大夫持節，參丞相軍事。太祖軍至濡須，彧疾留壽春，以憂薨，時年五十。謚曰敬侯。明年，太祖遂爲魏公矣。〔一〕

〔一〕魏氏春秋曰：太祖饋彧食，發之乃空器也，於是飲藥而卒。咸熙二年，贈彧太尉。

彧別傳曰：彧自爲尚書令，常以書陳事，臨薨，皆焚毀之，故奇策密謀不得盡聞也。是時征役草創，制度多所興復，彧嘗言于太祖曰：「昔舜分命禹、稷、契、皋陶以揆庶績，教化征伐，並時而用。及高祖之初，金革方殷，猶舉民能善教訓者，叔孫通習禮儀於戎旅之閒，世祖有投戈講藝、息馬論道之事，君子無終食之閒違仁。今公外定武功，內興文學，使干戈戢睦，大道流行，國難方弭，六禮俱洽，此姬旦宰周之所以速平也。既立德立功，而又兼立言，誠仲尼述作之意；顯制度於當時，揚名於後世，豈不盛哉！若須武事畢而後制作，以稽治化，於事未敝。宜

集天下大才通儒，考論六經，刊定傳記，存古今之學，除其煩重，以一聖真，並隆禮學，漸敦教化，則王道兩濟。」彧從容與太祖論治道，如此之類甚衆，太祖常嘉納之。彧德行周備，非正道不用心，名重天下，莫不以爲儀表，海內英雋咸宗焉。司馬宣王常稱書傳遠事，吾自耳目所從聞見，逮百數十年間，賢才未有及荀令君者也。前後所舉者，命世大才，邦邑則荀攸、鍾繇、陳羣，海內則司馬宣王，及引致當世知名郗慮、華歆、王朗、荀悅、杜襲、辛毗、趙儼之儔，終爲卿相，以十數人。取士不以一揆，戲志才、郭嘉等有負俗之譏，杜畿簡傲少文，皆以智策舉之，終各顯名。荀攸後爲魏尚書令，亦推賢進士。太祖曰：「二荀令之論人，久而益信，吾沒世不忘。」鍾繇以爲顏子既沒，能備九德，不貳其過，唯荀彧然。或問繇曰：「君雅重荀君，比之顏子，自以不及，可得聞乎？」曰：「夫明君師臣，其次友之。以太祖之聰明，每有大事，常先諮之荀君，是則古師友之義也。吾等受命而行，猶或不盡，相去顧不遠邪！」

獻帝春秋曰：董承之誅，伏后與父完書，言司空殺董承，帝方爲報怨。完得書以示彧，彧惡之，久隱而不言。完以示妻弟樊普，普封以呈太祖，太祖陰爲之備。彧後恐事覺，欲自發之，因求使至鄴，勸太祖以女配帝。太祖曰：「今朝廷有伏后，吾女何得以配上，吾以微功見錄，位爲宰相，豈復賴女寵乎！」彧曰：「伏后無子，性又凶邪，往常與父書，言辭醜惡，可因此廢也。」太祖曰：「卿昔何不道之？」彧陽驚曰：「昔已嘗爲公言也。」太祖曰：「此豈小事而吾忘之！」彧又驚曰：「誠未語公邪！昔公在官渡與袁紹相持，恐增內顧之念，故不言爾。」太祖曰：「官渡事後何以不言？」彧無對，謝闕而已。太祖以此恨彧，而外含容之，故世莫得知。至董昭建立魏公之議，彧意不同，欲言之於太祖。及齎璽書犒軍，飲饗禮畢，彧留請閒。太祖知彧欲言封事，揖而遣之，彧遂不得言。彧卒於壽春，壽春亡者告孫權，言太祖使彧殺伏后，彧不從，故自殺。權以露布於蜀，劉備聞之，曰：「老賊不死，禍亂未已。」

臣松之案獻帝春秋云彧欲發伏后事而求使至鄴，而方誣太祖云「昔已嘗言」。言既無徵，迴託以官渡之虞，俛仰之間，辭情頓屈，雖在庸人，猶不至此，何以玷累賢哲哉！凡諸云云，皆出自鄙俚，可謂以吾儕之言而厚誣君子者矣。袁暐虛罔之類，此最爲甚也。

子惲，嗣侯，官至虎賁中郎將。初，文帝與平原侯植並有擬論，文帝曲禮事彧。及彧卒，惲又與植善，而與夏侯尚不穆，文帝深恨惲。惲早卒，子甝、霬，晉翼。以外甥故猶寵待。惲弟俁，御史中丞，俁弟詵，大將軍從事中郎，皆知名，早卒。〔一〕詵弟顗，咸熙中爲司空。〔二〕惲子甝，嗣爲散騎常侍，進爵廣陽鄉侯，年三十薨。子頵嗣。〔三〕霬官至中領軍，薨，謚曰貞侯，追贈驃騎將軍。子愷嗣。霬妻，司馬景王、文王之妹也，二王皆與親善。咸熙中，開建五等，霬以著勳前朝，改封愷南頓子。〔四〕

〔一〕荀氏家傳曰：惲字長倩，俁字叔倩，詵字曼倩，俁子寓，字景伯。世語曰：寓少與裴楷、王戎、杜默俱有名京邑，仕晉，位至尚書，名見顯著。子羽嗣，位至尚書。

〔二〕晉陽秋曰：顗字景倩，幼爲姊夫陳羣所異。博學洽聞，意思慎密。司馬宣王見顗，奇之，曰：「荀令君之子也。近見袁偘，亦曜卿之子也。」擢拜散騎侍郎。顗佐命晉室，位至太尉，封臨淮康公。嘗難鍾會「易無互體」，見稱於世。顗弟粲，字奉倩。何劭爲粲傳曰：粲字奉倩。粲諸兄並以儒術論議，而粲獨好言道，常以爲子貢稱夫子之言性與天道，不可得聞，然則六籍雖存，固聖人之糠粃。粲兄俁難曰：「易亦云聖人立象以盡意，繫辭焉以盡言，則微言胡爲不可得而聞見哉？」粲答曰：「蓋理之微者，非物象之所舉也。今稱立象以盡意，此非通于意外者也，

繫辭焉以盡言，此非言乎繫表者也；斯則象外之意，繫表之言，固蘊而不出矣。」及當時能言者不能屈也。又論父彧不如從兄攸。彧立德高整，軌儀以訓物，而攸不治外形，慎密自居而已。粲以此言善攸，諸兄怒而不能迴也。太和初，到京邑與傅嘏談。嘏善名理而粲尚玄遠，宗致雖同，倉卒時或有格而不相得意。裴徽通彼我之懷，爲二家騎驛，頃之，粲與嘏善。夏侯玄亦親。常謂嘏、玄曰：「子等在世塗間，功名必勝我，但識劣我耳！」嘏難曰：「能盛功名者，識也。天下孰有本不足而末有餘者邪？」粲曰：「功名者，志局之所獎也。然則志局自一物耳，固非識之所獨濟也。我以能使子等爲貴，然未必齊子等所爲也。」粲常以婦人者，才智不足論，自宜以色爲主。驃騎將軍曹洪女有美色，粲於是娉焉，容服帷帳甚麗，專房歡宴。歷年後，婦病亡，未殯，傅嘏往喭粲；粲不哭而神傷。嘏問曰：「婦人才色並茂爲難。子之娶也，遺才而好色。此自易遇，今何哀之甚？」粲曰：「佳人難再得！顧逝者不能有傾國之色，然未可謂之易遇。」痛悼不能已，歲餘亦亡，時年二十九。粲簡貴，不能與常人交接，所交皆一時俊傑。至葬夕，赴者裁十餘人，皆同時知名士也，哭之，感動路人。

〔三〕荀氏家傳曰：頵字溫伯，爲羽林右監，早卒。頵子崧，字景猷。晉陽秋稱崧少有志操，雅好文學，孝義和愛，在朝恪勤，位至左右光祿大夫、開府儀同三司。崧子羨，字令則，清和有才。尚公主，少歷顯位，年二十八爲北中郎將，徐、兗二州刺史，假節都督徐、兗、青三州諸軍事。在任十年，遇疾解職，卒於家，追贈驃騎將軍。羨孫伯子，今御史中丞也。

〔四〕荀氏家傳曰：愷，晉武帝時爲侍中。干寶晉紀曰：武帝使侍中荀顗、和嶠俱至東宮，觀察太子。顗還稱太子德識進茂，而嶠云聖質如初。孫盛曰「遺荀勗」，其餘語則同。

臣松之案和嶠爲侍中，荀顗亡沒久矣。荀勗位亞台司，不與嶠同班，無緣方稱侍中。二書所云，皆爲非也。考其時位，愷寔當之。愷位至征西大將軍。愷兄憺，少府。弟惲，護軍將軍，追贈車騎大將軍。

荀攸字公達，彧從子也。祖父曇，廣陵太守。〔一〕攸少孤。及曇卒，故吏張權求守曇墓。攸年十三，疑之，謂叔父衢曰：「此吏有非常之色，殆將有姦！」衢寤，乃推問，果殺人亡命。由是異之。〔二〕何進秉政，徵海內名士攸等二十餘人。攸到，拜黃門侍郎。董卓之亂，關東兵起，卓徙都長安。攸與議郎鄭泰、何顒、侍中种輯、越騎校尉伍瓊等謀曰：「董卓無道，甚於桀紂，天下皆怨之，雖資彊兵，實一匹夫耳。今直刺殺之以謝百姓，然後據殽、函，輔王命，以號令天下，此桓文之舉也。」事垂就而覺，收顒、攸繫獄，顒憂懼自殺，〔三〕攸言語飲食自若，會卓死得免。〔四〕棄官歸，復辟公府，舉高第，遷任城相，不行。攸以蜀漢險固，人民殷盛，乃求爲蜀郡太守，道絕不得至，駐荊州。

〔一〕荀氏家傳曰：曇字元智。兄昱，字伯脩。張璠漢紀稱昱、曇並傑俊有殊才。昱與李膺、王暢、杜密等號爲八俊，位至沛相。攸父彝，州從事。彝於彧爲從祖兄弟。

〔二〕魏書曰：攸年七八歲，衢曾醉，誤傷攸耳；而攸出入遊戲，常避護不欲令衢見。衢後聞之，乃驚其夙智如此。

荀氏家傳曰：衢子祈，字伯旗，與族父愔俱著名。祈與孔融論肉刑，愔與孔融論聖人優劣，並在融集。祈位至濟陰太守；愔後徵有道，至丞相祭酒。

〔三〕張璠漢紀曰：顒字伯求，少與郭泰、賈彪等遊學洛陽，泰等與同風好。顒顯名太學，於是中朝名臣太傅陳蕃、司隸李膺等皆深接之。及黨事起，顒亦名在其中，乃變名姓亡匿汝南閒，所至皆交結其豪桀。顒既奇太祖而知荀彧，袁紹慕之，與爲奔走之友。是時天下士大夫多遇黨難，顒常歲再三私入洛陽，從紹計議，爲諸窮窘之士解釋患禍。而袁術亦豪俠，與紹爭名。顒未常造術，術深恨之。

漢末名士錄曰：術常於衆坐數顒三罪，曰：「王德彌先覺雋老，名德高亮，而伯求疏之，是一罪也。許子遠凶淫之人，性行不純，而伯求親之，是二罪也。郭、賈寒窶，無他資業，而伯求肥馬輕裘，光耀道路，是三罪也。」陶丘洪曰：「王德彌大賢而短於濟時，許子遠雖不純而赴難不憚濡足。伯求嚳善則以德彌爲首，濟難則以子遠爲宗。且伯求嘗爲虞偉高手刃復仇，義名奮發。其怨家積財巨萬，文馬百駟，而欲使伯求羸牛疲馬，頓伏道路，此爲披其胸而假仇敵之刃也。」術意猶不平。後與南陽宗承會於闕下，術發怒曰：「何伯求，凶德也，吾當殺之。」承曰：「何生英俊之士，足下善遇之，使延令名於天下。」術乃止。後黨禁除解，辟司空府。每三府掾屬會議，顒策謀有餘，議者皆自以爲不及。遷北軍中候，董卓以爲長史。後荀彧爲尚書令，遣人迎叔父司空爽喪，使并置顒尸，而葬之於爽冢傍。

〔四〕魏書云攸使人說卓得免，與此不同。

太祖迎天子都許，遺攸書曰：「方今天下大亂，智士勞心之時也，而顧觀變蜀漢，不已久乎！」於是徵攸爲汝南太守，入爲尚書。太祖素聞攸名，與語大悅，謂荀彧、鍾繇曰：「公達，非常人也，吾得與之計事，天下當何憂哉！」以爲軍師。建安三年，從征張繡。攸言於太祖曰：「繡與劉表相恃爲彊，然繡以遊軍仰食於表，表不能供也，勢必離。不如緩軍以待之，可誘而致也；若急之，其勢必相救。」太祖不從，遂進軍之穰，與戰。繡急，表果救之。軍不利。太祖謂攸曰：「不用君言至是。」乃設奇兵復戰，大破之。

是歲，太祖自宛征呂布，〔一〕至下邳，布敗退固守，攻之不拔，連戰，士卒疲，太祖欲還。攸與郭嘉說曰：「呂布勇而無謀，今三戰皆北，其銳氣衰矣。三軍以將爲主，主衰則軍無奮意。夫陳宮有智而遲，今及布氣之未復，宮謀之未定，進急攻之，布可拔也。」乃引沂、泗灌城，城潰，生禽布。

〔一〕魏書曰：議者云表、繡在後而還襲呂布，其危必也。攸以爲表、繡新破，勢不敢動。布驍猛，又恃袁術，若縱橫淮、泗間，豪傑必應之。今乘其初叛，衆心未一，往可破也。太祖曰：「善。」比行，布以敗劉備，而臧霸等應之。

後從救劉延於白馬，攸畫策斬顏良。語在武紀。太祖拔白馬還，遣輜重循河而西。袁紹渡河追，卒與太祖遇。諸將皆恐，說太祖還保營，攸曰：「此所以禽敵，奈何去之！」太祖目攸而笑。遂以輜重餌賊，賊競奔之，陳亂。乃縱步騎擊，大破之，斬其騎將文醜，太祖遂與紹相拒於官渡。軍食方盡，攸言於太祖曰：「紹運車旦暮至，其將韓𦳣銳而輕敵，擊可破也。」〔一〕太祖曰：「誰可使？」攸曰：「徐晃可。」乃遣晃及史渙邀擊破走之，燒其輜重。會許攸來降，言紹遣淳于瓊等將萬餘兵迎運糧，將驕卒惰，可要擊也。衆皆疑，唯攸與賈詡勸

太祖。太祖乃留攸及曹洪守。太祖自將攻破之，盡斬瓊等。紹將張郃、高覽燒攻櫓降，紹遂棄軍走。郃之來，洪疑不敢受，攸謂洪曰：「郃計不用，怒而來，君何疑？」乃受之。

〔一〕臣松之案諸書，韓𦳣或作韓猛，或云韓若，未詳孰是。

七年，從討袁譚、尚於黎陽。明年，太祖方征劉表，譚、尚爭冀州。譚遣辛毗乞降請救，太祖將許之，以問羣下。羣下多以爲表彊，宜先平之，譚、尚不足憂也。攸曰：「天下方有事，而劉表坐保江、漢之閒，其無四方志可知矣。袁氏據四州之地，帶甲十萬，紹以寬厚得衆，借使二子和睦以守其成業，則天下之難未息也。今兄弟遘惡，此勢不兩全。若有所并則力專，力專則難圖也。及其亂而取之，天下定矣，此時不可失也。」太祖曰：「善。」乃許譚和親，遂還擊破尚。其後譚叛，從斬譚於南皮。冀州平，太祖表封攸曰：「軍師荀攸，自初佐臣，無征不從，前後克敵，皆攸之謀也。」於是封陵樹亭侯。十二年，下令大論功行封，太祖曰：「忠正密謀，撫寧內外，文若是也。公達其次也。」增邑四百，并前七百戶，〔一〕轉爲中軍師。魏國初建，爲尚書令。

〔一〕魏書曰：太祖自柳城還，過攸舍，稱述攸前後謀謨勞勳，曰：「今天下事略已定矣，孤願與賢士大夫共饗其勞。昔高祖使張子房自擇邑三萬戶，今孤亦欲君自擇所封焉。」

攸深密有智防，自從太祖征伐，常謀謨帷幄，時人及子弟莫知其所言。〔二〕太祖每稱曰：

「公達外愚內智，外怯內勇，外弱內彊，不伐善，無施勞，智可及，愚不可及，雖顏子、甯武不能過也。」文帝在東宮，太祖謂曰：「荀公達，人之師表也，汝當盡禮敬之。」攸曾病，世子問病，獨拜牀下，其見尊異如此。攸與鍾繇善，繇言：「我每有所行，反覆思惟，自謂無以易；以咨公達，輒復過人意。」公達前後凡畫奇策十二，唯繇知之。繇撰集未就，會薨，故世不得盡聞也。〔二〕攸從征孫權，道薨。太祖言則流涕。〔三〕

〔一〕魏書曰：攸姑子辛韜曾問攸說太祖取冀州時事。攸曰：「佐治爲袁譚乞降，王師自往平之，吾何知焉？」自是韜及內外莫敢復問軍國事也。

〔二〕臣松之案：攸亡後十六年，鍾繇乃卒，撰攸奇策，亦有何難？而年造八十，猶云未就，遂使攸從征機策之謀不傳於世，惜哉！

〔三〕魏書曰：時建安十九年，攸年五十八。計其年大彧六歲。

魏書載太祖令曰：「孤與荀公達周游二十餘年，無毫毛可非者。」又曰：「荀公達眞賢人也，所謂『溫良恭儉讓以得之』。孔子稱『晏平仲善與人交，久而敬之』，公達卽其人也。」

傅子曰：或問近世大賢君子，答曰：「荀令君之仁，荀軍師之智，斯可謂近世大賢君子矣。荀令君仁以立德，明以舉賢，行無諂黷，謀能應機。孟軻稱『五百年而有王者興，其閒必有命世者』，其荀令君乎！太祖稱『荀令君之進善，不進不休，荀軍師之去惡，不去不止』也。」

長子緝，有攸風，早沒。次子適嗣，無子，絕。黃初中，紹封攸孫彪爲陵樹亭侯，邑三百戶，後轉封丘陽亭侯。正始中，追謚攸曰敬侯。

賈詡字文和，武威姑臧人也。少時人莫知，唯漢陽閻忠異之，謂詡有良、平之奇。〔一〕察孝廉爲郎，疾病去官，西還至汧，道遇叛氐，同行數十人皆爲所執。詡曰：「我段公外孫也，汝別埋我，我家必厚贖之。」時太尉段熲，昔久爲邊將，威震西土，故詡假以懼氐。氐果不敢害，與盟而送之，其餘悉死。詡實非段甥，權以濟事，咸此類也。

〔一〕九州春秋曰：中平元年，車騎將軍皇甫嵩旣破黃巾，威震天下。閻忠時罷信都令，說嵩曰：「夫難得而易失者時也，時至而不旋踵者機也，故聖人常順時而動，智者必因機以發。今將軍遭難得之運，蹈易解之機，而踐運不撫，臨機不發，將何以享大名乎？」嵩曰：「何謂也？」忠曰：「天道無親，百姓與能，故有高人之功者，不受庸主之賞。今將軍授鉞於初春，收功於末冬，兵動若神，謀不再計，旬月之閒，神兵電掃，攻堅易於折枯，摧敵甚於湯雪，七州席卷，屠三十六（萬）方，夷黃巾之師，除邪害之患，或封戶刻石，南向以報德，威震本朝，風馳海外。是以羣雄迴首，百姓企踵，雖湯武之舉，未有高於將軍者。身建高人之功，北面以事庸主，將何以圖安？」嵩曰：「心不忘忠，何爲不安？」忠曰：「不然。昔韓信不忍一餐之遇，而棄三分之利，拒蒯通之忠，忽鼎跱之勢，利劍已揣其喉，乃歎息而悔，所以見烹於兒女也。今主勢弱於劉、項，將軍權重於淮陰，指麾可以振風雲，叱咤足以興雷電；赫然奮發，因危抵頹，崇恩以綏前附，振武以臨後服；徵冀方之士，動七州之衆，羽檄先馳於前，大軍震響於後，蹈蹟漳河，飲馬孟津，舉天網以網羅京都，誅閹宦之罪，除羣怨之積忿，解久危之倒懸。如此則攻守無堅城，不招必影從，雖兒童可使奮空拳以致力，女子可使其褰裳以用命，況厲智能之士，因迅風之勢，則大功不足合，八方不足同也。功業已就，天下已順，乃燎于上帝，告以天命，混齊六合，南面以制，移神器於己家，推亡漢以定祚，實神機之至決，風發之良時也。夫木朽不彫，世衰難佐，將軍雖欲委忠難佐之朝，彫畫朽敗之木，猶逆坂而走丸，必不可也。方今權宦羣居，同惡如市，主上不自由，詔命出左右。如有至聰不察，機事不先，必嬰後悔，亦無及矣。」嵩不從，忠乃亡去。

英雄記曰：涼州賊王國等起兵，共劫忠爲主，統三十六部，號車騎將軍。忠感慨發病而死。

董卓之入洛陽，詡以太尉掾爲平津都尉，遷討虜校尉。卓壻中郎將牛輔屯陝，詡在輔軍。卓敗，輔又死，衆恐懼，校尉李傕、郭汜、張濟等欲解散，閒行歸鄉里。詡曰：「聞長安中議欲盡誅涼州人，而諸君棄衆單行，卽一亭長能束君矣。不如率衆而西，所在收兵，以攻長安，爲董公報仇，幸而事濟，奉國家以征天下，若不濟，走未後也。」衆以爲然。傕乃西攻長安。語在卓傳。〔一〕後詡爲左馮翊，傕等欲以功侯之，詡曰：「此救命之計，何功之有！」固辭不受。又以爲尙書僕射，詡曰：「尙書僕射，官之師長，天下所望，詡名不素重，非所以服人也。縱詡昧于榮利，奈國朝何！」乃更拜詡尙書，典選舉，多所匡濟，傕等親而憚之。〔二〕會母喪去官，拜光祿大夫。傕、汜等鬭長安中，〔三〕傕復請詡爲宣義將軍。〔四〕傕等和，出天子，祐護大臣，詡有力焉。〔五〕天子旣出，詡上還印綬。是時將軍段煨屯華陰，〔六〕與詡同郡，遂去傕託煨。詡素知名，爲煨軍所望。煨內恐其見奪，而外奉詡禮甚備，詡愈不自安。

〔一〕臣松之以爲傳稱「仁人之言，其利溥哉」！然則不仁之言，理必反是。夫仁功難著，而亂源易成，是故有禍機一發而殃流百世者矣。當是時，元惡旣梟，天地始開，致使厲階重結，大梗殷流，邦國遘殄悴之哀，黎民嬰周餘之酷，豈不由賈詡片言乎？詡之罪也，一何大哉！自古兆亂，未有如此之甚。

〔二〕獻帝紀曰：郭汜、樊稠與傕互相違戾，欲鬬者數矣。詡輒以道理責之，頗受詡言。

魏書曰：詡典選舉，多選舊名以爲令僕，論者以此多詡。

〔三〕獻帝紀曰：傕等與詡議，迎天子置其營中。詡曰：「不可。脅天子，非義也。」傕不聽。張繡謂詡曰：「此中不可久處，君胡不去？」詡曰：「吾受國恩，義不可背。卿自行，我不能也。」

〔四〕獻帝紀曰：傕時召羌、胡數千人，先以御物繒綵與之，又許以宮人婦女，欲令攻郭汜。羌、胡數來闚省門，曰：「天子在中邪！李將軍許我宮人美女，今皆安在？」帝患之，使詡爲之方計。詡乃密呼羌、胡大帥飲食之，許以封爵重寶，於是皆引去。傕由此衰弱。

〔五〕獻帝紀曰：天子旣東，而李傕來追，王師敗績。司徒趙溫、太常王偉、衞尉周忠、司隸榮邵皆爲傕所嫌，欲殺之。詡謂傕曰：「此皆天子大臣，卿奈何害之？」傕乃止。

〔六〕典略稱煨在華陰時，脩農事，不虜略。天子東還，煨迎道貢遺周急。

獻帝紀曰：後以煨爲大鴻臚光祿大夫，建安十四年，以壽終。

張繡在南陽，詡陰結繡，繡遣人迎詡。詡將行，或謂詡曰：「煨待君厚矣，君安去之？」詡曰：「煨性多疑，有忌詡意，禮雖厚，不可恃，久將爲所圖。我去必喜，又望吾結大援於外，必厚吾妻子。」繡無謀主，亦願得詡，則家與身必俱全矣。」詡遂往，繡執子孫禮，煨果善視其家。詡說繡與劉表連和。〔一〕太祖比征之，一朝引軍退，繡自追之。詡謂繡曰：「不可追也，追必敗。」繡不從，進兵交戰，大敗而還。詡謂繡曰：「促更追之，更戰必勝。」繡謝曰：「不用公言，以至於此。今已敗，奈何復追？」詡曰：「兵勢有變，亟往必利。」繡信之，遂收散卒赴追，大戰，果以勝還。問詡曰：「繡以精兵追退軍，而公曰必敗；退以敗卒擊勝兵，而公曰必剋。悉如公言，何其反而皆驗也？」詡曰：「此易知耳。將軍雖善用兵，非曹公敵也。軍雖新退，曹公必自斷後；追兵雖精，將既不敵，彼士亦銳，故知必敗。曹公攻將軍無失策，力未盡而退，必國內有故；已破將軍，必輕軍速進，縱留諸將斷後，諸將雖勇，亦非將軍敵，故雖用敗兵而戰必勝也。」繡乃服。是後，太祖拒袁紹於官渡，紹遣人招繡，并與詡書結援。繡欲許之，詡顯於繡坐上謂紹使曰：「歸謝袁本初，兄弟不能相容，而能容天下國士乎？」繡驚懼曰：「何至於此！」竊謂詡曰：「若此，當何歸？」詡曰：「不如從曹公。」繡曰：「袁彊曹弱，又與曹爲讎，從之如何？」詡曰：「此乃所以宜從也。夫曹公奉天子以令天下，其宜從一也。紹彊盛，我以少衆從之，必不以我爲重。曹公衆弱，其得我必喜，其宜從二也。夫有霸王之志者，固將釋私怨，以明德於四海，其宜從三也。願將軍無疑！」繡從之，率衆歸太祖。太祖見之，喜，執詡手曰：「使我信重於天下者，子也。」表詡爲執金吾，封

都亭侯，遷冀州牧。冀州未平，留參司空軍事。袁紹圍太祖於官渡，太祖糧方盡，問詡計焉出，詡曰：「公明勝紹，勇勝紹，用人勝紹，決機勝紹，有此四勝而半年不定者，但顧萬全故也。必決其機，須臾可定也。」太祖曰：「善。」乃并兵出，圍擊紹三十餘里營，破之。紹軍大潰，河北平。太祖領冀州牧，徙詡爲太中大夫。建安十三年，太祖破荊州，欲順江東下。詡諫曰：「明公昔破袁氏，今收漢南，威名遠著，軍勢既大；若乘舊楚之饒，以饗吏士，撫安百姓，使安土樂業，則可不勞衆而江東稽服矣。」太祖不從，軍遂無利。〔二〕太祖後與韓遂、馬超戰於渭南，超等索割地以和，并求任子。詡以爲可僞許之。又問詡計策，詡曰：「離之而已。」太祖曰：「解。」一承用詡謀。語在武紀。卒破遂、超，詡本謀也。

〔一〕傅子曰：詡南見劉表，表以客禮待之。詡曰：「表，平世三公才也；不見事變，多疑無決，無能爲也。」

〔二〕臣松之以爲詡之此謀，未合當時之宜。于時韓、馬之徒尚狼顧關右，魏武不得安坐郢都以威懷吳會，亦已明矣。彼荊州者，孫、劉之所必爭也。荊人服劉主之雄姿，憚孫權之武略，爲日既久，誠非曹氏諸將所能抗禦。故曹仁守江陵，敗不旋踵，何撫安之得行，稽服之可期？將此既新平江、漢，威懾揚、越，資劉表水戰之具，藉荊楚檝櫂之手，實震蕩之良會，廓定之大機。不乘此取吳，將安俟哉？至於赤壁之敗，蓋有運數。實由疾疫大興，以損淩厲之鋒，凱風自南，用成焚如之勢。天實爲之，豈人事哉？然則魏武之東下，非失算也。詡之此規，爲無當矣。魏武後克平張魯，蜀中一日數十驚，劉備雖斬之而不能止，由不用劉曄之計，以失席卷之會，斤石既差，悔無所及，即亦此事之類也。世咸謂劉計爲是，卽愈見賈言之非也。

是時，文帝爲五官將，而臨菑侯植才名方盛，各有黨與，有奪宗之議。文帝使人問詡自固之術，詡曰：「願將軍恢崇德度，躬素士之業，朝夕孜孜，不違子道。如此而已。」文帝從之，深自砥礪。太祖又嘗屏除左右問詡，詡嘿然不對。太祖曰：「與卿言而不答，何也？」詡曰：「屬適有所思，故不卽對耳。」太祖曰：「何思？」詡曰：「思袁本初、劉景升父子也。」太祖大笑，於是太子遂定。詡自以非太祖舊臣，而策謀深長，懼見猜疑，闔門自守，退無私交，男女嫁娶，不結高門，天下之論智計者歸之。

文帝卽位，以詡爲太尉，〔一〕進爵魏壽鄉侯，增邑三百，并前八百戶。又分邑二百，封小子訪爲列侯。以長子穆爲駙馬都尉。帝問詡曰：「吾欲伐不從命以一天下，吳、蜀何先？」對曰：「攻取者先兵權，建本者尚德化。陛下應期受禪，撫臨率土，若綏之以文德而俟其變，則平之不難矣。吳、蜀雖蕞爾小國，依阻山水，劉備有雄才，諸葛亮善治國，孫權識虛實，陸議見兵勢，據險守要，汎舟江湖，皆難卒謀也。用兵之道，先勝後戰，量敵論將，故舉無遺策。臣竊料羣臣，無備、權對，雖以天威臨之，未見萬全之勢也。昔舜舞干戚而有苗服，臣以爲當今宜先文後武。」文帝不納。後興江陵之役，士卒多死。詡年七十七，薨，謚曰肅侯。子穆嗣，歷位郡守。穆薨，子模嗣。〔二〕

〔一〕魏略曰：文帝得詡之對太祖，故卽位首登上司。

荀勗別傳曰：晉司徒闕，武帝問其人於勗。答曰：「三公具瞻所歸，不可用非其人。昔魏文帝用賈詡爲三公，孫權笑之。」

〔二〕世語曰：模，晉惠帝時爲散騎常侍、護軍將軍，模子胤，胤弟龕，從弟疋，皆至大官，並顯於晉也。

評曰：荀彧清秀通雅，有王佐之風，然機鑒先識，未能充其志也。〔一〕荀攸、賈詡，庶乎算無遺策，經達權變，其良、平之亞歟！〔二〕

〔一〕世之論者，多譏彧協規魏氏，以傾漢祚；君臣易位，實彧之由。雖晚節立異，無救運移；功既違義，識亦疚焉。陳氏此評，蓋亦同乎世識。臣松之以爲斯言之作，誠未得其遠大者也。彧豈不知魏武之志氣，非衰漢之貞臣哉？良以于時王道既微，橫流已極，雄豪虎視，人懷異心，不有撥亂之資，仗順之略，則漢室之亡忽諸，黔首之類殄矣。夫欲翼讚時英，一匡屯運，非斯人之與而誰與哉？是故經綸急病，若救身首，用能動于嶮中，至于大亨，蒼生蒙舟航之接，劉宗延二紀之祚，豈非荀生之本圖，仁恕之遠致乎？及至霸業既隆，翦漢迹著，然後亡身殉節，以申素情，全大正於當年，布誠心於百代，可謂任重道遠，志行義立。謂之未充，其殆誣歟！

〔二〕臣松之以爲列傳之體，以事類相從。張子房青雲之士，誠非陳平之倫。然漢之謀臣，良、平而已。若不共列，則餘無所附，故前史合之，蓋其宜也。魏氏如詡之儔，其比幸多。詡不編程、郭之篇，而與二荀並列；失其類矣。且攸、詡之爲人，其猶夜光之與蒸燭乎！其照雖均，質則異焉。今荀、賈之評，共同一稱，尤失區別之宜也。

三國志卷十一　魏書十一

袁張涼國田王邴管傳第十一

袁渙字曜卿，陳郡扶樂人也。父滂，爲漢司徒。〔一〕當時諸公子多越法度，而渙清靜，舉動必以禮。郡命爲功曹，郡中姦吏皆自引去。後辟公府，舉高第，遷侍御史。除譙令，不就。劉備之爲豫州，舉渙茂才。後避地江、淮閒，爲袁術所命。術每有所咨訪，渙常正議，術不能抗，然敬之不敢不禮也。頃之，呂布擊術於阜陵，渙往從之，遂復爲布所拘留。布初與劉備和親，後離隙。布欲使渙作書詈辱備，渙不可，再三彊之，不許。布大怒，以兵脅渙曰：「爲之則生，不爲則死。」渙顏色不變，笑而應之曰：「渙聞唯德可以辱人，不聞以罵。使彼固君子邪，且不恥將軍之言，彼誠小人邪，將復將軍之意，則辱在此不在於彼。且渙他日之事劉將軍，猶今日之事將軍也，如一旦去此，復罵將軍，可乎？」布慚而止。

〔一〕袁宏漢紀曰：滂字公熙，純素寡欲，終不言人之短。當權寵之盛，或以同異致禍，滂獨中立於朝，故愛憎不及焉。

布誅，渙得歸太祖。〔一〕渙言曰：「夫兵者，凶器也，不得已而用之。鼓之以道德，征之以

仁義，兼撫其民而除其害。夫然，故可與之死而可與之生。自大亂以來十數年矣，民之欲安，甚於倒懸，然而暴亂未息者，何也？意者政失其道歟！渙聞明君善于救世，故世亂則齊之以義，時僞則鎮之以樸；世異事變，治國不同，不可不察也。夫制度損益，此古今之不必同者也。若夫兼愛天下而反之於正，雖以武平亂而濟之以德，誠百王不易之道也。公明哲超世，古之所以得其民者，公既勤之矣，今之所以失其民者，公既戒之矣，海內賴公，得免於危亡之禍，然而民未知義，其惟公所以訓之，則天下幸甚！」太祖深納焉。拜爲沛南部都尉。

〔一〕袁氏世紀曰：布之破也，陳羣父子時亦在布之軍，見太祖皆拜。渙獨高揖不爲禮，太祖甚嚴憚之。時太祖又給衆官車各數乘，使取布軍中物，唯其所欲。衆人皆重載，唯渙取書數百卷，資糧而已。衆人聞之，大慚。渙謂所親曰：「脫我以行陳，令軍發足以爲行糧而已，不以此爲我有。由是厲名也，大悔恨之。」太祖益以此重焉。

是時新募民開屯田，民不樂，多逃亡。渙白太祖曰：「夫民安土重遷，不可卒變，易以順行，難以逆動，宜順其意，樂之者乃取，不欲者勿彊。」太祖從之，百姓大悅。遷爲梁相。渙每敕諸縣：「務存鰥寡高年，表異孝子貞婦。常談曰『世治則禮詳，世亂則禮簡』，全在斟酌之閒耳。方今雖擾攘，難以禮化，然在吾所以爲之。」爲政崇教訓，恕思而後行，外溫柔而內能斷。〔一〕以病去官，百姓思之。後徵爲諫議大夫、丞相軍祭酒。前後得賜甚多，皆散盡之，家無所儲，終不問產業，乏則取之於人，不爲皦察之行，然時人服其清。

〔一〕魏書曰：穀熟長呂岐善朱淵、爰津，遣使行學還，召用之，與相見，出署淵師友祭酒，津決疑祭酒。淵等因各歸家，不受署。岐大怒，將吏民收淵等，皆杖殺之，議者多非焉。渙教勿劾，主簿孫徽等以爲「淵等罪不足死，長吏無專殺之義，孔子稱『唯器與名，不可以假人』。謂之師友而加大戮，刑名相伐，不可以訓。」渙教曰：「主簿以不請爲罪，此則然矣。謂淵等罪不足死，則非也。夫師友之名，古今有之。然有君之師友，有士大夫之師友。夫君置師友之官者，所以敬其臣也；有罪加於刑焉，國之法也。今不論其罪而謂之戮師友，斯失之矣。主簿取弟子戮師之名，而加君誅臣之實，非其類也。夫聖哲之治，觀時而動，故不必循常，將有權也。閒者世亂，民陵其上，雖務尊君卑臣，猶或未也，而反長世之過，不亦謬乎！」遂不劾。

魏國初建，爲郎中令，行御史大夫事。渙言於太祖曰：「今天下大難已除，文武並用，長久之道也。以爲可大收篇籍，明先聖之教，以易民視聽，使海內斐然向風，則遠人不服可以文德來之。」太祖善其言。時有傳劉備死者，羣臣皆賀；渙以嘗爲備舉吏，獨不賀。居官數年卒，太祖爲之流涕，賜穀二千斛，一教「以太倉穀千斛賜郎中令之家」，一教「以垣下穀千斛與曜卿家」，外不解其意。教曰：「以太倉穀者，官法也；以垣下穀者，親舊也。」又帝聞渙昔拒呂布之事，問渙從弟敏：「渙勇怯何如？」敏對曰：「渙貌似和柔，然其臨大節，處危難，雖賁育不過也。」渙子侃，亦清粹閑素，有父風，歷位郡守尚書。〔一〕

〔一〕袁氏世紀曰：渙有四子，侃、寓、奧、準。侃字公然，論議清當，柔而不犯，善與人交。在廢興之間，人之所趣務者，

常謙退不爲也。時人以是稱之。歷位黃門選部郎，號爲清平。稍遷至尚書，早卒。寓字宣厚，精辯有機理，好道家之言，少被病，未官而卒。奧字公榮，行足以厲俗，言約而理當，終於光祿勳。準字孝尼，忠信公正，不恥下問，唯恐人之不勝己。以世事多險，故常恬退而不敢求進。著書十餘萬言，論治世之務，爲易、周官、詩傳，及論五經滯義，聖人之微言，以傳於世。此準之自序也。荀綽九州記稱準有儁才，泰始中爲給事中。袁氏子孫世有名位，貴達至今。

初，渙從弟霸，公恪有功幹，魏初爲大司農，及同郡何夔並知名於時。而霸子亮，夔子曾，與侃復齊聲友善。亮貞固有學行，疾何晏、鄧颺等，著論以譏切之，位至河南尹、尚書。〔一〕霸弟徽，以儒素稱。遭天下亂，避難交州。司徒辟，不至。〔二〕徽弟敏，有武藝而好水功，官至河隄謁者。

〔一〕晉諸公贊曰：亮子粲，字儀祖，文學博識，累爲儒官，至尚書。

〔二〕袁宏漢紀曰：初，天下將亂，渙慨然歎曰：「漢室陵遲，亂無日矣。苟天下擾攘，逃將安之？若天未喪道，民以義存，唯彊而有禮，可以庇身乎！」徽曰：「古人有言：『知機其神乎』！見機而作，君子所以元吉也。天理盛衰，漢其亡矣！夫有大功必有大事，此又君子之所深識，退藏於密者也。且兵革既興，外患必衆，徽將遠迹山海，以求免身。」及亂作，各行其志。

張範，字公儀，河內脩武人也。祖父歆，爲漢司徒。父延，爲太尉。太傅袁隗欲以女妻

範，範辭不受。性恬靜樂道，忽於榮利，徵命無所就。弟承，字公先，亦知名，以方正徵，拜議郎，遷伊闕都尉。董卓作亂，承欲合徒衆與天下共誅卓。承弟昭時爲議郎，適從長安來，謂承曰：「今欲誅卓，衆寡不敵，且起一朝之謀，戰阡陌之民，士不素撫，兵不練習，難以成功。卓阻兵而無義，固不能久；不若擇所歸附，待時而動，然後可以如志。」承然之，乃解印綬閒行歸家，與範避地揚州。袁術備禮招請，範稱疾不往，術不彊屈也。遣承與相見，術問曰：「昔周室陵遲，則有桓、文之霸；秦失其政，漢接而用之。今孤以土地之廣，士民之衆，欲徼福齊桓，擬迹高祖，何如？」承對曰：「在德不在彊。夫能用德以同天下之欲，雖由匹夫之資，而興霸王之功，不足爲難。若苟僭擬，干時而動，衆之所棄，誰能興之？」術不悅。是時，太祖將征冀州，術復問曰：「今曹公欲以弊兵數千，敵十萬之衆，可謂不量力矣！子以爲何如？」承乃曰：「漢德雖衰，天命未改，今曹公挾天子以令天下，雖敵百萬之衆可也。」術作色不懌，承去之。

太祖平冀州，遣使迎範。範以疾留彭城，遣承詣太祖，太祖表以爲諫議大夫。範子陵及承子戩爲山東賊所得，範直詣賊請二子，賊以陵還範。範謝曰：「諸君相還兒厚矣。夫人情雖愛其子，然吾憐戩之小，請以陵易之。」賊義其言，悉以還範。太祖自荊州還，範得見於陳，以爲議郎，參丞相軍事，甚見敬重。太祖征伐，常令範及邴原留，與世子居守。太祖

謂文帝：「舉動必諮此二人。」世子執子孫禮。救恤窮乏，家無所餘，中外孤寡皆歸焉。贈遺無所逆，亦終不用，及去，皆以還之。建安十七年卒。魏國初建，承以丞相參軍祭酒領趙郡太守，政化大行。太祖將西征，徵承參軍事，至長安，病卒。〔一〕

〔一〕魏書曰：文帝卽位，以範子參爲郎中。承孫邵，晉中護軍，與舅楊駿俱被誅。事見晉書。

涼茂字伯方，山陽昌邑人也。少好學，論議常據經典，以處是非。太祖辟爲司空掾，舉高第，補侍御史。時泰山多盜賊，以茂爲泰山太守，旬月之間，襁負而至者千餘家。〔一〕轉爲樂浪太守。公孫度在遼東，擅留茂，不遣之官，然茂終不爲屈。度謂茂及諸將曰：「聞曹公遠征，鄴無守備，今吾欲以步卒三萬，騎萬匹，直指鄴，誰能禦之？」諸將皆曰：「然。」〔二〕又顧謂茂曰：「於君意何如？」茂答曰：「比者海內大亂，社稷將傾，將軍擁十萬之衆，安坐而觀成敗，夫爲人臣者，固若是邪！曹公憂國家之危敗，愍百姓之苦毒，率義兵爲天下誅殘賊，功高而德廣，可謂無二矣。以海內初定，民始安集，故未責將軍之罪耳！而將軍乃欲稱兵西向，則存亡之效，不崇朝而決。將軍其勉之！」諸將聞茂言，皆震動。良久，度曰：「涼君言是也。」後徵還爲魏郡太守、甘陵相，所在有績。文帝爲五官將，茂以選爲長史，遷左軍師。魏國初建，遷尚書僕射，後爲中尉奉常。文帝在東宮，茂復爲太子太傅，甚見敬禮。卒官。〔三〕

〔一〕博物記曰：襁，織縷爲之，廣八寸，長尺二，以約小兒於背上，負之而行。

〔二〕臣松之案此傳云公孫度聞曹公遠征，鄴無守備，則太祖定鄴後也。案度傳，度以建安九年卒，太祖亦以此年定鄴，自後遠征，唯有北征柳城耳。征柳城之年，度已不復在矣。

〔三〕英雄記曰：茂名在八友中。

國淵字子尼，樂安蓋人也。師事鄭玄。〔一〕後與邴原、管寧等避亂遼東。〔二〕既還舊土，太祖辟爲司空掾屬，每於公朝論議，常直言正色，退無私焉。太祖欲廣置屯田，使淵典其事。淵屢陳損益，相土處民，計民置吏，明功課之法，五年中倉廩豐實，百姓競勸樂業。太祖征關中，以淵爲居府長史，統留事。田銀、蘇伯反河間，銀等既破，後有餘黨，皆應伏法。淵以爲非首惡，請不行刑。太祖從之，賴淵得生者千餘人。破賊文書，舊以一爲十，及淵上首級，如其實數。太祖問其故，淵曰：「夫征討外寇，多其斬獲之數者，欲以大武功，且示民聽也。河間在封域之內，銀等叛逆，雖克捷有功，淵竊恥之。」太祖大悅，遷魏郡太守。

〔一〕玄別傳曰：淵始未知名，玄稱之曰：「國子尼，美才也，吾觀其人，必爲國器。」

〔二〕魏書曰：淵篤學好古，在遼東，常講學於山巖，士人多推慕之，由此知名。

時有投書誹謗者，太祖疾之，欲必知其主。淵請留其本書，而不宣露。其書多引二京

賦，淵勑功曹曰：「此郡旣大，今在都輦，而少學問者。其簡開解年少，欲遣就師。」功曹差三人，臨遣引見，訓以「所學未及，二京賦，博物之書也，世人忽略，少有其師，可求能讀者從受之。」又密喻旨。旬日得能讀者，遂往受業。吏因請使作箋，比方其書，與投書人同手。收攝案問，具得情理。遷太僕。居列卿位，布衣蔬食，祿賜散之舊故宗族，以恭儉自守，卒官。〔一〕

〔一〕魏書曰：太祖以其子泰爲郎。

田疇字子泰，右北平無終人也。好讀書，善擊劍。初平元年，義兵起，董卓遷帝于長安。幽州牧劉虞歎曰：「賊臣作亂，朝廷播蕩，四海俄然，莫有固志。身備宗室遺老，不得自同於衆。今欲奉使展效臣節，安得不辱命之士乎？」衆議咸曰：「田疇雖年少，多稱其奇。」疇時年二十二矣。虞乃備禮請與相見，大悅之，遂署爲從事，具其車騎。將行，疇曰：「今道路阻絕，寇虜縱橫，稱官奉使，爲衆所指名。願以私行，期於得達而已。」虞從之。疇乃歸，自選其家客與年少之勇壯慕從者二十騎俱往。虞自出祖而遣之。〔一〕既取道，疇乃更上西關，出塞，傍北山，直趣朔方，循閒徑去，遂至長安致命。詔拜騎都尉。疇以爲天子方蒙塵未安，不可以荷佩榮寵，固辭不受。朝廷高其義。三府並辟，皆不就。得報，馳還，未至，虞已爲公孫瓚所害。疇至，謁祭虞墓，陳發章表，哭泣而去。瓚聞之大怒，購求獲疇，謂曰：

「汝何自哭劉虞墓，而不送章報於我也？」疇答曰：「漢室衰穨，人懷異心，唯劉公不失忠節。章報所言，於將軍未美，恐非所樂聞，故不進也。且將軍方舉大事以求所欲，既滅無罪之君，又讎守義之臣，誠行此事，則燕、趙之士將皆蹈東海而死耳，豈忍有從將軍者乎！」瓚壯其對，釋不誅也。拘之軍下，禁其故人莫得與通。或說瓚曰：「田疇義士，君弗能禮，而又囚之，恐失衆心。」瓚乃縱遣疇。

〔一〕先賢行狀曰：疇將行，引虞密與議。疇因說虞曰：「今帝主幼弱，姦臣擅命，表上須報，懼失事機。且公孫瓚阻兵安忍，不早圖之，必有後悔。」虞不聽。

疇得北歸，率舉宗族他附從數百人，掃地而盟曰：「君仇不報，吾不可以立於世！」遂入徐無山中，營深險平敞地而居，躬耕以養父母。百姓歸之，數年閒至五千餘家。疇謂其父老曰：「諸君不以疇不肖，遠來相就。衆成都邑，而莫相統一，恐非久安之道，願推擇其賢長者以爲之主。」皆曰：「善。」同僉推疇。疇曰：「今來在此，非苟安而已，將圖大事，復怨雪恥。竊恐未得其志，而輕薄之徒自相侵侮，偸快一時，無深計遠慮。疇有愚計，願與諸君共施之，可乎？」皆曰：「可。」疇乃爲約束相殺傷、犯盜、諍訟之法，法重者至死，其次抵罪，二十餘條。又制爲婚姻嫁娶之禮，興舉學校講授之業，班行其衆，衆皆便之，至道不拾遺。北邊翕然服其威信，烏丸、鮮卑並各遣譯使致貢遺，疇悉撫納，令不爲寇。袁紹數遣使

招命，又卽授將軍印，因安輯所統，疇皆拒不(當)〔受〕。紹死，其子尙又辟焉，疇終不行。

疇常忿烏丸昔多賊殺其郡冠蓋，有欲討之意而力未能。建安十二年，太祖北征烏丸，未至，先遣使辟疇，又命田豫喻指。疇戒其門下趣治嚴。門人謂曰：「昔袁公慕君，禮命五至，君義不屈；今曹公使一來而君若恐弗及者，何也？」疇笑而應之曰：「此非君所識也。」遂隨使者到軍，署司空戶曹掾，引見諮議。明日出令曰：「田子泰非吾所宜吏者。」卽舉茂才，拜爲蓨令，不之官，隨軍次無終。時方夏水雨，而濱海洿下，濘滯不通，虜亦遮守蹊要，軍不得進。太祖患之，以問疇。疇曰：「此道，秋夏每常有水，淺不通車馬，深不載舟船，爲難久矣。舊北平郡治在平岡，道出盧龍，達于柳城；自建武以來，陷壞斷絕，垂二百載，而尙有微徑可從。今虜將以大軍當由無終，不得進而退，懈弛無備。若嘿回軍，從盧龍口越白檀之險，出空虛之地，路近而便，掩其不備，蹋頓之首可不戰而禽也。」太祖曰：「善。」乃引軍還，而署大木表于水側路傍曰：「方今暑夏，道路不通，且俟秋冬，乃復進軍。」虜候騎見之，誠以爲大軍去也。太祖令疇將其衆爲鄉導，上徐無山，出盧龍，歷平岡，登白狼堆，去柳城二百餘里，虜乃驚覺。單于身自臨陳，太祖與交戰，遂大斬獲，追奔逐北，至柳城。軍還入塞，論功行封，封疇亭侯，邑五百戶。〔一〕疇自以始爲居難，率衆遁逃，志義不立，反以爲利，非本意也，固讓。太祖知其至心，許而不奪。〔二〕

〔一〕先賢行狀載太祖表論疇功曰：「文雅優備，忠武又著，和於撫下，愼於事上，量時度理，進退合義。幽州始擾，胡、漢交萃，蕩析離居，靡所依懷。疇率宗人避難於無終山，北拒盧龍，南守要害，清靜隱約，耕而後食，人民化從，咸共資奉。及袁紹父子威力加於朔野，遠結烏丸，與爲首尾，前後召疇，終不陷撓。後臣奉命，軍次易縣，疇長驅自到，陳討胡之勢，猶廣武之建燕策，薛公之度淮南。又使部曲持臣露布，出誘胡衆，漢民或因亡來，烏丸聞之震蕩。王旅出塞，塗由山中九百餘里，疇帥兵五百，啓導山谷，遂滅烏丸，蕩平塞表。疇文武有效，節義可嘉，誠應寵賞，以旌其美。」

〔二〕魏書載太祖令曰：「昔伯成棄國，夏后不奪，將欲使高尙之士，優賢之主，不止於一世也。其聽疇所執。」

遼東斬送袁尙首，令「三軍敢有哭之者斬」。疇以嘗爲尙所辟，乃往弔祭。太祖亦不問。〔一〕疇盡將其家屬及宗人三百餘家居鄴。太祖賜疇車馬穀帛，皆散之宗族知舊。從征荊州還，太祖追念疇功殊美，恨前聽疇之讓，曰：「是成一人之志，而虧王法大制也。」於是乃復以前爵封疇。〔二〕疇上疏陳誠，以死自誓。太祖不聽，欲引拜之，至于數四，終不受。有司劾疇狷介違道，苟立小節，宜免官加刑。太祖重其事，依違者久之。乃下世子及大臣博議，世子以疇同於子文辭祿，申胥逃賞，宜勿奪以優其節。尙書令荀彧、司隸校尉鍾繇亦以爲可聽。〔三〕太祖猶欲侯之。疇素與夏侯惇善，太祖語惇曰：「且往以情喩之，自從君所言，無告吾意也。」惇就疇宿，如太祖所戒。疇揣知其指，不復發言。惇臨去，乃拊疇背曰：「田君，主意殷勤，曾不能顧乎！」疇答曰：「是何言之過也！疇，負義逃竄之人耳，蒙恩全活，

爲幸多矣。豈可賣盧龍之塞，以易賞祿哉？縱國私疇，疇獨不愧於心乎？將軍雅知疇者，猶復如此，若必不得已，請願效死刎首於前。」言未卒，涕泣橫流。惇具答太祖。太祖喟然知不可屈，乃拜爲議郎。年四十六卒。子又早死。文帝踐阼，高疇德義，賜疇從孫續爵關內侯，以奉其嗣。

〔一〕臣松之以爲田疇不應袁紹父子之命，以其非正也。故盡規魏祖，建盧龍之策。致使袁尙奔迸，授首遼東，皆疇之由也。旣以明其爲賊，胡爲復弔祭其首乎？若以嘗被辟命，義在其中，則不應爲人設謀，使其至此也。疇此舉止，良爲進退無當，與王脩哭袁譚，貌同而心異也。

〔二〕先賢行狀載太祖命曰：「蓨令田疇，至節高尙，遭值州里戎夏交亂，引身深山，研精味道，百姓從之，以成都邑。袁賊之盛，命召不屈。慷慨守志，以徼眞主。及孤奉詔征定河北，遂服幽都，將定胡寇，時加禮命。疇卽受署，陳建攻胡蹊路所由，率齊山民，一時向化，開塞導送，供承使役，路近而便，令虜不意。斬蹋頓于白狼，遂長驅于柳城，疇有力焉。及軍入塞，將圖其功，表封亭侯，食邑五百，而疇懇惻，前後辭賞。出入三載，歷年未賜，此爲成一人之高，甚違王典，失之多矣。宜從表封，無久留吾過。」

〔三〕魏書載世子議曰：「昔薳敖逃祿，傳載其美，所以激濁世，勵貪夫，賢於尸祿素餐之人也。故可得而小，不可得而毀。至于田疇，方斯近矣。免官加刑，於法爲重。」

魏略載敎曰：「昔夷、齊棄爵而譏武王，可謂愚闇，孔子猶以爲『求仁得仁』。疇之所守，雖不合道，但欲淸高耳。使天下悉如疇志，卽墨翟兼愛尙同之事，而老聃使民結繩之道也。外議雖善，爲復使令司隸以決之。」

中華書局

魏書載荀彧議，以爲「君子之道，或出或處，期于爲善而已。故匹夫守志，聖人各因而成之」。鍾繇以爲「原思辭粟，仲尼不與，子路拒牛，謂之止善，雖可以激清勵濁，猶不足多也。疇雖不合大義，有益推讓之風，宜如世子議。」臣松之案呂氏春秋：「魯國之法，魯人有爲臣妾於諸侯，有能贖之者取其金於府。子貢贖人而辭不取金，孔子曰：『賜失之矣。自今以來魯人不贖矣。』子路拯溺者，其人拜之以牛，子路受之。孔子曰：『魯人必拯溺矣。』」案此語不與繇所引者相應，未詳爲繇之事誤邪，而事將別有所出(耳)？

王脩字叔治，北海營陵人也。年七歲喪母。母以社日亡，來歲鄰里社，脩感念母，哀甚。鄰里聞之，爲之罷社。年二十，游學南陽，止張奉舍。奉舉家得疾病，無相視者，脩親隱恤之，病愈乃去。初平中，北海孔融召以爲主簿，守高密令。高密孫氏素豪俠，人客數犯法。民有相劫者，賊入孫氏，吏不能執。脩將吏民圍之，孫氏拒守，吏民畏憚不敢近。脩令吏民：「敢有不攻者與同罪。」孫氏懼，乃出賊。由是豪強懾服。舉孝廉，脩讓邴原，融不聽。〔一〕時天下亂，遂不行。頃之，郡中有反者。脩聞融有難，夜往奔融。賊初發，融謂左右曰：「能冒難來，唯王脩耳！」言終而脩至。復署功曹。時膠東多賊寇，復令脩守膠東令。膠東人公沙盧宗彊，自爲營塹，不肯應發調。脩獨將數騎徑入其門，斬盧兄弟，公沙氏驚愕莫敢動。脩撫慰其餘，由是寇少止。融每有難，脩雖休歸在家，無不至。融常賴脩以免。

〔一〕融集有融答脩教曰：「原之賢也，吾已知之矣。昔高陽氏有才子八人，堯不能用，舜實舉之。原可謂不患無位之

士。以遺後賢，不亦可乎！」脩重辭，融答曰：「掾清身絜己，歷試諸難，謀而鮮過，惠訓不倦。余嘉乃勳，應乃懿德，用升爾于王庭，其可辭乎！」

袁譚在青州，辟脩爲治中從事，別駕劉獻數毀短脩。後獻以事當死，脩理之，得免。時人益以此多焉。袁紹又辟脩除即墨令，後復爲譚別駕。紹死，譚、尚有隙。尚攻譚，譚軍敗，脩率吏民往救譚。譚喜曰：「成吾軍者，王別駕也。」譚之敗，劉詢起兵漯陰，諸城皆應。譚歎息曰：「今舉州背叛，豈孤之不德邪！」脩曰：「東萊太守管統雖在海表，此人不反，必來。」後十餘日，統果棄其妻子來赴譚，妻子爲賊所殺，譚更以統爲樂安太守。譚復欲攻尚，脩諫曰：「兄弟還相攻擊，是敗亡之道也。」譚不悅，然知其志節。後又問脩：「計安出？」脩曰：「夫兄弟者，左右手也。譬人將鬭而斷其右手，而曰『我必勝』，若是者可乎？夫棄兄弟而不親，天下其誰親之！屬有讒人，固將交鬭其間，以求一朝之利，願明使君塞耳勿聽也。若斬佞臣數人，復相親睦，以禦四方，可以橫行天下。」譚不聽，遂與尚相攻擊，請救於太祖。太祖既破冀州，譚又叛。太祖遂引軍攻譚于南皮。脩時運糧在樂安，聞譚急，將所領兵及諸從事數十人往赴譚。至高密，聞譚死，下馬號哭曰：「無君焉歸？」遂詣太祖，乞收葬譚屍。太祖欲觀脩意，默然不應。脩復曰：「受袁氏厚恩，若得收斂譚屍，然後就戮，無所恨。」太祖嘉其義，聽之。〔一〕以脩爲督軍糧，還樂安。譚之破，諸城皆服，唯管統以樂安不從命。太祖命脩取統首，脩以統亡國之忠臣，因解其縛，使詣太祖。太祖悅而赦之。袁氏政寬，在職勢者多畜聚。太祖破鄴，籍沒審配等家財物貲以萬數。及破南皮，閱脩家，穀不滿十斛，有書數百卷。太祖歎曰：「士不妄有名。」乃禮辟爲司空掾，行司金中郎將，遷魏郡太守。爲治，抑彊扶弱，明賞罰，百姓稱之。〔二〕魏國既建，爲大司農郎中令。太祖議行肉刑，脩以爲時未可行，太祖採其議。徙爲奉常。其後嚴才反，與其徒屬數十人攻掖門。脩聞變，召車馬未至，便將官屬步至宮門。太祖在銅爵臺望見之，曰：「彼來者必王叔治也。」相國鍾繇謂脩：「舊，京城有變，九卿各居其府。」脩曰：「食其祿，焉避其難？居府雖舊，非赴難之義。」頃之，病卒官。子忠，官至東萊太守、散騎常侍。初，脩識高柔于弱冠，異王基于幼童，終皆遠至，世稱其知人。〔三〕

〔一〕傅子曰：太祖既誅袁譚，梟其首，令曰：「敢哭之者戮及妻子。」於是王叔治、田子泰相謂曰：「生受辟命，亡而不哭，非義也。畏死忘義，何以立世？」遂造其首而哭之，哀動三軍。軍正白行其戮，太祖曰：「義士也。」赦之。臣松之案田疇傳，疇爲袁尚所辟，不被譚命。傅子合而言之，有違事實。

〔二〕魏略曰：脩爲司金中郎將，陳黃白異議，因奏記曰：「脩聞枳棘之林，無梁柱之質；涓流之水，無洪波之勢。是以在職七年，忠讜不昭於時，功業不見於事，欣於所受，俯慚不報，未嘗不長夜起坐，中飯釋餐。何者？力少任重，不堪而懼也。謹貢所議如左。」太祖甚然之，乃與脩書曰：「君澡身浴德，流聲本州，忠能成績，爲世美談，名實相

副，過人甚遠。孤以心知君，至深至熟，非徒耳目而已也。察觀先賢之論，多以鹽鐵之利，足贍軍國之用。昔孤初立司金之官，念非屈君，餘無可者。故與君教曰：『昔遏父陶正，民賴其器用，及子嬀滿，建侯于陳；近桑弘羊，位至三公。此君元龜之兆先告者也』，是孤用君之本言也，或恐衆人未曉此意。自是以來，在朝之士，每得一顯選，常舉君爲首，及聞袁軍師衆賢之議，以爲不宜越君。然孤執心將有所底，以軍師之職，閑於司金，至於建功，重於軍師。孤之精誠，足以達君；君之察孤，足以不疑。但恐傍人淺見，以蠡測海，爲蛇畫足，將言前後百選，輒不用之，而使此君沉滯冶官。張甲李乙，尚猶先之，此主人意待之不優之效也。孤懼有此空聲冒實，淫鼃亂耳。假有斯事，亦庶鍾期不失聽也；若其無也，過備何害？昔宣帝察少府蕭望之才任宰相，故復出之，令爲馮翊。從正卿往，似於左遷。上使侍中宣意曰：『君守平原日淺，故復試君三輔，非有所間也。』孤揆先主中宗之意，誠備此事。既君崇勳業以副孤意。公叔文子與君俱升，獨何人哉！」後無幾而遷魏郡太守。

〔三〕王隱晉書曰：脩一子，名儀，字朱表，高亮雅直。司馬文王爲安東，儀爲司馬。東關之敗，文王曰：「近日之事，誰任其咎？」儀曰：「責在軍帥。」文王怒曰：「司馬欲委罪於孤邪？」遂殺之。子裒，字偉元。少立操尚，非禮不動。身長八尺四寸，容貌絕異。痛父不以命終，絕世不仕。立屋墓側，以教授爲務。旦夕常至墓前拜，輒悲號斷絕。墓前有一柏樹，裒常所攀援，涕泣所著，樹色與凡樹不同。讀詩至「哀哀父母，生我劬悴」，未嘗不反覆流涕，泣下沾襟。家貧躬耕，計口而田，度身而蠶。諸生有密爲裒刈麥者，裒遂棄之；自是莫敢復佐刈者。裒門人爲本縣所役，求裒爲屬，裒曰：「卿學不足以庇身，吾德薄不足以蔭卿，屬之何益？且吾不捉筆已四十年。」乃步擔乾飯，兒負鹽豉，門徒從者千餘人。安丘令以爲見己，整衣出迎之於門。裒乃下道至土牛，磬折而立。云：「門生爲縣所役，故來送別。」執手涕泣而去。令卽放遣諸生，一縣以爲恥。同縣管彥，少有才力，未知名，裒獨以爲當

自達，常友愛之；男女各始生，共許為婚。彥果為西夷校尉。褒後更以女嫁人，彥弟復問褒，褒曰：「吾薄志畢願，山藪自處，姊妹皆遠，吉凶斷絕，以此自誓。賢兄子葬父於帝都，此則洛陽之人也，豈吾欲婚之本指邪？」發曰：「嫂，齊人也。當還臨淄。」褒曰：「安有葬父河南，隨(妻)〔母〕還齊！用意如此，何婚之有？」遂不婚。

邴春者，根矩之後也。少立志操，寒苦自居，負笈游學，身不停家，鄉邑僉然，以為能係其先也。褒以為春性險狹，慕名意多，終必不成，及後春果無學業，流離遠外，有識以此歸之。褒常以為人所行，其當歸於善道，不可以己所能而責人所不能也。有致遺者，皆不受。及洛都傾覆，寇賊蠭起，褒宗親悉欲移江東，褒戀墳壟。賊大盛，乃南達泰山郡。褒思土不肯去，賊害之。

漢晉春秋曰：褒與濟南劉兆字延世，俱以不仕顯名。褒以父為文王所濫殺，終身不應徵聘，未嘗西向坐，以示不臣於晉也。

魏略純固傳以脂習、王脩、龐淯、文聘、成公英、郭憲、單固七人為一傳。其脩、淯、聘三人自各有傳，成公英別見張既傳，單固見王淩傳，餘習、憲二人列于脩傳後也。

脂習字元升，京兆人也。中平中仕郡，公府辟，舉高第，除太醫令。天子西遷及東詣許昌，習常隨從。與少府孔融親善。太祖為司空，威德日盛，而融故以舊意，書疏倨傲。習常責融，欲令改節，融不從。會融被誅，當時許中百官先與融親善者，莫敢收恤，而習獨往撫而哭之曰：「文舉，卿捨我死，我當復與誰語者？」哀歎無已。太祖聞之，收習，欲理之，尋以其事直見原，徙許東土橋下。習後見太祖，陳謝前愆。太祖呼其字曰：「元升，卿故慷慨！」因問其居處，以新移徙，賜穀百斛。至黃初，詔欲用之，以其年老，然嘉其敦舊，有欒布之節，賜拜中散大夫。還家，年八十餘卒。

郭憲字幼簡，西平人，為其郡右姓。建安中為郡功曹，州辟不就，以仁篤為一郡所歸。至十七年，韓約失眾，從羌中還，依憲。眾人多欲取約以徼功，而憲皆責怒之，言：「人窮來歸我，云何欲危之？」遂擁護厚遇之。其後約病死，而田樂、陽逵等就斬約頭，當送之。逵等欲條疏憲名，憲不肯在名中，言我尚不忍生圖之，豈忍取死人以要功乎？逵等乃止。時太祖方攻漢中，在武都，而逵等送約首到。太祖宿聞憲名，及視條疏，怪不在中，以問逵等，逵具以情對。太祖歎其志義，乃并表列與逵等並賜爵關內侯，由是名震隴右。黃初元年病亡。正始初，國家追嘉其事，復賜其子爵關內侯。

邴原字根矩，北海朱虛人也。少與管寧俱以操尚稱，州府辟命皆不就。黃巾起，原將家屬入海，住鬱洲山中。時孔融為北海相，舉原有道。原以黃巾方盛，遂至遼東，與同郡劉政俱有勇略雄氣。遼東太守公孫度畏惡欲殺之，盡收捕其家，政得脫。度告諸縣：「敢有藏政者與同罪。」政窘急，往投原，〔一〕原匿之月餘，時東萊太史慈當歸，原因以政付之。既而謂度曰：「將軍前日欲殺劉政，以其為己害。今政已去，君之害豈不除哉！」度曰：「然。」原曰：「君之畏政者，以其有智也。今政已免，智將用矣，尚奚拘政之家？不若赦之，無重怨。」度乃出之。原又資送政家，皆得歸故郡。原在遼東，一年中往歸原居者數百家，游學之士，教授之聲，不絕。

〔一〕魏氏春秋曰：政投原曰：「窮鳥入懷。」原曰：「安知斯懷之可入邪？」

後得歸，太祖辟為司空掾。原女早亡，時太祖愛子倉舒亦沒，太祖欲求合葬，原辭曰：「合葬，非禮也。原之所以自容於明公，公之所以待原者，以能守訓典而不易也。若聽明公之命，則是凡庸也，明公焉以為哉？」太祖乃止，徙署丞相徵事。〔一〕崔琰為東曹掾，記讓曰：「徵事邴原、議郎張範，皆秉德純懿，志行忠方，清靜足以厲俗，貞固足以幹事，所謂龍翰鳳翼，國之重寶。舉而用之，不仁者遠。」代涼茂為五官將長史，閉門自守，非公事不出。太祖征吳，原從行，卒。〔二〕

〔一〕獻帝起居注曰：建安十五年，初置徵事二人，原與平原王烈俱以選補。

〔二〕原別傳曰：原十一而喪父，家貧，早孤。鄰有書舍，原過其旁而泣。師問曰：「童子何悲？」原曰：「孤者易傷，貧者易感。夫書者，必皆具有父兄者，一則羨其不孤，二則羨其得學，心中惻然而為涕零也。」師亦哀原之言而為之泣曰：「欲書可耳！」答曰：「無錢資。」師曰：「童子苟有志，我徒相教，不求資也。」於是遂就書。一冬之間，誦孝經、論語。自在童亂之中，嶷然有異。及長，金玉其行。欲遠游學，詣安丘孫崧。崧辭曰：「君鄉里鄭君，君知之乎？」原答曰：「然。」崧曰：「鄭君學覽古今，博聞彊識，鉤深致遠，誠學者之師模也。君乃舍之，躡屣千里，所謂以鄭為東家丘者也。君似不知而曰然者，何？」原曰：「先生之說，誠可謂苦藥良鍼矣；然猶未達僕之微趣也。人各有志，所規不同，故乃有登山而採玉者，有入海而採珠者，豈可謂登山者不知海之深，入海者不知山之高哉！君謂僕以鄭為東家丘，君以僕為西家愚夫邪？」崧辭謝焉。又曰：「兗、豫之士，吾多所識，未有若君者；當以書相分。」原重其意，難辭之，持書而別。原心以為求師啓學，志高者通，非若交游待分而成也。書何

為哉？乃藏書於家而行。原舊能飲酒，自行之後，八九年間，酒不向口。單步負笈，苦身持力，至陳留則師韓子助，潁川則宗陳仲弓，汝南則交范孟博，涿郡則親盧子幹。臨別，師友以原不飲酒，會米肉送原。原曰：「本能飲酒，但以荒思廢業，故斷之耳。今當遠別，因見貺餞，可一飲讌。」於是共坐飲酒，終日不醉。歸以書還孫崧，解不致書之意。後為郡所召，署功曹主簿。時魯國孔融在郡，教選計當任公卿之才，乃以鄭玄為計掾，彭璆為計吏，原為計佐。融有所愛一人，常盛嗟歎之。後恚望，欲殺之，朝吏皆請。時其人亦在坐，叩頭流血，而融意不解。原獨不為請。融謂原曰：「眾皆請而君何獨不？」原對曰：「明府於某，本不薄也，常言歲終當舉之，此所謂『吾一子』也。如是，朝吏受恩未有在某前者矣，而今乃欲殺之。明府愛之，則引而方之於子，憎之，則推之欲危其身。原愚，不知明府以何愛之？以何惡之？」融曰：「某生于微門，吾成就其兄弟，拔擢而用之；某今孤負恩施。夫善則進之，惡則誅之，固君道也。往者應仲遠為泰山太守，舉一孝廉，旬月之間而殺之。夫君人者，厚薄何常之有！」原對曰：「仲遠舉孝廉，殺之，其義焉在？夫孝廉，國之俊選也。舉之若是，則殺之非也；若殺之是，則舉之非也。詩云：『彼己之子，不遂其媾。』蓋譏之也。語云：『愛之欲其生，惡之欲其死。既欲其生，又欲其死，是惑也。』仲遠之惑甚矣。明府奚取焉？」融乃大笑曰：「吾直戲耳！」原又曰：「君子於其言，出乎身，加乎民；言行，君子之樞機也。安有欲殺人而可以為戲者哉？」融無以答。是時漢朝陵遲，政以賄成，原乃將家人入鬱洲山中。郡舉有道，融書喻原曰：「脩性保貞，清虛守高，危邦不入，久潛樂土。王室多難，西遷鎬京。聖朝勞謙，疇咨雋乂。我徂求定，策命懇惻。國之將隕，嫠不恤緯，家之將亡，緹縈跋涉，彼匹婦也，猶執此義。實望根矩，仁為己任，授手援溺，振民於難。乃或晏晏居息，莫我肯顧，謂之君子，固如此乎！根矩，根矩，可以來矣！」原遂到遼東。遼東多虎，原之邑落獨無虎患。原嘗行而得遺錢，拾以繫樹枝，此錢既不見取，而繫錢者愈

多。問其故，答者謂之神樹。原惡其由己而成淫祀，乃辨之，於是里中遂斂其錢以爲社供。後原欲歸鄉里，止於三山。孔融書曰：「隨會在秦，賈季在翟，諮仰靡所，歎息增懷。頃知來至，近在三山。詩不云乎，『來歸自鎬，我行永久』。今遣五官掾，奉問榜人舟楫之勞，禍福動靜告慰。亂階未已，阻兵之雄，若棊弈爭梟。」原於是遂復反還。積十餘年，後乃遁還。南行已數日，而度甫覺。度知原之不可復追也，因曰：「邴君所謂雲中白鶴，非鶉鷃之網所能羅矣。又吾自遣之，勿復求也。」遂免危難。自反國土，原於是講述禮樂，吟咏詩書，門徒數百，服道數十。時鄭玄博學洽聞，註解典籍，故儒雅之士集焉。原亦自以高遠清白，頤志澹泊，口無擇言，身無擇行，故英偉之士向焉。是時海內清議，云青州有邴、鄭之學。魏太祖爲司空，辟原署東閣祭酒。太祖北伐三郡單于，還住昌國，燕士大夫。酒酣，太祖曰：「孤反，鄴守諸君必將來迎，今日明旦，度皆至矣。其不來者，獨有邴祭酒耳！」言訖未久，而原先至。門下通謁，太祖大驚喜，攬履而起，遠出迎原曰：「賢者誠難測度！孤謂君將不能來，而遠自屈，誠副饑虛之心。」謁訖而出，軍中士大夫詣原者數百人。太祖怪而問之，時荀文若在坐，對曰：「獨可省問邴原耳！」太祖曰：「此君名重，乃亦傾士大夫心？」文若曰：「此一世異人，士之精藻，公宜盡禮以待之。」太祖曰：「固孤之宿心也。」自是之後，見敬益重。原雖在軍歷署，常以病疾，高枕里巷，終不當事，又希會見。河內張範，名公之子也，其志行有與原符，甚相親敬。令曰：「邴原名高德大，清規邈世，魁然而峙，不爲孤用。聞張子頗欲學之，吾恐造之者富，隨之者貧也。」魏太子爲五官中郎將，天下向慕，賓客如雲，而原獨守道持常，自非公事不妄舉動。太祖微使人從容問之，原曰：「吾聞國危不事冢宰，君去不奉世子，此典制也。」於是乃轉五官長史，令曰：「子弱不才，懼其難正，貪欲相屈，以匡勵之。雖云利賢，能不恧恧！」太子燕會，衆賓百數十人，太子建議曰：「君父各有篤疾，有藥一丸，可救一人，當救君邪，父邪？」衆人紛紜，或父或君。時原在坐，不與此論。太子

諮之于原，原悖然對曰：「父也。」太子亦不復難之。

是後大鴻臚鉅鹿張泰、河南尹扶風龐迪以清賢稱，〔一〕永寧太僕東郡張閣以簡質聞。〔二〕

〔一〕荀綽冀州記曰：鉅鹿張貔，字邵虎。祖父泰，字伯陽，有名於魏。父邈，字叔遼，遼東太守。著名自然好學論，在嵇康集。爲人弘深有遠識，恢恢然，使求之者莫之能測也。官歷二（官）〔宮〕，元康初爲城陽太守，未行而卒。

〔二〕杜恕著家戒稱閣曰：「張子臺，視之似鄙樸人，然其心中不知天地間何者爲美，何者爲好，敦然似如與陰陽合德者。作人如此，自可不富貴，然而患禍當何從而來？世有高亮如子臺者，皆多力慕，體之不如也。」

管寧字幼安，北海朱虛人也。〔一〕年十六喪父，中表愍其孤貧，咸共贈賵，悉辭不受，稱財以送終。長八尺，美須眉。與平原華歆、同縣邴原相友，俱游學於異國，並敬善陳仲弓。天下大亂，聞公孫度令行於海外，遂與原及平原王烈等至于遼東。度虛館以候之。既往見度，乃廬於山谷。時避難者多居郡南，而寧居北，示無還志，後漸來從之。太祖爲司空，辟寧，度子康絕命不宣。〔二〕

〔一〕傅子曰：齊相管仲之後也。昔田氏有齊而管氏去之，或適魯，或適楚。漢興有管少卿爲燕令，始家朱虛，世有名節，九世而生寧。

〔二〕傅子曰：寧往見度，語惟經典，不及世事。還乃因山爲廬，鑿坏爲室。越海避難者，皆來就之而居，旬月而成邑。遂講詩、書，陳俎豆，飾威儀，明禮讓，非學者無見也。由是度安其賢，民化其德。邴原性剛直，清議以格物，度已下心不安之。寧謂原曰：「潛龍以不見成德，言非其時，皆招禍之道也。」密遣令西還。度庶子康代居郡，外以將軍太守爲號，而內實有王心，卑己崇禮，欲官寧以自鎮輔，而終莫敢發言，其敬憚如此。皇甫謐高士傳曰：寧所居屯落，會井汲者，或男女雜錯，或爭井鬬鬩。寧患之，乃多買器，分置井傍，汲以待之，又不使知。來者得而怪之，問知寧所爲，乃各相責，不復鬬訟。鄰有牛暴寧田者，寧爲牽牛着涼處，自爲飲食，過於牛主。牛主得牛，大慚，若犯嚴刑。是以左右無鬬訟之聲，禮讓移于海表。

王烈者，字彥方，於時名聞在原、寧之右。辭公孫度長史，商賈自穢。太祖命爲丞相掾，徵事，未至，卒於海表。〔一〕

〔一〕先賢行狀曰：烈通識達道，秉義不回。以潁川陳太丘爲師，二子爲友。時潁川荀慈明、賈偉節、李元禮、韓元長皆就陳君學，見烈器業過人，歎服所履，亦與相親。由是英名著於海內。道成德立，還歸舊廬，遂遭父喪，泣淚三年。遇歲饑饉，路有餓殍，烈乃分釜庾之儲，以救邑里之命。是以宗族稱孝，鄉黨歸仁。以典籍娛心，育人爲務，遂建學校，敦崇庠序。其誘人也，皆不因其性氣，誨之以道，使之從善遠惡。益者不自覺，而大化隆行，皆成寶器。門人出入，容止可觀，時在市井，行步有異，人皆別之。州閭成風，咸競爲善。時國中有盜牛者，牛主得之。盜者曰：「我邂逅迷惑，從今已後將爲改過。子既已赦宥，幸無使王烈聞之。」人有以告烈者，烈以布一端遺之。或問：「此人既爲盜，畏君聞之，反與之布，何也？」烈曰：「昔秦穆公，人盜其駿馬食之，乃賜之酒。盜者不愛其死，以救穆公之難。今此盜人能悔其過，懼吾聞之，是知恥惡。知恥惡，則善心將生，故與布勸爲善也。」閒年之中，行路老父擔重，人代擔行數十里，欲至家，置而去，問姓名，不以告。頃之，老父復行，失劍於路。有人行而遇之，欲置而去，懼後人得之，劍主於是永失，欲取而購募，或恐差錯，遂守之。至暮，劍主還見之，前者代擔人也。老

父攣其袂，問曰：「子前者代吾擔，不得姓名，今子復守吾劍于路，未有若子之仁，請子告吾姓名，吾將以告王烈。」乃語之而去。老父以告烈，烈曰：「世有仁人，吾未之見。」遂使人推之，乃昔時盜牛人也。烈歎曰：「韶樂九成，虞賓以和；人能有感，乃至於斯也！」遂使國人表其閭而異之。時人或訟曲直，將質於烈，或至塗而反，或望廬而還，皆相推以直，不敢使烈聞之。時國主皆親驂乘適烈私館，疇諮政令。察孝廉，三府並辟，皆不就。會董卓作亂，避地遼東，躬秉農器，編於四民，布衣蔬食，不改其樂。東域之人，奉之若君。時衰世弊，識眞者少，朋黨之人，互相讒謗。自避世在東國者，多爲人所害，烈居之歷年，未嘗有患。使遼東強不凌弱，衆不暴寡，商賈之人，市不二價。太祖累徵召，遼東爲解而不遣。以建安二十三年寢疾，年七十八而終。

中國少安，客人皆還，唯寧晏然若將終焉。黃初四年，詔公卿舉獨行君子，司徒華歆薦寧。文帝即位，徵寧，遂將家屬浮海還郡，公孫恭送之南郊，加贈服物。自寧之東也，度、康、恭前後所資遺，皆受而藏諸。既已西渡，盡封還之。〔一〕詔以寧爲太中大夫，固辭不受。〔二〕明帝即位，太尉華歆遜位讓寧，〔三〕遂下詔曰：「太中大夫管寧，耽懷道德，服膺六藝，清虛足以侔古，廉白可以當世。曩遭王道衰缺，浮海遁居，大魏受命，則襁負而至，斯蓋應龍潛升之道，聖賢用舍之義。而黃初以來，徵命屢下，每輒辭疾，拒違不至。豈朝廷之政，與生殊趣，將安樂山林，往而不能反乎！夫以姬公之聖，而耇德不降，則鳴鳥弗聞。〔四〕以秦穆之賢，猶思詢乎黃髮。況朕寡德，曷能不願聞道于子大夫哉！今以寧爲光祿勳。禮有大倫，君臣之道，不可廢也。望必速至，稱朕意焉。」又詔青州刺史曰：「寧抱道懷貞，潛翳海

隅，比下徵書，違命不至，盤桓利居，高尚其事。雖有素履幽人之貞，而失考父茲恭之義，使朕虛心引領歷年，其何謂邪？徒欲懷安，必肆其志，不惟古人亦有翻然改節以隆斯民乎！日逝月除，時方已過，澡身浴德，將以曷爲？仲尼有言：『吾非斯人之徒與而誰與哉！』其命別駕從事郡丞掾，奉詔以禮發遣寧詣行在所，給安車、吏從、茵蓐、道上廚食，上道先奏。」

寧稱草莽臣上疏曰：「臣海濱孤微，罷農無伍，祿運幸厚。橫蒙陛下纂承洪緒，德侔三皇，化溢有唐。久荷渥澤，積祀一紀，不能仰答陛下恩養之福。沈委篤痾，寢疾彌留，逋違臣隸顛倒之節，夙宵戰怖，無地自厝。臣元年十一月被公車司馬令所下州郡，八月甲申詔書徵臣，更賜安車、衣被、茵蓐，以禮發遣，光寵並臻，優命屢至，怔營竦息，悼心失圖。思自陳聞，申展愚情，而明詔抑割，不令稍脩章表，是以鬱滯，訖于今日。誠謂乾覆，恩有紀極，不意靈潤，彌以隆赫。奉今年二月被州郡所下三年十二月辛酉詔書，重賜安車、衣服，別駕從事與郡功曹以禮發遣，又特被璽書，以臣爲光祿勳，躬秉勞謙，引喻周、秦，損上益下。受詔之日，精魄飛散，靡所投死。臣重自省揆，德非園、綺而蒙安車之榮，功無竇融而蒙璽封之寵，棊棁駑下，荷棟梁之任，垂沒之命，獲九棘之位，懼有朱博鼓妖之眚。又年疾日侵，有加無損，不任扶輿進路以塞元責。望慕閶闔，徘徊闕庭，謹拜章陳情，乞蒙哀省，抑恩聽放，無令骸骨塡于衢路。」自黃初至于青龍，徵命相仍，常以八月賜牛酒。詔書問青州刺史程喜：

「寧爲守節高乎，審老疾尫頓邪？」喜上言：「寧有族人管貢爲州吏，與寧鄰比，臣常使經營消息。貢說：『寧常著皁帽、布襦袴、布裙，隨時單複，出入閨庭，能自任杖，不須扶持。四時祠祭，輒自力強，改加衣服，著絮巾，故在遼東所有白布單衣，親薦饌饋，跪拜成禮。寧少而喪母，不識形象，常特加觴，泫然流涕。又居宅離水七八十步，夏時詣水中澡灑手足，闚於園圃。』臣揆寧前後辭讓之意，獨自以生長潛逸，耆艾智衰，是以棲遲，每執謙退。此寧志行所欲必全，不爲守高。」[五]

[一]傅子曰：是時康又已死，嫡子不立而立弟恭，恭懦弱，而康孽子淵有儁才。寧曰：「廢嫡立庶，下有異心，亂之所由起也。」乃將家屬乘海卽受徵。寧在遼東，積三十七年乃歸，其後淵果襲奪恭位，叛國家而南連吳，僭號稱王，明帝使相國宣文侯征滅之。遼東之死者以萬計，如寧所籌。寧之歸也，海中遇暴風，船皆沒，唯寧乘船自若。時夜風晦冥，船人盡惑，莫知所泊。望見有火光，輒趣之，得島。島無居人，又無火燼，行人咸異焉，以爲神光之祐也。皇甫謐曰：「積善之應也。」

[二]傅子曰：寧上書天子，且以疾辭，曰：「臣聞傅說發夢，以感殷宗，呂尚啓兆，以動周文，以通神之才悟於聖主，用能匡佐帝業，克成大勳。臣之器朽，實非其人。雖貪清時，釋體蟬蛻。內省頑病，日薄西山。唯陛下聽野人山藪之願，使一老者得盡微命。」書奏，帝親覽焉。

[三]傅子曰：司空陳羣又薦寧曰：「臣聞王者顯善以消惡，故湯舉伊尹，不仁者遠。伏見徵士北海管寧，行爲世表，學任人師，清儉足以激濁，貞正足以矯時。前雖徵命，禮未優備。昔司空荀爽，家拜光祿，先儒鄭玄，卽授司農，若加備禮，庶必可致。至延西序，坐而論道，必能昭明古今，有益大化。」

[四]尚書君奭曰：「耇造德不降，我則鳴鳥不聞，矧曰其有能格。」鄭玄曰：「耇，老也。造，成也。詩云：『小子有造。』老成德之人，不降志與我並在位，則鳴鳥之聲不得聞，況乃曰有能德格於天者乎！言必無也。鳴鳥謂鳳也。」

[五]高士傳曰：管寧自越海及歸，常坐一木榻，積五十餘年，未嘗箕股，其榻上當膝處皆穿。

正始二年，太僕陶丘一、永寧衞尉孟觀、侍中孫邕、中書侍郎王基薦寧曰：

臣聞龍鳳隱耀，應德而臻，明哲潛遁，俟時而動。是以鸑鷟鳴岐，周道隆興，四皓爲佐，漢帝用康。伏見太中大夫管寧，應二儀之中和，總九德之純懿，含章素質，冰絜淵清，玄虛澹泊，與道逍遙；娛心黃老，游志六藝，升堂入室，究其閫奧，韜古今於胸懷，包道德之機要。中平之際，黃巾陸梁，華夏傾蕩，王綱弛頓。遂避時難，乘桴越海，羈旅遼東三十餘年。在乾之姤，匿景藏光，嘉遁養浩，韜韞儒墨，潛化傍流，暢于殊俗。

黃初四年，高祖文皇帝疇諮羣公，思求儁乂，故司徒華歆舉寧應選，公車特徵，振翼遐裔，翻然來翔。行遇屯厄，遭罹疾病，卽拜太中大夫。烈祖明皇帝嘉美其德，登爲光祿勳。寧疾彌留，未能進道。今寧舊疾已瘳，行年八十，志無衰倦。環堵篳門，偃息窮巷，飯鬻餬口，幷日而食，吟詠詩書，不改其樂。困而能通，遭難必濟，經危蹈險，不易其節，金聲玉色，久而彌彰。揆其終始，殆天所祚，當贊大魏，輔亮雍熙。袞職有

闕，羣下屬望。昔高宗刻象，營求賢哲，周文啓龜，以卜良佐。況寧前朝所表，名德已著，而久棲遲，未時引致，非所以奉遵明訓，繼成前志也。陛下踐阼，纂承洪緒。聖敬日躋，超越周成。每發德音，動諮師傅。若繼二祖招賢故典，賓禮儁邁，以廣緝熙，濟濟之化，侔于前代。

寧清高恬泊，擬跡前軌，德行卓絕，海內無偶。歷觀前世玉帛所命，申公、枚乘、周黨、樊英之儔，測其淵源，覽其清濁，未有厲俗獨行若寧者也。誠宜束帛加璧，備禮徵聘，仍授几杖，延登東序，敷陳墳素，坐而論道，上正璇璣，協和皇極，下阜羣生，彝倫攸敍，必有可觀，光益大化。若寧固執匪石，守志箕山，追迹洪崖，參蹤巢、許，斯亦聖朝同符唐、虞，優賢揚歷，垂聲千載。[一]雖出處殊塗，俯仰異體，至於興治美俗，其揆一也。

[一]今文尚書曰「優賢揚歷」，謂揚其所歷試。左思魏都賦曰「優賢著于揚歷」也。

於是特具安車蒲輪，束帛加璧聘焉。會寧卒，時年八十四。拜子邈郎中，後爲博士。初，寧妻先卒，知故勸更娶，寧曰：「每省曾子、王駿之言，意常嘉之，豈自遭之而違本心哉？」[一]

[一]傅子曰：寧以衰亂之時，世多妄變氏族者，違聖人之制，非禮命姓之意，故著氏姓論以原本世系，文多不載。每所居姻親、知舊、鄰里有困窮者，家儲雖不盈擔石，必分以贍救之。與人子言，教以孝；與人弟言，訓以悌；言及人

臣，誨以忠。貌甚恭，言甚順，觀其行，邈然若不可及，即之熙熙然，甚柔而溫，因其事而導之於善，是以漸之者無不化焉。寧之亡，天下知與不知，聞之無不嗟歎。醇德之所感若此，不亦至乎！

時鉅鹿張臶，字子明，潁川胡昭，字孔明，亦養志不仕。臶少游太學，學兼內外，後歸鄉里。袁紹前後辟命，不應，移居上黨。并州牧高幹表除樂平令，不就，徙遁常山，門徒且數百人，遷居任縣。太祖為丞相，辟，不詣。太和中，詔求隱學之士能消災復異者，郡累上臶，發遣，老病不行。廣平太守盧毓到官三日，綱紀白承前致版謁臶。毓教曰：「張先生所謂上不事天子，下不友諸侯者也。此豈版謁所可光飾哉！」但遣主簿奉書致羊酒之禮。青龍四年辛亥詔書：「張掖郡玄川溢涌，激波奮蕩，寶石負圖，狀像靈龜，宅于川西，嶷然磐峙，倉質素章，麟鳳龍馬，煥炳成形，文字告命，粲然著明。太史令高堂隆上言：古皇聖帝所未嘗蒙，實有魏之禎命，東序之世寶。」〔一〕事頒天下。任令于綽連齎以問臶，臶密謂綽曰：「夫神以知來，不追已往，禎祥先見而後廢興從之。漢已久亡，魏已得之，何所追興徵祥乎！此石，當今之變異而將來之禎瑞也。」正始元年，戴鵀之鳥，巢臶門陰。臶告門人曰：「夫戴鵀陽鳥，而巢門陰，此凶祥也。」乃援琴歌詠，作詩二篇，旬日而卒，時年一百五歲。是歲，廣平太守王肅至官，教下縣曰：「前在京都，聞張子明，來至問之，會其已亡，致痛惜之。此君篤學隱居，不與時競，以道樂身。昔絳縣老人屈在泥塗，趙孟升之，諸侯用睦。愍其耄勤好

道，而不蒙榮寵，書到，遣吏勞問其家，顯題門戶，務加殊異，以慰既往，以勸將來。」

〔一〕尚書顧命篇曰：「大玉、夷玉、天球、河圖在東序。」注曰：「河圖，圖出於河，帝王聖者之所受。」

胡昭始避地冀州，亦辭袁紹之命，遁還鄉里。太祖為司空丞相，頻加禮辟。昭往應命，既至，自陳一介野生，無軍國之用，歸誠求去。太祖曰：「人各有志，出處異趣，勉卒雅尚，義不相屈。」昭乃轉居陸渾山中，躬耕樂道，以經籍自娛。閭里敬而愛之。〔一〕建安二十三年，陸渾長張固被書調丁夫，當給漢中。百姓惡憚遠役，並懷擾擾。民孫狼等因興兵殺縣主簿，作為叛亂，縣邑殘破。固率將十餘吏卒，依昭住止，招集遺民，安復社稷。狼等遂南附關羽。羽授印給兵，還為寇賊，到陸渾南長樂亭，自相約誓，言：「胡居士賢者也，一不得犯其部落。」一川賴昭，咸無怵惕。天下安輯，徙宅宜陽。〔二〕正始中，驃騎將軍趙儼、尚書黃休、郭彝、散騎常侍荀顗、鍾毓、太僕庾嶷、〔三〕弘農太守何楨等〔四〕遞薦昭曰：「天眞高絜，老而彌篤。玄虛靜素，有夷、皓之節。宜蒙徵命，以勵風俗。」〔五〕至嘉平二年，公車特徵，會卒，年八十九。拜子纂郎中。初，昭善史書，與鍾繇、邯鄲淳、衞覬、韋誕並有名，尺牘之迹，動見模楷焉。〔六〕

〔一〕高士傳曰：初，晉宣帝為布衣時，與昭有舊。同郡周生等謀害帝，昭聞而步涉險，邀生于崤、澠之間，止生，生不肯。昭泣與結誠，生感其義，乃止。昭因與斫棗樹共盟而別。昭雖有陰德於帝，口終不言，人莫知之。信行著於

鄉黨。建安十六年，百姓聞馬超叛，避兵入山者千餘家，飢乏，漸相劫略，昭常遜辭以解之，是以寇難消息，衆咸宗焉。故其所居部落中，三百里無相侵暴者。

〔二〕高士傳曰：幽州刺史杜恕嘗過昭所居草廬之中，言事論理，辭意謙敬，恕甚重焉。太尉蔣濟辟，不就。

〔三〕案庾氏譜：嶷字劭然，潁川人。子儁字玄默，晉尚書、陽翟子。嶷弟遁，字德先，太中大夫。遁胤嗣克昌，為世盛門。侍中峻、河南尹純，皆遁之子，豫州牧長史顗，遁之孫，太尉文康公亮、司空冰皆遁之曾孫，貴達至今。

〔四〕文士傳曰：楨字元幹，廬江人，有文學器幹，容貌甚偉。歷幽州刺史、廷尉，入晉為尚書光祿大夫。楨子龕，後將軍；勗，車騎將軍；惲，豫州刺史；其餘多至大官。自後累世昌阜，司空文穆公充，惲之孫也，貴達至今。

〔五〕高士傳曰：朝廷以戎車未息，徵命之事，且須後之，昭以故不即徵。後顗、休復與庾嶷薦昭，有詔訪於本州評議。侍中韋誕駮曰：「禮賢徵士，王政之所重也，古者考行於鄉。今顗等位皆常伯納言，嶷為卿佐，足以取信。附下罔上，忠臣之所不行也。昭宿德耆艾，遺逸山林，誠宜嘉異。」乃從誕議也。

〔六〕傅子曰：胡徵君怡怡無不愛也，雖僕隸，必加禮焉。外同乎俗，內秉純絜，心非其好，王公不能屈，年八十而不倦於書籍者，吾於胡徵君見之矣。

時有隱者焦先，河東人也。魏略曰：先字孝然。中平末，白波賊起。時先年二十餘，與同郡侯武陽相隨。武陽年小，有母，先與相扶接，避白波，東客揚州取婦。建安初來西還，武陽詣大陽占戶，先留陝界。至十六年，關中亂。先失家屬，獨竄於河渚間，食草飲水，無衣履。時大陽長朱南望見之，謂為亡士，欲遣船捕取。武陽語縣：「此狂癡人耳！」遂注其籍。給廩，日五升。後有疫病，人多死者，縣常使埋藏，童兒豎子皆輕易之。然其行不踐邪徑，必循阡陌；及其捃拾，不取大穗；飢不苟食，寒不苟衣，結草以為裳，科頭徒跣。每出，見婦人則隱翳，須去乃

出。自作一瓜牛廬，淨掃其中。營木為牀，布草蓐其上。至天寒時，搆火以自炙，呻吟獨語。飢則出為人客作，飽食而已，不取其直。又出於道中，邂逅與人相遇，輒下道藏匿。或問其故，常言「草茅之人，與狐兔同羣」。不肯妄語。太和、青龍中，嘗持一杖南渡淺河水，輒獨云未可也，由是人頗疑其不狂。至嘉平中，太守賈穆初之官，故過其廬。先見穆再拜。穆與語，不應；與食，不食。穆謂之曰：「國家使我來為卿作君，我食卿，卿不肯食，我與卿語，卿不應我，如是，我不中為卿作君，當去耳！」先乃曰：「寧有是邪？」遂不復語。其明年，大發卒將伐吳。有竊問先：「今討吳何如？」先不肯應，而謬歌曰：「祝衄祝衄，非魚非肉，更相追逐，本心為當殺牂羊，更殺其羖䍽邪！」郡人不知其謂。會諸軍敗，好事者乃推其意，疑牂羊謂吳，羖䍽謂魏，於是後人僉謂之隱者也。議郎河東董經特嘉異節，與先非故人，密往觀之。經到，乃奮其白鬚，為如與之有舊者，謂曰：「阿先闊乎！念共避白波時不？」先熟視而不言。經素知其昔受武陽恩，因復曰：「念武陽不邪？」先乃曰：「已報之矣。」經又復挑欲與語，遂不肯復應。後歲餘病亡，時年八十九矣。

高士傳曰：世莫知先所出。或言生乎漢末，自陝居大陽，無父母兄弟妻子。見漢室衰，乃自絕不言。及魏受禪，常結草為廬於河之湄，獨止其中。冬夏恆不着衣，臥不設席，又無草蓐，以身親土，其體垢汚皆如泥漆，五形盡露，不行人間。或數日一食，欲食則為人賃作，人以衣衣之，乃使限功受直，足得一食輒去，人欲多與，終不肯取，亦有數日不食時。行不由邪徑，目不與女子逆視。口未嘗言，雖有驚急，不與人語。遺以食物皆不受。河東太守杜恕嘗以衣服迎見，而不與語。司馬景王聞而使安定太守董經因事過視，又不肯語，經以為大賢。其後野火燒其廬，先因露寢。遭冬雪大至，先袒臥不移，人以為死，就視如故，不以為病，人莫能審其意。度年可百歲餘乃卒。或問皇甫謐曰：「焦先何人？」曰：「吾不足以知之也。考之於表，可略而言矣。夫世之所常趣者榮味也，形

之所不可釋者衣裳也，身之所不可離者室宅也，口之所不能已者言語也，心之不可絕者親戚也。今焦先棄榮味，釋衣服，離室宅，絕親戚，閉口不言，曠然以天地為棟宇，闇然合至道之前，出羣形之表，入玄寂之幽，一世之人不足以挂其意，四海之廣不能以回其顧，妙乎與夫三皇之先者同矣。結繩已來，未及其至也，豈羣言之所能髣髴，常心之所得測量哉！彼行人所不能行，堪人所不能堪，犯寒暑不以傷其性，居曠野不以恐其形，遭驚急不以迫其慮，離榮愛不以累其心，損視聽不以汙其耳目，舍足於不損之地，居身於獨立之處，延年歷百，壽越期頤，雖上識不能尚也。自羲皇已來，一人而已矣！」

魏氏春秋曰：故梁州刺史耿黼以先為「仙人也」，北地傅玄謂之「性同禽獸」，並為之傳，而莫能測之。

魏略又載扈累及寒貧者。累字伯重，京兆人也。初平中，山東人有青牛先生者，字正方，客三輔。曉知星曆、風角、鳥情。常食青葙芫華。年似如五六十者，人或親識之，謂其已百餘歲矣。初，累年四十餘，隨正方遊學，人謂之得其術。有婦，無子。建安十六年，三輔亂，又隨正方南入漢中。漢中壞，正方入蜀，累與相失，隨徙民詣鄴，遭疾疫喪其婦。至黃初元年，又徙詣洛陽，遂不復娶婦。獨居道側，以甎甂為障，施一廚牀，食宿其中。晝日潛思，夜則仰視星宿，吟詠內書。人或問之，閉口不肯言。至嘉平中，年八九十，裁若四五十者。縣官以其孤老，給廩日五升。五升不足食，頗行傭作以裨糧，糧盡復出，人與不取。食不求美，衣弊緼，後一二年病亡。寒貧者，本姓石，字德林，安定人也。建安初，客三輔。是時長安有宿儒欒文博者，門徒數千，德林亦就學，始精詩、書。後好內事，於衆輩中最玄默。至十六年，關中亂，南入漢中。初不治產業，不畜妻孥，常讀老子五千文及諸內書，晝夜吟詠。到二十五年，漢中破，隨衆還長安，遂痴愚不復識人。食不求味，冬夏常衣弊布連結衣。體如無所勝，目如無所見。獨居窮巷小屋，無親里。人與之衣食，不肯取。郡縣以其鰥窮，給廩日五升，食不足，頗行乞，乞不

取多。人問其姓字，又不肯言，故因號之曰寒貧也。或素有與相知者，往存恤之，輒拜跪，由是人謂其不癡。車騎將軍郭淮以意氣呼之，問其所欲，亦不肯言。淮因與脯糒及衣，不取其衣，取其脯一胸、糒一升而止。

臣松之案魏略云：焦先及楊沛，並作瓜牛廬，止其中。以為瓜當作蝸；蝸牛，螺蟲之有角者也，俗或呼為黃犢。先等作圜舍，形如蝸牛蔽，故謂之蝸牛廬。莊子曰：「有國於蝸之左角者曰觸氏，有國於右角者曰蠻氏，時相與爭地而戰，伏尸數萬，逐北旬有五日而後反。」謂此物也。

評曰：袁渙、邴原、張範躬履清蹈，進退以道，〔一〕蓋是貢禹、兩龔之匹。涼茂、國淵亦其次也。張承名行亞範，可謂能弟矣。田疇抗節，王脩忠貞，足以矯俗；管寧淵雅高尚，確然不拔；張鉝、胡昭闔門守靜，不營當世：故并錄焉。

〔一〕臣松之以為蹈猶履也，「躬履清蹈」，近非言乎！

三國志卷十二　魏書十二

崔毛徐何邢鮑司馬傳第十二

崔琰字季珪，清河東武城人也。少樸訥，好擊劍，尚武事。年二十三，鄉移為正，始感激，讀論語、韓詩。至年二十九，乃結公孫方等就鄭玄受學。學未朞，徐州黃巾賊攻破北海，玄與門人到不其山避難。時穀糴縣乏，玄罷謝諸生。琰既受遣，而寇盜充斥，西道不通。于是周旋青、徐、兗、豫之郊，東下壽春，南望江、湖。自去家四年乃歸，以琴書自娛。

大將軍袁紹聞而辟之。時士卒橫暴，掘發丘隴，琰諫曰：「昔孫卿有言：『士不素教，甲兵不利，雖湯武不能以戰勝。』今道路暴骨，民未見德，宜敕郡縣掩骼埋胔，示憯怛之愛，追文王之仁。」紹以為騎都尉。後紹治兵黎陽，次于延津，琰復諫曰：「天子在許，民望助順，不如守境述職，以寧區宇。」紹不聽，遂敗于官渡。及紹卒，二子交爭，爭欲得琰。琰稱疾固辭，由是獲罪，幽于囹圄，賴陰夔、陳琳營救得免。

太祖破袁氏，領冀州牧，辟琰為別駕從事，謂琰曰：「昨案戶籍，可得三十萬衆，故為大

州也。」琰對曰：「今天下分崩，九州幅裂，二袁兄弟親尋干戈，冀方蒸庶暴骨原野。未聞王師仁聲先路，存問風俗，救其塗炭，而校計甲兵，唯此為先，斯豈鄙州士女所望於明公哉！」太祖改容謝之。于時賓客皆伏失色。

太祖征并州，留琰傳文帝於鄴。世子仍出田獵，變易服乘，志在驅逐。琰書諫曰：「蓋聞盤于游田，書之所戒，魯隱觀魚，春秋譏之，此周、孔之格言，二經之明義。殷鑒夏后，詩稱不遠，子卯不樂，禮以為忌，此又近者之得失，不可不深察也。袁族富彊，公子寬放，盤游滋侈，義聲不聞，哲人君子，俄有色斯之志，熊羆壯士，墮於吞噬之用，固所以擁徒百萬，跨有河朔，無所容足也。今邦國殄瘁，惠康未洽，士女企踵，所思者德。況公親御戎馬，上下勞慘，世子宜遵大路，慎以行正，思經國之高略，內鑒近戒，外揚遠節，深惟儲副，以身為寶。而猥襲虞旅之賤服，忽馳騖而陵險，志雉兔之小娛，忘社稷之為重，斯誠有識所以惻心也。唯世子燔翳捐褶，以塞衆望，不令老臣獲罪於天。」世子報曰：「昨奉嘉命，惠示雅數，欲使燔翳捐褶。翳已壞矣，褶亦去焉。後有此比，蒙復誨諸。」

太祖為丞相，琰復為東西曹掾屬徵事。初授東曹時，教曰：「君有伯夷之風，史魚之直，貪夫慕名而清，壯士尚稱而厲，斯可以率時者已。故授東曹，往踐厥職。」魏國初建，拜尚書。時未立太子，臨菑侯植有才而愛。太祖狐疑，以函令密訪於外。唯琰露板答曰：「蓋聞

春秋之義，立子以長，加五官將仁孝聰明，宜承正統。琰以死守之。」植，琰之兄女壻也。太祖貴其公亮，喟然歎息，〔一〕遷中尉。

〔一〕世語曰：植妻衣繡，太祖登臺見之，以違制命，還家賜死。

琰聲姿高暢，眉目疏朗，鬚長四尺，甚有威重，朝士瞻望，而太祖亦敬憚焉。〔一〕琰嘗薦鉅鹿楊訓，雖才好不足，而清貞守道，太祖即禮辟之。後太祖爲魏王，訓發表稱贊功伐，褒述盛德。時人或笑訓希世浮僞，謂琰爲失所舉。琰從訓取表草視之，與訓書曰：「省表，事佳耳！時乎時乎，會當有變時。」琰本意譏論者好譴呵而不尋情理也。有白琰此書傲世怨謗者，太祖怒曰：「諺言『生女耳』，『耳』非佳語。『會當有變時』，意指不遜。」於是罰琰爲徒隸，使人視之，辭色不撓。太祖令曰：「琰雖見刑，而通賓客，門若市人，對賓客虬鬚直視，若有所瞋。」遂賜琰死。〔二〕

〔一〕先賢行狀曰：琰清忠高亮，雅識經遠，推方直道，正色於朝。魏氏初載，委授銓衡，總齊清議，十有餘年。文武羣才，多所明拔。朝廷歸高，天下稱平。

〔二〕魏略曰：人得琰書，以裹幘籠，行都道中。時有與琰宿不平者，遥見琰名著幘籠，從而視之，遂白之。太祖以爲琰腹誹心謗，乃收付獄，髡刑輸徒。前所白琰者又復白之云：「琰爲徒，虬鬚直視，心似不平。」時太祖亦以爲然，遂欲殺之。乃使清公大吏往經營琰，敕吏曰：「三日期消息。」琰不悟，後數日，吏故白琰平安。公忿然曰：「崔琰必

欲使孤行刀鋸乎！」吏以是教告琰，琰謝吏曰：「我殊不宜，不知公意至此也！」遂自殺。

始琰與司馬朗善，晉宣王方壯，琰謂朗曰：「子之弟，聰哲明允，剛斷英跱，殆非子之所及也。」〔一〕朗以爲不然，而琰每秉此論。琰從弟林，少無名望，雖姻族猶多輕之，而琰常曰：「此所謂大器晚成者也，終必遠至。」涿郡孫禮、盧毓始入軍府，琰又名之曰：「孫疏亮亢烈，剛簡能斷，盧清警明理，百鍊不消，皆公才也。」後林、禮、毓咸至鼎輔。及琰友人公孫方、宋階早卒，琰撫其遺孤，恩若己子。其鑒識篤義，類皆如此。〔二〕

〔一〕臣松之案：「跱」或作「特」，竊謂「英特」爲是也。

〔二〕魏略曰：明帝時，崔林嘗與司空陳羣共論冀州人士，稱琰爲首。羣以「智不存身」貶之。林曰：「大丈夫爲有邂逅耳，即如卿諸人，良足貴乎！」

初，太祖性忌，有所不堪者，魯國孔融、〔一〕南陽許攸、〔二〕婁圭，皆以恃舊不虔見誅。〔三〕而琰最爲世所痛惜，至今冤之。〔四〕

〔一〕融字文舉。續漢書曰：融，孔子二十世孫也。高祖父尚，鉅鹿太守。父宙，太山都尉。融幼有異才。時河南尹李膺有重名，敕門下簡通賓客，非當世英賢及通家子孫弗見也。融年十餘歲，欲觀其爲人，遂造膺門，語門者曰：「我，李君通家子孫也。」膺見融，問曰：「高明父祖，嘗與僕周旋乎？」融曰：「然。先君孔子與君先人李老君，同德比義而相師友，則融與君累世通家也。」衆坐奇之，僉曰：「異童子也。」太中大夫陳煒後至，同坐以告煒，煒曰：「人小時了了者，大亦未必奇也。」融答曰：「即如所言，君之幼時，豈實慧乎！」膺大笑，顧謂曰：「高明長大，必爲偉器。」山陽張儉，以中正爲中常侍侯覽所忿疾，覽爲刊章下州郡捕儉。儉與融兄襃有舊，亡投襃。遇襃出，時融年十六，儉以其少不告也。融知儉長者，有窘迫色，謂曰：「吾獨不能爲君主邪！」因留舍藏之。後事泄，國相以下密就掩捕，儉得脫走，登時收融及襃送獄。融曰：「保納藏舍者融也，融當坐之。」襃曰：「彼來求我，罪我之由，非弟之過，我當坐之。」兄弟爭死，郡縣疑不能決，乃上讞，詔書令襃坐焉。融由是名震遠近，與平原陶丘洪、陳留邊讓，並以俊秀，爲後進冠蓋。融持論經理不及讓等，而逸才宏博過之。司徒大將軍辟舉高第，累遷北軍中候、虎賁中郎將、北海相，時年三十八。承黃巾殘破之後，修復城邑，崇學校，設庠序，舉賢才，顯儒士。以彭璆爲方正，邴原爲有道，王脩爲孝廉。告高密縣爲鄭玄特立一鄉，名爲鄭公鄉。又國人無後，及四方游士有死亡者，皆爲棺木而殯葬之。郡人甄子然孝行知名，早卒，融恨不及之，乃令配食縣社。其禮賢如此。在郡六年，劉備表融領青州刺史。建安元年，徵還爲將作大匠，遷少府。每朝會訪對，輒爲議主，諸卿大夫寄名而已。

司馬彪九州春秋曰：融在北海，自以智能優贍，溢才命世，當時豪俊皆不能及。亦自許大志，且欲舉軍曜甲，與羣賢要功，自於海岱結殖根本，不肯碌碌如平居郡守，事方伯、赴期會而已。然其所任用，好奇取異，皆輕剽之才。至于稽古之士，謬爲恭敬，禮之雖備，不與論國事也。高密鄭玄，稱之鄭公，執子孫禮。及高談教令，盈溢官曹，辭氣溫雅，可玩而誦。論事考實，難可悉行。但能張磔網羅，其自理甚疏。租賦少稽，一朝殺五部督郵。姦民汙吏，猾亂朝市，亦不能治。幽州精兵亂，至徐州，卒到城下，舉國皆恐。融直出說之，令無異志。遂與別校謀夜覆幽州，幽州軍敗，悉有其衆。無幾時，還復叛亡。黃巾將至，融大飲醇酒，躬自上馬，禦之淶水之上。寇令上部與融相拒，兩翼徑涉水，直到所治城。城潰，融不得入，轉至南縣，左右稍叛。連年傾覆，事無所濟，遂不能保鄣四境，棄郡而去。後徙徐州，以北海相自還領青州刺史，治郡北陲。欲附山東，外接遼東，得戎馬之利，建樹根本，

孤立一隅，不與共也。于時曹、袁、公孫共相首尾，戰士不滿數百，穀不至萬斛。王子法、劉孔慈凶辯小才，信爲腹心。左丞祖、劉義遜清雋之士，備在坐席而已，言此民望，不可失也。丞祖勸融自託彊國，融不聽而殺之。義遜棄去。遂爲袁譚所攻，自春至夏，城小寇衆，流矢雨集。然融憑几安坐，讀書論議自若。城壞衆亡，身奔山東，室家爲譚所虜。

張璠漢紀曰：融在郡八年，僅以身免。帝初都許，融以爲宜略依舊制，定王畿，正司隸所部爲千里之封，乃引公卿上書言其義。是時天下草創，曹、袁之權未分，融所建明，不識時務。又天性氣爽，頗推平生之意，狎侮太祖。太祖制酒禁，而融書嘲之曰：「天有酒旗之星，地列酒泉之郡，人有旨酒之德，故堯不飲千鍾，無以成其聖。且桀紂以色亡國，今令不禁婚姻也。」太祖外雖寬容，而內不能平。御史大夫郗慮知旨，以法免融官。歲餘，拜太中大夫。雖居家失勢，而賓客日滿其門，愛才樂酒，常歎曰：「坐上客常滿，樽中酒不空，吾無憂矣。」虎賁士有貌似蔡邕者，融每酒酣，輒引與同坐，曰：「雖無老成人，尚有典刑。」其好士如此。

續漢書曰：太尉楊彪與袁術婚姻，術僭號，太祖與彪有隙，因是執彪，將殺焉。融聞之，不及朝服，往見太祖曰：「楊公累世清德，四葉重光，周書『父子兄弟，罪不相及』，況以袁氏之罪乎？易稱『積善餘慶』，但欺人耳。」太祖曰：「國家之意也。」融曰：「假使成王欲殺召公，則周公可得言不知邪？今天下纓緌搢紳之士所以瞻仰明公者，以明公聰明仁智，輔相漢朝，舉直措枉，致之雍熙耳。今橫殺無辜，則海內觀聽，誰不解體？孔融魯國男子，明日便當褒衣而去，不復朝矣。」太祖意解，遂理出彪。

魏氏春秋曰：袁紹之敗也，融與太祖書曰：「武王伐紂，以妲己賜周公。」太祖以融學博，謂書傳所紀。後見，問之，對曰：「以今度之，想其當然耳！」十三年，融對孫權使，有訕謗之言，坐棄市。二子年八歲，時方弈棋，融被

收，端坐不起。左右曰：「而父見執，不起何也？」二子曰：「安有巢毀而卵不破者乎！」遂俱見殺。融有高名清才，世多哀之。太祖懼遠近之議也，乃令曰：「太中大夫孔融既伏其罪矣，然世人多採其虛名，少於核實，見融浮豔，好作變異，眩其誑詐，不復察其亂俗也。此州人說平原禰衡受傳融論，以爲父母與人無親，譬若缻器，寄盛其中，又言若遭饑饉，而父不肖，寧贍活餘人。融違天反道，敗倫亂理，雖肆市朝，猶恨其晚。更以此事列上，宣示諸軍將校掾屬，皆使聞見。」

世語曰：融二子，皆齠齔。融見收，顧謂二子曰：「何以不辭？」二子俱曰：「父尚如此，復何所辭！」以爲必俱死也。

臣松之以爲世語云融二子不辭，知必俱死，猶差可安。如孫盛之言，誠所未譬。八歲小兒，能玄了禍福，聰明特達，卓然既遠，則其憂樂之情，宜其有過成人，安有見父收執而曾無變容，弈棊不起，若在暇豫者乎？昔申生就命，言不忘父，不以己身將死而廢念父之情也。父安猶尚若茲，而況於顛沛哉？盛以此爲美談，無乃賊夫人之子與！蓋由好奇情多，而不知言之傷理。

〔二〕魏略曰：攸字子遠，少與袁紹及太祖善。初平中隨紹在冀州，嘗在坐席言議。官渡之役，諫紹勿與太祖相攻，語在紹傳。紹自以彊盛，必欲極其兵勢。攸知不可爲謀，乃亡詣太祖。紹破走，及後得冀州，攸有功焉。攸自恃勳勞，時與太祖相戲，每在席，不自限齊，至呼太祖小字，曰：「某甲，卿不得我，不得冀州也。」太祖笑曰：「汝言是也。」然內嫌之。其後從行出鄴東門，顧謂左右曰：「此家非得我，則不得出入此門也。」人有白者，遂見收之。

〔三〕魏略曰：婁圭字子伯，少與太祖有舊。初平中在荆州北界合衆，後詣太祖。太祖以爲大將，不使典兵，常在坐席言議。及河北平定，隨在冀州。其後太祖從諸子出游，子伯時亦隨從。子伯顧謂左右曰：「此家父子，如今日爲

樂也。」人有白者，太祖以爲有腹誹意，遂收治之。

吳書曰：子伯少有猛志，嘗歎息曰：「男兒居世，會當得數萬兵千匹騎著後耳！」儕輩笑之。後坐藏亡命，被繫當死，得踰獄出，捕者追之急，子伯乃變衣服如助捕者，吏不能覺，遂以得免。會天下義兵起，子伯亦合衆與劉表相依。後歸曹公，遂爲所用，軍國大計常與焉。劉表亡，曹公向荆州。表子琮降，以節迎曹公，諸將皆疑詐，曹公以問子伯。子伯曰：「天下擾攘，各貪王命以自重，今以節來，是必至誠。」曹公曰：「大善。」遂進兵。寵秩子伯，家累千金，曰：「婁子伯富樂于孤，但勢不如孤耳！」從破馬超等，子伯功爲多。曹公常歎曰：「子伯之計，孤不及也。」後與南郡習授同載，見曹公出，授曰：「父子如此，何其快耶！」子伯曰：「居世間，當自爲之，而但觀他人乎！」授乃白之，遂見誅。

魚豢曰：古人有言曰：「得鳥者，羅之一目也，然張一目之羅，終不得鳥矣。鳥能遠飛，遠飛者，六翮之力也，然無衆毛之助，則飛不遠矣。」以此推之，大魏之作，雖有功臣，亦未必非茲輩胥附之由也。

〔四〕世語曰：琰兄孫諒，字士文，以簡素稱，仕晉爲尚書大鴻臚。荀綽冀州記云諒即琰之孫也。

毛玠字孝先，陳留平丘人也。少爲縣吏，以清公稱。將避亂荆州，未至，聞劉表政令不明，遂往魯陽。太祖臨兗州，辟爲治中從事。玠語太祖曰：「今天下分崩，國主遷移，生民廢業，饑饉流亡，公家無經歲之儲，百姓無安固之志，難以持久。今袁紹、劉表，雖士民衆彊，皆無經遠之慮，未有樹基建本者也。夫兵義者勝，守位以財，宜奉天子以令不臣，脩耕植，畜軍資，如此則霸王之業可成也。」太祖敬納其言，轉幕府功曹。

太祖爲司空丞相，玠嘗爲東曹掾，與崔琰並典選舉。其所舉用，皆清正之士，雖於時有盛名而行不由本者，終莫得進。務以儉率人，由是天下之士莫不以廉節自勵，雖貴寵之臣，輿服不敢過度。太祖歎曰：「用人如此，使天下人自治，吾復何爲哉！」文帝爲五官將，親自詣玠，屬所親眷。玠答曰：「老臣以能守職，幸得免戾，今所說人非遷次，是以不敢奉命。」大軍還鄴，議所并省。玠請謁不行，時人憚之，咸欲省東曹。乃共白曰：「舊西曹爲上，東曹爲次，宜省東曹。」太祖知其情，令曰：「日出於東，月盛於東，凡人言方，亦復先東，何以省東曹？」遂省西曹。初，太祖平柳城，班所獲器物，特以素屏風素馮几賜玠，曰：「君有古人之風，故賜君古人之服。」玠居顯位，常布衣蔬食，撫育孤兄子甚篤，賞賜以振施貧族，家無所餘。遷右軍師。魏國初建，爲尚書僕射，復典選舉。〔一〕時太子未定，而臨菑侯植有寵，玠密諫曰：「近者袁紹以嫡庶不分，覆宗滅國。廢立大事，非所宜聞。」後羣僚會，玠起更衣，太祖目指曰：「此古所謂國之司直，我之周昌也。」

〔一〕先賢行狀曰：玠雅亮公正，在官清恪。其典選舉，拔貞實，斥華僞，進遜行，抑阿黨。諸宰官治民功績不著而私財豐足者，皆免黜停廢，久不選用。于時四海翕然，莫不勵行。至乃長吏還者，垢面羸衣，常乘柴車。軍吏入府，朝服徒行。人擬壺飧之絜，家象濯纓之操，貴者無穢欲之累，賤者絕姦貨之求，吏絜于上，俗移乎下，民到于今稱

之。

崔琰既死，玠內不悅。後有白玠者：「出見黥面反者，其妻子沒爲官奴婢，玠言曰『使天不雨者蓋此也』。」太祖大怒，收玠付獄。大理鍾繇詰玠曰：「自古聖帝明王，罪及妻子。書云：『左不共左，右不共右，予則孥戮女。』司寇之職，男子入于罪隸，女子入于舂槀。漢律，罪人妻子沒爲奴婢，黥面。漢法所行黥墨之刑，存於古典。今眞奴婢祖先有罪，雖歷百世，猶有黥面供官，一以寬良民之命，二以宥幷罪之辜。此何以負於神明之意，而當致旱？案典謀，急恆寒若，舒恆燠若，寬則亢陽，所以爲旱。玠之吐言，以爲寬邪，以爲急也？急當陰霖，何以反旱？成湯聖世，野無生草，周宣令主，旱魃爲虐。亢旱以來，積三十年，歸咎黥面，爲相値不？衞人伐邢，師興而雨，罪惡無徵，何以應天？玠譏謗之言，流於下民，不悅之聲，上聞聖聽。玠之吐言，勢不獨語，時見黥面，凡爲幾人？黥面奴婢，所識知邪？何緣得見，對之歎言？時以語誰？見答云何？以何日月？於何處所？事已發露，不得隱欺，具以狀對。」玠曰：「臣聞蕭生縊死，困於石顯；賈子放外，讒在絳、灌；白起賜劍於杜郵；晁錯致誅於東市；伍員絕命於吳都：斯數子者，或妒其前，或害其後。臣垂齠執簡，累勤取官，職在機近，人事所竄。屬臣以私，無勢不絕，語臣以冤，無細不理。人情淫利，爲法所禁，法禁于利，勢能害之。青蠅橫生，爲臣作謗，謗臣之人，勢不在他。昔王叔、陳生爭正王廷，

宣子平理，命舉其契，是非有宜，曲直有所，春秋嘉焉，是以書之。臣不言此，無有時、人。說臣此言，必有徵要。乞蒙宣子之辨，而求王叔之對。若臣以曲聞，即刑之日，方之安駟之贈；賜劍之來，比之重賞之惠。謹以狀對。」時桓階、和洽進言救玠。玠遂免黜，卒于家。〔一〕太祖賜棺器錢帛，拜子機郎中。

〔一〕孫盛曰：魏武於是失政刑矣。易稱「明折庶獄」，傳有「舉直措枉」，庶獄明則國無怨民，枉直當則民無不服，未有徵青蠅之浮聲，信浸潤之譖訴，可以允釐四海，惟清緝熙者也。昔者漢高獄蕭何，出復相之，玠之一責，永見擯放，二主度量，豈不殊哉！

徐奕字季才，東莞人也。避難江東，孫策禮命之。奕改姓名，微服還本郡。太祖爲司空，辟爲掾屬，從西征馬超。超破，軍還。時關中新服，未甚安，留奕爲丞相長史，鎮撫西京，西京稱其威信。轉爲雍州刺史，復還爲東曹屬。丁儀等見寵於時，並害之，而奕終不爲動。〔一〕出爲魏郡太守。太祖征孫權，徙爲留府長史，謂奕曰：「君之忠亮，古人不過也，然微太嚴。昔西門豹佩韋以自緩，夫能以柔弱制剛彊者，望之於君也。今使君統留事，孤無復還顧之憂也。」魏國既建，爲尚書，復典選舉，遷尚書令。

〔一〕魏書曰：或謂奕曰：「夫以史魚之直，孰與蘧伯玉之智？丁儀方貴重，宜思所以下之。」奕曰：「以公明聖，儀豈得

久行其僞乎！且姦以事君者，吾所能禦也，子寧以他規我。」

傅子曰：武皇帝，至明也。崔琰、徐奕，一時清賢，皆以忠信顯於魏朝；丁儀閒之，徐奕失位而崔琰被誅。

太祖征漢中，魏諷等謀反，中尉楊俊左遷。太祖歎曰：「諷所以敢生亂心，以吾爪牙之臣無遏姦防謀者故也。安得如諸葛豐者，使代俊乎！」桓階曰：「徐奕其人也。」太祖乃以奕爲中尉，手令曰：「昔楚有子玉，文公爲之側席而坐；汲黯在朝，淮南爲之折謀。詩稱『邦之司直』，君之謂與！」在職數月，疾篤乞退，拜諫議大夫，卒。〔一〕

〔一〕魏書曰：文帝每與朝臣會同，未嘗不嗟歎，思奕之爲人。奕無子，詔以其族子統爲郎，以奉奕後。

何夔字叔龍，陳郡陽夏人也。曾祖父熙，漢安帝時官至車騎將軍。〔一〕夔幼喪父，與母兄居，以孝友稱。長八尺三寸，容貌矜嚴。〔二〕避亂淮南。後袁術至壽春，辟之，夔不應，然遂爲術所留。久之，術與橋蕤俱攻圍蘄陽，蘄陽爲太祖固守。術以夔彼郡人，欲脅令說蘄陽。夔謂術謀臣李業曰：「昔柳下惠聞伐國之謀而有憂色，曰『吾聞伐國不問仁人，斯言何爲至于我哉』！」遂遁匿灊山。術知夔終不爲己用，乃止。術從兄山陽太守遺母，夔從姑也，是以雖恨夔而不加害。

〔一〕華嶠漢書曰：熙字孟孫，少有大志，不拘小節。身長八尺五寸，體貌魁梧，善爲容儀。舉孝廉，爲謁者，贊拜殿中，晉勸左右。和帝（偉）〔偉〕之，歷位司隸校尉、大司農。永初三年，南單于與烏丸俱反，以熙行車騎將軍征之；累有功。烏丸請降，單于復稱臣如舊。會熙暴疾卒。

〔二〕魏書曰：漢末閹宦用事，夔從父衡爲尚書，有直言，由是在黨中，諸父兄皆禁錮。夔歎曰：「天地閉，賢人隱。」故不應宰司之命。

建安二年，夔將還鄉里，度術必急追，乃閒行得免，明年到本郡。頃之，太祖辟爲司空掾屬。時有傳袁術軍亂者，太祖問夔曰：「君以爲信不？」夔對曰：「天之所助者順，人之所助者信。術無信順之實，而望天人之助，此不可以得志於天下。夫失道之主，親戚叛之，而況於左右乎！以夔觀之，其亂必矣。」太祖曰：「爲國失賢則亡。君不爲術所用，亂，不亦宜乎！」太祖性嚴，掾屬公事，往往加杖；夔常畜毒藥，誓死無辱，是以終不見及。〔一〕出爲城父令。〔二〕遷長廣太守。郡濱山海，黃巾未平，豪傑多背叛，袁譚就加以官位。長廣縣人管承，徒衆三千餘家，爲寇害。議者欲舉兵攻之。夔曰：「承等非生而樂亂也，習於亂，不能自還，未被德教，故不知反善。今兵迫之急，彼恐夷滅，必并力戰。攻之既未易拔，雖勝，必傷吏民。不如徐喻以恩德，使容自悔，可不煩兵而定。」乃遣郡丞黃珍往，爲陳成敗，承等皆請服。夔遣吏成弘領校尉，長廣縣丞等郊迎奉牛酒，詣郡。牟平賊從錢，衆亦數千，夔率郡兵與張遼共討定之。東牟人王營，衆三千餘家，脅昌陽縣爲亂。夔遣吏王欽等，授以計略，

使離散之。旬月皆平定。

〔一〕孫盛曰：夫君使臣以禮，臣事君以忠，是以上下休嘉，道光化洽。公府掾屬，古之造士也，必擢時儁，搜揚英逸，得其人則論道之任隆，非其才則覆餗之患至。苟有疵釁，刑黜可也。加其捶扑之罰，肅以小懲之戒，豈「導之以德，齊之以禮」之謂與！然士之出處，宜度德投趾；可不之節，必審於所蹈。故高尚之徒，抗心於青雲之表，豈王侯之所能臣，名器之所羈紲哉！自非此族，委身世塗，否泰榮辱，制之由時，故箕子安於孥戮，柳下夷於三黜，蕭何、周勃亦在縲紲，夫豈不辱，君命故也。夔知時制，而甘其寵，挾藥要君，以避微恥。詩云「唯此褊心」，何夔其有焉。放之，可也；宥之，非也。

〔二〕魏書曰：自劉備叛後，東南多變。太祖以陳羣爲酇令，夔爲城父令，諸縣皆用名士以鎮撫之，其後吏民稍定。

是時太祖始制新科下州郡，又收租稅綿絹。夔以郡初立，近以師旅之後，不可卒繩以法，乃上言曰：「自喪亂已來，民人失所，今雖小安，然服教日淺。所下新科，皆以明罰敕法，齊一大化也。所領六縣，疆域初定，加以饑饉，若一切齊以科禁，恐或有不從教者。有不從教者不得不誅，則非觀民設教隨時之意也。先王辨九服之賦以殊遠近，制三典之刑以平治亂，愚以爲此郡宜依遠域新邦之典，其民間小事，使長吏臨時隨宜，上不背正法，下以順百姓之心。比及三年，民安其業，然後齊之以法，則無所不至矣。」太祖從其言。徵還，參丞相軍事。海賊郭祖寇暴樂安、濟南界，州郡苦之。太祖以夔前在長廣有威信，拜樂安太守。到官數月，諸城悉平。

入爲丞相東曹掾。夔言於太祖曰：「自軍興以來，制度草創，用人未詳其本，是以各引其類，時忘道德。夔聞以賢制爵，則民慎德；以庸制祿，則民興功。以爲自今所用，必先核之鄉閭，使長幼順敍，無相踰越。顯忠直之賞，明公實之報，則賢不肖之分，居然別矣。又可修保舉故不以實之令，使有司別受其負。在朝之臣，時受敎與曹並選者，各任其責。上以觀朝臣之節，下以塞爭競之源，以督羣下，以率萬民，如是則天下幸甚。」太祖稱善。魏國既建，拜尚書僕射。〔一〕文帝爲太子，以涼茂爲太傅，夔爲少傅；特命二傅與尚書東曹並選太子諸侯官屬。茂卒，以夔代茂。每月朔，太傅入見太子，太子正法服而禮焉；他日無會儀。夔遷太僕，太子欲與辭，宿戒供，夔無往意；乃與書請之，夔以國有常制，遂不往。其履正如此。然於節儉之世，最爲豪汰。文帝踐阼，封成陽亭侯，邑三百戶。疾病，屢乞遜位。詔報曰：「蓋禮賢親舊，帝王之常務也。以親則君有輔弼之勳焉，以賢則君有醇固之茂焉。夫有陰德者必有陽報，今君疾雖未瘳，神明聽之矣。君其卽安，以順朕意。」薨，諡曰靖侯。子曾嗣，咸熙中爲司徒。〔二〕

〔一〕魏書曰：時丁儀兄弟方進寵，儀與夔不合。尚書傅巽謂夔曰：「儀不相好已甚，子友毛玠，玠等儀已害之矣。子宜少下之！」夔曰：「爲不義適足害其身，焉能害人？且懷姦佞之心，立於明朝，其得久乎！」夔終不屈志，儀後果以凶僞敗。

〔二〕干寶晉紀曰：曾字穎考。正元中爲司隸校尉。時毌丘儉孫女適劉氏，以孕繫廷尉。女母荀，爲武衞將軍荀顗所表活，既免，辭詣廷尉，乞爲官婢以贖女命。曾使主簿程咸爲議，議曰：「大魏承秦、漢之弊，未及革制。所以追戮已出之女，誠欲殄醜類之族也。若已產育，則成他家之母。於防則不足懲奸亂之源，於情則傷孝子之恩，男不御罪於他族，而女獨嬰戮於二門，非所以哀矜女弱，均法制之大分也。臣以爲在室之女，可從父母之刑，既醮之婦，使從夫家之戮。」朝廷從之，乃定律令。

晉諸公贊曰：曾以高雅稱，加性純孝，位至太宰，封朗陵縣公。年八十餘薨，諡曰元公。子邵嗣。邵字敬祖，才識深博，有經國體儀。位亦至太宰，諡康公。子蕤嗣。邵庶兄遵，字思祖，有幹能。少經淸職，終於太僕。遵子綏，字伯蔚，亦以幹事稱。永嘉中爲尚書，爲司馬越所殺。傅子稱曾及荀顗曰：「以文王之道事其親者，其潁昌何侯乎！其荀侯乎！古稱曾、閔，今曰荀、何。內盡其心以事其親，外崇禮讓以接天下。孝子，百世之宗；仁人，天下之令也。有能行仁孝之道者，君子之儀表矣。」

邢顒字子昂，河間鄚人也。舉孝廉，司徒辟，皆不就。易姓字，適右北平，從田疇游。積五年，而太祖定冀州。顒謂疇曰：「黃巾起來二十餘年，海內鼎沸，百姓流離。今聞曹公法令嚴。民厭亂矣，亂極則平。請以身先。」遂裝還鄉里。田疇曰：「邢顒，民之先覺也。」乃見太祖，求爲鄉導以克柳城。

太祖辟顒爲冀州從事，時人稱之曰：「德行堂堂邢子昂。」除廣宗長，以故將喪棄官。有司舉正，太祖曰：「顒篤於舊君，有一致之節。」勿問也。更辟司空掾，除行唐令，勸民農桑，風化大行。入爲丞相門下督，遷左馮翊，病，去官。是時，太祖諸子高選官屬，令曰：「侯家吏，宜得淵深法度如邢顒輩。」遂以爲平原侯植家丞。顒防閑以禮，無所屈撓，由是不合。庶子劉楨書諫植曰：「家丞邢顒，北土之彥，少秉高節，玄靜澹泊，言少理多，眞雅士也。楨誠不足同貫斯人，並列左右。而楨禮遇殊特，顒反疏簡，私懼觀者將謂君侯習近不肖，禮賢不足，採庶子之春華，忘家丞之秋實。爲上招謗，其罪不小，以此反側。」後參丞相軍事，轉東曹掾。初，太子未定，而臨菑侯植有寵，丁儀等並贊翼其美。太祖問顒，顒對曰：「以庶代宗，先世之戒也。願殿下深重察之！」太祖識其意，後遂以爲太子少傅，遷太傅。文帝踐阼，爲侍中尚書僕射，賜爵關內侯，出爲司隸校尉，徙太常。黃初四年薨。子友嗣。〔一〕

〔一〕晉諸公贊曰：顒曾孫喬，字曾伯。有體量局幹，美於當世。歷淸職。元康中，與劉渙俱爲尚書吏部郎，稍遷至司隸校尉。

鮑勛字叔業，泰山平陽人也，漢司隸校尉鮑宣九世孫。宣後嗣有從上黨徙泰山者，遂家焉。勛父信，靈帝時爲騎都尉，大將軍何進遣東募兵。後爲濟北相，協規太祖，身以遇害。語在董卓傳、武帝紀。〔一〕建安十七年，太祖追錄信功，表封勛兄邵新都亭侯。〔二〕辟勛丞相掾。〔三〕

〔一〕魏書曰：信父丹，官至少府侍中，世以儒雅顯。少有大節，寬厚愛人，沈毅有謀。大將軍何進辟拜騎都尉，遣歸募兵，得千餘人，還到成皋而進已遇害。信至京師，董卓亦始到。信知卓必爲亂，勸袁紹襲卓，紹畏卓不敢發。語在紹傳。信乃引軍還鄉里，收徒衆二萬，騎七百，輜重五千餘乘。是歲，太祖始起兵於己吾，信與弟韜以兵應太祖。太祖與袁紹表信行破虜將軍，韜裨將軍。時紹衆最盛，豪傑多向之。信獨謂太祖曰：「夫略不世出，能總英雄以撥亂反正者，君也。苟非其人，雖彊必斃。君殆天之所啓！」遂深自結納，太祖亦親異焉。汴水之敗，信被瘡，韜在陳戰亡。紹劫奪韓馥位，遂據冀州。信言於太祖曰：「姦臣乘釁，蕩覆王室，英雄奮節，天下嚮應者，義也。今紹爲盟主，因權專利，將自生亂，是復有一卓也。若抑之，則力不能制，祇以遘難，又何能濟？且可規大河之南，以待其變。」太祖善之。太祖爲東郡太守，表信爲濟北相。會黃巾大衆入州界，劉岱欲與戰，信止之，岱不從，遂敗。語在武紀。太祖以賊恃勝而驕，欲設奇兵挑擊之於壽張。先與信出行戰地，後步軍未至，而卒與賊遇，遂接戰。信殊死戰，以救太祖，太祖僅得潰圍出，信遂沒，時年四十一。雖遭亂起兵，家本修儒，治身至儉，而厚養將士，居無餘財，士以此歸之。

〔二〕魏書曰：邵有父風，太祖嘉之，加拜騎都尉，使持節。邵薨，子融嗣。

〔三〕魏書曰：勛淸白有高節，知名於世。

二十二年，立太子，以勛爲中庶子。徙黃門侍郎，出爲魏郡西部都尉。太子郭夫人弟爲曲周縣吏，斷盜官布，法應棄市。太祖時在譙，太子留鄴，數手書爲之請罪。勛不敢擅縱，具列上。勛前在東宮，守正不撓，太子固不能悅，及重此事，恚望滋甚。會郡界休兵有失期者，密敕中尉奏免勛官。久之，拜侍御史。延康元年，太祖崩，太子卽王位，勛以駙馬都尉兼侍中。

文帝受禪，勛每陳「今之所急，唯在軍農，寬惠百姓。臺榭苑囿，宜以爲後。」文帝將出游獵，勛停車上疏曰：「臣聞五帝三王，靡不明本立教，以孝治天下。陛下仁聖惻隱，有同古烈。臣冀當繼蹤前代，令萬世可則也。如何在諒闇之中，修馳騁之事乎！臣冒死以聞，唯陛下察焉。」帝手毀其表而競行獵，中道頓息，問侍臣曰：「獵之爲樂，何如八音也？」侍中劉曄對曰：「獵勝於樂。」勛抗辭曰：「夫樂，上通神明，下和人理，隆治致化，萬邦咸乂。移風易俗，莫善於樂。況獵，暴華蓋於原野，傷生育之至理，櫛風沐雨，不以時隙哉？昔魯隱觀漁於棠，春秋譏之。雖陛下以爲務，愚臣所不願也。」因奏：「劉曄佞諛不忠，阿順陛下過戲之言。昔梁丘據取媚於遄臺，曄之謂也。請有司議罪以清皇朝。」帝怒作色，罷還，卽出勛爲右中郎將。

黃初四年，尚書令陳羣、僕射司馬宣王並舉勛爲宮正，宮正卽御史中丞也。帝不得已而用之，百寮嚴憚，罔不肅然。六年秋，帝欲征吳，羣臣大議，勛面諫曰：「王師屢征而未有所克者，蓋以吳、蜀脣齒相依，憑阻山水，有難拔之勢故也。往年龍舟飄蕩，隔在南岸，聖躬

蹈危，臣下破膽。此時宗廟幾至傾覆，爲百世之戒。今又勞兵襲遠，日費千金，中國虛耗，令黠虜玩威，臣竊以爲不可。」帝益忿之，左遷勛爲治書執法。

帝從壽春還，屯陳留郡界。太守孫邕見，出過勛。時營壘未成，但立標埒，邕邪行不從正道，軍營令史劉曜欲推之，勛以塹壘未成，解止不舉。大軍還洛陽，曜有罪，勛奏絀遣，而曜密表勛私解邕事。詔曰：「勛指鹿作馬，收付廷尉。」廷尉法議：「正刑五歲。」三官駮：「依律罰金二斤。」帝大怒曰：「勛無活分，而汝等敢縱之！收三官已下付刺姦，當令十鼠同穴。」太尉鍾繇、司徒華歆、鎮軍大將軍陳羣、侍中辛毗、尚書衞臻、守廷尉高柔等並表「勛父信有功於太祖」，求請勛罪。帝不許，遂誅勛。勛內行旣脩，廉而能施，死之日，家無餘財。後二旬，文帝亦崩，莫不爲勛歎恨。

司馬芝字子華，河內溫人也。少爲書生，避亂荊州，於魯陽山遇賊，同行者皆棄老弱走，芝獨坐守老母。賊至，以刃臨芝，芝叩頭曰：「母老，唯在諸君！」賊曰：「此孝子也，殺之不義。」遂得免害，以鹿車推載母。居南方十餘年，躬耕守節。

太祖平荊州，以芝爲菅長。時天下草創，多不奉法。郡主簿劉節，舊族豪俠，賓客千餘家，出爲盜賊，入亂吏治。頃之，芝差節客王同等爲兵，掾史據白：「節家前後未嘗給繇，若至時藏匿，必爲留負。」芝不聽，與節書曰：「君爲大宗，加股肱郡，而賓客每不與役，旣衆庶怨望，或流聲上聞。今（條）〔調〕同等爲兵，幸時發遣。」兵已集郡，而節藏同等，因令督郵以軍興詭責縣，縣掾史窮困，乞代同行。芝乃馳檄濟南，具陳節罪。太守郝光素敬信芝，卽以節代同行，青州號芝「以郡主簿爲兵」。遷廣平令。征虜將軍劉勳，貴寵驕豪，又芝故郡將，賓客子弟在界數犯法。勳與芝書，不著姓名，而多所屬託，芝不報其書，一皆如法。後勳以不軌誅，交關者皆獲罪，而芝以見稱。〔一〕

〔一〕魏略曰：勳字子臺，琅邪人。中平末，爲沛國建平長，與太祖有舊。後爲廬江太守，爲孫策所破，自歸太祖，封列侯，遂從在散伍議中。勳兄爲豫州刺史，病亡。兄子威，又代從政。勳自恃與太祖有宿，日驕慢，數犯法，又誹謗。爲李申成所白，收治，并免威官。

遷大理正。有盜官練置都廁上者，吏疑女工，收以付獄。芝曰：「夫刑罪之失，失在苛暴。今贓物先得而後訊其辭，若不勝掠，或至誣服。誣服之情，不可以折獄。且簡而易從，大人之化也。不失有罪，庸世之治耳。今有所疑，以隆易從之義，不亦可乎！」太祖從其議。歷甘陵、沛、陽平太守，所在有績。黃初中，入爲河南尹，抑彊扶弱，私請不行。會內官欲以事託芝，不敢發言，因芝妻伯父董昭。昭猶憚芝，不爲通。芝爲教與羣下曰：「蓋君能設教，不能使吏必不犯也。吏能犯教，而不能使君必不聞也。夫設教而犯，君之劣也；犯

教而聞，吏之禍也。君劣於上，吏禍於下，此政事所以不理也。可不各勉之哉！」於是下吏莫不自勵。門下循行嘗疑門幹盜簪，幹辭不符，曹執爲獄。芝教曰：「凡物有相似而難分者，自非離婁，鮮能不惑。就其實然，循行何忍重惜一簪，輕傷同類乎！其寢勿問。」

明帝卽位，賜爵關內侯。頃之，特進曹洪乳母當，與臨汾公主侍者共事無澗神〔一〕繫獄。卞太后遣黃門詣府傳令，芝不通，輒敕洛陽獄考竟，而上疏曰：「諸應死罪者，皆當先表須報。前制書禁絕淫祀以正風俗，今當等所犯妖刑，辭語始定，黃門吳達詣臣，傳太皇太后令。臣不敢通，懼有救護，速聞聖聽，若不得已，以垂宿留。由事不早竟，是臣之罪，是以冒犯常科，輒敕縣考竟，擅行刑戮，伏須誅罰。」帝手報曰：「省表，明卿至心，欲奉詔書，以權行事，是也。此乃卿奉詔之意，何謝之有？後黃門復往，愼勿通也。」芝居官十一年，數議科條所不便者。其在公卿閒，直道而行。會諸王來朝，與京都人交通，坐免。

〔一〕臣松之案：無澗，山名，在洛陽東北。

後爲大司農。先是諸典農各部吏民，末作治生，以要利入。芝奏曰：「王者之治，崇本抑末，務農重穀。王制：『無三年之儲，國非其國也。』管子區言以積穀爲急。方今二虜未滅，師旅不息，國家之要，惟在穀帛。武皇帝特開屯田之官，專以農桑爲業。建安中，天下倉廩充實，百姓殷足。自黃初以來，聽諸典農治生，各爲部下之計，誠非國家大體所宜也。

夫王者以海內爲家，故傳曰：『百姓不足，君誰與足！』富足之由，在於不失天時而盡地力。今商旅所求，雖有加倍之顯利，然於一統之計，已有不貲之損，不如墾田益一畝之收也。夫農民之事田，自正月耕種，耘鋤條桑，耕熯種麥，穫刈築場，十月乃畢。治廩繫橋，運輸租賦，除道理梁，墐塗室屋，以是終歲，無日不爲農事也。今諸典農，各言『留者爲行者宗田計，課其力，勢不得不爾。不有所廢，則當素有餘力。』臣愚以爲不宜復以商事雜亂，專以農桑爲務，於國計爲便。」明帝從之。

每上官有所召問，常先見掾史，爲斷其意故，教其所以答塞之狀，皆如所度。芝性亮直，不矜廉隅。與賓客談論，有不可意，便面折其短，退無異言。卒於官，家無餘財，自魏迄今爲河南尹者莫及芝。

芝亡，子岐嗣，從河南丞轉廷尉正，遷陳留相。梁郡有繫囚，多所連及，數歲不決。詔書徙獄于岐屬縣，縣請豫治牢具。岐曰：「今囚有數十，既巧詐難符，且已倦楚毒，其情易見。豈當復久處囹圄邪！」及囚至，詰之，皆莫敢匿詐，一朝決竟，遂超爲廷尉。是時大將軍爽專權，尚書何晏、鄧颺等爲之輔翼。南陽圭泰嘗以言迕指，考繫廷尉。颺訊獄，將致泰重刑。岐數颺曰：「夫樞機大臣，王室之佐，既不能輔化成德，齊美古人，而乃肆其私忿，枉論無辜。使百姓危心，非此焉在？」颺於是慚怒而退。岐終恐久獲罪，以疾去官。居家

未朞而卒，年三十五。子肇嗣。〔一〕

〔一〕肇，晉太康中爲冀州刺史、尚書，見（百官志）〔百官名〕。

評曰：徐奕、何夔、邢顒貴尚峻厲，爲世名人。毛玠清公素履，司馬芝忠亮不傾，庶乎不吐剛茹柔。崔琰高格最優，鮑勛秉正無虧，而皆不免其身，惜哉！大雅貴「既明且哲」，虞書尚「直而能溫」，自非兼才，疇克備諸！

三國志卷十三　魏書十三

鍾繇華歆王朗傳第十三

鍾繇字元常，潁川長社人也。〔一〕嘗與族父瑜俱至洛陽，道遇相者，曰：「此童有貴相，然當厄於水，努力慎之！」行未十里，度橋，馬驚，墮水幾死。瑜以相者言中，益貴繇，而供給資費，使得專學。舉孝廉，〔二〕除尚書郎、陽陵令，以疾去。辟三府，爲廷尉正、黃門侍郎。是時，漢帝在西京，李傕、郭汜等亂長安中，與關東斷絕。太祖領兗州牧，始遣使上書。〔三〕傕、汜等以爲「關東欲自立天子，今曹操雖有使命，非其至實」，議留太祖使，拒絕其意。繇說傕、汜等曰：「方今英雄並起，各矯命專制，唯曹兗州乃心王室，而逆其忠款，非所以副將來之望也。」傕、汜等用繇言，厚加答報，由是太祖使命遂得通。太祖既數聽荀彧之稱繇，又聞其說傕、汜，益虛心。後傕脅天子，繇與尚書郎韓斌同策謀。天子得出長安，繇有力焉。拜御史中丞，遷侍中尚書僕射，并錄前功封東武亭侯。

〔一〕先賢行狀曰：鍾皓字季明，溫良篤慎，博學詩律，教授門生千有餘人，爲郡功曹。時太丘長陳寔爲西門亭長，皓深

獨敬異。寔少皓十七歲，常禮待與同分義。會辟公府，臨辭，太守問：「誰可代君？」皓曰：「明府欲必得其人，西門亭長可用。」寔曰：「鍾君似不察人爲意，不知何獨識我？」皓爲司徒掾，公出，道路泥濘，導從惡其相濺，去公車絕遠。公椎軾言：「司徒今日爲獨行耳！」還府向閤，鈴下不扶，令揖掾屬，公奮手不顧。時舉府掾屬皆投劾出，皓爲西曹掾，即開府門分布曉語已出者，曰：「臣下不能得自直於君，若司隸舉繩墨，以公失宰相之禮，又不勝任，諸君終身何所任邪？」掾屬以故皆止。都官果移西曹掾，問空府去意，皓召都官吏，以見掾屬名示之，乃止。前後九辟三府，遷南鄉、林慮長，不之官。時郡中先輩爲海內所歸者，蒼梧太守定陵陳稚叔、故黎陽令潁陰荀淑及皓。少府李膺常宗此三人，曰：「荀君清識難尚，陳、鍾至德可師。」膺之姑爲皓兄之妻，生子覲，與膺年齊，並有令名。覲又好學慕古，有退讓之行。爲童幼時，膺祖太尉脩言：「覲似我家性，國有道不廢，國無道免于刑戮者也。」復以膺妹妻之。覲辟州宰，未嘗屈就。膺謂覲曰：「孟軻以爲人無好惡是非之心，非人也。弟於人何太無皁白邪！」覲嘗以膺之言白皓，皓曰：「元禮，祖公在位，諸父並盛，韓公之甥，故得然耳。國武子好招人過，以爲怨本，今豈其時！保身全家，汝道是也。」覲早亡，膺雖荷功名，位至卿佐，而卒隕身世禍。皓年六十九，終於家。皓二子迪、敷，並以黨錮不仕。繇則迪之孫。

〔二〕謝承後漢書曰：南陽陰脩爲潁川太守，以旌賢擢俊爲務，舉五官掾張仲方正，察功曹鍾繇、主簿荀彧、主記掾張禮、賊曹掾杜祐、孝廉荀攸、計吏郭圖爲吏，以光國朝。

〔三〕世語曰：太祖遣使從事王必致命天子。

時關中諸將馬騰、韓遂等，各擁彊兵相與爭。太祖方有事山東，以關右爲憂。乃表繇以侍中守司隸校尉，持節督關中諸軍，委之以後事，特使不拘科制。繇至長安，移書騰、遂

等，爲陳禍福，騰、遂各遣子入侍。太祖在官渡，與袁紹相持，繇送馬二千餘匹給軍。太祖與繇書曰：「得所送馬，甚應其急。關右平定，朝廷無西顧之憂，足下之勳也。昔蕭何鎮守關中，足食成軍，亦適當爾。」其後匈奴單于作亂平陽，繇帥諸軍圍之，未拔；而袁尚所置河東太守郭援到河東，衆甚盛。諸將議欲釋之去，繇曰：「袁氏方彊，援之來，關中陰與之通，所以未悉叛者，顧吾威名故耳。若棄而去，示之以弱，所在之民，誰非寇讎？縱吾欲歸，其得至乎！此爲未戰先自敗也。且援剛愎好勝，必易吾軍，若渡汾爲營，及其未濟擊之，可大克也。」張既說馬騰會擊援，騰遣子超將精兵逆之。援至，果輕渡汾，衆止之，不從。濟水未半，擊，大破之，〔一〕斬援，降單于。語在既傳。其後河東衛固作亂，與張晟、張琰及高幹等並爲寇，繇又率諸將討破之。〔二〕自天子西遷，洛陽人民單盡，繇徙關中民，又招納亡叛以充之，數年間民戶稍實。太祖征關中，得以爲資，表繇爲前軍師。

〔一〕司馬彪戰略曰：袁尚遣高幹、郭援將兵數萬人，與匈奴單于寇河東，遣使與馬騰、韓遂等連和，騰等陰許之。傅幹說騰曰：「古人有言『順道者昌，逆德者亡』。曹公奉天子誅暴亂，法明國治，上下用命，有義必賞，無義必罰，可謂順道矣。袁氏背王命，驅胡虜以陵中國，寬而多忌，仁而無斷，兵雖彊，實失天下心，可謂逆德矣。今將軍既事有道，不盡其力，陰懷兩端，欲以坐觀成敗，吾恐成敗既定，奉辭責罪，將軍先爲誅首矣。」於是騰懼。幹曰：「智者轉禍爲福。今曹公與袁氏相持，而高幹、郭援獨制河東，曹公雖有萬全之計，不能禁河東之不危也。將軍誠能

引兵討援，內外擊之，其勢必舉。是將軍一舉，斷袁氏之臂，解一方之急，曹公必重德將軍。將軍功名，竹帛不能盡載也。唯將軍審所擇！」騰曰：「敬從教。」於是遣子超將精兵萬餘人，并將遂等兵，與繇會擊援等，大破之。

〔二〕魏略曰：詔徵河東太守王邑。邑以天下未定，心不願徵，而吏民亦戀邑，郡掾衛固及中郎將范先等各詣繇求乞邑。而詔已拜杜畿爲太守，畿已入界。繇不聽先等，促邑交符。邑佩印綬，徑從河北詣許自歸。繇時治在洛陽，自以威禁失督司之法，乃上書自劾曰：「臣前上言故鎮北將軍領河東太守安陽亭侯王邑巧辟治官，犯突科條，事當推劾，檢實姦詐。被詔書當如所糾。以其歸罪，故加寬赦。又臣上言吏民大小，各懷顧望，謂邑當還，拒太守杜畿，今皆反悔，共迎畿之官。謹案文書，臣以空虛，被蒙拔擢，入充近侍，兼典機衡，忝膺重任，總統偏方。既無德政以惠民物，又無威刑以檢不恪，至使邑違犯詔書，郡掾衛固誑迫吏民，訟訴之言，交驛道路，漸失其禮，不虔王命。今雖反悔，醜聲流聞，咎皆由繇威刑不攝。臣又疾病，前後歷年，氣力日微，尸素重祿，曠廢職任，罪明法正。謹按侍中守司隸校尉東武亭侯鍾繇，幸得蒙恩，以斗筲之才，仍見拔擢，顯從近密，銜命督使。明知詔書深疾長吏政教寬弱，檢下無刑，久病淹滯，衆職荒頓，法令失張。邑雖違科，當必繩正法，既舉文書，操彈失理，至乃使邑遠詣闕廷。驕忝使命，挫傷爪牙。而固誑迫吏民，拒畿連月，今雖反悔，犯順失正，海內兇赫，罪一由繇威刑闇弱。又繇久病，不任所職，非繇大臣當所宜爲。繇輕慢憲度，不畏詔令，不與國同心，爲臣不忠，無所畏忌，大爲不敬。又不承用詔書，奉詔不謹。又聰明蔽塞，爲下所欺，弱不勝任。數罪謹以劾，臣請法車徵詣廷尉治繇罪，大鴻臚削爵土。臣久嬰篤疾，涉夏盛劇，命縣呼吸，不任部官。輒以文書付功曹從事馬適議，免冠徒跣，伏須罪誅。」詔不聽。

魏國初建，爲大理，遷相國。文帝在東宮，賜繇五熟釜，爲之銘曰：「於赫有魏，作漢藩輔。厥相惟鍾，實幹心膂。靖恭夙夜，匪遑安處。百寮師師，楷茲度矩。」〔一〕數年，坐西曹掾魏諷謀反，策罷就第。〔二〕文帝卽王位，復爲大理。及踐阼，改爲廷尉，進封崇高鄉侯。遷太尉，轉封平陽鄉侯。時司徒華歆、司空王朗，並先世名臣。文帝罷朝，謂左右曰：「此三公者，乃一代之偉人也，後世殆難繼矣！」〔三〕明帝卽位，進封定陵侯，增邑五百，并前千八百戶，遷太傅。繇有膝疾，拜起不便。時華歆亦以高年疾病，朝見皆使載輿車，虎賁舁上殿就坐。是後三公有疾，遂以爲故事。

〔一〕魏略曰：繇爲相國，以五熟釜鼎範因太子鑄之，釜成，太子與繇書曰：「昔有黃三鼎，周之九寶，咸以一體使調一味，豈若斯釜五味時芳？蓋鼎之烹飪，以饗上帝，以養聖賢，昭德祈福，莫斯之美。故非大人，莫之能造；故非斯器，莫宜盛德。今之嘉釜，有逾茲美。夫周之尸臣，宋之考父，衞之孔悝，晉之魏顆，彼四臣者，並以功德勒名鍾鼎。今執事寅亮大魏，以隆聖化。堂堂之德，於斯爲盛。誠太常之所宜銘，彝器之所宜勒。故作斯銘，勒之釜口，庶可贊揚洪美，垂之不朽。」

臣松之按漢書郊祀志，孝宣時，美陽得鼎，京兆尹張敞上議曰：「按鼎有刻書曰：『王命尸臣，官此栒邑。（尸主事之臣栒音荀幽地）賜爾鸞旂，黼黻琱戈。尸臣拜手稽首曰敢對揚天子丕顯休命！』此殆周之所以褒賜大臣，（子孫）大臣子孫刻銘其先功，藏之于宮廟也。」考父銘見左氏傳，孔悝銘在禮記，事顯故不載。國語曰：「昔克潞之役，秦來圖敗晉功，魏顆以其身追秦師于輔氏，親止杜回；其勳銘于景鍾，至于今不遺類，其子孫不可不興也。」太子所稱四銘者也。

魏略曰：後太祖征漢中，太子在孟津，聞繇有玉玦，欲得之而難公言。密使臨菑侯轉因人說之，繇卽送之。太子與繇書曰：「夫玉以比德君子，見美詩人。晉之垂棘，魯之璵璠，宋之結綠，楚之和璞，價越萬金，貴重都城，有稱疇昔，流聲將來。是以垂棘出晉，虞、虢雙禽；和璧入秦，相如抗節。竊見玉書，稱美玉白若截肪，黑譬純漆，赤擬雞冠，黃侔蒸栗。側聞斯語，未覩厥狀。雖德非君子，義無詩人，高山景行，私所慕仰。然四寶邈焉以遠，秦、漢未聞有良匹。是以求之曠年，未遇厥真，私願不果，飢渴未副。近見南陽宗惠叔稱君侯昔有美玦，聞之驚喜，笑與抃俱。當自白書，恐傳言未審，是以令舍弟子建因荀仲茂轉言鄙旨。乃不忽遺，厚見周稱，鄴騎既到，寶玦初至，捧跪發匣，爛然滿目。猥以蒙鄙之姿，得覩希世之寶，不煩一介之使，不損連城之價，既有秦昭章臺之觀，而無藺生詭奪之誑。嘉貺益腆，敢不欽承！」繇報書曰：「昔忝近任，并得賜玦。尚方耆老，頗識舊物。名其符采，必得處所。以爲執事有珍此者，是以鄙之，用未奉貢。幸而紆意，實以悅懌。在昔和氏，殷勤忠篤，而繇待命，是懷愧恥。」

〔二〕魏略曰：孫權稱臣，斬送關羽。太子書報繇，繇答書曰：「臣同郡故司空荀爽言：『人當道情，愛我者一何可愛！憎我者一何可憎！』顧念孫權，了更嫵媚。」太子又書曰：「得報，知喜南方。至于荀公之清談，孫權之嫵媚，執書嘔嚱，不能離手。若權復黠，當折以汝南許劭月旦之評。權優游二國，俯仰荀、許，亦已足矣。」

〔三〕陸氏異林曰：繇嘗數月不朝會，意性異常，或問其故，云：「常有好婦來，美麗非凡。」問者曰：「必是鬼物，可殺之。」婦人後往，不卽前，止戶外。繇問何以，曰：「公有相殺意。」繇曰：「無此。」乃勤勤呼之，乃入。繇意恨，有不忍之心，然猶斫之傷髀。婦人卽出，以新綿拭血竟路。明日使人尋跡之，至一大冢，木中有好婦人，形體如生人，著白練衫，丹繡裲襠，傷左髀，以裲襠中綿拭血。叔父清河太守說如此。清河，陸雲也。

初，太祖下令，使平議死刑可宮割者。繇以爲「古之肉刑，更歷聖人，宜復施行，以代死刑。」議者以爲非悅民之道，遂寢。及文帝臨饗羣臣，詔謂「大理欲復肉刑，此誠聖王之法。公卿當善共議。」議未定，會有軍事，復寢。太和中，繇上疏曰：「大魏受命，繼蹤虞、夏。孝文革法，不合古道。先帝聖德，固天所縱，墳典之業，一以貫之。是以繼世，仍發明詔，思復古刑，爲一代法。連有軍事，遂未施行。陛下遠追二祖遺意，惜斬趾可以禁惡，恨入死之無辜，使明習律令，與羣臣共議。出本當右趾而入大辟者，復行此刑。書云：『皇帝淸問下民，鰥寡有辭于苗。』此言堯當除蚩尤、有苗之刑，先審問於下民之有辭者也。若今蔽獄之時，訊問三槐、九棘、羣吏、萬民，使如孝景之令，其當棄市，欲斬右趾者許之。其黥、劓、左趾、宮刑者，自如孝文，易以髡、笞。能有姦者，率年二十至四五十，雖斬其足，猶任生育。今天下人少于孝文之世，下計所全，歲三千人。張蒼除肉刑，所殺歲以萬計。臣欲復肉刑，歲生三千人。子貢問能濟民可謂仁乎？子曰：『何事於仁，必也聖乎，堯、舜其猶病諸！』又曰：『仁遠乎哉？我欲仁，斯仁至矣。』若誠行之，斯民永濟。」書奏，詔曰：「太傅學優才高，留心政事，又於刑理深遠。此大事，公卿羣僚善共平議。」司徒王朗議，以爲「繇欲輕減大辟之條，以增益刖刑之數，此卽起偃爲豎，化尸爲人矣。然臣之愚，猶有未合微異之意。夫五刑之屬，著在科律，自有減死一等之法，不死卽爲減。施行已久，不待遠假斧鑿于彼肉刑，

然後有罪次也。前世仁者，不忍肉刑之慘酷，是以廢而不用。不用已來，歷年數百。今復行之，恐所減之文未彰于萬民之目，而肉刑之問已宣于寇讎之耳，非所以來遠人也。今可按繇所欲輕之死罪，使減死之髡、刖。嫌其輕者，可倍其居作之歲數。內有以生易死不訾之恩，外無以刖易釱駭耳之聲。」議者百餘人，與朗同者多。帝以吳、蜀未平，且寢。〔一〕

〔一〕袁宏曰：夫民心樂全而不能常全，蓋利用之物懸於外，而嗜慾之情動於內也。於是有進取貪競之行，希求放肆之事。進取不已，不能充其嗜慾，則苟且僥倖之所生也；希求無厭，無以愜其慾，則姦僞忿怒之所興也。先王知其如此，而欲救其弊，或先德化以陶其心；其心不化，然後加以刑辟。書曰：「百姓不親，五品不遜。汝作司徒而敬敷五教。蠻夷猾夏，寇賊姦宄。汝作士，五刑有服。」然則德、刑之設，參而用之者也。三代相因，其義詳焉。周禮：「使墨者守門，劓者守關，宮者守內，刖者守囿。」此肉刑之制可得而論者也。荀卿亦云，殺人者死，傷人者刑，百王之所同，未有知其所由來者也。夫殺人者死，而相殺者不已，是大辟可以懲未殺，不能使天下無殺也。傷人者刑，而害物者不息，是黥、劓可以懼未刑，不能使天下無刑也。故將欲止之，莫若先以德化。夫罪過彰著，然後入于刑辟，是將殺人者不必死，欲傷人者不必刑。縱而弗化，則陷於刑辟。故刑之所制，在於不可移之地。禮教則不然，明其善惡，所以潛勸其情，消之於未殺也；示之恥辱，所以內愧其心，治之於未傷也。故過微而不至於著，罪薄而不及於刑。終入罪辟者，非教化之所得也，故雖殘一物之生，刑一人之體，是除天下之害，夫何傷哉！率斯道也，風化可以漸淳，刑罰可以漸少，其理然也。苟不能化其心，而專任刑罰，民失義方，動罹刑網，求世休和，焉可得哉？周之成、康，豈按三千之文而致刑錯之美乎？蓋德化漸漬，致斯有由也。漢初懲酷刑之弊，務寬厚之論，公卿大夫，相與恥言人過。文帝登朝，加以玄默。張武受賂，賜金以愧其心；吳王不朝，崇禮以訓其失。是以吏民樂業，風流篤厚，斷獄四百，幾致刑措，豈非德刑兼用已然之効哉？世之欲言刑罰之用，不先德教之益，失之遠矣。今大辟之罪，與古同制。免死已下，不過五歲，旣釋鉗鎖，復得齒于人倫。是以民無恥惡，數爲姦盜，故刑徒多而亂不治也。苟教之所去，一離刀鋸，沒身不齒，鄉里且猶恥之，而況于鄉黨乎？而況朝廷乎？如此，則夙沙、趙高之儔，無施其惡矣。古者察其言，觀其行，而善惡彰焉。然則君子之去刑辟，固已遠矣。過誤不幸，則八議之所宥也。若夫卞和、史遷之冤，淫刑之所及也。苟失其道，或不免於大辟，而況肉刑哉！漢書：「斬右趾及殺人先自言告，吏坐受賕，守官物而卽盜之，皆棄市。」此班固所謂當生而令死者也。今不忍刻截之慘，而安剿絕之悲，此最治體之所先，有國所宜改者也。

太和四年，繇薨。帝素服臨弔，諡曰成侯。〔一〕子毓嗣。初，文帝分毓戶邑，封繇弟演及子劭、孫豫列侯。

〔一〕魏書曰：有司議諡，以爲繇昔爲廷尉，辨理刑獄，決嫌明疑，民無怨者，由于、張之在漢也。詔曰：「太傅功高德茂，位爲師保，論行賜諡，常先依此，兼敍廷尉于、張之德耳。」乃策諡曰成侯。

毓字稚叔。年十四爲散騎侍郎，機捷談笑，有父風。太和初，蜀相諸葛亮圍祁山，明帝欲西征，毓上疏曰：「夫策貴廟勝，功尚帷幄，不下殿堂之上，而決勝千里之外。車駕宜鎭守中土，以爲四方威勢之援。今大軍西征，雖有百倍之威，於關中之費，所損非一。且盛暑行師，詩人所重，實非至尊動軔之時也。」遷黃門侍郎。時大興洛陽宮室，車駕便幸許昌，天

下當朝正許昌。許昌偪狹，於城南以氈爲殿，備設魚龍曼延，民罷勞役。毓諫，以爲「水旱不時，帑藏空虛，凡此之類，可須豐年。」又上「宜復關內開荒地，使民肆力於農。」事遂施行。正始中，爲散騎（侍郎）〔常侍〕。大將軍曹爽盛夏興軍伐蜀，蜀拒守，軍不得進。爽方欲增兵，毓與書曰：「竊以爲廟勝之策，不臨矢石；王者之兵，有征無戰。誠以干戚可以服有苗，退舍足以納原寇，不必縱吳漢于江關，騁韓信於井陘也。見可而進，知難而退，蓋自古之政。惟公侯詳之！」爽無功而還。後以失爽意，徙侍中，出爲魏郡太守。爽旣誅，入爲御史中丞、侍中廷尉。聽君父已沒，臣子得爲理謗，及士爲侯，其妻不復配嫁，毓所創也。

正元中，毌丘儉、文欽反，毓持節至揚、豫州班行赦令，告諭士民，還爲尚書。諸葛誕反，大將軍司馬文王議自詣壽春討誕。會吳大將孫壹率衆降，或以爲「吳新有釁，必不能復出軍。東兵已多，可須後問」。毓以爲「夫論事料敵，當以己度人。今誕舉淮南之地以與吳國，孫壹所率，口不至千，兵不過三百。吳之所失，蓋爲無幾。若壽春之圍未解，而吳國之內轉安，未可必其不出也。」大將軍曰：「善。」遂將毓行。〔一〕淮南旣平，爲靑州刺史，加後將軍，遷都督徐州諸軍事，假節，又轉都督荊州。景元四年薨，追贈車騎將軍，諡曰惠侯。子駿嗣。毓弟會，自有傳。

〔一〕臣松之以爲諸葛誕擧淮南以與吳，孫壹率三百人以歸魏，謂吳有釁，本非有理之言。毓之此議，蓋何足稱耳！

華歆字子魚，平原高唐人也。高唐爲齊名都，衣冠無不游行市里。歆爲吏，休沐出府，則歸家闔門。議論持平，終不毀傷人。〔一〕同郡陶丘洪亦知名，自以明見過歆。時王芬與豪傑謀廢靈帝。語在武紀。〔二〕芬陰呼歆、洪共定計，洪欲行，歆止之曰：「夫廢立大事，伊、霍之所難。芬性疏而不武，此必無成，而禍將及族。子其無往！」洪從歆言而止。後芬果敗，洪乃服。舉孝廉，除郎中，病，去官。靈帝崩，何進輔政，徵河南鄭泰、潁川荀攸及歆等。歆到，爲尚書郎。董卓遷天子長安，歆求出爲下邽令，病不行，遂從藍田至南陽。〔三〕時袁術在穰，留歆。歆說術使進軍討卓，術不能用。歆欲棄去，會天子使太傅馬日磾安集關東，日磾辟歆爲掾。東至徐州，詔卽拜歆豫章太守，以爲政清靜不煩，吏民感而愛之。〔四〕孫策略地江東，歆知策善用兵，乃幅巾奉迎。策以其長者，待以上賓之禮。〔五〕後策死。太祖在官渡，表天子徵歆。孫權欲不遣，歆謂權曰：「將軍奉王命，始交好曹公，分義未固，使僕得爲將軍效心，豈不有益乎？今空留僕，是爲養無用之物，非將軍之良計也。」權悅，乃遣歆。賓客舊人送之者千餘人，贈遺數百金。歆皆無所拒，密各題識，至臨去，悉聚諸物，謂諸賓客曰：「本無拒諸君之心，而所受遂多。念單車遠行，將以懷璧爲罪，願賓客爲之計。」衆乃各留所贈，而服其德。

〔一〕魏略曰：歆與北海邴原、管寧俱游學，三人相善，時人號三人爲「一龍」，歆爲龍頭，原爲龍腹，寧爲龍尾。臣松之以爲邴根矩之徽猷懿望，不必有愧華公，管幼安含德高蹈，又恐弗當爲尾。魏略此言，未可以定其先後也。

〔二〕魏書稱芬有大名於天下。

〔三〕華嶠譜敍曰：歆少以高行顯名。避西京之亂，與同志鄭泰等六七人，閒步出武關。道遇一丈夫獨行，願得俱，皆哀欲許之。歆獨曰：「不可。今已在危險之中，禍福患害，義猶一也。無故受人，不知其義。既以受之，若有進退，可中棄乎！」衆不忍，卒與俱行。此丈夫中道墮井，皆欲棄之。歆曰：「已與俱矣，棄之不義。」相率共還出之，而後別去。衆乃大義之。

〔四〕魏略曰：揚州刺史劉繇死，其衆願奉歆爲主。歆以爲因時擅命，非人臣之宜。衆守之連月，卒謝遣之，不從。

〔五〕胡沖吳歷曰：孫策擊豫章，先遣虞翻說歆。歆答曰：「歆久在江表，常欲北歸；孫會稽來，吾便去也。」翻還報策，策乃進軍。歆葛巾迎策，策謂歆曰：「府君年德名望，遠近所歸；策年幼稚，宜脩子弟之禮。」便向歆拜。

華嶠譜敍曰：孫策略有揚州，盛兵徇豫章，一郡大恐。官屬請出郊迎，教曰：「無然。」策稍進，復白發兵，又不聽。及策至，一府皆造閤，請出避之。乃笑曰：「今將自來，何遽避之？」有頃，門下白曰：「孫將軍至。」請見，乃前與歆共坐，談議良久，夜乃別去。義士聞之，皆長歎息而心自服也。策遂親執子弟之禮，禮爲上賓。是時四方賢士大夫避地江南者甚衆，皆出其下，人人望風。每策大會，坐上莫敢先發言，歆時起更衣，則論議讙譁。歆能劇飲，至石餘不亂，衆人微察，常以其整衣冠爲異，江南號之曰「華獨坐」。

虞溥江表傳曰：孫策在椒丘，遣虞翻說歆。翻既去，歆請功曹劉壹入議。壹勸歆住城，遣檄迎軍。歆曰：「吾雖劉刺史所置，上用，猶是剖符吏也。今從卿計，恐死有餘責矣。」壹曰：「王景興既漢朝所用，且爾時會稽人衆盛彊，猶見原恕，明府何慮？」於是夜逆作檄，明旦出城，遣吏奮迎。策便進軍，與歆相見，待以上賓，接以朋友之禮。

孫盛曰：夫大雅之處世也，必先審隱顯之期，以定出處之分，否則括囊以保其身，泰則行義以達其道。歆既無夷、皓韜邈之風，又失王臣匪躬之操，故撓心於邪儒之說，交臂於陵肆之徒，位奪於一豎，節墮於當時。昔許、蔡失位，不得列於諸侯；州公實來，魯人以爲賤恥。方之於歆，咎孰大焉！

歆至，拜議郎，參司空軍事，入爲尚書，轉侍中，代荀彧爲尚書令。太祖征孫權，表歆爲軍師。魏國既建，爲御史大夫。文帝卽王位，拜相國，封安樂鄉侯。及踐阼，改爲司徒。〔一〕歆素清貧，祿賜以振施親戚故人，家無擔石之儲。公卿嘗並賜沒入生口，唯歆出而嫁之。帝歎息，〔二〕下詔曰：「司徒，國之儁老，所與和陰陽理庶事也。今大官重膳，而司徒蔬食，甚無謂也。」特賜御衣，及爲其妻子男女皆作衣服。〔三〕三府議：「舉孝廉，本以德行，不復限以試經。」歆以爲「喪亂以來，六籍墮廢，當務存立，以崇王道。夫制法者，所以經盛衰。今聽孝廉不以經試，恐學業遂從此而廢。若有秀異，可特徵用。患於無其人，何患不得哉？」帝從其言。

〔一〕魏書曰：文帝受禪，歆登壇相儀，奉皇帝璽綬，以成受命之禮。

華嶠譜敍曰：文帝受禪，朝臣三公已下並受爵位；歆以形色忤時，徙爲司徒，而不進爵。魏文帝久不懌，以問尚

書令陳羣曰：「我應天受禪，百辟羣后，莫不人人悅喜，形于聲色，而相國及公獨有不怡者，何也？」羣起離席長跪曰：「臣與相國曾臣漢朝，心雖悅喜，義形其色，亦懼陛下實應且憎。」帝大悅，遂重異之。

〔二〕孫盛曰：盛聞慶賞威刑，必宗於主，權宜宥恕，出自人君。子路私饋，仲尼毀其食器；田氏盜施，春秋著以爲譏。斯襃貶之成言，已然之顯義也。孥戮之家，國刑所肅，受賜之室，乾施所加，若在哀矜，理無偏宥。歆居股肱之任，同元首之重，則當公言皇朝，以彰天澤，而默受嘉賜，獨爲君子，既犯作福之嫌，又違必去之義，可謂匹夫之仁，蹈道則未也。

魏書曰：歆性周密，舉動詳慎。常以爲人臣陳事，務以諷諫合道爲貴，就有所言，不敢顯露，故其事多不見載。

華嶠譜敍曰：歆淡於財欲，前後寵賜，諸公莫及，然終不殖產業。陳羣常歎曰：「若華公，可謂通而不泰，清而不介者矣。」

傅子曰：敢問今之君子？曰：「袁郎中積德行儉，華太尉積德居順，其智可及也，其清不可及也。事上以忠，濟下以仁，晏嬰、行父何以加諸？」

〔三〕魏書曰：又賜奴婢五十人。

黃初中，詔公卿舉獨行君子，歆舉管寧，帝以安車徵之。明帝卽位，進封博平侯，增邑五百戶，并前千三百戶，轉拜太尉。〔一〕歆稱病乞退，讓位於寧。帝不許。臨當大會，乃遣散騎常侍繆襲奉詔喻指曰：「朕新莅庶事，一日萬幾，懼聽斷之不明。賴有德之臣，左右朕躬，而君屢以疾辭位。夫量主擇君，不居其朝，委榮棄祿，不究其位，古人固有之矣，顧以爲周

公、伊尹則不然。絜身徇節，常人爲之，不望之於君。君其力疾就會，以惠予一人。將立席几筵，命百官總己，以須君到，朕然後御坐。」又詔虁：「須歆必起，乃還。」歆不得已，乃起。〔一〕

〔一〕列異傳曰：歆爲諸生時，嘗宿人門外。主人婦夜產。有頃，兩吏詣門，便辟易卻，相謂曰：「公在此。」躊躇良久，一吏曰：「籍當定，奈何得住？」乃前向歆拜，相將入。出並行，共語曰：「當與幾歲？」一人曰：「當三歲。」天明，歆去。後欲驗其事，至三歲，故往問兒消息，果已死。歆乃自知當爲公。

臣松之按：晉陽秋說魏舒少時寄宿事，亦如之。以爲理無二人俱有此事，將由傳者不同。今寧信列異。

太和中，遣曹眞從子午道伐蜀，車駕東幸許昌。歆上疏曰：「兵亂以來，過踰二紀。大魏承天受命，陛下以聖德當成康之隆，宜弘一代之治，紹三王之迹。雖有二賊負險延命，苟聖化日躋，遠人懷德，將襁負而至。夫兵不得已而用之，故戢而時動。臣誠願陛下先留心於治道，以征伐爲後事。且千里運糧，非用兵之利；越險深入，無獨克之功。如聞今年徵役，頗失農桑之業。爲國者以民爲基，民以衣食爲本。使中國無饑寒之患，百姓無離土之心，則天下幸甚，二賊之釁，可坐而待也。臣備位宰相，老病日篤，犬馬之命將盡，恐不復奉望鑾蓋，不敢不竭臣子之懷，唯陛下裁察！」帝報曰：「君深慮國計，朕甚嘉之。賊憑恃山川，二祖勞於前世，猶不克平，朕豈敢自多，謂必滅之哉！諸將以爲不一探取，無由自弊，是以觀兵以闚其釁。若天時未至，周武還師，乃前事之鑒，朕敬不忘所戒。」時秋大雨，詔眞

引軍還。太和五年，歆薨，謚曰敬侯。〔一〕子表嗣。初，文帝分歆戶邑，封歆弟緝列侯。表，咸熙中爲尚書。〔二〕

〔一〕魏書云：歆時年七十五。

〔二〕華嶠譜敍曰：歆有三子。表字偉容，年二十餘爲散騎侍郎。時同僚諸郎共平尚書事，年少，並兼厲鋒氣，要（君）〔召〕名譽。尚書事至，或有不便，故遺漏不視，及傳書者去，即入深文論駁。惟表不然，事來有不便，輒與尚書共論盡其意，主者固執，不得已，然後共奏議。司空（陳泰）〔陳羣〕等以此稱之。仕晉，歷太子少傅、太常。稱疾致仕，拜光祿大夫。性清淡，常慮天下退理。司徒李胤、司隸（王密）〔王弘〕等常稱曰：「若此人者，不可得而貴，不可得而賤，〔不可得而親〕，不可得而踈。」中子博，歷三縣內史，治有名跡。少子周，黃門侍郎、常山太守，博學有文思。中年遇疾，終于家。表有三子。長子廙，字長駿。晉諸公贊曰：廙有文翰，歷位尚書令、太子少傅，追贈光祿大夫開府。嶠字叔駿，有才學，撰後漢書，世稱爲良史。爲祕書監、尚書。澹字玄駿，最知名，爲河南尹。廙三子。昆字敬倫，清粹有檢，爲尚書。薈字敬叔。世語稱薈貴正。恆字敬則，以通理稱。昆，尚書；薈，河南尹；恆，左光祿大夫開府。澹子軼，字彥夏。有當世才志，爲江州刺史。

王朗字景興，東海（郡）〔郯〕人也。以通經，拜郎中，除菑丘長。師太尉楊賜，賜薨，棄官行服。舉孝廉，辟公府，不應。徐州刺史陶謙察朗茂才。時漢帝在長安，關東兵起，朗爲謙

治中，與別駕趙昱等說謙曰：「春秋之義，求諸侯莫如勤王。今天子越在西京，宜遣使奉承王命。」謙乃遣昱奉章至長安。天子嘉其意，拜謙安東將軍。以昱爲廣陵太守，朗會稽太守。〔一〕孫策渡江略地。朗功曹虞翻以爲力不能拒，不如避之。朗自以身爲漢吏，宜保城邑，遂舉兵與策戰，敗績，浮海至東冶。策又追擊，大破之。朗乃詣策。策以（朗）儒雅，詰讓而不害。〔二〕雖流移窮困，朝不謀夕，而收卹親舊，分多割少，行義甚著。

〔一〕朗家傳曰：會稽舊祀秦始皇，刻木爲像，與夏禹同廟。朗到官，以爲無德之君，不應見祀，於是除之。居郡四年，惠愛在民。

〔二〕獻帝春秋曰：孫策率軍如閩、越討朗。朗泛舟浮海，欲走交州，爲兵所逼，遂詣軍降。策令使者詰朗曰：「問逆賊故會稽太守王朗：朗受國恩當官，云何不惟報德，而阻兵安忍？大軍征討，幸免梟夷，不自掃屛，復聚黨衆，屯住郡境。遠勞王誅，卒不悟順。捕得云降，庶以欺詐，用全首領，得爾與不，具以狀對。」朗稱禽虜，對使者曰：「朗以瑣才，誤竊朝私，受爵不讓，以遘罪網。前見征討，畏死苟免。因治人物，寄命須臾。又迫大兵，惶怖北引。從者疾患，死亡略盡。獨與老母，共乘一櫼。流矢始交，便棄櫼就俘，稽顙自首於征役之中。朗惶惑不達，自稱降虜。緣前迷謬，被詰慚懼。朗愚淺駑怯，畏威自驚。又無良介，不早自歸。於破亡之中，然後委命下隸。身輕罪重，死有餘辜。申脰就鞅，蹴足入絆，叱咤聽聲，東西惟命。」

太祖表徵之，朗自曲阿展轉江海，積年乃至。〔一〕拜諫議大夫，參司空軍事。〔二〕魏國初建，以軍祭酒領魏郡太守，遷少府、奉常、大理。務在寬恕，罪疑從輕。鍾繇明察當法，俱以治

獄見稱。〔三〕

〔一〕朗被徵未至。孔融與朗書曰：「世路隔塞，情問斷絕，感懷增思。前見章表，知尋湯武罪己之迹，自投東裔同鯀之罰，覽省未周，涕隕潸然。主上寬仁，貴德宥過。曹公輔政，思賢並立。策書屢下，殷勤款至。知櫂舟浮海，息駕廣陵，不意黃熊突出羽淵也。談笑有期，勉行自愛！」

漢晉春秋曰：孫策之始得朗也，譴讓之。使張昭私問朗，朗誓不屈，策忿而不敢害也，留置曲阿。建安三年，太祖表徵朗，策遣之。太祖問曰：「孫策何以得至此邪？」朗曰：「策勇冠一世，有儁才大志。張子布，民之望也，北面而相之。周公瑾，江淮之傑，攘臂而爲其將。謀而有成，所規不細，終爲天下大賊，非徒狗盜而已。」

〔二〕朗家傳曰：朗少與沛國名士劉陽交友。陽爲莒令，年三十而卒，故後世鮮聞。初，陽以漢室漸衰，知太祖有雄才，恐爲漢累，意欲除之而事不會。及太祖貴，求其嗣子甚急。其子惶窘，走伏無所。陽親舊雖多，莫敢藏者。朗乃納受積年，及從會稽還，又數開解。太祖久乃赦之，陽門戶由是得全。

〔三〕魏略曰：太祖請同會，啁朗曰：「不能效君昔在會稽折秔米飯也。」朗仰而歎曰：「宜適難値！」太祖問：「云何？」朗曰：「如朗昔者，未可折而折；如明公今日，可折而不折也。」太祖以孫權稱臣遣貢諮朗，朗答曰：「孫權前賤，自詭躬討虜以補前愆，後疏稱臣，以明無二。牙獸屈膝，言鳥告歡，明珠、南金，遠珍必至。三江五湖，爲治於魏，西吳東越，化爲國民。鄢、郢既拔，荆門自開。席卷巴、蜀，形勢已成。重休累慶，雜沓相隨。承旨之日，撫掌擊節。情之畜者，辭不能宣。」

文帝卽王位，遷御史大夫，封安陵亭侯。上疏勸育民省刑曰：「兵起已來三十餘年，四海盪覆，萬國殄瘁。賴先王芟除寇賊，扶育孤弱，遂令華夏復有綱紀。鳩集兆民，于茲魏

土，使封鄙之內，雞鳴狗吠，達於四境，蒸庶欣欣，喜遇升平。今遠方之寇未賓，兵戎之役未息，誠令復除足以懷遠人，良宰足以宣德澤，阡陌咸修，四民殷熾，必復過於曩時而富於平日矣。易稱敕法，書著祥刑，「一人有慶，兆民賴之」，慎法獄之謂也。昔曹相國以獄市爲寄，路溫舒疾治獄之吏。夫治獄者得其情，則無冤死之囚；丁壯者得盡地力，則無饑饉之民；窮老者得仰食倉廩，則無餧餓之殍；嫁娶以時，則男女無怨曠之恨；胎養必全，則孕者無自傷之哀；新生必復，則孩者無不育之累；壯而後役，則幼者無離家之思；二毛不戎，則老者無頓伏之患。醫藥以療其疾，寬繇以樂其業，威罰以抑其強，恩仁以濟其弱，賑貸以贍其乏。十年之後，既笄者必盈巷。二十年之後，勝兵者必滿野矣。」

及文帝踐阼，改爲司空，進封樂平鄉侯。〔一〕時帝頗出游獵，或昏夜還宮。朗上疏曰：「夫帝王之居，外則飾周衞，內則重禁門，將行則設兵而後出幄，稱警而後踐墀，張弧而後登輿，清道而後奉引，遮列而後轉轂，靜室而後息駕，皆所以顯至尊，務戒慎，垂法教也。近日車駕出臨捕虎，日昃而行，及昏而反，違警蹕之常法，非萬乘之至慎也。」帝報曰：「覽表，雖魏絳稱虞箴以諷晉悼，相如陳猛獸以戒漢武，未足以喻。方今二寇未殄，將帥遠征，故時入原野以習戎備。至於夜還之戒，已詔有司施行。」〔二〕

〔一〕魏名臣奏載朗節省奏曰：「詔問所宜損益，必謂東京之事也。若夫西京雲陽、汾陰之大祭，千有五百之羣，祀通天

之臺，入阿房之宮，齋必百日，養犧五載，牛則三千，其重玉則七千；其器，文綺以飾重席，童女以蹈舞綴；釃酎必貫三時而後成，樂人必三千四百而後備；內宮美人數至近千，學官博士〔弟子〕七千餘人；中廄則騄駼騑馬六萬餘匹，外牧則扈養三萬而馬十之；執金吾從騎六百，走卒倍焉；太常行陵幸車千乘，太官賜官奴婢六千，長安城內治民爲政者三千，中二千石蔽罪斷刑者二十有五獄。政充事猥，威儀繁富，隆於三代，近過禮中。夫所以極奢者，大抵多受之於秦餘。既違繭栗愨誠之本，掃地簡易之指，又失替質而損文、避泰而從約之趣。豈夫當今隆興盛明之時，祖述堯舜之際，割奢務儉之政，除繁崇省之令，詳刑慎罰之教，所宜希慕哉？及夫寢廟日一太牢之祀，郡國並立宗廟之法，丞相御史大夫官屬吏從之數，若此之輩，既已屢改於哀、平之前，不行光武之後矣。謹按圖牒所改奏，在天地及五帝、六宗、宗廟、社稷，既已因前代之兆域矣。夫天地則掃地而祭，其餘則皆壇而埒之矣。明堂所以祀上帝，靈臺所以觀天文，辟雍所以脩禮樂，太學所以集儒林，高禖所以祈休祥，又所以察時務，揚敎化。稽古先民，開誕慶祚，舊時皆在國之陽，並高棟夏屋，足以（肆）〔肄〕饗射，望雲物。七郊雖尊祀尚質，猶皆有門宇便坐，足以避風雨。可須軍罷年豐，以漸脩治。舊時虎賁羽林五營兵，及衞士幷合，雖且萬人，或商賈惰游子弟，或農野謹鈍之人；雖有乘制之處，不講戎陳，既不簡練，又希更寇，雖名實不副，難以備急。有警而後募兵，軍行而後運糧，或乃兵既久屯，而不務營佃，不脩器械，無有貯聚，一隅馳羽檄，則三面並荒擾，此亦漢氏近世之失而不可式者也。當今諸夏已安，而巴蜀在畫外。雖未得偃武而弢甲，放馬而戢兵，宜因年之大豐，遂寄軍政於農事。吏士小大，並勤稼穡，止則成井里於廣野，動則成校隊於六軍，省其暴繇，贍其衣食。易稱『悅以使民，民忘其勞；悅以犯難，民忘其死』，今之謂矣。糧畜於食，勇畜於勢，雖坐曜烈威而衆未動，畫外之蠻，必復稽顙以求改往而效用矣。若畏威效用，不戰而定，則賢於交兵而後威立，接刃而後功成遠矣。若姦凶不革，遂迷不反，猶欲以其所虐用之民，待大魏投命報養之士，然後徐以前歌後舞樂征之衆，臨彼倒戟折矢樂服之羣，伐腐摧枯，未足以爲喻。」

〔二〕王朗集載朗爲大理時上主簿趙郡張登：「昔爲本縣主簿，值黑山賊圍郡，登與縣長王雋帥吏兵七十二人直往赴救，與賊交戰，吏兵散走。雋殆見害，登手格一賊，以全雋命。又守長夏逸，爲督郵所枉，登身受考掠，理逸之罪。義濟二君，宜加顯異。」太祖以所急者多，未遑擢敍。至黃初初，朗又與太尉鍾繇連名表聞，兼稱登在職勤勞。詔曰：「登忠義彰著，在職功勤。名位雖卑，直亮宜顯。饔膳近任，當得此吏。今以登爲太官令。」

初，建安末，孫權始遣使稱藩，而與劉備交兵。詔議「當興師與吳幷取蜀不」？朗議曰：「天子之軍，重於華、岱，誠宜坐曜天威，不動若山。假使權親與蜀賊相持，搏戰曠日，智均力敵，兵不速決，當須軍興以成其勢者，然後宜選持重之將，承寇賊之要，相時而後動，擇地而後行，一舉更無餘事。今權之師未動，則助吳之軍無爲先征。且雨水方盛，非行軍動衆之時。」帝納其計。黃初中，鵜鶘集靈芝池，詔公卿舉獨行君子。朗薦光祿大夫楊彪，且稱疾，讓位於彪。帝乃爲彪置吏卒，位次三公。詔曰：「朕求賢於君而未得，君乃翻然稱疾，非徒不得賢，更開失賢之路，增玉鉉之傾。無乃居其室出其言不善，見違於君子乎！君其勿有後辭。」朗乃起。

孫權欲遣子登入侍，不至。是時車駕徙許昌，大興屯田，欲舉軍東征。朗上疏曰：「昔

南越守善，嬰齊入侍，遂爲冢嗣，還君其國。康居驕黠，情不副辭，都護奏議以爲宜遣侍子，以黜無禮。且吳濞之禍，萌於子入，隗囂之叛，亦不顧子。往者聞權有遣子之言而未至，今六軍戒嚴，臣恐輿人未暢聖旨，當謂國家慍於登之逋留，是以爲之興師。設師行而登乃至，則爲所動者至大，所致者至細，猶未足以爲慶。設其傲狠，殊無入志，懼彼輿論之未暢者，並懷伊邑。臣愚以爲宜敕別征諸將，各明奉禁令，以慎守所部。外曜烈威，內廣耕稼，使泊然若山，澹然若淵，勢不可動，計不可測。」是時，帝以成軍遂行，權子不至，車駕臨江而還。〔一〕

〔一〕魏書曰：車駕既還，詔三公曰：「三世爲將，道家所忌。窮兵黷武，古有成戒。況連年水旱，士民損耗，而功作倍於前，勞役兼於昔，進不滅賊，退不和民。夫屋漏在上，知之在下，然迷而知反，失道不遠，過而能改，謂之不過。今將休息，棲備高山，沉權九淵，割除擯棄，投之畫外。車駕當以今月中旬到譙，淮、漢衆軍，亦各還反，不臘西歸矣。」

明帝即位，進封蘭陵侯，增邑五百，幷前千二百戶。使至鄴省文昭皇后陵，見百姓或有不足。是時方營修宮室，朗上疏曰：「陛下即位已來，恩詔屢布，百姓萬民莫不欣欣。臣頃奉使北行，往反道路，聞衆徭役，其可得蠲除省減者甚多。願陛下重留日昃之聽，以計制寇。昔大禹將欲拯天下之大患，故乃先卑其宮室，儉其衣食，用能盡有九州，弼成五服。句

交易市買。昭厚待之，因用爲間，乘虛掩討，輒大克破。二日之中，羽檄三至。

昭弟訪，在張邈軍中。邈與紹有隙，紹受邈將致罪於昭。昭欲詣漢獻帝，至河內，爲張楊所留。因楊上還印綬，拜騎都尉。時太祖領兗州，遣使詣楊，欲令假塗西至長安，楊不聽。昭說楊曰：「袁、曹雖爲一家，勢不久羣。曹今雖弱，然實天下之英雄也，當故結之。況今有緣，宜通其上事，幷表薦之；若事有成，永爲深分。」楊於是通太祖上事，表薦太祖。昭爲太祖作書與長安諸將李傕、郭汜等，各隨輕重致殷勤。楊亦遣使詣太祖。太祖遺楊犬馬金帛，遂與西方往來。天子在安邑，昭從河內往，詔拜議郎。

建安元年，太祖定黃巾于許，遣使詣河東。會天子還洛陽，韓暹、楊奉、董承及楊各違戾不和。昭以奉兵馬最彊而少黨援，作太祖書與奉曰：「吾與將軍聞名慕義，便推赤心。今將軍拔萬乘之艱難，反之舊都，翼佐之功，超世無疇，何其休哉！方今羣凶猾夏，四海未寧，神器至重，事在維輔；必須衆賢以清王軌，誠非一人所能獨建。心腹四支，實相恃賴，一物不備，則有闕焉。將軍當爲內主，吾爲外援。今吾有糧，將軍有兵，有無相通，足以相濟，死生契闊，相與共之。」奉得書喜悅，語諸將軍曰：「兗州諸軍近在許耳，有兵有糧，國家所當依仰也。」遂共表太祖爲鎮東將軍，襲父爵費亭侯；昭遷符節令。

太祖朝天子於洛陽，引昭並坐，問曰：「今孤來此，當施何計？」昭曰：「將軍興義兵以

誅暴亂，入朝天子，輔翼王室，此五伯之功也。此下諸將，人殊意異，未必服從，今留匡弼，事勢不便，惟有移駕幸許耳。然朝廷播越，新還舊京，遠近跂望，冀一朝獲安。今復徙駕，不厭衆心。夫行非常之事，乃有非常之功，願將軍算其多者。」太祖曰：「此孤本志也。楊奉近在梁耳，聞其兵精，得無爲孤累乎？」昭曰：「奉少黨援，將獨委質。鎮東、費亭之事，皆奉所定，又聞書命申束，足以見信。宜時遣使厚遺答謝，以安其意。說『京都無糧，欲車駕暫幸魯陽，魯陽近許，轉運稍易，可無縣乏之憂』。奉爲人勇而寡慮，必不見疑，比使往來，足以定計。奉何能爲累！」太祖曰：「善。」卽遣使詣奉。徙大駕至許。奉由是失望，與韓暹等到定陵鈔暴。太祖不應，密往攻其梁營，降誅卽定。奉、暹失衆，東降袁術。三年，昭遷河南尹。時張楊爲其將楊醜所殺，楊長史薛洪、河內太守繆尚城守待紹救。太祖令昭單身入城，告喻洪、尚等，卽日舉衆降。以昭爲冀州牧。

太祖令劉備拒袁術，昭曰：「備勇而志大，關羽、張飛爲之羽翼，恐備之心未可得論也！」太祖曰：「吾已許之矣。」備到下邳，殺徐州刺史車胄，反。太祖自征備，徙昭爲徐州牧。袁紹遣將顏良攻東郡，又徙昭爲魏郡太守，從討良。良死後，進圍鄴城。袁紹同族春卿爲魏郡太守，在城中，其父元長在揚州，太祖遣人迎之。昭書與春卿曰：「蓋聞孝者不背親以要利，仁者不忘君以徇私，志士不探亂以徼幸，智者不詭道以自危。足下大君，昔避內

難，南游百越，非疏骨肉，樂彼吳會，智者深識，獨或宜然。曹公愍其守志清恪，離羣寡儔，故特遣使江東，或迎或送，今將至矣。就令足下處偏平之地，依德義之主，居有泰山之固，身爲喬松之偶，以義言之，猶宜背彼向此，舍民趣父也。且邾儀父始與隱公盟，魯人嘉之，而不書爵，然則王所未命，爵尊不成，春秋之義也。況足下今日之所託者乃危亂之國，所受者乃矯誣之命乎？苟不逞之與羣，而厥父之不恤，不可以言孝。忘祖宗所居之本朝，安非正之奸職，難可以言忠。忠孝並替，難以言智。又足下昔日爲曹公所禮辟，夫戚族人而疏所生，內所寓而外王室，懷邪祿而叛知己，遠福祚而近危亡，棄明義而收大恥，不亦可惜邪！若能翻然易節，奉帝養父，委身曹公，忠孝不墜，榮名彰矣。宜深留計，早決良圖。」鄴既定，以昭爲諫議大夫。後袁尚依烏丸蹋頓，太祖將征之。患軍糧難致，鑿平虜、泉州二渠入海通運，昭所建也。太祖表封千秋亭侯，轉拜司空軍祭酒。

後昭建議：「宜脩古建封五等。」太祖曰：「建設五等者，聖人也，又非人臣所制，吾何以堪之？」昭曰：「自古以來，人臣匡世，未有今日之功。有今日之功，未有久處人臣之勢者也。今明公恥有慚德而未盡善，樂保名節而無大責，德美過於伊、周，此至德之所極也。然太甲、成王未必可遭，今民難化，甚於殷、周，處大臣之勢，使人以大事疑己，誠不可不重慮也。明公雖邁威德，明法術，而不定其基，爲萬世計，猶未至也。定基之本，在地與人，宜稍

建立，以自藩衞。明公忠節穎露，天威在顏，耿弇牀下之言，朱英無妄之論，不得過耳。昭受恩非凡，不敢不陳。」〔一〕後太祖遂受魏公、魏王之號，皆昭所創。

〔一〕獻帝春秋曰：昭與列侯諸將議，以丞相宜進爵國公，九錫備物，以彰殊勳；書與荀彧曰：「昔周旦、呂望，當姬氏之盛，因二聖之業，輔翼成王之幼，功勳若彼，猶受上爵，錫土開宇。末世田單，驅彊齊之衆，報弱燕之怨，收城七十，迎復襄王；襄王加賞于單，使東有掖邑之封，西有菑上之虞。前世錄功，濃厚如此。今曹公遭海內傾覆，宗廟焚滅，躬擐甲冑，周旋征伐，櫛風沐雨，且三十年，芟夷羣凶，爲百姓除害，使漢室復存，劉氏奉祀。方之曩者數公，若太山之與丘垤，豈同日而論乎？今徒與列將功臣，並侯一縣，此豈天下所望哉！」

及關羽圍曹仁於樊，孫權遣使辭以「遣兵西上，欲掩取羽。江陵、公安累重，羽失二城，必自奔走，樊軍之圍，不救自解。乞密不漏，令羽有備。」太祖詰羣臣，羣臣咸言宜當密之。昭曰：「軍事尚權，期於合宜。宜應權以密，而內露之。羽聞權上，若還自護，圍則速解，便獲其利。可使兩賊相對銜持，坐待其弊。祕而不露，使權得志，非計之上。又，圍中將吏不知有救，計糧怖懼，儻有他意，爲難不小。露之爲便。且羽爲人彊梁，自恃二城守固，必不速退。」太祖曰：「善。」卽敕救將徐晃以權書射著圍裏及羽屯中，圍裏聞之，志氣百倍。羽果猶豫。權軍至，得其二城，羽乃破敗。

文帝卽王位，拜昭將作大匠。及踐阼，遷大鴻臚，進封右鄉侯。二年，分邑百戶，賜昭

弟訪爵關內侯，徙昭爲侍中。三年，征東大將軍曹休臨江在洞浦口，自表：「願將銳卒虎步江南，因敵取資，事必克捷；若其無臣，不須爲念。」帝恐休便渡江，驛馬詔止。時昭侍側，因曰：「竊見陛下有憂色，獨以休濟江故乎？今者渡江，人情所難，就休有此志，勢不獨行，當須諸將。臧霸等既富且貴，無復他望，但欲終其天年，保守祿祚而已，何肯乘危自投死地，以求徼倖？苟霸等不進，休意自沮。臣恐陛下雖有敕渡之詔，猶必沉吟，未便從命也。」是後無幾，暴風吹賊船，悉詣休等營下，斬首獲生，賊遂迸散。詔敕諸軍促渡。軍未時進，賊救船遂至。

大駕幸宛，征南大將軍夏侯尚等攻江陵，未拔。時江水淺狹，尚欲乘船將步騎入渚中安屯，作浮橋，南北往來，議者多以爲城必可拔。昭上疏曰：「武皇帝智勇過人，而用兵畏敵，不敢輕之若此也。夫兵好進惡退，常然之數。平地無險，猶尚艱難，就當深入，還道宜利，兵有進退，不可如意。今屯渚中，至深也；浮橋而濟，至危也；一道而行，至狹也：三者兵家所忌，而今行之。賊頻攻橋，誤有漏失，渚中精銳，非魏之有，將轉化爲吳矣。臣私慼之，忘寢與食，而議者怡然不以爲憂，豈不惑哉！加江水向長，一旦暴增，何以防禦？就不破賊，尚當自完。奈何乘危，不以爲懼？事將危矣，惟陛下察之！」帝悟昭言，即詔尚等促出。賊兩頭並前，官兵一道引去，不時得泄，將軍石建、高遷僅得自免。軍出旬日，江水

暴長。帝曰：「君論此事，何其審也！正使張、陳當之，何以復加。」五年，徙封成都鄉侯，拜太常。其年，徙光祿大夫、給事中。從大駕東征，七年還，拜太僕。明帝卽位，進爵樂平侯，邑千戶，轉衞尉。分邑百戶，賜一子爵關內侯。

太和四年，行司徒事，六年，拜眞。昭上疏陳末流之弊曰：「凡有天下者，莫不貴尚敦樸忠信之士，深疾虛僞不眞之人者，以其毀教亂治，敗俗傷化也。近魏諷則伏誅建安之末，曹偉則斬戮黃初之始。伏惟前後聖詔，深疾浮僞，欲以破散邪黨，常用切齒；而執法之吏皆畏其權勢，莫能糾擿，毀壞風俗，侵欲滋甚。竊見當今年少，不復以學問爲本，專更以交游爲業；國士不以孝悌清脩爲首，乃以趨勢游利爲先。合黨連羣，互相褒歎，以毀訾爲罰戮，用黨譽爲爵賞，附己者則歎之盈言，不附者則爲作瑕釁。至乃相謂『今世何憂不度邪，但求人道不勤，羅之不博耳；又何患其不知己矣，但當吞之以藥而柔調耳。』又聞或有使奴客名作在職家人，冒之出入，往來禁奧，交通書疏，有所探問。凡此諸事，皆法之所不取，刑之所不赦，雖諷、偉之罪，無以加也。」帝於是發切詔，斥免諸葛誕、鄧颺等。昭年八十一薨，謚曰定侯。子冑嗣。冑歷位郡守、九卿。

劉曄字子揚，淮南成悳人，悳音德。漢光武子阜陵王延後也。父普，母脩，產渙及曄。渙

九歲，曄七歲，而母病困。臨終，戒渙、曄以「普之侍人，有諂害之性。身死之後，懼必亂家。汝長大能除之，則吾無恨矣。」曄年十三，謂兄渙曰：「亡母之言，可以行矣。」渙曰：「那可爾！」曄卽入室殺侍者，徑出拜墓。舍內大驚，白普。普怒，遣人追曄。曄還拜謝曰：「亡母顧命之言，敢受不請擅行之罰。」普心異之，遂不責也。汝南許劭名知人，避地揚州，稱曄有佐世之才。

揚士多輕俠狡桀，有鄭寶、張多、許乾之屬，各擁部曲。寶最驍果，才力過人，一方所憚。欲驅略百姓越赴江表，以曄高族名人，欲彊逼曄使唱導此謀。曄時年二十餘，心內憂之，而未有緣。會太祖遣使詣州，有所案問。曄往見，爲論事勢，要將與歸，駐止數日。寶果從數百人齎牛酒來候使，曄令家僮將其衆坐中門外，爲設酒飯；與寶於內宴飲。密勒健兒，令因行觴而斫寶。寶性不甘酒，視候甚明，觴者不敢發。曄因自引取佩刀斫殺寶，斬其首以令其軍，云：「曹公有令，敢有動者，與寶同罪。」衆皆驚怖，走還營。營有督將精兵數千，懼其爲亂，曄卽乘寶馬，將家僮數人，詣寶營門，呼其渠帥，喻以禍福，皆叩頭開門內曄。曄撫慰安懷，咸悉悅服，推曄爲主。曄覩漢室漸微，己爲支屬，不欲擁兵，遂委其部曲與廬江太守劉勳。勳怪其故，曄曰：「寶無法制，其衆素以鈔略爲利，僕宿無資，而整齊之，必懷怨難久，故相與耳。」時勳兵彊于江、淮之間。孫策惡之，遣使卑辭厚幣，以書說勳曰：「上繚

宗民，數欺下國，忿之有年矣。擊之，路不便，願因大國伐之。上繚甚實，得之可以富國，請出兵爲外援。」勳信之，又得策珠寶、葛越，喜悅。外內盡賀，而曄獨否。勳問其故，對曰：「上繚雖小，城堅池深，攻難守易，不可旬日而舉，則兵疲於外，而國內虛。策乘虛而襲我，則後不能獨守。是將軍進屈於敵，退無所歸。若軍必出，禍今至矣。」勳不從。興兵伐上繚，策果襲其後。勳窮蹙，遂奔太祖。

太祖至壽春，時廬江界有山賊陳策，衆數萬人，臨險而守。先時遣偏將致誅，莫能禽克。太祖問羣下，可伐與不？咸云：「山峻高而谿谷深隘，守易攻難；又無之不足爲損，得之不足爲益。」曄曰：「策等小豎，因亂赴險，遂相依爲彊耳，非有爵命威信相伏也。往者偏將資輕，而中國未夷，故策敢據險以守。今天下略定，後伏先誅。夫畏死趨賞，愚知所同，故廣武君爲韓信畫策，謂其威名足以先聲後實而服鄰國也。豈況明公之德，東征西怨，先開賞募，大兵臨之，令宣之日，軍門啓而虜自潰矣。」太祖笑曰：「卿言近之！」遂遣猛將在前，大軍在後，至則克策，如曄所度。太祖還，辟曄爲司空倉曹掾。〔一〕

〔一〕傅子曰：太祖徵曄及蔣濟、胡質等五人，皆揚州名士。每舍亭傳，未曾不講，所以見重；內論國邑先賢、禦賊固守、行軍進退之宜，外料敵之變化、彼我虛實、戰爭之術，夙夜不解。而曄獨臥車中，終不一言。濟怪而問之，曄答曰：「對明主非精神不接，精神可學而得乎？」及見太祖，太祖果問揚州先賢，賊之形勢。四人爭對，待次而言，

再見如此，太祖每和悅，而曄終不一言。四人笑之。後一見太祖止無所復問，曄乃設遠言以動太祖，太祖適知便止。若是者三。其旨趣以爲遠言宜徵精神，獨見以盡其機，不宜於猥坐說也。太祖已探見其心矣，坐罷，尋以四人爲令，而授曄以心腹之任；每有疑事，輒以函問曄，至一夜數十至耳。

太祖征張魯，轉曄爲主簿。既至漢中，山峻難登，軍食頗乏。太祖曰：「此妖妄之國耳，何能爲有無？吾軍少食，不如速還。」便自引歸，令曄督後諸軍，使以次出。曄策魯可克，加糧道不繼，雖出，軍猶不能皆全，馳白太祖：「不如致攻。」遂進兵，多出弩以射其營。魯奔走，漢中遂平。曄進曰：「明公以步卒五千，將誅董卓，北破袁紹，南征劉表，九州百郡，十并其八，威震天下，勢慴海外。今舉漢中，蜀人望風，破膽失守，推此而前，蜀可傳檄而定。劉備，人傑也，有度而遲，得蜀日淺，蜀人未恃也。今破漢中，蜀人震恐，其勢自傾。以公之神明，因其傾而壓之，無不克也。若小緩之，諸葛亮明於治而爲相，關羽、張飛勇冠三軍而爲將，蜀民既定，據險守要，則不可犯矣。今不取，必爲後憂。」太祖不從，〔一〕大軍遂還。曄自漢中還，爲行軍長史，兼領軍。延康元年，蜀將孟達率衆降。達有容止才觀，文帝甚器愛之，使達爲新城太守，加散騎常侍。曄以爲「達有苟得之心，而恃才好術，必不能感恩懷義。新城與吳、蜀接連，若有變態，爲國生患。」文帝竟不易，後達終于叛敗。〔二〕

〔一〕傅子曰：居七日，蜀降者說：「蜀中一日數十驚，備雖斬之而不能安也。」太祖延問曄曰：「今尚可擊不？」曄曰：

「今已小定，未可擊也。」

〔二〕傅子曰：初，太祖時，魏諷有重名，自卿相以下皆傾心交之。其後孟達去劉備歸文帝，論者多稱有樂毅之量。曄一見諷、達而皆云必反，卒如其言。

黃初元年，以曄爲侍中，賜爵關內侯。詔問羣臣令料劉備當爲關羽出報吳不。衆議咸云：「蜀，小國耳，名將唯羽。羽死軍破，國內憂懼，無緣復出。」曄獨曰：「蜀雖狹弱，而備之謀欲以威武自彊，勢必用衆以示其有餘。且關羽與備，義爲君臣，恩猶父子；羽死不能爲興軍報敵，於終始之分不足。」後備果出兵擊吳。吳悉國應之，而遣使稱藩。朝臣皆賀，獨曄曰：「吳絕在江、漢之表，無內臣之心久矣。陛下雖齊德有虞，然醜虜之性，未有所感。因難求臣，必難信也。彼必外迫內困，然後發此使耳，可因其窮，襲而取之。夫一日縱敵，數世之患，不可不察也。」備軍敗退，吳禮敬轉廢，帝欲興衆伐之，曄以爲「彼新得志，上下齊心，而阻帶江湖，必難倉卒。」帝不聽。〔一〕五年，幸廣陵泗口，命荆、揚州諸軍並進。會羣臣，問：「權當自來不？」咸曰：「陛下親征，權恐怖，必舉國而應。又不敢以大衆委之臣下，必自將而來。」曄曰：「彼謂陛下欲以萬乘之重牽己，而超越江湖者在於別將，必勒兵待事，未有進退也。」大駕停住積日，權果不至，帝乃旋師。云：「卿策之是也。當念爲吾滅二賊，不可但知其情而已。」

〔一〕傅子曰：孫權遣使求降，帝以問曄。曄對曰：「權無故求降，必內有急。權前襲殺關羽，取荆州四郡，備怒，必大興師伐之。外有彊寇，衆心不安，又恐中國承其釁而伐之，故委地求降，一以卻中國之兵，二則假中國之援，以彊其衆而疑敵人。權善用兵，見策知變，其計必出於此。今天下三分，中國十有其八。吳、蜀各保一州，阻山依水，有急相救，此小國之利也。今還自相攻，天亡之也。宜大興師，徑渡江襲其內。蜀攻其外，我襲其內，吳之亡不出旬月矣。吳亡則蜀孤。若割吳半，蜀固不能久存，況蜀得其外，我得其內乎！」帝曰：「人稱臣降而伐之，疑天下欲來者心，必以爲懼，其殆不可！孤何不且受吳降，而襲蜀之後乎？」對曰：「蜀遠吳近，又聞中國伐之，便還軍，不能止也。今備已怒，故興兵擊吳，聞我伐吳，知吳必亡，必喜而進與我爭割吳地，必不改計抑怒救吳，必然之勢也。」帝不聽，遂受吳降，卽拜權爲吳王。曄又進曰：「不可。先帝征伐，天下兼其八，威震海內，陛下受禪卽眞，德合天地，聲暨四遠，此實然之勢，非卑臣頌言也。權雖有雄才，故漢驃騎將軍南昌侯耳，官輕勢卑。士民有畏中國心，不可彊迫與成所謀也。不得已受其降，可進其將軍號，封十萬戶侯，不可卽以爲王也。夫王位，去天子一階耳，其禮秩服御相亂也。彼直爲侯，江南士民未有君臣之義也。我信其僞降，就封殖之，崇其位號，定其君臣，是爲虎傅翼也。權既受王位，卻蜀兵之後，外盡禮事中國，使其國內皆聞之，內爲無禮以怒陛下。陛下赫然發怒，興兵討之，乃徐告其民曰：『我委身事中國，不愛珍貨重寶，隨時貢獻，不敢失臣禮也，無故伐我，必欲殘我國家，俘我民人子女以爲僮隸僕妾。』吳民無緣不信其言也。信其言而感怒，上下同心，戰加十倍矣。」又不從。遂卽拜權爲吳王。權將陸議大敗劉備，殺其兵八萬餘人，備僅以身免。權外禮愈卑，而內行不順，果如曄言。

明帝卽位，進爵東亭侯，邑三百戶。詔曰：「尊嚴祖考，所以崇孝表行也；追本敬始，所以篤教流化也。是以成湯、文、武，實造商、周，詩、書之義，追尊稷、契，歌頌有娀、姜嫄之事，

明盛德之源流，受命所由興也。自我魏室之承天序，既發迹於高皇、太皇帝，而功隆于武皇、文皇帝。至于高皇之父處士君，潛脩德讓，行動神明，斯乃乾坤所福饗，光靈所從來也。而精神幽遠，號稱閎記，非所謂崇孝重本也。其令公卿已下，會議號謚。」曄議曰：「聖帝孝孫之欲褒崇先祖，誠無量已。然親疏之數，遠近之降，蓋有禮紀，所以割斷私情，克成公法，爲萬世式也。周王所以上祖后稷者，以其佐唐有功，名在祀典故也。至於漢氏之初，追謚之義，不過其父。上比周室，則大魏發迹自高皇始；下論漢氏，則追謚之禮不及其祖。此誠往代之成法，當今之明義也。陛下孝思中發，誠無已已，然君舉必書，所以愼於禮制也。以爲追尊之義，宜齊高皇而已。」尚書衞臻與曄議同，事遂施行。遼東太守公孫淵奪叔父位，擅自立，遣使表狀。曄以爲公孫氏漢時所用，遂世官相承，水則由海，陸則阻山，故胡夷絕遠難制，而世權日久。今若不誅，後必生患。若懷貳阻兵，然後致誅，於事爲難。不如因其新立，有黨有仇，先其不意，以兵臨之，開設賞募，可不勞師而定也。後淵竟反。

曄在朝，略不交接時人。或問其故，曄答曰：「魏室卽阼尚新，智者知命，俗或未咸。僕在漢爲支葉，於魏備腹心，寡偶少徒，於宜未失也。」太和六年，以疾拜太中大夫。有閒，爲大鴻臚，在位二年遜位，復爲太中大夫，薨。謚曰景侯。子寓嗣。〔一〕少子陶，亦高才而薄行，官至平原太守。〔二〕

〔一〕傅子曰：曄事明皇帝，又大見親重。帝將伐蜀，朝臣內外皆曰「不可」。曄入與帝議，因曰「可伐」；出與朝臣言，因曰「不可伐」。曄有膽智，言之皆有形。中領軍楊暨，帝之親臣，又重曄，持不可伐蜀之議最堅，每從內出，輒過曄，曄講不可之意。後暨從駕行天淵池，帝論伐蜀事，暨切諫。帝曰：「卿書生，焉知兵事！」暨謙謝曰：「臣出自儒生之末，陛下過聽，拔臣羣萃之中，立之六軍之上，臣有微心，不敢不盡言。臣言誠不足采，侍中劉曄先帝謀臣，常曰蜀不可伐。」帝曰：「曄與吾言蜀可伐。」暨曰：「曄可召質也。」詔召曄至，帝問曄，終不言。後獨見，曄責帝曰：「伐國，大謀也，臣得與聞大謀，常恐眯夢漏泄以益臣罪，焉敢向人言之？夫兵，詭道也，軍事未發，不厭其密也。陛下顯然露之，臣恐敵國已聞之矣。」於是帝謝之。曄見出，責暨曰：「夫釣者中大魚，則縱而隨之，須可制而後牽，則無不得也。人主之威，豈徒大魚而已！子誠直臣，然計不足采，不可不精思也。」暨亦謝之。曄能應變持兩端如此。或惡曄于帝曰：「曄不盡忠，善伺上意所趨而合之。陛下試與曄言，皆反意而問之，若皆與所問反者，是曄常與聖意合也。復每問皆同者，曄之情必無所逃矣。」帝如言以驗之，果得其情，從此疏焉。曄遂發狂，出爲大鴻臚，以憂死。諺曰「巧詐不如拙誠」，信矣。以曄之明智權計，若居之以德義，行之以忠信，古之上賢，何以加諸？獨任才智，不與世士相經緯，內不推心事上，外困於俗，卒不能自安於天下，豈不惜哉！

〔二〕王弼傳曰：淮南人劉陶，善論縱橫，爲當時所推。傅子曰：陶字季治，善名稱，有大辯。曹爽時爲選部郎，鄧颺之徒稱之以爲伊呂。當此之時，其人意陵青雲，謂玄曰：「仲尼不聖。何以知其然？智者圖國；天下羣愚，如弄一丸于掌中，而不能得天下。」玄以其言大惑，不復詳難也。謂之曰：「天下之質，變無常也。今見卿窮！」爽之敗，退居里舍，乃謝其言之過。干寶晉紀曰：毌丘儉之起也，大將軍以問陶，陶答依違。大將軍怒曰：「卿平生與吾論天下事，至于今日而更不盡

乎？」乃出爲平原太守，又追殺之。

蔣濟字子通，楚國平阿人也。仕郡計吏、州別駕。建安十三年，孫權率衆圍合肥。時大軍征荊州，遇疾疫，唯遣將軍張喜單將千騎，過領汝南兵以解圍，頗復疾疫。濟乃密白刺史僞得喜書，云步騎四萬已到雩婁，遣主簿迎喜。三部使齎書語城中守將，一部得入城，二部爲賊所得。權信之，遽燒圍走，城用得全。明年使於譙，太祖問濟曰：「昔孤與袁本初對官渡，徙燕、白馬民，民不得走，賊亦不敢鈔。今欲徙淮南民，何如？」濟對曰：「是時兵弱賊彊，不徙必失之。自破袁紹，北拔柳城，南向江、漢，荊州交臂，威震天下，民無他志。然百姓懷土，實不樂徙，懼必不安。」太祖不從，而江、淮間十餘萬衆，皆驚走吳。後濟使詣鄴，太祖迎見大笑曰：「本但欲使避賊，乃更驅盡之。」拜濟丹陽太守。大軍南征還，以溫恢爲揚州刺史，濟爲別駕。令曰：「季子爲臣，吳宜有君。今君還州，吾無憂矣。」民有誣告濟爲謀叛主率者，太祖聞之，指前令與左將軍于禁、沛相封仁等曰：「蔣濟寧有此事！有此事，吾爲不知人也。此必愚民樂亂，妄引之耳。」促理出之。辟爲丞相主簿西曹屬。令曰：「舜舉皋陶，不仁者遠；臧否得中，望于賢屬矣。」關羽圍樊、襄陽。太祖以漢帝在許，近賊，欲徙都。司馬宣王及濟說太祖曰：「于禁等爲水所沒，非戰攻之失，於國家大計未足有損。劉備、孫權，外親內疏，關羽得志，權必不願也。可遣人勸躡其後，許割江南以封權，則樊圍自解。」太祖如其言。權聞之，卽引兵西襲公安、江陵。羽遂見禽。

文帝卽王位，轉爲相國長史。及踐阼，出爲東中郎將。濟請留，詔曰：「高祖歌曰『安得猛士守四方』！天下未寧，要須良臣以鎮邊境。如其無事，乃還鳴玉，未爲後也。」濟上萬機論，帝善之。入爲散騎常侍。時有詔，詔征南將軍夏侯尚曰：「卿腹心重將，特當任使。恩施足死，惠愛可懷。作威作福，殺人活人。」尚以示濟。濟既至，帝問曰：「卿所聞見天下風教何如？」濟對曰：「未有他善，但見亡國之語耳。」帝忿然作色而問其故，濟具以答，因曰：「夫『作威作福』，書之明誡。『天子無戲言』，古人所慎。惟陛下察之！」於是帝意解，遣追取前詔。黃初三年，與大司馬曹仁征吳，濟別襲羨谿。仁欲攻濡須洲中，濟曰：「賊據西岸，列船上流，而兵入洲中，是爲自內地獄，危亡之道也。」仁不從，果敗。仁薨，復以濟爲東中郎將，代領其兵。詔曰：「卿兼資文武，志節慷慨，常有超越江湖吞吳會之志，故復授將率之任。」頃之，徵爲尚書。車駕幸廣陵，濟表水道難通，又上三州論以諷帝。帝不從，於是戰船數千皆滯不得行。議者欲就留兵屯田，濟以爲東近湖，北臨淮，若水盛時，賊易爲寇，不可安屯。帝從之，車駕卽發。還到精湖，水稍盡，盡留船付濟。船本歷適數百里中，濟更鑿地作四五道，蹴船令聚；豫作土豚遏斷湖水，皆引後船，一時開遏入淮中。帝還

洛陽，謂濟曰：「事不可不曉。吾前決謂分半燒船于山陽池中，卿於後致之，略與吾俱至譙。又每得所陳，實入吾意。自今討賊計畫，善思論之。」

明帝卽位，賜爵關內侯。大司馬曹休帥軍向皖，濟表以爲「深入虜地，與權精兵對，而朱然等在上流，乘休後，臣未見其利也。」軍至皖，吳出兵安陸，濟又上疏曰：「今賊示形於西，必欲幷兵圖東；宜急詔諸軍往救之。」會休軍已敗，盡棄器仗輜重退還。吳欲塞夾石，遇救兵至，是以官軍得不沒。遷爲中護軍。時中書監、令號爲專任，濟上疏曰：「大臣太重者國危，左右太親者身蔽，古之至戒也。往者大臣秉事，外內扇動。陛下卓然自覽萬機，莫不祗肅。夫大臣非不忠也，然威權在下，則衆心慢上，勢之常也。陛下既已察之於大臣，願無忘於左右。左右忠正遠慮，未必賢於大臣，至於便辟取合，或能工之。今外所言，輒云中書，雖使恭慎不敢外交，但有此名，猶惑世俗。況實握事要，日在目前，儻因疲倦之間有所割制，衆臣見其能推移於事，卽亦因時而向之。一有此端，因當內設自完，以此衆語，私招所交，爲之內援。若此，臧否毀譽，必有所興，功負賞罰，必有所易；直道而上者或壅，曲附左右者反達。因微而入，緣形而出，意所狎信，不復猜覺。此宜聖智所當早聞，外以經意，則形際自見。或恐朝臣畏言不合而受左右之怨，莫適以聞。臣竊亮陛下潛神默思，公聽並觀，若事有未盡於理而物有未周於用，將改曲易調，遠與黃、唐角功，近昭武、文之迹，豈近

習而已哉！然人君猶不可悉天下事以適己明，當有所付。三官任一臣，非周公旦之忠，又非管夷吾之公，則有弄機敗官之弊。當今柱石之士雖少，至于行稱一州，智效一官，忠信竭命，各奉其職，可並驅策，不使聖明之朝有專吏之名也。」詔曰：「夫骨鯁之臣，人主之所仗也。濟才兼文武，服勤盡節，每軍國大事，輒有奏議，忠誠奮發，吾甚壯之。」就遷為護軍將軍，加散騎常侍。〔一〕

〔一〕司馬彪戰略曰：太和六年，明帝遣平州刺史田豫乘海渡，幽州刺史王雄陸道，并攻遼東。蔣濟諫曰：「凡非相吞之國，不侵叛之臣，不宜輕伐。伐之而不制，是驅使為賊。故曰『虎狼當路，不治狐狸。先除大害，小害自已』。今海表之地，累世委質，歲選計考，不乏職貢。議者先之，正使一舉便克，得其民不足益國，得其財不足為富；儻不如意，是為結怨失信也。」帝不聽，豫行竟無成而還。

景初中，外勤征役，內務宮室，怨曠者多，而年穀饑儉。濟上疏曰：「陛下方當恢崇前緒，光濟遺業，誠未得高枕而治也。今雖有十二州，至于民數，不過漢時一大郡。二賊未誅，宿兵邊陲，且耕且戰，怨曠積年。宗廟宮室，百事草創，農桑者少，衣食者多，今其所急，唯當息耗百姓，不至甚弊。弊攰之民，儻有水旱，百萬之衆，不為國用。凡使民必須農隙，不奪其時。夫欲大興功之君，先料其民力而燠休之。句踐養胎以待用，昭王恤病以雪仇，故能以弱燕服彊齊，羸越滅勁吳。今二敵不攻不滅，不事卽侵，當身不除，百世之責也。以

陛下聖明神武之略，舍其緩者，專心討賊，臣以為無難矣。又歡娛之躭，害于精爽；神太用則竭，形太勞則弊。願大簡賢妙，足以充『百斯男』者。其冗散未齒，且悉分出，務在淸靜。」詔曰：「微護軍，吾弗聞斯言也。」〔一〕

〔一〕漢晉春秋曰：公孫淵聞魏將來討，復稱臣于孫權，乞兵自救。帝問濟：「孫權其救遼東乎？」濟曰：「彼知官備以固，利不可得，深入則非力所能，淺入則勞而無獲；權雖子弟在危，猶將不動，況異域之人，兼以往者之辱乎！今所以外揚此聲者，譎其行人疑於我，我之不克，冀折後事已耳。然沓渚之間，去淵尚遠，若大軍相持，事不速決，則權之淺規，或能輕兵掩襲，未可測也。」

齊王卽位，徙為領軍將軍，進爵昌陵亭侯，〔一〕遷太尉。初，侍中高堂隆論郊祀事，以魏為舜後，推舜配天。濟以為舜本姓媯，其苗曰田，非曹之先，著文以追詰隆。〔二〕是時，曹爽專政，丁謐、鄧颺等輕改法度。會有日蝕變，詔羣臣問其得失，濟上疏曰：「昔大舜佐治，戒在比周；周公輔政，慎于其朋；齊侯問災，晏嬰對以布惠；魯君問異，臧孫答以緩役。應天塞變，乃實人事。今二賊未滅，將士暴露已數十年，男女怨曠，百姓貧苦。夫為國法度，惟命世大才，乃能張其綱維以垂于後，豈中下之吏所宜改易哉？終無益于治，適足傷民，望宜使文武之臣各守其職，率以清平，則和氣祥瑞可感而致也。」以隨太傅司馬宣王屯洛水浮橋，誅曹爽等，進封都鄉侯，邑七百戶。濟上疏曰：「臣忝寵上司，而爽敢苞藏禍心，此臣之無任也。太傅奮獨斷之策，陛下明其忠節，罪人伏誅，社稷之福也。夫封寵慶賞，必加有功。今論謀則臣不先知，語戰則非臣所率，而上失其制，下受其弊。臣備宰司，民所具瞻，誠恐冒賞之漸自此而興，推讓之風由此而廢。」固辭，不許。〔三〕是歲薨，謚曰景侯。〔四〕子秀嗣。秀薨，子凱嗣。咸熙中，開建五等，以濟著勳前朝，改封凱為下蔡子。

〔一〕列異傳曰：濟為領軍，其婦夢見亡兒涕泣曰：「死生異路，我生時為卿相子孫，今在地下為泰山伍伯，憔悴困辱，不可復言。今太廟西謳士孫阿，今見召為泰山令，願母為白侯，屬阿令轉我得樂處。」言訖，母忽然驚寤，明日以白濟。濟曰：「夢為爾耳，不足怪也。」明日暮，復夢曰：「我來迎新君，止在廟下。未發之頃，暫得來歸。新君明日日中當發，臨發多事，不復得歸，永辭於此。侯氣彊，難感悟，故自訴於母，願重啟侯，何惜不一試驗之？」遂道阿之形狀，言甚備悉。天明，母重啟侯：「雖云夢不足怪，此何太適？適亦何惜不一驗之？」濟乃遣人詣太廟下，推問孫阿，果得之，形狀證驗悉如兒言。濟涕泣曰：「幾負吾兒！」於是乃見孫阿，具語其事。阿不懼當死，而喜得為泰山令，惟恐濟言不信也。曰：「若如節下言，阿之願也。不知賢子欲得何職？」濟曰：「隨地下樂者與之。」阿曰：「輒當奉教。」乃厚賞之，言訖遣還。濟欲速知其驗，從領軍門至廟下，十步安一人，以傳阿消息。辰時傳阿心痛，巳時傳阿劇，日中傳阿亡。濟泣曰：「雖哀吾兒之不幸，且喜亡者有知。」後月餘，兒復來語母曰：「已得轉為錄事矣。」

〔二〕臣松之案蔣濟立郊議稱曹騰碑文云「曹氏族出自邾」，魏書述曹氏胤緒亦如之。魏武作家傳，自云曹叔振鐸之後。故陳思王作武帝誄曰：「於穆武皇，胄稷胤周。」此其不同者也。及至景初，明帝從高堂隆議，謂魏為舜後，

後魏為禪晉文，稱「昔我皇祖有虞」，則其異彌甚。尋濟難隆，及與尚書繆襲往反，並有理據，文多不載。濟亦未能定氏族所出，但謂「魏非舜後而橫祀非族，降黜太祖，不配正天，皆為繆妄」。然于時竟莫能正。濟又難：鄭玄注祭法云「有虞以上尚德，禘郊祖宗，配用有德，自夏已下，稍用其姓氏」。濟曰：「夫虯龍神於獺，獺自祭其先，不祭虯龍也。騏驎白虎仁於豺，豺自祭其先，不祭驎虎也。如玄之說，有虞已上，豺獺之不若邪？臣以為祭法所云，見疑學者久矣，鄭玄不考正其違而就通其義。」濟豺獺之譬，雖似俳諧，然其義旨，有可求焉。

〔三〕孫盛曰：蔣濟之辭邑，可謂不負心矣。語曰「不為利回，不為義疚」，蔣濟其有焉。

〔四〕世語曰：初，濟隨司馬宣王屯洛水浮橋，濟書與曹爽，言宣王旨「惟免官而已」，爽遂誅滅。濟病其言之失信，發病卒。

劉放字子棄，涿郡人，漢廣陽順王子西鄉侯宏後也。歷郡綱紀，舉孝廉。遭世大亂，時漁陽王松據其土，放往依之。太祖克冀州，放說松曰：「往者董卓作逆，英雄並起，阻兵擅命，人自封殖，惟曹公能拔拯危亂，翼戴天子，奉辭伐罪，所向必克。以二袁之彊，守則淮南冰消，戰則官渡大敗；乘勝席卷，將清河朔，威刑既合，大勢以見。速至者漸福，後服者先亡，此乃不俟終日馳騖之時也。昔黥布棄南面之尊，仗劍歸漢，誠識廢興之理，審去就之分也。將軍宜投身委命，厚自結納。」松然之。會太祖討袁譚於南皮，以書招松，松舉雍奴、泉州、安次以附之。放為松答太祖書，其文甚麗。太祖既善之，又聞其說，由是遂辟放。建安十

年，與松俱至。太祖大悅，謂放曰：「昔班彪依竇融而有河西之功，今一何相似也！」乃以放參司空軍事，歷主簿記室，出爲郃陽、祋祤、祋音都活反。祤音詡。贊令。

魏國既建，與太原孫資俱爲祕書郎。先是，資亦歷縣令，參丞相軍事。〔一〕文帝卽位，放、資轉爲左右丞。數月，放徙爲令。黃初初，改祕書爲中書，以放爲監，資爲令，各加給事中；放賜爵關內侯，資爲關中侯，遂掌機密。三年，放進爵魏壽亭侯，資關內侯。明帝卽位，尤見寵任，同加散騎常侍；進放爵西鄉侯，資樂陽亭侯。〔二〕太和末，吳遣將周賀浮海詣遼東，招誘公孫淵。帝欲邀討之，朝議多以爲不可。惟資決行策，果大破之，進爵左鄉侯。〔三〕放善爲書檄，三祖詔命有所招喻，多放所爲。青龍初，孫權與諸葛亮連和，欲俱出爲寇。邊候得權書，放乃改易其辭，往往換其本文而傅合之，與征東將軍滿寵，若欲歸化，封以示亮。亮騰與吳大將步騭等，騭等以見權。權懼亮自疑，深自解說。是歲，俱加侍中、光祿大夫。〔四〕景初二年，遼東平定，以參謀之功，各進爵，封本縣，放方城侯，資中都侯。

〔一〕資別傳曰：資字彥龍。幼而岐嶷，三歲喪二親，長於兄嫂。講業太學，博覽傳記，同郡王允一見而奇之。太祖爲司空，又辟資。會兄爲鄉人所害，資手刃報讎，乃將家屬避地河東，故遂不應命。尋復爲本郡所命，以疾辭。友人河東賈逵謂資曰：「足下抱逸羣之才，値舊邦傾覆，主將殷勤，千里延頸，宜崇古賢桑梓之義。而久盤桓，拒違君命，斯猶曜和璧於秦王之庭，而塞以連城之價耳。竊爲足下不取也！」資感其言，遂往應之。到署功曹，舉計

吏。尚書令荀彧見資，歎曰：「北州承喪亂已久，謂其賢智零落，今日乃復見孫計君乎！」表留以爲尚書郎。辭以家難，得還河東。

〔二〕資別傳曰：諸葛亮出在南鄭，時議者以爲可因大發兵，就討之，帝意亦然，以問資。資曰：「昔武皇帝征南鄭，取張魯，陽平之役，危而後濟。又自往拔出夏侯淵軍，數言『南鄭直爲天獄，中斜谷道爲五百里石穴耳』，言其深險，喜出淵軍之辭也。又武皇帝聖於用兵，察蜀賊棲於山巖，視吳虜竄於江湖，皆橈而避之，不責將士之力，不爭一朝之忿，誠所謂見勝而戰，知難而退也。今若進軍就南鄭討亮，道旣險阻，計用精兵又轉運鎭守南方四州遏禦水賊，凡用十五六萬人，必當復更有所發興。天下騷動，費力廣大，此誠陛下所宜深慮。夫守戰之力，力役參倍。但以今日見兵，分命大將據諸要險，威足以震攝彊寇，鎭靜疆埸，將士虎睡，百姓無事。數年之間，中國日盛，吳蜀二虜必自罷弊。」帝由是止。時吳人彭綺又舉義江南，議者以爲因此伐之，必有所克。帝問資，資曰：「鄱陽宗人前後數有舉義者，衆弱謀淺，旋輒乖散。昔文皇帝嘗密論賊形勢，言洞浦殺萬人，得船千萬，數日間船人復會；江陵被圍歷月，權裁以千數百兵住東門，而其土地無崩解者。是有法禁，上下相奉持之明驗也。以此推綺，懼未能爲權腹心大疾也。」綺果尋敗亡。

〔三〕魏氏春秋曰：烏丸校尉田豫帥西部鮮卑泄歸尼等出塞，討軻比能、智鬱築鞬，破之，還至馬邑故城，比能帥三萬騎圍豫。帝聞之，計未有所出，如中書省以問監、令。令孫資對曰：「上谷太守閻志，柔弟也，爲比能素所歸信。令馳詔使說比能，可不勞師而自解矣。」帝從之，比能果釋豫而還。

〔四〕資別傳曰：是時，孫權、諸葛亮號稱劇賊，無歲不有軍征。而帝總攝羣下，內圖禦寇之計，外規廟勝之畫，資皆管之。然自以受腹心，常讓事於帝曰：「動大衆，舉大事，宜與羣下共之；旣以示明，且於探求爲廣。」旣朝臣會議，資皆管

資奏當其是非，擇其善者推成之，終不顯己之德也。若衆人有譴過及愛憎之說，輒復爲請解，以塞譖潤之端。如征東將軍滿寵、涼州刺史徐邈，並有譖毀之者，資皆盛陳其素行，使卒無纖介。寵、邈得保其功名者，資之力也。初，資在邦邑，名出同類之右。鄉人司空掾田豫、梁相宗豔皆妬害之，而楊豐黨附豫等，專爲資構造謗端，怨隙甚重。資既不以爲言，而終無恨意。豫等慚服，求釋宿憾，結爲婚姻。資謂之曰：「吾無憾心，不知所釋。此爲卿自薄之，卿自厚之耳！」乃爲長子宏取其女。及當顯位，而田豫老疾在家。資遇之甚厚，又致其子於本郡，以爲孝廉。而楊豐子後爲尚方吏，帝以職事譴怒，欲致之法，資請活之。其不念舊惡如此。

其年，帝寢疾，欲以燕王宇爲大將軍，及領軍將軍夏侯獻、武衞將軍曹爽、屯騎校尉曹肇、驍騎將軍秦朗共輔政。宇性恭良，陳誠固辭。帝引見放、資，入臥內，問曰：「燕王正爾爲？」放、資對曰：「燕王實自知不堪大任故耳。」帝曰：「曹爽可代宇不？」放、資因贊成之。又深陳宜速召太尉司馬宣王，以綱維皇室。帝納其言，卽以黃紙授放作詔。放、資旣出，帝意復變，詔止宣王勿使來。尋更見放、資曰：「我自召太尉，而曹肇等反使吾止之，幾敗吾事！」命更爲詔，帝獨召爽與放、資俱受詔命，遂免宇、獻、肇、朗官。太尉亦至，登牀受詔，然後帝崩。〔一〕齊王卽位，以放、資決定大謀，增邑三百，放幷前千一百，資千戶；封愛子一人亭侯，次子騎都尉，餘子皆郎中。正始元年，更加放左光祿大夫，資右光祿大夫，金印紫綬，儀同三司。六年，放轉驃騎，資衞將軍，領監、令如故。七年，復封子一人亭侯，各

年老遜位，以列侯朝朔望，位特進。〔二〕曹爽誅後，復以資爲侍中，領中書令。嘉平二年，放薨，諡曰敬侯。子正嗣。〔三〕資復遜位歸第，就拜驃騎將軍，轉侍中，特進如故。三年薨，諡曰貞侯。子宏嗣。

〔一〕世語曰：放、資久典機任，獻、肇心內不平。殿中有雞棲樹，二人相謂：「此亦久矣，其能復幾？」指謂放、資。放、資懼，乃勸帝召宣王。帝作手詔，令給使辟邪至，以授宣王。宣王在汲，獻等先詔令於軹關西還長安，辟邪又至，宣王疑有變，呼辟邪具問，乃乘追鋒車馳至京師。帝問放、資：「誰可與太尉對者？」放曰：「曹爽。」帝曰：「堪其事不？」爽在左右，流汗不能對。放躡其足，耳之曰：「臣以死奉社稷。」曹肇弟纂爲大將軍司馬，燕王頗失指。肇出，纂見，驚曰：「上不安，云何悉共出？宜還。」已暮，放、資宣詔宮門，不得復內肇等，罷燕王。肇明日至門，不得入，懼，詣廷尉，以處事失宜免。帝謂獻曰：「吾已差，便出。」獻流涕而出，亦免。案世語所云樹置先後，與本傳不同。

資別傳曰：帝詔資曰：「吾年稍長，又歷觀書傳中，皆歎息無所不念。圖萬年後計，莫過使親人廣據職勢，兵任又重。今射聲校尉缺，久欲得親人，誰可用者？」資曰：「陛下思深慮遠，誠非愚臣所及。書傳所載，皆聖聽所究，向使漢高不知平、勃能安劉氏，孝武不識金、霍付屬以事，殆不可言！文皇帝始召曹眞還時，親詔臣以重慮，及至晏駕，陛下卽阼，猶有曹休外內之望，賴遭日月，御勒不傾，使各守分職，纖介不間。以此推之，親臣貴戚，雖當據勢握兵，宜使輕重素定。若諸侯典兵，力均衡平，寵齊愛等，則不相爲服；不相爲服，則意有異同。今五營所領見兵，常不過數百，選授校尉，如其輩類，爲有疇匹。至於重大之任，能有所維綱者，宜以聖恩簡擇，如平、勃、金、

初，朗所與俱徙趙咨，官至太常，為世好士。〔一〕

〔一〕咨字君初。子酆字子(仲)，晉驃騎將軍，封東平陵公。並見百官名(志)。

梁習字子虞，陳郡柘人也，為郡綱紀。太祖為司空，辟召為漳長，累轉乘氏、海西、下邳令，所在有治名。還為西曹令史，遷為屬。并土新附，習以別部司馬領并州刺史。時承高幹荒亂之餘，胡狄在界，張雄跋扈，吏民亡叛，入其部落；兵家擁衆，作為寇害，更相扇動，往往棊跱。習到官，誘諭招納，皆禮召其豪右，稍稍薦舉，使詣幕府；豪右已盡，乃次發諸丁彊以為義從；又因大軍出征，分請以為勇力。吏兵已去之後，稍移其家，前後送鄴，凡數萬口；其不從命者，興兵致討，斬首千數，降附者萬計。單于恭順，名王稽顙，部曲服事供職，同於編戶。邊境肅清，百姓布野，勤勸農桑，令行禁止。貢達名士，咸顯於世，語在常林傳。太祖嘉之，賜爵關內侯，更拜為真。長老稱詠，以為自所聞識，刺史未有及習者。建安十八年，州并屬冀州，更拜議郎、西部都督從事，統屬冀州，總故部曲。又使於上黨取大材供鄴宮室。習表置屯田都尉二人，領客六百夫，於道次耕種菽粟，以給人牛之費。後單于入侍，西北無虞，習之績也。〔一〕文帝踐阼，復置并州，復為刺史，進封申門亭侯，邑百戶；政治常為天下最。太和二年，徵拜大司農。習在州二十餘年，而居處貧窮，無方面珍物，明帝異

之，禮賜甚厚。四年，薨，子施嗣。

〔一〕魏略曰：鮮卑大人育延，常為州所畏，而一旦將其部落五千餘騎詣習，求互市。習念不聽則恐其怨，若聽到州下，又恐為所略，於是乃許之往與會空城中交市。遂敕郡縣，自將治中以下軍往就之。市易未畢，市吏收縛一胡。延騎皆驚，上馬彎弓圍習數重，吏民惶怖不知所施。習乃徐呼市吏，問縛胡意，而胡實侵犯人。習乃使譯呼延，延到，習責延曰：「汝胡自犯法，吏不侵汝，汝何為使諸騎驚駭邪？」遂斬之，餘胡破膽不敢動。是後無寇虜。至二十二年，太祖拔漢中，諸軍還到長安，因留騎督太原烏丸王魯昔，使屯池陽，以備盧水。昔有愛妻，住在晉陽。昔既思之，又恐遂不得歸，乃以其部五百騎叛還并州，留其餘騎置山谷間，而單騎獨入晉陽，盜取其妻。已出城，州郡乃覺；吏民又畏昔善射，不敢追。習乃令從事張景，募鮮卑使逐昔。昔馬負其妻，重騎行遲，未及與其衆合，而為鮮卑所射死。始太祖聞昔叛，恐其為亂於北邊；會聞已殺之，大喜，以習前後有策略，封為關內侯。

初，濟陰王思與習俱為西曹令史。思因直日白事，失太祖指。太祖大怒，教召主者，將加重辟。時思近出，習代往對，已被收執矣，思乃馳還，自陳己罪，罪應受死。太祖歎習之不言，思之識分，曰：「何意吾軍中有二義士乎？」〔一〕後同時擢為刺史，思領豫州。思亦能吏，然苛碎無大體，官至九卿，封列侯。〔二〕

〔一〕臣松之以為習與王思，同寮而已，親非骨肉，義非刎頸，而以身代思，受不測之禍。以之為義，無乃乖先哲之雅旨乎！史遷云「死有重於太山，有輕於鴻毛」，故君子不為苟存，不為苟亡。若使思不引分，主不加恕，則所謂自經於溝瀆而莫之知也。習之死義者，豈其然哉！

〔二〕魏略苛吏傳曰：思與薛悌、郤嘉俱從微起，官位略等。三人中，悌差挾儒術，所在名為閑省。嘉與思事行相似。文帝詔曰：「薛悌駮吏，王思、郤嘉純吏也，各賜關內侯，以報其勤。」思為人雖煩碎，而曉練文書，敬賢禮士，傾意形勢，亦以是顯名。正始中，為大司農，年老目瞑，瞋怒無度，下吏嗷然不知何據。性少信，時有吏父病篤，近在外舍，自白求假。思疑其不實，發怒曰：「世有思婦病母者，豈此謂乎！」遂不與假。吏父明日死，思無恨意。其為刻薄類如此。思又性急，嘗執筆作書，蠅集筆端，驅去復來，如是再三。思恚怒，自起逐蠅不能得，還取筆擲地，蹋壞之。時有丹陽施畏、魯郡倪顗、南陽胡業亦為刺史、郡守，時人謂之苛暴。又有高陽劉類，歷位宰守，苛慝尤甚，以善修人事，不廢於世。嘉平中，為弘農太守。吏二百餘人，不與休假，專使為不急。過無輕重，輒捽其頭，又亂杖撾之，牽出復入，如是數四。乃使人掘地求錢，所在市里，皆有孔穴。又外託簡省，每出行，陽敕督郵不得使官屬曲修禮敬，而陰識不來者，輒發怒中傷之。性又少信，每遣大吏出，輒使小吏隨覆察之，白日常自於牆壁間闚閃，夜使幹廉察諸曹，復以幹不足信，又遣鈴下及奴婢使轉相檢驗。嘗案行，宿止民家。民家二狗逐猪，猪驚走，頭插柵間，號呼良久。類以為外之吏擅共飲食，不復徵察，便使伍百曳五官掾孫弼入，頓頭責之。弼以實對，類自愧不詳，因託問以他事。民尹昌，年垂百歲，聞類出行，當經過，謂其兒曰：「扶我迎府君，我欲陳恩。」兒扶昌在道左，類望見，呵其兒曰：「用是死人，使來見我。」其視人無禮，皆此類也。舊俗，民謗官長者有三不肯，謂遷、免與死也。類在弘農，吏民患之，乃題其門曰：「劉府君有三不肯。」類雖聞之，猶不能自改。其後安東將軍司馬文王西征，路經弘農，弘農人告類荒耄不任宰郡，乃召入為五官中郎將。

張既字德容，馮翊高陵人也。年十六，為郡小吏。〔一〕後歷右職，舉孝廉，不行。太祖為

司空，辟，未至，舉茂才，除新豐令，治為三輔第一。袁尚拒太祖於黎陽，遣所置河東太守郭援、并州刺史高幹及匈奴單于取平陽，發使西與關中諸將合從。司隸校尉鍾繇遣既說將軍馬騰等，既為言利害，騰等從之。騰遣子超將兵萬餘人，與繇會擊幹、援，大破之，斬援首。幹及單于皆降。其後幹復舉并州反。河內張晟衆萬餘人無所屬，寇崤、澠間，河東衞固、弘農張琰各起兵以應之。太祖以既為議郎，參繇軍事，使西徵諸將馬騰等，皆引兵會擊晟等，破之。斬琰、固首，幹奔荊州。封既武始亭侯。太祖將征荊州，而騰等分據關中。太祖復遣既喻騰等，令釋部曲求還。騰已許之而更猶豫，既恐為變，乃移諸縣促儲偫，二千石郊迎。騰不得已，發東。太祖表騰為衞尉，子超為將軍，統其衆。後超反，既從太祖破超於華陰，西定關右。以既為京兆尹，招懷流民，興復縣邑，百姓懷之。魏國既建，為尚書，出為雍州刺史。太祖謂既曰：「還君本州，可謂衣繡晝行矣。」從征張魯，別從散關入討叛氐，收其麥以給軍食。魯降，既說太祖拔漢中民數萬戶以實長安及三輔。其後與曹洪破吳蘭於下辯，又與夏侯淵(討)宋建，別攻臨洮、狄道，平之。是時，太祖徙民以充河北，隴西、天水、南安民相恐動，擾擾不安，既假三郡人為將吏者休課，使治屋宅，作水碓，民心遂安。太祖將拔漢中守，恐劉備北取武都氐以逼關中，問既。既曰：「可勸使北出就穀以避賊，前至者厚其寵賞，則先者知利，後必慕之。」太祖從其策，乃自到漢中引出諸軍，令既之武都，徙氐五

萬餘落出居扶風、天水界。〔二〕

〔一〕魏略曰：既世單家，（富）爲人有容儀。少小工書疏，爲郡門下小吏，而家富。自惟門寒，念無以自達，乃常畜好刀筆及版奏，伺諸大吏有乏者輒給與，以是見識焉。

〔二〕三輔決錄注曰：既爲兒童，（爲）郡功曹游殷察異之，引既過家，既敬諾。殷先歸，敕家具設賓饌。及既至，殷妻笑曰：「君其悖乎！張德容童昏小兒，何異客哉！」殷曰：「卿勿怪，乃方伯之器也。」殷遂與既論霸王之略。饗訖，以子楚託之；既謙不受，殷固託之。既以殷邦之宿望，難違其旨，乃許之。殷先與司隸校尉胡軫有隙，軫誣搆殺殷。殷死月餘，軫得疾患，自說但言「伏罪，伏罪，游功曹將鬼來」。於是遂死。于時關中稱曰：「生有知人之明，死有貴神之靈。」子楚字仲允，爲蒲阪令。太祖定關中時，漢興郡缺，太祖以問既，既稱楚才兼文武，遂以爲漢興太守。後轉隴西。

魏略曰：楚爲人慷慨，歷位宰守，所在以恩德爲治，不好刑殺。太和中，諸葛亮出隴右，吏民騷動。天水、南安太守各棄郡東下，楚獨據隴西，召會吏民，謂之曰：「太守無恩德。今蜀兵至，諸郡吏民皆已應之，此亦諸卿富貴之秋也。太守本爲國家守郡，義在必死，卿諸人便可取太守頭持往。」吏民皆涕淚，言「死生當與明府同，無有二心」。楚復言：「卿曹若不願，我爲卿畫一計。今東二郡已去，必將寇來，但可共堅守。若國家救到，寇必去，是爲一郡守義，人人獲爵寵也。若官救不到，蜀攻日急，爾乃取太守以降，未爲晚也。」吏民遂城守。而南安果將蜀兵，就攻隴西。楚聞賊到，乃遣長史馬顒出門設陳，而自於城上曉謂蜀帥，言：「卿能斷隴，使東兵不上，一月之中，則隴西吏人不攻自服；卿若不能，虛自疲弊耳。」使顒鳴鼓擊之，蜀人乃去。後十餘日，諸軍上隴，諸葛亮破走。南安、天水皆坐應亮破滅，兩郡守各獲重刑，而楚以功封列侯，長史掾屬皆賜拜。帝嘉其治，詔特聽朝，引上殿。楚爲人短小而大聲，自爲吏，初不朝覲，被詔登階，不知儀式。帝令侍中贊引，呼「隴西太守前」，楚當言「唯」，而大應稱「諾」。帝顧之而笑，遂勞勉之。罷會，自表乞留宿衞，拜駙馬都尉。楚不學問，而性好遊遨音樂。乃畜歌者，琵琶、箏、簫，每行來將以自隨。所在樗蒲、投壺，歡欣自娛。數歲，復出爲北地太守，年七十餘卒。

是時，武威顏俊、張掖和鸞、酒泉黃華、西平麴演等並舉郡反，自號將軍，更相攻擊。俊遣使送母及子詣太祖爲質，求助。太祖問既，既曰：「俊等外假國威，內生傲悖，計定勢足，後即反耳。今方事定蜀，且宜兩存而鬭之，猶卞莊子之刺虎，坐收其斃也。」太祖曰：「善。」歲餘，鸞遂殺俊，武威王祕又殺鸞。是時不置涼州，自三輔拒西域，皆屬雍州。文帝即王位，初置涼州，以安定太守鄒岐爲刺史。張掖張進執郡守舉兵拒岐，黃華、麴演各逐故太守，舉兵以應之。既進兵爲護羌校尉蘇則聲勢，故則得以有功。既進爵都鄉侯。涼州盧水胡伊健妓妾、治元多等反，河西大擾。帝憂之，曰：「非既莫能安涼州。」乃召鄒岐，以既代之。詔曰：「昔賈復請擊郾賊，光武笑曰：『執金吾擊郾，吾復何憂？』卿謀略過人，今則其時。以便宜從事，勿復先請。」遣護軍夏侯儒、將軍費曜等繼其後。既至金城，欲渡河，諸將守以爲「兵少道險，未可深入」。既曰：「道雖險，非井陘之隘，夷狄烏合，無左車之計，今武威危急，赴之宜速。」遂渡河。賊七千餘騎逆拒軍於鸇陰口，既揚聲軍由鸇陰，乃潛由且次出至武威。胡以爲神，引還顯美。既已據武威，曜乃至，儒等猶未達。既勞賜將士，欲進軍擊胡。諸將皆曰：「士卒疲倦，虜衆氣銳，難與爭鋒。」既曰：「今軍無見糧，當因敵爲資。若虜見兵合，退依深山，追之則道險窮餓，兵還則出候寇鈔。如此，兵不得解，所謂『一日縱敵，患在數世』也。」遂前軍顯美。胡騎數千，因大風欲放火燒營，將士皆恐。既夜藏精卒三千人爲伏，使參軍成公英督千餘騎挑戰，敕使陽退。胡果爭奔之，因發伏截其後，首尾進擊，大破之，斬首獲生以萬數。〔一〕帝甚悅，詔曰：「卿踰河歷險，以勞擊逸，以寡勝衆，功過南仲，勳踰吉甫。此勳非但破胡，乃永寧河右，使吾長無西顧之念矣。」徙封西鄉侯，增邑二百，并前四百戶。

〔一〕魏略曰：成公英，金城人也。中平末，隨韓約爲腹心。建安中，約從華陰破走，還湟中，部黨散去，唯英獨從。

典略曰：韓遂在湟中，其壻閻行欲殺遂以降，夜攻遂，不下。遂歎息曰：「丈夫困厄，禍起婚姻乎！」謂英曰：「今親戚離叛，人衆轉少，當從羌中西南詣蜀耳。」英曰：「興軍數十年，今雖罷敗，何有棄其門而依於人乎！」遂曰：「吾年老矣，子欲何施？」英曰：「曹公不能遠來，獨夏侯爾。夏侯之衆，不足以追我，又不能久留；且息肩於羌中，以須其去。招呼故人，綏會羌、胡，猶可以有爲也。」遂從其計，時隨從者男女尚數千人。遂宿有恩於羌，羌衞護之。及夏侯淵還，使閻行留後。乃合羌、胡數萬將攻行，行欲走，會遂死，英降太祖。太祖見英甚喜，以爲軍師，封列侯。從行出獵，有三鹿走過前，公命英射之，三發三中，皆應弦而倒。公抵掌謂之曰：「但韓文約可爲盡節，而孤獨不可乎？」英乃下馬而跪曰：「不欺明公。假使英本主人在，實不來此也。」遂流涕哽咽。公嘉其敦舊，遂親敬之。延康、黃初之際，河西有逆謀。詔遣英佐涼州平隴右，病卒。

魏略曰：閻行，金城人也，後名豔，字彥明。少有健名，始爲小將，隨韓約。建安初，約與馬騰相攻擊。騰子超亦號爲健。行嘗刺超，矛折，因以折矛撾超項，幾殺之。至十四年，爲約所使詣太祖，太祖厚遇之，表拜犍爲太守。行因請令其父入宿衞，西還見約，宣太祖教云：「謝文約：卿始起兵時，自有所逼，我所具明也。當早來，共匡輔國朝。」行因謂約曰：「行亦爲將軍，興軍以來三十餘年，民兵疲瘁，所處又狹，宜早自附。是以前在鄴，自啓當令老父詣京師，誠謂將軍亦宜遣一子，以示丹赤。」約曰：「且可復觀望數歲中！」後遂遣其子，與行父母俱東。會約西討張猛，留行守舊營，而馬超等結反謀，舉約爲都督。及約還，超謂約曰：「前鍾司隸任超使取將軍，關東人不可復信也。今超棄父，以將軍爲父，將軍亦當棄子，以超爲子。」行諫約，不欲令與超合。約謂行曰：「今諸將不謀而同，似有天數。」乃東詣華陰。及太祖與約交馬語，行在其後，太祖望謂行曰：「當念作孝子。」及超等破走，行隨約還金城。太祖聞行前意，故但誅約子孫在京師者。乃手書與行曰：「觀文約所爲，使人笑來。吾前後與之書，無所不說，如此何可復忍！卿父諫議，自平安也。雖然，牢獄之中，非養親之處，且又官家亦不能久爲人養老也。」約聞行父獨在，欲使并遇害，以一其心，乃强以少女妻行，行不獲已。太祖果疑行。會約使行別領西平郡。遂勒其部曲，與約相攻擊。行不勝，乃將家人東詣太祖。太祖表拜列侯。

酒泉蘇衡反，與羌豪鄰戴及丁令胡萬餘騎攻邊縣。既與夏侯儒擊破之，衡及鄰戴等皆降。遂上疏請與儒治左城，築鄣塞，置烽候、邸閣以備胡。〔一〕西羌恐，率衆二萬餘落降。其後西平麴光等殺其郡守，諸將欲擊之，既曰：「唯光等造反，郡人未必悉同。若便以軍臨之，吏民羌胡必謂國家不別是非，更使皆相持著，此爲虎傅翼也。光等欲以羌胡爲援，今先使羌胡鈔擊，重其賞募，所虜獲者皆以畀之。外沮其勢，內離其交，必不戰而定。」乃檄告諭諸羌，爲光等所詿誤者原之；能斬賊帥送首者當加封賞。於是光部黨斬送光首，其餘咸安堵如故。

〔一〕魏略曰：儒字俊林，夏侯尚從弟。初爲鄢陵侯彰驍騎司馬，（宣王）〔□□〕爲征南將軍、都督荊、豫州。正始二年，朱然圍樊城，城中守將乙修等求救甚急。儒進屯鄧塞，以兵少不敢進，但作鼓吹，設導從，去然六七里，翱翔而還，使修等遙見之，數數如是。月餘，及太傅到，乃俱進，然等走。時謂儒爲怯，或以爲曉以少疑衆，得聲救之宜。儒猶以此召還，爲太僕。

既臨二州十餘年，政惠著聞，其所禮辟扶風龐延、天水楊阜、安定胡遵、酒泉龐淯、燉煌張恭、周生烈等，終皆有名位。〔一〕黃初四年薨。詔曰：「昔荀桓子立勳翟土，晉侯賞以千室之邑；馮異輸力漢朝，光武封其二子。故涼州刺史張既，能容民畜衆，使羣羌歸土，可謂國之良臣。不幸薨隕，朕甚愍之，其賜小子翁歸爵關內侯。」明帝即位，追謚曰肅侯。子緝嗣。

〔一〕魏略曰：初，既爲郡小吏，功曹徐英嘗自鞭既三十。英字伯濟，馮翊著姓，建安初爲蒲阪令。英性剛爽，自見族氏勝既，於鄉里名行在前，加以前辱既，雖知既貴顯，終不肯求於既。既雖得志，亦不顧計本原，猶欲與英和。嘗因醉欲親狎英，英故抗意不納。英由此遂不復進用。故時人善既不挾舊怨，而壯英之不撓。

緝以中書郎稍遷東莞太守。嘉平中，女爲皇后，徵拜光祿大夫，位特進，封妻向爲安城

鄉君。緝與中書令李豐同謀，誅。語在夏侯玄傳。〔一〕

〔一〕魏略曰：緝字敬仲，太和中爲溫令，名有治能。會諸葛亮出，緝上便宜，詔以問中書令孫資，資以爲有籌略，遂召拜騎都尉，遣參征蜀軍。軍罷，入爲尚書郎，以稱職爲明帝所識。帝以爲緝之材能，多所堪任，試呼相者相之。相者云：「不過二千石。」帝曰：「何材如是而位止二千石乎？」及在東莞，領兵數千人。緝性吝於財而矜於勢，一旦以女徵去郡，還坐里舍，悒悒躁擾。數爲國家陳擊吳、蜀形勢，又嘗對司馬大將軍料諸葛恪雖得勝於邊土，見誅不久。大將軍問其故，緝云：「威震其主，功蓋一國，欲不死可得乎？」及恪從合肥還，吳果殺之。大將軍聞恪死，謂衆人曰：「諸葛恪多輩耳！近張敬仲縣論恪，以爲必見殺，今果然如此。敬仲之智爲勝恪也。」緝與李豐通家，又居相側近。豐時取急出，子藐往見之，有所咨道。豐被收，事與緝連，遂收送廷尉，賜死獄中，其諸子皆并誅。緝孫殷，晉永興中爲梁州刺史，見晉書。

溫恢字曼基，太原祁人也。父恕，爲涿郡太守，卒。恢年十五，送喪還歸鄉里，內足於財。恢曰：「世方亂，安以富爲？」一朝盡散，振施宗族。州里高之，比之郇越。舉孝廉，爲廩丘長，鄢陵、廣川令，彭城、魯相，所在見稱。入爲丞相主簿，出爲揚州刺史。太祖曰：「甚欲使卿在親近，顧以爲不如此州事大。故書云：『股肱良哉！庶事康哉！』得無當得蔣濟爲治中邪？」時濟見爲丹楊太守，乃遣濟還州。又語張遼、樂進等曰：「揚州刺史曉達軍事，動靜與共咨議。」

建安二十四年，孫權攻合肥，是時諸州皆屯戍。恢謂兗州刺史裴潛曰：「此閒雖有賊，不足憂，而畏征南方有變。今水生而子孝縣軍，無有遠備。關羽驍銳，乘利而進，必將爲患。」於是有樊城之事。詔書召潛及豫州刺史呂貢等，潛等緩之。恢密語潛曰：「此必襄陽之急欲赴之也。所以不爲急會者，不欲驚動遠衆。一二日必有密書促卿進道，張遼等又將被召。遼等素知王意，後召前至，卿受其責矣！」潛受其言，置輜重，更爲輕裝速發，果被促令。遼等尋各見召，如恢所策。

文帝踐阼，以恢爲侍中，出爲魏郡太守。數年，遷涼州刺史，持節領護羌校尉。道病卒，時年四十五。詔曰：「恢有柱石之質，服事先帝，功勤明著。及爲朕執事，忠於王室，故授之以萬里之任，任之以一方之事。如何不遂，吾甚愍之！」賜恢子生爵關內侯。生早卒，爵絕。

恢卒後，汝南孟建爲涼州刺史，有治名，官至征東將軍。〔一〕

〔一〕魏略曰：建字公威，少與諸葛亮俱游學。亮後出祁山，答司馬宣王書，使杜子緒宣意於公威也。

賈逵字梁道，河東襄陵人也。自爲兒童，戲弄常設部伍，祖父習異之，曰：「汝大必爲將率。」口授兵法數萬言。〔一〕初爲郡吏，守絳邑長。郭援之攻河東，所經城邑皆下，逵堅

守，援攻之不拔，乃召單于并軍急攻之。城將潰，絳父老與援要，不害逵。絳人既潰，援聞逵名，欲使爲將，以兵劫之，逵不動。左右引逵使叩頭，逵叱之曰：「安有國家長吏爲賊叩頭！」援怒，將斬之。絳吏民聞將殺逵，皆乘城呼曰：「負要殺我賢君，寧俱死耳！」左右義逵，多爲請，遂得免。〔二〕初，逵過皮氏，曰：「爭地先據者勝。」及圍急，知不免，乃使人閒行送印綬歸郡，且曰「急據皮氏」。援既并絳衆，將進兵。逵恐其先得皮氏，乃以他計疑援謀人祝奧，援由是留七日。郡從逵言，故得無敗。〔三〕

〔一〕魏略曰：逵世爲著姓，少孤家貧，冬常無袴，過其妻兄柳孚宿，其明無何，著孚袴去，故時人謂之通健。

〔二〕魏略曰：援捕得逵，逵不肯拜，謂援曰：「王府君臨郡積年，不知足下曷爲者也？」援怒曰：「促斬之。」諸將覆護，乃囚於壺關，閉著土窖中，以車輪蓋上，使人固守。方將殺之，逵從窖中謂守者曰：「此閒無健兒邪，而當使義士死此中乎？」時有祝公道者，與逵非故人，而適聞其言，憐其守正危厄，乃夜盜往引出，折械遣去，不語其姓名。

〔三〕孫資別傳曰：資舉河東計吏，到許，薦於相府曰：「逵在絳邑，帥厲吏民，與賊郭援交戰，力盡而敗，爲賊所俘，挺然直志，顏辭不屈；忠言聞於大衆，烈節顯於當時，雖古之直髮、據鼎，罔以加也。其才兼文武，誠時之利用。」魏略曰：郭援破後，逵乃知前出己者爲祝公道。公道，河南人也。後坐他事，當伏法。逵救之，力不能解，爲之改服焉。

後舉茂才，除澠池令。高幹之反，張琰將舉兵以應之。逵不知其謀，往見琰。聞變起，欲還，恐見執，乃爲琰畫計，如與同謀者，琰信之。時縣寄治蠡城，城塹不固，逵從琰求兵脩

城。諸欲爲亂者皆不隱其謀，故逵得盡誅之。遂脩城拒琰。琰敗，逵以喪祖父去官，司徒辟爲掾，以議郎參司隸軍事。太祖征馬超，至弘農，曰「此西道之要」，以逵領弘農太守。召見計事，大悅之，謂左右曰：「使天下二千石悉如賈逵，吾何憂？」其後發兵，逵疑屯田都尉藏亡民。都尉自以不屬郡，言語不順。逵怒，收之，數以罪，撾折脚，坐免。然太祖心善逵，以爲丞相主簿。〔一〕太祖征劉備，先遣逵至斜谷觀形勢。道逢水衡，載囚人數十車，逵以軍事急，輒竟重者一人，皆放其餘。太祖善之，拜諫議大夫，與夏侯尙並掌軍計。太祖崩洛陽，逵典喪事。〔二〕時鄢陵侯彰行越騎將軍，從長安來赴，問逵先王璽綬所在。逵正色曰：「太子在鄴，國有儲副。先王璽綬，非君侯所宜問也。」遂奉梓宮還鄴。

〔一〕魏略曰：太祖欲征吳而大霖雨，三軍多不願行。太祖知其然，恐外有諫者，教曰：「今孤戒嚴，未知所之，有諫者死。」逵受敎，謂其同寮三主簿曰：「今實不可出，而敎如此，不可不諫也。」乃建諫草以示三人，三人不獲已，皆署名，入白事。太祖怒，收逵等。當送獄，取造意者，逵卽言「我造意」，遂走詣獄。獄吏以逵主簿也，不卽著械。謂獄吏曰：「促械我。尊者且疑我在近職，求緩於卿，今將遣人來察我。」逵著械適訖，而太祖果遣家中人就獄視逵。旣而敎曰：「逵無惡意，原復其職。」始，逵爲諸生，略覽大義，取其可用。最好春秋左傳，及爲牧守，常自課讀之，月常一遍。逵前在弘農，與典農校尉爭公事，不得理，乃發憤生癭，後所病稍大，自啓願欲令醫割之。太祖惜逵忠，恐其不活，教「謝主簿，吾聞『十人割癭九人死』」。逵猶行其意，而癭愈大。逵本名衢，後改爲逵。

〔二〕魏略曰：時太子在鄴，鄢陵侯未到，士民頗苦勞役，又有疾癘，於是軍中騷動。羣寮恐天下有變，欲不發喪。逵建

議爲不可祕，乃發哀，令內外皆入臨，臨訖，各安敍不得動。而靑州軍擅擊鼓相引去。衆人以爲宜禁止之，不從者討之。逵以爲「方大喪在殯，嗣王未立，宜因而撫之」。乃爲作長檄，告所在給其廩食。

文帝卽王位，以鄴縣戶數萬在都下，多不法，乃以逵爲鄴令。月餘，遷魏郡太守。〔一〕大軍出征，復爲丞相主簿祭酒。逵嘗坐人爲罪，王曰：「叔向猶十世宥之，況逵功德親在其身乎？」從至黎陽，津渡者亂行，逵斬之，乃整。至譙，以逵爲豫州刺史。〔二〕是時天下初復，州郡多不攝。逵曰：「州本以御史出監諸郡，以六條詔書察長吏二千石已下，故其狀皆言嚴能鷹揚有督察之才，不言安靜寬仁有愷悌之德也。今長吏慢法，盜賊公行，州知而不糾，天下復何取正乎？」兵曹從事受前刺史假，逵到官數月，乃還；考竟其二千石以下阿縱不如法者，皆舉奏免之。帝曰：「逵眞刺史矣。」布告天下，當以豫州爲法。賜爵關內侯。

〔一〕魏略曰：初，魏郡官屬頗以公事期會有所急切，會聞逵當爲郡，舉府皆詣縣門外。及遷書到，逵出門，而郡官屬悉當門，謁逵於車下。逵抵掌曰：「詣治所，何宜如是！」

〔二〕魏略曰：逵爲豫州。逵進曰：「臣守天門，出入六年，天門始開，而臣在外。唯殿下爲兆民計，無違天人之望。」

州南與吳接，逵明斥候，繕甲兵，爲守戰之備，賊不敢犯。外修軍旅，內治民事，遏鄢、汝，造新陂，又斷山溜長谿水，造小弋陽陂，又通運渠二百餘里，所謂賈侯渠者也。黃初中，與諸將並征吳，破呂範於洞浦，進封陽里亭侯，加建威將軍。明帝卽位，增邑二百戶，幷前四百戶。時孫權在東關，當豫州南，去江四百餘里。每出兵爲寇，輒西從江夏，東從廬江。國家征伐，亦由淮、沔。是時州軍在項，汝南、弋陽諸郡，守境而已。權無北方之虞，東西有急，幷軍相救，故常少敗。逵以爲宜開直道臨江，若權自守，則二方無救；若二方無救，則東關可取。乃移屯潦口，陳攻取之計，帝善之。

吳將張嬰、王崇率衆降。太和二年，帝使逵督前將軍滿寵、東莞太守胡質等四軍，從西陽直向東關，曹休從皖，司馬宣王從江陵。逵至五將山，休更表賊有請降者，求深入應之。詔宣王駐軍，逵東與休合進。逵度賊無東關之備，必幷軍於皖；休深入與賊戰，必敗。乃部署諸將，水陸並進，行二百里，得生賊，言休戰敗，權遣兵斷夾石。諸將不知所出，或欲待後軍。逵曰：「休兵敗於外，路絕於內，進不能戰，退不得還，安危之機，不及終日。賊以軍無後繼，故至此；今疾進，出其不意，此所謂先人以奪其心也，賊見吾兵必走。若待後軍，賊已斷險，兵雖多何益！」乃兼道進軍，多設旗鼓爲疑兵，賊見逵軍，遂退。逵據夾石，以兵糧給休，休軍乃振。初，逵與休不善。黃初中，文帝欲假逵節，休曰：「逵性剛，素侮易諸將，不可爲督。」帝乃止。及夾石之敗，微逵，休軍幾無救也。〔一〕

〔一〕魏略曰：休怨逵進遲，乃呵責逵，遂使主者敕豫州刺史往拾棄仗。逵恃心直，謂休曰：「本爲國家作豫州刺史，不來相爲拾棄仗也。」乃引軍還。遂與休更相表奏，朝廷雖知逵直，猶以休爲宗室任重，兩無所非也。

魏書云：休猶挾前意，欲以後期罪逵，逵終無言，時人益以此多逵。習鑿齒曰：夫賢人者，外身虛己，內以下物，嫌忌之名，何由而生乎？有嫌忌之名者，必與物爲對，存勝負於己身者也。若以其私憾敗國殄民，彼雖傾覆，於我何利？我苟無利，乘之曷爲？以是稱說，臧獲之心耳。今忍其私忿而急彼之憂，冒難犯危而免之於害，使功顯於明君，惠施於百姓，身登於君子之塗，義愧於敵人之心，雖豺虎猶將不覺所復，而況於曹休乎？然則濟彼之危，所以成我之勝，不計宿憾，所以服彼之心，公義旣成，私利亦弘，可謂善爭矣。在於未能忘勝之流，不由於此而能濟勝者，未之有也。

會病篤，謂左右曰：「受國厚恩，恨不斬孫權以下見先帝。喪事一不得有所脩作。」薨，諡曰肅侯。〔一〕子充嗣。豫州吏民追思之，爲刻石立祠。靑龍中，帝東征，乘輦入逵祠，詔曰：「昨過項，見賈逵碑像，念之愴然。古人有言，患名之不立，不患年之不長。逵存有忠勳，沒而見思，可謂死而不朽者矣。其布告天下，以勸將來。」〔二〕充，咸熙中爲中護軍。〔三〕

〔一〕魏書曰：逵時年五十五。

〔二〕魏略曰：甘露二年，車駕東征，屯項，復入逵祠下，詔曰：「逵沒有遺愛，歷世見祠。追聞風烈，朕甚嘉之。昔先帝東征，亦幸于此，親發德音，襃揚逵美，徘徊之心，益有慨然！夫禮賢之義，或掃其墳墓，或脩其門閭，所以崇敬也。其掃除祠堂，有穿漏者補治之。」

〔三〕晉諸公贊曰：充字公閭，甘露中爲大將軍長史。高貴鄉公之難，司馬文王賴充以免。爲晉室元功之臣，位至太宰，封魯公。諡曰武公。

魏略列傳以逵及李孚、楊沛三人爲一卷，今列孚、沛二人繼逵後耳。

孚字子憲，鉅鹿人也。興平中，本郡人民饑困。孚爲諸生，當種薤，欲以成計。有從索者，亦不與一莖，亦不自食，故時人謂能行意。後爲吏。建安中，袁尚領冀州，以孚爲主簿。後尚與其兄譚爭鬬，尚出軍詣平原，留別駕審配守鄴城，孚隨尚行。會太祖圍鄴，尚還欲救鄴。行未到，尚疑鄴中守備少，復欲令配知外動止，與孚議所遣。孚答尚言：「今使小人往，恐不足以知外內，且恐不能自達。孚請自往。」尚問孚：「當何所得？」孚曰：「聞鄴圍甚堅，多人則覺，以爲直當將三騎足矣。」尚從其計。孚自選溫信者三人，不語所之，皆敕使具脯糧，不得持兵仗，各給快馬。遂辭尚來南，所在止亭傳。及到梁淇，使從者斫問事杖三十枚，繫著馬邊，自著平上幘，將三騎，投暮詣鄴下。是時大將軍雖有禁令，而芻牧者多。故孚因此夜到，以鼓一中，自稱都督，歷北圍，循表而東，從東圍表，又循圍而南，步步呵責守圍將士，隨輕重行其罰。遂歷太祖營前，徑南過，從南圍角西折，當章門，復責怒守圍者，收縛之。因開其圍，馳到城下，呼城上人，城上人以繩引，孚得入。配等見孚，悲喜，鼓譟稱萬歲。守圍者以狀聞，太祖笑曰：「此非徒得入也，方且復得出。」孚事訖欲得還，而顧外圍必急，不可復冒。謂已使命當速反，乃陰心計，請配曰：「今城中穀少，無用老弱爲也，不如驅出之以省穀也。」配從其計，乃復夜簡別得數千人，皆使持白幡，從三門並出降。又使人人持火，孚乃無何將本所從作降人服，隨輩夜出。時守圍將士，聞城中悉降，火光照曜。但共觀火，不復視圍。孚出北門，遂從西北角突圍得去。其明，太祖聞孚已得出，抵掌笑曰：「果如吾言也。」孚比見尚，尚甚歡喜。會尚不能救鄴，破走至中山，而袁譚又追擊尚，尚走。孚與尚相失，遂詣譚，復爲譚主簿，東還平原。太祖進攻譚，譚戰死。孚還城，城中雖必降，尚擾亂未安。孚權宜欲得見太祖，乃騎詣牙門，稱冀州主簿李孚欲口白密事。太祖見之，孚叩頭謝。太祖問其所白，孚言「今城中彊弱相陵，心皆不定，

以爲宜令新降爲內所識信者宣傳明教。」公謂孚曰：「卿便還宣之。」孚跪請教，公曰：「便以卿意宣也。」孚還入城，宣教「各安故業，不得相侵陵。」城中以安，乃還報命，公以孚爲良足用也。會爲所閒，裁署冗散。出守解長，名爲嚴能。稍遷至司隸校尉，時年七十餘矣，其於精斷無衰，而術略不損於故。終於陽平太守。孚本姓馮，後改爲李。

楊沛字孔渠，馮翊萬年人也。初平中，爲公府令史，以牒除爲新鄭長。興平末，人多飢窮，沛課民益畜乾椹，收䔢豆，閱其有餘以補不足，如此積得千餘斛，藏在小倉。會太祖爲兗州刺史，西迎天子，所將千餘人皆無糧。過新鄭，沛謁見，乃皆進乾椹。太祖甚喜。及太祖輔政，遷沛爲長社令。時曹洪賓客在縣界，徵調不肯如法，沛先撾折其腳，遂殺之。由此太祖以爲能。累遷九江、東平、樂安太守，並有治迹。坐與督軍爭鬬，髡刑五歲。輸作未竟，會太祖出征在譙，聞鄴下頗不奉科禁，乃發教選鄴令，當得嚴能如楊沛比，故沛從徒中起爲鄴令。已拜，太祖見之，問曰：「以何治鄴？」沛曰：「竭盡心力，奉宣科法。」太祖曰：「善。」顧謂坐席曰：「諸君，此可畏也。」賜其生口十人，絹百匹，既欲以勵之，且以報乾椹也。沛辭去，未到鄴，而軍中豪右曹洪、劉勳等畏沛名，遣家（馳騎）〔騎馳〕告子弟，使各自檢敕。沛爲令數年，以功能轉爲護羌都尉。十六年，馬超反，大軍西討，沛隨軍，都督孟津渡事。太祖已南過，其餘未畢，而中黃門前渡，忘持行軒，私北還取之，從吏求小船，欲獨先渡。吏呵不肯，黃門與吏爭言。沛問黃門：「有疏邪？」黃門云：「無疏。」沛怒曰：「何知汝不欲逃邪？」遂使人捽其頭，與杖欲捶之，而逸得去，衣幘皆裂壞，自訴于太祖。太祖曰：「汝不死爲幸矣。」由是聲名益振。及關中破，代張既領京兆尹。黃初中，儒雅並進，而沛本以事能見用，遂以議郎冗散里巷。沛前後宰歷城守，不以私計介意，又不肯以事貴人，故身退之後，家無餘積。治疾於家，借舍從兒，無他奴婢。後占河南（夕）〔几〕陽亭部荒田二頃，起瓜牛廬，居止其中，其妻子凍餓。沛病亡，鄉人親友及故吏民爲殯葬也。

評曰：自漢季以來，刺史總統諸郡，賦政于外，非若曩時司察之而已。太祖創基，迄終魏業，此皆其流稱譽有名實者也。咸精達事機，威恩兼著，故能肅齊萬里，見述于後也。

三國志卷十六

魏書十六

任蘇杜鄭倉傳第十六

任峻字伯達，河南中牟人也。漢末擾亂，關東皆震。中牟令楊原愁恐，欲棄官走。峻說原曰：「董卓首亂，天下莫不側目，然而未有先發者，非無其心也，勢未敢耳。明府若能唱之，必有和者。」原曰：「爲之柰何？」峻曰：「今關東有十餘縣，能勝兵者不減萬人，若權行河南尹事，總而用之，無不濟矣。」原從其計，以峻爲主簿。峻乃爲原表行尹事，使諸縣堅守，遂發兵。會太祖起關東，入中牟界，衆不知所從，峻獨與同郡張奮議，舉郡以歸太祖。峻又別收宗族及賓客家兵數百人，願從太祖。太祖大悅，表峻爲騎都尉，妻以從妹，甚見親信。太祖每征伐，峻常居守以給軍。是時歲飢旱，軍食不足，羽林監潁川棗祗建置屯田，太祖以峻爲典農中郎將，〔募百姓屯田於許下，得穀百萬斛，郡國列置田官〕，數年中所在積粟，倉廩皆滿。官渡之戰，太祖使峻典軍器糧運。賊數寇鈔絕糧道，乃使千乘爲一部，十道方行，爲複陳以營衞之，賊不敢近。軍國之饒，起於棗祗而成於峻。〔一〕太祖以峻功高，乃表

封爲都亭侯，邑三百戶，遷長水校尉。

〔一〕魏武故事載令曰：「故陳留太守棗祗，天性忠能。始共舉義兵，周旋征討。後袁紹在冀州，亦貪祗，欲得之。祗深附託於孤，使領東阿令。呂布之亂，兖州皆叛，惟范、東阿完在，由祗以兵據城之力也。後大軍糧乏，得東阿以繼，祗之功也。及破黃巾定許，得賊資業。當興立屯田，時議者皆言當計牛輸穀，佃科以定。施行後，祗白以爲僦牛輸穀，大收不增穀，有水旱災除，大不便。反覆來說，孤猶以爲當如故，大收不可復改易。祗猶執之，孤不知所從，使與荀令君議之。時故軍祭酒侯聲云：『科取官牛，爲官田計。如祗議，於官便，於客不便。』聲懷此云云，以疑令君。祗猶自信，據計畫還白，執分田之術。孤乃然之，使爲屯田都尉，施設田業。其時歲則大收，後遂因此大田，豐足軍用，摧滅羣逆，克定天下，以隆王室。祗興其功，不幸早沒，追贈以郡，猶未副之。今重思之，祗宜受封，稽留至今，孤之過也。祗子處中，宜加封爵，以祀祗爲不朽之事。」文士傳曰：祗本姓棘，先人避難，易爲棗。孫據，字道彥，晉冀州刺史。據子嵩，字臺產，散騎常侍。並有才名，多所著述。嵩兄腆，字玄方，襄陽太守，亦有文采。

峻寬厚有度而見事理，每有所陳，太祖多善之。於饑荒之際，收卹朋友孤遺，中外貧宗，周急繼乏，信義見稱。建安九年薨，太祖流涕者久之。子先嗣。先薨，無子，國除。文帝追錄功臣，謚峻曰成侯。復以峻中子覽爲關內侯。

蘇則字文師，扶風武功人也。少以學行聞，舉孝廉茂才，辟公府，皆不就。起家爲酒泉太守，轉安定、武都，〔一〕所在有威名。太祖征張魯，過其郡，見則悅之，使爲軍導。魯破，則綏定下辯諸氐，通河西道，徙爲金城太守。是時喪亂之後，吏民流散飢窮，戶口損耗，則撫循之甚謹。外招懷羌胡，得其牛羊，以養貧老。與民分糧而食，旬月之間，流民皆歸，得數千家。乃明爲禁令，有干犯者輒戮，其從教者必賞。親自教民耕種，其歲大豐收，由是歸附者日多。李越以隴西反，則率羌胡圍越，越卽請服。太祖崩，西平麴演叛，稱護羌校尉。則勒兵討之。演恐，乞降。文帝以其功，加則護羌校尉，賜爵關內侯。〔二〕

〔一〕魏書曰：則剛直疾惡，常慕汲黯之爲人。魏略曰：則世爲著姓，興平中，三輔亂，飢窮，避難北地。客安定，依富室師亮。亮待遇不足，則慨然歎曰：「天下會安，當不久爾，必還爲此郡守，折庸輩士也。」後與馮翊吉茂等隱於郡南太白山中，以書籍自娛。及爲安定太守，而師亮等皆欲逃走。則聞之，豫使人解語，以禮報之。

〔二〕魏名臣奏載文帝令問雍州刺史張既曰：「試守金城太守蘇則，既有綏民平夷之功，聞又出軍西定湟中，爲河西作聲勢，吾甚嘉之。則之功効，爲可加爵邑未邪？封爵重事，故以問卿。密白意，且勿宣露也。」既答曰：「金城郡，昔爲韓遂所見屠剝，死喪流亡，或竄戎狄，或陷寇亂，戶不滿五百。則到官，內撫彫殘，外鳩離散，今見戶千餘。又梁燒雜種羌，昔與遂同惡，遂斃之後，越出障塞。則前後招懷，歸就郡者三千餘落，皆卹以威恩，爲官効用。西平麴演等倡造邪謀，則尋出軍，臨其項領，演卽歸命送質，破絕賊糧。則既有恤民之效，又能和戎狄，盡忠効節。遭遇聖明，有功必錄。若則加爵邑，誠足以勸忠臣，勵風俗也。」

後演復結旁郡爲亂，張掖張進執太守杜通，酒泉黃華不受太守辛機，進、華皆自稱太守以應之。又武威三種胡並寇鈔，道路斷絕。武威太守毌丘興告急於則。時雍、涼諸豪皆驅略羌胡以從進等，郡人咸以爲進不可當。又將軍郝昭、魏平先是各屯守金城，亦受詔不得西度。則乃見郡中大吏及昭等與羌豪帥謀曰：「今賊雖盛，然皆新合，或有脅從，未必同心；因釁擊之，善惡必離，離而歸我，我增而彼損矣。既獲益衆之實，且有倍氣之勢，率以進討，破之必矣。若待大軍，曠日持久，善人無歸，必合於惡，善惡既合，勢難卒離。雖有詔命，違而合權，專之可也。」於是昭等從之，乃發兵救武威，降其三種胡，與興擊進於張掖。演聞之，將步騎三千迎則，辭來助軍，而實欲爲變。則誘與相見，因斬之，出以徇軍，其黨皆散走。則遂與諸軍圍張掖，破之，斬進及其支黨，衆皆降。演軍敗，華懼，出所執乞降，河西平。乃還金城。進封都亭侯，邑三百戶。

徵拜侍中，與董昭同寮。昭嘗枕則膝臥，則推下之，曰：「蘇則之膝，非佞人之枕也。」初，則及臨菑侯植聞魏氏代漢，皆發服悲哭，文帝聞植如此，而不聞則也。帝在洛陽，嘗從容言曰：「吾應天而禪，而聞有哭者，何也？」則謂爲見問，鬚髯悉張，欲正論以對。侍中傅巽掐音苦洽反。則曰：「不謂卿也。」於是乃止。〔一〕文帝問則曰：「前破酒泉、張掖，西域通使，燉煌獻徑寸大珠，可復求市益得不？」則對曰：「若陛下化洽中國，德流沙漠，卽不求自

至；求而得之，不足貴也。」帝默然。後則從行獵，槎桎拔，失鹿，帝大怒，踞胡牀拔刀，悉收督吏，將斬之。則稽首曰：「臣聞古之聖王不以禽獸害人，今陛下方隆唐堯之化，而以獵戲多殺羣吏，愚臣以爲不可。敢以死請！」帝曰：「卿，直臣也。」遂皆赦之。然以此見憚。黃初四年，左遷東平相。未至，道病薨，謚曰剛侯。子怡嗣。怡薨，無子，弟愉襲封。愉，咸熙中爲尚書。〔二〕

〔一〕魏略曰：舊儀，侍中親省起居，故俗謂之執虎子。始則同郡吉茂者，是時仕甫歷縣令，遷爲冗散。茂見則，嘲之曰：「仕進不止執虎子。」則笑曰：「我誠不能效汝蹇蹇驅鹿車馳也。」初，則在金城，聞漢帝禪位，以爲崩也，乃發喪；後聞其在，自以不審，意頗默然。臨菑侯植自傷失先帝意，亦怨激而哭。其後文帝出游，追恨臨菑，顧謂左右曰：「人心不同，當我登大位之時，天下有哭者。」時從臣知帝此言，有爲而發也，而則以爲爲己，欲下馬謝。侍中傅巽目之，乃悟。

孫盛曰：夫士不事其所非，不非其所事，趣舍出處，而豈徒哉！則既策名新朝，委質異代，而方懷二心生忿，欲奮爽言，豈大雅君子去就之分哉？詩云：「士也罔極，二三其德。」士之二三，猶爽妃偶，況人臣乎？

〔二〕愉字休豫，歷位太常光祿大夫，見晉百官名。山濤啓事稱愉忠篤有智意。

臣松之案愉子紹，字世嗣，爲吳王師。石崇妻，紹之女兄也。紹有詩在金谷集。紹弟愼，左衞將軍。

杜畿字伯侯，京兆杜陵人也。〔一〕少孤，繼母苦之，以孝聞。年二十，爲郡功曹，守鄭縣令。縣囚繫數百人，畿親臨獄，裁其輕重，盡決遣之，雖未悉當，郡中奇其年少而有大意也。舉孝廉，除漢中府丞。會天下亂，遂棄官客荊州，建安中乃還。荀彧進之太祖，〔二〕太祖以畿爲司空司直，遷護羌校尉，使持節，領西平太守。〔三〕

〔一〕傅子曰：畿，漢御史大夫杜延年之後。延年父周，自南陽徙茂陵，延年徙杜陵，子孫世居焉。

〔二〕傅子曰：畿自荊州還，後至許，見侍中耿紀，語終夜。尚書令荀彧與紀比屋，夜聞畿言，異之，且遣人謂紀曰：「有國士而不進，何以居位？」既見畿，知之如舊相識者，遂進畿於朝。

〔三〕魏略曰：畿少有大志。在荊州數歲，繼母亡後，以三輔開通，負其母喪北歸。道爲賊所劫略，衆人奔走，畿獨不去。賊射之，畿請賊曰：「卿欲得財耳，今我無物，用射我何爲邪？」賊乃止。畿到鄉里，京兆尹張時，河東人也，與畿有舊，署爲功曹。嘗嫌其闊達，不助留意於諸事，言此家疏誕，不中功曹也。畿竊云：「不中功曹，中河東守也。」

太祖既定河北，而高幹舉幷州反。時河東太守王邑被徵，河東人衞固、范先外以請邑爲名，而內實與幹通謀。太祖謂荀彧曰：「關西諸將，恃險與馬，征必爲亂。張晟寇殽、澠間，南通劉表，固等因之，吾恐其爲害深。河東被山帶河，四鄰多變，當今天下之要地也。君爲我舉蕭何、寇恂以鎭之。」彧曰：「杜畿其人也。」〔一〕於是追拜畿爲河東太守。固等使兵數千人絕陝津，畿至不得渡。太祖遣夏侯惇討之，未至。或謂畿曰：「宜須大兵。」畿曰：「河東有三萬戶，非皆欲爲亂也。今兵迫之急，欲爲善者無主，必懼而聽於固。固等勢專，必以死戰。討之不勝，四鄰應之，天下之變未息也；討之而勝，是殘一郡之民也。且固等未顯絕王命，外以請故君爲名，必不害新君。吾單車直往，出其不意。固爲人多計而無斷，必僞受吾。吾得居郡一月，以計縻之，足矣。」遂詭道從郖津度。郖音豆。〔二〕范先欲殺畿以威衆。〔三〕且觀畿去就，於門下斬殺主簿已下三十餘人，畿舉動自若。於是固曰：「殺之無損，徒有惡名；且制之在我。」遂奉之。畿謂衞固、范先曰：「衞、范，河東之望也，吾仰成而已。然君臣有定義，成敗同之，大事當共平議。」以固爲都督，行丞事，領功曹；將校吏兵三千餘人，皆范先督之。固等喜，雖陽事畿，不以爲意。固欲大發兵，畿患之，說固曰：「夫欲爲非常之事，不可動衆心。今大發兵，衆必擾，不如徐以貲募兵。」固以爲然，從之，遂爲貲調發，數十日乃定，諸將貪多應募而少遣兵。又入喩固等曰：「人情顧家，諸將掾吏，可分遣休息，急緩召之不難。」固等惡逆衆心，又從之。於是善人在外，陰爲己援；惡人分散，各還其家，則衆離矣。會白騎攻東垣，高幹入濩澤，上黨諸縣殺長吏，弘農執郡守，固等密調兵未至。畿知諸縣附己，因出，單將數十騎，赴張辟拒守，吏民多舉城助畿者，比數十日，得四千餘人。固等與幹、晟共攻畿，不下，略諸縣，無所得。會大兵至，幹、晟敗，固等伏誅，其餘黨與皆赦之，使復其居業。

〔一〕傅子曰：或稱畿勇足以當大難，智能應變，其可試之。

〔二〕魏略曰：初，畿與衞固少相狎侮，固嘗輕畿。畿嘗與固博而爭道，畿嘗謂固曰：「仲堅，我今作河東也。」固褰衣罵之。及畿之官，而固爲郡功曹。張時故任京兆。畿迎司隸，與時會華陰，時、畿相見，於儀當各持版。時歎曰：「昨日功曹，今爲郡將也！」

〔三〕傅子曰：先云：「既欲爲虎而惡食人肉，失所以爲虎矣。今不殺，必爲後患。」

是時天下郡縣皆殘破，河東最先定，少耗減。畿治之，崇寬惠，與民無爲。民嘗辭訟，有相告者，畿親見爲陳大義，遣令歸諦思之，若意有所不盡，更來詣府。鄉邑父老自相責怒曰：「有君如此，奈何不從其教？」自是少有辭訟。班下屬縣，舉孝子、貞婦、順孫，復其繇役，隨時慰勉之。漸課民畜牸牛、草馬，下逮雞豚犬豕，皆有章程。百姓勤農，家家豐實。畿乃曰：「民富矣，不可不敎也。」於是冬月修戎講武，又開學宮，親自執經敎授，郡中化之。〔一〕

〔一〕魏略曰：博士樂詳，由畿而升。至今河東特多儒者，則畿之由矣。

韓遂、馬超之叛也，弘農、馮翊多舉縣邑以應之。河東雖與賊接，民無異心。太祖西征至蒲阪，與賊夾渭爲軍，軍食一仰河東。及賊破，餘畜二十餘萬斛。太祖下令曰：「河東太守杜畿，孔子所謂『禹，吾無閒然矣』。增秩中二千石。」太祖征漢中，遣五千人運，運者自率勉曰：「人生有一死，不可負我府君。」終無一人逃亡，其得人心如此。〔一〕魏國既建，以畿爲尚書。事平，更有令曰：「昔蕭何定關中，寇恂平河內，卿有其功，閒將授卿以納言之職；顧念河東吾股肱郡，充實之所，足以制天下，故且煩卿臥鎮之。」畿在河東十六年，常爲天下最。

〔一〕杜氏新書曰：平虜將軍劉勳，爲太祖所親，貴震朝廷。嘗從畿求大棗，畿拒以他故。後勳伏法，太祖得其書，歎曰：「杜畿可謂『不媚於竈』者也。」稱畿功美，以下州郡，曰：「昔仲尼之於顏子，每言不能不歎，既情愛發中，又宜率馬以驥。今吾亦冀衆人仰高山，慕景行也。」

文帝即王位，賜爵關內侯，徵爲尚書。及踐阼，進封豐樂亭侯，邑百戶，〔一〕守司隸校尉。帝征吳，以畿爲尚書僕射，統留事。其後帝幸許昌，畿復居守。受詔作御樓船，於陶河試船，遇風沒。帝爲之流涕，〔二〕詔曰：「昔冥勤其官而水死，稷勤百穀而山死。〔三〕故尚書僕射杜畿，於孟津試船，遂至覆沒，忠之至也。朕甚愍焉。」追贈太僕，謚曰戴侯。子恕嗣。〔四〕

〔一〕魏略曰：初畿在郡，被書錄寡婦。是時他郡或有已自相配嫁，依書皆錄奪，啼哭道路。畿但取寡者，故所送少；及趙儼代畿而所送多。文帝問畿：「前君所送何少，今何多也？」畿對曰：「臣前所錄皆亡者妻，今儼送生人婦也。」帝及左右顧而失色。

〔二〕魏氏春秋曰：初，畿嘗見童子謂之曰：「司命使我召子。」畿固請之，童子曰：「今將爲君求相代者。君其慎勿言！」言卒，忽然不見。至此二十年矣，畿乃言之。其日而卒，時年六十二。

〔三〕韋昭國語注稱毛詩傳曰：「冥，契六世孫也，爲夏水官，勤於其職而死於水。稷，周棄也，勤播百穀，死於黑水之山。」

〔四〕傅子曰：畿與太僕李恢、東安太守郭智有好。恢子豐交結英儁，以才智顯於天下。智子沖有內實而無外觀，州里弗稱也。畿爲尚書僕射，二人各脩子孫禮見畿。既退，畿歎曰：「孝懿無子；非徒無子，殆將無家。君謀爲不死也，其子足繼其業。」時人皆以畿爲誤。恢死後，豐爲中書令，父子兄弟皆誅；沖爲代郡太守，卒繼父業；世乃服畿知人。

魏略曰李豐父名義，與此不同，義蓋恢之別名也。

恕字務伯，太和中爲散騎黃門侍郎。〔一〕恕推誠以質，不治飾，少無名譽。及在朝，不結交援，專心向公。每政有得失，常引綱維以正言，於是侍中辛毗等器重之。

〔一〕杜氏新書曰：恕少與馮翊李豐俱爲父任，總角相善。及各成人，豐砥礪名行以要世譽，而恕誕節直意，與豐殊趣。豐竟馳名一時，京師之士多爲之游說。而當路者或以豐名過其實，而恕被褐懷玉也。由此爲豐所不善。恕亦任其自然，不力行以合時。豐以顯仕朝廷，恕猶居家自若。明帝以恕大臣子，擢拜散騎侍郎，數月，轉補黃門侍郎。

時公卿以下大議損益，恕以爲「古之刺史，奉宣六條，以清靜爲名，威風著稱，今可勿令領兵，以專民事。」俄而鎮北將軍呂昭又領冀州，〔一〕乃上疏曰：

帝王之道，莫尚乎安民；安民之術，在於豐財。豐財者，務本而節用也。方今二

賊未滅，戎車亟駕，此自熊虎之士展力之秋也。然搢紳之儒，橫加榮慕，搤腕抗論，以孫、吳爲首，州郡牧守，咸共忽恤民之術，脩將率之事。農桑之民，競干戈之業，不可謂務本。帑藏歲虛而制度歲廣，民力歲衰而賦役歲興，不可謂節用。今大魏奄有十州之地，而承喪亂之弊，計其戶口不如往昔一州之民，然而二方僭逆，北虜未賓，三邊遘難，繞天略帀；所以統一州之民，經營九州之地，其爲艱難，譬策羸馬以取道里，豈可不加意愛惜其力哉？以武皇帝之節儉，府藏充實，猶不能十州擁兵；郡且二十也。今荊、揚、青、徐、幽、幷、雍、涼緣邊諸州皆有兵矣，其所恃內充府庫外制四夷者，惟兗、豫、司、冀而已。臣前以州郡典兵，則專心軍功，不勤民事，宜別置將守，以盡治理之務；而陛下復以冀州寵秩呂昭。冀州戶口最多，田多墾闢，又有桑棗之饒，國家徵求之府，誠不當復任以兵事也。若以北方當須鎮守，自可專置大將以鎮安之。計所置吏士之費，與兼官無異。然昭於人才尚復易；中朝苟乏人，兼才者勢不獨多。以此推之，知國家以人擇官，不爲官擇人也。官得其人，則政平訟理；政平故民富實，訟理故囹圄空虛。陛下踐阼，天下斷獄百數十人，歲歲增多，至五百餘人矣。民不益多，法不益峻。以此推之，非政教陵遲，牧守不稱之明效歟？往年牛死，通率天下十能損二；麥不半收，秋種未下。若二賊游魂於疆埸，飛芻輓粟，千里不及。究此之術，豈在彊兵

乎？武士勁卒愈多，愈多愈病耳。夫天下猶人之體，腹心充實，四支雖病，終無大患；今兗、豫、司、冀亦天下之腹心也。是以愚臣慺慺，實願四州之牧守，獨脩務本之業，以堪四支之重。然孤論難持，犯欲難成，衆怨難積，疑似難分，故累載不爲明主所察。凡言此者，類皆疏賤；疏賤之言，實未易聽。若使善策必出於親貴，親貴固不犯四難以求忠愛，此古今之所常患也。

〔一〕世語曰：昭字子展，東平人。長子巽，字長悌，爲相國掾，有寵於司馬文王。次子安，字仲悌，與嵇康善，與康俱被誅。次子粹，字季悌，河南尹。粹子預，字景虞，御史中丞。

時又大議考課之制，以考內外衆官。恕以爲用不盡其人，雖才且無益，所存非所務，所務非世要。上疏曰：

書稱「明試以功，三考黜陟」，誠帝王之盛制。使有能者當其官，有功者受其祿，譬猶烏獲之舉千鈞，良、樂之選驥足也。雖歷六代而考績之法不著，關七聖而課試之文不垂，臣誠以爲其法可粗依，其詳難備舉故也。語曰：「世有亂人而無亂法。」若使法可專任，則唐、虞可不須稷、契之佐，殷、周無貴伊、呂之輔矣。今奏考功者，陳周、漢之法爲，綴京房之本旨，可謂明考課之要矣。於以崇揖讓之風，興濟濟之治，臣以爲未盡善也。其欲使州郡考士，必由四科，皆有事效，然後察舉，試辟公府，爲親民長吏，轉以功次補

郡守者，或就增秩賜爵，此最考課之急務也。臣以爲便當顯其身，用其言，使具爲課州郡之法，法具施行，立必信之賞，施必行之罰。至於公卿及內職大臣，亦當俱以其職考課之也。

古之三公，坐而論道，內職大臣，納言補闕，無善不紀，無過不舉。且天下至大，萬機至衆，誠非一明所能徧照。故君爲元首，臣作股肱，明其一體相須而成也。是以古人稱廊廟之材，非一木之支；帝王之業，非一士之略。由是言之，焉有大臣守職辨課可以致雍熙者哉！且布衣之交，猶有務信誓而蹈水火，感知己而披肝膽，徇聲名而立節義者；況於束帶立朝，致位卿相，所務者非特匹夫之信，所感者非徒知己之惠，所徇者豈聲名而已乎！

諸蒙寵祿受重任者，不徒欲舉明主於唐、虞之上而已；身亦欲廁稷、契之列。是以古人不患於念治之心不盡，患於自任之意不足，此誠人主使之然也。唐、虞之君，委任稷、契、夔、龍而責成功，及其罪也，殛鯀而放四凶。今大臣親奉明詔，給事目下，其有夙夜在公，恪勤特立，當官不撓貴勢，執平不阿所私，危言危行以處朝廷者，自明主所察也。若尸祿以爲高，拱默以爲智，當官苟在於免負，立朝不忘於容身，絜行遜言以處朝廷者，亦明主所察也。誠使容身保位，無放退之辜，而盡節在公，抱見疑之勢，公義

不脩而私議成俗，雖仲尼爲謀，猶不能盡一才，又況於世俗之人乎！今之學者，師商、韓而上法術，競以儒家爲迂闊，不周世用，此最風俗之流弊，創業者之所致慎也。後考課竟不行。〔一〕

〔一〕杜氏新書曰：時李豐爲常侍，黃門郎袁侃見轉爲吏部郎，荀俁出爲東郡太守，三人皆恕之同班友善。

樂安廉昭以才能拔擢，頗好言事。恕上疏極諫曰：

伏見尚書郎廉昭奏左丞曹璠以罰當關不依詔，坐判問。又云「諸當坐者別奏」。尚書令陳矯自奏不敢辭罰，亦不敢以處重爲恭，意至懇惻。臣竊憫然爲朝廷惜之！夫聖人不擇世而興，不易民而治，然而生必有賢智之佐者，蓋進之以道，率之以禮故也。古之帝王之所以能輔世長民者，莫不遠得百姓之歡心，近盡羣臣之智力。誠使今朝任職之臣皆天下之選，而不能盡其力，不可謂能使人；若非天下之選，亦不可謂能官人。陛下憂勞萬機，或親燈火，而庶事不康，刑禁日弛，豈非股肱不稱之明效歟？原其所由，非獨臣有不盡忠，亦主有不能使。百里奚愚於虞而智於秦，豫讓苟容中行而著節智伯，斯則古人之明驗矣。今臣言一朝皆不忠，是誣一朝也；然其事類，可推而得。陛下感帑藏之不充實，而軍事未息，至乃斷四時之賦衣，薄御府之私穀，帥由聖意，舉朝稱明，與聞政事密勿大臣，寧有懇懇憂此者乎？

騎都尉王才、幸樂人孟思所爲不法，振動京都，而其罪狀發於小吏，公卿大臣初無一言。自陛下踐阼以來，司隸校尉、御史中丞寧有舉綱維以督奸宄，使朝廷肅然者邪？若陛下以爲今世無良才，朝廷乏賢佐，豈可追望稷、契之遐蹤，坐待來世之儁乂乎！今之所謂賢者，盡有大官而享厚祿矣，然而奉上之節未立，向公之心不一者，委任之責不專，而俗多忌諱故也。臣以爲忠臣不必親，親臣不必忠。何者？以其居無嫌之地而事得自盡也。今有疏者毀人不實其所毀，而必曰私報所憎，譽人不實其所譽，而必曰私愛所親，左右或因之以進憎愛之說。非獨毀譽有之，政事損益，亦皆有嫌。陛下當思所以闡廣朝臣之心，篤厲有道之節，使之自同古人，望與竹帛耳。反使如廉昭者擾亂其間，臣懼大臣遂將容身保位，坐觀得失，爲來世戒也！

昔周公戒魯侯曰「無使大臣怨乎不以」，不言賢愚，明皆當世用也。堯數舜之功，稱去四凶，不言大小，有罪則去也。今者朝臣不自以爲不能，以陛下爲不任也；不自以爲不智，以陛下爲不問也。陛下何不遵周公之所以用，大舜之所以去？使侍中、尚書坐則侍帷幄，行則從華輦，親對詔問，所陳必達，則羣臣之行，能否皆可得而知；忠能者進，闇劣者退，誰敢依違而不自盡？以陛下之聖明，親與羣臣論議政事，使羣臣人得自盡，人自以爲親，人思所以報，賢愚能否，在陛下之所用。以此治事，何事不辦？

以此建功，何功不成？每有軍事，詔書常曰：「誰當憂此者邪？吾當自憂耳。」近詔又曰：「憂公忘私者必不然，但先公後私卽自辦也。」伏讀明詔，乃知聖思究盡下情，然亦怪陛下不治其本而憂其末也。人之能否，實有本性，雖臣亦以爲朝臣不盡稱職也。明主之用人也，使能者不敢遺其力，而不能者不得處非其任。選舉非其人，未必爲有罪也；舉朝共容非其人，乃爲怪耳。陛下知其不盡力也，而代之憂其職，知其不能也，而教之治其事，豈徒主勞而臣逸哉？雖聖賢並世，終不能以此爲治也。

陛下又患臺閣禁令之不密，人事請屬之不絕，聽伊尹作迎客出入之制，選司徒更惡吏以守寺門；威禁由之，實未得爲禁之本也。昔漢安帝時，少府竇嘉辟廷尉郭躬無罪之兄子，猶見舉奏，章劾紛紛。近司隸校尉孔羨辟大將軍狂悖之弟，而有司嘿爾，望風希指，甚於受屬。選舉不以實，人事之大者也。〔一〕嘉有親戚之寵，躬非社稷重臣，猶尚如此；以今況古，陛下自不督必行之罰以絕阿黨之原耳。伊尹之制，與惡吏守門，非治世之具也。使臣之言少蒙察納，何患於奸不削滅，而養若昭等乎！

夫糾擿奸宄，忠事也，然而世憎小人行之者，以其不顧道理而苟求容進也。若陛下不復考其終始，必以違衆忤世爲奉公，密行白人爲盡節，焉有通人大才而更不能爲此邪？誠顧道理而弗爲耳。使天下皆背道而趨利，則人主之所最病者，陛下將何樂

爲，胡不絕其萌乎！夫先意承旨以求容美，率皆天下淺薄無行義者，其意務在於適人主之心而已，非欲治天下安百姓也。陛下何不試變業而示之，彼豈執其所守以違聖意哉？夫人臣得人主之心，安業也；處尊顯之官，榮事也；食千鍾之祿，厚實也。人臣雖愚，未有不樂此而喜干迕者也，迫於道，自彊耳。誠以爲陛下當憐而佑之，少委任焉，如何反錄昭等傾側之意，而忽若人者乎？今者外有伺隙之寇，內有貧曠之民，陛下當大計天下之損益，政事之得失，誠不可以怠也。

恕在朝八年，其論議亢直，皆此類也。

〔一〕臣松之案大將軍，司馬宣王也。晉書云：「宣王第五弟，名通，爲司隸從事。」疑恕所云狂悖者。通子順，封龍陽亭侯。晉初受禪，以不達天命，守節不移，削爵土，徙武威。

出爲弘農太守，數歲轉趙相，〔二〕以疾去官。〔三〕起家爲河東太守，歲餘，遷淮北都督護軍，復以疾去。恕所在，務存大體而已，其樹惠愛，益得百姓歡心，不及於畿。頃之，拜御史中丞。恕在朝廷，以不得當世之和，故屢在外任。復出爲幽州刺史，加建威將軍，使持節，護烏丸校尉。時征北將軍程喜屯薊，尚書袁侃等戒恕曰：「程申伯處先帝之世，傾田國讓於青州。足下今俱杖節，使共屯一城，宜深有以待之。」而恕不以爲意。至官未期，有鮮卑大人兒，不由關塞，徑將數十騎詣州，州斬所從來小子一人，無表言上。喜於是劾奏恕，下廷

尉，當死。以父畿勤事水死，免爲庶人，徙章武郡，是歲嘉平元年。〔三〕恕倜儻任意，而思不防患，終致此敗。

〔一〕魏略曰：恕在弘農，寬和有惠愛。及還，以孟康代恕爲弘農。康字公休，安平人。黃初中，以於郭后有外屬，并受九親賜拜，遂轉爲散騎侍郎。是時，散騎皆以高才英儒充其選，而康獨緣妃嬙雜在其間，故于時皆共輕之，號爲阿九。康既（無）才敏，因在冗官，博讀書傳，後遂有所彈駮，其文義雅而切要，衆人乃更加意。正始中，出爲弘農，領典農校尉。康到官，清己奉職，嘉善而矜不能，省息獄訟，緣民所欲，因而利之。郡領吏二百餘人，涉春遣休，常四分遣一。事無宿諾，時出案行，皆豫敕督郵平水，不得令屬官遣人探候，修設曲敬。又不欲煩損吏民，常豫敕吏卒，行各持鐮，所在自刈馬草，不止亭傳，露宿樹下，又所從常不過十餘人。郡帶道路，其諸過賓客，自非公法無所出給；若知舊造之，自出於家。康之始拜，衆人雖知其有志量，以其未嘗宰牧，不保其能也；而康恩澤治能乃爾，吏民稱歌焉。嘉平末，從渤海太守徵入爲中書令，後轉爲監。

〔二〕杜氏新書曰：恕遂去京師，營宜陽一泉塢，因其壘塹之固，小大家焉。明帝崩時，人多爲恕言者。

〔三〕杜氏新書曰：喜欲恕折節謝己，諷司馬宋權示之以微意。恕答權書曰：「況示委曲。夫法天下事，以善意相待，無不致快也；以不善意相待，無不致嫌隙也。而議者言，凡人天性皆不善，不當待以善意，更墮其調中。僕得此輩，便欲歸蹈滄海乘桴耳，不能自諧在其間也。然以年五十二，不見廢棄，頗亦遭明達君子亮其本心；若不見亮，使人刳心著地，正與數斤肉相似，何足有所明，故終不自解說。程征北功名宿著，在僕前甚多，有人出征北乎！若令下官事無大小，咨而後行，則非上司彈繩之意；若咨而不從，又非上下相順之宜。故推一心，任一意，直而行之耳。殺胡之事，天下謂之是邪，是僕諧也；呼爲非邪，僕自受之，無所怨咎。程征北明之亦善，不明之亦善，諸君子自共爲其心耳，不在僕言也。」喜於是遂深文劾恕。

初，恕從趙郡還，陳留阮武亦從清河太守徵，俱自薄廷尉。謂恕曰：「相觀才性可以由公道而持之不厲，器能可以處大官而求之不順，才學可以述古今而志之不一，此所謂有其才而無其用。今向閑暇，可試潛思，成一家言。」在章武，遂著體論八節。〔一〕又著興性論一篇，蓋興於爲己也。四年，卒於徙所。

〔一〕杜氏新書曰：以爲人倫之大綱，莫重於君臣；立身之基本，莫大於言行；安上理民，莫精於政法；勝殘去殺，莫善於用兵。夫禮也者，萬物之體也，萬物皆得其體，無有不善，故謂之體論。

甘露二年，河東樂詳年九十餘，上書訟畿之遺績，朝廷感焉。詔封恕子預爲豐樂亭侯，邑百戶。〔一〕

〔一〕魏略曰：樂詳字文載。少好學，建安初，詳聞公車司馬令南郡謝該善左氏傳，乃從南陽步（涉）詣（許，從）該問疑難諸要，今左氏樂氏問七十二事，詳所撰也。所問既了而歸鄉里，時杜畿爲太守，亦甚好學，署詳文學祭酒，使教後進，於是河東學業大興。至黃初中，徵拜博士。于時太學初立，有博士十餘人，學多褊狹，又不熟悉，略不親教，備員而已。惟詳五業並授，其或難解，質而不解，詳無慍色，以杖畫地，牽譬引類，至忘寢食，以是獨擅名於遠近。詳學既精悉，又善推步三五，別受詔與太史典定律曆。太和中，轉拜騎都尉。詳學優能少，故歷三世，竟不出爲宰守。至正始中，以年老罷歸於舍，本國宗族歸之，門徒數千人。

恕奏議論駮皆可觀，掇其切世大事著于篇。〔一〕

〔一〕杜氏新書曰：恕弟理，字務仲。少而機察精要，畿奇之，故名之曰理。年二十一而卒。弟寬，字務叔。清虛玄靜，敏而好古。以名臣門戶，少長京師，而篤志博學，絕於世務，其意欲探賾索隱，由此顯名，當塗之士多交焉。舉孝廉，除郎中。年四十二而卒。經傳之義，多所論駮，皆草創未就，惟刪集禮記及春秋左氏傳解，今存于世。

預字元凱，司馬宣王女壻。王隱晉書稱預智謀淵博，明於理亂，常稱「德者非所以企及，立功立言，所庶幾也」。大觀羣典，謂公羊、穀梁，詭辨之言。又非先儒說左氏未究丘明意，而橫以二傳亂之。乃錯綜微言，著春秋左氏經傳集解，又參考衆家，謂之釋例，又作盟會圖、春秋長曆，備成一家之學，至老乃成。尚書郎摯虞甚重之，曰：「左丘明本爲春秋作傳，而左傳遂自孤行；釋例本爲傳設，而所發明何但左傳，故亦孤行。」預有大功名於晉室，位至征南大將軍，開府，封當陽侯，食邑八千戶。子錫，字世嘏，尚書左丞。

晉諸公贊曰：嘏有器局。預從兄斌，字世將，亦有才望，爲黃門郎，爲趙王倫所枉殺。嘏子乂，字洪治。少有令名，爲丹陽丞，早卒。阮武者，亦拓落大才也。案阮氏譜：武父諶，字士信，徵辟無所就，造三禮圖傳於世。

杜氏新書曰：武字文業，闊達博通，淵雅之士。位止清河太守。武弟炳，字叔文，河南尹。精意醫術，撰藥方一部。炳子坦，字弘舒，晉太子少傅，平東將軍。坦弟柯，字士度。

荀綽兗州記曰：坦出紹伯父，亡，次兄當襲爵，父愛柯，言名傳之，遂承封。時幼小，不能讓，及長悔恨，遂幅巾而居，後雖出身，未嘗釋也。性純篤閑雅，好禮無違，存心經誥，博學洽聞。選爲濮陽王文學，遷領軍長史，喪官。王衍時爲領軍，哭之甚慟。

鄭渾字文公，河南開封人也。高祖父衆，衆父興，皆爲名儒。〔一〕渾兄泰，與荀攸等謀誅

董卓，爲揚州刺史，卒。〔三〕渾將泰小子袤避難淮南，袁術賓禮甚厚。渾知術必敗。時華歆爲豫章太守，素與泰善，渾乃渡江投歆。太祖聞其篤行，召爲掾，復還下蔡長、邵陵令。天下未定，民皆剽輕，不念產殖；其生子無以相活，率皆不舉。渾所在奪其漁獵之具，課使耕桑，又兼開稻田，重去子之法。民初畏罪，後稍豐給，無不舉贍；所育男女，多以鄭爲字。辟爲丞相掾屬，遷左馮翊。

〔一〕續漢書曰：興字少贛，諫議大夫。衆字子師，大司農。

〔三〕張璠漢紀曰：泰字公業。少有才略，多謀計，知天下將亂，陰交結豪傑。家富於財，有田四百頃，而食常不足，名聞山東。舉孝廉，三府辟，公車徵，皆不就。何進輔政，徵用名士，以泰爲尚書侍郎，加奉車都尉。進將誅黃門，欲召董卓爲助，泰謂進曰：「董卓彊忍寡義，志欲無饜，若借之朝政，授之大事，將肆其心以危朝廷。以明公之威德，據阿衡之重任，秉意獨斷，誅除有罪，誠不待卓以爲資援也。且事留變生，其鑒不遠。」又爲陳時之要務，進不能用，乃棄官去。謂潁川人荀攸曰：「何公未易輔也。」進尋見害，卓果專權，廢帝。關東義兵起，卓會議大發兵，羣寮咸憚卓，莫敢忤旨。泰恐其彊，益將難制，乃曰：「夫治在德，不在兵也。」卓不悅曰：「如此，兵無益邪？」衆人莫不變容，爲泰震慄。泰乃詭辭對曰：「非以無益，以山東不足加兵也。今山東議欲起兵，州郡相連，人衆相動，非不能也。然中國自光武以來，無雞鳴狗吠之警，百姓忘戰日久；仲尼有言『不教民戰，是謂棄之』，雖衆不能爲害，一也。明公出自西州，少爲國將，閑習軍事，數踐戰場，名稱當世；以此威民，民懷慴服，二也。袁本初公卿子弟，生處京師，體長婦人；張孟卓東平長者，坐不窺堂；孔公緒能清談高論，噓枯吹生，無軍帥之才，負

霜露之勤，臨鋒履刃，決敵雌雄，皆非明公敵，三也。察山東之士，力能跨馬控弦，勇等孟賁，捷齊慶忌，信有聊城之守，策有良平之謀；可任以偏師，責以成功，未聞有其人者，四也。就有其人，王爵不相加，婦姑位不定，各恃衆怙力，將人人棊跱，以觀成敗，不肯同心共膽，率徒旅進，五也。關西諸郡，北接上黨、太原、馮翊、扶風、安定，自頃以來，數與胡戰，婦女載戟挾矛，弦弓負矢，況其悍夫；以此當山東忘戰之民，譬驅羣羊向虎狼，其勝可必，六也。且天下之權勇，今見在者不過并、涼、匈奴、屠各、湟中、義從、八種西羌，皆百姓素所畏服，而明公權以爲爪牙，壯夫震慄，況小醜乎！七也。又明公之將帥，皆中表腹心，周旋日久，自三原、硤口以來，恩信醇著，忠誠可遠任，智謀可特使，以此當山東解(合)〔后〕之虛誕，實不相若，八也。夫戰有三亡：以亂攻治者亡，以邪攻正者亡，以逆攻順者亡。今明公秉國政平，討夷凶宦，忠義克立；以三德待於三亡，奉辭伐罪，誰人敢禦？九也。東州有鄭康成，學該古今，儒生之所以集；北海邴根矩，清高直亮，羣士之楷式。彼諸將若詢其計畫，案典校之彊弱，燕、趙、齊、梁非不盛，終見滅於秦，吳、楚七國非不衆，而不敢踰滎陽，況今德政之赫赫，股肱之邦良，欲造亂以徵不義者，必不相然讚，成其凶謀，十也。若十事少有可采，無事徵兵以驚天下，使患役之民，相聚爲非，棄德恃衆，以輕威重。」卓乃悅，以泰爲將軍，統諸軍擊關東。或謂卓曰：「鄭泰智略過人，而結謀山東，今資之士馬，使就其黨，竊爲明公懼之。」卓收其兵馬，留拜議郎。後又與王允謀共誅卓，泰脫身自武關走，東歸。後將軍袁術以爲揚州刺史，未至官，道卒，時年四十一。

時梁興等略吏民五千餘家爲寇鈔，諸縣不能禦，皆恐懼，寄治郡下。議者悉以爲當移就險，渾曰：「興等破散，竄在山阻。雖有隨者，率脅從耳。今當廣開降路，宣喻恩信。而保險自守，此示弱也。」乃聚斂吏民，治城郭，爲守禦之備。遂發民逐賊，明賞罰，與要誓，其所得獲，十以七賞。百姓大悅，皆願捕賊，多得婦女、財物。賊之失妻子者，皆還求降。渾責其得他婦女，然後還其妻子，於是轉相寇盜，黨與離散。又遣吏民有恩信者，分布山谷告喻，出者相繼，乃使諸縣長吏各還本治以安集之。興等懼，將餘衆聚鄜城。太祖使夏侯淵就助郡擊之，渾率吏民前登，斬興及其支黨。又賊靳富等，脅將夏陽長、邵陵令幷其吏民入磑山，渾復討擊破富等，獲二縣長吏，將其所略還。及趙青龍者，殺左內史程休，渾聞，遣壯士就梟其首。前後歸附四千餘家，由是山賊皆平，民安產業。轉爲上黨太守。

太祖征漢中，以渾爲京兆尹。渾以百姓新集，爲制移居之法，使兼複者與單輕者相伍，溫信者與孤老爲比，勤稼穡，明禁令，以發姦者。由是民安於農，而盜賊止息。及大軍入漢中，運轉軍糧爲最。又遣民田漢中，無逃亡者。太祖益嘉之，復入爲丞相掾。文帝即位，爲侍御史，加駙馬都尉，遷陽平、沛郡二太守。郡界下溼，患水澇，百姓飢乏。渾於蕭、相二縣界，興陂遏，開稻田。郡人皆以爲不便，渾曰：「地勢洿下，宜溉灌，終有魚稻經久之利，此豐民之本也。」遂躬率吏民，興立功夫，一冬間皆成。比年大收，頃畝歲增，租入倍常，民賴其利，刻石頌之，號曰鄭陂。轉爲山陽、魏郡太守，其治放此。又以郡下百姓，苦乏材木，乃課樹榆爲籬，並益樹五果；榆皆成藩，五果豐實。入魏郡界，村落齊整如一，民得財足用

饒。明帝聞之，下詔稱述，布告天下。遷將作大匠。渾清素在公，妻子不免於飢寒。及卒，以子崇爲郎中。〔一〕

〔一〕晉陽秋曰：泰子袤，字林叔。泰與華歆、荀攸善。見袤曰：「鄭公業爲不亡矣。」初爲臨菑侯文學，稍遷至光祿大夫。泰始七年，以袤爲司空，固辭不受，終於家。子默，字思玄。晉諸公贊曰：默遵守家業，以篤素稱，位至太常。默弟質、舒、詡，皆爲卿。默子球，清直有理識，尚書右僕射、領選。球弟豫，爲尚書。

倉慈字孝仁，淮南人也。始爲郡吏。建安中，太祖開募屯田於淮南，以慈爲綏集都尉。黃初末，爲長安令，清約有方，吏民畏而愛之。太和中，遷燉煌太守。郡在西陲，以喪亂隔絕，曠無太守二十歲，大姓雄張，遂以爲俗。前太守尹奉等，循故而已，無所匡革。慈到，抑挫權右，撫恤貧羸，甚得其理。舊大族田地有餘，而小民無立錐之土；慈皆隨口割賦，稍稍使畢其本直。先是屬城獄訟衆猥，縣不能決，多集治下；慈躬往省閱，料簡輕重，自非殊死，但鞭杖遣之，一歲決刑曾不滿十人。又常日西域雜胡欲來貢獻，而諸豪族多逆斷絕；既與貿遷，欺詐侮易，多不得分明。胡常怨望，慈皆勞之。欲詣洛者，爲封過所，欲從郡還者，官爲平取，輒以府見物與共交市，使吏民護送道路，由是民夷翕然稱其德惠。數年卒官，吏

民悲感如喪親戚，圖畫其形，思其遺像。及西域諸胡聞慈死，悉共會聚於戊己校尉及長吏治下發哀，或有以刀畫面，以明血誠，又爲立祠，遙共祠之。〔一〕

〔一〕魏略曰：天水王遷，承代慈，雖循其迹，不能及也。金城趙基承遷後，復不如遷。至嘉平中，安定皇甫隆代基爲太守。初，燉煌不甚曉田，常灌溉滀水，使極濡洽，然後乃耕。又不曉作耬犂，用水，及種，人牛功力旣費，而收穀更少。隆到，敎作耬犂，又敎衍溉，歲終率計，其所省庸力過半，得穀加五。又燉煌俗，婦人作裙，攣縮如羊腸，用布一匹；隆又禁改之，所省復不訾。故燉煌人以爲隆剛斷嚴毅不及於慈，至於勤恪愛惠，爲下興利，可以亞之。

自太祖迄于咸熙，魏郡太守陳國吳瓘、清河太守樂安任燠、京兆太守濟北顏斐、弘農太守太原令狐邵、濟南相魯國孔乂，或哀矜折獄，或推誠惠愛，或治身清白，或擿姦發伏，咸爲良二千石。〔一〕

〔一〕瓘、燠事行無所見。魏略曰：顏斐字文林。有才學。丞相召爲太子洗馬，黃初初轉爲黃門侍郎，後爲京兆太守。始，京兆從馬超破後，民人多不專於農殖，又歷數四二千石，取解目前，亦不爲民作久遠計。斐到官，乃令屬縣整阡陌，樹桑果。是時民多無車牛。斐又課民以閑月取車材，使轉相敎匠作車。又課民無牛者，令畜猪狗，賣以買牛。始者民以爲煩，一二年閒，家家有丁車、大牛。又起文學，聽吏民欲讀書者，復其小徭。又於府下起菜園，使吏役閒鉏治。又課民當輸租時，車牛各因便致薪兩束，爲冬寒冰炙筆硯。於是風化大行，吏不煩民，民不求吏。京兆與馮翊、扶風接界，二郡道路旣穢塞，田疇又荒萊，人民饑凍，而京兆皆整頓開明，豐富常爲雍州十郡最。斐又清己，仰奉而已，於是吏民恐其遷轉也。至青龍中，司馬宣王在長安立軍市，而軍中吏士多侵侮縣民，斐以白

宣王。宣王乃發怒召軍市候，便於斐前杖一百。時長安典農與斐共坐，以爲斐宜謝，乃私推築斐。斐不肯謝，良久乃曰：「斐意觀明公受分陝之任，乃欲一齊衆庶，必非有所左右也。而典農竊見推築，欲令斐謝；假令斐謝，是更爲不得明公意也。」宣王遂嚴持吏士。自是之後，軍營、郡縣各得其分。後數歲，遷爲平原太守，吏民啼泣遮道，車不得前，步步稽留，十餘日乃出界，東行至崤而疾困。斐素心戀京兆，其家人從者見斐病甚，勸之，言：「平原當自勉勵作健。」斐曰：「我心不願平原，汝曹等呼我，何不言京兆邪？」遂卒，還平原。京兆聞之，皆爲流涕，爲立碑，於今稱頌之。

令狐邵字孔叔。父仕漢，爲烏丸校尉。建安初，袁氏在冀州，邵去本郡家居鄴。九年，暫出到武安毛城中。會太祖破鄴，遂圍毛城。城破，執邵等輩十餘人，皆當斬。太祖閱見之，疑其衣冠也，問其祖考，而識其父，乃解放，署軍謀掾。仍歷宰守，後徙丞相主簿，出爲弘農太守。所在清如冰雪，妻子希至官省；舉善而敎，恕以待人，不好獄訟，與下無忌。是時，郡無知經者，乃歷問諸吏，有欲遠行就師，輒假遣，令詣河東就樂詳學經，粗明乃還，因設文學。由是弘農學業轉興。至黃初初，徵拜羽林郎，遷虎賁中郎將，三歲，病亡。始，邵族子愚，爲白衣時，常有高志，衆人謂愚必榮令狐氏，而邵獨以爲「愚性倜儻，不修德而願大，必滅我宗」。愚聞邵言，其心不平。及邵爲虎賁郎將，而愚仕進已多所更歷，所在有名稱。愚見邵，因從容言次，微激之曰：「先時聞大人謂愚爲不繼，愚今竟云何邪？」邵熟視而不答也。然私謂其妻子曰：「公治性度猶如故也。以吾觀之，終當敗滅。但不知我久當坐之不邪？將逮汝曹耳！」邵沒之後，十餘年閒，愚爲兗州刺史，果與王淩謀廢立，家屬誅滅。邵子華，時爲弘農郡丞，以屬疏得不坐。

案孔氏譜：孔乂字元儁，孔子之後。曾祖疇，字元矩，陳相。漢桓帝立老子廟於苦縣之賴鄉，畫孔子象於壁；疇爲陳相，立孔子碑於像前，今見存。乂父祖皆二千石，乂爲散騎常侍，上疏規諫。語在三少帝紀。至大鴻臚。子恂字士信，晉平東將軍衞尉也。

評曰：任峻始興義兵，以歸太祖，闢土殖穀，倉庾盈溢，庸績致矣。蘇則威以平亂，旣政事之良，又矯矯剛直，風烈足稱。杜畿寬猛克濟，惠以康民。鄭渾、倉慈，恤理有方。抑皆魏代之名守乎！恕屢陳時政，經論治體，蓋有可觀焉。

紹以郃爲校尉，使拒公孫瓚。瓚破，郃功多，遷寧國中郎將。太祖與袁紹相拒於官渡，〔一〕紹遣將淳于瓊等督運屯烏巢，太祖自將急擊之。郃說紹曰：「曹公兵精，往必破瓊等；瓊等破，則將軍事去矣，宜急引兵救之。」郭圖曰：「郃計非也。不如攻其本營，勢必還，此爲不救而自解也。」郃曰：「曹公營固，攻之必不拔，若瓊等見禽，吾屬盡爲虜矣。」紹但遣輕騎救瓊，而以重兵攻太祖營，不能下。太祖果破瓊等，紹軍潰。圖慚，又更譖郃曰：「郃快軍敗，出言不遜。」郃懼，乃歸太祖。〔二〕

〔一〕漢晉春秋曰：郃說紹曰：「公雖連勝，然勿與曹公戰也，密遣輕騎鈔絕其南，則兵自敗矣。」紹不從之。

〔二〕臣松之案武紀及袁紹傳並云袁紹使張郃、高覽攻太祖營，郃等聞淳于瓊破，遂來降，紹衆於是大潰。是則緣郃等降而後紹軍壞也。至如此傳，爲紹軍先潰，懼郭圖之譖，然後歸太祖，爲參錯不同矣。

太祖得郃甚喜，謂曰：「昔子胥不早寤，自使身危，豈若微子去殷、韓信歸漢邪？」拜郃偏將軍，封都亭侯。授以衆，從攻鄴，拔之。又從擊袁譚於渤海，別將軍圍雍奴，大破之。從討柳城，與張遼俱爲軍鋒，以功遷平狄將軍。別征東萊，討管承，又與張遼討陳蘭、梅成等，破之。從破馬超、韓遂於渭南。圍安定，降楊秋。與夏侯淵討鄜賊梁興及武都氐。又破馬超，平宋建。太祖征張魯，先遣郃督諸軍討興和氐王竇茂。太祖從散關入漢中，又先遣郃督步卒五千於前通路。至陽平，魯降，太祖還，留郃與夏侯淵等守漢中，拒劉備。郃別

督諸軍，降巴東、巴西二郡，徙其民於漢中。進軍宕渠，爲備將張飛所拒，引還南鄭。拜盪寇將軍。劉備屯陽平，郃屯廣石。備以精卒萬餘，分爲十部，夜急攻郃。郃率親兵搏戰，備不能克。其後備於走馬谷燒都圍，淵救火，從他道與備相遇，交戰，短兵接刃。淵遂沒，郃還陽平。〔一〕當是時，新失元帥，恐爲備所乘，三軍皆失色。淵司馬郭淮乃令衆曰：「張將軍，國家名將，劉備所憚；今日事急，非張將軍不能安也。」遂推郃爲軍主。郃出，勒兵安陳，諸將皆受郃節度，衆心乃定。太祖在長安，遣使假郃節。太祖遂自至漢中，劉備保高山不敢戰。太祖乃引出漢中諸軍，郃還屯陳倉。

〔一〕魏略曰：淵雖爲都督，劉備憚郃而易淵。及殺淵，備曰：「當得其魁，用此何爲邪！」

文帝即王位，以郃爲左將軍，進爵都鄉侯。及踐阼，進封鄚侯。詔郃與曹眞討安定盧水胡及東羌，召郃與眞並朝許宮，遣南與夏侯尚擊江陵。郃別督諸軍渡江，取洲上屯塢。明帝即位，遣南屯荆州，與司馬宣王擊孫權別將劉阿等，追至祁口，交戰，破之。諸葛亮出祁山。加郃位特進，遣督諸軍，拒亮將馬謖於街亭。謖依阻南山，不下據城。郃絕其汲道，擊，大破之。南安、天水、安定郡反應亮，郃皆破平之。詔曰：「賊亮以巴蜀之衆，當虓虎之師。將軍被堅執銳，所向克定，朕甚嘉之。益邑千戶，并前四千三百戶。」司馬宣王治水軍於荆州，欲順沔入江伐吳，詔郃督關中諸軍往受節度。至荆州，會冬水淺，大船不得行，乃

還屯方城。諸葛亮復出，急攻陳倉，帝驛馬召郃到京都。帝自幸河南城，置酒送郃，遣南北軍士三萬及分遣武衞、虎賁使衞郃，因問郃曰：「遲將軍到，亮得無已得陳倉乎！」郃知亮縣軍無穀，不能久攻，對曰：「比臣未到，亮已走矣；屈指計亮糧不至十日。」郃晨夜進至南鄭，亮退。詔郃還京都，拜征西車騎將軍。

郃識變數，善處營陳，料戰勢地形，無不如計，自諸葛亮皆憚之。郃雖武將而愛樂儒士，嘗薦同鄉卑湛經明行修，詔曰：「昔祭遵爲將，奏置五經大夫，居軍中，與諸生雅歌投壺。今將軍外勒戎旅，內存國朝。朕嘉將軍之意，今擢湛爲博士。」

諸葛亮復出祁山，詔郃督諸將西至略陽，亮還保祁山，郃追至木門，與亮軍交戰，飛矢中郃右膝，薨，〔一〕謚曰壯侯。子雄嗣。郃前後征伐有功，明帝分郃戶，封郃四子列侯。賜小子爵關內侯。

〔一〕魏略曰：亮軍退，司馬宣王使郃追之，郃曰：「軍法，圍城必開出路，歸軍勿追。」宣王不聽。郃不得已，遂進。蜀軍乘高布伏，弓弩亂發，矢中郃髀。

徐晃字公明，河東楊人也。爲郡吏，從車騎將軍楊奉討賊有功，拜騎都尉。李傕、郭汜之亂長安也，晃說奉，令與天子還洛陽，奉從其計。天子渡河至安邑，封晃都亭侯。及到洛

陽，韓暹、董承日爭鬬，晃說奉令歸太祖；奉欲從之，後悔。太祖討奉於梁，晃遂歸太祖。

太祖授晃兵，使擊卷、卷音墟權反。原武賊，破之，拜裨將軍。從征呂布，別降布將趙庶、李鄒等。與史渙斬眭固於河內。從破劉備，又從破顏良，拔白馬，進至延津，破文醜，拜偏將軍。與曹洪擊㶏彊賊祝臂，破之，又與史渙擊袁紹運車於故市，功最多，封都亭侯。太祖既圍鄴，破邯鄲，易陽令韓範僞以城降而拒守，太祖遣晃攻之。晃至，飛矢城中，爲陳成敗。範悔，晃輒降之。既而言於太祖曰：「二袁未破，諸城未下者傾耳而聽，今日滅易陽，明日皆以死守，恐河北無定時也。願公降易陽以示諸城，則莫不望風。」太祖善之。別討毛城，設伏兵掩擊，破三屯。從破袁譚於南皮，討平原叛賊，克之。從征蹋頓，拜橫野將軍。從征荆州，別屯樊，討中廬、臨沮、宜城賊。又與滿寵討關羽於漢津，與曹仁擊周瑜於江陵。十五年，討太原反者，圍大陵，拔之，斬賊帥商曜。韓遂、馬超等反關右，遣晃屯汾陰以撫河東，賜牛酒，令上先人墓。太祖至潼關，恐不得渡，召問晃。晃曰：「公盛兵於此，而賊不復別守蒲阪，知其無謀也。今假臣精兵〔一〕渡蒲坂津，爲軍先置，以截其裏，賊可擒也。」太祖曰：「善。」使晃以步騎四千人渡津。作塹柵未成，賊梁興夜將步騎五千餘人攻晃，晃擊走之，太祖軍得渡。遂破超等，使晃與夏侯淵平隃麋、汧諸氐，與太祖會安定。太祖還鄴，使晃與夏侯淵平鄜、夏陽餘賊，斬梁興，降三千餘戶。從征張魯。別遣晃討攻櫝、仇夷諸山氐，

皆降之。還平寇將軍。解將軍張順圍。擊賊陳福等三十餘屯，皆破之。

〔一〕臣松之云：案晃于時未應稱臣，傳寫者誤也。

太祖還鄴，留晃與夏侯淵拒劉備於陽平。備遣陳式等十餘營絕馬鳴閣道，晃別征破之，賊自投山谷，多死者。太祖聞，甚喜，假晃節，令曰：「此閣道，漢中之險要咽喉也。劉備欲斷絕外內，以取漢中。將軍一舉，克奪賊計，善之善者也。」太祖遂自至陽平，引出漢中諸軍。復遣晃助曹仁討關羽，屯宛。會漢水暴隘，于禁等沒。羽圍仁於樊，又圍將軍呂常於襄陽。晃所將多新卒，以羽難與爭鋒，遂前至陽陵陂屯。太祖復還，遣將軍徐商、呂建等詣晃，令曰：「須兵馬集至，乃俱前。」賊屯偃城。晃到，詭道作都塹，示欲截其後，賊燒屯走。晃得偃城，兩面連營，稍前，去賊圍三丈所。未攻，太祖前後遣殷署、朱蓋等凡十二營詣晃。賊圍頭有屯，又別屯四冢。晃揚聲當攻圍頭屯，而密攻四冢。羽見四冢欲壞，自將步騎五千出戰，晃擊之，退走，遂追陷與俱入圍，破之，或自投沔水死。太祖令曰：「賊圍塹鹿角十重，將軍致戰全勝，遂陷賊圍，多斬首虜。吾用兵三十餘年，及所聞古之善用兵者，未有長驅徑入敵圍者也。且樊、襄陽之在圍，過於莒、卽墨，將軍之功，踰孫武、穰苴。」晃振旅還摩陂，太祖迎晃七里，置酒大會。太祖舉卮酒勸晃，且勞之曰：「全樊、襄陽，將軍之功也。」時諸軍皆集，太祖案行諸營，士卒咸離陳觀，而晃軍營整齊，將士駐陳不動。太祖

歎曰：「徐將軍可謂有周亞夫之風矣。」

文帝卽王位，以晃爲右將軍，進封逯鄉侯。及踐阼，進封楊侯。與夏侯尚討劉備於上庸，破之。以晃鎭陽平，徙封陽平侯。明帝卽位，拒吳將諸葛瑾於襄陽。增邑二百，并前三千一百戶。病篤，遺令斂以時服。

性儉約畏愼，將軍常遠斥候，先爲不可勝，然後戰，追奔爭利，士不暇食。常歎曰：「古人患不遭明君，今幸遇之，當以功自効，何用私譽爲！」終不廣交援。太和元年薨，謚曰壯侯。子蓋嗣。蓋薨，子霸嗣。明帝分晃戶，封晃子孫二人列侯。

初，清河朱靈爲袁紹將。太祖之征陶謙，紹使靈督三營助太祖，戰有功。紹所遣諸將各罷歸，靈曰：「靈觀人多矣，無若曹公者，此乃眞明主也。今已遇，復何之？」遂留不去。所將士卒慕之，皆隨靈留。靈後遂爲好將，名亞晃等，至後將軍，封高唐亭侯。〔一〕

〔一〕九州春秋曰：初，清河季雍以鄃叛袁紹而降公孫瓚，瓚遣兵衞之。紹遣靈攻之。靈家在城中，瓚將靈母弟置城上，誘呼靈。靈望城涕泣曰：「丈夫一出身與人，豈復顧家耶！」遂力戰拔之，生擒雍而靈家皆死。魏書曰：靈字文博。太祖旣平冀州，遣靈將新兵五千人騎千匹守許南。太祖戒之曰：「冀州新兵，數承寬緩，暫見齊整，意尙怏怏。卿名先有威嚴，善以道寬之，不然卽有變。」靈至陽翟，中郎將程昂等果反，卽斬昂，以狀聞。太祖手書曰：「兵中所以爲危險者，外對敵國，內有姦謀不測之變。昔鄧禹中分光武軍西行，而有宗歆、馮愔之難，後將二十四騎還洛陽，禹豈以是減損哉？來書懇惻，多引咎過，未必如所云也。」文帝卽位，封靈鄃侯，增其戶邑。詔曰：「將軍佐命先帝，典兵歷年，威過方、邵，功踰絳、灌。圖籍所美，何以加焉？朕受天命，帝有海內，元功之將，社稷之臣，皆朕所與同福共慶，傳之無窮者也。今封隃侯。富貴不歸故鄉，如夜行衣繡。若平常所志，願勿難言。」靈謝曰：「高唐，宿所願。」於是更封高唐侯。薨，謚曰威侯。

評曰：太祖建茲武功，而時之良將，五子爲先。于禁最號毅重，然弗克其終。張郃以巧變爲稱，樂進以驍果顯名，而鑒其行事，未副所聞。或注記有遺漏，未如張遼、徐晃之備詳也。

三國志卷十八

魏書十八

二李臧文呂許典二龐閻傳第十八

李典字曼成，山陽鉅野人也。典從父乾，有雄氣，合賓客數千家在乘氏。初平中，以衆隨太祖，破黃巾於壽張，又從擊袁術，征徐州。呂布之亂，太祖遣乾還乘氏，慰勞諸縣。布別駕薛蘭、治中李封招乾，欲俱叛，乾不聽，遂殺乾。太祖使乾子整將乾兵，與諸將擊蘭、封。蘭、封破，從平兗州諸縣有功，稍遷青州刺史。整卒，典徙潁陰令，爲中郎將，將整軍，〔一〕遷離狐太守。

〔一〕魏書曰：典少好學，不樂兵事，乃就師讀春秋左氏傳，博觀羣書。太祖善之，故試以治民之政。

時太祖與袁紹相拒官渡，典率宗族及部曲輸穀帛供軍。紹破，以典爲裨將軍，屯安民。太祖擊譚、尚於黎陽，使典與程昱等以船運軍糧。會尚遣魏郡太守高蕃將兵屯河上，絕水道，太祖敕典、昱：「若船不得過，下從陸道。」典與諸將議曰：「蕃軍少甲而恃水，有懈怠之心，擊之必克。軍不內御；苟利國家，專之可也，宜亟擊之。」昱亦以爲然。遂北渡河，攻

蕃，破之，水道得通。劉表使劉備北侵，至葉，太祖遣典從夏侯惇拒之。備一旦燒屯去，惇率諸軍追擊之，典曰：「賊無故退，疑必有伏。南道狹窄，草木深，不可追也。」惇不聽，與于禁追之，典留守。惇等果入賊伏裏，戰不利，典往救，備望見救至，乃散退。從圍鄴，鄴定，與樂進圍高幹於壺關，擊管承於長廣，皆破之。遷捕虜將軍，封都亭侯。典宗族部曲三千餘家，居乘氏，自請願徙詣魏郡。太祖笑曰：「卿欲慕耿純邪？」典謝曰：「典駑怯功微，而爵寵過厚，誠宜舉宗陳力；加以征伐未息，宜實郊遂之內，以制四方，非慕純也。」遂徙部曲宗族萬三千餘口居鄴。太祖嘉之，遷破虜將軍。與張遼、樂進屯合肥，孫權率衆圍之，遼欲奉教出戰。進、典、遼皆素不睦，遼恐其不從，典慨然曰：「此國家大事，顧君計何如耳，吾可以私憾而忘公義乎！」乃率衆與遼破走權。增邑百戶，并前三百戶。

典好學問，貴儒雅，不與諸將爭功。敬賢士大夫，恂恂若不及，軍中稱其長者。年三十六薨，子禎嗣。文帝踐阼，追念合肥之功，增禎邑百戶，賜典一子爵關內侯，邑百戶；謚典曰愍侯。

李通字文達，江夏平春人也。〔一〕以俠聞於江、汝之間。與其郡人陳恭共起兵於朗陵，衆多歸之。時有周直者，衆二千餘家，與恭、通外和內違。通欲圖殺直而恭難之。通知恭

無斷，乃獨定策，與直克會，酒酣殺直。衆人大擾，通率恭誅其黨帥，盡并其營。後恭妻弟陳郃，殺恭而據其衆。通攻破郃軍，斬郃首以祭恭墓。又生禽黃巾大帥吳霸而降其屬。遭歲大饑，通傾家振施，與士分糟糠，皆爭爲用，由是盜賊不敢犯。

〔一〕魏略曰：通小字萬億。

建安初，通舉衆詣太祖於許。拜通振威中郎將，屯汝南西界。太祖討張繡，劉表遣兵以助繡，太祖軍不利。通將兵夜詣太祖，太祖得以復戰，通爲先登，大破繡軍。拜裨將軍，封建功侯。分汝南二縣，以通爲陽安都尉。通妻伯父犯法，朗陵長趙儼收治，致之大辟。是時殺生之柄，決於牧守，通妻子號泣以請其命。通曰：「方與曹公戮力，義不以私廢公。」嘉儼執憲不阿，與爲親交。太祖與袁紹相拒於官渡。紹遣使拜通征南將軍，劉表亦陰招之，通皆拒焉。通親戚部曲流涕曰：「今孤危獨守，以失大援，亡可立而待也，不如亟從紹。」通按劍以叱之曰：「曹公明哲，必定天下。紹雖彊盛，而任使無方，終爲之虜耳。吾以死不貳。」卽斬紹使，送印綬詣太祖。又擊郡賊瞿恭、江宮、沈成等，皆破殘其衆，送其首。遂定淮、汝之地。改封都亭侯，拜汝南太守。時賊張赤等五千餘家聚桃山，通攻破之。劉備與周瑜圍曹仁於江陵，別遣關羽絕北道。通率衆擊之，下馬拔鹿角入圍，且戰且前，以迎仁軍，勇冠諸將。通道得病薨，時年四十二。追增邑二百戶，并前四百戶。文帝踐阼，謚曰剛

侯。詔曰：「昔袁紹之難，自許、蔡以南，人懷異心。通秉義不顧，使攜貳率服，朕甚嘉之。不幸早薨，子基雖已襲爵，未足酬其庸勳。基兄緒，前屯樊城，又有功。世篤其勞，其以基爲奉義中郎將，緒平虜中郎將，以寵異焉。」〔一〕

〔一〕王隱晉書曰：緒子秉，字玄胄，有儁才，爲時所貴，官至秦州刺史。秉嘗答司馬文王問，因以爲家誡曰：「昔侍坐於先帝，時有三長吏俱見。臨辭出，上曰：『爲官長當清，當慎，當勤，修此三者，何患不治乎？』並受詔。既出，上顧謂吾等曰：『相誡敕正當爾不？』侍坐衆賢，莫不贊善。上又問曰：『必不得已，於斯三者何先？』或對曰：『清固爲本。』次復問吾，對曰：『清慎之道，相須而成，必不得已，慎乃爲大。夫清者不必慎，慎者必自清，亦由仁者必有勇，勇者不必有仁。是以易稱括囊無咎，藉用白茅，皆慎之至也。』上曰：『卿言得之耳。可舉近世能慎者誰乎？』諸人各未知所對，吾乃舉故太尉荀景倩、尚書董仲連、僕射王公仲並可謂爲慎。上曰：『此諸人者，溫恭朝夕，執事有恪，亦各其慎也。然天下之至慎，其惟阮嗣宗乎！每與之言，言及玄遠，而未曾評論時事，臧否人物，眞可謂至慎矣。』吾每思此言，亦足以爲明誡。凡人行事，年少立身，不可不慎，勿輕論人，勿輕說事，如此則悔吝何由而生，患禍無從而至矣。」秉子重，字茂曾。少知名，歷位吏部郎、平陽太守。晉諸公贊曰：重以清尚稱。相國趙王倫以重望取爲右司馬。重以倫將爲亂，辭疾不就。倫逼之不已，重遂不復自活，至於困篤，扶曳受拜，數日卒，贈散騎常侍。重二弟，尙字茂仲，矩字茂約，永嘉中並典郡；矩至江州刺史。重子式，字景則，官至侍中。

臧霸字宣高，泰山華人也。父戒，爲縣獄掾，據法不聽太守欲所私殺。太守大怒，令收

戒詣府，時送者百餘人。霸年十八，將客數十人徑於費西山中要奪之，送者莫敢動，因與父俱亡命東海，由是以勇壯聞。黃巾起，霸從陶謙擊破之，拜騎都尉。遂收兵於徐州，與孫觀、吳敦、尹禮等並聚衆，霸爲帥，屯於開陽。太祖之討呂布也，霸等將兵助布。既禽布，霸自匿。太祖募索得霸，見而悅之，使霸招吳敦、尹禮、孫觀、觀兄康等，皆詣太祖。太祖以霸爲琅邪相，敦利城、禮東莞、觀北海、康城陽太守，割青、徐二州，委之於霸。太祖之在兗州，以徐翕、毛暉爲將。兗州亂，翕、暉皆叛。後兗州定，翕、暉亡命投霸。太祖語劉備，令語霸送二人首。霸謂備曰：「霸所以能自立者，以不爲此也。霸受公生全之恩，不敢違命。然王霸之君可以義告，願將軍爲之辭。」備以霸言白太祖，太祖歎息，謂霸曰：「此古人之事而君能行之，孤之願也。」乃皆以翕、暉爲郡守。時太祖方與袁紹相拒，而霸數以精兵入青州，故太祖得專事紹，不以東方爲念。太祖破袁譚於南皮，霸等會賀。霸因求遣子弟及諸將父兄家屬詣鄴，太祖曰：「諸君忠孝，豈復在是！昔蕭何遣子弟入侍，而高祖不拒，耿純焚室輿櫬以從，而光武不逆，吾將何以易之哉！」東州擾攘，霸等執義征暴，清定海岱，功莫大焉，皆封列侯。霸爲都亭侯，加威虜將軍。又與于禁討昌豨，與夏侯淵討黃巾餘賊徐和等，有功，遷徐州刺史。沛國（公）武周爲下邳令，霸敬異周，身詣令舍。部從事謥詷不法，周得其罪，便收考竟，霸益以善周。從討孫權，先登，再入巢湖，攻居巢，破之。張遼之討陳蘭，霸

別遣至皖，討吳將韓當，使權不得救蘭。當遣兵逆霸，霸與戰於逢龍，當復遣兵邀霸於夾石，與戰破之，還屯舒。權遣數萬人乘船屯舒口，分兵救蘭，聞霸軍在舒，遁還。霸夜追之，比明，行百餘里，邀賊前後擊之。賊窘急，不得上船，赴水者甚衆。由是賊不得救蘭，遼遂破之。霸從討孫權於濡須口，與張遼爲前鋒，行遇霖雨，大軍先及，水遂長，賊船稍進，將士皆不安。遼欲去，霸止之曰：「公明於利鈍，寧肯捐吾等邪？」明日果有令。遼至，以語太祖。太祖善之，拜揚威將軍，假節。後權乞降，太祖還，留霸與夏侯惇等屯居巢。

文帝卽王位，遷鎭東將軍，進爵武安鄉侯，都督青州諸軍事。及踐阼，進封開陽侯，徙封良成侯。與曹休討吳賊，破呂範於洞浦，徵爲執金吾，位特進。每有軍事，帝常咨訪焉。〔一〕明帝卽位，增邑五百，幷前三千五百戶。薨，諡曰威侯。子艾嗣。〔二〕艾官至青州刺史、少府。艾薨，諡曰恭侯。子權嗣。霸前後有功，封子三人列侯，賜一人爵關內侯。〔三〕

〔一〕魏略曰：霸一名奴寇。孫觀名嬰子。吳敦名黯奴。尹禮名盧兒。建安二十四年，霸遣別軍在洛。會太祖崩，霸所部及青州兵，以爲天下將亂，皆鳴鼓擅去。文帝卽位，以曹休都督青、徐，霸謂休曰：「國家未肯聽霸耳！若假霸步騎萬人，必能橫行江表。」休言之於帝，帝疑霸軍前擅去，今意壯乃爾！遂東巡，因霸來朝而奪其兵。

〔二〕魏書曰：艾少以才理稱，爲黃門郎，歷位郡守。

〔三〕霸一子舜，字太伯，晉散騎常侍，見武帝百官名。此百官名，不知誰所撰也，皆有題目，稱舜「才穎條暢，識贊時宜」也。

而孫觀亦至青州刺史，假節，從太祖討孫權，戰被創，薨。子毓嗣，亦至青州刺史。〔一〕

〔一〕魏書曰：孫觀字仲臺，泰山人。與臧霸俱起，討黃巾，拜騎都尉。太祖破呂布，使霸招觀兄弟，皆厚遇之。與霸俱戰伐，觀常爲先登，征定青、徐羣賊，功次於霸，封呂都亭侯。康亦以功封列侯。與太祖會南皮，遣子弟入居鄴，拜觀偏將軍，遷青州刺史。從征孫權於濡須口，假節。攻權，爲流矢所中，傷左足，力戰不顧，太祖勞之曰：「將軍被創深重，而猛氣益奮，不當爲國愛身乎？」轉振威將軍，創甚，遂卒。

文聘字仲業，南陽宛人也，爲劉表大將，使禦北方。表死，其子琮立。太祖征荊州，琮舉州降，呼聘欲與俱，聘曰：「聘不能全州，當待罪而已。」太祖濟漢，聘乃詣太祖，太祖問曰：「來何遲邪？」聘曰：「先日不能輔弼劉荊州以奉國家，荊州雖沒，常願據守漢川，保全土境，生不負於孤弱，死無愧於地下，而計不得已，以至於此。實懷悲慚，無顏早見耳。」遂欷歔流涕。太祖爲之愴然曰：「仲業，卿眞忠臣也。」厚禮待之。授聘兵，使與曹純追討劉備於長阪。太祖先定荊州，江夏與吳接，民心不安，乃以聘爲江夏太守，使典北兵，委以邊事，賜爵關內侯。〔一〕與樂進討關羽於尋口，有功，進封延壽亭侯，加討逆將軍。又攻羽輜重於漢津，燒其船於荊城。文帝踐阼，進爵長安鄉侯，假節。與夏侯尚圍江陵，使聘別屯沔口，止石梵，自當一隊，禦賊有功，遷後將軍，封新野侯。孫權以五萬衆自圍聘於石陽，甚

急。聘堅守不動，權住二十餘日乃解去。聘追擊破之。〔二〕增邑五百戶，幷前千九百戶。

〔一〕孫盛曰：資父事君，忠孝道一。臧霸少有孝烈之稱，文聘著垂泣之誠，是以魏武一面，委之以二方之任，豈直壯武見知於倉卒之間哉！

〔二〕魏略曰：孫權嘗自將數萬衆卒至。時大雨，城柵崩壞，人民散在田野，未及補治。聘聞權到，不知所施，乃思惟莫若潛默可以疑之。乃敕城中人使不得見，又自臥舍中不起。權果疑之，語其部黨曰：「北方以此人忠臣也，故委之以此郡，今我至而不動，此不有密圖，必當有外救。」遂不敢攻而去。魏略此語，與本傳反。

聘在江夏數十年，有威恩，名震敵國，賊不敢侵。分聘戶邑封聘子岱爲列侯，又賜聘從子厚爵關內侯。聘薨，諡曰壯侯。岱又先亡，聘養子休嗣。卒，子武嗣。

嘉平中，譙郡桓禺爲江夏太守，清儉有威惠，名亞於聘。

呂虔字子恪，任城人也。太祖在兗州，聞虔有膽策，以爲從事，將家兵守湖陸。（襄陵）〔襄賁〕校尉杜松部民炅母等作亂，與昌豨通。太祖以虔代松。虔到，招誘炅母渠率及同惡數十人，賜酒食。簡壯士伏其側，虔察炅母等皆醉，使伏兵盡格殺之。撫其餘衆，羣賊乃平。太祖以虔領泰山太守。郡接山海，世亂，聞民人多藏竄。袁紹所置中郎將郭祖、公孫犢等數十輩，保山爲寇，百姓苦之。虔將家兵到郡，開恩信，祖等黨屬皆降服，諸山中亡匿者盡

出安土業。僑其彊者補戰士，泰山由是遂有精兵，冠名州郡。濟南黃巾徐和等，所在劫長吏，攻城邑。虔引兵與夏侯淵會擊之，前後數十戰，斬首獲生數千人。太祖使督青州諸郡兵以討東萊羣賊李條等，有功。太祖令曰：「夫有其志，必成其事，蓋烈士之所徇也。卿在郡以來，禽姦討暴，百姓獲安，躬蹈矢石，所征輒克。昔寇恂立名於汝、潁，耿弇建策於青、兗，古今一也。」舉茂才，加騎都尉，典郡如故。虔在泰山十數年，甚有威惠。文帝卽王位，加裨將軍，封益壽亭侯，遷徐州刺史，加威虜將軍。請琅邪王祥爲別駕，民事一以委之，世多其能任賢。〔一〕討利城叛賊，斬獲有功。明帝卽位，徙封萬年亭侯，增邑二百，并前六百戶。虔薨，子翻嗣。翻薨，子桂嗣。

〔一〕孫盛雜語曰：祥字休徵。性至孝，後母苛虐，每欲危害祥，祥色養無怠。盛寒之月，後母曰：「吾思食生魚。」祥脫衣，將剖冰求之，（有）少（頃），堅冰解，下有魚躍出，因奉以供，時人以爲孝感之所致也。供養三十餘年，母終乃仕，以淳誠貞粹見重於時。
王隱晉書曰：祥始出仕，年過五十矣，稍遷至司隸校尉。高貴鄉公入學，以祥爲三老，遷司空太尉。司馬文王初爲晉王，司空荀顗要祥盡敬，祥不從。語在三少帝紀。晉武踐阼，拜祥爲太保，封睢陵公。泰始四年，年八十九薨。祥弟覽，字玄通，光祿大夫。晉諸公贊稱覽率素有至行。覽子孫繁衍，頗有賢才相係，奕世之盛，古今少比焉。

許褚字仲康，譙國譙人也。長八尺餘，腰大十圍，容貌雄毅，勇力絕人。漢末，聚少年及宗族數千家，共堅壁以禦寇。時汝南葛陂賊萬餘人攻褚壁，褚衆少不敵，力戰疲極。兵矢盡，乃令壁中男女，聚治石如杅斗者置四隅。褚飛石擲之，所值皆摧碎。賊不敢進。糧乏，僞與賊和，以牛與賊易食，賊來取牛，牛輒奔還。褚乃出陳前，一手逆曳牛尾，行百餘步。賊衆驚，遂不敢取牛而走。由是淮、汝、陳、梁間，聞皆畏憚之。

太祖徇淮、汝，褚以衆歸太祖。太祖見而壯之曰：「此吾樊噲也。」卽日拜都尉，引入宿衞。諸從褚俠客，皆以爲虎士。從征張繡，先登，斬首萬計，遷校尉。從討袁紹於官渡。時常從士徐他等謀爲逆，以褚常侍左右，憚之不敢發。伺褚休下日，他等懷刀入。褚至下舍心動，卽還侍。他等不知，入帳見褚，大驚愕。他色變，褚覺之，卽擊殺他等。太祖益親信之，出入同行，不離左右。從圍鄴，力戰有功，賜爵關內侯。從討韓遂、馬超於潼關。太祖將北渡，臨濟河，先渡兵，獨與褚及虎士百餘人留南岸斷後。超將步騎萬餘人，來奔太祖軍，矢下如雨。褚白太祖，賊來多，今兵渡已盡，宜去，乃扶太祖上船。賊戰急，軍爭濟，船重欲沒。褚斬攀船者，左手舉馬鞍蔽太祖。船工爲流矢所中死，褚右手並泝船，僅乃得渡。是日，微褚幾危。其後太祖與遂、超等單馬會語，左右皆不得從，唯將褚。超負其力，陰欲

前突太祖，素聞褚勇，疑從騎是褚。乃問太祖曰：「公有虎侯者安在？」太祖顧指褚，褚瞋目盼之。超不敢動，乃各罷。後數日會戰，大破超等，褚身斬首級，遷武衞中郎將。武衞之號，自此始也。軍中以褚力如虎而癡，故號曰虎癡；是以超問虎侯，至今天下稱焉，皆謂其姓名也。

褚性謹慎奉法，質重少言。曹仁自荆州來朝謁，太祖未出，入與褚相見於殿外。仁呼褚入便坐語，褚曰：「王將出。」便還入殿，仁意恨之。或以責褚曰：「征南宗室重臣，降意呼君，君何故辭？」褚曰：「彼雖親重，外藩也。褚備內臣，衆談足矣，入室何私乎？」太祖聞，愈愛待之，遷中堅將軍。太祖崩，褚號泣歐血。文帝踐阼，進封萬歲亭侯，遷武衞將軍，都督中軍宿衞禁兵，甚親近焉。初，褚所將爲虎士者從征伐，太祖以爲皆壯士也，同日拜爲將，其後以功爲將軍封侯者數十人，都尉、校尉百餘人，皆劍客也。明帝卽位，進（封）牟鄉侯，邑七百戶，賜子爵一人關內侯。褚薨，謚曰壯侯。子儀嗣。褚兄定，亦以軍功（封）爲振威將軍，都督徼道虎賁。太和中，帝思褚忠孝，下詔褒贊，復賜褚子孫二人爵關內侯。儀爲鍾會所殺。泰始初，子綜嗣。

典韋，陳留己吾人也。形貌魁梧，旅力過人，有志節任俠。襄邑劉氏與睢陽李永爲讎，

韋爲報之。永故富春長，備衞甚謹。韋乘車載雞酒，僞爲候者，門開，懷匕首入殺永，并殺其妻，徐出，取車上刀戟，步（出）〔去〕。永居近市，一市盡駭。追者數百，莫敢近。行四五里，遇其伴，轉戰得脫。由是爲豪傑所識。初平中，張邈舉義兵，韋爲士，屬司馬趙寵。牙門旗長大，人莫能勝，韋一手建之，寵異其才力。後屬夏侯惇，數斬首有功，拜司馬。太祖討呂布於濮陽。布有別屯在濮陽西四五十里，太祖夜襲，比明破之。未及還，會布救兵至，三面掉戰。時布身自搏戰，自旦至日昳數十合，相持急。太祖募陷陳，韋先占，將應募者數十人，皆重衣兩鎧，棄楯，但持長矛撩戟。時西面又急，韋進當之，賊弓弩亂發，矢至如雨，韋不視，謂等人曰：「虜來十步，乃白之。」等人曰：「十步矣。」又曰：「五步乃白。」等人懼，疾言「虜至矣」！韋手持十餘戟，大呼起，所抵無不應手倒者。布衆退。會日暮，太祖乃得引去。拜韋都尉，引置左右，將親兵數百人，常繞大帳。韋既壯武，其所將皆選卒，每戰鬬，常先登陷陳。遷爲校尉。性忠至謹重，常晝立侍終日，夜宿帳左右，稀歸私寢。好酒食，飲噉兼人，每賜食於前，大飲長歠，左右相屬，數人益乃供，太祖壯之。韋好持大雙戟與長刀等，軍中爲之語曰：「帳下壯士有典君，提一雙戟八十斤。」

太祖征荆州，至宛，張繡迎降。太祖甚悅，延繡及其將帥，置酒高會。太祖行酒，韋持大斧立後，刃徑尺，太祖所至之前，韋輒舉斧目之。竟酒，繡及其將帥莫敢仰視。後十餘

日，繡反，襲太祖營，太祖出戰不利，輕騎引去。韋戰於門中，賊不得入。兵遂散從他門並入。時韋校尚有十餘人，皆殊死戰，無不一當十。賊前後至稍多，韋以長戟左右擊之，一叉入，輒十餘矛摧。左右死傷者略盡。韋被數十創，短兵接戰，賊前搏之。韋雙挾兩賊擊殺之，餘賊不敢前。韋復前突賊，殺數人，創重發，瞋目大罵而死。賊乃敢前，取其頭，傳觀之，覆軍就視其軀。太祖退住舞陰，聞韋死，爲流涕，募閒取其喪，親自臨哭之，遣歸葬襄邑，拜子滿爲郎中。車駕每過，常祠以中牢。太祖思韋，拜滿爲司馬，引自近。文帝卽王位，以滿爲都尉，賜爵關內侯。

龐悳字令明，南安狟道人也。狟音桓。少爲郡吏州從事。初平中，從馬騰擊反羌叛氐，數有功，稍遷至校尉。建安中，太祖討袁譚、尚於黎陽，譚遣郭援、高幹等略取河東，太祖使鍾繇率關中諸將討之。悳隨騰子超拒援、幹於平陽，悳爲軍鋒，進攻援、幹，大破之，親斬援首。〔一〕拜中郎將，封都亭侯。後張白騎叛於弘農，悳復隨騰征之，破白騎於兩殽間。每戰，常陷陳卻敵，勇冠騰軍。後騰徵爲衞尉，悳留屬超。太祖破超於渭南，悳隨超亡入漢陽，保冀城。後復隨超奔漢中，從張魯。太祖定漢中，悳隨衆降。太祖素聞其驍勇，拜立義將軍，封關門亭侯，邑三百戶。

〔一〕魏略曰：悳手斬一級，不知是援。戰罷之後，衆人皆言援死而不得其首。援，鍾繇之甥。悳晚後於鞬中出一頭，繇見之而哭。悳謝繇，繇曰：「援雖我甥，乃國賊也。卿何謝之？」

侯音、衞開等以宛叛，悳將所領與曹仁共攻拔宛，斬音、開，遂南屯樊，討關羽。樊下諸將以悳兄在漢中，頗疑之。〔一〕悳常曰：「我受國恩，義在效死。我欲身自擊羽。今年我不殺羽，羽當殺我。」後親與羽交戰，射羽中額。時悳常乘白馬，羽軍謂之白馬將軍，皆憚之。仁使悳屯樊北十里，會天霖雨十餘日，漢水暴溢，樊下平地五六丈，悳與諸將避水上隄。羽乘船攻之，以大船四面射隄上。悳被甲持弓，箭不虛發。將軍董衡、部曲將董超等欲降，悳皆收斬之。自平旦力戰至日過中，羽攻益急，矢盡，短兵接戰。悳謂督將成何曰：「吾聞良將不怯死以苟免，烈士不毀節以求生，今日，我死日也。」戰益怒，氣愈壯，而水浸盛，吏士皆降。悳與麾下將一人，五伯二人，彎弓傅矢，乘小船欲還仁營。水盛船覆，失弓矢，獨抱船覆水中，爲羽所得，立而不跪。羽謂曰：「卿兄在漢中，我欲以卿爲將，不早降何爲？」悳罵羽曰：「豎子，何謂降也！魏王帶甲百萬，威振天下。汝劉備庸才耳，豈能敵邪！我寧爲國家鬼，不爲賊將也。」遂爲羽所殺。太祖聞而悲之，爲之流涕，封其二子爲列侯。文帝卽王位，乃遣使就悳墓賜諡，策曰：「昔先軫喪元，王蠋絕脰，隕身徇節，前代美之。惟侯式昭果毅，蹈難成名，聲溢當時，義高在昔，寡人愍焉，諡曰壯侯。」又賜子會等四人爵關內侯，邑各百戶。會勇烈有父風，官至中尉將軍，封列侯。〔二〕

〔一〕魏略曰：悳從兄名柔，時在蜀。

〔二〕王隱蜀記曰：鍾會平蜀，前後鼓吹，迎悳屍喪還葬鄴，冢中身首如生。臣松之案悳死於樊城，文帝卽位，又遣使至悳墓所，則其屍喪不應在蜀。此王隱之虛說也。

龐淯字子異，酒泉表氏人也。初以涼州從事守破羌長，會武威太守張猛反，殺刺史邯鄲商，猛令曰：「敢有臨商喪，死不赦。」淯聞之，棄官，晝夜奔走，號哭喪所訖，詣猛門，衷匕首，欲因見以殺猛。猛知其義士，敕遣不殺，由是以忠烈聞。〔一〕太守徐揖請爲主簿。後郡人黃昂反，圍城。淯棄妻子，夜踰城出圍，告急於張掖、燉煌二郡。初疑未肯發兵，淯欲伏劍，二郡感其義，遂爲興兵。軍未至而郡城邑已陷，揖死。淯乃收斂揖喪，送還本郡，行服三年乃還。太祖聞之，辟爲掾屬。文帝踐阼，拜駙馬都尉，遷西海太守，賜爵關內侯。後徵拜中散大夫，薨。子曾嗣。

〔一〕魏略曰：猛兵欲來縛淯，猛聞之，歎曰：「猛以殺刺史爲罪。此人以至忠爲名，如又殺之，何以勸一州履義之士邪！」遂使行服。典略曰：張猛字叔威，本燉煌人也。猛父奐，桓帝時仕歷郡守、中郎將、太常，遂居華陰，終因葬焉。建安初，猛仕郡爲功曹，是時河西四郡以去涼州治遠，隔以河寇，上書求別置州。詔以陳留人邯鄲商爲雍州刺史，別典四郡。

時武威太守缺，詔又以猛父昔在河西有威名，乃以猛補之。商、猛俱西。初，猛與商同歲，每相戲侮，及共之官，行道更相責望。暨到，商欲誅猛。猛覺之，遂勒兵攻商。商治舍與猛側近，商聞兵至，恐怖登屋，呼猛字曰：「叔威，汝欲殺我耶？然我死者有知，汝亦族矣。請和解，尚可乎？」猛因呼曰：「來。」商踰屋就猛，猛因責數之，語畢，以商屬督郵。督郵錄商，閉置傳舍。後商欲逃，事覺，遂殺之。是歲建安十四年也。至十五年，將軍韓遂自上討猛，猛發兵遣軍東拒。其吏民畏遂，乃反共攻猛。初奐爲武威太守時，猛方在孕。母夢帶奐印綬，登樓而歌，且以告奐。奐訊占夢者，曰：「夫人方生男，後當復臨此郡，其必死官乎！」及猛被攻，自知必死，曰：「使死者無知則已矣，若有知，豈使吾頭東過華陰歷先君之墓乎？」乃登樓自燒而死。

初，淯外祖父趙安爲同縣李壽所殺，淯舅兄弟三人同時病死，壽家喜。淯母娥自傷父讎不報，乃幃車袖劍，白日刺壽於都亭前，訖，徐詣縣，顏色不變，曰：「父讎已報，請受戮。」祿福長尹嘉解印綬縱娥，娥不肯去，遂彊載還家。會赦得免，州郡歎貴，刊石表閭。〔一〕

〔一〕皇甫謐列女傳曰：酒泉烈女龐娥親者，表氏龐子夏之妻，祿福趙君安之女也。君安爲同縣李壽所殺，娥親有男弟三人，皆欲報讎，壽深以爲備。會遭災疫，三人皆死。壽聞大喜，請會宗族，共相慶賀，云：「趙氏彊壯已盡，唯有女弱，何足復憂！」防備懈弛。娥親子淯出行，聞壽此言，還以啓娥親。娥親既素有報讎之心，及聞壽言，感激愈深，愴然隕涕曰：「李壽，汝莫喜也，終不活汝！戴履天地，爲吾門戶，吾三子之羞也。焉知娥親不手刃殺汝，而自儌倖邪？」陰市名刀，挾長持短，晝夜哀酸，志在殺壽。壽爲人凶豪，聞娥親之言，更乘馬帶刀，鄉人皆畏憚之。比鄰有徐氏婦，憂娥親不能制，恐逆見中害，每諫止之，曰：「李壽，男子也，凶惡有素，加今備衞在身。趙雖有猛烈之志，而彊弱不敵。邂逅不制，則爲重受禍於壽，絕滅門戶，痛辱不輕也。願詳舉動，爲門戶之計。」娥親曰：「父母之讎，不同天地共日月者也。李壽不死，娥親視息世閒，活復何求！今雖三弟早死，門戶泯絕，而娥親猶在，豈可假手於人哉！若以卿心況我，則李壽不可得殺；論我之心，壽必爲我所殺明矣。」夜數磨礪所持刀訖，扼腕切齒，悲涕長歎，家人及鄰里咸共笑之。娥親謂左右曰：「卿等笑我，直以我女弱不能殺壽故也。要當以壽頸血汙此刀刃，令汝輩見之。」遂棄家事，乘鹿車伺壽。至光和二年二月上旬，以白日清時，於都亭之前，與壽相遇，便下車扣壽馬，叱之。壽驚愕，迴馬欲走。娥親奮刀斫之，幷傷其馬。馬驚，壽擠道邊溝中。娥親尋復就地斫之，探中樹蘭，折所持刀。壽被創未死，娥親因前欲取壽所佩刀殺壽，壽護刀瞋目大呼，跳梁而起。娥親迺挺身奮手，左抵其額，右樁其喉，反覆盤旋，應手而倒。遂拔其刀以截壽頭，持詣都亭，歸罪有司，徐步詣獄，辭顏不變。時祿福長漢陽尹嘉不忍論娥親，即解印綬去官，弛法縱之。娥親曰：「讎塞身死，妾之明分也。治獄制刑，君之常典也。何敢貪生以枉官法？」鄉人聞之，傾城奔往，觀者如堵焉，莫不爲之悲喜慷慨嗟歎也。守尉不敢公縱，陰語使去，以便宜自匿。娥親抗聲大言曰：「枉法逃死，非妾本心。今讎人已雪，死則妾分，乞得歸法以全國體。雖復萬死，於娥親畢足，不敢貪生爲明廷負也。」尉故不聽所執，娥親復言曰：「匹婦雖微，猶知憲制。殺人之罪，法所不縱。今既犯之，義無可逃。乞就刑戮，隕身朝市，肅明王法，娥親之願也。」辭氣愈厲，面無懼色。尉知其難奪，彊載還家。涼州刺史周洪、酒泉太守劉班等並共表上，稱其烈義，刊石立碑，顯其門閭。太常弘農張奐貴尚所履，以束帛二十端禮之。海內聞之者，莫不改容贊善，高大其義。故黃門侍郎安定梁寬追述娥親，爲其作傳。玄晏先生以爲父母之讎，不與共天地，蓋男子之所爲也。而娥親以女弱之微，念父辱之酷痛，感讎黨之凶言，奮劍仇頸，人馬俱摧，塞亡父之怨魂，雪三弟之永恨，近古已來，未之有也。詩云「修我戈矛，與子同仇」，娥

親之謂也。

閻溫字伯儉，天水西城人也。以涼州別駕守上邽令。馬超走奔上邽，郡人任養等舉衆迎之。溫止之，不能禁，乃馳還州。超復圍州所治冀城甚急，州乃遣溫密出，告急於夏侯淵。賊圍數重，溫夜從水中潛出。明日，賊見其迹，遣人追遮之，於顯親界得溫，執還詣超。超解其縛，謂曰：「今成敗可見，足下爲孤城請救而執於人手，義何所施？若從吾言，反謂城中，東方無救，此轉禍爲福之計也。不然，今爲戮矣。」溫僞許之，超乃載溫詣城下。溫向城大呼曰：「大軍不過三日至，勉之！」城中皆泣，稱萬歲。超怒數之曰：「足下不爲命計邪？」溫不應。時超攻城久不下，故徐誘溫，冀其改意。復謂溫曰：「城中故人，有欲與吾同者不？」溫又不應。遂切責之，溫曰：「夫事君有死無貳，而卿乃欲令長者出不義之言，吾豈苟生者乎？」超遂殺之。

先是，河右擾亂，隔絕不通，燉煌太守馬艾卒官，府又無丞。功曹張恭素有學行，郡人推行長史事，恩信甚著，乃遣子就東詣太祖，請太守。時酒泉黃華、張掖張進各據其郡，欲與恭(艾)幷勢。就至酒泉，爲華所拘執，劫以白刃。就終不回，私與恭疏曰：「大人率厲燉煌，忠義顯然，豈以就在困厄之中而替之哉？昔樂羊食子，李通覆家，經國之臣，寧懷妻孥邪？今大軍垂至，但當促兵以掎之耳；願不以下流之愛，使就有恨於黃壤也。」恭即遣從弟華攻酒泉沙頭、乾齊二縣。恭又連兵尋繼華後，以爲首尾之援。別遣鐵騎二百，迎吏官屬，東緣酒泉北塞，徑出張掖北河，逢迎太守尹奉。於是張進須黃華之助；華欲救進，西顧恭兵，恐急擊其後，遂詣金城太守蘇則降。就竟平安。奉得之官。黃初二年，下詔褒揚，賜恭爵關內侯，拜西域戊己校尉。數歲徵還，將授以侍臣之位，而以子就代焉。恭至燉煌，固辭疾篤。太和中卒，贈執金吾。就後爲金城太守，父子著稱於西州。〔一〕

〔一〕世語曰：就子斆，字祖文，弘毅有幹正，晉武帝世爲廣漢太守。王濬在益州，受中制募兵討吳，無虎符，斆收濬從事列上，由此召斆還。帝責斆：「何不密啓而便收從事？」斆曰：「蜀漢絕遠，劉備嘗用之。輒收，臣猶以爲輕。」帝善之。官至匈奴中郎將。斆子固，字元安，有斆風，爲黃門郎，早卒。斆，一本作勃。

魏略勇俠傳載孫賓碩、祝公道、楊阿若、鮑出等四人，賓碩雖漢人，而魚豢編之魏書，蓋以其人接魏，事義相類故也。論其行節，皆扈、閭之流。其祝公道一人，已見賈逵傳。今列賓碩等三人于後。

孫賓碩者，北海人也，家素貧。當漢桓帝時，常侍左悺、唐衡等權侔人主。延熹中，衡弟爲京兆虎牙都尉，秩比二千石，而統屬郡。衡弟初之官，不脩敬於京兆尹，入門不持版，郡功曹趙息呵廊下曰：「虎牙儀如屬城，何得放臂入府門？」促收其主簿。衡弟顧促取版，既入見尹，尹欲脩主人，敕外爲市買。息又啓云：「(左)〔衡〕悺子弟，來爲虎牙，非德選，不足爲特酤買，宜隨中舍菜食而已。」及其到官，遣吏奉牋謝尹，息又敕門，言「無常見此無陰兒輩子弟邪，用其箋記爲通乎？」晚乃通之，又不得即令報。衡弟皆知之，甚恚，欲滅諸趙。因書與衡，求爲京兆

尹，旬月之間，得爲之。息自知前過，乃逃走。時息從父仲臺，見爲涼州刺史，於是衡爲詔徵仲臺，遣歸。遂詔中都官及郡部督郵，捕諸趙尺兒以上，及仲臺皆殺之，有藏者與同罪。時息從父岐爲皮氏長，聞有家禍，因從官舍逃，走之河間，變姓字，又轉詣北海，著絮巾布袴，常於市中販胡餅。賓碩時年二十餘，乘犢車，將騎入市。觀見岐，疑其非常人也。因問之曰：「自有餅邪，販之邪？」岐曰：「販之。」賓碩曰：「買幾錢？賣幾錢？」岐曰：「買三十，賣亦三十。」賓碩曰：「視處士之望，非似賣餅者，殆有故！」乃開車後戶，顧所將兩騎，令下馬扶上之。時岐以爲是唐氏耳目也，甚怖，面失色。賓碩閉車後戶，下前襜，謂之曰：「視處士狀貌，既非販餅者，加今面色變動，即不有重怨，則當亡命。我北海孫賓碩也，闔門百口，又有百歲老母在堂，勢能相度者也，終不相負，必語我以實。」岐乃具告之。賓碩遂載岐驅歸。住車門外，先入，白母言：「今日出得死友在外，當來入拜。」乃出，延岐入，椎牛鍾酒，快相娛樂。一二日，因載著別田舍，藏置複壁中。後數歲，唐衡及弟皆死。岐乃得出，還本郡。三府並辟，展轉仕進，至郡守、刺史、太僕，而賓碩亦從此顯名於東國，仕至豫州刺史。初平末，賓碩以東方饑荒，南客荊州。至興平中，趙岐以太僕持節使安慰天下，南詣荊州，乃復與賓碩相遇，相對流涕。岐爲劉表陳其本末，由是益禮賓碩。頃之，賓碩病亡，岐在南，爲行喪也。

楊阿若後名豐，字伯陽，酒泉人。少遊俠，常以報讎解怨爲事，故時人爲之號曰：「東市相斫楊阿若，西市相斫楊阿若。」至建安年中，太守徐揖誅郡中彊族黃氏。時黃昂得脫在外，乃以其家粟金數斛，募衆得千餘人以攻揖。揖城守。豐時在外，以昂爲不義，乃告揖，捐妻子走詣張掖求救。會張掖又反，殺太守，而昂亦陷城殺揖，二郡合勢。昂恚豐不與己同，乃重募取豐，欲令張掖以麻繫其頭，生致之。豐遂逃走。武威太守張猛假豐爲都尉，使齎檄告酒泉，聽豐爲揖報讎。豐遂單騎入南羌中，合衆得千餘騎，從(樂浪)〔樂涫〕南山中出，指趨郡城。未到三

十里，皆令騎下馬，曳柴揚塵。酒泉郡人望見塵起，以爲東大兵到，遂破散。昂獨走出，羌捕得昂，豐謂昂曰：「卿前欲生繫我頸，今反爲我所繫，云何？」昂慚謝，豐遂殺之。時黄華在東，又還領郡。豐畏華，復走依燉煌。至黄初中，河西興復，黄華降，豐乃還郡。郡舉孝廉，州表其義勇，詔即拜駙馬都尉。後二十餘年，病亡。鮑出字文才，京兆新豐人也。少遊俠。興平中，三輔亂，出與老母兄弟五人家居本縣，以飢餓，留其母守舍，相將行採蓬實，合得數升，使其二兄初、雅及其弟成持歸，爲母作食，獨與小弟在後採蓬。初等到家，而噉人賊數十人已略其母，以繩貫其手掌，驅去。初等怖恐，不敢追逐。須臾，出從後到，知母爲賊所略，欲追賊。兄弟皆云：「賊衆，當如何？」出怒曰：「有母而使賊貫其手，將去煮噉之，用活何爲？」乃攘臂結衽獨追之，行數里及賊。賊望見出，乃共布列待之。出到，回從一頭斫賊四五人。賊走，復合聚圍出，出跳越圍斫之，又殺十餘人。時賊分布，驅出母前去。賊連擊出，不勝，乃走與前輩合。出復追擊之，還見其母與比舍嫗同貫相連，出遂復奮擊賊。賊問出曰：「卿欲何得？」出責數賊，指其母以示之，賊乃解還出母。比舍嫗獨不解，遥望出求哀。出復斫賊，賊謂出曰：「已還卿母，何爲不止？」出又指求哀嫗：「此我嫂也。」賊復解還之。出得母還，遂相扶侍，客南陽。建安五年，關中始開，出來北歸，而其母不能步行，兄弟欲共輿之。出以輿車歷山險危，不如負之安穩，乃以籠盛其母，獨自負之，到鄉里。鄉里士大夫嘉其孝烈，欲薦州郡，郡辟召出，出曰：「田民不堪冠帶。」至青龍中，母年百餘歲乃終，出時年七十餘，行喪如禮，於今年八九十，才若五六十者。魚豢曰：昔孔子歎顏回，以爲三月不違仁者，蓋觀其心耳，孰如孫、祝菜色於市里，顚倒於牢獄，據有實事哉？且夫濮陽周氏不敢匿迹，魯之朱家不問情實，是何也？懼禍之及，且心不安也。而太史公猶貴其竟脱季布，豈若二賢，厥義多乎？今故遠收孫、祝，而近錄楊、鮑，既不欲其泯滅，且敦薄俗。至於鮑出，不染禮教，心痛意發，起

於自然，跡雖在編戶，與篤烈君子何以異乎？若夫楊阿若，少稱任俠，長遂蹈義，自西徂東，摧討逆節，可謂勇而有仁者也。

評曰：李典貴尚儒雅，義忘私隙，美矣。李通、臧霸、文聘、呂虔鎮衞州郡，並著威惠。許褚、典韋折衝左右，抑亦漢之樊噲也。龐德授命叱敵，有周苛之節。龐淯不憚伏劍，而誠感鄰國。閻溫向城大呼，齊解、路之烈焉。

三國志卷十九　魏書十九

任城陳蕭王傳第十九

任城威王彰，字子文。少善射御，膂力過人，手格猛獸，不避險阻。數從征伐，志意慷慨。太祖嘗抑之曰：「汝不念讀書慕聖道，而好乘汗馬擊劍，此一夫之用，何足貴也！」課彰讀詩、書，彰謂左右曰：「丈夫一爲衞、霍，將十萬騎馳沙漠，驅戎狄，立功建號耳，何能作博士邪？」太祖嘗問諸子所好，使各言其志。彰曰：「好爲將。」太祖曰：「爲將柰何？」對曰：「被堅執鋭，臨難不顧，爲士卒先；賞必行，罰必信。」太祖大笑。建安二十一年，封鄢陵侯。

二十三年，代郡烏丸反，以彰爲北中郎將，行驍騎將軍。臨發，太祖戒彰曰：「居家爲父子，受事爲君臣，動以王法從事，爾其戒之！」彰北征，入涿郡界，叛胡數千騎卒至。時兵馬未集，唯有步卒千人，騎數百匹。用田豫計，固守要隙，虜乃退散。彰追之，身自搏戰，射胡騎，應弦而倒者前後相屬。戰過半日，彰鎧中數箭，意氣益厲，乘勝逐北，至于桑乾，[一]去代二百餘里。長史諸將皆以爲新涉遠，士馬疲頓，又受節度，不得過代，不可深進，違令

輕敵。彰曰：「率師而行，唯利所在，何節度乎？胡走未遠，追之必破。從令縱敵，非良將也。」遂上馬，令軍中：「後出者斬。」一日一夜與虜相及，擊，大破之，斬首獲生以千數。彰乃倍常科大賜將士，將士無不悦喜。時鮮卑大人軻比能將數萬騎觀望彊弱，見彰力戰，所向皆破，乃請服。北方悉平。時太祖在長安，召彰詣行在所。彰自代過鄴，太子謂彰曰：「卿新有功，今西見上，宜勿自伐，應對常若不足者。」彰到，如太子言，歸功諸將。太祖喜，持彰鬚曰：「黄鬚兒竟大奇也！」[二]

[一] 臣松之案桑乾縣屬代郡，今北虜居之，號爲索干之都。

[二] 魏略曰：太祖在漢中，而劉備栖於山頭，使劉封下挑戰。太祖罵曰：「賣履舍兒，長使假子拒汝公乎！待呼我黄鬚來，令擊之。」乃召彰。彰晨夜進道，西到長安而太祖已還，從漢中而歸。彰鬚黄，故以呼之。

太祖東還，以彰行越騎將軍，留長安。太祖至洛陽，得疾，驛召彰，未至，太祖崩。[一]文帝即王位，彰與諸侯就國。[二]詔曰：「先王之道，庸勳親親，並建母弟，開國承家，故能藩屏大宗，禦侮厭難。彰前受命北伐，清定朔土，厥功茂焉。增邑五千，并前萬戶。」黄初二年，進爵爲公。三年，立爲任城王。四年，朝京都，疾薨于邸，謚曰威。[三]至葬，賜鑾輅、龍旂，虎賁百人，如漢東平王故事。子楷嗣，徙封中牟。五年，改封任城縣。太和六年，復改封任城國，食五縣二千五百戶。青龍三年，楷坐私遣官屬詣中尚方作禁物，削縣二千戶。正始

七年，徙封濟南，三千戶。正元、景元初，連增邑，凡四千四百戶。〔四〕

〔一〕魏略曰：彰至，謂臨菑侯植曰：「先王召我者，欲立汝也。」植曰：「不可。不見袁氏兄弟乎！」

〔二〕魏略曰：太子嗣立，既葬，遣彰之國。始彰自以先王見任有功，冀因此遂見授用，而聞當隨例，意甚不悅，不待遣而去。時以鄢陵瘠薄，使治中牟。及帝受禪，因封爲中牟王。是後大駕幸許昌，北州諸侯上下，皆畏彰之剛嚴；每過中牟，不敢不速。

〔三〕魏氏春秋曰：初，彰問璽綬，將有異志，故來朝不即得見。彰忿怒暴薨。

〔四〕楷，泰始初爲崇化少府，見百官名。

陳思王植字子建。年十歲餘，誦讀詩、論及辭賦數十萬言，善屬文。太祖嘗視其文，謂植曰：「汝倩人邪？」植跪曰：「言出爲論，下筆成章，顧當面試，奈何倩人？」時鄴銅爵臺新成，太祖悉將諸子登臺，使各爲賦。植援筆立成，可觀，太祖甚異之。〔一〕性簡易，不治威儀。輿馬服飾，不尚華麗。每進見難問，應聲而對，特見寵愛。建安十六年，封平原侯。十九年，徙封臨菑侯。太祖征孫權，使植留守鄴，戒之曰：「吾昔爲頓邱令，年二十三。思此時所行，無悔於今。今汝年亦二十三矣，可不勉與！」植既以才見異，而丁儀、丁廙、楊脩等爲之羽翼。太祖狐疑，幾爲太子者數矣。而植任性而行，不自彫勵，飲酒不節。文帝御之以術，矯情自飾，宮人左右，並爲之說，故遂定爲嗣。二十二年，增置邑五千，并前萬戶。

植嘗乘車行馳道中，開司馬門出。太祖大怒，公車令坐死。由是重諸侯科禁，而植寵日衰。〔二〕太祖既慮終始之變，以楊脩頗有才策，而又袁氏之甥也，於是以罪誅脩。植益內不自安。〔三〕二十四年，曹仁爲關羽所圍。太祖以植爲南中郎將，行征虜將軍，欲遣救仁，呼有所勑戒。植醉不能受命，於是悔而罷之。〔四〕

〔一〕陰澹魏紀載植賦曰「從明后而嬉游兮，登層臺以娛情。見太府之廣開兮，觀聖德之所營。建高門之嵯峨兮，浮雙闕乎太清。立中天之華觀兮，連飛閣乎西城。臨漳水之長流兮，望園果之滋榮。仰春風之和穆兮，聽百鳥之悲鳴。天雲垣其既立兮，家願得而獲逞。揚仁化於宇內兮，盡肅恭於上京。惟桓文之爲盛兮，豈足方乎聖明！休矣美矣！惠澤遠揚。翼佐我皇家兮，寧彼四方。同天地之規量兮，齊日月之暉光。永貴尊而無極兮，等年壽於東王」云云。太祖深異之。

〔二〕魏武故事載令曰：「始者謂子建，兒中最可定大事。」又令曰：「自臨菑侯植私出，開司馬門至金門，令吾異目視此兒矣。」又令曰：「諸侯長史及帳下吏，知吾出輒將諸侯行意否？從子建私開司馬門來，吾都不復信諸侯也。恐吾適出，便復私出，故攝將行。不可恆使吾（爾）〔以〕誰爲心腹也！」

〔三〕典略曰：楊脩字德祖，太尉彪子也。謙恭才博。建安中，舉孝廉，除郎中，丞相請署倉曹屬主簿。是時，軍國多事，脩總知外內，事皆稱意。自魏太子已下，並爭與交好。又是時臨菑侯植以才捷愛幸，來意投脩，數與脩書，書曰：「數日不見，思子爲勞；想同之也。僕少好詞賦，迄至于今二十有五年矣。然今世作者，可略而言也。昔仲宣獨步於漢南，孔璋鷹揚於河朔，偉長擅名於青土，公幹振藻於海隅，德璉發迹於大魏，足下高視於上京。當此之時，人人自謂握靈蛇之珠，家家自謂抱荊山之玉也。吾王於是設天網以該之，頓八紘以掩之，今盡集茲國矣。然此數子，猶不能飛翰絕迹，一舉千里也。以孔璋之才，不閑辭賦，而多自謂與司馬長卿同風，譬畫虎不成還爲狗者也。前爲書嘲之，反作論盛道僕贊其文。夫鍾期不失聽，于今稱之。吾亦不敢妄歎者，畏後之嗤余也。世人著述，不能無病。僕常好人譏彈其文；有不善者，應時改定。昔丁敬禮嘗作小文，使僕潤飾之，僕自以才不能過若人，辭不爲也。敬禮云：『卿何所疑難乎！文之佳麗，吾自得之。後世誰相知定吾文者邪？』吾常歎此達言，以爲美談。昔尼父之文辭，與人通流；至於制春秋，游、夏之徒不能錯一字。過此而言不病者，吾未之見也。蓋有南威之容，乃可以論於淑媛；有龍淵之利，乃可以議於割斷。劉季緒才不逮於作者，而好詆呵文章，掎摭利病。昔田巴毀五帝，罪三王，呰五伯於稷下，一旦而服千人，魯連一說，使終身杜口。劉生之辯未若田氏，今之仲連求之不難，可無歎息乎！人各有所好尚。蘭茝蓀蕙之芳，衆人之所好，而海畔有逐臭之夫；咸池、六英之發，衆人所樂，而墨翟有非之之論：豈可同哉！今往僕少小所著詞賦一通相與。夫街談巷說，必有可采，擊轅之歌，有應風雅，匹夫之思，未易輕棄也。辭賦小道，固未足以揄揚大義，彰示來世也。昔揚子雲，先朝執戟之臣耳，猶稱『壯夫不爲』也；吾雖薄德，位爲藩侯，猶庶幾戮力上國，流惠下民，建永世之業，流金石之功，豈徒以翰墨爲勳績，辭頌爲君子哉？若吾志不果，吾道不行，亦將採史官之實錄，辯時俗之得失，定仁義之衷，成一家之言，雖未能藏之名山，將以傳之同好，此要之白首，豈可以今日論乎！其言之不怍，恃惠子之知我也。明早相迎，書不盡懷。」脩答曰：「不侍數日，若彌年載，豈獨愛顧之隆，使係仰之情深邪！損辱來命，蔚矣其文。誦讀反覆，雖諷雅、頌，不復過也。若仲宣之擅江表，陳氏之跨冀域，徐、劉之顯青、豫，應生之發魏國，斯皆然矣。至如脩者，聽采風聲，仰德不暇，目周章於省覽，何惶駭於高視哉？伏惟君侯，少長貴盛，體旦、發之質，有聖善之教。遠近觀者，徒

謂能宣昭懿德，光贊大業而已，不謂復能兼覽傳記，留思文章。今乃含王超陳，度越數子；觀者駭視而拭目，聽者傾首而聳耳；非夫體通性達，受之自然，其誰能至於此乎？又嘗親見執事握牘持筆，有所造作，若成誦在心，借書於手，曾不斯須少留思慮。仲尼日月，無得踰焉。脩之仰望，殆如此矣。是以對鶡而辭，作暑賦彌日而不獻，見西施之容，歸憎其貌者也。伏想執事不知其然，猥受顧賜，教使刊定。春秋之成，莫能損益。呂氏、淮南，字直千金；然而弟子鉗口，市人拱手者，聖賢卓犖，固所以殊絕凡庸也。今之賦頌，古詩之流，不更孔公，風雅無別耳。脩家子雲，老不曉事，彊著一書，悔其少作。若此，仲山、周旦之徒，則皆有諐乎！君侯忘聖賢之顯迹，述鄙宗之過言，竊以爲未之思也。若乃不忘經國之大美，流千載之英聲，銘功景鍾，書名竹帛，此自雅量素所蓄也，豈與文章相妨害哉？輒受所惠，竊備矇瞍誦歌而已。敢忘惠施，以忝莊氏！季緒瑣瑣，何足以云。」其相往來，如此甚數。植後以驕縱見疏，而植故連綴脩不止，脩亦不敢自絕。至二十四年秋，公以脩前後漏泄言教，交關諸侯，乃收殺之。脩臨死，謂故人曰：「我固自以死之晚也。」其意以爲坐曹植也。脩死後百餘日而太祖薨，太子立，遂有天下。初，脩以所得王髦劍奉太子，太子常服之。及即尊位，在洛陽，從容出宮，追思脩之過薄也，撫其劍，駐車顧左右曰：「此楊德祖昔所說王髦劍也。髦今焉在？」及召見之，賜髦穀帛。

摯虞文章志曰：劉季緒名脩，劉表子。官至東安太守。著詩、賦、頌六篇。

臣松之案呂氏春秋曰：「人有臭者，其兄弟妻子皆莫能與居，其人自苦而居海上。海上人有悅其臭者，晝夜隨之而不能去。」此植所云「逐臭之夫」也。田巴事出魯連子，亦見皇覽，文多故不載。

世語曰：脩年二十五，以名公子有才能，爲太祖所器。與丁儀兄弟，皆欲以植爲嗣。太子患之，以車載廢簏，內朝歌長吳質與謀。脩以白太祖，未及推驗。太子懼，告質，質曰：「何患？明日復以簏受絹車內以惑之，脩必復重

白，重白必推，而無驗，則彼受罪矣。」世子從之，脩果白，而無人，太祖由是疑焉。脩與賈逵、王淩並爲主簿，而爲植所友。每當就植，慮事有闕，忖度太祖意，豫作答教十餘條，敕門下，教出以次答。教裁出，答已入，太祖怪其捷，推問始泄。太祖遣太子及植各出鄴城一門，密敕門不得出，以觀其所爲。太子至門，不得出而還。脩先戒植：「若門不出侯，侯受王命，可斬守者。」植從之。故脩遂以交搆賜死。脩子囂，囂子準，皆知名於晉世。囂，泰始初爲典軍將軍，受心膂之任，早卒。準字始丘，惠帝末爲冀州刺史。荀綽冀州記曰：準見王綱不振，遂縱酒，不以官事爲意，逍遙卒歲而已。成都王知準不治，猶以其爲名士，惜而不責，召以爲軍諮祭酒。府散停家，關東諸侯議欲以準補三事，以示懷賢尙德之舉。事未施行而卒。準子嶠字國彥，髦字士彥，並爲後出之俊。準與裴頠、樂廣善，遣往見之。頠性弘方，愛嶠之有高韻，謂準曰：「嶠當及卿，然髦小減也。」廣性淸淳，愛髦之有神檢，謂準曰：「嶠自及卿，然髦尤精出。」準歎曰：「我二兒之優劣，乃裴、樂之優劣也。」評者以爲嶠雖有高韻，而神檢不逮，廣言爲得。傅暢云：「嶠似準而疎。」嶠弟俊，字惠彥，最淸出。嶠、髦皆爲二千石。俊，太傅掾。

〔四〕魏氏春秋曰：植將行，太子飲焉，偪而醉之。王召植，植不能受王命，故王怒也。

文帝卽王位，誅丁儀、丁廙幷其男口。〔一〕植與諸侯並就國。黄初二年，監國謁者灌均希指，奏「植醉酒悖慢，劫脅使者」。有司請治罪，帝以太后故，貶爵安鄉侯。〔二〕其年改封鄄城侯。三年，立爲鄄城王，邑二千五百戶。

〔一〕魏略曰：丁儀字正禮，沛郡人也。父沖，宿與太祖親善，時隨乘輿。見國家未定，乃與太祖書曰：「足下平生常喟

然有匡佐之志，今其時矣。」是時張楊適還河內，太祖得其書，乃引軍迎天子東詣許，以沖爲司隸校尉。後數來過諸將飲，酒美不能止，醉爛腸死。太祖以沖前見開導，常德之。聞儀爲令士，雖未見，欲以愛女妻之，以問五官將。五官將曰：「女人觀貌，而正禮目不便，誠恐愛女未必悅也。以爲不如與伏波子楙。」太祖從之。尋辟儀爲掾，到與論議，嘉其才朗，曰：「丁掾，好士也，卽使其兩目盲，尙當與女，何況但眇？是吾兒誤我。」時儀亦恨不得尙公主，而與臨菑侯親善，數稱其奇才。太祖既有意欲立植，而儀又共贊之。及太子立，欲治儀罪，轉儀爲右刺姦掾，欲儀自裁而儀不能。乃對中領軍夏侯尙叩頭求哀，尙爲涕泣而不能救。後遂因職事收付獄，殺之。廙字敬禮，儀之弟也。文士傳曰：廙少有才姿，博學洽聞。初辟公府，建安中爲黄門侍郎。廙嘗從容謂太祖曰：「臨菑侯天性仁孝，發於自然，而聰明智達，其殆庶幾。至於博學淵識，文章絕倫。當今天下之賢才君子，不問少長，皆願從其游而爲之死，實天所以鍾福於大魏，而永授無窮之祚也。」欲以勸動太祖。太祖答曰：「植，吾愛之，安能若卿言！吾欲立之爲嗣，何如？」廙曰：「此國家之所以興衰，天下之所以存亡，非愚劣瑣賤者所敢與及。廙聞知臣莫若於君，知子莫若於父。至於君不論明闇，父不問賢愚，而能常知其臣子者何？蓋由相知非一事一物，相盡非一旦一夕。況明公加之以聖哲，習之以人子。今發明達之命，吐永安之言，可謂上應天命，下合人心，得之於須臾，垂之於萬世者也。廙不避斧鉞之誅，敢不盡言！」太祖深納之。

〔二〕魏書載詔曰：「植，朕之同母弟。朕於天下無所不容，而況植乎？骨肉之親，舍而不誅，其改封植。」

四年，徙封雍丘王。其年，朝京都。上疏曰：

臣自抱舋歸藩，刻肌刻骨，追思罪戾，晝分而食，夜分而寢。誠以天罔不可重離，聖恩難可再恃。竊感相鼠之篇，無禮遄死之義，形影相弔，五情愧赧。以罪棄生，則違古賢「夕改」之勸，忍活苟全，則犯詩人「胡顏」之譏。伏惟陛下德象天地，恩隆父母，施暢春風，澤如時雨。是以不別荆棘者，慶雲之惠也；七子均養者，尸鳩之仁也；舍罪責功者，明君之舉也；矜愚愛能者，慈父之恩也：是以愚臣徘徊於恩澤而不能自棄者也。

前奉詔書，臣等絕朝，心離志絕，自分黄耇無復執珪之望。不圖聖詔猥垂齒召，至止之日，馳心輦轂。僻處西館，未奉闕廷，踊躍之懷，瞻望反仄。謹拜表獻詩二篇，其辭曰：「於穆顯考，時惟武皇，受命于天，寧濟四方。朱旗所拂，九土披攘，玄化滂流，荒服來王。超商越周，與唐比蹤。篤生我皇，奕世載聰，武則肅烈，文則時雍，受禪炎漢，臨君萬邦。萬邦既化，率由舊則；廣命懿親，以藩王國。帝曰爾侯，君茲青土，奄有海濵，方周于魯，車服有輝，旗章有敘，濟濟雋乂，我弼我輔。伊予小子，恃寵驕盈，舉挂時網，動亂國經。作藩作屛，先軌是隳，傲我皇使，犯我朝儀。國有典刑，我削我絀，將寘于理，元兇是率。明明天子，時篤同類，不忍我刑，暴之朝肆，違彼執憲，哀予小子。改封兗邑，于河之濵，股肱弗置，有君無臣，荒淫之闕，誰弼予身？煢煢僕夫，于彼冀方，嗟予小子，乃罹斯殃。赫赫天子，恩不遺物，冠我玄冕，要我朱紱。朱紱光大，使我榮華，剖符授玉，王爵是加。仰齒金璽，俯執聖策，皇恩過隆，祗承怵惕。咨我小子，頑

凶是嬰，逝慚陵墓，存愧闕廷。匪敢傲德，實恩是恃，威靈改加，足以沒齒。昊天罔極，性命不圖，常懼顚沛，抱罪黄壚。願蒙矢石，建旗東嶽，庶立豪氂，微功自贖。危軀授命，知足免戾，甘赴江、湘，奮戈吳、越。天啓其衷，得會京畿，遲奉聖顏，如渴如饑。心之云慕，愴矣其悲，天高聽卑，皇肯照微！」又曰：「肅承明詔，應會皇都，星陳夙駕，秣馬脂車。命彼掌徒，肅我征旅，朝發鸞臺，夕宿蘭渚。芒芒原隰，祁祁士女，經彼公田，樂我稷黍。爰有樛木，重陰匪息；雖有餱糧，飢不遑食。望城不過，面邑匪游，僕夫警策，平路是由。玄駟藹藹，揚鑣瀏沫；流風翼衡，輕雲承蓋。涉澗之濵，緣山之隈，遵彼河滸，黄阪是階。西濟關谷，或降或升；騑驂倦路，再寢再興。將朝聖皇，匪敢晏寧；弭節長騖，指日遄征。前驅舉燧，後乘抗旌；輪不輟運，鸞無廢聲。爰曁帝室，稅此西墉；嘉詔未賜，朝覲莫從。仰瞻城閾，俯惟闕廷；長懷永慕，憂心如酲。」

帝嘉其辭義，優詔答勉之。〔一〕

〔一〕魏略曰：初植未到關，自念有過，宜當謝帝。乃留其從官著關東，單將兩三人微行，入見淸河長公主，欲因主謝。而關吏以聞，帝使人逆之，不得見。太后以爲自殺也，對帝泣。會植科頭負鈇鑕，徒跣詣闕下，帝及太后乃喜。及見之，帝猶嚴顏色，不與語，又不使冠履。植伏地泣涕，太后爲不樂。詔乃聽復王服。魏氏春秋曰：是時待遇諸國法峻。任城王暴薨，諸王既懷友于之痛。植及白馬王彪還國，欲同路東歸，以敍隔闊

之思，而監國使者不聽。植發憤告離而作詩曰：「謁帝承明廬，逝將歸舊疆。清晨發皇邑，日夕過首陽。伊、洛曠且深，欲濟川無梁。汎舟越洪濤，怨彼東路長。回顧戀城闕，引領情內傷。大谷何寥廓，山樹鬱蒼蒼。霖雨泥我塗，流潦浩從橫。中逵絕無軌，改轍登高岡。修阪造雲日，我馬玄以黃。玄黃猶能進，我思鬱以紆。鬱紆將何念？親愛在離居。本圖相與偕，中更不克俱。鴟梟鳴衡軛，豺狼當路衢；蒼蠅間白黑，讒巧反親疏。欲還絕無蹊，攬轡止踟躕。踟躕亦何留，相思無終極。秋風發微涼，寒蟬鳴我側。原野何蕭條，白日忽西匿。孤獸走索羣，銜草不遑食。歸鳥赴高林，翩翩厲羽翼。感物傷我懷，撫心長歎息。歎息亦何爲，天命與我違。奈何念同生，一往形不歸！孤魂翔故域，靈柩寄京師。存者勿復過，亡沒身自衰。人生處一世，忽若朝露晞。年在桑榆閒，影響不能追。自顧非金石，咄唶令心悲。心悲動我神，棄置莫復陳。丈夫志四海，萬里猶比鄰。恩愛苟不虧，在遠分日親。何必同衾幬，然後展殷勤。倉卒骨肉情，能不懷苦辛？苦辛何慮思，天命信可疑。虛無求列仙，松子久吾欺。變故在斯須，百年誰能持？離別永無會，執手將何時？王其愛玉體，俱享黃髮期。收涕即長塗，援筆從此辭。」

六年，帝東征，還過雍丘，幸植宮，增戶五百。太和元年，徙封浚儀。二年，復還雍丘。植常自憤怨，抱利器而無所施，上疏求自試曰：

臣聞士之生世，入則事父，出則事君；事父尚於榮親，事君貴於興國。故慈父不能愛無益之子，仁君不能畜無用之臣。夫論德而授官者，成功之君也；量能而受爵者，畢命之臣也。故君無虛授，臣無虛受；虛授謂之謬舉，虛受謂之尸祿，詩之「素餐」

所由作也。昔二虢不辭兩國之任，其德厚也；旦、奭不讓燕、魯之封，其功大也。今臣蒙國重恩，三世于今矣。正値陛下升平之際，沐浴聖澤，潛潤德教，可謂厚幸矣。而竊位東藩，爵在上列，身被輕煖，口厭百味，目極華靡，耳倦絲竹者，爵重祿厚之所致也。退念古之授爵祿者，有異於此，皆以功勤濟國，輔主惠民。今臣無德可述，無功可紀，若此終年無益國朝，將挂風人「彼其」之譏。是以上慚玄冕，俯愧朱紱。

方今天下一統，九州晏如，而顧西有違命之蜀，東有不臣之吳，使邊境未得脫甲，謀士未得高枕者，誠欲混同宇內以致太和也。故啓滅有扈而夏功昭，成克商、奄而周德著。今陛下以聖明統世，將欲卒文、武之功，繼成、康之隆，簡賢授能，以方叔、召虎之臣鎮御四境，爲國爪牙者，可謂當矣。然而高鳥未挂於輕繳，淵魚未縣於鉤餌者，恐鉤射之術或未盡也。昔耿弇不俟光武，亟擊張步，言不以賊遺於君父。故車右伏劍於鳴轂，雍門刎首於齊境，若此二士，豈惡生而尚死哉？誠忿其慢主而陵君也。〔一〕夫君之寵臣，欲以除患興利；臣之事君，必以殺身靖亂，以功報主也。昔賈誼弱冠，求試屬國，請係單于之頸而制其命；終軍以妙年使越，欲得長纓占其王，羈致北闕。此二臣，豈好爲夸主而燿世哉？志或鬱結，欲逞其才力，輸能於明君也。昔漢武爲霍去病治第，辭曰：「匈奴未滅，臣無以家爲！」〔二〕夫憂國忘家，捐軀濟難，忠臣之志也。今臣居外，非不厚也，而寢不安席，食不遑味者，伏以二方未克爲念。

伏見先武皇帝武臣宿將，年耆即世者有聞矣。雖賢不乏世，宿將舊卒，猶習戰陳，竊不自量，志在效命，庶立毛髮之功，以報所受之恩。若使陛下出不世之詔，效臣錐刀之用，使得西屬大將軍，當一校之隊，若東屬大司馬，統偏舟之任，必乘危蹈險，騁舟奮驪，突刃觸鋒，爲士卒先。雖未能禽權馘亮，庶將虜其雄率，殲其醜類，必效須臾之捷，以滅終身之愧，使名挂史筆，事列朝策。雖身分蜀境，首縣吳闕，猶生之年也。如微才弗試，沒世無聞，徒榮其軀而豐其體，生無益於事，死無損於數，虛荷上位而忝重祿，禽息鳥視，終於白首，此徒圈牢之養物，非臣之所志也。流聞東軍失備，師徒小衄，輟食棄餐，奮袂攘衽，撫劍東顧，而心已馳於吳會矣。

臣昔從先武皇帝南極赤岸，東臨滄海，西望玉門，北出玄塞，伏見所以行軍用兵之勢，可謂神妙矣。故兵者不可豫言，臨難而制變者也。志欲自效於明時，立功於聖世。每覽史籍，觀古忠臣義士，出一朝之命，以徇國家之難，身雖屠裂，而功銘著於鼎鍾，名稱垂於竹帛，未嘗不拊心而歎息也。臣聞明主使臣，不廢有罪。故奔北敗軍之將用，秦、魯以成其功；〔二〕絕纓盜馬之臣赦，楚、趙以濟其難。〔三〕臣竊感先帝早崩，威王棄世，臣獨何人，以堪長久！常恐先朝露，填溝壑，墳土未乾，而身名並滅。臣聞騏驥長

鳴，則伯樂照其能；盧狗悲號，則韓國知其才。是以效之齊、楚之路，以逞千里之任；試之狡兔之捷，以驗搏噬之用。今臣志狗馬之微功，竊自惟度，終無伯樂、韓國之舉，是以於邑而竊自痛者也。

夫臨搏而企竦，聞樂而竊抃者，或有賞音而識道也。昔毛遂，趙之陪隸，猶假錐囊之喻，以寤主立功，何況巍巍大魏多士之朝，而無慷慨死難之臣乎！夫自衒自媒者，士女之醜行也。干時求進者，道家之明忌也。而臣敢陳聞於陛下者，誠與國分形同氣，憂患共之者也。冀以塵霧之微補益山海，熒燭末光增輝日月，是以敢冒其醜而獻其忠。〔四〕

〔一〕劉向說苑曰：越甲至齊，雍門狄請死之。齊王曰：「鼓鐸之聲未聞，矢石未交，長兵未接，子何務死？知爲人臣之禮邪？」雍門狄對曰：「臣聞之，昔者王田於囿，左轂鳴，車右請死之，王曰：『子何爲死？』車右曰：『爲其鳴吾君也。』王曰：『左轂鳴者，此工師之罪也。子何事之有焉？』車右對曰：『吾不見工師之乘，而見其鳴吾君也。』遂刎頸而死。有是乎？」王曰：「有之。」雍門狄曰：「今越甲至，其鳴吾君，豈左轂之下哉？車右可以死左轂，而臣獨不可以死越甲邪？」遂刎頸而死。是日，越人引軍而退七十里，曰：「齊王有臣，鈞如雍門狄，擬使越社稷不血食。」遂歸。齊王葬雍門狄以上卿之禮。

〔二〕臣松之案：秦用敗軍之將，事顯，故不注。魯連與燕將書曰：「曹子爲魯將，三戰三北而亡地五百里，向使曹子計

不反顧，義不旋踵，刎頸而死，則亦不免爲敗軍之將矣。曹子棄三北之恥，而退與魯君計。桓公朝天子，會諸侯，曹子以一劍之任，披桓公之心於壇坫之上，顏色不變，辭氣不悖。三戰之所亡，一朝而復之。天下震動，諸侯驚駭，威加吳、越。」若此二士者，非不能成小廉而行小節也。

〔三〕臣松之案：楚莊掩絕纓之罪，事亦顯，故不書。秦穆公有赦盜馬事，趙則未聞。蓋以秦亦趙姓，故互文以避上「秦」字也。

〔四〕魏略曰：植雖上此表，猶疑不見用，故曰「夫人貴生者，非貴其養體好服，終竟年壽也，貴在其代天而理物也。夫爵祿者，非虛張者也，有功德然後應之，當矣。無功而爵厚，無德而祿重，或人以爲榮，而壯夫以爲恥。故太上立德，其次立功，蓋功德者所以垂名也。名者不滅，士之所利，故孔子有夕死之論，孟軻有棄生之義。彼一聖一賢，豈不願久生哉？志或有不展也。是用喟然求試，必立功也。嗚呼！言之未用，欲使後之君子知吾意者也。

三年，徙封東阿。五年，復上疏求存問親戚，因致其意曰：

臣聞天稱其高者，以無不覆；地稱其廣者，以無不載；日月稱其明者，以無不照；江海稱其大者，以無不容。故孔子曰：「大哉堯之爲君！惟天爲大，惟堯則之。」夫天德之於萬物，可謂弘廣矣。蓋堯之爲教，先親後疏，自近及遠。其傳曰：「克明峻德，以親九族；九族既睦，平章百姓。」及周之文王亦崇厥化，其詩曰：「刑于寡妻，至于兄弟，以御于家邦。」是以雍雍穆穆，風人詠之。昔周公弔管、蔡之不咸，廣封懿親以藩屏

王室，傳曰：「周之宗盟，異姓爲後。」誠骨肉之恩爽而不離，親親之義實在敦固，未有義而後其君，仁而遺其親者也。

伏惟陛下資帝唐欽明之德，體文王翼翼之仁，惠洽椒房，恩昭九族，羣后百寮，番休遞上，執政不廢於公朝，下情得展於私室，親理之路通，慶弔之情展，誠可謂恕己治人，推惠施恩者矣。至於臣者，人道絕緒，禁錮明時，臣竊自傷也。不敢過望交氣類，脩人事，敍人倫。近且婚媾不通，兄弟乖絕，吉凶之問塞，慶弔之禮廢，恩紀之違，甚於路人，隔閡之異，殊於胡越。今臣以一切之制，永無朝覲之望，至於注心皇極，結情紫闥，神明知之矣。然天實爲之，謂之何哉！退唯諸王常有戚戚具爾之心，願陛下沛然垂詔，使諸國慶問，四節得展，以敍骨肉之歡恩，全怡怡之篤義。妃妾之家，膏沐之遺，歲得再通，齊義於貴宗，等惠於百司，如此，則古人之所歎，風雅之所詠，復存於聖世矣。

臣伏自惟省，無錐刀之用。及觀陛下之所拔授，若以臣爲異姓，竊自料度，不後於朝士矣。若得辭遠遊，戴武弁，解朱組，佩青紱，駙馬、奉車，趣得一號，安宅京室，執鞭珥筆，出從華蓋，入侍輦轂，承答聖問，拾遺左右，乃臣丹誠之至願，不離於夢想者也。遠慕鹿鳴君臣之宴，中詠常棣匪他之誡，下思伐木友生之義，終懷蓼莪罔極之哀；每四節之會，塊然獨處，左右惟僕隸，所對惟妻子，高談無所與陳，發義無所與展，未嘗不

聞樂而拊心，臨觴而歎息也。臣伏以爲犬馬之誠不能動人，譬人之誠不能動天。崩城、隕霜，臣初信之，以臣心況，徒虛語耳。若葵藿之傾葉，太陽雖不爲之回光，然向之者誠也。竊自比於葵藿，若降天地之施，垂三光之明者，實在陛下。

臣聞文子曰：「不爲福始，不爲禍先。」今之否隔，友于同憂，而臣獨倡言者，竊不願於聖世使有不蒙施之物。有不蒙施之物，必有慘毒之懷，故柏舟有「天只」之怨，谷風有「棄予」之歎。故伊尹恥其君不爲堯舜，孟子曰：「不以舜之所以事堯事其君者，不敬其君者也。」臣之愚蔽，固非虞、伊，至於欲使陛下崇光被時雍之美，宣緝熙章明之德者，是臣慺慺之誠，竊所獨守，實懷鶴立企佇之心。敢復陳聞者，冀陛下儻發天聰而垂神聽也。

詔報曰：「蓋教化所由，各有隆弊，非皆善始而惡終也，事使之然。故夫忠厚仁極草木，則行葦之詩作；恩澤衰薄，不親九族，則角弓之章刺。今令諸國兄弟，情理簡怠，妃妾之家，膏沐疏略，朕縱不能敦而睦之，王援古喻義備悉矣，何言精誠不足以感通哉？夫明貴賤，崇親親，禮賢良，順少長，國之綱紀，本無禁固諸國通問之詔也，矯枉過正，下吏懼譴，以至於此耳。已敕有司，如王所訴。」

植復上疏陳審舉之義，曰：

臣聞天地協氣而萬物生，君臣合德而庶政成；五帝之世非皆智，三季之末非皆愚，用與不用，知與不知也。既時有舉賢之名，而無得賢之實，必各援其類而進矣。諺曰：「相門有相，將門有將。」夫相者，文德昭者也；將者，武功烈者也。文德昭，則可以匡國朝，致雍熙，稷、契、夔、龍是也；武功烈，則所以征不庭，威四夷，南仲、方叔是矣。昔伊尹之爲媵臣，至賤也，呂尚之處屠釣，至陋也，及其見舉於湯武、周文，誠道合志同，玄謨神通，豈復假近習之薦，因左右之介哉。書曰：「有不世之君，必能用不世之臣；用不世之臣，必能立不世之功。」殷周二王是矣。若夫齷齪近步，遵常守故，安足爲陛下言哉？故陰陽不和，三光不暢，官曠無人，庶政不整者，三司之責也。疆埸騷動，方隅內侵，沒軍喪衆，干戈不息者，邊將之憂也。豈可虛荷國寵而不稱其任哉？故任益隆者負益重，位益高者責益深，書稱「無曠庶官」，詩有「職思其憂」，此其義也。

陛下體天眞之淑聖，登神機以繼統，冀聞康哉之謌，偃武行文之美。而數年以來，水旱不時，民困衣食，師徒之發，歲歲增調，加東有覆敗之軍，西有殪沒之將，至使蚌蛤浮翔於淮、泗，鼲鼬讙譁於林木。臣每念之，未嘗不輟食而揮餐，臨觴而搤腕矣。昔漢文發代，疑朝有變，宋昌曰：「內有朱虛、東牟之親，外有齊、楚、淮南、琅邪，此則磐石之宗，願王勿疑。」臣伏惟陛下遠覽姬文二虢之援，中慮周成召、畢之輔，下存宋昌磐石之

固。昔騏驥之於吳阪，可謂困矣，及其伯樂相之，孫郵御之，形體不勞而坐取千里。蓋伯樂善御馬，明君善御臣；伯樂馳千里，明君致太平；誠任賢使能之明效也。若朝司惟良，萬機內理，武將行師，方難克弭。陛下可得雍容都城，何事勞動鑾駕，暴露於邊境哉？

臣聞羊質虎皮，見草則悅，見豺則戰，忘其皮之虎也。今置將不良，有似於此。故語曰：「患爲之者不知，知之者不得爲也。」昔樂毅奔趙，心不忘燕；廉頗在楚，思爲趙將。臣生乎亂，長乎軍，又數承教于武皇帝，伏見行師用兵之要，不必取孫、吳而闇與之合。竊揆之於心，常願得一奉朝覲，排金門，蹈玉陛，列有職之臣，賜須臾之間，使臣得一散所懷，攄舒蘊積，死不恨矣。

被鴻臚所下發士息書，期會甚急。又聞豹尾已建，戎軒鶩駕，陛下將復勞玉躬，擾挂神思。臣誠竦息，不遑寧處。願得策馬執鞭，首當塵露，撮風后之奇，接孫、吳之要，追慕卜商起予左右，效命先驅，畢命輪轂，雖無大益，冀有小補。然天高聽遠，情不上通，徒獨望青雲而拊心，仰高天而歎息耳。屈平曰：「國有驥而不知乘，焉皇皇而更索！」昔管、蔡放誅，周、召作弼；叔魚陷刑，叔向匡國。三監之釁，臣自當之；二南之輔，求必不遠。華宗貴族，藩王之中，必有應斯舉者。故傳曰：「無周公之親，不得行周

公之事。」唯陛下少留意焉。

近者漢氏廣建藩王，豐則連城數十，約則饗食祖祭而已，未若姬周之樹國，五等之品制也。若扶蘇之諫始皇，淳于越之難周青臣，可謂知時變矣。夫能使天下傾耳注目者，當權者是矣。故謀能移主，威能懾下。豪右執政，不在親戚；權之所在，雖疏必重；勢之所去，雖親必輕，蓋取齊者田族，非呂宗也。分晉者趙、魏，非姬姓也。唯陛下察之。苟吉專其位，凶離其患者，異姓之臣也。欲國之安，祈家之貴，存共其榮，沒同其禍者，公族之臣也。今反公族疏而異姓親，臣竊惑焉。

臣聞孟子曰：「君子窮則獨善其身，達則兼善天下。」今臣與陛下踐冰履炭，登山浮澗，寒溫燥濕，高下共之，豈得離陛下哉？不勝憤懣，拜表陳情。若有不合，乞且藏之書府，不便滅棄，臣死之後，事或可思。若有豪氂少挂聖意者，乞出之朝堂，使夫博古之士，糾臣表之不合義者。如是，則臣願足矣。

帝輒優文答報。〔一〕

〔一〕魏略曰：是後大發士息，及取諸國士。植以近前諸國士息已見發，其遺孤稚弱，在者無幾，而復被取，乃上書曰：「臣聞古者聖君，與日月齊其明，四時等其信，是以戮凶無重，賞善無輕，怒若驚霆，喜若時雨，恩不中絕，教無二可，以此臨朝，則臣下知所死矣。受任在萬里之外，審主之所授官，必己之所以投命，雖有構會之徒，泊然不以爲懼者，蓋君臣相信之明效也。昔章子爲齊將，人有告之反者，威王曰：『不然。』左右曰：『王何以明之？』王曰：『聞章子改葬死母；彼尚不欺死父，顧當叛生君乎？』此君之信臣也。昔管仲親射桓公，後幽囚從魯檻車載，使少年挽而送齊。管仲知桓公之必用己，懼魯之悔，謂少年曰：『吾爲汝唱，汝爲和，聲和聲，宜走。』於是管仲唱之，少年走而和之，日行數百里，宿昔而至。至則相齊，此臣之信君也。臣初受封，策書曰：『植受茲青社，封於東土，以屏翰皇家，爲魏藩輔。』而所得兵百五十人，皆年在耳順，或不踰矩，虎賁官騎及親事凡二百餘人。正復不老，皆使年壯，備有不虞，檢校乘城，顧不足以自救，況皆復耄耋罷曳乎？而名爲魏東藩，使屏翰王室，臣竊自羞矣。就之諸國，國有士子，合不過五百人，伏以爲三軍益損，不復賴此。方外不定，必當須辦者，臣願將部曲倍道奔赴，夫妻負襁，子弟懷糧，蹈鋒履刃，以徇國難，何但習業小兒哉？愚誠以揮涕增河，鼷鼠飲海，於朝萬無損益，於臣家計甚有廢損。又臣士息前後三送，兼人已竭。惟尚有小兒，七八歲已上，十六七已還，三十餘人。今部曲皆年耆，臥在牀席，非糜不食，眼不能視，氣息裁屬者，凡三十七人；疲瘵風靡，疣盲聾聵者，二十三人。惟正須此小兒，大者可備宿衞，雖不足以禦寇，粗可以警小盜；小者未堪大使，爲可使耘鉏穢草，驅護鳥雀。休候人則一事廢，一日獵則衆業散，不親自經營則功不攝；常自躬親，不委下吏而已。陛下聖仁，恩詔三至，士子給國，長不復發。明詔之下，有若皦日，保金石之恩，必明神之信，畫然自固，如天如地。定習業者並復見送，晻若晝晦，悵然失圖。伏以爲陛下既爵臣百寮之右，居藩國之任，爲置卿士，屋名爲宮，冢名爲陵，不使其危居獨立，無異於凡庶。若柏成欣於野耕，子仲樂於灌園；蓬戶茅牖，原憲之宅也；陋巷單瓢，顏子之居也：臣才不見效用，常慨然執斯志焉。若陛下聽臣悉還部曲，罷官屬，省監官，使解璽釋紱，追柏成、子仲之業，營顏淵、原憲之事，居子臧之廬，宅延陵之室。如此，雖進無成功，退有可守，身死之日，猶松、喬也。然伏度國朝終未肯聽臣之若是，固當

羈絆於世繩，維繫於祿位，懷屑屑之小憂，執無已之百念，安得蕩然肆志，逍遙於宇宙之外哉？此願未從，陛下必欲崇親親，篤骨肉，潤白骨而榮枯木者，惟遂仁德以副前恩詔。」皆遂還之。

其年冬，詔諸王朝六年正月。其二月，以陳四縣封植爲陳王，邑三千五百戶。植每欲求別見獨談，論及時政，幸冀試用，終不能得。既還，悵然絕望。時法制，待藩國既自峻迫，寮屬皆賈豎下才，兵人給其殘老，大數不過二百人。又植以前過，事事復減半，十一年中而三徙都，常汲汲無歡，遂發疾薨，時年四十一。〔一〕遺令薄葬。以小子志，保家之主也，欲立之。初，植登魚山，臨東阿，喟然有終焉之心，遂營爲墓。子志嗣，徙封濟北王。景初中詔曰：「陳思王昔雖有過失，既克己慎行，以補前闕，且自少至終，篇籍不離於手，誠難能也。其收黃初中諸奏植罪狀，公卿已下議尚書、祕書、中書三府、大鴻臚者皆削除之。撰錄植前後所著賦頌詩銘雜論凡百餘篇，副藏內外。」志累增邑，并前九百九十戶。〔二〕

〔一〕植常爲琴瑟調歌，辭曰：「吁嗟此轉蓬，居世何獨然！長去本根逝，夙夜無休閒。東西經七陌，南北越九阡，卒遇回風起，吹我入雲閒。自謂終天路，忽焉下沈淵。驚飈接我出，故歸彼中田。當南而更北，謂東而反西，宕宕當何依，忽亡而復存。飄颻周八澤，連翩歷五山，流轉無恒處，誰知吾苦艱？願爲中林草，秋隨野火燔，糜滅豈不痛，願與根荄連。」

孫盛曰：異哉，魏氏之封建也！不度先王之典，不思藩屛之術，違敦睦之風，背維城之義。漢初之封，或權侔人

主，雖云不庶，時勢然也。魏氏諸侯，陋同匹夫，雖懲七國，矯枉過也。且魏之代漢，非積德之由，風澤既微，六合未一，而彫翦枝幹，委權異族，勢同瘣木，危若巢幕，不嗣忽諸，非天喪也。五等之制，萬世不易之典。六代興亡，曹冏論之詳矣。

〔二〕志別傳曰：志字允恭，好學有才行。晉武帝為中撫軍，迎常道鄉公于鄴，志夜與帝相見，帝與語，從暮至旦，甚器之。及受禪，改封鄄城公。發詔以志為樂平太守，歷章武、趙郡，遷散騎常侍、國子博士，後轉博士祭酒。及齊王攸當之藩，下禮官議崇錫之典，志嘆曰：「安有如此之才，如此之親，而不得樹本助化，而遠出海隅者乎？」乃建議以諫，辭旨甚切。帝大怒，免志官。後復為散騎常侍。志遭母憂，居喪盡哀，因得疾病，喜怒失常，太康九年卒，謚曰定公。

蕭懷王熊，早薨。黃初二年追封謚蕭懷公。太和三年，又追封爵為王。青龍二年，子哀王炳嗣，食邑二千五百戶。六年薨，無子，國除。

評曰：任城武藝壯猛，有將領之氣。陳思文才富豔，足以自通後葉，然不能克讓遠防，終致攜隙。傳曰「楚則失之矣，而齊亦未為得也」，其此之謂歟！〔一〕

〔一〕魚豢曰：諺言「貧不學儉，卑不學恭」，非人性分也，勢使然耳。此實然之勢，信不虛矣。假令太祖防遏植等，在於

疇昔，此賢之心，何緣有窺望乎？彰之挾恨，尚無所至。至於植者，豈能興難？乃令楊脩以倚注遇害，丁儀以希意族滅，哀夫！余每覽植之華采，思若有神。以此推之，太祖之動心，亦良有以也。

三國志卷二十　魏書二十

武文世王公傳第二十

武皇帝二十五男：卞皇后生文皇帝、任城威王彰、陳思王植、蕭懷王熊，劉夫人生豐愍王昂、相殤王鑠，環夫人生鄧哀王沖、彭城王據、燕王宇，杜夫人生沛穆王林、中山恭王袞，秦夫人生濟陽懷王玹、陳留恭王峻，尹夫人生范陽閔王矩，王昭儀生趙王幹，孫姬生臨邑殤公子上、楚王彪、剛殤公子勤，李姬生穀城殤公子乘、郿戴公子整、靈殤公子京，周姬生樊安公均，劉姬生廣宗殤公子棘，宋姬生東平靈王徽，趙姬生樂陵王茂。

豐愍王昂字子脩。弱冠舉孝廉。隨太祖南征，為張繡所害。無子。黃初二年追封，謚曰豐悼公。三年，以樊安公均子琬奉昂後，封中都公。其年徙封長子公。五年，追加昂號曰豐悼王。太和三年改昂謚曰愍王。嘉平六年，以琬襲昂爵為豐王。正元、景元中，累增邑，并前二千七百戶。琬薨，謚曰恭王。子廉嗣。

相殤王鑠，早薨，太和三年追封謚。青龍元年，子愍王潛嗣，其年薨。二年，子懷王偃

嗣，邑二千五百戶，四年薨。無子，國除。正元二年，以樂陵王茂子陽都鄉公竦繼鑠後。

鄧哀王沖字倉舒。少聰察岐嶷，生五六歲，智意所及，有若成人之智。時孫權曾致巨象，太祖欲知其斤重，訪之羣下，咸莫能出其理。沖曰：「置象大船之上，而刻其水痕所至，稱物以載之，則校可知矣。」太祖大悅，即施行焉。時軍國多事，用刑嚴重。太祖馬鞍在庫，而為鼠所齧，庫吏懼必死，議欲面縛首罪，猶懼不免。沖謂曰：「待三日中，然後自歸。」沖於是以刀穿單衣，如鼠齧者，謬為失意，貌有愁色。太祖問之，沖對曰：「世俗以為鼠齧衣者，其主不吉。今單衣見齧，是以憂戚。」太祖曰：「此妄言耳，無所苦也。」俄而庫吏以齧鞍聞，太祖笑曰：「兒衣在側，尚齧，況鞍縣柱乎？」一無所問。沖仁愛識達，皆此類也。凡應罪戮，而為沖微所辨理，賴以濟宥者，前後數十。〔一〕太祖數對羣臣稱述，有欲傳後意。年十三，建安十三年疾病，太祖親為請命。及亡，哀甚。文帝寬喻太祖，太祖曰：「此我之不幸，而汝曹之幸也。」〔二〕言則流涕，為聘甄氏亡女與合葬，贈騎都尉印綬，命宛侯據子琮奉沖後。二十二年，封琮為鄧侯。黃初二年，追贈謚沖曰鄧哀侯，又追加號為公。〔三〕三年，進琮爵，徙封冠軍公。四年，徙封己氏公。太和五年，加沖號曰鄧哀王。景初元年，琮坐於中尚方作禁物，削戶三百，貶爵為都鄉侯。三年，復為己氏公。正始七年，轉封平陽公。景初、正元、景元中，累增邑，并前千九百戶。

〔一〕魏書曰：沖每見當刑者，輒探覩其冤枉之情而微理之。及勳勞之吏，以過誤觸罪，常爲太祖陳說，宜寬宥之。辨察仁愛，與性俱生，容貌姿美，有殊於衆，故特見寵異。

臣松之以「容貌姿美」一類之言，而分以爲三，亦敍屬之一病也。

〔二〕孫盛曰：春秋之義，立嫡以長不以賢。沖雖存也猶不宜立，況其既沒，而發斯言乎？詩云：「無易由言。」魏武其易之也。

〔三〕魏書載策曰：「惟黃初二年八月丙午，皇帝曰：咨爾鄧哀侯沖，昔皇天鍾美於爾躬，俾聰哲之才，成於弱年。當永享顯祚，克成厥終。如何不祿，早世夭昬！朕承天序，享有四海，並建親親，以藩王室，惟爾不逮斯榮，且葬禮未備。追悼之懷，愴然攸傷。今遷葬于高陵，使使持節兼謁者僕射郎中陳承，追賜號曰鄧公，祠以太牢。魂而有靈，休茲寵榮。嗚呼哀哉！」

魏略曰：文帝常言「家兄孝廉，自其分也。若使倉舒在，我亦無天下。」

彭城王據，建安十六年封范陽侯。二十二年，徙封宛侯。黃初二年，進爵爲公。三年，爲章陵王，其年徙封義陽。文帝以南方下濕，又以環太妃彭城人，徙封彭城。又徙封濟陰。五年，詔曰：「先王建國，隨時而制。漢祖增秦所置郡，至光武以天下損耗，并省郡縣。以今比之，益不及焉。其改封諸王，皆爲縣王。」據改封定陶縣。太和六年，改封諸王，皆以郡爲國，據復封彭城。景初元年，據坐私遣人詣中尚方作禁物，削縣二千戶。〔一〕三年，復所削戶邑。正元、景元中，累增邑，并前四千六百戶。

〔一〕魏書載璽書曰：「制詔彭城王：有司奏，王遣司馬董和，齎珠玉來到京師中尚方，多作禁物，交通工官，出入近署，踰侈非度，慢令違制，繩王以法。朕用憮然，不寧于心。王以懿親之重，處藩輔之位，典籍日陳於前，勤誦不輟於側。加雅素奉脩，恭肅敬慎，務在蹈道，孜孜不衰，豈忘率意正身，考終厥行哉？若然小疵，或謬于細人，忽不覺悟，以斯爲失耳。書云：『惟聖罔念作狂，惟狂克念作聖。』古人垂誥，乃至於此，故君子思心無斯須遠道焉。常慮所以累德者而去之，則德明矣；開心所以爲塞者而通之，則心夷矣；慎行所以爲尤者而脩之，則行全矣：三者，王之所能備也。今詔有司宥王，削縣二千戶，以彰八柄與奪之法。昔羲、文作易，著休復之語，仲尼論行，既過能改。王其改行，茂昭斯義，率意無怠。」

燕王宇字彭祖。建安十六年，封都鄉侯。二十二年，改封魯陽侯。黃初二年，進爵爲公。三年，爲下邳王。五年，改封單父縣。太和六年，改封燕王。明帝少與宇同止，常愛異之。及即位，寵賜與諸王殊。青龍三年，徵入朝。景初元年，還鄴。二年夏，復徵詣京都。冬十二月，明帝疾篤，拜宇爲大將軍，屬以後事。受署四日，宇深固讓；帝意亦變，遂免宇官。三年夏，還鄴。景初、正元、景元中，累增邑，并前五千五百戶。常道鄉公奐，宇之子，入繼大宗。

沛穆王林，建安十六年封饒陽侯。二十二年，徙封譙。黃初二年，進爵爲公。三年，爲譙王。五年，改封譙縣。七年，徙封鄄城。太和六年，改封沛。景初、正元、景元中，累增邑，并前四千七百戶。林薨，子緯嗣。〔一〕

〔一〕案嵇氏譜：嵇康妻，林子之女也。

中山恭王袞，建安二十一年封平鄉侯。少好學，年十餘歲能屬文。每讀書，文學左右常恐以精力爲病，數諫止之，然性所樂，不能廢也。二十二年，徙封東鄉侯，其年又改封贊侯。黃初二年，進爵爲公，官屬皆賀，袞曰：「夫生深宮之中，不知稼穡之艱難，多驕逸之失。諸賢既慶其休，宜輔其闕。」每兄弟游娛，袞獨覃思經典。文學防輔相與言曰：「受詔察公舉錯，有過當奏，及有善，亦宜以聞，不可匿其美也。」遂共表稱陳袞美。袞聞之，大驚懼，責讓文學曰：「脩身自守，常人之行耳，而諸君乃以上聞，是適所以增其負累也。且如有善，何患不聞，而遽共如是，是非益我者。」其戒慎如此。三年，爲北海王。其年，黃龍見鄴西漳水，袞上書贊頌。詔賜黃金十斤，詔曰：「昔唐叔歸禾，東平獻頌，斯皆骨肉贊美，以彰懿親。王研精墳典，耽味道眞，文雅煥炳，朕甚嘉之。王其克慎明德，以終令聞。」四年，改封贊王。七年，徙封濮陽。太和二年就國，尙約儉，教敕妃妾紡績織紝，習爲家人之事。五年冬，入朝。六年，改封中山。

初，袞來朝，犯京都禁。青龍元年，有司奏袞。詔曰：「王素敬慎，邂逅至此，其以議親之典議之。」有司固執。詔削縣二，戶七百五十。〔一〕袞憂懼，戒敕官屬愈謹。帝嘉其意，二年，復所削縣。三年秋，袞得疾病，詔遣太醫視疾，殿中、虎賁齎手詔、賜珍膳相屬，又遣太

妃、沛王林並就省疾。袞疾困，敕令官屬曰：「吾寡德忝寵，大命將盡。吾既好儉，而聖朝著終誥之制，爲天下法。吾氣絕之日，自殯及葬，務奉詔書。昔衞大夫蘧瑗葬濮陽，吾望其墓，常想其遺風，願託賢靈以弊髮齒，營吾兆域，必往從之。禮：男子不卒婦人之手。亟以時成東堂。」堂成，名之曰遂志之堂，輿疾往居之。又令世子曰：「汝幼少，未聞義方，早爲人君，但知樂，不知苦；不知苦，必將以驕奢爲失也。接大臣，務以禮。雖非大臣，老者猶宜答拜。事兄以敬，恤弟以慈；兄弟有不良之行，當造膝諫之。諫之不從，流涕喻之；喻之不改，乃白其母。若猶不改，當以奏聞，并辭國土。與其守寵罹禍，不若貧賤全身也。此亦謂大罪惡耳，其微過細故，當掩覆之。嗟爾小子，慎脩乃身，奉聖朝以忠貞，事太妃以孝敬。閨闈之內，奉令於太妃；閫閾之外，受教於沛王。無怠乃心，以慰予靈。」其年薨。詔沛王林留訖葬，使大鴻臚持節典護喪事，宗正弔祭，贈賵甚厚。凡所著文章二萬餘言，才不及陳思王而好與之侔。子孚嗣。景初、正元、景元中，累增邑，并前三千四百戶。

〔一〕魏書載璽書曰：「制詔中山王：有司奏，王乃者來朝，犯交通京師之禁。朕惟親親之恩，用寢吏議。然法者，所與天下共也，不可得廢。今削王縣二，戶七百五十。夫克己復禮，聖人稱仁，朝過夕改，君子與之。王其戒諸，無貽咎悔也。」

濟陽懷王玹，建安十六年封西鄉侯。早薨，無子。二十年，以沛王林子贊襲玹爵邑，早

薨，無子。文帝復以贊弟壹紹玹後。黃初二年，改封濟陽侯。四年，進爵爲公。太和四年，追進玹爵，謚曰懷公。六年，又進號曰懷王，追謚贊曰西鄉哀侯。壹薨，謚曰悼公。子恆嗣。景初、正元、景元中，累增邑，并前千九百戶。

陳留恭王峻字子安，建安二十一年封郿侯。二十二年，徙封襄邑。黃初二年，進爵爲公。三年，爲陳留王。五年，改封襄邑縣。太和六年，又封陳留。甘露四年薨。子澳嗣。景初、正元、景元中，累增邑，并前四千七百戶。

范陽閔王矩，早薨，無子。建安二十二年，以樊安公均子敏奉矩後，封臨晉侯。黃初三年追封謚矩爲范陽閔公。五年，改封敏范陽王。七年，徙封句陽。太和六年，追進矩號曰范陽閔王，改封敏琅邪王。景初、正元、景元中，累增邑，并前三千四百戶。敏薨，謚曰原王。子焜嗣。

趙王幹，建安二十年封高平亭侯。二十二年，徙封賴亭侯。其年改封弘農侯。黃初二年，進爵，徙封燕公。〔一〕三年，爲河間王。五年，改封樂城縣。七年，徙封鉅鹿。太和六年，改封趙王。幹母有寵於太祖。及文帝爲嗣，幹母有力。文帝臨崩，有遺詔，是以明帝常加恩意。青龍二年，私通賓客，爲有司所奏，賜幹璽書誡誨之，曰：「易稱『開國承家，小人勿用』，詩著『大車惟塵』之誡。自太祖受命創業，深覩治亂之源，鑒存亡之機，初封諸侯，訓以

恭慎之至言，輔以天下之端士，常稱馬援之遺誡，重諸侯賓客交通之禁，乃使與犯妖惡同。夫豈以此薄骨肉哉？徒欲使子弟無過失之愆，士民無傷害之悔耳。高祖踐阼，祗慎萬機，申著諸侯不朝之令。朕感詩人常棣之作，嘉采菽之義，亦緣詔文曰『若有詔得詣京都』，故命諸王以朝聘之禮。而楚、中山並犯交通之禁，趙宗、戴捷咸伏其辜。近東平王復使屬官毆壽張吏，有司舉奏，朕裁削縣。(令)〔今〕有司以曹纂、王喬等因九族時節，集會王家，或非其時，皆違禁防。朕惟王幼少有恭順之素，加受先帝顧命，欲崇恩禮，延乎後嗣，況近在王之身乎？且自非聖人，孰能無過？已詔有司宥王之失。古人有言：『戒慎乎其所不覩，恐懼乎其所弗聞，莫見乎隱，莫顯乎微，故君子慎其獨焉。』叔父茲率先聖之典，以纂乃先帝之遺命，戰戰兢兢，靖恭厥位，稱朕意焉。」景初、正元、景元中，累增邑，并前五千戶。

〔一〕魏略曰：幹一名良。良本陳妾子，良生而陳氏死，太祖令王夫人養之。良年五歲而太祖疾困，遺令語太子曰：「此兒三歲亡母，五歲失父，以累汝也。」太子由是親待，隆於諸弟。良年小，常呼文帝爲阿翁，帝謂良曰：「我，汝兄耳。」文帝又愍其如是，每爲流涕。

臣松之案：此傳以母貴賤爲次，不計兄弟之年，故楚王彪年雖大，傳在幹後。尋朱建平傳，知彪大幹二十歲。

臨邑殤公子上，早薨。太和五年，追封謚。無後。

楚王彪字朱虎。建安二十一年，封壽春侯。黃初二年，進爵，徙封汝陽公。三年，封弋

陽王。其年徙封吳王。五年，改封壽春縣。七年，徙封白馬。太和五年冬，朝京都。六年，改封楚。初，彪來朝，犯禁，〔青龍〕元年，爲有司所奏，詔削縣三，戶千五百。二年，大赦，復所削縣。景初三年，增戶五百，并前三千戶。嘉平元年，兗州刺史令狐愚與太尉王淩謀迎彪都許昌。語在淩傳。乃遣傳及侍御史就國案驗，收治諸相連及者。廷尉請徵彪治罪。於是依漢燕王旦故事，使兼廷尉大鴻臚持節賜彪璽書切責之，使自圖焉。〔一〕彪乃自殺。妃及諸子皆免爲庶人，徙平原。彪之官屬以下及監國謁者，坐知情無輔導之義，皆伏誅。國除爲淮南郡。正元元年詔曰：「故楚王彪，背國附姦，身死嗣替，雖自取之，猶哀矜焉。夫含垢藏疾，親親之道也，其封彪世子嘉爲常山眞定王。」景元元年，增邑，并前二千五百戶。〔二〕

〔一〕孔衍漢魏春秋載璽書曰：「夫先王行賞不遺仇讎，用戮不違親戚，至公之義也。故周公流涕而決二叔之罪，孝武傷懷而斷昭平之獄，古今常典也。惟王，國之至親，作藩于外，不能祗奉王度，表率宗室，而謀於姦邪，乃與太尉王淩、兗州刺史令狐愚構通逆謀，圖危社稷，有悖忒之心，無忠孝之意。宗廟有靈，王其何面目以見先帝？朕深痛王自陷罪辜，旣得王情，深用憮然。有司奏王當就大理，朕惟公族甸師之義，不忍肆王市朝，故遣使者賜書。王自作孽，匪由於他，燕刺之事，宜足以觀。王其自圖之！」

〔二〕臣松之案：嘉入晉，封高邑公。元康中，與石崇俱爲國子博士。嘉後爲東莞太守，崇爲征虜將軍，監青、徐軍事，屯於下邳，嘉以詩遺崇曰：「文武應時用，兼才在明哲。嗟嗟我石生，爲國之俊傑。入侍於皇闈，出則登九列。威檢肅青、徐，風發宜奐奮。疇昔謬同位，情至過魯、衞。分離踰十載，思遠心增結。願子鑒斯誡，寒暑不踰契。」崇

答曰：「昔常接羽儀，俱游青雲中，敦道訓冑子，儒化渙以融，同聲無異響，故使恩愛隆。豈惟敦初好，款分在令終。孔不陋九夷，老氏適西戎。逍遙滄海隅，可以保王躬。世事非所務，周公不足夢。玄寂令神王，是以守至沖。」王隱晉書載吏部郎李重啓云：「魏氏宗室屈滯，每聖恩所存。東莞太守曹嘉，才幹學義，不及志、翕，而良素修潔，性業踰之；又已歷二郡。臣以爲優先代之後，可以嘉爲員外散騎侍郎。」

剛殤公子勤，早薨。太和五年追封謚。無後。

穀城殤公子乘，早薨。太和五年追封謚。無後。

郿戴公子整，奉從叔父郎中紹後。建安二十二年，封郿侯。二十三年薨。無子。黃初二年追進爵，謚曰戴公。以彭城王據子範奉整後。三年，封平氏侯。四年，徙封成武。太和三年，進爵爲公。青龍三年薨。謚曰悼公。無後。四年，詔以範弟東安鄉公闡爲郿公，奉整後。正元、景元中，累增邑，并前千八百戶。

靈殤公子京，早薨。太和五年追封謚。無後。

樊安公均，奉叔父薊恭公彬後。建安二十二年，封樊侯。二十四年薨。子抗嗣。黃初二年，追進公爵，謚曰安公。三年，徙封抗薊公。四年，徙封屯留公。景初元年薨，謚曰定公。子諶嗣。景初、正元、景元中，累增邑，并前千九百戶。

廣宗殤公子棘，早薨。太和五年追封謚。無後。

東平靈王徽，奉叔父朗陵哀侯玉後。建安二十二年，封歷城侯。黃初二年，進爵爲公。三年，爲廬江王。四年，徙封壽張王。五年，改封壽張縣。太和六年，改封東平。青龍二年，徽使官屬撾壽張縣吏，爲有司所奏。詔削縣一，戶五百。其年復所削縣。正始三年薨。子翕嗣。景初、正元、景元中，累增邑，并前三千四百戶。〔一〕

〔一〕臣松之案：翕入晉，封廩丘公。魏宗室之中，名次鄄城公。至泰始二年，翕遣世子琨奉表來朝。詔曰：「翕秉德履道，魏宗之良。今琨遠至，其假世子印綬，加騎都尉，賜服一具，錢十萬，隨才敍用。」翕撰解寒食散方，與皇甫謐所撰並行於世。

樂陵王茂，建安二十二年封萬歲亭侯。二十三年，改封平輿侯。黃初三年，進爵，徙封乘氏公。七年，徙封中丘。茂性傲佷，少無寵於太祖。及文帝世，又獨不王。太和元年，徙封聊城公，其年爲王。詔曰：「昔象之爲虐至甚，而大舜猶侯之有庳。近漢氏淮南、阜陵，皆爲亂臣逆子，而猶或及身而復國，或至子而錫土。有虞建之於上古，漢文、明、章行之乎前代，斯皆敦敍親親之厚義也。聊城公茂少不閑禮教，長不務善道。先帝以爲古之立諸侯也，皆命賢者，故姬姓有未必侯者，是以獨不王茂。太皇太后數以爲言。如聞茂頃來少知悔昔之非，欲脩善將來。君子與其進，不保其往也。今封茂爲聊城王，以慰太皇太后下流之念。」六年，改封曲陽王。正始三年，東平靈王薨，茂稱嗌痛，不肯發哀，居處出入自若。

有司奏除國土，詔削縣一，戶五百。五年，徙封樂陵，詔以茂租奉少，諸子多，復所削戶，又增戶七百。嘉平、正元、景元中，累增邑，并前五千戶。

文皇帝九男：甄氏皇后生明帝，李貴人生贊哀王協，潘淑媛生北海悼王蕤，朱淑媛生東武陽懷王鑒，仇昭儀生東海定王霖，徐姬生元城哀王禮，蘇姬生邯鄲懷王邕，張姬生清河悼王貢，宋姬生廣平哀王儼。

贊哀王協，早薨。太和五年追封謚曰經殤公。青龍二年，更追改號謚。三年，子殤王尋嗣。景初三年，增戶五百，并前三千戶。正始九年薨。無子。國除。

北海悼王蕤，黃初七年，明帝即位，立爲陽平縣王。太和六年，改封北海。青龍元年薨。二年，以琅邪王子贊奉蕤後，封昌鄉公。景初二年，立爲饒安王。正始七年，徙封文安。正元、景元中，累增邑，并前三千五百戶。

東武陽懷王鑒，黃初六年立。其年薨。青龍三年賜謚。無子。國除。

東海定王霖，黃初三年立爲河東王。六年，改封館陶縣。明帝即位，以先帝遺意，愛寵霖異於諸國。而霖性麤暴，閨門之內，婢妾之間，多所殘害。太和六年，改封東海。嘉平元年薨。子啓嗣。景初、正元、景元中，累增邑，并前六千二百戶。高貴鄉公髦，霖之子也，入繼大宗。

元城哀王禮，黃初二年封秦公，以京兆郡爲國。三年，改爲京兆王。六年，改封元城王。太和三年薨。五年，以任城王楷子悌嗣禮後。六年，改封梁王。景初、正元、景元中，累增邑，并前四千五百戶。

邯鄲懷王邕，黃初二年封淮南公，以九江郡爲國。三年，進爲淮南王。四年，改封陳。六年，改封邯鄲。太和三年薨。五年，以任城王楷子溫嗣邕後。六年，改封魯陽。景初、正元、景元中，累增邑，并前四千四百戶。

清河悼王貢，黃初三年封。四年薨。無子。國除。

廣平哀王儼，黃初三年封。四年薨。無子。國除。

評曰：魏氏王公，既徒有國土之名，而無社稷之實，又禁防壅隔，同於囹圄；位號靡定，大小歲易；骨肉之恩乖，常棣之義廢。爲法之弊，一至于此乎！〔一〕

〔一〕袁子曰：魏興，承大亂之後，民人損減，不可則以古始。於是封建侯王，皆使寄地，空名而無其實。王國使有老兵百餘人，以衞其國。雖有王侯之號，而乃儕爲匹夫。縣隔千里之外，無朝聘之儀，鄰國無會同之制。諸侯游獵不

得過三十里，又爲設防輔監國之官以伺察之。王侯皆思爲布衣而不能得。既違宗國藩屏之義，又虧親戚骨肉之恩。

魏氏春秋載宗室曹冏上書曰：「臣聞古之王者，必建同姓以明親親，必樹異姓以明賢賢。故傳曰『庸勳親親，昵近尊賢』；書曰『克明俊德，以親九族』；詩云『懷德維寧，宗子維城』。由是觀之，非賢無與興功，非親無與輔治。夫親親之道，專用則其漸也微弱；賢賢之道，偏任則其弊也劫奪。先聖知其然也，故博求親疏而並用之；近則有宗盟藩衞之固，遠則有仁賢輔弼之助，盛則有與共其治，衰則有與守其土，安則有與享其福，危則有與同其禍。夫然，故能有其國家，保其社稷，歷紀長久，本枝百世也。今魏尊尊之法雖明，親親之道未備。詩不云乎，『鶺鴒在原，兄弟急難』。以斯言之，明兄弟相救於喪亂之際，同心於憂禍之間，雖有鬩牆之忿，不忘禦侮之事。何則？憂患同也。今則不然，或任而不重，或釋而不任，一旦疆埸稱警，關門反拒，股肱不扶，胸心無衞。臣竊惟此，寢不安席，思獻丹誠，貢策朱闕。謹撰合所聞，敍論成敗。論曰：昔夏、殷、周歷世數十，而秦二世而亡。何則？三代之君，與天下共其民，故天下同其憂。秦王獨制其民，故傾危而莫救。夫與民共其樂者，人必憂其憂；與民同其安者，人必拯其危。先王知獨治之不能久也，故與人共治之；知獨守之不能固也，故與人共守之。兼親疏而兩用，參同異而並建。是以輕重足以相鎭，親疏足以相衞，并兼路塞，逆節不生。及其衰也，桓、文帥禮；苞茅不貢，齊師伐楚；宋不城周，晉戮其宰。王綱弛而復張，諸侯傲而復肅。二霸之後，寖以陵遲。吳、楚憑江，負固方城，雖心希九鼎，而畏迫宗姬，姦情散於胸懷，逆謀消於脣吻；斯豈非信重親戚，任用賢能，枝葉碩茂，本根賴之與？自此之後，轉相攻伐；吳并於越，晉分爲三，魯滅於楚，鄭兼於韓。暨于戰國，諸姬微矣，惟燕、衞獨存，然皆弱小，西迫彊秦，南畏齊、楚，憂懼滅亡，匪遑相恤。至於王赧，降爲庶人，猶枝幹相持，得居虛位，海內無主，四十

餘年。秦據勢勝之地，騁詐之術，征伐關東，蠶食九國，至於始皇，乃定天位。曠日若彼，用力若此，豈非深固根蒂不拔之道乎？易曰：『其亡其亡，繫于苞桑。』周德其可謂當之矣。秦觀周之弊，以爲小弱見奪，於是廢五等之爵，立郡縣之官，棄禮樂之教，任苛刻之政；子弟無尺寸之封，功臣無立錐之地，內無宗子以自毗輔，外無諸侯以爲藩衞，仁心不加於親戚，惠澤不流於枝葉；譬猶芟刈股肱，獨任胸腹，浮舟江海，捐棄楫櫂，觀者爲之寒心，而始皇晏然自以爲關中之固，金城千里，子孫帝王萬世之業也，豈不悖哉！是時淳于越諫曰：『臣聞殷、周之王，封子弟功臣千有餘(城)〔歲〕。今陛下君有海內而子弟爲匹夫，卒有田常六卿之臣，而無輔弼，何以相救？事不師古而能長久者，非所聞也。』始皇聽李斯偏說而絀其議，至於身死之日，無所寄付，委天下之重於凡夫之手，託廢立之命於姦臣之口，至令趙高之徒，誅鉏宗室。胡亥少習刻薄之教，長遵凶父之業，不能改制易法，寵任兄弟，而乃師譚申、商，諮謀趙高；自幽深宮，委政讒賊，身殘望夷，求爲黔首，豈可得哉？遂乃郡國離心，衆庶潰叛，勝、廣倡之於前，劉、項弊之於後。向使始皇納淳于之策，抑李斯之論，割裂州國，分王子弟，封三代之後，報功臣之勞，士有常君，民有定主，枝葉相扶，首尾爲用，雖使子孫有失道之行，時人無湯、武之賢，姦謀未發，而身已屠戮，何區區之陳、項而復得措其手足哉？故漢祖奮三尺之劍，驅烏集之衆，五年之中，遂成帝業。自開闢以來，其興立功勳，未有若漢祖之易也。夫伐深根者難爲功，摧枯朽者易爲力，理勢然也。漢監秦之失，封殖子弟，及諸呂擅權，圖危劉氏，而天下所以不傾動，百姓所以不易心者，徒以諸侯彊大，盤石膠固，東牟、朱虛受命於內，齊、代、吳、楚作衞於外故也。向使高祖踵亡秦之法，忽先王之制，則天下已傳，非劉氏有也。然高祖封建，地過古制，大者跨州兼郡，小者連城數十，上下無別，權侔京室，故有吳、楚七國之患。賈誼曰：『諸侯彊盛，長亂起姦。夫欲天下之治安，莫若衆建諸侯而少其力，令海內之勢，若身之使臂，臂之使指，則下無背叛之心，上無誅伐之事。』文帝不

從。至於孝景，猥用鼂錯之計，削黜諸侯，親者怨恨，疏者震恐，吳、楚倡謀，五國從風。兆發高帝，釁鍾文、景，由寬之過制，急之不漸故也。所謂末大必折，尾大難掉。尾同於體，猶或不從，況乎非體之尾，其可掉哉？武帝從主父之策，下推恩之令，自是之後，齊分爲七，趙分爲六，淮南三割，梁、代五分，遂以陵遲，子孫微弱，衣食租稅，不預政事，或以酎金免削，或以無後國除。至於成帝，王氏擅朝。劉向諫曰：『臣聞公族者，國之枝葉；枝葉落則本根無所庇蔭。方今同姓疏遠，母黨專政，排擯宗室，孤弱公族，非所以保守社稷，安固國嗣也。』其言深切，多所稱引，成帝雖悲傷歎息而不能用。至於哀、平，異姓秉權，假周公之事，而爲田常之亂，高拱而竊天位，一朝而臣四海。漢宗室王侯，解印釋紱，貢奉社稷，猶懼不得爲臣妾，或乃爲之符命，頌莽恩德，豈不哀哉！由斯言之，非宗子獨忠孝於惠、文之閒，而叛逆於哀、平之際也，徒權輕勢弱，不能有定耳。賴光武皇帝挺不世之姿，禽王莽於已成，紹漢嗣於既絕，斯豈非宗子之力也？而曾不監秦之失策，襲周之舊制，踵王國之法，而僥倖無疆之期。至於桓、靈，閹豎執衡，朝無死難之臣，外無同憂之國，君孤立於上，臣弄權於下，本末不能相御，身首不能相使。由是天下鼎沸，姦凶並爭，宗廟焚爲灰燼，宮室變爲榛藪，居九州之地，而身無所安處，悲夫！魏太祖武皇帝躬聖明之資，兼神武之略，恥王綱之廢絕，愍漢室之傾覆，龍飛譙、沛，鳳翔兗、豫，掃除凶逆，翦滅鯨鯢，迎帝西京，定都潁邑，德動天地，義感人神。漢氏奉天，禪位大魏。大魏之興，于今二十有四年矣，觀五代之存亡而不用其長策，覩前車之傾覆而不改於轍迹；子弟王空虛之地，君有不使之民，宗室竄於閭閻，不聞邦國之政，權均匹夫，勢齊凡庶；內無深根不拔之固，外無盤石宗盟之助，非所以安社稷，爲萬世之業也。且今之州牧、郡守，古之方伯、諸侯，皆跨有千里之土，兼軍武之任，或比國數人，或兄弟並據；而宗室子弟曾無一人閒廁其閒，與相維持，非所以彊幹弱枝，備萬一之虞也。今之用賢，或超爲名都之主，或爲偏師之帥，而宗室有文者必限小縣之宰，有武者必

置百人之上，使夫廉高之士，畢志於衡軛之內，才能之人，恥與非類爲伍，非所以勸進賢能，褒異宗室之禮也。夫泉竭則流涸，根朽則葉枯；枝繁者蔭根，條落者本孤。故語曰『百足之蟲，至死不殭』，以扶之者衆也。此言雖小，可以譬大。且墉基不可倉卒而成，威名不可一朝而立，皆爲之有漸，建之有素。譬之種樹，久則深固其本根，茂盛其枝葉，若造次徙於山林之中，植於宮闕之下，雖壅之以黑墳，煖之以春日，猶不救於枯槁，而何暇繁育哉？夫樹猶親戚，土猶士民，建置不久，則輕下慢上，平居猶懼其離叛，危急將若之何？是以聖王安而不逸，以慮危也，存而設備，以懼亡也。故疾風卒至而無摧拔之憂，天下有變而無傾危之患矣。』冏，中常侍兄叔興之後，少帝族祖也。是時天子幼稚，冏冀以此論感悟曹爽，爽不能納。

三國志

晉 陳壽 撰
宋 裴松之 注

第三册
卷二一至卷三〇（魏書三）

中華書局

三國志卷二十一 魏書二十一

王衞二劉傅傳第二十一

王粲字仲宣，山陽高平人也。曾祖父龔，祖父暢，皆爲漢三公。〔一〕父謙，爲大將軍何進長史。進以謙名公之胄，欲與爲婚，見其二子，使擇焉。謙弗許。以疾免，卒于家。

〔一〕張璠漢紀曰：龔字伯宗，有高名於天下。順帝時爲太尉。初，山陽太守薛勤喪妻不哭，將殯，臨之曰：「幸不爲夭，復何恨哉？」及龔妻卒，龔與諸子並杖行服，時人或兩譏焉。暢字叔茂，名在八俊。靈帝時爲司空，以水災免，而李膺亦免歸故郡，二人以直道不容當時。天下以暢、膺爲高士，諸危言危行之徒皆推宗之，願涉其流，惟恐不及。會連有災異，而言事者皆言三公非其人，宜因其變，以暢、膺代之，則禎祥必至。由是宦豎深怨之，及膺誅死而暢遂廢，終于家。

獻帝西遷，粲徙長安，左中郎將蔡邕見而奇之。時邕才學顯著，貴重朝廷，常車騎塡巷，賓客盈坐。聞粲在門，倒屣迎之。粲至，年既幼弱，容狀短小，一坐盡驚。邕曰：「此王公孫也，有異才，吾不如也。吾家書籍文章，盡當與之。」年十七，司徒辟，詔除黃門侍郎，

以西京擾亂，皆不就。乃之荆州依劉表。表以粲貌寢而體弱通侻，不甚重也。〔一〕表卒。粲勸表子琮，令歸太祖。〔二〕太祖辟爲丞相掾，賜爵關內侯。太祖置酒漢濱，粲奉觴賀曰：「方今袁紹起河北，仗大衆，志兼天下，然好賢而不能用，故奇士去之。劉表雍容荆楚，坐觀時變，自以爲西伯可規。士之避亂荆州者，皆海內之儁傑也；表不知所任，故國危而無輔。明公定冀州之日，下車卽繕其甲卒，收其豪傑而用之，以橫行天下；及平江、漢，引其賢儁而置之列位，使海內回心，望風而願治，文武並用，英雄畢力，此三王之舉也。」後遷軍謀祭酒。魏國既建，拜侍中。博物多識，問無不對。時舊儀廢弛，興造制度，粲恆典之。〔三〕

〔一〕臣松之曰：貌寢，謂貌負其實也。通侻者，簡易也。

〔二〕文士傳載粲說琮曰：「僕有愚計，願進之於將軍，可乎？」琮曰：「吾所願聞也。」粲曰：「天下大亂，豪傑並起，在倉卒之際，彊弱未分，故人各各有心耳。當此之時，家家欲爲帝王，人人欲爲公侯。觀古今之成敗，能先見事機者，則恆受其福。今將軍自度，何如曹公邪？」琮不能對。粲復曰：「如粲所聞，曹公故人傑也。雄略冠時，智謀出世，摧袁氏於官渡，驅孫權於江外，逐劉備於隴右，破烏丸於白登，其餘梟夷蕩定者，往往如神，不可勝計。今日之事，去就可知也。將軍能聽粲計，卷甲倒戈，應天順命，以歸曹公，曹公必重德將軍。保己全宗，長享福祚，垂之後嗣，此萬全之策也。粲遭亂流離，託命此州，蒙將軍父子重顧，敢不盡言！」琮納其言。臣松之案：孫權自此以前，尚與中國和同，未嘗交兵，何云「驅權於江外」乎？魏武以十三年征荆州，劉備卻後數年方入蜀，備身未嘗涉於關、隴。而於征荆州之年，便云逐備於隴右，既已乖錯；又白登在平城，亦魏武所不經，

北征烏丸，與白登永不相豫。以此知張騭假僞之辭，而不覺其虛之自露也。凡騭虛僞妄作，不可覆疏，如此類者，不可勝紀。

〔三〕摯虞決疑要注曰：漢末喪亂，絕無玉珮。魏侍中王粲識舊珮，始復作之。今之玉珮，受法於粲也。

初，粲與人共行，讀道邊碑，人問曰：「卿能闇誦乎？」曰：「能。」因使背而誦之，不失一字。觀人圍棊，局壞，粲爲覆之。棊者不信，以帊蓋局，使更以他局爲之。用相比校，不誤一道。其彊記默識如此。性善算，作算術，略盡其理。善屬文，舉筆便成，無所改定，時人常以爲宿構；然正復精意覃思，亦不能加也。〔一〕著詩、賦、論、議垂六十篇。建安二十一年，從征吳。二十二年春，道病卒，時年四十一。粲二子，爲魏諷所引，誅。後絕。〔二〕

〔一〕典略曰：粲才既高，辯論應機。鍾繇、王朗等雖各爲魏卿相，至於朝廷奏議，皆閣筆不能措手。

〔二〕文章志曰：太祖時征漢中，聞粲子死，歎曰：「孤若在，不使仲宣無後。」

始文帝爲五官將，及平原侯植皆好文學。粲與北海徐幹字偉長、廣陵陳琳字孔璋、陳留阮瑀字元瑜、汝南應瑒字德璉、瑒，音徒哽反，一音暢。東平劉楨字公幹並見友善。

幹爲司空軍謀祭酒掾屬，五官將文學。〔一〕

〔一〕先賢行狀曰：幹清玄體道，六行脩備，聰識洽聞，操翰成章，輕官忽祿，不耽世榮。建安中，太祖特加旌命，以疾休息。後除上艾長，又以疾不行。

琳前爲何進主簿。進欲誅諸宦官，太后不聽，進乃召四方猛將，並使引兵向京城，欲以劫恐太后。琳諫進曰：「易稱『即鹿無虞』。諺有『掩目捕雀』。夫微物尚不可欺以得志，況國之大事，其可以詐立乎？今將軍總皇威，握兵要，龍驤虎步，高下在心；以此行事，無異於鼓洪爐以燎毛髮。但當速發雷霆，行權立斷，違經合道，天人順之；而反釋其利器，更徵於他。大兵合聚，彊者爲雄，所謂倒持干戈，授人以柄；功必不成，祇爲亂階。」進不納其言，竟以取禍。琳避難冀州，袁紹使典文章。袁氏敗，琳歸太祖。太祖謂曰：「卿昔爲本初移書，但可罪狀孤而已，惡惡止其身，何乃上及父祖邪？」琳謝罪，太祖愛其才而不咎。

瑀少受學於蔡邕。建安中都護曹洪欲使掌書記，瑀終不爲屈。太祖並以琳、瑀爲司空軍謀祭酒，管記室，〔一〕軍國書檄，多琳、瑀所作也。〔二〕琳徙門下督，瑀爲倉曹掾屬。

〔一〕文士傳曰：太祖雅聞瑀名，辟之，不應，連見偪促，乃逃入山中。太祖使人焚山，得瑀，送至，召入。太祖時征長安，大延賓客，怒瑀不與語，使就技人列。瑀善解音，能鼓琴，遂撫弦而歌，因造歌曲曰：「奕奕天門開，大魏應期運。青蓋巡九州，在東西人怨。士爲知己死，女爲悅者玩。恩義苟敷暢，他人焉能亂？」爲曲既捷，音聲殊妙，當時冠坐，太祖大悅。

臣松之案魚氏典略、摯虞文章志並云瑀建安初辭疾避役，不爲曹洪屈。得太祖召，即投杖而起。不得有逃入山中，焚之乃出之事也。

又典略載太祖初征荊州，使瑀作書與劉備，及征馬超，又使瑀作書與韓遂，此二書今具存。至長安之前，遂等破走，太祖始以十六年得入關耳。而張騭云初得瑀時太祖在長安，此又乖戾。瑀以十七年卒，太祖十八年策爲魏公，而云瑀歌舞辭稱「大魏應期運」，愈知其妄。又其辭云「他人焉能亂」，了不成語。瑀之吐屬，必不如此。

〔二〕典略曰：琳作諸書及檄，草成呈太祖。太祖先苦頭風，是日疾發，臥讀琳所作，翕然而起曰：「此愈我病。」數加厚賜。太祖嘗使瑀作書與韓遂，時太祖適近出，瑀隨從，因於馬上具草，書成呈之。太祖擥筆欲有所定，而竟不能增損。

瑒、楨各被太祖辟，爲丞相掾屬。瑒轉爲平原侯庶子，後爲五官將文學。〔一〕楨以不敬被刑，刑竟署吏。〔二〕咸著文賦數十篇。

〔一〕華嶠漢書曰：瑒祖奉，字世叔。才敏善諷誦，故世稱「應世叔讀書，五行俱下」。著後序十餘篇，爲世儒者。延熹中，至司隸校尉。子劭字仲遠，亦博學多識，尤好事。諸所撰述風俗通等，凡百餘篇，辭雖不典，世服其博聞。續漢書曰：劭又著中漢輯敍、漢官儀及禮儀故事，凡十一種，百三十六卷。朝廷制度，百官儀式，所以不亡者，由劭記之。官至泰山太守。劭弟珣，字季瑜，司空掾，即瑒之父。

〔二〕文士傳曰：楨父名梁，字曼山，一名恭。少有清才，以文學見貴，終於野王令。典略曰：文帝嘗賜楨廓落帶，其後師死，欲借取以爲像，因書嘲楨云：「夫物因人爲貴。故在賤者之手，不御至尊之側。今雖取之，勿嫌其不反也。」楨答曰：「楨聞荊山之璞，曜元后之寶；隨侯之珠，燭衆士之好；南垠之金，登窈窕之首；鼲貂之尾，綴侍臣之幘：此四寶者，伏朽石之下，潛汙泥之中，而揚光千載之上，發彩疇昔之外，亦皆未能初自接於至尊也。夫尊者所服，卑者所脩也；貴者所御，賤者所先也。故夏屋初成而大匠先立其下，嘉禾始熟而農夫先嘗其粒。恨楨所帶，無他妙飾，若實殊異，尚可納也。」楨辭旨巧妙皆如是，由是特爲諸公子所親愛。其後太子嘗請諸文學，酒酣坐歡，命夫人甄氏出拜。坐中衆人咸伏，而楨獨平視。太祖聞之，乃收楨，減死輸作。

瑀以十七年卒。幹、琳、瑒、楨二十二年卒。文帝書與元城令吳質曰：「昔年疾疫，親故多離其災，徐、陳、應、劉，一時俱逝。觀古今文人，類不護細行，鮮能以名節自立。而偉長獨懷文抱質，恬淡寡欲，有箕山之志，可謂彬彬君子矣。著中論二十餘篇，辭義典雅，足傳于後。德璉常斐然有述作意，其才學足以著書，美志不遂，良可痛惜！孔璋章表殊健，微爲繁富。公幹有逸氣，但未遒耳。元瑜書記翩翩，致足樂也。仲宣獨自善於辭賦，惜其體弱，不起其文；至於所善，古人無以遠過也。昔伯牙絕絃於鍾期，仲尼覆醢于子路，痛知音之難遇，傷門人之莫逮也。諸子但爲未及古人，自一時之儁也。」〔一〕

〔一〕典論曰：今之文人，魯國孔融、廣陵陳琳、山陽王粲、北海徐幹、陳留阮瑀、汝南應瑒、東平劉楨，斯七子者，於學無所遺，於辭無所假，咸自以騁騏驥於千里，仰齊足而並馳。粲長於辭賦。幹時有逸氣，然非粲匹也。如粲之初征、登樓、槐賦、征思，幹之玄猨、漏巵、圓扇、橘賦，雖張、蔡不過也，然於他文未能稱是。琳、瑀之章表書記，今之儁也。應瑒和而不壯；劉楨壯而不密。孔融體氣高妙，有過人者，然不能持論，理不勝辭，至于雜以嘲戲；及其所善，揚、班之儔也。

自潁川邯鄲淳、〔一〕繁欽、繁，音婆。〔二〕陳留路粹、〔三〕沛國丁儀、丁廙、弘農楊脩、河內荀緯等，亦有文采，而不在此七人之例。〔四〕

也。」或以白太祖。太祖從之，始遣謁者僕射監鹽官，司隸校尉治弘農。關中服從，乃白召覬還，稍遷尚書。〔一〕魏國既建，拜侍中，與王粲並典制度。文帝即王位，徙爲尚書。頃之，還漢朝爲侍郎，勸贊禪代之義，爲文誥之詔。文帝踐阼，復爲尚書，封陽吉亭侯。

〔一〕魏書曰：初，漢朝遷移，臺閣舊事散亂。自都許之後，漸有綱紀，覬以古義多所正定。是時關西諸將，外雖懷附，內未可信。司隸校尉鍾繇求以三千兵入關，外託討張魯，內以脅取質任。太祖使荀彧問覬，覬以爲「西方諸將，皆豎夫屈起，無雄天下意，苟安樂目前而已。今國家厚加爵號，得其所志，非有大故，不憂爲變也。宜爲後圖。若以兵入關中，當討張魯，魯在深山，道徑不通，彼必疑之；一相驚動，地險衆彊，殆難爲慮！」或以覬議呈太祖。太祖初善之，而以繇自典其任，遂從繇議。兵始進而關右大叛，太祖自親征，僅乃平之，死者萬計。太祖悔不從覬議，由是益重覬。

明帝即位，進封閺鄉侯，三百戶。閺音閔。覬奏曰：「九章之律，自古所傳，斷定刑罪，其意微妙。百里長吏，皆宜知律。刑法者，國家之所貴重，而私議之所輕賤；獄吏者，百姓之所縣命，而選用者之所卑下。王政之弊，未必不由此也。請置律博士，轉相教授。」事遂施行。時百姓凋匱而役務方殷，覬上疏曰：「夫變情厲性，彊所不能，人臣言之既不易，人主受之又艱難。且人之所樂者富貴顯榮也，所惡者貧賤死亡也，然此四者，君上之所制也，君愛之則富貴顯榮，君惡之則貧賤死亡；順指者愛所由來，逆意者惡所從至也。故人臣皆爭順

指而避逆意，非破家爲國，殺身成君者，誰能犯顏色，觸忌諱，建一言，開一說哉？陛下留意察之，則臣下之情可見矣。今議者多好悅耳，其言政治則比陛下於堯舜，其言征伐則比二虜於貍鼠。臣以爲不然。昔漢文之時，諸侯彊大，賈誼累息以爲至危。況今四海之內，分而爲三，羣士陳力，各爲其主。其來降者，未肯言舍邪就正，咸稱迫於困急，是與六國分治，無以爲異也。當今千里無煙，遺民困苦，陛下不善留意，將遂凋弊不可復振。禮，天子之器必有金玉之飾，飲食之肴必有八珍之味，至於凶荒，則徹膳降服。然則奢儉之節，必視世之豐約也。武皇帝之時，後宮食不過一肉，衣不用錦繡，茵蓐不緣飾，器物無丹漆，用能平定天下，遺福子孫。此皆陛下之所親覽也。當今之務，宜君臣上下，並用籌策，計校府庫，量入爲出。深思句踐滋民之術，由恐不及，而尚方所造金銀之物，漸更增廣，工役不輟，侈靡日崇，帑藏日竭。昔漢武信求神仙之道，謂當得雲表之露以餐玉屑，故立仙掌以承高露。陛下通明，每所非笑。漢武有求於露，而由尚見非，陛下無求於露而空設之，不益於好而糜費功夫，誠皆聖慮所宜裁制也。」覬歷漢、魏，時獻忠言，率如此。

受詔典著作，又爲魏官儀，凡所撰述數十篇。好古文、鳥篆、隸草，無所不善。建安末，尚書右丞河南潘勖，〔一〕黃初時，散騎常侍河內王象，亦與覬並以文章顯。〔二〕覬薨，諡曰敬侯。子瓘嗣。瓘咸熙中爲鎭西將軍。〔三〕

〔一〕文章志曰：勖字元茂，初名芝，改名勖，後避諱。或曰勖獻帝時爲尚書郎，遷右丞。詔以勖前在二千石曹，才敏兼通，明習舊事，敕并領本職，數加特賜。二十年，遷東海相。未發，留拜尚書左丞。其年病卒，時年五十餘。魏公九錫策命，勖所作也。勖子滿，平原太守，亦以學行稱。滿子尼，字正叔。尼別傳曰：尼少有清才，文辭溫雅。初應州辟，後以父老歸供養。居家十餘年，父終，晚乃出仕。尼嘗贈陸機詩，機答之，其四句曰：「猗歟潘生，世篤其藻，仰儀前文，不隆祖考。」位終太常。尼從父岳，字安仁。岳別傳曰：岳美姿容，夙以才穎發名。其所著述，淸綺絕倫。爲黃門侍郎，爲孫秀所殺。尼、岳文翰，並見重於世。尼從子滔，字湯仲。晉諸公贊曰：滔以博學才量爲名。永嘉末，爲河南尹，遇害。

〔二〕王象事別見楊俊傳。

〔三〕晉陽秋曰：瓘字伯玉。清貞有名理，少爲傅嘏所知。弱冠爲尚書郎，遂歷位內外，爲晉尚書令、司空、太保。惠帝初輔政，爲楚王瑋所害。世語曰：瓘與扶風內史燉煌索靖，並善草書。瓘子恆，字巨山，黃門侍郎。恆子玠，字叔寶，有盛名，爲太子洗馬，早卒。

劉廙字恭嗣，南陽安衆人也。年十歲，戲於講堂上，潁川司馬德操拊其頭曰：「孺子，孺子，『黃中通理』，寧自知不？」廙兄望之，有名於世，荊州牧劉表辟爲從事。而其友二人，皆以讒毀，爲表所誅。望之又以正諫不合，投傳告歸。廙謂望之曰：「趙殺鳴、犢，仲尼回

輪。〔一〕今兄既不能法柳下惠和光同塵於內，則宜模范蠡遷化於外。坐而自絕於時，殆不可也！」望之不從，尋復見害。廙懼，奔揚州，〔二〕遂歸太祖。太祖辟爲丞相掾屬，轉五官將文學。文帝器之，命廙通草書。廙答書曰：「初以尊卑有踰，禮之常分也。是以貪守區區之節，不敢脩草。必如嚴命，誠知勞謙之素，不貴殊異若彼之高，而惇白屋如斯之好，苟使郭隗不輕於燕，九九不忽於齊，樂毅自至，霸業以隆。〔三〕虧匹夫之節，成巍巍之美，雖愚不敏，何敢以辭？」魏國初建，爲黃門侍郎。

〔一〕劉向新序曰：趙簡子欲專天下，謂其相曰：「趙有犢犨，晉有鐸鳴，魯有孔丘，吾殺三人者，天下可王也。」於是乃召犢犨、鐸鳴而問政焉，已即殺之。使使者聘孔子於魯，以胖牛肉迎於河上。使者謂船人曰：「孔子即上船，中河必流而殺之。」孔子至，使者致命，進胖牛之肉。孔子仰天而歎曰：「美哉水乎，洋洋乎，使丘不濟此水者，命也夫！」子路趨而進曰：「敢問何謂也？」孔子曰：「夫犢犨、鐸鳴，晉國之賢大夫也，趙簡子未得意之時，須而後從政，及其得意也，殺之。黃龍不反于涸澤，鳳皇不離其尉羅。故刳胎焚林，則麒麟不臻；覆巢破卵，則鳳皇不翔；竭澤而漁，則龜龍不見。鳥獸之於不仁，猶知避之，況丘乎？故虎嘯而谷風起，龍興而景雲見，擊庭鐘於外，而黃鐘應於內。夫物類之相感，精神之相應，若響之應聲，影之象形，故君子違傷其類者。今彼已殺吾類矣，何爲之此乎？」於是遂回車不渡而還。

〔二〕廙別傳載廙道路爲牋謝劉表曰：「考匊過蒙分遇榮授之顯，未有管、狐、桓、文之烈，孤德隕命，精誠不遂。兄望之見禮在昔，既無堂構昭前之績，中規不密，用墜禍辟。斯乃明神弗祐，天降之災。悔吝之負，哀號靡及。廙之愚

淺，言行多違，懼有浸潤三至之聞。考翊之愛已衰，望之之責猶存，必傷天慈既往之分 門戶殪滅，取笑明哲。是用迸竄，永涉川路，即日到廬江尋陽。昔鍾儀有南音之操，椒舉有班荆之思，雖遠猶邇，敢忘前施？」

傅子曰：表既殺望之，荆州士人皆自危也。夫表之本心，於望之不輕也，以直迕情，而讒言得入者，以無容直之度也。據全楚之地，不能以成功者，未必不由此也。夷、叔迕武王以成名，丁公順高祖以受戮，二主之度遠也。若不遠其度，惟褊心是從，難乎以容民畜衆矣。

〔三〕戰國策曰：有以九九求見齊桓公，桓公不納。其人曰：「九九小術，而君納之，況大於九九者乎？」於是桓公設庭燎之禮而見之。居無幾，隰朋自遠而至，齊遂以霸。

太祖在長安，欲親征蜀，廙上疏曰：「聖人不以智輕俗，王者不以人廢言。故能成功於千載者，必以近察遠，智周於獨斷者，不恥於下問，亦欲博采必盡於衆也。且韋弦非能言之物，而聖賢引以自匡。臣才智闇淺，願自比於韋弦。昔樂毅能以弱燕破大齊，而不能以輕兵定即墨者，夫自爲計者雖弱必固，欲自潰者雖彊必敗也。自殿下起軍以來，三十餘年，敵無不破，彊無不服。今以海內之兵，百勝之威，而孫權負險於吳，劉備不賓於蜀。夫夷狄之臣，不當冀州之卒，權、備之籍，不比袁紹之業，然本初以亡，而二寇未捷，非闇弱於今而智武於昔也。斯自爲計者，與欲自潰者異勢耳。故文王伐崇，三駕不下，歸而脩德，然後服之。秦爲諸侯，所征必服，及兼天下，東向稱帝，匹夫大呼而社稷用隳。是力斃於外，而不卹民於內也。臣恐邊寇非六國之敵，而世不乏才，土崩之勢，此不可不察也。天下有重得，

有重失：勢可得而我勤之，此重得也；勢不可得而我勤之，此重失也。於今之計，莫若料四方之險，擇要害之處而守之，選天下之甲卒，隨方面而歲更焉。殿下可高枕於廣夏，潛思於治國；廣農桑，事從節約，脩之旬年，則國富民安矣。」太祖遂進前而報廙曰：「非但君當知臣，臣亦當知君。今欲使吾坐行西伯之德，恐非其人也。」

魏諷反，廙弟偉爲諷所引，當相坐誅。太祖令曰：「叔向不坐弟虎，古之制也。」特原不問，〔一〕徙署丞相倉曹屬。廙上疏謝曰：「臣罪應傾宗，禍應覆族。遭乾坤之靈，值時來之運，揚湯止沸，使不燋爛；起烟於寒灰之上，生華於已枯之木。物不答施於天地，子不謝生於父母，可以死效，難用筆陳。」〔二〕廙著書數十篇，及與丁儀共論刑禮，皆傳於世。文帝即王位，爲侍中，賜爵關內侯。黃初二年卒。〔三〕無子。帝以弟子阜嗣。〔四〕

〔一〕廙別傳曰：初，廙弟偉與諷善，廙戒之曰：「夫交友之美，在於得賢，不可不詳。而世之交者，不審擇人，務合黨衆，違先聖人交友之義，此非厚己輔仁之謂也。吾觀魏諷，不脩德行，而專以鳩合爲務，華而不實，此直攪世沽名者也。卿其慎之，勿復與通。」偉不從，故及於難。

〔二〕廙別傳載廙表論治道曰：「昔者周有亂臣十人，有婦人焉，九人而已，孔子稱『才難，不其然乎』！明賢者難得也。況亂弊之後，百姓凋盡，士之存者蓋亦無幾。股肱大職，及州郡督司，邊方重任，雖備其官，亦未得人也。此非選者之不用意，蓋才匱使之然耳。況於長吏以下，羣職小任，能皆簡練備得其人也？其計莫如督之以法。不爾而數轉易，往來不已，送迎之煩，不可勝計。轉易之間，輒有姦巧，既於其事不省，而爲政者亦以其不得久安之故，知

惠益不得成於己，而苟且之可免於患，皆將不念盡心於卹民，而夢想於聲譽，此非所以爲政之本意也。今之所以爲黜陟者，近頗以州郡之毀譽，聽往來之浮言耳。亦皆得其事實而課其能否也？長吏之所以爲佳者，奉法也，憂公也，卹民也。此三事者，或州郡有所不便，往來者有所不安。而長吏執之不已，於治雖得計，其聲譽未爲美；屈而從人，於治雖失計，其聲譽必集也。長吏皆知黜陟之在於此也，亦何能不去本而就末哉？以爲長吏皆宜使小久，足使自展。歲課之能，三年總計，乃加黜陟。課之皆當以事，不得依名。事者，皆以戶口率其墾田之多少，及盜賊發興，民之亡叛者，爲得負之計。如此行之，則無能之吏，脩名無益；有能之人，無名無損。法之一行，雖無部司之監，姦譽妄毀，可得而盡。」事上，太祖甚善之。

〔三〕廙別傳云：時年四十二。

〔四〕案劉氏譜：阜字伯陵，陳留太守。阜子喬，字仲彥。晉陽秋曰：喬有贊世志力。惠帝末，爲豫州刺史。喬胄胤丕顯，貴盛至今。

劉劭字孔才，廣平邯鄲人也。建安中，爲計吏，詣許。太史上言：「正旦當日蝕。」劭時在尚書令荀彧所，坐者數十人，或云當廢朝，或云宜卻會。劭曰：「梓愼、裨竈，古之良史，猶占水火，錯失天時。禮記曰諸侯旅見天子，及門不得終禮者四，日蝕在一。然則聖人垂制，不爲變（異）豫廢朝禮者，或災消異伏，或推術謬誤也。」彧善其言。敕朝會如舊，日亦不蝕。〔一〕

〔一〕晉永和中，廷尉王彪之與揚州刺史殷浩書曰：「太史上元日合朔，談者或有疑，應卻會與不？昔建元元年，亦元日合朔，庾車騎寫劉孔才所論以示八座。于時朝議有謂孔才所論爲不得禮議，荀令從之，是勝人之一失也。何者？禮云，諸侯旅見天子，入門不得終禮而廢者四：太廟火，日蝕，后之喪，雨霑服失容。尋此四事之指，自謂諸侯雖已入門而卒暴有之，則不得終禮。非爲先存其事，而徼倖史官推術錯謬，故不豫廢朝禮也。夫三辰有災，莫大日蝕，史官告譴，而無懼容，不脩豫防之禮，而廢消救之術，方大饗華夷，君臣相慶，豈是將處天災罪己之謂？且檢之事實，合朔之儀，至尊靜躬殿堂，不聽政事，冕服御坐門闥之制，與元會禮異。自不得兼行，則當權其事宜。合朔之禮，不輕於元會。元會有可卻之準，合朔無可廢之義。謂應依建元故事，卻元會。」浩從之，竟卻會。

御史大夫郗慮辟劭，會慮免，拜太子舍人，遷祕書郎。黃初中，爲尚書郎、散騎侍郎。受詔集五經羣書，以類相從，作皇覽。明帝即位，出爲陳留太守，敦崇教化，百姓稱之。徵拜騎都尉，與議郎庾嶷、荀詵等定科令，作新律十八篇，著律略論。遷散騎常侍。時聞公孫淵受孫權燕王之號，議者欲留淵計吏，遣兵討之。劭以爲「昔袁尚兄弟歸淵父康，康斬送其首，是淵先世之效忠也。又所聞虛實，未可審知。古者要荒未服，脩德而不征，重勞民也。宜加寬貸，使有以自新。」後淵果斬送權使張彌等首。劭嘗作趙都賦，明帝美之，詔劭作許都、洛都賦。時外興軍旅，內營宮室，劭作二賦，皆諷諫焉。

青龍中，吳圍合肥，時東方吏士皆分休，征東將軍滿寵表請中軍兵，并召休將士，須集

擊之。劭議以爲「賊衆新至，心專氣鋭。寵以少人自戰其地，若便進擊，不必能制。寵求待兵，未有所失也。以爲可先遣步兵五千，精騎三千，軍前發，揚聲進道，震曜形勢。騎到合肥，疏其行隊，多其旌鼓，曜兵城下，引出賊後，擬其歸路，要其糧道。賊聞大軍來，騎斷其後，必震怖遁走，不戰自破賊矣。」帝從之。兵比至合肥，賊果退還。

時詔書博求衆賢。散騎侍郎夏侯惠薦劭曰：「伏見常侍劉劭，深忠篤思，體周於數，凡所錯綜，源流弘遠，是以羣才大小，咸取所同而斟酌焉。故性實之士服其平和良正，清靜之人慕其玄虛退讓，文學之士嘉其推步詳密，法理之士明其分數精比，意思之士知其沈深篤固，文章之士愛其著論屬辭，制度之士貴其化略較要，策謀之士贊其明思通微，凡此諸論，皆取適己所長而舉其支流者也。臣數聽其清談，覽其篤論，漸漬歷年，服膺彌久，實爲朝廷奇其器量。以爲若此人者，宜輔翼機事，納謀幃幄，當與國道俱隆，非世俗所常有也。惟陛下垂優游之聽，使劭承清閑之歡，得自盡於前，則德音上通，煇燿日新矣。」〔一〕

〔一〕臣松之以爲凡相稱薦，率多溢美之辭，能不違中者或寡矣。惠之稱劭云「玄虛退讓」及「明思通微」，近於過也。

景初中，受詔作都官考課。劭上疏曰：「百官考課，王政之大較，然而歷代弗務，是以治典闕而未補，能否混而相蒙。陛下以上聖之宏略，愍王綱之弛頹，神慮內鑒，明詔外發。臣奉恩曠然，得以啓矇，輒作都官考課七十二條，又作說略一篇。臣學寡識淺，誠不足以宣暢

聖旨，著定典制。」又以爲宜制禮作樂，以移風俗，著樂論十四篇，事成未上。會明帝崩，不施行。正始中，執經講學，賜爵關內侯。凡所撰述，法論、人物志之類百餘篇。卒，追贈光祿勳。子琳嗣。

劭同時東海繆襲亦有才學，多所述敍，官至尚書、光祿勳。〔一〕

〔一〕先賢行狀曰：繆斐字文雅。該覽經傳，事親色養。徵博士，六辟公府。漢帝在長安，公卿博舉名儒，時舉斐任侍中，並無所就。即襲父也。

文章志曰：襲字熙伯。辟御史大夫府，歷事魏四世。正始六年，年六十卒。子悅字孔懌，晉光祿大夫。襲孫紹、播、徵、胤等，並皆顯達。

襲友人山陽仲長統，漢末爲尚書郎，早卒。著昌言，詞佳可觀省。〔一〕

〔一〕襲撰統昌言表，稱統字公理，少好學，博涉書記，贍於文辭。年二十餘，游學青、徐、并、冀之間，與交者多異之。并州刺史高幹素貴有名，招致四方游士，多歸焉。統過幹，幹善待遇之，訪以世事。統謂幹曰：「君有雄志而無雄才，好士而不能擇人，所以爲君深戒也。」幹雅自多，不納統言。統去之，無幾而幹敗。并、冀之士，以是識統。大司農常林與統共在上黨，爲臣道統性倜儻，敢直言，不矜小節，每列郡命召，輒稱疾不就。默語無常，時人或謂之狂。漢帝在許，尚書令荀彧領典樞機，好士愛奇，聞統名，啓召以爲尚書郎。後參太祖軍事，復還爲郎。延康元年卒，時年四十餘。統每論說古今世俗行事，發憤歎息，輒以爲論，名曰昌言，凡二十四篇。

散騎常侍陳留蘇林、〔二〕光祿大夫京兆韋誕、〔三〕樂安太守譙國夏侯惠、〔三〕陳郡太守任城孫該、〔四〕郎中令河東杜摯等亦著文賦，頗傳於世。〔五〕

〔一〕魏略曰：林字孝友，博學，多通古今字指，凡諸書傳文間危疑，林皆釋之。建安中，爲五官將文學，甚見禮待。黃初中，爲博士給事中。文帝作典論所稱蘇林者是也。以老歸第，國家每遣人就問之，數加賜遺。年八十餘卒。

〔二〕文章敍錄曰：誕字仲將，太僕端之子。有文才，善屬辭章。建安中，爲郡上計吏，特拜郎中，稍遷侍中中書監，以光祿大夫遜位，年七十五卒於家。初，邯鄲淳、衞覬及誕並善書，有名。覬孫恆撰四體書勢，其序古文曰：「自秦用篆書，焚燒先典，而古文絕矣。漢武帝時，魯恭王壞孔子宅，得尚書、春秋、論語、孝經，時人已不復知有古文，謂之科斗書，漢世祕藏，希得見之。魏初傳古文者，出於邯鄲淳。敬侯寫淳尚書，後以示淳，而淳不別。至正始中，立三字石經，轉失淳法。因科斗之名，遂效其法。太康元年，汲縣民盜發魏襄王冢，得策書十餘萬言。案敬侯所書，猶有髣髴。」敬侯謂覬也。其序篆書曰：「秦時李斯號爲工篆，諸山及銅人銘皆斯書也。漢建初中，扶風曹喜少異於斯而亦稱善。邯鄲淳師焉，略究其妙。韋誕師淳而不及也。太和中，誕爲武都太守，以能書留補侍中，魏氏寶器銘題皆誕書云。漢末又有蔡邕采斯、喜之法，爲古今雜形，然精密簡理不如淳也。」其序隸書，已略見武紀。又曰：「師宜官爲大字，邯鄲淳爲小字。梁鵠謂淳得次仲法，然鵠之用筆盡其勢矣。」其序草書曰：「漢興而有草書，不知作者姓名。至章帝時，齊相杜度號善作篇，後有崔瑗、崔寔亦皆稱工。杜氏結字甚安而書體微瘦，崔氏甚得筆勢而結字小疏。弘農張伯英者因而轉精其巧。凡家之衣帛，必書而後練之，臨池學書，池水盡黑。下筆必爲楷則，號『悤悤不暇草』，寸紙不見遺，至今世人尤寶之，韋仲將謂之草聖。伯英弟文舒者，次伯英。又有姜孟穎、梁孔達、田彥和及韋仲將之徒，皆伯英弟子，有名於世，然殊不及文舒也。」

〔三〕惠，淵子。事在淵傳。

〔四〕文章敍錄曰：該字公達。彊志好學。年二十，上計掾，召爲郎中。著魏書。遷博士司徒右長史，復還入著作。景元二年卒官。

〔五〕文章敍錄曰：摯字德魯。初上笳賦，署司徒軍謀吏。後舉孝廉，除郎中，轉補校書。摯與毌丘儉鄉里相親，故爲詩與儉，求仙人藥一丸，欲以感切儉求助也。其詩曰：「騏驥馬不試，婆娑槽櫪間。壯士志未伸，坎軻多辛酸。伊摯爲媵臣，呂望身操竿；夷吾困商販，甯戚對牛歎；食其處監門，淮陰飢不餐；買臣老負薪，妻畔呼不還，釋之宦十年，位不增故官。才非八子倫，而與齊其患。無知不在此，袁盎未有言。被此篤病久，榮衞動不安，聞有韓衆藥，信來給一丸。」儉答曰：「鳳鳥翔京邑，哀鳴有所思。才爲聖世出，德音何不怡！八子未遭遇，今者遭明時。胡康出壟畝，楊偉無根基，飛騰沖雲天，奮迅協光熙。駿驥骨法異，伯樂觀知之，但當養羽翮，鴻舉必有期。體無纖微疾，安用問良醫？聯翩輕栖集，還爲燕雀嗤。韓衆藥雖良，或更不能治。悠悠千里情，薄言答嘉詩。信心感諸中，中實不在辭。」摯竟不得遷，卒於祕書。

廬江何氏家傳曰：明帝時，有譙人胡康，年十五，以異才見送，又陳損益，求試劇縣。詔特引見。衆論翕然，號爲神童。詔付祕書，使博覽典籍。帝以問祕書丞何禎：「康才何如？」禎答曰：「康雖有才，性質不端，必有負敗。」後果以過見譴。

臣松之案：魏朝自微而顯者，不聞胡康；疑是孟康。康事見杜恕傳。楊偉見曹爽傳。

傅嘏字蘭石，北地泥陽人，傅介子之後也。伯父巽，黃初中爲侍中尚書。〔一〕嘏弱冠知名，〔二〕司空陳羣辟爲掾。時散騎常侍劉劭作考課法，事下三府。嘏難劭論曰：「蓋聞帝制

宏深，聖道奧遠，苟非其才，則道不虛行，神而明之，存乎其人。暨乎王略虧頹而曠載罔綴，微言既沒，六籍泯玷。何則？道弘致遠而衆才莫晞也。案劭考課論，雖欲尋前代黜陟之文，然其制度略以闕亡。禮之存者，惟有周典，外建侯伯，藩屏九服，內立列司，筦齊六職，土有恆貢，官有定則，百揆均任，四民殊業，故考績可理而黜陟易通也。大魏繼百王之末，承秦、漢之烈，制度之流，靡所脩采。自建安以來，至于青龍，神武撥亂，肇基皇祚，掃除凶逆，芟夷遺寇，旌旗卷舒，日不暇給。及經邦治戎，權法並用，百官羣司，軍國通任，隨時之宜，以應政機。以古施今，事雜義殊，難得而通也。所以然者，制宜經遠，或不切近，法應時務，不足垂後。夫建官均職，清理民物，所以立本也；循名考實，糾勵成規，所以治末也。本綱末舉而造制未呈，國略不崇而考課是先，懼不足以料賢愚之分，精幽明之理也。昔先王之擇才，必本行於州閭，講道於庠序，行具而謂之賢，道脩則謂之能。鄉老獻賢能于王，王拜受之，舉其賢者，出使長之，科其能者，入使治之，此先王收才之義也。方今九州之民，爰及京城，未有六鄉之舉，其選才之職，專任吏部。案品狀則實才未必當，任薄伐則德行未爲敍，如此則殿最之課，未盡人才。述綜王度，敷贊國式，體深義廣，難得而詳也。」

〔一〕傅子曰：嘏祖父睿，代郡太守。父充，黃門侍郎。

〔二〕傅子曰：是時何晏以材辯顯於貴戚之間，鄧颺好變通，合徒黨，鬻聲名於閭閻，而夏侯玄以貴臣子少有重名，爲之

宗主，求交於嘏而不納也。嘏友人荀粲，有清識遠心，然猶怪之。謂嘏曰：「夏侯泰初一時之傑，虛心交子，合則好成，不合則怨至。二賢不睦，非國之利，此藺相如所以下廉頗也。」嘏答之曰：「泰初志大其量，能合虛聲而無實才。何平叔言遠而情近，好辯而無誠，所謂利口覆邦國之人也。鄧玄茂有爲而無終，外要名利，內無關鑰，貴同惡異，多言而妒前；多言多釁，妒前無親。以吾觀此三人者，皆敗德也。遠之猶恐禍及，況昵之乎？」

正始初，除尚書郎，遷黃門侍郎。時曹爽秉政，何晏爲吏部尚書，嘏謂爽弟羲曰：「何平叔外靜而內銛巧，好利，不念務本。吾恐必先惑子兄弟，仁人將遠，而朝政廢矣。」晏等遂與嘏不平，因微事以免嘏官。起家拜滎陽太守，不行。太傅司馬宣王請爲從事中郎。曹爽誅，爲河南尹，〔一〕遷尚書。嘏常以爲「秦始罷侯置守，設官分職，不與古同。漢、魏因循，以至于今。然儒生學士，咸欲錯綜以三代之禮，禮弘致遠，不應時務，事與制違，名實未附，故歷代而不至於治者，蓋由是也。欲大改定官制，依古正本，今遇帝室多難，未能革易」。

〔一〕傅子曰：河南尹內掌帝都，外統京畿，兼古六鄉六遂之士。其民異方雜居，多豪門大族，商賈胡貊，天下四(方)會，利之所聚，而姦之所生。前尹司馬芝，舉其綱而太簡，次尹劉靜，綜其目而太密，後尹李勝，毀常法以收一時之聲。嘏立司馬氏之綱統，裁劉氏之綱目以經緯之，李氏所毀以漸補之。郡有七百吏，半非舊也。河南俗黨五官掾功曹典選職，皆授其本國人，無用異邦人者，嘏各舉其良而對用之，官曹分職，而後以次考核之。其治以德教爲本，然持法有恆，簡而不可犯，見理識情，獄訟不加檟楚而得其實。不爲小惠，有所薦達及大有益於民事，皆隱其端迹，若不由己出。故當時無赫赫之名，吏民久而後安之。

時論者議欲自伐吳，三征獻策各不同。詔以訪嘏，嘏對曰：「昔夫差陵齊勝晉，威行中國，終禍姑蘇；齊閔兼土拓境，闢地千里，身蹈顛覆。有始不必善終，古之明效也。孫權自破關羽并荊州之後，志盈欲滿，凶宄以極，是以宣文侯深建宏圖大舉之策。今權以死，託孤於諸葛恪。若矯權苛暴，蠲其虐政，民免酷烈，偷安新惠，外內齊慮，有同舟之懼，雖不能終自保完，猶足以延期挺命於深江之外矣。而議者或欲汎舟徑濟，橫行江表；或欲四道並進，攻其城壘；或欲大佃疆場，觀釁而動：誠皆取賊之常計也。然自治兵以來，出入三載，非掩襲之軍也。賊之爲寇，幾六十年矣，君臣僞立，吉凶共患，又喪其元帥，上下憂危，設令列船津要，堅城據險，橫行之計，其殆難捷。惟進軍大佃，最差完牢。(隱)兵出民表，寇鈔不犯；坐食積穀，不煩運士；乘釁討襲，無遠勞費：此軍之急務也。昔樊噲願以十萬之衆，橫行匈奴，季布面折其短。今欲越長江，涉虜庭，亦向時之喻也。未若明法練士，錯計於全勝之地，振長策以禦敵之餘燼，斯必然之數也。」〔一〕後吳大將諸葛恪新破東關，乘勝揚聲欲向青、徐，朝廷將爲之備。嘏議以爲「淮海非賊輕行之路，又昔孫權遣兵入海，漂浪沉溺，略無孑遺，恪豈敢傾根竭本，寄命洪流，以徼乾沒乎？〔二〕恪不過遣偏率小將素習水軍者，乘海泝淮，示動青、徐，恪自并兵來向淮南耳」。後恪果圖新城，不克而歸。

〔一〕司馬彪戰略載嘏此對，詳於本傳，今悉載之以盡其意。彪曰：嘉平四年四月，孫權死。征南大將軍王昶、征東將

軍胡遵、鎭南將軍毌丘儉等表請征吳。朝廷以三征計異，詔訪尚書傅嘏，嘏對曰：「昔夫差勝齊陵晉，威行中國，不能以免姑蘇之禍；齊閔辟土兼國，開地千里，不足以救顛覆之敗：有始不必善終，古事之明效也。孫權自破蜀兼平荊州之後，志盈欲滿，罪戮忠良，誅及胤嗣，元凶已極。相國宣文侯先識取亂侮亡之義，深建宏圖大舉之策。今權已死，託孤於諸葛恪。若矯權苛暴，蠲其虐政，民免酷烈，偷安新惠，外內齊慮，有同舟之懼，雖不能終自保完，猶足以延期挺命於深江之表矣。昶等或欲汎舟徑渡，橫行江表，收民略地，因糧於寇；或欲四道並進，臨之以武，誘間攜貳，待其崩壞；或欲進軍大佃，偪其項領，積穀觀釁，相時而動：凡此三者，皆取賊之常計也。然施之當機，則功成名立，苟不應節，必貽後患。自治兵已來，出入三載，非掩襲之軍也。賊喪元帥，利存退守，若撰飾舟楫，羅船津要，堅城清野，以防卒攻，橫行之計，殆難必施。賊之爲寇，幾六十年，君臣僞立，吉凶同患，若恪蠲其弊，天去其疾，崩潰之應，不可卒待。今邊壤之守，與賊相遠，賊設羅落，又持重密，間諜不行，耳目無聞。夫軍無耳目，校察未詳，而舉大衆以臨巨險，此爲希幸徼功，先戰而後求勝，非全軍之長策也。唯有進軍大佃，最差完牢。可詔昶、遵等擇地居險，審所錯置，及令三方一時前守。奪其肥壤，使還耕塉土，一也；兵出民表，寇鈔不犯，二也；招懷近路，降附日至，三也；羅落遠設，間構不來，四也；賊退其守，羅落必淺，佃作易之，五也；坐食積穀，士不運輸，六也；釁隙時聞，討襲速決，七也：凡此七者，軍事之急務也。不據則賊擅便資，據之則利歸於國，不可不察也。夫屯壘相偪，形勢已交，智勇得陳，巧拙得用，策之而知得失之計，角之而知有餘不足，虜之情僞，將焉所逃？夫以小敵大，則役煩力竭，以貧敵富，則斂重財匱。故『敵逸能勞之，飽能飢之』，此之謂也。然後盛衆厲兵以震之，參惠倍賞以招之，多方廣似以疑之。由不虞之道，以間其不戒；比及三年，左提右挈，虜必冰散瓦解，安受其弊，可坐算而得也。昔漢氏歷世常患匈奴，朝臣謀士早朝晏罷，介冑之將則陳征伐，搢紳之徒咸

言和親，勇奮之士思展搏噬。故樊噲願以十萬之衆橫行匈奴，季布面折其短。李信求以二十萬獨舉楚人，而果辱秦軍。今諸將有陳越江陵險，獨步虜庭，卽亦向時之類也。以陛下聖德，輔相忠賢，法明士練，錯計於全勝之地，振長策以禦之，虜之崩潰，必然之數。故兵法曰：『屈人之兵，而非戰也；拔人之城，而非攻也。』若釋廟勝必然之理，而行萬一不必全之路，誠愚臣之所慮也。故謂大佃而偪之計最長。」時不從嘏言。其年十一月，詔昶等征吳。五年正月，諸葛恪拒戰，大破衆軍於東關。

〔三〕漢書張湯傳曰：湯始爲小吏，乾沒，與長安富賈田甲、魚翁叔之屬交私。服虔說曰：「乾沒，射成敗也。」如淳曰：「得利爲乾，失利爲沒。」

臣松之以虔直以乾沒爲射成敗，而不說乾沒之義，於理猶爲未暢。淳以得利爲乾，又不可了。愚謂乾讀宜爲乾燥之乾。蓋謂有所徼射，不計乾燥之與沈沒而爲之。

嘏常論才性同異，鍾會集而論之。〔一〕嘉平末，賜爵關內侯。高貴鄉公卽尊位，進封武鄉亭侯。正元二年春，毌丘儉、文欽作亂。或以司馬景王不宜自行，可遣太尉孚往，惟嘏及王肅勸之。景王遂行。〔二〕以嘏守尚書僕射，俱東。儉、欽破敗，嘏有謀焉。及景王薨，嘏與司馬文王徑還洛陽，文王遂以輔政。語在鍾會傳。〔三〕會由是有自矜色，嘏戒之曰：「子志大其量，而勳業難爲也，可不愼哉！」嘏以功進封陽鄉侯，增邑六百戶，幷前千二百戶。是歲薨，時年四十七，追贈太常，謚曰元侯。〔四〕子祗嗣。咸熙中開建五等，以嘏著勳前朝，改封祗涇原子。〔五〕

〔一〕傅子曰：嘏旣達治好正，而有清理識要，好論才性，原本精微，尠能及之。司隸校尉鍾會年甚少，嘏以明智交會。

臣松之案：傅子前云嘏了夏侯之必敗，不與之交，而此云與鍾會善。愚以爲夏侯玄以名重致患，釁由外至；鍾會以利動取敗，禍自己出。然則夏侯之危兆難覩，而鍾氏之敗形易照也。嘏若了夏侯之必危，而不見鍾會之將敗，則爲識有所蔽，難以言通；若皆知其不終，而情有彼此，是爲厚薄由于愛憎，奚豫於成敗哉？以愛憎爲厚薄，又虧於雅體矣。傅子此論，非所以益嘏也。

〔二〕漢晉春秋曰：嘏固勸景王行，景王未從。嘏重言曰：「淮、楚兵勁，而儉等負力遠鬬，其鋒未易當也。若諸將戰有利鈍，大勢一失，則公事敗矣。」是時景王新割目瘤，創甚，聞嘏言，蹶然而起曰：「我請輿疾而東。」

〔三〕世語曰：景王疾甚，以朝政授傅嘏，嘏不敢受。及薨，嘏祕不發喪，以景王命召文王於許昌，領公軍焉。

孫盛評曰：晉宣、景、文王之相魏也，權重相承，王業基矣。豈蕞爾傅嘏所宜間廁？世語所云，斯不然矣。

〔四〕傅子曰：初，李豐與嘏同州，少有顯名，早歷大官，內外稱之，嘏又不善也。謂同志曰：「豐飾僞而多疑，矜小失而昧於權利，若處庸庸者可也，自任機事，遭明者必死。」豐後爲中書令，與夏侯玄俱禍，卒如嘏言。嘏自少與冀州刺史裴徽、散騎常侍荀顗善，徽、顗早亡。又與鎭北將軍何曾、司空陳泰、尚書僕射荀顗、後將軍鍾毓並善，相與綜朝事，俱爲名臣。

〔五〕晉諸公贊曰：祗字子莊，嘏少子也。晉永嘉中至司空。祗子宣，字世弘。

世語稱宣以公正知名，位至御史中丞。宣弟暢，字世道，祕書丞，沒在胡中。著晉諸公贊及晉公卿禮秩故事。

評曰：昔文帝、陳王以公子之尊，博好文采，同聲相應，才士並出，惟粲等六人最見名目。而粲特處常伯之官，興一代之制，然其沖虛德宇，未若徐幹之粹也。衞覬亦以多識典故，相時王之式。劉劭該覽學籍，文質周洽。劉廙以淸鑒著，傅嘏用才達顯云。〔一〕

〔一〕臣松之以爲傅嘏識量名輩，寔當時高流。而此評但云「用才達顯」，旣於題目爲拙，又不足以見嘏之美也。

三國志卷二十二

魏書二十二

桓二陳徐衞盧傳第二十二

桓階字伯緒，長沙臨湘人也。〔一〕仕郡功曹。太守孫堅舉階孝廉，除尚書郎。父喪還鄉里。會堅擊劉表戰死，階冒難詣表乞堅喪，表義而與之。後太祖與袁紹相拒於官渡，表舉州以應紹。階說其太守張羨曰：「夫舉事而不本於義，未有不敗者也。故齊桓率諸侯以尊周，晉文逐叔帶以納王。今袁氏反此，而劉牧應之，取禍之道也。明府必欲立功明義，全福遠禍，不宜與之同也。」羨曰：「然則何向而可？」階曰：「曹公雖弱，仗義而起，救朝廷之危，奉王命而討有罪，孰敢不服？今若舉四郡保三江以待其來，而爲之內應，不亦可乎！」羨曰：「善。」乃舉長沙及旁三郡以拒表，遣使詣太祖。太祖大悅。會紹與太祖連戰，軍未得南。而表急攻羨，羨病死。城陷，階遂自匿。久之，劉表辟爲從事祭酒，欲妻以妻妹蔡氏。階自陳已結婚，拒而不受，因辭疾告退。

〔一〕魏書曰：階祖父超，父勝，皆歷典州郡。勝爲尚書，著名南方。

太祖定荊州，聞其爲張羨謀也，異之，辟爲丞相掾主簿，遷趙郡太守。魏國初建，爲虎賁中郎將侍中。時太子未定，而臨菑侯植有寵。階數陳文帝德優齒長，宜爲儲副，公規密諫，前後懇至。〔一〕又毛玠、徐奕以剛蹇少黨，而爲西曹掾丁儀所不善，儀屢言其短，賴階左右以自全保。其將順匡救，多此類也。遷尚書，典選舉。曹仁爲關羽所圍，太祖遣徐晃救之，不解。太祖欲自南征，以問羣下。羣下皆謂：「王不亟行，今敗矣。」階獨曰：「大王以仁等爲足以料事勢不也？」曰：「能。」「大王恐二人遺力邪？」曰：「不。」「然則何爲自往？」曰：「吾恐虜衆多，而晃等勢不便耳。」階曰：「今仁等處重圍之中而守死無貳者，誠以大王遠爲之勢也。夫居萬死之地，必有死爭之心；內懷死爭，外有彊救，大王案六軍以示餘力，何憂於敗而欲自往？」太祖善其言，駐軍於摩陂。賊遂退。

〔一〕魏書稱階諫曰：「今太子仁冠羣子，名昭海內，仁聖達節，天下莫不聞；而大王甫以植而問臣，臣誠惑之。」於是太祖知階篤於守正，深益重焉。

文帝踐阼，遷尚書令，封高鄉亭侯，加侍中。階疾病，帝自臨省，謂曰：「吾方託六尺之孤，寄天下之命於卿。勉之！」徙封安樂鄉侯，邑六百戶，又賜階三子爵關內侯。祜以嗣子不封，病卒，又追贈關內侯。後階疾篤，遣使者即拜太常，薨，帝爲之流涕，諡曰貞侯。子嘉嗣。以階弟纂爲散騎侍郎，賜爵關內侯。嘉尚升遷亭公主，會嘉平中，以樂安太守與吳

戰於東關，軍敗，沒，諡曰壯侯。子翊嗣。〔一〕

〔一〕世語曰：階孫陵，字元徽，有名於晉武帝世，至滎陽太守，卒。

陳羣字長文，潁川許昌人也。祖父寔，父紀，叔父諶，皆有盛名。〔一〕羣爲兒時，寔常奇異之，謂宗人父老曰：「此兒必興吾宗。」魯國孔融高才倨傲，年在紀、羣之間，先與紀友，後與羣交，更爲紀拜，由是顯名。劉備臨豫州，辟羣爲別駕。時陶謙病死，徐州迎備，備欲往，羣說備曰：「袁術尚彊，今東，必與之爭。呂布若襲將軍之後，將軍雖得徐州，事必無成。」備遂東，與袁術戰。布果襲下邳，遣兵助術，大破備軍，備恨不用羣言。舉茂才，除柘令，不行，隨紀避難徐州。屬呂布破，太祖辟羣爲司空西曹掾屬。時有薦樂安王模、下邳周逵者，太祖辟之。羣封還教，以爲模、逵穢德，終必敗，太祖不聽。後模、逵皆坐姦宄誅，太祖以謝羣。羣薦廣陵陳矯、丹陽戴乾，太祖皆用之。後吳人叛，乾忠義死難，矯遂爲名臣，世以羣爲知人。除蕭、贊、長平令，父卒去官。後以司徒掾舉高第，爲治書侍御史，轉參丞相軍事。魏國既建，遷爲御史中丞。

〔一〕寔字仲弓，紀字元方，諶字季方。魏書曰：寔德冠當時，紀、諶並名重於世。寔爲太丘長，遭黨錮，隱居荊山，遠近宗師之。靈帝崩，何進輔政，引用天下名士，徵寔，欲以爲參軍，以老病，遂不屈節。諶爲司空掾，早卒。紀歷位

平原相、侍中、大鴻臚，著書數十篇，世謂之陳子。寔之亡也，司空荀爽、太僕令韓融並制緦麻，執子孫禮。四方至者車數千乘，自太原郭泰等無不造門。

傅子曰：寔亡，天下致弔，會其葬者三萬人，制縗麻者以百數。

先賢行狀曰：大將軍何進遣屬弔祠，諡曰文範先生。于時，寔、紀高名並著，而諶又配之，世號曰三君。每宰府辟命，率皆同時，羔鴈成羣，丞掾交至。豫州百姓皆圖畫寔、紀、諶之形象。

時太祖議復肉刑，令曰：「安得通理君子達於古今者，使平斯事乎！昔陳鴻臚以爲死刑有可加於仁恩者，正謂此也。御史中丞能申其父之論乎？」羣對曰：「臣父紀以爲漢除肉刑而增加笞，本興仁惻而死者更衆，所謂名輕而實重者也。名輕則易犯，實重則傷民。書曰：『惟敬五刑，以成三德。』易著劓、刖、滅趾之法，所以輔政助教，懲惡息殺也。且殺人償死，合於古制；至於傷人，或殘毀其體而裁翦毛髮，非其理也。若用古刑，使淫者下蠶室，盜者刖其足，則永無淫放穿窬之姦矣。夫三千之屬，雖未可悉復，若斯數者，時之所患，宜先施用。漢律所殺殊死之罪，仁所不及也，其餘逮死者，可以刑殺。如此，則所刑之與所生足以相貿矣。今以笞死之法易不殺之刑，是重人支體而輕人軀命也。」時鍾繇與羣議同，王朗及議者多以爲未可行。太祖深善繇、羣言，以軍事未罷，顧衆議，故且寢。

羣轉爲侍中，領丞相東西曹掾。在朝無適無莫，雅杖名義，不以非道假人。文帝在東

宮，深敬器焉，待以交友之禮，常歎曰：「自吾有回，門人日以親。」及即王位，封羣昌武亭侯，徙為尚書。制九品官人之法，羣所建也。及踐阼，遷尚書僕射，加侍中，徙尚書令，進爵潁鄉侯。帝征孫權，至廣陵，使羣領中領軍。帝還，假節，都督水軍。還許昌，以羣為鎮軍大將軍，領中護軍，錄尚書事。帝寢疾，羣與曹眞、司馬宣王等並受遺詔輔政。明帝即位，進封潁陰侯，增邑五百，并前千三百戶，與征東大將軍曹休、中軍大將軍曹眞、撫軍大將軍司馬宣王並開府。頃之，為司空，故錄尚書事。

是時，帝初蒞政，羣上疏曰：「詩稱『儀刑文王，萬邦作孚』；又曰『刑于寡妻，至于兄弟，以御于家邦』。道自近始，而化洽於天下。自喪亂已來，干戈未戢，百姓不識王教之本，懼其陵遲已甚。陛下當盛魏之隆，荷二祖之業，天下想望至治，唯有以崇德布化，惠恤黎庶，則兆民幸甚。夫臣下雷同，是非相蔽，國之大患也。若不和睦則有讎黨，有讎黨則毀譽無端，毀譽無端則眞偽失實，不可不深防備，有以絕其源流。」太和中，曹眞表欲數道伐蜀，從斜谷入。羣以為「太祖昔到陽平攻張魯，多收豆麥以益軍糧，魯未下而食猶乏。今既無所因，且斜谷阻險，難以進退，轉運必見鈔截，多留兵守要，則損戰士，不可不熟慮也」。帝從羣議。眞復表從子午道。羣又陳其不便，并言軍事用度之計。詔以羣議下眞，眞據之遂行。會霖雨積日，羣又以為宜詔眞還，帝從之。

後皇女淑薨，追封諡平原懿公主。羣上疏曰：「長短有命，存亡有分。故聖人制禮，或抑或致，以求厥中。防墓有不脩之儉，嬴、博有不歸之魂。夫大人動合天地，垂之無窮，又大德不踰閑，動為師表故也。八歲下殤，禮所不備，況未期月，而以成人禮送之，加為制服，舉朝素衣，朝夕哭臨，自古已來，未有此比。而乃復自往視陵，親臨祖載。願陛下抑割無益有損之事，但悉聽羣臣送葬，乞車駕不行，此萬國之至望也。聞車駕欲幸摩陂，實到許昌，二宮上下，皆悉俱東，舉朝大小，莫不驚怪。或言欲以避衰，或言欲於便處移殿舍，或不知何故。臣以為吉凶有命，禍福由人，移徙求安，則亦無益。若必當移避，繕治金墉城西宮，及孟津別宮，皆可權時分止。可無舉宮暴露野次，廢損盛節蠶農之要。又賊地聞之，以為大衰。加所煩費，不可計量。且(由)吉士賢人，當盛衰，處安危，秉道信命，非徙其家以寧，鄉邑從其風化，無恐懼之心。況乃帝王萬國之主，靜則天下安，動則天下擾；行止動靜，豈可輕脫哉？」帝不聽。

青龍中，營治宮室，百姓失農時。羣上疏曰：「禹承唐、虞之盛，猶卑宮室而惡衣服，況今喪亂之後，人民至少，比漢文、景之時，不過一大郡。〔一〕加邊境有事，將士勞苦，若有水旱之患，國家之深憂也。且吳、蜀未滅，社稷不安。宜及其未動，講武勸農，有以待之。今舍此急而先宮室，臣懼百姓遂困，將何以應敵？昔劉備自成都至白水，多作傳舍，興費人役，太祖知其疲民也。今中國勞力，亦吳、蜀之所願。此安危之機也，惟陛下慮之。」帝答曰：「王者宮室，亦宜並立。滅賊之後，但當罷守耳，豈可復興役邪？是故君之職，蕭何之大略也。」羣又曰：「昔漢祖唯與項羽爭天下，羽已滅，宮室燒焚，是以蕭何建武庫、太倉，皆是要急，然猶非其壯麗。今二虜未平，誠不宜與古同也。〔二〕夫人之所欲，莫不有辭，況乃天王，莫之敢違。前欲壞武庫，謂不可不壞也；後欲置之，謂不可不置也。若必作之，固非臣下辭言所屈；若少留神，卓然回意，亦非臣下之所及也。漢明帝欲起德陽殿，鍾離意諫，即用其言，後乃復作之；殿成，謂羣臣曰：『鍾離尚書在，不得成此殿也。』夫王者豈憚一臣，蓋為百姓也。今臣曾不能少凝聖聽，不及意遠矣。」帝於是有所減省。

〔一〕臣松之案：漢書地理志云：元始二年，天下戶口最盛，汝南郡為大郡，有三十餘萬戶。則文、景之時不能如是多也。案晉太康三年地記，晉戶有三百七十七萬，吳、蜀戶不能居半。以此言之，魏雖始承喪亂，方晉亦當無乃大殊。長文之言，於是為過。

〔二〕孫盛曰：周禮，天子之宮，有斲礱之制。然質文之飾，與時推移。漢承周、秦之弊，宜敦簡約之化，而何崇飾宮室，示侈後嗣。此乃武帝千門萬戶所以大興，豈無所復增之謂邪？況乃魏氏方有吳、蜀之難，四海罹塗炭之艱，而述蕭何之過議，以為令軌，豈不惑於大道而昧得失之辨哉？使百代之君，眩於奢儉之中，何之由矣。詩云：「斯言之玷，不可為也。」其斯之謂乎！

初，太祖時，劉廙坐弟與魏諷謀反，當誅。羣言之太祖，太祖曰：「廙，名臣也，吾亦欲赦

之。」乃復位。廙深德羣，羣曰：「夫議刑為國，非為私也；且自明主之意，吾何知焉？」其弘博不伐，皆此類也。青龍四年薨，諡曰靖侯。子泰嗣。帝追思羣功德，分羣戶邑，封一子列侯。〔一〕

〔一〕魏書曰：羣前後數密陳得失，每上封事，輒削其草，時人及其子弟莫能知也。論者或譏羣居位拱默，正始中詔撰羣臣上書，以為名臣奏議，朝士乃見羣諫事，皆歎息焉。袁子曰：或云「故少府楊阜豈非忠臣哉？見人主之非，則勃然怒而觸之，與人言未嘗不道也，豈非所謂『王臣謇謇，匪躬之故』者歟」！答曰：「然可謂直士，忠則吾不知也。夫仁者愛人，施於君謂之忠，施於親謂之孝。忠孝者，其本一也。故仁愛之至者，君親有過，諫而不入，求之反覆，不得已而言，不忍宣也。今為人臣，見人主失道，直詆其非而播揚其惡，可謂直士，未為忠臣也。故司空陳羣則不然，其談論終日，未嘗言人主之非；書數十上而外人不知。君子謂羣於是乎長者矣。」

泰字玄伯。青龍中，除散騎侍郎。正始中，徙游擊將軍，為并州刺史，加振威將軍，使持節，護匈奴中郎將，懷柔夷民，甚有威惠。京邑貴人多寄寶貨，因泰市奴婢，泰皆挂之於壁，不發其封，及徵為尚書，悉以還之。嘉平初，代郭淮為雍州刺史，加奮威將軍。蜀大將軍姜維率衆依麴山築二城，使牙門將句安、李歆等守之，聚羌胡質任等寇偪諸郡。征西將軍郭淮與泰謀所以禦之，泰曰：「麴城雖固，去蜀險遠，當須運糧。羌夷患維勞役，必未肯

附。今圍而取之，可不血刃而拔其城；雖其有救，山道阻險，非行兵之地也。」淮從泰計，使泰率討蜀護軍徐質、南安太守鄧艾等進兵圍之，斷其運道及城外流水。安等挑戰，不許，將士困窘，分糧聚雪以稽日月。維果來救，出自牛頭山，與泰相對。泰曰：「兵法貴在不戰而屈人。今絕牛頭，維無反道，則我之禽也。」敕諸軍各堅壘勿與戰，遣使白淮，欲自南渡白水，循水而東，使淮趣牛頭，截其還路，可并取維，不惟安等而已。淮善其策，進率諸軍軍洮水。維懼，遁走，安等孤縣，遂皆降。

淮薨，泰代爲征西將軍，假節都督雍、涼諸軍事。後年，雍州刺史王經白泰，云姜維、夏侯霸欲三道向祁山、石營、金城，求進兵爲翅，使涼州軍至枹罕，討蜀護軍向祁山。泰量賊勢終不能三道，且兵勢惡分，涼州未宜越境，報經：「審其定問，知所趣向，須東西勢合乃進。」時維等將數萬人至枹罕，趣狄道。泰敕經進屯狄道，須軍到，乃規取之。泰進軍陳倉。會經所統諸軍於故關與賊戰不利，經輒渡洮。泰以經不堅據狄道，必有他變，並遣五營在前，泰率諸軍繼之。經已與維戰，大敗，以萬餘人還保狄道城，餘皆奔散。維乘勝圍狄道。泰軍上邽，分兵守要，晨夜進前。鄧艾、胡奮、王祕亦到，即與艾、祕等分爲三軍，進到隴西。艾等以爲「王經精卒破衄於西，賊衆大盛，乘勝之兵既不可當，而將軍以烏合之卒，繼敗軍之後，將士失氣，隴右傾蕩。古人有言：『蝮蛇螫手，壯士解其腕。』孫子曰：『兵有所

不擊，地有所不守。』蓋小有所失而大有所全故也。今隴右之害，過於蝮蛇，狄道之地，非徒不守之謂。姜維之兵，是所辟之鋒。不如割險自保，觀釁待弊，然後進救，此計之得者也。」泰曰：「姜維提輕兵深入，正欲與我爭鋒原野，求一戰之利。王經當高壁深壘，挫其銳氣。今乃與戰，使賊得計，走破王經，封之狄道。若維以戰克之威，進兵東向，據櫟陽積穀之實，放兵收降，招納羌、胡，東爭關、隴，傳檄四郡，此我之所惡也。而維以乘勝之兵，挫峻城之下，銳氣之卒，屈力致命，攻守勢殊，客主不同。兵書云『脩櫓(橨榅)〔轒輼〕，三月乃成，拒堙三月而後已』。誠非輕軍遠入，維之詭謀倉卒所辦。縣軍遠僑，糧穀不繼，是我速進破賊之時也，所謂疾雷不及掩耳，自然之勢也。洮水帶其表，維等在其內，今乘高據勢，臨其項領，不戰必走。寇不可縱，圍不可久，君等何言如此？」遂進軍度高城嶺，潛行，夜至狄道東南高山上，多舉烽火，鳴鼓角。狄道城中將士見救者至，皆憤踊。維始謂官救兵當須衆集乃發，而卒聞已至，謂有奇變宿謀，上下震懼。自軍之發隴西也，以山道深險，賊必設伏。泰詭從南道，維果三日施伏。〔一〕定軍潛行，卒出其南。維乃緣山突至，泰與交戰，維退還。涼州軍從金城南至沃干阪。泰與經共密期，當共向其還路，維等聞之，遂遁，城中將士得出。經歎曰：「糧不至旬，向不應機，舉城屠裂，覆喪一州矣。」泰慰勞將士，前後遣還，更差軍守，並治城壘，還屯上邽。

〔一〕臣松之案：此傳云「謂救兵當須衆集，而卒聞已至，謂有奇變，上下震懼」，此則救至出於不意。若不知救至，何故伏兵深險乃經三日乎？設伏相伺，非不知之謂。此皆語之不通也。

初，泰聞經見圍，以州軍將士素皆一心，加得保城，非維所能卒傾。表上進軍晨夜速到還。衆議以經奔北，城不足自固，維若斷涼州之道，兼四郡民夷，據關、隴之險，敢能沒經軍而屠隴右。宜須大兵四集，乃致攻討。大將軍司馬文王曰：「昔諸葛亮常有此志，卒亦不能。事大謀遠，非維所任也。且城非倉卒所拔，而糧少爲急，征西速救，得上策矣。」泰每以一方有事，輒以虛聲擾動天下，故希簡白上事，驛書不過六百里。司馬文王語荀顗曰：「玄伯沈勇能斷，荷方伯之重，救將陷之城，而不求益兵，又希簡上事，必能辦賊故也。都督大將，不當爾邪！」

後徵泰爲尚書右僕射，典選舉，加侍中光祿大夫。吳大將孫峻出淮、泗。以泰爲鎮軍將軍，假節都督淮北諸軍事，詔徐州監軍已下受泰節度。峻退，軍還，轉爲左僕射。諸葛誕作亂壽春，司馬文王率六軍軍丘頭，泰總署行臺。司馬景王、文王皆與泰親友，及沛國武陔亦與泰善。文王問陔曰：「玄伯何如其父司空也？」陔曰：「通雅博暢，能以天下聲教爲己任者，不如也；明統簡至，立功立事，過之。」泰前後以功增邑二千六百戶，賜子弟一人亭侯，二人關內侯。景元元年薨，追贈司空，謚曰穆侯。〔一〕子恂嗣。恂薨，無嗣。弟溫紹

封。咸熙中開建五等，以泰著勳前朝，改封溫爲慎子。〔二〕

〔一〕干寶晉紀曰：高貴鄉公之殺，司馬文王會朝臣謀其故。太常陳泰不至，使其舅荀顗召之。顗至，告以可否。泰曰：「世之論者，以泰方於舅，今舅不如泰也。」子弟內外咸共逼之，垂涕而入。王待之曲室，謂曰：「玄伯，卿何以處我？」對曰：「誅賈充以謝天下。」文王曰：「爲我更思其次。」泰曰：「泰言惟有進於此，不知其次。」文王乃不更言。

魏氏春秋曰：帝之崩也，太傅司馬孚、尚書右僕射陳泰枕帝尸於股，號哭盡哀。時大將軍入于禁中，泰見之悲慟，大將軍亦對之泣，謂曰：「玄伯，其如我何？」泰曰：「獨有斬賈充，少可以謝天下耳。」大將軍久之曰：「卿更思其他。」泰曰：「豈可使泰復發後言。」遂嘔血薨。

臣松之案本傳，泰不爲太常，未詳干寶所由知之。孫盛改易泰言，雖爲小勝。然檢盛言諸所改易，皆非別有異聞，率更自以意制，多不如舊。凡記言之體，當使若出其口。辭勝而違實，固君子所不取，況復不勝而徒長虛妄哉？案博物記曰：太丘長陳寔，寔子鴻臚紀，紀子司空羣，羣子泰四世，於漢、魏二朝並有重名，而其德漸漸小減。時人爲其語曰：「公慚卿，卿慚長。」

〔二〕案陳氏譜：羣之後，名位遂微。諶孫佐，官至青州刺史。佐弟坦，廷尉。佐子準，太尉，封廣陵郡公。準弟戴、徽及從弟堪，並至大位。準孫逵，字林道，有譽江左，爲西中郎將，追贈衞將軍。

陳矯字季弼，廣陵東陽人也。避亂江東及東城，辭孫策、袁術之命，還本郡。太守陳登

請爲功曹，使矯詣許，謂曰：「許下論議，待吾不足；足下相爲觀察，還以見誨。」矯還曰：「聞遠近之論，頗謂明府驕而自矜。」登曰：「夫閨門雍穆，有德有行，吾敬陳元方兄弟；淵清玉絜，有禮有法，吾敬華子魚；清脩疾惡，有識有義，吾敬趙元達；博聞彊記，奇逸卓犖，吾敬孔文舉；雄姿傑出，有王霸之略，吾敬劉玄德：所敬如此，何驕之有！餘子瑣瑣，亦焉足錄哉？」登雅意如此，而深敬友矯。

郡爲孫權所圍於匡奇，登令矯求救於太祖。矯說太祖曰：「鄙郡雖小，形便之國也，若蒙救援，使爲外藩，則吳人剉謀，徐方永安，武聲遠震，仁愛滂流，未從之國，望風景附，崇德養威，此王業也。」太祖奇矯，欲留之。矯辭曰：「本國倒縣，本奔走告急，縱無申胥之效，敢忘弘演之義乎？」〔一〕太祖乃遣赴救。吳軍既退，登多設閒伏，勒兵追奔，大破之。

〔一〕劉向新序曰：齊桓公求婚於衞，衞不與，而嫁於許。衞爲狄所伐，桓公不救，至於國滅君死。懿公屍爲狄人所食，惟有肝在。懿公有臣曰弘演，適使反，致命於肝曰：「君爲其內，臣爲其外。」乃刳腹內肝而死。齊桓公曰：「衞有臣若此而尚滅，寡人無有，亡無日矣！」乃救衞，定其君。

太祖辟矯爲司空掾屬，除相令，征南長史，彭城、樂陵太守，魏郡西部都尉。曲周民父病，以牛禱，縣結正棄市。矯曰：「此孝子也。」表赦之。遷魏郡太守。時繫囚千數，至有歷年。矯以爲周有三典之制，漢約三章之法，今惜輕重之理，而忽久繫之患，可謂謬矣。悉自覽罪狀，一時論決。大軍東征，入爲丞相長史。軍還，復爲魏郡，轉西曹屬。從征漢中，還爲尚書。行前未到鄴，太祖崩洛陽，羣臣拘常，以爲太子卽位，當須詔命。矯曰：「王薨于外，天下惶懼。太子宜割哀卽位，以繫遠近之望。且又愛子在側，彼此生變，則社稷危矣。」卽具官備禮，一日皆辦。明旦，以王后令，策太子卽位，大赦蕩然。文帝曰：「陳季弼臨大節，明略過人，信一時之俊傑也。」帝既踐阼，轉署吏部，封高陵亭侯，遷尚書令。明帝卽位，進爵東鄉侯，邑六百戶。車駕嘗卒至尚書門，矯跪問帝曰：「陛下欲何之？」帝曰：「欲案行文書耳。」矯曰：「此自臣職分，非陛下所宜臨也。若臣不稱其職，則請就黜退。陛下宜還。」帝慚，回車而反。其亮直如此。〔一〕加侍中光祿大夫，遷司徒。景初元年薨，謚曰貞侯。〔二〕

〔一〕世語曰：劉曄以先進見幸，因譖矯專權。矯懼，以問長子本，本不知所出。次子騫曰：「主上明聖，大人大臣，今若不合，不過不作公耳。」後數日，帝見矯，矯又問二子，騫曰：「陛下意解，故見大人也。」既入，盡日，帝曰：「劉曄構君，朕有以迹君；朕心故已了。」以金五鉼授之，矯辭。帝曰：「豈以爲小惠？君已知朕心，顧君妻子未知故也。」帝憂社稷，問矯：「司馬公忠正，可謂社稷之臣乎？」矯曰：「朝廷之望；社稷，未知也。」

〔二〕魏氏春秋曰：矯本劉氏子，出嗣舅氏而婚于本族。徐宣每非之，庭議其闕。太祖惜矯才量，欲擁全之，乃下令曰：「喪亂已來，風教彫薄，謗議之言，難用褒貶。自建安五年已前，一切勿論。其以斷前誹議者，以其罪罪之。」

子本嗣，歷位郡守、九卿。所在操綱領，舉大體，能使羣下自盡。有統御之才，不親小事，不讀法律而得廷尉之稱，優於司馬岐等，精練文理。遷鎮北將軍，假節都督河北諸軍事。薨，子粲嗣。本弟騫，咸熙中爲車騎將軍。〔一〕

〔一〕案晉書曰：騫字休淵，爲晉佐命功臣，至太傅，封高平郡公。

初，矯爲郡功曹，使過泰山。泰山太守東郡薛悌異之，結爲親友。戲謂矯曰：「以郡吏而交二千石，鄰國君屈從陪臣游，不亦可乎！」悌後爲魏郡及尚書令，皆承代矯云。〔一〕

〔一〕世語曰：悌字孝威。年二十二，以兗州從事爲泰山太守。初，太祖定冀州，以悌及東平王國爲左右長史，後至中領軍，並悉忠貞練事，爲世吏表。

徐宣字寶堅，廣陵海西人也。避亂江東，又辭孫策之命，還本郡。與陳矯並爲綱紀，二人齊名而私好不協，然俱見器於太守陳登，與登並心於太祖。海西、淮浦二縣民作亂，都尉衞彌、令梁習夜奔宣家，密送免之。太祖遣督軍扈質來討賊，以兵少不進。宣潛見責之，示以形勢，質乃進破賊。太祖辟爲司空掾屬，除東緡、發干令，遷齊郡太守，入爲門下督，從到壽春。會馬超作亂，大軍西征，太祖見官屬曰：「今當遠征，而此方未定，以爲後憂，宜得清公大德以鎮統之。」乃以宣爲左護軍，留統諸軍。還，爲丞相東曹掾，出爲魏郡太守。太祖

崩洛陽，羣臣入殿中發哀。或言可易諸城守，用譙、沛人。宣厲聲曰：「今者遠近一統，人懷效節，何必譙、沛，而沮宿衞者心。」文帝聞曰：「所謂社稷之臣也。」帝既踐阼，爲御史中丞，賜爵關內侯，徙城門校尉，旬月遷司隸校尉，轉散騎常侍。從至廣陵，六軍乘舟，風浪暴起，帝船回倒，宣病在後，陵波而前，羣寮莫先至者。帝壯之，遷尚書。

明帝卽位，封津陽亭侯，邑二百戶。中領軍桓範薦宣曰：「臣聞帝王用人，度世授才，爭奪之時，以策略爲先，分定之後，以忠義爲首。故晉文行舅犯之計而賞雍季之言，〔一〕高祖用陳平之智而託後於周勃也。竊見尚書徐宣，體忠厚之行，秉直亮之性；清雅特立，不拘世俗；確然難動，有社稷之節；歷位州郡，所在稱職。今僕射缺，宣行掌後事；腹心任重，莫宜宣者。」帝遂以宣爲左僕射，後加侍中光祿大夫。車駕幸許昌，總統留事。帝還，主者奏呈文書。詔曰：「吾省與僕射何異？」竟不視。尚方令坐猥見考竟，宣上疏陳威刑大過，又諫作宮殿窮盡民力，帝皆手詔嘉納。宣曰：「七十有縣車之禮，今已六十八，可以去矣。」乃固辭疾遜位，帝終不許。青龍四年薨，遺令布衣疏巾，斂以時服。詔曰：「宣體履至實，直內方外，歷在三朝，公亮正色，有託孤寄命之節，可謂柱石臣也。常欲倚以台輔，未及登之，惜乎大命不永！其追贈車騎將軍，葬如公禮。」謚曰貞侯。子欽嗣。

〔一〕呂氏春秋曰：昔晉文公將與楚人戰於城濮，召咎犯而問曰：「楚衆我寡，奈何而可？」咎犯對曰：「臣聞繁禮之君，

不足於文，繁戰之君，不足於詐，君亦詐之而已。」文公以咎犯言告雍季，雍季曰：「竭澤而漁，豈不得魚，而明年無魚。焚藪而田，豈不得獸，而明年無獸。詐僞之道，雖今偷可，後將無復，非長術也。」文公用咎犯之言，而敗楚人於城濮。反而爲賞，雍季在上。左右諫曰：「城濮之功，咎犯之謀也。君用其言而後其身，或者不可乎！」文公曰：「雍季之言，百代之利也；咎犯之言，一時之務也。焉有以一時之務，先百代之利乎？」

衞臻字公振，陳留襄邑人也。父茲，有大節，不應三公之辟。太祖之初至陳留，茲曰：「平天下者，必此人也。」太祖亦異之，數詣茲議大事。從討董卓，戰于滎陽而卒。太祖每涉郡境，輒遣使祠焉。〔一〕夏侯惇爲陳留太守，舉臻計吏，命婦出宴，臻以爲「末世之俗，非禮之正」。惇怒，執臻，既而赦之。後爲漢黃門侍郎。東郡朱越謀反，引臻。太祖令曰：「孤與卿君同共舉事，加欽令問。始聞越言，固自不信。及得荀令君書，具亮忠誠。」會奉詔命，聘貴人于魏，因表留臻參丞相軍事。追錄臻父舊勳，賜爵關內侯，轉爲戶曹掾。文帝卽王位，爲散騎常侍。及踐阼，封安國亭侯。時羣臣並頌魏德，多抑損前朝。臻獨明禪授之義，稱揚漢美。帝數目臻曰：「天下之珍，當與山陽共之。」遷尚書，轉侍中吏部尚書。帝幸廣陵，行中領軍，從。征東大將軍曹休表得降賊辭，「孫權已在濡須口」。臻曰：「權恃長江，未敢抗衡，此必畏怖僞辭耳。」考核降者，果守將詐所作也。

〔一〕先賢行狀曰：茲字子許。不爲激詭之行，不徇流俗之名；明慮淵深，規略宏遠。爲車騎將軍何苗所辟，司徒楊彪再加旌命。董卓作亂，漢室傾蕩，太祖到陳留，始與茲相見，遂同盟，計興武事。茲答曰：「亂生久矣，非兵無以整之。」且言「兵之興者，自今始矣」。深見廢興，首讚弘謀。合兵三千人，從太祖入滎陽，力戰終日，失利，身歿。郭林宗傳曰：茲弱冠與同郡圈文生俱稱盛德。林宗與二人共至市，子許買物，隨價讎直，文生訾呵，減價乃取。林宗曰：「子許少欲，文生多情，此二人非徒兄弟，乃父子也。」後文生以穢貨見捐，茲以烈節垂名。

明帝卽位，進封康鄉侯，後轉爲右僕射，典選舉，如前加侍中。中護軍蔣濟遺臻書曰：「漢祖遇亡虜爲上將，周武拔漁父爲太師；布衣廝養，可登王公，何必守文，試而後用？」臻答曰：「古人遺智慧而任度量，須考績而加黜陟；今子同牧野於成、康，喻斷蛇於文、景，好不經之舉，開拔奇之津，將使天下馳騁而起矣。」諸葛亮寇天水，臻奏：「宜遣奇兵入散關，絕其糧道。」乃以臻爲征蜀將軍，假節督諸軍事，到長安，亮退。還，復職，加光祿大夫。是時，帝方隆意於殿舍，臻數切諫。及殿中監擅收蘭臺令史，臻奏案之。詔曰：「殿舍不成，吾所留心，卿推之何？」臻上疏曰：「古制侵官之法，非惡其勤事也，誠以所益者小，所墮者大也。臣每察校事，類皆如此，懼羣司將遂越職，以至陵遲矣。」亮又出斜谷；征南上：「朱然等軍已過荊城。」臻曰：「然，吳之驍將，必下從權，且爲勢以綴征南耳。」權果召然入居巢，進攻合肥。帝欲自東征，臻曰：「權外示應亮，內實觀望。且合肥城固，不足爲慮。車駕可無親征，以省六軍之費。」帝到尋陽而權竟退。幽州刺史毌丘儉上疏曰：「陛下卽位已來，未有可書。吳、蜀恃險，未可卒平，聊可以此方無用之士克定遼東。」臻曰：「儉所陳皆戰國細術，非王者之事也。吳頻歲稱兵，寇亂邊境，而猶案甲養士，未果尋致討者，誠以百姓疲勞故也。且淵生長海表，相承三世，外撫戎夷，內脩戰射，而儉欲以偏軍長驅，朝至夕卷，知其妄矣。」儉行軍遂不利。

臻遷爲司空，徙司徒。正始中，進爵長垣侯，邑千戶，封一子列侯。初，太祖久不立太子，而方奇貴臨菑侯。丁儀等爲之羽翼，勸臻自結，臻以大義拒之。及文帝卽位，東海王霖有寵，帝問臻：「平原侯何如？」臻稱明德美而終不言。曹爽輔政，使夏侯玄宣指，欲引臻入守尚書令，及爲弟求婚，皆不許。固乞遜位。詔曰：「昔干木偃息，義壓彊秦；留侯頤神，不忘楚事。讜言嘉謀，望不吝焉。」賜宅一區，位特進，秩如三司。薨，追贈太尉，謚曰敬侯。子烈嗣，咸熙中爲光祿勳。〔一〕

〔一〕臣松之案舊事及傅咸集，烈終於光祿勳。烈二弟京、楷，皆二千石。楷子權，字伯輿。晉大司馬汝南王亮輔政，以權爲尚書郎。傅咸與亮牋曰：「衞伯輿貴妃兄子，誠有才章，應作臺郎，然未得東宮官屬。東宮官屬，前患楊駿，親理塞路，今有伯輿，復越某作郎。一犬吠形，羣犬吠聲，懼於羣吠，遂至回聽。」權作左思吳都賦敍及注，敍粗有文辭，至於爲注，了無所發明，直爲塵穢紙墨，不合傳寫也。

盧毓字子家，涿郡涿人也。父植，有名於世。〔一〕毓十歲而孤，遇本州亂，二兄死難。當袁紹、公孫瓚交兵，幽冀饑荒，養寡嫂孤兄子，以學行見稱。文帝爲五官將，召毓署門下賊曹。崔琰舉爲冀州主簿。時天下草創，多逋逃，故重士亡法，罪及妻子。亡士妻白等，始適夫家數日，未與夫相見，大理奏棄市。毓駮之曰：「夫女子之情，以接見而恩生，成婦而義重。故詩云『未見君子，我心傷悲；亦既見止，我心則夷』。又禮『未廟見之婦而死，歸葬女氏之黨，以未成婦也』。今白等生有未見之悲，死有非婦之痛，而吏議欲肆之大辟，則若同牢合巹之後，罪何所加？且記曰『附從輕』，言附人之罪，以輕者爲比也。又書云『與其殺不辜，寧失不經』，恐過重也。苟以白等皆受禮聘，已入門庭，刑之爲可，殺之爲重。」太祖曰：「毓執之是也。又引經典有意，使孤歎息。」由是爲丞相法曹議令史，轉西曹議令史。

〔一〕續漢書曰：植字子幹。少事馬融，與鄭玄同門相友。植剛毅有大節，常喟然有濟世之志，不苟合取容，不應州郡命召。建寧中，徵博士，出補九江太守，以病去官。作尚書章句、禮記解詁。稍遷侍中、尚書。張角起，以植爲北中郎將征角，失利抵罪。頃之，復以爲尚書。張讓劫少帝奔小平津，植手劍責數讓等，讓等皆放兵，垂泣謝罪，遂自殺。董卓議欲廢帝，衆莫敢對，植獨正言，語在卓傳。植以老病去位，隱居上谷軍都山，初平三年卒。太祖北征柳城，過涿郡，令告太守曰：「故北中郎將盧植，名著海內，學爲儒宗，士之楷模，乃國之楨幹也。昔武王入殷，封商容之閭，鄭喪子產而仲尼隕涕。孤到此州，嘉其餘風。春秋之義，賢者之後，有異於人。敬遣丞掾脩墳墓，并致薄醊，以彰厥德。」植有四子，毓最小。

魏國既建，爲吏部郎。文帝踐阼，徙黃門侍郎，出爲濟陰相，梁、譙二郡太守。帝以譙舊鄉，故大徙民充之，以爲屯田。而譙土地墝瘠，百姓窮困，毓愍之，上表徙民於梁國就沃衍，失帝意。雖聽毓所表，心猶恨之，遂左遷毓，使將徙民爲睢陽典農校尉。毓心在利民，躬自臨視，擇居美田，百姓賴之。遷安平、廣平太守，所在有惠化。

靑龍二年，入爲侍中。先是，散騎常侍劉劭受詔定律，未就。毓上論古今科律之意，以爲法宜一正，不宜有兩端，使姦吏得容情。及侍中高堂隆數以宮室事切諫，帝不悅，毓進曰：「臣聞君明則臣直，古之聖王恐不聞其過，故有敢諫之鼓。近臣盡規，此乃臣等所以不及隆。隆諸生，名爲狂直，陛下宜容之。」在職三年，多所駁爭。詔曰：「官人秩才，聖帝所難，必須良佐，進可替否。侍中毓稟性貞固，心平體正，可謂明試有功，不懈于位者也。其以毓爲吏部尙書。」使毓自選代，曰：「得如卿者乃可。」毓舉常侍鄭沖，帝曰：「文和，吾自知之，更舉吾所未聞者。」乃舉阮武、孫邕，帝於是用邕。

前此諸葛誕、鄧颺等馳名譽，有四(窻)〔聰〕八達之誚，帝疾之。時舉中書郎，詔曰：「得其人與否，在盧生耳。選舉莫取有名，名如畫地作餠，不可啖也。」毓對曰：「名不足以致異

人，而可以得常士。常士畏教慕善，然後有名，非所當疾也。愚臣既不足以識異人，又主者正以循名案常爲職，但當有以驗其後。故古者敷奏以言，明試以功。今考績之法廢，而以毀譽相進退，故眞僞渾雜，虛實相蒙。」帝納其言，卽詔作考課法。會司徒缺，毓舉處士管寧，帝不能用。更問其次，毓對曰：「敦篤至行，則太中大夫韓曁；亮直淸方，則司隸校尉崔林；貞固純粹，則太常常林。」帝乃用曁。毓於人及選舉，先舉性行，而後言才。黃門李豐嘗以問毓，毓曰：「才所以爲善也，故大才成大善，小才成小善。今稱之有才而不能爲善，是才不中器也。」豐等服其言。

齊王卽位，賜爵關內侯。時曹爽秉權，將樹其黨，徙毓僕射，以侍中何晏代毓。頃之，出毓爲廷尉，司隸畢軌又枉奏免官。衆論多訟之，乃以毓爲光祿勳。爽等見收，太傅司馬宣王使毓行司隸校尉，治其獄。復爲吏部尙書，加奉車都尉，封高樂亭侯，轉爲僕射，故典選舉，加光祿大夫。高貴鄉公卽位，進封大梁鄉侯。封一子(高)亭侯。毌丘儉作亂，大將軍司馬景王出征，毓綱紀後事，加侍中。正元三年，疾病，遜位。遷爲司空，固推驃騎將軍王昶、光祿大夫王觀、司隸校尉王祥。詔使使者卽授印綬，進爵封容城侯，邑二千三百戶。甘露二年薨，謚曰成侯。孫藩嗣。毓子欽、珽，咸熙中欽爲尙書，珽泰山太守。〔一〕

〔一〕世語曰：欽字子若，珽字子笏。欽泰始中爲尙書僕射，領選，咸寧四年卒，追贈衞將軍，開府。

虞預晉書曰：欽少居名位，不顧財利，淸虛淡泊，動脩禮典。同郡張華，家單少孤，不爲鄉邑所知，惟欽貴異焉。

欽子浮，字子雲。

晉諸公讚曰：張華博識多聞，無物不知。浮高朗經博，有美於華，起家太子舍人，病疽，截手，遂廢。朝廷器重之，就家以爲國子博士，遷祭酒。永平中爲祕書監。珽及子皓、志並至尙書。志子諶，字子諒。溫嶠表稱諶淸出有文思。

諶別傳曰：諶善著文章。洛陽傾覆，北投劉琨，琨以爲司空從事中郎。琨敗，諶歸段末波。元帝之初，累召爲散騎中書侍郎，不得南赴。永和六年，卒於胡(胡)中，子孫過江。妖賊帥盧循，諶之曾孫。

評曰：桓階識覩成敗，才周當世。陳羣動仗名義，有淸流雅望；泰弘濟簡至，允克堂構矣。魏世事統臺閣，重內輕外，故八座尙書，卽古六卿之任也。陳、徐、衞、盧，久居斯位，矯、宣剛斷骨鯁，臻、毓規鑒淸理，咸不忝厥職云。

三國志卷二十三

魏書二十三

和常楊杜趙裴傳第二十三

和洽字陽士，汝南西平人也。舉孝廉，大將軍辟，皆不就。袁紹在冀州，遣使迎汝南士大夫。洽獨以「冀州土平民彊，英桀所利，四戰之地。本初乘資，雖能彊大，然雄豪方起，全未可必也。荊州劉表無他遠志，愛人樂士，土地險阻，山夷民弱，易依倚也」。遂與親舊俱南從表，表以上客待之。洽曰：「所以不從本初，辟爭地也。昏世之主，不可黷近，久而阽危，〔一〕必有讒慝閒其中者。」遂南度武陵。

〔一〕臣松之案漢書文紀曰「阽於死亡」，食貨志曰「阽危若是」，注曰：「阽音鹽，如屋簷，近邊欲墮之意也。」一曰「臨危曰阽」。

太祖定荊州，辟爲丞相掾屬。時毛玠、崔琰並以忠清幹事，其選用先尚儉節。洽言曰：「天下大器，在位與人，不可以一節（儉）〔檢〕也。儉素過中，自以處身則可，以此節格物，所失或多。今朝廷之議，吏有著新衣、乘好車者，謂之不清；長吏過營，形容不飾，衣裘敝壞

者，謂之廉潔。至令士大夫故汙辱其衣，藏其輿服；朝府大吏，或自挈壺餐以入官寺。夫立教觀俗，貴處中庸，爲可繼也。今崇一概難堪之行以檢殊塗，勉而爲之，必有疲瘁。古之大教，務在通人情而已。凡激詭之行，則容隱僞矣。」〔一〕

〔一〕孫盛曰：昔先王御世，觀民設教，雖質文因時，損益代用，至於車服禮秩，貴賤等差，其歸一揆。魏承漢亂，風俗侈泰，誠宜仰思古制，訓以約簡，使奢不陵肆，儉足中禮，進無蜉蝣之刺，退免采莫之議；如此則治道隆而頌聲作矣。夫矯枉過正則巧僞滋生，以克訓下則民志險隘，非聖王所以陶化民物，閑邪存誠之道。和洽之言，於是允矣。

魏國既建，爲侍中。後有白毛玠謗毀太祖，太祖見近臣，怒甚。洽陳玠素行有本，求案實其事。罷朝，太祖令曰：「今言事者白玠不但謗吾也，乃復爲崔琰觖望。此損君臣恩義，妄爲死友怨歎，殆不可忍也。昔蕭、曹與高祖並起微賤，致功立勳。高祖每在屈笮，二相恭順，臣道益彰，所以祚及後世也。和侍中比求實之，所以不聽，欲重參之耳。」洽對曰：「如言事者言，玠罪過深重，非天地所覆載。臣非敢曲理玠以枉大倫也，以玠出羣吏之中，特見拔擢，顯在首職，歷年荷寵，剛直忠公，爲衆所憚，不宜有此。然人情難保，要宜考覈，兩驗其實。今聖恩垂含垢之仁，不忍致之于理，更使曲直之分不明，疑自近始。」太祖曰：「所以不考，欲兩全玠及言事者耳。」洽對曰：「玠信有謗上之言，當肆之市朝；若玠無此，言事者加誣大臣以誤主聽；二者不加檢覈，臣竊不安。」太祖曰：「方有軍事，安可受人言便考之邪？狐射姑刺陽處父於朝，此爲君之誡也。」

太祖克張魯，洽陳便宜以時拔軍徙民，可省置守之費。太祖未納，其後竟徙民棄漢中。出爲郎中令。文帝踐阼，爲光祿勳，封安城亭侯。明帝即位，進封西陵鄉侯，邑二百戶。

太和中，散騎常侍高堂隆奏：「時風不至，而有休廢之氣，必有司不勤職事以失天常也。」詔書謙虛引咎，博諮異同。洽以爲「民稀耕少，浮食者多。國以民爲本，民以穀爲命。故費一時之農，則失育命之本。是以先王務蠲煩費，以專耕農。自春夏以來，民窮於役，農業有廢，百姓囂然，時風不至，未必不由此也。消復之術，莫大於節儉。太祖建立洪業，奉師徒之費，供軍賞之用，吏士豐於資食，倉府衍於穀帛，由不飾無用之宮，絕浮華之費。方今之要，固在息省勞煩之役，損除他餘之務，以爲軍戎之儲。三邊守禦，宜在備豫。料賊虛實，蓄士養衆，算廟勝之策，明攻取之謀，詳詢衆庶以求厥中。若謀不素定，輕弱小敵，軍人數舉，舉而無庸，所謂『悅武無震』，古人之誡也。」

轉爲太常，清貧守約，至賣田宅以自給。明帝聞之，加賜穀帛。薨，謚曰簡侯。子（禽）〔离〕嗣。（禽）〔离〕弟（適）〔逌〕，才爽開濟，官至廷尉、吏部尚書。〔一〕

〔一〕晉諸公贊曰：和嶠字長輿，（適）〔逌〕之子也。少知名，以雅重稱。常慕其舅夏侯玄之爲人，厚自封植，嶷然不羣。

嶠於黃門郎遷中書令，轉尚書。愍懷太子初立，以嶠爲少保，加散騎常侍。家產豐富，擬於王公，而性至儉吝。嶠同母弟郁，素無名，嶠輕侮之，以此爲損。卒於官，贈光祿大夫。郁以公彊當世，致位尚書令。

洽同郡許混者，許劭子也。清醇有鑒識，明帝時爲尚書。〔一〕

〔一〕劭字子將。汝南先賢傳曰：召陵謝子微，高才遠識，見劭年十八時，乃歎息曰：「此則希世出衆之偉人也。」劭始發明樊子昭於鬻幘之肆，出虞永賢於牧豎，召李叔才鄉閭之閒，擢郭子瑜鞍馬之吏，援楊孝祖，舉和陽士，茲六賢者，皆當世之令懿也。其餘中流之士，或舉之於淹滯，或顯之乎童齒，莫不賴劭顧歎之榮。凡所拔育，顯成令德者，不可殫記。其探擿僞行，抑損虛名，則周之單襄，無以尚也。劭宗人許栩，沉沒榮利，致位司徒。舉宗莫不匍匐栩門，承風而驅，官以賄成，惟劭不過其門。廣陵（徐孟本）〔徐孟玉〕來臨汝南，聞劭高名，請爲功曹。饕餮放流，絜士盈朝。袁紹公族好名，爲濮陽長，棄官來還，有副車從騎，將入郡界，紹乃歎曰：「吾之輿服，豈可使許子將見之乎？」遂單車而歸。辟公府掾，拜鄢陵令，方正徵，皆不就。避亂江南，所歷之國，必翔而後集。終于豫章，時年四十六。有子曰混，顯名魏世。

常林字伯槐，河內溫人也。年七歲，有父黨造門，問林：「伯先在否？汝何不拜！」林曰：「雖當下客，臨子字父，何拜之有？」於是咸共嘉之。〔一〕太守王匡起兵討董卓，遣諸生於屬縣微伺吏民罪負，便收之，考責錢穀贖罪，稽遲則夷滅宗族，以崇威嚴。林叔父撾客，爲諸生所白，匡怒收治。舉宗惶怖，不知所責多少，懼繫者不救。林往見匡同縣胡母彪曰：

「王府君以文武高才，臨吾鄙郡。鄙郡表裏山河，土廣民殷，又多賢能，惟所擇用。今主上幼沖，賊臣虎據，華夏震慄，雄才奮用之秋也。若欲誅天下之賊，扶王室之微，智者望風，應之若響，克亂在和，何征不捷。苟無恩德，任失其人，覆亡將至，何暇匡翼朝廷，崇立功名乎？君其藏之！」因說叔父見拘之意。彪卽書責匡，匡原林叔父。林乃避地上黨，耕種山阿。當時旱蝗，林獨豐收，盡呼比鄰，升斗分之。依故河閒太守陳延壁。陳、馮二姓，舊族冠冕。張楊利其婦女，貪其資貨。林率其宗族，爲之策謀。見圍六十餘日，卒全堡壁。

〔一〕魏略曰：林少單貧。雖貧，自非手力，不取之於人。性好學，漢末爲諸生，帶經耕鉏。其妻常自餽餉之，林雖在田野，其相敬如賓。

幷州刺史高幹表爲騎都尉，林辭不受。後刺史梁習薦州界名士林及楊俊、王淩、王象、荀緯，太祖皆以爲縣長。林宰南和，治化有成，超遷博陵太守、幽州刺史，所在有績。文帝爲五官將，林爲功曹。太祖西征，田銀、蘇伯反，幽、冀扇動。文帝欲親自討之，林曰：「昔忝博陵，又在幽州，賊之形勢，可料度也。北方吏民，樂安厭亂，服化已久，守善者多。銀、伯犬羊相聚，智小謀大，不能爲害。方今大軍在遠，外有彊敵，將軍爲天下之鎭也，輕動遠舉，雖克不武。」文帝從之，遣將往伐，應時克滅。出爲平原太守、魏郡東部都尉，入爲丞相東曹屬。魏國旣建，拜尚書。文帝踐阼，遷少府，封樂陽亭侯，〔一〕轉大司農。明帝卽位，進封高陽鄉侯，徙光祿勳太常。晉宣王以林鄉邑耆德，每爲之拜。或謂林曰：「司馬公貴重，君宜止之。」林曰：「司馬公自欲敎長幼之敍，爲後生之法。貴非吾之所畏，拜非吾之所制也。」言者踧踖而退。〔二〕時論以林節操清峻，欲致之公輔，而林遂稱疾篤。拜光祿大夫。年八十三，薨，追贈驃騎將軍，葬如公禮，謚曰貞侯。子旹嗣，爲泰山太守，坐法誅。旹弟靜紹封。〔三〕

〔一〕魏略曰：林性旣清白，當官又嚴。少府寺與鴻臚對門，時崔林爲鴻臚。崔性闊達，不與林同，數數聞林撾吏聲，不以爲可。林夜撾吏，不勝痛，叫呼敖敖徹曙。明日，崔出門，與林車相遇，乃嘲林曰：「聞卿爲廷尉，爾邪？」林不覺答曰：「不也。」崔曰：「卿不爲廷尉，昨夜何故考囚乎？」林大慚，然不能自止。

〔二〕魏略曰：初，林少與司馬京兆善。太傅每見林，輒欲跪。林止之曰：「公尊貴矣，止也！」及司徒缺，太傅有意欲以林補之。案魏略此語，與本傳反。臣松之以爲林之爲人，不畏權貴者也。論其然否，謂本傳爲是。

〔三〕案晉書，諸葛誕反，大將軍東征，旹坐稱疾，爲司馬文王所法。

魏略以林及吉茂、沐並、時苗四人爲清介傳。

吉茂字叔暢，馮翊池陽人也，世爲著姓。好書，不恥惡衣惡食，而恥一物之不知。建安初，關中始平，茂與扶風蘇則共入武功南山，隱處精思數歲。州舉茂才，除臨汾令，居官清靜，吏民不忍欺。轉爲武德侯庶子。二十二年，坐其宗人吉本等起事被收。先是科禁內學及兵書，而茂皆有，匿不送官。及其被收，不知當坐本等，顧謂其左右曰：「我坐書也。」會鍾相國證茂、本服第已絕，故得不坐。後以茂爲武陵太守，不之官。轉酇相，以國省，拜議郞。景初中病亡。自茂修行，從少至長，冬則被裘，夏則裋褐，行則步涉，食則茨藿，臣役妻子，室如懸磬。其或饋遺，一不肯受。雖不以此高人，亦心疾不義而貴且富者。先時國家始制九品，各使諸郡選置中正，差敍自公卿以下，至于郞吏，功德材行所任。茂同郡護羌校尉王琰，前數爲郡守，不名爲清白。而琰子嘉仕歷諸縣，亦復爲通人。嘉時還爲散騎郞，馮翊郡移嘉爲中正。嘉敍茂雖在上第，而狀甚下，云：「德優能少。」茂愠曰：「痛乎，我效汝父子冠幘劫人邪！」初，茂同產兄黃，以十二年中從公府掾爲長陵令。是時科禁長吏擅去官，而黃聞司徒趙溫薨，自以爲故吏，違科奔喪，爲司隸鍾繇所收，遂伏法。茂時爲白衣，始有清名於三輔，以爲兄坐追義而死，怨怒不肯哭。至歲終，繇舉茂。議者以爲茂必不就，及舉旣到而茂就之，故時人或以茂爲畏繇，或以茂爲鬆士也。

沐並字德信，河閒人也。少孤苦，袁紹父子時，始爲名吏。有志介，嘗過姊，姊爲殺雞炊黍而不留也。然爲人公果，不畏彊禦，丞相召署軍謀掾。黃初中，爲成臯令。校事劉肇出過縣，遣人呼縣吏，求索槀穀。是時蝗旱，官無有見。未辦之閒，肇人從入並之閤下，呴呼罵吏。並怒，因躧履提刀而出，多從吏卒，欲收肇。肇覺知驅走，具以狀聞。有詔：「肇爲牧司爪牙吏，而並欲收縛，無所忌憚，自恃清名邪？」遂收欲殺之。（髡）〔髡〕決減死，刑竟復吏，由是放散十餘年。至正始中，爲三府長史。時吳使朱然、諸葛瑾攻圍樊城，遣船兵於峴山東斫材，牂牁人兵作食，有先熟者呼後熟者，言：「共食來。」後熟者答言：「不也。」呼者曰：「汝欲作沐德信邪？」其名流布，播於異域如此。雖自華夏，不知者以爲前世人也。爲長史八年，晚出爲濟陰太守，召還，拜議郞。年六十餘，自慮身無常，豫作終制，戒其子以儉葬，曰：「告雲、儀等：夫禮者，生民之始敎，而百世之中庸也。故力行者則爲君子，不務者終爲小人，然非聖人莫能履其從容也。是以富貴者有驕奢之過，而貧賤者譏於固陋，於是養生送死，苟竊非禮。由斯觀之，陽虎璵璠，甚於暴骨，桓魋石槨，不如速朽。此言儒學撥亂反正、鳴鼓矯俗之大義也，未是夫窮理盡性、陶冶變化之實論也。若能原始要終，以天地爲一區，萬物爲芻狗，該覽玄通，求形景之宗，同禍福之素，一死生之命，吾有慕於道矣。夫道之爲物，惟怳惟忽，壽爲欺魄，夭爲鳧沒，身淪有無，與神消息，含悅陰陽，甘夢太極。奚以棺槨爲牢，衣裳爲纏？尸繫地下，長幽桎梏，豈不哀哉！昔莊周闊達，無所適莫；又楊王孫裸體，貴不久容耳。至夫末世，緣生怨死之徒，乃有含珠鱗柙，玉牀象衽，殺人以狗；壙穴之內，錮以紵絮，藉以蜃炭，千載僵燥，託類神仙。於是大敎陵遲，競於厚葬，謂莊子爲放蕩，以王孫爲戮尸，豈復識古有衣薪之鬼，而野有狐狸之齧乎哉？吾以材質滓濁，汙於清流。昔忝國恩，歷試宰守，所在無效，代匠傷指，狼跋首尾，無以雪恥。如不可求，從吾所好。今年過耳順，奄忽無常，苟得獲沒，卽以吾身襲於王孫矣。上冀以贖市朝之逋罪，下以親道化之靈祖。顧爾幼昏，未知臧否，若將逐俗，抑廢吾志，私稱從令，未必爲孝；而犯魏顆聽治之賢，爾爲棄父之命，誰或矜之！使死而有知，吾將屍視。」至嘉平中，病甚。臨困，又敕豫掘埳。戒氣絕，令二人舉尸卽埳，絕哭泣之聲，止婦女之送，禁弔祭之賓，無設搏治粟米之奠。又戒後亡者不得入藏，不得封樹。妻子皆遵之。

時苗字德冑，鉅鹿人也。少清白，爲人疾惡。建安中，入丞相府。出爲壽春令，令行風靡。揚州治在其縣，時蔣濟爲治中。苗以初至往謁濟，濟素嗜酒，適會其醉，不能見苗。苗恚恨還，刻木爲人，署曰「酒徒蔣濟」，置之牆下，且夕射之。州郡雖知其所爲不恪，然以其履行過人，無若之何。又其始之官，乘薄軬音飯。車，黃牸牛，布被囊。居官歲餘，牛生一犢。及其去，留其犢，謂主簿曰：「令來時本無此犢，犢是淮南所生有也。」羣吏曰：「六畜不識父，自當隨母。」苗不聽，時人皆以爲激，然由此名聞天下。還爲太官令，領其郡中正，定九品，於敘人才不能寬，然紀人之短，雖在久遠，銜之不置。如所忿蔣濟者，仕進至太尉，濟不以苗前毀己爲嫌，苗亦不以濟貴更屈意。爲令數歲，不肅而治。遷典農中郎將。年七十餘，以正始中病亡也。

楊俊字季才，河內獲嘉人也。受學陳留邊讓，讓器異之。俊以兵亂方起，而河內處四達之衢，必爲戰場，乃扶持老弱詣京、密山間，同行者百餘家。俊振濟貧乏，通共有無。宗族知故爲人所略作奴僕者凡六家，俊皆傾財贖之。司馬宣王年十六七，與俊相遇，俊曰：「此非常之人也。」又司馬朗早有聲名，其族兄芝，衆未之知，惟俊言曰：「芝雖夙望不及朗，實理但有優耳。」俊轉避地并州。本郡王象，少孤特，爲人僕隸，年十七八，見使牧羊而私讀書，因被箠楚。俊嘉其才質，卽贖象著家，聘娶立屋，然後與別。

太祖除俊曲梁長，入爲丞相掾屬，舉茂才，安陵令，遷南陽太守。宣德教，立學校，吏民稱之。徙爲征南軍師。魏國既建，遷中尉。太祖征漢中，魏諷反於鄴，俊自劾詣行在所。俊以身方罪免，牋辭太子。太子不悅，曰：「楊中尉便去，何太高遠邪！」遂被書左遷平原太守。文帝踐阼，復在南陽。時王象爲散騎常侍，薦俊曰：「伏見南陽太守楊俊，秉純粹之茂質，履忠肅之弘量，體仁足以育物，篤實足以動衆，克長後進，惠訓不倦，外寬內直，仁而有斷。自初彈冠，所歷垂化，再守南陽，恩德流著，殊鄰異黨，襁負而至。今境守清靜，無所展其智能，宜還本朝，宣力輦轂，熙帝之載。」

俊自少及長，以人倫自任。同郡審固、陳留衞恂本皆出自兵伍，俊資拔奬致，咸作佳士；後固歷位郡守，恂御史、縣令，其明鑒行義多此類也。初，臨菑侯與俊善，太祖適嗣未定，密訪羣司。俊雖並論文帝、臨菑才分所長，不適有所據當，然稱臨菑猶美，文帝常以恨之。黃初三年，車駕至宛，以市不豐樂，發怒收俊。尚書僕射司馬宣王、常侍王象、荀緯請俊，叩頭流血，帝不許。俊曰：「吾知罪矣。」遂自殺。衆冤痛之。〔一〕

〔一〕世語曰：俊二孫：覽字公質，汝陰太守；猗字公彥，尚書：晉東海王越舅也。覽子沈，字宣弘，散騎常侍。

魏略曰：王象字羲伯。既爲俊所知拔，果有才志。建安中，與同郡荀緯等俱爲魏太子所禮待。及王粲、陳琳、阮瑀、路粹等亡後，新出之中，惟象才最高。魏有天下，拜象散騎侍郎，遷爲常侍，封列侯。受詔撰皇覽，使象領祕書監。象從延康元年始撰集，數歲成，藏於祕府，合四十餘部，部有數十篇，通合八百餘萬字。象既性器和厚，又文采溫雅，用是京師歸美，稱爲儒宗。車駕南巡，未到宛，有詔百官不得干豫郡縣。及車駕到，而宛令不解詔旨，閉市門。帝聞之，忿然曰：「吾是寇邪？」乃收宛令及太守楊俊。詔問尚書：「漢明帝殺幾二千石？」時象見詔文，知俊必不免。乃當帝前叩頭，流血竟面，請俊減死一等。帝不答，欲釋入禁中。象引帝衣，帝顧謂象曰：「我知楊俊與卿本末耳。今聽卿，是無我也。卿寧無俊邪？無我邪？」象以帝言切，乃縮手。帝遂入，決俊法，然後乃出。象自恨不能濟俊，遂發病死。

杜襲字子緒，潁川定陵人也。曾祖父安，祖父根，著名前世。〔一〕襲避亂荊州，劉表待以賓禮。同郡繁欽數見奇於表，襲喻之曰：「吾所以與子俱來者，徒欲龍蟠幽藪，待時鳳翔。豈謂劉牧當爲撥亂之主，而規長者委身哉？子若見能不已，非吾徒也。吾其與子絕矣！」欽慨然曰：「請敬受命。」襲遂南適長沙。

〔一〕先賢行狀曰：安年十歲，名稱鄉黨。至十三，入太學，號曰神童。既名知人，清高絕俗。洛陽令周紆數候安，安常逃避不見。時貴戚慕安高行，多有與書者，輒不發，以慮後患，常鑿壁藏書。後諸與書者果有大罪，推捕所與交通者，吏至門，安乃發壁出書，印封如故，當時皆嘉其慮遠。三府並辟，公車特徵，拜宛令。先是宛有報讎者，其令不忍致理，將與俱亡。縣中豪彊有告其處者，致捕得。安深疾惡之，到官治戮，肆之於市。懼有司繩彈，遂自免。後徵拜巴郡太守，率身正下，以禮化俗。以病卒官，時服薄斂，素器不漆，子自將車。州郡賢之，表章墳墓。根舉孝廉，除郎中。時和熹鄧后臨朝，外戚橫恣，安帝長大，猶未歸政。根乃與同時郎上書直諫，鄧后怒，收根等伏誅。誅者皆絹囊盛，於殿上撲地。執法者以根德重事公，默語行事人，使不加力。誅訖，車載城外，根以撲輕得蘇息，遂閉目不動搖。經三日，乃密起逃竄，爲宜城山中酒家客，積十五年，酒家知其賢，常厚敬待。鄧后崩，安帝謂根久死。以根等忠直，普下天下，錄見誅者子孫。根乃自出，徵詣公車，拜符節令。或問根：「往日遭難，天下同類知故不少，何至自苦歷年如此？」根答曰：「周旋人間，非絕迹之處。邂逅發露，禍及親知，故不爲也。」遷濟陰太守，以德讓爲政，風移俗改。年七十八以壽終，棺不加漆，斂以時服。長吏下車，常先詣安、根墓致祠。

建安初，太祖迎天子都許。襲逃還鄉里，太祖以爲西鄂長。縣濱南境，寇賊縱橫。時長吏皆斂民保城郭，不得農業。野荒民困，倉庾空虛。襲自知恩結於民，乃遣老弱各分散

就田業，留丁彊備守，吏民歡悅。會荊州出步騎萬人來攻城，襲乃悉召縣吏民任拒守者五十餘人，與之要誓。其親戚在外欲自營護者，恣聽遣出；皆叩頭願致死。於是身執矢石，率與戮力。吏民感恩，咸爲用命。臨陳斬數百級，而襲衆死者三十餘人，其餘十八人盡被創，賊得入城。襲帥傷痍吏民決圍得出，死喪略盡，而無反背者。遂收散民，徙至摩陂營，吏民慕而從之如歸。〔一〕

〔一〕九州春秋曰：建安六年，劉表攻西鄂，西鄂長杜子緒帥縣男女嬰城而守。時南陽功曹柏孝長亦在城中，聞兵攻聲，恐懼，入室閉戶，牽被覆頭。相攻半日，稍敢出面。其明，側立而聽。二日，往出戶問消息。至四五日，乃更負楯親鬬，語子緒曰：「勇可習也。」

司隸鍾繇表拜議郎參軍事。荀彧又薦襲，太祖以爲丞相軍祭酒。魏國既建，爲侍中，與王粲、和洽並用。粲彊識博聞，故太祖游觀出入，多得驂乘，至其見敬不及洽、襲。襲嘗獨見，至于夜半。粲性躁競，起坐曰：「不知公對杜襲道何等也？」洽笑答曰：「天下事豈有盡邪？卿晝侍可矣，悒悒於此，欲兼之乎！」後襲領丞相長史，隨太祖到漢中討張魯。太祖還，拜襲駙馬都尉，留督漢中軍事。綏懷開導，百姓自樂出徙洛、鄴者，八萬餘口。夏侯淵爲劉備所沒，軍喪元帥，將士失色。襲與張郃、郭淮糾攝諸軍事，權宜以郃爲督，以一衆心，三軍遂定。太祖東還，當選留府長史，鎮守長安，主者所選多不當，太祖令曰：「釋騏驥

而不乘，焉皇皇而更索？」遂以襲爲留府長史，駐關中。

時將軍許攸擁部曲，不附太祖而有慢言。太祖大怒，先欲伐之。羣臣多諫：「可招懷攸，共討彊敵。」太祖橫刀於膝，作色不聽。襲入欲諫，太祖逆謂之曰：「吾計以定，卿勿復言。」襲曰：「若殿下計是邪，臣方助殿下成之；若殿下計非邪，雖成宜改之。殿下逆臣，令勿言之，何待下之不闡乎？」太祖曰：「許攸慢吾，如何可置乎？」襲曰：「殿下謂許攸何如人邪？」太祖曰：「凡人也。」襲曰：「夫惟賢知賢，惟聖知聖，凡人安能知非凡人邪？方今豺狼當路而狐狸是先，人將謂殿下避彊攻弱，進不爲勇，退不爲仁。臣聞千鈞之弩不爲鼷鼠發機，萬石之鍾不以莛撞起音，今區區之許攸，何足以勞神武哉？」太祖曰：「善。」遂厚撫攸，攸卽歸服。時夏侯尚暱於太子，情好至密。襲謂尚非益友，不足殊待，以聞太祖。文帝初甚不悅，後乃追思。語在尚傳。其柔而不犯，皆此類也。

文帝卽王位，賜爵關內侯。及踐阼，爲督軍糧御史，封武平亭侯，更爲督軍糧執法，入爲尚書。明帝卽位，進封平陽鄉侯。諸葛亮出秦川，大將軍曹眞督諸軍拒亮，徙襲爲大將軍軍師，分邑百戶賜兄基爵關內侯。眞薨，司馬宣王代之，襲復爲軍師，增邑三百，并前五百五十戶。以疾徵還，拜太中大夫。薨，追贈少府，謚曰定侯。子會嗣。

趙儼字伯然，潁川陽翟人也。避亂荊州，與杜襲、繁欽通財同計，合爲一家。太祖始迎獻帝都許，儼謂欽曰：「曹鎭東應期命世，必能匡濟華夏，吾知歸矣。」建安二年，年二十七，遂扶持老弱詣太祖，太祖以儼爲朗陵長。縣多豪猾，無所畏忌。儼取其尤甚者，收縛案驗，皆得死罪。儼既囚之，乃表府解放，自是威恩並著。時袁紹舉兵南侵，遣使招誘豫州諸郡，諸郡多受其命。惟陽安郡不動，而都尉李通急錄戶調。儼見通曰：「方今天下未集，諸郡並叛，懷附者復收其綿絹，小人樂亂，能無遺恨！且遠近多虞，不可不詳也。」通曰：「紹與大將軍相持甚急，左右郡縣背叛乃爾。若綿絹不調送，觀聽者必謂我顧望，有所須待也。」儼曰：「誠亦如君慮；然當權其輕重，小緩調，當爲君釋此患。」乃書與荀彧曰：「今陽安郡當送綿絹，道路艱阻，必致寇害。百姓困窮，鄰城並叛，易用傾蕩，乃一方安危之機也。且此郡人執守忠節，在險不貳。微善必賞，則爲義者勸。善爲國者，藏之於民。以爲國家宜垂慰撫，所斂綿絹，皆俾還之。」彧報曰：「輒白曹公，公文下郡，綿絹悉以還民。」上下歡喜，郡內遂安。

入爲司空掾屬主簿。〔一〕時于禁屯潁陰，樂進屯陽翟，張遼屯長社，諸將任氣，多共不協；使儼并參三軍，每事訓喻，遂相親睦。太祖征荊州，以儼領章陵太守，徙都督護軍，護于禁、張遼、張郃、朱靈、李典、路招、馮楷七軍。復爲丞相主簿，遷扶風太守。太祖徙出故韓遂、馬超等兵五千餘人，使平難將軍殷署等督領，以儼爲關中護軍，盡統諸軍。羌虜數來寇害，儼率署等追到新平，大破之。屯田客呂並自稱將軍，聚黨據陳倉，儼復率署等攻之，賊卽破滅。

〔一〕魏略曰：太祖北拒袁紹，時遠近無不私遺牋記，通意於紹者。儼與領陽安太守李通同治，通亦欲遣使。儼爲陳紹必敗意，通乃止。及紹破走，太祖使人搜閱紹記室，惟不見通書疏，陰知儼必爲之計，乃曰：「此必趙伯然也。」臣松之案魏武紀：破紹後，得許下軍中人書，皆焚之。若故使人搜閱，知其有無，則非所以安人情也。疑此語爲不然。

時被書差千二百兵往助漢中守，署督送之。行者卒與室家別，皆有憂色。署發後一日，儼慮其有變，乃自追至斜谷口，人人慰勞，又深戒署。還宿雍州刺史張既舍。署軍復前四十里，兵果叛亂，未知署吉凶。而儼自隨步騎百五十人，皆與叛者同部曲，或婚姻，得此問，各驚，被甲持兵，不復自安。儼欲還，既等以爲「今本營黨已擾亂，一身赴之無益，可須定問」。儼曰：「雖疑本營與叛者同謀，要當聞行者變，乃發之。又有欲善不能自定，宜及猶豫，促撫寧之。且爲之元帥，既不能安輯，身受禍難，命也。」遂去。行三十里止，放馬息，盡呼所從人，喻以成敗，慰勵懇切。皆慷慨曰：「死生當隨護軍，不敢有二。」前到諸營，各召料簡諸姦結叛者八百餘人，散在原野，惟取其造謀魁率治之，餘一不問。郡縣所收送，皆

放遣，乃卽相率還降。儼密白：「宜遣將詣大營，請舊兵鎭守關中。」太祖遣將軍劉柱將二千人，當須到乃發遣，而事露，諸營大駭，不可安喻。儼謂諸將曰：「舊兵既少，東兵未到，是以諸營圖爲邪謀。若或成變，爲難不測。因其狐疑，當令早決。」遂宣言當差留新兵之溫厚者千人鎭守關中，其餘悉遣東。便見主者，內諸營兵名籍，案累重，立差別之。留者意定，與儼同心。其當去者亦不敢動，儼一日盡遣上道，因使所留千人，分布羅落之。東兵尋至，乃復脅喻，并徙千人，令相及共東，凡所全致二萬餘口。〔一〕

〔一〕孫盛曰：盛聞爲國以禮，民非信不立。周成不棄桐葉之言，晉文不違伐原之誓，故能隆刑措之道，建一匡之功。儼既詐留千人，使效心力，始雖權也，宜以信終。兵威既集，而又逼徙。信義喪矣，何以臨民？

關羽圍征南將軍曹仁於樊。儼以議郎參仁軍事南行，(遷)〔與〕平寇將軍徐晃俱前。既到，羽圍仁遂堅，餘救兵未到。晃所督不足解圍，而諸將呵責晃促救。儼謂諸將曰：「今賊圍素固，水潦猶盛。我徒卒單少，而仁隔絕不得同力，此舉適所以弊內外耳。當今不若前軍偪圍，遣諜通仁，使知外救，以勵將士。計北軍不過十日，尚足堅守。然後表裏俱發，破賊必矣。如有緩救之戮，余爲諸軍當之。」諸將皆喜，便作地道，箭飛書與仁，消息數通，北軍亦至，并勢大戰。羽軍既退，舟船猶據沔水，襄陽隔絕不通，而孫權襲取羽輜重，羽聞之，卽走南還。仁會諸將議，咸曰：「今因羽危懼，必可追禽也。」儼曰：「權邀羽連兵之難，欲掩

制其後，顧羽還救，恐我承其兩疲，故順辭求效，乘釁因變，以觀利鈍耳。今羽已孤迸，更宜存之以爲權害。若深入追北，權則改虞於彼，將生患於我矣。王必以此爲深慮。」仁乃解嚴。太祖聞羽走，恐諸將追之，果疾敕仁，如儼所策。

文帝即王位，爲侍中。頃之，拜駙馬都尉，領河東太守，典農中郎將。黃初三年，賜爵關內侯。孫權寇邊，征東大將軍曹休統五州軍禦之，徵儼爲軍師。權衆退，軍還，封宜土亭侯，轉爲度支中郎將，遷尚書。從征吳，到廣陵，復留爲征東軍師。明帝即位，進封都鄉侯，邑六百戶，監荊州諸軍事，假節。會疾，不行，復爲尚書，出監豫州諸軍事，轉大司馬軍師，入爲大司農。齊王即位，以儼監雍、涼諸軍事，假節，轉征蜀將軍，又遷征西將軍，都督雍、涼。正始四年，老疾求還，徵爲驃騎將軍，〔一〕遷司空。薨，謚曰穆侯。子亭嗣。初，儼與同郡辛毗、陳羣、杜襲並知名，號曰辛、陳、杜、趙云。

〔一〕魏略曰：舊故四征有官廚財籍，遷轉之際，無不因緣。而儼又手上車，發到霸上，忘持其常所服藥。雍州聞之，乃追送雜藥材數箱，儼笑曰：「人言語殊不易，我偶問所服藥耳，何用是爲邪？」遂不取。

裴潛字文行，河東聞喜人也。〔一〕避亂荊州，劉表待以賓禮。潛私謂所親王粲、司馬芝曰：「劉牧非霸王之才，乃欲西伯自處，其敗無日矣。」遂南適長沙。太祖定荊州，以潛參丞

相軍事，出歷三縣令，入爲倉曹屬。太祖問潛曰：「卿前與劉備俱在荊州，卿以備才略何如？」潛曰：「使居中國，能亂人而不能爲治也。若乘閒守險，足以爲一方主。」

〔一〕魏略曰：潛世爲著姓。父茂，仕靈帝時，歷縣令、郡守、尚書。建安初，以奉使率導關中諸將討李傕有功，封列侯。潛少不脩細行，由此爲父所不禮。

時代郡大亂，以潛爲代郡太守。烏丸王及其大人，凡三人，各自稱單于，專制郡事。前太守莫能治正，太祖欲授潛精兵以鎮討之。潛辭曰：「代郡戶口殷衆，士馬控弦，動有萬數。單于自知放橫日久，內不自安。今多將兵往，必懼而拒境，少將則不見憚。宜以計謀圖之，不可以兵威迫也。」遂單車之郡。單于驚喜。潛撫之以靜。單于以下脫帽稽顙，悉還前後所掠婦女、器械、財物。潛案誅郡中大吏與單于爲表裏者郝溫、郭端等十餘人，北邊大震，百姓歸心。在代三年，還爲丞相理曹掾，太祖褒稱治代之功，潛曰：「潛於百姓雖寬，於諸胡爲峻。今計者必以潛爲理過嚴，而事加寬惠；彼素驕恣，過寬必弛，既弛又將攝之以法，此訟爭所由生也。以勢料之，代必復叛。」於是太祖深悔還潛之速。後數十日，三單于反問至，乃遣鄢陵侯彰爲驍騎將軍征之。

潛出爲沛國相，遷兗州刺史。太祖次摩陂，歎其軍陳齊整，特加賞賜。文帝踐阼，入爲散騎常侍。出爲魏郡、潁川典農中郎將，奏通貢舉，比之郡國，由是農官進仕路泰。遷荊州刺史，賜爵關內侯。明帝即位，入爲尚書。出爲河南尹，轉太尉軍師、大司農，封清陽亭侯，邑二百戶。入爲尚書令，奏正分職，料簡名實，出事使斷官府者百五十餘條。喪父去官，拜光祿大夫。正始五年薨，追贈太常，謚曰貞侯。〔一〕子秀嗣。遺令儉葬，墓中惟置一坐，瓦器數枚，其餘一無所設。秀，咸熙中爲尚書僕射。〔二〕

〔一〕魏略曰：時遠近皆云當爲公，會病亡。始潛自感所生微賤，無舅氏，又爲父所不禮，即折節仕進，雖多所更歷，清省恪然。每之官，不將妻子。妻子貧乏，織藜芘以自供。又潛爲兗州時，嘗作一胡牀，及其去也，留以掛柱。又以父在京師，出入薄軬車；羣弟之田廬，常步行；家人小大或并日而食；其家敎上下相奉，事有似於石奮。其履檢校度，自魏興少能及者。潛爲人材博，有雅（要）容，然但如此而已，終無所推進，故世歸其絜而不宗其餘。

〔二〕文章敍錄曰：秀字季彥。弘通博濟，八歲能屬文，遂知名。大將軍曹爽辟。喪父服終，推財與兄弟。年二十五，遷黃門侍郎。爽誅，以故吏免。遷衞國相，累遷散騎常侍、尚書僕射令、光祿大夫。咸熙中，晉文王始建五等，命秀典爲制度，封廣川侯。晉室受禪，進左光祿大夫，改封鉅鹿公，遷司空。著易及樂論，又畫地域圖十八篇，傳行於世。盟會圖及典治官制皆未成。年四十八，泰始七年薨，謚元公，配食宗廟。少子頠，字逸民，襲封。荀綽冀州記曰：頠爲人弘雅有遠識，博學稽古，履行高整，自少知名。歷位太子中庶子、侍中尚書。元康末，爲尚書左僕射。趙王倫以其望重，畏而惡之，知其不與賈氏同心，猶被枉害。臣松之案陸機惠帝起居注稱「頠雅有遠量，當朝名士也」，又曰「民之望也」。頠理具淵博，贍於論難，著崇有、貴無二論，以矯虛誕之弊，文辭精富，爲世名論。子嵩，字道文。荀綽稱嵩有父祖風。爲中書郎，早卒。頠從父弟

邈，字景聲，有儁才，爲太傅司馬越從事中郎，假節監中外營諸軍事。

潛少弟徽，字文季，冀州刺史。有高才遠度，善言玄妙。事見荀粲、傅嘏、王弼、管輅諸傳。徽長子黎，字伯宗，一名演，遊擊將軍。次康，字仲豫，太子左衞率。次楷，字叔則，侍中中書令、光祿大夫、開府。次綽，字季舒，黃門侍郎，早卒，追贈長水校尉。康、楷、綽皆爲名士，而楷才望最重。晉諸公贊曰：康有弘量，綽以明達爲稱，楷少與琅邪王戎俱爲掾發名，鍾會致之大將軍司馬文王曰：「裴楷清通，王戎簡要。」文王即辟爲掾，進歷顯位。謝鯤爲樂廣傳，稱楷儁朗有識具，當時獨步。黎子苞，秦州刺史。康子純，黃門侍郎。次盾，徐州刺史。次郃，有器望。晉元帝爲安東將軍，郃爲長史，侍中王曠與司馬越書曰：「裴郃在此，雖不治事，然識量弘淹，此下人士大敬附之。」次廓，中壘將軍。楷子瓚，中書郎。次憲，豫州刺史。綽子遐，太傅主簿。瓚、遐並有盛名，早卒。

晉諸公贊稱憲有淸識。

魏略列傳以徐福、嚴幹、李義、張既、游楚、梁習、趙儼、裴潛、韓宣、黃朗十人共卷，其既、習、儼、潛四人自有傳，徐福事在諸葛亮傳，游楚事在張既傳。餘韓等四人載之於後。

嚴幹字公仲，李義字孝懿，皆馮翊東縣人也。馮翊東縣舊無冠族，故二人並單家，其器性皆重厚。當中平末，同年二十餘，幹好擊劍，義好辦護喪事。馮翊甲族桓、田、吉、郭及故侍中鄭文信等，頗以其各有器實，共紀識之。會三輔亂，人多流宕，而幹、義不去，與諸知故相浮沈，採樵自活。逮建安初，關中始開。詔分馮翊西數縣爲左內史郡，治高陵；以東數縣爲本郡，治臨晉。義於縣分當西屬，義謂幹曰：「西縣兒曹，不可與爭坐席，今當共作方牀耳。」遂相附結，皆仕東郡爲右職。司隸辟幹，不至。歲終，郡舉幹孝廉，義上計掾。義留京師，爲平陵令，遷

宂從僕射，遂歷顯職。逮魏封十郡，請義以爲軍祭酒，又爲魏尚書左僕射。及文帝即位，拜諫議大夫、執金吾衞尉，卒官。義子豐，字宣國，見夏侯玄傳。幹以孝廉拜蒲阪令，病，去官。復舉至孝，爲公車司馬令。爲州所請，詔拜議郎，還參州事。會以建策捕高幹，又追錄前討郭援功，封武鄉侯，遷弘農太守。及馬超反，幹郡近超，民人分散。超破，爲漢陽太守。遷益州刺史，以道不通，黃初中，轉爲五官中郎將。明帝時，遷永安太僕，數歲卒。

始李義以直道推誠於人，故于時陳羣等與之齊好。雖無他材力，而終仕進不頓躓。幹從破亂之後，更折節學問，特善春秋公羊。司隸鍾繇不好公羊而好左氏，謂左氏爲太官，而謂公羊爲賣餠家，故數與幹共辯析長短。繇爲人機捷，善持論，而幹訥口，臨時屈無以應。繇謂幹曰：「公羊高竟爲左丘明服矣。」幹曰：「直故吏爲明使君服耳，公羊未肯也。」

韓宣字景然，勃海人也。爲人短小。建安中，丞相召署軍謀掾，宂散在鄴。嘗於鄴出入宮，於東掖門內與臨菑侯植相遇。時天新雨，地有泥潦。宣欲避之，閡潦不得去。乃以扇自障，住於道邊。植嫌宣既不去，又不爲禮，乃駐車，使其常從問宣何官？宣云：「丞相軍謀掾也。」植又問曰：「應得唐突列侯否？」宣曰：「春秋之義，王人雖微，列于諸侯之上，未聞宰士而爲下士諸侯禮也。」植又曰：「即如所言，爲人父吏，見其子應有禮否？」宣又曰：「於禮，臣、子一例也，而宣年又長。」植知其枝柱難窮，乃釋去，具爲太子言，以爲辯。黃初中，爲尚書郎，嘗以職事當受罰於殿前，已縛，束杖未行。文帝輦過，問：「此爲誰？」左右對曰：「尚書郎勃海韓宣也。」帝追念前臨菑侯所說，乃寤曰：「是子建所道韓宣邪！」特原之，遂解其縛。時天大寒，宣前以當受杖，豫脫袴，纏褌面縛；及其原，褌腰不下，乃趨而去。帝自而送之，笑曰：「此家有瞻諦之士也。」後出爲清河、東郡太守。明帝時，爲尚書大鴻臚，數歲卒。宣前後當官，在能否之間，然善以己恕人。始南陽韓暨以宿德在宣前爲大鴻臚，暨爲人賢，及宣

在後亦稱職，故鴻臚中爲之語曰：「大鴻臚，小鴻臚，前後治行曷相如。」案本志，宣名都不見，惟魏略有此傳，而世語列於名臣之流。

黃朗字文達，沛郡人也。爲人弘通有性實。父爲本縣卒，朗感其如此，抗志游學，由是爲方國及其郡士大夫所禮異。特與東平右姓王惠陽爲碩交，惠陽親拜朗母於牀下。朗始仕黃初中，爲長吏，遷長安令，會喪母不赴，復爲魏令，遷襄城典農中郎將、涿郡太守。以明帝時疾病卒。始朗爲君長，自以父故，常忌不呼鈴下伍伯，而呼其姓字，至於忿怒，亦終不言。朗既仕至二千石，而惠陽亦歷長安令、酒泉太守。故時人謂惠陽外似麤疏而內堅密，能不顧朗之本末，事朗母如己母，爲通度也。

魚豢曰：世稱君子之德其猶龍乎，蓋以其善變也。昔長安市儈有劉仲始者，一爲市吏所辱，乃感激，蹋其尺折之，遂行學問，經明行脩，流名海內。後以有道徵，不肯就，衆人歸其高。余以爲前世偶有此耳，而今徐、嚴復參之，若皆非似龍之志也，其何能至於此哉？李推至道，張工度主，韓見識異，黃能拔萃，各著根於石上，而垂陰乎千里，亦未爲易也。游翁慷慨，展布腹心，全軀保郡，見延帝王，又放陸生，優游宴戲，亦一實也。梁、趙及裴，雖張楊不足，至於檢己，老而益明，亦難能也。

評曰：和洽清和幹理，常林素業純固，楊俊人倫行義，杜襲溫粹識統，趙儼剛毅有度，裴潛平恒貞幹，皆一世之美士也。至林能不繫心於三司，以大夫告老，美矣哉！

三國志卷二十四　魏書二十四

韓崔高孫王傳第二十四

韓暨字公至，南陽堵陽人也。〔一〕同縣豪右陳茂，譖暨父兄，幾至大辟。暨陽不以爲言，庸賃積資，陰結死士，遂追呼尋禽茂，以首祭父墓，由是顯名。舉孝廉，司空辟，皆不就。乃變名姓，隱居避亂魯陽山中。山民合黨，欲行寇掠。暨散家財以供牛酒，請其渠帥，爲陳安危。山民化之，終不爲害。避袁術命召，徙居山都之山。荆州牧劉表禮辟，遂遁逃，南居孱陵界，所在見敬愛，而表深恨之。暨懼，應命，除宜城長。

〔一〕楚國先賢傳曰：暨，韓王信之後。祖術，河東太守。父純，南郡太守。

太祖平荆州，辟爲丞相士曹屬。後選樂陵太守，徙監冶謁者。舊時冶，作馬排，蒲拜反。爲排以吹炭。每一熟石用馬百匹；更作人排，又費功力；暨乃因長流爲水排，計其利益，三倍於前。在職七年，器用充實。制書褒歎，就加司金都尉，班亞九卿。文帝踐阼，封宜城亭侯。黃初七年，遷太常，進封南鄉亭侯，邑二百戶。

時新都洛陽，制度未備，而宗廟主祏音石。〔一〕皆在鄴都。暨奏請迎鄴四廟神主，建立洛陽廟，四時蒸嘗，親奉粢盛。崇明正禮，廢去淫祀，多所匡正。在官八年，以疾遜位。景初二年春，詔曰：「太中大夫韓暨，澡身浴德，志節高絜，年踰八十，守道彌固，可謂純篤，老而益劭者也。其以暨爲司徒。」夏四月薨，遺令斂以時服，葬爲土藏。謚曰恭侯。〔二〕子肇嗣。肇薨，子邦嗣。〔三〕

〔一〕春秋傳曰：命我先人典司宗祏。注曰：「宗廟所以藏主石室者。」

〔二〕楚國先賢傳曰：暨臨終遺言曰：「夫俗奢者，示之以儉，儉則節之以禮。歷見前代送終過制，失之甚矣。若爾曹敬聽吾言，斂以時服，葬以土藏，穿畢便葬，送以瓦器，愼勿有增益。」又上疏曰：「生有益於民，死猶不害於民。況臣備位台司，在職日淺，未能宣揚聖德以廣益黎庶。寢疾彌留，奄即幽冥。方今百姓農務，不宜勞役，乞不令洛陽吏民供設喪具。懼國典有常，使臣私願不得展從，謹冒以聞，惟蒙哀許。」帝得表嗟歎，乃詔曰：「故司徒韓暨，積德履行，忠以立朝，至於黃髮，直亮不虧。既登三事，望獲毗輔之助，如何奄忽，天命不永！曾參臨沒，易簀以禮；晏嬰尚儉，遣車降制。今司徒知命，遺言卹民，必欲崇約，可謂善始令終者也。其喪禮所設，皆如故事，勿有所闕。特賜溫明祕器，衣一稱，五時朝服，玉具劍佩。」

〔三〕楚國先賢傳曰：邦字長林。少有才學。晉武帝時爲野王令，有稱績。爲新城太守，坐舉野王故吏爲新城計吏，武帝大怒，遂殺邦。暨次子繇，高陽太守。繇子洪，侍御史。洪子壽，字德貞。晉諸公贊曰：自暨已下，世治素業，壽能敦尚家風，性尤忠厚。早歷清職，惠帝踐阼，爲散騎常侍，遷守河南尹。

病卒，贈驃騎將軍。壽妻賈充女。充無後，以壽子謐爲嗣，弱冠爲祕書監侍中，性驕佚而才出衆。少子蔚，亦有器望，並爲趙王倫所誅。韓氏遂滅。

崔林字德儒，清河東武城人也。少時晚成，宗族莫知，惟從兄琰異之。太祖定冀州，召除鄔長，貧無車馬，單步之官。太祖征壺關，問長吏德政最者，并州刺史張陟以林對，於是擢爲冀州主簿，徙署別駕、丞相掾屬。魏國既建，稍遷御史中丞。

文帝踐阼，拜尚書，出爲幽州刺史。北中郎將吳質統河北軍事，涿郡太守王雄謂林別駕曰：「吳中郎將，上所親重，國之貴臣也。仗節統事，州郡莫不奉牋致敬，而崔使君初不與相聞。若以邊塞不脩斬卿，使君寧能護卿邪？」別駕具以白林，林曰：「刺史視去此州如脫屣，寧當相累邪？此州與胡虜接，宜鎮之以靜，擾之則動其逆心，特爲國家生北顧憂，以此爲寄。」在官一期，寇竊寢息；〔一〕猶以不事上司，左遷河閒太守，清論多爲林怨也。〔二〕

〔一〕案王氏譜：雄字元伯，太保祥之宗也。魏名臣奏載安定太守孟達薦雄曰：「臣聞明君以求賢爲業，忠臣以進善爲效，故易稱『拔茅連茹』，傳曰『舉爾所知』。臣不自量，竊慕其義。臣昔以人乏，謬充備部職。時涿郡太守王雄爲西部從事，與臣同僚。雄天性良固，果而有謀。歷試三縣，政成人和。及在近職，奉宜威恩，懷柔有術，清慎持法。臣往年出使，經過雄郡。自說特受陛下拔擢之恩，常勵節精心，思投命爲效。言辭激揚，情趣款惻。臣雖愚闇，不識眞僞，以謂雄才兼資文武，忠

烈之性，踰越倫輩。今涿郡領戶三千，孤寡之家，參居其半，北有守兵藩衞之固，誠不足舒雄智力，展其勤幹也。臣受恩深厚，無以報國，不勝慺慺淺見之情，謹冒陳聞。」詔曰：「昔蕭何薦韓信，鄧禹進吳漢，惟賢知賢也。雄有膽智技能文武之姿，吾宿知之。今便以參散騎之選，方使少在吾門下知指歸，便大用之矣。天下之士，欲使皆先歷散騎，然後出據州郡，是吾本意也。」雄後爲幽州刺史。子渾，涼州刺史。次乂，平北將軍。司徒安豐侯戎，渾之子。太尉武陵侯衍、荊州刺史澄，皆乂之子。

〔二〕魏名臣奏載侍中辛毗奏曰：「昔桓階爲尚書令，以崔林非尚書才，遷以爲河閒太守。」與此傳不同。

遷大鴻臚。龜茲王遣侍子來朝，朝廷嘉其遠至，褒賞其王甚厚。餘國各遣子來朝，閒使連屬，林恐所遣或非眞的，權取疏屬賈胡，因通使命，利得印綬，而道路護送，所損滋多。勞所養之民，資無益之事，爲夷狄所笑，此曩時之所患也。乃移書燉煌喻指，并錄前世待遇諸國豐約故事，使有恆常。明帝卽位，賜爵關內侯，轉光祿勳、司隸校尉。屬郡皆罷非法除過員吏。林爲政推誠，簡存大體，是以去後每輒見思。

散騎常侍劉劭作考課論，制下百僚。林議曰：「案周官考課，其文備矣，自康王以下，遂以陵遲，此卽考課之法存乎其人也。及漢之季，其失豈在乎佐吏之職不密哉？方今軍旅，或猥或卒，備之以科條，申之以內外，增減無常，固難一矣。且萬目不張舉其綱，衆毛不整振其領。皋陶仕虞，伊尹臣殷，不仁者遠。五帝三王未必如一，而各以治亂。易曰：『易簡，

而天下之理得矣。』太祖隨宜設辟，以遺來今，不患不法古也。以爲今之制度，不爲疏闊，惟在守一勿失而已。若朝臣能任仲山甫之重，式是百辟，則孰敢不肅？」

景初元年，司徒、司空並缺，散騎侍郎孟康薦林曰：「夫宰相者，天下之所瞻效，誠宜得秉忠履正本德仗義之士，足爲海內所師表者。竊見司隸校尉崔林，稟自然之正性，體高雅之弘量。論其所長以比古人，忠直不回則史魚之儔，清儉守約則季文之匹也。牧守州郡，所在而治，及爲外司，萬里肅齊，誠台輔之妙器，袞職之良才也。」後年遂爲司空，封安陽亭侯，邑六百戶。三公封列侯，自林始也。〔一〕頃之，又進封安陽鄉侯。

〔一〕臣松之以爲漢封丞相邑，爲荀悅所譏。魏封三公，其失同也。

魯相上言：「漢舊立孔子廟，褒成侯歲時奉祠，辟雍行禮，必祭先師，王家出穀，春秋祭祀。今宗聖侯奉嗣，未有命祭之禮，宜給牲牢，長吏奉祀，尊爲貴神。」制三府議，博士傅祗以春秋傳言立在祀典，則孔子是也。宗聖適足繼絕世，章盛德耳。至於顯立言，崇明德，則宜如魯相所上。林議以爲「宗聖侯亦以王命祀，不爲未有命也。周武王封黃帝、堯、舜之後，及立三恪，禹、湯之世，不列于時，復特命他官祭也。今周公已上，達於三皇，忽焉不祀，而其禮經亦存其言。今獨祀孔子者，以世近故也。以大夫之後，特受無疆之祀，禮過古帝，義踰湯、武，可謂崇明報德矣，無復重祀於非族也。」〔一〕

〔一〕臣松之以爲孟軻稱宰我之辭曰：「以予觀夫子，賢於堯舜遠矣。」又曰：「生民以來，未有盛於孔子者也。」斯非通賢之格言，商較之定準乎！雖妙極則同，萬聖猶一，然淳薄異時，質文殊用，或當時則榮，沒則已焉，是以遺風所被，寔有深淺。若乃經緯天人，立言垂制，百王莫之能違，彝倫資之以立，誠一人而已耳。周監二代，斯文爲盛。然於六經之道，未能及其精致。加以聖賢不興，曠年五百，道化陵夷，憲章殆滅，若使時無孔門，則周典幾乎息矣。夫能光明先王之道，以成萬世之功，齊天地之無窮，等日月之久照，豈不有踰於羣聖哉？林曾無史遷洞想之誠，梅眞慷慨之志，而守其蓬心以塞明義，可謂多見其不知量也。

明帝又分林邑，封一子列侯。正始五年薨，謚曰孝侯。子述嗣。〔一〕

〔一〕晉諸公贊曰：述弟隨，晉尚書僕射。爲人亮濟。趙王倫篡位，隨與其事。倫敗，隨亦廢錮而卒。林孫瑋，性率而疎，至太子右衞率也。初，林識拔同郡王經於民伍之中，卒爲名士，世以此稱之。

高柔字文惠，陳留圉人也。父靖，爲蜀郡都尉。〔一〕柔留鄉里，謂邑中曰：「今者英雄並起，陳留四戰之地也。曹將軍雖據兗州，本有四方之圖，未得安坐守也。而張府君先得志於陳留，吾恐變乘閒作也，欲與諸君避之。」衆人皆以張邈與太祖善，柔又年少，不然其言。柔從兄幹，袁紹甥也，〔二〕在河北呼柔，柔舉宗從之。會靖卒於西州，時道路艱澁，兵寇縱橫，而柔冒艱險詣蜀迎喪，辛苦荼毒，無所不嘗，三年乃還。

〔一〕陳留耆舊傳曰：靖高祖父固，不仕王莽世，爲淮陽太守所害，以烈節垂名。固子愼，字孝甫。敦厚少華，有沈深之

孫禮字德達，涿郡容城人也。太祖平幽州，召爲司空軍謀掾。初喪亂時，禮與母相失，同郡馬台求得禮母，禮推家財盡以與台。台後坐法當死，禮私導令踰獄自首，既而曰：「臣無逃亡之義。」徑詣刺奸主簿溫恢。恢嘉之，具白太祖，各減死一等。後除河間郡丞，稍遷滎陽都尉。魯山中賊數百人，保固險阻，爲民作害；乃徙禮爲魯相。禮至官，出俸穀，發吏民，募首級，招納降附，使還爲閒，應時平泰。歷山陽、平原、平昌、琅邪太守。從大司馬曹休征吳於夾石，禮諫以爲不可深入，不從而敗。遷陽平太守，入爲尙書。

明帝方修宮室，而節氣不和，天下少穀。禮固爭，罷役，詔曰：「敬納讜言，促遣民作。」時李惠監作，復奏留一月，有所成訖。禮徑至作所，不復重奏，稱詔罷民，帝奇其意而不責也。

帝獵於大石山，虎趨乘輿，禮便投鞭下馬，欲奮劍斫虎，詔令禮上馬。明帝臨崩之時，以曹爽爲大將軍，宜得良佐，於牀下受遺詔，拜禮大將軍長史，加散騎常侍。禮亮直不撓，爽弗便也，以爲揚州刺史，加伏波將軍，賜爵關內侯。吳大將全琮帥數萬衆來侵寇，時州兵休使，在者無幾。禮躬勒衞兵禦之，戰於芍陂，自旦及暮，將士死傷過半。禮犯蹈白刃，馬被數創，手秉枹鼓，奮不顧身，賊衆乃退。詔書慰勞，賜絹七百匹。禮爲死事者設祀哭臨，

哀號發心，皆以絹付亡者家，無以入身。

徵拜少府，出爲荆州刺史，遷冀州牧。太傅司馬宣王謂禮曰：「今清河、平原爭界八年，更二刺史，靡能決之；虞、芮待文王而了，宜善令分明。」禮曰：「訟者據墟墓爲驗，聽者以先老爲正，而老者不可加以榎楚，又墟墓或遷就高敞，或徙避仇讐。如今所聞，雖皋陶猶將爲難。若欲使必也無訟，當以烈祖初封平原時圖決之。何必推古問故，以益辭訟？昔成王以桐葉戲叔虞，周公便以封之。今圖藏在天府，便可於坐上斷也，豈待到州乎？」宣王曰：「是也。當別下圖。」禮到，案圖宜屬平原。而曹爽信清河言，下書云：「圖不可用，當參異同。」禮上疏曰：「管仲霸者之佐，其器又小，猶能奪伯氏駢邑，使沒齒無怨言。臣受牧伯之任，奉聖朝明圖，驗地著之界，界實以王翁河爲限；而鄃以馬丹候爲驗，詐以鳴犢河爲界。假虛訟訴，疑誤臺閣。竊聞衆口鑠金，浮石沈木，三人成市虎，慈母投其杼。今二郡爭界八年，一朝決之者，緣有解書圖畫，可得尋案擿校也。平原在兩河，向東上，其間有爵隄，爵隄在高唐西南，所爭地在高唐西北，相去二十餘里，可謂長歎息流涕者也。案解與圖奏而鄃不受詔，此臣軟弱不勝其任，臣亦何顏尸祿素餐。」輒束帶著履，駕車待放。爽見禮奏，大怒。劾禮怨望，結刑五歲。在家期年，衆人多以爲言，除城門校尉。

時匈奴王劉靖部衆彊盛，而鮮卑數寇邊，乃以禮爲并州刺史，加振武將軍，使持節，護

匈奴中郎將。往見太傅司馬宣王，有忿色而無言。宣王曰：「卿得并州，少邪？恚理分界失分乎？今當遠別，何不懽也！」禮曰：「何明公言之乖細也！禮雖不德，豈以官位往事爲意邪？本謂明公齊蹤伊、呂，匡輔魏室，上報明帝之託，下建萬世之勳。今社稷將危，天下兇兇，此禮之所以不悅也。」因涕泣橫流。宣王曰：「且止，忍不可忍。」爽誅後，入爲司隸校尉，凡臨七郡五州，皆有威信。遷司空，封大利亭侯，邑一百戶。禮與盧毓同郡時輩，而情好不睦。爲人雖互有長短，然名位略齊云。嘉平二年薨，謚曰景侯。孫元嗣。

王觀字偉臺，東郡廩丘人也。少孤貧勵志，太祖召爲丞相文學掾，出爲高唐、陽泉、酇、任令，所在稱治。文帝踐阼，入爲尙書郎、廷尉監，出爲南陽、涿郡太守。涿北接鮮卑，數有寇盜，觀令邊民十家已上，屯居，築京候。時或有不願者，觀乃假遣朝吏，使歸助子弟，不與期會，但敕事訖各還。於是吏民相率不督自勸，旬日之中，一時俱成。守禦有備，寇鈔以息。明帝卽位，下詔書使郡縣條爲劇、中、平者。主者欲言郡爲中平，觀敎曰：「此郡濱近外虜，數有寇害，云何不爲劇邪？」主者曰：「若郡爲外劇，恐於明府有任子。」觀曰：「夫君者，所以爲民也。今郡在外劇，則於役條當有降差。豈可爲太守之私而負一郡之民乎？」遂言爲外劇郡，後送任子詣鄴。時觀但有一子而又幼弱。其公心如此。觀治身清素，帥下以

儉，僚屬承風，莫不自勵。

明帝幸許昌，召觀爲治書侍御史，典行臺獄。時多有倉卒喜怒，而觀不阿意順指。太尉司馬宣王請觀爲從事中郎，遷爲尙書，出爲河南尹，徙少府。大將軍曹爽使材官張達斫家屋材，及諸私用之物，觀聞知，皆錄奪以沒官。少府統三尙方御府內藏玩弄之寶，爽等奢放，多有干求，憚觀守法，乃徙爲太僕。司馬宣王誅爽，使觀行中領軍，據爽弟羲營，賜爵關內侯，復爲尙書，加駙馬都尉。高貴鄉公卽位，封中鄉亭侯。頃之，加光祿大夫，轉爲右僕射。常道鄉公卽位，進封陽鄉侯，增邑千戶，并前二千五百戶。遷司空，固辭，不許，遣使卽第拜授。就官數日，上送印綬，輒自輿歸里舍。薨于家，遺令藏足容棺，不設明器，不封不樹。謚曰肅侯。子悝嗣。咸熙中，開建五等，以觀著勳前朝，改封悝膠東子。

評曰：韓曁處以靜居行化，出以任職流稱；崔林簡樸知能；高柔明於法理；孫禮剛斷伉厲；王觀清勁貞白：咸克致公輔。及曁年過八十，起家就列；柔保官二十年，元老終位：比之徐邈、常林，於茲爲疚矣。

三國志卷二十五

魏書二十五

辛毗楊阜高堂隆傳第二十五

辛毗字佐治，潁川陽翟人也。其先建武中，自隴西東遷。毗隨兄評從袁紹。太祖爲司空，辟毗，毗不得應命。及袁尚攻兄譚於平原，譚使毗詣太祖求和。〔一〕太祖將征荊州，次于西平。毗見太祖致譚意，太祖大悅。後數日，更欲先平荊州，使譚、尚自相弊。他日置酒，毗望太祖色，知有變，以語郭嘉。嘉白太祖，太祖謂毗曰：「譚可信？尚必可克不？」毗對曰：「明公無問信與詐也，直當論其勢耳。袁氏本兄弟相伐，非謂他人能閒其閒，乃謂天下可定於己也。今一旦求救於明公，此可知也。顯甫見顯思困而不能取，此力竭也。兵革敗於外，謀臣誅於內，兄弟讒鬩，國分爲二；連年戰伐，而介胄生蟣蝨，加以旱蝗，饑饉並臻，國無囷倉，行無裹糧，天災應於上，人事困於下，民無愚智，皆知土崩瓦解，此乃天亡尚之時也。兵法稱有石城湯池帶甲百萬而無粟者，不能守也。今往攻鄴，尚不還救，卽不能自守。還救，卽譚踵其後。以明公之威，應困窮之敵，擊疲弊之寇，無異迅風之振秋葉矣。天

以袁尚與明公，明公不取而伐荊州。荊州豐樂，國未有釁。仲虺有言：『取亂侮亡。』方今二袁不務遠略而內相圖，可謂亂矣；居者無食，行者無糧，可謂亡矣。朝不謀夕，民命靡繼，而不綏之，欲待他年；他年或登，又自知亡而改脩厥德，失所以用兵之要矣。今因其請救而撫之，利莫大焉。且四方之寇，莫大於河北；河北平，則六軍盛而天下震。」太祖曰：「善。」乃許譚平，次于黎陽。明年攻鄴，克之，表毗爲議郎。

〔一〕英雄記曰：譚、尚戰於外門，譚軍敗奔北。郭圖說譚曰：「今將軍國小兵少，糧匱勢弱，顯甫之來，久則不敵。愚以爲可呼曹公來擊顯甫。曹公至，必先攻鄴，顯甫還救。將軍引兵而西，自鄴以北皆可虜得。若顯甫軍破，其兵奔亡，又可斂取以拒曹公。曹公遠僑而來，糧餉不繼，必自逃去。比此之際，趙國以北皆我之有，亦足與曹公爲對矣。不然，不諧。」譚始不納，後遂從之。問圖：「誰可使？」圖答：「辛佐治可。」譚遂遣毗詣太祖。

久之，太祖遣都護曹洪平下辯，使毗與曹休參之，令曰：「昔高祖貪財好色，而良、平匡其過失。今佐治、文烈憂不輕矣。」軍還，爲丞相長史。

文帝踐阼，遷侍中，賜爵關內侯。時議改正朔。毗以魏氏遵舜、禹之統，應天順民；至於湯、武，以戰伐定天下，乃改正朔。孔子曰「行夏之時」，左氏傳曰「夏數爲得天正」，何必期於相反。帝善而從之。

帝欲徙冀州士家十萬戶實河南。時連蝗民饑，羣司以爲不可，而帝意甚盛。毗與朝臣

俱求見，帝知其欲諫，作色以見之，皆莫敢言。毗曰：「陛下欲徙士家，其計安出？」帝曰：「卿謂我徙之非邪？」毗曰：「誠以爲非也。」帝曰：「吾不與卿共議也。」毗曰：「陛下不以臣不肖，置之左右，廁之謀議之官，安得不與臣議邪！臣所言非私也，乃社稷之慮也，安得怒臣！」帝不答，起入內；毗隨而引其裾，帝遂奮衣不還，良久乃出，曰：「佐治，卿持我何太急邪？」毗曰：「今徙，既失民心，又無以食也。」帝遂徙其半。嘗從帝射雉，帝曰：「射雉樂哉！」毗曰：「於陛下甚樂，而於羣下甚苦。」帝默然，後遂爲之稀出。

上軍大將軍曹眞征朱然于江陵，毗行軍師。還，封廣平亭侯。帝欲大興軍征吳，毗諫曰：「吳、楚之民，險而難禦，道隆後服，道洿先叛，自古患之，非徒今也。今陛下祚有海內，夫不賓者，其能久乎？昔尉佗稱帝，子陽僭號，歷年未幾，或臣或誅。何則，違逆之道不久全，而大德無所不服也。方今天下新定，土廣民稀。夫廟算而後出軍，猶臨事而懼，況今廟算有闕而欲用之，臣誠未見其利也。先帝屢起銳師，臨江而旋。今六軍不增於故，而復循之，此未易也。今日之計，莫若脩范蠡之養民，法管仲之寄政，則充國之屯田，明仲尼之懷遠；十年之中，彊壯未老，童齔勝戰，兆民知義，將士思奮，然後用之，則役不再舉矣。」帝曰：「如卿意，更當以虜遺子孫邪？」毗對曰：「昔周文王以紂遺武王，唯知時也。苟時未可，容得已乎！」帝竟伐吳，至江而還。

明帝卽位，進封潁鄉侯，邑三百戶。時中書監劉放、令孫資見信於主，制斷時政，大臣莫不交好，而毗不與往來。毗子敞諫曰：「今劉、孫用事，衆皆影附，大人宜小降意，和光同塵；不然必有謗言。」毗正色曰：「主上雖未稱聰明，不爲闇劣。吾之立身，自有本末。就與劉、孫不平，不過令吾不作三公而已，何危害之有？焉有大丈夫欲爲公而毀其高節者邪？」冗從僕射畢軌表言：「尚書僕射王思精勤舊吏，忠亮計略不如辛毗，毗宜代思。」帝以訪放、資，放、資對曰：「陛下用思者，誠欲取其効力，不貴虛名也。毗實亮直，然性剛而專，聖慮所當深察也。」遂不用。出爲衞尉。

帝方脩殿舍，百姓勞役，毗上疏曰：「竊聞諸葛亮講武治兵，而孫權市馬遼東，量其意指，似欲相左右。備豫不虞，古之善政，而今者宮室大興，加連年穀麥不收。詩云：『民亦勞止，迄可小康，惠此中國，以綏四方。』唯陛下爲社稷計。」帝報曰：「二虜未滅而治宮室，直諫者立名之時也。夫王者之都，當及民勞兼辦，使後世無所復增，是蕭何爲漢規摹之略也。今卿爲魏重臣，亦宜解其大歸。」帝又欲平北芒，令於其上作臺觀，則見孟津。毗諫曰：「天地之性，高高下下，今而反之，既非其理；加以損費人功，民不堪役。且若九河盈溢，洪水爲害，而丘陵皆夷，將何以禦之？」帝乃止。〔一〕

〔一〕魏略曰：諸葛亮圍祁山，不克，引退。張郃追之，爲流矢所中死。帝惜郃，臨朝而歎曰：「蜀未平而郃死，將若之

何！」司空陳羣曰：「郃誠良將，國所依也。」毗心以爲郃雖可惜，然已死，不當內弱主意，而示外以不大也。乃持羣曰：「陳公，是何言歟！當建安之末，天下不可一日無武皇帝也，及委國祚，而文皇帝受命。黃初之世，亦謂不可無文皇帝也，及委棄天下，而陛下龍興。今國內所少，豈張郃乎？」陳羣曰：「亦誠如辛毗言。」帝笑曰：「陳公可謂善變矣。」

臣松之以爲擬人必於其倫，取譬宜引其類，故君子於其言，無所苟而已矣。毗欲弘廣主意，當舉若張遼之疇，安有於一將之死而可以祖宗爲譬哉？非所宜言，莫過於茲。進違其類，退似諂佞，佐治剛正之體，不宜有此。魏略既已難信，習氏又從而載之，竊謂斯人受誣不少。

青龍二年，諸葛亮率衆出渭南。先是，大將軍司馬宣王數請與亮戰，明帝終不聽。是歲恐不能禁，乃以毗爲大將軍軍師，使持節；六軍皆肅，準毗節度，莫敢犯違。〔一〕亮卒，復還爲衞尉。薨，諡曰肅侯。子敞嗣，咸熙中爲河內太守。〔二〕

〔一〕魏略曰：宣王數數欲進攻，毗禁不聽。宣王雖能行意，而每屈於毗。

〔二〕世語曰：敞字泰雍，官至衞尉。毗女憲英，適太常泰山羊耽，外孫夏侯湛爲其傳曰：「憲英聰明有才鑒。初文帝與陳思王爭爲太子，既而文帝得立，抱毗頸而喜曰：『辛君知我喜不？』毗以告憲英，憲英歎曰：『太子代君主宗廟社稷者也。代君不可以不戚，主國不可以不懼，宜戚而喜，何以能久？魏其不昌乎！』弟敞爲大將軍曹爽參軍。宣王將誅爽，因爽出，閉城門。大將軍司馬魯芝將爽府兵，犯門斬關，出城門赴爽，來呼敞俱去。敞懼，問憲英曰：『天子在外，太傅閉城門，人云將不利國家，於事可得爾乎？』憲英曰：『天下有不可知，然以吾度之，太傅殆

不得不爾！明皇帝臨崩，把太傅臂，以後事付之，此言猶在朝士之耳。且曹爽與太傅俱受寄託之任，而獨專權勢，行以驕奢，於王室不忠，於人道不直，此舉不過以誅曹爽耳。』敞曰：『然則事就乎？』憲英曰：『得無殆就！爽之才非太傅之偶也。』敞曰：『然則敞可以無出乎？』憲英曰：『安可以不出。職守，人之大義也。凡人在難，猶或恤之；爲人執鞭而棄其事，不祥，不可也。且爲人死，爲人任，親昵之職也，從衆而已。』敞遂出。宣王果誅爽。事定之後，敞歎曰：『吾不謀於姊，幾不獲於義。』逮鍾會爲鎮西將軍，憲英謂從子羊祜曰：『鍾士季何故西出？』祜曰：『將爲滅蜀也。』憲英曰：『會在事縱恣，非持久處下之道，吾畏其有他志也。』祜曰：『季母勿多言。』其後會請子琇爲參軍，憲英憂曰：『他日見鍾會之出，吾爲國憂之矣。今日難至吾家，此國之大事，必不得止也。』琇固請司馬文王，文王不聽。憲英語琇曰：『行矣，戒之！古之君子，入則致孝於親，出則致節於國，在職思其所司，在義思其所立，不遺父母憂患而已。軍旅之間，可以濟者，其惟仁恕乎！汝其慎之！』琇竟以全身。憲英年至七十有九，泰始五年卒。」

楊阜字義山，天水冀人也。〔一〕以州從事爲牧韋端使詣許，拜安定長史。阜還，關右諸將問袁、曹勝敗孰在，阜曰：「袁公寬而不斷，好謀而少決；不斷則無威，少決則失後事，今雖彊，終不能成大業。曹公有雄才遠略，決機無疑，法一而兵精，能用度外之人，所任各盡其力，必能濟大事者也。」長史非其好，遂去官。而端徵爲太僕，其子康代爲刺史，辟阜爲別駕。察孝廉，辟丞相府，州表留參軍事。

〔一〕魏略曰：阜少與同郡尹奉次曾、趙昂偉章俱發名，偉章、次曾與阜俱爲涼州從事。

馬超之戰敗渭南也，走保諸戎。太祖追至安定，而蘇伯反河閒，將引軍東還。阜時奉使，言於太祖曰：「超有信、布之勇，甚得羌、胡心，西州畏之。若大軍還，不嚴爲之備，隴上諸郡非國家之有也。」太祖善之，而軍還倉卒，爲備不周。超率諸戎渠帥以擊隴上郡縣，隴上郡縣皆應之，惟冀城奉州郡以固守。超盡兼隴右之衆，而張魯又遣大將楊昂以助之，凡萬餘人，攻城。阜率國士大夫及宗族子弟勝兵者千餘人，使從弟岳於城上作偃月營，與超接戰，自正月至八月拒守而救兵不至。州遣別駕閻溫循水潛出求救，爲超所殺，於是刺史、太守失色，始有降超之計。阜流涕諫曰：「阜等率父兄子弟以義相勵，有死無二；田單之守，不固於此也。棄垂成之功，陷不義之名，阜以死守之。」遂號哭。刺史、太守卒遣人請和，開城門迎超。超入，拘岳於冀，使楊昂殺刺史、太守。

阜內有報超之志，而未得其便。頃之，阜以喪妻求葬假。阜外兄姜敘屯歷城。阜少長敘家，見敘母及敘，說前在冀中時事，歔欷悲甚。敘曰：「何爲乃爾？」阜曰：「守城不能完，君亡不能死，亦何面目以視息於天下！馬超背父叛君，虐殺州將，豈獨阜之憂責，一州士大夫皆蒙其恥。君擁兵專制而無討賊心，此趙盾所以書弒君也。超彊而無義，多釁易圖耳。」敘母慨然，敕敘從阜計。計定，外與鄉人姜隱、趙昂、尹奉、姚瓊、孔信、武都人李俊、王靈結

謀，定討超約，使從弟謨至冀語岳，并結安定梁寬、南安趙衢、龐恭等。約誓既明，十七年九月，與敘起兵於鹵城。超聞阜等兵起，自將出。而衢、寬等解岳，閉冀城門，討超妻子。超襲歷城，得敘母。敘母罵之曰：「汝背父之逆子，殺君之桀賊，天地豈久容汝，而不早死，敢以面目視人乎！」超怒，殺之。阜與超戰，身被五創，宗族昆弟死者七人。超遂南奔張魯。

隴右平定，太祖封討超之功，侯者十一人，賜阜爵關內侯。阜讓曰：「阜君存無扞難之功，君亡無死節之效，於義當絀，於法當誅；超又不死，無宜苟荷爵祿。」太祖報曰：「君與羣賢共建大功，西土之人以爲美談。子貢辭賞，仲尼謂之止善。君其剖心以順國命。姜敘之母，勸敘早發，明智乃爾，雖楊敞之妻蓋不過此。賢哉，賢哉！良史記錄，必不墜於地矣。」〔一〕

〔一〕皇甫謐列女傳曰：姜敘母者，天水姜伯奕之母也。建安中，馬超攻冀，害涼州刺史韋康，州人悽然，莫不感憤。敘爲撫夷將軍，擁兵屯歷。敘姑子楊阜，故爲康從事，同等十餘人，皆略屬超，陰相結爲康報仇，未有閒。會阜妻死，辭超寧歸西，因過至歷，候敘母，說康被害及冀中之難，相對泣良久。姜敘舉室感悲，敘母曰：「咄！伯奕，韋使君遇難，豈一州之恥，亦汝之負，豈獨義山哉？汝無顧我，事淹變生。人誰不死？死國，忠義之大者。但當速發，我自爲汝當之，不以餘年累汝也。」因敕敘與阜參議，許諾，分人使語鄉里尹奉、趙昂及安定梁寬等，令敘先舉兵叛超，超怒，必自來擊敘，寬等因從後閉門。約誓以定，敘遂進兵入鹵，昂、奉守祁山。超聞，果自出擊敘，寬

等從後閉冀門，超失據。過鹵，敘守鹵。超因進至歷，歷中見超往，以爲敘軍還。又傳聞超以走奔漢中，故歷無備。及超入歷，執敘母，母怒罵超。超被罵大怒，即殺敘母及其子，燒城而去。皐等以狀聞，太祖甚嘉之，手令褒揚，語如本傳。

臣松之案：謐稱皐爲敘姑子，而本傳云敘爲皐外兄，與今名內外爲不同。謐又載趙昂妻異者，故益州刺史天水趙偉璋妻，王氏女也。昂爲羌道令，留異在西。會同郡梁雙反，攻破西城，害異兩男。異女英，年六歲，獨與異在城中。異見兩男已死，又恐爲雙所侵，引刀欲自刎，顧英而歎曰：「身死爾棄，當誰恃哉！吾聞西施蒙不絜之服，則人掩鼻，況我貌非西施乎？」乃以溷糞涅麻而被之，尠食瘠形，自春至冬。雙與州郡和，異竟以是免難。昂遣吏迎之，未至三十里，止謂英曰：「婦人無符信保傅，則不出房闈。昭姜沈流，伯姬待燒，每讀其傳，心壯其節。今吾遭亂不能死，將何以復見諸姑？所以偷生不死，惟憐汝耳。今官舍已近，吾去汝死矣。」遂飲毒藥而絕。時適有解毒藥良湯，撅口灌之，良久迺蘇。建安中，昂轉參軍事，徙居冀。會馬超攻冀，異躬著布韝，佐昂守備，又悉脫所佩環、黼黻以賞戰士。及超攻急，城中飢困，刺史韋康素仁，愍吏民傷殘，欲與超和。昂諫不聽，歸以語異，異曰：「君有爭臣，大夫有專利之義；專不爲非也。焉知救兵不到關隴哉？當共勉卒高勳，全節致死，不可從也。」比昂還，康與超和。超遂背約害康，又劫昂，質其嫡子月於南鄭。欲要昂以爲己用，然心未甚信。超妻楊聞異節行，請與讌終日。異欲信昂於超以濟其謀，謂楊曰：「昔管仲入齊，立九合之功；由余適秦，穆公成霸。方今社稷初定，治亂在於得人，涼州士馬，迺可與中夏爭鋒，不可不詳也。」楊深感之，以爲忠於已，遂與異重相接結。昂所以得信於超，全功免禍者，異之力也。及昂與楊阜等結謀討超，告異曰：「吾謀如是，事必萬全，當奈月何？」異厲聲應曰：「忠義立於身，雪君父之大恥，喪元不足爲重，況一子哉？夫項託、顏淵，豈復百

年，責義存耳。」昂曰：「善。」遂共閉門逐超，超奔漢中，從張魯得兵還。異復與昂保祁山，爲超所圍，三十日救兵到，乃解。超卒殺異子月。凡自冀城之難，至于祁山，昂出九奇，異輒參焉。

太祖征漢中，以皐爲益州刺史。還，拜金城太守，未發，轉武都太守。郡濱蜀漢，皐請依襲遂故事，安之而已。會劉備遣張飛、馬超等從沮道趣下辯，而氐雷定等七部萬餘落反應之。太祖遣都護曹洪禦超等，超等退還。洪置酒大會，令女倡著羅縠之衣，蹋鼓，一坐皆笑。皐厲聲責洪曰：「男女之別，國之大節，何有於廣坐之中裸女人形體！雖桀、紂之亂，不甚於此。」遂奮衣辭出。洪立罷女樂，請皐還坐，肅然憚焉。

及劉備取漢中以逼下辯，太祖以武都孤遠，欲移之，恐吏民戀土。皐威信素著，前後徙民、氐，使居京兆、扶風、天水界者萬餘戶，徙郡小槐里，百姓襁負而隨之。爲政舉大綱而已，下不忍欺也。文帝問侍中劉曄等：「武都太守何如人也？」皆稱皐有公輔之節。未及用，會帝崩。在郡十餘年，徵拜城門校尉。

皐常見明帝著繡帽，被縹綾半褎，皐問帝曰：「此於禮何法服也？」帝默然不答，自是不法服不以見皐。

遷將作大匠。時初治宮室，發美女以充後庭，數出入弋獵。秋，大雨震電，多殺鳥雀。皐上疏曰：「臣聞明主在上，羣下盡辭。堯、舜聖德，求非索諫；大禹勤功，務卑宮室；成湯遭旱，歸咎責己；周文刑於寡妻，以御家邦；漢文躬行節儉，身衣弋綈：此皆能昭令問，貽厥孫謀者也。伏惟陛下奉武皇帝開拓之大業，守文皇帝克終之元緒，誠宜思齊往古聖賢之善治，總觀季世放盪之惡政。所謂善治者，務儉約、重民力也；所謂惡政者，從心恣欲，觸情而發也。惟陛下稽古世代之初所以明赫，及季世所以衰弱至于泯滅，近覽漢末之變，足以動心誡懼矣。曩使桓、靈不廢高祖之法，文、景之恭儉，太祖雖有神武，於何所施其能邪？而陛下何由處斯尊哉？今吳、蜀未定，軍旅在外，願陛下動則三思，慮而後行，重慎出入，以往鑒來，言之若輕，成敗甚重。頃者天雨，又多卒暴雷電非常，至殺鳥雀。天地神明，以王者爲子也，政有不當，則見災譴。克己內訟，聖人所記。惟陛下慮患無形之外，慎萌纖微之初，法漢孝文出惠帝美人，令得自嫁；頃所調送小女，遠聞不令，宜爲後圖。諸所繕治，務從約節。書曰：『九族既睦，協和萬國。』事思厥宜，以從中道，精心計謀，省息費用。吳、蜀以定，爾乃上安下樂，九親熙熙。如此以往，祖考心歡，堯舜其猶病諸。今宜開大信於天下，以安衆庶，以示遠人。」時雍丘王植怨於不齒，藩國至親，法禁峻密，故皐又陳九族之義焉。詔報曰：「間得密表，先陳往古明王聖主，以諷闇政，切至之辭，款誠篤實。退思補過，將順匡救，備至悉矣。覽思苦言，吾甚嘉之。」

後遷少府。是時大司馬曹眞伐蜀，遇雨不進。皐上疏曰：「昔文王有赤烏之符，而猶日

昃不暇食；武王白魚入舟，君臣變色。而動得吉瑞，猶尚憂懼，況有災異而不戰竦者哉？今吳、蜀未平，而天屢降變，陛下宜深有以專精應答，側席而坐，思示遠以德，綏邇以儉。間者諸軍始進，便有天雨之患，稽閡山險，以積日矣。轉運之勞，擔負之苦，所費以多，若有不繼，必違本圖。傳曰：『見可而進，知難而退，軍之善政也。』徒使六軍困於山谷之間，進無所略，退又不得，非主兵之道也。武王還師，殷卒以亡，知天期也。今年凶民饑，宜發明詔損膳減服，技巧珍玩之物，皆可罷之。昔邵信臣爲少府於無事之世，而奏罷浮食；今者軍用不足，益宜節度。」帝即召諸軍還。

後詔大議政治之不便於民者，皐議以爲：「致治在於任賢，興國在於務農。若舍賢而任所私，此忘治之甚者也。廣開宮館，高爲臺榭，以妨民務，此害農之甚者也。百工不敎其器，而競作奇巧，以合上欲，此傷本之甚者也。孔子曰：『苛政甚於猛虎。』今守功文俗之吏，爲政不通治體，苟好煩苛，此亂民之甚者也。當今之急，宜去四甚，並詔公卿郡國，舉賢良方正敦樸之士而選用之，此亦求賢之一端也。」

皐又上疏欲省宮人諸不見幸者，乃召御府吏問後宮人數。吏守舊令，對曰：「禁密，不得宣露。」皐怒，杖吏一百，數之曰：「國家不與九卿爲密，反與小吏爲密乎？」帝聞而愈敬憚皐。

帝愛女淑，未期而夭，帝痛之甚，追封平原公主，立廟洛陽，葬於南陵。將自臨送，阜上疏曰：「文皇帝、武宣皇后崩，陛下皆不送葬，所以重社稷、備不虞也。何至孩抱之赤子而可送葬也哉？」帝不從。

帝既新作許宮，又營洛陽宮殿觀閣。阜上疏曰：「堯尙茅茨而萬國安其居，禹卑宮室而天下樂其業；及至殷、周，或堂崇三尺，度以九筵耳。古之聖帝明王，未有極宮室之高麗以彫弊百姓之財力者也。桀作璇室、象廊，紂爲傾宮、鹿臺，以喪其社稷，楚靈以築章華而身受其禍；秦始皇作阿房而殃及其子，天下叛之，二世而滅。夫不度萬民之力，以從耳目之欲，未有不亡者也。陛下當以堯、舜、禹、湯、文、武爲法則，夏桀、殷紂、楚靈、秦皇爲深誡。高高在上，實監后德。慎守天位，以承祖考，巍巍大業，猶恐失之。不夙夜敬止，允恭䘏民，而乃自暇自逸，惟宮臺是侈是飾，必有顚覆危亡之禍。易曰：『豐其屋，蔀其家，闚其戶，闃其無人。』王者以天下爲家，言豐屋之禍，至於家無人也。方今二虜合從，謀危宗廟，十萬之軍，東西奔赴，邊境無一日之娛；農夫廢業，民有饑色。陛下不以是爲憂，而營作宮室，無有已時。使國亡而臣可以獨存，臣又不言也；〔一〕君作元首，臣爲股肱，存亡一體，得失同之。孝經曰：『天子有爭臣七人，雖無道不失其天下。』臣雖駑怯，敢忘爭臣之義？言不切至，不足以感寤陛下。陛下不察臣言，恐皇祖烈考之祚，將墜于地。使臣身死有補萬一，則

死之日，猶生之年也。謹叩棺沐浴，伏俟重誅。」奏御，天子感其忠言，手筆詔答。每朝廷會議，阜常侃然以天下爲己任。數諫爭，不聽，乃屢乞遜位，未許。會卒，家無餘財。孫豹嗣。

〔一〕臣松之以爲忠至之道，以亡己爲理。是以匡救其惡，不爲身計。而阜表云「使國亡而臣可以獨存，臣又不言也」，此則發憤爲己，豈爲國哉？斯言也，豈不傷讜烈之義，爲一表之病乎！

高堂隆字升平，泰山平陽人，魯高堂生後也。少爲諸生，泰山太守薛悌命爲督郵。郡督軍與悌爭論，名悌而呵之。隆按劍叱督軍曰：「昔魯定見侮，仲尼歷階；趙彈秦箏，相如進缶。臨臣名君，義之所討也。」督軍失色，悌驚起止之。後去吏，避地濟南。

建安十八年，太祖召爲丞相軍議掾，後爲歷城侯徽文學，轉爲相。徽遭太祖喪，不哀，反游獵馳騁；隆以義正諫，甚得輔導之節。黃初中，爲堂陽長，以選爲平原王傅。王卽尊位，是爲明帝。以隆爲給事中、博士、駙馬都尉。帝初踐阼，羣臣或以爲宜饗會，隆曰：「唐、虞有遏密之哀，高宗有不言之思，是以至德雍熙，光于四海。」以爲不宜爲會，帝敬納之。遷陳留太守。犢民酉牧，年七十餘，有至行，舉爲計曹掾；帝嘉之，特除郎中以顯焉。徵隆爲散騎常侍，賜爵關內侯。〔一〕

〔一〕魏略曰：太史上漢曆不及天時，因更推步弦望朔晦，爲太和曆。帝以隆學問優深，於天文又精，乃詔使隆與尙書郎楊偉、太史待詔駱祿參共推校。偉、祿是太史，隆故據舊曆更相劾奏，紛紜數歲，偉稱祿得日蝕而月晦不盡，隆不得日蝕而月晦盡，詔從太史。隆所爭雖不得，而遠近猶知其精微也。

青龍中，大治殿舍，西取長安大鐘。隆上疏曰：「昔周景王不儀刑文、武之明德，忽公旦之聖制，既鑄大錢，又作大鐘，單穆公諫而弗聽，泠州鳩對而弗從，遂迷不反，周德以衰，良史記焉，以爲永鑒。然今之小人，好說秦、漢之奢靡以盪聖心，求取亡國不度之器，勞役費損，以傷德政，非所以興禮樂之和，保神明之休也。」是日，帝幸上方，隆與卞蘭從。帝以隆表授蘭，使難隆曰：「興衰在政，樂何爲也？化之不明，豈鐘之罪？」隆曰：「夫禮樂者，爲治之大本也。故簫韶九成，鳳皇來儀，雷鼓六變，天神以降，政是以平，刑是以錯，和之至也。新聲發響，商辛以隕，大鐘既鑄，周景以弊，存亡之機，恆由斯作，安在廢興之不階也？君舉必書，古之道也，作而不法，何以示後？聖王樂聞其闕，故有箴規之道；忠臣願竭其節，故有匪躬之義也。」帝稱善。

遷侍中，猶領太史令。崇華殿災，詔問隆：「此何咎？於禮，寧有祈禳之義乎？」隆對曰：「夫災變之發，皆所以明教誡也，惟率禮脩德，可以勝之。易傳曰：『上不儉，下不節，孽火燒其室。』又曰：『君高其臺，天火爲災。』此人君苟飾宮室，不知百姓空竭，故天應之以

旱，火從高殿起也。上天降鑒，故譴告陛下；陛下宜增崇人道，以答天意。昔太戊有桑穀生於朝，武丁有雊雉登於鼎，皆聞災恐懼，側身脩德，三年之後，遠夷朝貢，故號曰中宗、高宗。此則前代之明鑒也。今案舊占，災火之發，皆以臺榭宮室爲誡。然今宮室之所以充廣者，實由宮人猥多之故。宜簡擇留其淑懿，如周之制，罷省其餘。此則祖己之所以訓高宗，高宗之所以享遠號也。」詔問隆：「吾聞漢武帝時，柏梁災，而大起宮殿以厭之，其義云何？」隆對曰：「臣聞西京柏梁既災，越巫陳方，建章是經，以厭火祥；乃夷越之巫所爲，非聖賢之明訓也。五行志曰：『柏梁災，其後有江充巫蠱(也)衞太子事。』如志之言，越巫建章無所厭也。孔子曰：『災者脩類應行，精祲相感，以戒人君。』是以聖主覩災責躬，退而脩德，以消復之。今宜罷散民役。宮室之制，務從約節，內足以待風雨，外足以講禮儀。清埽所災之處，不敢於此有所立作，萐莆、嘉禾必生此地，以報陛下虔恭之德。豈可疲民之力，竭民之財！實非所以致符瑞而懷遠人也。」帝遂復崇華殿，時郡國有九龍見，故改曰九龍殿。

陵霄闕始構，有鵲巢其上，帝以問隆，對曰：「詩云『維鵲有巢，維鳩居之』。今興宮室，起陵霄闕，而鵲巢之，此宮室未成身不得居之象也。天意若曰，宮室未成，將有他姓制御之，斯乃上天之戒也。夫天道無親，惟與善人，不可不深防，不可不深慮。夏、商之季，皆繼

體也，不欽承上天之明命，惟讒諂是從，廢德適欲，故其亡也忽焉。太戊、武丁，覩災竦懼，祗承天戒，故其興也勃焉。今若休罷百役，儉以足用，增崇德政，動遵帝則，除普天之所患，興兆民之所利，三王可四，五帝可六，豈惟殷宗轉禍爲福而已哉！臣備腹心，苟可以繁祉聖躬，安存社稷，臣雖灰身破族，猶生之年也。豈憚忤逆之災，而令陛下不聞至言乎？」於是帝改容動色。

是歲，有星孛于大辰。隆上疏曰：「凡帝王徙都立邑，皆先定天地社稷之位，敬恭以奉之。將營宮室，則宗廟爲先，廄庫爲次，居室爲後。今圜丘、方澤、南北郊、明堂、社稷，神位未定，宗廟之制又未如禮，而崇飾居室，士民失業。外人咸云宮人之用，與興戎軍國之費，所盡略齊。民不堪命，皆有怨怒。書曰『天聰明自我民聰明，天明畏自我民明威』，與人作頌，則嚮以五福，民怒吁嗟，則威以六極，言天之賞罰，隨民言，順民心也。是以臨政務在安民爲先，然後稽古之化，格于上下，自古及今，未嘗不然也。夫采椽卑宮，唐、虞、大禹之所以垂皇風也；玉臺瓊室，夏癸、商辛之所以犯昊天也。今之宮室，實違禮度，乃更建立九龍，華飾過前。天彗章灼，始起於房心，犯帝坐而干紫微，此乃皇天子愛陛下，是以發教戒之象，始卒皆於尊位，殷勤鄭重，欲必覺寤陛下；斯乃慈父懇切之訓，宜崇孝子祗聳之禮，以率先天下，以昭示後昆，不宜有忽，以重天怒。」

時軍國多事，用法深重。隆上疏曰：「夫拓跡垂統，必俟聖明，輔世匡治，亦須良佐，用能庶績其凝而品物康乂也。夫移風易俗，宣明道化，使四表同風，回首面內，德教光熙，九服慕義，固非俗吏之所能也。今有司務糾刑書，不本大道，是以刑用而不措，俗弊而不敦。宜崇禮樂，班敍明堂，修三雍、大射、養老，營建郊廟，尊儒士，舉逸民，表章制度，改正朔，易服色，布愷悌，尚儉素，然後備禮封禪，歸功天地，使雅頌之聲盈于六合，緝熙之化混于後嗣。斯蓋至治之美事，不朽之貴業也。然九域之內，可揖讓而治，尚何憂哉！不正其本而救其末，譬猶棼絲，非政理也。可命羣公卿士通儒，造具其事，以爲典式。」隆又以爲改正朔，易服色，殊徽號，異器械，自古帝王所以神明其政，變民耳目，故三春稱王，明三統也。於是敷演舊章，奏而改焉。帝從其議，改青龍五年春三月爲景初元年孟夏四月，服色尚黃，犧牲用白，從地正也。

遷光祿勳。帝愈增崇宮殿，彫飾觀閣，鑿太行之石英，采穀城之文石，起景陽山於芳林之園，建昭陽殿於太極之北，鑄作黃龍鳳皇奇偉之獸，飾金墉、陵雲臺、陵霄闕。百役繁興，作者萬數，公卿以下至于學生，莫不展力，帝乃躬自掘土以率之。而遼東不朝。悼皇后崩。天作淫雨，冀州水出，漂沒民物。隆上疏切諫曰：

蓋「天地之大德曰生，聖人之大寶曰位；何以守位？曰仁；何以聚人？曰財」。然

則士民者，乃國家之鎭也；穀帛者，乃士民之命也。穀帛非造化不育，非人力不成。是以帝耕以勸農，后桑以成服，所以昭事上帝，告虔報施也。昔在伊唐，世値陽九厄運之會，洪水滔天，使鯀治之，績用不成，乃舉文命，隨山刊木，前後歷年二十二載。災眚之甚，莫過於彼，力役之興，莫久於此，堯、舜君臣，南面而已。禹敷九州，庶士庸勳，各有等差，君子小人，物有服章。今無若時之急，而使公卿大夫並與廝徒共供事役，聞之四夷，非嘉聲也，垂之竹帛，非令名也。是以有國有家者，近取諸身，遠取諸物，嫗煦養育，故稱「愷悌君子，民之父母」。今上下勞役，疾病凶荒，耕稼者寡，饑饉荐臻，無以卒歲；宜加愍卹，以救其困。

臣觀在昔書籍所載，天人之際，未有不應也。是以古先哲王，畏上天之明命，循陰陽之逆順，矜矜業業，惟恐有違。然後治道用興，德與神符，災異既發，懼而脩政，未有不延期流祚者也。爰及末葉，闇君荒主，不崇先王之令軌，不納正士之直言，以遂其情志，恬忽變戒，未有不尋踐禍難，至於顚覆者也。

天道既著，請以人道論之。夫六情五性，同在於人，嗜欲廉貞，各居其一。及其動也，交爭于心。欲彊質弱，則縱濫不禁；精誠不制，則放溢無極。夫情之所在，非好則美，而美好之集，非人力不成，非穀帛不立。情苟無極，則人不堪其勞，物不充其求。

勞求並至，將起禍亂。故不割情，無以相供。仲尼云：「人無遠慮，必有近憂。」由此觀之，禮義之制，非苟拘分，將以遠害而興治也。

今吳、蜀二賊，非徒白地小虜、聚邑之寇，乃據險乘流，跨有士衆，僭號稱帝，欲與中國爭衡。今若有人來告，權、（備）〔禪〕並脩德政，復履淸儉，輕省租賦，不治玩好，動咨耆賢，事遵禮度，陛下聞之，豈不惕然惡其如此，以爲難卒討滅，而爲國憂乎？若使告者曰，彼二賊並爲無道，崇侈無度，役其士民，重其徵賦，下不堪命，吁嗟日甚。陛下聞之，豈不勃然忿其困我無辜之民，而欲速加之誅，其次，豈不幸彼疲弊而取之不難乎？苟如此，則可易心而度，事義之數亦不遠矣。

且秦始皇不築道德之基，而築阿房之宮，不憂蕭牆之變，而脩長城之役。當其君臣爲此計也，亦欲立萬世之業，使子孫長有天下，豈意一朝匹夫大呼，而天下傾覆哉？故臣以爲使先代之君知其所行必將至於敗，則弗爲之矣。是以亡國之主自謂不亡，然後至於亡；賢聖之君自謂將亡，然後至於不亡。昔漢文帝稱爲賢主，躬行約儉，惠下養民，而賈誼方之，以爲天下倒縣，可爲痛哭者一，可爲流涕者二，可爲長歎息者三。況今天下彫弊，民無儋石之儲，國無終年之畜，外有彊敵，六軍暴邊，內興土功，州郡騷動，若有寇警，則臣懼版築之士不能投命虜庭矣。

又，將吏奉祿，稍見折減，方之於昔，五分居一；諸受休者又絕廩賜，不應輸者今皆出半：此爲官入兼多於舊，其所出與參少於昔。而度支經用，更每不足，牛肉小賦，前後相繼。反而推之，凡此諸費，必有所在。且夫祿賜穀帛，人主所以惠養吏民而爲之司命者也，若今有廢，是奪其命矣。既得之而又失之，此生怨之府也。周禮，（天）〔大〕府掌九（伐）〔賦〕之（則）〔財〕，以給九式之用，入有其分，出有其所，不相干乘而用各足。各足之後，乃以式貢之餘，供王玩好。又上用財，必考于司會。會音膾。今陛下所與共坐廊廟治天下者，非三司九列，則臺閣近臣，皆腹心造膝，宜在無諱。若見豐省而不敢以告，從命奔走，惟恐不勝，是則具臣，非鯁輔也。昔李斯教秦二世曰：「爲人主而不恣睢，命之曰天下桎梏。」二世用之，秦國以覆，斯亦滅族。是以史遷議其不正諫，而爲世誡。

書奏，帝覽焉，謂中書監、令曰：「觀隆此奏，使朕懼哉！」

隆疾篤，口占上疏曰：

曾子有疾，孟敬子問之。曾子曰：「鳥之將死，其鳴也哀；人之將死，其言也善。」臣寢疾病，有增無損，常懼奄忽，忠款不昭。臣之丹誠，豈惟曾子，願陛下少垂省覽！渙然改往事之過謬，勃然興來事之淵塞，使神人響應，殊方慕義，四靈效珍，玉衡曜精，

則三王可邁，五帝可越，非徒繼體守文而已也。

臣常疾世主莫不思紹堯、舜、湯、武之治，而蹈踵桀、紂、幽、厲之跡，莫不蚩笑季世惑亂亡國之主，而不登踐虞、夏、殷、周之軌。悲夫！以若所爲，求若所致，猶緣木求魚，煎水作冰，其不可得，明矣。尋觀三代之有天下也，聖賢相承，歷載數百，尺土莫非其有，一民莫非其臣，萬國咸寧，九有有截；鹿臺之金，巨橋之粟，無所用之，仍舊南面，夫何爲哉！然癸、辛之徒，恃其旅力，知足以拒諫，才足以飾非，諂諛是尙，臺觀是崇，淫樂是好，倡優是說，作靡靡之樂，安濮上之音。上天不蠲，眷然回顧，宗國爲墟，（不）〔下〕夷于隸，紂縣白旗，桀放鳴條；天子之尊，湯、武有之，豈伊異人，皆明王之胄也。且當六國之時，天下殷熾，秦既兼之，不脩聖道，乃構阿房之宮，築長城之守，矜夸中國，威服百蠻，天下震竦，道路以目；自謂本枝百葉，永垂洪暉，豈寤二世而滅，社稷崩圮哉？近漢孝武乘文、景之福，外攘夷狄，內興宮殿，十餘年閒，天下嚻然。乃信越巫，懟天遷怒，起建章之宮，千門萬戶，卒致江充妖蠱之變，至於宮室乖離，父子相殘，殃咎之毒，禍流數世。

臣觀黃初之際，天兆其戒，異類之鳥，育長燕巢，口爪胸赤，此魏室之大異也，宜防鷹揚之臣於蕭牆之內。可選諸王，使君國典兵，往往棊跱，鎮撫皇畿，翼亮帝室。昔周

之東遷，晉、鄭是依，漢呂之亂，實賴朱虛，斯蓋前代之明鑒。夫皇天無親，惟德是輔。民詠德政，則延期過歷，下有怨歎，掇錄授能。由此觀之，天下之天下，非獨陛下之天下也。臣百疾所鍾，氣力稍微，輒自輿出，歸還里舍，若遂沈淪，魂而有知，結草以報。

詔曰：「生廉追伯夷，直過史魚，執心堅白，謇謇匪躬，如何微疾未除，退身里舍？昔邴吉以陰德，疾除而延壽；貢禹以守節，疾篤而濟愈。生其彊飯專精以自持。」隆卒，遺令薄葬，斂以時服。〔一〕

〔一〕習鑿齒曰：高堂隆可謂忠臣矣。君侈每思諫其惡，將死不忘憂社稷，正辭動於昏主，明戒驗於身後，謇諤足以勵物，德音沒而彌彰，可不謂忠且智乎！詩云：「聽用我謀，庶無大悔。」又曰：「曾是莫聽，大命以傾。」其高堂隆之謂也。

初，太和中，中護軍蔣濟上疏曰「宜遵古封禪」。詔曰：「聞濟斯言，使吾汗出流足。」事寢歷歲，後遂議脩之，使隆撰其禮儀。帝聞隆沒，歎息曰：「天不欲成吾事，高堂生舍我亡也。」子琛嗣爵。

始，景初中，帝以蘇林、秦靜等並老，恐無能傳業者。乃詔曰：「昔先聖既沒，而其遺言餘教，著於六藝。六藝之文，禮又爲急，弗可斯須離者也。末俗背本，所由來久。故閔子譏原伯之不學，荀卿醜秦世之坑儒，儒學既廢，則風化曷由興哉？方今宿生巨儒，並各年高，

教訓之道，孰爲其繼？昔伏生將老，漢文帝嗣以鼂錯；穀梁寡疇，宣帝承以十郎。其科郎吏高才解經義者三十人，從光祿勳隆、散騎常侍林、博士靜，分受四經三禮，主者具爲設課試之法。夏侯勝有言：『士病不明經術，經術苟明，其取青紫如俯拾地芥耳。』今學者有能究極經道，則爵祿榮寵，不期而至。可不勉哉！」數年，隆等皆卒，學者遂廢。

初，任城棧潛，太祖世歷縣令，〔一〕嘗督守鄴城。時文帝爲太子，耽樂田獵，晨出夜還。潛諫曰：「王公設險以固其國，都城禁衞，用戒不虞。大雅云：『宗子維城，無俾城壞。』又曰：『猶之未遠，是用大諫。』若逸于遊田，晨出昏歸，以一日從禽之娛，而忘無垠之釁，愚竊惑之。」太子不悅，然自後游出差簡。黃初中，文帝將立郭貴嬪爲皇后，潛上疏諫，語在后妃傳。明帝時，衆役並興，戚屬疏斥，潛上疏曰：「天生蒸民而樹之君，所以覆燾羣生，熙育兆庶，故方制四海匪爲天子，裂土分疆匪爲諸侯也。始自三皇，爰曁唐、虞，咸以博濟加于天下，醇德以洽，黎元賴之。三王既微，降逮于漢，治日益少，喪亂弘多，自時厥後，亦罔克乂。太祖濬哲神武，芟除暴亂，克復王綱，以開帝業。文帝受天明命，廓恢皇基，踐阼七載，每事未遑。陛下聖德，纂承洪緒，宜崇晏晏，與民休息。而方隅匪寧，征夫遠戍，有事海外，縣旌萬里，六軍騷動，水陸轉運，百姓舍業，日費千金。大興殿舍，功作萬計，徂來之松，刊山窮谷，怪石珷玞，浮于河、淮，都圻之內，盡爲甸服，當供稾秸銍粟之調，而爲苑囿擇禽之

府，盛林莽之穢，豐鹿兔之數，傷害農功，地繁茨棘，災疫流行，民物大潰，上減和氣，嘉禾不植。臣聞文王作豐，經始勿亟，百姓子來，不日而成。靈沼、靈囿，與民共之。今宮觀崇侈，彫鏤極妙，忘有虞之總期，思殷辛之瓊室，禁地千里，舉足投網，麗擬阿房，役百乾谿，臣恐民力彫盡，下不堪命也。昔秦據殽函以制六合，自以德高三皇，功兼五帝，欲號諡至萬葉，而二世顚覆，願爲黔首，由枝幹既（杌）〔扤〕，本實先拔也。蓋聖王之御世也，克明俊德，庸勳親親；俊乂在官，則功業可隆，親親顯用，則安危同憂；深根固本，並爲幹翼，雖歷盛衰，內外有輔。昔成王幼沖，未能莅政，周、呂、召、畢，並在左右；今既無衞侯、康叔之監，分陝所任，又非旦、奭。東宮未建，天下無副。願陛下留心關塞，永保無極，則海內幸甚。」後爲燕中尉，辭疾不就，卒。

〔一〕潛字彥皇，見應璩書林。

評曰：辛毗、楊阜，剛亮公直，正諫匪躬，亞乎汲黯之高風焉。高堂隆學業脩明，志在匡君，因變陳戒，發於懇誠，忠矣哉！及至必改正朔，俾魏祖虞，所謂意過其通者歟！

三國志卷二十六　魏書二十六

滿田牽郭傳第二十六

滿寵字伯寧，山陽昌邑人也。年十八，爲郡督郵。時郡內李朔等各擁部曲，害于平民，太守使寵糾焉。朔等請罪，不復鈔略。守高平令。縣人張苞爲郡督郵，貪穢受取，干亂吏政。寵因其來在傳舍，率吏卒出收之，詰責所犯，即日考竟，遂棄官歸。

太祖臨兗州，辟爲從事。及爲大將軍，辟署西曹屬，爲許令。時曹洪宗室親貴，有賓客在界，數犯法，寵收治之。洪書報寵，寵不聽。洪白太祖，太祖召許主者。寵知將欲原，乃速殺之。太祖喜曰：「當事不當爾邪？」故太尉楊彪收付縣獄，尚書令荀彧、少府孔融等並屬寵：「但當受辭，勿加考掠。」寵一無所報，考訊如法。數日，求見太祖，言之曰：「楊彪考訊無他辭語。當殺者宜先彰其罪；此人有名海內，若罪不明，必大失民望，竊爲明公惜之。」太祖即日赦出彪。初，彧、融聞考掠彪，皆怒，及因此得了，更善寵。〔一〕

〔一〕臣松之以爲楊公積德之門，身爲名臣，縱有愆負，猶宜保祐，況淫刑所濫，而可加其楚掠乎？若理應考訊，荀、孔

二賢豈其妄有相請屬哉？寵以此爲能，酷吏之用心耳。雖有後善，何解前虐？

時袁紹盛於河朔，而汝南紹之本郡，門生賓客布在諸縣，擁兵拒守。太祖憂之，以寵爲汝南太守。寵募其服從者五百人，率攻下二十餘壁，誘其未降渠帥，於坐上殺十餘人，一時皆平。得戶二萬，兵二千人，令就田業。

建安十三年，從太祖征荊州。大軍還，留寵行奮威將軍，屯當陽。孫權數擾東陲，復召寵還爲汝南太守，賜爵關內侯。關羽圍襄陽，寵助征南將軍曹仁屯樊城拒之，而左將軍于禁等軍以霖雨水長爲羽所沒。羽急攻樊城，樊城得水，往往崩壞，衆皆失色。或謂仁曰：「今日之危，非力所支。可及羽圍未合，乘輕船夜走，雖失城，尚可全身。」寵曰：「山水速疾，冀其不久。聞羽遣別將已在郟下，自許以南，百姓擾擾，羽所以不敢遂進者，恐吾軍掎其後耳。今若遁去，洪河以南，非復國家有也；君宜待之。」仁曰：「善。」寵乃沈白馬，與軍人盟誓。會徐晃等救至，寵力戰有功，羽遂退。進封安昌亭侯。文帝即王位，遷揚武將軍。破吳於江陵有功，更拜伏波將軍，屯新野。大軍南征，到精湖，寵帥諸軍在前，與賊隔水相對。寵敕諸將曰：「今夕風甚猛，賊必來燒軍，宜爲其備。」諸軍皆警。夜半，賊果遣十部伏夜來燒，寵掩擊破之，進封南鄉侯。黃初三年，假寵節鉞。五年，拜前將軍。明帝即位，進封昌邑侯。太和二年，領豫州刺史。三年春，降人稱吳大嚴，揚聲欲詣江北獵，孫權

欲自出。寵度其必襲西陽而爲之備，權聞之，退還。秋，使曹休從廬江南入合肥，令寵向夏口。寵上疏曰：「曹休雖明果而希用兵，今所從道，背湖旁江，易進難退，此兵之窪地也。若入無彊口，宜深爲之備。」寵表未報，休遂深入。賊果從無彊口斷夾石，要休還路。休戰不利，退走。會朱靈等從後來斷道，與賊相遇。賊驚走，休軍乃得還。是歲休薨，寵以前將軍代都督揚州諸軍事。汝南兵民戀慕，大小相率，奔隨道路，不可禁止。護軍表上，欲殺其爲首者。詔使寵將親兵千人自隨，其餘一無所問。四年，拜寵征東將軍。其冬，孫權揚聲欲至合肥，寵表召兗、豫諸軍，皆集。賊尋退還，被詔罷兵。寵以爲今賊大舉而還，非本意也，此必欲僞退以罷吾兵，而倒還乘虛，掩不備也，表不罷兵。後十餘日，權果更來，到合肥城，不克而還。其明年，吳將孫布遣人詣揚州求降，辭云：「道遠不能自致，乞兵見迎。」刺史王淩騰布書，請兵馬迎之。寵以爲必詐，不與兵，而爲淩作報書曰：「知識邪正，欲避禍就順，去暴歸道，甚相嘉尚。今欲遣兵相迎，然計兵少則不足相衞，多則事必遠聞。且先密計以成本志，臨時節度其宜。」寵會被書當入朝，敕留府長史：「若淩欲往迎，勿與兵也。」淩於後索兵不得，乃單遣一督將步騎七百人往迎之。布夜掩擊，督將迸走，死傷過半。初，寵與淩共事不平，淩支黨毀寵疲老悖謬，故明帝召之。既至，體氣康彊，見而遣還。〔一〕寵屢表求留，詔報曰：「昔廉頗彊食，馬援據鞍，今君未老而自謂已老，何與廉、馬之相背邪？其思安

邊境，惠此中國。」

〔一〕世語曰：王淩表寵年過耽酒，不可居方任。帝將召寵，給事中郭謀曰：「寵爲汝南太守、豫州刺史二十餘年，有勳方岳。及鎭淮南，吳人憚之。若不如所表，將爲所闚。可令還朝，問以方事以察之。」帝從之。寵既至，進見，飲酒至一石不亂。帝慰勞之，遣還。

明年，吳將陸遜向廬江，論者以爲宜速赴之。寵曰：「廬江雖小，將勁兵精，守則經時。又賊舍船二百里來，後尾空縣，尚欲誘致，今宜聽其遂進，但恐走不可及耳。」整軍趨楊宜口。賊聞大兵東下，卽夜遁。時權歲有來計。青龍元年，寵上疏曰：「合肥城南臨江湖，北遠壽春，賊攻圍之，得據水爲勢；官兵救之，當先破賊大輩，然後圍乃得解。賊往甚易，而兵往救之甚難，宜移城內之兵，其西三十里，有奇險可依，更立城以固守，此爲引賊平地而掎其歸路，於計爲便。」護軍將軍蔣濟議，以爲：「既示天下以弱，且望賊煙火而壞城，此爲未攻而自拔。一至於此，劫略無限，必以淮北爲守。」帝未許。寵重表曰：「孫子言，兵者，詭道也。故能而示之以弱不能，驕之以利，示之以懾。此爲形實不必相應也。又曰『善動敵者形之』。今賊未至而移城卻內，此所謂形而誘之也。引賊遠水，擇利而動，舉得於外，則福生於內矣。」尚書趙咨以寵策爲長，詔遂報聽。其年，權自出，欲圍新城，以其遠水，積二十日不敢下船。寵謂諸將曰：「權得吾移城，必於其衆中有自大之言，今大舉來欲要一切之

功，雖不敢至，必當上岸耀兵以示有餘。」乃潛遣步騎六千，伏肥城隱處以待之。權果上岸耀兵，寵伏軍卒起擊之，斬首數百，或有赴水死者。明年，權自將號十萬，至合肥新城。寵馳往赴，募壯士數十人，折松爲炬，灌以麻油，從上風放火，燒賊攻具，射殺權弟子孫泰。賊於是引退。三年春，權遣兵數千家佃於江北。至八月，寵以爲田向收熟，男女布野，其屯衞兵去城遠者數百里，可掩擊也。遣長吏督三軍循江東下，摧破諸屯，焚燒穀物而還。詔美之，因以所獲盡爲將士賞。

景初二年，以寵年老徵還，遷爲太尉。寵不治產業，家無餘財。詔曰：「君典兵在外，專心憂公，有行父、祭遵之風。賜田十頃，穀五百斛，錢二十萬，以明淸忠儉約之節焉。」寵前後增邑，凡九千六百戶，封子孫二人亭侯。正始三年薨，謚曰景侯。子偉嗣。偉以格度知名，官至衞尉。〔一〕

〔一〕世語曰：偉字公衡。偉子長武，有寵風，年二十四，爲大將軍掾。高貴鄉公之難，以掾守閶闔掖門，司馬文王弟安陽亭侯幹欲入。幹妃，偉妹也。長武謂幹曰：「此門近，公且來，無有入者，可從東掖門。」幹遂從之。文王問幹入何遲，幹言其故。參軍王羨亦不得入，恨之。既而羨因王左右啓王，滿掾斷門不內人，宜推劾。壽春之役，偉從文王至許，以疾不進。子從，求還省疾，事定乃從歸，由此內見恨。收長武考死杖下，偉免爲庶人。時人寃之。偉弟子奮，晉元康中至尙書令、司隸校尉。寵、偉、長武、奮，皆長八尺。

荀綽冀州記曰：奮性淸平，有識檢。晉諸公贊曰：奮體量通雅，有寵風也。

田豫字國讓，漁陽雍奴人也。劉備之奔公孫瓚也，豫時年少，自託於備，備甚奇之。備爲豫州刺史，豫以母老求歸，備涕泣與別，曰：「恨不與君共成大事也。」

公孫瓚使豫守東州令，瓚將王門叛瓚，爲袁紹將萬餘人來攻。衆懼欲降。豫登城謂門曰：「卿爲公孫所厚而去，意有所不得已也；今還作賊，乃知卿亂人耳。夫挈瓶之智，守不假器，吾既受之矣；何不急攻乎？」門慚而退。瓚雖知豫有權謀而不能任也。瓚敗而鮮于輔爲國人所推，行太守事，素善豫，以爲長史。時雄傑並起，輔莫知所從。豫謂輔曰：「終能定天下者，必曹氏也。宜速歸命，無後禍期。」輔從其計，用受封寵。太祖召豫爲丞相軍謀掾，除潁陰、朗陵令，遷弋陽太守，所在有治。

鄢陵侯彰征代郡，以豫爲相。軍次易北，虜伏騎擊之，軍人擾亂，莫知所爲。豫因地形，回車結圜陳，弓弩持滿於內，疑兵塞其隙。胡不能進，散去。追擊，大破之，遂前平代，皆豫策也。

遷南陽太守。先時，郡人侯音反，衆數千人在山中爲羣盜，大爲郡患。前太守收其黨

與五百餘人，表奏皆當死。豫悉見諸繫囚，慰諭，開其自新之路，一時破械遣之。諸囚皆叩頭，願自效，即相告語，羣賊一朝解散，郡內清靜。具以狀上，太祖善之。

文帝初，北狄彊盛，侵擾邊塞，乃使豫持節護烏丸校尉，牽招、解儁并護鮮卑。自高柳以東，濊貊以西，鮮卑數十部，比能、彌加、素利割地統御，各有分界；乃共要誓，皆不得以馬與中國市。豫以戎狄爲一，非中國之利，乃先搆離之，使自爲讎敵，互相攻伐。素利違盟，出馬千匹與官，爲比能所攻，求救於豫。豫恐遂相兼幷，爲害滋深，宜救善討惡，示信衆狄。單將銳卒，深入虜庭，胡人衆多，鈔軍前後，斷截歸路。豫乃進軍，去虜十餘里結屯營，多聚牛馬糞然之，從他道引去。胡見烟火不絕，以爲尚在，去，行數十里乃知之。追豫到馬城，圍之十重，豫密嚴，使司馬建旌旗，鳴鼓吹，將步騎從南門出，胡人皆屬目往赴之。豫將精銳自北門出，鼓譟而起，兩頭俱發，出虜不意，虜衆散亂，皆棄弓馬步走，追討二十餘里，僵尸蔽地。又烏丸王骨進桀黠不恭，豫因出塞案行，單將麾下百餘騎入進部。進逆拜，遂使左右斬進，顯其罪惡以令衆。衆皆怖慴不敢動，便以進弟代進。自是胡人破膽，威震沙漠。山賊高艾，衆數千人，寇鈔，爲幽、冀害，豫誘使鮮卑素利部斬艾，傳首京都。封豫長樂亭侯。爲校尉九年，其御夷狄，恒摧抑兼幷，乖散彊猾。凡逋亡姦宄，爲胡作計不利官者，豫皆搆刺攪離，使凶邪之謀不遂，聚居之類不安。事業未究，而幽州刺史王雄支黨欲令雄

領烏丸校尉，毀豫亂邊，爲國生事。遂轉豫爲汝南太守，加殄夷將軍。

太和末，公孫淵以遼東叛，帝欲征之而難其人，中領軍楊暨舉豫應選。〔一〕乃使豫以本官督青州諸軍，假節，往討之。會吳賊遣使與淵相結，帝以賊衆多，又以渡海，詔豫使罷軍。豫度賊船垂還，歲晚風急，必畏漂浪，東隨無岸，當赴成山。成山無藏船之處，輒使循海，案行地勢，及諸山島，徼截險要，列兵屯守。自入成山，登漢武之觀。賊還，果遇惡風，船皆觸山沈沒，波蕩著岸，無所蒙竄，盡虜其衆。初，諸將皆笑於空地待賊，及賊破，競欲與謀，求入海鉤取浪船。豫懼窮虜死戰，皆不聽。初，豫以太守督青州，青州刺史程喜內懷不服，軍事之際，多相違錯。喜知帝寶愛明珠，乃密上：「豫雖有戰功而禁令寬弛，所得器仗珠金甚多，放散皆不納官。」由是功不見列。

〔一〕臣松之案：暨字休先，滎陽人，事見劉曄傳。暨子肇，晉荊州刺史。山濤啓事稱肇有才能。肇子潭字道元，次歆字公嗣，潭子彧字長文，次經字仲武，皆見潘岳集。

後孫權號十萬衆攻新城，征東將軍滿寵欲率諸軍救之。豫曰：「賊悉衆大舉，非徒投射小利，欲質新城以致大軍耳。宜聽使攻城，挫其銳氣，不當與爭鋒也。城不可拔，衆必罷怠；罷怠然後擊之，可大克也。若賊見計，必不攻城，勢將自走。若便進兵，適入其計。又大軍相向，當使難知，不當使自畫也。」豫輒上狀，天子從之。會賊遁走。後吳復來寇，豫

往拒之，賊即退。諸軍夜驚，云：「賊復來！」豫臥不起，令衆「敢動者斬」。有頃，竟無賊。

景初末，增邑三百，并前五百戶。正始初，遷使持節護匈奴中郎將，加振威將軍，領幷州刺史。外胡聞其威名，相率來獻。州界寧肅，百姓懷之。徵爲衞尉。屢乞遜位，太傅司馬宣王以爲豫克壯，書喻未聽。豫書答曰：「年過七十而以居位，譬猶鐘鳴漏盡而夜行不休，是罪人也。」遂固稱疾篤。拜太中大夫，食卿祿。年八十二薨。子彭祖嗣。〔一〕

〔一〕魏略曰：豫罷官歸，居魏縣。會汝南遣健步詣征北，感豫宿恩，過拜之。豫爲殺雞炊黍，送詣至陌頭，謂之曰：「罷老，苦汝來過。無能有益，若何？」健步愍其貧羸，流涕而去，還爲故吏民說之。汝南爲具資數千匹，遣人餉豫，豫一不受。會病亡，戒其妻子曰：「葬我必於西門豹〔祠〕邊。」妻子難之，言：「西門豹古之神人，那可葬於其邊乎？」豫言：「豹所履行與我敵等耳，使死而有靈，必與我善。」妻子從之。汝南聞其死也，悲之，既爲畫像，又就爲立碑銘。

豫清儉約素，賞賜皆散之將士。每胡、狄私遺，悉簿藏官，不入家；家常貧匱。雖殊類，咸高豫節。〔一〕嘉平六年，下詔襃揚，賜其家錢穀。語在徐邈傳。

〔一〕魏略曰：鮮卑素利等數來客見，多以牛馬遺豫；豫轉送官。胡以爲前所與豫物顯露，不如持金。乃密懷金三十斤，謂豫曰：「願避左右，我欲有所道。」豫從之，胡因跪曰：「我見公貧，故前後遺公牛馬，公輒送官，今密以此上公，可以爲家資。」豫張袖受之，答其厚意。胡去之後，皆悉付外，具以狀聞。於是詔襃之曰：「昔魏絳開懷以納戎〔賂〕，今卿舉袖以受狄金，朕甚嘉焉。」乃即賜絹五百匹。豫得賜，分以其半藏小府，後胡復來，以半與之。

牽招字子經，安平觀津人也。年十餘歲，詣同縣樂隱受學。後隱爲車騎將軍何苗長史，招隨卒業。值京都亂，苗、隱見害，招俱與隱門生史路等觸蹈鋒刃，共殯斂隱屍，送喪還歸。道遇寇鈔，路等皆悉散走。賊欲斫棺取釘，招垂淚請赦。賊義之，乃釋而去。由此顯名。

冀州牧袁紹辟爲督軍從事，兼領烏丸突騎。紹舍人犯令，招先斬乃白，紹奇其意而不見罪也。紹卒，又事紹子尚。建安九年，太祖圍鄴。尚遣招至上黨，督致軍糧。未還，尚破走，到中山。時尚外兄高幹爲幷州刺史，招以幷州左有恒山之險，右有大河之固，帶甲五萬，北阻彊胡，勸幹迎尚，幷力觀變。幹既不能，而陰欲害招。招聞之，閒行而去，道隔不得追尚，遂東詣太祖。太祖領冀州，辟爲從事。

太祖將討袁譚，而柳城烏丸欲出騎助譚。太祖以招當領烏丸，遣詣柳城。到，值峭王嚴，以五千騎當遣詣譚。又遼東太守公孫康自稱平州牧，遣使韓忠齎單于印綬往假峭王。峭王大會羣長，忠亦在坐。峭王問招：「昔袁公言受天子之命，假我爲單于；今曹公復言當更白天子，假我眞單于；遼東復持印綬來。如此，誰當爲正？」招答曰：「昔袁公承制，得有所拜假；中間違錯，天子命曹公代之，言當白天子，更假眞單于，是也。遼東下郡，何得擅

稱拜假也？」忠曰：「我遼東在滄海之東，擁兵百萬，又有扶餘、濊貊之用；當今之勢，彊者為右，曹操獨何得為是也？」招呵忠曰：「曹公允恭明哲，翼戴天子，伐叛柔服，寧靜四海。汝君臣頑嚚，今恃險遠，背違王命，欲擅拜假，侮弄神器，方當屠戮，何敢慢易咎毀大人？」便捉忠頭頓築，拔刀欲斬之。峭王驚怖，徒跣抱招，以救請忠，左右失色。招乃還坐，為峭王等說成敗之效，禍福所歸；皆下席跪伏，敬受敕教，便辭遼東之使，罷所嚴騎。

太祖滅譚於南皮，署招軍謀掾，從討烏丸。至柳城，拜護烏丸校尉。還鄴，遼東送袁尚首，縣在馬市，招覩之悲感，設祭頭下。太祖義之，舉為茂才。從平漢中，太祖還，留招為中護軍。事罷，還鄴，拜平虜校尉，將兵督青、徐州郡諸軍事，擊東萊賊，斬其渠率，東土寧靜。

文帝踐阼，拜招使持節護鮮卑校尉，屯昌平。是時，邊民流散山澤，又亡叛在鮮卑中者，處有千數。招廣布恩信，招誘降附。建義中郎將公孫集等，率將部曲，咸各歸命；使還本郡。又懷來鮮卑素利、彌加等十餘萬落，皆令款塞。

大軍欲征吳，召招還，至，值軍罷，拜右中郎將，出為雁門太守。郡在邊陲，雖有候望之備，而寇鈔不斷。招既教民戰陳，又表復烏丸五百餘家租調，使備鞍馬，遠遣偵候。虜每犯塞，勒兵逆擊，來輒摧破，於是吏民膽氣日銳，荒野無虞。又搆閒離散，使虜更相猜疑。鮮

卑大人步度根、泄歸泥等與軻比能為隙，將部落三萬餘家詣郡附塞。敕令還擊比能，殺比能弟苴羅侯，及叛烏丸歸義侯王同、王寄等，大結怨讎。是以招自出，率將歸泥等討比能於雲中故郡，大破之。招通河西鮮卑附頭等十餘萬家，繕治陘北故上館城，置屯戍以鎮內外，夷虜大小，莫不歸心，諸叛亡雖親戚不敢藏匿，咸悉收送。於是野居晏閉，寇賊靜息。招乃簡選有才識者，詣太學受業，還相授教，數年中庠序大興。郡所治廣武，井水鹹苦，民皆擔輦遠汲流水，往返七里。招準望地勢，因山陵之宜，鑿原開渠，注水城內，民賴其益。

明帝即位，賜爵關內侯。太和二年，護烏丸校尉田豫出塞，為軻比能所圍於故馬邑城，移招求救。招即整勒兵馬，欲赴救豫。并州以常憲禁招，招以為節將見圍，不可拘於吏議，自表輒行。又并馳布羽檄，稱陳形勢，云當西北掩取虜家，然後東行，會誅虜身。檄到，豫軍踴躍。又遺一通於虜蹊要，虜即恐怖，種類離散。軍到故平城，便皆潰走。比能復大合騎來，到故平州塞北。招潛行撲討，大斬首級。招以蜀虜諸葛亮數出，而比能狡猾，能相交通，表為防備，議者以為縣遠，未之信也。會亮時在祁山，果遣使連結比能。比能至故北地石城，與相首尾。帝乃詔招，使從便宜討之。時比能已還漠南，招與刺史畢軌議曰：「胡虜遷徙無常。若勞師遠追，則遲速不相及。若欲潛襲，則山溪艱險，資糧轉運，難以密辦。可使守新興、雁門二牙門，出屯陘北，外以鎮撫，內令兵田，儲畜資糧，秋冬馬肥，州郡兵合，乘

釁征討，計必全克。」未及施行，會病卒。招在郡十二年，威風遠振。其治邊之稱，次于田豫，百姓追思之。而漁陽傅容在雁門有名績，繼招後，在遼東又有事功云。

招子嘉嗣。次子弘，亦猛毅有招風，以隴西太守隨鄧艾伐蜀有功，咸熙中為振威護軍。嘉與晉司徒李胤同母，早卒。〔一〕

〔一〕按晉書：弘後為揚州、涼州刺史，以果烈死事於邊。嘉子秀，字成叔。荀綽冀州記曰：秀有雋才，性豪俠有氣，弱冠得美名。於太康中為衞瓘、崔洪、石崇等所提攜，以新安令博士為司空從事中郎。與帝舅黃門侍郎王愷素相輕侮。愷諷司隸荀愷，令都官誣奏秀夜在道中載高平國守士田興妻。秀即表訴被誣陷之由，論愷穢行，文辭尤厲。于時朝臣雖多證明，秀名譽由是而損。後張華請為長史，稍遷至尚書。河閒王以秀為平北將軍，假節，在馮翊遇害。世人玩其辭賦，惜其材幹。

郭淮字伯濟，太原陽曲人也。〔一〕建安中舉孝廉，除平原府丞。文帝為五官將，召淮署為門下賊曹，轉為丞相兵曹議令史，從征漢中。太祖還，留征西將軍夏侯淵拒劉備，以淮為淵司馬。淵與備戰，淮時有疾不出。淵遇害，軍中擾擾，淮收散卒，推盪寇將軍張郃為軍主，諸營乃定。其明日，備欲渡漢水來攻。諸將議眾寡不敵，備便乘勝，欲依水為陳以拒之。淮曰：「此示弱而不足挫敵，非算也。不如遠水為陳，引而致之，半濟而後擊，備可破

也。」既陳，備疑不渡，淮遂堅守，示無還心。以狀聞，太祖善之，假郃節，復以淮為司馬。文帝即王位，賜爵關內侯，轉為鎮西長史。又行征羌護軍，護左將軍張郃、冠軍將軍楊秋討山賊鄭甘、盧水叛胡，皆破平之。關中始定，民得安業。

〔一〕按郭氏譜：淮祖全，大司農；父縕，雁門太守。

黃初元年，奉使賀文帝踐阼，而道路得疾，故計遠近為稽留。及羣臣歡會，帝正色責之曰：「昔禹會諸侯於塗山，防風後至，便行大戮。今溥天同慶而卿最留遲，何也？」淮對曰：「臣聞五帝先教導民以德，夏后政衰，始用刑辟。今臣遭唐虞之世，是以自知免於防風之誅也。」帝悅之，擢領雍州刺史，封射陽亭侯，五年為真。安定羌大帥辟蹏反，討破降之。每羌、胡來降，淮輒先使人推問其親理，男女多少，年歲長幼；及見，一二知其款曲，訊問周至，咸稱神明。

太和二年，蜀相諸葛亮出祁山，遣將軍馬謖至街亭，高詳屯列柳城。張郃擊謖，淮攻詳營，皆破之。又破隴西名羌唐蹏於枹罕，加建威將軍。五年，蜀出鹵城。是時，隴右無穀，議欲關中大運，淮以威恩撫循羌、胡，家使出穀，平其輸調，軍食用足，轉揚武將軍。青龍二年，諸葛亮出斜谷，並田于蘭坑。是時司馬宣王屯渭南；淮策亮必爭北原，宜先據之，議者多謂不然。淮曰：「若亮跨渭登原，連兵北山，隔絕隴道，搖蕩民、夷，此非國之利也。」宣王

善之，淮遂屯北原。塹壘未成，蜀兵大至，淮逆擊之。後數日，亮盛兵西行，諸將皆謂欲攻西圍，淮獨以爲此見形於西，欲使官兵重應之，必攻陽遂耳。其夜果攻陽遂，有備不得上。

正始元年，蜀將姜維出隴西。淮遂進軍，追至彊中，維退，遂討羌迷當等，按撫柔氏三千餘落，拔徙以實關中。遷左將軍。涼州休屠胡梁元碧等，率種落二千餘家附雍州。淮奏請使居安定之高平，爲民保障，其後因置（西川）〔西州〕都尉。轉拜前將軍，領州如故。

五年，夏侯玄伐蜀，淮督諸軍爲前鋒。淮度勢不利，輒拔軍出，故不大敗。還假淮節。八年，隴西、南安、金城、西平諸羌餓何、燒戈、伐同、蛾遮塞等相結叛亂，攻圍城邑，南招蜀兵，涼州名胡治無戴復叛應之。討蜀護軍夏侯霸督諸軍屯爲翅。淮軍始到狄道，議者僉謂宜先討定枹罕，內平惡羌，外折賊謀。淮策維必來攻霸，遂入渢中，轉南迎霸。維果攻爲翅，會淮軍適至，維遁退。進討叛羌，斬餓何、燒戈，降服者萬餘落。九年，遮塞等屯河關、白土故城，據河拒軍。淮見形上流，密於下渡兵據白土城，擊，大破之。治無戴圍武威，家屬留在西海。淮進軍趨西海，欲掩取其累重，會無戴折還，與戰於龍夷之北，破走之。令居惡虜在石頭山之西，當大道止，斷絕王使。淮還過討，大破之。姜維出石營，從彊川，乃西迎治無戴，留陰平太守廖化於成重山築城，斂破羌保質。淮欲分兵取之。諸將以維衆西接彊胡，化以據險，分軍兩持，兵勢轉弱，進不制維，退不拔化，非計也，不如合而俱西，及胡、蜀

未接，絕其內外，此伐交之兵也。淮曰：「今往取化，出賊不意，維必狼顧。比維自致，足以定化，且使維疲於奔命。兵不遠西，而胡交自離，此一舉而兩全之策也。」乃別遣夏侯霸等追維於沓中，淮自率諸軍就攻化等。維果馳還救化，皆如淮計。進封都鄉侯。

嘉平元年，遷征西將軍，都督雍、涼諸軍事。是歲，與雍州刺史陳泰協策，降蜀牙門將句安等於翅上。二年，詔曰：「昔漢川之役，幾至傾覆。淮臨危濟難，功書王府。在關右三十餘年，外征寇虜，內綏民夷。比歲以來，摧破廖化，禽虜句安，功績顯著，朕甚嘉之。今以淮爲車騎將軍、儀同三司，持節、都督如故。」進封陽曲侯，邑凡二千七百八十戶，分三百戶，封一子亭侯。〔一〕正元二年薨，追贈大將軍，謚曰貞侯。子統嗣。統官至荊州刺史，薨。子正嗣。咸熙中，開建五等，以淮著勳前朝，改封汾陽子。〔二〕

〔一〕世語曰：淮妻，王淩之妹。淩誅，妹當從坐，御史往收。督將及羌、胡渠帥數千人叩頭請淮表留妻，淮不從。妻上道，莫不流涕，人人扼腕，欲劫留之。淮五子叩頭流血請淮，淮不忍視，乃命左右追妻。於是追者數千騎，數日而還。淮以書白司馬宣王曰：「五子哀母，不惜其身；若無其母，是無五子；無五子，亦無淮也。今輒追還，若於法未通，當受罪於主者，覲展在近。」書至，宣王亦宥之。

〔二〕晉諸公贊曰：淮弟配，字仲南，有重名，位至城陽太守。裴秀、賈充皆配女壻。子展，字泰舒。有器度幹用，歷職著績，終於太僕。次弟豫，字泰寧，相國參軍，知名，早卒。女適王衍。配弟鎮，字季南，謁者僕射。鎮子奕，字泰業。山濤啓事稱奕高簡有雅量，歷位雍州刺史、尚書。

評曰：滿寵立志剛毅，勇而有謀。田豫居身清白，規略明練。牽招秉義壯烈，威績顯著。郭淮方策精詳，垂問秦、雍。而豫位止小州，招終於郡守，未盡其用也。

三國志卷二十七　魏書二十七

徐胡二王傳第二十七

徐邈字景山，燕國薊人也。太祖平河朔，召爲丞相軍謀掾，試守奉高令，入爲東曹議令史。魏國初建，爲尚書郎。時科禁酒，而邈私飲至於沈醉。校事趙達問以曹事，邈曰：「中聖人。」達白之太祖，太祖甚怒。度遼將軍鮮于輔進曰：「平日醉客謂酒淸者爲聖人，濁者爲賢人，邈性脩愼，偶醉言耳。」竟坐得免刑。後領隴西太守，轉爲南安。文帝踐阼，歷譙相，平陽、安平太守，潁川典農中郎將，所在著稱，賜爵關內侯。車駕幸許昌，問邈曰：「頗復中聖人不？」邈對曰：「昔子反斃於穀陽，御叔罰於飲酒，臣嗜同二子，不能自懲，時復中之。然宿瘤以醜見傳，而臣以醉見識。」帝大笑，顧左右曰：「名不虛立。」遷撫軍大將軍軍師。

明帝以涼州絕遠，南接蜀寇，以邈爲涼州刺史，使持節領護羌校尉。至，值諸葛亮出祁山，隴右三郡反，邈輒遣參軍及金城太守等擊南安賊，破之。河右少雨，常苦乏穀，邈上脩

武威、酒泉鹽池以收虜穀，又廣開水田，募貧民佃之，家家豐足，倉庫盈溢。乃支度州界軍用之餘，以市金帛犬馬，通供中國之費。以漸收斂民閒私仗，藏之府庫。然後率以仁義，立學明訓，禁厚葬，斷淫祀，進善黜惡，風化大行，百姓歸心焉。西域流通，荒戎入貢，皆邈勳也。討叛羌柯吾有功，封都亭侯，邑三百戶，加建威將軍。邈與羌、胡從事，不問小過；若犯大罪，先告部帥，使知，應死者乃斬以徇，是以信服畏威。賞賜皆散與將士，無入家者，妻子衣食不充；天子聞而嘉之，隨時供給其家。彈邪繩枉，州界肅淸。

正始元年，還爲大司農。遷爲司隸校尉，百寮敬憚之。公事去官。後爲光祿大夫，數歲卽拜司空，邈歎曰：「三公論道之官，無其人則缺，豈可以老病忝之哉？」遂固辭不受。嘉平元年，年七十八，以大夫薨于家，用公禮葬，謚曰穆侯。子武嗣。六年，朝廷追思淸節之士，詔曰：「夫顯賢表德，聖王所重；舉善而敎，仲尼所美。故司空徐邈、征東將軍胡質、衞尉田豫皆服職前朝，歷事四世，出統戎馬，入贊庶政，忠淸在公，憂國忘私，不營產業，身沒之後，家無餘財，朕甚嘉之。其賜邈等家穀二千斛，錢三十萬，布告天下。」邈同郡韓觀曼游，有鑒識器幹，與邈齊名，而在孫禮、盧毓先，爲豫州刺史，甚有治功，卒官。〔一〕盧欽著書，稱邈曰：「徐公志高行絜，才博氣猛。其施之也，高而不狷，絜而不介，博而守約，猛而能寬。聖人以淸爲難，而徐公之所易也。」或問欽：「徐公當武帝之時，人以爲通，自在涼州及還京師，人以爲介，何也？」欽答曰：「往者毛孝先、崔季珪等用事，貴淸素之士，于時皆變易車服以求名高，而徐公不改其常，故人以爲通。比來天下奢靡，轉相倣效，而徐公雅尙自若，不與俗同，故前日之通，乃今日之介也。是世人之無常，而徐公之有常也。」

〔一〕魏名臣奏載黃門侍郎杜恕表，稱：「韓觀、王昶，信有兼才，高官重任，不但三州。」

胡質字文德，楚國壽春人也。少與蔣濟、朱績俱知名於江、淮閒，仕州郡。蔣濟爲別駕，使見太祖。太祖問曰：「胡通達，長者也，寧有子孫不？」濟曰：「有子曰質，規模大略不及於父，至於精良綜事過之。」〔一〕太祖卽召質爲頓丘令。縣民郭政通於從妹，殺其夫程他，郡吏馮諒繫獄爲證。政與妹皆耐掠隱抵，諒不勝痛，自誣，當反其罪。質至官，察其情色，更詳其事，檢驗具服。

〔一〕案胡氏譜：通達名敏，以方正徵。

入爲丞相東曹議令史，州請爲治中。將軍張遼與其護軍武周有隙。遼見刺史溫恢求請質，質辭以疾。遼出謂質曰：「僕委意於君，何以相辜如此？」質曰：「古人之交也，取多知其不貪，奔北知其不怯，聞流言而不信，故可終也。武伯南身爲雅士，往者將軍稱之不容於口，今以睚眦之恨，乃成嫌隙。睚，五賣反。眦，士賣反。況質才薄，豈能終好？是以不願也。」

遼感言，復與周平。〔一〕

〔一〕虞預晉書曰：周字伯南，沛國竹邑人。位至光祿大夫。子陔，字元夏。陔及二弟韶、茂，皆總角見稱，並有器望，雖鄉人諸父，未能覺其多少。時同郡劉公榮，名知人，嘗造周。周謂曰：「卿有知人之明，欲使三兒見卿，卿爲目高下，以效郭、許之聽可乎？」公榮乃自詣陔兄弟，與共言語，觀其舉動。出語周曰：「君三子皆國士也。元夏器量最優，有輔佐之風，展力仕宦，可爲亞公。叔夏、季夏，不減常伯、納言也。」陔少出仕宦，歷職內外，泰始初爲吏部尙書，遷左僕射、右光祿大夫、開府儀同三司，卒於官。陔以在魏已爲大臣，本非佐命之數，懷遜讓，不得已而居位，故在官職，無所荷任，夙夜思恭而已。終始全潔，當世以爲美談。韶歷二官吏部郎。山濤啓事稱韶淸白有誠，終於散騎常侍。茂至侍中、尙書。潁川荀愷，宣帝外孫，世祖姑子，自負貴戚，要與茂交。茂拒而不答，由是見怒。元康元年，楊駿被誅。愷時爲尙書僕射，以茂駿之姨弟，陷爲駿黨，遂枉見殺，衆咸冤痛之。

太祖辟爲丞相屬。黃初中，徙吏部郎，爲常山太守，遷任東莞。士盧顯爲人所殺，質曰：「此士無讎而有少妻，所以死乎！」悉見其比居年少，書吏李若見問而色動，遂窮詰情狀。若卽自首，罪人斯得。每軍功賞賜，皆散之於衆，無入家者。在郡九年，吏民便安，將士用命。

遷荊州刺史，加振威將軍，賜爵關內侯。吳大將朱然圍樊城，質輕軍赴之。議者皆以爲賊盛不可迫，質曰：「樊城卑下，兵少，故當進軍爲之外援；不然，危矣。」遂勒兵臨圍，城中乃安。遷征東將軍，假節都督靑、徐諸軍事。廣農積穀，有兼年之儲，置東征臺，且佃且

守。又通渠諸郡，利舟楫，嚴設備以待敵。海邊無事。性沉實內察，不以其節檢物，所在見思。嘉平二年薨，家無餘財，惟有賜衣書篋而已。軍師以聞，追進封陽陵亭侯，邑百戶，謚曰貞侯。子威嗣。六年，詔書褒述質清行，賜其家錢穀。語在徐邈傳。威，咸熙中官至徐州刺史，〔一〕有殊績，歷三郡守，所在有名。卒於安定。

〔一〕晉陽秋曰：威字伯虎。少有志尚，厲操清白。質之為荆州也，威自京都省之。家貧，無車馬童僕，威自驅驢單行，拜見父。停廐中十餘日，告歸。臨辭，質賜絹一疋，為道路糧。威跪曰：「大人清白，不審於何得此絹？」質曰：「是吾俸祿之餘，故以為汝糧耳。」威受之，辭歸。每至客舍，自放驢，取樵炊爨，食畢，復隨旅進道，往還如是。質帳下都督，素不相識，先其將歸，請假還家，陰資裝百餘里要之，因與為伴，每事佐助經營之，又少進飲食，行數百里。威疑之，密誘問，乃知其都督也，因取向所賜絹答謝而遣之。後因他信，具以白質。質杖其都督一百，除吏名。其父子清慎如此。於是名譽著聞，歷位宰牧。晉武帝賜見，論邊事，語及平生。帝歎其父清，謂威曰：「卿清孰與父清？」威對曰：「臣不如也。」帝曰：「以何為不如？」對曰：「臣父清恐人知，臣清恐人不知，是臣不如者遠也。」官至前將軍、青州刺史。太康元年卒，追贈鎮東將軍。威弟羆，字季象，征南將軍；威子奕，字次孫，平東將軍；並以潔行垂名。

王昶字文舒，太原晉陽人也。〔一〕少與同郡王淩俱知名。淩年長，昶兄事之。文帝在東

宮，昶為太子文學，遷中庶子。文帝踐阼，徙散騎侍郎，為洛陽典農。時都畿樹木成林，昶斫開荒萊，勤勸百姓，墾田特多。遷兗州刺史。明帝即位，加揚烈將軍，賜爵關內侯。昶雖在外任，心存朝廷，以為魏承秦、漢之弊，法制苛碎，不大釐改國典以準先王之風，而望治化復興，不可得也。乃著治論，略依古制而合於時務者二十餘篇，又著兵書十餘篇，言奇正之用，〔二〕青龍中奏之。

〔一〕案王氏譜：昶伯父柔，字叔優；父澤，字季道。郭林宗傳曰：叔優、季道幼少之時，聞林宗有知人之鑒，共往候之，請問才行所宜，以自處業。林宗笑曰：「卿二人皆二千石才也，雖然，叔優當以仕宦顯，季道宜以經術進，若違才易務，亦不至也。」叔優等從其言。叔優至北中郎將，季道代郡太守。

〔二〕孫子兵法曰：兵以正合，以奇勝；奇正還相生，若循環之無端。

其為兄子及子作名字，皆依謙實，以見其意，故兄子默字處靜，沈字處道，其子渾字玄沖，深字道沖。遂書戒之曰：

夫人為子之道，莫大於寶身全行，以顯父母。此三者人知其善，而或危身破家，陷于滅亡之禍者，何也？由所祖習非其道也。夫孝敬仁義，百行之首，行之而立，身之本也。孝敬則宗族安之，仁義則鄉黨重之，此行成於內，名著于外者矣。人若不篤於至

行，而背本逐末，以陷浮華焉，以成朋黨焉；浮華則有虛偽之累，朋黨則有彼此之患。此二者之戒，昭然著明，而循覆車滋衆，逐末彌甚，皆由惑當時之譽，昧目前之利故也。夫富貴聲名，人情所樂，而君子或得而不處，何也？惡不由其道耳。患人知進而不知退，知欲而不知足，故有困辱之累，悔吝之咎。語曰：「如不知足，則失所欲。」故知足之足常足矣。覽往事之成敗，察將來之吉凶，未有干名要利，欲而不厭，而能保世持家，永全福祿者也。欲使汝曹立身行己，遵儒者之教，履道家之言，故以玄默沖虛為名，欲使汝曹顧名思義，不敢違越也。古者盤杅有銘，几杖有誡，俯仰察焉，用無過行；況在己名，可不戒之哉！夫物速成則疾亡，晚就則善終。朝華之草，夕而零落；松柏之茂，隆寒不衰。是以大雅君子惡速成，戒闕黨也。若范匄對秦客而武子擊之折其委笄，惡其掩人也。〔一〕夫人有善鮮不自伐，有能者寡不自矜；伐則掩人，矜則陵人。掩人者人亦掩之，陵人者人亦陵之。故三郤為戮于晉，王叔負罪於周，不惟矜善自伐好爭之咎乎？故君子不自稱，非以讓人，惡其蓋人也。夫能屈以為伸，讓以為得，弱以為彊，鮮不遂矣。夫毀譽，愛惡之原而禍福之機也，是以聖人慎之。孔子曰：「吾之於人，誰毀誰譽；如有所譽，必有所試。」又曰：「子貢方人。賜也賢乎哉，我則不暇。」以聖人之德，猶尚如此，況庸庸之徒而輕毀譽哉？

昔伏波將軍馬援戒其兄子，言：「聞人之惡，當如聞父母之名；耳可得而聞，口不可得而言也。」斯戒至矣。〔二〕人或毀己，當退而求之於身。若己有可毀之行，則彼言當矣；若己無可毀之行，則彼言妄矣。當則無怨于彼，妄則無害於身，又何反報焉？且聞人毀己而忿者，惡醜聲之加人也，人報者滋甚，不如默而自脩己也。諺曰：「救寒莫如重裘，止謗莫如自脩。」斯言信矣。若與是非之士，凶險之人，近猶不可，況與對校乎？其害深矣。夫虛偽之人，言不根道，行不顧言，其為浮淺較可識別；而世人惑焉，猶不檢之以言行也。近濟陰魏諷、山陽曹偉皆以傾邪敗沒，熒惑當世，挾持姦慝，驅動後生。雖刑於鈇鉞，大為炯戒，然所汙染，固以衆矣。可不慎與！〔三〕

若夫山林之士，夷、叔之倫，甘長飢於首陽，安赴火於緜山，雖可以激貪勵俗，然聖人不可為，吾亦不願也。今汝先人世有冠冕，惟仁義為名，守慎為稱，孝悌於閨門，務學於師友。吾與時人從事，雖出處不同，然各有所取。潁川郭伯益，好尚通達，敏而有知。其為人弘曠不足，輕貴有餘；得其人重之如山，不得其人忽之如草。吾以所知親之昵之，不願兒子為之。〔四〕北海徐偉長，不治名高，不求苟得，澹然自守，惟道是務。其有所是非，則託古人以見其意，當時無所褒貶。吾敬之重之，願兒子師之。東平劉公幹，博學有高才，誠節有大意，然性行不均，少所拘忌，得失足以相補。吾愛之重之，

不願兒子慕之。〔五〕樂安任昭先，淳粹履道，內敏外恕，推遜恭讓，處不避洿，怯而義勇，在朝忘身。吾友之善之，願兒子遵之。〔六〕若引而伸之，觸類而長之，汝其庶幾舉一隅耳。及其用財先九族，其施舍務周急，其出入存故老，其論議貴無貶，其進仕尚忠節，其取人務實道，其處世戒驕淫，其貧賤慎無戚，其進退念合宜，其行事加九思，如此而已。吾復何憂哉？

〔一〕國語曰：范文子暮退於朝，武子曰：「何暮也？」對曰：「有秦客廋辭于朝，大夫莫之能對也，吾知三焉。」武子怒曰：「大夫非不能也，讓父兄也。爾童子而三掩人於朝，吾不在，晉國亡無日也。」擊之以杖，折其委笄。臣松之案：對秦客者，范燮也。此云范匄，蓋誤也。

〔二〕臣松之以爲援之此誡，可謂切至之言，不刊之訓也。凡道人過失，蓋謂居室之愆，人未之知，則由己而發者也。若乃行事，得失已暴于世，因其善惡，即以爲誡，方之于彼，則有愈焉。然援誡稱龍伯高之美，言杜季良之惡，致使事徹時主，季良以敗。言之傷人，孰大於此？與其所誡，自相違伐。

〔三〕世語曰：黃初中，孫權通章表。偉以白衣登江上，與權交書求賂，欲以交結京師，故誅之。

〔四〕伯益名奕，郭嘉之子。

〔五〕臣松之以爲文舒復擬則文淵，顯言人之失。魏諷、曹偉，事陷惡逆，著以爲誡，差無可尤。至若郭伯益、劉公幹，雖其人皆往，善惡有定；然既友之於昔，不宜復毀之於今，而乃形于翰墨，永傳後葉，於舊交則違久要之義，於子孫則揚人前世之惡。於夫鄙懷，深所不取。善乎東方之誡子也，以首陽爲拙，柳下爲工，寄旨古人，無傷當時。

方之馬、王，不亦遠哉！

〔六〕昭先名嘏。別傳曰：嘏，樂安博昌人。世爲著姓，夙智性成，故鄉人爲之語曰：「蔣氏翁，任氏童。」父旐，字子旟，以至行稱。漢末，黃巾賊起，天下饑荒，人民相食。寇到博昌，聞旐姓字，乃相謂曰：「宿聞任子旟，天下賢人也。今雖作賊，那可入其鄉邪？」遂相帥而去。由是聲聞遠近，州郡並招舉孝廉，歷酸棗、祝阿令。嘏八歲喪母，號泣不絕聲，自然之哀，同於成人，故幼以至性見稱。年十四始學，疑不再問，三年中誦五經，皆究其義，兼包羣言，無不綜覽，於時學者號之神童。遂遇荒亂，家貧賣魚，會官稅魚，魚貴數倍，嘏取直如常。又與人共買生口，各雇八匹。後生口家來贖，時價直六十匹。共買者欲隨時價取贖，嘏自取本價八匹。共買者慚，亦還取本價。比居者擅耕嘏地數十畝種之，人以語嘏，嘏曰：「我自以借之耳。」耕者聞之，慚謝還地。及邑中爭訟，皆詣嘏質之，然後意厭。其子弟有不順者，父兄竊數之曰：「汝所行，豈可令任君知邪！」其禮教所化，率皆如此。會太祖創業，召海內至德，嘏應其舉，爲臨菑侯庶子、相國東曹屬、尚書郎。文帝時，爲黃門侍郎。每納忠言，輒手書懷本，自在禁省，歸書不封。帝嘉其淑慎，累遷東郡、趙郡、河東太守，所在化行，有遺風餘教。嘏爲人淳粹凱悌，虛己若不足，恭敬如有畏。其脩身履義，皆沈默潛行，不顯其美，故時人少得稱之。著書三十八篇，凡四萬餘言。嘏卒後，故吏東郡程威、趙國劉固、河東上官崇等，錄其事行及所著書奏之。詔下祕書，以貫羣言。

青龍四年，詔「欲得有才智文章，謀慮淵深，料遠若近，視昧而察，籌不虛運，策弗徒發，端一小心，清脩密靜，乾乾不解，志尚在公者，無限年齒，勿拘貴賤，卿校已上各舉一人」。太尉司馬宣王以昶應選。正始中，轉在徐州，封武觀亭侯，遷征南將軍，假節都督荊、豫諸軍事。昶以爲國有常衆，戰無常勝；地有常險，守無常勢。今屯宛，去襄陽三百餘里，諸軍散屯，船在宣池，有急不足相赴，乃表徙治新野，習水軍于二州，廣農墾殖，倉穀盈積。

嘉平初，太傅司馬宣王既誅曹爽，乃奏博問大臣得失。昶陳治略五事：其一，欲崇道篤學，抑絕浮華，使國子入太學而脩庠序；其二，欲用考試，考試猶準繩也，未有舍準繩而意正曲直，廢黜陟而空論能否也；其三，欲令居官者久於其職，有治績則就增位賜爵；其四，欲約官實祿，勵以廉恥，不使與百姓爭利；其五，欲絕侈靡，務崇節儉，令衣服有章，上下有敍，儲穀畜帛，反民於樸。詔書褒讚。因使撰百官考課事，昶以爲唐虞雖有黜陟之文，而考課之法不垂。周制冢宰之職，大計羣吏之治而誅賞，又無校比之制。由此言之，聖主明於任賢，略舉黜陟之體，以委達官之長，而總其統紀，故能否可得而知也。其大指如此。

二年，昶奏：「孫權流放良臣，適庶分爭，可乘釁而制吳、蜀；白帝、夷陵之間，黔、巫、秭歸、房陵皆在江北，民夷與新城郡接，可襲取也。」乃遣新城太守州泰襲巫、秭歸、房陵，荊州刺史王基詣夷陵，昶詣江陵，兩岸引竹絙爲橋，渡水擊之。賊奔南岸，鑿七道並來攻。於是昶使積弩同時俱發，賊大將施績夜遁入江陵城，追斬數百級。昶欲引致平地與合戰，乃先遣五軍案大道發還，使賊望見以喜之，以所獲鎧馬甲首，馳環城以怒之，設伏兵以待之。績果追軍，與戰，克之。績遁走，斬其將鍾離茂、許旻，收其甲首旗鼓珍寶器仗，振旅而還。

王基、州泰皆有功。於是遷昶征南大將軍、儀同三司，進封京陵侯。毌丘儉、文欽作亂，引兵拒儉、欽有功，封二子亭侯、關內侯，進位驃騎將軍。諸葛誕反，昶據夾石以逼江陵，持施績、全熙使不得東。誕既誅，詔曰：「昔孫臏佐趙，直湊大梁。西兵驟進，亦所以成東征之勢也。」增邑千戶，并前四千七百戶，遷司空，持節、都督如故。甘露四年薨，謚曰穆侯。子渾嗣，咸熙中爲越騎校尉。〔一〕

〔一〕案晉書：渾自越騎入晉，累居方任，平吳有功，封一子江陵侯，位至司徒。渾子濟，字武子，有儁才令望，爲河南尹、太僕。早卒，追贈驃騎將軍。渾弟深，冀州刺史。深弟湛，字處沖，汝南太守。湛子承，字安期，東海內史。承子述，字懷祖，尚書令、衞將軍。述子坦之，字文度，北中郎將，徐、兗二州刺史。昶諸子中，湛最有德譽，而承亦自爲名士，述及坦之並顯重於世，爲時盛門云。自湛已下事，見晉陽秋也。

王基字伯輿，東萊曲城人也。少孤，與叔父翁居。翁撫養甚篤，基亦以孝稱。年十七，郡召爲吏，非其好也，遂去，入琅邪界游學。黃初中，察孝廉，除郎中。是時青土初定，刺史王淩特表請基爲別駕，後召爲祕書郎，淩復請還。頃之，司徒王朗辟基，淩不遣。朗書劾州曰：「凡家臣之良，則升于公輔，公臣之良，則入于王職，是故古者侯伯有貢士之禮。今州取宿衞之臣，留祕閣之吏，所希聞也。」淩猶不遣。淩流稱青土，蓋亦由基協和之輔也。大將軍司馬宣王辟基，未至，擢爲中書侍郎。

明帝盛脩宮室，百姓勞瘁。基上疏曰：「臣聞古人以水喻民，曰『水所以載舟，亦所以覆舟』。故在民上者，不可以不戒懼。夫民逸則慮易，苦則思難，是以先王居之以約儉，俾不至於生患。昔顏淵云東野子之御，馬力盡矣而求進不已，是以知其將敗。今事役勞苦，男女離曠，願陛下深察東野之弊，留意舟水之喻，息奔駟於未盡，節力役於未困。昔漢有天下，至孝文時唯有同姓諸侯，而賈誼憂之曰：『置火積薪之下而寢其上，因謂之安也。』今寇賊未殄，猛將擁兵，檢之則無以應敵，久之則難以遺後，當盛明之世，不務以除患，若子孫不競，社稷之憂也。使賈誼復起，必深切于曩時矣。」

散騎常侍王肅著諸經傳解及論定朝儀，改易鄭玄舊說，而基據持玄義，常與抗衡。遷安平太守，公事去官。大將軍曹爽請爲從事中郎，出爲安豐太守。郡接吳寇，爲政清嚴有威惠，明設防備，敵不敢犯。加討寇將軍。吳嘗大發衆集建業，揚聲欲入攻揚州，刺史諸葛誕使基策之。基曰：「昔孫權再至合肥，一至江夏，其後全琮出廬江，朱然寇襄陽，皆無功而還。今陸遜等已死，而權年老，內無賢嗣，中無謀主。權自出則懼內釁卒起，癰疽發潰；遣將則舊將已盡，新將未信。此不過欲補定支黨，還自保護耳。」後權竟不能出。時曹爽專柄，風化陵遲，基著時要論以切世事。以疾徵還，起家爲河南尹，未拜，爽伏誅，基嘗爲爽

官屬，隨例罷。

其年爲尚書，出爲荆州刺史，加揚烈將軍，隨征南王昶擊吳。基別襲步協於夷陵，協閉門自守。基示以攻形，而實分兵取雄父邸閣，收米三十餘萬斛，虜安北將軍譚正，納降數千口。於是移其降民，置夷陵縣。賜爵關內侯。基又表城上昶，徙江夏治之，以偪夏口，由是賊不敢輕越江。明制度，整軍農，兼脩學校，南方稱之。時朝廷議欲伐吳，詔基量進趣之宜。基對曰：「夫兵動而無功，則威名折於外，財用窮於內，故必全而後用也。若不資通川聚糧水戰之備，則雖積兵江內，無必渡之勢矣。今江陵有沮、漳二水，溉灌膏腴之田以千數。安陸左右，陂池沃衍。若水陸並農，以實軍資，然後引兵詣江陵、夷陵，分據夏口，順沮、漳，資水浮穀而下。賊知官兵有經久之勢，則拒天誅者意沮，而向王化者益固。然後率合蠻夷以攻其內，精卒勁兵以討其外，則夏口以上必拔，而江外之郡不守。如此，吳、蜀之交絕，交絕而吳禽矣。不然，兵出之利，未可必矣。」於是遂止。

司馬景王新統政，基書戒之曰：「天下至廣，萬機至猥，誠不可不矜矜業業，坐而待旦也。夫志正則衆邪不生，心靜則衆事不躁，思慮審定則教令不煩，親用忠良則遠近協服。故知和遠在身，定衆在心。許允、傅嘏、袁侃、崔贊皆一時正士，有直質而無流心，可與同政事者也。」景王納其言。

高貴鄉公卽尊位，進封常樂亭侯。毌丘儉、文欽作亂，以基爲行監軍、假節，統許昌軍，適與景王會於許昌。景王曰：「君籌儉等何如？」基曰：「淮南之逆，非吏民思亂也，儉等誑脅迫懼，畏目下之戮，是以尚羣聚耳。若大兵臨偪，必土崩瓦解，儉、欽之首，不終朝而縣於軍門矣。」景王曰：「善。」乃令基居軍前。議者咸以儉、欽慓悍，難與爭鋒。詔基停駐。基以爲：「儉等舉軍足以深入，而久不進者，是其詐僞已露，衆心疑沮也。今不張示威形以副民望，而停軍高壘，有似畏懦，非用兵之勢也。若或虜略民人，又州郡兵家爲賊所得者，更懷離心；儉等所迫脅者，自顧罪重，不敢復還，此爲錯兵無用之地，而成姦宄之源。吳寇因之，則淮南非國家之有，譙、沛、汝、豫危而不安，此計之大失也。軍宜速進據南頓，南頓有大邸閣，計足軍人四十日糧。保堅城，因積穀，先人有奪人之心，此平賊之要也。」基屢請，乃聽進據濦水。既至，復言曰：「兵聞拙速，未覩工遲之久。方今外有彊寇，內有叛臣，若不時決，則事之深淺未可測也。議者多欲將軍持重。將軍持重是也，停軍不進非也。持重非不行之謂也，進而不可犯耳。今據堅城，保壁壘，以積實資虜，縣運軍糧，甚非計也。」景王欲須諸軍集到，猶尚未許。基曰：「將在軍，君令有所不受。彼得則利，我得亦利，是謂爭城，南頓是也。」遂輒進據南頓，儉等從項亦爭欲往，發十餘里，聞基先到，復還保項。時兗州刺史鄧艾屯樂嘉，儉使文欽將兵襲艾。基知其勢分，進兵偪項，儉衆遂敗。欽等已平，遷

鎭南將軍，都督豫州諸軍事，領豫州刺史，進封安樂鄉侯。上疏求分戶二百，賜叔父子喬爵關內侯，以報叔父拊育之德。有詔特聽。

諸葛誕反，基以本官行鎭東將軍，都督揚、豫諸軍事。時大軍在項，以賊兵精，詔基斂軍堅壘。基累啓求進討。會吳遣朱異來救誕，軍於安城。基又被詔引諸軍轉據北山，基謂諸將曰：「今圍壘轉固，兵馬向集，但當精脩守備以待越逸，而更移兵守險，使得放縱，雖有智者不能善後矣。」遂守便宜上疏曰：「今與賊家對敵，當不動如山。若遷移依險，人心搖蕩，於勢大損。諸軍並據深溝高壘，衆心皆定，不可傾動，此御兵之要也。」書奏，報聽。大將軍司馬文王進屯丘頭，分部圍守，各有所統。基督城東城南二十六軍，文王敕軍吏入鎭南部界，一不得有所遣。城中食盡，晝夜攻壘，基輒拒擊，破之。壽春既拔，文王與基書曰：「初議者云云，求移者甚衆，時未臨履，亦謂宜然。將軍深筭利害，獨秉固志，上違詔命，下拒衆議，終至制敵禽賊，雖古人所述，不是過也。」文王欲遣諸將輕兵深入，招迎唐咨等子弟，因釁有蕩覆吳之勢。基諫曰：「昔諸葛恪乘東關之勝，竭江表之兵，以圍新城，城既不拔，而衆死者太半。姜維因洮上之利，輕兵深入，糧餉不繼，軍覆上邽。夫大捷之後，上下輕敵，輕敵則慮難不深。今賊新敗於外，又內患未弭，是其脩備設慮之時也。且兵出踰年，人有歸志，今俘馘十萬，罪人斯得，自歷代征伐，未有全兵獨克如今之盛者也。武皇帝

克袁紹於官渡，自以所獲已多，不復追奔，懼挫威也。」文王乃止。以淮南初定，轉基爲征東將軍，都督揚州諸軍事，進封東武侯。基上疏固讓，歸功參佐，由是長史司馬等七人皆侯。

是歲，基母卒，詔祕其凶問，迎基父豹喪合葬洛陽，追贈豹北海太守。甘露四年，轉爲征南將軍，都督荆州諸軍事。常道鄉公卽尊位，增邑千戶，并前五千七百戶。前後封子二人亭侯、關內侯。

景元二年，襄陽太守表吳賊鄧由等欲來歸化，基被詔，當因此震蕩江表。基疑其詐，馳驛陳狀。且曰：「嘉平以來，累有內難，當今之務，在于鎭安社稷，綏寧百姓，未宜動衆以求外利。」文王報書曰：「凡處事者，多曲相從順，鮮能確然共盡理實。誠感忠愛，每見規示，輒敬依來指。」後由等竟不降。〔一〕

〔一〕司馬彪戰略載基此事，詳於本傳。曰：「景元二年春三月，襄陽太守胡烈表上『吳賊鄧由、李光等，同謀十八屯，欲來歸化，遣將張吳、鄧生，并送質任。克期欲令郡軍臨江迎拔』。大將軍司馬文王啓聞。詔征南將軍王基部分諸軍，使烈督萬人徑造沮水，荆州、義陽南屯宜城，承書夙發。若由等如期到者，便當因此震蕩江表。基疑賊詐降，誘致官兵，馳驛止文王，說由等可疑之狀。『且當清澄，未宜便舉重兵深入應之』。又曰：『夷陵東道，當由車御，至赤岸乃得渡沮，西道當出箭谿口，乃趣平土，皆山險狹，竹木叢蔚，卒有要害，弩馬不陳。今者筋角弩弱，水潦

方降，廢盛農之務，徼難必之利，此事之危者也。昔子午之役，兵行數百里而值霖雨，橋閣破壞，後糧腐敗，前軍縣乏。姜維深入，不待輜重，士衆飢餓，覆軍上邽。文欽、唐咨，舉吳重兵，昧利壽春，身沒不反。此皆近事之鑒戒也。嘉平以來，累有內難。當今之宜，當鎭安社稷，撫寧上下，力農務本，懷柔百姓，未宜動衆以求外利也。得之未足爲多，失之傷損威重。』文王累得基書，意疑。尋敕諸軍已上道者，且權停住所在，須後節度。基又言于文王曰：『昔漢祖納酈生之說，欲封六國，寤張良之謀，而趣銷印。基謀慮淺短，誠不及留侯，亦懼襄陽有食其之謬。』文王於是遂罷軍嚴，後由等果不降。」

是歲基薨，追贈司空，謚曰景侯。子徽嗣，早卒。咸熙中，開建五等，以基著勳前朝，改封基孫廙，而以東武餘邑賜一子爵關內侯。晉室踐阼，下詔曰：「故司空王基既著德立勳，又治身清素，不營產業，久在重任，家無私積，可謂身沒行顯，足用勵俗者也。其以奴婢二人賜其家。」

評曰：徐邈清尙弘通，胡質素業貞粹，王昶開濟識度，王基學行堅白，皆掌統方任，垂稱著績。可謂國之良臣，時之彥士矣。

三國志卷二十八　魏書二十八

王毌丘諸葛鄧鍾傳第二十八

王淩字彥雲，太原祁人也。叔父允，爲漢司徒，誅董卓。卓將李傕、郭汜等爲卓報仇，入長安，殺允，盡害其家。淩及兄晨，時年皆少，踰城得脫，亡命歸鄉里。淩舉孝廉，爲發干長，〔一〕稍遷至中山太守，所在有治，太祖辟爲丞相掾屬。

〔一〕魏略曰：淩爲長，遇事，髡刑五歲，當道掃除。時太祖車過，問此何徒，左右以狀對。太祖曰：「此子師兄子也，所坐亦公耳。」于是主者選爲驍騎主簿。

文帝踐阼，拜散騎常侍，出爲兗州刺史，與張遼等至廣陵討孫權。臨江，夜大風，吳將呂範等船漂至北岸。淩與諸將逆擊，捕斬首虜，獲舟船，有功，封宜城亭侯，加建武將軍，轉在青州。是時海濱乘喪亂之後，法度未整。淩布政施教，賞善罰惡，甚有綱紀，百姓稱之，不容於口。後從曹休征吳，與賊遇於夾石，休軍失利，淩力戰決圍，休得免難。仍徙爲揚、豫州刺史，咸得軍民之歡心。始至豫州，旌先賢之後，求未顯之士，各有條教，意義甚

美。初，淩與司馬朗、賈逵友善，及臨兗、豫，繼其名跡。正始初，爲征東將軍，假節都督揚州諸軍事。二年，吳大將全琮數萬衆寇芍陂，淩率諸軍逆討，與賊爭塘，力戰連日，賊退走。進封南鄉侯，邑千三百五十戶，遷車騎將軍、儀同三司。

是時，淩外甥令狐愚以才能爲兗州刺史，屯平阿。舅甥並典兵，專淮南之重。淩就遷爲司空。司馬宣王既誅曹爽，進淩爲太尉，假節鉞。淩、愚密協計，謂齊王不任天位，楚王彪長而才，欲迎立彪都許昌。嘉平元年九月，愚遣將張式至白馬，與彪相問往來。淩又遣舍人勞精詣洛陽，語子廣。廣言：「廢立大事，勿爲禍先。」〔一〕其十一月，愚復遣式詣彪，未還，會愚病死。〔二〕二年，熒惑守南斗，淩謂：「斗中有星，當有暴貴者。」〔三〕三年春，吳賊塞涂水。淩欲因此發，大嚴諸軍，表求討賊；詔報不聽。淩陰謀滋甚，遣將軍楊弘以廢立事告兗州刺史黃華，華、弘連名以白太傅司馬宣王。宣王將中軍乘水道討淩，先下赦赦淩罪，又將尙書廣東，使爲書喩淩，大軍掩至百尺逼淩。淩自知勢窮，乃乘船單出迎宣王，遣掾王彧謝罪，送印綬、節鉞。軍到丘頭，淩面縛水次。宣王承詔遣主簿解縛反服，見淩，慰勞之，還印綬、節鉞，遣步騎六百人送還京都。淩至項，飲藥死。〔四〕宣王遂至壽春。張式等皆自首，乃窮治其事。彪賜死，諸相連者悉夷三族。〔五〕朝議咸以爲春秋之義，齊崔杼、鄭歸生皆加追戮，陳屍斲棺，載在方策。淩、愚罪宜如舊典。乃發淩、愚冢，剖棺，暴屍於所近市三日，

燒其印綬、朝服,親土埋之。〔六〕進弘、華爵爲鄉侯。廣有志尚學行,死時年四十餘。〔七〕

〔一〕漢晉春秋曰:淩、愚謀,以帝幼制於彊臣,不堪爲主,楚王彪長而才,欲迎立之,以興曹氏。淩使人告廣,廣曰:「凡舉大事,應本人情。今曹爽以驕奢失民,何平叔虛而不治,丁、畢、桓、鄧雖並有宿望,皆專競于世。加變易朝典,政令數改,所存雖高而事不下接,民習于舊,衆莫之從。故雖勢傾四海,聲震天下,同日斬戮,名士減半,而百姓安之,莫或之哀,失民故也。今懿情雖難量,事未有逆,而擢用賢能,廣樹勝己,修先朝之政令,副衆心之所求。爽之所以爲惡者,彼莫不必改,夙夜匪懈,以恤民爲先。父子兄弟,並握兵要,未易亡也。」淩不從。

臣松之以爲如此言之類,皆前史所不載,而猶出習氏。且制言法體不似於昔,疑悉鑿齒所自造者也。

〔二〕魏書曰:愚字公治,本名淩,黃初中,爲和戎護軍。烏丸校尉田豫討胡有功,小違節度,愚以法繩之。帝怒,械繫愚,免官治罪,詔曰「淩何愚」!遂以名之。正始中,爲曹爽長史,後出爲兗州刺史。

魏略曰:愚聞楚王彪有智勇。初東郡有譌言云:「白馬河出妖馬,夜過官牧邊鳴呼,衆馬皆應,明日見其迹,大如斛,行數里,還入河中。」又有謠言:「白馬素羈西南馳,其誰乘者朱虎騎。」楚王小字朱虎,故愚與王淩陰謀立楚王。乃先使人通意於王,言「使君謝王,天下事不可知,願王自愛」!彪亦陰知其意,答言「謝使君,知厚意也」。

〔三〕魏略曰:淩聞東平民浩詳知星,呼問詳。詳疑淩有所挾,欲悅其意,不言吳當有死喪,而言淮南楚分也,今吳、楚同占,當有王者興。故淩計遂定。

〔四〕魏略載淩與太傅書曰:「卒聞神軍密發,已在百尺,雖知命窮盡,遲於相見,身首分離,不以爲恨,前後遣使,有書未得還報,企踵西望,無物以譬。昨遣書之後,便乘船來相迎宿丘頭,旦發於浦口,奉被露布赦書,又得二十三日況,累紙誨示,聞命驚愕,五內失守,不知何地可以自處?僕久忝朝恩,歷試無效,統御戎馬,董齊東夏,事有闕

廢,中心犯義,罪在三百,妻子同縣,無所禱矣。不圖聖恩天覆地載,橫蒙視息,復覩日月。亡甥令狐愚攜惑群小之言,僕即時呵抑,使不得竟其語。既人已知,神明所鑒,夫非事無陰,卒至發露,知此梟夷之罪也。生我者父母,活我者子也。」又重曰:「身陷刑罪,謬蒙赦宥。今遣掾送印綬,頃至,當如詔書自縛歸命。雖足下私之,官法有分。」及到,如書。太傅使人解其縛。淩既蒙赦,加怙舊好,不復自疑,徑乘小船自趣太傅。太傅使人逆止之,住船淮中,相去十餘丈。淩知見外,乃遙謂太傅曰:「卿直以折簡召我,我當敢不至邪?而乃引軍來乎!」太傅曰:「以卿非肯逐折簡者故也。」淩曰:「卿負我!」太傅曰:「我寧負卿,不負國家。」遂使人送來西。淩自知罪重,試索棺釘,以觀太傅意,太傅給之。淩行到項,夜呼掾屬與決曰:「行年八十,身名並滅邪!」遂自殺。

干寶晉紀曰:淩到項,見賈逵祠在水側,淩呼曰:「賈梁道,王淩固忠于魏之社稷者,唯爾有神,知之。」其年八月,太傅有疾,夢淩、逵爲癘,甚惡之,遂薨。

〔五〕魏略載:山陽單固,字恭夏,爲人有器實。正始中,兗州刺史令狐愚與固父伯龍善,辟固,欲以爲別駕。固不樂爲州吏,辭以疾。愚禮意愈厚,固不欲應。固母夏侯氏謂固曰:「使君與汝父久善,故命汝不止,汝亦故當仕進,自可往耳。」固不獲已,遂往,與兼治中從事楊康並爲愚腹心。後愚與王淩通謀,康、固皆知其計。會愚病,康應司徒召詣洛陽,固亦以疾解禘。康在京師露其事,太傅乃東取王淩。到壽春,固見太傅,太傅問曰:「卿知其事爲邪?」固對不知。太傅曰:「且置近事。問卿,令狐反乎?」固又曰無。而楊康白,事事與固連。遂收捕固及家屬,皆繫廷尉,考實數十,固故云無有。太傅錄楊康,與固對相詰。固辭窮,乃罵康曰:「老庸既負使君,又滅我族,顧汝當活邪!」辭定,事上,須報廷尉,以舊皆聽得與其母妻子相見。固見其母,不仰視,其母知其慚也,字謂之曰:「恭夏,汝本自不欲應州郡也,我强故耳。汝爲人吏,自當爾耳。此自門戶衰,我無恨也。汝本意與我語。」固終不仰,又不語,以至於死。初,楊康自以白其事,冀得封拜,後以辭頗參錯,亦幷斬。臨刑,俱出獄,固又罵康曰:「老奴,汝死自分耳。若令死者有知,汝何面目以行地下也。」

〔六〕干寶晉紀曰:兗州武吏東平馬隆,託爲愚家客,以私財更殯葬,行服三年,種植松柏。一州之士愧之。

〔七〕魏氏春秋曰:廣字公淵。弟飛梟、金虎,並才武過人。太傅嘗從容問蔣濟,濟曰:「淩文武俱贍,當今無雙。廣等志力,有美於父耳。」退而悔之,告所親曰:「吾此言,滅人門宗矣。」

魏末傳曰:淩少子字明山,最知名。善書,多技藝,人得其書,皆以爲法。走向太原,追軍及之,時有飛鳥集桑樹,隨枝低卬,舉弓射之即倒,追人乃止不復進。明山投親家食,親家告吏,乃就執之。

毌丘儉字仲恭,河東聞喜人也。父興,黃初中爲武威太守,伐叛柔服,開通河右,名次金城太守蘇則。討賊張進及討叛胡有功,封高陽鄉侯。〔一〕入爲將作大匠。儉襲父爵,爲平原侯文學。明帝即位,爲尚書郎,遷羽林監。以東宮之舊,甚見親待。出爲洛陽典農。時取農民以治宮室,儉上疏曰:「臣愚以爲天下所急除者二賊,所急務者衣食。誠使二賊不滅,士民飢凍,雖崇美宮室,猶無益也。」遷荊州刺史。

〔一〕魏名臣奏載雍州刺史張既表曰:「河右遐遠,喪亂彌久,武威當諸郡路道喉轄之要,加民夷雜處,數有兵難。領太守毌丘興到官,內撫吏民,外懷羌、胡,卒使柔附,爲官效用。黃華、張進初圖逆亂,扇動左右,興志氣忠烈,臨難不顧,爲將校民夷陳說禍福,言則涕泣。于時男女萬口,咸懷感激,形毀髮亂,誓心致命。尋率精兵踧脅張掖,濟

拔領太守杜通、西海太守張睦。張掖番和、驪靬二縣吏民及郡雜胡棄惡詣興,興皆安卹,使盡力田。興每所歷,盡竭心力,誠國之良吏。殿下即位,留心萬機,苟有毫毛之善,必有賞錄,臣伏緣聖旨,指陳其事。」

青龍中,帝圖討遼東,以儉有幹策,徙爲幽州刺史,加度遼將軍,使持節,護烏丸校尉。率幽州諸軍至襄平,屯遼隧。右北平烏丸單于寇婁敦、遼西烏丸都督率衆王護留等,昔隨袁尚奔遼東者,率衆五千餘人降。寇婁敦遣弟阿羅槃等詣闕朝貢,封其渠率二十餘人爲侯、王,賜輿馬繒綵各有差。公孫淵逆與儉戰,不利,引還。明年,帝遣太尉司馬宣王統中軍及儉等衆數萬討淵,定遼東。儉以功進封安邑侯,食邑三千九百戶。

正始中,儉以高句驪數侵叛,督諸軍步騎萬人出玄菟,從諸道討之。句驪王宮將步騎二萬人,進軍沸流水上,大戰梁口,梁音渴。宮連破走。儉遂束馬縣車,以登丸都,屠句驪所都,斬獲首虜以千數。句驪沛者名得來,數諫宮,〔一〕宮不從其言。得來歎曰:「立見此地將生蓬蒿。」遂不食而死,舉國賢之。儉令諸軍不壞其墓,不伐其樹,得其妻子,皆放遣之。宮單將妻子逃竄。儉引軍還。六年,復征之,宮遂奔買溝。儉遣玄菟太守王頎追之,〔二〕過沃沮千有餘里,至肅慎氏南界,刻石紀功,刊丸都之山,銘不耐之城。諸所誅納八千餘口,論功受賞,侯者百餘人。穿山溉灌,民賴其利。

〔一〕臣松之按東夷傳:沛者,句驪國之官名。

〔二〕世語曰：頎字孔碩，東萊人，晉永嘉中大賊王彌，頎之孫。

遷左將軍，假節監豫州諸軍事，領豫州刺史，轉爲鎮南將軍。諸葛誕戰于東關，不利，乃令誕、儉對換。誕爲鎮南，都督豫州。儉爲鎮東，都督揚州。吳太傅諸葛恪圍合肥新城，儉與文欽禦之，太尉司馬孚督中軍東解圍，恪退還。

初，儉與夏侯玄、李豐等厚善。揚州刺史前將軍文欽，曹爽之邑人也，驍果麤猛，數有戰功，好增虜獲，以徼寵賞，多不見許，怨恨日甚。儉以計厚待欽，情好歡洽。欽亦感戴，投心無貳。正元二年正月，有彗星數十丈，西北竟天，起于吳、楚之分。儉、欽喜，以爲己祥。遂矯太后詔，罪狀大將軍司馬景王，移諸郡國，舉兵反。迫脅淮南將守諸別屯者，及吏民大小，皆入壽春城，爲壇於城西，歃血稱兵爲盟，分老弱守城，儉、欽自將五六萬衆渡淮，西至項。儉堅守，欽在外爲游兵。〔一〕

〔一〕儉、欽等表曰：「故相國懿，匡輔魏室，歷事忠貞，故烈祖明皇帝授以寄託之任。懿戮力盡節，以寧華夏。又以齊王聰明，無有穢德，乃心勤盡忠以輔上，天下賴之。懿欲討滅二虜以安宇內，始分軍糧，克時同舉，未成而薨。齊王以懿有輔己大功，故遂使師承統懿業，委以大事。而師以盛年在職，無疾託病，坐擁彊兵，無有臣禮，朝臣非之，義士譏之，天下所聞，其罪一也。懿造計取賊，多舂軍糧，克期有日。師爲大臣，當除國難，又爲人子，當卒父業。哀聲未絕而便罷息，爲臣不忠，爲子不孝，其罪二也。賊退過東關，坐自起衆，三征同進，喪衆敗績，歷年軍

實，一旦而盡，致使賊來，天下騷動，死傷流離，其罪三也。賊舉國悉衆，號五十萬，來向壽春，圖詣洛陽，會太尉孚與臣等建計，乃杜塞要險，不與爭鋒，還固新城。淮南將士，衝鋒履刃，晝夜相守，勤瘁百日，死者塗地，自魏有軍已來，爲難苦甚，莫過於此。而師遂意自由，不論封賞，權勢自在，無所領錄，其罪四也。故中書令李豐等，以師無人臣節，欲議退之。師知而請豐，其夕拉殺，載尸埋棺。豐等爲大臣，帝王腹心，擅加酷暴，死無罪名，師有無君之心，其罪五也。懿每歎說齊王自堪人主，君臣之義定。奉事以來十有五載，始欲歸政，按行武庫，詔問禁兵不得妄出。師自知姦慝，人神所不祐，矯廢君主，加之以罪。孚，師之叔父，性甚仁孝，追送齊王，悲不自勝。羣臣皆怒而師懷忍，不顧大義，其罪六也。又故光祿大夫張緝，無罪而誅，夷其妻子，并及母后，逼恐至尊，彊催督遣，臨時哀愕，莫不傷痛；而師稱慶，反以歡喜，其罪七也。陛下踐阼，聰明神武，事經聖心，欲崇省約，天下聞之，莫不歡慶；而師不自改悔，脩復臣禮，而方徵兵募士，毀壞宮內，列侯自衛。陛下即阼，初不朝覲。陛下欲臨幸師舍以省其疾，復拒不通，不奉法度，其罪八也。近者領軍許允當爲鎮北，以廚錢給賜，而師舉奏加辟，雖云流徙，道路餓殺，天下聞之，莫不哀傷，其罪九也。三方之守，一朝闕廢，多選精兵，以自營衛，五營領兵，闕而不補，多載器杖，充聚本營，天下所聞，人懷憤怨，譌言盈路，以疑海內，其罪十也。多休守兵，以占高第，以空虛四表，欲擅彊勢，以逞姦心，募取屯田，加其復賞，阻兵安忍，壞亂舊法。合聚諸藩王公以著鄴，欲悉誅之，一旦舉事廢主。天不長惡，使目腫不成，其罪十一也。臣等先人皆隨從太祖武皇帝征討凶暴，獲成大功，與高祖文皇帝即受漢禪，開國承家，猶堯舜相傳也。臣與安豐護軍鄭翼、廬江護軍呂宣、太守張休、淮南太守丁尊、督守合肥護軍王休等議，各以累世受恩，千載風塵，思盡軀命，以完全社稷安主爲效。斯義苟立，雖焚妻子，吞炭漆身，死而不恨也。按師之罪，宜加大辟，以彰姦慝。春秋之義，一世爲善，十世宥之。懿有大功，海內所書，依古典議，廢師以侯就第。弟昭，忠肅寬明，樂善好士，有高世君子之度，忠誠爲國，不與師同。臣等碎首所保，可以代師輔導聖躬。太尉孚，忠孝小心，所宜親寵，授以保傅。護軍散騎常侍望，忠公親事，當官稱能，遠迎乘輿，有宿衞之功，可爲中領軍。春秋之義，大義滅親，故周公誅弟，石碏戮子，季友鴆兄，上爲國計，下全宗族。殛鯀用禹，聖人明典，古今所稱。乞陛下下臣等所奏，朝堂博議。臣言當道，使師遜位避賢者，罷兵去備，如三皇舊法，則天下協同。若師負勢恃衆不自退者，臣等率將所領，晝夜兼行，惟命是授。臣等今日所奏，惟欲使大魏永存，使陛下得行君意，遠絕亡之禍，百姓安全，六合一體，使忠臣義士，不愧於三皇五帝耳。臣恐兵起，天下擾亂，臣輒上事，移三征及州郡國典農，各安慰所部吏民，不得妄動，謹具以狀聞。惟陛下愛養精神，明慮危害，以寧海內。師專權用勢，賞罰自由，聞臣等舉衆，必下詔禁絕關津，使驛書不通，擅復徵調，有所收捕。此乃師詔，非陛下詔書，在所皆不得復承用。臣等道遠，懼文書不得皆通，輒臨時賞罰，以便宜從事，須定表上也。」

大將軍統中外軍討之，別使諸葛誕督豫州諸軍從安風津擬壽春，征東將軍胡遵督青、徐諸軍出于譙、宋之間，絕其歸路。大將軍屯汝陽，使監軍王基督前鋒諸軍據南頓以待之。令諸軍皆堅壁勿與戰。儉、欽進不得鬬，退恐壽春見襲，不得歸，計窮不知所爲。淮南將士，家皆在北，衆心沮散，降者相屬，惟淮南新附農民爲之用。大將軍遣兗州刺史鄧艾督泰山諸軍萬餘人至樂嘉，示弱以誘之，大將軍尋自洙至。欽不知，果夜來欲襲艾等，會明，見大軍兵馬盛，乃引還。〔一〕大將軍縱驍騎追擊，大破之，欽遁走。是日，儉聞欽戰敗，恐懼夜走，衆潰。比至慎縣，左右人兵稍棄儉去，儉獨與小弟秀及孫重藏水邊草中。安風津都尉

部民張屬就射殺儉，傳首京都。屬封侯。秀、重走入吳。將士諸爲儉、欽所迫脅者，悉歸降。〔二〕

〔一〕魏氏春秋曰：欽中子俶，小名鴦。年尚幼，勇力絕人，謂欽曰：「及其未定，擊之可破也。」於是分爲二隊，夜夾攻軍。俶率壯士先至，大呼大將軍，軍中震擾。欽後期不應。會明，俶退，欽亦引還。

魏末傳曰：殿中人姓尹，字大目，小爲曹氏家奴，常侍在帝側，大將軍將俱行。大目知大將軍一目已突出，啓云：「文欽本是明公腹心，但爲人所誤耳，又天子鄉里。大目昔爲文欽所信，乞得追解語之，令還與公復好。」大將軍聽遣大目單身往，乘大馬，被鎧甲，追文欽，遙相與語。大目心實欲曹氏安，謬言：「君侯何苦若不可復忍數日中也！」欲使欽解其旨。欽殊不悟，乃更厲聲罵大目：「汝先帝家人，不念報恩，而反與司馬師作逆；不顧上天，天不祐汝！」乃張弓傅矢欲射大目，大目涕泣曰：「世事敗矣，善自努力也。」

〔二〕欽與郭淮書曰：「大將軍昭伯與太傅(伯)俱受顧命，登牀把臂，託付天下，此遠近所知。後以勢利，乃絕其祀，及其親黨，皆一時之後，可爲痛心，柰何柰何！公侯恃與大司馬公恩親分著，義貫金石，當此之時，想益毒痛，有不可堪也。王太尉嫌其專朝，潛欲舉兵，事竟不捷，復受誅夷，害及楚王，想甚追恨。太傅既亡，然其子師繼承父業，肆其虐暴，日月滋甚，放主弒后，殘戮忠良，包藏禍心，遂至篡弒。此可忍也，孰不可忍？欽以名義大故，事君有節，忠憤內發，忘寢與食，無所吝顧也。會毌丘子邦自與父書，勝說公侯，盡事主之義，欲奮白髮，同符太公，惟須東問，影響相應，聞問之日，能不慷慨！是以不顧妻孥之痛，即與毌丘鎮東舉義兵三萬餘人，西趨京師，欲扶持王室，掃除姦逆。企踵西望，不得聲問，魯望高子，不足喻急。夫當仁不讓，況救君之難，度道遠艱，故不果期要耳。然同舟共濟，安危勢同，禍痛已連，非言飾所解，自公侯所明也。共事曹氏，積信魏朝，行道之人，皆所知見。

然在朝之士，冒利偸生，烈士所恥，公侯所賤，賈豎所不忍爲也，況當塗之士邪？軍屯住項，小人以閏月十六日別進兵，就于樂嘉城討師，師之徒衆，尋時崩潰，其所斬截，不復訾原，但當長驅徑至京師，而流言先至，毌丘不復詳之，更謂小人爲誤，諸軍便爾瓦解。毌丘還走，追尋釋解，無所及。小人還項，復遇王基等十二軍，追尋毌丘，進兵討之，卽時克破，所向全勝，要那後無繼何？孤軍梁昌，進退失所，還據壽春，壽春復走，狼狽躓閡，無復他計，惟當歸命大吳，借兵乞食，繼踵伍員耳。不若僕隸，如何快心，復君之讎，永使曹氏少享血食，此亦大國之所祐念也。想公侯不使程嬰、杵臼擅名於前代，而使大魏獨無鷹揚之士與？今大吳敦崇大義，深見愍悼。然僕於國大分連接，遠同一勢，日欲俱舉，瓜分中國，不願偏取以爲己有。公侯必欲共忍帥胸懷，宜廣大勢，恐秦川之卒不可孤舉。今者之計，宜屈己伸人，託命歸漢，東西俱舉爾，乃可克定師黨耳。深思鄙言，若愚計可從，宜使漢軍克制期要，使六合校考，與周、召同封，以託付兒孫。此亦非小事也，大丈夫寧處其落落，是以遠呈忠心，時望嘉應。」時郭淮已卒，欽未知，故有此書。

世語曰：毌丘儉之誅，黨與七百餘人，傳侍御史杜友治獄，惟舉首事十人，餘皆奏散。友字季子，東郡人，仕歷冀州刺史、河南尹。子默，字世玄，歷吏部郎、衞尉。

儉子甸爲治書侍御史，先時知儉謀將發，私出將家屬逃走新安靈山上。別攻下之，夷儉三族。〔一〕

〔一〕世語曰：甸字子邦，有名京邑。齊王之廢也，甸謂儉曰：「大人居方嶽重任，國傾覆而晏然自守，將受四海之責。」儉然之。大將軍惡其爲人也。及儉起兵，問屈顗所在，云不來無能爲也。儉初起兵，遣子宗四人入吳。太康中，

吳平，宗兄弟皆還中國。宗字子仁，有儉風，至零陵太守。宗子奥，巴東監軍、益州刺史。

習鑿齒曰：毌丘儉感明帝之顧命，故爲此役。君子謂毌丘儉事雖不成，可謂忠臣矣。夫竭節而赴義者我也，成之與敗者時也，我苟無時，成何可必乎？忘我而不自必，乃所以爲忠也。古人有言：「死者復生，生者不愧。」若毌丘儉可謂不愧也。

欽亡入吳，吳以欽爲都護、假節、鎭北大將軍、幽州牧、譙侯。〔一〕

〔一〕欽降吳表曰：「禀命不幸，常隸魏國，兩絕於天。雖側伏隅都，自知無路。司馬師滔天作逆，廢害二主，辛、癸、髙、莽，惡不足喩。欽累世受魏恩，烏鳥之情，竊懷憤踊，在三之義，期於弊仆。前與毌丘儉、郭淮等俱舉義兵，當共討師，掃除凶孽，誠臣愎愎愚管所執。智慮淺薄，微節不騁，進無所依，悲痛切心。退惟不能扶翼本朝，抱愧俛仰，靡所自曆。冒緣古義，固有所歸，庶假天威，得展萬一，僵仆之日，亦所不恨。輒相率將，歸命聖化，懾偸苟生，非辭所陳。謹上還所受魏使持節、前將軍、山桑侯印綬。臨表惶惑，伏須罪誅。」

魏書曰：欽字仲若，譙郡人。父稷，建安中爲騎將，有勇力。欽少以名將子，材武見稱。魏諷反，欽坐與諷辭語相連，及下獄，掠笞數百，當死，太祖以稷故赦之。太和中，爲五營校督，出爲牙門將。欽性剛暴無禮，所在倨傲陵上，不奉官法，輒見奏遣，明帝抑之。後復以爲淮南牙門將，轉爲廬江太守、鷹揚將軍。王淩奏欽貪殘，不宜撫邊，求免官治罪，由是徵欽還。曹爽以欽鄉里，厚養待之，不治欽事。復遣還廬江，加冠軍將軍，貴寵踰前。欽以故益驕，好自矜伐，以壯勇高人，頗得虛名於三軍。曹爽誅後，進欽爲前將軍以安其心，後代諸葛誕爲揚州刺史。自曹爽之誅，欽常內懼，與諸葛誕相惡，無所與謀。會誕去兵，毌丘儉往，乃陰共結謀。戰敗走，晝夜間行，追者不及，遂得入吳，孫峻厚待之。欽雖在他國，不能屈節下人，自呂據、朱異等諸大將皆憎疾之，惟峻常左右之。

諸葛誕字公休，琅邪陽都人，諸葛豐後也。初以尚書郎爲滎陽令，〔一〕入爲吏部郎。人有所屬託，輒顯其言而承用之，後有當否，則公議其得失以爲褒貶，自是羣僚莫不愼其所舉。累遷御史中丞尚書，與夏侯玄、鄧颺等相善，收名朝廷，京都翕然。言事者以誕、颺等脩浮華，合虛譽，漸不可長。明帝惡之，免誕官。〔二〕會帝崩，正始初，玄等並在職。復以誕爲御史中丞尚書，出爲揚州刺史，加昭武將軍。

〔一〕魏氏春秋曰：誕爲郎，與僕射杜畿試船陶河，遭風覆沒，誕亦俱溺。虎賁浮河救誕，誕曰：「先救杜侯。」誕飄于岸，絕而復蘇。

〔二〕世語曰：是時，當世俊士散騎常侍夏侯玄、尚書諸葛誕、鄧颺之徒，共相題表，以玄、疇四人爲四聰，誕、備八人爲八達，中書監劉放子熙、孫資子密、吏部尚書衞臻子烈三人，咸不及比，以父居勢位，容之爲三豫，凡十五人。帝以構長浮華，皆免官廢錮。

王淩之陰謀也，太傅司馬宣王潛軍東伐，以誕爲鎭東將軍、假節都督揚州諸軍事，封山陽亭侯。諸葛恪興東關，遣誕督諸軍討之，與戰，不利。還，徙爲鎭南將軍。

後毌丘儉、文欽反，遣使詣誕，招呼豫州士民。誕斬其使，露布天下，令知儉、欽凶逆。大將軍司馬景王東征，使誕督豫州諸軍，渡安風津向壽春。儉、欽之破也，誕先至壽春。壽

春中十餘萬口，聞儉、欽敗，恐誅，悉破城門出，流迸山澤，或散走入吳。以誕久在淮南，乃復以爲鎭東大將軍、儀同三司、都督揚州。吳大將孫峻、呂據、留贊等聞淮南亂，會文欽往，乃帥衆將欽徑至壽春；時誕諸軍已至，城不可攻，乃走。誕遣將軍蔣班追擊之，斬贊，傳首，收其印節。進封高平侯，邑三千五百戶，轉爲征東大將軍。

誕既與玄、颺等至親，又王淩、毌丘儉累見夷滅，懼不自安，傾帑藏振施以結衆心，厚養親附及揚州輕俠者數千人爲死士。〔一〕甘露元年冬，吳賊欲向徐堨，計誕所督兵馬足以待之，而復請十萬衆守壽春，又求臨淮築城以備寇，內欲保有淮南。朝廷微知誕有自疑心，以誕舊臣，欲入度之。二年五月，徵爲司空。誕被詔書，愈恐，遂反。召會諸將，自出攻揚州刺史樂綝，殺之。〔二〕斂淮南及淮北郡縣屯田口十餘萬官兵，揚州新附勝兵者四五萬人，聚穀足一年食，閉城自守。遣長史吳綱將小子靚至吳請救。〔三〕吳人大喜，遣將全懌、全端、唐咨、王祚等，率三萬衆，密與文欽俱來應誕。以誕爲左都護、假節、大司徒、驃騎將軍、青州牧、壽春侯。是時鎭南將軍王基始至，督諸軍圍壽春，未合。咨、欽等從城東北，因山乘險，得將其衆突入城。

〔一〕魏書曰：誕賞賜過度。有犯死者，虧制以活之。

〔二〕世語曰：司馬文王既秉朝政，長史賈充以爲宜遣參佐慰勞四征，于是遣充至壽春。充還啓文王：「誕再在揚州，有

咸名，民望所歸。今徵，必不來，禍小事淺；不徵，事遲禍大。」乃以爲司空。書至，誕曰：「我作公當在王文舒後，今便爲司空！不遣使者，健步齎書，使以兵付樂綝，此必綝所爲。」乃將左右數百人至揚州，揚州人欲閉門，誕叱曰：「卿非我故吏邪！」徑入，綝逃上樓，就斬之。

魏末傳曰：賈充與誕相見，談說時事，因謂誕曰：「洛中諸賢，皆願禪代，君所知也。君以爲云何？」誕厲色曰：「卿非賈豫州子？世受魏恩，如何負國，欲以魏室輸人乎？非吾所忍聞。若洛中有難，吾當死之。」充默然。誕既被徵，請諸牙門置酒飲宴，呼牙門從兵，皆賜酒令醉，謂衆人曰：「前作千人鎧仗始成，欲以擊賊，今當還洛，不復得用，欲蹔出，將見人游戲，須臾還耳；諸君且止。」乃嚴鼓將士七百人出。樂綝聞之，閉州門。誕歷南門宣言曰：「當還洛邑，蹔出游戲，揚州何爲閉門見備？」前至東門，東門復閉，乃使兵緣城攻門，州人悉走，因風放火，焚其府庫，遂殺綝。誕表曰：「臣受國重任，統兵在東。揚州刺史樂綝專詐，說臣與吳交通，又言被詔當代臣位，無狀日久。臣奉國命，以死自立，終無異端。忿綝不忠，輒將步騎七百人，以今月六日討綝，即日斬首，函頭驛馬傳送。若聖朝明臣，臣即魏臣；不明臣，臣即吳臣。不勝發憤有日，謹拜表陳愚，悲感泣血，哽咽斷絕，不知所如，乞朝廷察臣至誠。」

臣松之以爲魏末傳所言，率皆鄙陋。疑誕表言曲，不至於此也。

〔三〕世語曰：黃初末，吳人發長沙王吳芮冢，以其塼於臨湘爲孫堅立廟。芮容貌如生，衣服不朽。後豫發者見吳綱曰：「君何類長沙王吳芮，但微短耳。」綱瞿然曰：「是先祖也，君何由見之？」見者言所由，綱曰：「更葬否？」答曰：「即更葬矣。」自芮之卒年至冢發，四百餘年，綱，芮之十六世孫矣。

六月，車駕東征，至項。大將軍司馬文王督中外諸軍二十六萬衆，臨淮討之。大將軍

屯丘頭。使基及安東將軍陳騫等四面合圍，表裏再重，塹壘甚峻。又使監軍石苞、兗州刺史州泰等，簡銳卒爲游軍，備外寇。欽等數出犯圍，逆擊走之。吳將朱異再以大衆來迎誕等，渡黎漿水，泰等逆與戰，每摧其鋒。孫綝以異戰不進，怒而殺之。城中食轉少，外救不至，衆無所恃。將軍蔣班、焦彝，皆誕爪牙計事者也，棄誕，踰城自歸大將軍。〔一〕大將軍乃使反間，以奇變說全懌等，懌等率衆數千人開門來出。城中震懼，不知所爲。

〔一〕漢晉春秋曰：蔣班、焦彝言于諸葛誕曰：「朱異等以大衆來而不能進，孫綝殺異而歸江東，外以發兵爲名，而內實坐須成敗，其歸可見矣。今宜及衆心尚固，士卒思用，并力決死，攻其一面，雖不能盡克，猶可有全者。」文欽曰：「江東乘戰勝之威久矣，未有難北方者也。況公今舉十餘萬之衆內附，而欽與全端等皆同居死地，父子兄弟盡在江表，就孫綝不欲，主上及其親戚豈肯聽乎？且中國無歲無事，軍民並疲，今守我一年，勢力已困，異圖生心，變故將起，以往準今，可計日而望也。」班、彝固勸之，欽怒，而誕欲殺班。二人懼，且知誕之必敗也，十一月，乃相攜而降。

三年正月，誕、欽、咨等大爲攻具，晝夜五六日攻南圍，欲決圍而出。〔一〕圍上諸軍，臨高以發石車火箭逆燒破其攻具，弩矢及石雨下，死傷者蔽地，血流盈塹。復還入城，城內食轉竭，降出者數萬口。欽欲盡出北方人，省食，與吳人堅守，誕不聽，由是爭恨。欽素與誕有隙，徒以計合，事急愈相疑。欽見誕計事，誕遂殺欽。欽子鴦及虎將兵在小城中，聞欽死，

勒兵馳赴之，衆不爲用。鴦、虎單走，踰城出，自歸大將軍。軍吏請誅之，大將軍令曰：「欽之罪不容誅，其子固應當戮，然鴦、虎以窮歸命，且城未拔，殺之是堅其心也。」乃赦鴦、虎，使將兵數百騎馳巡城，呼語城內云：「文欽之子猶不見殺，其餘何懼？」表鴦、虎爲將軍，各賜爵關內侯。城內喜且擾，又日飢困，誕、咨等智力窮。大將軍乃自臨圍，四面進兵，同時鼓譟登城，城內無敢動者。誕窘急，單乘馬，將其麾下突小城門出。大將軍司馬胡奮部兵逆擊，斬誕，傳首，夷三族。誕麾下數百人，坐不降見斬，皆曰：「爲諸葛公死，不恨。」其得人心如此。〔二〕唐咨、王祚及諸裨將皆面縛降，吳兵萬衆，器仗軍實山積。

〔一〕漢晉春秋曰：文欽曰：「蔣班、焦彝謂我不能出而走，全端、全懌又率衆逆降，此敵無備之時也，可以戰矣。」誕及唐咨等皆以爲然，遂共悉衆出攻。

〔二〕干寶晉紀曰：數百人拱手爲列，每斬一人，輒降之，竟不變，至盡，時人比之田橫。吳將于詮曰：「大丈夫受命其主，以兵救人，既不能克，又束手於敵，吾弗取也。」乃免冑冒陳而死。

初圍壽春，議者多欲急攻之，大將軍以爲：「城固而衆多，攻之必力屈，若有外寇，表裏受敵，此危道也。今三叛相聚於孤城之中，天其或者將使同就戮，吾當以全策縻之，可坐而制也。」誕以二年五月反，三年二月破滅。六軍按甲，深溝高壘，而誕自困，竟不煩攻而克。〔一〕及破壽春，議者又以爲淮南仍爲叛逆，吳兵室家在江南，不可縱，宜悉坑之。大將軍

以爲古之用兵，全國爲上，戮其元惡而已。吳兵就得亡還，適可以示中國之弘耳。一無所殺，分布三河近郡以安處之。

〔一〕干寶晉紀曰：初，壽春每歲雨潦，淮水溢，常淹城邑。故文王之築圍也，誕笑之曰：「是固不攻而自敗也。」及大軍之攻，亢旱踰年。城既陷，是日大雨，圍壘皆毀。誕子靚，字仲思，吳平還晉。靚子恢，字道明，位至尚書令，追贈左光祿大夫開府。

唐咨本利城人。黃初中，利城郡反，殺太守徐箕，推咨爲主。文帝遣諸軍討破之，咨走入海，遂亡至吳，官至左將軍，封侯、持節。誕、欽屠戮，咨亦生禽，三叛皆獲，天下快焉。〔一〕拜咨安遠將軍，其餘裨將咸假號位，吳衆悅服。江東感之，皆不誅其家。其淮南將吏士民諸爲誕所脅略者，惟誅其首逆，餘皆赦之。聽鴦、虎收斂欽喪，給其車牛，致葬舊墓。〔二〕

〔一〕傅子曰：宋建椎牛禱賽，終自焚滅。文欽日祠祭事天，斬于人手。諸葛誕夫婦聚會神巫，淫祀求福，伏尸淮南，舉族誅夷。此天下所共見，足爲明鑒也。

〔二〕習鑿齒曰：自是天下畏威懷德矣。君子謂司馬大將軍於是役也，可謂能以德攻矣。夫建業者異矣，各有所尚，而不能兼并也。故窮武之雄斃于不仁，存義之國喪于懦退，今一征而禽三叛，大虜吳衆，席卷淮浦，俘馘十萬，可謂壯矣。而未及安坐，喪王基之功，種惠吳人，結異類之情，寵鴦葬欽，忘疇昔之隙，不咎誕衆，使揚士懷愧，功高而人樂其成，業廣而敵懷其德，武昭既敷，文算又洽，推此道也，天下其孰能當之哉？喪王基，語在基傳。

鴦一名俶。晉諸公贊曰：俶後爲將軍，破涼州虜，名聞天下。太康中爲東夷校尉、假節。當之職，入辭武帝，帝見

而懸之，託以他事免俶官。東安公繇，諸葛誕外孫，欲殺俶，因誅楊駿，誣俶謀逆，遂夷三族。

鄧艾字士載，義陽棘陽人也。少孤，太祖破荆州，徙汝南，爲農民養犢。年十二，隨母至潁川，讀故太丘長陳寔碑文，言「文爲世範，行爲士則」，艾遂自名範，字士則。後宗族有與同者，故改焉。爲都尉學士，以口吃，不得作幹佐。爲稻田守叢草吏。同郡吏父憐其家貧，資給甚厚，艾初不稱謝。每見高山大澤，輒規度指畫軍營處所，時人多笑焉。後爲典農綱紀，上計吏，因使見太尉司馬宣王。宣王奇之，辟之爲掾，〔一〕遷尚書郎。

〔一〕世語曰：鄧艾少爲襄城典農部民，與石苞皆年十二三。謁者陽翟郭玄信，武帝監軍郭誕元奕之子。建安中，少府吉本起兵許都，玄信坐被刑在家，從典農司馬求人御，以艾、苞與御，行十餘里，與語，悅之，謂二人皆當遠至爲佐相。艾後爲典農功曹，奉使詣宣王，由此見知，遂被拔擢。

時欲廣田畜穀，爲滅賊資，使艾行陳、項已東至壽春。艾以爲「田良水少，不足以盡地利，宜開河渠，可以引水澆溉，大積軍糧，又通運漕之道」。乃著濟河論以喻其指。又以爲「昔破黃巾，因爲屯田，積穀于許都以制四方。今三隅已定，事在淮南，每大軍征舉，運兵過半，功費巨億，以爲大役。陳、蔡之間，土下田良，可省許昌左右諸稻田，并水東下。令淮北屯二萬人，淮南三萬人，十二分休，常有四萬人，且田且守。水豐常收三倍於西，計除衆費，

歲完五百萬斛以爲軍資。六七年間，可積三千萬斛於淮上，此則十萬之衆五年食也。以此乘吳，無往而不克矣。」宣王善之，事皆施行。正始二年，乃開廣漕渠，每東南有事，大軍興衆，汎舟而下，達于江、淮，資食有儲而無水害，艾所建也。

出參征西軍事，遷南安太守。嘉平元年，與征西將軍郭淮拒蜀偏將軍姜維。維退，淮因西擊羌。艾曰：「賊去未遠，或能復還，宜分諸軍以備不虞。」於是留艾屯白水北。三日，維遣廖化自白水南向艾結營。艾謂諸將曰：「維今卒還，吾軍人少，法當來渡而不作橋。此維使化持吾，令不得還。維必自東襲取洮城。」洮城在水北，去艾屯六十里。艾即夜潛軍徑到，維果來渡，而艾先至據城，得以不敗。賜爵關內侯，加討寇將軍，後遷城陽太守。

是時并州右賢王劉豹并爲一部，艾上言曰：「戎狄獸心，不以義親，彊則侵暴，弱則內附，故周宣有玁狁之寇，漢祖有平城之圍。每匈奴一盛，爲前代重患。自單于在外，莫能牽制長卑。誘而致之，使來入侍。由是羌夷失統，合散無主。以單于在內，萬里順軌。今單于之尊日疏，外土之威寖重，則胡虜不可不深備也。聞劉豹部有叛胡，可因叛割爲二國，以分其勢。去卑功顯前朝，而子不繼業，宜加其子顯號，使居鴈門。離國弱寇，追錄舊勳，此御邊長計也。」又陳：「羌胡與民同處者，宜以漸出之，使居民表崇廉恥之教，塞姦宄之路。」大將軍司馬景王新輔政，多納用焉。遷汝南太守，至則尋求昔所厚已吏父，久已死，遣吏祭

之，重遺其母，舉其子與計吏。艾所在，荒野開闢，軍民並豐。

諸葛恪圍合肥新城，不克，退歸。艾言景王曰：「孫權已沒，大臣未附，吳名宗大族，皆有部曲，阻兵仗勢，足以建命。恪新秉國政，而內無其主，不念撫恤上下以立根基，競於外事，虐用其民，悉國之衆，頓於堅城，死者萬數，載禍而歸，此恪獲罪之日也。昔子胥、吳起、商鞅、樂毅皆見任時君，主沒而敗。況恪才非四賢，而不慮大患，其亡可待也。」恪歸，果見誅。遷兗州刺史，加振威將軍。上言曰：「國之所急，惟農與戰，國富則兵彊，兵彊則戰勝。然農者，勝之本也。孔子曰『足食足兵』，食在兵前也。上無設爵之勸，則下無財畜之功。今使考績之賞，在於積粟富民，則交游之路絕，浮華之原塞矣。」

高貴鄉公卽尊位，進封方城亭侯。毌丘儉作亂，遣健步齎書，欲疑惑大衆，艾斬之，兼道進軍，先趣樂嘉城，作浮橋。司馬景王至，遂據之。文欽以後大軍破敗於城下，艾追之至丘頭。欽奔吳。吳大將軍孫峻等號十萬衆，將渡江，鎮東將軍諸葛誕遣艾據肥陽，艾以與賊勢相遠，非要害之地，輒移屯附亭，遣泰山太守諸葛緒等于黎漿拒戰，遂走之。其年徵拜長水校尉。以破欽等功，進封方城鄉侯，行安西將軍。解雍州刺史王經圍於狄道，姜維退駐鍾提，乃以艾爲安西將軍，假節、領護東羌校尉。議者多以爲維力已竭，未能更出。艾曰：「洮西之敗，非小失也；破軍殺將，倉廩空虛，百姓流離，幾於危亡。今以策言之，彼有

乘勝之勢，我有虛弱之實，一也。彼上下相習，五兵犀利，我將易兵新，器杖未復，二也。彼以船行，吾以陸軍，勞逸不同，三也。狄道、隴西、南安、祁山，各當有守，彼專爲一，我分爲四，四也。從南安、隴西，因食羌穀，若趣祁山，熟麥千頃，爲之縣餌，五也。賊有黠數，其來必矣。」頃之，維果向祁山，聞艾已有備，乃回從董亭趣南安，艾據武城山以相持。維與艾爭險，不克，其夜，渡渭東行，緣山趣上邽，艾與戰於段谷，大破之。甘露元年詔曰：「逆賊姜維連年狡黠，民夷騷動，西土不寧。艾籌畫有方，忠勇奮發，斬將十數，馘首千計；國威震於巴、蜀，武聲揚於江、岷。今以艾爲鎮西將軍、都督隴右諸軍事，進封鄧侯。分五百戶封子忠爲亭侯。」二年，拒姜維于長城，維退還。遷征西將軍，前後增邑凡六千六百戶。景元三年，又破維于侯和，維卻保沓中。四年秋，詔諸軍征蜀，大將軍司馬文王皆指授節度，使艾與維相綴連；雍州刺史諸葛緒要維，令不得歸。艾遣天水太守王頎等直攻維營，隴西太守牽弘等邀其前，金城太守楊欣等詣甘松。維聞鍾會諸軍已入漢中，引退還。欣等追躡於彊川口，大戰，維敗走。聞雍州已塞道屯橋頭，從孔函谷入北道，欲出雍州後。諸葛緒聞之，卻還三十里。維入北道三十餘里，聞緒軍卻，尋還，從橋頭過，緒趣截維，較一日不及。維遂東引，還守劍閣。鍾會攻維未能克。艾上言：「今賊摧折，宜遂乘之，從陰平由邪徑經漢德陽亭趣涪，出劍閣西百里，去成都三百餘里，奇兵衝其腹心。劍閣之守必還赴涪，則會方

軌而進；劍閣之軍不還，則應涪之兵寡矣。軍志有之曰：『攻其無備，出其不意。』今掩其空虛，破之必矣。」

冬十月，艾自陰平道行無人之地七百餘里，鑿山通道，造作橋閣。山高谷深，至爲艱險，又糧運將匱，頻於危殆。艾以氈自裹，推轉而下。將士皆攀木緣崖，魚貫而進。先登至江由，蜀守將馬邈降。蜀衞將軍諸葛瞻自涪還緜竹，列陳待艾。艾遣子惠唐亭侯忠等出其右，司馬師纂等出其左。忠、纂戰不利，並退還，曰：「賊未可擊。」艾怒曰：「存亡之分，在此一舉，何不可之有？」乃叱忠、纂等，將斬之。忠、纂馳還更戰，大破之，斬瞻及尚書張遵等首，進軍到雒。劉禪遣使奉皇帝璽綬，爲箋詣艾請降。

艾至成都，禪率太子諸王及羣臣六十餘人面縛輿櫬詣軍門，艾執節解縛焚櫬，受而宥之。檢御將士，無所虜略，綏納降附，使復舊業，蜀人稱焉。輒依鄧禹故事，承制拜禪行驃騎將軍，太子奉車、諸王駙馬都尉。蜀羣司各隨高下拜爲王官，或領艾官屬。以師纂領益州刺史，隴西太守牽弘等領蜀中諸郡。使於緜竹築臺以爲京觀，用彰戰功。士卒死事者，皆與蜀兵同共埋藏。艾深自矜伐，謂蜀士大夫曰：「諸君賴遭某，故得有今日耳。若遇吳漢之徒，已殄滅矣。」又曰：「姜維自一時雄兒也，與某相值，故窮耳。」有識者笑之。

十二月，詔曰：「艾曜威奮武，深入虜庭，斬將搴旗，梟其鯨鯢，使僭號之主，稽首係頸，

歷世逋誅，一朝而平。兵不踰時，戰不終日，雲徹席卷，蕩定巴蜀。雖白起破彊楚，韓信克勁趙，吳漢禽子陽，亞夫滅七國，計功論美，不足比勳也。其以艾爲太尉，增邑二萬戶，封子二人亭侯，各食邑千戶。」〔一〕艾言司馬文王曰：「兵有先聲而後實者，今因平蜀之勢以乘吳，吳人震恐，席卷之時也。然大舉之後，將士疲勞，不可便用，且徐緩之；留隴右兵二萬人，蜀兵二萬人，煑鹽興冶，爲軍農要用，並作舟船，豫順流之事，然後發使告以利害，吳必歸化，可不征而定也。今宜厚劉禪以致孫休，安士民以來遠人，若便送禪於京都，吳以爲流徙，則於向化之心不勸。宜權停留，須來年秋冬，比爾吳亦足平。以爲可封禪爲扶風王，錫其資財，供其左右。郡有董卓塢，爲之宮舍。爵其子爲公侯，食郡內縣，以顯歸命之寵。開廣陵、城陽以待吳人，則畏威懷德，望風而從矣。」文王使監軍衞瓘喻艾：「事當須報，不宜輒行。」艾重言曰：「銜命征行，奉指授之策，元惡既服；至于承制拜假，以安初附，謂合權宜。今蜀舉衆歸命，地盡南海，東接吳會，宜早鎭定。若待國命，往復道途，延引日月。春秋之義，大夫出疆，有可以安社稷，利國家，專之可也。今吳未賓，勢與蜀連，不可拘常以失事機。兵法，進不求名，退不避罪，艾雖無古人之節，終不自嫌以損于國也。」鍾會、胡烈、師纂等皆白艾所作悖逆，變釁以結。詔書檻車徵艾。〔二〕

〔一〕袁子曰：諸葛亮，重人也，而數用蜀兵，此知小國弱民難以久存也。今國家一舉而滅蜀，自征伐之功，未有如此之速者也。方鄧艾以萬人入江由之危險，鍾會以二十萬衆留劍閣而不得進，三軍之士已飢，艾雖戰勝克將，使劉禪數日不降，則二將之軍難以反矣。故功業如此之難也。國家前有壽春之役，後有滅蜀之勞，百姓貧而倉稟虛，故小國之慮，在於時立功以自存，大國之慮，在於既勝而力竭，成功之後，戒懼之時也。

〔二〕魏氏春秋曰：艾仰天歎曰：「艾忠臣也，一至此乎！白起之酷，復見於今日矣。」

艾父子既囚，鍾會至成都，先送艾，然後作亂。會已死，艾本營將士追出艾檻車，迎還。瓘遣田續等討艾，遇於緜竹西，斬之。子忠與艾俱死，餘子在洛陽者悉誅，徙艾妻子及孫於西域。〔一〕

〔一〕漢晉春秋曰：初艾之下江由也，以續不進，欲斬，既而捨之。及瓘遣續，謂曰：「可以報江由之辱矣。」杜預言於衆曰：「伯玉其不免乎！身爲名士，位望已高，既無德音，又不御下以正，是小人而乘君子之器，將何以堪其責乎？」瓘聞之，不俟駕而謝。

世語曰：師纂亦與艾俱死。纂性急少恩，死之日體無完皮。

初，艾當伐蜀，夢坐山上而有流水，以問殄虜護軍爰邵。邵曰：「按易卦，山上有水曰蹇。蹇繇曰：『蹇利西南，不利東北。』孔子曰：『蹇利西南，往有功也；不利東北，其道窮也。』往必克蜀，殆不還乎！」艾憮然不樂。〔一〕

〔一〕荀綽冀州記曰：邵起自幹吏，位至衞尉。長子翰，河東太守。中子敞，大司農。少子倩，字君幼，寬厚有器局，勤於當世，歷位冀州刺史、太子右衞率。翰子俞，字世都，清貞貴素，辯於論議，採公孫龍之辭以談微理。少有能

名，辟太尉府，稍歷顯位，至侍中中書令，遷爲監。

臣松之按：蹇彖辭云「蹇利西南，往得中也」，不云「有功」；下云「利見大人，往有功也」。

泰始元年，晉室踐阼，詔曰：「昔太尉王淩謀廢齊王，而王竟不足以守位。征西將軍鄧艾，矜功失節，實應大辟。然被書之日，罷遣人衆，束手受罪，比于求生遂爲惡者，誠復不同。今大赦得還，若無子孫者聽使立後，令祭祀不絕。」三年，議郎段灼上疏理艾曰：「艾心懷至忠而荷反逆之名，平定巴蜀而受夷滅之誅，臣竊悼之。惜哉，言艾之反也！艾性剛急，輕犯雅俗，不能協同朋類，故莫肯理之。臣敢言艾不反之狀。昔姜維有斷隴右之志，艾脩治備守，積穀彊兵。值歲凶旱，艾爲區種，身被烏衣，手執耒耜，以率將士。上下相感，莫不盡力。艾持節守邊，所統萬數，而不難僕虜之勞，士民之役，非執節忠勤，孰能若此？故落門、段谷之戰，以少擊多，摧破彊賊。先帝知其可任，委艾廟勝，授以長策。艾受命忘身，束馬縣車，自投死地，勇氣陵雲，士衆乘勢，使劉禪君臣面縛，叉手屈膝。艾功名以成，當書之竹帛，傳祚萬世。七十老公，反欲何求！艾誠恃養育之恩，心不自疑，矯命承制，權安社稷；雖違常科，有合古義，原心定罪，本在可論。鍾會忌艾威名，搆成其事。忠而受誅，信而見疑，頭縣馬市，諸子并斬，見之者垂泣，聞之者歎息。陛下龍興，闡弘大度，釋諸嫌忌，受誅之家，不拘敘用。昔秦民憐白起之無罪，吳人傷子胥之冤酷，皆爲立祠。今天下民人

爲艾悼心痛恨，亦猶是也。臣以爲艾身首分離，捐棄草土，宜收尸喪，還其田宅。以平蜀之功，紹封其孫，使闔棺定謚，死無餘恨。赦冤魂于黃泉，收信義于後世，葬一人而天下慕其行，埋一魂而天下歸其義，所爲者寡而悅者衆矣。」九年，詔曰：「艾有功勳，受罪不逃刑，而子孫爲民隸，朕常愍之。其以嫡孫朗爲郎中。」

艾在西時，修治障塞，築起城塢。泰始中，羌虜大叛，頻殺刺史，涼州道斷。吏民安全者，皆保艾所築塢焉。〔一〕

〔一〕世語曰：咸寧中，積射將軍樊震爲西戎牙門，得見辭，武帝問震所由進，震自陳曾爲鄧艾伐蜀時帳下將，帝遂尋問艾，震具申艾之忠，言之流涕。先是以艾孫朗爲丹水令，由此遷爲定陵令。次孫千秋有時望，光祿大夫王戎辟爲掾。永嘉中，朗爲新都太守，未之官，在襄陽失火，朗及母妻子舉室燒死，惟子韜子行得免。千秋先卒，二子亦燒死。

艾州里時輩南陽州泰，亦好立功業，善用兵，官至征虜將軍、假節都督江南諸軍事。景元二年薨，追贈衞將軍，謚曰壯侯。〔一〕

〔一〕世語曰：初，荊州刺史裴潛以泰爲從事，司馬宣王鎮宛，潛數遣詣宣王，由此爲宣王所知。及征孟達，泰又導軍，遂辟泰。泰頻喪考、妣、祖，九年居喪，宣王留缺待之，至三十六日，擢爲新城太守。宣王爲泰會，使尚書鍾繇調泰：「君釋褐登宰府，三十六日擁麾蓋，守兵馬郡；乞兒乘小車，一何駛乎？」泰曰：「誠有此。君，名公之子，少有文采，故守吏職；獼猴騎土牛，又何遲也！」衆賓咸悅。後歷兗、豫州刺史，所在有籌算績效。

鍾會字士季，潁川長社人，太傅繇小子也。少敏惠夙成。〔一〕中護軍蔣濟著論，謂「觀其眸子，足以知人。」會年五歲，繇遣見濟，濟甚異之，曰：「非常人也。」及壯，有才數技藝，而博學精練名理，以夜續晝，由是獲聲譽。正始中，以爲祕書郎，遷尚書中書侍郎。〔二〕高貴鄉公即尊位，賜爵關內侯。

〔一〕會爲其母傳曰：「夫人張氏，字昌蒲，太原茲氏人，太傅定陵成侯之命婦也。世長吏二千石。夫人少喪父母，充成侯家，修身正行，非禮不動，爲上下所稱述。貴妾孫氏，攝嫡專家，心害其賢，數讒毀無所不至。孫氏辨博有智巧，言足以飾非成過，然竟不能傷也。及妊娠，愈更嫉妒，乃置藥食中，夫人中食，覺而吐之，瞑眩者數日。或曰：『何不向公言之？』答曰：『嫡庶相害，破家危國，古今以爲鑒誡。假如公信我，衆誰能明其事？彼以心度我，謂我必言，固將先我；事由彼發，顧不快耶！』遂稱疾不見。孫氏果謂成侯曰：『妾欲其得男，故飲以得男之藥，反謂毒之！』成侯曰：『得男藥佳事，闇於食中與人，非人情也。』遂訊侍者具服，孫氏由是得罪出。成侯問夫人何能不言，夫人言其故，成侯大驚，益以此賢之。黃初六年，生會，恩寵愈隆。成侯既出孫氏，更納正嫡賈氏。」臣松之按：鍾繇于時老矣，而方納正室。蓋禮所云宗子雖七十無無主婦之義也。

魏氏春秋曰：會母見寵於繇，繇爲之出其夫人。卞太后以爲言，文帝詔繇復之。繇恚憤，將引鴆，弗獲，餐椒致噤，帝乃止。

〔二〕世語曰：司馬景王命中書令虞松作表，再呈輒不可意，命松更定。以經時，松思竭不能改，心苦之，形於顏色。會察其有憂，問松，松以實答。會取視，爲定五字。松悅服，以呈景王，王曰：「不當爾邪，誰所定也？」松曰：「鍾會。向亦欲啓之，會公見問，不敢饕其能。」王曰：「如此，可大用，可令來。」會問松王所能，松曰：「博學明識，無所不貫。」會乃絕賓客，精思十日，平旦入見，至鼓二乃出。出後，王獨拊手歎息曰：「此眞王佐材也！」松字叔茂，陳留人，九江太守邊讓外孫。松弱冠有才，從司馬宣王征遼東，宣王命作檄，及破賊，作露布。松從還，宣王辟爲掾，時年二十四，遷中書郎，遂至太守。松子濬，字顯弘，晉廷尉。

臣松之以爲鍾會名公之子，聲譽夙著，弱冠登朝，已歷顯位，景王爲相，何容不悉，而方於定虞松表然後乃蒙接引乎？設使先不相識，但見五字而便知可大用，雖聖人其猶病諸，而況景王哉？

毌丘儉作亂，大將軍司馬景王東征，會從，典知密事，衞將軍司馬文王爲大軍後繼。景王薨於許昌，文王總統六軍，會謀謨帷幄。時中詔敕尚書傅嘏，以東南新定，權留衞將軍屯許昌爲內外之援，令嘏率諸軍還。會與嘏謀，使嘏表上，輒與衞將軍俱發，還到雒水南屯住。於是朝廷拜文王爲大將軍、輔政，會遷黃門侍郎，封東武亭侯，邑三百戶。

甘露二年，徵諸葛誕爲司空，時會喪寧在家，策誕必不從命，馳白文王。文王以事已施行，不復追改。〔一〕及誕反，車駕住項，文王至壽春，會復從行。

〔一〕會時遭所生母喪。其母傳曰：「夫人性矜嚴，明於教訓，會雖童稚，勤見規誨。年四歲授孝經，七歲誦論語，八歲誦詩，十歲誦尚書，十一誦易，十二誦春秋左氏傳、國語，十三誦周禮、禮記，十四誦成侯易記，十五使入太學問四方奇文異訓。謂會曰：『學猥則倦，倦則意怠；吾懼汝之意怠，故以漸訓汝，今可以獨學矣。』雅好書籍，涉歷衆

書，特好易、老子，每讀易孔子說鳴鶴在陰、勞謙君子、藉用白茅、不出戶庭之義，每使會反覆讀之，曰：『易三百餘爻，仲尼特說此者，以謙恭愼密，樞機之發，行己至要，榮身所由故也，順斯術已往，足爲君子矣。』正始八年，會爲尚書郎，夫人執會手而誨之曰：『汝弱冠見敍，人情不能不自足，則損在其中矣，勉思其戒！』是時大將軍曹爽專朝政，日縱酒沉醉，會兄侍中毓宴還，言其事。夫人曰：『樂則樂矣，然難久也。居上不驕，制節謹度，然後乃無危溢之患。今奢僭若此，非長守富貴之道。』嘉平元年，車駕朝高平陵，會爲中書郎，從行。相國宣文侯始舉兵，衆人恐懼，而夫人自若。中書令劉放、侍郎衞瓘、夏侯和等家皆怪問：『夫人一子在危難之中，何能無憂？』答曰：『大將軍奢僭無度，吾常疑其不安。太傅義不危國，必爲大將軍舉耳。吾兒在帝側何憂？聞且出兵無他重器，其勢必不久戰。』果如其言，一時稱明。會歷機密十餘年，頗豫政謀。夫人謂曰：『昔范氏少子爲趙簡子設伐邾之計，事從民悅，可謂功矣。然其母以爲乘僞作詐，末業鄙事，必不能久。其識本深遠，非近人所言，吾常樂其爲人。汝居心正，吾知免矣。但當脩所志以輔益時化，不忝先人耳。常言人誰能皆體自然，但力行不倦，抑亦其次。雖接鄙賤，必以言信。取與之間，分畫分明。』或問：『此無乃小乎？』答曰：『君子之行，皆積小以致高大，若以小善爲無益而弗爲，此乃小人之事耳。希通慕大者，吾所不好。』會自幼少，衣不過青紺，親營家事，自知恭儉。然見得思義，臨財必讓。會前後賜錢帛數百萬計，悉送供公家之用，一無所取。年五十有九，甘露二年二月暴疾薨。比葬，天子有手詔，命大將軍高都侯厚加賵贈，喪事無巨細，一皆供給。議者以爲公侯有夫人，有世婦，有妻，有妾，所謂外命婦也。依春秋成風、定姒之義，宜崇典禮，不得總稱妾名，於是稱成侯命婦。殯葬之事，有取于古制，禮也。」

初，吳大將全琮，孫權之婚親重臣也，琮子懌、孫靜、從子端、翩、緝等，皆將兵來救誕。

憚兄子輝、儀留建業，與其家內爭訟，攜其母，將部曲數十家渡江，自歸文王。會建策，密爲輝、儀作書，使輝、儀所親信齎入城告憚等，說吳中怒憚等不能拔壽春，欲盡誅諸將家，故逃來歸命。憚等恐懼，遂將所領開東城門出降，皆蒙封寵，城中由是乖離。壽春之破，會謀居多，親待日隆，時人謂之子房。軍還，遷爲太僕，固辭不就。以中郎在大將軍府管記室事，爲腹心之任。以討諸葛誕功，進爵陳侯，屢讓不受。詔曰：「會典綜軍事，參同計策，料敵制勝，有謀謨之勳，而推寵固讓，辭指款實，前後累重，志不可奪。夫成功不處，古人所重，其聽會所執，以成其美。」遷司隸校尉。雖在外司，時政損益，當世與奪，無不綜典。嵇康等見誅，皆會謀也。

文王以蜀大將姜維屢擾邊陲，料蜀國小民疲，資力單竭，欲大舉圖蜀。惟會亦以爲蜀可取，豫共籌度地形，考論事勢。景元三年冬，以會爲鎭西將軍、假節都督關中諸軍事。文王敕青、徐、兗、豫、荊、揚諸州，並使作船，又令唐咨作浮海大船，外爲將伐吳者。四年秋，乃下詔使鄧艾、諸葛緒各統諸軍三萬餘人，艾趣甘松、沓中連綴維，緒趣武街、橋頭絕維歸路。會統十餘萬衆，分從斜谷、駱谷入。先命牙門將許儀在前治道，會在後行，而橋穿，馬足陷，於是斬儀。儀者，許褚之子，有功王室，猶不原貸。諸軍聞之，莫不震竦。蜀令諸圍皆不得戰，退還漢、樂二城守。魏興太守劉欽趣子午谷，諸軍數道平行，至漢中。蜀監軍王

含守樂城，護軍蔣斌守漢城，兵各五千。會使護軍荀愷、前將軍李輔各統萬人，愷圍漢城，輔圍樂城。會徑過，西出陽安口，遣人祭諸葛亮之墓。使護軍胡烈等行前，攻破關城，得庫藏積穀。姜維自沓中還，至陰平，合集士衆，欲赴關城。未到，聞其已破，退趣白水，與蜀將張翼、廖化等合守劍閣拒會。會移檄蜀將吏士民曰：

往者漢祚衰微，率土分崩，生民之命，幾于泯滅。太祖武皇帝神武聖哲，撥亂反正，拯其將墜，造我區夏。高祖文皇帝應天順民，受命踐阼。烈祖明皇帝奕世重光，恢拓洪業。然江山之外，異政殊俗，率土齊民未蒙王化，此三祖所以顧懷遺恨也。今主上聖德欽明，紹隆前緒，宰輔忠肅明允，劬勞王室，布政垂惠而萬邦協和，施德百蠻而肅慎致貢。悼彼巴蜀，獨爲匪民，愍此百姓，勞役未已。是以命授六師，龔行天罰，征西、雍州、鎭西諸軍，五道並進。古之行軍，以仁爲本，以義治之；王者之師，有征無戰；故虞舜舞干戚而服有苗，周武有散財、發廩、表閭之義。今鎭西奉辭銜命，攝統戎重，庶弘文告之訓，以濟元元之命，非欲窮武極戰，以快一朝之政，故略陳安危之要，其敬聽話言。

益州先主以命世英才，興兵朔野，困躓冀、徐之郊，制命紹、布之手，太祖拯而濟之，與隆大好。中更背違，棄同即異，諸葛孔明仍規秦川，姜伯約屢出隴右，勞動我邊

境，侵擾我氐、羌，方國家多故，未遑修九伐之征也。今邊境乂清，方內無事，畜力待時，并兵一向，而巴蜀一州之衆，分張守備，難以禦天下之師。段谷、侯和沮傷之氣，難以敵堂堂之陳。比年以來，曾無寧歲，征夫勤瘁，難以當子來之民。此皆諸賢所親見也。蜀相壯見禽於秦，公孫述授首于漢，九州之險，是非一姓。此皆諸賢所備聞也。明者見危于無形，智者規禍于未萌，是以微子去商，長爲周賓，陳平背項，立功于漢。豈晏安酖毒，懷祿而不變哉？今國朝隆天覆之恩，宰輔弘寬恕之德，先惠後誅，好生惡殺。往者吳將孫壹舉衆內附，位爲上司，寵秩殊異。文欽、唐咨爲國大害，叛主讎賊，還爲戎首。咨困逼禽獲，欽二子還降，皆將軍、封侯；咨與聞國事。壹等窮踧歸命，猶加盛寵，況巴蜀賢知見機而作者哉！誠能深鑒成敗，邈然高蹈，投跡微子之蹤，錯身陳平之軌，則福同古人，慶流來裔，百姓士民，安堵舊業，農不易畝，市不回肆，去累卵之危，就永安之福，豈不美與！若偷安旦夕，迷而不反，大兵一發，玉石皆碎，雖欲悔之，亦無及已。其詳擇利害，自求多福，各具宣布，咸使聞知。

鄧艾追姜維到陰平，簡選精銳，欲從漢德陽入江由、左儋道詣緜竹，趣成都，與諸葛緒共行。緒以本受節度邀姜維，西行非本詔，遂進軍前向白水，與會合。會遣將軍田章等從劍閣西，徑出江由。未至百里，章先破蜀伏兵三校，艾使章先登。遂長驅而前。會與緒軍向

劍閣，會欲專軍勢，密白緒畏懦不進，檻車徵還。軍悉屬會，〔一〕進攻劍閣，不克，引退，蜀軍保險拒守。艾遂至緜竹，大戰，斬諸葛瞻。維等聞瞻已破，率其衆東入于巴。會乃進軍至涪，遣胡烈、田續、龐會等追維。艾進軍向成都，劉禪詣艾降，遣使敕維等令降于會。維至廣漢郪縣，令兵悉放器仗，送節傳於胡烈，便從東道詣會降。會上言曰：「賊姜維、張翼、廖化、董厥等逃死遁走，欲趣成都。臣輒遣司馬夏侯咸、護軍胡烈等，經從劍閣，出新都、大渡截其前，參軍爰彰、將軍句安等躡其後，參軍皇甫闓、將軍王買等從涪南出衝其腹，臣據涪縣爲東西勢援。維等所統步騎四五萬人，擐甲厲兵，塞川塡谷，數百里中首尾相繼，憑恃其衆，方軌而西。臣敕咸、闓等令分兵據勢，廣張羅罔，南杜走吳之道，西塞成都之路，北絕越逸之徑，四面雲集，首尾並進，蹊路斷絕，走伏無地。臣又手書申喻，開示生路，羣寇困逼，知命窮數盡，解甲投戈，面縛委質，印綬萬數，資器山積。昔舜舞干戚，有苗自服；牧野之師，商旅倒戈：有征無戰，帝王之盛業。全國爲上，破國次之；全軍爲上，破軍次之：用兵之令典。陛下聖德，侔蹤前代，翼輔忠明，齊軌公旦，仁育羣生，義征不譓，殊俗向化，無思不服，師不踰時，兵不血刃，萬里同風，九州共貫。臣輒奉宣詔命，導揚恩化，復其社稷，安其閭伍，舍其賦調，弛其征役，訓之德禮以移其風，示之軌儀以易其俗，百姓欣欣，人懷逸豫，后來其蘇，義無以過。」會于是禁檢士衆不得鈔略，虛己誘納，以接蜀之羣司，與維情好歡

甚。〔二〕十二月詔曰：「會所向摧弊，前無彊敵，緘制衆城，罔羅迸逸。蜀之豪帥，面縛歸命，謀無遺策，舉無廢功。凡所降誅，動以萬計，全勝獨克，有征無戰。拓平西夏，方隅清晏。其以會爲司徒，進封縣侯，增邑萬戶。封子二人亭侯，邑各千戶。」

〔一〕按百官名：緒入晉爲太常崇禮衞尉。子沖，廷尉。荀綽兗州記曰：沖子詮，字德林，玫字仁林，並知名顯達。詮，兗州刺史。玫，侍中御史中丞。

〔二〕世語曰：夏侯霸奔蜀，蜀朝問「司馬公如何德」？霸曰：「自當作家門。」「京師俊士」？曰：「有鍾士季，其人管朝政，吳、蜀之憂也。」漢晉春秋曰：初，夏侯霸降蜀，姜維問之曰：「司馬懿既得彼政，當復有征伐之志不？」霸曰：「彼方營立家門，未遑外事。有鍾士季者，其人雖少，終爲吳、蜀之憂，然非非常之人亦不能用也。」後十五年而會果滅蜀。按習鑿齒此言，非出他書，故採用世語而附益也。

會內有異志，因鄧艾承制專事，密白艾有反狀，〔一〕於是詔書檻車徵艾。司馬文王懼艾或不從命，敕會並進軍成都，監軍衞瓘在會前行，以文王手筆令宣喻艾軍，艾軍皆釋仗，遂收艾入檻車。會所憚惟艾，艾既禽而會尋至，獨統大衆，威震西土。自謂功名蓋世，不可復爲人下，加猛將銳卒皆在己手，遂謀反。欲使姜維等皆將蜀兵出斜谷，會自將大衆隨其後。既至長安，令騎士從陸道，步兵從水道順流浮渭入河，以爲五日可到孟津，與騎會洛陽，一旦天下可定也。

會得文王書云：「恐鄧艾或不就徵，今遣中護軍賈充將步騎萬人徑入斜谷，屯樂城，吾自將十萬屯長安，相見在近。」會得書，驚呼所親語之曰：「但取鄧艾，相國知我能獨辦之；今來大重，必覺我異矣，便當速發。事成，可得天下；不成，退保蜀漢，不失作劉備也。我自淮南以來，畫無遺策，四海所共知也。我欲持此安歸乎！」會以五年正月十五日至，其明日，悉請護軍、郡守、牙門騎督以上及蜀之故官，爲太后發喪于蜀朝堂。矯太后遺詔，使會起兵廢文王，皆班示坐上人，使下議訖，書版署置，更使所親信代領諸軍。所請羣官，悉閉著益州諸曹屋中，城門宮門皆閉，嚴兵圍守。會帳下督丘建本屬胡烈，烈薦之文王，會請以自隨，任愛之。建愍烈獨坐，啓會，使聽內一親兵出取飲食，諸牙門隨例各內一人。烈紿語親兵及疏與其子曰：「丘建密說消息，會已作大坑，白棓數千，欲悉呼外兵入，人賜白㡊，苦洽反。拜爲散將，以次棓殺坑中。」棓與棒同。諸牙門親兵亦咸說此語，一夜傳相告，皆徧。或謂會：「可盡殺牙門騎督以上。」會猶豫未決。十八日日中，烈軍兵與烈兒雷鼓出門，諸軍兵不期皆鼓譟出，曾無督促之者，而爭先赴城。時方給與姜維鎧杖，白外有匈匈聲，似失火，有頃，白兵走向城。會驚，謂維曰：「兵來似欲作惡，當云何？」維曰：「但當擊之耳。」會遣兵悉殺所閉諸牙門郡守，內人共舉机以柱門，兵斫門，不能破。斯須，門外倚梯登城，或燒城屋，蟻附亂進，矢下如雨，牙門、郡守各緣屋出，與其卒兵相得。姜維率會

左右戰，手殺五六人，衆既格斬維，爭赴殺會。會時年四十，將士死者數百人。〔二〕

〔一〕世語曰：會善效人書，於劍閣要艾章表白事，皆易其言，令辭指悖傲，多自矜伐。又毀文王報書，手作以疑之也。

〔二〕晉諸公贊曰：胡烈兒名淵，字世元，遵之孫也。遵，安定人，以才兼文武，累居藩鎮，至車騎將軍。子奮，字玄威，亦歷方任。女爲晉武帝貴人，有寵。太康中，以奮爲尚書僕射，加鎮軍大將軍，開府。弟廣，字宣祖，少府。次烈，字玄武，秦州刺史。次岐，字玄嶷，并州刺史。廣子喜，涼州刺史。淵小字鷂鶡，時年十八，既殺會救父，名震遠近。後趙王倫篡位，三王興義，倫使淵與張泓將兵禦齊王，屢破齊軍。會成都戰克，淵乃歸降伏法。

初，艾爲太尉，會爲司徒，皆持節、都督諸軍如故，咸未受命而斃。會兄毓，以四年冬薨，會竟未知問。會兄子邕，隨會與俱死。會所養兄子毅及峻、辿敕連反。等下獄，當伏誅。司馬文王表天子下詔曰：「峻等祖父繇，三祖之世，極位台司，佐命立勳，饗食廟庭。父毓，歷職內外，幹事有績。昔楚思子文之治，不滅鬭氏之祀。晉錄成宣之忠，用存趙氏之後。以會、邕之罪，而絕繇、毓之類，吾有愍然！峻、辿兄弟特原，有官爵者如故。惟毅及邕息伏法。」或曰，毓曾密啓司馬文王，言會挾術難保，不可專任，故宥峻等云。〔一〕

〔一〕漢晉春秋曰：文王嘉其忠亮，笑答毓曰：「若如卿言，必不以及宗矣。」

初，文王欲遣會伐蜀，西曹屬邵悌求見曰：「今遣鍾會率十餘萬衆伐蜀，愚謂會單身無重任，不若使餘人行。」文王笑曰：「我寧當復不知此耶？蜀爲天下作患，使民不得安息，我

今伐之如指掌耳，而衆人皆言蜀不可伐。夫人心豫怯則智勇並竭，智勇並竭而彊使之，適爲敵禽耳。惟鍾會與人意同，今遣會伐蜀，必可滅蜀。滅蜀之後，就如卿所慮，當何所能一辦耶？凡敗軍之將不可以語勇，亡國之大夫不可與圖存，心膽以破故也。若蜀以破，遺民震恐，不足與圖事；中國將士各自思歸，不肯與同也。若作惡，祇自滅族耳。卿不須憂此，慎莫使人聞也。」及會白鄧艾不軌，文王將西，悌復曰：「鍾會所統，五六倍于鄧艾，但可敕會取艾，不足自行。」文王曰：「卿忘前時所言邪，而更云可不須行乎？雖爾，此言不可宣也。我要自當以信義待人，但人不當負我，我豈可先人生心哉！近日賈護軍問我，言：『頗疑鍾會不？』我答言：『如今遣卿行，寧可復疑卿邪？』賈亦無以易我語也。我到長安，則自了矣。」軍至長安，會果已死，咸如所策。〔一〕

〔一〕按咸熙元年百官名：邵悌字元伯，陽平人。漢晉春秋曰：文王聞鍾會功曹向雄之收葬會也，召而責之曰：「往者王經之死，卿哭于東市而我不問，今鍾會躬爲叛逆而又輒收葬，若復相容，其如王法何！」雄曰：「昔先王掩骼埋胔，仁流朽骨，當時豈先卜其功罪而後收葬哉？今王誅既加，於法已備，雄感義收葬，教亦無闕。法立於上，教弘於下，以此訓物，雄曰可矣！何必使雄背死違生，以立於時。殿下讎對枯骨，捐之中野，百歲之後，爲臧獲所笑，豈仁賢所掩哉？」王悅，與宴談而遣之。習鑿齒曰：向伯茂可謂勇於蹈義也，哭王經而哀感市人，葬鍾會而義動明主，彼皆忠烈奮勁，知死而往，非存生

也。況使經、會處世，或身在急難，而有不赴者乎？故尋其奉死之心，可以見事生之情，覽其忠貞之節，足以愧背義之士矣。王加禮而遣，可謂明達。

會嘗論易無互體、才性同異。及會死後，于會家得書二十篇，名曰道論，而實刑名家也，其文似會。初，會弱冠與山陽王弼並知名。弼好論儒道，辭才逸辯，注易及老子，爲尚書郎，年二十餘卒。〔一〕

〔一〕弼字輔嗣。何劭爲其傳曰：弼幼而察慧，年十餘，好老氏，通辯能言。父業，爲尚書郎。時裴徽爲吏部郎，弼未弱冠，往造焉。徽一見而異之，問弼曰：「夫無者誠萬物之所資也，然聖人莫肯致言，而老子申之無已者何？」弼曰：「聖人體无，无又不可以訓，故不說也。老子是有者也，故恆言無所不足。」尋亦爲傅嘏所知。于時何晏爲吏部尚書，甚奇弼，歎之曰：「仲尼稱後生可畏，若斯人者，可與言天人之際乎！」正始中，黃門侍郎累缺。晏既用賈充、裴秀、朱整，又議用弼。時丁謐與晏爭衡，致高邑王黎於曹爽，爽用黎。於是以弼補臺郎。初除，覲爽，請閒，爽爲屏左右，而弼與論道，移時無所他及，爽以此嗤之。時爽專朝政，黨與共相進用，弼通儁不治名高。尋黎無幾時病亡，爽用王沈代黎，弼遂不得在門下，晏爲之歎恨。弼在臺既淺，事功亦雅非所長，益不留意焉。淮南人劉陶善論縱橫，爲當時所推。每與弼語，常屈弼。弼天才卓出，當其所得，莫能奪也。性和理，樂游宴，解音律，善投壺。其論道傅會文辭，不如何晏，自然有所拔得，多晏也。頗以所長笑人，故時爲士君子所疾。弼與鍾會善，會論議以校練爲家，然每服弼之高致。何晏以爲聖人無喜怒哀樂，其論甚精，鍾會等述之。弼與不同，以爲聖人茂於人者神明也，同於人者五情也，神明茂故能體沖和以通無，五情同故不能無哀樂以應物，然則聖人之情，應物而無累於物者也。今以其無累，便謂不復應物，失之多矣。弼注易，潁川人荀融難弼大衍義。弼答其意，白書

以戲之曰：「夫明足以尋極幽微，而不能去自然之性。顏子之量，孔父之所預在，然遇之不能無樂，喪之不能無哀。又常狹斯人，以爲未能以情從理者也，而今乃知自然之不可革。足下之量，雖已定乎胸懷之內，然而隔踰旬朔，何其相思之多乎？故知尼父之於顏子，可以無大過矣。」弼注老子，爲之指略，致有理統。著道略論，注易，往往有高麗言。太原王濟好談，病老、莊，常云：「見弼易注，所悟者多。」然弼爲人淺而不識物情，初與王黎、荀融善，黎奪其黃門郎，於是恨黎，與融亦不終。正始十年，曹爽廢，以公事免。其秋遇癘疾亡，時年二十四，無子絕嗣。弼之卒也，晉景王聞之，嗟歎者累日，其爲高識所惜如此。

孫盛曰：易之爲書，窮神知化，非天下之至精，其孰能與於此？世之注解，殆皆妄也。況弼以傅會之辨而欲籠統玄旨者乎？故其敍浮義則麗辭溢目，造陰陽則妙賾無閒，至于六爻變化，羣象所效，日時歲月，五氣相推，弼皆擯落，多所不關。雖有可觀者焉，恐將泥夫大道。

博物記曰：初，王粲與族兄凱俱避地荊州，劉表欲以女妻粲，而嫌其形陋而用率，以凱有風貌，乃以妻凱。凱生業，業即劉表外孫也。蔡邕有書近萬卷，末年載數車與粲，粲亡後，相國掾魏諷謀反，粲子與焉，既被誅，邕所與書悉入業。業字長緒，位至謁者僕射。子宏字正宗，司隸校尉。宏，弼之兄也。

魏氏春秋曰：文帝既誅粲二子，以業嗣粲。

評曰：王淩風節格尚，毌丘儉才識拔幹，諸葛誕嚴毅威重，鍾會精練策數，咸以顯名，致茲榮任，而皆心大志迂，不慮禍難，變如發機，宗族塗地，豈不謬惑邪！鄧艾矯然彊壯，立功立事，然闇于防患，咎敗旋至，豈遠知乎諸葛恪而不能近自見，此蓋古人所謂目論者也。〔一〕

〔一〕史記曰：越王無疆與中國爭彊，當楚威王時，越北伐齊，齊威王使人說越云，越王不納。齊使者曰：「幸也，越之不亡也。吾不貴其用智之如目，目見毫毛而不自見其睫也。今王知晉之失計，不自知越之過，是目論也。」

三國志卷二十九　魏書二十九

方技傳第二十九

華佗字元化，沛國譙人也，一名旉。〔一〕游學徐土，兼通數經。沛相陳珪舉孝廉，太尉黃琬辟，皆不就。曉養性之術，時人以爲年且百歲而貌有壯容。又精方藥，其療疾，合湯不過數種，心解分劑，不復稱量，煑熟便飲，語其節度，舍去輒愈。若當灸，不過一兩處，每處不過七八壯，病亦應除。若當針，亦不過一兩處，下針言「當引某許，若至，語人」。病者言「已到」，應便拔針，病亦行差。若病結積在內，針藥所不能及，當須刳割者，便飲其麻沸散，須臾便如醉死無所知，因破取。病若在腸中，便斷腸湔洗，縫腹膏摩，四五日差，不痛，人亦不自寤，一月之間，即平復矣。

〔一〕臣松之案：古「敷」字與「專」相似，寫書者多不能別。尋佗字元化，其名宜爲旉也。

故甘陵相夫人有娠六月，腹痛不安，佗視脈，曰：「胎已死矣。」使人手摸知所在，在左則男，在右則女。人云「在左」，於是爲湯下之，果下男形，即愈。

縣吏尹世苦四支煩，口中乾，不欲聞人聲，小便不利。佗曰：「試作熱食，得汗則愈；不汗，後三日死。」即作熱食而不汗出，佗曰：「藏氣已絕於內，當啼泣而絕。」果如佗言。

府吏兒尋、李延共止，俱頭痛身熱，所苦正同。佗曰：「尋當下之，延當發汗。」或難其異，佗曰：「尋外實，延內實，故治之宜殊。」即各與藥，明旦並起。

鹽瀆嚴昕與數人共候佗，適至，佗謂昕曰：「君身中佳否？」昕曰：「自如常。」佗曰：「君有急病見於面，莫多飲酒。」坐畢歸，行數里，昕卒頭眩墮車，人扶將還，載歸家，中宿死。

故督郵頓子獻得病已差，詣佗視脈，曰：「尚虛，未得復，勿爲勞事，御內即死。臨死，當吐舌數寸。」其妻聞其病除，從百餘里來省之，止宿交接，中間三日發病，一如佗言。

督郵徐毅得病，佗往省之。毅謂佗曰：「昨使醫曹吏劉租針胃管訖，便苦欬嗽，欲臥不安。」佗曰：「刺不得胃管，誤中肝也，食當日減，五日不救。」遂如佗言。

東陽陳叔山小男二歲得疾，下利常先啼，日以羸困。問佗，佗曰：「其母懷軀，陽氣內養，乳中虛冷，兒得母寒，故令不時愈。」佗與四物女宛丸，十日即除。

彭城夫人夜之廁，蠆螫其手，呻呼無賴。佗令溫湯近熱，漬手其中，卒可得寐，但旁人數爲易湯，湯令煖之，其旦即愈。

軍吏梅平得病，除名還家，家居廣陵，未至二百里，止親人舍。有頃，佗偶至主人許，主人令佗視平，佗謂平曰：「君早見我，可不至此。今疾已結，促去可得與家相見，五日卒。」應時歸，如佗所刻。

佗行道，見一人病咽塞，嗜食而不得下，家人車載欲往就醫。佗聞其呻吟，駐車往視，語之曰：「向來道邊有賣餅家蒜齏大酢，從取三升飲之，病自當去。」即如佗言，立吐蛇一枚，縣車邊，欲造佗。佗尚未還，小兒戲門前，逆見，自相謂曰：「似逢我公，車邊病是也。」疾者前入坐，見佗北壁縣此蛇輩約以十數。

又有一郡守病，佗以爲其人盛怒則差，乃多受其貨而不加治，無何棄去，留書罵之。郡守果大怒，令人追捉殺佗。郡守子知之，屬使勿逐。守瞋恚既甚，吐黑血數升而愈。

又有一士大夫不快，佗云：「君病深，當破腹取。然君壽亦不過十年，病不能殺君，忍病十歲，壽俱當盡，不足故自刳裂。」士大夫不耐痛癢，必欲除之。佗遂下手，所患尋差，十年竟死。

廣陵太守陳登得病，胸中煩懣，面赤不食。佗脈之曰：「府君胃中有蟲數升，欲成內疽，食腥物所爲也。」即作湯二升，先服一升，斯須盡服之。食頃，吐出三升許蟲，赤頭皆動，半身是生魚膾也，所苦便愈。佗曰：「此病後三期當發，遇良醫乃可濟救。」依期果發動，時佗不在，如言而死。

太祖聞而召佗，佗常在左右。太祖苦頭風，每發，心亂目眩，佗針鬲，隨手而差。〔一〕

〔一〕佗別傳曰：有人病兩脚躄不能行，轝詣佗，佗望見云：「已飽針灸服藥矣，不復須看脈。」便使解衣，點背數十處，相去或一寸，或五寸，縱邪不相當。言灸此各十壯，灸創愈即行。後灸處夾脊一寸，上下行端直均調，如引繩也。

李將軍妻病甚，呼佗視脈，曰：「傷娠而胎不去。」將軍言：「聞實傷娠，胎已去矣。」佗曰：「案脈，胎未去也。」將軍以爲不然。佗舍去，婦稍小差。百餘日復動，更呼佗，佗曰：「此脈故事有胎。前當生兩兒，一兒先出，血出甚多，後兒不及生。母不自覺，旁人亦不寤，不復迎，遂不得生。胎死，血脈不復歸，必燥著母脊，故使多脊痛。今當與湯，并針一處，此死胎必出。」湯針既加，婦痛急如欲生者。佗曰：「此死胎久枯，不能自出，宜使人探之。」果得一死男，手足完具，色黑，長可尺所。

佗之絕技，凡此類也。然本作士人，以醫見業，意常自悔，後太祖親理，得病篤重，使佗專視。佗曰：「此近難濟，恆事攻治，可延歲月。」佗久遠家思歸，因曰：「當得家書，方欲暫還耳。」到家，辭以妻病，數乞期不反。太祖累書呼，又敕郡縣發遣。佗恃能厭食事，猶不上道。太祖大怒，使人往檢。若妻信病，賜小豆四十斛，寬假限日；若其虛詐，便收送之。於是傳付許獄，考驗首服。荀彧請曰：「佗術實工，人命所縣，宜含宥之。」太祖曰：「不憂，天下當無此鼠輩耶？」遂考竟佗。佗臨死，出一卷書與獄吏，曰：「此可以活人。」吏畏法不受，佗亦不彊，索火燒之。佗死後，太祖頭風未除。太祖曰：「佗能愈此。小人養吾病，欲以自重，然吾不殺此子，亦終當不爲我斷此根原耳。」及後愛子倉舒病困，太祖歎曰：「吾悔殺華佗，令此兒彊死也。」

初，軍吏李成苦欬嗽，晝夜不寤，時吐膿血，以問佗。佗言：「君病腸臃，欬之所吐，非從肺來也。與君散兩錢，當吐二升餘膿血訖，快自養，一月可小起，好自將愛，一年便健。十八歲當一小發，服此散，亦行復差。若不得此藥，故當死。」復與兩錢散。成得藥，去五六歲，親中人有病如成者，謂成曰：「卿今彊健，我欲死，何忍無急去藥，〔一〕以待不祥？先持貸我，我差，爲卿從華佗更索。」成與之。已故到譙，適值佗見收，怱怱不忍從求。後十八歲，成病竟發，無藥可服，以至於死。〔二〕

〔一〕臣松之案：古語以藏爲去。

〔二〕佗別傳曰：人有在青龍中見山陽太守廣陵劉景宗，景宗說中平日數見華佗，其治病手脈之候，其驗若神。琅邪劉勳爲河內太守，有女年幾二十，左腳膝裏上有瘡，癢而不痛。瘡愈數十日復發，如此七八年，迎佗使視，佗曰：「是易治之。當得稻糠黃色犬一頭，好馬二疋。」以繩繫犬頸，使走馬牽犬，馬極輒易，計馬走三十餘里，犬不能行，復令步人拖曳，計向五十里。乃以藥飲女，女即安臥不知人。因取大刀斷犬腹近後腳之前，以所斷之處向瘡口，令去二三寸。停之須臾，有若蛇者從瘡中而出，便以鐵椎橫貫蛇頭。蛇在皮中動搖良久，須臾不動，乃牽出，長三尺所，純是蛇，但有眼處而無童子，又逆鱗耳。以膏散著瘡中，七日愈。又有人苦頭眩，頭不得舉，目不得視，

積年。佗使悉解衣倒懸，令頭去地一二寸，濡布拭身體，令周帀，候視諸脈，盡出五色。佗令弟子數人以鈹刀決脈，五色血盡，視赤血，乃下，以膏摩被覆，汗自出周帀，飲以亭歷犬血散，立愈。又有婦人長病經年，世謂寒熱注病者。冬十一月中，佗令坐石槽中，平旦用寒水汲灌，云當滿百。始七八灌，會戰欲死，灌者懼，欲止。佗令滿數。將至八十灌，熱氣乃蒸出，囂囂高二三尺。滿百灌，佗乃使然火溫牀，厚覆，良久汗洽出，著粉，汗燥便愈。又有人病腹中半切痛，十餘日中，鬢眉墮落。佗曰：「是脾半腐，可刳腹養治也。」使飲藥令臥，破腹就視，脾果半腐壞。以刀斷之，刮去惡肉，以膏傅瘡，飲之以藥，百日平復。

廣陵吳普、彭城樊阿皆從佗學。普依準佗治，多所全濟。佗語普曰：「人體欲得勞動，但不當使極爾。動搖則穀氣得消，血脈流通，病不得生，譬猶戶樞不朽是也。是以古之仙者爲導引之事，熊頸鴟顧，引輓腰體，動諸關節，以求難老。吾有一術，名五禽之戲，一曰虎，二曰鹿，三曰熊，四曰猨，五曰鳥，亦以除疾，並利蹏足，以當導引。體中不快，起作一禽之戲，沾濡汗出，因上著粉，身體輕便，腹中欲食。」普施行之，年九十餘，耳目聰明，齒牙完堅。阿善針術。凡醫咸言背及胸藏之間不可妄針，針之不過四分，而阿針背入一二寸，巨闕胸藏針下五六寸，而病輒皆瘳。阿從佗求可服食益於人者，佗授以漆葉青黏散。漆葉屑一升，青黏屑十四兩，以是爲率，言久服去三蟲，利五藏，輕體，使人頭不白。阿從其言，壽百餘歲。漆葉處所而有，青黏生於豐、沛、彭城及朝歌云。〔一〕

〔一〕佗別傳曰：青黏者，一名地節，一名黃芝，主理五藏，益精氣。本出於迷入山者，見仙人服之，以告佗。佗以爲佳，輒

語阿，阿又祕之。近者人見阿之壽而氣力彊盛，怪之，遂責阿所服，因醉亂誤道之。法一施，人多服者，皆有大驗。

文帝典論論郤儉等事曰：「潁川郤儉能辟穀，餌伏苓。甘陵甘始亦善行氣，老有少容。廬江左慈知補導之術。並爲軍吏。初，儉之至，市伏苓價暴數倍。議郎安平李覃學其辟穀，餐伏苓，飲寒水，中泄利，殆至隕命。後始來，衆人無不鴟視狼顧，呼吸吐納。軍謀祭酒弘農董芬爲之過差，氣閉不通，良久乃蘇。左慈到，又競受其補導之術，至寺人嚴峻，往從問受。閹豎真無事於斯術也，人之逐聲，乃至於是。光和中，北海王和平亦好道術，自以當仙。濟南孫邕少事之，從至京師。會和平病死，邕因葬之東陶，有書百餘卷，藥數囊，悉以送之。後弟子夏榮言其尸解。邕至今恨不取其寶書仙藥。劉向惑於鴻寶之說，君游眩於子政之言，古今愚謬，豈唯一人哉！」

東阿王作辯道論曰：「世有方士，吾王悉所招致，甘陵有甘始，廬江有左慈，陽城有郤儉。始能行氣導引，慈曉房中之術，儉善辟穀，悉號三百歲。卒所以集之於魏國者，誠恐斯人之徒，接姦宄以欺衆，行妖慝以惑民，豈復欲觀神仙於瀛洲，求安期於海島，釋金輅而履雲輿，棄六驥而美飛龍哉？自家王與太子及余兄弟咸以爲調笑，不信之矣。然始等知上遇之有恆，奉不過於員吏，賞不加於無功，海島難得而游，六黻難得而佩，終不敢進虛誕之言，出非常之語。余嘗試郤儉絕穀百日，躬與之寢處，行步起居自若也。夫人不食七日則死，而儉乃如是。然不必益壽，可以療疾而不憚饑饉焉。左慈善修房內之術，差可終命，然自非有志至精，莫能行也。甘始者，老而有少容，自諸術士咸共歸之。然始辭繁寡實，頗有怪言。余常辟左右，獨與之談，問其所行，溫顏以誘之，美辭以導之，始語余：『吾本師姓韓字世雄，嘗與師於南海作金，前後數四，投數萬斤金於海。』又言：『諸梁時，西域胡來獻香罽、腰帶、割玉刀，時悔不取也。』又言：『車師之西國，兒生，擘背出脾，欲其食少而弩行也。』又言：『取鯉魚五寸一雙，合其一煮藥，俱投沸膏中，有藥者奮尾鼓鰓，游行沉浮，有若處淵，其一者已熟而可噉。』余時問：『言

率可試不？』言：『是藥去此逾萬里，當出塞；始不自行不能得也。』言不盡於此，頗難悉載，故粗舉其巨怪者。始若遭秦始皇、漢武帝，則復爲徐市、欒大之徒也。」

杜夔字公良，河南人也。以知音爲雅樂郎，中平五年，疾去官。州郡司徒禮辟，以世亂奔荊州。荊州牧劉表令與孟曜爲漢主合雅樂，樂備，表欲庭觀之，夔諫曰：「今將軍號（不）爲天子合樂，而庭作之，無乃不可乎！」表納其言而止。後表子琮降太祖，太祖以夔爲軍謀祭酒，參太樂事，因令創制雅樂。

夔善鐘律，聰思過人，絲竹八音，靡所不能，惟歌舞非所長。時散郎鄧靜、尹齊善詠雅樂，歌師尹胡能歌宗廟郊祀之曲，舞師馮肅、服養曉知先代諸舞，夔總統研精，遠考諸經，近采故事，教習講肄，備作樂器，紹復先代古樂，皆自夔始也。

黃初中，爲太樂令、協律都尉。漢鑄鐘工柴玉巧有意思，形器之中，多所造作，亦爲時貴人見知。夔令玉鑄銅鐘，其聲均清濁多不如法，數毀改作。玉甚厭之，謂夔清濁任意，頗拒捍夔。夔、玉更相白於太祖，太祖取所鑄鐘，雜錯更試，然〔後〕知夔爲精而玉之妄也，於是罪玉及諸子，皆爲養馬士。文帝愛待玉，又嘗令夔與（左願）〔左顒〕等於賓客之中吹笙鼓琴，夔有難色，由是帝意不悅。後因他事繫夔，使（願）〔顒〕等就學，夔自謂所習者雅，仕宦有

本，意猶不滿，遂黜免以卒。

弟子河南邵登、張泰、桑馥，各至太樂丞，下邳陳頏司律中郎將。自左延年等雖妙於音，咸善鄭聲，其好古存正莫及夔。〔一〕

〔一〕時有扶風馬鈞，巧思絕世。傅玄序之曰：「馬先生，天下之名巧也，少而游豫，不自知其爲巧也。當此之時，言不及巧，焉可以言知乎？爲博士居貧，乃思綾機之變，不言而世人知其巧矣。舊綾機五十綜者五十躡，六十綜者六十躡，先生患其喪功費日，乃皆易以十二躡。其奇文異變，因感而作者，猶自然之成形，陰陽之無窮，此輪扁之對不可以言言者，又焉可以言校也。先生爲給事中，與常侍高堂隆、驍騎將軍秦朗爭論於朝，言及指南車，二子謂古無指南車，記言之虛也。先生曰：『古有之，未之思耳，夫何遠之有！』二子哂之曰：『先生名鈞字德衡，鈞者器之模，而衡者所以定物之輕重；輕重無準而莫不模哉！』先生曰：『虛爭空言，不如試之易效也。』於是二子遂以白明帝，詔先生作之，而指南車成。此一異也，又不可以言者也，從是天下服其巧矣。居京都，城內有地，可以爲園，患無水以灌之，乃作翻車，令童兒轉之，而灌水自覆，更入更出，其巧百倍於常。此二異也。其後人有上百戲者，能設而不能動也。帝以問先生：『可動否？』對曰：『可動。』帝曰：『其巧可益否？』對曰：『可益。』受詔作之。以大木彫構，使其形若輪，平地施之，潛以水發焉。設爲女樂舞象，至令木人擊鼓吹簫；作山嶽，使木人跳丸擲劍，緣絙倒立，出入自在；百官行署，舂磨鬭雞，變巧百端。此三異也。先生見諸葛亮連弩，曰：『巧則巧矣，未盡善也。』言作之可令加五倍。又患發石車，敵人之於樓邊縣濕牛皮，中之則墮，石不能連屬而至。欲作一輪，縣大石數十，以機鼓輪爲常，則以斷縣石飛擊敵城，使首尾電至。嘗試以車輪縣瓴甓數十，飛之數百步矣。有裴子者，上國之士也，精通見理，聞而哂之。乃難先生，先生口屈不對。裴子自以爲難得其要，言之不已。傅子謂裴

子曰：『子所長者言也，所短者巧也。馬氏所長者巧也，所短者言也。以子所長，擊彼所短，則不得不屈。以子所短，難彼所長，則必有所不解者矣。夫巧，天下之微事也，有所不解而難之不已，其相擊刺，必已遠矣。心乖於內，口屈於外，此馬氏所以不對也。』傅子見安鄉侯，言及裴子之論，安鄉侯又與裴子同。傅子曰：『聖人具體備物，取人不以一揆也：有以神取之者，有以言取之者，有以事取之者。有以神取之者，不言而誠心先達，德行顏淵之倫是也。以言取之者，以變辯是非，言語宰我、子貢是也。以事取之者，若政事冉有、季路，文學子游、子夏。雖聖人之明盡物，如有所用，必有所試，然則試冉、季以政，試游、夏以學矣。游、夏猶然，況自此而降者乎！何者？懸言物理，不可以言盡也，施之於事，言之難盡而試之易知也。今若馬氏所欲作者，國之精器，軍之要用也。費十尋之木，勞二人之力，不經時而是非定。難試易驗之事而輕以言抑人異能，此猶以己智任天下之事，不易其道以御難盡之物，此所以多廢也。馬氏所作，因變而得是，則初所言者不皆是矣。其不皆是，因不用之，是不世之巧無由出也。夫同情者相妒，同事者相害，中人所不能免也。故君子不以人害人，必以考試爲衡石；廢衡石而不用，此美玉所以見誣爲石，荊和所以抱璞而哭之也。』於是安鄉侯悟，遂言之武安侯，武安侯忽之，不果試也。此既易試之事，又馬氏巧名已定，猶忽而不察，況幽深之才，無名之璞乎？後之君子其鑒之哉！馬先生之巧，雖古公輸般、墨翟、王爾，近漢世張平子，不能過也。公輸般、墨翟皆見用於時，乃有益於世。平子雖爲侍中，馬先生雖給事省中，俱不典工官，巧無益於世。用人不當其才，聞賢不試以事，良可恨也。」裴子者，裴秀。安鄉侯者，曹羲。武安侯者，曹爽也。

朱建平，沛國人也。善相術，於閭巷之間，效驗非一。太祖爲魏公，聞之，召爲郎。文

帝爲五官將，坐上會客三十餘人，文帝問己年壽，又令徧相衆賓。建平曰：「將軍當壽八十，至四十時當有小厄，願謹護之。」謂夏侯威曰：「君四十九位爲州牧，而當有厄，厄若得過，可年至七十，致位公輔。」謂應璩曰：「君六十二位爲常伯，而當有厄，先此一年，當獨見一白狗，而旁人不見也。」謂曹彪曰：「君據藩國，至五十七當厄於兵，宜善防之。」

初，潁川荀攸、鍾繇相與親善。攸先亡，子幼。繇經紀其門戶，欲嫁其妾。與人書曰：「吾與公達曾共使朱建平相，建平曰：『荀君雖少，然當以後事付鍾君。』吾時啁之曰：『惟當嫁卿阿騖耳。』何意此子竟早隕沒，戲言遂驗乎！今欲嫁阿騖，使得善處。追思建平之妙，雖唐舉、許負何以復加也！」

文帝黃初七年，年四十，病困，謂左右曰：「建平所言八十，謂晝夜也，吾其決矣。」頃之，果崩。夏侯威爲兗州刺史，年四十九，十二月上旬得疾，念建平之言，自分必死，豫作遺令及送喪之備，咸使素辦。至下旬轉差，垂以平復。三十日日昃，請紀綱大吏設酒，曰：「吾所苦漸平，明日雞鳴，年便五十，建平之戒，眞必過矣。」威罷客之後，合瞑疾動，夜半遂卒。璩六十一爲侍中，直省內，欻見白狗，問之衆人，悉無見者。於是數聚會，并急游觀田里，飲宴自娛，過期一年，六十三卒。曹彪封楚王，年五十七，坐與王淩通謀，賜死。凡說此輩，無不如言，不能具詳，故粗記數事。惟相司空王昶、征北將軍程喜、中領軍王肅有蹉跌云。肅

年六十二，疾篤，衆醫並以爲不愈。肅夫人問以遺言，肅云：「建平相我踰七十，位至三公，今皆未也，將何慮乎！」而肅竟卒。

建平又善相馬。文帝將出，取馬外入，建平道遇之，語曰：「此馬之相，今日死矣。」帝將乘馬，馬惡衣香，驚齧文帝膝，帝大怒，即便殺之。建平黃初中卒。

周宣字孔和，樂安人也。爲郡吏。太守楊沛夢人曰：「八月一日曹公當至，必與君杖，飲以藥酒。」使宣占之。是時黃巾賊起，宣對曰：「夫杖起弱者，藥治人病，八月一日，賊必除滅。」至期，賊果破。

後東平劉楨夢蛇生四足，穴居門中，使宣占之，宣曰：「此爲國夢，非君家之事也。當殺女子而作賊者。」頃之，女賊鄭、姜遂俱夷討，以蛇女子之祥，足非蛇之所宜故也。文帝問宣曰：「吾夢殿屋兩瓦墮地，化爲雙鴛鴦，此何謂也？」宣對曰：「後宮當有暴死者。」帝曰：「吾詐卿耳！」宣對曰：「夫夢者意耳，苟以形言，便占吉凶。」言未畢，而黃門令奏宮人相殺。無幾，帝復問曰：「我昨夜夢青氣自地屬天。」宣對曰：「天下當有貴女子冤死。」是時，帝已遣使賜甄后璽書，聞宣言而悔之，遣人追使者不及。帝復問曰：「吾夢摩錢文，欲令滅而更愈明，此何謂邪？」宣悵然不對。帝重問之，宣對曰：「此自陛下家事，雖意

顯。」前到河西故城角，正見三貍共踞城側，兄弟並喜。正始九年舉秀才。〔一〕

〔一〕輅別傳曰：輅爲華清河所召，爲北黌文學，一時士友無不歎慕。安平趙孔曜，明敏有思識，與輅有管、鮑之分，故從發干來，就郡黌上與輅相見，言：「卿腹中汪汪，故時死人半，今生人無雙，當去俗騰飛，翺翔昊蒼，云何在此？聞卿消息，使吾食不甘味也。冀州裴使君才理清明，能釋玄虛，每論易及老、莊之道，未嘗不注精於嚴、瞿之徒也。又眷吾意重，能相明信者。今當故往，爲卿陳感虎開石之誠。」輅言：「吾非四淵之龍，安能使白日晝陰？卿若能動東風，興朝雲，吾志所不讓也。」於是遂至冀州見裴使君。使君言：「君顏色何以消減於故邪？」孔曜言：「體中無藥石之疾，然見清河郡內有一騏驥，拘縶後廄歷年，去王良、伯樂百八十里，不得騁天骨，起風塵，以此憔悴耳。」使君言：「騏驥今何在也？」孔曜言：「平原管輅字公明，年三十六，雅性寬大，與世無忌，可謂士雄。仰觀天文則能同妙甘公、石申，俯覽周易則能思齊季主，游步道術，開神無窮，可謂士英。抱荊山之璞，懷夜光之寶，而爲清河郡所錄北黌文學，可爲痛心疾首也。使君方欲流精九皋，垂神幽藪，欲令明主不獨治，逸才不久滯，高風遐被，莫不草靡，宜使輅特蒙陰和之應，得及羽儀之時，必能翼宣隆化，揚聲九圍也。」裴使君聞言，則慷慨曰：「何乃爾邪！雖在大州，未見異才可用釋人鬱悶者，思還京師，得共論道耳，況草間自有清妙之才乎？如此便相爲取之，莫使騏驥更爲凡馬，荊山反成凡石。」即檄召輅爲文學從事。一相見，清論終日，不覺罷倦。天時大熱，移牀在庭前樹下，乃至雞向晨，然後出。再相見，便轉爲鉅鹿從事。三見，轉治中。四見，轉爲別駕。至十月，舉爲秀才。輅辭裴使君，使君言：「〔丁〕〔何〕、鄧二尚書，有經國才略，於物理〔無〕不精也。何尚書神明精微，言皆巧妙，巧妙之志，殆破秋毫，君當愼之！自言不解易九事，必當以相問。比至洛，宜善精其理也。」輅言：「何若巧妙，以攻難之才，游形之表，未入於神。夫入神者，當步天元，推陰陽，探玄虛，極幽明，然後覽道無窮，未暇

細言。若欲差次老、莊而參爻、象，愛微辯而興浮藻，可謂射侯之巧，非能破秋毫之妙也。若九事皆至義者，不足勞思也。若陰陽者，精之以久。輅去之後，歲朝當有時刑大風，風必摧破樹木。若發於乾者，必有天威，不足共清譚者。」

十二月二十八日，吏部尚書何晏請之，鄧颺在晏許。晏謂輅曰：「聞君著爻神妙，試爲作一卦，知位當至三公不？」又問：「連夢見青蠅數十頭，來在鼻上，驅之不肯去，有何意故？」輅曰：「夫飛鴞，天下賤鳥，及其在林食椹，則懷我好音，況輅心非草木，敢不盡忠？昔元、凱之弼重華，宣惠慈和，周公之翼成王，坐而待旦，故能流光六合，萬國咸寧。此乃履道休應，非卜筮之所明也。今君侯位重山嶽，勢若雷電，而懷德者鮮，畏威者衆，殆非小心翼翼多福之仁。又鼻者艮，此天中之山，〔一〕高而不危，所以長守貴也。今青蠅臭惡，而集之焉。位峻者顛，輕豪者亡，不可不思害盈之數，盛衰之期。是故山在地中曰謙，雷在天上曰壯；謙則裒多益寡，壯則非禮不履。未有損己而不光大，行非而不傷敗。願君侯上追文王六爻之旨，下思尼父彖象之義，然後三公可決，青蠅可驅也。」颺曰：「此老生之常譚。」輅答曰：「夫老生者見不生，常譚者見不譚。」晏曰：「過歲更當相見。」〔二〕輅還邑舍，具以此言語舅氏，舅氏責輅言太切至。輅曰：「與死人語，何所畏邪？」舅大怒，謂輅狂悖。歲朝，西北大風，塵埃蔽天，十餘日，聞晏、颺皆誅，然後舅氏乃服。〔三〕

〔一〕臣松之案：相書謂鼻之所在爲天中。鼻有山象，故曰「天中之山」也。

〔二〕輅別傳曰：輅爲何晏所請，果共論易九事，九事皆明。晏曰：「君論陰陽，此世無雙。」時鄧颺與晏共坐，颺言：「君見謂善易，而語初不及易中辭義，何故也？」輅尋聲答之曰：「夫善易者不論易也。」晏含笑而讚之「可謂要言不煩也」。因請輅爲卦。輅既稱引鑒戒，晏謝之曰：「知幾其神乎，古人以爲難；交疏而吐其誠，今人以爲難。今君一面而盡二難之道，可謂明德惟馨。詩不云乎，『中心藏之，何日忘之』！」

〔三〕輅別傳曰：舅夏大夫問輅：「前見何、鄧之日，爲已有凶氣未也？」輅言：「與禍人共會，然後知神明交錯；與吉人相近，又知聖賢求精之妙。夫鄧之行步，則筋不束骨，脈不制肉，起立傾倚，若無手足，謂之鬼躁。何之視候，則魂不守宅，血不華色，精爽烟浮，容若槁木，謂之鬼幽。故鬼躁者爲風所收，鬼幽者爲火所燒，自然之符，不可以蔽也。」輅後因得休，裴使君問：「何平叔一代才名，其實何如？」輅曰：「其才若盆盎之水，所見者清，所不見者濁。神在廣博，志不務學，弗能成才。欲以盆盎之水，求一山之形，形不可得，則智由此惑。故說老、莊則巧而多華，說易生義則美而多僞；華則道浮，僞則神虛；得上才則淺而流絕，得中才則游精而獨出，輅以爲少功之才也。」裴使君曰：「誠如來論。吾數與平叔共說老、莊及易，常覺其辭妙於理，不能折之。又時人吸習，皆歸服之焉，益令不了。相見得清言，然後灼灼耳。」

始輅過魏郡太守鍾毓，共論易義，輅因言「卜可知君生死之日」。毓使筮其生日月，如言無蹉跌。毓大愕然，曰：「君可畏也。死以付天，不以付君。」遂不復筮。毓問輅：「天下當太平否？」輅曰：「方今四九天飛，利見大人，神武升建，王道文明，何憂不平？」毓未解輅言，無幾，曹爽等誅，乃覺寤云。〔一〕

〔一〕輅別傳云：魏郡太守鍾毓，清逸有才，難輅易二十餘事，自以爲難之至精也。輅尋聲投響，言無留滯，分張爻象，義皆殊妙。毓即謝輅。輅卜知毓生日月，毓愕然曰：「聖人運神通化，連屬事物，何聰明乃爾！」輅言：「幽明同化，死生一道，悠悠太極，終而復始。文王損命，不以爲憂，仲尼曳杖，不以爲懼，緒煩蓍筮，宜盡其意。」毓曰：「生者好事，死者惡事，哀樂之分，吾所不能齊，且以付天，不以付君也。」石苞爲鄴典農，與輅相見，問曰：「聞君鄉里翟文耀能隱形，其事可信乎？」輅言：「此但陰陽蔽匿之數，苟得其數，則四嶽可藏，河海可逃。況以七尺之形，游變化之內，散雲霧以幽身，布金水以滅迹，術足數成，不足爲難。」苞曰：「欲聞其妙，君且善論其數也。」輅言：「夫物不精不爲神，數不妙不爲術，故精者神之所合，妙者智之所遇，合之幾微，可以性通，難以言論。是故魯班不能說其手，離朱不能說其目。非言之難，孔子曰『書不盡言』，言之細也，『言不盡意』，意之微也，斯皆神妙之謂也。請舉其大體以驗之。夫白日登天，運景萬里，無物不照，及其入地，一炭之光，不可得見。三五盈月，清耀燭夜，可以遠望，及其在晝，明不如鏡。今逃日月者必陰陽之數，陰陽之數通於萬類，鳥獸猶化，況於人乎！夫得數者妙，得神者靈，非徒生者有驗，死亦有徵。是以杜伯乘火氣以流精，彭生託水變以立形。是故生者能出亦能入，死者能顯亦能幽，此物之精氣，化之游魂，人鬼相感，數使之然也。」苞曰：「目見陰陽之理，不過於君，君何以不隱？」輅曰：「夫陵虛之鳥，愛其清高，不願江、漢之魚；淵沼之魚，樂其濡溼，不易騰風之鳥：由性異而分不同也。僕自欲正身以明道，直己以親義，見數不以爲異，知術不以爲奇，夙夜研幾，孳孳溫故，而素隱行怪，未暇斯務也。」

平原太守劉邠取印囊及山雞毛著器中，使筮。輅曰：「內方外圓，五色成文，含寶守信，出則有章，此印囊也。高嶽巖巖，有鳥朱身，羽翼玄黃，鳴不失晨，此山雞毛也。」邠曰：「此

郡官舍，連有變怪，使人恐怖，其理何由？」輅曰：「或因漢末之亂，兵馬擾攘，軍屍流血，汙染丘山，故因昏夕，多有怪形也。明府道德高妙，自天祐之，願安百祿，以光休寵。」〔一〕

〔一〕輅別傳曰：故郡將劉邠字令元，清和有思理，好易而不能精。與輅相見，意甚喜歡，自說注易向訖也。輅言：「今明府欲勞不世之神，經緯大道，誠富美之秋。然輅以爲注易之急，急於水火；水火之難，登時之驗，易之清濁，延于萬代，不可不先定其神而後垂明思也。自旦至今，聽采聖論，未有易之一分，易安可注也！輅不解古之聖人，何以處乾位於西北，坤位於西南。夫乾坤者天地之象，然天地至大，爲神明君父，覆載萬物，生長無首，何以安處二位與六卦同列？乾之象彖曰：『大哉乾元，萬物資始，乃統天。』夫統者，屬也，尊莫大焉，何由有別位也？」邠依易繫詞，諸爲之理以爲注，不得其要。輅尋聲下難，事皆窮析。曰：「夫乾坤者，易之祖宗，變化之根源，今明府論清濁者有疑，疑則無神，恐非注易之符也。」輅於此爲論八卦之道及爻象之精，大論開廓，衆化相連。邠所解者，皆以爲妙，所不解者，皆以爲神。自說：「欲注易八年，用思勤苦，歷載靡寧，定相得至論，此才不及易，不愛久勞，喜承雅言，如此相爲高枕偃息矣。」欲從輅學射覆，輅言：「今明府以虛神於注易，亦宜絕思於靈蓍。靈蓍者，二儀之明數，陰陽之幽契，施之於道則定天下吉凶，用之於術則收天下豪纖。纖微，未可以爲易也。」邠曰：「以爲術者易之近數，欲求其端耳。若如來論，何事於斯？」留輅五日，不遑恤官，但共清譚。邠自言：「數與何平叔論易及老、莊之道，至於精神遐流，與化周旋，清若金水，鬱若山林，非君侶也。」邠又曰：「此郡官舍，連有變怪，變怪多形，使人怖恐，君似當達此數者，其理何由也？」輅言：「此郡所以名平原者，本有原，山無木石，與地自然；含陰不能吐雲，含陽不能激風，陰陽雖弱，猶有微神；微神不眞，多聚凶奸，以類相求，魍魎成羣。或因漢末兵馬擾攘，軍屍流血，汙染丘嶽，彊魂相感，變化無常，故因昏夕之時，多有怪形也。昔夏禹文明，不怪於黃龍，周武信

時，不惑於暴風，今明府道德高妙，神不懼妖，自天祐之，吉無不利，願安百祿以光休寵也。」邠曰：「聽雅論爲近其理，每有變怪，輒聞鼓角聲音，或見弓劍形象。夫以土山之精，伯有之魂，實能合會，干犯明靈也。」邠問輅：「易言剛健篤實，輝光日新，斯爲同不也？」輅曰：「不同之名，朝旦爲輝，日中爲光。」

晉諸公贊曰：邠本名炎，犯晉太子諱，改爲邠。位至太子僕。子粹，字純嘏，侍中。次宏，字終嘏，太常。次漢，字仲嘏，光祿大夫。漢清沖有貴識，名亞樂廣。宏子咸，徐州刺史。次耽，晉陵內史。耽子恢，字眞長，尹丹楊，爲中興名士也。

清河令徐季龍使人行獵，令輅筮其所得。輅曰：「當獲小獸，復非食禽，雖有爪牙，微而不彊，雖有文章，蔚而不明，非虎非雉，其名曰狸。」獵人暮歸，果如輅言。季龍取十三種物，著大篋中，使輅射。云：「器中藉藉有十三種物。」先說雞子，後道蠶蛹，遂一一名之，惟以梳爲枇耳。〔一〕

〔一〕輅別傳曰：清河令徐季龍，字開明，有才機。與輅相見，共論龍動則景雲起，虎嘯則谷風至，以爲火星者龍，參星者虎，火出則雲應，參出則風到，此乃陰陽之感化，非龍虎之所致也。輅言：「夫論難當先審其本，然後求其理，理失則機謬，機謬則榮辱之主。若以參星爲虎，則谷風更爲寒霜之風，寒霜之風非東風之名。是以龍者陽精，以潛爲陰，幽靈上通，和氣感神，二物相扶，故能興雲。夫虎者，陰精而居於陽，依木長嘯，動於巽林，二氣相感，故能運風。若磁石之取鐵，不見其神而金自來，有徵應以相感也。況龍有潛飛之化，虎有文明之變，招雲召風，何足爲疑？」季龍言：「夫龍之在淵，不過一井之底，虎之悲嘯，不過百步之中，形氣淺弱，所通者近，何能劉景雲而馳東風？」輅言：「君不見陰陽燧在掌握之中，形不出手，乃上引太陽之火，下引太陰之水，噓吸之間，煙景以集。苟精氣相感，縣象應乎二燧；苟不相感，則二女同居，志不相得。自然之道，無有遠近。」季龍言：「世有軍事，則感雞雉先鳴，其道何由？復有他占，惟在雞雉而已？」輅言：「貴人有事，其應在天，在天則日月星辰也。兵動民擾，其應在物，在物則山林鳥獸也。夫雞者兌之畜，金者兵之精，雉者離之鳥，獸者武之神，故太白揚輝則雞鳴，熒惑流行則雉驚，各感數而動。又兵之神道，布在六甲，六甲推移，其占無常。是以晉柩牛呴，果有西軍，鴻嘉石鼓，鳴則有兵，不專近在於雞雉也。」季龍言：「魯昭公八年，有石言於晉，師曠以爲作事不時，怨讟動於民，則有非言之物而言，於理爲合不？」輅言：「晉平奢泰，崇飾宮室，斬伐林木，殘破金石，民力既盡，怨及山澤，神痛人感，二精並作，金石同氣，則兌爲口舌，口舌之妖，動于靈石。傳曰輕百姓，飾城郭，則金不從革，此之謂也。」季龍欽嘉，留輅經數日。輅占獵既驗，季龍曰：「君雖神妙，但不多藏物耳，何能皆得之？」輅言：「吾與天地參神，蓍龜通靈，抱日月而游杳冥，極變化而覽未然，況茲近物，能蔽聰明？」季龍大笑，「君既不謙，又念窮在近矣」。輅言：「君尙未識謙言，焉能論道？夫天地者則乾坤之卦，蓍龜者則卜筮之數，日月者離坎之象，變化者陰陽之爻，杳冥者神化之源，未然者則幽冥之先，此皆周易之紀綱，何僕之不謙？」季龍於是取十三種物，欲以窮之，輅射之皆中。季龍乃嘆曰：「作者之謂聖，述者之謂明，豈此之謂乎！」

輅隨軍西行，過毋丘儉墓下，倚樹哀吟，精神不樂。人問其故，輅曰：「林木雖茂，無形可久；碑誄雖美，無後可守。玄武藏頭，蒼龍無足，白虎銜尸，朱雀悲哭，四危以備，法當滅族。不過二載，其應至矣。」卒如其言。後得休，過清河倪太守。時天旱，倪問輅雨期，輅曰：「今夕當雨。」是日暘燥，晝無形似，府丞及令在坐，咸謂不然。到鼓一中，星月皆沒，風

雲並起，竟成快雨。於是倪盛脩主人禮，共爲歡樂。〔一〕

〔一〕輅別傳曰：輅與倪清河相見，既刻雨期，倪猶未信。輅曰：「夫造化之所以爲神，不疾而速，不行而至。十六日壬子，直滿，畢星中已有水氣，水氣之發，動於卯辰，此必至之應也。又天昨檄召五星，宣布星符，刺下東井，告命南箕，使召雷公、電母、風伯、雨師，羣嶽吐陰，衆川激精，雲漢垂澤，蛟龍含靈，爗爗朱電，吐咀杳冥，殷殷雷聲，噓吸雨靈，習習谷風，六合皆同，欬唾之間，品物流形。天有常期，道有自然，不足爲難也。」倪曰：「譚高信寡，相爲憂之。」於是便留輅，往請府丞及清河令。若夜雨者當爲啖二百斤犢肉，若不雨當住十日。輅曰：「言念費損！」至日向暮，了無雲氣，衆人並嗤輅。輅言：「樹上已有少女微風，樹間又有陰鳥和鳴。又少男風起，衆鳥和翔，其應至矣。」須臾，果有艮風鳴鳥。日未入，東南有山雲樓起。黃昏之後，雷聲動天。到鼓一中，星月皆沒，風雲並興，玄氣四合，大雨河傾。倪調輅言：「誤中耳，不爲神也。」輅曰：「誤中與天期，不亦工乎！」

正元二年，弟辰謂輅曰：「大將軍待君意厚，冀當富貴乎？」輅長歎曰：「吾自知有分直耳，然天與我才明，不與我年壽，恐四十七八間，不見女嫁兒娶婦也。若得免此，欲作洛陽令，可使路不拾遺，枹鼓不鳴。但恐至太山治鬼，不得治生人，如何！」辰問其故，輅曰：「吾額上無生骨，眼中無守精，鼻無梁柱，脚無天根，背無三甲，腹無三壬，此皆不壽之驗。又吾本命在寅，加月食夜生。天有常數，不可得諱，但人不知耳。吾前後相當死者過百人，略無錯也。」是歲八月，爲少府丞。明年二月卒，年四十八。〔一〕

〔一〕輅別傳曰：既有明才，遭朱陽之運，于時名勢赫奕，若火猛風疾。當塗之士，莫不枝附葉連。賓客如雲，無多少皆

爲設食。賓無貴賤，候之以禮。京城紛紛，非徒歸其名勢而已，然亦懷其德焉。向不夭命，輅之榮華，非世所測也。弟辰嘗欲從輅學卜及仰觀事，輅言：「卿不可教耳。夫卜非至精不能見其數，非至妙不能覩其道，孝經、詩、論，足爲三公，無用知之也。」於是遂止。子弟無能傳其術者。辰敍曰：「夫晉、魏之士，見輅道術神妙，占候無錯，以爲有隱書及象甲之數。辰每觀輅書傳，惟有易林、風角及鳥鳴、仰觀星書三十餘卷，世所共有。然輅獨在少府官舍，無家人子弟隨之，其亡沒之際，好奇不哀喪者，盜輅書，惟餘易林、風角及鳥鳴書還耳。夫術數有百數十家，其書有數千卷，書不少也。然而世鮮名人，皆由無才，不由無書也。裴冀州、何、鄧二尚書及鄉里劉太常、潁川兄弟，以輅稟受天才，明陰陽之道，吉凶之情，一得其源，遂涉其流，亦不爲難，常歸服之。輅自言與此五君共語使人精神清發，昏不假寐。自此以下，殆白日欲寢矣。又自言當世無所願，欲得與魯梓愼、鄭裨竈、晉卜偃、宋子韋、楚甘公、魏石申共登靈臺，披神圖，步三光，明災異，運蓍龜，決狐疑，無所復恨也。辰不以闇淺，得因孔懷之親，數與輅有所諮論。至於辨人物，析臧否，說近義，彈曲直，拙而不工也。若敷皇、羲之典，揚文、孔之辭，周流五曜，經緯三度，口滿聲溢，微言風集，若仰眺飛鴻，漂漂兮景沒，若俯臨深溪，杳杳兮精絕；偪以攻難，而失其端，欲受學求道，尋以迷昏，無不扼腕椎指，追響長歎也。昔京房雖善卜及風律之占，卒不免禍，而輅自知四十八當亡，可謂明哲相殊。又京房目見遘讒之黨，耳聽青蠅之聲，面諫不從，而猶道路紛紜。輅處魏、晉之際，藏智以朴，卷舒有時，妙不見求，愚不見遺，可謂知幾相邈也。京房上不量萬乘之主，下不避佞諂之徒，欲以天文、洪範，利國利身，困不能用，卒陷大刑，可謂枯龜之餘智，膏燭之末景，豈不哀哉！世人多以輅疇之京房，辰不敢許也。至於仰察星辰，俯定吉凶，遠期不失年歲，近期不失日月，辰以甘、石之妙不先也。射覆名物，見術流速，東方朔不過也。觀骨形而審貴賤，覽形色而知生死，許負、唐舉不超也。若夫疏風氣而探微候，聽鳥鳴而識神機，亦一

代之奇也。向使輅官達，爲宰相大臣，膏腴流於明世，華曜列乎竹帛，使幽驗皆舉，祕言不遺，千載之後，有道者必信而貴之，無道者必疑而怪之；信者以妙過眞，夫妙與神合者，得神則無所惑也。恨輅才長命短，道貴時賤，親賢遐潛，不宜於良史，而爲鄙弟所見追述，既自闇濁，又從來久遠，所載卜占事，雖不識本卦，捃拾殘餘，十得二焉。至於仰觀靈曜，說魏、晉興衰，及五運浮沉，兵革災異，十不收一。無源何以成河？無根何以垂榮？雖秋菊可採，不及春英，臨文慷慨，伏用哀慚。將來君子，幸以高明求其義焉。往孟荊州爲列人典農，嘗問亡兄，昔東方朔射覆得何卦，正知守宮、蜥蜴二物者。亡兄於此爲安卦生象，辭喻交錯，微義豪起，變化相推，會於辰巳，分別龍蛇，各使有理。言絕之後，孟荊州長歎息曰：『吾聞君論，精神騰躍，殆欲飛散，何其汪汪乃至於斯邪！』」

臣松之案：辰所稱鄉里劉太常者，謂劉寔也。辰撰輅傳，寔時爲太常，潁川則寔弟智也。寔、智並以儒學爲名，無能言之。世語稱寔博辯，猶不足以並裴、何之流也。又案輅自說，云「本命在寅」，則建安十五年生也。至正始九年，應三十九，而傳云三十六，以正元三年卒，應四十七，傳云四十八，皆爲不相應也。近有閻續伯者，名纘，該微通物，有良史風。爲天下補綴遺脫，敢以所聞列于篇左。皆從受之於大人先哲，足以取信者，冀免虛誣之譏云爾。嘗受辰傳所謂劉太常者曰：「輅始見聞，由於爲鄰婦卜亡牛，云當在西面窮牆中，縣頭上向。教婦人令視諸丘冢中，果得牛。婦人因以爲藏已牛，告官案驗，乃知以術知，故裴冀州遂聞焉。」又云：「路中小人失妻者，輅爲卜，教使明旦於東陽城門中伺擔豚人牽與共鬬。具如其言，豚逸走，即共追之。豚入人舍，突破主人甕，婦從甕中出。」劉侯云甚多此類，辰所載纔十一二耳。劉侯云：「辰，孝廉才也。」中書令史紀玄龍，輅鄉里人，云：「輅在田舍，嘗候遠鄰，主人患數失火。輅卜，教使明日於南陌上伺，當有一角巾諸生，駕黑牛故車，必引留，爲設賓主，此

能消之。即從輅戒。諸生有急求去，不聽，遂留當宿，意大不安，以爲圖己。主人罷入，生乃把刀出門，倚兩薪積閒，側立假寐。欻有一小物直來過前，如獸，手中持火，以口吹之。生驚，舉刀斫，正斷要，視之則狐。自此主人不復有災。」前長廣太守陳承祐口受城門校尉華長駿語云：「昔其父爲清河太守時，召輅作吏，駿與少小，後以鄉里，遂加恩意，常與同載周旋，具知其事。云諸要驗，三倍於傳。辰既短才，又年縣小，又多在田舍，故益不詳。辰仕宦至州主簿、部從事，太康之初物故。」駿又云：「輅卜亦不悉中，十得七八，駿問其故，輅云：『理無差錯，來卜者或言不足以宣事實，故使爾。』華城門夫人者，魏故司空涿郡盧公女也，得疾，連年不差。華家時居西城下南纏里中，三廐在其東南。輅卜當有師從東方來，自言能治，便聽使之，必得其力。後無何，有南征廐騶，當充甲卒，來詣盧公，占能治女郎。公即表請留之，專使其子將詣華氏療疾，初用散藥，後復用丸治，尋有效，即奏除騶名，以補太醫。」又云：「隨輅父在利漕時，有治下屯民捕鹿者，其晨行還，見毛血，人取鹿處來詣廐吿輅，輅爲卦語云：『此有盜者，是汝東巷中第三家也。汝徑往門前，伺無人時，取一瓦子，密發其碓屋東頭第七椽，以瓦著下，不過明日食時，自送還汝。』其夜，盜者父病頭痛，壯熱煩疼，然亦來詣輅卜。輅爲發祟，盜者具服。輅令擔皮肉藏還著故處，病當自愈。乃密敎鹿主往取。又語使復往如前，舉椽棄瓦。盜父病差。又都尉治內史有失物者，輅使明晨於寺門外看，當逢一人，使指天畫地，舉手四向，自當得之。暮果獲於故處矣。」

評曰：華佗之醫診，杜夔之聲樂，朱建平之相術，周宣之相夢，管輅之術筮，誠皆玄妙之殊巧，非常之絕技矣。昔史遷著扁鵲、倉公、日者之傳，所以廣異聞而表奇事也。故存錄云爾。

三國志卷三十

魏書三十

烏丸鮮卑東夷傳第三十

書載「蠻夷猾夏」，詩稱「玁狁孔熾」，久矣其爲中國患也。秦、漢以來，匈奴久爲邊害。孝武雖外事四夷，東平兩越、朝鮮，西討貳師、大宛，開邛苲、夜郎之道，然皆在荒服之外，不能爲中國輕重。而匈奴最逼於諸夏，胡騎南侵則三邊受敵，是以屢遣衞、霍之將，深入北伐，窮追單于，奪其饒衍之地。後遂保塞稱藩，世以衰弱。建安中，呼廚泉南單于入朝，遂留內侍，使右賢王撫其國，而匈奴折節，過於漢舊。然烏丸、鮮卑稍更彊盛，亦因漢末之亂，中國多事，不遑外討，故得擅（漢）〔漠〕南之地，寇暴城邑，殺略人民，北邊仍受其困。會袁紹兼河北，乃撫有三郡烏丸，寵其名王而收其精騎。其後尚、熙又逃于蹋頓。蹋頓又驍武，邊長老皆比之冒頓，恃其阻遠，敢受亡命，以雄百蠻。太祖潛師北伐，出其不意，一戰而定之，夷狄懾服，威振朔土。遂引烏丸之衆服從征討，而邊民得用安息。後鮮卑大人軻比能復制御羣狄，盡收匈奴故地，自雲中、五原以東抵遼水，皆爲鮮卑庭。數犯塞寇邊，幽、幷苦之。

田豫有馬城之圍，畢軌有陘北之敗。青龍中，帝乃聽王雄，遣劒客刺之。然後種落離散，互相侵伐，彊者遠遁，弱者請服。由是邊陲差安，（漢）〔漠〕南少事，雖時頗鈔盜，不能復相扇動矣。烏丸、鮮卑卽古所謂東胡也。其習俗、前事，撰漢記者已錄而載之矣。故但舉漢末魏初以來，以備四夷之變云。〔一〕

〔一〕魏書曰：烏丸者，東胡也。漢初，匈奴冒頓滅其國，餘類保烏丸山，因以爲號焉。俗善騎射，隨水草放牧，居無常處，以穹廬爲宅，皆東向。日弋獵禽獸，食肉飲酪，以毛毳爲衣。貴少賤老，其性悍驁，怒則殺父兄，而終不害其母，以母有族類，父兄以己爲種，無復報者故也。常推募勇健能理決鬬訟相侵犯者爲大人，邑落各有小帥，不世繼也。數百千落自爲一部，大人有所召呼，刻木爲信，邑落傳行，無文字，而部衆莫敢違犯。氏姓無常，以大人健者名字爲姓。大人已下，各自畜牧治產，不相徭役。其嫁娶皆先私通，略將女去，或半歲百日，然後遣媒人送馬牛羊以爲聘娶之禮。壻隨妻歸，見妻家無尊卑，旦起皆拜，而不自拜其父母。爲妻家僕役二年，妻家乃厚遣送女，居處財物，一出妻家。故其俗從婦人計，至戰鬬時，乃自決之。父子男女，相對蹲踞，悉髠頭以爲輕便。婦人至嫁時乃養髮，分爲髻，著句決，飾以金碧，猶中國有冠步揺也。父兄死，妻後母執嫂；若無執嫂者，則己子以親之次妻伯叔焉，死則歸其故夫。俗識鳥獸孕乳，時以四節，耕種常用布穀鳴爲候。地宜青穄、東牆，東牆似蓬草，實如葵子，至十月熟。能作白酒，而不知作麴糵。米常仰中國。大人能作弓矢鞍勒，鍛金鐵爲兵器，能刺韋作文繡，織縷氊毼。有病，知以艾灸，或燒石自熨，燒地臥上，或隨痛病處，以刀決脈出血，及祝天地山川之神，無鍼藥。貴兵死，斂屍有棺，始死則哭，葬則歌舞相送。肥養犬，以采繩嬰牽，并取亡者所乘馬、衣物、生時服飾，皆燒

以送之。特屬累犬，使護死者神靈歸乎赤山。赤山在遼東西北數千里，如中國人以死之魂神歸泰山也。至葬日，夜聚親舊員坐，牽犬馬歷位，或歌哭者，擲肉與之，使二人口頌呪文，使死者魂神徑至，歷險阻，勿令橫鬼遮護，達其赤山，然後殺犬馬衣物燒之。敬鬼神，祠天地日月星辰山川，及先大人有健名者，亦同祠以牛羊，祠畢皆燒之。飲食必先祭。其約法，違大人言死，盜不止死。其相殘殺，令部落自相報，相報不止，詣大人平之，有罪者出其牛羊以贖死命，乃止。自殺其父兄無罪。其亡叛爲大人所捕者，諸邑落不肯受，皆逐使至雍狂地。地無山，有沙漠、流水、草木，多蝮蛇，在丁令之西南，烏孫之東北，以窮困之。自其先爲匈奴所破之後，人衆孤弱，爲匈奴臣服，常歲輸牛馬羊，過時不具，輒虜其妻子。至匈奴壹衍鞮單于時，烏丸轉彊，發掘匈奴單于冢，將以報冒頓所破之恥。壹衍鞮單于大怒，發二萬騎以擊烏丸。大將軍霍光聞之，遣度遼將軍范明友將三萬騎出遼東追擊匈奴。比明友兵至，匈奴已引去。烏丸新被匈奴兵，乘其衰弊，遂進擊烏丸，斬首六千餘級，獲三王首還。後數復犯塞，明友輒征破之。至王莽末，並與匈奴爲寇。光武定天下，遣伏波將軍馬援將三千騎，從五原關出塞征之，無利，而殺馬千餘匹。烏丸遂盛，鈔擊匈奴，匈奴轉徙千里，漠南地空。建武二十五年，烏丸大人郝旦等九千餘人率衆詣闕，封其渠帥爲侯王者八十餘人，使居塞內，布列遼東屬國、遼西、右北平、漁陽、廣陽、上谷、代郡、鴈門、太原、朔方諸郡界，招來種人，給其衣食，置校尉以領護之，遂爲漢偵備，擊匈奴、鮮卑。至永平中，漁陽烏丸大人欽志賁帥種人叛，鮮卑還爲寇害，遼東太守祭肜募殺志賁，遂破其衆。至安帝時，漁陽、右北平、鴈門烏丸率衆王無何等復與鮮卑、匈奴合，鈔略代郡、上谷、涿郡、五原，乃以大司農何熙行車騎將軍，左右羽林五營士，發緣邊七郡黎陽營兵合二萬人擊之。匈奴降，鮮卑、烏丸各還塞外。是後，烏丸稍復親附，拜其大人戎末廆爲都尉。至順帝時，戎末廆率將王侯咄歸、去延等從烏丸校尉耿曄出塞擊鮮卑有功，還皆拜爲率衆王，賜束帛。

漢末，遼西烏丸大人丘力居，衆五千餘落，上谷烏丸大人難樓，衆九千餘落，各稱王，而遼東屬國烏丸大人蘇僕延，衆千餘落，自稱峭王，右北平烏丸大人烏延，衆八百餘落，自稱汗魯王，皆有計策勇健。中山太守張純叛入丘力居衆中，自號彌天安定王，爲三郡烏丸元帥，寇略青、徐、幽、冀四州，殺略吏民。靈帝末，以劉虞爲幽州牧，募胡斬純首，北州乃定。後丘力居死，子樓班年小，從子蹋頓有武略，代立，總攝三王部，衆皆從其教令。袁紹與公孫瓚連戰不決，蹋頓遣使詣紹求和親，助紹擊瓚，破之。紹矯制賜蹋頓、（難）峭王、汗魯王印綬，皆以爲單于。〔一〕

〔一〕英雄記曰：紹遣使卽拜烏丸三王爲單于，皆安車、華蓋、羽旄、黃屋、左纛。版文曰：「使持節大將軍督幽、青、幷領冀州牧阮鄉侯紹，承制詔遼東屬國率衆王頒下、烏丸遼西率衆王蹋頓、右北平率衆王汗盧維：乃祖慕義遷善，款塞內附，北捍玁狁，東拒濊貊，世守北陲，爲百姓保障，雖時侵犯王略，命將徂征厥罪，率不旋時，悔愆變改，方之外夷，最又聰惠者也。始有千夫長、百夫長以相統領，用能悉乃心，克有勳力於國家，稍受王侯之命。自我王室多故，公孫瓚作難，殘夷厥土之君，以侮天慢主，是以四海之內，並執干戈以衞社稷。三王奮氣裔土，忿姦憂國，控弦與漢兵爲表裏，誠甚忠孝，朝所嘉焉。然而虎兕長蛇，相隨塞路，王官爵命，否而無聞。夫有勳不賞，俾勤者怠。今遣行謁者楊林，齎單于璽綬車服，以對爾勞。其各綏靜部落，教以謹慎，無使作凶作慝。世復爾祀位，長爲百蠻長。厥有咎有不臧者，泯於爾祿，而喪於乃庸，可不勉乎！烏桓單于都護部衆，左右單于受其節度，他

如故事。」

後樓班大，峭王率其部衆奉樓班爲單于，蹋頓爲王。然蹋頓多畫計策。廣陽閻柔，少沒烏丸、鮮卑中，爲其種所歸信。柔乃因鮮卑衆，殺烏丸校尉邢舉代之，紹因寵慰以安北邊。後袁尚敗奔蹋頓，憑其勢，復圖冀州。會太祖平河北，柔帥鮮卑、烏丸歸附，遂因以柔爲校尉，猶持漢使節，治廣甯如舊。建安十一年，太祖自征蹋頓於柳城，潛軍詭道，未至百餘里，虜乃覺。尚與蹋頓將衆逆戰於凡城，兵馬甚盛。太祖登高望虜陳，（柳）〔抑〕軍未進，觀其小動，乃擊破其衆，臨陳斬蹋頓首，死者被野。速附丸、樓班、烏延等走遼東，遼東悉斬，傳送其首。其餘遺迸皆降。及幽州、并州柔所統烏丸萬餘落，悉徙其族居中國，帥從其侯王大人種衆與征伐。由是三郡烏丸爲天下名騎。〔一〕

〔一〕魏略曰：景初元年秋，遣幽州刺史毌丘儉率衆軍討遼東。右北平烏丸單于寇婁敦、遼西烏丸都督率衆王護留葉，昔隨袁尚奔遼西，聞儉軍至，率衆五千餘人降。寇婁敦遣弟（阿羅獒）〔阿羅槃〕等詣闕朝貢，封其渠帥三十餘爲王，賜輿馬繒采各有差。

鮮卑〔一〕步度根既立，衆稍衰弱，中兄扶羅韓亦別擁衆數萬爲大人。建安中，太祖定幽州，步度根與軻比能等因烏丸校尉閻柔上貢獻。後代郡烏丸能臣氐等叛，求屬扶羅韓，扶

羅韓將萬餘騎迎之。到桑乾，氐等議，以爲扶羅韓部威禁寬緩，恐不見濟，更遣人呼軻比能。比能卽將萬餘騎到，當共盟誓。比能便於會上殺扶羅韓，扶羅韓子泄歸泥及部衆悉屬比能。比能自以殺歸泥父，特又善遇之。步度根由是怨比能。文帝踐阼，田豫爲烏丸校尉，持節并護鮮卑，屯昌平。步度根遣使獻馬，帝拜爲王。後數與軻比能更相攻擊，步度根部衆稍寡弱，將其衆萬餘落保太原、鴈門郡。步度根乃使人招呼泄歸泥曰：「汝父爲比能所殺，不念報仇，反屬怨家。今雖厚待汝，是欲殺汝計也。不如還我，我與汝是骨肉至親，豈與仇等？」由是歸泥將其部落逃歸步度根，比能追之弗及。至黃初五年，步度根詣闕貢獻，厚加賞賜，是後一心守邊，不爲寇害，而軻比能衆遂彊盛。明帝卽位，務欲綏和戎狄，以息征伐，羈縻兩部而已。至青龍元年，比能誘步度根深結和親，於是步度根將泄歸泥及部衆悉保比能，寇鈔并州，殺略吏民。帝遣驍騎將軍秦朗征之，歸泥叛比能，將其部衆降，拜歸義王，賜幢麾、曲蓋、鼓吹，居并州如故。步度根爲比能所殺。

〔一〕魏書曰：鮮卑亦東胡之餘也，別保鮮卑山，因號焉。其言語習俗與烏丸同。其地東接遼水，西當西城。常以季春大會，作樂水上，嫁女娶婦，髡頭飲宴。其獸異於中國者，野馬、羱羊、端牛。端牛角爲弓，世謂之角端者也。又有貂、豽、鼲子，皮毛柔蠕，故天下以爲名裘。鮮卑自爲冒頓所破，遠竄遼東塞外，不與餘國爭衡，未有名通於漢，而（由）自與烏丸相接。至光武時，南北單于更相攻伐，匈奴損耗，而鮮卑遂盛。建武三十年，鮮卑大人於仇賁率種人詣闕朝貢，封於仇賁爲王。永平中，祭肜爲遼東太守，誘賂鮮卑，使斬叛烏丸欽志賁等首，於是鮮卑自燉煌、酒泉以東邑落大人，皆詣遼東受賞賜，青、徐二州給錢，歲二億七千萬以爲常。和帝時，鮮卑大都護校尉廆帥部衆從烏丸校尉任尚擊叛者，封校尉廆爲率衆王。殤帝延平中，鮮卑乃東入塞，殺漁陽太守張顯。安帝時，鮮卑大人燕荔陽入朝，漢賜鮮卑王印綬，赤車參駕，止烏丸校尉所治甯下。通胡市，築南北兩部質宮，受邑落質者〔百〕二十部。是後或反或降，或與匈奴、烏丸相攻擊。安帝末，發緣邊步騎二萬餘人，屯列衝要。後鮮卑八九千騎穿代郡及馬城塞入害長吏，漢遣度遼將軍鄧遵、中郎將馬續出塞追破之。鮮卑大人烏倫、其至鞬等七千餘人詣遵降，封烏倫爲王，其至鞬爲侯，賜采帛。遵去後，其至鞬復反，圍烏丸校尉於馬城，度遼將軍耿夔及幽州刺史救解之。其至鞬遂盛，控弦數萬騎，數道入塞，趣五原（寧貊）〔曼柏〕，攻匈奴南單于，殺左奧鞬日逐王。順帝時，復入塞，殺代郡太守。漢遣黎陽營兵屯中山，緣邊郡兵屯塞下，調五營弩帥令教戰射，南單于將步騎萬餘人助漢擊卻之。後烏丸校尉耿曄將率衆王出塞擊鮮卑，多斬首虜，於是鮮卑三萬餘落，詣遼東降。匈奴及北單于遁逃後，餘種十餘萬落，詣遼東雜處，皆自號鮮卑兵。投鹿侯從匈奴軍三年，其妻在家，有子。投鹿侯歸，怪欲殺之。妻言：「嘗晝行聞雷震，仰天視而電入其口，因吞之，遂姙身，十月而產，此子必有奇異，且長之。」投鹿侯固不信。妻乃語家，令收養焉，號檀石槐，長大勇健，智略絕衆。年十四五，異部大人卜賁邑鈔取其外家牛羊，檀石槐策騎追擊，所向無前，悉還得所亡。由是部落畏服，施法禁，〔平〕曲直，莫敢犯者，遂推以爲大人。檀石槐既立，乃爲庭於高柳北三百餘里彈汗山啜仇水上，東西部大人皆歸焉。兵馬甚盛，南鈔漢邊，北拒丁令，東卻夫餘，西擊烏孫，盡據匈奴故地，東西萬二千餘里，南北七千餘里，罔羅山川、水澤、鹽池甚廣。漢患之，桓帝時使匈奴中郎將張奐征之，不克。乃更遣使者齎印綬，卽封檀石槐爲王，欲與和親。檀石槐拒不肯受，寇鈔滋甚。乃分其地爲中東西

三部。從右北平以東至遼，（遼）〔東〕接夫餘、〔濊〕貊爲東部，二十餘邑，其大人曰彌加、闕機、素利、槐頭。從右北平以西至上谷爲中部，十餘邑，其大人曰柯最、闕居、慕容等，爲大帥。從上谷以西至燉煌，西接烏孫爲西部，二十餘邑，其大人曰置鞬落羅、日律推演、宴荔游等，皆爲大帥，而制屬檀石槐。至靈帝時，大鈔略幽、并二州。緣邊諸郡，無歲不被其毒。（嘉）〔熹〕平六年，遣護烏丸校尉夏育，破鮮卑中郎將田晏，匈奴中郎將臧旻與南單于出鴈門塞，三道並進，徑二千餘里征之。檀石槐帥部衆逆擊，旻等敗走，兵馬還者什一而已。鮮卑衆日多，田畜射獵，不足給食。後檀石槐乃案行烏侯秦水，廣袤數百里，渟不流，中有魚而不能得。聞汗人善捕魚，於是檀石槐東擊汗國，得千餘家，徙置烏侯秦水上，使捕魚以助糧。至于今，烏侯秦水上有汗人數百戶。檀石槐年四十五死，子和連代立。和連材力不及父，而貪淫，斷法不平，衆叛者半。靈帝末年數爲寇鈔，攻北地，北地庶人善弩射者射中和連，和連卽死。其子騫曼小，兄子魁頭代立。魁頭既立後，騫曼長大，與魁頭爭國，衆遂離散。魁頭死，弟步度根代立。自檀石槐死後，諸大人遂世相襲也。

軻比能本小種鮮卑，以勇健，斷法平端，不貪財物，衆推以爲大人。部落近塞，自袁紹據河北，中國人多亡叛歸之，教作兵器鎧楯，頗學文字。故其勒御部衆，擬則中國，出入弋獵，建立旌麾，以鼓節爲進退。建安中，因閻柔上貢獻。太祖西征關中，田銀反河間，比能將三千餘騎隨柔擊破銀。後代郡烏丸反，比能復助爲寇害，太祖以鄢陵侯彰爲驍騎將軍，北征，大破之。比能走出塞，後復通貢獻。延康初，比能遣使獻馬，文帝亦立比能爲附義王。黃初二年，比能出諸魏人在鮮卑者五百餘家，還居代郡。明年，比能帥部落大人小子

代郡烏丸修武盧等三千餘騎，驅牛馬七萬餘口交市，遣魏人千餘家居上谷。後與東部鮮卑大人素利及步度根三部爭鬭，更相攻擊。田豫和合，使不得相侵。五年，比能復擊素利，豫帥輕騎徑進掎其後。比能使別小帥瑣奴拒豫，豫進討，破走之，由是懷貳。乃與輔國將軍鮮于輔書曰：「夷狄不識文字，故校尉閻柔保我於天子。我與素利爲讎，往年攻擊之，而田校尉助素利。我臨陳使瑣奴往，聞使君來，即便引軍退。步度根數數鈔盜，又殺我弟，而誣我以鈔盜。我夷狄雖不知禮義，兄弟子孫受天子印綬，牛馬尚知美水草，況我有人心邪！將軍當保明我於天子。」輔得書以聞，帝復使豫招納安慰。比能衆遂彊盛，控弦十餘萬騎。每鈔略得財物，均平分付，一決目前，終無所私，故得衆死力，餘部大人皆敬憚之，然猶未能及檀石槐也。

太和二年，豫遣譯夏舍詣比能女壻鬱築鞬部，舍爲鞬所殺。其秋，豫將西部鮮卑蒲頭、泄歸泥出塞討鬱築鞬，大破之。還至馬城，比能自將三萬騎圍豫七日。上谷太守閻志，柔之弟也，素爲鮮卑所信。志往解喻，即解圍去。後幽州刺史王雄并領校尉，撫以恩信。比能數款塞，詣州奉貢獻。至青龍元年，比能誘納步度根，使叛并州，與結和親，自勒萬騎迎其累重於陘北。并州刺史畢軌遣將軍蘇尙、董弼等擊之，比能遣子將騎與尙等會戰於樓煩，臨陳害尙、弼。至三年中，雄遣勇士韓龍刺殺比能，更立其弟。

素利、彌加、厥機皆爲大人，在遼西、右北平、漁陽塞外，道遠初不爲邊患，然其種衆多於比能。建安中，因閻柔上貢獻，通市，太祖皆表寵以爲王。厥機死，又立其子沙末汗爲親漢王。延康初，又各遣使獻馬。文帝立素利、彌加爲歸義王。素利與比能更相攻擊。太和二年，素利死。子小，以弟成律歸爲王，代攝其衆。

書稱「東漸于海，西被于流沙」。其九服之制，可得而言也。然荒域之外，重譯而至，非足跡車軌所及，未有知其國俗殊方者也。自虞暨周，西戎有白環之獻，東夷有肅愼之貢，皆曠世而至，其遐遠也如此。及漢氏遣張騫使西域，窮河源，經歷諸國，遂置都護以總領之，然後西域之事具存，故史官得詳載焉。魏興，西域雖不能盡至，其大國龜茲、于寘、康居、烏孫、疏勒、月氏、鄯善、車師之屬，無歲不奉朝貢，略如漢氏故事。而公孫淵仍父祖三世有遼東，天子爲其絕域，委以海外之事，遂隔斷東夷，不得通於諸夏。景初中，大興師旅，誅淵，又潛軍浮海，收樂浪、帶方之郡，而後海表謐然，東夷屈服。其後高句麗背叛，又遣偏師致討，窮追極遠，踰烏丸、骨都，過沃沮，踐肅愼之庭，東臨大海。長老說有異面之人，近日之所出，遂周觀諸國，采其法俗，小大區別，各有名號，可得詳紀。雖夷狄之邦，而俎豆之象存。中國失禮，求之四夷，猶信。故撰次其國，列其同異，以接前史之所未備焉。

夫餘在長城之北，去玄菟千里，南與高句麗，東與挹婁，西與鮮卑接，北有弱水，方可二千里。戶八萬，其民土著，有宮室、倉庫、牢獄。多山陵、廣澤，於東夷之域最平敞。土地宜五穀，不生五果。其人麤大，性彊勇謹厚，不寇鈔。國有君王，皆以六畜名官，有馬加、牛加、豬加、狗加、大使、大使者、使者。邑落有豪民，名下戶皆爲奴僕。諸加別主四出，道大者主數千家，小者數百家。食飲皆用俎豆，會同、拜爵、洗爵，揖讓升降。以殷正月祭天，國中大會，連日飲食歌舞，名曰迎鼓，於是時斷刑獄，解囚徒。在國衣尚白，白布大袂，袍、袴，履革鞜。出國則尚繒繡錦罽，大人加狐狸、狖白、黑貂之裘，以金銀飾帽。譯人傳辭，皆跪，手據地竊語。用刑嚴急，殺人者死，沒其家人爲奴婢。竊盜一責十二。男女淫，婦人妒，皆殺之。尤憎妒，已殺，尸之國南山上，至腐爛。女家欲得，輸牛馬乃與之。兄死妻嫂，與匈奴同俗。其國善養牲，出名馬、赤玉、貂狖、美珠。珠大者如酸棗。以弓矢刀矛爲兵，家家自有鎧仗。國之耆老自說古之亡人。作城柵皆員，有似牢獄。行道晝夜無老幼皆歌，通日聲不絕。有軍事亦祭天，殺牛觀蹄以占吉凶，蹄解者爲凶，合者爲吉。有敵，諸加自戰，下戶俱擔糧飲食之。其死，夏月皆用冰。殺人徇葬，多者百數。厚葬，有槨無棺。〔一〕

〔一〕魏略曰：其俗停喪五月，以久爲榮。其祭亡者，有生有熟。喪主不欲速而他人彊之，常諍引以此爲節。其居喪，男女皆純白，婦人着布面衣，去環珮，大體與中國相彷彿也。

夫餘本屬玄菟。漢末，公孫度雄張海東，威服外夷，夫餘王尉仇台更屬遼東。時句麗、鮮卑彊，度以夫餘在二虜之間，妻以宗女。尉仇台死，簡位居立。無適子，有孽子麻余。位居死，諸加共立麻余。牛加兄子名位居，爲大使，輕財善施，國人附之，歲歲遣使詣京都貢獻。正始中，幽州刺史毌丘儉討句麗，遣玄菟太守王頎詣夫餘，位居遣大加郊迎，供軍糧。季父牛加有二心，位居殺季父父子，籍沒財物，遣使簿斂送官。舊夫餘俗，水旱不調，五穀不熟，輒歸咎於王，或言當易，或言當殺。麻余死，其子依慮年六歲，立以爲王。漢時，夫餘王葬用玉匣，常豫以付玄菟郡，王死則迎取以葬。公孫淵伏誅，玄菟庫猶有玉匣一具。今夫餘庫有玉璧、珪、瓚數代之物，傳世以爲寶，耆老言先代之所賜也。〔一〕其印文言「濊王之印」，國有故城名濊城，蓋本濊貊之地，而夫餘王其中，自謂「亡人」，抑有(似)〔以〕也。〔二〕

〔一〕魏略曰：其國殷富，自先世以來，未嘗破壞。

〔二〕魏略曰：舊志又言，昔北方有高離之國者，其王者侍婢有身，王欲殺之，婢云：「有氣如雞子來下，我故有身。」後生子，王捐之於溷中，豬以喙噓之，徙至馬閑，馬以氣噓之，不死。王疑以爲天子也，乃令其母收畜之，名曰東明，常令牧馬。東明善射，王恐奪其國也，欲殺之。東明走，南至施掩水，以弓擊水，魚鼈浮爲橋，東明得度，魚鼈乃解散，追兵不得渡。東明因都王夫餘之地。

高句麗在遼東之東千里，南與朝鮮、濊貊，東與沃沮，北與夫餘接。都於丸都之下，方可二千里，戶三萬。多大山深谷，無原澤。隨山谷以爲居，食澗水。無良田，雖力佃作，不足以實口腹。其俗節食，好治宮室，於所居之左右立大屋，祭鬼神，又祀靈星、社稷。其人性凶急，喜寇鈔。其國有王，其官有相加、對盧、沛者、古雛加、主簿、優台丞、使者、皁衣先人，尊卑各有等級。東夷舊語以爲夫餘別種，言語諸事，多與夫餘同，其性氣衣服有異。本有五族，有涓奴部、絕奴部、順奴部、灌奴部、桂婁部。本涓奴部爲王，稍微弱，今桂婁部代之。漢時賜鼓吹技人，常從玄菟郡受朝服衣幘，高句麗令主其名籍。後稍驕恣，不復詣郡，于東界築小城，置朝服衣幘其中，歲時來取之，今胡猶名此城爲幘溝漊。溝漊者，句麗名城也。其置官，有對盧則不置沛者，有沛者則不置對盧。王之宗族，其大加皆稱古雛加。涓奴部本國主，今雖不爲王，適統大人，得稱古雛加，亦得立宗廟，祠靈星、社稷。絕奴部世與王婚，加古雛之號。諸大加亦自置使者、皁衣先人，名皆達於王，如卿大夫之家臣，會同坐起，不得與王家使者、皁衣先人同列。其國中大家不佃作，坐食者萬餘口，下戶遠擔米糧魚鹽供給之。其民喜歌舞，國中邑落，暮夜男女羣聚，相就歌戲。無大倉庫，家家自有小倉，

名之爲桴京。其人絜清自喜，善藏釀。跪拜申一脚，與夫餘異，行步皆走。以十月祭天，國中大會，名曰東盟。其公會，衣服皆錦繡金銀以自飾。大加主簿頭著幘，如幘而無餘，其小加著折風，形如弁。其國東有大穴，名隧穴，十月國中大會，迎隧神還于國東上祭之，置木隧于神坐。無牢獄，有罪諸加評議，便殺之，沒入妻子爲奴婢。其俗作婚姻，言語已定，女家作小屋於大屋後，名壻屋，壻暮至女家戶外，自名跪拜，乞得就女宿，如是者再三，女父母乃聽使就小屋中宿，傍頓錢帛，至生子已長大，乃將婦歸家。其俗淫。男女已嫁娶，便稍作送終之衣。厚葬，金銀財幣，盡於送死，積石爲封，列種松柏。其馬皆小，便登山。國人有氣力，習戰鬭，沃沮、東濊皆屬焉。又有小水貊。句麗作國，依大水而居，西安平縣北有小水，南流入海，句麗別種依小水作國，因名之爲小水貊，出好弓，所謂貊弓是也。

王莽初發高句麗兵以伐胡，不欲行，彊迫遣之，皆亡出塞爲寇盜。遼西大尹田譚追擊之，爲所殺。州郡縣歸咎于句麗侯騊，嚴尤奏言：「貊人犯法，罪不起于騊，且宜安慰，今猥被之大罪，恐其遂反。」莽不聽，詔尤擊之。尤誘期句麗侯騊至而斬之，傳送其首詣長安。莽大悅，布告天下，更名高句麗爲下句麗。當此時爲侯國，漢光武帝八年，高句麗王遣使朝貢，始見稱王。

至殤、安之間，句麗王宮數寇遼東，更屬玄菟。遼東太守蔡風、玄菟太守姚光以宮爲二

郡害，興師伐之。宮詐降請和，二郡不進。宮密遣軍攻玄菟，焚燒候城，入遼隧，殺吏民。後宮復犯遼東，蔡風輕將吏士追討之，軍敗沒。

宮死，子伯固立。順、桓之間，復犯遼東，寇新安、居鄉，又攻西安平，于道上殺帶方令，略得樂浪太守妻子。靈帝建寧二年，玄菟太守耿臨討之，斬首虜數百級，伯固降，屬遼東。(嘉)〔熹〕平中，伯固乞屬玄菟。公孫度之雄海東也，伯固遣大加優居、主簿然人等助度擊富山賊，破之。

伯固死，有二子，長子拔奇，小子伊夷模。拔奇不肖，國人便共立伊夷模爲王。自伯固時，數寇遼東，又受亡胡五百餘家。建安中，公孫康出軍擊之，破其國，焚燒邑落。拔奇怨爲兄而不得立，與涓奴加各將下戶三萬餘口詣康降，還住沸流水。降胡亦叛伊夷模，伊夷模更作新國，今日所在是也。拔奇遂往遼東，有子留句麗國，今古雛加駮位居是也。其後復擊玄菟，玄菟與遼東合擊，大破之。

伊夷模無子，淫灌奴部，生子名位宮。伊夷模死，立以爲王，今句麗王宮是也。其曾祖名宮，生能開目視，其國人惡之，及長大，果凶虐，數寇鈔，國見殘破。今王生墮地，亦能開目視人，句麗呼相似爲位，似其祖，故名之爲位宮。位宮有力勇，便鞍馬，善獵射。景初二年，太尉司馬宣王率衆討公孫淵，宮遣主簿大加將數千人助軍。正始三年，宮寇西安平，其

五年，爲幽州刺史毌丘儉所破。語在儉傳。

東沃沮在高句麗蓋馬大山之東，濱大海而居。其地形東北狹，西南長，可千里，北與挹婁、夫餘，南與濊貊接。戶五千，無大君王，世世邑落，各有長帥。其言語與句麗大同，時時小異。漢初，燕亡人衞滿王朝鮮，時沃沮皆屬焉。漢武帝元封二年，伐朝鮮，殺滿孫右渠，分其地爲四郡，以沃沮城爲玄菟郡。後爲夷貊所侵，徙郡句麗西北，今所謂玄菟故府是也。沃沮還屬樂浪。漢以土地廣遠，在單單大領之東，分置東部都尉，治不耐城，別主領東七縣，時沃沮亦皆爲縣。漢(光)〔建〕武六年，省邊郡，都尉由此罷。其後皆以其縣中渠帥爲縣侯，不耐、華麗、沃沮諸縣皆爲侯國。夷狄更相攻伐，唯不耐濊侯至今猶置功曹、主簿諸曹，皆濊民作之。沃沮諸邑落渠帥，皆自稱三老，則故縣國之制也。國小，迫于大國之間，遂臣屬句麗。句麗復置其中大人爲使者，使相主領，又使大加統責其租稅，貊布、魚、鹽、海中食物，千里擔負致之，又送其美女以爲婢妾，遇之如奴僕。

其土地肥美，背山向海，宜五穀，善田種。人性質直彊勇，少牛馬，便持矛步戰。食飲居處，衣服禮節，有似句麗。〔一〕其葬作大木椁，長十餘丈，開一頭作戶。新死者皆假埋之，才使覆形，皮肉盡，乃取骨置椁中。舉家皆共一椁，刻木如生形，隨死者爲數。又有瓦䥶，

置米其中，編縣之於槨戶邊。

〔一〕魏略曰：其嫁娶之法，女年十歲，已相設許。壻家迎之，長養以爲婦。至成人，更還女家。女家責錢，錢畢，乃復還壻。

毋丘儉討句麗，句麗王宮奔沃沮，遂進師擊之。沃沮邑落皆破之，斬獲首虜三千餘級，宮奔北沃沮。北沃沮一名置溝婁，去南沃沮八百餘里，其俗南北皆同，與挹婁接。挹婁喜乘船寇鈔，北沃沮畏之，夏月恆在山巖深穴中爲守備，冬月冰凍，船道不通，乃下居村落。王頎別遣追討宮，盡其東界。問其耆老「海東復有人不」？耆老言國人嘗乘船捕魚，遭風見吹數十日，東得一島，上有人，言語不相曉，其俗常以七月取童女沈海。又言有一國亦在海中，純女無男。又說得一布衣，從海中浮出，其身如中(國)人衣，其兩袖長三丈。又得一破船，隨波出在海岸邊，有一人項中復有面，生得之，與語不相通，不食而死。其域皆在沃沮東大海中。

挹婁在夫餘東北千餘里，濱大海，南與北沃沮接，未知其北所極。其土地多山險。其人形似夫餘，言語不與夫餘、句麗同。有五穀、牛、馬、麻布。人多勇力，無大君長，邑落各有大人。處山林之間，常穴居，大家深九梯，以多爲好。土氣寒，劇於夫餘。其俗好養豬，

食其肉，衣其皮。冬以豬膏塗身，厚數分，以禦風寒。夏則裸袒，以尺布隱其前後，以蔽形體。其人不絜，作溷在中央，人圍其表居。其弓長四尺，力如弩，矢用楛，長尺八寸，青石爲鏃，古之肅愼氏之國也。善射，射人皆入(因)〔目〕。矢施毒，人中皆死。出赤玉、好貂，今所謂挹婁貂是也。自漢已來，臣屬夫餘，夫餘責其租賦重，以黃初中叛之。夫餘數伐之，其人衆雖少，所在山險，鄰國人畏其弓矢，卒不能服也。其國便乘船寇盜，鄰國患之。東夷飲食類皆用俎豆，唯挹婁不，法俗最無綱紀也。

濊南與辰韓，北與高句麗、沃沮接，東窮大海，今朝鮮之東皆其地也。戶二萬。昔箕子既適朝鮮，作八條之教以教之，無門戶之閉而民不爲盜。其後四十餘世，朝鮮侯(淮)〔準〕僭號稱王。陳勝等起，天下叛秦，燕、齊、趙民避地朝鮮數萬口。燕人衞滿，魋結夷服，復來王之。漢武帝伐滅朝鮮，分其地爲四郡。自是之後，胡、漢稍別。無大君長，自漢已來，其官有侯邑君、三老，統主下戶。其耆老舊自謂與句麗同種。其人性愿慤，少嗜欲，有廉恥，不請(句麗)〔匄〕。言語法俗大抵與句麗同，衣服有異。男女衣皆著曲領，男子繫銀花廣數寸以爲飾。自單單大山領以西屬樂浪，自領以東七縣，都尉主之，皆以濊爲民。後省都尉，封其渠帥爲侯，今不耐濊皆其種也。漢末更屬句麗。其俗重山川，山川各有部分，不得妄相

涉入。同姓不婚。多忌諱，疾病死亡輒捐棄舊宅，更作新居。有麻布，蠶桑作緜。曉候星宿，豫知年歲豐約。不以珠玉爲寶。常用十月節祭天，晝夜飲酒歌舞，名之爲舞天，又祭虎以爲神。其邑落相侵犯，輒相罰責生口牛馬，名之爲責禍。殺人者償死。少寇盜。作矛長三丈，或數人共持之，能步戰。樂浪檀弓出其地。其海出班魚皮，土地饒文豹，又出果下馬，漢桓時獻之。〔一〕

〔一〕臣松之按：果下馬高三尺，乘之可于果樹下行，故謂之果下。見博物志、魏都賦。

正始六年，樂浪太守劉茂、帶方太守弓遵以領東濊屬句麗，興師伐之，不耐侯等舉邑降。其八年，詣闕朝貢，詔更拜不耐濊王。居處雜在民間，四時詣郡朝謁。二郡有軍征賦調，供給役使，遇之如民。

韓在帶方之南，東西以海爲限，南與倭接，方可四千里。有三種，一曰馬韓，二曰辰韓，三曰弁韓。辰韓者，古之辰國也。馬韓在西。其民土著，種植，知蠶桑，作緜布。各有長帥，大者自名爲臣智，其次爲邑借，散在山海間，無城郭。有爰襄國、牟水國、桑外國、小石索國、大石索國、優休牟涿國、臣濆沽國、伯濟國、速盧不斯國、日華國、古誕者國、古離國、怒藍國、月支國、咨離牟盧國、素謂乾國、古爰國、莫盧國、卑離國、占離卑國、臣釁國、支侵

國、狗盧國、卑彌國、監奚卑離國、古蒲國、致利鞠國、冉路國、兒林國、駟盧國、內卑離國、感奚國、萬盧國、辟卑離國、臼斯烏旦國、一離國、不彌國、支半國、狗素國、捷盧國、牟盧卑離國、臣蘇塗國、莫盧國、古臘國、臨素半國、臣雲新國、如來卑離國、楚山塗卑離國、一難國、狗奚國、不雲國、不斯濆邪國、爰池國、乾馬國、楚離國，凡五十餘國。大國萬餘家，小國數千家，總十餘萬戶。辰王治月支國。臣智或加優呼臣雲遣支報安邪踧支濆臣離兒不例拘邪秦支廉之號。其官有魏率善、邑君、歸義侯、中郎將、都尉、伯長。

侯準既僭號稱王，爲燕亡人衞滿所攻奪，〔一〕將其左右宮人走入海，居韓地，自號韓王。〔二〕其後絕滅，今韓人猶有奉其祭祀者。漢時屬樂浪郡，四時朝謁。〔三〕

〔一〕魏略曰：昔箕子之後朝鮮侯，見周衰，燕自尊爲王，欲東略地，朝鮮侯亦自稱爲王，欲興兵逆擊燕以尊周室。其大夫禮諫之，乃止。使禮西說燕，燕止之，不攻。後子孫稍驕虐，燕乃遣將秦開攻其西方，取地二千餘里，至滿番汗爲界，朝鮮遂弱。及秦幷天下，使蒙恬築長城，到遼東。時朝鮮王否立，畏秦襲之，略服屬秦，不肯朝會。否死，其子準立。二十餘年而陳、項起，天下亂，燕、齊、趙民愁苦，稍稍亡往準，準乃置之於西方。及漢以盧綰爲燕王，朝鮮與燕界於浿水。及綰反，入匈奴，燕人衞滿亡命，爲胡服，東度浿水，詣準降，說準求居西界，(故)〔收〕中國亡命爲朝鮮藩屏。準信寵之，拜爲博士，賜以圭，封之百里，令守西邊。滿誘亡黨，衆稍多，乃詐遣人告準，言漢兵十道至，求入宿衞，遂還攻準。準與滿戰，不敵也。

〔二〕魏略曰：其子及親留在國者，因冒姓韓氏。準王海中，不與朝鮮相往來。

〔三〕魏略曰：初，右渠未破時，朝鮮相歷谿卿以諫右渠不用，東之辰國，時民隨出居者二千餘戶，亦與朝鮮貢蕃不相往來。至王莽地皇時，廉斯鑡爲辰韓右渠帥，聞樂浪土地美，人民饒樂，亡欲來降。出其邑落，見田中驅雀男子一人，其語非韓人。問之，男子曰：「我等漢人，名戶來，我等輩千五百人伐材木，爲韓所擊得，皆斷髮爲奴，積三年矣。」鑡曰：「我當降漢樂浪，汝欲去不？」戶來曰：「可。」（辰）鑡因將戶來（來）出詣含資縣，縣言郡，郡卽以鑡爲譯，從芩中乘大船入辰韓，逆取戶來。降伴輩尙得千人，其五百人已死。鑡時曉謂辰韓：「汝還五百人。若不者，樂浪當遣萬兵乘船來擊汝。」辰韓曰：「五百人已死，我當出贖直耳。」乃出辰韓萬五千人，弁韓布萬五千匹，鑡收取直還。郡表鑡功義，賜冠幘、田宅，子孫數世，至安帝延光四年時，故受復除。

桓、靈之末，韓濊彊盛，郡縣不能制，民多流入韓國。建安中，公孫康分屯有縣以南荒地爲帶方郡，遣公孫模、張敞等收集遺民，興兵伐韓濊，舊民稍出，是後倭韓遂屬帶方。景初中，明帝密遣帶方太守劉昕、樂浪太守鮮于嗣越海定二郡，諸韓國臣智加賜邑君印綬，其次與邑長。其俗好衣幘，下戶詣郡朝謁，皆假衣幘，自服印綬衣幘千有餘人。部從事吳林以樂浪本統韓國，分割辰韓八國以與樂浪，吏譯轉有異同，臣智激韓忿，攻帶方郡崎離營。時太守弓遵、樂浪太守劉茂興兵伐之，遵戰死，二郡遂滅韓。

其俗少綱紀，國邑雖有主帥，邑落雜居，不能善相制御。無跪拜之禮。居處作草屋土室，形如冢，其戶在上，舉家共在中，無長幼男女之別。其葬有槨無棺，不知乘牛馬，牛馬盡於送死。以瓔珠爲財寶，或以綴衣爲飾，或以縣頸垂耳，不以金銀錦繡爲珍。其人性彊勇，

魁頭露紒，如炅兵，衣布袍，足履革蹻蹋。其國中有所爲及官家使築城郭，諸年少勇健者，皆鑿脊皮，以大繩貫之，又以丈許木鍤之，通日嚾呼作力，不以爲痛，既以勸作，且以爲健。常以五月下種訖，祭鬼神，羣聚歌舞，飲酒晝夜無休。其舞，數十人俱起相隨，踏地低昂，手足相應，節奏有似鐸舞。十月農功畢，亦復如之。信鬼神，國邑各立一人主祭天神，名之天君。又諸國各有別邑，名之爲蘇塗。立大木，縣鈴鼓，事鬼神。諸亡逃至其中，皆不還之，好作賊。其立蘇塗之義，有似浮屠，而所行善惡有異。其北方近郡諸國差曉禮俗，其遠處直如囚徒奴婢相聚。無他珍寶。禽獸草木略與中國同。出大栗，大如梨。又出細尾雞，其尾皆長五尺餘。其男子時時有文身。又有州胡在馬韓之西海中大島上，其人差短小，言語不與韓同，皆髡頭如鮮卑，但衣韋，好養牛及豬。其衣有上無下，略如裸勢。乘船往來，市買韓中。

辰韓在馬韓之東，其耆老傳世，自言古之亡人避秦役來適韓國，馬韓割其東界地與之。有城柵。其言語不與馬韓同，名國爲邦，弓爲弧，賊爲寇，行酒爲行觴。相呼皆爲徒，有似秦人，非但燕、齊之名物也。名樂浪人爲阿殘；東方人名我爲阿，謂樂浪人本其殘餘人。今有名之爲秦韓者。始有六國，稍分爲十二國。

弁辰亦十二國，又有諸小別邑，各有渠帥，大者名臣智，其次有險側，次有樊濊，次有殺奚，次有邑借。有已柢國、不斯國、弁辰彌離彌凍國、弁辰接塗國、勤耆國、難彌離彌凍國、弁辰古資彌凍國、弁辰古淳是國、冉奚國、弁辰半路國、弁（辰）樂奴國、軍彌國（弁軍彌國）、弁辰彌烏邪馬國、如湛國、弁辰甘路國、戶路國、州鮮國（馬延國）、弁辰狗邪國、弁辰走漕馬國、弁辰安邪國（馬延國）、弁辰瀆盧國、斯盧國、優由國。弁、辰韓合二十四國，大國四五千家，小國六七百家，總四五萬戶。其十二國屬辰王。辰王常用馬韓人作之，世世相繼。辰王不得自立爲王。〔一〕土地肥美，宜種五穀及稻，曉蠶桑，作縑布，乘駕牛馬。嫁娶禮俗，男女有別。以大鳥羽送死，其意欲使死者飛揚。〔二〕國出鐵，韓、濊、倭皆從取之。諸市買皆用鐵，如中國用錢，又以供給二郡。俗喜歌舞飲酒。有瑟，其形似筑，彈之亦有音曲。兒生，便以石厭其頭，欲其褊。今辰韓人皆褊頭。男女近倭，亦文身。便步戰，兵仗與馬韓同。其俗，行者相逢，皆住讓路。

〔一〕魏略曰：明其爲流移之人，故爲馬韓所制。

〔二〕魏略曰：其國作屋，橫累木爲之，有似牢獄也。

弁辰與辰韓雜居，亦有城郭。衣服居處與辰韓同。言語法俗相似，祠祭鬼神有異，施竈皆在戶西。其瀆盧國與倭接界。十二國亦有王，其人形皆大。衣服絜淸，長髮。亦作廣幅細布。法俗特嚴峻。

倭人在帶方東南大海之中，依山島爲國邑。舊百餘國，漢時有朝見者，今使譯所通三十國。從郡至倭，循海岸水行，歷韓國，乍南乍東，到其北岸狗邪韓國，七千餘里，始度一海，千餘里至對馬國。其大官曰卑狗，副曰卑奴母離。所居絕島，方可四百餘里，土地山險，多深林，道路如禽鹿徑。有千餘戶，無良田，食海物自活，乘船南北市糴。又南渡一海千餘里，名曰瀚海，至一大國，官亦曰卑狗，副曰卑奴母離。方可三百里，多竹木叢林，有三千許家，差有田地，耕田猶不足食，亦南北市糴。又渡一海，千餘里至末盧國，有四千餘戶，濱山海居，草木茂盛，行不見前人。好捕魚鰒，水無深淺，皆沈沒取之。東南陸行五百里，到伊都國，官曰爾支，副曰泄謨觚、柄渠觚。有千餘戶，世有王，皆統屬女王國，郡使往來常所駐。東南至奴國百里，官曰兕馬觚，副曰卑奴母離，有二萬餘戶。東行至不彌國百里，官曰多模，副曰卑奴母離，有千餘家。南至投馬國，水行二十日，官曰彌彌，副曰彌彌那利，可五萬餘戶。南至邪馬壹國，女王之所都，水行十日，陸行一月。官有伊支馬，次曰彌馬升，次曰彌馬獲支，次曰奴佳鞮，可七萬餘戶。自女王國以北，其戶數道里可得略載，其餘旁國遠絕，不可得詳。次有斯馬國，次有已百支國，次有伊邪國，次有都支國，次有彌奴國，次有好古都國，次有不呼國，次有姐奴國，次有對蘇國，次有蘇奴國，次有呼邑國，次有

華奴蘇奴國，次有鬼國，次有爲吾國，次有鬼奴國，次有邪馬國，次有躬臣國，次有巴利國，次有支惟國，次有烏奴國，次有奴國，此女王境界所盡。其南有狗奴國，男子爲王，其官有狗古智卑狗，不屬女王。自郡至女王國萬二千餘里。

男子無大小皆黥面文身。自古以來，其使詣中國，皆自稱大夫。夏后少康之子封於會稽，斷髮文身以避蛟龍之害。今倭水人好沈沒捕魚蛤，文身亦以厭大魚水禽，後稍以爲飾。諸國文身各異，或左或右，或大或小，尊卑有差。計其道里，當在會稽、東冶之東。其風俗不淫，男子皆露紒，以木緜招頭。其衣橫幅，但結束相連，略無縫。婦人被髮屈紒，作衣如單被，穿其中央，貫頭衣之。種禾稻、紵麻，蠶桑、緝績，出細紵、縑緜。其地無牛馬虎豹羊鵲。兵用矛、楯、木弓。木弓短下長上，竹箭或鐵鏃或骨鏃，所有無與儋耳、朱崖同。倭地溫暖，冬夏食生菜，皆徒跣。有屋室，父母兄弟臥息異處，以朱丹塗其身體，如中國用粉也。食飲用籩豆，手食。其死，有棺無槨，封土作冢。始死停喪十餘日，當時不食肉，喪主哭泣，他人就歌舞飲酒。已葬，舉家詣水中澡浴，以如練沐。其行來渡海詣中國，恆使一人，不梳頭，不去蟣蝨，衣服垢汚，不食肉，不近婦人，如喪人，名之爲持衰。若行者吉善，共顧其生口財物；若有疾病，遭暴害，便欲殺之，謂其持衰不謹。出眞珠、青玉。其山有丹，其木有枏、杼、豫樟、楺櫪、投橿、烏號、楓香，其竹篠簳、桃支。有薑、橘、椒、蘘荷，不知以爲滋味。

有獮猴、黑雉。其俗舉事行來，有所云爲，輒灼骨而卜，以占吉凶，先告所卜，其辭如令龜法，視火坼占兆。其會同坐起，父子男女無別，人性嗜酒。〔一〕見大人所敬，但搏手以當跪拜。其人壽考，或百年，或八九十年。其俗，國大人皆四五婦，下戶或二三婦。婦人不淫，不妒忌。不盜竊，少諍訟。其犯法，輕者沒其妻子，重者滅其門戶。及宗族尊卑，各有差序，足相臣服。收租賦。有邸閣國，國有市，交易有無，使大倭監之。自女王國以北，特置一大率，檢察諸國，諸國畏憚之。常治伊都國，於國中有如刺史。王遣使詣京都、帶方郡、諸韓國，及郡使倭國，皆臨津搜露，傳送文書賜遺之物詣女王，不得差錯。下戶與大人相逢道路，逡巡入草。傳辭說事，或蹲或跪，兩手據地，爲之恭敬。對應聲曰噫，比如然諾。

〔一〕魏略曰：其俗不知正歲四節，但計春耕秋收爲年紀。

其國本亦以男子爲王，住七八十年，倭國亂，相攻伐歷年，乃共立一女子爲王，名曰卑彌呼，事鬼道，能惑衆，年已長大，無夫壻，有男弟佐治國。自爲王以來，少有見者。以婢千人自侍，唯有男子一人給飲食，傳辭出入。居處宮室樓觀，城柵嚴設，常有人持兵守衞。

女王國東渡海千餘里，復有國，皆倭種。又有侏儒國在其南，人長三四尺，去女王四千餘里。又有裸國、黑齒國復在其東南，船行一年可至。參問倭地，絕在海中洲島之上，或絕或連，周旋可五千餘里。

景初二年六月，倭女王遣大夫難升米等詣郡，求詣天子朝獻，太守劉夏遣吏將送詣京都。其年十二月，詔書報倭女王曰：「制詔親魏倭王卑彌呼：帶方太守劉夏遣使送汝大夫難升米、次使都市牛利奉汝所獻男生口四人，女生口六人、班布二匹二丈，以到。汝所在踰遠，乃遣使貢獻，是汝之忠孝，我甚哀汝。今以汝爲親魏倭王，假金印紫綬，裝封付帶方太守假授汝。其綏撫種人，勉爲孝順。汝來使難升米、牛利涉遠，道路勤勞，今以難升米爲率善中郎將，牛利爲率善校尉，假銀印青綬，引見勞賜遣還。今以絳地交龍錦五匹、〔一〕絳地縐粟罽十張、蒨絳五十匹、紺青五十匹，答汝所獻貢直。又特賜汝紺地句文錦三匹、細班華罽五張、白絹五十匹、金八兩、五尺刀二口、銅鏡百枚、眞珠、鉛丹各五十斤，皆裝封付難升米、牛利還到錄受。悉可以示汝國中人，使知國家哀汝，故鄭重賜汝好物也。」

〔一〕臣松之以爲地應爲綈，漢文帝著皁衣謂之弋綈是也。此字不體，非魏朝之失，則傳寫者誤也。

正始元年，太守弓遵遣建中校尉梯儁等奉詔書印綬詣倭國，拜假倭王，并齎詔賜金、帛、錦罽、刀、鏡、采物，倭王因使上表答謝恩詔。其四年，倭王復遣使大夫伊聲耆、掖邪狗等八人，上獻生口、倭錦、絳青縑、緜衣、帛布、丹木、𤝔、短弓矢。掖邪狗等壹拜率善中郎將印綬。其六年，詔賜倭難升米黃幢，付郡假授。其八年，太守王頎到官。倭女王卑彌呼與狗奴國男王卑彌弓呼素不和，遣倭載斯、烏越等詣郡說相攻擊狀。遣塞曹掾史張政等因齎

詔書、黃幢，拜假難升米爲檄告喻之。卑彌呼以死，大作冢，徑百餘步，狥葬者奴婢百餘人。更立男王，國中不服，更相誅殺，當時殺千餘人。復立卑彌呼宗女壹與，年十三爲王，國中遂定。政等以檄告喻壹與，壹與遣倭大夫率善中郎將掖邪狗等二十人送政等還，因詣臺，獻上男女生口三十人，貢白珠五千，孔青大句珠二枚，異文雜錦二十匹。

評曰：史、漢著朝鮮、兩越，東京撰錄西羌。魏世匈奴遂衰，更有烏丸、鮮卑，爰及東夷，使譯時通，記述隨事，豈常也哉！〔一〕

〔一〕魏略西戎傳曰：氐人有王，所從來久矣。自漢開益州，置武都郡，排其種人，分竄山谷間，或在福祿，或在汧、隴左右。其種非一，稱槃瓠之後，或號青氐，或號白氐，或號蚺氐，此蓋蟲之類而處中國，人即其服色而名之也。其自相號曰盍稚，各有王侯，多受中國封拜。近去建安中，興國氐王阿貴、白項氐王千萬各有部落萬餘，至十六年，從馬超爲亂。超破之後，阿貴爲夏侯淵所攻滅，千萬西南入蜀，其部落不能去，皆降。國家分徙其前後兩端者，置扶風、美陽，今之安夷、撫夷二部護軍所典是也。其(太)〔本〕守善，分留天水、南安界，今之(廣平魏郡)〔廣魏郡〕所守是也。其俗，語不與中國同，及羌雜胡同，各自有姓，姓如中國之姓矣。其衣服尚青絳。俗能織布，善田種，畜養豕牛馬驢騾。其婦人嫁時著衽露，其緣飾之制有似羌，衽露有似中國袍。皆編髮。多知中國語，由與中國錯居故也。其自還種落間，則自氐語。其嫁娶有似於羌，此蓋乃昔所謂西戎在于街、冀、豲道者也。今雖都統於

郡國，然故自有王侯在其虛落間。又故武都地陰平街左右，亦有萬餘落。貲虜，本匈奴也，匈奴名奴婢爲貲。始建武時，匈奴衰，分去其奴婢，亡匿在金城、武威、酒泉北黑水、西河東西，畜牧逐水草，鈔盜涼州，部落稍多，有數萬，不與東部鮮卑同也。其種非一，有大胡，有丁令，或頗有羌雜處，由本亡奴婢故也。當漢、魏之際，其大人有檀柘，死後，其枝大人南近在廣魏、令居界，有禿瑰來數反，爲涼州所殺。今有劭提，或降來，或遁去，常爲西州道路患也。

燉煌西域之南山中，從婼羌西至葱領數千里，有月氏餘種葱茈羌、白馬、黄牛羌，各有酋豪，北與諸國接，不知其道里廣狹。傳聞黄牛羌各有種類，孕身六月生，南與白馬羌鄰。西域諸國，漢初開其道，時有三十六，後分爲五十餘。從建武以來，更相吞滅，于今有二十道。從燉煌玉門關入西域，前有二道，今有三道。從玉門關西出，經婼羌轉西，越葱領，經縣度，入大月氏，爲南道。從玉門關西出，發都護井，回三隴沙北頭，經居盧倉，從沙西井轉西北，過龍堆，到故樓蘭，轉西詣龜茲，至葱領，爲中道。從玉門關西北出，經橫坑，辟三隴沙及龍堆，出五船北，到車師界戊己校尉所治高昌，轉西與中道合龜茲，爲新道。凡西域所出，有前史已具詳，今故略說。南道西行，且志國、小宛國、精絕國、樓蘭國皆并屬鄯善也。戎盧國、扜彌國、渠勒國、（穴山國）〔皮山國〕皆并屬于寘。罽賓國、大夏國、高附國、天竺國皆并屬大月氏。

臨兒國，浮屠經云其國王生浮屠。浮屠，太子也。父曰屑頭邪，母云莫邪。浮屠身服色黄，髮青如青絲，乳青毛，蛉赤如銅。始莫邪夢白象而孕，及生，從母左脅出，生而有結，墮地能行七步。此國在天竺城中。天竺又有神人，名沙律。昔漢哀帝元壽元年，博士弟子景盧受大月氏王使伊存口受浮屠經曰復立者其人也。浮屠所載臨蒲塞、桑門、伯聞、疏問、白疏閒、比丘、晨門，皆弟子號也。浮屠所載與中國老子經相出入，蓋以爲老子西出關，過

西域之天竺，教胡。浮屠屬弟子別號，合有二十九，不能詳載，故略之如此。

車離國一名禮惟特，一名沛隸王，在天竺東南三千餘里，其地卑溼暑熱。其王治沙奇城，有別城數十，人民怯弱，月氏、天竺擊服之。其地東西南北數千里，人民男女皆長一丈八尺，乘象、橐駞以戰，今月氏役稅之。

盤越國一名漢越王，在天竺東南數千里，與益部相近，其人小與中國人等，蜀人賈似至焉。南道而西極轉東南盡矣。

中道西行尉梨國、危須國、山王國皆并屬焉耆，姑墨國、溫宿國、尉頭國皆并屬龜茲也。楨中國、莎車國、竭石國、渠沙國、西夜國、依耐國、滿犂國、億若國、榆令國、捐毒國、休脩國、琴國皆并屬疏勒。自是以西，大宛、安息、條支、烏弋。烏弋一名排特，此四國次在西，本國也，無增損。前世謬以爲條支在大秦西，今其實在東。前世又謬以爲彊於安息，今更役屬之，號爲安息西界。前世又謬以爲弱水在條支西，今弱水在大秦西。前世又謬以爲從條支西行二百餘日，近日所入，今從大秦西近日所入。

大秦國一號犂靬，在安息、條支西大海之西，從安息界安谷城乘船，直截海西，遇風利二月到，風遲或一歲，無風或三歲。其國在海西，故俗謂之海西。有河出其國，西又有大海。海西有遲散城，從國下直北至烏丹城，西南又渡一河，乘船一日乃過。西南又渡一河，一日乃過。凡有大都三，卻從安谷城陸道直北行之海北，復直西行之海西，復直南行經之烏遲散城，渡一河，乘船一日乃過。周迴繞海，凡當渡大海六日乃到其國。國有小城邑合四百餘，東西南北數千里。其王治濱側河海，以石爲城郭。其土地有松、柏、槐、梓、竹、葦、楊柳、梧桐、百草。民俗，田種五穀，畜乘有馬、騾、驢、駱駝。桑蠶。俗多奇幻，口中出火，自縛自解，跳十二丸巧妙。其國無常主，國中有災異，輒更立賢人以爲王，而生放其故王，王亦不敢怨。其俗人長大平正，似中國人而胡服。自云本中國一別

也，常欲通使於中國，而安息圖其利，不能得過。其俗能胡書。其制度，公私宮室爲重屋，旌旗擊鼓，白蓋小車，郵驛亭置如中國。從安息繞海北到其國，人民相屬，十里一亭，三十里一置，終無盜賊。但有猛虎、獅子爲害，行道不羣則不得過。其國置小王數十，其王所治城周回百餘里，有官曹文書。王有五宮，一宮間相去十里，其王平旦之一宮聽事，至日暮一宿，明日復至一宮，五日一周。置三十六將，每議事，一將不至則不議也。王出行，常使從人持一韋囊自隨，有白言者，受其辭投囊中，還宮乃省爲決理。以水晶作宮柱及器物。作弓矢。其別枝封小國，曰澤散王，曰驢分王，曰且蘭王，曰賢督王，曰汜復王，曰于羅王，其餘小王國甚多，不能一一詳之也。國出細絺。作金銀錢，金錢一當銀錢十。有織成細布，言用水羊毳，名曰海西布。此國六畜皆出水，或云非獨用羊毛也，亦用木皮或野繭絲作，織成氍毹、毾㲪、罽帳之屬皆好，其色又鮮于海東諸國所作也。又常利得中國絲，解以爲胡綾，故數與安息諸國交市於海中。海水苦不可食，故往來者希到其國中。山出九色次玉石，一曰青，二曰赤，三曰黄，四曰白，五曰黑，六曰綠，七曰紫，八曰紅，九曰紺。今伊吾山中有九色石，即其類。陽嘉三年時，疏勒王臣槃獻海西青石、金帶各一。又今西域舊圖云罽賓、條支諸國出琦石，即次玉石也。大秦多金、銀、銅、鐵、鉛、錫、神龜、白馬、朱髦、駭雞犀、瑇瑁、玄熊、赤螭、辟毒鼠、大貝、車渠、瑪瑙、南金、翠爵、羽翮、象牙、符采玉、明月珠、夜光珠、真白珠、虎珀、珊瑚、赤白黑綠黄青紺縹紅紫十種流離、璆琳、琅玕、水精、玫瑰、雄黄、雌黄、碧、五色玉、黄白黑綠紫紅絳紺金黄縹留黄十種氍毹、五色毾㲪、五色九色首下毾㲪、金縷繡、雜色綾、金塗布、緋持布、發陸布、緋持渠布、火浣布、阿羅得布、巴則布、度代布、溫宿布、五色桃布、絳地金織帳、五色斗帳、一微木、二蘇合、狄提、迷迷、兜納、白附子、薰陸、鬱金、芸膠、薰草木十二種香。大秦道既從海北陸通，又循海而南，與交趾七郡外夷比，又有水道通益州、永昌，故永昌出異物。前世但論有水道，不知有陸道，今其略如此，其民人戶數不能

備詳也。自葱領西，此國最大，置諸小王甚多，故錄其屬大者矣。

澤散王屬大秦，其治在海中央，北至驢分，水行半歲，風疾時一月到，最與安息安谷城相近，西南詣大秦都不知里數。驢分王屬大秦，其治去大秦都二千里。從驢分城西之大秦渡海，飛橋長二百三十里，渡海道西南行，繞海直西行。且蘭王屬大秦。從思陶國直南渡河，乃直西行之且蘭三千里。道出河南，乃西行，從且蘭復直西行之汜復國六百里。南道會汜復，乃西南之賢督國。且蘭、汜復直南，乃有積石，積石南乃有大海，出珊瑚，真珠。且蘭、汜復、斯賓阿蠻北有一山，東西行。大秦、海西東各有一山，皆南北行。賢督王屬大秦，其治東北去汜復六百里。汜復王屬大秦，其治東北去于羅三百四十里渡海也。于羅屬大秦，其治在汜復東北，渡河，從于羅東北又渡河，斯羅東北又渡河。斯羅國屬安息，與大秦接也。大秦西有海水，海水西有河水，河水西南北行有大山，西有赤水，赤水西有白玉山，白玉山有西王母，西王母西有脩流沙，流沙西有大夏國、堅沙國、屬繇國、月氏國，四國西有黑水，所傳聞西之極矣。

北新道西行，至東且彌國、西且彌國、單桓國、畢陸國、蒲陸國、烏貪國，皆并屬車師後部王。王治于賴城，魏賜其王壹多雜守魏侍中，號大都尉，受魏王印。轉西北則烏孫、康居，本國無增損也。北烏伊別國在康居北，又有柳國，又有巖國，又有奄蔡國一名阿蘭，皆與康居同俗。西與大秦東南與康居接。其國多名貂，畜牧逐水草，臨大澤，故時羈屬康居，今不屬也。

呼得國在葱嶺北，烏孫西北，康居東北，勝兵萬餘人，隨畜牧，出好馬，有貂。堅昆國在康居西北，勝兵三萬人，隨畜牧，亦多貂，有好馬。丁令國在康居北，勝兵六萬人，隨畜牧，出名鼠皮，白昆子、青昆子皮。此上三國，堅昆中央，俱去匈奴單于庭安習水七千里，南去車師六國五千里，西南去康居界三千里，西去康居王治八千里。或以

為此丁令卽匈奴北丁令也，而北丁令在烏孫西，似其種別也。又匈奴北有渾窳國，有屈射國，有丁令國，有隔昆國，有新梨國，明北海之南自復有丁令，非此烏孫之西丁令也。烏孫長老言北丁令有馬脛國，其人音聲似雁鶩，從膝以上身頭，人也，膝以下生毛，馬脛馬蹄，不騎馬而走疾馬，其為人勇健敢戰也。短人國在康居西北，男女皆長三尺，人衆甚多，去奄蔡諸國甚遠。康居長老傳聞常有商度此國，去康居可萬餘里。

魚豢議曰：俗以為營廷之魚不知江海之大，浮游之物不知四時之氣，是何也？以其所在者小與其生之短也。余今汎覽外夷大秦諸國，猶尚曠若發蒙矣，況夫鄒衍之所推出，大易、太玄之所測度乎！徒限處牛蹄之涔，又無彭祖之年，無緣託景風以迅游，載騕褭以遐觀，但勞眺乎三辰，而飛思乎八荒耳。

三國志

晉　陳壽　撰

宋　裴松之　注

第四冊

卷三一至卷四五（蜀書）

中華書局

三國志卷三十一

蜀書一

劉二牧傳第一

劉焉字君郎，江夏竟陵人也，漢魯恭王之後裔，章帝元和中徙封竟陵，支庶家焉。焉少仕州郡，以宗室拜中郎，後以師祝公喪去官。〔一〕居陽城山，積學教授，舉賢良方正，辟司徒府，歷雒陽令、冀州刺史、南陽太守、宗正、太常。焉覩靈帝政治衰缺，王室多故，乃建議言：「刺史、太守，貨賂爲官，割剝百姓，以致離叛。可選清名重臣以爲牧伯，鎮安方夏。」焉內求交阯牧，欲避世難。議未卽行，侍中廣漢董扶私謂焉曰：「京師將亂，益州分野有天子氣。」焉聞扶言，意更在益州。會益州刺史郤儉賦斂煩擾，謠言遠聞，〔二〕而幷州殺刺史張壹，涼州殺刺史耿鄙，焉謀得施。出爲監軍使者，領益州牧，封陽城侯，當收儉治罪；〔三〕扶亦求爲蜀郡西部屬國都尉，及太倉令（會）巴西趙韙去官，俱隨焉。〔四〕

〔一〕臣松之案：祝公，司徒祝恬也。

〔二〕儉，郤正祖也。

〔三〕續漢書曰：是時用劉虞爲幽州，劉焉爲益州，劉表爲荆州，賈琮爲冀州。虞等皆海內清名之士，或從列卿尙書以選爲牧伯，各以本秩居任。舊典：傳車參駕，施赤爲帷裳。

臣松之按：靈帝崩後，義軍起，孫堅殺荆州刺史王叡，然後劉表爲荆州，不與焉同時也。

漢靈帝紀曰：帝引見焉，宣示方略，加以賞賜，敕焉爲益州刺史。前刺史劉雋、郤儉皆貪殘放濫，取受狼籍，元元無聊，呼嗟充野，焉到便收攝行法，以示萬姓，勿令漏露，使癰疽決潰，爲國生梗。焉受命而行，以道路不通，住荆州東界。

〔四〕陳壽益部耆舊傳曰：董扶字茂安。少從師學，兼通數經，善歐陽尙書，又事聘士楊厚，究極圖讖。遂至京師，游覽太學，還家講授，弟子自遠而至。永康元年，日有蝕之，詔舉賢良方正之士，策問得失。左馮翊趙謙等舉扶，扶以病不詣，遙於長安上封事，遂稱疾篤歸家。前後宰府十辟，公車三徵，再舉賢良方正、博士、有道皆不就，名稱尤重。大將軍何進表薦扶曰：「資游、夏之德，述孔氏之風，內懷焦、董消復之術。方今并、涼騷擾，西戎蠢叛，宜敕公車特召，待以異禮，諮謀奇策。」於是靈帝徵扶，卽拜侍中。在朝稱爲儒宗，甚見器重。求爲蜀郡屬國都尉。扶出一歲而靈帝崩，天下大亂。後去官，年八十二卒于家。始扶發辭抗論，益部少雙，故號曰（致止）〔至止〕，言人莫能當，所至而談止也。後丞相諸葛亮問秦宓以扶所長，宓曰：「董扶褒秋毫之善，貶纖芥之惡。」

是時（涼）〔益〕州逆賊馬相、趙祗等於綿竹縣自號黃巾，合聚疲役之民，一二日中得數千人，先殺綿竹令李升，吏民翕集，合萬餘人，便前破雒縣，攻益州殺儉，又到蜀郡、犍爲，旬月之間，破壞三郡。相自稱天子，衆以萬數。州從事賈龍（素）領（家）兵數百人在犍爲東界，攝斂吏民，得千餘人，攻相等，數日破走，州界淸靜。龍乃選吏卒迎焉。焉徙治綿竹，撫納離叛，務行寬惠，陰圖異計。張魯母始以鬼道，又有少容，常往來焉家，故焉遣魯爲督義司馬，住漢中，斷絕谷閣，殺害漢使。焉上書言米賊斷道，不得復通，又託他事殺州中豪强王咸、李權等十餘人，以立威刑。〔一〕犍爲太守任岐及賈龍由此反攻焉，焉擊殺岐、龍。〔二〕

〔一〕益部耆舊雜記曰：李權字伯豫，爲臨邛長。子福。見犍爲楊戲輔臣贊。

〔二〕英雄記曰：劉焉起兵，不與天下討董卓，保州自守。犍爲太守任岐自稱將軍，與從事陳超舉兵擊焉，焉擊破之。董卓使司徒趙謙將兵向州，說校尉賈龍，使引兵還擊焉，焉出靑羌與戰，故能破殺。岐、龍等皆蜀郡人。

焉意漸盛，造作乘輿車具千餘乘。荆州牧劉表表上焉有似子夏在西河疑聖人之論。時焉子範爲左中郎將，誕治書御史，璋爲奉車都尉，皆從獻帝在長安，〔一〕惟（小）〔叔〕子別部司馬瑁素隨焉。獻帝使璋曉諭焉，焉留璋不遣。〔二〕時征西將軍馬騰屯郿而反，焉及範與騰通謀，引兵襲長安。範謀泄，奔槐里，騰敗，退還涼州，範應時見殺，於是收誕行刑。〔三〕議郎河南龐羲與焉通家，乃募將焉諸孫入蜀。時焉被天火燒城，車具蕩盡，延及民家。焉徙治成都，既痛其子，又感祅災，興平元年，癰疽發背而卒。州大吏趙韙等貪璋溫仁，共上璋爲益州刺史，詔書因以爲監軍使者，領益州牧，以韙爲征東中郎將，率衆擊劉表。〔四〕

〔一〕英雄記曰：範（聞）父焉爲益州牧，董卓所徵發，皆不至。收範兄弟三人，鎖械於郿塢，爲陰獄以繫之。

〔二〕典略曰：時璋爲奉車都尉，在京師。焉託疾召璋，璋自表省焉，焉遂留璋不還。

〔三〕英雄記曰：範從長安亡之馬騰營，從焉求兵。焉使校尉孫肇將兵往助之，敗於長安。

〔四〕英雄記曰：焉死，子璋代爲刺史。會長安拜潁川扈瑁爲刺史，入漢中。荆州別駕劉闔，璋將沈彌、婁發、甘寧反，擊璋不勝，走入荆州。璋使趙韙進攻荆州，屯朐䏰。上蠢，下如振反。

璋，字季玉，既襲焉位，而張魯稍驕恣，不承順璋，璋殺魯母及弟，遂爲讎敵。璋累遣龐羲等攻魯，〔數爲〕所破。魯部曲多在巴西，故以羲爲巴西太守，領兵禦魯。〔一〕後羲與璋情好攜隙，趙韙稱兵內向，衆散見殺，皆由璋明斷少而外言入故也。〔二〕璋聞曹公征荆州，已定漢中，遣河內陰溥致敬於曹公。加璋振威將軍，兄瑁平寇將軍。瑁狂疾物故。〔三〕璋復遣別駕從事蜀郡張肅送叟兵三百人幷雜御物於曹公，曹公拜肅爲廣漢太守。璋復遣別駕張松詣曹公，曹公時已定荆州，走先主，不復存錄松，松以此怨。會曹公軍不利於赤壁，兼以疫死。松還，疵毀曹公，勸璋自絕，〔四〕因說璋曰：「劉豫州，使君之肺腑，可與交通。」璋皆然之，遣法正連好先主，尋又令正及孟達送兵數千助先主守禦，正遂還。後松復說璋曰：「今州中諸將龐羲、李異等皆恃功驕豪，欲有外意，不得豫州，則敵攻其外，民攻其內，必敗之道也。」璋又從之，遣法正請先主。璋主簿黃權陳其利害，從事廣漢王累自倒縣於州門以諫，璋一無所納，敕在所供奉先主，先主入境如歸。先主至江州北，由墊江水墊音徒協反。詣涪，音浮。去成都三百六十里，是歲建安十六年也。璋率步騎三萬餘人，車乘帳幔，精光曜日，往

就與會；先主所將將士，更相之適，歡飲百餘日。璋資給先主，使討張魯，然後分別。〔五〕

〔一〕英雄記曰：龐羲與璋有舊，又免璋諸子於難，故璋厚德羲，以羲爲巴西太守，遂專權勢。

〔二〕英雄記曰：先是，南陽、三輔人流入益州數萬家，收以爲兵，名曰東州兵。璋性寬柔，無威略，東州人侵暴舊民，璋不能禁，政令多闕，益州頗怨。趙韙素得人心，璋委任之。韙因民怨謀叛，乃厚賂荆州請和，陰結州中大姓，與俱起兵，還擊璋。蜀郡、廣漢、犍爲皆應韙。璋馳入成都城守，東州人畏（威）〔韙〕，咸同心并力助璋，皆殊死戰，遂破反者，進攻韙於江州。韙將龐樂、李異反殺韙軍，斬韙。

漢獻帝春秋曰：漢朝聞益州亂，遣五官中郎將牛亶爲益州刺史；徵璋爲卿，不至。

〔三〕臣松之案：魏臺訪「物故」之義，高堂隆答曰：「聞之先師：物，無也；故，事也；言無復所能於事也。」

〔四〕漢晉春秋曰：張松見曹公，曹公方自矜伐，不存錄松。松歸，乃勸璋自絕。

習鑿齒曰：昔齊桓一矜其功而叛者九國，曹操暫自驕伐而天下三分，皆勤之於數十年之內而棄之於俯仰之頃，豈不惜乎！是以君子勞謙日昃，慮以下人，功高而居之以讓，勢尊而守之以卑。情近於物，故雖貴而人不厭其重；德洽羣生，故業廣而天下愈欣其慶。夫然，故能有其富貴，保其功業，隆顯當時，傳福百世，何驕矜之有哉！君子是以知曹操之不能遂兼天下者也。

〔五〕吳書曰：璋以米二十萬斛，騎千匹，車千乘，繒絮錦帛，以資送劉備。

明年，先主至葭萌，還兵南向，所在皆克。十九年，進圍成都數十日，城中尚有精兵三萬人，穀帛支一年，吏民咸欲死戰。璋言：「父子在州二十餘年，無恩德以加百姓。百姓攻戰三年，肌膏草野者，以璋故也，何心能安！」遂開城出降，羣下莫不流涕。先主遷璋于南郡

公安，盡歸其財物及故佩振威將軍印綬。孫權殺關羽，取荆州，以璋爲益州牧，駐秭歸。璋卒，南中豪率雍闓據益郡反，附於吳。權復以璋子闡爲益州刺史，處交、益界首。丞相諸葛亮平南土，闡還吳，爲御史中丞。〔一〕初，璋長子循妻，龐羲女也。先主定蜀，羲爲左將軍司馬，璋時從羲啓留循，先主以爲奉車中郎將。是以璋二子之後，分在吳、蜀。

〔一〕吳書曰：闡一名緯，爲人恭恪，輕財愛義，有仁讓之風，後疾終於家。

評曰：昔魏豹聞許負之言則納薄姬於室，〔一〕劉歆見圖讖之文則名字改易，終於不免其身，而慶鍾二主。此則神明不可虛要，天命不可妄冀，必然之驗也。而劉焉聞董扶之辭則心存益土，聽相者之言則求婚吳氏，遽造輿服，圖竊神器，其惑甚矣。璋才非人雄，而據土亂世，負乘致寇，自然之理，其見奪取，非不幸也。〔二〕

〔一〕孔衍漢魏春秋曰：許負，河內溫縣之婦人，漢高祖封爲明雌亭侯。

臣松之以爲今東人呼母爲負，衍以許負爲婦人，如爲有似，然漢高祖時封皆列侯，未有鄉亭之爵，疑此封爲不然。

〔二〕張璠曰：劉璋愚弱而守善言，斯亦宋襄公、徐偃王之徒，未爲無道之主也。張松、法正，雖君臣之義不正，然固以委名附質，進不顯陳事勢，若韓嵩、（劉光）〔劉先〕之說劉表，退不告絕奔亡，若陳平、韓信之去項羽，而兩端攜貳，爲謀不忠，罪之次也。

三國志卷三十二

蜀書二

先主傳第二

先主姓劉，諱備，字玄德，涿郡涿縣人，漢景帝子中山靖王勝之後也。勝子貞，元狩六年封涿縣陸城亭侯，坐酎金失侯，因家焉。〔一〕先主祖雄，父弘，世仕州郡。雄舉孝廉，官至東郡范令。

〔一〕典略曰：備本臨邑侯枝屬也。

先主少孤，與母販履織席爲業。舍東南角籬上有桑樹生高五丈餘，遙望見童童如小車蓋，往來者皆怪此樹非凡，或謂當出貴人。〔二〕先主少時，與宗中諸小兒於樹下戲，言：「吾必當乘此羽葆蓋車。」叔父子敬謂曰：「汝勿妄語，滅吾門也！」年十五，母使行學，與同宗劉德然、遼西公孫瓚俱事故九江太守同郡盧植。德然父元起常資給先主，與德然等。元起妻曰：「各自一家，何能常爾邪！」起曰：「吾宗中有此兒，非常人也。」而瓚深與先主相友。瓚年長，先主以兄事之。先主不甚樂讀書，喜狗馬、音樂、美衣服。身長七尺五寸，垂手下

膝，顧自見其耳。少語言，善下人，喜怒不形於色。好交結豪俠，年少爭附之。中山大商張世平、蘇雙等貲累千金，販馬周旋於涿郡，見而異之，乃多與之金財。先主由是得用合徒衆。

〔一〕漢晉春秋曰：涿人李定云：「此家必出貴人。」

靈帝末，黃巾起，州郡各舉義兵，先主率其屬從校尉鄒靖討黃巾賊有功，除安喜尉。〔一〕督郵以公事到縣，先主求謁，不通，直入縛督郵，杖二百，解綬繫其頸着馬柳，五葬反。棄官亡命。〔二〕頃之，大將軍何進遣都尉毌丘毅詣丹楊募兵，先主與俱行，至下邳遇賊，力戰有功，除爲下密丞。復去官。後爲高唐尉，遷爲令。〔三〕爲賊所破，往奔中郎將公孫瓚，瓚表爲別部司馬，使與青州刺史田楷以拒冀州牧袁紹。數有戰功，試守平原令，後領平原相。郡民劉平素輕先主，恥爲之下，使客刺之。客不忍刺，語之而去。其得人心如此。〔四〕

〔一〕典略曰：平原劉子平知備有武勇，時張純反叛，青州被詔，遣從事將兵討純，過平原，子平薦備於從事，遂與相隨，遇賊於野，備中創陽死，賊去後，故人以車載之，得免。後以軍功，爲中山安喜尉。

〔二〕典略曰：其後州郡被詔書，其有軍功爲長吏者，當沙汰之，備疑在遣中。督郵至縣，當遣備，備素知之。聞督郵在傳舍，備欲求見督郵，督郵稱疾不肯見備，備恨之，因還治，將吏卒更詣傳舍，突入門，言「我被府君密教收督郵」。遂就床縛之，將出到界，自解其綬以繫督郵頸，縛之著樹，鞭杖百餘下，欲殺之。督郵求哀，乃釋去之。

〔三〕英雄記云：靈帝末年，備嘗在京師，後與曹公俱還沛國，募召合衆。會靈帝崩，天下大亂，備亦起軍從討董卓。

中華書局

〔四〕魏書曰：劉平結客刺備，備不知而待客甚厚，客以狀語之而去。是時人民饑饉，屯聚鈔暴。備外禦寇難，內豐財施，士之下者，必與同席而坐，同簋而食，無所簡擇。衆多歸焉。

袁紹攻公孫瓚，先主與田楷東屯齊。曹公征徐州，徐州牧陶謙遣使告急於田楷，楷與先主俱救之。時先主自有兵千餘人及幽州烏丸雜胡騎，又略得飢民數千人。既到，謙以丹楊兵四千益先主，先主遂去楷歸謙。謙表先主爲豫州刺史，屯小沛。謙病篤，謂別駕麋竺曰：「非劉備不能安此州也。」謙死，竺率州人迎先主，先主未敢當。下邳陳登謂先主曰：「今漢室陵遲，海內傾覆，立功立事，在於今日。彼州殷富，戶口百萬，欲屈使君撫臨州事。」先主曰：「袁公路近在壽春，此君四世五公，海內所歸，君可以州與之。」登曰：「公路驕豪，非治亂之主。今欲爲使君合步騎十萬，上可以匡主濟民，成五霸之業，下可以割地守境，書功於竹帛。若使君不見聽許，登亦未敢聽使君也。」北海相孔融謂先主曰：「袁公路豈憂國忘家者邪？冢中枯骨，何足介意。今日之事，百姓與能，天與不取，悔不可追。」先主遂領徐州。〔一〕袁術來攻先主，先主拒之於盱眙、淮陰。曹公表先主爲鎮東將軍，封宜城亭侯，是歲建安元年也。先主與術相持經月，呂布乘虛襲下邳。下邳守將曹豹反，閒迎布。布虜先主妻子，先主轉軍海西。〔二〕楊奉、韓暹寇徐、揚閒，先主邀擊，盡斬之。先主求和於呂布，布還其妻子。先主遣關羽守下邳。

〔一〕獻帝春秋曰：陳登等遣使詣袁紹曰：「天降災沴，禍臻鄙州，州將殂殞，生民無主，恐懼姦雄一旦承隙，以貽盟主日昃之憂，輒共奉故平原相劉備府君以爲宗主，永使百姓知有依歸。方今寇難縱橫，不遑釋甲，謹遣下吏奔告于執事。」紹答曰：「劉玄德弘雅有信義，今徐州樂戴之，誠副所望也。」

〔二〕英雄記曰：備留張飛守下邳，引兵與袁術戰於淮陰石亭，更有勝負。陶謙故將曹豹在下邳，張飛欲殺之。豹衆堅營自守，使人招呂布。布取下邳，張飛敗走。備聞之，引兵還，比至下邳，兵潰。收散卒東取廣陵，與袁術戰，又敗。

先主還小沛，〔一〕復合兵得萬餘人。呂布惡之，自出兵攻先主，先主敗走歸曹公。曹公厚遇之，以爲豫州牧。將至沛收散卒，給其軍糧，益與兵使東擊布。布遣高順攻之，曹公遣夏侯惇往，不能救，爲順所敗，復虜先主妻子送布。曹公自出東征，〔二〕助先主圍布於下邳，生禽布。先主復得妻子，從曹公還許。表先主爲左將軍，禮之愈重，出則同輿，坐則同席。袁術欲經徐州北就袁紹，曹公遣先主督朱靈、路招要擊術。未至，術病死。

〔一〕英雄記曰：備軍在廣陵，飢餓困踧，吏士大小自相啖食，窮餓侵逼，欲還小沛，遂使吏請降布。布令備還州，并勢擊術。具刺史車馬童僕，發遣備妻子部曲家屬於泗水上，祖道相樂。

魏書曰：諸將謂布曰：「備數反覆難養，宜早圖之。」布不聽，以狀語備。備心不安而求自託，使人說布，求屯小沛，布乃遣之。

〔二〕英雄記曰：建安三年春，布使人齎金欲詣河內買馬，爲備兵所鈔。布由是遣中郎將高順、北地太守張遼等攻備。

九月，遂破沛城，備單身走，獲其妻息。十月，曹公自征布，備於梁國界中與曹公相遇，遂隨公俱東征。

先主未出時，獻帝舅車騎將軍董承〔一〕辭受帝衣帶中密詔，當誅曹公。先主未發。是時曹公從容謂先主曰：「今天下英雄，唯使君與操耳。本初之徒，不足數也。」先主方食，失匕箸。〔二〕遂與承及長水校尉种輯、將軍吳子蘭、王子服等同謀。會見使，未發。事覺，承等皆伏誅。〔三〕

〔一〕臣松之案：董承，漢靈帝母董太后之姪，於獻帝爲丈人。蓋古無丈人之名，故謂之舅也。

〔二〕華陽國志云：于時正當雷震，備因謂操曰：「聖人云『迅雷風烈必變』，良有以也。一震之威，乃可至於此也！」

〔三〕獻帝起居注曰：承等與備謀未發，而備出。承謂服曰：「郭多有數百兵，壞李傕數萬人，但足下與我同不耳！昔呂不韋之門，須子楚而後高，今吾與子由是也。」服曰：「惶懼不敢當，且兵又少。」承曰：「舉事訖，得曹公成兵，顧不足邪？今京師豈有所任乎？」承曰：「長水校尉种輯、議郎吳碩是我腹心辦事者。」遂定計。

先主據下邳。靈等還，先主乃殺徐州刺史車胄，留關羽守下邳，而身還小沛。〔一〕東海昌霸反，郡縣多叛曹公爲先主，衆數萬人，遣孫乾與袁紹連和，曹公遣劉岱、王忠擊之，不克。五年，曹公東征先主，先主敗績。〔二〕曹公盡收其衆，虜先主妻子，并禽關羽以歸。

〔一〕胡沖吳歷曰：曹公數遣親近密覘諸將有賓客酒食者，輒因事害之。備時閉門，將人種蕪菁，曹公使人闚門。既去，備謂張飛、關羽曰：「吾豈種菜者乎？曹公必有疑意，不可復留。」其夜開後柵，與飛等輕騎俱去，所得賜遺衣服，悉封留之，乃往小沛收合兵衆。

臣松之案：魏武帝遣先主統諸將要擊袁術，郭嘉等並諫，魏武不從，其事顯然，非因種菜遁逃而去。如胡沖所云，何乖僻之甚乎！

〔二〕魏書曰：是時，公方有急於官渡，乃分留諸將屯官渡，自勒精兵征備。備初謂公與大敵連，不得東，而候騎卒至，言曹公自來。備大驚，然猶未信。自將數十騎出望公軍，見麾旌，便棄衆而走。

先主走青州。青州刺史袁譚，先主故茂才也，將步騎迎先主。先主隨譚到平原，譚馳使白紹。紹遣將道路奉迎，身去鄴二百里，與先主相見。〔一〕駐月餘日，所失亡士卒稍稍來集。曹公與袁紹相拒於官渡，汝南黃巾劉辟等叛曹公應紹。紹遣先主將兵與辟等略許下。關羽亡歸先主。曹公遣曹仁將兵擊先主，先主還紹軍，陰欲離紹，乃說紹南連荊州牧劉表。紹遣先主將本兵復至汝南，與賊龔都等合，衆數千人。曹公遣蔡陽擊之，爲先主所殺。

〔一〕魏書曰：備歸紹，紹父子傾心敬重。

曹公既破紹，自南擊先主。先主遣麋竺、孫乾與劉表相聞，表自郊迎，以上賓禮待之，益其兵，使屯新野。荊州豪傑歸先主者日益多，表疑其心，陰禦之。〔一〕使拒夏侯惇、于禁等於博望。久之，先主設伏兵，一旦自燒屯僞遁，惇等追之，爲伏兵所破。

〔一〕九州春秋曰：備住荊州數年，嘗於表坐起至廁，見髀裏肉生，慨然流涕。還坐，表怪問備，備曰：「吾常身不離鞍，髀肉皆消。今不復騎，髀裏肉生。日月若馳，老將至矣，而功業不建，是以悲耳。」

世語曰：備屯樊城，劉表禮焉，憚其爲人，不甚信用。曾請備宴會，蒯越、蔡瑁欲因會取備，備覺之，僞如廁，潛遁出。所乘馬名的盧，騎的盧走，墮襄陽城西檀溪水中，溺不得出。備急曰：「的盧：今日厄矣，可努力！」的盧乃一踊三丈，遂得過，乘桴渡河，中流而追者至，以表意謝之，曰：「何去之速乎！」

孫盛曰：此不然之言。備時羈旅，客主勢殊，若有此變，豈敢晏然終表之世而無釁故乎？此皆世俗妄說，非事實也。

十二年，曹公北征烏丸，先主說表襲許，表不能用。〔一〕曹公南征表，會表卒，〔二〕子琮代立，遣使請降。先主屯樊，不知曹公卒至，至宛乃聞之，遂將其衆去。過襄陽，諸葛亮說先主攻琮，荆州可有。先主曰：「吾不忍也。」〔三〕乃駐馬呼琮，琮懼不能起。琮左右及荆州人多歸先主。〔四〕比到當陽，衆十餘萬，輜重數千兩，日行十餘里，別遣關羽乘船數百艘，使會江陵。或謂先主曰：「宜速行保江陵，今雖擁大衆，被甲者少，若曹公兵至，何以拒之？」先主曰：「夫濟大事必以人爲本，今人歸吾，吾何忍棄去！」〔五〕

〔一〕漢晉春秋曰：曹公自柳城還，表謂備曰：「不用君言，故爲失此大會。」備曰：「今天下分裂，日尋干戈，事會之來，豈有終極乎？若能應之於後者，則此未足爲恨也。」

〔二〕英雄記曰：表病，上備領荆州刺史。

魏書曰：表病篤，託國於備，顧謂曰：「我兒不才，而諸將並零落，我死之後，卿便攝荆州。」備曰：「諸子自賢，君其憂病。」或勸備宜從表言，備曰：「此人待我厚，今從其言，人必以我爲薄，所不忍也。」

臣松之以爲表夫妻素愛琮，捨適立庶，情計久定，無緣臨終舉荆州以授備，此亦不然之言。

〔三〕孔衍漢魏春秋曰：劉琮乞降，不敢告備。備亦不知，久之乃覺，遣所親問琮。琮令宋忠詣備宣旨。是時曹公在宛，備乃大驚駭，謂忠曰：「卿諸人作事如此，不早相語，今禍至方告我，不亦太劇乎！」引刀向忠曰：「今斷卿頭，不足以解忿，亦恥大丈夫臨別復殺卿輩！」遣忠去，乃呼部曲議。或勸備劫將琮及荆州吏士徑南到江陵，備答曰：「劉荆州臨亡託我以孤遺，背信自濟，吾所不爲，死何面目以見劉荆州乎！」

〔四〕典略曰：備過辭表墓，遂涕泣而去。

〔五〕習鑿齒曰：先主雖顛沛險難而信義愈明，勢偪事危而言不失道。追景升之顧，則情感三軍；戀赴義之士，則甘與同敗。觀其所以結物情者，豈徒投醪撫寒含蓼問疾而已哉！其終濟大業，不亦宜乎！

曹公以江陵有軍實，恐先主據之，乃釋輜重，輕軍到襄陽。聞先主已過，曹公將精騎五千急追之，一日一夜行三百餘里，及於當陽之長坂。先主棄妻子，與諸葛亮、張飛、趙雲等數十騎走，曹公大獲其人衆輜重。先主斜趨漢津，適與羽船會，得濟沔，遇表長子江夏太守琦衆萬餘人，與俱到夏口。先主遣諸葛亮自結於孫權，〔一〕權遣周瑜、程普等水軍數萬，與先主并力，〔二〕與曹公戰於赤壁，大破之，焚其舟船。先主與吳軍水陸並進，追到南郡，時又疾疫，北軍多死，曹公引歸。〔三〕

〔一〕江表傳曰：孫權遣魯肅弔劉表二子，并令與備相結。肅未至而曹公已濟漢津。肅故進前，與備相遇於當陽。因宣權旨，論天下事勢，致殷勤之意。且問備曰：「豫州今欲何至？」備曰：「與蒼梧太守（吳臣）〔吳巨〕有舊，欲往投之。」肅曰：「孫討虜聰明仁惠，敬賢禮士，江表英豪，咸歸附之，已據有六郡，兵精糧多，足以立事。今爲君計，莫若遣腹心使自結於東，崇連和之好，共濟世業，而云欲投（吳臣）〔吳巨〕，（臣）〔巨〕是凡人，偏在遠郡，行將爲人所併，豈足託乎？」備大喜，進住鄂縣，即遣諸葛亮隨肅詣孫權，結同盟誓。

〔二〕江表傳曰：備從魯肅計，進住鄂縣之樊口。諸葛亮詣吳未還，備聞曹公軍下，恐懼，日遣邏吏於水次候望權軍。吏望見瑜船，馳往白備，備曰：「何以知（之）非青徐軍邪？」吏對曰：「以船知之。」備遣人慰勞之。瑜曰：「有軍任，不可得委署，儻能屈威，誠副其所望。」備謂關羽、張飛曰：「彼欲致我，我今自結託於東而不往，非同盟之意也。」乃乘單舸往見瑜，問曰：「今拒曹公，深爲得計。戰卒有幾？」瑜曰：「三萬人。」備曰：「恨少。」瑜曰：「此自足用，豫州但觀瑜破之。」備欲呼魯肅等共會語，瑜曰：「受命不得妄委署，若欲見子敬，可別過之。」又孔明已俱來，不過三兩日到也。」備雖深愧異瑜，而心未許之能必破北軍也，故差池在後，將二千人與羽、飛俱，未肯係瑜，蓋爲進退之計也。

孫盛曰：劉備雄才，處必亡之地，告急於吳，而獲奔助，無緣復顧望江渚而懷後計。江表傳之言，當是吳人欲專美之辭。

〔三〕江表傳曰：周瑜爲南郡太守，分南岸地以給備。備別立營於油江口，改名爲公安。劉表吏士見從北軍，多叛來投備。備以瑜所給地少，不足以安民，（後）〔復〕從權借荆州數郡。

先主表琦爲荆州刺史，又南征四郡。武陵太守金旋、長沙太守韓玄、桂陽太守趙範、零陵太守劉度皆降。〔一〕廬江雷緒率部曲數萬口稽顙。琦病死，羣下推先主爲荆州牧，治公安。權稍畏之，進妹固好。先主至京見權，綢繆恩紀。〔二〕權遣使云欲共取蜀，或以爲宜報

聽許，吳終不能越荆有蜀，蜀地可爲己有。荆州主簿殷觀進曰：「若爲吳先驅，進未能克蜀，退爲吳所乘，即事去矣。今但可然贊其伐蜀，而自說新據諸郡，未可興動，吳必不敢越我而獨取蜀。如此進退之計，可以收吳、蜀之利。」先主從之，權果輟計。遷觀爲別駕從事。〔三〕

〔一〕三輔決錄注曰：金旋字元機，京兆人，歷位黃門郎、漢陽太守，徵拜議郎，遷中郎將，領武陵太守，爲備所攻劫死。子禕，事見魏武本紀。

〔二〕山陽公載記曰：備還，謂左右曰：「孫車騎長上短下，其難爲下，吾不可以再見之。」乃晝夜兼行。

臣松之案：魏書載劉備與孫權語，與蜀志述諸葛亮與權語正同。劉備未破魏軍之前，尚未與孫權相見，不得有此說。故知蜀志爲是。

〔三〕獻帝春秋曰：孫權欲與備共取蜀，遣使報備曰：「米賊張魯居王巴、漢，爲曹操耳目，規圖益州。劉璋不武，不能自守。若操得蜀，則荆州危矣。今欲先攻取璋，進討張魯，首尾相連，一統吳、楚，雖有十操，無所憂也。」備欲自圖蜀，拒答不聽，曰：「益州民富彊，土地險阻，劉璋雖弱，足以自守。張魯虛僞，未必盡忠於操。今暴師於蜀、漢，轉運於萬里，欲使戰克攻取，舉不失利，此吳起不能定其規，孫武不能善其事也。曹操雖有無君之心，而有奉主之名，議者見操失利於赤壁，謂其力屈，無復遠志也。今操三分天下已有其二，將欲飲馬於滄海，觀兵於吳會，何肯守此坐須老乎？今同盟無故自相攻伐，借樞於操，使敵承其隙，非長計也。」權不聽，遣孫瑜率水軍住夏口。備不聽軍過，謂瑜曰：「汝欲取蜀，吾當被髮入山，不失信於天下也。」使關羽屯江陵，張飛屯秭歸，諸葛亮據南郡，備自住孱陵。權知備意，因召瑜還。

十六年，益州牧劉璋遙聞曹公將遣鍾繇等向漢中討張魯，內懷恐懼。別駕從事蜀郡張松說璋曰：「曹公兵彊無敵於天下，若因張魯之資以取蜀土，誰能禦之者乎？」璋曰：「吾固憂之而未有計。」松曰：「劉豫州，使君之宗室而曹公之深讎也，善用兵，若使之討魯，魯必破。魯破，則益州彊，曹公雖來，無能為也。」璋然之，遣法正將四千人迎先主，前後賂遺以巨億計。正因陳益州可取之策。〔一〕先主留諸葛亮、關羽等據荊州，將步卒數萬人入益州。至涪，璋自出迎，相見甚歡。張松令法正白先主，及謀臣龐統進說，便可於會所襲璋。先主曰：「此大事也，不可倉卒。」璋推先主行大司馬，領司隸校尉；先主亦推璋行鎮西大將軍，領益州牧。璋增先主兵，使擊張魯，又令督白水軍。先主并軍三萬餘人，車甲器械資貨甚盛。是歲，璋還成都。先主北到葭萌，未即討魯，厚樹恩德，以收衆心。

〔一〕吳書曰：備前見張松，後得法正，皆厚以恩意接納，盡其殷勤之歡。因問蜀中闊狹，兵器府庫人馬衆寡，及諸要害道里遠近，松等具言之，又畫地圖山川處所，由是盡知益州虛實也。

明年，曹公征孫權，權呼先主自救。先主遣使告璋曰：「曹公征吳，吳憂危急。孫氏與孤本為脣齒，又樂進在青泥與關羽相拒，今不往救羽，進必大克，轉侵州界，其憂有甚於魯。魯自守之賊，不足慮也。」乃從璋求萬兵及資(寶)〔實〕，欲以東行。璋但許兵四千，其餘皆給半。〔一〕張松書與先主及法正曰：「今大事垂可立，如何釋此去乎！」松兄廣漢太守肅，懼

禍逮己，白璋發其謀。於是璋收斬松，嫌隙始構矣。〔二〕璋敕關戍諸將文書勿復關通先主。先主大怒，召璋白水軍督楊懷，責以無禮，斬之。乃使黃忠、卓膺勒兵向璋。先主徑至關中，質諸將并士卒妻子，引兵與忠、膺等進到涪，據其城。璋遣劉璝、冷苞、張任、鄧賢等拒先主於涪，〔三〕皆破敗，退保緜竹。璋復遣李嚴督緜竹諸軍，嚴率衆降先主。先主軍益彊，分遣諸將平下屬縣，諸葛亮、張飛、趙雲等將兵泝流定白帝、江州、江陽，惟關羽留鎮荊州。先主進軍圍雒；時璋子循守城，被攻且一年。

〔一〕魏書曰：備因激怒其衆曰：「吾為益州征彊敵，師徒勤瘁，不遑寧居；今積帑藏之財而恡於賞功，望士大夫為出死力戰，其可得乎！」

〔二〕益部耆舊雜記曰：張肅有威儀，容貌甚偉。松為人短小，放蕩不治節操，然識達精果，有才幹。劉璋遣詣曹公，曹公不甚禮；公主簿楊脩深器之，白公辟松，公不納。脩以公所撰兵書示松，松宴飲之間一看便闇誦。脩以此益異之。

〔三〕益部耆舊雜記曰：張任，蜀郡人，家世寒門。少有膽勇，有志節，仕州為從事。

十九年夏，雒城破，〔一〕進圍成都數十日，璋出降。〔二〕蜀中殷盛豐樂，先主置酒大饗士卒，取蜀城中金銀分賜將士，還其穀帛。先主復領益州牧，諸葛亮為股肱，法正為謀主，關羽、張飛、馬超為爪牙，許靖、麋竺、簡雍為賓友。及董和、黃權、李嚴等本璋之所授用也，吳壹、費觀等又璋之婚親也，彭羕又璋之所排擯也，劉巴者宿昔之所忌恨也，皆處之顯任，盡其器能。有志之士，無不競勸。

〔一〕益部耆舊雜記曰：劉璋遣張任、劉璝率精兵拒捍先主於涪，為先主所破，退與璋子循守雒城。任勒兵出於鴈橋，戰復敗。禽任。先主聞任之忠勇，令軍降之，任厲聲曰：「老臣終不復事二主矣。」乃殺之。先主歎惜焉。

〔二〕傅子曰：初，劉備襲蜀，丞相掾趙戩曰：「劉備其不濟乎？拙於用兵，每戰則敗，奔亡不暇，何以圖人？蜀雖小區，險固四塞，獨守之國，難卒并也。」徵士傅幹曰：「劉備寬仁有度，能得人死力。諸葛亮達治知變，正而有謀，而為之相；張飛、關羽勇而有義，皆萬人之敵，而為之將：此三人者，皆人傑也。以備之略，三傑佐之，何為不濟也？」典略曰：趙戩，字叔茂，京兆長陵人也。質而好學，言稱詩書，愛恤於人，不論疏密。辟公府，入為尚書選部郎。董卓欲以所私並充臺閣，戩拒不聽。卓怒，召戩欲殺之，觀者皆為戩懼，而戩自若。及見卓，引辭正色，陳說是非，卓雖凶戾，屈而謝之。遷平陵令。故將王允被害，莫敢近者，戩棄官收斂之。三輔亂，戩客荊州，劉表以為賓客。曹公平荊州，執戩手曰：「何相見之晚也！」遂辟為掾。後為五官將司馬，相國鍾繇長史，年六十餘卒。

二十年，孫權以先主已得益州，使使報欲得荊州。先主言：「須得涼州，當以荊州相與。」權忿之，乃遣呂蒙襲奪長沙、零陵、桂陽三郡。先主引兵五萬下公安，令關羽入益陽。是歲，曹公定漢中，張魯遁走巴西。先主聞之，與權連和，分荊州、江夏、長沙、桂陽東屬，南郡、零陵、武陵西屬，引軍還江州。遣黃權將兵迎張魯，張魯已降曹公。曹公使夏侯淵、張郃屯漢中，數數犯暴巴界。先主令張飛進兵宕渠，與郃等戰於瓦口，破郃等，(郃)收兵還南鄭。先主

亦還成都。

二十三年，先主率諸將進兵漢中。分遣將軍吳蘭、雷銅等入武都，皆為曹公軍所沒。先主次于陽平關，與淵、郃等相拒。

二十四年春，自陽平南渡沔水，緣山稍前，於定軍山勢作營。淵將兵來爭其地。先主命黃忠乘高鼓譟攻之，大破淵軍，斬淵及曹公所署益州刺史趙顒等。曹公自長安舉衆南征。先主遙策之曰：「曹公雖來，無能為也，我必有漢川矣。」及曹公至，先主斂衆拒險，終不交鋒，積月不拔，亡者日多。夏，曹公果引軍還，先主遂有漢中。遣劉封、孟達、李平等攻申耽於上庸。

秋，羣下上先主為漢中王，表於漢帝曰：「平西將軍都亭侯臣馬超、左將軍(領)長史〔領〕鎮軍將軍臣許靖、營司馬臣龐羲、議曹從事中郎軍議中郎將臣射援、〔一〕軍師將軍臣諸葛亮、盪寇將軍漢壽亭侯臣關羽、征虜將軍新亭侯臣張飛、征西將軍臣黃忠、鎮遠將軍臣賴恭、揚武將軍臣法正、興業將軍臣李嚴等一百二十人上言曰：昔唐堯至聖而四凶在朝，周成仁賢而四國作難，高后稱制而諸呂竊命，孝昭幼沖而上官逆謀，皆馮世寵，藉履國權，窮凶極亂，社稷幾危。非大舜、周公、朱虛、博陸，則不能流放禽討，安危定傾。伏惟陛下誕姿聖德，統理萬邦，而遭厄運不造之艱。董卓首難，蕩覆京畿，曹操階禍，竊執天衡；皇后太子，

鴆殺見害，剝亂天下，殘毀民物。久令陛下蒙塵憂厄，幽處虛邑。人神無主，遏絕王命，厭昧皇極，欲盜神器。左將軍領司隸校尉豫、荊、益三州牧宜城亭侯備，受朝爵秩，念在輸力，以殉國難。覩其機兆，赫然憤發，與車騎將軍董承同謀誅操，將安國家，克寧舊都。會承機事不密，令操游魂得遂長惡，殘泯海內。臣等每懼王室大有閻樂之禍，小有定安之變，〔二〕夙夜惴惴，戰慄累息。昔在虞書，敦序九族，周監二代，封建同姓，詩著其義，歷載長久。漢興之初，割裂疆土，尊王子弟，是以卒折諸呂之難，而成太宗之基。臣等以備肺腑枝葉，宗子藩翰，心存國家，念在弭亂。自操破於漢中，海內英雄望風蟻附，而爵號不顯，九錫未加，非所以鎮衞社稷，光昭萬世也。奉辭在外，禮命斷絕。昔河西太守梁統等值漢中興，限於山河，位同權均，不能相率，咸推竇融以爲元帥，卒立效績，摧破隗囂。今社稷之難，急於隴、蜀。操外吞天下，內殘羣寮，朝廷有蕭牆之危，而禦侮未建，可爲寒心。臣等輒依舊典，封備漢中王，拜大司馬，董齊六軍，糾合同盟，掃滅凶逆。以漢中、巴、蜀、廣漢、犍爲爲國，所署置依漢初諸侯王故典。夫權宜之制，苟利社稷，專之可也。然後功成事立，臣等退伏矯罪，雖死無恨。」遂於沔陽設壇場，陳兵列衆，羣臣陪位，讀奏訖，御王冠於先主。

〔一〕三輔決錄注曰：援字文雄，扶風人也。其先本姓謝，與北地諸謝同族。始祖謝服爲將軍出征，天子以謝服非令名，改爲射，子孫氏焉。兄堅，字文固，少有美名，辟公府爲黃門侍郎。獻帝之初，三輔饑亂，堅去官，與弟援南入

蜀依劉璋，璋以堅爲長史。劉備代璋，以堅爲廣漢、蜀郡太守。援亦少有名行，太尉皇甫嵩賢其才而以女妻之，丞相諸葛亮以援爲祭酒，遷從事中郎，卒官。

〔二〕趙高使閻樂殺二世。王莽廢孺子以爲定安公。

先主上言漢帝曰：「臣以具臣之才，荷上將之任，董督三軍，奉辭於外，不得掃除寇難，靖匡王室，久使陛下聖教陵遲，六合之內，否而未泰，惟憂反側，疢如疾首。曩者董卓造爲亂階，自是之後，羣兇縱橫，殘剝海內。賴陛下聖德威靈，人神同應，或忠義奮討，或上天降罰，暴逆並殪，以漸冰消。惟獨曹操，久未梟除，侵擅國權，恣心極亂。臣昔與車騎將軍董承圖謀討操，機事不密，承見陷害，臣播越失據，忠義不果。遂得使操窮凶極逆，主后戮殺，皇子鴆害。雖糾合同盟，念在奮力，懦弱不武，歷年未效。常恐殞沒，孤負國恩，寤寐永歎，夕惕若厲。今臣羣寮以爲在昔虞書敦敍九族，庶明勵翼，〔一〕五帝損益，此道不廢。周監二代，並建諸姬，實賴晉、鄭夾輔之福。高祖龍興，尊王子弟，大啓九國，卒斬諸呂，以安大宗。今操惡直醜正，寔繁有徒，包藏禍心，篡盜已顯。既宗室微弱，帝族無位，斟酌古式，依假權宜，上臣大司馬漢中王。臣伏自三省，受國厚恩，荷任一方，陳力未效，所獲已過，不宜復忝高位以重罪謗。羣寮見逼，迫臣以義。臣退惟寇賊不梟，國難未已，宗廟傾危，社稷將墜，成臣憂責碎首之負。若應權通變，以寧靖聖朝，雖赴水火，所不得辭，敢慮常宜，以防後悔。

輒順衆議，拜受印璽，以崇國威。仰惟爵號，位高寵厚，俯思報效，憂深責重，驚怖累息，如臨于谷。盡力輸誠，奬厲六師，率齊羣義，應天順時，撲討凶逆，以寧社稷，以報萬分。謹拜章因驛上還所假左將軍、宜城亭侯印綬。」於是還治成都。拔魏延爲都督，鎮漢中。〔二〕時關羽攻曹公將曹仁，禽于禁於樊。俄而孫權襲殺羽，取荊州。

〔一〕鄭玄注曰：庶，衆也；勵，作也；敍，次序也。序九族而親之，以衆明作羽翼之臣也。

〔二〕典略曰：備於是起館舍，築亭障，從成都至白水關，四百餘區。

二十五年，魏文帝稱尊號，改年曰黃初。或傳聞漢帝見害，先主乃發喪制服，追謚曰孝愍皇帝。是後在所並言衆瑞，日月相屬，故議郎陽泉侯劉豹、青衣侯向舉、偏將軍張裔、黃權、大司馬屬殷純、益州別駕從事趙莋、治中從事楊洪、從事祭酒何宗、議曹從事杜瓊、勸學從事張爽、尹默、譙周等上言：「臣聞河圖、洛書，五經讖、緯，孔子所甄，驗應自遠。謹案洛書甄曜度曰：『赤三日德昌，九世會備，合爲帝際。』洛書寶號命曰：『天度帝道備稱皇，以統握契，百成不敗。』洛書錄運期曰：『九侯七傑爭命民炊骸，道路籍籍履人頭，誰使主者玄且來。』孝經鉤命決錄曰：『帝三建九會備。』臣父羣未亡時，言西南數有黃氣，直立數丈，見來積年，時時有景雲祥風，從璿璣下來應之，此爲異瑞。又二十二年中，數有氣如旗，從西竟東，中天而行，圖、書曰『必有天子出其方』。加是年太白、熒惑、填星，常從歲星相追。近

漢初興，五星從歲星謀；歲星主義，漢位在西，義之上方，故漢法常以歲星候人主。當有聖主起於此州，以致中興。時許帝尚存，故羣下不敢漏言。頃者熒惑復追歲星，見在胃昴畢；昴畢爲天綱，經曰『帝星處之，衆邪消亡』。聖諱豫覩，推揆期驗，符合數至，若此非一。臣聞聖王先天而天不違，後天而奉天時，故應際而生，與神合契。願大王應天順民，速即洪業，以寧海內。」

太傅許靖、安漢將軍糜竺、軍師將軍諸葛亮、太常賴恭、光祿勳（黃權）〔黃柱〕、少府王謀等上言：「曹丕篡弒，湮滅漢室，竊據神器，劫迫忠良，酷烈無道。人鬼忿毒，咸思劉氏。今上無天子，海內惶惶，靡所式仰。羣下前後上書者八百餘人，咸稱述符瑞，圖、讖明徵。閒黃龍見武陽赤水，九日乃去。孝經援神契曰『德至淵泉則黃龍見』，龍者，君之象也。易乾九五『飛龍在天』，大王當龍升，登帝位也。又前關羽圍樊、襄陽，襄陽男子張嘉、王休獻玉璽，璽潛漢水，伏於淵泉，暉景燭燿，靈光徹天。夫漢者，高祖本所起定天下之國號也，大王襲先帝軌跡，亦興於漢中也。今天子玉璽神光先見，璽出襄陽，漢水之末，明大王承其下流，授與大王以天子之位，瑞命符應，非人力所致。昔周有烏魚之瑞，咸曰休哉。二祖受命，圖、書先著，以爲徵驗。今上天告祥，羣儒英俊，並進河、洛，孔子讖、記，咸悉具至。伏惟大王出自孝景皇帝中山靖王之胄，本支百世，乾祇降祚，聖姿碩茂，神武在躬，仁覆積德，

愛人好士，是以四方歸心焉。考省靈圖，啓發讖、緯，神明之表，名諱昭著。宜卽帝位，以纂二祖，紹嗣昭穆，天下幸甚。臣等謹與博士許慈、議郎孟光，建立禮儀，擇令辰，上尊號。」卽皇帝位於成都武擔之南。〔一〕爲文曰：「惟建安二十六年四月丙午，皇帝備敢用玄牡，昭告皇天上帝后土神祇：漢有天下，歷數無疆。曩者王莽篡盜，光武皇帝震怒致誅，社稷復存。今曹操阻兵安忍，戮殺主后，滔天泯夏，罔顧天顯。操子丕，載其凶逆，竊居神器。羣臣將士以爲社稷墮廢，備宜脩之，嗣武二祖，龔行天罰。備惟否德，懼忝帝位。詢于庶民，外及蠻夷君長，僉曰『天命不可以不答，祖業不可以久替，四海不可以無主』。率土式望，在備一人。備畏天明命，又懼漢阼將湮于地，謹擇元日，與百寮登壇，受皇帝璽綬。脩燔瘞，告類于天神，惟神饗祚于漢家，永綏四海！」〔二〕

〔一〕蜀本紀曰：武都有丈夫化爲女子，顏色美好，蓋山精也。蜀王娶以爲妻，不習水土，疾病欲歸國，蜀王留之，無幾物故。蜀王發卒之武都擔土，於成都郭中葬，蓋地數畝，高十丈，號曰武擔也。臣松之案：武擔，山名，在成都西北，蓋以乾位在西北，故就之以卽阼。

〔二〕魏書曰：備聞曹公薨，遣掾韓冉奉書弔，并致賻贈之禮。文帝惡其因喪求好，敕荆州刺史斬冉，絕使命。典略曰：備遣軍謀掾韓冉齎書弔，并貢錦布。冉稱疾，住上庸。上庸致其書，適會受終，有詔報答以引致之。備得報書，遂稱制。

章武元年夏四月，大赦，改年。以諸葛亮爲丞相，許靖爲司徒。置百官，立宗廟，祫祭高皇帝以下。〔一〕五月，立皇后吳氏，子禪爲皇太子。六月，以子永爲魯王，理爲梁王。車騎將軍張飛爲其左右所害。初，先主忿孫權之襲關羽，將東征，秋七月，遂帥諸軍伐吳。孫權遣書請和，先主盛怒不許，吳將陸議、李異、劉阿等屯巫、秭歸；將軍吳班、馮習自巫攻破異等，軍次秭歸，武陵五谿蠻夷遣使請兵。

〔一〕臣松之以爲先主雖云出自孝景，而世數悠遠，昭穆難明，旣紹漢祚，不知以何帝爲元祖以立親廟。于時英賢作輔，儒生在官，宗廟制度，必有憲章，而載記闕略，良可恨哉！

二年春正月，先主軍還秭歸，將軍吳班、陳式水軍屯夷陵，夾江東西岸。二月，先主自秭歸率諸將進軍，緣山截嶺，於夷道猇亭駐營，猇，許交反。自佷山佷，音恆。通武陵，遣侍中馬良安慰五谿蠻夷，咸相率響應。鎭北將軍黃權督江北諸軍，與吳軍相拒於夷陵道。夏六月，黃氣見自秭歸十餘里中，廣數十丈。後十餘日，陸議大破先主軍於猇亭，將軍馮習、張南等皆沒。先主自猇亭還秭歸，收合離散兵，遂棄船舫，由步道還魚復，改魚復縣曰永安。吳遣將軍李異、劉阿等踵躡先主軍，屯駐南山。秋八月，收兵還巫。司徒許靖卒。冬十月，詔丞相亮營南北郊於成都。孫權聞先主住白帝，甚懼，遣使請和。先主許之，遣太中大夫宗瑋報命。冬十二月，漢嘉太守黃元聞先主疾不豫，舉兵拒守。

三年春二月，丞相亮自成都到永安。三月，黃元進兵攻臨邛縣。遣將軍陳曶音笏。討元，元軍敗，順流下江，爲其親兵所縛，生致成都，斬之。先主病篤，託孤於丞相亮，尚書令李嚴爲副。夏四月癸巳，先主殂于永安宮，時年六十三。〔一〕

〔一〕諸葛亮集載先主遺詔敕後主曰：「朕初疾但下痢耳，後轉雜他病，殆不自濟。人五十不稱夭，年已六十有餘，何所復恨，不復自傷，但以卿兄弟爲念。射君到，說丞相歎卿智量，甚大增脩，過於所望，審能如此，吾復何憂！勉之，勉之！勿以惡小而爲之，勿以善小而不爲。惟賢惟德，能服於人。汝父德薄，勿效之。可讀漢書、禮記，閒暇歷觀諸子及六韜、商君書，益人意智。聞丞相爲寫申、韓、管子、六韜一通已畢，未送，道亡，可自更求聞達。」臨終時，呼魯王與語：「吾亡之後，汝兄弟父事丞相，令卿與丞相共事而已。」

亮上言於後主曰：「伏惟大行皇帝邁仁樹德，覆燾無疆，昊天不弔，寢疾彌留，今月二十四日奄忽升遐，臣妾號咷，若喪考妣。乃顧遺詔，事惟大宗，動容損益；百寮發哀，滿三日除服，到葬期復如禮；其郡國太守、相、都尉、縣令長，三日便除服。臣亮親受敕戒，震畏神靈，不敢有違。臣請宣下奉行。」五月，梓宮自永安還成都，謚曰昭烈皇帝。秋，八月，葬惠陵。〔一〕

〔一〕葛洪神仙傳曰：仙人李意其，蜀人也。傳世見之，云是漢文帝時人。先主欲伐吳，遣人迎意其。意其到，先主禮敬之，問以吉凶。意其不答而求紙筆，畫作兵馬器仗數十紙已，便一一以手裂壞之，又畫作一大人，掘地埋之，便徑去。先主大不喜。而自出軍征吳，大敗還，忿恥發病死，衆人乃知其意。其畫作大人而埋之者，卽是言先主死意。

評曰：先主之弘毅寬厚，知人待士，蓋有高祖之風，英雄之器焉。及其舉國託孤於諸葛亮，而心神無貳，誠君臣之至公，古今之盛軌也。機權幹略，不逮魏武，是以基宇亦狹。然折而不撓，終不爲下者，抑揆彼之量必不容己，非唯競利，且以避害云爾。

三國志卷三十三

蜀書三

後主傳第三

後主諱禪，字公嗣，先主子也。建安二十四年，先主爲漢中王，立爲王太子。及卽尊號，册曰：「惟章武元年五月辛巳，皇帝若曰：太子禪，朕遭漢運艱難，賊臣篡盜，社稷無主，格人羣正，以天明命，朕繼大統。今以禪爲皇太子，以承宗廟，祗肅社稷。使使持節丞相亮授印綬，敬聽師傅，行一物而三善皆得焉，可不勉與！」〔一〕三年夏四月，先主殂于永安宮。五月，後主襲位於成都，時年十七。尊皇后曰皇太后。大赦，改元。是歲魏黃初四年也。〔二〕

〔一〕禮記曰：行一物而三善者，惟世子而已，其齒於學之謂也。鄭玄曰：物猶事也。

〔二〕魏略曰：初備在小沛，不意曹公卒至，遑遽棄家屬，後奔荆州。禪時年數歲，竄匿，隨人西入漢中，爲人所賣。及建安十六年，關中破亂，扶風人劉括避亂入漢中，買得禪，問知其良家子，遂養爲子，與娶婦，生一子。初禪與備相失時，識其父字玄德。比舍人有姓簡者，及備得益州而簡爲將軍，備遣簡到漢中，舍都邸。禪乃詣簡，簡相檢訊，事皆符驗。簡喜，以語張魯，魯(乃)〔爲〕洗沐送詣益州，備乃立以爲太子。初備以諸葛亮爲太子太傅，及禪

立，以亮爲丞相，委以諸事，謂亮曰：「政由葛氏，祭則寡人。」亮亦以禪未閑於政，遂總內外。臣松之案：二主妃子傳曰「後主生於荆州」，後主傳云「初卽帝位，年十七」，則建安十二年生也。十三年敗於長阪，備棄妻子走，趙雲傳曰「雲身抱弱子以免」，卽後主也。如此，備與禪未嘗相失也。又諸葛亮以禪立之明年領益州牧，其年與主簿杜微書曰「朝廷今年十八」，與禪傳相應，理當非虛。而魚豢云備敗於小沛，禪時年始生，及奔荆州，能識其父字玄德，計當五六歲。備敗於小沛時，建安五年也，至禪初立，首尾二十四年，禪應過三十矣。以事相驗，理不得然。此則魏略之妄說，乃至二百餘言，異也！又案諸書記及諸葛亮集，亮亦不爲太子太傅。

建興元年夏，牂牁太守朱褒擁郡反。〔一〕先是，益州郡有大姓雍闓反，流太守張裔於吳，據郡不賓，越嶲夷王高定亦背叛。是歲，立皇后張氏。遣尚書郎鄧芝固好於吳，吳王孫權與蜀和親使聘，是歲通好。

〔一〕魏氏春秋曰：初，益州從事常房行部，聞褒將有異志，收其主簿案問，殺之。褒怒，攻殺房，誣以謀反。諸葛亮誅房諸子，徙其四弟於越嶲，欲以安之。褒猶不悛改，遂以郡叛應雍闓。臣松之案：以爲房爲褒所誣，執政所宜澄察，安有妄殺不辜以悅姦慝？斯殆妄矣！

二年春，務農殖穀，閉關息民。

三年春三月，丞相亮南征四郡，四郡皆平。改益州郡爲建寧郡，分建寧、永昌郡爲雲南郡，又分建寧、牂牁爲興古郡。十二月，亮還成都。

四年春，都護李嚴自永安還住江州，築大城。〔一〕

〔一〕今巴郡故城是。

五年春，丞相亮出屯漢中，營沔北陽平石馬。〔一〕

〔一〕諸葛亮集載禪三月下詔曰：「朕聞天地之道，福仁而禍淫；善積者昌，惡積者喪，古今常數也。是以湯、武脩德而王，桀、紂極暴而亡。曩者漢祚中微，網漏凶慝，董卓造難，震蕩京畿。曹操階禍，竊執天衡，殘剝海內，懷無君之心。子丕孤豎，敢尋亂階，盜據神器，更姓改物，世濟其凶。當此之時，皇極幽昧，天下無主，則我帝命隕越于下。昭烈皇帝體明叡之德，光演文武，應乾坤之運，出身平難，經營四方，人鬼同謀，百姓與能。兆民欣戴。奉順符讖，建位易號，丕承天序，補弊興衰，存復祖業，誕膺皇綱，不墜於地。萬國未定，早世遐殂。朕以幼沖，繼統鴻基，未習保傅之訓，而嬰祖宗之重。六合壅否，社稷不建，永惟所以，念在匡救，光載前緒，未有攸濟，朕甚懼焉。是以夙興夜寐，不敢自逸，每從菲薄以益國用，勸分務穡以阜民財，授方任能以參其聽，斷私降意以養將士。欲奮劍長驅，指討凶逆，朱旗未舉，而丕復隕喪，斯所謂不燃我薪而自焚也。殘類餘醜，又支天禍，恣睢河、洛，阻兵未弭。諸葛丞相弘毅忠壯，忘身憂國，先帝託以天下，以勖朕躬。今授之以旄鉞之重，付之以專命之權，統領步騎二十萬衆，董督元戎，龔行天罰，除患寧亂，克復舊都，在此行也。昔項籍總一彊衆，跨州兼土，所務者大，然卒敗垓下，死於東城，宗族(如焚)〔焚如〕，爲笑千載，皆不以義，陵上虐下故也。今賊效尤，天人所怨，奉時宜速，庶憑炎精祖宗威靈相助之福，所向必克。吳王孫權同恤災患，潛軍合謀，掎角其後。涼州諸國王各遣月支、康居胡侯支富、康植等二十餘人詣受節度，大軍北出，便欲率將兵馬，奮戈先驅。天命既集，人事又至，師貞勢并，必無敵矣。夫王者之兵，有征無戰，尊而且義，莫敢抗也，故鳴條之役，軍不血刃，牧野之師，商人倒戈。今旍麾首路，其所經至，亦不欲窮兵極武。有能棄邪從正，簞食壺漿以迎王師者，國有常典，封寵大小，各有品限。及魏之宗

族、支葉、中外，有能規利害、審逆順之數，來詣降者，皆原除之。昔輔果絕親於智氏，而蒙全宗之福；微子去殷，項伯歸漢，皆受茅土之慶。此前世之明驗也。若其迷沈不反，將助亂人，不式王命，戮及妻孥，罔有攸赦。廣宣恩威，貸其元帥，弔其殘民。他如詔書律令，丞相其露布天下，使稱朕意焉。」

六年春，亮出攻祁山，不克。冬，復出散關，圍陳倉，糧盡退。魏將王雙率軍追亮，亮與戰，破之，斬雙，還漢中。

七年春，亮遣陳式攻武都、陰平，遂克定二郡。冬，亮徙府營於南山下原上，築漢、樂二城。是歲，孫權稱帝，與蜀約盟，共交分天下。

八年秋，魏使司馬懿由西城，張郃由子午，曹眞由斜谷，斜，余奢反。欲攻漢中。丞相亮待之於城固、赤阪，大雨道絕，眞等皆還。是歲，魏延破魏雍州刺史郭淮于陽谿。徙魯王永爲甘陵王，梁王理爲安平王，皆以魯、梁在吳分界故也。

九年春二月，亮復出軍圍祁山，始以木牛運。魏司馬懿、張郃救祁山。夏六月，亮糧盡退軍，郃追至青封，與亮交戰，被箭死。秋八月，都護李平廢徙梓潼郡。〔一〕

〔一〕漢晉春秋曰：冬十月，江陽至江州有鳥從江南飛渡江北，不能達，墮水死者以千數。

十年，亮休士勸農於黃沙，作流馬木牛畢，教兵講武。

十一年冬，亮使諸軍運米，集於斜谷口，治斜谷邸閣。是歲，南夷劉冑反，將軍馬忠破

平之。

十二年春二月，亮由斜谷出，始以流馬運。秋八月，亮卒于渭濱。征西大將軍魏延與丞相長史楊儀爭權不和，舉兵相攻，延敗走；斬延首，儀率諸軍還成都。大赦。以左將軍吳壹爲車騎將軍，假節督漢中。以丞相留府長史蔣琬爲尚書令，總統國事。

十三年春正月，中軍師楊儀廢徙漢嘉郡。夏四月，進蔣琬位爲大將軍。

十四年夏四月，後主至湔，〔一〕登觀阪，看汶水之流，旬日還成都。徙武都氐王苻健及氐民四百餘戶於廣都。

〔一〕臣松之案：湔，縣名也，屬蜀郡，音翦。

十五年夏六月，皇后張氏薨。

延熙元年春正月，立皇后張氏。大赦，改元。立子璿爲太子，子瑤爲安定王。冬十一月，大將軍蔣琬出屯漢中。

二年春三月，進蔣琬位爲大司馬。

三年春，使越嶲太守張嶷平定越嶲郡。

四年冬十月，尚書令費禕至漢中，與蔣琬諮論事計，歲盡還。

五年春正月，監軍姜維督偏軍，自漢中還屯涪縣。

六年冬十月，大司馬蔣琬自漢中還，住涪。十一月，大赦。以尚書令費禕爲大將軍。

七年閏月，魏大將軍曹爽、夏侯玄等向漢中，鎮北大將軍王平拒興勢圍，大將軍費禕督諸軍往赴救，魏軍退。夏四月，安平王理卒。秋九月，禕還成都。

八年秋八月，皇太后薨。十二月，大將軍費禕至漢中，行圍守。

九年夏六月，費禕還成都。秋，大赦。冬十一月，大司馬蔣琬卒。〔一〕

〔一〕魏略曰：琬卒，禪乃自攝國事。

十年，涼州胡王白虎文、治無戴等率衆降，衞將軍姜維迎逆安撫，居之于繁縣。是歲，汶山平康夷反，維往討，破平之。

十一年夏五月，大將軍費禕出屯漢中。秋，涪陵屬國民夷反，車騎將軍鄧芝往討，皆破平之。

十二年春正月，魏誅大將軍曹爽等，右將軍夏侯霸來降。夏四月，大赦。秋，衞將軍姜維出攻雍州，不克而還。將軍句安、李韶降魏。

十三年，姜維復出西平，不克而還。

十四年夏，大將軍費禕還成都。冬，復北駐漢壽。大赦。

十五年，吳王孫權薨。立子琮爲西河王。

十六年春正月，大將軍費禕爲魏降人郭循所殺于漢壽。夏四月，衞將軍姜維復率衆圍南安，不克而還。

十七年春正月，姜維還成都。大赦。夏六月，維復率衆出隴西。冬，拔狄道、（河間）〔河關〕、臨洮三縣民，居于綿竹、繁縣。

十八年春，姜維還成都。夏，復率諸軍出狄道，與魏雍州刺史王經戰于洮西，大破之。經退保狄道城，維卻住鍾題。

十九年春，進姜維位爲大將軍，督戎馬，與鎮西將軍胡濟期會上邽，濟失誓不至。秋八月，維爲魏大將軍鄧艾所破于上邽。維退軍還成都。是歲，立子瓚爲新平王。大赦。

二十年，聞魏大將軍諸葛誕據壽春以叛，姜維復率衆出駱谷，至芒水。是歲大赦。

景耀元年，姜維還成都。史官言景星見，於是大赦，改年。宦人黃皓始專政。吳大將軍孫綝廢其主亮，立琅邪王休。

二年夏六月，立子諶爲北地王，恂爲新興王，虔爲上黨王。

三年秋九月，追謚故將軍關羽、張飛、馬超、龐統、黃忠。

四年春三月，追謚故將軍趙雲。冬十月，大赦。

五年春正月，西河王琮卒。是歲，姜維復率衆出侯和，爲鄧艾所破，還住沓中。

六年夏，魏大興徒衆，命征西將軍鄧艾、鎮西將軍鍾會、雍州刺史諸葛緒數道並攻。於是遣左右車騎將軍張翼、廖化、輔國大將軍董厥等拒之。大赦。改元爲炎興。冬，鄧艾破衞將軍諸葛瞻於綿竹。用光祿大夫譙周策，降於艾，奉書曰：「限分江、漢，遇値深遠，階緣蜀土，斗絕一隅，干運犯冒，漸苒歷載，遂與京畿攸隔萬里。每惟黃初中，文皇帝命虎牙將軍鮮于輔，宣溫密之詔，申三好之恩，開示門戶，大義炳然，而否德暗弱，竊貪遺緒，俛仰累紀，未率大教。天威既震，人鬼歸能之數，怖駭王師，神武所次，敢不革面，順以從命！輒敕羣帥投戈釋甲，官府帑藏一無所毀。百姓布野，餘糧棲畝，以俟后來之惠，全元元之命。伏惟大魏布德施化，宰輔伊、周，含覆藏疾。謹遣私署侍中張紹、光祿大夫譙周、駙馬都尉鄧良奉齎印綬，請命告誠，敬輸忠款，存亡敕賜，惟所裁之。輿櫬在近，不復縷陳。」是日，北地王諶傷國之亡，先殺妻子，次以自殺。〔一〕紹、良與艾相遇於雒縣。艾得書，大喜，即報書，〔二〕遣紹、良先還。艾至城北，後主輿櫬自縛，詣軍壘門。艾解縛焚櫬，延請相見。〔三〕因承制拜後主爲驃騎將軍。諸圍守悉被後主敕，然後降下。艾使後主止其故宮，身往造焉。資嚴未發，明年春正月，艾見收。鍾會自涪至成都作亂。會既死，蜀中軍衆鈔略，死喪狼籍，數日乃安集。

〔一〕漢晉春秋曰：後主將從譙周之策，北地王諶怒曰：「若理窮力屈，禍敗必及，便當父子君臣背城一戰，同死社稷，以見先帝可也。」後主不納，遂送璽綬。是日，諶哭於昭烈之廟，先殺妻子，而後自殺，左右無不爲涕泣者。

〔三〕王隱蜀記曰：艾報書云：「王綱失道，羣英並起，龍戰虎爭，終歸眞主，此蓋天命去就之道也。自古聖帝，爰逮漢、魏，受命而王者，莫不在乎中土。河出圖，洛出書，聖人則之，以興洪業，其不由此，未有不顛覆者也。隗囂憑隴而亡，公孫述據蜀而滅，此皆前世覆車之鑒也。聖上明哲，宰相忠賢，將比隆黄軒，侔功往代。銜命來征，思聞嘉響，果煩來使，告以德音，此非人事，豈天啓哉！昔微子歸周，實爲上賓，君子豹變，義存大易，來辭謙沖，以禮輿櫬，皆前哲歸命之典也。全國爲上，破國次之，自非通明智達，何以見王者之義乎！」禪又遣太常張峻、益州別駕汝超受節度，遣太僕蔣顯有命敕姜維。又遣尚書郎李虎送士民簿，領戶二十八萬，男女口九十四萬，帶甲將士十萬二千，吏四萬人，米四十餘萬斛，金銀各二千斤，錦綺綵絹各二十萬匹，餘物稱此。

〔三〕晉諸公贊曰：劉禪乘騾車詣艾，不具亡國之禮。

後主舉家東遷，既至洛陽，策命之曰：「惟景元五年三月丁亥，皇帝臨軒，使太常嘉命劉禪爲安樂縣公。於戲，其進聽朕命！蓋統天載物，以咸寧爲大，光宅天下，以時雍爲盛。故孕育羣生者，君人之道也，乃順承天者，坤元之義也。上下交暢，然後萬物協和，庶類獲乂。乃者漢氏失統，六合震擾。我太祖承運龍興，弘濟八極，是用應天順民，撫有區夏。于時乃考因羣傑虎爭，九服不靜，乘間阻遠，保據庸蜀，遂使西隅殊封，方外壅隔。自是以來，干戈不戢，元元之民，不得保安其性，幾將五紀。朕永惟祖考遺志，思在綏緝四海，率土同軌，故爰整六師，耀威梁、益。公恢崇德度，深秉大正，不憚屈身委質，以愛民全國爲貴，降心回

慮，應機豹變，履信思順，以享左右無疆之休，豈不遠歟！朕嘉與君公長饗顯祿，用考咨前訓，開國胙土，率遵舊典，錫兹玄牡，苴以白茅，永爲魏藩輔，往欽哉！公其祗服朕命，克廣德心，以終乃顯烈。」食邑萬戶，賜絹萬匹，奴婢百人，他物稱是。子孫爲三都尉封侯者五十餘人。尚書令樊建、侍中張紹、光祿大夫譙周、祕書令郤正、殿中督張通並封列侯。〔一〕公泰始七年薨於洛陽。〔二〕

〔一〕漢晉春秋曰：司馬文王與禪宴，爲之作故蜀技，旁人皆爲之感愴，而禪喜笑自若。王謂賈充曰：「人之無情，乃可至於是乎！雖使諸葛亮在，不能輔之久全，而況姜維邪？」充曰：「不如是，殿下何由并之。」他日，王問禪曰：「頗思蜀否？」禪曰：「此間樂，不思蜀。」郤正聞之，求見禪曰：「若王後問，宜泣而答曰『先人墳墓遠在隴、蜀，乃心西悲，無日不思』，因閉其目。」會王復問，對如前，王曰：「何乃似郤正語邪！」禪驚視曰：「誠如尊命。」左右皆笑。

〔二〕蜀記云：謚曰思公。子恂嗣。

評曰：後主任賢相則爲循理之君，惑閹豎則爲昏闇之后，傳曰「素絲無常，唯所染之」，信矣哉！禮，國君繼體，踰年改元，而章武之三年，則革稱建興，考之古義，體理爲違。又國不置史，注記無官，是以行事多遺，災異靡書。諸葛亮雖達於爲政，凡此之類，猶有未周焉。然經載十二而年名不易，軍旅屢興而赦不妄下，不亦卓乎！自亮沒後，兹制漸虧，優劣著矣。〔一〕

〔一〕華陽國志曰：丞相亮時，有言公惜赦者，亮答曰：「治世以大德，不以小惠，故匡衡、吳漢不願爲赦。先帝亦言吾周旋陳元方、鄭康成間，每見啓告，治亂之道悉矣，曾不語赦也。若劉景升、季玉父子，歲歲赦宥，何益於治！」臣松之以爲「赦不妄下」，誠爲可稱，至於「年名不易」，猶所未達。案建武、建安之號，皆久而不改，未聞前史以爲美談。「經載十二」，蓋何足云？豈別有他意，求之未至乎！亮歿後，延熙之號，數盈二十，「兹制漸虧」，事又不然也。

三國志卷三十四

蜀書四

二主妃子傳第四

先主甘皇后，沛人也。先主臨豫州，住小沛，納以爲妾。先主數喪嫡室，常攝內事。隨先主於荆州，產後主。值曹公軍至，追及先主於當陽長阪，于時困偪，棄后及後主，賴趙雲保護，得免於難。后卒，葬于南郡。章武二年，追謚皇思夫人，遷葬於蜀，未至而先主殂隕。丞相亮上言：「皇思夫人履行脩仁，淑愼其身。大行皇帝昔在上將，嬪妃作合，載育聖躬，大命不融。大行皇帝存時，篤義垂恩，念皇思夫人神柩在遠飄颻，特遣使者奉迎。會大行皇帝崩，今皇思夫人神柩以到，又梓宮在道，園陵將成，安厝有期。臣輒與太常臣賴恭等議：禮記曰：『立愛自親始，教民孝也；立敬自長始，教民順也。』不忘其親，所由生也。春秋之義，母以子貴。昔高皇帝追尊太上昭靈夫人爲昭靈皇后，孝和皇帝改葬其母梁貴人，尊號曰恭懷皇后，孝愍皇帝亦改葬其母王夫人，尊號曰靈懷皇后。今皇思夫人宜有尊號，以慰寒泉之思，輒與恭等案謚法，宜曰昭烈皇后。詩曰：『穀則異室，死則同穴。』〔一〕故昭烈皇后

宜與大行皇帝合葬，臣請太尉告宗廟，布露天下，具禮儀別奏。」制曰可。

〔一〕禮云：上古無合葬，中古後因時方有。

先主穆皇后，陳留人也。兄吳壹，少孤，壹父素與劉焉有舊，是以舉家隨焉入蜀。焉有異志，而聞善相者相后當大貴。焉時將子瑁自隨，遂爲瑁納后。瑁死，后寡居。先主既定益州，而孫夫人還吳，〔一〕羣下勸先主聘后。先主疑與瑁同族，法正進曰：「論其親疏，何與晉文之於子圉乎？」於是納后爲夫人。〔二〕建安二十四年，立爲漢中王后。章武元年夏五月，策曰：「朕承天命，奉至尊，臨萬國。今以后爲皇后，遣使持節丞相亮授璽綬，承宗廟，母天下，皇后其敬之哉！」建興元年五月，後主卽位，尊后爲皇太后，稱長樂宮。壹官至車騎將軍，封縣侯。延熙八年，后薨，合葬惠陵。〔三〕

〔一〕漢晉春秋云：先主入益州，吳遣迎孫夫人。夫人欲將太子歸吳，諸葛亮使趙雲勒兵斷江留太子，乃得止。

〔二〕習鑿齒曰：夫婚姻，人倫之始，王化之本，匹夫猶不可以無禮，而況人君乎？晉文廢禮行權，以濟其業，故子犯曰，有求于人，必先從之，將奪其國，何有於妻，非無故而違禮敎者也。今先主無權事之偪，而引前失以爲譬，非導其君以堯、舜之道者。先主從之，過矣。

〔三〕孫盛蜀世譜曰：壹孫喬，沒李雄中三十年，不爲雄屈也。

後主敬哀皇后，車騎將軍張飛長女也。章武元年，納爲太子妃。建興元年，立爲皇后。十五年薨，葬南陵。

後主張皇后，前后敬哀之妹也。建興十五年，入爲貴人。延熙元年春正月，策曰：「朕統承大業，君臨天下，奉郊廟社稷。今以貴人爲皇后，使行丞相事左將軍向朗持節授璽綬。勉脩中饋，恪肅禋祀，皇后其敬之哉！」咸熙元年，隨後主遷于洛陽。〔一〕

〔一〕漢晉春秋曰：魏以蜀宮人賜諸將之無妻者，李昭儀曰：「我不能二三屈辱。」乃自殺。

劉永字公壽，先主子，後主庶弟也。章武元年六月，使司徒靖立永爲魯王，策曰：「小子永，受茲青土。朕承天序，繼統大業，遵脩稽古，建爾國家，封于東土，奄有龜蒙，世爲藩輔。嗚呼，恭朕之詔！惟彼魯邦，一變適道，風化存焉。人之好德，世茲懿美。王其秉心率禮，綏爾士民，是饗是宜，其戒之哉！」建興八年，改封爲甘陵王。初，永憎宦人黃皓，皓既信任用事，譖構永于後主，後主稍疏外永，至不得朝見者十餘年。咸熙元年，永東還洛陽，拜奉車都尉，封爲鄉侯。

劉理字奉孝，亦後主庶弟也，與永異母。章武元年六月，使司徒靖立理爲梁王，策曰：「小子理，朕統承漢序，祗順天命，遵脩典秩，建爾于東，爲漢藩輔。惟彼梁土，畿甸之邦，民狎教化，易導以禮。往悉乃心，懷保黎庶，以永爾國，王其敬之哉！」建興八年，改封理爲安平王。延熙七年卒，謚曰悼王。子哀王胤嗣，十九年卒。子殤王承嗣，二十年卒。景耀四年詔曰：「安平王，先帝所命。三世早夭，國嗣頹絕，朕用傷悼。其以武邑侯輯襲王位。」輯，理子也，咸熙元年，東遷洛陽，拜奉車都尉，封鄉侯。

後主太子璿，字文衡。母王貴人，本敬哀張皇后侍人也。延熙元年正月策曰：「在昔帝王，繼體立嗣，副貳國統，古今常道。今以璿爲皇太子，昭顯祖宗之威，命使行丞相事左將軍朗持節授印綬。其勉脩茂質，祗恪道義，諮詢典禮，敬友師傅，斟酌衆善，翼成爾德，可不務脩以自勖哉！」時年十五。景耀六年冬，蜀亡。咸熙元年正月，鍾會作亂於成都，璿爲亂兵所害。〔一〕

〔一〕孫盛蜀世譜曰：璿弟，瑤、琮、瓚、諶、恂、璩六人。蜀敗，諶自殺，餘皆內徙。值永嘉大亂，子孫絕滅。唯永孫玄奔蜀，李雄僞署安樂公以嗣禪後。永和三年討李勢，盛參戎行，見玄于成都也。

評曰：易稱有夫婦然後有父子，夫人倫之始，恩紀之隆，莫尚於此矣。是故紀錄，以究一國之體焉。

三國志卷三十五

蜀書五

諸葛亮傳第五

諸葛亮字孔明，琅邪陽都人也。漢司隸校尉諸葛豐後也。父珪，字君貢，漢末爲太山郡丞。亮早孤，從父玄爲袁術所署豫章太守，玄將亮及亮弟均之官。會漢朝更選朱皓代玄。玄素與荊州牧劉表有舊，往依之。〔一〕玄卒，亮躬畊隴畝，好爲梁父吟。〔二〕身長八尺，每自比於管仲、樂毅，時人莫之許也。惟博陵崔州平、潁川徐庶元直與亮友善，謂爲信然。〔三〕

〔一〕獻帝春秋曰：初，豫章太守周術病卒，劉表上諸葛玄爲豫章太守，治南昌。漢朝聞周術死，遣朱皓代玄。皓從揚州太守劉繇求兵擊玄，玄退屯西城，皓入南昌。建安二年正月，西城民反，殺玄，送首詣繇。此書所云，與本傳不同。

〔二〕漢晉春秋曰：亮家于南陽之鄧縣，在襄陽城西二十里，號曰隆中。

〔三〕按崔氏譜：州平，太尉烈子，均之弟也。

魏略曰：亮在荊州，以建安初與潁川石廣元、徐元直、汝南孟公威等俱游學，三人務於精熟，而亮獨觀其大略。每晨夜從容，常抱膝長嘯，而謂三人曰：「卿三人仕進可至刺史郡守也。」三人問其所至，亮但笑而不言。後公威思

鄉里，欲北歸，亮謂之曰：「中國饒士大夫，遨遊何必故鄉邪！」

臣松之以爲魏略此言，謂諸葛亮爲公威計者可也，若謂兼爲己言，可謂未達其心矣。老氏稱知人者智，自知者明，凡在賢達之流，固必兼而有焉。以諸葛亮之鑒識，豈不能自審其分乎？夫其高吟俟時，情見乎言，志氣所存，既已定於其始矣。若使游步中華，騁其龍光，豈夫多士所能沈翳哉！委質魏氏，展其器能，誠非陳長文、司馬仲達所能頡頏，而況於餘哉！苟不患功業不就，道之不行，雖志恢宇宙而終不北向者，蓋以權御已移，漢祚將傾，方將翊贊宗傑，以興微繼絕克復爲己任故也。豈其區區利在邊鄙而已乎！此相如所謂「鵾鵬已翔於遼廓，而羅者猶視於藪澤」者矣。公威名建，在魏亦貴達。

時先主屯新野。徐庶見先主，先主器之，謂先主曰：「諸葛孔明者，臥龍也，將軍豈願見之乎？」〔一〕先主曰：「君與俱來。」庶曰：「此人可就見，不可屈致也。將軍宜枉駕顧之。」由是先主遂詣亮，凡三往，乃見。因屏人曰：「漢室傾頹，姦臣竊命，主上蒙塵。孤不度德量力，欲信大義於天下，而智術淺短，遂用猖(獗)〔蹶〕，至于今日。然志猶未已，君謂計將安出？」亮答曰：「自董卓已來，豪傑並起，跨州連郡者不可勝數。曹操比於袁紹，則名微而衆寡，然操遂能克紹，以弱爲強者，非惟天時，抑亦人謀也。今操已擁百萬之衆，挾天子而令諸侯，此誠不可與爭鋒。孫權據有江東，已歷三世，國險而民附，賢能爲之用，此可以爲援而不可圖也。荊州北據漢、沔，利盡南海，東連吳會，西通巴、蜀，此用武之國，而其主不能守，此殆天所以資將軍，將軍豈有意乎？益州險塞，沃野千里，天府之土，高祖因之以成

帝業。劉璋闇弱，張魯在北，民殷國富而不知存恤，智能之士思得明君。將軍既帝室之冑，信義著於四海，總攬英雄，思賢如渴，若跨有荆、益，保其巖阻，西和諸戎，南撫夷越，外結好孫權，內脩政理；天下有變，則命一上將將荆州之軍以向宛、洛，將軍身率益州之衆出於秦川，百姓孰敢不簞食壺漿以迎將軍者乎？誠如是，則霸業可成，漢室可興矣。」先主曰：「善！」於是與亮情好日密。關羽、張飛等不悅，先主解之曰：「孤之有孔明，猶魚之有水也。願諸君勿復言。」羽、飛乃止。〔二〕

〔一〕襄陽記曰：劉備訪世事於司馬德操。德操曰：「儒生俗士，豈識時務？識時務者在乎俊傑。此間自有伏龍、鳳雛。」備問爲誰，曰：「諸葛孔明、龐士元也。」

〔二〕魏略曰：劉備屯於樊城。是時曹公方定河北，亮知荆州次當受敵，而劉表性緩，不曉軍事。亮乃北行見備，備與亮非舊，又以其年少，以諸生意待之。坐集既畢，衆賓皆去，而亮獨留，備亦不問其所欲言。備性好結毦，時適有人以髦牛尾與備者，備因手自結之。亮乃進曰：「明將軍當復有遠志，但結毦而已邪！」備知亮非常人也，乃投毦而答曰：「是何言與！我聊以忘憂耳。」亮遂言曰：「將軍度劉鎮南孰與曹公邪？」備曰：「不及。」亮又曰：「將軍自度何如也？」備曰：「亦不如。」曰：「今皆不及，而將軍之衆不過數千人，以此待敵，得無非計乎！」備曰：「我亦愁之，當若之何？」亮曰：「今荆州非少人也，而著籍者寡，平居發調，則人心不悅；可語鎮南，令國中凡有游戶，皆使自實，因錄以益衆可也。」備從其計，故衆遂强。備由此知亮有英略，乃以上客禮之。九州春秋所言亦如之。

臣松之以爲亮表云「先帝不以臣卑鄙，猥自枉屈，三顧臣於草廬之中，諮臣以當世之事」，則非亮先詣備，明矣。雖聞見異辭，各生彼此，然乖背至是，亦良爲可怪。

劉表長子琦，亦深器亮。表受後妻之言，愛少子琮，不悅於琦。琦每欲與亮謀自安之術，亮輒拒塞，未與處畫。琦乃將亮游觀後園，共上高樓，飲宴之間，令人去梯，因謂亮曰：「今日上不至天，下不至地，言出子口，入於吾耳，可以言未？」亮答曰：「君不見申生在內而危，重耳在外而安乎？」琦意感悟，陰規出計。會黃祖死，得出，遂爲江夏太守。俄而表卒，琮聞曹公來征，遣使請降。先主在樊聞之，率其衆南行，亮與徐庶並從，爲曹公所追破，獲庶母。庶辭先主而指其心曰：「本欲與將軍共圖王霸之業者，以此方寸之地也。今已失老母，方寸亂矣，無益於事，請從此別。」遂詣曹公。〔一〕

〔一〕魏略曰：庶先名福，本單家子，少好任俠擊劍。中平末，嘗爲人報讎，白堊突面，被髮而走，爲吏所得，問其姓字，閉口不言。吏乃於車上立柱維磔之，擊鼓以令於市鄽，莫敢識者，而其黨伍共篡解之，得脫。於是感激，棄其刀戟，更疏巾單衣，折節學問。始詣精舍，諸生聞其前作賊，不肯與共止。福乃卑躬早起，常獨掃除，動靜先意，聽習經業，義理精熟。遂與同郡石韜相親愛。初平中，中州兵起，乃與韜南客荆州，到，又與諸葛亮特相善。及荆州內附，孔明與劉備相隨去，福與韜俱來北。至黃初中，韜仕歷郡守、典農校尉，福至右中郎將、御史中丞。逮大和中，諸葛亮出隴右，聞元直、廣元仕財如此，歎曰：「魏殊多士邪！何彼二人不見用乎？」庶後數年病卒，有碑在彭城，今猶存焉。

先主至於夏口，亮曰：「事急矣，請奉命求救於孫將軍。」時權擁軍在柴桑，觀望成敗。亮說權曰：「海內大亂，將軍起兵據有江東，劉豫州亦收衆漢南，與曹操並爭天下。今操芟夷大難，略已平矣，遂破荆州，威震四海。英雄無所用武，故豫州遁逃至此。將軍量力而處之：若能以吳、越之衆與中國抗衡，不如早與之絕；若不能當，何不案兵束甲，北面而事之！今將軍外託服從之名，而內懷猶豫之計，事急而不斷，禍至無日矣！」權曰：「苟如君言，劉豫州何不遂事之乎？」亮曰：「田橫，齊之壯士耳，猶守義不辱，況劉豫州王室之冑，英才蓋世，衆士慕仰，若水之歸海，若事之不濟，此乃天也，安能復爲之下乎！」權勃然曰：「吾不能舉全吳之地，十萬之衆，受制於人。吾計決矣！非劉豫州莫可以當曹操者，然豫州新敗之後，安能抗此難乎？」亮曰：「豫州軍雖敗於長阪，今戰士還者及關羽水軍精甲萬人，劉琦合江夏戰士亦不下萬人。曹操之衆，遠來疲弊，聞追豫州，輕騎一日一夜行三百餘里，此所謂『彊弩之末，勢不能穿魯縞』者也。故兵法忌之，曰『必蹶上將軍』。且北方之人，不習水戰；又荆州之民附操者，偪兵勢耳，非心服也。今將軍誠能命猛將統兵數萬，與豫州協規同力，破操軍必矣。操軍破，必北還，如此則荆、吳之勢彊，鼎足之形成矣。成敗之機，在於今日。」權大悅，卽遣周瑜、程普、魯肅等水軍三萬，隨亮詣先主，并力拒曹公。〔一〕曹公敗於赤壁，引軍歸鄴。先主遂收江南，以亮爲軍師中郎將，使督零陵、桂陽、長沙三郡，調

其賦稅，以充軍實。〔二〕

〔一〕袁子曰：張子布薦亮於孫權，亮不肯留。人問其故，曰：「孫將軍可謂人主，然觀其度，能賢亮而不能盡亮，吾是以不留。」

臣松之以爲袁孝尼著文立論，甚重諸葛之爲人，至如此言則失之殊遠。觀亮君臣相遇，可謂希世一時，終始之分，誰能閒之？寧有中違斷金，甫懷擇主，設使權盡其量，便當翻然去就乎？葛生行己，豈其然哉！關羽爲曹公所獲，遇之甚厚，可謂能盡其用矣，猶義不背本，曾謂孔明之不若雲長乎！

〔二〕零陵先賢傳云：亮時住臨烝。

建安十六年，益州牧劉璋遣法正迎先主，使擊張魯。亮與關羽鎮荆州。先主自葭萌還攻璋，亮與張飛、趙雲等率衆泝江，分定郡縣，與先主共圍成都。成都平，以亮爲軍師將軍，署左將軍府事。先主外出，亮常鎮守成都，足食足兵。二十六年，羣下勸先主稱尊號，先主未許，亮說曰：「昔吳漢、耿弇等初勸世祖卽帝位，世祖辭讓，前後數四，耿純進言曰：『天下英雄喁喁，冀有所望。如不從議者，士大夫各歸求主，無爲從公也。』世祖感純言深至，遂然諾之。今曹氏篡漢，天下無主，大王劉氏苗族，紹世而起，今卽帝位，乃其宜也。士大夫隨大王久勤苦者，亦欲望尺寸之功如純言耳。」先主於是卽帝位，策亮爲丞相曰：「朕遭家不造，奉承大統，兢兢業業，不敢康寧，思靖百姓，懼未能綏。於戲！丞相亮其悉朕意，無怠

輔朕之闕，助宣重光，以照明天下，君其勖哉！」亮以丞相錄尚書事，假節。張飛卒後，領司隸校尉。〔一〕

〔一〕蜀記曰：晉初扶風王駿鎮關中，司馬高平劉寶、長史滎陽桓隰諸官屬士大夫共論諸葛亮，于時譚者多譏亮託身非所，勞困蜀民，力小謀大，不能度德量力。金城郭沖以爲亮權智英略，有踰管、晏，功業未濟，論者惑焉，條亮五事隱沒不聞於世者，寶等亦不能復難。扶風王慨然善沖之言。

臣松之以爲亮之異美，誠所願聞，然沖之所說，實皆可疑，謹隨事難之如左：

其一事曰：亮刑法峻急，刻剝百姓，自君子小人咸懷怨歎，法正諫曰：「昔高祖入關，約法三章，秦民知德，今君假借威力，跨據一州，初有其國，未垂惠撫；且客主之義，宜相降下，願緩刑弛禁，以慰其望。」亮答曰：「君知其一，未知其二。秦以無道，政苛民怨，匹夫大呼，天下土崩，高祖因之，可以弘濟。劉璋暗弱，自焉已來有累世之恩，文法羈縻，互相承奉，德政不舉，威刑不肅。蜀土人士，專權自恣，君臣之道，漸以陵替；寵之以位，位極則賤，順之以恩，恩竭則慢。所以致弊，實由於此。吾今威之以法，法行則知恩，限之以爵，爵加則知榮；榮恩並濟，上下有節。爲治之要，於斯而著。」難曰：案法正在劉主前死，今稱法正諫，則劉主在也。諸葛職爲股肱，事歸元首，劉主之世，亮又未領益州，慶賞刑政，不出於己。尋沖所述亮答，專自有其能，有違人臣自處之宜。以亮謙順之體，殆必不然。又云亮刑法峻急，刻剝百姓，未聞善政以刻剝爲稱。

其二事曰：曹公遣刺客見劉備，方得交接，開論伐魏形勢，甚合備計。稍欲親近，刺者尚未得便會，既而亮入，魏客神色失措。亮因而察之，亦知非常人。須臾，客如廁，備謂亮曰：「向得奇士，足以助君補益。」亮問所在，備曰：「起者其人也。」亮徐歎曰：「觀客色動而神懼，視低而忤數，姦形外漏，邪心內藏，必曹氏刺客也。」追之，已

越牆而走。難曰：凡爲刺客，皆暴虎馮河，死而無悔者也。劉主有知人之鑒，而惑於此客，則此客必一時之奇士也。又語諸葛云「足以助君補益」，則亦諸葛之流亞也。凡如諸葛之儔，鮮有爲人作刺客者矣，時主亦當惜其器用，必不投之死地也。且此人不死，要應顯達爲魏，竟是誰乎？何其寂蔑而無聞！

章武三年春，先主於永安病篤，召亮於成都，屬以後事，謂亮曰：「君才十倍曹丕，必能安國，終定大事。若嗣子可輔，輔之；如其不才，君可自取。」亮涕泣曰：「臣敢竭股肱之力，效忠貞之節，繼之以死！」先主又爲詔敕後主曰：「汝與丞相從事，事之如父。」〔一〕建興元年，封亮武鄉侯，開府治事。頃之，又領益州牧。政事無巨細，咸決於亮。南中諸郡，並皆叛亂，亮以新遭大喪，故未便加兵，且遣使聘吳，因結和親，遂爲與國。〔二〕

〔一〕孫盛曰：夫杖道扶義，體存信順，然後能匡主濟功，終定大業。語曰弈者舉棊不定猶不勝其偶，況量君之才否而二三其節，可以摧服強鄰囊括四海者乎？備之命亮，亂孰甚焉！世或有謂備欲以固委付之誠，且以一蜀人之志。君子曰，不然；苟所寄忠賢，則不須若斯之誨，如非其人，不宜啓篡逆之塗。是以古之顧命，必貽話言；詭僞之辭，非託孤之謂。幸值劉禪闇弱，無猜險之性，諸葛威略，足以檢衞異端，故使異同之心無由自起耳。不然，殆生疑隙不逞之釁。謂之爲權，不亦惑哉！

〔二〕亮集曰：是歲，魏司徒華歆、司空王朗、尚書令陳羣、太史令許芝、謁者僕射諸葛璋各有書與亮，陳天命人事，欲使舉國稱藩。亮遂不報書，作正議曰：「昔在項羽，起不由德，雖處華夏，秉帝者之勢，卒就湯鑊，爲後永戒。魏不審鑒，今次之矣；免身爲幸，戒在子孫。而二三子各以耆艾之齒，承僞指而進書，有若崇、竦稱莽之功，亦將偪于元禍苟免者邪！昔世祖之創迹舊基，奮羸卒數千，摧莽彊旅四十餘萬於昆陽之郊。夫據道討淫，不在衆寡。及至孟德，以其譎勝之力，舉數十萬之師，救張郃於陽平，勢窮慮悔，僅能自脫，辱其鋒銳之衆，遂喪漢中之地，深知神器不可妄獲，旋還未至，感毒而死。子桓淫逸，繼之以篡。縱使二三子多逞蘇、張詭靡之說，奉進驩兜滔天之辭，欲以誣毀唐帝，諷解禹、稷，所謂徒喪文藻煩勞翰墨者矣。夫大人君子之所不爲也。又軍誡曰：『萬人必死，橫行天下。』昔軒轅氏整卒數萬，制四方，定海內，況以數十萬之衆，據正道而臨有罪，可得干擬者哉！」

三年春，亮率衆南征，〔一〕其秋悉平。軍資所出，國以富饒，〔二〕乃治戎講武，以俟大舉。五年，率諸軍北駐漢中，臨發，上疏曰：

先帝創業未半而中道崩殂，今天下三分，益州疲弊，此誠危急存亡之秋也。然侍衞之臣不懈於內，忠志之士忘身於外者，蓋追先帝之殊遇，欲報之於陛下也。誠宜開張聖(德)〔聽〕，以光先帝遺德，恢弘志士之氣，不宜妄自菲薄，引喻失義，以塞忠諫之路也。宮中府中俱爲一體，陟罰臧否，不宜異同。若有作姦犯科及爲忠善者，宜付有司論其刑賞，以昭陛下平明之理，不宜偏私，使內外異法也。侍中、侍郎郭攸之、費禕、董允等，此皆良實，志慮忠純，是以先帝簡拔以遺陛下。愚以爲宮中之事，事無大小，悉以咨之，然後施行，必能裨補闕漏，有所廣益。將軍向寵，性行淑均，曉暢軍事，試用於昔日，先帝稱之曰能，是以衆議舉寵爲督。愚以爲營中之事，悉以咨之，必能使行陳和睦，優劣

得所。親賢臣，遠小人，此先漢所以興隆也；親小人，遠賢臣，此後漢所以傾頹也。先帝在時，每與臣論此事，未嘗不歎息痛恨於桓、靈也。侍中、尚書、長史、參軍，此悉貞良死節之臣，願陛下親之信之，則漢室之隆，可計日而待也。

臣本布衣，躬耕於南陽，苟全性命於亂世，不求聞達於諸侯。先帝不以臣卑鄙，猥自枉屈，三顧臣於草廬之中，諮臣以當世之事，由是感激，遂許先帝以驅馳。後值傾覆，受任於敗軍之際，奉命於危難之閒，爾來二十有一年矣。〔三〕先帝知臣謹慎，故臨崩寄臣以大事也。受命以來，夙夜憂歎，恐託付不效，以傷先帝之明，故五月渡瀘，深入不毛。〔四〕今南方已定，兵甲已足，當獎率三軍，北定中原，庶竭駑鈍，攘除姦凶，興復漢室，還于舊都。此臣所以報先帝，而忠陛下之職分也。

至於斟酌損益，進盡忠言，則攸之、禕、允之任也。願陛下託臣以討賊興復之效；不效，則治臣之罪，以告先帝之靈。〔若無興德之言，則〕責攸之、禕、允等之慢，以彰其咎。陛下亦宜自謀，以諮諏善道，察納雅言，深追先帝遺詔。臣不勝受恩感激，今當遠離，臨表涕零，不知所言。

遂行，屯于沔陽。〔五〕

〔一〕詔賜亮金鈇鉞一具，曲蓋一，前後羽葆鼓吹各一部，虎賁六十人。事在亮集。

〔二〕漢晉春秋曰：亮至南中，所在戰捷。聞孟獲者，爲夷、漢所服，募生致之。既得，使觀於營陳之閒，問曰：「此軍何如？」獲對曰：「向者不知虛實，故敗。今蒙賜觀看營陳，若秖如此，即定易勝耳。」亮笑，縱使更戰，七縱七禽，而亮猶遣獲。獲止不去，曰：「公，天威也，南人不復反矣。」遂至滇池。南中平，皆即其渠率而用之。或以諫亮，亮曰：「若留外人，則當留兵，兵留則無所食，一不易也；加夷新傷破，父兄死喪，留外人而無兵者，必成禍患，二不易也；又夷累有廢殺之罪，自嫌釁重，若留外人，終不相信，三不易也；今吾欲使不留兵，不運糧，而綱紀粗定，夷、漢粗安故耳。」

〔三〕臣松之按：劉備以建安十三年敗，遣亮使吳，亮以建興五年抗表北伐，自傾覆至此整二十年。然則備始與亮相遇，在敗軍之前一年時也。

〔四〕漢書地理志曰：瀘惟水出牂牁郡句町縣。

〔五〕郭沖三事曰：亮屯于陽平，遣魏延諸軍并兵東下，亮惟留萬人守城。晉宣帝率二十萬衆拒亮，而與延軍錯道，徑至前，當亮六十里所，偵候白宣帝說亮在城中兵少力弱。亮亦知宣帝垂至，已與相偪，欲前赴延軍，相去又遠，回迹反追，勢不相及，將士失色，莫知其計。亮意氣自若，敕軍中皆臥旗息鼓，不得妄出菴幔，又令大開四城門，埽地卻洒。宣帝常謂亮持重，而猥見勢弱，疑其有伏兵，於是引軍北趣山。明日食時，亮謂參佐拊手大笑曰：「司馬懿必謂吾怯，將有彊伏，循山走矣。」候邏還白，如亮所言。宣帝後知，深以爲恨。難曰：案陽平在漢中。亮初屯陽平，宣帝尚爲荆州都督，鎮宛城，至曹真死後，始與亮於關中相抗禦耳。魏嘗遣宣帝自宛由西城伐蜀，值霖雨，不果。此之前後，無復有於陽平交兵事。就如沖言，宣帝既舉二十萬衆，已知亮兵少力弱，若疑其有伏兵，正可

設防持重，何至便走乎？案魏延傳云：「延每隨亮出，輒欲請精兵萬人，與亮異道會于潼關，亮制而不許；延常謂亮爲怯，歎己才用之不盡也。」亮尚不以延爲萬人別統，豈得如沖言，頓使將重兵在前，而以輕弱自守乎？且沖與扶風王言，顯彰宣帝之短，對子毀父，理所不容，而云「扶風王慨然善沖之言」，故知此書舉引皆虛。

六年春，揚聲由斜谷道取郿，使趙雲、鄧芝爲疑軍，據箕谷，魏大將軍曹真舉衆拒之。亮身率諸軍攻祁山，戎陳整齊，賞罰肅而號令明，南安、天水、安定三郡叛魏應亮，關中響震。〔一〕魏明帝西鎮長安，命張郃拒亮，亮使馬謖督諸軍在前，與郃戰于街亭。謖違亮節度，舉動失宜，大爲郃所破。亮拔西縣千餘家，還于漢中，〔二〕戮謖以謝衆。上疏曰：「臣以弱才，叨竊非據，親秉旄鉞以厲三軍，不能訓章明法，臨事而懼，至有街亭違命之闕，箕谷不戒之失，咎皆在臣授任無方。臣明不知人，恤事多闇，春秋責帥，臣職是當。請自貶三等，以督厥咎。」於是以亮爲右將軍，行丞相事，所總統如前。〔三〕

〔一〕魏略曰：始，國家以蜀中惟有劉備。備既死，數歲寂然無聲，是以略無備預；而卒聞亮出，朝野恐懼，隴右、祁山尤甚，故三郡同時應亮。

〔二〕郭沖四事曰：亮出祁山，隴西、南安二郡應時降，圍天水，拔冀城，虜姜維，驅略士女數千人還蜀。人皆賀亮，亮顏色愀然有戚容，謝曰：「普天之下，莫非漢民，國家威力未舉，使百姓困於豺狼之吻。一夫有死，皆亮之罪，以此相賀，能不爲愧。」於是蜀人咸知亮有吞魏之志，非惟拓境而已。難曰：亮有吞魏之志久矣，不始於此衆人方知也，且于時師出無成，傷缺而反者衆，三郡歸降而不能有。姜維，天水之匹夫耳，獲之則於魏何損，拔西縣千家，不

補街亭所喪，以何爲功，而蜀人相賀乎？

〔三〕漢晉春秋曰：或勸亮更發兵者，亮曰：「大軍在祁山、箕谷，皆多於賊，而不能破賊爲賊所破者，則此病不在兵少也，在一人耳。今欲減兵省將，明罰思過，校變通之道於將來；若不能然者，雖兵多何益！自今已後，諸有忠慮於國，但勤攻吾之闕，則事可定，賊可死，功可蹻足而待矣。」於是考微勞，甄烈壯，引咎責躬，布所失於天下，厲兵講武，以爲後圖，戎士簡練，民忘其敗矣。亮聞孫權破曹休，魏兵東下，關中虛弱。十一月，上言曰：「先帝慮漢、賊不兩立，王業不偏安，故託臣以討賊也。以先帝之明，量臣之才，故知臣伐賊才弱敵彊也；然不伐賊，王業亦亡，惟坐待亡，孰與伐之？是故託臣而弗疑也。臣受命之日，寢不安席，食不甘味，思惟北征，宜先入南，故五月渡瀘，深入不毛，并日而食。臣非不自惜也，顧王業不得偏全於蜀都，故冒危難以奉先帝之遺意也，而議者謂爲非計。今賊適疲於西，又務於東，兵法乘勞，此進趨之時也。謹陳其事如左：高帝明並日月，謀臣淵深，然涉險被創，危然後安。今陛下未及高帝，謀臣不如良、平，而欲以長計取勝，坐定天下，此臣之未解一也。劉繇、王朗各據州郡，論安言計，動引聖人，羣疑滿腹，衆難塞胸，今歲不戰，明年不征，使孫策坐大，遂并江東，此臣之未解二也。曹操智計殊絕於人，其用兵也，髣髴孫、吳，然困於南陽，險於烏巢，危於祁連，偪於黎陽，幾敗北山，殆死潼關，然後僞定一時耳，況臣才弱，而欲以不危而定之，此臣之未解三也。曹操五攻昌霸不下，四越巢湖不成，任用李服而李服圖之，委夏侯而夏侯敗亡，先帝每稱操爲能，猶有此失，況臣駑下，何能必勝？此臣之未解四也。自臣到漢中，中閒朞年耳，然喪趙雲、陽羣、馬玉、閻芝、丁立、白壽、劉郃、鄧銅等及曲長屯將七十餘人，突將無前。賨、叟、青羌散騎、武騎一千餘人，此皆數十年之內所糾合四方之精銳，非一州之所有，若復數年，則損三分之二也，當何以圖敵？此臣之未解五也。今民窮兵疲，而事不可息，事不可息，則住與行勞費正等，而不

及今圖之，欲以一州之地與賊持久，此臣之未解六也。夫難平者，事也。昔先帝敗軍於楚，當此時，曹操拊手，謂天下以定。然後先帝東連吳、越，西取巴、蜀，舉兵北征，夏侯授首，此操之失計而漢事將成也。然後吳更違盟，關羽毀敗，秭歸蹉跌，曹丕稱帝。凡事如是，難可逆見。臣鞠躬盡力，死而後已，至於成敗利鈍，非臣之明所能逆覩也。」於是有散關之役。此表，亮集所無，出張儼默記。

冬，亮復出散關，圍陳倉，曹眞拒之，亮糧盡而還。魏將王雙率騎追亮，亮與戰，破之，斬雙。七年，亮遣陳式攻武都、陰平。魏雍州刺史郭淮率衆欲擊式，亮自出至建威，淮退還，遂平二郡。詔策亮曰：「街亭之役，咎由馬謖，而君引愆，深自貶抑，重違君意，聽順所守。前年燿師，馘斬王雙；今歲爰征，郭淮遁走；降集氐、羌，興復二郡，威鎮凶暴，功勳顯然。方今天下騷擾，元惡未梟，君受大任，幹國之重，而久自挹損，非所以光揚洪烈矣。今復君丞相，君其勿辭。」〔一〕

〔一〕漢晉春秋曰：是歲，孫權稱尊號，其羣臣以並尊二帝來告。議者咸以爲交之無益，而名體弗順，宜顯明正義，絕其盟好。亮曰：「權有僭逆之心久矣，國家所以略其釁情者，求掎角之援也。今若加顯絕，讎我必深，便當移兵東（戌）〔伐〕，與之角力，須并其土，乃議中原。彼賢才尚多，將相緝穆，未可一朝定也。頓兵相持，坐而須老，使北賊得計，非算之上者。昔孝文卑辭匈奴，先帝優與吳盟，皆應權通變，弘思遠益，非匹夫之爲（分）〔忿〕者也。今議者咸以權利在鼎足，不能併力，且志望以滿，無上岸之情，推此，皆似是而非也。何者？其智力不侔，故限江自保；權之不能越江，猶魏賊之不能渡漢，非力有餘而利不取也。若大軍致討，彼高當分裂其地以爲後規，下當略民

廣境，示武於內，非端坐者也。若就其不動而睦於我，我之北伐，無東顧之憂，河南之衆不得盡西，此之爲利，亦已深矣。權僭之罪，未宜明也。」乃遣衞尉陳震慶權正號。

九年，亮復出祁山，以木牛運，〔一〕糧盡退軍，與魏將張郃交戰，射殺郃。〔二〕十二年春，亮悉大衆由斜谷出，以流馬運，據武功五丈原，與司馬宣王對於渭南。亮每患糧不繼，使己志不申，是以分兵屯田，爲久駐之基。耕者雜於渭濱居民之間，而百姓安堵，軍無私焉。〔三〕相持百餘日。其年八月，亮疾病，卒于軍，時年五十四。〔四〕及軍退，宣王案行其營壘處所，曰：「天下奇才也！」〔五〕

〔一〕漢晉春秋曰：亮圍祁山，招鮮卑軻比能，比能等至故北地石城以應亮。於是魏大司馬曹眞有疾，司馬宣王自荊州入朝，魏明帝曰：「西方事重，非君莫可付者。」乃使西屯長安，督張郃、費曜、戴陵、郭淮等。宣王使曜、陵留精兵四千守上邽，餘衆悉出，西救祁山。郃欲分兵駐雍、郿，宣王曰：「料前軍能獨當之者，將軍言是也；若不能當而分爲前後，此楚之三軍所以爲黥布禽也。」遂進。亮分兵留攻，自逆宣王于上邽。郭淮、費曜等徼亮，亮破之，因大芟刈其麥，與宣王遇于上邽之東，斂兵依險，軍不得交，亮引而還。宣王尋亮至于鹵城。張郃曰：「彼遠來逆我，請戰不得，謂我利在不戰，欲以長計制之也。且祁山知大軍以在近，人情自固，可止屯於此，分爲奇兵，示出其後，不宜進前而不敢偪，坐失民望也。今亮縣軍食少，亦行去矣。」宣王不從，故尋亮。旣至，又登山掘營，不肯戰。賈栩、魏平數請戰，因曰：「公畏蜀如虎，奈天下笑何！」宣王病之。諸將咸請戰。五月辛巳，乃使張郃攻無當監何平於南圍，自案中道向亮。亮使魏延、高翔、吳班赴拒，大破之，獲甲首三千級，玄鎧五千領，角弩三

千一百張，宣王還保營。

〔二〕郭沖五事曰：魏明帝自征蜀，幸長安，遣宣王督張郃諸軍，雍、涼勁卒三十餘萬，潛軍密進，規向劍閣。亮時在祁山，旌旗利器，守在險要，十二更下，在者八萬。時魏軍始陳，幡兵適交，參佐咸以賊衆彊盛，非力不制，宜權停下兵一月，以并聲勢。亮曰：「吾統武行師，以大信爲本，得原失信，古人所惜；去者束裝以待期，妻子鶴望而計日，雖臨征難，義所不廢。」皆催遣令去。於是去者感悅，願留一戰，住者憤踊，思致死命。相謂曰：「諸葛公之恩，死猶不報也。」臨戰之日，莫不拔刃爭先，以一當十，殺張郃，卻宣王，一戰大剋，此信之由也。難曰：臣松之案：亮前出祁山，魏明帝身至長安耳，此年不復自來。且亮大軍在關、隴，魏人何由得越亮徑向劍閣？亮旣在戰場，本無久住之規，而方休兵還蜀，皆非經通之言。孫盛、習鑿齒搜求異同，罔有所遺，而並不載沖言，知其乖剌多矣。

〔三〕漢晉春秋曰：亮自至，數挑戰。宣王亦表固請戰。使衞尉辛毗持節以制之。姜維謂亮曰：「辛佐治仗節而到，賊不復出矣。」亮曰：「彼本無戰情，所以固請戰者，以示武於其衆耳。將在軍，君命有所不受，苟能制吾，豈千里而請戰邪！」

魏氏春秋曰：亮使至，問其寢食及其事之煩簡，不問戎事。使對曰：「諸葛公夙興夜寐，罰二十以上，皆親擥焉；所噉食不至數升。」宣王曰：「亮將死矣。」

〔四〕魏書曰：亮糧盡勢窮，憂恚歐血，一夕燒營遁走，入谷，道發病卒。

漢晉春秋曰：亮卒于郭氏塢。

晉陽秋曰：有星赤而芒角，自東北西南流，投于亮營，三投再還，往大還小。俄而亮卒。

臣松之以爲亮在渭濱，魏人躡跡，勝負之形，未可測量，而云歐血，蓋因亮自亡而自誇大也。夫以孔明之略，豈爲仲達歐血乎？及至劉琨喪師，與晉元帝箋亦云「亮軍敗歐血」，此則引虛記以爲言也。其云入谷而卒，緣蜀人入谷發喪故也。

〔五〕漢晉春秋曰：楊儀等整軍而出，百姓奔告宣王，宣王追焉。姜維令儀反旗鳴鼓，若將向宣王者，宣王乃退，不敢偪。於是儀結陳而去，入谷然後發喪。宣王之退也，百姓爲之諺曰：「死諸葛走生仲達。」或以告宣王，宣王曰：「吾能料生，不便料死也。」

亮遺命葬漢中定軍山，因山爲墳，冢足容棺，斂以時服，不須器物。詔策曰：「惟君體資文武，明叡篤誠，受遺託孤，匡輔朕躬，繼絕興微，志存靖亂；爰整六師，無歲不征，神武赫然，威鎮八荒，將建殊功於季漢，參伊、周之巨勳。如何不弔，事臨垂克，遘疾隕喪！朕用傷悼，肝心若裂。夫崇德序功，紀行命謚，所以光昭將來，刊載不朽。今使使持節左中郎將杜瓊，贈君丞相武鄉侯印綬，謚君爲忠武侯。魂而有靈，嘉茲寵榮。嗚呼哀哉！嗚呼哀哉！」

初，亮自表後主曰：「成都有桑八百株，薄田十五頃，子弟衣食，自有餘饒。至於臣在外任，無別調度，隨身衣食，悉仰於官，不別治生，以長尺寸。若臣死之日，不使內有餘帛，外有贏財，以負陛下。」及卒，如其所言。

亮性長於巧思，損益連弩，木牛流馬，皆出其意；推演兵法，作八陳圖，咸得其要云。〔一〕亮言教書奏多可觀，別爲一集。

〔一〕魏氏春秋曰：亮作八務、七戒、六恐、五懼，皆有條章，以訓厲臣子。又損益連弩，謂之元戎，以鐵爲矢，矢長八寸，一弩十矢俱發。

亮集載作木牛流馬法曰：「木牛者，方腹曲頭，一腳四足，頭入領中，舌著於腹。載多而行少，宜可大用，不可小使；特行者數十里，羣行者二十里也。曲者爲牛頭，雙者爲牛腳，橫者爲牛領，轉者爲牛足，覆者爲牛背，方者爲牛腹，垂者爲牛舌，曲者爲牛肋，刻者爲牛齒，立者爲牛角，細者爲牛鞅，攝者爲牛鞦軸。牛仰雙轅，人行六尺，牛行四步。載一歲糧，日行二十里，而人不大勞。流馬尺寸之數，肋長三尺五寸，廣三寸，厚二寸二分，左右同。前軸孔分墨去頭四寸，徑中二寸。前腳孔分墨二寸，去前軸孔四寸五分，廣一寸。前杠孔去前腳孔分墨二寸七分，孔長二寸，廣一寸。後軸孔去前杠分墨一尺五分，大小與前同。後腳孔分墨去後軸孔三寸五分，大小與前同。後杠孔去後腳孔分墨二寸七分，後載剋去後杠孔分墨四寸五分。前杠長一尺八寸，廣二寸，厚一寸五分。後杠與等版方囊二枚，厚八分，長二尺七寸，高一尺六寸五分，廣一尺六寸，每枚受米二斛三斗。從上杠孔去肋下七寸，前後同。上杠孔去下杠孔分墨一尺三寸，孔長一寸五分，廣七分，八孔同。前後四腳，廣二寸，厚一寸五分。形制如象，靬長四寸，徑面四寸三分。孔徑中三腳杠，長二尺一寸，廣一寸五分，厚一寸四分，同杠耳。」

景耀六年春，詔爲亮立廟於沔陽。〔一〕秋，魏鎭西將軍鍾會征蜀，至漢川，祭亮之廟，令軍士不得於亮墓所左右芻牧樵採。亮弟均，官至長水校尉。亮子瞻，嗣爵。〔二〕

〔一〕襄陽記曰：亮初亡，所在各求爲立廟，朝議以禮秩不聽，百姓遂因時節私祭之於道陌上。言事者或以爲可聽立廟於成都者，後主不從。步兵校尉習隆、中書郎向充等共上表曰：「臣聞周人懷召伯之德，甘棠爲之不伐；越王思范蠡之功，鑄金以存其像。自漢興以來，小善小德而圖形立廟者多矣。況亮德範遐邇，勳蓋季世，王室之不壞，

實斯人是賴，而蒸嘗止於私門，廟像闕而莫立，使百姓巷祭，戎夷野祀，非所以存德念功，述追在昔者也。今若盡順民心，則瀆而無典，建之京師，又偪宗廟，此聖懷所以惟疑也。臣愚以爲宜因近其墓，立之於沔陽，使所親屬以時賜祭，凡其臣故吏欲奉祠者，皆限至廟。斷其私祀，以崇正禮。」於是始從之。

〔二〕襄陽記曰：黄承彥者，高爽開列，爲沔南名士，謂諸葛孔明曰：「聞君擇婦；身有醜女，黄頭黑色，而才堪相配。」孔明許，即載送之。時人以爲笑樂，鄉里爲之諺曰：「莫作孔明擇婦，正得阿承醜女。」

諸葛氏集目錄

開府作牧第一　權制第二　南征第三　北出第四
計算第五　訓厲第六　綜覈上第七　綜覈下第八
雜言上第九　雜言下第十　貴和第十一　兵要第十二
傳運第十三　與孫權書第十四　與諸葛瑾書第十五　與孟達書第十六
廢李平第十七　法檢上第十八　法檢下第十九　科令上第二十
科令下第二十一　軍令上第二十二　軍令中第二十三　軍令下第二十四

右二十四篇，凡十萬四千一百一十二字。

臣壽等言：臣前在著作郎，侍中領中書監濟北侯臣荀勖、中書令關內侯臣和嶠奏，使臣定故蜀丞相諸葛亮故事。亮毗佐危國，負阻不賓，然猶存錄其言，恥善有遺，誠是

大晉光明至德，澤被無疆，自古以來，未之有倫也。輒刪除複重，隨類相從，凡爲二十四篇，篇名如右。

亮少有逸羣之才，英霸之器，身長八尺，容貌甚偉，時人異焉。遭漢末擾亂，隨叔父玄避難荆州，躬耕于野，不求聞達。時左將軍劉備以亮有殊量，乃三顧亮於草廬之中；亮深謂備雄姿傑出，遂解帶寫誠，厚相結納。及魏武帝南征荆州，劉琮舉州委質，而備失勢衆寡，無立錐之地。亮時年二十七，乃建奇策，身使孫權，求援吳會。權既宿服仰備，又覩亮奇雅，甚敬重之，即遣兵三萬人以助備。備得用與武帝交戰，大破其軍，乘勝克捷，江南悉平。後備又西取益州。益州既定，以亮爲軍師將軍。備稱尊號，拜亮爲丞相，錄尚書事。及備殂沒，嗣子幼弱，事無巨細，亮皆專之。於是外連東吳，內平南越，立法施度，整理戎旅，工械技巧，物究其極，科教嚴明，賞罰必信，無惡不懲，無善不顯，至於吏不容奸，人懷自厲，道不拾遺，彊不侵弱，風化肅然也。

當此之時，亮之素志，進欲龍驤虎視，苞括四海，退欲跨陵邊疆，震蕩宇內。又自以爲無身之日，則未有能蹈涉中原、抗衡上國者，是以用兵不戢，屢耀其武。然亮才，於治戎爲長，奇謀爲短，理民之幹，優於將略。而所與對敵，或值人傑，加衆寡不侔，攻守異體，故雖連年動衆，未能有克。昔蕭何薦韓信，管仲舉王子城父，皆忖己之長，未能兼有故也。亮之器能政理，抑亦管、蕭之亞匹也，而時之名將無城父、韓信，故使功業陵遲，大義不及邪？蓋天命有歸，不可以智力爭也。

青龍二年春，亮帥衆出武功，分兵屯田，爲久駐之基。其秋病卒，黎庶追思，以爲口實。至今梁、益之民，咨述亮者，言猶在耳，雖甘棠之詠召公，鄭人之歌子產，無以遠譬也。孟軻有云：「以逸道使民，雖勞不怨；以生道殺人，雖死不忿。」信矣！論者或怪亮文彩不豔，而過於丁寧周至。臣愚以爲咎繇大賢也，周公聖人也，考之尚書，咎繇之謨略而雅，周公之誥煩而悉。何則？咎繇與舜、禹共談，周公與羣下矢誓故也。亮所與言，盡衆人凡士，故其文指不得及遠也。然其聲教遺言，皆經事綜物，公誠之心，形于文墨，足以知其人之意理，而有補於當世。

伏惟陛下邁蹤古聖，蕩然無忌，故雖敵國誹謗之言，咸肆其辭而無所革諱，所以明大通之道也。謹錄寫上詣著作。臣壽誠惶誠恐，頓首頓首，死罪死罪。泰始十年二月一日癸巳，平陽侯相臣陳壽上。

喬字伯松，亮兄瑾之第二子也，本字仲慎。與兄元遜俱有名於時，論者以爲喬才不及兄，而性業過之。初，亮未有子，求喬爲嗣，瑾啓孫權遣喬來西，亮以喬爲己適子，故易其字焉。拜爲駙馬都尉，隨亮至漢中。〔一〕年二十五，建興(元)〔六〕年卒。子攀，官至行護軍翊武

將軍，亦早卒。諸葛恪見誅於吳，子孫皆盡，而亮自有胄裔，故攀還復爲瑾後。

〔一〕亮與兄瑾書曰：「喬本當還成都，今諸將子弟皆得傳運，思惟宜同榮辱。今使喬督五六百兵，與諸子弟傳於谷中。」書在亮集。

瞻字思遠。建興十二年，亮出武功，與兄瑾書曰：「瞻今已八歲，聰慧可愛，嫌其早成，恐不爲重器耳。」年十七，尚公主，拜騎都尉。其明年爲羽林中郎將，屢遷射聲校尉、侍中、尚書僕射，加軍師將軍。瞻工書畫，彊識念，蜀人追思亮，咸愛其才敏。每朝廷有一善政佳事，雖非瞻所建倡，百姓皆傳相告曰：「葛侯之所爲也。」是以美聲溢譽，有過其實。景耀四年，爲行都護衞將軍，與輔國大將軍南鄉侯董厥並平尚書事。六年冬，魏征西將軍鄧艾伐蜀，自陰平由景谷道旁入。瞻督諸軍至涪停住，前鋒破，退還，住緜竹。艾遣書誘瞻曰：「若降者必表爲琅邪王。」瞻怒，斬艾使。遂戰，大敗，臨陳死，時年三十七。衆皆離散，艾長驅至成都。瞻長子尚，與瞻俱沒。〔一〕次子京及攀子顯等，咸熙元年內移河東。〔二〕

〔一〕干寶曰：瞻雖智不足以扶危，勇不足以拒敵，而能外不負國，內不改父之志，忠孝存焉。

華陽國志曰：尚歎曰：「父子荷國重恩，不早斬黄皓，以致傾敗，用生何爲！」乃馳赴魏軍而死。

〔二〕案諸葛氏譜云：京字行宗。

晉泰始起居注載詔曰：「諸葛亮在蜀，盡其心力，其子瞻臨難而死義，天下之善一也。」其孫京，隨才署吏，後爲郿令。

尚書僕射山濤啓事曰：「郿令諸葛京，祖父亮，遇漢亂分隔，父子在蜀，雖不達天命，要爲盡心所事。京治郿自復有稱，臣以爲宜以補東宮舍人，以明事人之理，副梁、益之論。」京位至江州刺史。

董厥者，丞相亮時爲府令史，亮稱之曰：「董令史，良士也。吾每與之言，思慎宜適。」徙爲主簿。亮卒後，稍遷至尚書僕射，代陳祗爲尚書令，遷大將軍，平臺事，而義陽樊建代焉。〔一〕延熙〔二〕十四年，以校尉使吳，值孫權病篤，不自見建。權問諸葛恪曰：「樊建何如宗預也？」恪對曰：「才識不及預，而雅性過之。」後爲侍中，守尚書令。自瞻、厥、建統事，姜維常征伐在外，宦人黃皓竊弄機柄，咸共將護，無能匡矯，〔二〕然建特不與皓和好往來。蜀破之明年春，厥、建俱詣京都，同爲相國參軍，其秋並兼散騎常侍，使蜀慰勞。〔三〕

〔一〕案晉百官表：董厥字龔襲，亦義陽人。建字長元。

〔二〕孫盛異同記曰：瞻、厥等以維好戰無功，國內疲弊，宜表後主，召還爲益州刺史，奪其兵權；蜀長老猶有瞻表以閻宇代維故事。晉永和三年，蜀史常璩說蜀長老云：「陳壽嘗爲瞻吏，爲瞻所辱，故因此事歸惡黃皓，而云瞻不能匡矯也。」

〔三〕漢晉春秋曰：樊建爲給事中，晉武帝問諸葛亮之治國，建對曰：「聞惡必改，而不矜過，賞罰之信，足感神明。」帝曰：「善哉！使我得此人以自輔，豈有今日之勞乎！」建稽首曰：「臣竊聞天下之論，皆謂鄧艾見枉，陛下知而不理，此豈馮唐之所謂『雖得頗、牧而不能用』者乎！」帝笑曰：「吾方欲明之，卿言起我意。」於是發詔治艾焉。

評曰：諸葛亮之爲相國也，撫百姓，示儀軌，約官職，從權制，開誠心，布公道；盡忠益時者雖讎必賞，犯法怠慢者雖親必罰，服罪輸情者雖重必釋，游辭巧飾者雖輕必戮；善無微而不賞，惡無纖而不貶；庶事精練，物理其本，循名責實，虛僞不齒；終於邦域之內，咸畏而愛之，刑政雖峻而無怨者，以其用心平而勸戒明也。可謂識治之良才，管、蕭之亞匹矣。然連年動衆，未能成功，蓋應變將略，非其所長歟！〔一〕

〔一〕袁子曰：或問諸葛亮何如人也，袁子曰：張飛、關羽與劉備俱起，爪牙腹心之臣，而武人也。晚得諸葛亮，因以爲佐相，而羣臣悅服，劉備足信、亮足重故也。及其受六尺之孤，攝一國之政，事凡庸之君，專權而不失禮，行君事而國人不疑，如此卽以爲君臣百姓之心欣戴之矣。行法嚴而國人悅服，用民盡其力而下不怨。及其兵出入如賓，行不寇，芻蕘者不獵，如在國中。其用兵也，止如山，進退如風，兵出之日，天下震動，而人心不憂。亮死至今數十年，國人歌思，如周人之思召公也，孔子曰「雍也可使南面」，諸葛亮有焉。又問諸葛亮始出隴右，南安、天水、安定三郡人反應之，若亮速進，則三郡非中國之有也，而亮徐行不進；既而官兵上隴，三郡復，亮無尺寸之功，失此機，何也？袁子曰：蜀兵輕銳，良將少，亮始出，未知中國彊弱，是以疑而嘗之；且大會者不求近功，所以不進也。曰：何以知其疑也？袁子曰：初出遲重，屯營重複，後轉降未進兵欲戰，亮勇而能鬬，三郡反而不速應，此其疑徵也。曰：何以知其勇而能鬬也？袁子曰：亮之在街亭也，前軍大破，亮屯去數里，不救；官兵相接，又徐行，此其勇也。亮之行軍，安靜而堅重；安靜則易動，堅重則可以進退。亮法令明，賞罰信，士卒用命，赴險而不顧，此所以能鬬也。曰：亮率數萬之衆，其所興造，若數十萬之功，是其奇者也。所至營壘、井竈、圊溷、藩籬、障塞皆應繩墨，一月之行，去之如始至，勞費而徒爲飾好，何也？袁子曰：蜀人輕脫，亮故堅用之。曰：何以知其然也？袁子曰：亮治實而不治名，志大而所欲遠，非求近速者也。曰：亮好治官府、次舍、橋梁、道路，此非急務，何也？袁子曰：小國賢才少，故欲其尊嚴也。亮之治蜀，田疇辟，倉廩實，器械利，蓄積饒，朝會不華，路無醉人。夫本立故末治，有餘力而後及小事，此所以勸其功也。曰：子之論諸葛亮，則有證也。以亮之才而少其功，何也？袁子曰：亮，持本者也，其於應變，則非所長也，故不敢用其短。曰：然則吾子美之，何也？袁子曰：此固賢者之遠矣，安可以備體責也。夫能知所短而不用，此賢者之大也；知所短則知所長矣。夫前識與言而不中，亮之所不用也，此吾之所謂可也。

吳大鴻臚張儼作默記，其述佐篇論亮與司馬宣王書曰：漢朝傾覆，天下崩壞，豪傑之士，競希神器。魏氏跨中土，劉氏據益州，並稱兵海內，爲世霸主。諸葛、司馬二相，遭值際會，託身明主，或收功於蜀漢，或冊名於伊、洛。丕、備既沒，後嗣繼統，各受保阿之任，輔翼幼主，不負然諾之誠，亦一國之宗臣，霸王之賢佐也。歷前世以觀近事，二相優劣，可得而詳也。孔明起巴、蜀之地，蹈一州之土，方之大國，其戰士人民，蓋有九分之一也，而以貢贄大吳，抗對北敵，至使耕戰有伍，刑法整齊，提步卒數萬，長驅祁山，慨然有飲馬河、洛之志。仲達據天下十倍之地，仗兼并之衆，據牢城，擁精銳，無禽敵之意，務自保全而已，使彼孔明自來自去。若此人不亡，終其志意，連年運思，刻日興謀，則涼、雍不解甲，中國不釋鞌，勝負之勢，亦已決矣。昔子產治鄭，諸侯不敢加兵，蜀相其近之矣。方之司馬，不亦優乎！或曰，兵者凶器，戰者危事也，有國者不務保安境內，綏靜百姓，而好開闢土地，征伐天下，未爲得計也。諸葛丞相誠有匡佐之才，然處孤絕之地，戰士不滿五萬，自可閉關守險，君臣無事。空勞師旅，無歲不征，未能進咫尺之地，開帝王之基，而使國內受其荒殘，西土苦其役調。魏司馬懿才用兵衆，未易可

輕，量敵而進，兵家所慎；若丞相必有以策之，則未見坦然之勳，若無策以裁之，則非明哲之謂，海內歸向之意也。余竊疑焉，請聞其說。答曰：蓋聞湯以七十里、文王以百里之地而有天下，皆用征伐而定之。揖讓而登王位者，惟舜、禹而已。今蜀、魏爲敵戰之國，勢不俱王，自操、備時，彊弱縣殊，而備猶出兵陽平，禽夏侯淵。羽圍襄陽，將降曹仁，生獲于禁，當時北邊大小憂懼，孟德身出南陽，樂進、徐晃等爲救，圍不卽解，故蔣子通言彼時有徙許渡河之計，會國家襲取南郡，羽乃解軍。玄德與操，智力多少，士衆衆寡，用兵行軍之道，不可同年而語，猶能暫以取勝，是時又無大吳掎角之勢也。今仲達之才，減於孔明，當時之勢，異於曩日，玄德尚與抗衡，孔明何以不可出軍而圖敵邪？昔樂毅以弱燕之衆，兼從五國之兵，長驅彊齊，下七十餘城。今蜀漢之卒，不少燕軍，君臣之接，信於樂毅，加以國家爲脣齒之援，東西相應，首尾如蛇，形勢重大，不比於五國之兵也，何憚於彼而不可哉？夫兵以奇勝，制敵以智，土地廣狹，人馬多少，未可偏恃也。余觀彼治國之體，當時既肅整，遺教在後，及其辭意懇切，陳進取之圖，忠謀謇謇，義形於主，雖古之管、晏，何以加之乎？

蜀記曰：晉永興中，鎮南將軍劉弘至隆中，觀亮故宅，立碣表閭，命太傅掾犍爲李興爲文曰：「天子命我，于沔之陽，聽鼓鼙而永思，庶先哲之遺光，登隆山以遠望，軾諸葛之故鄉。蓋神物應機，大器無方，通人靡滯，大德不常。故谷風發而騶虞嘯，雲雷升而潛鱗驤；摯解褐於三聘，尼得招而褰裳，管豹變於受命，貢感激以回莊，異徐生之摘寶，釋臥龍於深藏，偉劉氏之傾蓋，嘉吾子之周行。夫有知己之主，則有竭命之良，固所以三分我漢鼎，跨帶我邊荒，抗衡我北面，馳騁我魏疆者也。英哉吾子，獨含天靈。豈神之祗，豈人之精？何思之深，何德之清！異世通夢，恨不同生。推子八陳，不在孫、吳，木牛之奇，則非般模，神弩之功，一何微妙！千井齊甃，又何祕要！昔在顚、夭，有名無迹，孰若吾儕，良籌妙畫？臧文既沒，以言見稱，又未若子，言行並徵。夷吾反坫，樂毅不終，奚比

中華書局

於爾，明哲守沖。臨終受寄，讓過許由，負扆莅事，民言不流。刑中於鄭，教美於魯，蜀民知恥，河、渭安堵。匪皋則伊，寧彼管、晏，豈徒聖宣，慷慨屢歎！昔爾之隱，卜惟此宅，仁智所處，能無規廓。日居月諸，時殞其夕，誰能不殁，貴有遺格。惟子之勳，移風來世，詠歌餘典，懦夫將厲。遐哉邈矣，厥規卓矣，凡若吾子，難可究已。疇昔之乖，萬里殊塗；今我來思，覿爾故墟。漢高歸魂於豐、沛，太公五世而反周，想罔兩以髣髴，冀影響之有餘。魂而有靈，豈其識諸！」

王隱晉書云：李興，密之子；一名安。

三國志卷三十六

關張馬黃趙傳第六

關羽字雲長，本字長生，河東解人也。亡命奔涿郡。先主於鄉里合徒衆，而羽與張飛爲之禦侮。先主爲平原相，以羽、飛爲別部司馬，分統部曲。先主與二人寢則同牀，恩若兄弟。而稠人廣坐，侍立終日，隨先主周旋，不避艱險。〔一〕先主之襲殺徐州刺史車胄，使羽守下邳城，行太守事，〔二〕而身還小沛。

〔一〕蜀記曰：曹公與劉備圍呂布於下邳，關羽啓公，布使秦宜祿行求救，乞娶其妻，公許之。臨破，又屢啓於公。公疑其有異色，先遣迎看，因自留之，羽心不自安。此與魏氏春秋所說無異也。

〔二〕魏書云：以羽領徐州。

建安五年，曹公東征，先主奔袁紹。曹公禽羽以歸，拜爲偏將軍，禮之甚厚。紹遣大將(軍)顏良攻東郡太守劉延於白馬，曹公使張遼及羽爲先鋒擊之。羽望見良麾蓋，策馬刺良於萬衆之中，斬其首還，紹諸將莫能當者，遂解白馬圍。曹公卽表封羽爲漢壽亭侯。初，曹

公壯羽爲人，而察其心神無久留之意，謂張遼曰：「卿試以情問之。」既而遼以問羽，羽歎曰：「吾極知曹公待我厚，然吾受劉將軍厚恩，誓以共死，不可背之。吾終不留，吾要當立效以報曹公乃去。」遼以羽言報曹公，曹公義之。〔一〕及羽殺顏良，曹公知其必去，重加賞賜。羽盡封其所賜，拜書告辭，而奔先主於袁軍。左右欲追之，曹公曰：「彼各爲其主，勿追也。」〔二〕

〔一〕傅子曰：遼欲白太祖，恐太祖殺羽，不白，非事君之道，乃歎曰：「公，君父也；羽，兄弟耳。」遂白之。太祖曰：「事君不忘其本，天下義士也。度何時能去？」遼曰：「羽受公恩，必立效報公而後去也。」

〔二〕臣松之以爲曹公知羽不留而心嘉其志，去不遣追以成其義，自非有王霸之度，孰能至於此乎？斯實曹公之休美。

從先主就劉表。表卒，曹公定荆州，先主自樊將南渡江，別遣羽乘船數百艘會江陵。曹公追至當陽長阪，先主斜趣漢津，適與羽船相值，共至夏口。〔一〕孫權遣兵佐先主拒曹公，曹公引軍退歸。先主收江南諸郡，乃封拜元勳，以羽爲襄陽太守、盪寇將軍，駐江北。先主西定益州，拜羽董督荆州事。羽聞馬超來降，舊非故人，羽書與諸葛亮，問超人才可誰比類。亮知羽護前，乃答之曰：「孟起兼資文武，雄烈過人，一世之傑，黥、彭之徒，當與益德並驅爭先，猶未及髯之絕倫逸羣也。」羽美鬚髯，故亮謂之髯。羽省書大悅，以示賓客。

〔一〕蜀記曰：初，劉備在許，與曹公共獵。獵中，衆散，羽勸備殺公，備不從。及在夏口，飄颻江渚，羽怒曰：「往日獵中，若從羽言，可無今日之困。」備曰：「是時亦爲國家惜之耳；若天道輔正，安知此不爲福邪！」

臣松之以爲備後與董承等結謀，但事泄不克諧耳，若爲國家惜曹公，其如此言何！羽若果有此勸而備不肯從者，將以曹公腹心親戚，實繁有徒，事不宿構，非造次所行；曹雖可殺，身必不免，故以計而止，何惜之有乎！既往之事，故託爲雅言耳。

羽嘗爲流矢所中，貫其左臂，後創雖愈，每至陰雨，骨常疼痛，醫曰：「矢鏃有毒，毒入于骨，當破臂作創，刮骨去毒，然後此患乃除耳。」羽便伸臂令醫劈之。時羽適請諸將飲食相對，臂血流離，盈於盤器，而羽割炙引酒，言笑自若。

二十四年，先主爲漢中王，拜羽爲前將軍，假節鉞。是歲，羽率衆攻曹仁於樊。曹公遣于禁助仁。秋，大霖雨，漢水汎溢，禁所督七軍皆沒。禁降羽，羽又斬將軍龐悳。梁郟、陸渾羣盜或遙受羽印號，爲之支黨，羽威震華夏。曹公議徙許都以避其銳，司馬宣王、蔣濟以爲關羽得志，孫權必不願也。可遣人勸權躡其後，許割江南以封權，則樊圍自解。曹公從之。先是，權遣使爲子索羽女，羽罵辱其使，不許婚，權大怒。〔一〕又南郡太守麋芳在江陵，將軍（傅）士仁屯公安，素皆嫌羽（自）輕己。〔自〕羽之出軍，芳、仁供給軍資，不悉相救。羽言「還當治之」，芳、仁咸懷懼不安。於是權陰誘芳、仁，芳、仁使人迎權。而曹公遣徐晃救曹仁，〔二〕羽不能克，引軍退還。權已據江陵，盡虜羽士衆妻子，羽軍遂散。權遣將逆擊羽，斬羽及子平于臨沮。〔三〕

〔一〕典略曰：羽圍樊，權遣使求助之，敕使莫速進，又遣主簿先致命於羽。羽忿其淹遲，又自已得于禁等，乃罵曰：「狢子敢爾，如使樊城拔，吾不能滅汝邪！」權聞之，知其輕己，僞手書以謝羽，許以自往。臣松之以爲荆、吳雖外睦，而內相猜防，故權之襲羽，潛師密發。按呂蒙傳云：「伏精兵於𦪇䑿之中，使白衣搖櫓，作商賈服。」以此言之，羽不求助於權，權必不語羽當往也。若許相援助，何故匿其形迹乎？

〔二〕蜀記曰：羽與晃宿相愛，遙共語，但說平生，不及軍事。須臾，晃下馬宣令：「得關雲長頭，賞金千斤。」羽驚怖，謂晃曰：「大兄，是何言邪！」晃曰：「此國之事耳。」

〔三〕蜀記曰：權遣將軍擊羽，獲羽及子平。權欲活羽以敵劉、曹，左右曰：「狼子不可養，後必爲害。曹公不即除之，自取大患，乃議徙都。今豈可生！」乃斬之。

臣松之按吳書：孫權遣將潘璋逆斷羽走路，羽至即斬，且臨沮去江陵二三百里，豈容不時殺羽，方議其生死乎？又云「權欲活羽以敵劉、曹」，此之不然，可以絕智者之口。

吳歷曰：權送羽首於曹公，以諸侯禮葬其屍骸。

追謚羽曰壯繆侯。〔一〕子興嗣。興字安國，少有令問，丞相諸葛亮深器異之。弱冠爲侍中、中監軍，數歲卒。子統嗣，尚公主，官至虎賁中郎將。卒，無子，以興庶子彝續封。〔二〕

〔一〕蜀記曰：羽初出軍圍樊，夢豬嚙其足，語子平曰：「吾今年衰矣，然不得還！」

江表傳曰：羽好左氏傳，諷誦略皆上口。

〔二〕蜀記曰：龐德子會，隨鍾、鄧伐蜀，蜀破，盡滅關氏家。

張飛字益德，涿郡人也，少與關羽俱事先主。羽年長數歲，飛兄事之。先主從曹公破呂布，隨還許，曹公拜飛爲中郎將。先主背曹公依袁紹、劉表。表卒，曹公入荆州，先主奔江南。曹公追之，一日一夜，及於當陽之長阪。先主聞曹公卒至，棄妻子走，使飛將二十騎拒後。飛據水斷橋，瞋目橫矛曰：「身是張益德也，可來共決死！」敵皆無敢近者，故遂得免。先主既定江南，以飛爲宜都太守、征虜將軍，封新亭侯，後轉在南郡。先主入益州，還攻劉璋，飛與諸葛亮等泝流而上，分定郡縣。至江州，破璋將巴郡太守嚴顏，生獲顏。飛呵顏曰：「大軍至，何以不降而敢拒戰？」顏答曰：「卿等無狀，侵奪我州，我州但有斷頭將軍，無有降將軍也。」飛怒，令左右牽去斫頭，顏色不變，曰：「斫頭便斫頭，何爲怒邪！」飛壯而釋之，引爲賓客。〔一〕飛所過戰克，與先主會于成都。益州既平，賜諸葛亮、法正、飛及關羽金各五百斤，銀千斤，錢五千萬，錦千匹，其餘頒賜各有差，以飛領巴西太守。

〔一〕華陽國志曰：初，先主入蜀，至巴郡，顏拊心歎曰：「此所謂獨坐窮山，放虎自衞也！」

曹公破張魯，留夏侯淵、張郃守漢川。郃別督諸軍下巴西，欲徙其民於漢中，進軍宕渠、蒙頭、盪石，與飛相拒五十餘日。飛率精卒萬餘人，從他道邀郃軍交戰，山道迮狹，前後不得相救，飛遂破郃。郃棄馬緣山，獨與麾下十餘人從間道退，引軍還南鄭，巴土獲安。先主爲漢中王，拜飛爲右將軍、假節。章武元年，遷車騎將軍，領司隸校尉，進封西鄉侯，策曰：「朕

承天序，嗣奉洪業，除殘靖亂，未燭厥理。今寇虜作害，民被荼毒，思漢之士，延頸鶴望。朕用怛然，坐不安席，食不甘味，整軍誥誓，將行天罰。以君忠毅，侔蹤召、虎，名宣遐邇，故特顯命，高墉進爵，兼司于京。其誕將天威，柔服以德，伐叛以刑，稱朕意焉。詩不云乎，『匪疚匪棘，王國來極。肇敏戎功，用錫爾祉』。可不勉歟！」

初，飛雄壯威猛，亞於關羽，魏謀臣程昱等咸稱羽、飛萬人之敵也。羽善待卒伍而驕於士大夫，飛愛敬君子而不恤小人。先主常戒之曰：「卿刑殺既過差，又日鞭撾健兒，而令在左右，此取禍之道也。」飛猶不悛。先主伐吳，飛當率兵萬人，自閬中會江州。臨發，其帳下將張達、范彊殺飛，持其首，順流而奔孫權。飛營都督表報先主，先主聞飛都督之有表也，曰：「噫！飛死矣。」追謚飛曰桓侯。長子苞，早夭。次子紹嗣，官至侍中尚書僕射。苞子遵爲尚書，隨諸葛瞻於緜竹，與鄧艾戰，死。

馬超字孟起，（右）扶風茂陵人也。父騰，靈帝末與邊章、韓遂等俱起事於西州。初平三年，遂、騰率衆詣長安。漢朝以遂爲鎮西將軍，遣還金城，騰爲征西將軍，遣屯郿。後騰襲長安，敗走，退還涼州。司隸校尉鍾繇鎮關中，移書遂、騰，爲陳禍福。騰遣超隨繇討郭援、高幹於平陽，超將龐德親斬援首。後騰與韓遂不和，求還京畿。於是徵爲衞尉，以超爲偏

將軍，封都亭侯，領騰部曲。〔一〕

〔一〕典略曰：騰字壽成，馬援後也。桓帝時，其父字子碩，嘗為天水蘭干尉。後失官，因留隴西，與羌錯居。家貧無妻，遂娶羌女，生騰。騰少貧無產業，常從彰山中斫材木，負販詣城市，以自供給。騰為人長八尺餘，身體洪大，面鼻雄異，而性賢厚，人多敬之。靈帝末，涼州刺史耿鄙任信姦吏，民王國等及氐、羌反叛。州郡募發民中有勇力者，欲討之，騰在募中。州郡異之，署為軍從事，典領部衆。討賊有功，拜軍司馬，後以功遷偏將軍，又遷征西將軍，常屯汧、隴之間。初平中，拜征東將軍。是時，西州少穀，騰自表軍人多乏，求就穀於池陽，遂移屯長平岸頭。而將王承等恐騰為己害，乃攻騰營。時騰近出無備，遂破走，西上。會三輔亂，不復來東，而與鎮西將軍韓遂結為異姓兄弟，始甚相親，後轉以部曲相侵入，更為讎敵。騰攻遂，遂走，合衆還攻騰，殺騰妻子，連兵不解。建安之初，國家綱紀殆弛，乃使司隸校尉鍾繇、涼州牧韋端和解之。徵騰還屯槐里，轉拜為前將軍，假節，封槐里侯。北備胡寇，東備白騎，待士進賢，矜救民命，三輔甚安愛之。十(五)〔三〕年，徵為衞尉，騰自見年老，遂入宿衞。初，曹公為丞相，辟騰長子超，不就。超後為司隸校尉督軍從事，討郭援，為飛矢所中，乃以囊囊其足而戰，破斬援首。詔拜徐州刺史，後拜諫議大夫。及騰之入，因詔拜為偏將軍，使領騰營。又拜超弟休奉車都尉，休弟鐵騎都尉，徙其家屬皆詣鄴，惟超獨留。

超既統衆，遂與韓遂合從，及楊秋、李堪、成宜等相結，進軍至潼關。曹公與遂、超單馬會語，超負其多力，陰欲突前捉曹公，曹公左右將許褚瞋目眄之，超乃不敢動。曹公用賈詡謀，離間超、遂，更相猜疑，軍以大敗。〔一〕超走保諸戎，曹公追至安定，會北方有事，引軍東

還。楊阜說曹公曰：「超有信、布之勇，甚得羌、胡心。若大軍還，不嚴為其備，隴上諸郡非國家之有也。」超果率諸戎以擊隴上郡縣，隴上郡縣皆應之，殺涼州刺史韋康，據冀城，有其衆。超自稱征西將軍，領并州牧，督涼州軍事。康故吏民楊阜、姜敍、梁寬、趙衢等，合謀擊超。阜、敍起於鹵城，超出攻之，不能下；寬、衢閉冀城門，超不得入。進退狼狽，乃奔漢中依張魯。魯不足與計事，內懷於邑，聞先主圍劉璋於成都，密書請降。〔二〕

〔一〕山陽公載記曰：初，曹公軍在蒲阪，欲西渡，超謂韓遂曰：「宜於渭北拒之，不過二十日，河東穀盡，彼必走矣。」遂曰：「可聽令渡，蹙於河中，顧不快耶！」超計不得施。曹公聞之曰：「馬兒不死，吾無葬地也。」

〔二〕典略曰：建安十六年，超與關中諸將侯選、程銀、李堪、張橫、梁興、成宜、馬玩、楊秋、韓遂等，凡十部，俱反，其衆十萬，同據河、潼，建列營陳。是歲，曹公西征，與超等戰於河、渭之交，超等敗走。超至安定，遂奔涼州。詔收滅超家屬。超復敗於隴上。後奔漢中，張魯以為都講祭酒，欲妻之以女，或諫魯曰：「有人若此不愛其親，焉能愛人？」魯乃止。初，超未反時，其小婦弟种留三輔，及超敗，种先入漢中。正旦，种上壽於超，超搥胸吐血曰：「闔門百口，一旦同命，今二人相賀邪？」後數從魯求兵，欲北取涼州，魯遣往，無利。又魯將楊白等欲害其能，超遂從武都逃入氐中，轉奔往蜀。是歲建安十九年也。

先主遣人迎超，超將兵徑到城下。城中震怖，璋即稽首，〔一〕以超為平西將軍，督臨沮，因為前都亭侯。〔二〕先主為漢中王，拜超為左將軍，假節。章武元年，遷驃騎將軍，領涼州牧，進封斄鄉侯，策曰：「朕以不德，獲繼至尊，奉承宗廟。曹操父子，世載其罪，朕用慘怛，疢如

疾首。海內怨憤，歸正反本，暨于氐、羌率服，獯鬻慕義。以君信著北土，威武並昭，是以委任授君，抗颺虓虎，兼董萬里，求民之瘼。其明宣朝化，懷保遠邇，肅慎賞罰，以篤漢祜，以對于天下。」二年卒，時年四十七。臨沒上疏曰：「臣門宗二百餘口，為孟德所誅略盡，惟有從弟岱，當為微宗血食之繼，深託陛下，餘無復言。」追謚超曰威侯，子承嗣。岱位至平北將軍，進爵陳倉侯。超女配安平王理。〔三〕

〔一〕典略曰：備聞超至，喜曰：「我得益州矣。」乃使人止超，而潛以兵資之。超到，令引軍屯城北，超至未一旬而成都潰。

〔二〕山陽公載記曰：超因見備待之厚，與備言，常呼備字，關羽怒，請殺之。備曰：「人窮來歸我，卿等怒，以呼我字故而殺之，何以示於天下也！」張飛曰：「如是，當示之以禮。」明日大會，請超入，羽、飛並杖刀立直，超顧坐席，不見羽、飛，見其直也，乃大驚，遂一不復呼備字。明日歎曰：「我今乃知其所以敗。為呼人主字，幾為關羽、張飛所殺。」自後乃尊事備。臣松之按以為超以窮歸備，受其爵位，何容傲慢而呼備字？且備之入蜀，留關羽鎮荊州，羽未嘗在益土也。故羽聞馬超歸降，以書問諸葛亮「超人才可誰比類」，不得如書所云。羽焉得與張飛立直乎？凡人行事，皆謂其可也，知其不可，則不行之矣。超若果呼備字，亦謂於理宜爾也。就令羽請殺超，超不應聞，但見二子立直，何由便知以呼字之故，云幾為關、張所殺乎？言不經理，深可忿疾也。袁暐、樂資等諸所記載，穢雜虛謬，若此之類，殆不可勝言也。

〔三〕典略曰：初超之入蜀，其庶妻董及子秋，留依張魯。魯敗，曹公得之，以董賜閻圃，以秋付魯，魯自手殺之。

黃忠字漢升，南陽人也。荊州牧劉表以為中郎將，與表從子磐共守長沙攸縣。及曹公克荊州，假行裨將軍，仍就故任，統屬長沙太守韓玄。先主南定諸郡，忠遂委質，隨從入蜀。自葭萌受任，還攻劉璋，忠常先登陷陳，勇毅冠三軍。益州既定，拜為討虜將軍。建安二十四年，於漢中定軍山擊夏侯淵。淵衆甚精，忠推鋒必進，勸率士卒，金鼓振天，歡聲動谷，一戰斬淵，淵軍大敗。遷征西將軍。是歲，先主為漢中王，欲用忠為後將軍，諸葛亮說先主曰：「忠之名望，素非關、馬之倫也，而今便令同列。馬、張在近，親見其功，尚可喻指；關遙聞之，恐必不悅，得無不可乎！」先主曰：「吾自當解之。」遂與羽等齊位，賜爵關內侯。明年卒，追謚剛侯。子敍，早沒，無後。

趙雲字子龍，常山真定人也。本屬公孫瓚，瓚遣先主為田楷拒袁紹，雲遂隨從，為先主主騎。〔一〕及先主為曹公所追於當陽長阪，棄妻子南走，雲身抱弱子，即後主也，保護甘夫人，即後主母也，皆得免難。遷為牙門將軍。先主入蜀，雲留荊州。〔二〕

〔一〕雲別傳曰：雲身長八尺，姿顏雄偉，為本郡所舉，將義從吏兵詣公孫瓚。時袁紹稱冀州牧，瓚深憂州人之從紹也，

善，雲來附，嘲雲曰：「聞貴州人皆願袁氏，君何獨迴心，迷而能反乎？」雲答曰：「天下訩訩，未知孰是，民有倒縣之厄，鄙州論議，從仁政所在，不爲忽袁公私明將軍也。」遂與瓚征討。時先主亦依託瓚，每接納雲，雲得深自結託。雲以兄喪，辭瓚暫歸，先主知其不反，捉手而別，雲辭曰：「終不背德也。」先主就袁紹，雲見於鄴。先主與雲同床眠臥，密遣雲合募得數百人，皆稱劉左將軍部曲，紹不能知。遂隨先主至荆州。

〔二〕雲別傳曰：初，先主之敗，有人言雲已北去者，先主以手戟擿之曰：「子龍不棄我走也。」頃之，雲至。從平江南，以爲偏將軍，領桂陽太守，代趙範。範寡嫂曰樊氏，有國色，範欲以配雲。雲辭曰：「相與同姓，卿兄猶我兄。」固辭不許。時有人勸雲納之，雲曰：「範迫降耳，心未可測；天下女不少。」遂不取。範果逃走，雲無纖介。先是，與夏侯惇戰於博望，生獲夏侯蘭。蘭是雲鄉里人，少小相知，雲白先主活之，薦蘭明於法律，以爲軍正。雲不用自近，其愼慮類如此。先主入益州，雲領留營司馬。此時先主孫夫人以權妹驕豪，多將吳吏兵，縱橫不法。先主以雲嚴重，必能整齊，特任掌內事。權聞備西征，大遣舟船迎妹，而夫人內欲將後主還吳，雲與張飛勒兵截江，乃得後主還。

先主自葭萌還攻劉璋，召諸葛亮。亮率雲與張飛等俱泝江西上，平定郡縣。至江州，分遣雲從外水上江陽，與亮會于成都。成都既定，以雲爲翊軍將軍。〔一〕建興元年，爲中護軍、征南將軍，封永昌亭侯，遷鎮東將軍。五年，隨諸葛亮駐漢中。明年，亮出軍，揚聲由斜谷道，曹眞遣大衆當之。亮令雲與鄧芝往拒，而身攻祁山。雲、芝兵弱敵彊，失利於箕谷，然斂衆固守，不至大敗。軍退，貶爲鎮軍將軍。〔二〕

〔一〕雲別傳曰：益州既定，時議欲以成都中屋舍及城外園地桑田分賜諸將。雲駮之曰：「霍去病以匈奴未滅，無用家爲，今國賊非但匈奴，未可求安也。須天下都定，各反桑梓，歸耕本土，乃其宜耳。益州人民，初罹兵革，田宅皆可歸還，令安居復業，然後可役調，得其歡心。」先主卽從之。夏侯淵敗，曹公爭漢中地，運米北山下，數千萬囊。黃忠以爲可取，雲兵隨忠取米。忠過期不還，雲將數十騎輕行出圍，迎視忠等。値曹公揚兵大出，雲爲公前鋒所擊，方戰，其大衆至，勢偪，遂前突其陳，且鬭且卻。公軍敗，已復合，雲陷敵，還趣圍。將張著被創，雲復馳馬還營迎著。公軍追至圍，此時沔陽長張翼在雲圍內，翼欲閉門拒守，而雲入營，更大開門，偃旗息鼓。公軍疑雲有伏兵，引去。雲雷鼓震天，惟以戎弩於後射公軍，公軍驚駭，自相蹂踐，墮漢水中死者甚多。先主明旦自來至雲營圍視昨戰處，曰：「子龍一身都是膽也。」作樂飲宴至暝，軍中號雲爲虎威將軍。孫權襲荆州，先主大怒，欲討權。雲諫曰：「國賊是曹操，非孫權也，且先滅魏，則吳自服。操身雖斃，子丕篡盜，當因衆心，早圖關中，居河、渭上流以討凶逆，關東義士必裹糧策馬以迎王師。不應置魏，先與吳戰；兵勢一交，不得卒解也。」先主不聽，遂東征，留雲督江州。先主失利於秭歸，雲進兵至永安，吳軍已退。

〔二〕雲別傳曰：亮曰：「街亭軍退，兵將不復相錄，箕谷軍退，兵將初不相失，何故？」芝答曰：「雲身自斷後，軍資什物，略無所棄，兵將無緣相失。」雲有軍資餘絹，亮使分賜將士，雲曰：「軍事無利，何爲有賜？其物請悉入赤岸府庫，須十月爲冬賜。」亮大善之。

七年卒，追謚順平侯。

初，先主時，惟法正見謚；後主時，諸葛亮功德蓋世，蔣琬、費禕荷國之重，亦見謚；陳祗寵待，特加殊獎，夏侯霸遠來歸國，故復得謚；於是關羽、張飛、馬超、龐統、黃忠及雲乃追謚，時論以爲榮。〔一〕雲子統嗣，官至虎賁中郎，督行領軍。次子廣，牙門將，隨姜維沓中，臨陳戰死。

〔一〕雲別傳載後主詔曰：「雲昔從先帝，功績既著。朕以幼沖，涉塗艱難，賴恃忠順，濟於危險。夫謚所以敍元勳也，外議雲宜謚。」大將軍姜維等議，以爲雲昔從先帝，勞績既著，經營天下，遵奉法度，功效可書。當陽之役，義貫金石。忠以衞上，君念其賞；禮以厚下，臣忘其死。死者有知，足以不朽；生者感恩，足以殞身。謹按謚法，柔賢慈惠曰順，執事有班曰平，克定禍亂曰平，應謚雲曰順平侯。

評曰：關羽、張飛皆稱萬人之敵，爲世虎臣。羽報效曹公，飛義釋嚴顏，並有國士之風。然羽剛而自矜，飛暴而無恩，以短取敗，理數之常也。馬超阻戎負勇，以覆其族，惜哉！能因窮致泰，不猶愈乎！黃忠、趙雲彊摯壯猛，並作爪牙，其灌、滕之徒歟？

三國志卷三十七　蜀書七

龐統法正傳第七

龐統字士元，襄陽人也。少時樸鈍，未有識者。潁川司馬徽清雅有知人鑒，統弱冠往見徽，徽採桑於樹上，坐統在樹下，共語自晝至夜。徽甚異之，稱統當爲南州士之冠冕，由是漸顯。〔一〕後郡命爲功曹。性好人倫，勤於長養。每所稱述，多過其才，時人怪而問之，統答曰：「當今天下大亂，雅道陵遲，善人少而惡人多。方欲興風俗，長道業，不美其譚卽聲名不足慕企，不足慕企而爲善者少矣。今拔十失五，猶得其半，而可以崇邁世教，使有志者自勵，不亦可乎？」吳將周瑜助先主取荆州，因領南郡太守。瑜卒，統送喪至吳，吳人多聞其名。及當西還，並會昌門，陸勣、顧劭、全琮皆往。統曰：「陸子可謂駑馬有逸足之力，顧子可謂駑牛能負重致遠也。」〔二〕謂全琮曰：「卿好施慕名，有似汝南樊子昭。〔三〕雖智力不多，亦一時之佳也。」績、劭謂統曰：「使天下太平，當與卿共料四海之士。」深與統相結而還。

〔一〕襄陽記曰：諸葛孔明爲臥龍，龐士元爲鳳雛，司馬德操爲水鏡，皆龐德公語也。德公，襄陽人。孔明每至其家，獨

拜牀下，德公初不令止。德操嘗造德公，值其渡沔，上祀先人墓，德操徑入其室，呼德公妻子，使速作黍，「徐元直向云有客當來就我與龐公譚。」其妻子皆羅列拜於堂下，奔走供設。須臾，德公還，直入相就，不知何者是客也。德操年小德公十歲，兄事之，呼作龐公，故世人遂謂龐公是德公名，非也。德公子山民，亦有令名，娶諸葛孔明小姊，爲魏黃門吏部郎，早卒。子渙，字世文，晉太康中爲牂牁太守。統，德公從子也，少未有識者，惟德公重之，年十八，使往見德操。德操與語，旣而歎曰：「德公誠知人，此實盛德也。」

〔二〕張勃吳錄曰：或問統曰：「如所目，陸子爲勝乎？」統曰：「駑馬雖精，所致一人耳。駑牛一日行三百里，所致豈一人之重哉！」劭就統宿，語，因問：「卿名知人，吾與卿孰愈？」統曰：「陶冶世俗，甄綜人物，吾不及卿；論帝王之祕策，攬倚伏之要最，吾似有一日之長。」劭安其言而親之。

〔三〕蔣濟萬機論云許子將褒貶不平，以拔樊子昭而抑許文休。劉曄曰：「子昭拔自賈豎，年至耳順，退能守靜，進能不苟。」濟答曰：「子昭誠自長幼完潔，然觀其臿齒牙，樹頰胲，吐唇吻，自非文休敵也。」胲音改。

先主領荆州，統以從事守耒陽令，在縣不治，免官。吳將魯肅遺先主書曰：「龐士元非百里才也，使處治中、別駕之任，始當展其驥足耳。」諸葛亮亦言之於先主，先主見與善譚，大器之，以爲治中從事。〔一〕親待亞於諸葛亮，遂與亮並爲軍師中郎將。〔二〕亮留鎭荆州。統隨從入蜀。

〔一〕江表傳曰：先主與統從容宴語，問曰：「卿爲周公瑾功曹，孤到吳，聞此人密有白事，勸仲謀相留，有之乎？在君爲君，卿其無隱。」統對曰：「有之。」備歎息曰：「孤時危急，當有所求，故不得不往，殆不免周瑜之手！天下智謀之士，所見略同耳。時孔明諫孤莫行，其意獨篤，亦慮此也。孤以仲謀所防在北，當賴孤爲援，故決意不疑。此誠出於險塗，非萬全之計也。」

〔二〕九州春秋曰：統說備曰：「荆州荒殘，人物殫盡，東有吳孫，北有曹氏，鼎足之計，難以得志。今益州國富民彊，戶口百萬，四部兵馬，所出必具，寶貨無求於外，今可權借以定大事。」備曰：「今指與吾爲水火者，曹操也，操以急，吾以寬；操以暴，吾以仁；操以譎，吾以忠；每與操反，事乃可成耳。今以小故而失信義於天下者，吾所不取也。」統曰：「權變之時，固非一道所能定也。兼弱攻昧，五伯之事。逆取順守，報之以義，事定之後，封以大國，何負於信？今日不取，終爲人利耳。」備遂行。

益州牧劉璋與先主會涪，統進策曰：「今因此會，便可執之，則將軍無用兵之勞而坐定一州也。」先主曰：「初入他國，恩信未著，此不可也。」璋旣還成都，先主當爲璋北征漢中，統復說曰：「陰選精兵，晝夜兼道，徑襲成都；璋旣不武，又素無預備，大軍卒至，一舉便定，此上計也。楊懷、高沛，璋之名將，各仗彊兵，據守關頭，聞數有牋諫璋，使發遣將軍還荆州。將軍未至，遣與相聞，說荆州有急，欲還救之，並使裝束，外作歸形；此二子旣服將軍英名，又喜將軍之去，計必乘輕騎來見，將軍因此執之，進取其兵，乃向成都，此中計也。退還白帝，連引荆州，徐還圖之，此下計也。若沈吟不去，將致大困，不可久矣。」先主然其中計，卽斬懷、沛，還向成都，所過輒克。於涪大會，置酒作樂，謂統曰：「今日之會，可謂樂矣。」統曰：「伐人之國而以爲歡，非仁者之兵也。」先主醉，怒曰：「武王伐紂，前歌後舞，非仁者

邪？卿言不當，宜速起出！」於是統逡巡引退。先主尋悔，請還。統復故位，初不顧謝，飲食自若。先主謂曰：「向者之論，阿誰爲失？」統對曰：「君臣俱失。」先主大笑，宴樂如初。〔一〕

〔一〕習鑿齒曰：夫霸王者，必體仁義以爲本，仗信順以爲宗，一物不具，則其道乖矣。今劉備襲奪璋土，權以濟業，負信違情，德義俱愆，雖功由是隆，宜大傷其敗，譬斷手全軀，何樂之有？龐統懼斯言之泄宣，知其君之必悟，故衆中匡其失，而不脩常謙之道，矯然太當，盡其蹇諤之風。夫上失而能正，是有臣也，納勝而無執，是從理也；有臣則陛隆堂高，從理則羣策畢舉；一言而三善兼明，暫諫而義彰百代，可謂達乎大體矣。若惜其小失而廢其大益，矜此過言，自絕遠讜，能成業濟務者，未之有也。臣松之以爲謀襲劉璋，計雖出於統，然違義成功，本由詭道，心旣內疚，則歡情自戢，故聞備稱樂之言，不覺率爾而對也。備宴酣失時，事同樂禍，自比武王，曾無愧色，此備有非而統無失，其云「君臣俱失」，蓋分謗之言耳。習氏所論，雖大旨無乖，然推演之辭，近爲流宕也。

進圍雒縣，統率衆攻城，爲流矢所中，卒，時年三十六。先主痛惜，言則流涕。拜統父議郎，遷諫議大夫，諸葛亮親爲之拜。追賜統爵關內侯，謚曰靖侯。統子宏，字巨師，剛簡有臧否，輕傲尙書令陳祗，爲祗所抑，卒於涪陵太守。統弟林，以荆州治中從事參鎭北將軍黃權征吳，値軍敗，隨權入魏，魏封列侯，至鉅鹿太守。〔一〕

〔一〕襄陽記曰：林婦，同郡習禎妹。禎事在楊戲輔臣贊。曹公之破荆州，林婦與林分隔，守養弱女十有餘年，後林隨

黃權降魏，始復集聚。魏文帝聞而賢之，賜牀帳衣服，以顯其義節。

法正字孝直，（右）扶風郿人也。祖父眞，有清節高名。〔一〕建安初，天下饑荒，正與同郡孟達俱入蜀依劉璋，久之爲新都令，後召署軍議校尉。既不任用，又爲其州邑俱僑客者所謗無行，志意不得。益州別駕張松與正相善，忖璋不足與有爲，常竊歎息。松於荊州見曹公還，勸璋絕曹公而自結先主。璋曰：「誰可使者？」松乃舉正，正辭讓，不得已而往。正既還，爲松稱說先主有雄略，密謀協規，願共戴奉，而未有緣。後因璋聞曹公欲遣將征張魯之有懼心也，松遂說璋宜迎先主，使之討魯，復令正銜命。正既宣旨，陰獻策於先主曰：「以明將軍之英才，乘劉牧之懦弱；張松，州之股肱，以響應於內；然後資益州之殷富，馮天府之險阻，以此成業，猶反掌也。」先主然之，泝江而西，與璋會涪。北至葭萌，南還取璋。

〔一〕三輔決錄注曰：眞字高卿，少明五經，兼通讖緯，學無常師，名有高才。常幅巾見扶風守，守曰：「哀公雖不肖，猶臣仲尼，柳下惠不去父母之邦，欲相屈爲功曹何如？」眞曰：「以明府見待有禮，故四時朝覲，若欲吏使之，眞將在北山之北南山之南矣。」扶風守遂不敢以爲吏。初，眞年未弱冠，父在南郡，步往候父，已欲去，父留之待正旦，使觀朝吏會。會者數百人，眞於窗中闚其與父語。畢，問眞「孰賢」？眞曰：「曹掾胡廣有公卿之量。」其後廣果歷九卿三公之位，世以服眞之知人。前後徵辟，皆不就，友人郭正等美之，號曰玄德先生。年八十九，中平五年卒。正父衍，字季謀，司徒掾、廷尉左監。

鄭度說璋曰：〔一〕「左將軍縣軍襲我，兵不滿萬，士衆未附，野穀是資，軍無輜重。其計莫若盡驅巴西、梓潼民內涪水以西，其倉廩野穀，一皆燒除，高壘深溝，靜以待之。彼至，請戰，勿許，久無所資，不過百日，必將自走。走而擊之，則必禽耳。」先主聞而惡之，以問正。正曰：「終不能用，無可憂也。」璋果如正言，謂其羣下曰：「吾聞拒敵以安民，未聞動民以避敵也。」於是黜度，不用其計。及軍圍雒城，正牋與璋曰：「正受性無術，盟好違損，懼左右不明本末，必並歸咎，蒙恥沒身，辱及執事，是以損身於外，不敢反命。恐聖聽穢惡其聲，故中間不有牋敬，顧念宿遇，瞻望悢悢。然惟前後披露腹心，自從始初以至於終，實不藏情，有所不盡，但愚闇策薄，精誠不感，以致於此耳。今國事已危，禍害在速，雖捐放於外，言足憎尤，猶貪極所懷，以盡餘忠。明將軍本心，正之所知也，實爲區區不欲失左將軍之意，而卒至於是者，左右不達英雄從事之道，謂可違信黷誓，而以意氣相致，日月相遷，趨求順耳悅目，隨阿遂指，不圖遠慮爲國深計故也。事變既成，又不量彊弱之勢，以爲左將軍縣遠之衆，糧穀無儲，欲得以多擊少，曠日相持。而從關至此，所歷輒破，離宮別屯，日自零落。雒下雖有萬兵，皆壞陳之卒，破軍之將，若欲爭一旦之戰，則兵將勢力，實不相當。各欲遠期計糧者，今此營守已固，穀米已積，而明將軍土地日削，百姓日困，敵對遂多，所供遠曠。愚意計之，謂必先竭，將不復以持久也。空爾相守，猶不相堪，今張益德數萬之衆，已定巴東，入犍爲界，分平資中、德陽，三道並侵，將何以禦之？本爲明將軍計者，必謂此軍縣遠無糧，饋運不及，兵少無繼。今荊州道通，衆數十倍，加孫車騎遣弟及李異、甘寧等爲其後繼。若爭客主之勢，以土地相勝者，今此全有巴東，廣漢、犍爲，過半已定，巴西一郡，復非明將軍之有也。計益州所仰惟蜀，蜀亦破壞；三分亡二，吏民疲困，思爲亂者十戶而八；若敵遠則百姓不能堪役，敵近則一旦易主矣。廣漢諸縣，是明比也。又魚復與關頭實爲益州福禍之門，今二門悉開，堅城皆下，諸軍並破，兵將俱盡，而敵家數道並進，已入心腹，坐守都、雒，存亡之勢，昭然可見。斯乃大略，其外較耳，其餘屈曲，難以辭極也。以正下愚，猶知此事不可復成，況明將軍左右明智用謀之士，豈當不見此數哉？旦夕偷幸，求容取媚，不慮遠圖，莫肯盡心獻良計耳。若事窮勢迫，將各索生，求濟門戶，展轉反覆，與今計異，不爲明將軍盡死難也，而尊門猶當受其憂。正雖獲不忠之謗，然心自謂不負聖德，顧惟分義，實竊痛心。左將軍從本舉來，舊心依依，實無薄意。愚以爲可圖變化，以保尊門。」

〔一〕華陽國志曰：度，廣漢人，爲州從事。

十九年，進圍成都，璋蜀郡太守許靖將踰城降，事覺，不果。璋以危亡在近，故不誅靖。璋既稽服，先主以此薄靖不用也。正說曰：「天下有獲虛譽而無其實者，許靖是也。然今主公始創大業，天下之人不可戶說，靖之浮稱，播流四海，若其不禮，天下之人以是謂主公爲

賤賢也。宜加敬重，以眩遠近，追昔燕王之待郭隗。」先主於是乃厚待靖。〔一〕以正爲蜀郡太守、揚武將軍，外統都畿，內爲謀主。一飡之德，睚眦之怨，無不報復，擅殺毀傷己者數人。或謂諸葛亮曰：「法正於蜀郡太縱橫，將軍宜啓主公，抑其威福。」亮答曰：「主公之在公安也，北畏曹公之彊，東憚孫權之逼，近則懼孫夫人生變於肘腋之下；當斯之時，進退狼跋，法孝直爲之輔翼，令翻然翺翔，不可復制，如何禁止法正使不得行其意邪！」初，孫權以妹妻先主，妹才捷剛猛，有諸兄之風，侍婢百餘人，皆親執刀侍立，先主每入，衷心常凜凜；亮又知先主雅愛信正，故言如此。〔二〕

〔一〕孫盛曰：夫禮賢崇德，爲邦之要道，封墓式閭，先王之令軌，故必以體行英邈，高義蓋世，然後可以延視四海，振服羣黎。苟非其人，道不虛行。靖處室則友于不穆，出身則受位非所，語信則夷險易心，論識則殆爲釁首，安在其可寵先而有以感致者乎？若乃浮虛是崇，偸薄斯榮，則秉直仗義之士，將何以禮之？正務眩惑之術，違貴尚之風，譬之郭隗，非其倫矣。臣松之以爲郭隗非賢，猶以權計蒙寵，況文休名聲夙著，天下謂之英偉，雖末年有瑕，而事不彰徹，若不加禮，何以釋遠近之惑乎？法正以靖方隗，未爲不當，而盛以封墓式閭爲難，何其迂哉！然則燕昭亦非，豈唯劉翁？至於友于不穆，失由子將，尋蔣濟之論，知非文休之尤。盛又譏其受（任）〔位〕非所，將謂仕於董卓。卓初秉政，顯擢賢俊，受其策爵者森然皆是。文休爲選官，在卓未至之前，後遷中丞，不爲超越。以此爲貶，則荀爽、陳紀之儔皆應擯棄於世矣。

〔三〕孫盛曰：夫威福自下，亡家害國之道，刑縱於寵，毀政亂理之源，安可以功臣而極其陵肆，嬖幸而藉其國柄者哉？故顚頡雖勤，不免違命之刑，楊干雖親，猶加亂行之戮，夫豈不愛，王憲故也。諸葛氏之言，於是乎失政刑矣。

二十二年，正說先主曰：「曹操一舉而降張魯，定漢中，不因此勢以圖巴、蜀，而留夏侯淵、張郃屯守，身遽北還，此非其智不逮而力不足也，必將內有憂偪故耳。今策淵、郃才略，不勝國之將帥，舉衆往討，則必可克。(之克)〔克之〕之日，廣農積穀，觀釁伺隙，上可以傾覆寇敵，尊奬王室，中可以蠶食雍、涼，廣拓境土，下可以固守要害，爲持久之計。此蓋天以與我，時不可失也。」先主善其策，乃率諸將進兵漢中，正亦從行。二十四年，先主自陽平南渡沔水，緣山稍前，於定軍、興勢作營。淵將兵來爭其地。正曰：「可擊矣。」先主命黃忠乘高鼓譟攻之，大破淵軍，淵等授首。曹公西征，聞正之策，曰：「吾故知玄德不辦有此，必爲人所教也。」〔一〕

〔一〕臣松之以爲蜀與漢中，其由脣齒也。劉主之智，豈不及此？將計略未展，正先發之耳。夫聽用嘉謀以成功業，霸王之主，誰不皆然？魏武以爲人所教，亦豈劣哉！此蓋恥恨之餘辭，非測實之當言也。

先主立爲漢中王，以正爲尚書令、護軍將軍。明年卒，時年四十五。先主爲之流涕者累日。謚曰翼侯。賜子邈爵關內侯，官至奉車都尉、漢陽太守。諸葛亮與正，雖好尚不同，以公義相取。亮每奇正智術。先主既卽尊號，將東征孫權以復關羽之恥，羣臣多諫，一不從。章武二年，大軍敗績，還住白帝。亮歎曰：「法孝直若在，則能制主上，令不東行；就復東行，必不傾危矣。」〔一〕

〔一〕先主與曹公爭，勢有不便，宜退，而先主大怒不肯退，無敢諫者。矢下如雨，正乃往當先主前，先主云：「孝直避箭。」正曰：「明公親當矢石，況小人乎？」先主乃曰：「孝直，吾與汝俱去。」遂退。

評曰：龐統雅好人流，經學思謀，于時荆、楚謂之高俊。法正著見成敗，有奇畫策算，然不以德素稱也。儗之魏臣，統其荀彧之仲叔，正其程、郭之儔儷邪？

三國志卷三十八 蜀書八

許麋孫簡伊秦傳第八

許靖字文休，汝南平輿人。少與從弟劭俱知名，並有人倫臧否之稱，而私情不協。劭爲郡功曹，排擯靖不得齒敍，以馬磨自給。潁川劉翊爲汝南太守，乃舉靖計吏，察孝廉，除尚書郎，典選舉。靈帝崩，董卓秉政，以漢陽周毖爲吏部尚書，與靖共謀議，進退天下之士，沙汰穢濁，顯拔幽滯。進用潁川荀爽、韓融、陳紀等爲公、卿、郡守，拜尚書韓馥爲冀州牧，侍中劉岱爲兗州刺史，潁川張咨爲南陽太守，陳留孔伷爲豫州刺史，東郡張邈爲陳留太守，而遷靖巴郡太守，不就，補御史中丞。馥等到官，各舉兵還向京都，欲以誅卓。卓怒毖曰：「諸君言當拔用善士，卓從君計，不欲違天下人心。而諸君所用人，至官之日，還來相圖。卓何用相負！」叱毖令出，於外斬之。靖從兄陳相瑒，又與伷合規，靖懼誅，奔伷。〔一〕伷卒，依揚州刺史陳禕。禕死，吳郡都尉許貢、會稽太守王朗素與靖有舊，故往保焉。靖收恤親里，經紀振贍，出於仁厚。

孫策東渡江，皆走交州以避其難，靖身坐岸邊，先載附從，疏親悉發，乃從後去，當時見者莫不歎息。既至交阯，交阯太守士燮厚加敬待。陳國袁徽以寄寓交州，徽與尚書令荀彧書曰：「許文休英才偉士，智略足以計事。自流宕已來，與羣士相隨，每有患急，常先人後己，與九族中外同其飢寒。其紀綱同類，仁恕惻隱，皆有效事，不能復一二陳之耳。」鉅鹿張翊〔二〕銜王命使交部，乘勢募靖，欲與誓要，靖拒而不許。靖與曹公書曰：

〔一〕蜀記云：靖後自表曰：「黨賊求生，情所不忍；守官自危，死不成義。竊念古人當難詭常，權以濟其道。」

世路戎夷，禍亂遂合，駑怯偷生，自竄蠻貊，成闊十年，吉凶禮廢。昔在會稽，得所貽書，辭旨款密，久要不忘。迫於袁術方命圮族，扇動羣逆，津塗四塞，雖縣心北風，欲行靡由。正禮師退，術兵前進，會稽傾覆，景興失據，三江五湖，皆爲虜庭。臨時困厄，無所控告。便與袁沛、鄧子孝等浮涉滄海，南至交州。經歷東甌、閩、越之國，行經萬里，不見漢地，漂薄風波，絕糧茹草，飢殍薦臻，死者大半。旣濟南海，與領守兒孝德相見，知足下忠義奮發，整飭元戎，西迎大駕，巡省中嶽。承此休問，且悲且憙，卽與袁沛及徐元賢復共嚴裝，欲北上荆州。會蒼梧諸縣夷、越蠭起，州府傾覆，道路阻絕，元賢被害，老弱並殺。靖尋循渚岸五千餘里，復遇疾癘，伯母隕命，并及羣從，自諸妻子，一時略盡。復相扶侍，前到此郡，計爲兵害及病亡者，十遺一二。生民之艱，辛苦之甚，豈可具陳哉！〔二〕懼卒顛仆，永爲亡虜，憂瘁慘慘，忘寢與食。欲附奉朝貢使，自獲濟通，歸死闕庭，而荊州水陸無津，交部驛使斷絕。欲上益州，復有峻防，故官長吏，一不得入。前令交阯太守士威彥，深相分託於益州兄弟，又靖亦自與書，辛苦懇惻，而復寂寞，未有報應。雖仰瞻光靈，延頸企踵，何由假翼自致哉？

知聖主允明，顯授足下專征之任，凡諸逆節，多所誅討，想力競者一心，順從者同規矣。又張子雲昔在京師，志匡王室，今雖臨荒域，不得參與本朝，亦國家之藩鎭，足下之外援也。〔三〕若荊、楚平和，王澤南至，足下忽有聲命於子雲，勤見保屬，令得假途由荊州出，不然，當復相紹介於益州兄弟，使相納受。倘天假其年，人緩其禍，得歸死國家，解逋逃之負，泯軀九泉，將復何恨！若時有險易，事有利鈍，人命無常，隕沒不達者，則永銜罪責，入於裔土矣。

昔營邱翼周，杖鉞專征，博陸佐漢，虎賁警蹕。〔四〕今日足下扶危持傾，爲國柱石，秉師望之任，兼霍光之重，五侯九伯，制御在手，自古及今，人臣之尊未有及足下者也。夫爵高者憂深，祿厚者責重。足下據爵高之任，當責重之地，言出於口，卽爲賞罰，意之所存，便爲禍福。行之得道，卽社稷用寧；行之失道，卽四方散亂。國家安危，在於足下；百姓之命，縣於執事。自華及夷，顒顒注望。足下任此，豈可不遠覽載籍廢興

之由，榮辱之機，棄忘舊惡，寬和羣司，審量五材，爲官擇人？苟得其人，雖讎必舉；苟非其人，雖親不授。以寧社稷，以濟下民，事立功成，則繫音於管絃，勒勳於金石，願君勉之！爲國自重，爲民自愛。」

〔一〕萬機論云：翔字元鳳。

〔二〕臣松之以爲孔子稱「賢者避世，其次避地」，蓋貴其識見安危，去就得所也。許靖羇客會稽，閭閻之士，孫策之來，於靖何爲？而乃泛萬里之海，入疫癘之鄉，致使尊弱塗炭，百罹備經，可謂自貽矣。謀臣若斯，難以言智。孰若安時處順，端拱吳、越，與張昭、張紘之儔同保元吉者哉？

〔三〕子雲名津，南陽人，爲交州刺史。見吳志。

〔四〕漢書霍光傳曰：「光出都肄郎羽林，道上稱警蹕。」未詳虎賁所出也。

翔恨靖之不自納，搜索靖所寄書疏，盡投之于水。

後劉璋遂使使招靖，靖來入蜀。璋以靖爲巴郡、廣漢太守。南陽宋仲子於荊州與蜀郡太守王商書曰：「文休倜儻瑰瑋，有當世之具，足下當以爲指南。」〔一〕建安十六年，轉在蜀郡。〔二〕十九年，先主克蜀，以靖爲左將軍長史。先主爲漢中王，靖爲太傅。及卽尊號，策靖曰：「朕獲奉洪業，君臨萬國，夙宵惶惶，懼不能綏。百姓不親，五品不遜，汝作司徒，其敬敷五教，在寬。君其勖哉！秉德無怠，稱朕意焉。」

〔一〕益州耆舊傳曰：商字文表，廣漢人，以才學稱，聲問著於州里。劉璋辟爲治中從事。是時王塗隔絕，州之牧伯猶七國之諸侯也，而璋懦弱多疑，不能黨信大臣。商奏記諫璋，璋頗感悟。初，韓遂與馬騰作亂關中，數與璋父焉交通信，至騰子超復與璋相聞，有連蜀之意。商謂璋曰：「超勇而不仁，見得不思義，不可以爲脣齒。老子曰：『國之利器，不可以示人。』今之益部，士美民豐，寶物所出，斯乃狡夫所欲傾覆，超等所以西望也。若引而近之，則由養虎，將自遺患矣。」璋從其言，乃拒絕之。荊州牧劉表及儒者宋忠咸聞其名，遺書與商敍致殷勤。許靖號爲臧否，至蜀，見商而稱之曰：「設使商生於華夏，雖王景興無以加也。」璋以商爲蜀郡太守。成都禽堅有至孝之行，商表其墓，追贈孝廉。又與嚴君平、李弘立祠作銘，以旌先賢。脩學廣農，百姓便之。在郡十載，卒於官，許靖代之。

〔二〕山陽公載記曰：建安十七年，漢立皇子熙爲濟陰王，懿爲山陽王，敦爲東海王。靖聞之曰：「『將欲歙之，必固張之；將欲取之，必固與之』。其孟德之謂乎！」

靖雖年逾七十，愛樂人物，誘納後進，清談不倦。丞相諸葛亮皆爲之拜。章武二年卒。子欽，先靖夭沒。欽子游，景耀中爲尚書。始靖兄事潁川陳紀，與陳郡袁渙、平原華歆、東海王朗等親善，歆、朗及紀子羣，魏初爲公輔大臣，咸與靖書，申陳舊好，情義款至，文多故不載。〔一〕

〔一〕魏略：王朗與文休書曰：「文休足下：消息平安，甚善甚善。豈意脫別三十餘年而無相見之緣乎！詩人比一日之別於歲月，豈況悠悠歷累紀之年者哉！自與子別，若沒而復浮，若絕而復連者數矣。而今而後，居升平之京師，攀附

於飛龍之聖主；儕輩略盡，幸得老與足下並爲遺種之叟，而相去數千里，加有邅蹇之隔，時聞消息於風聲，託舊情於思想，眇眇異處，與異世無以異也。往者隨軍到荊州，見鄧子孝、桓元將，粗聞足下動靜，云夫子既在益州，執職領郡，德素規矩，老而不墮。是時侍宿武皇帝於江陵劉景升聽事之上，共道足下於通夜，拳拳飢渴，誠無已也。自天子在東宮，及卽位之後，每會羣賢，論天下髦儁之見在者，豈獨人盡易爲英，士鮮易取最，故乃猥以原壤之朽質，感夫子之情聽；每敍足下，以爲謀首，豈其注意，乃復過於前世，書曰『人惟求舊』，易稱『同聲相應，同氣相求』，劉將軍之與大魏，兼而兩之，總此二義。前世邂逅，以同爲睽，非武皇帝之旨；頃者蹉跌，其泰而否，亦非足下之意也。深思書、易之義，利結分於宿好，故遣降者送吳所獻致名馬、貂、罽，得因無嫌。道初開通，展敍舊情，以達聲問。久闊情慉，非夫筆墨所能寫陳，亦想足下同其志念。今者，親生男女凡有幾人？年並幾何？僕連失一男一女，今有二男：大兒名肅，年二十九，生於會稽；小兒裁歲餘。臨書愴恨，有懷緬然。」又曰：「過聞『受終於文祖』之言於尚書。又聞『歷數在躬，允執其中』之文於論語。豈自意得於老耄之齒，正值天命受於聖主之會，親見三讓之弘辭，觀衆瑞之總集，覩升堂穆穆之盛禮，瞻燔燎焜曜之青烟；于時忽自以爲處唐、虞之運，際於紫微之天庭也。徒慨不得攜子之手，共列於(世)〔廿〕有二子之數，以聽有唐『欽哉』之命也。子雖在裔土，想亦極目而迴望，側耳而遐聽，延頸而鶴立也。昔汝南陳公初拜，不依故常，讓上卿於李元禮。以此推之，吾宜退身以避子位也。苟得避子以竊讓名，然後(綏)〔緌〕帶委質，游談於平、勃之間，與子共陳往時避地之艱辛，樂酒酣讌，高談大噱，亦足遺憂而忘老。捉筆陳情，隨以喜笑。」又曰：「前夏有書而未達，今重有書，而并致前問。皇帝既深悼劉將軍之早世，又愍其孤之不易，又惜使足下孔明等士人氣類之徒，遂沈溺於羌夷異種之間，永與華夏乖絕，而無朝聘中國之期緣，瞻睎故土桑梓之望也，故復運

慈念而勞仁心，重下明詔以發德音，申敕朗等，使重爲書與足下等。以足下聰明，揆殷勤之聖意，亦足悟海岱之所常在，知百川之所宜注矣。昔伊尹去夏而就殷，陳平違楚而歸漢，猶曜德於阿衡，著功於宰相。若足下能弼人之遺孤，定人之猶豫，去非常之僞號，事受命之大魏，客主兼不世之榮名，上下蒙不朽之常耀，功與事並，聲與勳著，考〔其〕績效，足以超越伊、呂矣。既承詔〈直〉〔旨〕，且服舊之情，情不能已。若不言足下之所能，陳足下之所見，則無以宣明詔命，弘光大之恩，敍宿昔夢想之思。若天啓衆心，子導蜀意，誠此意有攜手之期。若險路未夷，子謀不從，則懼聲問或否，復面何由！前後二書，言每及斯，希不切然有動於懷。足下周游江湖，以暨南海，歷觀夷俗，可謂偏矣；想子之心，結思華夏，可謂深矣。爲身擇居，猶願中土；爲主擇〈居〉安，豈可以不繫意於京師，而持疑於荒裔乎？詳思愚言，速示還報也。」

麋竺字子仲，東海朐人也。祖世貨殖，僮客萬人，貲產鉅億。〔一〕後徐州牧陶謙辟爲別駕從事。謙卒，竺奉謙遺命，迎先主於小沛。建安元年，呂布乘先主之出拒袁術，襲下邳，虜先主妻子。先主轉軍廣陵海西，竺於是進妹於先主爲夫人，奴客二千，金銀貨幣以助軍資；于時困匱，賴此復振。後曹公表竺領嬴郡太守，〔二〕竺弟芳爲彭城相，皆去官，隨先主周旋。先主將適荊州，遣竺先與劉表相聞，以竺爲左將軍從事中郎。益州既平，拜爲安漢將軍，班在軍師將軍之右。竺雍容敦雅，而幹翮非所長。是以待之以上賓之禮，未嘗有所統御。然賞賜優寵，無與爲比。

〔一〕搜神記曰：「竺嘗從洛歸，未達家數十里，路傍見一婦人，從竺求寄載。行可數里，婦謝去，謂竺曰：『我天使也，當往燒東海麋竺家，感君見載，故以相語。』竺因私請之，婦曰：『不可得不燒。如此，君可馳去，我當緩行，日中火當發。』竺乃還家，遽出財物，日中而火大發。」

〔二〕曹公集載公表曰：「泰山郡界廣遠，舊多輕悍，權時之宜，可分五縣爲嬴郡，揀選清廉以爲守將。偏將軍麋竺，素履忠貞，文武昭烈，請以竺領嬴郡太守，撫慰吏民。」

芳爲南郡太守，與關羽共事，而私好攜貳，叛迎孫權，羽因覆敗。竺面縛請罪，先主慰諭以兄弟罪不相及，崇待如初。竺慚恚發病，歲餘卒。子威，官至虎賁中郎將。威子照，虎騎監。自竺至照，皆便弓馬，善射御云。

孫乾字公祐，北海人也。先主領徐州，辟爲從事，〔一〕後隨從周旋。先主之背曹公，遣乾自結袁紹，將適荊州，乾又與麋竺俱使劉表，皆如意指。後表與袁尚書，說其兄弟分爭之變，曰：「每與劉左將軍、孫公祐共論此事，未嘗不痛心入骨，相爲悲傷也。」其見重如此。先主定益州，乾自從事中郎爲秉忠將軍，見禮次麋竺，與簡雍同等。頃之，卒。

〔一〕鄭玄傳云：玄薦乾於州。乾被辟命，玄所舉也。

簡雍字憲和，涿郡人也。少與先主有舊，隨從周旋。先主至荊州，雍與麋竺、孫乾同爲從事中郎，常爲談客，往來使命。先主入益州，劉璋見雍，甚愛之。後先主圍成都，遣雍往說璋，璋遂與雍同輿而載，出城歸命。先主拜雍爲昭德將軍。優游風議，性簡傲跌宕，在先主坐席，猶箕踞傾倚，威儀不肅，自縱適；諸葛亮已下則獨擅一榻，項枕臥語，無所爲屈。時天旱禁酒，釀者有刑。吏於人家索得釀具，論者欲令與作酒者同罰。雍與先主游觀，見一男女行道，謂先主曰：「彼人欲行淫，何以不縛？」先主曰：「卿何以知之？」雍對曰：「彼有其具，與欲釀者同。」先主大笑，而原欲釀者。雍之滑稽，皆此類也。〔一〕

〔一〕或曰：雍本姓耿，幽州人語謂耿爲簡，遂隨音變之。

伊籍字機伯，山陽人。少依邑人鎮南將軍劉表。先主之在荊州，籍常往來自託。表卒，遂隨先主南渡江，從入益州。益州既定，以籍爲左將軍從事中郎，見待亞於簡雍、孫乾等。遣東使於吳，孫權聞其才辯，欲逆折以辭。籍適入拜，權曰：「勞事無道之君乎？」籍即對曰：「一拜一起，未足爲勞。」籍之機捷，類皆如此，權甚異之。後遷昭文將軍，與諸葛亮、法正、劉巴、李嚴共造蜀科；蜀科之制，由此五人焉。

秦宓字子勑，廣漢緜竹人也。少有才學，州郡辟命，輒稱疾不往。奏記州牧劉焉，薦儒士任定祖曰：「昔百里、蹇叔以耆艾而定策，甘羅、子奇以童冠而立功，故書美黃髮，而易稱顏淵，固知選士用能，不拘長幼，明矣。乃者以來，海內察舉，率多英儁而遺舊齒，衆論不齊，異同相半，此乃承平之翔步，非亂世之急務也。夫欲救危撫亂，脩己以安人，則宜卓犖超倫，與時殊趣，震驚鄰國，駭動四方，上當天心，下合人意；天人既和，內省不疚，雖遭凶亂，何憂何懼！昔楚葉公好龍，神龍下之，好僞徹天，何況於眞？今處士任安，仁義直道，流名四遠，如令見察，則一州斯服。昔湯舉伊尹，不仁者遠，何武貢二龔，雙名竹帛，故貪尋常之高而忽萬仞之嵩，樂面前之飾而忘天下之譽，斯誠往古之所重慎也。甫欲鑿石索玉，剖蚌求珠，今乃隨、和炳然，有如皎日，復何疑哉！誠知晝不操燭，日有餘光，但愚情區區，貪陳所見。」〔一〕

〔一〕益部耆舊傳曰：安，廣漢人。少事聘士楊厚，究極圖籍，游覽京師，還家講授，與董扶俱以學行齊聲。郡請功曹，州辟治中別駕，終不久居。舉孝廉茂才，太尉載辟，除博士，公車徵，皆稱疾不就。州牧劉焉表薦安味精道度，厲節高邈，揆其器量，國之元寶，宜處弼疑之輔，以消非常之咎。玄纁之禮，所宜招命。王塗隔塞，遂無聘命。年七十九，建安七年卒，門人慕仰，爲立碑銘。後丞相亮問秦宓以安所長，宓曰：「記人之善，忘人之過。」

劉璋時，宓同郡王商爲治中從事，與宓書曰：「貧賤困苦，亦何時可以終身！卞和衒玉以燿世，宜一來，與州尊相見。」宓答書曰：「昔堯優許由，非不弘也，洗其兩耳；楚聘莊周，非不廣也，執竿不顧。易曰『確乎其不可拔』，夫何衒之有？且以國君之賢，子爲良輔，不以是時建蕭、張之策，未足爲智也。僕得曝背乎隴畝之中，誦顏氏之簞瓢，詠原憲之蓬戶，時翺翔於林澤，與沮、溺之等儔，聽玄猿之悲吟，察鶴鳴於九皐，安身爲樂，無憂爲福，處空虛之名，居不靈之龜，知我者希，則我貴矣。斯乃僕得志之秋也，何困苦之戚焉！」後商爲嚴君平、李弘立祠，宓與書曰：「疾病伏匿，甫知足下爲嚴、李立祠，可謂厚黨勤類者也。觀嚴文章，冠冒天下，由、夷逸操，山嶽不移，使揚子不歎，固自昭明。如李仲元不遭法言，令名必淪，其無虎豹之文故也，可謂攀龍附鳳者矣。如揚子雲潛心著述，有補於世，泥蟠不滓，行參聖師，于今海內，談詠厥辭。邦有斯人，以耀四遠，怪子替茲，不立祠堂。蜀本無學士，文翁遣相如東受七經，還教吏民，於是蜀學比於齊、魯。故地里志曰：『文翁倡其教，相如爲之師。』漢家得士，盛於其世；仲舒之徒，不達封禪，相如制其禮。夫能制禮造樂，移風易俗，非禮所秩有益於世者乎！雖有王孫之累，猶孔子大齊桓之霸，公羊賢叔術之讓。僕亦善長卿之化，宜立祠堂，速定其銘。」

先是，李權從宓借戰國策，宓曰：「戰國從橫，用之何爲？」權曰：「仲尼、嚴平，會聚衆書，以成春秋、指歸之文，故海以合流爲大，君子以博識爲弘。」宓報曰：「書非史記周圖，仲尼不采；道非虛無自然，嚴平不演。海以受淤，歲一蕩淸；君子博識，非禮不視。今戰國反覆儀、秦之術，殺人自生，亡人自存，經之所疾。故孔子發憤作春秋，大乎居正，復制孝經，廣陳德行。杜漸防萌，預有所抑，是以老氏絕禍於未萌，豈不信邪！成湯大聖，覩野魚而有獵逐之失，定公賢者，見女樂而棄朝事，〔一〕若此輩類，焉可勝陳。道家法曰：『不見所欲，使心不亂。』是故天地貞觀，日月貞明；其直如矢，君子所履。洪範記災，發於言貌，何戰國之譎權乎哉！」

〔一〕臣松之案：書傳魯定公無善可稱。宓謂之賢者，淺學所未達也。

或謂宓曰：「足下欲自比於巢、許、四皓，何故揚文藻見瓌穎乎？」宓答曰：「僕文不能盡言，言不能盡意，何文藻之有揚乎！昔孔子三見哀公，言成七卷，事蓋有不可嘿嘿也。〔一〕接輿行且歌，論家以光篇；漁父詠滄浪，賢者以耀章。此二人者，非有欲於時者也。夫虎生而文炳，鳳生而五色，豈以五采自飾畫哉？天性自然也。蓋河、洛由文興，六經由文起，君子懿文德，采藻其何傷！以僕之愚，猶恥革子成之誤，況賢於己者乎！」〔二〕

〔一〕劉向七略曰：孔子三見哀公，作三朝記七篇，今在大戴禮。臣松之案：中經部有孔子三朝八卷，一卷目錄，餘者所謂七篇。

〔二〕臣松之案：今論語作棘子成。子成曰：「君子質而已矣，何以文爲！」屈於子貢之言，故謂之誤也。

先主既定益州，廣漢太守夏侯纂請宓爲師友祭酒，領五官掾，稱曰仲父。宓稱疾，臥在第舍，纂將功曹古朴、主簿王普，廚膳卽宓第宴談，宓臥如故。纂問朴曰：「至於貴州養生之具，實絕餘州矣，不知士人何如餘州也？」朴對曰：「乃自先漢以來，其爵位者或不如餘州耳，至於著作爲世師式，不負於餘州也。嚴君平見黃、老作指歸，揚雄見易作太玄，見論語作法言，司馬相如爲武帝制封禪之文，于今天下所共聞也。」纂曰：「仲父何如？」宓以簿擊頰，〔一〕曰：「願明府勿以仲父之言假於小草，民請爲明府陳其本紀。蜀有汶阜之山，江出其腹，帝以會昌，神以建福，故能沃野千里。〔二〕淮、濟四瀆，江爲其首，此其一也。禹生石紐，今之汶山郡是也。〔三〕昔堯遭洪水，鯀所不治，禹疏江決河，東注于海，爲民除害，生民已來功莫先者，此其二也。天帝布治房心，決政參伐，參伐則益州分野，三皇乘祗車出谷口，今之斜谷是也。〔四〕此便鄙州之阡陌，明府以雅意論之，何若於天下乎？」於是纂逡巡無以復答。

〔一〕簿，手版也。

〔二〕河圖括地象曰：岷山之地，上爲東井絡，帝以會昌，神以建福，上爲天井。左思蜀都賦曰：遠則岷山之精，上爲井絡，天地運期而會昌，景福（肹）〔肸〕蠁而興作。

〔三〕帝王世紀曰：鯀納有莘氏女曰志，是爲脩己。上山行，見流星貫昴，夢接意感，又吞神珠，臆圮胸折，而生禹於石紐。譙周蜀本紀曰：禹本汶山廣柔縣人也，生於石紐，其地名刳兒坪，見世帝紀。

〔四〕蜀記曰：三皇乘祗車出谷口。未詳宓所由知爲斜谷也。

益州辟宓爲從事祭酒。先主既稱尊號，將東征吳，宓陳天時必無其利，坐下獄幽閉，然後貸出。建興二年，丞相亮領益州牧，選宓迎爲別駕，尋拜左中郎將、長水校尉。吳遣使張溫來聘，百官皆往餞焉。衆人皆集而宓未往，亮累遣使促之，溫曰：「彼何人也？」亮曰：「益州學士也。」及至，溫問曰：「君學乎？」宓曰：「五尺童子皆學，何必小人！」溫復問曰：「天有頭乎？」宓曰：「有之。」溫曰：「在何方也？」宓曰：「在西方。詩曰：『乃眷西顧。』以此推之，頭在西方。」溫曰：「天有耳乎？」宓曰：「天處高而聽卑，詩云：『鶴鳴于九皐，聲聞于天。』若其無耳，何以聽之？」溫曰：「天有足乎？」宓曰：「有。詩云：『天步艱難，之子不猶。』若其無足，何以步之？」溫曰：「天有姓乎？」宓曰：「有。」溫曰：「何姓？」宓曰：「姓劉。」溫曰：「何以知之？」答曰：「天子姓劉，故以此知之。」溫曰：「日生於東乎？」宓曰：「雖生于東而沒於西。」答問如響，應聲而出，於是溫大敬服。宓之文辯，皆此類也。遷大司農，四年卒。初宓見帝系之文，五帝皆同一族，宓辨其不然之本。又論皇帝王霸（養）〔豢〕龍之說，甚有通理。譙允南少時數往諮訪，紀錄其言於春秋然否論，文多故不載。

評曰：許靖夙有名譽，既以篤厚爲稱，又以人物爲意，雖行事擧動，未悉允當，蔣濟以爲

「大較廊廟器」也。〔一〕麋竺、孫乾、簡雍、伊籍，皆雍容風議，見禮於世。秦宓始慕肥遯之高，而無若愚之實。然專對有餘，文藻壯美，可謂一時之才士矣。

〔一〕萬機論論許子將曰：許文休者，大較廊廟器也，而子將貶之。若實不貴之，是不明也；誠令知之，蓋善人也。

三國志卷三十九

蜀書九

董劉馬陳董呂傳第九

董和字幼宰，南郡枝江人也，其先本巴郡江州人。漢末，和率宗族西遷，益州牧劉璋以爲牛鞞、音髀。江原長、成都令。蜀土富實，時俗奢侈，貨殖之家，侯服玉食，婚姻葬送，傾家竭產。和躬率以儉，惡衣蔬食，防遏踰僭，爲之軌制，所在皆移風變善，畏而不犯。然縣界豪彊憚和嚴法，說璋轉和爲巴東屬國都尉。吏民老弱相攜乞留和者數千人，璋聽留二年，還遷益州太守，其清約如前。與蠻夷從事，務推誠心，南土愛而信之。

先主定蜀，徵和爲掌軍中郎將，與軍師將軍諸葛亮並署左將軍大司馬府事，獻可替否，共爲歡交。自和居官食祿，外牧殊域，內幹機衡，二十餘年，死之日家無儋石之財。亮後爲丞相，教與羣下曰：「夫參署者，集衆思廣忠益也。若遠小嫌，難相違覆，曠闕損矣。違覆而得中，猶棄弊蹻而獲珠玉。然人心苦不能盡，惟徐元直處茲不惑，又董幼宰參署七年，事有不至，至于十反，來相啓告。苟能慕元直之十一，幼宰之殷勤，有忠於國，則亮可少過矣。」

又曰：「昔初交州平，屢聞得失，後交元直，勤見啓誨，前參事於幼宰，每言則盡，後從事於偉度，數有諫止；雖姿性鄙暗，不能悉納，然與此四子終始好合，亦足以明其不疑於直言也。」其追思和如此。〔一〕

〔一〕偉度者，姓胡，名濟，義陽人。爲亮主簿，有忠藎之效，故見褒述。亮卒，爲中典軍，統諸軍，封成陽亭侯，遷中監軍前將軍，督漢中，假節領兗州刺史，至右驃騎將軍。濟弟博，歷長水校尉尚書。

劉巴字子初，零陵烝陽人也。少知名，〔一〕荆州牧劉表連辟，及舉茂才，皆不就。表卒，曹公征荆州。先主奔江南，荆、楚羣士從之如雲，而巴北詣曹公。曹公辟爲掾，使招納長沙、零陵、桂陽。〔二〕會先主略有三郡，巴不得反使，遂遠適交阯，〔三〕先主深以爲恨。

〔一〕零陵先賢傳曰：巴祖父曜，蒼梧太守。父祥，江夏太守、盪寇將軍。時孫堅舉兵討董卓，以南陽太守張咨不給軍糧，殺之。祥與同心，南陽士民由此怨祥，舉兵攻之，與戰，敗亡。劉表亦素不善祥，拘巴，欲殺之，數遣祥故所親信人密詐謂巴曰：「劉牧欲相危害，可相隨逃之。」如此再三，巴輒不應。具以報表，表乃不殺巴。年十八，郡署戶曹史主記主簿。劉先（主）欲遣周不疑就巴學，巴答曰：「昔游荆北，時涉師門，記問之學，不足紀名，內無楊朱守靜之術，外無墨翟務時之風，猶天之南箕，虛而不用。賜書乃欲令賢甥摧鸞鳳之豔，遊燕雀之宇，將何以啓明之哉？愧於『有若無，實若虛』，何以堪之！」

〔二〕零陵先賢傳曰：曹公敗於烏林，還北時，欲遣桓階，階辭不如巴。巴謂曹公曰：「劉備據荆州，不可也。」公曰：「備如相圖，孤以六軍繼之也。」

〔三〕零陵先賢傳云：巴往零陵，事不成，欲游交州，道還京師。時諸葛亮在臨烝，巴與亮書曰：「乘危歷險，到值思義之民，自與之衆，承天之心，順物之性，非余身謀所能勸動。若道窮數盡，將託命於滄海，不復顧荆州矣。」亮追謂曰：「劉公雄才蓋世，據有荆土，莫不歸德，天人去就，已可知矣。足下欲何之？」巴曰：「受命而來，不成當還，此其宜也。足下何言邪！」

巴復從交阯至蜀。〔一〕俄而先主定益州，巴辭謝罪負，先主不責。〔二〕而諸葛孔明數稱薦之，先主辟爲左將軍西曹掾。〔三〕建安二十四年，先主爲漢中王，巴爲尚書，後代法正爲尚書令。躬履清儉，不治產業，又自以歸附非素，懼見猜嫌，恭默守靜，退無私交，非公事不言。〔四〕先主稱尊號，昭告于皇天上帝后土神祇，凡諸文誥策命，皆巴所作也。章武二年卒。卒後，魏尚書僕射陳羣與丞相諸葛亮書，問巴消息，稱曰劉君子初，甚敬重焉。〔五〕

〔一〕零陵先賢傳曰：巴入交阯，更姓爲張。與交阯太守士燮計議不合，乃由牂牁道。去爲益州郡所拘留。太守欲殺之。主簿曰：「此非常人，不可殺也。」主簿請自送至州，見益州牧劉璋，璋父焉昔爲巴父祥所舉孝廉，見巴驚喜，每大事輒以咨訪。

臣松之案：劉焉在漢靈帝時已經宗正太常，出爲益州牧，祥始以孫堅作長沙時爲江夏太守，不得舉焉爲孝廉，明也。

〔二〕零陵先賢傳曰：璋遣法正迎劉備，巴諫曰：「備，雄人也，人必爲害，不可內也。」既入，巴復諫曰：「若使備討張魯，

是放虎於山林也。」璋不聽。巴閉門稱疾。備攻成都，令軍中曰：「其有害巴者，誅及三族。」及得巴，甚喜。

〔三〕零陵先賢傳曰：張飛嘗就巴宿，巴不與語，飛遂忿恚。諸葛亮謂巴曰：「張飛雖實武人，敬慕足下。主公今方收合文武，以定大事；足下雖天素高亮，宜少降意也。」巴曰：「大丈夫處世，當交四海英雄，如何與兵子共語乎？」備聞之，怒曰：「孤欲定天下，而子初專亂之。其欲還北，假道於此，豈欲成孤事邪？」備又曰：「子初才智絕人，如孤，可任用之，非孤者難獨任也。」亮亦曰：「運籌策於帷幄之中，吾不如子初遠矣！若提枹鼓，會軍門，使百姓喜勇，當與人議之耳。」初攻劉璋，備與士衆約：「若事定，府庫百物，孤無預焉。」及拔成都，士衆皆捨干戈，赴諸藏競取寶物。軍用不足，備甚憂之。巴曰：「易耳，但當鑄直百錢，平諸物賈，令吏爲官市。」備從之，數月之間，府庫充實。

〔四〕零陵先賢傳曰：是時中夏人情未一，聞備在蜀，四方延頸。而備銳意欲即眞，巴以爲如此示天下不廣，且欲緩之。與主簿雍茂諫備，備以他事殺茂，由是遠人不復至矣。

〔五〕零陵先賢傳曰：輔吳將軍張昭嘗對孫權論巴褊阨，不當拒張飛太甚。權曰：「若令子初隨世沈浮，容悅玄德，交非其人，何足稱爲高士乎？」

馬良字季常，襄陽宜城人也。兄弟五人，並有才名，鄉里爲之諺曰：「馬氏五常，白眉最良。」良眉中有白毛，故以稱之。先主領荆州，辟爲從事。及先主入蜀，諸葛亮亦從後往，良留荆州，與亮書曰：「聞雒城已拔，此天祚也。尊兄應期贊世，配業光國，魄兆見矣。〔一〕夫變用雅慮，審貴垂明，於以簡才，宜適其時。若乃和光悅遠，邁德天壤，使時閑於聽，世服於道，齊高妙之音，正鄭、衞之聲，並利於事，無相奪倫，此乃管絃之至，牙、曠之調也。雖非鍾期，敢不擊節！」先主辟良爲左將軍掾。

〔一〕臣松之以爲良蓋與亮結爲兄弟，或相與有親；亮年長，良故呼亮爲尊兄耳。

後遣使吳，良謂亮曰：「今銜國命，協穆二家，幸爲良介於孫將軍。」亮曰：「君試自爲文。」良即爲草曰：「寡君遣掾馬良通聘繼好，以紹昆吾、豕韋之勳。其人吉士，荆楚之令，鮮於造次之華，而有克終之美，願降心存納，以慰將命。」權敬待之。先主稱尊號，以良爲侍中。及東征吳，遣良入武陵招納五溪蠻夷，蠻夷渠帥皆受印號，咸如意指。會先主敗績於夷陵，良亦遇害。先主拜良子秉爲騎都尉。

良弟謖，字幼常，以荆州從事隨先主入蜀，除緜竹成都令、越嶲太守。才器過人，好論軍計，丞相諸葛亮深加器異。先主臨薨謂亮曰：「馬謖言過其實，不可大用，君其察之！」亮猶謂不然，以謖爲參軍，每引見談論，自晝達夜。〔一〕

〔一〕襄陽記曰：建興三年，亮征南中，謖送之數十里。亮曰：「雖共謀之歷年，今可更惠良規。」謖對曰：「南中恃其險遠，不服久矣，雖今日破之，明日復反耳。今公方傾國北伐以事彊賊。彼知官勢內虛，其叛亦速。若殄盡遺類以除後患，既非仁者之情，且又不可倉卒也。夫用兵之道，攻心爲上，攻城爲下，心戰爲上，兵戰爲下，願公服其心

而已。」亮納其策，赦孟獲以服南方。故終亮之世，南方不敢復反。

建興六年，亮出軍向祁山，時有宿將魏延、吳壹等，論者皆言以爲宜令爲先鋒，而亮違衆拔謖，統大衆在前，與魏將張郃戰于街亭，爲郃所破，士卒離散。亮進無所據，退軍還漢中。謖下獄物故，亮爲之流涕。良死時年三十六，謖年三十九。〔一〕

〔一〕襄陽記曰：謖臨終與亮書曰：「明公視謖猶子，謖視明公猶父，願深惟殛鯀興禹之義，使平生之交不虧於此，謖雖死無恨於黃壤也。」于時十萬之衆爲之垂涕。亮自臨祭，待其遺孤若平生。蔣琬後詣漢中，謂亮曰：「昔楚殺得臣，然後文公喜可知也。天下未定而戮智計之士，豈不惜乎！」亮流涕曰：「孫武所以能制勝於天下者，用法明也。是以楊干亂法，魏絳戮其僕。四海分裂，兵交方始，若復廢法，何用討賊邪！」

習鑿齒曰：諸葛亮之不能兼上國也，豈不宜哉！夫晉人規林父之後濟，故廢法而收功；楚成闇得臣之益己，故殺之以重敗。今蜀僻陋一方，才少上國，而殺其俊傑，退收駑下之用，明法勝才，不師三敗之道，將以成業，不亦難乎！且先主誡謖之不可大用，豈不謂其非才也？亮受誡而不獲奉承，明謖之難廢也。爲天下宰匠，欲大收物之力，而不量才節任，隨器付業；知之大過，則違明主之誡，裁之失中，即殺有益之人，難乎其可與言智者也。

陳震字孝起，南陽人也。先主領荆州牧，辟爲從事，部諸郡，隨先主入蜀。蜀既定，爲蜀郡北部都尉，因易郡名，爲汶山太守，轉在犍爲。建興三年，入拜尚書，遷尚書令，奉命使吳。七年，孫權稱尊號，以震爲衞尉，賀權踐阼，諸葛亮與兄瑾書曰：「孝起忠純之性，老而

益篤，及其贊述東西，歡樂和合，有可貴者。」震入吳界，移關候曰：「東之與西，驛使往來，冠蓋相望，申盟初好，日新其事。東尊應保聖祚，告燎受符，剖判土宇，天下響應，各有所歸。於此時也，以同心討賊，則何寇不滅哉！西朝君臣，引領欣賴。震以不才，得充下使，奉聘敍好，踐界踊躍，入則如歸。獻子適魯，犯其山諱，春秋譏之。望必啓告，使行人睦焉。即日張旍誥衆，各自約誓。順流漂疾，國典異制，懼或有違，幸必斟誨，示其所宜。」震到武昌，孫權與震升壇歃盟，交分天下：以徐、豫、幽、青屬吳，幷、涼、冀、兗屬蜀，其司州之土，以函谷關爲界。震還，封城陽亭侯。九年，都護李平坐誣罔廢；諸葛亮與長史蔣琬、侍中董允書曰：「孝起前臨至吳，爲吾說正方腹中有鱗甲，鄉黨以爲不可近。吾以爲鱗甲者但不當犯之耳，不圖復有蘇、張之事出於不意。可使孝起知之。」十三年，震卒。子濟嗣。

董允字休昭，掌軍中郎將和之子也。先主立太子，允以選爲舍人，徙洗馬。後主襲位，遷黃門侍郎。丞相亮將北征，住漢中，慮後主富於春秋，朱紫難別，以允秉心公亮，欲任以宮省之事。上疏曰：「侍中郭攸之、費禕、侍郎董允等，先帝簡拔以遺陛下，至於斟酌規益，進盡忠言，則其任也。愚以爲宮中之事，事無大小，悉以咨之，必能裨補闕漏，有所廣益。若無興德之言，則戮允等以彰其慢。」亮尋請禕爲參軍，允遷爲侍中，領虎賁中郎將，統宿衞

親兵。攸之性素和順，備員而已。〔一〕獻納之任，允皆專之矣。允處事爲防制，甚盡匡救之理。後主常欲采擇以充後宮，允以爲古者天子后妃之數不過十二，今嬪嬙已具，不宜增益，終執不聽。後主益嚴憚之。尙書令蔣琬領益州刺史，上疏以讓費禕及允，又表「允內侍歷年，翼贊王室，宜賜爵土以褒勳勞。」允固辭不受。後主漸長大，愛宦人黃皓。皓便辟佞慧，欲自容入。允常上則正色匡主，下則數責於皓。皓畏允，不敢爲非。終允之世，皓位不過黃門丞。

〔一〕楚國先賢傳曰：攸之，南陽人，以器業知名於時。

允嘗與尙書令費禕、中典軍胡濟等共期游宴，嚴駕已辦，而郎中襄陽董恢詣允脩敬。恢年少官微，見允停出，逡巡求去，允不許，曰：「本所以出者，欲與同好游談也，今君已自屈，方展闊積，舍此之談，就彼之宴，非所謂也。」乃命解驂，禕等罷駕不行。其守正下士，凡此類也。〔二〕延熙六年，加輔國將軍。七年，以侍中守尙書令，爲大將軍費禕副貳。九年，卒。〔三〕

〔二〕襄陽記曰：董恢字休緒，襄陽人。入蜀，以宣信中郎副費禕使吳。孫權嘗大醉問禕曰：「楊儀、魏延，牧豎小人也。雖嘗有鳴吠之益於時務，然既已任之，勢不得輕，若一朝無諸葛亮，必爲禍亂矣。諸君憒憒，曾不知防慮於此，豈所謂貽厥孫謀乎？」禕愕然四顧視，不能即答。恢目禕曰：「可速言儀、延之不協起於私忿耳，而無黥、韓難御之心也。今方掃除彊賊，混一區夏，功以才成，業由才廣，若捨此不任，防其後患，是猶備有風波而逆廢舟楫，非長計也。」權大笑樂。諸葛亮聞之，以爲知言。還未滿三日，辟爲丞相府屬，遷巴郡太守。臣松之案：漢晉春秋亦載此語，不云董恢所教，辭亦小異，此二書俱出習氏而不同若此。本傳云「恢年少官微」，若已爲丞相府屬，出作巴郡，則官不微矣。以此疑習氏之言爲不審的也。

〔三〕華陽國志曰：時蜀人以諸葛亮、蔣琬、費禕及允爲四相，一號四英也。

陳祗代允爲侍中，與黃皓互相表裏，皓始預政事。祗死後，皓從黃門令爲中常侍、奉車都尉，操弄威柄，終至覆國。蜀人無不追思允。及鄧艾至蜀，聞皓姦險，收閉，將殺之，而皓厚賂艾左右，得免。

祗字奉宗，汝南人，許靖兄之外孫也。少孤，長於靖家。弱冠知名，稍遷至選曹郎，矜厲有威容。多技藝，挾數術，費禕甚異之，故超繼允內侍。呂乂卒，祗又以侍中守尙書令，加鎮軍將軍，大將軍姜維雖班在祗上，常率衆在外，希親朝政。祗上承主指，下接閹豎，深見信愛，權重於維。景耀元年卒，後主痛惜，發言流涕，乃下詔曰：「祗統職一紀，柔嘉惟則，幹肅有章，和義利物，庶績允明。命不融遠，朕用悼焉。夫存有令問，則亡加美謚，謚曰忠侯。」賜子粲爵關內侯，拔次子裕爲黃門侍郎。自祗之有寵，後主追怨允日深，謂爲自輕，由祗媚茲一人，皓構閒浸潤故耳。允孫宏，晉巴西太守。〔一〕

〔一〕臣松之以爲陳羣子泰，陸遜子抗，傳皆以子繫父，不別載姓，及王肅、杜恕、張承、顧劭之流，莫不皆然，惟董允獨

否，未詳其意。當以允名位優重，事跡踰父故邪？夏侯玄、陳表並有騂角之美，而亦如泰者，魏書總名此卷云諸夏侯曹傳，故不復稍加品藻。陳武與表俱至偏將軍，以位不相過故也。

呂乂字季陽，南陽人也。父常，送故將（軍）劉焉入蜀，值王路隔塞，遂不得還。乂少孤，好讀書鼓琴。初，先主定益州，置鹽府校尉，較鹽鐵之利，後校尉王連請乂及南陽杜祺、南鄉劉幹等並爲典曹都尉。乂遷新都、緜竹令，乃心隱卹，百姓稱之，爲一州諸城之首。遷巴西太守。丞相諸葛亮連年出軍，調發諸郡，多不相救，乂募取兵五千人詣亮，慰喻檢制，無逃竄者。徙爲漢中太守，兼領督農，供繼軍糧。亮卒，累遷廣漢、蜀郡太守。蜀郡一都之會，戶口衆多，又亮卒之後，士伍亡命，更相重冒，姦巧非一。乂到官，爲之防禁，開喻勸導，數年之中，漏脫自出者萬餘口。後入爲尙書，代董允爲尙書令，衆事無留，門無停賓。乂歷職內外，治身儉約，謙靖少言，爲政簡而不煩，號爲清能；然持法刻深，好用文俗吏，故居大官，名聲損於郡縣。延熙十四年卒。子辰，景耀中爲成都令。辰弟雅，謁者。雅清厲有文才，著格論十五篇。

杜祺歷郡守監軍大將軍司馬，劉幹官至巴西太守，皆與乂親善，亦有當時之稱，而儉素守法，不及於乂。

評曰：董和蹈羔羊之素，劉巴履淸尙之節，馬良貞實，稱爲令士，陳震忠恪，老而益篤，董允匡主，義形於色，皆蜀臣之良矣。呂乂臨郡則垂稱，處朝則被損，亦黃、薛之流亞矣。

三國志卷四十

蜀書十

劉彭廖李劉魏楊傳第十

劉封者，本羅侯寇氏之子，長沙劉氏之甥也。先主至荆州，以未有繼嗣，養封爲子。及先主入蜀，自葭萌還攻劉璋，時封年二十餘，有武藝，氣力過人，將兵俱與諸葛亮、張飛等泝流西上，所在戰克。益州既定，以封爲副軍中郎將。

初，劉璋遣扶風孟達副法正，各將兵二千人，使迎先主，先主因令達并領其衆，留屯江陵。蜀平後，以達爲宜都太守。建安二十四年，命達從秭歸北攻房陵，房陵太守蒯祺爲達兵所害。達將進攻上庸，先主陰恐達難獨任，乃遣封自漢中乘沔水下統達軍，與達會上庸。上庸太守申耽舉衆降，遣妻子及宗族詣成都。先主加耽征北將軍，領上庸太守員鄉侯如故，以耽弟儀爲建信將軍、西城太守，遷封爲副軍將軍。自關羽圍樊城、襄陽，連呼封、達，令發兵自助。封、達辭以山郡初附，未可動搖，不承羽命。會羽覆敗，先主恨之。又封與達忿爭不和，封尋奪達鼓吹。達既懼罪，又忿恚封，遂表辭先主，率所領降魏。〔一〕魏文帝善達之姿

才容觀，以爲散騎常侍、建武將軍，封平陽亭侯。合房陵、上庸、西城三郡〔爲新城郡，以〕達領新城太守。遣征南將軍夏侯尙、右將軍徐晃與達共襲封。達與封書曰：

古人有言：『疏不閒親，新不加舊。』此謂上明下直，讒慝不行也。若乃權君譎主，賢父慈親，猶有忠臣蹈功以罹禍，孝子抱仁以陷難，種、商、白起、孝己、伯奇，皆其類也。其所以然，非骨肉好離，親親樂患也。或有恩移愛易，亦有讒閒其閒，雖忠臣不能移之於君，孝子不能變之於父者也。勢利所加，改親爲讎，況非親親乎！故申生、衞伋、禦寇、楚建稟受形之氣，當嗣立之正，而猶如此。今足下與漢中王，道路之人耳，親非骨血而據勢權，義非君臣而處上位，征則有偏任之威，居則有副軍之號，遠近所聞也。自立阿斗爲太子已來，有識之人相爲寒心。如使申生從子輿之言，必爲太伯；衞伋聽其弟之謀，無彰父之譏也。且小白出奔，入而爲霸；重耳踰垣，卒以克復。自古有之，非獨今也。

夫智貴免禍，明尙夙達，僕揆漢中王慮定於內，疑生於外矣；慮定則心固，疑生則心懼，亂禍之興作，未嘗不由廢立之閒也。私怨人情，不能不見，恐左右必有以閒於漢中王矣。然則疑成怨聞，其發若踐機耳。今足下在遠，尙可假息一時；若大軍遂進，足下失據而還，竊相爲危之。昔微子去殷，智果別族，違難背禍，猶皆如斯。〔三〕今足下

棄父母而爲人後，非禮也；知禍將至而留之，非智也；見正不從而疑之，非義也。自號爲丈夫，爲此三者，何所貴乎？以足下之才，棄身來東，繼嗣羅侯，不爲背親也；北面事君，以正綱紀，不爲棄舊也；怒不致亂，以免危亡，不爲徒行也。加陛下新受禪命，虛心側席，以德懷遠，若足下翻然內向，非但與僕爲倫，受三百戶封，繼統羅國而已，當更剖符大邦，爲始封之君。陛下大軍，金鼓以震，當轉都宛、鄧；若二敵不平，軍無還期。足下宜因此時早定良計。易有『利見大人』，詩有『自求多福』，行矣。今足下勉之，無使狐突閉門不出。

封不從達言。

〔一〕魏略載達辭先主表曰：「伏惟殿下將建伊、呂之業，追桓、文之功，大事草創，假勢吳、楚，是以有爲之士深覩歸趣。臣委質已來，愆戾山積，臣猶自知，況於君乎！今王朝以興，英俊鱗集，臣內無輔佐之器，外無將領之才，列次功臣，誠自愧也。臣聞范蠡識微，浮於五湖；咎犯謝罪，逡巡於河上。夫際會之間，請命乞身。何則？欲絜去就之分也。況臣卑鄙，無元功巨勳，自繫於時，竊慕前賢，早思遠恥。昔申生至孝見疑於親，子胥至忠見誅於君，蒙恬拓境而被大刑，樂毅破齊而遭讒佞，臣每讀其書，未嘗不慷慨流涕，而親當其事，益以傷絕。何者？荆州覆敗，大臣失節，百無一還。惟臣尋事，自致房陵、上庸，而復乞身，自放於外。伏想殿下聖恩感悟，愍臣之心，悼臣之舉。臣誠小人，不能始終，知而爲之，敢謂非罪！臣每聞交絕無惡聲，去臣無怨辭，臣過奉教於君子，願君王勉之也。」

〔二〕國語曰：智宣子將以瑤爲後，智果曰：「不如霄也。」宣子曰：「霄也佷。」對曰：「霄也佷在面，瑤之賢於人者五，其

不逮者一也。美鬢長大則賢，射御足力則賢，技藝畢給則賢，巧文辯惠則賢，彊毅果敢則賢，如是而甚不仁；以五者賢陵人，而不仁行之，其誰能待之！若果立瑤也，智宗必滅。」不聽。智果別族于太史氏爲輔氏。及智氏亡，惟輔果在焉。

申儀叛封，封破走還成都。申耽降魏，魏假耽懷集將軍，徙居南陽，儀魏興太守，封〔眞鄉侯〕〔員鄉侯〕，屯洵口。〔一〕封既至，先主責封之侵陵達，又不救羽。諸葛亮慮封剛猛，易世之後終難制御，勸先主因此除之。於是賜封死，使自裁。封歎曰：「恨不用孟子度之言！」先主爲之流涕。達本字子敬，避先主叔父敬，改之。〔二〕

〔一〕魏略曰：申儀兄名耽，字義舉。初在西平、上庸間聚衆數千家，後與張魯通，又遣使詣曹公，曹公加其號爲將軍，因使領上庸都尉。至建安末，爲蜀所攻，以其郡西屬。黃初中，儀復來還，詔卽以兄故號加儀，因拜魏興太守，封列侯。太和中，儀與孟達不和，數上言達有貳心於蜀，及達反，儀絕蜀道，使救不到。達死後，儀詣宛見司馬宣王，宣王勸使來朝。儀至京師，詔轉拜儀樓船將軍，在禮請中。

〔二〕封子林爲牙門將，咸熙元年內移河東。達子興爲議督軍，是歲徙還扶風。

彭羕字永年，廣漢人。身長八尺，容貌甚偉。姿性驕傲，多所輕忽，惟敬同郡秦子勑，薦之於太守許靖曰：「昔高宗夢傅說，周文求呂尙，爰及漢祖，納食其於布衣，此乃帝王之所以倡業垂統，緝熙厥功也。今明府稽古皇極，允執神靈，體公劉之德，行勿翦之惠，清廟之作於是乎始，褒貶之義於是乎興，然而六翮未之備也。伏見處士緜竹秦宓，膺山甫之德，履雋生之直，枕石漱流，吟詠縕袍，偃息於仁義之途，恬惔於浩然之域，高概節行，守眞不虧，雖古人潛遁，蔑以加旃。若明府能招致此人，必有忠讜落落之譽，豐功厚利，建跡立勳，然後紀功於王府，飛聲於來世，不亦美哉！」

羕仕州，不過書佐，後又爲衆人所謗毀於州牧劉璋，璋髡鉗羕爲徒隸。會先主入蜀，泝流北行。羕欲納說先主，乃往見龐統。統與羕非故人，又適有賓客，羕徑上統牀臥，謂統曰：「須客罷當與卿善談。」統客既罷，往就羕坐，羕又先責統食，然後共語，因留信宿，至于經日。統大善之，而法正宿自知羕，遂並致之先主。先主亦以爲奇，數令羕宣傳軍事，指授諸將，奉使稱意，識遇日加。成都既定，先主領益州牧，拔羕爲治中從事。羕起徒步，一朝處州人之上，形色囂然，自矜得遇滋甚。諸葛亮雖外接待羕，而內不能善，屢密言先主，羕心大志廣，難可保安。先主既敬信亮，加察羕行事，意以稍疎，左遷羕爲江陽太守。

羕聞當遠出，私情不悅，往詣馬超。超問羕曰：「卿才具秀拔，主公相待至重，謂卿當與孔明、孝直諸人齊足並驅，寧當外授小郡，失人本望乎？」羕曰：「老革荒悖，可復道邪！」〔一〕又謂超曰：「卿爲其外，我爲其內，天下不足定也。」超羈旅歸國，常懷危懼，聞羕言大驚，默然不答。羕退，具表羕辭，於是收羕付有司。

〔一〕揚雄方言曰：鮐、鰓、乾、都、耇、革，老也。郭璞注曰：皆老者皮毛枯瘁之形也。臣松之以爲皮去毛曰革。古者以革爲兵，故語稱兵革，革猶兵也。羕罵備爲老革，猶言老兵也。

羕於獄中與諸葛亮書曰：「僕昔有事於諸侯，以爲曹操暴虐，孫權無道，振威闇弱，其惟主公有霸王之器，可與興業致治，故乃翻然有輕舉之志。會公來西，僕因法孝直自衒鬻，龐統斟酌其間，遂得詣公於葭萌，指掌而譚，論治世之務，講霸王之義，建取益州之策，公亦宿慮明定，卽相然贊，遂舉事焉。僕於故州不免凡庸，憂於罪罔，得遭風雲激矢之中，求君得君，志行名顯，從布衣之中擢爲國士，盜竊茂才。分子之厚，誰復過此。〔二〕羕一朝狂悖，自求葅醢，爲不忠不義之鬼乎！先民有言，左手據天下之圖，右手刎咽喉，愚夫不爲也。況僕頗別菽麥者哉！所以有怨望意者，不自度量，苟以爲首興事業，而有投江陽之論，不解主公之意，意卒感激，頗以被酒，俛失『老』語。此僕之下愚薄慮所致，主公實未老也。且夫立業，豈在老少，西伯九十，寧有衰志，負我慈父，罪有百死。至於內外之言，欲使孟起立功北州，戮力主公，共討曹操耳，寧敢有他志邪？孟起說之是也，但不分別其閒，痛人心耳。昔每與龐統共相誓約，庶託足下末蹤，盡心於主公之業，追名古人，載勳竹帛。統不幸而死，僕敗以取禍。自我墮之，將復誰怨！足下，當世伊、呂也，宜善與主公計事，濟其大猷。天明地察，神祇有靈，復何言哉！貴使足下明僕本心耳。行矣努力，自愛，自愛！」羕竟誅死，

時年三十七。

〔一〕臣松之以爲「分子之厚」者，襃言劉主分兒子厚恩，施之於已，故其書後語云「負我慈父，罪有百死」也。

廖立廖音理救反。字公淵，武陵臨沅人。先主領荆州牧，辟爲從事，年未三十，擢爲長沙太守。先主入蜀，諸葛亮鎮荆土，孫權遣使通好於亮，因問士人皆誰相經緯者，亮答曰：「龐統、廖立，楚之良才，當贊興世業者也。」建安二十年，權遣呂蒙奄襲南三郡，立脫身走，自歸先主。先主素識待之，不深責也，以爲巴郡太守。二十四年，先主爲漢中王，徵立爲侍中。後主襲位，徙長水校尉。

立本意，自謂才名宜爲諸葛亮之貳，而更游散在李嚴等下，常懷怏怏。後丞相掾（李郃）〔李邵〕、蔣琬至，立計曰：「軍當遠出，卿諸人好諦其事。昔先（主）〔帝〕不取漢中，走與吳人爭南三郡，卒以三郡與吳人，徒勞役吏士，無益而還。既亡漢中，使夏侯淵、張郃深入于巴，幾喪一州。後至漢中，使關侯身死無孑遺，上庸覆敗，徒失一方。是羽怙恃勇名，作軍無法，直以意突耳，故前後數喪師衆也。如向朗、文恭，凡俗之人耳。恭作治中無綱紀；朗昔奉馬良兄弟，謂爲聖人，今作長史，素能合道。中郎郭演長，從人者耳，不足與經大事，而作侍中。今弱世也，欲任此三人，爲不然也。王連流俗，苟作掊克，使百姓疲弊，以致今日。」

（郃）〔邵〕、琬具白其言於諸葛亮。亮表立曰：「長水校尉廖立，坐自貴大，臧否羣士，公言國家不任賢達而任俗吏，又言萬人率者皆小子也；誹謗先帝，疵毀衆臣。人有言國家兵衆簡練，部伍分明者，立舉頭視屋，憤咤作色曰：『何足言！』凡如是者不可勝數。羊之亂羣，猶能爲害，況立託在大位，中人以下識眞僞邪？」〔一〕於是廢立爲民，徙汶山郡。立躬率妻子耕殖自守，聞諸葛亮卒，垂泣歎曰：「吾終爲左衽矣！」後監軍姜維率偏軍經汶山，詣立，稱立意氣不衰，言論自若。立遂終徙所。妻子還蜀。

〔一〕亮集有亮表曰：「立奉先帝無忠孝之心，守長沙則開門就敵，領巴郡則有闇昧闒茸其事，隨大將軍則誹謗譏訶，侍梓宮則挾刃斷人頭於梓宮之側。陛下即位之後，普增職號，立隨比爲將軍，面語臣曰：『我何宜在諸將軍中！不表我爲卿，上當在五校！』臣答：『將軍者，隨大比耳。至於卿者，正方亦未爲卿也。且宜處五校。』自是之後，怏怏懷恨。」詔曰：「三苗亂政，有虞流宥，廖立狂惑，朕不忍刑，亟徙不毛之地。」

李嚴字正方，南陽人也。少爲郡職吏，以才幹稱。荆州牧劉表使歷諸郡縣。曹公入荆州時，嚴宰秭歸，遂西詣蜀，劉璋以爲成都令，復有能名。建安十八年，署嚴爲護軍，拒先主於緜竹。嚴率衆降先主，先主拜嚴裨將軍。成都既定，爲犍爲太守、興業將軍。二十三年，盜賊馬秦、高勝等起事於郪，音淒。合聚部伍數萬人，到資中縣。時先主在漢中，嚴不更發兵，但率將郡士五千人討之，斬秦、勝等首。枝黨星散，悉復民籍。又越嶲夷率高定遣軍圍新道縣，嚴馳往赴救，賊皆破走。加輔漢將軍，領郡如故。章武二年，先主徵嚴詣永安宮，拜尚書令。三年，先主疾病，嚴與諸葛亮並受遺詔輔少主；以嚴爲中都護，統內外軍事，留鎮永安。建興元年，封都鄉侯，假節，加光祿勳。四年，轉爲前將軍。以諸葛亮欲出軍漢中，嚴當知後事，移屯江州，留護軍陳到駐永安，皆統屬嚴。嚴與孟達書曰：「吾與孔明俱受寄託，憂深責重，思得良伴。」亮亦與達書曰：「部分如流，趨捨罔滯，正方性也。」其見貴重如此。〔一〕八年，遷驃騎將軍。以曹眞欲三道向漢川，亮命嚴將二萬人赴漢中。亮表嚴子豐爲江州都督督軍，典嚴後事。亮以明年當出軍，命嚴以中都護署府事。嚴改名爲平。

〔一〕諸葛亮集有嚴與亮書，勸亮宜受九錫，進爵稱王。亮答書曰：「吾與足下相知久矣，可不復相解！足下方誨以光國，戒之以勿拘之道，是以未得默已。吾本東方下士，誤用於先帝，位極人臣，祿賜百億，今討賊未效，知己未答，而方寵齊、晉，坐自貴大，非其義也。若滅魏斬叡，帝還故居，與諸子並升，雖十命可受，況於九邪！」

九年春，亮軍祁山，平催督運事。秋夏之際，值天霖雨，運糧不繼，平遣參軍狐忠、督軍成藩喻指，呼亮來還；亮承以退軍。平聞軍退，乃更陽驚，說「軍糧饒足，何以便歸」！欲以解己不辦之責，顯亮不進之愆也。又表後主，說「軍僞退，欲以誘賊與戰」。亮具出其前後手筆書疏本末，平違錯章灼。平辭窮情竭，首謝罪負。於是亮表平曰：「自先帝崩後，平所

在治家，尚爲小惠，安身求名，無憂國之事。臣當北出，欲得平兵以鎮漢中，平窮難縱横，無有來意，而求以五郡爲巴州刺史。去年臣欲西征，欲令平主督漢中，平說司馬懿等開府辟召。臣知平鄙情，欲因行之際偪臣取利也，是以表平子豐督主江州，隆崇其遇，以取一時之務。平至之日，都委諸事，羣臣上下皆怪臣待平之厚也。正以大事未定，漢室傾危，伐平之短，莫若褒之。然謂平情在於榮利而已，不意平心顚倒乃爾。若事稽留，將致禍敗，是臣不敏，言多增咎。」〔一〕乃廢平爲民，徙梓潼郡。〔二〕十二年，平聞亮卒，發病死。平常冀亮當自補復，策後人不能，故以激憤也。〔三〕豐官至朱提太守。〔四〕

〔一〕亮公文上尚書曰：「平爲大臣，受恩過量，不思忠報，横造無端，危恥不辦，迷罔上下，論獄棄科，導人爲姦，（狹情）〔情狹〕志狂，若無天地。自度姦露，嫌心遂生，聞軍臨至，西嚮託疾還沮、漳，軍臨至沮，復還江陽，平參軍狐忠勤諫乃止。今篡賊未滅，社稷多難，國事惟和，可以克捷，不可苞含，以危大業。輒與行中軍師車騎將軍都鄉侯臣劉琰，使持節前軍師征西大將軍領涼州刺史南鄭侯臣魏延、前將軍都亭侯臣袁綝、左將軍領荆州刺史高陽鄉侯臣吳壹、督前部右將軍玄鄉侯臣高翔、督後部後將軍安樂亭侯臣吳班、領長史綏軍將軍臣楊儀、督左部行中監軍揚武將軍臣鄧芝、行前監軍征南將軍臣劉巴、行中護軍偏將軍臣費禕、行前護軍偏將軍漢成亭侯臣許允、行左護軍篤信中郎將臣丁咸、行右護軍偏將軍臣劉敏、行護軍征南將軍當陽亭侯臣姜維、行中典軍討虜將軍臣上官雝、行中參軍昭武中郎將臣胡濟、行參軍建義將軍臣閻晏、行參軍偏將軍臣爨習、行參軍裨將軍臣杜義、行參軍武略中郎將臣杜祺、行參軍綏戎都尉臣盛勃、領從事中郎武略中郎將臣樊岐等議，輒解平任，免官祿、節傳、印綬、符

策，削其爵土。」

〔二〕諸葛亮又與平子豐教曰：「吾與君父子戮力以奬漢室，此神明所聞，非但人知之也。表都護典漢中，委君於東關者，不與人議也。謂至心感動，終始可保，何圖中乖乎！昔楚卿屢絀，亦乃克復，思道則福，應自然之數也。願寬慰都護，勤追前闕。今雖解任，形業失故，奴婢賓客百數十人，君以中郎參軍居府，方之氣類，猶爲上家。若都護思負一意，君與公琰推心從事者，否可復通，逝可復還也。詳思斯戒，明吾用心，臨書長歎，涕泣而已。」

〔三〕習鑿齒曰：昔管仲奪伯氏駢邑三百，沒齒而無怨言，聖人以爲難。諸葛亮之使廖立垂泣，李平致死，豈徒無怨言而已哉！夫水至平而邪者取法，鏡至明而醜者無怒，水鏡之所以能窮物而無怨者，以其無私也。水鏡無私，猶以免謗，況大人君子懷樂生之心，流矜恕之德，法行於不可不用，刑加乎自犯之罪，爵之而非私，誅之而不怒，天下有不服者乎！諸葛亮於是可謂能用刑矣，自秦、漢以來未之有也。

〔四〕蘇林漢書音義曰：朱音銖；提音如北方人名匕曰提也。

劉琰字威碩，魯國人也。先主在豫州，辟爲從事，以其宗姓，有風流，善談論，厚親待之，遂隨從周旋，常爲賓客。先主定益州，以琰爲固陵太守。後主立，封都鄉侯，班位每亞李嚴，爲衞尉中軍師後將軍，遷車騎將軍。然不豫國政，但領兵千餘，隨丞相亮諷議而已。車服飲食，號爲侈靡，侍婢數十，皆能爲聲樂，又悉教誦讀魯靈光殿賦。建興十年，與前軍師魏延不和，言語虛誕，亮責讓之。琰與亮牋謝曰：「琰稟性空虛，本薄操行，加有酒荒之

病，自先帝以來，紛紜之論，殆將傾覆。頗蒙明公本其一心在國，原其身中穢垢，扶持全濟，致其祿位，以至今日。閒者迷醉，言有違錯，慈恩含忍，不致之于理，使得全完，保育性命。雖必克己責躬，改過投死，以誓神靈；無所用命，則靡寄顏。」於是亮遣琰還成都，官位如故。

琰失志慌惚。十二年正月，琰妻胡氏入賀太后，太后令特留胡氏，經月乃出。胡氏有美色，琰疑其與後主有私，呼（卒）五百撾胡，至於以履搏面，而後棄遣。胡具以告言琰，琰坐下獄。有司議曰：「卒非撾妻之人，面非受履之地。」琰竟棄市。自是大臣妻母朝慶遂絕。

魏延字文長，義陽人也。以部曲隨先主入蜀，數有戰功，遷牙門將軍。先主爲漢中王，遷治成都，當得重將以鎮漢川，衆論以爲必在張飛，飛亦以心自許。先主乃拔延爲督漢中鎮遠將軍，領漢中太守，一軍盡驚。先主大會羣臣，問延曰：「今委卿以重任，卿居之欲云何？」延對曰：「若曹操舉天下而來，請爲大王拒之；偏將十萬之衆至，請爲大王吞之。」先主稱善，衆咸壯其言。先主踐尊號，進拜鎮北將軍。建興元年，封都亭侯。五年，諸葛亮駐漢中，更以延爲督前部，領丞相司馬、涼州刺史。八年，使延西入羌中，魏後將軍費瑤、雍州刺史郭淮與延戰于陽谿，延大破淮等，遷爲前軍師征西大將軍，假節，進封南鄭侯。

延每隨亮出，輒欲請兵萬人，與亮異道會于潼關，如韓信故事，亮制而不許。延常謂亮爲怯，歎恨己才用之不盡。〔一〕延既善養士卒，勇猛過人，又性矜高，當時皆避下之。唯楊儀不假借延，延以爲至忿，有如水火。十二年，亮出北谷口，延爲前鋒。出亮營十里，延夢頭上生角，以問占夢趙直，直詐延曰：「夫麒麟有角而不用，此不戰而賊欲自破之象也。」退而告人曰：「角之爲字，刀下用也；頭上用刀，其凶甚矣。」

〔一〕魏略曰：夏侯楙爲安西將軍，鎮長安。亮於南鄭與羣下計議，延曰：「聞夏侯楙少，主壻也，怯而無謀。今假延精兵五千，負糧五千，直從褒中出，循秦嶺而東，當子午而北，不過十日可到長安。楙聞延奄至，必乘船逃走。長安中惟有御史、京兆太守耳，橫門邸閣與散民之穀足周食也。比東方相合聚，尚二十許日，而公從斜谷來，必足以達。如此，則一舉而咸陽以西可定矣。」亮以爲此縣危，不如安從坦道，可以平取隴右，十全必克而無虞，故不用延計。

秋，亮病困，密與長史楊儀、司馬費禕、護軍姜維等作身歿之後退軍節度，令延斷後，姜維次之；若延或不從命，軍便自發。亮適卒，祕不發喪，儀令禕往揣延意指。延曰：「丞相雖亡，吾自見在。府親官屬便可將喪還葬，吾自當率諸軍擊賊，云何以一人死廢天下之事邪？且魏延何人，當爲楊儀所部勒，作斷後將乎！」因與禕共作行留部分，令禕手書與己連名，告下諸將。禕紿延曰：「當爲君還解楊長史，長史文吏，稀更軍事，必不違命也。」禕出門馳馬而去，延尋悔，追之已不及矣。延遣人覘儀等，遂使欲案亮成規，諸營相次引軍

還。延大怒，（纔）〔攙〕儀未發，率所領徑先南歸，所過燒絕閣道。延、儀各相表叛逆，一日之中，羽檄交至。後主以問侍中董允、留府長史蔣琬，琬、允咸保儀疑延。儀等槎山通道，晝夜兼行，亦繼延後。延先至，據南谷口，遣兵逆擊儀等，儀等令何平在前禦延。平叱延先登曰：「公亡，身尚未寒，汝輩何敢乃爾！」延士衆知曲在延，莫爲用命，軍皆散。延獨與其子數人逃亡，奔漢中。儀遣馬岱追斬之，致首於儀，儀起自踏之，曰：「庸奴！復能作惡不？」遂夷延三族。初，蔣琬率宿衞諸營赴難北行，行數十里，延死問至，乃旋。原延意不北降魏而南還者，但欲除殺儀等。平日諸將素不同，冀時論必當以代亮。本指如此。不便背叛。〔二〕

〔二〕魏略曰：諸葛亮病，謂延等云：「我之死後，但謹自守，愼勿復來也。」令延攝行己事，密持喪去。延遂匿之，行至褒口，乃發喪。亮長史楊儀宿與延不和，見延攝行軍事，懼爲所害，乃張言延欲舉衆北附，遂率其衆攻延。延本無此心，不戰軍走，追而殺之。臣松之以爲此蓋敵國傳聞之言，不得與本傳爭審。

楊儀字威公，襄陽人也。建安中，爲荆州刺史傅羣主簿，背羣而詣襄陽太守關羽。羽命爲功曹，遣奉使西詣先主。先主與語論軍國計策，政治得失，大悅之，因辟爲左將軍兵曹掾。及先主爲漢中王，拔儀爲尚書。先主稱尊號，東征吳，儀與尚書令劉巴不睦，左遷遙署弘農太守。建興三年，丞相亮以爲參軍，署府事，將南行。五年，隨亮漢中。八年，遷長史，

加綏軍將軍。亮數出軍，儀常規畫分部，籌度糧穀，不稽思慮，斯須便了。軍戎節度，取辦於儀。亮深惜儀之才幹，憑魏延之驍勇，常恨二人之不平，不忍有所偏廢也。十二年，隨亮出屯谷口。亮卒于敵場。儀既領軍還，又誅討延，自以爲功勳至大，宜當代亮秉政，呼都尉趙正以周易筮之，卦得家人，默然不悅。而亮平生密指，以儀性狷狹，意在蔣琬，琬遂爲尚書令、益州刺史。儀至，拜爲中軍師，無所統領，從容而已。

初，儀爲先主尚書，琬爲尚書郎，後雖俱爲丞相參軍長史，儀每從行，當其勞劇，自惟年宦先琬，才能踰之，於是怨憤形于聲色，歎咤之音發於五內。時人畏其言語不節，莫敢從也，惟後軍師費禕往慰省之。儀對禕恨望，前後云云，又語禕曰：「往者丞相亡沒之際，吾若舉軍以就魏氏，處世寧當落度如此邪！令人追悔不可復及。」禕密表其言。十三年，廢儀爲民，徙漢嘉郡。儀至徙所，復上書誹謗，辭指激切，遂下郡收儀。儀自殺，其妻子還蜀。〔一〕

〔一〕楚國先賢傳云：儀兄慮，字威方。少有德行，爲江南冠冕。州郡禮召，諸公辟請，皆不能屈。年十七，夭，鄉人號曰德行楊君。

評曰：劉封處嫌疑之地，而思防不足以自衞。彭羕、廖立以才拔進，李嚴以幹局達，魏

延以勇略任，楊儀以當官顯，劉琰舊仕，並咸貴重。覽其舉措，迹其規矩，招禍取咎，無不自己也。

三國志卷四十一　蜀書十一

霍王向張楊費傳第十一

霍峻字仲邈，南郡枝江人也。兄篤，於鄉里合部曲數百人。篤卒，荊州牧劉表令峻攝其衆。表卒，峻率衆歸先主，先主以峻爲中郎將。先主自葭萌南還襲劉璋，留峻守葭萌城。張魯遣將楊帛誘峻，求共守城，峻曰：「小人頭可得，城不可得。」帛乃退去。後璋將扶禁、向存等帥萬餘人由閬水上，攻圍峻，且一年，不能下。峻城中兵纔數百人，伺其怠隙，選精銳出擊，大破之，即斬存首。先主定蜀，嘉峻之功，乃分廣漢爲梓潼郡，以峻爲梓潼太守、裨將軍。在官三年，年四十卒，還葬成都。先主甚悼惜，乃詔諸葛亮曰：「峻既佳士，加有功於國，欲行酹。」遂親率羣僚臨會弔祭，因留宿墓上，當時榮之。

子弋，字紹先，先主末年爲太子舍人。後主踐阼，除謁者。丞相諸葛亮北駐漢中，請爲記室，使與子喬共周旋游處。亮卒，爲黃門侍郎。後主立太子璿，以弋爲中庶子，璿好騎射，出入無度，弋援引古義，盡言規諫，甚得切磋之體。後爲參軍庲降屯副貳都督，又轉護

軍，統事如前。時永昌郡夷獠恃險不賓，數爲寇害，乃以弋領永昌太守，率偏軍討之，遂斬其豪帥，破壞邑落，郡界寧靜。遷監軍翊軍將軍，領建寧太守，還統南郡事。景耀六年，進號安南將軍。是歲，蜀并于魏。弋與巴東領軍襄陽羅憲各保全一方，舉以內附，咸因仍前任，寵待有加。〔一〕

〔一〕漢晉春秋曰：霍弋聞魏軍來，弋欲赴成都，後主以備敵既定，不聽。及成都不守，弋素服號哭，大臨三日。諸將咸勸宜速降，弋曰：「今道路隔塞，未詳主之安危，大故去就，不可苟也。若主上與魏和，見遇以禮，則保境而降，不晚也。若萬一危辱，吾將以死拒之，何論遲速邪！」得後主東遷之問，始率六郡將守上表曰：「臣聞人生於三，事之如一，惟難所在，則致其命。今臣國敗主附，守死無所，是以委質，不敢有貳。」晉文王善之，又拜南中都督，委以本任。後遣將兵救援呂興，平交阯、日南、九眞三郡，功封列侯，進號崇賞焉。弋孫彪，晉越嶲太守。襄陽記曰：羅憲字令則。父蒙，避亂於蜀，官至廣漢太守。憲少以才學知名，年十三能屬文。後主立太子，爲太子舍人，遷庶子、尚書吏部郎，以宣信校尉再使於吳，吳人稱美焉。時黃皓預政，衆多附之，憲獨不與同，皓恚，左遷巴東太守。時右大將軍閻宇都督巴東，爲領軍，後主拜憲爲宇副貳。魏之伐蜀，召宇西還，留宇二千人，令憲守永安城。尋聞成都敗，城中擾動，江邊長吏皆棄城走，憲斬稱成都亂者一人，百姓乃定。得後主委質問至，乃帥所統臨于都亭三日。吳聞蜀敗，起兵西上，外託救援，內欲襲憲。憲曰：「本朝傾覆，吳爲脣齒，不恤我難而徼其利，背盟違約。且漢已亡，吳何得久，寧能爲吳降虜乎！」保城繕甲，告誓將士，厲以節義，莫不用命。吳聞鍾、鄧敗，百城無主，有兼蜀之志，而巴東固守，兵不得過，使步協率衆而西。憲臨江拒射，不能禦，遣參軍楊宗突圍

北出，告急安東將軍陳騫，又遣文武印綬、任子詣晉王。協攻城，憲出與戰，大破其軍。孫休怒，復遣陸抗等帥衆三萬人增憲之圍。被攻凡六月日而救援不到，城中疾病大半。或說憲奔走之計，憲曰：「夫爲人主，百姓所仰，危不能安，急而棄之，君子不爲也，畢命於此矣。」陳騫言於晉王，遣荊州刺史胡烈救憲，抗等引退。晉王卽委前任，拜憲凌江將軍，封萬年亭侯。會武陵四縣舉衆叛吳，以憲爲武陵太守巴東監軍。泰始元年改封西鄂縣侯。憲遣妻子居洛陽，武帝以子襲爲給事中。三年冬，入朝，進位冠軍將軍、假節。四年三月，從帝宴于華林園，詔問蜀大臣子弟，後問先輩宜時敍用者，憲薦蜀郡常忌、杜軫、壽良、巴西陳壽、南郡高軌、南陽呂雅、許國、江夏費恭、琅邪諸葛京、汝南陳裕，卽皆敍用，咸顯於世。憲還，襲取吳之巫城，因上伐吳之策。憲方亮嚴正，待士不倦，輕財好施，不治產業。六年薨，贈安南將軍，謚曰烈侯。子襲，以凌江將軍領部曲，早卒，追贈廣漢太守。襲子徽，順陽內史，永嘉五年爲王如所殺。此作「獻」，名與本傳不同，未詳孰是也。

王連字文儀，南陽人也。劉璋時入蜀，爲梓潼令。先主起事葭萌，進軍來南，連閉城不降，先主義之，不强偪也。及成都既平，以連爲什邡令，轉在廣都，所居有績。遷司鹽校尉，較鹽鐵之利，利入甚多，有裨國用，於是簡取良才以爲官屬，若呂乂、杜祺、劉幹等，終皆至大官，自連所拔也。遷蜀郡太守、興業將軍，領鹽府如故。建興元年，拜屯騎校尉，領丞相長史，封平陽亭侯。時南方諸郡不賓，諸葛亮將自征之，連諫以爲「此不毛之地，疫癘之鄉，不宜以一國之望，冒險而行」。亮慮諸將才不及己，意欲必往，而連言輒懇至，故停留者久

之。會連卒。子山嗣，官至江陽太守。

向朗字巨達，襄陽宜城人也。〔一〕荊州牧劉表以爲臨沮長。表卒，歸先主。先主定江南，使朗督秭歸、夷道、巫(山)、夷陵四縣軍民事。蜀既平，以朗爲巴西太守，頃之轉任牂牁，又徙房陵。後主踐阼，爲步兵校尉，代王連領丞相長史。丞相亮南征，朗留統後事。五年，隨亮漢中。朗素與馬謖善，謖逃亡，朗知情不舉，亮恨之，免官還成都。數年，爲光祿勳，亮卒後徙左將軍，追論舊功，封顯明亭侯，位特進。初，朗少時雖涉獵文學，然不治素檢，以吏能見稱。自去長史，優游無事垂三十年，〔二〕乃更潛心典籍，孜孜不倦。年踰八十，猶手自校書，刊定謬誤，積聚篇卷，於時最多。開門接賓，誘納後進，但講論古義，不干時事，以是見稱。上自執政，下及童冠，皆敬重焉。延熙十年卒。〔三〕子條嗣，景耀中爲御史中丞。〔四〕

〔一〕襄陽記曰：朗少師事司馬德操，與徐元直、韓德高、龐士元皆親善。

〔二〕臣松之案：朗坐馬謖免長史，則建興六年中也。朗至延熙十年卒，整二十年耳，此云「三十」，字之誤也。

〔三〕襄陽記曰：朗遺言戒子曰：「傳稱師克在和不在衆，此言天地和則萬物生，君臣和則國家平，九族和則動得所求，靜得所安，是以聖人守和，以存以亡也。吾，楚國之小子耳，而早喪所天，爲二兄所誘養，使其性行不隨祿利以墮。今但貧耳；貧非人患，惟和爲貴，汝其勉之！」

〔四〕襄陽記曰：條字文豹，亦博學多識，入晉爲江陽太守、南中軍司馬。

朗兄子寵，先主時爲牙門將。秭歸之敗，寵營特完。建興元年封都亭侯，後爲中部督，典宿衞兵。諸葛亮當北行，表與後主曰：「將軍向寵，性行淑均，曉暢軍事，試用於昔，先帝稱之曰能，是以衆論舉寵爲督。愚以爲營中之事，悉以咨之，必能使行陳和睦，優劣得所也。」遷中領軍。延熙三年，征漢嘉蠻夷，遇害。寵弟充，歷射聲校尉尚書。〔一〕

〔一〕襄陽記曰：魏咸熙元年六月，鎭西將軍衞瓘至於成都，得璧玉印各一枚，文似「成信」字，魏人宣示百官，藏于相國府。充聞之曰：「吾聞譙周之言，先帝諱備，其訓具也，後主諱禪，其訓授也，如言劉已具矣，當授與人也。今中撫軍名炎，而漢年極於炎興，瑞出成都，而藏之於相國府，此殆天意也。」是歲，拜充爲梓潼太守，明年十二月而晉武帝卽尊位，炎興於是乎徵焉。孫盛曰：昔公孫自以起成都，號曰成氏，二玉之文，殆述所作乎！

張裔字君嗣，蜀郡成都人也。治公羊春秋，博涉史、漢。汝南許文休入蜀，謂裔幹理敏捷，是中夏鍾元常之倫也。劉璋時，舉孝廉，爲魚復長，還州署從事，領帳下司馬。張飛自荊州由墊江入，璋授裔兵，拒張飛於德陽陌下，軍敗，還成都。爲璋奉使詣先主，先主許以禮其君而安其人也，裔還，城門乃開。先主以裔爲巴郡太守，還爲司金中郎將，典作農戰之器。先是，益州郡殺太守正昂，耆率雍闓恩信著於南土，使命周旋，遠通孫權。乃以裔爲益

州太守，徑往至郡。闓遂趑趄不賓，假鬼教曰：「張府君如瓠壺，外雖澤而內實麤，不足殺，令縛與吳。」於是遂送裔於權。

會先主薨，諸葛亮遣鄧芝使吳，亮令芝言次可從權請裔。裔自至吳數年，流徙伏匿，權未之知也，故許芝遣裔。裔臨發，權乃引見，問裔曰：「蜀卓氏寡女，亡奔司馬相如，貴土風俗何以乃爾乎？」裔對曰：「愚以爲卓氏之寡女，猶賢於買臣之妻。」權又謂裔曰：「君還，必用事西朝，終不作田父於閭里也，將何以報我？」裔對曰：「裔負罪而歸，將委命有司。若蒙徼倖得全首領，五十八已前父母之年也，自此已後大王之賜也。」權言笑歡悅，有器裔之色。裔出閤，深悔不能陽愚，卽便就船，倍道兼行。權果追之，裔已入永安界數十里，追者不能及。

既至蜀，丞相亮以爲參軍，署府事，又領益州治中從事。亮出駐漢中，裔以射聲校尉領留府長史，常稱曰：「公賞不遺遠，罰不阿近，爵不可以無功取，刑不可以貴勢免，此賢愚之所以僉忘其身者也。」其明年，北詣亮諮事，送者數百，車乘盈路，裔還書與所親曰：「近者涉道，晝夜接賓，不得寧息，人自敬丞相長史，男子張君嗣附之，疲倦欲死。」其談啁流速，皆此類也。〔一〕少與犍爲楊恭友善，恭早死，遺孤未數歲，裔迎留，與分屋而居，事恭母如母。恭之子息長大，爲之娶婦，買田宅產業，使立門戶。撫恤故舊，振贍衰宗，行義甚至。加輔

漢將軍，領長史如故。建興八年卒。子翬嗣，翬音忙角反，見字林，曰「翬，思貌也」。歷三郡守監軍。翬弟郁，太子中庶子。

〔一〕臣松之以爲談啁貴於機捷，書疏可容留意。今因書疏之巧，以著談啁之速，非其理也。

楊洪字季休，犍爲武陽人也。劉璋時歷部諸郡。先主定蜀，太守李嚴命爲功曹。嚴欲徙郡治舍，洪固諫不聽，遂辭功曹，請退。嚴欲薦洪於州，爲蜀部從事。先主爭漢中，急書發兵，軍師將軍諸葛亮以問洪，洪曰：「漢中則益州咽喉，存亡之機會，若無漢中則無蜀矣，此家門之禍也。方今之事，男子當戰，女子當運，發兵何疑？」時蜀郡太守法正從先主北行，亮於是表洪領蜀郡太守，衆事皆辦，遂使卽眞。頃之，轉爲益州治中從事。

先主旣稱尊號，征吳不克，還住永安。漢嘉太守黃元素爲諸葛亮所不善，聞先主疾病，懼有後患，舉郡反，燒臨邛城。時亮東行省疾，成都單虛，是以元益無所憚。洪卽啓太子，遣其親兵，使將軍陳曶、鄭綽討元。衆議以爲元若不能圍成都，當由越嶲據南中。洪曰：「元素性凶暴，無他恩信，何能辦此？不過乘水東下，冀主上平安，面縛歸死；如其有異，奔吳求活耳。敕曶、綽但於南安峽口遮卽便得矣。」曶、綽承洪言，果生獲元。洪建興元年賜爵關內侯，復爲蜀郡太守、忠節將軍，後爲越騎校尉，領郡如故。

五年，丞相亮北住漢中，欲用張裔爲留府長史，問洪何如？洪對曰：「裔天姿明察，長於治劇，才誠堪之，然性不公平，恐不可專任，不如留向朗。朗情僞差少，裔隨從目下，效其器能，於事兩善。」初，裔少與洪親善。裔流放在吳，洪臨裔郡，裔子郁給郡吏，微過受罰，不特原假。裔後還聞之，深以爲恨，與洪情好有損。及洪見亮出，至裔許，具說所言。裔答洪曰：「公留我了矣，明府不能止。」時人或疑洪意自欲作長史，或疑洪知裔自嫌，不願裔處要職，典後事也。後裔與司鹽校尉岑述不和，至于忿恨。亮與裔書曰：「君昔在(栢)〔陌〕下，營壞，吾之用心，食不知味；後流迸南海，相爲悲歎，寢不安席；及其來還，委付大任，同奬王室，自以爲與君古之石交也。石交之道，舉讎以相益，割骨肉以相明，猶不相謝也，況吾但委意於元儉，而君不能忍邪？」論者由是明洪無私。

洪少不好學問，而忠清款亮，憂公如家，事繼母至孝。六年卒官。始洪爲李嚴功曹，嚴未(至)〔去〕至犍爲而洪已爲蜀郡。洪迎門下書佐何祗，有才策功幹，舉郡吏，數年爲廣漢太守，時洪亦尚在蜀郡。是以西土咸服諸葛亮能盡時人之器用也。〔一〕

〔一〕益部耆舊傳雜記曰：每朝會，祗次洪坐。嘲祗曰：「君馬何駛？」祗曰：「故吏馬不敢駛，但明府未著鞭耳。」衆傳之以爲笑。

祗字君肅，少寒貧，爲人寬厚通濟，體甚壯大，又能飲食，好聲色，不持節儉，故時人少貴之者。嘗夢井中生桑，以問占夢趙直，直曰：「桑非井中之物，會當移植；然桑字四十下八，君壽恐不過此。」祗笑言「得此足矣」。初仕郡，後爲督軍從事。時諸葛亮用法峻密，陰聞祗游戲放縱，不勤所職，嘗奄往錄獄。衆人咸爲祗懼。祗密聞之，夜張燈火見囚，讀諸解狀。諸葛晨往，祗悉已闇誦，答對解釋，無所凝滯，亮甚異之。出補成都令，時郫縣令缺，以祗兼二縣。二縣戶口猥多，切近都治，饒諸奸穢，每比人，常眠睡，値其覺寤，輒得奸詐，衆咸畏祗之發摘，或以爲有術，無敢欺者。使人投算，祗聽其讀而心計之，不差升合，其精如此。汶山夷不安，以祗爲汶山太守，民夷服信。遷廣漢。後夷反叛，辭(曰)「令得前何府君，乃能安我耳」！時難(復)屈祗，拔祗族人爲(之)汶山，復得安。轉祗爲犍爲。年四十八卒，如直所言。後有廣漢王離，字伯元，亦以才幹顯。爲督軍從事，推法平當，稍遷，代祗爲犍爲太守，治有美績，雖聰明不及祗，而文采過之也。

費詩字公舉，犍爲南安人也。劉璋時爲緜竹令，先主攻緜竹時，詩先舉城降。成都旣定，先主領益州牧，以詩爲督軍從事，出爲牂牁太守，還爲州前部司馬。先主爲漢中王，遣詩拜關羽爲前將軍，羽聞黃忠爲後將軍，羽怒曰：「大丈夫終不與老兵同列！」不肯受拜。詩謂羽曰：「夫立王業者，所用非一。昔蕭、曹與高祖少小親舊，而陳、韓亡命後至，論其班列，韓最居上，未聞蕭、曹以此爲怨。今漢王以一時之功，隆崇於漢升，然意之輕重，寧當與君侯齊乎！且王與君侯，譬猶一體，同休等戚，禍福共之，愚爲君侯，不宜計官號之高下，爵祿之多少爲意也。僕一介之使，銜命之人，君侯不受拜，如是便還，但相爲惜此舉動，恐有後悔耳！」羽大感悟，遽卽受拜。

後羣臣議欲推漢中王稱尊號，詩上疏曰：「殿下以曹操父子偪主篡位，故乃羇旅萬里，糾合士衆，將以討賊。今大敵未克，而先自立，恐人心疑惑。昔高祖與楚約，先破秦者王。及屠咸陽，獲子嬰，猶懷推讓，況今殿下未出門庭，便欲自立邪！愚臣誠不爲殿下取也。」由是忤指，左遷部永昌從事。〔一〕建興三年，隨諸葛亮南行，歸至漢陽縣，降人李鴻來詣亮，亮見鴻，時蔣琬與詩在坐。鴻曰：「閒過孟達許，適見王沖從南來，言往者達之去就，明公切齒，欲誅達妻子，賴先主不聽耳。達曰：『諸葛亮見顧有本末，終不爾也。』盡不信沖言，委仰明公，無復已已。」亮謂琬、詩曰：「還都當有書與子度相聞。」詩進曰：「孟達小子，昔事振威不忠，後又背叛先主，反覆之人，何足與書邪！」亮默然不答。亮欲誘達以爲外援，竟與達書曰：「往年南征，歲(未及)〔末乃〕還，適與李鴻會於漢陽，承知消息，慨然永嘆，以存足下平素之志，豈徒空託名榮，貴爲乖離乎！嗚呼孟子，斯實劉封侵陵足下，以傷先主待士之義。又鴻道王沖造作虛語，云足下量度吾心，不受沖說。尋表明之言，追平生之好，依依東望，故遣有書。」達得亮書，數相交通，辭欲叛魏。魏遣司馬宣王征之，卽斬滅達。亮亦以達無款誠之心，故不救助也。蔣琬秉政，以詩爲諫議大夫，卒於家。

〔一〕習鑿齒曰：夫創本之君，須大定而後正己，纂統之主，俟速建以係衆心，是故惠公朝虜而子圉夕立，更始尙存而光武舉號，夫豈忘主徼利，社稷之故也。今先主糾合義兵，將以討賊。賊彊禍大，主沒國喪，二祖之廟，絕而不祀，苟非親賢，孰能紹此？嗣祖配天，非咸陽之譬，杖正討逆，何推讓之有？於此時也，不知速尊有德以奉大統，使民欣反正，世覩舊物，杖順者齊心，附逆者同懼，可謂闇惑矣。其黜降也宜哉！

臣松之以爲鑿齒論議，惟此論最善。

王沖者，廣漢人也。爲牙門將，統屬江州督李嚴。爲嚴所疾，懼罪降魏。魏以沖爲樂陵太守。〔一〕

〔一〕孫盛蜀世譜曰：詩子立，晉散騎常侍。自後益州諸費有名位者，多是詩之後也。

評曰：霍峻孤城不傾，王連固節不移，向朗好學不倦，張裔膚敏應機，楊洪乃心忠公，費詩率意而言，皆有可紀焉。以先主之廣濟，諸葛之準繩，詩吐直言，猶用陵遲，況庸后乎哉！

三國志卷四十二　蜀書十二

杜周杜許孟來尹李譙郤傳第十二

杜微字國輔，梓潼涪人也。少受學於廣漢任安。劉璋辟爲從事，以疾去官。及先主定蜀，微常稱聾，閉門不出。建興二年，丞相亮領益州牧，選迎皆妙簡舊德，以秦宓爲別駕，五梁爲功曹，微爲主簿。微固辭，轝而致之。既致，亮引見微，微自陳謝。亮以微不聞人語，於坐上與書曰：「服聞德行，飢渴歷時，清濁異流，無緣咨覯。王元泰、李伯仁、王文儀、楊季休、丁君幹、李永南兄弟、文仲寶等，每歎高志，未見如舊。猥以空虛，統領貴州，德薄任重，慘慘憂慮。朝廷（主公）今年始十八，天姿仁敏，愛德下士。天下之人思慕漢室，欲與君因天順民，輔此明主，以隆季興之功，著勳於竹帛也。以謂賢愚不相爲謀，故自割絕，守勞而已，不圖自屈也。」微自乞老病求歸，亮又與書答曰：「曹丕篡弒，自立爲帝，是猶土龍芻狗之有名也。欲與羣賢因其邪僞，以正道滅之。怪君未有相誨，便欲求還於山野。丕又大興勞役，以向吳、楚。今因丕多務，且以閉境勤農，育養民物，並治甲兵，以待其挫，然後伐之，可

使兵不戰民不勞而天下定也。君但當以德輔時耳，不責君軍事，何爲汲汲欲求去乎！」其敬微如此。拜爲諫議大夫，以從其志。

五梁者，字德山，犍爲南安人也，以儒學節操稱。從議郎遷諫議大夫、五官中郎將。

周羣字仲直，巴西閬中人也。父舒，字叔布，少學術於廣漢楊厚，名亞董扶、任安。數被徵，終不詣。時人有問：「春秋讖曰代漢者當塗高，此何謂也？」舒曰：「當塗高者，魏也。」鄉黨學者私傳其語。羣少受學於舒，專心候業。於庭中作小樓，家富多奴，常令奴更直於樓上視天災，纔見一氣，即白羣，羣自上樓觀之，不避晨夜。故凡有氣候，無不見之者，是以所言多中。州牧劉璋，辟以爲師友從事。〔一〕先主定蜀，署儒林校尉。先主欲與曹公爭漢中，問羣，羣對曰：「當得其地，不得其民也。若出偏軍，必不利，當戒慎之！」時州後部司馬蜀郡張裕亦曉占候，而天才過羣，〔二〕諫先主曰：「不可爭漢中，軍必不利。」先主竟不用裕言，果得地而不得民也。遣將軍吳蘭、雷銅等入武都，皆沒不還，悉如羣言。於是舉羣茂才。

〔一〕續漢書曰：建安七年，越嶲有男子化爲女人，時羣言哀帝時亦有此，將易代之祥也。至二十五年，獻帝果封于山陽。十二年十月，有星孛于鶉尾，荆州分野，羣以爲荆州牧將死而失土。明年秋，劉表卒，曹公平荆州。十七年十二月，星孛于五諸侯，羣以爲西方專據土地者皆將失土。是時，劉璋據益州，張魯據漢中，韓遂據涼州，宋建據

抱罕。明年冬，曹公遣偏將擊涼州。十九年，獲宋建，韓遂逃于羌中，被殺。其年秋，璋失益州。二十年秋，曹公攻漢中，張魯降。

〔二〕裕字南和。

裕又私語人曰：「歲在庚子，天下當易代，劉氏祚盡矣。主公得益州，九年之後，寅卯之間當失之。」人密白其言。初，先主與劉璋會涪時，裕爲璋從事，侍坐。其人饒鬚，先主嘲之曰：「昔吾居涿縣，特多毛姓，東西南北皆諸毛也，涿令稱曰『諸毛繞涿居乎』！」裕卽答曰：「昔有作上黨潞長，遷爲涿令（涿令）者，去官還家，時人與書，欲署潞則失涿，欲署涿則失潞，乃署曰『潞涿君』。」先主無鬚，故裕以此及之。先主常銜其不遜，加忿其漏言，乃顯裕諫爭漢中不驗，下獄，將誅之。諸葛亮表請其罪，先主答曰：「芳蘭生門，不得不鉏。」裕遂棄市。後魏氏之立，先主之薨，皆如裕所刻。又曉相術，每舉鏡視面，自知刑死，未嘗不撲之於地也。

羣卒，子巨頗傳其術。

杜瓊字伯瑜，蜀郡成都人也。少受學於任安，精究安術。劉璋時辟爲從事。先主定益州，領牧，以瓊爲議曹從事。後主踐阼，拜諫議大夫，遷左中郎將、大鴻臚、太常。爲人靜默少言，闔門自守，不與世事。蔣琬、費禕等皆器重之。雖學業入深，初不視天文有所論說。

後進通儒譙周常問其意，瓊答曰：「欲明此術甚難，須當身視，識其形色，不可信人也。晨夜苦劇，然後知之，復憂漏泄，不如不知，是以不復視也。」周因問曰：「昔周徵君以爲當塗高者魏也，其義何也？」瓊答曰：「魏，闕名也，當塗而高，聖人取類而言耳。」又問周曰：「寧復有所怪邪？」周曰：「未達也。」瓊又曰：「古者名官職不言曹；始自漢已來，名官盡言曹，吏言屬曹，卒言侍曹，此殆天意也。」瓊年八十餘，延熙十三年卒。著韓詩章句十餘萬言，不教諸子，內學無傳業者。周緣瓊言，乃觸類而長之曰：「春秋傳著晉穆侯名太子曰仇，弟曰成師。師服曰：『異哉君之名子也！嘉耦曰妃，怨耦曰仇，今君名太子曰仇，弟曰成師，始兆亂矣，兄其替乎？』其後果如服言。及漢靈帝名二子曰史侯、董侯，既立爲帝，後皆免爲諸侯，與師服言相似也。先主諱備，其訓具也，後主諱禪，其訓授也，如言劉已具矣，當授與人也；意者甚於穆侯、靈帝之名子。」後宦人黃皓弄權於內，景耀五年，宮中大樹無故自折，周深憂之，無所與言，乃書柱曰：「衆而大，期之會，具而授，若何復？」言曹者衆也，魏者大也，衆而大，天下其當會也，具而授，如何復有立者乎？蜀既亡，咸以周言爲驗。周曰：「此雖己所推尋，然有所因，由杜君之辭而廣之耳，殊無神思獨至之異也。」

許慈字仁篤，南陽人也。師事劉熙，善鄭氏學，治易、尚書、三禮、毛詩、論語。建安中，與許靖等俱自交州入蜀。時又有魏郡胡潛，字公興，不知其所以在益土。潛雖學不沾洽，然卓犖彊識，祖宗制度之儀，喪紀五服之數，皆指掌畫地，舉手可采。先主定蜀，承喪亂歷紀，學業衰廢，乃鳩合典籍，沙汰衆學，慈、潛並爲學士，與孟光、來敏等典掌舊文。值庶事草創，動多疑議，慈、潛更相克伐，謗讟忿爭，形於聲色；書籍有無，不相通借，時尋楚撻，以相震撼。撼，虛晚反。其矜己妒彼，乃至於此。先主愍其若斯，羣僚大會，使倡家假爲二子之容，傚其訟鬩之狀，酒酣樂作，以爲嬉戲，初以辭義相難，終以刀杖相屈，用感切之。潛先沒，慈後主世稍遷至大長秋，卒。〔一〕子勛傳其業，復爲博士。

〔一〕孫盛曰：蜀少人士，故慈、潛等並見載述。

孟光字孝裕，河南洛陽人，漢太尉孟郁之族。〔一〕靈帝末爲講部吏。獻帝遷都長安，遂逃入蜀，劉焉父子待以客禮。博物識古，無書不覽，尤銳意三史，長於漢家舊典。好公羊春秋而譏呵左氏，每與來敏爭此二義，光常譊譊讙咋。譊音奴交反。讙音休袁反。咋音徂格反。先主定益州，拜爲議郎，與許慈等並掌制度。後主踐阼，爲符節令、屯騎校尉、長樂少府，遷大司農。延熙九年秋，大赦，光於衆中責大將軍費禕曰：「夫赦者，偏枯之物，非明世所宜有也。衰弊窮極，必不得已，然後乃可權而行之耳。今主上仁賢，百僚稱職，有何旦夕之危，倒懸

之急，而數施非常之恩，以惠姦宄之惡乎？又鷹隼始擊，而更原宥有罪，上犯天時，下違人理。老夫耄朽，不達治體，竊謂斯法難以經久，豈具瞻之高美，所望於明德哉！」禕但顧謝踧踖而已。光之指摘痛癢，多如是類，故執政重臣，心不能悅，爵位不登；每直言無所回避，爲代所嫌。太常廣漢鐔承、〔二〕光祿勳河東裴儁等，年資皆在光後，而登據上列，處光之右，蓋以此也。〔三〕

〔一〕續漢書曰：郁，中常侍孟賁之弟。

〔二〕華陽國志曰：承字公文，歷郡守少府。

〔三〕傅暢裴氏家記曰：儁字奉先，魏尚書令潛弟也。儁姊夫爲蜀中長史，儁送之，時年十餘歲，遂遭漢末大亂，不復得還。既長知名，爲蜀所推重也。子越，字令緒，爲蜀督軍。蜀破，遷還洛陽，拜議郎。

後進文士祕書郎郤正數從光諮訪，光問正太子所習讀幷其情性好尚，正答曰：「奉親虔恭，夙夜匪懈，有古世子之風；接待羣僚，舉動出於仁恕。」光曰：「如君所道，皆家戶所有耳；吾今所問，欲知其權略智調何如也。」正曰：「世子之道，在於承志竭歡，既不得妄有所施爲，且智調藏於胸懷，權略應時而發，此之有無，焉可豫設也？」光解正慎宜，不爲放談，乃曰：「吾好直言，無所回避，每彈射利病，爲世人所譏嫌；（疑）省君意亦不甚好吾言，然語有次。今天下未定，智意爲先，智意雖有自然，然（不）〔亦〕可力彊致也。此儲君讀書，寧當傚

吾等竭力博識以待訪問，如博士探策講試以求爵位邪！當務其急者。」正深謂光言爲然。後光坐事免官，年九十餘卒。

來敏字敬達，義陽新野人，來歙之後也。父豔，爲漢司空。〔一〕漢末大亂，敏隨姊〔夫〕奔荊州，姊夫黄琬是劉璋祖母之姪，故璋遣迎琬妻，敏遂俱與姊入蜀，常爲璋賓客。涉獵書籍，善左氏春秋，尤精於倉、雅訓詁，好是正文字。先主定益州，署敏典學校尉，及立太子，以爲家令。後主踐阼，爲虎賁中郎將。丞相亮住漢中，請爲軍祭酒、輔軍將軍，坐事去職。〔二〕亮卒後，還成都爲大長秋，又免，後累遷爲光祿大夫，復坐過黜。前後數貶削，皆以語言不節，舉動違常也。時孟光亦以樞機不慎，議論干時，然猶愈於敏，俱以其耆宿學士見禮於世。而敏荊楚名族，東宮舊臣，特加優待，是故廢而復起。後以敏爲執慎將軍，欲令以官重自警戒也。年九十七，景耀中卒。子忠，亦博覽經學，有敏風，與尚書向充等並能協贊大將軍姜維。維善之，以爲參軍。

〔一〕華嶠後漢書曰：豔好學下士，開館養徒衆。少歷顯位，靈帝時位至司空。

〔二〕亮集有教曰：「將軍來敏對上官顯言『新人有何功德而奪我榮資與之邪？諸人共憎我，何故如是』？敏年老狂悖，生此怨言。昔成都初定，議者以爲來敏亂羣，先帝以新定之際，故遂含容，無所禮用。後劉子初選以爲太子家

令，先帝不悅而不忍拒也。後主〔上〕即位，吾闇於知人，遂復擢爲將軍祭酒，違議者之審見，背先帝所疏外，自謂能以敦厲薄俗，帥之以義。今既不能，表退職，使閉門思愆。」

尹默字思潛，梓潼涪人也。益部多貴今文而不崇章句，默知其不博，乃遠游荊州，從司馬德操、宋仲子等受古學。皆通諸經史，又專精於左氏春秋，自劉歆條例，鄭衆、賈逵父子、陳元、〔方〕服虔注說，咸略誦述，不復按本。先主定益州，領牧，以爲勸學從事。及立太子，以默爲僕，〔射〕以左氏傳授後主。後主踐阼，拜諫議大夫。丞相亮住漢中，請爲軍祭酒。亮卒，還成都，拜太中大夫，卒。子宗傳其業，爲博士。〔一〕

〔一〕宋仲子後在魏。魏略曰：其子與魏諷謀反，伏誅。魏太子答王朗書曰：「昔石厚與州吁游，父碏知其與亂；韓子昵田蘇，穆子知其好仁：故君子游必有方，居必就士，誠有以也。嗟乎！宋忠無石子先識之明，老罹此禍。今雖欲願行滅親之誅，立純臣之節，尚可得邪！」

李譔字欽仲，梓潼涪人也。父仁，字德賢，與同縣尹默俱游荊州，從司馬徽、宋忠等學。譔具傳其業，又從默講論義理，五經、諸子，無不該覽，加博好技藝，算術、卜數、醫藥、弓弩、機械之巧，皆致思焉。始爲州書佐、尚書令史。延熙元年，後主立太子，以譔爲庶子，遷爲僕。〔射〕轉中散大夫、右中郎將，猶侍太子。太子愛其多知，甚悅之。然體輕脫，好戲啁，故世不能重也。著古文易、尚書、毛詩、三禮、左氏傳、太玄指歸，皆依準賈、馬，異於鄭玄。與王氏殊隔，初不見其所述，而意歸多同。景耀中卒。時又有漢中陳術，字申伯，亦博學多聞，著釋問七篇、益部耆舊傳及志，位歷三郡太守。

譙周字允南，巴西西充國人也。父𡸣，字榮始，治尚書，兼通諸經及圖、緯。州郡辟請，皆不應，州就假師友從事。周幼孤，與母兄同居。既長，耽古篤學，家貧未嘗問産業，誦讀典籍，欣然獨笑，以忘寢食。研精六經，尤善書札。頗曉天文，而不以留意；諸子文章非心所存，不悉徧視也。身長八尺，體貌素朴，性推誠不飾，無造次辯論之才，然潛識內敏。建興中，丞相亮領益州牧，命周爲勸學從事。〔一〕亮卒於敵庭，周在家聞問，即便奔赴，尋有詔書禁斷，惟周以速行得達。大將軍蔣琬領刺史，徙爲典學從事，總州之學者。

〔一〕蜀記曰：周初見亮，左右皆笑。既出，有司請推笑者，亮曰：「孤尚不能忍，況左右乎！」

後主立太子，以周爲僕，轉家令。時後主頗出游觀，增廣聲樂。周上疏諫曰：「昔王莽之敗，豪傑並起，跨州據郡，欲弄神器，於是賢才智士思望所歸，未必以其勢之廣狹，惟其德之薄厚也。是故於時更始、公孫述及諸有大衆者多已廣大，然莫不快情恣欲，怠於爲善，游獵飲食，不恤民物。世祖初入河北，馮異等勸之曰：『當行人所不能爲。』遂務理冤獄，節儉飲食，動遵法度，故北州歌歎，聲布四遠。於是鄧禹自南陽追之，吳漢、寇恂未識世祖，遙聞德行，遂以權計舉漁陽、上谷突騎迎于廣阿。其餘望風慕德者邳彤、耿純、劉植之徒，至于輿病齎棺，繈負而至者，不可勝數，故能以弱爲彊，屠王郎，吞銅馬，折赤眉而成帝業也。及在洛陽，嘗欲小出，車駕已御，銚期諫曰：『天下未寧，臣誠不願陛下細行數出。』即時還車。及征隗囂，潁川盜起，世祖還洛陽，但遣寇恂往，恂曰：『潁川以陛下遠征，故姦猾起叛，未知陛下還，恐不時降；陛下自臨，潁川賊必即降。』遂至潁川，竟如恂言。故非急務，欲小出不敢；至於急務，欲自安不爲，故帝者之欲善也如此！故傳曰『百姓不徒附』，誠以德先之也。今漢遭厄運，天下三分，雄哲之士思望之時也。陛下天姿至孝，喪踰三年，言及隕涕，雖曾閔不過也。敬賢任才，使之盡力，有踰成康。故國內和一，大小勠力，臣所不能陳。然臣不勝大願，願復廣人所不能者。夫輓大重者，其用力苦不衆，拔大艱者，其善術苦不廣，且承事宗廟者，非徒求福祐，所以率民尊上也。至於四時之祀，或有不臨，池苑之觀，或有仍出，臣之愚滯，私不自安。夫憂責在身者，不暇盡樂，先帝之志，堂構未成，誠非盡樂之時。願省減樂官、後宮所增造，但奉脩先帝所施，下爲子孫節儉之教。」徙爲中散大夫，猶

侍太子。

于時軍旅數出，百姓彫瘁，周與尚書令陳祗論其利害，退而書之，謂之仇國論。其辭曰：「因餘之國小，而肇建之國大，並爭於世而爲仇敵。因餘之國有高賢卿者，問於伏愚子曰：『今國事未定，上下勞心，往古之事，能以弱勝彊者，其術何如？』伏愚子曰：『吾聞之，處大無患者恆多慢，處小有憂者恆思善；多慢則生亂，思善則生治，理之常也。故周文養民，以少取多，勾踐卹衆，以弱斃彊，此其術也。』賢卿曰：『曩者項彊漢弱，相與戰爭，無日寧息，然項羽與漢約分鴻溝爲界，各欲歸息民；張良以爲民志既定，則難動也，尋帥追羽，終斃項氏，豈必由文王之事乎？肇建之國方有疾疢，我因其隙，陷其邊陲，覬增其疾而斃之也。』伏愚子曰：『當殷、周之際，王侯世尊，君臣久固，民習所專；深根者難拔，據固者難遷。當此之時，雖漢祖安能杖劍鞭馬而取天下乎？當秦罷侯置守之後，民疲秦役，天下土崩，或歲改主，或月易公，鳥驚獸駭，莫知所從，於是豪彊並爭，虎裂狼分，疾博者獲多，遲後者見吞。今我與肇建皆傳國易世矣，既非秦末鼎沸之時，實有六國並據之勢，故可爲文王，難爲漢祖。夫民疲勞則騷擾之兆生，上慢下暴則瓦解之形起。諺曰：「射幸數跌，不如審發。」是故智者不爲小利移目，不爲意似改步，時可而後動，數合而後舉，故湯、武之師不再戰而克，誠重民勞而度時審也。如遂極武黷征，土崩勢生，不幸遇難，雖有智者將不能謀之矣。

若乃奇變縱橫，出入無間，衝波截轍，超谷越山，不由舟楫而濟盟津者，我愚子也，實所不及。』」

後遷光祿大夫，位亞九列。周雖不與政事，以儒行見禮，時訪大議，輒據經以對，而後生好事者亦咨問所疑焉。

景耀六年冬，魏大將軍鄧艾克江由，長驅而前。而蜀本謂敵不便至，不作城守調度，及聞艾已入陰平，百姓擾擾，皆迸山野，不可禁制。後主使羣臣會議，計無所出。或以爲蜀之與吳，本爲和國，宜可奔吳；或以爲南中七郡，阻險斗絕，易以自守，宜可奔南。惟周以爲：「自古已來，無寄他國爲天子者也，今若入吳，固當臣服。且政理不殊，則大能吞小，此數之自然也。由此言之，則魏能幷吳，吳不能幷魏明矣。等爲小稱臣，孰與爲大？再辱之恥，何與一辱？且若欲奔南，則當早爲之計，然後可果；今大敵以近，禍敗將及，羣小之心，無一可保，恐發足之日，其變不測，何至南之有乎！」羣臣或難周曰：「今艾以不遠，恐不受降，如之何？」周曰：「方今東吳未賓，事勢不得不受，(之受)〔受之〕之後，不得不禮。若陛下降魏，魏不裂土以封陛下者，周請身詣京都，以古義爭之。」衆人無以易周之理。

後主猶疑於入南，周上疏曰：「或說陛下以北兵深入，有欲適南之計，臣愚以爲不安。何者？南方遠夷之地，平常無所供爲，猶數反叛，自丞相亮南征，兵勢偪之，窮乃幸從。是

後供出官賦，取以給兵，以爲愁怨，此患國之人也。今以窮迫，欲往依恃，恐必復反叛，一也。北兵之來，非但取蜀而已，若奔南方，必因人勢衰，及時赴追，二也。若至南方，外當拒敵，內供服御，費用張廣，他無所取，耗損諸夷必甚，甚必速叛，三也。昔王郎以邯鄲僭號，時世祖在信都，畏偪於郎，欲棄還關中。邳彤諫曰：『明公西還，則邯鄲城民不肯捐父母，背城主，而千里送公，其亡叛可必也。』世祖從之，遂破邯鄲。今北兵至，陛下南行，誠恐邳彤之言復信於今，四也。願陛下早爲之圖，可獲爵土；若遂適南，勢窮乃服，其禍必深。易曰：『亢之爲言，知得而不知喪，知存而不知亡；知得失存亡而不失其正者，其惟聖人乎！』言聖人知命而不苟必也。故堯、舜以子不善，知天有授，而求授人；子雖不肖，禍尚未萌，而迎授與人，況禍以至乎！故微子以殷王之昆，面縛銜璧而歸武王，豈所樂哉，不得已也。」於是遂從周策。劉氏無虞，一邦蒙賴，周之謀也。〔一〕

〔一〕孫綽評曰：「譙周說後主降魏，可乎？」曰：「自爲天子而乞降請命，何恥之深乎！夫爲社稷死則死之，爲社稷亡則亡之。先君正魏之篡，不與同天矣。推過於其父，俛首而事讎，可謂苟存，豈大居正之道哉！」孫盛曰：「春秋之義，國君死社稷，卿大夫死位，況稱天子而可辱於人乎！周謂萬乘之君偷生苟免，亡禮希利，要冀微榮，惑矣。且以事勢言之，理有未盡。何者？禪雖庸主，實無桀、紂之酷，戰雖屢北，未有土崩之亂，縱不能君臣固守，背城借一，自可退次東鄙以思後圖。是時羅憲以重兵據白帝，霍弋以强卒鎮夜郎。蜀土險狹，山水峻

隔，絕巘激湍，非步卒所涉。若悉取舟楫，保據江州，徵兵南中，乞師東國，如此則姜、廖五將自然雲從，吳之三師承命電赴，何投寄之無所而慮於必亡邪？魏師之來，褰國大舉，欲追則舟楫靡資，欲留則師老多虞。且屈伸有會，情勢代起，徐因思奮之民，以攻驕惰之卒，此越王所以敗闔閭，田單所以摧騎劫也，何爲匆匆遽自囚虜，下堅壁於敵人，致斫石之至恨哉？葛生有云：『事之不濟則已耳，安能復爲之下！』壯哉斯言，可以立懦夫之志矣。觀古燕、齊、荆、越之敗，或國覆主滅，或魚縣鳥竄，終能建功立事，康復社稷，豈曰天助，抑亦人謀也。向使懷苟存之計，納譙周之言，何邦基之能構，令名之可獲哉？禪既闇主，周實駑臣，方之申包、田單、范蠡、大夫種，不亦遠乎！」

時晉文王爲魏相國，以周有全國之功，封陽城亭侯。又下書辟周，周發至漢中，困疾不進。咸熙二年夏，巴郡文立從洛陽還蜀，過見周。周語次，因書版示立曰：「典午忽兮，月酉沒兮。」典午者謂司馬也，月酉者謂八月也，至八月而文王果崩。〔二〕晉室踐阼，累下詔所在發遣周。周遂輿疾詣洛，泰始三年至。以疾不起，就拜騎都尉，周乃自陳無功而封，求還爵土，皆不聽許。

〔二〕華陽國志曰：文立字廣休，少治毛詩、三禮，兼通羣書。刺史費禕命爲從事，入爲尚書郎，復辟禕大將軍東曹掾，稍遷尚書。蜀并于魏，梁州建，首爲別駕從事，舉秀才。晉泰始二年，拜濟陰太守，遷太子中庶子。立上言：「故蜀大官及盡忠死事者子孫，雖仕郡國，或有不才，同之齊民爲劇；又諸葛亮、蔣琬、費禕等子孫流徙中畿，各宜量才叙用，以慰巴、蜀之心，傾吳人之望。」事皆施行。轉散騎常侍，獻可替否，多所補納。稍遷衞尉，中朝服其賢

雅，爲時名卿。咸寧末卒。立章奏詩賦論頌凡數十篇。

五年，予嘗爲本郡中正，清定事訖，求休還家，往與周別。周語予曰：「昔孔子七十二、劉向、揚雄七十一而沒，今吾年過七十，庶慕孔子遺風，可與劉、揚同軌，恐不出後歲，必便長逝，不復相見矣。」疑周以術知之，假此而言也。六年秋，爲散騎常侍，疾篤不拜，至冬卒。〔一〕凡所著述，撰定法訓、五經論、古史考（書）之屬百餘篇。〔二〕周三子，熙、賢、同。少子同頗好周業，亦以忠篤質素爲行，舉孝廉，除錫令、東宮洗馬，召不就。〔三〕

〔一〕晉陽秋載詔曰：「朕甚悼之，賜朝服一具，衣一襲，錢十五萬。」周息熙上言，周臨終屬熙曰：「久抱疾，未曾朝見，若國恩賜朝服衣物者，勿以加身。當還舊墓，道險行難，豫作輕棺。殯斂已畢，上還所賜。」詔還衣服，給棺直。

〔二〕益部耆舊傳曰：益州刺史董榮圖畫周像於州學，命從事李通頌之曰：「抑抑譙侯，好古述儒，寶道懷眞，鑒世盈虛，雅名美迹，終始是書。我后欽賢，無言不譽，攀諸前哲，丹青是圖。嗟爾來葉，鑒茲顯模。」

〔三〕周長子熙。熙子秀，字元彥。晉陽秋曰：秀性清靜，不交於世，知將大亂，豫絕人事，從兄弟及諸親里不與相見。州郡辟命，及李雄盜蜀，安車徵秀，又雄叔父驤、驤子壽辟命，皆不應。常冠鹿皮，躬耕山藪。永和三年，安西將軍桓溫平蜀，表薦秀曰：「臣聞大朴既虧，則高尚之標顯；道喪時昏，則忠貞之義彰。故有洗耳投淵以振玄邈之風，亦有秉心矯迹以惇在三之節。是以上代之君，莫不崇重斯軌，所以篤俗訓民，靜一流競。伏惟大晉應符御世，運無常通，時有屯蹇，神州丘墟，三方圮裂，兔罝絕響於中林，白駒無聞於空谷，斯有識之所悼心，大雅之所歎息者也。陛下聖德嗣興，方恢天緒。臣昔奉役，有事西土，鯨鯢既縣，思宣大化；訪諸故老，搜揚潛逸，庶武羅於羿、浞之墟，想王蠋於亡齊之境。竊聞巴西譙秀，植操貞固，抱德肥遁，揚清渭波。于時皇極遘道消之會，羣黎蹈顚沛之艱，中華有顧瞻之哀，幽谷無遷喬之望；凶命屢招，姦威仍偪，身寄虎吻，危同朝露，而能抗節玉立，誓不降辱，杜門絕跡，不面僞庭，進免龔勝亡身之禍，退無薛方詭對之譏；雖園、綺之棲商、洛，管寧之默遼海，方之於秀，殆無以過。于今西土，以爲美談。夫旌德禮賢，化道之所先，崇表殊節，聖哲之上務。方今六合未康，豺狼當路，遺黎偷薄，義聲弗聞，益宜振起道義之徒，以敦流遁之弊。若秀蒙蒲帛之徵，足以鎭靜頹風，軌訓囂俗；幽遐仰流，九服知化矣。」及蕭敬叛亂，避難宕渠川中，鄉人宗族馮依者以百數。秀年八十，衆人以其篤老，欲代之負擔，秀拒曰：「各有老弱，當先營救。吾氣力自足堪此，不以垂朽之年累諸君也。」後十餘年，卒於家。

郤正字令先，河南偃師人也。祖父儉，靈帝末爲益州刺史，爲盜賊所殺。會天下大亂，故正父揖因留蜀。揖爲將軍孟達營都督，隨達降魏，爲中書令史。正本名纂。少以父死母嫁，單煢隻立，而安貧好學，博覽墳籍。弱冠能屬文，入爲祕書吏，轉爲令史，遷郎，至令。性澹於榮利，而尤耽意文章，自司馬、王、揚、班、傅、張、蔡之儔遺文篇賦，及當世美書善論，益部有者，則鑽鑿推求，略皆寓目。自在內職，與宦人黃皓比屋周旋，經三十年。皓從微至貴，操弄威權，正既不爲皓所愛，亦不爲皓所憎，是以官不過六百石，而免於憂患。

依則先儒，假文見意，號曰釋譏，其文繼於崔駰達旨。其辭曰：

或有譏余者曰：『聞之前記，夫事與時並，名與功偕，然則名之與事，前哲之急務也。是故創制作範，匪時不立，流稱垂名，匪功不記，名必須功而乃顯，事亦俟時以行止，身沒名滅，君子所恥。是以達人研道，探賾索微，觀天運之符表，考人事之盛衰，辯者馳說，智者應機，謀夫演略，武士奮威，雲合霧集，風激電飛，量時揆宜，用取世資，小屈大申，存公忽私，雖尺枉而尋直，終揚光以發輝也。今三方鼎跱，九有未乂，悠悠四海，嬰丁禍敗，嗟道義之沈塞，愍生民之顚沛，此誠聖賢拯救之秋，烈士樹功之會也。吾子以高朗之才，珪璋之質，兼覽博闚，留心道術，無遠不致，無幽不悉；挺身取命，幹茲奧祕，躊躇紫闥，喉舌是執，九考不移，有入無出，〔一〕究古今之眞僞，計時務之得失。雖時獻一策，偶進一言，釋彼官責，慰此素飡，固未能輸竭忠款，盡瀝胸肝，排方入直，惠彼黎元，俾吾徒草鄙並有聞焉也。盍亦綏衡緩轡，回軌易塗，輿安駕肆，思馬斯徂，審厲揭以投濟，要夷庚之赫憮，播秋蘭以芳世，副吾徒之（彼）〔披〕圖，不亦盛與！』

余聞而歎曰：『嗚呼，有若云乎邪！夫人心不同，實若其面，子雖光麗，既美且豔，管闚筐舉，守厥所見，未可以言八紘之形埒，信萬事之精練也。』

或人率爾，仰而揚衡曰：『是何言與！是何言與！』

余應之曰：『虞帝以面從爲戒，孔聖以悅己爲尤，若子之言，良我所思，將爲吾子論而釋之。昔在鴻荒，朦昧肇初，三皇應籙，五帝承符，爰曁夏、商，前典攸書。姬衰道

缺，霸者翼扶，嬴氏慘虐，吞嚼八區，於是從橫雲起，狙詐如星，奇衺蠭動，智故萌生；或飾眞以讎僞，或挾邪以干榮，或詭道以要上，或鬻技以自矜；背正崇邪，棄直就佞，忠無定分，義無常經。故鞅法窮而慝作，斯義敗而姦成，呂門大而宗滅，韓辯立而身刑。夫何故哉？利回其心，寵耀其目，赫赫龍章，鑠鑠車服，媮幸苟得，如反如仄，淫邪荒迷，恣睢自極，和鸞未調而身在轅側，庭宁未踐而棟折榱覆。天收其精，地縮其澤，人弔其躬，鬼芟其頟。初升高閣，終隕幽壑，朝含榮潤，夕爲枯魄。是以賢人君子，深圖遠慮，畏彼咎戾，超然高舉，寧曳尾於塗中，穢濁世之休譽。彼豈輕主慢民，而忽於時務哉？蓋易著行止之戒，詩有靖恭之歎，乃神之聽之而道使之然也。

自我大漢，應天順民，政治之隆，皓若陽春，俯憲坤典，仰式乾文，播皇澤以熙世，揚茂化之醲醇，君臣履度，各守厥眞；上垂詢納之弘，下有匡救之責，士無虛華之寵，民有一行之迹，粲乎亹亹，尙此忠益。然而道有隆窳，物有興廢，有聲有寂，有光有翳。朱陽否於素秋，玄陰抑於孟春，羲和逝而望舒係，運氣匿而耀靈陳。沖、質不永，桓、靈墜敗，英雄雲布，豪傑蓋世，家挾殊議，人懷異計，故從橫者欻披其胸，狙詐者暫吐其舌也。

今天綱已綴，德樹西鄰，丕顯祖之宏規，縻好爵於士人，興五教以訓俗，豐九德以

濟民，肅明祀以礿祭，幾皇道以輔眞。雖時者未一，僞者未分，聖人垂戒，蓋均無貧；故君臣協美於朝，黎庶欣戴於野，動若重規，靜若疊矩。濟濟偉彥，元凱之倫也，有過必知，顏子之仁也；侃侃庶政，冉、季之治也，鷹揚鷙騰，伊、望之事也；總羣俊之上略，含薛氏之三計，敷張、陳之祕策，故力征以勤世，援華英而不遑，豈暇脩枯籜於榛穢哉！

然吾不才，在朝累紀，託身所天，心焉是恃。樂滄海之廣深，歎嵩嶽之高峙，聞仲尼之贊商，感鄉校之益己，彼平仲之和羹，亦進可而替否；故矇冒瞽說，時有攸獻，譬遒人之有采于市閭，游童之吟詠乎疆畔，庶以增廣福祥，輸力規諫。若其合也，則以闇協明，進應靈符；如其違也，自我常分，退守己愚。進退任數，不矯不誣，循性樂天，夫何恨諸？此其所以既入不出，有而若無者也。狹屈氏之常醒，濁漁父之必醉，溷柳季之卑辱，褊夷叔之高懟。合不以得，違不以失，得不克詘，失不慘悸；不樂前以顧軒，不就後以慮輊，不鬻譽以干澤，不辭愆以忌絀。何責之釋？何殘之卹？何方之排？何直之入？九考不移，固其所執也。

方今朝士山積，髦俊成羣，猶鱗介之潛乎巨海，毛羽之集乎鄧林，游禽逝不爲之尠，浮魴臻不爲之殷。且陽靈幽於唐葉，陰精應於商時，陽盱請而洪災息，桑林禱而甘澤滋。〔二〕行止有道，啓塞有期。我師遺訓，不怨不尤，委命恭己，我又何辭？辭窮路

單，將反初節，綜墳典之流芳，尋孔氏之遺藝，綴微辭以存道，憲先軌而投制，韙叔肸之優游，美疎氏之遐逝，收止足以言歸，汎皓然以容裔，欣環堵以恬娛，免咎悔於斯世，顧茲心之未泰，懼末塗之泥滯，仍求激而增憤，肆中懷以告誓。昔九方考精於至貴，秦牙沈思於殊形；〔三〕薛燭察寶以飛譽，〔四〕瓠梁託絃以流聲；〔五〕齊隸拊髀以濟文，〔六〕楚客潛寇以保荆；〔七〕雍門援琴而挾說，〔八〕韓哀秉轡而馳名；〔九〕盧敖翱翔乎玄闕，若士竦身于雲清。〔一〇〕余實不能齊技於數子，故乃靜然守己而自寧。」

〔一〕尚書曰：「三載考績，三考黜陟幽明。」九考則二十七年。

〔二〕淮南子曰：禹爲水，以身請于陽盱之河，湯苦旱，以身禱於桑林之際，聖人之憂民，如此其明也。

呂氏春秋曰：昔殷湯克夏桀而天下大旱，三年不收，湯乃以身禱於桑林曰：「余一人有罪，無及萬方，萬方有罪，在余一人，無以一人之不敏，使上帝毀傷民之大命。」湯於是剪其髮，攦其爪，自以爲犧牲，用祈福于上帝。民乃甚悅。雨乃大至。

〔三〕淮南子曰：秦穆公謂伯樂曰：「子之年長矣，子姓有可使求馬者乎？」對曰：「良馬者，可以形容筋骨相也。相天下之馬者，若滅若沒，若失若亡，其一若此馬者，絕塵卻轍。臣之子皆下才也，可告以良馬而不可告以天下之馬。天下之馬，臣有所與共儋纆采薪九方堙，此其相馬，非臣之下也，請見之。」穆公見之，使之求馬，三月而反，報曰：「已得馬矣，在於沙丘。」穆公曰：「何馬也？」對曰：「牝而黃。」使人往取之，牡而驪。穆公不悅，召伯樂而問之曰：「敗矣，子之所使求馬者也！毛物牝牡尚弗能知，又何馬之能知？」伯樂喟然太息曰：「一至此乎！是乃所以千萬（里）臣而無數者也。若堙之所觀者天機也，得其精而忘其麤，在其內而忘其外，見其所見而不見其所不見，視其所視而遺其所不視，若彼之所相者，乃有貴乎馬者。」馬至，而果天下之馬也。

淮南子又曰：伯樂、寒風、秦牙、葛青，所相各異，其知馬一也；蓋九方觀其精，秦牙察其形。

〔四〕越絕書曰：昔越王句踐有寶劍五枚，聞於天下。客有能相劍者名薛燭，王召而問之：「吾有寶劍五，請以示子。」乃取豪曹、巨闕，薛燭曰：「皆非也。」又取純鈞、湛盧，燭曰：「觀其劍鈔，爛爛如列宿之行，觀其光，渾渾如水之將溢于塘，觀其文，渙渙如冰將釋，此所謂純鉤邪？」王曰：「是也。」王曰：「客有直之者，有市之鄉三，駿馬千匹，千戶之都二，可乎？」薛燭曰：「不可。當造此劍之時，赤堇之山破而出錫，若邪之谿涸而出銅，雨師掃灑，雷公擊鼓，太一下觀，天精下之，歐冶乃因天之精，悉其伎巧，一曰純鉤，二曰湛盧。今赤堇之山已合，若邪之谿深而不測，歐冶子已死，雖傾城量金，珠玉竭河，猶不得此一物。有市之鄉三，駿馬千匹，千戶之都二，亦何足言與！」

〔五〕淮南子曰：瓠巴鼓瑟而鱏魚聽之。又曰：瓠梁之歌可隨也，而以歌者不可爲也。

〔六〕臣松之曰：按此謂孟嘗君田文下坐客，能作雞鳴以濟其厄者也。凡作雞鳴，必先拊髀，以傚雞之拊翼也。

〔七〕淮南子曰：楚將子發好求技道之士。楚有善爲偷者，往見曰：「聞君求技道之士，臣偷也，願以技備一卒。」子發聞之，衣不及帶，冠不暇正，出見而禮之。左右諫曰：「偷者，天下之盜也，何爲禮之？」君曰：「此非左右之所得與。」後無幾何，齊興兵伐楚。子發將師以當之，兵三卻。楚賢大夫皆盡其計而悉其誠，齊師愈彊。於是卒偷進請曰：「臣有薄技，願爲君行之。」君曰：「諾。」偷即夜出，解齊將軍之帳，而獻之子發。子發使人歸之，曰：「卒有出採薪者，得將軍之帳，使使歸於執事。」明日又復往取枕，子發又使歸之。明日又復往取簪，子發又使歸之。齊師聞之大駭，將軍與軍吏謀曰：「今日不去，楚軍恐取吾頭矣！」即旋師而去。

〔八〕桓譚新論曰：雍門周以琴見，孟嘗君曰：「先生鼓琴，亦能令文悲乎？」對曰：「臣之所能令悲者，先貴而後賤，昔富而今貧，擯壓窮巷，不交四鄰；不若身材高妙，懷質抱眞，逢讒罹謗，怨結而不得信；不若交歡而結愛，無怨而生離，遠赴絕國，無相見期；不若幼無父母，壯無妻兒，出以野澤爲鄰，入用堀穴爲家，困于朝夕，無所假貸：若此人者，但聞飛鳥之號，秋風鳴條，則傷心矣，臣一爲之援琴而長太息，未有不悽惻而涕泣者也。今若足下，居則廣廈高堂，連闥洞房，下羅帷，來清風；倡優在前，諂諛侍側，揚激楚，舞鄭妾，流聲以娛耳，練色以淫目；水戲則舫龍舟，建羽旗，鼓釣乎不測之淵；野游則登平原，馳廣囿，強弩下高鳥，勇士格猛獸；置酒娛樂，沈醉忘歸：方此之時，視天地曾不若一指，雖有善鼓琴，未能動足下也。」孟嘗君曰：「固然！」雍門周曰：「然臣竊爲足下有所常悲。夫角帝而困秦者君也，連五國而伐楚者又君也。天下未嘗無事，不從即衡；從成則楚王，衡成則秦帝。夫以秦、楚之彊而報弱薛，猶磨蕭斧而伐朝菌也，有識之士，莫不爲足下寒心。天道不常盛，寒暑更進退，千秋萬歲之後，宗廟必不血食；高臺既已傾，曲池又已平，墳墓生荆棘，狐狸穴其中，游兒牧豎躑躅其足而歌其上曰：『孟嘗君之尊貴，亦猶若是乎！』」於是孟嘗君喟然太息，涕淚承睫而未下。雍門周引琴而鼓之，徐動宮徵，叩角羽，終而成曲，孟嘗君遂歔欷而就之曰：「先生鼓琴，令文立若亡國之人也。」

〔九〕呂氏春秋曰：韓哀作御。

王褒聖主得賢臣頌曰：及至駕齧膝，參乘旦，王良執靶，韓哀附輿，縱馳騁騖，忽如景靡，過都越國，蹶如歷塊，追奔電，逐遺風，周流八極，萬里一息，何其遼哉！人馬相得也。

〔一〇〕淮南子曰：盧敖游乎北海，經乎太陰，入乎玄闕，至於蒙轂之上，見一士焉，深目而玄準，戾頸而鳶肩，豐上而殺下，軒軒然方迎風而舞，顧見盧敖慢然下其臂，遯逃乎碑下。盧敖俯而視之，方卷龜殼而食合梨。盧敖乃與之語

曰：「惟敖爲背羣離黨，窮觀於六合之外者，非敖而已乎！敖幼而好游，長不喻解，周行四極，惟北陰之不闚，今卒睹夫子於是，子殆可與敖爲交乎！」若士者齤然而笑曰：「嘻乎！子中州民，寧肯而遠至此？此猶光乎日月而戴列星，陰陽之所行，四時之所生，此其比夫不名之地，猶突奧也。若我南游乎罔㝗之野，北息于沈墨之鄉，西窮冥冥之黨，東貫鴻濛之光，此其下無地而上無天，聽焉無聞，視焉則眴，此其外猶有沈沈之汜，其餘一舉而千萬里，吾猶未能之在。今子游始至于此，乃語窮觀，豈不亦遠哉！然子處矣，吾與汗漫期於九垓之上，吾不可以久。」若士舉臂而竦身，遂入雲中。盧敖仰而視之，弗見乃止，曰：「吾比夫子也，猶黃鵠之與壤蟲，終日行不離咫尺，自以爲遠，不亦悲哉！」

景耀六年，後主從譙周之計，遣使請降于鄧艾，其書，正所造也。明年正月，鍾會作亂成都，後主東遷洛陽，時擾攘倉卒，蜀之大臣無翼從者，惟正及殿中督汝南張通，捨妻子單身隨侍。後主賴正相導宜適，舉動無闕，乃慨然歎息，恨知正之晚。時論嘉之。賜爵關內侯。泰始中，除安陽令，遷巴西太守。泰始八年詔曰：「正昔在成都，顛沛守義，不違忠節，及見受用，盡心幹事，有治理之績，其以正爲巴西太守。」咸寧四年卒。凡所著述詩論賦之屬，垂百篇。

評曰：杜微脩身隱靜，不役當世，庶幾夷、皓之槩。周羣占天有徵，杜瓊沈默慎密，諸生之純也。許、孟、來、李，博涉多聞，尹默精于左氏，雖不以德業爲稱，信皆一時之學士。譙周詞理淵通，爲世碩儒，有董、揚之規，郤正文辭燦爛，有張、蔡之風，加其行止，君子有取焉。二子處晉事少，在蜀事多，故著于篇。〔一〕

〔一〕張璠以爲譙周所陳降魏之策，蓋素料劉禪懦弱，心無害戾，故得行也。如遇忿肆之人，雖無他算，然矜殉鄙恥，或發怒妄誅，以立一時之威，快其斯須之意者，此亦夷滅之禍云。

三國志卷四十三　蜀書十三

黃李呂馬王張傳第十三

黃權字公衡，巴西閬中人也。少爲郡吏，州牧劉璋召爲主簿。時別駕張松建議，宜迎先主，使伐張魯。權諫曰：「左將軍有驍名，今請到，欲以部曲遇之，則不滿其心，欲以賓客禮待，則一國不容二君。若客有泰山之安，則主有累卵之危。可但閉境，以待河清。」璋不聽，竟遣使迎先主，出權爲廣漢長。及先主襲取益州，將帥分下郡縣，郡縣望風景附，權閉城堅守，須劉璋稽服，乃詣降先主。先主假權偏將軍。〔一〕及曹公破張魯，魯走入巴中，權進曰：「若失漢中，則三巴不振，此爲割蜀之股臂也。」於是先主以權爲護軍，率諸將迎魯。魯已還南鄭，北降曹公，然卒破杜濩、朴胡，殺夏侯淵，據漢中，皆權本謀也。

〔一〕徐衆評曰：權既忠諫於主，又閉城拒守，得事君之禮。武王下車，封比干之墓，表商容之閭，所以大顯忠賢之士，而明示所貴之旨。先主假權將軍，善矣，然猶薄少，未足彰忠義之高節，而大勸爲善者之心。

先主爲漢中王，猶領益州牧，以權爲治中從事。及稱尊號，將東伐吳，權諫曰：「吳人悍

戰，又水軍順流，進易退難，臣請爲先驅以嘗寇，陛下宜爲後鎮。」先主不從，以權爲鎮北將軍，督江北軍以防魏師；先主自在江南。及吳將軍陸議乘流斷圍，南軍敗績，先主引退。而道隔絕，權不得還，故率將所領降于魏。有司執法，白收權妻子。先主曰：「孤負黃權，權不負孤也。」待之如初。〔一〕

〔一〕臣松之以爲漢武用虛罔之言，滅李陵之家，劉主拒憲司所執，宥黃權之室，二主得失縣邈遠矣。詩云「樂只君子，保艾爾後」，其劉主之謂也。

魏文帝謂權曰：「君捨逆效順，欲追蹤陳、韓邪？」權對曰：「臣過受劉主殊遇，降吳不可，還蜀無路，是以歸命。且敗軍之將，免死爲幸，何古人之可慕也！」文帝善之，拜爲鎮南將軍，封育陽侯，加侍中，使之陪乘。蜀降人或云誅權妻子，權知其虛言，未便發喪，〔二〕後得審問，果如所言。及先主薨問至，魏羣臣咸賀而權獨否。文帝察權有局量，欲試驚之，遣左右詔權，未至之間，累催相屬，馬使奔馳，交錯於道，官屬侍從莫不碎魄，而權舉止顏色自若。後領益州刺史，徙占河南。大將軍司馬宣王深器之，問權曰：「蜀中有卿輩幾人？」權笑而答曰：「不圖明公見顧之重也！」宣王與諸葛亮書曰：「黃公衡，快士也，每坐起歎述足下，不去口實。」景初三年，蜀延熙二年，權遷車騎將軍、儀同三司。〔三〕明年卒，謚曰景侯。子邕嗣。邕無子，絕。

〔一〕漢魏春秋曰：文帝詔令發喪，權答曰：「臣與劉、葛推誠相信，明臣本志。疑惑未實，請須後問。」
〔二〕蜀記曰：魏明帝問權：「天下鼎立，當以何地爲正？」權對曰：「當以天文爲正。往者熒惑守心而文皇帝崩，吳、蜀二主平安，此其徵也。」

權留蜀子崇，爲尚書郎，隨衞將軍諸葛瞻拒鄧艾。到涪縣，瞻盤桓未進，崇屢勸瞻宜速行據險，無令敵得入平地。瞻猶與未納，崇至于流涕。會艾長驅而前，瞻卻戰至綿竹，崇帥厲軍士，期於必死，臨陳見殺。

李恢字德昂，建寧俞元人也。仕郡督郵，姑夫爨習爲建伶令，有違犯之事，恢坐習免官。太守董和以習方土大姓，寢而不許。〔一〕後貢恢于州，涉道未至，聞先主自葭萌還攻劉璋。恢知璋之必敗，先主必成，乃託名郡使，北詣先主，遇於綿竹。先主嘉之，從至雒城，遣恢至漢中交好馬超，超遂從命。成都既定，先主領益州牧，以恢爲功曹書佐主簿。後爲亡虜所誣，引恢謀反，有司執送，先主明其不然，更遷恢爲別駕從事。章武元年，庲降都督鄧方卒，先主問恢：「誰可代者？」恢對曰：「人之才能，各有長短，故孔子曰『其使人也器之』。且夫明主在上，則臣下盡情，是以先零之役，趙充國曰『莫若老臣』。臣竊不自揆，惟陛下察之。」先主笑曰：「孤之本意，亦已在卿矣。」遂以恢爲庲降都督，使持節領交州刺

史，住平夷縣。〔二〕

〔一〕華陽國志曰：習後官至領軍。
〔二〕臣松之訊之蜀人，云庲降地名，去蜀二千餘里，時未有寧州，號爲南中，立此職以總攝之。晉泰始中，始分爲寧州。

先主薨，高定恣睢於越嶲，雍闓跋扈於建寧，朱褒反叛於牂牁。丞相亮南征，先由越嶲，而恢案道向建寧。諸縣大相糾合，圍恢軍於昆明。時恢衆少敵倍，又未得亮聲息，紿謂南人曰：「官軍糧盡，欲規退還，吾中間久斥鄉里，乃今得旋，不能復北，欲還與汝等同計謀，故以誠相告。」南人信之，故圍守怠緩。於是恢出擊，大破之，追奔逐北，南至槃江，東接牂牁，與亮聲勢相連。南土平定，恢軍功居多，封漢興亭侯，加安漢將軍。後軍還，南夷復叛，殺害守將。恢身往撲討，鉏盡惡類，徙其豪帥于成都，賦出叟、濮耕牛戰馬金銀犀革，充繼軍資，于時費用不乏。

建興七年，以交州屬吳，解恢刺史。更領建寧太守，以還居本郡。徙居漢中，九年卒。子遺嗣。恢弟子球，羽林右部督，隨諸葛瞻拒鄧艾，臨陳授命，死于緜竹。

呂凱字季平，永昌不韋人也。〔一〕仕郡五官掾功曹。時雍闓等聞先主薨於永安，驕黠滋甚。都護李嚴與闓書六紙，解喻利害，闓但答一紙曰：「蓋聞天無二日，土無二王，今天下鼎立，正朔有三，是以遠人惶惑，不知所歸也。」其桀慢如此。闓又降於吳，吳遙署闓爲永昌太守。永昌既在益州郡之西，道路壅塞，與蜀隔絕，而郡太守改易，凱與府丞蜀郡王伉帥厲吏民，閉境拒闓。闓數移檄永昌，稱說云云。凱答檄曰：「天降喪亂，奸雄乘釁，天下切齒，萬國悲悼，臣妾大小，莫不思竭筋力，肝腦塗地，以除國難。伏惟將軍世受漢恩，以爲當躬聚黨衆，率先啓行，上以報國家，下不負先人，書功竹帛，遺名千載。何期臣僕吳越，背本就末乎？昔舜勤民事，隕于蒼梧，書籍嘉之，流聲無窮。崩于江浦，何足可悲！文、武受命，成王乃平。先帝龍興，海內望風，宰臣聰睿，自天降康。而將軍不覩盛衰之紀，成敗之符，譬如野火在原，蹈履河冰，火滅冰泮，將何所依附？曩者將軍先君雍侯，造怨而封，竇融知興，歸志世祖，皆流名後葉，世歌其美。今諸葛丞相英才挺出，深覩未萌，受遺託孤，翊贊季興，與衆無忌，錄功忘瑕。將軍若能翻然改圖，易跡更步，古人不難追，鄙土何足宰哉！蓋聞楚國不恭，齊桓是責，夫差僭號，晉人不長，況臣於非主，誰肯歸之邪？竊惟古義，臣無越境之交，是以前後有來無往。重承告示，發憤忘食，故略陳所懷，惟將軍察焉。」凱威恩內著，爲郡中所信，故能全其節。

〔一〕孫盛蜀世譜曰：初，秦徙呂不韋子弟宗族於蜀漢。漢武帝時，開西南夷，置郡縣，徙呂氏以充之，因曰不韋縣。

及丞相亮南征討闓，既發在道，而闓已爲高定部曲所殺。亮至南，上表曰：「永昌郡吏呂凱、府丞王伉等，執忠絕域，十有餘年，雍闓、高定偪其東北，而凱等守義不與交通。臣不意永昌風俗敦直乃爾！」以凱爲雲南太守，封陽遷亭侯。會爲叛夷所害，子祥嗣。而王伉亦封亭侯，爲永昌太守。〔一〕

〔一〕蜀世譜曰：呂祥後爲晉南夷校尉，祥子及孫世爲永昌太守。李雄破寧州，諸呂不肯附，舉郡固守。王伉等亦守正節。

馬忠字德信，巴西閬中人也。少養外家，姓狐，名篤，後乃復姓，改名忠。爲郡吏，建安末舉孝廉，除漢昌長。先主東征，敗績猇亭，巴西太守閻芝發諸縣兵五千人以補遺闕，遣忠送往。先主已還永安，見忠與語，謂尚書令劉巴曰：「雖亡黃權，復得狐篤，此爲世不乏賢也。」建興元年，丞相亮開府，以忠爲門下督。三年，亮入南，拜忠牂牁太守。郡丞朱褒反。叛亂之後，忠撫育卹理，甚有威惠。八年，召爲丞相參軍，副長史蔣琬署留府事。又領州治中從事。明年，亮出祁山，忠詣亮所，經營戎事。軍還，督將軍張嶷等討汶山郡叛羌。十一年，南夷豪帥劉胄反，擾亂諸郡。徵庲降都督張翼還，以忠代翼。忠遂斬胄，平南土。加忠監軍奮威將軍，封博陽亭侯。初，建寧郡殺太守正昂，縛太守張裔於吳，故都督常駐平夷

縣。至忠，乃移治味縣，處民夷之間。又越嶲郡亦久失土地，忠率將太守張嶷開復舊郡，由此就加安南將軍，進封彭鄉亭侯。延熙五年還朝，因至漢中，見大司馬蔣琬，宣傳詔旨，加拜鎮南大將軍。七年春，大將軍費禕北禦魏敵，留忠成都，平尚書事。禕還，忠乃歸南。十二年卒，子脩嗣。〔一〕

〔一〕脩弟恢。恢子義，晉建寧太守。

忠爲人寬濟有度量，但詼啁大笑，忿怒不形於色。然處事能斷，威恩並立，是以蠻夷畏而愛之。及卒，莫不自致喪庭，流涕盡哀，爲之立廟祀，迄今猶在。

張表，時名士，清望踰忠。閻宇，宿有功幹，於事精勤。繼踵在忠後，其威風稱績，皆不及忠。〔一〕

〔一〕益部耆舊傳曰：張表，肅子也。華陽國志云：表，張松子，未詳。閻宇字文平，南郡人也。

王平字子均，巴西宕渠人也。本養外家何氏，後復姓王。隨杜濩、朴胡詣洛陽，假校尉，從曹公征漢中，因降先主，拜牙門將、裨將軍。建興六年，屬參軍馬謖先鋒。謖舍水上山，舉措煩擾，平連規諫謖，謖不能用，大敗於街亭。衆盡星散，惟平所領千人，鳴鼓自持，魏將張

郃疑其伏兵，不往偪也。於是平徐徐收合諸營遺迸，率將士而還。丞相亮既誅馬謖及將軍張休、李盛，奪將軍黃襲等兵，平特見崇顯，加拜參軍，統五部兼當營事，進位討寇將軍，封亭侯。九年，亮圍祁山，平別守南圍。魏大將軍司馬宣王攻亮，張郃攻平，平堅守不動，郃不能克。十二年，亮卒於武功，軍退還，魏延作亂，一戰而敗，平之功也。遷後典軍、安漢將軍，副車騎將軍吳壹住漢中，又領漢中太守。十五年，進封安漢侯，代壹督漢中。延熙元年，大將軍蔣琬住沔陽，平更爲前護軍，署琬府事。六年，琬還住涪，拜平前監軍、鎮北大將軍，統漢中。

七年春，魏大將軍曹爽率步騎十餘萬向漢川，前鋒已在駱谷。時漢中守兵不滿三萬，諸將大驚。或曰：「今力不足以拒敵，聽當固守漢、樂二城，遇賊令入，比爾間，涪軍足得救關。」平曰：「不然。漢中去涪垂千里。賊若得關，便爲禍也。今宜先遣劉護軍、杜參軍據興勢，平爲後拒；若賊分向黃金，平率千人下自臨之，比爾間，涪軍行至，此計之上也。」惟護軍劉敏與平意同，卽便施行。涪諸軍及大將軍費禕自成都相繼而至，魏軍退還，如平本策。是時，鄧芝在東，馬忠在南，平在北境，咸著名迹。

平生長戎旅，手不能書，其所識不過十字，而口授作書，皆有意理。使人讀史、漢諸紀傳，聽之，備知其大義，往往論說不失其指。遵履法度，言不戲謔，從朝至夕，端坐徹日，憒

無武將之體，然性狹侵疑，爲人自輕，以此爲損焉。十一年卒，子訓嗣。

初，平同郡漢昌句扶句古候反忠勇寬厚，數有戰功，功名爵位亞平，官至左將軍，封宕渠侯。〔一〕

〔一〕華陽國志曰：後張翼、廖化並爲大將軍，時人語曰：「前有王、句，後有張、廖。」

張嶷字伯岐，巴郡南充國人也。〔一〕弱冠爲縣功曹。先主定蜀之際，山寇攻縣，縣長捐家逃亡，嶷冒白刃，攜負夫人，夫人得免。由是顯名，州召爲從事。時郡內士人龔祿、姚伷位二千石，當世有聲名，皆與嶷友善。建興五年，丞相亮北住漢中，廣漢、綿竹山賊張慕等鈔盜軍資，劫掠吏民，嶷以都尉將兵討之。嶷度其鳥散，難以戰禽，乃詐與和親，尅期置酒。酒酣，嶷身率左右，因斬慕等五十餘級，渠帥悉殄。尋其餘類，旬日清泰。後得疾病困篤，家素貧匱，廣漢太守蜀郡何祗，名爲通厚，嶷宿與疏闊，乃自轝詣祗，託以治疾。祗傾財醫療，數年除愈。其黨道信義皆此類也。拜爲牙門將，屬馬忠，北討汶山叛羌，南平四郡蠻夷，輒有籌畫戰克之功。〔二〕十四年，武都氐王苻健請降，遣將軍張尉往迎，過期不到，大將軍蔣琬深以爲念。嶷平之曰：「苻健求附款至，必無他變，素聞健弟狡黠，又夷狄不能同功，將有乖離，是以稽留耳。」數日，問至，健弟果將四百戶就魏，獨健來從。

〔一〕益部耆舊傳曰：嶷出自孤微，而少有通壯之節。

〔二〕益部耆舊傳曰：嶷受兵馬三百人，隨馬忠討叛羌。嶷別督數營在先，至他里。邑所在高峻，嶷隨山立上四五里。羌於要厄作石門，於門上施牀，積石於其上，過者下石槌擊之，無不糜爛。嶷度不可得攻，乃使譯告曉之曰：「汝汶山諸種反叛，傷害良善，天子命將討滅惡類。汝等若稽顙過軍，資給糧費，福祿永隆，其報百倍。若終不從，大兵致誅，雷擊電下，雖追悔之，亦無益也。」耆帥得命，卽出詣嶷，給糧過軍。軍前討餘種，餘種聞他里已下，悉恐怖失所，或迎軍出降，或奔竄山谷，放兵攻擊，軍以克捷。後南夷劉胄又反，以馬忠爲督庲降討胄，嶷復屬焉，戰鬬常冠軍首，遂斬胄。平南事訖，牂牁興古獠種復反，忠令嶷領諸營往討，嶷內招降得二千人，悉傳詣漢中。

初，越嶲郡自丞相亮討高定之後，叟夷數反，殺太守龔祿、焦璜，是後太守不敢之郡，只住(安定)〔安上〕縣，去郡八百餘里，其郡徒有名而已。時論欲復舊郡，除嶷爲越嶲太守，嶷將所領往之郡，誘以恩信，蠻夷皆服，頗來降附。北徼捉馬最驍勁，不承節度，嶷乃往討，生縛其帥魏狼，又解縱告喻，使招懷餘類。表拜狼爲邑侯，種落三千餘戶皆安土供職。諸種聞之，多漸降服，嶷以功賜爵關內侯。

蘇祁邑君冬逢、逢弟隗渠等，已降復反。嶷誅逢。逢妻，旄牛王女，嶷以計原之。而渠逃入西徼。渠剛猛捷悍，爲諸種深所畏憚，遣所親二人詐降嶷，實取消息。嶷覺之，許以重賞，使爲反間，二人遂合謀殺渠。渠死，諸種皆安。又斯都耆帥李求承，昔手殺龔祿，嶷求募捕得，數其宿惡而誅之。

始嶷以郡郛宇頹壞，更築小塢。在官三年，徙還故郡，繕治城郭，夷種男女莫不致力。定莋、臺登、卑水三縣去郡三百餘里，舊出鹽鐵及漆，而夷徼久自固食。嶷率所領奪取，署長吏焉。嶷之到定莋，定莋率豪狼岑，槃木王舅，甚爲蠻夷所信任，忿嶷自侵，不自來詣。嶷使壯士數十直往收致，撻而殺之，持尸還種，厚加賞賜，喻以狼岑之惡，且曰：「無得妄動，動即殄矣！」種類咸面縛謝過。嶷殺牛饗宴，重申恩信，遂獲鹽鐵，器用周贍。

漢嘉郡界旄牛夷種類四千餘戶，其率狼路，欲爲姑壻冬逢報怨，遣叔父離將逢衆相度形勢。嶷逆遣親近齎牛酒勞賜，又令離（姊）逆逢妻宣暢意旨。離既受賜，并見其姊，姊弟歡悅，悉率所領將詣嶷，嶷厚加賞待，遣還。旄牛由是輒不爲患。

郡有舊道，經旄牛中至成都，既平且近；自旄牛絕道，已百餘年，更由安上，既險且遠。嶷遣左右齎貨幣賜路，重令路姑喻意，路乃率兄弟妻子悉詣嶷，嶷與盟誓，開通舊道，千里肅清，復古亭驛。奏封路爲旄牛㽛毗王，遣使將路朝貢。後主於是加嶷撫戎將軍，領郡如故。

嶷初見費禕爲大將軍，恣性汎愛，待信新附太過，嶷書戒之曰：「昔岑彭率師，來歙杖節，咸見害於刺客，今明將軍位尊權重，宜鑒前事，少以爲警。」後禕果爲魏降人郭脩所害。吳太傅諸葛恪以初破魏軍，大興兵衆以圖攻取。侍中諸葛瞻，丞相亮之子，恪從弟也，

嶷與書曰：「東主初崩，帝實幼弱，太傅受寄託之重，亦何容易！親以周公之才，猶有管、蔡流言之變，霍光受任，亦有燕、蓋、上官逆亂之謀，賴成、昭之明，以免斯難耳。昔每聞東主殺生賞罰，不任下人，又今以垂沒之命，卒召太傅，屬以後事，誠實可慮。加吳、楚剽急，乃昔所記，而太傅離少主，履敵庭，恐非良計長算之術也。雖云東家綱紀肅然，上下輯睦，百有一失，非明者之慮邪？取古則今，今則古也，自非郎君進忠言於太傅，誰復有盡言者也！旋軍廣農，務行德惠，數年之中，東西並舉，實爲不晚，願深採察。」恪竟以此夷族。嶷識見多如是類。

在郡十五年，邦域安穆。屢乞求還，乃徵詣成都。（夷民）〔民夷〕戀慕，扶轂泣涕，過旄牛邑，邑君襁負來迎，及追尋至蜀郡界，其督相率隨嶷朝貢者百餘人。嶷至，拜盪寇將軍，慷慨壯烈，士人咸多貴之，然放蕩少禮，人亦以此譏焉，〔一〕是歲延熙十七年也。魏狄道長李簡密書請降，衞將軍姜維率嶷等因簡之資以出隴西。〔二〕既到狄道，簡悉率城中吏民出迎軍。軍前與魏將徐質交鋒，嶷臨陳隕身，然其所殺傷亦過倍。既亡，封長子瑛西鄉侯，次子護雄襲爵。南土越嶲民夷聞嶷死，無不悲泣，爲嶷立廟，四時水旱輒祀之。〔三〕

〔一〕益部耆舊傳曰：時車騎將軍夏侯霸謂嶷曰：「雖與足下疏闊，然託心如舊，宜明此意。」嶷答曰：「僕未知子，子未知我，大道在彼，何云託心乎！願三年之後徐陳斯言。」有識之士以爲美談。

〔二〕益部耆舊傳曰：嶷風溼固疾，至都寖篤，扶杖然後能起。李簡請降，衆議狐疑，而嶷曰必然。姜維之出，時論以嶷初還，股疾不能在行中，由是嶷自乞肆力中原，致身敵庭。臨發，辭後主曰：「臣當值聖明，受恩過量，加以疾病在身，常恐一朝隕沒，辜負榮遇。天不違願，得豫戎事。若涼州克定，臣爲藩表守將；若有未捷，殺身以報。」後主慨然爲之流涕。

〔三〕益部耆舊傳曰：余觀張嶷儀貌辭令，不能駭人，而其策略足以入算，果烈足以立威，爲臣有忠誠之節，處類有亮直之風，而動必顧典，後主深崇之。雖古之英士，何以遠踰哉！

蜀世譜曰：嶷孫奕，晉梁州刺史。

評曰：黃權弘雅思量，李恢公亮志業，呂凱守節不回，馬忠擾而能毅，〔一〕王平忠勇而嚴整，張嶷識斷明果，咸以所長，顯名發迹，遇其時也。

〔一〕尙書曰：擾而毅。鄭玄注曰：擾，馴也。致果曰毅。

三國志卷四十四

蜀書十四

蔣琬費禕姜維傳第十四

蔣琬字公琰，零陵湘鄉人也。弱冠與外弟泉陵劉敏俱知名。琬以州書佐隨先主入蜀，除廣都長。先主嘗因游觀奄至廣都，見琬衆事不理，時又沈醉，先主大怒，將加罪戮。軍師將軍諸葛亮請曰：「蔣琬，社稷之器，非百里之才也。其爲政以安民爲本，不以脩飾爲先，願主公重加察之。」先主雅敬亮，乃不加罪，倉卒但免官而已。琬見推之後，夜夢有一牛頭在門前，流血滂沱，意甚惡之，呼問占夢趙直。直曰：「夫見血者，事分明也。牛角及鼻，『公』字之象，君位必當至公，大吉之徵也。」頃之，爲什邡令。先主爲漢中王，琬入爲尚書郎。建興元年，丞相亮開府，辟琬爲東曹掾。舉茂才，琬固讓劉邕、陰化、龐延、廖淳，亮教答曰：「思惟背親捨德，以殄百姓，衆人既不隱於心，實又使遠近不解其義，是以君宜顯其功舉，以明此選之清重也。」遷爲參軍。五年，亮住漢中，琬與長史張裔統留府事。八年，代裔爲長史，加撫軍將軍。亮數外出，琬常足食足兵以相供給。亮每言：「公琰託志忠雅，當與吾共

贊王業者也。」密表後主曰：「臣若不幸，後事宜以付琬。」

亮卒，以琬爲尚書令，俄而加行都護，假節，領益州刺史，遷大將軍，錄尚書事，封安陽亭侯。時新喪元帥，遠近危悚。琬出類拔萃，處羣僚之右，既無戚容，又無喜色，神守舉止，有如平日，由是衆望漸服。延熙元年，詔琬曰：「寇難未弭，曹叡驕凶，遼東三郡苦其暴虐，遂相糾結，與之離隔。叡大興衆役，還相攻伐。曩秦之亡，勝、廣首難，今有此變，斯乃天時。君其治嚴，總帥諸軍屯住漢中，須吳舉動，東西掎角，以乘其釁。」又命琬開府，明年就加爲大司馬。

東曹掾楊戲素性簡略，琬與言論，時不應答。或欲搆戲於琬曰：「公與戲語而不見應，戲之慢上，不亦甚乎！」琬曰：「人心不同，各如其面；面從後言，古人之所誡也。戲欲贊吾是耶，則非其本心，欲反吾言，則顯吾之非，是以默然，是戲之快也。」又督農楊敏曾毀琬曰：「作事憒憒，誠非及前人。」或以白琬，主者請推治敏，琬曰：「吾實不如前人，無可推也。」主者重據聽不推，則乞問其憒憒之狀。琬曰：「苟其不如，則事不當理，事不當理，則憒憒矣。復何問邪？」後敏坐事繫獄，衆人猶懼其必死，琬心無適莫，得免重罪。其好惡存道，皆此類也。

琬以爲昔諸葛亮數闚秦川，道險運艱，竟不能克，不若乘水東下。乃多作舟船，欲由漢、沔襲魏興、上庸。會舊疾連動，未時得行。而衆論咸謂如不克捷，還路甚難，非長策也。於是遣尚書令費禕、中監軍姜維等喻指。琬承命上疏曰：「芟穢弭難，臣職是掌。自臣奉辭漢中，已經六年，臣既闇弱，加嬰疾疢，規方無成，夙夜憂慘。今魏跨帶九州，根蔕滋蔓，平除未易。若東西并力，首尾掎角，雖未能速得如志，且當分裂蠶食，先摧其支黨。然吳期二三，連不克果，俯仰惟艱，實忘寢食。輒與費禕等議，以涼州胡塞之要，進退有資，賊之所惜；且羌、胡乃心思漢如渴，又昔偏軍入羌，郭淮破走，算其長短，以爲事首，宜以姜維爲涼州刺史。若維征行，銜持河右，臣當帥軍爲維鎮繼。今涪水陸四通，惟急是應，若東北有虞，赴之不難。」由是琬遂還住涪。疾轉增劇，至九年卒，謚曰恭。

子斌嗣，爲綏武將軍、漢城護軍。魏大將軍鍾會至漢城，與斌書曰：「巴蜀賢智文武之士多矣，至於足下、諸葛思遠，譬諸草木，吾氣類也。桑梓之敬，古今所敦。西到，欲奉瞻尊大君公侯墓，當洒掃墳塋，奉祠致敬。願告其所在！」斌答書曰：「知惟臭味意眷之隆，雅託通流，未拒來謂也。亡考昔遭疾疢，亡於涪縣，卜云其吉，遂安厝之。知君西邁，乃欲屈駕脩敬墳墓。視予猶父，顏子之仁也，聞命感愴，以增情思。」會得斌書報，嘉歎意義，及至涪，如其書云。

後主既降鄧艾，斌詣會於涪，待以交友之禮。隨會至成都，爲亂兵所殺。斌弟顯，爲太

子僕，會亦愛其才學，與斌同時死。

劉敏，左護軍、揚威將軍，與鎮北大將軍王平俱鎮漢中。魏遣大將軍曹爽襲蜀時，議者或謂但可守城，不出拒敵，必自引退。敏以爲男女布野，農穀棲畝，若聽敵入，則大事去矣。遂帥所領與平據興勢，多張旗幟，彌亙百餘里。會大將軍費禕從成都至，魏軍卽退，敏以功封雲亭侯。

費禕字文偉，江夏鄳人也。鄳音盲。少孤，依族父伯仁。伯仁姑，益州牧劉璋之母也。璋遣使迎仁，仁將禕游學入蜀。會先主定蜀，禕遂留益土，與汝南許叔龍、南郡董允齊名。時許靖喪子，允與禕欲共會其葬所。允白父和請車，和遣開後鹿車給之。允有難載之色，禕便從前先上。及至喪所，諸葛亮及諸貴人悉集，車乘甚鮮，允猶神色未泰，而禕晏然自若。持車人還，和問之，知其如此，乃謂允曰：「吾常疑汝於文偉優劣未別也，而今而後，吾意了矣。」

先主立太子，禕與允俱爲舍人，遷庶子。後主踐位，爲黃門侍郎。丞相亮南征還，羣寮於數十里逢迎，年位多在禕右，而亮特命禕同載，由是衆人莫不易觀。亮以初從南歸，以禕爲昭信校尉使吳。孫權性既滑稽，嘲啁無方，諸葛恪、羊衜等才博果辯，論難鋒至，禕辭順

義篤，據理以答，終不能屈。〔一〕權甚器之，謂禕曰：「君天下淑德，必當股肱蜀朝，恐不能數來也。」〔二〕還，遷爲侍中。亮北住漢中，請禕爲參軍。以奉使稱旨，頻煩至吳。建興八年，轉爲中護軍，後又爲司馬。值軍師魏延與長史楊儀相憎惡，每至並坐爭論，延或舉刃擬儀，儀泣涕橫集。禕常入其坐間，諫喻分別，終亮之世，各盡延、儀之用者，禕匡救之力也。亮卒，禕爲後軍師。頃之，代蔣琬爲尚書令。〔三〕琬自漢中還涪，禕遷大將軍，錄尚書事。

〔一〕禕別傳曰：孫權每別酌好酒以飲禕，視其已醉，然後問以國事，並論當世之務，辭難累至。禕輒辭以醉，退而撰次所問，事事條答，無所遺失。

〔二〕禕別傳曰：權乃以手中常所執寶刀贈之，禕答曰：「臣以不才，何以堪明命？然刀所以討不庭、禁暴亂者也，但願大王勉建功業，同獎漢室，臣雖闇弱，終不負東顧。」

〔三〕禕別傳曰：于時軍國多事，公務煩猥，禕識悟過人，每省讀書記，舉目暫視，已究其意旨，其速數倍於人，終亦不忘。常以朝晡聽事，其間接納賓客，飲食嬉戲，加之博弈，每盡人之歡，事亦不廢。董允代禕爲尚書令，欲斆禕之所行，旬日之中，事多愆滯。允乃歎曰：「人才力相縣若此甚遠，此非吾之所及也。聽事終日，猶有不暇爾。」

延熙七年，魏軍次于興勢，假禕節，率衆往禦之。光祿大夫來敏至禕許別，求共圍棊。于時羽檄交馳，人馬擐甲，嚴駕已訖，禕與敏留意對戲，色無厭倦。敏曰：「向聊觀試君耳！君信可人，必能辦賊者也。」禕至，敵遂退，封成鄉侯。〔一〕琬固讓州職，禕復領益州刺史。

禕當國功名，略與琬比。〔二〕十一年，出住漢中。自琬及禕，雖自身在外，慶賞刑威，皆遙先諮斷，然後乃行，其推任如此。後十四年夏，還成都，成都望氣者云都邑無宰相位，故冬復北屯漢壽。延熙十五年，命禕開府。十六年歲首大會，魏降人郭循在坐。禕歡飲沈醉，爲循手刃所害，謚曰敬侯。子承嗣，爲黃門侍郎。承弟恭，尚公主。〔三〕禕長女配太子璿爲妃。

〔一〕殷基通語曰：司馬懿誅曹爽，禕設甲乙論平其是非。甲以爲曹爽兄弟凡品庸人，苟以宗子枝屬，得蒙顧命之任，而驕奢僭逸，交非其人，私樹朋黨，謀以亂國。懿奮誅討，一朝殄盡，此所以稱其任，副士民之望也。乙以爲懿感曹仲付己不一，豈爽與相干？事勢不專，以此陰成疵瑕。初無忠告侃爾之訓，一朝屠戮，攙其不意，豈大人經國篤本之事乎！若爽信有謀主之心，大逆已搆，而發兵之日，更以芳委爽兄弟。懿父子從後閉門舉兵，蹙而向芳，必無悉寧，忠臣爲君深慮之謂乎？以此推之，爽無大惡明矣。若懿以爽奢僭，廢之刑之可也，滅其尺口，被以不義，絕子丹血食，及何晏子魏之親甥，亦與同戮，爲僭濫不當矣。

〔二〕禕別傳曰：禕雅性謙素，家不積財。兒子皆令布衣素食，出入不從車騎，無異凡人。

〔三〕禕別傳曰：恭爲尚書郎，顯名當世，早卒。

姜維字伯約，天水冀人也。少孤，與母居。好鄭氏學。〔一〕仕郡上計掾，州辟爲從事。以父冏昔爲郡功曹，值羌、戎叛亂，身衞郡將，沒於戰場，賜維官中郎，參本郡軍事。建興六年，丞相諸葛亮軍向祁山，時天水太守適出案行，維及功曹梁緒、主簿尹賞、主記梁虔等從

行。太守聞蜀軍垂至，而諸縣響應，疑維等皆有異心，於是夜亡保上邽。維等覺太守去，追遲，至城門，城門已閉，不納。維等相率還冀，冀亦不入維。維等乃俱詣諸葛亮。會馬謖敗於街亭，亮拔將西縣千餘家及維等還，故維遂與母相失。〔二〕亮辟維爲倉曹掾，加奉義將軍，封當陽亭侯，時年二十七。亮與留府長史張裔、參軍蔣琬書曰：「姜伯約忠勤時事，思慮精密，考其所有，永南、季常諸人不如也。其人，涼州上士也。」又曰：「須先教中虎步兵五六千人。姜伯約甚敏於軍事，既有膽義，深解兵意。此人心存漢室，而才兼於人，畢教軍事，當遣詣宮，覲見主上。」〔三〕後遷中監軍征西將軍。

〔一〕傅子曰：維爲人好立功名，陰養死士，不脩布衣之業。

〔二〕魏略曰：天水太守馬遵將維及諸官屬隨雍州刺史郭淮偶自西至洛門案行，會聞亮已到祁山，淮顧遵曰：「是欲不善！」遂驅東還上邽。遵念所治冀縣界在西偏，又恐吏民樂亂，遂亦隨淮去。時維謂遵曰：「明府當還冀。」遵謂維等曰：「卿諸人（回）〔叵〕復信，皆賊也。」各自行。維亦無如遵何，而家在冀，遂與郡吏上官子脩等還冀。冀中吏民見維等大喜，便推令見亮。二人不獲已，乃共詣亮。亮見，大悅。未及遣迎冀中人，會亮前鋒爲張郃、費繇等所破，遂將維等卻縮。維不得還，遂入蜀。諸軍攻冀，皆得維母妻子，亦以維本無去意，故不沒其家，但繫保官以延之。此語與本傳不同。

〔三〕孫盛雜記曰：初，姜維詣亮，與母相失，復得母書，令求當歸。維曰：「良田百頃，不在一畝，但有遠志，不在當歸也。」

十二年，亮卒，維還成都，爲右監軍輔漢將軍，統諸軍，進封平襄侯。延熙元年，隨大將軍蔣琬住漢中。琬既遷大司馬，以維爲司馬，數率偏軍西入。六年，遷鎮西大將軍，領涼州刺史。十年，遷衞將軍，與大將軍費禕共錄尚書事。是歲，汶山平康夷反，維率衆討定之。又出隴西、南安、金城界，與魏大將軍郭淮、夏侯霸等戰於洮西。胡王治無戴等舉部落降，維將還安處之。十二年，假維節，復出西平，不克而還。維自以練西方風俗，兼負其才武，欲誘諸羌、胡以爲羽翼，謂自隴以西可斷而有也。每欲興軍大舉，費禕常裁制不從，與其兵不過萬人。〔一〕

〔一〕漢晉春秋曰：費禕謂維曰：「吾等不如丞相亦已遠矣；丞相猶不能定中夏，況吾等乎！且不如保國治民，敬守社稷，如其功業，以俟能者，無以爲希冀徼倖而決成敗於一舉。若不如志，悔之無及。」

十六年春，禕卒。夏，維率數萬人出石營，經董亭，圍南安，魏雍州刺史陳泰解圍至洛門，維糧盡退還。明年，加督中外軍事。復出隴西，守狄道長李簡舉城降。進圍襄武，與魏將徐質交鋒，斬首破敵，魏軍敗退。維乘勝多所降下，拔（河間）〔河關〕、狄道、臨洮三縣民還。後十八年，復與車騎將軍夏侯霸等俱出狄道，大破魏雍州刺史王經於洮西，經衆死者數萬人。經退保狄道城，維圍之。魏征西將軍陳泰進兵解圍，維卻住鍾題。

十九年春，就遷維爲大將軍。更整勒戎馬，與鎮西大將軍胡濟期會上邽，濟失誓不至，

中華書局

故維爲魏大將鄧艾所破於段谷，星散流離，死者甚衆。衆庶由是怨讟，而隴已西亦騷動不寧，維謝過引負，求自貶削。爲後將軍，行大將軍事。

二十年，魏征東大將軍諸葛誕反於淮南，分關中兵東下。維欲乘虛向秦川，復率數萬人出駱谷，徑至沈嶺。時長城積穀甚多而守兵乃少，聞維方到，衆皆惶懼。魏大將軍司馬望拒之，鄧艾亦自隴右，皆軍于長城。維前住芒水，皆倚山爲營。望、艾傍渭堅圍，維數下挑戰，望、艾不應。景耀元年，維聞誕破敗，乃還成都。復拜大將軍。

初，先主留魏延鎭漢中，皆實兵諸圍以禦外敵，敵若來攻，使不得入。及興勢之役，王平捍拒曹爽，皆承此制。維建議，以爲錯守諸圍，雖合周易「重門」之義，然適可禦敵，不獲大利。不若使聞敵至，諸圍皆斂兵聚穀，退就漢、樂二城，使敵不得入平，且重關鎭守以捍之。有事之日，令游軍並進以伺其虛。敵攻關不克，野無散穀，千里縣糧，自然疲乏。引退之日，然後諸城並出，與游軍幷力搏之，此殄敵之術也。於是令督漢中胡濟卻住漢壽，監軍王含守樂城，護軍蔣斌守漢城，又於西安、建威、武衞、石門、武城、建昌、臨遠皆立圍守。

五年，維率衆出漢、侯和，爲鄧艾所破，還住沓中。維本羈旅託國，累年攻戰，功績不立，而宦官黃皓等弄權於內，右大將軍閻宇與皓協比，而皓陰欲廢維樹宇。維亦疑之，故自危懼，不復還成都。〔一〕六年，維表後主：「聞鍾會治兵關中，欲規進取，宜並遣張翼、廖化督諸

軍分護陽安關口、陰平橋頭以防未然。」皓徵信鬼巫，謂敵終不自致，啓後主寢其事，而羣臣不知。及鍾會將向駱谷，鄧艾將入沓中，然後乃遣右車騎廖化詣沓中爲維援，左車騎張翼、輔國大將軍董厥等詣陽安關口以爲諸圍外助。比至陰平，聞魏將諸葛緒向建威，故住待之。月餘，維爲鄧艾所摧，還住陰平。鍾會攻圍漢、樂二城，遣別將進攻關口，蔣舒開城出降，傅僉格鬭而死。〔二〕會攻樂城，不能克，聞關口已下，長驅而前。翼、厥甫至漢壽，維、化亦舍陰平而退，適與翼、厥合，皆退保劍閣以拒會。會與維書曰：「公侯以文武之德，懷邁世之略，功濟巴、漢，聲暢華夏，遠近莫不歸名。每惟疇昔，嘗同大化，吳札、鄭僑，能喻斯好。」維不答書，列營守險。會不能克，糧運縣遠，將議還歸。

〔一〕華陽國志曰：維惡黃皓恣擅，啓後主欲殺之。後主曰：「皓趨走小臣耳，往董允切齒，吾常恨之，君何足介意！」維見皓枝附葉連，懼於失言，遜辭而出。後主勑皓詣維陳謝。維說皓求沓中種麥，以避內逼耳。

〔二〕漢晉春秋曰：蔣舒將出降，乃詭謂傅僉曰：「今賊至不擊而閉城自守，非良圖也。」僉曰：「受命保城，惟全爲功，今違命出戰，若喪師負國，死無益矣。」舒曰：「子以保城獲全爲功，我以出戰克敵爲功，請各行其志。」遂率衆出。僉謂其戰也，至陰平，以降胡烈。烈乘虛襲城，僉格鬭而死，魏人義之。

蜀記曰：蔣舒爲武興督，在事無稱。蜀命人代之，因留舒助漢中守。舒恨，故開城出降。

而鄧艾自陰平由景谷道傍入，遂破諸葛瞻於緜竹。後主請降於艾，艾前據成都。維等

初聞瞻破，或聞後主欲固守成都，或聞欲東入吳，或聞欲南入建寧，於是引軍由廣漢、郪道以審虛實。尋被後主敕令，乃投戈放甲，詣會於涪軍前，將士咸怒，拔刀砍石。〔一〕

〔一〕干寶晉紀云：會謂維曰：「來何遲也？」維正色流涕曰：「今日見此爲速矣！」會甚奇之。

會厚待維等，皆權還其印號節蓋。會與維出則同轝，坐則同席，謂長史杜預曰：「以伯約比中土名士，公休、太初不能勝也。」〔一〕會既構鄧艾，艾檻車徵，因將維等詣成都，自稱益州牧以叛。〔二〕欲授維兵五萬人，使爲前驅。魏將士憤怒，殺會及維，維妻子皆伏誅。〔三〕

〔一〕世語曰：時蜀官屬皆天下英俊，無出維右。

〔二〕漢晉春秋曰：會陰懷異圖，維見而知其心，謂可構成擾亂以圖克復也，乃詭說會曰：「聞君自淮南已來，算無遺策，晉道克昌，皆君之力。今復定蜀，威德振世，民高其功，主畏其謀，欲以此安歸乎！夫韓信不背漢於擾攘，以見疑於既平，大夫種不從范蠡於五湖，卒伏劍而妄死，彼豈闇主愚臣哉？利害使之然也。今君大功既立，大德已著，何不法陶朱公泛舟絕迹，全功保身，登峨嵋之嶺，而從赤松游乎？」會曰：「君言遠矣，我不能行，且爲今之道，或未盡於此也。」維曰：「其他則君智力之所能，無煩於老夫矣。」由是情好歡甚。

華陽國志曰：維教會誅北來諸將，既死，徐欲殺會，盡坑魏兵，還復蜀祚，密書與後主曰：「願陛下忍數日之辱，臣欲使社稷危而復安，日月幽而復明。」

孫盛晉陽秋曰：盛以永和初從安西將軍平蜀，見諸故老，及姜維既降之後密與劉禪表疏，說欲僞服事鍾會，因殺之以復蜀土，會事不捷，遂至泯滅，蜀人於今傷之。盛以爲古人云，非所困而困焉名必辱，非所據而據焉身必危，

既辱且危，死其將至，其姜維之謂乎！鄧艾之入江由，士衆鮮少，維進不能奮節緜竹之下，退不能總帥五將，擁衞蜀主，思後圖之計，而乃反覆於逆順之間，希違情於難冀之會，以衰弱之國，而屢觀兵於三秦，已滅之邦，冀理外之奇舉，不亦闇哉！

臣松之以爲盛之譏維，又爲不當。于時鍾會大衆既造劍閣，維與諸將列營守險，會不得進，已議還計，全蜀之功，幾乎立矣。但鄧艾詭道傍入，出於其後，諸葛瞻既敗，成都自潰。維若回軍救內，則會乘其背。當時之勢，焉得兩濟？而責維不能奮節緜竹，擁衞蜀主，非其理也。會欲盡坑魏將以舉大事，授維重兵，使爲前驅。若令魏將皆死，兵事在維手，殺會復蜀，不爲難矣。夫功成理外，然後爲奇，不可以事有差牙，而抑謂不然。設使田單之計，邂逅不會，復可謂之愚闇哉！

〔三〕世語曰：維死時見剖，膽如（斗）〔升〕大。

郤正著論論維曰：「姜伯約據上將之重，處羣臣之右，宅舍弊薄，資財無餘，側室無妾媵之褻，後庭無聲樂之娛，衣服取供，輿馬取備，飲食節制，不奢不約，官給費用，隨手消盡；察其所以然者，非以激貪厲濁，抑情自割也，直謂如是爲足，不在多求。凡人之談，常譽成毀敗，扶高抑下，咸以姜維投厝無所，身死宗滅，以是貶削，不復料擿，異乎春秋褒貶之義矣。如姜維之樂學不倦，清素節約，自一時之儀表也。」〔一〕

〔一〕孫盛曰：異哉郤氏之論也！夫士雖百行，操業萬殊，至於忠孝義節，百行之冠冕也。姜維策名魏室，而外奔蜀朝，違君徇利，不可謂忠；捐親苟免，不可謂孝；害加舊邦，不可謂義；敗不死難，不可謂節；且德政未敷而疲民以

遲，居禦侮之任而致敵喪守，於夫智勇，莫可云也：凡斯六者，維無一焉。實有魏之逋臣，亡國之亂相，而云人之儀表，斯亦惑矣。縱維好書而微自藻潔，豈異夫盜者分財之義，而程、鄭降階之善也？臣松之以爲郤正此論，取其可稱，不謂維始終行事皆可準則也。所云「一時儀表」，止在好學與儉素耳。本傳及魏略皆云維本無叛心，以急逼歸蜀。盛相譏貶，惟可責其背母。餘既過苦，又非所以難郤正也。

維昔所俱至蜀，梁緒官至大鴻臚，尹賞執金吾，梁虔大長秋，皆先蜀亡沒。

評曰：蔣琬方整有威重，費禕寬濟而博愛，咸承諸葛之成規，因循而不革，是以邊境無虞，邦家和一，然猶未盡治小之宜，居靜之理也。〔一〕姜維粗有文武，志立功名，而翫衆黷旅，明斷不周，終致隕斃。老子有云：「治大國者猶烹小鮮。」況於區區蕞爾，而可屢擾乎哉？〔二〕

〔一〕臣松之以爲蔣、費爲相，克遵畫一，未嘗徇功妄動，有所虧喪，外卻駱谷之師，內保寧緝之實，治小之宜，居靜之理，何以過於此哉！今譏其未盡而不著其事，故使覽者不知所謂也。

〔二〕干寶曰：姜維爲蜀相，國亡主辱弗之死，而死於鍾會之亂，惜哉！非死之難，處死之難也。是以古之烈士，見危授命，投節如歸，非不愛死也，固知命之不長而懼不得其所也。

三國志卷四十五　蜀書十五

鄧張宗楊傳第十五

鄧芝字伯苗，義陽新野人，漢司徒禹之後也。漢末入蜀，未見知待。時益州從事張裕善相，芝往從之，裕謂芝曰：「君年過七十，位至大將軍，封侯。」芝聞巴西太守龐羲好士，往依焉。先主定益州，芝爲郫邸閣督。先主出至郫，與語，大奇之，擢爲郫令，遷廣漢太守。所在清嚴有治績，入爲尚書。

先主薨於永安。先是，吳王孫權請和，先主累遣宋瑋、費禕等與相報答。丞相諸葛亮深慮權聞先主殂隕，恐有異計，未知所如。芝見亮曰：「今主上幼弱，初在位，宜遣大使重申吳好。」亮答之曰：「吾思之久矣，未得其人耳，今日始得之。」芝問其人爲誰？亮曰：「卽使君也。」乃遣芝脩好於權。權果狐疑，不時見芝，芝乃自表請見權曰：「臣今來亦欲爲吳，非但爲蜀也。」權乃見之，語芝曰：「孤誠願與蜀和親，然恐蜀主幼弱，國小勢偪，爲魏所乘，不自保全，以此猶豫耳。」芝對曰：「吳、蜀二國四州之地，大王命世之英，諸葛亮亦一時之傑

也。蜀有重險之固，吳有三江之阻，合此二長，共爲脣齒，進可幷兼天下，退可鼎足而立，此理之自然也。大王今若委質於魏，魏必上望大王之入朝，下求太子之內侍，若不從命，則奉辭伐叛，蜀必順流見可而進，如此，江南之地非復大王之有也。」權默然良久曰：「君言是也。」遂自絕魏，與蜀連和，遣張溫報聘於蜀。蜀復令芝重往，權謂芝曰：「若天下太平，二主分治，不亦樂乎！」芝對曰：「夫天無二日，土無二王，如幷魏之後，大王未深識天命者也，君各茂其德，臣各盡其忠，將提枹鼓，則戰爭方始耳。」權大笑曰：「君之誠款，乃當爾邪！」權與亮書曰：「丁厷掞張，〔一〕陰化不盡；和合二國，唯有鄧芝。」及亮北住漢中，以芝爲中監軍、揚武將軍。亮卒，遷前軍師前將軍，領兗州刺史，封陽武亭侯，頃之爲督江州。權數與芝相聞，饋遺優渥。延熙六年，就遷爲車騎將軍，後假節。十一年，涪陵國人殺都尉反叛，芝率軍征討，卽梟其渠帥，百姓安堵。〔二〕十四年卒。

〔一〕掞音夷念反，或作豔。臣松之案漢書禮樂志曰「長離前掞光耀明」。左思蜀都賦「摛藻掞天庭」。孫權蓋謂丁厷之言多浮豔也。

〔二〕華陽國志曰：芝征涪陵，見玄猿緣山。芝性好弩，手自射猿，中之。猿拔其箭，卷木葉塞其創。芝曰：「嘻，吾違物之性，其將死矣！」一曰：芝見猿抱子在樹上，引弩射之，中猿母，其子爲拔箭，以木葉塞創。芝乃歎息，投弩水中，自知當死。

芝爲(大)將軍二十餘年，賞罰明斷，善卹卒伍。身之衣食資仰於官，不苟素儉，然終不治私產，妻子不免飢寒，死之日家無餘財。性剛簡，不飾意氣，不得士類之和。於時人少所敬貴，唯器異姜維云。子良，襲爵，景耀中爲尚書左選郎，晉朝廣漢太守。

張翼字伯恭，犍爲武陽人也。高祖父司空浩，曾祖父廣陵太守綱，皆有名迹。〔一〕先主定益州，領牧，翼爲書佐。建安末，舉孝廉，爲江陽長，徙涪陵令，遷梓潼太守，累遷至廣漢、蜀郡太守。建興九年，爲庲降都督、綏南中郎將。翼性持法嚴，不得殊俗之歡心。耆率劉胄背叛作亂，翼舉兵討胄。胄未破，會被徵當還，羣下咸以爲宜便馳騎即罪，翼曰：「不然。吾以蠻夷蠢動，不稱職故還耳，然代人未至，吾方臨戰場，當運糧積穀，爲滅賊之資，豈可以黜退之故而廢公家之務乎？」於是統攝不懈，代到乃發。馬忠因其成基以破殄胄，丞相亮聞而善之。亮出武功，以翼爲前軍都督，領扶風太守。亮卒，拜前領軍，追論討劉胄功，賜爵關內侯。延熙元年，入爲尚書，稍遷督建威，假節，進封都亭侯，征西大將軍。

〔一〕益部耆舊傳曰：浩字叔明，治律、春秋，游學京師，與廣漢鐔粲、漢中李郃、蜀郡張霸共結爲友善。大將軍鄧騭辟浩，稍遷尚書僕射，出爲彭城相，薦隱士閭丘遵等，徵拜廷尉。延光三年，安帝議廢太子，唯浩與太常桓焉、太僕來歷議以爲不可。順帝初立，拜浩司空，年八十三卒。

續漢書曰：綱字文紀，少以三公子經明行脩舉孝廉，不就司徒辟，以高第爲侍御史。漢安元年，拜光祿大夫，與侍中杜喬等八人同日受詔，持節分出，案行天下貪廉，墨綬有罪便收，刺史二千石以驛表聞，威惠清忠，名振郡國，號曰八雋。是時，大將軍梁冀侵擾百姓，喬等七人皆奉命四出，唯綱獨埋車輪於洛陽都亭不去，曰：「豺狼當路，安問狐狸？」遂上書曰：「大將軍梁冀、河南尹不疑，蒙外戚之援，荷國厚恩，以芻蕘之姿，安居阿保，不能敷揚五教，翼贊日月，而專爲封豕長蛇，肆其貪饕，甘心好貨，縱恣無厭，多樹諂諛以害忠良，誠天威所不赦，大辟所宜加也。謹條其無君之心十五事於左，皆忠臣之所切齒也。」書奏御，京師震悚。時冀妹爲皇后，內寵方盛，冀兄弟權重於人主，順帝雖知綱言不誣，然無心治冀。冀深恨綱。會廣陵賊張嬰等衆數萬人殺刺史二千石，冀欲陷綱，乃諷尚書以綱爲廣陵太守；若不爲嬰所殺，則欲以法中之。前太守往，輒多請兵，及綱受拜，詔問當得兵馬幾何，綱對曰無用兵馬，遂單車之官，徑詣嬰壘門，示以禍福。嬰大驚懼，走欲閉門。綱又於門外罷遣吏兵，留所親者十餘人，以書語其長老素爲嬰所信者，請與相見，問以本變，因示以詔恩，使還請嬰。嬰見綱意誠，即出見綱。綱延置上坐，問其疾苦，禮畢，乃謂之曰：「前後二千石，多非其人，杜塞國恩，肆其私求。鄉郡遠，天子不能朝夕聞也，故民人相聚以避害。二千石信有罪矣，爲之者乃非義也。忠臣不欺君以自榮，孝子不損父以求福，天子聖(人)〔仁〕，欲文德以來之，故使太守來，思以爵祿相榮，不願以刑也。今誠轉禍爲福之時也；若聞義不服，天子赫然發怒，大兵雲合，豈不危乎！宜深計其利害。」嬰聞，泣曰：「荒裔愚人，數爲二千石所侵枉，不堪其困，故遂相聚偷生。明府仁及草木，乃嬰等更生之澤，但恐投兵之日，不免孥戮耳。」綱曰：「豈其然乎！要之以天地，誓之以日月，方當相顯以爵位，何禍之有乎？」嬰曰：「苟赦其罪，得全首領以就農畝，則抱戴沒齒，爵祿非所望也。」嬰雖爲大賊，起於狂暴，自以爲必死，及得綱言，曠然開明，乃辭還營。明日，遂將所部萬餘人，與妻子面縛詣綱降。綱悉釋縛慰納，謂嬰曰：「卿諸人一旦解散，方垂盪然，當條名上之，必受封賞。」嬰曰：「乞歸故業，不願以穢名汙明時也。」綱以其至誠，乃各從其意，親爲安處居宅。子弟欲爲吏者，隨才任職，欲爲民者，勸以農桑，田業並豐，南州晏然。論功，綱當封，爲冀所遏絕，故不得侯。天子美其功，徵欲用之。嬰等上書，乞留在郡二歲。建康元年，病卒官，時年三十六。嬰等三百餘人，皆衰杖送綱喪至洛陽，葬訖，爲起冢立祠，四時奉祭，思慕如喪考妣。天子追念不已，下詔褒揚，除一子爲郎。

十八年，與衞將軍姜維俱還成都。維議復出軍，唯翼廷爭，以爲國小民勞，不宜黷武。維不聽，將翼等行，進翼位鎮南大將軍。維至狄道，大破魏雍州刺史王經，經衆死於洮水者以萬計。翼曰：「可止矣，不宜復進，進或毀此大功。」維大怒。曰：「爲蛇畫足。」維竟圍經於狄道，城不能克。自翼建異論，維心與翼不善，然常牽率同行，翼亦不得已而往。景耀二年，遷左車騎將軍，領冀州刺史。六年，與維咸在劍閣，共詣降鍾會于涪。明年正月，隨會至成都，爲亂兵所殺。〔一〕

〔一〕華陽國志曰：翼子微，篤志好學，官至廣漢太守。

宗預字德豔，南陽安衆人也。建安中，隨張飛入蜀。建興初，丞相亮以爲主簿，遷參軍右中郎將。及亮卒，吳慮魏或承衰取蜀，增巴丘守兵萬人，一欲以爲救援，二欲以事分割

也。蜀聞之，亦益永安之守，以防非常。預將命使吳，孫權問預曰：「東之與西，譬猶一家，而聞西更增白帝之守，何也？」預對曰：「臣以爲東益巴丘之戍，西增白帝之守，皆事勢宜然，俱不足以相問也。」權大笑，嘉其抗直，甚愛待之，見敬亞於鄧芝、費禕。遷爲侍中，徙尚書。延熙十年，爲屯騎校尉。時車騎將軍鄧芝自江州還，來朝，謂預曰：「禮，六十不服戎，而卿甫受兵，何也？」預答曰：「卿七十不還兵，我六十何爲不受邪？」〔一〕芝性驕傲，自大將軍費禕等皆避下之，而預獨不爲屈。預復東聘吳，孫權捉預手，涕泣而別曰：「君每銜命結二國之好。今君年長，孤亦衰老，恐不復相見！」遺預大珠一斛，〔二〕乃還。遷後將軍，督永安，就拜征西大將軍，賜爵關內侯。景耀元年，以疾徵還成都。後爲鎮軍大將軍，領兗州刺史。時都護諸葛瞻初統朝事，廖化過預，欲與預共詣瞻許。預曰：「吾等年踰七十，所竊已過，但少一死耳，何求於年少輩而屑屑造門邪？」遂不往。

〔一〕臣松之以爲芝以年嘱預，是不自顧。然預之此答，觸人所忌。載之記牒，近爲煩文。

〔二〕吳歷曰：預臨別，謂孫權曰：「蜀土僻小，雖云鄰國，東西相賴，吳不可無蜀，蜀不可無吳，君臣憑恃，唯陛下重垂神慮。」又自說「年老多病，恐不復得奉聖顏」。

孫盛曰：夫帝王之保，唯道與義，道義既建，雖小可大，殷、周是也。苟任詐力，雖彊必敗，秦、項是也。況乎居偏鄙之城，恃山水之固，而欲連橫萬里，永相資賴哉？昔九國建合從之計，而秦人卒併六合；囂、述營輔車之謀，而光武終兼隴、蜀。夫以九國之彊，隴、漢之大，莫能相救，坐觀屠覆。何者？道德之基不固，而彊弱之心難一故

也。而云「吳不可無蜀，蜀不可無吳」，豈不謬哉！

廖化字元儉，本名淳，襄陽人也。爲前將軍關羽主簿，羽敗，屬吳。思歸先主，乃詐死，時人謂爲信然，因攜持老母晝夜西行。會先主東征，遇於秭歸。先主大悅，以化爲宜都太守。先主薨，爲丞相參軍，後爲督廣武，稍遷至右車騎將軍，假節，領幷州刺史，封中鄉侯，以果烈稱。官位與張翼齊，而在宗預之右。〔一〕

〔一〕漢晉春秋曰：景耀五年，姜維率衆出狄道，廖化曰：「『兵不戢，必自焚』，伯約之謂也。智不出敵，而力少於寇，用之無厭，何以能立？詩云『不自我先，不自我後』，今日之事也。」

咸熙元年春，化、預俱內徙洛陽，道病卒。

楊戲字文然，犍爲武陽人也。少與巴西程祁公弘、巴郡楊汰季儒、蜀郡張表伯達並知名。戲每推祁以爲冠首，丞相亮深識之。戲年二十餘，從州書佐爲督軍從事，職典刑獄，論法決疑，號爲平當，府辟爲屬主簿。亮卒，爲尚書右選部郎，刺史蔣琬請爲治中從事史。琬以大將軍開府，又辟爲東曹掾，遷南中郎參軍，副貳庲降都督，領建寧太守。以疾徵還成都，拜護軍監軍，出領梓潼太守，入爲射聲校尉，所在清約不煩。延熙二十年，隨大將軍姜維出軍至芒水。戲素心不服維，酒後言笑，每有傲弄之辭。維外寬內忌，意不能堪，軍還，

有司承旨奏戲，免爲庶人。後景耀四年卒。

戲性雖簡惰省略，未嘗以甘言加人，過情接物。書符指事，希有盈紙。然篤於舊故，居誠存厚。與巴西韓儼、黎韜童幼相親厚，後儼痼疾廢頓，韜無行見捐，戲經紀振卹，恩好如初。又時人謂譙周無當世才，少歸敬者，唯戲重之，嘗稱曰：「吾等後世，終自不如此長兒也。」有識以此貴戲。

張表有威儀風觀，始名位與戲齊，後至尚書，督庲降後將軍，先戲沒。祁、汰各早死。〔一〕

〔一〕戲同縣後進有李密者，字令伯。華陽國志曰：密祖父光，朱提太守。父早亡。母何氏，更適人。密見養於祖母。治春秋左氏傳，博覽多所通涉，機警辯捷。事祖母以孝聞，其侍疾則泣涕側息，日夜不解帶，膳飲湯藥，必自口嘗。本郡禮命不應，州辟從事尚書郎，大將軍主簿，太子洗馬，奉使聘吳。吳主問蜀馬多少，對曰：「官用有餘，人閒自足。」吳主與羣臣汎論道義，謂寧爲人弟，密曰：「願爲人兄矣。」吳主曰：「何以爲兄？」密曰：「爲兄供養之日長。」吳主及羣臣皆稱善。蜀平後，征西將軍鄧艾聞其名，請爲主簿，及書招，欲與相見，皆不往。以祖母年老，心在色養。晉武帝立太子，徵爲太子洗馬，詔書累下，郡縣偪遣，於是密上書曰：「臣以險釁，夙遭閔凶，生孩六月，慈父見背，行年四歲，舅奪母志。祖母劉，愍臣孤弱，躬見撫養。臣少多疾病，九歲不行，零丁孤苦，至於成立。既無伯叔，終鮮兄弟，門衰祚薄，晚有兒息。外無朞功強近之親，內無應門五尺之童，煢煢孑立，形影相弔。而劉早嬰疾病，常在牀蓐，臣侍湯藥，未曾廢離。逮奉聖朝，沐浴清化，前太守臣逵察臣孝廉，後刺史臣榮舉臣秀才，臣以供養無主，辭不赴命。詔書特下，拜臣郎中，尋蒙國恩，除臣洗馬，猥以微賤，當侍東宮，非臣隕首所能上報。臣具表聞，辭不就職。詔書切峻，責臣逋慢，郡縣偪迫，催臣上道，州司臨門，急於星火。臣欲奉詔奔馳，則劉病日篤，苟順私情，則告訴不許，臣之進退，實爲狼狽。伏惟聖朝以孝治天下，凡在故老，猶蒙矜愍，況臣孤苦，特爲尤甚。且臣少仕僞朝，歷職郎署，本圖宦達，不矜名節。今臣亡國賤俘，至微至陋，猥蒙拔擢，寵命優渥，豈敢盤桓，有所希冀？但以劉日薄西山，氣息奄奄，人命危淺，朝不慮夕。臣無祖母，無以至今日；祖母無臣，亦無以終餘年，母孫二人，更相爲命，是以區區不敢廢遠。臣今年四十有四，祖母劉今年九十有六，是臣盡節於陛下之日長，報養劉之日短也。烏鳥私情，願乞終養。臣之辛苦，非徒蜀之人士及二州牧伯所見明知，皇天后土，實所共鑒。願陛下矜愍愚誠，聽臣微志，庶劉僥倖，保卒餘年。臣生當隕首，死當結草，臣不勝犬馬怖懼之情！」武帝覽表曰：「密不空有名也。」嘉其誠款，賜奴婢二人，下郡縣供養其祖母奉膳。及祖母卒，服終，從尚書郎爲河內溫縣令，政化嚴明。中山諸王每過溫縣，必責求供給，溫吏民患之。及密至，中山王過縣，欲求芻茭薪蒸，密牋引高祖過沛，賓禮老幼，桑梓之供，一無煩擾，「伏惟明王孝思惟則，動識先戒，本國望風，式歌且舞，誅求之碎，所未聞命。」自後諸王過，不敢有煩。隴西王司馬子舒深敬友密，而貴勢之家憚其公直。密去官，爲州大中正，性方直，不曲意勢位。後失荀勖、張華指，左遷漢中太守，諸王多以爲冤。一年去官，年六十四卒。著述理論十篇，安東將軍胡熊與皇甫士安並善之。

戲以延熙四年著季漢輔臣贊，其所頌述，今多載于蜀書，是以記之於左。自此之後卒者，則不追諡，故或有應見稱紀而不在乎篇者也。其戲之所贊而今不作傳者，余皆注疏本末於其辭下，可以觕知其髣髴云爾。

昔文王歌德，武王歌興，夫命世之主，樹身行道，非唯一時，亦由開基植緒，光于來世者也。自我中漢之末，王綱棄柄，雄豪並起，役殷難結，生人塗地。於是世主感而慮之，初自燕、代則仁聲洽著，行自齊、魯則英風播流，寄業荆、郢則臣主歸心，顧援吳、越則賢愚賴風，奮威巴、蜀則萬里肅震，厲師庸、漢則元寇斂迹，故能承高祖之始兆，復皇漢之宗祀也。然而姦凶懟險，天征未加，猶孟津之翔師，復須戰於鳴條也。天祿有終，奄忽不豫。雖攝歸一統，萬國合從者，當時儁乂扶攜翼戴，明德之所懷致也，蓋濟濟有可觀焉。遂乃並述休風，動于後聽。其辭曰：

皇帝遺植，爰滋八方，別自中山，靈精是鍾，順期挺生，傑起龍驤。始于燕、代，伯豫君荆，吳、越憑賴，望風請盟，挾巴跨蜀，庸漢以幷。乾坤復秩，宗祀惟寧，躡基履迹，播德芳聲。華夏思美，西伯其音，開慶來世，歷載攸興。

贊昭烈皇帝

忠武英高，獻策江濱，攀吳連蜀，權我世眞。受遺阿衡，整武齊文，敷陳德教，理物移風，賢愚競心，僉忘其身。誕靜邦內，四裔以綏，屢臨敵庭，實耀其威，研精大國，恨於未夷。

贊諸葛丞相

司徒清風，是咨是臧，識愛人倫，孔音鏘鏘。

贊許司徒

關、張赳赳，出身匡世，扶翼攜上，雄壯虎烈。藩屏左右，翻飛電發，濟于艱難，贊主洪

業，侔迹韓、耿，齊聲雙德。交待無禮，並致姦慝，悼惟輕慮，隕身匡國。　　贊關雲長、張益德

驃騎奮起，連横合從，首事三秦，保據河、潼。宗計於朝，或異或同，敵以乘釁，家破軍亡。乖道反德，託鳳攀龍。　　贊馬孟起

翼侯良謀，料世興衰，委質于主，是訓是諮，暫思經算，覩事知機。　　贊法孝直

軍師美至，雅氣曄曄，致命明主，忠情發臆，惟此義宗，亡身報德。　　贊龐士元

將軍敦壯，摧鋒登難，立功立事，于時之幹。　　贊黄漢升

掌軍清節，亢然恒常，讜言惟司，民思其綱。　　贊董幼宰

安遠彊志，允休允烈，輕財果壯，當難不惑，以少禦多，殊方保業。　　贊鄧孔山

孔山名方，南郡人也。以荆州從事隨先主入蜀。蜀既定，爲犍爲屬國都尉，因易郡名，爲朱提太守，選爲安遠將軍、庲降都督，住南昌縣。章武二年卒。失其行事，故不爲傳。

揚威才幹，欷歔文武，當官理任，衎衎辯舉，圖殖財施，有義有敍。　　贊費賓伯

賓伯名觀，江夏鄳人也。劉璋母，觀之族姑，璋又以女妻觀。觀建安十八年參李嚴軍，拒先主於緜竹，與嚴俱降。先主既定益州，拜爲裨將軍，後爲巴郡太守、江州

都督，建興元年封都亭侯，加振威將軍。觀爲人善於交接。都護李嚴性自矜高，護軍輔匡等年位與嚴相次，而嚴不與親褻；觀年少嚴二十餘歲，而與嚴通狎如時輩云。年三十七卒。失其行事，故不爲傳。

屯騎主舊，固節不移，既就初命，盡心世規，軍資所恃，是辨是裨。　　贊王文儀

尙書清尙，勑行整身，抗志存義，味覽典文，倚其高風，好侔古人。　　贊劉子初

安漢雍容，或婚或賓，見禮當時，是謂循臣。　　贊糜子仲

少府修慎，鴻臚明眞，諫議隱行，儒林天文，宣班大化，或首或林。　　贊王元泰、何彥英、杜輔國、周仲直

王元泰名謀，漢嘉人也。有容止操行。劉璋時，爲巴郡太守，還爲州治中從事。先主定益州，領牧，以爲別駕。先主爲漢中王，用荆楚宿士零陵賴恭爲太常，南陽黄柱爲光祿勳，謀爲少府；建興初，賜爵關內侯，後代賴恭爲太常。恭、柱、謀皆失其行事，故不爲傳。恭子厷，爲丞相西曹令史，隨諸葛亮於漢中，早夭，亮甚惜之，與留府長史參軍張裔、蔣琬書曰：「令史失賴厷，掾屬喪楊顒，爲朝中損益多矣。」顒亦荆州人也。後大將軍蔣琬問張休曰：「漢嘉前輩有王元泰，今誰繼者？」休對曰：「至於元泰，州里無繼，況鄙郡乎！」其見重如此。〔一〕

〔一〕襄陽記曰：楊顒字子昭，楊儀宗人也。入蜀，爲巴郡太守，丞相諸葛亮主簿。亮嘗自校簿書，顒直入諫曰：「爲治有體，上下不可相侵，請爲明公以作家譬之。今有人使奴執耕稼，婢典炊爨，雞主司晨，犬主吠盜，牛負重載，馬涉遠路，私業無曠，所求皆足，雍容高枕，飲食而已，忽一旦盡欲以身親其役，不復付任，勞其體力，爲此碎務，形疲神困，終無一成。豈其智之不如奴婢雞狗哉？失爲家主之法也。是故古人稱坐而論道謂之三公，作而行之謂之士大夫。故丙吉不問横道死人而憂牛喘，陳平不肯知錢穀之數，云自有主者，彼誠達於位分之體也。今明公爲治，乃躬自校簿書，流汗竟日，不亦勞乎！」亮謝之。後爲東曹屬典選舉。顒死，亮垂泣三日。

何彥英名宗，蜀郡郫人也。事廣漢任安學，精究安術，與杜瓊同師而名問過之。劉璋時，爲犍爲太守。先主定益州，領牧，辟爲從事祭酒。後援引圖、讖，勸先主即尊號。踐阼之後，遷爲大鴻臚。建興中卒。失其行事，故不爲傳。子雙，字漢偶。滑稽談笑，有淳于髡、東方朔之風。爲雙柏長。早卒。

車騎高勁，惟其泛愛，以弱制彊，不陷危墜。　　贊吴子遠

子遠名壹，陳留人也。隨劉焉入蜀。劉璋時，爲中郎將，將兵拒先主於涪，詣降。先主定益州，以壹爲護軍討逆將軍，納壹妹爲夫人。章武元年，爲關中都督。建興八年，與魏延入南安界，破魏將費瑤，徙亭侯，進封高陽鄉侯，遷左將軍。十二年，丞相亮卒，以壹督漢中，車騎將軍，假節，領雍州刺史，進封濟陽侯。十五年卒。失其行事，

故不爲傳。壹族弟班，字元雄，大將軍何進官屬吴匡之子也。以豪俠稱，官位常與壹相亞。先主時，爲領軍。後主世，稍遷至驃騎將軍，假節，封緜竹侯。

安漢宰南，奮擊舊鄉，翦除蕪穢，惟刑以張，廣遷蠻、濮，國用用彊。　　贊李德昂

輔漢惟聰，既機且惠，因言遠思，切問近對，贊時休美，和我業世。　　贊張君嗣

鎮北敏思，籌畫有方，導師禳穢，遂事成章。偏任東隅，末命不祥，哀悲本志，放流殊疆。　　贊黄公衡

越騎惟忠，厲志自祗，職于內外，念公忘私。　　贊楊季休

征南厚重，征西忠克，統時選士，猛將之烈。　　贊趙子龍、陳叔至

叔至名到，汝南人也。自豫州隨先主，名位常亞趙雲，俱以忠勇稱。建興初，官至永安都督、征西將軍，封亭侯。

鎮南粗强，監軍尙篤，並豫戎任，任自封裔。　　贊輔元弼、劉南和

輔元弼名匡，襄陽人也。隨先主入蜀。益州既定，爲巴郡太守。建興中，徙鎮南，爲右將軍，封中鄉侯。

劉南和名邕，義陽人也。隨先主入蜀。益州既定，爲江陽太守。建興中，稍遷至監軍後將軍，賜爵關內侯，卒。子式嗣。少子武，有文，與樊建齊名，官亦至尙書。

司農性才，敷述允章，藻麗辭理，斐斐有光。　贊秦子勑

正方受遺，豫聞後綱，不陳不僉，造此異端，斥逐當時，任業以喪。　贊李正方

文長剛粗，臨難受命，折衝外禦，鎮保國境。不協不和，忘節言亂，疾終惜始，實惟厥性。　贊魏文長

威公狷狹，取異衆人；閑則及理，逼則傷侵，舍順入凶，大易之云。　贊楊威公

季常良實，文經勤類，士元言規，處仁聞計，孔休、文祥，或才或臧，播播述志，楚之蘭芳。　贊馬季常、衞文經、韓士元、張處仁、殷孔休、習文祥

文經、士元，皆失其名實、行事、郡縣。處仁本名存，南陽人也。以荆州從事隨先主入蜀，南次至雒，以爲廣漢太守。存素不服龐統，統中矢卒，先主發言嘉歎，存曰：「統雖盡忠可惜，然違大雅之義。」先主怒曰：「統殺身成仁，更爲非也？」免存官。頃之，病卒。失其行事，故不爲傳。

孔休名觀，爲荆州主簿別駕從事，見先主傳。失其郡縣。文祥名禎，襄陽人也。隨先主入蜀，歷雒、郫令，（南）廣漢太守。失其行事。子忠，官至尚書郎。〔一〕

〔一〕襄陽記曰：習禎有風流，善談論，名亞龐統，而在馬良之右。子忠，亦有名。忠子隆，爲步兵校尉，掌校祕書。

國山休風，永南耽思；盛衡、承伯，言藏言時；孫德果銳，偉南篤常；德緒、義彊，志壯氣剛。濟濟俢志，蜀之芬香。　贊王國山、李永南、馬盛衡、馬承伯、李孫德、李偉南、龔德緒、王義彊

國山名甫，廣漢郪人也。好人流言議。劉璋時，爲州書佐。先主定蜀後，爲緜竹令，還爲荆州議曹從事。隨先主征吳，軍敗於秭歸，遇害。子祐，有父風，官至尚書右選郎。

永南名邵，廣漢郪人也。先主定蜀後，爲州書佐部從事。建興元年，丞相亮辟爲西曹掾。亮南征，留邵爲治中從事，是歲卒。〔一〕

〔一〕華陽國志曰：邵兄邈，字漢南，劉璋時爲牛鞞長。先主領牧，爲從事，正旦命行酒，得進見，讓先主曰：「振威以將軍宗室肺腑，委以討賊，元功未效，先寇而滅；邈以將軍之取鄙州，甚爲不宜也。」先主曰：「知其不宜，何以不助之？」邈曰：「匪不敢也，力不足耳。」有司將殺之，諸葛亮爲請，得免。久之，爲犍爲太守、丞相參軍、安漢將軍。建興六年，亮西征，馬謖在前敗績，亮將殺之，邈諫以「秦赦孟明，用伯西戎，楚誅子玉，二世不競」，失亮意，還蜀。十二年，亮卒，後主素服發哀三日，邈上疏曰：「呂祿、霍、禹未必懷反叛之心，孝宣不好爲殺臣之君，直以臣懼其偪，主畏其威，故姦萌生。亮身杖彊兵，狼顧虎視，五大不在邊，臣常危之。今亮殞沒，蓋宗族得全，西戎靜息，大小爲慶。」後主怒，下獄誅之。

盛衡名勳，承伯名齊，皆巴西閬中人也。勳，劉璋時爲州書佐，先主定蜀，辟爲

左將軍屬，後轉州別駕從事，卒。齊爲太守張飛功曹。飛貢之先主，爲尚書郎。建興中，從事丞相掾，遷廣漢太守，復爲（飛）參軍。亮卒，爲尚書。勳、齊皆以才幹自顯見；歸信於州黨，不如姚伷。伷字子緒，亦閬中人。先主定益州後，爲功曹書佐。建興元年，爲廣漢太守。丞相亮北駐漢中，辟爲掾。並進文武之士，亮稱曰：「忠益者莫大於進人，進人者各務其所尚；今姚掾並存剛柔，以廣文武之用，可謂博雅矣，願諸掾各希此事，以屬其望。」遷爲參軍。亮卒，稍遷爲尚書僕射。時人服其眞誠篤粹。延熙五年卒，在作贊之後。

孫德名福，梓潼涪人也。先主定益州後，爲書佐、西充國長、成都令。建興元年，徙巴西太守，爲江州督、揚威將軍，入爲尚書僕射，封平陽亭侯。延熙初，大將軍蔣琬出征漢中，福以前監軍領司馬，卒。〔一〕

〔一〕益部耆舊雜記曰：諸葛亮於武功病篤，後主遣福省侍，遂因諮以國家大計。福往具宣聖旨，聽亮所言，至別去數日，忽馳思未盡其意，遂卻騎馳還見亮。亮語福曰：「孤知君還意。近日言語，雖彌日有所不盡，更來一決耳。君所問者，公琰其宜也。」福謝：「前實失不諮請公，如公百年後，誰可任大事者？故輒還耳。乞復請，蔣琬之後，誰可任者？」亮曰：「文偉可以繼之。」又復問其次，亮不答。福還，奉使稱旨。福爲人精識果銳，敏於從政。子驤，字叔龍，亦有名，官至尚書郎、廣漢太守。

偉南名朝，永南兄。郡功曹，舉孝廉，臨邛令，入爲別駕從事。隨先主東征吳，章武二年卒於永安。〔一〕

〔一〕益部耆舊雜記曰：朝又有一弟，早亡，各有才望，時人號之李氏三龍。華陽國志曰：羣下上先主爲漢中王，其文，朝所造也。臣松之案耆舊所記，以朝、邵及早亡者爲三龍。邈之狂直，不得在此數。

德緒名祿，巴西安漢人也。先主定益州，爲郡從事牙門將。建興三年，爲越嶲太守，隨丞相亮南征，爲蠻夷所害，時年三十一。弟衡，景耀中爲領軍。義彊名士，廣漢郪人，國山從兄也。從先主入蜀後，舉孝廉，爲符節長，遷牙門將，出爲宕渠太守，徙在犍爲。會丞相亮南征，轉爲益州太守，將南行，爲蠻夷所害。

休元輕寇，損時致害，文進奮身，同此顚沛，患生一人，至於弘大。　贊馮休元、張文進

休元名習，南郡人。隨先主入蜀。先主東征吳，習爲領軍，統諸軍，大敗於猇亭。

文進名南，亦自荆州隨先主入蜀，領兵從先主征吳，與習俱死。時又有義陽傅肜，先主退軍，斷後拒戰，兵人死盡，吳將語肜令降，肜罵曰：「吳狗！何有漢將軍降

者！」遂戰死。拜子僉爲左中郎，後爲關中都督，景耀六年，又臨危授命。論者嘉其父子奕世忠義。〔一〕

〔一〕蜀記載晉武帝詔曰：「蜀將軍傅僉，前在關城，身拒官軍，致死不顧。僉父肜，復爲劉備戰亡。天下之善一也，豈由彼此以爲異？」僉息著、募，後沒入奚官，免爲庶人。

江陽剛烈，立節明君，兵合遇寇，不屈其身，單夫隻役，隕命於軍。　贊程季然

季然名畿，巴西閬中人也。劉璋時爲漢昌長。縣有賨人，種類剛猛，昔高祖以定關中。巴西太守龐羲以天下擾亂，郡宜有武衞，頗招合部曲。有讒於璋，說羲欲叛者，璋陰疑之。羲聞，甚懼，將謀自守，遣畿子郁宣旨，索兵自助。畿報曰：「郡合部曲，本不爲叛，雖有交搆，要在盡誠；若必以懼，遂懷異志，非畿之所聞。」幷敕郁曰：「我受州恩，當爲州牧盡節。汝爲郡吏，當爲太守效力，不得以吾故有異志也。」羲使人告畿曰：「爾子在郡，不從太守，家將及禍！」畿曰：「昔樂羊爲將，飲子之羹，非父子無恩，大義然也。今雖復羹子，吾必飲之。」羲知畿必不爲己，厚陳謝於璋以致無咎。璋聞之，遷畿江陽太守。先主領益州牧，辟爲從事祭酒。後隨先主征吳，遇大軍敗績，泝江而還，或告之曰：「後追已至，解船輕去，乃可以免。」畿曰：「吾在軍，未曾爲敵走，況從天子而見危哉！」追人遂及畿船，畿身執戟戰，敵船有覆者。衆大至，共

擊之，乃死。

公弘後生，卓爾奇精，夭命二十，悼恨未呈。　贊程公弘

公弘，名祁，季然之子也。

古之奔臣，禮有來偪，怨興司官，不顧大德。靡有匡救，倍成奔北，自絕于人，作笑二國。

贊麋芳、士仁、郝普、潘濬

麋芳字子方，東海人也，爲南郡太守。士仁字君義，廣陽人也，爲將軍，住公安，統屬關羽；與羽有隙，叛迎孫權。郝普字子太，義陽人。先主自荆州入蜀，以普爲零陵太守。爲吳將呂蒙所譎，開城詣蒙。潘濬字承明，武陵人也。先主入蜀，以爲荆州治中，典留州事，亦與關羽不穆。孫權襲羽，遂入吳。普至廷尉，濬至太常，封侯。〔一〕

〔一〕益部耆舊雜記載王嗣、常播、衞繼三人，皆劉氏王蜀時人，故錄于篇。

王嗣字承宗，犍爲資中人也。其先，延熙世以功德顯著。舉孝廉，稍遷西安圍督、汶山太守，加安遠將軍。綏集羌、胡，咸悉歸服，諸種素桀惡者皆來首降，嗣待以恩信，時北境得以寧靜。大將軍姜維每出北征，羌、胡出馬牛羊氊毦及義穀裨軍糧，國賴其資。遷鎭軍，故領郡。後從維北征，爲流矢所傷，數月卒。戎夷會葬，贈送數千人，號呼涕泣。嗣爲人美厚篤至，衆所愛信。嗣子及孫，羌、胡見之如骨肉，或結兄弟，恩至於此。

常播字文平，蜀郡江原人也。播仕縣主簿功曹。縣長廣都朱游，建興十五年中被上官誣劾，以逋沒官穀，當論重罪。播詣獄訟爭，身受數千杖，肌膚刻爛，毒痛慘至，更歷三獄，幽閉二年有餘。每將考掠，吏先驗問，播不答，言「但急行罰，無所多問」！辭終不撓，事遂分明。長免刑戮。時唯主簿楊玩亦證明其事，與播辭同。衆咸嘉播忘身爲君，節義抗烈。舉孝廉，除鄓長，年五十餘卒。書於耆德傳，後縣令潁川趙敦圖其像，贊頌之。

衞繼字子業，漢嘉嚴道人也。兄弟五人。繼父爲縣功曹。繼爲兒時，與兄弟隨父游戲庭寺中，縣長蜀郡成都張君無子，數命功曹呼其子省弄，甚憐愛之。張因言宴之間，語功曹欲乞繼，功曹即許之，遂養爲子。繼敏達夙成，學識通博，進仕州郡，歷職清顯。而其餘兄弟四人，各無堪當世者，父恒言己之將衰，張明府將盛也。時法禁以異姓爲後，故復爲衞氏。屢遷拜奉車都尉、大尚書，忠篤信厚，爲衆所敬。鍾會之亂，遇害成都。

評曰：鄧芝堅貞簡亮，臨官忘家，張翼亢姜維之銳，宗預禦孫權之嚴，咸有可稱。楊戲商略，意在不羣，然智度有短，殆罹世難云。

三國志

晉 陳壽 撰
宋 裴松之 注

第 五 册

卷四六至卷六五(吳書)

中華書局

三國志卷四十六 吳書一

孫破虜討逆傳第一

孫堅字文臺，吳郡富春人，蓋孫武之後也。〔一〕少爲縣吏。年十七，與父共載船至錢唐，會海賊胡玉等從匏里上掠取賈人財物，方於岸上分之，行旅皆住，船不敢進。堅謂父曰：「此賊可擊，請討之。」父曰：「非爾所圖也。」堅行操刀上岸，以手東西指麾，若分部人兵以羅遮賊狀。賊望見，以爲官兵捕之，卽委財物散走。堅追，斬得一級以還；父大驚。由是顯聞，府召署假尉。會稽妖賊許昌起於句章，自稱陽明皇帝，〔二〕與其子韶扇動諸縣，衆以萬數。堅以郡司馬募召精勇，得千餘人，與州郡合討破之。是歲，熹平元年也。刺史臧旻列上功狀，詔書除堅鹽瀆丞，數歲徙盱眙丞，又徙下邳丞。〔三〕

〔一〕吳書曰：堅世仕吳，家於富春，葬於城東。冢上數有光怪，雲氣五色，上屬于天，曼延數里。衆皆往觀視。父老相謂曰：「是非凡氣，孫氏其興矣！」及母懷妊堅，夢腸出繞吳昌門，寤而懼之，以告鄰母。鄰母曰：「安知非吉徵也。」堅生，容貌不凡，性闊達，好奇節。

〔二〕靈帝紀曰：昌以其父爲越王也。

〔三〕江表傳曰：堅歷佐三縣，所在有稱，吏民親附。鄉里知舊，好事少年，往來者常數百人，堅接撫待養，有若子弟焉。

中平元年，黃巾賊帥張角起于魏郡，託有神靈，遣八使以善道教化天下，而潛相連結，自稱黃天泰平。三月甲子，三十六(萬)〔方〕一旦俱發，天下響應，燔燒郡縣，殺害長吏。〔一〕漢遣車騎將軍皇甫嵩、中郎將朱儁將兵討擊之。儁表請堅爲佐軍司馬，鄉里少年隨在下邳者皆願從。堅又募諸商旅及淮、泗精兵，合千許人，與儁幷力奮擊，所向無前。〔二〕汝、潁賊困迫，走保宛城。堅身當一面，登城先入，衆乃蟻附，遂大破之。儁具以狀聞上，拜堅別部司馬。〔三〕

〔一〕獻帝春秋曰：角稱天公將軍，角弟寶稱地公將軍，寶弟梁稱人公將軍。

〔二〕吳書曰：堅乘勝深入，於西華失利。堅被創墮馬，臥草中。軍衆分散，不知堅所在。堅所騎驄馬馳還營，踣地呼鳴，將士隨馬於草中得堅。堅還營十數日，創少愈，乃復出戰。

〔三〕續漢書曰：儁字公偉，會稽人，少好學，爲郡功曹，察孝廉，舉進士。漢朝以討黃巾功拜車騎將軍，累遷河南尹。董卓見儁，外甚親納，而心忌之，儁亦陰備焉。關東兵起，卓議移都，儁輒止卓。卓雖憚儁，然貪其名重，乃表拜太僕以自副。儁被召不肯受拜，因進曰：「國不宜遷，必孤天下望，成山東之結，臣不見其可也。」有司詰曰：「召君受拜而君拒之，不問徙事而君陳之，何也？」儁曰：「副相國，非臣所堪也。遷都非計，臣之所急也。辭所不堪，進臣所急，臣之所宜也。」有司曰：「遷都之事，初無此計也，就有，未露，何所受聞？」儁曰：「相國董卓爲臣

中華書局

說之，臣聞之於相國。」有司不能屈，朝廷稱服焉。後為太尉。李傕、郭汜相攻，劫質天子公卿，儁性剛，即發病而卒。

邊章、韓遂作亂涼州，中郎將董卓拒討無功。中平三年，遣司空張溫行車騎將軍，西討章等。溫表請堅與參軍事，屯長安。溫以詔書召卓，卓良久乃詣溫。溫責讓卓，卓應對不順。堅時在坐，前耳語謂溫曰：「卓不怖罪而鴟張大語，宜以召不時至，陳軍法斬之。」溫曰：「卓素著威名於隴蜀之間，今日殺之，西行無依。」堅曰：「明公親率王兵，威震天下，何賴於卓？觀卓所言，不假明公，輕上無禮，一罪也。章、遂跋扈經年，當以時進討，而卓云未可，沮軍疑衆，二罪也。卓受任無功，應召稽留，而軒昂自高，三罪也。古之名將，仗鉞臨衆，未有不斷斬以示威者也，是以穰苴斬莊賈，魏絳戮楊干。今明公垂意於卓，不即加誅，虧損威刑，於是在矣。」溫不忍發舉，乃曰：「君且還，卓將疑人。」堅因起出。章、遂聞大兵向至，黨衆離散，皆乞降。軍還，議者以軍未臨敵，不斷功賞，然聞堅數卓三罪，勸溫斬之，無不歎息。拜堅議郎。時長沙賊區星自稱將軍，衆萬餘人，攻圍城邑，乃以堅為長沙太守。到郡親率將士，施設方略，旬月之閒，克破星等。〔一〕周朝、郭石亦帥徒衆起於零、桂，與星相應。遂越境尋討，三郡肅然。漢朝錄前後功，封堅烏程侯。〔二〕

〔一〕魏書曰：堅到郡，郡中震服，任用良吏。敕吏曰：「謹遇良善，治官曹文書，必循治，以盜賊付太守。」

〔二〕吳錄曰：是時廬江太守陸康從子作宜春長，為賊所攻，遣使求救於堅。堅整嚴救之。主簿進諫，堅答曰：「太守無文德，以征伐為功，越界攻討，以全異國。以此獲罪，何媿海內乎？」乃進兵往救，賊聞而走。

靈帝崩，卓擅朝政，橫恣京城。諸州郡並興義兵，欲以討卓。〔一〕堅亦舉兵。荊州刺史王叡素遇堅無禮，堅過殺之。〔二〕比至南陽，衆數萬人。南陽太守張咨聞軍至，晏然自若。〔三〕堅以牛酒禮咨，咨明日亦答詣堅。酒酣，長沙主簿入白堅：「前移南陽，而道路不治，軍資不具，請收主簿推問意故。」咨大懼欲去，兵陳四周不得出。有頃，主簿復入白堅：「南陽太守稽停義兵，使賊不時討，請收出案軍法從事。」便牽咨於軍門斬之。郡中震慄，無求不獲。〔四〕前到魯陽，與袁術相見。術表堅行破虜將軍，領豫州刺史。遂治兵於魯陽城。當進軍討卓，遣長史公仇稱將兵從事還州督促軍糧。施帳幔於城東門外，祖道送稱，官屬並會。卓遣步騎數萬人逆堅，輕騎數十先到。堅方行酒談笑，敕部曲整頓行陳，無得妄動。後騎漸益，堅徐罷坐，導引入城，乃謂左右曰：「向堅所以不即起者，恐兵相蹈藉，諸君不得入耳。」卓兵見堅士衆甚整，不敢攻城，乃引還。〔五〕堅移屯梁東，大為卓軍所攻，堅與數十騎潰圍而出。堅常著赤罽幘，乃脫幘令親近將祖茂著之。卓騎爭逐茂，故堅從閒道得免。茂困迫，下馬，以幘冠冢閒燒柱，因伏草中。卓騎望見，圍繞數重，定近覺是柱，乃去。堅復相收兵，合戰於陽人，大破卓軍，梟其都督華雄等。是時，或閒堅於術，術懷疑，不運軍糧。〔六〕陽人去魯陽百餘里，堅夜馳見術，畫地計校，曰：「所以出身不顧，上為國家討賊，下慰將軍家門之私讎。堅與卓非有骨肉之怨也，而將軍受譖潤之言，還相嫌疑！」〔七〕術踧踖，即調發軍糧。堅還屯。卓憚堅猛壯，乃遣將軍李傕等來求和親，令堅列疏子弟任刺史、郡守者，許表用之。堅曰：「卓逆天無道，蕩覆王室，今不夷汝三族，縣示四海，則吾死不瞑目，豈將與乃和親邪？」復進軍大谷，拒雒九十里。〔八〕卓尋徙都西入關，焚燒雒邑。堅乃前入至雒，脩諸陵，平塞卓所發掘。〔九〕訖，引軍還，住魯陽。〔10〕

〔一〕江表傳曰：堅聞之，拊膺歎曰：「張公昔從吾言，朝廷今無此難也。」

〔二〕案王氏譜，叡字通耀，晉太保祥伯父也。

吳錄曰：叡先與堅共擊零、桂賊，以堅武官，言頗輕之。及叡舉兵欲討卓，素與武陵太守曹寅不相能，揚言當先殺寅。寅懼，詐作案行使者光祿大夫溫毅檄，移堅，說叡罪過，令收行刑訖，以狀上。堅即承檄勒兵襲叡。叡聞兵至，登樓望之，遣問欲何為，堅前部答曰：「兵久戰勞苦，所得賞，不足以為衣服，詣使君更乞資直耳。」叡曰：「刺史豈有所吝？」便開庫藏，使自入視之，知有所遺不。兵進及樓下，叡見堅，驚曰：「兵自求賞，孫府君何以在其中？」堅曰：「被使者檄誅君。」叡曰：「我何罪？」堅曰：「坐無所知。」叡窮迫，刮金飲之而死。

〔三〕英雄記曰：咨字子議，潁川人，亦知名。

獻帝春秋曰：袁術表堅假中郎將。堅到南陽，移檄太守請軍糧。咨以問綱紀，綱紀曰：「堅鄰郡二千石，不應調發。」咨遂不與。

〔四〕吳歷曰：初堅至南陽，咨既不給軍糧，又不肯見堅。堅欲進兵，恐有後患，乃詐得急疾，舉軍震惶，迎呼巫醫，禱祀山川。遣所親人說咨，言病困，欲以兵付咨。咨聞之，心利其兵，即將步騎五六百人詣營省堅。堅臥與相見。無何，卒然而起，按劍罵咨，遂執斬之。此語與本傳不同。

〔五〕英雄記曰：初堅討董卓，到梁縣之陽人。卓亦遣兵步騎五千迎之，陳郡太守胡軫為大督護，呂布為騎督，其餘步騎將校都督者甚衆。軫字文才，性急，預宣言曰：「今此行也，要當斬一青綬，乃整齊耳。」諸將聞而惡之。軍到廣成，去陽人城數十里。日暮，士馬疲極，當止宿，又本受卓節度宿廣成，秣馬飲食，以夜進兵，投曉攻城。諸將惡憚軫，欲賊敗其事，布等宣言「陽人城中賊已走，當追尋之；不然失之矣」，便夜進軍。城中守備甚設，不可掩襲。於是吏士飢渴，人馬甚疲，且夜至，又無塹壘。釋甲休息，而布又宣言相驚，云「城中賊出來」。軍衆擾亂奔走，皆棄甲，失鞍馬。行十餘里，定無賊，會天明，便還，拾取兵器，欲進攻城。城守已固，穿塹已深，軫等不能攻而還。

〔六〕江表傳曰：或謂術曰「堅若得洛，不可復制，此為除狼而得虎也」，故術疑之。

〔七〕江表傳載堅語曰：「大勳垂捷而軍糧不繼，此吳起所以歎泣於西河，樂毅所以遺恨於垂成也。願將軍深思之。」

〔八〕山陽公載記曰：卓謂長史劉艾曰：「關東軍敗數矣，皆畏孤，無能為也。惟孫堅小戇，頗能用人，當語諸將，使知忌之。孤昔與周慎西征，慎圍邊、韓於金城。孤語張溫，求引所將兵為慎作後駐。溫不聽。孤時上言其形勢，知慎必不克。臺今有本末。事未報，溫又使孤討先零叛羌，以為西方可一時蕩定。孤皆知其不然而不得止，遂行，留別部司馬劉靖將步騎四千屯安定，以為聲勢。叛羌便還，欲截歸道，孤小擊輒開，畏安定有兵故也。虜謂安定當數萬人，不知但靖也。時又上章言狀，而孫堅隨周慎行，謂慎求將萬兵造金城，使慎以二萬作後駐，邊、韓城中無宿殺,當於外運,畏慎大兵,不敢輕與堅戰,而堅兵足以斷其運道,兒曹用必還羌谷中,涼州或能定也。溫既不能用孤,慎又不用堅,自攻金城,壞其外垣,馳使語溫,自以克在旦夕,溫時亦自以計中也。而渡遼兒果斷(蔡園)〔葵園〕,慎棄輜重走,果如孤策。臺以此封孤都鄉侯。堅以佐軍司馬,所見與人同,自爲可耳。」艾曰:「堅雖時見計,故自不如李傕、郭汜。閒在美陽亭北,將千騎步與虜合,殆死,亡失印綬,此不爲能也。」卓曰:「堅時烏合義從,兵不如虜精,且戰有利鈍。但當論山東大勢,終無所至耳。」艾曰:「山東兒驅略百姓,以作寇逆,其鋒不如人,堅甲利兵彊弩之用又不如人,亦安得久?」卓曰:「然,但殺二袁、劉表、孫堅,天下自服從孤耳。」

〔九〕江表傳曰:舊京空虛,數百里中無煙火。堅前入城,惆悵流涕。

吳書曰:堅入洛,掃除漢宗廟,祠以太牢。堅軍城南甄官井上,旦有五色氣,舉軍驚怪,莫有敢汲。堅令人入井,探得漢傳國璽,文曰「受命于天,既壽永昌」,方圜四寸,上紐交五龍,上一角缺。初,黃門張讓等作亂,劫天子出奔,左右分散,掌璽者以投井中。

山陽公載記曰:袁術將僭號,聞堅得傳國璽,乃拘堅夫人而奪之。

江表傳曰:案漢獻帝起居注云「天子從河上還,得六璽於閣上」,又太康之初孫皓送金璽六枚,無有玉,明其僞也。

虞喜志林曰:天子六璽者,文曰「皇帝之璽」、「皇帝行璽」、「皇帝信璽」、「天子之璽」、「天子行璽」、「天子信璽」。此六璽所封事異,故文字不同。獻帝起居注云「從河上還,得六玉璽於閣上」,此之謂也。傳國璽者,乃漢高祖所佩秦皇帝璽,世世傳受,號曰傳國璽。案傳國璽不在六璽之數,安得總其說乎?應氏漢官、皇甫世紀,其論六璽,文義皆符。漢宮傳國璽,文曰「受命于天,既壽且康」。「且康」「永昌」,二字爲錯,未知兩家何者爲得。金玉之

精,率有光氣,加以神器祕寶,輝耀益彰,蓋一代之奇觀,將來之異聞,而以不解之故,彊謂之僞,不亦誣乎!陳壽爲破虜傳亦除此說,俱惑起居注,不知六璽殊名,與傳國爲七者也。吳時無能刻玉,故天子以金爲璽。璽雖以金,於文不異。吳降而送璽者送天子六璽,曩所得玉璽,乃古人遺印,不可施用。天子之璽,今以無有爲難,不通其義者耳。

臣松之以爲孫堅於興義之中最有忠烈之稱,若得漢神器而潛匿不言,此爲陰懷異志,豈所謂忠臣者乎?吳史欲以爲國華,而不知損堅之令德。如其果然,以傳子孫,縱非六璽之數,要非常人所畜,孫皓之降,亦不得但送六璽,而寶藏傳國也。受命于天,奚取於歸命之堂,若如喜言,則此璽今尚在孫門。匹夫懷璧,猶曰有罪,而況斯物哉!

〔一〇〕吳錄曰:是時關東州郡,務相兼并以自彊大。袁紹遣會稽周喁爲豫州刺史,來襲取州。堅慨然歎曰:「同舉義兵,將救社稷。逆賊垂破而各若此,吾當誰與戮力乎!」言發涕下。喁字仁明,周昕之弟也。

會稽典錄曰:初曹公興義兵,遣人要喁,喁卽收合兵衆,得二千人,從公征伐,以爲軍師。後與堅爭豫州,屢戰失利。會次兄九江太守昂爲袁術所攻,喁往助之。軍敗,還鄉里,爲許貢所害。

初平三年,術使堅征荆州,擊劉表。表遣黃祖逆於樊、鄧之間。堅擊破之,追渡漢水,遂圍襄陽,單馬行峴山,爲祖軍士所射殺。〔一〕兄子賁,帥將士衆就術,術復表賁爲豫州刺史。

〔一〕典略曰:堅悉其衆攻表,表閉門,夜遣將黃祖潛出發兵。祖將兵欲還,堅逆與戰。祖敗走,竄峴山中。堅乘勝夜追祖,祖部兵從竹木閒暗射堅,殺之。

吳錄曰:堅時年三十七。

英雄記曰:堅以初平四年正月七日死。

又云:劉表將呂公將兵緣山向堅,堅輕騎尋山討公。公兵下石,中堅頭,應時腦出物故。其不同如此也。

堅四子:策、權、翊、匡。權既稱尊號,謚堅曰武烈皇帝。〔一〕

〔一〕吳錄曰:尊堅廟曰始祖,墓曰高陵。

志林曰:堅有五子:策、權、翊、匡,吳氏所生;少子朗,庶生也,一名仁。

策字伯符。堅初興義兵,策將母徙居舒,與周瑜相友,收合士大夫,江、淮間人咸向之。〔一〕堅薨,還葬曲阿。已乃渡江居江都。〔二〕

〔一〕江表傳曰:堅爲朱儁所表,爲佐軍,留家著壽春。策年十餘歲,已交結知名,聲譽發聞。有周瑜者,與策同年,亦英達夙成,聞策聲聞,自舒來造焉。便推結分好,義同斷金,勸策徙居舒,策從之。

〔二〕魏書曰:策當嗣侯,讓與弟匡。

徐州牧陶謙深忌策。策舅吳景,時爲丹楊太守,策乃載母徙曲阿,與呂範、孫河俱就景,因緣召募得數百人。興平元年,從袁術。術甚奇之,以堅部曲還策。〔一〕太傅馬日磾杖節安集關東,在壽春以禮辟策,表拜懷義校尉,術大將喬蕤、張勳皆傾心敬焉。術常歎曰:

「使術有子如孫郎,死復何恨!」策騎士有罪,逃入術營,隱於內廄。策指使人就斬之,訖,詣術謝。術曰:「兵人好叛,當共疾之,何爲謝也?」由是軍中益畏憚之。術初許策爲九江太守,已而更用丹楊陳紀。後術欲攻徐州,從廬江太守陸康求米三萬斛。康不與,術大怒。策昔曾詣康,康不見,使主簿接之。策嘗銜恨。術遣策攻康,謂曰:「前錯用陳紀,每恨本意不遂。今若得康,廬江眞卿有也。」策攻康,拔之,術復用其故吏劉勳爲太守,策益失望。先是,劉繇爲揚州刺史,州舊治壽春。壽春,術已據之,繇乃渡江治曲阿。時吳景尚在丹楊,策從兄賁又爲丹楊都尉,繇至,皆迫逐之。景、賁退舍歷陽。繇遣樊能、于麋(陳)〔東〕(橫屯江津)〔屯橫江津〕,張英屯當利口,以距術。術自用故吏琅邪惠衢爲揚州刺史,更以景爲督軍中郎將,與賁共將兵擊英等,連年不克。策乃說術,乞助景等平定江東。〔二〕術表策爲折衝校尉,行殄寇將軍,兵財千餘,騎數十匹,賓客願從者數百人。比至歷陽,衆五六千。策母先自曲阿徙於歷陽,策又徙母阜陵,渡江轉鬭,所向皆破,莫敢當其鋒,而軍令整肅,百姓懷之。〔三〕

〔一〕吳歷曰:初策在江都時,張紘有母喪。策數詣紘,咨以世務,曰:「方今漢祚中微,天下擾攘,英雄儁傑各擁衆營私,未有能扶危濟亂者也。先君與袁氏共破董卓,功業未遂,卒爲黃祖所害。策雖暗稚,竊有微志,欲從袁揚州求先君餘兵,就舅氏於丹楊,收合流散,東據吳會,報讎雪恥,爲朝廷外藩。君以爲何如?」紘答曰:「既素空劣,

方居衰絰之中，無以奉贊盛略。」策曰：「君高名播越，遠近懷歸。今日事計，決之於君，何得不紆慮啓告，副其高山之望？若微志得展，血讐得報，此乃君之勳力，策心所望也。」因涕泣橫流，顏色不變。紘見策忠壯內發，辭令慷慨，感其志言，乃答曰：「昔周道陵遲，齊、晉並興；王室已寧，諸侯貢職。今君紹先侯之軌，有驍武之名，若投丹楊，收兵吳會，則荊、揚可一，讐敵可報。據長江，奮威德，誅除羣穢，匡輔漢室，功業侔於桓、文，豈徒外藩而已哉？方今世亂多難，若功成事立，當與同好俱南濟也。」策曰：「一與君同符合契，(同)有永固之分，今便行矣，以老母弱弟委付於君，策無復回顧之憂。」

江表傳曰：策徑到壽春見袁術，涕泣而言曰：「亡父昔從長沙入討董卓，與明使君會於南陽，同盟結好；不幸遇難，勳業不終。策感惟先人舊恩，欲自憑結，願明使君垂察其誠。」術甚貴異之，然未肯還其父兵。術謂策曰：「孤始用貴舅爲丹楊太守，賢從伯陽爲都尉，彼精兵之地，可還依召募。」策遂詣丹楊依舅，得數百人，而爲涇縣大帥祖郎所襲，幾至危殆。於是復往見術，術以堅餘兵千餘人還策。

〔二〕江表傳曰：策說術云：「家有舊恩在東，願助舅討橫江；橫江拔，因投本土召募，可得三萬兵，以佐明使君匡濟漢室。」術知其恨，而以劉繇據曲阿，王朗在會稽，謂策未必能定，故許之。

〔三〕江表傳曰：策渡江攻繇牛渚營，盡得邸閣糧穀、戰具，是歲興平二年也。時彭城相薛禮、下邳相笮融依繇爲盟主，禮據秣陵城，融屯縣南。策先攻融，融出兵交戰，斬首五百餘級，融即閉門不敢動。因渡江攻禮，禮突走，而樊能、于麋等復合衆襲奪牛渚屯。策聞之，還攻破能等，獲男女萬餘人。復下攻融，爲流矢所中，傷股，不能乘馬，因自輿還牛渚營。或叛告融曰：「孫郎被箭已死。」融大喜，即遣將于茲鄉策。策遣步騎數百挑戰，設伏於後，賊出擊之，鋒刃未接而僞走，賊追入伏中，乃大破之，斬首千餘級。策因往到融營下，令左右大呼曰：「孫郎竟云

何！」賊於是驚怖夜遁。融聞策尚在，更深溝高壘，繕治守備。策以融所屯地勢險固，乃舍去，攻破繇別將於海陵，轉攻湖孰、江乘，皆下之。

策爲人，美姿顏，好笑語，性闊達聽受，善於用人，是以士民見者，莫不盡心，樂爲致死。劉繇棄軍遁逃，諸郡守皆捐城郭奔走。〔一〕吳人嚴白虎等衆各萬餘人，處處屯聚。吳景等欲先擊破虎等，乃至會稽。策曰：「虎等羣盜，非有大志，此成禽耳。」遂引兵渡浙江，據會稽，屠東冶，乃攻破虎等。〔二〕盡更置長吏，策自領會稽太守，復以吳景爲丹楊太守，以孫賁爲豫章太守；分豫章爲廬陵郡，以賁弟輔爲廬陵太守，丹楊朱治爲吳郡太守。彭城張昭、廣陵張紘、秦松、陳端等爲謀主。〔三〕時袁術僭號，策以書責而絕之。〔四〕曹公表策爲討逆將軍，封爲吳侯。〔五〕後術死，長史楊弘、大將張勳等將其衆欲就策，廬江太守劉勳要擊，悉虜之，收其珍寶以歸。策聞之，僞與勳好盟。勳新得術衆，時豫章上繚宗民萬餘家在江東，策勸勳攻取之。勳既行，策輕軍晨夜襲拔廬江，勳衆盡降，勳獨與麾下數百人自歸曹公。〔六〕是時袁紹方彊，而策并江東，曹公力未能逞，且欲撫之。〔七〕乃以弟女配策小弟匡，又爲子章取賁女，皆禮辟策弟權、翊，又命揚州刺史嚴象舉權茂才。

〔一〕江表傳曰：策時年少，雖有位號，而士民皆呼爲孫郎。百姓聞孫郎至，皆失魂魄；長吏委城郭，竄伏山草。及至，軍士奉令，不敢虜略，雞犬菜茹，一無所犯，民乃大悅，競以牛酒詣軍。劉繇既走，策入曲阿勞賜將士，遣將陳寶詣阜陵迎母及弟。發恩布令，告諸縣：「其劉繇、笮融等故鄉部曲來降首者，一無所問；樂從軍者，一身行，復除門戶；不樂者，勿強也。」旬日之間，四面雲集，得見兵二萬餘人，馬千餘匹，威震江東，形勢轉盛。

〔二〕吳錄曰：時有烏程鄒他、錢銅及前合浦太守嘉興王晟等，各聚衆萬餘或數千。引兵撲討，皆攻破之。策母吳氏曰：「晟與汝父有升堂見妻之分，今其諸子兄弟皆已梟夷，獨餘一老翁，何足復憚乎？」乃舍之，餘咸族誅。策自討虎，虎高壘堅守，使其弟輿請和。許之。輿請獨與策會面約。既會，策引白刃斫席，輿體動，策笑曰：「聞卿能坐躍，勦捷不常，聊戲卿耳！」輿曰：「我見刃乃然。」策知其無能也，乃以手戟投之，立死。輿有勇力，虎衆以其死也，甚懼。進攻破之。虎奔餘杭，投許昭於虜中。程普請擊昭，策曰：「許昭有義於舊君，有誠於故友，此丈夫之志也。」乃舍之。

臣松之案：許昭有義於舊君，謂濟盛憲也，事見後注。有誠於故友，則受嚴白虎也。

〔三〕江表傳曰：策遣奉正都尉劉由、五官掾高承奉章詣許，拜獻方物。

〔四〕吳錄載策使張紘爲書曰：「蓋上天垂司過之星，聖王建敢諫之鼓，設非謬之備，急箴闕之言，何哉？凡有所長，必有所短也。去冬傳有大計，無不悚懼；旋知供備貢獻，萬夫解惑。頃聞建議，復欲追遵前圖，即事之期，便有定月。益使憮然，想是流妄；設其必爾，民何望乎？曩日之舉義兵也，天下之士所以響應者，董卓擅廢置，害太后、弘農王，略烝宮人，發掘園陵，暴逆至此，故諸州郡雄豪聞聲慕義。神武外振，卓遂內殲。元惡既斃，幼主東顧，俾保傅宣命，欲令諸軍振旅，(於)〔然〕河北通謀黑山，曹操放毒東徐，劉表稱亂南荊，公孫瓚炰烋北幽，劉繇決力江滸，劉備爭盟淮隅，是以未獲承命橐弓戢戈也。今備、繇既破，操等飢餒，謂當與天下合謀，以誅醜類。捨而不圖，有自取之志，非海內所望，一也。昔成湯伐桀，稱有夏多罪；武王伐紂，曰殷有罪罰重哉。此二王者，雖有聖德，宜

當君世；如使不遭其時，亦無繇興矣。幼主非有惡於天下，徒以春秋尚少，脅於彊臣，若無過而奪之，懼未合於湯、武之事，二也。卓雖狂狡，至廢主自與，亦猶未也，而天下聞其桀虐，攘臂同心而疾之，以中土希戰之兵，當邊地勁悍之虜，所以斯須游魂也。今四方之人，皆玩敵而便戰鬬矣，可得而勝者，以彼亂而我治，彼逆而我順也。見當世之紛若，欲大舉以臨之，適足趣禍，三也。天下神器，不可虛干，必須天贊與人力也。殷湯有白鳩之祥，周武有赤烏之瑞，漢高有星聚之符，世祖有神光之徵，皆因民困悴於桀、紂之政，毒苦於秦、莽之役，故能芟去無道，致成其志。今天下非患於幼主，未見受命之應驗，而欲一旦卒然登即尊號，未之或有，四也。天子之貴，四海之富，誰不欲焉？義不可，勢不得耳。陳勝、項籍、王莽、公孫述之徒，皆南面稱孤，莫之能濟。帝王之位，不可橫冀，五也。幼主岐嶷，若除其偪，去其鯁，必成中興之業。夫致主於周成之盛，自受旦、奭之美，此誠所望於尊明也。縱使幼主有他改異，猶望推宗室之譜屬，論近親之賢良，以紹劉統，以固漢宗。皆所以書功金石，圖形丹青，流慶無窮，垂聲管絃。捨而不爲，爲其難者，想明明之素，必所不忍，六也。五世爲相，權之重，勢之盛，天下莫得而比焉。忠貞者必曰宜夙夜思惟，所以扶國家之躓頓，念社稷之危殆，以奉祖考之志，以報漢室之恩。其忽履道之節而強進取之欲者，將曰天下之人非家吏則門生也，孰不從我？四方之敵非吾匹則吾役也，誰能違我？蓋乘累世之勢，起而取之哉？二者殊數，不可不詳察，七也。所貴於聖哲者，以其審於機宜，慎於舉措。若難圖之事，難保之勢，以激羣敵之氣，以生衆人之心，公義故不可，私計又不利，明哲不處，八也。世人多惑於圖緯而牽非類，比合文字以悅所事，苟以阿上惑衆，終有後悔者，自往迄今，未嘗無之，不可不深擇而熟思，九也。九者，尊明所見之餘耳，庶備起予，補所遺忘。忠言逆耳，幸留神聽！」典略云張昭之辭。臣松之以爲張昭雖名重，然不如紘之文也，此書必紘所作。

〔五〕江表傳曰：建安二年夏，漢朝遣議郎王誧奉戊辰詔書曰：「董卓逆亂，凶國害民。先將軍堅念在平討，雅意未遂，厥美著聞。策遵善道，求福不回。今以策爲騎都尉，襲爵烏程侯，領會稽太守。」又詔敕曰：「故左將軍袁術不顧朝恩，坐創凶逆，造合虛僞，欲因兵亂，詭詐百姓，〔始〕聞其言以爲不然。定得使持節平東將軍領徐州牧溫侯布上術所造惑衆妖妄，知術鴟梟之性，遂其無道，修治王宮，署置公卿，郊天祀地，殘民害物，爲禍深酷。布前後上策乃心本朝，欲還討術，爲國效節，乞加顯異。夫懸賞俟功，惟勤是與，故便寵授，承襲前邑，重以大郡，榮耀兼至，是策輸力竭命之秋也。其亟與布及行吳郡太守安東將軍陳瑀戮力一心，同時赴討。」策自以統領兵馬，但以騎都尉領郡爲輕，欲得將軍號，（及）〔乃〕使人諷誧，誧便承制假策明漢將軍。是時，陳瑀屯海西，策奉詔治嚴，當與布、瑀參同形勢。行到錢塘，瑀陰圖襲策，遣都尉萬演等密渡江，使持印傳三十餘紐與賊丹楊、宣城、涇、陵陽、始安、黟、歙諸險縣大帥祖郎、焦已及吳郡烏程嚴白虎等，使爲內應，伺策軍發，欲攻取諸郡。策覺之，遣呂範、徐逸攻瑀於海西，大破瑀，獲其吏士妻子四千人。

山陽公載記曰：瑀單騎走冀州，自歸袁紹，紹以爲故安都尉。

吳錄載策上表謝曰：「臣以固陋，孤持邊陲。陛下廣播高澤，不遺細節，以臣襲爵，兼典名郡。仰榮顧寵，所不克堪。興平二年十二月二十日，於吳郡曲阿得袁術所呈表，以臣行殄寇將軍；至被詔書，乃知詐擅。雖輒捐廢，猶用悚悸。臣年十七，喪失所怙，懼有不任堂構之鄙，以忝析薪之戒，誠無去病十八建功，世祖列將弱冠佐命。臣初領兵，年未弱冠，雖駑懦不武，然思竭微命。惟術狂惑，爲惡深重。臣憑威靈，奉辭罰罪，庶必獻捷，以報所授。」

臣松之案：本傳云孫堅以初平三年卒，策以建安五年卒，策死時年二十六，計堅之亡，策應十八，而此表云十七，則爲不符。張璠漢紀及吳歷並以堅初平二年死，此爲是而本傳誤也。

江表傳曰：建安三年，策又遣使貢方物，倍於元年所獻。其年，制書轉拜討逆將軍，改封吳侯。

〔六〕江表傳曰：策被詔敕，與司空曹公、衞將軍董承、益州牧劉璋等并力討袁術、劉表。軍嚴當進，會術死，術從弟胤、女壻黃猗等畏懼曹公，不敢守壽春，乃共舁術棺柩，扶其妻子及部曲男女，就劉勳於皖城。勳糧食少，無以相振，乃遣從弟偕告糴於豫章太守華歆。歆郡素少穀，遣吏將偕就海昏上繚，使諸宗帥共出三萬斛米以與偕。偕往歷月，纔得數千斛。偕乃報勳，具說形狀，使勳來襲取之。勳得偕書，使潛軍到海昏邑下。宗帥知之，空壁逃匿，勳了無所得。時策西討黃祖，行及石城，聞勳輕身詣海昏，便分遣從兄賁、輔率八千人於彭澤待勳，自與周瑜率二萬人步襲皖城，即克之，得術百工及鼓吹部曲三萬餘人，并術、勳妻子。表用汝南李術爲廬江太守，給兵三千人以守皖，皆徙所得人東詣吳。賁、輔又於彭澤破勳。勳走入楚江，從尋陽步上到置馬亭，聞策等已克皖，乃投西塞。至沂，築壘自守，告急於劉表，求救於黃祖。祖遣太子射船軍五千人助勳。策復就攻，大破勳。勳與偕北歸曹公，射亦遁走。策收得勳兵二千餘人，船千艘，遂前進夏口攻黃祖。時劉表遣從子虎、南陽韓晞將長矛五千，來爲黃祖前鋒。策與戰，大破之。

吳錄載策表曰：「臣討黃祖，以十二月八日到祖所屯沙羨縣。劉表遣將助祖，並來趣臣。臣以十一日平旦部所領江夏太守行建威中郎將周瑜、領桂陽太守行征虜中郎將呂範、領零陵太守行蕩寇中郎將程普、行奉業校尉孫權、行先登校尉韓當、行武鋒校尉黃蓋等同時俱進。身跨馬櫟陳，手擊急鼓，以齊戰勢。吏士奮激，踊躍百倍，心精意果，各競用命。越渡重塹，迅疾若飛。火放上風，兵激煙下，弓弩並發，流矢雨集，日加辰時，祖乃潰爛。鋒刃所截，猋火所焚，前無生寇，惟祖迸走。獲其妻息男女七人，斬虎、（狼）韓晞已下二萬餘級，其赴水溺者一萬餘口，船六千餘艘，財物山積。雖表未禽，祖宿狡猾，爲表腹心，出作爪牙，表之鴟張，以祖氣息，而祖家屬部曲，掃地無餘，表孤特之虜，成鬼行尸。誠皆聖朝神武遠振，臣討有罪，得效微勤。」

〔七〕吳歷曰：曹公聞策平定江南，意甚難之，常呼「猘兒難與爭鋒也」。

建安五年，曹公與袁紹相拒於官渡，策陰欲襲許，迎漢帝，〔一〕密治兵，部署諸將。未發，會爲故吳郡太守許貢客所殺。先是，策殺貢，貢小子與客亡匿江邊。策單騎出，卒與客遇，客擊傷策。〔二〕創甚，請張昭等謂曰：「中國方亂，夫以吳、越之衆，三江之固，足以觀成敗。公等善相吾弟！」呼權佩以印綬，謂曰：「舉江東之衆，決機於兩陳之間，與天下爭衡，卿不如我；舉賢任能，各盡其心，以保江東，我不如卿。」至夜卒，時年二十六。〔三〕

〔一〕吳錄曰：時有高岱者，隱於餘姚，策命出使會稽丞陸昭逆之，策虛己候焉。聞其善左傳，乃自玩讀，欲與論講。或謂之曰：「高岱以將軍但英武而已，無文學之才，若與論傳而或云不知者，則某言符矣。」又謂岱曰：「孫將軍爲人，惡勝己者，若每問，當言不知，乃合意耳。如皆辨義，此必危殆。」岱以爲然，及與論傳，或答不知。策果怒，以爲輕己，乃囚之。知交及時人皆露坐爲請。策登樓，望見數里中塡滿。策惡其收衆心，遂殺之。岱字孔文，吳郡人也，受性聰達，輕財貴義。其友士拔奇，取於未顯，所友八人，皆世之英偉也。太守盛憲以爲上計，舉孝廉。許貢來領郡，岱將憲避難於許昭家，求救於陶謙。謙未即救，岱憔悴泣血，水漿不入口。謙感其忠壯，有申包胥之義，許爲出軍，以書與貢。岱得謙書以還，而貢已囚其母。吳人大小皆爲危竦，以貢宿忿，往必見害。岱言在君則爲君，且母在牢獄，期於當往，若得入見，事自當解。遂通書自白，貢即與相見。才辭敏捷，好自陳謝。貢登時出其母。岱將見貢，語友人張允、沈嘐令豫具船，以貢必悔，當追逐之。出便將母乘船易道而逃。貢須臾遣人追之，令追者若及於船，江上便殺之，已過則止。使與岱錯道，遂免。被誅時，年三十餘。

江表傳曰：時有道士琅邪于吉，先寓居東方，往來吳會，立精舍，燒香讀道書，制作符水以治病，吳會人多事之。策嘗於郡城門樓上，集會諸將賓客，吉乃盛服杖小函，漆畫之，名爲仙人鏵，趨度門下。諸將賓客三分之二下樓迎拜之，掌賓者禁呵不能止。策即令收之。諸事之者，悉使婦女入見策母，請救之。母謂策曰：「于先生亦助軍作福，醫護將士，不可殺之。」策曰：「此子妖妄，能幻惑衆心，遠使諸將不復相顧君臣之禮，盡委策下樓拜之，不可不除也。」諸將復連名通白事陳乞之，策曰：「昔南陽張津爲交州刺史，舍前聖典訓，廢漢家法律，嘗著絳帕頭，鼓琴燒香，讀邪俗道書，云以助化，卒爲南夷所殺。此甚無益，諸君但未悟耳。今此子已在鬼籙，勿復費紙筆也。」即催斬之，縣首於市。諸事之者，尚不謂其死而云尸解焉，復祭祀求福。

志林曰：初順帝時，琅邪宮崇詣闕上師于吉所得神書於曲陽泉水上，白素朱界，號太平青領道，凡百餘卷。順帝至建安中，五六十歲，于吉是時近已百年，年在耄悼，禮不加刑。又天子巡狩，問百年者，就而見之，敬齒以親愛，聖王之至教也。吉罪不及死，而暴加酷刑，是乃謬誅，非所以爲美也。喜推考桓王之薨，建安五年四月四日。是時曹、袁相攻，未有勝負。案夏侯元讓與石威則書，袁紹破後也。書云：「授孫賁以長沙，業張津以零、桂。」此爲桓王於前亡，張津於後死，不得相讓，譬言津之死意矣。

臣松之案：太康八年，廣州大中正王範上交廣二州春秋。建安六年，張津猶爲交州牧。江表傳之虛如志林所云。

搜神記曰：策欲渡江襲許，與吉俱行。時大旱，所在熇厲。策催諸將士使速引船，或身自早出督切，見將吏多在吉許，策因此激怒，言：「我爲不如于吉邪，而先趨務之？」便使收吉。至，呵問之曰：「天旱不雨，道塗艱澀，不時得過，故自早出，而卿不同憂戚，安坐船中作鬼物態，敗吾部伍，今當相除。」令人縛置地上暴之，使請雨，若能感天日中雨者，當原赦，不爾行誅。俄而雲氣上蒸，膚寸而合，比至日中，大雨總至，溪澗盈溢。將士喜悅，以爲吉必見原，並往慶慰。策遂殺之。將士哀惜，共藏其尸。天夜，忽更興雲覆之；明旦往視，不知所在。

案江表傳、搜神記于吉事不同，未詳孰是。

〔二〕江表傳曰：廣陵太守陳登治射陽，登卽瑀之從兄子也。策前西征，登陰復遣閒使，以印綬與嚴白虎餘黨，圖爲後害，以報瑀見破之辱。策歸，復討登。軍到丹徒，須待運糧。策性好獵，將步騎數出。策驅馳逐鹿，所乘馬精駿，從騎絕不能及。初，吳郡太守許貢上表於漢帝曰：「孫策驍雄，與項籍相似，宜加貴寵，召還京邑。若被詔不得不還，若放於外必作世患。」策候吏得貢表，以示策。策請貢相見，以責讓貢。貢辭無表，策卽令武士絞殺之。貢奴客潛民間，欲爲貢報讎。獵日，卒有三人卽貢客也。策問：「爾等何人？」答云：「是韓當兵，在此射鹿耳。」策曰：「當兵吾皆識之，未嘗見汝等。」因射一人，應弦而倒。餘二人怖急，便舉弓射策，中頰。後騎尋至，皆刺殺之。

九州春秋曰：策聞曹公北征柳城，悉起江南之衆，自號大司馬，將北襲許，恃其勇，行不設備，故及於難。

孫盛異同評曰：凡此數書，各有所失。孫策雖威行江外，略有六郡，然黃祖乘其上流，陳登閒其心腹，且深險彊宗，未盡歸復，曹、袁虎爭，勢傾山海，策豈暇遠師汝、潁，而遷帝於吳、越哉？斯蓋庸人之所鑒見，況策達於事勢者乎？又案袁紹以建安五年至黎陽，而策以四月遇害，而志云策聞曹公與紹相拒於官渡，謬矣。伐登之言，爲有證也。

又江表傳說策悉識韓當軍士，疑此爲詐，便射殺一人。夫三軍將士或有新附，策爲大將，何能悉識？以所不識，

便射殺之，非其論也。又策見殺在五年，柳城之役在十二年，九州春秋乖錯尤甚矣。

臣松之案：傅子亦云曹公征柳城，將襲許。記述若斯，何其疎哉！然孫盛所譏，未爲悉是。黃祖始被策破，魂氣未反，（但）〔且〕劉表君臣本無兼并之志，雖在上流，何辦規擬吳會？策之此舉，理應先圖陳登，但舉兵所在，不止登而已。于時彊宗驍帥，祖郎、嚴虎之徒，禽滅已盡，所餘山越，蓋何足慮？然則策之所規，未可謂之不暇也。若使策志獲從，大權在手，淮、泗之閒，所在皆可都，何必畢志江外，其當遷帝於揚、越哉？案魏武紀，武帝以建安四年已出屯官渡，乃策未死之前，久與袁紹交兵，則國志所云不爲謬也。許貢客，無聞之小人，而能感識恩遇，臨義忘生，卒然奮發，有侔古烈矣。詩云：「君子有徽猷，小人與屬。」貢客其有焉。

〔三〕吳歷曰：策既被創，醫言可治，當好自將護，百日勿動。策引鏡自照，謂左右曰：「面如此，尙可復建功立事乎？」椎几大奮，創皆分裂，其夜卒。

搜神記曰：策既殺于吉，每獨坐，彷彿見吉在左右，意深惡之，頗有失常。後治創方差，而引鏡自照，見吉在鏡中，顧而弗見，如是再三，因撲鏡大叫，創皆崩裂，須臾而死。

權稱尊號，追謚策曰長沙桓王，封子紹爲吳侯，後改封上虞侯。紹卒，子奉嗣。孫晧時，訛言謂奉當立，誅死。

評曰：孫堅勇摯剛毅，孤微發迹，導溫戮卓，山陵杜塞，有忠壯之烈。策英氣傑濟，猛銳冠世，覽奇取異，志陵中夏。然皆輕佻果躁，隕身致敗。且割據江東，策之基兆也，而權尊崇未至，子止侯爵，於義儉矣。〔一〕

〔一〕孫盛曰：孫氏兄弟皆明略絕羣。創基立事，策之由也，自臨終之日，顧命委權。夫意氣之閒，猶有刎頸，況天倫之篤愛，豪達之英鑒，豈吝名號於既往，違本情之至實哉？抑將遠思虛盈之數，而愼其名器者乎？夫正本定名，爲國之大防；杜絕疑貳，消釁之良謨。是故魯隱矜義，終致羽父之禍；宋宣懷仁，卒有殤公之哀。皆心存小善，而不達經綸之圖；求譽當年，而不思貽厥之謀。可謂輕千乘之國，蹈道則未也。孫氏因擾攘之際，得奮其縱橫之志，業非積德之基，邦無磐石之固，勢一則祿祚可終，情乖則禍亂塵起，安可不防微於未兆，慮難於將來？壯哉！策爲首事之君，有吳開國之主；將相在列，皆其舊也，而嗣子弱劣，析薪弗荷，奉之則魯桓、田市之難作，崇之則與夷、子馮之禍興。是以正名定本，使貴賤殊邈，然後國無陵肆之責，後嗣罔猜忌之嫌，羣情絕異端之論，不逞杜覬覦之心；於情雖違，於事雖儉，至於括囊遠圖，永保維城，可謂爲之于其未有，治之于其未亂者也。陳氏之評，其未達乎！

三國志卷四十七

吳書二

吳主傳第二

孫權字仲謀。兄策既定諸郡，時權年十五，以爲陽羨長。〔一〕郡察孝廉，州舉茂才，行奉義校尉。漢以策遠脩職貢，遣使者劉琬加錫命。琬語人曰：「吾觀孫氏兄弟雖各才秀明達，然皆祿祚不終，惟中弟孝廉，形貌奇偉，骨體不恆，有大貴之表，年又最壽，爾試識之。」

〔一〕江表傳曰：堅爲下邳丞時，權生，方頤大口，目有精光，堅異之，以爲有貴象。及堅亡，策起事江東，權常隨從。性度弘朗，仁而多斷，好俠養士，始有知名，侔於父兄矣。每參同計謀，策甚奇之，自以爲不及也。每請會賓客，常顧權曰：「此諸君，汝之將也。」

建安四年，從策征廬江太守劉勳。勳破，進討黃祖於沙羨。

五年，策薨，以事授權，權哭未及息。策長史張昭謂權曰：「孝廉，此寧哭時邪？且周公立法而伯禽不師，非欲違父，時不得行也。〔一〕況今姦宄競逐，豺狼滿道，乃欲哀親戚，顧禮制，是猶開門而揖盜，未可以爲仁也。」乃改易權服，扶令上馬，使出巡軍。是時惟有會稽、

吳郡、丹楊、豫章、廬陵，然深險之地猶未盡從，而天下英豪布在州郡，賓旅寄寓之士以安危去就爲意，未有君臣之固。張昭、周瑜等謂權可與共成大業，故委心而服事焉。曹公表權爲討虜將軍，領會稽太守，屯吳，使丞之郡行文書事。待張昭以師傅之禮，而周瑜、程普、呂範等爲將率。招延俊秀，聘求名士，魯肅、諸葛瑾等始爲賓客。分部諸將，鎭撫山越，討不從命。〔二〕

〔一〕臣松之按禮記曾子問子夏曰：「三年之喪，金革之事無避也者，禮與？初有司與？」孔子曰：「吾聞諸老聃曰，昔者魯公伯禽有爲爲之也。」鄭玄注曰：「周人卒哭而致事。時有徐戎作難，伯禽卒哭而征之，急王事也。」昭所云「伯禽不師」，蓋謂此也。

〔二〕江表傳曰：初策表用李術爲廬江太守，策亡之後，術不肯事權，而多納其亡叛。權移書求索，術報曰：「有德見歸，無德見叛，不應復還。」權大怒，乃以狀白曹公曰：「嚴刺史昔爲公所用，又是州舉將，而李術凶惡，輕犯漢制，殘害州司，肆其無道，宜速誅滅，以懲醜類。今欲討之，進爲國朝掃除鯨鯢，退爲舉將報塞怨讎，此天下達義，夙夜所甘心。術必懼誅，復詭說求救。明公所居，阿衡之任，海內所瞻，願敕執事，勿復聽受。」是歲舉兵攻術於皖城。術閉門自守，求救於曹公。曹公不救。糧食乏盡，婦女或丸泥而吞之。遂屠其城，梟術首，徙其部曲三萬餘人。

七年，權母吳氏薨。

八年，權西伐黃祖，破其舟軍，惟城未克，而山寇復動。還過豫章，使呂範平鄱陽，（會稽）程普討樂安，太史慈領海昏，韓當、周泰、呂蒙等爲劇縣令長。

九年，權弟丹楊太守翊爲左右所害，以從兄瑜代翊。〔一〕

〔一〕吳錄曰：是時權大會官寮，沈友有所是非，令人扶出，謂曰：「人言卿欲反。」友知不得脫，乃曰：「主上在許，有無君之心者，可謂非反乎？」遂殺之。友字子正，吳郡人。年十一，華歆行風俗，見而異之，因呼曰：「沈郎，可登車語乎？」友逡巡卻曰：「君子講好，會宴以禮，今仁義陵遲，聖道漸壞，先生銜命，將以裨補先王之教，整齊風俗，而輕脫威儀，猶負薪救火，無乃更崇其熾乎！」歆慚曰：「自桓、靈以來，雖多英彥，未有幼童若此者。」弱冠博學，多所貫綜，善屬文辭。兼好武事，注孫子兵法。又辯於口，每所至，衆人皆默然，莫與爲對，咸言其筆之妙，舌之妙，刀之妙，三者皆過絕於人。權以禮聘，既至，論王霸之略，當時之務，權斂容敬焉。陳荊州宜并之計，納之。正色立朝，清議峻厲，爲庸臣所譖，誣以謀反。權亦以終不爲已用，故害之，時年二十九。

十年，權使賀齊討上饒，分爲建平縣。

十二年，西征黃祖，虜其人民而還。

十三年春，權復征黃祖，祖先遣舟兵拒軍，都尉呂蒙破其前鋒，而淩統、董襲等盡銳攻之，遂屠其城。祖挺身亡走，騎士馮則追梟其首，虜其男女數萬口。是歲，使賀齊討黟、歙，黟音伊。歙音攝。分歙爲始新、新定、〔一〕犂陽、休陽縣，〔二〕以六縣爲新都郡。荊州牧劉表死，魯肅乞奉命弔表二子，且以觀變。肅未到，而曹公已臨其境，表子琮舉衆以降。劉備欲南濟江，肅與相見，因傳權旨，爲陳成敗。備進住夏口，使諸葛亮詣權，權遣周瑜、程普等行。是時曹公新得表衆，形勢甚盛，諸議者皆望風畏懼，多勸權迎之。〔三〕惟瑜、肅執拒之議，意

與權同。瑜、普爲左右督，各領萬人，與備俱進，遇於赤壁，大破曹公軍。公燒其餘船引退，士卒飢疫，死者大半。備、瑜等復追至南郡，曹公遂北還，留曹仁、徐晃於江陵，使樂進守襄陽。時甘寧在夷陵，爲仁黨所圍，用呂蒙計，留淩統以拒仁，以其半救寧，軍以勝反。權自率衆圍合肥，使張昭攻九江之當塗。昭兵不利，權攻城踰月不能下。曹公自荊州還，遣張喜將騎赴合肥。未至，權退。

〔一〕吳錄曰：晉改新定爲遂安。

〔二〕吳錄曰：晉改休陽爲海寧。

〔三〕江表傳載曹公與權書曰：「近者奉辭伐罪，旄麾南指，劉琮束手。今治水軍八十萬衆，方與將軍會獵於吳。」權得書以示羣臣，莫不響震失色。

十四年，瑜、仁相守歲餘，所殺傷甚衆。仁委城走。權以瑜爲南郡太守。劉備表權行車騎將軍，領徐州牧。備領荊州牧，屯公安。

十五年，分豫章爲鄱陽郡；分長沙爲漢昌郡，以魯肅爲太守，屯陸口。

十六年，權徙治秣陵。明年，城石頭，改秣陵爲建業。聞曹公將來侵，作濡須塢。

十八年正月，曹公攻濡須，權與相拒月餘。曹公望權軍，歎其齊肅，乃退。〔一〕初，曹公恐江濱郡縣爲權所略，徵令內移。民轉相驚，自廬江、九江、蘄春、廣陵戶十餘萬皆東渡江，

江西遂虛，合肥以南惟有皖城。

〔一〕吳歷曰：曹公出濡須，作油船，夜渡洲上。權以水軍圍取，得三千餘人，其沒溺者亦數千人。權數挑戰，公堅守不出。權乃自來，乘輕船，從濡須口入公軍。諸將皆以爲是挑戰者，欲擊之。公曰：「此必孫權欲身見吾軍部伍也。」敕軍中皆精嚴，弓弩不得妄發。權行五六里，迴還作鼓吹。公見舟船器仗軍伍整肅，喟然歎曰：「生子當如孫仲謀，劉景升兒子若豚犬耳！」權爲牋與曹公，說：「春水方生，公宜速去。」別紙言：「足下不死，孤不得安。」曹公語諸將曰：「孫權不欺孤。」乃徹軍還。

魏略曰：權乘大船來觀軍，公使弓弩亂發，箭著其船，船偏重將覆，權因迴船，復以一面受箭，箭均船平，乃還。

十九年五月，權征皖城。閏月，克之，獲廬江太守朱光及參軍董和，男女數萬口。是歲劉備定蜀。權以備已得益州，令諸葛瑾從求荊州諸郡。備不許，曰：「吾方圖涼州，涼州定，乃盡以荊州與吳耳。」權曰：「此假而不反，而欲以虛辭引歲。」遂置南三郡長吏，關羽盡逐之。權大怒，乃遣呂蒙督鮮于丹、徐忠、孫規等兵二萬取長沙、零陵、桂陽三郡，使魯肅以萬人屯巴丘〔一〕以禦關羽。權住陸口，爲諸軍節度。蒙到，二郡皆服，惟零陵太守郝普未下。會備到公安，使關羽將三萬兵至益陽，權乃召蒙等使還助肅。蒙使人誘普，普降，盡得三郡將守，因引軍還，與孫皎、潘璋并魯肅兵並進，拒羽於益陽。未戰，會曹公入漢中，備懼失益州，使使求和。權令諸葛瑾報，更尋盟好，遂分荊州長沙、江夏、桂陽以東屬權，南郡、零

陵、武陵以西屬備。備歸，而曹公已還。權反自陸口，遂征合肥。合肥未下，徹軍還。兵皆就路，權與淩統、甘寧等在津北爲魏將張遼所襲，統等以死扞權，權乘駿馬越津橋得去。〔二〕

〔一〕巴丘今曰巴陵。

〔二〕獻帝春秋曰：張遼問吳降人：「向有紫髯將軍，長上短下，便馬善射，是誰？」降人答曰：「是孫會稽。」遼及樂進相遇，言不早知之，急追自得，舉軍歎恨。

江表傳曰：權乘駿馬上津橋，橋南已見徹，丈餘無版。谷利在馬後，使權持鞍緩控，利於後著鞭，以助馬勢，遂得超度。權既得免，即拜利都亭侯。谷利者，本左右給使也，以謹直爲親近監，性忠果亮烈，言不苟且，權愛信之。

二十一年冬，曹公次于居巢，遂攻濡須。

二十二年春，權令都尉徐詳詣曹公請降，公報使脩好，誓重結婚。

二十三年十月，權將如吳，親乘馬射虎於庱亭。庱音攄陵反。馬爲虎所傷，權投以雙戟，虎卻廢，常從張世擊以戈，獲之。

二十四年，關羽圍曹仁於襄陽，曹公遣左將軍于禁救之。會漢水暴起，羽以舟兵盡虜禁等步騎三萬送江陵，惟城未拔。權內憚羽，外欲以爲己功，牋與曹公，乞以討羽自效。曹公且欲使羽與權相持以鬭之，驛傳權書，使曹仁以弩射示羽。羽猶豫不能去。閏月，權征羽，先遣呂蒙襲公安，獲將軍士仁。蒙到南郡，南郡太守麋芳以城降。蒙據江陵，撫其老弱，釋于禁之囚。陸遜別取宜都，獲秭歸、枝江、夷道，還屯夷陵，守峽口以備蜀。關羽還當陽，西保麥城。權使誘之。羽僞降，立幡旗爲象人於城上，因遁走，兵皆解散，尚十餘騎。權先使朱然、潘璋斷其徑路。十二月，璋司馬馬忠獲羽及其子平、都督趙累等於章鄉，遂定荊州。是歲大疫，盡除荊州民租稅。曹公表權爲驃騎將軍，假節領荊州牧，封南昌侯。權遣校尉梁寓奉貢于漢，及令王惇市馬，又遣朱光等歸。〔一〕

〔一〕魏略曰：梁寓字孔儒，吳人也。權遣寓觀望曹公，曹公因以爲掾，尋遣還南。

二十五年春正月，曹公薨，太子丕代爲丞相魏王，改年爲延康。秋，魏將梅敷使張儉求見撫納。南陽陰、酇、筑陽、筑音逐。山都、中廬五縣民五千家來附。冬，魏嗣王稱尊號，改元爲黃初。二年四月，劉備稱帝於蜀。〔一〕權自公安都鄂，改名武昌，以武昌、下雉、尋陽、陽新、柴桑、沙羡六縣爲武昌郡。五月，建業言甘露降。八月，城武昌，下令諸將曰：「夫存不忘亡，安必慮危，古之善教。昔雋不疑漢之名臣，於安平之世而刀劍不離於身，蓋君子之於武備，不可以已。況今處身疆畔，豺狼交接，而可輕忽不思變難哉？頃聞諸將出入，各尚謙約，不從人兵，甚非備慮愛身之謂。夫保己遺名，以安君親，孰與危辱？宜深警戒，務崇其大，副孤意焉。」自魏文帝踐阼，權使命稱藩，及遣于禁等還。十一月，策命權曰：「蓋聖王之法，以德設爵，以功制祿；勞大者祿厚，德盛者禮豐。故叔旦有夾輔之勳，太公有鷹揚之

功，並啓土宇，并受備物，所以表章元功，殊異賢哲也。近漢高祖受命之初，分裂膏腴以王八姓，斯則前世之懿事，後王之元龜也。朕以不德，承運革命，君臨萬國，秉統天機，思齊先代，坐而待旦。惟君天資忠亮，命世作佐，深覩曆數，達見廢興，遠遣行人，浮于潛漢。〔二〕望風影附，抗疏稱藩，兼納纖絺南方之貢，普遣諸將來還本朝，忠肅內發，款誠外昭，信著金石，義蓋山河，朕甚嘉焉。今封君爲吳王，使使持節太常高平侯貞，授君璽綬策書、金虎符第一至第五、左竹使符第一至第十，以大將軍使持節督交州，領荊州牧事，錫君青土，苴以白茅，對揚朕命，以尹東夏。其上故驃騎將軍南昌侯印綬符策。今又加君九錫，其敬聽後命。以君綏安東南，綱紀江外，民夷安業，無或攜貳，是用錫君大輅、戎輅各一，玄牡二駟。君務財勸農，倉庫盈積，是用錫君袞冕之服，赤舄副焉。君化民以德，禮教興行，是用錫君軒縣之樂。君宣導休風，懷柔百越，是用錫君朱戶以居。君運其才謀，官方任賢，是用錫君納陛以登。君忠勇並奮，清除姦慝，是用錫君虎賁之士百人。君振威陵邁，宣力荊南，梟滅凶醜，罪人斯得，是用錫君鈇鉞各一。君文和於內，武信於外，是用錫君彤弓一、彤矢百、玈弓十、玈矢千。君以忠肅爲基，恭儉爲德，是用錫君秬鬯一卣，圭瓚副焉。欽哉！敬敷訓典，以服朕命，以勖相我國家，永終爾顯烈。」〔三〕是歲，劉備帥軍來伐，至巫山、秭歸，使使誘導武陵蠻夷，假與印傳，許之封賞。於是諸縣及五谿民皆反爲蜀。權以陸遜爲督，督朱

然、潘璋等以拒之。遣都尉趙咨使魏。魏帝問曰：「吳王何等主也？」咨對曰：「聰明仁智，雄略之主也。」帝問其狀，咨曰：「納魯肅於凡品，是其聰也；拔呂蒙於行陳，是其明也；獲于禁而不害，是其仁也；取荊州而兵不血刃，是其智也；據三州虎視於天下，是其雄也；屈身於陛下，是其略也。」〔四〕帝欲封權子登，權以登年幼，上書辭封，重遣西曹掾沈珩陳謝，并獻方物。〔五〕立登爲王太子。〔六〕

〔一〕魏略曰：權聞魏文帝受禪而劉備稱帝，乃呼問知星者，己分野中星氣何如，遂有僭意。而以位次尚少，無以威衆，又欲先卑而後踞之，爲卑則可以假寵，後踞則必致討，致討然後可以怒衆，衆怒然後可以自大，故深絕蜀而專事魏。

〔二〕禹貢曰「沱、潛既道」，注曰：「水自江出爲沱，漢爲潛。」

〔三〕江表傳曰：權羣臣議，以爲宜稱上將軍九州伯，不應受魏封。權曰：「九州伯，於古未聞也。昔沛公亦受項羽拜爲漢王，此蓋時宜耳，復何損邪？」遂受之。

孫盛曰：「昔伯夷、叔齊不屈有周，魯仲連不爲秦民。夫以匹夫之志，猶義不辱，況列國之君三分天下，而可二三其節，或臣或否乎？余觀吳、蜀，咸稱奉漢，至於漢代，莫能固秉臣節，君子是以知其不能克昌厥後，卒見吞於大國也。向使權從羣臣之議，終身稱漢將，豈不義悲六合，仁感百世哉！」

〔四〕吳書曰：咨字德度，南陽人，博聞多識，應對辯捷，權爲吳王，擢中大夫，使魏。魏文帝善之，嘲咨曰：「吳王頗知學乎？」咨曰：「吳王浮江萬艘，帶甲百萬，任賢使能，志存經略，雖有餘閒，博覽書傳歷史，藉採奇異，不效諸生

尋章摘句而已。」帝曰：「吳可征不？」咨對曰：「大國有征伐之兵，小國有備禦之固。」又曰：「吳難魏不？」咨曰：「帶甲百萬，江、漢爲池，何難之有？」又曰：「吳如大夫者幾人？」咨曰：「聰明特達者八九十人，如臣之比，車載斗量，不可勝數。」咨頻載使北，〔魏〕人敬異。權聞而嘉之，拜騎都尉。咨言曰：「觀北方終不能守盟，今日之計，朝廷承漢四百之際，應東南之運，宜改年號，正服色，以應天順民。」權納之。

〔五〕吳書曰：珩字仲山，吳郡人，少綜經藝，尤善春秋內、外傳。權以珩有智謀，能專對，乃使至魏。魏文帝問曰：「吳嫌魏東向乎？」珩曰：「不嫌。」曰：「何以？」曰：「信恃舊盟，言歸于好，是以不嫌。若魏渝盟，自有豫備。」又問：「聞太子當來，寧然乎？」珩曰：「臣在東朝，朝不坐，宴不與，若此之議，無所聞也。」文帝善之，乃引珩自近，談語終日。珩隨事響應，無所屈服。珩還言曰：「臣密參侍中劉曄，數爲賊設姦計，終不久慤。臣聞兵家舊論，不恃敵之不我犯，恃我之不可犯，今爲朝廷慮之。且當省息他役，惟務農桑以廣軍資；脩繕舟車，增作戰具，令皆兼盈；撫養兵民，使各得其所；攬延英俊，獎勵將士，則天下可圖矣。」以奉使有稱，封永安鄉侯，官至少府。

〔六〕江表傳曰：是歲魏文帝遣使求雀頭香、大貝、明珠、象牙、犀角、瑇瑁、孔雀、翡翠、鬬鴨、長鳴雞。羣臣奏曰：「荊、揚二州，貢有常典，魏所求珍玩之物非禮也，宜勿與。」權曰：「昔惠施尊齊爲王，客難之曰：『公之學去尊，今王齊，何其倒也？』惠子曰：『有人於此，欲擊其愛子之頭，而石可以代之，子頭所重而石所輕也，以輕代重，何爲不可乎？』方有事於西北，江表元元，恃主爲命，非我愛子邪？彼所求者，於我瓦石耳，孤何惜焉？彼在諒闇之中，而所求若此，寧可與言禮哉！」皆具以與之。

黃武元年春正月，陸遜部將軍宋謙等攻蜀五屯，皆破之，斬其將。三月，鄱陽言黃龍見。蜀軍分據險地，前後五十餘營，遜隨輕重以兵應拒，自正月至閏月，大破之，臨陳所斬

及投兵降首數萬人。劉備奔走，僅以身免。〔一〕

〔一〕吳歷曰：權以使聘魏，具上破備獲印綬及首級、所得土地，並表將吏功勤宜加爵賞之意。文帝報使，致鼲子裘、明光鎧、騑馬，又以素書所作典論及詩賦與權。魏書載詔答曰：「老虜邊窟，越險深入，曠日持久，內迫罷弊，外困智力，故見身於雞頭，分兵擬西陵，其計不過謂可轉足前迹以搖動江東。根未著地，摧折其支，雖未刳備五臟，使身首分離，其所降誅，亦足使虜部衆兇懼。昔吳漢先燒荊門，後發夷陵，而子陽無所逃其死；來歙始襲略陽，文叔喜之，而知隗囂無所施其巧。今討此虜，正似其事，將軍勉建方略，務全獨克。」

初權外託事魏，而誠心不款。魏乃遣侍中辛毗、尚書桓階往與盟誓，并徵任子，權辭讓不受。秋九月，魏乃命曹休、張遼、臧霸出洞口，曹仁出濡須，曹真、夏侯尚、張郃、徐晃圍南郡。權遣呂範等督五軍，以舟軍拒休等，諸葛瑾、潘璋、楊粲救南郡，朱桓以濡須督拒仁。時揚、越蠻夷多未平集，內難未弭，故權卑辭上書，求自改厲，「若罪在難除，必不見置，當奉還土地民人，乞寄命交州，以終餘年。」文帝報曰：「君生於擾攘之際，本有從橫之志，降身奉國，以享茲祚。自君策名已來，貢獻盈路。討備之功，國朝仰成。埋而掘之，古人之所恥。〔一〕朕之與君，大義已定，豈樂勞師遠臨江漢？廊廟之議，王者所不得專；三公上君過失，皆有本末。朕以不明，雖有曾母投杼之疑，猶冀言者不信，以爲國福。故先遣使者犒

勞，又遣尚書、侍中踐脩前言，以定任子。君遂設辭，不欲使進，議者怪之。〔二〕又前都尉浩周勸君遣子，乃實朝臣交謀，以此卜君，君果有辭，外引隗囂遣子不終，內喻竇融守忠而已。世殊時異，人各有心。浩周之還，口陳指麾，益令議者發明衆嫌，終始之本，無所據仗，故遂俛仰從羣臣議。今省上事，款誠深至，心用慨然，悽愴動容。即日下詔，敕諸軍但深溝高壘，不得妄進。若君必效忠節，以解疑議，登身朝到，夕召兵還。此言之誠，有如大江！」〔三〕權遂改年，臨江拒守。冬十一月，大風，範等兵溺死者數千，餘軍還江南。曹休使臧霸以輕船五百、敢死萬人襲攻徐陵，燒攻城車，殺略數千人。將軍全琮、徐盛追斬魏將尹盧，殺獲數百。十二月，權使太中大夫鄭泉聘劉備于白帝，始復通也。〔四〕然猶與魏文帝相往來，至後年乃絕。是歲改夷陵爲西陵。

〔一〕國語曰：狸埋之，狸掘之，是以無成功。

〔二〕魏略載魏三公奏曰：「臣聞枝大者披心，尾大者不掉，有國有家之所慎也。昔漢承秦弊，天下新定，大國之王，臣節未盡，以蕭、張之謀不備錄之，至使六王前後反叛，已而伐之，戎車不輟。又文、景守成，忘戰戢役，驕縱吳、楚，養虺成蛇，既爲社稷大憂，蓋前事之不忘，後事之師也。吳王孫權，幼豎小子，無尺寸之功，遭遇兵亂，因父兄之緒，少蒙翼卵昫伏之恩，長含鴟梟反逆之性，背棄天施，罪惡積大。復與關羽更相覘伺，逐利見便，挾爲卑辭。先帝知權姦以求用，時以于禁敗於水災，等當討羽，因以委權。先帝委裘下席，權不盡心，誠在惻怛，欲因大喪，寡弱王室，希託董桃傳先帝令，乘未得報許，擅取襄陽，及見驅逐，乃更折節。邪辟之態，巧言如流，雖重驛累使，發

遣禁等，內包隗囂顧望之姦，外欲緩誅，支仰蜀賊。聖朝含弘，既加不忍，優而赦之，與之更始，猥乃割地王之，使南面稱孤，兼官累位，禮備九命，名馬百駟，以成其勢，光寵顯赫，古今無二。權爲犬羊之姿，橫被虎豹之文，不思靖力致死之節，以報無量不世之恩。臣每見所下權前後章表，又以愚意採察權旨，自以阻帶江湖，負固不服，狃忕累世，詐僞成功，上有尉佗、英布之計，下誦伍被屈彊之辭，終非不侵不叛之臣。以爲鼂錯不發削弱王侯之謀，則七國同衡，禍久而大；蒯通不決襲歷下之策，則田橫自慮，罪深變重。臣謹考之周禮九伐之法，平權凶惡，逆節萌生，見罪十五。昔九黎亂德，黃帝加誅；項羽罪十，漢祖不捨。權所犯罪釁明白，非仁恩所養，宇宙所容。臣請免權官，鴻臚削爵土，捕治罪。敢有不從，移兵進討，以明國典好惡之常，以靜三州元元之苦。」其十五條，文多不載。

〔三〕魏略曰：浩周字孔異，上黨人。建安中仕爲蕭令，至徐州刺史。後領護于禁軍，軍沒，爲關羽所得。權襲羽，並得周，甚禮之。及文帝即王位，權乃遣周，爲牋魏王曰：「昔討關羽，獲于將軍，即白先王，當發遣之。此乃奉款之心，不言而發。先王未深留意，而謂權中間復有異圖，愚情慺慺，用未果決。遂值先王委離國祚，殿下承統，下情始通。公私契闊，未獲備舉，是令本誓未即昭顯。梁寓傳命，委曲周至，深知殿下以爲意望。權之赤心，不敢有他，願垂明恕，保權所執。謹遣浩周、東里袞，至情至實，皆周等所具。」又曰：「權本性空薄，文武不昭，昔承父兄成軍之緒，得爲先王所見獎飾，遂因國恩，撫綏東土。而中間寡慮，庶事不明，畏威忘德，以取重戾。先王恩仁，不忍遐棄，既釋其宿罪，且開明信。雖致命虜廷，梟獲關羽，功效淺薄，未報萬一。事業未究，先王即世。殿下踐阼，威仁流邁，私懼情願未蒙昭察。梁寓來到，具知殿下不遂疏遠，必欲撫錄，追本先緒。權之得此，欣然踊躍，心開目明，不勝其慶。權世受寵遇，分義深篤，今日之事，永執一心，惟察慺慺，重垂含覆。」又曰：「先王以權推誠

已驗，軍當引還，故除合肥之守，著南北之信，令權長驅不復後顧。近得守將周泰、全琮等白事，過月六日，有馬步七百，徑到橫江，又督將馬和復將四百人進到居巢，琮等聞有兵馬渡江，視之，爲兵馬所擊，臨時交鋒，大相殺傷。卒得此問，情用恐懼。權實在遠，不豫聞知，約敕無素，敢謝其罪。又聞張征東、朱橫海今復還合肥，先王盟要，由來未久，且權自度未獲罪釁，不審今者何以發起，牽軍遠次？事業未訖，甫當爲國討除賊備，重聞斯問，深使失圖。凡遠人所恃，在於明信，願殿下克卒前分，開示坦然，使權誓命，得卒本規。凡所願言，周等所當傳也。」初東里袞爲于禁軍司馬，前與周俱沒，又俱還到，有詔皆見之。帝問周等，周以爲權必臣服，而東里袞謂其不可必服。帝悅周言，以爲有以知之。是歲冬，魏王受漢禪，遣使以權爲吳王，詔使周與使者俱往。周既致詔命，時與權私宴，謂權曰：「陛下未信王遣子入侍也，周以闔門百口明之。」權因字謂周曰：「浩孔異，卿乃以舉家百口保我，我當何言邪？」遂流涕沾襟。及與周別，又指天爲誓。周還之後，權不遣子而設辭，帝乃久留其使。到八月，權上書謝，又與周書曰：「自道路開通，不忘脩意。既新奉國命，加知起居，假歸河北，故使情問不獲果至。望想之勞，曷云其已。孤以空闇，分信不昭，中間招罪，以取棄絕，幸蒙國恩，復見赦宥，喜乎與君克卒本圖。傳不云乎，雖不能始，善終可也。」又曰：「昔君之來，欲令遣子入侍，于時傾心歡以承命，徒以登年幼，欲假年歲之閒耳。而赤情未蒙昭信，遂見討責，常用慚怖。自頃國恩，復加開導，忘其前愆，取其後效，喜得因此尋竟本誓。前已有表具說遣子之意，想君假還，已知之也。」又曰：「今子當入侍，而未有妃耦，昔君念之，以爲可上連綴宗室若夏侯氏，雖中間自棄，常奉戢在心。當垂宿念，爲之先後，使獲攀龍附驥，永自固定。其爲分惠，豈有量哉！如是欲遣孫長緒與小兒俱入，奉行禮聘，成之在君。」又曰：「小兒年弱，加教訓不足，念當與別，爲之緬然，父子恩情，豈有已邪！又欲遣張子布追輔護之。孤性無餘，凡所欲爲，今盡宣露。惟恐赤心不先暢達，是以具爲君說

之，宜明所以。」於是詔曰：「權前對浩周，自陳不敢自遠，樂委質長爲外臣，又前後辭旨，頭尾擊地，此鼠子自知不能保爾許地也。又今與周書，請以十二月遣子，復欲遣孫長緒、張子布隨子俱來，彼二人皆權股肱心腹也。又欲爲子於京師求婦，此權無異心之明效也。」帝既信權甘言，且謂周爲得其眞，而權但華僞，竟無遣子意。自是之後，帝既彰權罪，周亦見疏遠，終身不用。

〔四〕江表傳曰：權云：「近得玄德書，已深引咎，求復舊好。前所以名西爲蜀者，以漢帝尚存故耳，今漢已廢，自可名爲漢中王也。」

吳書曰：鄭泉字文淵，陳郡人。博學有奇志，而性嗜酒，其閒居每曰：「願得美酒滿五百斛船，以四時甘脆置兩頭，反覆沒飲之，憊即住而啖肴膳。酒有斗升減，隨即益之，不亦快乎！」權以爲郎中。嘗與之言：「卿好於衆中面諫，或失禮敬，寧畏龍鱗乎？」對曰：「臣聞君明臣直，今值朝廷上下無諱，實恃洪恩，不畏龍鱗。」後侍讌，權乃怖之，使提出付有司促治罪。泉臨出屢顧，權呼還，笑曰：「卿言不畏龍鱗，何以臨出而顧乎？」對曰：「實恃恩覆，知無死憂，至當出閤，感惟威靈，不能不顧耳。」使蜀，劉備問曰：「吳王何以不答吾書，得無以吾正名不宜乎？」泉曰：「曹操父子陵轢漢室，終奪其位。殿下既爲宗室，有維城之責，不荷戈執殳爲海內率先，而於是自名，未合天下之議，是以寡君未復書耳。」備甚慚恧。泉臨卒，謂同類曰：「必葬我陶家之側，庶百歲之後化而成土，幸見取爲酒壺，實獲我心矣。」

二年春正月，曹眞分軍據江陵中州。是月，城江夏山。改四分，用乾象曆。〔一〕三月，曹仁遣將軍常彫等，以兵五千，乘油船，晨渡濡須中州。仁子泰因引軍急攻朱桓，桓兵拒之，

遣將軍嚴圭等擊破彫等。是月，魏軍皆退。夏四月，權羣臣勸即尊號，權不許。〔二〕劉備薨于白帝。〔三〕五月，曲阿言甘露降。先是戲口守將晉宗殺將王直，以衆叛如魏，魏以爲蘄春太守，數犯邊境。六月，權令將軍賀齊督糜芳、劉邵等襲蘄春，邵等生虜宗。冬十一月，蜀使中郎將鄧芝來聘。〔四〕

〔一〕江表傳曰：權推五德之運，以爲土行用未祖辰臘。

志林曰：土行以辰臘，得其數矣。土盛於戌，而以未祖，其義非也。土生於未，故未爲坤初。是以月令：建未之月，祀黃精於郊，祖用其盛。今祖用其始，豈應運乎？

〔二〕江表傳曰：權辭讓曰：「漢家堙替，不能存救，亦何心而競乎？」羣臣稱天命符瑞，固重以請。權未之許，而謂將相曰：「往年孤以玄德方向西鄙，故先命陸遜選衆以待之。聞北部分，欲以助孤，孤內嫌其有挾，若不受其拜，是相折辱而趣其速發，便當與西俱至，二處受敵，於孤爲劇，故自抑按，就其封王。低屈之趣，諸君似未之盡，今故以此相解耳。」

〔三〕吳書曰：權遣立信都尉馮熙聘于蜀，弔備喪也。熙字子柔，潁川人，馮異之後也。權之爲車騎，熙歷東曹掾，使還，爲中大夫。後使于魏，文帝問曰：「吳王若欲脩宿好，宜當厲兵江關，縣旆巴蜀，而聞復遣脩好，必有變故。」熙曰：「臣聞西使直報問，且以觀釁，非有謀也。」又曰：「聞吳國比年災旱，人物彫損，以大夫之明，觀之何如？」熙對曰：「吳王體量聰明，善於任使，賦政施役，每事必咨，教養賓旅，親賢愛士，賞不擇怨仇，而罰必加有罪，臣下皆感恩懷德，惟忠與義。帶甲百萬，穀帛如山，稻田沃野，民無饑歲，所謂金城湯池，彊富之國也。以臣觀之，輕

重之分，未可量也。」帝不悅，以陳羣與熙同郡，使羣誘之，啗以重利。熙不爲迴。送至摩陂，欲困苦之。後又召還，未至，熙懼見迫不從，必危身辱命，乃引刀自刺。御者覺之，不得死。權聞之，垂涕曰：「此與蘇武何異？」竟死於魏。

〔四〕吳歷曰：蜀致馬二百匹，錦千端，及方物。自是之後，聘使往來以爲常。吳亦致方土所出，以答其厚意焉。

三年夏，遣輔義中郎將張溫聘于蜀。秋八月，赦死罪。九月，魏文帝出廣陵，望大江，曰「彼有人焉，未可圖也」，乃還。〔一〕

〔一〕干寶晉紀曰：魏文帝之在廣陵，吳人大駭，乃臨江爲疑城，自石頭至于江乘，車以木楨，衣以葦席，加采飾焉，一夕而成。魏人自江西望，甚憚之，遂退軍。權令趙達算之，曰：「曹丕走矣，雖然，吳衰庚子歲。」權曰：「幾何？」達屈指而計之，曰：「五十八年。」權曰：「今日之憂，不暇及遠，此子孫事也。」

吳錄曰：是歲蜀主又遣鄧芝來聘，重結盟好。權謂芝曰：「山民作亂，江邊守兵多徹，慮曹丕乘空弄態，而反求和。議者以爲內有不暇，幸來求和，於我有利，宜當與通，以自辨定。恐西州不能明孤赤心，用致嫌疑。孤土地邊外，間隙萬端，而長江巨海，皆當防守。丕觀釁而動，惟不見便，寧得忘此，復有他圖。」

四年夏五月，丞相孫邵卒。〔一〕六月，以太常顧雍爲丞相。〔二〕皖口言木連理。冬十二月，鄱陽賊彭綺自稱將軍，攻沒諸縣，衆數萬人。是歲地連震。〔三〕

〔一〕吳錄曰：邵字長緒，北海人，長八尺。爲孔融功曹，融稱曰「廊廟才也」。從劉繇於江東。及權統事，數陳便宜，以爲應納貢聘，權即從之。拜廬江太守，遷車騎長史。黃武初爲丞相，威遠將軍，封陽羨侯。張溫、暨豔奏其事，

邵辭位請罪，權釋令復職，年六十三卒。

志林曰：吳之創基，邵爲首相，史無其傳，竊常怪之。嘗問劉聲叔。聲叔，博物君子也，云：「推其名位，自應立傳。項竣、（吳孚）〔丁孚〕時已有注記，此云與張惠恕不能。後韋氏作史，蓋惠恕之黨，故不見書。」

〔二〕吳書曰：以尚書令陳化爲太常。化字元耀，汝南人，博覽衆書，氣幹剛毅，長七尺九寸，雅有威容。爲郎中令使魏，魏文帝因酒酣，嘲問曰：「吳、魏峙立，誰將平一海內者乎？」化對曰：「易稱帝出乎震，加聞先哲知命，舊說紫蓋黃旗，運在東南。」帝曰：「昔文王以西伯王天下，豈復在東乎？」化曰：「周之初基，太伯在東，是以文王能興於西。」帝笑，無以難，心奇其辭。使畢當還，禮送甚厚。權以化奉命光國，拜犍爲太守，置官屬。頃之，還太常，兼尚書令。正色立朝，敕子弟廢田業，絕治產，仰官廩祿，不與百姓爭利。妻早亡，化以古事爲鑒，乃不復娶。權聞而貴之，以其年壯，敕宗正妻以宗室女，化固辭以疾，權不違其志。年出七十，乃上疏乞骸骨，遂爰居章安，卒於家。長子熾，字公熙，少有志操，能計算。衞將軍全琮表稱熾任大將軍，赴召，道卒。

〔三〕吳錄曰：是冬魏文帝至廣陵，臨江觀兵，兵有十餘萬，旌旗彌數百里，有渡江之志。權嚴設固守。時大寒冰，舟不得入江。帝見波濤洶湧，歎曰：「嗟乎！固天所以隔南北也！」遂歸。孫韶又遣將高壽等率敢死之士五百人於徑路夜要之，帝大驚，壽等獲副車羽蓋以還。

五年春，令曰：「軍興日久，民離農畔，父子夫婦，不聽相卹，孤甚愍之。今北虜縮竄，方外無事，其下州郡，有以寬息。」是時陸遜以所在少穀，表令諸將增廣農畝。權報曰：「甚善。今孤父子親自受田，車中八牛以爲四耦，雖未及古人，亦欲與衆均等其勞也。」秋七月，權聞魏文帝崩，征江夏，圍石陽，不克而還。蒼梧言鳳皇見。分三郡惡地十縣置東安郡，〔一〕以全琮爲太守，平討山越。冬十月，陸遜陳便宜，勸以施德緩刑，寬賦息調。又云：「忠讜之言，不能極陳，求容小臣，數以利聞。」權報曰：「夫法令之設，欲以遏惡防邪，儆戒未然也，焉得不有刑罰以威小人乎？此爲先令後誅，不欲使有犯者耳。君以爲太重者，孤亦何利其然，但不得已而爲之耳。今承來意，當重諮謀，務從其可。且近臣有盡規之諫，親戚有補察之箴，所以匡君正主明忠信也。書載『予違汝弼，汝無面從』，孤豈不樂忠言以自裨補邪？而云『不敢極陳』，何得爲忠讜哉？若小臣之中，有可納用者，寧得以人廢言而不採擇乎？但諂媚取容，雖闇亦所明識也。至於發調者，徒以天下未定，事以衆濟。若徒守江東，脩崇寬政，兵自足用，復用多爲？顧坐自守可陋耳。若不豫調，恐臨時未可便用也。又孤與君分義特異，榮戚實同，來表云不敢隨衆容身苟免，此實甘心所望於君也。」於是令有司盡寫科條，使郎中褚逢齎以就遜及諸葛瑾，意所不安，令損益之。是歲，分交州置廣州，俄復舊。〔二〕

〔一〕吳錄曰：郡治富春也。

〔二〕江表傳曰：權於武昌新裝大船，名爲長安，試泛之釣臺圻。時風大盛，谷利令柂工取樊口。權曰：「當張頭取羅州。」利拔刀向柂工曰：「不取樊口者斬。」工即轉柂入樊口，風遂猛不可行，乃還。權曰：「阿利畏水何怯也？」

利跪曰：「大王萬乘之主，輕於不測之淵，戲於猛浪之中，船樓裝高，邂逅顚危，奈社稷何？是以利輒敢以死爭。」權於是貴重之，自此後不復名之，常呼曰谷。

六年春正月，諸將獲彭綺。閏月，韓當子綜以其衆降魏。

七年春三月，封子慮爲建昌侯。罷東安郡。夏五月，鄱陽太守周魴僞叛，誘魏將曹休。秋八月，權至皖口，使將軍陸遜督諸將大破休於石亭。大司馬呂範卒。是歲，改合浦爲珠官郡。〔一〕

〔一〕江表傳曰：是歲將軍翟丹叛如魏。權恐諸將畏罪而亡，乃下令曰：「自今諸將有重罪三，然後議。」

黃龍元年春，公卿百司皆勸權正尊號。夏四月，夏口、武昌並言黃龍、鳳凰見。丙申，南郊即皇帝位，〔一〕是日大赦，改年。追尊父破虜將軍堅爲武烈皇帝，母吳氏爲武烈皇后，兄討逆將軍策爲長沙桓王。吳王太子登爲皇太子。將吏皆進爵加賞。初，興平中，吳中童謠曰：「黃金車，班蘭耳，闓昌門，出天子。」〔二〕五月，使校尉張剛、管篤之遼東。六月，蜀遣衞尉陳震慶權踐位。權乃參分天下，豫、青、徐、幽屬吳，兗、冀、幷、涼屬蜀。其司州之土，以函谷關爲界，造爲盟曰：「天降喪亂，皇綱失敍，逆臣乘釁，劫奪國柄，始於董卓，終於曹操，窮凶極惡，以覆四海，至令九州幅裂，普天無統，民神痛怨，靡所戾止。及操子丕，桀逆遺醜，荐作姦回，偷取天位。而叡么麼，尋丕凶蹟，阻兵盜土，未伏厥誅。昔共工亂象而高辛

行師，三苗干度而虞舜征焉。今日滅叡，禽其徒黨，非漢與吳，將復誰任？夫討惡翦暴，必聲其罪，宜先分裂，奪其土地，使士民之心，各知所歸。是以春秋晉侯伐衞，先分其田以畀宋人，斯其義也。且古建大事，必先盟誓，故周禮有司盟之官，尚書有告誓之文，漢之與吳，雖信由中，然分土裂境，宜有盟約。諸葛丞相德威遠著，翼戴本國，典戎在外，信感陰陽，誠動天地，重復結盟，廣誠約誓，使東西士民咸共聞知。故立壇殺牲，昭告神明 再歃加書，副之天府。天高聽下，靈威棐諶，司慎司盟，羣神羣祀，莫不臨之。自今日漢、吳既盟之後，戮力一心，同討魏賊，救危恤患，分災共慶，好惡齊之，無或攜貳。若有害漢，則吳伐之；若有害吳，則漢伐之。各守分土，無相侵犯。傳之後葉，克終若始。凡百之約，皆如載書。信言不豔，實居于好。有渝此盟，創禍先亂，違貳不協，慆慢天命，明神上帝是討是督，山川百神是糾是殛，俾墜其師，無克祚國。于爾大神，其明鑒之！」秋九月，權還都建業，因故府不改館，徵上大將軍陸遜輔太子登，掌武昌留事。

〔一〕吳錄載權告天文曰：「皇帝臣權敢用玄牡昭告于皇皇后帝：漢享國二十有四世，歷年四百三十有四，行氣數終，祿祚運盡，普天弛絕，率土分崩。孽臣曹丕遂奪神器，丕子叡繼世作慝，淫名亂制。權生於東南，遭值期運，承乾秉戎，志在平世，奉辭行罰，舉足爲民。羣臣將相，州郡百城，執事之人，咸以爲天意已去於漢，漢氏已絕祀於天，皇帝位虛，郊祀無主。休徵嘉瑞，前後雜沓，曆數在躬，不得不受。權畏天命，不敢不從，謹擇元日，登壇燎祭，即

皇帝位。惟爾有神饗之，左右有吳，永終天祿。」

〔二〕昌門，吳西郭門，夫差所作。

二年春正月，魏作合肥新城。詔立都講祭酒，以教學諸子。遣將軍衞溫、諸葛直將甲士萬人浮海求夷洲及亶洲。亶洲在海中，長老傳言秦始皇帝遣方士徐福將童男童女數千人入海，求蓬萊神山及仙藥，止此洲不還。世相承有數萬家，其上人民，時有至會稽貨布，會稽東縣人海行，亦有遭風流移至亶洲者。所在絕遠，卒不可得至，但得夷洲數千人還。

三年春二月，遣太常潘濬率衆五萬討武陵蠻夷。衞溫、諸葛直皆以違詔無功，下獄誅。夏，有野蠶成繭，大如卵。由拳野稻自生，改爲禾興縣。中郎將孫布詐降以誘魏將王淩，淩以軍迎布。冬十月，權以大兵潛伏於阜陵俟之，淩覺而走。會稽南始平言嘉禾生。十二月丁卯，大赦，改明年元也。

嘉禾元年春正月，建昌侯慮卒。三月，遣將軍周賀、校尉裴潛乘海之遼東。秋九月，魏將田豫要擊，斬賀于成山。冬十月，魏遼東太守公孫淵遣校尉宿舒、閬中令孫綜稱藩於權，并獻貂馬。權大悅，加淵爵位。〔一〕

〔一〕江表傳曰：是冬，羣臣以權未郊祀，奏議曰：「頃者嘉瑞屢臻，遠國慕義，天意人事，前後備集，宜脩郊祀，以承天意。」權曰：「郊祀當於土中，今非其所，於何施此？」重奏曰：「普天之下，莫非王土；王者以天下爲家。昔周文、武郊於酆、鎬，非必土中。」權曰：「武王伐紂，即阼於鎬京，而郊其所也。文王未爲天子，立郊於酆，見何經典？」復書曰：「伏見漢書郊祀志，匡衡奏徙甘泉河東，郊於長安，言文王郊於酆。」權曰：「文王性謙讓，處諸侯之位，明未郊也。經傳無明文，匡衡俗儒意說，非典籍正義，不可用也。」志林曰：吳王糾駮郊祀之奏，追貶匡衡，謂之俗儒。凡在見者，莫不慨然以爲統盡物理，達於事宜。至於稽之典籍，乃更不通。毛氏之說云：「堯見天因邰而生后稷，故國之於邰，命使事天。」故詩曰：「后稷肇祀，庶無罪悔，以迄于今。」言自后稷以來皆得祭天，猶魯人郊祀也。是以棫樸之作，有積燎之薪。文王郊酆，經有明文，匡衡豈俗，而枉之哉？文王雖未爲天子，然三分天下而有其二，伐崇戡黎，祖伊奔告。天既棄殷，乃眷西顧，太伯三讓，以有天下。文王爲王，於義何疑？然則匡衡之奏，有所未盡。按世宗立甘泉、汾陰之祠，皆出方士之言，非據經典者也。方士以甘泉、汾陰黃帝祭天地之處，故孝武因之，遂立二時。漢治長安，而甘泉在北，謂就乾位，而衡云「武帝居甘泉，祭于南宮」，此既誤矣。祭汾陰在水之脽，呼爲澤中，而衡云「東之少陽」，失其本意。此自吳事，於傳無非，恨無辨正之辭，故矯之云。脽，音誰，見漢書音義。

二年春正月，詔曰：「朕以不德，肇受元命，夙夜兢兢，不遑假寢。思平世難，救濟黎庶，上答神祇，下慰民望。是以眷眷，勤求俊傑，將與戮力，共定海內。苟在同心，與之偕老。今使持節督幽州領青州牧遼東太守燕王，久脅賊虜，隔在一方，雖乃心於國，其路靡緣。今因天命，遠遣二使，款誠顯露，章表殷勤，朕之得此，何喜如之！雖湯遇伊尹，周獲呂望，世祖未定而得河右，方之今日，豈復是過？普天一統，於是定矣。書不云乎，『一人有慶，兆民賴

之』。其大赦天下，與之更始，其明下州郡，咸使聞知。特下燕國，奉宣詔恩，令普天率土備聞斯慶。」三月，遣舒、綜還，使太常張彌、執金吾許晏、將軍賀達等將兵萬人，金寶珍貨，九錫備物，乘海授淵。〔一〕舉朝大臣，自丞相雍已下皆諫，以爲淵未可信，而寵待太厚，但可遣吏兵數百護送舒、綜，權終不聽。〔二〕淵果斬彌等，送其首于魏，沒其兵資。權大怒，欲自征淵，〔三〕尚書僕射薛綜等切諫乃止。是歲，權向合肥新城，遣將軍全琮征六安，皆不克還。〔四〕

〔一〕江表傳載權詔曰：「故魏使持節車騎將軍遼東太守平樂侯：天地失序，皇極不建，元惡大憝，作害于民，海內分崩，羣生堙滅，雖周餘黎民，靡有孑遺，方之今日，亂有甚焉。朕受曆數，君臨萬國，夙夜戰戰，念在弭難，若涉淵水，罔知攸濟。是以把旄仗鉞，翦除凶虐，自東徂西，靡遑寧處，苟力所及，民無災害。雖賊虜遺種，未伏辜誅，猶繫囚枯木，待時而斃。惟將軍天姿特達，兼包文武，觀時覩變，審於去就，踰越險阻，顯致赤心，肇建大計，爲天下先，元勳巨績，侔於古人。雖昔竇融背棄隴右，卒占河西，以定光武，休名美實，豈復是過？欽嘉雅尚，朕實欣之。自古聖帝明王，建化垂統，以爵褒德，以祿報功；功大者祿厚，德盛者禮崇。故周公有夾輔之勞，太師有鷹揚之功，並啓土宇，兼受備物。今將軍規萬年之計，建不世之略，絕僭逆之虜，順天人之肅，濟成洪業，功無與比，齊魯之事，奚足言哉！詩不云乎，『無言不讎，無德不報』。今以幽、青二州十七郡〔百〕七十縣，封君爲燕王，使持節守太常張彌授君璽綬策書、金虎符第一至第五、竹使符第一至第十。錫君玄土，苴以白茅，爰契爾龜，用錫冢社。方有戎事，典統兵馬，以大將軍曲蓋麾幢，督幽州、青州牧遼東太守如故。今加君九錫，其敬聽後命。以君

三世相承，保綏一方，寧集四郡，訓及異俗，民夷安業，無或攜貳，是用錫君大輅、戎輅、玄牡二駟。君務在勸農，嗇人成功，倉庫盈積，官民俱豐，是用錫君袞冕之服，赤舄副焉。君正化以德，敬下以禮，敦義崇謙，內外咸和，是用錫君軒縣之樂。君宣導休風，懷保邊遠，遠人迴面，莫不影附，是用錫君朱戶以居。君運其才略，官方任賢，顯直錯枉，羣善必舉，是用錫君虎賁之士百人。君戎馬整齊，威震遐方，糾虔天刑，彰厥有罪，是用錫君鈇鉞各一。君文和於內，武信於外，禽討逆節，折衝掩難，是用錫君彤弓一、彤矢百、玈弓十、玈矢千。君忠勤有効，溫恭爲德，明允篤誠，感于朕心，是用錫君秬鬯一卣，珪瓚副焉。欽哉！敬茲訓典，寅亮天工，相我國家，永終爾休。」

〔二〕臣松之以爲權愎諫違衆，信淵意了，非有攻伐之規，重複之慮。宜達錫命，乃用萬人，是何不愛其民，昏虐之甚乎？此役也，非惟闇塞，實爲無道。

〔三〕江表傳載權怒曰：「朕年六十，世事難易，靡所不嘗，近爲鼠子所前卻，令人氣湧如山。不自截鼠子頭以擲于海，無顏復臨萬國。就令顛沛，不以爲恨。」

〔四〕吳書曰：初，張彌、許晏等俱到襄平，官屬從者四百許人。淵欲圖彌、晏，先分其人衆，置遼東諸縣，以中使秦旦、張羣、杜德、黃疆等及吏兵六十人，置玄菟郡。玄菟郡在遼東北，相去二百里，太守王贊領戶二百，兼重可三四百人。旦等皆舍於民家，仰其飲食。積四十許日，旦與疆等議曰：「吾人遠辱國命，自棄於此，與死亡何異？今觀此郡，形勢甚弱。若一旦同心，焚燒城郭，殺其長吏，爲國報恥，然後伏死，足以無恨。孰與偷生苟活長爲囚虜乎？」疆等然之。於是陰相約結，當用八月十九日夜發。其日中時，爲部中張松所告，贊便會士衆閉城門。旦、羣、德、疆等皆踰城得走。時羣病疽創著膝，不及輩旅，德常扶接與俱，崎嶇山谷。行六七百里，創益困，不復能前，臥草中，相守悲泣。羣曰：「吾不幸創甚，死亡無日，卿諸人宜速進道，冀有所達。空相守，俱死於窮谷之中，何益

也？」德曰：「萬里流離，死生共之，不忍相委。」於是推旦、疆使前，德獨留守羣，捕菜果食之。旦、疆別數日，得達句驪(王宮)，因宣詔於句驪王宮及其主簿，詔言有賜爲遼東所攻奪。宮等大喜，即受詔，命使人隨旦還迎羣、德。其年，宮遣皂衣二十五人送旦等還，奉表稱臣，貢貂皮千枚，鶡雞皮十具。旦等見權，悲喜不能自勝。權義之，皆拜校尉。閒一年，遣使者謝宏、中書陳恂拜宮爲單于，加賜衣物珍寶。恂等到安平口，先遣校尉陳奉前見宮，而宮受魏幽州刺史諷旨，令以吳使自效。奉聞之，倒還。宮遣主簿笮咨、帶固等出安平，與宏相見。宏即縛得三十餘人質之，宮於是謝罪，上馬數百匹。宏乃遣咨、固奉詔書賜物與宮。是時宏船小，載馬八十匹而還。

三年春正月，詔曰：「兵久不輟，民困於役，歲或不登。其寬諸逋，勿復督課。」夏五月，權遣陸遜、諸葛瑾等屯江夏、沔口，孫韶、張承等向廣陵、淮陽，權率大衆圍合肥新城。是時蜀相諸葛亮出武功，權謂魏明帝不能遠出，而帝遣兵助司馬宣王拒亮，自率水軍東征。未至壽春，權退還，孫韶亦罷。秋八月，以諸葛恪爲丹楊太守，討山越。九月朔，隕霜傷穀。冬十一月，太常潘濬平武陵蠻夷，事畢，還武昌。詔復曲阿爲雲陽，丹徒爲武進。廬陵賊李桓、羅厲等爲亂。

四年夏，遣呂岱討桓等。秋七月，有雹。魏使以馬求易珠璣、翡翠、瑇瑁，權曰：「此皆孤所不用，而可得馬，何苦而不聽其交易？」

五年春，鑄大錢，一當五百。詔使吏民輸銅，計銅畀直。設盜鑄之科。二月，武昌言甘露降於禮賓殿。輔吳將軍張昭卒。中郎將吾粲獲李桓，將軍唐咨獲羅厲等。自十月不雨，至於夏。冬十月，彗星見于東方。鄱陽賊彭旦等爲亂。

六年春正月，詔曰：「夫三年之喪，天下之達制，人情之極痛也；賢者割哀以從禮，不肖者勉而致之。世治道泰，上下無事，君子不奪人情，故三年不逮孝子之門。至於有事，則殺禮以從宜，要絰而處事。故聖人制法，有禮無時則不行。遭喪不奔非古也，蓋隨時之宜，以義斷恩也。前故設科，長吏在官，當須交代，而故犯之，雖隨糾坐，猶已廢曠。方事之殷，國家多難，凡在官司，宜各盡節，先公後私，而不恭承，甚非謂也。中外羣僚，其更平議，務令得中，詳爲節度。」顧譚議，以爲「奔喪立科，輕則不足以禁孝子之情，重則本非應死之罪，雖嚴刑益設，違奪必少。若偶有犯者，加其刑則恩所不忍，有減則法廢不行。愚以爲長吏在遠，苟不告語，勢不得知。比選代之間，若有傳者，必加大辟，則長吏無廢職之負，孝子無犯重之刑。」將軍胡綜議，以爲「喪紀之禮，雖有典制，苟無其時，所不得行。方今戎事軍國異容，而長吏遭喪，知有科禁，公敢干突，苟念聞憂不奔之恥，不計爲臣犯禁之罪，此由科防本輕所致。忠節在國，孝道立家，出身爲臣，焉得兼之？故爲忠臣不得爲孝子。宜定科文，示以大辟，若故違犯，有罪無赦。以殺止殺，行之一人，其後必絕。」丞相雍奏從大辟。其後吳令孟宗喪母奔赴，已而自拘於武昌以聽刑。陸遜陳其素行，因爲之請，權乃減宗一等，

後不得以爲比，因此遂絕。二月，陸遜討彭旦等，其年，皆破之。冬十月，遣衞將軍全琮襲六安，不克。諸葛恪平山越事畢，北屯廬江。

赤烏元年春，鑄當千大錢。夏，呂岱討廬陵賊，畢，還陸口。秋八月，武昌言麒麟見。有司奏言麒麟者太平之應，宜改年號。詔曰：「閒者赤烏集於殿前，朕所親見，若神靈以爲嘉祥者，改年宜以赤烏爲元。」羣臣奏曰：「昔武王伐紂，有赤烏之祥，君臣觀之，遂有天下，聖人書策載述最詳者，以爲近事既嘉，親見又明也。」於是改年。步夫人卒，追贈皇后。

初，權信任校事呂壹，壹性苛慘，用法深刻。太子登數諫，權不納，大臣由是莫敢言。後壹姦罪發露伏誅，權引咎責躬，乃使中書郎袁禮告謝諸大將，因問時事所當損益。禮還，復有詔責數諸葛瑾、步騭、朱然、呂岱等曰：「袁禮還，云與子瑜、子山、義封、定公相見，並以時事當有所先後，各自以不掌民事，不肯便有所陳，悉推之伯言、承明。伯言、承明見禮，泣涕懇惻，辭旨辛苦，至乃懷執危怖，有不自安之心。聞此悵然，深自刻怪。何者？夫惟聖人能無過行，明者能自見耳。人之舉措，何能悉中，獨當己有以傷拒衆意，忽不自覺，故諸君有嫌難耳；不爾，何緣乃至於此乎？自孤興軍五十年，所役賦凡百皆出於民。天下未定，孽類猶存，士民勤苦，誠所貫知。然勞百姓，事不得已耳。與諸君從事，自少至長，髮有二色，以謂表裏足以明露，公私分計，足用相保。盡言直諫，所望諸君；拾遺補闕，孤亦望之。昔衞武

公年過志壯，勤求輔弼，每獨歎責。〔一〕且布衣韋帶，相與交結，分成好合，尚汚垢不異。今日諸君與孤從事，雖君臣義存，猶謂骨肉不復是過。榮福喜戚，相與共之。忠不匿情，智無遺計，事統是非，諸君豈得從容而已哉！同船濟水，將誰與易？齊桓諸侯之霸者耳，有善管子未嘗不歎，有過未嘗不諫，諫而不得，終諫不止。今孤自省無桓公之德，而諸君諫諍未出於口，仍執嫌難。以此言之，孤於齊桓良優，未知諸君於管子何如耳？久不相見，因事當笑。共定大業，整齊天下，當復有誰？凡百事要所當損益，樂聞異計，匡所不逮。」

〔一〕江表傳曰：權又云：「天下無粹白之狐，而有粹白之裘，衆之所積也。夫能以駮致純，不惟積乎？故能用衆力，則無敵於天下矣；能用衆智，則無畏於聖人矣。」

二年春〔一〕三月，遣使者羊衜、鄭胄、將軍孫怡之遼東，擊魏守將張持、高慮等，虜得男女。〔二〕零陵言甘露降。夏五月，城沙羨。冬十月，將軍蔣秘南討夷賊。秘所領都督廖式殺臨賀太守嚴綱等，自稱平南將軍，與弟潛共攻零陵、桂陽，及搖動交州、蒼梧、鬱林諸郡，衆數萬人。遣將軍呂岱、唐咨討之，歲餘皆破。

〔一〕江表傳載權正月詔曰：「郎吏者，宿衞之臣，古之命士也。閒者所用頗非其人。自今選三署皆依四科，不得以虛辭相飾。」

〔二〕文士傳曰：胄字敬先，沛國人。父札，才學博達，權爲驃騎將軍，以札爲從事中郎，與張昭、孫邵共定朝儀。胄其

少子，有文武姿局，少知名，舉賢良，稍遷建安太守。呂壹賓客於郡犯法，胄收付獄，考竟。壹懷恨，後密譖胄。權大怒，召胄還，潘濬、陳表並爲請，得釋。後拜宣信校尉，往救公孫淵，已爲魏所破，還遷執金吾。子豐，字曼季，有文學操行，與陸雲善，與雲詩相往反。司空張華辟，未就，卒。

臣松之聞孫怡者，東州人，非權之宗也。

三年春正月，詔曰：「蓋君非民不立，民非穀不生。頃者以來，民多征役，歲又水旱，年穀有損，而吏或不良，侵奪民時，以致饑困。自今以來，督軍郡守，其謹察非法，當農桑時，以役事擾民者，舉正以聞。」夏四月，大赦，詔諸郡縣治城郭，起譙樓，穿塹發渠，以備盜賊。冬十一月，民饑，詔開倉廩以賑貧窮。

四年春正月，大雪，平地深三尺，鳥獸死者大半。夏四月，遣衞將軍全琮略淮南，決芍陂，燒安城邸閣，收其人民。威北將軍諸葛恪攻六安。琮與魏將王淩戰于芍陂，中郎將秦晃等十餘人戰死。車騎將軍朱然圍樊，大將軍諸葛瑾取柤中。〔一〕五月，太子登卒。是月，魏太傅司馬宣王救樊。六月，軍還。閏月，大將軍瑾卒。秋八月，陸遜城邾。

〔一〕漢晉春秋曰：零陵太守殷禮言於權曰：「今天棄曹氏，喪誅累見，虎爭之際而幼童涖事。陛下身自御戎，取亂侮亡，宜滌荆、揚之地，舉彊羸之數，使彊者執戟，羸者轉運，西命益州軍于隴右，授諸葛瑾、朱然大衆，指事襄陽，陸遜、朱桓別征壽春，大駕入淮陽，歷青、徐。襄陽、壽春困於受敵，長安以西務對蜀軍，許、洛之衆勢必分離；掎角瓦解，民必內應，將帥對向，或失便宜；一軍敗績，則三軍離心，便當秣馬脂車，陵蹈城邑，乘勝逐北，以定華夏。若不悉軍動衆，循前輕舉，則不足大用，易於屢退。民疲威消，時往力竭，非出兵之策也。」權弗能用之。

五年春正月，立子和爲太子，大赦，改禾興爲嘉興。百官奏立皇后及四王，詔曰：「今天下未定，民物勞瘁，且有功者或未錄，饑寒者尚未恤，猥割土壤以豐子弟，崇爵位以寵妃妾，孤甚不取。其釋此議。」三月，海鹽縣言黃龍見。夏四月，禁進獻御，減太官膳。秋七月，遣將軍聶友、校尉陸凱以兵三萬討珠崖、儋耳。是歲大疫，有司又奏立后及諸王。八月，立子霸爲魯王。

六年春正月，新都言白虎見。諸葛恪征六安，破魏將謝順營，收其民人。冬十一月，丞相顧雍卒。十二月，扶南王范旃遣使獻樂人及方物。是歲，司馬宣王率軍入舒，諸葛恪自皖遷于柴桑。

七年春正月，以上大將軍陸遜爲丞相。秋，宛陵言嘉禾生。是歲，步騭、朱然等各上疏云：「自蜀還者，咸言欲背盟與魏交通，多作舟船，繕治城郭。又蔣琬守漢中，聞司馬懿南向，不出兵乘虛以掎角之，反委漢中，還近成都。事已彰灼，無所復疑，宜爲之備。」權揆其不然，曰：「吾待蜀不薄，聘享盟誓，無所負之，何以致此？又司馬懿前來入舒，旬日便退，蜀在萬里，何知緩急而便出兵乎？昔魏欲入漢川，此閒始嚴，亦未舉動，會聞魏還而止，蜀寧可復以此有疑邪？又人家治國，舟船城郭，何得不護？今此閒治軍，寧復欲以禦蜀邪？人

言苦不可信，朕爲諸君破家保之。」蜀竟自無謀，如權所籌。〔一〕

〔一〕江表傳載權詔曰：「督將亡叛而殺其妻子，是使妻去夫，子棄父，甚傷義教，自今勿殺也。」

八年春二月，丞相陸遜卒。夏，雷霆犯宮門柱，又擊南津大橋楹。茶陵縣鴻水溢出，流漂居民二百餘家。秋七月，將軍馬茂等圖逆，夷三族。〔一〕八月，大赦。遣校尉陳勳將屯田及作士三萬人鑿句容中道，自小其至雲陽西城，通會市，作邸閣。

〔一〕吳歷曰：茂本淮南鍾離長，而爲王淩所失，叛歸吳，吳以爲征西將軍、九江太守、外部督，封侯，領千兵。權數出苑中，與公卿諸將射。茂與兼符節令朱貞、無難督虞欽、牙門將朱志等合計，伺權在苑中，公卿諸將在門未入，令貞持節稱詔，悉收縛之；茂引兵入苑擊權，分據宮中及石頭塢，遣人報魏。事覺，皆族之。

九年春二月，車騎將軍朱然征魏柤中，斬獲千餘。夏四月，武昌言甘露降。秋九月，以驃騎（將軍）步騭爲丞相，車騎（將軍）朱然爲左大司馬，衞將軍全琮爲右大司馬，鎮南（將軍）呂岱爲上大將軍，威北將軍諸葛恪爲大將軍。〔一〕

〔一〕江表傳曰：是歲，權詔曰：「謝宏往日陳鑄大錢，云以廣貨，故聽之。今聞民意不以爲便，其省息之，鑄爲器物，官勿復出也。私家有者，敕以輸藏，計畀其直，勿有所枉也。」

十年春正月，右大司馬全琮卒。〔一〕二月，權適南宮。三月，改作太初宮，諸將及州郡皆義作。〔二〕夏五月，丞相步騭卒。冬十月，赦死罪。

〔一〕江表傳曰：是歲權遣諸葛壹僞叛以誘諸葛誕，誕以步騎一萬迎壹於高山。權出涂中，遂至高山，潛軍以待之。誕覺而退。

〔二〕江表傳載權詔曰：「建業宮乃朕從京來所作將軍府寺耳，材柱率細，皆以腐朽，常恐損壞。今未復西，可徙武昌宮材瓦，更繕治之。」有司奏言曰：「武昌宮已二十八歲，恐不堪用，宜下所在通更伐致。」權曰：「大禹以卑宮爲美，今軍事未已，所在多賦，若更通伐，妨損農桑。徙武昌材瓦，自可用也。」

十一年春正月，朱然城江陵。二月，地仍震。〔一〕三月，宮成。夏四月，雨雹，雲陽言黃龍見。五月，鄱陽言白虎仁。〔二〕詔曰：「古者聖王積行累善，脩身行道，以有天下，故符瑞應之，所以表德也。朕以不明，何以臻茲？書云『雖休勿休』，公卿百司，其勉脩所職，以匡不逮。」

〔一〕江表傳載權詔曰：「朕以寡德，過奉先祀，涖事不聰，獲譴靈祇，夙夜祇戒，若不終日。羣僚其各厲精，思朕過失，勿有所諱。」

〔二〕瑞應圖曰：白虎仁者，王者不暴虐，則仁虎不害也。

十二年春三月，左大司馬朱然卒。四月，有兩烏銜鵲墮東館。丙寅，驃騎將軍朱據領丞相，燎鵲以祭。〔一〕

〔一〕吳錄曰：六月戊戌，寶鼎出臨平湖。八月癸丑，白鳩見於章安。

十三年夏五月，日至，熒惑入南斗，秋七月，犯魁第二星而東。八月，丹楊、句容及故

鄣、寧國諸山崩，鴻水溢。詔原逋責，給貸種食。廢太子和，處故鄣。魯王霸賜死。冬十月，魏將文欽僞叛以誘朱異，權遣呂據就異以迎欽。異等持重，欽不敢進。十一月，立子亮爲太子。遣軍十萬，作堂邑涂塘以淹北道。十二月，魏大將軍王昶圍南郡，荆州刺史王基攻西陵，遣將軍戴烈、陸凱往拒之，皆引還。〔一〕是歲，神人授書，告以改年、立后。

〔一〕庾闡揚都賦注曰：烽火以炬置孤山頭，皆緣江相望，或百里，或五十、三十里，寇至則舉以相告，一夕可行萬里。孫權時合暮舉火於西陵，鼓三竟，達吳郡南沙。

太元元年夏五月，立皇后潘氏，大赦，改年。初臨海羅陽縣有神，自稱王表。〔一〕周旋民閒，語言飲食，與人無異，然不見其形。又有一婢，名紡績。是月，遣中書郎李崇齎輔國將軍羅陽王印綬迎表。表隨崇俱出，與崇及所在郡守令長談論，崇等無以易。所歷山川，輒遣婢與其神相聞。秋七月，崇與表至，權於蒼龍門外爲立第舍，數使近臣齎酒食往。表說水旱小事，往往有驗。〔二〕秋八月朔，大風，江海涌溢，平地深八尺，吳高陵松柏斯拔，郡城南門飛落。冬十一月，大赦。權祭南郊還，寢疾。〔三〕十二月，驛徵大將軍恪，拜爲太子太傅。詔省徭役，減征賦，除民所患苦。

〔一〕吳錄曰：羅陽今安固縣。

〔二〕孫盛曰：盛聞國將興，聽於民；國將亡，聽於神。權年老志衰，讒臣在側，廢適立庶，以妾爲妻，可謂多涼德矣。而僞設符命，求福妖邪，將亡之兆，不亦顯乎！

〔三〕吳錄曰：權得風疾。

二年春正月，立故太子和爲南陽王，居長沙；子奮爲齊王，居武昌；子休爲瑯邪王，居虎林。二月，大赦，改元爲神鳳。皇后潘氏薨。諸將吏數詣王表請福，表亡去。夏四月，權薨，時年七十一，謚曰大皇帝。秋七月，葬蔣陵。〔一〕

〔一〕傅子曰：孫策爲人明果獨斷，勇蓋天下，以父堅戰死，少而合其兵將以報讎，轉鬬千里，盡有江南之地，誅其名豪，威行鄰國。及權繼其業，有張子布以爲腹心，有陸議、諸葛瑾、步騭以爲股肱，有呂範、朱然以爲爪牙，分任授職，乘閒伺隙，兵不妄動，故戰少敗而江南安。

評曰：孫權屈身忍辱，任才尚計，有句踐之奇英，人之傑矣。故能自擅江表，成鼎峙之業。然性多嫌忌，果於殺戮，暨臻末年，彌以滋甚。至于讒說殄行，胤嗣廢斃，〔一〕豈所謂貽厥孫謀以燕翼子者哉？其後葉陵遲，遂致覆國，未必不由此也。〔二〕

〔一〕馬融注尚書曰：殄，絕也，絕君子之行。

〔二〕臣松之以爲孫權橫廢無罪之子，雖爲兆亂，然國之傾覆，自由暴晧。若權不廢和，晧爲世適，終至滅亡，有何異哉？此則喪國由於昏虐，不在於廢黜也。設使亮保國祚，休不早死，則晧不得立。晧不得立，則吳不亡矣。

三國志卷四十八

吳書三

三嗣主傳第三

孫亮字子明，權少子也。權春秋高，而亮最少，故尤留意。姊全公主嘗譖太子和子母，心不自安，因倚權意，欲豫自結，數稱述全尚女，勸爲亮納。赤烏十三年，和廢，權遂立亮爲太子，以全氏爲妃。

太元元年夏，亮母潘氏立爲皇后。冬，權寢疾，徵大將軍諸葛恪爲太子太傅，會稽太守滕胤爲太常，並受詔輔太子。明年四月，權薨，太子卽尊號，大赦，改。是歲，於魏嘉平四年也。

〔建興元年〕閏月，以恪爲帝太傅，胤爲衞將軍領尚書事，上大將軍呂岱爲大司馬，諸文武在位皆進爵班賞，宂官加等。冬十月，太傅恪率軍遏巢湖，（巢音勦了反。）城東興，使將軍全端守西城，都尉留略守東城。十二月朔丙申，大風雷電，魏使將軍諸葛誕、胡遵等步騎七萬圍東興，將軍王昶攻南郡，毌丘儉向武昌。甲寅，恪以大兵赴敵。戊午，兵及東興，交戰，

大破魏軍，殺將軍韓綜、桓嘉等。是月，雷雨，天災武昌端門；改作端門，又災內殿。〔一〕

〔一〕臣松之案：孫權赤烏十年，詔徙武昌宮材瓦，以繕治建康宮，而此猶有端門內殿。吳錄云：諸葛恪有遷都意，更起武昌宮。今所災者恪所新作。

二年春正月丙寅，立皇后全氏，大赦。庚午，王昶等皆退。二月，軍還自東興，大行封賞。三月，恪率軍伐魏。夏四月，圍新城，大疫，兵卒死者大半。秋八月，恪引軍還。冬十月，大饗。武衞將軍孫峻伏兵殺恪於殿堂。大赦。以峻爲丞相，封富春侯。十一月，有大鳥五見于春申，（明年改）〔改明年〕元。

五鳳元年夏，大水。秋，吳侯英謀殺峻，覺，英自殺。冬十一月，星茀于斗、牛。〔一〕

〔一〕江表傳曰：是歲交阯稗草化爲稻。

二年春正月，魏鎮東大將軍毌丘儉、前將軍文欽以淮南之衆西入，戰于樂嘉。閏月壬辰，峻及驃騎將軍呂據、左將軍留贊率兵襲壽春，軍及東興，聞欽等敗。壬寅，兵進于橐皋，欽詣峻降，淮南餘衆數萬口來奔。魏諸葛誕入壽春，峻引軍還。二月，及魏將軍曹珍遇于高亭，交戰，珍敗績。留贊爲誕別將蔣班所敗于菰陂，贊及將軍孫楞、蔣脩等皆遇害。三月，使鎮南將軍朱異襲安豐，不克。秋七月，將軍孫儀、張怡、林恂等謀殺峻，發覺，儀自殺，恂等伏辜。陽羨離里山大石自立。使衞尉馮朝城廣陵，拜將軍吳穰爲廣陵太守，留略爲東海太守。是歲大旱。十二月，作太廟。以馮朝爲監軍使者，督徐州諸軍事，民饑，軍士怨畔。

太平元年春〔一〕二月朔，建業火。峻用征北大將軍文欽計，將征魏。八月，先遣欽及驃騎（將軍）呂據、車騎（將軍）劉纂、鎮南（將軍）朱異、前將軍唐咨軍自江都入淮、泗。九月丁亥，峻卒，以從弟偏將軍綝爲侍中、武衞將軍，領中外諸軍事，召還據等。〔據〕聞綝代峻，大怒。己丑，大司馬呂岱卒。壬辰，太白犯南斗。據、欽、咨等表薦衞將軍滕胤爲丞相，綝不聽。癸卯，更以胤爲大司馬，代呂岱駐武昌。據引兵還，欲討綝。綝遣使以詔書告喻欽、咨等，使取據。冬十月丁未，遣孫憲及丁奉、施寬等以舟兵逆據於江都，遣將軍劉丞督步騎攻胤。胤兵敗夷滅。己酉，大赦，改年。辛亥，獲呂據於新州。十一月，以綝爲大將軍、假節，封（永康侯）〔永寧侯〕。孫憲與將軍王惇謀殺綝，事覺，綝殺惇，迫憲令自殺。十二月，使五官中郎將刁玄告亂于蜀。

〔一〕吳歷曰：正月，爲權立廟，稱太祖廟。

二年春二月甲寅，大雨，震電。乙卯，雪，大寒。以長沙東部爲湘東郡，西部爲衡陽郡，會稽東部爲臨海郡，豫章東部爲臨川郡。夏四月，亮臨正殿，大赦，始親政事。綝所表奏，多見難問，又科兵子弟年十八已下十五已上，得三千餘人，選大將子弟年少有勇力者爲之將帥。亮曰：「吾立此軍，欲與之俱長。」日於苑中習焉。〔一〕

〔一〕吳歷曰：亮數出中書視孫權舊事，問左右侍臣：「先帝數有特制，今大將軍問事，但令我書可邪！」亮後出西苑，方食生梅，使黃門至中藏取蜜漬梅，蜜中有鼠矢，召問藏吏，藏吏叩頭。亮問吏曰：「黃門從汝求蜜邪？」吏曰：「向求，實不敢與。」黃門不服，侍中刁玄、張邠啓：「黃門、藏吏辭語不同，請付獄推盡。」亮曰：「此易知耳。」令破鼠矢，矢裏燥。亮大笑謂玄、邠曰：「若矢先在蜜中，中外當俱濕，今外濕裏燥，必是黃門所爲。」黃門首服，左右莫不驚悚。

江表傳曰：亮使黃門以銀椀幷蓋就中藏吏取交州所獻甘蔗餳。黃門先恨藏吏，以鼠矢投餳中，啓言藏吏不謹。亮呼吏持餳器入，問曰：「此器既蓋之，且有掩覆，無緣有此，黃門將有恨於汝邪？」吏叩頭曰：「嘗從某求宮中莞席，宮席有數，不敢與。」亮曰：「必是此也。」覆問黃門，具首伏。卽於目前加髠鞭，斥付外署。

臣松之以爲鼠矢新者，亦表裏皆濕。黃門取新矢則無以得其姦也，緣遇燥矢，故成亮之慧。然猶謂吳歷此言，不如江表傳爲實也。

五月，魏征東大將軍諸葛誕以淮南之衆保壽春城，遣將軍朱成稱臣上疏，又遣子靚、長史吳綱諸牙門子弟爲質。六月，使文欽、唐咨、全端等步騎三萬救誕。朱異自虎林率衆襲夏口，夏口督孫壹奔魏。秋七月，綝率衆救壽春，次于鑊里，朱異至自夏口，綝使異爲前部督，與丁奉等將介士五萬解圍。八月，會稽南部反，殺都尉。鄱陽、新都民爲亂，廷尉丁密、步兵校尉鄭冑、將軍鍾離牧率軍討之。朱異以軍士乏食引還，綝大怒，九月朔己巳，殺異於鑊里。辛未，綝自鑊里還建業。甲申，大赦。十一月，全緒子禕、儀以其母奔魏。十二月，

全端、懌等自壽春城詣司馬文王。

三年春正月，諸葛誕殺文欽。三月，司馬文王克壽春，誕及左右戰死，將吏已下皆降。秋七月，封故齊王奮爲章安侯。詔州郡伐宮材。自八月沈陰不雨四十餘日。亮以綝專恣，與太常全尚，將軍劉丞謀誅綝。九月戊午，綝以兵取尚，遣弟恩攻殺丞於蒼龍門外，召大臣會宮門，黜亮爲會稽王，時年十六。

孫休字子烈，權第六子。年十三，從中書郎射慈、郎中盛沖受學。太元二年正月，封琅邪王，居虎林。四月，權薨，休弟亮承統，諸葛恪秉政，不欲諸王在濱江兵馬之地，徙休於丹楊郡。太守李衡數以事侵休，休上書乞徙他郡，詔徙會稽。居數歲，夢乘龍上天，顧不見尾，覺而異之。孫亮廢，己未，孫綝使宗正孫楷與中書郎董朝迎休。休初聞問，意疑，楷、朝具述綝等所以奉迎本意，留一日二夜，遂發。十月戊寅，行至曲阿，有老公干休叩頭曰：「事久變生，天下喁喁，願陛下速行。」休善之，是日進及布塞亭。武衞將軍恩行丞相事，率百僚以乘輿法駕迎於永昌亭，築宮，以武帳爲便殿，設御座。己卯，休至，望便殿止住，使孫楷先見恩。楷還，休乘輦進，羣臣再拜稱臣。休升便殿，謙不即御坐，止東廂。戶曹尚書前即階下讚奏，丞相奉璽符。休三讓，羣臣三請。休曰：「將相諸侯咸推寡人，寡人敢不承受璽符。」

羣臣以次奉引，休就乘輿，百官陪位，綝以兵千人迎於半野，拜于道側，休下車答拜。即日，御正殿，大赦，改元。是歲，於魏甘露三年也。

永安元年冬十月壬午，詔曰：「夫褒德賞功，古今通義。其以大將軍綝爲丞相、荆州牧，增食五縣。武衞將軍恩爲御史大夫、衞將軍、中軍督，封縣侯。威遠將軍(授)〔據〕爲右將軍、縣侯。偏將軍幹雜號將軍、亭侯。長水校尉張布輔導勤勞，以布爲輔義將軍，封永康侯。董朝親迎，封爲鄉侯。」又詔曰：「丹楊太守李衡，以往事之嫌，自拘有司。夫射鉤斬袪，在君爲君，遣衡還郡，勿令自疑。」〔一〕己丑，封孫晧爲烏程侯，晧弟德錢唐侯，謙永安侯。〔二〕

〔一〕襄陽記曰：衡字叔平，本襄陽卒家子也，漢末入吳爲武昌庶民。聞羊衜有人物之鑒，往干之，衜曰：「多事之世，尚書劇曹郎才也。」是時校事呂壹操弄權柄，大臣畏偪，莫有敢言，衜曰：「非李衡無能困之者。」遂共薦爲郎。權引見，衡口陳壹姦短數千言，權有愧色。數月，壹被誅，而衡大見顯擢。後常爲諸葛恪司馬，幹恪府事。恪被誅，求爲丹楊太守。時孫休在郡治，衡數以法繩之。妻習氏每諫衡，衡不從。會休立，衡憂懼，謂妻曰：「不用卿言，以至于此。」遂欲奔魏。妻曰：「不可。君本庶民耳，先帝相拔過重，既數作無禮，而復逆自猜嫌，逃叛求活，以此北歸，何面見中國人乎？」衡曰：「計何所出？」妻曰：「琅邪王素好善慕名，方欲自顯於天下，終不以私嫌殺君明矣。可自囚詣獄，表列前失，顯求受罪。如此，乃當逆見優饒，非但直活而已。」衡從之，果得無患，又加威遠將軍，授以棨戟。衡每欲治家，妻輒不聽，後密遣客十人於武陵龍陽氾洲上作宅，種甘橘千株。臨死，敕兒曰：「汝母惡我治家，故窮如是。然吾州里有千頭木奴，不責汝衣食，歲上一匹絹，亦可足用耳。」衡亡後二十餘日，兒以白母，母曰：「此當是種甘橘也，汝家失十戶客來七八年，必汝父遣爲宅。汝父恆稱太史公言，『江陵千樹橘，當封君家』。吾答曰：『且人患無德義，不患不富，若貴而能貧，方好耳，用此何爲！』」吳末，衡甘橘成，歲得絹數千匹，家道殷足。晉咸康中，其宅址枯樹猶在。

〔二〕江表傳曰：羣臣奏立皇后、太子，詔曰：「朕以寡德，奉承洪業，蒞事日淺，恩澤未敷，加后妃之號，嗣子之位，非所急也。」有司又固請，休謙虛不許。

十一月甲午，風四轉五復，蒙霧連日。綝一門五侯皆典禁兵，權傾人主，有所陳述，敬而不違，於是益恣。休恐其有變，數加賞賜。丙申，詔曰：「大將軍忠款內發，首建大計以安社稷，卿士內外，咸贊其議，並有勳勞。昔霍光定計，百僚同心，無復是過。亟案前日與議定策告廟人名，依故事應加爵位者，促施行之。」戊戌，詔曰：「大將軍掌中外諸軍事，事統煩多，其加衞將軍御史大夫恩侍中，與大將軍分省諸事。」壬子，詔曰：「諸吏家有五人三人兼重爲役，父兄在都，子弟給郡縣吏，既出限米，軍出又從，至於家事無經護者，朕甚愍之。其有五人三人爲役，聽其父兄所欲留，爲留一人，除其米限，軍出不從。」又曰：「諸將吏奉迎陪位在永昌亭者，皆加位一級。」頃之，休聞綝逆謀，陰與張布圖計。十二月戊辰臘，百僚朝賀，公卿升殿，詔武士縛綝，即日伏誅。己巳，詔以左將軍張布討姦臣，加布爲中軍督，封布弟惇爲都亭侯，給兵三百人，惇弟恂爲校尉。

詔曰：「古者建國，教學爲先，所以道世治性，爲時養器也。自建興以來，時事多故，吏民頗以目前趨務，去本就末，不循古道。夫所尚不惇，則傷化敗俗。其案古置學官，立五經博士，核取應選，加其寵祿；科見吏之中及將吏子弟有志好者，各令就業。一歲課試，差其品第，加以位賞。使見之者樂其榮，聞之者羨其譽。以敦王化，以隆風俗。」

二年春正月，震電。三月，備九卿官，詔曰：「朕以不德，託于王公之上，夙夜戰戰，忘寢與食。今欲偃武修文，以崇大化。推此之道，當由士民之贍，必須農桑。管子有言：『倉廩實，知禮節；衣食足，知榮辱。』夫一夫不耕，有受其饑，一婦不織，有受其寒；饑寒並至而民不爲非者，未之有也。自頃年已來，州郡吏民及諸營兵，多違此業，皆浮船長江，賈作上下，良田漸廢，見穀日少，欲求大定，豈可得哉？亦由租入過重，農人利薄，使之然乎！今欲廣開田業，輕其賦稅，差科彊羸，課其田畝，務令優均，官私得所，使家給戶贍，足相供養，則愛身重命，不犯科法，然後刑罰不用，風俗可整。以羣僚之忠賢，若盡心於時，雖太古盛化，未可卒致，漢文升平，庶幾可及。及之則臣主俱榮，不及則損削侵辱，何可從容俯仰而已？諸卿尚書，可共咨度，務取便佳。田桑已至，不可後時。事定施行，稱朕意焉。」

三年春三月，西陵言赤烏見。秋，用都尉嚴密議，作浦里塘。會稽郡謠言王亮當還爲天子，而亮宮人告亮使巫禱祠，有惡言。有司以聞，黜爲候官侯，遣之國。道自殺，衞送者

伏罪。〔一〕以會稽南部爲建安郡，分宜都置建平郡。〔二〕

〔一〕吳錄曰：或云休鴆殺之。至晉太康中，吳故少府丹楊戴顒迎亮喪，葬之賴鄉。

〔二〕吳歷曰：是歲得大鼎於建德縣。

四年夏五月，大雨，水泉涌溢。秋八月，遣光祿大夫周奕、石偉巡行風俗，察將吏清濁，民所疾苦，爲黜陟之詔。〔一〕九月，布山言白龍見。是歲，安吳民陳焦死，埋之，六日更生，穿土中出。

〔一〕楚國先賢傳曰：石偉字公操，南郡人。少好學，脩節不怠，介然獨立，有不可奪之志。舉茂才、賢良方正，皆不就。孫休即位，特徵偉，累遷至光祿勳。及晧即位，朝政昏亂，偉乃辭老耄痼疾乞身，就拜光祿大夫。吳平，建威將軍王戎親詣偉。太康二年，詔曰：「吳故光祿大夫石偉，秉志淸白，皓首不渝，雖處危亂，廉節可紀。年已過邁，不堪遠涉，其以偉爲議郎，加二千石秩，以終厥世。」偉遂陽狂及盲，不受晉爵。年八十三，太熙元年卒。

五年春二月，白虎門北樓災。秋七月，始新言黃龍見。八月壬午，大雨震電，水泉涌溢。乙酉，立皇后朱氏。戊子，立子𩅦爲太子，大赦。〔一〕冬十月，以衞將軍濮陽興爲丞相，廷尉丁密、光祿勳孟宗爲左右御史大夫。休以丞相興及左將軍張布有舊恩，委之以事，布典宮省，興關軍國。休銳意於典籍，欲畢覽百家之言，尤好射雉，春夏之閒常晨出夜還，唯此時舍書。休欲與博士祭酒韋曜、博士盛沖講論道藝，曜、沖素皆切直，布恐入侍，發其陰失，令

己不得專，因妄飾說以拒遏之。休答曰：「孤之涉學，羣書略徧，所見不少也；其明君闇主，姦臣賊子，古今賢愚成敗之事，無不覽也。今曜等入，但欲與論講書耳，不爲從曜等始更受學也。縱復如此，亦何所損？君特當以曜等恐道臣下姦變之事，以此不欲令入耳。如此之事，孤已自備之，不須曜等然後乃解也。此都無所損，君意特有所忌故耳。」布得詔陳謝，重自序述，又言懼妨政事。休答曰：「書籍之事，患人不好，好之無傷也。此無所爲非，而君以爲不宜，是以孤有所及耳。政務學業，其流各異，不相妨也。不圖君今日在事，更行此於孤也，良所不取。」布拜表叩頭，休答曰：「聊相開悟耳，何至叩頭乎！如君之忠誠，遠近所知。往者所以相感，今日之巍巍也。詩云：『靡不有初，鮮克有終。』終之實難，君其終之。」初休爲王時，布爲左右將督，素見信愛，及至踐阼，厚加寵待，專擅國勢，多行無禮，自嫌瑕短，懼曜、沖言之，故尤患忌。休雖解此旨，心不能悅，更恐其疑懼，竟如布意，廢其講業，不復使沖等入。是歲使察戰到交阯調孔爵、大豬。〔二〕

〔一〕吳錄載休詔曰：「人之有名，以相紀別，長爲作字，憚其名耳。禮，名子欲令難犯易避，五十稱伯仲，古或一字。今人競作好名好字，又令相配，所行不副，此瞽字伯明者也，孤嘗哂之。或師友父兄所作，或自己爲；師友尙可，父兄猶非，自爲最不謙。孤今爲四男作名字：太子名𩅦，𩅦音如湖水灣澳之灣，字𦳝，𦳝音如迄今之迄；次子名𩃎，𩃎音如兕觥之觥，字𠃝，𠃝音如玄礥首之礥；次子名壾，壾音如草莽之莽，字昷，昷音如舉物之舉；次子名𡤚，𡤚音如褎衣下寬大之褎，字㷉，㷉音如有所擁持之擁。此都不與世所用者同，故鈔舊文會合作之。夫書八體損益，因事而生，今造此名字，旣不相配，又字但一，庶易棄避，其普告天下，使咸聞知。」臣松之以爲傳稱「名以制義，義以出禮，禮以體政，政以正民。是以政成而民聽，易則生亂」。斯言之作，豈虛也哉！休欲令難犯，何患無名，而乃造無況之字，制不典之音，違明誥於前脩，垂嗤騃於後代，不亦異乎！是以墳土未乾而妻子夷滅。師服之言，於是乎徵矣。

〔二〕臣松之按：察戰，吳官名號，今揚都有察戰巷。

六年夏四月，泉陵言黃龍見。五月，交阯郡吏呂興等反，殺太守孫諝。諝先是科郡上手工千餘人送建業，而察戰至，恐復見取，故興等因此扇動兵民，招誘諸夷也。冬十月，蜀以魏見伐來告。癸未，建業石頭小城火，燒西南百八十丈。甲申，使大將軍丁奉督諸軍向魏壽春，將軍留平別詣施績於南郡，議兵所向，將軍丁封、孫異如沔中，皆救蜀。蜀主劉禪降魏問至，然後罷。呂興旣殺孫諝，使使如魏，請太守及兵。丞相興建取屯田萬人以爲兵。分武陵爲天門郡。〔一〕

〔一〕吳歷曰：是歲靑龍見於長沙，白燕見於慈胡，赤雀見於豫章。

七年春正月，大赦。二月，鎭軍〔將軍〕陸抗、撫軍〔將軍〕步協、征西將軍留平、建平太守盛曼，率衆圍蜀巴東守將羅憲。夏四月，魏將新附督王稚浮海入句章，略長吏（賞林）〔貲財〕及男女二百餘口。將軍孫越徼得一船，獲三十人。秋七月，海賊破海鹽，殺司鹽校尉駱秀。

使中書郎劉川發兵廬陵。豫章民張節等爲亂，衆萬餘人。魏使將軍胡烈步騎二萬侵西陵，以救羅憲，陸抗等引軍退。復分交州置廣州。壬午，大赦。癸未，休薨，〔一〕時年三十，謚曰景皇帝。〔二〕

〔一〕江表傳曰：休寢疾，口不能言，乃手書呼丞相濮陽興入，令子𩅦出拜之。休把興臂，而指𩅦以託之。

〔二〕葛洪抱朴子曰：吳景帝時，戍將於廣陵掘諸冢，取版以治城，所壞甚多。復發一大冢，內有重閣，戶扇皆樞轉可開閉，四周爲徼道通車，其高可以乘馬。又鑄銅爲人數十枚，長五尺，皆大冠朱衣，執劍列侍靈座，皆刻銅人背後石壁，言殿中將軍，或言侍郎、常侍，似公主之冢。破其棺，棺中有人，髮已班白，衣冠鮮明，面體如生人。棺中雲母厚尺許，以白玉璧三十枚藉尸。兵人輩共舉出死人，以倚冢壁。有一玉長一尺許，形似冬瓜，從死人懷中透出墮地。兩耳及鼻孔中，皆有黃金如棗許大，此則骸骨有假物而不朽之效也。

孫晧字元宗，權孫，和子也，一名彭祖，字晧宗。孫休立，封晧爲烏程侯，遣就國。西湖民景養相晧當大貴，晧陰喜而不敢泄。休薨，是時蜀初亡，而交阯攜叛，國內震懼，貪得長君。左典軍萬彧昔爲烏程令，與晧相善，稱晧才識明斷，是長沙桓王之疇也，又加之好學，奉遵法度，屢言之於丞相濮陽興、左將軍張布。興、布說休妃太后朱，欲以晧爲嗣。朱曰：「我寡婦人，安知社稷之慮，苟吳國無隕，宗廟有賴可矣。」於是遂迎立晧，時年二十三。改元，大

敕。是歲，於魏咸熙元年也。

元興元年八月，以上大將軍施績、大將軍丁奉爲左右大司馬，張布爲驃騎將軍，加侍中，諸增位班賞，一皆如舊。九月，貶太后爲景皇后，追謚父和曰文皇帝，尊母何爲太后。十月，封休太子𩅦爲豫章王，次子汝南王，次子梁王，次子陳王，立皇后滕氏。〔一〕皓既得志，麤暴驕盈，多忌諱，好酒色，大小失望。興、布竊悔之。或以譖皓，十一月，誅興、布。十二月，孫休葬定陵。封后父滕牧爲高密侯，〔二〕舅何洪等三人皆列侯。是歲，魏置交阯太守之郡。晉文帝爲魏相國，遣昔吳壽春城降將徐紹、孫彧銜命齎書，陳事勢利害，以申喻皓。〔三〕

〔一〕江表傳曰：皓初立，發優詔，恤士民，開倉廩，振貧乏，科出宮女以配無妻，禽獸擾於苑者皆放之。當時翕然稱爲明主。

〔二〕吳歷曰：牧本名密，避丁密，改名牧，丁密避牧，改名爲固。

〔三〕漢晉春秋載晉文王與皓書曰：「聖人稱有君臣然後有上下禮義，是故大必字小，小必事大，然後上下安服，羣生獲所。逮至末塗，純德既毀，剿民之命，以爭彊於天下，違禮順之至理，則仁者弗由也。方今主上聖明，覆幬無外，僕備位宰輔，屬當國重。唯華夏乖殊，方隅圮裂，六十餘載，金革亟動，無年不戰，暴骸喪元，困悴罔定，每用悼心，坐以待旦。將欲止戈興仁，爲百姓請命，故分命偏師，平定蜀漢，役未經年，全軍獨克。于時猛將謀夫，朝臣庶士，咸以奉天時之宜，就既征之軍，藉吞敵之勢，宜遂回旗東指，以臨吳境。舟師泛江，順流而下，陸軍南轅，取徑四郡，兼成都之械，漕巴漢之粟，然後以中軍整旅，三方雲會，未及浹辰，可使江表底平，南夏順軌。然國朝深惟

伐蜀之舉，雖有靜難之功，亦悼蜀民獨罹其害，戰於緜竹者，自元帥以下並受斬戮，伏尸蔽地，血流丹野。一之於前，猶追恨不忍，況重之於後乎？是故旋師按甲，思與南邦共全百姓之命。夫料力忖勢，度資量險，遠考古昔廢興之理，近鑒西蜀安危之效，隆德保祚，去危即順，屈己以寧四海者，仁哲之高致也；履危偷安，隕德覆祚，而不稱於後世者，非智者之所居也。今朝廷遣徐紹、孫彧獻書喻懷，若書御於前，必少留意，回慮革算，結歡弭兵，共爲一家，惠矜吳會，施及中土，豈不泰哉！此昭心之大願也，敢不承受。若不獲命，則普天率土，期於大同，雖重干戈，固不獲已也。」

甘露元年三月，皓遣使隨紹、彧報書曰：「知以高世之才，處宰輔之任，漸導之功，勤亦至矣。孤以不德，階承統緒，思與賢良共濟世道，而以壅隔未有所緣，嘉意允著，深用依依。今遣光祿大夫紀陟、五官中郎將弘璆宣明至懷。」〔一〕紹行到濡須，召還殺之，徙其家屬建安，始有白紹稱美中國者故也。夏四月，蔣陵言甘露降，於是改年大赦。秋七月，皓逼殺景后朱氏，亡不在正殿，於苑中小屋治喪，衆知其非疾病，莫不痛切。又送休四子於吳小城，尋復追殺大者二人。九月，從西陵督步闡表，徙都武昌，御史大夫丁固、右將軍諸葛靚鎮建業。陟、璆至洛，遇晉文帝崩，十一月，乃遣還。皓至武昌，又大赦。以零陵南部爲始安郡，桂陽南部爲始興郡。十二月，晉受禪。

〔一〕江表傳曰：皓書兩頭言白，稱名言而不著姓。

吳錄曰：陟字子上，丹楊人。初爲中書郎，孫峻使詰南陽王和，令其引分。陟密使令正辭自理，峻怒。陟懼，閉門

不出。孫休時，父亮爲尚書令，而陟爲中書令，每朝會，詔以屏風隔其座。出爲豫章太守。

干寶晉紀曰：陟、璆奉使如魏，入境而問諱，入國而問俗。壽春將王布示之馬射，既而問之曰：「吳之君子亦能斯乎？」陟曰：「此軍人騎士肄業所及，士大夫君子未有爲之者矣。」布大慚。既至，魏帝見之，使儐問曰：「來時吳王何如？」陟對曰：「來時皇帝臨軒，百寮陪位，御膳無恙。」晉文王饗之，百寮畢會，使儐者告曰：「某者安樂公也，某者匈奴單于也。」陟曰：「西主失土，爲君王所禮，位同三代，莫不感義，匈奴邊塞難羈之國，君王懷之，親在坐席，此誠威恩遠著。」又問：「吳之戍備幾何？」對曰：「自西陵以至江都，五千七百里。」又問曰：「道里甚遠，難爲堅固？」對曰：「疆界雖遠，而其險要必爭之地，不過數四，猶人雖有八尺之軀靡不受患，其護風寒亦數處耳。」文王善之，厚爲之禮。

臣松之以爲人有八尺之體靡不受患，防護風寒豈唯數處？取譬若此，未足稱能。若曰譬如金城萬雉，所急防者四門而已。方陟此對，不猶愈乎！

吳錄曰：皓以諸父與和相連及者，家屬皆徙東冶，唯陟以有密旨，特封子孚都亭侯。孚弟瞻，字思遠，入仕晉驃騎將軍。弘璆，曲阿人，弘咨之孫，權外甥也。璆後至中書令、太子少傅。

寶鼎元年正月，遣大鴻臚張儼、五官中郎將丁忠弔祭晉文帝。及還，儼道病死。〔一〕忠說皓曰：「北方守戰之具不設，弋陽可襲而取。」皓訪羣臣，鎮西大將軍陸凱曰：「夫兵不得已而用之耳，且三國鼎立已來，更相侵伐，無歲寧居。今彊敵新并巴蜀，有兼土之實，而遣使求親，欲息兵役，不可謂其求援於我。今敵形勢方彊，而欲徼幸求勝，未見其利也。」車

騎將軍劉纂曰：「天生五才，誰能去兵？譎詐相雄，有自來矣。若其有闕，庸可棄乎？宜遣閒諜，以觀其勢。」皓陰納纂言，且以蜀新平，故不行，然遂自絕。八月，所在言得大鼎，於是改年，大赦。以陸凱爲左丞相，常侍萬彧爲右丞相。冬十月，永安山賊施但等聚衆數千人，〔二〕劫皓庶弟永安侯謙出烏程，取孫和陵上鼓吹曲蓋。比至建業，衆萬餘人。丁固、諸葛靚逆之於牛屯，大戰，但等敗走。獲謙，謙自殺。〔三〕分會稽爲東陽郡，分吳、丹楊爲吳興郡。〔四〕以零陵北部爲邵陵郡。十二月，皓還都建業，衞將軍滕牧留鎮武昌。

〔一〕吳錄曰：儼字子節，吳人也。弱冠知名，歷顯位，以博聞多識，拜大鴻臚。使於晉，皓謂儼曰：「今南北通好，以君爲有出境之才，故相屈行。」對曰：「皇皇者華，蒙其榮耀，無古人延譽之美，磨厲鋒鍔，思不辱命。」既至，車騎將軍賈充、尚書令裴秀、侍中荀勖等欲傲以所不知而不能屈。尚書僕射羊祜、尚書何楨並結縞帶之好。

〔二〕吳錄曰：永安今武康縣也。

〔三〕漢晉春秋曰：初望氣者云荊州有王氣破揚州而建業宮不利，故皓徙武昌，遣使者發民掘荊州界大臣名家冢與山岡連者以厭之。既聞但反，自以爲徙土得計也。使數百人鼓譟入建業，殺但妻子，云天子使荊州兵來破揚州賊，以厭前氣。

〔四〕皓詔曰：「古者分土建國，所以褒賞賢能，廣樹藩屏。秦毀五等爲三十六郡，漢室初興，闓立乃至百王，因事制宜，蓋無常數也。今吳郡陽羨、永安、餘杭、臨水及丹楊故鄣、安吉、原鄉、於潛諸縣，地勢水流之便，悉注烏程，既宜立郡以鎮山越，且以藩衞明陵，奉承大祭，不亦可乎！其亟分此九縣爲吳興郡，治烏程。」

二年春，大赦。右丞相萬彧上鎮巴丘。夏六月，起顯明宮，〔一〕冬十二月，皓移居之。是歲，分豫章、廬陵、長沙爲安成郡。

〔一〕太康三年地記曰：吳有太初宮，方三百丈，權所起也。昭明宮方五百丈，皓所作也。避晉諱，故曰顯明。吳歷云：顯明在太初之東。江表傳曰：皓營新宮，二千石以下皆自入山督攝伐木。又破壞諸營，大開園囿，起土山樓觀，窮極伎巧，功役之費以億萬計。陸凱固諫，不從。

三年春二月，以左右御史大夫丁固、孟仁爲司徒、司空。〔一〕秋九月，皓出東關，丁奉至合肥。是歲，遣交州刺史劉俊、前部督脩則等入擊交阯，爲晉將毛炅等所破，皆死，兵散還合浦。

〔一〕吳書曰：初，固爲尚書，夢松樹生其腹上，謂人曰：「松字十八公也，後十八歲，吾其爲公乎！」卒如夢焉。

建衡元年春正月，立子瑾爲太子，及淮陽、東平王。冬十月，改年，大赦。十一月，左丞相陸凱卒。遣監軍虞汜、威南將軍薛珝、蒼梧太守陶璜由荆州，監軍李勖、督軍徐存從建安海道，皆就合浦擊交阯。

二年春，萬彧還建業。李勖以建安道不通利，殺導將馮斐，引軍還。三月，天火燒萬餘家，死者七百人。夏四月，左大司馬施績卒。殿中列將何定曰：「少府李勖枉殺馮斐，擅徹

軍退還。」勖及徐存家屬皆伏誅。秋九月，何定將兵五千人上夏口獵。都督孫秀奔晉。是歲大赦。

三年春正月晦，皓舉大衆出華里，皓母及妃妾皆行，東觀令華覈等固爭，乃還。〔一〕是歲，汜、璜破交阯，禽殺晉所置守將，九眞、日南皆還屬。〔二〕大赦，分交阯爲新昌郡。諸將破扶嚴，置武平郡。以武昌督范慎爲太尉。右大司馬丁奉、司空孟仁卒。〔三〕西苑言鳳凰集，改明年元。

〔一〕江表傳曰：初丹楊刁玄使蜀，得司馬徽與劉廙論運命曆數事。玄詐增其文以誑國人曰：「黃旗紫蓋見於東南，終有天下者，荆、揚之君乎！」又得中國降人，言壽春下有童謠曰「吳天子當上」。皓聞之，喜曰：「此天命也。」卽載其母妻子及後宮數千人，從牛渚陸道西上，云靑蓋入洛陽，以順天命。行遇大雪，道塗陷壞，兵士被甲持仗，百人共引一車，寒凍殆死。兵人不堪，皆曰：「若遇敵便當倒戈耳。」皓聞之，乃還。

〔二〕漢晉春秋曰：初霍弋遣楊稷、毛炅等戍，與之誓曰：「若賊圍城，未百日而降者，家屬誅；若過百日而城沒者，刺史受其罪。」稷等日未滿而糧盡，乞降於璜。璜不許，而給糧使守。吳人並諫，璜曰：「霍弋已死，無能來者，可須其糧盡，然後乃受，使彼來無罪，而我取有義，內訓吾民，外懷鄰國，不亦可乎！」稷、炅糧盡，救不至，乃納之。

華陽國志曰：稷，犍爲人。炅，建寧人。稷等城中食盡，死亡者半，將軍王約反降，吳人得入城，獲稷、炅，皆囚之。孫皓使送稷下都，稷至合浦，歐血死。晉追贈交州刺史。初，毛炅與吳軍戰，殺前部督脩則。陶璜等以炅壯勇，欲赦之。而則子允固求殺炅，炅亦不爲璜等屈，璜等怒，面縛炅詰之，曰：「晉（兵）賊！」炅厲聲曰「吳狗，何等爲賊？」吳人生剖其腹，允割其心肝，罵曰：「庸復作賊？」炅猶罵不止，曰：「尚欲斬汝孫皓，汝父何死狗也！」乃斬之。晉武帝聞而哀矜，卽詔使炅長子襲爵，餘三子皆關內侯。此與漢晉春秋所說不同。

〔三〕吳錄曰：仁字恭武，江夏人也，本名宗，避皓字，易焉。少從南陽李肅學。其母爲作厚褥大被，或問其故，母曰：「小兒無德致客，學者多貧，故爲廣被，庶可得與氣類接也。」其讀書夙夜不懈，肅奇之，曰：「卿宰相器也。」初爲驃騎將軍朱據軍吏，將母在營。旣不得志，又夜雨屋漏，因起涕泣，以謝其母，母曰：「但當勉之，何足泣也？」據亦稍知之，除爲監池司馬。自能結網，手以捕魚，作鮓寄母，母因以還之，曰：「汝爲魚官，而以鮓寄我，非避嫌也。」遷吳令。時皆不得將家之官，每得時物，來以寄母，常不先食。及聞母亡，犯禁委官，語在權傳。特爲減死一等，復使爲官，蓋優之也。楚國先賢傳曰：宗母嗜筍，冬節將至。時筍尚未生，宗入竹林哀嘆，而筍爲之出，得以供母，皆以爲至孝之所致感。累遷光祿勳，遂至公矣。

鳳皇元年秋八月，徵西陵督步闡。闡不應，據城降晉。遣樂鄉都督陸抗圍取闡，闡衆悉降。闡及同計數十人皆夷三族。大赦。是歲右丞相萬彧被譴憂死，徙其子弟於廬陵。〔一〕何定姦穢發聞，伏誅。皓以其惡似張布，追改定名爲布。〔二〕

〔一〕江表傳曰：初皓游華里，彧與丁奉、留平密謀曰：「此行不急，若至華里不歸，社稷事重，不得不自還。」此語頗泄。皓聞知，以彧等舊臣，且以計忍而陰銜之。後因會，以毒酒飲彧，傳酒人私減之。又飲留平，平覺之，服他藥以解，

得不死。彧自殺。平憂懣，月餘亦死。

〔二〕江表傳曰：定，汝南人，本孫權給使也，後出補吏。定佞邪僭媚，自表先帝舊人，求還內侍，皓以爲樓下都尉，典知酤糴事，專爲威福。而皓信任，委以衆事。定爲子求少府李勖女，不許。定挾忿譖勖於皓，皓尺口誅之，焚其尸。定又使諸將各上好犬，皆千里遠求，一犬至直數千匹。御犬率具纓，直錢一萬。一犬一兵，養以捕兔供厨。所獲無幾。吳人皆歸罪於定，而皓以爲忠勤，賜爵列侯。吳歷曰：中書郎奚熙譖宛陵令賀惠。惠，劭弟也。遣使者徐粲訊治，熙又譖粲顧護不卽決斷。皓遣使就宛陵斬粲，收惠付獄。會赦得免。

二年春三月，以陸抗爲大司馬。司徒丁固卒。秋九月，改封淮陽爲魯，東平爲齊，又封陳留、章陵等九王，凡十一王，王給三千兵。大赦。皓愛妾或使人至市劫奪百姓財物，司市中郎將陳聲，素皓幸臣也，恃皓寵遇，繩之以法。妾以愬皓，皓大怒，假他事燒鋸斷聲頭，投其身於四望之下。是歲，太尉范慎卒。

三年，會稽妖言章安侯奮當爲天子。臨海太守奚熙與會稽太守郭誕書，非論國政。誕但白熙書，不白妖言，送付建安作船。〔一〕遣三郡督何植收熙，熙發兵自衞，斷絕海道。熙部曲殺熙，送首建業，夷三族。秋七月，遣使者二十五人分至州郡，科出亡叛。大司馬陸抗卒。自改年及是歲，連大疫。分鬱林爲桂林郡。

〔一〕會稽邵氏家傳曰：邵疇字溫伯，時爲誕功曹。誕被收，惶遽無以自明。疇進曰：「疇今自在，疇之事，明府何憂？」

遂詣吏自列，云不白妖言，事由于己，非府君罪。吏上疇辭，皓怒猶盛。疇慮誕卒不免，遂自殺以證之。臨亡，置辭曰：「疇生長邊陲，不閑教道，得以門資，厠身本郡，踰越儕類，位極朝右，不能贊揚盛化，養之以福。今妖訛橫興，干國亂紀，疇以噂喈之語，本非事實，雖家誦人詠，不足有慮。天下重器，而匹夫橫議，疾其醜聲，不忍聞見，欲含垢藏疾，不彰之翰筆，鎭躁歸靜，使之自息。愚心勤勤，每執斯旨，故誕屈其所是，默以見從。此之爲愆，實由於疇。謹不敢逃死，歸罪有司，唯乞天鑒，特垂清察。」吏收疇喪，得辭以聞，皓乃免誕大刑，送付建安作船。疇亡時，年四十。皓嘉疇節義，詔郡縣圖形廟堂。

天册元年，吳郡言掘地得銀，長一尺，廣三分，刻上有年月字，於是大赦，改年。

天璽元年，吳郡言臨平湖自漢末草穢壅塞，今更開通。長老相傳，此湖塞，天下亂，此湖開，天下平。又於湖邊得石函，中有小石，青白色，長四寸，廣二寸餘，刻上作皇帝字，於是改年，大赦。會稽太守車浚、湘東太守張詠不出算緡，就在所斬之，徇首諸郡。〔一〕秋八月，京下督孫楷降晉。鄱陽言歷陽山石文理成字，凡二十，云「楚九州渚，吳九州都，揚州士，作天子，四世治，太平始」。〔二〕又吳興陽羨山有空石，長十餘丈，名曰石室，在所表爲大瑞。乃遣兼司徒董朝、兼太常周處至陽羨縣，封禪國山。（明年改）〔改明年〕元，大赦，以協石文。

〔一〕江表傳曰：浚在公清忠，值郡荒旱，民無資糧，表求振貸。皓謂浚欲樹私恩，遣人梟首。又尚書熊睦見皓酷虐，微有所諫，皓使人以刀環撞殺之，身無完肌。

〔二〕江表傳曰：歷陽縣有石山臨水，高百丈，其三十丈所，有七穿駢羅，穿中色黃赤，不與本體相似，俗相傳謂之石印。

又云，石印封發，天下當太平。下有祠屋，巫祝言石印神有三郎。時歷陽長表上言石印發，皓遣使以太牢祭歷山。巫言，石印三郎說「天下方太平」。使者作高梯，上看印文，詐以朱書石作二十字，還以啓皓。皓大喜曰：「吳當爲九州作都、渚乎！從大皇帝逮孤四世矣，太平之主，非孤復誰？」重遣使，以印綬拜三郎爲王，又刻石立銘，褒贊靈德，以答休祥。

天紀元年夏，夏口督孫愼出江夏、汝南，燒略居民。初，騶子張俶多所譖白，累遷爲司直中郎將，封侯，甚見寵愛，是歲姦情發聞，伏誅。〔一〕

〔一〕江表傳曰：俶父，會稽山陰縣卒也，知俶不良，上表云：「若用俶爲司直，有罪乞不從坐。」皓許之。俶表立彈曲二十人，專糾司不法，於是愛惡相攻，互相謗告。彈曲承言，收繫囹圄，聽訟失理，獄以賄成。人民窮困，無所措手足。俶奢淫無厭，取小妻三十餘人，擅殺無辜，衆姦並發，父子俱見車裂。

二年秋七月，立成紀、宣威等十一王，王給三千兵，大赦。

三年夏，郭馬反。馬本合浦太守脩允部曲督。允轉桂林太守，疾病，住廣州，先遣馬將五百兵至郡安撫諸夷。允死，兵當分給，馬等累世舊軍，不樂離別。皓時又科實廣州戶口，馬與部曲將何典、王族、吳述、殷興等因此恐動兵民，合聚人衆，攻殺廣州督虞授。馬自號都督交、廣二州諸軍事、安南將軍，興廣州刺史，述南海太守。典攻蒼梧，族攻始興。〔一〕八月，以軍師張悌爲丞相，牛渚都督何植爲司徒。執金吾滕循爲司空，未拜，轉鎭南將軍，假節領廣州牧，率萬人從東道討馬，與族遇于始興，未得前。馬殺南海太守劉略，逐廣州刺史徐旗。皓又遣徐陵督陶濬將七千人從西道，命交州牧陶璜部伍所領及合浦、鬱林諸郡兵，當與東西軍共擊馬。

〔一〕漢晉春秋曰：先是，吳有說讖者曰：「吳之敗，兵起南裔，亡吳者公孫也。」皓聞之，文武職位至于卒伍有姓公孫者，皆徙於廣州，不令停江邊。及聞馬反，大懼曰：「此天亡也。」

有鬼目菜生工人黃耇家，依緣棗樹，長丈餘，莖廣四寸，厚三分。又有買菜生工人吳平家，高四尺，厚三分，如枇杷形，上廣尺八寸，下莖廣五寸，兩邊生葉綠色。東觀案圖，名鬼目作芝草，買菜作平慮草，遂以耇爲侍芝郎，平爲平慮郎，皆銀印青綬。

冬，晉命鎭東大將軍司馬伷向涂中，安東將軍王渾、揚州刺史周浚向牛渚，建威將軍王戎向武昌，平南將軍胡奮向夏口，鎭南將軍杜預向江陵，龍驤將軍王濬、廣武將軍唐彬浮江東下，太尉賈充爲大都督，量宜處要，盡軍勢之中。陶濬至武昌，聞北軍大出，停駐不前。

初，皓每宴會羣臣，無不咸令沈醉。置黃門郎十人，特不與酒，侍立終日，爲司過之吏。宴罷之後，各奏其闕失，迕視之咎，謬言之愆，罔有不舉。大者卽加威刑，小者輒以爲罪。後宮數千，而採擇無已。又激水入宮，宮人有不合意者，輒殺流之。或剝人之面，或鑿人之眼。岑昬險諛貴幸，致位九列，好興功役，衆所患苦。是以上下離心，莫爲皓盡力，蓋積惡已極，不復堪命故也。〔一〕

〔一〕吳平後，晉侍中庾峻等問皓侍中李仁曰：「聞吳主披人面，刖人足，有諸乎？」仁曰：「以告者過也。君子惡居下流，天下之惡皆歸焉。蓋此事也，若信有之，亦不足怪。昔唐、虞五刑，三代七辟，肉刑之制，未爲酷虐。皓爲一國之主，秉殺生之柄，罪人陷法，加之以懲，何足多罪！夫受堯誅者不能無怨，受桀賞者不能無慕，此人情也。」又問曰：「云歸命侯乃惡人橫睛逆視，皆鑿其眼，有諸乎？」仁曰：「亦無此事，傳之者謬耳。曲禮曰視天子由袷以下，視諸侯由頤以下，視大夫由衡，視士則平面，得游目五步之內；視上於衡則傲，下於帶則憂，旁則邪。以禮視瞻，高下不可不愼，況人君乎哉？視人君相迕，是乃禮所謂傲慢；傲慢則無禮，無禮則不臣，不臣則犯罪，犯罪則陷不測矣。正使有之，將有何失？」凡仁所答，峻等皆善之，文多不悉載。

四年春，立中山、代等十一王，大赦。濬、彬所至，則土崩瓦解，靡有禦者。預又斬江陵督伍延，渾復斬丞相張悌、丹楊太守沈瑩等，所在戰克。〔一〕

〔一〕干寶晉紀曰：吳丞相軍師張悌、護軍孫震、丹楊太守沈瑩帥衆三萬濟江，圍成陽都尉張喬於楊荷橋，衆才七千，閉柵自守，舉白接告降。吳副軍師諸葛靚欲屠之，悌曰：「彊敵在前，不宜先事其小；且殺降不祥。」靚曰：「此等以救兵未至而力少，故且僞降以緩我，非來伏也。因其無戰心而盡阬之，可以成三軍之氣。若舍之而前，必爲後患。」悌不從，撫之而進。與討吳護軍張翰、揚州刺史周浚成陳相對。沈瑩領丹楊銳卒刀楯五千，號曰青巾兵，前後屢陷堅陳，於是以馳淮南軍，三衝不動。退引亂，薛勝、蔣班因其亂而乘之，吳軍以次土崩，將帥不能止，張喬又出其後，大敗吳軍于版橋，獲悌、震、瑩等。襄陽記曰：悌字巨先，襄陽人，少有名理，孫休時爲屯騎校尉。魏伐蜀，吳人問悌曰：「司馬氏得政以來，大難屢作，智力雖豐，而百姓未服也。今又竭其資力，遠征巴蜀，兵勞民疲而不知恤，敗於不暇，何以能濟？昔夫差伐齊，非不克勝，所以危亡，不憂其本也，況彼之爭地乎！」悌曰：「不然。曹操雖功蓋中夏，威震四海，崇詐杖術，征伐無已，民畏其威，而不懷其德也。丕、叡承之，係以慘虐，內興宮室，外懼雄豪，東西馳驅，無歲獲安，彼之失民，爲日久矣。司馬懿父子，自握其柄，累有大功，除其煩苛而布其平惠，爲之謀主而救其疾，民心歸之，亦已久矣。故淮南三叛而腹心不擾，曹髦之死，四方不動，摧堅敵如折枯，蕩異同如反掌，任賢使能，各盡其心，非智勇兼人，孰能如之？其威武張矣，本根固矣，羣情服矣，姦計立矣。今蜀閹宦專朝，國無政令，而玩戎黷武，民勞卒弊，競於外利，不脩守備。彼彊弱不同，智算亦勝，因危而伐，殆其克乎！若其不克，不過無功，終無退北之憂，覆軍之慮也，何爲不可哉？昔楚劍利而秦昭懼，孟明用而晉人憂，彼之得志，故我之大患也。」吳人笑其言，而蜀果降于魏。晉來伐吳，皓使悌督沈瑩、諸葛靚，率衆三萬渡江逆之。至牛渚，沈瑩曰：「晉治水軍於蜀久矣，今傾國大舉，萬里齊力，必悉益州之衆浮江而下。我上流諸軍，無有戒備，名將皆死，幼少當任，恐邊江諸城，盡莫能禦也。晉之水軍，必至於此矣！宜畜衆力，待來一戰。若勝之日，江西自清，上方雖壞，可還取之。今渡江逆戰，勝不可保，若或摧喪，則大事去矣。」悌曰：「吳之將亡，賢愚所知，非今日也。吾恐蜀兵來至此，衆心必駭懼，不可復整。今宜渡江，可用決戰力爭。若其敗喪，則同死社稷，無所復恨。若其克勝，則北敵奔走，兵勢萬倍，便當乘威南上，逆之中道，不憂不破也。若如子計，恐行散盡，相與坐待敵到，君臣俱降，無復一人死難者，不亦辱乎！」遂渡江戰，吳軍大敗。諸葛靚與五六百人退走，使過迎悌，悌不肯去，靚自往牽之，謂曰：「（且夫）〔巨先〕，天下存亡有大數，豈卿一人所知，如何故自取死爲？」悌垂涕曰：「仲思，今日是我死日也。且我作兒童時，便爲卿家丞相所拔，常恐不得其死，負名賢知顧。今以身徇社稷，復何遁邪？莫牽曳之如是。」靚流涕放之，去百餘步，已見爲晉軍所殺。吳錄曰：悌少知名，及處大任，希合時趣，將護左右，清論譏之。

搜神記曰：臨海松陽人柳榮從悌至楊府，榮病死船中二日，時軍已上岸，無有埋之者，忽然大呼，言「人縛軍師！人縛軍師！」聲激揚，遂活。人問之，榮曰：「上天北斗門下卒見人縛張悌，意中大愕，不覺大呼，言『何以縛張軍師』。」門下人怒榮，叱逐使去。榮便去，怖懼，口餘聲發揚耳。」其日，悌戰死。榮至晉元帝時猶在。

三月丙寅，殿中親近數百人叩頭請皓殺岑昬，皓惶憒從之。〔一〕

〔一〕干寶晉紀曰：皓殿中親近數百人叩頭請皓曰：「北軍日近，而兵不舉刃，陛下將如之何！」皓曰：「何故？」對曰：「坐岑昬。」皓獨言：「若爾，當以奴謝百姓。」衆因曰：「唯！」遂並起收昬。皓駱驛追止，已屠之也。

戊辰，陶濬從武昌還，卽引見，問水軍消息，對曰：「蜀船皆小，今得二萬兵，乘大船戰，自足擊之。」於是合衆，授濬節鉞。明日當發，其夜衆悉逃走。而王濬順流將至，司馬伷、王渾皆臨近境。皓用光祿勳薛瑩、中書令胡沖等計，分遣使奉書於濬、伷、渾曰：「昔漢室失統，九州分裂，先人因時，略有江南，遂分阻山川，與魏乖隔。今大晉龍興，德覆四海。闇劣偸安，未喻天命。至于今者，猥煩六軍，衡蓋路次，遠臨江渚，舉國震惶，假息漏刻。敢緣天朝含弘光大，謹遣私署太常張夔等奉所佩印綬，委質請命，惟垂信納，以濟元元。」〔一〕

〔一〕江表傳載皓將敗與舅何植書曰：「昔大皇帝以神武之略，奮三千之卒，割據江南，席卷交、廣，開拓洪基，欲祚之萬世。至孤末德，嗣守成緒，不能懷集黎元，多爲咎闕，以違天度。闇昧之變，反謂之祥，致使南蠻逆亂，征討未克。聞晉大衆，遠來臨江，庶竭勞瘁，衆皆摧退，而張悌不反，喪軍過半。孤甚愧悵，于今無聊。得陶濬表云武昌以西，並復不守。不守者，非糧不足，非城不固，兵將背戰耳。兵之背戰，豈怨兵邪？孤之罪也。天文縣變於上，士民憤歎於下，觀此事勢，危如累卵，吳祚終訖，何其局哉！天匪亡吳，孤所招也。瞑目黃壤，當復何顏見四帝乎！公其勖勉奇謨，飛筆以聞。」皓又遺羣臣書曰：「孤以不德，忝繼先軌。處位歷年，政教凶勃，遂令百姓久困塗炭，至使一朝歸命有道，社稷傾覆，宗廟無主，慚愧山積，沒有餘罪。自惟空薄，過偸尊號，才瑣質穢，任重王公，故周易有折鼎之誡，詩人有彼其之譏。自居宮室，仍抱篤疾，計有不足，思慮失中，多所荒替。邊側小人，因生酷虐，虐毒橫流，忠順被害。闇昧不覺，尋其壅蔽，孤負諸君，事已難圖，覆水不可收也。今大晉平治四海，勞心務於擢賢，誠是英俊展節之秋也。管仲極讎，桓公用之，良、平去楚，入爲漢臣，舍亂就理，非不忠也。莫以移朝改朔，用損厥志。嘉勖休尙，愛敬動靜。夫復何言，投筆而已！」

壬申，王濬最先到，於是受皓之降，解縛焚櫬，延請相見。〔一〕伷以皓致印綬於己，遣使送皓。皓舉家西遷，以太康元年五月丁亥集于京邑。四月甲申，詔曰：「孫皓窮迫歸降，前詔待之以不死，今皓垂至，意猶愍之，其賜號爲歸命侯。進給衣服車乘，田三十頃，歲給穀五千斛，錢五十萬，絹五百匹，緜五百斤。」皓太子瑾拜中郎，諸子爲王者，拜郎中。〔二〕五年，皓死于洛陽。〔三〕

〔一〕晉陽秋曰：濬收其圖籍，領州四，郡四十三，縣三百一十三，戶五十二萬三千，吏三萬二千，兵二十三萬，男女口二百三十萬，米穀二百八十萬斛，舟船五千餘艘，後宮五千餘人。

〔二〕搜神記曰：吳以草創之國，信不堅固，邊屯守將，皆質其妻子，名曰保質。童子少年，以類相與嬉遊者，日有十數。永安二年三月，有一異兒，長四尺餘，年可六七歲，衣青衣，來從羣兒戲，諸兒莫之識也。皆問曰：「爾誰家小兒，

今日忽來？」答曰：「見爾羣戲樂，故來耳。」詳而視之，眼有光芒，爚爚外射。諸兒畏之，重問其故。兒乃答曰：「爾惡我乎？我非人也，乃熒惑星也。將有以告爾：三公鉏，司馬如。」諸兒大驚，或走告大人，大人馳往觀之。兒曰：「舍爾去乎！」竦身而躍，卽以化矣。仰面視之，若引一匹練以登天。大人來者，猶及見焉，飄飄漸高，有頃而沒。時吳政峻急，莫敢宣也。後五年而蜀亡，六年而晉興，至是而吳滅，司馬如矣。

干寶晉紀曰：王濬治船於蜀，吾彥取其流柹以呈孫皓，曰：「晉必有攻吳之計，宜增建平兵。建平不下，終不敢渡江。」皓弗從。陸抗之克步闡，皓意張大，乃使尙廣筮并天下，遇同人之頤，對曰：「吉。庚子歲，青蓋當入洛陽。」故皓不脩其政，而恆有窺上國之志。是歲也實在庚子。

〔三〕吳錄曰：皓以四年十二月死，時年四十二，葬河南縣界。

評曰：孫亮童孺而無賢輔，其替位不終，必然之勢也。休以舊愛宿恩，任用興、布，不能拔進良才，改絃易張，雖志善好學，何益救亂乎？又使既廢之亮不得其死，友于之義薄矣。皓之淫刑所濫，隕斃流黜者，蓋不可勝數。是以羣下人人惴恐，皆日日以冀，朝不謀夕。其熒惑、巫祝，交致祥瑞，以爲至急。昔舜、禹躬稼，至聖之德，猶或矢誓衆臣，予違女弼，或拜昌言，常若不及。況皓凶頑，肆行殘暴，忠諫者誅，讒諛者進，虐用其民，窮淫極侈，宜腰首分離，以謝百姓。既蒙不死之詔，復加歸命之寵，豈非曠蕩之恩，過厚之澤也哉！〔一〕

〔一〕孫盛曰：夫古之立君，所以司牧羣黎，故必仰協乾坤，覆燾萬物；若乃淫虐是縱，酷被羣生，則天殛之，剿絕其祚，奪其南面之尊，加其獨夫之戮。是故湯、武抗鉞，不犯不順之譏；漢高奮劍，而無失節之議。何者？誠四海之酷讎，而人神之所擯故也。況晧罪爲逋寇，虐過辛、癸，梟首素旗，猶不足以謝寃魂，洿室荐社，未足以紀暴迹，而乃優以顯命，寵錫仍加，豈龔行天罰，伐罪弔民之義乎？是以知僭逆之不懲，而凶酷之莫戒。詩云：「取彼譖人，投畀豺虎。」聊諧猶然，矧僭虐乎？且神旗電掃，兵臨僞窟，理窮勢迫，然後請命，不赦之罪既彰，三驅之義又塞，極之權道，亦無取焉。

陸機著辨亡論，言吳之所以亡，其上篇曰：「昔漢氏失御，姦臣竊命，禍基京畿，毒徧宇內，皇綱弛紊，王室遂卑。於是羣雄蜂駭，義兵四合，吳武烈皇帝慷慨下國，電發荊南，權略紛紜，忠勇伯世。威稜則夷羿震蕩，兵交則醜虜授馘，遂掃清宗祊，蒸禋皇祖。於時雲興之將帶州，飆起之師跨邑，哮闞之羣風驅，熊羆之族霧集，雖兵以義合，同盟戮力，然皆包藏禍心，阻兵怙亂，或師無謀律，喪威稔寇，忠規武節，未有若此其著者也。武烈既沒，長沙桓王逸才命世，弱冠秀發，招攬遺老，與之述業。神兵東驅，奮寡犯衆，攻無堅城之將，戰無交鋒之虜。誅叛柔服而江外底定，飭法修師而威德翕赫，賓禮名賢而張昭爲之雄，交御豪俊而周瑜爲之傑。彼二君子，皆弘敏而多奇，雅達而聰哲，故同方者以類附，等契者以氣集，而江東蓋多士矣。將北伐諸華，誅鉏干紀，旋皇輿於夷庚，反帝座于紫闥，挾天子以令諸侯，清天步而歸舊物。戎車既次，羣凶側目，大業未就，中世而隕。用集我大皇帝，以奇蹤襲於逸軌，叡心發乎令圖，從政咨於故實，播憲稽乎遺風，而加之以篤固，申之以節儉，疇咨俊茂，好謀善斷，束帛旅於丘園，旌命交于塗巷。故豪彥尋聲而響臻，志士希光而影騖，異人輻輳，猛士如林。於是張昭爲師傅，周瑜、陸公、魯肅、呂蒙之疇入爲腹心，出作股肱；甘寧、凌統、程普、賀齊、朱桓、朱然之徒奮其威，韓當、潘璋、黃蓋、蔣

欽、周泰之屬宣其力；風雅則諸葛瑾、張承、步騭以聲名光國，政事則顧雍、潘濬、呂範、呂岱以器任幹職，奇偉則虞翻、陸績、張溫、張惇以諷議舉正，奉使則趙咨、沈珩以敏達延譽，術數則吳範、趙達以禨祥協德，董襲、陳武殺身以衞主，駱統、劉基彊諫以補過，謀無遺算，舉不失策。故遂割據山川，跨制荊、吳，而與天下爭衡矣。魏氏嘗藉戰勝之威，率百萬之師，浮鄧塞之舟，下漢陰之衆，羽楫萬計，龍躍順流，銳騎千旅，虎步原隰，謀臣盈室，武將連衡，喟然有吞江滸之志，一宇宙之氣。而周瑜驅我偏師，黜之赤壁，喪旗亂轍，僅而獲免，收迹遠遁。漢王亦馮帝王之號，率巴、漢之民，乘危騁變，結壘千里，志報關羽之敗，圖收湘西之地。而我陸公亦挫之西陵，覆師敗績，困而後濟，絕命永安。續以濡須之寇，臨川摧銳，蓬籠之戰，孑輪不反。由是二邦之將，喪氣摧鋒，勢衂財匱，而吳藐然坐乘其弊，故魏人請好，漢氏乞盟，遂躋天號，鼎峙而立。西屠庸蜀之郊，北裂淮漢之涘，東苞百越之地，南括羣蠻之表。於是講八代之禮，蒐三王之樂，告類上帝，拱揖羣后。虎臣毅卒，循江而守，長戟勁鎩，望飆而奮。庶尹盡規於上，四民展業于下，化協殊裔，風衍遐圻。乃俾一介行人，撫巡外域，巨象逸駿，擾於外閑，明珠瑋寶，輝於內府，珍瑰重跡而至，奇玩應響而赴，輶軒騁於南荒，衝輣息於朔野，齊民免干戈之患，戎馬無晨服之虞，而帝業固矣。大皇既歿，幼主蒞朝，姦回肆虐。景皇聿興，虔修遺憲，政無大闕，守文之良主也。降及歸命之初，典刑未滅，故老猶存。大司馬陸公以文武熙朝，左丞相陸凱以謇諤盡規，而施績、范慎以威重顯，丁奉、鍾離斐以武毅稱，孟宗、丁固之徒爲公卿，樓玄、賀劭之屬掌機事，元首雖病，股肱猶良。爰及末葉，羣公既喪，然後黔首有瓦解之志，皇家有土崩之釁，曆命應化而微，王師躡運而發，卒散於陳，民奔于邑，城池無藩籬之固，山川無溝阜之勢，非有工輸雲梯之械，智伯灌激之害，楚子築室之圍，燕人濟西之隊，軍未浹辰而社稷夷矣。雖忠臣孤憤，烈士死節，將奚救哉？夫曹、劉之將非一世之選，向時之師無曩日之衆，戰守之道抑有前符，險阻之利俄然未改，

而成敗貿理，古今詭趣，何哉？彼此之化殊，授任之才異也。」

其下篇曰：「昔三方之王也，魏人據中夏，漢氏有岷、益，吳制荊、揚而奄交、廣。曹氏雖功濟諸華，虐亦深矣，其民怨矣。劉公因險飾智，功已薄矣，其俗陋矣。吳桓王基之以武，太祖成之以德，聰明睿達，懿度深遠矣。其求賢如不及，恤民如稚子，接士盡盛德之容，親仁罄丹府之愛。拔呂蒙於戎行，識潘濬于係虜。推誠信士，不恤人之我欺；量能授器，不患權之我逼。執鞭鞠躬，以重陸公之威；悉委武衞，以濟周瑜之師。卑宮菲食，以豐功臣之賞；披懷虛己，以納謨士之筭。故魯肅一面而自託，士燮蒙險而效命。高張公之德而省游田之娛，賢諸葛之言而割情欲之歡，感陸公之規而除刑政之煩，奇劉基之議而作三爵之誓，屏氣踧踖以伺子明之疾，分滋損甘以育淩統之孤，登壇慷慨歸魯肅之功，削投惡言信子瑜之節。是以忠臣競盡其謀，志士咸得肆力，洪規遠略，固不厭夫區區者也。故百官苟合，庶務未遑。初都建業，羣臣請備禮秩，天子辭而不許，曰：『天下其謂朕何！』宮室輿服，蓋慊如也。爰及中葉，天人之分既定，百度之缺粗修，雖醲化懿綱，未齒乎上代，抑其體國經民之具，亦足以爲政矣。地方幾萬里，帶甲將百萬，其野沃，其民練，其財豐，其器利，東負滄海，西阻險塞，長江制其區宇，峻山帶其封域，國家之利，未見有弘於茲者矣。借使中才守之以道，善人御之有術，敦率遺憲，勤民謹政，循定策，守常險，則可以長世永年，未有危亡之患。或曰，吳、蜀脣齒之國，蜀滅則吳亡，理則然矣。夫蜀蓋藩援之與國，而非吳人之存亡也。何則？其郊境之接，重山積險，陸無長轂之徑；川阨流迅，水有驚波之艱。雖有銳師百萬，啓行不過千夫；軸艫千里，前驅不過百艦。故劉氏之伐，陸公喻之長蛇，其勢然也。昔蜀之初亡，朝臣異謀，或欲積石以險其流，或欲機械以御其變。天子總羣議而諮之大司馬陸公，陸公以四瀆天地之所以節宣其氣，固無可遏之理，而機械則彼我之所共，彼若棄長技以就所屈，即荊、揚而爭舟楫之用，是天贊我也，將謹守峽口以待禽耳。逮步

闡之亂，憑保城以延彊寇，重資幣以誘羣蠻。于時大邦之衆，雲翔電發，縣旍江介，築壘遵渚，襟帶要害，以止吳人之西，而巴漢舟師，沿江東下。陸公以偏師三萬，北據東坑，深溝高壘，案甲養威。反虜踠跡待戮，而不敢北闚生路，彊寇敗績宵遁，喪師大半，分命銳師五千，西禦水軍，東西同捷，獻俘萬計。信哉賢人之謀，豈欺我哉！自是烽燧罕警，封域寡虞。陸公沒而潛謀兆，吳釁深而六師駭。夫太康之役，衆未盛乎曩日之師，廣州之亂，禍有愈乎向時之難，而邦家顛覆，宗廟爲墟。嗚呼！人之云亡，邦國殄瘁，不其然與！易曰『湯武革命順乎天』，玄曰『亂不極則治不形』，言帝王之因天時也。古人有言，曰『天時不如地利』，易曰『王侯設險以守其國』，言爲國之恃險也。又曰『地利不如人和』，『在德不在險』，言守險之由人也。吳之興也，參而由焉，孫卿所謂合其參者也。及其亡也，恃險而已，又孫卿所謂舍其參者也。夫四州之氓非無衆也，大江之南非乏俊也，山川之險易守也，勁利之器易用也，先政之業易循也，功不興而禍遘者何哉？所以用之者失也。故先王達經國之長規，審存亡之至數，恭己以安百姓，敦惠以致人和，寬沖以誘俊乂之謀，慈和以給士民之愛。是以其安也，則黎元與之同慶；及其危也，則兆庶與之共患。安與衆同慶，則其危不可得也；危與下共患，則其難不足卹也。夫然，故能保其社稷而固其土宇，麥秀無悲殷之思，黍離無愍周之感矣。」

三國志卷四十九

吳書四

劉繇太史慈士燮傳第四

劉繇字正禮，東萊牟平人也。齊孝王少子封牟平侯，子孫家焉。繇伯父寵，爲漢太尉。〔一〕繇兄岱，字公山，歷位侍中，兗州刺史。〔二〕

〔一〕續漢書曰：繇祖父本，師受經傳，博學羣書，號爲通儒。擧賢良方正，爲般長，卒官。寵字祖榮，受父業，以經明行修，擧孝廉，光祿（大夫）察四行，除東平陵令。視事數年，以母病棄官，百姓士民攀輿拒輪，充塞道路，車不得前，乃止亭，輕服潛遁，歸脩供養。後辟大將軍府，稍遷會稽太守，正身率下，郡中大治。徵入爲將作大匠。山陰縣民去治數十里有若邪中在山谷閒，五六老翁年皆七八十，聞寵遷，相率共送寵，人齎百錢。寵見，勞來曰：「父老何乃自苦遠來！」皆對曰：「山谷鄙老，生未嘗至郡縣。他時吏發求不去，民閒或夜不絕狗吠，竟夕民不得安。自明府下車以來，狗不夜吠，吏稀至民閒，年老遭値聖化，今聞當見棄去，故勠力來送。」寵謝之，爲選受一大錢，故會稽號寵爲取一錢太守。其清如是。寵前後歷二郡，八居九列，四登三事。家不藏賄，無重寶器，恆菲飲食，薄衣服，弊車羸馬，號爲窶陋。三去相位，輒歸本土。往來京師，常下道脫驂過，人莫知焉。寵嘗欲止亭，亭吏止之曰：「整頓傳舍，以待劉公，不可得止。」寵因過去。其廉儉皆此類也。以老病卒于家。

〔二〕續漢書曰：繇父輿，一名方，山陽太守。岱、繇皆有雋才。英雄記稱岱孝悌仁恕，以虛己受人。

繇年十九，從父韙爲賊所劫質，繇篡取以歸，由是顯名。擧孝廉，爲郎中，除下邑長。時郡守以貴戚託之，遂棄官去。州辟部濟南，濟南相中常侍子，貪穢不循，繇奏免之。平原陶丘洪薦繇，欲令擧茂才。刺史曰：「前年擧公山，奈何復擧正禮乎？」洪曰：「若明使君用公山於前，擢正禮於後，所謂御二龍於長塗，騁騏驥於千里，不亦可乎！」會辟司空掾，除侍御史，不就。避亂淮浦，詔書以爲揚州刺史。時袁術在淮南，繇畏憚，不敢之州。欲南渡江，吳景、孫賁迎置曲阿。術圖爲僭逆，攻沒諸郡縣。繇遣樊能、張英屯江邊以拒之。以景、賁術所授用，乃迫逐使去。於是術乃自置揚州刺史，與景、賁幷力攻英、能等，歲餘不下。漢命加繇爲牧，振武將軍，衆數萬人。孫策東渡，破英、能等。繇奔丹徒，〔一〕遂泝江南保豫章，駐彭澤。笮融先至，笮音壯力反。殺太守朱晧，〔二〕入居郡中。繇進討融，爲融所破，更復招合屬縣，攻破融。融敗走入山，爲民所殺。繇尋病卒，時年四十二。

〔一〕袁宏漢紀曰：劉繇將奔會稽，許子將曰：「會稽富實，策之所貪，且窮在海隅，不可往也。不如豫章，北連豫壤，西接荊州。若收合吏民，遣使貢獻，與曹兗州相聞，雖有袁公路隔在其閒，其人豺狼，不能久也。足下受王命，孟德、景升必相救濟。」繇從之。

〔二〕獻帝春秋曰：是歲，繇屯彭澤，又使融助晧討劉表所用太守諸葛玄。許子將謂繇曰：「笮融出軍，不顧（命）名義者也。朱文明善推誠以信人，宜使密防之。」融到，果詐殺晧，代領郡事。

笮融者，丹楊人，初聚衆數百，往依徐州牧陶謙。謙使督廣陵、彭城運漕，遂放縱擅殺，坐斷三郡委輸以自入。乃大起浮圖祠，以銅爲人，黃金塗身，衣以錦采，垂銅槃九重，下爲重樓閣道，可容三千餘人，悉課讀佛經，令界內及旁郡人有好佛者聽受道，復其他役以招致之，由此遠近前後至者五千餘人戶。每浴佛，多設酒飯，布席於路，經數十里，民人來觀及就食且萬人，費以巨億計。曹公攻陶謙，徐土騷動，融將男女萬口，馬三千匹，走廣陵，廣陵太守趙昱待以賓禮。先是，彭城相薛禮爲陶謙所偪，屯秣陵。融利廣陵之衆，因酒酣殺昱，放兵大略，因載而去。過殺禮，然後殺晧。

後策西伐江夏，還過豫章，收載繇喪，善遇其家。王朗遺策書曰：「劉正禮昔初臨州，未能自達，實賴尊門爲之先後，用能濟江成治，有所處定。踐境之禮，感分結意，情在終始。後以袁氏之嫌，稍更乖剌。更以同盟，還爲讐敵，原其本心，實非所樂。康寧之後，常願渝平更成，復踐宿好。一爾分離，款意不昭，奄然殂隕，可爲傷恨！知敎以厲薄，德以報怨，收骨育孤，哀亡愍存，捐既往之猜，保六尺之託，誠深恩重分，美名厚實也。昔魯人雖有齊怨，不廢喪紀，春秋善之，謂之得禮，誠良史之所宜藉，鄉校之所歎聞。正禮元子，致有志操，想必有

以殊異。威盛刑行，施之以恩，不亦優哉！」

繇長子基，字敬輿，年十四，居繇喪盡禮，故吏餽餉，皆無所受。〔一〕姿容美好，孫權愛敬之。權爲驃騎將軍，辟東曹掾，拜輔義校尉、建忠中郎將。權爲吳王，遷基大農。權嘗宴飲，騎都尉虞翻醉酒犯忤，權欲殺之，威怒甚盛，由基諫爭，翻以得免。權大暑時，嘗於船中宴飲，於船樓上値雷雨，權以蓋自覆，又命覆基，餘人不得也。其見待如此。徙郎中令。權稱尊號，改爲光祿勳，分平尚書事。年四十九卒。後權爲子霸納基女，賜第一區，四時寵賜，與全、張比。基二弟，鑠、尚，皆騎都尉。

〔一〕吳書曰：基遭多難，嬰丁困苦，潛處味道，不以爲戚。與羣弟居，常夜臥早起，妻妾希見其面。諸弟敬憚，事之猶父。不妄交游，門無雜賓。

太史慈字子義，東萊黃人也。少好學，仕郡奏曹史。會郡與州有隙，曲直未分，以先聞者爲善。時州章已去，郡守恐後之，求可使者。慈年二十一，以選行，晨夜取道，到洛陽，詣公車門，見州吏始欲求通。慈問曰：「君欲通章邪？」吏曰：「然。」問：「章安在？」曰：「車上。」慈曰：「章題署得無誤邪？取來視之。」吏殊不知其東萊人也，因爲取章。慈已先懷刀，便截敗之。吏踴躍大呼，言「人壞我章」！慈將至車閒，與語曰：「向使君不以章相與，

吾亦無因得敗之，是爲吉凶禍福等耳，吾不獨受此罪。豈若默然俱出去，可以存易亡，無事俱就刑辟。」吏言：「君爲郡敗吾章，已得如意，欲復亡爲？」慈答曰：「初受郡遣，但來視章通與未耳。吾用意太過，乃相敗章。今還，亦恐以此見譴怒，故俱欲去爾。」吏然慈言，即日俱去。慈既與出城，因遁還通郡章。州家聞之，更遣吏通章，有司以格章之故不復見理，州受其短。由是知名，而爲州家所疾。恐受其禍，乃避之遼東。

北海相孔融聞而奇之，數遣人訊問其母，并致餉遺。時融以黃巾寇暴，出屯都昌，爲賊管亥所圍。慈從遼東還，母謂慈曰：「汝與孔北海未嘗相見，至汝行後，贍恤殷勤，過於故舊，今爲賊所圍，汝宜赴之。」慈留三日，單步徑至都昌。時圍尚未密，夜伺閒隙，得入見融，因求兵出斫賊。融不聽，欲待外救，未有至者，而圍日偪。融欲告急平原相劉備，城中人無由得出，慈自請求行。融曰：「今賊圍甚密，衆人皆言不可，卿意雖壯，無乃實難乎？」慈對曰：「昔府君傾意於老母，老母感遇，遣慈赴府君之急，固以慈有可取，而來必有益也。今衆人言不可，慈亦言不可，豈府君愛顧之義，老母遣慈之意邪？事已急矣，願府君無疑。」融乃然之。於是嚴行蓐食，須明，便帶鞬攝弓上馬，將兩騎自隨，各作一的持之，開門直出。外圍下左右人並驚駭，兵馬互出。慈引馬至城下塹內，植所持的各一，出射之，射之畢，徑入門。明晨復如此，圍下人或起或臥，慈復植的，射之畢，復入門。明晨復出，如此，無復起者，於是

下鞭馬直突圍中馳去。比賊覺知，慈行已過，又射殺數人，皆應弦而倒，故無敢追者。遂到平原，說備曰：「慈，東萊之鄙人也，與孔北海親非骨肉，比非鄉黨，特以名志相好，有分災共患之義。今管亥暴亂，北海被圍，孤窮無援，危在旦夕。以君有仁義之名，能救人之急，故北海區區，延頸恃仰，使慈冒白刃，突重圍，從萬死之中自託於君，惟君所以存之。」備斂容答曰：「孔北海知世閒有劉備邪！」即遣精兵三千人隨慈。賊聞兵至，解圍散走。融既得濟，益奇貴慈，曰：「卿吾之少友也。」事畢，還啓其母，母曰：「我喜汝有以報孔北海也。」

揚州刺史劉繇與慈同郡，慈自遼東還，未與相見，暫渡江到曲阿見繇，未去，會孫策至。或勸繇可以慈爲大將軍，繇曰：「我若用子義，許子將不當笑我邪？」但使慈偵視輕重。時獨與一騎卒遇策。策從騎十三，皆韓當、宋謙、黃蓋輩也。慈便前鬭，正與策對。策刺慈馬，而擥得慈項上手戟，慈亦得策兜鍪。會兩家兵騎並各來赴，於是解散。

慈當與繇俱奔豫章，而遁於蕪湖，亡入山中，稱丹楊太守。是時，策已平定宣城以東，惟涇以西六縣未服。慈因進住涇縣，立屯府，大爲山越所附。策躬自攻討，遂見囚執。策即解縛，捉其手曰：「寧識神亭時邪？若卿爾時得我云何？」慈曰：「未可量也。」策大笑曰：「今日之事，當與卿共之。」〔一〕即署門下督，還吳授兵，拜折衝中郎將。後劉繇亡於豫章，

士衆萬餘人未有所附，策命慈往撫安焉。〔二〕左右皆曰：「慈必北去不還。」策曰：「子義捨我，當復與誰？」餞送昌門，把腕別曰：「何時能還？」答曰：「不過六十日。」果如期而反。〔三〕

〔一〕吳歷云：慈於神亭戰敗，爲策所執。策素聞其名，即解縛請見，咨問進取之術。慈答曰：「破軍之將，不足與論事。」策曰：「昔韓信定計於廣武，今策決疑於仁者，君何辭焉？」慈曰：「州軍新破，士卒離心，若儻分散，難復合聚；欲出宣恩安集，恐不合尊意。」策長跪答曰：「誠本心所望也。明日中，望君來還。」諸將皆疑，策曰：「太史子義，青州名士，以信義爲先，終不欺策。」明日，大請諸將，豫設酒食，立竿視影。日中而慈至，策大悅，常與參論諸軍事。

臣松之案：吳歷云慈於神亭戰敗，爲策所得，與本傳大異，疑爲謬誤。

〔二〕江表傳曰：策問慈曰：「聞卿昔爲太守劫州章，赴文舉，請詣玄德，皆有烈義，天下智士也，但所託未得其人。射鉤斬袪，古人不嫌。孤是卿知己，勿憂不如意也。」出教曰：「龍欲騰翥，先階尺木者也。」

〔三〕江表傳曰：策謂慈曰：「劉牧往責吾爲袁氏攻廬江，其意頗猥，理恕不足。何者？先君手下兵數千餘人，盡在公路許。孤志在立事，不得不屈意於公路，求索故兵，再往纔得千餘人耳。仍令孤攻廬江，爾時事勢，不得不爲行。但其後不遵臣節，自棄作邪僭事，諫之不從。丈夫義交，苟有大故，不得不離，孤交求公路及絕之本末如此。今劉繇喪亡，恨不及其生時與共論辯。今兒子在豫章，不知華子魚待遇何如，其故部曲復依隨之否？卿則州人，昔又從事，寧能往視其兒子，並宣孤意於其部曲？部曲樂來者便與俱來，不樂來者且安慰之。并觀察子魚所以牧禦

方規何似，視廬陵、鄱陽人民親附之否？卿手下兵，宜將多少，自由意。」慈對曰：「慈有不赦之罪，將軍量同桓、文，待遇過望。古人報生以死，期於盡節，沒而後已。今並息兵，兵不宜多，將數十人，自足以往還也。」

〔三〕江表傳曰：策初遣慈，議者紛紜，謂慈未可信，或云與華子魚州里，恐留彼爲籌策，或疑慈西託黃祖，假路還北，多言遣之非計。策曰：「諸君語皆非也，孤斷之詳矣。太史子義雖氣勇有膽烈，然非縱橫之人。其心有士謨，志經道義，貴重然諾，一以意許知己，死亡不相負，諸君勿復憂也。」慈從豫章還，議者乃始服。慈見策曰：「華子魚良德也，然非籌略才，無他方規，自守而已。又丹楊僮芝自擅廬陵，詐言被詔書爲太守。鄱陽民帥別立宗部，阻兵守界，不受子魚所遣長吏，言『我以別立郡，須漢遣眞太守來，當迎之耳』。子魚不但不能諧廬陵、鄱陽，近自海昏有上繚壁，有五六千家相結聚作宗伍，惟輸租布於郡耳，發召一人遂不可得，子魚亦觀視之而已。」策拊掌大笑，〔仍〕〔乃〕有兼并之志矣。頃之，遂定豫章。

劉表從子磐，驍勇，數爲寇於艾、西安諸縣。策於是分海昏、建昌左右六縣，以慈爲建昌都尉，治海昏，并督諸將拒磐。磐絕迹不復爲寇。

慈長七尺七寸，美鬚髯，猨臂善射，弦不虛發。嘗從策討麻保賊，賊於屯裏緣樓上行詈，以手持樓棼，慈引弓射之，矢貫手著棼，圍外萬人莫不稱善。其妙如此。曹公聞其名，遺慈書，以篋封之，發省無所道，而但貯當歸。孫權統事，以慈能制磐，遂委南方之事。年四十一，建安十一年卒。〔一〕子享，官至越騎校尉。〔二〕

〔一〕吳書曰：慈臨亡，歎息曰：「丈夫生世，當帶七尺之劍，以升天子之階。今所志未從，奈何而死乎！」權甚悼惜之。

〔三〕吳書曰：享字元復，歷尚書、吳郡太守。

士燮字威彥，蒼梧廣信人也。其先本魯國汶陽人，至王莽之亂，避地交州。六世至燮父賜，桓帝時爲日南太守。燮少游學京師，事潁川劉子奇，治左氏春秋。察孝廉，補尚書郎，公事免官。父賜喪闋後，舉茂才，除巫令，遷交阯太守。

弟壹，初爲郡督郵。刺史丁宮徵還京都，壹侍送勤恪，宮感之，臨別謂曰：「刺史若待罪三事，當相辟也。」後宮爲司徒，辟壹。比至，宮已免，黃琬代爲司徒，甚禮遇壹。董卓作亂，壹亡歸鄉里。〔一〕交州刺史朱符爲夷賊所殺，州郡擾亂。燮乃表壹領合浦太守，次弟徐聞令䵋領九眞太守，䵋音于鄙反，見字林。䵋弟武，領南海太守。

〔一〕吳書曰：琬與卓相害，而壹盡心於琬，甚有聲稱。卓惡之，乃署教曰：「司徒掾士壹，不得除用。」故歷年不遷。會卓入關，壹乃亡歸。

燮體器寬厚，謙虛下士，中國士人往依避難者以百數。耽玩春秋，爲之注解。陳國袁徽與尚書令荀彧書曰：「交阯士府君既學問優博，又達於從政，處大亂之中，保全一郡，二十餘年疆埸無事，民不失業，羈旅之徒，皆蒙其慶，雖竇融保河西，曷以加之？官事小闋，輒玩習書傳，春秋左氏傳尤簡練精微，吾數以咨問傳中諸疑，皆有師說，意思甚密。又尚書兼通古

今，大義詳備。聞京師古今之學，是非忿爭，今欲條左氏、尚書長義上之。」其見稱如此。

燮兄弟並爲列郡，雄長一州，偏在萬里，威尊無上。出入鳴鍾磬，備具威儀，笳簫鼓吹，車騎滿道，胡人夾轂焚燒香者常有數十。妻妾乘輜軿，子弟從兵騎，當時貴重，震服百蠻，尉他不足踰也。〔一〕武先病沒。

〔一〕葛洪神仙傳曰：燮嘗病死，已三日，仙人董奉以一丸藥與服，以水含之，捧其頤搖（捎）〔消〕之，食頃，卽開目動手，顏色漸復，半日能起坐，四日復能語，遂復常。奉字君異，候官人也。

朱符死後，漢遣張津爲交州刺史，津後又爲其將區景所殺，而荊州牧劉表遣零陵賴恭代津。是時蒼梧太守史璜死，表又遣吳巨代之，與恭俱至。漢聞張津死，賜燮璽書曰：「交州絕域，南帶江海，上恩不宣，下義壅隔，知逆賊劉表又遣賴恭闚看南土，今以燮爲綏南中郎將，董督七郡，領交阯太守如故。」後燮遣吏張旻奉貢詣京都，是時天下喪亂，道路斷絕，而燮不廢貢職，特復下詔拜安遠將軍，封龍度亭侯。

後巨與恭相失，舉兵逐恭，恭走還零陵。建安十五年，孫權遣步騭爲交州刺史。騭到，燮率兄弟奉承節度。而吳巨懷異心，騭斬之。權加燮爲左將軍。建安末年，燮遣子廞入質，權以爲武昌太守，燮、壹諸子在南者，皆拜中郎將。燮又誘導益州豪姓雍闓等，率郡人民使遙東附，權益嘉之，遷衞將軍，封龍編侯，弟壹偏將軍，都鄉侯。燮每遣使詣權，致雜香細葛，輒以千數，明珠、大貝、流離、翡翠、瑇瑁、犀、象之珍，奇物異果，蕉、邪、龍眼之屬，無歲不至。壹時貢馬凡數百匹。權輒爲書，厚加寵賜，以答慰之。燮在郡四十餘歲，黃武五年，年九十卒。

權以交阯縣遠，乃分合浦以北爲廣州，呂岱爲刺史；交阯以南爲交州，戴良爲刺史。又遣陳時代燮爲交阯太守。岱留南海，良與時俱前行到合浦，而燮子徽自署交阯太守，發宗兵拒良。良留合浦。交阯桓鄰，燮舉吏也，叩頭諫徽使迎良，徽怒，笞殺鄰。鄰兄治子發又合宗兵擊徽，徽閉門城守，治等攻之數月不能下，乃約和親，各罷兵還。而呂岱被詔誅徽，自廣州將兵晝夜馳入，過合浦，與良俱前。壹子中郎將匡與岱有舊，岱署匡師友從事，先移書交阯，告喻禍福，又遣匡見徽，說令服罪，雖失郡守，保無他憂。岱尋匡後至，徽兄祗，弟幹、頌等六人肉袒奉迎。岱謝令復服，前至郡下。明旦早施帳幔，請徽兄弟以次入，賓客滿坐。岱起，擁節讀詔書，數徽罪過，左右因反縛以出，卽皆伏誅，傳首詣武昌。〔一〕壹、䵋、匡後出，權原其罪，及燮質子廞，皆免爲庶人。數歲，壹、䵋坐法誅。廞病卒，無子，妻寡居，詔在所月給俸米，賜錢四十萬。

〔一〕孫盛曰：夫柔遠能邇，莫善於信；保大定功，莫善於義。故齊桓創基，德彰於柯會；晉文始伯，義顯於伐原。故能九合一匡，世主夏盟，令問長世，貽範百王。呂岱師友士匡，使通信誓，徽兄弟肉袒，推心委命，岱因滅之，以要

功利，君子是以知孫權之不能遠略，而呂氏之祚不延者也。

評曰：劉繇藻厲名行，好尚臧否，至於擾攘之時，據萬里之土，非其長也。太史慈信義篤烈，有古人之分。士燮作守南越，優游終世，至子不愼，自貽凶咎，蓋庸才玩富貴而恃阻險，使之然也。

三國志卷五十

吳書五

妃嬪傳第五

孫破虜吳夫人，吳主權母也。本吳人，徙錢唐，早失父母，與弟景居。孫堅聞其才貌，欲娶之。吳氏親戚嫌堅輕狡，將拒焉，堅甚以慚恨。夫人謂親戚曰：「何愛一女以取禍乎？如有不遇，命也。」於是遂許爲婚，生四男一女。〔一〕

〔一〕搜神記曰：初，夫人孕而夢月入其懷，既而生策。及權在孕，又夢日入其懷，以告堅曰：「昔妊策，夢月入我懷，今也又夢日入我懷，何也？」堅曰：「日月者陰陽之精，極貴之象，吾子孫其興乎！」

景常隨堅征伐有功，拜騎都尉。袁術上景領丹楊太守，討故太守周昕，遂據其郡。孫策與孫河、呂範依景，合衆共討涇縣山賊祖郎，郎敗走。會爲劉繇所迫，景復北依術，術以爲督軍中郎將，與孫賁共討樊能、于麋於橫江，又擊笮融、薛禮於秣陵。時策被創牛渚，降賊復反，景攻討，盡禽之。從討劉繇，繇奔豫章，策遣景、賁到壽春報術。術方與劉備爭徐州，以景爲廣陵太守。術後僭號，策以書喻術，術不納，便絕江津，不與通，使人告景。景即委郡

東歸，策復以景爲丹楊太守。漢遣議郎王誧晉普。銜命南行，表景爲揚武將軍，領郡如故。

及權少年統業，夫人助治軍國，甚有補益。〔一〕建安七年，臨薨，引見張昭等，屬以後事，合葬高陵。〔二〕

〔一〕會稽典錄曰：策功曹魏騰，以迕意見譴，將殺之，士大夫憂恐，計無所出。夫人乃倚大井而謂策曰：「汝新造江南，其事未集，方當優賢禮士，捨過錄功。魏功曹在公盡規，汝今日殺之，則明日人皆叛汝。吾不忍見禍之及，當先投此井中耳。」策大驚，遽釋騰。夫人智略權譎，類皆如此。

〔二〕志林曰：按會稽貢舉簿，建安十二年到十三年闕，無舉者，云府君遭憂，此則吳后以十二年薨也。八年九年皆有貢舉，斯甚分明。

八年，景卒官，子奮授兵爲將，封新亭侯，卒。〔一〕子安嗣，安坐黨魯王霸死。奮弟祺嗣，〔二〕封都亭侯，卒。子纂嗣。纂妻即滕胤女也，胤被誅，并遇害。

〔一〕吳書曰：權征荊州，拜奮吳郡都督，以鎮東方。

〔二〕吳書曰：祺與張溫、顧譚友善，權令關平辭訟事。

吳主權謝夫人，會稽山陰人也。父煚，漢尚書郎、徐令。〔一〕權母吳，爲權聘以爲妃，愛幸有寵。後權納姑孫徐氏，欲令謝下之，謝不肯，由是失志，早卒。後十餘年，弟承拜五官郎中，稍遷長沙東部都尉、武陵太守，撰後漢書百餘卷。〔二〕

〔一〕煚子承撰後漢書，稱煚幼以仁孝爲行，明達有令才。煚弟貞，履蹈法度，篤學尚義，舉孝廉，建昌長，卒官。

〔二〕會稽典錄曰：承字偉平，博學洽聞，嘗所知見，終身不忘。子崇揚威將軍，崇弟勖吳郡太守，並知名。

吳主權徐夫人，吳郡富春人也。祖父眞，與權父堅相親，堅以妹妻眞，生琨。琨少仕州郡，漢末擾亂，去吏，隨堅征伐有功，拜偏將軍。堅薨，隨孫策討樊能、于麋等於橫江，擊張英於當利口，而船少，欲駐軍更求。琨母時在軍中，謂琨曰：「恐州家多發水軍來逆人，則不利矣，如何可駐邪？宜伐蘆葦以爲泭，佐船渡軍。」〔一〕琨具啓策，策即行之，衆悉俱濟，遂破英，擊走笮融、劉繇，事業克定。策表琨領丹楊太守，會吳景委廣陵來東，復爲丹楊守，〔二〕琨以督軍中郎將領兵，從破廬江太守李術，封廣德侯，遷平虜將軍。後從討黃祖，中流矢卒。

〔一〕泭音敷。郭璞注方言曰：「泭，水中簰也。」

〔二〕江表傳曰：初，袁術遣從弟胤爲丹楊，策令琨討而代之。會景還，以景前在（仕）丹楊，寬仁得衆，吏民所思，而琨手下兵多，策嫌其太重，且方攻伐，宜得琨衆，乃復用景，召琨還吳。

琨生夫人，初適同郡陸尚。尚卒，權爲討虜將軍在吳，聘以爲妃，使母養子登。後權遷移，以夫人妒忌，廢處吳。積十餘年，權爲吳王及即尊號，登爲太子，羣臣請立夫人爲后，權意在步氏，卒不許。後以疾卒。兄矯，嗣父琨侯，討平山越，拜偏將軍，先夫人卒，無子。

弟祚襲封，亦以戰功至（于）蕪湖督、平魏將軍。

吳主權步夫人，臨淮淮陰人也，與丞相騭同族。漢末，其母攜將徙廬江，廬江爲孫策所破，皆東渡江，以美麗得幸於權，寵冠後庭。生二女，長曰魯班，字大虎，前配周瑜子循，後配全琮；少曰魯育，字小虎，前配朱據，後配劉纂。〔一〕

〔一〕吳歷曰：纂先尚權中女，早卒，故又以小虎爲繼室。

夫人性不妒忌，多所推進，故久見愛待。權爲王及帝，意欲以爲后，而羣臣議在徐氏，權依違者十餘年，然宮內皆稱皇后，親戚上疏稱中宮。及薨，臣下緣權指，請追正名號，乃贈印綬，策命曰：「惟赤烏元年閏月戊子，皇帝曰：嗚呼皇后，惟后佐命，共承天地。虔恭夙夜，與朕均勞。內教脩整，禮義不愆。寬容慈惠，有淑懿之德。民臣縣望，遠近歸心。朕以世難未夷，大統未一，緣后雅志，每懷謙損。是以于時未授名號，亦必謂后降年有永，永與朕躬對揚天休。不寤奄忽，大命近止。朕恨本意不早昭顯，傷后殂逝，不終天祿。愍悼之至，痛于厥心。今使使持節丞相（醴陵亭侯雍）〔醴陵侯雍〕，奉策授號，配食先后。魂而有靈，嘉其寵榮。嗚呼哀哉！」葬於蔣陵。

吳主權王夫人，琅邪人也。〔一〕夫人以選入宮，黃武中得幸，生（孫）和，寵次步氏。步氏薨後，和立爲太子，權將立夫人爲后，而全公主素憎夫人，稍稍譖毀。及權寢疾，言有喜色，由是權深責怒，以憂死。和子晧立，追尊夫人曰大懿皇后，封三弟皆列侯。

〔一〕吳書曰：夫人父名盧九。

吳主權王夫人，南陽人也，以選入宮，嘉禾中得幸，生（孫）休。及和爲太子，和母貴重，諸姬有寵者，皆出居外。夫人出公安，卒，因葬焉。休卽位，遣使追尊曰敬懷皇后，改葬敬陵。王氏無後，封同母弟文雍爲亭侯。

吳主權潘夫人，會稽句章人也。父爲吏，坐法死。夫人與姊俱輸織室，權見而異之，召充後宮。得幸有娠，夢有以龍頭授己者，已以蔽膝受之，遂生（孫）亮。赤烏十三年，亮立爲太子，請出嫁夫人之姊，權聽許之。明年，立夫人爲皇后。性險妒容媚，自始至卒，譖害袁夫人等甚衆。〔一〕權不豫，夫人使問中書令孫弘呂后專制故事。侍疾疲勞，因以羸疾，諸宮人伺其昏臥，共縊殺之，託言中惡。後事泄，坐死者六七人。權尋薨，合葬蔣陵。孫亮卽位，以夫人姊壻譚紹爲騎都尉，授兵。亮廢，紹與家屬送本郡廬陵。

〔一〕吳錄曰：袁夫人者，袁術女也，有節行而無子。權數以諸姬子與養之，輒不育。及步夫人薨，權欲立之。夫人自以無子，固辭不受。

孫亮全夫人，全尚女也。（尚）從祖母公主愛之，每進見輒與俱。及潘夫人母子有寵，全主自以與孫和母有隙，乃勸權爲潘氏男亮納夫人，亮遂爲嗣。夫人立爲皇后，以尚爲城門校尉，封都亭侯，代滕胤爲太常、衞將軍，進封永平侯，錄尚書事。時全氏侯有五人，並典兵馬，其餘爲侍郎、騎都尉，宿衞左右，自吳興，外戚貴盛莫及。及魏大將諸葛誕以壽春來附，而全懌、全端、全禕、全儀等並因此際降魏，全熙謀泄見殺，由是諸全衰弱。會孫綝廢亮爲會稽王，後又黜爲候官侯，夫人隨之國，居候官，尚將家屬徙零陵，追見殺。〔一〕

〔一〕吳錄曰：亮妻惠解有容色，居候官，吳平乃歸，永寧中卒。

孫休朱夫人，朱據女，休姊公主所生也。〔一〕赤烏末，權爲休納以爲妃。休爲琅邪王，隨居丹楊。建興中，孫峻專政，公族皆患之。全尚妻卽峻姊，故惟全主祐焉。初，孫和爲太子時，全主譖害王夫人，欲廢太子，立魯王，朱主不聽，由是有隙。五鳳中，孫儀謀殺峻，事覺被誅。全主因言朱主與儀同謀，峻枉殺朱主。休懼，遣夫人還建業，執手泣別。既至，峻遣還休。太平中，孫亮知朱主爲全主所害，問朱主死意？全主懼曰：「我實不知，皆據二子熊、損所白。」亮殺熊、損。損妻是峻妹也，孫綝益忌亮，遂廢亮，立休。永安五年，立夫人爲皇后。休卒，羣臣尊夫人爲皇太后。孫晧卽位月餘，貶爲景皇后，稱安定宮。甘露元年七月，見逼薨，合葬定陵。〔二〕

〔一〕臣松之以爲休妻其甥，事同漢惠。荀悅譏之已當，故不復廣言。

〔二〕搜神記曰：孫峻殺朱主，埋於石子岡。歸命卽位，將欲改葬之。冢墓相亞，不可識別，而宮人頗識主亡時所著衣服，乃使兩巫各住一處以伺其靈，使察鑒之，不得相近。久時，二人俱白：見一女人年可三十餘，上著靑錦束頭，紫白袷裳，丹綈絲履，從石子岡上半岡，而以手抑膝長太息，小住須臾，進一冢上便住，徘徊良久，奄然不見。二人之言，不謀而同，於是開冢，衣服如之。

孫和何姬，丹楊句容人也。父遂，本騎士。孫權嘗游幸諸營，而姬觀於道中，權望見異之，命宦者召入，以賜子和。生男，權喜，名之曰彭祖，卽晧也。太子和既廢，後爲南陽王，居長沙。孫亮卽位，孫峻輔政。峻素媚事全主，全主與和母有隙，遂勸峻徙和居新都，遣使賜死，嫡妃張氏亦自殺。何姬曰：「若皆從死，誰當養孤？」遂拊育晧，及其三弟。晧卽位，尊和爲昭獻皇帝，〔一〕何姬爲昭獻皇后，稱升平宮，月餘，進爲皇太后。封弟洪永平侯，蔣濮

陽侯，植宣城侯。洪卒，子邈嗣，爲武陵監軍，爲晉所殺。植官至大司徒。吳末昏亂，何氏驕僭，子弟橫放，百姓患之。故民譌言「晧久死，立者何氏子」云。〔二〕

〔一〕吳錄曰：晧初尊和爲昭獻皇帝，俄改曰文皇帝。

〔二〕江表傳曰：晧以張布女爲美人，有寵，晧問曰：「汝父所在？」答曰：「賊以殺之。」晧大怒，棒殺之。後思其顏色，使巧工刻木作美人形象，恆置座側。問左右：「布復有女否？」答曰：「布大女適故衞尉馮朝子純。」卽奪純妻入宮，大有寵，拜爲左夫人，晝夜與夫人房宴，不聽朝政，使尚方以金作華燧、步搖、假髻以千數。令宮人著以相撲，朝成夕敗，輒出更作，工匠因緣偷盜，府藏爲空。會夫人死，晧哀愍思念，葬于苑中，大作冢，使工匠刻柏作木人，內冢中以爲兵衞，以金銀珍玩之物送葬，不可稱計。已葬之後，晧治喪於內，半年不出。國人見葬太奢麗，皆謂晧已死，所葬者是也。晧舅子何都顏狀似晧，云都代立。臨海太守奚熙信譌言，舉兵欲還誅都，都叔父植時爲備海督，擊殺熙，夷三族，譌言乃息，而人心猶疑。

孫晧滕夫人，故太常胤之族女也。胤夷滅，夫人父牧，以疎遠徙邊郡。孫休卽位，大赦，得還，以牧爲五官中郎。晧既封烏程侯，聘牧女爲妃。晧卽位，立爲皇后，封牧高密侯，拜衞將軍，錄尚書事。後朝士以牧尊戚，頗推令諫爭。而夫人寵漸衰，晧滋不悅，晧母何恆左右之。又太史言，於運曆，后不可易，晧信巫覡，故得不廢，常供養升平宮。牧見遣居蒼梧郡，雖爵位不奪，其實裔也，遂道路憂死。長秋官僚，備員而已，受朝賀表疏如故。而晧內

諸寵姬，佩皇后璽紱者多矣。〔一〕天紀四年，隨晧遷于洛陽。

〔一〕江表傳曰：晧又使黃門備行州郡，科取將吏家女。其二千石大臣子女，皆當歲歲言名，年十五六一簡閱，簡閱不中，乃得出嫁。後宮千數，而採擇無已。

評曰：易稱「正家而天下定」。詩云：「刑于寡妻，至于兄弟，以御于家邦。」誠哉，是言也！遠觀齊桓，近察孫權，皆有識士之明，傑人之志，而嫡庶不分，閨庭錯亂，遺笑古今，殃流後嗣。由是論之，惟以道義爲心、平一爲主者，然後克免斯累邪！

三國志卷五十一　吳書六

宗室傳第六

孫靜字幼臺，堅季弟也。堅始舉事，靜糾合鄉曲及宗室五六百人以爲保障，衆咸附焉。策破劉繇，定諸縣，進攻會稽，遣人請靜，靜將家屬與策會于錢唐。是時太守王朗拒策於固陵，策數度水戰，不能克。靜說策曰：「朗負阻城守，難可卒拔。查瀆南去此數十里，查音祖加反。而道之要徑也，宜從彼據其內，所謂攻其無備、出其不意者也。吾當自帥衆爲軍前隊，破之必矣。」策曰：「善。」乃詐令軍中曰：「頃連雨水濁，兵飲之多腹痛，令促具罌缶數百口澄水。」至昏暮，羅以然火誑朗，便分軍夜投查瀆道，襲高遷屯。〔一〕朗大驚，遣故丹楊太守周昕等帥兵前戰。策破昕等，斬之，遂定會稽。〔二〕表拜靜爲奮武校尉，欲授之重任，靜戀墳墓宗族，不樂出仕，求留鎮守。策從之。權統事，就遷昭義中郎將，終於家。有五子，暠、瑜、皎、奐、謙。暠三子：綽、超、恭。超爲偏將軍。恭生峻。綽生綝。

〔一〕臣松之案：今永興縣有高遷橋。

〔二〕會稽典錄曰：昕字大明。少游京師，師事太傅陳蕃，博覽羣書，明於風角，善推災異。辟太尉府，舉高第，稍遷丹楊太守。曹公起義兵，昕前後遣兵萬餘人助公征伐。袁術之在淮南也，昕惡其淫虐，絕不與通。獻帝春秋曰：袁術遣吳景攻昕，未拔，景乃募百姓敢從周昕者死不赦。昕曰：「我則不德，百姓何罪？」遂散兵，還本郡。

瑜字仲異，以恭義校尉始領兵衆。是時賓客諸將多江西人，瑜虛心綏撫，得其歡心。建安九年，領丹楊太守，爲衆所附，至萬餘人。加綏遠將軍。十一年，與周瑜共討麻、保二屯，破之。後從權拒曹公於濡須，權欲交戰，瑜說權持重，權不從，軍果無功。遷奮威將軍，領郡如故，自溧陽徙屯牛渚。瑜以永安人饒助爲襄安長，無錫人顏連爲居巢長，使招納廬江二郡，各得降附。濟陰人馬普篤學好古，瑜厚禮之，使二府將吏子弟數百人就受業，遂立學官，臨饗講肄。是時諸將皆以軍務爲事，而瑜好樂墳典，雖在戎旅，誦聲不絕。年三十九，建安二十年卒。瑜五子：彌、熙、燿、曼、紘。曼至將軍，封侯。

孫皎字叔朗，始拜護軍校尉，領衆二千餘人。是時曹公數出濡須，皎每赴拒，號爲精銳。遷都護征虜將軍，代程普督夏口。黃蓋及兄瑜卒，又并其軍。賜沙羨、雲杜、南新市、竟陵爲奉邑，自置長吏。輕財能施，善於交結，與諸葛瑾至厚，委廬江劉靖以得失，江夏李允以衆事，廣陵吳碩、河南張梁以軍旅，而傾心親待，莫不自盡。皎嘗遣兵候獲魏邊將吏美女以進皎，皎更其衣服送還之，下令曰：「今所誅者曹氏，其百姓何罪？自今以往，不得擊其老弱。」由是江淮間多歸附者。嘗以小故與甘寧忿爭，或以諫寧，寧曰：「臣子一例，征虜雖公子，何可專行侮人邪！吾值明主，但當輸效力命，以報所天，誠不能隨俗屈曲矣。」權聞之，以書讓皎曰：「自吾與北方爲敵，中閒十年，初時相持年小，今者且三十矣。孔子言『三十而立』，非但謂五經也。授卿以精兵，委卿以大任，都護諸將於千里之外，欲使如楚任昭奚恤，揚威於北境，非徒相使逞私志而已。近聞卿與甘興霸飲，因酒發作，侵陵其人，其人求屬呂蒙督中。此人雖麤豪，有不如人意時，然其較略大丈夫也。吾親之者，非私之也。我親愛之，卿疎憎之；卿所爲每與吾違，其可久乎？夫居敬而行簡，可以臨民；愛人多容，可以得衆。二者尚不能知，安可董督在遠，禦寇濟難乎？卿行長大，特受重任，上有遠方瞻望之視，下有部曲朝夕從事，何可恣意有盛怒邪？人誰無過，貴其能改，宜追前愆，深自咎責。今故煩諸葛子瑜重宣吾意。臨書摧愴，心悲淚下。」皎得書，上疏陳謝，遂與寧結厚。後呂蒙當襲南郡，權欲令皎與蒙爲左右部大督，蒙說權曰：「若至尊以征虜能，宜用皎；以蒙能，宜用蒙。昔周瑜、程普爲左右部督，共攻江陵，雖事決於瑜，普自恃久將，且俱是督，遂共不睦，

幾敗國事，此目前之戒也。」權寤，謝蒙曰：「以卿爲大督，命皎爲後繼。」禽關羽，定荆州，皎有力焉。建安二十四年卒。權追錄其功，封子胤爲丹楊侯。胤卒，無子。弟晞嗣，領兵，有罪自殺，國除。弟咨、彌、儀皆將軍，封侯。咨羽林督，儀無難督。咨爲滕胤所殺，儀爲孫峻所害。

孫奐字季明。兄皎既卒，代統其衆，以揚武中郎將領江夏太守。在事一年，遵皎舊迹，禮劉靖、李允、吳碩、張梁及江夏閭舉等，並納其善。奐訥於造次而敏於當官，軍民稱之。黃武五年，權攻石陽，奐以地主，使所部將軍鮮于丹帥五千人先斷淮道，自帥吳碩、張梁五千人爲軍前鋒，降高城，得三將。大軍引還，權詔使在前住，駕過其軍，見奐軍陳整齊，權歎曰：「初吾憂其遲鈍，今治軍，諸將少能及者，吾無憂矣。」拜揚威將軍，封沙羡侯。吳碩、張梁皆裨將軍，賜爵關內侯。〔一〕奐亦愛樂儒生，復命部曲子弟就業，後仕進朝廷者數十人。年四十，嘉禾三年卒。子承嗣，以昭武中郎將代統兵，領郡。赤烏六年卒，無子，封承庶弟壹奉奐後，襲業爲將。孫峻之誅諸葛恪也，壹與全熙、施績攻恪弟公安督融，融自殺。壹從鎮南遷鎮軍，假節督夏口。及孫綝誅滕胤、呂據，據、胤皆壹之妹夫也，壹弟封又知胤、據謀，自殺。綝遣朱異潛襲壹。異至武昌，壹知其攻己，率部曲千餘口過將胤妻奔魏。魏以

壹爲車騎將軍、儀同三司，封吳侯，以故主芳貴人邢氏妻之。邢美色妒忌，下不堪命，遂共殺壹及邢氏。壹入魏（黃初）三年死。

〔一〕江表傳曰：初權在武昌，欲還都建業，而慮水道泝流二千里，一旦有警，不相赴及，以此懷疑。及至夏口，於塢中大會百官議之，詔曰：「諸將吏勿拘位任，其有計者，爲國言之。」諸將或陳宜立柵柵夏口，或言宜重設鐵鎖者，權皆以爲非計。時梁爲小將，未有知名，乃越席而進曰：「臣聞香餌引泉魚，重幣購勇士，今宜明樹賞罰之信，遣將入沔，與敵爭利，形勢既成，彼不敢干也。使武昌有精兵萬人，付智略者任將，常使嚴整。一旦有警，應聲相赴。作甘水城，輕艦數千，諸所宜用，皆使備具。如此開門延敵，敵自不來矣。」權以梁計爲最得，即超增梁位。後稍以功進至沔中督。

孫賁字伯陽。父羌字（聖壹）〔聖臺〕，堅同產兄也。賁早失二親，弟輔嬰孩，賁自贍育，友愛甚篤。爲郡督郵守長。堅於長沙舉義兵，賁去吏從征伐。堅薨，賁攝帥餘衆，扶送靈柩。後袁術徙壽春，賁又依之。術從兄紹用會稽周昂爲九江太守，紹與術不協，術遣賁攻破昂於陰陵。術表賁領豫州刺史，轉丹楊都尉，行征虜將軍，討平山越。爲揚州刺史劉繇所迫逐，因將士衆還住歷陽。頃之，術復使賁與吳景共擊樊能、張英等，未能拔。及策東渡，助賁、景破英、能等，遂進擊劉繇。繇走豫章。策遣賁、景還壽春報術，值術僭號，署置百官，除賁九江太守。賁不就，棄妻孥還江南。〔一〕時策已平吳、會二郡，賁與策征廬江太守劉勳、江

夏太守黃祖，軍旋，聞繇病死，過定豫章，上賁領太守，〔二〕後封都亭侯。建安十三年，使者劉隱奉詔拜賁爲征虜將軍，領郡如故。在官十一年卒。子鄰嗣。

〔一〕江表傳曰：袁術以吳景守廣陵，策族兄香亦爲術所用，作汝南太守，而令賁爲將軍，領兵在壽春。策與景等書曰：「今征江東，未知二三君意云何耳？」景即棄守歸，賁困而後免，香以道遠獨不得還。吳書曰：香字文陽。父孺，字仲孺，堅再從弟也，仕郡主簿功曹。香從堅征伐有功，拜郎中。後爲袁術驅馳，加征南將軍，死於壽春。

〔二〕江表傳曰：時丹楊僮芝自署廬陵太守，策留賁弟輔領兵住南昌，策謂賁曰：「兄今據豫章，是扼僮芝咽喉而守其門戶矣。但當伺其形便，因令國儀杖兵而進，使公瑾爲作勢援，一舉可定也。」後賁聞芝病，即如策計。周瑜到巴丘，輔遂得進據廬陵。

鄰年九歲，代領豫章，進封都鄉侯。〔一〕在郡垂二十年，討平叛賊，功績脩理。召還武昌，爲繞帳督。時太常潘濬掌荆州事，重安長陳留舒燮有罪下獄，濬嘗失燮，欲寘之於法。論者多爲有言，濬猶不釋。鄰謂濬曰：「舒伯膺兄弟爭死，海內義之，以爲美譚，仲膺又有奉國舊意。今君殺其子弟，若天下一統，青蓋北巡，中州士人必問仲膺繼嗣，答者云潘承明殺燮，於事何如？」濬意即解，燮用得濟。〔二〕鄰遷夏口沔中督、威遠將軍，所居任職。赤烏十二年卒。子苗嗣。苗弟旅及叔父安、熙、績，皆歷列位。〔三〕

〔一〕吳書曰：鄰字公達，雅性精敏，幼有令譽。

〔二〕博物志曰：仲膺名邵。初，伯膺親友爲人所殺，仲膺爲報怨。事覺，兄弟爭死，皆得免。袁術時，邵爲阜陵長。亦見江表傳。

〔三〕吳歷曰：鄰又有子曰述，爲武昌督，平荆州事。震，無難督。諧，城門校尉。歆，樂鄉督。震後襲晉軍，與張悌俱死。賁曾孫惠，字德施。惠別傳曰：惠好學有才智，晉永寧元年，赴齊王冏義，以功封晉興侯，辟大司馬賊曹屬。冏驕矜僭侈，天下失望。惠獻言於冏，諷以五難、四不可，勸令委讓萬機，歸藩青岱，辭甚深切。冏不能納，頃之果敗。成都王穎召爲大將軍參軍。是時穎將有事於長沙，以陸機爲前鋒都督。惠與機鄉里親厚，憂其致禍，謂之曰：「子盍讓都督於王粹乎？」機曰：「將謂吾避賊首鼠，更速其害。」機尋被戮，二弟雲、耽亦見殺，惠甚傷恨之。永興元年，乘輿幸鄴，司空東海王越治兵下邳，惠以書干越，詭其姓名，自稱南岳逸民秦祕之，勉以勤王匡世之略，辭義甚美。越省其書，牓題道衢，招求其人。惠乃出見，越即以爲記室參軍，專掌文疏，豫參謀議。每造書檄，越或驛馬催之，應命立成，皆有辭旨。累遷顯職，後爲廣武將軍、安豐內史。年四十七卒。惠文翰凡數十首。

孫輔字國儀，賁弟也，以揚武校尉佐孫策平三郡。策討丹楊七縣，使輔西屯歷陽以拒袁術，并招誘餘民，鳩合遺散。又從策討陵陽，生得祖郎等。〔一〕策西襲廬江太守劉勳，輔隨從，身先士卒，有功。策立輔爲廬陵太守，撫定屬城，分置長吏。遷平南將軍，假節領交州刺史。遣使與曹公相聞，事覺，權幽繫之。〔二〕數歲卒。子興、昭、偉、昕，皆歷列位。

〔一〕江表傳曰：策既平定江東，逐袁胤。袁術深怨策，乃陰遣閒使齎印綬與丹楊宗帥陵陽祖郎等，使激動山越，大合衆，圖共攻策。策自率將士討郎，生獲之。策謂郎曰：「爾昔襲擊孤，斫孤馬鞍，今創軍立事，除棄宿恨，惟取能用，與天下通耳。非但汝，汝莫恐怖。」郎叩頭謝罪。即破械，賜衣服，署門下賊曹。及軍還，郎與太史慈俱在前導軍，人以爲榮。

〔二〕典略曰：輔恐權不能保守江東，因權出行東冶，乃遣人齎書呼曹公。行人以告，權乃還，偽若不知，與張昭共見輔，權謂輔曰：「兄厭樂邪，何爲呼他人？」輔云無是。權因投書與昭，昭示輔，輔慚無辭。乃悉斬輔親近，分其部曲，徙輔置東。

孫翊字叔弼，權弟也，驍悍果烈，有兄策風。太守朱治舉孝廉，司空辟。〔一〕建安八年，以偏將軍領丹楊太守，時年二十。後卒爲左右邊鴻所殺，鴻亦即誅。〔二〕

〔一〕典略曰：翊名儼，性似策。策臨卒，張昭等謂策當以兵屬儼，而策呼權，佩以印綬。

〔二〕吳歷載翊妻徐節行，宜與嬀覽等事相次，故列於後孫韶傳中。

子松爲射聲校尉、都鄉侯。〔一〕黃龍三年卒。蜀丞相諸葛亮與兄瑾書曰：「既受東朝厚遇，依依於子弟。又子喬良器，爲之惻愴。見其所與亮器物，感用流涕。」其悼松如此，由亮養子喬咨述故云。

〔一〕吳錄曰：松善與人交，輕財好施。鎮巴丘，數咨陸遜以得失。嘗有小過，遜面責松，松意色不平，遜觀其少釋，謂曰：「君過聽不以某鄙，數見訪及，是以承來意進盡言，便變色，何也？」松笑曰：「屬亦自忿行事有此，豈有望邪！」

孫匡字季佐，翊弟也。舉孝廉茂才，未試用，卒，時年二十餘。〔一〕子泰，曹氏之甥也，爲長水校尉。嘉禾三年，從權圍新城，中流矢死。泰子秀爲前將軍、夏口督。秀公室至親，握兵在外，皓意不能平。建衡二年，皓遣何定將五千人至夏口獵。先是，民閒僉言秀當見圖，而定遠獵，秀遂驚，夜將妻子親兵數百人奔晉。晉以秀爲驃騎將軍、儀同三司，封會稽公。〔二〕

〔一〕江表傳曰：曹休出洞口，呂範率軍禦之。時匡爲定武中郎將，(遣)〔違〕範令放火，燒損茅芒，以乏軍用，範即啓送匡還吳。權別其族爲丁氏，禁固終身。臣松之案本傳曰：「匡未試用卒，時年二十餘。」而江表傳云呂範在洞口，匡爲定武中郎將。既爲定武，非爲未試用。且孫堅以初平二年卒，洞口之役在黃初三年，堅卒至此合三十一年，匡時若尚在，本傳不得云卒時年二十餘也。此蓋權別生弟朗，江表傳誤以爲匡也。朗之名位見三朝錄及虞喜志林也。

〔二〕江表傳曰：皓大怒，追改秀姓曰厲。干寶晉紀曰：秀在晉朝，初聞皓降，羣臣畢賀，秀稱疾不與，南向流涕曰：「昔討逆弱冠以一校尉創業，今後主舉江南而棄之，宗廟山陵，於此爲墟。悠悠蒼天，此何人哉！」朝廷美之。

晉諸公贊曰：吳平，降爲伏波將軍，開府如故。永寧中卒，追贈驃騎、開府。子儉，字仲節，給事中。

孫韶字公禮。伯父河，字伯海，本姓俞氏，亦吳人也。孫策愛之，賜姓爲孫，列之屬籍。〔一〕後爲將軍，屯京城。

〔一〕吳書曰：河，堅族子也，出後姑俞氏，後復姓爲孫。河質性忠直，訥言敏行，有氣幹，能服勤。少從堅征討，常爲前驅，後領左右兵，典知內事，待以腹心之任。又從策平定吳、會，從權討李術，術破，拜威寇中郎將，領廬江太守。

初，孫權殺吳郡太守盛憲，〔一〕憲故孝廉嬀覽、戴員亡匿山中，孫翊爲丹楊，皆禮致之。覽爲大都督督兵，員爲郡丞。及翊遇害，河馳赴宛陵，責怒覽、員，以不能全權，令使姦變得施。二人議曰：「伯海與將軍疏遠，而責我乃耳。討虜若來，吾屬無遺矣。」遂殺河，使人北迎揚州刺史劉馥，令住歷陽，以丹楊應之。會翊帳下徐元、孫高、傅嬰等殺覽、員。〔二〕

〔一〕會稽典錄曰：憲字孝章，器量雅偉，舉孝廉，補尚書郎，稍遷吳郡太守，以疾去官。孫策平定吳、會，誅其英豪，憲素有高名，策深忌之。初，憲與少府孔融善，融憂其不免禍，乃與曹公書曰：「歲月不居，時節如流，五十之年，忽焉已至。公爲始滿，融又過二，海內知識，零落殆盡，惟會稽盛孝章尚存。其人困於孫氏，妻孥湮沒，單子獨立，孤危愁苦，若使憂能傷人，此子不得復永年矣。春秋傳曰：『諸侯有相滅亡者，桓公不能救，則桓公恥之。』今孝章實丈夫之雄也，天下譚士依以揚聲，而身不免於幽執，命不期於旦夕，是吾祖不當復論損益之友，而朱穆所以絕交也。公誠能馳一介之使，加咫尺之書，則孝章可致，友道可弘也。今之少年，喜謗前輩，或能譏平皮柄反。孝章；孝章要爲有天下大名，九牧之民所共稱歎。燕君市駿馬之骨，非欲以騁道里，乃當以招絕足也。惟公匡復漢室，宗社將絕，又能正之，正之之術，實須得賢。珠玉無脛而自至者，以人好之也，況賢者之有足乎？昭王築臺以尊郭隗，隗雖小才，而逢大遇，竟能發明主之至心，故樂毅自魏往，劇辛自趙往，鄒衍自齊往。嚮使郭隗倒縣而王不解，臨溺而王不拯，則士亦將高翔遠引，莫有北首燕路者矣。凡所稱引，自公所知，而有云者，欲公崇篤斯義也，因表不悉。」由是徵爲騎都尉。制命未至，果爲權所害。子匡奔魏，位至征東司馬。

〔二〕吳歷曰：嬀覽、戴員親近邊洪等，數爲翊所困，常欲叛逆，因吳主出征，遂其姦計。時諸縣令長並會見翊，翊以妻徐氏頗曉卜，翊入語徐：「吾明日欲爲長吏作主人，卿試卜之。」徐言：「卦不能佳，可須異日。」翊以長吏來久，宜速遣，乃大請賓客。翊出入常持刀，爾時有酒色，空手送客，洪從後斫翊，郡中擾亂，無救翊者，遂爲洪所殺，迸走入山。徐氏購募追捕，中宿乃得，覽、員歸罪殺洪。諸將皆知覽、員所爲，而力不能討。覽入居軍府中，悉取翊嬪妾及左右侍御，欲復取徐。恐逆之見害，乃紿之曰：「乞須晦日設祭除服。」時月垂竟，覽聽須祭畢。徐潛使所親信語翊親近舊將孫高、傅嬰等，說：「覽已虜略婢妾，今又欲見偪，所以外許之者，欲安其意以免禍耳。欲立微計，願二君哀救。」高、嬰涕泣答言：「受府君恩遇，所以不即死難者，以死無益，欲思惟事計，事計未立，未敢啓夫人耳。今日之事，實夙夜所懷也。」乃密呼翊時侍養者二十餘人，以徐意語之，共盟誓，合謀。到晦日，設祭，徐氏哭泣盡哀畢，乃除服，薰香沐浴，更於他室，安施幃帳，言笑歡悅，示無戚容。大小悽愴，怪其如此。覽密覘視，無復疑意。徐呼高、嬰與諸婢羅住戶內，使人報覽，說已除凶卽吉，惟府君敕命。覽盛意入，徐出戶拜。覽適得一拜，徐便大呼：「二君可起！」高、嬰俱出，共得殺覽，餘人卽就外殺員。夫人乃還縗絰，奉覽、員首以祭翊墓。舉軍震駭，以爲神異。吳主續至，悉族誅覽、員餘黨，擢高、嬰爲牙門，其餘皆加賜金帛，殊其門戶。

韶年十七，收河餘衆，繕治京城，起樓櫓，脩器備以禦敵。權聞亂，從椒丘還，過定丹楊，引軍歸吳。夜至京城下營，試攻驚之，兵皆乘城傳檄備警，讙聲動地，頗射外人，權使曉喻乃止。明日見韶，甚器之，卽拜承烈校尉，統河部曲，食曲阿、丹徒二縣，自置長吏，一如河舊。後爲廣陵太守、偏將軍。權爲吳王，遷揚威將軍，封建德侯。權稱尊號，爲鎮北將軍。韶爲邊將數十年，善養士卒，得其死力。常以警疆埸遠斥候爲務，先知動靜而爲之備，故鮮有負敗。青、徐、汝、沛頗來歸附，淮南濱江屯候皆徹兵遠徙，徐、泗、江、淮之地，不居者各數百里。自權西征，還都武昌，韶不進見者十餘年。權還建業，乃得朝覲。權問青、徐諸屯要害，遠近人馬衆寡，魏將帥姓名，盡具識之，有問咸對。身長八尺，儀貌都雅。權歡悅曰：「吾久不見公禮，不圖進益乃爾。」加領幽州牧、假節。赤烏四年卒。子越嗣，至右將軍。越兄楷武衞大將軍、臨成侯，代越爲京下督。楷弟異至領軍將軍，奕宗正卿，恢武陵太守。天璽元年，徵楷爲宮下鎮驃騎將軍。初永安賊施但等劫皓弟謙，襲建業，或白楷二端不卽赴討者，皓數遣詰楷。楷常惶怖，而卒被召，遂將妻子親兵數百人歸晉，晉以爲車騎將軍，封丹楊侯。〔一〕

〔一〕晉諸公贊曰：吳平，降爲渡遼將軍，永安元年卒。

吳錄曰：楷處事嚴整不如孫秀，而人聞知名，過也。

孫桓字叔武，河之子也。〔一〕年二十五，拜安東中郎將，與陸遜共拒劉備。備軍衆甚盛，彌山盈谷，桓投刀奮命，與遜勠力，備遂敗走。桓斬上（兜）〔夔〕道，截其徑要。備踰山越險，僅乃得免，忿恚歎曰：「吾昔初至京城，桓尚小兒，而今迫孤乃至此也！」桓以功拜建武將軍，封丹徒侯，下督牛渚，作橫江塢，會卒。〔二〕

〔一〕吳書曰：河有四子。長助，曲阿長。次誼，海鹽長。並早卒。次桓，儀容端正，器懷聰朗，博學彊記，能論議應對，權常稱爲宗室顏淵，擢爲武衞都尉。從討關羽於華容，誘羽餘黨，得五千人，牛馬器械甚衆。

〔二〕吳書曰：桓弟俊，字叔英，性度恢弘，才經文武，爲定武中郎將，屯戍薄落，赤烏十三年卒。長子建襲爵，平虜將軍。少子慎，鎮南將軍。慎子丞，字顯世。

文士傳曰：丞好學，有文章，作螢火賦行於世。爲黃門侍郎，與顧榮俱爲侍臣。歸命世內侍多得罪尤，惟榮、丞獨獲全。常使二人記事，丞答顧問，乃下詔曰：「自今已後，用侍郎皆當如今宗室丞、顧榮輩也。」吳平赴洛，爲范陽涿令，甚有稱績。永安中，陸機爲成都王大都督，請丞爲司馬，與機俱被害。

評曰：夫親親恩義，古今之常。宗子維城，詩人所稱。況此諸孫，或贊興初基，或鎮據邊陲，克堪厥任，不忝其榮者乎！故詳著云。

三國志卷五十二

吳書七

張顧諸葛步傳第七

張昭字子布，彭城人也。少好學，善隸書，從白侯子安受左氏春秋，博覽衆書，與琅邪趙昱、東海王朗俱發名友善。弱冠察孝廉，不就，與朗共論舊君諱事，州里才士陳琳等皆稱善之。〔一〕刺史陶謙舉茂才，不應，謙以爲輕己，遂見拘執。昱傾身營救，方以得免。漢末大亂，徐方士民多避難揚土，昭皆南渡江。孫策創業，命昭爲長史、撫軍中郎將，升堂拜母，如比肩之舊，文武之事，一以委昭。〔二〕昭每得北方士大夫書疏，專歸美於昭，昭欲嘿而不宜則懼有私，宣之則恐非宜，進退不安。策聞之，歡笑曰：「昔管仲相齊，一則仲父，二則仲父，而桓公爲霸者宗。今子布賢，我能用之，其功名獨不在我乎！」

〔一〕時汝南主簿應劭議宜爲舊君諱，論者皆互有異同，事在風俗通。昭著論曰：「客有見大國之議，士君子之論，云起元建武已來，舊君名諱五十六人，以爲後生不得協也。取乎經論，譬諸行事，義高辭麗，甚可嘉羨。愚意褊淺，竊有疑焉。蓋乾坤剖分，萬物定形，肇有父子君臣之經。故聖人順天之性，制禮尙敬，在三之義，君實食之，在喪之

哀，君親臨之，厚莫重焉，恩莫大焉，誠臣子所尊仰，萬夫所天恃，焉得而同之哉？然親親有衰，尊尊有殺，故禮服上不盡高祖，下不盡玄孫。又傳記四世而緦麻，服之窮也；五世袒免，降殺同姓也；六世而親屬竭矣。又曲禮有不逮事之義則不諱，不諱者，蓋名之謂，屬絕之義，不拘於協，況乃古君五十六哉！邾子會盟，季友來歸，不稱其名，咸書字者，是時魯人嘉之也。何解臣子爲君父諱乎？周穆王諱滿，至定王時有王孫滿者，其爲大夫，是臣協君也。又厲王諱胡，及莊王之子名胡，其比衆多。夫類事建議，經有明據，傳有徵案，然後進攻退守，萬無奔北，垂示百世，永無咎失。今應劭雖上尊舊君之名，而下無所斷齊，猶歸之疑云。曲禮之篇，疑事無質，觀省上下，闕義自證，文辭可爲，倡而不法，將來何觀？言聲一放，猶拾瀋也，過辭在前，悔其何追！」

〔二〕吳書曰：策得昭甚悅，謂曰：「吾方有事四方，以士人賢者上，吾於子不得輕矣。」乃上爲校尉，待以師友之禮。

策臨亡，以弟權託昭，昭率羣僚立而輔之。〔一〕上表漢室，下移屬城，中外將校，各令奉職。權悲感未視事，昭謂權曰：「夫爲人後者，貴能負荷先軌，克昌堂構，以成勳業也。方今天下鼎沸，羣盜滿山，孝廉何得寢伏哀戚，肆匹夫之情哉？」乃身自扶權上馬，陳兵而出，然後衆心知有所歸。昭復爲權長史，授任如前。〔二〕後劉備表權行車騎將軍，昭爲軍師。權每田獵，常乘馬射虎，虎常突前攀持馬鞍。昭變色而前曰：「將軍何有當爾？夫爲人君者，謂能駕御英雄，驅使羣賢，豈謂馳逐於原野，校勇於猛獸者乎？如有一旦之患，奈天下笑何？」權謝昭曰：「年少慮事不遠，以此慚君。」然猶不能已，乃作射虎車，爲方目，閒不置蓋，一人爲御，自於中射之。時有逸羣之獸，輒復犯車，而權每手擊以爲樂。昭雖諫爭，常笑而不答。魏黃初二年，遣使者邢貞拜權爲吳王。貞入門，不下車。昭謂貞曰：「夫禮無不敬，故法無不行。而君敢自尊大，豈以江南寡弱，無方寸之刃故乎！」貞卽遽下車。拜昭爲綏遠將軍，封由拳侯。〔三〕權於武昌，臨釣臺，飲酒大醉。權使人以水灑羣臣曰：「今日酣飲，惟醉墮臺中，乃當止耳。」昭正色不言，出外車中坐。權遣人呼昭還，謂曰：「爲共作樂耳，公何爲怒乎？」昭對曰：「昔紂爲糟丘酒池長夜之飲，當時亦以爲樂，不以爲惡也。」權默然，有慚色，遂罷酒。初，權當置丞相，衆議歸昭。權曰：「方今多事，職統者責重，非所以優之也。」後孫邵卒，百寮復舉昭，權曰：「孤豈爲子布有愛乎？領丞相事煩，而此公性剛，所言不從，怨咎將興，非所以益之也。」乃用顧雍。

〔一〕吳歷曰：策謂昭曰：「若仲謀不任事者，君便自取之。正復不克捷，緩步西歸，亦無所慮。」

〔二〕吳書曰：是時天下分裂，擅命者衆。孫策涖事日淺，恩澤未洽，一旦傾隕，士民狼狽，頗有同異。及昭輔權，綏撫百姓，諸侯賓旅寄寓之士，得用自安。權每出征，留昭鎮守，領幕府事。後黃巾賊起，昭討平之。權征合肥，命昭別討匡琦，又督領諸將，攻破豫章賊率周鳳等於南城。自此希復將帥，常在左右，爲謀謨臣。權以昭舊臣，待遇尤重。

〔三〕吳錄曰：昭與孫紹、滕胤、鄭禮等，採周、漢，撰定朝儀。

權既稱尊號，昭以老病，上還官位及所統領。〔一〕更拜輔吳將軍，班亞三司，改封婁侯，食邑萬戶。在里宅無事，乃著春秋左氏傳解及論語注。權嘗問衞尉嚴畯：「寧念小時所闇

書不？」畯因誦孝經「仲尼居」。昭曰：「嚴畯鄙生，臣請爲陛下誦之。」乃誦「君子之事上」，咸以昭爲知所誦。

〔一〕江表傳曰：權既卽尊位，請會百官，歸功周瑜。昭舉笏欲褒贊功德，未及言，權曰：「如張公之計，今已乞食矣。」昭大慚，伏地流汗。昭忠謇亮直，有大臣節，權敬重之，然所以不相昭者，蓋以昔駮周瑜、魯肅等議爲非也。臣松之以爲張昭勸迎曹公，所存豈不遠乎？夫其揚休正色，委質孫氏，誠以厄運初遘，塗炭方始，自策及權，才略足輔，是以盡誠匡弼，以成其業，上藩漢室，下保民物；鼎峙之計，本非其志也。曹公仗順而起，功以義立，冀以清一諸華，拓平荆郢，大定之機，在於此會。若使昭議獲從，則六合爲一，豈有兵連禍結，遂爲戰國之弊哉！雖無功於孫氏，有大當於天下矣。昔竇融歸漢，與國升降；張魯降魏，賞延于世。況權舉全吳，望風順服，寵靈之厚，其可測量哉！然則昭爲人謀，豈不忠且正乎！

昭每朝見，辭氣壯厲，義形於色，曾以直言逆旨，中不進見。後蜀使來，稱蜀德美，而羣臣莫拒，權歎曰：「使張公在坐，彼不折則廢，安復自誇乎？」明日，遣中使勞問，因請見昭。昭避席謝，權跪止之。昭坐定，仰曰：「昔太后、桓王不以老臣屬陛下，而以陛下屬老臣，是以思盡臣節，以報厚恩，使泯沒之後，有可稱述，而意慮淺短，違逆盛旨，自分幽淪，長棄溝壑，不圖復蒙引見，得奉帷幄。然臣愚心所以事國，志在忠益，畢命而已。若乃變心易慮，以偷榮取容，此臣所不能也。」權辭謝焉。

中華書局

權以公孫淵稱藩，遣張彌、許晏至遼東拜淵爲燕王，昭諫曰：「淵背魏懼討，遠來求援，非本志也。若淵改圖，欲自明於魏，兩使不反，不亦取笑於天下乎？」權與相反覆，昭意彌切。權不能堪，案刀而怒曰：「吳國士人入宮則拜孤，出宮則拜君，孤之敬君，亦爲至矣，而數於衆中折孤，孤嘗恐失計。」昭孰視權曰：「臣雖知言不用，每竭愚忠者，誠以太后臨崩，呼老臣於牀下，遺詔顧命之言故在耳。」因涕泣橫流。權擲刀致地，與昭對泣。然卒遣彌、晏往。昭忿言之不用，稱疾不朝。權恨之，土塞其門，昭又於內以土封之。淵果殺彌、晏。權數慰謝昭，昭固不起，權因出過其門呼昭，昭辭疾篤。權燒其門，欲以恐之，昭更閉戶。權使人滅火，住門良久，昭諸子共扶昭起，權載以還宮，深自克責。昭不得已，然後朝會。〔一〕

〔一〕習鑿齒曰：張昭於是乎不臣矣！夫臣人者，三諫不從則奉身而退，身苟不絕，何忿懟之有？且秦穆違諫，卒霸西戎，晉文暫怒，終成大業。遺誓以悔過見錄，狐偃無怨絕之辭，君臣道泰，上下俱榮。今權悔往之非而求昭，後益迴慮降心，不遠而復，是其善也。昭爲人臣，不度權得道，匡其後失，夙夜匪懈，以延來譽，乃追忿不用，歸罪於君，閉戶拒命，坐待焚滅，豈不悖哉！

昭容貌矜嚴，有威風，權常曰：「孤與張公言，不敢妄也。」舉邦憚之。年八十一，嘉禾五年卒。遺令幅巾素棺，斂以時服。權素服臨弔，謚曰文侯。〔一〕長子承已自封侯，少子休襲爵。

〔一〕典略曰：余曩聞劉荊州嘗自作書欲與孫伯符，以示禰正平，正平蚩之，言：「如是爲欲使孫策帳下兒讀之邪，將使張子布見乎？」如正平言，以爲子布之才高乎？雖然，猶自蘊藉典雅，不可謂之無筆迹也。加聞吳中稱謂之仲父，如此，其人信一時之良幹，恨其不於嵩岳等資，而乃播殖於會稽。

昭弟子奮年二十，造作攻城大攻車，爲步騭所薦。昭不願曰：「汝年尚少，何爲自委於軍旅乎？」奮對曰：「昔童汪死難，子奇治阿，奮實不才耳，於年不爲少也。」遂領兵爲將軍，連有功效，至（平州）〔半州〕都督，封樂鄉亭侯。

承字仲嗣，少以才學知名，與諸葛瑾、步騭、嚴畯相友善。權爲驃騎將軍，辟西曹掾，出爲長沙西部都尉。討平山寇，得精兵萬五千人。後爲濡須都督、奮威將軍，封都鄉侯，領部曲五千人。承爲人壯毅忠讜，能甄識人物，拔彭城蔡款、南陽謝景於孤微童幼，後並爲國士，款至衞尉，景豫章太守。〔一〕又諸葛恪年少時，衆人奇其英才，承言終敗諸葛氏者元遜也。勤於長進，篤於物類，凡在庶幾之流，無不造門。年六十七，赤烏七年卒，謚曰定侯。子震嗣。初，承喪妻，昭欲爲索諸葛瑾女，承以相與有好，難之，權聞而勸焉，遂爲壻。〔二〕生女，權爲子和納之。權數令和脩敬於承，執子壻之禮。震諸葛恪誅時亦死。

〔一〕吳錄曰：款字文德，歷位內外，以清貞顯於當世。後以衞尉領中書令，封留侯。二子，條、機。條孫晧時位至尚書令、太子少傅。機爲臨川太守。謝景事在孫登傳。

〔二〕臣松之案：承與諸葛瑾同以赤烏中卒，計承年小瑾四歲耳。

休字叔嗣，弱冠與諸葛恪、顧譚等俱爲太子登僚友，以漢書授登。〔一〕從中庶子轉爲右弼都尉。權常游獵，迨暮乃歸，休上疏諫戒，權大善之，以示於昭。及登卒後，爲侍中，拜羽林都督，平三典軍事，遷揚武將軍。爲魯王霸友黨所譖，與顧譚、承俱以芍陂論功事，休、承與典軍陳恂通情，詐增其伐，並徙交州。中書令孫弘佞僞險詖，休素所忿，〔二〕弘因是譖訴，下詔書賜休死，時年四十一。

〔一〕吳書曰：休進授，指摘文義，分別事物，並有章條。每升堂宴飲，酒酣樂作，登輒降意與同歡樂。休爲人解達，登甚愛之，常在左右。

〔二〕吳錄云：弘，會稽人也。

顧雍字元歎，吳郡吳人也。〔一〕蔡伯喈從朔方還，嘗避怨於吳，雍從學琴書。〔二〕州郡表薦，弱冠爲合肥長，後轉在婁、曲阿、上虞，皆有治迹。孫權領會稽太守，不之郡，以雍爲丞，行太守事，討除寇賊，郡界寧靜，吏民歸服。數年，入爲左司馬。權爲吳王，累遷大理奉常，領尚書令，封陽遂鄉侯，拜侯還寺，而家人不知，後聞乃驚。

〔一〕吳錄曰：雍曾祖父奉，字季鴻，潁川太守。

〔二〕江表傳曰：雍從伯喈學，專一清靜，敏而易教。伯喈貴異之，謂曰：「卿必成致，今以吾名與卿。」故雍與伯喈同名，由此也。

吳錄曰：雍字元歎，言爲蔡雍之所歎，因以爲字焉。

黃武四年，迎母於吳。既至，權臨賀之，親拜其母於庭，公卿大臣畢會，後太子又往慶焉。雍爲人不飲酒，寡言語，舉動時當。權嘗歎曰：「顧君不言，言必有中。」至飲宴歡樂之際，左右恐有酒失而雍必見之，是以不敢肆情。權亦曰：「顧公在坐，使人不樂。」其見憚如此。是歲，改爲太常，進封醴陵侯，代孫邵爲丞相，平尚書事。其所選用文武將吏各隨能所任，心無適莫。時訪逮民間，及政職所宜，輒密以聞。若見納用，則歸之於上，不用，終不宣泄。權以此重之。然於公朝有所陳及，辭色雖順而所執者正。權嘗咨問得失，張昭因陳聽采聞，頗以法令太稠，刑罰微重，宜有所蠲損。權默然，顧問雍曰：「君以爲何如？」雍對曰：「臣之所聞，亦如昭所陳。」於是權乃議獄輕刑。〔一〕久之，呂壹、秦博爲中書，典校諸官府及州郡文書。壹等因此漸作威福，遂造作榷酤障管之利，舉罪糾奸，纖介必聞，重以深案醜誣，毀短大臣，排陷無辜，雍等皆見舉白，用被譴讓。後壹姦罪發露，收繫廷尉。雍往斷獄，壹以囚見，雍和顏色，問其辭狀，臨出，又謂壹曰：「君意得無欲有所道？」壹叩頭無言。時尚書郎懷敍面詈辱壹，雍責敍曰：「官有正法，何至於此！」〔二〕

〔一〕江表傳曰：權常令中書郎詣雍，有所咨訪。若合雍意，事可施行，即與相反覆，究而論之，爲設酒食。如不合意，雍即正色改容，默然不言，無所施設，即退告。權曰：「顧公歡悅，是事合宜也；其不言者，是事未平也，孤當重思之。」其見敬信如此。江邊諸將，各欲立功自效，多陳便宜，有所掩襲。權以訪雍，雍曰：「臣聞兵法戒於小利，此等所陳，欲邀功名而爲其身，非爲國也，陛下宜禁制。苟不足以曜威損敵，所不宜聽也。」權從之。軍國得失，行事可不，自非面見，口未嘗言之。

〔二〕江表傳曰：權嫁從女，女顧氏甥，故請雍父子及孫譚，譚時爲選曹尚書，見任貴重。是日，權極歡。譚醉酒，三起舞，舞不知止。雍內怒之。明日，召譚，訶責之曰：「君王以含垢爲德，臣下以恭謹爲節。昔蕭何、吳漢並有大功，何每見高帝，似不能言；漢奉光武，亦信恪勤。汝之於國，寧有汗馬之勞，可書之事邪？但階門戶之資，遂見寵任耳，何有舞不復知止？雖爲酒後，亦由恃恩忘敬，謙虛不足。損吾家者必爾也。」因背向壁臥，譚立過一時，乃見遣。

徐衆評曰：雍不以呂壹見毀之故，而和顏悅色，誠長者矣。然開引其意，問所欲道，此非也。壹姦險亂法，毀傷忠賢，吳國寒心，自太子登、陸遜已下，切諫不能得，是以潘濬欲因會手劍之，以除國患，疾惡忠主，義形於色，而今乃發起令言。若壹稱枉邪，不申理，則非錄獄本旨；若承辭而奏之，吳主儻以敬丞相所言，而復原宥，伯言、承明不當悲慨哉！懷敍本無私恨，無所爲嫌，故詈辱之，疾惡意耳，惡不仁者，其爲仁也。季武子死，曾點倚其門而歌；子皙創發，子產催令自裁。以此言之，雍不當責懷敍也。

雍爲相十九年，年七十六，赤烏六年卒。初疾微時，權令醫趙泉視之，拜其少子濟爲騎都尉。雍聞，悲曰：「泉善別死生，吾必不起，故上欲及吾目見濟拜也。」權素服臨弔，謚曰肅

侯。長子邵早卒，次子裕有篤疾，少子濟嗣，無後，絕。永安元年，詔曰：「故丞相雍，至德忠賢，輔國以禮，而侯統廢絕，朕甚愍之。其以雍次子裕襲爵爲醴陵侯，以明著舊勳。」〔一〕

〔一〕吳錄曰：裕一名穆，終宜都太守。裕子榮。

晉書曰：榮字彥先，爲東南名士，仕吳爲黃門郎，在晉歷顯位。元帝初鎮江東，以榮爲軍司馬，禮遇甚重。卒，表贈侍中、驃騎將軍、儀同三司。榮兄子禺，字孟著，少有名望，爲散騎侍郎，早卒。

吳書曰：雍母弟徽，字子歎，少游學，有脣吻。孫權統事，聞徽有才辯，召署主簿。嘗近出行，見營軍將一男子至市行刑，問之何罪，云盜百錢，徽語使住。須臾，馳詣闕陳啓：「方今畜養士衆以圖北虜，視此兵丁壯健兒，且所盜少，愚乞哀原。」權許而嘉之。轉東曹掾。或傳曹公欲東，權謂徽曰：「卿孤腹心，今傳孟德懷異意，莫足使揣之，卿爲吾行。」拜輔義都尉，到北與曹公相見。公具問境內消息，徽應對婉順，因說江東大豐，山藪宿惡，皆慕化爲善，義出作兵。公笑曰：「孤與孫將軍一結婚姻，共輔漢室，義如一家，君何爲道此？」徽曰：「正以明公與主將義固磐石，休戚共之，必欲知江表消息，是以及耳。」公厚待遣還。權問定云何，徽曰：「敵國隱情，卒難探察，然徽潛采聽，方與袁譚交爭，未有他意。」乃拜徽巴東太守，欲大用之，會卒。子裕，字季則，少知名，位至鎮東將軍。雍族人悌，字子通，以孝悌廉正聞於鄉黨。年十五爲郡吏，除郎中，稍遷偏將軍。權末年，嫡庶不分，悌數與驃騎將軍朱據共陳禍福，言辭切直，朝廷憚之。待妻有禮，常夜入晨出，希見其面。嘗疾篤，妻出省之，悌命左右扶起，冠幘加襲，起對，趣令妻還，其貞潔不瀆如此。悌父向歷四縣令，年老致仕，悌每得父書，常灑掃，整衣服，更設几筵，舒書其上，拜跪讀之，每句應諾，畢，復再拜。若父有疾耗之問至，則臨書垂涕，聲語哽咽。父以壽終，悌飲漿不入口五日。權爲作布衣一襲，皆摩絮著之，強令悌釋服。悌雖以公議自割，猶以不見父喪，常畫壁作棺柩象，

設神座於下，每對之哭泣，服未闋而卒。悌四子：彥、禮、謙、祕。祕，晉交州刺史。祕子衆，尚書僕射。

邵字孝則，博覽書傳，好樂人倫。少與舅陸績齊名，而陸遜、張敦、卜靜等皆亞焉。〔一〕自州郡庶幾及四方人士，往來相見，或言議而去，或結厚而別，風聲流聞，遠近稱之。權妻以策女。年二十七，起家爲豫章太守。下車祀先賢徐孺子之墓，優待其後；禁其淫祀非禮之祭者。小吏資質佳者，輒令就學，擇其先進，擢置右職，舉善以教，風化大行。初，錢唐丁諝出於役伍，陽羨張秉生於庶民，烏程吳粲、雲陽殷禮起乎微賤，邵皆拔而友之，爲立聲譽。秉遭大喪，親爲制服結絰。邵當之豫章，發在近路，值秉疾病，時送者百數，邵辭賓客曰：「張仲節有疾，苦不能來別，恨不見之，暫還與訣，諸君少時相待。」其留心下士，惟善所在，皆此類也。諝至典軍中郎，秉雲陽太守，禮零陵太守，〔二〕粲太子少傅。世以邵爲知人。在郡五年，卒官，子譚、承云。

〔一〕吳錄曰：敦字叔方，靜字玄風，並吳郡人。敦德量淵懿，清虛淡泊，又善文辭。孫權爲車騎將軍，辟西曹掾，轉主簿，出補海昏令，甚有惠化，年三十二卒。卜靜終於剡令。

〔二〕禮子基作通語曰：禮字德嗣，弱不好弄，潛識過人。少爲郡吏，年十九，守吳縣丞。孫權爲王，召除郎中。後與張溫俱使蜀，諸葛亮甚稱歎之。稍遷至零陵太守，卒官。

文士傳曰：禮子基，無難督，以才學知名，著通語數十篇。有三子。巨字元大，有才器，初爲吳偏將軍，統家部曲，

城夏口，吳平後，爲蒼梧太守。少子祐，字慶元，吳郡太守。

譚字子默，弱冠與諸葛恪等爲太子四友，從中庶子轉輔正都尉。〔一〕赤烏中，代恪爲左節度。〔二〕每省簿書，未嘗下籌，徒屈指心計，盡發疑謬，下吏以此服之。加奉車都尉。薛綜爲選曹尚書，固讓譚曰：「譚心精體密，貫道達微，才照人物，德允衆望，誠非愚臣所可越先。」後遂代綜。祖父雍卒數月，拜太常，代雍平尚書事。是時魯王霸有盛寵，與太子和齊衡，譚上疏曰：「臣聞有國有家者，必明嫡庶之端，異尊卑之禮，使高下有差，階級踰邈，如此則骨肉之恩生，覬覦之望絕。昔賈誼陳治安之計，論諸侯之勢，以爲勢重，雖親必有逆節之累，勢輕，雖疏必有保全之祚。故淮南親弟，不終饗國，失之於勢重也；吳芮疏臣，傳祚長沙，得之於勢輕也。昔漢文帝使慎夫人與皇后同席，袁盎退夫人之座，帝有怒色，及盎辨上下之儀，陳人彘之戒，帝既悅懌，夫人亦悟。今臣所陳，非有所偏，誠欲以安太子而便魯王也。」由是霸與譚有隙。時長公主壻衞將軍全琮子寄爲霸賓客，寄素傾邪，譚所不納。先是，譚弟承與張休俱北征壽春，全琮時爲大都督，與魏將王淩戰於芍陂，軍不利，魏兵乘勝陷沒五營將（秦兒）〔秦晃〕軍，休、承奮擊之，遂駐魏師。時琮羣子緒、端亦並爲將，因敵既住，乃進擊之，淩軍用退。時論功行賞，以爲駐敵之功大，退敵之功小，休、承並爲雜號將軍，緒、端偏裨而已。寄父子益恨，共搆會譚。〔三〕譚坐徙交州，幽而發憤，著新言二十篇。其知難篇

蓋以自悼傷也。見流二年，年四十二，卒於交阯。

〔一〕陸機爲譚傳曰：宣太子正位東宮，天子方隆訓導之義，妙簡俊彥，講學左右。時四方之傑畢集，太傅諸葛恪等雄奇蓋衆，而譚以清識絕倫，獨見推重。自太尉范慎、謝景、羊徽之徒，皆以秀稱其名，而悉在譚下。

〔二〕吳書曰：譚初踐官府，上疏陳事，權輟食稱善，以爲過於徐詳。雅性高亮，不脩意氣，或以此望之。然權鑒其能，見待甚隆，數蒙賞賜，特見召請。

〔三〕吳錄曰：全琮父子屢言芍陂之役爲典軍陳恂詐增張休、顧承之功，而休、承與恂通情。休坐繫獄，權爲譚故，沉吟不決，欲令譚謝而釋之。及大會，以問譚，譚不謝，而曰：「陛下，讒言其興乎！」

江表傳曰：有司奏譚誣罔大不敬，罪應大辟。權以雍故，不致法，皆徙之。

承字子直，嘉禾中與舅陸瑁俱以禮徵。權賜丞相雍書曰：「貴孫子直，令問休休，至與相見，過於所聞，爲君嘉之。」拜騎都尉，領羽林兵。後爲吳郡西部都尉，與諸葛恪等共平山越，別得精兵八千人，還屯軍章阬，拜昭義中郎將，入爲侍中。芍陂之役，拜奮威將軍，出領京下督。數年，與兄譚、張休等俱徙交州，年三十七卒。

諸葛瑾字子瑜，琅邪陽都人也。〔一〕漢末避亂江東。值孫策卒，孫權姊壻曲阿弘咨見而異之，薦之於權，與魯肅等並見賓待，後爲權長史，轉中司馬。建安二十年，權遣瑾使蜀通

好劉備，與其弟亮俱公會相見，退無私面。

〔一〕吳書曰：其先葛氏，本琅邪諸縣人，後徙陽都。陽都先有姓葛者，時人謂之諸葛，因以爲氏。瑾少游京師，治毛詩、尚書、左氏春秋。遭母憂，居喪至孝，事繼母恭謹，甚得人子之道。

風俗通曰：葛嬰爲陳涉將軍，有功而誅，孝文帝追錄，封其孫諸縣侯，因并氏焉。此與吳書所說不同。

與權談說諫喻，未嘗切愕，微見風彩，粗陳指歸，如有未合，則捨而及他，徐復託事造端，以物類相求，於是權意往往而釋。吳郡太守朱治，權舉將也，權曾有以望之，而素加敬，難自詰讓，忿忿不解。瑾揣知其故，而不敢顯陳，乃乞以意私自問，遂於權前爲書，泛論物理，因以己心遙往忖度之。畢，以呈權，權喜，笑曰：「孤意解矣。顏氏之德，使人加親，豈謂此邪？」權又怪校尉殷模，罪至不測。羣下多爲之言，權怒益甚，與相反覆，惟瑾默然，權曰：「子瑜何獨不言？」瑾避席曰：「瑾與殷模等遭本州傾覆，生類殄盡。棄墳墓，攜老弱，披草萊，歸聖化，在流隸之中，蒙生成之福，不能躬相督厲，陳答萬一，至令模孤負恩惠，自陷罪戾。臣謝過不暇，誠不敢有言。」權聞之愴然，乃曰：「特爲君赦之。」

後從討關羽，封宣城侯，以綏南將軍代呂蒙領南郡太守，住公安。劉備東伐吳，吳王求和，瑾與備牋曰：「奄聞旗鼓來至白帝，或恐議臣以吳王侵取此州，危害關羽，怨深禍大，不宜答和，此用心於小，未留意於大者也。試爲陛下論其輕重，及其大小。陛下若抑威損忿，

暫省瑾言者，計可立決，不復咨之於羣后也。陛下以關羽之親何如先帝？荆州大小孰與海內？俱應仇疾，誰當先後？若審此數，易於反掌。」〔一〕時或言瑾別遣親人與備相聞，權曰：「孤與子瑜有死生不易之誓，子瑜之不負孤，猶孤之不負子瑜也。」〔二〕黃武元年，遷左將軍，督公安，假節，封宛陵侯。〔三〕

〔一〕臣松之云：以爲劉后以庸蜀爲關河，荆楚爲維翰，關羽揚兵沔、漢，志陵上國，雖匡主定霸，功未可必，要爲威聲遠震，有其經略。孫權潛包禍心，助魏除害，是爲翦宗子勤王之師，行曹公移都之計，拯漢之規，於茲而止。義旗所指，宜其在孫氏矣。瑾以大義責備，答之何患無辭；且備、羽相與，有若四體，股肱橫虧，憤痛已深，豈此奢闊之書所能迴駐哉？載之於篇，實爲辭章之費。

〔二〕江表傳曰：瑾之在南郡，人有密讒瑾者。此語頗流聞於外，陸遜表保明瑾無此，宜以散其意。權報曰：「子瑜與孤從事積年，恩如骨肉，深相明究，其爲人非道不行，非義不言。玄德昔遣孔明至吳，孤嘗語子瑜曰：『卿與孔明同產，且弟隨兄，於義爲順，何以不留孔明？孔明若留從卿者，孤當以書解玄德，意自隨人耳。』子瑜答孤言：『弟亮以失身於人，委質定分，義無二心。弟之不留，猶瑾之不往也。』其言足貫神明。今豈當有此乎？孤前得妄語文疏，即封示子瑜，并手筆與子瑜，即得其報，論天下君臣大節，一定之分。孤與子瑜，可謂神交，非外言所間也。知卿意至，輒封來表，以示子瑜，使知卿意。」

〔三〕吳錄曰：曹眞、夏侯尚等圍朱然於江陵，又分據中州，瑾以大兵爲之救援。瑾性弘緩，推道理，任計畫，無應卒倚伏之術，兵久不解，權以此望之。及春水生，潘璋等作水城於上流，瑾進攻浮橋，眞等退走。雖無大勳，亦以全師

保境爲功。

虞翻以狂直流徙，惟瑾屢爲之說。翻與所親書曰：「諸葛敦仁，則天活物，比蒙清論，有以保分。惡積罪深，見忌殷重，雖有祁老之救，德無羊舌，解釋難冀也。」

瑾爲人有容貌思度，于時服其弘雅。權亦重之，大事咨訪。又別咨瑾曰：「近得伯言表，以爲曹丕已死，毒亂之民，當望旌瓦解，而更靜然。聞皆選用忠良，寬刑罰，布恩惠，薄賦省役，以悅民心，其患更深於操時。孤以爲不然。操之所行，其惟殺伐小爲過差，及離閒人骨肉，以爲酷耳。至於御將，自古少有。丕之於操，萬不及也。今叡之不如丕，猶丕不如操也。其所以務崇小惠，必以其父新死，自度衰微，恐困苦之民一朝崩沮，故彊屈曲以求民心，欲以自安住耳，寧是興隆之漸邪！聞任陳長文、曹子丹輩，或文人諸生，或宗室戚臣，寧能御雄才虎將以制天下乎？夫威柄不專，則其事乖錯，如昔張耳、陳餘，非不敦睦，至於秉勢，自還相賊，乃事理使然也。又長文之徒，昔所以能守善者，以操笮其頭，畏操威嚴，故竭心盡意，不敢爲非耳。逮丕繼業，年已長大，承操之後，以恩情加之，用能感義。今叡幼弱，隨人東西，此曹等輩，必當因此弄巧行態，阿黨比周，各助所附。如此之日，姦讒並起，更相陷懟，轉成嫌貳。一爾已往，羣下爭利，主幼不御，其爲敗也焉得久乎？所以知其然者，自古至今，安有四五人把持刑柄，而不離刺轉相蹄齧者也！彊當陵弱，弱當求援，此亂亡之道也。

中華書局

子瑜，卿但側耳聽之，伯言常長於計校，恐此一事小短也。」〔一〕

〔一〕臣松之以爲魏明帝一時明主，政自己出，孫權此論，竟爲無徵，而史載之者，將以主幼國疑，威柄不一，亂亡之形，有如權言，宜其存錄以爲鑒戒。或當以雖失之於明帝，而事著於齊王，齊王之世，可不謂驗乎！不敢顯斥，抑足表之微辭。

權稱尊號，拜大將軍、左都護，領豫州牧。及呂壹誅，權又有詔切磋瑾等，語在權傳。瑾輒因事以答，辭順理正。瑾子恪，名盛當世，權深器異之；然瑾常嫌之，謂非保家之子，每以憂戚。〔一〕赤烏四年，年六十八卒，遺命令素棺斂以時服，事從省約。恪已自封侯，故弟融襲爵，攝兵業駐公安，〔二〕部曲吏士親附之。疆外無事，秋冬則射獵講武，春夏則延賓高會，休吏假卒，或不遠千里而造焉。每會輒歷問賓客，各言其能，乃合榻促席，量敵選對，或有博弈，或有摴蒱，投壺弓彈，部別類分，於是甘果繼進，清酒徐行，融周流觀覽，終日不倦。融父兄質素，雖在軍旅，身無采飾；而融錦罽文繡，獨爲奢綺。孫權薨，徙奮威將軍。後恪征淮南，假融節，令引軍入沔，以擊西兵。恪既誅，遣無難督施寬就將軍施績、孫壹、全熙等取融。融卒聞兵士至，惶懼猶豫，不能決計，兵到圍城，飲藥而死，三子皆伏誅。〔三〕

〔一〕吳書曰：初，瑾爲大將軍，而弟亮爲蜀丞相，二子恪、融皆典戎馬，督領將帥，族弟誕又顯名於魏，一門三方爲冠蓋，天下榮之。瑾才略雖不及弟，而德行尤純。妻死不改娶，有所愛妾，生子不舉，其篤慎皆如此。

〔二〕吳書曰：融字叔長，生於寵貴，少而驕樂，學爲章句，博而不精，性寬容，多技藝，數以巾褐奉朝請，後拜騎都尉。赤烏中，諸郡出部伍，新都都尉陳表、吳郡都尉顧承各率所領人會佃毗陵，男女各數萬口。表病死，權以融代表，後代父瑾領攝。

〔三〕江表傳曰：先是，公安有靈鼉鳴，童謠曰：「白鼉鳴，龜背平，南郡城中可長生，守死不去義無成。」及恪被誅，融果刮金印龜，服之而死。

步騭字子山，臨淮淮陰人也。〔一〕世亂，避難江東，單身窮困，與廣陵衞旌同年相善，俱以種瓜自給，晝勤四體，夜誦經傳。〔二〕

〔一〕吳書曰：晉有大夫楊食采於步，後有步叔，與七十子師事仲尼。秦漢之際有爲將軍者，以功封淮陰侯，騭其後也。

〔二〕吳書曰：騭博研道藝，靡不貫覽，性寬雅沈深，能降志辱身。

會稽焦征羌，郡之豪族，〔一〕人客放縱。騭與旌求食其地，懼爲所侵，乃共脩刺奉瓜，以獻征羌。征羌方在內臥，駐之移時，旌欲委去，騭止之曰：「本所以來，畏其彊也；而今舍去，欲以爲高，祇結怨耳。」良久，征羌開牖見之，身隱几坐帳中，設席致地，坐騭、旌於牖外，旌愈恥之，騭辭色自若。征羌作食，身享大案，殽膳重沓，以小盤飯與騭、旌，惟菜茹而已。旌不能食，騭極飯致飽乃辭出。旌怒騭曰：「何能忍此？」騭曰：「吾等貧賤，是以主人以貧賤遇之，固其宜也，當何所恥？」〔二〕

〔一〕吳錄曰：征羌名嬌，嘗爲征羌令。

〔二〕吳錄曰：衞旌字子旗，官至尚書。

孫權爲討虜將軍，召騭爲主記，〔一〕除海鹽長，還辟車騎將軍東曹掾。〔二〕建安十五年，出領鄱陽太守。歲中，徙交州刺史、立武中郎將，領武射吏千人，便道南行。明年，追拜使持節、征南中郎將。劉表所置蒼梧太守吳巨陰懷異心，外附內違。騭降意懷誘，請與相見，因斬徇之，威聲大震。士燮兄弟，相率供命，南土之賓，自此始也。益州大姓雍闓等殺蜀所署太守正昂，與燮相聞，求欲內附。騭因承制遣使宣恩撫納，由是加拜平戎將軍，封廣信侯。

〔一〕吳書曰：歲餘，騭以疾免，與琅邪諸葛瑾、彭城嚴畯俱游吳中，並著聲名，爲當時英俊。

〔二〕吳書曰：權爲徐州牧，以騭爲治中從事，舉茂才。

延康元年，權遣呂岱代騭，騭將交州義士萬人出長沙。會劉備東下，武陵蠻夷蠢動，權遂命騭上益陽。備既敗績，而零、桂諸郡猶相驚擾，處處阻兵；騭周旋征討，皆平之。黃武二年，遷右將軍左護軍，改封臨湘侯。五年，假節，徙屯漚口。

權稱尊號，拜驃騎將軍，領冀州牧。是歲，都督西陵，代陸遜撫二境，頃以冀州在蜀分，解牧職。時權太子登駐武昌，愛人好善，與騭書曰：「夫賢人君子，所以興隆大化，佐理時務

者也。受性闇蔽，不達道數，雖實區區欲盡心於明德，歸分於君子，至於遠近士人，先後之宜，猶或緬焉，未之能詳。傳曰：『愛之能勿勞乎？忠焉能勿誨乎？』斯其義也，豈非所望於君子哉！」騭於是條于時事業在荊州界者，諸葛瑾、陸遜、朱然、程普、潘濬、裴玄、夏侯承、衞旌、李肅、〔一〕周條、石幹十一人，甄別行狀，因上疏奬勸曰：「臣聞人君不親小事，百官有司各任其職。故舜命九賢，則無所用心，彈五弦之琴，詠南風之詩，不下堂廟而天下治也。齊桓用管仲，被髮載車，齊國既治，又致匡合。近漢高祖擥三傑以興帝業，西楚失雄俊以喪成功。汲黯在朝，淮南寢謀；郅都守邊，匈奴竄迹。故賢人所在，折衝萬里，信國家之利器，崇替之所由也。方今王化未被於漢北，河、洛之濱尚有僭逆之醜，誠擥英雄拔俊任賢之時也。願明太子重以經意，則天下幸甚。」

〔一〕吳書曰：肅字偉恭，南陽人。少以才聞，善論議，臧否得中，甄奇錄異，薦述後進，題目品藻，曲有條貫，衆人以此服之。權擢以爲〔選曹尚書〕，選舉號爲得才。求出補吏，爲桂陽太守，吏民悅服。徵爲卿。會卒，知與不知，並痛惜焉。

後中書呂壹典校文書，多所糾舉，騭上疏曰：「伏聞諸典校擿抉細微，吹毛求瑕，重案深誣，輒欲陷人以成威福；無罪無辜，橫受大刑，是以使民跼天蹐地，誰不戰慄？昔之獄官，惟賢是任，故臯陶作士，呂侯贖刑，張、于廷尉，民無冤枉，休泰之祚，實由此興。今之小臣，

動與古異，獄以賄成，輕忽人命，歸咎于上，爲國速怨。夫一人吁嗟，王道爲虧，甚可仇疾。明德慎罰，哲人惟刑，書傳所美。自今蔽獄，都下則宜諮顧雍，武昌則陸遜、潘濬，平心專意，務在得情，騭黨神明，受罪何恨？」又曰：「天子父天母地，故宮室百官，動法列宿。若施政令，欽順時節，官得其人，則陰陽和平，七曜循度。至於今日，官寮多闕，雖有大臣，復不信任，如此天地焉得無變？故頻年枯旱，亢陽之應也。又嘉禾六年五月十四日，赤烏二年正月一日及二十七日，地皆震動。地陰類，臣之象，陰氣盛故動，臣下專政之故也。夫天地見異，所以警悟人主，可不深思其意哉！」又曰：「丞相顧雍、上大將軍陸遜、太常潘濬，憂深責重，志在竭誠，夙夜兢兢，寢食不寧，念欲安國利民，建久長之計，可謂心膂股肱，社稷之臣矣。宜各委任，不使他官監其所司，責其成效，課其負殿。此三臣者，思慮不到則已，豈敢專擅威福欺負所天乎？」又曰：「縣賞以顯善，設刑以威姦，任賢而使能，審明於法術，則何功而不成，何事而不辨，何聽而不聞，何視而不覩哉？若今郡守百里，皆各得其人，共相經緯，如是，庶政豈不康哉！竊聞諸縣並有備吏，吏多民煩，俗以之弊。但小人因緣銜命，不務奉公而作威福，無益視聽，更爲民害，愚以爲可一切罷省。」權亦覺悟，遂誅呂壹。騭前後薦達屈滯，救解患難，書數十上。權雖不能悉納，然時采其言，多蒙濟賴。〔一〕

〔一〕吳錄云：騭表言曰：「北降人王潛等說，北相部伍，圖以東向，多作布囊，欲以盛沙塞江，以大向荊州。夫備不豫設，

難以應卒，宜爲之防。」權曰：「此曹衰弱，何能有圖？必不敢來。若不如孤言，當以牛千頭，爲君作主人。」後有呂範、諸葛恪爲說騭所言，云：「每讀步騭表，輒失笑。此江與開闢俱生，寧有可以沙囊塞理也！」

赤烏九年，代陸遜爲丞相，猶誨育門生，手不釋書，被服居處有如儒生。然門內妻妾服飾奢綺，頗以此見譏。在西陵二十年，鄰敵敬其威信。性寬弘得衆，喜怒不形於聲色，而外內肅然。

十（一）年卒，子協嗣，統騭所領，加撫軍將軍。協卒，子璣嗣侯。協弟闡，繼業爲西陵督，加昭武將軍，封西亭侯。鳳皇元年，召爲繞帳督。闡累世在西陵，卒被徵命，自以失職，又懼有讒禍，於是據城降晉。遣璣與弟璿詣洛陽爲任，晉以闡爲都督西陵諸軍事、衞將軍、儀同三司，加侍中，假節領交州牧，封宜都公；璣監江陵諸軍事、左將軍，加散騎常侍，領廬陵太守，改封江陵侯；璿給事中、宣威將軍，封都鄉侯。命車騎將軍羊祜、荊州刺史楊肇往赴救闡。孫晧使陸抗西行，祜等遁退。抗陷城，斬闡等，步氏泯滅，惟璿紹祀。

潁川周昭著書稱步騭及嚴畯等曰：「古今賢士大夫所以失名喪身傾家害國者，其由非一也，然要其大歸，總其常患，四者而已。急論議一也，爭名勢二也，重朋黨三也，務欲速四也。急論議則傷人，爭名勢則敗友，重朋黨則蔽主，務欲速則失德，此四者不除，未有能全也。當世君子能不然者，亦比有之，豈獨古人乎！然論其絕異，未若顧豫章、諸葛使君、步丞相、嚴衞尉、張奮威之爲美也。論語言『夫子恂恂然善誘人』，又曰『成人之美，不成人之惡』，豫章有之矣。『望之儼然，即之也溫，聽其言也厲』，使君體之矣。『恭而安，威而不猛』，丞相履之矣。學不求祿，心無苟得，衞尉、奮威蹈之矣。此五君者，雖德實有差，輕重不同，至於趣舍大檢，不犯四者，俱一揆也。昔丁諝出於孤家，吾粲由於牧豎，豫章揚其善，以並陸、全之列，是以人無幽滯而風俗厚焉。使君、丞相、衞尉三君，昔以布衣俱相友善，諸論者因各叙其優劣。初，先衞尉，次丞相，而後有使君也；其後並事明主，經營世務，出處之才有不同，先後之名須反其初，此世常人所決勤薄也。至於三君分好，卒無虧損，豈非古人交哉！又魯橫江昔杖萬兵，屯據陸口，當世之美業也，能與不能，孰不願焉？而橫江既亡，衞尉應其選，自以才非將帥，深辭固讓，終於不就。後徙九列，遷典八座，榮不足以自曜，祿不足以自奉。至於二君，皆位爲上將，窮富極貴。衞尉既無求欲，二君又不稱薦，各守所志，保其名好。孔子曰：『君子矜而不爭，羣而不黨。』斯有風矣。又奮威之名，亦三君之次也，當一方之戍，受上將之任，與使君、丞相不異也。然歷國事，論功勞，實有先後，故爵位之榮殊焉。而奮威將處此，決能明其部分，心無失道之欲，事無充詘之求，每升朝堂，循禮而動，辭氣謇謇，罔不惟忠。叔嗣雖親貴，言憂其敗，蔡文至雖疏賤，談稱其賢。女配太子，受禮若弔，慷愾之趨，惟篤人物，成敗得失，皆如所慮，可謂守道見機，好古之士也。若乃經國家，

當軍旅，於馳騖之際，立霸王之功，此五者未爲過人。至其純粹履道，求不苟得，升降當世，保全名行，邈然絕俗，實有所師。故粗論其事，以示後之君子。」周昭者字恭遠，與韋曜、薛瑩、華覈並述吳書，後爲中書郎，坐事下獄，覈表救之，孫休不聽，遂伏法云。

評曰：張昭受遺輔佐，功勳克舉，忠謇方直，動不爲己；而以嚴見憚，以高見外，既不處宰相，又不登師保，從容閭巷，養老而已，以此明權之不及策也。顧雍依杖素業，而將之智局，故能究極榮位。諸葛瑾、步騭並以德度規檢見器當世，張承、顧邵虛心長者，好尚人物，周昭之論，稱之甚美，故詳錄焉。譚獻納在公，有忠貞之節。休、承脩志，咸庶爲善。愛惡相攻，流播南裔，哀哉！

三國志卷五十三

吳書八

張嚴程闞薛傳第八

張紘字子綱，廣陵人。游學京都，〔一〕還本郡，舉茂才，公府辟，皆不就，〔二〕避難江東。孫策創業，遂委質焉。表爲正議校尉，〔三〕從討丹楊。策身臨行陳，紘諫曰：「夫主將乃籌謨之所自出，三軍之所繫命也，不宜輕脫，自敵小寇。願麾下重天授之姿，副四海之望，無令國內上下危懼。」

〔一〕吳書曰：紘入太學，事博士韓宗，治京氏易、歐陽尚書，又於外黃從濮陽闓受韓詩及禮記、左氏春秋。

〔二〕吳書曰：大將軍何進、太尉朱儁、司空荀爽三府辟爲掾，皆稱疾不就。

〔三〕吳書曰：紘與張昭並與參謀，常令一人居守，一人從征討。後呂布襲取徐州，因爲之牧，不欲令紘與策從事。追舉茂才，移書發遣紘。紘心惡布，恥爲之屈。策亦重惜紘，欲以自輔。答記不遺，曰：「海產明珠，所在爲寶，楚雖有才，晉實用之。英偉君子，所游見珍，何必本州哉？」

建安四年，策遣紘奉章至許宮，留爲侍御史。少府孔融等皆與親善。〔一〕曹公聞策薨，

欲因喪伐吳。紘諫，以爲乘人之喪，既非古義，若其不克，成讎棄好，不如因而厚之。曹公從其言，即表權爲討虜將軍，領會稽太守。曹公欲令紘輔權內附，出紘爲會稽東部都尉。〔二〕

〔一〕吳書曰：紘至，與在朝公卿及知舊述策材略絕異，平定三郡，風行草偃，加以忠敬款誠，乃心王室。時曹公爲司空，欲加恩厚，以悅遠人，至乃優文褒崇，改號加封，辟紘爲掾，舉高第，補侍御史，後以紘爲九江太守。紘心戀舊恩，思還反命，以疾固辭。

〔二〕吳書曰：權初承統，春秋方富，太夫人以方外多難，深懷憂勞，數有優令辭謝，付屬以輔助之義。紘輒拜牋答謝，思惟補察。每有異事密計及章表書記，與四方交結，常令紘與張昭草創撰作。紘以破虜有破走董卓，扶持漢室之勳；討逆平定江外，建立大業，宜有紀頌以昭公義。既成，呈權，權省讀悲感，曰：「君眞識孤家門閥閱也。」乃遣紘之部。或以紘本受北任，嫌其志趣不止於此，權不以介意。初，琅邪趙昱爲廣陵太守，察紘孝廉，昱後爲笮融所殺，紘甚傷憤，而力不能討。昱門戶絕滅，及紘在東部，遣主簿至琅邪設祭，并求親戚爲之後，以書屬琅邪相臧宣，宣以趙宗中五歲男奉昱祀，權聞而嘉之。及討江夏，以東部少事，命紘居守，遙領所職。孔融遺紘書曰：「聞大軍西征，足下留鎮。不有居者，誰守社稷？深固折衝，亦大勳也。無乃李廣之氣，倉髮益怒，樂一當單于，以盡餘憤乎？南北並定，世將無事，孫叔投戈，絳、灌俎豆，亦在今日，但用離析，無緣會面，爲愁歎耳。道直途清，相見豈復難哉？」權以紘有鎭守之勞，欲論功加賞。紘厚自挹損，不敢蒙寵，權不奪其志。每從容侍燕，微言密指，常有以規諷。

江表傳曰：初，權於羣臣多呼其字，惟呼張昭曰張公，紘曰東部，所以重二人也。

後權以紘爲長史，從征合肥。〔一〕權率輕騎將往突敵，紘諫曰：「夫兵者凶器，戰者危事也。今麾下恃盛壯之氣，忽彊暴之虜，三軍之衆，莫不寒心，雖斬將搴旗，威震敵場，此乃偏將之任，非主將之宜也。願抑賁、育之勇，懷霸王之計。」權納紘言而止。既還，明年將復出軍，紘又諫曰：「自古帝王受命之君，雖有皇靈佐於上，文德播於下，亦賴武功以昭其勳。然而貴於時動，乃後爲威耳。今麾下值四百之厄，有扶危之功，宜且隱息師徒，廣開播殖，任賢使能，務崇寬惠，順天命以行誅，可不勞而定也。」於是遂止不行。紘建計宜出都秣陵，權從之。〔二〕令還吳迎家，道病卒。臨困，授子靖留牋曰：「自古有國有家者，咸欲脩德政以比隆盛世，至於其治，多不馨香。非無忠臣賢佐，闇於治體也，由主不勝其情，弗能用耳。夫人情憚難而趨易，好同而惡異，與治道相反。傳曰『從善如登，從惡如崩』，言善之難也。人君承奕世之基，據自然之勢，操八柄之威，甘易同之歡，〔三〕無假取於人；而忠臣挾難進之術，吐逆耳之言，其不合也，不亦宜乎！（雖）〔離〕則有釁，巧辯緣閒，眩於小忠，戀於恩愛，賢愚雜錯，長幼失敍，其所由來，情亂之也。故明君悟之，求賢如飢渴，受諫而不厭，抑情損欲，以義割恩，上無偏謬之授，下無希冀之望。宜加三思，含垢藏疾，以成仁覆之大。」時年六十卒。權省書流涕。

〔一〕吳書曰：合肥城久不拔，紘進計曰：「古之圍城，開其一面，以疑衆心。今圍之甚密，攻之又急，誠懼并命戮力。死戰之寇，固難卒拔，及救未至，可小寬之，以觀其變。」議者不同。會救騎至，數至圍下，馳騁挑戰。

〔二〕江表傳曰：紘謂權曰：「秣陵，楚武王所置，名爲金陵。地勢岡阜連石頭，訪問故老，云昔秦始皇東巡會稽經此縣，望氣者云金陵地形有王者都邑之氣，故掘斷連岡，改名秣陵。今處所具存，地有其氣，天之所命，宜爲都邑。」權善其議，未能從也。後劉備之東，宿於秣陵，周觀地形，亦勸權都之。權曰：「智者意同。」遂都焉。獻帝春秋云：劉備至京，謂孫權曰：「吳去此數百里，即有警急，赴救爲難，將軍無意屯京乎？」權曰：「秣陵有小江百餘里，可以安大船，吾方理水軍，當移據之。」備曰：「蕪湖近濡須，亦佳也。」權曰：「吾欲圖徐州，宜近下也。」

臣松之以爲秣陵之與蕪湖，道里所校無幾，於北侵利便，亦有何異？而云欲闚徐州，貪秣陵近下，非其理也。諸書皆云劉備勸都秣陵，而此獨云權自欲都之，又爲虛錯。

〔三〕周禮太宰職曰：以八柄詔王馭羣臣。一曰爵，以馭其貴。二曰祿，以馭其富。三曰予，以馭其幸。四曰置，以馭其行。五曰生，以馭其福。六曰奪，以馭其貧。七曰廢，以馭其罪。八曰誅，以馭其過。

紘著詩賦銘誄十餘篇。〔一〕子玄，官至南郡太守、尚書。〔二〕玄子尚，〔三〕孫晧時爲侍郎，以言語辯捷見知，擢爲侍中、中書令。晧使尚鼓琴，尚對曰：「素不能。」敕使學之。後晏言次說琴之精妙，尚因道「晉平公使師曠作清角，曠言吾君德薄，不足以聽之」。晧意謂尚以斯喻己，不悅。後積他事下獄，皆追以此爲詰，〔四〕送建安作船。久之，又就加誅。

〔一〕吳書曰：紘見柟榴枕，愛其文，爲作賦。陳琳在北見之，以示人曰：「此吾鄉里張子綱所作也。」後紘見陳琳作武庫賦、應機論，與琳書深歎美之。琳答曰：「自僕在河北，與天下隔，此閒率少於文章，易爲雄伯，故使僕受此過差

之譚，非其實也。今景興在此，足下與子布在彼，所謂小巫見大巫，神氣盡矣。」紘既好文學，又善楷篆，與孔融書，自書。融遺紘書曰：「前勞手筆，多篆書。每舉篇見字，欣然獨笑，如復覩其人也。」

〔三〕江表傳曰：玄清介有高行，而才不及紘。

〔三〕江表傳（日）稱尙有俊才。

〔四〕環氏吳紀曰：晧嘗問：「詩云『汎彼柏舟』，惟柏中舟乎？」尙對曰：「詩言『檜楫松舟』，則松亦中舟也。」又問：「鳥之大者惟鶴，小者惟雀乎？」尙對曰：「大者有禿鶖，小者有鷦鷯。」晧性忌勝己，而尙談論每出其表，積以致恨。後問：「孤飲酒以方誰？」尙對曰：「陛下有百觚之量。」晧云：「尙知孔丘之不王，而以孤方之！」因此發怒收尙。尙書岑昬率公卿已下百餘人，詣宮叩頭請，尙罪得減死。

初，紘同郡秦松字文表，陳端字子正，並與紘見待於孫策，參與謀謨。各早卒。

嚴畯字曼才，彭城人也。少耽學，善詩、書、三禮，又好說文。避亂江東，與諸葛瑾、步騭齊名友善。性質直純厚，其於人物，忠告善道，志存補益。張昭進之於孫權，權以爲騎都尉、從事中郎。及橫江將軍魯肅卒，權以畯代肅，督兵萬人，鎭據陸口。衆人咸爲畯喜，畯前後固辭：「樸素書生，不閑軍事，非才而據，咎悔必至。」發言慷慨，至於流涕，〔一〕權乃聽焉。世嘉其能以實讓。權爲吳王，及稱尊號，畯嘗爲衞尉，使至蜀，蜀相諸葛亮深善之。不畜祿賜，皆散之親戚知故，家常不充。廣陵劉穎與畯有舊，穎精學家巷，權聞徵之，以疾不

就。其弟略爲零陵太守，卒官，穎往赴喪，權知其詐病，急驛收錄。畯亦馳語穎，使還謝權。權怒廢畯，而穎得免罪。久之，以畯爲尙書令，後卒。〔二〕

〔一〕志林曰：權又試畯騎，上馬墮鞍。

〔二〕吳書曰：畯時年七十八，二子凱、爽。凱官至升平少府。

畯著孝經傳、潮水論，又與裴玄、張承論管仲、季路，皆傳於世。玄字彥黃，下邳人也，亦有學行，官至太中大夫。問子欽齊桓、晉文、夷、惠四人優劣，欽答所見，與玄相反覆，各有文理。欽與太子登游處，登稱其翰采。

程秉字德樞，汝南南頓人也。逮事鄭玄，後避亂交州，與劉熙考論大義，遂博通五經。士燮命爲長史。權聞其名儒，以禮徵秉，既到，拜太子太傅。黃武四年，權爲太子登娉周瑜女，秉守太常，迎妃於吳，權親幸秉船，深見優禮。既還，秉從容進說登曰：「婚姻人倫之始，王教之基，是以聖王重之，所以率先衆庶，風化天下，故詩美關雎，以爲稱首。願太子尊禮教於閨房，存周南之所詠，則道化隆於上，頌聲作於下矣。」登笑曰：「將順其美，匡救其惡，誠所賴於傅君也。」病卒官。著周易摘、尙書駮、論語弼，凡三萬餘言。秉爲傅時，率更令河南徵崇亦篤學立行云。〔一〕

〔一〕吳錄曰：崇字子和，治易、春秋左氏傳，兼善內術。本姓李，遭亂更姓，遂隱於會稽，躬耕以求其志。好尙者從學，所教不過數人輒止，欲令其業必有成也。所交結如丞相步騭等，咸親焉。嚴畯薦崇行足以厲俗，學足以爲師。初見太子登，以疾賜不拜。東宮官僚皆從諮詢。太子數訪以異聞。年七十而卒。

闞澤字德潤，會稽山陰人也。家世農夫，至澤好學，居貧無資，常爲人傭書，以供紙筆，所寫既畢，誦讀亦遍。追師論講，究覽羣籍，兼通曆數，由是顯名。察孝廉，除錢唐長，遷郴令。孫權爲驃騎將軍，辟補西曹掾；及稱尊號，以澤爲尙書。嘉禾中，爲中書令，加侍中。赤烏五年，拜太子太傅，領中書如故。

澤以經傳文多，難得盡用，乃斟酌諸家，刊約禮文及諸注說以授二宮，爲制行出入及見賓儀，又著乾象曆注以正時日。每朝廷大議，經典所疑，輒諮訪之。以儒學勤勞，封都鄉侯。性謙恭篤愼，宮府小吏，呼召對問，皆爲抗禮。人有非短，口未嘗及，容貌似不足者，然所聞少窮。權嘗問：「書傳篇賦，何者爲美？」澤欲諷喩以明治亂，因對賈誼過秦論最善，權覽讀焉。初，以呂壹姦罪發聞，有司窮治，奏以大辟，或以爲宜加焚裂，用彰元惡。權以訪澤，澤曰：「盛明之世，不宜復有此刑。」權從之。又諸官司有所患疾，欲增重科防，

以檢御臣下，澤每曰「宜依禮、律」，其和而有正，皆此類也。〔一〕六年冬卒，權痛惜感悼，食不進者數日。

〔一〕吳錄曰：虞翻稱澤曰：「闞生矯傑，蓋蜀之揚雄。」又曰：「闞子儒術德行，亦今之仲舒也。」初，魏文帝卽位，權嘗從容問羣臣曰：「曹丕以盛年卽位，恐孤不能及之，諸卿以爲何如？」羣臣未對，澤曰：「不及十年，丕其沒矣，大王勿憂也。」權曰：「何以知之？」澤曰：「以字言之，不十爲丕，此其數也。」文帝果七年而崩。臣松之計孫權年大文帝五歲，其爲長幼也微矣。

澤州里先輩丹楊唐固亦修身積學，稱爲儒者，著國語、公羊、穀梁傳注，講授常數十人。權爲吳王，拜固議郎，自陸遜、張溫、駱統等皆拜之。黃武四年爲尙書僕射，卒。〔一〕

〔一〕吳錄曰：固字子正，卒時年七十餘矣。

薛綜字敬文，沛郡竹邑人也。〔一〕少依族人避地交州，從劉熙學。士燮既附孫權，召綜爲五官中郎（將），除合浦、交阯太守。時交土始開，刺史呂岱率師討伐，綜與俱行，越海南征，及到九眞。事畢還都，守謁者僕射。西使張奉於權前列尙書闞澤姓名以嘲澤，澤不能答。綜下行酒，因勸酒曰：「蜀者何也？有犬爲獨，無犬爲蜀，橫目苟身，虫入其腹。」〔二〕奉曰：「不當復列君吳邪？」綜應聲曰：「無口爲天，有口爲吳，君臨萬邦，天子之都。」於是衆

坐喜笑，而奉無以對。其樞機敏捷，皆此類也。〔三〕

〔一〕吳錄曰：其先齊孟嘗君封於薛。秦滅六國，而失其祀，子孫分散。漢祖定天下，過齊，求孟嘗後，得其孫陵、國二人，欲復其封。陵、國兄弟相推，莫適受，乃去之竹邑，因家焉，故遂氏薛。自國至綜，世典州郡，爲著姓。綜少明經，善屬文，有秀才。

〔二〕臣松之見諸書本「苟身」或作「句身」，以爲旣云「横目」，則宜曰「句身」。

〔三〕江表傳曰：費禕聘于吳，陛見，公卿侍臣皆在坐。酒酣，禕與諸葛恪相對嘲難，言及吳、蜀。禕問曰：「蜀字云何？」恪曰：「有水者濁，無水者蜀。横目苟身，虫入其腹。」禕復問：「吳字云何？」恪曰：「無口者天，有口者吳，下臨滄海，天子帝都。」與本傳不同。

呂岱從交州召出，綜懼繼岱者非其人，上疏曰：「昔帝舜南巡，卒於蒼梧。秦置桂林、南海、象郡，然則四國之內屬也，有自來矣。趙佗起番禺，懷服百越之君，珠官之南是也。漢武帝誅呂嘉，開九郡，設交阯刺史以鎮監之。山川長遠，習俗不齊，言語同異，重譯乃通，民如禽獸，長幼無別，椎結徒跣，貫頭左衽，長吏之設，雖有若無。自斯以來，頗徙中國罪人雜居其間，稍使學書，粗知言語，使驛往來，觀見禮化。及後錫光爲交阯，任延爲九眞太守，乃教其耕犂，使之冠履；爲設媒官，始知聘娶；建立學校，導之經義。由此已降，四百餘年，頗有似類。自臣昔客始至之時，珠崖除州縣嫁娶，皆須八月引戶，人民集會之時，男女自相

可適，乃爲夫妻，父母不能止。交阯糜泠、九眞都龐二縣，皆兄死弟妻其嫂，世以此爲俗，長吏恣聽，不能禁制。日南郡男女倮體，不以爲羞。由此言之，可謂蟲豸，有靦面目耳。然而土廣人衆，阻險毒害，易以爲亂，難使從治。縣官羈縻，示令威服，田戶之租賦，裁取供辦，貴致遠珍名珠、香藥、象牙、犀角、瑇瑁、珊瑚、琉璃、鸚鵡、翡翠、孔雀、奇物，充備寶玩，不必仰其賦入，以益中國也。然在九甸之外，長吏之選，類不精覈。漢時法寬，多自放恣，故數反違法。珠崖之廢，起於長吏覩其好髮，髡取爲髲。及臣所見，南海黃蓋爲日南太守，下車以供設不豐，撾殺主簿，仍見驅逐。九眞太守儋萌爲妻父周京作主人，并請大吏，酒酣作樂，功曹番歆起舞屬京，京不肯起，歆猶迫彊，萌忿杖歆，亡於郡內。歆弟苗帥衆攻府，毒矢射萌，萌至物故。交阯太守士燮遣兵致討，卒不能克。又故刺史會稽朱符，多以鄉人虞褒、劉彥之徒分作長吏，侵虐百姓，彊賦於民，黃魚一枚收稻一斛，百姓怨叛，山賊並出，攻州突郡。符走入海，流離喪亡。次得南陽張津，與荆州牧劉表爲隙，兵弱敵彊，歲歲興軍，諸將厭患，去留自在。津小檢攝，威武不足，爲所陵侮，遂至殺沒。後得零陵賴恭，先輩仁謹，不曉時事。表又遣長沙吳巨爲蒼梧太守。巨武夫輕悍，不爲恭〔所〕服，(所取)〔輒〕相怨恨，逐出恭，求步騭。是時津故將夷廖、錢博之徒尚多，騭以次鉏治，綱紀適定，會仍召出。呂岱既至，有士氏之變。越軍南征，平討之日，改置長吏，章明王綱，威加萬里，大小承風。由

此言之，綏邊撫裔，實有其人。牧伯之任，既宜清能，荒流之表，禍福尤甚。今日交州雖名粗定，尚有高涼宿賊；其南海、蒼梧、鬱林、珠官四郡界未綏，依作寇盜，專爲亡叛逋逃之藪。若岱不復南，新刺史宜得精密，檢攝八郡，方略智計，能稍稍以漸(能)治高涼者，假其威寵，借之形勢，責其成效，庶幾可補復。如但中人，近守常法，無奇數異術者，則羣惡日滋，久遠成害。故國之安危，在於所任，不可不察也。竊懼朝廷忽輕其選，故敢竭愚情，以廣聖思。」

黃龍三年，建昌侯慮爲鎮軍大將軍，屯半州，以綜爲長史，外掌衆事，內授書籍。慮卒，入守賊曹尚書，遷尚書僕射。時公孫淵降而復叛，權盛怒，欲自親征。綜上疏諫曰：「夫帝王者，萬國之元首，天下之所繫命也。是以居則重門擊柝以戒不虞，行則清道案節以養威嚴，蓋所以存萬安之福，鎮四海之心。昔孔子疾時，託乘桴浮海之語，季由斯喜，拒以無所取才。漢元帝欲御樓船，薛廣德請刎頸以血染車。何則？水火之險至危，非帝王所宜涉也。諺曰：『千金之子，坐不垂堂。』况萬乘之尊乎？今遼東戎貊小國，無城池之固，備禦之術，器械銖鈍，犬羊無政，往必禽克，誠如明詔。然其方土寒埆，穀稼不殖，民習鞍馬，轉徙無常。卒聞大軍之至，自度不敵，鳥驚獸駭，長驅奔竄，一人匹馬，不可得見，雖獲空地，守之無益，此不可一也。加又洪流洸瀁，有成山之難，海行無常，風波難免，倏忽之間，人船異勢。雖有堯舜之德，智無所施，賁育之勇，力不得設，此不可二也。加以鬱霧冥其上，鹹水

蒸其下，善生流腫，轉相洿染，凡行海者，稀無斯患，此不可三也。天生神聖，顯以符瑞，當乘平喪亂，康此民物；嘉祥日集，海內垂定，逆虜凶虐，滅亡在近。中國一平，遼東自斃，但當拱手以待耳。今乃違必然之圖，尋至危之阻，忽九州之固，肆一朝之忿，既非社稷之重計，又開闢以來所未嘗有，斯誠羣僚所以傾身側息，食不甘味，寢不安席者也。惟陛下抑雷霆之威，忍赫斯之怒，遵乘橋之安，遠履冰之險，則臣子賴祉，天下幸甚。」時羣臣多諫，權遂不行。

正月乙未，權敕綜祝祖不得用常文，綜承詔，卒造文義，信辭粲爛。權曰：「復爲兩頭，使滿三也。」綜復再祝，辭令皆新，衆咸稱善。赤烏三年，徙選曹尚書。五年，爲太子少傅，領選職如故。〔一〕六年春，卒。凡所著詩賦難論數萬言，名曰私載，又定五宗圖述、二京解，皆傳於世。

〔一〕吳書曰：後權賜綜紫綬囊，綜陳讓紫色非所宜服，權曰：「太子年少，涉道日淺，君當博之以文，約之以禮，茅土之封，非君而誰？」是時綜以名儒居師傅之位，仍兼選舉，甚爲優重。

子珝，官至威南將軍，征交阯還，道病死。〔一〕珝弟瑩，字道言，初爲祕府中書郎，孫休即位，爲散騎中常侍。數年，以病去官。孫晧初，爲左執法，遷選曹尚書，及立太子，又領少傅。建衡三年，晧追歎瑩父綜遺文，且命瑩繼作。瑩獻詩曰：「惟臣之先，昔仕于漢，奕世緜

緜，頗涉臺觀。暨臣父綜，遭時之難，卯金失御，邦家毀亂。適茲樂土，庶存孑遺，天啓其心，東南是歸。厥初流隸，困于蠻垂。大皇開基，恩德遠施。特蒙招命，拯擢泥汙，釋放巾褐，受職剖符。作守合浦，在海之隅，遷入京輦，遂升機樞。枯瘁更榮，絕統復紀，自微而顯，非願之始。亦惟寵遇，心存足止。重値文皇，建號東宮，乃作少傅，光華益隆。明明聖嗣，至德謙崇，禮遇兼加，惟渥惟豐。哀哀先臣，念竭其忠，洪恩未報，委世以終。嗟臣蔑賤，惟昆及弟，幸生幸育，託綜遺體。過庭既訓，頑蔽難啓。堂構弗克，志存耦耕。豈悟聖朝，仁澤流盈。追錄先臣，愍其無成，是濟是拔，被以殊榮。翊忝千里，受命南征，旍旗備物，金革揚聲。及臣斯陋，實闇實微，既顯前軌，人物之機；復傅東宮，繼世荷輝，才不逮先，是忝是違。乾德博好，文雅是貴，追悼亡臣，冀存遺類。如何愚胤，曾無髣髴！瞻彼舊寵，顧此頑虛，孰能忍媿，臣實與居。夙夜反側，克心自論，父子兄弟，累世蒙恩，死惟結草，生誓殺身，雖則灰隕，無報萬分。」

〔一〕漢晉春秋曰：孫休時，翊爲五官中郎將，遣至蜀求馬。及還，休問蜀政得失，對曰：「主闇而不知其過，臣下容身以求免罪，入其朝不聞正言，經其野民皆菜色。臣聞燕雀處堂，子母相樂，自以爲安也，突決棟焚，而燕雀怡然不知禍之將及，其是之謂乎！」

是歲，何定建議鑿聖谿以通江淮，晧令瑩督萬人往，遂以多盤石難施功，罷還，出爲武

昌左部督。後定被誅，晧追聖谿事，下瑩獄，徙廣州。右國史華覈上疏曰：「臣聞五帝三王皆立史官，敍錄功美，垂之無窮。漢時司馬遷、班固，咸命世大才，所撰精妙，與六經俱傳。大吳受命，建國南土。大皇帝末年，命太史令丁孚、郎中項峻始撰吳書。孚、峻俱非史才，其所撰作，不足紀錄。至少帝時，更差韋曜、周昭、薛瑩、梁廣及臣五人，訪求往事，所共撰立，備有本末。昭、廣先亡，曜負恩蹈罪，瑩出爲將，復以過徙，其書遂委滯，迄今未撰奏。臣愚淺才劣，適可爲瑩等記注而已，若使撰合，必襲孚、峻之跡，懼墜大皇帝之元功，損當世之盛美。瑩涉學既博，文章尤妙，同寮之中，瑩爲冠首。今者見吏，雖多經學，記述之才，如瑩者少，是以慺慺爲國惜之。實欲使卒垂成之功，編於前史之末。奏上之後，退塡溝壑，無所復恨。」晧遂召瑩還，爲左國史。頃之，選曹尚書同郡繆禕以執意不移，爲羣小所疾，左遷衡陽太守。既拜，又追以職事見詰責，拜表陳謝。因過詣瑩，復爲人所白，云禕不懼罪，多將賓客會聚瑩許。乃收禕下獄，徙桂陽，瑩還廣州。未至，召瑩還，復職。是時法政多謬，舉措煩苛，瑩每上便宜，陳緩刑簡役，以濟育百姓，事或施行。遷光祿勳。天紀四年，晉軍征晧，晧奉書於司馬伷、王渾、王濬請降，其文，瑩所造也。瑩既至洛陽，特先見敍，爲散騎常侍，答問處當，皆有條理。〔一〕太康三年卒。著書八篇，名曰新議。〔二〕

〔一〕干寶晉紀曰：武帝從容問瑩曰：「孫晧之所以亡者何也？」瑩對曰：「歸命侯臣晧之君吳也，昵近小人，刑罰妄加，大臣大將，無所親信，人人憂恐，各不自保，危亡之釁，實由於此。」帝遂問吳士存亡者之賢愚，瑩各以狀對。

〔二〕王隱晉書曰：瑩子兼，字令長，清素有器宇，資望故如上國，不似吳人。歷位二宮丞相長史。元帝踐阼，累遷丹楊尹、尚書，又爲太子少傅。自綜至兼，三世傅東宮。

評曰：張紘文理意正，爲世令器，孫策待之亞於張昭，誠有以也。嚴、程、闞生，一時儒林也。至峻辭榮濟舊，不亦長者乎！薛綜學識規納，爲吳良臣。及瑩纂蹈，允有先風，然於暴酷之朝，屢登顯列，君子殆諸。

三國志卷五十四

吳書九

周瑜魯肅呂蒙傳第九

周瑜字公瑾，廬江舒人也。從祖父景，景子忠，皆為漢太尉。〔一〕父異，洛陽令。

〔一〕謝承後漢書曰：景字仲嚮，少以廉能見稱，以明學察孝廉，辟公府。後為豫州刺史，辟汝南陳蕃為別駕，潁川李膺、荀緄、杜密、沛國朱寓為從事，皆天下英俊之士也。稍遷至尚書令，遂登太尉。張璠漢紀曰：景父榮，章、和世為尚書令。初景歷位牧守，好善愛士，每歲舉孝廉，延請入，上後堂，與家人宴會，如此者數四。及贈送既備，又選用其子弟，常稱曰：「移臣作子，於政何有？」先是，司徒韓縯為河內太守，在公無私，所舉一辭而已，後亦不及其門戶，曰：「我舉若可矣，不令恩偏稱一家也。」當時論者，或兩譏焉。

瑜長壯有姿貌。初，孫堅興義兵討董卓，徙家於舒。堅子策與瑜同年，獨相友善，瑜推道南大宅以舍策，升堂拜母，有無通共。瑜從父尚為丹楊太守，瑜往省之。會策將東渡，到歷陽，馳書報瑜，瑜將兵迎策。策大喜曰：「吾得卿，諧也。」遂從攻橫江、當利，皆拔之。乃渡擊秣陵，破笮融、薛禮，轉下湖孰、江乘，進入曲阿，劉繇奔走，而策之衆已數萬矣。因謂

瑜曰：「吾以此衆取吳會平山越已足。卿還鎮丹楊。」瑜還。頃之，袁術遣從弟胤代尚為太守，而瑜與尚俱還壽春。術欲以瑜為將，瑜觀術終無所成，故求為居巢長，欲假塗東歸，術聽之。遂自居巢還吳。是歲，建安三年也。策親自迎瑜，授建威中郎將，即與兵二千人，騎五十匹。〔一〕瑜時年二十四，吳中皆呼為周郎。以瑜恩信著於廬江，出備牛渚，後領春穀長。頃之，策欲取荆州，以瑜為中護軍，領江夏太守，從攻皖，拔之。時得橋公兩女，皆國色也。策自納大橋，瑜納小橋。〔二〕復進尋陽，破劉勳，討江夏，還定豫章、廬陵，留鎮巴丘。〔三〕

〔一〕江表傳曰：策又給瑜鼓吹，為治館舍，贈賜莫與為比。策令曰：「周公瑾英儁異才，與孤有總角之好，骨肉之分。如前在丹楊，發衆及船糧以濟大事，論德酬功，此未足以報者也。」

〔二〕江表傳曰：策從容戲瑜曰：「橋公二女雖流離，得吾二人作壻，亦足為歡。」

〔三〕臣松之案：孫策于時始得豫章、廬陵，尚未能得定江夏。瑜之所鎮，應在今巴丘縣也，與後所(平)〔卒〕巴丘處不同。

五年，策薨，權統事。瑜將兵赴喪，遂留吳，以中護軍與長史張昭共掌衆事。〔一〕十一年，督孫瑜等討麻、保二屯，梟其渠帥，囚俘萬餘口，還備(官亭)〔宮亭〕。江夏太守黃祖遣將鄧龍將兵數千人入柴桑，瑜追討擊，生虜龍送吳。十三年春，權討江夏，瑜為前部大督。

〔一〕江表傳曰：曹公新破袁紹，兵威日盛，建安七年，下書責權質任子。權召羣臣會議，張昭、秦松等猶豫不能決，權

意不欲遣質，乃獨將瑜詣母前定議，瑜曰：「昔楚國初封於荆山之側，不滿百里之地，繼嗣賢能，廣土開境，立基於郢，遂據荆揚，至於南海，傳業延祚，九百餘年。今將軍承父兄餘資，兼六郡之衆，兵精糧多，將士用命，鑄山為銅，煮海為鹽，境內富饒，人不思亂，汎舟舉帆，朝發夕到，士風勁勇，所向無敵，有何偪迫，而欲送質？質一入，不得不與曹氏相首尾，與相首尾，則命召不得不往，便見制於人也。極不過一侯印，僕從十餘人，車數乘，馬數匹，豈與南面稱孤同哉？不如勿遣，徐觀其變。若曹氏能率義以正天下，將軍事之未晚。若圖為暴亂，兵猶火也，不戢將自焚。將軍韜勇抗威，以待天命，何送質之有！」權母曰：「公瑾議是也。公瑾與伯符同年，小一月耳，我視之如子也，汝其兄事之。」遂不送質。

其年九月，曹公入荆州，劉琮舉衆降，曹公得其水軍，船步兵數十萬，將士聞之皆恐。權延見羣下，問以計策。議者咸曰：「曹公豺虎也，然託名漢相，挾天子以征四方，動以朝廷為辭，今日拒之，事更不順。且將軍大勢，可以拒操者，長江也。今操得荆州，奄有其地，劉表治水軍，蒙衝鬬艦，乃以千數，操悉浮以沿江，兼有步兵，水陸俱下，此為長江之險，已與我共之矣。而勢力衆寡，又不可論。愚謂大計不如迎之。」瑜曰：「不然。操雖託名漢相，其實漢賊也。將軍以神武雄才，兼仗父兄之烈，割據江東，地方數千里，兵精足用，英雄樂業，尚當橫行天下，為漢家除殘去穢。況操自送死，而可迎之邪？請為將軍籌之：今使北土已安，操無內憂，能曠日持久，來爭疆埸，又能與我校勝負於船楫(可)〔閒〕乎？今北土既未平安，加馬超、韓遂尚在關西，為操後患。且舍鞍馬，仗舟楫，與吳越爭衡，本非中國所長。

又今盛寒，馬無藁草，驅中國士衆遠涉江湖之閒，不習水土，必生疾病。此數四者，用兵之患也，而操皆冒行之。將軍禽操，宜在今日。瑜請得精兵三萬人，進住夏口，保為將軍破之。」權曰：「老賊欲廢漢自立久矣，徒忌二袁、呂布、劉表與孤耳。今數雄已滅，惟孤尚存，孤與老賊，勢不兩立。君言當擊，甚與孤合，此天以君授孤也。」〔一〕

〔一〕江表傳曰：權拔刀斫前奏案曰：「諸將吏敢復有言當迎操者，與此案同！」及會罷之夜，瑜請見曰：「諸人徒見操書，言水步八十萬，而各恐懾，不復料其虛實，便開此議，甚無謂也。今以實校之，彼所將中國人，不過十五六萬，且軍已久疲，所得表衆，亦極七八萬耳，尚懷狐疑。夫以疲病之卒，御狐疑之衆，衆數雖多，甚未足畏。得精兵五萬，自足制之，願將軍勿慮。」權撫背曰：「公瑾，卿言至此，甚合孤心。子布、文表諸人，各顧妻子，挾持私慮，深失所望，獨卿與子敬與孤同耳，此天以卿二人贊孤也。五萬兵難卒合，已選三萬人，船糧戰具俱辦，卿與子敬、程公便在前發，孤當續發人衆，多載資糧，為卿後援。卿能辦之者誠決，邂逅不如意，便還就孤，孤當與孟德決之。」臣松之以為建計拒曹公，實始魯肅。于時周瑜使鄱陽，肅勸權呼瑜，瑜使鄱陽還，但與肅闇同，故能共成大勳。本傳直云，權延見羣下，問以計策，瑜擺撥衆人之議，獨言抗拒之計，了不云肅先有謀，殆為攘肅之善也。

時劉備為曹公所破，欲引南渡江，與魯肅遇於當陽，遂共圖計，因進住夏口，遣諸葛亮詣權。權遂遣瑜及程普等與備并力逆曹公，遇於赤壁。時曹公軍衆已有疾病，初一交戰，公軍敗退，引次江北。瑜等在南岸。瑜部將黃蓋曰：「今寇衆我寡，難與持久。然觀操軍船艦首尾相接，可燒而走也。」乃取蒙衝鬬艦數十艘，實以薪草，膏油灌其中，裹以帷幕，上建

牙旗，先書報曹公，欺以欲降。〔一〕又豫備走舸，各繫大船後，因引次俱前。曹公軍吏士皆延頸觀望，指言蓋降。蓋放諸船，同時發火。時風盛猛，悉延燒岸上營落。頃之，煙炎張天，人馬燒溺死者甚衆，軍遂敗退，還保南郡。〔二〕備與瑜等復共追。曹公留曹仁等守江陵城，徑自北歸。

〔一〕江表傳載蓋書曰：「蓋受孫氏厚恩，常爲將帥，見遇不薄。然顧天下事有大勢，用江東六郡山越之人，以當中國百萬之衆，衆寡不敵，海內所共見也。東方將吏，無有愚智，皆知其不可，惟周瑜、魯肅偏懷淺戇，意未解耳。今日歸命，是其實計。瑜所督領，自易摧破。交鋒之日，蓋爲前部，當因事變化，效命在近。」曹公特見行人，密問之，口敕曰：「但恐汝詐耳。蓋若信實，當授爵賞，超於前後也。」

〔二〕江表傳曰：至戰日，蓋先取輕利艦十舫，載燥荻枯柴積其中，灌以魚膏，赤幔覆之，建旌旗龍幡於艦上。時東南風急，因以十艦最著前，中江舉帆，蓋舉火白諸校，使衆兵齊聲大叫曰：「降焉！」操軍人皆出營立觀。去北軍二里餘，同時發火，火烈風猛，往船如箭，飛埃絕爛，燒盡北船，延及岸邊營柴。瑜等率輕銳尋繼其後，雷鼓大進，北軍大壞，曹公退走。

瑜與程普又進南郡，與仁相對，各隔大江。兵未交鋒，〔一〕瑜卽遣甘寧前據夷陵。仁分兵騎別攻圍寧。寧告急於瑜。瑜用呂蒙計，留淩統以守其後，身與蒙上救寧。寧圍既解，乃渡屯北岸，克期大戰。瑜親跨馬擽陳，會流矢中右脅，瘡甚，便還。後仁聞瑜臥未起，勒兵就陳。瑜乃自興，案行軍營，激揚吏士，仁由是遂退。

〔一〕吳錄曰：備謂瑜云：「仁守江陵城，城中糧多，足爲疾害。使張益德將千人隨卿，卿分二千人追我，相爲從夏水入截仁後，仁聞吾入必走。」瑜以二千人益之。

權拜瑜偏將軍，領南郡太守。以下雋、漢昌、劉陽、州陵爲奉邑，屯據江陵。劉備以左將軍領荊州牧，治公安。備詣京見權，瑜上疏曰：「劉備以梟雄之姿，而有關羽、張飛熊虎之將，必非久屈爲人用者。愚謂大計宜徙備置吳，盛爲築宮室，多其美女玩好，以娛其耳目，分此二人，各置一方，使如瑜者得挾與攻戰，大事可定也。今猥割土地以資業之，聚此三人，俱在疆場，恐蛟龍得雲雨，終非池中物也。」權以曹公在北方，當廣擥英雄，又恐備難卒制，故不納。

是時劉璋爲益州牧，外有張魯寇侵，瑜乃詣京見權曰：「今曹操新折衄，方憂在腹心，未能與將軍連兵相事也。乞與奮威俱進取蜀，得蜀而并張魯，因留奮威固守其地，好與馬超結援。瑜還與將軍據襄陽以蹙操，北方可圖也。」權許之。瑜還江陵，爲行裝，而道於巴丘病卒，〔一〕時年三十六。權素服舉哀，感動左右。喪當還吳，又迎之蕪湖，衆事費度，一爲供給。後著令曰：「故將軍周瑜、程普，其有人客，皆不得問。」初瑜見友於策，太妃又使權以兄奉之。是時權位爲將軍，諸將賓客爲禮尚簡，而瑜獨先盡敬，便執臣節。性度恢廓，大率爲得人，惟與程普不睦。〔二〕

〔一〕臣松之案，瑜欲取蜀，還江陵治嚴，所卒之處，應在今之巴陵，與前所鎭巴丘，名同處異也。

〔二〕江表傳曰：普頗以年長，數陵侮瑜。瑜折節容下，終不與校。普後自敬服而親重之，乃告人曰：「與周公瑾交，若飲醇醪，不覺自醉。」時人以其謙讓服人如此。初曹公聞瑜年少有美才，謂可游說動也，乃密下揚州，遣九江蔣幹往見瑜。幹有儀容，以才辯見稱，獨步江、淮之間，莫與爲對。乃布衣葛巾，自託私行詣瑜。瑜出迎之，立謂幹曰：「子翼良苦，遠涉江湖爲曹氏作說客邪？」幹曰：「吾與足下州里，中間別隔，遙聞芳烈，故來叙闊，并觀雅規，而云說客，無乃逆詐乎？」瑜曰：「吾雖不及夔、曠，聞弦賞音，足知雅曲也。」因延幹入，爲設酒食。畢，遣之曰：「適吾有密事，且出就館，事了，別自相請。」後三日，瑜請幹與周觀營中，行視倉庫軍資器仗訖，還宴飲，示之侍者服飾珍玩之物，因謂幹曰：「丈夫處世，遇知己之主，外託君臣之義，內結骨肉之恩，言行計從，禍福共之，假使蘇張更生，酈叟復出，猶撫其背而折其辭，豈足下幼生所能移乎？」幹但笑，終無所言。幹還，稱瑜雅量高致，非言辭所閒。中州之士，亦以此多之。劉備之自京還也，權乘飛雲大船，與張昭、秦松、魯肅等十餘人共追送之，大宴會叙別。昭、肅等先出，權獨與備留語，因言次，歎瑜曰：「公瑾文武籌略，萬人之英，顧其器量廣大，恐不久爲人臣耳。」瑜之破魏軍也，曹公曰：「孤不羞走。」後書與權曰：「赤壁之役，值有疾病，孤燒船自退，橫使周瑜虛獲此名。」瑜威聲遠著，故曹公、劉備咸欲疑譖之。及卒，權流涕曰：「公瑾有王佐之資，今忽短命，孤何賴哉！」後權稱尊號，謂公卿曰：「孤非周公瑾，不帝矣。」

瑜少精意於音樂，雖三爵之後，其有闕誤，瑜必知之，知之必顧，故時人謠曰：「曲有誤，周郎顧。」

瑜兩男一女。女配太子登。男循尚公主，拜騎都尉，有瑜風，早卒。循弟胤，初拜興業

都尉，妻以宗女，授兵千人，屯公安。黃龍元年，封都鄉侯，後以罪徙廬陵郡。赤烏二年，諸葛瑾、步騭連名上疏曰：「故將軍周瑜子胤，昔蒙粉飾，受封爲將，不能養之以福，思立功效，至縱情欲，招速罪辟。臣竊以瑜昔見寵任，入作心膂，出爲爪牙，銜命出征，身當矢石，盡節用命，視死如歸，故能摧曹操於烏林，走曹仁於郢都，揚國威德，華夏是震，蠢爾蠻荊，莫不賓服，雖周之方叔，漢之信、布，誠無以尚也。夫折衝扞難之臣，自古帝王莫不貴重，故漢高帝封爵之誓曰『使黃河如帶，太山如礪，國以永存，爰及苗裔』；申以丹書，重以盟詛，藏于宗廟，傳於無窮，欲使功臣之後，世世相踵，非徒子孫，乃關苗裔，報德明功，勤勤懇懇，如此之至，欲以勸戒後人，用命之臣，死而無悔也。況於瑜身沒未久，而其子胤降爲匹夫，益可悼傷。竊惟陛下欽明稽古，隆於興繼，爲胤歸訴，乞匄餘罪，還兵復爵，使失旦之雞，復得一鳴，抱罪之臣，展其後效。」權答曰：「腹心舊勳，與孤協事，公瑾有之，誠所不忘。昔胤年少，初無功勞，橫受精兵，爵以侯將，蓋念公瑾以及於胤也。而胤恃此，酗淫自恣，前後告喻，曾無悛改。孤於公瑾，義猶二君，樂胤成就，豈有已哉？迫胤罪惡，未宜便還，且欲苦之，使自知耳。今二君勤勤援引漢高河山之誓，孤用恧然。雖德非其疇，猶欲庶幾，事亦如爾，故未順旨。以公瑾之子，而二君在中閒，苟使能改，亦何患乎！」瑾、騭表比上，朱然及全琮亦俱陳乞，權乃許之。會胤病死。

瑜兄子峻，亦以瑜元功爲偏將軍，領吏士千人。峻卒，全琮表峻子護爲將。權曰：「昔走曹操，拓有荊州，皆是公瑾，常不忘之。初聞峻亡，仍欲用護，聞護性行危險，用之適爲作禍，故便止之。孤念公瑾，豈有已乎？」

魯肅字子敬，臨淮東城人也。生而失父，與祖母居。家富於財，性好施與。爾時天下已亂，肅不治家事，大散財貨，摽賣田地，以賑窮弊結士爲務，甚得鄉邑歡心。周瑜爲居巢長，將數百人故過候肅，并求資糧。肅家有兩囷米，各三千斛，肅乃指一囷與周瑜，瑜益知其奇也，遂相親結，定僑、札之分。袁術聞其名，就署東城長。肅見術無綱紀，不足與立事，乃攜老弱將輕俠少年百餘人，南到居巢就瑜。瑜之東渡，因與同行，〔一〕留家曲阿。會祖母亡，還葬東城。

〔一〕吳書曰：肅體貌魁奇，少有壯節，好爲奇計。天下將亂，乃學擊劍騎射，招聚少年，給其衣食，往來南山中射獵，陰相部勒，講武習兵。父老咸曰：「魯氏世衰，乃生此狂兒！」後雄傑並起，中州擾亂，肅乃命其屬曰：「中國失綱，寇賊橫暴，淮、泗間非遺種之地，吾聞江東沃野萬里，民富兵彊，可以避害，寧肯相隨俱至樂土，以觀時變乎？」其屬皆從命。乃使細弱在前，彊壯在後，男女三百餘人行。州追騎至，肅等徐行，勒兵持滿，謂之曰：「卿等丈夫，當解大數。今日天下兵亂，有功弗賞，不追無罰，何爲相偪乎？」又自植盾，引弓射之，矢皆洞貫。騎既嘉肅言，且

度不能制，乃相率還。肅渡江往見策，策亦雅奇之。

劉子揚與肅友善，遺肅書曰：「方今天下豪傑並起，吾子姿才，尤宜今日。急還迎老母，無事滯於東城。近鄭寶者，今在巢湖，擁衆萬餘，處地肥饒，廬江閒人多依就之，況吾徒乎？觀其形勢，又可博集，時不可失，足下速之。」肅答然其計。葬畢還曲阿，欲北行。會瑜已徙肅母到吳，肅具以狀語瑜。時孫策已薨，權尚住吳，瑜謂肅曰：「昔馬援答光武云『當今之世，非但君擇臣，臣亦擇君』。今主人親賢貴士，納奇錄異，且吾聞先哲祕論，承運代劉氏者，必興于東南，推步事勢，當其曆數，終搆帝基，以協天符，是烈士攀龍附鳳馳騖之秋。吾方達此，足下不須以子揚之言介意也。」肅從其言。瑜因薦肅才宜佐時，當廣求其比，以成功業，不可令去也。

權卽見肅，與語甚悅之。衆賓罷退，肅亦辭出，乃獨引肅還，合榻對飲。因密議曰：「今漢室傾危，四方雲擾，孤承父兄餘業，思有桓文之功。君既惠顧，何以佐之？」肅對曰：「昔高帝區區欲尊事義帝而不獲者，以項羽爲害也。今之曹操，猶昔項羽，將軍何由得爲桓文乎？肅竊料之，漢室不可復興，曹操不可卒除。爲將軍計，惟有鼎足江東，以觀天下之釁。規模如此，亦自無嫌。何者？北方誠多務也。因其多務，剿除黃祖，進伐劉表，竟長江所極，據而有之，然後建號帝王以圖天下，此高帝之業也。」權曰：「今盡力一方，冀以輔漢耳，

此言非所及也。」張昭非肅謙下不足，頗訾毀之，云肅年少麤疏，未可用。權不以介意，益貴重之，賜肅母衣服幃帳，居處雜物，富擬其舊。

劉表死，肅進說曰：「夫荊楚與國鄰接，水流順北，外帶江漢，內阻山陵，有金城之固，沃野萬里，士民殷富，若據而有之，此帝王之資也。今表新亡，二子素不輯睦，軍中諸將，各有彼此。加劉備天下梟雄，與操有隙，寄寓於表，表惡其能而不能用也。若備與彼協心，上下齊同，則宜撫安，與結盟好；如有離違，宜別圖之，以濟大事。肅請得奉命弔表二子，并慰勞其軍中用事者，及說備使撫表衆，同心一意，共治曹操，備必喜而從命。如其克諧，天下可定也。今不速往，恐爲操所先。」權卽遣肅行。到夏口，聞曹公已向荊州，晨夜兼道。比至南郡，而表子琮已降曹公，備惶遽奔走，欲南渡江。肅徑迎之，到當陽長阪，與備會，宣騰權旨，及陳江東彊固，勸備與權併力。備甚歡悅。時諸葛亮與備相隨，肅謂亮曰「我子瑜友也」，卽共定交。備遂到夏口，遣亮使權，肅亦反命。〔一〕

〔一〕臣松之案：劉備與權併力，共拒中國，皆肅之本謀。又語諸葛亮曰「我子瑜友也」，則亮已亟聞肅言矣。而蜀書亮傳曰：「亮以連橫之略說權，權乃大喜。」如似此計始出於亮。若二國史官，各記所聞，競欲稱揚本國容美，各取其功。今此二書，同出一人，而舛互若此，非載述之體也。

會權得曹公欲東之問，與諸將議，皆勸權迎之，而肅獨不言。權起更衣，肅追於宇下，

權知其意，執肅手曰：「卿欲何言？」肅對曰：「向察衆人之議，專欲誤將軍，不足與圖大事。今肅可迎操耳，如將軍，不可也。何以言之？今肅迎操，操當以肅還付鄉黨，品其名位，猶不失下曹從事，乘犢車，從吏卒，交游士林，累官故不失州郡也。將軍迎操，欲安所歸？願早定大計，莫用衆人之議也。」權歎息曰：「此諸人持議，甚失孤望；今卿廓開大計，正與孤同，此天以卿賜我也。」〔一〕

〔一〕魏書及九州春秋曰：曹公征荊州，孫權大懼，魯肅實欲勸權拒曹公，乃激說權曰：「彼曹公者，實嚴敵也，新并袁紹，兵馬甚精，乘戰勝之威，伐喪亂之國，克可必也。不如遣兵助之，且送將軍家詣鄴；不然，將危。」權大怒，欲斬肅，肅因曰：「今事已急，卽有他圖，何不遣兵助劉備，而欲斬我乎？」權然之，乃遣周瑜助備。孫盛曰：吳書及江表傳，魯肅一見孫權便說拒曹公而論帝王之略，劉表之死也，又請使觀變，無緣方復激說勸迎曹公也。又是時勸迎者衆，而云獨欲斬肅，非其論也。

時周瑜受使至鄱陽，肅勸追召瑜還。遂任瑜以行事，以肅爲贊軍校尉，助畫方略。曹公破走，肅卽先還，權大請諸將迎肅。肅將入閤拜，權起禮之，因謂曰：「子敬，孤持鞍下馬相迎，足以顯卿未？」肅趨進曰：「未也。」衆人聞之，無不愕然。就坐，徐舉鞭言曰：「願至尊威德加乎四海，總括九州，克成帝業，更以安車軟輪徵肅，始當顯耳。」權撫掌歡笑。

後備詣京見權，求都督荊州，惟肅勸權借之，共拒曹公。〔一〕曹公聞權以土地業備，方作

書，落筆於地。

〔一〕漢晉春秋曰：呂範勸留備，肅曰：「不可。將軍雖神武命世，然曹公威力實重，初臨荊州，恩信未洽，宜以借備，使撫安之。多操之敵，而自爲樹黨，計之上也。」權卽從之。

周瑜病困，上疏曰：「當今天下，方有事役，是瑜乃心夙夜所憂，願至尊先慮未然，然後康樂。今既與曹操爲敵，劉備近在公安，邊境密邇，百姓未附，宜得良將以鎭撫之。魯肅智略足任，乞以代瑜。瑜隕踣之日，所懷盡矣。」〔一〕卽拜肅奮武校尉，代瑜領兵。瑜士衆四千餘人，奉邑四縣，皆屬焉。令程普領南郡太守。肅初住江陵，後下屯陸口，威恩大行，衆增萬餘人，拜漢昌太守、偏將軍。十九年，從權破皖城，轉橫江將軍。

〔一〕江表傳載：初瑜疾困，與權牋曰：「瑜以凡才，昔受討逆殊特之遇，委以腹心，遂荷榮任，統御兵馬，志執鞭弭，自效戎行。規定巴蜀，次取襄陽，憑賴威靈，謂若在握。至以不謹，道遇暴疾，昨自醫療，日加無損。人生有死，修短命矣，誠不足惜，但恨微志未展，不復奉教命耳。方今曹公在北，疆場未靜，劉備寄寓，有似養虎，天下之事，未知終始，此朝士旰食之秋，至尊垂慮之日也。魯肅忠烈，臨事不苟，可以代瑜。人之將死，其言也善，儻或可採，瑜死不朽矣。」案此牋與本傳所載，意旨雖同，其辭乖異耳。

先是，益州牧劉璋綱維頹弛，周瑜、甘寧並勸權取蜀，權以咨備，備內欲自規，仍僞報曰：「備與璋託爲宗室，冀憑英靈，以匡漢朝。今璋得罪左右，備獨竦懼，非所敢聞，願加寬

貸。若不獲請，備當放髮歸於山林。」後備西圖璋，留關羽守，權曰：「猾虜乃敢挾詐！」及羽與肅鄰界，數生狐疑，疆場紛錯，肅常以歡好撫之。備既定益州，權求長沙、零、桂，備不承旨，權遣呂蒙率衆進取。備聞，自還公安，遣羽爭三郡。肅住益陽，與羽相拒。肅邀羽相見，各駐兵馬百步上，但請將軍單刀俱會。肅因責數羽曰：「國家區區本以土地借卿家者，卿家軍敗遠來，無以爲資故也。今已得益州，既無奉還之意，但求三郡，又不從命。」語未究竟，坐有一人曰：「夫土地者，惟德所在耳，何常之有！」肅厲聲呵之，辭色甚切。羽操刀起謂曰：「此自國家事，是人何知！」目使之去。〔一〕備遂割湘水爲界，於是罷軍。

〔一〕吳書曰：肅欲與羽會語，諸將疑恐有變，議不可往。肅曰：「今日之事，宜相開譬。劉備負國，是非未決，羽亦何敢重欲干命！」乃趨就羽。羽曰：「烏林之役，左將軍身在行間，寢不脫介，勠力破魏，豈得徒勞，無一塊壤，而足下來欲收地邪？」肅曰：「不然。始與豫州觀於長阪，豫州之衆不當一校，計窮慮極，志勢摧弱，圖欲遠竄，望不及此。主上矜愍豫州之身，無有處所，不愛土地士人之力，使有所庇廕以濟其患，而豫州私獨飾情，愆德隳好。今已藉手於西州矣，又欲翦并荊州之土，斯蓋凡夫所不忍行，而況整領人物之主乎！肅聞貪而棄義，必爲禍階。吾子屬當重任，曾不能明道處分，以義輔時，而負恃弱衆以圖力爭，師曲爲老，將何獲濟？」羽無以答。

肅年四十六，建安二十二年卒。權爲舉哀，又臨其葬。諸葛亮亦爲發哀。〔一〕權稱尊號，臨壇，顧謂公卿曰：「昔魯子敬嘗道此，可謂明於事勢矣。」

〔一〕吳書曰：肅爲人方嚴，寡於玩飾，內外節儉，不務俗好。治軍整頓，禁令必行，雖在軍陳，手不釋卷。又善談論，能屬文辭，思度弘遠，有過人之明。周瑜之後，肅爲之冠。

肅遺腹子淑既壯，濡須督張承謂終當到至。永安中，爲昭武將軍、都亭侯、武昌督。建衡中，假節，遷夏口督。所在嚴整，有方幹。鳳皇三年卒。子睦襲爵，領兵馬。

呂蒙字子明，汝南富陂人也。少南渡，依姊夫鄧當。當爲孫策將，數討山越。蒙年十五六，竊隨當擊賊，當顧見大驚，呵叱不能禁止。歸以告蒙母，母恚欲罰之，蒙曰：「貧賤難可居，脫誤有功，富貴可致。且不探虎穴，安得虎子？」母哀而舍之。時當職吏以蒙年小輕之，曰：「彼豎子何能爲？此欲以肉餧虎耳。」他日與蒙會，又蚩辱之。蒙大怒，引刀殺吏，出走，逃邑子鄭長家。出因校尉袁雄自首，承閒爲言，策召見奇之，引置左右。

數歲，鄧當死，張昭薦蒙代當，拜別部司馬。權統事，料諸小將兵少而用薄者，欲并合之。蒙陰賒貰，爲兵作絳衣行縢，及簡日，陳列赫然，兵人練習，權見之大悅，增其兵。從討丹楊，所向有功，拜平北都尉，領廣德長。

從征黃祖，祖令都督陳就逆以水軍出戰。蒙勒前鋒，親梟就首，將士乘勝，進攻其城。祖聞就死，委城走，兵追禽之。權曰：「事之克，由陳就先獲也。」以蒙爲橫野中郎將，賜錢

千萬。

是歲，又與周瑜、程普等西破曹公於烏林，圍曹仁於南郡。益州將襲肅舉軍來附，瑜表以肅兵益蒙，蒙盛稱肅有膽用，且慕化遠來，於義宜益不宜奪也。權善其言，還肅兵。瑜使甘寧前據夷陵，曹仁分衆攻寧，寧困急，使使請救。諸將以兵少不足分，蒙謂瑜、普曰：「留淩公績，蒙與君行，解圍釋急，勢亦不久，蒙保公績能十日守也。」又說瑜分遣三百人柴斷險道，賊走可得其馬。瑜從之。軍到夷陵，卽日交戰，所殺過半。敵夜遁去，行遇柴道，騎皆舍馬步走。兵追蹙擊，獲馬三百匹，方船載還。於是將士形勢自倍，乃渡江立屯，與相攻擊，曹仁退走，遂據南郡，撫定荊州。還，拜偏將軍，領尋陽令。

魯肅代周瑜，當之陸口，過蒙屯下。肅意尙輕蒙，或說肅曰：「呂將軍功名日顯，不可以故意待也，君宜顧之。」遂往詣蒙。酒酣，蒙問肅曰：「君受重任，與關羽爲鄰，將何計略，以備不虞？」肅造次應曰：「臨時施宜。」蒙曰：「今東西雖爲一家，而關羽實熊虎也，計安可不豫定？」因爲肅畫五策。肅於是越席就之，拊其背曰：「呂子明，吾不知卿才略所及乃至於此也。」遂拜蒙母，結友而別。〔一〕

〔一〕江表傳曰：初，權謂蒙及蔣欽曰：「卿今並當塗掌事，宜學問以自開益。」蒙曰：「在軍中常苦多務，恐不容復讀書。」權曰：「孤豈欲卿治經爲博士邪？但當令涉獵見往事耳。卿言多務孰若孤，孤少時歷詩、書、禮記、左傳、國

語，惟不讀易。至統事以來，省三史、諸家兵書，自以爲大有所益。如卿二人，意性朗悟，學必得之，寧當不爲乎？宜急讀孫子、六韜、左傳、國語及三史。孔子言『終日不食，終夜不寢以思，無益，不如學也』。光武當兵馬之務，手不釋卷。孟德亦自謂老而好學。卿何獨不自勉勖邪？」蒙始就學，篤志不倦，其所覽見，舊儒不勝。後魯肅上代周瑜，過蒙言議，常欲受屈。肅拊蒙背曰：「吾謂大弟但有武略耳，至於今者，學識英博，非復吳下阿蒙。」蒙曰：「士別三日，卽更刮目相待。大兄今論，何一稱穰侯乎。兄今代公瑾，既難爲繼，且與關羽爲鄰。斯人長而好學，讀左傳略皆上口，梗亮有雄氣，然性頗自負，好陵人。今與爲對，當有單複以（卿）〔鄉〕待之。」密爲肅陳三策，肅敬受之，祕而不宣。權常歎曰：「人長而進益，如呂蒙、蔣欽，蓋不可及也。富貴榮顯，更能折節好學，耽悅書傳，輕財尙義，所行可迹，並作國士，不亦休乎！」

時蒙與成當、宋定、徐顧屯次比近，三將死，子弟幼弱，權悉以兵幷蒙。蒙固辭，陳啓顧等皆勤勞國事，子弟雖小，不可廢也。書三上，權乃聽。蒙於是又爲擇師，使輔導之，其操心率如此。

魏使廬江謝奇爲蘄春典農，屯皖田鄉，數爲邊寇。蒙使人誘之，不從，則伺隙襲擊，奇遂縮退，其部伍孫子才、宋豪等，皆攜負老弱，詣蒙降。後從權拒曹公於濡須，數進奇計，又勸權夾水口立塢，所以備御甚精，〔一〕曹公不能下而退。

〔一〕吳錄曰：權欲作塢，諸將皆曰：「上岸擊賊，洗足入船，何用塢爲？」呂蒙曰：「兵有利鈍，戰無百勝，如有邂逅，敵步騎蹙人，不暇及水，其得入船乎？」權曰：「善。」遂作之。

曹公遣朱光爲廬江太守，屯皖，大開稻田，又令閒人招誘鄱陽賊帥，使作內應。蒙曰：「皖田肥美，若一收孰，彼衆必增，如是數歲，操態見矣，宜早除之。」乃具陳其狀。於是權親征皖，引見諸將，問以計策。〔一〕蒙乃薦甘寧爲升城督，督攻在前，蒙以精銳繼之。侵晨進攻，蒙手執枹鼓，士卒皆騰踊自升，食時破之。既而張遼至夾石，聞城已拔，乃退。權嘉其功，卽拜廬江太守，所得人馬皆分與之，別賜尋陽屯田六百人，官屬三十人。蒙還尋陽，未期而廬陵賊起，諸將討擊不能禽，權曰：「鷙鳥累百，不如一鶚。」復令蒙討之。蒙至，誅其首惡，餘皆釋放，復爲平民。

〔一〕吳書曰：諸將皆勸作土山，添攻具，蒙趨進曰：「治攻具及土山，必歷日乃成，城備既脩，外救必至，不可圖也。且乘雨水以入，若留經日，水必向盡，還道艱難，蒙竊危之。今觀此城，不能甚固，以三軍銳氣，四面並攻，不移時可拔，及水以歸，全勝之道也。」權從之。

是時劉備令關羽鎭守，專有荊土，權命蒙西取長沙、零、桂三郡。蒙移書二郡，望風歸服，惟零陵太守郝普城守不降。而備自蜀親至公安，遣羽爭三郡。權時住陸口，使魯肅將萬人屯益陽拒羽，而飛書召蒙，使捨零陵，急還助肅。初，蒙既定長沙，當之零陵，過酃，載南陽鄧玄之，玄之者郝普之舊也，欲令誘普。及被書當還，蒙祕之，夜召諸將，授以方略，晨當攻城，顧謂玄之曰：「郝子太聞世閒有忠義事，亦欲爲之，而不知時也。左將軍在漢中，爲

夏侯淵所圍。關羽在南郡，今至尊身自臨之。近者破樊本屯，救酃，逆爲孫規所破。此皆目前之事，君所親見也。彼方首尾倒懸，救死不給，豈有餘力復營此哉？今吾士卒精銳，人思致命，至尊遣兵，相繼於道。今子太以旦夕之命，待不可望之救，猶牛蹄中魚，冀賴江漢，其不可恃亦明矣。若子太必能一士卒之心，保孤城之守，尙能稽延旦夕，以待所歸者，可也。今吾計力度慮，而以攻此，曾不移日，而城必破，城破之後，身死何益於事，而令百歲老母，戴白受誅，豈不痛哉？度此家不得外問，謂援可恃，故至於此耳。君可見之，爲陳禍福。」玄之見普，具宣蒙意，普懼而聽之。玄之先出報蒙，普尋後當至。蒙豫敕四將，各選百人，普出，便入守城門。須臾普出，蒙迎執其手，與俱下船。語畢，出書示之，因拊手大笑。普見書，知備在公安，而羽在益陽，慚恨入地。蒙留（孫河）〔孫皎〕，委以後事，卽日引軍赴益陽。劉備請盟，權乃歸普等，割湘水，以零陵還之。以尋陽、陽新爲蒙奉邑。

師還，遂征合肥，既徹兵，爲張遼等所襲，蒙與淩統以死扞衞。後曹公又大出濡須，權以蒙爲督，據前所立塢，置彊弩萬張於其上，以拒曹公。曹公前鋒屯未就，蒙攻破之，曹公引退。拜蒙左護軍、虎威將軍。

魯肅卒，蒙西屯陸口，肅軍人馬萬餘盡以屬蒙。又拜漢昌太守，食下雋、劉陽、漢昌、州陵。與關羽分土接境，知羽驍雄，有幷兼心，且居國上流，其勢難久。初，魯肅等以爲曹公

尙存，禍難始搆，宜相輔協，與之同仇，不可失也，蒙乃密陳計策曰：「（今）〔令〕征虜守南郡，潘璋住白帝，蔣欽將游兵萬人，循江上下，應敵所在，蒙爲國家前據襄陽，如此，何憂於操，何賴於羽？且羽君臣，矜其詐力，所在反覆，不可以腹心待也。今羽所以未便東向者，以至尊聖明，蒙等尙存也。今不於彊壯時圖之，一旦僵仆，欲復陳力，其可得邪？」權深納其策，又聊復與論取徐州意，蒙對曰：「今操遠在河北，新破諸袁，撫集幽、冀，未暇東顧。徐土守兵，聞不足言，往自可克。然地勢陸通，驍騎所騁，至尊今日得徐州，操後旬必來爭，雖以七八萬人守之，猶當懷憂。不如取羽，全據長江，形勢益張。」權尤以此言爲當。及蒙代肅，初至陸口，外倍修恩厚，與羽結好。

後羽討樊，留兵將備公安、南郡。蒙上疏曰：「羽討樊而多留備兵，必恐蒙圖其後故也。蒙常有病，乞分士衆還建業，以治疾爲名。羽聞之，必撤備兵，盡赴襄陽。大軍浮江，晝夜馳上，襲其空虛，則南郡可下，而羽可禽也。」遂稱病篤，權乃露檄召蒙還，陰與圖計。羽果信之，稍撤兵以赴樊。魏使于禁救樊，羽盡禽禁等，人馬數萬，託以糧乏，擅取湘關米。權聞之，遂行，先遣蒙在前。蒙至尋陽，盡伏其精兵䑸䑰中，使白衣搖櫓，作商賈人服，晝夜兼行，至羽所置江邊屯候，盡收縛之，是故羽不聞知。遂到南郡，士仁、麋芳皆降。〔一〕蒙入據城，盡得羽及將士家屬，皆撫慰，約令軍中不得干歷人家，有所求取。蒙麾下士，是汝南人，

取民家一笠，以覆官鎧，官鎧雖公，蒙猶以爲犯軍令，不可以鄉里故而廢法，遂垂涕斬之。於是軍中震慄，道不拾遺。蒙旦暮使親近存恤耆老，問所不足，疾病者給醫藥，飢寒者賜衣糧。羽府藏財寶，皆封閉以待權至。羽還，在道路，數使人與蒙相聞，蒙輒厚遇其使，周游城中，家家致問，或手書示信。羽人還，私相參訊，咸知家門無恙，見待過於平時，故羽吏士無鬭心。會權尋至，羽自知孤窮，乃走麥城，西至漳鄉，衆皆委羽而降。權使朱然、潘璋斷其徑路，卽父子俱獲，荊州遂定。

〔一〕吳書曰：將軍士仁在公安拒守，蒙令虞翻說之。翻至城門，謂守者曰：「吾欲與汝將軍語。」仁不肯相見。乃爲書曰：「明者防禍於未萌，智者圖患於將來，知得知失，可與爲人，知存知亡，足別吉凶。大軍之行，斥候不及施，烽火不及舉，此非天命，必有內應。將軍不先見時，時至又不應之，獨守縈帶之城而不降，死戰則毀宗滅祀，爲天下譏笑。呂虎威欲徑到南郡，斷絕陸道，生路一塞，案其地形，將軍爲在箕舌上耳，奔走不得免，降則失義，竊爲將軍不安，幸熟思焉。」仁得書，流涕而降。翻謂蒙曰：「此譎兵也，當將仁行，留兵備城。」遂將仁至南郡。南郡太守麋芳城守，蒙以仁示之，遂降。吳錄曰：初，南郡城中失火，頗焚燒軍器。羽以責芳，芳內畏懼，權聞而誘之，芳潛相和。及蒙攻之，乃以牛酒出降。

以蒙爲南郡太守，封孱陵侯，〔一〕賜錢一億，黃金五百斤。蒙固辭金錢，權不許。封爵未下，會蒙疾發，權時在公安，迎置內殿，所以治護者萬方，募封內有能愈蒙疾者，賜千金。時有鍼加，權爲之慘慽，欲數見其顏色，又恐勞動，常穿壁瞻之，見小能下食則喜，顧左右言笑，不然則咄唶，夜不能寐。病中瘳，爲下赦令，羣臣畢賀。後更增篤，權自臨視，命道士於星辰下爲之請命。年四十二，遂卒於內殿。時權哀痛甚，爲之降損。蒙未死時，所得金寶諸賜盡付府藏，敕主者命絕之日皆上還，喪事務約。權聞之，益以悲感。

〔一〕江表傳曰：權於公安大會，呂蒙以疾辭，權笑曰：「禽羽之功，子明謀也，今大功已捷，慶賞未行，豈邑邑邪？」乃增給步騎鼓吹，敕選虎威將軍官屬，并南郡、廬江二郡威儀。拜畢還營，兵馬導從，前後鼓吹，光耀于路。

蒙少不脩書傳，每陳大事，常口占爲牋疏。常以部曲事爲江夏太守蔡遺所白，蒙無恨意。及豫章太守顧邵卒，權問所用，蒙因薦遺奉職佳吏，權笑曰：「君欲爲祁奚耶？」於是用之。甘寧麤暴好殺，旣常失蒙意，又時違權令，權怒之，蒙輒陳請：「天下未定，鬬將如寧難得，宜容忍之。」權遂厚寧，卒得其用。

蒙子霸襲爵，與守冢三百家，復田五十頃。霸卒，兄琮襲侯。琮卒，弟睦嗣。

孫權與陸遜論周瑜、魯肅及蒙曰：「公瑾雄烈，膽略兼人，遂破孟德，開拓荊州，邈焉難繼，君今繼之。公瑾昔要子敬來東，致達於孤，孤與宴語，便及大略帝王之業，此一快也。後孟德因獲劉琮之勢，張言方率數十萬衆水步俱下。孤普請諸將，咨問所宜，無適先對，至子布、文表，俱言宜遣使脩檄迎之，子敬卽駮言不可，勸孤急呼公瑾，付任以衆，逆而擊之，此二快也。且其決計策，意出張蘇遠矣；後雖勸吾借玄德地，是其一短，不足以損其二長也。周公不求備於一人，故孤忘其短而貴其長，常以比方鄧禹也。又子明少時，孤謂不辭劇易，果敢有膽而已；及身長大，學問開益，籌略奇至，可以次於公瑾，但言議英發不及之耳。圖取關羽，勝於子敬。子敬答孤書云：『帝王之起，皆有驅除，羽不足忌。』此子敬內不能辦，外爲大言耳，孤亦恕之，不苟責也。然其作軍，屯營不失，令行禁止，部界無廢負，路無拾遺，其法亦美也。」

評曰：曹公乘漢相之資，挾天子而掃羣桀，新盪荊城，仗威東夏，于時議者莫不疑貳。周瑜、魯肅建獨斷之明，出衆人之表，實奇才也。呂蒙勇而有謀斷，識軍計，譎郝普，禽關羽，最其妙者。初雖輕果妄殺，終於克己，有國士之量，豈徒武將而已乎！孫權之論，優劣允當，故載錄焉。

中華書局

三國志卷五十五

吳書十

程黃韓蔣周陳董甘淩徐潘丁傳第十

程普字德謀，右北平土垠人也。初爲州郡吏，有容貌計略，善於應對。從孫堅征伐，討黃巾於宛、鄧，破董卓於陽人，攻城野戰，身被創夷。

堅薨，復隨孫策在淮南，從攻廬江，拔之，還俱東渡。策到橫江、當利，破張英、于麋等，轉下秣陵、湖孰、句容、曲阿，普皆有功，增兵二千，騎五十匹。進破烏程、石木、波門、陵傳、餘杭，普功爲多。策入會稽，以普爲吳郡都尉，治錢唐。後徙丹楊都尉，居石城。復討宣城、涇、安吳、陵陽、春穀諸賊，皆破之。策嘗攻祖郎，大爲所圍，普與一騎共蔽扞策，驅馬疾呼，以矛突賊，賊披，策因隨出。後拜盪寇中郎將，領零陵太守，從討劉勳於尋陽，進攻黃祖於沙羨，還鎭石城。

策薨，與張昭等共輔孫權，遂周旋三郡，平討不服。又從征江夏，還過豫章，別討樂安。樂安平定，代太史慈備海昏，與周瑜爲左右督，破曹公於烏林，又進攻南郡，走曹仁。拜裨

將軍，領江夏太守，治沙羨，食四縣。

先出諸將，普最年長，時人皆呼程公。性好施與，喜士大夫。周瑜卒，代領南郡太守。權分荆州與劉備，普復還領江夏，遷盪寇將軍，卒。〔一〕權稱尊號，追論普功，封子咨爲亭侯。

〔一〕吳書曰：普殺叛者數百人，皆使投火，即日病癘，百餘日卒。

黃蓋字公覆，零陵泉陵人也。〔一〕初爲郡吏，察孝廉，辟公府。孫堅舉義兵，蓋從之。堅南破山賊，北走董卓，拜蓋別部司馬。堅薨，蓋隨策及權，擐甲周旋，蹈刃屠城。

〔一〕吳書曰：故南陽太守黃子廉之後也，枝葉分離，自祖遷于零陵，遂家焉。蓋少孤，嬰丁凶難，辛苦備嘗，然有壯志，雖處貧賤，不自同於凡庸，常以負薪餘閒，學書疏，講兵事。

諸山越不賓，有寇難之縣，輒用蓋爲守長。石城縣吏，特難檢御，蓋乃署兩掾，分主諸曹。教曰：「令長不德，徒以武功爲官，不以文吏爲稱。今賊寇未平，有軍旅之務，一以文書委付兩掾，當檢攝諸曹，糾擿謬誤。兩掾所署，事入諾出，若有姦欺，終不加以鞭杖，宜各盡心，無爲衆先。」初皆怖威，夙夜恭職；久之，吏以蓋不視文書，漸容人事。蓋亦嫌外懈怠，時有所省，各得兩掾不奉法數事。乃悉請諸掾吏，賜酒食，因出事詰問。兩掾辭屈，皆叩頭謝罪。蓋曰：「前已相敕，終不以鞭杖相加，非相欺也。」遂殺之。縣中震慄。後轉春

穀長，尋陽令。凡守九縣，所在平定。遷丹楊都尉，抑彊扶弱，山越懷附。

蓋姿貌嚴毅，善於養衆，每所征討，士卒皆爭爲先。建安中，隨周瑜拒曹公於赤壁，建策火攻，語在瑜傳。〔一〕拜武鋒中郎將。武陵蠻夷反亂，攻守城邑，乃以蓋領太守。時郡兵才五百人，自以不敵，因開城門，賊半入，乃擊之，斬首數百，餘皆奔走，盡歸邑落。誅討魁帥，附從者赦之。自春訖夏，寇亂盡平，諸幽邃巴、醴、由、誕邑侯君長，皆改操易節，奉禮請見，郡境遂清。後長沙益陽縣爲山賊所攻，蓋又平討。加偏將軍，病卒于官。

〔一〕吳書曰：赤壁之役，蓋爲流矢所中，時寒墮水，爲吳軍人所得，不知其蓋也，置廁牀中。蓋自彊以一聲呼韓當，當聞之，曰：「此公覆聲也。」向之垂涕，解易其衣，遂以得生。

蓋當官決斷，事無留滯，國人思之。〔一〕及權踐阼，追論其功，賜子柄爵關內侯。

〔一〕吳書曰：又圖畫蓋形，四時祠祭。

韓當字義公，遼西令支人也。令音郎定反。支音巨兒反。以便弓馬，有膂力，幸於孫堅，從征伐周旋，數犯危難，陷敵擒虜，爲別部司馬。〔一〕及孫策東渡，從討三郡，遷先登校尉，授兵二千，騎五十匹。從征劉勳，破黃祖，還討鄱陽，領樂安長，山越畏服。後以中郎將與周瑜等拒破曹公，又與呂蒙襲取南郡，遷偏將軍，領永昌太守。宜都之役，與陸遜、朱然等共攻蜀

軍於涿鄉，大破之，徙威烈將軍，封都亭侯。曹眞攻南郡，當保東南。在外爲帥，厲將士同心固守，又敬望督司，奉遵法令，權善之。黃武二年，封石城侯，遷昭武將軍，領冠軍太守，後又加都督之號。將敢死及解煩兵萬人，討丹楊賊，破之。會病卒，子綜襲侯領兵。

〔一〕吳書曰：當勤苦有功，以軍旅陪隸，分於英豪，故爵位不加。終於堅世，爲別部司馬。

其年，權征石陽，以綜有憂，使守武昌，而綜淫亂不軌。權雖以父故不問，綜內懷懼，〔一〕載父喪，將母家屬部曲男女數千人奔魏。魏以爲將軍，封廣陽侯。數犯邊境，殺害人民，權常切齒。東興之役，綜爲前鋒，軍敗身死，諸葛恪斬送其首，以白權廟。

〔一〕吳書曰：綜欲叛，恐左右不從，因諷使劫略，示欲饒之，轉相放效，爲行旅大患。後因詐言被詔，以部曲爲寇盜見詰讓，云「將吏以下，當並收治」，又言恐罪自及。左右因曰：「惟當去耳。」遂共圖計，以當葬父，盡呼親戚姑姊，悉以嫁將吏，所幸婢妾，皆賜與親近，殺牛飲酒歃血，與共盟誓。

蔣欽字公奕，九江壽春人也。孫策之襲袁術，欽隨從給事。及策東渡，拜別部司馬，授兵。與策周旋，平定三郡，又從定豫章。調授葛陽尉，歷三縣長，討平盜賊，遷西部都尉。會稽冶賊呂合、秦狼等爲亂，欽將兵討擊，遂禽合、狼，五縣平定，徙討越中郎將，以經拘、昭陽爲奉邑。賀齊討黟賊，欽督萬兵，與齊幷力，黟賊平定。從征合肥，魏將張遼襲權於津

北，欽力戰有功，遷盪寇將軍，領濡須督。後召還都，拜(津)右護軍，典領辭訟。

權嘗入其堂內，母疎帳縹被，妻妾布裙。權歎其在貴守約，即敕御府爲母作錦被，改易帷帳，妻妾衣服悉皆錦繡。

初，欽屯宣城，嘗討豫章賊。蕪湖令徐盛收欽屯吏，表斬之，權以欽在遠不許，盛由是自嫌於欽。曹公出濡須，欽與呂蒙持諸軍節度。盛常畏欽因事害己，而欽每稱其善。盛既服德，論者美焉。〔一〕

〔一〕江表傳曰：權謂欽曰：「盛前白卿，卿今舉盛，欲慕祁奚邪？」欽對曰：「臣聞公舉不挾私怨，盛忠而勤彊，有膽略器用，好萬人督也。今大事未定，臣當助國求才，豈敢挾私恨以蔽賢乎！」權嘉之。

權討關羽，欽督水軍入沔，還，道病卒。權素服舉哀，以蕪湖民二百戶、田二百頃，給欽妻子。子壹封宣城侯，領兵拒劉備有功，還赴南郡，與魏交戰，臨陳卒。壹無子，弟休領兵，後有罪失業。

周泰字幼平，九江下蔡人也。與蔣欽隨孫策爲左右，服事恭敬，數戰有功。策入會稽，署別部司馬，授兵。權愛其爲人，請以自給。策討六縣山賊，權住宣城，使士自衞，不能千人，意尚忽略，不治圍落，而山賊數千人卒至。權始得上馬，而賊鋒刃已交於左右，或斫中

馬鞍，衆莫能自定。惟泰奮激，投身衞權，膽氣倍人，左右由泰並能就戰。賊既解散，身被十二創，良久乃蘇。是日無泰，權幾危殆。策深德之，補春穀長。後從攻皖，及討江夏，還過豫章，復補宜春長，所在皆食其征賦。

從討黃祖有功。後與周瑜、程普拒曹公於赤壁，攻曹仁於南郡。荆州平定，將兵屯岑。曹公出濡須，泰復赴擊，曹公退，留督濡須，拜平虜將軍。時朱然、徐盛等皆在所部，並不伏也，權特爲案行至濡須塢，因會諸將，大爲酣樂。權自行酒到泰前，命泰解衣，權手自指其創痕，問以所起。泰輒記昔戰鬬處以對，畢，使復服，歡讌極夜。其明日，遣使者授以御蓋。〔一〕於是盛等乃伏。

〔一〕江表傳曰：權把其臂，因流涕交連，字之曰：「幼平，卿爲孤兄弟戰如熊虎，不惜軀命，被創數十，膚如刻畫，孤亦何心不待卿以骨肉之恩，委卿以兵馬之重乎！卿吳之功臣，孤當與卿同榮辱，等休戚。幼平意快爲之，勿以寒門自退也。」即敕以己常所用御幘青縑蓋賜之。坐罷，住駕，使泰以兵馬導從出，鳴鼓角作鼓吹。

後權破關羽，欲進圖蜀，拜泰漢中太守、奮威將軍，封陵陽侯。黃武中卒。

子邵以騎都尉領兵。曹仁出濡須，戰有功，又從攻破曹休，進位裨將軍，黃龍二年卒。弟承領兵襲侯。

陳武字子烈，廬江松滋人。孫策在壽春，武往脩謁，時年十八，長七尺七寸，因從渡江，征討有功，拜別部司馬。策破劉勳，多得廬江人，料其精銳，乃以武爲督，所向無前。及權統事，轉督五校。仁厚好施，鄉里遠方客多依託之。尤爲權所親愛，數至其家。累有功勞，進位偏將軍。建安二十年，從擊合肥，奮命戰死。權哀之，自臨其葬。〔一〕

〔一〕江表傳曰：權命以其愛妾殉葬，復客二百家。孫盛曰：昔三良從穆，秦師以之不征；魏妾既出，杜回以之僵仆。禍福之報，如此之效也。權仗計任術，以生從死，世祚之促，不亦宜乎！

子脩有武風，年十九，權召見獎厲，拜別部司馬，授兵五百人。時諸新兵多有逃叛，而脩撫循得意，不失一人。權奇之，拜爲校尉。建安末，追錄功臣後，封脩都亭侯，爲解煩督。黃龍元年卒。

弟表，字文奧，武庶子也，少知名，與諸葛恪、顧譚、張休等並侍東宮，皆共親友。尚書暨豔亦與表善，後豔遇罪，時人咸自營護，信厚言薄，表獨不然，士以此重之。(徙)〔從〕太子中庶子，拜翼正都尉。兄脩亡後，表母不肯事脩母，表謂其母曰：「兄不幸早亡，表統家事，當奉嫡母。母若能爲表屈情，承順嫡母者，是至願也；若母不能，直當出別居耳。」表於大義公正如此。由是二母感寤雍穆。表以父死敵場，求用爲將，領兵五百人。表欲得戰士之力，

傾意接待，士皆愛附，樂爲用命。時有盜官物者，疑無難士施明。明素壯悍，收考極毒，惟死無辭，廷尉以聞。權以表能得健兒之心，詔以明付表，使自以意求其情實。表便破械沐浴，易其衣服，厚設酒食，歡以誘之。明乃首服，具列支黨。表以狀聞。權奇之，欲全其名，特爲赦明，誅戮其黨。遷表爲無難右部督，封都亭侯，以繼舊爵。表皆陳讓，乞以傳脩子延，權不許。嘉禾三年，諸葛恪領丹楊太守，討平山越，以表領新安都尉，與恪參勢。初，表所受賜復人得二百家，在會稽新安縣。表簡視其人，皆堪好兵，乃上疏陳讓，乞以還官，充足精銳。詔曰：「先將軍有功於國，國家以此報之，卿何得辭焉？」表乃稱曰：「今除國賊，報父之仇，以人爲本。空枉此勁銳以爲僮僕，非表志也。」皆輒料取以充部伍。所在以聞，權甚嘉之。下郡縣，料正戶羸民以補其處。表在官三年，廣開降納，得兵萬餘人。事捷當出，會鄱陽民吳遽等爲亂，攻沒城郭，屬縣搖動，表便越界赴討，遽以破敗，遂降。陸遜拜表偏將軍，進封都鄉侯，北屯章阬。年三十四卒。家財盡於養士，死之日，妻子露立，太子登爲起屋宅。子敖年十七，拜別部司馬，授兵四百人。敖卒，脩子延復爲司馬代敖。延弟永，將軍，封侯。始施明感表，自變行爲善，遂成健將，致位將軍。

董襲字元代，會稽餘姚人，長八尺，武力過人。〔一〕孫策入郡，襲迎於高遷亭，策見而偉

之，到署門下賊曹。時山陰宿賊黃龍羅、周勃聚黨數千人，策自出討，襲身斬羅、勃首，還拜別部司馬，授兵數千，遷揚武都尉。從策攻皖，又討劉勳於尋陽，伐黃祖於江夏。

〔一〕謝承後漢書稱襲志節慷慨，武毅英烈。

策薨，權年少，初統事，太妃憂之，引見張昭及襲等，問江東可保安否，襲對曰：「江東地勢，有山川之固，而討逆明府，恩德在民。討虜承基，大小用命，張昭秉衆事，襲等爲爪牙，此地利人和之時也，萬無所憂。」衆皆壯其言。

鄱陽賊彭虎等衆數萬人，襲與淩統、步騭、蔣欽各別分討。襲所向輒破，虎等望見旌旗，便散走，旬日盡平，拜威越校尉，遷偏將軍。

建安十三年，權討黃祖。祖橫兩蒙衝挾守沔口，以栟閭大紲繫石爲矴，上有千人，以弩交射，飛矢雨下，軍不得前。襲與淩統俱爲前部，各將敢死百人，人被兩鎧，乘大舸船，突入蒙衝裏。襲身以刀斷兩紲，蒙衝乃橫流，大兵遂進。祖便開門走，兵追斬之。明日大會，權舉觴屬襲曰：「今日之會，斷紲之功也。」

曹公出濡須，襲從權赴之，使襲督五樓船住濡須口。夜卒暴風，五樓船傾覆，左右散走舸，乞使襲出。襲怒曰：「受將軍任，在此備賊，何等委去也，敢復言此者斬！」於是莫敢干。其夜船敗，襲死。權改服臨殯，供給甚厚。

甘寧字興霸，巴郡臨江人也。〔一〕少有氣力，好游俠，招合輕薄少年，爲之渠帥；羣聚相隨，挾持弓弩，負毦帶鈴，民聞鈴聲，即知是寧。〔二〕人與相逢，及屬城長吏，接待隆厚者乃與交歡；不爾，即放所將奪其資貨，於長吏界中有所賊害，作其發負，至二十餘年。止不攻劫，頗讀諸子，乃往依劉表，因居南陽，不見進用，後轉托黃祖，祖又以凡人畜之。〔三〕

〔一〕吳書曰：寧本南陽人，其先客於巴郡。寧爲吏舉計掾，補蜀郡丞，頃之，棄官歸家。

〔二〕吳書曰：寧輕俠殺人，藏舍亡命，聞於郡中。其出入，步則陳車騎，水則連輕舟，侍從被文繡，所如光道路，住止常以繒錦維舟，去或割棄，以示奢也。

〔三〕吳書曰：寧將僮客八百人就劉表。表儒人，不習軍事。時諸英豪各各起兵，寧觀表事勢，終必無成，恐一朝土崩，并受其禍，欲東入吳。黃祖在夏口，軍不得過，乃留依祖，三年，祖不禮之。權討祖，祖軍敗奔走，追兵急，寧以善射，將兵在後，射殺校尉淩操。祖既得免，軍罷還營，待寧如初。祖都督蘇飛數薦寧，祖不用，令人化誘其客，客稍亡。寧欲去，恐不獲免，獨憂悶不知所出。飛知其意，乃要寧，爲之置酒，謂曰：「吾薦子者數矣，主不能用。日月逾邁，人生幾何，宜自遠圖，庶遇知己。」寧良久乃曰：「雖有其志，未知所由。」飛曰：「吾欲白子爲邾長，於是去就，孰與臨阪轉丸乎？」寧曰：「幸甚。」飛白祖，聽寧之縣。招懷亡客并義從者，得數百人。

於是歸吳。周瑜、呂蒙皆共薦達，孫權加異，同於舊臣。寧陳計曰：「今漢祚日微，曹操彌憍，終爲篡盜。南荊之地，山陵形便，江川流通，誠是國之西勢也。寧已觀劉表，慮既不

遠，兒子又劣，非能承業傳基者也。至尊當早規之，不可後操。圖之之計，宜先取黃祖。祖今年老，昏耄已甚，財穀並乏，左右欺弄，務於貨利，侵求吏士，吏士心怨，舟船戰具，頓廢不脩，怠於耕農，軍無法伍。至尊今往，其破可必。一破祖軍，鼓行而西，西據楚關，大勢彌廣，即可漸規巴蜀。」權深納之。張昭時在坐，難曰：「吳下業業，若軍果行，恐必致亂。」寧謂昭曰：「國家以蕭何之任付君，君居守而憂亂，奚以希慕古人乎？」權舉酒屬寧曰：「興霸，今年行討，如此酒矣，決以付卿。卿但當勉建方略，令必克祖，則卿之功，何嫌張長史之言乎。」權遂西，果禽祖，盡獲其士衆。遂授寧兵，屯當口。〔一〕

〔一〕吳書曰：初，權破祖，先作兩函，欲以盛祖及蘇飛首。飛令人告急於寧，寧曰：「飛若不言，吾豈忘之？」權爲諸將置酒，寧下席叩頭，血涕交流，爲權言：「飛疇昔舊恩，寧不值飛，固已損骸於溝壑，不得致命於麾下。今飛罪當夷戮，特從將軍乞其首領。」權感其言，謂曰：「今爲君致之，若走去何？」寧曰：「飛免分裂之禍，受更生之恩，逐之尚必不走，豈當圖亡哉！若爾，寧頭當代入函。」權乃赦之。

後隨周瑜拒破曹公於烏林。攻曹仁於南郡，未拔，寧建計先徑進取夷陵，往即得其城，因入守之。時手下有數百兵，并所新得，僅滿千人。曹仁乃令五六千人圍寧。寧受攻累日，敵設高樓，雨射城中，士衆皆懼，惟寧談笑自若。遣使報瑜，瑜用呂蒙計，帥諸將解圍。後隨魯肅鎮益陽，拒關羽。羽號有三萬人，自擇選銳士五千人，投縣上流十餘里淺瀨，云欲

夜涉渡。肅與諸將議。寧時有三百兵，乃曰：「可復以五百人益吾，吾往對之，保羽聞吾欬唾，不敢涉水，涉水即是吾禽。」肅便選千兵益寧，寧乃夜往。羽聞之，住不渡，而結柴營，今遂名此處爲關羽瀨。權嘉寧功，拜西陵太守，領陽新、下雉兩縣。

後從攻皖，爲升城督。寧手持練，身緣城，爲吏士先，卒破獲朱光。計功，呂蒙爲最，寧次之，拜折衝將軍。

後曹公出濡須，寧爲前部督，受敕出斫敵前營。權特賜米酒衆殽，寧乃料賜手下百餘人食。食畢，寧先以銀盌酌酒，自飲兩盌，乃酌與其都督。都督伏，不肯時持。寧引白削置膝上，呵謂之曰：「卿見知於至尊，孰與甘寧？甘寧尚不惜死，卿何以獨惜死乎？」都督見寧色厲，即起拜持酒，通酌兵各一銀盌。至二更時，銜枚出斫敵。敵驚動，遂退。寧益貴重，增兵二千人。〔一〕

〔一〕江表傳曰：「曹公出濡須，號步騎四十萬，臨江飲馬。權率衆七萬應之，使寧領三千人爲前部督。權密敕寧，使夜入魏軍。寧乃選手下健兒百餘人，徑詣曹公營下，使拔鹿角，踰壘入營，斬得數十級。北軍驚駭鼓譟，舉火如星，寧已還入營，作鼓吹，稱萬歲。因夜見權，權喜曰：「足以驚駭老子否？聊以觀卿膽耳。」即賜絹千疋，刀百口。權曰：「孟德有張遼，孤有興霸，足相敵也。」停住月餘，北軍便退。

寧雖麤猛好殺，然開爽有計略，輕財敬士，能厚養健兒，健兒亦樂爲用命。建安二十

年，從攻合肥，會疫疾，軍旅皆已引出，唯車下虎士千餘人，幷呂蒙、蔣欽、淩統及寧，從權逍遙津北。張遼覘望知之，即將步騎奄至。寧引弓射敵，與統等死戰。寧厲聲問鼓吹何以不作，壯氣毅然，權尤嘉之。〔一〕

〔一〕吳書曰：淩統怨寧殺其父操，寧常備統，不與相見。權亦命統不得讎之。嘗於呂蒙舍會，酒酣，統乃以刀舞。寧起曰：「寧能雙戟舞。」蒙曰：「寧雖能，未若蒙之巧也。」因操刀持楯，以身分之。後權知統意，因令寧將兵，遂徙屯於半州。

寧廚下兒曾有過，走投呂蒙。蒙恐寧殺之，故不即還。後寧齎禮禮蒙母，臨當與升堂，乃出廚下兒還寧。寧許蒙不殺。斯須還船，縛置桑樹，自挽弓射殺之。畢，敕船人更增舸纜，解衣臥船中。蒙大怒，擊鼓會兵，欲就船攻寧。寧聞之，故臥不起。蒙母徒跣出諫蒙曰：「至尊待汝如骨肉，屬汝以大事，何有以私怒而欲攻殺甘寧？寧死之日，縱至尊不問，汝是爲臣下非法。」蒙素至孝，聞母言，即豁然意釋，自至寧船，笑呼之曰：「興霸，老母待卿食，急上！」寧涕泣歔欷曰：「負卿。」與蒙俱還見母，歡宴竟日。

寧卒，權痛惜之。子瓌，以罪徙會稽，無幾死。

淩統字公績，吳郡餘杭人也。父操，輕俠有膽氣，孫策初興，每從征伐，常冠軍履鋒。

守永平長，平治山越，姦猾斂手，遷破賊校尉。及權統軍，從討江夏。入夏口，先登，破其前鋒，輕舟獨進，中流矢死。

統年十五，左右多稱述者，權亦以操死國事，拜統別部司馬，行破賊都尉，使攝父兵。後從擊山賊，權破保屯先還，餘麻屯萬人，統與督張異等留攻圍之，克日當攻。先期，統與督陳勤會飲酒，勤剛勇任氣，因督祭酒，陵轢一坐，舉罰不以其道。統疾其侮慢，面折不爲用。勤怒詈統，及其父操，統流涕不答，衆因罷出。勤乘酒凶悖，又於道路辱統。統不忍，引刀斫勤，數日乃死。及當攻屯，統曰：「非死無以謝罪。」乃率厲士卒，身當矢石，所攻一面，應時披壞，諸將乘勝，遂大破之。還，自拘於軍正。權壯其果毅，使得以功贖罪。

後權復征江夏，統爲前鋒，與所厚健兒數十人共乘一船，常去大兵數十里。行入右江，斬黃祖將張碩，盡獲船人。還以白權，引軍兼道，水陸並集。時呂蒙敗其水軍，而統先搏其城，於是大獲。權以統爲承烈都尉，與周瑜等拒破曹公於烏林，遂攻曹仁，遷爲校尉。雖在軍旅，親賢接士，輕財重義，有國士之風。

又從破皖，拜盪寇中郎將，領沛相。與呂蒙等西取三郡，反自益陽，從往合肥，爲右部督。時權徹軍，前部已發，魏將張遼等奄至津北。權使追還前兵，兵去已遠，勢不相及，統率親近三百人陷圍，扶扞權出。敵已毀橋，橋之屬者兩版，權策馬驅馳，統復還戰，左右盡死，身亦被創，所殺數十人，度權已免，乃還。橋敗路絕，統被甲潛行。權既御船，見之驚喜。統痛親近無反者，悲不自勝。權引袂拭之，謂曰：「公績，亡者已矣，苟使卿在，何患無人？」〔一〕拜偏將軍，倍給本兵。

〔一〕吳書曰：統創甚，權遂留統於舟，盡易其衣服。其創賴得卓氏良藥，故得不死。

時有薦同郡盛暹於權者，以爲梗槩大節，有過於統，權曰：「且令如統足矣。」後召暹夜至，時統已臥，聞之，攝衣出門，執其手以入。其愛善不害如此。

統以山中人尚多壯悍，可以威恩誘也，權令東占且討之，命敕屬城，凡統所求，皆先給後聞。統素愛士，士亦慕焉。得精兵萬餘人，過本縣，步入寺門，見長吏懷三版，恭敬盡禮，親舊故人，恩意益隆。事畢當出，會病卒，時年四十九。權聞之，拊牀起坐，哀不能自止，數日減膳，言及流涕，使張承爲作銘誄。

二子烈、封，年各數歲，權內養於宮，愛待與諸子同，賓客進見，呼示之曰：「此吾虎子也。」及八九歲，令葛光教之讀書，十日一令乘馬，追錄統功，封烈亭侯，還其故兵。後烈有罪免，封復襲爵領兵。〔一〕

〔一〕孫盛曰：觀孫權之養士也，傾心竭思，以求其死力，泣周泰之夷，殉陳武之妾，請呂蒙之命，育淩統之孤，卑曲苦志，如此之勤也。是故雖令德無聞，仁澤(內)〔罔〕著，而能屈彊荆吳，僭擬年歲者，抑有由也。然霸王之道，期於

大者遠者，是以先王建德義之基，恢信順之宇，制經略之綱，明貴賤之序，易簡而其親可久，體全而其功可大，豈委瑣近務，邀利於當年哉？語曰「雖小道，必有可觀者焉，致遠恐泥」，其是之謂乎！

徐盛字文嚮，琅邪莒人也。遭亂，客居吳，以勇氣聞。孫權統事，以爲別部司馬，授兵五百人，守柴桑長，拒黃祖。祖子射，嘗率數千人下攻盛。盛時吏士不滿二百，與相拒擊，傷射吏士千餘人。已乃開門出戰，大破之。射遂絕迹不復爲寇。權以爲校尉、蕪湖令。復討臨城南阿山賊有功，徙中郎將，督校兵。

曹公出濡須，從權禦之。魏嘗大出橫江，盛與諸將俱赴討。時乘蒙衝，遇迅風，船落敵岸下，諸將恐懼，未有出者，盛獨將兵，上突斫敵，敵披退走，有所傷殺，風止便還，權大壯之。

及權爲魏稱藩，魏使邢貞拜權爲吳王。權出都亭候貞，貞有驕色，張昭既怒，而盛忿憤，顧謂同列曰：「盛等不能奮身出命，爲國家幷許洛，吞巴蜀，而令吾君與貞盟，不亦辱乎！」因涕泣橫流。貞聞之，謂其旅曰：「江東將相如此，非久下人者也。」

後遷建武將軍，封都亭侯，領廬江太守，賜臨城縣爲奉邑。劉備次西陵，盛攻取諸屯，所向有功。曹休出洞口，盛與呂範、全琮渡江拒守。遭大風，船人多喪，盛收餘兵，與休夾江。休使兵將就船攻盛，盛以少禦多，敵不能克，各引軍退。遷安東將軍，封蕪湖侯。

後魏文帝大出，有渡江之志，盛建計從建業築圍，作薄落，圍上設假樓，江中浮船。諸將以爲無益，盛不聽，固立之。文帝到廣陵，望圍愕然，彌漫數百里，而江水盛長，便引軍退。諸將乃伏。〔一〕

〔一〕干寶晉紀所云疑城，已注孫權傳。魏氏春秋云：文帝歎曰：「魏雖有武騎千羣，無所用也。」

黃武中卒。子楷，襲爵領兵。

潘璋字文珪，東郡發干人也。孫權爲陽羨長，始往隨權。性博蕩嗜酒，居貧，好賖酤，債家至門，輒言後豪富相還。權奇愛之，因使召募，得百餘人，遂以爲將。討山賊有功，署別部司馬。後爲吳大市刺姦，盜賊斷絕，由是知名，遷豫章西安長。劉表在荆州，民數被寇，自璋在事，寇不入境。比縣建昌起爲賊亂，轉領建昌，加武猛校尉，討治惡民，旬月盡平，召合遺散，得八百人，將還建業。合肥之役，張遼奄至，諸將不備，陳武鬭死，宋謙、徐盛皆披走，璋身次在後，便馳進，橫馬斬謙、盛兵走者二人，兵皆還戰。權甚壯之，拜偏將軍，遂領百校，屯半州。

權征關羽，璋與朱然斷羽走道，到臨沮，住夾石。璋部下司馬馬忠禽羽，幷羽子平、都督

趙累等。權卽分宜都（至）〔巫〕、秭歸二縣爲固陵郡，拜璋爲太守、振威將軍，封溧陽侯。甘寧卒，又幷其軍。劉備出夷陵，璋與陸遜幷力拒之，璋部下斬備護軍馮習等，所殺傷甚衆，拜平北將軍、襄陽太守。

魏將夏侯尚等圍南郡，分前部三萬人作浮橋，渡百里洲上，諸葛瑾、楊粲並會兵赴救，未知所出，而魏兵日渡不絕。璋曰：「魏勢始盛，江水又淺，未可與戰。」便將所領，到魏上流五十里，伐葦數百萬束，縛作大筏，欲順流放火，燒敗浮橋。作筏適畢，伺水長當下，尚便引退。璋下備陸口。權稱尊號，拜右將軍。

璋爲人麤猛，禁令肅然，好立功業，所領兵馬不過數千，而其所在常如萬人。征伐止頓，便立軍市，他軍所無，皆仰取足。然性奢泰，末年彌甚，服物僭擬。吏兵富者，或殺取其財物，數不奉法。監司舉奏，權惜其功而輒原不問。嘉禾三年卒。子平，以無行徙會稽。璋妻居建業，賜田宅，復客五十家。

丁奉字承淵，廬江安豐人也。少以驍勇爲小將，屬甘寧、陸遜、潘璋等。數隨征伐，戰鬭常冠軍。每斬將搴旗，身被創夷。稍遷偏將軍。孫亮卽位，爲冠軍將軍，封都亭侯。魏遣諸葛誕、胡遵等攻東興，諸葛恪率軍拒之。諸將皆曰：「敵聞太傅自來，上岸必遁

走。」奉獨曰：「不然。彼動其境內，悉許、洛兵大舉而來，必有成規，豈虛還哉？無恃敵之不至，恃吾有以勝之。」及恪上岸，奉與將軍唐咨、呂據、留贊等，俱從山西上。奉曰：「今諸軍行遲，若敵據便地，則難與爭鋒矣。」乃辟諸軍使下道，帥麾下三千人徑進。時北風，奉舉帆二日至，遂據徐塘。天寒雪，敵諸將置酒高會，奉見其前部兵少，相謂曰：「取封侯爵賞，正在今日！」乃使兵解鎧著冑，持短兵。敵人從而笑焉，不爲設備。奉縱兵斫之，大破敵前屯。會據等至，魏軍遂潰。遷滅寇將軍，進封都（亭）〔鄉〕侯。

魏將文欽來降，以奉爲虎威將軍，從孫峻至壽春迎之，與敵追軍戰於高亭。奉跨馬持矛，突入其陳中，斬首數百，獲其軍器。進封安豐侯。

太平二年，魏大將軍諸葛誕據壽春來降，魏人圍之。遣朱異、唐咨等往救，復使奉與黎斐解圍。奉爲先登，屯於黎漿，力戰有功，拜左將軍。

孫休卽位，與張布謀，欲誅孫綝，布曰：「丁奉雖不能吏書，而計略過人，能斷大事。」休召奉告曰：「綝秉國威，將行不軌，欲與將軍誅之。」奉曰：「丞相兄弟友黨甚盛，恐人心不同，不可卒制，可因臘會，有陛下兵以誅之也。」休納其計，因會請綝，奉與張布目左右斬之。遷大將軍，加左右都護。永安三年，假節領徐州牧。六年，魏伐蜀，奉率諸軍向壽春，爲救蜀之勢。蜀亡，軍還。

休薨，奉與丞相濮陽興等從萬彧之言，共迎立孫晧，遷右大司馬左軍師。寶鼎三年，晧命奉與諸葛靚攻合肥。奉與晉大將石苞書，搆而閒之，苞以徵還。建衡元年，奉復帥衆治徐塘，因攻晉穀陽。穀陽民知之，引去，奉無所獲。晧怒，斬奉導軍。三年，卒。奉貴而有功，漸以驕矜，或有毀之者，晧追以前出軍事，徙奉家於臨川。奉弟封，官至後將軍，先奉死。

評曰：凡此諸將，皆江表之虎臣，孫氏之所厚待也。以潘璋之不脩，權能忘過記功，其保據東南，宜哉！陳表將家支庶，而與冑子名人比翼齊衡，拔萃出類，不亦美乎！

三國志卷五十六　吳書十一

朱治朱然呂範朱桓傳第十一

朱治字君理，丹楊故鄣人也。初爲縣吏，後察孝廉，州辟從事，隨孫堅征伐。中平五年，拜司馬，從討長沙、零、桂等三郡賊周朝、蘇馬等，有功，堅表治行都尉。從破董卓於陽人，入洛陽。表治行督軍校尉，特將步騎，東助徐州牧陶謙討黃巾。

會堅薨，治扶翼策，依就袁術。後知術政德不立，乃勸策還平江東。時太傅馬日磾在壽春，辟治爲掾，遷吳郡都尉。是時吳景已在丹楊，而策爲術攻廬江，於是劉繇恐爲袁、孫所并，遂搆嫌隙。而策家門盡在州下，治乃使人於曲阿迎太妃及權兄弟，所以供奉輔護，甚有恩紀。治從錢唐欲進到吳，吳郡太守許貢拒之於由拳，治與戰，大破之。貢南就山賊嚴白虎，治遂入郡，領太守事。策既走劉繇，東定會稽。

權年十五，治舉爲孝廉。後策薨，治與張昭等共尊奉權。建安七年，權表治爲(九眞)〔吳郡〕太守，行扶義將軍，割婁、由拳、無錫、毗陵爲奉邑，置長吏。征討夷越，佐定東南，禽

截黃巾餘類陳敗、萬秉等。黃武元年，封毗陵侯，領郡如故。二年，拜安國將軍，金印紫綬，徙封故鄣。

權歷位上將，及爲吳王，治每進見，權常親迎，執版交拜，饗宴贈賜，恩敬特隆，至從行吏，皆得奉贄私覿，其見異如此。

初，權弟翊，性峭急，喜怒快意，治數責數，諭以道義。權從兄豫章太守賁，女爲曹公子婦，及曹公破荊州，威震南土，賁畏懼，欲遣子入質。治聞之，求往見賁，爲陳安危，〔一〕賁由此遂止。

〔一〕江表傳載治說賁曰：「破虜將軍昔率義兵入討董卓，聲冠中夏，義士壯之。討逆繼世，廓定六郡，特以君侯骨肉至親，器爲時生，故表漢朝，剖符大郡，兼建將校，仍關綜兩府，榮冠宗室，爲遠近所瞻。加討虜聰明神武，繼承洪業，攬結英雄，周濟世務，軍衆日盛，事業日隆，雖昔蕭王之在河北，無以加也，必克成王基，應運東南。故劉玄德遠布腹心，求見拯救，此天下所共知也。前在東聞道路之言，云將軍有異趣，良用憮然。今曹公阻兵，傾覆漢室，幼帝流離，百姓元元未知所歸。而中國蕭條，或百里無煙，城邑空虛，道殣相望，士歎於外，婦怨乎室，加之以師旅，因之以飢饉，以此料之，豈能越長江與我爭利哉？將軍當斯時也，而欲背骨肉之親，違萬安之計，割同氣之膚，啖虎狼之口，爲一女子，改慮易圖，失機毫釐，差以千里，豈不惜哉！」

權常歎治憂勤王事。性儉約，雖在富貴，車服惟供事。權優異之，自令督軍御史典屬城

文書，治領四縣租稅而已。然公族子弟及吳四姓多出仕郡，郡吏常以千數，治率數年一遣詣王府，所遣數百人，每歲時獻御，權答報過厚。是時丹楊深地，頻有姦叛，亦以年向老，思戀土風，自表屯故鄣，鎭撫山越。諸父老故人，莫不詣門，治皆引進，與共飲宴，鄉黨以爲榮。在故鄣歲餘，還吳。黃武三年卒，在郡三十一年，年六十九。

子才，素爲校尉領兵，既嗣父爵，遷偏將軍。〔一〕才弟紀，權以策女妻之，亦以校尉領兵。紀弟緯、萬歲，皆早夭。才子琬，襲爵爲將，至鎭西將軍。

〔一〕吳書曰：才字君業，爲人精敏，善騎射，權愛異之，常侍從游戲。少以父任爲武衞校尉，領兵隨從征伐，屢有功捷。本郡議者以才少處榮貴，未留意於鄉黨，才乃歎曰：「我初爲將，謂跨馬蹈敵，當身履鋒，足以揚名，不知鄉黨復追迹其舉措乎！」於是更折節爲恭，留意於賓客，輕財尚義，施不望報，又學兵法，名聲始聞於遠近。會疾卒。

朱然字義封，治姊子也，本姓施氏。初治未有子，然年十三，乃啓策乞以爲嗣。策命丹楊郡以羊酒召然，然到吳，策優以禮賀。

然嘗與權同學書，結恩愛。至權統事，以然爲餘姚長，時年十九。後遷山陰令，加折衝校尉，督五縣。權奇其能，分丹楊爲臨川郡，然爲太守，〔一〕授兵二千人。會山賊盛起，然平討，旬月而定。曹公出濡須，然備大塢及三關屯，拜偏將軍。建安二十四年，從討關羽，別

與潘璋到臨沮禽羽，遷昭武將軍，封西安鄉侯。

〔一〕臣松之案：此郡尋罷，非今臨川郡。

虎威將軍呂蒙病篤，權問曰：「卿如不起，誰可代者？」蒙對曰：「朱然膽守有餘，愚以爲可任。」蒙卒，權假然節，鎭江陵。黃武元年，劉備舉兵攻宜都，然督五千人與陸遜并力拒備。然別攻破備前鋒，斷其後道，備遂破走。拜征北將軍，封永安侯。

魏遣曹眞、夏侯尚、張郃等攻江陵，魏文帝自住宛，爲其勢援，連屯圍城。權遣將軍孫盛督萬人備州上，立圍塢，爲然外救。郃渡兵攻盛，盛不能拒，即時卻退，郃據州上圍守，然中外斷絕。權遣潘璋、楊粲等解〔圍〕而圍不解。時然城中兵多腫病，堪戰者裁五千人。眞等起土山，鑿地道，立樓櫓，臨城弓矢雨注，將士皆失色，然晏如而無恐意，方厲吏士，伺閒隙攻破兩屯。魏攻圍然凡六月日，未退。江陵令姚泰領兵備城北門，見外兵盛，城中人少，穀食欲盡，因與敵交通，謀爲內應。垂發，事覺，然治戮泰。尚等不能克，乃徹攻退還。由是然名震於敵國，改封當陽侯。

六年，權自率衆攻石陽，及至旋師，潘璋斷後。夜出錯亂，敵追擊璋，璋不能禁。然卽還住拒敵，使前船得引極遠，徐乃後發。黃龍元年，拜車騎將軍、右護軍，領兗州牧。頃之，以兗州在蜀分，解牧職。

嘉禾三年，權與蜀克期大舉，權自向新城，然與全琮各受斧鉞，爲左右督。會吏士疾病，故未攻而退。

赤烏五年，征柤中，〔一〕魏將蒲忠、胡質各將數千人，忠要遮險隘，圖斷然後，質爲忠繼援。時然所督兵將先四出，聞問不暇收合，便將帳下見兵八百人逆掩。忠戰不利，質等皆退。〔二〕九年，復征柤中，魏將李興等聞然深入，率步騎六千斷然後道，然夜出逆之，軍以勝反。先是，歸義馬茂懷姦，覺誅，權深忿之。然臨行上疏曰：「馬茂小子，敢負恩養。臣今奉天威，事蒙克捷，欲令所獲，震耀遠近，方舟塞江，使足可觀，以解上下之忿。惟陛下識臣先言，責臣後效。」權時抑表不出。然既獻捷，羣臣上賀，權乃舉酒作樂，而出然表曰：「此家前初有表，孤以爲難必，今果如其言，可謂明於見事也。」遣使拜然爲左大司馬、右軍師。

〔一〕襄陽記曰：柤音如租稅之租。柤中在上黃界，去襄陽一百五十里。魏時夷王梅敷兄弟三人，部曲萬餘家屯此，分布在中廬宜城西山鄢、沔二谷中，土地平敞，宜桑麻，有水陸良田，沔南之膏腴沃壤，謂之柤中。

〔二〕孫氏異同評曰：〔魏志〕〔魏書〕及江表傳云然以景初元年、正始二年再出爲寇，所破胡質、蒲忠在景初元年。魏志承魏書，依違不說質等爲然所破，而直云然退耳。吳志說赤烏五年，於魏爲正始三年，魏將蒲忠與朱然戰，忠不利，質等皆退。按魏少帝紀及孫權傳，是歲並無事，當是陳壽誤以吳嘉禾六年爲赤烏五年耳。

然長不盈七尺，氣候分明，內行脩絜，其所文采，惟施軍器，餘皆質素。終日欽欽，常在

戰場，臨急膽定，尤過絕人，雖世無事，每朝夕嚴鼓，兵在營者，咸行裝就隊，以此玩敵，使不知所備，故出輒有功。諸葛瑾子融、步騭子協，雖各襲任，權特復使然總爲大督。又陸遜亦（本）〔卒〕，功臣名將存者惟然，莫與比隆。寢疾二年，後漸增篤，權晝爲減膳，夜爲不寐，中使醫藥口食之物，相望於道。然每遣使表疾病消息，權輒召見，口自問訊，入賜酒食，出送布帛。自創業功臣疾病，權意之所鍾，呂蒙、淩統最重，然其次矣。年六十八，赤烏十二年卒，權素服舉哀，爲之感慟。子績嗣。

績字公緒，以父任爲郎，後拜建忠都尉。叔父才卒，績領其兵，隨太常潘濬討五溪，以膽力稱。遷偏將軍營下督，領盜賊事，持法不傾。魯王霸注意交績，嘗至其廨，就之坐，欲與結好，績下地住立，辭而不當。然卒，績襲業，拜平魏將軍，樂鄉督。明年，魏征南將軍王昶率衆攻江陵城，不克而退。績與奮威將軍諸葛融書曰：「昶遠來疲困，馬無所食，力屈而走，此天助也。今追之力少，可引兵相繼，吾欲破之於前，足下乘之於後，豈一人之功哉，宜同斷金之義。」融答許績。績便引兵及昶於紀南，紀南去城三十里，績先戰勝而融不進，績後失利。權深嘉績，盛責怒融，融兄大將軍恪貴重，故融得不廢。初績與恪、融不平，及此事變，爲隙益甚。建興元年，遷鎮東將軍。二年春，恪向新城，要績并力，而留置半州，使融兼其任。冬，恪、融被害，績復還樂鄉，假節。太平二年，拜驃騎將軍。孫綝秉政，大臣疑貳，績恐吳必擾亂，而中國乘釁，乃密書結蜀，使爲并兼之慮。蜀遣右將軍閻宇將兵五千，增白帝守，以須績之後命。永安初，遷上大將軍、都護督，自巴丘上迄西陵。元興元年，就拜左大司馬。初，然爲治行喪竟，乞復本姓，權不許，績以五鳳中表還爲施氏，建衡二年卒。

呂範字子衡，汝南細陽人也。少爲縣吏，有容觀姿貌。邑人劉氏，家富女美，範求之。女母嫌，欲勿與，劉氏曰：「觀呂子衡寧當久貧者邪？」遂與之婚。後避亂壽春，孫策見而異之，範遂自委昵，將私客百人歸策。時太妃在江都，策遣範迎之。徐州牧陶謙謂範爲袁氏覘候，諷縣掠考範，範親客健兒篡取以歸。時唯範與孫河常從策，跋涉辛苦，危難不避，策亦親戚待之，每與升堂，飲宴於太妃前。

後從策攻破廬江，還俱東渡，到橫江、當利，破張英、于麋，下小丹楊、湖孰，領湖孰相。策定秣陵、曲阿，收笮融、劉繇餘衆，增範兵二千，騎五十匹。後領宛陵令，討破丹楊賊，還吳，遷都督。〔一〕

〔一〕江表傳曰：策從容獨與範棊，範曰：「今將軍事業日大，士衆日盛，範在遠，聞綱紀猶有不整者，範願蹔領都督，佐將軍部分之。」策曰：「子衡，卿既士大夫，加手下已有大衆，立功於外，豈宜復屈小職，知軍中細碎事乎！」範曰：「不然。今捨本土而託將軍者，非爲妻子也，欲濟世務。猶同舟涉海，一事不牢，即俱受其敗。此亦範計，非

但將軍也。」策笑，無以答。範出，更釋褠，著袴褶，執鞭，詣閤下啓事，自稱領都督，策乃授傳，委以衆事。由是軍中肅睦，威禁大行。

是時下邳陳瑀自號吳郡太守，住海西，與彊族嚴白虎交通。策自將討虎，別遣範與徐逸攻瑀於海西，梟其大將陳牧。〔一〕又從攻祖郎於陵陽，太史慈於勇里。七縣平定，拜征虜中郎將，征江夏，還平鄱陽。

〔一〕九州春秋曰：初平三年，揚州刺史陳禕死，袁術使瑀領揚州牧。後術爲曹公所敗於封丘，南人叛瑀，瑀拒之。術走陰陵，好辭以下瑀，瑀不知權，而又怯，不即攻術。術於淮北集兵向壽春。瑀懼，使其弟公琰請和於術。術執之而進，瑀走歸下邳。

策薨，奔喪于吳。後權復征江夏，範與張昭留守。

曹公至赤壁，與周瑜等俱拒破之，拜裨將軍，領彭澤太守，以彭澤、柴桑、歷陽爲奉邑。劉備詣京見權，範密請留備。後遷平南將軍，屯柴桑。

權討關羽，過範館，謂曰：「昔早從卿言，無此勞也。今當上取之，卿爲我守建業。」權破羽還，都武昌，拜範建威將軍，封宛陵侯，領丹楊太守，治建業，督扶州以下至海，轉以溧陽、懷安、寧國爲奉邑。

曹休、張遼、臧霸等來伐，範督徐盛、全琮、孫韶等，以舟師拒休等於洞口。遷前將軍，

假節，改封南昌侯。時遭大風，船人覆溺，死者數千，還軍，拜揚州牧。性好威儀，州民如陸遜、全琮及貴公子，皆脩敬虔肅，不敢輕脫。其居處服飾，於時奢靡，然勤事奉法，故權悅其忠，不怪其侈。〔一〕

〔一〕江表傳曰：人有白範與賀齊奢麗夸綺，服飾僭擬王者，權曰：「昔管仲踰禮，桓公優而容之，無損於霸。今子衡、公苗，身無夷吾之失，但其器械精好，舟車嚴整耳，此適足作軍容，何損於治哉？」告者乃不敢復言。

初策使範典主財計，權時年少，私從有求，範必關白，不敢專許，當時以此見望。權守陽羨長，有所私用，策或料覆，功曹周谷輒爲傅著簿書，使無譴問。權臨時悅之，及後統事，以範忠誠，厚見信任，以谷能欺更簿書，不用也。

黃武七年，範遷大司馬，印綬未下，疾卒。權素服舉哀，遣使者追贈印綬。及還都建業，權過範墓呼曰：「子衡！」言及流涕，祀以太牢。〔二〕

〔二〕江表傳曰：初，權移都建業，大會將相文武，時謂嚴畯曰：「孤昔歎魯子敬比鄧禹，呂子衡方吳漢，聞卿諸人未平此論，今定云何？」畯退席曰：「臣未解指趣，謂肅、範受饒，褒歎過實。」權曰：「昔鄧仲華初見光武，光武時受更始使，撫河北，行大司馬事耳，未有帝王志也。禹勸之以復漢業，是禹開初議之端矣。子敬英爽有殊略，孤始與一語，便及大計，與禹相似，故比之。呂子衡忠篤亮直，性雖好奢，然以憂公爲先，不足爲損，避袁術自歸於兄，兄作大將，別領部曲，故憂兄事，乞爲都督，辦護脩整，加之恪勤，與吳漢相類，故方之。皆有指趣，非孤私之也。」畯乃服。

範長子先卒，次子據嗣。據字世議，以父任爲郎，後範寢疾，拜副軍校尉，佐領軍事。範卒，遷安軍中郎將。數討山賊，諸深惡劇地，所擊皆破。隨太常潘濬討五谿，復有功。朱然攻樊，據與朱異破城外圍，還拜偏將軍，入補馬閑右部督，遷越騎校尉。太元元年，大風，江水溢流，漸淹城門，權使視水，獨見據使人取大船以備害。權嘉之，拜盪魏將軍。權寢疾，以據爲太子右部督。太子卽位，拜右將軍。魏出東興，據赴討有功。明年，孫峻殺諸葛恪，遷據爲驃騎將軍，平西宮事。五鳳二年，假節，與峻等襲壽春，還遇魏將曹珍，破之於高亭。太平元年，帥師侵魏，未及淮，聞孫峻死，以從弟綝自代，據大怒，引軍還，欲廢綝。綝聞之，使中書奉詔，詔文欽、劉纂、唐咨等使取據，又遣從兄（慮）〔憲〕以都下兵逆據於江都。左右勸據降魏，據曰：「恥爲叛臣。」遂自殺。夷三族。

朱桓字休穆，吳郡吳人也。孫權爲將軍，桓給事幕府，除餘姚長。往遇疫癘，穀食荒貴，桓分部良吏，隱親醫藥，飧粥相繼，士民感戴之。遷盪寇校尉，授兵二千人，使部伍吳、會二郡，鳩合遺散，期年之閒，得萬餘人。後丹楊、鄱陽山賊蜂起，攻沒城郭，殺略長吏，處處屯聚。桓督領諸將，周旋赴討，應皆平定。稍遷裨將軍，封新城亭侯。

後代周泰爲濡須督。黃武元年，魏使大司馬曹仁步騎數萬向濡須，仁欲以兵襲取州

上，僞先揚聲，欲東攻羨溪。桓分兵將赴羨溪，旣發，卒得仁進軍拒濡須七十里問。桓遣使追還羨溪兵，兵未到而仁奄至。時桓手下及所部兵，在者五千人，諸將業業，各有懼心，桓喻之曰：「凡兩軍交對，勝負在將，不在衆寡。諸君聞曹仁用兵行師，孰與桓邪？兵法所以稱客倍而主人半者，謂俱在平原，無城池之守，又謂士衆勇怯齊等故耳。今人旣非智勇，加其士卒甚怯，又千里步涉，人馬罷困，桓與諸軍，共據高城，南臨大江，北背山陵，以逸待勞，爲主制客，此百戰百勝之勢也。雖曹丕自來，尚不足憂，況仁等邪！」桓因偃旗鼓，外示虛弱，以誘致仁。仁果遣其子泰攻濡須城，分遣將軍常雕督諸葛虔、王雙等，乘油船別襲中洲。中洲者，部曲妻子所在也。仁自將萬人留橐皋，復爲泰等後拒。桓部兵將攻取油船，或別擊雕等，桓等身自拒泰，燒營而退，遂梟雕，生虜雙，送武昌，臨陳斬溺，死者千餘。權嘉桓功，封嘉興侯，遷奮武將軍，領彭城相。

黃武七年，鄱陽太守周魴譎誘魏大司馬曹休，休將步騎十萬至皖城以迎魴。時陸遜爲元帥，全琮與桓爲左右督，各督三萬人擊休。休知見欺，當引軍還，自負衆盛，邀於一戰。桓進計曰：「休本以親戚見任，非智勇名將也。今戰必敗，敗必走，走當由夾石、挂車，此兩道皆險阨，若以萬兵柴路，則彼衆可盡，而休可生虜，臣請將所部以斷之。若蒙天威，得以休自效，便可乘勝長驅，進取壽春，割有淮南，以規許、洛，此萬世一時，不可失也。」權先與

陸遜議，遜以爲不可，故計不施行。

黃龍元年，拜桓前將軍，領青州牧，假節。嘉禾六年，魏廬江主簿呂習請大兵自迎，欲開門爲應。桓與衞將軍全琮俱以師迎。旣至，事露，軍當引還。城外有溪水，去城一里所，廣三十餘丈，深者八九尺，淺者半之，諸軍勒兵渡去，桓自斷後。時廬江太守李膺整嚴兵騎，欲須諸軍半渡，因迫擊之。及見桓節蓋在後，卒不敢出，其見憚如此。

是時全琮爲督，權又令偏將軍胡綜宣傳詔命，參與軍事。琮以軍出無獲，議欲部分諸將，有所掩襲。桓素氣高，恥見部伍，乃往見琮，問行意，感激發怒，與琮校計。琮欲自解，因曰：「上自令胡綜爲督，綜意以爲宜爾。」桓愈恚恨，還乃使人呼綜。綜至軍門，桓出迎之，顧謂左右曰：「我縱手，汝等各自去。」有一人旁出，語綜使還。桓出，不見綜，知左右所爲，因斫殺之。桓佐軍進諫，刺殺佐軍，遂託狂發，詣建業治病。權惜其功能，故不罪。〔一〕使子異攝領部曲，令醫視護，數月復遣還中洲。權自出祖送，謂曰：「今寇虜尚存，王塗未一，孤當與君共定天下，欲令君督五萬人專當一面，以圖進取，想君疾未復發也。」桓曰：「天授陛下聖姿，當君臨四海，猥重任臣，以除姦逆，臣疾當自愈。」〔二〕

〔一〕孫盛曰：書云臣無作威作福，作威作福，則凶于而家，害于而國。桓之賊忍，殆虎狼也，人君且猶不可，況將相乎？語曰，得一夫而失一國，縱罪虧刑，失孰大焉！

〔二〕吳錄曰：桓奉觴曰：「臣當遠去，願一捋陛下鬚，無所復恨。」權馮几前席，桓進前捋鬚曰：「臣今日真可謂捋虎鬚也。」權大笑。

桓性護前，恥爲人下，每臨敵交戰，節度不得自由，輒嗔恚憤激。然輕財貴義，兼以彊識，與人一面，數十年不忘，部曲萬口，妻子盡識之。愛養吏士，贍護六親，俸祿產業，皆與共分。及桓疾困，舉營憂戚。年六十二，赤烏元年卒。吏士男女，無不號慕。又家無餘財，權賜鹽五千斛以周喪事。子異嗣。

異字季文，以父任除郎，〔一〕後拜騎都尉，代桓領兵。赤烏四年，隨朱然攻魏樊城，建計破其外圍，還拜偏將軍。魏廬江太守文欽營住六安，多設屯砦，置諸道要，以招誘亡叛，爲邊寇害。異乃身率其手下二千人，掩破欽七屯，斬首數百，遷揚武將軍。權與論攻戰，辭對稱意。權謂異從父驃騎將軍據曰：「本知季文(憎)〔膽〕定，見之復過所聞。」十三年，文欽詐降，密書與異，欲令自迎。異表呈欽書，因陳其僞，不可便迎。權詔曰：「方今北土未一，欽云欲歸命，宜且迎之。若嫌其有譎者，但當設計網以羅之，盛重兵以防之耳。」乃遣呂據督二萬人，與異幷力，至北界，欽果不降。建興元年，遷鎮南將軍。是歲魏遣胡遵、諸葛誕等出東興，異督水軍攻浮梁，壞之，魏軍大破。〔二〕太平二年，假節，爲大都督，救壽春圍，不解。還軍，爲孫綝所枉害。〔三〕

〔一〕文士傳曰：張惇子純與張儼及異俱童少，往見驃騎將軍朱據。據聞三人才名，欲試之，告曰：「老鄙相聞，飢渴甚矣。夫驃騕以迅驟爲功，鷹隼以輕疾爲妙，其爲吾各賦一物，然後乃坐。」儼乃賦犬曰：「守則有威，出則有獲，韓盧、宋鵲，書名竹帛。」純賦席曰：「席以冬設，簟爲夏施，揖讓而坐，君子攸宜。」異賦弩曰：「南嶽之幹，鍾山之銅，應機命中，獲隼高墉。」三人各隨其目所見而賦之，皆成而後坐，據大歡悅。

〔二〕吳書曰：異又隨諸葛恪圍新城，城旣不拔，異等皆言宜速還豫章，襲石頭城，不過數日可拔。恪以書曉異，異投書於地曰：「不用我計，而用傒子言！」恪大怒，立奪其兵，遂廢還建業。

〔三〕吳書曰：綝要異相見，將往，恐陸抗止之，異曰：「子通，家人耳，當何所疑乎！」遂往。綝使力人於坐上取之。異曰：「我吳國忠臣，有何罪乎？」乃拉殺之。

評曰：朱治、呂範以舊臣任用，朱然、朱桓以勇烈著聞，呂據、朱異、施績咸有將領之才，克紹堂構。若範、桓之越隘，得以吉終，至於據、異無此之尤而反罹殃者，所遇之時殊也。

三國志卷五十七

吳書十二

虞陸張駱陸吾朱傳第十二

虞翻字仲翔，會稽餘姚人也，〔一〕太守王朗命爲功曹。孫策征會稽，翻時遭父喪，衰經詣府門，朗欲就之，翻乃脫衰入見，勸朗避策。朗不能用，拒戰敗績，亡走浮海。翻追隨營護，到東部候官，候官長閉城不受，翻往說之，然後見納。〔二〕朗謂翻曰：「卿有老母，可以還矣。」〔三〕翻旣歸，策復命爲功曹，待以交友之禮，身詣翻第。〔四〕

〔一〕吳書曰：翻少好學，有高氣。年十二，客有候其兄者，不過翻，翻追與書曰：「僕聞虎魄不取腐芥，磁石不受曲鍼，過而不存，不亦宜乎！」客得書奇之，由是見稱。

〔二〕吳書曰：翻始欲送朗到廣陵，朗惑王方平記，言「疾來邀我，南岳相求」，故遂南行。旣至候官，又欲投交州，翻諫朗曰：「此妄書耳，交州無南岳，安所投乎？」乃止。

〔三〕翻別傳曰：朗使翻見豫章太守華歆，圖起義兵。翻未至豫章，聞孫策向會稽，翻乃還。會遭父喪，以臣使有節，不敢過家，星行追朗至候官。朗遣翻還，然後奔喪。而傳云孫策之來，翻衰經詣府門，勸朗避策，則爲大異。

〔四〕江表傳曰：策書謂翻曰：「今日之事，當與卿共之，勿謂孫策作郡吏相待也。」

策好馳騁遊獵，翻諫曰：「明府用烏集之衆，驅散附之士，皆得其死力，雖漢高帝不及也。至於輕出微行，從官不暇嚴，吏卒常苦之。夫君人者不重則不威，故白龍魚服，困於豫且，白蛇自放，劉季害之，願少留意。」策曰：「君言是也。然時有所思，端坐悒悒，有裨諶草創之計，是以行耳。」〔一〕

〔一〕吳書曰：策討山越，斬其渠帥，悉令左右分行逐賊，獨騎與翻相得山中。翻問左右安在，策曰：「悉行逐賊。」翻曰：「危事也！」令策下馬：「此草深，卒有驚急，馬不及縈策，但牽之，執弓矢以步。翻善用矛，請在前行。」得平地，勸策乘馬。策曰：「卿無馬奈何？」答曰：「翻能步行，日可二百里，自征討以來，吏卒無及翻者，明府試躍馬，翻能疏步隨之。」行及大道，得一鼓吏，策取角自鳴之，部曲識聲，小大皆出，遂從周旋，平定三郡。江表傳曰：策討黃祖，旋軍欲過取豫章，特請翻語曰：「華子魚自有名字，然非吾敵也。加聞其戰具甚少，若不開門讓城，金鼓一震，不得無所傷害，卿便在前具宣孤意。」翻卽奉命辭行，徑到郡，請被褠葛巾與(敵)〔歆〕相見，謂歆曰：「君自料名聲之在海內，孰與鄙郡故王府君？」歆曰：「不及也。」翻曰：「豫章資糧多少？器仗精否？士民勇果孰與鄙郡？」又曰：「不如也。」翻曰：「討逆將軍智略超世，用兵如神，前走劉揚州，君所親見，南定鄙郡，亦君所聞也。今欲守孤城，自料資糧，已知不足，不早爲計，悔無及也。今大軍已次椒丘，僕便還去，明日日中迎檄不到者，與君辭矣。」翻旣去，歆明旦出城，遣吏迎策。策旣定豫章，引軍還吳，饗賜將士，計功行賞，謂翻曰：「孤昔再至壽春，見馬日磾，及與中州士大夫會，語我東方人多才耳，但恨學問不博，語議之閒，有所不及耳。孤意猶謂未耳。卿博學洽聞，故前欲令卿一詣許，交見朝士，以折中國妄語兒。卿不願行，便使子綱；恐子綱不能結見輩舌也。」翻曰：「翻是明府家寶，而以示人，人倘留之，則去明府良佐，故前不行耳。」策笑曰：「然。」因曰：「孤有征討事，未得還府，卿復以功曹爲吾蕭何，守會稽耳。」後三日，便遣翻還郡。

臣松之以爲王、華二公於擾攘之時，抗猛銳之鋒，俱非所能。歆之名德，實高於朗，而江表傳述翻說華，云「海內名聲，孰與於王」，此言非也。然王公拒戰，華逆請服，實由孫策初起，名微衆寡，故王能舉兵，豈武勝哉？策後威力轉盛，勢不可敵，華量力而止，非必用仲翔之說也。若使易地而居，亦華戰王服耳。

按吳歷載翻謂歆曰：「竊聞明府與王府君齊名中州，海內所宗，雖在東垂，常懷瞻仰。」歆答曰：「孤不如王會稽。」翻復問：「不審豫章精兵，何如會稽？」對曰：「大不如也。」翻曰：「明府言不如王會稽，謙光之譚耳；精兵不如會稽，實如尊教。」因述孫策才略殊異，用兵之奇，歆乃答云當去。（此說爲勝也）翻出，歆遣吏迎策。二說有不同，〔此說爲勝也〕。

翻出爲富春長。策薨，諸長吏並欲出赴喪，翻曰：「恐鄰縣山民或有姦變，遠委城郭，必致不虞。」因留制服行喪。諸縣皆效之，咸以安寧。〔一〕後翻州舉茂才，漢召爲侍御史，曹公爲司空辟，皆不就。〔二〕

〔一〕吳書曰：策薨，權統事。定武中郎將暠，策之從兄也，屯烏程，整帥吏士，欲取會稽。會稽聞之，使民守城以俟嗣主之命，因令人告諭暠。

會稽典錄載翻說暠曰：「討逆明府，不竟天年。今攝事統衆，宜在孝廉，翻已與一郡吏士，嬰城固守，必欲出一旦之命，爲孝廉除害，惟執事圖之。」於是暠退。

臣松之案：此二書所說策亡之時，翻猶爲功曹，與本傳不同。

〔二〕吳書曰：翻聞曹公辟，曰：「盜跖欲以餘財汚良家邪？」遂拒不受。

翻與少府孔融書，并示以所著易注。融答書曰：「聞延陵之理樂，覩吾子之治易，乃知東南之美者，非徒會稽之竹箭也。又觀象雲物，察應寒溫，原其禍福，與神合契，可謂探賾窮通者也。」會稽東部都尉張紘又與融書曰：「虞仲翔前頗爲論者所侵，美寶爲質，彫摩益光，不足以損。」

孫權以爲騎都尉。翻數犯顏諫爭，權不能悅，又性不協俗，多見謗毀，坐徙丹楊涇縣。呂蒙圖取關羽，稱疾還建業，以翻兼知醫術，請以自隨，亦欲因此令翻得釋也。後蒙舉軍西上，南郡太守麋芳開城出降。蒙未據郡城而作樂沙上，翻謂蒙曰：「今區區一心者麋將軍也，城中之人豈可盡信，何不急入城持其管籥乎？」蒙卽從之。時城中有伏計，賴翻謀不行。關羽旣敗，權使翻筮之，得兌下坎上，節，五爻變之臨，翻曰：「不出二日，必當斷頭。」果如翻言。權曰：「卿不及伏羲，可與東方朔爲比矣。」

魏將于禁爲羽所獲，繫在城中，權至釋之，請與相見。他日，權乘馬出，引禁併行，翻呵禁曰：「爾降虜，何敢與吾君齊馬首乎！」欲抗鞭擊禁，權呵止之。後權于樓船會羣臣飲，禁聞樂流涕，翻又曰：「汝欲以僞求免邪？」權悵然不平。〔一〕

〔一〕吳書曰：後權與魏和，欲遣禁還歸北，翻復諫曰：「禁敗數萬衆，身爲降虜，又不能死。北習軍政，得禁必不如所規。還之雖無所損，猶爲放盜，不如斬以令三軍，示爲人臣有二心者。」權不聽。羣臣送禁，翻謂禁曰：「卿勿謂吳無人，吾謀適不用耳。」禁雖爲翻所惡，然猶盛歎翻，魏文帝常爲翻設虛坐。

權旣爲吳王，歡宴之末，自起行酒，翻伏地陽醉，不持。權去，翻起坐。權於是大怒，手劍欲擊之，侍坐者莫不惶遽，惟大(司)農劉基起抱權諫曰：「大王以三爵之後(手)殺善士，雖翻有罪，天下孰知之？且大王以能容賢畜衆，故海內望風，今一朝棄之，可乎？」權曰：「曹孟德尚殺孔文舉，孤於虞翻何有哉？」基曰：「孟德輕害士人，天下非之。大王躬行德義，欲與堯、舜比隆，何得自喻於彼乎？」翻由是得免。權因敕左右，自今酒後言殺，皆不得殺。

翻嘗乘船行，與麋芳相逢，芳船上人多欲令翻自避，先驅曰：「避將軍船！」翻厲聲曰：「失忠與信，何以事君？傾人二城，而稱將軍，可乎？」芳闔戶不應而遽避之。後翻乘車行，又經芳營門，吏閉門，車不得過。翻復怒曰：「當閉反開，當開反閉，豈得事宜邪？」芳聞之，有慚色。

翻性疏直，數有酒失。權與張昭論及神仙，翻指昭曰：「彼皆死人，而語神仙，世豈有仙人(也)〔邪〕！」權積怒非一，遂徙翻交州。雖處罪放，而講學不倦，門徒常數百人。〔一〕又爲老子、論語、國語訓注，皆傳於世。〔二〕

〔一〕翻別傳曰：權卽尊號，翻因上書曰：「陛下膺明聖之德，體舜、禹之孝，歷運當期，順天濟物。奉承策命，臣獨抃舞。罪棄兩絕，拜賀無階，仰瞻宸極，且喜且悲。臣伏自刻省，命輕雀鼠，性輶毫釐，罪惡莫大，不容於誅，昊天罔極，全有九載，退當念戮，頻受生活，復偷視息。臣年耳順，思咎憂憤，形容枯悴，髮白齒落，雖未能死，自悼終沒，不見宮闕百官之富，不覩皇輿金軒之飾，仰觀巍巍衆民之謠，傍聽鍾鼓侃然之樂，永隕海隅，棄骸絕域，不勝悲慕，逸豫大慶，悅以忘罪。」

〔二〕翻別傳曰：翻初立易注，奏上曰：「臣聞六經之始，莫大陰陽，是以伏羲仰天縣象，而建八卦，觀變動六爻爲六十四，以通神明，以類萬物。臣高祖父故零陵太守光，少治孟氏易，曾祖父故平輿令成，纘述其業，至臣祖父鳳爲之最密。臣亡考故日南太守歆，受本於鳳，最有舊書，世傳其業，至臣五世。前人通講，多玩章句，雖有祕說，於經疏闊。臣生遇世亂，長於軍旅，習經於枹鼓之間，講論於戎馬之上，蒙先師之說，依經立注。又臣郡吏陳桃夢臣與道士相遇，放髮被鹿裘，布易六爻，撓其三以飲臣，臣乞盡吞之。道士言易道在天，三爻足矣。豈臣受命，應當知經！所覽諸家解不離流俗，義有不當實，輒悉改定，以就其正。孔子曰：『乾元用九而天下治。』聖人南面，蓋取諸離，斯誠天子所宜協陰陽致麟鳳之道矣。謹正書副上，惟不罪戾。」翻又奏曰：「經之大者，莫過於易。自漢初以來，海內英才，其讀易者，解之率少。至孝靈之際，潁川荀諝號爲知易，臣得其注，有愈俗儒，至所說西南得朋，東北喪朋，顚倒反逆，了不可知。孔子歎易曰：『知變化之道者，其知神之所爲乎！』以美大衍四象之作，而上爲章首，尤可怪笑。又南郡太守馬融，名有俊才，其所解釋，復不及諝。孔子曰『可與共學，未可與適道』，豈不其然！若乃北海鄭玄，南陽宋忠，雖各立注，忠小差玄而皆未得其門，難以示世。」又奏鄭玄解尚書違失事目：「臣聞周公制禮以辨上下，孔子曰『有君臣然後有上下，有上下然後禮義有所錯』，是故尊君卑臣，禮之大司也。伏見故徵士北海鄭玄所注尚書，以顧命康王執瑁，古『冃』似『同』，從誤作『同』，既不覺定，復訓爲杯，謂之酒杯；成王疾困憑几，洮頮爲濯，以爲澣衣成事，『洮』字虛更作『濯』，以從其非；又古大篆『丣』字讀當爲『柳』，古『柳』『丣』同字，而以爲昧；『分北三苗』，『北』古『別』字，又訓北，言北猶別也。若此之類，誠可怪也。玉人職曰天子執瑁以朝諸侯，謂之酒杯；天子頮面，謂之澣衣；古篆『丣』字，反以爲昧。甚違不知蓋闕之義。於此數事，誤莫大焉，宜命學官定此三事。又馬融訓註亦以爲同者大同天下，今經益『金』就作『銅』字，詁訓言天子副璽，雖皆不得，猶愈於玄。然此不定，臣沒之後，而奮乎百世，雖世有知者，懷謙莫或奏正。又玄所注五經，違義尤甚者百六十七事，不可不正。行乎學校，傳乎將來，臣竊恥之。」翻放棄南方，云「自恨疏節，骨體不媚，犯上獲罪，當長沒海隅，生無可與語，死以青蠅爲弔客，使天下一人知己者，足以不恨。」以典籍自慰，依易設象，以占吉凶。又以宋氏解玄頗有繆錯，更爲立法，并著明揚、釋宋以理其滯。

臣松之案：翻云「古大篆『丣』字讀當言『柳』，古『柳』『丣』同字」，竊謂翻言爲然。故「劉」「留」「聊」「柳」同用此字，以從聲故也，與日辰「卯」字字同音異。然漢書王莽傳論卯金刀，故以爲日辰之「卯」，今未能詳正。然世多亂之，故翻所說云。荀諝，荀爽之別名。

初，山陰丁覽，太末徐陵，或在縣吏之中，或衆所未識，翻一見之，便與友善，終成顯名。〔一〕

〔一〕會稽典錄曰：覽字孝連，八歲而孤，家又單微，清身立行，用意不苟，推財從弟，以義讓稱。仕郡至功曹，守始平長。爲人精微絜淨，門無雜賓。孫權深貴待之，未及擢用，會病卒，甚見痛惜，殊其門戶。覽子固，字子賤，本名

密，避滕密，改作固。固在襁褓中，闞澤見而異之，曰：「此兒後必致公輔。」固少喪父，獨與母居，家貧守約，色養致敬，族弟孤弱，與同寒溫。翻與固同僚書曰：「丁子賤塞淵好德，堂構克舉，野無遺薪，斯之爲懿，其美優矣。令德之後，惟此君嘉耳。」歷顯位，孫休時固爲左御史大夫，孫晧即位，遷司徒。晧悖虐，固與陸凱、孟宗同心憂國，年七十六卒。子彌，字欽遠，仕晉，至梁州刺史。孫潭，光祿大夫。徐陵字元大，歷三縣長，所在著稱，遷零陵太守。時朝廷侯以列卿之位，故翻書曰：「元大受上卿之遇，叔向在晉，未若於今。」其見重如此。陵卒，僮客土田或見侵奪，駱統爲陵家訟之，求與丁覽、卜清等爲比，權許焉。陵子平，字伯先，童齓知名，翻甚愛之，屢稱歎焉。諸葛恪爲丹楊太守，討山越，以平威重思慮，可與效力，請平爲丞，稍遷武昌左部督，傾心接物，士卒皆爲盡力。初，平爲恪從事，意甚薄，及恪輔政，待平益疏。恪被害，子建亡走，爲平部曲所得，平使遣去，別爲佗軍所獲。平兩婦歸宗，敬奉情過乎厚。其行義敦篤，皆此類也。

在南十餘年，年七十卒。〔一〕歸葬舊墓，妻子得還。〔二〕

〔一〕吳書曰：翻雖在徙棄，心不忘國，常憂五谿宜討，以遼東海絕，聽人使來屬，尚不足取，今去人財以求馬，既非國利，又恐無獲。欲諫不敢，作表以示呂岱，岱不報，爲愛憎所白，復徙蒼梧猛陵。

江表傳曰：後權遣將士至遼東，於海中遭風，多所沒失，權悔之，乃令曰：「昔趙簡子稱諸君之唯唯，不如周舍之諤諤。虞翻亮直，善於盡言，國之周舍也。前使翻在此，此役不成。」促下問交州，翻若尚存者，給其人船，發遣還都；若以亡者，送喪還本郡，使兒子仕宦。會翻已終。

〔二〕會稽典錄曰：孫亮時，有山陰朱育，少好奇字，凡所特達，依體象類，造作異字千名以上。仕郡門下書佐。太守濮陽興正旦宴見掾吏，言次，問：「太守昔聞朱潁川問士於鄭召公，韓吳郡問士於劉聖博，王景興問士於虞仲翔，嘗見鄭、劉二答而未覩仲翔對也。欽聞國賢，思覩盛美有日矣，書佐寧識之乎？」育對曰：「往過習之。昔初平末年，王府君以淵妙之才，超遷臨郡，思賢嘉善，樂采名俊，問功曹虞翻曰：『聞玉出崑山，珠生南海，遠方異域，各生珍寶。且曾聞士人歎美貴邦，舊多英俊，徒以遠於京畿，含香未越耳。功曹雅好博古，寧識其人邪？』翻對曰：『夫會稽上應牽牛之宿，下當少陽之位，東漸巨海，西通五湖，南暢無垠，北渚浙江，南山攸居，實爲州鎮，昔禹會羣臣，因以命之。山有金木鳥獸之殷，水有魚鹽珠蚌之饒，海嶽精液，善生俊異，是以忠臣係踵，孝子連閭，下及賢女，靡不育焉。』王府君笑曰：『地勢然矣，士女之名可悉聞乎？』翻對曰：『不敢及遠，略言其近者耳。往者孝子句章董黯，盡心色養，喪致其哀，單身林野，鳥獸歸懷，怨親之辱，白日報讎，海內聞名，昭然光著。太中大夫山陰陳囂，漁則化盜，居則讓鄰，感侵退藩，遂成義里，攝養車嫗，行足厲俗，自揚子雲等上書薦之，粲然傳世。太尉山陰鄭公，清亮質直，不畏彊禦。魯相山陰鍾離意，稟殊特之姿，孝家忠朝，宰縣相國，所在遺惠，故取養有君子之譽，魯國有丹書之信。及陳宮、費齊皆上契天心，功德治狀，記在漢籍。有道山陰趙曄，徵士上虞王充，各洪才淵懿，學究道源，著書垂藻，駱驛百篇，釋經傳之宿疑，解當世之槃結，或上窮陰陽之奧祕，下攄人情之歸極。交阯刺史上虞綦毋俊，拔濟一郡，讓爵士之封。決曹掾上虞孟英，三世死義。主簿句章梁宏，功曹史餘姚駟勳，主簿句章鄭雲，皆敦終始之義，引罪免居。門下督盜賊餘姚伍隆，鄮莫候反。主簿任光，章安小吏黃他，身當白刃，濟君於難。揚州從事句章王脩，委身投命，垂聲來世。河內太守上虞魏少英，遭世屯蹇，忘家憂國，列在八俊，爲世英彥。尚書烏傷楊喬，桓帝妻以公主，辭疾不納。近故太尉上虞朱公，天姿聰亮，欽明神武，策無失謨，征無遺慮，是以天下義兵，思以爲首。上虞女子曹娥，父溺江流，投水而死，立石碑紀，炳然著顯。』王府君曰：『是既然矣，潁川有巢、許之逸軌，吳有太伯之三讓，貴郡雖士人紛紜，於此足矣。』翻對曰：『故先言其近者耳，若乃引上世

之事，及抗節之士，亦有其人。昔越王翳讓位，逃于巫山之穴，越人薰而出之，斯非太伯之儔邪？且太伯外來之君，非其地人也。若以外來言之，則大禹亦巡於此而葬之矣。鄞大里黃公，絜己暴秦之世，高祖卽阼，不能一致，惠帝恭讓，出則濟難。徵士餘姚嚴遵，王莽數聘，抗節不行，光武中興，然後俯就，矯手不拜，志陵雲日。皆著於傳籍，較然彰明，豈如巢、許，流俗遺譚，不見經傳者哉？』王府君笑曰：『善哉話言也！賢矣，非君不著。太守未之前聞也。』」濮陽府君曰：「御史所云，既聞其人，亞斯已下，書佐寧識之乎？」育曰：「瞻仰景行，敢不識之？近者太守上虞陳業，絜身清行，志懷霜雪，貞亮之信，同操柳下，遭漢中微，委官棄祿，遁迹黟歙，以求其志，高邈妙蹤，天下所聞，故（桓文）〔桓文林〕遺之尺牘之書，比竟三高。其聰明大略，忠直謇諤，則侍御史餘姚虞翻、偏將軍烏傷駱統。其淵懿純德，則太子少傅山陰闞澤，學通行茂，作帝師儒。其雄姿武毅，立功當世，則後將軍賀齊，勳成績著。其探極祕術，言合神明，則太史令上虞吳範。其文章之士，立言粲盛，則御史中丞句章任奕，鄱陽太守章安虞翔，各馳文檄，曄若春榮。處士（鄒）〔鄮〕盧敍，弟犯公憲，自殺乞代。吳寧斯敦、山陰祁庚、上虞樊正，咸代父死罪。其女則松陽柳朱、永寧（瞿素）〔翟素〕，或一醮守節，喪身不顧，或遭寇劫賊，死不虧行。皆近世之事，尚在耳目。」府君曰：「皆海內之英也。吾聞秦始皇二十五年，以吳越地爲會稽郡，治吳。漢封諸侯王，以何年復爲郡，而分治於此？」育對曰：「劉賈爲荊王，賈爲英布所殺，又以劉濞爲吳王。景帝四年，濞反誅，乃復爲郡，治於吳。元鼎五年，除東越，因以其地爲治，并屬於此，而立東部都尉，後徙章安。陽朔元年，又徙治鄞，或有寇害，復徙句章。到永建四年，劉府君上書，浙江之北，以爲吳郡，會稽還治山陰。自永建四年歲在己巳，以至今年，積百二十九歲。」府君稱善。是歲，吳之太平三年，歲在丁丑。育後仕朝，常在臺閣，爲東觀令，遙拜清河太守，加位侍中，推刺占射，文藝多通。

翻有十一子，第四子汜最知名，永安初，從選曹郎爲散騎中常侍，後爲監軍使者，討扶嚴，病卒。〔一〕汜弟忠，宜都太守；〔二〕聳，越騎校尉，累遷廷尉，湘東、河間太守；〔三〕昺，廷尉尚書，濟陰太守。〔四〕

〔一〕會稽典錄曰：汜字世洪，生南海，年十六，父卒，還鄉里。孫綝廢幼主，迎立琅邪王休。休未至，綝欲入宮，圖爲不軌，召百官會議，皆惶怖失色，徒唯唯而已。汜對曰：「明公爲國伊周，處將相之位，擅廢立之威，將上安宗廟，下惠百姓，大小踴躍，自以伊霍復見。今迎王未至，而欲入宮，如是，羣下搖蕩，衆聽疑惑，非所以永終忠孝，揚名後世也。」綝不懌，竟立休。休初即位，汜與賀邵、王蕃、薛瑩俱爲散騎中常侍。以討扶嚴功拜交州刺史、冠軍將軍、餘姚侯，尋卒。

〔二〕會稽典錄曰：忠字世方，翻第五子。貞固幹事，好識人物，造吳郡陸機於童齓之年，稱上虞魏遷於無名之初，終皆遠致，爲著聞之士。交同縣王岐於孤宦之族，仕進先至宜都太守，忠乃代之。晉征吳，忠與夷道監陸晏、晏弟中夏督景堅守不下，城潰被害。忠子譚，字思奧。晉陽秋稱譚清貞有檢操，外如退弱，內堅正有膽幹。仕晉，歷位內外，終於衞將軍，追贈侍中左光祿大夫，開府儀同三司。

〔三〕會稽典錄曰：聳字世龍，翻第六子也。清虛無欲，進退以禮，在吳歷清官，入晉，除河間相，王素聞聳名，厚敬禮之。聳抽引人物，務在幽隱孤陋之中。時王岐難聳，以高士所達，必合秀異，聳書與族子察曰：「世之取士，曾不招未齒於丘園，索良才於總猥，所譽依已成，所毀依已敗，此吾所以歎息也。」聳疾俗喪祭無度，弟昺卒，祭以少

牢，酒飯而已，當時族黨並遵行之。

〔四〕會稽典錄曰：昺字世文，翻第八子也。少有倜儻之志，仕吳黃門郎，以捷對見異，超拜尚書侍中。晉軍來伐，遣昺持節都督武昌已上諸軍事，昺先上還節蓋印綬，然後歸順。在濟陰，抑彊扶弱，甚著威風。

陸績字公紀，吳郡吳人也。父康，漢末爲廬江太守。〔一〕績年六歲，於九江見袁術。術出橘，績懷三枚，去，拜辭墮地，術謂曰：「陸郎作賓客而懷橘乎？」績跪答曰：「欲歸遺母。」術大奇之。孫策在吳，張昭、張紘、秦松爲上賓，共論四海未泰，須當用武治而平之，績年少末坐，遙大聲言曰：「昔管夷吾相齊桓公，九合諸侯，一匡天下，不用兵車。孔子曰：『遠人不服，則脩文德以來之。』今論者不務道德懷取之術，而惟尚武，績雖童蒙，竊所未安也。」昭等異焉。

〔一〕謝承後漢書曰：康字季寧，少惇孝悌，勤脩操行，太守李肅察孝廉。肅後坐事伏法，康斂尸送喪還潁川，行服，禮終，舉茂才，歷三郡太守，所在稱治，後拜廬江太守。

績容貌雄壯，博學多識，星曆算數無不該覽。虞翻舊齒名盛，龐統荊州令士，年亦差長，皆與績友善。孫權統事，辟爲奏曹掾，以直道見憚，出爲鬱林太守，加偏將軍，給兵二千人。績既有躄疾，又意(在)〔存〕儒雅，非其志也。雖有軍事，著述不廢，作渾天圖，注易釋玄，皆傳於世。豫自知亡日，乃爲辭曰：「有漢志士吳郡陸績，幼敦詩、書，長玩禮、易，受命南征，遘疾(遇)〔逼〕厄，遭命不(幸)〔永〕，嗚呼悲隔！」又曰：「從今已去，六十年之外，車同軌，書同文，恨不及見也。」年三十二卒。長子宏，會稽南部都尉，次子叡，長水校尉。〔一〕

〔一〕績於鬱林所生女，名曰鬱生，適張溫弟白。姚信集有表稱之曰：「臣聞唐、虞之政，舉善而教，旌德擢異，三王所先，是以忠臣烈士，顯名國朝，淑婦貞女，表迹家閭。蓋所以闡崇化業，廣殖清風，使苟有令性，幽明俱著，苟懷懿姿，士女同榮。故王蠋建寒松之節而齊王表其里，義姑立殊絕之操而魯侯高其門。臣切見故鬱林太守陸績女子鬱生，少履貞特之行，幼立匪石之節，年始十三，適同郡張白。侍廟三月，婦禮未卒，白遭罹家禍，遷死異郡。鬱生抗聲昭節，義形於色，冠蓋交橫，誓而不許，奉白姊妹嶮巇之中，蹈履水火，志懷霜雪，義心固於金石，體信貫於神明，送終以禮，邦士慕則。臣聞昭德以行，顯行以爵，苟非名爵，則勸善不嚴，故士之有誄，魯人志其勇，杞婦見書，齊人哀其哭。乞蒙聖朝，斟酌前訓，上開天聽，下垂坤厚，褒鬱生以義姑之號，以厲兩髦之節，則皇風穆暢，士女改視矣。」

張溫字惠恕，吳郡吳人也。父允，以輕財重士，名顯州郡，爲孫權東曹掾，卒。溫少脩節操，容貌奇偉。權聞之，以問公卿曰：「溫當今與誰爲比？」大(司)農劉基曰：「可與全琮爲輩。」太常顧雍曰：「基未詳其爲人也。溫當今無輩。」權曰：「如是，張允不死也。」徵到延見，文辭占對，觀者傾竦，權改容加禮。罷出，張昭執其手曰：「老夫託意，君宜明之。」拜

議郎、選曹尚書，徙太子太傅，甚見信重。

時年三十二，以輔義中郎將使蜀。權謂溫曰：「卿不宜遠出，恐諸葛孔明不知吾所以與曹氏通意，(以)故屈卿行。若山越都除，便欲大搆於(蜀)〔丕〕。行人之義，受命不受辭也。」溫對曰：「臣入無腹心之規，出無專對之用，懼無張老延譽之功，又無子產陳事之效。然諸葛亮達見計數，必知神慮屈申之宜，加受朝廷天覆之惠，推亮之心，必無疑貳。」溫至蜀，詣闕拜章曰：「昔高宗以諒闇昌殷祚於再興，成王以幼沖隆周德於太平，功冒溥天，聲貫罔極。今陛下以聰明之姿，等契往古，總百揆於良佐，參列精之炳燿，遐邇望風，莫不欣賴。吳國勤任旅力，清澄江滸，願與有道平一宇內，委心協規，有如河水，軍事(興)〔凶〕煩，使役乏少，是以忍鄙倍之羞，使下臣溫通致情好。陛下敦崇禮義，未便恥忽。臣自(入)遠境，及即近郊，頻蒙勞來，恩詔輒加，以榮自懼，悚怛若驚。謹奉所齎函書一封。」蜀甚貴其才。還，頃之，使入豫章部伍出兵，事業未究。

權既陰銜溫稱美蜀政，又嫌其聲名大盛，衆庶炫惑，恐終不爲己用，思有以中傷之，會暨豔事起，遂因此發舉。豔字子休，亦吳郡人也，溫引致之，以爲選曹郎，至尚書。豔性狷厲，好爲清議，見時郎署混濁淆雜，多非其人，欲臧否區別，賢愚異貫。彈射百僚，覈選三署，率皆貶高就下，降損數等，其守故者十未能一，其居位貪鄙，志節汙卑者，皆以爲軍吏，置營

府以處之。而怨憤之聲積，浸潤之譖行矣。競言豔及選曹郎徐彪，〔一〕專用私情，愛憎不由公理。豔、彪皆坐自殺。溫宿與豔、彪同意，數交書疏，聞問往還，即罪溫。權幽之有司，下令曰：「昔令召張溫，虛己待之，既至顯授，有過舊臣，何圖凶醜，專挾異心。昔暨豔父兄，附于惡逆，寡人無忌，故進而任之，欲觀豔何如。察其中閒，形態果見。而溫與之結連死生，豔所進退，皆溫所爲頭角，更相表裏，共爲腹背，非溫之黨，即就疵瑕，爲之生論。又前任溫董督三郡，指撝吏客及殘餘兵，時恐有事，欲令速歸，故授棨戟，奬以威柄。乃便到豫章，表討宿惡，寡人信受其言，特以繞帳、帳下、解煩兵五千人付之。後聞曹丕自出淮、泗，故豫敕溫有急便出，而溫悉內諸將，布於深山，被命不至。賴丕自退，不然，已往豈可深計。又殷禮者，本占候召，而溫先後乞將到蜀，扇揚異國，爲之譚論。又禮之還，當親本職，而令守尚書戶曹郎，如此署置，在溫而已。又溫語賈原，當薦卿作御史，語蔣康，當用卿代賈原，專衒賈國恩，爲己形勢。揆其姦心，無所不爲。不忍暴於市朝，今斥還本郡，以給廝吏。嗚呼溫也，免罪爲幸！」

〔一〕吳錄曰：彪字仲虞，廣陵人也。

將軍駱統表理溫曰：「伏惟殿下，天生明德，神啓聖心，招髦秀於四方，置俊乂於宮朝。多士既受普篤之恩，張溫又蒙最隆之施。而溫自招罪譴，孤負榮遇，念其如此，誠可悲疢。然臣周旋之閒，爲國觀聽，深知其狀，故密陳其理。溫實心無他情，事無逆迹，但年紀尚

少，鎮重尚淺，而戴赫烈之寵，體卓偉之才，亢臧否之譚，效褒貶之議。於是務勢者妒其寵，爭名者嫉其才，玄默者非其譚，瑕釁者諱其議，此臣下所當詳辨，明朝所當究察也。昔賈誼，至忠之臣也，漢文，大明之君也，然而絳、灌一言，賈誼遠退。何者？疾之者深，譖之者巧也。然而誤聞於天下，失彰於後世，故孔子曰『爲君難，爲臣不易』也。溫雖智非從橫，武非虓虎，然其弘雅之素，英秀之德，文章之采，論議之辨，卓躒冠羣，煒曄曜世，世人未有及之者也。故論溫才即可惜，言罪則可恕。若忍威烈以赦盛德，宥賢才以敦大業，固明朝之休光，四方之麗觀也。國家之於暨豔，不內之忌族，猶等之平民，是故先見用於朱治，次見舉於衆人，中見任於明朝，亦見交於溫也。君臣之義，義之最重，朋友之交，交之最輕者也。國家不嫌於豔爲最重之義，是以溫亦不嫌與豔爲最輕之交也。時世寵之於上，溫竊親之於下也。夫宿惡之民，放逸山險，則爲勁寇，將置平土，則爲健兵，故溫念在欲取宿惡，以除勁寇之害，而增健兵之銳也。但自錯落，功不副言。然計其送兵，以比許晏，數之多少，溫不減之，用之彊羸，溫不下之，至於遲速，溫不後之，故得及秋冬之月，赴有警之期，不敢忘恩而遺力也。溫之到蜀，共譽殷禮，雖臣無境外之交，亦有可原也。境外之交，謂無君命而私相從，非國事而陰相聞者也；若以命行，既脩君好，因敍己情，亦使臣之道也。故孔子使鄰國，則有私覿之禮；季子聘諸夏，亦有燕譚之義也。古人有言，欲知其君，觀其所使，見

其下之明明，知其上之赫赫。溫若譽禮，能使彼歎之，誠所以昭我臣之多良，明使之得其人，顯國美於異境，揚君命於他邦。是以晉趙文子之盟于宋也，稱隨會於屈建；楚王孫圉之使于晉也，譽左史於趙鞅。亦向他國之輔，而歎本邦之臣，經傳美之以光國，而不譏之以外交也。王靖內不憂時，外不趨事，溫彈之不私，推之不假，於是與靖遂爲大怨，此其盡節之明驗也。靖兵衆之勢，幹任之用，皆勝於賈原、蔣康，溫尚不容私以安於靖，豈敢賣恩以協原、康邪？又原在職不勤，當事不堪，溫數對以醜色，彈以急聲；若其誠欲賣恩作亂，則亦不必貪原也。凡此數者，校之於事既不合，參之於衆亦不驗。臣竊念人君雖有聖哲之姿，非常之智，然以一人之身，御兆民之衆，從層宮之內，瞰四國之外，照羣下之情，求萬機之理，猶未易周也，固當聽察羣下之言，以廣聰明之烈。今者人非溫既殷勤，臣是溫又契闊，辭則俱巧，意則俱至，各自言欲爲國，誰其言欲爲私，倉卒之間，猶難即別。然以殿下之聰叡，察講論之曲直，若潛神留思，纖粗研核，情何嫌而不宣，事何昧而不昭哉？溫非親臣，臣非愛溫者也。昔之君子，皆抑私忿，以增君明。彼獨行之於前，臣恥廢之於後，故遂發宿懷於今日，納愚言於聖聽，實盡心於明朝，非有念於溫身也。」權終不納。

後六年，溫病卒。二弟祗、白，亦有才名，與溫俱廢。〔一〕

〔一〕會稽典錄曰：餘姚虞俊歎曰：「張惠恕才多智少，華而不實，怨之所聚，有覆家之禍，吾見其兆矣。」諸葛亮聞俊憂溫，意未之信，及溫放黜，亮乃歎俊之有先見。亮初聞溫敗，未知其故，思之數日，曰：「吾已得之矣，其人於清濁太明，善惡太分。」

臣松之以爲莊周云「名者公器也，不可以多取」，張溫之廢，豈其取名之多乎！多之爲弊，古賢既知之矣。是以遠見之士，退藏於密，不使名浮於德，不以華傷其實，既不能被褐韞寶，挫廉逃譽，使才映一世，聲蓋人上，沖用之道，庸可暫替！溫則反之，能無敗乎？權既疾溫名盛，而駱統方驟言其美，至云「卓躒冠羣，煒曄曜世，世人未有及之者也」。斯何異燎之方盛，又撝膏以熾之哉！

文士傳曰：溫姊妹三人皆有節行，爲溫事，已嫁者皆見錄奪。其中妹先適顧承，官以許嫁丁氏，成婚有日，遂飲藥而死。吳朝嘉歎，鄉人圖畫，爲之贊頌云。

駱統字公緒，會稽烏傷人也。父俊，官至陳相，爲袁術所害。〔一〕統母改適，爲華歆小妻，統時八歲，遂與親客歸會稽。其母送之，拜辭上車，面而不顧，其母泣涕於後。御者曰：「夫人猶在也。」統曰：「不欲增母思，故不顧耳。」事適母甚謹。時饑荒，鄉里及遠方客多有困乏，統爲之飲食衰少。其姊仁愛有行，寡歸無子，見統甚哀之，數問其故。統曰：「士大夫糟糠不足，我何心獨飽！」姊曰：「誠如是，何不告我，而自苦若此？」乃自以私粟與統，又以告母，母亦賢之，遂使分施，由是顯名。

〔一〕謝承後漢書曰：俊字孝遠，有文武才幹，少爲郡吏，察孝廉，補尚書郎，擢拜陳相。值袁術僭號，兄弟忿爭，天下鼎

沸，羣賊並起。陳興比界，奸慝四布，俊厲威武，保疆境，賊不敢犯。養濟百姓，災害不生，歲獲豐稔。後術軍衆饑困，就俊求糧。俊疾惡術，初不應答。術怒，密使人殺俊。

孫權以將軍領會稽太守，統年二十，試爲烏程相，民戶過萬，咸歎其惠理。權嘉之，召爲功曹，行騎都尉，妻以從兄輔女。統志在補察，苟所聞見，夕不待旦。常勸權以尊賢接士，勤求損益，饗賜之日，可人人別進，問其燥溼，加以密意，誘諭使言，察其志趣，令皆感恩戴義，懷欲報之心。權納用焉。出爲建忠中郎將，領武射吏三千人。及淩統死，復領其兵。

是時徵役繁數，重以疫癘，民戶損耗，統上疏曰：「臣聞君國者，以據疆土爲彊富，制威福爲尊貴，曜德義爲榮顯，永世胤爲豐祚。然財須民生，彊賴民力，威恃民勢，福由民殖，德俟民茂，義以民行，六者既備，然後應天受祚，保族宜邦。書曰：『衆非后無能胥以寧，后非衆無以辟四方。』推是言之，則民以君安，君以民濟，不易之道也。今彊敵未殄，海內未乂，三軍有無已之役，江境有不釋之備，徵賦調數，由來積紀，加以殃疫死喪之災，郡縣荒虛，田疇蕪曠，聽聞屬城，民戶浸寡，又多殘老，少有丁夫，聞此之日，心若焚燎。思尋所由，小民無知，既有安土重遷之性，且又前後出爲兵者，生則困苦無有溫飽，死則委棄骸骨不反，是以尤用戀本畏遠，同之於死。每有徵發，羸謹居家重累者先見輸送。小有財貨，傾居行賂，不顧窮盡。輕剽者則迸入險阻，黨就羣惡。百姓虛竭，嗷然愁擾，愁擾則不營業，不營業

則致窮困，致窮困則不樂生，故口腹急，則姦心動而攜叛多也。又聞民閒，非居處小能自供，生產兒子，多不起養；屯田貧兵，亦多棄子。天則生之，而父母殺之，既懼干逆和氣，感動陰陽。且惟殿下開基建國，乃無窮之業也，彊鄰大敵非造次所滅，疆場常守非期月之戍，而兵民減耗，後生不育，非所以歷遠年，致成功也。夫國之有民，猶水之有舟，停則以安，擾則以危，愚而不可欺，弱而不可勝，是以聖王重焉，禍福由之，故與民消息，觀時制政。方今長吏親民之職，惟以辨具爲能，取過目前之急，少復以恩惠爲治，副稱殿下天覆之仁，勤恤之德者。官民政俗，日以彫弊，漸以陵遲，勢不可久。夫治疾及其未篤，除患貴其未深，願殿下少以萬機餘閑，留神思省，補復荒虛，深圖遠計，育殘餘之民，阜人財之用，參曜三光，等崇天地。臣統之大願，足以死而不朽矣。」權感統言，深加意焉。

以隨陸遜破蜀軍於宜都，遷偏將軍。黃武初，曹仁攻濡須，使別將常雕等襲中洲，統與嚴圭共拒破之，封新陽亭侯，後爲濡須督。數陳便宜，前後書數十上，所言皆善，文多故不悉載。尤以占募在民閒長惡敗俗，生離叛之心，急宜絕置，權與相反覆，終遂行之。年三十六，黃武七年卒。

陸瑁字子璋，丞相遜弟也。少好學篤義。陳國陳融、陳留濮陽逸、沛郡蔣纂、廣陵袁迪等，皆單貧有志，就瑁遊處，〔一〕瑁割少分甘，與同豐約。及同郡徐原，爰居會稽，素不相識，臨死遺書，託以孤弱，瑁爲起立墳墓，收導其子。又瑁從父績早亡，二男一女，皆數歲以還，瑁迎攝養，至長乃別。州郡辟舉，皆不就。

〔一〕迪孫曄，字思光，作獻帝春秋，云迪與張紘等俱過江，迪父綏爲太傅掾，張超之討董卓，以綏領廣陵事。

時尚書暨豔盛明臧否，差斷三署，頗揚人闇昧之失，以顯其讁。瑁與書曰：「夫聖人嘉善矜愚，忘過記功，以成美化。加今王業始建，將一大統，此乃漢高棄瑕錄用之時也，若令善惡異流，貴汝潁月旦之評，誠可以厲俗明教，然恐未易行也。宜遠模仲尼之汎愛，中則郭泰之弘濟，近有益於大道也。」豔不能行，卒以致敗。

嘉禾元年，公車徵瑁，拜議郎、選曹尚書。孫權忿公孫淵之巧詐反覆，欲親征之，瑁上疏諫曰：「臣聞聖王之御遠夷，羈縻而已，不常保有，故古者制地，謂之荒服，言慌惚無常，不可保也。今淵東夷小醜，屛在海隅，雖託人面，與禽獸無異。國家所爲不愛貨寶遠以加之者，非嘉其德義也，誠欲誘納愚弄，以規其馬耳。淵之驕黠，恃遠負命，此乃荒貊常態，豈足深怪？昔漢諸帝亦嘗銳意以事外夷，馳使散貨，充滿西域，雖時有恭從，然其使人見害，財貨并沒，不可勝數。今陛下不忍悁悁之忿，欲越巨海，身踐其土，羣臣愚議，竊謂不安。何者？北寇與國，壤地連接，苟有間隙，應機而至。夫所以越海求馬，曲意於淵者，爲赴目前

之急，除腹心之疾也，而更棄本追末，捐近治遠，忿以改規，激以動衆，斯乃猾虜所願聞，非大吳之至計也。又兵家之術，以功役相疲，勞逸相待，得失之閒，所覺輒多。且沓渚去淵，道里尚遠，今到其岸，兵勢三分，使彊者進取，次當守船，又次運糧，行人雖多，難得悉用；加以單步負糧，經遠深入，賊地多馬，邀截無常。若淵狙詐，與北未絕，動衆之日，脣齒相濟。若實孑然無所憑賴，其畏怖遠迸，或難卒滅。使天誅稽於朔野，山虜承間而起，恐非萬安之長慮也。」權未許。

瑁重上疏曰：「夫兵革者，固前代所以誅暴亂，威四夷也，然其役皆在姦雄已除，天下無事，從容廟堂之上，以餘議議之耳。至于中夏鼎沸，九域盤互之時，率須深根固本，愛力惜費，務自休養，以待鄰敵之闕，未有正於此時，舍近治遠，以疲軍旅者也。昔尉佗叛逆，僭號稱帝，于時天下乂安，百姓殷阜，帶甲之數，糧食之積，可謂多矣，然漢文猶以遠征不易，重興師旅，告喻而已。今凶桀未殄，疆場猶警，雖蚩尤、鬼方之亂，故當以緩急差之，未宜以淵爲先。願陛下抑威任計，暫寧六師，潛神嘿規，以爲後圖，天下幸甚。」權再覽瑁書，嘉其詞理端切，遂不行。

初，瑁同郡聞人敏見待國邑，優於宗脩，惟瑁以爲不然，後果如其言。

赤烏二年，瑁卒。子喜亦涉文籍，好人倫，孫晧時爲選曹尚書。〔一〕

〔一〕吳錄曰：喜字文仲，瓌第二子也，入晉爲散騎常侍。瓌孫曄，字士光，至車騎將軍、儀同三司。曄弟玩，字士瑤。晉陽秋稱玩器量淹雅，位至司空，追贈太尉。

吾粲字孔休，吳郡烏程人也。〔一〕孫河爲縣長，粲爲小吏，河深奇之。河後爲將軍，得自選長吏，表粲爲曲阿丞，遷爲長史，治有名迹。雖起孤微，與同郡陸遜、卜靜等比肩齊聲矣。孫權爲車騎將軍，召爲主簿，出爲山陰令，還爲參軍校尉。

〔一〕吳錄曰：粲生數歲，孤城嫗見之，謂其母曰：「是兒有卿相之骨。」

黃武元年，與呂範、賀齊等俱以舟師拒魏將曹休於洞口。值天大風，諸船綆紲斷絶，漂沒著岸，爲魏軍所獲，或覆沒沈溺，其大船尚存者，水中生人皆攀緣號呼，他吏士恐船傾沒，皆以戈矛撞擊不受。粲與黃淵獨令船人以承取之，左右以爲船重必敗，粲曰：「船敗，當俱死耳！人窮，奈何棄之。」粲、淵所活者百餘人。

還，遷會稽太守，召處士謝譚爲功曹，譚以疾不詣，粲教曰：「夫應龍以屈伸爲神，鳳皇以嘉鳴爲貴，何必隱形於天外，潛鱗於重淵者哉？」粲募合人衆，拜昭義中郎將，與呂岱討平山越，入爲屯騎校尉、少府，遷太子太傅。遭二宮之變，抗言執正，明嫡庶之分，欲使魯王霸出駐夏口，遣楊竺不得令在都邑。又數以消息語陸遜，遜時駐武昌，連表諫爭。由此爲霸、

竺等所譖害，下獄誅。

朱據字子範，吳郡吳人也。有姿貌膂力，又能論難。黃武初，徵拜五官郎中，補侍御史。是時選曹尚書暨豔，疾貪汙在位，欲沙汰之。據以爲天下未定，宜以功覆過，棄瑕取用，舉清厲濁，足以沮勸，若一時貶黜，懼有後咎。豔不聽，卒敗。

權咨嗟將率，發憤歎息，追思呂蒙、張溫，以爲據才兼文武，可以繼之，自是拜建義校尉，領兵屯湖孰。黃龍元年，權遷都建業，徵據尚公主，拜左將軍，封雲陽侯。謙虛接士，輕財好施，祿賜雖豐而常不足用。嘉禾中，始鑄大錢，一當五百。後據部曲應受三萬緡，工王遂詐而受之，典校呂壹疑據實取，考問主者，死於杖下，據哀其無辜，厚棺斂之。壹又表據吏爲據隱，故厚其殯。權數責問據，據無以自明，藉草待罪。數月，典軍吏劉助覺，言王遂所取，權大感寤，曰：「朱據見枉，況吏民乎？」乃窮治壹罪，賞助百萬。

赤烏九年，遷驃騎將軍。遭二宮搆爭，據擁護太子，言則懇至，義形于色，守之以死，〔一〕遂左遷新都郡丞。未到，中書令孫弘譖潤據，因權寢疾，弘爲詔書追賜死，時年五十七。孫亮時，二子熊、損各復領兵，爲全公主所譖，皆死。永安中，追錄前功，以熊子宣襲爵雲陽侯，尚公主。孫晧時，宣至驃騎將軍。

〔一〕殷基通語載據爭曰：「臣聞太子國之本根，雅性仁孝，天下歸心，今卒責之，將有一朝之慮。昔晉獻用驪姬而申生不存，漢武信江充而戾太子冤死。臣竊懼太子不堪其憂，雖立思子之宮，無所復及矣。」

評曰：虞翻古之狂直，固難免乎末世，然權不能容，非曠宇也。陸績之於揚玄，是仲尼之左丘明，老聃之嚴周矣；以瑚璉之器，而作守南越，不亦賊夫人歟！張溫才藻俊茂，而智防未備，用致艱患。駱統抗明大義，辭切理至，值權方閉不開。陸瑁篤義規諫，君子有稱焉。吾粲、朱據遭罹屯蹇，以正喪身，悲夫！

三國志卷五十八　吳書十三

陸遜傳第十三

陸遜字伯言，吳郡吳人也。本名議，世江東大族。〔一〕遜少孤，隨從祖廬江太守康在官。袁術與康有隙，將攻康，康遣遜及親戚還吳。遜年長於康子績數歲，爲之綱紀門戶。

〔一〕陸氏世頌曰：遜祖紆，字叔盤，敏淑有思學，守城門校尉。父駿，字季才，淳懿信厚，爲邦族所懷，官至九江都尉。

孫權爲將軍，遜年二十一，始仕幕府，歷東西曹令史，出爲海昌屯田都尉，並領縣事。〔一〕縣連年亢旱，遜開倉穀以振貧民，勸督農桑，百姓蒙賴。時吳、會稽、丹楊多有伏匿，遜陳便宜，乞與募焉。會稽山賊大帥潘臨，舊爲所在毒害，歷年不禽。遜以手下召兵，討治深險，所向皆服，部曲已有二千餘人。鄱陽賊帥尤突作亂，復往討之，拜定威校尉，軍屯利浦。

〔一〕陸氏祠堂像贊曰：海昌，今鹽官縣也。

權以兄策女配遜，數訪世務，遜建議曰：「方今英雄棊跱，豺狼闚望，克敵寧亂，非衆不

濟。而山寇舊惡，依阻深地。夫腹心未平，難以圖遠，可大部伍，取其精銳。」權納其策，以爲帳下右部督。會丹楊賊帥費棧受曹公印綬，扇動山越，爲作內應，權遣遜討棧。棧支黨多而往兵少，遜乃益施牙幢，分布鼓角，夜潛山谷間，鼓譟而前，應時破散。遂部伍東三郡，彊者爲兵，羸者補戶，得精卒數萬人，宿惡蕩除，所過肅清，還屯蕪湖。

會稽太守淳于式表遜枉取民人，愁擾所在。遜後詣都，言次，稱式佳吏，權曰：「式白君而君薦之，何也？」遜對曰：「式意欲養民，是以白遜。若遜復毀式以亂聖聽，不可長也。」權曰：「此誠長者之事，顧人不能爲耳。」

呂蒙稱疾詣建業，遜往見之，謂曰：「關羽接境，如何遠下，後不當可憂也？」蒙曰：「誠如來言，然我病篤。」遜曰：「羽矜其驍氣，陵轢於人。始有大功，意驕志逸，但務北進，未嫌於我，有相聞病，必益無備。今出其不意，自可禽制。下見至尊，宜好爲計。」蒙曰：「羽素勇猛，既難爲敵，且已據荊州，恩信大行，兼始有功，膽勢益盛，未易圖也。」蒙至都，權問：「誰可代卿者？」蒙對曰：「陸遜意思深長，才堪負重，觀其規慮，終可大任。而未有遠名，非羽所忌，無復是過。若用之，當令外自韜隱，內察形便，然後可克。」權乃召遜，拜偏將軍右部督代蒙。

遜至陸口，書與羽曰：「前承觀釁而動，以律行師，小舉大克，一何巍巍！敵國敗績，利在同盟，聞慶拊節，想遂席卷，共獎王綱。近以不敏，受任來西，延慕光塵，思稟良規。」又曰：「于禁等見獲，遐邇欣歎，以爲將軍之勳足以長世，雖昔晉文城濮之師，淮陰拔趙之略，蔑以尚茲。聞徐晃等少騎駐旌，闚望麾葆。操猾虜也，忿不思難，恐潛增衆，以逞其心。雖云師老，猶有驍悍。且戰捷之後，常苦輕敵，古人杖術，軍勝彌警，願將軍廣爲方計，以全獨克。僕書生疏遲，忝所不堪，喜鄰威德，樂自傾盡，雖未合策，猶可懷也。儻明注仰，有以察之。」羽覽遜書，有謙下自託之意，意大安，無復所嫌。遜具啓形狀，陳其可禽之要。權乃潛軍而上，使遜與呂蒙爲前部，至即克公安、南郡。遜徑進，領宜都太守，拜撫邊將軍，封華亭侯。備宜都太守樊友委郡走，諸城長吏及蠻夷君長皆降。遜請金銀銅印，以假授初附。是歲建安二十四年十一月也。

遜遣將軍李異、謝旌等將三千人，攻蜀將詹晏、陳鳳。異將水軍，旌將步兵，斷絕險要，即破晏等，生降得鳳。又攻房陵太守鄧輔、南鄉太守郭睦，大破之。秭歸大姓文布、鄧凱等合夷兵數千人，首尾西方。遜復部旌討破布、凱。布、凱脫走，蜀以爲將。遜令人誘之，布帥衆還降。前後斬獲招納，凡數萬計。權以遜爲右護軍、鎮西將軍，進封婁侯。〔一〕

〔一〕吳書曰：權嘉遜功德，欲殊顯之，雖爲上將軍列侯，猶欲令歷本州舉命，乃使揚州牧呂範就辟別駕從事，舉茂才。

時荊州士人新還，仕進或未得所，遜上疏曰：「昔漢高受命，招延英異，光武中興，羣俊畢至，苟可以熙隆道教者，未必遠近。今荊州始定，人物未達，臣愚慺慺，乞普加覆載抽拔之恩，令並獲自進，然後四海延頸，思歸大化。」權敬納其言。

黃武元年，劉備率大衆來向西界，權命遜爲大都督、假節，督朱然、潘璋、宋謙、韓當、徐盛、鮮于丹、孫桓等五萬人拒之。備從巫峽、建平連圍至夷陵界，立數十屯，以金錦爵賞誘動諸夷，使將軍馮習爲大督，張南爲前部，輔匡、趙融、廖淳、傅肜等各爲別督，先遣吳班將數千人於平地立營，欲以挑戰。諸將皆欲擊之，遜曰：「此必有譎，且觀之。」〔一〕備知其計不可，乃引伏兵八千，從谷中出。遜曰：「所以不聽諸君擊班者，揣之必有巧故也。」遜上疏曰：「夷陵要害，國之關限，雖爲易得，亦復易失。失之非徒損一郡之地，荊州可憂。今日爭之，當令必諧。備干天常，不守窟穴，而敢自送。臣雖不材，憑奉威靈，以順討逆，破壞在近。尋備前後行軍，多敗少成，推此論之，不足爲戚。臣初嫌之，水陸俱進，今反舍船就步，處處結營，察其布置，必無他變。伏願至尊高枕，不以爲念也。」諸將並曰：「攻備當在初，今乃令入五六百里，相銜持經七八月，其諸要害皆以固守，擊之必無利矣。」遜曰：「備是猾虜，更嘗事多，其軍始集，思慮精專，未可干也。今住已久，不得我便，兵疲意沮，計不復生，掎角此寇，正在今日。」乃先攻一營，不利。諸將皆曰：「空殺兵耳。」遜曰：「吾已曉破之之

衞。」乃敕各持一把茅，以火攻拔之。一爾勢成，通率諸軍同時俱攻，斬張南、馮習及胡王沙摩柯等首，破其四十餘營。備將杜路、劉寧等窮逼請降。備升馬鞍山，陳兵自繞。遜督促諸軍四面蹙之，土崩瓦解，死者萬數。備因夜遁，驛人自擔，燒鐃鎧斷後，僅得入白帝城。其舟船器械，水步軍資，一時略盡，尸骸漂流，塞江而下。備大慚恚，曰：「吾乃爲遜所折辱，豈非天邪！」

〔一〕吳書曰：諸將並欲迎擊備，遜以爲不可，曰：「備舉軍東下，銳氣始盛，且乘高守險，難可卒攻，攻之縱下，猶難盡克，若有不利，損我大勢，非小故也。今但且獎厲將士，廣施方略，以觀其變。若此閒是平原曠野，當恐有顚沛交馳之憂，今緣山行軍，勢不得展，自當罷於木石之閒，徐制其弊耳。」諸將不解，以爲遜畏之，各懷憤恨。

初，孫桓別討備前鋒於夷道，爲備所圍，求救於遜。遜曰：「未可。」諸將曰：「孫安東公族，見圍已困，奈何不救？」遜曰：「安東得士衆心，城牢糧足，無可憂也。待吾計展，欲不救安東，安東自解。」及方略大施，備果奔潰。桓後見遜曰：「前實怨不見救，定至今日，乃知調度自有方耳。」

當禦備時，諸將軍或是孫策時舊將，或公室貴戚，各自矜恃，不相聽從。遜案劍曰：「劉備天下知名，曹操所憚，今在境界，此彊對也。諸君並荷國恩，當相輯睦，共翦此虜，上報所受，而不相順，非所謂也。僕雖書生，受命主上。國家所以屈諸君使相承望者，以僕有尺寸

可稱，能忍辱負重故也。各在其事，豈復得辭！軍令有常，不可犯矣。」及至破備，計多出遜，諸將乃服。權聞之，曰：「君何以初不啓諸將違節度者邪？」遜對曰：「受恩深重，任過其才。又此諸將或任腹心，或堪爪牙，或是功臣，皆國家所當與共克定大事者。臣雖駑懦，竊慕相如、寇恂相下之義，以濟國事。」權大笑稱善，加拜遜輔國將軍，領荊州牧，卽改封江陵侯。

又備既住白帝，徐盛、潘璋、宋謙等各競表言備必可禽，乞復攻之。權以問遜，遜與朱然、駱統以爲曹丕大合士衆，外託助國討備，內實有姦心，謹決計輒還。無幾，魏軍果出，三方受敵也。〔一〕

〔一〕吳錄曰：劉備聞魏軍大出，書與遜云：「賊今已在江陵，吾將復東，將軍謂其能然不？」遜答曰：「但恐軍新破，創痍未復，始求通親，且當自補，未暇窮兵耳。若不惟算，欲復以傾覆之餘，遠送以來者，無所逃命。」

備尋病亡，子禪襲位，諸葛亮秉政，與權連和。時事所宜，權輒令遜語亮，幷刻權印，以置遜所。權每與禪、亮書，常過示遜，輕重可否，有所不安，便令改定，以印封行之。

七年，權使鄱陽太守周魴譎魏大司馬曹休，休果舉衆入皖，乃召遜假黃鉞，爲大都督，逆休。〔一〕休既覺知，恥見欺誘，自恃兵馬精多，遂交戰。遜自爲中部，令朱桓、全琮爲左右翼，三道俱進，果衝休伏兵，因驅走之，追亡逐北，徑至夾石，斬獲萬餘，牛馬騾驢車乘萬兩，軍資器械略盡。休還，疽發背死。諸軍振旅過武昌，權令左右以御蓋覆遜，入出殿門，凡所賜遜，皆御物上珍，於時莫與爲比。遣還西陵。

〔一〕陸機爲遜銘曰：魏大司馬曹休侵我北鄙，乃假公黃鉞，統御六師及中軍禁衞而攝行王事，主上執鞭，百司屈膝。吳錄曰：假遜黃鉞，吳王親執鞭以見之。

黃龍元年，拜上大將軍、右都護。是歲，權東巡建業，留太子、皇子及尚書九官，徵遜輔太子，並掌荊州及豫章三郡事，董督軍國。時建昌侯慮於堂前作鬭鴨欄，頗施小巧，遜正色曰：「君侯宜勤覽經典以自新益，用此何爲？」慮卽時毀徹之。射聲校尉松於公子中最親，戲兵不整，遜對之髡其職吏。南陽謝景善劉廙先刑後禮之論，遜呵景曰：「禮之長於刑久矣，廙以細辯而詭先聖之教，皆非也。君今侍東宮，宜遵仁義以彰德音，若彼之談，不須講也。」

遜雖身在外，乃心於國，上疏陳時事曰：「臣以爲科法嚴峻，下犯者多。頃年以來，將吏罹罪，雖不愼可責，然天下未一，當圖進取，小宜恩貸，以安下情。且世務日興，良能爲先，自(不)〔非〕姦穢入身，難忍之過，乞復顯用，展其力效。此乃聖王忘過記功，以成王業。昔漢高舍陳平之愆，用其奇略，終建勳祚，功垂千載。夫峻法嚴刑，非帝王之隆業；有罰無恕，非懷遠之弘規也。」

權欲遣偏師取夷州及朱崖，皆以諮遜，遜上疏曰：「臣愚以爲四海未定，當須民力，以濟時務。今兵興歷年，見衆損減，陛下憂勞聖慮，忘寢與食，將遠規夷州，以定大事，臣反覆思惟，未見其利，萬里襲取，風波難測，民易水土，必致疾疫，今驅見衆，經涉不毛，欲益更損，欲利反害。又珠崖絕險，民猶禽獸，得其民不足濟事，無其兵不足虧衆。今江東見衆，自足圖事，但當畜力而後動耳。昔桓王創基，兵不一旅，而開大業。陛下承運，拓定江表。臣聞治亂討逆，須兵爲威，農桑衣食，民之本業，而干戈未戢，民有飢寒。臣愚以爲宜育養士民，寬其租賦，衆克在和，義以勸勇，則河渭可平，九有一統矣。」權遂征夷州，得不補失。

及公孫淵背盟，權欲往征，遜上疏曰：「淵憑險恃固，拘留大使，名馬不獻，實可讎忿。蠻夷猾夏，未染王化，鳥竄荒裔，拒逆王師，至令陛下爰赫斯怒，欲勞萬乘汎輕越海，不慮其危而涉不測。方今天下雲擾，羣雄虎爭，英豪踊躍，張聲大視。陛下以神武之姿，誕膺期運，破操烏林，敗備西陵，禽羽荊州，斯三虜者當世雄傑，皆摧其鋒。聖化所綏，萬里草偃，方蕩平華夏，總一大猷。今不忍小忿，而發雷霆之怒，違垂堂之戒，輕萬乘之重，此臣之所惑也。臣聞志行萬里者，不中道而輟足；圖四海者，匪懷細以害大。彊寇在境，荒服未庭，陛下乘桴遠征，必致闚閫，慼至而憂，悔之無及。若使大事時捷，則淵不討自服；今乃遠惜遼東衆之與馬，奈何獨欲捐江東萬安之本業而不惜乎？乞息六師，以威大虜，早定中夏，垂

陛下赦召玄出，而頃聞薛瑩卒見逮錄。瑩父綜納言先帝，傅弼文皇，及瑩承基，內厲名行，今之所坐，罪在可宥。臣懼有司未詳其事，如復誅戮，益失民望，乞垂天恩，原赦瑩罪，哀矜庶獄，清澄刑網，則天下幸甚！」

時師旅仍動，百姓疲弊，抗上疏曰：「臣聞易貴隨時，傳美觀釁，故有夏多罪而殷湯用師，紂作淫虐而周武授鉞。苟無其時，玉臺有憂傷之慮，孟津有反旆之軍。今不務富國彊兵，力農畜穀，使文武之才效展其用，百揆之署無曠厥職，明黜陟以厲庶尹，審刑罰以示勸沮，訓諸司以德，而撫百姓以仁，然後順天乘運，席卷宇內，而聽諸將徇名，窮兵黷武，動費萬計，士卒彫瘁，寇不爲衰，而我已大病矣！今爭帝王之資，而昧十百之利，此人臣之姦便，非國家之良策也。昔齊魯三戰，魯人再克而亡不旋踵。何則？大小之勢異也。況今師所克獲，不補所喪哉？且阻兵無衆，古之明鑒，誠宜暫息進取小規，以畜士民之力，觀釁伺隙，庶無悔吝。」

二年春，就拜大司馬、荊州牧。三年夏，疾病，上疏曰：「西陵、建平，國之蕃表，既處下流，受敵二境。若敵汎舟順流，舳艫千里，星奔電邁，俄然行至，非可恃援他部以救倒縣也。此乃社稷安危之機，非徒封疆侵陵小害也。臣父遜昔在西垂陳言，以爲西陵國之西門，雖云易守，亦復易失。若有不守，非但失一郡，則荊州非吳有也。如其有虞，當傾國爭之。臣

往在西陵，得涉遜迹，前乞精兵三萬，而（至）〔主〕者循常，未肯差赴。自步闡以後，益更損耗。今臣所統千里，受敵四處，外禦彊對，內懷百蠻，而上下見兵財有數萬，羸弊日久，難以待變。臣愚以爲諸王幼沖，未統國事，可且立傅相，輔導賢姿，無用兵馬，以妨要務。又黃門豎宦，開立占募，兵民怨役，逋逃入占。乞特詔簡閱，一切料出，以補疆埸受敵常處，使臣所部足滿八萬，省息衆務，信其賞罰，雖韓、白復生，無所展巧。若兵不增，此制不改，而欲克諧大事，此臣之所深慼也。若臣死之後，乞以西方爲屬。願陛下思覽臣言，則臣死且不朽。」

秋遂卒，子晏嗣。晏及弟景、玄、機、雲，分領抗兵。晏爲裨將軍、夷道監。天紀四年，晉軍伐吳，龍驤將軍王濬順流東下，所至輒克，終如抗慮。景字士仁，以尚公主拜騎都尉，封毗陵侯，既領抗兵，拜偏將軍、中夏督，澡身好學，著書數十篇也。〔一〕二月壬戌，晏爲王濬別軍所殺。癸亥，景亦遇害，時年三十一。景妻，孫皓適妹，與景俱張承外孫也。〔二〕

〔一〕文士傳曰：陸景母張承女，諸葛恪外生。恪誅，景母坐見黜。景少爲祖母所育養，及祖母亡，景爲之心喪三年。

〔二〕景弟機，字士衡，雲字士龍。機雲別傳曰：晉太康末，俱入洛，造司空張華，華一見而奇之，曰：「伐吳之役，利在獲二儁。」遂爲之延譽，薦之諸公。太傅楊駿辟機爲祭酒，轉太子洗馬、尚書著作郎。雲爲吳王郎中令，出宰浚儀，甚有惠政，吏民懷之，生爲立祠。後並歷顯位。機天才綺練，文藻之美，獨冠於時。雲亦善屬文，清新不及機，而口辯持論過之。于時朝廷多故，機、雲並自結於成都王穎。穎用機爲平原相，雲清河內史。尋轉雲右司馬，甚見委仗。無幾而與長沙王搆

隙，遂舉兵攻洛，以機行後將軍，督王粹、牽秀等諸軍二十萬。士龍著南征賦以美其事。機吳人，羇旅單宦，頓居羣士之右，多不厭服。機屢戰失利，死散過半。初，宦人孟玖，穎所嬖幸，乘寵豫權，雲數言其短，穎不能納，玖又從而毀之。是役也，玖弟超亦領衆配機，不奉軍令。機繩之以法，超宣言曰陸機將反。及牽秀等譖機於穎，以爲持兩端，玖又搆之於內，穎信之，遂收機，并收雲及弟耽，並伏法。機兄弟既江南之秀，亦著名諸夏，並以無罪夷滅，天下痛惜之。機文章爲世所重，雲所著亦傳於世。初，抗之克步闡也，誅及嬰孩，識道者尤之曰：「後世必受其殃！」及機之誅，三族無遺，孫惠與朱誕書曰：「馬援擇君，凡人所聞，不意三陸相攜暴朝，殺身傷名，可爲悼歎。」事亦並在晉書。

評曰：劉備天下稱雄，一世所憚，陸遜春秋方壯，威名未著，摧而克之，罔不如志。予既奇遜之謀略，又歎權之識才，所以濟大事也。及遜忠誠懇至，憂國亡身，庶幾社稷之臣矣。抗貞亮籌幹，咸有父風，奕世載美，具體而微，可謂克構者哉！

三國志卷五十九

吳書十四

吳主五子傳第十四

孫登字子高，權長子也。魏黃初二年，以權爲吳王，拜登東中郎將，封萬戶侯，登辭疾不受。是歲，立登爲太子，選置師傅，銓簡秀士，以爲賓友，於是諸葛恪、張休、顧譚、陳表等以選入，侍講詩書，出從騎射。權欲登讀漢書，習知近代之事，以張昭有師法，重煩勞之，乃令休從昭受讀，還以授登。登待接寮屬，略用布衣之禮，與恪、休、譚等或同輿而載，或共帳而寐。太傅張溫言於權曰：「夫中庶子官最親密，切問近對，宜用雋德。」於是乃用表等爲中庶子。後又以庶子禮拘，復令整巾侍坐。黃龍元年，權稱尊號，立爲皇太子，以恪爲左輔，休右弼，譚爲輔正，表爲翼正都尉，是爲四友，而謝景、范慎、刁玄、羊衜等皆爲賓客，衜音道。於是東宮號爲多士。〔一〕

〔一〕吳錄曰：慎字孝敬，廣陵人，竭忠知己之君，纏緜三益之友，時人榮之。著論二十篇，名曰矯非。後爲侍中，出補武昌左部督，治軍整頓。孫晧移都，甚憚之，詔曰：「慎勳德俱茂，朕所敬憑，宜登上公，以副衆望。」以爲太尉。

慎自恨久爲將，遂託老耄。軍士戀之，舉營爲之隕涕。鳳皇三年卒，子耀嗣。玄，丹楊人。衜，南陽人。吳書曰：衜初爲中庶子，年二十。時廷尉監隱蕃交結豪傑，自衞將軍全琮等皆傾心敬待，惟衜及宣詔郎豫章楊迪拒絕不與通，時人咸怪之。而蕃後叛逆，衆乃服之。江表傳曰：登使侍中胡綜作賓友目曰：「英才卓越，超踰倫匹，則諸葛恪。精識時機，達幽究微，則顧譚。凝辨宏達，言能釋結，則謝景。究學甄微，游夏同科，則范慎。」衜乃私駮綜曰：「元遜才而疏，子嘿精而狠，叔發辨而浮，孝敬深而狹。」所言皆有指趣。而衜卒以此言見咎，不爲恪等所親。後四人皆敗，吳人謂衜之言有徵。位至桂陽太守，卒。

權遷都建業，徵上大將軍陸遜輔登鎮武昌，領宮府留事。登或射獵，當由徑道，常遠避良田，不踐苗稼，至所頓息，又擇空閑之地，其不欲煩民如此。嘗乘馬出，有彈丸過，左右求之。有一人操彈佩丸，咸以爲是，辭對不服，從者欲捶之，登不聽，使求過丸，比之非類，乃見釋。又失盛水金馬盂，覺得其主，左右所爲，不忍致罰，呼責數之，長遣歸家，敕親近勿言。後弟慮卒，權爲之降損，登晝夜兼行，到賴鄉，自聞，即時召見。見權悲泣，因諫曰：「慮寢疾不起，此乃命也。方今朔土未一，四海喁喁，天戴陛下，而以下流之念，減損大官殽饌，過於禮制，臣竊憂惶。」權納其言，爲之加膳。住十餘日，欲遣西還，深自陳乞，以久離定省，子道有闕，又陳陸遜忠勤，無所顧憂，權遂留焉。嘉禾三年，權征新城，使登居守，總知留事。時年穀不豐，頗有盜賊，乃表定科令，所以防禦，甚得止姦之要。

初，登所生庶賤，徐夫人少有母養之恩，後徐氏以妒廢處吳，而步夫人最寵。步氏有賜，登不敢辭，拜受而已。徐氏使至，所賜衣服，必沐浴服之。登將拜太子，辭曰：「本立而道生，欲立太子，宜先立后。」權曰：「卿母安在？」對曰：「在吳。」權默然。〔一〕

〔一〕吳書曰：弟和有寵於權，登親敬，待之如兄，常有欲讓之心。

立凡二十一年，年三十三卒。臨終，上疏曰：「臣以無狀，嬰抱篤疾，自省微劣，懼卒隕斃。臣不自惜，念當委離供養，埋胔后土，長不復奉望宮省，朝覲日月，生無益於國，死貽陛下重慼，以此爲哽結耳。臣聞死生有命，長短自天，周晉、顏回有上智之才，而尚夭折，況臣愚陋，年過其壽，生爲國嗣，沒享榮祚，於臣已多，亦何悲恨哉！方今大事未定，逋寇未討，萬國喁喁，係命陛下，危者望安，亂者仰治。願陛下棄忘臣身，割下流之恩，修黃老之術，篤養神光，加羞珍膳，廣開神明之慮，以定無窮之業，則率土幸賴，臣死無恨也。皇子和仁孝聰哲，德行清茂，宜早建置，以繫民望。諸葛恪才略博達，器任佐時。張休、顧譚、謝景，皆通敏有識斷，入宜委腹心，出可爲爪牙。范慎、華融矯矯壯節，有國士之風。羊衜辯捷，有專對之材。刁玄優弘，志履道眞。裴欽博記，翰采足用。蔣脩、虞翻，志節分明。凡此諸臣，或宜廊廟，或任將帥，皆練時事，明習法令，守信固義，有不可奪之志。此皆陛下日月所照，選置臣官，得與從事，備知情素，敢以陳聞。臣重惟當今方外多虞，師旅未休，當厲六

軍，以圖進取。軍以人爲衆，衆以財爲寶，竊聞郡縣頗有荒殘，民物凋弊，姦亂萌生，是以法令繁滋，刑辟重切。臣聞爲政聽民，律令與時推移，誠宜與將相大臣詳擇時宜，博采衆議，寬刑輕賦，均息力役，以順民望。陸遜忠勤於時，出身憂國，謇謇在公，有匪躬之節。諸葛瑾、步騭、朱然、全琮、朱據、呂岱、吾粲、闞澤、嚴畯、張承、孫怡忠於爲國，通達治體。可令陳上便宜，蠲除苛煩，愛養士馬，撫循百姓。五年之外，十年之內，遠者歸復，近者盡力，兵不血刃，而大事可定也。臣聞『鳥之將死其鳴也哀，人之將死其言也善』，故子囊臨終，遺言戒時，君子以爲忠，豈況臣登，其能已乎？願陛下留意聽采，臣雖死之日，猶生之年也。」既絕而後書聞，權益以摧感，言則隕涕。是歲，赤烏四年也。謝景時爲豫章太守，不勝哀情，棄官奔赴，拜表自劾。權曰：「君與太子從事，異於他吏。」使中使慰勞，聽復本職，發遣還郡。謚登曰宣太子。〔一〕

〔一〕吳書曰：初葬句容，置園邑，奉守如法，後三年改葬蔣陵。

子璠、希，皆早卒，次子英，封吳侯。五鳳元年，英以大將軍孫峻擅權，謀誅峻，事覺自殺，國除。〔一〕

〔一〕吳歷曰：孫和以無罪見殺，衆庶皆懷憤歎，前司馬桓慮因此招合將吏，欲共殺峻立英，事覺，皆見殺，英實不知。

謝景者字叔發，南陽宛人。在郡有治迹，吏民稱之，以爲前有顧劭，其次即景。數年卒

官。

孫慮字子智，登弟也。少敏惠有才藝，權器愛之。黃武七年，封建昌侯。後二年，丞相雍等奏慮性聰體達，所尚日新，比方近漢，宜進爵稱王，權未許。久之，尚書僕射存上疏曰：「帝王之興，莫不襃崇至親，以光羣后，故魯衞於周，寵冠諸侯，高帝五王，封列于漢，所以藩屏本朝，爲國鎭衞。建昌侯慮稟性聰敏，才兼文武，於古典制，宜正名號。陛下謙光，未肯如舊，羣寮大小，咸用於邑。方今姦寇恣睢，金鼓未弭，腹心爪牙，惟親與賢。輒與丞相雍等議，咸以慮宜爲鎭軍大將軍，授任偏方，以光大業。」權乃許之，於是假節開府，治半州。〔一〕慮以皇子之尊，富於春秋，遠近嫌其不能留意。及至臨事，遵奉法度，敬納師友，過於衆望。年二十，嘉禾元年卒。無子，國除。

〔一〕吳書載權詔曰：「期運擾亂，凶邪肆虐，威罰有序，干戈不戢。以慮氣志休懿，武略夙昭，必能爲國佐定大業，故授以上將之位，顯以殊特之榮，寵以兵馬之勢，委以偏方之任。外欲威振敵虜，厭難萬里，內欲鎭撫遠近，慰卹將士，誠慮建功立事竭命之秋也。慮其內脩文德，外經武訓，持盈若沖，則滿而不溢。敬慎乃心，無忝所受。」

孫和字子孝，慮弟也。少以母王有寵見愛，年十四，爲置宮衞，使中書令闞澤教以書

藝。好學下士，甚見稱述。赤烏五年，立爲太子，時年十九。闞澤爲太傅，薛綜爲少傅，而蔡穎、張純、封俌、嚴維等皆從容侍從。〔一〕

〔一〕吳書曰：和少岐嶷有智意，故權尤愛幸，常在左右，衣服禮秩雕玩珍異之賜，諸子莫得比焉。好文學，善騎射，承師涉學，精識聰敏，尊敬師傅，愛好人物。穎等每朝見進賀，和常降意，歡以待之。講校經義，綜察是非，及訪諮朝臣，考績行能，以知優劣，各有條貫。後（諸葛豐）〔諸葛壹〕僞叛以誘魏將諸葛誕，權潛軍待之。和以權暴露外次，又戰者凶事，常憂勞憯怛，不復會同飲食，數上諫，戒令持重，務在全勝，權還，然後敢安。張純字元基，敦之子。吳錄曰：純少厲操行，學博才秀，切問捷對，容止可觀。拜郎中，補廣德令，治有異績，擢爲太子輔義都尉。

是時有司頗以條書問事，和以爲姦妄之人，將因事錯意，以生禍心，不可長也，表宜絕之。又都督劉寶白庶子丁晏，晏亦白寶，和謂晏曰：「文武在事，當能幾人，因隙搆薄，圖相危害，豈有福哉？」遂兩釋之，使之從厚。常言當世士人宜講脩術學，校習射御，以周世務，而但交游博弈以妨事業，非進取之謂。後羣寮侍宴，言及博弈，以爲妨事費日而無益於用，勞精損思而終無所成，非所以進德脩業，積累功緒者也。且志士愛日惜力，君子慕其大者，高山景行，恥非其次。夫以天地長久，而人居其間，有白駒過隙之喻，年齒一暮，榮華不再。凡所患者，在於人情所不能絕，誠能絕無益之欲以奉德義之塗，棄不急之務以脩功業之基，其於名行，豈不善哉？夫人情猶不能無嬉娛，嬉娛之好，亦在於飲宴琴書射御之閒，何必博弈，然後爲歡。乃命侍坐者八人，各著論以矯之。於是中庶子韋曜退而論奏，和以示賓客。時蔡穎好弈，直事在署者頗斆焉，故以此諷之。

是後王夫人與全公主有隙。權嘗寢疾，和祠祭於廟，和妃叔父張休居近廟，邀和過所居。全公主使人覘視，因言太子不在廟中，專就妃家計議；又言王夫人見上寢疾，有喜色。權由是發怒，夫人憂死，而和寵稍損，懼於廢黜。魯王霸覬覦滋甚，陸遜、吾粲、顧譚等數陳適庶之義，理不可奪，全寄、楊竺爲魯王霸支黨，譖愬日興。粲遂下獄誅，譚徙交州。權沈吟者歷年，〔一〕後遂幽閉和。於是驃騎將軍朱據、尚書僕射屈晃率諸將吏泥頭自縛，連日詣闕請和。權登白爵觀見，甚惡之，敕據、晃等無事忩忩。權欲廢和立亮，無難督陳正、五營督陳象上書，稱引晉獻公殺申生，立奚齊，晉國擾亂，又據、晃固諫不止。權大怒，族誅正、象，據、晃牽入殿，杖一百，〔二〕竟徙和於故鄣，羣司坐諫誅放者十數。衆咸冤之。〔三〕

〔一〕殷基通語曰：初權既立和爲太子，而封霸爲魯王，初拜猶同宮室，禮秩未分。羣公之議，以爲太子、國王上下有序，禮秩宜異，於是分宮別僚，而隙端開矣。自侍御賓客造爲二端，仇黨疑貳，滋延大臣。丞相陸遜、大將軍諸葛恪、太常顧譚、驃騎將軍朱據、會稽太守滕胤、大都督施績、尚書丁密等奉禮而行，宗事太子，驃騎將軍步騭、鎭南將軍呂岱、大司馬全琮、左將軍呂據、中書令孫弘等附魯王，中外官僚將軍大臣舉國中分。權患之，謂侍中孫峻曰：

「子弟不睦，臣下分部，將有袁氏之敗，爲天下笑。一人立者，安得不亂？」於是有改嗣之規矣。臣松之以爲袁紹、劉表謂尚、琮爲賢，本有傳後之意，異於孫權既以立和而復寵霸，坐生亂階，自構家禍，方之袁、劉，昏悖甚矣。步騭以德度著稱，爲吳良臣，而阿附於霸，事同楊竺，何哉？和既正位，適庶分定，就使才德不殊，猶將義不黨庶，況霸實無聞，而和爲令嗣乎？夫邪僻之人，豈其舉體無善，但一爲不善，衆美皆亡耳。騭若果有此事，則其餘不足觀矣！呂岱、全琮之徒，蓋所不足論耳。

〔二〕吳歷曰：晃入，口諫曰：「太子仁明，顯聞四海。今三方鼎跱，實不宜搖動太子，以生衆心。願陛下少垂聖慮，老臣雖死，猶生之年。」叩頭流血，辭氣不撓。權不納晃言，斥還田里。孫晧即位，詔曰：「故僕射屈晃，志匡社稷，忠諫亡身。封晃子緒爲東陽亭侯，弟幹、恭爲立義都尉。」緒後亦至尚書僕射。晃，汝南人，見胡沖答問。

吳書曰：張純亦盡言極諫，權幽之，遂棄市。

〔三〕吳書曰：權寢疾，意頗感寤，欲徵和還立之，全公主及孫峻、孫弘等固爭之，乃止。

太元二年正月，封和爲南陽王，遣之長沙。〔一〕四月，權薨，諸葛恪秉政。恪即和妃張之舅也。妃使黃門陳遷之建業上疏中宮，并致問於恪。臨去，恪謂遷曰：「爲我達妃，期當使勝他人。」此言頗泄。又恪有徙都意，使治武昌宮，民間或言欲迎和。及恪被誅，孫峻因此奪和璽綬，徙新都，又遣使者賜死。和與妃張辭別，張曰：「吉凶當相隨，終不獨生活也。」亦自殺，舉邦傷焉。

〔一〕吳書曰：和之長沙，行過蕪湖，有鵲巢于帆檣，故官寮聞之皆憂慘，以爲檣末傾危，非久安之象。或言鵲巢之詩有

「積行累功以致爵位」之言，今王至德茂行，復受國土，儻神靈以此告寤人意乎？

孫休立，封和子皓爲烏程侯，自新都之本國。休薨，皓卽阼，其年追謚父和曰文皇帝，改葬明陵，置園邑二百家，令、丞奉守。後年正月，又分吳郡、丹楊九縣爲吳興郡，治烏程，置太守，四時奉祠。有司奏言，宜立廟京邑。寶鼎二年七月，使守大匠薛珝營立寢堂，號曰清廟。十二月，遣守丞相孟仁、太常姚信等備官僚中軍步騎二千人，以靈輿法駕，東迎神於明陵。皓引見仁，親拜送於庭。〔一〕靈輿當至，使丞相陸凱奉三牲祭於近郊，皓於金城外露宿。明日，望拜於東門之外。其翌日，拜廟薦祭，歔欷悲感。比七日三祭，倡技晝夜娛樂。有司奏言「祭不欲數，數則黷，宜以禮斷情」，然後止。〔二〕

〔一〕吳書曰：比仁還，中使手詔，日夜相繼，奉問神靈起居動止。巫覡言見和被服，顏色如平(生)日，皓悲喜涕淚，悉召公卿尚書詣闕門下受賜。

〔二〕吳歷曰：和四子：皓、德、謙、俊。孫休卽位，封德錢唐侯，謙永安侯，俊拜騎都尉。皓在武昌，吳興施但因民之不堪命，聚萬餘人，劫謙，將至秣陵，欲立之。未至三十里住，擇吉日，但遣使以謙命詔丁固、諸葛靚。靚卽斬其使。但遂前到九里，固、靚出擊，大破之。但兵裸身無鎧甲，臨陳皆披散。謙獨坐車中，遂生獲之。固不敢殺，以狀告皓，皓酖之，母子皆死。俊，張承外孫，聰明辯惠，爲遠近所稱，皓又殺之。

孫霸字子威，和(同母)弟也。和爲太子，霸爲魯王，寵愛崇特，與和無殊。頃之，和、霸不

穆之聲聞於權耳，權禁斷往來，假以精學。督軍使者羊衜上疏曰：「臣聞古之有天下者，皆先顯別適庶，封建子弟，所以尊重祖宗，爲國藩表也。二宮拜授，海內稱宜，斯乃大吳興隆之基。頃聞二宮並絕賓客，遠近悚然，大小失望。竊從下風，聽採衆論，咸謂二宮智達英茂，自正名建號，於今三年，德行內著，美稱外昭，西北二隅，久所服聞。謂陛下當副順遐邇所以歸德，勤命二宮賓延四遠，使異國聞聲，思爲臣妾。今既未垂意於此，而發明詔，省奪備衞，抑絕賓客，使四方禮敬，不復得通，雖實陛下敦尚古義，欲令二宮專志於學，不復顧慮觀聽小宜，期於溫故博物而已，然非臣下傾企喁喁之至願也。或謂二宮不遵典式，此臣所以寢息不寧。就如所嫌，猶宜補察，密加斟酌，不使遠近得容異言。臣懼積疑成謗，久將宜流，而西北二隅，去國不遠，異同之語，易以聞達。聞達之日，聲論當興，將謂二宮有不順之愆，不審陛下何以解之？若無以解異國，則亦無以釋境內。境內守疑，異國興謗，非所以育巍巍，鎮社稷也。願陛下早發優詔，使二宮周旋禮命如初，則天清地晏，萬國幸甚矣。」

時全寄、吳安、孫奇、楊竺等陰共附霸，圖危太子。譖毀既行，太子以敗，霸亦賜死。流竺屍于江，兄穆以數諫戒竺，得免大辟，猶徙南州。霸賜死後，又誅寄、安、奇等，咸以黨霸搆和故也。

霸二子，基、壹。五鳳中，封基爲吳侯，壹宛陵侯。基侍孫亮在內，太平二年，盜乘御

馬，收付獄。亮問侍中刁玄曰：「盜乘御馬罪云何？」玄對曰：「科應死。然魯王早終，惟陛下哀原之。」亮曰：「法者，天下所共，何得阿以親親故邪？當思惟可以釋此者，奈何以情相迫乎？」玄曰：「舊赦有大小，或天下，亦有千里、五百里赦，隨意所及。」亮曰：「解人不當爾邪！」乃赦宮中，基以得免。孫皓卽位，追和、霸舊隙，削基、壹爵土，與祖母謝姬俱徙會稽烏傷縣。

孫奮字子揚，霸弟也，母曰仲姬。太元二年，立爲齊王，居武昌。權薨，太傅諸葛恪不欲諸王處江濱兵馬之地，徙奮於豫章。奮怒，不從命，又數越法度。恪上牋諫曰：「帝王之尊，與天同位，是以家天下，臣父兄，四海之內，皆爲臣妾。仇讎有善，不得不舉，親戚有惡，不得不誅，所以承天理物，先國後身，蓋聖人立制，百代不易之道也。昔漢初興，多王子弟，至於太彊，輒爲不軌，上則幾危社稷，下則骨肉相殘，其後懲戒，以爲大諱。自光武以來，諸王有制，惟得自娛於宮內，不得臨民，干與政事，其與交通，皆有重禁，遂以全安，各保福祚。此則前世得失之驗也。近袁紹、劉表各有國土，土地非狹，人衆非弱，以適庶不分，遂滅其宗祀。此乃天下愚智，所共嗟痛。大行皇帝覽古戒今，防芽遏萌，慮於千載。是以寢疾之日，分遣諸王，各早就國，詔策殷勤，科禁嚴峻，其所戒敕，無所不至，誠欲上安宗廟，下全諸

王，使百世相承，無凶國害家之悔也。大王宜上惟太伯順父之志，中念河間獻王、東海王彊恭敬之節，下當裁抑驕恣荒亂以爲警戒。而聞頃至武昌以來，多違詔敕，不拘制度，擅發諸將兵治護宮室。又左右常從有罪過者，當以表聞，公付有司，而擅私殺，事不明白。大司馬呂岱親受先帝詔敕，輔導大王，既不承用其言，令懷憂怖。華錡先帝近臣，忠良正直，其所陳道，當納用之，而聞怒錡，有收縛之語。又中書楊融，親受詔敕，所當恭肅，云『正自不聽禁，當如我何』？聞此之日，大小驚怪，莫不寒心。里語曰：『明鏡所以照形，古事所以知今。』大王宜深以魯王爲戒，改易其行，戰戰兢兢，盡敬朝廷，如此則無求不得。若棄忘先帝法教，懷輕慢之心，臣下寧負大王，不敢負先帝遺詔，寧爲大王所怨疾，豈敢忘尊主之威，而令詔敕不行於藩臣邪？此古今正義，大王所照知也。夫福來有由，禍來有漸，漸生不憂，將不可悔。向使魯王早納忠直之言，懷驚懼之慮，享祚無窮，豈有滅亡之禍哉？夫良藥苦口，惟疾者能甘之。忠言逆耳，惟達者能受之。今者恪等慺慺欲爲大王除危殆於萌芽，廣福慶之基原，是以不自知言至，願蒙三思。」

奮得牋懼，遂移南昌，游獵彌甚，官屬不堪命。及恪誅，奮下住蕪湖，欲至建業觀變。傅相謝慈等諫奮，奮殺之。〔一〕坐廢爲庶人，徙章安縣。太平三年，封爲章安侯。〔二〕

〔一〕慈字孝宗，彭城人，見禮論，撰喪服圖及變除行於世。

〔二〕江表傳載亮詔曰：「齊王奮前坐殺吏，廢爲庶人，連有赦令，獨不見原，縱未宜復王，何以不侯？又諸孫兄弟作將，列在江渚，孤有兄獨爾云何？」有司奏可，就拜爲侯。

建衡二年，孫晧左夫人王氏卒。晧哀念過甚，朝夕哭臨，數月不出，由是民間或謂晧死，訛言奮與上虞侯奉當有立者。奮母仲姬墓在豫章，豫章太守張俊疑其或然，掃除墳塋。晧聞之，車裂俊，夷三族，誅奮及其五子，國除。〔一〕

〔一〕江表傳曰：豫章吏十人乞代俊死，晧不聽。奮以此見疑，本在章安，徙還吳城禁錮，使男女不得通婚，或年三十四十不得嫁娶。奮上表乞自比禽獸，使男女自相配偶。晧大怒，遣察戰齎藥賜奮，奮不受藥，叩頭千下，曰：「老臣自將兒子治生求活，無豫國事，乞丐餘年。」晧不聽，父子皆飲藥死。

臣松之案：建衡二年至奮之死，孫晧卽位，尙猶未久。若奮未被疑之前，兒女年二十左右，至奮死時，不得年三十四十也。若先已長大，自失時未婚娶，則不由晧之禁錮矣。此雖欲增晧之惡，然非實理。

評曰：孫登居心所存，足爲茂美之德。慮、和並有好善之姿，規自砥礪，或短命早終，或不得其死，哀哉！霸以庶干適，奮不遵軌度，固取危亡之道也。然奮之誅夷，橫遇飛禍矣。

三國志卷六十

吳書十五

賀全呂周鍾離傳第十五

賀齊字公苗，會稽山陰人也。〔一〕少爲郡吏，守剡長。縣吏斯從輕俠爲姦，齊欲治之，主簿諫曰：「從，縣大族，山越所附，今日治之，明日寇至。」齊聞大怒，便立斬從。從族黨遂相糾合，衆千餘人，舉兵攻縣。齊率吏民，開城門突擊，大破之，威震山越。後太末、豐浦民反，轉守太末長，誅惡養善，期月盡平。

〔一〕虞預晉書曰：賀氏本姓慶氏。齊伯父純，儒學有重名，漢安帝時爲侍中、江夏太守，去官，與江夏黃瓊、（漢中）〔廣漢〕楊厚俱公車徵。避安帝父孝德皇（帝）諱，改爲賀氏。齊父輔，永寧長。

建安元年，孫策臨郡，察齊孝廉。時王朗奔東治，候官長商升爲朗起兵。策遣永寧長韓晏領南部都尉，將兵討升，以齊爲永寧長。晏爲升所敗，齊又代晏領都尉事。升畏齊威名，遣使乞盟。齊因告喩，爲陳禍福，升遂送上印綬，出舍求降。賊帥張雅、詹彊等不願升降，反共殺升，雅稱無上將軍，彊稱會稽太守。賊盛兵少，未足以討，齊住軍息兵。雅與女壻何雄

爭勢兩乖，齊令越人因事交構，遂致疑隙，阻兵相圖。齊乃進討，一戰大破雅，彊黨震懼，率衆出降。

候官既平，而建安、漢興、南平復亂，齊進兵建安，立都尉府，是歲八年也。郡發屬縣五千兵，各使本縣長將之，皆受齊節度。賊洪明、洪進、苑御、吳免、華當等五人，率各萬戶，連屯漢興，吳五六千戶別屯大潭，鄒臨六千戶別屯蓋竹，（大潭）同出餘汗。晉干。軍討漢興，經餘汗。齊以爲賊衆兵少，深入無繼，恐爲所斷，令松陽長丁蕃留備餘汗。蕃本與齊鄰城，恥見部伍，辭不肯留。齊乃斬蕃，於是軍中震慄，無不用命。遂分兵留備，進討明等，連大破之。臨陳斬明，其免、當、進、御皆降。轉擊蓋竹，軍向大潭，〈三〉〔二〕將又降。凡討治斬首六千級，名帥盡禽，復立縣邑，料出兵萬人，拜爲平東校尉。十年，轉討上饒，分以爲建平縣。

十三年，遷威武中郎將，討丹陽黟、歙。時武彊、葉鄉、東陽、豐浦四鄉先降，齊表言以葉鄉爲始新縣。而歙賊帥金奇萬戶屯安勒山，毛甘萬戶屯烏聊山，黟帥陳僕、祖山等二萬戶屯林歷山。林歷山四面壁立，高數十丈，徑路危狹，不容刀楯，賊臨高下石，不可得攻。軍住經日，將吏患之。齊身出周行，觀視形便，陰募輕捷士，爲作鐵弋，密於隱險賊所不備處，以弋拓（斬山）〔塹〕爲緣道，夜令潛上，乃多縣布以援下人，得上百數人，四面流布，俱鳴鼓角，齊勒兵待之。賊夜聞鼓聲四合，謂大軍悉已得上，驚懼惑亂，不知所爲，守路備險者，

皆走還依衆。大軍因是得上，大破僕等，其餘皆降，凡斬首七千。〔一〕齊復表分歙爲新定、黎陽、休陽。幷黟、歙凡六縣，權遂割爲新都郡，齊爲太守，立府於始新，加偏將軍。

〔一〕抱朴子曰：「昔吳遣賀將軍討山賊，賊中有善禁者，每當交戰，官軍刀劍不得拔，弓弩射矢皆還自向，輒致不利。賀將軍長情有思，乃曰：『吾聞金有刃者可禁，蟲有毒者可禁，其無刃之物，無毒之蟲，則不可禁。彼必是能禁吾兵者也，必不能禁無刃物矣。』乃多作勁木白棓，選有力精卒五千人爲先登，盡捉棓。彼山賊恃其有善禁者，了不嚴備。於是官軍以白棓擊之，彼禁者果不復行，所擊殺者萬計。

十六年，吳郡餘杭民郎稚合宗起賊，復數千人，齊出討之，卽復破稚，表言分餘杭爲臨水縣。〔一〕被命詣所在，及當還郡，權出祖道，作樂舞象。〔二〕賜齊軿車駿馬，罷坐住駕，使齊就車。齊辭不敢，權使左右扶齊上車，令導吏卒兵騎，如在郡儀。權望之笑曰：「人當努力，非積行累勤，此不可得。」去百餘步乃旋。

〔一〕吳錄曰：晉改爲臨安。

〔二〕吳書曰：權謂齊曰：「今定天下，都中國，使殊俗貢珍，狡獸率舞，非君誰與？」齊曰：「殿下以神武應期，廓開王業，臣幸遭際會，得驅馳風塵之下，佐助末行，效鷹犬之用，臣之願也。若殊俗貢珍，狡獸率舞，宜在聖德，非臣所能。」

十八年，豫章東部民彭材、李玉、王海等起爲賊亂，衆萬餘人。齊討平之，誅其首惡，餘皆降服。揀其精健爲兵，次爲縣戶。遷奮武將軍。

二十年，從權征合肥。時城中出戰，徐盛被創失矛，齊引兵拒擊，得盛所失。〔一〕

〔一〕江表傳曰：權征合肥還，爲張遼所掩襲於津北，幾至危殆。齊時率三千兵在津南迎權。權既入大船，會諸將飲宴，齊下席涕泣而言曰：「至尊人主，常當持重。今日之事，幾至禍敗，羣下震怖，若無天地，願以此爲終身誡。」權自前收其淚曰：「大慚！謹以尅心，非但書諸紳也。」

二十一年，鄱陽民尤突受曹公印綬，化民爲賊，陵陽、始安、涇縣皆與突相應。齊與陸遜討破突，斬首數千，餘黨震服，丹楊三縣皆降，料得精兵八千人。拜安東將軍，封山陰侯，出鎮江上，督扶州以上至皖。

黃武初，魏使曹休來伐，齊以道遠後至，因住新市爲拒。會洞口諸軍遭風流溺，所亡中分，將士失色，賴齊未濟，偏軍獨全，諸將倚以爲勢。

齊性奢綺，尤好軍事，兵甲器械極爲精好，所乘船雕刻丹鏤，青蓋絳襜，干櫓戈矛，葩瓜文畫，弓弩矢箭，咸取上材，蒙衝鬭艦之屬，望之若山。休等憚之，遂引軍還。遷後將軍，假節領徐州牧。

初，晉宗爲戲口將，以衆叛如魏，還爲蘄春太守，圖襲安樂，取其保質。權以爲恥忿，因軍初罷，六月盛夏，出其不意，詔齊督糜芳、鮮于丹等襲蘄春，遂生虜宗。後四年卒，子達及弟景皆有令名，爲佳將。〔一〕

〔一〕會稽典錄曰：景爲滅賊校尉，御衆嚴而有恩，兵器精飾，爲當時冠絕，早卒。達頗任氣，多所犯迕，故雖有征戰之勞，而爵位不至，然輕財貴義，膽烈過人。子質，位至虎牙將軍。景子邵，別有傳。

全琮字子璜，吳郡錢唐人也。父柔，漢靈帝時舉孝廉，補尚書郎右丞，董卓之亂，棄官歸，州辟別駕從事，詔書就拜會稽東部都尉。孫策到吳，柔舉兵先附，策表柔爲丹楊都尉。孫權爲車騎將軍，以柔爲長史，徙桂陽太守。柔嘗使琮齎米數千斛到吳，有所市易。琮至，皆散用，空船而還。柔大怒，琮頓首曰：「愚以所市非急，而士大夫方有倒縣之患，故便振贍，不及啓報。」柔更以奇之。〔一〕是時中州士人避亂而南，依琮居者以百數，琮傾家給濟，與共有無，遂顯名遠近。後權以爲奮威校尉，授兵數千人，使討山越。因開募召，得精兵萬餘人，出屯牛渚，稍遷偏將軍。

〔一〕徐衆評曰：禮，子事父無私財，又不敢私施，所以避尊上也。棄命專財而以邀名，未盡父子之禮。臣松之以爲子路問「聞斯行諸」？子曰「有父兄在」。琮輒散父財，誠非子道，然士類縣命，憂在朝夕，權其輕重，以先人急，斯亦馮煖市義、汲黯振救之類，全謂邀名，或負其心。

建安二十四年，劉備將關羽圍樊、襄陽，琮上疏陳羽可討之計，權時已與呂蒙陰議襲之，恐事泄，故寢琮表不答。及禽羽，權置酒公安，顧謂琮曰：「君前陳此，孤雖不相答，今日

之捷，抑亦君之功也。」於是封陽華亭侯。

黃武元年，魏以舟軍大出洞口，權使呂範督諸將拒之，軍營相望。敵數以輕船鈔擊，琮常帶甲仗兵，伺候不休。頃之，敵數千人出江中，琮擊破之，梟其將軍尹盧。遷琮綏南將軍，進封錢唐侯。四年，假節領九江太守。

七年，權到皖，使琮與輔國將軍陸遜擊曹休，破之於石亭。是時丹楊、吳、會山民復爲寇賊，攻沒屬縣，權分三郡險地爲東安郡，琮領太守。〔一〕至，明賞罰，招誘降附，數年中，得萬餘人。權召琮還牛渚，罷東安郡。〔二〕黃龍元年，遷衞將軍、左護軍、徐州牧，〔三〕尚公主。

〔一〕吳錄曰：琮時治富春。

〔二〕江表傳曰：琮還，經過錢唐，脩祭墳墓，麾幢節蓋，曜於舊里，請會邑人平生知舊、宗族六親，施散惠與，千有餘萬，本土以爲榮。

〔三〕吳書曰：初，琮爲將甚勇決，當敵臨難，奮不顧身。及作督帥，養威持重，每御軍，常任計策，不營小利。江表傳曰：權使子登出征，已出軍，次于安樂，羣臣莫敢諫。琮密表曰：「古來太子未嘗偏征也，故從曰撫軍，守曰監國。今太子東出，非古制也，臣竊憂疑。」權卽從之，命登旋軍，議者咸以爲琮有大臣之節也。

嘉禾二年，督步騎五萬征六安，六安民皆散走，諸將欲分兵捕之。琮曰：「夫乘危徼倖，舉不百全者，非國家大體也。今分兵捕民，得失相半，豈可謂全哉？縱有所獲，猶不足以弱

敵而副國望也。如或邂逅，虧損非小，與其獲罪，琮寧以身受之，不敢徼功以負國也。」

赤烏九年，遷右大司馬、左軍師。爲人恭順，善於承顏納規，言辭未嘗切迕。初，權將圍珠崖及夷州，皆先問琮，琮曰：「以聖朝之威，何向而不克？然殊方異域，隔絕障海，水土氣毒，自古有之，兵入民出，必生疾病，轉相汚染，往者懼不能反，所獲何可多致？猥虧江岸之兵，以冀萬一之利，愚臣猶所不安。」權不聽。軍行經歲，士衆疾疫死者十有八九，權深悔之。後言次及之，琮對曰：「當是時，羣臣有不諫者，臣以爲不忠。」

琮既親重，宗族子弟並蒙寵貴，賜累千金，然猶謙虛接士，貌無驕色。十二年卒，子懌嗣。後襲業領兵，救諸葛誕于壽春，出城先降，魏以爲平東將軍，封臨湘侯。懌兄子禕、儀、靜等亦降魏，皆歷郡守列侯。〔一〕

〔一〕吳書曰：琮長子緒，幼知名，奉朝請，出授兵，稍遷揚武將軍、牛渚督。孫亮卽位，遷鎭北將軍。東關之役，緒與丁奉建議引兵先出，以破魏軍，封一子亭侯，年四十四卒。次子寄，坐阿黨魯王霸賜死。小子吳，孫權外孫，封都鄉侯。

呂岱字定公，廣陵海陵人也，爲郡縣吏，避亂南渡。孫權統事，岱詣幕府，出守吳丞。權親斷諸縣倉庫及囚繫，長丞皆見，岱處法應問，甚稱權意，召署錄事，出補餘姚長，召募精

健，得千餘人。會稽東冶五縣賊呂合、秦狼等爲亂，權以岱爲督軍校尉，與將軍蔣欽等將兵討之，遂禽合、狼，五縣平定，拜昭信中郎將。〔一〕

〔一〕吳書曰：建安十六年，岱督郎將尹異等，以兵二千人西誘漢中賊帥張魯到漢興寋城，魯嫌疑斷道，事計不立，權遂召岱還。

建安二十年，督孫茂等十將從取長沙三郡。又安成、攸、永新、茶陵四縣吏共入陰山城，合衆拒岱，岱攻圍，卽降，三郡克定。權留岱鎭長沙。安成長吳碭及中郎將袁龍等首尾關羽，復爲反亂。碭據攸縣，龍在醴陵。權遣橫江將軍魯肅攻攸，碭得突走。岱攻醴陵，遂禽斬龍，遷廬陵太守。

延康元年，代步騭爲交州刺史。到州，高涼賊帥錢博乞降，岱因承制，以博爲高涼西部都尉。又鬱林夷賊攻圍郡縣，岱討破之。是時桂陽湞陽賊王金合衆於南海界上，首亂爲害，權又詔岱討之，生縛金，傳送詣都，斬首獲生凡萬餘人。遷安南將軍，假節，封都鄉侯。

交阯太守士燮卒，權以燮子徽爲安遠將軍，領九眞太守，以校尉陳時代燮。岱表分海南三郡爲交州，以將軍戴良爲刺史，海東四郡爲廣州，岱自爲刺史。遣良與時南入，而徽不承命，舉兵戍海口以拒良等。岱於是上疏請討徽罪，督兵三千人晨夜浮海。或謂岱曰：「徽藉累世之恩，爲一州所附，未易輕也。」岱曰：「今徽雖懷逆計，未虞吾之卒至，若我潛軍輕舉，掩其無備，破之必也。稽留不速，使得生心，嬰城固守，七郡百蠻，雲合響應，雖有智者，誰能圖之？」遂行，過合浦，與良俱進。徽聞岱至，果大震怖，不知所出，卽率兄弟六人肉袒迎岱。岱皆斬送其首。徽大將甘醴、桓治等率吏民攻岱，岱奮擊大破之，進封番禺侯。於是除廣州，復爲交州如故。岱既定交州，復進討九眞，斬獲以萬數。又遣從事南宣國化，暨徼外扶南、林邑、堂明諸王，各遣使奉貢。權嘉其功，進拜鎭南將軍。

黃龍三年，以南土淸定，召岱還屯長沙漚口。〔一〕會武陵蠻夷蠢動，岱與太常潘濬共討定之。嘉禾三年，權令岱領潘璋士衆，屯陸口，後徙蒲圻。四年，廬陵賊李桓、路合、會稽東冶賊隨春、南海賊羅厲等一時並起。權復詔岱督劉纂、唐咨等分部討擊，春卽時首降，岱拜春偏將軍，使領其衆，遂爲列將，桓、厲等皆見斬獲，傳首詣都。權詔岱曰：「厲負險作亂，自致梟首；桓凶狡反覆，已降復叛。前後討伐，歷年不禽，非君規略，誰能梟之？忠武之節，於是益著。元惡既除，大小震懾，其餘細類，掃地族矣。自今已去，國家永無南顧之虞，三郡晏然，無怵惕之驚，又得惡民以供賦役，重用歎息。賞不踰月，國之常典，制度所宜，君其裁之。」

〔一〕王隱交廣記曰：吳後復置廣州，以南陽滕脩爲刺史。或語脩蝦鬚長一丈，脩不信，其人後故至東海，取蝦鬚長四丈四尺，封以示脩，脩乃服之。

潘濬卒，岱代濬領荊州文書，與陸遜並在武昌，故督蒲圻。頃之，廖式作亂，攻圍城邑，零陵、蒼梧、鬱林諸郡騷擾，岱自表輒行，星夜兼路。權遣使追拜岱交州牧，及遣諸將唐咨等駱驛相繼，攻討一年破之，斬式及遣諸所僞署臨賀太守費楊等，幷其支黨，郡縣悉平，復還武昌。時年已八十，然體素精勤，躬親王事。奮威將軍張承與岱書曰：「昔旦奭翼周，二南作歌，今則足下與陸子也。忠勤相先，勞謙相讓，功以權成，化與道合，君子歎其德，小人悅其美。加以文書鞅掌，賓客終日，罷不舍事，勞不言倦，又知上馬輒自超乘，不由跨躡，如此足下過廉頗也，何其事事快也。周易有之，禮言恭，德言盛，足下何有盡此美耶！」及陸遜卒，諸葛恪代遜，權乃分武昌爲兩部，岱督右部，自武昌上至蒲圻。遷上大將軍，拜子凱副軍校尉，監兵蒲圻。孫亮卽位，拜大司馬。

岱淸身奉公，所在可述。初在交州，歷年不餉家，妻子飢乏。權聞之歎息，以讓羣臣曰：「呂岱出身萬里，爲國勤事，家門內困，而孤不早知。股肱耳目，其責安在？」於是加賜錢米布絹，歲有常限。

始，岱親近吳郡徐原，慷慨有才志，岱知其可成，賜巾褠，與共言論，後遂薦拔，官至侍御史。原性忠壯，好直言，岱時有得失，原輒諫諍，又公論之，人或以告岱，岱歎曰：「是我所以貴德淵者也。」及原死，岱哭之甚哀，曰：「德淵，呂岱之益友，今不幸，岱復於何聞過？」

談者美之。

太平元年，年九十六卒，子凱嗣。遺令殯以素棺，疏巾布構，葬送之制，務從約儉，凱皆奉行之。

周魴字子魚，吳郡陽羨人也。少好學，舉孝廉，爲寧國長，轉在懷安。錢唐大帥彭式等蟻聚爲寇，以魴爲錢唐侯相，旬月之間，斬式首及其支黨，遷丹楊西部都尉。黄武中，鄱陽大帥彭綺作亂，攻沒屬城，乃以魴爲鄱陽太守，與胡綜勠力攻討，遂生禽綺，送詣武昌，加昭義校尉。被命密求山中舊族名帥爲北敵所聞知者，令譎挑魏大司馬揚州牧曹休。魴答，恐民帥小醜不足仗任，事或漏泄，不能致休，乞遣親人齎牋七條以誘休：

其一曰：「魴以千載徼幸，得備州民，遠隔江川，敬恪未顯，瞻望雲景，天實爲之。精誠微薄，名位不昭，雖懷焦渴，曷緣見明？狐死首丘，人情戀本，而逼所制，奉覲禮違。每獨矯首西顧，未嘗不寤寐勞歎，展轉反側也。今因隙穴之際，得陳宿昔之志，非神啓之，豈能致此！不勝翹企，萬里託命。謹遣親人董岑、邵南等託叛奉牋。時事變故，列於別紙，惟明公君侯垂日月之光，照遠民之趣，永令歸命者有所戴賴。」

其二曰：「魴遠在邊隅，江汜分絕，恩澤教化，未蒙撫及，而於山谷之間，遙陳所懷，懼以

大義，未見信納。夫物有感激，計因變生，古今同揆。魴仕東典郡，始願已獲，銘心立報，永矣無貳，豈圖頃者中被橫譴，禍在漏刻，危於投卵，進有離合去就之宜，退有誣罔枉死之咎，雖志行輕微，存沒一節，顧非其所，能不悵然！敢緣古人，因知所歸，拳拳輸情，陳露肝膈。乞降春天之潤，哀拯其急，不復猜疑，絕其委命。事之宣泄，受罪不測，一則傷慈損計，二則杜絕向化者心，惟明使君遠覽前世，矜而愍之，留神所質，速賜秘報。魴當候望舉動，俟須響應。」

其三曰：「魴所代故太守廣陵王靖，往者亦以郡民爲變，以見譴責，靖勤自陳釋，而終不解，因立密計，欲北歸命，不幸事露，誅及嬰孩。魴既目見靖事，且觀東主一所非薄，嬧不復厚，雖或暫舍，終見翦除。今又令魴領郡者，是欲責後效，必殺魴之趣也。雖尚視息，憂惕焦灼，未知軀命，竟在何時。人居世間，猶白駒過隙，而常抱危怖，其可言乎！惟當陳愚，重自披盡，懼以卑賤，未能采納。願明使君少垂詳察，忖度其言。今此郡民，雖外名降首，而故在山草，看伺空隙，欲復爲亂，爲亂之日，魴命訖矣。東主頃者潛部分諸將，圖欲北進。呂範、孫韶等入淮，全琮、朱桓趨合肥，諸葛瑾、步騭、朱然到襄陽，陸議、潘璋等討梅敷。東主中營自掩石陽，別遣從弟孫奐治安陸城，脩立邸閣，輦貲運糧，以爲軍儲，又命諸葛亮進指關西，江邊諸將無復在者，才留三千所兵守武昌耳。若明使君以萬兵從皖南首江渚，魴便從此率厲吏民，以爲內應。此方諸郡，前後舉事，垂成而敗者，由無外援使其然耳；若北軍臨境，傳檄屬城，思詠之民，誰不企踵？願明使君上觀天時，下察人事，中參蓍龜，則足昭往言之不虛也。」

其四曰：「所遣董岑、邵南少長家門，親之信之，有如兒子，是以特令齎牋，託叛爲辭，目語心計，不宜脣齒，骨肉至親，無有知者。又已敕之，到州當言往降，欲北叛來者得傳之也。魴建此計，任之於天，若其濟也，則有生全之福；邂逅泄漏，則受夷滅之禍。常中夜仰天，告誓星辰。精誠之微，豈能上感，然事急孤窮，惟天是訴耳。遣使之日，載生載死，形存氣亡，魄爽恍惚。私恐使君未深保明，岑、南二人可留其一，以爲後信。一齎教還，教還故當言悔叛還首。東主有常科，悔叛還者，皆自原罪。如是彼此俱塞，永無端原。縣命西望，涕筆俱下。」

其五曰：「鄱陽之民，實多愚勁，帥之赴役，未即應人，倡之爲變，聞聲響抃。今雖降首，盤節未解，山棲草藏，亂心猶存，而今東主圖興大衆，舉國悉出，江邊空曠，屯塢虛損，惟有諸刺姦耳。若因是際而騷動此民，一旦可得便會，然要恃外援，表裏機互，不爾以往，無所成也。今使君若從皖道進住江上，魴當從南對岸歷口爲應。若未徑到江岸，可住百里上，令此間民知北軍在彼，即自善也。此間民非苦飢寒而甘兵寇，苦於征討，樂得北屬，但窮困

舉事，不時見應，尋受其禍耳。如使石陽及青、徐諸軍首尾相銜，牽綴往兵，使不得速退者，則善之善也。魴生在江、淮，長於時事，見其便利，百舉百捷，時不再來，敢布腹心。」

其六曰：「東主致恨前者不拔石陽，今此後舉，大合新兵，并使潘濬發夷民，人數甚多，聞豫設科條，當以新羸兵置前，好兵在後，攻城之日，云欲以羸兵填塹，使即時破，雖未能然，是事大趣也。私恐石陽城小，不能久留往兵，明使君速垂救濟，誠宜疾密。王靖之變，其鑒不遠。今魴歸命，非復在天，正在明使君耳。若見救以往，則功可必成，如見救不時，則與靖等同禍。前彭綺時，聞旌麾在逢龍，此郡民大小歡喜，並思立效。若留一月日間，事當大成，恨去電速，東得增衆專力討綺，綺始敗耳。願使君深察此言。」

其七曰：「今舉大事，自非爵號無以勸之，乞請將軍、侯印各五十紐，郎將印百紐，校尉、都尉印各二百紐，得以假授諸魁帥，獎厲其志，并乞請幢麾數十，以爲表幟，使山兵吏民，目瞻見之，知去就之分已決，承引所救畫定。又彼此降叛，日月有人，闊狹之間，輒得聞知。今之大事，事宜神密，若省魴牋，乞加隱祕。伏知智度有常，防慮必深，魴懷憂震灼，啓事蒸仍，乞未罪怪。」

魴因別爲密表曰：「方北有逋寇，固阻河洛，久稽王誅，自擅朔土，臣曾不能吐奇舉善，上以光贊洪化，下以輸展萬一，憂心如擣，假寐忘寢。聖朝天覆，含臣無效，猥發優命，敕臣

以前誘致賊休，恨不如計。令於郡界求山谷魁帥爲北賊所聞知者，令與北通。臣伏思惟，喜怖交集，竊恐此人不可卒得，假使得之，懼不可信，不如令臣譎休，於計爲便。此臣得以經年之冀願，逢值千載之一會，輒自督竭，竭盡頑蔽，撰立牋草以誑誘休者，如別紙。臣知無古人單複之術，加卒奉大略，伀蠓狼狽，懼以輕愚，忝負特施，豫懷憂灼。臣聞唐堯先天而天弗違，博詢芻蕘，以成盛勳。朝廷神謨，欲必致休於步度之中，靈贊聖規，休必自送，使六軍囊括，虜無孑遺，威風電邁，天下幸甚。謹拜表以聞，并呈牋草，懼於淺局，追用悚息。」被報施行。休果信魴，帥步騎十萬，輜重滿道，徑來入皖。魴亦合衆，隨陸遜橫截休，休幅裂瓦解，斬獲萬計。

魴初建密計時，頻有郎官奉詔詰問諸事，魴乃詣部郡門下，因下髮謝，故休聞之，不復疑慮。事捷軍旋，權大會諸將歡宴，酒酣，謂魴曰：「君下髮載義，成孤大事，君之功名，當書之竹帛。」加裨將軍，賜爵關內侯。〔一〕

〔一〕徐衆評曰：夫人臣立功效節，雖非一塗，然各有分也。爲將執桴鼓，則有必死之義，志守則有不假器之義，死必得所，義在不苟。魴爲郡守，職在治民，非君所命，自占誘敵，髡剔髮膚，以徇功名，雖事濟受爵，非君子所美。

賊帥董嗣負阻劫鈔，豫章、臨川並受其害。〔一〕吾粲、唐咨嘗以三千兵攻守，連月不能拔。魴表乞罷兵，得以便宜從事。魴遣閒諜，授以方策，誘狙殺嗣。嗣弟怖懼，詣武昌降於

陸遜，乞出平地，自改爲善，由是數郡無復憂惕。

〔一〕臣松之案：孫亮太平二年始立臨川郡，是時未有臨川。

魴在郡十三年卒，賞善罰惡，威恩並行。子處，亦有文武材幹，天紀中爲東觀令、無難督。〔一〕

〔一〕虞預晉書曰：處入晉，爲御史中丞，多所彈糾，不避彊禦。齊萬年反，以處爲建威將軍，西征，衆寡不敵，處臨陳慷慨，奮不顧身，遂死於戰場，追贈平西將軍。處子玘、札，皆有才力，中興之初，並見寵任。其諸子姪悉處列位，爲揚土豪右，而札凶淫放恣，爲百姓所苦。泰寧中，王敦誅之，滅其族。

鍾離牧字子幹，會稽山陰人，漢魯相意七世孫也。〔一〕少爰居永興，躬自墾田，種稻二十餘畝。臨熟，縣民有識認之，牧曰：「本以田荒，故墾之耳。」遂以稻與縣人。縣長聞之，召民繫獄，欲繩以法，牧爲之請。長曰：「君慕承宮，自行義事，〔二〕僕爲民主，當以法率下，何得寢公憲而從君邪？」牧曰：「此是郡界，緣君意顧，故來暫住。今以少稻而殺此民，何心復留？」遂出裝，還山陰，長自往止之，爲釋繫民。民慚懼，率妻子舂所取稻得六十斛米，送還牧，牧閉門不受。民輸置道旁，莫有取者。牧由此發名。〔三〕

〔一〕會稽典錄曰：牧父緒，樓船都尉，兄駰，上計吏，少與同郡謝贊、吳郡顧譚齊名。牧童齔時號爲遲訥，駰常謂人曰：「牧必勝我，不可輕也。」時人皆以爲不然。

〔二〕續漢書曰：宮字少子，琅邪人，嘗在蒙陰山中耕種禾黍，臨熟，人就認之，宮便推與而去，由是發名，位至左中郎將、侍中。

〔三〕徐衆評曰：牧蹈長者之規。問者曰：「如牧所行，犯而不校，又從而救之，直而不有，又還而不受，可不謂之仁讓乎哉？」答曰：「異乎吾所聞。原憲之問於孔子曰：『克伐怨欲不行焉，可以爲仁乎？』孔子曰：『可以爲難矣，仁則吾不知也。』『惡不仁者，其爲仁矣。』今小民不展四體，而認人之稻，不仁甚矣，而牧推而與之，又救其罪，斯爲讓非其義，所救非人，非所謂惡不仁者。苟不惡不仁，安得爲仁哉！蒼梧繞娶妻而美，讓於其兄；尾生篤信，水至不去而死；直躬好直，證父攘羊；申鳴奉法，盡忠於君而執其父。忠信直讓，此四行者，聖賢之所貴也。然不貴蒼梧之讓，非讓道也；不取尾生之信，非信所也；不許直躬之直，非直體也；不嘉申鳴之忠，非忠意也。今牧犯而不校，還而不取，可以爲難矣，未得爲仁讓也。夫聖人以德報德，以直報怨，而牧欲以德報怨，非也。必不得已，二者何從？吾從孔子也。」

赤烏五年，從郎中補太子輔義都尉，遷南海太守。〔一〕還爲丞相長史，轉司直，遷中書令。會建安、鄱陽、新都三郡山民作亂，出牧爲監軍使者，討平之。賊帥黃亂、常俱等出其部伍，以充兵役。封秦亭侯，拜越騎校尉。

〔一〕會稽典錄曰：高涼賊率仍弩等破略百姓，殘害吏民，牧越界撲討，旬日降服。又揭陽縣賊率曾夏等衆數千人，歷十餘年，以侯爵雜繒千匹，下書購募，絕不可得。牧遣使慰譬，登皆首服，自改爲良民。始興太守羊衜與太常滕

胤書曰：「鍾離子幹吾昔知之不熟，定見其在南海，威恩部伍，智勇分明，加操行清純，有古人之風。」其見貴如此。在郡四年，以疾去職。

永安六年，蜀并于魏，武陵五谿夷與蜀接界，時論懼其叛亂，乃以牧爲平魏將軍，領武陵太守，往之郡。魏遣漢葭縣長郭純試守武陵太守，率涪陵民入蜀遷陵界，屯于赤沙，誘致諸夷邑君，或起應純，又進攻酉陽縣，郡中震懼。牧問朝吏曰：「西蜀傾覆，邊境見侵，何以禦之？」皆對曰：「今二縣山險，諸夷阻兵，不可以軍驚擾，驚擾則諸夷盤結。宜以漸安，可遣恩信吏宣教慰勞。」牧曰：「不然。外境內侵，誑誘人民，當及其根柢未深而撲取之，此救火貴速之勢也。」敕外趣嚴，掾史沮議者便行軍法。撫夷將軍高尚說牧曰：「昔潘太常督兵五萬，然後以討五谿夷耳。是時劉氏連和，諸夷率化，今既無往日之援，而郭純已據遷陵，而明府以三千兵深入，尚未見其利也。」牧曰：「非常之事，何得循舊？」即率所領，晨夜進道，緣山險行，垂二千里，從塞上，斬惡民懷異心者魁帥百餘人及其支黨凡千餘級，純等散，五谿平。遷公安督、揚武將軍，封都鄉侯，徙濡須督。〔一〕復以前將軍假節，領武陵太守。卒官。家無餘財，士民思之。子禕嗣，代領兵。〔二〕

〔一〕會稽典錄曰：牧之在濡須，深以進取可圖，而不敢陳其策，與侍中東觀令朱育宴，慨然歎息。育謂牧恨於策爵未副，因謂牧曰：「朝廷諸君，以際會坐取高官 亭侯功無與比，不肯在人下，見顧者猶以於邑，況於侯也！」牧笑而

中華書局

答曰：「卿之所言，未獲我心也。馬援有言，人當功多而賞薄。吾功不足錄，而見寵已過當，豈以爲恨？國家不深相知，而見害朝人，是以默默不敢有所陳。若其不然，當建進取之計，以報所受之恩，不徒自守而已，憤歎以此也。」育復曰：「國家已自知侯，以侯之才，無爲不成。愚謂自可陳所懷。」牧曰：「武安君謂秦王云：『非成業難，得賢難；非得賢難，用之難；非用之難，任之難。』武安君欲爲秦王并兼六國，恐授事而不見任，故先陳此言。秦王既許而不能，卒隕將成之業，賜劍杜郵。今國家知吾，不如秦王之知武安，而害吾者有過范睢。大皇帝時，陸丞相討鄱陽，以二千人授吾，潘太常討武陵，吾又有三千人，而朝廷下議，棄吾於彼，使江渚諸督，不復發兵相繼。蒙國威靈自濟，今日何爲常。向使吾不料時度宜，苟有所陳，至見委以事，不足兵勢，終有敗績之患，何無不成之有？」

〔二〕會稽典錄曰：牧亥子盛，亦履恭讓，爲尚書郎。弟徇領兵爲將，拜偏將軍，戍西陵，與監軍使者唐盛論地形勢，謂宜城、信陵爲建平援，若不先城，敵將先入。盛以施績、留平，智略名將，屢經於彼，無云當城之者，不然徇計。後半年，晉果遣將脩信陵城。晉軍平吳，徇領水軍督，臨陳戰死。

評曰：山越好爲叛亂，難安易動，是以孫權不遑外禦，卑詞魏氏。凡此諸臣，皆克寧內難，綏靜邦域者也。呂岱清恪在公；周魴譎略多奇；鍾離牧蹈長者之規；全琮有當世之才，貴重於時，然不檢姦子，獲譏毀名云。

三國志卷六十一　　吳書十六

潘濬陸凱傳第十六

潘濬字承明，武陵漢壽人也。弱冠從宋仲子受學。〔一〕年未三十，荆州牧劉表辟爲部江夏從事。時沙羨長贓穢不脩，濬按殺之，一郡震竦。後爲湘鄉令，治甚有名。劉備領荆州，以濬爲治中從事。備入蜀，留典州事。

〔一〕吳書曰：濬爲人聰察，對問有機理，山陽王粲見而貴異之。由是知名，爲郡功曹。

孫權殺關羽，并荆土，拜濬輔軍中郎將，授以兵。〔二〕遷奮威將軍，封常遷亭侯。〔三〕權稱尊號，拜爲少府，進封劉陽侯，〔三〕遷太常。五谿蠻夷叛亂盤結，權假濬節，督諸軍討之。信賞必行，法不可干，斬首獲生，蓋以萬數，自是羣蠻衰弱，一方寧靜。〔四〕

〔二〕江表傳曰：權克荆州，將吏悉皆歸附，而濬獨稱疾不見。權遣人以牀就家輿致之，濬伏面著牀席不起，涕泣交橫，哀咽不能自勝。權慰勞與語，呼其字曰：「承明，昔觀丁父，鄀俘也，武王以爲軍帥；彭仲爽，申俘也，文王以爲令尹。此二人，卿荆國之先賢也，初雖見囚，後皆擢用，爲楚名臣。卿獨不然，未肯降意，將以孤異古人之量邪？」

使親近以手巾拭其面，濬起下地拜謝。即以爲治中，荆州諸軍事一以諮之。武陵部從事樊伷誘導諸夷，圖以武陵屬劉備，外白差督督萬人往討之。權不聽，特召問濬，濬答：「以五千兵往，足可以擒伷。」權曰：「卿何以輕之？」濬曰：「伷是南陽舊姓，頗能弄脣吻，而實無辯論之才。臣所以知之者，伷昔嘗爲州人設饌，比至日中，食不可得，而十餘自起，此亦侏儒觀一節之驗也。」權大笑而納其言，即遣濬將五千往，果斬平之。

〔三〕吳書曰：芮玄卒，濬并領玄兵，屯夏口。玄字文表，丹楊人。父祉，字宣嗣，從孫堅征伐有功，堅薦祉爲九江太守，後轉吳郡，所在有聲。玄兄良，字文鸞，隨孫策平定江東，策以爲會稽東部都尉，卒，玄領良兵，拜奮武中郎將，以功封溧陽侯。權爲子登揀擇淑媛，羣臣咸稱玄父祉兄良並以德義文武顯名三世，故遂娉玄女爲妃焉。黄武五年卒，權甚愍惜之。

〔三〕江表傳曰：權數射雉，濬諫權，權曰：「相與別後，時時蹔出耳，不復如往日之時也。」濬曰：「天下未定，萬機務多，射雉非急，弦絕括破，皆能爲害，乞特爲臣故息置之。」濬出，見雉翳故在，乃手自撤壞之。權由是自絕，不復射雉。

〔四〕吳書曰：驃騎將軍步騭屯漚口，求召募諸郡以增兵。權以問濬，濬曰：「豪將在民間，耗亂爲害，加騭有名勢，在所所媚，不可聽也。」權從之。中郎將豫章徐宗，有名士也，嘗到京師，與孔融交結，然儒生誕節，部曲寬縱，不奉節度，爲衆作殿，濬遂斬之。其奉法不憚私議，皆此類也。歸義隱蕃，以口辯爲豪傑所善，濬子翥亦與周旋，饋餉之。濬聞大怒，疏責翥曰：「吾受國厚恩，志報以命，爾輩在都，當念恭順，親賢慕善，何故與降虜交，以糧餉之？在遠聞此，心震面熱，惆悵累旬。疏到，急就往使受杖一百，促責所餉。」當時人咸怪濬，而蕃果圖叛誅夷，衆乃歸服。

江表傳曰：時濬姨兄零陵蔣琬爲蜀大將軍，或有閒濬於武陵太守衞旌者，云濬遣密使與琬相聞，欲有自託之計。旌以啓權，權曰：「承明不爲此也。」即封旌表以示於濬，而召旌還，免官。

先是，濬與陸遜俱駐武昌，共掌留事，還復故。時校事呂壹操弄威柄，奏按丞相顧雍、左將軍朱據等，皆見禁止。黃門侍郎謝厷語次問壹：「顧公事何如？」壹答：「不能佳。」厷又問：「若此公免退，誰當代之？」壹未答厷，厷曰：「得無潘太常得之乎？」壹良久曰：「君語近之也。」厷謂曰：「潘太常常切齒於君，但道遠無因耳。今日代顧公，恐明日便擊君矣。」壹大懼，遂解散雍事。濬求朝，詣建業，欲盡辭極諫。至，聞太子登已數言之而不見從，濬乃大請百寮，欲因會手刃殺壹，以身當之，爲國除患。壹密聞知，稱疾不行。濬每進見，無不陳壹之姦險也。由此壹寵漸衰，後遂誅戮。權引咎責躬，因誚讓大臣，語在權傳。

赤烏二年，濬卒，子翥嗣。濬女配建昌侯孫慮。〔一〕

〔一〕吳書曰：翥字文龍，拜騎都尉，後代領兵，早卒。翥弟祕，權以姊陳氏女妻之，調湘鄉令。襄陽記曰：襄陽習溫爲荊州大公平。大公平，今之州都。祕過辭於溫，問曰：「先君昔曰君侯當爲州里議主，今果如其言，不審州里誰當復相代者？」溫曰：「無過於君也。」後祕爲尚書僕射，代溫爲公平，甚得州里之譽。

陸凱字敬風，吳郡吳人，丞相遜族子也。黃武初爲永興、諸暨長，所在有治迹，拜建武都

尉，領兵。雖統軍衆，手不釋書。好太玄，論演其意，以筮輒驗。赤烏中，除儋耳太守，討朱崖，斬獲有功，遷爲建武校尉。五鳳二年，討山賊陳毖於零陵，斬毖克捷，拜巴丘督、偏將軍，封都鄉侯，轉爲武昌右部督。與諸將共赴壽春，還，累遷盪魏、綏遠將軍。孫休即位，拜征北將軍，假節領豫州牧。孫晧立，遷鎮西大將軍，都督巴丘，領荊州牧，進封嘉興侯。孫晧與晉平，使者丁忠自北還，說晧弋陽可襲，凱諫止，語在晧傳。寶鼎元年，遷左丞相。

晧性不好人視己，羣臣侍見，皆莫敢迕。凱說晧曰：「夫君臣無不相識之道，若卒有不虞，不知所赴。」晧聽凱自視。

晧徙都武昌，揚土百姓泝流供給，以爲患苦，又政事多謬，黎元窮匱。凱上疏曰：

臣聞有道之君，以樂樂民；無道之君，以樂樂身。樂民者，其樂彌長；樂身者，不樂而亡。夫民者，國之根也，誠宜重其食，愛其命。民安則君安，民樂則君樂。自頃年以來，君威傷於桀紂，君明闇於姦雄，君惠閉於羣孽。無災而民命盡，無爲而國財空，辜無罪，賞無功，使君有謬誤之愆，天爲作妖。而諸公卿媚上以求愛，困民以求饒，導君於不義，敗政於淫俗，臣竊爲痛心。今鄰國交好，四邊無事，當務息役養士，實其廩庫，以待天時。而更傾動天心，騷擾萬姓，使民不安，大小呼嗟，此非保國養民之術也。

臣聞吉凶在天，猶影之在形，響之在聲也，形動則影動，形止則影止，此分數乃有所繫，非在口之所進退也。昔秦所以亡天下者，但坐賞輕而罰重，政刑錯亂，民力盡於奢侈，目眩於美色，志濁於財寶，邪臣在位，賢哲隱藏，百姓業業，天下苦之，是以遂有覆巢破卵之憂。漢所以彊者，躬行誠信，聽諫納賢，惠及負薪，躬請巖穴，廣采博察，以成其謀。此往事之明證也。

近者漢之衰末，三家鼎立，曹失綱紀，晉有其政。又益州危險，兵多精彊，閉門固守，可保萬世，而劉氏與奪乖錯，賞罰失所，君恣意於奢侈，民力竭於不急，是以爲晉所伐，君臣見虜。此目前之明驗也。

臣闇於大理，文不及義，智慧淺劣，無復冀望，竊爲陛下惜天下耳。臣謹奏耳目所聞見，百姓所爲煩苛，刑政所爲錯亂，願陛下息大功，損百役，務寬盪，忽苛政。

又武昌土地，實危險而塉确，非王都安國養民之處，船泊則沈漂，陵居則峻危，且童謠言：「寧飲建業水，不食武昌魚；寧還建業死，不止武昌居。」臣聞翼星爲變，熒惑作妖，童謠之言，生於天心，乃以安居而比死，足明天意，知民所苦也。

臣聞國無三年之儲，謂之非國，而今無一年之畜，此臣下之責也。而諸公卿位處人上，祿延子孫，曾無致命之節，匡救之術，苟進小利於君，以求容媚，荼毒百姓，不爲

君計也。自從孫弘造義兵以來，耕種既廢，所在無復輸入，而分一家父子異役，廩食日張，畜積日耗，民有離散之怨，國有露根之漸，而莫之恤也。民力困窮，鬻賣兒子，調賦相仍，日以疲極，所在長吏，不加隱括，加有監官，既不愛民，務行威勢，所在騷擾，更爲煩苛，民苦二端，財力再耗，此爲無益而有損也。願陛下一息此輩，矜哀孤弱，以鎮撫百姓之心。此猶魚鼈得免毒螫之淵，鳥獸得離羅網之綱，四方之民繦負而至矣。如此，民可得保，先王之國存焉。

臣聞五音令人耳不聰，五色令人目不明，此無益於政，有損於事者也。自昔先帝時，後宮列女，及諸織絡，數不滿百，米有畜積，貨財有餘。先帝崩後，幼、景在位，更改奢侈，不蹈先迹。伏聞織絡及諸徒坐，乃有千數，計其所長，不足爲國財，然坐食官廩，歲歲相承，此爲無益，願陛下料出賦嫁，給與無妻者。如此，上應天心，下合地意，天下幸甚。

臣聞殷湯取士於商賈，齊桓取士於車轅，周武取士於負薪，大漢取士於奴僕。明王聖主取士以賢，不拘卑賤，故其功德洋溢，名流竹素，非求顏色而取好服、捷口、容悅者也。臣伏見當今內寵之臣，位非其人，任非其量，不能輔國匡時，羣黨相扶，害忠隱賢。願陛下簡文武之臣，各勤其官，州牧督將，藩鎮方外，公卿尚書，務脩仁化，上助陛

下，下拯黎民，各盡其忠，拾遺萬一，則康哉之歌作，刑錯之理清。願陛下留神思臣愚言。

時殿上列將何定佞巧便辟，貴幸任事，凱面責定曰：「卿見前後事主不忠，傾亂國政，寧有得以壽終者邪！何以專爲佞邪，穢塵天聽？宜自改厲。不然，方見卿有不測之禍矣。」定大恨凱，思中傷之，凱終不以爲意，乃心公家，義形於色，表疏皆指事不飾，忠懇內發。

建衡元年，疾病，皓遣中書令董朝問所欲言，凱陳：「何定不可任用，宜授外任，不宜委以國事。奚熙小吏，建起浦里田，欲復嚴密故迹，亦不可聽。姚信、樓玄、賀邵、張悌、郭逴、薛瑩、滕脩及族弟喜、抗，或清白忠勤，或姿才卓茂，皆社稷之楨幹，國家之良輔，願陛下重留神思，訪以時務，各盡其忠，拾遺萬一。」遂卒，時年七十二。

子禕，初爲黃門侍郎，出領部曲，拜偏將軍。凱亡後，入爲太子中庶子。右國史華覈表薦禕曰：「禕體質方剛，器幹彊固，董率之才，魯肅不過。及被召當下，徑還赴都，道由武昌，曾不迴顧，器械軍資，一無所取，在戎果毅，臨財有節。夫夏口，賊之衝要，宜選名將以鎮戍之，臣竊思惟，莫善於禕。」

初，皓常銜凱數犯顏忤旨，加何定譖構非一，既以重臣，難繩以法，又陸抗時爲大將在疆埸，故以計容忍。抗卒後，竟徙凱家於建安。

或曰寶鼎元年十二月，凱與大司馬丁奉、御史大夫丁固謀，因皓謁廟，欲廢皓立孫休子。時左將軍留平領兵先驅，故密語平，平拒而不許，誓以不泄，是以所圖不果。太史郎陳苗奏皓久陰不雨，風氣迴逆，將有陰謀，皓深警懼云。〔一〕

〔一〕吳錄曰：舊拜廟，選兼大將軍領三千兵爲衞，凱欲因此兵以圖之，令選曹白用丁奉。皓偶不欲，曰：「更選。」凱令執據，雖蹔兼，然宜得其人。皓曰：「用留平。」凱令其子禕以謀語平。平素與丁奉有隙，禕未及得宣凱旨，平語禕曰：「聞野豬入丁奉營，此凶徵也。」有喜色。禕乃不敢言，還，因具啓凱，故輟止。

予連從荊、揚來者得凱所諫皓二十事，博問吳人，多云不聞凱有此表。又按其文殊甚切直，恐非皓之所能容忍也。或以爲凱藏之篋笥，未敢宣行，病困，皓遣董朝省問欲言，因以付之。虛實難明，故不著于篇，然愛其指擿皓事，足爲後戒，故鈔列于凱傳左云。

皓遣親近趙欽口詔報凱前表曰：「孤動必遵先帝，有何不平？君所諫非也。又建業宮不利，故避之，而西宮室宇摧朽，須謀移都，何以不可徙乎？」凱上疏曰：

臣竊見陛下執政以來，陰陽不調，五星失晷，職司不忠，奸黨相扶，是陛下不遵先帝之所致。〔二〕夫王者之興，受之於天，脩之由德，豈在宮乎？而陛下不諮之公輔，便盛意驅馳，六軍流離悲懼，逆犯天地，天地以災，童歌其謠。縱令陛下一身得安，百姓愁勞，何以用治？此不遵先帝一也。

臣聞有國以賢爲本，夏殺龍逢，殷獲伊摯，斯前世之明效，今日之師表也。中常侍王蕃黃中通理，處朝忠謇，斯社稷之重鎮，大吳之龍逢也，而陛下忿其苦辭，惡其直對，梟之殿堂，屍骸暴棄。邦內傷心，有識悲悼，咸以吳國夫差復存。先帝親賢，陛下反之，是陛下不遵先帝二也。

臣聞宰相國之柱也，不可不彊，是故漢有蕭、曹之佐，先帝有顧、步之相。而萬彧瑣才凡庸之質，昔從家隸，超步紫闥，於彧已豐，於器已溢，而陛下愛其細介，不訪大趣，榮以尊輔，越尙舊臣。賢良憤惋，智士赫咤，是不遵先帝三也。

先帝愛民過於嬰孩，民無妻者以妾妻之，見單衣者以帛給之，枯骨不收而取埋之。而陛下反之，是不遵先帝四也。

昔桀紂滅由妖婦，幽厲亂在嬖妾，先帝鑒之，以爲身戒，故左右不置淫邪之色，後房無曠積之女。今中宮萬數，不備嬪嬙，外多鰥夫，女吟於中。風雨逆度，正由此起，是不遵先帝五也。

先帝憂勞萬機，猶懼有失。陛下臨阼以來，游戲後宮，眩惑婦女，乃令庶事多曠，下吏容姦，是不遵先帝六也。

先帝篤尙朴素，服不純麗，宮無高臺，物不彫飾，故國富民充，姦盜不作。而陛下徵

調州郡，竭民財力，土被玄黃，宮有朱紫，是不遵先帝七也。

先帝外仗顧、陸、朱、張，內近胡綜、薛綜，是以庶績雍熙，邦內清肅。今者外非其任，內非其人，陳聲、曹輔，斗筲小吏，先帝之所棄，而陛下幸之，是不遵先帝八也。

先帝每宴見羣臣，抑損醇醲，臣下終日無失慢之尤，百寮庶尹，並展所陳。而陛下拘以視瞻之敬，懼以不盡之酒。夫酒以成禮，過則敗德，此無異商辛長夜之飲也，是不遵先帝九也。

昔漢之桓、靈，親近宦豎，大失民心。今高通、詹廉、羊度，黃門小人，而陛下賞以重爵，權以戰兵。若江渚有難，烽燧互起，則度等之武不能禦侮明也，是不遵先帝十也。

今宮女曠積，而黃門復走州郡，條牒民女，有錢則舍，無錢則取，怨呼道路，母子死訣，是不遵先帝十一也。

先帝在時，亦養諸王太子，若取乳母，其夫復役，賜與錢財，給其資糧，時遣歸來，視其弱息。今則不然，夫婦生離，夫故作役，兒從後死，家爲空戶，是不遵先帝十二也。

先帝歎曰：「國以民爲本，民以食爲天，衣其次也，三者，孤存之於心。」今則不然，農桑並廢，是不遵先帝十三也。

先帝簡士，不拘卑賤，任之鄉閭，效之於事，舉者不虛，受者不妄。今則不然，浮華

者登，朋黨者進，是不遵先帝十四也。

先帝戰士，不給他役，使春惟知農，秋惟收稻，江渚有事，責其死效。今之戰士，供給衆役，廩賜不贍，是不遵先帝十五也。

夫賞以勸功，罰以禁邪，賞罰不中，則士民散失。今江邊將士，死不見哀，勞不見賞，是不遵先帝十六也。

今在所監司，已為煩猥，兼有內使，擾亂其中，一民十吏，何以堪命？昔景帝時，交阯反亂，實由茲起，是為遵景帝之闕，不遵先帝十七也。

夫校事，吏民之仇也。先帝末年，雖有呂壹、錢欽，尋皆誅夷，以謝百姓。今復張立校曹，縱吏言事，是不遵先帝十八也。

先帝時，居官者咸久於其位，然後考績黜陟。今州縣職司，或莅政無幾，便徵召遷轉，迎新送舊，紛紜道路，傷財害民，於是為甚，是不遵先帝十九也。

先帝每察竟解之奏，常留心推按，是以獄無冤囚，死者吞聲。今則違之，是不遵先帝二十也。

若臣言可錄，藏之盟府；如其虛妄，治臣之罪。願陛下留意。〔二〕

〔一〕江表傳載凱此表曰：「臣拜受明詔，心與氣結。陛下何心之難悟，意不聰之甚也！」

〔二〕江表傳曰：晧所行彌暴，凱知其將亡，上表曰：「臣聞惡不可積，過不可長；積惡長過，喪亂之源也。是以古人懼不聞非，故設進善之旌，立敢諫之鼓。武公九十，思聞警戒，詩美其德，士悅其行。臣察陛下無思警戒之義，而有積惡之漸，臣深憂之，此禍兆見矣。故略陳其要，寫盡愚懷。陛下宜克己復禮，述脩前德，不可捐棄臣言，而放奢意。意奢情至，吏日欺民；民離則上不信下，下當疑上，骨肉相克，公子相奔。臣雖愚，闇於天命，以心審之，敗不過二十稔也。臣常忿亡國之人夏桀、殷紂，亦不可使後人復忿陛下也。臣受國恩，奉朝三世，復以餘年，值遇陛下，不能循俗，與衆沈浮。若比干、伍員，以忠見戮，以正見疑，自謂畢足，無所餘恨，灰身泉壤，無負先帝，願陛下九思，社稷存焉。」初，晧始起宮，凱上表諫，不聽，凱重表曰：「臣聞宮功當起，夙夜反側，是以頻煩上事，往往留中，不見省報，於邑歎息，企想應罷。昨食時，被詔曰：『君所諫，誠是大趣，然未合鄙意，如何？此宮殿不利，宜當避之，乃可以妨勞役，長坐不利宮乎？父之不安，子亦何倚？』臣拜紙詔，伏讀一周，不覺氣結於胸，而涕泣雨集也。臣年已六十九，榮祿已重，於臣過望，復何所冀？所以勤勤數進苦言者，臣伏念大皇帝創基立業，勞苦勤至，白髮生於鬢膚，黃耇被於甲冑。天下始靜，晏駕早崩，自含息之類，能言之倫，無不歔欷，如喪考妣。幼主嗣統，柄在臣下，軍有連征之費，民有彫殘之損。賊臣干政，公家空竭。今彊敵當塗，西州傾覆，孤罷之民，宜當畜養，廣力肆業，以備有虞。且始徙都，屬有軍征，戰士流離，州郡騷擾，而大功復起，徵召四方，斯非保國致治之漸也。臣聞為人主者，攘災以德，除咎以義。故湯遭大旱，身禱桑林，熒惑守心，宋景退殿，是以旱魃銷亡，妖星移舍。今宮室之不利，但當克己復禮，篤湯、宋之至道，愍黎庶之困苦，何憂宮之不安，災之不銷乎？陛下不務脩德，而務築宮室，若德之不脩，行之不貴，雖殷辛之瑤臺，秦皇之阿房，何止而不喪身覆國，宗廟作墟乎？夫興土功，高臺榭，既致水旱，民又多疾，其不疑也？為父長安，使子無倚，此乃子離於父，臣離於陛下之象也。臣子一離，雖

念克骨，茅茨不翦，復何益焉？是以大皇帝居于南宮，自謂過於阿房。故先朝大臣，以為宮室宜厚，備衞非常，大皇帝曰：『逆虜游魂，當愛育百姓，何聊趣於不急？』然臣下懇惻，由不獲已，故裁調近郡，苟副衆心，比當就功，猶豫三年。當此之時，寇鈔儀威，不犯我境，師徒奔北，且西阻岷、漢，南州無事，尚猶沖讓，未肯築宮，況陛下危惻之世，又乏大皇帝之德，可不慮哉？願陛下留意，臣不虛言。」

胤字敬宗，凱弟也。始為御史、尚書選曹郎，太子和聞其名，待以殊禮。會全寄、楊竺等阿附魯王霸，與和分爭，陰相譖搆，胤坐收下獄，楚毒備至，終無他辭。〔一〕

〔一〕吳錄曰：太子自懼黜廢，而魯王覬覦益甚。權時見楊竺，辟左右而論霸之才，竺深述霸有文武英姿，宜為嫡嗣，於是權乃許立焉。有給使伏于牀下，具聞之，以告太子。胤當至武昌，往辭太子。太子不見，而微服至其車上，與共密議，欲令陸遜表諫。既而遜有表極諫，權疑竺泄之，竺辭不服。權使竺出尋其由，竺白頃惟胤西行，必其所道。又遣問遜何由知之，遜言胤所述。召胤考問，胤為太子隱曰：「楊竺向臣道之。」遂共為獄。竺不勝痛毒，服是所道。初權疑竺泄之，及服，以為果然，乃斬竺。

後為衡陽督軍都尉。赤烏十一年，交阯九真夷賊攻沒城邑，交部騷動。以胤為交州刺史、安南校尉。胤入南界，喻以恩信，務崇招納，高涼渠帥黃吳等支黨三千餘家皆出降。引軍而南，重宣至誠，遺以財幣。賊帥百餘人，民五萬餘家，深幽不羈，莫不稽顙，交域清泰。就加安南將軍。復討蒼梧建陵賊，破之，前後出兵八千餘人，以充軍用。

永安元年，徵為西陵督，封都亭侯，後轉（左）〔在〕虎林。中書丞華覈表薦胤曰：「胤天姿

聰朗，才通行絜，昔歷選曹，遺迹可紀。還在交州，奉宣朝恩，流民歸附，海隅肅清。蒼梧、南海，歲有（暑）〔暴〕風瘴氣之害，風則折木，飛砂轉石，氣則霧鬱，飛鳥不經。自胤至州，風氣絕息，商旅平行，民無疾疫，田稼豐稔。州治臨海，海流秋鹹，胤又畜水，民得甘食。惠風橫被，化感人神，遂憑天威，招合遺散。至被詔書當出，民感其恩，以忘戀土，負老攜幼，甘心景從，衆無攜貳，不煩兵衞。自諸將合衆，皆脅之以威，未有如胤結以恩信者也。銜命在州，十有餘年，賓帶殊俗，寶玩所生，而內無粉黛附珠之妾，家無文甲犀象之珍，方之今臣，實難多得。宜在輦轂，股肱王室，以贊唐虞康哉之頌。江邊任輕，不盡其才，虎林選督，堪之者衆。若召還都，寵以上司，則天工畢脩，庶績咸熙矣。」

胤卒，子式嗣，為柴桑督、揚武將軍。天策元年，與從兄禕俱徙建安。天紀二年，召還建業，復將軍、侯。

評曰：潘濬公清割斷，陸凱忠壯質直，皆節槩梗梗，有大丈夫格業。胤身絜事濟，著稱南土，可謂良牧矣。

三國志卷六十二

吳書十七

是儀胡綜傳第十七

是儀字子羽，北海營陵人也。本姓氏，初爲縣吏，後仕郡，郡相孔融嘲儀，言「氏」字「民」無上，可改爲「是」，乃遂改焉。〔一〕後依劉繇，避亂江東。繇軍敗，儀徙會稽。

〔一〕徐衆評曰：古之建姓，或以所生，或以官號，或以祖名，皆有義體，以明氏族。故曰胙之以土而命之氏，此先王之典也，所以明本重始，彰示功德，子孫不忘也。今離文析字，橫生忌諱，使儀易姓，忘本誣祖，不亦謬哉！教人易姓，從人改族，融既失之，儀又不得也。

孫權承攝大業，優文徵儀。到見親任，專典機密，拜騎都尉。

呂蒙圖襲關羽，權以問儀，儀善其計，勸權聽之。從討羽，拜忠義校尉。儀陳謝，權令曰：「孤雖非趙簡子，卿安得不自屈爲周舍邪？」既定荊州，都武昌，拜裨將軍，後封都亭侯，守侍中。欲復授兵，儀自以非材，固辭不受。黃武中，遣儀之皖就將軍劉邵，欲誘致曹休。休到，大破之，遷偏將軍，入闕省尚書事，

外總平諸官，兼領辭訟，又令教諸公子書學。

大駕東遷，太子登留鎮武昌，使儀輔太子。太子敬之，事先諮詢，然後施行。進封都鄉侯。後從太子還建業，復拜侍中、中執法，平諸官事、領辭訟如舊。典校郎呂壹誣白故江夏太守刁嘉謗訕國政，權怒，收嘉繫獄，悉驗問。時同坐人皆怖畏壹，並言聞之，儀獨云無聞。於是見窮詰累日，詔旨轉厲，羣臣爲之屏息。儀對曰：「今刀鋸已在臣頸，臣何敢爲嘉隱諱，自取夷滅，爲不忠之鬼！顧以聞知當有本末。」據實答問，辭不傾移。權遂舍之，嘉亦得免。〔一〕

〔一〕徐衆評曰：是儀以羈旅異方，客仕吳朝，值讒邪殄行，當嚴毅之威，命縣漏刻，禍急危機，不雷同以害人，不苟免以傷義，可謂忠勇公正之士，雖祁奚之免叔向，慶忌之濟朱雲，何以尙之？忠不諂君，勇不懾聳，公不存私，正不黨邪，資此四德，加之以文敏，崇之以謙約，履之以和順，保傅二宮，存身愛名，不亦宜乎！

蜀相諸葛亮卒，權垂心西州，遣儀使蜀申固盟好。奉使稱意，後拜尚書僕射。

南、魯二宮初立，儀以本職領魯王傅。儀嫌二宮相近切，乃上疏曰：「臣竊以魯王天挺懿德，兼資文武，當今之宜，宜鎮四方，爲國藩輔。宣揚德美，廣耀威靈，乃國家之良規，海內所瞻望。但臣言辭鄙野，不能究盡其意。愚以二宮宜有降殺，正上下之序，明教化之本。」書三四上。爲傅盡忠，動輒規諫；事上勤，與人恭。

不治產業，不受施惠，爲屋舍財足自容。鄰家有起大宅者，權出望見，問起大室者誰，左右對曰：「似是儀家也。」權曰：「儀儉，必非也。」問果他家。其見知信如此。

服不精細，食不重膳，拯贍貧困，家無儲畜。權聞之，幸儀舍，求視蔬飯，親嘗之，對之歎息，即增俸賜，益田宅。儀累辭讓，以恩爲戚。

時時有所進達，未嘗言人之短。權常責儀以不言事，無所是非，儀對曰：「聖主在上，臣下守職，懼於不稱，實不敢以愚管之言，上干天聽。」

事國數十年，未嘗有過。呂壹歷白將相大臣，或一人以罪聞者數四，獨無以白儀。權歎曰：「使人盡如是儀，當安用科法爲？」

及寢疾，遺令素棺，斂以時服，務從省約，年八十一卒。

胡綜字偉則，汝南固始人也。少孤，母將避難江東。孫策領會稽太守，綜年十四，爲門下循行，留吳與孫權共讀書。策薨，權爲討虜將軍，以綜爲金曹從事，從討黃祖，拜鄂長。權爲車騎將軍，都京，召綜還，爲書部，與是儀、徐詳俱典軍國密事。劉備下白帝，權以見兵少，使綜料諸縣，得六千人，立解煩兩部，詳領左部，綜領右部督。吳將晉宗叛歸魏，魏以宗爲蘄春太守，去江數百里，數爲寇害。權使綜與賀齊輕行掩襲，生虜得宗，加建武中郎將。

魏拜權爲吳王，封綜、儀、詳皆爲亭侯。

黃武八年夏，黃龍見夏口，於是權稱尊號，因瑞改元。又作黃龍大牙，常在中軍，諸軍進退，視其所向，命綜作賦曰：

乾坤肇立，三才是生。狼弧垂象，實惟兵精。聖人觀法，是效是營，始作器械，爰求厥成。黃、農創代，拓定皇基，上順天心，下息民災。高辛誅共，舜征有苗，啓有甘師，湯有鳴條。周之牧野，漢之垓下，靡不由兵，克定厥緒。明明大吳，實天生德，神武是經，惟皇之極。乃自在昔，黃、虞是祖，越歷五代，繼世在下。應期受命，發迹南土，將恢大繇，革我區夏。乃律天時，制爲神軍，取象太一，五將三門；疾則如電，遲則如雲，進止有度，約而不煩。四靈既布，黃龍處中，周制日月，實曰太常，桀然特立，六軍所望。仙人在上，鑒觀四方，神實使之，爲國休祥。軍欲轉向，黃龍先移，金鼓不鳴，寂然變施，闇謨若神，可謂祕奇。在昔周室，赤烏銜書，今也大吳，黃龍吐符。合契河洛，動與道俱，天贊人和，僉曰惟休。

蜀聞權踐阼，遣使重申前好。綜爲盟文，文義甚美，語在權傳。

權下都建業，詳、綜並爲侍中，進封鄉侯，兼左右領軍。時魏降人或云魏都督河北振威將軍吳質，頗見猜疑，綜乃僞爲質作降文三條：

其一曰：「天綱弛絕，四海分崩，羣生憔悴，士人播越，兵寇所加，邑無居民，風塵煙火，往往而處，自三代以來，大亂之極，未有若今時者也。臣質志薄，處時無方，繫於土壤，不能翻飛，遂爲曹氏執事戎役，遠處河朔，天衢隔絕，雖望風慕義，思託大命，媿無因緣，得展其志。每往來者，竊聽風化，伏知陛下齊德乾坤，同明日月，神武之姿，受之自然，敷演皇極，流化萬里，自江以南，戶受覆燾。英雄俊傑，上達之士，莫不心歌腹詠，樂在歸附者也。今年六月末，奉聞吉日，龍興踐阼，恢弘大繇，整理天綱，將使遺民，覩見定主。昔武王伐殷，殷民倒戈；高祖誅項，四面楚歌。方之今日，未足以喻。臣質不勝昊天至願，謹遣所親同郡黃定恭行奉表，及託降叛，閒關求達，其欲所陳，載列于左。」

其二曰：「昔伊尹去夏入商，陳平委楚歸漢，書功竹帛，遺名後世，世主不謂之背誕者，以爲知天命也。臣昔爲曹氏所見交接，外託君臣，內如骨肉，恩義綢繆，有合無離，遂受偏方之任，總河北之軍。當此之時，志望高大，永與曹氏同死俱生，惟恐功之不建，事之不成耳。及曹氏之亡，後嗣繼立，幼沖統政，讒言彌興。同儕者以勢相害，異趣者得閒其言，而臣受性簡略，素不下人，視彼數子，意實迫之，此亦臣之過也。遂爲邪議所見搆會，招致猜疑，誣臣欲叛。雖識眞者保明其心，世亂讒勝，餘嫌猶在，常懼一旦橫受無辜，憂心孔疚，如履冰炭。昔樂毅爲燕昭王立功於齊，惠王即位，疑奪其任，遂去燕之趙，休烈不虧。彼豈欲

二三其德，蓋畏功名不建，而懼禍之將及也。昔遣魏郡周光以賈販爲名，託叛南詣，宣達密計。時以倉卒，未敢便有章表，使光口傳而已。以爲天下大歸可見，天意所在，非吳復誰？此方之民，思爲臣妾，延頸舉踵，惟恐兵來之遲耳。若使聖恩少加信納，當以河北承望王師，(疑)〔款〕心赤實，天日是鑒。而光去經年，不聞咳唾，未審此意竟得達不？瞻望長歎，日月以幾，魯望高子，何足以喻！又臣今日見待稍薄，蒼蠅之聲，緜緜不絕，必受此禍，遲速事耳。臣私度陛下未垂明慰者，必以臣質貫穿仁義之道，不行若此之事，謂光所傳，多虛少實，或謂此中有他消息，不知臣質搆讒見疑，恐受大害也。且臣質若有罪之日，自當奔赴鼎鑊，束身待罪，此蓋人臣之宜也。今日無罪，橫見譖毀，將有商鞅、白起之禍。尋惟事勢，去亦宜也。死而弗義，不去何爲！樂毅之出，吳起之走，君子傷其不遇，未有非之者也。願陛下推古況今，不疑怪於臣質也。又念人臣獲罪，當如伍員奉己自效，不當徼幸因事爲利。然今與古，厥勢不同，南北悠遠，江湖隔絕，自不舉事，何得濟免！是以忘志士之節，而思立功之義也。且臣質又以曹氏之嗣，非天命所在，政弱刑亂，柄奪於臣，諸將專威於外，各自爲政，莫或同心，士卒衰耗，帑藏空虛，綱紀毀廢，上下並昏，想前後數得降叛，具聞此問。兼弱攻昧，宜應天時，此實陛下進取之秋，是以區區敢獻其計。今若內兵淮、泗，據有下邳，荊、揚二州，聞聲響應，臣從河北席卷而南，形勢一連，根牙永固。關西之兵繫於所衞，青、

徐二州不敢徹守，許、洛餘兵衆不滿萬，誰能來東與陛下爭者？此誠千載一會之期，可不深思而熟計乎！及臣所在，既自多馬，加以羌胡常以三四月中美草時，驅馬來出，隱度今者，可得三千餘匹。陛下出軍，當投此時，多將騎士來就馬耳。此皆先定所一二知。凡兩軍不能相究虛實，今此間實羸，易可克定，陛下舉動，應者必多。上定洪業，使普天一統，下令臣質建非常之功，此乃天也。若不見納，此亦天也。願陛下思之，不復多陳。」

其三曰：「昔許子遠舍袁就曹，規畫計較，應見納受，遂破袁軍，以定曹業。向使曹氏不信子遠，懷疑猶豫，不決於心，則今天下袁氏有也。願陛下思之。閒聞界上將閻浮、趙楫欲歸大化，唱和不速，以取破亡。今臣款款，遠授其命，若復懷疑，不時舉動，令臣孤絕，受此厚禍，即恐天下雄夫烈士欲立功者，不敢復託命陛下矣。願陛下思之。皇天后土，實聞其言。」此文既流行，而質已入爲侍中矣。

二年，青州人隱蕃歸吳，上書曰：「臣聞紂爲無道，微子先出；高祖寬明，陳平先入。臣年二十二，委棄封域，歸命有道，賴蒙天靈，得自全致。臣至止有日，而主者同之降人，未見精別，使臣微言妙旨，不得上達。於邑三歎，曷惟其已。謹詣闕拜章，乞蒙引見。」權即召入。蕃謝答問，及陳時務，甚有辭觀。綜時侍坐，權問何如，綜對曰：「蕃上書，大語有似東方朔，巧捷詭辯有似禰衡，而才皆不及。」權又問可堪何官，綜對曰：「未可以治民，且試以

都輦小職。」權以蕃盛論刑獄，用爲廷尉監。左將軍朱據、廷尉郝普稱蕃有王佐之才，普尤與之親善，常怨歎其屈。後蕃謀叛，事覺伏誅，〔一〕普見責自殺。據禁止，歷時乃解。拜綜偏將軍，兼左執法，領辭訟。遼東之事，輔吳將軍張昭以諫權言辭切至，權亦大怒，其和協彼此，使之無隙，綜有力焉。

〔一〕吳錄曰：蕃有口才，魏明帝使詐叛如吳，令求作廷尉職，重案大臣以離閒之。既爲廷尉監，衆人以據、普與蕃親善，常車馬雲集，賓客盈堂。及至事覺，蕃亡走，捕得，考問黨與，蕃無所言。吳主使將入，謂曰：「何乃以肌肉爲人受毒乎？」蕃曰：「孫君，丈夫圖事，豈有無伴！烈士死，不足相牽耳。」遂閉口而死。

吳歷曰：權問普：「卿前盛稱蕃，又爲之怨望朝廷，使蕃反叛，皆卿之由。」

性嗜酒，酒後歡呼極意，或推引杯觴，搏擊左右。權愛其才，弗之責也。

凡自權統事，諸文誥策命，鄰國書符，略皆綜之所造也。初以內外多事，特立科，長吏遭喪，皆不得去，而數有犯者。權患之，使朝臣下議。綜議以爲宜定科文，示以大辟，行之一人，其後必絕。遂用綜言，由是奔喪乃斷。

赤烏六年卒，子沖嗣。沖平和有文幹，天紀中爲中書令。〔一〕

〔一〕吳錄曰：沖後仕晉尚書郎、吳郡太守。

徐詳者字子明，吳郡烏程人也，先綜死。

評曰：是儀、徐詳、胡綜，皆孫權之時幹興事業者也。儀清恪貞素，詳數通使命，綜文采才用，各見信任，辟之廣夏，其榱椽之佐乎！

三國志卷六十三

吳書十八

吳範劉惇趙達傳第十八

吳範字文則，會稽上虞人也。以治曆數，知風氣，聞於郡中。舉有道，詣京都，世亂不行。會孫權起於東南，範委身服事，每有災祥，輒推數言狀，其術多效，遂以顯名。

初，權在吳，欲討黃祖，範曰：「今茲少利，不如明年。明年戊子，荆州劉表亦身死國亡。」權遂征祖，卒不能克。明年，軍出，行及尋陽，範見風氣，因詣船賀，催兵急行，至即破祖，祖得夜亡。權恐失之，範曰：「未遠，必生禽祖。」至五更中，果得之。劉表竟死，荆州分割。

及壬辰歲，範又白言：「歲在甲午，劉備當得益州。」後呂岱從蜀還，遇之白帝，說備部衆離落，死亡且半，事必不克。權以難範，範曰：「臣所言者天道也，而岱所見者人事耳。」備卒得蜀。

權與呂蒙謀襲關羽，議之近臣，多曰不可。權以問範，範曰：「得之。」後羽在麥城，使

使請降。權問範曰：「竟當降否？」範曰：「彼有走氣，言降詐耳。」權使潘璋邀其徑路，覘候者還，白羽已去。範曰：「雖去不免。」問其期，曰：「明日日中。」權立表下漏以待之。及中不至，權問其故，範曰：「時尚未正中也。」頃之，有風動帷，範拊手曰：「羽至矣。」須臾，外稱萬歲，傳言得羽。

後權與魏爲好，範曰：「以風氣言之，彼以貌來，其實有謀，宜爲之備。」劉備盛兵西陵，範曰：「後當和親。」終皆如言。其占驗明審如此。

權以範爲騎都尉，領太史令，數從訪問，欲知其決。範祕惜其術，不以至要語權。權由是恨之。〔一〕

〔一〕吳錄曰：範獨心計，所以見重者術，術亡則身棄矣，故終不言。

初，權爲將軍時，範嘗白言江南有王氣，亥子之間有大福慶。權曰：「若終如言，以君爲侯。」及立爲吳王，範時侍宴，曰：「昔在吳中，嘗言此事，大王識之邪？」權曰：「有之。」因呼左右，以侯綬帶範。範知權欲以厭當前言，輒手推不受。及後論功行封，以範爲都亭侯。詔臨當出，權恚其愛道於己也，削除其名。

範爲人剛直，頗好自稱，然與親故交接有終始。素與魏滕同邑相善。滕嘗有罪，權責怒甚嚴，敢有諫者死，範謂滕曰：「與汝偕死。」滕曰：「死而無益，何用死爲？」範曰：「安能

慮此，坐觀汝邪？」乃髡頭自縛詣門下，使鈴下以聞。鈴下不敢，曰：「必死，不敢白。」範曰：「汝有子邪？」曰：「有。」曰：「使汝爲吳範死，子以屬我。」鈴下曰：「諾。」乃排閤入。言未卒，權大怒，欲便投以戟。逡巡走出，範因突入，叩頭流血，言與涕並。良久，權意釋，乃免滕。滕見範謝曰：「父母能生長我，不能免我於死。丈夫相知，如汝足矣，何用多爲！」〔一〕

〔一〕會稽典錄曰：滕字周林，祖父河內太守朗，字少英，列在八俊。滕性剛直，行不苟合，雖遭困偪，終不迴撓。初亦迕策，幾殆，賴太妃救得免，語見妃嬪傳。歷（歷山）〔歷陽〕、（潘陽）〔鄱陽〕、山陰三縣令，鄱陽太守。

黃武五年，範病卒。長子先死，少子尚幼，於是業絕。權追思之，募三州有能舉知術數如吳範、趙達者，封千戶侯，卒無所得。〔一〕

〔一〕吳錄曰：範先知其死日，謂權曰：「陛下某日當喪軍師。」權曰：「吾無軍師，焉得喪之？」範曰：「陛下出軍臨敵，須臣言而後行，臣乃陛下之軍師也。」至其日果卒。

臣松之案：範死時，權未稱帝，此云陛下，非也。

劉惇字子仁，平原人也。遭亂避地，客遊廬陵，事孫輔。以明天官達占數顯於南土。每有水旱寇賊，皆先時處期，無不中者。輔異焉，以爲軍師，軍中咸敬事之，號曰神明。

建安中，孫權在豫章，時有星變，以問惇，惇曰：「災在丹楊。」權曰：「何如？」曰：「客勝主人，到某日當得問。」是時邊鴻作亂，卒如惇言。

惇於諸術皆善，尤明太乙，皆能推演其事，窮盡要妙，著書百餘篇，名儒刁玄稱以爲奇。惇亦寶愛其術，不以告人，故世莫得而明也。

趙達，河南人也。少從漢侍中單甫受學，用思精密，謂東南有王者氣，可以避難，故脫身渡江。治九宮一算之術，究其微旨，是以能應機立成，對問若神，至計飛蝗，射隱伏，無不中效。或難達曰：「飛者固不可校，誰知其然，此殆妄耳。」達使其人取小豆數斗，播之席上，立處其數，驗覆果信。嘗過知故，知故爲之具食。食畢，謂曰：「倉卒乏酒，又無嘉肴，無以敍意，如何？」達因取盤中隻箸，再三從橫之，乃言：「卿東壁下有美酒一斛，又有鹿肉三斤，何以辭無？」時坐有他賓，內得主人情，主人慚曰：「以卿善射有無，欲相試耳，竟效如此。」遂出酒酣飲。又有書簡上作千萬數，著空倉中封之，令達算之。達處如數，云：「但有名無實。」其精微若是。

達寶惜其術，自闞澤、殷禮皆名儒善士，親屈節就學，達祕而不告。太史丞公孫滕少師事達，勤苦累年，達許教之者有年數矣，臨當喻語而輒復止。滕他日齎酒具，候顏色，拜跪

而請，達曰：「吾先人得此術，欲圖爲帝王師，至仕來三世，不過太史郎，誠不欲復傳之。且此術微妙，頭乘尾除，一算之法，父子不相語。然以子篤好不倦，今眞以相授矣。」飲酒數行，達起取素書兩卷，大如手指，達曰：「當寫讀此，則自解也。吾久廢，不復省之，今欲思論一過，數日當以相與。」滕如期往，至乃陽求索書，驚言失之，云：「女壻昨來，必是渠所竊。」遂從此絕。

初孫權行師征伐，每令達有所推步，皆如其言。權問其法，達終不語，由此見薄，祿位不至。〔一〕

〔一〕吳書曰：初，權卽尊號，令達算作天子之後，當復幾年？達曰：「高祖建元十二年，陛下倍之。」權大喜，左右稱萬歲。果如達言。

達常笑謂諸星氣風術者曰：「當迴算帷幕，不出戶牖以知天道，而反晝夜暴露以望氣祥，不亦難乎！」閑居無爲，引算自校，乃歎曰：「吾算訖盡某年月日，其終矣。」達妻數見達效，聞而哭泣。達欲弭妻意，乃更步算，言：「向者謬誤耳，尚未也。」後如期死。權聞達有書，求之不得，乃錄問其女，及發棺無所得，法術絕焉。〔一〕

〔一〕吳錄曰：皇象字休明，廣陵江都人。幼工書。時有張子並、陳梁甫能書。甫恨逋，並恨峻，象斟酌其閒，甚得其妙，中國善書者不能及也。嚴武字子卿，衞尉畯再從子也，圍棊莫與爲輩。宋壽占夢，十不失一。曹不興善畫，

權使畫屏風，誤落筆點素，因就以作蠅。旣進御，權以爲生蠅，舉手彈之。孤城鄭嫗能相人，及範、惇、達八人，世皆稱妙，謂之八絕云。

晉陽秋曰：吳有葛衡字思眞，明達天官，能爲機巧，作渾天，使地居于中，以機動之，天轉而地止，以上應晷度。

評曰：三子各於其術精矣，其用思妙矣，然君子等役心神，宜於大者遠者，是以有識之士，舍彼而取此也。〔一〕

〔一〕孫盛曰：夫玄覽未然，逆鑒來事，雖裨竈、梓愼其猶病諸，況術之下此者乎？吳史書達知東南當有王氣，故輕舉濟江。魏承漢緒，受命中畿，達不能豫覩兆萌，而流竄吳越。又不知吝術之鄙，見薄於時，安在其能逆覩天道而審帝王之符瑞哉？昔聖王觀天地之文，以畫八卦之象，故亹亹成於蓍策，變化形乎六爻，是以三易雖殊，卦繇理一，安有迴轉一籌，可以鉤深測隱，意對逆占，而能遂知來物者乎？流俗好異，妄設神奇，不幸之中，仲尼所棄，是以君子志其大者，無所取諸。

臣松之以爲盛云「君子志其大者，無所取諸」，故評家之旨，非新聲也。其餘所譏，則皆爲非理。自中原酷亂，至于建安，數十年閒，生民殆盡，比至小康，皆百死之餘耳。江左雖有兵革，不能如中國之甚也，焉知達不算其安危，知禍有多少，利在東南，以全其身乎？而責不知魏氏將興，流播吳越，在京房之籌，猶不能自免刑戮，況達但以祕術見薄，在悔吝之間乎！古之道術，蓋非一方，探賾之功，豈惟六爻，苟得其要，則可以易而知之矣，迴轉一

籌，胡足怪哉？達之推算，窮其要妙以知幽測隱，何愧于古！而以裨、梓限之，謂達爲妄，非篤論也。

抱朴子曰：時有葛仙公者，每飲酒醉，常入人家門前陂水中臥，竟日乃出。曾從吳主別，到洌州，還遇大風，百官船多沒，仙公船亦沉淪，吳主甚悵恨。明日使人鉤求公船，而登高以望焉。久之，見公步從水上來，衣履不沾，而有酒色。既見而言曰：「臣昨侍從而伍子胥見請，暫過設酒，忽忽不得，即委之。」又有姚光者，有火術。吳主身臨試之，積荻數千束，使光坐其上，又以數千束荻裹之，因猛風而燔之。荻了盡，謂光當以化爲燼，而光端坐灰中，振衣而起，把一卷書。吳主取其書視之，不能解也。

又曰：吳景帝有疾，求覡視者，得一人。景帝欲試之，乃殺鵝而埋於苑中，架小屋，施牀几，以婦人屐履服物著其上，乃使覡視之。告曰：「若能說此冢中鬼婦人形狀者，當加賞而即信矣。」竟日盡夕無言，帝推問之急，乃曰：「實不見有鬼，但見一頭白鵝立墓上，所以不卽白之，疑是鬼神變化作此相，當候其眞形而定。無復移易，不知何故，不敢不以實上聞。」景帝乃厚賜之。然則鵝死亦有鬼也。

葛洪神仙傳曰：仙人介象，字元則，會稽人，有諸方術。吳主聞之，徵象到武昌，甚敬貴之，稱爲介君，爲起宅，以御帳給之，賜遺前後絫千金，從象學蔽形之術。試還後宮，及出殿門，莫有見者。又使象作變化，種瓜菜百果，皆立生可食。吳主共論鱠魚何者最美，象曰：「鯔魚爲上。」吳主曰：「論近道魚耳，此出海中，安可得邪？」象曰：「可得耳。」乃令人於殿庭中作方埳，汲水滿之，幷求鉤。象起餌之，垂綸於埳中。須臾，果得鯔魚。吳主驚喜，問象曰：「可食不？」象曰：「故爲陛下取以作生鱠，安敢取不可食之物！」乃使廚下切之。吳主曰：「聞蜀使來，得蜀薑作齏甚好，恨爾時無此。」象曰：「蜀薑豈不易得，願差所使者，幷付直。」吳主指左右一人，以錢五十付之。象書一符，以著靑竹杖中，使行人閉目騎杖，杖止，便買薑訖，復閉目。此人承其言騎杖，須臾止，已至成都，

不知是何處，問人，人言是蜀市中，乃買薑。于時吳使張溫先在蜀，旣於市中相識，甚驚，便作書寄其家。此人買薑畢，捉書負薑，騎杖閉目，須臾已還到吳，廚下切鱠適了。

臣松之以爲葛洪所記，近爲惑衆，其書文頗行世，故撮取數事，載之篇末也。神仙之術，詎可測量，臣之臆斷，以爲惑衆，所謂夏蟲不知冷冰耳。

三國志卷六十四

吳書十九

諸葛滕二孫濮陽傳第十九

諸葛恪字元遜，瑾長子也。少知名。〔一〕弱冠拜騎都尉，與顧譚、張休等侍太子登講論道藝，並爲賓友。從中庶子轉爲左輔都尉。

〔一〕江表傳曰：恪少有才名，發藻岐嶷，辯論應機，莫與爲對。權見而奇之，謂瑾曰：「藍田生玉，眞不虛也。」

吳錄曰：恪長七尺六寸，少鬚眉，折頞廣額，大口高聲。

恪父瑾面長似驢，孫權大會羣臣，使人牽一驢入，長檢其面，題曰諸葛子瑜。恪跪曰：「乞請筆益兩字。」因聽與筆。恪續其下曰「之驢」。舉坐歡笑，乃以驢賜恪。他日復見，權問恪曰：「卿父與叔父孰賢？」對曰：「臣父爲優。」權問其故，對曰：「臣父知所事，叔父不知，以是爲優。」權又大噱。命恪行酒，至張昭前，昭先有酒色，不肯飲，曰：「此非養老之禮也。」權曰：「卿其能令張公辭屈，乃當飲之耳。」恪難昭曰：「昔師尙父九十，秉旄仗鉞，猶未告老也。今軍旅之事，將軍在後，酒食之事，將軍在先，何謂不養老也？」昭卒無辭，遂

爲盡爵。後蜀使至，羣臣並會，權謂使曰：「此諸葛恪雅好騎乘，還告丞相，爲致好馬。」恪因下謝，權曰：「馬未至而謝何也？」恪對曰：「夫蜀者陛下之外廄，今有恩詔，馬必至也，安敢不謝？」恪之才捷，皆此類也。〔二〕權甚異之，欲試以事，令守節度。節度掌軍糧穀，文書繁猥，非其好也。〔三〕

〔一〕恪別傳曰：權嘗饗蜀使費禕，先逆敕羣臣：「使至，伏食勿起。」禕至，權爲輟食，而羣下不起。禕啁之曰：「鳳皇來翔，騏驎吐哺，驢騾無知，伏食如故。」恪答曰：「爰植梧桐，以待鳳皇，有何燕雀，自稱來翔？何不彈射，使還故鄉！」禕停食餅，索筆作麥賦，恪亦請筆作磨賦，咸稱善焉。權嘗問恪：「頃何以自娛，而更肥澤？」恪對曰：「臣聞富潤屋，德潤身，臣非敢自娛，脩己而已。」又問：「卿何如滕胤？」恪答曰：「登階躡履，臣不如胤；迴籌轉策，胤不如臣。」恪嘗獻權馬，先鑷其耳。范愼時在坐，嘲恪曰：「馬雖大畜，稟氣於天，今殘其耳，豈不傷仁？」恪答曰：「母之於女，恩愛至矣，穿耳附珠，何傷於仁？」太子嘗嘲恪：「諸葛元遜可食馬矢。」恪曰：「願太子食雞卵。」權曰：「人令卿食馬矢，卿使人食雞卵何也？」恪曰：「所出同耳。」權大笑。

江表傳曰：曾有白頭鳥集殿前，權曰：「此何鳥也？」恪曰：「白頭翁也。」張昭自以坐中最老，疑恪以鳥戲之，因曰：「恪欺陛下，未嘗聞鳥名白頭翁者，試使恪復求白頭母。」恪曰：「鳥名鸚母，未必有對，試使輔吳復求鸚父。」昭不能答，坐中皆歡笑。

〔三〕江表傳曰：權爲吳王，初置節度官，使典掌軍糧，非漢制也。初用侍中偏將軍徐詳，詳死，將用恪。諸葛亮聞恪代詳，書與陸遜曰：「家兄年老，而恪性疏，今使典主糧穀，糧穀軍之要最，僕雖在遠，竊用不安。足下特爲啓至尊轉

之。」遜以白權，即轉恪領兵。

恪以丹楊山險，民多果勁，雖前發兵，徒得外縣平民而已，其餘深遠，莫能禽盡，屢自求乞爲官出之，三年可得甲士四萬。衆議咸以丹楊地勢險阻，與吳郡、會稽、新都、鄱陽四郡鄰接，周旋數千里，山谷萬重，其幽邃民人，未嘗入城邑，對長吏，皆仗兵野逸，白首於林莽。逋亡宿惡，咸共逃竄。山出銅鐵，自鑄甲兵。俗好武習戰，高尚氣力，其升山赴險，抵突叢棘，若魚之走淵，猨狖之騰木也。時觀間隙，出爲寇盜，每致兵征伐，尋其窟藏。其戰則蠭至，敗則鳥竄，自前世以來，不能羈也。皆以爲難。恪父瑾聞之，亦以事終不逮，歎曰：「恪不大興吾家，將大赤吾族也。」恪盛陳其必捷。權拜恪撫越將軍，領丹楊太守，授棨戟武騎三百。拜畢，命恪備威儀，作鼓吹，導引歸家，時年三十二。

恪到府，乃移書四郡屬城長吏，令各保其疆界，明立部伍，其從化平民，悉令屯居。乃分內諸將，羅兵幽阻，但繕藩籬，不與交鋒，候其穀稼將熟，輒縱兵芟刈，使無遺種。舊穀既盡，新田不收，平民屯居，略無所入，於是山民飢窮，漸出降首。恪乃復敕下曰：「山民去惡從化，皆當撫慰，徙出外縣，不得嫌疑，有所執拘。」臼陽長胡伉得降民周遺，遺舊惡民，困迫暫出，內圖叛逆，伉縛送(言)〔諸〕府。恪以伉違教，遂斬以徇，以狀表上。民聞伉坐執人被戮，知官惟欲出之而已，於是老幼相攜而出，歲期，人數皆如本規。恪自領萬人，餘分給

諸將。

權嘉其功，遣尚書僕射薛綜勞軍。綜先移恪等曰：「山越恃阻，不賓歷世，緩則首鼠，急則狼顧。皇帝赫然，命將西征，神策內授，武師外震。兵不染鍔，甲不沾汗。元惡既梟，種黨歸義，蕩滌山藪，獻戎十萬。野無遺寇，邑罔殘姦。既埽兇慝，又充軍用。藜蓧稂莠，化爲善草。魑魅魍魎，更成虎士。雖實國家威靈之所加，亦信元帥臨履之所致也。雖詩美執訊，易嘉折首，周之方、召，漢之衞、霍，豈足以談？功軼古人，勳超前世。主上歡然，遙用歎息。感四牡之遺典，思飲至之舊章。故遣中臺近官，迎致犒賜，以旌茂功，以慰劬勞。」拜恪威北將軍，封都鄉侯。恪乞率衆佃廬江、皖口，因輕兵襲舒，掩得其民而還。復遠遣斥候，觀相徑要，欲圖壽春，權以爲不可。

赤烏中，魏司馬宣王謀欲攻恪，權方發兵應之，望氣者以爲不利，於是徙恪屯於柴桑。與丞相陸遜書曰：「楊敬叔傳述清論，以爲方今人物彫盡，守德業者不能復幾，宜相左右，更爲輔車，上熙國事，下相珍惜。又疾世俗好相謗毀，使已成之器，中有損累；將進之徒，意不歡笑。聞此喟然，誠獨擊節。愚以爲君子不求備於一人，自孔氏門徒大數三千，其見異者七十二人，至于子張、子路、子貢等七十之徒，亞聖之德，然猶各有所短，師辟由喭，賜不受命，豈況下此而無所闕？且仲尼不以數子之不備而引以爲友，不以人所短棄其所長也。加以當今取士，宜寬於往古，何者？時務從橫，而善人單少，國家職司，常苦不充。苟令性不邪惡，志在陳力，便可奬就，騁其所任。若於小小宜適，私行不足，皆宜闊略，不足縷責。且士誠不可纖論苛克，苛克則彼賢聖猶將不全，況其出入者邪？故曰以道望人則難，以人望人則易，賢愚可知。自漢末以來，中國士大夫如許子將輩，所以更相謗訕，或至於禍，原其本起，非爲大讎，惟坐克己不能盡如禮，而責人專以正義。夫己不如禮，則人不服。責人以正義，則人不堪。內不服其行，外不堪其責，則不得不相怨。相怨一生，則小人得容其間。得容其間，則三至之言，浸潤之譖，紛錯交至，雖使至明至親者處之，猶難以自定，況己爲隙，且未能明者乎？是故張、陳至於血刃，蕭、朱不終其好，本由於此而已。夫不舍小過，纖微相責，久乃至於家戶爲怨，一國無復全行之士也。」恪知遜以此嫌己，故遂廣其理而贊其旨也。會遜卒，恪遷大將軍，假節，駐武昌，代遜領荊州事。

久之，權不豫，而太子少，乃徵恪以大將軍領太子太傅，中書令孫弘領少傅。權疾困，召恪、弘及太常滕胤、將軍呂據、侍中孫峻，屬以後事。〔一〕

〔一〕吳書曰：權寢疾，議所付託。時朝臣咸皆注意於恪，而孫峻表恪器任輔政，可付大事。權嫌恪剛很自用，峻以當今朝臣皆莫及，遂固保之，乃徵恪。後引恪等見臥內，受詔牀下，權詔曰：「吾疾困矣，恐不復相見，諸事一以相委。」恪歔欷流涕曰：「臣等皆受厚恩，當以死奉詔，願陛下安精神，損思慮，無以外事爲念。」權詔有司諸事一統

於恪，惟殺生大事然後以聞。爲治第館，設陪衞。羣官百司拜揖之儀，各有品敍。諸法令有不便者，條列以聞，權輒聽之。中外翕然，人懷歡欣。

翌日，權薨。弘素與恪不平，懼爲恪所治，祕權死問，欲矯詔除恪。峻以告恪，恪請弘咨事，於坐中誅之，乃發喪制服。與弟公安督融書曰：「今月十六日乙未，大行皇帝委棄萬國，羣下大小，莫不傷悼。至吾父子兄弟，並受殊恩，非徒凡庸之隸，是以悲慟，肝心圮裂。皇太子以丁酉踐尊號，哀喜交并，不知所措。吾身受顧命，輔相幼主，竊自揆度，才非博陸而受姬公負圖之託，懼忝丞相輔漢之效，恐損先帝委付之明，是以憂懼惶惶，所慮萬端。且民惡其上，動見瞻觀，何時易哉？今以頑鈍之姿，處保傅之位，艱多智寡，任重謀淺，誰爲脣齒？近漢之世，燕、蓋交遘，有上官之變，以身值此，何敢怡豫邪？又弟所在，與賊犬牙相錯，當於今時整頓軍具，率厲將士，警備過常，念出萬死，無顧一生，以報朝廷，無忝爾先。又諸將備守各有境界，猶恐賊虜聞諱，恣睢寇竊。邊邑諸曹，已別下約敕，所部督將，不得妄委所戍，徑來奔赴。雖懷愴怛不忍之心，公義奪私，伯禽服戎，若苟違戾，非徒小故。以親正疏，古人明戒也。」恪更拜太傅。於是罷視聽，息校官，原逋責，除關稅，事崇恩澤，衆莫不悅。恪每出入，百姓延頸，思見其狀。

初，權黃龍元年遷都建業，二年築東興隄遏湖水。後征淮南，敗以內船，由是廢不復

俗。恪以建興元年十月會衆於東興，更作大隄，左右結山俠築兩城，各留千人，使全端、留略守之，引軍而還。魏以吳軍入其疆土，恥於受侮，命大將胡遵、諸葛誕等率衆七萬，欲攻圍兩塢，圖壞隄遏。恪興軍四萬，晨夜赴救。遵等敕其諸軍作浮橋度，陳於隄上，分兵攻兩城。城在高峻，不可卒拔。恪遣將軍留贊、呂據、唐咨、丁奉爲前部。時天寒雪，魏諸將會飲，見贊等兵少，而解置鎧甲，不持矛戟。但兜鍪刀楯，倮身緣遏，大笑之，不即嚴兵。兵得上，便鼓譟亂斫。魏軍驚擾散走，爭渡浮橋，橋壞絕，自投於水，更相蹈藉。樂安太守桓嘉等同時并沒，死者數萬。故叛將韓綜爲魏前軍督，亦斬之。獲車乘牛馬驢騾各數千，資器山積，振旅而歸。進封恪陽都侯，加荊揚州牧，督中外諸軍事，賜金一百斤，馬二百匹，繒布各萬匹。

恪遂有輕敵之心，以十二月戰克，明年春，復欲出軍。〔一〕諸大臣以爲數出罷勞，同辭諫恪，恪不聽。中散大夫蔣延或以固爭，扶出。

〔一〕漢晉春秋曰：恪使司馬李衡往蜀說姜維，令同舉，曰：「古人有言，聖人不能爲時，時至亦不可失也。今敵政在私門，外內猜隔，兵挫於外，而民怨於內，自曹操以來，彼之亡形未有如今者也。若大舉伐之，使吳攻其東，漢入其西，彼救西則東虛，重東則西輕，以練實之軍，乘虛輕之敵，破之必矣。」維從之。

恪乃著論諭衆意曰：「夫天無二日，土無二王，王者不務兼并天下而欲垂祚後世，古今

未之有也。昔戰國之時，諸侯自恃兵彊地廣，互有救援，謂此足以傳世，人莫能危。恣情從懷，憚於勞苦，使秦漸得自大，遂以并之，此既然矣。近者劉景升在荊州，有衆十萬，財穀如山，不及曹操尚微，與之力競，坐觀其彊大，吞滅諸袁。北方都定之後，操率三十萬衆來向荊州，當時雖有智者，不能復爲畫計，於是景升兒子，交臂請降，遂爲囚虜。凡敵國欲相吞，即仇讎欲相除也。有讎而長之，禍不在己，則在後人，不可不爲遠慮也。昔伍子胥曰：『越十年生聚，十年教訓，二十年之外，吳其爲沼乎！』夫差自恃彊大，聞此邈然，是以誅子胥而無備越之心，至於臨敗悔之，豈有及乎？越小於吳，尚爲吳禍，況其彊大者邪？昔秦但得關西耳，尚以并吞六國，今賊皆得秦、趙、韓、魏、燕、齊九州之地，地悉戎馬之鄉，士林之藪。今以魏比古之秦，土地數倍；以吳與蜀比古六國，不能半之。然今所以能敵之，但以操時兵衆，於今適盡，而後生者未悉長大，正是賊衰少未盛之時。加司馬懿先誅王淩，續自隕斃，其子幼弱，而專彼大任，雖有智計之士，未得施用。當今伐之，是其厄會。聖人急於趨時，誠謂今日。若順衆人之情，懷偸安之計，以爲長江之險可以傳世，不論魏之終始，而以今日遂輕其後，此吾所以長歎息者也。自（本）〔古〕以來，務在產育，今者賊民歲月繁滋，但以尚小，未可得用耳。若復十數年後，其衆必倍於今，而國家勁兵之地，皆已空盡，唯有此見衆可以定事。若不早用之，端坐使老，復十數年，略當損半，而見子弟數不足言。若賊衆一倍，而我兵損半，雖復使伊、管圖之，未可如何。今不達遠慮者，必以此言爲迂。夫禍難未至而豫憂慮，此固衆人之所迂也。及於難至，然後頓顙，雖有智者，又不能圖。此乃古今所病，非獨一時。昔吳始以伍員爲迂，故難至而不可救。劉景升不能慮十年之後，故無以詒其子孫。今恪無具臣之才，而受大吳蕭、霍之任，智與衆同，思不經遠，若不及今日爲國斥境，俛仰年老，而讎敵更彊，欲刎頸謝責，寧有補邪？今聞衆人或以百姓尚貧，欲務閑息，此不知慮其大危，而愛其小勤者也。昔漢祖幸已自有三秦之地，何不閉關守險，以自娛樂，空出攻楚，身被創痍，介胄生蟣蝨，將士厭困苦，豈甘鋒刃而忘安寧哉？慮於長久不得兩存者耳！每覽荊邯說公孫述以進取之圖，近見家叔父表陳與賊爭競之計，未嘗不喟然歎息也。夙夜反側，所慮如此，故聊疏愚言，以達二三君子之末。若一朝隕歿，志畫不立，貴令來世知我所憂，可思於後。」衆皆以恪此論欲必爲之辭，然莫敢復難。

丹楊太守聶友素與恪善，書諫恪曰：「大行皇帝本有遏東關之計，計未施行。今公輔贊大業，成先帝之志，寇遠自送，將士憑賴威德，出身用命，一旦有非常之功，豈非宗廟神靈社稷之福邪！宜且案兵養銳，觀釁而動。今乘此勢，欲復大出，天時未可。而苟任盛意，私心以爲不安。」恪題論後，爲書答友曰：「足下雖有自然之理，然未見大數。熟省此論，可以開悟矣。」於是違衆出軍，大發州郡二十萬衆，百姓騷動，始失人心。

恪意欲曜威淮南，驅略民人，而諸將或難之曰：「今引軍深入，疆埸之民，必相率遠遁，恐兵勞而功少，不如止圍新城。新城困，救必至，至而圖之，乃可大獲。」恪從其計，迴軍還圍新城。攻守連月，城不拔。士卒疲勞，因暑飲水，泄下流腫，病者大半，死傷塗地。諸營吏日白病者多，恪以爲詐，欲斬之，自是莫敢言。恪內惟失計，而恥城不下，忿形於色。將軍朱異有所是非，恪怒，立奪其兵。都尉蔡林數陳軍計，恪不能用，策馬奔魏。魏知戰士罷病，乃進救兵。恪引軍而去。士卒傷病，流曳道路，或頓仆坑壑，或見略獲，存亡忿痛，大小呼嗟。而恪晏然自若。出住江渚一月，圖起田於潯陽，詔召相銜，徐乃旋師。由此衆庶失望，而怨黷興矣。

秋八月軍還，陳兵導從，歸入府館。即召中書令孫嘿，厲聲謂曰：「卿等何敢妄數作詔？」嘿惶懼辭出，因病還家。恪征行之後，曹所奏署令長職司，一罷更選，愈治威嚴，多所罪責，當進見者，無不竦息。又改易宿衞，用其親近，復敕兵嚴，欲向青、徐。

孫峻因民之多怨，衆之所嫌，搆恪欲爲變，與亮謀，置酒請恪。恪將見之夜，精爽擾動，通夕不寐。明將盥漱，聞水腥臭，侍者授衣，衣服亦臭。恪怪其故，易衣易水，其臭如初，意惆悵不悅。嚴畢趨出，犬銜引其衣，恪曰：「犬不欲我行乎？」還坐，頃刻乃復起，犬又銜其衣，恪令從者逐犬，遂升車。

初，恪將征淮南，有孝子著縗衣入其閤中，從者白之，令外詰問，孝子曰："不自覺入。"時中外守備，亦悉不見，衆皆異之。出行之後，所坐廳事屋棟中折。自新城出住東興，有白虹見其船，還拜蔣陵，白虹復繞其車。

及將見，駐車宮門，峻已伏兵於帷中，恐恪不時入，事泄，自出見恪曰："使君若尊體不安，自可須後，峻當具白主上。"欲以嘗知恪。恪答曰："當自力入。"散騎常侍張約、朱恩等密書與恪曰："今日張設非常，疑有他故。"恪省書而去。未出路門，逢太常滕胤，恪曰："卒腹痛，不任入。"胤不知峻陰計，謂恪曰："君自行旋未見，今上置酒請君，君已至門，宜當力進。"恪躊躇而還，劍履上殿，謝亮，還坐。設酒，恪疑未飲，峻因曰："使君病未善平，當有常服藥酒，自可取之。"恪意乃安，別飲所齎酒。〔一〕酒數行，亮還內。峻起如廁，解長衣，著短服，出曰："有詔收諸葛恪！"〔二〕恪驚起，拔劍未得，而峻刀交下。張約從旁斫峻，裁傷左手，峻應手斫約，斷右臂。武衞之士皆趨上殿，峻云："所取者恪也，今已死。"悉令復刃，乃除地更飲。〔三〕

〔一〕吳歷曰：張約、朱恩密疏告恪，恪以示滕胤，胤勸恪還，恪曰："峻小子何能爲邪！但恐因酒食中人耳。"乃以藥酒入。

孫盛評曰：恪與胤親厚，約等疏，非常大事，勢應示胤，共謀安危。然恪性強梁，加素侮峻，自不信，故入，豈胤徵

勸，便爲之冒禍乎？吳歷爲長。

〔二〕吳錄曰：峻提刀稱詔收恪，亮起立曰："非我所爲！非我所爲！"乳母引亮還內。

吳歷云：峻先引亮入，然後出稱詔。與本傳同。

臣松之以爲峻欲稱詔，宜如本傳及吳歷，不得如吳錄所言。

〔三〕搜神記曰：恪入，已被殺，其妻在室，（語）使婢（語）曰："汝何故血臭？"婢曰："不也。"有頃愈劇，又問婢曰："汝眼目視瞻，何以不常？"婢蹷然起躍，頭至于棟，攘臂切齒而言曰："諸葛公乃爲孫峻所殺！"於是大小知恪死矣，而吏兵尋至。

志林曰：初權病篤，召恪輔政。臨去，大司馬呂岱戒之曰："世方多難，子每事必十思。"恪答曰："昔季文子三思而後行，夫子曰'再思可矣'，今君令恪十思，明恪之劣也。"岱無以答，當時咸謂之失言。虞喜曰：夫託以天下至重也，以人臣行主威至難也，兼二至而管萬機，能勝之者鮮矣。自非採納羣謀，詢于芻蕘，虛己受人，恆若不足，則功名不成，勳績莫著。況呂侯國之元耆，智度經遠，而甫以十思戒之，而便以示劣見拒，此元遜之疏，乃機神不俱者也。若因十思之義，廣諮當世之務，聞善速於雷動，從諫急於風移，豈得隕首殿堂，死凶豎之刃？世人奇其英辯，造次可觀，而哂呂侯無對爲陋，不思安危終始之慮，是樂春藻之繁華，而忘秋實之甘口也。昔魏人伐蜀，蜀人禦之，精嚴垂發，六軍雲擾，士馬擐甲，羽檄交馳，費禕時爲元帥，荷國任重，而與來敏圍碁，意無厭倦。敏臨別謂禕："君必能辦賊者也。"言其明略內定，貌無憂色，況長寧以爲君子臨事而懼，好謀而成者。且蜀爲蕞爾之國，而方向大敵，所規所圖，唯守與戰，何可矜己有餘，晏然無戚？斯乃性之寬簡，不防細微，卒爲降人郭脩所害，豈非兆見於彼而禍成於此哉？往聞長寧之甄文偉，今覩元遜之逆呂侯，二事體同，故並而載之，可以鏡誡于後，永爲世鑒。

先是，童謠曰："諸葛恪，蘆葦單衣篾鉤落，於何相求成子閤。"成子閤者，反語石子岡也。建業南有長陵，名曰石子岡，葬者依焉。鉤落者，校飾革帶，世謂之鉤絡帶。恪果以葦席裹其身而篾束其腰，投之於此岡。〔一〕

〔一〕吳錄曰：恪時年五十一。

恪長子綽，騎都尉，以交關魯王事，權遣付恪，令更教誨，恪鴆殺之。中子竦，長水校尉。少子建，步兵校尉。聞恪誅，車載其母而走。峻遣騎督劉承追斬竦於白都。建得渡江，欲北走魏，行數十里，爲追兵所逮。恪外甥都鄉侯張震及常侍朱恩等，皆夷三族。

初，竦數諫恪，恪不從，常憂懼禍。及亡，臨淮臧均表乞收葬恪曰："臣聞震雷電激，不崇一朝，大風衝發，希有極日，然猶繼以雲雨，因以潤物，是則天地之威，不可經日浹辰，帝王之怒，不宜訖情盡意。臣以狂愚，不知忌諱，敢冒破滅之罪，以邀風雨之會。伏念故太傅諸葛恪得承祖考風流之烈，伯叔諸父遭漢祚盡，九州鼎立，分託三方，並履忠勤，熙隆世業。爰及於恪，生長王國，陶育聖化，致名英偉，服事累紀，禍心未萌，先帝委以伊、周之任，屬以萬機之事。恪素性剛愎，矜己陵人，不能敬守神器，穆靜邦內，興功暴師，未期三出，虛耗士民，空竭府藏，專擅國憲，廢易由意，假刑劫衆，大小屏息。侍中武衞將軍都鄉侯俱受先帝

囑寄之詔，見其奸虐，日月滋甚，將恐蕩搖宇宙，傾危社稷，奮其威怒，精貫昊天，計慮先於神明，智勇百於荆、聶，躬持白刃，梟恪殿堂，勳超朱虛，功越東牟。國之元害，一朝大除，馳首徇示，六軍喜踊，日月增光，風塵不動，斯實宗廟之神靈，天人之同驗也。今恪父子三首，縣市積日，觀者數萬，詈聲成風。國之大刑，無所不震，長老孩幼，無不畢見。人情之於品物，樂極則哀生，見恪貴盛，世莫與貳，身處台輔，中閒歷年，今之誅夷，無異禽獸，觀訖情反，能不憯然！且已死之人，與土壤同域，鑿掘斫刺，無所復加。願聖朝稽則乾坤，怒不極旬，使其鄉邑若故吏民，收以士伍之服，惠以三寸之棺。昔項籍受殯葬之施，韓信獲收斂之恩，斯則漢高發神明之譽也。惟陛下敦三皇之仁，垂哀矜之心，使國澤加於辜戮之骸，復受不已之恩，於以揚聲遐方，沮勸天下，豈不弘哉！昔欒布矯命彭越，臣竊恨之，不先請主上，而專名以肆情，其得不誅，實爲幸耳。今臣不敢章宣愚情，以露天恩，謹伏手書，冒昧陳聞，乞聖朝哀察。"於是亮、峻聽恪故吏斂葬，遂求之於石子岡。〔一〕

〔一〕江表傳曰：朝臣有乞爲恪立碑以銘其勳績者，博士盛沖以爲不應。孫休曰："盛夏出軍，士卒傷損，無尺寸之功，不可謂能；受託孤之任，死於豎子之手，不可謂智。沖議爲是。"遂寢。

始恪退軍還，聶友知其將敗，書與滕胤曰："當人彊盛，河山可拔，一朝羸縮，人情萬端，言之悲歎。"恪誅後，孫峻忌友，欲以爲鬱林太守，友發病憂死。友字文悌，豫章人也。〔一〕

〔一〕吳錄曰：友有脣吻，少爲縣吏。虞翻徙交州，縣令使友送之，翻與語而奇焉，爲書與豫章太守謝斐，令以爲功曹。郡時見有功曹，斐見之，問曰：「縣吏聶友，可堪何職？」對曰：「此人縣閒小吏耳，猶可堪曹佐。」斐曰：「論者以爲宜作功曹，君其避之。」乃用爲功曹。使至都，諸葛恪友之。時論謂顧子嘿、子直，其閒無所復容，恪欲以友居其閒，由是知名。後爲將，討儋耳，還拜丹楊太守，年三十三卒。

滕胤字承嗣，北海劇人也。伯父耽，父胄，與劉繇州里通家，以世擾亂，渡江依繇。孫權爲車騎將軍，拜耽右司馬，以寬厚稱，早卒，無嗣。胄善屬文，權待以賓禮，軍國書疏，常令損益潤色之，亦不幸短命。權爲吳王，追錄舊恩，封胤都亭侯。少有節操，美容儀。〔一〕弱冠尚公主。年三十，起家爲丹楊太守，徙吳郡、會稽，所在見稱。〔二〕

〔一〕吳書曰：胤年十二，而孤單煢立，能治身厲行。爲人白皙，威儀可觀。每正朔朝賀脩勤，在位大臣見者，無不歎賞。

〔二〕吳書曰：胤上表陳及時宜，及民閒優劣，多所匡弼。權以胤故，增重公主之賜，屢加存問。胤每聽辭訟，斷罪法，察言觀色，務盡情理。人有窮冤悲苦之言，對之流涕。

太元元年，權寢疾，詣都，留爲太常，與諸葛恪等俱受遺詔輔政。孫亮即位，加衞將軍。恪將悉衆伐魏，胤諫恪曰：「君以喪代之際，受伊、霍之託，入安本朝，出摧强敵，名聲振於海內，天下莫不震動，萬姓之心，冀得蒙君而息。今猥以勞役之後，興師出征，民疲力屈，

遠主有備。若攻城不克，野略無獲，是喪前勞而招後責也。不如案甲息師，觀隙而動。且兵者大事，事以衆濟，衆苟不悅，君獨安之？」恪曰：「諸云不可者，皆不見計算，懷居苟安者也，而子復以爲然，吾何望焉？夫以曹芳闇劣，而政在私門，彼之臣民，固有離心。今吾因國家之資，藉戰勝之威，則何往而不克哉！」以胤爲都下督，掌統留事。胤白日接賓客，夜省文書，或通曉不寐。〔一〕

〔一〕吳書曰：胤寵任彌高，接士愈勤，表奏書疏，皆自經意，不以委下。

孫峻字子遠，孫堅弟靜之曾孫也。靜生暠。暠生恭，爲散騎侍郎。恭生峻。少便弓馬，精果膽決。孫權末，徙武衞都尉，爲侍中。權臨薨，受遺輔政，領武衞將軍，故典宿衞，封都鄉侯。既誅諸葛恪，遷丞相大將軍，督中外諸軍事，假節，進封富春侯。滕胤以恪子竦妻父辭位，峻曰：「鯀禹罪不相及，滕侯何爲？」峻、胤雖內不沾洽，而外相包容，進胤爵高密侯，共事如前。〔一〕

〔一〕吳錄曰：羣臣上奏，共推峻爲太尉，議胤爲司徒。時有媚峻者，以爲大統宜在公族，若滕胤爲亞公，聲名素重，衆心所附，不可貳也。乃表以峻爲丞相，又不置御史大夫，士人皆失望矣。

峻素無重名，驕矜險害，多所刑殺，百姓囂然。又姦亂宮人，與公主魯班私通。五鳳元年，吳侯英謀殺峻，英事泄死。

二年，魏將毌丘儉、文欽以衆叛，與魏人戰於樂嘉，峻帥驃騎將軍呂據、左將軍留贊襲壽春，會欽敗降，軍還。〔一〕是歲，蜀使來聘，將軍孫儀、（孫邵綝恂）〔張怡、林恂〕等欲因會殺峻。事泄，儀等自殺，死者數十人，并及公主魯育。

〔一〕吳書曰：留贊字正明，會稽長山人。少爲郡吏，與黃巾賊帥吳桓戰，手斬得桓。贊一足被創，遂屈不伸。然性烈，好讀兵書及三史，每覽古良將戰攻之勢，輒對書獨歎，因呼諸近親謂曰：「今天下擾亂，英豪並起，歷觀前世，富貴非有常人，而我屈躄在閭巷之閒，存亡無以異。今欲割引吾足，幸不死而足申，幾復見用，死則已矣。」親戚皆難之。有閒，贊乃以刀自割其筋，血流滂沱，氣絕良久。家人驚怖，亦以既爾，遂引申其足。足申創愈，以得蹉步。凌統聞之，請與相見，甚奇之，乃表薦贊，遂被試用。累有戰功，稍遷屯騎校尉。時事得失，每常規諫，好直言不阿旨，權以此憚之。諸葛恪征東興，贊爲前部，合戰先陷陳，大敗魏師，遷左將軍。孫峻征淮南，授贊節，拜左護軍。未至壽春，道路病發，峻令贊將車重先還。魏將蔣班以步騎四千追贊。贊病困，不能整陳，知必敗，乃解曲蓋印綬付弟子以歸，曰：「吾自爲將，破敵搴旗，未嘗負敗。今病困兵羸，衆寡不敵，汝速去矣，俱死無益於國，適所以快敵耳。」弟子不肯受，拔刀欲斫之，乃去。初，贊爲將，臨敵必先被髮叫天，因抗音而歌，左右應之，畢乃進戰，戰無不克。及敗，歎曰：「吾戰有常術，今病困若此，固命也！」遂被害，時年七十三，衆庶痛惜焉。二子略、平，並爲大將。

峻欲城廣陵，朝臣知其不可城，而畏之莫敢言。唯滕胤諫止，不從，而功竟不就。

其明年，文欽說峻征魏，峻使欽與呂據、車騎〔將軍〕劉纂、鎮南〔將軍〕朱異、前將軍唐咨自江都入淮、泗，以圖青、徐。峻與胤至石頭，因餞之，領從者百許人入據營。據御軍齊整，峻惡之，稱心痛去，遂夢爲諸葛恪所擊，恐懼發病死，時年三十八，以後事付綝。

孫綝字子通，與峻同祖。綝父綽爲安民都尉。綝始爲偏將軍，及峻死，爲侍中武衞將軍，領中外諸軍事，代知朝政。呂據聞之大恐，與諸督將連名，共表薦滕胤爲丞相，綝更以胤爲大司馬，代呂岱駐武昌。據引兵還，使人報胤，欲共廢綝。綝聞之，遣從兄慮將兵逆據於江都，使中使敕文欽、劉纂、唐咨等合衆擊據，遣侍中左將軍華融、中書丞丁晏告胤取據，幷喻胤宜速去意。胤自以禍及，因留融、晏，勒兵自衞，召典軍楊崇、將軍孫咨，告以綝爲亂，迫融等使有書難綝。綝不聽，表言胤反，許將軍劉丞以封爵，使率兵騎急攻圍胤。胤又劫融等，使詐詔發兵。融等不從，胤皆殺之。〔一〕胤顏色不變，談笑若常。或勸胤引兵至蒼龍門，將士見公出，必皆委綝就公。時夜已半，胤恃與據期，又難舉兵向宮，乃約令部曲，說呂侯以在近道，故皆爲胤盡死，無離散者。時大風，比曉，據不至。綝兵大會，遂殺胤及將士數十人，夷胤三族。〔二〕

〔一〕文士傳曰：華融字德蕤，廣陵江都人。祖父避亂，居山陰蕊山下。時皇象亦寓居山陰，吳郡張溫來就象學，欲得

所舍。或告溫曰：「蕊山下有華德懿者，雖年少，美有令志，可舍也。」溫遂止融家，朝夕談講。俄而溫爲選部尙書，乃擢融爲太子庶子，遂知名顯達。融子譎，黃門郎，與融并見害。次子闓，以才辯稱，晉祕書監。

〔三〕臣松之以爲孫綝雖凶虐，與滕胤宿無嫌隙，胤若且順綝意，出鎭武昌，豈徒免當時之禍，仍將永保元吉，而犯機觸害，自取夷滅，悲夫！

綝遷大將軍，假節，封永寧侯，負貴倨傲，多行無禮。初，峻從弟慮與誅諸葛恪之謀，峻厚之，至右將軍、無難督，授節蓋，平九官事。綝遇慮薄於峻時，慮怒，與將軍王惇謀殺綝。綝殺惇，慮服藥死。

魏大將軍諸葛誕舉壽春叛，保城請降。吳遣文欽、唐咨、全端、全懌等帥三萬人救之。魏鎭南將軍王基圍誕，欽等突圍入城。魏悉中外軍二十餘萬增誕之圍。朱異帥三萬人屯安豐城，爲文欽勢。魏兗州刺史州泰拒異於陽淵，異敗退，爲泰所追，死傷二千人。綝於是大發卒出屯鑊里，復遣異率將軍丁奉、黎斐等五萬人攻魏，留輜重於都陸。異屯黎漿，遣將軍任度、張震等募勇敢六千人，於屯西六里爲浮橋夜渡，築偃月壘。爲魏監軍石苞及州泰所破，軍卻退就高。異復作車箱圍趣五木城。苞、泰攻異，異敗歸，而魏太山太守胡烈以奇兵五千詭道襲都陸，盡焚異資糧。綝授兵三萬人使異死戰，異不從，綝斬之於鑊里，而遣弟恩救，會誕敗引還。綝既不能拔出誕，而喪敗士衆，自戮名將，莫不怨之。

綝以孫亮始親政事，多所難問，甚懼。還建業，稱疾不朝，築室于朱雀橋南，使弟威遠將軍據入蒼龍宿衞，弟武衞將軍恩、偏將軍幹、長水校尉闓分屯諸營，欲以專朝自固。亮內嫌綝，乃推魯育見殺本末，責怒虎林督朱熊、熊弟外部督朱損不匡正孫峻，乃令丁奉殺熊於虎林，殺損於建業。綝入諫不從，亮遂與公主魯班、太常全尙、將軍劉承議誅綝。亮妃，綝從姊女也，以其謀告綝。綝率衆夜襲全尙，遣弟恩殺劉承於蒼龍門外，遂圍宮。〔一〕使光祿勳孟宗告廟廢亮，召羣司議曰：「少帝荒病昏亂，不可以處大位，承宗廟，以告先帝廢之。諸君若有不同者，下異議。」皆震怖，曰：「唯將軍令。」綝遣中書郎李崇奪亮璽綬，以亮罪狀班告遠近。尙書桓彝不肯署名，綝怒殺之。〔二〕

〔一〕江表傳曰：亮召全尙息黃門侍郎紀密謀，曰：「孫綝專勢，輕小於孤。孤見敕之，使速上岸，爲唐咨等作援，而留湖中，不上岸一步。又委罪朱異，擅殺功臣，不先表聞。築第橋南，不復朝見。此爲自在，無復所畏，不可久忍。今規取之，卿父作中軍都督，使密嚴整士馬，孤當自出臨橋，帥宿衞虎騎、左右無難一時圍之。作版詔敕綝所領皆解散，不得舉手，正爾自得之。卿去，但當使密耳。卿宣詔語卿父，勿令卿母知之，女人既不曉大事，且綝同堂姊，邂逅泄漏，誤孤非小也。」紀承詔，以告尙，尙無遠慮，以語紀母。母使人密語綝。綝夜發嚴兵廢亮，比明，兵已圍宮。亮大怒，上馬，帶鞬執弓欲出，曰：「孤大皇帝之適子，在位已五年，誰敢不從者？」侍中近臣及乳母共牽攀止之，乃不得出，歎咤二日不食，駡其妻曰：「爾父憒憒，敗我大事！」又呼紀，紀曰：「臣父奉詔不謹，負上，無面目復見。」因自殺。

孫盛曰：亮傳稱亮少聰慧，勢當先與紀謀，不先令妻知也。江表傳說漏泄有由，於事爲詳矣。

〔二〕漢晉春秋曰：彝，魏尙書令階之弟。吳錄曰：晉武帝問薛瑩吳之名臣，瑩對稱彝有忠貞之節。

典軍施正勸綝徵立琅邪王休，綝從之，遣宗正楷奉書於休曰：「綝以薄才，見授大任，不能輔導陛下。頃月以來，多所造立，親近劉承，悅於美色，發吏民婦女，料其好者，留於宮內，取兵子弟十八已下三千餘人，習之苑中，連日續夜，大小呼嗟，敗壞藏中矛戟五千餘枚，以作戲具。朱據先帝舊臣，子男熊、損皆承父之基，以忠義自立，昔殺小主，自是大主所創，帝不復精其本末，便殺熊、損，諫不見用，諸下莫不側息。帝於宮中作小船三百餘艘，成以金銀，師工晝夜不息。太常全尙，累世受恩，不能督諸宗親，而全端等委城就魏。尙位過重，曾無一言以諫陛下，而與敵往來，使傳國消息，懼必傾危社稷。推案舊典，運集大王，輒以今月二十七日擒尙斬承。以帝爲會稽王，遣楷奉迎。百寮喁喁，立住道側。」

綝遣將軍孫耽送亮之國，徙尙於零陵，遷公主於豫章。綝意彌溢，侮慢民神，遂燒大橋頭伍子胥廟，又壞浮屠祠，斬道人。休旣卽位，稱草莽臣，詣闕上書曰：「臣伏自省，才非幹國，因緣肺腑，位極人臣，傷錦敗駕，罪負彰露，尋愆惟闕，夙夜憂懼。臣聞天命棐諶，必就有德，是以幽厲失度，周宣中興，陛下聖德，纂承大統，宜得良輔，以協雍熙，雖堯之盛，猶求稷

契之佐，以協明聖之德。古人有言：『陳力就列，不能者止。』臣雖自展竭，無益庶政，謹上印綬節鉞，退還田里，以避賢路。」休引見慰喻。又下詔曰：「朕以不德，守藩于外，値茲際會，羣公卿士，暨于朕躬，以奉宗廟。朕用憮然，若涉淵冰。大將軍忠計內發，扶危定傾，安康社稷，功勳赫然。昔漢孝宣踐阼，霍光尊顯，褒德賞功，古今之通義也。其以大將軍爲丞相、荊州牧，食五縣。」恩爲御史大夫、衞將軍，據右將軍，皆縣侯。幹雜號將軍、亭侯。闓亦封亭侯。綝一門五侯，皆典禁兵，權傾人主，自吳國朝臣未嘗有也。

綝奉牛酒詣休，休不受，齎詣左將軍張布；酒酣，出怨言曰：「初廢少主時，多勸吾自爲之者。吾以陛下賢明，故迎之。帝非我不立，今上禮見拒，是與凡臣無異，當復改圖耳。」布以言聞休，休銜之，恐其有變，數加賞賜，又復加恩侍中，與綝分省文書。或有告綝懷怨侮上欲圖反者，休執以付綝，綝殺之，由是愈懼，因孟宗求出屯武昌，休許焉，盡敕所督中營精兵萬餘人，皆令裝載，所取武庫兵器，咸令給與。〔一〕將軍魏邈說休曰「綝居外必有變」，武衞士施朔又告「綝欲反有徵」。休密問張布，布與丁奉謀於會殺綝。

〔一〕吳歷曰：綝求中書兩郎，典知荊州諸軍事，主者奏中書不應外出，休特聽之，其所請求，一皆給與。

永安元年十二月丁卯，建業中謠言明會有變，綝聞之，不悅。夜大風發木揚沙，綝益恐。戊辰臘會，綝稱疾。休彊起之，使者十餘輩，綝不得已，將入，衆止焉。綝曰「國家屢

有命，不可辭。可豫整兵，令府內起火，因是可得速還。」遂入，尋而火起，綝求出，休曰：「外兵自多，不足煩丞相也。」綝起離席，奉、布目左右縛之。綝叩首曰：「願徙交州。」休曰：「卿何以不徙滕胤、呂據？」綝復曰：「願沒爲官奴。」休曰：「何不以胤、據爲奴乎！」遂斬之。以綝首令其衆曰：「諸與綝同謀皆赦。」放仗者五千人。闓乘船欲北降，追殺之。夷三族。發孫峻棺，取其印綬，斲其木而埋之，以殺魯育等故也。

綝死時年二十八。休恥與峻、綝同族，特除其屬籍，稱之曰故峻、故綝云。休又下詔曰：「諸葛恪、滕胤、呂據蓋以無罪爲峻、綝兄弟所見殘害，可爲痛心，促皆改葬，各爲祭奠。其罹恪等事見遠徙者，一切召還。」

濮陽興字子元，陳留人也。父逸，漢末避亂江東，官至長沙太守。〔一〕興少有士名，孫權時除上虞令，稍遷至尚書左曹，以五官中郎將使蜀，還爲會稽太守。時琅邪王休居會稽，興深與相結。及休卽位，徵興爲太常衞將軍、平軍國事，封外黃侯。

〔一〕逸事見陸瑁傳。

永安三年，都尉嚴密建丹楊湖田，作浦里塘。詔百官會議，咸以爲用功多而田不保成，唯興以爲可成。遂會諸兵民就作，功傭之費不可勝數，士卒死亡，或自賊殺，百姓大怨之。

興遷爲丞相，與休寵臣左將軍張布共相表裏，邦內失望。

七年七月，休薨。左典軍萬彧素與烏程侯孫晧善，乃勸興、布，於是興、布廢休適子而迎立晧。晧旣踐阼，加興侍郎，領青州牧。俄彧譖興、布追悔前事。十一(年)〔月〕朔入朝，晧因收興、布，徙廣州，道追殺之，夷三族。

評曰：諸葛恪才氣幹略，邦人所稱，然驕且吝，周公無觀，況在於恪？矜己陵人，能無敗乎！若躬行所與陸遜及弟融之書，則悔吝不至，何尤禍之有哉？滕胤厲脩士操，遵蹈規矩，而孫峻之時猶保其貴，必危之理也。峻、綝凶豎盈溢，固無足論者。濮陽興身居宰輔，慮不經國，協張布之邪，納萬彧之說，誅夷其宜矣。

三國志卷六十五

吳書二十

王樓賀韋華傳第二十

王蕃字永元，廬江人也。博覽多聞，兼通術藝。始爲尚書郎，去官。孫休卽位，與賀邵、薛瑩、虞汜俱爲散騎中常侍，皆加駙馬都尉。時論清之。遣使至蜀，蜀人稱焉，還爲夏口監軍。

孫晧初，復入爲常侍，與萬彧同官。彧與晧有舊，俗士挾侵，謂蕃自輕。又中書丞陳聲，晧之嬖臣，數譖毀蕃。蕃體氣高亮，不能承顏順指，時或迕意，積以見責。

甘露二年，丁忠使晉還，晧大會羣臣，蕃沈醉頓伏，晧疑而不悅，轝蕃出外。頃之請還，酒亦不解。蕃性有威嚴，行止自若，晧大怒，呵左右於殿下斬之。衞將軍滕牧、征西將軍留平請，不能得。〔一〕

〔一〕江表傳曰：晧用巫史之言，謂建業宮不利，乃西巡武昌，仍有遷都之意，恐羣臣不從，乃大請會，賜將吏。問蕃「射不主皮，爲力不同科，其義云何」？蕃思惟未答，卽於殿上斬蕃。出登來山，使親近將(跳)〔擲〕蕃首，作虎跳狼

爭咋齧之，頭皆碎壞，欲以示威，使衆不敢犯也。此與本傳不同。吳錄曰：晧每於會，因酒酣，輒令侍臣嘲謔公卿，以爲笑樂。萬彧旣爲左丞相，蕃嘲彧曰：「魚潛於淵，出水煦沫。何則？物有本性，不可橫處非分也。彧出自谿谷，羊質虎皮，虛受光赫之寵，跨越三九之位，犬馬猶能識養，將何以報厚施乎？」或曰：「唐虞之朝無謬舉之才，造父之門無駑蹇之質，蕃上誣明選，下訕楨幹，何傷於日月，適多見其不知量耳。」

臣松之按本傳云丁忠使晉還，晧爲大會，於會中殺蕃，檢忠從北還在此年之春，彧時尙未爲丞相，至秋乃爲相耳。吳錄所言爲乖互不同。

丞相陸凱上疏曰：「常侍王蕃黃中通理，知天知物，處朝忠蹇，斯社稷之重鎮，大吳之龍逢也。昔事景皇，納言左右，景皇欽嘉，歎爲異倫。而陛下忿其苦辭，惡其直對，梟之殿堂，尸骸暴棄，郡內傷心，有識悲悼。」其痛蕃如此。蕃死時年三十九，晧徙蕃家屬廣州。二弟著、延皆作佳器，郭馬起事，不爲馬用，見害。

樓玄字承先，沛郡蘄人也。孫休時爲監農御史。孫晧卽位，與王蕃、郭逴、萬彧俱爲散騎中常侍，出爲會稽太守，入爲大司農。舊禁中主者自用親近人作之，彧陳親密近識，宜用好人，晧因敕有司，求忠清之士，以應其選，遂用玄爲宮下鎭禁中候，主殿中事。玄從九卿持刀侍衞，正身率衆，奉法而行，應對切直，數迕晧意，漸見責怒。後人誣白玄與賀邵相逢，

駐共耳語大笑，謗訕政事，遂被詔詰責，送付廣州。

東觀令華覈上疏曰：「臣竊以治國之體，其猶治家。主田野者，皆宜良信。又宜得一人總其條目，爲作維綱，衆事乃理。論語曰：『無爲而治者其舜也與！恭己正南面而已。』言所任得其人，故優游而自逸也。今海內未定，天下多事，事無大小，皆當關聞，動經御坐，勞損聖慮。陛下既垂意博古，綜極藝文，加勤心好道，隨節致氣，宜得閑靜以展神思，呼翕清淳，與天同極。臣夙夜思惟，諸吏之中，任幹之事，足委仗者，無勝於樓玄。玄清忠奉公，冠冕當世，衆服其操，無與爭先。夫清者則心平而意直，忠者惟正道而履之，如玄之性，終始可保，乞陛下赦玄前愆，使得自新，擢之宰司，責其後效，使爲官擇人，隨才授任，則舜之恭己，近亦可得。」晧疾玄名聲，復徙玄及子據，付交阯將張奕，使以戰自效，陰別敕奕令殺之。據到交阯，病死。玄一身隨奕討賊，持刀步涉，見奕輒拜，奕未忍殺。會奕暴卒，玄殯斂奕，於器中見敕書，還便自殺。〔一〕

〔一〕江表傳曰：晧遣將張奕追賜玄鴆，奕以玄賢者，不忍即宣詔致藥，玄陰知之，謂奕曰：「當早告玄，玄何惜邪？」即服藥死。

臣松之以玄之淸高，必不以安危易操，無緣驟拜張奕，以虧其節。且禍機既發，豈百拜所免？江表傳所言，於理爲長。

賀邵字興伯，會稽山陰人也。〔一〕孫休卽位，從中郎爲散騎中常侍，出爲吳郡太守。孫晧時，入爲左典軍，遷中書令，領太子太傅。

〔一〕吳書曰：邵，賀齊之孫，景之子。

晧兇暴驕矜，政事日弊。邵上疏諫曰：

古之聖王，所以潛處重闈之內而知萬里之情，垂拱衽席之上，明照八極之際者，任賢之功也。陛下以至德淑姿，統承皇業，宜率身履道，恭奉神器，旌賢表善，以康庶政。自頃年以來，朝列紛錯，眞僞相貿，上下空任，文武曠位，外無山嶽之鎭，內無拾遺之臣；佞諛之徒拊翼天飛，干弄朝威，盜竊榮利，而忠良排墜，信臣被害。是以正士摧方，而庸臣苟媚，先意承旨，各希時趣，人執反理之評，士吐詭道之論，遂使淸流變濁，忠臣結舌。陛下處九天之上，隱百重之室，言出風靡，令行景從，親洽寵媚之臣，日聞順意之辭，將謂此輩實賢，而天下已平也。臣心所不安，敢不以聞。

臣聞興國之君樂聞其過，荒亂之主樂聞其譽；聞其過者過日消而福臻，聞其譽者譽日損而禍至。是以古之人君，揖讓以進賢，虛己以求過，譬天位於乘犇，以虎尾爲警戒。至於陛下，嚴刑法以禁直辭，黜善士以逆諫臣，眩燿毀譽之實，沈淪近習之言。昔高宗思佐，夢寐得賢，而陛下求之如忘，忽之如遺。故常侍王蕃忠恪在公，才任輔弼，以醉酒之間加之大戮。近鴻臚葛奚，先帝舊臣，偶有逆迕，昏醉之言耳，三爵之後，禮所不諱，陛下猥發雷霆，謂之輕慢，飲之醇酒，中毒隕命。自是之後，海內悼心，朝臣失圖，仕者以退爲幸，居者以出爲福，誠非所以保光洪緖，熙隆道化也。

又何定本趨走小人，僕隸之下，身無錙銖之行，能無鷹犬之用，而陛下愛其佞媚，假其威柄，使定恃寵放恣，自擅威福，口正國議，手弄天機，上虧日月之明，下塞君子之路。夫小人求入，必進姦利，定閑妄興事役，發江邊戍兵以驅麋鹿，結罝山陵，芟夷林莽，殫其九野之獸，聚於重圍之內，上無益時之分，下有損耗之費。而兵士罷於運送，人力竭於驅逐，老弱飢凍，大小怨歎。臣竊觀天變，自比年以來陰陽錯謬，四時逆節，日食地震，中夏隕霜，參之典籍，皆陰氣陵陽，小人弄勢之所致也。臣嘗覽書傳，驗諸行事，災祥之應，所爲寒慄。昔高宗脩己以消鼎雉之異，宋景崇德以退熒惑之變，願陛下上懼皇天譴告之誚，下追二君攘災之道，遠覽前代任賢之功，近寤今日謬授之失，淸澄朝位，旌敍俊乂，放退佞邪，抑奪姦勢，如是之輩，一勿復用，廣延淹滯，容受直辭，祗承乾指，敬奉先業，則大化光敷，天人望塞也。

傳曰：「國之興也，視民如赤子；其亡也，以民爲草芥。」陛下昔韜神光，潛德東夏，

以聖哲茂姿，龍飛應天，四海延頸，八方拭目，以成康之化必隆於旦夕也。自登位以來，法禁轉苛，賦調益繁；中宮內豎，分布州郡，橫興事役，競造姦利；百姓罹杼軸之困，黎民罷無已之求，老幼飢寒，家戶菜色，而所在長吏，迫畏罪負，嚴法峻刑，苦民求辦。是以人力不堪，家戶離散，呼嗟之聲，感傷和氣。又江邊戍兵，遠當以拓土廣境，近當以守界備難，宜特優育，以待有事，而徵發賦調，煙至雲集，衣不全裋褐，食不贍朝夕，出當鋒鏑之難，入抱無聊之慼。是以父子相棄，叛者成行。願陛下寬賦除煩，振恤窮乏，省諸不急，盪禁約法，則海內樂業，大化普洽。夫民者國之本，食者民之命也，今國無一年之儲，家無經月之畜，而後宮之中坐食者萬有餘人。內有離曠之怨，外有損耗之費，使庫廩空於無用，士民飢於糟糠。

又北敵注目，伺國盛衰，陛下不恃己之威德，而怙敵之不來，忽四海之困窮，而輕虜之不爲難，誠非長策廟勝之要也。昔大皇帝勤身苦體，創基南夏，割據江山，拓土萬里，雖承天贊，實由人力也。餘慶遺祚，至於陛下，陛下宜勉崇德器，以光前烈，愛民養士，保全先軌，何可忽顯祖之功勤，輕難得之大業，忘天下之不振，替興衰之巨變哉？臣聞否泰無常，吉凶由人，長江之限不可久恃，苟我不守，一葦可航也。昔秦建皇帝之號，據殽函之阻，德化不脩，法政苛酷，毒流生民，忠臣杜口，是以一夫大呼，社稷傾覆。

近劉氏據三關之險，守重山之固，可謂金城石室，萬世之業，任授失賢，一朝喪沒，君臣係頸，共爲羈僕。此當世之明鑒，目前之炯戒也。願陛下遠考前事，近鑒世變，豐基彊本，割情從道，則成康之治興，而聖祖之祚隆矣。」

書奏，晧深恨之。邵奉公貞正，親近所憚。乃共譖邵與樓玄謗毀國事，俱被詰責。玄見送南州，邵原復職。後邵中惡風，口不能言，去職數月，晧疑其託疾，收付酒藏，掠考千所，邵卒無一語，竟見殺害，家屬徙臨海。并下詔誅玄子孫，是歲天册元年也，邵年四十九。〔一〕

〔一〕邵子循，字彥先。虞預晉書曰：循丁家禍，流放海濱，吳平，還鄉里。節操高厲，童亂不羣，言行舉動，必以禮讓。好學博聞，尤善三禮。舉秀才，除陽羨、武康令。顧榮、陸機、陸雲表薦循曰：「伏見吳興武康令賀循德量邃茂，才鑒清遠，服膺道素，風操凝峻，歷踐三城，刑政肅穆，守職下縣，編名凡萃，出自新邦，朝無知己，恪居遐外，志不自營，年時倏忽，而邈無階緒，實州黨愚智所爲悵然。臣等並以凡才，累授飾進，被服恩澤，忝豫朝末，知良士後時，而守局無言，懼有蔽賢之咎，是以不勝愚管，謹冒死表聞。」久之，召爲太子舍人。石冰破揚州，循亦合衆，事平，杜門不出。陳敏作亂，以循爲丹楊內史，循稱疾固辭，敏不敢逼。于時江東豪右無不受敏爵位，惟循與同郡朱誕不挂賊網。後除吳國內史，不就。元皇帝爲鎭東將軍，請循爲軍司馬，帝爲晉王，以循爲中書令，固讓不受，轉太常，領太子太傅。時朝廷初建，動有疑議，宗廟制度皆循所定，朝野諮詢，爲一時儒宗。年六十，太興二年卒。追贈司空，謚曰穆。循諸所著論，並傳於世。子隰，臨海太守。

韋曜字弘嗣，吳郡雲陽人也。〔一〕少好學，能屬文，從丞相掾，除西安令，還爲尚書郎，遷太子中庶子。

〔一〕曜本名昭，史爲晉諱，改之。

時蔡穎亦在東宮，性好博弈，太子和以爲無益，命曜論之。其辭曰：

蓋聞君子恥當年而功不立，疾沒世而名不稱，故曰學如不及，猶恐失之。是以古之志士，悼年齒之流邁而懼名稱之不立也，故勉精厲操，晨興夜寐，不遑寧息，經之以歲月，累之以日力，若甯越之勤，董生之篤，漸漬德義之淵，棲遲道藝之域。且以西伯之聖，姬公之才，猶有日昃待旦之勞，故能隆興周道，垂名億載，況在臣庶，而可以已乎？歷觀古今立功名之士，皆有累積殊異之迹，勞身苦體，契闊勤思，平居不墮其業，窮困不易其素，是以卜式立志於耕牧，而黃霸受道於囹圄，終有榮顯之福，以成不朽之名。故山甫勤於夙夜，而吳漢不離公門，豈有游惰哉？

今世之人多不務經術，好翫博弈，廢事棄業，忘寢與食，窮日盡明，繼以脂燭。當其臨局交爭，雌雄未決，專精銳意，心勞體倦，人事曠而不脩，賓旅闕而不接，雖有太牢之饌，韶夏之樂，不暇存也。至或賭及衣物，徙棊易行，廉恥之意弛，而忿戾之色發，然其所志不出一枰之上，所務不過方罫之閒，勝敵無封爵之賞，獲地無兼土之實，技非六藝，用非經國；立身者不階其術，徵選者不由其道。求之於戰陳，則非孫、吳之倫也；考之於道藝，則非孔氏之門也；以變詐爲務，則非忠信之事也；以劫殺爲名，則非仁者之意也；而空妨日廢業，終無補益。是何異設木而擊之，置石而投之哉！且君子之居室也勤身以致養，其在朝也竭命以納忠，臨事且猶旰食，而何博弈之足耽？夫然，故孝友之行立，貞純之名彰也。

方今大吳受命，海內未平，聖朝乾乾，務在得人，勇略之士則受熊虎之任，儒雅之徒則處龍鳳之署，百行兼苞，文武並騖，博選良才，旌簡髦俊，設程試之科，垂金爵之賞，誠千載之嘉會，百世之良遇也。當世之士，宜勉思至道，愛功惜力，以佐明時，使名書史籍，勳在盟府，乃君子之上務，當今之先急也。

夫一木之枰孰與方國之封？枯棊三百孰與萬人之將？袞龍之服，金石之樂，足以兼棊局而貿博弈矣。假令世士移博弈之力而用之於詩書，是有顏、閔之志也；用之於智計，是有良、平之思也；用之於資貨，是有猗頓之富也；用之於射御，是有將帥之備也。如此則功名立而鄙賤遠矣。

和廢後，爲黃門侍郎。孫亮即位，諸葛恪輔政，表曜爲太史令，撰吳書，華覈、薛瑩等皆

與參同。孫休踐阼，爲中書郎、博士祭酒。命曜依劉向故事，校定衆書。又欲延曜侍講，而左將軍張布近習寵幸，事行多玷，憚曜侍講儒士，又性精确，懼以古今警戒休意，固爭不可。休深恨布，語在休傳。然曜竟止不入。

孫晧即位，封高陵亭侯，遷中書僕射，職省，爲侍中，常領左國史。時所在承指數言瑞應。晧以問曜，曜答曰：「此人家筐篋中物耳。」又晧欲爲父和作紀，曜執以和不登帝位，宜名爲傳。如是者非一，漸見責怒。曜益憂懼，自陳衰老，求去侍、史二官，乞欲成所造書，以從業別有所付，晧終不聽。時有疾病，醫藥監護，持之愈急。

晧每饗宴，無不竟日，坐席無能否率以七升爲限，雖不悉入口，皆澆灌取盡。曜素飲酒不過二升，初見禮異時，常爲裁減，或密賜茶荈以當酒，至於寵衰，更見偪彊，輒以爲罪。又於酒後使侍臣難折公卿，以嘲弄侵克，發摘私短以爲歡。時有愆過，或誤犯晧諱，輒見收縛，至於誅戮。曜以爲外相毀傷，內長尤恨，使不濟濟，非佳事也，故但示難問經義言論而已。晧以爲不承用詔命，意不忠盡，遂積前後嫌忿，收曜付獄，是歲鳳皇二年也。

曜因獄吏上辭曰：「囚荷恩見哀，無與爲比，曾無芒氂有以上報，孤辱恩寵，自陷極罪。念當灰滅，長棄黃泉，愚情慺慺，竊有所懷，貪令上聞。囚昔見世閒有古曆注，其所紀載既多虛無，在書籍者亦復錯謬。囚尋按傳記，考合異同，采摭耳目所及，以作洞紀，起自庖犧，

至于秦、漢，凡爲三卷，當起黃武以來，別作一卷，事尚未成。又見劉熙所作釋名，信多佳者，然物類衆多，難得詳究，故時有得失，而爵位之事，又有非是。愚以官爵，今之所急，不宜乖誤。囚自忘至微，又作官職訓及辯釋名各一卷，欲表上之。新寫始畢，會以無狀，幽囚待命，泯沒之日，恨不上聞，謹以先死列狀，乞上言祕府，於外料取，呈內以聞。追懼淺蔽，不合天聽，抱怖雀息，乞垂哀省。」

曜冀以此求免，而晧更怪其書之垢，故又以詰曜。曜對曰：「囚撰此書，實欲表上，懼有誤謬，數數省讀，不覺點污。被問寒戰，形氣吶吃。謹追辭叩頭五百下，兩手自搏。」而華覈連上疏救曜曰：「曜運值千載，特蒙哀識，以其儒學，得與史官，貂蟬內侍，承合天問，聖朝仁篤，愼終追遠，迎神之際，垂涕敕曜。曜愚惑不達，不能敷宣陛下大舜之美，而拘繫史官，使聖趣不敍，至行不彰，實曜愚蔽當死之罪。然臣慺慺，見曜自少勤學，雖老不倦，探綜墳典，溫故知新，及意所經識古今行事，外吏之中少過曜者。昔李陵爲漢將，軍敗不還而降匈奴，司馬遷不加疾惡，爲陵遊說，漢武帝以遷有良史之才，欲使畢成所撰，忍不加誅，書卒成立，垂之無窮。今曜在吳，亦漢之史遷也。伏見前後符瑞彰著，神指天應，繼出累見，一統之期，庶不復久。事平之後，當觀時設制，三王不相因禮，五帝不相沿樂，質文殊塗，損益異體，宜得曜輩依準古義，有所改立。漢氏承秦，則有叔孫通定一代之儀，曜之才學亦漢通

之次也。又吳書雖已有頭角，敍贊未述。昔班固作漢書，文辭典雅，後劉珍、劉毅等作漢記，遠不及固，敍傳尤劣。今吳書當垂千載，編次諸史，後之才士論次善惡，非得良才如曜者，實不可使闕不朽之書。如臣頑蔽，誠非其人。曜年已七十，餘數無幾，乞赦其一等之罪，爲終身徒，使成書業，永足傳示，垂之百世。謹通進表，叩頭百下。」晧不許，遂誅曜，徙其家零陵。子隆，亦有文學也。

華覈字永先，吳郡武進人也。始爲上虞尉、典農都尉，以文學入爲祕府郎，遷中書丞。蜀爲魏所并，覈詣宮門發表曰：「閒聞賊衆蟻聚向西境，西境艱險，謂當無虞。定聞陸抗表至，成都不守，臣主播越，社稷傾覆。昔衞爲翟所滅而桓公存之，今道里長遠，不可救振，失委附之土，棄貢獻之國，臣以草芥，竊懷不寧。陛下聖仁，恩澤遠撫，卒聞如此，必垂哀悼。臣不勝忡悵之情，謹拜表以聞。」

孫晧卽位，封徐陵亭侯。寶鼎二年，晧更營新宮，制度弘廣，飾以珠玉，所費甚多。是時盛夏興工，農守並廢，覈上疏諫曰：

臣聞漢文之世，九州晏然，秦民喜去慘毒之苛政，歸劉氏之寬仁，省役約法，與之更始，分王子弟以藩漢室，當此之時，皆以爲泰山之安，無窮之基也。至於賈誼，獨以爲可痛哭及流涕者三，可爲長嘆息者六，乃曰當今之勢何異抱火於積薪之下而寢其上，火未及然而謂之安。其後變亂，皆如其言。臣雖下愚，不識大倫，竊以曩時之事，揆今之勢。

誼曰復數年閒，諸王方剛，漢之傅相稱疾罷歸，欲以此爲治，雖堯舜不能安。今大敵據九州之地，有大半之衆，習攻戰之餘術，乘戎馬之舊勢，欲與中國爭相吞之計，其猶楚漢勢不兩立，非徒漢之諸王淮南、濟北而已。誼之所欲痛哭，比今爲緩，抱火臥薪之喻，於今而急。大皇帝覽前代之如彼，察今勢之如此，故廣開農桑之業，積不訾之儲，恤民重役，務養戰士，是以大小感恩，各思竭命。斯運未至，早棄萬國。自是之後，彊臣專政，上詭天時，下違衆議，亡安存之本，邀一時之利，數興軍旅，傾竭府藏，兵勞民困，無時獲安。今之存者乃創夷之遺衆，哀苦之餘民耳。遂使軍資空匱，倉廩不實，布帛之賜，寒暑不周，重以失業，家戶不贍。而北積穀養民，專心向東，無復他警。蜀爲西藩，土地險固，加承先主統御之術，謂其守御足以長久，不圖一朝，奄至傾覆。脣亡齒寒，古人所懼。交州諸郡，國之南土，交阯、九眞二郡已沒，日南孤危，存亡難保，合浦以北，民皆搖動，因連避役，多有離叛，而備戍減少，威鎭轉輕，常恐呼吸復有變故。昔海虜窺窬東縣，多得離民，地習海行，狃於往年，鈔盜無日，今胸背有嫌，首尾多

難，乃國朝之厄會也。誠宜住建立之役，先備豫之計，勉墾殖之業，爲饑乏之救。惟恐農時將過，東作向晚，有事之日，整嚴未辦。若舍此急，盡力功作，卒有風塵不虞之變，當委版築之役，應烽燧之急，驅怨苦之衆，赴白刃之難，此乃大敵所因爲資也。如但固守，曠日持久，則軍糧必乏，不待接刃，而戰士已困矣。

昔太戊之時，桑穀生庭，懼而脩德，怪消殷興。熒惑守心，宋以爲災，景公下從瞽史之言，而熒惑退舍，景公延年。夫脩德於身而感異類，言發於口而通神明，臣以愚蔽，誤忝近署，不能翼宣仁澤以感靈祇，仰慚俯愧，無所投處。退伏思惟，熒惑桑穀之異，天示二主，至如他餘錙介之妖，近是門庭小神所爲，驗之天地，無有他變，而徵祥符瑞前後屢臻，明珠既覿，白雀繼見，萬億之祚，實靈所挺，以九域爲宅，天下爲家，不與編戶之民轉徙同也。又今之宮室，先帝所營，卜土立基，非爲不祥。又楊市土地與宮連接，若大功畢竟，輿駕遷住，門行之神，皆當轉移，猶恐長久未必勝舊。屢遷不可，留則有嫌，此乃愚臣所以夙夜爲憂灼也。臣省月令，季夏之月，不可以興土功，不可以會諸侯，不可以起兵動衆，舉大事必有大殃。今雖諸侯不會，諸侯之軍與會無異。六月戊己，土行正王，既不可犯，加又農月，時不可失。昔魯隱公夏城中丘，春秋書之，垂爲後戒。今築宮爲長世之洪基，而犯天地之大禁，襲春秋之所書，廢敬授之上務，臣以愚

管，竊所未安。

又恐所召離民，或有不至，討之則廢役興事，不討則日月滋(慢)〔蔓〕。若悉並到，大衆聚會，希無疾病。且人心安則念善，苦則怨叛。江南精兵，北土所難，欲以十卒當東一人。天下未定，深可憂惜之。如此宮成，死叛五千，則北軍之衆更增五萬，若到萬人，則倍益十萬，病者有死亡之損，叛者傳不善之語，此乃大敵所以歡喜也。今當角力中原，以定彊弱，正於際會，彼益我損，加以勞困，此乃雄夫智士所以深憂。

臣聞先王治國無三年之儲，曰國非其國，安寧之世戒備如此，況敵彊大而忽農忘畜。今雖頗種殖，閒者大水沈沒，其餘存者當須耘穫，而長吏怖期，上方諸郡，身涉山林，盡力伐材，廢農棄務，士民妻孥羸小，墾殖又薄，若有水旱則永無所獲。州郡見米，當待有事，冗食之衆，仰官供濟。若上下空乏，運漕不供，而北敵犯疆，使周、召更生，良、平復出，不能爲陛下計明矣。臣聞君明者臣忠，主聖者臣直，是以慺慺，昧犯天威，乞垂哀省。

書奏，晧不納。後遷東觀令，領右國史，覈上疏辭讓，晧答曰：「得表，以東觀儒林之府，當講校文藝，處定疑難，漢時皆名學碩儒乃任其職，乞更選英賢。聞之，以卿研精墳典，博覽多聞，可謂悅禮樂敦詩書者也。當飛翰騁藻，光贊時事，以越楊、班、張、蔡之疇，怪乃謙光，

厚自菲薄，宜勉脩所職，以邁先賢，勿復紛紛。」

時倉廩無儲，世俗滋侈，覈上疏曰：「今寇虜充斥，征伐未已，居無積年之儲，出無應敵之畜，此乃有國者所宜深憂也。夫財穀所生，皆出於民，趨時務農，國之上急。而都下諸官，所掌別異，各自下調，不計民力，輒與近期。長吏畏罪，晝夜催民，委舍佃事，遑赴會日，定送到都，或蘊積不用，而徒使百姓消力失時。到秋收月，督其限入，奪其播殖之時，而責其今年之稅，如有逋懸，則籍沒財物，故家戶貧困，衣食不足。宜暫息衆役，專心農桑，古人稱一夫不耕，或受其飢，一女不織，或受其寒，是以先王治國，惟農是務。軍興以來，已向百載，農人廢南畝之務，女工停機杼之業。推此揆之，則蔬食而長飢，薄衣而履冰者，固不少矣。臣聞主之所求於民者二，民之所望於主者三。二謂求其爲己勞也，求其爲己死也。三謂飢者能食之，勞者能息之，有功者能賞之。民以致其二事而主失其三望者，則怨心生而功不建。今帑藏不實，民勞役猥，主之二求已備，民之三望未報。且飢者不待美饌而後飽，寒者不俟狐貉而後溫，爲味者口之奇，文繡者身之飾也。今事多而役繁，民貧而俗奢，百工作無用之器，婦人爲綺靡之飾，不勤麻枲，並繡文黼黻，轉相倣效，恥獨無有。兵民之家，猶復逐俗，內無儋石之儲，而出有綾綺之服，至於富賈商販之家，重以金銀，奢恣尤甚。天下未平，百姓不贍，宜一生民之原，豐穀帛之業，而棄功於浮華之巧，妨日於侈靡之事，上無尊

卑等級之差，下有耗財物力之損。今吏士之家，少無子女，多者三四，少者一二，通令戶有一女，十萬家則十萬人，人織績一歲一束，則十萬束矣。使四疆之內同心戮力，數年之間，布帛必積。恣民五色，惟所服用，但禁綺繡無益之飾。且美貌者不待華采以崇好，豔姿者不待文綺以致愛，五采之飾，足以麗矣。若極粉黛，窮盛服，未必無醜婦；廢華采，去文繡，未必無美人也。若實如論，有之無益廢之無損者，何愛而不暫禁以充府藏之急乎？此救乏之上務，富國之本業也，使管、晏復生，無以易此。漢之文、景，承平繼統，天下已定，四方無虞，猶以彫文之傷農事，錦繡之害女紅，開富國之利，杜飢寒之本。況今六合分乖，豺狼充路，兵不離疆，甲不解帶，而可以不廣生財之原，充府藏之積哉？」

晧以覈年老，敕令草表，覈不敢。又敕作草文，停立待之。覈爲文曰：「咨覈小臣，草芥凡庸。遭眷值聖，受恩特隆。越從朽壤，蟬蛻朝中。熙光紫闥，青璅是憑。歲𢹂清露，沐浴凱風。效無絲氂，負闕山崇。滋潤含垢，恩貸累重。穢質被榮，局命得融。欲報罔極，委之皇穹。聖恩雨注，哀棄其尤。猥命草對，潤被下愚。不敢違敕，懼速罪誅。冒承詔命，魂逝形留。」

覈前後陳便宜，及貢薦良能，解釋罪過，書百餘上，皆有補益，文多不悉載。天册元年以微譴免，數歲卒。曜、覈所論事章疏，咸傳於世也。

評曰：薛瑩稱王蕃器量綽異，弘博多通；樓玄清白節操，才理條暢；賀邵厲志高潔，機理清要；韋曜篤學好古，博見羣籍，有記述之才。胡沖以爲玄、邵、蕃一時清妙，略無優劣。必不得已，玄宜在先，邵當次之。華覈文賦之才，有過於曜，而典誥不及也。予觀覈數獻良規，期於自盡，庶幾忠臣矣。然此數子，處無妄之世而有名位，强死其理，得免爲幸耳。

上三國志注表

臣松之言：臣聞智周則萬理自賓，鑒遠則物無遺照。雖盡性窮微，深不可識，至於緒餘所寄，則必接乎麤迹。是以體備之量，猶曰好察邇言。畜德之厚，在於多識往行。伏惟陛下道該淵極，神超妙物，暉光日新，郁哉彌盛。雖一貫墳典，怡心玄賾，猶復降懷近代，博觀興廢。將以總括前蹤，貽誨來世。

臣前被詔，使采三國異同以注陳壽國志。壽書銓敍可觀，事多審正。誠遊覽之苑囿，近世之嘉史。然失在于略，時有所脫漏。臣奉旨尋詳，務在周悉。上搜舊聞，傍摭遺逸。按三國雖歷年不遠，而事關漢、晉。首尾所涉，出入百載。注記紛錯，每多舛互。其壽所不載，事宜存錄者，則罔不畢取以補其闕。或同說一事而辭有乖雜，或出事本異，疑不能判，並皆抄內以備異聞。若乃紕繆顯然，言不附理，則隨違矯正以懲其妄。其時事當否及壽之小失，頗以愚意有所論辯。自就撰集，已垂期月。寫校始訖，謹封上呈。

竊惟繢事以衆色成文，蜜蠭以兼采爲味，故能使絢素有章，甘踰本質。臣寔頑乏，顧慙二物。雖自罄勵，分絕藻繢，既謝淮南食時之敏，又微狂簡斐然之作。淹留無成，祇穢翰墨，不足以上酬聖旨，少塞愆責。愧懼之深，若墜淵谷。謹拜表以聞，隨用流汗。臣松之誠惶誠恐頓首頓首死罪謹言。

元嘉六年七月二十四日，中書侍郎西鄉侯臣裴松之上。

四庫全書總目提要

三國志六十五卷，晉陳壽撰，宋裴松之注。壽事蹟具晉書本傳，松之事蹟具宋書本傳。凡魏志三十卷，蜀志十五卷，吳志二十卷。其書以魏爲正統，至習鑿齒作漢晉春秋始立異議。自朱子以來，無不是鑿齒而非壽。然以理而論，壽之謬萬萬無辭；以勢而論，則鑿齒帝漢順而易，壽欲帝漢逆而難。蓋鑿齒時晉已南渡，其事有類乎蜀，爲偏安者爭正統，此孚於當代之論者也。壽則身爲晉武之臣，而晉武承魏之統，僞魏是僞晉矣。其能行於當代哉？此猶宋太祖篡立近於魏，而北漢、南唐蹟近於蜀，故北宋諸儒皆有所避而不僞魏。高宗以後，偏安江左，近於蜀，而中原魏地全入於金，故南宋諸儒乃紛紛起而帝蜀。此皆當論其世，未可以一格繩也。惟其誤沿史記周、秦本紀之例，不託始於魏文，而託始曹操，實不及魏書敍記之得體，是則誠可已不已耳。

宋元嘉中，裴松之受詔爲注，所注雜引諸書，亦時下己意。綜其大致約有六端：一曰引諸家之論，以辨是非；一曰參諸書之說，以核譌異；一曰傳所有之事，詳其委曲；一曰傳所無之事，補其闕佚；一曰傳所有之人，詳其生平；一曰傳所無之人，附以同類。其中往往嗜奇愛博，頗傷蕪雜。如袁紹傳中之胡母班，本因爲董卓使紹而見，乃注曰「班嘗見太山府君及河伯，事在搜神記，語多不載」，斯已贅矣。鍾繇傳中乃引陸氏異林一條，載繇與鬼婦狎昵事；蔣濟傳中引列異傳一條，載濟子死爲泰山伍伯，迎孫阿爲泰山令事；此類鑿空語怪，凡十餘處，悉與本事無關，而深於史法有礙，殊爲瑕纇。又其初意似亦欲如應劭之注漢書，考究訓詁，引證故實。故於魏志武帝紀沮授字則注「沮音菹」，獷平字則引續漢書郡國志注「獷平縣名屬漁陽」，甬道字則引漢書「高祖二年與楚戰築甬道」，贅旒字則引公羊傳，先正字則引文侯之命，釋位字則引左傳，致屆字則引詩，綏爰字、率俾字、昬作字則皆引書，糾虔天刑字則引國語。至蜀志郤正傳釋誨一篇，句句引古事爲注至連數簡。又如彭羕傳之革不訓老，華佗傳之專本似專，秦宓傳之棘革異文，少帝紀之叟更異字，亦閒有所辨證，其他傳文句則不盡然。然如蜀志廖立傳首忽注其姓曰補救切，魏志涼茂傳中忽引博物記注一繈字之類，亦閒有之。蓋欲爲之而未竟，又惜所已成，不欲刪棄，故或詳或略，或有或無，亦頗爲例不純。然網羅繁富，凡六朝舊籍今所不傳者，尚一一見其厓略。又多首尾完具，不似酈道元水經注、李善文選注皆翦裁割裂之文。故考證之家，取材不竭，轉相引據者，反多於陳壽本書焉。

華陽國志陳壽傳

陳壽字承祚，巴西安漢人也。少受學於散騎常侍譙周，治尚書、三傳，銳精史、漢，聰警敏識，屬文富豔。初應州命衞將軍主簿、東觀祕書郎、散騎黃門侍郎。大同後察孝廉，爲本郡中正。

益部自建武後，蜀郡鄭伯邑、太尉趙彥信及漢中陳申伯、祝元靈、廣漢王文表皆以博學洽聞，作巴蜀耆舊傳。壽以爲不足經遠，乃并巴、漢撰爲益部耆舊傳十篇。散騎常侍文立表呈其傳，武帝善之，再爲著作郎。吳平後，壽乃鳩合三國史，著魏、吳、蜀三書六十五篇，號三國志，又著古國志五十篇，品藻典雅，中書監荀勖、令張華深愛之，以班固、史遷不足方也。出爲平陽侯相。華又表令次定諸葛亮故事集爲二十四篇，時壽良亦集，故頗不同。復入爲著作郎。鎭南將軍杜預表爲散騎侍郎，詔曰：「昨適用蜀人壽良具員，且可以爲侍御史。」上官司論七篇，依據典故，議所因革。又上釋諱、廣國論。華表令兼中書郎，而壽魏志有失勖意，勖不欲其處內，表爲長廣太守。繼母遺令不附葬，以是見譏。數歲，除太子中庶子。太子轉徙後，再兼散騎常侍。惠帝謂司空張華曰：「壽才宜眞，不足久兼也。」華表欲登

九卿，會受誅，忠賢排擯，壽遂卒洛下，位望不充其才，當時冤之。

兄子符，字長信，亦有文才，繼壽著作佐郎，上廉令。符弟莅，字叔度，梁州別駕，驃騎將軍齊王辟掾，卒洛下。莅從弟階，字達芝，州主簿，察孝廉，褒中令、永昌西部都尉、建寧興古太守。皆辭章粲麗，馳名當世。凡壽所述作二百餘篇，符、莅、階各數十篇。二州先達及華夏文士多爲作傳，大較如此。

時梓潼李驤叔龍亦雋逸器，知名當世，舉秀才，尚書郎，拜建平太守，以疾辭不就，意在州里，除廣漢太守。初與壽齊望，又相昵友，后與壽情好攜隙，還相誣攻，有識以是短之。

晉書陳壽傳

陳壽字承祚，巴西安漢人也。少好學，師事同郡譙周。仕蜀爲觀閣令史。宦人黃皓專弄威權，大臣皆曲意附之，壽獨不爲之屈，由是屢被譴黜。遭父喪，有疾，使婢丸藥，客往見之，鄉黨以爲貶議。及蜀平，坐是沈滯者累年。司空張華愛其才，以壽雖不遠嫌，原情不至貶廢，舉爲孝廉，除佐著作郎，出補陽平令。撰蜀相諸葛亮集，奏之。除著作郎，領本郡中正。撰魏、吳、蜀三國志，凡六十五篇。時人稱其善敍事，有良史之才。夏侯湛時著魏書，見壽所作，便壞己書而罷。張華深善之，謂壽曰：「當以晉書相付耳。」其爲時所重如此。或云丁儀、丁廙有盛名於魏，壽謂其子曰：「可覓千斛米見與，當爲尊公作佳傳。」丁不與之，竟不爲立傳。壽父爲馬謖參軍，謖爲諸葛亮所誅，壽父亦坐被髡，諸葛瞻又輕壽。壽爲亮立傳謂「亮將略非長，無應敵之才」，言「瞻惟工書，名過其實」。議者以此少之。

張華將舉壽爲中書郎，荀勖忌華而疾壽，遂諷吏部，遷壽爲長廣太守。辭母老不就。杜預將之鎭，復薦之於帝，宜補黃散。由是授御史治書。以母憂去職。母遺言令葬洛陽，壽遵其志。又坐不以母歸葬，竟被貶議。初，譙周嘗謂壽曰：「卿必以才學成名，當被損折，亦非

不幸也，宜深愼之。」壽至此再致廢辱，皆如周言。後數歲，起爲太子中庶子，未拜。元康七年病卒，時年六十五。

梁州大中正尚書郎范頵等上表曰：「昔漢武帝詔曰『司馬相如病甚，可遣悉取其書』，使者得其遺書，言封禪事，天子異焉。臣等按故治書侍御史陳壽作三國志，辭多勸誡，明乎得失，有益風化。雖文豔不若相如，而質直過之。願垂採錄。」於是詔下河南尹、洛陽令就家寫其書。壽又撰古國志五十篇，益都耆舊傳十篇，餘文章傳於世。

宋書裴松之傳

裴松之字世期，河東聞喜人也。祖昧，光祿大夫。父珪正，員外郎。松之年八歲，學通論語、毛詩。博覽墳籍，立身簡素。年二十，拜殿中將軍。此官直衞左右，晉孝武太元中，革選名家以參顧問，始用琅邪王茂之、會稽謝輶，皆南北之望。舅庾楷在江陵，欲得松之西上，除新野太守，以事難不行，拜員外散騎侍郎。義熙初，爲吳興故鄣令。在縣有績，入爲尚書祠部郎。

松之以世立私碑有乖事實，上表陳之曰：「碑銘之作，以明示後昆，自非殊功異德，無以允應茲典，大者道動光遠，世所宗推；其次節行高妙，遺烈可紀。若乃亮采登庸，績用顯著，敷化所莅，惠訓融遠，述詠所寄，有賴鐫勒。非斯族也，則幾乎僭黷矣。俗敝僞興，華煩已久。是以孔悝之銘，行是人非；蔡邕制文，每有愧色。而自時厥後，其流彌多。預有臣吏，必爲建立。勒銘寡取信之實，刊石成虛僞之常，眞假相蒙，殆使合美者不貴。但論其功費，又不可稱，不加禁裁，其敝無已。以爲諸欲立碑者，宜悉令言上，爲朝議所許，然後聽之。庶可以防遏無徵，顯彰茂實，使百世之下知其不虛，則義信於仰止，道孚於來葉。」由是並斷。高祖北伐，領司州刺史，以松之爲州主簿，轉治中從事史。既克洛陽，高祖勑之曰：

「裴松之廊廟之才，不宜久尸邊務，今召爲世子洗馬，與殷景仁同，可令知之。」于時議立五廟樂，松之以妃臧氏廟樂亦宜與四廟同。除零陵內史，徵爲國子博士。

太祖元嘉三年，誅司徒徐羨之等，分遣大使巡行天下。通直散騎常侍袁渝、司徒左司掾孔邈使揚州，尚書三公郎陸子眞、起部甄法崇使荆州，員外散騎常侍范雎、司徒主簿龐遵使南兗州，前尚書右丞孔默使南北二豫州，撫軍參軍王歆之使徐州，宂從僕射車宗使靑、兗州，松之使湘州，尚書殿中郎阮長之使雍州，前竟陵太守殷道鸞使益州，員外散騎常侍李規之使廣州，郎中殷斌使梁州、南秦州，前員外散騎侍郎阮園客使交州，駙馬都尉奉朝請潘思先使寧州，並兼散騎常侍。班宣詔書曰：「昔王者巡功，羣后述職，不然則有存省之禮，聘覜之規，所以觀民立政，命事考績，上下偕通，遐邇咸被，故能功昭長世，道歷遠年。朕以寡闇，屬承洪業，夤畏在位，昧于治道，夕惕惟憂，如臨淵谷，懼國俗陵頹，民風凋僞，眚厲違和，水旱傷業，雖勤躬庶事，思弘攸宜，而機務惟殷，顧循多闕，政刑乖謬，未獲具聞。豈誠素弗孚，使羣心莫盡，納隍之愧，在予一人。以歲時多難，王道未壹，卜征之禮，廢而未脩，眷被氓庶，無忘欽恤。今使兼散騎常侍渝等申令四方，周行郡邑，親見刺史二千石官長，申述至誠，廣詢治要，觀察吏政，訪求民隱，旌舉操行，存問所疾，禮俗得失，一依周典，每各爲書，還具條奏，俾朕昭然若親覽焉。大夫君子其各悉心敬事，無惰乃力！其有咨謀遠圖，謹言中誠，陳之使者，無或隱遺。方將敬納良規，以補其闕，勉哉勗之，稱朕意焉！」

松之反使，奏曰：「臣聞天道以下濟光明，君德以廣運爲極。古先哲后，因心溥被。是以文思在躬，則時雝自洽，禮行江漢，而美化斯遠。故能垂大哉之休詠，廓造周之盛則。伏惟陛下神叡玄通，道契曠代，冕旒華堂，垂心八表，咨敬敷之未純，慮明揚之靡暢，淸問下民，哀此鰥寡，渙焉大號，周爰四達，遠猷形於雅誥，惠訓播乎遐陬。是故率土仰詠，重譯咸說，莫不謳吟踊躍，式銘皇風，或有扶老攜幼，稱歡路左。誠由亭毒既流，故忘其自至，千載一時，於是乎在。臣謬蒙銓任，忝廁顯列，猥以短乏，思純八表，無以宣暢聖旨，肅明風化，黜陟無序，搜揚寡聞，慙懼屏營，不知所措。奉二十四條，謹隨事爲牒。伏見癸卯詔書，禮俗得失，一依周典，每各爲書還具條奏，謹依事爲書以繫之後。」松之甚得奉使之義，論者美之。轉中書侍郎、司冀二州大中正。

上使注陳壽三國志，松之鳩集傳記，增廣異聞，既成，奏上。上善之，曰：「此爲不朽矣。」出爲永嘉太守，勤恤百姓，吏民便之。入補通直，爲常侍，復領二州大中正，尋出爲南琅邪太守。十四年，致仕，拜中散大夫，尋領國子博士，進大中大夫，博士如故。續何承天國史，未及撰述，二十八年卒，時年八十。

子駰，南中郎參軍。松之所著文論及晉紀，駰注司馬遷史記，並行於世。

中華書局

校記

頁	卷	校
一	一	曹瞞傳曰　何焯據太平御覽增
四	一	眞　何焯據資治通鑑改
一五	一	追　何焯據太平御覽增
二一	一	子遠　從翁同書說
二五	一	遺　從何焯錢大昕說增
三〇	一	孟玉　據後漢書徐璆傳改
三一	一	勒書　何焯據書苑菁華改
三三	一	子桓　從何焯沈家本說
三八	一	箄于　據文選三五李善注改
四〇	一	王　從何焯陳景雲趙一清說刪
四五	一	允　從趙一清說改
四七	一	而　意改

頁	卷	校
四七	一	衍　據文館詞林六九五改
四七	一	不　據錢儀吉說刪
四七	一	袖　從文館詞林六九五改(下同)
五一	一	東里袞　據三少帝紀及通鑑六八改
五四	一	崔鈞　從陳景雲說
五七	二	十三年　從趙一清說
六〇	二	日　從何焯說
六一	二	十月　從盧文弨潘眉等說
六七	二	火撲　從何焯說
七〇	二	於時　從趙一清說
七〇	二	詩　據宋書符瑞志改
七四	二	高陵　據隸釋改
七四	二	德服　據隸釋改
七四	二	著　據隸釋改
七四	二	邦民心之繫於魏　據隸釋補

頁	卷	校
七四	二	衿袭　從何焯胡玉縉說
七五	二	覬　從趙一清說改
七五	二	十　盧文弨據宋書刪
七八	二	春　從何焯說刪
七九	二	計孝　據資治通鑑六九胡注改
八一	二	於　從何焯說刪
八三	二	雲翹　從潘眉說
八三	二	文始　從潘眉說
八三	二	大韶　從潘眉說
八六	二	思慕過唐　據藝文類聚一三
九三	三	質任　據三國志辨誤上
九五	三	志　從何焯說改
一〇〇	三	敗　從何焯說增
一〇二	三	逮　據吳勉學刊本改
一〇六	三	大吉　從何焯說

頁	卷	校
一〇九	三	右　趙一清據衞臻傳及宋書百官志改
一〇九	三	章斌　從周壽昌侯康說
一二〇	四	徐他　據許褚傳改
一二三	四	書云　各本均誤
一二四	四	州泰　從陳景雲說改
一二七	四	靮頭　從潘眉說
一二八	四	之　從潘眉說
一二九	四	臣毓　據三國志辨誤上
一二九	四	臣衰　據三國志辨誤上
一二九	四	臣楨　從潘眉說
一二九	四	臣閣　從潘眉翁同書說
一三〇	四	郃陽　據后妃傳改
一三一	四	衰　從潘眉說
一三二	四	戊寅　從沈家本說
一三三	四	安風津　從趙一清潘眉說

一三六　四　雲　殿本考證據太平御覽增
一三八　四　上洛　據宋書符瑞志
一四四　四　卿等　從資治通鑑七七胡三省說
一四七　四　前詔　從潘眉沈家本說
一四八　四　燕覿之敬　據禮文王世子
一五三　四　長　據北堂書鈔衣冠部中及開元占經一一三增
一五八　五　敬侯　從錢大昭說
一六一　五　叙　原書避明帝諱作「諱」
一六二　五　世妃　從陳景雲說
一六二　五　享祀　從陳景雲說
一七五　六、張沓　據孫堅傳及後漢書董卓傳改
一七七　六　今　從何焯說改
一七七　六　東下　從陳景雲說
一八一　六　支胡　從何焯說
一八五　六　討　何焯據册府元龜增

一九四　六　左髭　從何焯潘眉等說
一九五　六　沮授　從陳景雲說改
一九六　六　竭　從何焯沈家本說删
一九七　六　身首　據文選四四增
二〇〇　六　說文　從趙一清說
二〇二　六　九月至二月　據通鑑考異改
二〇三　六　太公　據郝經續後漢書九改
二〇三　六　事　據郝經續後漢書九删
二〇四　六　我　從李慈銘說增
二〇五　六　屠各　從陳景雲說改
二〇六　六　子　從何焯說改
二一一　六　公緒　從陳景雲錢大昭說改
二一四　六　中平　從陳景雲說改
二二〇　七　奮武　據宋書百官志改
二二三　七　封丘　從錢大昭說改

二二六　七　引還　從何焯說删
二二六　七　術　從殿本考證說
二二七　七　當自首　從何焯說
二三五　七　則　據後漢書臧洪傳注增
二四五　八　子　從何焯說删
二五三　八　位　從錢大昕說删
二五九　八　收　從陳景雲說改
二六三　八　淩統　盧弼云二字未詳
二六四　八　歸降　從沈家本說
二六四　八　杜濩　據武帝紀及資治通鑑六七改
二六八　九　擊破呂布軍　從盧弼說删
二六九　九　及　衍文
二七一　九　捨　據通鑑六七增
二七九　九　休督　從陳景雲說改
二八六　九　鴑念　從何焯說删

二九三　九　娟　從陳景雲說改
三〇一　九　爲□　從盧弼說
三〇三　九　故　從何焯說删
三〇三　九　某守雖後　何焯據太平御覽增
三〇四　九　彥緯　從錢大昕說
三〇五　九　意　從何焯說改
三一〇　一〇　晉文納周襄王而諸侯景從　據後漢書荀彧傳及資治通鑑六二增
三一〇　一〇　東京榛蕪　據後漢書荀彧傳及資治通鑑六二增
三一二　一〇　鼓史　從何焯說
三一二　一〇　練布　從何焯錢儀吉說
三一二　一〇　注　據三國志辨誤上增
三一五　一〇　守善　從何焯說改
三一六　一〇　煇　據三國志辨誤上改
三二六　一〇　萬　從何焯說删
三四二　一一　受　從何焯說改

三四五 一一 耳 從何焯說增
三四九 一一 毋 據晉書王裒傳改
三五四 一一 二宮 據三國志辨誤上
三七九 一二 偉 從何焯說改
三八七 一二 調 據殿本考證
三九〇 一二 百官名 從何焯沈家本說改
三九五 一三 尸主事之臣枸晉荀鬮地 此漢書注文刻者誤入
三九五 一三 子孫 據漢書郊祀志刪
四〇〇 一三 常侍 從陳景雲說改
四〇六 一三 要召 從何焯說
四〇六 一三 陳羣 據三國志辨誤上改
四〇六 一三 王弘 據三國志辨誤上改
四〇六 一三 不可得而親 從陳景雲說增
四〇六 一三 鄉 從何焯說改
四〇七 一三 朗 從沈家本說增

四一〇 一三 弟子 從錢大昭說增
四一〇 一三 肆 從趙一清說改
四一九 一三 良夫 從潘眉說改
四二一 一三 文通 據殿本考證
四二八 一四 地 從何焯說改
四三四 一四 自 從何焯說刪
四六三 一五 茄陂 據太平御覽二五六改
四六九 一五 子仲 從何焯說
四六九 一五 志 從何焯說刪
四七二 一五 討 據武帝紀及夏侯淵傳增
四七三 一五 富 從何焯說刪
四七三 一五 爲 從盧弼說刪
四七七 一五 宣王 據三國志辨誤上
四八六 一五 騎馳 從何焯說改
四八六 一五 几陽 從潘眉說

四八九 一六 募百姓……田官 何焯據太平御覽增
五〇六 一六 無 何焯據太平御覽刪
五〇七 一六 步涉詣許從該 何焯據後漢書改
五一〇 一六 解后 從吳承仕絸齋讀書記說
五二二 一七 辟 從趙一清說刪
五三七 一八 公 從陳景雲說刪
五四〇 一八 襄賁 從趙一清說改
五四一 一八 少頃 從何焯說
五四三 一八 進封 據三國志辨誤上
五四三 一八 封 據三國志辨誤上刪
五四四 一八 步去 從何焯說
五五〇 一八 艾 從何焯錢大昭說刪
五五一 一八 衡惛 據殿本考證
五五二 一八 樂涫 從梁章鉅說
五五八 一九 以 據殿本考證

五六六 一九 固 據文選三七五臣注刪
五七七 一九 豈能興難 據三國志辨誤上增
五八六 二〇 今 從何焯說改
五八七 二〇 青龍 從錢大昕說增
五九三 二〇 歲 據史記秦始皇紀改
六〇五 二一 加 從何焯說增
六〇七 二一 五官將 從李慈銘說改
六一七 二一 異 據宋書禮志增
六二四 二一 方 從何焯說刪
六二五 二一 隱 據裴注引戰略刪
六三六 二二 由 據資治通鑑七二刪
六四〇 二二 輜輼 據資治通鑑七六改
六五一 二二 聽 據諸葛誕傳注改
六五二 二二 高 從潘眉說刪
六五三 二二 胡 從梁章鉅說刪

六五五　一三　檢　從錢大昭說改
六五七　一三　禼　從梁章鉅說
六五七　一三　逌　據三國志辨誤上改
六五八　一三　徐孟玉　據後漢書徐璆傳改
六六一　一三　肇　從趙一清說刪
六七〇　一三　與　從陳景雲說
六七三　一三　要　據殿本考證
六八三　一四　菅　從沈欽韓說改
六八八　一四　仿　從趙一清說改
七一〇　一五　也　據漢書五行志刪
七一四　一五　禪　從何焯錢大昕說改
七一五　一五　大府掌九賦之財　從殿本考證及梁章鉅說
七一六　一五　下夷　從何焯說改
七一九　一五　抗　從沈家本說改
七二九　一六　祠　從趙一清說增

七二九　一六　路　從何焯說增
七三五　一六　西州　據三國志辨誤上改
七六六　一八　伯　據殿本考證說刪
八〇六　一九　不　從何焯說刪
八〇六　一九　然後　從潘眉說
八〇六　一九　左驥　據三國志辨誤上
八一九　一九　何　據世說規箴篇改
八一九　一九　無　從世說規箴篇增
八三一　二〇　漢南　據殿本考證(下同)
八三四　二〇　難　從沈家本說刪
八三五　二〇　抑　據殿本考證
八三五　二〇　阿羅槃　據毌丘儉傳改
八三六　二〇　由　據殿本考證刪
八三七　二〇　百　據後漢書鮮卑傳增
八三七　二〇　曼栢　據後漢書鮮卑傳改

八三七　二〇　平　據後漢書鮮卑傳增
八三八　二〇　東　據後漢書鮮卑傳改
八三八　二〇　濊　據後漢書鮮卑傳改
八三八　二〇　熹平　據後漢書鮮卑傳
八四二　二〇　以　從何焯說改
八四五　二〇　熹平　從盧弼說
八四六　二〇　建武　從盧弼說
八四七　二〇　國　據後漢書東夷傳刪
八四八　二〇　目　據後漢書東夷傳改
八四八　二〇　準　據裴注引魏略及後漢書東夷傳改
八四八　二〇　句　據後漢書東夷傳改
八五〇　二〇　收　從何焯說改
八五一　二〇　辰　據殿本考證刪
八五一　二〇　來　據殿本考證刪
八五三　二〇　辰　從沈家本說增

八五三　二〇　弁軍彌國　從沈家本說刪
八五三　二〇　馬延國　從沈家本說刪
八五八　二〇　本　從盧弼說改
八五八　二〇　廣魏郡　從梁章鉅說改
八五九　二〇　皮山國　據漢書西域傳上
八六五　二一　會　從張熷說刪
八六六　二一　至止　從潘眉說
八六六　二一　益州　從張熷說
八六六　二一　素　從何焯說刪
八六六　二一　家兵　據華陽國志五
八六七　二一　叔子　據華陽國志五
八六七　二一　聞　從盧弼說刪
八六八　二一　數爲　殿本考證據通鑑增
八六九　二一　韙　從何焯說
八七〇　二一　劉先　潘眉據劉表傳改

八七八　三二　吳巨　潘眉據吳志士燮薛綜等傳改（下同）
八七九　三二　之　從何焯說刪
八七九　三二　復　從何焯說
八八一　三二　賨實　據華陽國志五
八八三　三二　郃　從盧弼說增
八八四　三二　領　從梁章鉅李慈銘說
八八八　三二　黃柱　據蕭常續後漢書一下
八九三　三三　爲　趙一清據元版改
八九五　三三　焚如　從錢儀吉說
八九九　三三　河關　據殿本考證
九一二　三五　猖蹶　據資治通鑑六五
九一九　三五　聽　據文選三七改
九二一　三五　若無興德之言則　錢儀吉據董允傳增
九二四　三五　東伐　據殿本考證
九二四　三五　忿　據資治通鑑七一改

九三一　三五　六年　從何焯說
九三三　三五　二　從何焯說刪
九三九　三六　軍　據殿本考證說刪
九四一　三六　傳　據孫權傳楊戲傳刪
九四一　三六　自　據通志改
九四四　三六　右　從錢大昕說刪
九四五　三六　十三　從侯康說
九五七　三七　右　從錢大昕說刪
九六〇　三七　位　從何焯說改
九六一　三七　克之　從何焯說
九六八　三八　廿有二子　從李慈銘說
九六八　三八　緩　何焯據册府元龜改
九六八　三八　其　從李慈銘說
九六八　三八　詔旨　從何焯說
九六九　三八　居　從潘眉說刪

九七五　三八　肸　據文選四改
九七六　三八　豢龍　從何焯說
九八〇　三九　劉先　據劉表傳注
九八八　三九　軍　從朱邦衡說刪
九九二　四〇　爲新城郡以　據通鑑六九增
九九四　四〇　員鄉侯　從趙一清說
九九七　四〇　李邵　從趙一清李慈銘說（下同）
九九七　四〇　先帝　從劉咸炘說
一〇〇〇　四〇　情狹　從何焯說
一〇〇二　四〇　卒　從潘眉說刪
一〇〇三　四〇　攙　據資治通鑑七二改
一〇一〇　四一　巫　從沈欽韓說
一〇一四　四一　陌下　從趙一清說
一〇一四　四一　去　據資治通鑑六八改
一〇一五　四一　辭曰　據太平御覽二六一

一〇一五　四一　難復　據太平御覽二六一
一〇一五　四一　爲之　據太平御覽二六一
一〇一六　四一　末乃　據三國志辨誤中改
一〇一九　四二　主公　從朱邦衡說刪
一〇二四　四二　疑　從李慈銘說刪
一〇二四　四二　亦可　從李慈銘說
一〇二五　四二　夫　從李慈銘說刪
一〇二六　四二　主上　從沈家本說
一〇二六　四二　方　從何焯說刪
一〇二六　四二　射　從趙一清說刪
一〇二七　四二　射　從趙一清說刪
一〇三〇　四二　受之　據資治通鑑七八
一〇三三　四二　書　從潘眉說刪
一〇三五　四二　披　何焯據册府元龜改
一〇三八　四二　里　據淮南子道應訓刪

一〇五二　四三　安上　從錢大昕說
一〇五三　四三　姊　從潘眉說刪
一〇五四　四三　民夷　據太平御覽二四〇改
一〇六三　四四　叵復　從何焯說
一〇六四　四四　河關　從何焯說
一〇六八　四四　如升　從胡三省顧炎武說
一〇七三　四五　大　從錢大昕說刪
一〇七四　四五　聖仁　從何焯說
一〇八五　四五　南　從謝鍾英說刪
一〇八七　四五　飛　據三國志辨誤中
一〇九四　四六　三十六方　從何焯惠棟說
一〇九九　四六　葵園　據後漢書董卓傳資治通鑑五八改
一一〇二　四六　東屯橫江津　從趙一清說
一一〇三　四六　同　從何焯說刪
一一〇五　四六　然　從陳景雲說

一一〇七　四六　始　從何焯說
一一〇七　四六　乃　從何焯說
一一〇八　四六　猥　從何焯潘眉說刪
一一一二　四六　且　從李光地說
一一一六　四七　會稽　據資治通鑑六四注刪
一一二四　四七　魏　從朱邦衡說增
一一三二　四七　丁孚　從趙一清說
一一三八　四七　百　從潘眉說增
一一四〇　四七　王宮　據資治通鑑七二刪
一一四六　四七　將軍　從錢大昭說增（下一一五三頁一一六一頁一一四六頁同）
一一五一　四八　建興元年　從何焯錢大昕說增
一一五二　四八　改明年元　據三國志辨誤下
一一五三　四八　據　從趙一清說增
一一五三　四八　永寧侯　據孫琳傳
一一五六　四八　據　據孫琳傳

一一六一　四八　貲財　據郝經續後漢書五一
一一六九　四八　晉賊　從趙一清說
一一七一　四八　改明年元　據三國志辨誤下
一一七五　四八　巨先　從陳景雲說
一一八三　四九　大夫　從沈家本說刪
一一八五　四九　命　據資治通鑑六一刪
一一九〇　四九　乃　何焯據册府元龜改
一一九二　四九　消　據太平廣記十二改
一一九七　五〇　仕　從何焯說刪
一一九八　五〇　于　從錢儀吉說刪
一一九八　五〇　醴陵侯　從錢大昭說
一一九九　五〇　孫　從何焯說刪（下同）
一二〇〇　五〇　尙　從盧弼說刪
一二〇八　五一　黃初　從顧炎武錢大昕說刪
一二〇九　五一　壄臺　據郝經續後漢書五三

一二一三　五一　達　從何焯說
一二一四　五一　全權　疑當作「全琮」
一二一七　五一　夔　從趙一清說
一二二四　五二　牛州　據三國志辨誤下
一二三〇　五二　秦晃　從錢大昕說
一二三九　五二　選曹尙書　何焯據太平御覽增
一二四〇　五二　一　從錢大昭說刪
一二四五　五三　離　據資治通鑑七一改
一二四七　五三　曰　從何焯說刪
一二五〇　五三　將　從何焯說增
一二五二　五三　所服　從何焯說
一二五二　五三　輒　據册府元龜
一二五三　五三　能　從何焯說刪
一二六〇　五四　卒　據殿本考證改
一二六〇　五四　宮亭　從趙一清說

三國志 校記

頁	行	字	校記
一二六一	五四	閒	從李光地說改
一二七五	五四	鄉	從盧弼說改
一二七七	五四	孫皎	從朱邦衡說改
一二七八	五四	令	從文義改
一二八七	五五	津	從盧弼說刪
一二八九	五五	從	據三國志辨誤下改
一二九九	五五	囧	從李光地說
一三〇〇	五五	巫	從錢大昕說改
一三〇一	五五	都鄉侯	據三國志辨誤下
一三〇三	五六	吳郡	從潘眉說改
一三〇六	五六	圍	從錢儀吉設增
一三〇六	五六	魏書	據三國志辨誤下
一三〇八	五六	卒	據三國志辨誤下改
一三一二	五六	憲	從錢大昕說改
一三一五	五六	臆定	從盧弼說

一五〇七　一五〇八

三國志

頁	行	字	校記
一三一八	五七	歆	從楊通說改
一三一九	五七	此說爲勝也	據文義改
一三二九	五七	大農	據古寫本
一三三一	五七	手	據古本刪
一三三一	五七	邪	據古寫本改
一三三六	五七	桓文林	從侯康李慈銘說改
一三三六	五七	鄧	從陳景雲錢大昕說改
一三三六	五七	翟素	從李慈銘說改
一三三八	五七	存	據古寫本
一三三九	五七	逼厄	據古寫本
一三三九	五七	不永	據古寫本
一三三九	五七	大農	據古寫本
一三四〇	五七	以	據古本刪
一三四〇	五七	丕	據古本改
一三四〇	五七	凶煩	據古寫本

三國志 校記

頁	行	字	校記
一三三〇	五七	入	據古寫本刪
一三四九	五八	非	據殿本考證
一三六〇	五八	主	據資治通鑑八〇改
一三六八	五九	諸葛壹	據孫權傳注引江表傳改
一三七一	五九	生	據羣書禮志刪
一三七一	五九	同冊	據羣書治要二八刪
一三七七	六〇	廣漢	據蜀志周羣傳後漢書楊厚傳改
一三七七	六〇	帝	從何焯說刪
一三七八	六〇	大潭	從何焯說刪
一三七八	六〇	二	據文義改
一三七八	六〇	塹	從何焯說
一四〇九	六一	在	據三國志辨誤下改
一四一〇	六一	暴風	何焯據册府元龜改
一四一六	六二	款	何焯據册府元龜改
一四二三	六三	歷陽都陽	從潘眉說

一五〇九　一五一〇

三國志

頁	行	字	校記
一四三一	六四	諸	據郝經續後漢書六三
一四三六	六四	古	據通志改
一四四〇	六四	語使婢	從楊通說
一四四五	六四	張怡林恂	據孫亮傳及資治通鑑七六改
一四五二	六四	月	據三嗣主傳改
一四五三	六五	鄉	據資治通鑑七九改
一四六七	六五	墓	據羣書治要二八改